KODEX

DES ÖSTERREICHISCHEN RECHTS

Herausgeber: Univ.-Prof. Dr. Werner Doralt

Redaktion: Dr. Veronika Doralt

RECHNUNGS-LEGUNG UND PRÜFUNG

bearbeitet von

Dr. Werner Gedlicka
Generalsekretär des iwp
www.iwp.or.at

Dr. Markus Knotek
Bereichsleiter in der KSW
www.ksw.or.at

Dr. Katharina van Bakel-Auer
Generalsekretärin des AFRAC
www.afrac.at

Linde

KODEX

DES ÖSTERREICHISCHEN RECHTS

VERFASSUNGSRECHT
EU-VERFASSUNGSRECHT
VÖLKERRECHT
EINFÜHRUNGSGESETZE ABGB UND B-VG
PARLAMENTSRECHT
BÜRGERLICHES RECHT
FAMILIENRECHT
UNTERNEHMENSRECHT
ZIVILGERICHTLICHES VERFAHREN
INTERNATIONALES PRIVATRECHT
WIRTSCHAFTSPRIVATRECHT
SCHIEDSVERFAHREN
STRAFRECHT
IT-STRAFRECHT
LEGAL TECH
IP-/IT-RECHT
GERICHTSORGANISATION
ANWALTS- UND GERICHTSTARIFE
NOTARIATSRECHT
JUSTIZGESETZE
WOHNUNGSGESETZE
FINANZMARKTRECHT
VERSICHERUNGSRECHT
WIRTSCHAFTSGESETZE
UWG
TELEKOMMUNIKATION
KARTELLRECHT
VERGABEGESETZE
COMPLIANCE FÜR UNTERNEHMEN
GLÜCKSSPIEL- UND WETTRECHT
ARBEITSRECHT
EU-ARBEITSRECHT
ARBEITNEHMERSCHUTZ
SOZIALVERSICHERUNG
SOZIALVERSICHERUNG DURCHFÜHRUNGSVORSCHRIFTEN
PERSONALVERRECHNUNG
STEUERGESETZE
STEUER-ERLÄSSE
EStG-RICHTLINIENKOMMENTAR
LSt-RICHTLINIENKOMMENTAR
KStG-RICHTLINIENKOMMENTAR
UmgrStG-RICHTLINIENKOMMENTAR
UStG-RICHTLINIENKOMMENTAR
GebG-RICHTLINIENKOMMENTAR
DOPPELBESTEUERUNGSABKOMMEN
VERRECHNUNGSPREISE
FINANZPOLIZEI
ZOLLRECHT UND VERBRAUCHSTEUERN
RECHNUNGSLEGUNG UND PRÜFUNG
INTERNATIONALE RECHNUNGSLEGUNG
VERBRAUCHERRECHT
VERKEHRSRECHT
WEHRRECHT
ÄRZTERECHT
KRANKENANSTALTENGESETZE
VETERINÄRRECHT
GESUNDHEITSBERUFE
UMWELTRECHT
EU-UMWELTRECHT
WASSERRECHT
ABFALLRECHT UND ÖKO-AUDIT
CHEMIKALIENRECHT
EU-CHEMIKALIENRECHT
LEBENSMITTELRECHT
SCHULGESETZE
UNIVERSITÄTSRECHT
ASYL- UND FREMDENRECHT
BESONDERES VERWALTUNGSRECHT
VERWALTUNGSVERFAHRENSGESETZE
INNERE VERWALTUNG
POLIZEIRECHT
LANDESRECHT TIROL
LANDESRECHT VORARLBERG
BAURECHT TIROL

ISBN 978-3-7073-4482-0
LINDE VERLAG Ges. m. b. H., 1210 Wien, Scheydgasse 24
Telefon: 01/24 630 Serie, Telefax: 01/24 630-23 DW

Satz und Layout: psb, Rosenthaler Str. 9, 10119 Berlin

Druck: Czech Print Center a.s., Ostrava

Vorwort

Der Kodex Rechnungslegung und Prüfung umfasst (Stand 15. November 2021)

- Stellungnahmen des **Austrian Financial Reporting and Auditing Committee** (AFRAC),
- Fachgutachten, Stellungnahmen und Empfehlungen der **Kammer der Steuerberater und Wirtschaftsprüfer** (KSW),
- Richtlinien, Stellungnahmen und Empfehlungen des **Instituts Österreichischer Wirtschaftsprüfer** (iwp),
- ausgewählte Gesetze und Verordnungen,
- ausgewählte der Europäischen Union.

Das AFRAC besteht seit Anfang 2005 als privat organisierter, österreichischer Standardsetter auf dem Gebiet der Rechnungslegung und Abschlussprüfung und ist operatives Organ des Trägervereins „Österreichisches Rechnungslegungskomitee". Die Mitglieder des Trägervereins setzen sich aus zwei österreichischen Bundesministerien und zwölf fachspezifischen Organisationen zusammen (zu den Mitgliedern siehe www.afrac.at). Die Mitglieder des AFRAC sind bilanzierungspflichtige Unternehmen, Wissenschaftler, Wirtschaftsprüfer, Steuerberater, Investoren, Analysten und Mitarbeiter von Aufsichtsbehörden.

Die KSW ist die gesetzliche Interessensvertretung der Steuerberater und Wirtschaftsprüfer. Sie vertritt die Interessen ihrer Mitglieder auf nationaler und internationaler Ebene. Die Fachsenate der Kammer der Steuerberater und Wirtschaftsprüfer erarbeiten für den Berufsstand Fachgutachten, Stellungnahmen und Empfehlungen.

Das iwp vertritt als freiwillige Interessensvertretung die Interessen des Berufsstandes österreichischer Wirtschaftsprüfer gegenüber dem Gesetzgeber, staatlichen Einrichtungen, Aufsichtsbehörden, der Öffentlichkeit und in anerkannten internationalen Gremien sowie der EU. Weiters erarbeitet das iwp Richtlinien, Stellungnahmen und Empfehlungen für die berufliche Praxis.

Seit dem Jahr 1993 veröffentlichen die KSW und das iwp eine gemeinsame Sammlung mit dem Titel „Fachgutachten, Richtlinien, Stellungnahmen". Diese Sammlung ist historisch gewachsen. In einzelnen Fachgutachten, Richtlinien und Stellungnahmen wird daher mitunter auf eine mittlerweile geänderte Rechtslage Bezug genommen. Die Aktualisierung erfolgt laufend durch die Fachsenate und das iwp. Diese Sammlung ist mit Ausnahme zurückgenommener Ausarbeitungen im vorliegenden Kodex abgedruckt. Die im Kodex veröffentlichten Fachgutachten, Richtlinien, Stellungnahmen und Empfehlungen sind bereits zum überwiegenden Teil an die gesetzlichen Neuerungen infolge des APRÄG 2016 angepasst. Sofern eine Aktualisierung im Einzelfall noch nicht erfolgt ist, ist dies bei der jeweiligen Facharbeit gesondert vermerkt.

Die Fachgutachten, Richtlinien, Stellungnahmen und Empfehlungen können vom öffentlichen Bereich der Website des AFRAC (www.afrac.at), der KSW (www.ksw.or.at) und des iwp (www.iwp.or.at) bezogen werden. Sollten sich Abweichungen zur Fassung von der Website ergeben, stellt diese die Originalfassung dar.

Sollten Sie Anmerkungen oder Verbesserungsvorschläge zur Gestaltung dieses Kodex haben, stehen wir Ihnen gerne für Rückfragen zur Verfügung.

Werner Gedlicka　　Markus Knotek　　Katharina van Bakel-Auer

Wien, am 15. November 2021

Inhaltsverzeichnis

2. Fachgutachten, Richtlinien, Stellungnahmen und Empfehlungen der Fachsenate der Kammer der Steuerberater und Wirtschaftsprüfer (KSW)*) und des Instituts Österreichischer Wirtschaftsprüfer (iwp)

*) Eine Übersicht über aufgehobene bzw. zurückgenommene Fachgutachten und Stellungnahmen der Kammer der Steuerberater und Wirtschaftsprüfer ist auf der Website der KSW (Mitgliederportal) abrufbar.

2/1. Rechnungslegung (RL)

1. Stellungnahmen des Austrian Financial Reporting and Auditing Committee (AFRAC)

AFRAC-Fachinformation Covid-19

Fachinformation Auswirkungen der Ausbreitung des Coronavirus (COVID-19) auf die Unternehmensberichterstattung

(März 2021)

Historie der vorliegenden Fachinformation

erstmalige Veröffentlichung	April 2020	
Erweiterung	Dezember 2020	Neuaufnahme der Frage 2.8. („Wie ist mit COVID-19-Zuschüssen umzugehen?"); entsprechende Ergänzung der Rz (1) und redaktionelle Verbesserungen
Erweiterung	März 2021	Erweiterung der Frage 2.8. um die Abschnitte 2.8.5. und 2.8.6.; Neuaufnahme der Frage 2.9. („Welche Auswirkungen haben Verlustrücktrag und COVID 19-Rücklage auf den Jahresabschluss?"); entsprechende Ergänzung der Rz (1)

Präambel

(1) Die vorliegende Fachinformation wurde kurzfristig von einer Ad-hoc-Arbeitsgruppe des AFRAC erarbeitet. Eine Befassung des gesamten Beirates und die damit verbundenen Verfahren einer ordnungsgemäßen Beschlussfassung waren aufgrund der Dringlichkeit und der außergewöhnlichen Situation der Auswirkungen der Coronavirus-Pandemie („COVID-19") nicht möglich. Die Fachinformation ist daher als Empfehlung einer Expertengruppe des AFRAC zum Wissensstand per 1. April 2020 zu verstehen. In der Sitzung im Juni 2020 wurde die vorliegende Fachinformation nachträglich vom Plenum des AFRAC beschlossen. Die Erweiterungen wurden in den Plenumssitzungen im Dezember 2020 und im März 2021 beschlossen.

(2) Klarstellend wird darauf hingewiesen, dass diese Fachinformation für Banken und Versicherungsunternehmen nur unter Beachtung allfälliger abweichender oder ergänzender aufsichtsrechtlicher Vorgaben anwendbar ist.

(3) Weiters ist zu beachten, dass die nachstehenden Ausführungen nur allgemeiner Art sein können und die Sachverhalte im Einzelfall und auf Basis der konkreten Fakten und Umstände zu beurteilen sind.

1. Zielsetzung der Fachinformation

(4) Die Ausbreitung von COVID-19 Anfang 2020 wurde von der Weltgesundheitsorganisation (WHO) zu einem Gesundheitsnotstand von internationaler Bedeutung erklärt, der erhebliche Auswirkungen auf die Bevölkerung und Unternehmen auf der ganzen Welt hat.

(5) Damit in Zusammenhang stehende Fragestellungen der Unternehmensberichterstattung betreffen den Zeitpunkt und das Ausmaß der Erfassung der Auswirkungen sowie die sich ergebenden zusätzlichen Angabe- und Ausweiserfordernisse.

(6) Diese Fachinformation betrifft alle Abschlüsse nach UGB und IFRS bzw Zwischenberichte und Lageberichte für Abschlussstichtage bis zum 31. Dezember 2019 sowie auch für folgende Abschlussstichtage.

(7) Ziel der Fachinformation ist die Behandlung von Einzelfragen, die sich aufgrund der Auswirkungen von COVID-19 auf die Unternehmensberichterstattung ergeben.

(8) Die Fachinformation ist im Frage-Antwort-Stil aufgebaut und kann daher im Verlauf der Pandemie um weitere Fragen ergänzt werden.

2. Einzelfragen zur Unternehmensberichterstattung

2.1. Betrifft der Ausbruch von COVID-19 die Bilanzierung zu Abschlussstichtagen bis zum 31. Dezember 2019?

(9) Bei der Beurteilung der Frage, ob nach dem Abschlussstichtag gewonnene Erkenntnisse im Abschluss zu berücksichtigen sind, ist zu unterscheiden, ob die gewonnenen Erkenntnisse Informationen über die Verhältnisse zum Abschlussstichtag liefern (sog wertaufhellende Erkenntnisse) (siehe dazu AFRAC 16 Rz (6) f und IAS 10.3 (a) iVm IAS 10.8) oder Informationen über die Verhältnisse nach dem Abschlussstichtag liefern (sog wertbegründende Tatsachen) (siehe dazu AFRAC 16 Rz (8) und IAS 10.3 (b) iVm IAS 10.10).

(10) Nach allgemeiner Ansicht (vgl insbesondere die Publikation „Coronavirus crisis: Implications on reporting and auditing" von Accountancy Europe (AE) vom 20. März 2020) stellen die Auswirkungen von COVID-19 gemäß AFRAC 16 Rz (8) bzw IAS 10.3 (b) wertbegründende und damit nicht zu berücksichtigende Ereignisse dar. Die Berücksichtigung in der Bilanzierung zu Abschlussstichtagen bis zum 31. Dezember 2019 ist aufgrund des Stichtagsprinzips daher nicht zulässig.

(11) Falls jedoch wertbegründende Erkenntnisse zwischen den Abschlussstichtagen bis zum 31. Dezember 2019 und dem Tag der Aufstellung des Abschlusses darauf hindeuten, dass die Annahme der Unternehmensfortführung (Going Concern-Annahme, § 201 Abs 2 Z 2 UGB bzw IAS 1.25) nicht mehr angemessen ist, darf der Abschluss nicht auf der Grundlage der Going Concern-Annahme aufgestellt werden. Bei der Beurteilung der Angemessenheit sind somit sämtliche bis zum Tag der Aufstellung verfügbaren Informationen über die Zukunft heranzuziehen und somit auch alle durch COVID-19 möglichen Auswirkungen in die Überlegungen mit einzubeziehen.

(12) Es ist zu beurteilen, ob sich die Unternehmenssituation durch COVID-19 zu einer akuten Krise (zum Begriff „Krise“ vgl KFS/BW 5 Rz (1) ff) entwickelt hat bzw entwickeln wird oder ob COVID-19 eine schon bestehende, bereits akute Krise verstärkt hat.

(13) Bei der Krisenanalyse sind folgende COVID-19-spezifische Ereignisse und deren Auswirkungen auf Liquidität und Finanzierung besonders zu beachten: Nachfragerückgänge und Produktionseinschränkungen, Durchbrechungen der Liefer- und Wertschöpfungsketten, Produktionsunterbrechungen und Schließung von Verkaufsstätten, Möglichkeit der flexiblen Kapazitätsanpassung, Möglichkeit/Notwendigkeit der Umstellung von Geschäftsmodellen.

(14) Als Ergebnis dieser Analyse kann zur Untermauerung der Going Concern-Annahme die Erstellung von Unternehmensplänen (zumindest Finanzplänen) und Szenarien (zB unterschiedliche Zeiträume der behördlichen Einschränkungen) notwendig sein. In den Planungsrechnungen sind auch die öffentlichen Unterstützungsmaßnahmen zu berücksichtigen, sofern die Kriterien dafür von dem Unternehmen voraussichtlich erfüllt werden und das Management die ernsthafte Absicht hat, diese in Anspruch zu nehmen.

(15) Ebenso kann das Ergebnis dieser Analyse zur Notwendigkeit einer Fortbestehensprognose führen.

2.2. Welche Angaben sind im Anhang zu Abschlussstichtagen bis zum 31. Dezember 2019 zu machen?

(16) Wesentliche wertbegründende Ereignisse zwischen Abschlussstichtagen bis zum 31. Dezember 2019 und dem Tag der Aufstellung des Abschlusses sind gemäß § 238 Abs 1 Z 11 UGB im Anhang zum Jahresabschluss von mittelgroßen und großen Unternehmen (§ 221 UGB) und gemäß § 251 Abs 1 UGB bzw IAS 10.21 im Konzernanhang anzugeben. COVID-19 ist idR als wesentliches Ereignis einzustufen. Auch eine Schätzung der finanziellen Auswirkungen ist anzugeben. Ist eine Schätzung der finanziellen Auswirkungen nicht möglich, ist diese Tatsache anzugeben.

(17) Im Anhang sind gemäß § 236 UGB die Bilanz und die Gewinn- und Verlustrechnung sowie die darauf angewandten Bilanzierungs- und Bewertungsmethoden so zu erläutern, dass ein möglichst getreues Bild der Vermögens-, Finanz- und Ertragslage des Unternehmens (Generalnorm der Rechnungslegung nach § 222 Abs 2 UGB) vermittelt wird; dies gilt gemäß § 265 Abs 1 UGB analog für den Konzernanhang. Wenn von der Annahme der Unternehmensfortführung ausgegangen wird, ist dies gemäß § 237 Abs 1 Z 1 UGB im Anhang anzugeben, ggf im Interesse der Erfüllung der Generalnorm unter Angabe diesbezüglicher besonderer Annahmen (beispielsweise die geplante Inanspruchnahme von Unterstützungsmaßnahmen).

(18) Sollten die Ereignisse aufgrund COVID-19 zur Folge haben, dass sich wesentliche Unsicherheiten zur Annahme der Unternehmensfortführung ergeben, sind diese in Erfüllung der Generalnorm gemäß § 222 Abs 2 UGB im Anhang anzugeben (siehe auch IAS 1.25 und IAS 10.16 (b)).

(19) Für Kleinstgesellschaften, die keinen Anhang zu erstellen haben, wird empfohlen, Angaben zu wesentlichen Unsicherheiten bei der Annahme der Unternehmensfortführung in den Jahresabschluss aufzunehmen.

2.3. Welche Angaben sind im Lagebericht zu Abschlussstichtagen bis zum 31. Dezember 2019 zu machen?

(20) Der Lage- bzw der Konzernlagebericht hat gemäß § 243 Abs 3 Z 1 UGB bzw § 267 Abs 3 Z 1 UGB auf die voraussichtliche Entwicklung des Unternehmens bzw des Konzerns einzugehen. Gemäß § 243 Abs 1 UGB bzw § 267 Abs 1 UGB sind auch die wesentlichen Risiken und Ungewissheiten zu beschreiben, denen das Unternehmen bzw der Konzern ausgesetzt ist. Zu berücksichtigen sind alle bis zum Tag der Aufstellung des Abschlusses bekannt gewordenen Tatsachen. Besteht ein wesentliches Risiko, dass die Auswirkungen von COVID-19 zu einer negativen Abweichung von Prognosen oder Zielen der Unternehmen führen werden, ist darüber im Rahmen des Lage- bzw des Konzernlageberichts zu berichten. Dies umfasst auch wesentliche Unsicherheiten zur Annahme der Unternehmensfortführung.

(21) Durch die Dynamik der Ausbreitung von COVID-19 könnte es sich als schwierig erweisen, die Dauer von COVID-19 und die Auswirkungen verlässlich zu schätzen. Sind die Auswirkungen nicht absehbar, hat ein Unternehmen diese Tatsache anzugeben.

(22) Gemäß § 243b UGB bzw § 267a UGB haben bestimmte große Kapitalgesellschaften bzw bestimmte Mutterunternehmen in den Lage- bzw Konzernlagebericht eine nichtfinanzielle Erklärung aufzunehmen oder einen nichtfinanziellen Bericht zu erstellen. Darin sind Angaben zu machen, die sich jedenfalls auf Umwelt-, Sozial- und Arbeitnehmerbelange, auf die Achtung der Menschenrechte und auf die Bekämpfung von Korruption und Bestechung zu beziehen haben. Die nichtfinanzielle Erklärung bzw der nichtfinanzielle Bericht hat die nichtfinanziellen Leistungsindikatoren unter Bezugnahme auf die im Jahres- bzw Konzern-

abschluss ausgewiesenen Beträge und Angaben zu erläutern.

(23) Die Ausführungen in Rz (20) und (21) sind auch für den nichtfinanziellen Bericht zu beachten. Insbesondere ist auf eine Konsistenz der nichtfinanziellen Erklärung bzw des nichtfinanziellen Berichts mit dem Jahres- bzw Konzernabschluss und den übrigen Aussagen im Lagebericht zu achten.

2.4. Wie sind wertaufhellende und wertbegründende Erkenntnisse über COVID-19 zwischen Aufstellung und Feststellung des Jahresabschlusses zu berücksichtigen?

(24) Eine Verpflichtung, den bereits aufgestellten Jahresabschluss aufgrund neu bekannt gewordener wesentlicher Informationen zu ändern, kann gemäß AFRAC 16 nur im Hinblick auf wertaufhellende, nicht jedoch im Hinblick auf wertbegründende Erkenntnisse bestehen. Daher ist grundsätzlich keine Anpassung von Abschluss und Lagebericht erforderlich, wenn sich wertbegründende Erkenntnisse in Bezug auf COVID-19 nach dem Tag der Aufstellung des Jahresabschlusses ergeben.

2.5. Wie ist bei Änderungen der Verwendung des Ergebnisses mit der betreffenden Anhangangabe umzugehen?

(25) Gemäß § 238 Abs 1 Z 9 UGB ist in den Jahresabschluss mittelgroßer und großer Unternehmen eine Angabe über den Vorschlag zur Verwendung des Ergebnisses oder gegebenenfalls die Verwendung des Ergebnisses aufzunehmen; dies gilt gemäß § 251 Abs 1 UGB analog für den UGB-Konzernabschluss bzw gemäß IAS 1.137 (a) für den IFRS-Konzernabschluss hinsichtlich des Mutterunternehmens.

(26) Eine nach der Aufstellung des Jahres- bzw Konzernabschlusses vorgenommene Änderung des Vorschlags zur Verwendung des Ergebnisses durch die gesetzlichen Vertreter oder eine von dem Vorschlag abweichende tatsächliche Verwendung des Ergebnisses führt zu keiner Verpflichtung, den bereits aufgestellten Abschluss in dieser Hinsicht zu ändern.

2.6. Ab welchen Abschlussstichtagen nach dem 31. Dezember 2019 sind der Ausbruch und die Auswirkungen von COVID-19 zu beachten?

(27) Für Abschlussstichtage nach dem 31. Dezember 2019 gilt grundsätzlich, dass länder- und einzelfallbezogen zu beurteilen ist, ob der Ausbruch und die Auswirkungen von COVID-19 wertbegründende Ereignisse sind oder im Sinne des Stichtagsprinzips beachtet werden müssen. Bei der Beurteilung sind ua Veröffentlichungen von (Gesundheits-)Behörden, Einschränkungen des öffentlichen Lebens und des Wirtschaftsverkehrs durch behördliche Auflagen und deren konkrete Auswirkungen auf das Unternehmen, aber auch allgemeine wirtschaftliche Entwicklungen zu berücksichtigen.

(28) Jedenfalls weltweit zu beachten sind die Ausrufung der internationalen Gesundheitsnotlage durch die WHO vom 30. Jänner 2020 sowie die Erklärung einer Pandemie am 11. März 2020. In Österreich haben die Ankündigungen der Maßnahmen der österreichischen Bundesregierung spätestens ab 13. März 2020 eine besondere Berücksichtigung zu erfahren.

2.7. Welche Auswirkungen ergeben sich für Abschlussstichtage nach dem 31. Dezember 2019?

(29) Sind der Ausbruch und die Auswirkungen von COVID-19 im Sinne des Stichtagsprinzips zu beachten, gilt hinsichtlich allgemeiner Bilanzierungsgrundsätze beispielsweise Folgendes:

- Überprüfung der Going Concern-Annahme;
- Möglichkeit/Notwendigkeit der Durchbrechung des Grundsatzes der Bewertungsstetigkeit.

(30) Sind der Ausbruch und die Auswirkungen von COVID-19 im Sinne des Stichtagsprinzips zu beachten, gilt für Vermögensgegenstände bzw Vermögenswerte beispielsweise Folgendes:

- COVID-19 wird idR ein Auslöser für die Prüfung der Notwendigkeit von außerplanmäßigen Abschreibungen und für die Durchführung von Wertminderungstests nach IFRS sein, insbesondere bei Firmenwerten, Sach- und Finanzanlagevermögen (Unsicherheit bei den Annahmen aufgrund der Verschiebung oder des gänzlichen Ausfalls von Zahlungen etc);
- bei der Bewertung von Finanzimmobilien und Finanzinstrumenten zum beizulegenden Zeitwert sind die COVID-19-Auswirkungen auf die preisrelevanten Faktoren zum Abschluss-/Bewertungsstichtag zu evaluieren und zu berücksichtigen;
- Entstehung von nicht aktivierungsfähigen „Leerkosten" im Rahmen der Bewertung von Vorräten zu Herstellungskosten aufgrund von Unterauslastungen und unterbrochenen Lieferketten;
- Abschreibung von Vorratsvermögen ua aufgrund des Entfalls der Veräußerbarkeit, einer gesunkenen Umschlagshäufigkeit oder erhöhter Lagerkosten;
- erhöhtes Risiko von Forderungsausfällen (jedoch Berücksichtigung von öffentlichen Unterstützungsmaßnahmen beim Schuldner);
- allfällige Notwendigkeit der Anpassung der Pauschalwertberichtigung bzw erwarteter Kreditausfälle zu Forderungen aus Lieferungen und Leistungen;
- Änderung bei der Erfassung von Umsatzerlösen aus Kundenverträgen nach IFRS 15 dem Grunde nach, wenn sich die erwarteten Zahlungen von Kunden wesentlich verschlechtern, bzw der Höhe nach aufgrund geänderter Umstände und Einschätzungen;

– Überprüfung der Aktivierung von latenten Steueransprüchen aus temporären Differenzen oder Verlustvorträgen hinsichtlich der Wahrscheinlichkeit künftiger zu versteuernder Erträge.

(31) Sind der Ausbruch und die Auswirkungen von COVID-19 im Sinne des Stichtagsprinzips zu beachten, gilt für Schulden beispielsweise Folgendes:

– Bei schwebenden Absatz- und schwebenden Beschaffungsgeschäften kann es durch COVID-19 zum Erfordernis der Bildung von Rückstellungen kommen (beispielsweise Rückstellungen für drohende Verluste oder für Vertragsstrafen bzw für belastende Verträge);
– durch das mögliche Brechen von Kreditbedingungen (Covenants) kann sich der Ausweis von Verbindlichkeiten von langfristig auf kurzfristig ändern;
– Eventualverbindlichkeiten wie Haftungsverhältnisse können schlagend werden und sind dann in die Bilanz als Schulden aufzunehmen.

2.8. Wie ist mit COVID-19-Zuschüssen umzugehen?

2.8.1. Vorbemerkung

(32) Die AFRAC-Stellungnahme 6: Zuschüsse im öffentlichen Sektor (UGB) ist auch für rechnungslegungspflichtige Einrichtungen, welche nicht Betriebe oder sonstige ausgegliederte Rechtsträger im öffentlichen Sektor sind, anwendbar, sofern entsprechende Sachverhalte vorliegen (AFRAC 6 Rz (12)). Dementsprechend wird hinsichtlich Einteilung und Klassifizierung auf AFRAC 6 Rz (15) ff verwiesen.

2.8.2. Ansatz von Zuschüssen

(33) Besteht **kein Rechtsanspruch**, dann ist entsprechend AFRAC 6 Rz (20) ein Zuschuss als Forderung zu aktivieren, wenn der Berechtigte am Abschlussstichtag die sachlichen Voraussetzungen für die Gewährung des Zuschusses erfüllt hat und der Zuschuss spätestens zum Zeitpunkt der Aufstellung des Abschlusses ohne Auszahlungsvorbehalt bewilligt ist. Besteht ein **Rechtsanspruch** auf den Zuschuss, muss keine Bewilligung vorliegen, es muss aber der erforderliche Antrag bis zur Aufstellung des Jahresabschlusses bereits ordnungsgemäß gestellt worden sein oder nach der Aufstellung des Jahresabschlusses mit einer an Sicherheit grenzenden Wahrscheinlichkeit gestellt werden.

(34) Für die COVID-19-Förderungsmaßnahmen wird aus der Fiskalgeltung der Grundrechte ein Rechtsanspruch auf die Förderung bei Vorliegen der sachlichen Voraussetzungen abgeleitet. Damit eine Forderung dem Grunde nach bilanziert werden kann, muss – neben der Erfüllung der sachlichen Voraussetzungen zum Abschlussstichtag – der Förderungsantrag bis zur Aufstellung des Jahresabschlusses ordnungsgemäß gestellt worden sein oder nach der Aufstellung des Jahresabschlusses mit an Sicherheit grenzender Wahrscheinlichkeit gestellt werden; eine Bewilligung der Förderung bis zum Zeitpunkt der Aufstellung des Jahresabschlusses ist nicht erforderlich.

(35) Für den Ansatz einer Forderung müssen die folgenden sachlichen Voraussetzungen zum Abschlussstichtag erfüllt sein:

– **COVID-19-Investitionsprämie**

  Sachliche Voraussetzungen für die Gewährung der Investitionsprämie nach Maßgabe des InvPrG sind:

  o ein berechtigter Förderungswerber,
  o das Vorliegen einer förderbaren Investition sowie
  o das Setzen erster Maßnahmen iSd InvPrG im Zeitraum 1. August 2020 bis 28. Februar 2021, wobei die den Anspruch auf den Zuschuss auslösende erste Maßnahme bis zum Abschlussstichtag gesetzt werden muss.

  Keine für den Ansatz der Forderung wesentlichen sachlichen Voraussetzungen sind die Inbetriebnahme der zu aktivierenden Investition, die Bezahlung bzw Abrechnung sowie die Bestätigung des Steuerberaters, Wirtschaftsprüfers oder Bilanzbuchhalters. Diese Voraussetzungen sind allerdings bei der Bewertung der Forderung zu berücksichtigen (siehe Rz (37) ff).

– **Fixkostenzuschuss**

  Sachliche Voraussetzungen für die Gewährung des Fixkostenzuschusses sind:

  o das Vorliegen eines begünstigten Unternehmens,
  o das Vorliegen von die Förderbedingungen erfüllenden Umsatzausfällen und nachweisbare förderbare Fixkosten im jeweiligen Betrachtungszeitraum.

  Keine für den Ansatz der Forderung wesentliche sachliche Voraussetzung ist hingegen die Bestätigung des Steuerberaters, Wirtschaftsprüfers oder Bilanzbuchhalters. Diese Voraussetzung ist allerdings bei der Bewertung der Forderung zu berücksichtigen (siehe Rz (37) ff).

(36) Der Zeitpunkt des Zuflusses des Zuschusses ist für den Zeitpunkt der Bilanzierung ebenso nicht maßgeblich. Beträge, die zugeflossen sind, ohne dass der Empfänger die sachlichen Voraussetzungen für die Zuschussgewährung bis zum Abschlussstichtag erfüllt hat, sind als sonstige Verbindlichkeit auszuweisen.

2.8.3. Bewertung von Zuschüssen

(37) Bei der Erst- und Folgebewertung der aufgrund der Gewährung des Zuschusses aktivierbaren Forderung ist zu beachten, dass die (aktivierungsfähigen) Kosten bzw Aufwendungen, die der Gewährung des Zuschusses zugrunde liegen, bis zum Abschlussstichtag tatsächlich angefallen sein müssen. Dementsprechend darf nur jener Teil des Zuschusses aktiviert werden, der anteilig

in den tatsächlich angefallenen und bilanziell berücksichtigten (aktivierungsfähigen) Kosten bzw Aufwendungen Deckung findet. Der bilanziell (noch) nicht berücksichtigte Teil eines Zuschusses (zB einer COVID-19-Investitionsprämie oder eines Fixkostenzuschusses) ist gegebenenfalls gemäß § 238 Abs 1 Z 10 UGB im Anhang zu erläutern.

(38) Wenn dem Aufsteller bis zum Tag der Aufstellung des Jahresabschlusses bekannt wird, dass der Zuschuss nicht antragsgemäß gewährt werden wird (zB Ausschöpfung budgetärer Mittel), oder eine Rückzahlungsverpflichtung (zB Verstoß gegen die jeweiligen Förderungsrichtlinien) droht oder eintritt, ist dieser Umstand bilanziell zu berücksichtigen (zB im Rahmen der Bewertung der Forderung für den Zuschuss). Dabei sind alle Erkenntnisse, die bis zum Zeitpunkt der Aufstellung des Jahresabschlusses gewonnen werden oder bei pflichtgemäßer Sorgfalt gewonnen werden können, zu berücksichtigen.

(39) Bei bedingt rückzahlbaren Zuschüssen kann die Rückzahlungsverpflichtung aufschiebend oder auflösend bedingt sein (vgl AFRAC 6 Rz (19) und (33) ff):

- Im Falle einer **aufschiebend bedingten Rückzahlungsverpflichtung** entsteht die Pflicht zur Rückzahlung mit dem Eintritt der definierten Bedingung(en), sodass zunächst von einem nicht rückzahlbaren Zuschuss auszugehen ist.
- Bei **auflösend bedingten Rückzahlungsverpflichtungen** ist von einer Rückzahlungsverpflichtung auszugehen, solange die auflösende(n) Bedingung(en) nicht eingetreten ist bzw. sind.

(40) Die verschiedenen COVID-19-Zuschüsse sehen zahlreiche Auflagen/Bedingungen im Zusammenhang mit der Gewährung der Zuschüsse bzw hinsichtlich der Rückzahlungsverpflichtung vor. Diese Auflagen/Bedingungen lassen sich in ihrer Vielzahl nicht als ausschließlich aufschiebend oder auflösend interpretieren. Sie sind vielmehr aufgrund des in § 196a UGB normierten Grundsatzes des wirtschaftlichen Gehalts in ihrer Gesamtheit dahingehend zu bewerten, ob die Verpflichtung zur Rückzahlung der Förderung wahrscheinlich ist oder nicht. Wenn am Abschlussstichtag die Rückzahlungsverpflichtung entsprechend wahrscheinlich ist, ist eine sonstige Rückstellung zu passivieren.

2.8.4. Darstellung von Zuschüssen im Abschluss

(41) Für die Art der Darstellung von Zuschüssen im Abschluss ist grundsätzlich der Zweck des Zuschusses ausschlaggebend.

(42) **Investitionszuschüsse** sind – entsprechend AFRAC 6 Rz (24) – nach der Bruttomethode ohne Berührung der Gewinn- und Verlustrechnung (und somit erfolgsneutral) in einem gesonderten Passivposten (zB „Investitionszuschüsse zum Anlagevermögen", „Investitionszuschüsse") nach dem Posten Eigenkapital (§ 2124 Abs 3 A UGB) auszuweisen oder nach der Nettomethode zu bilanzieren. Hinsichtlich der Aufgliederung im Anhang und dem Ausweis in der Gewinn- und Verlustrechnung wird auf AFRAC 6 Rz (26) f verwiesen.

(43) **Aufwandszuschüsse** (wie zB der Fixkostenzuschuss) sind – entsprechend AFRAC 6 Rz (30) – nach Maßgabe des Aufwandsanfalles ergebniswirksam zu erfassen, wobei entweder ein Ausweis als „übrige sonstige betriebliche Erträge" oder eine offene Absetzung vom jeweiligen Aufwand (in einer Vorspalte) zulässig sind. Eine Kürzung des durch den Zuschuss gedeckten Aufwands ist aufgrund des Saldierungsverbots gemäß § 196 Abs 2 UGB nicht zulässig. Soweit Vorauszahlungen für Folgeperioden geleistet werden, ist eine periodengerechte Erfolgsabgrenzung durch Bildung eines passiven Rechnungsabgrenzungspostens vorzunehmen. Zum Ausweis in der Gewinn- und Verlustrechnung siehe AFRAC 6, Rz (30) ff.

2.8.5. Wertaufhellung und Wertbegründung bei COVID-19-Zuschüssen

(44) Zu den wertaufhellenden Erkenntnissen über die Verhältnisse zum Abschlussstichtag, die bis zum Zeitpunkt der Aufstellung des Jahresabschlusses gewonnen werden oder bei pflichtgemäßer Sorgfalt gewonnen werden können und daher bei der Abschlussaufstellung zu berücksichtigen sind, gehören auch Erkenntnisse, die das Jahresergebnis verbessern (vgl AFRAC 16 Rz (6)). Wertaufhellende Erkenntnisse können sowohl den Ansatz als auch die Bewertung betreffen.

(45) Ist der Ansatz einer Forderung nicht zulässig (wertbegründendes Ereignis), ist ungeachtet dessen der COVID-19-Zuschuss im Zusammenhang mit der Beurteilung der Unternehmensfortführung (Going Concern-Annahme, § 201 Abs 2 Z 2 UGB) zu berücksichtigen (siehe Rz (11)). Wenn es sich dabei um ein wesentliches Ereignis nach dem Abschlussstichtag handelt, ist dieses gemäß § 238 Abs 1 Z 11 UGB im Anhang zu erläutern.

2.8.6. Kann ein COVID-19-Zuschuss angesetzt werden, wenn die Erfüllung der dafür erforderlichen sachlichen Voraussetzungen durch Ereignisse nach dem Abschlussstichtag beeinflusst wird?

(46) Der Ansatz einer Forderung bezüglich eines COVID-19-Zuschusses setzt voraus, dass die sachlichen Voraussetzungen am Abschlussstichtag erfüllt sind und der Förderungsantrag bis zur Aufstellung des Jahresabschlusses ordnungsgemäß gestellt worden ist oder nach der Aufstellung des Jahresabschlusses mit an Sicherheit grenzender Wahrscheinlichkeit gestellt werden wird (siehe Rz (33) f).

(47) Die Gewährung bestimmter COVID-19-Zuschüsse (zB Verlustersatz, Fixkostenzuschuss) hat als sachliche Voraussetzung ua einen Umsatzausfall in bestimmter Höhe innerhalb des gesamten Zeitraums, für den der Zuschuss geltend gemacht wird (sog Betrachtungszeitraum). Eine Forderung auf den auf das Geschäftsjahr entfallenden Teil des jeweiligen COVID-19-Zuschusses ist – bei

Vorliegen der sonstigen Voraussetzungen – anzusetzen, wenn der Umsatzausfall bezogen auf den gesamten Betrachtungszeitraum so gut wie sicher ist. Nicht maßgeblich ist der tatsächliche bis zum Abschlussstichtag eingetretene Umsatzausfall.

2.9. Welche Auswirkungen haben Verlustrücktrag und COVID-19-Rücklage auf den Jahresabschluss?

(48) Die mit dem KonStG 2020 in § 124b Z 355 EStG 1988 und § 26c Z 76 KStG bzw mit der zugehörigen VO eingeführten steuerrechtlichen Wahlrechte zur Berücksichtigung von 2020 anfallenden Verlusten in den Steuererklärungen 2019 und 2018 durch Bildung einer COVID-19-Rücklage und/oder Geltendmachung eines Verlustrücktrages stellen ein wertbegründendes Ereignis dar und können daher im Jahresabschluss 2019 nicht berücksichtigt werden.

(49) Ein Steuererstattungsanspruch betreffend die COVID-19-Rücklage und/oder den Verlustrücktrag ist im Jahresabschluss 2020 als Forderung gegenüber dem Finanzamt anzusetzen, wenn zum Abschlussstichtag die dafür erforderlichen sachlichen Voraussetzungen vorliegen und im Zeitpunkt der Aufstellung des Jahresabschlusses der jeweilige Antrag gestellt worden ist oder mit an Sicherheit grenzender Wahrscheinlichkeit gestellt werden wird. Da es sich um Forderungen aus laufenden Ertragsteuern handelt, kommen die Regelungen des § 198 Abs 9 UGB zu latenten Steuern für Verlustrückträge nicht zur Anwendung.

Erläuterungen

Zu Rz (1):

Gesellschaftsrechtliche Themen werden in dieser Fachinformation nicht behandelt, allerdings wird auf Folgendes hingewiesen:

§ 1 Abs 2 des COVID-19-GesG sieht vor, dass im Wege einer Verordnung geregelt werden soll, unter welchen Voraussetzungen Versammlungen der Gesellschafter und von Organmitgliedern aller privatrechtlichen Rechtsformen stattfinden können, ohne dass alle oder einige Teilnehmer physisch anwesend sind („virtuelle Versammlung“). Diese Verordnung, die derzeit vorbereitet wird, soll rückwirkend mit dem COVID-19-GesG in Kraft treten, das ist der 21. März 2020.

Verwiesen wird auch auf das Schreiben der FMA vom 16. März 2020 an die Wirtschaftskammer Österreich zum vorübergehenden Abweichen vom Erfordernis der persönlichen Anwesenheit der Mitglieder bei Aufsichtsrats- und Aufsichtsratsausschusssitzungen sowie auf das Schreiben des Bundesministeriums für Justiz vom 23. März 2020 GZ 020-0.190.65 betreffend Einreichung von Jahresabschlüssen – Fristenhemmung.

Sobald die Verordnung kundgemacht ist, kann die Stellungnahme zu offenen bzw sich aus der Auslegung der Verordnung ergebenden Fragen erweitert werden.

Zu Rz (3):

Für die Beurteilung des Einzelfalls bei der Anwendung der internationalen Rechnungslegungsnormen sind jedenfalls die aktuellen Auslegungen des IASB, beispielsweise zu IFRS 9, zu berücksichtigen.

Zu Rz (9):

Bei der Beurteilung dieser Frage haben die zur Aufstellung des Jahresabschlusses verpflichteten Mitglieder der Geschäftsführung/des Vorstands gemäß AFRAC 16 Rz (7) eine umfassende Informationsbeschaffungspflicht.

Zu Rz (10):

Hinzuweisen ist in diesem Zusammenhang, dass im Einzelfall bei Abschlüssen mit Tochtergesellschaften in der Volksrepublik China auch schon vor dem 31. Dezember 2019 Auswirkungen aus COVID-19 aufgetreten sein könnten.

Gemäß den allgemeinen Ansatz- und Bewertungsgrundsätzen (§ 201 UGB) sind Vermögensgegenstände und Schulden zum Abschlussstichtag einzeln zu bewerten. Dabei sind die auf den vorhergehenden Jahresabschluss angewendeten Bilanzierungs- und Bewertungsmethoden beizubehalten. COVID-19 hat auf diese allgemeinen Grundsätze keine Auswirkung.

Anders zu beurteilen sind die Frage der Bewertung unter der Annahme der Fortführung des Unternehmens sowie die Angaben im Anhang und im Lagebericht. In diesen Fällen sind alle Informationen bis zum Zeitpunkt der Aufstellung des Jahresabschlusses (§ 222 Abs 1 UGB), daher auch alle im Zusammenhang mit COVID-19 stehenden Erkenntnisse und Auswirkungen zu berücksichtigen.

Weitere grundlegende Informationen finden sich in den fachlichen Hinweisen des deutschen Instituts der Wirtschaftsprüfer (IDW) zu den Auswirkungen der Ausbreitung des Coronavirus auf die Rechnungslegung (zum Stichtag 31.12.2019) und deren Prüfung vom 4. und vom 25. März 2020.

Zu Rz (11):

Zum Prognosezeitraum siehe KFS/RL 28 Rz (21) bis (23).

Beim Abgehen von der Going Concern-Annahme sind hinsichtlich der Konsequenzen für die Jahresabschlusserstellung insbesondere KFS/RL 28 Rz (34) f zu beachten.

Zu Rz (12):

In KFS/BW 5 Rz (1) wird als Krise eine Phase der Diskontinuität in der Entwicklung eines Unternehmens definiert, die eine substanzielle Gefährdung des Unternehmensfortbestands darstellt und durch die Unbestimmtheit ihres Ausgangs charakterisiert ist. In KFS/BW 5 werden die unterschiedlichen Formen einer Krise, von der potenziellen bis zur akuten Krise, und Beispiele für Krisensignale dargestellt.

Bei der Analyse ist daher sowohl hinsichtlich der Beurteilung der Wahrscheinlichkeit des Eintritts einer akuten Krise als auch bei der Möglichkeit des Erhalts von Unterstützungsleistungen die Unternehmenssituation vor dem Eintritt von COVID-19 zu beachten.

Zu Rz (14):

Unterstützungsmaßnahmen, die in Österreich besondere Bedeutung haben, sind das neue Kurzarbeitsmodell, die Einrichtung eines Notfallfonds sowie die Bereitstellung von Garantien und Haftungen zur Kreditabsicherung. Es ist zu beachten, dass die Hilfe derzeit bis 31. Dezember 2020 begrenzt ist.

Zu Rz (15):

Gemäß dem Leitfaden „Fortbestehensprognose" erscheint in folgenden Fällen die Erstellung einer detaillierten Fortbestehensprognose geboten:

– negatives Eigenkapital im (Entwurf des letzten) Jahresabschluss(es);
– Verlust des halben Nennkapitals, bei anhaltend negativen Erwartungen;
– handfeste Krisensymptome, die eine weitere Verschlechterung der Unternehmenssituation erwarten lassen und bei anhaltend negativen Ergebnissen zu einem Aufzehren des Eigenkapitals im nächsten Jahr führen könnten oder sonst eine Bestandsgefährdung implizieren.

Zu Rz (16):

Bei der Angabe von Art und finanzieller Auswirkung der wesentlichen Ereignisse nach dem Abschlussstichtag ist neben der Finanzlage auch die Vermögens- und Ertragslage zu beachten. Die Auswirkungen sind sowohl in Form von qualitativen Erläuterungen als auch – soweit möglich – durch quantitative Angaben darzustellen. Können quantitative Angaben nicht gemacht werden, verlangt IAS 10.21 (b), dass diese Tatsache anzugeben ist. Für das UGB wird eine analoge Vorgehensweise empfohlen.

Zu Rz (17):

Jene Unternehmen, die nicht bereits gemäß § 238 Abs 1 Z 11 UGB verpflichtet sind, Angaben zu den Auswirkungen von COVID-19 zu machen, wie zB kleine Kapitalgesellschaften und Personengesellschaften, haben diese gegebenenfalls daher aufgrund der Generalnorm (§ 222 Abs 2 UGB) bzw im Rahmen der Erläuterung der Bilanzierungs- und Bewertungsmethoden unter Annahme der Unternehmensfortführung (§ 237 Abs 1 Z 1 UGB) zu berücksichtigen.

Zu Rz (18):

Siehe dazu KFS/RL 28 Rz (27): Der Abschlussaufsteller muss

– die wesentlichen der Unternehmensfortführung möglicherweise entgegenstehenden Gründe und seine Pläne, diesen Gründen zu begegnen, angemessen darstellen und
– zweifelsfrei angeben, dass eine wesentliche Unsicherheit im Zusammenhang mit Gründen besteht, die der Unternehmensfortführung möglicherweise entgegenstehen, und das Unternehmen daher möglicherweise nicht in der Lage ist, im Rahmen des gewöhnlichen Geschäftsbetriebs seine Vermögenswerte zu realisieren und seine Schulden zu begleichen.

Zu Rz (20):

Die Risiken sind zumindest in qualitativer Form zu beschreiben. Die zugrundeliegenden Annahmen und die Berechnungsweise bei Zahlenangaben sind zu erläutern. Auf bestandsgefährdende Risiken ist besonders einzugehen, und sie sind als solche zu bezeichnen (siehe AFRAC 9 Rz (138)). Die Angabe der Absicherungsstrategie für die beschriebenen Risiken (soweit vorhanden) wird empfohlen. Die voraussichtliche Entwicklung ist zumindest in qualitativer Form darzustellen und hat jedenfalls das nachfolgende Geschäftsjahr zu umfassen.

Zu Rz (21):

Erforderlich ist eine bestmögliche Einschätzung der Dauer und der Auswirkungen von COVID-19 auf Basis objektiv nachvollziehbarer Informationen wie beispielsweise Veröffentlichungen der Bundesregierung und der Landesregierungen sowie diesen nachgeordneter Behörden, wissenschaftliche Publikationen oder auch Erfahrungen in anderen Ländern.

Zu Rz (24):

Organe, die mit der Feststellung des Abschlusses betraut sind, sollen in geeigneter Form (zB auch im Rahmen der Sitzung) darauf hingewiesen werden, dass Entwicklungen nach dem Tag der Aufstellung im Abschluss keine Berücksichtigung gefunden haben und es ihnen freisteht, zur Wahrung ihrer Verantwortung die Feststellung davon abhängig zu machen, dass der Abschluss geändert oder ergänzt wird. Auf das Erfordernis einer Nachtragsprüfung ist hinzuweisen.

Für wertaufhellende Erkenntnisse nach Aufstellung des Konzernabschlusses gelten die Ausführungen in der Rz (24) sinngemäß, wobei an die Stelle des Feststellungszeitpunktes der Zeitpunkt des Abschlusses der Prüfung durch das zuständige Organ tritt (siehe auch AFRAC 16 Rz (24)).

Zu Rz (26):

Bei einer Gesellschaft mit beschränkter Haftung entscheidet die Gesellschafterversammlung über die Gewinnverwendung. Bei Aktiengesellschaften erstellt der Vorstand einen Gewinnverwendungsvorschlag. Weicht die Hauptversammlung von diesem Gewinnverwendungsvorschlag ab (zB als Vorsichtsmaßnahme infolge von COVID-19), handelt es sich um eine gesellschaftsrechtliche Maßnahme.

Gemäß § 82 Abs 5 GmbHG (der nach verbreiteter Auffassung analog für die AG gilt) ist der Gewinn auf neue Rechnung vorzutragen, wenn nach dem Stichtag erhebliche und voraussichtlich nachhaltige Verluste/Wertminderungen eingetreten sind. Dies ist in jedem Unternehmen individuell zu entscheiden. Im Zweifel sollte zunächst ein Gewinnvortrag beschlossen werden, zumal nach Besserung/Klärung der Situation die Möglichkeit besteht, im Wege eines Beschlusses den Gewinnvortrag in einen Gewinn umzuwandeln.

Eine Auswirkung auf den Jahresabschluss, in dem der Jahresgewinn und seine Entstehung ausgewiesen sind, ergibt sich nicht.

Zu Rz (27):

Damit wird klargestellt, dass die Folgemaßnahmen aus COVID-19 nach dem Abschlussstichtag wiederum wertaufhellend oder wertbegründend sein können und dass dies im Einzelfall zu untersuchen sein wird.

Zu Rz (28):

Anhaltspunkte für die Entstehung eines wertbegründenden Ereignisses könnten sein: Am 28. Jänner 2020 wurde die erste Infektion in Italien festgestellt. Am 28. Februar 2020 wurden die ersten behördlichen Maßnahmen in der Lombardei gesetzt, und am 8. März 2020 wurde ein Ausgehverbot in Italien erlassen. Am 10. März 2020 erfolgte die Grenzschließung zwischen Italien und Österreich; außerdem wurde in Österreich ua ein Versammlungsverbot für Personengruppen ab 500 Personen ausgesprochen.

Zu Rz (29):

Vgl dazu vertiefend den fachlichen Hinweis des IDW zu den Auswirkungen der Ausbreitung des Coronavirus auf die Rechnungslegung und deren Prüfung (Teil 2) vom 25. März 2020. Bei der Anwendung dieses fachlichen Hinweises ist auf allfällige abweichende rechtliche Grundlagen in Österreich Bedacht zu nehmen.

Für die Beurteilung einer allfälligen Durchbrechung des Grundsatzes der Bewertungsstetigkeit ist die Zusammenfassung der Rechtslage in KFS/RL 1 Rz (3) besonders hervorzuheben: „Nach § 201 Abs. 2 Z 1 UGB sind die auf den vorhergehenden Jahresabschluss angewendeten Bewertungsmethoden beizubehalten. Ein Abweichen ist nur bei Vorliegen besonderer Umstände und unter Beachtung der Generalnorm (d.h. der Vermittlung eines möglichst getreuen Bildes der Vermögens-, Finanz- und Ertragslage) für die Aufstellung des Abschlusses zulässig (§ 201 Abs. 3 UGB)." Ein Auslöser kann typischerweise die Umstellung von Geschäftsmodellen sein.

Zu Rz (30):

Zu den Auswirkungen von COVID-19 auf die Durchführung von Impairmenttests wird auf den fachlichen Hinweis des Fachausschusses für Unternehmensbewertung und Betriebswirtschaft (FAUB) des IDW vom 25. März 2020 hingewiesen.

Zu Rz (33) bis (36):

Aus der Fiskalgeltung der Grundrechte und dem Gleichheitsgrundsatz leitet sich für den Berechtigten selbst dann ein Rechtsanspruch auf die Förderung ab (vgl VfGH, 14.7.2020, G 202/2020), wenn in den einfachgesetzlichen Regelungen zu den spezifischen COVID-19-Förderungsmaßnahmen kein Rechtsanspruch normiert wurde. Den Berechtigten sind Förderungen in gleichheitskonformer Weise und nach sachlichen Kriterien zu gewähren. Auf die COVID-19-Investitionsprämie, den Fixkostenzuschuss und die COVID-19-Kurzarbeit besteht daher ein Rechtsanspruch, der zur Aktivierung einer Forderung berechtigt, wenn am Abschlussstichtag die sachlichen Voraussetzungen für die Gewährung des Zuschusses erfüllt sind und der erforderliche Antrag bereits ordnungsgemäß gestellt worden ist oder mit einer an Sicherheit grenzenden Wahrscheinlichkeit gestellt wird (vgl dazu auch ausführlich *Rzeszut/Predota*, Rechtsschutz bei COVID-19 Förderungen, SWK 2020, 1463).

Erste Maßnahmen iSd InvPrG, die bis zum 28. Februar 2021 gesetzt werden müssen, sind Bestellungen, Kaufverträge, Lieferungen, der Beginn von Leistungen, Anzahlungen, Zahlungen, Rechnungen oder der Baubeginn. Planungsleistungen und Finanzierungsgespräche zählen nicht zu den ersten Maßnahmen (Förderungsrichtlinie „COVID-19-Investitionsprämie für Unternehmen", Pkt 5.3.2). Soweit diese ersten Maßnahmen vor dem Abschlussstichtag 31. Dezember 2020 gesetzt werden, ist eine Bilanzierung der COVID-19-Investitionsprämie im Jahresabschluss 2020 geboten, werden sie nach diesem Stichtag gesetzt, erst im Jahresabschluss 2021.

Zu Rz (37) bis (39):

Treten Umstände ein, die berechtigte Zweifel an der Durchsetzbarkeit des Forderungsanspruchs auslösen, ist die zunächst aktivierte Forderung aus der Gewährung des Zuschusses entsprechend wertzuberichtigen. Wurde der Zuschuss hingegen bereits ausbezahlt, ist bei drohendem Eintritt einer Rückzahlungsverpflichtung eine Rückstellung, bei deren tatsächlichem Eintritt eine Verbindlichkeit zu passivieren.

Zu Rz (40):

An die Stelle der formalen Differenzierung zwischen aufschiebend und auflösend bedingten Rückzahlungsverpflichtungen tritt eine wirtschaftliche Betrachtungsweise (vgl BFH, 17.12.1998 – IV R 21/97, *Mayr*, RdW 1999, 624). Ist der Eintritt einer Rückzahlungsverpflichtung entsprechend wahrscheinlich, besteht – gleichgültig ob eine aufschiebende oder auflösende Bedingung vorliegt – die Verpflichtung zur Passivierung einer Rückzahlungsverpflichtung. Bei der Ermittlung der Eintrittswahrscheinlichkeit sind sämtliche Erkenntnisse (zB Verstoß gegen eine Förderungsrichtlinie), die bis zum Zeitpunkt der Aufstellung des Jahresabschlusses gewonnen werden oder bei pflichtgemäßer Sorgfalt gewonnen werden können, zu berücksichtigen (vgl AFRAC 16 Rz 6 ff).

Bei Vorliegen der entsprechenden Wahrscheinlichkeit der Rückzahlungsverpflichtung ist der Rückzahlungsbetrag unter Verwendung (Umgliederung) des noch nicht erfolgswirksam erfassten Teils des passivierten Investitionszuschusses rückzustellen; bei Vorliegen einer sicheren Rückzahlungsverpflichtung hat eine Umgliederung in die Verbindlichkeiten zu erfolgen. Der bereits erfolgswirksam aufgelöste Teil des Investitionszuschusses ist aufwandswirksam als Rückstellung bzw Verbindlichkeit zu passivieren.

Zu Rz (42):

Die COVID-19-Investitionsprämie fördert materielle und immaterielle aktivierungspflichtige

Neuinvestitionen in das abnutzbare Anlagevermögen eines Unternehmens (§ 2 Abs 1 InvPrG). Der Ausweis als offener Korrekturposten zu den Abschreibungen stellt eine Verbesserung der Information für die Adressaten des Abschlusses dar, weil die ergebniswirksamen Einflüsse aus nicht durch Zuschüsse gedeckten Investitionen offen gezeigt werden (vgl AFRAC 6 Rz 27).

Zu Rz (43):

COVID-19-Kurzarbeitsbeihilfe: Der Dienstgeber erhält für die Ausfallstunden jener Mitarbeiter, die Kurzarbeit in Anspruch nehmen, einen Zuschuss vom Arbeitsmarktservice (AMS) zur Aufwandsabdeckung. Der Ausweis als offener Korrekturposten zum Personalaufwand beim Gesamtkostenverfahren stellt eine Verbesserung der Information für die Adressaten des Abschlusses dar, weil die ergebniswirksamen Einflüsse aus nicht durch Zuschüsse gedeckten Personalaufwendungen offen gezeigt werden. Beim Umsatzkostenverfahren ist ein Ausweis im Posten „übrige sonstige betriebliche Erträge" vorzunehmen.

Fixkostenzuschuss: Zur Erhaltung der Zahlungsfähigkeit und Überbrückung von Liquiditätsschwierigkeiten von Unternehmen im Zusammenhang mit der Ausbreitung von COVID-19 und den dadurch verursachten wirtschaftlichen Auswirkungen werden die konkreten Fixkosten betroffener Unternehmen durch einen Fixkostenzuschuss anteilig gedeckt. Der Fixkostenzuschuss kann eine Vielzahl von unterschiedlichen Aufwendungen abdecken, weshalb ein Ausweis im Posten „übrige sonstige betriebliche Erträge" eine Verbesserung der Information für die Adressaten des Abschlusses darstellt.

Der Fixkostenzuschuss kann auch Aufwendungen abdecken, welche künftigen Perioden zuzuordnen sind. Nach dem Grundsatz der periodengerechten Gewinnermittlung ist der Fixkostenzuschuss entsprechend abzugrenzen.

Umsatzersatz: Um die Zahlungsfähigkeit zu erhalten und Liquiditätsschwierigkeiten zu überbrücken, bekommen Betriebe einen Umsatzersatz, die unmittelbar von der COVID-19-SchuMaV hinsichtlich ihres Umsatzes schwer betroffen sind und die Voraussetzungen der Richtlinie für den Umsatzersatz erfüllen. Der Umsatzersatz dient der Abdeckung einer Vielzahl von Aufwendungen, weshalb ein Ausweis im Posten „übrige sonstige betriebliche Erträge" eine Verbesserung der Information für die Adressaten des Abschlusses darstellt.

Zu Rz (44) und (45):

Mit dem COVID-19-Gesetz, BGBl I 12/2020, wurden das ABBAG-Gesetz novelliert und die gesetzliche Grundlage zur Errichtung der COFAG geschaffen. Auf Grundlage der VO-Ermächtigung des § 3b Abs 3 ABBAG-Gesetz, zuletzt geändert durch das 3. COVID-19-Gesetz, BGBl I 23/2020, wurden vom BMF VO betreffend die Richtlinien über die Gewährung von COVID-19-Zuschüssen erlassen.

COVID-19-Hilfsmaßnahmen werden aufgrund ihrer Dringlichkeit vielfach durch die Bundesregierung und/oder den/die zuständige(n) Bundesminister(in) in ihren wesentlichen sachlichen Voraussetzungen zu einem Zeitpunkt verkündet, zu dem die finale schriftliche Umsetzung noch nicht vorliegt und damit eine zeitnahe Veröffentlichung der entsprechenden VO nicht möglich ist. Durch die Erklärung der Bundesregierung und/oder den/die zuständige(n) Bundesminister(in) liegt allerdings eine Erklärung des für die Erlassung der VO zuständigen Organs vor. Sofern die wesentlichen sachlichen Voraussetzungen für die jeweilige COVID-19-Hilfsmaßnahme inhaltlich determiniert sind, handelt es sich bei den später veröffentlichten VO insoweit um eine rechtszustandsaufhellende Maßnahme (vgl zu diesem Begriff den Fachlichen Hinweis des IDW „Zweifelsfragen zu den Auswirkungen der Ausbreitung des Coronavirus auf die Rechnungslegung und deren Prüfung" (Teil 3, 4. Update, Februar 2021), Frage 2.2.4.). Demnach ist es vertretbar, die von der Bundesregierung und/oder dem/der zuständigen Bundesminister(in) angekündigten Maßnahmen bereits im Jahres- und im Konzernabschluss zu berücksichtigen, wenn die sachlichen Voraussetzungen der angekündigten COVID-19-Maßnahme am Abschlussstichtag mit hinreichender Wahrscheinlichkeit feststehen und die VO bis zur Aufstellung des Abschlusses erlassen wurde.

1. Verlustersatz

Die EU-Kommission hat am 19. März 2020 auf Grundlage von Art 107 Abs 3 Buchstabe b AEUV einen Befristeten Rahmen für staatliche Beihilfen zur Stützung der Wirtschaft angesichts des derzeitigen Ausbruchs von COVID-19 verabschiedet (https://ec.europa.eu/commission/presscorner/detail/de/ip_20_496, zuletzt geprüft am 18. Februar 2021). Am 23. September 2020 meldete Österreich gemäß diesem Befristeten Rahmen ein Rahmenkonzept für ungedeckte Fixkosten bei der EU-Kommission an. Durch elektronische Mitteilungen am 23. und 27. Oktober 2020 sowie am 4., 10., 17. und 19. November 2020 übermittelte Österreich zusätzliche Informationen, um die Anmeldung der Maßnahme zu vervollständigen. Die EU-Kommission hat diese Maßnahme (Verlustersatz) am 20. November 2020 genehmigt (https://ec.europa.eu/competition/state_aid/cases1/202048/288288_2213900_74_2.pdf, zuletzt abgerufen am 18. Februar 2021). Die Richtlinien zum Verlustersatz wurden am 16. Dezember 2020 verlautbart (BGBl II 568/2020).

Ein Ansatz der Forderung auf Verlustersatz ist für Abschlussstichtage ab Veröffentlichung der Genehmigung durch die EU-Kommission am 20. November 2020 vertretbar, wenn die Aufstellung des Abschlusses nach dem 16. Dezember 2020 erfolgt.

2. Umsatzersatz II

Am 10. Dezember 2020 wurde ein Entschließungsantrag betreffend Umsatzersatz für alle Zulieferbetriebe und indirekt vom zweiten Lockdown betroffene Unternehmen (1151/A(E) XXVII. GP) im Nationalrat eingebracht. Vor dem 31. Dezember 2020 hat die Bundesregierung den Umsatzersatz für alle indirekt vom zweiten Lockdown betroffenen

Unternehmen (Umsatzersatz II) verkündet und auch dessen sachliche Voraussetzungen bekannt gegeben (siehe WKO, Hilfe für vom Lockdown indirekt Betroffene, verfügbar unter https://news.wko.at/news/oesterreich/Hilfe-fuer-vom-Lockdown-indirekt-Betroffene.html, zuletzt abgerufen am 28. Februar 2021; siehe auch Pressemitteilung des BMLRT vom 29. Dezember 2020: Tourismusministerin Elisabeth Köstinger: Unterstützung für indirekt vom Lockdown betroffene Betriebe, verfügbar unter https://www.bmlrt.gv.at/tourismus/tourismuspolitische-themen/unterstuetzung-betriebe-indirekt-betroffen-lockdown.html, zuletzt geprüft am 29. Jänner 2021). Die VO Lockdown-Umsatzersatz II wurde am 16. Februar 2021 verlautbart (BGBl II 71/2021).

Ein Ansatz der Forderung auf Umsatzersatz II ist für Abschlussstichtage ab der Pressemitteilung des BMLRT am 29. Dezember 2020 vertretbar, wenn die Aufstellung des Abschlusses nach dem 16. Februar 2021 erfolgt. Da der Umsatzersatz II steuerpflichtig ist, ist die Bilanzierung der Forderung auch für steuerliche Zwecke maßgebend.

3. Ausfallsbonus

Der Ausfallsbonus wurde vom BMF am 17. Jänner 2021 angekündigt (Pressemitteilung BMF, Finanzminister Gernot Blümel: Ausfallsbonus bis zu 30 % des Umsatzes bis EUR 60.000 Euro pro Monat, verfügbar unter https://www.bmf.gv.at/presse/pressemeldungen/2021/jaenner/ausfallsbonus.html, zuletzt geprüft am 18. Februar 2021). Die VO Ausfallsbonus wurde am 16. Februar 2021 verlautbart (BGBl II 74/2021).

Ein Ansatz der Forderung auf Ausfallsbonus ist für Abschlussstichtage ab 17. Jänner 2021 vertretbar, wenn die Aufstellung des Abschlusses nach dem 16. Februar 2021 erfolgt. Da der Bonusteil des Ausfallsbonus steuerpflichtig ist, ist die Bilanzierung der Forderung auch für steuerliche Zwecke maßgebend.

4. Erhöhung Beihilfenrahmen

Am 28. Jänner 2021 hat die EU-Kommission die fünfte Novelle des Befristeten Rahmens für staatliche Beihilfen zur Stützung der Wirtschaft in der COVID-19-Krise angenommen (https://ec.europa.eu/commission/presscorner/detail/de/ip_21_261, zuletzt abgerufen am 18. Februar 2021). Dabei wurde die Obergrenze für Pauschalbeihilfen von EUR 800.000 auf EUR 1.800.000 und die Obergrenze für den Fixkostenzuschuss von EUR 3.000.000 auf EUR 10.000.000 erhöht (Pressemeldung BMDW, Wirtschaftsministerin Schramböck vom 28. Jänner 2021, https://www.bmdw.gv.at/Presse/AktuellePressemeldungen/Pauschalbeihilfen.html, zuletzt abgerufen am 23. Februar 2021). Die erhöhten Beihilfengrenzen wurden am 16. Februar 2021 veröffentlicht (BGBl II 75/2021, zB Punkt 1.2. zum Verlustersatz). Für Anträge auf Gewährung betroffener COVID-19-Zuschüsse, die vor dem Tag des Inkrafttretens der jeweiligen VO gestellt wurden und bei denen die Ermittlung der Höhe des COVID-19-Zuschusses einen EUR 3.000.000 übersteigenden Betrag ergibt, gilt der beihilferechtliche Höchstbetrag rückwirkend (BGBl II 75/2021, zB Punkt 1.5. zum Verlustersatz).

Mit der Erhöhung des Beihilfenrahmens durch die Genehmigung der EU-Kommission, die zwar am Abschlussstichtag noch ausstand, aber von der Bundesregierung seit Herbst 2020 betrieben wurde, bis zur Aufstellung des Abschlusses erfolgt ist und letztlich rückwirkend auf alle Anträge angewendet wird, ist die damit einhergehende Qualifikation der Beihilfe als zulässig bereits auf den Abschlussstichtag zurück zu beziehen („rechtszustandsaufhellend", vgl den zweiten Absatz dieser Erläuterungen). Bei Ansatz einer Forderung bezüglich eines vom erhöhten Beihilfenrahmen betroffenen COVID-19-Zuschusses im Abschluss zum 31. Dezember 2020 ist es demnach vertretbar, den neuen Beihilfenrahmen zu berücksichtigen, wenn die Aufstellung des Abschlusses nach dem 16. Februar 2021 erfolgt.

Zu Rz (47):

Der Betrachtungszeitraum des jeweiligen COVID-19-Zuschusses kann sich auch auf Zeiträume nach dem Abschlussstichtag erstrecken und damit das Bestehen/Nichtbestehen des Anspruchs bzw dessen Höhe werterhellend beeinflussen.

Beispiel: Im November 2020 und Dezember 2020 sind Verluste angefallen, jedoch liegen die Umsatzrückgänge je Monat und kumuliert unter 30 %. Die sachlichen Voraussetzungen für die Beantragung des Verlustersatzes liegen daher zum Abschlussstichtag 31. Dezember 2020 (noch) nicht vor. Nach dem Abschlussstichtag 31. Dezember 2020 gehen die Umsatzerlöse massiv zurück, sodass für den Betrachtungszeitraum November 2020 bis April 2021 neben dem Verlust auch ein Umsatzrückgang von mehr als 30 % vorliegt. Bei Aufstellung des Jahresabschlusses ist der Umsatzausfall so gut wie sicher. Der Antrag auf Verlustersatz wurde gestellt bzw wird mit an Sicherheit grenzender Wahrscheinlichkeit gestellt werden.

Lösung: Die sachliche Voraussetzung Umsatzrückgang über 30 % bezogen auf den gesamten Betrachtungszeitraum ist bei Aufstellung des Jahresabschlusses – entsprechend den vorliegenden Informationen – so gut wie sicher. Bei Vorliegen der sonstigen Voraussetzungen ist eine Forderung auf den auf das Geschäftsjahr 2020 entfallenden Teil des Verlustersatzes nach Maßgabe des angefallenen Verlustes im Verhältnis zum Gesamtverlust anzusetzen.

Zu Rz (49):

Steuerliche Verluste sind im Geschäftsjahr ihres Anfalls wirtschaftlich verursacht. Da aufgrund der gesetzlichen Regelung bei Ausübung des Wahlrechts zur Geltendmachung des Verlustrücktrages ein Rechtsanspruch gegenüber der Finanzbehörde entsteht, ist der daraus resultierende Vorteil im Jahr der Entstehung des Verlustes zu erfassen. Eine noch ausstehende Beantragung des Verlustausgleichs steht dem nicht entgegen.

In der Bilanz handelt es sich bei dem Anspruch um eine Forderung gegenüber dem Finanzamt, die analog zu einer KöSt-Vorauszahlung zu behandeln ist. Bestehen noch KöSt-Rückstellungen aus Vorjahren, ist der Anspruch mit diesen zu verrechnen.

Das Ansatzwahlrecht für steuerliche Verlustvorträge iSd § 198 Abs 9 UGB besteht somit nur für jene Verluste, die nicht durch Geltendmachung des Verlustrücktrages verwertet werden.

Glossar

ABBAG-Gesetz	Bundesgesetz über die Einrichtung einer Abbaubeteiligungsaktiengesellschaft des Bundes (BGBl I Nr 51/2014)
AEUV	Vertrag über die Arbeitsweise der Europäischen Union
AFRAC 6	AFRAC-Stellungnahme 6: Bilanzierung von Zuschüssen bei Betrieben und sonstigen ausgegliederten Rechtsträgern im öffentlichen Sektor
AFRAC 9	AFRAC-Stellungnahme 9: Lageberichterstattung gemäß §§ 243 bis 243b, 267 und 267a UGB
AFRAC 16	AFRAC-Stellungnahme 16: Wertaufhellung und Wertbegründung vor und nach Aufstellung von Jahres- und Konzernabschlüssen
COFAG	COVID-19-Finanzierungsagentur des Bundes GmbH
COVID-19-GesG	Bundesgesetz betreffend besondere Maßnahmen im Gesellschaftsrecht aufgrund von COVID-19 (Gesellschaftsrechtliches COVID-19-Gesetz) (BGBl I Nr 16/2020)
COVID-19-SchuMaV	Verordnung des Bundesministers für Soziales, Gesundheit, Pflege und Konsumentenschutz, mit der besondere Schutzmaßnahmen gegen die Verbreitung von COVID-19 getroffen werden (COVID-19-Schutzmaßnahmenverordnung – COVID-19-SchuMaV) (BGBl II Nr 463/2020)
IAS 1	Presentation of Financial Statements (Darstellung des Abschlusses)
IAS 10	Events after the Reporting Period (Ereignisse nach der Berichtsperiode)
IFRS 9	Financial Instruments (Finanzinstrumente)
IFRS 15	Revenue from Contracts with Customers (Erlöse aus Verträgen mit Kunden)
InvPrG	Bundesgesetz über eine COVID-19 Investitionsprämie für Unternehmen (Investitionsprämiengesetz – InvPrG) (BGBl I Nr 88/2020)
KFS/BW 5	Stellungnahme des Fachsenats für Betriebswirtschaft und Organisation des Instituts für Betriebswirtschaft, Steuerrecht und Organisation der Kammer der Wirtschaftstreuhänder: Leitfaden zum Erkennen von Unternehmenskrisen
KFS/RL 1	Stellungnahme des Fachsenats für Unternehmensrecht und Revision der Kammer der Wirtschaftstreuhänder zum Grundsatz der Bewertungsstetigkeit (§ 201 Abs. 2 Z 1 UGB) und zur Berichterstattung bei Änderungen der Bewertungsmethoden (§ 237 Abs. 1 Z 1 i.V.m. § 201 Abs. 3 UGB)
KFS/RL 28	Fachgutachten des Fachsenats für Unternehmensrecht und Revision der Kammer der Wirtschaftstreuhänder zur Unternehmensfortführung gemäß § 201 Abs. 2 Z 2 UGB
KonStG 2020	Bundesgesetz, mit dem das Einkommensteuergesetz 1988, das Körperschaftsteuergesetz 1988, die Bundesabgabenordnung, das Bundesfinanzgerichtsgesetz, das Finanzstrafgesetz, das Gemeinsamer Meldestandard-Gesetz, das EU-Meldepflichtgesetz, das Flugabgabegesetz und das COVID-19-Förderungsprüfungsgesetz geändert werden (Konjunkturstärkungsgesetz 2020 – KonStG 2020) (BGBl I Nr 96/2020)
Leitfaden Fortbestehensprognose	Gemeinsame Stellungnahme der Kammer der Wirtschaftstreuhänder, der Wirtschaftskammer Österreich und der KMU-Forschung Austria: Leitfaden Fortbestehensprognose, März 2016

AFRAC-Fachinformation COVID-19 (Kreditinstitute)

Fachinformation
Auswirkungen der Ausbreitung des Coronavirus (COVID-19) auf die Bilanzierung von Finanzinstrumenten bei Kreditinstituten zu Abschlussstichtagen nach dem 31. Dezember 2019

(Juli 2020)

Historie der vorliegenden Fachinformation

erstmalige Veröffentlichung	April 2020	
Erweiterung	April 2020	Redaktionelle Anpassungen in den Rz (10), (11), (20) und (21) Neuaufnahme der Frage 4 („Wie sind Stabilisierungsmaßnahmen im Hinblick auf die Erfassung von Vertragsänderungen zu beurteilen?“) Neuaufnahme der Frage 5 („Wie ist das gesetzliche Moratorium nach dem 2. COVID-19-JuBG im Rahmen der Rechnungslegung zu beurteilen?“)
Erweiterung	Mai 2020	Neuaufnahme der Frage 6 („Wie sind Garantien der öffentlichen Hand bei der Ermittlung erwarteter Kreditverluste zu beurteilen?“) Neuaufnahme der Frage 7 („Wie sind Kredite, die durch die COVID-19 Finanzierungsagentur des Bundes GmbH (COFAG) garantiert werden, im Rahmen der Rechnungslegung zu beurteilen?“)
Erweiterung	Juli 2020	Redaktionelle Anpassungen in der Rz (49) und den Erläuterungen zu Rz (53) Neuaufnahme der Frage 8 („Welche Auswirkungen ergeben sich auf die Bilanzierung von Sicherungsbeziehungen (Hedge Accounting) nach UGB und IFRS bei steigenden Ausfallrisiken und dem gesetzlichen Moratorium?“)

Präambel

(1) Die vorliegende Fachinformation zu spezifischen Bilanzierungsfragen von Kreditinstituten wurde kurzfristig von einer Expertengruppe des AFRAC erarbeitet. Eine Befassung des gesamten Beirats und die damit verbundenen Verfahren einer ordnungsgemäßen Beschlussfassung waren aufgrund der Dringlichkeit und der außergewöhnlichen Situation der Auswirkungen der COVID-19-Pandemie nicht möglich. In der Sitzung des Beirats für Rechnungslegung und Abschlussprüfung im Juni 2020 wurde die vorliegende Fachinformation nachträglich beschlossen. Die Erweiterung der Fachinformation im Juli 2020 (Frage 8) wurde ebenfalls vom Plenum des AFRAC beschlossen.

(2) Ferner ist zu beachten, dass die nachstehenden Ausführungen nur allgemeiner Art sein können und die Sachverhalte im Einzelfall abhängig von den konkreten Fakten und Umständen zu beurteilen sind.

(3) Hinsichtlich der Auswirkungen der COVID-19-Pandemie auf die Unternehmensberichterstattung wird auch auf die Fachinformation des AFRAC vom April 2020 zu den „Auswirkungen der Ausbreitung des Coronavirus (COVID-19) auf die Unternehmensberichterstattung“ verwiesen.

1. Hintergrund und Zielsetzung der Fachinformation

(4) Angesichts der weltweiten Ausbreitung von COVID-19 wurden und werden von den europäischen Staaten verschiedene Maßnahmen gesetzt, um die Übertragung des COVID-19 einzudämmen. Den daraus resultierenden wirtschaftlichen Einbußen stehen angekündigte und zum Teil bereits eingeleitete politische Stabilisierungsmaßnahmen für Einzelpersonen, Haushalte und Unternehmen sowie vorübergehende aufsichtsrechtliche Erleichterungen für Kreditinstitute gegenüber.

(5) Vor dem Hintergrund der COVID-19-Pandemie ergeben sich für Kreditinstitute aus den daraus zu erwartenden wirtschaftlichen Folgen sowie den von den Staaten ergriffenen Stabilisierungsmaßnahmen Bilanzierungsfragen bei Finanzinstrumenten.

(6) Diese Fachinformation betrifft alle Abschlüsse nach UGB und IFRS bzw. Zwischenberichte und Lageberichte für Abschlussstichtage nach dem 31. Dezember 2019. Ausführungen zu IFRS-Bilanzierungsfragen stehen unter dem Vorbehalt, dass durch das IASB oder das IFRS Interpretations Committee keine abweichende Auffassung geäußert wird.

(7) Die Fachinformation ist im Frage-Antwort-Stil aufgebaut. Im Rahmen dieser Fachinformation werden zunächst die beiden Fragen beantwortet, wie der Stand der Diskussion zur Auswirkung von COVID-19 auf die Wertminderung von Finanzinstrumenten nach IFRS 9 ist (siehe Frage 2) und wie die Expertengruppe des AFRAC dazu Stellung bezieht (siehe Frage 3). Die Fachinformation ist in weiterer Folge um weitere Fragen ergänzt worden.

2. Wie ist der Stand der Diskussion zur Auswirkung von COVID-19 auf die Wertminderung von Finanzinstrumenten nach IFRS 9?

2.1. Überblick

(8) Die nachhaltigen wirtschaftlichen Folgen, die sich aus der dynamischen Ausbreitung von COVID-19 ergeben, sind zum Zeitpunkt der Erstellung der Fachinformation nur schwer abschätzbar. Expertenschätzungen über die wirtschaftlichen Folgen weisen daher eine große Spannweite auf.

(9) Die ESMA gab am 25. März 2020 ein Public Statement zu den „Accounting implications of the COVID-19 outbreak on the calculation of expected credit losses in accordance with IFRS 9“[1] heraus. Dieses wird auch vom CEAOB[2] unterstützt. Auch das IASB äußerte sich am 27. März 2020 mit der Stellungnahme „IFRS 9 and covid-19, Accounting for expected credit losses applying IFRS 9 *Financial Instruments* in the light of the current uncertainty resulting from the covid-19 pandemic“.[3]

[1] Vgl. https://www.esma.europa.eu/sites/default/files/library/esma32-63-951 statement on_ifrs_9_implications_of_covid-19_related_support_measures.pdf.

[2] Vgl. https://ec.europa.eu/info/sites/info/files/business_economy_euro/banking_and_finance/documents/200325-ceaob-statement-covid-19_en.pdf.

[3] Vgl. https://cdn.ifrs.org/-/media/feature/supporting-implementation/ifrs-9/ifrs-9-ecl-and-coronavirus.pdf?la=en.

2.2. Welche Ansicht vertritt die ESMA?

(10) Die ESMA vertritt die Ansicht, dass der IFRS 9 aufgrund seines prinzipienbasierten Charakters ausreichend Flexibilität biete, um den besonderen Umständen der COVID-19-Pandemie Rechnung zu tragen. Um die einheitliche Anwendung der IFRS zu fördern, nimmt die ESMA im Public Statement vom 25. März 2020 dennoch zu bestimmten Themen Stellung. Die Ausführungen der ESMA zu diesen Themen werden nachfolgend kurz dargelegt. Nach eigenen Angaben hat sich die ESMA auch mit der EBA abgestimmt, die ebenfalls am 25. März 2020 ihr „Statement on the application of the prudential framework regarding Default, Forbearance and IFRS 9 in light of COVID-19 measures“[4] herausgegeben hat.

[4] Vgl. https://eba.europa.eu/sites/default/documents/files/document_library/News%20and%20Press/Press%20Room/Press%20Releases/2020/EBA%20provides%20clarity%20to%20banks%20and%20consumers%20on%20the%20application%20of%20the%20prudential%20framework%20in%20light%20of%20COVID-19%20measures/Statement%20on%20the%20application%20of%20the%20prudential%20framework%20regarding%20Default%2C%20Forbearance%20and%20IFRS9%20in%20light%20of%20COVID-19%20measures.pdf.

(11) **Signifikanter Anstieg des Kreditausfallrisikos (Stufentransfer)**:

- Bei der Einschätzung, ob sich das Kreditausfallrisiko signifikant erhöht hat, handelt es sich um eine ganzheitliche Beurteilung verschiedener qualitativer und quantitativer Indikatoren (vgl. IFRS 9.B5.5.17). Diese Beurteilung bezieht sich auf Änderungen des Kreditausfallrisikos über die gesamte erwartete (Rest-)Laufzeit des Finanzinstruments.
- Da die staatlichen Stabilisierungsmaßnahmen darauf ausgerichtet sind, die nachteiligen wirtschaftlichen Auswirkungen von COVID-19 zu mildern, sollten diese Maßnahmen bereits bei der Beurteilung berücksichtigt werden, ob sich das Kreditausfallrisiko über die gesamte (Rest-)Laufzeit signifikant erhöht hat.
- Die ESMA weist darauf hin, dass mit der Tatsache einer staatlichen oder breiten privatrechtlichen Maßnahme, die die Stundung von Zahlungen vorsieht oder diese empfiehlt, kein Automatismus eines Stufentransfers aller vom Moratorium umfassten finanziellen Vermögenswerte verbunden ist. Die ESMA weist zugleich auf die Notwendigkeit hin, die Umstände des Moratoriums im jeweiligen Fall zu untersuchen.

  Ebenso sind alle Fakten und Umstände des Einzelfalls zu würdigen, falls ein Gläubiger eines Finanzinstruments einem Schuldner infolge von COVID-19 Erleichterungen zugesteht. Beispielsweise ist in solch einem Fall zu unterscheiden, ob das Kreditausfallrisiko des Finanzinstruments signifikant angestiegen ist oder der Schuldner lediglich einen vorübergehenden Liquiditätsengpass hat, der nicht mit einer signifikanten Erhöhung des Kreditausfallrisikos in Verbindung steht.
- Sofern zukunftsorientierte Informationen nur mit unverhältnismäßig hohem Kosten- oder Zeitaufwand erhältlich sind, kann ein Unternehmen gemäß IFRS 9.5.5.11 mittels Informationen zur Überfälligkeit bestimmen, ob das Kreditausfallrisiko seit dem Zugang signifikant angestiegen ist. Demzufolge besteht eine widerlegbare Vermutung eines signifikanten Anstiegs, falls vertragliche Zahlungen mehr als 30 Tage überfällig sind. Diesbezüglich weist die ESMA darauf hin, sorgfältig zu untersuchen, ob diese Vermutung im Lichte von COVID-19 und der damit in Verbindung stehenden Stabilisierungsmaßnahmen widerlegt werden kann.

(12) **Bemessung erwarteter Kreditverluste**: In diesem Zusammenhang hebt die ESMA die Maßnahmen der Europäischen Zentralbank (EZB) zur COVID-19-Pandemie hervor. Diese empfiehlt,

langfristigen stabilen Szenarien, die auf früheren Erfahrungen basieren, mehr Gewicht beizumessen als kurzfristigen Entwicklungen.

(13) **Öffentliche Garantien**: Die ESMA hebt hervor, dass der Wert von Sicherheiten oder das Schlagendwerden einer Garantie keinen Einfluss auf die Beurteilung haben, ob ein signifikanter Anstieg des Kreditausfallrisikos vorliegt. Öffentliche Garantien können jedoch einen Einfluss auf die Höhe des erwarteten Kreditverlusts haben. Die Auswirkung auf die Bilanzierung ist dabei von der konkreten Ausgestaltung der öffentlichen Garantien abhängig. Diese können einen integralen Bestandteil eines Finanzinstruments darstellen oder separat anzusetzen sein.

(14) **Transparenz**: Die ESMA hebt die Bedeutung der Erläuterungen im Anhang bezüglich COVID-19 hervor. Es sind relevante Angaben zu den tatsächlichen und potentiellen Auswirkungen von COVID-19 zu machen.

2.3. Welche Ansicht vertritt das IASB?

(15) Das IASB unterstützt die Ansichten der ESMA zu den möglichen Reaktionen auf die COVID-19-Pandemie im Rahmen des IFRS 9.

(16) **Signifikanter Anstieg des Kreditausfallrisikos**: Das IASB nimmt explizit Bezug auf Moratorien und hält fest, dass diese Stundungen nicht automatisch zum Stufentransfer aller vom Moratorium umfassten Finanzinstrumente führen dürfen.

(17) **Bemessung erwarteter Kreditverluste**:

- Das IASB unterstreicht, dass bestimmte Annahmen, die der Ermittlung der erwarteten Kreditverluste vor COVID-19 zugrunde lagen, gegebenenfalls derzeit nicht mehr aufrechterhalten werden können. In diesem Sinne sollen die Unternehmen ihre Ermittlungsmethoden nicht mechanisch (und somit ohne Änderungen) anwenden.
- Weiters weist das IASB darauf hin, dass zukunftsorientierte Informationen („forward looking information") sowohl die Auswirkungen von COVID-19 als auch die staatlichen Stabilisierungsmaßnahmen berücksichtigen müssen.
- Sofern die Effekte der COVID-19-Pandemie (derzeit) nicht modelliert werden können, spricht sich das IASB für Anpassungen der Modellergebnisse aus.

(18) **Transparenz**: Schließlich weist das IASB auf die große Relevanz von Anhangangaben hin, um die Informationen für die Abschlussadressaten zu verbessern.

3. Welche Ansicht vertritt die Expertengruppe des AFRAC?

(19) Die Expertengruppe des AFRAC unterstützt die Ansichten der ESMA und des IASB zu den möglichen Reaktionen auf die COVID-19-Pandemie im Rahmen des IFRS 9 und möchte zudem auf die folgenden Punkte hinweisen:

(20) **Signifikanter Anstieg des Kreditausfallrisikos**:

- Insbesondere wird der Meinung der ESMA zugestimmt, dass die derzeitige Situation nicht zu einem automatischen und undifferenzierten Stufentransfer von Finanzinstrumenten führt. Durch einen automatischen Stufentransfer könnte es dazu kommen, dass die tatsächlichen wirtschaftlichen Gegebenheiten nicht angemessen dargestellt und die tatsächlichen Risiken überzeichnet werden.
- Stattdessen sind hinsichtlich des Stufentransfers belastbare zukunftsgerichtete Informationen zu berücksichtigen, deren Auswirkungen auf das Kreditausfallrisiko sich aus vergangenen Erfahrungen ergeben. Ermessen ist sachgerecht auszuüben.
- Die Beurteilung, ob eine signifikante Erhöhung des Kreditausfallrisikos vorliegt, ist auf Grundlage der Gesamtlaufzeit des Finanzinstruments vorzunehmen. Insbesondere führen kurzfristige finanzielle Schwierigkeiten, von denen angenommen werden kann, dass nach Beendigung der staatlichen Maßnahmen eine Erholung eintritt, und die das Kreditausfallrisiko über die Gesamtlaufzeit somit nicht signifikant erhöhen, nicht zu einem Stufentransfer.

(21) **Bemessung erwarteter Kreditverluste**:

- Es gilt zu untersuchen, ob die anhand der Kreditrisikomodelle ermittelten erwarteten Kreditverluste die wirtschaftlichen Gegebenheiten angemessen widerspiegeln oder darüber hinaus Anpassungen in Form von „post-model adjustments" notwendig sind.
- Bei „post-model adjustments" im Sinne dieser Fachinformation handelt es sich um nachträgliche Anpassungen, durch die sichergestellt wird, dass die verpflichtend zu berücksichtigende „forward looking information" vollständig Eingang in die Ermittlung der erwarteten Kreditverluste findet, wenn die Modelle der Kreditinstitute nicht in der Lage sind, sie im erforderlichen Ausmaß abzubilden. Die mit „post-model adjustments" in Verbindung stehenden Ermessensentscheidungen sind nach bestem Wissen zu treffen.
- Hinsichtlich „post-model adjustments" gilt es zudem zu beachten, dass Risiken nicht doppelt bevorsorgt werden. Eine doppelte Bevorsorgung könnte sich beispielsweise ergeben, wenn Risiken trotz der Berücksichtigung durch makroökonomische Annahmen auch Gegenstand eines „post-model adjustments" sind.

(22) Somit ist es nach Ansicht der Expertengruppe des AFRAC unerlässlich, bei der Beurteilung des Kreditausfallrisikos sowohl die Auswirkungen von COVID-19 als auch die Stabilisierungsmaßnahmen zu berücksichtigen und bei Vorliegen von Stabilisierungsmaßnahmen im Rahmen der Bilanzierung nach IFRS 9 die entsprechenden Schlüsse zu ziehen.

(23) **Transparenz**: Kreditinstitute haben im Anhang die wesentlichen Annahmen anzugeben und die möglichen Auswirkungen der COVID-19-Pandemie auf die erwarteten Kreditverluste transparent darzulegen. Insbesondere sind wesentliche Ermessensentscheidungen, wie etwa im Zusammenhang mit „post-model adjustments", sowie Schätzunsicherheiten nachvollziehbar darzustellen. Die Expertengruppe des AFRAC betont und unterstreicht die Relevanz der Anhangangaben in Zeiten von COVID-19 und schließt sich den diesbezüglichen Ausführungen der ESMA an.

(24) Das Wertberichtigungsmodell des IFRS 9 zur Ermittlung erwarteter Kreditverluste stellt laut dem gemeinsamen Positionspapier des AFRAC und der FMA vom September 2017[5] auch gemäß dem UGB eine mögliche Methode zur Berücksichtigung von erwarteten Kreditverlusten dar. Die Ausführungen der Rz (20) bis (22) zum Wertberichtigungsmodell des IFRS 9 haben jedenfalls auch für das UGB Relevanz, wenn das Wertberichtigungsmodell des IFRS 9 auch im Abschluss gemäß dem UGB angewendet wird. Unabhängig davon ist die Expertengruppe des AFRAC der Ansicht, dass die Kernaussagen der ESMA, des IASB und des IDW (siehe Erläuterungen zu Rz (19)) zur Auswirkung der Stabilisierungsmaßnahmen auf die Analyse des Kreditausfallrisikos in Zeiten der COVID-19-Pandemie auch dann für das UGB relevant sind, wenn die unternehmensrechtlichen Wertberichtigungen nicht dem Wertberichtigungsmodell des IFRS 9 folgen.

[5] Vgl. https://www.afrac.at/wp-content/uploads/AFRAC_FMA_Gemeinsames-Positionspapier_September-2017_FINAL.pdf.

4. Wie sind Stabilisierungsmaßnahmen im Hinblick auf die Erfassung von Vertragsänderungen zu beurteilen?

4.1. Allgemeines

(25) Stabilisierungsmaßnahmen aller Art (somit insbesondere staatliche oder/und privatrechtliche) können Auswirkungen auf bestehende Verträge eines Finanz-instruments haben. Daher muss zunächst der Frage nachgegangen werden, ob es sich um Modifikationen nach IFRS 9 bzw. Vertragsanpassungen nach AFRAC 14 handelt. Handelt es sich um eine Modifikation bzw. Vertragsanpassung, muss analysiert werden, ob das Finanzinstrument auszubuchen ist.

(26) An dieser Stelle werden somit (noch) nicht konkrete Stabilisierungsmaßnahmen und ihre Bilanzierungsauswirkungen dargestellt. Dies erfolgt anschließend im Rahmen eigener Abschnitte bzw. Fragen.

4.2. Auslegungshinweise der ESMA

(27) Laut der ESMA gilt es sorgfältig zu analysieren, ob Stabilisierungsmaßnahmen zu einer substanziellen Modifikation eines bestehenden Finanzinstruments nach IFRS 9.B5.5.25 und somit zur Ausbuchung führen. Eine solche Analyse berücksichtigt qualitative und quantitative Kriterien und kann nach der ESMA aufgrund der Auswirkungen der COVID-19-Pandemie mit der Ausübung von wesentlichem Ermessen verbunden sein. Vor dem Hintergrund der derzeitigen Situation sei es laut der ESMA jedoch unwahrscheinlich, dass Stabilisierungsmaßnahmen, die auf eine vorübergehende Unterstützung der Schuldner abzielen und aufgrund derer der Barwert des Finanzinstruments nicht wesentlich verändert wird, zu einer substanziellen Modifikation führen. Die ESMA betont in diesem Zusammenhang die hohe Relevanz von erläuternden Anhangangaben (insbesondere, wenn es aufgrund der Stabilisierungsmaßnahmen nicht zur Ausbuchung kommt).

4.3. Auslegungshinweise der Expertengruppe des AFRAC

(28) IFRS 9 enthält keine spezifischen Bestimmungen, in welchen Fällen Modifikationen zur Ausbuchung führen. Daher hat ein Kreditinstitut hinsichtlich der Beurteilung, ob eine Stabilisierungsmaßnahme im Zusammenhang mit COVID-19 nach IFRS 9 zu einer substanziellen Modifikation führt, seine auf IFRS 9 basierende und gemäß IAS 8 entwickelte und dokumentierte Accounting Policy anzuwenden.

(29) Für die Beurteilung gemäß UGB ist die Frage 8b der AFRAC-Stellungnahme 14 zu erheblichen und nicht erheblichen Vertragsanpassungen heranzuziehen.

5. Wie ist das gesetzliche Moratorium nach dem 2. COVID-19-JuBG im Rahmen der Rechnungslegung zu beurteilen?

5.1. Überblick

(30) Gemäß § 2 Abs. 1 2. COVID-19-JuBG können Verbraucher und Kleinstunternehmen, die bestimmte, gesetzlich definierte Voraussetzungen erfüllen, eine Stundung der Kapital- und Zinszahlungen über drei Monate in Anspruch nehmen.[6] Vor diesem Hintergrund stellt sich die Frage, wie die durch den Gesetzgeber geschaffenen Möglichkeiten im Rahmen der Rechnungslegung von Kreditinstituten nach UGB und IFRS abzubilden sind.

[6] Art. 37 4. COVID-19-Gesetz, BGBl. I Nr. 24/2020.

(31) Gemäß § 2 Abs. 1 2. COVID-19-JuBG werden bei Erfüllung der Voraussetzungen die Zahlungen der anspruchsberechtigten Kreditnehmer, welche im Zeitraum von 1. April bis 30. Juni 2020 fällig werden, mit Eintritt der Fälligkeit für die Dauer von drei Monaten gestundet. Für die Dauer der Stundung befindet sich der Kreditnehmer mit der Zahlung dieser Leistungen nicht in Verzug. Während dieser Zeit fallen daher keine Verzugszinsen an. Der Zinsanspruch besteht jedoch weiter und ist in der Höhe nicht begrenzt.[7] Die Stundung nach § 2 Abs. 1 2. COVID-19-JuBG hat eine Vertragsänderung zur Folge.[8] (Fall 1)

[7] Gemäß § 3 2. COVID-19-JuBG werden die Verzugszinsen bei Krediten auf 4% begrenzt, nicht aber der vertraglich vereinbarte Zinssatz.

[8] Gemäß § 2 Abs. 6 2. COVID-19-JuBG hat der „Kreditgeber … dem Verbraucher eine Ausfertigung des Vertrags

zur Verfügung zu stellen, in der die vereinbarten Vertragsänderungen oder die sich … aus Abs. 1 erster Satz ergebenden Vertragsänderungen berücksichtigt sind.“

(32) Abweichend davon hat der Kreditnehmer gemäß § 2 Abs. 2 2. COVID-19-JuBG das Recht, die vertraglichen Zahlungen zu den ursprünglich vereinbarten Leistungsterminen zu erbringen. In diesem Fall kommt es zu keiner Stundung. (Fall 2)

(33) Zudem können die Vertragsparteien (Kreditnehmer und Kreditinstitut) gemäß § 2 Abs. 3 2. COVID-19-JuBG von den in Rz (31) genannten Regelungen abweichende Vereinbarungen treffen. (Fall 3)

5.2. Führt das gesetzliche Moratorium nach dem 2. COVID-19-JuBG zu einer Modifikation nach IFRS 9 bzw. Vertragsanpassung nach UGB?

(34) **Fall 1 – Moratorium gemäß § 2 Abs. 1 2. COVID-19-JuBG:** Aus der Umsetzung des Moratoriums gemäß § 2 Abs. 1 2. COVID-19-JuBG ergeben sich für die Bilanzierung gemäß dem UGB und den IFRS die folgenden Hinweise:

– UGB: Gemäß AFRAC 14 Rz (39a) liegt eine Vertragsanpassung vor, wenn ein Vertrag angepasst wird, ohne dass eine solche Möglichkeit zur Anpassung vorher im Vertrag festgelegt wurde. Kreditnehmern wird durch § 2 Abs. 1 2. COVID-19-JuBG unter klar definierten gesetzlichen Rahmenbedingungen das Recht auf Stundung eingeräumt. Wenn ein Kreditnehmer von diesem Recht Gebrauch macht, kommt es zu einer bilateralen Abstimmung zwischen dem Kreditnehmer und dem Kreditinstitut, das den zu stundenden Kredit gewährt hat. Durch diese bilaterale Abstimmung wird der ursprüngliche Kreditvertrag geändert, und das Kreditinstitut hat dem Kreditnehmer laut § 2 Abs. 6 2. COVID-19-JuBG den geänderten Vertrag zur Verfügung zu stellen. Die Änderung des Kreditvertrags führt zu einer Vertragsanpassung gemäß AFRAC 14. Dies ist in der Regel auch dann der Fall, wenn im ursprünglichen Kreditvertrag allgemeine Regelungen betreffend Stundungen enthalten sind, sofern sich diese Regelungen nicht auf Stundungen durch gesetzliche Maßnahmen beziehen. Dass es sich um eine gesetzliche und nicht um eine privatrechtliche Stundung handelt, ist für die Beurteilung des Vorliegens einer Vertragsanpassung nicht relevant. Denn AFRAC 14 stellt nicht auf die Ursachen der Änderung ab, sondern darauf, ob die Möglichkeit zur Vertragsanpassung im ursprünglichen Vertrag bereits vereinbart wurde.
– IFRS: Da es sich hinsichtlich der Stundung um eine Änderung der vertraglichen Zahlungsströme im Sinne des IFRS 9.5.4.3 bzw. IFRS 9.B5.5.25 handelt, liegt eine Modifikation vor. Für die Beurteilung, ob eine substanzielle Modifikation gegeben ist, ist die Rz (28) dieser Fachinformation zu berücksichtigen. Dass es sich um eine gesetzliche und nicht um eine privatrechtliche Stundung handelt, ist für die Beurteilung des Vorliegens einer Modifikation im Sinne des IFRS 9 nicht relevant, da der IFRS 9 auf eine Änderung der vertraglichen Zahlungsströme und nicht auf die Ursachen für diese Änderung abstellt.

(35) **Fall 2 – Moratorium wird gemäß § 2 Abs. 2 2. COVID-19-JuBG nicht in Anspruch genommen:** Wenn der Kreditnehmer seine vertraglichen Zahlungen zu den ursprünglich vereinbarten Leistungsterminen weiter erbringt, tritt gemäß § 2 Abs. 2 COVID-19-JuBG keine Stundung ein. Es kommt daher weder in der Bilanzierung gemäß dem UGB noch in der Bilanzierung gemäß den IFRS zu einer Auswirkung.

(36) **Fall 3 – Abweichende Vereinbarungen gemäß § 2 Abs. 3 2. COVID-19-JuBG:** In diesem Zusammenhang sind zwei Möglichkeiten denkbar:

– Die Vertragsparteien können umfassende von den gesetzlichen Regelungen abweichende Vereinbarungen treffen, insbesondere über mögliche Teilleistungen, Zins- und Tilgungsanpassungen oder Umschuldungen.
– Es wird eine abweichende Regelung lediglich für die gestundeten Zahlungsströme getroffen.

In beiden Fällen handelt es sich um eine Vertragsanpassung im Sinne von AFRAC 14 bzw. eine Modifikation im Sinne des IFRS 9.

5.3. Wie ist das gesetzliche Moratorium nach dem 2. COVID-19-JuBG bei der Ermittlung der erwarteten Kreditverluste zu berücksichtigen?

(37) Im Hinblick auf die Berücksichtigung des Moratoriums nach dem 2. COVID-19-JuBG wird auf die grundsätzlichen Ausführungen in den Abschnitten 2 und 3 dieser Fachinformation verwiesen.

(38) Mit dem Schreiben der FMA an die WKÖ vom 8. April 2020[9] nimmt die FMA zu den Auswirkungen des Moratoriums nach dem 2. COVID-19-JuBG auf die Bemessung der erwarteten Kreditverluste nach IFRS 9.5.5 Stellung. Im Schreiben wird ausgeführt, dass

– alleine eine Stundung gemäß § 2 Abs. 1 2. COVID-19-JuBG nicht als Zugeständnis des Kreditgebers gegenüber dem Kreditnehmer im Sinne des in IFRS 9 Anhang A angeführten Indikators für eine beeinträchtigte Bonität zu sehen ist;
– alleine die Tatsache, dass ein bestimmtes Finanzinstrument in den Anwendungsbereich des Moratoriums nach § 2 Abs. 1 des 2. COVID-19-JuBG fällt, noch keine zwingenden Rückschlüsse auf eine Veränderung des Ausfallrisikos in Bezug auf dieses Finanzinstrument zulässt;
– der Kreis der vom Moratorium potentiell umfassten Kreditnehmer aufgrund der gesetzlichen Voraussetzungen i.d.R. nicht hinreichend homogen ist, sodass eine Beurteilung,

ob das Ausfallrisiko seit Ersterfassung signifikant gestiegen ist, auf Ebene der Gruppe aller vom Moratorium umfassten Kreditnehmer unter Anwendung des „Bottom-Up-Ansatzes" nach IFRS 9.IE38 i.d.R. nicht geboten ist;

- auch für die vom Moratorium umfassten Finanzinstrumente an jedem Abschlussstichtag zu beurteilen ist, ob das Ausfallrisiko seit Ersterfassung signifikant gestiegen ist (IFRS 9.5.5.3 und IFRS 9.5.5.5);
- kreditnehmerbezogene Informationen, die im Rahmen der Umsetzung der Stundungsmaßnahmen erhoben werden und welche für die Schätzung der erwarteten Kreditverluste relevant sind, gemäß IFRS 9.B5.5.51 bei der Beurteilung des signifikanten Anstiegs des Ausfallrisikos seit Ersterfassung und bei der Bemessung der erwarteten Kreditverluste zu berücksichtigen sind.

[9] „Schreiben an die WKÖ – Beantwortung einer WKÖ-Anfrage zur COVID19-3-5-Gesetzgebung und der Rechnungslegung im aktuellen Umfeld", abrufbar unter dem folgenden Link: https://www.fma.gv.at/covid-19/.

(39) Die Expertengruppe des AFRAC teilt die im Schreiben der FMA getroffenen Einschätzungen hinsichtlich der Auswirkungen des Moratoriums nach dem 2. COVID-19-JuBG auf die Bemessung erwarteter Kreditverluste nach IFRS 9.5.5.

(40) Im Hinblick auf die Bemessung erwarteter Kreditverluste im Abschluss nach UGB wird auf die in Rz (24) getroffene Aussage verwiesen, dass die wesentlichen Kernaussagen der Rz (20) bis (22) auch bei der Ermittlung der erwarteten Kreditverluste in einem Abschluss nach UGB zu berücksichtigen sind. Das gilt auch für die Kernaussagen der Rz (38).

6. Wie sind Garantien der öffentlichen Hand bei der Ermittlung erwarteter Kreditverluste zu beurteilen?

6.1. Allgemeines

(41) Im Rahmen der COVID-19-Stabilisierungsmaßnahmen gibt es unterschiedliche Programme, die zur Stabilisierung der Wirtschaft beitragen sollen, indem Zahlungen durch hoheitliche Rechtsträger garantiert werden. Alternativ können auch Garantiezusagen von Dritten als Sicherheitsleistung erfolgen.

6.2. Auslegungshinweise der ESMA

(42) Laut der ESMA haben der Wert der Sicherheit und die Tatsache, dass eine Garantie vorliegt, keinen Einfluss auf die Beurteilung, ob es zu einem signifikanten Anstieg des Kreditausfallrisikos kommt.

(43) Die ESMA betont aber, dass Sicherheiten und Garantien die Höhe des erwarteten Kreditverlusts beeinflussen können, je nachdem ob sie ein integraler Bestandteil der Kreditvereinbarung oder separat anzusetzen sind (siehe auch IFRS 9.B5.5.55). Die ESMA verweist in diesem Zusammenhang auf die Aussagen der „Transition Resource Group for Impairment" (ITG), nach denen Sicherheiten oder Garantien auch dann die Höhe der erwarteten Kreditverluste beeinflussen können, wenn sie nicht explizit in der Kreditvereinbarung verankert sind. Dies ist insbesondere dann der Fall, wenn eine Garantie im Zusammenhang mit umfassend geltenden gesetzlichen Moratorien oder anderen wirtschaftlichen Stabilisierungsmaßnahmen steht.

6.3. Auslegungshinweise der Expertengruppe des AFRAC

(44) Die Expertengruppe des AFRAC folgt der Sichtweise der ESMA, dass der Wert von Sicherheiten oder das Vorhandensein einer Garantie keinen Einfluss auf die Beurteilung hat, ob ein signifikanter Anstieg des Kreditausfallrisikos vorliegt.

(45) Für die Ermittlung der erwarteten Kreditverluste sind jedenfalls Garantien risikomindernd zu berücksichtigen, die integraler Bestandteil der Kreditvereinbarung sind. Darüber hinaus können auch im Sinne der Ausführungen der ESMA insbesondere Garantien der öffentlichen Hand berücksichtigt werden, die nicht explizit Vertragsbestandteil sind.

(46) Die Besicherungswirkung hängt ganz wesentlich von der Durchsetzbarkeit der Garantie und der Zahlungsfähigkeit des Garanten ab, und es ist daher zu prüfen, ob die Inanspruchnahme einer Garantie Einschränkungen unterliegt und, wenn ja, welchen. Dementsprechend ist die Besicherungswirkung für die Höhe des erwarteten Kreditverlusts anhand der vertraglichen Voraussetzungen sowie der Zahlungsfähigkeit des Garanten im Einzelfall zu beurteilen.

7. Wie sind Kredite, die durch die COVID-19 Finanzierungsagentur des Bundes GmbH (COFAG) garantiert werden, im Rahmen der Rechnungslegung zu beurteilen?

7.1. Allgemeines

(47) Der COFAG wurde die Erbringung von Dienstleistungen und die Ergreifung von finanziellen Maßnahmen gemäß § 2 Abs. 2 Z 7 des Bundesgesetzes über die Einrichtung einer Abbaubeteiligungsaktiengesellschaft des Bundes (ABBAG-Gesetz) übertragen, die der Erhaltung der Zahlungsfähigkeit und der Überbrückung von Liquiditätsschwierigkeiten von Unternehmen in Zusammenhang mit der Ausbreitung von COVID-19 und den dadurch verursachten wirtschaftlichen Auswirkungen dienen. Die COFAG ist eine indirekte hundertprozentige Tochtergesellschaft der Republik Österreich.

(48) Die COFAG ist unter anderem ermächtigt, Überbrückungsgarantien („Garantien") zugunsten von Kreditinstituten zur Absicherung von Finanzierungen an Unternehmen gemäß § 3b Abs. 1 ABBAG-Gesetz auszustellen. Die Anträge für COFAG-garantierte Überbrückungskredite sind bei der Hausbank zu stellen und elektronisch via OeKB-Tool einzureichen. Die Entscheidung über die Anträge erfolgt durch die COFAG.

(49) Die von der COFAG für Großunternehmen gewährten Garantien haben eine Deckungsquote von 90% und unterliegen folgenden wesentlichen Bedingungen:[10]

– Zinssatz: Es gilt eine Zinssatzobergrenze für die Hausbank in Höhe von 1% p.a. zuzüglich angemessener Spesen, Kosten und Gebühren.
– Garantieentgelt: Das Garantieentgelt beträgt zwischen 0,25 und 2% p.a.
– Laufzeit: Die maximale Garantielaufzeit beträgt fünf Jahre. Eine Verlängerung der vereinbarten Laufzeit ist auf begründeten Antrag möglich.
– Voraussetzung: Das antragstellende Unternehmen darf sich am 31. Dezember 2019 nicht in Schwierigkeiten im Sinne von Art. 2 Nr. 18 der EU-Beihilfenverordnung (651/2014) befunden haben.

[10] Vgl. Homepage des BMF und COFAG, Allgemeine Geschäftsbedingungen für Überbrückungsgarantien für Großunternehmen gemäß § 2 Abs. 2 Z 7 ABBAG-Gesetz, Stand April 2020 („AGB"), abgerufen am 3. Mai 2020.

(50) Neben der soeben beschriebenen Garantie der COFAG für Großunternehmen gibt es eine Reihe anderer Garantieprogramme des Bundes mit anderen Zielgruppen, die sich in Details der Ausgestaltung unterscheiden (Einreichung unter Einbeziehung der Hausbank bei aws oder ÖHT, Garantiequoten von 80%, 90% und 100%, unterschiedliche maximale Zinssätze und Garantieentgelte etc.). Dafür gelten die in der Folge angestellten Bilanzierungsüberlegungen analog.

7.2. Auslegungshinweise der Expertengruppe des AFRAC

(51) Betreffend die Behandlung von durch die COFAG garantierten Überbrückungskrediten gemäß ABBAG-Gesetz im IFRS-Abschluss des finanzierenden Kreditinstituts wird auf das Schreiben der FMA vom 8. April 2020 verwiesen. In diesem wird unter anderem ausgeführt, dass

– die garantierte Finanzierung als eigenständiges Finanzinstrument im Sinne der Definition des IAS 32.11 zu beurteilen ist und als solches den Regelungen zur Wertminderung nach IFRS 9.5.5 unterliegt;
– zum Zeitpunkt der Ersterfassung für die garantierte Finanzierung grundsätzlich der 12-Monats-Kreditverlust zu erfassen ist, wenn das Finanzinstrument zu fortgeführten Anschaffungskosten bewertet wird. Eine Klassifizierung als finanzieller Vermögenswert mit bereits bei Vergabe beeinträchtigter Bonität (IFRS 9.5.5.13) wird vor dem Hintergrund der bestehenden Voraussetzungen für eine Kreditgewährung, die eine Vergabe ausschließlich an wirtschaftlich „gesunde" Kunden gewährleisten sollen, im Grundsatz nicht in Betracht kommen;
– laut der ITG die Berücksichtigung von Kreditsicherheiten bei der Bemessung erwarteter Kreditverluste nicht auf solche beschränkt bleiben sollte, die explizit Vertragsbestandteil sind;
– im Fall der COFAG-garantierten Finanzierung die Garantie Vertragsbestandteil ist, sodass die Voraussetzung zur Anrechenbarkeit der Garantie bei der Bemessung erwarteter Kreditverluste gegeben ist. Auch eine gesonderte Erfassung der Garantie ist nach IFRS nicht vorgesehen;
– alleine die Tatsache der gewährten Überbrückungsfinanzierung keine Rückschlüsse auf eine Veränderung des Ausfallrisikos in Bezug auf gegenüber demselben Schuldner sonst bestehende Finanzinstrumente zulässt;
– im Rahmen der Vergabe des Überbrückungskredits erhobene kreditnehmerbezogene Informationen, welche für die Schätzung des erwarteten Kreditverlusts relevant sind, gemäß IFRS 9.B5.5.51 bei der Beurteilung, ob ein signifikanter Anstieg des Kreditausfallrisikos vorliegt, und bei der Bemessung der erwarteten Kreditverluste zu berücksichtigen sind.

(52) Die Expertengruppe des AFRAC teilt die im Schreiben der FMA getroffenen Einschätzungen hinsichtlich der Beurteilung von durch die COFAG garantierten Überbrückungskrediten.

(53) Darüber hinaus möchte die Expertengruppe des AFRAC hinsichtlich der Bilanzierung in den IFRS-Abschlüssen der finanzierenden Kreditinstitute auf die folgenden Punkte hinweisen:

– Die Bewertung zu fortgeführten Anschaffungskosten setzt gemäß IFRS 9.4.1.3(b) i.V.m. IFRS 9.B4.1.9A grundsätzlich eine Berücksichtigung des Zeitwerts des Geldes voraus. Die Basis für die Zinsbemessung ist der ausstehende Kapitalbetrag; dies ist nach IFRS 9.4.1.3(a) zum Zeitpunkt der Ersterfassung der beizulegende Zeitwert des Finanzinstruments. Eine nicht marktkonforme Verzinsung zum Zeitpunkt der Kreditvergabe ist für die Erfüllung des SPPI-Kriteriums somit grundsätzlich unschädlich, wirkt sich aber auf den beizulegenden Zeitwert bei Ersterfassung aus. Ein Festzinssatz oder die Kombination aus Festzinssatz und variablem Zinssatz, wie bei COFAG-garantierten Finanzierungen vorgesehen, erfüllen grundsätzlich die Merkmale des Zinsbegriffs gemäß IFRS 9.4.1.3(b) (vgl. auch IFRS 9.B4.1.13, Beispiel C) und sind damit für die Beurteilung von SPPI grundsätzlich nicht schädlich.
– Im Fall der COFAG-garantierten Finanzierungen ist die Höhe des Zinssatzes zudem nicht frei zwischen Gläubiger und Schuldner verhandelbar, sondern die Inanspruchnahme der staatlichen Garantie an eine Zinssatzobergrenze gekoppelt. Nach IFRS 9.B4.1.9E kann eine Zinssatzfestlegung von Regierungsseite Teil einer breiteren makroökonomischen Politik sein und ist damit nicht anfällig für bilanzpolitische Gestaltungen durch das Unternehmen (IFRS 9.BC4.180). In

diesem Fall kann der regulierte Zinssatz als Näherungswert des Elements für den Zeitwert des Geldes herangezogen werden, wenn dieser regulierte Zinssatz ein Entgelt darstellt, das weitgehend dem Zeitablauf entspricht, und er keine Risiken oder Volatilität in den vertraglichen Zahlungsströmen impliziert, die nicht mit einer elementaren Kreditvereinbarung im Einklang stehen. Vor diesem Hintergrund ist nach Ansicht der Expertengruppe des AFRAC davon auszugehen, dass COFAG-garantierte Finanzierungen das SPPI-Kriterium erfüllen.

– Hinsichtlich der Bewertung beim erstmaligen Ansatz ist auf IFRS 9.B5.1.1 zu verweisen. Demnach entspricht der beizulegende Zeitwert beim erstmaligen Ansatz normalerweise dem Transaktionspreis. Für die Beurteilung der Marktkonformität sind ähnliche Finanzinstrumente mit ähnlichem Bonitätsrating (ähnlich im Hinblick auf Währung, Laufzeit, Art des Zinssatzes und andere Faktoren) heranzuziehen. Bezüglich der COFAG-garantierten Überbrückungskredite liegt aus Sicht des Kreditgebers ein Markt vor, der sich durch eine stark standardisierte Konditionengestaltung auszeichnet und auf dem die Festsetzung der Zinssätze unter Berücksichtigung der vorgegebenen Zinssatzobergrenzen erfolgen muss (siehe Rz (49) Teilstrich 1). Diese Umstände lassen nach Einschätzung der Expertengruppe des AFRAC darauf schließen, dass der Transaktionspreis bei COFAG-garantierten Überbrückungskrediten dem beizulegenden Zeitwert entspricht.

(54) Hinsichtlich der Berücksichtigung von durch die COFAG garantierten Überbrückungskrediten in Abschlüssen gemäß dem UGB möchte die Expertengruppe des AFRAC auf die folgenden Punkte hinweisen:

– Die Aussage der Rz (51) Teilstrich 4, dass die Garantie bei der Bemessung der erwarteten Kreditverluste anrechenbar ist, gilt auch für die Bilanzierung nach dem UGB.
– Im Hinblick auf die Marktkonformität der Zinssätze wird auf die Ausführungen in Rz (53) Teilstrich 3 sowie die zugehörigen Erläuterungen verwiesen.

8. Welche Auswirkungen ergeben sich auf die Bilanzierung von Sicherungsbeziehungen (Hedge Accounting) nach UGB und IFRS bei steigenden Ausfallrisiken und dem gesetzlichen Moratorium?

8.1. Einleitung

(55) Die wirtschaftlichen Turbulenzen aufgrund der COVID-19-Pandemie können sich auch auf die Risikopositionen eines Unternehmens und die Art, wie diese abgesichert werden, auswirken.

8.2. Eingrenzung der analysierten Sicherungsbeziehungen

(56) Vor dem Hintergrund aktueller Fragen in der Praxis wird in diesem Abschnitt die Bilanzierung von Mikro-Hedges nach AFRAC 15 Rz (28) ff., IFRS 9.6.5.2(a) und IAS 39.86(a) analysiert, die der Absicherung von Festzinsrisiken dienen. Bei der erstmaligen Anwendung des IFRS 9 konnte das Unternehmen nach IFRS 9.7.2.21 als Rechnungslegungsmethode wählen, weiterhin die Vorschriften zur Bilanzierung von Sicherungsbeziehungen im IAS 39 anstelle der Vorschriften des IFRS 9 anzuwenden.

(57) Aufgrund der Vergleichbarkeit von Mikro- und Portfolio-Hedge nach AFRAC 15 Rz (34) sind die Schlussfolgerungen für Mikro-Hedges in den Abschnitten 8.3.2 und 8.4.2 nach Ansicht der Expertengruppe des AFRAC für den Portfolio-Hedge analog anwendbar. Dies gilt nach Ansicht der Expertengruppe des AFRAC auch für die analoge Anwendbarkeit der Schlussfolgerungen für Mikro-Hedges in den Abschnitten 8.3.3 und 8.4.3 für die Absicherung einer Gruppe von gleichartigen Grundgeschäften nach IAS 39.83 f.

(58) Allerdings sind die Schlussfolgerungen für Mikro-Hedges in den Abschnitten 8.3.3 und 8.4.3 nach Ansicht der Expertengruppe des AFRAC nicht uneingeschränkt auf die Absicherung einer Gruppe von Grundgeschäften gemäß IFRS 9.6.6 übertragbar, und sie gelten nicht für die Bilanzierung der Absicherung des beizulegenden Zeitwerts eines Portfolios gegen Zinsänderungsrisiken (IFRS 9.6.1.3 i.V.m. IAS 39.81A, 89A und AG114 bis AG132).

(59) Die Analysen erfolgen unter der Voraussetzung, dass der Mikro-Hedge vor dem Ausbruch der COVID-19-Pandemie alle Voraussetzungen für die Bilanzierung einer Bewertungseinheit nach UGB bzw. einer Absicherung des beizulegenden Zeitwerts nach IFRS 9 erfüllt hat.

(60) In den Abschnitten 8.3 und 8.4 werden die Auswirkungen von steigenden Ausfallrisiken und von gesetzlichen Moratorien auf das Hedge Accounting nach UGB und IFRS 9 analysiert. Schließlich wird im Abschnitt 8.5 auf entsprechende Angabeerfordernisse im (Konzern-)Anhang und im (Konzern-)Lagebericht hingewiesen.

8.3. Auswirkung von steigenden Ausfallrisiken

8.3.1. Grundsätzliche Überlegungen

(61) Die folgenden zwei Abschnitte 8.3.2 und 8.3.3 befassen sich mit Mikro-Hedges für Festzinsrisiken unter der Annahme, dass das Ausfallrisiko beim Grundgeschäft nicht zum abgesicherten Risiko gehört.

(62) In den vorangehenden Abschnitten dieser AFRAC-Fachinformation ist dargelegt, dass das Ausfallrisiko in Zeiten von COVID-19 in Verbindung mit den Stabilisierungsmaßnahmen zu analysieren ist.

(63) Wie in Zeiten von COVID-19 dennoch steigende Ausfallrisiken zu berücksichtigen sind, wird in der Folge dargestellt.

8.3.2. Mikro-Hedge nach UGB

(64) Wenn das Ausfallrisiko beim Grundgeschäft nicht als abgesichertes Risiko gilt, hat es erst dann eine Auswirkung auf die Bilanzierung der Bewertungseinheit, wenn eine akute Ausfallgefährdung gegeben ist.

(65) Solange nur die Pauschalwertberichtigung betroffen ist, kann davon ausgegangen werden, dass keine akute Ausfallgefährdung vorliegt. Wenn aber eine Einzelwertberichtigung zu bilden ist, liegt jedenfalls eine akute Ausfallgefährdung vor.

(66) Durch die COVID-19-Pandemie kann auch das Ausfallrisiko der Gegenpartei eines Sicherungsgeschäfts ansteigen. Das Ausfallrisiko der Gegenpartei führt grundsätzlich zu einer Beeinträchtigung der Effektivität (siehe AFRAC 15 Rz (43)).

(67) Zusammengefasst gilt, dass die Auswirkungen von steigenden Ausfallrisiken mit den bestehenden Bilanzierungsregeln für Mikro-Hedges darstellbar sind.

8.3.3. Mikro-Hedge nach IFRS

(68) Für das Hedge Accounting nach IFRS sind nach Einschätzung der Expertengruppe des AFRAC die folgenden Punkte hervorzuheben:

- Nach IFRS 9.6.4.1(c) ii) darf die Auswirkung des Ausfallrisikos keinen dominanten Einfluss auf die Wertänderungen haben, die sich aus der wirtschaftlichen Beziehung ergeben (siehe auch IFRS 9.B6.4.7 und B6.4.8). Für die Definition dieses dominanten Einflusses kann auf die gemäß IAS 8 entwickelte und dokumentierte Accounting Policy im Zusammenhang mit IFRS 9 verwiesen werden.
- Auch nach IFRS führt das Gegenparteiausfallrisiko beim Sicherungsgeschäft grundsätzlich zu einer Beeinträchtigung der Effektivität im Rahmen des Hedge Accounting (siehe IFRS 9.6.2.4 und IAS 39.74 bzw. IAS 39.AG109).

(69) Zusammengefasst gilt, dass die Auswirkungen von steigenden Ausfallrisiken mit den bestehenden Bilanzierungsregeln für Mikro-Hedges darstellbar sind.

8.4. Auswirkung des gesetzlichen Moratoriums

8.4.1. Grundsätzliche Überlegungen

(70) In diesem Abschnitt wird die Auswirkung des gesetzlichen Moratoriums nach § 2 Abs. 1 2. COVID-19-JuBG (Fall 1) analysiert (siehe Rz (30) ff.), wenn das Grundgeschäft eines Mikro-Hedges von diesem Moratorium betroffen ist.

(71) In den Erläuterungen zur Rz (34) wird ausgeführt, dass die Expertengruppe des AFRAC davon ausgeht, dass das gesetzliche Moratorium nicht zur Ausbuchung des Grundgeschäfts führt.

(72) Die gesetzliche Stundung der Zins- und Tilgungszahlungen über einen Zeitraum von drei Monaten und die Verlängerung der Vertragslaufzeit als Folge dieser Stundung verändern das Zahlungsprofil des Grundgeschäfts.

(73) Während in den Monaten des gesetzlichen Moratoriums keine Zins- und Tilgungszahlungen aus dem Grundgeschäft anfallen, laufen die Zinszahlungen und allfällige planmäßige Reduktionen des Sicherungsgeschäfts – ohne Vertragsanpassung – weiter.

8.4.2. Mikro-Hedge nach UGB

(74) Gemäß AFRAC 14 Rz (391) erfolgt bei einer nicht erheblichen Vertragsanpassung eine Bewertung eines Schuldinstruments als Grundgeschäft nach den allgemeinen unternehmensrechtlichen Grundsätzen; es gelten die §§ 204 und 207 UGB sowie insbesondere das Anschaffungskostenprinzip.

(75) Üblicherweise werden Stundungen vertraglich nur dann vereinbart, wenn eine akute Ausfallgefährdung des Kreditnehmers vorliegt und durch die Stundung ein Ausfall vermieden werden kann. Das gesetzliche Moratorium entspricht aber nach Ansicht der Expertengruppe des AFRAC nicht dieser Konstellation. Aus der Anwendbarkeit des gesetzlichen Moratoriums (alleine) kann nicht zwingend auf eine akute Ausfallgefährdung des Kreditnehmers geschlossen werden. Es hat daher bei der Analyse des Ausfallrisikos eine Einzelfallbetrachtung zu erfolgen.

(76) Nach Ansicht der Expertengruppe des AFRAC ist die Auswirkung des gesetzlichen Moratoriums abhängig von der Dokumentation des abgesicherten Risikos. In Abhängigkeit von dieser Dokumentation sind nach Ansicht der Expertengruppe des AFRAC zwei Varianten für die Bilanzierung des gesetzlichen Moratoriums im Rahmen des Hedge Accounting möglich:

1. Das zusätzliche Festzinsrisiko aufgrund der gesetzlichen Stundung gehört nicht zum abgesicherten Risiko (Variante 1). Demnach haben sich das abgesicherte Festzinsrisiko und somit die ursprünglichen Parameter der Sicherungsbeziehung nicht verändert.
2. Das zusätzliche Festzinsrisiko aufgrund der gesetzlichen Stundung gehört zum abgesicherten Risiko (Variante 2). Durch die Stundung beim Grundgeschäft sind die Veränderungen des beizulegenden Zeitwerts des Sicherungsgeschäfts vergleichsweise geringer als die gegenläufige Wertentwicklung des Grundgeschäfts. Die Sicherungsbeziehung endet, wenn die Laufzeit des Sicherungsgeschäfts endet, somit vor dem Laufzeitende des vertraglich angepassten Grundgeschäfts. Demnach haben sich das abgesicherte Festzinsrisiko und somit die ursprünglichen Parameter der Sicherungsbeziehung verändert.

(77) In der Variante 1 ist das zusätzliche Festzinsrisiko aufgrund der gesetzlichen Stundung nicht Teil der Sicherungsbeziehung und ändert daher nicht die Parameter der Sicherungsbeziehung, die vor der gesetzlichen Stundung bestanden. Somit kann beispielsweise eine vereinfachte Bestimmung der Effektivität gemäß AFRAC 15 Rz (41) fortgeführt werden (auch bekannt als „critical terms match“).

(78) In der Variante 2 ist das zusätzliche Festzinsrisiko aufgrund der gesetzlichen Stundung Teil der Sicherungsbeziehung und ändert daher die Parameter der Sicherungsbeziehung, die vor der gesetzlichen Stundung bestanden. War die Sicherungsbeziehung vor der gesetzlichen Stundung gemäß AFRAC 15 Rz (40) weitgehend effektiv, ist nach Ansicht der Expertengruppe des AFRAC zu untersuchen, ob sie auch danach als weitgehend effektiv angesehen werden kann. Dies kann selbst dann der Fall sein, wenn die Wertänderung des Derivats nicht mehr innerhalb des Effektivitätsintervalls von 80% bis 125% der durch das abgesicherte Risiko verursachten gegenläufigen Wertänderungen des Grundgeschäfts liegen sollte und dies alleine durch die Auswirkungen des gesetzlichen Moratoriums begründet ist. Im Einzelfall kann es aber vorkommen, dass die weitgehende Effektivität nicht mehr angenommen werden kann und die Bilanzierung der Bewertungseinheit beendet werden muss.

8.4.3. Mikro-Hedge nach IFRS

(79) Für das Hedge Accounting nach IFRS sind nach Einschätzung der Expertengruppe des AFRAC die folgenden Punkte hervorzuheben:

- Nach IFRS 9.5.4.3 ist bei einer nicht substanziellen Modifikation ein Änderungsgewinn bzw. -verlust erfolgswirksam zu erfassen.
- Für das IFRS-Umfeld kann nach Ansicht der Expertengruppe des AFRAC festgehalten werden, dass aus der Anwendbarkeit des gesetzlichen Moratoriums (alleine) nicht zwingend auf einen dominanten Einfluss des Ausfallrisikos nach IFRS 9.6.4.1(c) ii) geschlossen werden kann. Es hat daher bei der Analyse des Ausfallrisikos eine Einzelfallbetrachtung zu erfolgen.
- Die Schlüsse der Rz (76) zur Auswirkung des gesetzlichen Moratoriums auf das abgesicherte Risiko vor dem Hintergrund der Dokumentation sind nach Ansicht der Expertengruppe des AFRAC auch im IFRS-Umfeld folgerichtig. Es wird aber auf die folgenden Aspekte im IFRS-Umfeld hingewiesen:
  - o Gemäß IAS 39.AG105(b) müssen die Wertänderungen des Sicherungsgeschäfts innerhalb des Effektivitätsintervalls von 80% bis 125% der durch das abgesicherte Risiko verursachten gegenläufigen Wertänderungen des Grundgeschäfts liegen. Im Gegensatz zu AFRAC 15 Rz (40) ist dieses Effektivitätsintervall nach IAS 39 aber nicht nur ein Indikator für eine weitgehend effektive Sicherungsbeziehung; es muss eingehalten werden, um weiterhin einen Mikro-Hedge bilanzieren zu können. Daher führt in der Variante 2 der Rz (76) eine Verletzung der retrospektiven Effektivitätsanforderung gemäß IAS 39.AG105(b) zum Ende der Bilanzierung eines Mikro-Hedge nach IAS 39.
  - o Der „critical terms match" ist zur Bestimmung der retrospektiven Effektivität nach IFRS 9 bzw. IAS 39 nicht vorgesehen.
  - o IFRS 9.B6.5.11 weist auf die notwendige Ermessensausübung hin und zeigt, dass das Unternehmen entscheiden muss, ob Änderungen des Grads des Wertausgleichs weiterhin gerechtfertigte Schwankungen um die Sicherungsquote darstellen (IFRS 9.B6.5.11(a)) oder Rekalibrierungen erfordern (IFRS 9.B6.5.11(b)). Diese Ermessensausübung ist nach Ansicht der Expertengruppe des AFRAC im Rahmen der Variante 2 erforderlich.

8.5. Angaben im (Konzern-)Anhang und im (Konzern-)Lagebericht

(80) Nach Ansicht der Expertengruppe des AFRAC sind im (Konzern-)Anhang und im (Konzern-)Lagebericht an den entsprechenden Stellen die Auswirkungen der COVID-19-Pandemie auf die Bilanzierung von Sicherungsbeziehungen anzuführen.

Erläuterungen

Zu Rz (14):

Konkret bezieht sich die ESMA in ihrem Public Statement vom 25. März 2020 hinsichtlich der Anhangangaben auf IFRS 7, IAS 1 und IAS 34. Entsprechend IFRS 7 sind insbesondere Angaben zu machen, die es den Abschlussadressaten erlauben, die erwarteten Kreditverluste und die damit in Verbindung stehenden Annahmen und Ermessensentscheidungen zu beurteilen. Diesbezüglich sind unter anderem Angaben zu machen über die Vorgehensweise und das Ausmaß, in dem die Auswirkungen von COVID-19 und damit in Zusammenhang stehende Stabilisierungsmaßnahmen bei der Einschätzung berücksichtigt wurden, ob ein signifikanter Anstieg des Kreditausfallrisikos vorliegt, und welche Auswirkungen sich auf die Bemessung erwarteter Kreditverluste ergeben.

Darüber hinaus sind gemäß IFRS 7 und IAS 1 laut der ESMA zusätzliche Informationen zur Verfügung zu stellen, um den Abschlussadressaten eine Einschätzung der Gesamtauswirkung von COVID-19 auf die finanzielle Lage und die Performance des Bilanzierenden zu ermöglichen. Dies ist insbesondere für Themengebiete wichtig, bezüglich derer die IFRS erhebliche Ermessensentscheidungen erfordern.

In den Zwischenabschlüssen sind laut der ESMA aufgrund des Ausmaßes der jüngsten wirtschaftlichen Veränderungen ausreichend Angaben zu machen, um die Auswirkungen seit dem letzten Abschlussstichtag klarzustellen. Die ESMA bezieht sich dabei auf IAS 34.15B und IAS 34.16A.

Zu Rz (19):

Der Bankenfachausschuss (BFA) des IDW veröffentlichte am 26. März 2020 einen fachlichen Hinweis (https://www.idw.de/

blob/122896/0118a3c78fb65d6f6c1c4aa339c2f157/down-corona-bfa-fachlicher-hinweis-data.pdf) zu den „Auswirkungen der Coronavirus-Pandemie auf Wertminderungen von Finanz-instrumenten nach IFRS 9 im Quartalsabschluss von Banken zum 31.03.2020“. Das IDW unterstützt darin die Ansichten der ESMA zu den möglichen Reaktionen auf die COVID-19-Pandemie im Rahmen des IFRS 9. Das IDW hebt insbesondere die Wirkung der staatlichen Stabilisierungsmaßnahmen hervor und sieht darin die Möglichkeit, die negativen Auswirkungen der COVID-19-Pandemie auf die Wirtschaft und damit auf die Bonität der Wirtschaftstreibenden abzuwenden.

Zu Rz (34):

Da durch die Stundung über einen Zeitraum von drei Monaten lediglich der Zeitpunkt der Fälligkeit der Zins- und Tilgungsleistungen angepasst wird, deren Art und Höhe im Übrigen unverändert bleiben, und auch auf die gestundeten Beträge ein Zinsanspruch besteht, führt alleine die Anwendung des Moratoriums unter den Voraussetzungen des § 2 Abs. 1 2. COVID-19-JuBG nach Einschätzung der Expertengruppe des AFRAC weder zu einer substanziellen Modifikation nach IFRS 9 noch zu einer erheblichen Vertragsanpassung nach AFRAC 14 und somit nicht zur Ausbuchung des Finanzinstruments. Ist das Finanzinstrument vor dem Moratorium unter den Voraussetzungen des § 2 Abs. 1 2. COVID-19-JuBG gemäß IFRS 9.4.1.2(b) zu fortgeführten Anschaffungskosten bewertet, ist nach Einschätzung der Expertengruppe des AFRAC auch nach diesem Moratorium das SPPI-Kriterium erfüllt.

Zu Rz (43):

Gemäß IFRS 9.B5.5.55 sind im Rahmen der Bemessung der erwarteten Kreditverluste erwartete Zahlungseingänge aus Sicherheiten und anderen Kreditbesicherungen, die Teil der Vertragsbedingungen sind und vom Unternehmen nicht getrennt erfasst werden, zu berücksichtigen. Eine Herausforderung kann die Interpretation darstellen, welche Sicherheiten und anderen Kreditbesicherungen Teil der Vertragsbedingungen sind. Die IFRS Transition Resource Group for Impairment of Financial Instruments (ITG) hat sich daher 2015 mit diesem Thema beschäftigt und festgehalten, dass die Berücksichtigung von Kreditsicherheiten bei der Bemessung erwarteter Kreditverluste nicht auf solche beschränkt bleiben soll, die explizit Vertragsbestandteil sind. Zudem betonte die ITG, dass durch IFRS 9.B5.5.55 lediglich eine Doppelzählung von Kreditsicherheiten verhindert werden soll, die bereits separat angesetzt wurden (vgl. EY, International GAAP 2019, Volume 3, S. 3769).

Zu Rz (49) und (50):

Der Diskussion in der Expertengruppe des AFRAC wurden die Bedingungen der aktuellen Beschreibung auf der Homepage des BMF (Stand 3. Mai 2020) zugrunde gelegt. Ergänzend wurden die dort zitierten AGB der COFAG berücksichtigt.

Zu Rz (53):

Wenn Zinssätze von der Regierung oder einer Regulierungsbehörde festgelegt werden oder diese einen Rahmen vorgeben, innerhalb dessen die Zinssätze bestimmt werden müssen, ist anstelle von IFRS 9.B4.1.9 die spezifischere Reglung in IFRS 9.B4.1.9E betreffend regulierte Zinssätze anzuwenden (vgl. PwC, Manual of Accounting IFRS 2019, S. 2048). Nach Ansicht der Expertengruppe des AFRAC handelt es sich bei der Zinssatzobergrenze der COFAG-garantierten Überbrückungskredite um regulierte Zinssätze im Sinne des IFRS 9. B4.1.9E. So ist die COFAG eine Gesellschaft des Bundes, die über Auftrag des Bundesministers für Finanzen von der Abbaumanagementgesellschaft des Bundes (ABBAG) gegründet wurde. In § 6a Abs. 2 Satz 2 ABBAG-Gesetz wird ausdrücklich eine umfassende Ausstattungsverpflichtung des Bundes gegenüber der COFAG geregelt. Mit dieser Ausstattungsverpflichtung wird eine einer ausdrücklichen Garantie gleichstehende Haftung des Bundes gegenüber der COFAG normiert (vgl. Begründung zum Gesetzesantrag des 3. COVID-19-Gesetzes, 402/A 27. GP, zu Artikel 26 (Änderung des ABBAG-Gesetzes)).

Darüber hinaus ist festzuhalten, dass die Bilanzierung von durch die COFAG garantierten Überbrückungskrediten bei den finanzierenden Kreditinstituten nicht in den Anwendungsbereich des IAS 20 fällt. IAS 20 enthält Bestimmungen betreffend die Bilanzierung und Darstellung von Zuwendungen der öffentlichen Hand. Laut IAS 20.3 handelt es sich bei Beihilfen der öffentlichen Hand um Maßnahmen, die dazu bestimmt sind, einem Unternehmen oder einer Reihe von Unternehmen, die bestimmte Kriterien erfüllen, einen besonderen wirtschaftlichen Vorteil zu gewähren. Zuwendungen der öffentlichen Hand sind gemäß IAS 20.3 Beihilfen der öffentlichen Hand, die an ein Unternehmen durch Übertragung von Mitteln gewährt werden und die zum Ausgleich für die vergangene oder künftige Erfüllung bestimmter Bedingungen im Zusammenhang mit der betrieblichen Tätigkeit des Unternehmens dienen. Nach Ansicht der Expertengruppe des AFRAC liegen hinsichtlich der durch die COFAG garantierten Überbrückungskredite bei den finanzierenden Kreditinstituten keine Beihilfen oder Zuwendungen der öffentlichen Hand gemäß IAS 20.3 vor, weil die finanzierenden Kreditinstitute in diesem Zusammenhang weder bestimmte Kriterien erfüllen müssen noch ihnen besondere wirtschaftliche Vorteile zuteil werden.

Bei der Beurteilung der Marktgerechtigkeit von Konditionen sind branchenspezifische Besonderheiten sowie der relevante Markt zu beachten. So stellen beispielsweise bei einem öffentlich-rechtlichen Kreditinstitut mit einem gesetzlich vorgeschriebenen Förderauftrag Kreditvergaben zu unterhalb des allgemeinen Marktniveaus liegenden Zinsen nicht zwingend unterverzinsliche Kredite bzw. Kreditzusagen dar, da für die Beurteilung auf den spezifischen Markt dieser Geschäftsaktivitäten abzustellen ist. (Vgl. PwC, IFRS für Banken, S.

511. In der zitierten Literaturstelle wird auf IAS 39.4 zu Kreditzusagen Bezug genommen. Da diese Bestimmung in IFRS 9.2.3 übernommen wurde, gelten die getroffenen Aussagen auch für die Bilanzierung gemäß IFRS 9.)

Zudem gilt es hinsichtlich der Marktgerechtigkeit der Zinssätze zu beachten, dass die garantierten Überbrückungskredite in zwei Tranchen zu teilen sind. Der Kreditbetrag der Tranche 1 entspricht dem Kreditbetrag multipliziert mit der Deckungsquote bezogen auf den Gesamtkreditbetrag. Die Tranche 1 ist von der Garantie voll besichert (100% Deckungsquote). Der Kreditbetrag der Tranche 2 entspricht dem Kreditbetrag multipliziert mit der Differenz zwischen 100% und der Deckungsquote. Die Tranche 2 ist unbesichert (0% Deckungsquote) (vgl. AGB der COFAG, Punkt 2.4). Die Besicherungswirkung der Garantie und die damit verbundene Auswirkung auf die Ermittlung der erwarteten Kreditverluste erstrecken sich somit nur auf die Tranche 1. Im Vergleich zur unbesicherten Tranche 2 ist die Tranche 1 daher mit geringeren Kreditrisikokosten verbunden.

Tranche 1 darf im Kreditvertrag und allfälligen Nebenvereinbarungen nicht schlechter gestellt sein als Tranche 2. Insbesondere müssen alle Zahlungen aliquot auf Tranche 1 und Tranche 2 angerechnet und Sicherheiten aliquot für Tranche 1 und Tranche 2 bestellt werden. Dies gilt auch für den Zeitraum nach Inanspruchnahme der Garantie. Auszahlungen an den Kreditnehmer sind aliquot auf Tranche 1 und Tranche 2 zu leisten (vgl. AGB der COFAG, Punkt 2.4). Die beiden Tranchen sind daher gleichgestellt. Da einem durch die COFAG garantierten Überbrückungskredit lediglich ein Kreditvertrag zugrunde liegt und auch hinsichtlich der vertraglichen Zahlungen ein einheitliches Kreditgeschäft vorliegt, gilt der unter Berücksichtigung der relevanten Zinssatzobergrenze (siehe Rz (49)) festgelegte Zinssatz für beide Tranchen gleichermaßen. In einer Gesamtbetrachtung eines durch die COFAG garantierten Überbrückungskredits seitens des kreditgebenden Instituts kommt es daher hinsichtlich des Zinssatzes zu einer kompensatorischen Wirkung der Tranche 1 gegenüber der Tranche 2.

Zu Rz (56):

Der Begriff „Mikro-Hedge" wird auch in AFRAC 15 Rz (34) im Zusammenhang mit Bewertungseinheiten zwischen einem Grund- und einem Sicherungsgeschäft verwendet. Nach dem UGB steht die Bilanzierung einer Bewertungseinheit aus Grund- und Sicherungsgeschäft im Zentrum (siehe AFRAC 15 Rz (28) ff.). Diese Bewertungseinheit wird in der Folge imparitätisch bewertet. Nach dem IFRS 9 (wie auch nach dem IAS 39) wird bei der Bilanzierung eines Mikro-Hedge (im Zusammenhang mit der Absicherung von Festzinsrisiken) jedoch der Wertmaßstab des Grundgeschäfts (unter Beibehaltung der Einzelbewertung) verändert. Auf diese Weise zeigt sich das abgesicherte Risiko im Rahmen der paritätischen Einzelbewertung des Grund- und des Sicherungsgeschäfts in der Gewinn- und Verlustrechnung. In der Folge wird im Abschnitt 8 sowohl nach dem UGB als auch nach dem IFRS 9 und dem IAS 39 von Mikro-Hedges bzw. von Hedge Accounting gesprochen, wobei stets die unterschiedliche Umsetzung nach dem UGB und dem IFRS 9 bzw. IAS 39 zu bedenken ist.

Zu Rz (66):

AFRAC 15 Rz (43) erlaubt grundsätzlich nur die Widmung des Gesamtwerts eines Sicherungsderivats. Ausnahmen werden nur bei der Widmung des inneren Werts einer Option und des Kassakurses eines Termingeschäfts gemacht. Somit beeinflusst das Ausfallrisiko der Gegenpartei bei einem Sicherungsderivat die Effektivität des Mikro-Hedge nach UGB. Sind die Auswirkungen dieses Ausfallrisikos auf den beizulegenden Zeitwert des Sicherungsderivats jedoch unwesentlich, kann es bei der Ermittlung des beizulegenden Zeitwerts ausgeblendet werden. Eine solche Unwesentlichkeit kann nach Ansicht der Expertengruppe des AFRAC insbesondere argumentiert werden, wenn das Sicherungsderivat mit einer zentralen Gegenpartei (Central Clearing Party) abgeschlossen ist.

Zu Rz (76):

In der Variante 1 umfasst die Bewertungseinheit des Mikro-Hedge laut Dokumentation das Festzinsrisiko des ursprünglichen Vertrags vor der gesetzlichen Stundung. Eine Berücksichtigung von nicht erheblichen Vertragsanpassungen im Rahmen der Bewertung der Bewertungseinheit ist nicht vorgesehen. Das Festzinsrisiko des ursprünglichen Vertrags vor der gesetzlichen Stundung ist eine Teilmenge des Festzinsrisikos nach der gesetzlichen Stundung. Es haben sich die „critical terms" der Bewertungseinheit auch nach der gesetzlichen Stundung nicht geändert. Das zusätzliche Festzinsrisiko aufgrund der gesetzlichen Stundung zählt nicht zum abgesicherten Risiko und beeinträchtigt daher nicht die Effektivität des Mikro-Hedge.

Demgegenüber kann aus der Dokumentation im Rahmen der Variante 2 geschlossen werden, dass nicht erhebliche Vertragsanpassungen nach dem Beginn der Bilanzierung der Sicherungsbeziehung die Bewertungseinheit des Mikro-Hedge beeinflussen. Das zusätzliche Festzinsrisiko aufgrund der gesetzlichen Stundung erhöht daher das abgesicherte Risiko, wodurch ohne Anpassung des Sicherungsgeschäfts die Effektivität des Mikro-Hedge beeinträchtigt wird. Es haben sich die „critical terms" der Bewertungseinheit nach der gesetzlichen Stundung geändert. Im Ergebnis ist das Grundgeschäft nach der gesetzlichen Stundung und ohne Anpassung des Sicherungsgeschäfts nicht mehr über seine Gesamtlaufzeit abgesichert, da sich die Gesamtlaufzeit aufgrund der Stundung um drei Monate verlängert hat.

Beide Varianten sollen anhand eines beispielhaften Kredits illustriert werden, dessen Festzinsrisiko durch einen Zinsswap abgesichert wird. Dem Beispiel liegt zugrunde, dass aufgrund des gesetzlichen Moratoriums im dreimonatigen Stundungszeitraum keine Zahlungen zu leisten sind. Die gestundeten Beträge verlängern die Restlaufzeit des Kredits um drei Monate.

Gegeben sei ein fixverzinster Ratenkredit, der Ende März 2020 noch mit 90 aushaftet und in den folgenden neun Monaten (beginnend mit April 2020) jeweils Tilgungen iHv 10 vorsieht. Aufgrund des gesetzlichen Moratoriums erfolgen in den Monaten April bis Juni 2020 allerdings keine Tilgungen. Diese setzen erst ab Juli 2020 wieder ein. Der Kredit ist daher erst Ende März 2021 vollständig zurückgezahlt.

Da durch das gesetzliche Moratorium nicht nur die Tilgungen, sondern auch die Zinsen gestundet werden, erfährt der aushaftende Betrag in den Monaten April bis Juni 2020 nicht nur keine Verminderung, sondern erhöht sich um die ebenfalls gestundeten, aber nach wie vor anfallenden (und auflaufenden) Zinsen.

Die folgende Grafik zeigt die Auswirkung des gesetzlichen Moratoriums unter den folgenden zwei vereinfachenden Annahmen: (1) Der Jahreszinssatz beträgt 10%. (2) Die Begleichung der in den Monaten April bis Juni 2020 aufgelaufenen Zinsen erfolgt in den Monaten Juli 2020 bis März 2021 nach dem gesetzlichen Moratorium (in Gestalt von Annuitäten).

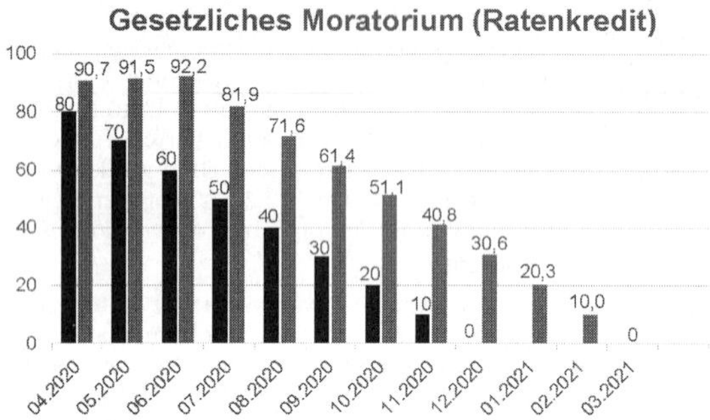

Wenn die Dokumentation vorsieht, dass das Festzinsrisiko des Kredits vor dem gesetzlichen Moratorium gesichert ist und somit Stundungen dieses abgesicherte Festzinsrisiko nicht betreffen, haben sich das abgesicherte Festzinsrisiko und somit die ursprünglichen Parameter der Sicherungsbeziehung nicht verändert (Variante 1). Das gesetzliche Moratorium führt dazu, dass ab April 2020 das Nominale des Kredits nicht wie geplant in Raten abnimmt, sondern bis inklusive Juni 2020 gleichbleibt und somit zwangsläufig das Nominale des Zinsswaps übersteigt. Die Absicherung bezieht sich jedoch auch nach dem gesetzlichen Moratorium auf den ursprünglichen Tilgungsverlauf (schwarze Balken in der Grafik).

Wenn die Dokumentation vorsieht, dass stets das aktuelle Festzinsrisiko des Kredits gesichert sein soll und somit das gesetzliche Moratorium das abgesicherte Festzinsrisiko des Kredits betrifft, haben sich das abgesicherte Festzinsrisiko und somit die ursprünglichen Parameter der Sicherungsbeziehung verändert (Variante 2). Der Zinsswap sichert somit bis Dezember 2020 (Ende der ursprünglich vorgesehenen Laufzeit des Kredits) nur mehr einen Teil des Festzinsrisikos ab. Die Absicherung bezieht sich nach dem gesetzlichen Moratorium auf den aktuellen Tilgungsverlauf aufgrund des gesetzlichen Moratoriums (graue Balken in der Grafik).

Zu Rz (78):

Im Rahmen der imparitätischen Bewertung der Bewertungseinheit kann es bei der Variante 2 alleine wegen der gesetzlichen Stundung nicht zur Passivierung oder Erhöhung einer Drohverlustrückstellung kommen, da die abgesicherte Wertentwicklung des Grundgeschäfts, die alleine wegen der gesetzlichen Stundung verursacht wird, stets die Veränderung des beizulegenden Zeitwerts des Sicherungsgeschäfts überkompensiert. Dennoch muss die weitgehende Effektivität nach AFRAC 15 Rz (39) f. auch nach der gesetzlichen Stundung vorliegen. In diesem Zusammenhang nennt AFRAC 15 Rz (40) den Indikator „80% bis 125%". Dieses Effektivitätsintervall ist gemäß AFRAC 15 Rz (40) ein Indikator für eine weitgehend effektive Sicherungsbeziehung und kann nach Ansicht der Expertengruppe des AFRAC in begründeten Ausnahmefällen überschritten werden. Es können sich Kombinationen aus der Länge der Restlaufzeit und dem Barwerteffekt der gestundeten Zahlungen ergeben, die die Überschreitung dieses Intervalls zur Folge haben. Ob diese Überschreitungen zu den begründeten Ausnahmefällen zählen, muss im Einzelfall entschieden werden. Bei dieser Entscheidung muss nach Ansicht der Expertengruppe des AFRAC stets beachtet werden, dass allfällige Überschreitungen, sofern sie nur die Folge der gesetzlichen Stundung sind, die grundsätzlichen Parameter des ursprünglich hergestellten Wertausgleichs nicht verändern. Somit kann nach Ansicht der Expertengruppe des AFRAC insbesondere bei entsprechend kurzen Restlaufzeiten der Sicherungsbeziehung eine Überschreitung des „80% bis 125%"-Indikators über einen Großteil der verbleibenden Gesamtdauer der Sicherungsbeziehung vorliegen. In einem solchen Fall liegt der Schluss nahe, dass die Überschreitungen die Restlaufzeit der Sicherungsbeziehung dominieren und dementsprechend das Erfordernis einer weitgehend effektiven Sicherungsbeziehung nicht mehr gegeben ist.

Zu Rz (80):

Es sind die folgenden Bestimmungen betroffen:

- § 237 Abs. 1 Z 1 bzw. § 265 Abs. 1 Z 1 und 3 UGB für den (Konzern-)Anhang;
- IFRS 7.21A ff. „Bilanzierung von Sicherungsgeschäften“, IFRS 7.22A ff. „Die Risikomanagementstrategie“ und IFRS 7.24A ff. „Auswirkungen der Bilanzierung von Sicherungsgeschäften auf die Vermögens-, Finanz- und Ertragslage“ für den Konzernanhang;
- § 243 Abs. 3 Z 5 bzw. § 267 Abs. 3 Z 5 UGB für den (Konzern-)Lagebericht.

AFRAC-Fachinformation Novellierung des VKrG und des HIKrG aufgrund von „Lexitor“

Fachinformation
Auswirkungen der Novellierung des VKrG und des HIKrG aufgrund von „Lexitor“ auf Abschlüsse zu Stichtagen nach dem 31. Dezember 2019

(März 2021)

Historie der vorliegenden Fachinformation

erstmalige Veröffentlichung	März 2021	

Präambel

(1) Die vorliegende Fachinformation wurde kurzfristig von einer Expertengruppe des AFRAC erarbeitet. Die Einhaltung des üblichen Verfahrens einer ordnungsgemäßen Beschlussfassung war aufgrund der Dringlichkeit nicht möglich. In der Sitzung des Beirats für Rechnungslegung und Abschlussprüfung im März 2021 wurde die vorliegende Fachinformation beschlossen.

(2) Ferner ist zu beachten, dass die nachstehenden Ausführungen nur allgemeiner Art sein können und die Sachverhalte im Einzelfall abhängig von den konkreten Fakten und Umständen zu beurteilen sind.

1. Hintergrund und Zielsetzung der Fachinformation

(3) Im September 2019 hat der Europäische Gerichtshof entschieden,[1] dass bei vorzeitiger Rückzahlung von Verbraucherkrediten die Gesamtkosten anteilig zu vermindern sind. Die bisherige Regelung im Verbraucherkreditgesetz (VKrG) und im Hypothekar- und Immobilienkreditgesetz (HIKrG) sah lediglich die anteilige Reduktion der laufzeitabhängigen Kosten vor. Andere Entgelte, wie etwa laufzeitunabhängige Kosten, waren davon nicht betroffen und wurden daher nicht rückerstattet.

[1] Urteil des EuGH vom 11. September 2019, C-383/18 („Lexitor“).

(4) Im BGBl. I Nr. 1/2021 vom 5. Jänner 2021 wurde eine Novellierung des VKrG und des HIKrG veröffentlicht, wonach die Einschränkung auf laufzeitabhängige Kosten beseitigt und die relevanten Bestimmungen an die Entscheidung des EuGH angepasst wurden. Demgemäß wurde der Wortlaut „laufzeitabhängige Kosten verringern sich verhältnismäßig“ in § 16 Abs. 1 VKrG und § 20 Abs. 1 HIKrG durch „die Kosten verringern sich verhältnismäßig“ ersetzt.

(5) Diese Änderungen sind auf Kredite, die im Anwendungsbereich des VKrG oder des HIKrG liegen und nach dem 31. Dezember 2020 begeben wurden, anzuwenden. In den Übergangsbestimmungen zum VKrG wurde darüber hinaus geregelt, dass die anteilige Rückerstattung auch auf jene Kredite anzuwenden ist, die nach dem 11. September 2019 begeben wurden und nach dem 31. Dezember 2020 zum Teil oder zur Gänze vorzeitig getilgt werden.

(6) Vor dem Hintergrund des Inkrafttretens der Novellierung des VKrG und des HIKrG (nachfolgend: Gesetzesänderung) stellen sich Fragen für die Bilanzierung von Verbraucher- sowie Hypothekar- und Immobilienkreditverträgen in den Abschlüssen gemäß UGB und IFRS.

(7) Die Fachinformation ist im Frage-Antwort-Stil aufgebaut. Im Rahmen dieser Fachinformation werden zunächst der Anwendungsbereich (Frage 2) sowie die Auswirkungen der Gesetzesänderung auf die Bilanz und die Gewinn- und Verlustrechnung nach dem UGB (Fragen 3 bis 5) analysiert. Im Anschluss werden die Angaben im (Konzern-)Anhang und im (Konzern-)Lagebericht nach dem UGB (Frage 6) und Besonderheiten bei Kreditinstituten (Frage 7) behandelt. Abschließend werden die Auswirkungen der Gesetzesänderung auf IFRS-Abschlüsse (Frage 8) diskutiert. Die Fachinformation behandelt ausschließlich die Perspektive des die Kreditierung gewährenden Unternehmens.

2. Welche Geschäftsfälle sind betroffen? (Anwendungsbereich)

(8) Hinsichlich der Geschäftsfälle, die von der Gesetzesänderung betroffen sind, sind nach Ansicht der Expertengruppe des AFRAC vier unterschiedliche Dimensionen bzw. Schritte zu beachten.

(9) Zunächst gilt es zu klären, ob ein Geschäftsfall in den Anwendungsbereich des VKrG oder des HIKrG fällt. Da diese Gesetze nicht nur von Kreditinstituten anzuwenden sind, kann die Gesetzesänderung auch für andere Unternehmen einschlägig sein, z.B. für Unternehmen, welche Verbraucherleasing oder Ratenkauf anbieten.

(10) Weiters ist im Hinblick auf Geschäftsjahre, die vor dem oder am 31. Dezember 2020 geendet haben, zwischen Geschäftsfällen im Anwendungsbereich des VKrG und solchen im Anwendungsbereich des HIKrG zu unterscheiden. Laut § 29 Abs. 12 VKrG ist die Änderung des § 16 Abs. 1 VKrG auf Kreditverträge und Kreditierungen anzuwenden, die nach dem 11. September 2019 geschlossen bzw. gewährt werden, sofern die vorzeitige Rückzahlung nach dem 31. Dezember 2020 geleistet wird. Die Änderung des § 20 Abs. 1 HIKrG ist hingegen laut § 31 Abs. 5 HIKrG auf Kreditverträge und Kreditierungen anzuwenden, die nach dem 31. Dezember 2020 geschlossen bzw. gewährt werden (Neugeschäft). In Geschäftsjah-

ren, die vor dem oder am 31. Dezember 2020 geendet haben, können sich Auswirkungen aus der Gesetzesänderung deshalb nur für Geschäftsfälle ergeben, die dem VKrG unterliegen.

(11) Darüber hinaus ist die im Einzelfall vorliegende Gebühr oder Provision genauer zu betrachten, da nicht alle i.Z.m. einem Kreditvertrag oder einer Kreditierung stehenden Gebühren und Provisionen von der Rückerstattungspflicht betroffen sein müssen. Diesbezüglich sei festgehalten, dass weder § 16 Abs. 1 VKrG noch § 20 Abs.1 HIKrG eine Unterscheidung in laufzeitabhängige und -unabhängige Kosten vorsehen. Auch ob eine Gebühr oder Provision mit Zinscharakter gemäß § 52 Abs. 1 Z 4 BWG vorliegt, ist in diesem Zusammenhang unerheblich. Für Details zu den von der Gesetzesänderung betroffenen Gebühren und Provisionen wird auf die Erläuterungen zu dieser Randziffer verwiesen.

(12) Schließlich gilt es zu analysieren, ob eine vorzeitige Rückzahlung i.S.d. VKrG und des HIKrG vorliegt. Da es sich hierbei um eine Rechts- und nicht um eine Bilanzierungsfrage handelt, wird zum Vorliegen einer vorzeitigen Rückzahlung i.S.d. VKrG und des HIKrG in dieser Fachinformation nicht Stellung genommen.

3. Wie wirkt sich die Gesetzesänderung auf einen UGB-Abschluss aus?

(13) Geschäftsfälle, welche gemäß Frage 2 von der Gesetzesänderung betroffen sind, sind unter Berücksichtigung des Stetigkeitsgrundsatzes (siehe Frage 4) hinsichtlich ihrer bilanziellen Auswirkungen zu untersuchen. Es ist zu analysieren, inwiefern aufgrund der Rückerstattungspflicht der Ansatz einer Rückstellung i.Z.m. bereits vereinnahmten Gebühren und Provisionen notwendig ist.

(14) Ein Unternehmen hat eine Rückstellung für eine potentielle Rückerstattungspflicht anzusetzen, wenn Gebühren und/oder Provisionen, die erstattungspflichtig sind, bereits vereinnahmt wurden. Es handelt sich dabei um eine Verbindlichkeitsrückstellung i.S.d. § 198 Abs. 8 Z 1 UGB, die pauschal gebildet wird.

(15) Die Bestimmung der Höhe der Rückstellung muss auf einer umsichtigen Beurteilung beruhen. Liegen statistisch ermittelbare Erfahrungswerte aus gleich gelagerten Sachverhalten, d.h. von vorzeitigen Rückzahlungen in der Vergangenheit, vor, so sind sie gemäß § 201 Abs. 2 Z 7 UGB zu berücksichtigen.

(16) Das EuGH-Urteil „Lexitor" sowie die damit verbundenen Änderungen nationaler Gesetze sind dem Verbraucherschutz zuzuordnen. Eine Anpassung der unternehmens- und/oder bankrechtlichen Realisierungsbestimmungen ist damit nicht verbunden. Daher kann aus dem „Lexitor"-Urteil und den darauf beruhenden nationalen Gesetzesnovellierungen keine grundsätzliche Änderung bezüglich der Realisierung von Gebühren und Provisionen abgeleitet werden.

(17) Das EuGH-Urteil sowie die nationalen Gesetzesänderungen können allerdings als Anlass dienen, die fachliche Diskussion zur Vereinnahmung von Gebühren und Provisionen sowie deren Umsetzung in der Praxis erneut zu beleuchten. Eine solche Untersuchung ist nicht Gegenstand der vorliegenden Fachinformation. In Kapitel 7 wird zusammenfassend auf die Besonderheiten bei Kreditinstituten hinsichtlich Gebühren und Provisionen hingewiesen.

4. Ist die Gesetzesänderung ein hinreichender Grund, um vom Stetigkeitsgrundsatz abzuweichen?

(18) Die bilanziellen Auswirkungen sind unter Berücksichtigung des Stetigkeitsgrundsatzes gemäß § 201 Abs. 2 Z 1 UGB zu analysieren (siehe Rz (13)). Demnach sind die auf den vorhergehenden Jahresabschluss angewendeten Bilanzierungs- und Bewertungsmethoden beizubehalten, um die Vergleichbarkeit aufeinanderfolgender Jahresabschlüsse sicherzustellen. Zudem sind art- und funktionsgleiche Vermögensgegenstände und Schulden nach gleichen Methoden zu bewerten.

(19) Nur bei Vorliegen besonderer Umstände darf gemäß § 201 Abs. 3 UGB vom Stetigkeitsgrundsatz abgewichen werden. Als Beispiele für solche besonderen Umstände werden in KFS/RL 1, Rz 32 unter anderem Änderungen von Gesetzen und der Rechtsprechung genannt.

(20) Daher stellt die in dieser Fachinformation diskutierte Gesetzesänderung nach Ansicht der Expertengruppe des AFRAC eine hinreichende Grundlage für das Abweichen vom Stetigkeitsgrundsatz dar, sofern dadurch ein möglichst getreues Bild der Vermögens-, Finanz- und Ertragslage vermittelt wird und die geänderte Methode den unternehmensrechtlichen Grundsätzen ordnungsmäßiger Buchführung entspricht.

5. Wie wirkt sich die Gesetzesänderung auf den Abschluss 2020 aus?

(21) Die Änderung des § 20 Abs. 1 HIKrG ist auf Geschäftsfälle nach dem 31. Dezember 2020 anzuwenden (siehe Rz (10)). Die Änderung hat daher keine Auswirkung auf den Zeitraum vor Inkrafttreten der Gesetzesänderung. Deshalb ist eine Rückstellung nur für Geschäftsfälle nach dem 31. Dezember 2020 erforderlich und somit erstmalig in Abschlüssen für Geschäftsjahre, die nach dem 31. Dezember 2020 enden, zu bilden.

(22) Die Änderung des § 16 Abs. 1 VKrG ist rückwirkend auch auf Kreditverträge und Kreditierungen anzuwenden, die vor dem 1. Jänner 2021, aber nach dem 11. September 2019 abgeschlossen bzw. gewährt wurden, sofern die vorzeitige Rückzahlung nach dem 31. Dezember 2020 geleistet wird (siehe Rz (10)). Für diese Geschäftsfälle ist eine Rückstellung erstmalig in noch nicht aufgestellten Abschlüssen für Geschäftsjahre, die vor dem 1. Jänner 2021 geendet haben, zu bilden.

6. Wie wirkt sich die Gesetzesänderung auf (Konzern-)Anhang und (Konzern-)-Lagebericht aus?

(23) Im Anhang sind gemäß § 236 UGB die Bilanz und die Gewinn- und Verlustrechnung sowie die darauf angewandten Bilanzierungs- und Bewertungsmethoden so zu erläutern, dass ein möglichst getreues Bild der Vermögens-, Finanz- und Ertragslage des Unternehmens (Generalnorm der Rechnungslegung nach § 222 Abs. 2 UGB) vermittelt wird; dies gilt gemäß § 265 Abs. 1 UGB analog für den Konzernanhang.

(24) Die Gesetzesänderung führt im Hinblick auf die Pflicht zur Rückerstattung von bereits zur Gänze vereinnahmten Erträgen zu einer neuen Rechtsfolge. Daher handelt es sich bei der erstmaligen Erfassung einer Rückstellung für Rückerstattungen nicht um eine Änderung einer bestehenden, sondern um die erstmalige Festlegung einer Bilanzierungsmethode. Diese ist in Übereinstimmung mit den in Rz (23) angeführten Vorgaben zu erläutern.

(25) Ändert ein Unternehmen aufgrund der Gesetzesänderung seine Bilanzierungs- und Bewertungsmethoden, sind darüber hinaus im (Konzern-)Anhang die Angaben gemäß §§ 201 Abs. 3 Satz 2 und 237 Abs. 1 Z 1 bzw. 265 Abs. 1 Z 3 UGB zu machen.

(26) Der Lage- bzw. der Konzernlagebericht hat gemäß §§ 243 Abs. 3 Z 1 bzw. 267 Abs. 3 Z 1 UGB auf die voraussichtliche Entwicklung des Unternehmens bzw. des Konzerns einzugehen. Gemäß §§ 243 Abs. 1 bzw. 267 Abs. 1 UGB sind auch die wesentlichen Risiken und Ungewissheiten zu beschreiben, denen das Unternehmen bzw. der Konzern ausgesetzt ist. Zu berücksichtigen sind alle bis zum Tag der Aufstellung des Abschlusses bekannt gewordenen Tatsachen. Besteht ein wesentliches Risiko, dass die Auswirkungen der Gesetzesänderung zu einer negativen Abweichung von Prognosen oder Unternehmenszielen führen werden, ist darüber im Lage- bzw. Konzernlagebericht zu berichten. Dies umfasst auch wesentliche Unsicherheiten zur Annahme der Unternehmensfortführung.

7. Welche Besonderheiten ergeben sich für Kreditinstitute?

(27) Gemäß § 52 Abs. 1 Z 4 BWG sind Gebühren und Provisionen mit Zinscharakter, die nach dem Zeitablauf *oder* nach der Höhe der Forderung bzw. der Verbindlichkeit berechnet werden, als Zinsen und ähnliche Erträge bzw. Zinsen und ähnliche Aufwendungen auszuweisen. Wie der Begriff Zinscharakter von Erträgen bzw. Aufwendungen zu interpretieren ist, geht aus dem BWG nicht eindeutig hervor.

(28) In § 52 Abs. 3 BWG werden Provisionserträge und Provisionsaufwendungen erläutert. Demnach sind Provisionserträge und Provisionsaufwendungen die im Dienstleistungsgeschäft anfallenden Erträge und Aufwendungen, insbesondere

- Bürgschaftsprovisionen, Provisionen für die Verwaltung von Krediten für Rechnung anderer Kreditgeber und für den Handel mit Wertpapieren;
- Provisionen und andere Erträge und Aufwendungen im Zahlungsverkehr, Kontoführungsgebühren und Gebühren für die Verwahrung und Verwaltung von Wertpapieren;
- Provisionen aus dem Devisen-, Sorten- und Edelmetallhandel;
- Provisionen für die Vermittlertätigkeit bei Kreditgeschäften, Sparverträgen und Versicherungsverträgen.

(29) Die Defintion der Posteninhalte erfährt durch die Gesetzesänderung keine Änderung, da es sich bei § 16 Abs. 1 VKrG und § 20 Abs. 1 HIKrG um Verbraucherschutzbestimmungen handelt (siehe Rz (16)), die nicht zwischen den verschiedenen Ertragsarten des BWG unterscheiden. Auch weiterhin ist deshalb zu prüfen, ob Gebühren und Provisionen die Voraussetzungen von § 52 Abs. 1 Z 4 BWG erfüllen und folglich als Zinsen und zinsähnliche Erträge zeitanteilig zu vereinnahmen sind.

(30) Das UGB schreibt keine spezifische Methode vor, nach welcher Gebühren und Provisionen, welche die Voraussetzungen von § 52 Abs. 1 Z 4 BWG erfüllen, zu verteilen sind. Nach AFRAC 14 ist eine lineare Verteilung wie auch die Anwendung der Effektivzinsmethode zulässig. Es ist daher zu prüfen, ob sich aus der zeitanteiligen Vereinnahmung ein Überhang der bereits ertragswirksam realisierten Erträge ergibt, der bei vorzeitiger Rückzahlung zu einem Aufwand führen würde. In diesem Fall sieht die Expertengruppe des AFRAC die Bildung einer Rückstellung als erforderlich an.

(31) Die nicht unter § 52 Abs. 1 Z 4 BWG fallenden Gebühren und Provisionen, die regelmäßig bereits bei Vertragsabschluss vorgeschrieben und daher vielfach bereits zu diesem Zeitpunkt zur Gänze realisiert werden, sind daraufhin zu beurteilen, ob sich aufgrund der Gesetzesänderung eine Rückerstattungspflicht ergibt. In diesem Fall ist für Gebühren und Provisionen, welche bereits zur Gänze vereinnahmt wurden, eine Rückstellung für zu erwartende Rückerstattungen zu bilden.

(32) Eine Vorfälligkeitsentschädigung, die bei einem fix verzinsten Kredit aufgrund des im Falle einer vorzeitigen Rückzahlung gegebenenfalls entstehenden Zinsnachteils vereinbart wurde, ist nach Ansicht der Expertengruppe des AFRAC bei der Ermittlung der Höhe der Rückstellung nicht einzubeziehen. Da die Vorfälligkeitsentschädigung für einen etwaigen Zinsnachteil und nicht für entgangene Gebühren und Provisionen festgelegt wird, handelt es sich um zwei unterschiedliche Sachverhalte, für die das Saldierungsverbot zu beachten ist.

(33) Im Rahmen der Diskussion wurde die Frage aufgeworfen, ob aufgrund der Gesetzesänderung eine Neubeurteilung von einmalig bei Vertragsabschluss vorgeschriebenen Gebühren und Provisionen vorzunehmen ist und diese nunmehr zu verteilen sind. Sofern Gebühren und Provisionen bislang als Zinsen und zinsähnliche Erträge beurteilt wurden, ändert die Gesetzesänderung die bisherige Bilanzierungsmethode nicht. Das

EuGH-Urteil sowie die nationalen Gesetzesänderungen können allerdings als Anlass dienen, die Bilanzierungsmethode zur Vereinnahmung von Gebühren und Provisionen sowie deren Umsetzung in der Praxis erneut zu beleuchten; dies gilt insbesondere für zinsähnliche Erträge, die bisher ausschließlich aufgrund der fehlenden Rückzahlbarkeit sofort vereinnahmt wurden. Eine solche Untersuchung ist nicht Gegenstand der vorliegenden Fachinformation.

8. Wie wirkt sich die Gesetzesänderung auf die IFRS-Bilanzierung aus?

(34) Die nachstehenden Ausführungen stellen Anwendungshinweise allgemeiner Art dar. Die Sachverhalte sind im Einzelfall auf Basis der konkreten Fakten und Umstände zu beurteilen. Dabei sind für die Beurteilung des Einzelfalls bei der Anwendung der internationalen Rechnungslegungsnormen jedenfalls die offiziellen Auslegungen der IFRS zu berücksichtigen.

(35) Gebühren und Provisionen, die i.Z.m. dem Entstehen eines Finanzinstruments (z.B. bei einer Kreditvergabe) anfallen, sind nicht nach IFRS 15, sondern nach IFRS 9 zu beurteilen.[2]

[2] Vgl. IFRS 15.5.

(36) In der Regel sind solche Gebühren und Provisionen gemäß IFRS 9.B5.4.1 für Finanzinstrumente, für welche die Effektivzinsmethode angewendet wird, in die Ermittlung des Effektivzinssatzes aufzunehmen und daher über die Entwicklung des Bruttobuchwerts bilanziell über die Laufzeit verteilt zu erfassen. Nähere Hinweise, welche Gebühren und Provisionen integraler Bestandteil des Effektivzinssatzes eines Finanzinstruments sind und daher im Rahmen der Effektivzinsmethode zu verteilen sind, liefert IFRS 9.B5.4.2.

(37) Nur ausnahmsweise kommt je nach Sachverhalt u.U. eine sofortige Vereinnahmung in Betracht, insbesondere wenn eine separate zeitpunktbezogene Dienstleistung identifiziert werden kann, die gemäß IFRS 15 zu behandeln ist.

(38) Die Gesetzesänderung hat nach Ansicht der Expertengruppe des AFRAC keine Auswirkung auf die Anwendung dieser Bestimmungen.

(39) Bei Anwendung der Effektivzinsmethode sind gemäß IFRS 9.B5.4.4 alle gezahlten oder erhaltenen Gebühren und Provisionen grundsätzlich über die *erwartete* Laufzeit des Finanzinstruments zu amortisieren. Dabei wird für die Anwendung der Effektivzinsverteilung u.U. eine erwartete Laufzeit zugrunde gelegt, die kürzer ist als die vertragliche Laufzeit.

(40) Sofern sich durch die Gesetzesänderung die Erwartungen über das Rückzahlungsverhalten oder über die bei vorzeitiger Rückzahlung zu erwartenden Zahlungsströme von bereits ausgereichten Finanzierungen ändern, stellt dies eine Änderung der Schätzung der erwarteten Zahlungen dar, welche gemäß IFRS 9.B5.4.6 zu behandeln ist. Die neuen erwarteten Zahlungsströme sind mit dem ursprünglichen Effektivzinssatz abzuzinsen, eine etwaige Barwertänderung ist ergebniswirksam zu erfassen und verändert den Bruttobuchwert des Finanzinstruments.

Erläuterungen

Zu Rz (3):

Von der Änderung des VKrG und des HIKrG sind nicht nur vollständige Rückzahlungen, sondern auch Teilrückzahlungen erfasst.

Gemäß den Erläuterungen zur Regierungsvorlage des Bundesgesetzes, mit dem das VKrG und das HIKrG geändert werden, 478 BlgNR 27. GP, nimmt die Neuregelung auf die Auslegung der bisherigen Rechtslage keinen Einfluss.

Zu Rz (10):

Die Änderung des VKrG und jene des HIKrG wurden zwar erst im BGBl. I Nr. 1/2021 (ausgegeben am 5. Jänner 2021) veröffentlicht, die Änderungen wurden allerdings bereits im Jahr 2020 vom National- und vom Bundesrat beschlossen. Die Gesetzesänderung war somit bereits Ende 2020 mit hinreichender Sicherheit bekannt (siehe dazu auch AFRAC-Stellungnahme 13, Rz 6 und AFRAC-Stellungnahme 30, Rz 34) und ist daher in Abschlüssen, die noch nicht aufgestellt wurden und Geschäftsjahre betreffen, die vor dem 1. Jänner 2021 geendet haben, gegebenenfalls zu berücksichtigen. Da der Anwendungsbereich der neuen Fassung des § 20 Abs. 1 HIKrG durch § 31 Abs. 5 leg. cit. auf Kreditverträge und Kreditierungen eingeschränkt wird, die nach dem 31. Dezember 2020 geschlossen bzw. gewährt werden, können sich allerdings aus der Gesetzesänderung in Geschäftsjahren, die vor dem 1. Jänner 2021 geendet haben, nur hinsichtlich dem VKrG unterliegenden Kreditverträgen und Kreditierungen bilanzielle Folgen ergeben.

Zu Rz (11):

Eine abschließende Aussage, auf welche Kosten die Änderungen des VKrG und des HIKrG anzuwenden sind, wird in dieser Fachinformation nicht getroffen, da es sich hierbei um eine Rechts- und nicht um eine Bilanzierungsfrage handelt. In diesem Zusammenhang wird auf die Erläuterungen zur Regierungsvorlage (vgl. die Erläuterungen zu Rz (3)) verwiesen.

Gemäß den Erläuterungen zur Regierungsvorlage zu § 16 VKrG kann die Frage, auf welche Kosten sich das Mäßigungsrecht des Verbrauchers bezieht, nicht durch den nationalen Gesetzgeber spezifiziert werden. Wenngleich die Richtlinie laut den Erläuterungen zur Regierungsvorlage zu § 16 VKrG den Begriff „Gesamtkosten" i.Z.m. der vorzeitigen Rückzahlung sehr weit definiert, sollte aus Sachlichkeitserwägungen von einem engeren Verständis der rückzuerstattenden Kosten ausgegangen werden. Neben den explizit ausgenommenen Notariatsgebühren sollen auch andere Zahlungen an Dritte, wie z.B. an Kreditvermittler, von einer vorzeitigen Rückzahlung unberührt bleiben. Dies gilt unabhängig davon, ob die jeweilige Gebühr vom Kreditnehmer unmittelbar oder über den Kreditgeber mittelbar an den Dritten geleistet wird. Die Erläuterungen stellen somit Indikatoren für die Interpretation des Begriffs „Gesamtkosten" zur Verfügung, ohne diesen abschließend zu erläutern bzw. zu definieren.

Bei einem Vergleich des Begriffs „Gesamtkosten" i.S.d. Erläuterungen mit der Bestimmung des § 2 Abs. 5 VKrG zu den Gesamtkosten für den Verbraucher zeigt sich, dass im VKrG ein weiteres Verständnis des Begriffs angewendet wird. Demnach sind die Gesamtkosten des Kredits für den Verbraucher sämtliche Kosten einschließlich der Zinsen, Provisionen, etwa für die Vermittlung des Kredits, Abgaben und Kosten jeder Art – ausgenommen Notariatsgebühren –, die der Verbraucher i.Z.m. dem Kreditvertrag zu zahlen hat und die dem Kreditgeber bekannt sind. Zu den Gesamtkosten i.S.d. § 2 Abs. 5 VKrG zählen auch Kosten für Nebenleistungen des Kreditvertrags, insbesondere Versicherungsprämien, wenn der Abschluss des Vertrags über diese Nebenleistung eine vom Kreditgeber geforderte Voraussetzung dafür ist, dass der Kredit überhaupt oder nach den vorgesehenen Vertragsbedingungen gewährt wird.

Zu Rz (14):

Zur Erlösrealisierung i.Z.m. Gebühren und Provisionen wird auf die AFRAC-Stellungnahme 2 verwiesen. Diese beschäftigt sich zwar mit dem Zeitpunkt der Ertragsrealisierung bei der Vermittlung von Lebensversicherungsverträgen, die Aussagen zur Erlösrealisierung können jedoch sinngemäß auch auf die Diskussion zur Vereinnahmung von Gebühren und Provisionen angewendet werden. Gemäß Rz 12 i.V.m. Rz 17 wird in der AFRAC-Stellungnahme 2 festgehalten, dass eine Erlösrealisierung geboten sei, wenn der Unternehmer keine weiteren (relevanten) Leistungen mehr zu erbringen hat. Zudem gelte es gemäß Rz 15 i.V.m. Rz 17 zu beurteilen, in welchem Ausmaß der Unternehmer mit Rückforderungen durch seinen Vertragspartner zu rechnen hat. Dementsprechend sei eine Rückstellung zu bilden.

Zu Rz (32):

Wenn eine Aufrechnungsvereinbarung besteht, die eine Verrechnung der Vorfälligkeitsentschädigung mit einer Rückzahlungsverpflichtung ermöglicht und die Voraussetzungen für eine Saldierung nach den GoB erfüllt, sind die Vorfälligkeitsentschädigung und ein etwaiger Zinsnachteil im Rahmen der Rückstellungsbewertung zu berücksichtigen.

Zu Rz (33):

Zur Abgrenzung von Zinsen und zinsähnlichen Erträgen einerseits und Provisionserträgen andererseits hat sich das AFRAC noch nicht geäußert. Es wird daher auf die Ausführungen in der Literatur verwiesen. Göth stellt dabei für die Definition des Zinsenbegriffs neben der Verrechenbarkeit nach Höhe oder Zeitablauf auf die Rückzahlbarkeit ab (vgl. Göth, Bilanzrecht der Kreditinstitute 1, 1995, 512). Ögg stellt primär darauf ab, ob mit einem Entgelt eine Kapitalüberlassung oder aber eine reine Dienstleistung des Kreditinstituts abgegolten werden soll. Die in unmittelbarem Zusammenhang mit dem Kreditgeschäft anfallenden Provisionen sind seiner Ansicht nach wohl eher der Zinsposition zuzuordnen, wenn mit ihnen auch teilweise eine Dienstleistung der Bank abgegolten wird (vgl. Ögg, Bankrechnungslegung nach dem Bankwesengesetz, 1995, 221 f.). Ähnlich äußert sich auch Gaber (vgl. Gaber, Bankbilanz nach HGB², 2018, 624).

Zu Rz (39):

Auch bei der Effektivzinsverteilung von Gebühren oder Provisionen, die in den Anwendungsbereich der Gesetzesänderung fallen, kann nicht ausgeschlossen werden, dass bei einer vorzeitigen Rückzahlung Gebühren oder Provisionen anteilig rückzuerstatten sind, die nicht der Effektivzinsverteilung unterlagen. In diesen Fällen ist die erwartete Rückerstattung nach den Bestimmungen des IAS 37 zu berücksichtigen.

Zu Rz (40):

Eine Änderung des erwarteten Rückzahlungsverhaltens kann sich sowohl bei Krediten, die in den Anwendungsbereich des VKrG fallen, als auch bei solchen, die in jenen des HIKrG fallen, ergeben. Sie ist bei Neugeschäft im Rahmen der erstmaligen Erfassung eines solchen Kredits den Schätzungen der erwarteten Laufzeit auf Basis der erwarteten Cash Flows zugrundezulegen. Für jene Kredite, die nach dem 11. September 2019 gewährt wurden und auf die die Änderung des § 16 Abs. 1 VKrG anzuwenden ist, sind bereits im Hinblick auf Geschäftsjahre, die vor dem oder am 31. Dezember 2020 geendet haben, die Schätzungen zur erwarteten Restlaufzeit auf Basis der erwarteten Cash Flows zu analysieren und gegebenenfalls anzupassen.

In der Praxis wurde beobachtet, dass die erwartete Laufzeit u.U. mit der vertraglichen Laufzeit gleichgesetzt werden kann. Auch in diesem Fall sind die Schätzungen zu analysieren und gegebenenfalls anzupassen. Die Angemessenheit der Schätzungen zur vertraglichen Laufzeit ist entsprechend zu begründen und zu dokumentieren.

AFRAC-Stellungnahme 1
CO_2-Emissionszertifikate (UGB)

Stellungnahme
Bilanzierung von CO_2-Emissionszertifikaten gemäß UGB

(Dezember 2015)

Historie der vorliegenden Stellungnahme

erstmalige Veröffentlichung	Februar 2006	
Überarbeitung	Dezember 2015	Berücksichtigung des Emissionszertifikategesetzes 2011 und der Änderungen des UGB aufgrund des Rechnungslegungs-Änderungsgesetzes 2014

1. Einleitung

1.1. Gesetzliche Rahmenbedingungen

(1) Rechtliche Grundlage für die Umsetzung des Kyoto-Protokolls in Europa ist die Richtlinie 2003/87/EG (seither mehrfach geändert) über ein System für den Handel mit Treibhausgasemissionszertifikaten in der Europäischen Gemeinschaft. Die Umsetzung auf nationaler Ebene erfolgte in Österreich durch das Bundesgesetz über ein System für den Handel mit Treibhausgasemissionszertifikaten (Emissionszertifikategesetz – EZG, welches durch das gleichnamige EZG 2011 abgelöst wurde). Ziel dieses Bundesgesetzes ist die Schaffung eines Systems für den Handel mit Treibhausgasemissionszertifikaten, um auf kosteneffiziente und wirtschaftlich effiziente Weise auf eine Verringerung von Treibhausgasemissionen hinzuwirken. Den betroffenen Inhabern von Produktionsanlagen und Luftfahrzeugbetreibern werden unentgeltlich und teilweise durch Versteigerung Emissionszertifikate zugeteilt. Die Zertifikate können allerdings jederzeit verkauft und gekauft werden. Bis 31. März des Folgejahres haben die Inhaber der Produktionsanlagen und die Luftfahrzeugbetreiber dem Bundesministerium für Land- und Forstwirtschaft, Umwelt und Wasserwirtschaft ihre Emissionsmeldung zu übermitteln und am 30. April dieses Jahres die Emissionszertifikate bei der Registerstelle abzugeben. Bei einer etwaigen Unterdeckung muss das Unternehmen die benötigten Zertifikate erwerben. Werden zu wenig Emissionszertifikate abgegeben, ist eine Sanktionszahlung von 100 € (indexiert) pro Tonne CO_2 zu entrichten. Diese Sanktionszahlung entbindet nicht von der Verpflichtung zur Abgabe der fehlenden Emissionszertifikate.

1.2. Gegenstand der Empfehlung

(2) Gegenstand der Empfehlung ist die Behandlung von Emissionszertifikaten im Sinne des EZG 2011 oder eines dem österreichischen vergleichbaren Systems für den Handel mit Emissionszertifikaten in einem nach dem UGB aufgestellten Jahresabschluss.

(3) Für die zu Handelszwecken gehaltenen Emissionszertifikate und damit zusammenhängende Transaktionen (z.B. Derivativgeschäfte) gelten die allgemeinen Bilanzierungsgrundsätze.

2. Bilanzierungszeitpunkt für Emissionszertifikate und eines Sonderpostens

2.1. Unentgeltlich zugeteilte Emissionszertifikate

(4) Unentgeltlich zugeteilte Emissionszertifikate sind zum Zeitpunkt der erstmaligen Zuteilung, somit mit Eintragung auf das Konto bei der Registerstelle (Unionskonto) zu erfassen, weil zu diesem Zeitpunkt dem Unternehmen die Verfügungsmacht über die zugeteilten Zertifikate eingeräumt wird. Dem Konto bei der Registerstelle wird jeweils der Anteil für ein Kalenderjahr gutgeschrieben. Es werden somit Emissionszertifikate für jenes Kalenderjahr aktiviert, für das sie zur Deckung der Emissionen ausgegeben wurden.

2.2. Entgeltlich erworbene Emissionszertifikate

(5) Entgeltlich erworbene Emissionszertifikate sind zum Erwerbszeitpunkt (Eintragung bei der Registerstelle) zu aktivieren.

2.3. Ansatz eines passivischen Sonderpostens

(6) Für unentgeltlich zugeteilte Emissionszertifikate ist zeitgleich mit ihrer Aktivierung ein passivischer Sonderposten zu bilden.

3. Bewertung der Emissionszertifikate und des Sonderpostens beim erstmaligen Ansatz

3.1. Unentgeltlich zugeteilte Emissionszertifikate

(7) Die unentgeltlich zugeteilten Emissionszertifikate sind mit dem Marktwert zum Verfügungszeitpunkt zu aktivieren. Der passivische Sonderposten ist in gleicher Höhe (Marktwert zum Verfügungszeitpunkt) anzusetzen. (Bevorzugte Methode)

(8) Im Fall einer erwarteten Unterdeckung an unentgeltlich zugeteilten Emissionszertifikaten kann die alternativ zulässige Methode gemäß Punkt 9 angewendet werden.

3.2. Entgeltlich erworbene Emissionszertifikate

(9) Entgeltlich erworbene Emissionszertifikate sind gemäß § 206 Abs. 1 UGB mit den Anschaffungskosten im Erwerbszeitpunkt anzusetzen.

4. Bewertung des Verbrauchs und des Verkaufs von Emissionszertifikaten

(10) Für die Erfassung des Verbrauchs von Emissionszertifikaten und dessen Bewertung dürfen alle gemäß UGB zulässigen Verbrauchsfolgeverfahren angewendet werden. Verkaufserlöse von Emissionszertifikaten sind ergebniswirksam zu erfassen.

5. Bewertung der Emissionszertifikate und des Sonderpostens zum Abschlussstichtag

5.1. Bewertung der Emissionszertifikate

(11) Für Emissionszertifikate als Vermögensgegenstände des Umlaufvermögens gilt das strenge Niederstwertprinzip.

5.2. Bewertung des Sonderpostens

(12) Der Sonderposten für unentgeltlich zugeteilte Emissionszertifikate ist grundsätzlich gemäß dem tatsächlichen CO_2-Ausstoß aufzulösen. Bei einem vom Kalenderjahr abweichenden Geschäftsjahr und bei Zwischenabschlüssen kann der Sonderposten auch entsprechend dem geplanten CO_2-Ausstoß aufgelöst werden. Werden unentgeltlich zugeteilte Emissionszertifikate abgeschrieben oder verkauft, ist der Sonderposten ebenfalls entsprechend aufzulösen. Werden Zuschreibungen auf unentgeltlich zugeteilte Emissionszertifikate vorgenommen, ist der Sonderposten entsprechend zu erhöhen.

6. Ansatz und Bewertung eines Passivpostens für die Verpflichtung zur Abgabe von Emissionszertifikaten

(13) Für die Verpflichtung zur Abgabe der Emissionszertifikate an die Registerstelle am 30. April des Folgejahres ist nach Maßgabe des tatsächlichen CO_2-Ausstoßes ein Passivposten in die Bilanz einzustellen. Sofern nicht alle Voraussetzungen für eine Verbindlichkeit vorliegen, ist eine Rückstellung anzusetzen.

(14) Diese Verbindlichkeit bzw. Rückstellung ist zunächst mit dem Wert der aktivierten Emissionszertifikate gemäß dem gewählten Verbrauchsfolgeverfahren zu passivieren. Ein allfälliger Bedarf an über den Bestand am Abschlussstichtag hinausgehenden Emissionszertifikaten ist zum Marktpreis am Abschlussstichtag zu passivieren.

(15) Im Hinblick auf die Zuteilung der Emissionszertifikate für jeweils ein Kalenderjahr ist das Prinzip der richtigen Periodenabgrenzung zu beachten.

7. Ansatz und Bewertung eines Passivpostens für Sanktionszahlungen

(16) Für etwaige Sanktionszahlungen gemäß § 53 EZG 2011 ist zum Rückgabezeitpunkt eine Verbindlichkeit anzusetzen.

8. Ausweis und Anhangangaben

8.1. Bilanz

(17) Emissionszertifikate sind im Umlaufvermögen unter „sonstige Forderungen und Vermögensgegenstände" als sonstige Vermögensgegenstände auszuweisen.

(18) Der Sonderposten für unentgeltlich zugeteilte Emissionszertifikate ist nach dem Posten Eigenkapital (§ 224 Abs. 3 A UGB) gesondert auszuweisen.

(19) Die Verbindlichkeit bzw. Rückstellung für die Verpflichtung zur Abgabe der Emissionszertifikate an die Registerstelle ist unter den sonstigen Verbindlichkeiten bzw. sonstigen Rückstellungen auszuweisen.

(20) Die Verbindlichkeit für Sanktionszahlungen gemäß § 53 EZG 2011 ist unter den sonstigen Verbindlichkeiten auszuweisen.

8.2. Gewinn- und Verlustrechnung

(21) Der Aufwand aus dem Verbrauch und der Buchwertabgang beim Verkauf von Emissionszertifikaten sind als Materialaufwand auszuweisen.

(22) Der Erlös aus dem Verkauf von Emissionszertifikaten ist als Umsatzerlös auszuweisen.

(23) Der Ertrag aus der Auflösung des Sonderpostens ist als sonstiger betrieblicher Ertrag auszuweisen.

(24) Sanktionszahlungen gemäß § 53 EZG 2011 sind als sonstiger betrieblicher Aufwand auszuweisen.

8.3. Anhang

(25) Im Anhang sind die Bilanzierungs- und Bewertungsmethoden anzugeben, die im Zusammenhang mit der Behandlung der Emissionszertifikate angewendet werden.

9. Alternativ zulässige Methode bei erwarteter Unterdeckung

(26) Wird wegen einer erwarteten Unterdeckung an unentgeltlich zugeteilten Emissionszertifikaten auf deren Aktivierung und die Bildung des passivischen Sonderpostens verzichtet, sind im Anhang alle Angaben zu machen, die einen der bevorzugten Methode gleichwertigen Informationsgehalt des Jahresabschlusses gewährleisten.

10. Erstmalige Anwendung

(27) Die vorliegende Fassung der Stellungnahme ersetzt jene vom Februar 2006. Sie ist auf Geschäftsjahre anzuwenden, die nach dem 31. Dezember 2015 beginnen.

AFRAC-Stellungnahme 2 Lebensversicherungsverträge (UGB, IFRS)

Stellungnahme
Zeitpunkt der Ertragsrealisierung gemäß UGB und IFRS aus der Vermittlung von Lebensversicherungsverträgen gemäß § 176 Abs 5 und 6 VersVG

(Dezember 2015)

Historie der vorliegenden Stellungnahme

erstmalige Veröffentlichung	Dezember 2006	
Überarbeitung	Dezember 2015	Berücksichtigung des Versicherungsrechts-Änderungsgesetzes 2012

1. Aufgabenstellung

(1) Mit Inkrafttreten des § 176 Abs 5 und 6 VersVG idF VersRÄG 2006 wurde für kapitalbildende Lebensversicherungsverträge, die nach dem 31.12.2006 geschlossen werden, eine Neuregelung für den Fall des Stornos oder Rückkaufes eines Vertrages geschaffen. § 176 Abs 5 VersVG regelt das Verhältnis zwischen Versicherungsnehmer und Versicherer durch Einführung von Bestimmungen über die Verteilung von Abschlusskosten bei der Berechnung des Rückkaufswertes. Versicherer dürfen demnach bei Ermittlung des Rückkaufswertes ihre kalkulierten Abschlusskosten nur über fünf Jahre verteilt in abnehmenden Fünfteln in Abzug bringen.

(2) Parallel dazu regelt § 176 Abs 6 VersVG in den Fällen des § 176 Abs 5 VersVG die Pflicht des Vermittlers zur Rückerstattung von Provisionen bei vorzeitiger Beendigung des Vertrages. Demnach hat der Vermittler im Falle des Stornos oder Rückkaufes in den ersten fünf Jahren die tatsächliche Provision samt Nebengebühren aliquot dem Versicherer rückzuerstatten; diese Rückerstattungspflicht gilt analog gegenüber dem Versicherungsnehmer, sofern der Versicherungsnehmer die Provision unmittelbar an den Vermittler leistete. Der Provisionsanspruch reduziert sich im Falle des Stornos oder des Rückkaufes auf das zeitanteilige Ausmaß, in welchem der Vertrag innerhalb der fünf Jahre aufrecht blieb. Für kürzere Verträge gilt Entsprechendes sinngemäß.

(3) Zu beurteilen ist die Frage der Bilanzierung der Provisionsansprüche auf der Seite der Vermittler nach IFRS und österreichischem Unternehmensgesetzbuch (UGB).

2. Feststellungen

(4) § 176 Abs 5 und 6 VersVG regeln nicht die Behandlung aufrechter („nicht gekündigter") Verträge. Es besteht keine gesetzliche Regelung, die unmittelbar vorgibt, wann der Provisionsanspruch aus der Vermittlung eines Versicherungsvertrages entsteht. § 176 Abs 6 VersVG begründet lediglich in den Fällen des Abs 5 (vorzeitige Vertragsauflösung binnen fünf Jahren) einen Rückforderungsanspruch des Versicherers bzw. des Versicherungsnehmers gegenüber dem Vermittler, und das unabhängig von etwaigen anders lautenden vertraglichen Vereinbarungen.

(5) Es gibt keine direkte vertragliche oder gesetzliche Verknüpfung zwischen kalkulierten Provisionen, die bei Vertragsauflösung im Rückkaufswert enthalten sein müssen, und den tatsächlich vom Vermittler zurückzufordernden Provisionen.

(6) Die wechselseitigen Rechte und Pflichten aus der Vermittlungstätigkeit werden weiterhin vertraglich zwischen Vermittler und Versicherer bzw. Versicherungsnehmer festgelegt. Dementsprechend richtet sich der Gewinnrealisationszeitpunkt grundsätzlich nach dem Zeitpunkt der vertragsgemäßen Leistungserfüllung durch den Vermittler, die in der Regel mit der erfolgreichen Vertragsvermittlung gegeben ist.

(7) Es wird unter Heranziehung der bisherigen rechtlichen Interpretation in der Literatur davon ausgegangen, dass sowohl aufgrund der bestehenden gesetzlichen Regelung als auch im Regelfall aufgrund der üblicherweise verwendeten vertraglichen Regelung zwischen Versicherer und Vermittler bzw. Versicherungsnehmer der Anspruch des Vermittlers bereits mit Abschluss des Versicherungsvertrages entsteht.

(8) Der bilanzierende Vermittler hat jedenfalls die Storno- bzw. Regresswahrscheinlichkeit zu beurteilen und entsprechend zu berücksichtigen (Dotierung einer Storno-Rückstellung o.ä.).

(9) Für das UGB ist die wahrscheinlichkeitsgewichtete Bevorsorgung als Minimum zu verstehen. Das Vorsichtsprinzip erfordert im Falle unzureichender Schätzungsgrundlagen eine entsprechend vorsichtige Vorgangsweise. Die Anwendung der „Fünftelung" des Provisionsanspruches über die ersten fünf Jahre entspricht in jenen Fällen, in denen eine entsprechende Schätzung nicht vorgenommen werden kann, jedenfalls dem Vorsichtsprinzip des UGB.

(10) Eine Beurteilung der steuerlichen Anerkennung dieser Abgrenzung wird im Rahmen dieser Stellungnahme nicht vorgenommen.

(11) Nach IFRS sind im Rahmen der Ertragsrealisierung (IAS 18) die

– Bewertbarkeit des Ertrages,
– die Wahrscheinlichkeit des Zuflusses,

- der Erfüllungsgrad der Transaktion sowie
- die Ermittlung der angefallenen und zukünftigen Kosten

zu betrachten.

(12) Im Appendix (Punkt 13) zu IAS 18 wird bezüglich „Insurance agency commissions" festgehalten, dass eine Ertragsrealisierung geboten ist, wenn der Vermittler keine weiteren (relevanten) Leistungen mehr zu erbringen hat. Diese Regelung ist jedoch nur anwendbar, nachdem die Vorfrage des Entstehens eines Anspruchs auf Provision geklärt ist.

(13) Eine – schlussendlich verworfene – Diskussionsvariante bestand in der Argumentation, dass erst nach Ablauf der gesetzlich normierten Frist von fünf Jahren Gewissheit über die endgültige Vereinnahmung der Provision bestünde, so dass der Erfüllungsgrad der Transaktion erst nach fünf Jahren 100% erreichte. Dadurch würde sich eine nicht den wirtschaftlichen Realitäten entsprechende zeitanteilige Ertragserfassung (unter Abgrenzung der zuordenbaren Kosten) ergeben. Die (gemäß Abs 5) auf der Ebene „Versicherter zu Versicherer" entstehende Frage der Erlösabgrenzung schlägt nicht auf das (von Abs 6 berührte) Verhältnis „Versicherer zu Vermittler" bzw. „Versicherungsnehmer zu Vermittler" durch.

(14) Da nach IAS 18.21 eine Gewinnrealisierung in der Periode der Leistungserbringung vorgesehen ist („completion method") und die vertraglich geregelte Leistung des Vermittlers in aller Regel im Zeitpunkt des Abschlusses des Versicherungsvertrages erbracht ist, schlagen wir vor, die Provisionen sofort zu vereinnahmen und gleichzeitig auf Basis der nachstehenden Überlegungen eine Abgrenzung (unter Hinweis auf IAS 37) zu bilden. Anzumerken ist, dass die Vermittlerleistung insofern die Voraussetzungen der Rückstellungsbildung nach IAS 37 erfüllt, als die (einmalige) Vermittlerleistung mit dem (gesetzlich vorgesehenen) Mangel behaftet ist, der bei Nichterfüllung des Vertrags (bzw. Kündigung) durch den Versicherungsnehmer binnen fünf Jahren eine Rückverrechnung (von Teilen) der Provision vorsieht.

(15) Der Vermittler hat für sich zu beurteilen, in welchem Ausmaß er mit Rückforderungen durch seinen Vertragspartner (Versicherer bzw. Versicherungsnehmer) zu rechnen hat, und dementsprechend eine Rückstellung (IAS 37) zu bilden. Diese Vorsorge ist jeweils an die aktuellen Entwicklungen bei Storni und Rückkäufen anzupassen. Soweit der Vermittler vertraglich verpflichtet sein sollte, auch nach Abschluss des Versicherungsvertrages wirtschaftlich relevante Leistungen zu erbringen, liegt ein anderer Sachverhalt vor und es wäre eine andere Beurteilung vorzunehmen.

(16) Zur Untermauerung der Argumentation bezüglich der richtigen Ertragsermittlung und Bilanzierung nach IFRS wird auf die Bestimmung des IAS 8 zurückgegriffen: Beim Fehlen eines Standards oder einer Interpretation, der/die ausdrücklich auf einen Geschäftsfall oder sonstige Ereignisse oder Bedingungen zutrifft, ist darüber zu entscheiden, welche Bilanzierungs- und Bewertungsmethode zu entwickeln und anzuwenden ist. Bei der Entscheidungsfindung können gemäß IAS 8.12 die jüngsten Verlautbarungen anderer Standardsetter, die ein ähnliches konzeptionelles Rahmenkonzept zur Entwicklung von Bilanzierungs- und Bewertungsmethoden einsetzen, sowie sonstige Rechnungslegungsverlautbarungen und anerkannte Branchenpraktiken berücksichtigt werden, sofern sie nicht mit den in IAS 8.11 enthaltenen Quellen in Konflikt stehen. Zur weiteren Interpretation ist daher auch auf die US-GAAP mit der TIS Section 6300 aus den AICPA Technical Questions and Answers zu verweisen, auch wenn es sich bei diesen Technical Questions and Answers nicht um Rechnungslegungsstandards, sondern nur um eine Technical Guidance im Rahmen des House of GAAP handelt (vgl. TIS Section 6300.01 und .02). Die Frage der Realisierung von Provisionserträgen aus vermittelten Lebensversicherungspolizzen zu Beginn des Vertrages (nach Zahlung der Prämie) wird auch in dieser Interpretation bejaht. Ebenfalls findet sich der Hinweis, für eine eventuelle Rückforderung („potential liability for returned premiums") eine angemessene Vorsorge zu treffen und auf Basis statistischer Daten den voraussichtlichen Betrag zu schätzen. Dies entspricht einer wahrscheinlichkeitsgewichteten Bevorsorgung.

3. Schlussfolgerung

(17) Gesamthaft betrachtet erscheint es daher sowohl nach UGB als auch nach IFRS (bzw. auch nach US-GAAP) geboten, beim Vermittler eine sofortige Ertragsrealisierung zum Zeitpunkt des Vertragsabschlusses bei gleichzeitiger wahrscheinlichkeitsgewichteter Bevorsorgung des Storno- oder Rückkauffalles vorzunehmen, sofern eine ausreichende Anzahl an gleich gelagerten Fällen vorliegt.

4. Erstmalige Anwendung

(18) Die vorliegende Fassung der Stellungnahme ersetzt jene vom Dezember 2006.

AFRAC-Stellungnahme 3
Anteilsbasierte Vergütungen (UGB)

Stellungnahme
Die Behandlung anteilsbasierter Vergütungen in UGB-Abschlüssen

(Dezember 2015)

Historie der vorliegenden Stellungnahme

erstmalige Veröffentlichung	September 2007	
Überarbeitung	Dezember 2015	Berücksichtigung der Änderungen des UGB aufgrund des Rechnungslegungs-Änderungsgesetztes 2014 und einer kleinen Änderung im AktG

1. Allgemeiner Teil

1.1. Grundlegende Aussagen

(1) Bei anteilsbasierten Vergütungen handelt es sich um variable, erfolgsabhängige Vergütungen in Abhängigkeit von einer positiven Entwicklung des Werts des zugrunde gelegten Eigenkapitalinstruments. Gegenstand dieser Stellungnahme sind erfolgsabhängige anteilsbasierte Vergütungen für die Dienstleistungen von Aufsichtsratsmitgliedern, Führungskräften, sonstigen Mitarbeiter(inne)n oder Dritten für ein Unternehmen, nicht hingegen anteilsbasierte Vergütungen für Vermögensgegenstände. Durch die Gewährung erfolgsabhängiger anteilsbasierter Vergütungen soll das Interesse der Begünstigten an einer guten Entwicklung des Unternehmens in der Zukunft gefördert werden, die sich auch in höheren Erträgen des Unternehmens niederschlägt.

(2) Die Erfassung des diesen Erträgen gegenüberstehenden Aufwands aus solchen Vergütungen in der Gewinn- und Verlustrechnung sowie die entsprechende Darstellung in der Bilanz sind grundsätzlich unumstritten, soweit dieser Aufwand mit Geldabflüssen verbunden ist. Sie sind aber ebenso erforderlich, soweit dieser Aufwand mit der Übertragung von Eigenkapitalinstrumenten bzw. mit Eigenkapitalverwässerungen verbunden ist, und zwar einerseits, um dem Vollständigkeitsgebot zu entsprechen (vgl. § 196 Abs. 1 UGB, wonach der Jahresabschluss u.a. sämtliche Aufwendungen zu enthalten hat), und andererseits, um zu erreichen, dass der Jahresabschluss „ein möglichst getreues Bild der Vermögens-, Finanz- und Ertragslage des Unternehmens“ vermittelt (§ 222 Abs. 2 UGB, Generalnorm). (Die Angabepflichten gemäß § 239 Abs. 1 Z 5 UGB sprechen nicht gegen die Darstellung aller anteilsbasierten Vergütungen in der Bilanz und der Gewinn- und Verlustrechnung, zumal eine analoge Bestimmung für Konzernabschlüsse fehlt; sie umschreiben lediglich den Mindestumfang der einschlägigen Anhangsangaben in Jahresabschlüssen.) Die Aufwandserfassung und die entsprechende Darstellung in der Bilanz werden samt den zugehörigen Anhangsangaben in dieser Stellungnahme geregelt.

(3) Diese Stellungnahme ist auf nach den Rechnungslegungsvorschriften des UGB aufgestellte Jahres-, Konzern- und Zwischenabschlüsse („UGB-Abschlüsse“) anzuwenden. Für Konzernabschlüsse gilt anstelle von § 222 Abs. 2 UGB § 250 Abs. 2 UGB (ab Satz 3); § 196 UGB ist gemäß § 251 Abs. 1 UGB entsprechend anzuwenden.

(4) Da die Aufwandserfassung, die entsprechende Darstellung in der Bilanz und die zugehörigen Anhangsangaben (Notes) auch Inhalt des IFRS 2 (Anteilsbasierte Vergütung) sind, der von der Europäischen Union übernommen worden und bei der Aufstellung von Konzernabschlüssen im Sinne des § 245a UGB anzuwenden ist, bietet sich eine möglichst weitgehende Orientierung am IFRS 2 an, auch um Unternehmen, die Konzernabschlüsse im Sinne des § 245a UGB aufstellen (müssen), eine weitgehend einheitliche Bilanzierung der anteilsbasierten Vergütungen in den Jahres- und den Konzernabschlüssen zu ermöglichen. Zur Lösung von Zweifelsfragen und zur Behandlung von Sonderfällen, auf die diese Stellungnahme nicht eingeht, kann deshalb grundsätzlich auf den IFRS 2 zurückgegriffen werden. Dies bedeutet keine generelle Erlaubnis oder Empfehlung zur Anwendung von der Europäischen Union übernommener internationaler Rechnungslegungsstandards in UGB-Abschlüssen; auch der IFRS 2 kann in UGB-Abschlüssen nur insoweit angewendet werden, als er nicht in Widerspruch zu den Rechnungslegungsvorschriften des UGB steht.

1.2. Arten von anteilsbasierten Vergütungen und deren Konsequenzen

(5) Folgende Arten von anteilsbasierten Vergütungen sind zu unterscheiden:

– Vergütungstransaktionen, die zwingend durch die Übertragung von Eigenkapitalinstrumenten des Unternehmens, das die Zusage macht, oder eines mit diesem verbundenen Unternehmens zu erfüllen sind;
– Vergütungstransaktionen, bei denen das Unternehmen oder der Begünstigte die Wahl hat, Eigenkapitalinstrumente oder Bargeld in Abhängigkeit vom Preis von Eigenkapitalinstrumenten hinzugeben oder zu verlangen;
– Vergütungstransaktionen mit Barausgleich, bei denen das Unternehmen für die erbrachten Leistungen Barzahlungen zu leisten hat,

deren Höhe vom Kurs (Wert) der Aktien oder anderer Eigenkapitalinstrumente des Unternehmens oder eines mit diesem verbundenen Unternehmens abhängt.

(6) Bei Zusagen, die durch die Übertragung von Eigenkapitalinstrumenten zu erfüllen sind, wird den Begünstigten meist das Recht zur Zeichnung von Eigenkapitalinstrumenten (i.d.R. Aktien) zu einem im Vorhinein bestimmten Preis eingeräumt. Das Recht kann auf Eigenkapitalinstrumente des Unternehmens oder eines mit diesem verbundenen Unternehmens gerichtet sein.

(7) Im Erdienungszeitraum wird durch die Bildung einer Optionsrücklage die durch den Ansatz des Werts der anteilsbasierten Vergütungen als Aufwand in der Gewinn- und Verlustrechnung verursachte Verminderung des Bilanzgewinns (bzw. Erhöhung des Bilanzverlusts) ausgeglichen. Das Eigenkapital (Summe bzw. Saldo aus Rücklagen und Bilanzgewinn bzw. Bilanzverlust) bleibt daher während des Erdienungszeitraums unverändert.

(8) Wird die Verpflichtung des Unternehmens durch die Ausgabe von zuvor angeschafften oder neu ausgegebenen Eigenkapitalinstrumenten erfüllt, führt die Ausübung des Rechts zu einer Erhöhung des Eigenkapitals jenes Unternehmens, für dessen Eigenkapitalinstrumente die Bezugsrechte eingeräumt wurden. Das Eigenkapital steigt um den Betrag des Entgelts, das von den Begünstigten für die an sie übertragenen Eigenkapitalinstrumente zu bezahlen ist.

(9) Werden zur späteren Erfüllung der Verpflichtung eigene Aktien angeschafft, sind die Anschaffungskosten dieser eigenen Aktien nach Maßgabe des § 229 Abs. 1a UGB zu behandeln, d.h. der Nennbetrag (rechnerische Wert) ist offen vom Nennkapital abzusetzen und ein verbleibender Unterschiedsbetrag ist mit den nicht gebundenen Kapitalrücklagen und den freien Gewinnrücklagen zu verrechnen. Ferner ist eine gebundene Rücklage in Höhe des Nennbetrags (rechnerischen Werts) zu dotieren. Werden die eigenen Aktien schließlich zur Erfüllung der Verpflichtung an die Begünstigten zum Ausübungspreis übertragen, stellt dies eine Veräußerung eigener Aktien gemäß § 229 Abs. 1b UGB dar. Der Veräußerungserlös im Sinne des § 229 Abs. 1b UGB entspricht der Summe des von den Begünstigten bezahlten Entgelts für die übertragenen Aktien und der zu diesem Zeitpunkt bestehenden Optionsrücklage, die ausgebucht wird. Das Eigenkapital erhöht sich nur um das vom Begünstigten bezahlte Entgelt, weil die Optionsrücklage bereits im Eigenkapital erfasst war.

(10) Die gewählte Vorgangsweise bei der Erfüllung der Verpflichtung beruht auf einer Entscheidung der Unternehmensleitung, wenn aufgrund entsprechender Beschlüsse der Gesellschafter (Genehmigung zum Erwerb der Eigenkapitalinstrumente und Beschlussfassung über eine bedingte Kapitalerhöhung) beide Vorgangsweisen möglich sind.

(11) Die gewählte Vorgangsweise bei der Erfüllung der Verpflichtung hat keine Auswirkungen auf das Ergebnis, weder im Fall der Ausgabe neuer Anteile noch im Fall der Übertragung eigener Anteile an die Begünstigten. Der im Jahresüberschuss/-fehlbetrag enthaltene Aufwand für die anteilsbasierten Vergütungen stimmt sowohl bei der Ausgabe neuer Anteile an die Begünstigten als auch bei der Übertragung eigener Anteile an die Begünstigten mit dem entsprechenden Aufwand in einem IFRS-Abschluss überein.

(12) Die Auswirkungen der Erfüllung der Verpflichtung durch eine Kapitalerhöhung oder durch Hingabe eigener Eigenkapitalinstrumente auf das Ergebnis und das Eigenkapital sind im Abschnitt 1.1(1). dargestellt.

(13) Zusagen, bei denen *dem Unternehmen* ein Wahlrecht eingeräumt wird, die Verpflichtung durch Hingabe von Eigenkapitalinstrumenten oder von Bargeld zu erfüllen, sind wie Zusagen zu behandeln, die zwingend durch die Übertragung von Eigenkapitalinstrumenten zu erfüllen sind, außer die Hingabe von Eigenkapitalinstrumenten ist aus rechtlichen oder sonstigen Gründen nicht möglich (z.B. wegen eines satzungsmäßigen Verbots der Ausgabe der zugesagten Eigenkapitalinstrumente, wegen des Fehlens einer Genehmigung der Gesellschafter zur Ausgabe und/oder zum Erwerb der zugesagten Eigenkapitalinstrumente oder weil das Unternehmen in der Vergangenheit die Hingabe von Bargeld regelmäßig gewählt oder zu seiner Politik erklärt hat).

(14) Haben hingegen *die Begünstigten* das Wahlrecht, die Hingabe von Eigenkapitalinstrumenten oder von Bargeld zu verlangen, ist die Vergütungstransaktion wie eine solche mit Barausgleich zu behandeln (siehe dazu Abschnitt 4.).

1.3. Für die Bilanzierung anteilsbasierter Vergütungen maßgebliche Zeitpunkte, Zeiträume und Wertbegriffe

(15) Bei der Einräumung von anteilsbasierten Vergütungen werden folgende Zeitpunkte und Zeiträume unterschieden:

- der Zeitpunkt der Einräumung des Rechts;
- der Erdienungszeitraum, das ist der Zeitraum zwischen der Einräumung des Rechts und dem Zeitpunkt, in dem ein unentziehbarer Anspruch auf das Recht entsteht;
- der Zeitpunkt der ersten Ausübungsmöglichkeit;
- der Ausübungszeitraum, das ist der Zeitraum, in dem das Recht ausgeübt werden kann;
- die Laufzeit des Rechts, das ist der Zeitraum zwischen der Einräumung des Rechts und dem Ende des Ausübungszeitraums.

(16) Der Zeitpunkt der ersten Ausübungsmöglichkeit schließt regelmäßig an das Ende des Erdienungszeitraums an; in der Zusage kann jedoch zwischen diesen Zeitpunkten auch eine Zwischenperiode vorgesehen sein.

(17) Bezugsrechte auf Eigenkapitalinstrumente sowie andere Rechte, mit denen der Inhaber an der Wertsteigerung von Eigenkapitalinstrumenten

partizipiert, sind grundsätzlich wie Optionen zu bewerten. Bei der Bewertung von Optionen sind folgende Wertbegriffe zu unterscheiden:

– Der beizulegende Zeitwert (fair value) ist jener Betrag, zu dem das Optionsrecht zwischen sachkundigen, vertragswilligen und voneinander unabhängigen Geschäftspartnern gehandelt werden könnte. Der beizulegende Zeitwert setzt sich aus dem inneren Optionswert und dem Zeitwert der Option zusammen.
– Der innere Optionswert (intrinsic value) ist die Differenz zwischen dem Ausübungspreis und dem aktuellen Wert der zugrundeliegenden Eigenkapitalinstrumente. Der innere Optionswert ist somit jener Vorteil, der bei unmittelbarer Ausübung der Option zu erzielen wäre.
– Der Zeitwert einer Option (time value) ist die Differenz zwischen dem beizulegenden Zeitwert und dem inneren Optionswert. Während der Laufzeit der Option ist der Zeitwert regelmäßig positiv und verkörpert den Vorteil eines Optionsinhabers, an künftigen Kurssteigerungen des zugrundeliegenden Eigenkapitalinstruments zu partizipieren, ohne aber an künftigen Verlusten durch Rückgang des Kurses des Eigenkapitalinstruments unter den Ausübungspreis teilzunehmen. Der Zeitwert ist umso größer, je höher die Volatilität des zugrundeliegenden Eigenkapitalinstruments und je länger die Restlaufzeit der Option ist.

(18) Der beizulegende Zeitwert von Optionsrechten übersteigt mitunter (insbesondere im Zeitpunkt der Zusage) den inneren Optionswert erheblich. Am Ende der Laufzeit einer Option ist der Zeitwert der Option null, und der beizulegende Zeitwert entspricht dem inneren Optionswert.

2. Anteilsbasierte Vergütungen, die durch Ausgabe neuer Eigenkapitalinstrumente erfüllt werden

2.1. Bewertung

(19) Im Zeitpunkt der Gewährung von anteilsbasierten Vergütungen, die durch Ausgabe neuer Eigenkapitalinstrumente erfüllt werden, ist der beizulegende Zeitwert pro Anteil mittels eines geeigneten Optionspreismodells zu ermitteln. Der beizulegende Zeitwert ist während des Erdienungszeitraums zeitanteilig anzusammeln.

(20) Bei der Entwicklung eines geeigneten Modells bzw. bei einer allfälligen Adaptierung eines bestehenden Modells sind Besonderheiten im Vergleich zur Bewertung üblicher marktgängiger Optionsrechte zu beachten. Die eingeräumten Rechte sind etwa während des Erdienungszeitraums nicht übertragbar, und die Ausübung der Rechte kann von der Erfüllung bestimmter Bedingungen abhängig sein (z.B. Verbleib der Begünstigten im Unternehmen, Erreichung eines bestimmten Ergebnisses bzw. eines bestimmten Aktienkurses im Erdienungszeitraum).

(21) Bei der Ermittlung des beizulegenden Zeitwerts des Rechts pro Anteil sind jedenfalls folgende Faktoren zu berücksichtigen:

– der aktuelle Kurs der zugrundeliegenden Anteile,
– der Ausübungspreis des Rechts,
– die Laufzeit des Rechts,
– die erwartete Volatilität des Werts der Anteile,
– die Regelungen und die Erwartungen bezüglich der Dividenden auf die Anteile im Zeitraum bis zur Ausübung des Rechts und
– der risikolose Zinssatz für die Laufzeit des Rechts.

(22) Anhaltspunkte und weitere Erläuterungen zur Berechnung des beizulegenden Zeitwerts können Anhang B zum IFRS 2 entnommen werden.

(23) Während des Erdienungszeitraums ist die voraussichtliche Anzahl von Anteilen, die von den Begünstigten bezogen werden können, zu jedem Abschlussstichtag neu zu schätzen. Die Anzahl der Anteile kann sich während des Erdienungszeitraums ändern, auch mehrfach. Dies ist hauptsächlich auf den Wegfall von Ansprüchen während des Erdienungszeitraums zurückzuführen (insbesondere aufgrund des Ausscheidens von Personen, denen ein Bezugsrecht eingeräumt wurde).

2.2. Buchmäßige Behandlung zwischen dem Zeitpunkt der Einräumung des Rechts und dem Zeitpunkt der ersten Ausübungsmöglichkeit

(24) Der im Zeitpunkt der Gewährung von anteilsbasierten Vergütungen ermittelte beizulegende Zeitwert pro Anteil bleibt während der gesamten Laufzeit des Rechts unverandert. Dies ist mit dem Eigenkapitalcharakter des Bezugsrechts zu begründen. Eigenkapitalinstrumente können als Restposten nicht für sich bewertet werden. (Nach den Rechnungslegungsvorschriften des UGB besteht kein zwingendes Hindernis, den beizulegenden Zeitwert pro Anteil zu den einzelnen Abschlussstichtagen neu zu berechnen. Die Anpassung der Optionsrücklage an den jeweiligen beizulegenden Zeitwert der Rechte hätte zur Folge, dass die Veränderung des beizulegenden Zeitwerts zwischen dem Zeitpunkt der Einräumung und dem Zeitpunkt der Ausübung der Rechte in die Gewinn- und Verlustrechnung eingeht; die Ergebnisse des Unternehmens während der Laufzeit der Rechte würden in diesem Fall durch den beizulegenden Zeitwert der Rechte im Zeitpunkt ihrer Ausübung belastet. Nach dieser Stellungnahme sind unbeschadet dieser Erwägungen der Aufwand für anteilsbasierte Vergütungen und die Optionsrücklage in UGB-Abschlüssen in Anlehnung an die Regelungen des IFRS 2 zu ermitteln.)

(25) Die Höhe der Verpflichtung ist das Produkt aus dem bei Gewährung ermittelten beizulegenden Zeitwert des Bezugsrechts pro Anteil und der zum jeweiligen Abschlussstichtag geschätzten Anzahl von Anteilen.

(26) Der Betrag der Verpflichtung ist während des Erdienungszeitraums oder des erwarteten Erdienungszeitraums in gleichen Raten als Aufwand zu verrechnen. (Wenn der Zeitpunkt der ersten Ausübungsmöglichkeit nicht fix definiert ist, sondern von der Erfüllung einer bestimmten Leistungsbedingung – Erreichung eines bestimmten Ergebnisses oder Aktienkurses – abhängig ist, ist die Länge des Erdienungszeitraums zu schätzen.) Der Aufwand aufgrund von anteilsbasierten Vergütungen an gesetzliche Vertreter und Mitarbeiter(innen) ist im Personalaufwand, der Aufwand aufgrund von anteilsbasierten Vergütungen an Aufsichtsratsmitglieder und Dritte ist in den sonstigen betrieblichen Aufwendungen auszuweisen. Der als Aufwand verrechnete Betrag (Aufwand für anteilsbasierte Vergütungen) ist in eine besonders bezeichnete Rücklage („Optionsrücklage“) einzustellen. Wenn der Aufwand für anteilsbasierte Vergütungen in der Gewinn- und Verlustrechnung nicht in einem gesonderten (Unter-)Posten dargestellt wird, ist er im Anhang gesondert anzugeben.

(27) Bei einer Änderung der Verpflichtung aufgrund einer Änderung der geschätzten Anzahl von Anteilen, die von den Begünstigten bezogen werden können, während des Erdienungszeitraums ist die Optionsrücklage anzupassen. Der Unterschiedsbetrag zu der im letzten Abschluss ausgewiesenen Optionsrücklage fließt in die Gewinn- und Verlustrechnung ein.

(28) Kann der beizulegende Zeitwert der Eigenkapitalinstrumente nicht verlässlich geschätzt werden, was trotz Heranziehung alternativer Bewertungsverfahren vor allem bei nicht börsenotierten Unternehmen vorkommen kann, muss statt des beizulegenden Zeitwerts vereinfachend der innere Wert angesetzt werden. Ist dieser nicht positiv, ist kein Aufwand zu erfassen und keine Optionsrücklage zu bilden.

(29) In seltenen Fällen entsteht ein unentziehbarer Anspruch auf das Recht zum Erwerb von Eigenkapitalinstrumenten bereits mit der Gewährung anteilsbasierter Vergütungen. Dabei ist grundsätzlich zu unterstellen, dass die Leistung, für die die Vergütungen gewährt werden, bereits in der Vergangenheit erbracht wurde. Der gesamte beizulegende Zeitwert des Rechts im Zeitpunkt der Gewährung ist daher als Aufwand zu verrechnen und in die Optionsrücklage einzustellen.

(30) Die Optionsrücklage hat zwar den Charakter einer gebundenen Kapitalrücklage, sollte aber wegen der abschließenden Aufzählung der gesetzlich normierten Kapitalrücklagen in § 229 Abs. 2 UGB und ihrer besonderen Bedeutung als eigener Eigenkapitalposten nach den Kapitalrücklagen ausgewiesen werden. Ein Ausweis als Gewinnrücklage ist aufgrund des Wortlauts von § 229 Abs. 3 UGB ausgeschlossen.

(31) Die Bildung einer gesonderten Rücklage steht mit den österreichischen unternehmensrechtlichen Vorschriften in Einklang:

- Gemäß § 223 Abs. 4 Satz 2 UGB dürfen den Schemata der Bilanz und der Gewinn- und Verlustrechnung zusätzliche Posten „hinzugefügt werden, wenn ihr Inhalt nicht von einem vorgeschriebenen Posten gedeckt wird“. Der anschließende Satz 3 lautet: „Die Aufnahme weiterer zusätzlicher Posten ist geboten, soweit es zur Erreichung der im § 222 Abs. 2 umschriebenen Zielsetzung erforderlich ist.“ Der bereits eingangs zitierte § 222 Abs. 2 UGB enthält die Generalnorm, wonach der Jahresabschluss „ein möglichst getreues Bild der Vermögens-, Finanz- und Ertragslage des Unternehmens zu vermitteln“ hat.
- Ein Verstoß gegen § 20 Abs. 2 Satz 2 AktG, wonach „Verpflichtungen zu Dienstleistungen ... nicht Sacheinlagen oder Sachübernahmen sein“ können, liegt nicht vor. Die ergebnisabhängigen Vergütungen begründen keine Verpflichtungen zu *künftigen* Dienstleistungen; es wird vielmehr der Wert der tatsächlich erbrachten Dienstleistungen im Zeitpunkt ihrer Erbringung als Aufwand verbucht und in die Optionsrücklage eingestellt.

2.3. Buchmäßige Behandlung bei Ausübung oder Verfall des Rechts

(32) Die Ausübung des Rechts erfolgt regelmäßig während des Ausübungszeitraums durch die Zeichnung neuer Eigenkapitalinstrumente (i.d.R. Aktien). Der Ausübungspreis muss mindestens so hoch sein wie der Nennbetrag der Aktien, bei nennwertlosen Aktien mindestens so hoch wie der auf die Aktien entfallende Betrag des Grundkapitals.

(33) Ein Recht kann

- während des Erdienungszeitraums verfallen, wenn der Berechtigte aus dem Unternehmen ausscheidet und dieser Umstand zum Verfall des Rechts führt,
- während der weiteren Laufzeit verfallen, wenn dafür definierte Voraussetzungen eintreten, oder
- am Ende der Laufzeit verfallen, wenn das Recht wegen ungünstiger Entwicklung des Marktwerts des Eigenkapitalinstruments nicht ausgeübt wird.

(34) Wird ein Recht ausgeübt, ist der entsprechende Teil der Optionsrücklage auf die *gebundenen Kapitalrücklagen* zu übertragen, weil der in der Optionsrücklage erfasste Wert des Bezugsrechts eine Ergänzung des vom Begünstigten bezahlten (verminderten) Zeichnungspreises für die neuen Anteile darstellt. Die Übertragung hat durch direkte Umbuchung von der Optionsrücklage in die gebundenen Kapitalrücklagen zu erfolgen; in der Gewinn- und Verlustrechnung ist die Umbuchung nicht darzustellen.

(35) Verfällt ein Recht, ist der entsprechende Teil der Optionsrücklage aufzulösen. Tritt der Verfall *während des Erdienungszeitraums* ein, führt der aufzulösende Betrag zu einer Verminderung des Aufwands für anteilsbasierte Vergütungen in der Periode des Verfalls. Tritt der Verfall *nach dem Ende des Erdienungszeitraums* ein, ist hingegen eine Rückbuchung zugunsten des Jahresergebnisses

nicht zulässig, weil nur eine Vermögensverschiebung zwischen verschiedenen Eigenkapitalgebern vorliegt und die Ertragslage des Unternehmens nicht mehr berührt wird; der aufzulösende Betrag ist in eine *Gewinnrücklage* einzustellen. Die Auflösung der Optionsrücklage und die Zuweisung an die Gewinnrücklage sind in der Gewinn- und Verlustrechnung im Rahmen der Rücklagenbewegungen darzustellen, erstere z.B. mittels eines gesonderten Postens „Auflösung der Optionsrücklage". Eine direkte Umbuchung der Optionsrücklage in die Gewinnrücklagen ist aufgrund des Wortlauts von § 229 Abs. 3 UGB nicht zulässig.

2.4. Gesetzliche Voraussetzungen

(36) Die Einräumung anteilsbasierter Vergütungen, die durch Ausgabe junger Aktien erfüllt werden sollen, erfordert einen Beschluss der Hauptversammlung über eine bedingte Kapitalerhöhung gemäß § 159 Abs. 1 bzw. 3 AktG. Durch den Beschluss einer bedingten Kapitalerhöhung wird der Vorstand ermächtigt, mit Zustimmung des Aufsichtsrats eine Kapitalerhöhung vorzunehmen. Eine solche Ermächtigung kann für höchstens fünf Jahre erteilt werden und sich auf höchstens den zehnten Teil des vorhandenen Grundkapitals erstrecken; das Gesamtausmaß der aufgrund von Optionen von Arbeitnehmern, leitenden Angestellten und Mitgliedern des Vorstands und des Aufsichtsrats der Gesellschaft oder eines mit dieser verbundenen Unternehmens beziehbaren Aktien der Gesellschaft darf den fünften Teil des vorhandenen Grundkapitals nicht übersteigen.

2.5. Verwendung von Eigenkapitalinstrumenten eines Mutter-, Schwester- oder Tochterunternehmens für anteilsbasierte Vergütungen

(37) In manchen Fällen erhalten Organmitglieder oder Mitarbeiter(innen) eines Unternehmens im Rahmen anteilsbasierter Vergütungen Eigenkapitalinstrumente eines Mutter-, Schwester- oder Tochterunternehmens. (Eigenkapitalinstrumente eines Tochterunternehmens können insbesondere dann für anteilsbasierte Vergütungen an Organmitglieder oder Mitarbeiter(innen) des Mutterunternehmens verwendet werden, wenn das Mutterunternehmen eine Holdinggesellschaft ist, deren Anteile nicht an einer Börse notiert sind.) Werden diese Eigenkapitalinstrumente unmittelbar vom Mutter-, Schwester- oder Tochterunternehmen an die Organmitglieder oder Mitarbeiter(innen) des Unternehmens übertragen, ist bei dem Mutter-, Schwester- oder Tochterunternehmen eine Optionsrücklage zu bilden; der in diese Rücklage eingestellte Betrag ist dem Unternehmen, bei dem die Organmitglieder oder Mitarbeiter(innen) tätig sind, anzulasten und in der Gewinn- und Verlustrechnung dieses Unternehmens als Aufwand für anteilsbasierte Vergütungen auszuweisen. Die Anlastung hat insoweit zu unterbleiben, als die Tätigkeit der Begünstigten für das Unternehmen ausgeübt wird, bei dem die Optionsrücklage gebildet wird. Durch die Anlastung kann entweder eine Forderung (bzw. Verbindlichkeit) begründet oder ein Kapitalzuschuss verwirklicht werden.

(38) Wenn ein Recht verfällt, sind in beiden Fällen die Anlastung rückzuführen und der Ertrag aus der Auflösung der Optionsrücklage dem Unternehmen, dem die Dotierung der Rücklage angelastet wurde, im gleichen Ausmaß gutzuschreiben; eine solche Verrechnung hat daher insoweit zu unterbleiben, als die Tätigkeit der Begünstigten für das Unternehmen ausgeübt wurde, bei dem die Optionsrücklage gebildet wurde.

3. Anteilsbasierte Vergütungen, die durch Übertragung von eigenen Eigenkapitalinstrumenten an die Begünstigten erfüllt werden

3.1. Buchmäßige Behandlung der anteilsbasierten Vergütungen

(39) Anteilsbasierte Vergütungen, die durch Übertragung von im Vermögen des Unternehmens befindlichen eigenen Eigenkapitalinstrumenten an die Begünstigten erfüllt werden, sind in der Bilanz und der Gewinn- und Verlustrechnung in gleicher Weise zu erfassen wie anteilsbasierte Vergütungen, die durch Ausgabe neuer Eigenkapitalinstrumente erfüllt werden. Der beizulegende Zeitwert der anteilsbasierten Vergütungen im Zeitpunkt ihrer Gewährung ist auf den Erdienungszeitraum verteilt in der Gewinn- und Verlustrechnung als Aufwand zu erfassen und in eine Optionsrücklage einzustellen. Unterschiede gegenüber der Erfüllung der anteilsbasierten Vergütungen durch Ausgabe neuer Eigenkapitalinstrumente ergeben sich jedoch bei den Auswirkungen der Ausübung der Bezugsrechte auf das Eigenkapital.

3.2. Bilanzierung der eigenen Anteile

(40) Der Erwerb eigener Aktien zur späteren Erfüllung der Verpflichtung gegenüber den Begünstigten ist wie jeder andere Erwerb eigener Aktien gemäß § 229 Abs. 1a UGB zu erfassen. Aus dem Umstand, dass die eigenen Aktien zur Erfüllung dieser Verpflichtung erworben wurden, ergeben sich keine Besonderheiten. In Höhe des Nennbetrags (rechnerischen Werts) der eigenen Aktien ist gemäß § 229 Abs. 1a Satz 4 UGB eine gebundene Rücklage in die Bilanz einzustellen; diese Rücklage kann analog zu § 225 Abs. 5 UGB auch durch Umwidmung von nicht gebundenen Kapital- oder freien Gewinnrücklagen gebildet werden.

(41) Werden die zuvor angeschafften eigenen Aktien an die Begünstigten übertragen, ist der entsprechende Teil der Optionsrücklage auszubuchen und stellt einen Bestandteil des Veräußerungserlöses im Sinne von § 229 Abs. 1b UGB dar. Der in der Optionsrücklage erfasste Betrag verbleibt somit im Eigenkapital und wird je nach Einzelfall dazu verwendet, den zuvor gemäß § 229 Abs. 1a Satz 1 UGB durchgeführten offenen Abzug vom Nennkapital (Abs. 1b Satz 1) oder die zuvor erfolgte Rücklagenverrechnung rückgängig zu machen (Abs. 1b Satz 2) oder eine gebundene Kapitalrücklage zu dotieren (Abs. 1b Satz 3). Die

Nebenkosten der Veräußerung sind Aufwand des Geschäftsjahrs. Daneben wird die beim Erwerb eigener Aktien nach § 229 Abs. 1a Satz 4 UGB dotierte gebundene Rücklage wieder aufgelöst.

(42) [gestrichen]

(43) [gestrichen]

(44) [gestrichen]

(45) [gestrichen]

3.3. Gesetzliche Voraussetzungen

(46) Der Erwerb eigener Aktien ist gemäß § 65 Abs. 1 Z 4 AktG von einer Ermächtigung durch die Hauptversammlung abhängig; eine solche Ermächtigung gilt höchstens 30 Monate. Der Anteil der von der Gesellschaft erworbenen Aktien darf gemäß § 65 Abs. 2 AktG den zehnten Teil des Grundkapitals nicht übersteigen.

4. Anteilsbasierte Vergütungstransaktionen mit Barausgleich

(47) Bei anteilsbasierten Vergütungstransaktionen mit Barausgleich handelt es sich um Ansprüche auf künftige Barvergütungen, die vom Anstieg des Kurses der Aktien oder sonstiger Eigenkapitalinstrumente des Unternehmens oder eines mit diesem verbundenen Unternehmens während eines bestimmten Zeitraums im Vergleich zu einem bestimmten Basiskurs abhängig sind. Für derartige Vergütungen (Wertsteigerungsrechte) sind nach den Rechnungslegungsvorschriften des UGB Rückstellungen zu bilden.

(48) Die Verpflichtungen des Unternehmens aus den Wertsteigerungsrechten sind bei der erstmaligen Erfassung und an jedem Abschlussstichtag bis zu ihrer Begleichung bzw. bis zu ihrem Verfall mit ihrem jeweils aktuellen beizulegenden Zeitwert anzusetzen. Bei der Ermittlung des beizulegenden Zeitwerts ist ein Optionspreismodell anzuwenden, das die Bedingungen der Wertsteigerungsrechte und die Dauer der von den Begünstigten bereits abgeleisteten und der bis zur Erfüllung noch abzuleistenden Dienstzeit berücksichtigt.

(49) Es ist zu unterstellen, dass das Unternehmen die von den Begünstigten als Gegenleistung für die Wertsteigerungsrechte zu erbringenden Leistungen bereits erhalten hat, sofern kein deutlicher gegenteiliger Hinweis vorliegt. Der daraus resultierende Aufwand ist daher unmittelbar durch die Bildung einer Rückstellung zu erfassen. Ist die Ausübung der Wertsteigerungsrechte von der Ableistung einer bestimmten Dienstzeit nach ihrer Einräumung abhängig, sind der Aufwand und die Rückstellung anteilig in den Geschäftsjahren zu verbuchen, in denen die Leistungen von den Begünstigten während dieses Zeitraums erbracht werden (Erdienungszeitraum).

(50) Der beizulegende Zeitwert der Wertsteigerungsrechte ist an jedem Abschlussstichtag während des Erdienungszeitraums neu zu berechnen. Die Berechnung des in den einzelnen Geschäftsjahren anzusetzenden Aufwands ist im Abschnitt 7.2. dargestellt. Eine Aufgliederung des Aufwands in eine ordentliche Veränderung (auf das Geschäftsjahr entfallender Teil des errechneten beizulegenden Zeitwerts) und eine Anpassung der in der vorangehenden Bilanz ausgewiesenen Rückstellung ist möglich, aber nicht erforderlich. Ein Beispiel für eine solche Aufgliederung ist ebenfalls im Abschnitt 7.2. dargestellt.

(51) Wenn sich der Wert der Wertsteigerungsrechte in einem Geschäftsjahr vermindert oder wenn solche Rechte von begünstigten Personen definitiv nicht in Anspruch genommen werden, ist der Ertrag aus der Verminderung der Rückstellung im Posten „Erträge aus der Auflösung von Rückstellungen“ auszuweisen. Zu wesentlichen Beträgen ist im Anhang anzugeben, dass es sich um Berichtigungen des Aufwands aufgrund von anteilsbasierten Vergütungen handelt.

5. Angabeerfordernisse

(52) Gesellschaften, die anteilsbasierte Vergütungstransaktionen mit Aufsichtsratsmitgliedern, gesetzlichen Vertretern und sonstigen Mitarbeiter(inne)n abschließen, müssen in den Anhang ihres UGB-Jahresabschlusses jedenfalls die in § 239 Abs. 1 Z 5 UGB vorgeschriebenen Angaben aufnehmen (diese können allerdings im Konzernabschluss unterbleiben; § 266 Z 6 UGB). Für ein besseres Verständnis der wirtschaftlichen Auswirkungen der Vergütungszusagen sind darüber hinaus gemäß § 236 Satz 1 UGB bzw. im Konzernanhang gemäß § 265 Abs. 1 Satz 1 UGB Angaben in Anlehnung an die in IFRS 2.44 bis .52 vorgeschriebenen Angaben zu machen.

(52a) Zusätzlich sind bei anteilsbasierten Vergütungen, die durch Übertragung von eigenen Eigenkapitalinstrumenten an die Begünstigten erfüllt werden, die Angabepflichten i.Z.m. mit den eigenen Anteilen im Lagebericht bzw. Konzernlagebericht zu erfüllen (§ 243 Abs. 3 Z 3 bzw. § 267 Abs. 3 Z 3 UGB).

(53) Eine Übersicht über die in § 239 Abs. 1 Z 5 UGB und IFRS 2.44 bis .52 vorgeschriebenen Angaben wird im Abschnitt 7.3. gegeben, eine Übersicht über die in § 243 Abs. 3 Z 3 und § 267 Abs. 3 Z 3 UGB vorgeschriebenen Angaben im Abschnitt 7.4.

6. Erstmalige Anwendung und Übergangsbestimmungen

(54) [gestrichen]

(55) [gestrichen]

(55a) Die vorliegende Fassung der Stellungnahme ersetzt jene vom September 2007. Sie ist auf Geschäftsjahre anzuwenden, die nach dem 31. Dezember 2015 beginnen.

(56) [gestrichen]

(57) [gestrichen]

(58) [gestrichen]

(59) [gestrichen]

(60) [gestrichen]

(60a) Soweit eigene Aktien gehalten werden, sind sie erstmals in Geschäftsjahren, die nach dem 31. Dezember 2015 beginnen, entsprechend den neuen

§ 229 Abs. 1a und 1b zu bilanzieren (§ 906 Abs. 28 UGB), d.h. der aktivierte Buchwert ist zum Stichtag der Eröffnungsbilanz nach den Vorgaben des § 229 Abs. 1a UGB mit dem Eigenkapital zu verrechnen.

7. Beilagen

7.1. Beispiel zu den Auswirkungen von anteilsbasierten Vergütungen auf das Ergebnis und die Bilanz

Annahmen

Aktienkapital:	
Anzahl der Aktien	150.000 Stück
Grundkapital (Nennbetrag je Aktie)	TEUR 15.000 (EUR 100)
Optionsrechte:	
Einräumungszeitpunkt	01.01.01
Erdienungszeitraum	01.01.01 bis 31.12.04
Erstausübungsmöglichkeit	01.01.05
Ausübungszeitraum	01.01.05 bis 31.12.05
Anzahl der Bezugsaktien	20.000 Stück[1]
Bezugspreis pro Aktie	EUR 170
Errechneter Wert der Rechte zum 01.01.01	TEUR 1.000 (= EUR 50 pro Stück)
Ausübungszeitpunkt	30.06.05
Entwicklung des Aktienkurses (pro Stück):	
31.12.00	160
31.12.01	200
31.12.02	180
30.06.03	210
31.12.03	230
31.12.04	250
30.06.05	260
Aktienausgabe am 30.06.05	20.000 Stück
Ausgabepreis bei einer Kapitalerhöhung zu Marktbedingungen (pro Aktie)	EUR 250

[1] In dem Beispiel wird unterstellt, dass die geschätzte Anzahl der Bezugsaktien während des Erdienungszeitraums unverändert bleibt.

Jahresabschlüsse ohne anteilsbasierte Vergütungen

Ergebnisse (in TEUR)

Jahr	Jahresüberschuss	Zuweisung an die Gewinnrücklage	Bilanzgewinn = Ausschüttung
00	2.200	400	1.800
01	2.000	400	1.600
02	2.400	400	2.000
03	2.600	400	2.200
04	2.800	400	2.400
05	2.700	400	2.300

Es wird angenommen, dass vom Jahresüberschuss jährlich TEUR 400 der Gewinnrücklage zugeführt werden und der Rest als Bilanzgewinn ausgewiesen und ausgeschüttet wird. Latente Steuern werden der Übersichtlichkeit halber vernachlässigt.

Bilanzen (in TEUR)

	31.12.00	31.12.01	31.12.02	31.12.03	31.12.04	31.12.05
Aktiva						
Verschiedene Aktiva	50.200	50.400	51.200	51.800	52.400	52.700
Passiva						
Grundkapital	15.000	15.000	15.000	15.000	15.000	17.000[2]
Geb. Kapitalrücklage	6.000	6.000	6.000	6.000	6.000	9.000[3]
Gewinnrücklage	7.400	7.800	8.200	8.600	9.000	9.400
Optionsrücklage	0	0	0	0	0	0
Bilanzgewinn	1.800	1.600	2.000	2.200	2.400	2.300
	30.200	30.400	31.200	31.800	32.400	37.700
Verschiedene Passiva	20.000	20.000	20.000	20.000	20.000	15.000[4]
	50.200	50.400	51.200	51.800	52.400	52.700
Ausschüttung (im Folgejahr)	1.800	1.600	2.000	2.200	2.400	2.300

[2] Kapitalerhöhung um 20.000 Stück x EUR 100 = TEUR 2.000
[3] TEUR 6.000 zuzüglich Aufgeld in Höhe von TEUR 3.000 (20.000 Stück x EUR 150)
[4] Der Emissionserlös in Höhe von TEUR 5.000 (20.000 Stück x EUR 250) wird zur Schuldentilgung verwendet.

Jahresabschlüsse mit anteilsbasierten Vergütungen und Erfüllung der Verpflichtung durch Ausgabe neuer Aktien (Variante 1)

Die Rechte der Begünstigten werden durch Ausgabe neuer Aktien erfüllt. Die Ausschüttung bleibt unverändert; d.h. die Zuweisung an die Gewinnrücklage vermindert sich um den Aufwand für anteilsbasierte Vergütung (= Erhöhung der Optionsrücklage). Die Rechte werden am 30.06.05 zur Gänze ausgeübt.

Ergebnisse (in TEUR)

Jahr	Jahresüberschuss ohne Vergütungsaufwand	Aufwand für Vergütungen	Jahresüberschuss nach Vergütungsaufwand	Zuweisung an die Gewinnrücklage	Bilanzgewinn (= Ausschüttung)	Veränderung der Optionsrücklage
00	2.200	0	2.200	400	1.800	0
01	2.000	250	1.750	150	1.600	250
02	2.400	250	2.150	150	2.000	250
03	2.600	250	2.350	150	2.200	250
04	2.800	250	2.550	150	2.400	250
05	2.700	0	2.700	400	2.300	-1.000[5]

[5] Übertrag auf die Kapitalrücklage

Bilanzen (in TEUR)

	31.12.00	31.12.01	31.12.02	31.12.03	31.12.04	31.12.05
Aktiva						
Verschiedene Aktiva	50.200	50.400	51.200	51.800	52.400	52.700
Passiva						
Grundkapital	15.000	15.000	15.000	15.000	15.000	17.000[6]
Geb. Kapitalrücklage	6.000	6.000	6.000	6.000	6.000	8.400[7]
Gewinnrücklage	7.400	7.550	7.700	7.850	8.000	8.400
Optionsrücklage	0	250	500	750	1.000	0
Bilanzgewinn	1.800	1.600	2.000	2.200	2.400	2.300
	30.200	30.400	31.200	31.800	32.400	36.100
Verschiedene Passiva	20.000	20.000	20.000	20.000	20.000	16.600[8]
	50.200	50.400	51.200	51.800	52.400	52.700
Ausschüttung (im Folgejahr)	1.800	1.600	2.000	2.200	2.400	2.300

Durch die anteilsbasierten Vergütungen tritt eine Verwässerung des Eigenkapitals um TEUR 1.600 ein (Emissionserlös für 20.000 Stück Aktien EUR 170 statt EUR 250; Mindererlös 20.000 x EUR 80 = TEUR 1.600).

[6] Kapitalerhöhung um 20.000 Stück x EUR 100 = TEUR 2.000
[7] TEUR 6.000 zuzüglich TEUR 1.000 (Übertrag der Optionsrücklage) und TEUR 1.400 Aufgeld (20.000 Stück x EUR 70)
[8] Der Emissionserlös, der mit TEUR 3.400 (20.000 Stück x EUR 170) um TEUR 1.600 niedriger ist als bei der Variante ohne anteilsbasierte Vergütungen, wird zur Schuldentilgung verwendet.

Jahresabschlüsse mit anteilsbasierten Vergütungen und Erwerb eigener Aktien zur potenziellen Erfüllung der Verpflichtung (Variante 2)

Bei sonst gleichen Angaben wie unter Variante 1 erwirbt die Gesellschaft am 30.06.03 20.000 Stück eigene Aktien zum Kurs von EUR 210 (Anschaffungskosten TEUR 4.000, Nennbetrag TEUR 2.000). Eine Kapitalerhöhung findet nicht statt. Die gemäß § 229 Abs. 1a Satz 4 UGB erforderliche Dotierung einer gebundenen Rücklage soll durch Umwidmung der Gewinnrücklage erfolgen.

Verbuchung des Aktienerwerbs am 30.06.03 in TEUR:

Abzugsposten Grundkapital	2.000	
Abzugsposten (freie) Gewinnrücklage	2.200	
Zahlungsmittel		4.200
(freie) Gewinnrücklage	2.000	
Rücklage für eigene Anteile		2.000

Die eigenen Aktien werden am 30.06.05 zur Erfüllung ihrer Rechte an die Berechtigten veräußert (Erlös für 20.000 Stück zum Kurs von EUR 170 pro Stück = TEUR 3.400). Die mittlerweile auf TEUR 1.000 angewachsene Optionsrücklage zählt zum Veräußerungserlös gemäß § 229 Abs. 1b UGB.

Verbuchung der Erfüllung am 30.06.05 in TEUR:

Zahlungsmittel	3.400	
Optionsrücklage	1.000	
Abzugsposten Grundkapital		2.000

Abzugsposten Gewinnrücklage		2.200
Geb. Kapitalrücklage		200
Rücklage für eigene Anteile	2.000	
(freie) Gewinnrücklage		2.000

7.2. Entwicklung der Rückstellung für anteilsbasierte Vergütungen mit Barausgleich

Definition der Wertsteigerungsrechte

50 % der Wertsteigerung von 10.000 Stück Aktien im Zeitraum vom 01.01.01 (Zeitpunkt der Zusage) bis 31.12.04 (Auszahlungszeitpunkt). Erdienungszeitraum = 4 Jahre.

Entwicklung des Aktienkurses und des beizulegenden Zeitwerts der Wertsteigerungsrechte (Annahmen)

	Aktienkurs	Beizulegender Zeitwert	
	pro Stück EUR	pro Stück EUR	insgesamt[9] TEUR
31.12.00	100	25	250
31.12.01	120	30	300
31.12.02	160	45	450
31.12.03	180	35	350
31.12.04	150	25[10]	250

[9] Spalte 2 x 10.000
[10] fälliger Wertsteigerungsbetrag

Entwicklung der Rückstellung (in TEUR)

	Stand der Rückstellung	Aufwand
31.12.01	75,0[11]	75,0
31.12.02	225,0[12]	150,0
31.12.03	262,5[13]	37,5
31.12.04	250,0[14]	-12,5

Beispiel für eine Aufgliederung der Veränderungen der Rückstellung (in TEUR)

	Ordentliche Zuweisung	Anpassung der Rückstellung	Aufwand insgesamt	Stand der Rückstellung
31.12.01	75,0[15]	0,0	75,0	75,0
31.12.02	112,5[16]	37,5[17]	150,0	225,0
31.12.03	87,5[18]	-50,0[19]	37,5	262,5
31.12.04	62,5[20]	-75,0[21]	-12,5	250,0

[11] 25 % des beizulegenden Zeitwerts am 31.12.01 (TEUR 300)
[12] 50 % des beizulegenden Zeitwerts am 31.12.02 (TEUR 450)
[13] 75 % des beizulegenden Zeitwerts am 31.12.03 (TEUR 350)
[14] 100 % des Wertsteigerungsbetrags am 31.12.04 (TEUR 250)
[15] 25 % von TEUR 300
[16] 25 % von TEUR 450
[17] 25 % von TEUR (450 abz. 300) = 25 % von TEUR 150
[18] 25 % von TEUR 350
[19] 50 % von TEUR (350 abz. 450) = 50 % von TEUR -100
[20] 25 % von TEUR 250
[21] 75 % von TEUR (250 abz. 350) = 75 % von TEUR -100

7.3. Vorschriften über die Anhangsangaben

Pflichtangaben gemäß § 239 Abs. 1 Z 5 UGB

- für die insgesamt und die im Geschäftsjahr eingeräumten Rechte:
  - die Anzahl der Rechte
  - die jeweils beziehbare Anzahl an Aktien
  - der Ausübungspreis oder die Grundlagen oder die Formel zu seiner Berechnung
  - die Laufzeit
  - das zeitliche Ausübungsfenster (der Ausübungszeitraum)
  - die Übertragbarkeit der Rechte
  - eine allfällige Behaltefrist für bezogene Aktien
  - die Art der Bedienung der Rechte
- für die im Geschäftsjahr ausgeübten Rechte:
  - deren Anzahl
  - der Ausübungspreis

Alle Angaben sind getrennt für Arbeitnehmer(innen) und leitende Angestellte sowie für die namentlich anzuführenden Organmitglieder zu machen.

Von Gesellschaften nach § 189a Z 1 lit. a UGB sind überdies anzugeben:

- der Schätzwert bzw. die Bandbreite des Schätzwerts der eingeräumten Rechte zum Bilanzstichtag
- der Wert der im Geschäftsjahr ausgeübten Rechte zum Zeitpunkt der Ausübung

Pflichtangaben gemäß IFRS 2.44 bis .52

- eine Beschreibung der einzelnen Arten von anteilsbasierten Vergütungsvereinbarungen, die während der Berichtsperiode in Kraft waren, einschließlich der allgemeinen Vertragsbedingungen jeder Vereinbarung wie:
  - Ausübungsbedingungen
  - höchste Anzahl der gewährten Rechte
  - Form der Erfüllung (durch Eigenkapitalinstrumente oder durch Barzahlung)

  Substanziell ähnliche Arten von Vereinbarungen dürfen bei den Angaben zusammengefasst werden.
- die Anzahl und der gewichtete Durchschnitt der Ausübungspreise für:
  - die zu Beginn der Berichtsperiode ausstehenden Rechte
  - die in der Berichtsperiode gewährten Rechte
  - die in der Berichtsperiode verwirkten Rechte
  - die in der Berichtsperiode ausgeübten Rechte
  - die in der Berichtsperiode verfallenen (ausgelaufenen) Rechte
  - die am Ende der Berichtsperiode ausstehenden Rechte
  - die am Ende der Berichtsperiode ausübbaren Rechte
- der gewichtete Durchschnittskurs der in der Berichtsperiode ausgeübten Rechte am Tag der Ausübung bzw. in der Berichtsperiode
- für die am Ende der Berichtsperiode ausstehenden Rechte die Bandbreite der Ausübungspreise (mit Untergliederung in Gruppen, wenn die Bandbreite sehr groß ist) und der gewichtete Durchschnitt der restlichen Vertragslaufzeit
- für die in der Berichtsperiode eingeräumten Rechte der gewichtete Durchschnitt der beizulegenden Zeitwerte am Bewertungsstichtag und Informationen über deren Ermittlung, insbesondere:
  - das verwendete Optionspreismodell und die in dieses Modell einfließenden Daten wie der gewichtete durchschnittliche Aktienkurs, der Ausübungspreis, die erwartete Volatilität, die Laufzeit der Rechte, die erwarteten Dividenden, der risikolose Zinssatz und andere Parameter einschließlich der Methode und der Annahmen zur Berücksichtigung der Auswirkungen einer frühzeitigen Ausübung
  - die Art der Ermittlung der erwarteten Volatilität, u.a. inwieweit diese auf der historischen Volatilität beruht
  - die Einbeziehung weiterer Ausstattungsmerkmale (z.B. einer Marktbedingung) in die Ermittlung des beizulegenden Zeitwerts

Für anteilsbasierte Vergütungstransaktionen, die in der Berichtsperiode geändert wurden, sind folgende Angaben zu machen:

- eine Erklärung, warum die Änderungen vorgenommen wurden
- der aufgrund der Änderungen gewährte zusätzliche beizulegende Zeitwert
- die Bestimmung des gewährten zusätzlichen beizulegenden Zeitwerts

Um die Auswirkungen anteilsbasierter Vergütungstransaktionen auf das Periodenergebnis und die Vermögens- und Finanzlage verständlich zu machen, sind gesondert anzugeben:

- der in der Berichtsperiode erfasste Gesamtaufwand für anteilsbasierte Vergütungstransaktionen mit gesonderter Angabe der Transaktionen mit Ausgleich durch Eigenkapitalinstrumente
- für die Schulden aus anteilsbasierten Vergütungstransaktionen:
  - der gesamte Buchwert am Ende der Berichtsperiode
  - der gesamte innere Wert der Schulden am Ende der Berichtsperiode, bei denen das Recht der Gegenpartei auf Erhalt von flüssigen Mitteln oder anderen Vermögensgegenständen zum Ende der Berichtsperiode ausübbar war (z.B. ausübbare Wertsteigerungsrechte)

7.4. Vorschriften über die Angaben im (Konzern-)Lagebericht i.Z.m. anteilsbasierten Vergütungen, die durch Übertragung von eigenen Eigenkapitalinstrumenten erfüllt werden

Seit dem RÄG 2014 sind bestimmte Angaben zu eigenen Aktien statt im (Konzern-)Anhang im (Konzern-)Lagebericht vorzunehmen (§ 243 Abs. 3 Z 3 und § 267 Abs. 3 Z 3 UGB).

Pflichtangaben gemäß § 243 Abs. 3 Z 3 UGB

- Angabepflichten zum Bestand an eigenen Anteilen, die die Gesellschaft, ein verbundenes Unternehmen oder eine andere Person für Rechnung der Gesellschaft oder eines verbundenen Unternehmens erworben oder als Pfand genommen hat:
  - Zahl dieser Anteile
  - der auf sie entfallende Betrag des Grundkapitals sowie ihr Anteil am Grundkapital
  - für erworbene Anteile der Zeitpunkt des Erwerbs und die Gründe für den Erwerb
- Angabepflichten, wenn solche Anteile im Geschäftsjahr erworben oder veräußert worden sind:
  - Zahl dieser Anteile
  - der auf sie entfallende Betrag des Grundkapitals sowie ihr Anteil am Grundkapital
  - Erwerbs- oder Veräußerungspreis
  - Verwendung des Erlöses

Pflichtangaben gemäß § 267 Abs. 3 Z 3 UGB

- Angabepflichten zum Bestand an Aktien des Mutterunternehmens, die dieses, ein Tochterunternehmen oder eine andere Person für Rechnung eines dieser Unternehmen erworben oder als Pfand genommen hat:
  - Zahl dieser Aktien
  - der auf sie entfallende Betrag des Grundkapitals sowie ihr Anteil am Grundkapital
- Angabepflichten, wenn solche Aktien im Geschäftsjahr erworben oder veräußert worden sind:
  - Zahl dieser Aktien
  - der auf sie entfallende Betrag des Grundkapitals sowie ihr Anteil am Grundkapital
  - Erwerbs- oder Veräußerungspreis
  - Verwendung des Erlöses

AFRAC-Stellungnahme 4
Dividendenaktivierung (UGB)

Stellungnahme
Grundsätze der unternehmensrechtlichen phasenkongruenten Dividendenaktivierung

(Dezember 2015)

Historie der vorliegenden Stellungnahme

erstmalige Veröffentlichung	Dezember 2007	
Überarbeitung	März 2013	Ergänzung um das Kapitel „Besonderheiten bei Personengesellschaften gemäß § 221 Abs. 5 UGB“
Überarbeitung	Dezember 2015	formale Anpassung; keine inhaltlichen Änderungen

1. Einleitung

(1) Diese Stellungnahme behandelt die phasenkongruente Dividendenaktivierung auf Grundlage der Rechnungslegungsvorschriften des österreichischen Unternehmensgesetzbuchs (UGB) in Jahres- und sinngemäß auch in Zwischenabschlüssen. Sie trifft keine Aussagen hinsichtlich der (österreichischen) ertragsteuerlichen Behandlung sowie der Behandlung nach anderen Rechnungslegungsvorschriften. Auf ein diesbezügliches Urteil des EuGH (EuGH 27.6.1996 mit Berichtigung 10.7.1997, Rs. 234/94 – Tomberger) sowie ein Erkenntnis des VwGH (VwGH 13.9.2006, 0129/13/2002) wird verwiesen.

(2) Eine phasenkongruente Dividendenaktivierung hat zu erfolgen, wenn bestimmte Kriterien kumulativ erfüllt sind; andernfalls ist sie unzulässig. Diese Kriterien betreffen die folgenden drei Themenkomplexe:

– Höhe des Anteilsbesitzes bzw. der Stimmrechte
– Zusammenfallen bzw. zeitliche Lage der Abschlussstichtage der betroffenen Unternehmen
– Beschlusslage zur Dividendenausschüttung

(3) Für das ausschüttende Unternehmen ist die jeweils geltende Rechtsordnung zu beachten. In der Folge wird von ausschüttenden Unternehmen ausgegangen, deren Rechtsform und Struktur einer österreichischen Kapitalgesellschaft entsprechen oder einer solchen vergleichbar sind.

(4) Sofern auf „Ausschüttungsbeschlüsse“ etc. verwiesen wird, ist immer eine Bezugnahme auf den für die Ausschüttungsbemessung relevanten Abschluss (was nach der anwendbaren Rechtsordnung zu beurteilen ist, in Österreich der Jahresabschluss nach UGB) gemeint.

(5) Gesellschaftsvertragliche Vereinbarungen, wonach das Ergebnis einer Gesellschaft auf eine andere zu überrechnen ist (wie z.B. Ergebnisabführungsverträge bzw. Organschaften im Sinne der früheren steuerlichen Regeln), sind von dieser Stellungnahme nicht umfasst.

2. Höhe des Anteilsbesitzes bzw. der Stimmrechte

(6) Bei der Beurteilung dieses Merkmals ist auf den Stimmrechtsanteil, nicht aber auf den Anteilsbesitz, abzustellen. Nur sofern ein Unternehmen (alleine oder gemeinsam mit von ihm beherrschten anderen Konzernunternehmen oder über einen Syndikatsvertrag) über die erforderliche (normalerweise einfache) Mehrheit der Stimmrechte verfügt, um einen Ausschüttungsbeschluss herbeizuführen, ist eine phasenkongruente Dividendenaktivierung bei allen Konzernunternehmen zulässig. Diese Voraussetzung ist in der Regel erfüllt, wenn das ausschüttende Unternehmen von § 244 Abs. 2 UGB erfasst wird und für den Ausschüttungsbeschluss keine besonderen, darüber hinausgehenden Voraussetzungen bestehen. Sofern diese Voraussetzung nicht erfüllt ist, ist eine phasenkongruente Dividendenaktivierung unzulässig. Insbesondere reicht eine bloß faktische Beherrschung (z.B. auf Grund der üblicherweise geringen Präsenz in der Haupt- oder Gesellschafterversammlung) nicht aus.

(7) Die Beurteilung, ob das empfangende Unternehmen über die erforderliche Mehrheit der Stimmrechte bzw. die erforderliche, rechtlich gesicherte Durchsetzungsmöglichkeit für die Herbeiführung des Ausschüttungsbeschlusses verfügt, ist anhand der nachstehenden Kriterien vorzunehmen:

(a) Es ist auf jene Stimmrechte abzustellen, die für die Herbeiführung eines Ausschüttungsbeschlusses erforderlich sind. Dies bedeutet, dass gegenüber dem Vorstand bzw. der Geschäftsführung (ggf. mittelbar über den Aufsichtsrat bzw. die Haupt- oder Gesellschafterversammlung) des ausschüttenden Unternehmens eine entsprechende Erwartungshaltung des empfangenden Unternehmens kommuniziert und wirkungsvoll durchgesetzt werden kann. Sollte daher ein empfangendes Unternehmen weder über ein Bestellungs- oder Entsendungsrecht für die Mehrheit der Vorstandsmitglieder bzw. Mitglieder der Geschäftsführung verfügen noch das Recht haben, die Mehrheit der Aufsichtsratsmitglieder (auch nach Berücksichtigung der Belegschaftsvertreter) zu bestimmen, noch in der Haupt- oder Gesellschafterversammlung – sei es durch eigenen Anteilsbesitz oder durch Stimmrechtsbindungsverträge – über die erforderliche Mehrheit zur Herbeiführung eines Dividendenbeschlusses verfügen, so ist dieses Kriterium nicht erfüllt und eine phasenkongruente Dividendenaktivierung unzulässig.

(b) Es muss gewährleistet sein, dass die erforderliche Mehrheit vom Abschlussstichtag bis zum tatsächlichen Ausschüttungsbeschluss vorliegt bzw. deren durchgängiges Vorliegen zu erwarten ist.

3. Zusammenfallen bzw. zeitliche Lage der Abschlussstichtage der betroffenen Unternehmen

(8) Der Abschlussstichtag des ausschüttenden Unternehmens muss zeitgleich mit oder vor dem Abschlussstichtag des empfangenden Unternehmens liegen.

4. Beschlusslage zur Dividendenausschüttung

(9) Als Voraussetzungen für die phasenkongruente Aktivierung von Dividenden gelten die folgenden Punkte:

1. Die Aufstellung des Abschlusses des ausschüttenden Unternehmens muss vor jener des empfangenden Unternehmens erfolgt sein. (Der Abschluss ist aufgestellt, sobald die Geschäftsleitung des ausschüttenden Unternehmens beschlossen hat, diesen Abschluss dem zuständigen Organ zur Genehmigung (Feststellung) vorzulegen.)
2. Das empfangende Unternehmen muss vor dem Abschlussstichtag einen dokumentierten Beschluss fassen, dass ein bestimmter Betrag (der durch den aufgestellten Abschluss des ausschüttenden Unternehmens als ausschüttungsfähig gedeckt ist) zur Ausschüttung vorgesehen ist und aufgrund der Ausübung der Stimmrechte alle Maßnahmen gesetzt werden, damit dieser Betrag dem empfangenden Unternehmen auch tatsächlich zufließen wird.
3. a) Zum Zeitpunkt der Feststellung des Abschlusses des empfangenden Unternehmens muss entweder der Abschluss des ausschüttenden Unternehmens festgestellt oder die Prüfung des aufgestellten Abschlusses – sofern eine solche erfolgt – materiell so weit abgeschlossen sein, dass mit keinen Änderungen des zur Ausschüttung vorgesehenen Gewinns mehr zu rechnen ist. Als Nachweis für einen ausreichenden zur Ausschüttung zur Verfügung stehenden Gewinn ist – sofern die Feststellung noch nicht erfolgt ist – eine vom Abschlussprüfer des ausschüttenden Unternehmens gegenüber dem empfangenden Unternehmen ausgestellte Bestätigung als ausreichend anzusehen.

   b) Ein rechtswirksamer Ausschüttungsbeschluss, spätestens zum Zeitpunkt der Feststellung des Abschlusses des empfangenden Unternehmens, ist in jenen Fällen erforderlich, in denen Einspruchsrechte oder Genehmigungserfordernisse von Behörden etc. in Bezug auf den Ausschüttungsbeschluss bestehen.

   c) Ob Einwendungen von Minderheitsgesellschaftern dazu führen können, dass in wirtschaftlicher Betrachtung kein gesicherter Anspruch auf Ausschüttung des vorgesehenen Betrages an das empfangende Unternehmen besteht, ist nach den konkreten Gegebenheiten zu beurteilen, wobei insbesondere Erfahrungen aus der Vergangenheit zu berücksichtigen sind. Wenn Hinweise vorliegen, dass Minderheitsgesellschafter den maßgeblichen Abschluss oder den Ausschüttungsbeschluss mit rechtlichen Mitteln bekämpfen werden, ist der rechtswirksame Ausschüttungsbeschluss, spätestens zum Zeitpunkt der Feststellung des Abschlusses des empfangenden Unternehmens, eine Voraussetzung für die Aktivierung.
4. Dem Vollzug des Ausschüttungsbeschlusses dürfen keine sonstigen Hindernisse entgegenstehen. Der Vollzug der Ausschüttung an das empfangende Unternehmen muss deshalb insbesondere frei von Einspruchsmöglichkeiten und Genehmigungserfordernissen von Behörden etc. sein.

5. Besonderheiten bei Personengesellschaften gemäß § 221 Abs. 5 UGB

(10) Von Personengesellschaften gemäß § 221 Abs. 5 UGB sind folgende Besonderheiten zu beachten:

1. Bei der Beurteilung, ob das empfangende Unternehmen über die erforderliche Mehrheit der Stimmrechte bzw. die erforderliche rechtlich gesicherte Durchsetzungsmöglichkeit für die Herbeiführung des Gewinnverteilungsbeschlusses verfügt, gilt anstelle von Rz 6, Rz 7 lit. (a) und Rz 9 Z 2 Folgendes:
   - Ist aufgrund fehlender Bestimmungen im Gesellschaftsvertrag die Zustimmung aller Gesellschafter für die Feststellung des Jahresabschlusses erforderlich, so hat das empfangende Unternehmen eine phasenkongruente Gewinnerfassung vorzunehmen, wenn es direkt oder indirekt über alle Stimmrechte verfügt.
   - Ist aufgrund gesellschaftsvertraglicher Bestimmungen für die Beschlussfassung über die Feststellung des Jahresabschlusses bzw. die Gewinnverteilung die Zustimmung aller Gesellschafter nicht erforderlich, ist beim empfangenden Unternehmen dann eine phasenkongruente Gewinnerfassung vorzunehmen, wenn es direkt oder indirekt über die erforderliche Mehrheit der Stimmrechte verfügt.
   - Sind aufgrund gesellschaftsvertraglicher Bestimmungen kein gesonder-

ter Beschluss über die Feststellung des Jahresabschlusses und kein Gewinnverteilungsbeschluss erforderlich, sodass der Gewinn den Gesellschaftern nach Aufstellung des Jahresabschlusses ohne weitere Beschlusserfordernisse zugerechnet wird, haben alle Anteilseigner eine phasenkongruente Gewinnerfassung vorzunehmen. In diesem Fall ist ein dokumentierter Beschluss i.S.v. Rz 9 Z 2 nicht erforderlich.

2. Die phasenkongruente Gewinnerfassung hat beim empfangenden Unternehmen über den Ansatz einer Forderung zu erfolgen.

6. Sonstige Fragestellungen

(11) Für die Ermittlung des Betrags der Dividendenaktivierung ist insbesondere bei Auslandsbeziehungen zu beachten, ob nicht oder nur teilweise anrechenbare Kapitalertragsteuern einbehalten werden oder Übertragungs- bzw. Transfergebühren etc. anfallen können. Ist dies der Fall, so ist die Aktivierung nur in Höhe des als gesichert anzusehenden Dividendenzuflusses vorzunehmen. Allfällige Ertragsteuerbelastungen beim empfangenden Unternehmen, z.B. aus (inländischen) Substanzausschüttungen, sind als (laufende) Ertragsteuern zu berücksichtigen. Das Saldierungsverbot ist zu beachten.

(12) Der Umstand, dass Ansprüche auf Dividendenausschüttung unverzinslich sind, ist nach den allgemeinen Bewertungsvorschriften zu berücksichtigen.

(13) Ansprüche auf Vorzugsdividenden sind wie Ansprüche auf normale Dividenden zu behandeln, weil ihre Ausschüttung zwar vor allfälligen anderen Ausschüttungen erfolgt, jedoch ebenso von der Aufstellung eines mit entsprechenden ausschüttungsfähigen Beträgen ausgestatteten Abschlusses abhängt.

AFRAC-Stellungnahme 5
Bilanzeid (BörseG)

Stellungnahme
Erklärung der gesetzlichen Vertreter gemäß § 124 Abs. 1 und § 125 Abs. 1 BörseG (Bilanzeid)

(Juni 2018)

Historie der vorliegenden Stellungnahme

erstmalige Veröffentlichung	Juni 2008	
Überarbeitung	Dezember 2015	formale Anpassung; bis auf geringfügige Aktualisierungen keine inhaltlichen Änderungen
Überarbeitung	Juni 2018	Anpassung an das BörseG 2018

1. Anmerkungen zur Erklärung der gesetzlichen Vertreter

1.1. Problemstellung

(1) Die §§ 124 Abs. 1 Z 3 und 125 Abs. 1 Z 3 BörseG 2018 verpflichten die gesetzlichen Vertreter des Emittenten zur Abgabe einer Erklärung im Rahmen des Jahresfinanzberichts und des Halbjahresfinanzberichts. Das BörseG definiert nur den Mindestinhalt der Erklärung, ohne eine bestimmte Musterformulierung vorzugeben. Diese Stellungnahme enthält daher eine Musterformulierung auf Basis der gesetzlichen Bestimmungen, sowohl in deutscher als auch in englischer Sprache.

1.2. Allgemeines

(2) Die Erklärung soll einerseits das Bewusstsein der gesetzlichen Vertreter schärfen, dass sie für die gesetzeskonforme Aufstellung der Abschlüsse und Lageberichte verantwortlich sind (Appell- bzw. Warnfunktion); andererseits soll sie auch ihre Verantwortung nach außen hin zum Ausdruck bringen (Zusicherungsfunktion).

(3) Die Erklärung der gesetzlichen Vertreter ist Bestandteil des Jahresfinanzberichts gemäß § 124 Abs. 1 BörseG 2018 und des Halbjahresfinanzberichts gemäß § 125 Abs. 1 BörseG 2018.

(4) Ein Jahresfinanzbericht ist von Emittenten zu veröffentlichen, für die Österreich Herkunftsmitgliedstaat ist, sowie nach Maßgabe des § 119 Abs. 12 BörseG 2018 auch von Emittenten, für die Österreich Aufnahmemitgliedstaat ist (die Begriffsinhalte ergeben sich aus § 1 BörseG 2018). Es muss sich ferner um Emittenten von Wertpapieren handeln, die an einem geregelten Markt zugelassen sind. Wertpapiere sind in § 1 Z 13 BörseG 2018 definiert. Unter den Begriff des geregelten Markts (§ 1 Z 2 BörseG 2018) fallen die von der Wiener Börse betriebenen Märkte des amtlichen Handels und des geregelten Freiverkehrs, nicht aber der Betrieb eines Multilateralen Handelssystems (MTF), welches dem früheren „Dritten Markt" entspricht.

(5) Für Halbjahresfinanzberichte gelten grundsätzlich dieselben Veröffentlichungspflichten wie für Jahresfinanzberichte. Allerdings schränkt § 125 Abs. 1 erster Satz BörseG 2018 den Anwendungsbereich auf Emittenten von Aktien (nach der Verwaltungspraxis der FMA zählen dazu auch sozietäre Genussrechte, Partizipationsscheine und aktienvertretende Zertifikate) und Schuldtiteln iSd § 1 Z 6 BörseG 2018 ein.

(6) Wenn die Erklärung im Jahresfinanzbericht oder im Halbjahresfinanzbericht fehlt, nicht rechtzeitig abgegeben wird oder gesetzliche Vorlage- und Veröffentlichungsbestimmungen nicht eingehalten werden, kann dies von der FMA gemäß §§ 141 bzw. 107 Abs. 1 Z 3 BörseG 2018 mit Geldstrafen geahndet werden.

1.3. Ort und Stellung der Erklärung

(7) Die Erklärung der gesetzlichen Vertreter ist einer der drei Hauptbestandteile des Jahresfinanzberichts bzw. des Halbjahresfinanzberichts und daher jeweils in einer gesonderten Ziffer angeführt (§§ 124 Abs. 1 Z 3 und 125 Abs. 1 Z 3 BörseG 2018). Aufgrund dieser hervorgehobenen Stellung ist die Erklärung im Jahresfinanzbericht bzw. im Halbjahresfinanzbericht jeweils als eigenes Kapitel nach dem Abschluss und dem Lagebericht anzugeben und im Inhaltsverzeichnis entsprechend anzuführen.

(8) Die Erklärung ist aufgrund des ausdrücklichen Gesetzeswortlauts von allen gesetzlichen Vertretern abzugeben. Beispielsweise sind das im Fall einer Aktiengesellschaft alle Vorstandsmitglieder. Die Erklärung ist auch dann von allen gesetzlichen Vertretern abzugeben, wenn einzelne gesetzliche Vertreter aufgrund der internen Aufgabenzuteilung nicht mit der Erstellung des Abschlusses betraut sind. Allerdings wird durch die Angabe der Stellung und die Einschränkung „nach bestem Wissen" auch auf den unterschiedlichen persönlichen Wissensstand der gesetzlichen Vertreter hingewiesen.

(9) Aus dem gesetzlichen Begriff „Erklärung" und der Zusicherungsfunktion gegenüber den Adressaten ist zu folgern, dass das Originaldokument der Erklärung von den gesetzlichen Vertretern handschriftlich zu unterzeichnen ist.

(10) Die Erklärung der gesetzlichen Vertreter nach § 124 Abs. 1 Z 3 BörseG 2018 deckt sich nicht mit der Übereinstimmungserklärung iSd IAS 1.16. Abweichungen bestehen etwa in der Person des Erklärenden (gemäß IAS 1 „das Unternehmen")

und damit verbunden dem subjektiven Charakter sowie im Erklärungsumfang (z.B. hinsichtlich Lagebericht). Auch die Erklärung im Halbjahresfinanzbericht (§ 125 Abs. 1 Z 3 BörseG 2018) weicht wesentlich von der Übereinstimmungserklärung iSd IAS 34.19 ab, insbesondere wenn ein verkürzter Halbjahresabschluss aufgestellt wird. Daher ist die Erklärung der gesetzlichen Vertreter jedenfalls gesondert von und zusätzlich zu der im Anhang eines IFRS-Abschlusses enthaltenen Übereinstimmungserklärung abzugeben. Die Erklärung der gesetzlichen Vertreter ist aufgrund ihres besonderen Inhalts auch gesondert vom Jahresabschluss bzw. vom Konzernabschluss zu unterzeichnen.

1.4. Erklärung zum Jahresfinanzbericht (§ 124 Abs. 1 Z 3 BörseG 2018)

(11) Ist der Emittent nicht verpflichtet, einen Konzernabschluss aufzustellen, dann muss der Jahresfinanzbericht gemäß § 124 Abs. 1 Z 1 BörseG 2018 den geprüften Jahresabschluss enthalten, der nach den maßgebenden Rechnungslegungsstandards aufgestellt worden ist. In Österreich sind dies die Rechnungslegungsbestimmungen des UGB, ggf. ergänzt durch Sondergesetze (z.B. BWG oder VAG); ein Einzelabschluss nach IFRS kann nicht mit befreiender Wirkung aufgestellt werden, auch nicht für Zwecke des § 124 Abs. 1 Z 1 BörseG 2018.

(12) Ist der Emittent zur Aufstellung eines Konzernabschlusses verpflichtet, dann muss der Jahresfinanzbericht gemäß § 124 Abs. 1 Z 1 iVm Abs. 2 BörseG 2018 sowohl den geprüften Konzernabschluss als auch den geprüften Jahresabschluss des Emittenten als Mutterunternehmen enthalten. (§ 124 Abs. 2 BörseG 2018 ist so zu verstehen, dass bei zur Aufstellung eines Konzernabschlusses verpflichteten Unternehmen anstatt des geprüften Jahresabschlusses (§ 124 Abs. 1 Z 1 BörseG 2018) ein geprüfter Konzernabschluss und ein geprüfter Jahresabschluss des Emittenten zu veröffentlichen sind. Dies ergibt sich auch aus Art. 4 Abs. 2 und 3 der Richtlinie 2004/109/EG.) Die maßgebenden Rechnungslegungsstandards für den Jahresabschluss des Emittenten sind in Österreich die Rechnungslegungsbestimmungen des UGB (ggf. ergänzt durch Sondergesetze), die maßgebenden Rechnungslegungsstandards für den Konzernabschluss sind die IFRS, wie sie von der EU übernommen wurden.

(13) Die maßgebenden Rechnungslegungsstandards werden in den jeweiligen Abschlüssen offengelegt, sodass sie in der Erklärung der gesetzlichen Vertreter nicht gesondert angeführt werden müssen. Daher kann in der Erklärung die gesetzliche Formulierung „im Einklang mit den maßgebenden Rechnungslegungsstandards" herangezogen werden.

(14) Ist der Emittent zur Aufstellung eines Konzernabschlusses verpflichtet, dann ist eine gesonderte Erklärung der gesetzlichen Vertreter sowohl für den Konzernabschluss als auch für den Jahresabschluss des Emittenten erforderlich. (Während § 124 Abs. 2 BörseG 2018 unklar ist, unterscheiden Art. 4 Abs. 2 lit. c und Abs. 3 der Richtlinie 2004/109/EG die Begriffe „Abschluss" und „Jahresabschluss"; die Erklärungspflicht bezieht sich danach auf den „Abschluss", der bei zur Aufstellung eines Konzernabschlusses verpflichteten Emittenten den konsolidierten Abschluss und den Jahresabschluss umfasst.) Hinsichtlich des Konzernabschlusses ist die Formulierung „des Konzerns" der gesetzlichen Formulierung „der Gesamtheit der in die Konsolidierung einbezogenen Unternehmen" vorzuziehen; letztere Formulierung ist missverständlich.

(15) Die Erklärung zum Lagebericht gemäß § 124 Abs. 1 Z 3 lit. b BörseG 2018 deckt die in den §§ 243 Abs. 1 und 267 Abs. 1 UGB vorgesehenen Inhalte ab. § 124 Abs. 1 Z 3 lit. b BörseG 2018 bezieht sich zwar nur auf die „Gesamtheit der in die Konsolidierung einbezogenen Unternehmen"; dies lässt sich auf einen Übersetzungsfehler in der deutschen Richtlinienfassung zurückführen, denn die englische Richtlinienfassung bezieht sich sowohl auf den Emittenten als auch auf die Gesamtheit der in die Konsolidierung einbezogenen Unternehmen. Die Erklärung bezieht sich daher analog zur Erklärung zum Jahresabschluss gemäß § 124 Abs. 1 Z 3 lit. a BörseG 2018 bei nicht zur Aufstellung eines Konzernabschlusses verpflichteten Emittenten auf den Lagebericht des Emittenten und bei zur Aufstellung eines Konzernabschlusses verpflichteten Emittenten sowohl auf den Lagebericht des Mutterunternehmens als auch auf den Konzernlagebericht.

(16) Erklärungen der gesetzlichen Vertreter gemäß § 124 Abs. 1 Z 3 BörseG 2018 beziehen sich grundsätzlich auf den Zeitpunkt der Aufstellung des jeweiligen Abschlusses und des jeweiligen Lageberichts.

(17) Werden Erklärungen der gesetzlichen Vertreter zusätzlich zum Jahresfinanzbericht ein zweites Mal in einem anderen Medium veröffentlicht (z.B. in einem „Geschäftsbericht"), dann ist es sachgerecht, diese an die dort dargestellten Bestandteile anzupassen. Umfasst der „Geschäftsbericht" etwa nur den Konzernabschluss und den Konzernlagebericht, nicht aber den Jahresabschluss des Emittenten, dann sollte sich die in den Geschäftsbericht aufgenommene Erklärung ebenfalls nur auf den Konzernabschluss und den Konzernlagebericht beziehen.

1.5. Erklärung zum Halbjahresfinanzbericht (§ 125 Abs. 1 Z 3 BörseG 2018)

(18) Die Erklärung zum Halbjahresfinanzbericht gemäß § 125 Abs. 1 Z 3 BörseG 2018 bezieht sich auf den verkürzten Abschluss und den verkürzten Halbjahreslagebericht iSd § 125 Abs. 2 und Abs. 4 BörseG 2018. Ist ein Emittent verpflichtet, einen Konzernabschluss aufzustellen, dann umfasst der Halbjahresfinanzbericht nur den Konzernzwischenabschluss auf Grundlage von IAS 34 und den Halbjahreslagebericht des Konzerns, nicht aber einen Halbjahresabschluss und einen Halbjahreslagebericht des Emittenten als Mutterunternehmen. Daher betrifft die Erklärung gemäß § 125 Abs. 1 Z

3 BörseG 2018 nur den Konzernzwischenabschluss und den Halbjahreslagebericht des Konzerns.

(19) Wird ein verkürzter Abschluss iSd IAS 34.8 aufgestellt, dann ist gemäß IAS 34.19 die Übereinstimmung mit IAS 34 zu erklären; mit einem verkürzten Abschluss wird aber kein getreues Bild im Sinne von IAS 1.15 vermittelt. Dies kommt in der Erklärung der gesetzlichen Vertreter durch die Wendungen „im Einklang mit den maßgebenden Rechnungslegungsstandards" und „möglichst" zum Ausdruck. Ein getreues Bild der Vermögens-, Finanz- und Ertragslage wird damit nur insoweit bestätigt, als dies durch die Einhaltung von IAS 34 möglich ist.

(20) Der Abschluss iSd § 125 Abs. 1 Z 1 BörseG 2018 kann auch ein vollständiger Konzernzwischenabschluss sein, weil § 125 Abs. 2 letzter Satz BörseG 2018 generell auf die „übernommenen IFRS für die Zwischenberichterstattung" verweist und IAS 34.7 ein Wahlrecht zwischen einem verkürzten und einem vollständigen Zwischenabschluss gewährt. Um Missverständnisse zu vermeiden, sollte dann in der Erklärung der gesetzlichen Vertreter das Wort „verkürzt" ausgelassen werden.

(21) Wie bereits in Abschnitt 1.4. Erklärung zum Jahresfinanzbericht (§ 124 Abs. 1 Z 3 BörseG 2018) ausgeführt, sollten Emittenten, die zur Aufstellung eines Konzernabschlusses verpflichtet sind, statt der gesetzlichen Formulierung „der Gesamtheit der in die Konsolidierung einbezogenen Unternehmen" die Formulierung „des Konzerns" verwenden. Dies gilt auch für den Halbjahreslagebericht des Konzerns.

(22) Gemäß § 125 Abs. 1 Z 3 lit. b BörseG 2018 hat „der Halbjahreslagebericht ein möglichst getreues Bild der Vermögens-, Finanz- und Ertragslage bezüglich der nach Abs. 4 geforderten Informationen" zu vermitteln. Nach Abs. 4 erster Satz sind „zumindest wichtige Ereignisse während der ersten sechs Monate des Geschäftsjahres und ihre Auswirkungen auf den verkürzten Abschluss anzugeben" (erster Halbsatz).

(23) § 125 Abs. 4 erster Satz BörseG 2018 verlangt auch eine Beschreibung der „wesentlichen Risiken und Ungewissheiten in den restlichen sechs Monaten des Geschäftsjahres" (zweiter Halbsatz). Analog zu § 124 Abs. 1 Z 3 lit. b Börse-G 2018 ist daher in die Erklärung die Beschreibung der wesentlichen Risiken und Ungewissheiten in den restlichen sechs Monaten des Geschäftsjahres aufzunehmen.

1.6. Erklärung nach bestem Wissen

(24) Die §§ 124 Abs. 1 Z 3 und 125 Abs. 1 Z 3 BörseG 2018 enthalten verschiedene Formulierungen hinsichtlich der Qualität der Erklärung: § 124 Abs. 1 Z 3 lit. a BörseG 2018 verwendet die Formulierung „ihres Wissens", § 125 Abs. 1 Z 3 lit. a BörseG 2018 verwendet die Formulierung „nach bestem Wissen", und die Bestimmungen der jeweiligen lit. b enthalten überhaupt keine Einschränkung und würden daher auf die Erklärung der objektiven Richtigkeit hinauslaufen.

(25) Da der Gesetzgeber wohl keine unterschiedliche Qualität in der jeweiligen Erklärung beabsichtigt, sollte im Sinne der internationalen Vergleichbarkeit die Formulierung in § 125 Abs. 1 Z 3 lit. a BörseG 2018 („nach bestem Wissen") analog für alle anderen Erklärungen herangezogen werden. Die englische Fassung der Richtlinie 2004/109/EG verwendet für alle Erklärungen – auch für die jeweiligen Lageberichte – die Formulierung „to the best of their knowledge". Auch nach der Rechtslage in Deutschland ist eine Erklärung „nach bestem Wissen" erforderlich (§§ 264 Abs. 2, 289 Abs. 1, 297 Abs. 2 und 315 Abs. 1 des deutschen HGB).

1.7. Anmerkungen zur englischen Übersetzung

(26) Die Vermögens-, Finanz- und Ertragslage wird entsprechend dem Wortlaut der englischen Fassung der Richtlinie 2004/109/EG mit „assets, liabilities, financial position and profit or loss" übersetzt. Allerdings werden einige Begriffe damit in einer anderen Bedeutung verwendet als in IAS 1.15, der die Vermögenslage mit „financial position", die Ertragslage mit „financial performance" und die Finanzlage mit „cash flows" bezeichnet.

(27) Da sich der Begriff „möglichst" im hier gebrauchten Zusammenhang nicht gut übersetzen lässt, wird in der englischen Fassung der Verweis auf die maßgebenden Rechnungslegungsstandards nicht auf den Abschluss selbst bezogen, sondern einschränkend auf das getreue Bild („a true and fair view … as required by the applicable accounting standards"). Ein getreues Bild kann danach nur insoweit vermittelt werden, als dies von den Rechnungslegungsstandards gefordert wird (im verkürzten Halbjahresabschluss von IAS 34).

2. Mustererklärung gemäß § 124 Abs. 1 Z 3 BörseG 2018

2.1. Zur Aufstellung eines Konzernabschlusses verpflichtete Emittenten

„Erklärung aller gesetzlichen Vertreter

Wir bestätigen nach bestem Wissen, dass der im Einklang mit den maßgebenden Rechnungslegungsstandards aufgestellte Konzernabschluss ein möglichst getreues Bild der Vermögens-, Finanz- und Ertragslage des Konzerns vermittelt, dass der Konzernlagebericht den Geschäftsverlauf, das Geschäftsergebnis und die Lage des Konzerns so darstellt, dass ein möglichst getreues Bild der Vermögens-, Finanz- und Ertragslage des Konzerns entsteht, und dass der Konzernlagebericht die wesentlichen Risiken und Ungewissheiten beschreibt, denen der Konzern ausgesetzt ist.

Wir bestätigen nach bestem Wissen, dass der im Einklang mit den maßgebenden Rechnungslegungsstandards aufgestellte Jahresabschluss des Mutterunternehmens ein möglichst getreues Bild der Vermögens-, Finanz- und Ertragslage des Unternehmens vermittelt, dass der Lagebericht den Geschäftsverlauf, das Geschäftsergebnis und die Lage des Unternehmens so darstellt, dass ein möglichst getreues Bild der Vermögens-, Finanz- und Ertragslage entsteht, und dass der Lagebericht die wesentlichen Risiken und Ungewissheiten beschreibt, denen das Unternehmen ausgesetzt ist."

[Namen, Angaben der Stellung und Unterschriften aller gesetzlichen Vertreter]

2.2. Nicht zur Aufstellung eines Konzernabschlusses verpflichtete Emittenten

„Erklärung aller gesetzlichen Vertreter

Wir bestätigen nach bestem Wissen, dass der im Einklang mit den maßgebenden Rechnungslegungsstandards aufgestellte Jahresabschluss ein möglichst getreues Bild der Vermögens-, Finanz- und Ertragslage des Unternehmens vermittelt, dass der Lagebericht den Geschäftsverlauf, das Geschäftsergebnis und die Lage des Unternehmens so darstellt, dass ein möglichst getreues Bild der Vermögens-, Finanz- und Ertragslage entsteht, und dass der Lagebericht die wesentlichen Risiken und Ungewissheiten beschreibt, denen das Unternehmen ausgesetzt ist."

[Namen, Angaben der Stellung und Unterschriften aller gesetzlichen Vertreter]

3. Mustererklärung gemäß § 125 Abs. 1 Z 3 BörseG 2018

3.1. Zur Aufstellung eines Konzernabschlusses verpflichtete Emittenten

„Erklärung aller gesetzlichen Vertreter

Wir bestätigen nach bestem Wissen, dass der im Einklang mit den maßgebenden Rechnungslegungsstandards aufgestellte [verkürzte] Konzernzwischenabschluss ein möglichst getreues Bild der Vermögens-, Finanz- und Ertragslage des Konzerns vermittelt und dass der Halbjahreslagebericht des Konzerns ein möglichst getreues Bild der Vermögens-, Finanz- und Ertragslage des Konzerns bezüglich der wichtigen Ereignisse während der ersten sechs Monate des Geschäftsjahres und ihrer Auswirkungen auf den [verkürzten] Konzernzwischenabschluss[,] [und] bezüglich der wesentlichen Risiken und Ungewissheiten in den restlichen sechs Monaten des Geschäftsjahres [und bezüglich der offen zu legenden wesentlichen Geschäfte mit nahe stehenden Unternehmen und Personen][1] vermittelt."

[Namen, Angaben der Stellung und Unterschriften aller gesetzlichen Vertreter]

[1] Dies gilt gemäß § 125 Abs. 4 zweiter Satz BörseG 2018 nur für Emittenten von Aktien.

3.2. Nicht zur Aufstellung eines Konzernabschlusses verpflichtete Emittenten

„Erklärung aller gesetzlichen Vertreter

Wir bestätigen nach bestem Wissen, dass der im Einklang mit den maßgebenden Rechnungslegungsstandards aufgestellte [verkürzte] Zwischenabschluss ein möglichst getreues Bild der Vermögens-, Finanz- und Ertragslage des Unternehmens vermittelt und dass der Halbjahreslagebericht ein möglichst getreues Bild der Vermögens-, Finanz- und Ertragslage des Unternehmens bezüglich der wichtigen Ereignisse während der ersten sechs Monate des Geschäftsjahres und ihrer Auswirkungen auf den [verkürzten] Zwischenabschluss[,] [und] bezüglich der wesentlichen Risiken und Ungewissheiten in den restlichen sechs Monaten des Geschäftsjahres [und bezüglich der offen zu legenden wesentlichen Geschäfte mit nahe stehenden Unternehmen und Personen][2] vermittelt."

[Namen, Angaben der Stellung und Unterschriften aller gesetzlichen Vertreter]

[2] Dies gilt gemäß § 125 Abs. 4 dritter Satz BörseG 2018 nur für Emittenten von Aktien.

4. Mustererklärung gemäß § 124 Abs. 1 Z 3 BörseG 2018 (englisch)

4.1. Zur Aufstellung eines Konzernabschlusses verpflichtete Emittenten

„Statement of all Legal Representatives

We confirm to the best of our knowledge that the consolidated financial statements give a true and fair view of the assets, liabilities, financial position and profit or loss of the group as required by the applicable accounting standards and that the group management report gives a true and fair view of the development and performance of the business and the position of the group, together with a description of the principal risks and uncertainties the group faces.

We confirm to the best of our knowledge that the separate financial statements give a true and fair view of the assets, liabilities, financial position and profit or loss of the parent company as required by the applicable accounting standards and that the management report gives a true and fair view of the development and performance of the business and the position of the company, together with a description of the principal risks and uncertainties the company faces."

[Namen, Angaben der Stellung und Unterschriften aller gesetzlichen Vertreter]

4.2. Nicht zur Aufstellung eines Konzernabschlusses verpflichtete Emittenten

„Statement of all Legal Representatives

We confirm to the best of our knowledge that the financial statements give a true and fair view of the assets, liabilities, financial position and profit or loss of the company as required by the applicable accounting standards and that the management report gives a true and fair view of the development and performance of the business and the position of the company, together with a description of the principal risks and uncertainties the company faces."

[Namen, Angaben der Stellung und Unterschriften aller gesetzlichen Vertreter]

5. Mustererklärung gemäß § 125 Abs. 1 Z 3 BörseG 2018 (englisch)

5.1. Zur Aufstellung eines Konzernabschlusses verpflichtete Emittenten

„Statement of all Legal Representatives

We confirm to the best of our knowledge that the [condensed] interim financial statements give a true and fair view of the assets, liabilities, financial position and profit or loss of the group as required by the applicable accounting standards and that the group management report gives a true and fair view of important events that have occurred during the first six months of the financial year and their impact on the [condensed] interim financial statements[,] [and] of the principal risks and uncertainties for the remaining six months of the financial year [and of the major related party transactions to be disclosed][3].“

[Namen, Angaben der Stellung und Unterschriften aller gesetzlichen Vertreter]

[3] Dies gilt gemäß § 125 Abs. 4 zweiter Satz BörseG 2018 nur für Emittenten von Aktien.

5.2. Nicht zur Aufstellung eines Konzernabschlusses verpflichtete Emittenten

„Statement of all Legal Representatives

We confirm to the best of our knowledge that the [condensed] interim financial statements give a true and fair view of the assets, liabilities, financial position and profit or loss of the company as required by the applicable accounting standards and that the management report gives a true and fair view of important events that have occurred during the first six months of the financial year and their impact on the [condensed] interim financial statements[,] [and] of the principal risks and uncertainties for the remaining six months of the financial year [and of the major related party transactions to be disclosed][4].“

[Namen, Angaben der Stellung und Unterschriften aller gesetzlichen Vertreter]

[4] Dies gilt gemäß § 125 Abs. 4 dritter Satz BörseG 2018 nur für Emittenten von Aktien.

AFRAC-Stellungnahme 6 Zuschüsse im öffentlichen Sektor (UGB)

Stellungnahme
Bilanzierung von Zuschüssen bei Betrieben und sonstigen ausgegliederten Rechtsträgern im öffentlichen Sektor

(Dezember 2015)

Historie der vorliegenden Stellungnahme

erstmalige Veröffentlichung	Juni 2008	
Überarbeitung	Dezember 2015	Berücksichtigung der Änderungen des UGB aufgrund des Rechnungslegungs-Änderungsgesetzes 2014 und geringfügige weitere Aktualisierungen

1. Einleitung

1.1. Vorbemerkungen

(1) In den vergangenen Jahren wurden Betriebe und Organisationseinheiten der öffentlichen Verwaltung vermehrt in eigenständige Rechtskörper, sei es in Kapitalgesellschaften des Privatrechts oder in eigenständige Anstalten und Stiftungen, ausgegliedert. Dadurch stellen sich für die öffentliche Verwaltung in der Funktion als Aufsichtsorgan bzw. Eigentümer, für die Verantwortlichen von ausgegliederten Einheiten (Vorstand, Geschäftsführer, Aufsichtsrat etc.) sowie für den Abschlussprüfer im Hinblick auf die Prüfung des Jahresabschlusses und in einzelnen Fällen auch der Gebarung neue Herausforderungen.

(2) Diese Herausforderungen ergeben sich aufgrund der unterschiedlichen Aufzeichnung von Geschäftsvorgängen in der öffentlichen Verwaltung (als Eigentümer bzw. Kontrollorgan und somit Berichtsempfänger) und in den ausgegliederten Einheiten (in der Funktion als Berichtspflichtige).

(3) Die Rechnungslegung der Gebietskörperschaften erfolgt in Österreich auf Landes- und Gemeindeebene überwiegend nach dem System der Kameralistik, das sich an Zahlungsvorgängen orientiert und daher die Prinzipien der doppelten Buchführung zum Teil vernachlässigt. Der Bund wendet seit 1. Jänner 2013 ein ressourcenverbrauchsorientiertes Rechnungswesen auf doppischer Basis an. Im Rahmen der Ausgliederung der Betriebe und sonstigen Organisationseinheiten der öffentlichen Verwaltung wurden mitunter Sondergesetze bzw. entsprechende Normen erlassen, die eine Umstellung des Rechnungswesens und der Berichterstattung von der Kameralistik auf eine den Vorschriften des UGB angepasste Rechnungslegung erforderlich machten.

(4) International ist der Trend festzustellen, das Rechnungswesen der öffentlichen Verwaltung auf ein ressourcenverbrauchsorientiertes Rechnungswesen umzustellen. Vorschläge zur Gestaltung der Rechnungslegung der öffentlichen Verwaltung und von deren Einheiten (sogenannten „Public Sector Entities“) wurden durch das International Public Sector Accounting Standards Board (IPSASB) der IFAC mit den International Public Sector Accounting Standards (IPSAS) veröffentlicht. Daneben gibt es beispielsweise in Deutschland die Standards für die staatliche doppelte Buchführung des Gremiums nach § 49a HGrG (Standardisierungsgremiums) und den Entwurf der Stellungnahme des IDW zur Rechnungslegung der öffentlichen Verwaltung nach den Grundsätzen der doppelten Buchführung (IDW ERS ÖFA 1, vgl. Entwurf IDW Stellungnahme zur Rechnungslegung: Rechnungslegung der öffentlichen Verwaltung nach den Grundsätzen der doppelten Buchführung). Derzeit werden auch einheitliche Standards für ein harmonisiertes öffentliches Haushalts- und Rechnungswesen auf europäischer Ebene diskutiert, sogenannte European Public Sector Accounting Standards (EPSAS). Daneben bestehen noch andere Institutionen, die sich mit den Veränderungen und Herausforderungen der Rechnungslegung im öffentlichen Sektor befassen (insbesondere Federation of European Accountants (FEE) Public Sector Group, International Organisation of Supreme Audit Institutions (INTOSAI; Vereinigung der Rechnungshöfe) und Comparative International Governmental Accounting Research Network (CIGAR), in der universitäre Forschung zu diesem Thema gebündelt wird).

(5) Es erscheint daher vertretbar, auch hinsichtlich der österreichischen Rechnungslegungsvorschriften für solche Einrichtungen („Betriebe und sonstige ausgegliederte Rechtsträger im öffentlichen Sektor“) besondere Grundsätze zu normieren. Mit diesem Ziel sollen vom AFRAC, als zuständigem Rechnungslegungsgremium, Einzelfragen behandelt werden, die unter dem Überbegriff „Bilanzierungssonderfragen bei Betrieben und sonstigen ausgegliederten Rechtsträgern im öffentlichen Sektor“ gesammelt und herausgegeben werden. Dieser Stellungnahme liegen wesentliche Vorarbeiten des Instituts Österreichischer Wirtschaftsprüfer durch einen Entwurf einer Stellungnahme zu Sonderfragen betreffend die Rechnungslegung von Betrieben und sonstigen ausgegliederten Rechtsträgern im öffentlichen Sektor zugrunde.

1.2. Definition von Betrieben und sonstigen ausgegliederten Rechtsträgern im öffentlichen Sektor

(6) Die Abgrenzung, ob ein Betrieb oder sonstiger Rechtsträger des öffentlichen Sektors im Sinne dieser Stellungnahme vorliegt, wird in Analogie zu den IPSAS vorgenommen. Die IPSAS (als besondere Grundsätze der Rechnungslegung) gelten nur für „Public Sector Entities" (Gebietskörperschaften und diesen zuzurechnende Einheiten), jedoch nicht für „Government Business Enterprises". Diese haben ausschließlich die allgemeinen Rechnungslegungsvorschriften (IFRS oder nationale unternehmensrechtliche Regelungen) anzuwenden und sind gemäß IPSAS 1.7 durch folgende Charakteristika gekennzeichnet:

- Sie haben die Berechtigung, Verträge in eigenem Namen zu schließen,
- sie haben den Auftrag und die finanziellen und betrieblichen Voraussetzungen, ein Unternehmen zu betreiben,
- sie erbringen ihre Lieferungen und Leistungen im Rahmen ihres gewöhnlichen Geschäftsbetriebs mit Gewinnerzielungsabsicht oder zumindest mit der Absicht, die Kosten vollständig abzudecken,
- sie sind nicht abhängig von laufenden öffentlichen Zuschüssen zur Gewährleistung des Unternehmensfortbestands (über einen möglichen marktkonformen Austausch von Gütern und Leistungen mit dem öffentlichen Eigentümer hinaus) und
- sie werden durch eine Public Sector Entity kontrolliert.

(7) Da für eine Vielzahl ausgegliederter Einrichtungen (Krankenanstalten, Universitäten, Museen, die Bundesanstalt „Statistik Österreich" etc., einschließlich deren Tochtergesellschaften) in Österreich

- zur Gewährleistung ihres Fortbestands eine laufende Finanzierung durch die öffentliche Hand erforderlich ist und
- die Absicht fehlt, durch die Leistungserbringung Gewinne oder zumindest volle Kostendeckung zu erzielen,

sind diese Einrichtungen als Betriebe oder sonstige Rechtsträger des öffentlichen Sektors zu klassifizieren.

(8) Diese Stellungnahme richtet sich auch an sämtliche Arten von PPP (Public Private Partnership)-Modellen, gleich welcher Rechtsform.

1.3. Von Betrieben und sonstigen ausgegliederten Rechtsträgern im öffentlichen Sektor zu beachtende Rechnungslegungsvorschriften

(9) Für die Rechnungslegung der Betriebe und sonstigen ausgegliederten Rechtsträger im öffentlichen Sektor gelten bei Vorliegen der Unternehmereigenschaft nach § 1 Abs. 1 UGB und Erfüllung der Kriterien für die Rechnungslegungspflicht gemäß § 189 UGB die allgemeinen Rechnungslegungsgrundsätze.

(10) Zusätzlich zu diesen allgemeinen Vorschriften werden mit dieser Stellungnahme Empfehlungen zu einzelnen Sonderfragen gegeben, die als besondere Grundsätze der Rechnungslegung von diesen Einheiten angewendet werden sollen.

(11) Üben andere Rechtsträger Tätigkeiten aus, die nicht eine auf Dauer angelegte Organisation selbständiger wirtschaftlicher Tätigkeit – mag sie auch nicht auf Gewinn gerichtet sein – darstellen, so sind sie nicht Unternehmer im Sinne des UGB. Es wird empfohlen, dass solche Rechtsträger im Falle des Fehlens von einschlägigen sondergesetzlichen Vorschriften die oben genannten Rechnungslegungsgrundsätze analog anwenden.

1.4. Anwendbarkeit der Stellungnahme

(12) Diese Stellungnahme ist für andere rechnungslegungspflichtige Einrichtungen, welche nicht Betriebe oder sonstige ausgegliederte Rechtsträger im öffentlichen Sektor sind, anwendbar, sofern entsprechende Sachverhalte vorliegen.

2. Bilanzierung von Zuschüssen

2.1. Grundlagen und Definition von Zuschüssen

(13) Ein wesentliches Merkmal von ausgegliederten Rechtsträgern und Betrieben des öffentlichen Sektors ist, dass sie aus den ihnen übertragenen Aufgaben ausreichende Erträge für ihren Fortbestand i.d.R. nicht erwirtschaften können und daher von einer zusätzlichen Finanzierung durch die öffentliche Hand abhängig sind.

(14) Die Finanzierung von Betrieben und sonstigen Rechtsträgern im öffentlichen Sektor erfolgt in Österreich je nach dem betroffenen Bereich auf unterschiedliche Weise, sehr oft in Form von Zuschüssen.

(15) Zuschüsse stellen eine entgeltliche oder unentgeltliche Vorteilsgewährung durch Dritte dar. Sie können grundsätzlich als Investitionszuschüsse (Zuschüsse für Investitionen in das Anlagevermögen) oder als Aufwandszuschüsse (andere Zuschüsse) gewährt werden.

(16) In Abhängigkeit davon, ob die Vorteilsgewährung ohne oder mit einer vereinbarten Gegenleistungsverpflichtung erfolgt, wird zwischen echten und unechten Zuschüssen unterschieden.

(17) Nach der Person des Zuschussgebers wird zwischen sogenannten „Gesellschafterzuschüssen", „Zuschüssen der öffentlichen Hand" und „privaten Zuschüssen" unterschieden. Hinsichtlich der bilanziellen Behandlung von Zuschüssen der öffentlichen Hand und privaten Zuschüssen ergeben sich jedoch grundsätzlich keine Unterschiede.

(18) Zuschüsse können nicht rückzahlbar oder nur bedingt rückzahlbar sein. Bei letzteren ist die Rückzahlungsverpflichtung von dem Eintritt oder Nichteintritt einer oder mehrerer bei der Gewährung festgelegten Bedingung(en) abhängig. Unbedingt rückzahlbare Zuschüsse sind, weil sie

Verbindlichkeiten darstellen, nicht Gegenstand dieser Stellungnahme.

(19) Bei bedingt rückzahlbaren Zuschüssen kann die Rückzahlungsverpflichtung aufschiebend oder auflösend bedingt sein. Im Falle einer aufschiebend bedingten Rückzahlungsverpflichtung entsteht die Pflicht zur Rückzahlung mit dem Eintritt der vereinbarten Bedingung(en), sodass zunächst von einem nicht rückzahlbaren Zuschuss auszugehen ist. Bei auflösend bedingten Rückzahlungsverpflichtungen ist von einer Rückzahlungsverpflichtung auszugehen, solange die auflösende(n) Bedingung(en) nicht eingetreten ist bzw. sind.

2.2. Bilanzierung von echten Zuschüssen

2.2.1. Zeitpunkt der Bilanzierung

(20) Der Anspruch auf den Zuschuss ist als Forderung zu aktivieren, wenn der Berechtigte am Abschlussstichtag die sachlichen Voraussetzungen für die Gewährung des Zuschusses erfüllt hat und der Zuschuss spätestens zum Zeitpunkt der Aufstellung des Abschlusses ohne Auszahlungsvorbehalt bewilligt ist. Besteht ein Rechtsanspruch auf den Zuschuss, muss keine Bewilligung vorliegen, es muss aber der erforderliche Antrag bereits ordnungsgemäß gestellt worden sein oder mit einer an Sicherheit grenzenden Wahrscheinlichkeit gestellt werden.

(21) Der Zeitpunkt des Zuflusses des Zuschusses ist für den Zeitpunkt der Bilanzierung nicht maßgeblich. Beträge, die zugeflossen sind, ohne dass der Empfänger die sachlichen Voraussetzungen für die Zuschussgewährung erfüllt hat, sind als sonstige Verbindlichkeit auszuweisen.

2.2.2. Darstellung im Abschluss

2.2.2.1. Grundsatz

(22) Für die Art der Darstellung von Zuschüssen im Abschluss ist grundsätzlich der Zweck des Zuschusses ausschlaggebend.

2.2.2.2. Investitionszuschüsse

(a) Methoden

(23) Der Ausweis von Investitionszuschüssen kann nach den nationalen und internationalen Rechnungslegungsvorschriften wahlweise nach der Brutto- oder der Nettomethode erfolgen.

(b) Bruttomethode

(24) Nach der Bruttomethode wird der erhaltene Zuschuss ohne Berührung der Gewinn- und Verlustrechnung (und somit erfolgsneutral) in einem gesonderten Passivposten (z.B. „Investitionszuschüsse zum Anlagevermögen", „Investitionszuschüsse") nach dem Posten Eigenkapital (§ 224 Abs. 3 A UGB) ausgewiesen. Der Sonderposten hat den Charakter eines Rechnungsabgrenzungspostens und ist nach Maßgabe der Abschreibung bzw. des Abgangs des Vermögensgegenstandes, für den der Zuschuss gewährt worden ist, ertragswirksam aufzulösen.

(25) [gestrichen]

(26) Im Anhang sind die Aufgliederung der Investitionszuschüsse nach den einzelnen Posten des Anlagevermögens sowie die Entwicklung während des Geschäftsjahrs darzustellen.

(27) In der Gewinn- und Verlustrechnung ist der Verbrauch des Sonderpostens entweder im Posten „Übrige sonstige betriebliche Erträge" oder als offener Korrekturposten zu den Abschreibungen auszuweisen. Der Vorteil der letzteren Variante liegt darin, dass die ergebniswirksamen Einflüsse aus nicht durch Zuschüsse gedeckten Investitionen offen gezeigt werden und damit eine Verbesserung der Information für den Adressaten des Abschlusses darstellen. Eine Kürzung des durch Zuschuss gedeckten Aufwands ist aufgrund des Saldierungsverbots gemäß § 196 Abs. 2 UGB nicht zulässig.

(c) Nettomethode

(28) Nach der Nettomethode werden die gewährten Zuschüsse direkt von den Anschaffungs- und Herstellungskosten abgesetzt, wodurch es zu einer Kürzung der Zugänge im Anlagenspiegel und einer Verminderung der Abschreibungen kommt.

(d) Würdigung

(29) Die Mitglieder der Arbeitsgruppe sind sich einig, dass nach herrschender Lehre der Bruttomethode für die Bilanzierung von Investitionszuschüssen der Vorzug gegenüber der Nettomethode zu geben ist. Insbesondere bei Rechtsträgern und Betrieben im öffentlichen Sektor, deren Fortbestand wesentlich von den Zuschüssen abhängig ist, ist dies wie folgt zu begründen:

- Die Nettomethode führt zu einer verkürzten Darstellung des Vermögens und damit verbunden zu einer Verzerrung der Aufwandsstruktur.
- Die Bedeutung und das Erfordernis der erfolgten Finanzierungen werden durch die verkürzte Darstellung der Vermögens- und Ertragslage nicht offen gelegt.
- Ein Vergleich mit anderen Unternehmungen gleicher Art, die keine Investitionszuschüsse erhalten haben, ist bei Anwendung der Nettomethode nur schwer möglich.

2.2.2.3. Aufwandszuschüsse

(30) Zuschüsse zur Abdeckung von Aufwendungen sind nach Maßgabe des Aufwandsanfalles ergebniswirksam zu erfassen, wobei entweder ein Ausweis als „übrige sonstige betriebliche Erträge" oder eine offene Absetzung vom jeweiligen Aufwand (in einer Vorspalte) zulässig sind. Eine Kürzung des durch Zuschuss gedeckten Aufwands ist aufgrund des Saldierungsverbots gemäß § 196 Abs. 2 UGB nicht zulässig.

(31) Zuschüsse zur Deckung von Finanzierungsaufwendungen sind in der Gewinn- und Verlustrechnung im Finanzbereich entweder als gesonderter Posten oder offen abgesetzt vom betroffenen Aufwandsposten auszuweisen.

(32) Wird ein Zuschuss zur Abdeckung von entsprechend präzisierten Aufwendungen für künftige Perioden gewährt, so ist der hierzu bereits verein-

nahmte Betrag als passive Rechnungsabgrenzung auszuweisen.

2.2.2.4. Zuschüsse mit bedingter Rückzahlungsverpflichtung

(33) Bedingt rückzahlbare Zuschüsse sind als Verbindlichkeiten auszuweisen, wenn zum Bilanzstichtag von einer Rückzahlungsverpflichtung auszugehen ist.

(34) Im Falle von Zuschüssen mit einer aufschiebend bedingten Rückzahlungsverpflichtung tritt die Rückzahlungsverpflichtung mit dem Eintritt der definierten Bedingung(en) ein. Bis zum Eintritt der Bedingung(en) ist der Zuschuss als nicht rückzahlbar einzustufen und entsprechend den allgemeinen Ausführungen auszuweisen. Tritt die Rückzahlungsverpflichtung ein, ist der Rückzahlungsbetrag unter Verwendung des noch nicht erfolgswirksam erfassten Teiles des Zuschusses als Verbindlichkeit anzusetzen bzw. umzugliedern.

(35) Im Falle einer auflösend bedingten Rückzahlungsverpflichtung ist der Sachverhalt umgekehrt zu beurteilen und zunächst eine Verbindlichkeit auszuweisen, bis die Rückzahlungsverpflichtung (durch Eintritt der definierten Bedingung(en), z.B. Schaffung einer bestimmten Anzahl von Arbeitsplätzen) entfällt. Mit dem Entfall der Rückzahlungsverpflichtung ist der Zuschuss entsprechend den allgemeinen Ausführungen zu bilanzieren bzw. umzugliedern.

2.2.2.5. „Gesellschafterzuschüsse“

(36) Im Rahmen der bilanzrechtlichen Klassifikation von Zuschüssen ergibt sich das Erfordernis, auf die spezifischen Vorschriften zur Behandlung von sogenannten „Gesellschafterzuschüssen“ gemäß § 229 Abs. 2 Z 5 UGB Rücksicht zu nehmen; demnach sind sonstige Zuzahlungen, „die durch gesellschaftsrechtliche Verbindungen veranlasst sind“, als (nicht gebundene) Kapitalrücklage zu erfassen und auszuweisen.

(37) Zwecks Abgrenzung dieser Art von Zuschüssen von Investitions- und Aufwandszuschüssen ist der Literatur folgend davon auszugehen, dass nur solche Zuzahlungen als Kapitalrücklage zu erfassen sind, die nicht betrieblich veranlasst (oder Bestandteil eines geschäftlichen Leistungsaustauschs) sind (vgl. etwa *Hofians, R./Ressler, G.,* in Straube, M., HGB II/RLG[3], § 229, Rz 22, m.w.N.). Da bei Investitions- und Aufwandszuschüssen, soweit sie (z.B. aufgrund der für die Gewährung getroffenen Vereinbarungen) zur Unterstützung des Geschäftsbetriebs oder zur Durchführung einer übertragenen Aufgabe gewährt werden, von einer betrieblichen Veranlassung auszugehen ist, kommt ein Ausweis als Kapitalrücklage nicht in Betracht. Ein solcher Ausweis kommt nur dann in Betracht, wenn die Zuzahlung ausschließlich durch die gesellschaftsrechtliche Verbindung des Zuschussgebers zum Zuschussempfänger (und keine anderen Gründe) zu begründen ist.

2.2.2.6. Globalbudgetzuweisungen

(a) Allgemeines

(38) Unter Globalbugetzuweisungen sind alle Formen von Pauschalabgeltungen (Basisabgeltung, Basiszuwendung u.ä.) zu verstehen. Unabhängig von der Zuschusserfassung ergeben sich für ausgegliederte Rechtsträger im öffentlichen Sektor aus der laufenden Finanzierung in Form von sogenannten „Globalbudgets“ Probleme, weil sich sowohl in zeitlicher (mit dem Zuschuss können sowohl bereits angefallene als auch erst künftig anfallende Aufwendungen abgegolten werden) als auch in sachlicher Hinsicht (wegen der fehlenden Unterteilung des Zuschusses in einen Teil für Investitionsvorhaben und in einen Teil zur Aufwandsabgeltung kann es praktisch nicht möglich sein, eine Trennung des Zuschusses in diese beiden Teile vorzunehmen) die Frage stellt, welche Aufwendungen damit abgegolten werden. Besteht für den Zuschussempfänger eine gesetzliche Verpflichtung zur Erfüllung bestimmter Aufgaben oder eine Leistungsvereinbarung, kann dies für die Zuordnung des Zuschusses zu einzelnen Aufwendungen hilfreich sein.

(b) Periodisierung der Aufwendungen und Erträge im Falle von Globalbudgetzuweisungen

(39) Sollte die Globalbudgetzuweisung (ganz oder teilweise) bereits angefallene Aufwendungen betreffen, ist sie mit dem entsprechenden Anteil ertragswirksam zu erfassen; sollten hingegen wesentliche Aufgaben, die die Grundlage für die Gewährung der Globalzuwendung darstellen, durch das Unternehmen noch nicht erfüllt worden sein, ist eine entsprechende Abgrenzung vorzunehmen.

(40) Zur Abgrenzung der Aufwendungen und Erträge kommt nach den Umständen des Einzelfalls die Bildung einer Rückstellung oder eines Rechnungsabgrenzungspostens in Betracht:

- Sollte die Globalbudgetzuweisung (ganz oder teilweise) für noch nicht eindeutig feststellbare künftige Aufwendungen bestimmt sein, ist der auf die künftigen Aufwendungen entfallende Teil des Zuschusses als passiver Rechnungsabgrenzungsposten auszuweisen.
- Sollte aus einer Globalbudgetzuweisung eine eindeutige Zweckwidmung einzelner Beträge nicht ersichtlich sein, erscheint eine sofortige ertragswirksame Erfassung des Zuschusses vertretbar.
- Für Aufwendungen, die grundsätzlich bereits feststehen und mit dem Zuschuss abgedeckt werden sollen, empfiehlt sich eine Vorsorge in Form einer Aufwandsrückstellung gemäß § 198 Abs. 8 Z 2 UGB (Aufwandsrückstellungen sind Rückstellungen, die für ihrer Eigenart nach genau umschriebene, dem Geschäftsjahr oder einem früheren Geschäftsjahr zuzuordnende Aufwendungen gebildet werden, die am Abschlussstichtag wahrscheinlich oder sicher, aber hinsichtlich ihrer Höhe oder des Zeitpunkts ihres Eintritts unbestimmt sind und keine ungewissen Verbindlichkeiten oder drohenden Verluste

aus schwebenden Geschäften verkörpern; derartige Rückstellungen unterliegen einer Bilanzierungsverpflichtung, soweit dies den Grundsätzen ordnungsmäßiger Buchführung entspricht), um die besondere Zweckwidmung der erhaltenen Mittel entsprechend zu berücksichtigen. Sollen mit einer Globalbudgetzuweisung noch nicht abgeschlossene Vorhaben oder künftige Aufgaben des Zuschussempfängers finanziert werden, die verpflichtend (sei es durch Gesetz, sonstige Normen oder eine für die Geschäftsführung verbindliche Leistungsvereinbarung) durchzuführen sind, ist jedoch nicht von einem Wahlrecht, sondern von einer Verpflichtung zur Bildung einer Rückstellung auszugehen, wenn eine alternative Finanzierung aus einem künftigen (weiteren) Globalbudget oder aus vorhandenen Eigenmitteln ausscheidet.

(41) Sollte eine Abgrenzung durch die Bildung einer Aufwandsrückstellung erfolgen, darf die Aufwandsrückstellung im Sinne der Bewertungsstetigkeit gemäß § 201 Abs. 2 Z 1 UGB nur aufgelöst werden, sofern die Voraussetzungen für den Ansatz wieder entfallen sind; analog ist auch bei einem geplanten Aufbau der Rückstellung über mehrere Perioden davon auszugehen, dass die gewählte Methode stetig fortzuführen ist.

(c) *Bilanzierung von Investitionsfinanzierungen als Teil von Globalbudgets und Abgangsdeckungen*

(42) Die Finanzierung von Investitionen erfolgt oftmals nicht in Form von Einzelzusagen für Investitionsprojekte, sondern es werden laufend Ersatzinvestitionen im Rahmen einer bestehenden Leistungsvereinbarung pauschal abgegolten. Auf diese Weise kann es zu einer Vermischung zwischen laufenden Leistungsentgelten, die zur Abgeltung der laufenden Aufwendungen notwendig sind, und Zuschüssen zur Abgeltung von laufenden (aktivierungspflichtigen) Ersatzanschaffungen kommen.

(43) Grundsätzlich ist die Finanzierung von Anlagegütern nach der im Abschnitt 2.2.2.2. dargestellten Vorgangsweise abzubilden. Bei Finanzierungsformen, die, wie zuvor beschrieben, eine exakte Trennung zwischen Leistungsentgelten und der laufenden Investitionsfinanzierung nicht zulassen, erscheint jedoch die sofortige ertragswirksame Realisierung des gesamten Entgelts zur Finanzierung des laufenden Betriebes unter den folgenden Umständen vertretbar:

– Der insgesamt überwiegend leistungsabhängige Charakter des Entgelts zur laufenden Betriebssicherung ist unbestritten, wobei das Verhältnis zwischen dem Leistungsentgelt und dem Finanzierungsanteil a priori nicht feststellbar ist;
– die tatsächliche Verwendung der Mittel obliegt im Wesentlichen der Entscheidung der Unternehmensführung und ist nicht vorgegeben;
– es bedarf vorab nicht einer Genehmigung des expliziten Investitionsbedarfes durch die finanzierende Stelle, deren exakte Umsetzung notwendig wäre;
– von der Finanzierung sind ausschließlich oder fast ausschließlich Investitionen betroffen, die dem Ersatz von bereits bestehenden Anlagegütern dienen;
– das Ausmaß der Ersatzanschaffungen ist betriebsüblich.

2.3. Bilanzierung von unechten Zuschüssen

(44) Hängt die Gewährung des Zuschusses von einer seitens des Zuschussempfängers zu erbringenden Gegenleistung ab, gilt Folgendes:

– Wurde die entsprechende Gegenleistung bis zum Bilanzstichtag erbracht, hat der Zuschussempfänger den Zuschuss entsprechend dem Realisationsprinzip im Geschäftsjahr als Ertrag auszuweisen, wobei der Ausweis als Umsatzerlös zu erfolgen hat und eine Saldierung mit dem zu deckenden Aufwand nicht zulässig ist, weil der Zuschuss als Entgelt für eine bestimmte Leistung zu klassifizieren ist.
– Wurde die Gegenleistung bis zum Bilanzstichtag noch nicht erbracht, ist bei zeitabhängigen Verpflichtungen der bevorschusste Betrag als passive Rechnungsabgrenzung auszuweisen. Bei einer Art Vorleistung für eine noch nicht erfüllte mengenabhängige Leistungsverpflichtung (die der gewöhnlichen Geschäftstätigkeit entspricht) ist der Betrag als erhaltene Anzahlung und in allen anderen Fällen als sonstige Verbindlichkeit auszuweisen.

3. Zur Berechnung der Kennzahlen gemäß §§ 23f. URG

(45) Sofern Rechtsträger und Betriebe im öffentlichen Sektor auch unter die Vorschriften des URG fallen (d.h. wenn sie Unternehmen i.S.d. § 1 Abs. 1 URG sind), ergibt sich durch das hohe Ausmaß an Finanzierung durch Zuschüsse insbesondere die Fragestellung, wie Investitionszuschüsse bei der Berechnung der Eigenmittelquote gemäß § 23 URG zu berücksichtigen sind.

(46) In gesetzlichen Vorschriften bzw. der einschlägigen Fachliteratur wird auf diese Fragestellung bis dato nicht näher eingegangen; einzig den sogenannten „Controlling-Richtlinien" des Bundes (BGBl II 2002/319), einem Erlass des Bundesministers für Finanzen, ist der Hinweis zu entnehmen, dass nicht rückzahlbare Investitionszuschüsse der öffentlichen Hand, die nach der Bruttomethode bilanziert werden, in voller Höhe zu den Eigenmitteln im Sinne von § 23 URG zu zählen sind.

(47) Es zeigt sich, dass die Behandlung von Investitionszuschüssen mangels Klarstellungen durch den Gesetzgeber unklar ist und demzufolge mehrere Interpretationsmöglichkeiten bestehen; insbesondere könnte auch die Außerachtlassung des Sonderpostens (bei einer Bilanzierung nach der Bruttomethode) als eine rein am Wortlaut ausgerichtete Interpretationsmöglichkeit angesehen werden.

(48) Vergleicht man die Höhe der Eigenmittelquoten, die sich bei Anwendung der verschiedenen möglichen Methoden zur Bilanzierung von Investitionszuschüssen und verschiedenen Möglichkeiten der Interpretation des § 23 URG ergeben, zeigen sich u.U. wesentliche Unterschiede.

Beispiel:

Investitionszuschuss in Höhe von 20

Variante A: Bilanzierung des Investitionszuschusses nach der Bruttomethode ohne Berücksichtigung bei der Eigenkapitalermittlung

Bilanz

Anlagevermögen	50	Eigenkapital	30
Umlaufvermögen	50	Investitionszuschüsse	20
		Fremdkapital	50
	100		100

Eigenmittelquote = 30%

Variante B: Bilanzierung des Investitionszuschusses nach der Bruttomethode unter Berücksichtigung der „Controlling-Richtlinien“

Bilanz

Anlagevermögen	50	Eigenkapital	30
Umlaufvermögen	50	Investitionszuschüsse	20
		Fremdkapital	50
	100		100

Eigenmittelquote = 50%

Variante C: Bilanzierung des Investitionszuschusses nach der Nettomethode

Bilanz

Anlagevermögen	30	Eigenkapital	30
Umlaufvermögen	50	Fremdkapital	50
	80		80

Eigenmittelquote = 38%

Wie die Darstellungen zeigen, führt die Variante A (Bilanzierung des Investitionszuschusses nach der Bruttomethode ohne Berücksichtigung bei der Eigenkapitalermittlung) im Ergebnis zu der niedrigsten Eigenmittelquote. Sie ist jedoch abzulehnen.

(49) Da der Gesetzgeber in § 23 URG für erhaltene Anzahlungen auf Vorräte, die gemäß § 225 Abs. 6 UGB in der Bilanz wahlweise entweder als gesonderter Passivposten oder von den Vorräten offen abgesetzt ausgewiesen werden dürfen, für die Berechnung der Eigenmittelquote ein Saldierungsgebot vorgeschrieben hat, war es eine seiner Zielsetzungen, Unterschiede in der Berechnung der Eigenmittelquote aufgrund einer unterschiedlichen Art der Bilanzierung gleich gelagerter Sachverhalte zu vermeiden. Orientiert man sich auch bei Investitionszuschüssen an dieser Zielsetzung, ist zu empfehlen, Investitionszuschüsse, die nach der Bruttomethode bilanziert werden, für die Ermittlung der Eigenmittelquote nach der Nettomethode zu behandeln.

(50) Bereits vereinnahmte Zuschüsse für Investitionen, die erst zu tätigen sind, können jedoch nicht mit dem Vermögen saldiert werden; sie vermindern bei analoger Anwendung der dargelegten Argumentation das Gesamtkapital. Da die Saldierung der Investitionszuschüsse im Gesetz nicht ausdrücklich vorgesehen ist, ist die vorgenommene Anpassung der Bilanz zur Berechnung der Eigenmittelquote zu erläutern.

(51) Für die Ermittlung der fiktiven Schuldentilgungsdauer gemäß § 24 URG ist bei einer Bilanzierung der Investitionszuschüsse nach der Bruttomethode zu beachten, dass die Erträge aus der Auflösung des Sonderpostens, wenn diese als „übrige sonstige betriebliche Erträge" ausgewiesen und nicht offen von den Abschreibungen abgesetzt werden, bei der Ermittlung des Mittelüberschusses aus der gewöhnlichen Geschäftstätigkeit aufgrund ihrer Zahlungsunwirksamkeit auszuscheiden sind.

AFRAC-Stellungnahme 7
Außerbilanzielle Geschäfte (UGB)

Stellungnahme
Anhangangaben über außerbilanzielle Geschäfte gemäß § 238 Abs. 1 Z 10 UGB

(Dezember 2015)

Historie der vorliegenden Stellungnahme

erstmalige Veröffentlichung	Juni 2009	
Überarbeitung	Dezember 2015	Berücksichtigung der Änderungen des UGB aufgrund des Rechnungslegungs-Änderungsgesetzes 2014

1. Hintergrund

(1) Diese Stellungnahme behandelt § 238 Abs. 1 Z 10 UGB idF Rechnungslegungs-Änderungsgesetz 2014 (RÄG 2014, BGBl. I 2015/22). Gemäß § 251 Abs. 1 UGB ist § 238 Abs. 1 Z 10 UGB für den Konzernabschluss entsprechend anzuwenden, soweit seine Eigenart keine Abweichung bedingt. Die Bestimmung des § 238 Abs. 1 Z 10 UGB – bzw. der Verweis des § 251 Abs. 1 UGB darauf – beruht auf der ursprünglich mit dem Unternehmensrechts-Änderungsgesetz 2008 (URÄG 2008 BGBl. I 2008/70) in den §§ 237 Z 8a bzw. 266 Z 2a UGB umgesetzten Novellierung der 4. und 7. EU-Richtlinie durch die Änderungs-Richtlinie 2006/46/EG. Mit dem RÄG 2014 wurde die in § 237 Z 8a enthaltene Bestimmung inhaltlich unverändert in § 238 Abs. 1 Z 10 UGB übernommen. Der Verweis in § 251 Abs. 1 UGB über die Anwendung des § 238 Abs. 1 Z 10 UGB für den Konzernabschluss ersetzt seither § 266 Z 2a UGB.

(2) Gemäß § 238 Abs. 1 Z 10 UGB sind im Anhang des Jahresabschlusses von großen und mittelgroßen Gesellschaften anzugeben: *„Art, Zweck und finanzielle Auswirkungen der nicht in der Bilanz enthaltenen und auch nicht gemäß § 237 Abs. 1 Z 2 anzugebenden Geschäfte, sofern die Risiken und Vorteile, die aus solchen Geschäften entstehen, wesentlich sind und die Offenlegung derartiger Risiken und Vorteile für die Beurteilung der Finanzlage der Gesellschaft notwendig ist“.* § 251 Abs. 1 UGB verweist für den Konzernabschluss auf § 238 Abs. 1 Z 10 UGB. Diese Stellungnahme bezeichnet Geschäfte gemäß § 238 Abs. 1 Z 10 UGB als „außerbilanzielle Geschäfte“.

(3) Ziel dieser Stellungnahme ist die Auslegung des § 238 Abs. 1 Z 10 UGB. Auch Fragen der Abgrenzung zu anderen Bestimmungen des UGB, insbesondere zu in § 237 Abs. 1 Z 2, werden im Rahmen dieser Stellungnahme behandelt.

2. Rechtliche Beurteilung

2.1. Allgemeines

(4) Die Angabepflichten des § 238 Abs. 1 Z 10 UGB sind nur von großen und mittelgroßen Gesellschaften iSd § 221 UGB zu erfüllen, nicht jedoch von Kleinst- und kleinen Gesellschaften.

(5) Die Anhangangabe gemäß § 238 Abs. 1 Z 10 UGB beschränkt sich nicht auf außerbilanzielle Geschäfte, die wesentliche Risiken beinhalten, sondern umfasst auch außerbilanzielle Geschäfte, die wesentliche Vorteile beinhalten. Die Angabeverpflichtung gemäß § 238 Abs. 1 Z 10 UGB steht in enger Beziehung zu § 237 Abs. 1 Z 2 (Anhangangaben zu vertraglichen Haftungsverhältnissen sowie zu sonstigen wesentlichen finanziellen Verpflichtungen, die nicht auf der Passivseite auszuweisen sind) und zu § 238 Abs. 1 Z 1 und Z 2 UGB (Anhangangaben zu Finanzinstrumenten) und überschneidet sich mit diesen Bestimmungen. Um Doppelerfassungen zu vermeiden, nimmt § 238 Abs. 1 Z 10 UGB solche Geschäfte aus seinem Anwendungsbereich aus, die bereits in der Bilanz ausgewiesen sind oder aber bereits gemäß § 237 Abs. 1 Z 2 UGB im Anhang angegeben werden müssen. Bei der Bewertung von Vermögensgegenständen und/oder Schulden bereits berücksichtigte Risiken und Vorteile führen nicht zu einer zusätzlichen Anhangangabe gemäß § 238 Abs. 1 Z 10 UGB. Insofern ist § 238 Abs. 1 Z 10 UGB als Auffangtatbestand zu sehen.

(6) Außerbilanzielle Geschäfte können Transaktionen oder Vereinbarungen sein, die zwischen Gesellschaften und anderen Unternehmen oder Personen (auch nicht rechtsfähigen Einrichtungen) abgewickelt werden und nicht in der Bilanz enthalten sind (vgl. Erwägungsgrund 9 der Änderungs-Richtlinie und ErlRV, 467 BlgNR 23. GP, 11f.). In der Regel sind darunter Geschäfte zu verstehen, die schriftlich oder durch andere Willenserklärungen (z.B. konkludentes Handeln) zustande gekommen sind. Unternehmensbezogene Geschäfte im Sinne des Vierten Buches des UGB sind jedenfalls erfasst. Das bilanzierende Unternehmen muss nicht selbst Partei des Rechtsgeschäftes sein. Es genügt, dass ein Verhalten oder eine Erklärung des bilanzierenden Unternehmens kausal für die rechtswirksame Willenserklärung einer anderen Partei ist. Beim bilanzierenden Unternehmen kann aufgrund dieses Verhaltens oder dieser Erklärung eine Pflicht zu einer Anhangangabe gemäß § 238 Abs. 1 Z 10 UGB entstehen (siehe Abschnitt 5.1.).

(7) Außerbilanzielle Geschäfte sind angabepflichtig, wenn sie finanzielle Auswirkungen haben, die wesentliche Risiken oder Vorteile aus der operativen, Investitions- oder Finanzierungstätigkeit betreffen, und die Angaben für die Beurteilung der Finanzlage der Gesellschaft notwendig sind.

Grundsätzlich ist davon auszugehen, dass Risiken und Vorteile, soweit sie wesentlich sind, auch für die Beurteilung der Finanzlage notwendig sind (vgl. ErlRV, 467 BlgNR 23. GP, 11f.). Unter den finanziellen Auswirkungen von solchen Risiken und Vorteilen ist ein Gesamtzahlungsbetrag je Geschäftsart und getrennt nach Risiken bzw. Vorteilen zu verstehen. Es wird auch bei den sonstigen finanziellen Verpflichtungen auf einen Gesamtbetrag abgestellt. Die Wesentlichkeit des Gesamtzahlungsbetrags ist ausschlaggebend.

(8) Für die Beurteilung der Finanzlage sind Informationen über solche Risiken und Vorteile notwendig, die erwarten lassen, dass sich die Liquiditätslage eines Unternehmens wesentlich verschlechtern oder verbessern wird oder dass das Unternehmen wesentlich schlechter oder besser in der Lage sein wird, seine Verpflichtungen zu erfüllen. Bei angespannter Finanzlage kann ein Geschäft zu einer Anhangangabe führen, die bei größerem finanziellem Spielraum für die Beurteilung der Finanzlage nicht notwendig wäre.

(9) Ob Art, Zweck und finanzielle Auswirkungen eines Geschäfts gemäß § 238 Abs. 1 Z 10 UGB anzugeben sind, ergibt sich aus folgendem Entscheidungsbaum:

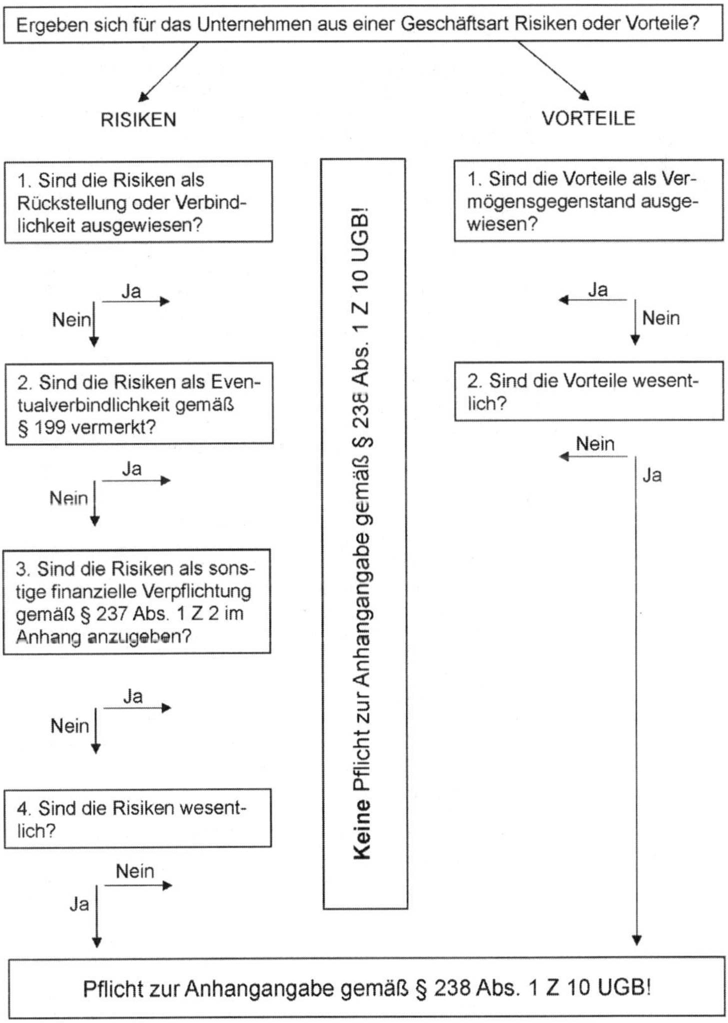

2.2. Abgrenzung zu Rückstellungen und Verbindlichkeiten

(10) Sofern ein Risiko als Verbindlichkeit oder Rückstellung ausgewiesen ist, ist keine Anhangangabe gemäß § 238 Abs. 1 Z 10 UGB geboten. Ob eine Rückstellung aufgrund eines Passivierungswahlrechts oder einer Passivierungspflicht ausgewiesen ist, ist unerheblich. Entscheidend ist der Ausweis in der Bilanz.

2.3. Abgrenzung zu vertraglichen Haftungsverhältnissen

(11) Gemäß § 237 Abs.1 Z 2 sind vertragliche Haftungsverhältnisse gemäß § 199 UGB im Anhang anzugeben, soweit sie nicht auf der Passivseite auszuweisen sind (nur Kleinstkapitalgesellschaften haben sie gemäß § 242 Abs. 1 erster Satz UGB unter der Bilanz zu vermerken, weil sie keinen Anhang aufstellen müssen). Die Inanspruchnahme ist im Bilanzierungszeitpunkt nicht wahrscheinlich. Es ist aufgrund des Haftungsvertrages mit einer Inanspruchnahme nur zu rechnen, wenn der Hauptschuldner ausfällt.

(12) Unterschieden werden folgende Kategorien vertraglicher Haftungsverhältnisse gemäß § 199 UGB:

- Begebung und Übertragung von Wechseln;
- Bürgschaften, einschließlich Wechsel- und Scheckbürgschaften;
- Garantien;
- sonstige vertragliche Haftungsverhältnisse – etwa Sicherungszession, Sicherungsübereignung, Patronatserklärungen.

(13) Nur harte Patronatserklärungen fallen beim Patron unter die vertraglichen Haftungsverhältnisse gemäß § 199 UGB, welche nach § 237 Abs. 1 Z 2 UGB im Anhang anzugeben sind. Bei weichen Patronatserklärungen kann im Einzelfall eine Anhangangabe gemäß § 238 Abs. 1 Z 10 UGB geboten sein (vgl. Abschnitt 5.1.).

2.4. Abgrenzung zu sonstigen finanziellen Verpflichtungen

(14) Gemäß § 237 Abs. 1 Z 2 UGB ist im Anhang der Gesamtbetrag der Haftungsverhältnisse sowie sonstiger wesentlicher finanzieller Verpflichtungen anzugeben, die nicht in der Bilanz ausgewiesen sind. Die Abgrenzung zwischen § 238 Abs. 1 Z 10 und § 237 Abs. 1 Z 2 UGB ist nur für Geschäfte relevant, die Risiken nach sich ziehen, da sich § 237 Abs. 1 Z 2 UGB ausschließlich auf finanzielle Verpflichtungen bezieht und nicht auf Vorteile.

(15) Die in den Erwägungsgründen der Änderungs-Richtlinie angeführten Beispiele für außerbilanzielle Geschäfte, die auch in die Erläuternden Bemerkungen zum URÄG 2008 übernommen wurden (vgl. Erwägungsgrund 9 der Änderungs-Richtlinie und ErlRV, 467 BlgNR 23. GP, 11), weisen Überschneidungen mit den sonstigen finanziellen Verpflichtungen § 237 Abs. 1 Z 2 UGB auf. Hinsichtlich des Erläuterungsumfangs im Anhang führt die Abgrenzung aber zu keinen Unterschieden: Für außerbilanzielle Geschäfte, die unter § 237 Abs. 1 Z 2 UGB fallen, sind unter Berücksichtigung der Generalnorm und der Änderungs-Richtlinie ebenfalls Angaben gemäß § 238 Abs. 1 Z 10 UGB zu fordern. Für außerbilanzielle Geschäfte, die nicht unter § 237 Abs. 1 Z 2 UGB fallen, ist jedoch der von § 237 Abs. 1 Z 2 UGB geforderte gesonderte Ausweis der finanziellen Verpflichtungen gegenüber verbundenen oder assoziierten Unternehmen nicht notwendig.

(16) Der Begriff „Risiko" gemäß § 238 Abs. 1 Z 10 UGB ist weiter zu verstehen als der Begriff „finanzielle Verpflichtung" gemäß § 237 Abs. 1 Z 2 UGB. Die „finanzielle Verpflichtung" führt ausschließlich zum Abfluss von Ressourcen aufgrund von Rechtsgeschäften, Schadenersatzverpflichtungen etc. Das „Risiko" umfasst auch eine mögliche Leistungsübernahme des bilanzierenden Unternehmens trotz fehlender rechtlicher Verpflichtung aufgrund faktischer Gegebenheiten (vgl. etwa die Ausführungen zu weichen Patronatserklärungen im Abschnitt 5.1.).

3. Rechtliche Beurteilung der Konzernbestimmung

(17) § 251 Abs. 1 UGB verweist für den Konzernabschluss auf § 238 Abs. 1 Z 10 UGB. Allerdings werden außerbilanzielle Geschäfte zwischen vollkonsolidierten Unternehmen nicht von der Angabepflicht erfasst.

4. Erforderliche Angaben

(18) Anzugeben sind Art, Zweck und finanzielle Auswirkungen der außerbilanziellen Geschäfte. Die Art eines außerbilanziellen Geschäfts entspricht der Klassifizierung nach der Art seines Gegenstandes (etwa weiche Patronatserklärungen). Der Zweck eines außerbilanziellen Geschäfts entspricht dem Grund für seinen Abschluss.

(19) Unter den finanziellen Auswirkungen ist ein Gesamtzahlungsbetrag je Geschäftsart und getrennt nach Risiken und Vorteilen zu verstehen. Wenn sich ein Gesamtzahlungsbetrag nicht ermitteln lässt, ist eine Beschreibung der möglichen betragsmäßigen Auswirkungen notwendig.

(20) § 238 Abs. 1 Z 10 UGB verlangt zwar keine Angabe von Fristigkeiten. Um aber ein möglichst getreues Bild der Vermögens-, Finanz- und Ertragslage des Unternehmens vermitteln zu können, empfiehlt sich eine gesonderte Angabe von kurzfristigen (weniger als ein Jahr), mittelfristigen (zwischen einem Jahr und fünf Jahren) und langfristigen (mehr als fünf Jahre) Gesamtzahlungsbeträgen.

5. Beispiele für außerbilanzielle Geschäfte

5.1. Weiche Patronatserklärungen

(21) Weiche Patronatserklärungen (vgl. zu Patronatserklärungen weiters KFS/RL 24 „Stellungnahme zur Behandlung von Patronatserklärungen im Zusammenhang mit der unternehmensrechtlichen Rechnungslegung") haben für den Patron in der Regel keine Rechtsfolgen, sondern sind als

Auskunftserklärung über die Geschäftspolitik zu verstehen. Solche Patronatserklärungen fallen daher weder unter die vertraglichen Haftungsverhältnisse gemäß § 199 UGB noch unter die sonstigen finanziellen Verpflichtungen gemäß § 237 Abs. 1 Z 2 UGB. Wenn davon auszugehen ist, dass sich der Patron trotz fehlender rechtlicher Verpflichtung aufgrund faktischer Gegebenheiten (z.B. geschäftspolitische Notwendigkeit) der Übernahme von Leistungen an den Begünstigten nicht entziehen kann, kann eine Anhangangabe gemäß § 238 Abs. 1 Z 10 UGB im Einzelfall geboten sein, soweit dafür keine Rückstellung gebildet werden muss. Dies kommt vor allem dann in Betracht, wenn sich die weiche Patronatserklärung generell an gegenwärtige und künftige Geschäftspartner richtet oder auch in der Vergangenheit der Begünstigte aufgrund der Patronatserklärung unterstützt worden ist.

5.2. Vertragliche Risiken aus verbuchten und realisierten Geschäften

(22) Ergeben sich aus einem Geschäft Vorteile und Risiken, führt aber nur der Vorteil zu einer Buchung (etwa zu einer Ergebnisrealisierung), so kann das Geschäft dennoch zu einer Anhangangabepflicht gemäß § 238 Abs. 1 Z 10 UGB führen. Dies kann etwa der Fall sein, wenn im Zuge eines Kaufvertrages nach der Übergabe wesentliche vertragliche Risiken in Form von Rücknahmeverpflichtungen bei Eintritt vertraglich festgelegter Bedingungen beim Verkäufer zurückbleiben.

(23) Solche vertragliche Risiken sind sowohl Bedingungen, die den Vertrag ex nunc, als auch Bedingungen, die den Vertrag ex tunc auflösen.

(24) Geschäfte im Sinn der Rz 22 können auch im Zusammenhang mit sogenannten „Zweckgesellschaften" vorkommen.

5.3. Derivative Finanzinstrumente mit positivem Marktwert

(25) § 238 Abs. 1 Z 1 und Z 2 UGB regeln Anhangangaben zu derivativen Finanzinstrumenten. Derivative Finanzinstrumente sind außerbilanzielle Geschäfte gemäß § 238 Abs. 1 Z 10 UGB, wenn sie nicht in der Bilanz ausgewiesen sind. Gerade bei derivativen Finanzinstrumenten mit einem positiven Marktwert unterbleibt i.d.R. der Ausweis in der Bilanz.

(26) In einem solchen Fall ist neben den gemäß § 238 Abs. 1 Z 1 und 2 UGB geforderten Anhangangaben gemäß § 238 Abs. 1 Z 10 UGB auch eine Erläuterung des Zwecks der derivativen Finanzinstrumente erforderlich. Das Unternehmen hat im Anhang etwa darzustellen, ob es sich bei den derivativen Finanzinstrumenten um Sicherungsgeschäfte handelt oder ob durch den Abschluss der alleinstehenden derivativen Finanzinstrumente Erträge generiert werden sollen.

5.4. Exklusivlieferverträge

(27) Ein Beispiel für die Anhangangabe wesentlicher Vorteile von außerbilanziellen Geschäften sind vom Unternehmen getätigte vorteilhafte Vertragsabschlüsse, etwa Exklusivlieferverträge, deren Erfüllung einen maßgeblichen Beitrag zum Umsatz und Zahlungsfluss der kommenden Jahre leisten wird.

5.5. Vertragserfüllungsgarantien

(28) Vertragserfüllungsgarantien bewirken die (vertragliche) Übernahme einer Einstandspflicht für die ordnungsgemäße Erfüllung von Ansprüchen des anderen Vertragspartners, etwa aus einem Kaufvertrag oder Werkvertrag. Dabei wird die Garantie für den Eintritt eines bestimmten Erfolges oder den Nichteintritt eines bestimmten Schadens durch Dritte übernommen. Diese und andere Formen von Garantien, wie z.B. Bietungs-, Anzahlungs- und Gewährleistungsgarantien, werden vorwiegend von Kreditinstituten abgegeben.

(29) Sofern beispielsweise die Inanspruchnahme einer von Dritten abgegebenen Erfüllungsgarantie durch nicht vertragskonformes Verhalten des Unternehmens ausgelöst wird, ist in der Folge regelmäßig auch eine finanzielle Rückbelastung des Unternehmens von Seiten des Dritten vorgesehen. Beim bilanzierenden Unternehmen löst dieser Regressanspruch des Dritten keine Angabepflicht gemäß § 237 Abs. 1 Z 2 UGB für Haftungsverhältnisse gemäß § 199 UGB aus. Wenn die finanziellen Auswirkungen dieser möglichen Rückbelastungen wesentlich sind, ist eine Anhangangabe gemäß § 238 Abs. 1 Z 10 UGB zu machen, sofern dafür nicht eine Rückstellung zu bilden ist.

5.6. Vertragliche Haftungsverhältnisse

(30) Bis zum URÄG 2008 war nur die Angabe von Risiken aus vertraglichen Haftungsverhältnissen notwendig (siehe Abschnitt 2.3.), nicht jedoch die Angabe von Vorteilen aus vertraglichen Haftungsverhältnissen. Die Angabe solcher Vorteile ist aber nun unter den Voraussetzungen des § 238 Abs. 1 Z 10 UGB verpflichtend. Bei Kreditinstituten empfiehlt es sich daher, den Forderungsspiegel um die erhaltenen Garantien, Bürgschaften bzw. Sicherheiten zu ergänzen.

Erläuterungen

Zu Rz (10):

Die Auffüllung oder Erhöhung von Eigenkapital oder die Bildung von Schwankungsrückstellungen bei Versicherungsunternehmen oder der Fonds für allgemeine Bankrisiken bei Kreditinstituten entbinden nicht von der Anhangangabe gemäß § 238 Abs. 1 Z 10 UGB.

Zu Rz (30):

[gestrichen]

AFRAC-Stellungnahme 8
Teilwertabschreibungen (IFRS)

Stellungnahme
Auswirkungen der steuerlichen Teilwertabschreibung nach § 12 Abs. 3 Z 2 KStG auf die Bilanzierung von Ertragsteuern nach IAS 12 in einem Konzern- oder separaten Jahresabschluss nach IFRS

(Mai 2020)

Historie der vorliegenden Stellungnahme

erstmalige Veröffentlichung	Juni 2009	
Überarbeitung	September 2015	Änderungen aufgrund der AFRAC-Stellungnahme „IAS 12 Ertragsteuern – Auswirkungen des österreichischen Steuerrechts auf latente Steuern aus Anteilen an Tochterunternehmen, aus Zweigniederlassungen und aus Anteilen an assoziierten Unternehmen und gemeinsamen Vereinbarungen" und Aktualisierung der Verweise auf anzuwendende Standards
Überarbeitung	März 2016	Adaptierung ohne wesentliche inhaltliche Änderungen
Überarbeitung	Mai 2020	Anpassung an IFRS 9 sowie Änderung der erläuternden Beispiele

1. Hintergrund

(1) Gemäß § 12 Abs. 3 Z 2 KStG sind abzugsfähige Abschreibungen auf den niedrigeren Teilwert oder der Verlust anlässlich der Veräußerung oder eines sonstigen Ausscheidens einer zum Anlagevermögen gehörenden Beteiligung im betreffenden Wirtschaftsjahr und den nachfolgenden sechs Wirtschaftsjahren zu je einem Siebentel (Siebentelabschreibung) zu berücksichtigen, soweit nicht

- eine Zuschreibung erfolgt oder
- stille Reserven anlässlich der Veräußerung oder eines sonstigen Ausscheidens der Beteiligung steuerwirksam aufgedeckt werden oder
- im Wirtschaftsjahr der Abschreibung oder des Verlustes stille Reserven anlässlich der Veräußerung oder eines sonstigen Ausscheidens einer anderen zum Anlagevermögen gehörenden von dieser Vorschrift nicht berührten Beteiligung steuerwirksam aufgedeckt und auf Antrag des Steuerpflichtigen gegenverrechnet werden.

2. Anwendungsbereich

(2) Diese Stellungnahme ist sowohl auf Konzern- und Jahresabschlüsse als auch auf (Konzern-) Zwischenberichte, die nach IFRS aufgestellt werden, anzuwenden.

3. Fragestellung

(3) Welche Auswirkungen ergeben sich durch eine Abschreibung gemäß § 12 Abs. 3 Z 2 KStG im Konzern- oder Jahresabschluss auf die Bilanzierung von Ertragsteuern nach IAS 12? Welche Angabepflichten ergeben sich?

4. Stellungnahme

(4) Den steuerlich noch nicht als Betriebsausgabe geltend gemachten Siebentelabschreibungen stehen in einem IFRS-Abschluss keine korrespondierenden Vermögenswerte gegenüber. Der Unterschied zwischen der steuerlichen Basis der noch offenen Siebentelabschreibungen, die von der Steuerbehörde als ein in zukünftigen Perioden abzugsfähiger Betrag anerkannt werden, und dem Buchwert von null ist eine abzugsfähige temporäre Differenz, die einen latenten Steueranspruch zur Folge hat (IAS 12.9).

(5) Es ist daher bei Vornahme einer Teilwertabschreibung bei Beteiligungen gemäß § 12 Abs. 3 Z 2 KStG ein latenter Steueranspruch in dem Umfang zu bilanzieren, in dem es wahrscheinlich ist, dass zukünftiges zu versteuerndes Ergebnis zur Verfügung stehen wird, gegen das der latente Steueranspruch verwendet werden kann.

(5a) Tatsächliche und latente Steuern sind im Gewinn oder Verlust zu erfassen, ausgenommen in dem Umfang, in dem sie sich auf Posten beziehen, die in der gleichen oder einer anderen Periode außerhalb des Gewinns oder Verlusts erfasst werden (vgl. IAS 12.58 und IAS 12.61A). Dementsprechend sind tatsächliche und latente Steuern, die aus Siebentelabschreibungen resultieren, im Gewinn oder Verlust zu erfassen, wenn sie sich auf Sachverhalte beziehen, die im IFRS-Abschluss im Gewinn oder Verlust ausgewiesen werden. Beziehen sie sich auf Sachverhalte, die im IFRS-Abschluss im sonstigen Ergebnis ausgewiesen werden, sind sie im sonstigen Ergebnis zu erfassen.

(5b) IAS 12.63 gibt Anleitung für jene außergewöhnlichen Umstände, bei denen es schwierig ist, den Betrag der tatsächlichen und latenten Steuern zu ermitteln, der sich auf Posten bezieht, die im sonstigen Ergebnis oder direkt im Eigenkapital erfasst werden. In solchen Fällen sind die außerhalb des Gewinns oder Verlusts zu erfassenden Ertragsteuern auf Basis einer angemessenen anteiligen Verteilung der tatsächlichen und latenten Steuern des Unternehmens in der betreffenden Steuergesetzgebung zu ermitteln, oder es wird ein anderes Verfahren gewählt, welches unter den vorliegenden Umständen eine sachgerechtere Verteilung ermöglicht.

(6) Im Konzern- oder Jahresabschluss nach IFRS sind als zusätzliche Erläuterungen entsprechend IAS 12.81 (e) der Betrag der abzugsfähigen temporären Differenzen aus Siebentelabschreibungen und der Betrag der Siebentelabschreibungen, für welche in der Bilanz kein latenter Steueranspruch angesetzt wurde, anzugeben. Weiters sind die nach IAS 12.81 (g) erforderlichen Angaben auch für die Siebentelabschreibungen zu machen.

5. Erstmalige Anwendung

(7) Die vorliegende Fassung der Stellungnahme ersetzt jene vom März 2016. Sie ist auf Geschäftsjahre anzuwenden, die nach dem 31. Dezember 2020 beginnen. Eine vorzeitige Anwendung wird empfohlen.

Erläuterungen

Zu Rz (1): Steuerrechtliche Grundlagen

Die Grundlagen für die steuerliche Behandlung von Beteiligungen finden sich in § 10 KStG 1988 und in den zum KStG erlassenen Körperschaftsteuerrichtlinien 2013 (KStR 2013, 6. Fassung, gültig seit 28.11.2019). Letztere führen wie folgt aus:

Rz 1300 KStR:

„Es muss eine Beteiligung im Sinne des § 10 KStG 1988 vorliegen. ... Im Gegensatz zu § 12 Abs. 3 Z 1 KStG 1988 fordert § 12 Abs. 3 Z 2 KStG 1988 zusätzlich, dass es sich um eine zum Anlagevermögen gehörende Beteiligung handeln muss, wobei diese Bestimmung folgendermaßen auszulegen ist:

- *Bei einer Beteiligung von weniger als 5% am Nennkapital einer Körperschaft ist in der Regel von einer Beteiligung auszugehen, die nicht dem Anlagevermögen zugehört. Teilwertabschreibungen und Veräußerungsverluste im Zusammenhang mit solchen Beteiligungen sind daher sofort absetzbar. Besteht allerdings ein hoher funktionaler Zusammenhang, kann im Einzelfall eine Beteiligung des Anlagevermögens vorliegen.*
- *Ab einer Beteiligung von 5% am Nennkapital einer Körperschaft ist im Einzelfall zu prüfen, ob sie funktional dem Anlagevermögen zuzurechnen ist. Diese Prüfung ist auch bei Körperschaften vorzunehmen, die in ihrem Rechnungswesen nicht zwischen Anlage- und Umlaufvermögen unterscheiden (zB bei Versicherungsunternehmen). Die Zugehörigkeit zum Anlagevermögen ergibt sich unternehmensrechtlich wie abgabenrechtlich aus der Dauerwidmung. Eine Teilwertabschreibung bzw. ein Veräußerungsverlust bei Beteiligungen des Umlaufvermögens ist sofort in vollem Umfang steuerwirksam.“*

Rz 1301 ff. KStR:

„Die Verteilung der steuerlichen Wirksamkeit der Teilwertabschreibung einer Beteiligung auf sieben Jahre bewirkt nicht, dass sich der Buchwert der Beteiligung im Jahr der Teilwertberichtigung und den folgenden sechs Jahren jeweils um ein Siebentel mindert. Vielmehr sinkt der Buchwert der Beteiligung sofort um den gesamten Abschreibungsbetrag. Im Jahr der bilanzmäßigen Abschreibung kommt es zu einer außerbilanzmäßigen Zurechnung von sechs Siebenteln des Abschreibungsbetrages, in den nachfolgenden sechs Jahren zu einer außerbilanzmäßigen Absetzung jeweils eines Siebentelbetrages. ... Mehrfache Teilwertabschreibungen lösen ebenso viele Siebenjahresverteilungen aus.

Erfolgt nach einer Teilwertberichtigung in einem folgenden Jahr eine steuerwirksame Zuschreibung gemäß § 6 Z 13 EStG 1988 oder werden stille Reserven anlässlich der Veräußerung oder eines sonstigen Ausscheidens der Beteiligung aufgedeckt, führt dies zu einer Verkürzung des Verteilungszeitraumes. Dabei ist im Jahr der Zuschreibung bzw. des Ausscheidens der Beteiligung zunächst das laufende Siebentel abzusetzen. In Höhe der über das laufende Siebentel hinausgehenden Gewinnrealisierung kommt es im Realisierungsjahr zu einer Zusatzabschreibung und insoweit zu einem Vorziehen noch nicht abgesetzter Siebentel. Der Verteilungszeitraum verkürzt sich in jenem Ausmaß, in dem noch nicht abgesetzte Siebentelbeträge in der Zusatzabschreibung Deckung finden. ...

Ein Veräußerungsverlust führt insoweit zu einer Siebentelabsetzung, als der Buchwert der Beteiligung den Veräußerungspreis übersteigt. ... Ob die gesamte Beteiligung veräußert wird oder nur ein Teil, ändert nichts an der Siebentelung. ...“

Internationale Schachtelbeteiligung

Die Beteiligung kann an einer inländischen oder ausländischen Körperschaft bestehen. Bei ausländischen Körperschaften ist bei Vorliegen einer internationalen Schachtelbeteiligung gemäß § 10 Abs. 2 KStG eine steuerliche Teilwertabschreibung nach § 12 Abs. 3 Z 2 KStG nur dann möglich, wenn eine entsprechende Option nach § 10 Abs. 3 KStG für die Steuerwirksamkeit von Wertänderungen der internationalen Schachtelbeteiligung ausgeübt wurde bzw. wenn es sich um endgültige Verluste bei Liquidationseröffnung oder Eintritt der Insolvenz der ausländischen Tochter handelt.

Zu Rz (4) und (5): Beurteilung nach IFRS

In einem IFRS-Abschluss können Anteile an einem anderen Unternehmen je nach den Voraussetzungen unterschiedlich abgebildet sein. Abhängig von der Aufstellung eines Konzern- oder Jahresabschlusses nach IFRS sowie von der Höhe der Beteiligung und deren Zweckwidmung werden Eigenkapitalinstrumente nach den Vorschriften des IFRS 9.4.1.4, des IFRS 10, des IFRS 11 oder des IAS 28 bilanziert.

Die Bewertung der gemäß IFRS 9.4.1.4 bilanzierten Beteiligungen erfolgt mit dem beizulegenden Zeitwert. Beim erstmaligen Ansatz dieser Beteiligungen kann das bilanzierende Unternehmen unwiderruflich die Wahl zwischen Erfassung der Wertänderung im Gewinn oder Verlust (Kategorie FVTPL) oder im sonstigen Ergebnis (Kategorie FVOCI) treffen.

Als Handelsbestand gemäß IFRS 9.5.7.5 in der Kategorie FVTPL erfasste Eigenkapitalinstrumente kommen für eine Siebentelabschreibung nicht in Betracht, weil hier das im Sinne der steuerlichen Vorschriften geforderte Kriterium Anlagevermögen nicht erfüllt ist.

Die steuerlichen Wertansätze können von den Wertansätzen nach IFRS 9 abweichen, insbesondere durch eine bereits bei Zugang unterschiedliche Bewertung wie auch durch unterschiedliche Folgebewertungen, etwa aufgrund einer Verringerung des beizulegenden Zeitwerts, die steuerlich nicht geltend gemacht werden kann.

Bei Anteilen an Unternehmen, die nach IFRS 10 voll zu konsolidieren sind, werden die Vermögenswerte und Schulden des Tochterunternehmens (Nettovermögen) in den Konzernabschluss übernommen. Dadurch ist das Nettovermögen der Tochtergesellschaft im Konzernabschluss enthalten. Ein Unterschied zur steuerlichen Bewertung kann bereits bei der Erstkonsolidierung durch die Kaufpreisallokation entstehen. Dieser Unterschied verändert sich jährlich durch die Ergebnisse der Tochtergesellschaft und durch Konsolidierungsmaßnahmen. Für Anteile, die nach der Equity-Methode (IAS 28, IFRS 11 – Gemeinschaftsunternehmen) oder nach der Methode der anteilsmäßigen Konsolidierung (IFRS 11 – Gemeinschaftliche Tätigkeiten) einbezogen werden, gelten diese Überlegungen sinngemäß. Temporäre Differenzen aus Tochterunternehmen, Anteilen an gemeinsamen Vereinbarungen oder assoziierten Unternehmen führen bei Erfüllung der Voraussetzungen gemäß IAS 12.39 bzw. Nichterfüllung der Voraussetzungen in IAS 12.44 zu keinem Ansatz latenter Steuern (siehe dazu die AFRAC-Stellungnahme 28 IAS 12 Ertragsteuern – Outside Basis Differences (IFRS)).

§ 12 Abs. 3 Z 2 KStG bestimmt, dass Teilwertabschreibungen auf Beteiligungen über sieben Wirtschaftsjahre verteilt als Betriebsausgabe zu erfassen sind. Diese steuerliche Verteilung auf sieben Jahre ist unabhängig davon durchzuführen, ob die Beteiligung veräußert wurde oder ob sie noch besteht.

Auslösendes Moment für die Siebentelabschreibungen ist entweder die Abschreibung auf den niedrigeren Teilwert oder ein Verlust anlässlich der Veräußerung oder eines sonstigen Ausscheidens einer zum Anlagevermögen gehörenden Beteiligung. Die Siebentelabschreibung führt durch die spätere Verrechnungsmöglichkeit unabhängig vom weiteren Bestehen der Beteiligung zu einer Steuerermäßigung. Daher ist der Steuereffekt vom Steuerwert der Beteiligung und von der Bilanzierung der Beteiligung selbst losgelöst zu betrachten.

Können Aufwendungen steuerlich erst in späteren Perioden geltend gemacht werden, dann haben die noch nicht als Betriebsausgaben geltend gemachten Aufwendungen eine steuerliche Basis, der aber im IFRS-Abschluss kein Vermögenswert gegenübersteht. Nach IAS 12.9 liegt auch in diesem Fall eine abzugsfähige temporäre Differenz vor, die einen latenten Steueranspruch zur Folge hat.

Folgende Beispiele erläutern diese Vorgehensweise:

Beispiel 1: Teilwertabschreibung eines vollkonsolidierten Tochterunternehmens

Unternehmen A erwirbt am 1.1.20X1 100% der Anteile an der inländischen Kapitalgesellschaft B um 1.000. Gesellschaft B weist ein Eigenkapital von 700 aus. Aus der Kaufpreisallokation ergibt sich ein nicht abschreibbarer Firmenwert von 300.

Unternehmen B erzielt in den Jahren 20X1 und 20X2 Gewinne von je 100, die thesauriert werden. Im Jahr 20X3 entsteht bei B ein nachhaltiger Verlust von 700, der steuerlich zu einer Teilwertabschreibung in Höhe dieses Verlusts führt. In den Jahren 20X4 bis 20X9 erzielt B ein Ergebnis von null.

Daraus ergeben sich folgende Werte:

	Steuerwert der Beteiligung an B	Verbleibende Siebentel-abschreibung	Steuerlich geltend gemachte Siebentel-abschreibung	Latenter Steuer-anspruch	IFRS-Nettovermögen von B	Temporäre Differenz (Outside Basis Differenz)
1.1.20X1	1.000				1.000	0
31.12.20X1	1.000				1.100	100
31.12.20X2	1.000				1.200	200
31.12.20X3	300	600	100	150	500	200
31.12.20X4	300	500	100	125	500	200
31.12.20X5	300	400	100	100	500	200
31.12.20X6	300	300	100	75	500	200
31.12.20X7	300	200	100	50	500	200

31.12.20X8	300	100	100	25	500	200
31.12.20X9	300	0	100	0	500	200

Die Siebentelabschreibung im Jahr 20X3 führt im ersten Schritt zur Erfassung eines Steueranspruchs in Höhe von 175 (= 25% der steuerlichen Teilwertabschreibung). Bereits im Jahr 20X3 wird ein Siebentel der Teilwertabschreibung (100) steuermindernd geltend gemacht. Daraus ergeben sich folgende Buchungen:

Latenter Steueranspruch	175	an Ertragsteuern	175
Ertragsteuern	25	an latenter Steueranspruch	25

In den Folgejahren 20X4 bis 20X9 erfolgt die Geltendmachung der übrigen Siebentelabschreibungen in Höhe von jeweils 100 mit folgender Buchung:

Ertragsteuern	25	an latenter Steueranspruch	25

Darüber hinaus entsteht aus den in den Jahren 20X1 und 20X2 thesaurierten Gewinnen eine temporäre Differenz zwischen der steuerlichen Basis (dem Steuerwert) der Beteiligung an B und dem im Konzernabschluss enthaltenen IFRS-Nettovermögen von B. Diese temporäre Differenz ist als latente Steuerschuld zu bilanzieren, außer die Voraussetzungen in IAS 12.39 sind erfüllt.

Beispiel 2: Teilwertabschreibung und Verkauf eines vollkonsolidierten Tochterunternehmens

Sachverhalt wie Beispiel 1. In der Periode 20X6 veräußert A die Beteiligung an B um 230.

Daraus ergeben sich folgende Werte:

	Steuerwert der Beteiligung an B	Verbleibende Siebentelabschreibung (aus Teilwertabschreibung)	Verbleibende Siebentelabschreibung (aus Verkauf)	Steuerlich geltend gemachte Siebentelabschreibung	Latenter Steueranspruch	IFRS-Nettovermögen von B	Temporäre Differenz (Outside Basis Differenz)
1.1.20X1	1.000					1.000	0
31.12.20X1	1.000					1.100	100
31.12.20X2	1.000					1.200	200
31.12.20X3	300	600		100	150,0	500	200
31.12.20X4	300	500		100	125,0	500	200
31.12.20X5	300	400		100	100,0	500	200
31.12.20X6		300	60	110	90,0		
31.12.20X7		200	50	110	62,5		
31.12.20X8		100	40	110	35,0		
31.12.20X9		0	30	110	7,5		
31.12.20Y0		0	20	10	5,0		
31.12.20Y1		0	10	10	2,5		
31.12.20Y2		0	0	10	0,0		

Die Siebentelabschreibung im Jahr 20X3 führt im ersten Schritt zur Erfassung eines Steueranspruchs in Höhe von 175 (= 25% der steuerlichen Teilwertabschreibung). Bereits im Jahr 20X3 wird ein Siebentel der Teilwertabschreibung (100) steuermindernd geltend gemacht. Daraus ergeben sich folgende Buchungen:

Latenter Steueranspruch	175	an Ertragsteuern	175
Ertragsteuern	25	an latenter Steueranspruch	25

In den Jahren 20X4 bis 20X6 erfolgt die Geltendmachung weiterer Siebentelabschreibungen in Höhe von jeweils 100 mit folgender Buchung:

Ertragsteuern	25	an latenter Steueranspruch	25

Im Jahr 20X6 erfolgt der Verkauf der Tochtergesellschaft. Der daraus entstehende steuerliche Verlust von 70 ist wiederum über sieben Jahre zu verteilen.

Latenter Steueranspruch	17,5	an Ertragsteuern	17,5
Ertragsteuern	2,5	an latenter Steueranspruch	2,5

In den Jahren 20X7 bis 20X9 erfolgt die Geltendmachung der übrigen Siebentelabschreibungen in Höhe von jeweils 100 aus der ursprünglichen Teilwertabschreibung (Ertragsteuer 25) und jener in Höhe von jeweils 10 aus dem Verkaufsverlust (Ertragsteuer 2,5) mit folgender Buchung:

Ertragsteuern	27,5	an latenter Steueranspruch	27,5

In den Jahren 20Y0 bis 20Y2 verbleibt die Geltendmachung der übrigen Siebentelabschreibungen in Höhe von jeweils 10 aus dem Verkaufsverlust (Ertragsteuer 2,5) mit folgender Buchung:

Ertragsteuern	2,5	an latenter Steueranspruch	2,5

In den Jahren 20X1 und 20X2 entsteht aus den thesaurierten Gewinnen eine temporäre Differenz zwischen der steuerlichen Basis (dem Steuerwert) der Beteiligung an B und dem im Konzernabschluss enthaltenen IFRS-Nettovermögen von B. Diese temporäre Differenz ist als latente Steuerschuld zu bilanzieren, außer die Voraussetzungen in IAS 12.39 sind erfüllt.

Zu Rz (5a): Ausweis der tatsächlichen und latenten Steuern

Diese Stellungnahme stellt klar, dass die Erfassung der tatsächlichen und latenten Steuern aus steuerlichen Teilwertabschreibungen der Aufwands-/Ertragserfassung des zu Grunde liegenden Geschäftsfalls oder Ereignisses folgt. Dies gilt auch für latente Steuern aus der Siebentelabschreibung und ist im Konzernabschluss unabhängig davon, auf welcher Ebene im Konzern die latenten Steuern entstehen. Folgende Beispiele erläutern diese Vorgehensweise:

Beispiel 3: Teilwertabschreibung einer unmittelbar gehaltenen Beteiligung

Unternehmen M erwirbt am 1.1.20X1 10% an Unternehmen A um 1.000 und ordnet diese Anteile gemäß IFRS 9.4.1.4. der Kategorie FVOCI zu. Der Steuersatz des Unternehmens M beträgt in allen Perioden 25%. Der Beteiligungsbuchwert und der Steuerwert betragen jeweils 1.000.

Der Fair Value der Anteile an A vermindert sich bis zum 31.12.20X1 auf 300. Diese Wertverminderung um 700 ist auch steuerwirksam. Die steuerliche Teilwertabschreibung ist gemäß § 12 Abs. 3 Z 2 KStG auf sieben Jahre verteilt als Betriebsausgabe geltend zu machen (Siebentelabschreibung).

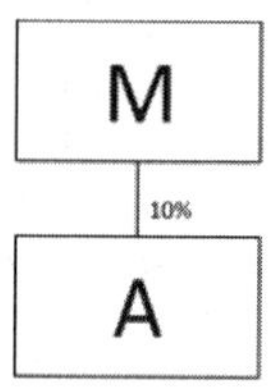

Dieser Sachverhalt führt zu folgenden Buchungen (auszugsweise):

31.12.20X1: Verminderung des FV

Veränderung des FV von EK-Instrumenten (OCI)	700	an Eigenkapitalinstrumente FVOCI	700
Latenter Steueranspruch	175	an Ertragsteuern (OCI)	175

Die Erfassung der Wertverminderung erfolgt gemäß der IFRS 9-Kategoriezuordnung im sonstigen Ergebnis (OCI). Die Verteilung der Teilwertabschreibung über sieben Jahres ist zunächst als latenter Steueranspruch anzusetzen und die daraus resultierende Steuerminderung im sonstigen Ergebnis (OCI) zu erfassen (IAS 12.61A).

Verbrauch Siebentel (31.12.20X1 bis 20X7)

Ertragsteuern (GuV)	25	an latenter Steueranspruch	25

Die jährliche Geltendmachung der Siebentelabschreibung vermindert den tatsächlichen Ertragsteueraufwand (GuV) der Periode. Dem steht die Verminderung des latenten Ertragsteueranspruchs gegenüber. Diese Verringerung muss als Ausgleich für die Verminderung des tatsächlichen Ertragsteueraufwands aus der Geltendmachung der Siebentelabschreibung als Ertragsteueraufwand im Gewinn oder Verlust erfasst werden.

Beispiel 4: Teilwertabschreibung einer über eine Zwischenholdung gehaltenen Beteiligung

Unternehmen M hält 100% an der vollkonsolidierten Holding GmbH (H). Der Beteiligungsbuchwert im Jahresabschluss von M und der steuerliche Buchwert betragen jeweils 1.000.

H erwirbt am 1.1.20X1 10% an Unternehmen A um 1.000. H (bzw. der M-Konzern) ordnet diese Anteile gemäß IFRS 9.4.1.4. der Kategorie FVOCI zu. Der Steuersatz für M und H beträgt in allen Perioden 25%. Der Beteiligungsbuchwert und der Steuerwert betragen jeweils 1.000.

Der Fair Value der Anteile an A vermindert sich bis zum 31.12.20X1 auf 300. H darf aufgrund spezifischer steuerlicher Bestimmungen keine steuerliche Teilwertabschreibung von A geltend machen.

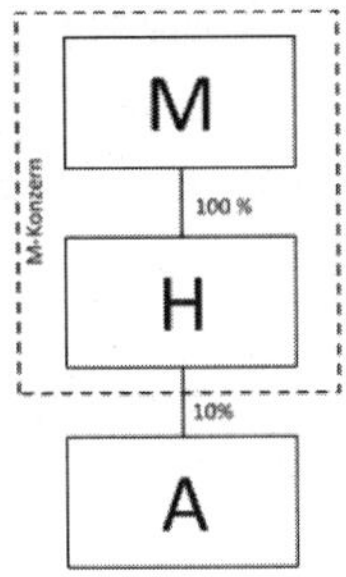

Dieser Sachverhalt führt zu folgenden Buchungen (auszugsweise):

31.12.20X1: Verminderung des FV

Veränderung des FV von EK-Instrumenten (OCI)	700	an Eigenkapitalinstrumente FVOCI	700
Latenter Steueranspruch	175	an Ertragsteuern (OCI)	175

Die steuerwirksame Teilwertabschreibung der Beteiligung von M an H führt im IFRS-Konzernabschluss zu einem latenten Steueranspruch aus der Siebentelabschreibung. Diese Steuerminderung bezieht sich auf die Verminderung des beizulegenden Zeitwerts der Anteile an A. Daher ist auch die daraus resultierende Steuerwirkung im sonstigen Ergebnis (OCI) zu erfassen (IAS 12.61A).

Die Verminderung des beizulegenden Zeitwerts der Anteile an A im Jahresabschluss von H hat keine steuerliche Auswirkung. Ebenso ist eine eventuelle Werterhöhung in zukünftigen Perioden nicht steuerwirksam (keine zu versteuernde temporäre Differenz).

Verbrauch Siebentel (31.12.20X1 bis 20X7)

Ertragsteuern (GuV)	25	an latenter Steueranspruch	25

Die jährliche Geltendmachung der Siebentelabschreibung vermindert den tatsächlichen Ertragsteueraufwand (GuV) der Periode. Dem steht die Verminderung des latenten Ertragsteueranspruchs gegenüber. Diese Verringerung muss als Ausgleich für die Verminderung des tatsächlichen Ertragsteueraufwands aus der Geltendmachung der Siebentelabschreibung als Ertragsteueraufwand im Gewinn oder Verlust erfasst werden.

Zu Rz (5b): Vorgehensweise bei schwieriger Zuordnung

Die in Rz (5a) dargelegten Grundsätze gelten auch dann, wenn die Beteiligung über eine oder mehrere Zwischenholdings gehalten wird und/oder wenn die Aufwands-/Ertragserfassung des zu Grunde liegenden Geschäftsvorfalls in einer anderen (früheren) Periode erfolgte („backtracing"). Ist der kausale Zusammenhang zwischen Wertverminderung der Beteiligung und steuerlicher Teilwertabschreibung nicht eindeutig festzustellen (beispielsweise weil eine Zwischenholding mehrere Beteiligungen hält oder andere Ergebnisse der Zwischenholding ebenfalls kausal für die Teilwertabschreibung sind), ist eine angemessene anteilige oder sachgerechte Verteilung erforderlich.

AFRAC-Stellungnahme 9
Lageberichterstattung (UGB)

Stellungnahme
„Lageberichterstattung gemäß §§ 243 bis 243b, 267 und 267a UGB“

(September 2019)

Historie der vorliegenden Stellungnahme

erstmalige Veröffentlichung	Juni 2009	
Überarbeitung	März 2016	Berücksichtigung der Änderungen des UGB durch das Rechnungslegungs-Änderungsgesetz 2014 und geringfügige weitere Aktualisierungen
Überarbeitung	Dezember 2017	Berücksichtigung der Änderungen des UGB durch das Nachhaltigkeits- und Diversitätsverbesserungsgesetz und weitere Aktualisierungen
Überarbeitung	September 2019	Berücksichtigung der Änderungen des UGB durch das Anti-Gold-Plating-Gesetz 2019 in Rz 21b (Wegfall von § 196a Abs 2 UGB); Korrektur eines Redaktionsversehens in Rz 3

1. Einleitung

(1) Die Empfehlung behandelt Aufbau und Inhalt des Lageberichts/Konzernlage-berichts entsprechend den Bestimmungen des UGB.

(2) Der Lagebericht ist nach den Vorschriften des UGB von Kapitalgesellschaften zu erstellen. Kleine Gesellschaften mit beschränkter Haftung (einschließlich Kleinstkapitalgesellschaften gemäß § 221 Abs 1a UGB) sind von dieser Verpflichtung ausgenommen. Eine Personengesellschaft iSd § 189 Abs 1 Z 2 UGB unterliegt hinsichtlich der Lageberichterstattung den der Rechtsform ihres unbeschränkt haftenden Gesellschafters entsprechenden Rechtsvorschriften; ist dieser keine Kapitalgesellschaft, so gelten die Vorschriften für Gesellschaften mit beschränkter Haftung. Ist eine Gesellschaft zur Erstellung eines Konzernabschlusses nach den §§ 244 bis 266 UGB verpflichtet, so muss für den Konzern auch ein Konzernlagebericht erstellt werden.

(3) Der Lagebericht/Konzernlagebericht ist ein wesentliches Informationsinstrument neben dem Jahresabschluss/Konzernabschluss und nimmt eine ergänzende Funktion zum Jahresabschluss/Konzernabschluss ein. Um eine einheitliche und vergleichbare Berichterstattung zu gewährleisten, werden für Aufbau und Gliederung des Lageberichts/Konzernlageberichts verschiedene, thematisch zusammenhängende Abschnitte vorgeschlagen. Zunächst werden der Geschäftsverlauf des abgelaufenen Geschäftsjahrs und die Lage des Unternehmens/Konzerns dargestellt. Daran anschließend werden die voraussichtliche Entwicklung und die Risiken des Unternehmens/Konzerns erläutert. Wenn bestimmte Berichtsinhalte von wesentlicher Bedeutung sind (zB Bericht über die Zweigniederlassungen), so sind sie in weiteren Abschnitten darzustellen. Für börsenotierte Unternehmen erforderliche Angaben zu den wichtigsten Merkmalen des internen Kontroll- und Risikomanagementsystems im Hinblick auf den Rechnungslegungsprozess sowie zu Anteils- und Stimmrechten und damit verbundenen Vereinbarungen, die für Übernahmeangebote bedeutsam sind, bilden den Abschluss.

(4) Um eine effiziente und zweckgerichtete Berichterstattung zu gewährleisten und Wiederholungen zu vermeiden, sind Verweise im Lagebericht/Konzernlagebericht auf Ausführungen im Anhang/Konzernanhang bzw in den Erläuternden Angaben zulässig.

(5) Bei der Erstellung des Lageberichts/Konzernlageberichts sind die Grundsätze der Vollständigkeit, der Verlässlichkeit, der Klarheit und Übersichtlichkeit sowie der Vergleichbarkeit einzuhalten.

(6) Zur Erläuterung des Geschäftsverlaufs und der Lage des Unternehmens/Konzerns sind Leistungsindikatoren (iSv Erfolgsmaßstäben) darzustellen, wobei deren Nachvollziehbarkeit und Aussagefähigkeit zu gewährleisten sind. Im Lagebericht großer Kapitalgesellschaften sowie im Konzernlagebericht sind neben den finanziellen Leistungsindikatoren auch nichtfinanzielle Leistungsindikatoren darzustellen. Die im Gesetz angeführten nichtfinanziellen Leistungsindikatoren dürfen lediglich als Beispiele verstanden werden.

(6a) Große Kapitalgesellschaften, die Unternehmen von öffentlichem Interesse sind und mehr als 500 Arbeitnehmer beschäftigen, haben an Stelle der nichtfinanziellen Leistungsindikatoren eine nichtfinanzielle Erklärung in den Lagebericht aufzunehmen oder alternativ einen gesonderten nichtfinanziellen Bericht zu erstellen (nichtfinanzielle Berichterstattung). Mutterunternehmen, die Unternehmen von öffentlichem Interesse sind und konsolidiert betrachtet mehr als 500 Arbeitnehmer beschäftigen, haben eine konsolidierte nichtfinanzielle Erklärung in den Konzernlagebericht aufzunehmen oder alternativ einen gesonderten konsolidierten nichtfinanziellen Bericht zu erstellen, sofern sie nicht von der Aufstellung eines Konzernabschlusses befreit sind.

(7) Der Umfang der Analyse ist abhängig von der Größe des Unternehmens/Konzerns und von der Komplexität des Geschäftsbetriebs. Bei der Auswahl von Kennzahlen sind daher unternehmens- und branchenspezifische Besonderheiten zu beachten; ebenso ist ihre Aussagekraft bezogen auf den Geschäftsbetrieb zu hinterfragen.

(8) Mit dem Bericht über die Zweigniederlassungen wird eine Gleichstellung mit selbständigen Tochtergesellschaften hinsichtlich der Offenlegungspflichten erreicht. Bestehen keine Zweigniederlassungen, wird ein Negativvermerk empfohlen.

(9) [gestrichen]

(10) Die Angaben über die Forschungs- und Entwicklungsaktivitäten des Unternehmens/Konzerns sind in einem gesonderten Abschnitt darzustellen. Sie stellen einen Kompromiss zwischen den Informationsinteressen der Außenstehenden und dem schutzwürdigen Interesse des Unternehmens/Konzerns (Geschäftsgeheimnisse) dar. Wird keine Forschung und Entwicklung betrieben, ist dies im Rahmen eines Negativvermerks festzuhalten.

(11) Bei der Berichterstattung über die künftige Entwicklung und die Risiken sind auch die künftigen Chancen darzustellen, allerdings muss unter Beachtung einer ausgewogenen Berichterstattung der Beschreibung der Risiken ausreichend Augenmerk geschenkt werden. Risiko und Chance können als die Möglichkeit des negativen und positiven Abweichens von einem erwarteten Ergebnis definiert werden.

(12) Die Beschreibung der Risiken und Chancen hat zumindest in qualitativer Form zu erfolgen. Wenn Zahlenangaben gemacht werden, sind die zugrunde liegenden Annahmen und ihre Berechnungsweise zu erläutern. Die Darstellung der finanziellen Risiken hat auch die Risikomanagementziele und -methoden zu umfassen.

(13) [gestrichen]

(14) [gestrichen]

(15) [gestrichen]

(16) [gestrichen]

(16a) [gestrichen]

2. Anwendungsbereich der Stellungnahme

(17) Die vorliegende Empfehlung behandelt Aufbau und Inhalt des Lageberichts entsprechend den Bestimmungen des UGB idgF. Die Empfehlung trifft in den Ausführungen der Abschnitte 3. bis 5. keine Unterscheidung nach der Größe des Unternehmens bzw in Lagebericht und Konzernlagebericht; allerdings werden in den Abschnitten 5.5. und 5.6. Berichtspflichten behandelt, die ausschließlich von börsenotierten Unternehmen zu erfüllen sind. In Abschnitt 6. „Besonderheiten für mittelgroße und kleine Gesellschaften“ und Abschnitt 7. „Besonderheiten des Konzernlageberichts“ wird auf Besonderheiten und Erleichterungen im Zusammenhang mit der Erstellung des Lageberichts mittelgroßer und kleiner Gesellschaften bzw des Konzernlageberichts eingegangen. Abschnitt 9. „Nichtfinanzielle Erklärung bzw nichtfinanzieller Bericht“ befasst sich mit den zusätzlichen Verpflichtungen, die für große Kapitalgesellschaften, die Unternehmen von öffentlichem Interesse sind und mehr als 500 Arbeitnehmer beschäftigen, bestehen.

(18) Auf die besonderen Berichtspflichten, die sich durch andere gesetzliche Vorschriften (wie etwa § 18 zweiter Satz PSG) ergeben, wird in dieser Stellungnahme nicht eingegangen. Branchenspezifische Besonderheiten werden in dieser Empfehlung nicht behandelt.

3. Allgemeine Bestimmungen für die und Grundsätze der Lageberichterstattung

(19) Der Lagebericht ist als Ergänzung zum Jahresabschluss zu verstehen und stellt einen eigenständigen Bestandteil der Rechnungslegung von Unternehmen dar.

(20) Um eine effiziente und zweckgerichtete Berichterstattung zu gewährleisten und Wiederholungen zu vermeiden, sind Verweise im Lagebericht auf Ausführungen im Anhang bzw in den Erläuternden Angaben zulässig. Allerdings wird empfohlen, einleitend zum Verweis in den Lagebericht eine Zusammenfassung der betreffenden Darstellung im Anhang bzw in den Erläuternden Angaben aufzunehmen. Verweise vom Lagebericht auf nicht geprüfte Bestandteile eines Geschäftsberichts oder auf andere, nicht gesetzlich geregelte Unternehmensberichte sowie vom Anhang auf den Lagebericht sind hingegen mit Ausnahme von bestimmten Einzelfällen (vgl Abschnitt 6. der AFRAC-Stellungnahme 21 zu § 245a UGB) nicht zulässig.

(21) § 242 UGB enthält Schutzklauseln, wonach ausgewählte Angaben im Anhang zu Beteiligungen und Beziehungen zu verbundenen Unternehmen unter bestimmten Bedingungen unterbleiben können. Die Bestimmungen können analog auch für vergleichbare Angaben in der Lageberichterstattung angewendet werden.

(21a) Hinsichtlich der nichtfinanziellen Erklärung bzw des nichtfinanziellen Berichts sehen die §§ 243b Abs 4 bzw 267a Abs 4 UGB vor, dass in Ausnahmefällen Informationen über künftige Entwicklungen oder Belange, über die vom Unternehmen Verhandlungen geführt werden, weggelassen werden können. Auf die in diesem Zusammenhang bestehenden Besonderheiten wird in Abschnitt 9.3. näher eingegangen.

(21b) Die Grundsätze der AFRAC-Stellungnahme 34 zur Wesentlichkeit bei der Aufstellung von UGB-Abschlüssen können auf den Lagebericht angewendet werden (vgl Rz 7 von AFRAC 34).

(22) Der Lagebericht ist von den gesetzlichen Vertretern des Unternehmens aufzustellen und soll den Adressaten die Sicht der Unternehmensleitung über den Geschäftsverlauf und die Lage des Unternehmens vermitteln.

(23) Bei der Erstellung des Lageberichts sind die Grundsätze der Vollständigkeit, der Verlässlichkeit, der Klarheit und Übersichtlichkeit sowie der Vergleichbarkeit einzuhalten.

– Vollständigkeit

  Der Grundsatz der Vollständigkeit besagt, dass sämtliche Informationen aus Sicht des Unternehmens zu vermitteln sind, die von einem sachkundigen Berichtsadressaten benötigt werden, um den Geschäftsverlauf und die Lage des Unternehmens sowie dessen voraussichtliche Entwicklung und seine Risiken beurteilen zu können.

– Verlässlichkeit

  Die Angaben müssen zutreffend und nachvollziehbar sein, wobei Tatsachenangaben und Meinungen zu trennen sind. Die Angaben müssen schlüssig, plausibel, konsistent sowie frei von Widersprüchen gegenüber dem Jahresabschluss sein. Für zukunftsgerichtete Informationen ist im Vergleich zu vergangenheitsbezogenen Angaben von einem geringeren Grad der Verlässlichkeit auszugehen.

– Klarheit und Übersichtlichkeit

  Der Lagebericht ist sowohl vom Jahresabschluss als auch von den übrigen veröffentlichten Informationen zu trennen. Er ist als geschlossene Darstellung unter der Überschrift „Lagebericht" aufzustellen und offenzulegen. Der Lagebericht muss durch Zwischenüberschriften gegliedert werden.

– Vergleichbarkeit

  Um die Vergleichbarkeit zwischen den Unternehmen zu erleichtern, soll die in der Empfehlung vorgeschlagene Gliederung zur Anwendung gelangen. Die Vergleichbarkeit mit früheren Abschlussperioden ist zu beachten, und der Berichtsaufbau (formelle Stetigkeit) sowie die im Lagebericht dargestellten Inhalte einschließlich der Leistungsindikatoren (materielle Stetigkeit) sind beizubehalten. Ein Abweichen von diesem Grundsatz ist nur bei Vorliegen besonderer Umstände (zB Gesetzesänderungen oder geänderte Berichtserfordernisse) zulässig.

4. Aufbau des Lageberichts

(24) Für den Aufbau des Lageberichts wird empfohlen, die gesetzlichen Pflichtangaben – sofern für das jeweilige Unternehmen zutreffend – im Rahmen der folgenden Themengebiete darzustellen:

- *Bericht über den Geschäftsverlauf und die wirtschaftliche Lage*
  - *Geschäftsverlauf*
  - *Bericht über die Zweigniederlassungen*
  - *Finanzielle und nichtfinanzielle Leistungsindikatoren*
- *Bericht über die voraussichtliche Entwicklung und die Risiken des Unternehmens*
  - *Voraussichtliche Entwicklung des Unternehmens*
  - *Wesentliche Risiken und Ungewissheiten*
- *Bericht über die Forschung und Entwicklung*
- *Bericht über den Bestand sowie den Erwerb und die Veräußerung eigener Anteile*
- *Berichterstattung über wesentliche Merkmale des internen Kontroll- und des Risikomanagementsystems im Hinblick auf den Rechnungslegungsprozess*
- *Angaben zu Kapital-, Anteils-, Stimm- und Kontrollrechten und damit verbundenen Vereinbarungen*
- *Nichtfinanzielle Erklärung*

(25) Der Umfang und der Detaillierungsgrad der Ausführungen in den einzelnen Abschnitten hängen von der Größe und der Komplexität der Geschäftstätigkeit des Bericht erstattenden Unternehmens ab. Auch kann es erforderlich sein, die mit Gedankenstrichen versehenen Abschnitte in obiger Gliederung in Abhängigkeit von ihrer Bedeutung für die Darstellung der Lage des Unternehmens als eigene Hauptabschnitte darzustellen.

(26) Nachfolgend werden die gesetzlichen Berichtsanforderungen der §§ 243 bis 243b UGB den einzelnen Themengebieten zugeordnet.

Abschnitte des Lageberichts	**Korrespondierende gesetzliche Bestimmung**
Bericht über den Geschäftsverlauf und die wirtschaftliche Lage	§ 243 Abs 1, Abs 2, Abs 3 Z 1, Abs 3 Z 4, Abs 5
– Geschäftsverlauf	§ 243 Abs 1, Abs 2
– Bericht über die Zweigniederlassungen	§ 243 Abs 3 Z 4
– Finanzielle und nichtfinanzielle Leistungsindikatoren	§ 243 Abs 2, Abs 5
Bericht über die voraussichtliche Entwicklung und die Risiken des Unternehmens	§ 243 Abs 1, Abs 3 Z 1, Abs 3 Z 5
– Voraussichtliche Entwicklung des Unternehmens	§ 243 Abs 3 Z 1
– Wesentliche Risiken und Ungewissheiten	§ 243 Abs 1, Abs 3 Z 5
Bericht über die Forschung und Entwicklung	§ 243 Abs 3 Z 2
Bericht über den Bestand sowie den Erwerb und die Veräußerung eigener Anteile	§ 243 Abs 3 Z 3

Berichterstattung über wesentliche Merkmale des internen Kontroll- und des Risikomanagementsystems im Hinblick auf den Rechnungslegungsprozess	§ 243a Abs 2
Angaben zu Kapital-, Anteils-, Stimm- und Kontrollrechten und damit verbundenen Vereinbarungen	§ 243a Abs 1
Nichtfinanzielle Erklärung	§ 243b

5. Inhalt des Lageberichts

5.1. Bericht über den Geschäftsverlauf und die wirtschaftliche Lage

Grundsatz

(27) Im Lagebericht sind der Geschäftsverlauf, einschließlich des Geschäftsergebnisses, und die Lage des Unternehmens so darzustellen, dass ein möglichst getreues Bild der Vermögens-, Finanz- und Ertragslage vermittelt wird.

Geschäftsverlauf

(28) Der Lagebericht stellt das Unternehmen, seine Geschäftstätigkeit und deren Rahmenbedingungen als Ausgangspunkt für die Analyse des Geschäftsverlaufs und der wirtschaftlichen Lage dar. Die Analyse des Geschäftsverlaufs hat sich am Umfang und der Komplexität der Geschäftstätigkeit zu orientieren.

(29) Es handelt sich dabei um eine vergangenheitsbezogene Analyse des Geschäftsverlaufs. Die Berichterstattung soll vor allem jene Informationen geben, die dem Jahresabschluss nicht entnommen werden können; Überschneidungen, insbesondere mit Angaben aus dem Anhang, sind nach Möglichkeit zu vermeiden. Die Darstellung der wirtschaftlichen Lage soll die Fähigkeit des Unternehmens verdeutlichen, auf dem Markt fortzubestehen. Die Struktur der Berichterstattung hat sich nach den Funktionen bzw Sparten des jeweiligen Unternehmens zu richten. Einzugehen ist jeweils auf den Verlauf des Geschäftsjahrs, den am Ende des Geschäftsjahrs erreichten Stand und Unterschiede zu Vorperioden. Zu den Themenbereichen zählen beispielsweise die Absatzentwicklung/-lage, der Produktions- und Leistungsbereich, der Beschaffungsbereich, wesentliche Investitionen und Umgründungen sowie die Entwicklung des Geschäftsergebnisses.

(30) Der Begriff Geschäftsergebnis wird im Gesetz nicht näher erläutert; es ist darunter jenes Ergebnis aus dem Jahresabschluss zu verstehen, das zur Darstellung des Geschäftsverlaufs am besten geeignet ist. Wird ein Ergebnis verwendet, das nicht direkt aus der Gewinn- und Verlustrechnung entnommen ist, muss eine Überleitungsrechnung dargestellt werden.

Bericht über die Zweigniederlassungen

(31) Die Bedeutung der Angabeverpflichtung ist in der Transparenz der Marktpräsenz des Unternehmens für die Abschlussadressaten zu sehen; damit soll hinsichtlich der Offenlegungspflichten eine Gleichstellung der Zweigniederlassungen mit selbständigen Tochtergesellschaften erreicht werden.

(32) Der Umfang der Berichterstattung umfasst jedenfalls den Sitz, eine abweichende Firmierung und auch wesentliche Veränderungen gegenüber dem Vorjahr, etwa durch Neugründung, Verlegung oder Schließung von Niederlassungen. Weiterführende Angaben wie Umsatz oder Mitarbeiterzahl sind grundsätzlich nicht erforderlich; allerdings muss die Angabe dieser Informationen als verpflichtend erachtet werden, wenn ohne deren Darlegung die Darstellung der wirtschaftlichen Lage des Gesamtunternehmens nicht möglich ist.

(33) Der Gesetzeswortlaut trifft keine Unterscheidung in bedeutende oder weniger bedeutende Zweigniederlassungen, weshalb die Angaben in dieser Hinsicht keine Differenzierung vornehmen dürfen. Eine Zusammenfassung von gleichartigen Niederlassungen etwa nach geografischen Regionen erscheint empfehlenswert.

(34) Zu berichten ist über „bestehende" Zweigniederlassungen, weshalb bei Nichtexistenz derartiger Niederlassungen die Verpflichtung zu einem Negativvermerk aus dem Gesetzeswortlaut nicht abzuleiten ist; ein derartiger Negativvermerk wird jedoch aus Sicht der Informationsfunktion des Lageberichts empfohlen. Über beabsichtigte Neugründungen und/oder Schließungen ist zu berichten, wenn die Pläne wesentliche Bedeutung für die Lage des Unternehmens haben; eine diesbezügliche Darstellung kann auch im Rahmen des Berichts über die voraussichtliche Entwicklung des Unternehmens erfolgen.

Finanzielle und nichtfinanzielle Leistungsindikatoren

(35) Abhängig von der Größe des Unternehmens und von der Komplexität des Geschäftsbetriebs hat die Analyse auf die für die jeweilige Geschäftstätigkeit wichtigsten finanziellen Leistungsindikatoren einzugehen und sie unter Bezugnahme auf die im Jahresabschluss ausgewiesenen Beträge und Angaben zu erläutern. Darüber hinaus besteht für große Kapitalgesellschaften iSd § 221 Abs 3 UGB die Verpflichtung zur Angabe von nichtfinanziellen Leistungsindikatoren. Große Kapitalgesellschaften, die Unternehmen von öffentlichem Interesse sind und mehr als 500 Arbeitnehmer beschäftigen, haben an Stelle der nichtfinanziellen Leistungsindikatoren eine nichtfinanzielle Erklärung in den Lagebericht aufzunehmen oder alternativ einen gesonderten nichtfinanziellen Bericht zu erstellen (siehe Abschnitt 9.).

(36) Weder der Gesetzeswortlaut noch die EB (erläuternden Bemerkungen zur Regierungsvorlage) enthalten einen Hinweis auf eine Definition des Begriffs „Leistungsindikator". Entsprechend dem

englischen Begriff „key performance indicator“ sind darunter die wesentlichen Erfolgsmaßstäbe des Unternehmens zu verstehen.

(37) Der gesetzlichen Bestimmung folgend hat die Berichterstattung auch quantitative Angaben zu enthalten. Ausschließlich verbale Ausführungen sind daher nicht ausreichend. Zum Zwecke der Vermittlung eines möglichst getreuen Bildes der Vermögens-, Finanz- und Ertragslage des Unternehmens werden folgende Angabestrukturen empfohlen:

- Definition und Berechnung
- Erläuterung
- Datenquelle
- Quantitative Angaben (inklusive Vergleichszahlen zumindest für eine Periode)
- Angaben zu Änderungen bei der Berechnung der Zahlen gegenüber dem Vorjahr

(38) Hinsichtlich der Abgrenzung von finanziellen und nichtfinanziellen Leistungsindikatoren ist dem Verweis des Gesetzestextes in § 243 Abs 1 und 2 UGB auf die Vermittlung eines möglichst getreuen Bildes der Vermögens-, Finanz- und Ertragslage sowie auf die im Jahresabschluss ausgewiesenen Beträge und Angaben zu entnehmen, dass im Lagebericht lediglich direkt aus dem Jahresabschluss ableitbare und in Geldwerten bzw Geldwertverhältnissen ausdrückbare Kennzahlen als finanzielle Leistungsindikatoren anzugeben sind. Wenn in Einzelfällen sinnvoll, können unter Darstellung einer zahlenmäßigen Überleitung auch nicht direkt aus dem Jahresabschluss ableitbare Kennzahlen angegeben werden. Kennzahlen, die nicht allein aus dem Jahresabschluss bzw den dort ausgewiesenen Beträgen abgeleitet und nicht in Geldwerten bzw Geldwertverhältnissen ausgedrückt werden können, werden dagegen als nichtfinanzielle Leistungsindikatoren qualifiziert.

(39) Bei der Berichterstattung über die finanziellen und nichtfinanziellen Leistungsindikatoren ist darauf Bedacht zu nehmen, dass die für das jeweilige Unternehmen bzw dessen Branche wesentlichsten Kennzahlen dargestellt und erläutert werden.

(40) Als finanzielle Leistungsindikatoren sind dabei die gängigen Kennzahlen (Zahlen oder Zahlenverhältnisse) der finanzwirtschaftlichen und erfolgswirtschaftlichen Analyse (zB Erfolgskennzahlen, insbesondere Rentabilitätskennzahlen, Kennzahlen der Vermögens- und Kapitalstruktur, Finanzierungskennzahlen und die Geldflussrechnung) zu verstehen (vgl KFS/BW 3). Neben der Definition der dargestellten Kennzahlen ist gegebenenfalls auch eine Überleitung der Zahlen aus dem Abschluss anzugeben. Damit ist zu gewährleisten, dass der Berichtsadressat die Anpassung einer aus dem Jahresabschluss entnommenen und adaptierten Zahl nachvollziehen kann, womit die Vergleichbarkeit mit anderen Unternehmen verbessert wird.

(41) Die Darstellung einer vollständigen Kapitalflussrechnung ist aus rechtssystematischen Erwägungen nicht verpflichtend (vgl § 250 Abs 1 UGB idF des ReLÄG 2004 mit der auf Konzernabschlüsse eingeschränkten Verpflichtung zur Aufstellung einer Geldflussrechnung). Es ist als ausreichend zu erachten, wenn unter Angabe der angewandten Grundsätze für die Aufstellung (zB IAS 7, KFS/BW 2) Teilergebnisse der Geldflussrechnung (Geldfluss aus der operativen Tätigkeit, Geldfluss aus der Investitionstätigkeit und Geldfluss aus der Finanzierungstätigkeit) dargestellt werden. Ausgenommen von dieser Angabeverpflichtung sind Unternehmensbranchen, in denen die Aussagekraft der Geldflussrechnung von untergeordneter Bedeutung ist.

(42) Bezüglich der Darstellung der Kennzahlen im Zeitablauf ist zumindest die Angabe der Vorjahreswerte erforderlich. Sollte dies nicht ausreichend sein, um ein möglichst getreues Bild der Vermögens-, Finanz- und Ertragslage zu vermitteln, ist darauf hinzuweisen, dass der Vorjahresvergleich nicht aussagekräftig ist. Gegebenenfalls kann die Aussagefähigkeit der Vergleichswerte durch die Angabe einer erweiterten Zeitreihe (zB fünf Jahre) hergestellt werden.

(43) Große Kapitalgesellschaften iSd § 221 Abs 3 UGB haben in den Lagebericht die wichtigsten nichtfinanziellen Leistungsindikatoren aufzunehmen und unter Bezugnahme auf die Beträge und Angaben im Jahresabschluss zu erläutern. Somit wird die Analyse des Geschäftsverlaufs, des Geschäftsergebnisses und der Lage der Gesellschaft um nichtfinanzielle Informationen ergänzt, wodurch sowohl die Vergleichbarkeit als auch die Qualität von Prognosen verbessert werden sollen.

(44) Die Berichterstattung über nichtfinanzielle Leistungsindikatoren hat im Rahmen der Analyse des Geschäftsverlaufs, einschließlich des Geschäftsergebnisses, und der Lage des Unternehmens zu erfolgen, die gemäß § 243 Abs 2 zweiter Satz UGB von der Größe des Unternehmens und von der Komplexität des Geschäftsbetriebs abhängig ist.

(45) Der Begriff „nichtfinanzielle Leistungsindikatoren“ ist im Gesetzestext nicht definiert. Darunter werden alle Belange, Umstände und Faktoren verstanden, die über die finanziellen Leistungsindikatoren hinaus für das Verständnis von Geschäftsverlauf, Geschäftsergebnis oder Lage von Bedeutung sind und/oder die voraussichtliche Entwicklung wesentlich beeinflussen können. In § 243 Abs 5 UGB werden dazu beispielhaft die beiden Bereiche Umwelt- und Arbeitnehmerbelange aufgezählt. Zu den Informationen aus dem Bereich Umwelt können beispielsweise Wasser- und Energieverbrauch, Abfall und Emissionen zählen. Die Berichterstattung über Arbeitnehmerbelange umfasst etwa Einstellung und Fluktuation, Aus- und Weiterbildung, Moral/Motivation, Performance der Mitarbeiter, soziales Umfeld, betriebliche Sozialleistungen, Gesundheits- und Arbeitsschutz, Gewinnbeteiligungen sowie besondere Betriebsvereinbarungen.

(46) Dies kann jedoch keinesfalls als erschöpfende Aufzählung oder als zwingender Schwerpunkt ausgelegt werden. Grundsätzlich können unter

dem weit gefassten Begriff der nichtfinanziellen Leistungsindikatoren beispielsweise folgende Bereiche subsumiert werden, die die Analyse der Geschäftstätigkeit des Unternehmens untermauern: Entwicklung des Kundenstamms, durchschnittlicher Umsatz pro Kunde, durchschnittlicher Umsatz bezogen auf die Verkaufsfläche, verkaufte Produkte pro Kunde oder Produktentwicklungen, Marktanteil, Produktionsauslastung oder Auftragslage.

(47) [gestrichen]

(48) [gestrichen]

(49) [gestrichen]

(50) [gestrichen]

(51) [gestrichen]

5.2. Bericht über die voraussichtliche Entwicklung und die Risiken des Unternehmens

Grundsätze

(52) Der voraussichtlichen Entwicklung und den damit verbundenen Risiken wohnt die Zukunftsbezogenheit inne; sie können auch nicht klar voneinander getrennt werden, weshalb eine gemeinsame Darstellung in einem gesonderten Abschnitt des Lageberichts empfohlen wird.

(53) In Abhängigkeit von dem vom Unternehmen für den Lagebericht gewählten Detaillierungsgrad der Informationen kann es sinnvoll sein, Hinweise auf den Ausschluss einer Gewähr für den tatsächlichen Eintritt von zukunftsgerichteten Aussagen aufzunehmen.

Voraussichtliche Entwicklung des Unternehmens

(54) Gemäß § 243 Abs 3 Z 1 UGB hat der Lagebericht auch auf die voraussichtliche Entwicklung des Unternehmens einzugehen.

(55) Dieser Abschnitt des Lageberichts soll die für das Unternehmen relevante Entwicklung der gesamtwirtschaftlichen und sonstigen Rahmenbedingungen, die Entwicklung der Branchensituation sowie deren Auswirkungen auf die Vermögens-, Finanz- und Ertragslage des Unternehmens darstellen. Anzugeben sind weiters die wesentlichen geschäftspolitischen Vorhaben und deren Auswirkung auf die Lage des Unternehmens. In beiden Fällen sind die getroffenen Annahmen zu erläutern und zu begründen.

(56) Es ist zulässig, dass die Darstellungen zur voraussichtlichen Entwicklung des Unternehmens in qualitativer Form erfolgen. Daher ist es für die Darstellung der voraussichtlichen Entwicklung nicht erforderlich, die im Bericht über den Geschäftsverlauf und die wirtschaftliche Lage angeführten Leistungsindikatoren zu prognostizieren oder Planzahlen anzugeben.

(57) Der mit den Ausführungen im Lagebericht abgedeckte Zeithorizont ist unter Berücksichtigung der unternehmensspezifischen Geschäftszyklen und Risiken festzulegen und hat jedenfalls das nachfolgende Geschäftsjahr zu umfassen.

Wesentliche Risiken und Ungewissheiten

a) Berichterstattung gemäß § 243 Abs 1 UGB

(58) Gemäß § 243 Abs 1 UGB sind im Lagebericht die wesentlichen Risiken und Ungewissheiten, denen das Unternehmen ausgesetzt ist, zu beschreiben. Der Ausdruck „wesentliche Risiken und Ungewissheiten" ist iSv „geschäftstypische bzw unternehmenstypische Unsicherheiten" zu verstehen. Dies bedeutet, dass allgemeine, versicherte Risiken nicht gesondert angeführt werden müssen; geschäftstypische bzw unternehmenstypische Unsicherheiten (zB Hochwasserrisiko auf Grund einer exponierten Lage von wesentlichen Produktionsstätten) sind selbst dann anzuführen, wenn eine Versicherung abgeschlossen wurde. Die Angabe der Absicherungsstrategie für die beschriebenen Risiken wird empfohlen (siehe Rz (61) und (63)).

(59) Die Darstellungen im Lagebericht haben gemäß § 243 Abs 2 UGB in ausgewogener und umfassender Form zu erfolgen, woraus abzuleiten ist, dass sowohl Risiken als auch Chancen aufgenommen werden sollten.

(60) Zur Definition der Begriffe „Risiko" und „Chance" wird empfohlen, auf internationale Vorbilder, insbesondere das „Enterprise Risk Management – Integrated Framework" des „Committee of Sponsoring Organizations of the Treadway Commission" (COSO) (vgl COSO, Unternehmensweites Risikomanagement – Übergreifendes Rahmenwerk (Zusammenfassung), übersetzt vom Deutschen Institut für Interne Revision e.V., Frankfurt/Main 2006), zurückzugreifen; demzufolge können Risiko und Chance als die Möglichkeit des negativen und positiven Abweichens von einem erwarteten Ergebnis definiert werden.

(61) Hinsichtlich der Kategorisierung der Risiken, über die neben den gesondert darzustellenden finanziellen Risiken gegebenenfalls zu berichten ist, wird folgende Unterscheidung angeregt:

– Personalrisiken (betriebliche Altersvorsorge, Fluktuation, Krankheit etc),
– operative Risiken (Technologie, EDV, Umwelt, Management, Reputation etc) sowie
– Geschäftsrisiken (Beschaffung, Vertrieb, Produkte, Kundenbindung etc) unter zusätzlicher Berücksichtigung des Fortbestands.

In den genannten Risikobereichen können auch rechtliche Risiken enthalten sein.

(62) Die Beschreibung der Risiken und Chancen hat zumindest in qualitativer Form zu erfolgen. Wenn Zahlenangaben gemacht werden, sind die zugrunde liegenden Annahmen und ihre Berechnungsweise zu erläutern.

(63) Eine Verpflichtung zur Beschreibung des Risikomanagements kann aus § 243 Abs 1 UGB nicht abgeleitet werden. Lediglich im Zusammenhang mit finanziellen Risiken verlangt § 243 Abs 3 Z 5 lit a UGB (im Falle der Verwendung von Finanzinstrumenten) eine Angabe der Risikomanagementziele und -methoden; dazu kommen die Angabepflichten gemäß § 243a Abs 2 UGB (vgl Abschnitt 5.5.).

(64) Auf bestandsgefährdende Risiken ist besonders einzugehen; sie sind als solche zu bezeichnen. Ein bloßer Verweis auf die Lageberichte vergangener Geschäftsjahre ist diesbezüglich nicht zulässig.

b) Berichterstattung gemäß § 243 Abs 3 Z 5 UGB

(65) Gemäß § 243 Abs 3 Z 5 UGB hat der Lagebericht auf die Verwendung von Finanzinstrumenten einzugehen, sofern dies für die Beurteilung der Vermögens-, Finanz- und Ertragslage wesentlich ist; diesfalls sind anzugeben:

a) die Risikomanagementziele und -methoden, einschließlich der Methoden zur Absicherung aller wichtigen Arten geplanter Transaktionen, die im Rahmen der Bilanzierung von Sicherungsgeschäften angewandt werden;
b) bestehende Preisänderungs-, Ausfall-, Liquiditäts- und Cashflow-Risiken.

(66) Gemäß den EB zu § 243 Abs 3 Z 5 UGB wurde auf eine Definition des Begriffs „Finanzinstrumente“ im UGB bewusst verzichtet. Der Begriff ist anhand der zum Abschlussstichtag geltenden IFRS, wie sie in der EU anzuwenden sind, zu interpretieren. Darunter können sowohl finanzielle Vermögenswerte als auch finanzielle Schulden fallen. Der Begriff umfasst jene originären und derivativen Finanzinstrumente, die in den Anwendungsbereich von IAS 39 (bzw IFRS 9, der diesen ersetzen wird) sowie IAS 32 fallen. Andere EU-Regelungen, die eine Definition des Begriffs „Finanzinstrumente“ enthalten (wie zB die Richtlinie über Märkte für Finanzinstrumente (RL 2004/39/EG)), sind zur Auslegung nicht heranzuziehen.

(67) Bei den Angabeverpflichtungen gemäß § 238 Abs 1 Z 1 und Z 2 UGB sowie gemäß § 243 Abs 3 Z 5 UGB ist von derselben Definition für den Begriff „Finanzinstrumente“ auszugehen. Festzuhalten ist dabei aber, dass sich § 238 Abs 1 Z 1 und Z 2 UGB nur auf bestimmte Finanzinstrumente beziehen, während die §§ 243 und 267 UGB eine derartige Einschränkung nicht vornehmen.

(68) Da Anteile an Tochterunternehmen, assoziierten Unternehmen und Gemeinschaftsunternehmen in einem IFRS-Jahresabschluss entsprechend IAS 39 (bzw IFRS 9, der diesen ersetzen wird) bewertet werden können, sind derartige Anteile als Finanzinstrumente iSd § 243 Abs 3 Z 5 UGB anzusehen.

(69) Verträge über den Kauf oder Verkauf von Waren sind nicht vom Begriff „Finanzinstrumente“ umfasst, soweit sie gemäß § 238 Abs 2 UGB zur Sicherung des erwarteten Bedarfs geschlossen wurden.

(70) Sollte die Verwendung von Finanzinstrumenten für die Beurteilung der Vermögens-, Finanz- und Ertragslage nicht wesentlich sein, hat das Unternehmen dies anzugeben.

5.3. Bericht über die Forschung und Entwicklung

(71) Forschung wird als eine eigenständige und planmäßige Suche mit der Aussicht, zu neuen wissenschaftlichen bzw technischen Erkenntnissen zu gelangen, verstanden. Entwicklung ist die der kommerziellen Produktion oder Nutzung vorgelagerte Anwendung von Forschungsergebnissen oder anderem Wissen, unabhängig davon, ob sie als Bestandteil der Anschaffungs-/Herstellungskosten eines Vermögensgegenstandes aktiviert oder als Aufwand erfasst wird.

(72) Aus dem Gesetz ist nicht ableitbar, über welche konkreten Sachverhalte und in welcher Weise zu berichten ist. Neben rein verbalen Beschreibungen der betreffenden Zielsetzungen sind auch quantitative Angaben aufzunehmen. So kann es erforderlich sein, Inputfaktoren (zB Ausgaben für Forschung und Ent-wicklung) und/oder Ergebnisse der Forschung bzw Entwicklung anzuführen. Angaben qualitativer Art können insbesondere über Schwerpunkte, einzelne Projekte und die Organisation der Forschungs- und Entwicklungstätigkeit ge-macht werden.

(73) Die Angaben über die Forschungs- und Entwicklungsaktivitäten des Unternehmens stellen einen Kompromiss zwischen den Informationsinteressen der Außenstehenden und dem schutzwürdigen Interesse des Unternehmens (Geschäftsgeheimnisse) dar.

(74) Entsprechend dem Wortlaut des § 243 Abs 3 Z 2 UGB „hat“ die Berichterstattung auf Tätigkeiten im Bereich Forschung und Entwicklung einzugehen. Ein Wesentlichkeitsaspekt ist dem Gesetzeswortlaut nicht zu entnehmen, weshalb ein Negativvermerk jedenfalls in den Lagebericht aufzunehmen ist.

5.4. Bericht über den Bestand sowie den Erwerb und die Veräußerung eigener Anteile

(74a) Nach § 243 Abs 3 Z 3 UGB hat der Lagebericht auf den Bestand an eigenen Anteilen der Gesellschaft einzugehen, die die Gesellschaft selbst, ein verbundenes Unternehmen oder eine andere Person für Rechnung der Gesellschaft oder eines verbundenen Unternehmens erworben oder als Pfand genommen hat. Sind eigene Anteile im Geschäftsjahr erworben oder veräußert worden, so ist auch über den Erwerb oder die Veräußerung zu berichten.

(74b) Für den Bestand an eigenen Anteilen sind die Zahl der Anteile, der auf sie entfallende Betrag des Grundkapitals sowie ihr Anteil am Grundkapital, für erworbene Anteile ferner der Zeitpunkt des Erwerbs und die Gründe für den Erwerb anzugeben.

(74c) Bei Anteilen, die im Geschäftsjahr erworben oder veräußert worden sind, ist über die Zahl der Anteile, den auf sie entfallenden Betrag des Grundkapitals, den Anteil am Grundkapital, den Erwerbs- oder Veräußerungspreis sowie über die Verwendung des Erlöses zu berichten.

(74d) Werden während des Geschäftsjahrs zahlreiche Erwerbe und Veräußerungen getätigt, so sind auch monatliche Zusammenfassungen als ausreichend anzusehen. Eine Trennung nach den Erwerbsgründen ist aber jedenfalls geboten. Eine

Saldierung von Erwerbs- und Veräußerungsgeschäften ist unzulässig.

(74e) Der Erwerb und die Pfandnahme eigener Anteile sind aufgrund der damit verbundenen abstrakten Gefährdungen gesetzlich nicht gewünscht und werden nur in abschließend aufgezählten Ausnahmefällen zugelassen (§§ 65, 65b AktG, § 81 GmbHG). Gleiches gilt für den Erwerb eigener Anteile durch ein Tochterunternehmen iSd § 189a Z 7 UGB sowie den Erwerb durch Dritte, die für Rechnung der Gesellschaft oder eines Tochterunternehmens handeln (§ 66 AktG). Die Angabepflicht nach § 243 Abs 3 Z 3 UGB besteht jedoch unabhängig davon, ob der Erwerb oder die Pfandnahme gesellschaftsrechtlich zulässig waren.

(74f) Eigene Anteile, die einem verbundenen Unternehmen zuzurechnen sind, liegen jedenfalls dann vor, wenn es sich bei dem verbundenen Unternehmen um ein Tochterunternehmen iSd § 189a Z 7 UGB handelt.

(74g) Für die Form und Gliederung der Angaben enthält das Gesetz keine Vorgaben. Im Sinne der Klarheit und Übersichtlichkeit sind die Angaben über eigene Anteile der Gesellschaft von jenen über eigene Anteile, die einem verbundenen Unternehmen zuzurechnen sind, zu trennen. Die als Pfand oder Sicherungseigentum genommenen eigenen Anteile sind dabei jeweils getrennt von den erworbenen eigenen Anteilen darzustellen.

5.5. Berichterstattung über wesentliche Merkmale des internen Kontroll- und des Risikomanagementsystems im Hinblick auf den Rechnungslegungsprozess

(75) Gemäß § 243a Abs 2 UGB sind im Lagebericht von Gesellschaften nach § 189a Z 1 lit a UGB die wichtigsten Merkmale des internen Kontroll- und des Risikomanagementsystems im Hinblick auf den Rechnungslegungsprozess zu beschreiben.

(76) Unter dem „Internen Kontrollsystem" (IKS) werden alle von der Geschäftsleitung entworfenen und im Unternehmen ausgeführten Prozesse verstanden, durch die

- die Wirksamkeit und Wirtschaftlichkeit der betrieblichen Tätigkeit (hiezu gehört auch der Schutz des Vermögens vor Verlusten durch Schäden und Malversationen),
- die Zuverlässigkeit der Finanzberichterstattung und
- die Einhaltung der für das Unternehmen maßgeblichen gesetzlichen Vorschriften

überwacht und kontrolliert werden.

(77) Das Risikomanagementsystem umfasst alle Prozesse, die dazu dienen, Risiken zu identifizieren, zu analysieren und zu bewerten sowie Maßnahmen zu ergreifen, die verhindern, dass das Erreichen der Unternehmensziele durch Risiken, die schlagend werden, beeinträchtigt wird.

(78) Nach dem international anerkannten COSO-Rahmenwerk zur Gestaltung von Risikomanagementsystemen (vgl dazu Rz (60)) ist das IKS als Bestandteil eines unternehmensweiten Risikomanagementsystems zu verstehen. Dazu gehören auch das Management und die Kontrolle von Risiken, die die Ordnungsmäßigkeit und Verlässlichkeit der Rechnungslegung betreffen.

(79) Bereits die seit langem geltenden Bestimmungen insbesondere der §§ 82 AktG und 22 Abs 1 GmbHG fordern von der Geschäftsleitung, dass ein den Anforderungen des Unternehmens entsprechendes IKS einzurichten ist. Den internationalen Vorbildern folgend sind alle Maßnahmen und Einrichtungen zur internen Kontrolle integraler Bestandteil eines unternehmensweiten Risikomanagements. Erst bei entsprechender Analyse und Identifikation von Risiken kann ein den Anforderungen eines Unternehmens angemessenes IKS eingerichtet werden.

(80) Mit der Angabepflicht im Lagebericht werden allerdings weder eine bestimmte Einrichtung noch eine bestimmte inhaltliche Ausgestaltung (Konzeption, Umsetzung, laufende Anpassung und Weiterentwicklung) des IKS und des Risikomanagementsystems verpflichtend vorgeschrieben. Es bleibt daher weiter der Verantwortung der Unternehmensleitung überlassen, die Systeme und Prozesse nach vorhandenen Anforderungen und Bedürfnissen und unter Berücksichtigung der Unternehmensstrategie, des Geschäftsumfangs und anderer wichtiger wirtschaftlicher sowie organisatorischer Aspekte einzurichten.

(81) Die Darstellungspflicht im Lagebericht ist auf Beschreibungen der wesentlichen Merkmale im Hinblick auf den Rechnungslegungsprozess eingeschränkt. Der Rechnungslegungsprozess umfasst alle Abläufe in der Buchhaltung und Bilanzierung, dh von der Entstehung eines Geschäftsfalls bis zu seiner Verbuchung und Erfassung im Jahresabschluss, beispielsweise alle Transaktionen und Abläufe innerhalb des Beschaffungs-, Produktions- und Vertriebsprozesses, soweit sie für die Rechnungslegung und Berichterstattung relevant sind.

(82) Der Detaillierungsgrad der Darstellung im Lagebericht bleibt der Entscheidung der Unternehmensleitung vorbehalten. Ausführungen zur Einschätzung der Wirksamkeit der eingeführten Systeme und Prozesse im Zusammenhang mit interner Kontrolle und Risikomanagement sind nicht gefordert. Ebenso sind keine Angaben zu im Unternehmen vorhandenen bzw festgestellten konkreten Risiken in der Finanzberichterstattung erforderlich, weil vom Willen des Gesetzgebers wohl nur eine allgemeine Beschreibung der unternehmenstypischen Risiken im Hinblick auf den Rechnungslegungsprozess sowie der dazu eingerichteten Systeme und Prozesse umfasst wird.

(83) Für die Darstellung im Lagebericht wird empfohlen, in deren Einleitung eine Aussage der Unternehmensleitung

- zu ihrer Verantwortung für die Einrichtung und Ausgestaltung eines angemessenen internen Kontroll- und Risikomanagementsystems im Hinblick auf den Rechnungslegungsprozess sowie

– allenfalls zu den – über die Einhaltung der gesetzlichen Vorschriften hinausgehenden – Zielen der Finanzberichterstattung

aufzunehmen.

(84) Für die Beschreibung der wesentlichen Merkmale wird eine Struktur vorgeschlagen, die dem internationalen Beispiel der fünf Komponenten des COSO-Rahmenwerks (vgl dazu Rz (60)) folgt:

– Kontrollumfeld
– Risikobeurteilung
– Kontrollmaßnahmen
– Information und Kommunikation
– Überwachung

(85) In den Abschnitt „*Kontrollumfeld*" ist eine Aussage zur Aufbau- und Ablauforganisation im Bereich des Rechnungswesens einschließlich der Finanzbuchhaltung aufzunehmen. Dabei ist insbesondere auf die im Unternehmen festgelegten ethischen Leitlinien (zB Code of Conduct), die Verfahrensregeln für wesentliche Prozesse in der Rechnungslegung und Finanzberichterstattung sowie auf die in diesem Bereich eingerichteten Organisationseinheiten und deren Verantwortungsbereiche einzugehen.

(86) Im Abschnitt „*Risikobeurteilung*" ist auf die Risiken einer wesentlichen Fehldarstellung bei der Abbildung von Transaktionen einzugehen. Dabei sind die wesentlichen unternehmenstypischen Geschäftsprozesse und deren besondere Risiken für den Rechnungslegungsprozess zu berücksichtigen.

(87) Im Abschnitt „*Kontrollmaßnahmen*" ist auf die wesentlichen vom Unternehmen eingerichteten Kontrollaktivitäten einzugehen. Dazu zählen

– Richtlinien und Verfahren für die Erfassung, Buchung und Bilanzierung von Transaktionen sowie
– die Nennung der für die Rechnungslegung und Berichterstattung verwendeten Software bzw ein Hinweis auf die wichtigsten in diesem Zusammenhang eingerichteten automatisierten Kontrollen.

(88) Unter „*Information und Kommunikation*" sind Grundsätze des Management-Informationssystems und der Berichterstattung an den Aufsichtsrat bzw die Gesellschafter anzuführen. Darüber hinaus ist auch auf die den wesentlichen Ebenen des Unternehmens zur Verfügung gestellten Finanzinformationen, insbesondere jene zur Wahrnehmung der Überwachungs- und Kontrollfunktion im Hinblick auf eine ordnungsgemäße Rechnungslegung und Berichterstattung, einzugehen. Beispiele dafür sind Zwischenberichte, Berichterstattung gemäß § 81 AktG/§ 28a GmbHG, Controlling-Berichte, Segmentergebnisrechnung, Treasury-Berichte etc.

(89) Der Abschnitt „*Überwachung*" hat allgemeine Informationen zu den im Unternehmen eingerichteten internen Überwachungsmaßnahmen zu enthalten, damit ersichtlich ist, wie allenfalls Risiken und Kontrollschwächen im Rechnungslegungsprozess erkannt und zeitnah an die für Abhilfemaßnahmen Verantwortlichen kommuniziert werden. Wenn das Unternehmen eine Interne Revision eingerichtet hat, so sind Aufgabenbereich und gegebenenfalls Revisionsmaßnahmen in Bezug auf die Zuverlässigkeit, Ordnungsmäßigkeit sowie Gesetzmäßigkeit des Rechnungslegungsprozesses und der Berichterstattung darzustellen.

(90) Sofern in den Abläufen und Prozessen Anpassungen oder andere Veränderungen gegenüber dem Vorjahr vorgenommen wurden, ist darüber ebenfalls zu berichten.

5.6. Angaben zu Kapital-, Anteils-, Stimm- und Kontrollrechten und damit verbundenen Vereinbarungen

Allgemeines

(91) Gemäß § 243a Abs 1 UGB sind im Lagebericht von bestimmten börsenotierten Gesellschaften Angaben zu machen, die für Übernahmeangebote iSd § 1 Abs 1 Übernahmegesetz (ÜbG) von Bedeutung sein können. Die Vorschrift wurde mit dem Übernahmerechts-Änderungsgesetz (ÜbRÄG) 2006 eingeführt und soll Informationsbedürfnisse von Bietern und Anlegern befriedigen, die für eine beabsichtigte oder bestehende Investition in die Gesellschaft von Bedeutung sind.

(92) Die Angaben sind von Aktiengesellschaften zu machen,

– deren Aktien zum Handel auf einem geregelten Markt iSd § 1 Z 2 BörseG 2018 zugelassen sind *oder*
– die ausschließlich andere Wertpapiere als Aktien auf einem solchen Markt emittiert haben und deren Aktien mit Wissen der Gesellschaft über ein multilaterales Handelssystem iSd § 1 Z 24 Wertpapieraufsichtsgesetz 2018 gehandelt werden.

(93) [gestrichen]

(94) Die Angabeverpflichtung umfasst die folgenden Angaben:

– die *Zusammensetzung des Kapitals* einschließlich der Aktien, die nicht auf einem geregelten Markt iSd § 1 Z 2 BörseG 2018 gehandelt werden, sowie gegebenenfalls die *Angabe der verschiedenen Aktiengattungen* und zu jeder Aktiengattung die Angabe der *mit dieser Gattung verbundenen Rechte und Pflichten* sowie des *Anteils* dieser Gattung am Gesellschaftskapital (Z 1)
– alle *Beschränkungen, die Stimmrechte oder die Übertragung von Aktien* betreffen, auch wenn sie in Vereinbarungen zwischen Gesellschaftern enthalten sind, soweit sie dem Vorstand der Gesellschaft bekannt sind (Z 2)
– *direkte oder indirekte Beteiligungen* am Kapital, die zumindest 10 vom Hundert betragen (Z 3)
– die Inhaber von Aktien mit *besonderen Kontrollrechten* und eine Beschreibung dieser Rechte (Z 4)

- die *Art der Stimmrechtskontrolle* bei einer Kapitalbeteiligung der Arbeitnehmer, wenn sie das Stimmrecht nicht unmittelbar ausüben (Z 5)
- die sich nicht unmittelbar aus dem Gesetz ergebenden *Bestimmungen* über die *Ernennung* und *Abberufung* der Mitglieder des *Vorstands* und des *Aufsichtsrats* und über die Änderung der Satzung der Gesellschaft (Z 6)
- die sich nicht unmittelbar aus dem Gesetz ergebenden *Befugnisse* der Mitglieder des *Vorstands*, insbesondere hinsichtlich der *Möglichkeit, Aktien auszugeben oder zurückzukaufen* (Z 7)
- alle *bedeutenden Vereinbarungen*, an denen die Gesellschaft beteiligt ist und *die bei einem Kontrollwechsel* in der Gesellschaft infolge eines Übernahmeangebots *wirksam werden, sich ändern oder enden*, sowie ihre Wirkungen; ausgenommen hiervon sind Vereinbarungen, deren Bekanntmachung der Gesellschaft erheblich schaden würde, es sei denn, die Gesellschaft ist zur Bekanntgabe derartiger Informationen aufgrund anderer Rechtsvorschriften ausdrücklich verpflichtet (Z 8)
- Bestand und *wesentlicher Inhalt von Entschädigungsvereinbarungen* zwischen der Gesellschaft und ihren Vorstands- und Aufsichtsratsmitgliedern oder Arbeitnehmern für den Fall eines öffentlichen Übernahmeangebots (Z 9)

(95) Das Erfordernis zur Angabe von inhaltlichen Vertragsbestandteilen oder sonstigen rechtlichen Vereinbarungen bezieht sich grundsätzlich auf eine sinngemäße Darstellung, in der die wesentlichen Inhalte und mögliche sonstige bedeutende Bestandteile angeführt werden. Die zusammenfassende Darstellung darf den allgemeinen Grundsätzen der Lageberichterstattung (siehe Rz (23)) nicht widersprechen.

(96) Vertragliche Geheimhaltungsverpflichtungen stehen der Erfüllung der Angabeverpflichtung nicht entgegen.

(97) Der maßgebliche Beurteilungszeitpunkt für die Angabepflichten ist zunächst der Abschlussstichtag unter Berücksichtigung wichtiger Veränderungen im Geschäftsjahr, über welches der Lagebericht berichtet.

Angaben gemäß Z 1

(98) Die Angaben gemäß Z 1 haben sich nur auf jene Kapitalbestandteile der Gesellschaft zu beziehen, aus denen möglicherweise Stimmrechte in der Hauptversammlung resultieren können. In erster Linie betrifft dies das Grundkapital. Wandel- oder Optionsanleihen, die von der Gesellschaft auf ihre Aktien emittiert wurden, sowie andere Hybridfinanzierungen, die zur Ausgabe von Aktien führen können, sind ebenso in die Angaben einzubeziehen.

(99) Da sich die Angaben großteils mit den Anhangangaben gemäß §§ 238 Abs 1 Z 5 und 241 Z 1 UGB überschneiden, ist zu empfehlen, im Lagebericht nur eine kurze Zusammenfassung zu geben und auf die Angaben im Anhang zu verweisen.

Angaben gemäß Z 2

(100) Die Angaben gemäß Z 2 umfassen zB statutengemäß vereinbarte Höchststimmrechte (§ 12 Abs 2 AktG) oder Vorzugsaktien ohne Stimmrecht (§ 12a AktG), Vinkulierungen von Aktien sowie Syndikatsvereinbarungen hinsichtlich der Ausübung des Stimmrechts („Stimmrechtsbindungsverträge“) und/oder Vorkaufsrechten von Aktien der Gesellschaft.

(101) Nach dem Wortlaut von Z 2 ist es keine Voraussetzung für die Angabepflicht, dass die Beschränkung in einer Vereinbarung zwischen Gesellschaftern enthalten ist. Somit sind auch Vereinbarungen mit und/oder zwischen Dritten von der Angabeverpflichtung umfasst, soweit sie dem Vorstand bekannt sind.

(102) Die Angaben haben grundsätzlich den vollständigen Inhalt der Beschränkungen wiederzugeben, außer dem Vorstand ist dieser nicht bekannt. Aus dem Gesetzeswortlaut ist das Erfordernis einer aktiven Nachforschung durch den Vorstand nicht ableitbar. Empfohlen wird, einen Hinweis aufzunehmen, dass alle der Unternehmensleitung bekannten Vereinbarungen angegeben wurden.

Angaben gemäß Z 3

(103) Die Angaben gemäß Z 3 beziehen sich auf die Aktionäre der Gesellschaft, die direkt oder indirekt eine zumindest 10%ige Beteiligung halten. Für die Ermittlung des Anteilsausmaßes sind die direkt an der Gesellschaft gehaltenen Anteile maßgeblich. Sollte ein Aktionär über eine mehrstufige Gesellschaftshierarchie, die von ihm kontrolliert wird, an der Gesellschaft beteiligt sein, ist sein Anteilsausmaß somit nicht anhand einer prozentuellen Durchrechnung zu ermitteln.

(104) Aktien, die von anderen Personen (Treuhändern) in ihrem eigenen Namen für Rechnung eines (anderen) Aktionärs (Treugeber) gehalten werden, sind dem Treugeber zuzurechnen.

(105) Das genaue Beteiligungsausmaß ist nur anzugeben, wenn es der Gesellschaft bekannt ist. Sollte es nicht bekannt sein, ist dieser Umstand anzugeben.

Angaben gemäß Z 4

(106) Die Angaben gemäß Z 4 beziehen sich auf sämtliche Vereinbarungen, die zur Ausübung einer Kontrolle über die Gesellschaft beitragen. Bei Vorliegen mehrerer Vereinbarungen ist hingegen nicht Voraussetzung für die Angabepflicht, dass jede dieser Vereinbarungen eine Kontrollmöglichkeit ergibt.

(107) Die Angabe hat den Inhaber der Rechte namentlich anzuführen und die Kontrollrechte zu beschreiben.

(108) Die Angabepflicht umfasst etwa Rechte zur Entsendung von Mitgliedern in den Aufsichtsrat (§ 88 AktG) der Gesellschaft.

Angaben gemäß Z 5

(109) Die Angaben gemäß Z 5 betreffen nur Kapitalbeteiligungen von Arbeitnehmern, bei denen sie das Stimmrecht nicht unmittelbar ausüben. Eine mittelbare Ausübung des Stimmrechts kann zB vorliegen, wenn von Arbeitnehmern gehaltene Aktien diesen in gemeinsamer Berechtigung zustehen und die Stimmrechte aus den Aktien durch einen gemeinsamen Vertreter ausgeübt werden. Fälle, in denen die Aktien von Stiftungen oder anderen Rechtsträgern gehalten werden, werden somit von der Angabepflicht nicht erfasst.

Angaben gemäß Z 6

(110) Die Angaben gemäß Z 6 beziehen sich insbesondere auf Satzungsbestimmungen, mit denen dispositive gesetzliche Bestimmungen zur Ernennung und Abberufung der Mitglieder des Vorstands und des Aufsichtsrats und über die Änderung der Satzung der Gesellschaft abgeändert werden.

Angaben gemäß Z 7

(111) Die Angaben gemäß Z 7 umfassen insbesondere bestehende Ermächtigungen des Vorstands zum Erwerb eigener Aktien (§ 65 Abs 1 Z 4, 7 und 8 AktG) und zur Durchführung einer bedingten Kapitalerhöhung zur Ausgabe von Aktienoptionen (§ 159 Abs 3 AktG) sowie gefasste Beschlüsse zu genehmigtem Kapital (§ 169 AktG).

(112) Da sich die Angaben teilweise mit den Anhangangaben gemäß § 241 Z 3 und 4 UGB überschneiden, ist eine Zusammenfassung aller dieser Angaben im Anhang zu empfehlen, auf die im Lagebericht zu verweisen ist.

(113) Die Angaben beziehen sich auf sämtliche Befugnisse des Vorstands. Es ist nicht Voraussetzung für die Angabepflicht, dass der Vorstand die entsprechende Maßnahme ohne Zustimmung des Aufsichtsrats durchführen darf.

Angaben gemäß Z 8

(114) Die Angaben gemäß Z 8 beziehen sich auf Vereinbarungen der Gesellschaft, die sogenannte „Change-of-control-Klauseln" enthalten, wie zB Verträge über Darlehen, die bei einem Kontrollwechsel fällig gestellt werden können, oder Verträge mit Lieferanten, die im Fall eines Kontrollwechsels ein Kündigungsrecht haben. Die Angabepflicht kann auch Vereinbarungen mit Mitgliedern des Vorstands oder des Aufsichtsrats betreffen.

(115) Nach dem Zweck der Vorschrift sind Vereinbarungen als „bedeutend" zu erachten, wenn sie Auswirkungen auf ein Übernahmeangebot eines möglichen Bieters haben könnten. Die Bedeutsamkeit ist daher aus der Sicht eines möglichen Bieters zu beurteilen.

(116) Die Angabepflicht bezieht sich nur auf Vereinbarungen, die von der Gesellschaft abgeschlossen wurden. Von mit der Gesellschaft verbundenen Unternehmen abgeschlossene Vereinbarungen werden somit davon nicht erfasst. Ausgenommen sind ferner Vereinbarungen, deren Bekanntmachung der Gesellschaft erheblich schaden würde, es sei denn, die Gesellschaft ist zur Bekanntgabe derartiger Informationen aufgrund anderer Rechtsvorschriften ausdrücklich verpflichtet.

(117) Für die Definition des Begriffs „Kontrollwechsel" ist nicht nur auf öffentliche, sondern auch auf alle andere Formen eines Übernahmeangebots abzustellen.

Angaben gemäß Z 9

(118) Von der Angabepflicht erfasst werden sämtliche Entschädigungsvereinbarungen, die die Gesellschaft mit Mitgliedern des Vorstands oder des Aufsichtsrats oder mit Arbeitnehmern für den Fall getroffen hat, dass

- sie infolge eines öffentlichen Übernahmeangebots kündigen,
- sie infolge eines öffentlichen Übernahmeangebots ohne weiteren in ihrer Person liegenden Grund gekündigt werden oder
- ihr Dienst- oder Arbeitsverhältnis infolge eines öffentlichen Übernahmeangebots endet.

(119) Ob eine Entschädigungsvereinbarung als wesentlich anzusehen ist, ist für die Angabepflicht unerheblich. Der wesentliche Inhalt der Entschädigungsvereinbarungen ist zu beschreiben; hiezu reicht eine zusammenfassende Darstellung regelmäßig aus. Eine Schutzklausel ist im Gegensatz zur Angabepflicht nach Z 8 nicht vorgesehen.

6. Besonderheiten für mittelgroße und kleine Gesellschaften

(120) Lageberichte sind nach den Vorschriften des UGB von Kapitalgesellschaften zu erstellen. Kleine Gesellschaften mit beschränkter Haftung (einschließlich Kleinstkapitalgesellschaften gemäß § 221 Abs 1a UGB) sind von dieser Verpflichtung ausgenommen. Eine Personengesellschaft iSd § 189 Abs 1 Z 2 UGB unterliegt hinsichtlich der in § 243 UGB geregelten Lageberichterstattung den der Rechtsform ihres unbeschränkt haftenden Gesellschafters entsprechenden Rechtsvorschriften.

(121) Der Situation von mittelgroßen Gesellschaften, kleinen Gesellschaften und Kleinstgesellschaften trägt der Gesetzeswortlaut insoweit Rechnung, als der Lagebericht eine ausgewogene und umfassende, dem Umfang und der Komplexität der Geschäftstätigkeit angemessene Analyse des Geschäftsverlaufs zu enthalten hat. Die Darstellung der wichtigsten finanziellen Leistungsindikatoren hat abhängig von der Größe des Unternehmens und der Komplexität des Geschäftsbetriebs zu erfolgen. Ein gänzlicher Verzicht auf die Angabe von finanziellen Leistungsindikatoren kann daraus allerdings nicht abgeleitet werden.

(122) Für mittelgroße Gesellschaften mit beschränkter Haftung bzw kleine und mittelgroße Aktiengesellschaften besteht für Zwecke der Offenlegung gemäß § 279 Z 2 UGB die Möglichkeit, die Posten des § 231 Abs 2 Z 1 bis 3 und 5 bzw Abs 3 Z 1 bis 3 UGB zu einem „Rohergebnis" bzw „Bruttoergebnis vom Umsatz" zusammenzufassen. Der Lagebericht erweitert die Publizitätserforder-

nisse nicht; die Schutzklausel zur Angabe des Rohergebnisses bzw des Bruttoergebnisses vom Umsatz muss erhalten bleiben. Wenn der Umsatz jedoch ein wesentlicher Leistungsindikator ist, sind umsatzabhängige Kennzahlen anzugeben (zB Umsatzsteigerungsrate). Der Umsatz muss aus der Angabe derartiger Kennzahlen jedoch nicht abgeleitet werden können.

7. Besonderheiten des Konzernlageberichts

7.1. Allgemeines

(123) Die Aufgabe des Konzernlageberichts besteht in der Darstellung der Lage des Konzerns aus einer gesamtheitlichen Konzernbetrachtung. Die Beurteilung der Wesentlichkeit einzelner Sachverhalte hat auf Konzernebene zu erfolgen. Dieses Grundverständnis hat zur Folge, dass eine lediglich additive Zusammenfassung der Lageberichte der einzelnen Konzernunternehmen dem Zweck des Konzernlageberichts nicht entspricht. Auf Teilbereiche ist allerdings dann gesondert einzugehen, wenn dies für die Darstellung der Gesamtlage erforderlich ist.

(124) Nach § 267 Abs 4 UGB ist § 251 Abs 3 UGB über die Zusammenfassung von Konzernanhang und Anhang entsprechend anzuwenden. Nach § 251 Abs 3 UGB dürfen der Konzernanhang und der Anhang des Jahresabschlusses des Mutterunternehmens zusammengefasst werden. In diesem Fall müssen der Konzernabschluss und der Jahresabschluss des Mutterunternehmens gemeinsam offengelegt werden.

(125) In diesem Zusammenhang sind drei Varianten zu unterscheiden:

1. Es wird ein UGB-Konzernabschluss aufgestellt.
2. Das Mutterunternehmen ist zur Aufstellung eines IFRS-Konzernabschlusses gemäß § 245a Abs 1 UGB verpflichtet.
3. Das Mutterunternehmen stellt gemäß § 245a Abs 2 UGB freiwillig einen IFRS-Konzernabschluss auf.

(126) In den Fällen 2 und 3 besteht die Problematik, dass der Jahresabschluss des Mutterunternehmens jeweils nach den Vorschriften des UGB aufzustellen ist, dass also unterschiedliche Rechnungslegungsgrundsätze für die Aufstellung des Konzernabschlusses und des Jahresabschlusses des Mutterunternehmens bestehen. Dies führt zur Schlussfolgerung, dass in den Fällen 2 und 3 eine Zusammenfassung von Konzernlagebericht und Lagebericht des Mutterunternehmens nicht zweckmäßig ist.

(127) Im Interesse der Klarheit und Übersichtlichkeit sollten der Konzernlagebericht und der Lagebericht des Mutterunternehmens auch bei Vorliegen eines UGB-Konzernabschlusses nicht zu einem gemeinsamen Lagebericht zusammengefasst werden.

7.2. Besonderheiten für börsenotierte Unternehmen

(128) Gemäß § 267 Abs 3b UGB sind im Konzernlagebericht von Gesellschaften gemäß § 189a Z 1 lit a UGB die wichtigsten Merkmale des internen Kontroll- und des Risikomanagementsystems des Konzerns im Zusammenhang mit der Aufstellung des Konzernabschlusses zu beschreiben.

(129) Es gelten dazu sinngemäß die Überlegungen und Ausführungen von Abschnitt 5.5. „Berichterstattung über wesentliche Merkmale des internen Kontroll- und des Risikomanagementsystems im Hinblick auf den Rechnungslegungsprozess".

(130) Im Konzernlagebericht ist bei der Beschreibung der wesentlichen Merkmale des internen Kontroll- und des Risikomanagementsystems sinngemäß insbesondere der Prozess der unterjährigen bzw jährlichen Konzernberichterstattung darzustellen.

(131) Dazu zählen

- die Darstellung der Organisation des Konzernberichtswesens (*Kontrollumfeld*),
- eine Beschreibung der unternehmenstypischen Merkmale des konzernweiten Risikomanagementsystems im Hinblick auf eine zuverlässige Konzernberichterstattung (*Risikobeurteilung*),
- eine Übersicht zu wesentlichen Bereichen, für die in einem Konzernrechnungslegungshandbuch besondere Bilanzierungs- und Bewertungsgrundlagen vorgegeben werden, bzw ggf die Nennung der verwendeten Konsolidierungs-Software (*Kontrollmaßnahmen*),
- erstellte und den Verantwortlichen vorgelegte Konzernberichte (*Information und Kommunikation*) sowie
- die für eine zuverlässige Konzernberichterstattung eingerichteten Überwachungsmaßnahmen (*Überwachung*).

8. Halbjahreslagebericht

8.1. Allgemeines

(132) Gemäß § 125 Abs 1 BörseG 2018 hat der Halbjahresfinanzbericht einen Halbjahreslagebericht zu enthalten. In den Halbjahreslagebericht sind gemäß § 125 Abs 4 leg cit folgende Mindestinhalte aufzunehmen:

a) wichtige Ereignisse während der ersten sechs Monate des Geschäftsjahrs und ihre Auswirkungen auf den verkürzten Abschluss;
b) eine Beschreibung der wesentlichen Risiken und Ungewissheiten in den restlichen sechs Monaten des Geschäftsjahrs;
c) im Fall von Emittenten, die Aktien begeben, wesentliche Geschäfte mit nahe stehenden Unternehmen und Personen.

(133) Die allgemeinen Bestimmungen für die und die Grundsätze der Lageberichterstattung sind auf den Halbjahreslagebericht entsprechend anzuwenden. Unter Berücksichtigung des Zwecks des Halbjahresfinanzberichts ist der Vermittlung

wesentlicher Informationen und einer effizienten Berichterstattung besondere Aufmerksamkeit zu schenken. Folgende Grundstruktur lässt sich aus den gesetzlichen Anforderungen ableiten:

1. Geschäftsverlauf
   a. Vermögenslage
   b. Finanzlage
   c. Ertragslage
2. Risiken und Ungewissheiten
3. Wesentliche Geschäfte mit nahe stehenden Unternehmen und Personen

8.2. Geschäftsverlauf

(134) Im Rahmen des Berichts über den Geschäftsverlauf sind wichtige Ereignisse der ersten sechs Monate des Geschäftsjahrs zu berichten. Zusätzlich zu der Angabe der Ereignisse sind auch die Auswirkungen auf den verkürzten Abschluss anzugeben. Als Auswirkungen auf den verkürzten Abschluss sind die Auswirkungen auf die Vermögens-, Finanz- und Ertragslage darzustellen. Wichtige Ereignisse können sowohl außerhalb als auch innerhalb des Unternehmens liegen. Auf Einmaleffekte bzw nicht wiederkehrende Ereignisse ist besonders hinzuweisen.

(135) Beispiele für unternehmensexterne Ereignisse sind: Änderung der politischen und rechtlichen Rahmenbedingungen (zB Steuergesetze, Regulierung, politische Stabilität in wesentlichen Märkten), Änderungen in der konjunkturellen Entwicklung, Änderungen von Wechselkursen und Zinsen, Änderungen auf den Beschaffungs- und Absatzmärkten (zB Rohstoffpreise, Tarifabschlüsse, Durchbruch neuer Technologien, neue Mitbewerber, Verhandlungsmacht von Kunden und Lieferanten, Ersatzprodukte, Abnahme oder Zunahme von Marktanteilen).

(136) Beispiele für unternehmensinterne Ereignisse sind: Umstrukturierungs- und Reorganisationsmaßnahmen, Wechsel in der Unternehmensleitung, Unternehmenskäufe und -verkäufe, Abschluss oder Beendigung von Kooperationsvereinbarungen und anderen wichtigen Verträgen, Änderungen der Einschätzung von Rechtsstreitigkeiten, Änderungen im Investitionsprogramm, Finanzierungsmaßnahmen (zB die Emission von Aktien, Genussscheinen oder Anleihen und der Einsatz außerbilanzieller Finanzinstrumente (Asset-Backed-Securities- und Sale-and-Lease-Back-Transaktionen etc), Änderungen von Kreditlinien), Dividendenzahlungen, Änderungen der Forschungs- und Entwicklungsaktivitäten, Änderungen der Beschaffungs- und Vorratspolitik, Inbetriebnahme und Stilllegung von Produktionsanlagen oder Standorten, Einführung neuer Produkte, Erschließung neuer Märkte.

8.3. Risiken und Ungewissheiten

(137) Im Rahmen der Halbjahreslageberichterstattung ist einerseits auf die Auswirkung der Risiken auf die Vermögens-, Finanz- und Ertragslage der ersten sechs Monate des Geschäftsjahrs einzugehen, andererseits sind auch künftige Risiken und Ungewissheiten und deren Auswirkungen anzugeben. Über die wesentlichen Risiken und Ungewissheiten in den restlichen sechs Monaten des Geschäftsjahrs ist entsprechend dem Gesetzeswortlaut gesondert zu berichten. In diesem Berichtsteil kann in ausgewogenem Maß auch auf die Chancen eingegangen werden. Dabei kann auf die Inhalte des Lageberichts für das vorangegangene Geschäftsjahr verwiesen werden; in diesem Fall sind die wesentlichen Änderungen zu berichten. Risiken und Chancen sowie deren Änderungen dürfen nicht gegeneinander aufgerechnet werden.

(138) Auf bestandsgefährdende Risiken ist besonders einzugehen; sie sind als solche zu bezeichnen. Ein bloßer Verweis auf den letzten Lagebericht ist diesbezüglich nicht zulässig.

8.4. Wesentliche Geschäfte mit nahe stehenden Unternehmen und Personen

(139) Im Fall von Emittenten, die Aktien begeben, hat der Halbjahreslagebericht auch wesentliche Geschäfte mit nahe stehenden Unternehmen und Personen zu nennen. Es wird mit dem Gesetzeswortlaut klargestellt, dass nur wesentliche Geschäfte anzugeben sind. Hinsichtlich des Begriffs „nahe stehende Unternehmen und Personen“ wird auf die internationalen Rechnungslegungsbestimmungen (IAS 24), wie sie von der EU übernommen worden sind, verwiesen. Nach § 125 Abs 4 zweiter Satz Z 1 und 2 BörseG 2018 sind dabei zumindest folgende Geschäfte anzugeben:

– Geschäfte mit nahe stehenden Unternehmen und Personen, die während der ersten sechs Monate des Geschäftsjahrs stattgefunden haben und die die Finanzlage oder das Geschäftsergebnis des Unternehmens während dieses Zeitraums wesentlich beeinflusst haben;
– alle Veränderungen bei den Geschäften mit nahe stehenden Unternehmen und Personen, die im letzten Jahresfinanzbericht dargelegt wurden und die die Finanzlage oder das Geschäftsergebnis des Unternehmens während der ersten sechs Monate des Geschäftsjahrs wesentlich beeinflusst haben könnten.

(140) Ist der Emittent von Aktien nicht verpflichtet, einen konsolidierten Abschluss zu erstellen, so hat er zumindest die Geschäfte mit nahe stehenden Unternehmen und Personen anzugeben, auf die in Art 17 Abs 1 Bst r der Richtlinie 2013/34/EU Bezug genommen wird. Demnach sind Geschäfte der Gesellschaft mit nahe stehenden Unternehmen und Personen, einschließlich Angaben zu deren Wert, zur Art der Beziehung zu den nahe stehenden Unternehmen und Personen sowie weiterer Angaben zu den Geschäften, die für die Beurteilung der Finanzlage der Gesellschaft erforderlich sind, anzugeben.

(141) Wird bereits im IFRS-Zwischenabschluss auf die wesentlichen Geschäfte mit nahe stehenden Unternehmen und Personen eingegangen, so ist im

Halbjahreslagebericht ein Verweis auf diese Angaben als ausreichend zu erachten.

9. Nichtfinanzielle Erklärung bzw nichtfinanzieller Bericht

9.1. Allgemeines und Anwendungsbereich

(142) Gemäß § 243b Abs 1 UGB haben große Kapitalgesellschaften, die Unternehmen von öffentlichem Interesse sind und an den für die Größenklasseneinstufung maßgeblichen Abschlussstichtagen das Kriterium erfüllen, im Jahresdurchschnitt mehr als 500 Arbeitnehmer zu beschäftigen, in den Lagebericht an Stelle der Angaben nach § 243 Abs 5 UGB eine nichtfinanzielle Erklärung aufzunehmen.

(143) Nach § 221 Abs 3 zweiter Satz UGB gelten Unternehmen von öffentlichem Interesse iSv § 189a Z 1 UGB jedenfalls als große Kapitalgesellschaften. Da die gesetzliche Bestimmung des § 243b Abs 1 UGB allerdings sowohl das Kriterium der „großen Kapitalgesellschaft" als auch jenes des „Unternehmens von öffentlichem Interesse" explizit nennt, muss auch ohne Anwendung des § 221 Abs 3 zweiter Satz UGB ein großes Unternehmen vorliegen. Eine Gesellschaft fällt somit nur dann in den Anwendungsbereich des § 243b UGB, wenn folgende drei Kriterien kumulativ erfüllt sind:

- das Unternehmen ist groß iSd § 221 Abs 3 erster Satz UGB (Kriterium 1) und
- das Unternehmen hat mehr als 500 Arbeitnehmer beschäftigt (Kriterium 2) und
- das Unternehmen ist ein Unternehmen von öffentlichem Interesse iSd § 189a Z 1 UGB (Kriterium 3).

(144) § 243b UGB sieht nicht explizit vor, ab welchem Geschäftsjahr die Verpflichtung zur Erstellung einer nichtfinanziellen Erklärung erstmals vorliegt, sofern die erwähnten Kriterien erfüllt werden. Nach der allgemeinen Regelung des § 221 Abs 4 erster Satz UGB treten die Rechtsfolgen der Größenmerkmale ab dem folgenden Geschäftsjahr ein, wenn diese Merkmale an den Abschlussstichtagen von zwei aufeinanderfolgenden Geschäftsjahren überschritten (bzw nicht mehr überschritten) werden. Hinsichtlich der Frage, ob eine große Kapitalgesellschaft vorliegt (Kriterium 1), ist somit ein zweimaliges Überschreiten (bzw Unterschreiten) notwendig, damit die Rechtsfolgen zum Abschlussstichtag des dritten Geschäftsjahrs eintreten. Im Zuge der erstmaligen Anwendung der gesetzlichen Bestimmungen hat eine rückwirkende Betrachtung zu erfolgen.

(145) Bezüglich Kriterium 2 sieht § 243b Abs 1 UGB vor, dass das Erfordernis, im Jahresdurchschnitt mehr als 500 Arbeitnehmer zu beschäftigen, „an den Abschlussstichtagen" erfüllt sein muss. Hinsichtlich der Frage, wie der Durchschnitt der Arbeitnehmeranzahl zu berechnen ist, wird explizit auf § 221 Abs 6 UGB verwiesen. Dennoch hat konsequenterweise auch hinsichtlich der Erfüllung des Kriteriums 2 eine sinngemäße Anwendung des § 221 Abs 4 erster Satz UGB zu erfolgen. Ein zweimaliges Überschreiten (bzw Unterschreiten) des Kriteriums, mehr als 500 Arbeitnehmer zu beschäftigen, führt somit zu einem Eintritt (oder Entfall) der Rechtsfolgen im dritten Geschäftsjahr. Hinsichtlich der Berechnung der Anzahl der Arbeitnehmer findet eine konsolidierte bzw aggregierte Berechnung, wie sie § 221 Abs 4a UGB für die Feststellung der Größenmerkmale bei Aktiengesellschaften, die Mutterunternehmen sind, vorsieht, im Unterschied zur konsolidierten Berichterstattung (siehe Rz (181) ff) keine Anwendung.

(146) Kriterium 3 ist immer dann erfüllt, wenn das Unternehmen am Abschlussstichtag die Kriterien eines Unternehmens von öffentlichem Interesse erfüllt. Im Umkehrschluss bedeutet dies jedoch, dass beispielsweise im Falle eines Delistings das Kriterium 3 zum darauffolgenden Abschlussstichtag nicht mehr erfüllt ist und die Verpflichtung zur Erstellung einer nichtfinanziellen Erklärung sofort entfällt.

(147) Wenn eine Gesellschaft die soeben erwähnten Kriterien erfüllt, ist sie – unbeschadet der Regelungen des § 243b Abs 6 (Erstellung eines gesonderten nichtfinanziellen Berichts) bzw Abs 7 UGB (Befreiungsbestimmung) – dazu verpflichtet, eine nichtfinanzielle Erklärung in den Lagebericht aufzunehmen (vgl Rz (24)). Eine ausschließliche Verteilung dieser Angaben über den gesamten Lagebericht ist daher nicht zulässig.

(148) Im Einzelfall sind in der nichtfinanziellen Erklärung Verweise auf andere Abschnitte des Lageberichts sowie auf andere gesetzlich geregelte Bestandteile der Unternehmensberichterstattung zulässig, sofern der Grundsatz der Klarheit und Übersichtlichkeit gewahrt bleibt.

(149) Da die nichtfinanzielle Erklärung an Stelle der Angaben nach § 243 Abs 5 UGB in den Lagebericht aufzunehmen ist, entfällt für die betreffenden Unternehmen die Verpflichtung, diese Angaben in den Lagebericht aufzunehmen. Große Unternehmen, welche nicht alle drei Kriterien erfüllen, haben daher weiterhin die Angaben gemäß § 243 Abs 5 UGB in den Lagebericht aufzunehmen. Hinsichtlich der inhaltlichen Ausgestaltung wird auf Rz (45) und (46) verwiesen. Im Falle der freiwilligen Aufnahme einer nichtfinanziellen Erklärung in den Lagebericht bzw der freiwilligen Erstellung eines gesonderten nichtfinanziellen Berichts bleibt die Verpflichtung gemäß § 243 Abs 5 UGB daher unberührt.

9.2. Inhalte der Berichterstattung gemäß § 243b Abs 2 und 3 iVm § 243b Abs 5 UGB

(150) Die nachfolgenden Ausführungen erläutern die gesetzlich vorgegebenen Mindestinhalte. Dabei wurden die als Mitteilung der Europäischen Kommission ergangenen Leitlinien für die Berichterstattung über nichtfinanzielle Informationen (2017/C 215/01) (im Folgenden kurz „EU-Leitlinien") einbezogen.

(151) Die Grundlagen für die inhaltliche Ausgestaltung der Berichterstattung werden durch die Norm des § 243b Abs 2 UGB festgelegt. Verkürzt zum Ausdruck gebracht, haben *diejenigen Angaben*

zu erfolgen, die für das Verständnis erforderlich sind und sich auf die im Gesetz angeführten Belange beziehen. Geschäftsverlauf und -ergebnis, die Lage der Gesellschaft sowie die Auswirkungen ihrer Tätigkeit sind im Kontext dieser Belange zu beleuchten („Nachhaltigkeitsbezug"). Wiederholungen zu den Angaben gemäß § 243 Abs 2 UGB können gegebenenfalls durch Verweise vermieden werden.

(152) Als Ausgangspunkt zur Bestimmung dessen, was „für das Verständnis ... erforderlich" ist, dient eine Wesentlichkeitsanalyse. Dabei sind in einem zu dokumentierenden Prozess Themen zu identifizieren, welche sich zumindest auf Umwelt-, Sozial- und Arbeitnehmerbelange, auf die Achtung der Menschenrechte und auf die Bekämpfung von Korruption und Bestechung (nachfolgend „Belange") beziehen.

(153) Verfolgt die Gesellschaft in Bezug auf einen oder mehrere der genannten Belange kein Konzept, ist eine Begründung aufzunehmen. Dabei ist nach einem „comply or explain"-Ansatz vorzugehen, sodass jeder der Belange in der nichtfinanziellen Berichterstattung zumindest angesprochen wird.

(154) Informationen sind in die Berichterstattung aufzunehmen, wenn sie für das Verständnis erforderlich sind. Analog zu § 189a Z 10 UGB sind Informationen dann wesentlich und in die Berichterstattung aufzunehmen, wenn vernünftigerweise erwartet werden kann, dass ihre Auslassung oder fehlerhafte Angabe Entscheidungen beeinflusst, die Nutzer auf Grundlage der Berichterstattung treffen. Dabei sind zusätzlich auch alle Informationen einzubeziehen, die für das Verständnis der Auswirkungen der Geschäftstätigkeit erforderlich sind.

(155) Wesentlichkeit im hier verwendeten Sinn bemisst sich nicht nur aufgrund quantitativer bzw monetärer Maßstäbe. Folgende qualitative Faktoren können dabei unter anderem einfließen: Geschäftsmodell, Strategie und wesentliche Risiken, wichtige sektorspezifische Aspekte, Interessen und Erwartungen relevanter Interessenträger, Auswirkungen der Geschäftstätigkeit, politische und regulatorische Einflussfaktoren.

(156) Für die Beurteilung der Wesentlichkeit ist besonderes Augenmerk auf die Auswirkungen der Geschäftstätigkeit zu legen. Risiken nachteiliger Auswirkungen (§ 243b Abs 3 Z 5 UGB, aber auch Chancen) können aus der eigenen Tätigkeit des Unternehmens herrühren oder mit seiner Geschäftstätigkeit und seinen Erzeugnissen, Dienstleistungen und Geschäftsbeziehungen einschließlich seiner Lieferkette und seiner Kette von Subunternehmen verbunden sein.

(157) Eine Analyse gemäß § 243b Abs 2 zweiter Satz UGB, wonach die nichtfinanziellen Leistungsindikatoren unter Bezugnahme auf die im Jahresabschluss ausgewiesenen Beträge und Angaben zu erläutern sind, bezieht sich auf gemäß § 189a Z 10 UGB wesentliche Angaben.

Beschreibung des Geschäftsmodells (§ 243b Abs 3 Z 1 UGB)

(158) Bei der Darstellung der Angaben zum Geschäftsmodell der Gesellschaft sind die allgemeinen Grundsätze und Bestimmungen gemäß Abschnitt 3. einzuhalten. Auf Rz (28) wird verwiesen.

(159) Eine kurze Beschreibung des Geschäftsmodells einschließlich der Strategie hat einen allgemeinen Überblick zur Steuerung der Belange zu geben und berücksichtigt die Ergebnisse der Wesentlichkeitsanalyse einschließlich der Darlegung der nicht berichteten Belange (Explain-Ansatz).

Beschreibung der Konzepte zu den genannten Belangen (§ 243b Abs 3 Z 2 UGB)

(160) Alle Belange, welche für das Verständnis erforderlich sind, sind mittels der verfolgten Konzepte zu beschreiben (Comply-Ansatz). Es ist ein den tatsächlichen Verhältnissen entsprechendes Bild zu vermitteln. Angaben zu Zielen und Maßnahmen zur Zielerreichung mittels Managementsystemen sowie die konkrete Umsetzung für jeden Belang sind relevant. Insbesondere ist eine Konkretisierung der Umsetzung jedes Belangs auf Themenebene vorzunehmen (zB kann eine Umsetzung von Umweltbelangen mittels CO_2-Reduktion, verbesserter Wiederverwertungsrate durch Entsorgungsmanagement, Markteinführung ökologischer Produkte oder vergleichbare Maßnahmen erfolgen).

(161) Grundlagen für die Darstellung der Umsetzung der Belange auf Themenebene stellen die Ergebnisse aus der Wesentlichkeitsanalyse dar. Themenspezifische Kataloge finden sich in entsprechenden Rahmenwerken.

Ergebnisse der Konzepte (§ 243b Abs 3 Z 3 UGB)

(162) Die Ergebnisse, welche mit der Umsetzung der Konzepte erzielt werden, sind in Bezug auf die für das Verständnis erforderlichen Themen darzulegen. Damit sollen Transparenz und Wahrnehmung der vom Unternehmen erzielten Resultate gesteigert werden. Darstellungen der Zielerreichung sollen in einer ausgewogenen Betrachtung der Geschäftstätigkeit unter Einbeziehung von Stärken und Schwächen erfolgen. Die Ergebnisanalyse erfolgt unter Einbeziehung der Leistungsindikatoren zu den wesentlichen Belangen.

Angewandte Due-Diligence-Prozesse (§ 243b Abs 3 Z 4 UGB)

(163) Die angewandten Due-Diligence-Prozesse sind unmittelbar mit der Umsetzung der Konzepte und dem Risikomanagement verbunden. Sie betreffen die von den Leitungs- und Kontrollorganen eingesetzten Prozesse, um etwaige negative Auswirkungen zu erkennen, zu verhindern und abzumildern.

Wesentliche Risiken mit wahrscheinlich negativen Auswirkungen auf die Belange (§ 243b Abs 3 Z 5 UGB)

(164) Die wesentlichen Risiken und Maßnahmen

zu ihrer Vermeidung und Begrenzung sind zu erläutern, ebenso die zugrundeliegenden Prozesse zu ihrer Identifizierung und Bewertung.

(165) Wesentliche Risiken gemäß § 243b Abs 3 UGB unterscheiden sich definitionsgemäß von jenen nach § 243 Abs 1 UGB. Konkret bedeutet dies, dass es nicht primär um Risiken geht, welchen das Unternehmen ausgesetzt ist, sondern um jene, die wahrscheinlich negative Auswirkungen auf die im Fokus stehenden Belange haben. Die darzustellenden Risiken können sich einerseits aus der Geschäftstätigkeit als solcher oder andererseits aus den Geschäftsbeziehungen des Unternehmens, dessen Erzeugnissen oder dessen Dienstleistungen ergeben. Angaben zu letzteren sind nur dann erforderlich, wenn sie relevant und verhältnismäßig sind. Die Auswirkungen der Risiken können nicht nur die Belange als solche betreffen, sondern auch eine Rückwirkung auf das Unternehmen haben. Beispielsweise betrifft das Risiko von Unfällen am Arbeitsplatz primär Arbeitnehmerbelange und könnte ein wesentliches Thema in der Berichterstattung sein. Ungeachtet dessen können dadurch bedingte Ausfallzeiten und Betriebsunterbrechungen ein erhebliches Risiko für die Geschäftstätigkeit bedeuten und wären zusätzlich in der Risikobetrachtung zu bewerten.

(166) Der Fokus dieses Abschnitts richtet sich auf Risiken mit negativen Auswirkungen. Davon unberührt bleibt die Tatsache, dass die nichtfinanzielle Berichterstattung als solche ein ausgewogenes Bild von Chancen und Risiken sowie positiver und negativer Aspekte beinhalten soll.

Die wichtigsten nichtfinanziellen Leistungsindikatoren mit Bedeutung für die konkrete Geschäftstätigkeit (§ 243b Abs 3 Z 6 UGB)

(167) Die Fokussierung auf die für das Verständnis erforderlichen Belange, Konzepte und Themen verlangt sowohl qualitative als auch quantitative Darstellungen. Die berichteten nichtfinanziellen Leistungsindikatoren sollen das notwendige Verständnis von der Lage und der Entwicklung der Geschäftstätigkeit des Unternehmens ergänzen. Zur Sicherstellung von Transparenz und Vergleichbarkeit kann es zweckmäßig sein, mehrjährige Periodenvergleiche und Kennzahlen-Definitionen anzugeben. Im Falle gängiger branchenüblicher Kennzahlen sollte deren Einbeziehung in die Berichterstattung in Erwägung gezogen werden.

(168) Sollte es zu Änderungen in Umfang und/oder Definition der nichtfinanziellen Leistungsindikatoren kommen, sind Begründungen dafür anzugeben. Die Auswirkungen der Änderungen in der Berichtsperiode sind darzustellen. Werden nichtfinanzielle Leistungsindikatoren aus Vorperioden angepasst, sind die Änderungen ebenfalls zu quantifizieren.

Einbeziehen von Rahmenwerken

(169) Den Nutzern ist eine adäquate Information über die Grundlagen der Berichterstattung zu geben. Soweit sich das Unternehmen auf ein Rahmenwerk stützt, ist dieses zu nennen (vgl auch EU-Leitlinien, Seite 19). Ein Rahmenwerk muss geeignet sein, den Zweck der nichtfinanziellen Berichterstattung zu erfüllen, nämlich den tatsächlichen Verhältnissen entsprechende, ausgewogene und verständliche Angaben zu gestalten. Sofern das Unternehmen sich nicht auf ein Rahmenwerk stützt, wird ein Negativvermerk empfohlen. Es ist in jedem Fall sicherzustellen, dass die Anforderungen des § 243b Abs 2 und 3 UGB erfüllt sind.

9.3. Weglassen von Informationen

(170) Gemäß § 243b Abs 4 UGB können in Ausnahmefällen Informationen über künftige Entwicklungen oder Belange, über die vom Unternehmen Verhandlungen geführt werden, weggelassen werden, soweit eine solche Angabe nach vernünftiger unternehmerischer Beurteilung geeignet ist, der Geschäftslage der Gesellschaft ernsthaft zu schaden, und eine solche Nichtaufnahme ein den tatsächlichen Verhältnissen entsprechendes Verständnis des Geschäftsverlaufs, des Geschäftsergebnisses, der Lage der Gesellschaft sowie der Auswirkungen ihrer Tätigkeit nicht verhindert.

(171) Diese Ausnahmebestimmung ist restriktiv auszulegen, weshalb sich ein Unternehmen lediglich in eng begrenzten Ausnahmefällen auf die Regelung berufen und von einer Berichterstattung über bestimmte Informationen absehen kann. Entfallen die Gründe für die Nichtaufnahme der Angaben nach der Veröffentlichung der nichtfinanziellen Berichterstattung, sind die Angaben, sofern für das nächste Geschäftsjahr weiterhin zutreffend und relevant, in die darauf folgende nichtfinanzielle Berichterstattung aufzunehmen.

9.4. Einzelfragen zum gesonderten Bericht

Allgemeines

(172) Gemäß § 243b Abs 6 UGB ist eine Gesellschaft von der Pflicht zur Aufnahme einer nichtfinanziellen Erklärung in den Lagebericht befreit, wenn sie einen gesonderten nichtfinanziellen Bericht erstellt, der die Anforderungen für die nichtfinanzielle Erklärung erfüllt.

(173) Hinsichtlich der Inhalte ergeben sich keine Besonderheiten gegenüber der nichtfinanziellen Erklärung im Lagebericht (siehe Abschnitt 9.2.). Die allgemeinen Ausführungen zur Lageberichterstattung (siehe Abschnitt 3.) gelten somit auch für den gesonderten Bericht. Hinsichtlich Verweismöglichkeiten gilt Rz (148) sinngemäß.

(174) Wenn ein Unternehmen einen gesonderten nichtfinanziellen Bericht erstellt, wird empfohlen, im Lagebericht diesbezüglich einen Hinweis aufzunehmen.

Frist zur Aufstellung

(175) Es besteht keine Bestimmung, die eine Frist zur Aufstellung des gesonderten nichtfinanziellen Berichts regelt. § 243b Abs 6 zweiter Satz UGB fordert lediglich die Aufstellung und Unterzeichnung seitens der gesetzlichen Vertreter sowie die Vorlage an den und die Prüfung durch den Aufsichtsrat. Die Prüfung hat gemäß § 96 Abs 1

AktG innerhalb von zwei Monaten nach Vorlage zu erfolgen. Gemäß § 96 Abs 1 und 2 AktG hat der Aufsichtsrat der Hauptversammlung einen Bericht über das Ergebnis der Prüfung zu erstatten. Für die Gesellschaft mit beschränkter Haftung sieht § 30k GmbHG vergleichbare Regelungen vor.

(176) Entsprechend § 243b Abs 6 zweiter Satz UGB ist der gesonderte nichtfinanzielle Bericht vom Unternehmen auch gemeinsam mit dem Lagebericht nach § 277 UGB offenzulegen.

Stetigkeit

(177) Gemäß § 223 Abs 1 UGB ist die einmal gewählte Form der Darstellung im Jahresabschluss und nach hA auch im Lagebericht beizubehalten (Darstellungsstetigkeit, siehe bereits Rz (23)). Ein Abweichen ist nur unter Beachtung der Generalnorm zulässig.

(178) Das Wahlrecht, eine nichtfinanzielle Erklärung oder einen gesonderten nichtfinanziellen Bericht zu erstellen, ist vom expliziten Stetigkeitsgebot nicht erfasst. Hinsichtlich der formellen Stetigkeit gilt es zu beachten, dass die Erklärung bzw der gesonderte Bericht die Vergleichbarkeit gewährleisten soll. Dies schließt einen Wechsel von einer nichtfinanziellen Erklärung zu einem gesonderten nichtfinanziellen Bericht bzw vice versa nicht aus, sofern er nicht willkürlich erfolgt und die formelle Stetigkeit innerhalb der Erklärung bzw des gesonderten Berichts gewahrt bleibt. In einem solchen Fall wird die Aufnahme einer Erläuterung in den Lagebericht empfohlen.

9.5. Befreiung durch Einbeziehung in eine konsolidierte Berichterstattung

(179) Gemäß § 243b Abs 7 UGB ist eine Gesellschaft auch dann von der Pflicht zur Erstellung einer nichtfinanziellen Erklärung befreit, wenn sie und ihre Tochterunternehmen in den Konzernlagebericht oder gesonderten konsolidierten nichtfinanziellen Bericht eines Mutterunternehmens mit Sitz in einem EU/EWR-Mitgliedstaat einbezogen sind, der nach den Anforderungen der Bilanz-Richtlinie erstellt und offengelegt wurde, und wenn sie im Anhang des Jahresabschlusses angibt, bei welchem Unternehmen sie in den Konzernlagebericht oder gesonderten konsolidierten nichtfinanziellen Bericht einbezogen ist und wo dieser erhältlich ist.

(180) Die Einbeziehung hat in den Konzernlagebericht bzw gesonderten Bericht eines anderen Unternehmens zu erfolgen. Ein Mutterunternehmen, das die Voraussetzungen der §§ 243b und 267a UGB erfüllt, hat daher auch eine nichtfinanzielle Erklärung in seinen Lagebericht aufzunehmen oder einen gesonderten nichtfinanziellen Bericht zu erstellen, sofern nicht eine Einbeziehung bei einem anderen Mutterunternehmen erfolgt. Eine Zusammenfassung der nichtfinanziellen Erklärung mit der konsolidierten nichtfinanziellen Erklärung ist zulässig (vgl Rz (184)).

9.6. Konsolidierte nichtfinanzielle Erklärung bzw konsolidierter nichtfinanzieller Bericht

Anwendungsbereich

(181) Gemäß § 267a Abs 1 UGB haben Unternehmen von öffentlichem Interesse, die Mutterunternehmen sind und an den für die Größenklasseneinstufung maßgeblichen Abschlussstichtagen das Kriterium erfüllen, im Jahresdurchschnitt auf konsolidierter Basis mehr als 500 Arbeitnehmer zu beschäftigen, in den Konzernlagebericht an Stelle der Analyse der nichtfinanziellen Leistungsindikatoren gemäß § 267 Abs 2 UGB eine konsolidierte nichtfinanzielle Erklärung aufzunehmen, wenn sie nicht von der Aufstellung eines Konzernabschlusses nach § 246 Abs 1 UGB befreit sind.

(182) Der Kreis der Unternehmen, über die zu berichten ist, entspricht dem Konsolidierungskreis.

Inhalte der Berichterstattung, Weglassen von Informationen, gesonderter Bericht

(183) Hinsichtlich der in die Erklärung aufzunehmenden Inhalte, des Weglassens von Informationen sowie des gesonderten konsolidierten Berichts finden die Ausführungen in den Abschnitten 9.2. bis 9.4. sinngemäß Anwendung.

Zusammenfassen der Erklärungen bzw der Berichte

(184) Sofern das Mutterunternehmen einen zusammengefassten (Konzern-)Lagebericht gemäß Rz (124) erstellt, kann darin auch die konsolidierte nichtfinanzielle Erklärung mit der nichtfinanziellen Erklärung des Mutterunternehmens zusammengefasst werden, da sie einen Teil des (Konzern-) Lageberichts darstellt. Dabei sind die nichtfinanziellen Aspekte sowohl auf Ebene des Konzerns als auch auf Ebene der Muttergesellschaft zu behandeln. Diese Informationen sind entsprechend voneinander zu trennen.

(185) Das Gesetz sieht die Möglichkeit der Zusammenfassung des gesonderten nichtfinanziellen Berichts mit dem gesonderten konsolidierten nichtfinanziellen Bericht nicht explizit vor. Da der gesonderte nichtfinanzielle Bericht eine Alternative zur nichtfinanziellen Erklärung im Lagebericht darstellt, kann jedoch auch der gesonderte nichtfinanzielle Bericht mit dem gesonderten konsolidierten nichtfinanziellen Bericht zusammengefasst werden. Die hinsichtlich der Zusammenfassung der nichtfinanziellen Erklärung mit der konsolidierten nichtfinanziellen Erklärung dargestellten Grundsätze gelten in diesem Fall sinngemäß.

(186) Die Möglichkeit der Zusammenfassung des gesonderten nichtfinanziellen Berichts mit dem gesonderten konsolidierten nichtfinanziellen Bericht ist nicht vom Stetigkeitsgrundsatz erfasst. Die gesetzlichen Vertreter können an sich jedes Jahr neu entscheiden, ob sie von dieser Möglichkeit Gebrauch machen wollen. Willkürliche Änderungen in der Darstellungsweise sind jedoch zu vermeiden.

Befreiung

(187) Im Gegensatz zur Befreiungsbestimmung des § 243b Abs 7 UGB verlangt § 267a Abs 7 UGB nicht, dass sich der Sitz des Mutterunternehmens, dessen Erklärung bzw gesondertem Bericht befreiende Wirkung zukommen soll, in einem EU/EWR-Staat befindet. Ein Mutterunternehmen, das die Kriterien des § 267a Abs 1 UGB erfüllt, ist somit bereits dann von der Verpflichtung zur Erstellung einer konsolidierten nichtfinanziellen Erklärung befreit, wenn der befreiende Konzernlagebericht oder gesonderte konsolidierte nichtfinanzielle Bericht „im Einklang mit der Bilanz-Richtlinie aufgestellt" worden ist.

(188) Es wird empfohlen, im Anhang des Konzernabschlusses anzugeben, bei welchem Unternehmen das befreite Mutterunternehmen in den Konzernlagebericht oder gesonderten konsolidierten nichtfinanziellen Bericht einbezogen ist und wo dieser erhältlich ist (vgl Rz (179)).

(189) Ist das Mutterunternehmen zwar nach § 245 UGB von der Aufstellung eines Teilkonzernabschlusses und Teilkonzernlageberichts befreit, nicht aber von der konsolidierten nichtfinanziellen Erklärung, hat es einen gesonderten konsolidierten nichtfinanziellen Bericht nach § 267a Abs 6 UGB aufzustellen (§ 267a Abs 7 zweiter Satz UGB).

10. Erstmalige Anwendung

(190) Die vorliegende Fassung der Stellungnahme ersetzt jene vom Dezember 2017. Sie ist auf Geschäftsjahre anzuwenden, die nach dem 31. Dezember 2018 beginnen.

AFRAC-Stellungnahme 10
Nahe stehende Unternehmen und Personen (UGB)

Stellungnahme
Anhangangaben zu Geschäften mit nahe stehenden Unternehmen und Personen gemäß §§ 238 Abs. 1 Z 12 und 266 Z 5 UGB

(Juni 2018)

Historie der vorliegenden Stellungnahme

erstmalige Veröffentlichung	September 2009	
Überarbeitung	Dezember 2015	Berücksichtigung der zwischenzeitlichen Änderungen des IAS 24 sowie der Änderungen des UGB aufgrund des Rechnungslegungs-Änderungsgesetzes 2014
Überarbeitung	Juni 2018	Anpassung an das BörseG 2018

1. Einleitung

(1) Diese Stellungnahme behandelt die §§ 238 Abs. 1 Z 12 und 266 Z 5 UGB idF des Rechnungslegungs-Änderungsgesetzes 2014 (RÄG 2014, BGBl. I 2015/22). Die Bestimmungen beruhen auf der ursprünglich mit dem Unternehmensrechts-Änderungsgesetz 2008 (URÄG 2008, BGBl I 2008/70) in den §§ 237 Z 8b und 266 Z 2b UGB umgesetzten Novellierung der 4. und 7. EU-Richtlinie, mit der erstmals die direkte Übernahme von IFRS-Vorschriften erfolgte, im konkreten Fall die Angabe von „Geschäfte[n] mit nahe stehenden Unternehmen und Personen im Sinn der gemäß der Verordnung (EG) Nr. 1606/2002 übernommenen internationalen Rechnungslegungsstandards". Mit dem RÄG 2014 wurden die §§ 237 Z 8b und 266 Z 2b UGB inhaltlich unverändert in die §§ 238 Abs. 1 Z 12 und 266 Z 5 UGB übernommen. Einzig bei den Erleichterungsvorschriften für kleine und mittelgroße Gesellschaften kam es zu einer geringfügigen Ausweitung der Befreiungsvorschriften (vgl. Rz (8)).

(2) Im Anhang zum Jahresabschluss von mittelgroßen und großen Gesellschaften sind gemäß § 238 Abs. 1 Z 12 UGB, im Konzernanhang unabhängig von der Unternehmensgröße gemäß § 266 Z 5 UGB unter bestimmten Voraussetzungen Angaben zu Geschäften mit nahe stehenden Unternehmen und Personen zu machen. Die Angaben können bei im Zuge der Konsolidierung eliminierten Sachverhalten sowie bei (mittelbaren) hundertprozentigen Beteiligungen entfallen. Bei Zwischenabschlüssen ergibt sich ein entsprechendes Erfordernis aus § 125 Abs. 4 BörseG 2018 für den Halbjahreslagebericht.

(3) Ziel dieser Stellungnahme ist die Darstellung und Lösung der sich aus diesen Bestimmungen und dem expliziten Verweis auf einschlägige IFRS-Regelungen ergebenden Interpretations- und Abgrenzungsfragen. Diese Stellungnahme ist keine Interpretation von IAS 24 „Angaben über Beziehungen zu nahe stehenden Unternehmen und Personen", sondern zeigt auf, wie Zweifelsfragen der UGB-Bestimmungen in Österreich zu beantworten sind. Die Stellungnahme befasst sich nicht mit allfälligen gesellschaftsrechtlichen oder ertragsteuerlichen Auswirkungen der Marktunüblichkeit von Geschäftsfällen.

(4) Nach Ansicht des AFRAC sollten marktunübliche Transaktionen aufgrund gesellschaftsrechtlicher und steuerrechtlicher Beschränkungen im österreichischen Rechtskreis nur in Ausnahmefällen (z.B. Umgründungsvorgänge, langfristige konzerninterne Liefer- und Abnahmeverpflichtungen etc.) vorkommen.

2. Anhangangaben zu nahe stehenden Unternehmen und Personen

(5) Mit dem URÄG 2008 wurden Angaben über Geschäfte mit nahe stehenden Unternehmen und Personen im Sinn der gemäß der Verordnung (EG) Nr. 1606/2002 übernommenen internationalen Rechnungslegungsstandards unter bestimmten Voraussetzungen Bestandteil von Anhangangaben nach österreichischem Recht.

(6) Anzugeben sind diese Geschäfte nach § 238 Abs. 1 Z 12 UGB samt „Angaben zu deren Wertumfang, zu der Art der Beziehung mit den nahe stehenden Unternehmen und Personen sowie weiterer Angaben zu den Geschäften, die für die Beurteilung der Finanzlage der Gesellschaft notwendig sind, sofern diese Geschäfte wesentlich und unter marktunüblichen Bedingungen abgeschlossen worden sind. Angaben über Einzelgeschäfte können nach Geschäftsarten zusammengefasst werden, sofern für die Beurteilung der Auswirkungen dieser Geschäfte auf die Finanzlage der Gesellschaft keine getrennten Angaben benötigt werden." § 266 Z 5 UGB verweist für nicht konsolidierte Geschäfte auf § 238 Abs. 1 Z 12 UGB.

(7) Für den Anhang zum Jahresabschluss sind gemäß § 238 Abs. 1 Z 12 letzter Satz UGB Geschäfte zwischen verbundenen Unternehmen ausgenommen, wenn die an den Geschäften beteiligten Tochterunternehmen unmittelbar oder mittelbar in hundertprozentigem Anteilsbesitz ihres Mutterunternehmens stehen.

(8) Mit dem RÄG 2014 wurden kleine Gesellschaften generell von der Berichtspflicht über Geschäfte mit nahe stehenden Unternehmen und

Personen ausgenommen. Bei mittelgroßen Gesellschaften können diese Angaben im Jahresabschluss unabhängig von der Rechtsform der Gesellschaft auf diejenigen Geschäfte beschränkt werden, die mit ihren Gesellschaftern, die eine Beteiligung iSd § 189a Z 2 UGB halten, mit Unternehmen, an denen die Gesellschaft selbst beteiligt ist, oder mit den Mitgliedern des Vorstands oder des Aufsichtsrats geschlossen werden (§ 238 Abs. 3 UGB). Für den Konzernabschluss kann diese Erleichterung nicht in Anspruch genommen werden (§ 266 Z 5 letzter Teilsatz UGB).

(9) Hinsichtlich der erforderlichen Angaben ist keine spezielle Schutzklausel vorgesehen. § 242 Abs. 4 idF RÄG 2014 (Schutzklausel „weniger als drei Personen") kommt nicht zur Anwendung.

3. Konkretisierung der Anhangangaben

3.1. Vergleich mit und Abgrenzung zu IAS 24

(10) Das UGB idF des URÄG 2008 bzw. des RÄG 2014 verweist auf die einschlägigen Bestimmungen der internationalen Rechnungslegungsvorschriften, wie sie von der EU übernommen wurden. Damit ist IAS 24 in seiner jeweils gültigen Fassung angesprochen.

(11) Demgegenüber grenzen die Materialien zum URÄG 2008 den Anwendungsbereich auf die Begriffsdefinition in IAS 24.9 bis 24.11 ein; dies unter Zugrundelegung des nach der Novellierung der 4. und 7. EU-Richtlinie gebotenen Umfangs der Offenlegung von Geschäften, die wesentlich sind und zu marktunüblichen Bedingungen (nicht „at arm's length") geschlossen wurden. Der Umfang der Offenlegung richtet sich nach den EU-Richtlinien und nicht nach IAS 24. IAS 24 verlangt nur die Angabe von wesentlichen Geschäftsfällen, kennt aber keine Begrenzung auf Transaktionen, die unter marktunüblichen Bedingungen geschlossen wurden. Während gemäß IAS 24 alle wesentlichen Transaktionen dargestellt werden müssen, verlangt das UGB (richtlinienkonform) nur die Darstellung von wesentlichen und zu marktunüblichen Bedingungen abgeschlossenen Transaktionen.

3.2. Begriffsdefinition – Wer ist nahe stehend?

(12) Die Begriffsdefinition kann direkt IAS 24.9 bis 24.11 entnommen werden. Nahe stehende Unternehmen und Personen sind Personen oder Unternehmen, die dem Unternehmen, das den Abschluss aufstellt („berichtendes Unternehmen"), nahe stehen.

a) Eine Person oder ein naher Familienangehöriger dieser Person steht einem berichtenden Unternehmen nahe, wenn sie/er
   i) das berichtende Unternehmen beherrscht oder an dessen gemeinschaftlicher Führung beteiligt ist,
   ii) maßgeblichen Einfluss auf das berichtende Unternehmen hat oder
   iii) im Management des berichtenden Unternehmens oder eines Mutterunternehmens des berichtenden Unternehmens eine Schlüsselposition bekleidet.

b) Ein Unternehmen steht einem berichtenden Unternehmen nahe, wenn eine der folgenden Bedingungen erfüllt ist:
   i) Das Unternehmen und das berichtende Unternehmen gehören zum selben Konzern (was bedeutet, dass Mutterunternehmen, Tochterunternehmen und Schwesterunternehmen alle einander nahe stehen).
   ii) Eines der beiden Unternehmen ist ein assoziiertes Unternehmen oder ein Gemeinschaftsunternehmen des anderen (oder ein assoziiertes Unternehmen oder ein Gemeinschaftsunternehmen eines Unternehmens eines Konzerns, dem auch das andere Unternehmen angehört).
   iii) Beide Unternehmen sind Gemeinschaftsunternehmen desselben Dritten.
   iv) Eines der beiden Unternehmen ist ein Gemeinschaftsunternehmen eines dritten Unternehmens und das andere ist ein assoziiertes Unternehmen dieses dritten Unternehmens.
   v) Bei dem Unternehmen handelt es sich um einen Plan für Leistungen nach Beendigung des Arbeitsverhältnisses zugunsten der Arbeitnehmer entweder des berichtenden Unternehmens oder eines dem berichtenden Unternehmen nahe stehenden Unternehmens. Handelt es sich bei dem berichtenden Unternehmen selbst um einen solchen Plan, werden die in den Plan einzahlenden Arbeitgeber ebenfalls als dem berichtenden Unternehmen nahe stehend betrachtet.
   vi) Das Unternehmen wird von einer unter a) genannten Person beherrscht oder steht unter gemeinschaftlicher Führung, an der eine unter a) genannte Person beteiligt ist.
   vii) Eine unter a) i) genannte Person hat maßgeblichen Einfluss auf das Unternehmen oder bekleidet im Management des Unternehmens (oder eines Mutterunternehmens des Unternehmens) eine Schlüsselposition.
   viii) Das Unternehmen oder ein dem gleichen Konzern wie dieses angehörendes Unternehmen erbringt für das berichtende Unternehmen oder dessen Mutterunternehmen Leistungen im Bereich des Man-agements in Schlüsselpositionen.

(13) IAS 24.10, wonach für die Beurteilung auch der wirtschaftliche Gehalt der Beziehung und nicht bloß die rechtliche Gestaltung maßgeblich ist, und IAS 24.11, wonach bestimmte Parteien nicht notwendigerweise unter den Anwendungsbereich von IAS 24 fallen, kommen ebenfalls zur Anwendung.

Zu a)

(14) Zu den nahen Familienangehörigen gehören nach IAS 24.9 Ehegatten, Lebenspartner und Kinder (auch jene des Partners), abhängige Angehörige der Person oder des Ehegatten oder Lebenspartners. Freunde sind nicht erfasst. Eltern und Geschwister ohne wirtschaftliche Abhängigkeit sind ebenfalls nicht erfasst.

(15) Der natürlichen Person sind andere Rechtsträger (z.B. Vereine, Privatstiftungen etc.) gleichgestellt. Auch ist die 20%ige Mindestbeteiligungsquote nach UGB keine Voraussetzung, um für diese Angabepflicht als nahe stehende Person zu gelten (Ratio: Beherrschungstatbestand – in welcher Form auch immer – ist maßgeblich).

Zu a) iii)

(16) Erfasst sind nach IAS 24.9 Personen, die für die Planung, Leitung und Überwachung der Tätigkeiten des berichtenden Unternehmens direkt oder indirekt (z.B. innerhalb einer Gruppe von Unternehmen) zuständig und verantwortlich sind (key management – Schlüsselpersonal). Hierunter fallen jedenfalls alle Mitglieder der Geschäftsführung/des Vorstands und des Aufsichtsrats (einschließlich der Arbeitnehmervertreter im Aufsichtsrat) des berichtenden Unternehmens. Beiräte, die eine dem Aufsichtsrat vergleichbare Stellung innehaben (z.B. Stiftungsbeirat), sind ebenfalls erfasst. Zum Schlüsselpersonal zählen auch alle Geschäftsführer/Vorstandsmitglieder und Aufsichtsratsmitglieder von übergeordneten Konzerngesellschaften. Das Schlüsselpersonal kann auch andere Personen umfassen, sofern diese für die Planung, Leitung und Überwachung der Tätigkeit des Unternehmens direkt oder indirekt zuständig und verantwortlich sind. Dafür ist faktisches Handeln notwendig; eine gesellschaftsrechtliche Haftung ist nicht erforderlich. Prokura kann, muss aber kein Indiz für eine Schlüsselposition sein und unterliegt daher der Beurteilung im konkreten Einzelfall.

(17) Für die Angabe im Konzern muss jeweils gesondert geklärt werden, ob eine Person eine Schlüsselposition im Verhältnis zum berichtenden Konzern bekleidet oder nicht. Prinzipiell ist die Geschäftsleitung einer Tochtergesellschaft erfasst, wenn für den Konzern wesentliche Entscheidungen in diese Tochtergesellschaft delegiert sind. Ebenso können Aufsichtsrat und Beirat von Tochterunternehmen erfasst sein, wenn aus Konzernsicht Wesentlichkeit besteht und sie für die Planung, Leitung und Überwachung der Tätigkeit des Konzerns direkt oder indirekt zuständig und verantwortlich sind. Auch die Wesentlichkeit eines Geschäftsfalles ist auf jeder Ebene gesondert zu beurteilen. Zum Beispiel ist der Geschäftsführer einer österreichischen Tochtergesellschaft eines deutschen Konzerns jedenfalls im Verhältnis zur österreichischen Gesellschaft eine Schlüsselperson, nicht aber zwingend im Verhältnis zur deutschen Muttergesellschaft. Dies ist jedoch dann der Fall, wenn die Tochtergesellschaft den weitaus überwiegenden Teil des (deutschen) Gesamtkonzerns darstellt.

(18) Die öffentliche Hand ist nach IAS 24.11 in der derzeit gültigen Fassung nicht notwendigerweise als nahe stehend anzusehen. Ein einer öffentlichen Stelle nahe stehendes Unternehmen (Government-related Entity) liegt grundsätzlich dann vor, wenn dieses von einer öffentlichen Stelle beherrscht wird oder unter der gemeinschaftlichen Führung oder dem maßgeblichen Einfluss einer öffentlichen Stelle steht. Die Government-related Entity ist von der umfassenden Erläuterungspflicht nach IAS 24.18 ausgenommen und einer vereinfachten Angabepflicht nach IAS 24.26 unterworfen. Dabei ist im Wesentlichen auf das Bestehen einer Beziehung (Bezeichnung der Gebietskörperschaft) und die Art der Beziehung zum berichtenden Unternehmen einzugehen. Weiters sind detaillierte Informationen zu Art und Höhe jedes Geschäftsvorfalls, der für sich genommen wesentlich ist, und Informationen zum qualitativen oder quantitativen Umfang von Geschäftsvorfällen, die nur in ihrer Gesamtheit wesentlich sind, anzugeben. Die Anwendung der Erleichterung ist anzugeben.

3.3. Was ist marktunüblich?

(19) Das Kriterium der Marktunüblichkeit trifft auf Geschäfte zu, die in der abgeschlossenen Form (Art und Umfang des Geschäfts, Preis) mit fremden Dritten nicht geschlossen worden wären (Kriterium der Fremdüblichkeit). Für das Vorliegen wesentlicher und marktunüblicher Vorgänge ist eine signifikante Abweichung vom Standard erforderlich, die – bezogen auf die finanziellen Verhältnisse des berichtenden Unternehmens – von Bedeutung sein muss.

(20) Anhaltspunkte für die Marktunüblichkeit können u.a. aus dem Steuerrecht gewonnen werden, wenngleich die Abgrenzung des Vorliegens einer steuerlich beachtlichen Verbundenheit bzw. der Angabepflichten zu Geschäften mit nahe stehenden Unternehmen und Personen im UGB im Einzelfall zu unterschiedlichen Ergebnissen führen kann (vgl. Rz 4: „nur in Ausnahmefällen").

(21) Judikatur zur Bemessung fremdüblicher Preise gibt es nur vereinzelt. Sowohl der österreichische Verwaltungsgerichtshof (VwGH) als auch der deutsche Bundesfinanzhof (BFH) lassen jedoch erkennen, dass sie die von der OECD entwickelten Maßstäbe zur Fremdüblichkeit anwenden. Auch aufgrund der Literatur zum Gesellschaftsrecht und der (äußerst spärlichen) Judikatur des deutschen Bundesgerichtshofs (BGH) ist zu erwarten, dass für die Frage der verdeckten Einlagenrückgewähr im Gesellschaftsrecht Maßstäbe analog zum Fremdvergleich im Steuerrecht zur Anwendung kommen.

3.4. Wann darf zusammengefasst werden?

(22) Sachliche Positionen vergleichbarer Art können zusammengefasst werden, sofern nicht eine gesonderte Erläuterung zum besseren Verständnis der Einflüsse auf den Jahresabschluss erforderlich erscheint. Die Grenze für die Zusammenfassung bilden dabei die in der Bilanz bzw. der Gewinn- und Verlustrechnung einzeln angeführten Posten. Eine Zusammenfassung personenbezogener Werte

(gleiche Familie, Konzern, Gebietskörperschaften) kommt nur dann in Betracht, wenn dadurch die Aussagekraft der Angabe nicht beeinträchtigt wird.

3.5. Was ist der Wertumfang?

(23) Der Wertumfang muss in Höhe des Markt- oder Zeitwertes (nicht Buchwertes) in Euro ausgedrückt werden. Vorgänge, deren Wert nicht konkret in Euro ausgedrückt werden kann, sind trotzdem angabepflichtig und zu beschreiben.

4. Sonstige Fragen

4.1. Konzern- vs. Jahresabschluss

(24) Sofern ein Unternehmen als 100%iges Tochterunternehmen in einen Konzernabschluss einbezogen ist, kann im Jahresabschluss des Unternehmens die Befreiung des § 238 Abs. 1 Z 12 letzter Satz UGB in Anspruch genommen werden. Die Frage der Wesentlichkeit ist für jede Angabe nach den Größen- und Wertverhältnissen des jeweiligen Abschlusses (also Jahres- oder Konzernabschluss) zu beurteilen. Eine Anwendung der zumeist höheren Konzernwesentlichkeitsgrenze auf den Jahresabschluss ist unzulässig.

4.2. Vorjahreszahlen

(25) Zur Frage des Bestehens einer Verpflichtung, Vorjahreszahlen auch für Anhangangaben im Allgemeinen bzw. im ersten Jahr der Anwendbarkeit einer Vorschrift zu Anhangangaben im Besonderen anzugeben, wird auf die AFRAC-Stellungnahme 12 „Die Angabe von Vorjahreszahlen gemäß § 223 Abs. 2 UGB" verwiesen.

4.3. Künftige Änderungen von IAS 24

(26) Grundsätzlich ist der IAS-Verweis als dynamischer Verweis konzipiert. Änderungen des IAS 24 (bzw. eines Nachfolgestandards) in Bezug auf die Definition der nahe stehenden Unternehmen und Personen schlagen daher auf die UGB-Beurteilung durch. Neuerungen zum IAS 24 sind allerdings erst nach Abschluss des EU-Übernahmeverfahrens (Endorsement) anzuwenden.

4.4. Ab und bis zu welchem Zeitpunkt sind Geschäfte anzugeben?

(27) Die Angabepflicht umfasst bei unterjährigem Erfüllen oder Wegfall der Voraussetzung des/der nahe stehenden Unternehmens/Person nur jene marktunüblichen Geschäfte, die in jenem Zeitraum geschlossen wurden, in dem die Definition des/der nahe stehenden Unternehmens/Person erfüllt wurde (z.B. sind bei Bestellung als Mitglied des Vorstands oder Aufsichtsrats zum 1.4. nur marktunübliche Geschäfte zwischen 1.4. und Geschäftsjahrsende anzugeben). Sofern sich Abgrenzungsfragen ergeben (z.B. bei „eheähnlichen Partnerschaften"), ist im Zweifel auf eine längere Erfüllung der Definition (frühere Einbeziehung, späteres Ausscheiden) abzustellen. Bei bewusster zeitlicher Verlagerung des rechtlichen Abschlusses von Geschäften in eine nichtberichtspflichtige Periode ist auf den Zeitpunkt der diesbezüglichen grundsätzlichen Einigung abzustellen. Z.B. ist ein marktunüblicher Beratungsvertrag, der kurzfristig nach dem Ausscheiden eines Vorstandsmitglieds aus dieser Funktion rechtlich vereinbart wurde, dann anzugeben, wenn der Abschluss dieses Beratungsvertrags im Zuge des Ausscheidens des Vorstandsmitglieds grundsätzlich vereinbart wurde.

4.5. Wie werden Geschäfte mit nahe stehenden Unternehmen und Personen vom berichtenden Unternehmen festgestellt?

(28) Generell hat die Geschäftsleitung des berichtenden Unternehmens ein Verzeichnis der nahe stehenden Unternehmen und Personen zu erstellen und aktuell zu halten, um ihren Angabeverpflichtungen nachkommen zu können. Einer näheren Präzisierung bedarf die Einholung der Informationen zu Angaben betreffend Familienangehörige: Zur Erhebung dieser Geschäfte empfehlen sich entsprechende Aufzeichnungen sowie schriftliche Abfragen nach getätigten Geschäften beim entsprechenden Personenkreis. Betreffend den Aufsichtsrat sind auch die Arbeitnehmervertreter in die Befragung einzubeziehen. Die Dokumentation dieser Abfragen und deren Aktualisierung sind beim berichtenden Unternehmen aufzubewahren. Die Informationseinholung bei den nahe stehenden Unternehmen und Personen ist nur eine Kontrollmaßnahme, während das Unternehmen selbst geeignete interne Kontrollen und/oder Meldepflichten einrichten muss, um die berichtspflichtigen Geschäfte zu identifizieren.

(29) Wenn bestimmte Angaben nicht erhoben werden konnten, ist dieser Umstand in den Anhang aufzunehmen.

4.6. Einholung der erforderlichen Angaben von den nahe stehenden Unternehmen und Personen

(30) Die Verpflichtung zur Aufstellung des Jahres- bzw. Konzernabschlusses samt den erforderlichen Anhangangaben trifft die Geschäftsleitung. Die Bestimmungen der §§ 238 Abs. 1 Z 12 und 266 Z 5 UGB richten sich an den Ersteller des Jahres- bzw. Konzernabschlusses und nicht primär an die als nahe stehende Personen qualifizierten Organmitglieder etc.

(31) Die Geschäftsleitung muss also, um ihrer Aufstellungspflicht vollständig nachzukommen, an die möglicherweise als nahe stehende Personen zu qualifizierenden Personen (insbesondere Organmitglieder) herantreten und sie einerseits nach der zutreffenden Einbeziehung dem Grunde nach und andererseits (quasi bestätigend) nach den mit ihnen und ihren Familienangehörigen abgeschlossenen Geschäften befragen (Formular). Werden entsprechende Auskünfte von den Organmitgliedern etc. verweigert, ist eine entsprechende Anhangangabe zu überlegen.

5. Erstmalige Anwendung

(32) Die vorliegende Fassung der Stellungnahme ersetzt jene vom Dezember 2015. Sie ist auf Ge-

schäftsjahre anzuwenden, die nach dem 31. Dezember 2017 beginnen.

Erläuterungen

Zu Rz (2):

§ 125 Abs. 4 BörseG 2018 fordert beim Vorliegen einer Verpflichtung zur Aufstellung von Konzernabschlüssen sogar die Angabe von allen wesentlichen Geschäften mit nahe stehenden Unternehmen und Personen, gleichgültig ob sie marktunüblich oder marktüblich abgeschlossen wurden.

Zu Rz (12) a) i):

Der Begriff der Beherrschung nach der Definition des IAS 24.9 ist unter Berücksichtigung von IFRS 10.6 zu verstehen. Der erste Unterpunkt i) der Position a) umfasst jene Unternehmen, die in einen IFRS-Konzernabschluss nach der Vollkonsolidierung einzubeziehen wären.

Zu Rz (20):

Für die steuerliche Angemessenheitsprüfung von Transaktionen zwischen verbundenen Unternehmen ist sowohl im nationalen als auch im internationalen Steuerrecht der Fremdverhaltensgrundsatz maßgebend. Dieses so genannte Prinzip des „dealing at arm's length" hat insbesondere auf Ebene der Finanzverwaltungen eine nähere Konkretisierung erfahren. Nach den OECD-Richtlinien 1995 zu Verrechnungspreisen zwischen multinationalen Unternehmen ist bei sachgerechter Anwendung des Fremdvergleichs besonderer Wert auf die Vergleichbarkeit von Fremdtransaktionen und Konzerntransaktionen zu legen. Beispiele dazu sind etwa Marktverhältnisse, Vertragsbedingungen, Menge, Qualität, Dauer der Leistungsbeziehung, aber auch die Verfolgung von Geschäftsstrategien, wie Markteroberung, Lagerabbau oder das Überwinden von Liquiditätsengpässen. Vor Auswahl einer Verrechnungspreismethode hat eine sorgfältige Analyse der Funktionen, Risken und eingesetzten Wirtschaftsgüter zu erfolgen. Als vorgeschlagene Methoden werden drei Standardmethoden und „andere" nur subsidiär zugelassene Methoden in den Richtlinien erläutert. Innerhalb der Standardmethoden hat die Preisvergleichsmethode Vorrang, ist in der Praxis aber mangels vorhandener Informationen über Fremdtransaktionen oder aufgrund wesentlicher Unterschiede, die die Vergleichbarkeit stören, selten anzutreffen. Anwendungsbereiche für die Preisvergleichsmethode sind am ehesten bei Lizenzgebühren und Darlehens- und Kreditzinsen gegeben, wofür mit Hilfe von Datenbanken nach vergleichbaren Fremdtransaktionen gesucht wird. Für den Vertriebsbereich eignet sich häufig die Wiederverkaufspreismethode, während in weiten Teilen der Produktion und bei konzerninternen Dienstleistungen die Kostenaufschlagsmethode zielführend ist. Da auch angemessene Bruttomargen für die Vertriebsgesellschaft und angemessene Brutto-Gewinnaufschläge im Rahmen der Kostenaufschlagsmethode schwer anhand von Fremdtransaktionen identifiziert werden können, wird in internationalen Konzernen häufig die Fremdüblichkeit anhand von Nettomargen bzw. Nettogewinnaufschlägen aus einer Datenbank-Suche untermauert. Bei allen zulässigen Methoden ist im Steuerrecht anerkannt, dass ein fremdüblicher Preis nur im Rahmen einer Bandbreite ermittelt werden kann und dem steuerpflichtigen Unternehmen daher ein Ermessensspielraum zuzubilligen ist.

Zu Rz (28):

Bei den Arbeitnehmervertretern im Aufsichtsrat ist bei der Befragung auf spezialgesetzliche Normen (Arbeitsrecht) Rücksicht zu nehmen.

AFRAC-Stellungnahme 11 Umweltschutzrückstellungen (UGB)

Stellungnahme
Sonderfragen zur unternehmensrechtlichen Bilanzierung von Umweltschutzrückstellungen

(Dezember 2015)

Historie der vorliegenden Stellungnahme

erstmalige Veröffentlichung	September 2009	
Überarbeitung	Dezember 2015	Berücksichtigung der Änderungen des UGB aufgrund des Rechnungslegungs-Änderungsgesetzes 2014

1. Einleitung

1.1. Vorbemerkungen

(1) Diese Stellungnahme behandelt Sonderfragen zur unternehmensrechtlichen Bilanzierung von Umweltschutzrückstellungen auf Grundlage der Rechnungs-legungsvorschriften des österreichischen Unternehmensgesetzbuchs (UGB) in Jahres- und sinngemäß auch in Zwischenabschlüssen. Sie trifft keine Aussagen hinsichtlich der (österreichischen) ertragsteuerlichen Behandlung sowie der Behandlung nach anderen Rechnungslegungsvorschriften.

(2) Die Stellungnahme stellt eine Fortentwicklung des Positionspapiers des Ausschusses für Umweltfragen und Aspekte der nachhaltigen Entwicklung der Kammer der Wirtschaftstreuhänder „Rückstellungen resultierend aus umweltrelevanten betrieblichen Aktivitäten“ dar.

(3) Schwerpunkt der vorliegenden Stellungnahme ist die Frage, unter welchen Voraussetzungen es zu einem Ansatz von Rückstellungen im Zusammenhang mit Maßnahmen zum Umweltschutz kommen kann bzw muss (vgl Kapitel 2.). Abgrenzungsfragen ergeben sich dabei vor allem zum Anlagevermögen und zu Haftungsverhältnissen (vgl Kapitel 3.). Gerade wenn es im jeweiligen Fall einschätzungsgemäß Auslegungsspielräume gibt, ist im Anhang offenzulegen, welche entscheidenden Kriterien für den Ansatz der Rückstellung herangezogen wurden (vgl Kapitel 4.). Schließlich ist die Berichtspflicht im Lagebericht über wesentliche Risiken und Ungewissheiten zu beachten (vgl Kapitel 5.). Die Bewertung von Umweltschutzrückstellungen hat nach den generell für die Bewertung von Rückstellungen gültigen Regeln des UGB zu erfolgen und ist deshalb nicht Inhalt dieser Stellungnahme.

(4) Auf andere AFRAC-Stellungnahmen, welche im Zusammenhang mit dem Thema dieser Stellungnahme in einzelnen (Teil-)Bereichen von Bedeutung sind, insbesondere die AFRAC-Stellungnahme 9 „Lageberichterstattung gemäß §§ 243, 243a und 267 UGB“ und die AFRAC-Stellungnahme 1 „Bilanzierung von CO_2-Emissionszertifikaten gemäß UGB“, sei an dieser Stelle verwiesen.

1.2. Hintergrund

(5) Maßnahmen zum Schutz wie auch zur Sanierung der Umwelt haben in mehrfacher Hinsicht Bedeutung für Unternehmen. Folgende Ursachen sind beispielhaft anzuführen, weshalb der Stellenwert von betrieblichem Umweltmanagement und Umweltberichterstattung unverändert zunimmt und weiter zunehmen wird:

- Umweltbewusstsein, soziale Verantwortung und Nachhaltigkeit;
- Anforderungen von Anspruchsgruppen wie Kunden, Mitarbeitern, Lieferanten, Anrainern, Behörden;
- Anpassungsverpflichtungen an verbesserten Stand der Technik;
- Weiterentwicklungen im Umweltrecht;
- Einbeziehung umweltbezogener Risiken und deren (potenzielle) Auswirkungen auf Handlungs- und Planungsprozesse privater und staatlicher Institutionen, so zB bei Kreditwürdigkeitsprüfungen, Ratings von Investmentfonds und Veranlagungen nach ethischen Kriterien.

(6) In den letzten 30 Jahren waren vor allem produzierende Unternehmen mit steigenden Kosten für die Vermeidung von Umweltverschmutzung, Reinigungsanlagen, Abfallbeseitigung und Überwachungs- und Managementsysteme konfrontiert. Die Adressaten der externen Rechnungslegung benötigen Information darüber, wie sich umweltbezogene Risiken und Verbindlichkeiten auf die Finanzlage des Unternehmens auswirken, wie das Unternehmen zum Umweltschutz steht und was es in Bezug auf den Umweltschutz leistet, sofern sich daraus Konsequenzen für seine finanzielle Stabilität ergeben können.

(7) Mit separaten Umweltberichten wird diesem Informationsbedürfnis nur teilweise Rechnung getragen. Die Europäische Kommission hat deshalb am 30. Mai 2001 eine Empfehlung (2001/453/EG) zur „Berücksichtigung von Umweltaspekten in Jahresabschluss und Lagebericht von Unternehmen: Ausweis, Bewertung und Offenlegung“ (ABl L 156/33) veröffentlicht. Diese Empfehlung steht in Einklang mit der Vierten und der Siebenten Richtlinie (Richtlinien 78/660/EWG und 83/349/EWG). Innerhalb dieses Rechtsrahmens stützt sie sich auf die übernommenen IAS 36 „Wertminderung von Vermögenswerten“, IAS 37 „Rückstellungen, Eventualschulden und Eventualforderungen“ und

IAS 38 „Immaterielle Vermögenswerte" des IASB. Die Empfehlung ist nicht verbindlich: Sie soll „in Bezug auf Umweltfragen für die Anwendung der Bestimmungen" der angeführten beiden Richtlinien „eine Orientierungshilfe bieten". „Zwar wird dabei die Anwendung bestimmter Methoden angeregt, doch bedeutet dies nicht, dass nicht auch andere rechnungslegungstechnische Methoden angewandt werden können, sofern diese gemäß den Richtlinien zulässig sind." (Alle drei Zitate Empfehlung (2001/453/EG) der Europäischen Kommission vom 30. Mai 2001 zur Berücksichtigung von Umweltaspekten in Jahresabschluss und Lagebericht von Unternehmen: Ausweis, Bewertung und Offenlegung, ABl L 156/33, Erwägungsgrund 14.) Die unternehmensrechtliche Bilanzierung kann somit von der Empfehlung abweichen und dennoch im Einklang mit der Vierten und der Siebenten Richtlinie oder auch der nun geltenden Bilanzrichtlinie stehen.

1.3. Umweltschutzaufwendungen

(8) Die vorliegende Stellungnahme beschäftigt sich mit Sonderfragen zur unternehmensrechtlichen Bilanzierung von Rückstellungen im Zusammenhang mit Maßnahmen zum Umweltschutz. Dazu ist vorweg der Begriff „Umweltschutzaufwendungen" zu bestimmen, um danach analysieren zu können, welche dieser Aufwendungen unter welchen Voraussetzungen rückstellungsrelevant sind. Diesbezügliche Begriffsbestimmungen wurden etwa von der Vereinigung deutscher Ingenieure (Vereinigung Deutscher Ingenieure, Ermittlung der Aufwendungen für Maßnahmen zum betrieblichen Umweltschutz, VDI 3800, 2000), der Division for Sustainable Development der UN (DSD/UNDESADSD/UNDESA – 2001, UN DSD (United Nations Division for Sustainable Development). 2001. *Environmental Management Accounting, Procedures and Principles.* United Nations Publications: New York and Geneva) sowie der IFAC (IFAC, International Guidance Document: Environmental Management Accounting, August 2005) vorgenommen. Um die europäische Vergleichbarkeit zu fördern, soll für die vorliegende Stellungnahme auf die Bestimmung des Begriffs „Umweltaufwendungen" im Anhang der europäischen Empfehlung (Abschnitt 2. „Begriffsbestimmungen", Rz 1 bis 4) zurückgegriffen werden:

„1. Für die Zwecke dieser Empfehlung bezeichnet der Begriff Umwelt das natürliche physische Umfeld und umfasst Luft, Wasser, Boden, die Pflanzen- und Tierwelt sowie nicht erneuerbare Ressourcen wie fossile Brennstoffe und Mineralien.

2. Umweltaufwendungen beinhalten die Kosten der Maßnahmen, die das Unternehmen oder andere in seinem Auftrag durchführen, um solche Umweltschäden zu vermeiden, zu begrenzen oder zu beheben, die sich aus seiner Geschäftstätigkeit ergeben. Zu diesen Kosten gehören unter anderem die Kosten für Abfallbeseitigung und -vermeidung, Boden-, Gewässer- und Grundwasserschutz, Luftreinhaltung und Klimaschutz, Lärmbekämpfung sowie Arten- und Landschaftsschutz. Allerdings sind nur zusätzlich feststellbare Kosten zu berücksichtigen, die in erster Linie der Vermeidung, Begrenzung oder Behebung von Umweltschäden dienen. Kosten für Maßnahmen, die sich zwar positiv auf die Umwelt auswirken mögen, jedoch hauptsächlich anderen Zwecken wie der Erhöhung der Rentabilität, der Gesundheit und Sicherheit am Arbeitsplatz, der sicheren Verwendung der Produkte des Unternehmens oder einer effizienten Produktion dienen, sind nicht den Umweltaufwendungen zuzurechnen. Wenn sich der Betrag der zusätzlichen Kosten nicht von den anderen Kosten, in denen er möglicherweise enthalten ist, trennen lässt, kann er geschätzt werden, sofern der daraus resultierende Betrag die Bedingung erfüllt, dass er in erster Linie der Vermeidung, Begrenzung oder Behebung von Umweltschäden dient.

3. Kosten, die als Folge von Geldbußen oder Strafen für die Nichtbefolgung von Umweltschutzvorschriften anfallen, sowie Entschädigungszahlungen an Dritte für durch frühere Umweltverschmutzung erlittene Verluste oder Schädigungen fallen (…) nicht unter diese Definition. Diese Kosten stehen zwar im Zusammenhang mit dem Umweltverhalten des Unternehmens, dienen aber nicht der Vermeidung, Begrenzung oder Behebung von Umweltschäden.

4. Das Statistische Amt der Europäischen Union (Eurostat) hat darüber hinaus eine Reihe detaillierter Definitionen für Aufwendungen in verschiedenen Bereichen des Umweltschutzes entwickelt, die in die Durchführungsbestimmungen zu der Verordnung (EG, Euratom) Nr. 58/97 vom 20. Dezember 1996 über die Unternehmensstrukturstatistik aufgenommen wurden. Diese Begriffsbestimmungen, die einer regelmäßigen Aktualisierung unterliegen, bilden die Grundlage der Vorschriften für die statistischen Meldungen über Umweltaufwendungen in der Europäischen Union. Wenn die allgemeine Definition der obigen Ziffer 2 verwendet wird, wird daher empfohlen, dass die Unternehmen diese detaillierten Definitionen berücksichtigen. (…)" (Vgl die Durchführungsbestimmungen zur Verordnung Nr 58/97 vom 20. Dezember 1996, ABl L 14 vom 17.1.1997, S. 1. Siehe auch Durchführungsdokument ENV96/10/c. Die europäische Klassifizierung der Umweltschutzaktivitäten (CEPA) unterscheidet zwischen folgenden Umweltschutzbereichen: Abfallwirtschaft, Luftreinhaltung und Klimaschutz, Gewässerschutz, Boden- und Grundwasserschutz, Arten- und Landschaftsschutz sowie sonstigen Umweltschutzaktivitäten.)

2. Ansatz

(9) Die Rückstellungen gemäß § 198 Abs 8 UGB

werden im Zusammenhang mit Umweltschutzaufwendungen näher untersucht:

Rückstellungen sind gemäß § 198 Abs 8 Z 1 UGB für

- ungewisse Verbindlichkeiten (Verbindlichkeitsrückstellungen) und
- drohende Verluste aus schwebenden Geschäften (Drohverlustrückstellungen)

zu bilden, die am Abschlussstichtag wahrscheinlich oder sicher, aber hinsichtlich ihrer Höhe oder des Zeitpunkts ihres Eintritts unbestimmt sind. Typischerweise stellen bilanzierungsrelevante Geschäftsfälle aus dem Umweltbereich keine zweiseitig schwebenden Rechtsgeschäfte dar, sodass eine Drohverlustrückstellung idR nicht in Betracht kommt und eine weitere Untersuchung daher unterbleibt.

(10) Rückstellungen dürfen außerdem gemäß § 198 Abs 8 Z 2 UGB für ihrer Eigenart nach genau umschriebene, dem Geschäftsjahr oder einem früheren Geschäftsjahr zuzuordnende Aufwendungen gebildet werden, die am Abschlussstichtag wahrscheinlich oder sicher, aber hinsichtlich ihrer Höhe oder des Zeitpunkts ihres Eintritts unbestimmt sind. Derartige Rückstellungen sind zu bilden, soweit dies den Grundsätzen ordnungsmäßiger Buchführung (GoB) entspricht.

(11) Eine Verpflichtung zur Rückstellungsbildung besteht gemäß § 198 Abs 8 Z 3 UGB nicht, soweit es sich um nicht wesentliche Beträge handelt.

(12) Ansatzpflicht und -wahlrecht für die Bildung von Rückstellungen sind in den gesetzlichen Bestimmungen erschöpfend geregelt. Der Katalog der ansatzpflichtigen Rückstellungen ist jedoch für Aufwandsrückstellungen offen gehalten, um der Entwicklung der GoB Rechnung zu tragen.

2.1. Verbindlichkeitsrückstellungen

(13) Für die Bildung einer Verbindlichkeitsrückstellung für Umweltschutzaufwendungen gelten die allgemeinen unternehmensrechtlichen Kriterien (dh steueranlassfallbezogene Rechtsprechung und Verwaltungsmeinung sind nur bedingt für abschließende unternehmensrechtliche Beurteilungen geeignet). Besonderes Augenmerk ist dabei auf die folgenden Voraussetzungen zu legen:

- wahrscheinliches oder sicheres Vorliegen einer hinreichend konkretisierten Verpflichtung,
- rechtliches Entstehen bzw wirtschaftliche Verursachung in der Vergangenheit,
- Wahrscheinlichkeit der Inanspruchnahme.

2.1.1. Wahrscheinliches oder sicheres Vorliegen einer hinreichend konkretisierten Verpflichtung

(14) Die der Umweltschutzrückstellung zugrunde liegende wahrscheinliche oder sichere Verpflichtung kann

- privatrechtlich,
- durch faktischen Leistungszwang oder
- öffentlich-rechtlich

begründet sein. Eine Innenverpflichtung, dh eine Verpflichtung, die sich das Unternehmen selbst auferlegt, begründet keine Verbindlichkeitsrückstellung. Das für die Bildung von Umweltschutzrückstellungen erforderliche Ausmaß der Konkretisierung der Verpflichtung entspricht dem nach den allgemeinen Grundsätzen für die Rückstellungsbildung erforderlichen Ausmaß.

(15) Privatrechtliche Verpflichtungen können insbesondere auf gesetzlichen oder rechtsgeschäftlichen Schuldverhältnissen beruhen. (Ein Beispiel für eine derartige privatrechtliche Verpflichtung stellt die gesamtschuldnerische Haftung für Kostenersatz an den Bund zur Sicherung oder Sanierung von Altlasten – § 18 Abs 2 ALSAG iVm §§ 1301 und 1302 ABGB – dar.) Die hinreichende Konkretisierung bei privatrechtlichen Umweltschutzverpflichtungen verlangt das Vorliegen von konkreten Informationen über Art und erwartete Höhe der Ausgaben und Schätzbarkeit des künftigen Erfüllungszeitpunkts nach objektiven Kriterien.

(16) Ein faktischer Leistungszwang des Unternehmens „zur Vermeidung, Begrenzung oder Behebung von Umweltschäden ergibt sich insoweit aus dessen eigenen Handlungen oder Verhaltensweisen, als das Unternehmen durch öffentliche Grundsatz- oder Absichtserklärungen oder durch sein regelmäßiges Verhalten in der Vergangenheit Dritten gegenüber seine Bereitschaft zur Übernahme der Verantwortung für die Vermeidung, Begrenzung oder Behebung von Umweltschäden so deutlich angezeigt hat, dass es sich der Durchführung entsprechender Maßnahmen nicht mehr entziehen kann." (Empfehlung (2001/453/EG) der Europäischen Kommission vom 30. Mai 2001 zur Berücksichtigung von Umweltaspekten in Jahresabschluss und Lagebericht von Unternehmen: Ausweis, Bewertung und Offenlegung, ABl L 156/33, Z 1.) Die hinreichende Konkretisierung bei faktischen Umweltschutzverpflichtungen verlangt das Vorliegen von konkreten Informationen über Art und erwartete Höhe der Ausgaben und Schätzbarkeit des künftigen Erfüllungszeitpunkts nach objektiven Kriterien.

(17) Für die Unterscheidung zwischen verpflichtend zu bilanzierenden Rückstellungen für faktische Verpflichtungen und wahlweise zu bildenden Aufwandsrückstellungen ist das ausschlaggebende Kriterium die Verpflichtung Dritten gegenüber, der sich das Unternehmen nicht entziehen kann, im ersten Fall und das Fehlen einer solchen Verpflichtung im zweiten Fall.

(18) Obwohl bei öffentlich-rechtlichen Verpflichtungen keine Schuldverhältnisse mit einem Dritten vorliegen, erfüllt ein öffentlich-rechtlich begründeter Handlungszwang gleichermaßen die Voraussetzung der hinreichenden Konkretisierung (vgl zB § 83 GewO, wonach im Falle von Anlagenauflassungen der Anlageninhaber die notwendigen Vorkehrungen zur Vermeidung einer von dieser in Auflassung begriffenen oder aufgelassenen Anlage ausgehenden Gefährdung, Belästigung,

Beeinträchtigung oder nachteiligen Einwirkung im Sinne des § 74 Abs 2 GewO zu treffen hat). Dies gilt insbesondere für Verpflichtungen aufgrund spezialgesetzlicher Regelungen im Umweltrecht. Bloßen Programmsätzen des öffentlichen Rechts, welche dem Wohle der Allgemeinheit dienen, fehlt es an einer hinreichenden Konkretisierung; damit fehlt eine notwendige Voraussetzung zur Rückstellungsbildung. (Beispielsweise sieht das Bundesverfassungsgesetz über den umfassenden Umweltschutz, BGBl 1984/491, vor: „Der umfassende Umweltschutz besteht insbesondere in Maßnahmen zur Reinhaltung der Luft, des Wassers und des Bodens sowie zur Vermeidung von Störungen durch Lärm.") Die hinreichende Konkretisierung bei öffentlich-rechtlichen Umweltschutzverpflichtungen ist jedenfalls dann gegeben, wenn folgende Merkmale der Verpflichtung erfüllt sind:

- inhaltlich genau bestimmtes Handeln,
- Handeln innerhalb eines bestimmten Zeitraums und
- Sanktionsbewehrung.

(19) Die inhaltliche Bestimmtheit bedeutet nicht, dass Verfahren und Techniken durch Gesetz, Verordnung oder Verwaltungsakt definiert sein müssen. Es genügt, wenn das Ziel oder der Zustand festgelegt ist, der durch Umweltschutzmaßnahmen erreicht werden soll. Sofern das Handeln innerhalb eines bestimmten Zeitraums vorgesehen ist, ist die Verpflichtung hinsichtlich des Zeitraums konkretisiert. Der künftige Erfüllungszeitpunkt muss nach objektiven Kriterien schätzbar sein. Die Sanktionsbewehrung von Umweltschutzverpflichtungen ist ein starkes Indiz dafür, dass sich der Unternehmer der Erfüllung der Verpflichtung nicht entziehen kann. Umgekehrt bedeutet jedoch das Fehlen von gesetzlichen Sanktionsmaßnahmen nicht notwendigerweise, dass keine hinreichende Konkretisierung gegeben ist.

2.1.2. Rechtliches Entstehen bzw wirtschaftliche Verursachung der Verpflichtung in der Vergangenheit

(20) Besteht eine hinreichend konkretisierte Verpflichtung, stellt sich weiters die Frage, wann eine Umweltschutzrückstellung zu bilden ist – für die Beurteilung sind die wirtschaftliche Verursachung oder die rechtliche Entstehung in der Vergangenheit maßgeblich.

(21) Eine Verpflichtung ist rechtlich entstanden, wenn sämtliche die Leistungspflicht auslösenden Tatbestandsmerkmale erfüllt sind. Auf die Fälligkeit der Verpflichtung kommt es für ihr rechtliches Entstehen nicht an.

(22) Bei wirtschaftlicher Verursachung sind die wirtschaftlich wesentlichen Tatbestandsmerkmale der Verpflichtung erfüllt. Das Entstehen der Verbindlichkeit hängt nur noch von wirtschaftlich unwesentlichen Tatbestandsmerkmalen ab. Zur inhaltlichen Präzisierung bzw Objektivierung der wirtschaftlichen Verursachung bedient man sich mitunter des Realisationsprinzips, dh eine Rückstellung passiviert zukünftige Ausgaben, welche eine konkretisierte Zugehörigkeit zu bis zum Abschlussstichtag bereits realisierten Erträgen aufweisen. Anknüpfungspunkt für die rückzustellende Verpflichtung stellt im Falle wirtschaftlicher Verursachung also Vergangenes dar, um Vergangenes abzugelten.

(23) Eine hinreichend konkretisierte Umweltschutzverpflichtung ist zum Zeitpunkt ihrer wirtschaftlichen Verursachung, spätestens aber bei rechtlicher Entstehung als Rückstellung zu passivieren, wodurch dem Gebot der Vollständigkeit des Schuldenausweises Rechnung getragen wird. Sofern das Kriterium der rechtlichen Entstehung noch nicht oder erst teilweise erfüllt ist oder, wie es bei faktischen Verpflichtungen der Fall ist, nicht erfüllt werden kann, kommt es auf die wirtschaftliche Verursachung an.

2.1.3. Wahrscheinlichkeit der Inanspruchnahme

(24) Inwieweit die Inanspruchnahme aus der Sicht des Abschlussstichtages wahrscheinlich ist, hat für den Ansatz von Umweltrückstellungen maßgebliche Bedeutung. Insgesamt muss bei sachlicher Beurteilung ernsthaft mit der Inanspruchnahme aus der Verpflichtung gerechnet werden. Die bloße Möglichkeit einer Inanspruchnahme genügt nicht. Dies bedeutet, dass am Abschlussstichtag mehr Gründe dafür als dagegen sprechen müssen, auch wenn sie erst bis zur Bilanzerstellung bekannt werden. Für den Fall einer öffentlich-rechtlichen Verpflichtung ist eine wahrscheinliche Inanspruchnahme jedenfalls dann anzunehmen, wenn die Verpflichtung der Behörde bekannt ist oder davon auszugehen ist, dass diese von der Verpflichtung des Unternehmens Kenntnis erlangen wird.

2.2. Aufwandsrückstellungen

(25) Aufwandsrückstellungen liegen weder rechtliche noch faktische Verpflichtungen gegenüber Dritten zugrunde. Die Bildung erfolgt demnach nicht auf Basis nach außen gerichteter Umweltschutzverpflichtungen, sondern wenn die künftigen Ausgaben

- ihrer Eigenart nach genau umschrieben,
- dem Geschäftsjahr oder einem früheren Geschäftsjahr zuzuordnen,
- am Abschlussstichtag wahrscheinlich oder sicher und
- hinsichtlich der Höhe oder des Zeitpunkts ihres Eintritts unbestimmt sind.

(26) Sind diese Voraussetzungen nicht kumulativ erfüllt, kommt die Bildung einer Aufwandsrückstellung nicht in Betracht. Bei kumulativer Erfüllung der Voraussetzungen besteht ein Ansatzwahlrecht für eine Rückstellung. Sie wird für Zwecke einer periodengerechten Gewinnermittlung gebildet. Die zukünftigen Ausgaben dürfen nicht zu aktivierungspflichtigen Herstellungs- oder Anschaffungskosten führen (vgl Abschnitt 3.1.2.). Eine Verpflichtung zur Bildung aufgrund bestehender Grundsätze ordnungsmäßiger Buchführung gemäß

§ 198 Abs 8 Z 2 letzter Satz UGB ist gegenwärtig nicht erkennbar.

(27) [gestrichen]

2.3. Überblick zu Verbindlichkeits- und Aufwandsrückstellungen

(28) Die nachfolgende Liste soll einen exemplarischen Überblick über die für Umweltschutzrückstellungen zu würdigenden Fälle geben (Umweltkostenschema der UN DSD/DESA, IFAC analog).

1. Abfall- und Emissionsbehandlung	Verbindlichkeitsrückstellung	Aufwandsrückstellung
• Abschreibungen für end-of-pipe-Anlagen und jene Anlagen (anteilig), die Abfälle und Ausschuss produzieren	Nein	Nein
• Instandhaltung, Reparatur und Betriebsmittel dafür	Ja	Ja
• Personal für Abfall- und Emissionsbehandlung	Ja	Ja
• Ökosteuern, Umwelt- und Emissionsabgaben, Gebühren	Ja	Nein
• Versicherungen gegen Umweltrisiken, Umweltschäden und Umwelthaftungen	Nein	Nein
• Sanierungen, Rekultivierungen und Kompensationsleistungen	Ja	Ja
2. Vermeidung und Umweltmanagement		
• Externe Beratungs- und Prüfleistungen, Zertifizierungen	Ja	Ja
• Personal für allgemeine Umweltmanagementaktivitäten	Nein	Nein
• Forschung und Entwicklung	Ja	Nein
• Anteilige Abschreibungen für integrierte Technologien, soweit signifikant	Nein	Nein
• Andere Umweltmanagementkosten, zB Kommunikation, Umweltbericht, Sponsoring	Ja	Ja

3. Abgrenzung zu anderen Jahresabschlussposten

3.1. Anlagevermögen

3.1.1. Außerplanmäßige Abschreibung

(29) Sanierungen in Verbindung mit einzelnen Vermögensgegenständen weisen häufig ein Konkurrenzproblem bezüglich außerplanmäßiger Abschreibung einerseits und Rückstellungsbildung andererseits auf.

(30) Wird ein umweltschutzbedingter Schaden identifiziert, beispielsweise die Kontaminierung einer Liegenschaft, ist für die bilanzielle Behandlung im ersten Schritt die Frage zu klären, ob eine rechtliche oder faktische Verpflichtung zur Sanierung beim Unternehmen vorliegt oder nicht.

(31) Liegt eine Verpflichtung zur Sanierung vor, dann ist eine Rückstellung für die Ausgaben zur Schadensbegrenzung oder -behebung zu bilden. Sollte erkennbar sein, dass nach erfolgter Sanierung eine Nutzungs- bzw Verwertungsbeeinträchtigung weiterhin gegeben sein wird, ist zusätzlich eine außerplanmäßige Abschreibung auf den beizulegenden Wert vorzunehmen. Sollte eine Sanierung mangels technisch geeigneter Verfahren nicht möglich sein, kann keine Rückstellung gebildet werden; eine etwaige Nutzungs- bzw Verwertungsbeeinträchtigung ist durch eine außerplanmäßige Abschreibung zu berücksichtigen.

(32) Liegt keine Verpflichtung zur Sanierung vor, kann die Notwendigkeit der Vornahme einer außerplanmäßigen Abschreibung des Vermögensgegenstands auf den beizulegenden Wert gegeben sein. Dies ist immer dann der Fall, wenn es zu einer Nutzungs- oder Verwertungseinschränkung kommt.

(33) Die nachfolgende Graphik stellt die Abgrenzung nochmals übersichtlich dar:

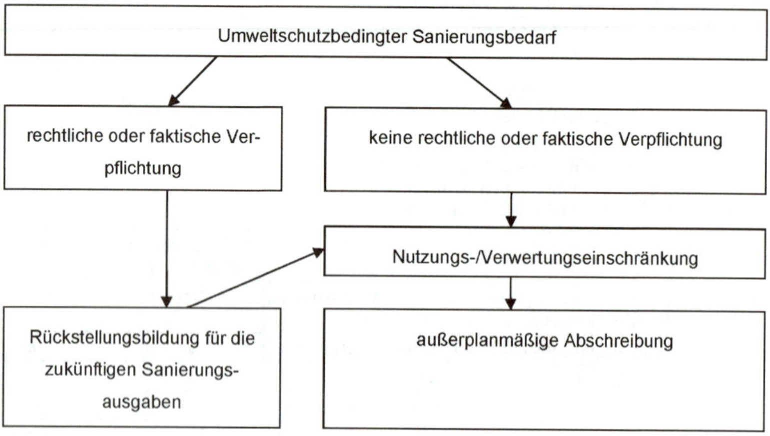

(34) Eine außerplanmäßige Abschreibung ist erforderlich, wenn

- der umweltschutzbedingte Schaden das Nutzungs- bzw Verwertungspotenzial des Vermögensgegenstandes einschränkt und
- eine voraussichtlich dauernde Wertminderung vorliegt.

Das Ausmaß der außerplanmäßigen Abschreibung bestimmt sich grundsätzlich unabhängig von der Höhe der Sanierungsausgaben nach dem Ausmaß der Nutzungs- bzw Verwertungseinschränkung. Die außerplanmäßige Abschreibung erfolgt auf den niedrigeren beizulegenden Wert unter Bedachtnahme auf die Nutzungsmöglichkeit im Unternehmen.

3.1.2. Aktivierung

(35) Ausgaben für Maschinen(teile) oder Bauteile zur Vermeidung oder Verminderung von negativen Umweltauswirkungen weisen häufig ein Konkurrenzproblem bezüglich Aktivierung einerseits und Rückstellungsbildung andererseits auf.

(36) Besteht eine öffentlich-rechtliche Verpflichtung zur künftigen Anschaffung oder Herstellung eines Vermögensgegenstandes (zB zusätzliche Behandlungsanlage), so kommt die Bildung einer Rückstellung nicht in Betracht, insoweit unter Bedachtnahme auf die Nutzungsmöglichkeit im Unternehmen mit der Werthaltigkeit des angeschafften Vermögensgegenstandes ernsthaft zu rechnen ist. Gleiches gilt für öffentlich-rechtliche Verpflichtungen, bestehende Vermögensgegenstände künftig zu erweitern oder wesentlich zu verbessern. Dabei anfallende Kosten sind in diesen Fällen als Anschaffungs- oder Herstellungskosten zu aktivieren, soweit nach den Regeln des § 203 UGB eine Aktivierungspflicht besteht.

(37) Ist aber beispielsweise nachträglich eine Betonwanne zur Eindämmung von Kontaminationen des Grundwassers zu errichten, so entsteht damit kein neuer, aktivierungspflichtiger Vermögensgegenstand, sondern es werden lediglich Erhaltungsmaßnahmen gesetzt, um die Funktionsfähigkeit des vorhandenen Vermögensgegenstandes (im vorliegenden Fall Grundvermögen) sicherzustellen. Das Erfordernis der Bildung einer Rückstellung ist bei Vorliegen einer rechtlichen bzw faktischen Verpflichtung gegeben.

(38) Vorsorgemaßnahmen für den Umweltschutz (zB auch Anpassungsverpflichtungen) stellen in der Mehrzahl der Fälle keine selbständigen Vermögensgegenstände dar und dienen als Modernisierungsmaßnahmen lediglich dazu, das ursprüngliche Nutzungspotenzial der Anlagen zu sichern und die Funktionsfähigkeit zu erhalten. Diese Vorsorgeausgaben sind in der Regel nicht aktivierbar. Das Erfordernis der Bildung einer Rückstellung ist bei Vorliegen einer rechtlichen bzw faktischen Verpflichtung gegeben.

(39) Wird ein Vermögensgegenstand angeschafft oder hergestellt und ist damit die Übernahme einer rückstellungspflichtigen öffentlich-rechtlichen Verpflichtung verbunden, dann umfassen die Anschaffungs-/Herstellungskosten auch die übernommene Verpflichtung, welche gleichzeitig rückzustellen ist.

3.2. Sonderposten

(40) Die Passivierung einer Verbindlichkeitsrückstellung ist geboten, wenn alle Ansatzvoraussetzungen des Kapitels 2. vorliegen. Wenngleich die Abgrenzung zu den anderen Posten der Passivseite in der Regel zweifelsfrei erfolgen kann, kommt bei zunehmender Konkretisierung der bestehenden Verpflichtung in zeitlicher und betraglicher Hinsicht ein Ausweis in einem anderen Bilanzposten oder als Sonderposten gemäß § 223 Abs 4 UGB, sofern dessen Inhalt nicht von einem vorgeschriebenen Posten gedeckt wird, in Betracht.

(41) [geringfügig verändert in Rz (45a) verschoben]

(42) [in Rz (45b) verschoben]

(43) [in Rz (45c) verschoben]

4. Angaben im Anhang

(44) Der Jahresabschluss hat gemäß der Generalnorm von § 222 Abs 2 UGB ein möglichst getreues Bild der Vermögens-, Finanz- und Ertragslage des Unternehmens zu vermitteln. Wenn dies aus besonderen Umständen nicht gelingt, sind im Anhang die erforderlichen zusätzlichen Angaben zu machen. Die auf die umweltschutzbezogenen Posten angewendeten Bilanzierungs- und Bewertungsmethoden sind gemäß § 237 Abs 1 Z 1 UGB zu erläutern. Die Unterlassung des Ansatzes eines Passivpostens kann durch eine Anhangangabe nicht saniert werden.

4.1. Angaben zu Rückstellungen gemäß § 238 Abs 1 Z 15 UGB

(45) Im Anhang sind für mittelgroße und große Gesellschaften Rückstellungen, die in der Bilanz nicht gesondert ausgewiesen werden, anzugeben, wenn sie einen erheblichen Umfang haben. Diese Rückstellungen sind zu erläutern. Daraus ergeben sich für Umweltschutzrückstellungen neben den für Rückstellungen allgemein geltenden Angabe- und Erläuterungspflichten keine zusätzlichen, spezifischen Anforderungen.

4.2. Haftungsverhältnisse gemäß § 237 Abs 1 Z 2 UGB

(45a) Im Bereich von Umweltschutzverpflichtungen kann eine Information über Haftungsverhältnisse gemäß § 237 Abs 1 Z 2 iVm § 199 UGB insbesondere dann erforderlich sein, wenn keine hinreichende Konkretisierung oder keine wahrscheinliche Inanspruchnahme gegeben ist. Auch soweit die Höhe des Haftungsverhältnisses nicht bezifferbar ist, hat eine entsprechende Erläuterung im Anhang zu erfolgen. Saldierungen mit Rückgriffsansprüchen sind nicht vorzunehmen.

(45b) Ein Anwendungsfall ist insbesondere im Falle von Nachsorgemaßnahmen gegeben: Eine Information über Haftungsverhältnisse ist beispielsweise erforderlich bei gesamtschuldnerischer Haftung gemäß § 18 Abs 2 ALSAG iVm §§ 1301f ABGB für Kosten zur Sicherung oder Sanierung der Altlasten von Liegenschaften.

(45c) Betriebs- und branchenübliche Haftungsverhältnisse sind nicht zu vermerken, denn die Angabepflicht betrifft nur auf besonderen Verhältnissen beruhende Haftungsverhältnisse, die nicht als bekannt vorausgesetzt werden können.

4.3. Sonstige finanzielle Verpflichtungen gemäß § 237 Abs 1 Z 2 UGB

(46) Die Bestimmung erfordert nur in jenen Fällen zwingend Angaben, in denen wesentliche finanzielle Verpflichtungen weder auf der Passivseite auszuweisen noch von § 199 umfasst sind. Dies betrifft idR zweiseitig verpflichtende schwebende Geschäfte, erstreckt sich aber auch auf öffentlich-rechtliche Verpflichtungen.

(47) Eine anzugebende finanzielle Verpflichtung im Umweltbereich kann beispielsweise aus Anpassungsverpflichtungen resultieren. Soweit erwartungsgemäß aktivierbare Anschaffungs- oder Herstellungskosten anfallen werden, ist eine Rückstellung nicht zu bilden. Um jedoch eine zutreffende Darstellung der Finanzlage sicherzustellen, sind die Ausgaben als sonstige finanzielle Verpflichtungen anzuführen.

5. Angaben im Lagebericht

(48) Im Lagebericht sind die wesentlichen Risiken und Ungewissheiten, denen das Unternehmen ausgesetzt ist, zu beschreiben. Es ist daher auch im Hinblick auf Umweltrisiken und -ungewissheiten zu prüfen, ob Berichtspflichten im Lagebericht vorliegen.

(49) [gestrichen]

(50) [gestrichen]

(51) Verpflichtungen aus dem Umweltbereich beruhen insbesondere auf Nachsorge- und Vorsorgeverpflichtungen; soweit wesentlich, kann eine Berücksichtigung im Risikobericht und/oder im Prognosebericht geboten sein. Gemäß § 243 Abs 5 UGB haben große Kapitalgesellschaften überdies in die Analyse gemäß § 243 Abs 2 UGB die wichtigsten nichtfinanziellen Leistungsindikatoren aufzunehmen und dabei auch Informationen über Umweltbelange zu geben.

6. Erstmalige Anwendung

(52) Die vorliegende Fassung der Stellungnahme ersetzt jene vom September 2009. Sie ist auf Geschäftsjahre anzuwenden, die nach dem 31. Dezember 2015 beginnen.

AFRAC-Stellungnahme 12
Vorjahreszahlen (UGB)

Stellungnahme
Die Angabe von Vorjahreszahlen gemäß § 223 Abs. 2 UGB

(Dezember 2015)

Historie der vorliegenden Stellungnahme

erstmalige Veröffentlichung	Dezember 2009	
Überarbeitung	Dezember 2015	Berücksichtigung der Änderungen des UGB aufgrund des Rechnungslegungs-Änderungsgesetzes 2014

1. Gegenstand der Stellungnahme

(1) § 223 Abs. 2 Satz 1 UGB normiert: „Im Jahresabschluss ist zu jedem Posten der entsprechende Betrag des vorangegangenen Geschäftsjahrs zumindest in vollen 1 000 Euro anzugeben; dies gilt auch für die gesondert anzumerkenden Posten." Die beiden folgenden Sätze enthalten Regelungen für den Fall, dass „die Beträge nicht vergleichbar" sind. Die vorliegende Stellungnahme klärt die Reichweite dieser Verpflichtung zur Angabe von Vorjahreszahlen.

(2) Gemäß § 251 Abs. 1 UGB ist u. a. § 223 UGB auf den Konzernabschluss „entsprechend anzuwenden". Soweit die nachstehenden Ausführungen den Anhang betreffen, gelten sie daher entsprechend auch für den Konzernanhang.

2. Grundaussagen und Postenbegriff

(3) Aus Wortlaut und Systematik des Gesetzes lässt sich ableiten, dass sich die Verpflichtung zur Angabe von Vorjahreszahlen auf alle (Teil-)Beträge von Posten der Bilanz und der Gewinn- und Verlustrechnung unabhängig vom Ort ihrer Angabe im Jahresabschluss und darüber hinaus auf alle weiteren Anhangsangaben erstreckt, bei denen es sich um Posten handelt.

(4) Ein Posten liegt (auch im Anhang) immer dann vor, wenn der betreffenden Angabe ein Betrag (in Euro) so unmittelbar zugeordnet ist, wie es bei den Posten in der Bilanz und in der Gewinn- und Verlustrechnung (einschließlich der Davon- und ähnlichen Vermerke) der Fall ist.

(5) Kein Posten liegt vor und keine Vorjahreszahl muss daher angegeben werden, wenn eine Betragsangabe lediglich erläuternder Bestandteil einer verbalen Anhangsangabe ist. Dies gilt sowohl, wenn erst aufgrund der Umstände des jeweiligen Einzelfalls entschieden werden kann, ob eine Anhangsangabe auch Beträge zu enthalten hat (z. B. „die Beziehungen zu verbundenen Unternehmen", § 238 Abs. 1 Z 20 erster Halbsatz UGB), als auch, wenn die Betragsangabe von vornherein vorgeschrieben ist.

(6) Die Generalnorm (§ 222 Abs. 2 UGB, insbesondere dessen Satz 2) kann auch bei Anhangsangaben, bei denen es sich eindeutig nicht um Posten handelt, im Einzelfall die Angabe von Vorjahreszahlen erfordern. Der Generalnorm kommt umso höhere Bedeutung zu, je enger der Postenbegriff im Anhang interpretiert wird.

3. Ausgewählte Beispielsfälle von Anhangsangaben

3.1. Art und Umfang derivativer Finanzinstrumente

(7) Die Angabe „Art und Umfang der Finanzinstrumente" (§ 238 Abs. 1 Z 1 lit. a UGB) beginnt zwar mit „Art", die unmittelbar anschließend geforderte Betragsangabe („Umfang der Finanzinstrumente") ist damit aber so eng verbunden, dass eine lediglich anders als üblich formulierte Postenumschreibung vorliegt. Vorjahreszahlen dazu müssen demnach gemäß § 223 Abs. 2 Satz 1 UGB angeführt werden.

(8) Dieses Ergebnis steht in Einklang mit der gleichen Verpflichtung bei den Angaben gemäß § 238 Abs. 1 Z 1 lit. b (beizulegender Zeitwert und gegebenenfalls vorhandener Buchwert dieser Finanzinstrumente) und § 238 Abs. 1 Z 2 lit. a UGB (Buchwert und beizulegender Zeitwert von Finanzanlagevermögen), bei denen es sich eindeutig um Posten im Sinne der obigen Definition handelt.

3.2. Bestimmte nicht in der Bilanz ausgewiesene Geschäfte

(9) Die Angabe „Art, Zweck und finanzielle Auswirkungen der nicht in der Bilanz enthaltenen und auch nicht gemäß § 237 Abs. 1 Z 2 anzugebenden Geschäfte, sofern die Risiken und Vorteile, die aus solchen Geschäften entstehen, wesentlich sind und die Offenlegung derartiger Risiken und Vorteile für die Beurteilung der Finanzlage der Gesellschaft notwendig ist" (§ 238 Abs. 1 Z 10 UGB) beginnt auch mit „Art", jedoch gefolgt vom „Zweck … der … Geschäfte", bevor deren „finanzielle Auswirkungen" genannt werden. Da die Beschreibung der Geschäfte im Vordergrund steht, handelt es sich um eine verbale Anhangsangabe mit verpflichtenden Betragsangaben. Vorjahreszahlen zu diesen müssen daher gemäß § 223 Abs. 2 Satz 1 UGB nicht angeführt werden.

(10) Ausnahmsweise müssen Vorjahreszahlen zu diesen Betragsangaben dann angeführt werden, wenn es die Generalnorm verlangt. Dies ist jedenfalls anzunehmen, wenn die aus den angabepflichtigen Geschäften resultierenden Risiken

und Vorteile (zumindest) in das vorangegangene Geschäftsjahr zurückreichen und ohne Vorjahresangaben die Gefahr besteht, dass den Adressat(inn)en des Jahresabschlusses ein falscher Eindruck von der Finanzlage der Gesellschaft bzw. des Konzerns vermittelt wird.

3.3. Bestimmte Geschäfte mit nahe stehenden Parteien

(11) Keinen Posten im Sinne der obigen Definition, sondern eine verbale Anhangsangabe mit verpflichtenden Betragsangaben bildet auch die Angabe der „Geschäfte der Gesellschaft mit nahe stehenden Unternehmen und Personen …, einschließlich Angaben zu deren Wertumfang, zu der Art der Beziehung mit den nahe stehenden Unternehmen und Personen sowie weiterer Angaben zu den Geschäften, die für die Beurteilung der Finanzlage der Gesellschaft notwendig sind, sofern diese Geschäfte wesentlich und unter marktunüblichen Bedingungen abgeschlossen worden sind“ (§ 238 Abs. 1 Z 12 Satz 1 UGB). Zwar handelt es sich beim „Wertumfang“ der Geschäfte um Betragsangaben, diese stellen aber nur erläuternde Bestandteile der Beschreibungen der anzugebenden „Geschäfte der Gesellschaft mit nahe stehenden Unternehmen und Personen“ dar. Gab es im vorangegangenen Geschäftsjahr andere angabepflichtige „Geschäfte der Gesellschaft mit nahe stehenden Unternehmen und Personen“, müssen diese dementsprechend nicht nochmals angeführt werden.

(12) Im Fall angabepflichtiger Geschäfte, die (zumindest) in das vorangegangene Geschäftsjahr zurückreichen, z. B. ein mehrjähriges hohes Darlehen zu marktunüblichen Konditionen, sind jedoch aufgrund der Generalnorm Vorjahresangaben zu machen, wenn ohne diese die Gefahr besteht, dass den Adressat(inn)en des Jahresabschlusses ein falscher Eindruck von der Finanzlage der Gesellschaft bzw. des Konzerns vermittelt wird.

3.4. Entwicklungen im Geschäftsjahr

(13) Einen Sonderfall bildet die Darstellung einer Entwicklung im Geschäftsjahr, wie sie § 226 Abs. 1 UGB verlangt („Anlagenspiegel“). Im Sinne der obigen Definition verkörpern „Zugänge“, „Abgänge“ usw. zwar Posten; sie dürfen aber nicht isoliert betrachtet werden. Mit der Entwicklung verlangt das Gesetz ohnehin mehr als die bloße Angabe der Vorjahresbeträge; Vorjahreszahlen zu dieser Entwicklung sind daher gemäß § 223 Abs. 2 Satz 1 UGB nicht erforderlich.

4. Erstmals vorgeschriebene Anhangsangaben

(14) Soweit nach dieser Stellungnahme eine Verpflichtung zur Angabe von Vorjahreszahlen im Anhang besteht, gilt sie – vorbehaltlich eventueller gesetzlicher Ausnahmeregelungen analog zu Art. X Abs. 7 RLG – auch für erstmals vorgeschriebene Anhangsangaben. Auch in diesem Fall kann § 223 Abs. 2 Satz 2 UGB angewendet werden, der bei entsprechender Erläuterung die Verwendung nicht vergleichbarer Vorjahresbeträge gestattet.

5. Weitere Teile des Konzernabschlusses

(15) Gemäß § 250 Abs. 1 UGB besteht der Konzernabschluss neben der Konzernbilanz, der Konzern-Gewinn- und Verlustrechnung und dem Konzernanhang aus der Konzernkapitalflussrechnung, der „Darstellung der Komponenten des Eigenkapitals und ihrer Entwicklung“ („Konzerneigenkapitalspiegel“) und gegebenenfalls der Segmentberichterstattung. In diesen weiteren Teilen des Konzernabschlusses sind durchgängig Vorjahreszahlen anzugeben, weil sie aus Posten bestehen.

(16) Die oben dargestellte einschränkende Argumentation zum Anlagenspiegel lässt sich auf den Konzerneigenkapitalspiegel nicht übertragen, weil dieser einen selbständigen Bestandteil des Konzernabschlusses verkörpert, während der Anlagenspiegel keinen selbständigen Bestandteil des Jahresabschlusses bildet.

6. Erstmalige Anwendung

(17) Die vorliegende Fassung der Stellungnahme ersetzt jene vom Dezember 2009. Sie ist auf Geschäftsjahre anzuwenden, die nach dem 31. Dezember 2015 beginnen.

AFRAC-Stellungnahme 13 Gruppenbesteuerung (IFRS)

Stellungnahme
Fragen der IFRS-Bilanzierung und -Berichterstattung im Zusammenhang mit der Gruppenbesteuerung

(September 2018)

Historie der vorliegenden Stellungnahme

erstmalige Veröffentlichung	Dezember 2008	
Überarbeitung	April 2010	Überarbeitung hinsichtlich der Bilanzierung von aus Steuerausgleichsvereinbarungen resultierenden Steuerumlagen und allfälligen latenten Steueransprüchen und -schulden sowie der Bilanzierung des Steuervorteils aus der Firmenwertabschreibung gemäß § 9 Abs 7 KStG 1988; klarstellende Erweiterung der Anhangsangaben für die zuvor genannten Änderungen
Überarbeitung	März 2015	Berücksichtigung der Änderungen des § 9 KStG 1988 aufgrund des Abgabenänderungsgesetzes 2014
Überarbeitung	Dezember 2015	Konkretisierung von Ausweisfragen in Punkt „3.2. Ausweis von aus Steuerausgleichsvereinbarungen resultierenden Steuerumlagen und latenten Steueransprüchen und -schulden bei Gruppenmitgliedern“; Zusammenfassung der Rz 10 und 11 in Rz 10; Einfügung der Rz 11a
Überarbeitung	September 2018	Klarstellungen in Rz 6ff., vor allem, dass ein vereinbarter künftiger Umlagesatz zur Bewertung der latenten Steuern eines Gruppenmitglieds heranzuziehen ist (kein Wahlrecht zur Heranziehung des geltenden bzw. künftigen Körperschaftsteuersatzes), wenn er aus der Steuerumlagevereinbarung zuverlässig bestimmbar ist; Anpassung der zugehörigen Erläuterungen; Aktualisierung des Titels

1. Hintergrund

(1) Kern der Gruppenbesteuerung ist die Möglichkeit, steuerliche Gewinne und Verluste unbeschränkt steuerpflichtiger Körperschaften miteinander zu verrechnen; im Rahmen der Gruppenbesteuerung können aber auch Verluste ausländischer Gruppenmitglieder in Österreich verwertet werden. Die Körperschaftsteuer der gesamten Gruppe wird auf Ebene des Gruppenträgers festgestellt und dem Gruppenträger vorgeschrieben.

(2) Voraussetzung für die Bildung einer Gruppe nach § 9 KStG 1988 ist unter anderem eine unmittelbare oder mittelbare Mehrheit der Anteile und der Stimmrechte der beteiligten Körperschaft an der Beteiligungskörperschaft sowie ein schriftlicher Gruppenantrag, in dem insbesondere zu erklären ist, dass zwischen den finanziell verbundenen inländischen Körperschaften jeweils eine Regelung über den Steuerausgleich vereinbart worden ist (vgl. dazu § 9 Abs 8 KStG 1988).

(3) Ziel des Steuerausgleichs soll es sein, eine betriebswirtschaftlich und rechtlich sinnvolle Verteilung des beim Gruppenträger insgesamt für die Gruppe ermittelten und erhobenen Steueraufwands auf die einzelnen der Gruppe angehörenden inländischen Körperschaften zu erreichen. Hinsichtlich ausländischer zur Gruppe gehörender Körperschaften ist kein Steuerausgleich erforderlich, weil Verluste, die nach österreichischem Recht ermittelt und im Ausland nicht verwertet wurden, von ausländischen Körperschaften ohne Eingriff in deren sonstige Rechtsposition in Österreich verwertet werden können, wobei bei späterer Verwertung im Ausland bzw. spätestens bei Ausscheiden aus der Gruppe eine Nachversteuerung der in Österreich geltend gemachten Verluste zu erfolgen hat.

(4) Eine weitere Rechtsfolge der Gruppenbildung ist, dass entsprechend den Bestimmungen des § 9 Abs 7 KStG 1988 auf Ebene der beteiligten Körperschaft (Gruppenträger bzw. beteiligtes Gruppenmitglied) eine im Steuerrecht so genannte Firmenwertabschreibung erfolgen muss, wenn diese nach dem 31.12.2004, aber vor dem 1.3.2014 eine Beteiligung an einer betriebsführenden unbeschränkt steuerpflichtigen Körperschaft von einer nicht zum Konzern zählenden Körperschaft bzw. nicht von einem Gesellschafter mit beherrschendem Einfluss erwirbt und wenn sich der steuerliche Vorteil aus der Firmenwertabschreibung auf die Bemessung des Kaufpreises auswirken konnte. Diese Firmenwertabschreibung stellt steuerlich eine Betriebsausgabe dar, führt aber gleichzeitig

zu einer Minderung des steuerlichen Buchwerts der Beteiligung an der Beteiligungskörperschaft.

2. Fragestellungen

(5) Folgende Fragestellungen im Zusammenhang mit einer Berichterstattung nach internationalen Rechnungslegungsstandards, wie sie von der EU übernommen wurden (im Folgenden kurz „IFRS"), werden in dieser Stellungnahme behandelt:

- Bilanzierung von aus Steuerausgleichsvereinbarungen resultierenden Steuerumlagen und allfälligen latenten Steueransprüchen und -schulden
- Ausweis von aus Steuerausgleichsvereinbarungen resultierenden Steuerumlagen und latenten Steueransprüchen und -schulden bei Gruppenmitgliedern
- Bilanzierung des Steuervorteils aus der Firmenwertabschreibung gemäß § 9 Abs 7 KStG 1988
- Bilanzierung von zukünftigen Steuerverpflichtungen aus der Anrechnung von Verlusten ausländischer Tochtergesellschaften im Rahmen der Gruppenbesteuerung
- Erforderliche Anhangsangaben über die Gruppenbesteuerung

3. Stellungnahmen

3.1. Bilanzierung von aus Steuerausgleichsvereinbarungen resultierenden Steuerumlagen und allfälligen latenten Steueransprüchen und -schulden

(6) Latente Steueransprüche und -schulden sind nach IAS 12.47 anhand der Steuersätze zu bewerten, deren Gültigkeit für die Periode, in der ein Vermögenswert realisiert wird oder eine Schuld erfüllt wird, erwartet wird. Dabei werden die Steuersätze (und Steuervorschriften) verwendet, die zum Abschlussstichtag gültig oder angekündigt sind („enacted or substantively enacted tax rate"). Bezogen auf die österreichische Rechtslage bedeutet das derzeit einen Körperschaftsteuersatz von 25 %. Für den Fall künftiger Neuregelungen ist im Rahmen des österreichischen Gesetzwerdungsprozesses auf die Beschlussfassung durch den Nationalrat abzustellen. Bei beschlossenen Gesetzesänderungen kommt der darin vorgesehene geänderte Steuersatz zur Anwendung.

(7) Da die einzelnen Gruppenmitglieder weiterhin unbeschränkt steuerpflichtige Körperschaften bleiben und als Steuersubjekte erhalten bleiben, sind die Bestimmungen über latente Steueransprüche und -schulden von den einzelnen Gruppenmitgliedern ungeachtet der bestehenden Unternehmensgruppe anzuwenden. Für Zwecke der Bemessung der latenten Steuern bei einem Gruppenmitglied kommt grundsätzlich der am Abschlussstichtag geltende bzw. in Kürze geltende Steuersatz zur Anwendung, sofern nicht aus der Steuerumlagevereinbarung der künftige Umlagesatz zuverlässig bestimmbar ist. Sollte bei Anwendung der Periodenabrechnungsmethode zwischen Gruppenträger und Gruppenmitglied ein geringerer als der aktuell (bzw. künftig) gültige Körperschaftsteuersatz vereinbart sein, ist für die Bemessung der latenten Steueransprüche und -schulden bei einem Gruppenmitglied der in der Steuerumlagevereinbarung vereinbarte feste Umlagesatz heranzuziehen. Ist der aufgrund einer Steuerumlagevereinbarung erwartete Umlagesatz von der künftigen Ergebnissituation der Unternehmensgruppe und/oder des einzelnen Gruppenmitglieds abhängig, dann hat das Gruppenmitglied gemäß IAS 12.47ff. vorzugehen.

(7a) Auf Ebene des einzelnen Gruppenmitglieds sind dessen Vor- und Außergruppenverluste iSd § 9 Abs 6 Z 4 KStG 1988 als steuerliche Verlustvorträge, für die die 75%-Vortragsgrenze des § 8 Abs 4 Z 2 lit a KStG 1988 nicht gilt, zu berücksichtigen. Soweit latente Steueransprüche aus internen Verlustvorträgen eines Gruppenmitglieds entstehen, ist unter sinngemäßer Anwendung der in IAS 12.34ff. festgelegten Voraussetzungen ein Aktivum anzusetzen.

(7b) Der Gruppenträger hat in seinem Konzernabschluss den Ansatz latenter Steuern unabhängig neu zu beurteilen (vgl. Rz 6).

(7c) Auch wenn Steuerumlagevereinbarungen die Möglichkeit der ordentlichen Kündigung sowohl durch den Gruppenträger als auch durch das Gruppenmitglied enthalten, ist vom Weiterbestand der Vereinbarung solange auszugehen, als keine Kündigungsabsicht vorliegt.

3.2. Ausweis von aus Steuerausgleichsvereinbarungen resultierenden Steuerumlagen und latenten Steueransprüchen und -schulden bei Gruppenmitgliedern

(8) Für die Fälle der Erstellung eines (Teil-)Konzernabschlusses gemäß § 245a UGB („IFRS-Teilkonzern") und der (freiwilligen) Erstellung eines Jahresabschlusses nach IFRS, wenn bei Vorliegen einer Gruppenbesteuerung der Gruppenträger die Konzernmuttergesellschaft (des übergeordneten Konzerns) ist, fehlt im IAS 12 eine explizite Regelung hinsichtlich des Ausweises von Steuerumlagen und der Zuordnung bzw. des Ausweises von latenten Steueransprüchen und -schulden auf Ebene des Teilkonzerns/im Jahresabschluss.

(9) Hinsichtlich der Darstellung von tatsächlichen und latenten Ertragsteuern der einzelnen Konzerngesellschaften (Gruppenmitglieder und Nicht-Gruppenmitglieder) in der Gewinn- und Verlustrechnung des Teilkonzerns/Jahresabschlusses ist IAS 1.82(d) zu beachten, wonach Ertragsteueraufwendungen/-erträge (tatsächliche und sich aus latenten Steueransprüchen und -schulden ergebende Beträge) gesondert auszuweisen sind. Wird in der Gewinn- und Verlustrechnung keine direkte Unterscheidung zwischen Ertragsteueraufwendungen/-erträgen von Gruppenmitgliedern und Nicht-Gruppenmitgliedern vorgenommen, so sind die erfassten Beträge im Anhang in Übereinstimmung mit IAS 24 *Angaben über Beziehungen*

zu nahestehenden Unternehmen und Personen gesondert anzugeben.

(10) Für die Darstellung latenter Steueransprüche und -schulden der einzelnen Konzerngesellschaften (Gruppenmitglieder und Nicht-Gruppenmitglieder) in der Bilanz des Teilkonzerns/Jahresabschlusses sieht IAS 1.54(o) einen gesonderten Ausweis vor. Forderungen bzw. Verbindlichkeiten aus Steuerumlagen der Gruppenmitglieder gegenüber dem – nicht dem Teilkonzern zugehörigen – Gruppenträger sind als finanzielle Vermögenswerte bzw. Schulden gegenüber verbundenen Unternehmen auszuweisen. Erfolgt in der Bilanz keine Unterscheidung zwischen Bilanzposten von Gruppenmitgliedern und Nicht-Gruppenmitgliedern, so sind die Beträge im Anhang in Übereinstimmung mit IAS 24 gesondert anzugeben.

(11) [in Rz 10 integriert]

(11a) Cashflows aus Ertragsteuern der einzelnen Konzerngesellschaften (Gruppenmitglieder und Nicht-Gruppenmitglieder) sind gemäß IAS 7.35 in der Kapitalflussrechnung gesondert auszuweisen. Erfolgt in der Kapitalflussrechnung keine Unterscheidung zwischen Cashflows aus Steuerausgleichsvereinbarungen und Cashflows aus Ertragsteuern von Nicht-Gruppenmitgliedern, so sind diese Cashflows im Anhang in Übereinstimmung mit IAS 24 gesondert anzugeben.

3.3. Bilanzierung des Steuervorteils aus der Firmenwertabschreibung gemäß § 9 Abs 7 KStG 1988

(12) Der Steuervorteil aus der künftigen Firmenwertabschreibung gemäß § 9 Abs 7 KStG 1988 stellt zum Erwerbszeitpunkt keinen identifizierbaren Vermögenswert des erworbenen Unternehmens dar.

(13) Die Bilanzierung des Steuervorteils aus der Firmenwertabschreibung gemäß § 9 Abs 7 KStG 1988 hat unter Anwendung und Einhaltung der Bestimmungen der geltenden IFRS zu erfolgen. Die vom Unternehmen gewählte Bilanzierungs- und Bewertungsmethode ist nach IAS 1.117 im Anhang zu erläutern.

3.4. Bilanzierung von zukünftigen Steuerverpflichtungen aus der Anrechnung von Verlusten ausländischer Tochtergesellschaften im Rahmen der Gruppenbesteuerung

(14) Zukünftige Steuerverpflichtungen aus der Anrechnung von Verlusten ausländischer Tochtergesellschaften sind eine Verpflichtung zur Zahlung von Ertragsteuern.

(15) Aufgrund der Regelungen in § 9 Abs 6 Z 7 KStG 1988 hat ein Gruppenträger die steuerlichen Vorteile, die er durch die Übernahme der steuerlichen Verluste eines ausländischen Gruppenmitglieds erzielt hat, in folgenden Fällen bei seiner steuerlichen Gewinnermittlung wieder als Hinzurechnung zu berücksichtigen:

- Das ausländische Gruppenmitglied kann oder könnte seine steuerlichen Verlustvorträge mit eigenen steuerlichen Gewinnen verrechnen.
- Das ausländische Gruppenmitglied scheidet aus der steuerlichen Unternehmensgruppe aus, bleibt aber Tochtergesellschaft.
- Das ausländische Gruppenmitglied scheidet aus der steuerlichen Unternehmensgruppe durch Verkauf aus.
- Das ausländische Gruppenmitglied wird liquidiert oder geht durch Insolvenz (Konkurs) unter.

(16) Daraus ergibt sich, dass der Gruppenträger grundsätzlich die steuerlichen Vorteile, die er durch die Übernahme der steuerlichen Verluste eines ausländischen Gruppenmitglieds erzielt hat, wieder zurückführen muss, wobei im letzten Fall (Untergang) die Basis neu zu berechnen ist. Es liegt somit eine Verpflichtung zur Zahlung von Ertragsteuern vor.

(17) [gestrichen]

(18) Zukünftige Steuerverpflichtungen aus der Anrechnung von Verlusten ausländischer Tochtergesellschaften sind als Verbindlichkeit für tatsächliche Ertragsteuern zu bilanzieren.

(19) IAS 12.5 definiert den Begriff „tatsächliche Ertragsteuern" wie folgt:

„Die tatsächlichen Ertragsteuern sind der Betrag der geschuldeten (erstattungsfähigen) Ertragsteuern, der aus dem zu versteuernden Einkommen (steuerlichen Verlust) der Periode resultiert."

Nach IAS 12.12 sind die tatsächlichen Ertragsteuern für die laufende und frühere Perioden in dem Umfang, in dem sie noch nicht bezahlt sind, als Schuld anzusetzen.

(20) Da der Betrag, der aus dem Steuervorteil durch die übernommenen steuerlichen Verluste eines ausländischen Gruppenmitglieds stammt und irgendwann in der Zukunft wieder zurückzuführen ist, nicht aus dem zu versteuernden Einkommen der laufenden Periode resultiert, handelt es sich um bedingt aufgeschobene Steuerschulden, die in IAS 12.12 nicht explizit abgedeckt sind.

(21) Eine Anwendung der Bestimmungen für latente Steueransprüche und -schulden (IAS 12.15ff.) würde temporäre Differenzen voraussetzen, obwohl aus der steuerlichen Verlustübernahme selbst kein temporärer Unterschied zwischen einem Steuerwert und einem korrespondierenden IFRS-Buchwert entsteht, sondern bestenfalls ein zeitlicher Ergebnisunterschied zwischen dem zu versteuernden Einkommen und dem Periodenergebnis, der sich in Folgeperioden umdreht, vorliegt. Wesentlich für das Vorliegen von temporären Unterschieden sind allerdings die Ermittlung des Steuerwerts eines Bilanzpostens und der Vergleich mit dessen Buchwert in einem IFRS-Abschluss.

(22) Die sinngemäße Anwendung von IAS 12.12 wird als sachgerecht angesehen. Daraus folgt, dass die Verpflichtung, aus der Übernahme ausländischer steuerlicher Verluste erzielte Steuervorteile wieder rückführen zu müssen, als Verbindlichkeit für tatsächliche Ertragsteuern aus der laufenden Periode und aus früheren Perioden anzusetzen ist.

3.5. Erforderliche Anhangsangaben über die Gruppenbesteuerung

(23) Die Darstellung und Erläuterung der Auswirkungen der Gruppenbesteuerung hat unter Anwendung von IAS 12 sowie ggf. IAS 1.117ff. zu erfolgen.

(24) Aufgrund der Auswirkungen auf die Ertragsteuerveranlagung und die Steuerzahlung sind zunächst die Vorschriften über Anhangsangaben gemäß IAS 12.79–88 zu beachten. Die Besonderheiten der Gruppenbesteuerung sind in sämtlichen Überleitungsrechnungen durch gesonderten Ausweis zu berücksichtigen (z.B. „Eingefrorene Verlustvorträge", Verlustvorträge mit kurzfristigem/langfristigem Verwertungshorizont, Zins- bzw. Diskontierungseffekt).

(25) Bei den Bilanzierungs- und Bewertungsmethoden ist insbesondere auch auf die für die Bilanzierung des Steuervorteils aus der Firmenwertabschreibung gemäß § 9 KStG 1988 angewandte Methode einzugehen.

(26) Ebenso ist bei den Bilanzierungs- und Bewertungsmethoden anzugeben, ob zukünftige Steuerverpflichtungen aus der Anrechnung von Verlusten ausländischer Tochtergesellschaften abgezinst im Abschluss erfasst werden und, wenn ja, nach welcher Methode diese Abzinsung erfolgt.

(27) Ist der Gruppenträger selbst nicht in den Konzernabschluss (Teilkonzernabschluss) einbezogen, dann sind iSv IAS 1.117 die wesentlichen Regelungen der Methode, nach welcher der konsolidierte Betrag des tatsächlichen und latenten Steueraufwands auf die Gruppenmitglieder aufgeteilt wird, sowie die Art und Auswirkung von allen Änderungen dieser Methode (und bei der Ermittlung steuerbezogener Salden, welche Forderungen bzw. Verbindlichkeiten gegenüber Gruppenmitgliedern darstellen) zu erläutern.

(28) Weiters ist zur Beschreibung der Gruppenbesteuerungsmechanik und -verrechnung auch IAS 24 zu beachten.

(29) Grundsätzlich sind die allgemeinen Vorschriften über die Saldierung von aktivischen und passivischen Steuerabgrenzungen (IAS 12.71–76) sinngemäß anzuwenden sowie im Falle einer Unterscheidung in langfristige und kurzfristige Vermögenswerte (Schulden) in der Darstellung der Bilanz latente Steueransprüche und -schulden bei einem Gruppenmitglied nicht als kurzfristige Vermögenswerte (Schulden) auszuweisen. Gemäß IAS 1.61 sind im Anhang Beträge, die innerhalb bzw. außerhalb eines Zeitraums von zwölf Monaten nach dem Abschlussstichtag realisiert oder erfüllt werden, gesondert anzugeben.

4. Erstmalige Anwendung

(30) Die vorliegende Fassung der Stellungnahme ersetzt jene vom Dezember 2015. Sie ist auf Geschäftsjahre anzuwenden, die nach dem 31. Dezember 2018 beginnen.

Erläuterungen

Bilanzierung von aus Steuerausgleichsvereinbarungen resultierenden Steuerumlagen und allfälligen latenten Steueransprüchen und -schulden

(A1) Zunächst ist die gemäß § 9 Abs 8 KStG 1988 getroffene Steuerumlagevereinbarung auf die Einhaltung nachfolgender Kriterien zu untersuchen:

– Systematik der Methode
– Betriebswirtschaftliche Begründ- und Nachweisbarkeit
– Konsistenz in der Anwendung

Sofern nach diesen Grundsatzüberlegungen die Steuerumlagevereinbarung als angemessen angesehen werden kann, sind die laufenden Steuerumlagen an den Gruppenträger in gleicher Weise zu erfassen und zu verbuchen, wie wenn die Gesellschaft selbst Steuersubjekt wäre. Dementsprechend sind die betreffenden Beträge in der Gewinn- und Verlustrechnung als Posten Steueraufwendungen darzustellen (IAS 1.82(d)). Sonderfälle, die sich ergeben können, wenn die Steuerumlagevereinbarung als im Sinne der angeführten Grundsatzüberlegungen nicht angemessen einzuschätzen ist, werden in dieser Stellungnahme nicht behandelt.

(A2) Diese Vorgehensweise ist insbesondere auch deshalb sachgerecht, weil die Anwendung der Gruppenbesteuerung auf Ebene des Gruppenträgers zwingend eine entsprechende Regelung über den Steuerausgleich in der Gruppe voraussetzt und daher Gruppenmitglieder wirtschaftlich in die Bemessung und Verteilung von Steueransprüchen und -schulden in einer Weise einzubeziehen sind, dass im Grunde eine vergleichbare Situation wie vorher bei einzeln unbeschränkt steuerpflichtigen Körperschaften vorliegt. Die Bestimmungen zur Bilanzierung von Ertragsteuern sind daher sinngemäß anzuwenden.

(A3) In der Literatur und in der Praxis haben sich unterschiedliche Methoden der Steuerumlage herausgebildet, die dem in Rz 3 dargestellten Ziel gerecht werden:

a) Belastungsmethode („stand-alone"-Methode)

Die Belastungsmethode geht von der steuerlichen Selbständigkeit des einzelnen Gruppenmitglieds aus. Daher richtet sich die Höhe der Steuerumlage danach, welchen Betrag an Körperschaftsteuer das Gruppenmitglied zu zahlen gehabt hätte, wenn sein steuerliches Ergebnis nicht dem Gruppenträger zugerechnet worden wäre (Fiktion des Nichtbestehens der Steuergruppe).

Weist daher ein Gruppenmitglied ein positives steuerliches Ergebnis aus, dann ist eine Steuerumlage in Höhe der fiktiven Steuerbelastung aufgrund des anzuwendenden Steuersatzes (derzeit in Österreich 25 %) an den Gruppenträger abzuführen. Bei einem steuerlichen Verlust erteilt der Gruppenträger entweder eine entsprechende Gutschrift oder merkt den überrechneten steuerlichen Verlust als „internen Verlustvortrag" vor, der mit künftigen positiven steuerlichen Umlagen verrechnet wird.

b) Verteilungsmethode

Bei der Verteilungsmethode wird die vom Gruppenträger tatsächlich geschuldete Körperschaftsteuer nach betriebswirtschaftlich als vernünftig angesehenen Schlüsseln (z.B. im Verhältnis der körperschaftsteuerlichen Ergebnisse der Gruppenmitglieder zueinander) auf die Gruppenmitglieder verteilt. Fällt aufgrund der vollständigen Verrechnung von steuerlichen Gewinnen und Verlusten keine Körperschaftsteuer an, so ist nach der Verteilungsmethode auch keine Steuerumlage zu verrechnen. Bei einem steuerlichen Verlust eines Gruppenmitglieds sehen Steuerumlagevereinbarungen nach dieser Methode häufig keine Gutschrift, sondern einen „internen Verlustvortrag" vor.

c) Periodenabrechnungsmethode

Bei der Periodenabrechnungsmethode wird ein fester Umlagesatz vereinbart, durch den der erwartete Vorteil der geringeren Steuerbelastung in der Gruppe an die einzelnen Gruppenmitglieder weitergegeben wird. Im Unterschied zur Verteilungsmethode hat die tatsächlich geschuldete Körperschaftsteuer einer abgerechneten Periode keine unmittelbare Auswirkung auf die Höhe der Steuerumlagen.

d) Ergebnisabführungsvertrag

Besteht zwischen dem Gruppenträger und dem Gruppenmitglied ein gesellschaftsrechtlicher Ergebnisabführungsvertrag, ist eine Steuerumlagevereinbarung nicht erforderlich, weil das gesamte unternehmensrechtliche Ergebnis des Gruppenmitglieds an den Gruppenträger zu verrechnen ist. Besteht neben einem Ergebnisabführungsvertrag auch eine Steuerumlagevereinbarung, sind die dargestellten Grundsätze zur Bilanzierung der daraus resultierenden Steuerumlagen sowie allfälliger latenter Steueransprüche und -schulden beim Gruppenmitglied zu beachten.

(A4) In Rz 6 wird festgelegt, dass latente Steueransprüche und -schulden nach IAS 12.47 anhand des am Abschlussstichtag geltenden bzw. in Kürze geltenden Steuersatzes zu bewerten sind.

Dies gilt sowohl für die Bewertung latenter Steueransprüche und -schulden beim Gruppenträger als auch grundsätzlich für einen Teilkonzernabschluss oder Jahresabschluss eines Gruppenmitglieds, der nach IFRS aufgestellt wird.

(A5) Die Anwendung der Gruppenbesteuerung auf Ebene des Gruppenträgers setzt zwingend eine Regelung über den Steuerausgleich in der Gruppe voraus. Gruppenmitglieder sind daher wirtschaftlich in die Bemessung und Verteilung von Steueransprüchen und -schulden in einer Weise einzubeziehen, dass im Grunde eine vergleichbare Situation wie vorher bei einzeln unbeschränkt steuerpflichtigen Körperschaften vorliegt.

Daraus folgt, dass die Bestimmungen zur Bilanzierung von Ertragsteuern sinngemäß anzuwenden sind. Weiters ist daraus abzuleiten, dass auf Grundlage einer für ein Gruppenmitglied weiterhin bestehenden unbeschränkten Steuerpflicht und daher einer Betrachtung als individuelles Steuersubjekt für den Ansatz latenter Steueransprüche und -schulden im Jahresabschluss oder Teilkonzernabschluss – genauso wie bei einer eigenständig steuerpflichtigen Körperschaft – die Anwendung der „enacted or substantively enacted tax rate" grundsätzlich geboten erscheint. Auf die betriebswirtschaftlich sinnvolle bzw. angemessene Verteilung des Steueraufwands wird ausdrücklich hingewiesen (vgl. Rz A1 – A3).

(A6) Latente Steueransprüche und -verpflichtungen in einem Teilkonzernabschluss eines Gruppenmitglieds sind mit dem sich aus der Steuerumlagevereinbarung ergebenden Umlagesatz zu bewerten, weil es sonst zu einer Über- oder Unterbewertung der aktiven und passiven latenten Steuern kommt.

Die Umkehrung der latenten Steueransprüche und -verpflichtungen erfolgt beim Gruppenträger. Das Gruppenmitglied wird nur mit dem in der Steuerumlagevereinbarung vereinbarten Umlagesatz be- bzw. entlastet. Werden die latenten Steueransprüche und -verpflichtungen beim Gruppenmitglied aber mit dem jeweils geltenden lokalen Steuersatz (enacted or substantively enacted tax rate) bewertet, führte die Be- bzw. Entlastung mit einem davon abweichenden Umlagesatz jeweils zu einer verdeckten Einlage bzw. Ausschüttung.

(A7) Wenn aus einer Steuerumlagevereinbarung der künftige Umlagesatz zuverlässig bestimmbar ist, ist er vom Gruppenmitglied heranzuziehen, weil er die Höhe der voraussichtlichen Steuerbe- bzw. -entlastung aus Sicht des Gruppenmitglieds abbildet. Dies gilt auch bei Mischmethoden, bei denen der erwartete Umlagesatz von der künftigen Ergebnissituation der Unternehmensgruppe und/oder des Gruppenmitglieds abhängig ist. In diesem Fall hat das Gruppenmitglied den für die einzelnen Jahre erwarteten Umlagesatz zu schätzen und die Methode der Schätzung stetig anzuwenden (vgl. IAS 8.13). Nach welcher Methode (Bewertungsgrundlage) die Schätzung vorzunehmen ist, wird in den IFRS nicht festgelegt. Das Gruppenmitglied hat daher eine den Kriterien des IAS 8.10ff. entsprechende Rechnungslegungsmethode zu entwickeln. Folgende Rechnungslegungsmethoden könnten beispielsweise in Anhängigkeit vom konkreten Steuerumlagevertrag bei Mischmethoden zur Anwendung kommen:

– Bewertung mit der sich auf Gruppenebene zum Zeitpunkt der Umkehr der temporären Differenzen ergebenden Steuerbelastung. Für diese Methode ist eine zuverlässige Steuerplanung für die gesamte Steuergruppe und auch für jedes einzelne Gruppenmitglied erforderlich. Aus dieser Steuerplanung der gesamten Steuergruppe hat das Gruppenmitglied an Hand des konkreten Steuerumlagevertrags für die einzelnen künftigen Jahre die Umlage und so den Umlagesatz zu schätzen, mit dem in den einzelnen Jahren die temporären Differenzen zu bewerten sind. Problematisch bei dieser Methode ist, dass hier nicht die Planung des Managements, das die Verantwortung für den IFRS-Teilkonzern- bzw. -Jahresabschluss des Gruppenmitglieds trägt, heranzuziehen ist, sondern die Planung des Gruppenträgers. In der Praxis dürfte es für ein Gruppenmitglied schwierig sein, zeitgerecht die erforderlichen Unterlagen zu erhalten. Bei börsenotierten Unternehmen kommt hier noch das mögliche Problem der Weitergabe von Insiderinformationen hinzu.

– Bewertung mit dem Umlagesatz, der sich aus der zuverlässigen Steuerplanung des Gruppenmitglieds ergibt. Für diese Methode ist „nur" die vom Management des Gruppenmitglieds erstellte Steuerplanung erforderlich; externe, vom Gruppenmitglied nicht beeinflussbare Faktoren werden so nicht berücksichtigt. Hier kann es zu einer Überbewertung der zu versteuernden temporären Differenzen und zu einer Unterbewertung abzugsfähiger temporärer Differenzen kommen, wenn in der gesamten Gruppe ein anderes Gruppenmitglied oder der Gruppenträger einen steuerlichen Verlust erzielt.
– Bewertung mit dem Umlagesatz, der sich aus dem Überhang der temporären Differenzen in den einzelnen Jahren ergibt. Für die Ermittlung des anzuwendenden Umlagesatzes sind die temporären Differenzen der einzelnen Jahre heranzuziehen. Ergibt sich beispielsweise für das Jahr X1 ein Überschuss der zu versteuernden über die abzugsfähigen temporären Differenzen, dann ist für die Bewertung aller temporären Differenzen des Jahres X1 der Umlagesatz für positive Umlagen heranzuziehen. Wenn im Jahr X2 ein Überschuss der abzugsfähigen über die zu versteuernden temporären Differenzen besteht, ist für die Bewertung aller temporären Differenzen dieses Jahres der Umlagesatz für negative Umlagen heranzuziehen. Es können daher für die Bewertung insgesamt unterschiedliche Umlagesätze anzuwenden sein. Auch wenn es bei dieser Methode zu Über- und Unterbewertungen der latenten Steuern kommen kann, ist sie für Unternehmen leicht anwendbar, wenn keine zuverlässige Steuerplanung vorliegt.

(A8) Für den Ansatz abzugsfähiger temporärer Differenzen sind die Voraussetzungen von IAS 12.27ff. zu beachten. Gemäß IAS 12.28(a) sind abzugsfähige temporäre Differenzen anzusetzen, wenn sich diese in der gleichen Periode wie die erwartete Auflösung zu versteuernder temporärer Differenzen umkehren. Kann der Zeitpunkt der Umkehr einzelner zu versteuernder und/oder abzugsfähiger temporärer Differenzen nicht festgestellt werden, dann ist eine sachgerechte Schätzung des zeitlichen Verlaufs der Umkehreffekte notwendig. Bei zu Handelszwecken gehaltenen Vermögenswerten kann von der Annahme ausgegangen werden, dass sich temporäre Differenzen in der nächsten Periode umkehren werden.

(A9) Gemäß § 9 Abs 6 Z 4 KStG 1988 können vortragsfähige Verluste des unbeschränkt steuerpflichtigen Gruppenmitglieds aus Zeiträumen vor dem Wirksamwerden der Unternehmensgruppe (Vorgruppenverluste) nur bis zur Höhe des eigenen Gewinns des jeweiligen Gruppenmitglieds verrechnet werden. Steuerliche Gewinne eines Gruppenmitglieds sind vorrangig mit dessen Vorgruppenverlusten zu verrechnen (vgl. KStR 2013 Rz 1071). Ein latenter Steueranspruch aus diesen Vorgruppenverlusten ist dann anzusetzen, wenn auf Ebene dieses Gruppenmitglieds die Voraussetzungen von IAS 12.34ff. erfüllt sind.

Bilanzierung des Steuervorteils aus der Firmenwertabschreibung gemäß § 9 Abs 7 KStG 1988

(A10) Gemäß dem in IFRS 3.10 festgelegten Ansatzgrundsatz hat der Erwerber zum Erwerbszeitpunkt die erworbenen identifizierbaren Vermögenswerte, die übernommenen Schulden und alle nicht beherrschenden Anteile an dem erworbenen Unternehmen getrennt vom Geschäfts- oder Firmenwert anzusetzen. Der Steuervorteil aus der Firmenwertabschreibung gemäß § 9 Abs 7 KStG 1988 stellt keinen solchen identifizierbaren Vermögenswert des erworbenen Unternehmens dar. Der Steuervorteil entsteht erst durch Schaffung aller Voraussetzungen für den Gruppenantrag (insbesondere die Steuerausgleichsvereinbarung) durch den Erwerber und die bescheidmäßige Feststellung der Unternehmensgruppe durch das Finanzamt auf Basis eines entsprechenden Antrags.

(A11) Bei dem Steuervorteil aus der Firmenwertabschreibung handelt es sich auch nicht um einen eigenen latenten Steueranspruch des Erwerbers, der vor dem Unternehmenszusammenschluss aufgrund von getroffenen Einschätzungen nicht angesetzt wurde. Insoweit ist die Sondervorschrift IAS 12.67 in diesem Zusammenhang ebenfalls nicht anwendbar.

(A12) Für die Bilanzierung des Steuervorteils aus der Firmenwertabschreibung hat der Erwerber daher gemäß IAS 8.10 (Auswahl und Anwendung einer Rechnungslegungsmethode bei Fehlen eines IFRS) eine Rechnungslegungsmethode zu entwickeln und anzuwenden sowie im Anhang ausführlich zu beschreiben.

(A13) Solche Rechnungslegungsmethoden können insbesondere sein:

– Behandlung der Abschreibung nach § 9 Abs 7 KStG 1988 als temporäre Differenz bei Anteilen an Tochterunternehmen (IAS 12.38ff., sogen. „outside basis differences"),
– Ansatz noch nicht genutzter Steuergutschriften (IAS 12.34f., sogen. „tax credits") oder
– Anwendung des IAS 12.32A (Ansatz latenter Steueransprüche, soweit ein Geschäfts-/Firmenwert geringer als seine steuerliche Basis ist).

Die Bilanzierung richtet sich nach den Bestimmungen der gewählten Vorgangsweise und ist stetig auf gleichartige Sachverhalte bei Unternehmenszusammenschlüssen anzuwenden (Grundsatz der Stetigkeit der Bewertung und Darstellung).

Bilanzierung von zukünftigen Steuerverpflichtungen aus der Anrechnung von Verlusten ausländischer Tochtergesellschaften im Rahmen der Gruppenbesteuerung

(A14) In Rz 22 wird festgelegt, dass die Verpflichtung, aus der Übernahme ausländischer steuerlicher Verluste erzielte Steuervorteile wieder rückführen zu müssen, als eine Schuld für tatsächliche Ertragsteuern aus der laufenden Periode und aus früheren Perioden anzusetzen ist. IAS 12.12 ist demnach sinngemäß anzuwenden.

(A15) Für eine Bilanzierung als Schuld für tatsächliche Ertragsteuern sprechen folgende Argumente:

- IAS 12.5 definiert den Begriff „tatsächliche Ertragsteuern" wie folgt: „Die tatsächlichen Ertragsteuern sind der Betrag der geschuldeten (erstattungsfähigen) Ertragsteuern, der aus dem zu versteuernden Einkommen (steuerlichen Verlust) der Periode resultiert."
- Nach IAS 12.12 sind die tatsächlichen Ertragsteuern für die laufende und frühere Perioden in dem Umfang, in dem sie noch nicht bezahlt sind, als Schuld anzusetzen.
- Da der Betrag, der aus dem Steuervorteil durch die übernommenen steuerlichen Verluste eines ausländischen Gruppenmitglieds stammt und irgendwann in der Zukunft wieder zurückzuführen ist, nicht aus dem zu versteuernden Einkommen der laufenden Periode resultiert, handelt es sich um bedingt aufgeschobene Steuerschulden, die in IAS 12.12 nicht explizit angeführt werden.
- Für die Subsumierung der Verpflichtung zur Rückzahlung des Steuervorteils unter IAS 12.12 spricht insbesondere, dass es sich wirtschaftlich um eine Steuerstundung handelt. Das die Rückzahlungsverpflichtung auslösende Ereignis ist der Ansatz der übernommenen ausländischen Verluste in der Steuererklärung des Gruppenträgers. Es liegt somit eine Schuld im Sinne der IFRS vor (gegenwärtige Verpflichtung – weil eine Rückzahlungsverpflichtung nach § 9 Abs 6 Z 7 KStG 1988 besteht; aus einem Ereignis der Vergangenheit – durch Geltendmachung in der Steuererklärung; Ressourcenabfluss wahrscheinlich – nach § 9 Abs 6 Z 7 KStG 1988 so gut wie sicher bzw. nach § 26c Z 45 lit a KStG 1988 bei Ausscheiden des ausländischen Gruppenmitglieds, da kein umfassendes Amtshilfeabkommen mit dem Sitzstaat besteht, absolut sicher).

(A16) Die Frage, ob Schulden für tatsächliche Ertragsteuern zu diskontieren sind, wenn diese Steuern über einen Zeitraum von mehr als zwölf Monaten zu zahlen sind, ist nicht eindeutig gelöst. Im Juni 2004 diskutierte das IFRIC diese Frage und entschied, sie nicht auf die Agenda zu setzen, weil das IASB plane, IAS 20 (Zuwendungen der öffentlichen Hand) zu überarbeiten. Die Bewertung einer langfristigen Schuld für tatsächliche Ertragsteuern kann daher entweder in Anlehnung an IAS 20.10A (Vorteil eines öffentlichen Darlehens zu einem unter dem Marktzins liegenden Zinssatz) oder an IFRS 9 (Finanzinstrument) erfolgen.

Nach IAS 20.10A sind Darlehen der öffentlichen Hand, die unter dem Marktzinssatz verzinst sind, in Übereinstimmung mit IFRS 9 (d.h. nach der Effektivzinsmethode) zu bilanzieren.

Eine Bilanzierung nach den Regeln des IFRS 9 bedeutet, dass die Verpflichtung bei der erstmaligen Erfassung mit ihrem Zeitwert anzusetzen und in der Folge unter Anwendung der Effektivzinsmethode aufzuwerten ist.

(A17) Eine Subsumierung des Sachverhalts unter IAS 37 ist nicht möglich, weil IAS 37.5 bestimmt, dass in den Fällen, in denen ein anderer Standard bestimmte Rückstellungen behandelt, der betreffende Sachverhalt nach dem entsprechenden Standard zu behandeln ist. IAS 37.5 erwähnt ausdrücklich Ertragsteuern als eine Rückstellungsart, die in IAS 12 speziell geregelt ist.

(A18) Einige Anwender sind der Ansicht, dass die Verpflichtung, aus der Übernahme ausländischer steuerlicher Verluste erzielte Steuervorteile wieder zurückführen zu müssen, zwar nicht explizit unter die Definition einer latenten Steuerschuld gemäß IAS 12.5 fällt, es aber dennoch sachgerechter ist, diese Verpflichtung als latente Steuerschuld zu behandeln, weil sie sich aus einer Differenz im zu versteuernden Einkommen ergibt, die sich in einer späteren Periode wieder umkehrt. Darüber hinaus existiert zum Zeitpunkt der Bilanzierung noch keine tatsächliche Schuld gegenüber dem Finanzamt.

Gegen die Anwendung der Regeln für die Bilanzierung als tatsächliche Steuern wird auch eingewendet, dass gemäß der Definition in IAS 12.5 tatsächliche Ertragsteuern jenen Betrag an geschuldeten (erstattungsfähigen) Ertragsteuern darstellen, der aus dem zu versteuernden Einkommen der Periode resultiert. Diese Definition schließe eine potenzielle Rückzahlungsverpflichtung aufgrund von Verlusten eines ausländischen Gruppenmitglieds aus, weil die zugrunde liegende Mehr-/Weniger-Rechnung erst das zu versteuernde Einkommen definiert. Demgegenüber besteht ein geradezu typisches Merkmal latenter Steuern darin, dass sie aus sich in der Zukunft umkehrenden Differenzen resultieren.

Dem ist entgegenzuhalten, dass nach IAS 12.5 latente Steuern auf temporäre Differenzen zu bilden sind, die als Unterschied zwischen dem Buchwert eines Vermögenswerts oder einer Schuld und seinem Steuerwert entstehen. Den im Jahresabschluss erfassten Rückzahlungsverpflichtungen steht aber ein gleich hoher Steuerwert gegenüber. Der Steuerwert einer Schuld wird in IAS 12.8 definiert als deren Buchwert abzüglich aller Beträge, die für steuerliche Zwecke hinsichtlich dieser Schuld in zukünftigen Perioden abzugsfähig sind.

(A19) Einige Anwender sind der Ansicht, dass die latente Verpflichtung, den Steuervorteil wieder zurückführen zu müssen, substanziell einem negativen Verlustvortrag entspricht und daher in Analogie zu IAS 12.34 zu bilanzieren sei. Es liegt zwar keine zu versteuernde temporäre Differenz nach IAS 12.15 vor, aber der Standard selbst hat durch die Bestimmungen über noch nicht genutzte steuerliche Verluste und noch nicht genutzte Steuergutschriften eine Ausnahme vom Grundprinzip der „balance-sheet-liability"-Methode geschaffen. Durch diese Verwertung entsteht ein „negativer Verlustvortrag", der bei entsprechendem positivem Ergebnis der Tochtergesellschaft wieder ausgeglichen wird.

Die materielle Konsequenz würde darin liegen, dass latente Steuern keiner Abzinsung unterliegen, auch wenn wirtschaftlich gesehen in vielen Fällen eine Abzinsung zu befürworten wäre. Gemäß IAS 12.54 würde eine verlässliche Bestimmung latenter Steuern auf Grundlage einer Abzinsung eine detaillierte Aufstellung des zeitlichen Verlaufs der Umkehrung der Steuerwirkung erfordern. Da dies in vielen Fällen nicht durchführbar sei, sei eine Abzinsung weder erforderlich noch gestattet. Es erscheine daher nicht sinnvoll, entgegen diesen Überlegungen für latente Steuern in einem vergleichbaren Fall eine Abzinsung zu verlangen. Vielmehr weise der vorliegende Sachverhalt eine den latenten Steuern sehr ähnliche Charakteristik auf, so dass eine analoge Anwendung der Regelungen für latente Steuern näher liege als die Anwendung jener für tatsächliche Steuern.

Den beim Gruppenträger genutzten ausländischen Verlusten stehen beim ausländischen Gruppenmitglied in der Regel latente Steueransprüche aus Verlustvorträgen (aber aufgrund des ausländischen Steuersatzes in der Regel in anderer Höhe) gegenüber. Deshalb sei es nicht einsichtig, warum der beim Gruppenträger zu bildende Schuldposten nach den Regeln für tatsächliche Ertragsteuern beurteilt werden soll, während der „Ausgleichsposten" den Bestimmungen für latente Steuern unterliegt. Dadurch käme es dazu, dass der Schuldposten abzuzinsen ist, während für den „Ausgleichsposten" ein Abzinsungsverbot greift. Die Folge davon sei, dass per saldo ein Aktivüberhang bestehen bliebe.

Dem ist entgegenzuhalten, dass sich hier ganz unterschiedliche Steuerregime (bezogen auf die Steuerbasis wie auch auf den Steuersatz) gegenüberstehen, was dazu führt, dass es eingefrorene Verlustanteile geben kann, soweit beispielsweise steuerliche Gewinnermittlungsvorschriften im Ausland bestimmte Aufwendungen im Gegensatz zu den österreichischen Vorschriften nicht als Betriebsausgaben anerkennen.

Weiters ist zu beachten, dass bei Auflösung der Gruppe eine Nachversteuerung von angerechneten Verlusten einer ausländischen Tochtergesellschaft auch unabhängig von der Ergebnisentwicklung dieser Gesellschaft stattfindet.

(A20) Unter Erwägung aller Argumente kam das AFRAC zu dem Schluss, dass eine Bilanzierung der Verpflichtung zur Rückführung der aus der Übernahme steuerlicher Verluste eines ausländischen Gruppenmitglieds erzielten Steuervorteile als Verbindlichkeit für tatsächliche Ertragsteuern den Bestimmungen des IAS 12 am ehesten entspricht.

AFRAC-Stellungnahme 14
Bilanzierung von nicht-derivativen Finanzinstrumenten (UGB)

Stellungnahme
Fragen der unternehmensrechtlichen Bilanzierung von nicht-derivativen Finanzinstrumenten

(Juni 2021)

Historie der vorliegenden Stellungnahme

erstmalige Veröffentlichung	Dezember 2008	
Überarbeitung	Juni 2010	Die Stellungnahme vom Juni 2010 (Fragen 1, 3, 5 und 6) übernimmt inhaltlich und ersetzt die Stellungnahme „Aktuelle Fragen der unternehmensrechtlichen Bewertung von Finanzanlage- und Finanzumlaufvermögen" vom Dezember 2008.
Überarbeitung	September 2013	redaktionelle Anpassung bei Frage 3 Rz (9) betreffend die Bewertung von festverzinslichen Wertpapieren mit fixem Einlösungsbetrag
Überarbeitung	November 2014	Streichung von Frage 8, „Wie sind Wertminderungen von Beteiligungen iSv § 228 Abs. 1 UGB zu bilanzieren?", weil diese Frage in der zugleich beschlossenen Stellungnahme „Die Folgebewertung von Beteiligungen im Jahresabschluss nach dem UGB" behandelt wird; Neunummerierung der ursprünglichen Fragen 9, 10, 11 und 12 als Fragen 8, 9, 10 und 11
Überarbeitung	März 2015	Streichung des Absatzes in den Erläuterungen zur Rz (68) *„Der Handelsbestand entspricht zwar grundsätzlich immer dem Handelsbuch, allerdings sind interne Geschäfte keine Vermögensgegenstände und Verbindlichkeiten i.S.d. UGB und daher für Zwecke der Bilanzierung nicht relevant. Auch Bewertungseinheiten mit internen Geschäften sind deshalb nicht zulässig."* wegen der im September 2014 beschlossenen Ergänzung der Stellungnahme „Die unternehmensrechtliche Bilanzierung von Derivaten und Sicherungsinstrumenten" zum Thema „Bilanzierung von internen Derivaten"
Überarbeitung	Dezember 2015	Aktualisierung, insbesondere Berücksichtigung geänderter Rechtsvorschriften, vor allem der Änderungen des UGB aufgrund des Rechnungslegungs-Änderungsgesetzes 2014 (RÄG 2014)
Überarbeitung	Dezember 2016	Neuaufnahme der Frage 10 („Ist die Anwendung der Effektivzinsmethode bei der Bewertung von festverzinslichem Finanzanlagevermögen zulässig?") in Kapitel 1; Neunummerierung der Fragen des Kapitels 2 (10 und 11) als Fragen 11 und 12
Überarbeitung	Dezember 2017	Änderung der Frage 7 zu Frage 7a und Erweiterung dieser („Wie sind Investmentfondsanteile im Finanzanlage- und Finanzumlaufvermögen zu bilanzieren?"), Einfügung der Rz (28a), Anpassung der Rz (29), (30) und (32), Streichung der Rz (31); Neuaufnahme der Frage 7b („Wie sind Erfolge aus Anteilen an Investmentfonds beim Anteilsinhaber zu bilanzieren?")
Überarbeitung	Juni 2018	Anpassung an das WAG 2018

Überarbeitung	November 2019	Erweiterung des Anwendungsbereichs der Stellungnahme und Änderung des Titels sowie der Überschriften der Kapitel 1 und 2; Aktualisierung, insbesondere Berücksichtigung geänderter Rechtsvorschriften, vor allem der Änderungen des UGB aufgrund des Anti-Gold-Plating-Gesetzes 2019; Änderung der Rz (1); Neuaufnahme der Rz (1a); Änderung des Wortlauts der Frage 5 und Folgeänderungen in den Rz (22) ff.; Änderung der Frage 8 zu Frage 8a; Neuaufnahme der Frage 8b („Wie sind Vertragsanpassungen bei finanziellen Vermögensgegenständen, die Schuldinstrumente sind, zu behandeln?“); Änderung der Frage 10 zu Frage 10a; Neuaufnahme der Frage 10b („Was ist bei der Bewertung von finanziellen Verbindlichkeiten zu beachten?“); Aufnahme von Erläuterungen zur Rz (22); Änderung der Erläuterungen zur Rz (39); Erweiterung der Erläuterungen zur Rz (58b)
Überarbeitung	Juni 2021	Änderung des Titels der Stellungnahme; Neustrukturierung der Stellungnahme (6 Kapitel mit entsprechender Zuordnung der bisherigen Fragen), verbunden mit einer Erweiterung um die neuen Fragen 7, 8 und 13 (vgl. zu diesen Änderungen die Rz (3) und die zugehörigen Erläuterungen); redaktionelle Änderungen

Einleitung

Anwendungsbereich:

(1) Diese Stellungnahme behandelt in den Kapiteln 1 bis 4 Fragen der Bilanzierung von nicht-derivativen Finanzinstrumenten, wie z.B. Wertpapieren und Krediten, auf Grundlage der Rechnungslegungsvorschriften des österreichischen Unternehmensgesetzbuchs (UGB), die gemäß § 43 Abs. 1 BWG auch für Kreditinstitute und nach Maßgabe des § 136 VAG 2016 (mit Ausnahme der Fragen 15 und 16) auch für Versicherungsunternehmen anzuwenden sind. Für die Folgebewertung von Beteiligungen i.S.d. § 189a Z 2 UGB siehe auch die AFRAC-Stellungnahme 24: Beteiligungsbewertung (UGB). Die Bilanzierung von derivativen Finanzinstrumenten ist in der AFRAC-Stellungnahme 15: Derivate und Sicherungsinstrumente (UGB) geregelt.

(2) Der Begriff „Finanzinstrument“ ist im UGB nicht definiert, wiewohl er in unterschiedlichen Bestimmungen, so etwa in den §§ 189a Z 4 und 238 Abs. 1 Z 1 UGB sowie § 243 Abs. 3 Z 5 UGB, verwendet wird. Da der Gesetzgeber i.Z.m. der Umsetzung der „Fair-Value-Richtlinie“ (RL 2001/65/EG) in den Erläuterungen (ErläutRV 176 BlgNR 22. GP 5) auf die IFRS verwies, wird auch im Rahmen dieser Stellungnahme auf die Definition des IAS 32.11 zurückgegriffen. Danach ist ein Finanzinstrument ein Vertrag, der bei einem Unternehmen zu einem finanziellen Vermögenswert und bei dem anderen Unternehmen zu einer finanziellen Verpflichtung oder einem Eigenkapitalinstrument führt.

Aufbau:

(3) Aufgrund der umfassenden Überarbeitung der vorliegenden Stellungnahme sei eingangs auf den geänderten Aufbau hingewiesen: Kapitel 1 beschäftigt sich mit allgemeinen Fragen zum Ausweis und zur Bewertung von Finanzanlage- und -umlaufvermögen. Kapitel 2 behandelt Wertminderungen bei Finanzanlage- und -umlaufvermögen und berücksichtigt die relevanten Wertmaßstäbe, deren Ausprägungsformen und Methoden zur Ermittlung von Risikovorsorgen. Kapitel 3 geht auf finanzielle Verbindlichkeiten ein, und Kapitel 4 beschäftigt sich mit spezifischen Fragen zu nicht-derivativen Finanzinstrumenten. Kapitel 5 beantwortet schließlich spezifische Fragen für Kreditinstitute.

Kapitel 1 Allgemeine Fragen zum Ausweis und zur Bewertung von Finanzanlage- und -umlaufvermögen

Frage 1 Unter welchen Voraussetzungen ist ein Vermögensgegenstand dem Finanzanlage- bzw. -umlaufvermögen zuzuordnen?

(4) Gemäß § 198 Abs. 1 UGB sind das Anlage- und das Umlaufvermögen in der Bilanz gesondert auszuweisen. Für die Unterscheidung zwischen

Finanzanlage- und Finanzumlaufvermögen sind § 198 Abs. 2 und 4 UGB maßgeblich.

(5) Die Zuordnung zum Finanzanlagevermögen setzt die dokumentierte Absicht und die Fähigkeit voraus, die Vermögensgegenstände dauerhaft zu halten. Veräußerungen, die wegen gesetzlicher oder behördlicher Auflagen in absehbarer Zeit erforderlich sind, sind hinderlich für eine Zuordnung zum Anlagevermögen. Die Fähigkeit, Vermögensgegenstände dauerhaft zu halten, ist auf Basis des Gesamtbildes der Liquiditätsplanung unter Berücksichtigung der Entwicklung der Kapitalausstattung sowie der Ertragssituation des Unternehmens zu beurteilen.

(6) Die Zuordnung zum Finanzumlaufvermögen erfolgt, wenn Vermögensgegenstände nicht bestimmt sind, dauernd dem Geschäftsbetrieb zu dienen.

Frage 2 Unter welchen Voraussetzungen ist Finanzanlage- bzw. -umlaufvermögen umzugliedern?

(7) Die Zuordnung zum Finanzanlage- oder -umlaufvermögen ist zu jedem Abschlussstichtag neu zu überprüfen, wobei auch die Verhältnisse im Wertaufhellungszeitraum in die Betrachtung einzubeziehen sind. Ändern sich die in § 198 Abs. 2 und 4 UGB definierten Voraussetzungen, hat eine Umgliederung zu erfolgen, die zeitnah zu dokumentieren ist.

(8) Die Umgliederung in das Finanzanlagevermögen kann einen ökonomischen und/oder einen rechtlichen Hintergrund haben. Vereinbarungen, die eine Veräußerung langfristig verhindern, sind dabei zu berücksichtigen.

(9) Der Umgliederungszeitpunkt kann rückbezogen werden, darf aber nicht vor dem Zeitpunkt der letzten externen Berichterstattung liegen (Stichtag des letzten Jahres- oder Zwischenabschlusses, bei Kreditinstituten Stichtag des letzten Vermögens-, Erfolgs- und Risikoausweises).

(10) Eine Umgliederung ist weder ein Realisations- noch ein Anschaffungsvorgang. Die historischen Anschaffungskosten erfahren durch die Umgliederung keine Änderung. Die Buchwerte zum Zeitpunkt der Umgliederung sind nach den jeweils anzuwendenden Bewertungsbestimmungen für das Finanzanlage- oder -umlaufvermögen fortzuführen.

(11) Zur Umgliederung von Beteiligungen i.S.d. § 189a Z 2 UGB siehe die Erläuterungen zu Rz (13) der AFRAC-Stellungnahme 24: Beteiligungsbewertung (UGB).

Frage 3 Wie ist die Zuordnung zum Finanzanlagevermögen zu dokumentieren?

(12) Während sich die Zuordnung von Vermögensgegenständen zum Sachanlagevermögen oder zu den immateriellen Vermögensgegenständen des Anlagevermögens meist eindeutig aus der Natur des Vermögensgegenstands und seiner betrieblichen Verwendung ergibt, ist die Zuordnung von Finanzinstrumenten zum Finanzanlagevermögen stark von subjektiven Absichten und Veranlagungsstrategien geprägt. Daher sind aufgrund von § 190 UGB erhöhte Anforderungen an die Dokumentation der Zuordnung zu stellen. Diese Dokumentation muss einem sachkundigen Dritten einen nachvollziehbaren, plausiblen Einblick in die Gründe für die erstmalige Zuordnung oder eine spätere Umgliederung vermitteln und den Zeitpunkt der Zuordnung festhalten.

(13) Soll ein finanzieller Vermögensgegenstand dem Finanzanlagevermögen zugeordnet werden, ist zu diesem Zeitpunkt die Absicht nachvollziehbar zu dokumentieren, den Vermögensgegenstand dauerhaft zu halten (§ 198 Abs. 2 und 4 UGB). Neben der Absicht umfasst die Dokumentation auch die Fähigkeit, das Finanzanlagevermögen dauerhaft zu halten (vgl. Rz (4) f.); die Fähigkeit ist im Zweifel im Rahmen der Abschlusserstellung zu dokumentieren (ggf. auch bei der Erstellung von Zwischenabschlüssen bzw. bei Kreditinstituten bei der Erstellung des Vermögens-, Erfolgs- und Risikoausweises).

(14) Bei einer Umgliederung zwischen Finanzanlagevermögen und -umlaufvermögen ist zeitnah eine Dokumentation zu erstellen, die den Zeitpunkt der Umgliederung und die Gründe der Umgliederung nachvollziehbar beschreibt.

(15) Werden wiederholt oder in wesentlichem Umfang Bestände des Anlagevermögens entgegen der früher dokumentierten Absicht veräußert oder ins Umlaufvermögen umgegliedert, dann ist für die im Finanzanlagevermögen verbliebenen Instrumente die Absicht neuerlich plausibel zu dokumentieren, diese im Gegensatz dazu dauerhaft zu halten.

(16) Der Umfang und die Genauigkeit der Dokumentation gemäß Rz (13) und (14) sind abhängig vom Umfang der betroffenen Finanzinstrumente und der Komplexität der Organisation des Unternehmens. Bei Unternehmen, die Finanzinstrumente in größerem Umfang halten (insbesondere Unternehmen der Finanzbranche), hat die Dokumentation die formelle Beschlussfassung der intern zuständigen Gremien (z.B. Vorstände, interne Ausschüsse) und die Gründe für die Entscheidung zu enthalten. Dokumentationen gemäß Rz (13) und (14) können für Gruppen art- und funktionsgleicher Vermögensgegenstände gesamthaft vorgenommen werden.

Frage 4 Ist die Anwendung der Effektivzinsmethode bei der Bewertung von festverzinslichem Finanzanlagevermögen zulässig?

(17) Zu beurteilen ist einerseits die Frage, ob bei über dem Einlösungswert erworbenen festverzinslichen Finanzanlagen eine planmäßige Amortisation nach der Effektivzinsmethode vorgenommen werden kann. Anteilige Zinsen aus dem Kupon und die Amortisation nach der Effektivzinsmethode ergeben in Summe den GuV-wirksamen effektiven (internen) Zins, der den wirtschaftlichen Gehalt der Transaktion widerspiegelt. Bei signifikanten Über-Pari-Kaufpreisanteilen ist jedenfalls eine

Amortisation zu empfehlen. Zur Beurteilung der Signifikanz sind als Parameter z.B. die Restlaufzeit, die Höhe des Über-Pari-Kaufpreisanteils, das Zinsniveau und die Verteilung der Gesamtverzinsung auf Kupon und Unterschiedsbetrag zu berücksichtigen. Der Über-Pari-Kaufpreisanteil kann entweder bei der Finanzanlage oder als aktive Rechnungsabgrenzung ausgewiesen werden. Die laufende Amortisation bzw. die Auflösung des Rechnungsabgrenzungspostens hat gegen den Zinsertrag zu erfolgen. Statt nach der Effektivzinsmethode kann die Verteilung bzw. Auflösung auch vereinfacht erfolgen (z.B. lineare Amortisation).

(18) Zu beurteilen ist andererseits die Frage, ob bei unter dem Einlösungswert erworbenen festverzinslichen Finanzanlagen eine planmäßige Amortisation nach der Effektivzinsmethode vorgenommen werden kann. Anteilige Zinsen aus dem Kupon und die Amortisation nach der Effektivzinsmethode ergeben in Summe den GuV-wirksamen effektiven (internen) Zins, der den wirtschaftlichen Gehalt der Transaktion widerspiegelt. Bei signifikanten Unter-Pari-Kaufpreisanteilen ist eine Amortisation zu empfehlen. Zur Beurteilung der Signifikanz sind als Parameter z.B. die Restlaufzeit, die Höhe des Unter-Pari-Kaufpreisanteils, das Zinsniveau und die Verteilung der Gesamtverzinsung auf Kupon und Unterschiedsbetrag zu berücksichtigen. Der Unter-Pari-Kaufpreisanteil kann entweder bei der Finanzanlage oder als passive Rechnungsabgrenzung ausgewiesen werden. Die laufende Amortisation bzw. die Auflösung des Rechnungsabgrenzungspostens hat gegen den Zinsertrag zu erfolgen. Statt nach der Effektivzinsmethode kann die Verteilung bzw. Auflösung auch vereinfacht erfolgen (z.B. lineare Amortisation).

(19) Im Anhang sind die gewählten Bewertungs- und Ausweismethoden zu beschreiben.

(20) Branchenspezifische Regelungen (§ 56 Abs. 2 und 3 BWG, § 3 Abs. 1a VU-RLV) bleiben unberührt.

Frage 5 Wie sind Vertragsanpassungen bei finanziellen Vermögensgegenständen, die Schuldinstrumente sind, zu behandeln?

(21) Eine Vertragsanpassung im Sinne dieser Frage liegt vor, wenn ein Vertrag angepasst wird, ohne dass eine solche Möglichkeit zur Anpassung vorher im Vertrag festgelegt wurde. Das UGB enthält zur bilanziellen Abbildung von Vertragsanpassungen keine konkreten Vorgaben. Bei deren Beurteilung ist daher auf die GoB, insbesondere die wirtschaftliche Betrachtungsweise abzustellen. Hinsichtlich Vertragsanpassungen ist i.S.d. wirtschaftlichen Betrachtungsweise eine Unterscheidung in erhebliche Vertragsanpassungen, die eine Ausbuchung des Vermögensgegenstands nach sich ziehen, und nicht erhebliche Vertragsanpassungen ohne Ausbuchungserfordernis vorzunehmen.

(22) Vertragsanpassungen sind unter qualitativen und quantitativen Gesichtspunkten im Wege eines Vergleichs des Vertrags vor und nach der Änderung zu beurteilen, um festzustellen, ob es sich um eine erhebliche oder nicht erhebliche Vertragsanpassung handelt.

(23) Die qualitative Erheblichkeit einer Vertragsanpassung ist anhand des dem Finanzinstrument inhärenten Risikos zu beurteilen. Eine erhebliche Änderung des inhärenten Risikos ist vor allem dann gegeben, wenn sich die Art der künftigen Zahlungsströme, ihre Schwankungsbreite (Variabilität) und die maßgeblichen Risikoparameter erheblich ändern.

(24) Erlaubt bereits die qualitative Analyse eine eindeutige Aussage, ob eine Vertragsanpassung erheblich oder unerheblich ist, so kann eine quantitative Überprüfung unterbleiben. Ist auf Basis der qualitativen Analyse hingegen noch keine abschließende Beurteilung möglich, so ist ergänzend eine quantitative Analyse vorzunehmen. Dafür ist ein Barwertvergleich der Zahlungen vor und nach der Anpassung durchzuführen, wobei grundsätzlich auf die vertraglichen Zahlungen abzustellen ist.

(25) Liegt nach qualitativer und/oder quantitativer Beurteilung eine erhebliche Änderung vor, handelt es sich um eine erhebliche Vertragsanpassung, welche den wirtschaftlichen Gehalt des Vermögensgegenstands wesentlich verändert und zur Ausbuchung des alten und zum Ansatz des neuen Vermögensgegenstands führt.

(26) Abweichend vom Tausch – siehe dazu Frage 6 – kommt es bei Vertragsanpassungen nicht zu einem Austausch vorhandener finanzieller Vermögensgegenstände, sondern zu einer Änderung des wirtschaftlichen Gehalts des Leistungsgegenstands desselben Vertrags. Würden auf diesen Sachverhalt die Grundsätze des Tauschs angewandt (der beizulegende Zeitwert des hingegebenen Gegenstands stellt die Anschaffungskosten des erworbenen (neuen) Gegenstands dar), kann der wirtschaftliche Gehalt der Transaktion nicht sinnvoll abgebildet werden, weil der hingegebene Gegenstand die Merkmale vor der erheblichen Vertragsanpassung aufweist und daher gerade keinen zutreffenden Maßstab für den Wert des neuen (geänderten) Gegenstands bildet. Daher ist im Fall der erheblichen Vertragsanpassung abweichend von den allgemein anerkannten Tauschgrundsätzen der beizulegende Zeitwert des neuen (geänderten) Gegenstands als Anschaffungskosten anzusetzen.

(27) Bei einer erheblichen Vertragsanpassung kommt es zu einem erfolgswirksamen Abgangsergebnis, wenn sich der Buchwert des (alten) Schuldinstruments vor der Vertragsanpassung vom beizulegenden Zeitwert des (neuen) Schuldinstruments nach der Vertragsanpassung unterscheidet.

(28) Erfolgt die erhebliche Vertragsanpassung aus Bonitätsgründen, ergibt sich i.d.R. kein Abgangsergebnis, da zuvor eine Wertberichtigung zu erfassen ist, um den Vermögensgegenstand mit dem niedrigeren beizulegenden Wert anzusetzen. Somit kommt es schon vor der Vertragsanpassung zu einer Realisation der Wertminderung. Zudem ist zu prüfen, ob ein (Teil-)Abgang zu erfassen ist. Sofern es im Rahmen der bonitätsbedingten Vertragsanpassung zu einem (Teil-)Verzicht und

somit (Teil-)Abgang kommt, ist dieser vor der Beurteilung der Vertragsanpassung zu erfassen und nur die Anpassung des verbleibenden Teils auf ihre Erheblichkeit hin zu untersuchen.

(29) Die Differenz zwischen dem Buchwert des alten Vermögensgegenstands (vor der Vertragsanpassung) – ggf. bereits vermindert um einen Teilverzicht bzw. -abgang – und dem beizulegenden Zeitwert des neuen Vermögensgegenstands (nach der Vertragsanpassung) stellt einen Gewinn bzw. Verlust dar. Die mit der Ausbuchung als Folge einer erheblichen Vertragsanpassung verbundenen Gewinne oder Verluste gelten als realisiert und sind gemäß § 201 Abs. 2 Z 4 UGB erfolgswirksam zu erfassen.

(30) Im Sinne der Generalnorm des § 222 Abs. 2 und des § 236 erster Satz UGB sind im Anhang die ausgebuchten Buchwerte und die realisierten Ergebnisse aufgrund erheblicher Vertragsanpassungen anzugeben, sofern diese Beträge wesentlich sind.

(31) Liegt hingegen weder nach qualitativer noch nach quantitativer Beurteilung eine erhebliche Änderung vor (nicht erhebliche Vertragsanpassung), wird der wirtschaftliche Gehalt des Vermögensgegenstands nur unwesentlich verändert. Eine Ausbuchung ist daher in diesem Fall nicht zulässig.

(32) Bei einer nicht erheblichen Vertragsanpassung erfolgt eine Bewertung des Schuldinstruments nach den allgemeinen unternehmensrechtlichen Grundsätzen. Es gelten die §§ 204 und 207 UGB sowie insbesondere das Anschaffungskostenprinzip. Daraus folgt, dass eine Wertminderung wegen der nicht erheblichen Vertragsanpassung zu buchen ist; eine Wertminderung wegen einer nicht erheblichen Vertragsanpassung ist jedenfalls dauerhaft. Liegt wegen der nicht erheblichen Vertragsanpassung jedoch eine Werterhöhung über die Anschaffungskosten des Schuldinstruments vor, ist diese Werterhöhung entsprechend der Erfüllung der Leistungsverpflichtung über die Restlaufzeit des Schuldinstruments zu realisieren.

Frage 6 Wann kommt es bei einem Tausch finanzieller Vermögensgegenstände oder bei Veräußerung in Form einer gemischten Transaktion zur Ergebnisrealisierung?

(33) Bei einem originär angeschafften finanziellen Vermögensgegenstand (z.B. einer Kreditforderung oder einer Ausleihung) entsprechen die Anschaffungskosten grundsätzlich dem Auszahlungsbetrag einschließlich allfälliger Anschaffungsnebenkosten; der Anschaffungsvorgang ist grundsätzlich erfolgsneutral. Entspricht der Auszahlungsbetrag aber nicht dem beizulegenden Zeitwert, ist zu prüfen, ob nicht zugleich andere Finanzinstrumente angeschafft oder veräußert bzw. andere Leistungen erbracht wurden. Wird ein finanzieller Vermögensgegenstand von einem Gesellschafter oder einem verbundenen Unternehmen erworben, dann stellen allfällige Differenzen zum fremdüblichen Wert regelmäßig einen Gesellschafterzuschuss oder eine verdeckte Ausschüttung dar, die als solche gesondert zu erfassen und von mittelgroßen und großen Gesellschaften nach Maßgabe des § 238 Abs. 1 Z 12 UGB im Anhang anzugeben sind; dies gilt entsprechend für die Veräußerung finanzieller Vermögensgegenstände.

(34) Erhält das Unternehmen einen finanziellen Vermögensgegenstand als Gegenleistung für die Hingabe eines anderen finanziellen Vermögensgegenstands, dann liegt grundsätzlich ein erfolgswirksamer Umsatzakt vor, sofern der Vorgang nicht unter § 202 Abs. 2 UGB fällt. Der beizulegende Zeitwert des hingegebenen finanziellen Vermögensgegenstands stellt die Anschaffungskosten des erworbenen finanziellen Vermögensgegenstands dar. Kann der beizulegende Zeitwert des hingegebenen Vermögensgegenstands nicht verlässlich ermittelt werden, dann ist der beizulegende Zeitwert des erhaltenen Vermögensgegenstands das beste Indiz für diesen Wert, sofern keine Hinweise auf eine nicht fremdübliche Transaktion vorliegen.

Beispiel:

Unternehmen A veräußert wertgeminderte, börsennotierte Anleihen (Nominale und Buchwert 100 T€, beizulegender Zeitwert 85 T€) an Unternehmen B und erwirbt im Gegenzug Nullkuponanleihen mit langer Restlaufzeit (Nominale 100 T€, beizulegender Zeitwert 85 T€). Durch den Tausch kann die Erfassung des Wertverlusts der veräußerten finanziellen Vermögensgegenstände nicht verhindert werden. Der Veräußerungsverlust ist zu erfassen. Die Anschaffungskosten der erhaltenen Nullkuponanleihen ergeben sich aus dem beizulegenden Zeitwert der hingegebenen Anleihen (85 T€).

(35) Kein erfolgswirksamer Tauschvorgang, sondern ein einheitlicher Anschaffungs- oder Veräußerungsvorgang ist die Erfüllung eines Options- oder Wandlungsrechts oder eines Termingeschäfts durch physische Lieferung. Auch ein Aktiensplit oder vergleichbare Vorgänge sind erfolgsneutral.

(36) Ein Veräußerungsgewinn darf nur dann realisiert werden, wenn im Wesentlichen alle Chancen und Risiken aus dem hingegebenen Finanzinstrument endgültig übertragen wurden. Dies ist bspw. dann nicht der Fall, wenn der erhaltene Vermögensgegenstand ein vergleichbares Chancen- und Risikoprofil wie der hingegebene Vermögensgegenstand aufweist.

Kapitel 2 Fragen zur Wertminderung von Finanzanlage- und -umlaufvermögen

Frage 7 Welche Wertmaßstäbe sind für die Folgebewertung des Finanzanlage- und -umlaufvermögens relevant, und wie sind diese Wertmaßstäbe auszulegen?

(37) Gegenstände des Finanzanlagevermögens sind gemäß § 204 Abs. 2 UGB bei voraussichtlich dauernder Wertminderung auf den niedrigeren **beizulegenden Wert** abzuschreiben. Sie dürfen bei Wertminderungen, die voraussichtlich nicht von Dauer sind, auf den beizulegenden Wert abgeschrieben werden (gemildertes Niederstwertprinzip).

(38) Bei Gegenständen des Finanzumlaufvermögens sind gemäß § 207 UGB Abschreibungen vorzunehmen, um sie mit dem Wert anzusetzen, der sich aus dem niedrigeren **Börsenkurs oder Marktpreis** am Abschlussstichtag ergibt. Ist ein Börsenkurs oder Marktpreis nicht festzustellen und übersteigen die Anschaffungskosten den beizulegenden Wert, so ist der Vermögensgegenstand auf den **beizulegenden Wert** abzuschreiben (strenges Niederstwertprinzip).

(39) Der Begriff **„beizulegender Wert"** wird in § 189a Z 3 UGB als der Betrag definiert, den ein Erwerber des gesamten Unternehmens im Rahmen des Gesamtkaufpreises für den betreffenden Vermögensgegenstand oder die betreffende Schuld ansetzen würde; dabei ist davon auszugehen, dass der Erwerber das Unternehmen fortführt.

(40) Bei der **Ermittlung des beizulegenden Werts** ist daher ein fiktiver Unternehmenserwerb durch einen fremden Dritten, der das Unternehmen fortführen wird, zu unterstellen. Für den gedanklichen Unternehmenserwerb muss dabei nicht ein tatsächlicher Gesamtkaufpreis ermittelt werden, weil es nicht um die Ermittlung des Firmenwerts geht, sondern um die Bestimmung des gedanklichen Anschaffungsbetrags für einen bestimmten Vermögensgegenstand im konkreten Nutzungszusammenhang im Unternehmen. Daraus geht hervor, dass für den betreffenden finanziellen Vermögensgegenstand dessen Funktion im Gesamtzusammenhang des Unternehmens wesentlich von Bedeutung und somit bei der Wertermittlung zu berücksichtigen ist.

(41) Je nach der Funktion des betreffenden Vermögensgegenstands kommen **unterschiedliche Ausprägungsformen** des beizulegenden Werts in Betracht. Dabei ist zu berücksichtigen, dass Gegenstände des Finanzanlagevermögens i.d.R. eine andere Funktion in einem Unternehmen erfüllen als Gegenstände des Finanzumlaufvermögens.

(42) **Börsenkurs und Marktpreis** werden in den Begriffsbestimmungen des § 189a UGB nicht definiert. Börsenkurs und Marktpreis finden jedoch als eine von drei möglichen Ausprägungsformen des **beizulegenden Zeitwerts** in dessen Definition Erwähnung.

(43) Der beizulegende Zeitwert stellt wiederum eine der Ausprägungsformen des beizulegenden Werts dar. Für die Ermittlung des beizulegenden Zeitwerts ist § 189a Z 4 UGB einschlägig. Neben dem beizulegenden Zeitwert gibt es weitere Ausprägungsformen des beizulegenden Werts, die allerdings im UGB nicht definiert werden.

(44) In § 189a Z 4 UGB wird der **beizulegende Zeitwert** primär als Börsenkurs oder Marktpreis definiert. Im Fall von Finanzinstrumenten, deren Marktpreis sich als Ganzes nicht ohne weiteres ermitteln lässt, ist der beizulegende Zeitwert der aus den Marktpreisen der einzelnen Bestandteile des Finanzinstruments oder dem Marktpreis für ein gleichartiges Finanzinstrument abgeleitete Wert. Falls sich bei Finanzinstrumenten ein verlässlicher Markt nicht ohne weiteres ermitteln lässt, ist der beizulegende Zeitwert mit Hilfe allgemein anerkannter Bewertungsmodelle und -methoden zu bestimmen, sofern diese Modelle und Methoden eine angemessene Annäherung an den Marktpreis gewährleisten.

(45) Gemäß den Erläuterungen zum Anti-Gold-Plating-Gesetz 2019 ist bei der **Ermittlung des beizulegenden Zeitwerts** ein objektiver Wertmaßstab zugrunde zu legen (vgl. ErläutRV 508 BlgNR 26. GP). Dies gilt unabhängig davon, welche Ausprägungsform des beizulegenden Zeitwerts (siehe Rz (44)) im konkreten Fall heranzuziehen ist.

Frage 8 Welche Ausprägungsform des beizulegenden Werts ist bei der Folgebewertung von Gegenständen des Finanzanlage- und -umlaufvermögens heranzuziehen?

(46) Für Gegenstände des Finanzumlaufvermögens, für die ein Börsenkurs oder Marktpreis festgestellt werden kann, gibt das UGB die konkrete für die Folgebewertung heranzuziehende Ausprägungsform des beizulegenden Werts vor. Solche Finanzinstrumente sind gemäß § 207 UGB auf den niedrigeren Börsenkurs oder Marktpreis am Abschlussstichtag abzuschreiben. (Anlage – Entscheidungsbaum 1. Teil, (III))

(47) Gegenstände des Finanzumlaufvermögens, für die ein Börsenkurs oder Marktpreis nicht festgestellt werden kann, und Gegenstände des Finanzanlagevermögens sind gemäß den §§ 207 bzw. 204 Abs. 2 UGB auf den niedrigeren am Abschlussstichtag beizulegenden Wert abzuschreiben. Die konkrete Ausprägungsform des beizulegenden Werts lässt sich nicht unmittelbar aus dem UGB ableiten und ist daher ausgehend von der Funktion des Vermögensgegenstands im Unternehmen unter Berücksichtigung der GoB, der Erläuterungen zum Anti-Gold-Plating-Gesetz 2019 und der Fachliteratur zu bestimmen. (Anlage – Entscheidungsbaum 1. Teil, (I) und (II))

(48) Für eine systematische Ermittlung der heranzuziehenden Ausprägungsform des beizulegenden Werts ist zunächst zwischen Schuldinstrumenten (Rz (49) bis (52)) und Eigenkapitaltiteln (Rz (53) bis (55)) zu unterscheiden. (Anlage – Entscheidungsbaum 2. Teil, Zeilen 6 und 7)

(49) Bei Schuldinstrumenten, die zum beizulegenden Wert zu bewerten sind, lässt sich eine weitere Unterscheidung auf Basis der Halteabsicht und -fähigkeit bis zur Endfälligkeit vornehmen. Demnach sind Schuldinstrumente in Instrumente, für die keine Halteabsicht und/oder -fähigkeit bis zur Endfälligkeit bestehen, und Instrumente, für welche Halteabsicht und -fähigkeit bis zur Endfälligkeit bestehen, zu unterteilen. Auch für Finanzumlaufvermögen, das aufgrund der kurzen Laufzeit nicht dauernd dem Geschäftsbetrieb zu dienen bestimmt ist, können Halteabsicht und -fähigkeit bis zur Endfälligkeit gegeben sein. Daher ist diese Beurteilungsebene sowohl für die Folgebewertung von **Finanzanlage-** als auch für die Folgebewertung von **Finanzumlaufvermögen** relevant. Für das Vorliegen von Halteabsicht und

-fähigkeit bis zur Endfälligkeit sind entsprechende Belege zu erbringen. (Anlage – Entscheidungsbaum 2. Teil, Zeilen 8 und 9)

(50) Für Schuldinstrumente, für die **keine Halteabsicht und/oder -fähigkeit** bis zur Endfälligkeit bestehen, ist hinsichtlich der Folgebewertung der beizulegende Zeitwert die maßgebliche Ausprägungsform des beizulegenden Werts. (Anlage – Entscheidungsbaum 2. Teil, (C))

(51) Für Schuldinstrumente, für die **Halteabsicht und -fähigkeit** bis zur Endfälligkeit bestehen, sind hinsichtlich der Folgebewertung i.d.R. die Anschaffungskosten abzüglich Wertminderungen, die sich aus den Ausfallsrisiken ergeben, die maßgebliche Ausprägungsform des beizulegenden Werts. Diese Schuldinstrumente werden in weiterer Folge als Forderungen und forderungsähnliche Finanzinstrumente (FFI) bezeichnet. (Anlage – Entscheidungsbaum 2. Teil, (A))

(52) Eine Ausnahme von der Bewertung zum beizulegenden Wert i.S.d. Rz (51) besteht, wenn es sich um Schuldinstrumente mit eingebetteten Derivaten i.S.d. Rz (70) handelt. Solche Schuldinstrumente werden zum beizulegenden Zeitwert bewertet, selbst wenn Halteabsicht und -fähigkeit bis zur Endfälligkeit vorliegen. (Anlage – Entscheidungsbaum 2. Teil, (B))

(53) Eigenkapitaltitel sind in Beteiligungen und andere Eigenkapitaltitel zu unterteilen. (Anlage – Entscheidungsbaum 2. Teil, Zeilen 8 und 9)

(54) Die Folgebewertung von Beteiligungen (§ 189a Z 2 UGB) hat gemäß der AFRAC-Stellungnahme 24 zu erfolgen. (Anlage – Entscheidungsbaum 2. Teil, (E) und (F))

(55) Für die Folgebewertung von anderen Eigenkapitaltiteln stellt der beizulegende Zeitwert die maßgebliche Ausprägungsform des beizulegenden Werts dar. (Anlage – Entscheidungsbaum 2. Teil, (D))

Frage 9 Wie können bei der Bestimmung des beizulegenden Zeitwerts von nicht-derivativen Finanzinstrumenten aktive Märkte von inaktiven Märkten unterschieden werden?

(56) § 189a Z 4 UGB sieht drei Ausprägungsformen des beizulegenden Zeitwerts vor (siehe Rz (44)).

(57) In den Fällen, in denen der beizulegende Zeitwert die heranzuziehende Ausprägungsform des beizulegenden Werts bei der Folgebewertung von Vermögensgegenständen des Finanzanlage- und -umlaufvermögens ist (siehe Anlage – Entscheidungsbaum 2. Teil), ist primär der Börsenkurs oder Marktpreis auf einem verlässlichen (aktiven) Markt heranzuziehen. Börsenkurse oder Marktpreise auf einem inaktiven Markt sind keine beizulegenden Zeitwerte (§ 189a Z 4 UGB). Für einen inaktiven Markt können folgende Indikatoren sprechen (vgl. IFRS 13.B37):

- ein wesentlicher Einbruch des Handelsvolumens oder der Handelsaktivitäten;
- Preisnotierungen werden nicht auf der Grundlage aktueller Informationen entwickelt;
- verfügbare Börsenkurse oder Marktpreise variieren wesentlich im Zeitablauf oder zwischen Marktteilnehmern;
- im Vergleich zur Schätzung des Unternehmens über erwartete Zahlungsströme ist bei beobachteten Geschäftsvorfällen oder Marktpreisnotierungen ein erheblicher Anstieg bei den impliziten Liquiditätsrisikoaufschlägen, Renditen oder Leistungsindikatoren eingetreten;
- ein wesentlicher Anstieg der Bid/Ask-Spreads;
- die Aktivitäten im Markt für Neuemissionen, d.h. einem Hauptmarkt, für den Vermögensgegenstand sind erheblich zurückgegangen oder ein solcher Markt ist überhaupt nicht vorhanden;
- es sind nur wenige Informationen öffentlich zugänglich.

Diese Indikatoren müssen für sich genommen allerdings nicht notwendigerweise bedeuten, dass ein Markt inaktiv ist (vgl. IFRS 13.B38).

(58) Kommt der Börsenkurs oder Marktpreis auf einem inaktiven Markt zustande, so ist der beizulegende Zeitwert, sofern dies möglich ist, aus den Börsenkursen oder Marktpreisen der einzelnen Bestandteile des nicht-derivativen Finanzinstruments auf aktiven Märkten oder aus dem Börsenkurs oder Marktpreis eines gleichartigen nicht-derivativen Finanzinstruments auf einem aktiven Markt abzuleiten.

(59) Ist die Bestimmung des beizulegenden Zeitwerts gemäß Rz (57) und (58) nicht möglich, ist der beizulegende Zeitwert gemäß § 189a Z 4 UGB mit Hilfe allgemein anerkannter Bewertungsmodelle und -methoden zu bestimmen, sofern diese eine angemessene Annäherung an den Börsenkurs oder Marktpreis gewährleisten.

(60) Für nicht-derivative Finanzinstrumente, die zum beizulegenden Zeitwert zu bewerten sind, ist im Sinne der Generalnorm des § 222 Abs. 2 und des § 236 erster Satz UGB im Anhang über die Gründe für die Annahme eines inaktiven Marktes sowie über den Unterschiedsbetrag zwischen dem Kurs oder Preis auf dem inaktiven Markt und dem Buchwert zu berichten.

Frage 10 Kann bei der Bewertung von Finanzanlage- und -umlaufvermögen statt des Börsenkurses am Abschlussstichtag auch ein durchschnittlicher Börsenkurs rund um den Abschlussstichtag herangezogen werden?

(61) Wenn Finanzanlage- oder -umlaufvermögen zum Börsenkurs bewertet werden muss und der Börsenkurs sich auf einem verlässlichen Markt gebildet hat, ist grundsätzlich der Kurs am Abschlussstichtag heranzuziehen.

(62) Bei volatilen Kursen rund um den Abschlussstichtag kann ein Durchschnittskurs herangezogen werden. Liegt der Kurs am Abschlussstichtag über dem allgemeinen Kursniveau (z.B.

aufgrund von „Ultimogeschäften"), ist jedenfalls eine Anpassung an den Durchschnittskurs erforderlich. Die Frist für die Durchschnittsbildung soll zehn Börsetage (Schlusskurs an je fünf Börsetagen vor und nach dem Abschlussstichtag) nicht übersteigen. Die gewählte Bewertungsmethode ist stetig anzuwenden. Ein Abweichen von der Stetigkeit ist nur gemäß § 201 Abs. 3 UGB (etwa bei wechselnden Marktbedingungen) zulässig (vgl. Rz (73) ff.). Eine Bewertung zum Kurs eines vor dem Abschlussstichtag liegenden Tages ist bei Marktvolatilitäten keinesfalls zulässig.

(63) Im Sinne der Generalnorm des § 222 Abs. 2 und des § 236 erster Satz UGB ist im Anhang über eine Durchschnittsbildung gemäß Rz (62) zu berichten.

Frage 11 Unter welchen Voraussetzungen ist bei Finanzanlagen eine Wertminderung voraussichtlich von Dauer?

Forderungen und forderungsähnliche Finanzinstrumente (FFI) (Anlage – Entscheidungsbaum 2. Teil, (A)):

(64) Bei Forderungen und forderungsähnlichen Finanzinstrumenten (FFI) des Anlagevermögens ist eine Wertminderung, die sich aus den Ausfallsrisiken, d.h. aus der Verschlechterung der Bonität des Schuldners ergibt, stets von Dauer.

Schuldinstrumente, die auf den niedrigeren beizulegenden Zeitwert abzuschreiben sind (Anlage – Entscheidungsbaum 2. Teil, (C)):

(65) Sofern die Absicht und die Fähigkeit vorliegen, solche Vermögensgegenstände dauerhaft zu halten, kann i.d.R. unterstellt werden, dass durch Marktzinsänderungen bedingte Rückgänge des beizulegenden Zeitwerts keine voraussichtlich dauernde Wertminderung darstellen (im Hinblick auf Schuldinstrumente mit eingebetteten Derivaten siehe Rz (70)).

(66) Rückgänge des beizulegenden Zeitwerts, die auf die Verschlechterung der Bonität des Schuldners zurückzuführen sind, bilden hingegen einen Indikator für eine voraussichtlich dauernde Wertminderung. Die Bonität des Schuldners hat sich insbesondere in den folgenden Fällen verschlechtert:

- erhebliche finanzielle Schwierigkeiten des Schuldners;
- ein Vertragsbruch des Schuldners, wie etwa Ausfall oder Verzögerung von Zins- oder Tilgungszahlungen;
- Zugeständnisse des bilanzierenden Unternehmens an den Schuldner infolge wirtschaftlicher oder rechtlicher Gründe im Zusammenhang mit den finanziellen Schwierigkeiten des Schuldners, die das bilanzierende Unternehmen ansonsten nicht machen würde;
- eine (deutlich) erhöhte Wahrscheinlichkeit, dass der Schuldner in ein Insolvenz- oder sonstiges Sanierungsverfahren eintreten wird;
- das Verschwinden eines aktiven Marktes für das Schuldinstrument infolge finanzieller Schwierigkeiten des Schuldners.

(67) Die Herabstufung des Bonitätsratings auf einen verschlechterten Investment Grade ist für sich genommen kein Indikator für eine voraussichtlich dauernde Wertminderung. Bei nicht gerateten Schuldinstrumenten ist auf die entsprechenden Markt-Creditspreads zur analogen Unterscheidung in Investment Grades und Non Investment Grades abzustellen.

(68) Die Herabstufung des Bonitätsratings in den Non Investment Grade-Bereich ist ein Indikator für eine voraussichtlich dauernde Wertminderung. Bei nicht gerateten Schuldinstrumenten ist auf die entsprechenden Markt-Creditspreads zur analogen Unterscheidung in Investment Grades und Non Investment Grades abzustellen.

Eigenkapitaltitel und vergleichbare Finanzinstrumente, die auf den niedrigeren beizulegenden Zeitwert abzuschreiben sind (Anlage – Entscheidungsbaum 2. Teil, (D) und (B))

(69) Bei Eigenkapitaltiteln und vergleichbaren Finanzinstrumenten des Anlagevermögens (wie etwa jenen i.S.d. Rz (70)) sind neben den in Rz (66) genannten Indikatoren folgende weitere Indikatoren für eine voraussichtlich dauernde Wertminderung zu nennen:

- wesentliche negative Veränderungen des technologischen, ökonomischen, rechtlichen oder Marktumfelds des Emittenten;
- wesentliche Abnahme des Börsenkurses zum Abschlussstichtag und im Wertaufhellungszeitraum;
- länger anhaltende Abnahme des Börsenkurses in der Zeit vor dem Abschlussstichtag. Liegt der Börsenkurs in den letzten sechs Monaten vor dem Abschlussstichtag permanent um mehr als 20% unter dem Buchwert oder in den letzten zwölf Monaten vor dem Abschlussstichtag im Durchschnitt mehr als 10% unter dem Buchwert, liegt ein Indikator für eine voraussichtlich dauernde Wertminderung vor. Entwicklungen des Börsenkurses bis zum Ende des Wertaufhellungszeitraums sind zu berücksichtigen.

(70) Die Wertminderung von Schuldinstrumenten mit eingebetteten Derivaten jeder Art, die im Vergleich zum Rahmenvertrag eine erheblich abweichende Risiko- und Ertragsstruktur aufweisen (Anlage – Entscheidungsbaum 2. Teil, (B)), ist nach den in Rz (69) für Eigenkapitaltitel genannten Indikatoren zu beurteilen.

Angabepflichten:

(71) Mittelgroße und große Gesellschaften haben für zum Finanzanlagevermögen gehörende Schuldinstrumente und Eigenkapitaltitel, die über ihrem beizulegenden Zeitwert ausgewiesen werden, gemäß § 238 Abs. 1 Z 2 UGB im Anhang folgende Angaben zu machen, wenn eine außerplanmäßige Abschreibung gemäß § 204 Abs. 2 zweiter Satz UGB unterblieben ist:

- Buchwert und beizulegender Zeitwert der einzelnen Vermögensgegenstände oder angemessener Gruppierungen sowie

– die Gründe für das Unterlassen einer Abschreibung gemäß § 204 Abs. 2 UGB und jene Anhaltspunkte, die darauf hindeuten, dass die Wertminderung voraussichtlich nicht von Dauer ist.

Frage 12 Wie ist der Stetigkeitsgrundsatz bei der Ausübung des Wahlrechts betreffend Abschreibungen bei vorübergehender Wertminderung anzuwenden (§ 204 Abs. 2 zweiter Satz UGB)?

(72) Finanzanlagen sind gemäß § 204 Abs. 2 UGB bei voraussichtlich dauernder Wertminderung auf den niedrigeren am Abschlussstichtag beizulegenden Wert abzuschreiben. Solche Abschreibungen dürfen auch vorgenommen werden, wenn die Wertminderung voraussichtlich nicht von Dauer ist (gemildertes Niederstwertprinzip). Für die Folgebewertung von Beteiligungen i.S.d. § 189a Z 2 UGB siehe auch die AFRAC-Stellungnahme 24: Beteiligungsbewertung (UGB). Die Folgebewertung von Schuldinstrumenten und Eigenkapitaltiteln i.S.d. Rz (64) bis (70) wird im Folgenden dargelegt.

(73) Im Rahmen der Folgebewertung der Finanzanlagen ist der Grundsatz der Bewertungsstetigkeit (§ 201 Abs. 2 Z 1 UGB) zu beachten, d.h. einmal gewählte Bewertungsmethoden können nicht beliebig geändert werden. Ein Abweichen von diesem Grundsatz ist nur bei Vorliegen besonderer Umstände und der Vermittlung eines möglichst getreuen Bildes der Vermögens- und Ertragslage des Unternehmens, bei Gesellschaften i.S.d. § 189 Abs. 1 Z 1 und 2 UGB der Vermögens-, Finanz- und Ertragslage, zulässig (§ 201 Abs. 3 UGB).

(74) Bei Vorliegen besonderer Umstände kann das Unternehmen die Ausübung des Wahlrechts ändern, wenn die Änderung einer getreueren Darstellung der Vermögens-, Finanz- und Ertragslage dient. Als besondere Umstände kommen bei Finanzinstrumenten vor allem Änderungen von Gesetzen und der Rechtsprechung, der Übergang oder der Verzicht auf die Anwendung von Bewertungsvereinfachungsverfahren, wesentliche Änderungen im Bestand der betroffenen Finanzanlagen und Ereignisse, die zu strukturellen Änderungen des Unternehmens führen, in Betracht (z.B. wesentliche Veränderungen in der Gesellschafterstruktur, grundlegende Änderungen der Finanzierungsstruktur, Einbeziehung in einen oder Ausscheiden aus einem Konzernverbund, Änderungen der unternehmerischen Konzeption wie bei Wechsel des Managements, Einleitung von Sanierungsmaßnahmen). Ein besonderer Umstand ist auch eine massive Verschlechterung des Marktumfelds (z.B. der Wegfall eines aktiven Marktes), sofern diese Verschlechterung nicht zu einer dauerhaften Wertminderung führt. Eine Änderung aus rein bilanzpolitischen Gründen ist nicht zulässig. Auch die bloße Absicht, den Ausweis eines Jahresfehlbetrages oder eines Bilanzverlustes zu vermeiden, ist kein Grund für eine Abkehr vom Grundsatz der Bewertungsstetigkeit (dies ergibt sich auch aus § 201 Abs. 2 Z 4 lit. c UGB).

(75) Der Grundsatz der Bewertungsstetigkeit erfordert nicht nur eine stetige Bewertung in aufeinander folgenden Perioden, sondern auch eine einheitliche Bewertung art- und funktionsgleicher Finanzanlagen zum Abschlussstichtag. Wird von dem Wahlrecht des § 204 Abs. 2 zweiter Satz UGB (oder anderen Wahlrechten) unterschiedlich Gebrauch gemacht, dann sind aussagekräftige Gruppen art- und funktionsgleicher finanzieller Vermögensgegenstände zu definieren und zu dokumentieren. Die Zuordnungen von Vermögensgegenständen zu diesen Gruppen bei Anschaffung sowie spätere Änderungen dieser Zuordnung sind ebenfalls zu dokumentieren (zur Dokumentation siehe Rz (12)).

(76) Die Bildung der Gruppen art- und funktionsgleicher Finanzanlagen richtet sich nach dem Umfang der Finanzinstrumente im Unternehmen, nach der Unterschiedlichkeit ihrer Merkmale und nach dem Organisationsgrad des Unternehmens. Folgende Entscheidungsmerkmale können bspw. bei der Bildung der Gruppen berücksichtigt werden, soweit sie für das Unternehmen relevant sind: die Zuordnung zu bestimmten Bilanzposten (z.B. Beteiligungen, Wertpapiere des Anlagevermögens), die rechtliche Qualifikation (z.B. Aktien, Investmentfondsanteile, Schuldverschreibungen), Währungen, Laufzeiten, die Branche oder der Sitzstaat der Gegenpartei sowie die Funktion im Liquiditätsmanagement. Die Bonität oder das Rating der Gegenpartei ist i.d.R. kein geeignetes Kriterium für die Bildung dieser Gruppen.

(77) Die Tatsache des Abweichens vom Grundsatz der Bewertungsstetigkeit und die besonderen Umstände, auf die sich die Zulässigkeit des Abweichens gründet, sind im Anhang anzugeben und zu begründen. Weiters sind die Auswirkungen des Abweichens auf die Vermögens-, Finanz- und Ertragslage im Anhang darzustellen (§§ 201 Abs. 3 letzter Satz und 237 Abs. 1 Z 1 erster Halbsatz UGB).

Frage 13 Was ist zu beachten, wenn der Wertmaßstab gemäß Rz (51) auf Basis der Anschaffungskosten abzüglich der Wertminderungen, die sich aus den Ausfallsrisiken ergeben, ermittelt wird?

(78) Aufgrund des Stichtagsprinzips sind bei der Bewertung von Forderungen und forderungsähnlichen Finanzinstrumenten (FFI) die Ausfallsrisiken zum Abschlussstichtag unter Beachtung aller wertaufhellenden Umstände (vgl. dazu AFRAC-Stellungnahme 16: Wertaufhellung und Wertbegründung (UGB)) zu berücksichtigen. Das heißt, konkrete zum Abschlussstichtag bestehende Ausfallsrisiken müssen unter Berücksichtigung von § 201 Abs. 2 Z 7 UGB durch Wertberichtigungen bevorsorgt werden.

(79) Allgemeine Geschäftsrisiken, die in der ungünstigen Entwicklung der Marktverhältnisse liegen können (z.B. das allgemeine Unternehmerrisiko), zählen nicht zu den Ausfallsrisiken und dürfen daher nicht berücksichtigt werden.

(80) Der Ausfall kann einerseits pro Schuldner festgestellt werden, sodass auch die Wertberich-

tigung für den individuellen Schuldner ermittelt wird (**Einzelwertberichtigung**). Der Ausfall kann anderseits für eine hinsichtlich der Ausfallsrisiken homogene Gruppe von Schuldnern festgestellt werden. Die Höhe der Wertberichtigung wird dann mit Hilfe von validen statistischen Daten pauschal ermittelt (**pauschale Einzelwertberichtigung**). Der Grund für die jeweilige Wertberichtigung, d.h. der Ausfall, wird jedoch sowohl bei der Einzelwertberichtigung (Ausfall bezieht sich auf einen individuellen Schuldner) als auch bei der pauschalen Einzelwertberichtigung (Ausfall bezieht sich auf eine homogene Gruppe von Schuldnern) nicht pauschal ermittelt. Man spricht daher in diesem Zusammenhang von eingetretenen Kreditverlusten.

(81) Darüber hinaus liegen auch bei Forderungen und forderungsähnlichen Finanzinstrumenten (FFI), die zum Abschlussstichtag nicht von einem Ausfall gemäß Rz (80) betroffen sind, unternehmensrechtlich zu berücksichtigende Ausfallsrisiken vor. In diesem Fall werden sowohl die Höhe als auch der Grund, d.h. der erwartete Ausfall, pauschal ermittelt (**Pauschalwertberichtigung**). Da der Ausfall noch nicht eingetreten ist, spricht man in diesem Zusammenhang von erwarteten Kreditverlusten.

(82) Auch für die Ermittlung von Pauschalwertberichtigungen ist § 201 Abs. 2 Z 7 UGB maßgeblich. Demnach sind statistisch ermittelbare Erfahrungswerte aus gleich gelagerten Sachverhalten zu berücksichtigen, wenn diese vorliegen. Zudem gilt es zu beachten, dass in Abhängigkeit von den im Unternehmen verfügbaren Daten und Methoden eine bestmögliche Schätzung vorzunehmen ist. Bei der Bemessung der erwarteten Kreditverluste sind zumindest nachteilige Wertänderungen, die auf eine Erhöhung von Ausfallsrisiken zurückzuführen sind, zu berücksichtigen.

Kapitel 3 Allgemeine Frage zur Bewertung von finanziellen Verbindlichkeiten

Frage 14 Was ist bei der Bewertung von finanziellen Verbindlichkeiten zu beachten?

(83) Verbindlichkeiten sind gemäß § 211 Abs. 1 UGB mit ihrem Erfüllungsbetrag anzusetzen. Sofern der Erfüllungsbetrag (Rückzahlungsbetrag) einer Verbindlichkeit zum Zeitpunkt ihrer Begründung höher als der Ausgabebetrag ist, ist der Unterschiedsbetrag gemäß § 198 Abs. 7 UGB in den Rechnungsabgrenzungsposten auf der Aktivseite aufzunehmen, gesondert auszuweisen und planmäßig über die Laufzeit der Verbindlichkeit aufzulösen. Diese planmäßige jährliche Auflösung des Unterschiedsbetrags kann auch nach der Effektivzinsmethode erfolgen (vgl. Frage 4).

(84) Bei Nullkuponanleihen hat der Emittent nur den Ausgabebetrag zuzüglich aufgelaufener Zinsen zu passivieren.

(85) Sofern in eine originäre finanzielle Verbindlichkeit derivative Komponenten eingebettet sind, kann es erforderlich sein, diese derivativen Komponenten herauszulösen und gesondert zu behandeln. Diesbezüglich wird auf die Ausführungen in der AFRAC-Stellungnahme 15: Derivate und Sicherungsinstrumente (UGB), Rz 71 ff. verwiesen.

(86) Wenn sich bei in Fremdwährung denominierten Verbindlichkeiten der in Euro ausgedrückte Rückzahlungsbetrag aufgrund einer Kursentwicklung erhöht, ist die Verbindlichkeit am Bilanzstichtag mit dem höheren umgerechneten Euro-Betrag anzusetzen und die Differenz aufwandswirksam zu erfassen. Aufgrund des Vorsichtsprinzips ist für die Umrechnung des Rückzahlungsbetrags der Briefkurs zu verwenden (siehe auch AFRAC-Stellungnahme 38: Währungsumrechnung (UGB), Rz 47).

(87) Sollte sich nach einer derartigen Aufwertung der Fremdwährungsverbindlichkeit in einer Folgeperiode eine gegenläufige Entwicklung des Fremdwährungskurses einstellen, so ist die Verbindlichkeit mit dem aus der Umrechnung zum aktuellen Fremdwährungskurs resultierenden Euro-Betrag anzusetzen und in Höhe der Betragsänderung gegenüber der Vorperiode ein Ertrag zu erfassen. Eine Unterschreitung des ursprünglichen Betrags der Verbindlichkeit ist dabei jedoch nicht zulässig (siehe auch AFRAC-Stellungnahme 38: Währungsumrechnung (UGB), Rz 48).

(88) Sollte einer Verbindlichkeit in fremder Währung eine Forderung in derselben Währung gegenüberstehen, ist die Bildung einer Bewertungseinheit und damit eine Saldierung von Kursschwankungen zulässig, sofern neben der Währungsidentität auch Betragsidentität und Fristenkongruenz gegeben sind. Für die Bildung einer Bewertungseinheit mit einem Derivat (z.B. Absicherung einer Fremdwährungsverbindlichkeit durch ein Devisentermingeschäft) sind die Ausführungen der AFRAC-Stellungnahme 15: Derivate und Sicherungsinstrumente (UGB) maßgeblich.

Kapitel 4 Spezifische Fragen zu nichtderivativen Finanzinstrumenten

Frage 15 Wie sind Investmentfondsanteile im Finanzanlage- und -umlaufvermögen zu bilanzieren?

(89) Die nachfolgenden Ausführungen zu den Fragen 15 und 16 betreffen österreichische Kapitalanlagefonds nach dem Investmentfondsgesetz (InvFG) 2011 und Immobilienfonds nach dem Immobilien-Investmentfondsgesetz (ImmoInvFG), nachfolgend kurz Investmentfonds. Sie sind auch auf Anteile gleichartiger ausländischer Fonds anzuwenden, wobei im Einzelfall zu prüfen ist, ob beim Vorliegen rechtlicher oder faktischer Besonderheiten eine abweichende Bilanzierungsmethode anzuwenden ist.

(90) Anteilsscheine an Investmentfonds sind eigenständige finanzielle Vermögensgegenstände und als solche Gegenstand der Bilanzierung. Ein Anteilsschein kann nur insgesamt dem Finanzanlage- oder dem Finanzumlaufvermögen zugeordnet werden und nur insgesamt zu seinen Anschaffungskosten oder, wenn niedriger, zu seinem beizulegenden Wert angesetzt werden.

(91) Der beizulegende Wert eines Investmentfondsanteils ist grundsätzlich sein Rechenwert,

sofern keine Indizien für einen abweichenden beizulegenden Wert vorliegen. Der Rechenwert schließt im Fonds thesaurierte Erträge mit ein. Ist nach den Fondsbestimmungen ein Auszahlungsanspruch entstanden, wird dieser als Forderung angesetzt. Der beizulegende Wert vermindert sich entsprechend.

(92) Eine vorübergehende Wertminderung eines Investmentfondsanteils im Anlagevermögen kann nur dann vorliegen, wenn die Wertminderung weder auf Verlusten, die im Fonds bereits durch Umsatzakte realisiert wurden, noch auf Ertrags- oder Substanzausschüttungen beruht. Ferner liegt eine vorübergehende Wertminderung nur dann vor, wenn auf absehbare Zeit vertraglich oder faktisch ausgeschlossen ist, dass wertgeminderte Veranlagungen des Fonds veräußert werden (müssen).

Beispiele:

– Ein Fonds ist folgendermaßen strukturiert:
  - o Der Fonds wird ausschließlich von einem Investor oder von einer Gruppe von Investoren gehalten, die eine schriftlich dokumentierte gemeinsame Strategie verfolgen, die auf dauerhaftes Halten der im Fonds befindlichen Wertpapiere abzielt.
  - o Der Investor oder die Gruppe der Investoren als Anteilsinhaber beeinflusst die Veranlagungsstrategie des Fonds maßgeblich.
  - o Bei mehreren Anteilsinhabern ist die Absicht sämtlicher Anteilsinhaber, Anteilsscheinrücklösungen dauerhaft zu unterlassen, schriftlich dokumentiert.

  Auf die Absicht, Anteilsscheinrücklösungen zu unterlassen, kommt es insoweit nicht an, als wahrscheinliche Anteilsrücklösungen anderer Investoren durch im Fonds vorhandene liquide Mittel und marktgängige, nicht wertgeminderte Veranlagungen ausreichend bedient werden können.

– Der Manager eines Fonds i.S.d. vorigen Teilstrichs hat wertgeminderte Aktien bereits veräußert und den Erlös in Anleihen investiert. Der daraus resultierende Verlust ist damit bereits realisiert, sodass aus Sicht des Investors eine dauerhafte Wertminderung vorliegt.

– Ein Unternehmen investiert in einen Dachfonds, der in mehrere Einzelfonds investiert. Bei Dachfonds kann i.d.R. nicht zuverlässig ausgeschlossen werden, dass wertgeminderte Veranlagungen der nachgelagerten Fonds veräußert werden (müssen). Wertminderungen des Anteils am Dachfonds sind daher grundsätzlich als dauerhafte Wertminderungen zu behandeln.

(93) Ist eine Veräußerung wertgeminderter Veranlagungen auf absehbare Zeit ausgeschlossen (Rz (92)), dann ist das Vorliegen einer dauerhaften Wertminderung anhand der Zusammensetzung des Investmentfondsvermögens zu beurteilen:

– Enthält der Fonds zu über 90% seines Vermögens nur Schuldinstrumente und ist der Fonds höchstens Verbindlichkeiten von 10% seines Vermögens eingegangen, ist eine Verminderung des Rechenwerts, die vorwiegend auf die Bonität der Emittenten zurückzuführen ist, ein Indikator für eine dauerhafte Wertminderung des Fondsanteils; durch Marktzinsänderungen bedingte Verminderungen des Rechenwerts stellen i.d.R. keine dauerhafte Wertminderung dar (heranzuziehen sind die Kriterien der Rz (65) ff.).

– Enthält der Fonds zu über 10% seines Vermögens (auch) Eigenkapitaltitel und vergleichbare Finanzinstrumente (einschließlich solche mit eingebetteten Derivaten) oder ist der Fonds Verbindlichkeiten von über 10% seines Vermögens eingegangen, dann ist bei einer länger anhaltenden oder wesentlichen Verminderung des Rechenwerts jedenfalls von einer dauerhaften Wertminderung auszugehen (heranzuziehen sind die Kriterien der Rz (69)).

(94) Ist die aktuelle Zusammensetzung des Fonds nicht in einem ausreichenden Detaillierungsgrad bekannt, um die in Rz (93) erster und zweiter Teilstrich genannten Indikatoren zu überprüfen, ist bei einer wesentlichen oder länger andauernden Verminderung des Rechenwerts aufgrund des Vorsichtsprinzips jedenfalls von einer dauerhaften Wertminderung auszugehen.

(95) Wurde der Fonds vorübergehend suspendiert und stehen keine aktuellen Rechenwerte mehr zur Verfügung, so ist der beizulegende Wert nach allen verfügbaren Informationen unter Berücksichtigung der letzten bekannten Zusammensetzung zu schätzen, wobei im Zweifel eher von einem niedrigeren als von einem höheren Wert auszugehen ist.

Frage 16 Wie sind Erfolge aus Anteilen an Investmentfonds beim Anteilsinhaber zu bilanzieren?

(96) Für die Erfassung erwirtschafteter Erträge aus einem Investmentfonds gilt das Realisationsprinzip: Ein Ertrag kann unter anderem nur erfasst werden, wenn die zugrundeliegende Forderung bereits rechtlich entstanden oder der Leistungsanspruch so gut wie sicher ist. Grundsätzlich werden Erträge aus einem Anteil an einem Investmentfonds beim Investor daher nur dann erfolgswirksam erfasst und eine Forderung angesetzt, wenn nach den Fondsbedingungen ein Ausschüttungsanspruch entstanden ist.

(97) Bei Wertpapierfonds werden laufende Erträge auch dann realisiert, wenn der zugrundeliegende Anspruch so gut wie sicher entstanden ist. In diesem Fall werden die laufenden Erträge (Rz (98) vierter Teilstrich) im Fonds auch beim Investor ertragswirksam erfasst, indem der Buchwert des Investmentfonds erhöht wird, ggf. auch über die ursprünglichen Anschaffungskosten hinaus. Der so ermittelte Buchwert wird gemäß der Frage 15 an jedem Stichtag auf mögliche Wertminderungen getestet. Aktivierte Erträge erhöhen die Anschaf-

fungskosten und damit auch das Ausmaß der Zuschreibungspflicht im Fall einer Wertaufholung.

(98) Für einen so gut wie sicheren Anspruch und folglich für eine Realisierung der laufenden Erträge eines Wertpapierfonds sprechen die folgenden Bedingungen, die in vorsichtiger Gesamtbetrachtung aus Sicht des bilanzierenden Anteilsinhabers abzuwägen sind:

- Der Anteilsinhaber hat einen unmittelbaren Anspruch auf Rücklösung des Fondsanteils, der weder rechtlich noch faktisch eingeschränkt ist. Rechtliche Einschränkungen sind z.B. Rücklösungsbedingungen in den Fondsbestimmungen oder in Nebenabreden, die außerhalb der alleinigen Kontrolle des Anteilsinhabers stehen. Faktische Einschränkungen sind z.B. Pönalen oder ungünstige Steuerbelastungen aus der Rücklösung bzw. ein drohender Reputationsschaden.
- Es handelt sich um einen offenen Fonds, der auch nicht vorübergehend geschlossen ist und bei dem dies auch nicht zu erwarten ist.
- Der Fonds hat ausreichende Liquidität, um das zu erwartende Spektrum möglicher Rücklösungen auch bei einem unerwartet hohen Anstieg der Rücklösungen vollständig zu bedienen. Zur Beurteilung dieser Frage berücksichtigt der Anteilsinhaber, etwa in Form einer Szenario-Analyse, die Diversität der Eigentümerstruktur, die Liquidität des Fondsvermögens sowie die Verbindlichkeiten des Investmentfonds auch unter potentiell ungünstigen wirtschaftlichen Rahmenbedingungen.
- Die zu aktivierenden laufenden Erträge des Investmentfonds werden konform mit den Bestimmungen des Dritten Buchs des UGB erfasst und bewertet (insbesondere §§ 201 bis 211 UGB). Folglich werden bspw. Gewinne aus Wertsteigerungen im Fondsvermögen nur nach einem Umsatzakt erfasst, Zinserträge und Zinsaufwendungen werden gemäß Frage 4 dieser Stellungnahme abgegrenzt. Für die Ermittlung und Beurteilung ist der Anteilsinhaber verantwortlich.
- Stellt sich bei der Anwendung des Dritten Buchs des UGB die Frage, ob der Anteil am Investmentfonds im Anlagevermögen gemäß § 204 Abs. 2 UGB (gemildertes Niederstwertprinzip) oder im Umlaufvermögen gemäß § 207 UGB (strenges Niederstwertprinzip) wertgemindert ist, wird dies nur im Hinblick auf den Fondsanteil insgesamt beurteilt. §§ 204 Abs. 2 und 207 UGB werden daher nicht auf die einzelnen Vermögensgegenstände des Fonds angewandt.
- Der Wertpapierfonds steht im Miteigentum des Anteilsinhabers. Es wird lediglich der Erfolgsanteil des Anteilsinhabers nach Abzug erwarteter Transaktionskosten aktiviert (z.B. Kosten der Rücklösung, Transaktionskosten der nötigen Wertpapierverkäufe im Fonds).

(99) Die Erhöhung des Buchwerts erfordert, dass die zur Prüfung gemäß Rz (98) erforderlichen Informationen von der Verwaltungsgesellschaft mit zumutbarem Aufwand erlangt werden können. Hinsichtlich des laufenden Fondsergebnisses ist dies etwa bei Meldefonds im Sinn der Fonds-Melde-Verordnung 2015 meist gegeben, weil deren Jahresergebnisse über die Meldestelle (OeKB) abrufbar sind. Dagegen ist die steuerliche Einstufung als ausschüttungsgleicher Ertrag kein ausreichender Indikator für ein konform zum UGB ermitteltes Fondsergebnis.

(100) Auch im Fall einer Erhöhung des Buchwerts darf der Buchwert weder den Rechenwert noch den beizulegenden Wert übersteigen (falls gemäß Rz (91) niedriger). Erhaltene Ausschüttungen bzw. Kapitalertragsteuer-Auszahlungen sind erfolgsneutral zu berücksichtigen.

(101) Die obigen Ausführungen gelten auch für Erträge des Fonds, die zwischen dem Ende seines Rechnungsjahrs und dem Abschlussstichtag des Anteilsinhabers anfallen, sofern diese ausreichend nachgewiesen und verlässlich sind.

(102) Im Anhang sind die anteiligen Jahresergebnisse im Geschäftsjahr und kumulativ seit der Anschaffung der Fondsanteile anzugeben. Ferner ist anzugeben, ob sie aktiviert wurden bzw. ob sie ausgeschüttet bzw. zur Bedienung der Kapitalertragsteuer verwendet wurden und ob ausschüttungsbedingte Abschreibungen vorgenommen wurden.

(103) Sind die Bedingungen für die Realisierung laufender Erträge nicht oder nicht mehr erfüllt, werden lediglich die Ausschüttungen entsprechend Rz (96) als Ertrag erfasst. In früheren Perioden (zu Recht) aktivierte Erträge werden nicht storniert, sondern ggf. nur im Rahmen einer Wertminderung entsprechend Frage 15 berücksichtigt.

Frage 17 Wie sind Pensionsgeschäfte und Wertpapierleihegeschäfte zu bilanzieren?

(104) Pensionsgeschäfte („Repurchase Agreements“) werden vorwiegend von Kreditinstituten, aber auch von anderen Unternehmen abgeschlossen; daher wird nachfolgend die Behandlung branchenunabhängig dargestellt.

(105) Pensionsgeschäfte sind Verträge, durch die ein Unternehmen (Pensionsgeber) ihm gehörende Vermögensgegenstände einem anderen Unternehmen (Pensionsnehmer) gegen Zahlung eines Betrags überträgt und in denen gleichzeitig vereinbart wird, dass die Vermögensgegenstände später gegen Entrichtung des erhaltenen oder eines im Voraus vereinbarten anderen Betrags an den Pensionsgeber zurück übertragen werden. Im Regelfall handelt es sich dabei um Wertpapiere.

Echte Pensionsgeschäfte:

(106) Übernimmt der Pensionsnehmer die Verpflichtung, die Vermögensgegenstände zu einem bestimmten oder vom Pensionsgeber zu bestimmenden Zeitpunkt zurück zu übertragen, so handelt es sich um ein echtes Pensionsgeschäft.

(107) Da aufgrund der Rückgabeverpflichtung zwar das zivilrechtliche Eigentum, nicht aber das wirtschaftliche Eigentum auf den Pensionsnehmer übergeht, darf der Pensionsgegenstand vom Pensionsgeber nicht ausgebucht werden: „Im Falle von echten Pensionsgeschäften sind die übertragenen Vermögensgegenstände in der Bilanz des Pensionsgebers weiterhin auszuweisen. Der Pensionsgeber hat in Höhe des für die Übertragung erhaltenen Betrages eine Verbindlichkeit gegenüber dem Pensionsnehmer auszuweisen. Ist für die Rückübertragung ein höherer oder ein niedrigerer Betrag vereinbart, so ist der Unterschiedsbetrag über die Laufzeit des Pensionsgeschäftes zu verteilen. Außerdem hat der Pensionsgeber den Buchwert der in Pension gegebenen Vermögensgegenstände im Anhang anzugeben. Der Pensionsnehmer darf die ihm in Pension gegebenen Vermögensgegenstände nicht in seiner Bilanz ausweisen; er hat in Höhe des für die Übertragung gezahlten Betrages eine Forderung an den Pensionsgeber in seiner Bilanz auszuweisen. Ist für die Rückübertragung ein höherer oder ein niedrigerer Betrag vereinbart, so ist der Unterschiedsbetrag über die Laufzeit des Pensionsgeschäfts zu verteilen." (§ 50 Abs. 4 BWG)

(108) Differenzen zwischen dem erhaltenen Betrag und dem vereinbarten Rücknahmepreis sind periodengerecht als Zinsen zu erfassen. Laufende Erträge aus dem Pensionsgut (z.B. Zinsen oder Dividenden) sind dem Pensionsgeber zuzurechnen und werden entsprechend dem Bilanzausweis beim Pensionsgeber erfasst (fließen sie nicht direkt dem Pensionsgeber zu, so wird i.d.R. ein Differenzausgleich vereinbart).

(109) Das echte Pensionsgeschäft wird somit als Kreditgewährung bilanziert, das Pensionsgut dient dem Pensionsnehmer als Kreditsicherheit; sein beizulegender Wert abzüglich der Verwertungskosten stellt ggf. die Untergrenze für eine Abschreibung im Fall einer Wertminderung der Forderung an den Pensionsgeber dar. Weicht der vereinbarte Kaufpreis vom Buchwert ab, entsteht kein Veräußerungsgewinn oder -verlust. Ein niedrigerer Kaufpreis kann aber ein Hinweis auf eine Wertminderung sein.

(110) Bei echten Pensionsgeschäften ist ferner § 237 Abs. 1 Z 5 UGB zu beachten. Danach ist im Rahmen der Angaben zu Verbindlichkeiten eine gesonderte Angabe des Gesamtbetrags der Verbindlichkeiten erforderlich, für die dingliche Sicherheiten bestellt sind, unter Angabe von Art und Form der Sicherheiten.

Unechte Pensionsgeschäfte:

(111) Ist der Pensionsnehmer lediglich berechtigt, die Vermögensgegenstände zu einem vorher bestimmten oder von ihm noch zu bestimmenden Zeitpunkt zurück zu übertragen, so liegt ein unechtes Pensionsgeschäft vor. Im Fall von unechten Pensionsgeschäften sind die Vermögensgegenstände nicht in der Bilanz des Pensionsgebers, sondern in der Bilanz des Pensionsnehmers auszuweisen.

(112) Die Frage, ob eine Rückübertragungspflicht oder ein Rückübertragungsrecht vorliegt und somit das wirtschaftliche Eigentum übergeht, ist nicht nur nach zivilrechtlichen, sondern auch nach wirtschaftlichen Gesichtspunkten zu beantworten. Hat sich der Pensionsnehmer schon bei Abschluss des Vertrags wirtschaftlich zur Rückübertragung verpflichtet, liegt ein echtes Pensionsgeschäft vor (etwa weil der vereinbarte Preis für die Rückübertragung um vieles höher ist als der Wert des Wertpapiers, sodass mit einer Rückübertragung sicher zu rechnen ist).

(113) Der **Pensionsgeber** hält den Buchwert des ausgebuchten Pensionsgegenstands für den Fall eines späteren Rückerwerbs in Evidenz. Liegt der Veräußerungspreis unter dem Buchwert, hat er die Differenz im Zeitpunkt der Übertragung als Veräußerungsverlust zu erfassen; der um diesen Verlust verminderte Buchwert wird für den Fall eines späteren Rückerwerbs in Evidenz gehalten.

(114) Ist der erhaltene Kaufpreis höher als der Buchwert des Pensionsgegenstands, darf dieser Gewinn erst dann realisiert werden, wenn es zu keiner Rückübertragung aus dem Pensionsgeschäft mehr kommen kann (Verfall des Rückübertragungsrechts). Die Differenz zwischen Kaufpreis und Buchwert wird in einer Rückstellung für drohende Verluste aus schwebenden Geschäften erfasst.

(115) Fällt während der Laufzeit des Pensionsgeschäfts der beizulegende Wert des Pensionsgegenstands unter den in Evidenz gehaltenen Buchwert, ist die Differenz (ggf. zusätzlich) als Rückstellung für drohende Verluste aus schwebenden Geschäften zu erfassen.

(116) Wird der Pensionsgegenstand zurückerworben, ist er mit dem in Evidenz gehaltenen Buchwert zu aktivieren. Zugleich werden der zu leistende Kaufpreis erfasst und eine allfällige Rückstellung für drohende Verluste aus schwebenden Geschäften aufgelöst. Eine Differenz zwischen dem Buchwert einerseits und dem Kaufpreis abzüglich der Rückstellung andererseits ist erfolgswirksam. Unterbleibt der Rückkauf endgültig, hat der Pensionsgeber die Rückstellung für drohende Verluste aus schwebenden Geschäften aufzulösen und als Veräußerungsgewinn zu vereinnahmen.

(117) Liegt der Buchwert des zurückübertragenen Pensionsguts unter den historischen Anschaffungskosten, ist bei einer späteren Wertsteigerung nach Maßgabe des § 208 UGB eine Zuschreibung erforderlich.

(118) Ist der Pensionsgeber ein Kreditinstitut, hat er unter der Bilanz den für den Fall der Rückübertragung vereinbarten Betrag anzugeben (Anlage 2 zu § 43 BWG, zweiter Posten unter der Passivseite der Bilanz, darunter: Verbindlichkeiten aus Pensionsgeschäften). Wurden Rückstellungen erfasst, vermindert sich der unter dem Strich anzugebende Betrag.

(119) Ist der Pensionsgeber kein Kreditinstitut, ist die Verpflichtung zur Rücknahme gemäß § 237 Abs. 1 Z 2 UGB anzugeben. Wurden Rückstellungen erfasst, vermindert sich der im Anhang anzugebende Betrag.

(120) Der **Pensionsnehmer** hat beim unechten Pensionsgeschäft das übertragene Pensionsgut in Höhe des bezahlten Kaufpreises zu aktivieren. Das Rückgaberecht wirkt wie eine Kursgarantie; der Ausübungspreis des Rechts stellt die Untergrenze für allfällige Abschreibungen dar, sofern die Bonität des Pensionsgebers gesichert ist.

Wertpapierleihegeschäfte:

(121) Bei einer Wertpapierleihe überträgt der Verleiher einem Entleiher Wertpapiere für eine bestimmte Zeit, wobei das zivilrechtliche Eigentum an den Entleiher übergeht. Nach Ablauf der Leihfrist ist der Entleiher verpflichtet, Wertpapiere gleicher Ausstattung und Menge zurück zu übertragen. Zivilrechtlich handelt es sich dabei grundsätzlich um ein Sachdarlehen. Dem Verleiher verbleiben aufgrund der Vertragsgestaltung regelmäßig der Anspruch auf Zinsen oder Dividenden sowie sämtliche Chancen und Risiken von Kursänderungen.

(122) Da die Chancen und Risiken des Wertpapiers nicht an den Entleiher übergehen und die Verfügungsmacht nur vorübergehend und eingeschränkt übertragen wird, sind die Wertpapiere vom Verleiher nicht auszubuchen und vom Entleiher nicht zu erfassen. Das Wertpapier ist durch den Verleiher nach den für das Finanzanlage- bzw. -umlaufvermögen geltenden Bestimmungen zu bewerten. Bei einer wesentlichen Verschlechterung der Bonität des Entleihers (vgl. Rz (66) ff.) hat der Verleiher ggf. eine zusätzliche Abschreibung vorzunehmen, soweit keine ausreichenden Sicherheiten gestellt wurden.

Kapitel 5 Spezifische Fragen für Kreditinstitute

Anwendungsbereich:

(123) Die nachfolgenden Fragen betreffen Sonderfragen der Bilanzierung von finanziellen Vermögensgegenständen von Kreditinstituten, die auf den Bestimmungen der §§ 43 ff. BWG beruhen und daher nicht auf andere Unternehmen übertragbar sind. Die Fragen gelten nach Maßgabe von § 71 WAG 2018 und § 25 ZaDiG i.V.m. §§ 43 ff. BWG auch für Wertpapierfirmen und Zahlungsinstitute.

Frage 18 Welche Grundsätze ordnungsmäßiger Buchführung gelten für Kreditinstitute?

(124) Sowohl die kodifizierten als auch die nicht kodifizierten GoB i.S.v. §§ 190, 195 und 201 UGB gelten aufgrund von § 43 Abs. 1 BWG auch für Kreditinstitute, soweit die Rechnungslegungsbestimmungen des BWG keine Sonderbestimmungen enthalten. Die GoB des UGB sind branchenunabhängig: Soweit es keine Sonderbestimmungen im BWG gibt, ist den Grundsätzen daher bei Kreditinstituten keine andere Bedeutung beizumessen als bei Unternehmen, die keine Kreditinstitute sind.

(125) Eine Sonderbestimmung, die zu einer Abweichung von den unternehmensrechtlichen GoB führt, ist § 57 Abs. 1 letzter Satz BWG: „§ 201 Abs. 2 Z 4 UGB ist unter Berücksichtigung der Besonderheiten des Bankgeschäftes anzuwenden.“ Nach der Absicht des Gesetzgebers soll diese Bestimmung Kreditinstituten Erleichterungen bei der Anwendung des imparitätischen Realisationsprinzips bringen (vgl. ErläutRV 1130 BlgNR 18. GP, zu § 57 Abs. 1 und 2 BWG). Die Bestimmung führt somit zu einer Abweichung von § 201 Abs. 2 Z 4 lit. a UGB, wonach „nur die am Abschlußstichtag verwirklichten Gewinne auszuweisen“ sind (Realisationsprinzip). Hinsichtlich der § 201 Abs. 2 Z 4 lit. b und c UGB gibt es keine Besonderheiten des Bankgeschäfts.

(126) Wie auch im UGB gibt es im BWG kodifizierte Bewertungsmethoden (bzw. Bewertungswahlrechte), die im Konfliktfall den GoB vorgehen (z.B. die Möglichkeit, gemäß § 57 Abs. 1 erster und zweiter Satz BWG in einem bestimmten Ausmaß stille Reserven zu bilden, beizubehalten und jederzeit wieder aufzulösen).

Frage 19 Welche Finanzinstrumente können von Kreditinstituten abweichend von § 206 UGB zum beizulegenden Zeitwert bewertet werden, und wie sind Umgliederungen zu erfassen?

Börsenotierte Wertpapiere des Umlaufvermögens:

(127) Gemäß § 56 Abs. 5 BWG können zum Handel an einer anerkannten Börse zugelassene Wertpapiere, die nicht die Eigenschaft von Finanzanlagen haben, zum höheren beizulegenden Zeitwert am Bilanzstichtag bilanziert werden (die anerkannte Börse ist in Art. 4 Abs. 1 Nr. 72 CRR definiert). Der Unterschiedsbetrag zwischen den Anschaffungskosten und dem höheren beizulegenden Zeitwert ist im Anhang anzugeben.

(128) Bei Ausübung des Wahlrechts sind sämtliche Wertänderungen unmittelbar erfolgswirksam. Wird das Wahlrecht – nach Maßgabe der Rz (129) – erst nach der Anschaffung in Anspruch genommen, ist die Differenz zum bisherigen Buchwert erfolgswirksam zu erfassen. Eine Beschränkung der Gewinnausschüttung ist in diesem Zusammenhang nicht vorgesehen.

(129) Das Wahlrecht zwischen einer Bewertung gemäß § 206 UGB und einer gemäß § 56 Abs. 5 BWG ist für art- und funktionsgleiche Wertpapiere (vgl. Rz (75)) einheitlich auszuüben und kann in Folgeperioden nur gemäß § 201 Abs. 3 UGB geändert werden (vgl. Rz (74)). Eine nachträgliche Änderung der Wahlrechtsausübung und die dafür maßgeblichen Gründe sind zu dokumentieren (Rz (14) ff. gelten sinngemäß). Fallen die Voraussetzungen des § 56 Abs. 5 BWG nachträglich weg (z.B. De-Listing des Wertpapiers oder Umgliederung in die Finanzanlagen), ist das Wahlrecht ab diesem Zeitpunkt nicht mehr anwendbar. Jede Änderung der Ausübung des Wahlrechts gemäß § 56 Abs. 5 BWG ist im Zeitpunkt der Änderung zu dokumentieren.

Handelsbestand:

(130) Aufgrund von § 57 Abs. 1 letzter Satz BWG (vgl. Rz (125)) ist es außerdem zulässig, Finanzinstrumente des Handelsbestands zum beizulegenden Zeitwert zu bewerten. Dieses Wahlrecht kann nur

einheitlich für alle Finanzinstrumente des Handelsbestands ausgeübt werden, und seine Ausübung ist beizubehalten, solange das Kreditinstitut einen Handelsbestand führt.

(131) Der Handelsbestand ist in Art. 4 Abs. 1 Nr. 85 f. CRR definiert. Die Bestimmungen zum Handelsbestand finden sich in Teil 3, Titel I, Kapitel 3 CRR. Die Einbeziehung von Positionen in den Handelsbestand hat nach institutsintern festgelegten Kriterien zu erfolgen. Die Umbuchung von Positionen in den oder aus dem Handelsbestand ist für sachverständige Dritte nachvollziehbar zu dokumentieren und zu begründen. Zuordnungen müssen stetig auf Grundlage der institutsintern festgelegten Kriterien erfolgen.

(132) Bei einer Bewertung zum beizulegenden Zeitwert sind sämtliche Wertänderungen unmittelbar erfolgswirksam. Eine Beschränkung der Gewinnausschüttung ist in diesem Zusammenhang ist nicht vorgesehen.

Umgliederung oder Aufgabe des Wahlrechts i.S.v. § 56 Abs. 5 BWG:

(133) Wird ein finanzieller Vermögenswert aus dem zum beizulegenden Zeitwert bewerteten Handelsbestand in einen zu Anschaffungskosten bewerteten Bestand umgegliedert oder wird das Wahlrecht zum Ansatz höherer beizulegender Zeitwerte i.S.v. § 56 Abs. 5 BWG nach Maßgabe der Rz (129) nicht mehr angewendet, dann sind die nachfolgend in den Rz (134) bis (136) beschriebenen Besonderheiten zu beachten.

(134) Liegt der beizulegende Zeitwert (Buchwert) im Zeitpunkt der Umgliederung oder Aufgabe des Wahlrechts i.S.v. § 56 Abs. 5 BWG **unter** den historischen Anschaffungskosten, so ist der Buchwert in diesem Zeitpunkt fortzuführen. Eine spätere Zuschreibung ist gemäß § 208 UGB im Umfang einer späteren Werterhöhung verpflichtend. Die historischen Anschaffungskosten (oder im Fall einer Schuldverschreibung oder eines anderen festverzinslichen Wertpapiers i.S.v. § 56 Abs. 1 BWG der Rückzahlungsbetrag) dürfen dabei nicht überschritten werden.

Beispiel:

Ein Kreditinstitut erwirbt im Februar X1 eine Aktie für € 100 und ordnet sie dem zum beizulegenden Zeitwert bewerteten Handelsbestand zu. Bis zum 30. Juni X1 fällt der beizulegende Zeitwert auf € 80. In diesem Zeitpunkt erfolgt eine Umgliederung in einen zu Anschaffungskosten bewerteten Bestand. Der Buchwert von € 80 wird fortgeführt. Im Fall eines weiteren Wertverlusts sind zusätzliche Abschreibungen nach Maßgabe der §§ 204 und 207 UGB erforderlich. Im Fall einer Werterhöhung ist eine Zuschreibung auf den beizulegenden Zeitwert verpflichtend, höchstens aber bis zu den historischen Anschaffungskosten von € 100.

(135) Liegt der beizulegende Zeitwert (Buchwert) im Zeitpunkt der Umgliederung oder Aufgabe des Wahlrechts i.S.v. § 56 Abs. 5 BWG **über** den historischen Anschaffungskosten, so kann dieser Buchwert fortgeführt werden. Im Fall des § 56 Abs. 1 BWG muss der Unterschiedsbetrag zwischen dem höheren Buchwert und dem Rückzahlungsbetrag dann in sinngemäßer Anwendung des § 56 Abs. 2 BWG zeitanteilig abgeschrieben werden. Außerdem ist die Differenz zwischen dem höheren Buchwert und den Anschaffungskosten in sinngemäßer Anwendung von § 56 Abs. 2 dritter Satz und Abs. 5 zweiter Satz BWG im Anhang anzugeben. Alternativ kann der finanzielle Vermögenswert erfolgswirksam auf die historischen Anschaffungskosten (oder im Fall des § 56 Abs. 1 BWG auf den Rückzahlungsbetrag) abgeschrieben werden. Die gewählte Methode ist stetig anzuwenden und im Anhang anzugeben.

Beispiel:

Ein Kreditinstitut erwirbt im Februar X1 eine Aktie für € 100 und ordnet sie dem zum beizulegenden Zeitwert bewerteten Handelsbestand zu. Bis zum 30. Juni X1 steigt der beizulegende Zeitwert auf € 120. In diesem Zeitpunkt erfolgt eine Umgliederung in einen zu Anschaffungskosten bewerteten Bestand. Der Buchwert von € 120 kann fortgeführt werden. Im Rahmen der Folgebewertung ist ggf. eine Abschreibung auf einen niedrigeren beizulegenden Zeitwert vorzunehmen (bei Finanzanlagen ist die Abschreibung nur erforderlich, wenn die Wertminderung voraussichtlich von Dauer ist; vgl. Rz (69)). Alternativ kann die Aktie im Zeitpunkt der Umgliederung auf die historischen Anschaffungskosten von € 100 abgeschrieben werden. Im Rahmen der Folgebewertung ist ggf. nach Maßgabe der §§ 204 und 207 UGB eine Abschreibung auf einen niedrigeren beizulegenden Zeitwert vorzunehmen. Im Fall einer Werterhöhung ist eine Zuschreibung auf den beizulegenden Zeitwert verpflichtend, höchstens aber bis zu den historischen Anschaffungskosten von € 100.

(136) Bei sämtlichen in dieser Frage behandelten Umgliederungen bzw. Änderungen der Ausübung von Bewertungswahlrechten sind im Anhang anzugeben:

– der jeweilige Umstand und die Art der Umgliederung bzw. Änderung,
– die betroffenen Finanzinstrumente,
– der Umgliederungswert sowie dessen Herleitung.

Kapitel 6 Erstmalige Anwendung

(137) Die vorliegende Fassung der Stellungnahme ersetzt jene vom November 2019. Sie ist auf Geschäftsjahre anzuwenden, die nach dem 31. Dezember 2020 beginnen. Eine vorzeitige Anwendung ist möglich.

Anlage: Entscheidungsbaum zu Frage 8

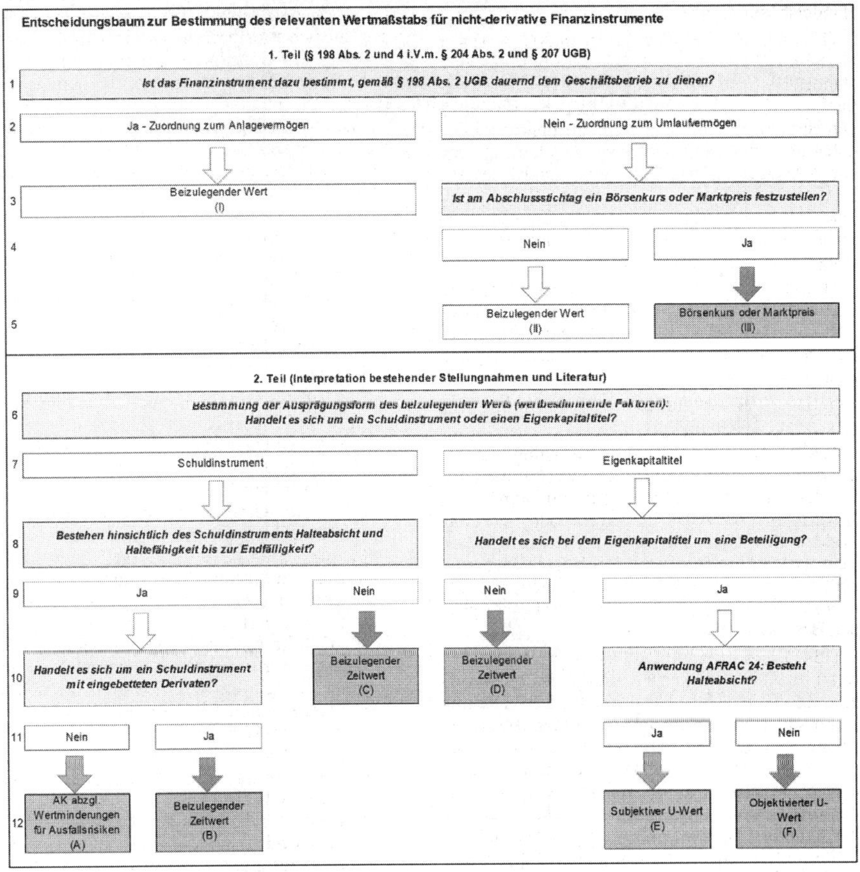

Erläuterungen

Zu Rz (2):

Auch im Schrifttum zu den unternehmensrechtlichen Bestimmungen wird für eine Definition des Begriffs „Finanzinstrument" generell auf die IFRS-Definition zurückgegriffen (siehe *Geirhofer* in *U. Torggler*, UGB[3] (2019) § 238 Rz 3). Zu den Finanzinstrumenten werden einerseits Unternehmensanteile, Schuldverschreibungen, Ausleihungen, sonstige (Darlehens-)Forderungen gezählt (siehe *Hirschler/Stückler* in *Bertl/Fröhlich/Mandl*, Handbuch Rechnungslegung I (2018) § 189 a Z 3 und 4 UGB Rz 6), andererseits auch derivative Finanzinstrumente wie z.B. Optionen und Swaps (siehe *Hirschler/Stückler* in *Bertl/Fröhlich/Mandl*, Handbuch Rechnungslegung I (2018) § 189 a Z 3 und 4 UGB Rz 6; weiters *Mosel/Peters*, Die neue EU-Bilanzrichtlinie: Stärkung des Vertrauens in Jahres- und Konzernabschlüsse? GWR 2014, 97 [98, auch Warenkontrakte]). Da derivative Finanzinstrumente („Derivate") in der AFRAC-Stellungnahme 15: Derivate und Sicherungsinstrumente (UGB) gesondert geregelt sind, sind sie vom Anwendungsbereich dieser Stellungnahme ausgenommen.

Zu Rz (3):

Die nachfolgend angeführte Tabelle zeigt eine Gegenüberstellung der AFRAC-Stellungnahme i.d.g.F. und der im November 2019 veröffentlichten Fassung der AFRAC-Stellungnahme 14. Die Gegenüberstellung bezieht sich auf den Haupttext der Stellungnahme. Neue Fragen und Kapitel wurden zur besseren Erkennbarkeit farblich unterlegt.

	AFRAC-Stellungnahme 14 i.d.F. Juni 2021	AFRAC-Stellungnahme 14 i.d.F. November 2019
Einleitung		Einleitung zum Kapitel 1 (und Ergänzung zum Aufbau)
Kapitel 1	**Allgemeine Fragen zum Ausweis und zur Bewertung von Finanzanlage- und -umlaufvermögen**	
Frage 1	Unter welchen Voraussetzungen ist ein Vermögensgegenstand dem Finanzanlage- bzw. -umlaufvermögen zuzuordnen?	Teile von Frage 1
Frage 2	Unter welchen Voraussetzungen ist Finanzanlage- bzw. -umlaufvermögen umzugliedern?	Teile von Frage 1
Frage 3	Wie ist die Zuordnung zum Finanzanlagevermögen zu dokumentieren?	Frage 2
Frage 4	Ist die Anwendung der Effektivzinsmethode bei der Bewertung von festverzinslichem Finanzanlagevermögen zulässig?	Frage 10a
Frage 5	Wie sind Vertragsanpassungen bei finanziellen Vermögensgegenständen, die Schuldinstrumente sind, zu behandeln?	Frage 8b
Frage 6	Wann kommt es bei einem Tausch finanzieller Vermögensgegenstände oder bei Veräußerung in Form einer gemischten Transaktion zur Ergebnisrealisierung?	Frage 8a
Kapitel 2	**Fragen zur Wertminderung von Finanzanlage- und -umlaufvermögen**	
Frage 7	Welche Wertmaßstäbe sind für die Folgebewertung des Finanzanlage- und -umlaufvermögens relevant, und wie sind diese Wertmaßstäbe auszulegen?	(neue Frage)
Frage 8	Welche Ausprägungsform des beizulegenden Werts ist bei der Folgebewertung von Gegenständen des Finanzanlage- und -umlaufvermögens heranzuziehen?	(neue Frage)
Frage 9	Wie können bei der Bestimmung des beizulegenden Zeitwerts von nicht-derivativen Finanzinstrumenten aktive Märkte von inaktiven Märkten unterschieden werden?	Frage 5
Frage 10	Kann bei der Bewertung von Finanzanlage- und -umlaufvermögen statt des Börsenkurses am Abschussstichtag auch ein durchschnittlicher Börsenkurs rund um den Abschlussstichtag herangezogen werden?	Frage 6
Frage 11	Unter welchen Voraussetzungen ist bei Finanzanlagen eine Wertminderung voraussichtlich von Dauer?	Frage 3
Frage 12	Wie ist der Stetigkeitsgrundsatz bei der Ausübung des Wahlrechts betreffend Abschreibungen bei vorübergehender Wertminderung anzuwenden (§ 204 Abs. 2 zweiter Satz UGB)?	Frage 4
Frage 13	Was ist zu beachten, wenn der Wertmaßstab gemäß Rz (51) auf Basis der Anschaffungskosten abzüglich der Wertminderungen, die sich aus den Ausfallsrisiken ergeben, ermittelt wird?	(Übernahme von Teilen des Gemeinsamen Positionspapiers des AFRAC und der FMA vom September 2017)
Kapitel 3	**Allgemeine Frage zur Bewertung von finanziellen Verbindlichkeiten**	
Frage 14	Was ist bei der Bewertung von finanziellen Verbindlichkeiten zu beachten?	Frage 10b
Kapitel 4	**Spezifische Fragen zu nicht-derivativen Finanzinstrumenten**	
Frage 15	Wie sind Investmentfondsanteile im Finanzanlage- und -umlaufvermögen zu bilanzieren?	Frage 7a

Frage 16	Wie sind Erfolge aus Anteilen an Investmentfonds beim Anteilsinhaber zu bilanzieren?	Frage 7b
Frage 17	Wie sind Pensionsgeschäfte und Wertpapierleihegeschäfte zu bilanzieren?	Frage 9
Kapitel 5	**Spezifische Fragen für Kreditinstitute**	**Kapitel 2**
Frage 18	Welche Grundsätze ordnungsmäßiger Buchführung gelten für Kreditinstitute?	Frage 11
Frage 19	Welche Finanzinstrumente können von Kreditinstituten abweichend von § 206 UGB zum beizulegenden Zeitwert bewertet werden, und wie sind Umgliederungen zu erfassen?	Frage 12
Kapitel 6	**Erstmalige Anwendung**	**Kapitel 3**

Zu Rz (5):

Von der Absicht und Fähigkeit, einen Vermögensgegenstand dauerhaft zu halten, sind die Absicht und Fähigkeit, einen Vermögensgegenstand bis zur Endfälligkeit zu halten (siehe die Erläuterungen zur Rz (49)), zu unterscheiden. Bei Vermögensgegenständen des Anlagevermögens liegt die Absicht und Fähigkeit vor, sie dauerhaft zu halten. Der Begriff „dauerhaft" i.d.S. schließt eine Veräußerung vor der Endfälligkeit nicht aus.

Für die Beurteilung der ausreichenden Kapitalausstattung ist vor allem die Eigenkapitalquote bzw. Eigenmittelquote des Unternehmens relevant. Gesetzlich normierte Grenzwerte und/oder Berechnungsmethoden, wie etwa jene gemäß Unternehmensreorganisationsgesetz (URG), Bankwesengesetz (BWG) oder Capital Requirements Regulation (CRR), können einen Indikator darstellen. Für die Beurteilung der Ertragssituation von Bedeutung sind etwa nachhaltige Ergebnisse, mit denen allfällige stille Lasten sowie Ertragsausfälle verkraftet werden können.

Zu Rz (7):

Zuordnungen nach IFRS lassen nicht notwendigerweise Schlussfolgerungen auf Zuordnungen nach UGB zu. Bei Kreditinstituten erfolgen Umgliederungen aus dem Handelsbestand in das Anlagevermögen immer zum Buchwert an jenem Tag, an dem die Handelsabsicht aufgegeben wird (dieser Zeitpunkt ergibt sich aus dem Tag der tatsächlichen Ausbuchung entsprechend Art. 104 Abs. 1 CRR); vgl. dazu auch Rz (133) ff.

Zu Rz (10):

Für Sonderfragen der Umgliederung bei Kreditinstituten i.Z.m. einem Wechsel zwischen einer Bewertung zu Anschaffungskosten und beizulegendem Wert siehe Frage 19.

Zu Rz (16):

Für Kreditinstitute führen die ErläutRV 1130 BlgNR 18. GP zu § 56 BWG explizit aus: „Die Zweckbestimmung von Wertpapierbeständen, dauernd dem Geschäftsbetrieb zu dienen, setzt eine aktenkundig zu machende Entscheidung der zuständigen Stelle voraus. Liegt eine entsprechende Entscheidung nicht vor, dürfen Wertpapiere nicht nach den für das Anlagevermögen geltenden Grundsätzen bewertet werden. Der Umstand, dass Wertpapiere über einen längeren Zeitraum gehalten werden, reicht nicht für die Annahme aus, dass diese Wertpapiere … nach den für das Anlagevermögen geltenden Vorschriften zu bewerten sind." Bei Kreditinstituten bedarf es somit einer formellen Beschlussfassung der Geschäftsleiter oder der von diesen beauftragten leitenden Mitarbeiter.

Zu Rz (17):

Das UGB basiert grundsätzlich auf dem Anschaffungskostenprinzip und gibt für festverzinsliche Wertpapiere, welche zu einem Kaufpreis über dem Nominale erworben werden, keine Form der Abschreibung vor. In der Praxis nähert sich der Marktwert (bzw. Börsenkurs) über die Laufzeit an das Nominale an, zu dem letztlich auch getilgt wird. Die unterschiedlichsten Kapitalmarkteffekte (Zinsveränderung, Spreadveränderung, Fremdwährungskursveränderung) beeinflussen über die Laufzeit die Kursbildung und sind – insbesondere bei längeren Restlaufzeiten – schwer in nachhaltige und nicht nachhaltige Wertminderungen zu trennen. Isoliert für den internen Zins, der durch einen höheren Kaufpreis im tieferen Zinsumfeld kontrahiert wurde, sollte jedoch eine planmäßige, laufende Amortisation des Über-Pari-Kaufpreisanteils erfolgen, weil

- die Aufzehr dieses Anteils über die Laufzeit beim Kauf feststeht und
- die laufende Amortisation dieses Anteils die hohen Zinskupons (im Ausmaß eines Tilgungsanteils auf das eingesetzte Kapital) in der Ertragswirkung korrigiert.

Zu Rz (18):

Das UGB basiert grundsätzlich auf dem Anschaffungskostenprinzip und gibt für festverzinsliche Wertpapiere, welche zu einem Kaufpreis unter dem Nominale erworben werden, keine Form der Zuschreibung vor. In Literatur und Praxis herrscht weitgehend Einigkeit, dass für Nullkuponanleihen (Zero-Bonds) eine anteilige Gewinnrealisierung der Zinsansprüche über die Laufzeit als laufender Zugang zu den Anschaffungskosten zu erfolgen hat. Für niedrigst verzinste Wertpapiere ist nach herrschender Literaturmeinung der seitens des Emittenten als Disagio gewährte zusätzliche Zinsertrag beim Erwerber als passiver Rechnungsabgrenzungsposten anzusetzen und über die (Rest-) Laufzeit verteilt zu realisieren. Ebenso ist der saldierte Ausweis bei der Finanzanlage möglich (vgl. *Bertl/Hirschler*, Bilanzielle Behandlung von Nullkuponanleihe und Niedrigzinsanleihe, RWZ 2009, 174).

Die Anwendung der „amortised-cost-Bewertung" nach Maßgabe der Effektivzinsmethode bildet hier sehr genau den wirtschaftlichen Grundgehalt der Transaktion (Entgelt für zeitanteilige Kapitalüberlassung) ab, sodass die Anwendung dieses Prinzips nicht zu beanstanden ist (vgl. dazu auch HFA zur Anwendung der Effektivzinsmethode, IDW Fachnachrichten 2014, 595). Bereits aus den Erläuterungen zu § 198 Abs. 7 UGB ergibt sich, dass die Effektivzinsmethode anstelle der (einfachen) linearen Amortisation zur laufzeitabhängigen Realisierung des Disagios verwendet werden kann (vgl. ErläutRV 367 BlgNR 25. GP, zu § 198 Abs. 7 UGB). Auch in der Literatur findet die Anwendung der Effektivzinsmethode im UGB mehrfach Erwähnung. Laut *Bertl/Hirschler* gibt es im UGB mehrere, gleichwertige Methoden hinsichtlich der Verteilung von Zinsen. Diese umfassen auch die Effektivzinsmethode, welche entsprechend mit den Grundsätzen des UGB vereinbar ist (vgl. *Bertl/Hirschler*, Stetigkeitsprinzip und erstmalige Anwendung der Effektivzinsmethode, RZW 2017, 179 [180]; vgl. ebenso *Frank/Kasapovic*, Gebühren im Kreditgeschäft: Anwendbarkeit der Effektivzinsmethodik nach IFRS 9 im UGB-Abschluss – Teil 1: Die Bewertung, RWZ 2017, 308 [310]). Das UGB schreibt die Effektivzinsmethode jedoch nicht explizit vor. Dies entspricht auch der deutschen Bilanzierungspraxis, in der eine Bewertung zu fortgeführten Anschaffungskosten unter Anwendung der Effektivzinsmethode ebenfalls den GoB entspricht (vgl. *Böcking/Gros/Kölschbach* in *Ebenroth/Boujong/Joost/Strohn*, Handelsgesetzbuch I[4] (2020) § 341b Rz 109).

Zu Frage 5:

Auch das dHGB enthält keine konkreten Bestimmungen für die bilanzielle Abbildung von Vertragsanpassungen. In der deutschen Fachliteratur wird diesbezüglich die Meinung vertreten, dass Vertragsanpassungen zu einer Ausbuchung führen können. So sei bei der Inhaltsänderung eines Vertrags zu untersuchen, ob sie als so erheblich anzusehen ist, dass es sich trotz Fortführung desselben Vertrags – und somit ohne Verlust des rechtlichen Eigentums – bei wirtschaftlicher Betrachtungsweise um ein neues Finanzinstrument handelt. Hat sich durch die Vertragsanpassung der wirtschaftliche Gehalt eines Finanzinstruments so stark geändert, dass wirtschaftlich betrachtet ein neues Finanzinstrument vorliegt, ist demnach eine Ausbuchung geboten (vgl. *Bär/Disser*, Handelsrechtliche Abbildung von Vertragsanpassungen bei Schuldinstrumenten, WPg 2017, 996 [998]; *Gaber*, Ausbuchung von Finanzinstrumenten nach handelsrechtlichen Grundsätzen, WPg 2018, 629 [635]). Eine solche erhebliche Vertragsanpassung liegt nach dem Schrifttum (unter qualitativen Aspekten) bereits bei einer Nutzungs- und Funktionsänderung eines Kapitalüberlassungsverhältnisses, wie etwa der Umwandlung einer offenen Forderung in ein Tilgungsdarlehen, vor. Werden hingegen Financial Covenants zu einem Vertrag hinzugefügt bzw. bestehende Covenants angepasst, handelt es sich nach dem deutschen Schrifttum um keine erhebliche Vertragsanpassung, sofern sie sich im Wesentlichen auf die Kündigungsmöglichkeiten des Gläubigers beziehen (vgl. *Bär/Disser*, Handelsrechtliche Abbildung von Vertragsanpassungen bei Schuldinstrumenten, WPg 2017, 996 [1000 ff.]).

In Österreich zählt das Prinzip der wirtschaftlichen Betrachtungsweise ebenso wie in Deutschland zu den GoB und ist als solches in § 196a UGB kodifiziert (siehe Erläuterungen zu Rz (36)). Auch über die wirtschaftliche Betrachtungsweise hinaus basieren das dHGB und das UGB weitgehend auf den gleichen GoB (vgl. dazu §§ 243, 246 und 252 dHGB und §§ 195, 196, 196a und 201 UGB), weshalb die deutsche Literatur zu erheblichen Vertragsanpassungen auch für die Beurteilung im UGB herangezogen werden kann. Darüber hinaus finden sich in der österreichischen Fachliteratur zur Passivseite hinsichtlich der unternehmensrechtlichen Behandlung der Konvertierung von Fremdwährungsverbindlichkeiten Verweise auf die wirtschaftliche Betrachtungsweise des IAS 39.40 i.V.m. IAS 39.AG62 (nunmehr IFRS 9.3.3.2 i.V.m. IFRS 9.B3.3). Demnach hat bei einer erheblichen Vertragsanpassung die Ausbuchung der alten und der Ansatz einer neuen Verbindlichkeit zu erfolgen. Erhebliche Vertragsanpassungen können dabei auch über einen Barwertvergleich der alten und der neuen Zahlungsströme identifiziert werden. Diese Vorgehensweise könne durchaus auch für die Rechnungslegung nach UGB herangezogen werden (vgl. *Hager*, Fremdwährungskredite im Betriebsvermögen, SWK 2018, 1117 [1119]).

Erhebliche Vertragsanpassungen werden auch als „signifikante" (z.B. *Bär/Disser*, Handelsrechtliche Abbildung von Vertragsanpassungen bei Schuldinstrumenten, WPg 2017, 996) und „substantielle" (z.B. IDW ERS HFA 48) Vertragsanpassungen bezeichnet. Zu erheblichen Vertragsanpassungen siehe auch die Stellungnahme des deutschen Instituts der Wirtschaftsprüfer IDW RS HFA 48.

Zu Rz (26):

Beim Tausch handelt es sich um einen zweiseitig verbindlichen Vertrag, der den Tausch einer Sache gegen eine *andere* Sache, mit Ausnahme von Geld, umschreibt. Gegenstand des Tauschs können alle verkehrs- und veräußerungsfähigen beweglichen und unbeweglichen sowie körperlichen und unkörperlichen Sachen und somit auch finanzielle Vermögensgegenstände sein. Unabhängig von den getauschten Gegenständen handelt es sich beim Tausch stets um die Überlassung *einer* Sache gegen eine *andere* Sache, d.h. für einen Tausch sind zwei unterschiedliche Sachen notwendig (vgl. *Aicher* in *Rummel/Lukas*, ABGB[4] (2017) § 1045 Rz 1 ff.; siehe auch *Schubert/Gadek* in *Grottel/Schmidt/Schubert/Störk*, Beck'scher Bilanz-Kommentar[12] (2020) § 255 Rz 40). Bei einer Vertragsanpassung bei einem finanziellen Vermögensgegenstand i.S.d. Frage 5 liegt allerdings nur eine Sache vor. Daher ist eine Überlassung einer Sache gegen eine andere Sache in diesem Fall gar nicht möglich, womit auch nicht die allgemeinen Tauschgrundsätze zur Anwendung kommen können.

Auch eine Novation liegt in Bezug auf die gegenständlichen Vertragsanpassungen nicht notwendigerweise vor, da die Novation stets eine Umänderung des Hauptgegenstands des Vertrags, d.h. des primären Leistungsinhalts, zum Gegenstand hat (vgl. *Kajaba* in *Kletečka/Schauer*, ABGB-ON[1.04] (2018) § 1376 Rz 1) und die Vertragsanpassungen i.S.d. Frage 5 meist nicht auf eine Änderung des Hauptgegenstands, sondern auf die Änderung von Nebenbestimmungen abzielen.

Vertragsanpassungen bei finanziellen Vermögensgegenständen sind daher hinsichtlich ihrer bilanziellen Beurteilung vom Tausch und der Novation abzugrenzen und anhand der GoB, insbesondere der wirtschaftlichen Betrachtungsweise zu beurteilen.

Zu Rz (28):

Zugeständnisse aufgrund finanzieller Schwierigkeiten sind etwa Besserungsvereinbarungen. Zur Beurteilung, ob finanzielle Schwierigkeiten im Sinne dieser Rz vorliegen, kann auf die „Forbearance"-Definition der EBA (EBA ITS on Forbearance and Non-Performing Exposures) zurückgegriffen werden. Diese liegen insbesondere dann vor, wenn beim Schuldner Schwierigkeiten bezüglich der Bedienung der finanziellen Verpflichtung bestehen oder diese erwartet werden können. Bei Zugeständnissen, die dem Schuldner aufgrund der bestehenden oder erwarteten finanziellen Schwierigkeiten gewährt werden und die den Ausfall des Schuldners verhindern sollen, handelt es sich um sogenannte „Forbearance"-Maßnahmen.

Bei Besserungsvereinbarungen kommt es aus Sicht des Gläubigers zu einem Forderungsverzicht, der zu einem Wegfall der Forderung führt. Diese lebt nur unter Umständen wieder auf, die zum Zeitpunkt der Besserungsvereinbarung nicht absehbar sind. Somit besteht ein Anspruch auf Zahlungen aus der Forderung auch nur, sobald diese Umstände tatsächlich eintreten. Daher ist der Forderungsverzicht beim Gläubiger als (Teil-)Abgang des finanziellen Vermögensgegenstands zu erfassen, der zu einem Aufwand führt. Sollte später eine Besserung eintreten und Gewinne entstehen, die an den Gläubiger der erlassenen Forderung abzuführen sind, muss dieser eine Forderung i.H.d. abzuführenden Gewinns aktivieren. Die dargelegte Vorgehensweise steht im Einklang mit dem Realisationsprinzip, da sowohl Aufwände als auch Erträge jenem Geschäftsjahr zugeordnet werden, in dem sie wirtschaftlich verursacht wurden (vgl. *Bertl/Hirschler*, Forderungserlass mit Besserungsvereinbarung, RWZ 2000, 359 [359 f.]; die Verwendung des Begriffs Wirtschaftsjahr in der zitierten Quelle ist für die vorliegende Stellungnahme unerheblich).

Zu Rz (32):

Eine nicht erhebliche Vertragsanpassung führt nicht zur Ausbuchung des finanziellen Vermögensgegenstands, stattdessen kommt es, unter Berücksichtigung des imparitätischen Realisationsprinzips, zu einer erfolgswirksamen Buchwertanpassung (vgl. *Klube/Schröter/Weber*, Risikovorsorge nach IFRS 9 im HGB-Abschluss von Banken, WPg 2019, 213 [216]). Zu einem Verlust aus einer nicht erheblichen Vertragsanpassung kann es z.B. bei der Anwendung der Effektivzinsmethode kommen. Um den Verlust bzw. Gewinn aus einer nicht erheblichen Vertragsanpassung zu ermitteln, ist nach erfolgter Vertragsanpassung zunächst der Barwert der Zahlungsströme neu zu berechnen. Dabei sind die neuen vertraglichen Zahlungsströme mit dem ursprünglichen Effektivzinssatz abzuzinsen. Der neu errechnete Barwert ist dann dem ursprünglichen Barwert (vor der Vertragsanpassung), ggf. bereits vermindert um einen Teilabgang, gegenüberzustellen. Bei dem Differenzbetrag zwischen dem ursprünglichen (höheren) und dem neuen (niedrigeren) Barwert handelt es sich um den Verlust aus einer nicht erheblichen Vertragsanpassung.

Siehe ebenso *Klube/Schröter/Weber*, die eine zugunsten des Kreditnehmers erfolgte Konditionenanpassung als Schuldenerlass der Bank gemäß § 397 BGB ansehen, der als erfolgswirksamer (Teil-)Abgang zu erfassen ist (vgl. *Klube/Schröter/Weber*, Risikovorsorge nach IFRS 9 im HGB-Abschluss von Banken, WPg 2019, 213 [216]).

Zu Rz (33):

Aufgrund des Anschaffungskostenprinzips ist der Auszahlungsbetrag auch bei unzureichend verzinsten finanziellen Vermögensgegenständen heranzuziehen (vgl. etwa *Schubert/Gadek* in *Grottel/Schmidt/Schubert/Störk*, Beck'scher Bilanz-Kommentar[12] (2020) § 255 Rz 257). Da Transaktionen mit unabhängigen Dritten aber i.d.R. zu marktüblichen Bedingungen erfolgen, können Abweichungen von den marktüblichen Bedingungen ein Hinweis auf das Vorliegen anderer Finanzinstrumente sein (z.B. Derivate, Garantien), die aufgrund des Einzelbewertungsgrundsatzes ggf. gesondert zu erfassen sind. Bei Transaktionen mit Gesellschaftern oder nahe stehenden Unternehmen kann in diesem Fall eine Leistung aufgrund der Gesellschafterstellung (Zuschuss oder verdeckte Ausschüttung) vorliegen; die konkrete Bilanzierung richtet sich nach der Art der Leistung und wird an dieser Stelle nicht besprochen.

Zu Rz (34):

Tauschvorgänge von Finanzinstrumenten sind in der Literatur bisher kaum kommentiert. Allgemein – also nicht konkret für Finanzinstrumente – geht die Literatur zum deutschen HGB von einem Wahlrecht zwischen einer Gewinnrealisierung und einer erfolgsneutralen Behandlung bzw. der Buchwertfortführung aus (vgl. etwa *Schubert/Gadek* in *Grottel/Schmidt/Schubert/Störk*, Beck'scher Bilanz-Kommentar[12] (2020) § 255 Rz 40). Für den Verlustfall wird dabei aber keine erfolgsneutrale Erfassung gefordert. Die österreichische Literatur bevorzugt eher die erfolgswirksame Behandlung (vgl. *Urnik/Urtz* in *Straube/Ratka/Rauter*, UGB II/RLG[3] § 203 (2016) Rz 34; *Hueber/Kofler* in *Kofler/Nadvornik/Pernsteiner/Vodrazka*, Handbuch Bilanz und Abschlußprüfung[3] (1998) § 203 Abs. 2

Rz 72 f.; *Janschek/Jung* in *Hirschler*, Bilanzrecht I[2] (2019) § 203 Rz 47 mwN).

Unstrittig ist allerdings, dass die Veräußerung eines Vermögensgegenstands auf Ziel (also gegen eine Geldforderung) grundsätzlich erfolgswirksam ist: Die Forderung – ein Finanzinstrument – ist mit dem Geldbetrag (bzw. Barwert) und nicht mit dem Buchwert des hingegebenen Vermögensgegenstands zu bewerten. Eine erfolgsneutrale Verbuchung von Tauschvorgängen kann daher bei Finanzinstrumenten nicht generell zulässig sein. Aus Sicht des AFRAC ist eine Differenzierung nach der Art des erhaltenen Finanzinstruments allerdings nicht sachgerecht, weil alle Finanzinstrumente Ansprüche auf Geldflüsse verkörpern.

Der Erfolg aus einem Tauschvorgang ergibt sich indirekt aus dem Anschaffungskostenbegriff des § 203 Abs. 2 bzw. § 206 Abs. 2 UGB und nicht umgekehrt. Daher ist grundsätzlich der (absatzorientierte) beizulegende Zeitwert des hingegebenen Vermögensgegenstands maßgeblich (vgl. *Janschek/Jung* in *Hirschler*, Bilanzrecht I[2] (2019) § 203 Rz 47 mwN).

Zu Rz (36):

Gemäß § 196a UGB sind die Posten des Jahresabschlusses unter Berücksichtigung des wirtschaftlichen Gehalts der betreffenden Geschäftsvorfälle oder der betreffenden Vereinbarungen zu bilanzieren und darzustellen. Daraus folgt, dass für die Beurteilung und bilanzielle Darstellung von Geschäftsvorfällen nicht die formellen, juristischen Ausgestaltungen maßgeblich sind, sondern vielmehr eine Beurteilung nach wirtschaftlichen Gesichtspunkten, insbesondere der wirtschaftlichen Verfügungsmacht vorzunehmen ist (vgl. *Jankovic/Schlager-Haider* in *Jabornegg/Artmann*, Unternehmensgesetzbuch, Kommentar II[2] (2017) § 196a Rz 2 mwN). Bspw. führen ein Tausch gegen einen weitgehend gleichen Vermögensgegenstand oder die Zurückbehaltung wesentlicher Chancen oder Risiken im Rahmen von Garantien oder Kreditderivaten nicht zur endgültigen Übertragung. Werden die mit dem wirtschaftlichen Eigentum verbundenen Rechte und Pflichten hingegen übertragen, kommt es zu einer Ausbuchung des Vermögensgegenstands.

Der Übergang des wirtschaftlichen Eigentums hängt üblicherweise davon ab, wer Verfügungsrechte, Stimmrechte und das Recht, jeden Dritten einschließlich des allfälligen zivilrechtlichen Eigentümers von der Nutzung nachhaltig auszuschließen, hält, sowie davon, wer Chancen und Risiken hinsichtlich des Vermögensgegenstands trägt (vgl. *Bertl/Hirschler*, Übergang des wirtschaftlichen Eigentums und Ermittlung der Anschaffungskosten, RWZ 2015, 83). Zur Lösung weiterführender Fragen können insoweit die Stellungnahme des deutschen Instituts der Wirtschaftsprüfer IDW RS HFA 8 sowie die Frage 5 und die zugehörigen Erläuterungen zur Orientierung herangezogen werden.

Zu Frage 7:

In dieser Stellungnahme werden die Begriffe „Wertmaßstab" und „Ausprägungsform" verwendet. Im Sinne dieser Stellungnahme ist der Begriff „Wertmaßstab" als übergeordnetes Konzept zu verstehen. Ein Wertmaßstab kann mehrere Ausprägungsformen haben, die zur Ermittlung des konkreten Werts dienen.

Durch das Anti-Gold-Plating-Gesetz 2019 kam es bzgl. des beizulegenden Zeitwerts zu einer Änderung der Rechnungslegungsvorschriften, welche im Wesentlichen zu einer Rückführung der gesetzlichen Bestimmungen auf die Regelungen vor dem RÄG 2014 führte. Zum einen wird durch die Änderung des § 204 Abs. 2 UGB nicht weiter zwischen der außerplanmäßigen Abschreibung von Finanzanlagevermögen und von übrigem Anlagevermögen differenziert. Daher ist seither für das gesamte Anlagevermögen ausschließlich auf den beizulegenden Wert als Wertmaßstab für die Beurteilung eines außerplanmäßigen Abschreibungserfordernisses abzustellen. Zum anderen sind Vermögensgegenstände des Umlaufvermögens durch das Anti-Gold-Plating-Gesetz 2019 wieder wie vor dem RÄG 2014 gemäß § 207 UGB primär mit dem Wert anzusetzen, der sich am Abschlussstichtag aus dem (i.d.F. vor dem RÄG 2014: einem) Börsenkurs oder Marktpreis ergibt. Ist ein Börsenkurs oder Marktpreis nicht festzustellen und übersteigen die Anschaffungs- oder Herstellungskosten den beizulegenden Wert, so ist der Vermögensgegenstand auf diesen Wert abzuschreiben. Durch diese Änderungen in den §§ 204 Abs. 2 und 207 UGB wird auch die in der Literatur vertretene Meinung bestärkt, dass der beizulegende Zeitwert eine spezielle Ausprägungsform des beizulegenden Werts darstellt (vgl. *Bertl/Eberhartinger/Hirschler*, Neue Vorschriften für die Rechnungslegung, RWZ 2019, 15 [20 ff.]). Bei nicht-derivativen Finanzinstrumenten des Anlage- sowie des Umlaufvermögens bildet der beizulegende Zeitwert auch dann eine mögliche Ausprägungsform des beizulegenden Werts, wenn keine Börsenkurse oder Marktpreise festzustellen sind.

Zu Rz (39):

Die Definition des beizulegenden Werts und die Definition des steuerrechtlichen Begriffs „Teilwert" sind beinahe ident. Beim Teilwert handelt es sich gemäß § 6 Z 1 EStG um den Betrag, den der Erwerber des *ganzen Betriebes* im Rahmen des Gesamtkaufpreises für *das einzelne Wirtschaftsgut* ansetzen würde; dabei ist davon auszugehen, dass der Erwerber den *Betrieb* fortführt. (Unterschiede zur unternehmensrechtlichen Definition des beizulegenden Werts wurden durch Kursivschreibung hervorgehoben.)

Nach der herrschenden Literaturmeinung ist der steuerrechtliche Teilwert weitestgehend mit dem unternehmensrechtlichen beizulegenden Wert gleichzusetzen (siehe bspw. *Mayr* in *Doralt/Kirchmayr/Mayr/Zorn*, EStG[21] (2020) § 6 Rz 132). Allerdings können sich im Einzelfall Abweichungen zwischen den beiden Wertbegriffen aus der Verankerung des beizulegenden Werts in den Bewertungsvorschriften und GoB des UGB ergeben (siehe *Hirschler/Stückler* in *Bertl/Fröhlich/Mandl*, Handbuch Rechnungslegung I (2018) § 189a Z 3 und 4 UGB Rz 1; *Hirschler/Stückler* in *Hirschler*, Bilanzrecht I^2 (2019) § 189a Z 3 Rz 2). Zu punktuellen Abweichungen zwischen UGB und EStG siehe bspw. *Petutschnig*, Bewertungsmethoden im UGB-Jahresabschluss und Maßgeblichkeit, in *Bertl* et al. (Hrsg.), Wertmaßstäbe (2018) 61.

Zusammenfassend kann daher festgehalten werden, dass eine (blinde) Übernahme der steuerrechtlichen Rechtsprechung und Literatur für Zwecke des UGB nicht zwingend ist (siehe *Moser*, taxlex 2015, 84 [87, „zweifelhaft"]; weiters *Hirschler/Stückler* in *Bertl/Fröhlich/Mandl*, Handbuch Rechnungslegung I (2018) § 189a Z 3 und 4 UGB Rz 1 [fraglich sei, ob trotz gleicher Definition stets inhaltliche Übereinstimmung]).

Zu Rz (40):

Der beizulegende Wert ist der Betrag, den der Erwerber des gesamten Unternehmens ausgehend vom Gesamtkaufpreis für den betreffenden Vermögensgegenstand oder die betreffende Schuld ansetzen würde (vgl. *Hirschler*, Wertbegriffe im UGB, in *Bertl* et al. (Hrsg.), Wertmaßstäbe (2018) 44). Für den gedanklichen Unternehmenserwerb muss allerdings nicht ein tatsächlicher Gesamtkaufpreis ermittelt werden, vielmehr steht die Funktion des Vermögensgegenstands im Gesamtzusammenhang des Unternehmens im Vordergrund (vgl. *Hirschler/Stückler* in *Hirschler*, Bilanzrecht I^2 (2019), § 189a Z 3 Rz 9). Da die Funktion bzw. der Nutzen eines Vermögensgegenstands im Gesamtzusammenhang nicht für jedes Unternehmen gleich sind, sind bei der Ermittlung des beizulegenden Werts basierend auf der nutzungsorientierten Perspektive subjektive Elemente zu berücksichtigen (persönliche bzw. unternehmensbezogene Einflüsse) (vgl. *Pinetz/Rauter* in *Straube/Ratka/Rauter*, UGB II/RLG^3 § 189a (2020) Rz 118). Daher sollte der beizulegende Wert primär den Nutzungswert für das Unternehmen darstellen.

Zu Rz (41) ff.:

Abhängig von der Funktion eines Vermögensgegenstands sind unterschiedliche Ausprägungsformen des beizulegenden Werts für die Wertermittlung zu berücksichtigen. I.d.R. unterscheiden sich die Funktionen von Gegenständen des Anlagevermögens und Gegenständen des Umlaufvermögens in einem Unternehmen (vgl. *Hirschler/Stückler* in *Hirschler*, Bilanzrecht I^2 (2019), § 189a Z 3 Rz 8b ff.). Diese Unterschiede sind bei der Bestimmung der relevanten Ausprägungsform zu berücksichtigen.

Dass es sich beim beizulegenden Zeitwert um eine Ausprägungsform des beizulegenden Werts handelt, geht unter anderem aus den Erläuterungen zum Anti-Gold-Plating-Gesetz 2019 hervor. Wie der beizulegende Wert auszulegen ist, kann demzufolge „aus der Literatur und den AFRAC-Stellungnahmen, die zu dieser Frage vor dem RÄG 2014 ergangen sind, ersehen werden. Bei Wertpapieren mit Börsenkurs soll es demnach dabei bleiben, dass der Börsenkurs den beizulegenden Wert darstellt." (ErläutRV 508 BlgNR 26. GP)

Zudem halten *Hirschler/Stückler* fest, dass als Ausprägungsform für den beizulegenden Wert im Anlagevermögen unter anderem der Ertragswert, der Wiederbeschaffungswert und der Börsen- oder Marktpreis in Betracht kommen (*Hirschler/Stückler* in *Hirschler*, Bilanzrecht I^2 (2019), § 189a Z 3 Rz 8b). Der Ertragswert ist bspw. bei Vermögensgegenständen zu verwenden, bei denen eine Wiederbeschaffung nicht möglich ist, wie z.B. bei Beteiligungen, Ausleihungen und Wertpapieren ohne Börsenkurs oder Marktpreis (*Hirschler/Stückler* in *Hirschler*, Bilanzrecht I^2 (2019), § 189a Z 3 Rz 10). Die Ausprägungsform des Wiederbeschaffungswerts findet hingegen vorrangig bei der Bewertung des abnutzbaren Anlagevermögens Anwendung (vgl. *Hirschler*, Wertbegriffe im UGB, in *Bertl* et al. (Hrsg.), Wertmaßstäbe (2018) 45 f.; *Pinetz/Rauter* in *Straube/Ratka/Rauter*, UGB II/RLG^3 § 189a (2020) Rz 125). Im Umlaufvermögen kommt eine Bewertung mit einer anderen Ausprägungsform des beizulegenden Werts als dem Börsenkurs oder Marktpreis nur dann in Betracht, wenn es keinen Börsenkurs oder Marktpreis gibt.

Zu Rz (43) ff.:

Nach den Erläuterungen zum Anti-Gold-Plating-Gesetz spielen für die Wertermittlung in bestimmten Fällen auch Wirtschaftlichkeitsüberlegungen eine Rolle. Demnach könne eine Bewertung zum beizulegenden Zeitwert in manchen Fällen, in denen es keinen einfach zu ermittelnden Börsenkurs oder Marktpreis gibt, eine kompliziertere und daher aufwendigere Bewertung erfordern als eine Bewertung zum beizulegenden Wert. Da eine „fair value"-Bewertung bestimmter Forderungen als Finanzinstrumente nach IFRS 9 einen erheblichen Verwaltungsaufwand für (insbesondere kleine) Unternehmen bedeuten würde, wird in § 204 Abs. 2 bilanzrichtlinienkonform auf den beizulegenden Wert zurückgegriffen (vgl. ErläutRV 508 BlgNR 26. GP).

Zu Rz (49):

Halteabsicht bis zur Endfälligkeit bzgl. eines finanziellen Vermögensgegenstands mit fester Laufzeit ist bspw. nicht gegeben, wenn ein Unternehmen beabsichtigt, den finanziellen Vermögensgegenstand für einen nicht definierten Zeitraum zu halten oder bereit ist, den finanziellen Vermögensgegenstand als Reaktion auf Marktzinsänderungen, Liquiditätsanforderungen, die Verfügbarkeit und Rentabilität von alternativen Investments, Änderungen hinsichtlich der Finanzierung und Änderungen des Fremdwährungsrisikos zu veräußern.

Verkäufe von finanziellen Vermögensgegenständen vor deren Endfälligkeit führen nicht notwendigerweise zu Zweifeln an der Absicht des Unternehmens, andere finanzielle Vermögensgegenstände bis zur Endfälligkeit zu halten, wenn sie bspw. auf eine wesentliche Verschlechterung der Bonität des Schuldners oder Änderungen der gesetzlichen oder behördlichen Bestimmungen, durch die sich die Vorgaben zu zulässigen Investitionen oder das maximale Niveau bestimmter Arten von finanziellen Vermögensgegenständen erheblich ändern, zurückzuführen sind.

Haltefähigkeit bis zur Endfälligkeit bzgl. eines finanziellen Vermögensgegenstands ist bspw. nicht gegeben, wenn ein Unternehmen nicht die finanziellen Ressourcen zur Verfügung hat, um den finanziellen Vermögensgegenstand bis zur Endfälligkeit zu halten oder dieser einer rechtlichen oder sonstigen Einschränkung unterliegt, welche seiner Absicht, den finanziellen Vermögensgegenstand bis zur Endfälligkeit zu halten, entgegensteht.

Hinsichtlich der Dokumentation der Halteabsicht und -fähigkeit bis zur Endfälligkeit bzgl. Finanzanlagevermögen wird auf die Rz (12) bis (16) verwiesen. Diese Anforderungen gelten sinngemäß auch für die Dokumentation der Absicht, Schuldinstrumente des Finanzumlaufvermögens bis zur Endfälligkeit zu halten.

Zu Rz (51):

In der Rz (51) wird der Begriff „Forderungen und forderungsähnliche Finanzinstrumente (FFI)" eingeführt, um die Verwendung des Begriffs „Forderungen" und dessen etwaige gedankliche Gleichsetzung mit „Kreditforderungen" zu vermeiden. Unter FFI werden Schuldinstrumente, für die die Absicht besteht, sie bis zur Endfälligkeit zu halten, und deren Wert nicht von Risiko- und Ertragsstrukturen potentiell beeinträchtigt wird, die erheblich von den Ausfallsrisiken des Instruments abweichen, subsumiert. Die Zuordnung von Vermögensgegenständen zu den FFI setzt die Widmung als solche voraus. Dabei sind hinsichtlich der Halteabsicht und -fähigkeit die Dokumentationsanforderungen der Rz (12) bis (16) analog zu beachten.

Forderungen und forderungsähnliche Finanzinstrumente (FFI) können bspw. Kreditforderungen und Ausleihungen sowie Schuldverschreibungen umfassen, sofern diese die in Rz (51) genannten Anforderungen erfüllen. Es sei darauf hingewiesen, dass zu Forderungen und forderungsähnlichen Finanzinstrumenten (FFI) auch variabel verzinsliche Finanzinstrumente gehören können. Obwohl bei solchen Instrumenten die Höhe der Zinsen von der Entwicklung der Marktzinsen beeinflusst wird, ist es möglich, dass ihr Wert nicht von Risiko- und Ertragsstrukturen potentiell beeinträchtigt wird, die erheblich von den Ausfallsrisiken des Instruments abweichen.

Zu Rz (52):

Ein Schuldinstrument weist jedenfalls erheblich abweichende Risiko- und Ertragsstrukturen auf, wenn es sich um ein Finanzinstrument mit einem eingebetteten Derivat i.S.d. Rz (70) handelt.

Zu Rz (73):

§ 201 Abs. 2 Z 1 UGB umfasst auch den Grundsatz, Bilanzierungsmethoden (also Ansatzwahlrechte) stetig anzuwenden (auszuüben). Im Rahmen der Folgebewertung von Finanzanlagen steht aber die Bewertungsstetigkeit im Vordergrund.

Zu Rz (74):

Aufgrund seiner weiten Definition umfasst das Stetigkeitsprinzip auch Wertansatzwahlrechte wie das gemilderte Niederstwertprinzip im Finanzanlagevermögen (vgl. *Urnik/Urtz/Rohn* in *Straube/Ratka/Rauter*, UGB II/RLG[3] § 201 (2016) Rz 21/2; *Egger/Samer/Bertl*, Der Jahresabschluss nach dem UGB I[17] (2018) 63 ff.). Die in Rz (74) angeführten besonderen Umstände beruhen im Wesentlichen auf den im Schrifttum anerkannten Ausnahmen vom Stetigkeitsgrundsatz (vgl. dazu auch *Urnik/Urtz/Rohn* in *Straube/Ratka/Rauter*, UGB II/RLG[3] § 201 (2016) Rz 27 f.; *Störk/Büssow* in *Grottel/Schmidt/Schubert/Störk*, Beck'scher Bilanz-Kommentar[12] (2020), § 252 Rz 61, und KFS/RL 1, Abschnitt 6), soweit diese für das Wahlrecht einschlägig sind (nicht einschlägig für das Wahlrecht sind z.B. die Nutzung ansonsten verfallender steuerlicher Verlustvorträge oder Anpassungen an Ergebnisse einer Betriebsprüfung). Eine massive Verschlechterung des Marktumfelds wird im Schrifttum zwar bisher nicht als besonderer Umstand genannt, dieser Umstand wurde aber aus den Erfahrungen aus der Finanzkrise aufgenommen, wo in Einzelfällen die Vornahme von Abschreibungen bei vorübergehender Wertminderung bei Finanzanlagen nicht zu einer getreueren Darstellung der Vermögens-, Finanz- und Ertragslage geführt hätte.

Zu Rz (75):

Bei Kreditinstituten ist auch das Wahlrecht gemäß § 56 Abs. 2 und 3 BWG einheitlich auszuüben, Agios und Disagios von Schuldverschreibungen und anderen festverzinslichen Wertpapieren zeitanteilig zu erfassen. Auch dabei sind die definierten Gruppen von Finanzanlagen zugrunde zu legen.

Zu Rz (76):

Die Erläuterungen zum Stetigkeitsgrundsatz setzen gleiche Methoden und Grundsätze für gleichartige Vermögensgegenstände (und Schulden) voraus (vgl. ErläutRV 1270 BlgNR 17. GP, zu § 201 HGB). Die Literatur leitet aus dem Stetigkeitsgrundsatz den Grundsatz einer einheitlichen Bewertung art- und funktionsgleicher Vermögensgegenstände (und Schulden) ab (vgl. KFS/RL 1, Abschnitt 4; *Urnik/Urtz/Rohn* in *Straube/Ratka/Rauter*, UGB II/RLG[3] § 201 (2016) Rz 20; *Störk/Büssow* in *Grottel/Schmidt/Schubert/Störk*, Beck'scher Bilanz-Kommentar[12] (2020), § 252 Rz 58). Es ist allerdings strittig, ob auch § 204 Abs. 2 zweiter Satz UGB davon erfasst ist (vgl. kritisch und mwN *Hirschler/Geweßler* in *Hirschler*, Bilanzrecht I[2] (2019) § 201 Rz 10 f.; unstrittig ist nur die stetige Bewertung individueller Vermögensgegenstände in aufeinander folgenden Perioden). Allerdings hat der österreichische Gesetzgeber laut den Erläuterungen ein sehr weitgehendes Verständnis des Stetigkeitsgebots beabsichtigt (arg. „*gleichartige Vermögensgegenstände und Schulden nach den gleichen Methoden und Grundsätzen*"). Angesichts des Ziels des Stetigkeitsgrundsatzes, eine möglichst objektivierte (willkürfreie) Verwendung von Wahlrechten zu gewährleisteten, wäre es nicht sachgerecht, das Wahlrecht innerhalb von einheitlich geführten Portfolios unterschiedlich auszuüben.

Um die Einhaltung dieses Grundsatzes nachvollziehen zu können, ist aufgrund von § 190 UGB eine angemessene Dokumentation in den Büchern erforderlich.

Die Bonität der Gegenpartei ist deshalb kein geeignetes Kriterium, weil sie nicht die Art und Funktion der finanziellen Vermögensgegenstände im Unternehmen widerspiegelt, sich laufend verändern kann (also von vornherein nicht stetig ist) und eine wesentliche Verschlechterung der Bonität ohnedies ein Hinweis auf eine dauerhafte Wertminderung wäre, sodass vom Wahlrecht des § 204 Abs. 2 zweiter Satz UGB kein Gebrauch gemacht werden könnte.

Zu Frage 13:

Hinsichtlich möglicher Methoden zur Ermittlung von erwarteten Kreditverlusten und insbesondere einer Diskussion, ob das Modell der erwarteten Kreditverluste nach IFRS 9 auch für UGB-Abschlüsse angewendet werden darf, wird auf das „Gemeinsame[s] Positionspapier des AFRAC und der FMA – Fragen der Folgebewertung bei Kreditinstituten" aus dem September 2017 verwiesen. Betreffend die Rz (78) bis (82) dieser Stellungnahme wird auf die Rz (8) bis (12) des gemeinsamen Positionspapiers hingewiesen. Weitere wichtige Aussagen des Positionspapiers werden im Folgenden zusammengefasst (siehe Rz (13) bis (15) des gemeinsamen Positionspapiers).

Aus § 201 Abs. 2 Z 7 UGB lässt sich ableiten, dass die Ermittlung von erwarteten Kreditverlusten auf einer umsichtigen Beurteilung beruhen muss. Eine (präferierte) Methode zur Bemessung der erwarteten Kreditverluste geht jedoch weder aus dem Gesetzestext noch aus den Materialien zum Gesetzestext hervor.

Die Ermittlung der Risikovorsorgen gemäß dem Modell der erwarteten Kreditverluste nach IFRS 9 beruht wesentlich auf statistisch validen Daten und Methoden (vgl. IFRS 9.5.5.17 ff.), sodass das Modell der erwarteten Kreditverluste nach IFRS 9 die Anforderungen von § 201 Abs. 2 Z 7 UGB erfüllt. Das Modell erwarteter Kreditverluste nach IFRS 9 stellt daher für UGB-Abschlüsse eine mögliche Methode zur Ermittlung der Anschaffungskosten abzüglich der Wertminderungen, die sich aus den Ausfallsrisiken ergeben, dar.

Bei dem Modell der erwarteten Kreditverluste nach IFRS 9 handelt es sich um ein dreistufiges Risikovorsorgemodell. Die Zuordnung zu den einzelnen Stufen erfolgt abhängig davon, ob es seit dem Zugangszeitpunkt zu einer signifikanten Erhöhung der Ausfallsrisiken gekommen ist. Haben sich die Ausfallsrisiken eines Finanzinstruments zum Abschlussstichtag nicht signifikant erhöht, ist für das Finanzinstrument der erwartete 12-Monats-Kreditverlust zu bemessen (Stufe 1). Für Finanzinstrumente hingegen, deren Ausfallsrisiken sich seit dem Zugang signifikant erhöht haben, sind die über die Laufzeit erwarteten Kreditverluste zu bemessen (Stufe 2 und Stufe 3) (IFRS 9.5.5.3 – 9.5.5.5). Wenn der Wechsel vom 12-Monats-Kreditverlust zum über die Laufzeit erwarteten Kreditverlust erfolgt, ist auch unternehmensrechtlich eine Pauschalwertberichtigung auf Basis des über die Laufzeit erwarteten Kreditverlusts sachgerecht.

Zu Rz (83):

Das seit dem RÄG 2014 verpflichtend zu aktivierende Disagio ist dabei strikt von nicht aktivierbaren Kosten der Geldbeschaffung zu trennen (vgl. insbesondere *Nowotny* in *Straube/Ratka/Rauter*, UGB II/RLG[3] § 198 (2017) Rz 87/1 ff. und 103 ff.). Bereits 1996 hat das EU-GesRÄG die Möglichkeit der Aktivierung von Geldbeschaffungskosten wegen fehlender Übereinstimmung mit der 4. EG-RL beseitigt. Aufgrund der verpflichtenden Aktivierung der Geldbeschaffungskosten im Steuerrecht (vgl. § 6 Z 3 EStG) ergibt sich eine zwingende Mehr-Weniger-Rechnung. Es liegt auch ein Unterschied zur Behandlung gemäß den IFRS vor, wonach die Geldbeschaffungskosten in aller Regel als Teil der Effektivzinsmethode zu verteilen sind (vgl. IFRS 9.B5.4.1 ff.).

Die Literatur sieht dennoch vereinzelt die Möglichkeit zur Aktivierung und Verteilung von Geldbeschaffungskosten in UGB-Abschlüssen, allerdings nur dann, wenn diese als Rechnungsabgrenzungsposten zu qualifizieren sind (vgl. *Hilber* in *U. Torggler*, UGB[3] (2019) § 198 Rz 55). Dies ist der Fall, wenn zeitraumbezogene Kosten (wie für einen laufzeitabhängigen Verwaltungs- oder Betreuungsaufwand) und nicht zeitpunktbezogene Kosten (z.B. Vermittlungsprovisionen) abgegolten werden (vgl. *Hilber* in *U. Torggler*, UGB[3] (2019) § 198 Rz 54 f.), also an sich laufende Kosten ein malig als „upfront-fee" vorausbezahlt werden.

Zu Rz (84):

Die Bilanzierung von Nullkuponanleihen nach der „Nettomethode", wonach als Schuld der Ausgabebetrag angesetzt und die Zinsen jährlich zugeschrieben werden, entspricht jedenfalls der herrschenden Lehre (vgl. *Nowotny* in *Straube/Ratka/Rauter*, UGB II/RLG[3] § 198 (2017) Rz 98; *Schubert/Andrejewski* in *Grottel/Schmidt/Schubert/Störk*, Beck'scher Bilanz-Kommentar[12] (2020) § 253 Rz 65; *Tiedchen* in *Schulze-Osterloh/Hennrichs/Wüstemann*, Handbuch des Jahresabschlusses II/9 (2018) Rz 185; *Hirschler/Petutschnig* in *Hirschler*, Bilanzrecht I[2] (2019) § 198 Rz 111; *Egger/Samer/Bertl*, Der Jahresabschluss nach dem UGB I[17] (2018) 428; *Schiebel* in *Zib/Dellinger*, Großkommentar UGB III/1 (2013) § 198 Rz 81; *Hilber* in *U. Torggler*, UGB[3] (2019) § 198 Rz 51). Der Ausweis zum Erfüllungsbetrag gemäß § 211 Abs. 1 UGB erfordert nicht den Bruttoausweis, sondern gebietet primär eine Trennung der Kapital- und der Zinskomponente (vgl. *Brösel/Olbrich* in *Küting/Pfitzer/Weber*, Handbuch der Rechnungslegung II[5] (2010) § 253 Rz 270 mit dem zutreffenden Hinweis, dass die Zinsverpflichtung erst durch die Kapitalnutzung entsteht; ebenso *Küting/Trützschler* in *Küting/Pfitzer/Weber*, Handbuch der Rechnungslegung II[5] (2016) § 250 Rz 90).

Zu Rz (86) und (87):

Für Verbindlichkeiten ergibt sich aus § 211 Abs. 1 UGB folgende Bewertungskonzeption (vgl.

Leitner/Urnik/Urtz in *Straube/Ratka/Rauter*, UGB II/RLG[3] § 211 (2017) Rz 4 ff.): Im Zeitpunkt des Zugangs (der Einbuchung) muss zum ersten Mal der Erfüllungsbetrag der Verbindlichkeit ermittelt werden. Dieser repräsentiert den Anschaffungswert i.S.d. Realisationsprinzips (vgl. *Moxter*, Fremdkapitalbewertung nach neuem Bilanzrecht, WPg 1984, 397 [398 f.]). An allen folgenden Abschlussstichtagen muss einem geänderten Erfüllungsbetrag nach dem Imparitätsprinzip Rechnung getragen werden. Ein gestiegener Erfüllungsbetrag ist jedenfalls zu passivieren (Höchstwertprinzip). Auch ein gegenüber dem letzten Bilanzansatz gesunkener Erfüllungsbetrag muss nach § 211 Abs. 1 UGB ausgewiesen werden, um eine Bildung stiller Reserven zu verhindern (ebenso *Atak/Reiter* in *Bertl/Fröhlich/Mandl*, Handbuch Rechnungslegung I (2018) § 211 UGB Rz 14 ff.). Der anzusetzende Erfüllungsbetrag wird jedenfalls durch den ursprünglichen Anschaffungswert als Wertuntergrenze begrenzt, da unrealisierte Gewinne nach der Maßgabe des in § 201 Abs. 2 Z 4 UGB verankerten Vorsichtsprinzips nicht ausgewiesen werden dürfen (vgl. ErläutRV 1270 BlgNR 17. GP; *Moxter*, Rückstellungen für ungewisse Verbindlichkeiten und Höchstwertprinzip, BB 1989, 946; *Bertl/Hirschler*, Bewertung von Verbindlichkeiten, RWZ 1997, 46 [47]; *Konezny*, Die Abzinsung von Schulden in Handels- und Steuerbilanz (2004) 61 ff.; *Dokalik/Hirschler*, SWK-Spezial RÄG 2014 § 211 I.C.; VwGH 23.11.1994, 91/13/0111; vgl. zum Realisationsprinzip auch Art. 6 Abs. 1 lit. c Bilanz-RL und *Urnik/Urtz/Rohn* in *Straube/Ratka/Rauter*, UGB II/RLG[3] § 201 (2016) Rz 55). Der ursprüngliche Anschaffungswert darf lediglich dann unterschritten werden, wenn die betreffende Verbindlichkeit ausgebucht wird, weil mit einer Durchsetzung seitens des Gläubigers nicht mehr zu rechnen ist (VwGH 27.9.2000, 96/14/0141; dazu *Petritz*, Passivposten für Gutscheinmünzen, RWZ 2006, 268; vgl. auch *Laudacher* in Jakom EStG[13] (2020) § 6 Rz 105 mwN).

Abweichend von dieser hM, wonach ein gegenüber dem letzten Bilanzansatz gestiegener Erfüllungsbetrag jedenfalls passiviert werden muss, wird im Schrifttum zuweilen auch die Anwendung eines „gemilderten Höchstwertprinzips", somit eine analoge Anwendung des § 204 Abs. 2 UGB, auf langfristige Verbindlichkeiten gefordert (vgl. *Bertl/Hirschler*, Bewertung von Verbindlichkeiten, RWZ 1997, 46 [46 ff.]; *Rückle* in *Kofler/Nadvornik/Pernsteiner/Vodrazka*, Handbuch Bilanz und Abschlußprüfung[3] (1998) § 211 Abs. 1 Rz 12; *Seicht*, Die Bewertung von langfristigen Fremdwährungsverbindlichkeiten, RWZ 2001, 180 [180 ff.]). Nach dieser Auffassung seien langfristige Verbindlichkeiten nur dann mit einem etwaigen höheren Tageswert anzusetzen, wenn die Wertänderung voraussichtlich von Dauer ist. Eine derartige Bewertung steht uE jedoch im Widerspruch zum Vorsichtsprinzip. Es ist daher auch in Bezug auf langfristige Verbindlichkeiten von einem strengen Höchstwertprinzip auszugehen (glA *Christian/Hohensinner* in *Zib/Dellinger*, Großkommentar UGB III/1 (2013) § 211 Rz 18 f.; *Jankovic/Steiner* in *Jabornegg/Artmann*, Unternehmensgesetzbuch, Kommentar II[2] (2017) § 211 Rz 16; *Ballwieser*, Das Anschaffungs- und Höchstwertprinzip für Schulden, in FS Forster (1992) 45 [58 f.]; *Adler/Düring/Schmaltz*, Rechnungslegung und Prüfung der Unternehmen[6] VI (1995) § 253 Rz 62 mwN). Von Bedeutung sind die hier dargestellten Bewertungsgrundsätze v.a. für Fremdwährungsverbindlichkeiten und Verbindlichkeiten mit Wertsicherungsklauseln.

In der Literatur herrscht Einigkeit darüber, dass Verbindlichkeiten in fremder Währung bei Zugang mit dem zu diesem Zeitpunkt gültigen Briefkurs zu passivieren sind (vgl. *Rückle* in *Kofler/Nadvornik/Pernsteiner/Vodrazka*, Handbuch Bilanz und Abschlußprüfung[3] (1998) § 211 Abs. 1 Rz 51 ff.; *Egger/Samer/Bertl*, Der Jahresabschluss nach dem UGB I[17] (2018) 429; *Konezny* in *Hirschler*, Bilanzrecht I[2] (2019) § 211 Rz 14; zu der durch das BilMoG eingeführten Umrechnungsvorschrift des § 256a dHGB vgl. z.B. *Grottel/Koeplin* in *Grottel/Schmidt/Schubert/Störk*, Beck'scher Bilanz-Kommentar[12] (2020) § 256a Rz 180 ff.). Dieser gilt entsprechend auch für die in den Folgeperioden erforderliche Überprüfung, ob gemäß dem Höchstwertprinzip eine Aufwertung erforderlich ist.

Zu Rz (88):

Zur Bildung von Bewertungseinheiten zwischen Fremdwährungsverbindlichkeiten und anderen nicht-derivativen Finanzinstrumenten siehe insbesondere *Leitner/Urnik/Urtz* in *Straube/Ratka/Rauter*, UGB II/RLG[3] § 211 (2017) Rz 14: Bei Forderungen und Verbindlichkeiten derselben Währung mit übereinstimmenden Fälligkeiten wird die Bildung einer Bewertungseinheit und damit eine Saldierung von Kursschwankungen als grundsätzlich zulässig erachtet (vgl. *Adler/Düring/Schmaltz*, Rechnungslegung und Prüfung der Unternehmen[6] VI (1995) § 253 Rz 107 ff.); als Voraussetzungen für eine derart geschlossene Position werden im Steuerrecht Währungsidentität, Betragsidentität und Fristenkongruenz gefordert (vgl. z.B. *Mayr* in *Doralt/Kirchmayr/Mayr/Zorn*, EStG[21] (2020) § 6 Rz 217).

Zu Rz (91):

Der Rechenwert, der z.B. bei österreichischen Fonds aufgrund von § 7 InvFG bzw. § 8 ImmoInvFG ermittelt wird, entspricht im Regelfall dem beizulegenden Wert. Gibt es allerdings Indizien dafür, dass der Rechenwert nicht die tatsächlichen, aktuellen Wertverhältnisse im Fondsvermögen widerspiegelt, muss der beizulegende Wert gesondert ermittelt werden. Bei Bewertungsunsicherheiten sind auch die unterschiedlichen Zielsetzungen zu beachten: Während die Rechenwerte einer möglichst neutralen Festsetzung von Ausgabe- und Rücknahmepreisen dienen, ist das UGB mit dem Vorsichtsprinzip dem Gläubigerschutz verpflichtet, wonach im Zweifel eher von einem niedrigeren als von einem höheren Wert auszugehen ist.

Zu Rz (92):

Die Literatur stellt für die Beurteilung der Dauerhaftigkeit grundsätzlich auf die Zusammensetzung des Fondsvermögens ab (vgl. *Scharpf/Schaber*, Handbuch Bankbilanz[7] (2018) 107 mwN; *Stöffler*, Wertminderung: Vorübergehend oder voraussichtlich dauernd? Versicherungswirtschaft 2005, 337; *Freiling/Schliemann/Bopp/Gehringer*, Vorsicht: Komplexeres Regelungsumfeld, Versicherungswirtschaft 2006, 1306). Allerdings verbietet der Grundsatz der Einzelbewertung, einen Anteilsschein in Bewertungsobjekte zu zerlegen und die Frage der Dauerhaftigkeit gesondert zu beurteilen. Somit kann auch kein „Zwischenwert" zwischen Anschaffungskosten und niedrigerem beizulegenden Wert (Rechenwert) angesetzt werden, der dauerhafte von nicht dauerhaften Verlusten im Fondsvermögen trennt. Im Zweifel ist wegen des Vorsichtsprinzips eher von einer dauerhaften Wertminderung auszugehen.

Zu Rz (93):

Der Fondsanteil wird durch einen wesentlichen Anteil von Eigenkapitalinstrumenten oder strukturierten Instrumenten hinsichtlich des Verlustrisikos selbst zu einem Instrument, dessen Wertminderung wie bei Aktien zu beurteilen ist (es kommt nicht mehr nur auf die Bonität der Wertpapieremittenten an, sondern darauf, ob die Kurse wesentlich oder dauerhaft gesunken sind oder die Wertminderung auf einer Verschlechterung im Marktumfeld der Wertpapieremittenten beruht). Bei wesentlicher Fremdfinanzierung (Leverage) steigt das Risiko der Anteilsinhaber, ähnlich wie bei einem Eigenkapitalinstrument. Daher ist der Fondsanteil wie eine Aktie zu beurteilen. Derivate, die nicht bloß Sicherungsinstrumente sind, führen zum selben Ergebnis.

Ein Überschreiten von 10% in Bezug auf das Fondsvermögen wurde in Anlehnung an § 4 Abs. 3 InvFG als Wesentlichkeitsgrenze gewählt, ab wann Fondsanteile zur Beurteilung der Dauerhaftigkeit wie Aktien zu behandeln sind.

Zu Rz (97) ff.:

Das Anschaffungskostenprinzip und das Realisationsprinzip verbieten grundsätzlich eine Zuschreibung von Vermögensgegenständen über die Anschaffungskosten hinaus (§ 201 Abs. 2 Z 4 lit. a UGB, §§ 203 und 206 UGB).

Zwar darf gemäß § 201 Abs. 3 UGB unter besonderen Umständen von den Grundsätzen des § 201 Abs. 2 UGB abgewichen werden. Allerdings ist diese Ausnahmebestimmung nach den Gesetzesmaterialien zu § 201 Abs. 3 UGB eng definiert und für Einzelfälle gedacht, wo sich sonst Widersprüche zwischen einzelnen GoB ergeben. Die Ertragserfassung von Investmentfonds im Allgemeinen geht über einen Einzelfall hinaus. Ferner gibt es keine besonderen Umstände und keine einander widersprechenden GoB (zumal der hier abzubildende Ertrag nicht grundsätzlich anders ist als die Ertragserfassung bei Eigenkapitalanteilen). Außerdem erlaubt § 201 Abs. 3 UGB nur ein Abweichen von den Grundsätzen des § 201 UGB (die Materialien nennen konkret das Stetigkeitsprinzip). Nicht erlaubt ist ein Abweichen von anderen Paragraphen des UGB wie z.B. §§ 203 und 206 UGB. Ein über § 201 UGB hinausgehendes Abweichen kann – wenn es der true and fair view erfordert – gemäß § 222 Abs. 3 UGB nur aufgrund einer Verordnung des Bundesministers für Justiz erfolgen. Gemäß den Materialien zu § 222 Abs. 3 UGB soll es nicht den Unternehmen selbst überlassen sein, von den Regelungen des Dritten Buches abzuweichen, auch dann nicht, wenn es der true and fair view erfordern würde (Verbot des true and fair view override ähnlich IAS 1.19). Das früher in KFS/RL16 geregelte Wahlrecht basierte auf der Rechtslage vor § 201 Abs. 3 und § 222 Abs. 3 UGB i.d.F. RÄG 2014.

Somit gelten Realisationsprinzip und Anschaffungskostenprinzip uneingeschränkt auch für Erträge aus Investmentfonds, da im Regelfall auch keine besonderen Umstände für ein Abweichen von diesen Prinzipien vorliegen.

Eine häufig verwendete Formel für die Gewinnrealisierung ist von der Rechtsprechung des deutschen Bundesfinanzhofs (BFH) geprägt worden (vgl. *Mayr*, Gewinnrealisierung und Anschaffungszeitpunkt, RdW 2000, 381; *Staringer*, Gewinnrealisierung im Steuerrecht, in *Bertl* et al. (Hrsg.), Gewinnrealisierung (2012) 166; *Fraberger/Petritz/Horkel-Wytrzens* in *Hirschler*, Bilanzrecht I[2] (2019) § 201 Rz 159). Demnach wird der Gewinn bei Lieferungen und anderen Leistungen realisiert, wenn der Leistungsverpflichtete die von ihm geschuldeten Erfüllungshandlungen „wirtschaftlich erfüllt" hat und ihm die Forderung auf die Gegenleistung (die Zahlung) – von den mit jeder Forderung verbundenen Risiken abgesehen – so gut wie sicher ist (vgl. BFH 14.5.2014, VIII R 25/11 sowie dort zitierte BFH-Urteile, jeweils mwN; *Störk/Büssow* in *Grottel/Schmidt/Schubert/Störk*, Beck'scher Bilanz-Kommentar[12] (2020) § 252 Rz 44 – 46). Damit ist die so gut wie sichere Realisation im Innenverhältnis der Vertragspartner gemeint, nicht aber der so gut wie sicher mögliche Verkauf auf einem Markt (Letzteres würde auf eine generelle Marktbewertung liquider Vermögenswerte hinauslaufen).

Der Leistungsbringer muss alle zur Bewirkung der Erfüllung der Hauptverpflichtung erforderlichen Handlungen erbracht haben, sodass der Anspruch auf die Gegenleistung so gut wie sicher ist (vgl. *Urnik/Urtz/Rohn* in *Straube/Ratka/Rauter*, UGB II/RLG[3] § 201 (2016) Rz 56 ff. mwN; *Fraberger/Petritz/Horkel-Wytrzens* in *Hirschler*, Bilanzrecht I[2] (2019) § 201 Rz 159; *Maresch* in *Zib/Dellinger*, Großkommentar UGB III/1 (2013) § 201 Rz 100). Die Formulierung „so gut wie sicher" trennt nach *Mayr* nicht Ansatz und Bewertung, denkt jedoch an eine dem Grunde nach (ganz) sichere Forderung (*Mayr*, Gewinnrealisierung und Anschaffungszeitpunkt, RdW 2000, 381; ebenso *Fraberger/Petritz/Horkel-Wytrzens* in *Hirschler*, Bilanzrecht I[2] (2019) § 201 Rz 159; *Staringer*, Gewinnrealisierung im Steuerrecht, in *Bertl* et al. (Hrsg.), Gewinnrealisierung (2012) 166; *Urnik/Urtz/Rohn* in *Straube/Ratka/Rauter*, UGB II/RLG[3]

§ 201 (2016) Rz 58; *Maresch* in *Zib/Dellinger*, Großkommentar UGB III/1 (2013) § 201 Rz 100; *Konezny* in *U. Torggler*, UGB[3] (2019) § 201 Rz 38).

Ist ein Ertrag so gut wie sicher realisiert, muss er auch verpflichtend erfasst werden. Allerdings ist die Gesamtbeurteilung der Kriterien in Rz (98) vorsichtig und mit Ermessen vorzunehmen.

Im Innenverhältnis zwischen Fonds und Anteilseigner ist ein Ertrag so gut wie sicher realisiert, wenn er im Fonds nach den Grundsätzen des UGB ermittelt wurde und gleichsam „zur Abholung" bereitsteht, weil der Anteilseigner seinen Anteil jederzeit samt thesaurierten Erträgen in Geld zurücklösen kann. Unter dieser Bedingung ist der thesaurierte Gewinn wirtschaftlich einer jederzeit fälligen Forderung oder Sichteinlage sehr ähnlich.

Der Investmentfonds muss aber in der Lage sein, die Rücklösung auch bei einer unerwartet großen Anzahl von Rückzahlungen zu bedienen, denn sonst ist die Rücklösung auch beim Einzelnen nicht so gut wie sicher. Er muss daher ausreichend Liquidität vorhalten, um das üblicherweise zu erwartende Spektrum an Rücklösungen stets mit so gut wie sicherer Wahrscheinlichkeit abzudecken. Diese Einschränkung ist dem Realisationsprinzip geschuldet.

In diesem Fall sind ausschüttende und thesaurierende Fonds auch wirtschaftlich miteinander vergleichbar, weil sie jederzeit mögliche Ausschüttungen vornehmen könnten und der Anteilseigner diese wieder einlegen könnte (in diesem Sinne auch VwGH 24.9.2008, 2006/15/0376, allerdings zum steuerlichen Begriff des Wirtschaftsguts).

Erschwerend kommt bei thesaurierenden Investmentfonds dazu, dass sie die Gewinne nicht per se ausschütten, sondern Anteile nur insgesamt tilgen können; daher ist die Fiktion von Ausschüttung und Einlage nur bedingt relevant, weil der Fonds zur Umsetzung dieser theoretischen Strategie auch seinen gesamten Kapitalstamm ausschütten müsste. Für das Realisationsprinzip und die so gut wie sichere Realisierung reicht es aber aus, wenn er zumindest alle realistisch möglichen Rücklösungen auch bei einem unerwarteten Anstieg bedienen kann.

Immobilieninvestmentfonds sind deutlich weniger liquide als Wertpapierfonds, weshalb die Kriterien in Rz (98) regelmäßig nicht erfüllt wären. Weitere Einschränkungen sind bei österreichischen Immobilienfonds die fehlende planmäßige Gebäudeabschreibung und die Instandhaltungsrücklagen, die eine sinnvolle, dem Dritten Buch des UGB entsprechende Ertragsabgrenzung erschweren. Daher wurde – im Einklang mit der bisherigen Bilanzierungspraxis in Österreich – entschieden, keine laufende Ertragsrealisation zuzulassen.

Zu Rz (99):

Die Verwaltungsgesellschaft hat den Ausgabe- und den Rücknahmepreis der Anteile bei jeder Ausgabe oder Rücknahme von Anteilen, mindestens aber zweimal im Monat zu veröffentlichen (§ 57 Abs. 3 Inv-FG 2011). Da der Rücknahmepreis – ausgenommen bei Spezialfonds – regelmäßig zu veröffentlichen ist, ist für die Anteilscheine jederzeit ein Tageswert (Marktwert der Vermögensgegenstände des Fonds) bekannt.

Zu Rz (106) und (111):

Die Definition des echten Pensionsgeschäfts ist § 50 Abs. 1 und 2 BWG entnommen, die Ausführungen zur Bilanzierung entsprechen wörtlich § 50 Abs. 4 BWG. Die Definition und die Bilanzierung des unechten Pensionsgeschäfts sind § 50 Abs. 3 und 5 BWG entnommen. Diese Regeln stellen auch für Unternehmen, die keine Kreditinstitute sind, die maßgeblichen GoB für die Bilanzierung von Pensionsgeschäften dar (ebenso *Perkounigg/Stecher* in *Dellinger*, Bankwesengesetz, Kommentar[8] (2016) § 50 Rz 26 mwN; *Löw* in *Hennrichs/Kleindiek/Watrin*, Münchener Kommentar zum Bilanzrecht (2013) § 340b Rz 2; *Bieg/Waschbusch/Käufer*, Die Bilanzierung von Pensionsgeschäften im Jahresabschluss der Kreditinstitute nach HGB und IFRS, ZBB 2008, 63 [64]). Die Rückübertragung muss dabei nicht in identischen Wertpapieren erfolgen; auch gleichartige Wertpapiere sind umfasst (vgl. *Bieg/Waschbusch/Käufer*, Die Bilanzierung von Pensionsgeschäften im Jahresabschluss der Kreditinstitute nach HGB und IFRS, ZBB 2008, 63 [65 mwN]).

Echte (und unechte) Pensionsgeschäfte sind eine besondere Art von Transaktionen, bei denen die Kreditgewährung und die Liquiditätssteuerung im Vordergrund stehen und die gesamthaft zu betrachten sind; daher sind die im BWG dafür vorgesehenen Spezialregeln anzuwenden. Die mit Pensionsgeschäften verbundenen Termingeschäfte (und Optionsgeschäfte) werden nicht gesondert nach der AFRAC-Stellungnahme 15: Derivate und Sicherungsinstrumente (UGB) bilanziert.

Zu Rz (107):

Zur wirtschaftlichen Betrachtungsweise siehe die Erläuterungen zu Rz (36).

Zu Rz (108):

Die Erträge aus dem Pensionsgut werden zwar beim Pensionsgeber bilanziell erfasst, weil dieser auch das Pensionsgut erfasst. Da sie ihm rechtlich nicht zustehen, ist – sofern sie ihm nicht weiterverrechnet werden – i.d.R. auch ein Zinsaufwand für die Verbindlichkeit zu erfassen. Der Pensionsnehmer bucht spiegelbildlich einen Zinsertrag (vgl. *Bieg/Waschbusch/Käufer*, Die Bilanzierung von Pensionsgeschäften im Jahresabschluss der Kreditinstitute nach HGB und IFRS, ZBB 2008, 63 [65 f. mwN]).

Zu Rz (112):

In der Literatur wird auch beim unechten Pensionsgeschäft zu Recht eine Ausbuchung abgelehnt, wenn bereits im Zeitpunkt der Übertragung aufgrund eines überhöhten Kaufpreises von einer Rückübertragung auszugehen ist (vgl. etwa *Schmidt/Ries* in *Grottel/Schmidt/Schubert/Störk*, Beck'scher Bilanz-Kommentar[12] (2020) § 246 Rz 26; IDW ERS HFA 13 Rz 25). Diese Überlegung betrifft nicht nur die allgemeinen GoB des UGB, denn auch § 50 BWG ist insoweit einer wirtschaftlichen Betrachtung zugänglich. Es liegt somit kein Unterschied zu Kreditinstituten vor.

Zu Rz (113):

Ein Verlust im Vergleich zum Buchwert ist aufgrund des imparitätischen Realisationsprinzips jedenfalls zu realisieren, weil die Rückübertragung nicht sicher ist (vgl. *Bieg/Waschbusch/Käufer*, Die Bilanzierung von Pensionsgeschäften im Jahresabschluss der Kreditinstitute nach HGB und IFRS, ZBB 2008, 63 [67 mwN]). Ein über dem Rücknahmebetrag liegender Marktwert kann die Verlustrealisierung nicht ausschließen, weil in diesem Fall die Rückübertragung eher unwahrscheinlich ist.

Zu Rz (114) f.:

Diese Behandlung entspricht der Literaturmeinung in Deutschland (vgl. *Scharpf/Schaber*, Handbuch Bankbilanz[7] (2018) 44 mwN; *Krumnow* et al., Rechnungslegung der Kreditinstitute[2] (2004) § 340b Rz 36 f.; ausführlich *Bieg/Waschbusch/Käufer*, Die Bilanzierung von Pensionsgeschäften im Jahresabschluss der Kreditinstitute nach HGB und IFRS, ZBB 2008, 63 [67 ff. mwN] – die eine Gewinnrealisierung in Höhe früherer Abschreibungen zulassen). Eine Gewinnrealisierung im Zeitpunkt der Übertragung scheidet aus, weil der Kaufpreis auch die Prämie für die Stillhalterposition enthält, der Pensionsgeber weiterhin das unbegrenzte Verlustrisiko trägt und der Kaufpreis nicht notwendigerweise zu Marktbedingungen realisiert wurde, weil der Käufer aufgrund des Rückübertragungsrechts auch einen überhöhten Preis akzeptieren kann (vgl. *Krumnow* et al., Rechnungslegung der Kreditinstitute[2] (2004) § 340b Rz 36 f.). IDW ERS HFA 13 Rz 24 schlägt ohne weitere Begründung die Erfassung des unrealisierten Gewinns als Verbindlichkeit vor.

Zu Rz (117):

Wird der Pensionsgegenstand zurück übertragen, erfahren die historischen Anschaffungskosten mangels Umsatzakts keine Änderung, sodass § 208 UGB unverändert zur Anwendung kommt. Eine Wertsteigerung kann i.d.R. erst nach der Rückübertragung eintreten; bei einer Wertsteigerung während der Laufzeit des Pensionsgeschäfts erfolgt i.d.R. keine Rückübertragung.

Zu Rz (119):

Für Kreditinstitute ist die Unterstrichangabe in § 50 Abs. 5 BWG explizit geregelt. Im Bereich des UGB liegt eine sonstige finanzielle Verpflichtung vor (§ 237 Abs. 1 Z 2 UGB). Schwebende Geschäfte und Optionsverpflichtungen fallen nämlich nicht unter § 199 UGB (vgl. *Nowotny* in *Straube/Ratka/Rauter*, UGB II/RLG[3] § 199 (2017) Rz 27; aA *Perkounigg/Stecher* in *Dellinger*, Bankwesengesetz, Kommentar[8] (2016) § 50 Rz 26, die einen Anwendungsfall des § 199 UGB sehen). Soweit Rückstellungen erfasst wurden, vermindert sich die Unterstrichangabe bzw. die Anhangangabe, um eine Doppelerfassung des Kreditrisikos zu vermeiden, weil insoweit schon eine bilanzielle Vorsorge eingestellt wurde (vgl. *Krumnow* et al., Rechnungslegung der Kreditinstitute[2] (2004) § 340b Rz 37).

Zu Rz (120):

Die Behandlung entspricht der Literaturmeinung (vgl. *Bieg/Waschbusch/Käufer*, Die Bilanzierung von Pensionsgeschäften im Jahresabschluss der Kreditinstitute nach HGB und IFRS, ZBB 2008, 63 [68 f.]).

Zu Rz (122):

Die Frage nach der Ausbuchung des verliehenen Wertpapiers ist in der Literatur umstritten. Das ältere deutsche Schrifttum, das sich auch auf zwei Schreiben der früheren deutschen Bankenaufsicht stützt, befürwortet die Ausbuchung (ebenso *Gassner/Göth/Tumpel*, Optionsgeschäft und Wertpapierleihe (1992) 89; ebenso noch *Schmidt/Usinger* in *Grottel/Schmidt/Schubert/Störk*, Beck'scher Bilanz-Kommentar[12] (2020) § 254 Rz 121 ohne weitere Begründung). Von den Befürwortern der Ausbuchung wird aber dennoch eine Gewinnrealisierung beim Verleiher (soweit es sich um keine Wertaufholung handelt) wegen des zurückbehaltenen Verlustrisikos abgelehnt und eine zum Wertpapier analoge Bewertung der Sachforderung verlangt (vgl. auch *Gassner/Göth/Tumpel*, Optionsgeschäft und Wertpapierleihe (1992) 90, und *Schmidt/Usinger* in *Grottel/Schmidt/Schubert/Störk*, Beck'scher Bilanz-Kommentar[12] (2020) § 254 Rz 121). Die Entscheidung über die Ausbuchung ist beim Verleiher somit vor allem eine Ausweisfrage. Für den Entleiher geht es um die Aktivierung des Wertpapiers verbunden mit der Passivierung einer stets gleich hohen Rückübertragungsverbindlichkeit (was bei entleihenden Banken die regulatorischen Kapitalerfordernisse erhöht).

Adler/Düring/Schmaltz lassen die Frage offen (die Ausbuchung sei „vertretbar", nicht aber bei Barsicherheiten, weil dies einem echten Pensionsgeschäft entspricht; *Adler/Düring/Schmaltz*, Rechnungslegung und Prüfung der Unternehmen[6] VI (1995) § 246 Rz 356). Für die Ausbuchung spricht nach *Adler/Düring/Schmaltz* vor allem das Bonitätsrisiko, nämlich dass der Entleiher die Rückübertragungsverpflichtung nicht erfüllen kann. Allerdings ist das Bonitätsrisiko des Entleihers nicht generell höher als das Bonitätsrisiko des Wertpapiers an sich, sodass mit einem Ausweis als Forderung anstatt als Wertpapier keine zusätzliche Risikoinformation vermittelt wird. Anders als klassische Forderungen haben Wertpapiere oft höhere Marktrisiken, was für den Ausweis unter den Wertpapieren spricht. In der Bilanz des Entleihers macht die Aktivierung des Wertpapiers seine Risikosituation auch nicht transparenter, weil er kein Bonitäts- oder Marktrisiko trägt.

Scharpf/Schaber (Handbuch Bankbilanz[7] (2018) 420 f. mwN) und *Krumnow* et al. (Rechnungslegung der Kreditinstitute[2] (2004) § 340b Rz 71) verneinen die Ausbuchung mangels Übertragung des wirtschaftlichen Eigentums aus folgenden Gründen: kein Übergang der Chancen und Risiken (nur Nutzungsübergang), Einwirkungsmöglichkeiten des Verleihers auf die Wertpapiere, Insolvenzrisiko geht nicht über, Entleiher hat kein endgültiges Verfügungsrecht, dem Verleiher kommen weiterhin

Dividenden und Kupons zu, und die Leihe kann kurzfristig gekündigt werden.

Gegen die Ausbuchung spricht auch die Ähnlichkeit mit dem echten Pensionsgeschäft (so *Göth*, Bilanzrecht der Kreditinstitute I (1995) 196). Der wesentliche Unterschied, dass kein Kaufpreis bezahlt wird, steht dem nicht entgegen, sondern ist ein weiteres Indiz gegen die Ausbuchung, weil die Risikosituation des Verleihers dadurch nur verstärkt wird.

Zu Rz (124):

Die GoB i.S.v. §§ 190, 195 und 201 UGB gelten aufgrund von § 43 Abs. 1 BWG auch bei Kreditinstituten (vgl. *Perkounigg/Stecher* in *Dellinger*, Bankwesengesetz, Kommentar[8] (2016) § 43 Rz 14). Die GoB sind öffentlich-rechtliche Normen und nach der juristischen Methodenlehre zu interpretieren; ein rein induktives, aus der Praxis ehrbarer Unternehmer abgeleitetes Rechtsverständnis ist daher ausgeschlossen (vgl. *Krumnow* et al., Rechnungslegung der Kreditinstitute[2] (2004) § 340e Rz 68 mwN). Folglich kann aus einer üblichen Bankpraxis keine andere Interpretation der GoB abgeleitet werden als im UGB, außer die Abweichung beruht auf einer Sonderbestimmung des BWG (nur in letzterem Fall gibt es so genannte „Bank-GoB"). Dies ergibt sich auch aus § 57 Abs. 1 letzter Satz BWG („§ 201 Abs. 2 Z 4 UGB ist unter Berücksichtigung der Besonderheiten des Bankgeschäftes anzuwenden."); diese Bestimmung wäre sinnentleert, wenn ohnedies alle GoB nur unter Berücksichtigung der Besonderheiten des Bankgeschäftes anzuwenden wären.

Zu Rz (128):

Da das BWG eine Bewertung zum höheren beizulegenden Zeitwert ausdrücklich in Kauf nimmt und nachträgliche Umwidmungen nicht verbietet, kommt es mit der Umwidmung zwangsläufig zu einer Umwertung. Mangels gesonderter Bestimmungen über die Art der Erfolgsrealisierung ist die Differenz erfolgswirksam und kann ggf. den ausschüttungsfähigen Gewinn erhöhen.

Zu Rz (130):

Die Möglichkeit zum Ansatz beizulegender Zeitwerte beruht auf einer Besonderheit des Bankgeschäftes i.S.v. § 57 Abs. 1 letzter Satz BWG und berücksichtigt die besondere Funktion, die hohe Liquidität und das umfassende Management (z.B. die aktive Überwachung von Positionslimits) des Handelsbestands, um ein getreueres Bild der Vermögens-, Finanz- und Ertragslage zu vermitteln. Da der Handelsbestand insoweit eine Einheit darstellt (Portfoliobewertung), kann das Wahlrecht nur einheitlich für den gesamten Handelsbestand ausgeübt werden. Da es sich um eine Sonderbestimmung des BWG handelt, steht das Wahlrecht nur Kreditinstituten zu; der gewerbsmäßige Handel von Finanzinstrumenten ist gemäß § 1 Abs. 1 Z 7 BWG konzessionspflichtig; ohne Konzession darf somit auch kein Handelsbestand i.S.d. Definition in der Rz (131) vorliegen.

Zu Rz (131):

§ 57 Abs. 1 erster Satz BWG erwähnt zwar den „Handelsbestand", enthält aber keine Legaldefinition. Die in Rz (131) enthaltenen Ausführungen wurden aus dem Text der CRR abgeleitet, wobei der aufsichtsrechtliche Begriff „Handelsbuch" durch den für die Rechnungslegung maßgeblichen Begriff „Handelsbestand" ersetzt wurde. Nach der Definition dürfen nachträgliche Umgliederungen erfolgen, sofern die Handelsabsicht neu entsteht oder aufgegeben wird und eine begründete Dokumentation zum Zeitpunkt der Umbuchung vorliegt.

Zu Rz (133) ff.:

Eine Umgliederung ist kein Realisationsvorgang, sodass der Buchwert grundsätzlich fortzuführen ist. Liegt der Buchwert über den historischen Anschaffungskosten, so gibt es eine Normenkollision: § 203 Abs. 1 UGB sieht für das Finanzanlagevermögen eine Bewertung mit den Anschaffungskosten vor, vermindert um Abschreibungen gemäß § 204 UGB. § 204 Abs. 2 UGB verlangt aber eine Abschreibung nur dann, wenn eine Wertminderung vorliegt (diese liegt im Zeitpunkt der Umgliederung mit einem höheren beizulegenden Zeitwert nicht vor). Daher sind beide Interpretationen, die Fortführung des höheren Buchwerts und die Abschreibung auf die historischen Anschaffungskosten, vertretbar.

AFRAC-Stellungnahme 15
Derivate und Sicherungsinstrumente (UGB)

Stellungnahme
Die unternehmensrechtliche Bilanzierung von Derivaten und Sicherungsinstrumenten

(Dezember 2020)

Historie der vorliegenden Stellungnahme

erstmalige Veröffentlichung	September 2010	
Überarbeitung	Dezember 2011	Verschiebung des Zeitpunkts der erstmaligen Anwendung von Abschnitt 9 „Bilanzierung eines Macro-Hedge von Zinsrisiken durch Kreditinstitute" (erstmalige Anwendung von Kapitel 9 für Perioden, die am 1.1.2013 oder später beginnen)
Überarbeitung	Dezember 2012	Ergänzung der Erläuterungen zu den Rz (17) und (18); Streichung von Kapitel 9 „Bilanzierung eines Macro-Hedge von Zinsrisiken durch Kreditinstitute"
Überarbeitung	September 2014	Umbenennung der Basis for Conclusions in Erläuterungen; Ergänzung um zwei neue Randziffern (Rz (38) und (57)) sowie jeweils eine Erläuterung dazu, um die Themen „Bilanzierung interner Derivate" und „Bilanzierung eines Portfolio-Handelshedge" zu behandeln
Überarbeitung	Dezember 2015	Berücksichtigung geänderter Rechtsvorschriften, insbesondere der Änderungen des UGB aufgrund des Rechnungslegungs-Änderungsgesetzes 2014
Überarbeitung	September 2017	Klarstellung des Ausweises laufender Zinszahlungen von Swaps bei Kreditinstituten in den Erläuterungen zu Rz (74) ff.
Überarbeitung	Dezember 2020	Redaktionelle Änderungen in den Rz (1), (3), (18), (20), (26), (38), (41), (42), (51) bis (53), (55), (56), (59), (61), (65), (69); Neuformulierung der Rz (27), (34); Neuaufnahme der Rz (34a), (34b), (43a) bis (43c), (47a), (71a) bis (71d); Ergänzung und Anpassung der Rz (10), (13), (17), (23), (31), (35), (40), (43), (45), (54), (71), (77), (78); Neuaufnahme des Kapitels 9 „Auswirkungen der Anpassung von Referenzwerten"; Aktualisierung der Literatur sowie redaktionelle Änderungen in den Erläuterungen zu Rz (2), (10), (14), (15), (17) und (18), (20), (22), (23), (25), (29), (30) und (31), (36), (37), (38), (44), (51) ff., (57), (59) ff., (65), (69) und (72), (74) ff.; Ergänzung der Erläuterungen zu Rz (39), (40) und (45), (47) und (48), (71); Neuaufnahme der Erläuterungen zu Rz (27), (30) und (31), (34a), (34b), (41), (43), (43b), (43c), (47a), (49), (54), (71) bis (71c), (77a) ff., (77e) und (77f), (77h).

1. Anwendungsbereich

(1) Diese Stellungnahme behandelt die Bilanzierung von Derivaten und Sicherungsinstrumenten auf Grundlage der Rechnungslegungsvorschriften des österreichischen Unternehmensgesetzbuchs (UGB). Die Ausführungen gelten nach Maßgabe der §§ 43 Abs. 1 BWG und 136 VAG 2016 auch für Kreditinstitute und Versicherungsunternehmen. Auf die Bilanzierung von Derivaten im Handelsbestand von Kreditinstituten sowie die Behandlung

von Derivaten in aufsichtsrechtlichen Ordnungsnormen wird nicht eingegangen.

(2) Derivate werden im UGB zwar nur im Rahmen der Anhangangaben (§ 238 Abs. 1 Z 1 und Abs. 2 UGB) ausdrücklich erwähnt, nehmen aber auch bei der Bilanzierung eine Sonderstellung ein. Für Zwecke dieser Stellungnahme ist ein Derivat ein Finanzinstrument, das alle drei nachstehenden Merkmale aufweist:

– seine Wertentwicklung ist an einen bestimmten Zinssatz, den Preis eines Finanzinstruments, einen Rohstoffpreis, Wechselkurs, Preis- oder Zinsindex, ein Bonitätsrating oder einen Kreditindex oder eine ähnliche Variable gekoppelt, sofern bei einer nicht finanziellen Variablen diese nicht spezifisch für eine der Vertragsparteien ist (auch „Basiswert" genannt);
– es erfordert keine Anfangsauszahlung oder nur eine Anfangsauszahlung, die geringer ist als bei anderen Vertragsformen, von denen zu erwarten ist, dass sie in ähnlicher Weise auf Änderungen der Marktbedingungen reagieren;
– es wird zu einem späteren Zeitpunkt beglichen.

(3) Zu den Derivaten zählen einerseits sogenannte symmetrische Derivate, bei denen die Vertragspartner bei Vertragsabschluss gleichwertige Rechte und Pflichten eingehen (dabei kann es allerdings zu Ausgleichszahlungen für nicht marktkonforme Bedingungen kommen; vgl. Rz (12) f.). Das sind etwa Kauf- und Verkaufverträge auf Termin, die entweder an Terminbörsen („Futures") oder im „over-the-counter"-Handel abgeschlossen werden („Forwards"), sowie Zinstermingeschäfte, bei denen Zahlungen von Unterschieden zwischen festen und variablen Zinsen abhängen (z.B. „Forward Rate Agreements", die sich nur auf eine Zinsperiode beziehen, und „Zinsswaps", die sich auf mehrere Zinsperioden beziehen).

(4) Zu den Derivaten zählen andererseits **asymmetrische Derivate**. Das sind Derivate, bei denen der Käufer ein Recht erwirbt und dafür eine Gegenleistung (meist in Form einer Prämie) erbringt. Der Stillhalter geht eine entsprechende Verpflichtung ein. Solche Finanzinstrumente sind beispielsweise Optionen oder Zinsbegrenzungsvereinbarungen (Caps oder Floors).

(5) Derivate können auch von mehreren Risikoparametern gleichzeitig abhängig sein (z.B. ein sogenannter Cross-Currency-Zinsswap); derartige Instrumente werden in der Folge als **mehrdimensionale Derivate** bezeichnet.

(6) Zu den Derivaten gehören auch **Warentermingeschäfte**. Ausgenommen sind aber Verträge, die zwecks Empfang oder Lieferung nicht finanzieller Posten gemäß dem erwarteten Einkaufs-, Verkaufs- oder Nutzungsbedarf des Unternehmens geschlossen wurden und weiterhin zu diesem Zweck gehalten werden.

(7) Kein Derivat im Sinne dieser Stellungnahme sind Verträge, die aus Sicht des bilanzierenden Unternehmens im **Eigenkapital** zu erfassen sind (z.B. aufgrund von § 229 Abs. 2 UGB), und Instrumente im Anwendungsbereich der AFRAC-Stellungnahme „Die Behandlung anteilsbasierter Vergütungen in UGB-Abschlüssen" (z.B. Stock Options).

(8) Von Derivaten abzugrenzen sind **Garantien**; das sind Verträge, bei denen der Garantiegeber zur Leistung bestimmter Zahlungen verpflichtet ist, die den Garantienehmer für einen Verlust entschädigen, der entsteht, weil ein bestimmter Schuldner seinen Zahlungsverpflichtungen nicht fristgemäß und den Bedingungen eines Schuldinstruments entsprechend nachkommt. Kreditderivate, z.B. Credit Default Swaps, können je nach individueller Ausgestaltung die Definition eines Derivats erfüllen oder eine Garantie sein. Sind Zahlungen etwa von einem Bonitätsrating oder -index oder einem Kreditrisikoaufschlag abhängig, liegt ein Derivat vor.

2. Bilanzierung von Derivaten bei Vertragsabschluss

(9) Ein symmetrisches Derivat begründet bei Vertragsabschluss für die Vertragspartner gleichwertige Ansprüche und Verpflichtungen und hat in diesem Zeitpunkt idR Anschaffungskosten von Null. Es wird bei Vertragsabschluss gemäß § 190 UGB buchmäßig erfasst (ab diesem Zeitpunkt sind auch die einschlägigen Anhangangaben vorzunehmen, insbesondere gemäß § 238 Abs. 1 Z 1 und Abs. 2 UGB).

(10) Bei **asymmetrischen Derivaten** erwirbt der Käufer ein Recht zum Abschluss des künftigen Geschäfts oder zum Erhalt eines bestimmten Zahlungsbetrages, während der Stillhalter eine entsprechende Verpflichtung übernimmt. Diese Rechtsposition ist in der Bilanz des Käufers als (sonstiger) Vermögensgegenstand und in der Bilanz des Stillhalters als (sonstige) Verbindlichkeit auszuweisen. Der Erstansatz des Rechts bzw. der Verpflichtung erfolgt grundsätzlich in Höhe der vereinbarten Prämie. Erfolgen Zahlungen erst in der Zukunft, ist der Barwert dieser Zahlungen heranzuziehen (z.B. bei regelmäßigen Prämienzahlungen, die häufig im Rahmen von Kreditderivaten vereinbart werden).

(11) Ein Recht aus einem asymmetrischen Derivat ist grundsätzlich im Umlaufvermögen auszuweisen, außer es ist Teil einer Bewertungseinheit mit einem Gegenstand, der dazu bestimmt ist, dauernd dem Geschäftsbetrieb zu dienen. In besonders begründeten Ausnahmefällen kann auch ein freistehendes, asymmetrisches Derivat mit mehrjähriger Laufzeit dazu bestimmt sein, dauernd dem Geschäftsbetrieb zu dienen. Dazu muss im Rahmen der Anschaffung eine dokumentierte, nachgewiesene Strategie für die langfristige Nutzung vorliegen und es darf keine Zweifel an der dauernden Halteabsicht geben (z.B. aufgrund früherer Umwidmungen ins Umlaufvermögen oder einer vorzeitigen Beendigung derartiger Positionen). Das Derivat ist dann im Zeitpunkt der Anschaffung dem Anlagevermögen zuzuordnen; die Gründe für die Zuordnung zum Anlagevermögen sind nachvollziehbar zu dokumentieren.

(12) In bestimmten Fällen erfolgen im Rahmen des Zugangs eines (symmetrischen oder asymmetrischen) Derivats andere Zahlungen oder Leistungen, die entsprechend ihrem wirtschaftlichen Gehalt zu bilanzieren sind.

(13) Handelt es sich bei der Zahlung oder Leistung im Zusammenhang mit dem Abschluss eines symmetrischen Derivats („Upfront Fee") um einen Ausgleich für Abweichungen von Marktparametern, so ist sie vom leistenden Vertragspartner als aktiver und vom empfangenden Vertragspartner als passiver Rechnungsabgrenzungsposten anzusetzen und systematisch zu verteilen.

(14) Bei asymmetrischen Derivaten sind Transaktionskosten beim Käufer als Anschaffungsnebenkosten und beim Stillhalter unmittelbar als Aufwand zu erfassen. Bei symmetrischen Derivaten sind Transaktionskosten unmittelbar als Aufwand zu erfassen.

(15) In Zusammenhang mit Derivaten geleistete „Margins" (Sicherungseinlagen) stellen eine Sicherungsleistung und keine Erfüllungsleistung dar und sind daher als Forderungen oder Verbindlichkeiten gesondert zu erfassen (Ausweis z.B. als sonstige Forderung, bei Kreditinstituten idR als Forderung gegenüber Kunden oder gegenüber Kreditinstituten). Dies gilt auch in jenen Fällen, in denen beim Vertragspartner veranlagte flüssige Mittel für etwaige spätere Zahlungen für das Derivat gewidmet („gesperrt") werden. Erfolgt die Sicherheitsleistung durch Verpfändung von Finanzinstrumenten (z.B. Wertpapieren), ist dies entsprechend den relevanten Bestimmungen im Anhang offenzulegen.

3. Folgebewertung und Ausbuchung von Derivaten

(16) **Symmetrische Derivate** stellen schwebende Geschäfte dar und sind nach dem imparitätischen Realisationsprinzip nur dann in der Bilanz anzusetzen, wenn gemäß § 198 Abs. 8 Z 1 UGB eine Rückstellung für drohende Verluste zu bilden ist.

(17) Rückstellungen sind mit dem Erfüllungsbetrag anzusetzen (§ 211 Abs. 1 UGB). Bei symmetrischen Derivaten ergibt sich dieser Betrag aus dem beizulegenden Zeitwert am Abschlussstichtag, der gemäß § 189a Z 4 UGB zu ermitteln ist (Glattstellungsfiktion). Ein Verlust droht dann, wenn der um die Zinsabgrenzungen vorzeichengerecht korrigierte Marktwert (Clean Price) negativ ist. Im Rahmen der Ermittlung der Drohverlustrückstellung sind allfällige bereits bilanziell erfasste Komponenten des Derivats zu berücksichtigen.

(18) Da Änderungen der dem Derivat zugrundeliegenden Variablen (Basiswert) den beizulegenden Zeitwert des Derivats nicht nur indirekt beeinflussen, sondern wertbestimmend sind, stellen Änderungen dieser Variablen nach dem Stichtag keine wertaufhellenden Ereignisse dar.

(19) Die Folgebewertung eines **asymmetrischen Derivats** durch den Käufer erfolgt gemäß §§ 207 und 208 UGB.

(20) Im Anlagevermögen erfasste asymmetrische Derivate werden gemäß § 204 UGB bewertet. Mangels einer laufenden wirtschaftlichen Nutzung iSv § 204 Abs. 1 UGB ist eine planmäßige Abschreibung nicht sachgerecht. Bei voraussichtlich dauernder Wertminderung ist das Derivat auf den niedrigeren beizulegenden Zeitwert abzuschreiben. Die Ausführungen der Rz (13) ff. der AFRAC-Stellungnahme „Ausgewählte Fragen der unternehmensrechtlichen Bilanzierung von nichtderivativen Finanzinstrumenten" betreffend Aktien und strukturierte Produkte gelten sinngemäß.

(21) Der Stillhalter erfasst die erhaltene Prämie im Rahmen der Folgebewertung weiterhin als Verbindlichkeit. Ist der beizulegende Zeitwert der Verpflichtung höher als die passivierte Prämie, dann hat der Stillhalter insoweit eine Rückstellung für drohende Verluste zu bilden. Rz (17) gilt sinngemäß.

(22) Wurden im Zusammenhang mit Derivaten „Margins" (Sicherungseinlagen) geleistet und als Forderung angesetzt, sind diese erfolgswirksam abzuschreiben, soweit sie zur Abdeckung von Verlusten aus dem Derivat nach dem vereinbarten Verrechnungsmodus direkt zu verwenden sind. Soweit Margins erfolgswirksam abgeschrieben wurden, ist die Bildung einer Rückstellung nicht erforderlich.

(23) Soweit es sich bei als Rechnungsabgrenzungsposten erfassten Zahlungen um einen Ausgleich für nicht marktkonforme Vertragsbestimmungen handelt, muss die Fortführung dieser Posten nach den allgemeinen Grundsätzen für Rechnungsabgrenzungen erfolgen (beispielsweise bei Zinsen durch systematische Verteilung über die Laufzeit).

(24) Derivate (d.h. daraus resultierende, erfasste Prämien bzw. Rückstellungen) sind auszubuchen, wenn die Rechte und/oder Pflichten aus dem Vertrag erfüllt werden, auslaufen, erlöschen oder auf eine andere Partei übertragen werden. Die Ausbuchung eines Derivats führt zur Realisierung damit zusammenhängender Gewinne oder Verluste. Eine physische Lieferung (z.B. bei Ausübung eines Optionsrechts) führt nicht zur Erfolgsrealisierung, weil das Derivat nicht im Rahmen eines Umsatzaktes übertragen wird, sondern stellt einen einheitlichen Anschaffungs- oder Veräußerungsvorgang dar.

(25) Besteht ein asymmetrisches Derivat aus mehreren Einzeloptionen mit unterschiedlicher Laufzeit (z.B. bei mehrperiodischen Zinscaps) und lassen sich die Anschaffungskosten des Gesamtinstruments den Einzeloptionen nicht verlässlich zurechnen, ist eine aliquote Zuteilung der Anschaffungskosten des Gesamtinstruments vorzunehmen (es kommt somit zu einer linearen Auflösung der Anschaffungskosten im Zeitverlauf). Darüber hinaus sind Abschreibungen auf einen niedrigeren beizulegenden Zeitwert bzw. Rückstellungen nach Maßgabe der Rz (20) f. erforderlich.

(26) Substanzielle Änderungen von Vertragsbedingungen sind wie ein Tauschvorgang zu bilanzieren und führen daher zur erfolgswirksamen Realisierung des beizulegenden Zeitwerts des

Derivats. Sie liegen dann vor, wenn das Chancen- und Risikoprofil des Derivats grundlegend verändert wird.

(27) „Glattstellen“ eines Derivats bedeutet in wirtschaftlicher Betrachtungsweise das Schließen einer bestehenden Position durch Abschluss eines entsprechenden Gegengeschäfts. Dies führt im Regelfall zu einem saldierten Ausweis beider Geschäfte, wenn das derivative Gegengeschäft mit derselben Gegenpartei wie das ursprüngliche Derivatgeschäft abgeschlossen wird, eine Aufrechnungsvereinbarung besteht und mit einer Aufrechnung gerechnet werden kann. Im Falle einer Saldierung sind die saldierten (Brutto-)Buchwerte vor Saldierung im Anhang anzugeben. Von einem „Glattstellen“ zu unterscheiden ist ein sogenanntes „Close-Out“, bei dem der Vertrag beendet und ausgebucht wird.

4. Absicherung von Vermögensgegenständen, Verbindlichkeiten und schwebenden Geschäften durch Derivate

(28) Bei der Bilanzierung von Derivaten ist der Grundsatz der Einzelbewertung heranzuziehen (§ 201 Abs. 2 Z 3 UGB). Unter bestimmten Bedingungen ist allerdings die Bildung einer **Bewertungseinheit** mit einem abgesicherten Grundgeschäft zulässig.

Voraussetzungen für die Bildung von Bewertungseinheiten:

(29) Aufgrund ihres Ausnahmecharakters ist die Bildung von Bewertungseinheiten an strenge formelle und materielle Voraussetzungen geknüpft, mit denen die Voraussetzungen des § 201 Abs. 3 UGB nachgewiesen und entsprechend den Anforderungen des § 190 UGB zeitgerecht und vollständig aufgezeichnet werden.

(30) In formeller Hinsicht setzt die Bildung einer Bewertungseinheit eine **dokumentierte Widmung** zu Beginn der Sicherungsbeziehung voraus. Im Rahmen der dokumentierten Widmung wird

- das abzusichernde Risiko identifiziert,
- der Beginn der Sicherungsbeziehung festgelegt und
- das Vorliegen aller materiellen Voraussetzungen nachvollziehbar begründet (Rz (31) ff.).

Eine Bewertungseinheit liegt erst ab dem Zeitpunkt dieser Widmung vor. Eine rückwirkende Widmung oder eine nachträgliche Änderung der Dokumentation sind aufgrund von § 190 UGB nicht möglich.

(31) In materieller Hinsicht setzt die Bildung einer Bewertungseinheit voraus:

- die qualitative Eignung des abgesicherten **Grundgeschäfts**,
- das Vorliegen eines **Absicherungsbedarfs**,
- das Bestehen einer **Absicherungsstrategie** im Einklang mit der unternehmerischen Risikomanagementstrategie und
- die qualitative Eignung des **Derivats** als Sicherungsinstrument unter Berücksichtigung allfälliger Quellen für Ineffektivitäten der Sicherungsbeziehung.

(32) Diese Voraussetzungen müssen bereits zu Beginn der Sicherungsbeziehung vorliegen und bis zu deren Beendigung bestehen.

(33) Als abgesicherte **Grundgeschäfte** eignen sich bilanziell erfasste Vermögensgegenstände, Verbindlichkeiten sowie schwebende Geschäfte, die im Zeitpunkt der Widmung bereits abgeschlossen sind (soweit sie einem Wertänderungsrisiko iSd Rz (35) unterliegen).

(34) Das Grundgeschäft kann ein einzelner Vermögensgegenstand, eine einzelne Verbindlichkeit oder ein einzelnes schwebendes Geschäft sein (Micro-Hedge). Es kann auch nur eine Komponente oder ein prozentueller Anteil eines Grundgeschäfts gewidmet werden. Dies ist z.B. erforderlich, um die Effektivität einer Sicherung von Zins- oder Währungsrisiken zu verbessern, wenn der Nennwert des Grundgeschäfts höher ist als jener des Derivats. Unter den besonderen Voraussetzungen der Rz (43c) kann eine Kombination aus einem nicht-derivativen Grundgeschäft und einem Derivat ein absicherungsfähiges Grundgeschäft sein („aggregiertes abgesichertes Grundgeschäft“).

(34a) Auch eine Gruppe von gleichartigen Geschäften oder Komponenten davon, die alle einheitlich dem gesicherten Risikoparameter (beispielsweise dem Zins- oder Währungsrisiko) unterliegen, kann als Grundgeschäft gewidmet werden (Gruppen-Hedge). Gleichartigkeit bedeutet hier, dass eine Gruppe nur entweder aktive oder passive Bilanzposten umfassen kann. Der Gruppen-Hedge setzt die Homogenität der abgesicherten Risiken innerhalb der in der Gruppe zusammengefassten Geschäfte voraus. Die Risikostruktur der Gruppe darf sich (zur Gewährleistung der Effektivität) während der Dauer der Sicherungsbeziehung nicht wesentlich ändern. Das Vorliegen dieser Homogenität ist entsprechend zu dokumentieren. Die Absicherung erfolgt durch ein oder mehrere Sicherungsinstrument(e).

(34b) Wenn weder die Voraussetzungen eines Micro-Hedge noch jene eines Gruppen-Hedge vorliegen, können weder Bewertungseinheiten nach Kapitel 4 bilanziert noch die spezifische Bewertung von Drohverlustrückstellungen nach Kapitel 5 angewandt werden. Beispielhaft können Risiken aus offenen, sich laufend in der Zusammensetzung ändernden Gruppen sowie unternehmensweite Risiken genannt werden. Absicherungen solcher Risiken werden oftmals unter dem Begriff „Macro-Hedge“ subsumiert.

(35) Ein **Absicherungsbedarf** kann hinsichtlich von Änderungen des gesamten beizulegenden Werts bzw. Zeitwerts des Grundgeschäfts bestehen oder nur hinsichtlich von Änderungen des beizulegenden Zeitwerts aufgrund der Änderung bestimmter Risikovariablen (z.B. hinsichtlich des Preis-, Zins-, Währungs- oder Kreditrisikos). Kein Absicherungsbedarf besteht, soweit ein Risiko bereits durch andere designierte Sicherungsinstrumente gesichert ist.

(36) In Bezug auf die **Absicherungsstrategie** sind im Rahmen der Widmung die folgenden Umstände zu dokumentieren und nachvollziehbar zu begründen:

– Welche wesentlichen Ziele verfolgt die Sicherungsbeziehung (d.h. welches Risiko soll abgesichert werden) und welche geeigneten Methoden werden eingesetzt (z.B. Einsatz eines Derivats, Kriterien für die Verlängerung der Sicherungsbeziehung nach Ablauf des Derivats)?
– Warum nimmt das Management an, dass die Strategie ihre Ziele erfüllen wird?

(37) Nur jene Derivate sind **zur Absicherung geeignet**, die mit externen Gegenparteien abgeschlossen wurden und in Bezug auf das zu sichernde Risiko die Wertänderungen des Grundgeschäfts vollständig oder weitgehend ausgleichen. (Bei asymmetrischen Derivaten kann die Sicherungswirkung eingeschränkt sein: Eine geschriebene Option entfaltet beispielsweise keine Sicherungswirkung in Bezug auf Wertminderungen eines vom Unternehmen gehaltenen Basiswerts, weil diese Option im Fall eines Wertverlusts des Basiswerts nicht ausgeübt würde.) Im Rahmen der Widmung sind die folgenden Umstände zu dokumentieren und nachvollziehbar zu begründen:

– Wird die Sicherungsbeziehung vollständig oder weitgehend effektiv sein (prospektiver Effektivitätstest)?
– Welche Methode der (retrospektiven) Effektivitätsmessung wird eingesetzt?

(38) Unter den folgenden Voraussetzungen erfolgt bei Kreditinstituten eine bilanzielle Gleichstellung eines internen Derivats mit einem externen Derivat, wodurch sich dann die Darstellung dieser internen Derivate im Jahresabschluss und im Lagebericht der Kreditinstitute nicht von der entsprechenden Darstellung externer Derivate unterscheidet:

– Das interne Derivat ist als solches gekennzeichnet.
– Das interne Derivat ist in sämtlichen Belangen einem externen Derivat gleichgestellt. Es ist beispielsweise wie ein externes Derivat in das Risikomanagement einbezogen.
– Das interne Derivat muss zu marktgerechten Konditionen abgeschlossen werden.
– Die Kompetenzen zum Abschluss interner Derivate sind eindeutig festzulegen.
– Der Risikotransfer erfolgt mittels internem Derivat, weil die Kompetenz zum Abschluss externer Derivate für das zu transferierende Risiko auf Nettobasis nur für den Handelsbestand besteht.
– Der Risikotransfer bewirkt eine Risikokompensation im Nicht-Handelsbestand. Diese Risikokompensation ist durch Bilanzierung eines Micro- oder Gruppen-Hedge (nicht Portfolio-Handelshedge) im Sinne dieser Stellungnahme nachzuweisen.
– Das transferierte Risiko wird nachweislich im Handelsbestand externalisiert. Bloße Ergebnisverschiebungen sind ausgeschlossen. Diese nachweisliche Externalisierung ist zu dokumentieren. Der Nachweis kann beispielsweise über die Risikolimitierung des Handelsbuchs erfolgen.
– Die Anhangangabe gemäß § 238 Abs. 1 Z 1 lit. b UGB muss eine Identifikation der Buchwerte interner Derivate ermöglichen.

(39) Im Rahmen der Widmung wird ein **prospektiver Effektivitätstest** durchgeführt, um eine quantitative Aussage über die kompensierende Wirkung des Sicherungsinstruments zu treffen. Nur bei einer weitgehend effektiven Sicherungsbeziehung kann eine Bewertungseinheit gebildet werden.

(40) Eine effektive Sicherungsbeziehung liegt vor, wenn damit zu rechnen ist, dass es in erheblichem Umfang zu einem Ausgleich der Wertänderungen oder Zahlungsströme aus Grund- und Sicherungsgeschäft in Bezug auf das abgesicherte Risiko kommt, und diesem Ausgleich ein kausaler, wirtschaftlicher Zusammenhang zugrunde liegt. Dies setzt voraus, dass Grund- und Sicherungsgeschäft in ihrer Wertentwicklung von vergleichbaren Risiken beeinflusst werden und der Sicherungszusammenhang den Zielen des Risikomanagements entspricht. Beträgt die voraussichtliche (aber auch die retrospektiv beobachtbare) Wertänderung des Derivats zwischen 80 % und 125 % der durch das abgesicherte Risiko verursachten gegenläufigen Wertänderungen des designierten Grundgeschäfts, ist dies ein Indikator für eine weitgehend effektive Sicherungsbeziehung.

(41) Sind im Falle eines Micro-Hedge alle Parameter des Grundgeschäfts und des Absicherungsgeschäfts, die das Ausmaß der abgesicherten Wertänderung bestimmen, identisch, aber gegenläufig („Critical Terms Match“), so kann die Sicherungsbeziehung als effektiv angesehen werden (vereinfachte Bestimmung der Effektivität). Allerdings dürfen keine Zweifel an der Bonität des Sicherungsgebers und – abgesehen vom abgesicherten Risiko – an der Werthaltigkeit des Grundgeschäfts bestehen.

(42) Wenn sich der Bestand der Grundgeschäfte während der Sicherungsperiode ändern kann (z.B. bei einer Sicherung des Rohölpreises von schwankenden Rohölvorräten), kann durch eine Designation eines Teils der Bestände als Grundgeschäft die Effektivität der Sicherungsbeziehung verbessert werden (z.B. Sicherung nur jenes Teils des Rohölvorrats, der mit hoher Sicherheit über die gesamte Laufzeit der Bewertungseinheit gehalten wird). Bei einem Gruppen-Hedge kann zur Verbesserung der Effektivität nur der bis zum Ende der Sicherungsbeziehung sicher gehaltene Bestand gesichert werden (z.B. Designation des um mögliche Ausfälle verminderten Bestands).

(43) Derivate können nur in ihrer Gesamtheit, d.h. in Höhe ihres Gesamtwerts und auf die gesamte Dauer ihrer Laufzeit bzw. Restlaufzeit, als Sicherungsinstrumente designiert werden. Auch

ein fixer proportionaler Anteil des gesamten Derivats kann gewidmet werden, nicht aber nur bestimmte Cash Flows oder bestimmte Teilrisiken. Zulässig ist allerdings eine Trennung von Optionen in einen inneren Wert und einen Zeitwert, wobei zur Vereinfachung nur der innere Wert der Sicherungsbeziehung gewidmet wird und der Zeitwert, sofern er negativ ist, als Drohverlustrückstellung zu erfassen ist. Ebenso können Termingeschäfte in einen Kassakurs und eine Zinskomponente getrennt werden, wobei nur der Kassakurs für die Sicherung herangezogen wird. Auch die Abtrennung des FX-Basis-Spreads bei der Bewertung von Zins-Währungs-Swaps („Cross-Currency-Swaps") ist zulässig, wobei die Entwicklung des FX-Basis-Spreads dann nicht Teil der Sicherungsbeziehung und imparitätisch zu bewerten ist.

(43a) Ist die Laufzeit des Derivats kürzer als die Laufzeit des abgesicherten Grundgeschäfts, ist die Bildung einer Sicherungsbeziehung nur dann zulässig, wenn der angestrebte Absicherungszeitraum im Rahmen der Absicherungsstrategie dokumentiert wird. Sieht die Absicherungsstrategie vor, dass die gesamte Laufzeit des Grundgeschäfts abgesichert werden soll, und weisen die Sicherungsinstrumente eine kürzere Laufzeit auf, so ist die Verlängerung der Sicherungsbeziehung durch geplante Anschluss-Sicherungen bzw. die Wirksamkeit der Sicherungsstrategie im Zusammenhang mit der Fristeninkongruenz nachvollziehbar zu dokumentieren. Die Absicherung eines Grundgeschäfts mit einem Sicherungsgeschäft, das eine längere Laufzeit als das Grundgeschäft aufweist, ist nicht zulässig.

(43b) Mehrdimensionale Derivate können nur dann designiert werden, wenn das abgesicherte Grundgeschäft die gleiche mehrdimensionale Risikostruktur aufweist, die insgesamt mit dem mehrdimensionalen Derivat effektiv gesichert werden kann. In diesem Fall kann neben der Wertänderung des Grundgeschäfts zugleich auch ein Risiko zukünftiger, erfolgswirksamer Zahlungsströme iSv Kapitel 5 abgesichert werden, sofern hinsichtlich sämtlicher Risiken des Derivats ein weitgehend effektiver Sicherungszusammenhang besteht.

(43c) Eine Kombination aus einem nicht-derivativen Grundgeschäft und einem Derivat kann ebenfalls ein absicherungsfähiges Grundgeschäft sein („aggregiertes abgesichertes Grundgeschäft"). Das aggregierte abgesicherte Grundgeschäft oder das mehrdimensionale Derivat muss selbst die Anforderungen an Sicherungsbeziehungen gemäß Rz (30) und (31) erfüllen. Das nicht-derivative Grundgeschäft muss eine mehrdimensionale Risikostruktur aufweisen, die mit einem oder mehreren Derivat(en) abgesichert wird, welche insgesamt das mehrdimensionale Risiko effektiv absichern. Jede einzelne Sicherungsbeziehung muss jeweils die Anforderungen an Sicherungsbeziehungen erfüllen. Sollte die zweite Sicherungsbeziehung nicht mehr effektiv sein, muss deshalb nicht notwendigerweise die erste Sicherungsbeziehung beendet werden. Diese kann unabhängig fortbestehen, sofern die Voraussetzungen der Rz (40) weiterhin erfüllt sind. Ein Zerfall der ersten Sicherungsbeziehung hat allerdings zwangsläufig auch die Beendigung der zweiten Sicherungsbeziehung zur Folge, da für diese das (aggregierte) Grundgeschäft wegfällt.

(44) Eine Designation strukturierter Produkte mit eingebetteten Derivaten als Sicherungsinstrumente ist grundsätzlich nicht möglich, weil ihr Wert maßgeblich von anderen Risikofaktoren beeinflusst werden kann, die nicht Bestandteil der Sicherungsbeziehung sind. (Bei sogenannten Unit Linked Liabilities wie z.B. ausgegebenen Credit Linked Notes, die gemäß § 211 Abs. 1 UGB mit ihrem (veränderlichen) Erfüllungsbetrag zu bewerten sind, kann sich ein Erfolgsausgleich ohne Bildung einer Bewertungseinheit ergeben, wenn die zugrundeliegenden Vermögensgegenstände und die Verbindlichkeit jeweils abgewertet werden.) Diese Instrumente können aber abzusichernde Grundgeschäfte darstellen.

Folgebewertung:

(45) Zum Bilanzstichtag ist anhand der in der Dokumentation im Vorhinein festgelegten Methode zu ermitteln und angemessen zu dokumentieren, ob die Sicherungsbeziehung tatsächlich vollständig oder weitgehend effektiv war (**retrospektiver Effektivitätstest**). Dies trägt auch zur Beurteilung bei, ob die Sicherungsbeziehung auch weiterhin prospektiv als effektiv erachtet werden kann. Nur in diesem Fall ist das Derivat (weiterhin) als Bestandteil einer Bewertungseinheit anzusehen. Eine sich in retrospektiver Betrachtung ergebende verbleibende Ineffektivität ist entsprechend den allgemeinen unternehmensrechtlichen Grundsätze zu behandeln. Die Ausführungen der Rz (40) und (41) gelten sinngemäß.

(46) Liegt eine Bewertungseinheit vor, ist das Derivat am Bilanzstichtag nicht gesondert zu bewerten; Bewertungsobjekt ist vielmehr das abgesicherte Grundgeschäft zusammen mit dem Derivat. Für die Bewertung von Fremdwährungsforderungen und Fremdwährungsverbindlichkeiten, deren Wechselkurs mit einem Devisentermingeschäft vollständig abgesichert wird, ist folglich der vereinbarte Terminkurs maßgeblich.

(47) Der ineffektive Anteil eines Derivats mit negativem beizulegenden Zeitwert ist als Drohverlustrückstellung zu erfassen.

(47a) Es ist zulässig, während der Laufzeit der Sicherungsbeziehung eine Neukalibrierung des mengenmäßigen Verhältnisses zwischen Grund- und Sicherungsgeschäft („Rebalancing") vorzunehmen, wenn dies dazu dient, die Effektivität der Sicherungsbeziehung zu gewährleisten. Ein Rebalancing muss im Einklang mit der Risikomanagementstrategie des Unternehmens stehen und ist in der Dokumentation der Sicherungsbeziehung darzulegen (z.B. weil keine Derivate mit identem Risikoprofil vorliegen) – vgl. dazu Rz (31). Sofern es aufgrund der Entscheidung des Risikomanagements zu einem Rebalancing der Sicherungsbeziehung kommt, sind die bis zum Rebalancing eingetretenen Ineffektivitäten jedenfalls imparitätisch zu erfassen (vgl. auch Rz (47)).

Dem Stetigkeitsgedanken folgend muss allerdings nicht die ganze Sicherungsbeziehung beendet und komplett neu designiert werden, sondern sie kann weitergeführt werden, wobei die Regelungen in Rz (54) zur rollierenden Sicherungsstrategie analog anzuwenden sind. Werden zusätzliche Sicherungsgeschäfte abgeschlossen, werden sie der weiterhin bestehenden Sicherungsbeziehung hinzugefügt. Gleiches gilt, wenn die Menge an Grundgeschäften erweitert wird und so die Bewertungseinheit verbreitert wird. Sofern das Rebalancing dazu führt, dass Sicherungsgeschäfte (etwa aufgrund von Overhedging) aus der Sicherungsbeziehung entfernt werden, sind sie ab dem Zeitpunkt der Dedesignation gemäß den allgemeinen Grundsätzen imparitätisch zu bewerten.

(48) Ist aus dem abgesicherten Grundgeschäft aufgrund der darauf anzuwendenden Bewertungsbestimmungen ein Verlust zu erfassen, ist dabei die gegenläufige Wertentwicklung des Derivats zu berücksichtigen. Eine kompensierende Bewertung ist allerdings nur insoweit (in jener Höhe) zulässig, als die Sicherungsbeziehung effektiv ist; der ineffektive Teil darf nicht berücksichtigt werden.

(49) Wird ein Derivat nicht schon bei der Anschaffung, sondern erst während seiner Laufzeit als Sicherungsinstrument gewidmet, sind ggf. bis zu diesem Zeitpunkt eingetretene Drohverluste zu erfassen. Verluste aus einem Grundgeschäft, die vor der Widmung eines Sicherungsinstruments eingetreten sind, sind nach Maßgabe der auf das Grundgeschäft anzuwendenden Bewertungsbestimmungen zu erfassen.

(50) Wird durch den Abschluss eines Derivats ein bereits eingetretener Verlust aus einem zugrundeliegenden Geschäft fixiert (z.B. indem die Verluste in feste Zahlungsströme verwandelt werden), so führt dies zur Verlustrealisierung beim zugrundeliegenden Geschäft.

Beendigung der Sicherungsbeziehung:

(51) Ist eine Sicherungsbeziehung insgesamt nicht mehr effektiv, weil die Voraussetzungen nicht mehr vorliegen, dann wird die Bewertungseinheit ab dem Zeitpunkt des Eintritts der Ineffektivität aufgelöst. Derivat und Grundgeschäft sind dann einzeln nach den jeweils anwendbaren Bestimmungen so zu bilanzieren, als ob es nie eine Bewertungseinheit gegeben hätte. Dies gilt auch, wenn die Sicherungsbeziehung beendet wird (z.B. durch Ablauf, Veräußerung oder Tilgung). Auch Verluste, die im Zeitraum der Bewertungseinheit entstanden sind, aber aufgrund der Sicherungsbeziehung bisher nicht berücksichtigt wurden, sind dann zu berücksichtigen.

(52) Eine Bewertungseinheit besteht nur während der Laufzeit des Derivats. Ist das Derivat abgelaufen, veräußert oder erfüllt, sind daraus erzielte Erfolge zu realisieren (z.B. ist ein Nettogeldzufluss aus der Glattstellung eines symmetrischen Derivats als Ertrag zu erfassen). Die Laufzeiten von Derivat und Grundgeschäft müssen zwar weitgehend übereinstimmen oder durch eine rollierende Sicherungsstrategie in Einklang gebracht werden (siehe Rz (43a)); wurde aber die mit dem Derivat abgesicherte Wertänderung des Grundgeschäfts trotzdem noch nicht realisiert, kann der Erfolg aus dem Derivat nicht erfolgsneutral bis zur Realisierung des Erfolges aus dem Grundgeschäft abgegrenzt werden. (Bei geringfügigen zeitlichen Abweichungen, d.h. bei einer Realisation von Grund- und Sicherungsgeschäft kurz vor und kurz nach dem Abschlussstichtag, aber jedenfalls innerhalb der Wertaufhellungsfrist, ist eine erfolgsneutrale Abgrenzung aber sachgerecht, soweit insgesamt noch ein effektiver Erfolgsausgleich vorliegt.)

(53) Im Falle einer vorzeitigen Beendigung einer effektiven Sicherungsbeziehung durch Barausgleich oder Glattstellung des Derivats ist in der Dokumentation zu begründen, warum nicht insgesamt Zweifel an den Sicherungsstrategien des Unternehmens bestehen und folglich andere Bewertungseinheiten noch beibehalten werden können. Ferner sind die Beendigung und der daraus realisierte Erfolg im Anhang anzugeben (§ 222 Abs. 2 UGB) und im Lagebericht zu erläutern.

(54) Zusätzliche Besonderheiten ergeben sich für eine dokumentierte rollierende Sicherungsstrategie. Sämtliche Derivate, die im Einklang mit dieser Strategie abgeschlossen werden, sind wie ein zusammenhängendes Sicherungsinstrument zu behandeln: Soweit die rollierende Sicherungsstrategie seit dem Beginn der Sicherungsbeziehung effektiv ist, sind Nettogeldflüsse aus der Realisation der zwischenzeitlich ausgelaufenen Sicherungsinstrumente erfolgsneutral abzugrenzen. Diese Posten sind in weiterer Folge dem Sachverhalt entsprechend planmäßig über die Restlaufzeit des Grundgeschäfts aufzulösen, spätestens jedoch wenn die rollierende Sicherungsstrategie ausläuft, die Voraussetzungen für eine effektive Sicherungsbeziehung nicht mehr erfüllt sind oder die abgesicherte Wertänderung des Grundgeschäfts realisiert wurde.

Sonstige Sicherungsinstrumente:

(55) Auf physische Erfüllung gerichtete Termin- oder Optionsgeschäfte können je nach Einzelfall auch Sicherungsinstrumente sein; sie sind aber nicht Gegenstand dieser Stellungnahme.

(56) Zur Sicherung bestimmter Risiken können auch Bewertungseinheiten zwischen zwei nichtderivativen Finanzinstrumenten gebildet werden (z.B. hinsichtlich von Fremdwährungsrisiken). Sie sind nicht Gegenstand dieser Stellungnahme. Diesbezüglich wird auf die AFRAC-Stellungnahme „Ausgewählte Fragen der unternehmensrechtlichen Bilanzierung von nicht-derivativen Finanzinstrumenten" verwiesen.

Portfolio-Handelshedge:

(57) Eine besondere Form der Bewertungseinheit ist der Portfolio-Handelshedge. Ein Portfolio von Geschäften kann als einheitliches Bewertungsobjekt imparitätisch bewertet werden (Veränderungen der beizulegenden Zeitwerte der einzelnen Geschäfte des Portfolios werden somit verrechnet), sofern die folgenden weiteren Voraussetzungen vorliegen:

- Das Handelsportfolio ist ein klar abgegrenzter Verantwortungsbereich, für den es klare Vorgaben der Geschäftsleitung bezüglich der Risikokategorien, der Instrumente, der Risikostrategie und der Risikolimits gibt.
- Es ist ein effektives Risikomanagement vorhanden. Die eingehaltenen Risikolimits sind nachzuweisen und zu dokumentieren.
- Die Handelsabsicht wird für das Portfolio nachgewiesen und dokumentiert.
- Es ist eine tägliche Ermittlung der beizulegenden Zeitwerte der einzelnen Geschäfte gegeben.
- Im Anhang ist gemäß § 236 UGB über die Bilanzierung eines Portfolio-Handelshedge zu berichten; insbesondere sind die folgenden Angaben zu machen:
  - o Summe der positiven beizulegenden Zeitwerte der Geschäfte pro Portfolio;
  - o Summe der negativen beizulegenden Zeitwerte der Geschäfte pro Portfolio;
  - o Posten der Bilanz und der Gewinn- und Verlustrechnung, auf die sich die imparitätische Bewertung des Portfolios ausgewirkt hat, und die Höhe dieser Auswirkung.

5. Absicherung zukünftiger Zahlungsströme durch Derivate

(58) In manchen Fällen schließen Unternehmen Derivate ab, um damit einen variablen Zahlungsfluss nach dem Abschlussstichtag abzusichern. Sofern nicht eine Bewertungseinheit entsprechend den Ausführungen in Kapitel 4 zulässig ist, darf keine Bewertungseinheit gebildet werden. Hat das Derivat daher einen negativen beizulegenden Zeitwert, ist dieser durch eine Drohverlustrückstellung zu erfassen.

(59) Ist aber mit an Sicherheit grenzender Wahrscheinlichkeit und nachweislich von einem **gegenläufigen erfolgswirksamen Cash Flow** aus einem Geschäft, das mit dem Derivat unmittelbar kausal verknüpft ist, auszugehen, kann dieser bei der Bemessung des Drohverlustes berücksichtigt werden. Der gegenläufige erfolgswirksame Cash Flow muss

- aus einem spätestens im Aufstellungszeitpunkt abgeschlossenen Vertrag resultieren, an dessen rechtlichem Bestand und an dessen Erfüllung keine Zweifel bestehen, oder
- aus einem im folgenden Geschäftsjahr mit an Sicherheit grenzender Wahrscheinlichkeit abzuschließenden Vertrag resultieren, an dessen zukünftigem rechtlichen Bestand und an dessen Erfüllung keine Zweifel bestehen. Bei mehrjährigen, im Detail geplanten und von allen relevanten Stellen bewilligten Projekten mit hinreichender Finanzierung kann der Cash Flow auch aus später abzuschließenden Verträgen resultieren, wenn dieser Cash Flow im Projektplan enthalten und die Projektdurchführung so gut wie sicher ist.

(60) Es darf in beiden Fällen keine Zweifel am gegenläufigen erfolgswirksamen Cash Flow in Folgeperioden geben (z.B. weil in der Vergangenheit eine ähnliche geplante Transaktion tatsächlich nicht oder in wesentlich anderer Form durchgeführt wurde), und es dürfen keine Zweifel an der Bonität des Geschäftspartners bestehen. Sollten entsprechende Zweifel auftreten, liegt die kausale Verknüpfung gemäß Rz (59) nicht vor.

(61) Der Umfang eines abgesicherten Geschäfts muss aus der Erfahrung aufgrund der bisherigen Geschäftstätigkeit bekannt und verlässlich quantifizierbar sein, der Zeitpunkt oder zumindest ein enger Zeitrahmen für die Zahlungen aus dem Geschäft müssen verlässlich vorhersehbar sein (z.B. genau budgetierte künftige Zahlungseingänge in Fremdwährung), und sämtliche Erfolgs- und Risikoparameter des Geschäfts müssen bekannt sein.

(62) Sämtliche während der Wertaufhellungsfrist bekannt gewordenen Informationen über den Eintritt und über die Sicherheit des gegenläufigen Ertrags sind zu berücksichtigen.

(63) Zusätzlich muss bereits **bei Abschluss des Derivats** eine dokumentierte Widmung erfolgen, in der die Anforderungen der Rz (59) bis (61) und die Anforderungen der Rz (30) und (31), d.h. die formellen und materiellen **Voraussetzungen für Bewertungseinheiten**, nachgewiesen werden. Eine nachträgliche Widmung bereits abgeschlossener Derivate ist nicht zulässig.

(64) Zum Abschlussstichtag ist ein Effektivitätstest entsprechend Rz (45) erforderlich; der gegenläufige Cash Flow kann nur berücksichtigt werden, wenn und soweit eine effektive Sicherungsbeziehung nachgewiesen wird.

(65) Die Einhaltung der Anforderungen der IFRS an einen „Cash Flow Hedge" in einem IFRS-Abschluss ist für sich genommen kein Hinweis darauf, dass auf die Bildung einer Drohverlustrückstellung im Abschluss nach dem UGB verzichtet werden kann.

(66) Die negativen beizulegenden Zeitwerte von Derivaten, die aufgrund der obigen Ausführungen nicht in der Bilanz erfasst wurden, sind im Anhang gesondert anzugeben, und es ist zu begründen, warum und inwieweit auf die Bildung einer Drohverlustrückstellung verzichtet wurde.

(67) Beispiele:

- Ein österreichisches Unternehmen tätigt in der Folgeperiode Umsätze in den USA in einer Bandbreite von voraussichtlich 20 bis 25 Mio. US$. Bei einer vorsichtigen Schätzung möglicher Umsatzeinbrüche, möglicher eigener Leistungsmängel und möglicher Zahlungsstörungen der Kunden ist mit an Sicherheit grenzender Wahrscheinlichkeit von Zahlungseingängen von mindestens 15 Mio. US$ auszugehen. Auch die Zahlungszeitpunkte können verlässlich geplant werden. Das Unternehmen schließt daher fristenkongruente Devisentermingeschäfte über den Umtausch von insgesamt 15 Mio. US$ in Euro ab. Steigt der Dollarkurs, dann steht dem negativen beizulegenden Zeitwert der Devisentermingeschäfte ein gegenläufiger mit an Sicherheit grenzender Wahrscheinlichkeit zu erwartender ertragswirksamer Cash Flow gegenüber (Werterhöhung der in Euro umgerechneten Umsätze bzw. Wechselkursgewinne aus Forderungseingängen). Sind sämtliche in Rz (63) angeführten Anforderungen erfüllt, kann der gegenläufige ertragswirksame Cash Flow bei der Ermittlung der Drohverlustrückstellung berücksichtigt werden.

- Ein Unternehmen hält ein Portfolio gleichartiger, auf Grundlage des 3M-Euribor variabel verzinster Anleihen und möchte das Kuponrisiko durch Zinstermingeschäfte und Zinsswaps absichern. Haben die Derivate einen negativen beizulegenden Zeitwert und sind sämtliche in Rz (63) angeführten Anforderungen erfüllt, können die gegenläufigen ertragswirksamen Cash Flows bei der Ermittlung einer Drohverlustrückstellung berücksichtigt werden.
- Die Geschäftstätigkeit eines Unternehmens besteht im regelmäßigen Ankauf und Verkauf eines Rohstoffs, und es kann die erzielbaren Handelsmargen nur schwer planen. Das Unternehmen schließt Derivate ab, um die stark schwankenden Einkaufspreise des folgenden Jahres durch bar auszugleichende Termingeschäfte zu fixieren, kann aber nicht mit an Sicherheit grenzender Wahrscheinlichkeit nachweisen, dass es entsprechende Handelsmargen erzielen wird. Fällt der Rohstoffpreis und haben die Termingeschäfte daher einen negativen beizulegenden Zeitwert, ist eine Drohverlustrückstellung zu erfassen, weil die in Rz (63) angeführten Anforderungen nicht erfüllt sind.
- Ein Unternehmen hat eine variabel verzinsliche Anleihe begeben. Zur Absicherung des Kuponrisikos schließt es einen Zinsswap ab, mit dem die Zinszahlungen fixiert werden (sämtliche für das Zinsrisiko relevanten Parameter stimmen entsprechend der Rz (41) überein). In der Folge fällt das Zinsniveau, und der Zinsswap hat einen negativen beizulegenden Zeitwert. Sind sämtliche in Rz (63) angeführten Anforderungen erfüllt, ist keine Drohverlustrückstellung erforderlich.
- Ein Unternehmen möchte das Wechselkursrisiko aus seinen in US$ fakturierten Umsätzen mit amerikanischen Kunden absichern. Mit einem Kunden hat es einen dreijährigen Liefervertrag mit klar definierten Kontingenten, Lieferungszeitpunkten und Zahlungsbedingungen abgeschlossen, an deren Eintritt und Erfüllung keine Zweifel bestehen. Sind sämtliche in Rz (63) angeführten Anforderungen erfüllt, kommt eine Sicherungsbeziehung für die Umsätze aus diesem Vertrag in Betracht. Darüber hinaus beliefert das Unternehmen regelmäßig Stammkunden in den USA; die Liefermengen sind aus der Erfahrung bekannt, aber es gibt noch keine Verträge. Sind sämtliche in Rz (63) angeführten Anforderungen erfüllt, kommt eine Sicherungsbeziehung für die Umsätze aus jenen Verträgen in Betracht, die im folgenden Geschäftsjahr mit an Sicherheit grenzender Wahrscheinlichkeit abgeschlossen werden.

6. Bewertung von Finanzinstrumenten mit eingebetteten Derivaten

(68) Strukturierte Finanzinstrumente (z.B. Indexzertifikate) können finanzwirtschaftlich in einen Rahmenvertrag und eingebettete Derivate zerlegt werden. Ein strukturiertes Produkt stellt grundsätzlich einen einheitlichen Vermögensgegenstand bzw. eine einheitliche Verbindlichkeit dar, ein eingebettetes Derivat ist für sich genommen daher kein Bewertungsobjekt. In Verbindlichkeiten eingebettete Derivate sind allerdings ggf. gesondert zu erfassen.

(69) Für die Bewertung strukturierter Finanzinstrumente, die **Vermögensgegenstände** sind, sind die Ausführungen der Rz (13) ff. und (22) ff. der AFRAC-Stellungnahme „Ausgewählte Fragen der unternehmensrechtlichen Bilanzierung von nicht-derivativen Finanzinstrumenten" betreffend die Bewertung von Aktien und strukturierten Produkten anzuwenden.

(70) Ist nach den auf das strukturierte Finanzinstrument anzuwendenden Bewertungsbestimmungen der beizulegende Zeitwert zu ermitteln, dann sind eingebettete Derivate als wertbeeinflussende Bestandteile nach den Wertverhältnissen am Abschlussstichtag zu berücksichtigen.

(71) Ist ein Derivat in eine **Verbindlichkeit** eingebettet, so ist zu untersuchen, ob dieses Derivat aus der Verbindlichkeit herauszulösen und gesondert zu bilanzieren ist, um zu einer zutreffenden Darstellung der wirtschaftlichen Lage im Jahresabschluss zu gelangen. Handelt es sich dabei um ein Derivat, dessen wirtschaftliche Merkmale und Risiken nicht eng mit jenen der Verbindlichkeit verbunden sind, sondern das im Vergleich zur Basis-Verbindlichkeit wesentlich erhöhte oder zusätzliche (andersartige) Chancen und Risiken aufweist (z.B. ein Wandlungsrecht), so ist dieses Derivat gesondert zu erfassen und zu bewerten.

(71a) Beim erstmaligen Ansatz der Verbindlichkeit ist der erhaltene Ausgabebetrag im Verhältnis der beizulegenden Zeitwerte der einzelnen Bestandteile (Basisinstrument und eingebettetes Derivat) auf diese aufzuteilen. Können einzelne Bestandteile nicht separat bewertet werden, so entspricht die Differenz zwischen dem beizulegenden Zeitwert (= Ausgabebetrag) der Verbindlichkeit insgesamt und dem beizulegenden Zeitwert des reinen Basisinstruments dem Wert, der dem eingebetteten Derivat zuzuordnen ist. Die getrennte Bilanzierung kann daher bei der verbleibenden (Rest-)Verbindlichkeit zum Entstehen eines Agios bzw. Disagios führen, das gemäß den allgemeinen Vorschriften (§ 198 Abs. 6 und 7 UGB) zu bilanzieren ist. Die Ausführungen im Kapitel 3 gelten sinngemäß.

(71b) Auf eine gesonderte Erfassung und Bewertung des eingebetteten Derivats kann jedoch dann verzichtet werden, wenn das eingebettete Derivat mit einem Sicherungsinstrument abgesichert ist und sowohl die allgemeinen Voraussetzungen für die Bildung von Bewertungseinheiten in den Rz (28) ff. als auch die besonderen Voraussetzungen für den „Critical Terms Match" in Rz (41) erfüllt sind, da in diesem Fall durch die Bildung einer Bewertungseinheit zwischen strukturiertem Finanzinstrument und Sicherungsgeschäft die zutreffende Darstellung der wirtschaftlichen Lage im Jahresabschluss ebenfalls erreicht wird. In diesem Fall sind die nicht gesondert bilanzierten Derivate dennoch als gesonderte Kategorie in die Anhangangabe gemäß § 238 Abs. 1 Z 1 UGB aufzunehmen. Entsprechend dem Vorsichtsprinzip und für eine periodengerechte Ertragszuordnung ist in einer Bewertungseinheit der sich aus dem Sicherungsgeschäft ergebende Erfolg zu dem Zeitpunkt zu erfassen, zu dem auch der Erfolg aus dem Grundgeschäft erfasst wird.

(71c) Sollte ein Wandlungs- oder Optionsrecht auf die Ausgabe eigener Aktien in eine Verbindlichkeit eingebettet sein, so ist es jedenfalls abzuspalten, selbst wenn es abgesichert ist. Der Ausgabebetrag für das Wandlungs- oder Optionsrecht ist als Entgelt für die Einräumung der Rechte gemäß § 229 Abs. 2 Z 2 UGB in eine gebundene Kapitalrücklage einzustellen (vgl. KFS/RL 13 Rz 41).

(71d) Für die bilanzielle Behandlung von Instrumenten des zusätzlichen Kernkapitals und vergleichbaren Finanzinstrumenten (und die Unterschiede zu „klassischen" Wandelanleihen) wird auf die AFRAC-Stellungnahme „Sonderfragen der unternehmensrechtlichen Bilanzierung von Instrumenten des zusätzlichen Kernkapitals und vergleichbaren Finanzinstrumenten" verwiesen.

(72) Von eingebetteten Derivaten sind gesondert übertragbare Derivate zu unterscheiden, die gemeinsam mit einem Finanzinstrument ausgegeben werden (z.B. ein gesondert übertragbarer Optionsschein im Fall einer Optionsanleihe). Solche Derivate sind gesonderte Bewertungsobjekte.

(73) Die Ausführungen in diesem Kapitel gelten nicht für eingebettete Derivate, die gemäß Kapitel 1 vom Anwendungsbereich dieser Stellungnahme ausgenommen sind (z.B. gemäß § 229 UGB im Eigenkapital des bilanzierenden Unternehmens zu erfassende eingebettete Derivate).

7. Darstellung der Ergebnisse aus Derivaten im Rahmen der GuV-Gliederung gemäß § 231 UGB

(74) Das UGB enthält keine Bestimmungen zum Ausweis von Ergebnissen aus Derivaten in der Gewinn- und Verlustrechnung. Die folgenden Ausführungen gelten für Unternehmen, bei denen der Abschluss von Derivaten nicht zur typischen Geschäftstätigkeit zählt.

(75) Aufwendungen und Erträge aus Derivaten, die sich aus einer operativen Geschäftstätigkeit ergeben und die nicht als Sicherungsinstrumente dienen, müssen grundsätzlich unter den sonstigen betrieblichen Erträgen bzw. unter den sonstigen betrieblichen Aufwendungen erfasst werden. Erfolge aus Derivaten, die gemäß der Absicht des Managements im Zeitpunkt des Erwerbs in Zusammenhang mit der Finanzierung oder mit Finanzinvestitionen stehen, sind im Finanzergebnis auszuweisen.

(76) Ist das Derivat ein Sicherungsinstrument, sind die Erfolge aus dem Derivat in jenem Posten auszuweisen, in dem auch die Erfolge des Grundgeschäfts erfasst werden (z.B. der laufende Nettoausgleich aus einem Zinsswap unter Zinsen und ähnliche Erträge bzw. Zinsen und ähnliche Aufwendungen, wenn der Zinsswap Zinszahlungen aus einem Kredit sichert).

8. Anhangangaben zu Derivaten, die entsprechend Kapitel 4 und 5 in einer Sicherungsbeziehung stehen

(77) Die in den §§ 236 ff. UGB normierten Anhangangaben erfordern im Rahmen der unternehmensrechtlichen Abschlussberichterstattung gegebenenfalls folgende Zusatzinformationen zu Derivaten:

- Angaben in Zusammenhang mit Sicherungsgeschäften;
- Angabe der Risikoarten, die in eine Bewertungseinheit einbezogen werden;
- Angabe der Grundgeschäftsarten, aus denen diese Risiken stammen;
- Angabe der Derivate, mit denen die Risiken abgesichert werden;
- beizulegender Zeitwert dieser Derivate;
- Angabe des Absicherungszeitraumes;
- Darstellung der verwendeten Effektivitätsmessung und des Sicherungszusammenhanges;
- Darstellung von wesentlichen Ausgleichszahlungen und deren bilanzielle Behandlung;
- Darstellung der nicht in der Bilanz erfassten Verluste aus Derivaten, die im Rahmen einer Sicherungsbeziehung zukünftiger Zahlungsströme stehen, sowie die entsprechende Begründung (vgl. Rz (66)).

9. Auswirkungen der Anpassung von Referenzwerten

(77a) Aufgrund der „Referenzwert-Verordnung" (VO EU 2016/1011), welche seit 1. Jänner 2018 in der EU anzuwenden ist, sowie der analogen weltweiten Bestrebungen zur Anpassung von Referenzwerten werden insbesondere IBOR (Interbank Offered Rates)-Zinssätze durch neue Referenzzinssätze abgelöst.

(77b) In Zusammenhang mit der Umstellung von Referenzzinssätzen können sich bei der Bilanzierung von Sicherungsbeziehungen Unsicherheiten betreffend den Umstellungszeitpunkt und den Nachfolgezinssatz sowohl beim Grundgeschäft als auch beim Sicherungsgeschäft ergeben. Hinsichtlich der Absicherung variabler Zahlungsströme können sich vor der Umstellung zusätzlich Zweifel am hochwahrscheinlichen Eintreffen der geplanten Zahlungsströme ergeben. Auf internationaler Ebene wurde in diesem Zusammenhang vom IASB der Lösungsansatz gewählt, dass für die Beurteilung der Wahrscheinlichkeit des Eintritts zukünftiger Zahlungsströme unterstellt werden darf, dass der Referenzzinssatz beibehalten wird, solange diese Unsicherheit aus der Umstellung besteht.

(77c) Eine Änderung des Referenzzinssatzes beim Grund- oder beim Sicherungsgeschäft stellt eine Vertragsanpassung dar. Sofern diese Änderung ausschließlich durch die Umstellung auf einen neuen Referenzzinssatz begründet ist und die neue Basis für die Bestimmung der Zahlungsströme im Vergleich zur bisherigen Basis ökonomisch äquivalent ist, sehen die internationalen Rechnungslegungsvorschriften folgende Regelungen vor:

- Es liegt keine substanzielle Änderung des jeweiligen Geschäfts vor, sodass es auch nicht zu einer Ausbuchung des jeweiligen Geschäfts kommt und die Sicherungsbeziehung aufrechterhalten werden kann.
- Die Umstellung des Referenzzinssatzes selbst ist zwar eine Vertragsanpassung, es kommt aber zu keinem Modifikationsergebnis, sondern die Umstellung des Zinssatzes wird wie eine normale Zinssatzanpassung behandelt und wirkt sich nur in der Zukunft in Form geänderter Zinszahlungsströme aus.
- Zusätzlich darf im Zuge der Umstellung des Referenzzinssatzes beim Grund- und/oder beim Sicherungsgeschäft die Dokumentation der Sicherungsbeziehung angepasst werden, sodass sie die neuen Eigenschaften des Grund- und/oder des Sicherungsgeschäfts widerspiegelt. Ebenso ist eine Anpassung des gesicherten Risikos an den alternativen Referenzzinssatz zulässig.
- Nach erfolgter Umstellung darf bei einer Effektivitätsmessung auf kumulativer Basis neu begonnen werden, damit die Messung nicht durch Effekte aus der Umstellung gestört wird.
- Ineffektivitäten, die sich im Rahmen der Umstellung ergeben, sind als solche zu erfassen.

Die Anwendung dieser Bestimmungen betrifft nur jene Sicherungsbeziehungen, die direkt von der Referenzzinsablöse betroffen sind und bei denen die eingangs beschriebenen Bedingungen eingehalten werden.

(77d) Eine analoge Anwendung dieser Erleichterungsbestimmungen erscheint auch im UGB-Abschluss sachgerecht, sofern die Änderungen allein durch die Umstellung des Referenzzinssatzes als Folge der Referenzwert-Verordnung (oder vergleichbarer internationaler Regelungen) begründet sind und die neue Basis für die Bestimmung der Zahlungsströme im Vergleich zur bisherigen Basis ökonomisch äquivalent ist. Das führt im UGB-Abschluss zu folgender Behandlung:

- Da sich unter diesen Voraussetzungen die Chancen und Risiken im Sicherungsgeschäft nicht grundlegend ändern und auch beim Grundgeschäft keine substanzielle Vertragsanpassung vorliegt, kommt es auch im UGB-Abschluss zu keiner Ausbuchung der Instrumente.
- Dementsprechend bedeutet eine erwartete Umstellung des Referenzzinssatzes nicht notwendigerweise die Auflösung einer bestehenden Sicherungsbeziehung, insbesondere dann nicht, wenn die Anpassung sowohl beim Grund- als auch beim Sicherungsgeschäft erfolgen soll.
- Der Effektivitätskorridor von 80 % bis 125 % ist gemäß Rz (40) dieser Stellungnahme ein Indikator für eine effektive Sicherungsbeziehung, ein temporäres Verlassen dieses Korridors während der Referenzzinssatz-Umstellung führt aber nicht zu einer Auflösung der Sicherungsbeziehung, wenn der Grund dafür in der Umstellung liegt.
- Allerdings ist für den UGB-Abschluss zu beachten, dass durch die Umstellung eines Indikators bei nur einem Instrument ein gegebenenfalls zuvor vorliegender Critical Terms Match gemäß Rz (41) nicht mehr gegeben ist und dies dazu führen kann, dass die hohe Effektivität nunmehr durch einen rechnerischen Effektivitätstest nachgewiesen werden muss.
- Es bestehen keine Bedenken, die Umstellung des Indikators unter den genannten Voraussetzungen auch im UGB-Abschluss als schlichte Anpassung des Indikators zu behandeln.
- Ebenso ist es zulässig, im Zusammenhang mit der Umstellung des Indikators die Dokumentation der (fortgeführten) Sicherungsbeziehung anzupassen und gegebenenfalls mit der Effektivitätsmessung nach erfolgter Umstellung neu zu beginnen, um die Effektivitätsmessung der nunmehr neu ausgerichteten Sicherungsbeziehung frei von durch die Umstellung unmittelbar induzierten Störeffekten zu halten.

Wie in der internationalen Rechnungslegung gilt, dass die Anwendung dieser Bestimmungen nur jene Sicherungsbeziehungen betrifft, die direkt von der Referenzzinsablöse betroffen sind und bei denen die eingangs beschriebenen Bedingungen eingehalten werden.

Darüber hinausgehende Änderungen oder Anpassungen sind nicht von dieser privilegierten Behandlung umfasst und sind nach allgemeinen Grundsätzen zu beurteilen.

Änderung des Abzinsungssatzes:

(77e) Mit der IBOR-Reform können auch Änderungen der Referenzzinssätze verbunden sein, die im Rahmen der Ermittlung des beizulegenden Zeitwerts der jeweiligen Derivate bei der Abzinsung der vertraglichen Cash Flows verwendet werden (sog. „Discounting-Switch“). Derartige Änderungen des Abzinsungssatzes führen zu Änderungen im beizulegenden Zeitwert des betroffenen Derivats. Im Zusammenhang mit diesem Discounting-Switch kommt es daher üblicherweise zu Ausgleichszahlungen, um diese Zeitwertänderungen zwischen den Vertragspartnern auszugleichen.

(77f) Bei Derivaten des Handelsbestands von Banken ist die erhaltene bzw. geleistete Ausgleichszahlung im Zusammenhang mit der Änderung des Abzinsungssatzes sofort erfolgswirksam in der Gewinn- und Verlustrechnung zu erfassen und gleicht so die ebenfalls erfolgswirksam erfasste Änderung des beizulegenden Zeitwerts als Folge des Discounting-Switch aus. In allen übrigen Fällen werden zwei Bilanzierungsvarianten als zulässig erachtet (Bilanzierungswahlrecht):

a) Analog zur Vorgehensweise im Handelsbestand von Banken wird die Ausgleichszahlung sofort erfolgswirksam in der Gewinn- und Verlust-rechnung erfasst.

b) Die Ausgleichszahlung ist den einzelnen Derivaten zuzuordnen und in entsprechender Höhe als Rechnungsabgrenzungsposten zu erfassen, welcher über die Restlaufzeit des Derivats erfolgswirksam zu verteilen ist.

Die bilanzielle Behandlung der Ausgleichszahlung ist festzulegen, stetig anzuwenden und im Anhang zu erläutern.

(77g) Bei der Ermittlung der Höhe der Rechnungsabgrenzungsposten sind der Einzelbewertungsgrundsatz und das allgemeine Saldierungsverbot zu beachten. Dies bedeutet, dass eine gesamthafte Ausgleichszahlung für ein Portfolio an Derivaten den Einzelgeschäften zuzuordnen ist.

(77h) Die Änderung des Abzinsungssatzes eines Sicherungsgeschäfts verändert dessen beizulegenden Zeitwert, ändert aber nichts an den vertraglichen Zahlungsströmen des Sicherungsgeschäfts. Insofern kann eine bestehende Sicherungsbeziehung auch nach der Umstellung des Sicherungsinstruments auf einen anderen Abzinsungssatz unverändert fortgeführt werden. Allerdings wirkt sich die Änderung des Abzinsungssatzes auf die Bewertung der Derivate aus und beeinflusst somit eine allfällige Effektivitätsmessung.

10. Erstmalige Anwendung

(78) Die vorliegende Fassung der Stellungnahme ersetzt jene vom September 2017. Sie ist auf Geschäftsjahre anzuwenden, die nach dem 31. Dezember 2021 beginnen. Eine vorzeitige Anwendung ist zulässig. Es ist ebenso zulässig, nur das Kapitel 9 vorzeitig anzuwenden.

(79) [gestrichen]

Erläuterungen

Zu Rz (2):

Die Definition des Derivats entspricht jener in IFRS 9. Im Fall von Unklarheiten kann zur Klärung der Frage, ob ein Derivat vorliegt, auf diesen Standard zurückgegriffen werden. Diese Definition deckt sich auch mit dem Anwendungsbereich des § 238 Abs. 1 Z 1 und Abs. 2 UGB, denn die erläuternden Bemerkungen zum Fair Value-Bewertungsgesetz (ErläutRV 176 BlgNR 22. GP 4, 6 – § 237a Abs. 1 Z 1 und Abs. 2 als Vorgängerbestimmung des § 238 Abs. 1 Z 1 und Abs. 2 UGB) verweisen explizit auf „Ausführungen aus IAS 39", dem Vorgänger-Standard des IFRS 9, aus dem die Definition eines Derivats unverändert in IFRS 9 (Appendix A) übernommen wurde. Ausgenommen von der Stellungnahme sind auch Warentermingeschäfte für den eigenen Gebrauch (own use exemption), die iSv IFRS 9.2.4 nicht vorzeitig durch Barausgleich geschlossen werden können. Die Ausnahme für Warentermingeschäfte in § 238 Abs. 2 UGB hat trotz leicht abweichender Formulierung materiell den selben Inhalt wie die Ausnahme in IFRS 9.2.4. Die Anwendungshinweise zu IFRS 9 (IG A.1 und A.2) stellen zur Auslegung klar, dass bei Warentermingeschäften ein Derivat vorliegt, wenn es in der Vergangenheit bei ähnlichen Verträgen entgegen der ursprünglichen Absicht regelmäßig zu einem Barausgleich oder Weiterveräußerungen des Basiswerts ohne eigene Nutzung gekommen ist. Bei einem solchen Verhalten bestünden aber auch berechtigte Zweifel an der Anwendbarkeit der Ausnahmebestimmung in § 238 Abs. 2 UGB.

Derivate, die im Eigenkapital zu erfassen sind, entziehen sich einer Folgebewertung und sind daher aus der Stellungnahme ausgenommen; dies entspricht IFRS 9.2.1(d). Ebenso wie in IFRS 9 zählen aber Derivate auf eigenes Eigenkapital, die nicht selber Eigenkapital sind (z.B. ein bar auszugleichendes Termingeschäft auf eigene Aktien), zu den Derivaten.

Sind bei Kreditderivaten (z.B. CDS) Zahlungen z.B. von einem Bonitätsrating oder -index oder einem Kreditrisikoaufschlag abhängig, dann liegt ein Derivat vor. Dies hat u.a. zur Folge, dass Änderungen dieser Variablen nach dem Stichtag nicht wertaufhellend sind (vgl. auch die Erläuterungen zu Rz (17) und (18)). Anders als bei einer Garantie sind bei diesen Instrumenten abstrakte Variablen aufgrund der Vertragsbestimmungen explizit wertbestimmend, d.h. die Vertragsparteien wollen ausdrücklich an Änderungen dieser abstrakten Variablen partizipieren und akzeptieren damit eine „pay-off"-Struktur, die nicht allein vom endgültigen Eintritt oder Nichteintritt eines Ausfalls abhängt (der im Falle einer Garantie einer Wertaufhellung zugänglich wäre).

Zu Rz (9):

Die buchmäßige Erfassung besteht grundsätzlich in der Eintragung in die Bücher, idR in einer Nebenbuchhaltung oder in einem sonstigen System, das rückwirkende oder nachträgliche Änderungen verunmöglicht (§ 190 Abs. 4 UGB).

Zu Rz (10):

Die Erfassung eines Optionsrechts als sonstiger Vermögensgegenstand entspricht der herrschenden Lehre; vgl. etwa *Schmidt/Usinger* in Beck Bil-Komm[12] (2020) § 254 HGB Rz 72, *Scharpf* in Küting/Pfitzer/Weber, Handbuch der Rechnungslegung I[5] (2003) Kap. 6 Rz 807, *Prahl/Naumann* in v. Wysocki/Schulze-Osterloh, HdJ II/10 (2000) Rz 118, *Adler/Düring/Schmaltz*, Rechnungslegung und Prüfung VI[6] (1995) § 246 HGB Rz 372, und *Gassner/Göth/Tumpel*, Optionsgeschäft und Wertpapierleihe (1992) 22 (zu Optionen im Umlaufvermögen; deren Schlussfolgerung, Optionsrechte im Anlagevermögen seien geleistete Anzahlungen, ist für Derivate im Anwendungsbereich dieser Stellungnahme nicht einschlägig). Dies gilt auch für jene Kreditderivate, die Derivate im Sinne der Rz (2) sind, sofern sie zu einer einseitigen Risikoübernahme führen (d.h. der Sicherungsgeber nur in einer Richtung an Änderungen des kontrahierten Parameters partizipiert und dafür eine Prämie erhält).

Die Erfassung der erhaltenen Optionsprämie als (sonstige) Verbindlichkeit (und des darüber hinausgehenden Verlustes als Drohverlustrückstellung) entspricht ebenfalls der herrschenden Lehre; vgl. *Schmidt/Usinger* in Beck Bil-Komm[12] (2020) § 254 HGB Rz 74, *Schubert* in Beck Bil-Komm[12] (2020) § 249 HGB Rz 100 Stichwort „Optionsgeschäfte", *Scharpf* in Küting/Pfitzer/Weber, Handbuch der Rechnungslegung I[5] (2003) Kap. 6 Rz 808 ff. mwN, *Prahl/Naumann* in v. Wysocki/Schulze-Osterloh, HdJ II/10 (2000) Rz 122, *Adler/Düring/Schmaltz*, Rechnungslegung und Prüfung VI[6] (1995) § 246 HGB Rz 373 und *Gassner/Göth/Tumpel*, Optionsgeschäft und Wertpapierleihe (1992) 35 sowie BFH-Urteil vom 18. 12. 2002 – I R 1702; aA *Nowotny* in Straube/Ratka/Rauter, UGB II/RLG[3] (2017) § 198 Rz 89.

Für die Bewertung des Optionsrechts oder der Verbindlichkeit macht es keinen Unterschied, ob die Prämie schon bezahlt wurde oder – im Fall laufender Prämien – in Zukunft bezahlt wird (ebenso *Schmidt/Usinger* in Beck Bil-Komm[12] (2020) § 254 HGB Rz 72 und *Prahl/Naumann* in v. Wysocki/Schulze-Osterloh, HdJ II/10 (2000) Rz 123).

Zu Rz (14):

Bei symmetrischen Derivaten sind Transaktionskosten (nicht zu verwechseln mit Upfront-Zahlungen gemäß Rz (13)) nicht als Anschaffungsnebenkosten, sondern stets als Aufwand zu erfassen, weil diese Derivate im Rahmen der Folgebewertung ggf. als Rückstellung zu erfassen sind. Aus Vorsichtsgründen ist daher eine Behandlung analog zu Transaktionskosten bei der Erfassung von Verbindlichkeiten geboten.

Zu Rz (15):

Die Behandlung von Margins als Sicherungsleistungen wird auch in der Literatur gefordert (vgl. *Schmidt/Usinger* in Beck Bil-Komm[12] (2020) § 254 HGB Rz 101, *Krumnow et al.*, Rechnungslegung der Kreditinstitute[2] (2004) § 340e HGB Rz 401, *Scharpf* in Küting/Pfitzer/Weber, Handbuch der Rechnungslegung I[5] (2003) Kap. 6 Rz 833, *Prahl/Naumann* in v. Wysocki/Schulze-Osterloh, HdJ II/10 (2000) Rz 87).

Zu Rz (17) und (18):

Änderungen der dem Derivat zugrundeliegenden Variablen (Basiswert) nach dem Stichtag sind bei der Ermittlung der Rückstellung nicht zu berücksichtigen, weil ein Derivat vertraglich eben darauf ausgerichtet ist, an jeder Änderung dieser Variablen zu partizipieren. Darin unterscheiden sich Derivate von Garantien, bei denen der Garantiegeber nur bei Vorliegen eines konkreten Ereignisses, nämlich einem Zahlungsausfall, in Anspruch genommen wird. Daher wird ein Verlust aus einer Garantie nur dann erfasst, wenn der Garantiefall vor dem Stichtag eingetreten ist, wobei alle wertaufhellenden Umstände bei der Verlustermittlung zu berücksichtigen sind.

Eine Bewertung der Rückstellung mit dem beizulegenden Zeitwert zum Zeitpunkt der Aufstellung des Abschlusses würde je nach Aufstellungszeitpunkt zu unterschiedlichen Wertansätzen führen. Dies würde einen bilanzpolitischen Gestaltungsspielraum eröffnen, der den Grundsätzen des UGB fremd ist und die Vergleichbarkeit beeinträchtigt, und ist mit dem Stichtagsprinzip nicht vereinbar (aA offenbar *Göth*, Financial Futures aus Sicht des Bilanz- und Steuerrechts (1993) 75).

Das AFRAC folgt hier der herrschenden Lehre, die eine Rückstellungsbewertung von Optionen anhand der **Glattstellungsfiktion zu den Verhältnissen am Abschlussstichtag** fordert, weil die physische Erfüllung am Abschlussstichtag (Erfüllungsfiktion) nicht die wirtschaftliche Realität von Optionen reflektiert, die erst später erfüllt oder ausgeglichen werden sollen; vgl. *Schmidt/Usinger* in Beck Bil-Komm[12] (2020) § 254 HGB Rz 75, *Scharpf* in Küting/Pfitzer/Weber, Handbuch der Rechnungslegung I[5] (2003) Kap. 6 Rz 810, *Prahl/Naumann* in v. Wysocki/Schulze-Osterloh, HdJ II/10 (2000) Rz 123 und 129, *Adler/Düring/Schmaltz*, Rechnungslegung und Prüfung VI[6] (1995) § 246 HGB Rz 374, *Gassner/Göth/Tumpel*, Optionsgeschäft und Wertpapierleihe (1992) 36, im Ergebnis auch KFS/RL 8 (1993) Punkt 4.2.2. Die Glattstellungsfiktion ist gleichbedeutend mit einer Bewertung zum beizulegenden Zeitwert.

Bei Forwards wird in Deutschland vereinzelt eine Rückstellungsbewertung in Höhe der Differenz zwischen Terminkurs am Abschlussstichtag und vereinbartem Kaufpreis gefordert (vgl. *Prahl/Naumann* in v. Wysocki/Schulze-Osterloh, HdJ II/10 (2000) Rz 76 und *Adler/Düring/Schmaltz*, Rechnungslegung und Prüfung VI[6] (1995) § 249 HGB Rz 161). Dies entspricht dem beizulegenden Zeitwert am Abschlussstichtag, wenn man von (oft vernachlässigbaren) Barwerteffekten absieht, die sich aus der Diskontierung dieser Differenz auf Basis eines finanzmathematischen Zinsdifferenzials zwischen Renditen und Haltekosten bzw. Alternativrenditen ergeben (vgl. *Hull*, Options, Futures and other Derivatives[6] (2006) 107 f). Andere Autoren fordern explizit eine Bewertung nach der Glattstellungsfiktion bzw. zu beizulegenden Zeitwerten (vgl. *Schiebel*, Die Bilanzierung von Eurex- und ÖTOB-gehandelten Futures (2003) 118 f. zu Futures; *Scharpf* in Küting/Pfitzer/Weber, Handbuch der Rechnungslegung I[5] (2003) Kap. 6 Rz 846 und 855 zu Zinstermingeschäften). Eine Differenzierung dieser grundsätzlichen Bewertungsfrage danach, ob es sich um symmetrische oder asymmetrische Derivate handelt bzw. ob diese börsennotiert sind oder nicht, ist aus Sicht des AFRAC nicht sachgerecht. Die Glattstellungsfiktion (d.h. der beizulegende Zeitwert) bildet die Wertverhältnisse am Stichtag am besten ab. Dagegen wird eine Bewertung nach der Erfüllungsfunktion in der Literatur regelmäßig für physisch zu erfüllende Kauf- und Verkaufsverträge gefordert; diese sind nicht Gegenstand dieser Stellungnahme.

Der beizulegende Zeitwert gemäß § 189a Z 4 UGB wird auf Basis von Marktwerten bestimmt. In Ermangelung solcher Marktwerte ist er mit Hilfe allgemein anerkannter Bewertungsmodelle und -methoden zu bestimmen, sofern diese eine angemessene Marktwertannäherung gewährleisten.

Der Marktwert eines derivativen Finanzinstruments berücksichtigt unter anderem Ausfallrisiken (vgl. etwa *Weigel/Kopatschek/Löw/Scharpf/Vietze*, WPg 2007, 1051 f. mwN). Eine Marktwertannäherung sollte diese Berücksichtigung ebenso nachvollziehen (mit Bezug zum beizulegenden Zeitwert vgl. etwa *Schubert/Gadek* in Beck Bil-Komm[12] (2020) § 255 HGB Rz 519 mwN und *Kirsch* in Bonner HdR, 53. Lfg. (2011) § 255 Rz 258 mwN).

Aus Sicht des AFRAC ist jedoch unter Berücksichtigung der Wesentlichkeit der Ausfallrisiken, insbesondere in Bezug auf den Umfang des Derivategeschäfts und die Bedeutung des Derivategeschäfts für das Geschäftsmodell des bilanzierenden Unternehmens, eine differenzierte Beurteilung vertretbar.

Zu Rz (20):

Eine planmäßige Abschreibung von Optionen im Finanzanlagevermögen wird auch in der Literatur abgelehnt, weil sie keinem laufenden Werteverzehr unterliegen; vgl. *Schmidt/Usinger* in Beck Bil-Komm[12] (2020) § 254 HGB Rz 72.

Zu Rz (21):

Die erhaltene Prämie darf weder sofort bei Geschäftsabschluss noch ratierlich als Ertrag erfasst werden. Die Fortführung der Optionsprämie als (sonstige) Verbindlichkeit bis zur Ausübung, zur Glattstellung oder zum Verfall und die Erfassung darüber hinausgehender Verluste als Drohverlustrückstellung entspricht der herrschenden Lehre (siehe dazu ausführlich die Erläuterungen zu Rz (10)).

Zu Rz (22):

Werden Margins geleistet, sind zuerst die Marginforderungen abzuschreiben, bevor ggf. eine Rückstellung gebildet wird (ebenso *Schiebel*, Die Bilanzierung von Eurex- und ÖTOB-gehandelten Futures (2003) 120, *Scharpf* in Küting/Pfitzer/Weber, Handbuch der Rechnungslegung I[5] (2003) Kap. 6 Rz 839; für ein Wahlrecht *Schmidt/Usinger* in Beck Bil-Komm[12] (2020) § 254 HGB Rz 101).

Zu Rz (23):

Die Bewertung hat idR mit dem so genannten Clean Price zu erfolgen (d.h. ohne Berücksichtigung zwischenzeitig aufgelaufener Zahlungsverpflichtungen). Dies ermöglicht eine Aufteilung in realisierte und unrealisierte Bestandteile, damit abgegrenzte und bereits realisierte Zinserträge nicht der Drohverlustrückstellung zum Opfer fallen (vgl. *Krumnow et al.*, Rechnungslegung der Kreditinstitute[2] (2004) § 340e HGB Rz 385).

Zu Rz (25):

Bei einem mehrperiodischen Zinscap bzw. Zinsfloor sind die einzelnen Zinsoptionen (Caplets) grundsätzlich einzeln zu bewerten. In der Praxis lassen sich die Anschaffungskosten aber häufig nicht zuverlässig auf die Caplets verteilen. Je später ein Caplet verfällt, umso höher ist idR sein Zeitwert („time value“), es hat also tendenziell einen höheren Anteil an den Anschaffungskosten; Caplets haben bei Anschaffung aber mitunter auch einen inneren Wert. Es kann somit nicht generell ein höherer Wert der später verfallenden Caplets und somit ein progressiver Verfall unterstellt werden. Daher ist ein linearer Verlauf sachgerecht (ähnlich *Schmidt/Usinger* in Beck Bil-Komm[12] (2020) § 254 HGB Rz 94).

Zu Rz (27):

Zu den Voraussetzungen eines saldierten Ausweises siehe näher: *Nowotny* in Straube/Ratka/Rauter, UGB II/RLG[3] (2018) § 196 Rz 61 ff. Bei einer Kompensationsmöglichkeit besteht grundsätzlich das Recht, nicht aber ein Gebot zur Saldierung (vgl. *Schulze-Osterloh* in Baumbach/Hueck, GmbHG[22] (2019) § 42 Rz 42), sofern die saldierten Forderungen und Verbindlichkeiten nicht bereits tatsächlich im Wege der Aufrechnung erloschen sind (vgl. *Fritz-Schmied/Schuschnig* in Hirschler, Bilanzrecht I[2] (2019) § 196 Rz 68). Von einer Saldierung ist jedenfalls Abstand zu nehmen, sollten über die Aufrechenbarkeit Zweifel bestehen (*Rohatschek/Leitner-Hanetseder* in Zib/Dellinger, Großkommentar UGB III/1 (2013) § 196 Rz 43).

Das Erfordernis der Angabe der saldierten Buchwerte im Anhang ergibt sich aus dem Grundsatz der Bilanzklarheit und dem Grundsatz der Vollständigkeit in Verbindung mit der Generalnorm des § 222 Abs. 2 UGB. Vergleichbare, jedoch umfangreichere Anhangsangabepflichten finden sich auch in der internationalen Rechnungslegung (vgl. IFRS 7.13A bis 13F).

Verträge mit Central Clearing Counterparty (CCP) sind nach den in der Rz (27) angeführten Grundsätzen zu beurteilen.

Zu Rz (29):

Die Bildung von Bewertungseinheiten zwischen Grundgeschäften und Sicherungsgeschäften wird in der Literatur unter Beachtung bestimmter Voraussetzungen vertreten (vgl. etwa *Schmidt/Usinger* in Beck Bil-Komm[12] (2020) § 254 HGB Rz 1 ff., *Urnik/Urtz/Rohn* in Straube/Ratka/Rauter, UGB II/RLG[3] (2016) § 201 Rz 47 ff., *Krumnow et al.*, Rechnungslegung der Kreditinstitute[2] (2004) § 340e HGB Rz 336 ff., *Scharpf* in Küting/Pfitzer/Weber, Handbuch der Rechnungslegung I[5] (2003) Kap. 6 Rz 865 ff. und EStR 2000, Rz 2347). In Österreich wurde dies ursprünglich mit einer teleologischen Reduktion des Vorsichtsprinzips (*Gassner/Göth/Tumpel*, Optionsgeschäft und Wertpapierleihe (1992) 26), mit einem „milden Einzelbewertungsprinzip“ (*Zorn*, FJ 1990, 244 ff.) oder mit der Generalnorm (*Bertl/Fraberger*, RWZ 1995, 223) begründet. Mit dem EU-GesRÄG 1996 hat der Gesetzgeber die ursprünglich nur für das Stetigkeitsprinzip vorgesehene Regelung über das Abweichen bei besonderen Umständen für alle in § 201 Abs. 2 UGB genannten Prinzipien vorgesehen. (Das RÄG 2014 hat die Regelung über das Abweichen in § 201 Abs. 3 UGB verschoben.) Damit kann die Bildung von Bewertungseinheiten nun mit einer ausdrücklichen Gesetzesbestimmung begründet werden, ohne auf diese Auslegungsansätze zurückzugreifen.

Unter einer Bewertungseinheit wird nachfolgend eine Einheit für Bewertungszwecke verstanden (kompensierende Bewertung). Davon abzugrenzen ist die Frage, ob verschiedene Geschäfte überhaupt **nur einen einzigen Vermögensgegenstand** iSv § 196 Abs. 1 UGB (bzw. eine einzige Verbindlichkeit) begründen. Dafür wäre ein einheitlicher Nutzen- und Funktionszusammenhang bzw. die Einheitlichkeit nach der Verkehrsauffassung nötig (vgl. *Urnik/Urtz/Rohn* in Straube/Ratka/Rauter, UGB II/RLG[3] (2016) § 201 Rz 20). Bei Finanzinstrumenten kommt dies nur selten vor (z.B. bei Forderungen mit eingebetteten Derivaten).

Im Schrifttum werden Bewertungseinheiten zwischen Derivaten und Grundgeschäften auch mit dem **einheitlichen Nutzen- und Funktionszusammenhang** begründet (vgl. etwa *Scharpf* in Küting/Pfitzer/Weber, Handbuch der Rechnungslegung I[5] (2003) Kap. 6 Rz 867). Dieses für Bewertungseinheiten bei Sachanlagen oder immateriellen Vermögensgegenständen geeignete Merkmal ist für die Zusammenfassung von Finanzinstrumenten aber weiter zu entwickeln. Ob überhaupt eine Sicherungsbeziehung vorliegt und wenn, mit welchem Grundgeschäft, lässt sich idR nicht allein aus der Natur der Finanzinstrumente ableiten: Ein Derivat kann zugleich zu verschiedenen Grundgeschäften „passen" und diese mehr oder weniger effektiv sichern. Eine gemeinsame „Nutzung" in Form einer Sicherungsbeziehung ist stets eine Managemententscheidung. Dies gilt besonders für den Gruppen-Hedge, denn auch die Gruppenbildung ist eine Managemententscheidung. Im modernen Risikomanagement wird ein Risiko häufig durch einen fortlaufenden („roll over") bzw. einen dynamischen Einsatz kurzfristiger Derivate gesichert (Fristeninkongruenz des einzelnen Derivats); eine solche Sicherungsbeziehung lässt sich wirtschaftlich nicht allein aus dem Funktionszusammenhang zwischen einem singulären Derivat und den Grundgeschäften beurteilen, sondern muss die übergeordnete Sicherungsstrategie des Managements mit einbeziehen. Andernfalls müssten, wie *Hofstätter/Stürzlinger*, taxlex 2007, 531 mwN fordern, alle Folgederivate schon am Bilanzstichtag kontrahiert sein.

Da sich eine Sicherungsbeziehung nicht ohne weiteres aus der Natur der betroffenen Instrumente ergibt und primär von Managemententscheidungen abhängt, ist eine objektive und willkürfreie Bilanzierung der Sicherungsbeziehung aus Sicht des AFRAC nur durch einen entsprechend § 190 UGB dokumentierten Widmungsakt vor Beginn der kompensierenden Bewertung gewährleistet. Die Widmung dokumentiert nicht bloß einen objektiv ohnedies bestehenden Sicherungszusammenhang, sondern ist **konstitutiv** (ähnlich *Förschle* in Beck Bil-Komm[6] (2006) § 246 HGB Rz 153, *Scharpf* in Küting/Pfitzer/Weber, Handbuch der Rechnungslegung I[5] (2003) Kap. 6 Rz 867; in der Literatur bisher noch strittig, vgl. dazu *Schiebel*, Die Bilanzierung von Eurex- und ÖTOB-gehandelten Futures (2003) 162 ff.). Mit dieser Voraussetzung wird auch eine rückwirkende Bildung von Bewertungseinheiten ausgeschlossen.

Dies entspricht im Grundsatz auch den IFRS, womit eine international vergleichbare Qualität bei der Bildung von Bewertungseinheiten in UGB-Abschlüssen sichergestellt ist. Allerdings werden unter den IFRS Grundgeschäfte häufig zum beizulegenden Zeitwert bewertet, weshalb die Sicherungsbeziehung nicht gesondert berücksichtigt wird. Im UGB-Abschluss bestehen daher mitunter mehr Anwendungsfälle für Bewertungseinheiten als in einem IFRS-Abschluss, was zu einem erhöhten Dokumentationsaufwand führen kann. Umgekehrt haben Bewertungseinheiten den Vorteil, dass nur die Wertentwicklung bezüglich des gesicherten Risikos betrachtet wird und der beizulegende Wert bzw. Zeitwert des Grundgeschäfts nicht ermittelt werden muss.

Zu (30) und (31):

In Rz (30) und (31) werden die formellen und materiellen Anforderungen an die Dokumentation einer Sicherungsbeziehung beschrieben.

Die neue Bezugnahme auf das Risikomanagement in Rz (31) stellt keine inhaltliche Änderung gegenüber älteren Versionen dieser Stellungnahme dar, sie betont aber in Analogie zu den Regelungen in den IFRS nunmehr ausdrücklich, dass die Widmung von Sicherungsbeziehungen im Rechnungswesen nicht unabhängig von oder gar gegensätzlich zu den Strategien des Risikomanagements sein kann.

Die Identifikation und Dokumentation möglicher Quellen von Ineffektivitäten folgt der Entwicklung in der internationalen Rechnungslegung und ist für die Beurteilung der prospektiven Effektivität einer Sicherungsbeziehung unerlässlich. Derartige mögliche Quellen von Ineffektivitäten können in unterschiedlichen Laufzeiten von Grund- und Sicherungsgeschäft oder der Tatsache, dass Sicherungsgeschäfte nur für ähnliche, aber nicht für idente Rohstoffe abschließbar sind, oder dem variablen Leg eines Zinsswaps bei Absicherung eines fix verzinsten Schuldinstruments begründet sein. Daneben können Ineffektivitäten auch aus anderen Effekten wie unterschiedlicher Diskontierung aufgrund von Besicherung (OIS- bzw. EONIA-Diskontierung), Basis-Spreads von Zinssätzen oder Effekten aus Bonitätsrisiken (CVA/DVA) resultieren.

Decken sich Grund- und Sicherungsgeschäft nicht vollständig oder weitgehend („Critical Terms Match", vgl. Rz (41)), ist davon auszugehen, dass mehrere Quellen von Ineffektivitäten vorliegen. Je mehr Quellen von Ineffektivitäten in einer Sicherungsbeziehung vorliegen, desto ausführlicher ist in der Dokumentation festzuhalten, warum es sich trotzdem um eine wirksame Sicherungsbeziehung handelt bzw. wie das Unternehmen die Effektivität der Sicherungsbeziehung gewährleisten wird.

Zu Rz (34a):

Die Forderung nach der Homogenität der abgesicherten Risiken innerhalb der in der Gruppe zusammengefassten Geschäfte macht einen Homogenitätstest erforderlich: Die auf das abgesicherte Risiko zurückgehende erwartete Änderung des beizulegenden Zeitwerts oder der Zahlungen jedes einzelnen Geschäfts der Gruppe muss weitestgehend der auf das gesicherte Risiko zurückzuführenden Änderung des beizulegenden Zeitwerts oder der Zahlungen der Gruppe entsprechen.

Die folgende Aufzählung zeigt Sachverhalte, die die Voraussetzungen eines Gruppen-Hedge iSd Rz (34a) erfüllen können:

- Beschaffungsgeschäfte auf Fremdwährungsbasis werden durch ein oder mehrere Fremdwährungsderivat(e) gegen Wechselkursrisiken abgesichert.
- Fix verzinste Einzelkredite werden durch ein oder mehrere Zinsderivat(e) gegen Zinsänderungsrisiken abgesichert.
- Warentermingeschäfte werden durch ein oder mehrere Warentermingeschäft(e) abgesichert.

Der in der Rz (34a) beschriebene Gruppen-Hedge ist von dem in Rz (57) beschriebenen Portfolio-Handelshedge zu unterscheiden.

Zu Rz (34b):

Das FMA-Rundschreiben zu Rechnungslegungsfragen bei Zinssteuerungsderivaten und zu Bewertungsanpassungen bei Derivaten gemäß § 57 BWG (Dezember 2012) befasst sich mit der Bilanzierung eines Macro-Hedge bei Kreditinstituten. Dieses Rundschreiben gilt nicht für Industrie- und Handelsunternehmen.

Zu Rz (36):

Die dokumentierte Absicherungsstrategie wird auch im Schrifttum gefordert (vgl. *Scharpf* in Küting/Pfitzer/Weber, Handbuch der Rechnungslegung I[5] (2003) Kap. 6 Rz 867).

Zu Rz (37):

Eine Bewertungseinheit liegt laut Literatur nur vor, wenn hinsichtlich einer Risikokomponente mit hoher Wahrscheinlichkeit ein Risikoausgleich eintritt, über den sich Gewinne oder Verluste aus den Geschäften kompensieren (vgl. *Krumnow et al.*, Rechnungslegung der Kreditinstitute[2] (2004) § 340e HGB Rz 334, *Scharpf* in Küting/Pfitzer/Weber, Handbuch der Rechnungslegung I[5] (2003) Kap. 6 Rz 867, *Prahl/Naumann* in v. Wysocki/Schulze-Osterloh, HdJ II/10 (2000) Rz 189). Die Problematik einer Fristeninkongruenz kann durch eine nachvollziehbare festgelegte Strategie über die weitere Sicherungsabsicht in der dokumentierten Absicherungsstrategie gelöst werden (vgl. *Scharpf* in Küting/Pfitzer/Weber, Handbuch der Rechnungslegung I[5] (2003) Kap. 6 Rz 867).

Zu Rz (38):

Unter internen Derivaten werden in dieser Stellungnahme Derivate verstanden, die aus Sicht der rechtlichen Einheit (etwa interne Derivate zwischen Bank- und Handelsbuch eines Kreditinstituts) oder der wirtschaftlichen Einheit (etwa interne Derivate zwischen dem Mutterunternehmen und seinen Tochterunternehmen) nicht mit einem externen Dritten abgeschlossen werden.

Grundsätzlich sind diese Derivate nicht zu bilanzieren. Während aus Sicht der rechtlichen Einheit interne Derivate gar nicht erst gebucht werden (dürfen), ist ihre Nicht-Bilanzierung im Fall der wirtschaftlichen Einheit Folge der Konsolidierung.

Von diesem Grundsatz kann ausschließlich bei Kreditinstituten abgewichen werden, wenn interne Derivate abgeschlossen werden, um Risiken vom Nicht-Handelsbestand in den Handelsbestand zu transferieren (vgl. *Scharpf/Schaber*, Handbuch Bankbilanz (2013) 311 ff., *Altvater*, DB 2012, 939 f., *Elkart/Schaber* in *Knobloch/Kratz*, Neuere Finanzprodukte, Anwendung, Bewertung, Bilanzierung (2003) 403 ff., *Kaltenhauser/Begon*, Kreditwesen 1998, 1191 ff.). Durch solche internen Derivate können Spezialisierungsvorteile genutzt, Transaktionskosten gespart (etwa durch Risikoallokation und Risikosteuerung auf Nettobasis) und Bonitätsrisiken reduziert werden (vgl. *Wittenbrink/Göbel*, Die Bank 1997, 270 f).

Im Ergebnis ist die Bilanzierung interner Derivate notwendig, um Geschäfte des Nicht-Handelsbestands auf Nettobasis abzusichern, wenn dieser Nicht-Handelsbestand für das zu transferierende Risiko auf Nettobasis nicht das Produktmandat zum Abschluss externer Sicherungsderivate hat. Nach Ansicht des AFRAC schadet es der Bilanzierung interner Derivate unter den Voraussetzungen dieser Rz mithin nicht, wenn der Nicht-Handelsbestand abseits der Absicherung auf Nettobasis das Produktmandat zum Abschluss externer Derivate hat; so kann etwa der Nicht-Handelsbestand das Produktmandat zum Abschluss externer Derivate im Rahmen von Micro-Hedges und der Handelsbestand das Produktmandat zum Abschluss externer Derivate zur Absicherung auf Nettobasis haben.

Da eine Absicherung auf Nettobasis im Ergebnis einem Macro-Hedge entspricht und ein solcher Industrie- und Handelsunternehmen im Rahmen dieser Stellungnahme nicht gestattet ist, wird vom grundsätzlichen Bilanzierungsverbot interner Derivate nur bei Kreditinstituten abgewichen; hier gestattet das FMA-Rundschreiben zu Rechnungslegungsfragen bei Zinssteuerungsderivaten und zu Bewertungsanpassungen bei Derivaten gemäß § 57 BWG (Dezember 2012) die Bilanzierung eines Macro-Hedge im Bankbuch.

Liegen die Voraussetzungen zur bilanziellen Gleichstellung nicht vor, darf ein internes Derivat bilanziell nicht mit einem externen Derivat gleichgestellt werden. Das bedeutet im Ergebnis, dass es aus Sicht der rechtlichen Einheit nicht gebucht werden darf und aus Sicht der wirtschaftlichen

Einheit im Rahmen der Konsolidierung eliminiert werden muss.

Zu Rz (39), (40) und (45):

Das Erfordernis eines Effektivitätstests ist im Schrifttum anerkannt (vgl. *Krumnow et al.*, Rechnungslegung der Kreditinstitute[2] (2004) § 340e HGB Rz 338, *Scharpf* in Küting/Pfitzer/Weber, Handbuch der Rechnungslegung I[5] (2003) Kap. 6 Rz 867, *Prahl/Naumann* in v. Wysocki/Schulze-Osterloh, HdJ II/10 (2000) Rz 192). Um eine willkürliche Bilanzierung von Sicherungsbeziehungen zu verhindern, ist ein wirtschaftlicher Zusammenhang erforderlich (IFRS 9.B6.4.4). Eine rein zufällige Korrelation ist nicht ausreichend. Die Forderung nach vergleichbaren (nicht jedoch identen) Risiken ist damit begründet, dass oftmals (insbesondere im Bereich des Commodity Hedging) Sicherungsgeschäfte mit exakt dem gleichen Risiko wie im Grundgeschäft nicht erhältlich sind, Sicherungsgeschäfte mit ähnlichen Risiken jedoch im Risikomanagement trotzdem als betriebswirtschaftlich sinnvoll erachtet werden.

Der stärkere Bezug zur Risikomanagementstrategie bedeutet auch, dass eine freiwillige Beendigung einer Sicherungsbeziehung abweichend vom Risikomanagement nicht als zulässig erachtet wird. Diese Anforderung steht im Einklang mit den Vorschriften in der internationalen Rechnungslegung und der Rechtsauffassung in Deutschland.

Die Wertänderungen von Grund- und Sicherungsgeschäft müssen verlässlich betraglich messbar sein und auch retrospektiv gemessen werden, da eine beobachtete Ineffektivität aufgrund des Imparitätsprinzips – sofern sie zu einem Aufwand führt – jedenfalls ergebniswirksam zu erfassen ist.

Der in IAS 39.AG105 (b) erwähnte Effektivitätskorridor (80 % bis 125 %) ist auch weiterhin als Indikator für eine weitgehend effektive Sicherungsbeziehung zu werten.

Die Ermittlung der Ineffektivität gemäß Rz (45) erfolgt durch Vergleich der tatsächlich beobachteten Wertänderung des gesicherten Risikos im Grundgeschäft und der Wertänderung des Sicherungsgeschäfts. Daneben sind in der Literatur auch andere Methoden zur Effektivitätsmessung anerkannt. Falls die Kriterien eines Critical Terms Match gemäß Rz (41) erfüllt sind, kann eine effektive Bewertungseinheit angenommen werden, und eine rechnerische Ermittlung der (In-)Effektivität zum Nachweis der Bewertungseinheit kann unterbleiben. Hinsichtlich der Drohverlustrückstellung für Critical Terms Matches siehe die Erläuterungen zu Rz (47) und (48).

Im Einzelfall kann auch bei einer rückwirkend beobachteten Ineffektivität außerhalb der Bandbreite 80 % bis 125 % prospektiv weiterhin eine wirksame Sicherungsbeziehung vorliegen, sofern dies entsprechend begründet und dokumentiert ist.

Hinsichtlich der Berücksichtigung von bei Designation bestehenden Marktwerten von Sicherungsgeschäft oder Grundgeschäft in der Effektivitätsmessung siehe die Erläuterungen zu Rz (49).

Zu Rz (41):

Trotz Vorliegens von Effekten aus dem Kreditrisiko („CVA" und „DVA"), die sich zwischen unterschiedlichen Vertragsparteien zwangsläufig ergeben, kann von einem Critical Terms Match und somit einer hochgradig effektiven Sicherungsbeziehung ausgegangen werden, solange daraus kein wesentlicher Bewertungseffekt erwartet wird. Gleiches gilt auch für den Fall, dass das Sicherungsgeschäft (etwa aufgrund einer vollständigen Barbesicherung) in der Bewertung mit einem anderen Zinssatz abgezinst wird als das Grundgeschäft. (Hier kommen in der Praxis insbesondere „overnight-Zinssätze" zur Anwendung.) Ebenso steht die Tatsache, dass sich bei Absicherung eines fix verzinsten Grundgeschäfts mit einem Zinsswap zwangsläufig eine Ineffektivität aus der Bewertung des variablen Legs des Swaps ergibt, weil diesem keine Entsprechung im Grundgeschäft gegenübersteht, der Erwartung einer hochgradig effektiven Sicherungsbeziehung nicht entgegen.

Diese im vorherigen Absatz beschriebenen und sich zwangsläufig ergebenden Abweichungen in der Wertänderung von Grund- und Sicherungsgeschäft stellen keine Verletzung des Erfordernisses aus Rz (41) dar, dass die Parameter „ident", aber gegenläufig sein müssen, da eine absolute Identität in der Praxis aus den beschriebenen Gründen nie erreicht werden kann. Der Critical Terms Match kann trotzdem angewandt werden und bedeutet, dass eine rechnerische prospektive oder retrospektive Ermittlung der Effektivität zum Nachweis einer gültigen Bewertungseinheit unterbleiben kann. Hinsichtlich der Drohverlustrückstellung für Critical Terms Matches siehe die Erläuterungen zu Rz (47) und (48).

Zu Rz (43):

IFRS 9.6.2.4 gestattet Ausnahmen, in welchen Fällen ein Derivat nicht in seiner Gesamtheit als Sicherungsinstrument designiert werden muss. Dies betrifft den Zeitwert einer Option, das Terminelement eines Termingeschäfts und den Währungsbasis-Spread bei Cross Currency Interest Rate Swaps. Diese Komponenten können aus der eigentlichen Sicherungsbeziehung ausgeklammert und als „Kosten der Absicherung" interpretiert werden (vgl. IFRS 9.6.5.15 bis 16). Anders als in den IFRS steht allerdings im UGB die bilanzielle Erfassung im sonstigen Ergebnis im Eigenkapital für derartige Effekte nicht zur Verfügung, weshalb diese Effekte im UGB zwar auch aus der Sicherungsbeziehung ausgeklammert werden dürfen, dann aber erfolgswirksam imparitätisch zu bewerten sind.

Bei Laufzeitinkongruenzen zwischen Grund- und Sicherungsgeschäft, die sich schon allein dadurch ergeben können, dass Sicherungsgeschäfte mit einer identen Laufzeit wie das Grundgeschäft nicht erhältlich sind, kann eine rollierende Sicherungsstrategie verfolgt werden (vgl. Rz (54)). Es ist jedoch auch zulässig, dass die Strategie – etwa bei langlaufenden Krediten oder Anleihen – darin besteht, nur einen absehbaren Zeitraum (z.B. die ersten fünf Jahre) abzusichern. Diese Strategie ist zu dokumentieren und zu erläutern.

Zu Rz (43b):

Beispiel: Ein österreichisches Unternehmen hat eine fix verzinste CHF-Anleihe begeben. Das Zahlungsprofil der Verbindlichkeit wurde mit einem Derivat, das die Anforderungen der Rz (41) erfüllt, von CHF-fix auf Euro-var geändert. Derivat und Grundgeschäft haben daher die gleiche, mehrdimensionale Risikostruktur (Zinsrisiko CHF, Währungsrisiko CHF – EUR und Zinsrisiko EUR). Dabei wird hinsichtlich des Währungsrisikos und des Zinsrisikos EUR auch ein Zahlungsstromrisiko gesichert, nämlich von variabel auf fix – vgl. dazu näher Rz (58) ff. dieser Stellungnahme).

Zu Rz (43c):

Die Möglichkeit, ein aggregiertes abgesichertes Grundgeschäft in einer weiteren Sicherungsbeziehung abzusichern, ist auch in der internationalen Rechnungslegung anerkannt (vgl. IFRS 9.6.3.4 iVm IFRS 9.B6.3.3 bis 4). Auch wirtschaftlich soll es letztlich keinen Unterschied für die bilanzielle Abbildung (und die Anwendbarkeit von Bewertungseinheiten) machen, ob ein Grundgeschäft mit einem „gesamthaften" Derivat oder mit mehreren Derivaten in „Teilschritten" abgesichert wird.

Beispiel: Ein österreichisches Unternehmen hat eine fix verzinste CHF-Anleihe begeben. Diese wird mit einem CHF-Swap von CHF-fix auf CHF-var geändert, der die Anforderungen der Rz (41) erfüllt. Somit ergibt sich in Summe eine synthetische variabel verzinste CHF-Anleihe (= erste Sicherungsbeziehung). Mit einem zweiten Swap kann nun diese synthetische variabel verzinste CFH-Anleihe z.B. in eine variabel verzinste EUR-Anleihe umgewandelt werden (= zweite Sicherungsbeziehung). (Alternativ könnte mit einem var-fix Cross-Currency-Swap die synthetische variabel verzinste CHF-Anleihe auch in eine fix verzinste EUR-Anleihe umgewandelt werden, was in Summe dem Ergebnis des ersten Beispiels entspricht. Auch dies wäre zulässig.)

Im vorliegenden Beispiel ist die zweite Sicherungsbeziehung eine Absicherung von zukünftigen Zahlungsströmen im Sinne von Rz (58) ff. dieser Stellungnahme.

Zu Rz (44):

Eine Bewertungseinheit über mehrere Risiken hinweg ist mangels homogener Beeinflussung von Gewinnchance und Verlustrisiko grundsätzlich nicht möglich (vgl. *Krumnow et al.*, Rechnungslegung der Kreditinstitute[2] (2004) § 340e HGB Rz 334, *Scharpf* in Küting/Pfitzer/Weber, Handbuch der Rechnungslegung I[5] (2003) Kap. 6 Rz 867, *Prahl/Naumann* in v. Wysocki/Schulze-Osterloh, HdJ II/10 (2000) Rz 189). Außerdem sind die Risiken mehrdimensionaler Derivate oft untereinander korreliert, sodass eine klare Identifikation und Effektivitätsmessung kaum möglich ist. Bewertungseinheiten kommen daher nur zwischen spiegelbildlichen Risikostrukturen eines mehrdimensionalen Derivats und eines Grundgeschäfts in Betracht.

Zu Rz (47) und (48):

Zur Erfassung des nicht effektiven Anteils einer Sicherungsbeziehung unterscheidet das deutsche Schrifttum auf Basis der Gesetzesmaterialien zum deutschen BilMoG die Einfrierungsmethode (Einfrieren der Wertansätze während der Sicherungsbeziehung, soweit diese effektiv gesichert sind) und die Durchbuchungsmethode (bilanzielle Erfassung der gesicherten Wertänderungen von Grund- und Sicherungsgeschäft); vgl. etwa IDW RS HFA 35 Rz 72 ff. und *Löw/Scharpf/Weigel*, WPg 2008, 1018 mwN. In Österreich ist aufgrund der Regelungen des UGB (Anschaffungskostenobergrenze) nur die Einfrierungsmethode unter Berücksichtigung von Drohverlustrückstellungen zulässig. Ein Verlustüberhang aus dem abgesicherten Grundgeschäft ist nur zu erfassen, wenn die darauf anwendbaren Bewertungsbestimmungen eine Verlustrealisierung verlangen.

Auch wenn die entscheidenden Bedingungen (wie etwa Nominalbetrag, Fälligkeit und Basisobjekt) des Sicherungsinstruments und des gesicherten Grundgeschäfts übereinstimmen oder eng aneinander angepasst sind („Critical Terms Match", vgl. Rz (41)), entstehen Ineffektivitäten aufgrund von kreditrisikobedingten Wertänderungen der Grund- oder Sicherungsgeschäfte, aus einer unterschiedlichen Diskontierung des Sicherungsgeschäfts sowie aus den Wertänderungen der variablen Seite eines Zinsswaps (vgl. die Erläuterungen zu Rz (41)). Auch diese Ineffektivitäten sind grundsätzlich unter Beachtung der Grundsätze der Wesentlichkeit und der Imparität bilanziell zu erfassen. Falls die rechnerische Ermittlung von Ineffektivitäten bei Vorliegen eines Critical Terms Match allein für die Zwecke der UGB-Bilanzierung einen erheblichen Zusatzaufwand bedeuten würde, kann im Einzelfall aus Gründen der Wirtschaftlichkeit davon abgesehen werden. Die Begründung für den ausnahmsweisen Verzicht auf eine rechnerische retrospektive Ermittlung der (In-)Effektivität liegt im Fall des Critical Terms Match in der Tatsache, dass aufgrund der gleichlautenden, aber gegenläufigen Parameter und auch Cash Flows letztlich keine Ergebniseffekte drohen. Sind die Bewertungen und somit auch die Ineffektivitäten einer Bewertungseinheit bekannt (beispielsweise aufgrund von Anforderungen aus anderen Rechnungslegungssystemen), dürfen diese Informationen für den UGB-Abschluss nicht ignoriert werden.

Es ist in diesem Zusammenhang aber nicht zu beanstanden, wenn CVA/DVA-Effekte und Effekte aus unterschiedlicher Diskontierung grundsätzlich als Ineffektivität imparitätisch erfasst werden.

Eine derartige aufwandswirksame Erfassung eines „Verlustüberhangs" aus der Bewertungseinheit wird auch in der Kommentarliteratur gefordert, und zwar unabhängig davon, aus welcher Quelle der Verlustüberhang letztlich entstanden ist (vgl. *Rimmelspacher/Fey*, WPg 2011, 811).

Zu Rz (47a):

Das Konzept des „Rebalancing" ist auch in der internationalen Rechnungslegung akzeptiert (vgl. IFRS 9.6.5.5 ff.), da es eine stärkere Heranführung der Bilanzierung an die Praktiken des Risikomanagements ermöglicht. Um Willkür vorzubeugen, ist die gewählte Absicherungsquote zu Beginn der

Sicherungsbeziehung festzulegen (vgl. Rz (30) ff.) und darf nur angepasst werden, wenn dadurch eine Verbesserung der Effektivität erzielt werden kann.

Diese Neukalibrierung des mengenmäßigen Verhältnisses zwischen Grund- und Sicherungsgeschäft soll an folgendem praktischen Beispiel verdeutlicht werden:

Aus einem Portfolio an variablen Verbindlichkeiten mit einem Nominale von in Summe 150 wird das Zinsrisiko in Bezug auf ein Teilnominale von 100 abgesichert (Sicherungsquote 100/150 bzw. 66,7 %). Falls nun von den gesicherten Verbindlichkeiten ein Anteil am Nominale von 40 vorzeitig getilgt wird, sinkt das Volumen der sicherungsfähigen Grundgeschäfte auf 110 ab. Es ist nunmehr grundsätzlich zulässig, die Sicherungsquote auf 100/110 bzw. 90,9 % anzupassen. Eine Ineffektivität ergibt sich nicht, da in Summe noch kein Overhedging vorliegt. Ebenso wäre es zulässig, zusätzliche (passende, dem gleichen Zinsrisiko unterliegende) Verbindlichkeiten (mit passender Restlaufzeit) nachträglich in die Bewertungseinheit zu designieren, um das Nominale von 110 wieder zu erhöhen (und z.B. durch Neudesignation von Verbindlichkeiten mit einem Nominale von 40 das Nominale wieder auf 150 anzupassen und somit die ursprüngliche Sicherungsquote wieder zu erreichen).

Werden in diesem Beispiel Verbindlichkeiten im Ausmaß von 70 vorzeitig getilgt, sinkt das Ausmaß der gesicherten Verbindlichkeiten von 150 auf 80 (und somit unter das Sicherungsvolumen der Derivate in Höhe von 100). Entsprechend liegt ein Overhedging iHv 20 vor. Auch in diesem Fall muss die Bewertungseinheit nicht beendet werden, sondern es darf ein Anteil des Sicherungsnominales im Ausmaß von 20 aus der Bewertungseinheit entfernt werden und die Sicherungsquote auf 100 % angepasst werden. (Das führt dazu, dass die 80 verbleibenden Verbindlichkeiten voll, zu 100 % (= 80) gesichert werden und die Bewertungseinheit in diesem (reduzierten) Ausmaß fortgeführt werden kann.) Der Anteil von 20 % am Nominale des Derivats ist nun allerdings in keiner Bewertungseinheit mehr enthalten und muss „alleinstehend" imparitätisch bewertet werden. Falls die Sicherungsderivate insgesamt einen negativen Marktwert von beispielsweise -10 aufweisen, wären 20 % davon (somit -2) als Drohverlustrückstellung zu erfassen. Sollen nunmehr weitere Verbindlichkeiten im Ausmaß von 40 (nachträglich) in die Bewertungseinheit designiert werden, kann damit die Erfassung der Drohverlustrückstellung nicht verhindert werden, da die 20 freistehenden Derivate im Zeitpunkt der nachträglichen Designation bereits einen negativen Marktwert aufgewiesen haben. Hinsichtlich der weiteren Behandlung dieser Drohverlustrückstellung wird auf die Erläuterungen zu Rz (49) verwiesen.

Es ist darauf hinzuweisen, dass sich eine von 100 % abweichende Absicherungsquote nicht nur – wie in diesem Beispiel – durch Unterschiede im gesicherten Volumen ergeben kann, sondern auch durch geringfügige Abweichungen im gesicherten Risiko (etwa im Falle einer Absicherung von NZD durch liquidere AUD-Derivate im Ausmaß von z.B. 95 %, welches grob das Kursverhältnis der beiden Währungen widerspiegelt). Auch hier wäre eine Anpassung der Absicherungsquote zulässig, etwa wenn sich das Kursverhältnis zwischen NZD und AUD langfristig aufgrund politischer, klimatischer, ökonomischer oder anderer Einflüsse verändert und durch eine Anpassung der Sicherungsquote eine Verbesserung der Effektivität erzielt werden kann.

Zu Rz (49):

Für die weitere Behandlung einer zum Zeitpunkt der Widmung eines Derivats als Sicherungsgeschäft bestehenden Drohverlustrückstellung sind zwei Fälle zu unterscheiden. Wird das Derivat als Sicherungsgeschäft in einer zeitraumbezogenen Absicherung verwendet, so ist die Drohverlustrückstellung während der Dauer der Bewertungseinheit ratierlich zu verbrauchen. Wird das Derivat als Sicherungsgeschäft in einer zeitpunktbezogenen Absicherung verwendet (z.B. Absicherung einer Fremdwährungsverbindlichkeit durch ein Devisentermingeschäft), so wird der Verbrauch der Drohverlustrückstellung erst bei Fälligkeit des Sicherungsinstruments als sachgerecht angesehen (vgl. IDW RS HFA 35 Rz 72). Durch die ratierliche Auflösung der Drohverlustrückstellung wird bei einem Zinsswap der Pull-to-Par-Effekt des Derivats abgebildet.

Des Weiteren wird es im Zusammenhang mit bei Designation als Sicherungsinstrument bestehenden Marktwerten von *symmetrischen* Derivaten als sachgerecht angesehen, die zum Designationszeitpunkt bestehenden Marktwerte bei der Beurteilung der Wirksamkeit der Sicherungsbeziehung nicht als Teil der Wertänderung des Sicherungsinstruments zu berücksichtigen (vgl. IDW RS HFA 35 Rz 56). Dadurch soll der zeitinduzierte Effekt von der risikoinduzierten Wertänderung in der Effektivitätsbeurteilung abgegrenzt werden. Andernfalls würde der Pull-to-Par-Effekt die Beurteilung der Effektivität der Sicherungsbeziehung verzerren. Dazu wird beispielsweise die Veränderung des Clean Price des Sicherungsinstruments um eine Amortisierung des Clean Price bei Designation korrigiert. Auch ein in einem Grundgeschäft auftretender Pull-to-Par-Effekt wird bei der Effektivitätsmessung ausgeschlossen, da sowohl die wertmäßige Entwicklung beispielsweise eines Zinsswaps auf null als auch die Wertkonvergenz einer Anleihe gegen Par nicht auf eine Änderung des abgesicherten Risikos zurückzuführen sind, sondern lediglich auf die zeitliche Verkürzung der Restlaufzeit (vgl. *Gaber*, Bankbilanz nach HGB (2018) 375 ff.; *Freigang/Schrosch/Huthmann*, KoR 2018, 207 ff.)

Zu Rz (50):

Eine Sicherungswirkung kann sich grundsätzlich nur auf künftige Wertentwicklungen, nicht aber auf bereits eingetretene Verluste beziehen. Bei bereits eingetretenen Verlusten kann der Abschluss eines Derivats sogar zur sofortigen Verlustrealisierung führen.

Die Arbeitsgruppe hat in diesem Zusammenhang nachfolgendes Praxisbeispiel diskutiert: Eine wertgeminderte Anleihe im Finanzanlagevermögen (Nennwert und Buchwert € 100, beizulegender Zeitwert € 85) wird durch ein Termingeschäft glattgestellt (z.B. durch Verkauf dieser Anleihe auf Termin für € 85). Der Verlust ist damit jedenfalls realisiert. Dies gilt auch, wenn die Anleihe für € 100 auf Termin veräußert wird und im Gegenzug eine Forward-Prämie von € 15 einmalig oder in laufenden Raten zu leisten ist. Aus pagatorischer Sicht hätte die Forward-Prämie Kreditcharakter und nur die verbleibende Nettozahlung stellt einen Veräußerungserlös dar.

Zu Rz (51) ff.:

Das Hedge Accounting nach IFRS unterscheidet sich vom Konzept der Bewertungseinheit durch seine mehrperiodische, dynamische Ausrichtung, indem bisher eingetretene Erfolgswirkungen des Derivats bis zur Realisation des abgesicherten Risikos erfolgsneutral fortgeführt werden. Dies ist mit dem Konzept der Bewertungseinheit nach dem UGB nur bedingt vereinbar. Gesicherte Wertänderungen werden nicht im Rahmen einer Buchwertanpassung des Grundgeschäfts (basis adjustment) fortgeführt, vielmehr werden gesicherte Verluste idR bei Beendigung der Sicherungsbeziehung realisiert (vgl. *Krumnow et al.*, Rechnungslegung der Kreditinstitute[2] (2004) § 340e HGB Rz 378 zur Nachholung von Abschreibungen).

Zu Rz (53):

Die Arbeitsgruppe hat sich intensiv mit der Frage auseinandergesetzt, wie eine bilanzpolitisch motivierte Glattstellung von Derivaten während einer aufrechten Sicherungsbeziehung zu behandeln ist (z.B. zur Gewinnrealisierung, wobei gleichzeitig eine stille Last beim Grundgeschäft übrigbleiben kann). Das UGB enthält keine Bestimmung für eine erfolgsneutrale Abgrenzung. Allerdings löst ein rein bilanzpolitisch motiviertes Verhalten ernsthafte Bedenken an der Zuverlässigkeit der Absicherungsstrategien des Unternehmens aus, sodass mitunter keine Bewertungseinheiten mehr gebildet werden können. Unabhängig davon sind umfangreiche Erläuterungen erforderlich.

Zu Rz (54):

Die Literatur ließ es in der Vergangenheit nicht zu, rollierende Sicherungsstrategien mit unterjährigem Umschlag des Derivats durch eine erfolgsneutrale Verbuchung der Umschläge zu berücksichtigen (vgl. *Göttgens*, BFuP 1995, 160 mwN). Unter den in Rz (54) genannten Bedingungen scheint eine Erfolgsabgrenzung im Rahmen einer rollierenden Strategie allerdings auch im UGB vertretbar.

Anders als bei der vorzeitigen Beendigung des Sicherungsgeschäfts, wo es zur Beendigung des Sicherungszusammenhangs kommt, läuft im Rahmen einer rollierenden Sicherungsstrategie der Sicherungszusammenhang weiter. Die neuere Literatur interpretiert die Ergebnisse von ausgelaufenen Sicherungsgeschäften bisweilen als „Anschaffungskosten der Anschlusssicherung", bleibt aber Details zur bilanziellen Abbildung schuldig (vgl. *Freiberg*, StuB 2014, 264; *Scharpf* in Küting/Pfitzer/Weber, Handbuch der Rechnungslegung I[5] (2012) § 254 HGB Rz 393). Als Alternative zu ARA oder PRA könnte man daher auch den Ansatz einer sonstigen Forderung oder sonstigen Verbindlichkeit befürworten, was allerdings zur Problematik führt, dass diese Posten in weiterer Folge in der Bewertungseinheit gemeinsam mit dem Grundgeschäft zu bewerten wären, was eine zusätzliche Komplexität bedeuten würde. Aufgrund der Tatsache, dass wirtschaftlich ein Aufwand oder Ertrag in eine andere Periode übertragen wird, in die er aufgrund des „Matching Principle" gehört, ist die Darstellung als ARA bzw. PRA (Transitorium) zu befürworten.

Zu Rz (55):

Bei physisch zu erfüllenden Termin- oder Optionsgeschäften könnte sich der Nutzen- und Funktionszusammenhang im Einzelfall auch automatisch aus der Natur der Geschäfte ergeben. Da sie nicht Gegenstand dieser Stellungnahme sind, hat das AFRAC nicht untersucht, ob die Dokumentation hier konstitutive oder deklaratorische Wirkung hätte.

Zu Rz (57):

Der Bilanzierungsursprung des Portfolio-Handelshedge (vgl. *Luz/Scharpf*, Risikomanagement, Bilanzierung und Aufsicht von Finanzderivaten (2000) 313 ff.) liegt bei deutschen Kreditinstituten vor dem BilMoG, als man Finanzinstrumente des Handelsbestands noch imparitätisch einzeln bewertete; dies wurde durch § 340e Abs. 3 HGB geändert. Ohne Imparitätsprinzip erübrigt sich die Bilanzierung eines Portfolio-Handelshedge. Trotz des kreditinstitutsbezogenen Bilanzierungsursprungs ist nach Ansicht des AFRAC (sowie der deutschen Literatur – vgl. *Luz/Scharpf*, Risikomanagement, Bilanzierung und Aufsicht von Finanzderivaten (2000) 313) die Bilanzierung eines Portfolio-Handelshedge auch bei Industrie- und Handelsunternehmen möglich, da bei diesen Unternehmen das Imparitätsprinzip für den Handelsbestand (immer noch) gilt.

Instrumente, die Teil eines Portfolio-Handelshedge sind, müssen klar abgegrenzt sein (vgl. *Prahl/Naumann*, ZBB 1994, 7 mwN). Die einzelnen Geschäfte des Portfolio-Handelshedge können nicht Grund- und Sicherungsgeschäften zugeordnet und müssen auch nicht mit Durchhalteabsicht eingegangen werden. Dennoch stehen sie aufgrund einer institutionalisierten Sicherungsstrategie in einem wirtschaftlichen Zusammenhang: Aufgrund der Handelsabsicht soll das Portfolio kurzfristige Erträge im Rahmen der Risikolimits erzielen, wodurch sein beizulegender Zeitwert auch nur innerhalb dieser Risikolimits schwanken kann (vgl. *Naumann*, Bewertungseinheiten im Gewinnermittlungsrecht der Banken (1995) 175 f., *Scharpf*, BFuP 1995, 204).

Zu Rz (59) ff.:

Eine kompensierende Bewertung im Rahmen einer Bewertungseinheit ist grundsätzlich nur zwischen Geschäften möglich, die am Abschlussstichtag nach den Rechnungslegungsgrundsätzen selbständige Bewertungsobjekte darstellen (das sind grundsätzlich Vermögensgegenstände, Verbindlichkeiten oder schwebende Geschäfte). Künftig zu erwartende Transaktionen sind keine Bewertungsobjekte, sodass eine kompensierende Bewertung nicht zulässig ist.

Da Drohverlustrückstellungen der Verlustantizipation dienen, ist eine zukunftsorientierte Verlustermittlung erforderlich – unter Berücksichtigung wertbeeinflussender Ereignisse bis zum Abschlussstichtag. Künftige Perioden sollen von vorhersehbaren Risiken und Verlusten freigehalten werden, die am Abschlussstichtag zwar noch nicht realisiert, aber verursacht sind (vgl. *Schubert* in Beck Bil-Komm[12] (2020) § 249 HGB Rz 51 und 58). Der Einzelbewertungsgrundsatz verbietet es dabei nicht, bei der Ermittlung einer Drohverlustrückstellung mehrere Geschäfte zu berücksichtigen, sofern diese in einem unmittelbaren Kausalzusammenhang stehen (vgl. *Zorn*, FJ 1990, 244 ff., Kap. 3.1.). Der Saldierungsbereich von Aufwendungen und Erträgen aus einem Geschäft ist wirtschaftlich weit zu ziehen, allerdings können nicht realisierte Erträge, insb. aus erhofften anderen Geschäften, die Unterlassung einer Drohverlustrückstellung nicht rechtfertigen (vgl. *Nowotny* in Straube/Ratka/Rauter, UGB II/RLG[3] (2017) § 198 Rz 145; ebenso *Schiebel*, Die Bilanzierung von Eurex- und ÖTOB-gehandelten Futures (2003) 140).

Da es um die Bewertung vorhersehbarer Verluste geht, ist die Berücksichtigung gegenläufiger Erträge aus künftigen Geschäften mit dem Konzept der Drohverlustrückstellung nicht unvereinbar, allerdings sind der Berücksichtigung künftiger Geschäfte aus Gründen des Gläubigerschutzes sehr enge Grenzen gesetzt. Aus Sicht des AFRAC ist dies nur vertretbar, wenn der gegenläufige ertragswirksame Cash Flow nachweislich mit an Sicherheit grenzender Wahrscheinlichkeit eintritt und insgesamt betrachtet nicht das geringste Verlustrisiko besteht. Eine Ertragswirkung erst in der übernächsten oder in noch späteren Perioden ist nicht ausreichend sicher abschätzbar (außer diese Ertragswirkung resultiert aus bereits abgeschlossenen Verträgen, an deren Erfüllung nicht der geringste Zweifel besteht). Außerdem müssen die für Bewertungseinheiten entwickelten Qualitätskriterien erfüllt sein (Größenschluss: Wenn ein bestehendes Geschäft nicht die Anforderungen an eine Bewertungseinheit erfüllt, dann kann ein gleichartiges künftiges Geschäft erst recht nicht risikomindernd berücksichtigt werden).

Zu Rz (63):

Die Frage einer nachträglichen Widmung wurde in der Arbeitsgruppe eingehend diskutiert, denn einige Kommentarbriefe zum Entwurf sahen einen Widerspruch zur Möglichkeit nachträglicher Widmungen bei Bewertungseinheiten (Kap. 4). Es bestand allerdings Einvernehmen, dass die Absicherung künftiger Zahlungsströme gerade keine Bewertungseinheit darstellt und die erfolgsneutrale Bilanzierung nur in engen Grenzen zulässig ist. Der Saldierungsbereich ist eingeschränkt und erfordert einen sehr engen und eindeutigen Kausalzusammenhang (siehe die Erläuterungen zu Rz (59) ff.). Dieser Kausalzusammenhang muss jedenfalls schon mit der Anschaffung des Sicherungsinstruments gegeben sein. Das mit einer nachträglichen Widmung verbundene „Splitting" des Sicherungsinstruments in Wertentwicklungen vor und nach der Widmung würde diesen Anforderungen nicht genügen, denn es bestünde kein Kausalzusammenhang mit dem Sicherungsgeschäft im Ganzen.

Zu Rz (65):

Die vom AFRAC vorgesehenen Regelungen führen nicht zur Anerkennung des „Cash Flow Hedge" iSd IFRS 9 in UGB-Abschlüssen: Gemäß IFRS 9 werden Wertänderungen des Derivats in einer eigenen Rücklage erfasst, wodurch eine Eigenkapitalminderung bilanziell erfasst wird. Da dies im UGB nicht möglich ist und das UGB – anders als die IFRS – primär auch dem Gläubigerschutz verpflichtet ist, sind im UGB wesentlich strengere Anforderungen zu erfüllen als nach IFRS 9.

Zu Rz (69) und (72):

Vermögensgegenstände sind zum Abschlussstichtag einzeln zu bewerten (§ 201 Abs. 2 Z 3 UGB). Eine gesonderte Bilanzierung und Bewertung des eingebetteten Derivats erfolgt nur, wenn es als eigenständiger Vermögensgegenstand aufzufassen ist. Dies setzt insbesondere die Einzelverwertbarkeit voraus (vgl. mwN *Kußmaul* in Küting/Pfitzer/Weber, Handbuch der Rechnungslegung I[5] (2003) Kap. 6 Rz 11 und *Adler/Düring/Schmaltz*, Rechnungslegung und Prüfung VI[6] (1995) § 246 HGB Rz 28). Soweit die Komponenten eines strukturierten Finanzinstruments nicht einzeln verwertbar sind, ist von einem einheitlichen Vermögensgegenstand auszugehen, der in seiner Gesamtheit zu bilanzieren und zu bewerten ist (vgl. *Wiese/Dammer*, DStR 1999, 869; anders IDW RS HFA 22). Bei Verlusten aus dem eingebetteten Derivat ist das strukturierte Finanzinstrument nach Maßgabe der §§ 204 und 207 UGB auf seinen niedrigeren beizulegenden Zeitwert abzuschreiben; damit wird dem Grundsatz der Vorsicht Rechnung getragen.

Zu Rz (71):

Der Begriff Verbindlichkeiten ist im UGB nicht abschließend definiert (vgl. *Hofians* in Straube/Ratka/Rauter, UGB II/RLG[3] (2019) § 224 Rz 68). Dementsprechend ist unklar, ob im UGB bei einer strukturierten Verbindlichkeit von einer „gesamthaften" Verbindlichkeit oder zwei separaten Bilanzierungsobjekten (Basis-Verbindlichkeit zuzüglich Vermögensgegenstand/Verbindlichkeit aus Derivat) auszugehen ist. Die Bilanzierung ist daher aus den Grundsätzen ordnungsmäßiger Buchführung abzuleiten. Gegenstand der Bilanzierung ist dabei grundsätzlich jeweils die gesamte strukturierte Verbindlichkeit und nicht die dieser nach dem zugrundeliegenden Rechtsverhältnis innewohnenden einzelnen Elemente, die ihren Wert beeinflussen. Dies spricht grundsätzlich für eine bilanzielle Behandlung als einheitliches Bilanzierungsobjekt.

Ein eingebettetes Derivat kann allerdings zu zusätzlichen Verpflichtungen und besonderen Chancen und Risiken führen, wenn seine wirtschaftlichen Merkmale und Risiken nicht eng mit dem Basisinstrument verbunden sind. Eine einheitliche bilanzielle Behandlung des Basisinstruments und des eingebetteten Derivats kann daher zu einer unzutreffenden Darstellung der wirtschaftlichen Lage im Jahresabschluss des Gläubigers bzw. des Schuldners führen sowie zu einer unzutreffenden Saldierung von positiven und negativen Effekten aus der unterschiedlichen Wertentwicklung von Basisinstrument und eingebettetem Derivat. Die herrschende Lehre in Deutschland fordert daher die Abspaltung von eingebetteten Derivaten, sofern diese im Vergleich zum Basisinstrument wesentlich erhöhte oder zusätzliche (andersartige) Risiken und Chancen aufweisen, da es sich bei wirtschaftlicher Betrachtung um zwei Instrumente handelt, die grundsätzlich getrennt voneinander zu bilanzieren sind (vgl. IDW RS HFA 22 Rz 7 ff.). Als Orientierung, wann ein eingebettetes Derivat als eng verbunden mit dem Basisvertrag gilt, kann – wie auch bei der Definition von Derivaten (vgl. die Erläuterungen zu Rz (2)) – auf die Regelungen der internationalen Rechnungslegung (IFRS 9.B4.3.5 ff.) zurückgegriffen werden.

Die Bewertung von aktivseitig gehaltenen Instrumenten mit eingebetteten Derivaten ist in der AFRAC-Stellungnahme „Ausgewählte Fragen der unternehmensrechtlichen Bilanzierung von nichtderivativen Finanzinstrumenten" geregelt. Deren Rz (14), die eine einheitliche Bilanzierung ohne Abspaltung, aber strengere Beurteilungskriterien für das Vorliegen einer dauernden Wertminderung vorsieht, greift den der deutschen Regelung (vgl. IDW RS HFA 22 Rz 13 und 14) zugrundeliegenden Gedanken auf, dass von einer Abspaltung des eingebetteten Derivats abgesehen werden kann, wenn das strukturierte Finanzinstrument in der Bilanz des Erwerbers dem Niederstwertprinzip unterworfen ist, da die einheitliche Bilanzierung in diesem Fall auch zu einer zutreffenden Darstellung der Vermögens-, Finanz- und Ertragslage führt (vgl. auch *Scharpf* in Küting/Pfitzer/Weber, Handbuch der Rechnungslegung I[5] (2018) Kap. 7 Rz 82 ff.). Für die Passivseite besteht diese Möglichkeit jedoch nicht, und es ist daher – auch im Einklang mit den diesbezüglichen Vorschriften in den IFRS (IFRS 9.4.3.3) – grundsätzlich von einer Abspaltungspflicht auszugehen.

Zu Rz (71a):

Die Aufteilung des Ausgabebetrags im Verhältnis der beizulegenden Zeitwerte sowie die „Differenzmethode" zur Ermittlung des beizulegenden Zeitwerts des Derivats wird auch in der herrschenden Lehre in Deutschland verlangt (vgl. IDW RS HFA 22 Rz 19).

Zu Rz (71b):

Im besonderen Fall, dass alle durch das eingebettete Derivat zusätzlich erzeugten Chancen und Risiken durch ein Sicherungsgeschäft abgesichert sind und eine Bewertungseinheit gebildet werden kann, aufgrund der das Grund- und das Sicherungsgeschäft bilanziell als Einheit aufgefasst werden, werden die vom eingebetteten Derivat zusätzlich erzeugen Chancen und Risiken durch das Sicherungsgeschäft neutralisiert. Im Ergebnis ergeben sich keine erhöhten oder andersartigen Chancen und Risiken und somit kein Abspaltungsbedarf mehr, da durch die Bildung der Bewertungseinheit die zutreffende Darstellung der wirtschaftlichen Lage erreicht wird. Dem Grundsatz der Bilanzklarheit folgend ist jedoch die Erläuterung der eingebetteten Derivate sowie der Sicherungsderivate im Anhang jedenfalls erforderlich.

Um eine periodengerechte Zuordnung von Gewinnen und Verlusten aus dem Sicherungsgeschäft zu erreichen, kann es erforderlich sein, auch Prämien zeitanteilig über die Laufzeit der Sicherungsbeziehung erfolgswirksam zu erfassen, wenn die entsprechende Gegenposition aus dem Grundgeschäft aufgrund der anzuwendenden Rechnungslegungsgrundsätze zeitanteilig über die Laufzeit erfasst werden muss.

Zu Rz (71c):

Die Möglichkeit der einheitlichen Bilanzierung stößt dort an ihre Grenzen, wo zwingend unterschiedliche Arten von Bilanzposten (Eigenkapital vs. Verbindlichkeit) betroffen sind.

Zu Rz (74) ff.:

Die Rz (76) verlangt, dass die Erfolge aus einem Derivat, welches in einer Sicherungsbeziehung steht, in jenem Posten auszuweisen sind, in dem auch die Erfolge aus dem Grundgeschäft ausgewiesen werden. Ist somit beispielsweise der Saldo der (abgegrenzten) Zinszahlungen eines Zinsswaps (sogenannter Dealsaldo) positiv und sichert dieser Zinsswap eine fix verzinste Anleihe auf der Passivseite ab, wird dieser positive Saldo unter dem Posten „Zinsen und ähnliche Aufwendungen" ausgewiesen. Dort wird auch der Zinsaufwand aus der emittierten Anleihe ausgewiesen (vgl. IDW RS HFA 35 Rz 85). Der Grundsatz des Ausweises des Dealsaldos ist auch in der Literatur verankert (vgl. etwa *Scharpf* in Küting/Pfitzer/Weber, Handbuch der Rechnungslegung I[5] (2012) Kap. 6 Rz 849) und strahlt auch auf die Rz (75) aus, die sich mit dem Erfolgsausweis von Derivaten beschäftigt, die in keiner Sicherungsbeziehung stehen.

Rz (74) letzter Satz sieht vor, dass die Rz (75) f. für Unternehmen gelten, bei denen der Abschluss von Derivaten nicht zur typischen Geschäftstätigkeit zählt. Bei Kreditinstituten zählt der Abschluss von Derivaten idR sehr wohl zur typischen Geschäftstätigkeit (insbesondere zur Risikosteuerung). Vor diesem Hintergrund stellt sich die Praxis der Erfolgsdarstellung aus Derivaten bei Kreditinstituten bislang heterogen dar. So wird etwa auch der sogenannte Produktsaldo ausgewiesen. Darunter wird beispielsweise der Ausweis des Saldos der (abgegrenzten) Nettozinszahlungen aus allen Zinsswaps des Bankbuchs (entweder als Zinsertrag oder Zinsaufwand) verstanden, unabhängig davon, ob diese in einer Sicherungsbeziehung stehen. Aus Sicht des AFRAC zeigen jedoch das aktuelle Schrifttum und die Weiterentwicklung der IT-Landschaft, dass der Dealsaldo auch für Kreditinstitute angemessen ist. Die Umstellung auf den Dealsaldo ist eine Änderung der Darstellung nach § 223 Abs. 1 UGB und somit im Anhang anzugeben und zu begründen.

Zu Rz (77a) ff.:

Das Financial Stability Board hat im Juli 2014 in seinem Report „Reforming Major Interest Rate Benchmarks“ empfohlen, die damals bestehenden Referenz-Zinssätze bzw. deren Ermittlung u.a. aufgrund von Anfälligkeit für Manipulation zu reformieren. Die Europäische Union hat in diesem Zusammenhang die „Referenzwert-Verordnung“ (Verordnung (EU) 2016/1011 des Europäischen Parlaments und des Rates vom 8. Juni 2016 über Indizes, die bei Finanzinstrumenten und Finanzkontrakten als Referenzwert oder zur Messung der Wertentwicklung eines Investmentfonds verwendet werden, und zur Änderung der Richtlinien 2008/48/EG und 2014/17/EU sowie der Verordnung (EU) Nr. 596/2014) erlassen, welche seit 1. Jänner 2018 in der EU anwendbar ist. Als Folge wurden z.B. der EONIA (Euro OverNight Index Average) abgelöst und der EURIBOR (Euro InterBank Offered Rate) reformiert bzw. teilweise durch neue Referenzwerte (z.B. €STR – Euro Short-Term Rate) abgelöst.

Die Abänderung und teilweise auch Abschaffung von Referenz-Zinssätzen bzw. deren Ersatz durch neue, andere Referenz-Zinssätze werfen auch Fragen im Zusammenhang mit ihrer Auswirkung auf die bilanzielle Abbildung jener Finanzinstrumente auf, die von diesen Änderungen betroffen sind.

Das IASB hat in einem „Limited Amendment“ im September 2019 für das Hedge Accounting explizite Ausnahmeregelungen im Zusammenhang mit Effekten, die sich aus den Umstellungen von Referenzwerten ergeben, eingeführt (vgl. IFRS 9.6.8.4 bis 6.8.12 und IAS 39.102A bis 102N).

Die wesentlichen Regelungsinhalte sind, dass die Effekte aus der Umstellung von Referenzwerten im Zusammenhang mit folgenden Detailaspekten des Hedge Accounting ignoriert werden dürfen, solange aufgrund der Umstellung Unsicherheiten bestehen:

– bei der Beurteilung der Wahrscheinlichkeit des Eintritts der zukünftigen Zahlungsströme und
– hinsichtlich des Erfordernisses der Auflösung der Cash-Flow-Hedge-Rücklage im Zusammenhang mit der Beurteilung der Wahrscheinlichkeit des Eintritts der zukünftigen Zahlungsströme.

Bei der Beurteilung des wirtschaftlichen Zusammenhangs zwischen Grund- und Sicherungsgeschäft bzw. bei der Beurteilung der Effektivität der Sicherungsbeziehung muss der Anwender die Bewertungseinheit nicht vorzeitig beenden, wenn sich eine erhöhte Ineffektivität ergibt, welche auf die Unsicherheit im Zusammenhang mit der Umstellung des Referenzwerts zurückzuführen ist.

In einem weiteren Amendment vom 27. August 2020 hat das IASB als „Phase 2“ seines IBOR-Projekts weitere Erleichterungen beschlossen, die dann gelten, wenn die Umstellung des Referenzzinssatzes durch die IBOR-Reform verursacht ist und zu ökonomisch gleichwertigen Zahlungsströmen führt, und die sich grob wie folgt zusammenfassen lassen (Details in IFRS 9.5.4.5 bis 5.4.9, IFRS 9.6.8.13, 6.9.1 bis 6.9.13 bzw. IAS 39.102M bis 102Z3 und IAS 39.108H bis 108K):

– Die Umstellung des Referenzzinssatzes in einem Finanzinstrument stellt zwar eine Vertragsanpassung dar, anders als bei üblichen nicht substanziellen Vertragsanpassungen muss aber hier kein Modifikationsergebnis ermittelt werden, sondern die Umstellung darf wie eine Anpassung des Effektivzinssatzes behandelt werden.
– Die Dokumentation von Sicherungsbeziehungen darf als Folge von durch die Benchmark-Reform ausgelösten Umstellungen angepasst werden, und die Sicherungsbeziehungen dürfen fortgeführt werden.
– Ineffektivitäten, die sich im Zuge der Umstellung ergeben, sind als solche zu erfassen. Allerdings darf nach abgeschlossener Umstellung mit der Effektivitätsmessung neu begonnen werden.

Zusätzlich hat das IASB in IFRS 7.24H bis 24J neue Offenlegungserfordernisse im Zusammenhang mit der Umstellung von Referenzwerten eingeführt.

Zu Rz (77e) und (77f):

Die Änderung des Abzinsungssatzes stellt eine Anpassung der Allgemeinen Geschäftsbedingungen der CCP dar. Sie betrifft somit nicht unmittelbar den einzelnen Derivatvertrag (alle zukünftigen Zahlungsströme bleiben unverändert), verändert aber den beizulegenden Zeitwert des Derivats.

Grundsätzlich ist festzuhalten, dass die Marktwerte aufgrund der Umstellung von EONIA auf €STR idR ansteigen, da der €STR um 8,5 Basispunkte unter dem EONIA liegt. Dementsprechend kommt es im Fall von positiven Marktwerten zu einem Anstieg dieser Marktwerte und somit zwingend zu einer zu leistenden Ausgleichszahlung. Im Fall von negativen Marktwerten kommt es analog auch zu einem Anstieg dieser Marktwerte und somit zwingend zu einer zu erhaltenden Ausgleichszahlung. Die Ausgleichszahlungen sind pro Derivat zu bilanzieren.

Es stellt sich die Frage, wie die Ausgleichszahlung wirtschaftlich einzustufen ist:

– Die Interpretation der Ausgleichszahlung als zeitpunktbezogener Ausgleich für die Marktwertänderung im Zeitpunkt des Discounting-Switch spricht dafür, die Ausgleichszahlung in diesem Zeitpunkt zur Gänze zu realisieren.
– Die Interpretation der Ausgleichszahlung als zeitraumbezogener Ausgleich für die künftige Minderverzinsung der Barbesicherung spricht eher für die Realisation der Ausgleichszahlung über die Restlaufzeit des Derivats.

Da sich der spezielle Sonderfall des Discounting-Switch nicht eindeutig einordnen lässt (und sich auch die zukünftigen Zahlungsströme der betroffenen Derivate nicht ändern), soll durch das Bilanzierungswahlrecht eine pragmatische Lösung in der Praxis ermöglicht werden. Wie jedes Bilanzierungswahlrecht ist es jedoch stetig auszuüben und im Anhang offenzulegen.

Im Handelsbuch von Banken wird jede Änderung des Marktwerts grundsätzlich ergebniswirksam erfasst. Da die Ausgleichszahlung eine Kompensation für die Marktwertänderung darstellt, die sich aufgrund der Änderung des internen Abzinsungssatzes ergibt, ist es sachgerecht, sie ebenfalls unmittelbar ergebniswirksam zu erfassen.

Zu Rz (77h):

Die Tatsache, dass sich durch die Änderung des Abzinsungssatzes die zukünftigen Zahlungsströme nicht ändern, bedeutet aus Sicht des AFRAC, dass allfällig bestehende Sicherungsbeziehungen unverändert fortgeführt werden können. Allerdings kann sich nach dem Discounting-Switch eine erhöhte Ineffektivität ergeben, wenn das gesicherte Grundgeschäft, wie es bei einem üblichen Kredit der Fall ist, keinem €STR-Risiko unterliegt. Hinzuweisen ist auch auf gegebenenfalls bestehende Basisrisiken. Durch die Abzinsung der erwarteten Zahlungen aus dem Sicherungsinstrument mit der €STR (anstelle des EONIA) und der Zahlungen aus dem Kredit mit z.B. dem 3M-Euribor ergibt sich ein Basisrisiko zwischen €STR und 3M-Euribor, welches im gesicherten Grundgeschäft nicht vorhanden ist und daher zu einer Ineffektivität aus dem Sicherungsgeschäft führt. Mit der Umstellung auf die €STR vergrößert sich die ohnehin bereits vorhandene Ineffektivität (zu bisher EONIA) jedoch um weitere 8,5 Basispunkte.

AFRAC-Stellungnahme 16
Wertaufhellung und Wertbegründung (UGB)

Stellungnahme
Wertaufhellung und Wertbegründung vor und nach Aufstellung von Jahres- und Konzernabschlüssen

(Juni 2018)

Historie der vorliegenden Stellungnahme

erstmalige Veröffentlichung	Juni 2011	
Überarbeitung	Dezember 2015	Berücksichtigung der Änderungen des UGB aufgrund des Rechnungslegungs-Änderungsgesetzes 2014
Überarbeitung	Juni 2018	Anpassung an das BörseG 2018

1. Allgemeines

(1) Die vorliegende Stellungnahme richtet sich insbesondere an die Leitung von Einzelunternehmen, Personengesellschaften sowie Kapitalgesellschaften und deren Aufsichtsrat, generell an alle mit der Aufstellung und Feststellung eines Jahresabschlusses im Sinne der §§ 189 ff. UGB befassten Gremien. Dies gilt selbst dann, wenn aufgrund eines eingeschränkten Verweises nicht alle einschlägigen Bestimmungen des UGB anzuwenden sind, wohl aber § 201 Abs. 2 Z 4 lit. b UGB (vgl. z.B. die eingeschränkten Verweise im Privatstiftungsgesetz und im Vereinsgesetz).

(2) Sie befasst sich mit der Frage, bis zu welchem Zeitpunkt wertaufhellende Erkenntnisse im Jahresabschluss und im Konzernabschluss für das abgelaufene Geschäftsjahr zu berücksichtigen sind. Auf ertragsteuerliche Gesichtspunkte wird nicht eingegangen.

(3) Der Wertaufhellungszeitraum beginnt mit dem Abschlussstichtag. Die Verhältnisse an diesem Stichtag sind für den Ansatz und die Bewertung der Bilanz-posten maßgebend, wobei sowohl positive als auch negative Auswirkungen auf Ansatz und Bewertung zu berücksichtigen sind.

(4) Wertaufhellende Erkenntnisse über die Verhältnisse am Abschlussstichtag sind jedenfalls bis zum Tag der Aufstellung des Jahresabschlusses zu berücksichtigen. Während beim Einzelunternehmer und bei Personengesellschaften mit natürlichen Personen als unbeschränkt haftende Gesellschafter damit der Rechnungslegungsprozess regelmäßig abgeschlossen ist, ist bei anderen Rechtsformen, insbesondere Kapitalgesellschaften, zwischen Aufstellung und Feststellung des Jahresabschlusses zu unterscheiden.

(5) Bei der Beurteilung der Frage, ob nach dem Abschlussstichtag gewonnene Erkenntnisse im Jahresabschluss zu berücksichtigen sind, wird danach unterschieden, ob diese neuen Informationen bessere Erkenntnisse über die Verhältnisse zum Abschlussstichtag liefern (sog. wertaufhellende Erkenntnisse – näher Rz. (6)) oder ob es um Änderungen der Verhältnisse nach dem Abschlussstichtag geht (sog. wertbegründende Tatsachen – näher Rz. (8)).

Während wertaufhellende Erkenntnisse im Jahresabschluss zu berücksichtigen sind, dürfen (unbeschadet allfälliger Berichtspflichten im Anhang) wertbegründende Tatsachen im Jahresabschluss für das abgelaufene Geschäftsjahr nicht berücksichtigt werden.

2. Wertaufhellung

(6) § 201 Abs. 2 Z 4 lit. b UGB regelt als Element des Vorsichtsprinzips, dass erkennbare Risken und drohende Verluste, die in dem Geschäftsjahr oder einem früheren Geschäftsjahr entstanden sind, im Jahresabschluss zu berücksichtigen sind, selbst wenn die Umstände erst zwischen dem Abschlussstichtag und dem Tag der Aufstellung des Jahresabschlusses bekannt wurden. Daraus folgt, dass nicht nur das Wissen, das am Abschlussstichtag selbst bestand, sondern auch alle Erkenntnisse, die bis zum Zeitpunkt der Aufstellung des Jahresabschlusses gewonnen werden oder bei pflichtgemäßer Sorgfalt gewonnen werden können, zu berücksichtigen sind (objektives Wertaufhellungskonzept). Dies gilt auch für Erkenntnisse, die das Jahresergebnis verbessern.

(7) Die zur Aufstellung des Jahresabschlusses verpflichteten Mitglieder der Geschäftsführung/des Vorstands haben dafür zu sorgen, dass der Kenntnisstand über die Verhältnisse am Abschlussstichtag zum Zeitpunkt der Aufstellung des Jahresabschlusses möglichst umfassend ist. Daher sind sie verpflichtet, alle für Ansatz und Bewertung relevanten Erkenntnisse innerhalb des Wertaufhellungszeitraumes zu beschaffen. Diese Pflicht umfasst alle einem ordentlichen und gewissenhaften Unternehmer zumutbaren Maßnahmen. Wird diese Verpflichtung verletzt und wären bei Anwendung pflichtgemäßer Sorgfalt weitere wertaufhellende Erkenntnisse zu erlangen gewesen, kann es sein, dass der Jahresabschluss kein möglichst getreues Bild der Vermögens- und Ertragslage (bei Einzelunternehmen und Personengesellschaften) bzw. der Vermögens-, Finanz- und Ertragslage (bei Kapitalgesellschaften) vermittelt.

3. Wertbegründung

(8) Ereignisse, die erst nach dem Abschlussstichtag eintreten und keinen Aufschluss über die Verhältnisse zum Abschlussstichtag geben, sondern diese verändern, sind bei der Aufstellung des Jahresabschlusses für das abgelaufene Geschäftsjahr nicht zu berücksichtigen. Dies entspricht dem in § 201 Abs. 2 Z 3 UGB festgeschriebenen Stichtagsprinzip. Solche Ereignisse sind bei mittelgroßen und großen Gesellschaften (§ 221 UGB) vielmehr allenfalls gemäß § 238 Abs. 1 Z 11 UGB (Art und finanzielle Auswirkungen wesentlicher Ereignisse nach dem Abschlussstichtag, die weder in der Gewinn- und Verlustrechnung noch in der Bilanz berücksichtigt sind) im Anhang anzuführen.

4. Ende des Wertaufhellungszeitraumes

(9) Das Ende des Wertaufhellungszeitraumes ist im für alle Unternehmen geltenden allgemeinen Teil des Dritten Buches des UGB festgeschrieben. Gemäß § 201 Abs. 2 Z 4 lit. b UGB endet der Wertaufhellungszeitraum mit „dem Tag der Aufstellung des Jahresabschlusses".

(10) Gemäß § 193 Abs. 2 UGB hat der Unternehmer für den Schluss eines jeden Geschäftsjahres in den ersten neun Monaten des Geschäftsjahres für das vorangegangene Geschäftsjahr einen Jahresabschluss aufzustellen. Die gesetzlichen Vertreter einer Kapitalgesellschaft haben gemäß § 222 Abs. 1 UGB in den ersten fünf Monaten des Geschäftsjahres für das vorangegangene Geschäftsjahr unter anderem den um den Anhang erweiterten Jahresabschluss aufzustellen. Für Emittenten iSd § 1 Z 8 BörseG 2018 verkürzt sich die Aufstellungsfrist noch weiter, denn ein Emittent hat seinen Jahresfinanzbericht spätestens vier Monate nach Ablauf jedes Geschäftsjahres zu veröffentlichen. Eine Verzögerung der Aufstellung über die gesetzlichen Fristen hinaus bewirkt eine Verlängerung des für die Wertaufhellung maßgeblichen Zeitraumes.

(11) Die Aufstellung des Jahresabschlusses wird spätestens durch die Unterzeichnung des Jahresabschlusses gemäß § 194 oder gemäß § 222 Abs. 1 UGB dokumentiert. Die Unterfertigung ist aber nicht konstitutiv für die Aufstellung. Aufstellungsakt ist der entsprechende Beschluss des für die Aufstellung zuständigen Organs bzw. beim Einzelunternehmer die dokumentierte Entscheidung. Tag der Aufstellung des Jahresabschlusses und somit Ende des Wertaufhellungszeitraumes ist bei Gesellschaften jener Tag, an dem die gesetzlichen (= organschaftlichen) Vertreter nachweislich den Beschluss über die Aufstellung des Jahresabschlusses fassen. Dies gilt rechtsformübergreifend für alle Gesellschaftsformen, die vom Anwendungsbereich des Dritten Buches des UGB erfasst werden. Bei einem Einzelunternehmer tritt an die Stelle eines solchen Beschlusses die dokumentierte Entscheidung, dass der fertiggestellte Jahresabschluss nunmehr als rechtsgültige Endfassung betrachtet werden soll.

(12) Besonders deutlich wird die Unterscheidung zwischen Aufstellung und Unterfertigung bei Kapitalgesellschaften, bei mittelgroßen und großen Genossenschaften und bei Personengesellschaften, bei denen keine natürliche Person unbeschränkt haftender Gesellschafter ist (Personengesellschaften gemäß § 221 Abs. 5 UGB, z.B. GmbH & Co KG, in der Folge als „kapitalistische Personengesellschaft" bezeichnet). Für diese Gesellschaften unterscheidet das Gesetz ausdrücklich zwischen dem Akt der Aufstellung und dem Akt der Unterzeichnung des Jahresabschlusses (§ 222 Abs. 1 UGB). Der Beschluss der zuständigen Organmitglieder über die Aufstellung des Jahresabschlusses kann z.B. im Vorstand einer AG nach Maßgabe der Satzung und der Geschäftsordnung bei Abwesenheit und/oder gegen die Stimmen einzelner Vorstandsmitglieder gefasst werden. Der aufgestellte Jahresabschluss muss in der Folge jedoch von sämtlichen Mitgliedern der Unternehmensleitung unterzeichnet werden. Der Beschluss über die Aufstellung des Jahresabschlusses kann unabhängig vom Vorliegen sämtlicher Unterschriften durch das Protokoll über die maßgebliche Geschäftsführungs- bzw. Vorstandssitzung oder durch die Übermittlung des aufgestellten Jahresabschlusses an die Gesellschafter (vgl. § 22 Abs. 2 GmbHG) oder an den Aufsichtsrat (vgl. § 96 Abs. 1 AktG, § 22 Abs. 2 GenG) dokumentiert werden.

(13) Zusammenfassend ist festzuhalten, dass – unabhängig von der Rechtsform – mit der Aufstellung des Jahresabschlusses der Wertaufhellungszeitraum endet, innerhalb dessen die Unternehmensleitung unter Zugrundelegung des jeweils geltenden Sorgfaltsmaßstabes verpflichtet ist, alle für die Aufstellung des Jahresabschlusses relevanten Informationen zu beschaffen (vgl. Rz. (6) und (7)).

5. Erkenntnisse zwischen Aufstellung und Feststellung des Jahresabschlusses

5.1. Grundlegende Überlegungen

(14) Bei Kapitalgesellschaften und Genossenschaften ist vorgesehen, dass der aufgestellte Jahresabschluss durch ein Willensbildungs- oder Kontrollorgan, z.B. durch die Generalversammlung bei der GmbH oder durch den Aufsichtsrat oder gegebenenfalls die Hauptversammlung bei der AG, zu genehmigen ist und damit als festgestellt gilt. Nur der festgestellte Jahresabschluss kann Grundlage für eine Gewinnausschüttung sein (ausgenommen eine Abschlagszahlung gemäß § 54a AktG). Da der Jahresabschluss von dem für die Aufstellung verantwortlichen Organ unter anderem auch bei Bekanntwerden wertaufhellender Erkenntnisse vor der Feststellung geändert werden kann, stellt sich die Frage, wie mit wertaufhellenden Erkenntnissen umzugehen ist, die nach der Aufstellung des Jahresabschlusses, damit nach Ablauf des Wertaufhellungszeitraumes, aber vor der Feststellung des Jahresabschlusses bekannt werden.

(15) Hinsichtlich Personengesellschaften, bei denen alle Gesellschafter an der Geschäftsführung und damit an der Aufstellung des Jahresabschlusses beteiligt sind, unterscheidet das Gesetz aufgrund der Personenidentität zwischen Geschäftsführungs-

organ und Mitgliederversammlung (Prinzip der Selbstorganschaft) nicht zwischen Aufstellung und Feststellung. Die unter Rz. (14) aufgeworfene Frage stellt sich daher bei Personengesellschaften nicht immer in dieser Form. Dasselbe gilt für Einzelunternehmer. Sind in Personengesellschaften hingegen nicht alle Gesellschafter an der Geschäftsführung beteiligt oder sind besondere Organe eingerichtet (z.B. ein Beirat oder eine über den Kreis der geschäftsführenden Gesellschafter hinausgehende Gesellschafterversammlung), denen die Genehmigung des Jahresabschlusses vorbehalten ist, gilt jener Tag als Tag der Feststellung des Jahresabschlusses, an dem die nicht geschäftsführenden Gesellschafter oder das sonst zuständige Organ den Jahresabschluss genehmigt haben, sodass die unter Rz. (14) aufgeworfene Frage relevant werden kann.

5.2. Berücksichtigung von wertaufhellenden Erkenntnissen nach Ablauf des Wertaufhellungszeitraumes

(16) Die Verpflichtung, sich um die Erlangung wertaufhellender Erkenntnisse zu bemühen, endet, wie in Rz. (13) dargelegt, mit der Aufstellung des Jahresabschlusses durch die Unternehmensleitung.

(17) Dies bedeutet für Einzelunternehmen und Personengesellschaften ohne besondere Organe im Sinne der Rz. (15) und bei Einbindung aller Gesellschafter in die Geschäftsführung Folgendes: Sollte die Unternehmensleitung nach Aufstellung des Jahresabschlusses wertaufhellende Erkenntnisse erlangen, so besteht – selbst wenn diese wesentlich sind – keine Verpflichtung, den Jahresabschluss zu ändern.

(18) Hinsichtlich der Kapitalgesellschaften, kapitalistischen Personengesellschaften und Personengesellschaften mit besonderen Organen im Sinne der Rz. (15) bedeutet dies Folgendes:

- Erlangt die Unternehmensleitung trotz Erfüllung der Verpflichtung gemäß Rz. (7) erst nach der Aufstellung des Jahresabschlusses wertaufhellende Erkenntnisse (z.B. durch dem Unternehmen zugegangene Mitteilungen oder andere externe Informationen) und sind diese wesentlich für die Vermittlung eines möglichst getreuen Bildes der Vermögens-, Finanz- und Ertragslage des Unternehmens, so hat sie zu prüfen, ob diese Erkenntnisse eine Änderung des Jahresabschlusses erfordern.
- Nicht jede Tatsache, die nach unternehmensrechtlichen Einzelvorschriften sowie in bestimmten Bilanzierungszusammenhängen als wesentlich anzusehen ist (vgl. z.B. § 198 Abs. 8 Z 3 zweiter Satz UGB), macht es erforderlich, einen unter Einhaltung der gesetzlichen Vorschriften (vgl. Rz. (6) und (7)) fehlerfrei aufgestellten Jahresabschluss abzuändern. Die Entscheidung, ob aufgrund von wertaufhellenden Erkenntnissen eine Änderung des Jahresabschlusses durchzuführen ist, hat immer unter Bedachtnahme auf die Auswirkungen im Hinblick auf die Vermittlung des durch den Jahresabschluss zu gewährenden möglichst getreuen Bildes der Vermögens-, Finanz- und Ertragslage des Unternehmens zu erfolgen.
- Entscheidet sich das für die Aufstellung zuständige Organ gegen die Änderung eines aufgestellten Jahresabschlusses, so ist das für die Feststellung des Jahresabschlusses zuständige Organ darüber entsprechend zu informieren. Diese Mitteilungspflicht umfasst daher nur Erkenntnisse bezogen auf jene im vorigen Absatz dargestellten wesentlichen Tatsachen, die unter Berücksichtigung unternehmensrechtlicher Einzelvorschriften sowie bestimmter Bilanzierungszusammenhänge unter Bedachtnahme auf die Auswirkungen im Hinblick auf die Vermittlung des durch den Jahresabschluss zu gewährenden möglichst getreuen Bildes der Vermögens-, Finanz- und Ertragslage des Unternehmens nicht zu einer Änderung des aufgestellten Jahresabschlusses geführt haben. Davon unberührt bleibt die notwendige Erfassung im Jahresabschluss des laufenden Geschäftsjahres.
- Im Falle eines durch einen Abschlussprüfer gemäß §§ 268 ff. UGB geprüften Jahresabschlusses ist zu beachten, dass eine Änderung des aufgestellten und geprüften Jahresabschlusses gemäß § 269 Abs. 4 UGB eine Nachtragsprüfung erfordert. Über das Ergebnis dieser Prüfung ist zu berichten, und der Bestätigungsvermerk ist entsprechend zu ergänzen, erforderlichenfalls zu ändern.

6. Erkenntnisse nach Feststellung des Jahresabschlusses

(19) Die Geschäftsführung/der Vorstand hat nach pflichtgemäßem Ermessen im Rahmen ihrer/seiner Organverantwortung und unter Bedachtnahme auf die Auswirkungen auf die Vermittlung eines möglichst getreuen Bildes der Vermögens-, Finanz- und Ertragslage des Unternehmens zu entscheiden, ob das Auftreten wertaufhellender Erkenntnisse nach der Feststellung des Jahresabschlusses einen ausreichenden Grund darstellt, den Widerruf des Feststellungsbeschlusses beim jeweils zuständigen Organ zu beantragen, um den Jahresabschluss zu ändern. Stellt die Geschäftsführung/der Vorstand den Antrag auf Widerruf des Feststellungsbeschlusses, hat im Falle der Zuständigkeit des Aufsichtsrates dieser im Rahmen seiner Organverantwortung darüber zu entscheiden. Kommt die Geschäftsführung/der Vorstand aufgrund ihrer/seiner Abwägung zu dem Ergebnis, dass ein Widerruf des Feststellungsbeschlusses nicht zu beantragen ist, so ist bei der nächsten Sitzung/Versammlung des für die Feststellung zuständigen Organs jedenfalls dann über das Auftreten wertaufhellender Erkenntnisse zu berichten, wenn diese nicht unwesentlich sind.

(20) Sofern die Auswirkungen der wertaufhellenden Erkenntnisse auf das vom festgestellten Jahresabschluss vermittelte Bild der Vermögens-, Finanz- und Ertragslage des Unternehmens wesentlich sind, ist von den verantwortlichen Organen zu

prüfen, ob eine Abänderung des Ausschüttungsvorschlages/-beschlusses notwendig ist. Eine dafür relevante Auswirkung ist jedenfalls dann gegeben, wenn sich bei Berücksichtigung der wertaufhellenden Erkenntnisse und bei Berücksichtigung jederzeit frei auflösbarer Rücklagen im Jahresabschluss der ausschüttbare Betrag wesentlich ändert.

(21) Im Zusammenhang mit wertbegründenden Tatsachen ist auf das Aus-schüttungsverbot nach § 82 Abs. 5 GmbHG hinzuweisen. Wertbegründende Tatsachen (z.B. Verluste in der laufenden Periode) können gemäß § 82 Abs. 5 GmbHG zu einem Ausschüttungsverbot führen. Dies gilt analog auch für wertaufhellende Erkenntnisse, bei deren Berücksichtigung zum Zeitpunkt der Beschlussfassung über die Gewinnverteilung der zur Ausschüttung vorgesehene Betrag unter Berücksichtigung jederzeit frei auflösbarer Rücklagen im tatsächlich oder hypothetisch korrigierten Bilanzgewinn keine Deckung findet. Dieser im GmbH-Gesetz explizit verankerte Gedanke ist in ähnlicher Form auch bei anderen Kapitalgesellschaften ableitbar. Da bei der AG die Hauptversammlung über die Gewinnverteilung beschließt, ist der Zeitpunkt dieses Beschlusses – ebenso wie bei der GmbH – maßgeblich.

7. Wertaufhellungszeitraum bei der Konzernabschlussaufstellung

(22) Da der Konzernabschluss im Gegensatz zum Jahresabschluss grundsätzlich keine unmittelbaren rechtlichen Bindungswirkungen entfaltet, ist eine Feststellung des Konzernabschlusses nicht vorgesehen.

(23) Für das Ende des Wertaufhellungszeitraumes beim Konzernabschluss sind gemäß § 251 Abs. 1 UGB die Vorschriften für die Aufstellung des Jahresabschlusses entsprechend anzuwenden. Tag der Aufstellung des Konzernabschlusses und somit Ende des Wertaufhellungszeitraumes ist demnach jener Tag, an dem die gesetzlichen (= organschaftlichen) Vertreter den Beschluss über die Aufstellung des Konzernabschlusses fassen. Damit endet also der Wertaufhellungszeitraum, innerhalb dessen die Konzernleitung unter Zugrundelegung des jeweils anzuwendenden Sorgfaltsmaßstabes verpflichtet ist, alle für die Aufstellung des Konzernabschlusses relevanten Informationen zu beschaffen (vgl. Rz. (6) und (7)).

(24) Bei Kapitalgesellschaften hat der Aufsichtsrat den Konzernabschluss zu prüfen. Für wertaufhellende Erkenntnisse nach Aufstellung des Konzernabschlusses gelten die Ausführungen im Abschnitt 5.2. sinngemäß, wobei an die Stelle des Feststellungszeitpunktes der Zeitpunkt des Abschlusses der Prüfung durch das zuständige Organ tritt. Der Umgang mit wertaufhellenden Erkenntnissen, die nach Ende des Wertaufhellungszeitraumes, aber vor Abschluss der Prüfung durch den Aufsichtsrat bekannt werden, entspricht somit der Vorgehensweise beim Jahresabschluss für den Zeitraum zwischen Aufstellung und Feststellung. Dies gilt auch für Personengesellschaften, bei denen nicht alle Gesellschafter an der Geschäftsführung beteiligt sind, und Personengesellschaften mit besonderen Organen im Sinne der Rz. (15).

(25) Nach Ablauf des Wertaufhellungszeitraumes ist die Entscheidung der Organe über eine Änderung des Konzernabschlusses wie beim Jahresabschluss entsprechend der gebotenen Sorgfalt des für die Aufstellung zuständigen Organs der Muttergesellschaft zu treffen. Dabei ist ausschließlich auf die Auswirkungen auf das vom Konzernabschluss vermittelte Bild der Vermögens-, Finanz- und Ertragslage des Konzerns und auf die damit verbundenen Konsequenzen Bedacht zu nehmen.

8. Erstmalige Anwendung

(26) Die vorliegende Fassung der Stellungnahme ersetzt jene vom Dezember 2015. Sie ist auf Geschäftsjahre anzuwenden, die nach dem 31. Dezember 2017 beginnen.

AFRAC-Stellungnahme 17
Geschäftsjahr des Konzernabschlusses (UGB, IFRS, BörseG)

Stellungnahme
Geschäftsjahr des Konzernabschlusses – UGB vs. BörseG

(Juni 2018)

Historie der vorliegenden Stellungnahme

erstmalige Veröffentlichung	März 2012	
Überarbeitung	Dezember 2015	formale Anpassung; bis auf geringfügige Aktualisierungen, vor allem wegen der Neufassung des IAS 27, keine inhaltlichen Änderungen
Überarbeitung	Juni 2018	Anpassung an das BörseG 2018

1. Fragestellung

(1) Gesellschaften mit Sitz in Österreich, die § 124 BörseG 2018 unterliegen, haben nach dieser Bestimmung einen Jahresfinanzbericht zu veröffentlichen, der ihren Jahresabschluss gemeinsam mit einem gegebenenfalls aufzustellenden Konzernabschluss enthält. Ist ein Konzernabschluss aufzustellen, ist dieser gemäß Art. 4 der Verordnung (EG) Nr. 1606/2002 nach den IFRS aufzustellen. Diese Stellungnahme behandelt die Frage, ob das Geschäftsjahr des Konzernabschlusses mit dem Geschäftsjahr des Jahresabschlusses übereinstimmen muss bzw. nach welchen Regeln sich der Stichtag des IFRS-Konzernabschlusses bestimmt.

2. Ergebnis

(2) Bei Gesellschaften, die der Offenlegungsvorschrift des § 124 BörseG 2018 unterliegen, muss der Stichtag des nach den IFRS aufgestellten Konzernabschlusses mit dem Stichtag ihres UGB-Jahresabschlusses übereinstimmen. Das Wahlrecht eines abweichenden Stichtags des Konzernabschlusses nach § 252 Abs. 1 UGB ist für diese Gesellschaften nicht anwendbar.

(3) Diese Stellungnahme ist nicht auf Konzernabschlüsse anzuwenden, die nach den Rechnungslegungsvorschriften des UGB oder unter Anwendung des § 245a Abs. 2 UGB nach den IFRS aufgestellt werden.

3. Erstmalige Anwendung

(4) Diese Stellungnahme gilt für Abschlüsse über Geschäftsjahre, die nach Verlautbarung der Stellungnahme beginnen.

4. Begründung

4.1. Pflicht zur Aufstellung des Konzernabschlusses

(5) Die Verpflichtung zur Aufstellung eines Konzernabschlusses ergibt sich für österreichische Mutterunternehmen aus den Bestimmungen der §§ 244 bis 246 UGB. In den Erläuterungen zur RV des ReLÄG 2004 (677 BlgNR XXII. GP) wird zu § 245a Abs. 1 UGB ausgeführt, dass sich die Pflicht zur Aufstellung des Konzernabschlusses auch weiterhin aus den Bestimmungen der §§ 244 bis 246 HGB (nunmehr UGB) ergibt. Es werden bei Anwendung der IFRS lediglich bestimmte zusätzliche Anforderungen an den Konzernabschluss gestellt und die Aufstellung eines Konzernlageberichts verlangt; auf diese Vorschriften des zweiten bis neunten Titels des Dritten Abschnitts des Dritten Buches wird im § 245a Abs. 1 UGB verwiesen. In den Erläuterungen wird ferner klargestellt, dass der Vierte Abschnitt über die Prüfung und Offenlegung des Konzernabschlusses und des Konzernlageberichts anwendbar bleibt.

(6) Die Bestimmungen in den IFRS zur Aufstellungspflicht werden daher durch die Bestimmungen der §§ 244 bis 246 UGB überlagert und sind nicht anzuwenden.

(7) Diese Auslegung entspricht den europäischen Vorgaben. Art. 4 der Verordnung (EG) Nr. 1606/2002 setzt für seine Anwendung eine bestehende Aufstellungspflicht voraus: „Da sich die IAS-Verordnung lediglich auf ‚konsolidierte Abschlüsse' bezieht, wird sie nur dann wirksam, wenn diese konsolidierten Abschlüsse von anderer Seite gefordert werden. Die Klärung der Frage, ob eine Gesellschaft zur Erstellung eines konsolidierten Abschlusses verpflichtet ist oder nicht, wird nach wie vor durch Bezugnahme auf das einzelstaatliche Recht erfolgen, das infolge der Siebenten Richtlinie erlassen wurde." (Kommentar der Europäischen Kommission zur IAS-Verordnung, Abschnitt 2.2.2.)

4.2. Stichtag des Konzernabschlusses nach den IFRS und dem UGB

(8) Während die Pflicht zur Aufstellung eines Konzernabschlusses aus den §§ 244 bis 246 UGB folgt, gelten für dessen Inhalt und Ausgestaltung bei der Aufstellung eines IFRS-Konzernabschlusses die IFRS. IFRS 10.B92 regelt, dass bei Vorliegen von unterschiedlichen Stichtagen der Abschlüsse von Mutter- und Tochterunternehmen der Stichtag des Abschlusses des Mutterunternehmens den Stichtag für den Konzernabschluss vorgibt. Tochterunternehmen, die nicht denselben Stichtag verwenden, müssen einen Zwischenabschluss auf den Abschlussstichtag des Mutterunternehmens aufstellen oder – wenn dies nicht durchführbar

ist – gemäß IFRS 10.B93 entsprechende Anpassungen vornehmen.

(9) Diese Regelung weist eindeutig auf den Primat des Abschlussstichtags des Mutterunternehmens hin. Allerdings wird dabei nicht zwingend auf den nach nationalen Regeln aufgestellten Jahresabschluss Bezug genommen; IFRS 10.B92 spricht ausdrücklich von Abschlüssen, nicht von Einzelabschlüssen. Es wäre demnach denkbar, dass das Mutterunternehmen eigens für die Aufstellung eines IFRS-Konzernabschlusses einen Zwischenabschluss aufstellt. Daher ergibt sich aus den Regelungen in den IFRS für die Beantwortung der gestellten Frage keine unmittelbare Lösung.

(10) Das UGB sieht in § 252 Abs. 1 ein Wahlrecht für den Stichtag des Konzernabschlusses vor, das auf einem Mitgliedstaatenwahlrecht der Siebenten Richtlinie beruht, das auch in die neue Rechnungslegungsrichtlinie übernommen worden ist. Danach ist der Konzernabschluss entweder „auf den Stichtag des Jahresabschlusses des Mutterunternehmens oder auf den hievon abweichenden Stichtag der Jahresabschlüsse der bedeutendsten oder der Mehrzahl der in den Konzernabschluß einbezogenen Unternehmen aufzustellen". Ein vom Mutterunternehmen abweichender Stichtag „ist im Konzernanhang anzugeben und zu begründen". Dieses Wahlrecht eines abweichenden Stichtags ist überwiegend durch Erleichterungen für die Aufstellung eines Konzernabschlusses motiviert.

(11) § 252 Abs. 1 UGB gilt jedoch nur für Konzernabschlüsse, die nach den Rechnungslegungsvorschriften des UGB aufgestellt werden. Dies folgt aus der Systematik des UGB, das im Dritten Abschnitt des Dritten Buches zunächst den Anwendungsbereich (siehe oben) regelt, dann den Konsolidierungskreis und anschließend Inhalt und Form des Konzernabschlusses. § 252 UGB ist Bestandteil dieses dritten Teils (Titels) des Dritten Abschnitts. Da der Konsolidierungskreis wie auch Inhalt und Form des Konzernabschlusses wesentliche Regelungsbereiche in den IFRS sind, die dafür zum Teil stark abweichende Vorgaben vorsehen, sind diese Teile des UGB auf IFRS-Konzernabschlüsse nicht anwendbar. Daher gilt das Wahlrecht gemäß § 252 Abs. 1 UGB für IFRS-Konzernabschlüsse nicht. Die Anwendung des § 252 UGB ist dementsprechend auch nicht in § 245a Abs. 1 UGB vorgeschrieben.

4.3. Stichtag des Konzernabschlusses nach dem BörseG

(12) Aus den angeführten Gründen lässt sich die gestellte Frage nicht unmittelbar aus den IFRS oder dem UGB beantworten. Daher werden die Bestimmungen des BörseG herangezogen.

(13) § 124 Abs. 2 erster Satz BörseG 2018 lautet: „Ist der Emittent verpflichtet, einen Konzernabschluss aufzustellen, so hat der geprüfte Jahresabschluss den Konzernabschluss und den Jahresabschluss des Emittenten als Mutterunternehmen zu umfassen." Mit dieser Regelung erfolgte die Umsetzung des Art. 4 Abs. 3 der Transparenzrichtlinie (Richtlinie 2004/109/EG des Europäischen Parlaments und des Rates vom 15. Dezember 2004) in nationales Recht.

(14) § 124 BörseG 2018 regelt einen einheitlichen Jahresfinanzbericht, der sowohl den Jahresabschluss als auch den Konzernabschluss des Emittenten umfasst, wenn der Emittent einen Konzernabschluss aufgrund der §§ 244 bis 246 UGB aufzustellen hat. Der Jahresfinanzbericht ist spätestens vier Monate nach Ablauf des Geschäftsjahrs zu veröffentlichen. Aus diesen Regelungen ist zu schließen, dass der Gesetzgeber von einem einheitlichen Geschäftsjahr sowohl für den Jahresabschluss als auch für den Konzernabschluss ausgeht. Andernfalls hätte er gesonderte Regelungen für Jahresabschluss und Konzernabschluss getroffen oder Angabepflichten vorgesehen (wie er dies in § 252 Abs. 1 UGB getan hat). Der Stichtag des Konzernabschlusses ist daher identisch mit dem Stichtag des Jahresabschlusses des Mutterunternehmens festzulegen.

(15) Die Einheitlichkeit des Geschäftsjahrs im Jahresabschluss und im Konzernabschluss entspricht auch dem Zweck des Jahresfinanzberichts am besten. Die kurze Veröffentlichungsfrist von vier Monaten soll sicherstellen, dass Finanzinformationen über den Konzern zeitnah zur Verfügung stehen.

(16) Es ist auch nicht zulässig, dass ein Mutterunternehmen einen für ein vom Jahresabschluss abweichendes Geschäftsjahr aufgestellten Konzernabschluss innerhalb von vier Monaten nach dem Stichtag dieses Konzernabschlusses veröffentlicht (ausgenommen aufgrund einer Umstellung des Geschäftsjahres zur Vereinheitlichung der Geschäftsjahre). Dies widerspräche der geforderten Einheitlichkeit des Jahresfinanzberichts, die sich aus § 124 BörseG 2018 ergibt. Eine Entkopplung von Jahres- und Konzernabschluss ist in dieser Regelung nicht vorgesehen; beide Abschlüsse sind Teile des Jahresfinanzberichts.

AFRAC-Stellungnahme 18
Eigenkapital bei der GmbH & Co KG (UGB)

Stellungnahme
Die Darstellung des Eigenkapitals im Jahresabschluss der GmbH & Co KG

(Dezember 2015)

Historie der vorliegenden Stellungnahme

erstmalige Veröffentlichung	März 2012	
Überarbeitung	Dezember 2015	Berücksichtigung der Änderungen des UGB aufgrund des Rechnungslegungs-Änderungsgesetzes 2014

1. Vorbemerkungen

(1) Gegenstand der Stellungnahme ist ausschließlich die Darstellung des Eigenkapitals in der unternehmensrechtlichen Bilanz; Fragen der Buchung auf den Gesellschafterkonten werden nicht behandelt und verbleiben in der Verantwortung des bilanzierenden Unternehmens. Maßgebliche Änderungen gehen auf die Entwicklungen in der jüngeren Rechtsprechung und der damit einhergehenden Lehre zurück. Gemäß der Entscheidung des OGH 2 Ob 225/07p vom 29.05.2008 sind die Kapitalerhaltungsvorschriften des Rechts der GmbH auf die Rechtsform der GmbH & Co KG sinngemäß anzuwenden. Die vorliegende Stellungnahme orientiert sich an dieser Rechtsprechung.

(2) Die Stellungnahme beschränkt sich auf den Ausweis und die Darstellung des Eigenkapitals und setzt voraus, dass die materiellen Voraussetzungen für „Eigenkapital" erfüllt sind. Zentrale Kriterien in der Zuordnung von Anteilen an Personengesellschaften zum bilanziellen Eigenkapital sind die Verlustabsorption sowie eine zumindest gesellschafterähnliche Stellung. Ferner müssen die Mittel einer gesellschaftsrechtlichen Bindung unterliegen und dürfen daher – außerhalb des Ausscheidens aus der Gesellschaft oder der Liquidation – nicht Gegenstand eines unentziehbaren Forderungsrechts des jeweiligen Gesellschafters sein.

(3) Die in der Stellungnahme empfohlene Gliederung ist für Gesellschaften nach altem und neuem Recht anwendbar. Mit dem Handelsrechtsänderungsgesetz 2005 (HaRÄG 2005, BGBl I 2005/120) wurde das Recht der Personengesellschaften reformiert. So wurde das in § 120 Abs 2 HGB a. F. normierte System der variablen Kapitalkonten zu Gunsten der in der Praxis vorherrschenden Methode der fixen Kapitalkonten abgeschafft. Weiters wurde die in § 122 Abs 1 HGB a. F. normierte Mindestverzinsung des bereitgestellten Kapitals in Höhe von 4% des für das letzte Geschäftsjahr festgestellten Kapitalanteils des Gesellschafters gestrichen. Dies gilt insbesondere auch für das gewinnunabhängige Entnahmerecht des persönlich haftenden Gesellschafters. Ebenso wurde in § 122 UGB gegenüber der Bestimmung des HGB der Satzteil gestrichen, wonach der Komplementär berechtigt ist, die Auszahlung „zu verlangen", woraus abgeleitet worden ist, dass bei Unterbleiben eines derartigen Verlangens bis zur Feststellung des folgenden Jahresabschlusses der nicht zur Auszahlung verlangte Gewinnanteil mangels abweichender Regelung im Gesellschaftsvertrag auf ein Kapitalkonto zu buchen ist. Gemäß § 907 Abs 9 UGB sind die §§ 121 und 122 HGB a. F. bei vor dem 01.01.2007 errichteten Gesellschaften weiterhin anzuwenden.

Alte Rechtslage

§ 122

(1) Jeder Gesellschafter ist berechtigt, aus der Gesellschaftskasse Geld bis zum Betrage von vier vom Hundert seines für das letzte Geschäftsjahr festgestellten Kapitalanteils zu seinen Lasten zu erheben und, soweit es nicht zum offenbaren Schaden der Gesellschaft gereicht, auch die Auszahlung seines den bezeichneten Betrag übersteigenden Anteils am Gewinne des letzten Jahres zu verlangen.

(2) Im Übrigen ist ein Gesellschafter nicht befugt, ohne Einwilligung der anderen Gesellschafter seinen Kapitalanteil zu vermindern.

Neue Rechtslage

§ 122

(1) Jeder Gesellschafter hat Anspruch auf Auszahlung seines Gewinnanteils. Der Anspruch kann jedoch nicht geltend gemacht werden, soweit die Auszahlung zum offenbaren Schaden der Gesellschaft gereicht, die Gesellschafter ein anderes beschließen oder der Gesellschafter vereinbarungswidrig seine Einlage nicht geleistet hat.

(2) Im Übrigen ist ein Gesellschafter nicht befugt, ohne Einwilligung der anderen Gesellschafter Entnahmen zu tätigen.

(4) Gemäß § 221 Abs 5 UGB unterliegt eine Personengesellschaft im Sinne des § 189 Abs 1 Z 2 (demnach fällt auch eine im Sinne des UGB nicht unternehmerisch tätige GmbH & Co KG entsprechend § 189 Abs 1 Z 2 lit a unter den Anwendungsbereich der Stellungnahme) den dort normierten Bestimmungen für Kapitalgesellschaften. Der häufigste Fall der in § 221 Abs 5 UGB angesprochenen gesellschaftsrechtlichen Gestaltung ist die GmbH & Co KG. Demnach gilt für den Ausweis des Eigenkapitals einer GmbH & Co KG grundsätzlich die Gliederungsvorschrift des § 224 Abs 3 UGB. Da die §§ 105 ff UGB über die eingetragenen

Personengesellschaften weitgehend dispositives Recht darstellen, sind Modifikationen im Gesellschaftsvertrag möglich und in der Praxis üblich. Die vorliegende Stellungnahme enthält Aussagen auf Grundlage der gesetzlichen Regelungen und behandelt den Ausweis und die Darstellung des Eigenkapitals der GmbH & Co KG im Außenverhältnis. Die Stellungnahme ist auf eine GmbH & Co OG entsprechend anzuwenden, wenn diese unter § 221 Abs 5 UGB fällt.

(4a) Aufgrund des Verweises auf Personengesellschaften im Sinne des § 189 Abs 1 Z 2 UGB gelten die Aussagen dieser Stellungnahme auch für die inländische AG & Co und SE & Co sowie für alle anderen inländischen Personengesellschaften, bei denen mittelbar oder unmittelbar nur ausländische Kapitalgesellschaften im Sinne der Anlage I der Richtlinie 2013/34/EU oder diesen Anlage I-Kapitalgesellschaften vergleichbare ausländische Gesellschaften in Nicht-Mitgliedstaaten der EU oder des EWR Gesellschafter mit unbeschränkter Haftung sind oder kein unbeschränkt haftender Gesellschafter eine natürliche Person ist und die unternehmerisch tätig sind.

(5) Eine Erweiterung der in der Stellungnahme empfohlenen Gliederung ist gemäß § 223 Abs 4 UGB zulässig bzw geboten.

2. Gliederung des Eigenkapitals der GmbH & Co KG

(5a) Für die Gliederung des Eigenkapitals im Jahresabschluss der GmbH & Co KG wird folgende Gliederung empfohlen:

	Bezeichnung	***Dokumentverweis (Randnummer)***
A.	Eigenkapital	
I.	Komplementärkapital	
1.	Vereinbarte Einlagen	*6 – 11*
2.	abzgl. nicht eingeforderte ausstehende Einlagen / genehmigte Entnahmen	*10 – 11*
3.	Verlustanteil aus Vorjahren	*20*
II.	Kommanditkapital	
1.	Bedungene Einlagen	*12*
2.	abzgl. nicht eingeforderte ausstehende Einlagen / genehmigte Entnahmen	*13*
3.	Verlustanteil aus Vorjahren	*20*
III.	Kapitalrücklagen	*14 – 15, 22*
IV.	Gewinnrücklagen	*16*
V.	Den Gesellschaftern zuzurechnender Gewinn / Verlust (davon Gewinnvortrag)	*17 – 20*

3. Erläuterungen der Bilanzposten

3.1. Kapitalanteile

(6) Die GmbH & Co KG unterliegt als verdeckte Kapitalgesellschaft gemäß § 221 Abs 5 UGB den Bilanzierungsvorschriften für Kapitalgesellschaften. Während in § 264c dHGB explizit ein gesonderter Ausweis der Kapitalanteile der Komplementäre und der Kommanditisten vorgesehen ist, fehlt im UGB eine entsprechende Anordnung. In Anbetracht des dominierenden Gläubigerschutzprinzips und der im Verhältnis zur GmbH divergierenden Haftungsstruktur ist jedoch ein getrennter Ausweis des Komplementär- und des Kommanditkapitals vorzunehmen. Dies ergibt sich auch aus der Forderung der Generalklausel des § 222 Abs 2 UGB.

3.2. Kapitalanteil des Komplementärs

(7) Als Kapitalanteil des Komplementärs ist die im Sinne des § 109 Abs 1 UGB vereinbarte Einlage (die terminologische Differenzierung in vereinbarte Einlage beim Komplementär bzw bedungene Einlage beim Kommanditisten ergibt sich aus dem Wortlaut der §§ 109 Abs 1 und 168 Abs 1 UGB) auszuweisen. Dabei ist § 20 Abs 2 AktG zu beachten, der Folgendes anordnet: „Sacheinlagen oder Sachübernahmen können nur Vermögensgegenstände sein, deren wirtschaftlicher Wert feststellbar ist. Verpflichtungen zu Dienstleistungen können nicht Sacheinlagen oder Sachübernahmen sein." Es ist daher zu beachten, dass im Abschluss nur bilanziell darstellbare Sachverhalte zu berücksichtigen sind. Die bilanzielle Erfassung von Dienstleistungen – wie bspw der reinen Arbeitskraft – ist nicht möglich.

(8) Die Bewertung erfolgt nach Maßgabe des § 202 Abs 1 UGB zum beizulegenden Wert im Zeitpunkt der Leistung, im Anwendungsbereich des Abs 2 leg cit kann der Buchwert fortgeführt werden. Nicht eingeforderte ausstehende Einlagen sind analog zu § 229 Abs 1 UGB vom Betrag der vereinbarten Einlagen offen abzusetzen. Eingeforderte ausstehende Einlagen sind analog zu § 229 Abs 1 UGB unter den Forderungen gesondert auszuweisen und entsprechend zu bezeichnen.

(9) Ist der Komplementär reiner Arbeitsgesellschafter und leistet daher keine Vermögenseinlage (siehe dazu auch Rz (7)), so ist in der Bilanz die Einlage mit Null und dem Hinweis „Arbeitsgesellschafter" anzugeben. Alternativ kann eine Erläuterung im Anhang erfolgen; die Einlage ist dennoch mit der Zahl Null in der Bilanz auszuweisen.

(10) Unter den Begriff der Entnahme sind alle Leistungen (zB Geld oder andere Vermögensgegenstände, Inanspruchnahme von Dienstleistungen) aus dem Gesellschaftsvermögen einzuordnen, die an den Gesellschafter ohne angemessene Gegenleistung erbracht werden. Demnach fallen darunter auch Gewinnauszahlungen sowie sonstige (Kapital-)Entnahmen. Nach dem Wortlaut des § 122 Abs 1 UGB unterliegt der Gewinnauszahlungsanspruch des unbeschränkt haftenden Gesellschafters besonderen Einschränkungen. Entnahmen, die über

den Gewinnanteil hinausgehen, können nach Abs 2 leg cit grds nur mit der Einwilligung der anderen Gesellschafter oder aufgrund einer Bestimmung des Gesellschaftsvertrages vorgenommen werden. Demnach unterliegt das Gesellschaftsvermögen einer weitgehenden Dispositionsfreiheit der Gesellschafter, soweit eine Auszahlung nicht zum offenbaren Schaden der Gesellschaft gereicht.

(11) Die Auszahlung des Gewinnanspruchs reduziert die Verbindlichkeit der Gesellschaft gegenüber dem Gesellschafter. Auszahlungen, die durch Gesetz (in Bezug auf gesetzlich gerechtfertigte Auszahlungen ist bei Gesellschaften, die vor dem 01.01.2007 errichtet wurden, § 122 Abs 1 HGB zur Mindestverzinsung des Kapitalanteils zu berücksichtigen), Gesellschaftsvertrag oder einen Gesellschafterbeschluss gerechtfertigt, aber durch Gewinngutschriften nicht gedeckt sind, sind als genehmigte Entnahmen (Posten A.I.2) auszuweisen. Davon sind die gesellschaftsvertraglich vereinbarte Herabsetzung der Vermögenseinlage, die zu einer Verminderung der vereinbarten Einlage führt, sowie vertragliche Darlehensgewährungen, die als Forderungen zu erfassen sind, abzugrenzen. Für nicht im Gesetz oder im Gesellschaftsvertrag gestattete Entnahmen besteht ein Rückzahlungsanspruch der Gesellschaft, der analog zur eingeforderten ausstehenden Einlage zu behandeln ist, dh dieser Betrag ist gesondert als Forderung gegenüber dem Komplementär auszuweisen.

3.3. Kapitalanteil des Kommanditisten

(12) Als Kapitalanteil des Kommanditisten ist in der Bilanz die bedungene Einlage (Pflichteinlage) auszuweisen. Die Haftsumme, die jenen Betrag bestimmt, mit dem der Kommanditist im Außenverhältnis gegenüber den Gesellschaftsgläubigern haftet, ist im Anhang anzugeben. Dies ist deshalb geboten, weil im Gesellschaftsvertrag von der Leistung einer bedungenen Einlage abgesehen werden kann und sich die Leistung des Kommanditisten sodann auf die Übernahme der Außenhaftung bis zur Höhe der Haftsumme beschränkt. Nicht eingeforderte ausstehende Einlagen sind analog zu § 229 Abs 1 UGB vom Betrag der bedungenen Einlagen offen abzusetzen. Eingeforderte ausstehende Einlagen sind analog zu § 229 Abs 1 UGB unter den Forderungen gesondert auszuweisen und entsprechend zu bezeichnen.

(13) Für die Behandlung von Entnahmen beim Kommanditisten gelten die Ausführungen der Rz (10)f analog.

3.4. Kapitalrücklagen

(14) Eine Kapitalrücklage ist in der Bilanz als Gesamtsumme auszuweisen, eine Aufgliederung nach Komplementär und Kommanditist ist nicht erforderlich.

(15) In der Kapitalrücklage ist ein laut dem Gesellschaftsvertrag von den Gesellschaftern zu leistendes Aufgeld zu erfassen. Weiters sind in der Kapitalrücklage in Analogie zu § 229 Abs 2 Z 5 UGB die von Gesellschaftern als Einlage gewidmeten Gewinne sowie sonstige Zuzahlungen zu erfassen. Die Widmung kann sich aus dem Gesellschaftsvertrag oder aus einer Beschlussfassung der Gesellschafter ergeben. Wird im Vertrag oder in einem Beschluss eine alineare Zuordnung bestimmt, so ist der Betrag dem einzelnen Gesellschafter entsprechend zuzuordnen. Die alineare Zuordnung ist im Anhang zu erläutern.

3.5. Gewinnrücklagen

(16) Eine Gewinnrücklage ist dann auszuweisen, wenn von den Gesellschaftern eine Thesaurierung des gesamten oder von Teilen des Gewinns beschlossen wurde oder dies im Gesellschaftsvertrag vorgesehen ist. Wird im Vertrag oder in einem Beschluss eine alineare Zuordnung bestimmt, so ist der Betrag dem einzelnen Gesellschafter entsprechend zuzuordnen. Der Ausweis erfolgt als Gewinnrücklage, und die alineare Zuordnung ist im Anhang zu erläutern. In der Gewinnrücklage sind demnach Beträge zu erfassen, die aufgrund eines Thesaurierungsbeschlusses (ohne Widmung als Einlage) Eigenkapital der Gesellschaft darstellen. Eine Gewinnrücklage ist in der Bilanz als Gesamtsumme auszuweisen, eine Aufgliederung nach Komplementär und Kommanditist ist nicht erforderlich. Zur Behandlung eines Gewinnvortrags siehe Rz (19). Zu den Möglichkeiten der Behandlung früherer Gewinnanteile in Folgejahren siehe Rz (21) ff.

3.6. Den Gesellschaftern zuzurechnender Gewinn/Verlust

(17) Der Gewinnausschüttungsanspruch sowohl des Komplementärs als auch des Kommanditisten entsteht mangels gesellschaftsvertraglicher Regelungen erst mit der Feststellung, ansonsten frühestens mit der Aufstellung des Jahresabschlusses. Da die Gewinnverwendung der Aufstellung des Jahresabschlusses nachgelagert ist, hat der Ausweis eines den Gesellschaftern zuzurechnenden Gewinns/Verlusts des laufenden Geschäftsjahres jedenfalls im Eigenkapital zu erfolgen. Der Berechnung des Gewinn-/Verlustanteils des einzelnen Gesellschafters ist der Gewinn/Verlust der Gesellschaft gemäß dem verbindlich auf- bzw festgestellten Jahresabschluss zugrunde zu legen.

(18) Gemäß dem Grundsatz der Bilanzklarheit gemäß § 195 UGB bzw entsprechend der Generalklausel des § 222 Abs 2 UGB sind Gewinnanteile der Gesellschafter erst nach Auf- bzw Feststellung des Jahresabschlusses (siehe Rz (17)) im nachfolgenden Geschäftsjahr gesondert in den Verbindlichkeiten auszuweisen, soweit sie nicht zur Wiederauffüllung von Verlusten oder von genehmigten Entnahmen zu verwenden sind. Zur Behandlung von Gewinnansprüchen in Folgejahren siehe Rz (21) ff.

(19) Der Ausweis eines Gewinnvortrags bedarf eines konkreten Beschlusses oder einer Regelung im Gesellschaftsvertrag und hat gesondert als „davon-Vermerk" zu erfolgen.

(20) Jahresverluste sind in der Bilanz wie Gewinne gesondert zu erfassen und nach Feststellung des Jahresabschlusses im Folgejahr aufgrund der

unterschiedlich geregelten Pflichten zur Wiederauffüllung getrennt im Komplementärkapital und Kommanditkapital auszuweisen.

3.7. Behandlung von früheren Gewinnansprüchen in Folgejahren

(21) Im Unterschied zur Regelung des HGB bewirkt nach den Bestimmungen des UGB der nicht entnommene Gewinnanteil des Komplementärs im Folgejahr keine Erhöhung des Kapitalanteils, sondern stellt unverändert eine Verbindlichkeit der Gesellschaft dar, wobei deren Fälligstellung durch den Gesellschafter unter Umständen der Beschränkung des § 122 UGB unterliegt. Aus dem Gesellschaftsvertrag oder Beschlüssen der Gesellschafter kann sich ergeben, dass der ursprünglich als Verbindlichkeit ausgewiesene Gewinnanspruch unabhängig von § 122 UGB in der Folge ganz oder teilweise auf Dauer das Eigenkapital erhöht.

(22) Wurde der Jahresabschluss festgestellt, so können als Verbindlichkeit erfasste Gewinnanteile aufgrund des Gesellschaftsvertrages oder eines Gesellschafterbeschlusses oder durch Widmungserklärung einzelner Gesellschafter den Kapitalrücklagen zugeführt werden. Wird im Vertrag oder in einem Beschluss eine alineare Zuordnung bestimmt, so ist der eingelegte Betrag dem einzelnen Gesellschafter entsprechend zuzuordnen. Der Ausweis erfolgt als Kapitalrücklage, und die alineare Zuordnung ist im Anhang zu erläutern.

4. Zur Darstellung des Eigenkapitals erforderliche Informationen im Anhang

(23) Im Anhang sind gemäß § 236 Satz 1 UGB die Bilanz und die Gewinn- und Verlustrechnung sowie die darauf angewandten Bilanzierungs- und Bewertungsmethoden so zu erläutern, dass ein möglichst getreues Bild der Vermögens-, Finanz- und Ertragslage des Unternehmens vermittelt wird. Zur Erfüllung der im Vorsatz dargestellten grundsätzlichen Anforderungen sind idR folgende Angaben in den Anhang aufzunehmen:

- ob es einen reinen Arbeitsgesellschafter gibt und die damit verbundenen Vereinbarungen hinsichtlich der Teilnahme am Ergebnis sowie Abgeltung
- gegebenenfalls vom Gesetz abweichende gesellschaftsvertragliche Grundsätze zur Berechnung der den Gesellschaftern zustehenden Gewinnanteile
- die Haftsumme der Kommanditisten, wobei, wenn nicht ausdrücklich etwas anderes gesagt wird, davon ausgegangen wird, dass die Haftsumme mit der bedungenen Einlage übereinstimmt
- Angabe des Anteils des Gewinnes, der für Wiederauffüllungsverpflichtungen zu verwenden ist
- Angabe zu den jeweiligen Beträgen der im Posten I.2 bzw II.2 enthaltenen nicht eingeforderten ausstehenden Einlagen und genehmigten Entnahmen
- ein im Posten V. ausgewiesener Verlust und dessen Aufteilung auf Komplementäre und Kommanditisten
- Angabe einer alinearen Zuordnung der Kapital- bzw Gewinnrücklagen

(24) [in Rz (23) integriert]

(25) Über die in der Rz (23) angeführten Angaben hinaus können sich aus der Generalnorm des § 222 Abs 2 Satz 2 UGB (bzw § 236 Satz 1 UGB) weitere Angabepflichten ergeben.

(25a) Die Rz (23) bis (25) finden auf Personengesellschaften, die Kleinstkapitalgesellschaften im Sinne des § 221 Abs 1a UGB entsprechen, keine Anwendung.

5. Erstmalige Anwendung

(26) Die vorliegende Fassung der Stellungnahme ersetzt jene vom März 2012. Sie ist auf Geschäftsjahre anzuwenden, die nach dem 31. Dezember 2015 beginnen.

Erläuterungen

Zu Rz (11):

Die Rechtsprechung behandelt Entnahmen, die nicht im Gewinn gedeckt sind, als Gewinnvoraus, der uU beim Ausscheiden oder der Auflösung auszugleichen ist. Ob das GmbH-rechtliche Verbot einer Vorauszahlung auf den Gewinn sinngemäß gilt, ist offen. Entnahmen auf gesellschaftsrechtlicher Basis, die einen Rückzahlungsanspruch auslösen, sind als Forderung auf der Aktivseite gesondert auszuweisen (zB im Falle von nicht genehmigten Entnahmen). Bei Fehlen eines Rückzahlungsanspruchs (zB bei genehmigten Entnahmen) hat der Ausweis als Abzugsposten zum Eigenkapital zu erfolgen. Dadurch kann es auch zum Ausweis eines negativen Saldos des Komplementärs und auch des Kommanditisten kommen. Wenn die Eigenmittel wirtschaftlich bereits abgeflossen sind, weil zB unterjährig genehmigte (Vorweg-) Entnahmen getätigt werden, die durch die Gewinnanteile (teilweise) wieder aufgefüllt werden sollen, sind diese gesondert für Komplementäre und Kommanditisten als genehmigte Entnahmen als Abzug vom Eigenkapital auszuweisen. Leistungsbezogene Abgeltungen des Gesellschafters (zB Haftungsvergütungen, Geschäftsführervergütungen; nicht jedoch das 4%-Entnahmerecht gemäß § 121 HGB) sind als Aufwand der Periode zu erfassen.

Zu Rz (12):

Hinsichtlich einer möglichen Gleichstellung der Haftsumme des Kommanditisten mit der Stammeinlage einer GmbH ergäbe sich folgende Lösungsmöglichkeit: Ausweis der Haftsumme und Erfassung des überschießenden Teils der bedungenen Einlage in den Kapitalrücklagen unter Berufung auf § 229 Abs 2 Z 5 UGB unter der Bezeichnung „über Haftsumme hinaus geleistete Einlage". Fraglich ist, wie in diesem Zusammenhang mit noch nicht geleisteten Einlagen umzugehen wäre. Möglich wäre die offene Absetzung im Rahmen der Kapitalrücklagen. Da der Komplementär jedoch über die von ihm geleistete Einlage hinaus persönlich unbeschränkt haftet, stellt der Ausweis der von ihm geleisteten oder geschuldeten Einlage nicht die von ihm erbrachte oder zu erbringende Haftungsmasse dar.

Infolge des allgemeinen Verweises des § 168 Abs 1 auf § 122 UGB ist auch dessen Abs 2 für über den Gewinnanteil hinausgehende Entnahmen eines Kommanditisten zu beachten. Die Entscheidung OGH 2 Ob 225/07p geht von der sinngemäßen Geltung des Verbots der Einlagenrückgewähr des § 82 GmbHG für die Kommanditisten der GmbH & Co KG aus. Demnach dürften Vermögenszuwendungen nur im Rahmen der Ausschüttung eines Gewinns erfolgen, weitere Entnahmen kämen daher nicht in Betracht. Dies würde zu einer Gleichstellung der Pflichteinlage mit der Stammeinlage einer GmbH führen und so die Trennung von Pflichteinlage und Haftsumme obsolet machen. Nach Ansicht des Schrifttums ist eine Entnahme einer die Haftsumme übersteigenden Pflichteinlage jedoch zulässig (vgl mwN Nowotny, Die GmbH & Co KG auf dem Weg zur Kapitalgesellschaft?, RdW 2009, 329).

Zu Rz (15):

Die Notwendigkeit der Bildung gebundener Rücklagen kann sich analog zur Stellungnahme KFS/RL 11 Rz 8 nur aus dem Gesellschaftsvertrag ergeben.

Zu Rz (17):

Zur Entstehung des Gewinnanspruchs siehe die erläuternden Bemerkungen zu Rz (18)(15).

Nach der Literatur zur Regelung des HGB sind entnahmefähige Gewinne des persönlich unbeschränkt haftenden Gesellschafters im Rahmen des Eigenkapitals auszuweisen, wenn eine Geltendmachung des Auszahlungsanspruchs nicht möglich bzw von einer Inanspruchnahme des Entnahmerechts nicht auszugehen ist. Aufgrund der Regelung in § 122 Abs 1 UGB ist eine Verbindlichkeit in Höhe der voraussichtlichen Gewinnauszahlung nur dann nicht auszuweisen, wenn mehr Gründe gegen als für die künftige Inanspruchnahme sprechen oder der Gesellschaftsvertrag Abweichendes bestimmt (Sterl, SWK 2001, 1186; aA Fritz-Schmied/Schwarz, Das Eigenkapital von Personengesellschaften nach IAS/IFRS, RWZ 2009, 268, die ungeachtet eines möglichen Ressourcenabflusses den Ausweis als Eigenkapital vertreten; Hirschler/Schiebel/Six sehen den Ausweis des Gewinnauszahlungsanspruchs des Komplementärs solange als Teil des variablen Kapitals im Eigenkapital, bis der Gesellschafter seinen Gewinnauszahlungsanspruch tatsächlich einfordert und damit eine Gläubigerforderung gegenüber der Gesellschaft entsteht, vgl Hirschler/Schiebel/Six, in Hirschler (Hrsg), Bilanzrecht Kommentar (2010), § 198 Rz 16).

Aufgrund der gemäß § 168 Abs 2 UGB fehlenden Verpflichtung des Kommanditisten, zurecht bzw im guten Glauben bezogene Gewinne wegen späterer Verluste zurückzuzahlen (auch der Komplementär ist nicht zur Rückzahlung verpflichtet, er trägt nur bei Insolvenz oder Ausscheiden das Risiko des Verlustausgleichs wegen der Haftung), ist das Kriterium der Verlustabsorption nicht erfüllt und der Ausweis als Eigenkapital kommt – unabhängig davon, ob die Gewinne tatsächlich vom Kommanditisten behoben oder im Unternehmen belassen werden – nach Meinung der Literatur nicht in Betracht. Bezogene Gewinne umfassen in diesem Zusammenhang nicht nur tatsächlich ausgeschüttete Gewinne, sondern auch entsprechend der Gewinnverteilung dem Kommanditisten zugewiesene Gewinnanteile (vgl stellvertretend Hirschler/Schiebel/Six, in Hirschler (Hrsg), Bilanzrecht Kommentar (2010), § 198 Rz 20). Weiters ist der Gewinnanteil des Kommanditisten als Gläubigerforderung im Liquidationsfall anzusetzen (vgl Artmann, in Jabornegg/Artmann (Hrsg), UGB I², § 167 Rz 24).

Eine differenzierte Behandlung von Komplementären und Kommanditisten hinsichtlich bestehender Gewinnauszahlungsansprüche ist jedoch nicht zu rechtfertigen. Die einheitliche Auslegung des abstrakten Passivierungsgrundsatzes kann zu keiner divergierenden Behandlung führen. Die Wahrscheinlichkeit des Nutzenabflusses ist insofern nicht relevant, als der Rechtsanspruch des Komplementärs auf Gewinnauszahlung unabhängig davon besteht und somit eine Schuld zu bilanzieren ist. Dies bedeutet, dass mit der Auf- bzw Feststellung des Jahresabschlusses der Gewinnauszahlungsanspruch des Komplementärs als Verbindlichkeit zu erfassen und erst aufgrund einer Widmung in die Kapitalrücklagen einzustellen ist.

Die Buchungspraxis ist – anders als im OGH-Erkenntnis 6 Ob 39/10v vom 01.09.2010 – für die Frage der Zuordnung der Konten zum Eigen- oder Fremdkapital nicht von Relevanz.

Zu Rz (18):

Der Feststellung des Jahresabschlusses kommt über die damit ausgedrückte Verbindlichkeit des Jahresabschlusses hinaus materielle Bedeutung zu. Es handelt sich um einen Grundsatzbeschluss, der die interne Verbindlichkeit des Jahresabschlusses zwischen den Gesellschaftern untereinander und im Verhältnis zur Gesellschaft bewirkt und bei fehlender abweichender Vereinbarung im Gesellschaftsvertrag eines einstimmigen Beschlusses bedarf. Die Frage, ob auch der Kommanditist seine Zustimmung für die wirksame Feststellung des Jahresabschlusses erteilen muss, wurde von der alten hA verneint, da sich das Recht des Kommanditisten gem § 166 UGB lediglich auf die Mitteilung des Jahresabschlusses beschränke (vgl mwN Torggler, in Straube (Hrsg), Kommentar zum HGB I³, § 167 Rz 2a). In einem grundlegenden Erkenntnis judizierte der BGH, dass es sich bei der Feststellung des Jahresabschlusses um ein Grundlagengeschäft handle, das des Einverständnisses aller Gesellschafter und somit auch der Kommanditisten bedürfe, sofern im Gesellschaftsvertrag keine andere Regelung getroffen wurde (BGH vom 29.03.1996, II ZR 263/94). Die herrschende Ansicht des Schrifttums schloss sich der Ansicht des BGH an (vgl Artmann, in Jabornegg/Artmann (Hrsg), UGB I², § 167 Rz 7; Schörghofer, in Kalss/Nowotny/Schauer (Hrsg), Österreichisches Gesellschaftsrecht, Abschnitt Kommanditgesellschaft, Rz 2/806f). Der einzelne Gesellschafter darf seine Mitwirkung an der Feststellung des Jahresabschlusses nicht willkürlich verweigern und dadurch das Entnahmerecht vereiteln (vgl Artmann, in Jabornegg/Artmann (Hrsg), UGB I², § 122 Rz 12f).

Aufgrund von § 120 iVm § 121 Abs 3 UGB stellt sich die grundsätzliche Frage, ob es – wenn der Gesellschaftsvertrag keine andere Regelung hinsichtlich der Feststellung des Jahresabschlusses vorsieht – überhaupt zum Ausweis eines Jahresüberschusses/-fehlbetrags kommen kann (siehe § 221 Abs 5 – singgemäße Geltung GmbH-Recht). Diskussionswürdig ist dies insofern, als gemäß § 120 UGB „der Gewinn oder Verlust des Jahres ermittelt und für jeden Gesellschafter sein Anteil daran berechnet" wird und gemäß § 121 Abs 3 UGB „sodann den Gesellschaftern im Verhältnis ihrer Beteiligung zugewiesen" wird. Das deutsche Pendant des § 120 dHGB formuliert die Gewinnverteilung wie folgt:

„(1) Am Schlusse jedes Geschäftsjahrs wird aufgrund der Bilanz der Gewinn oder der Verlust des Jahres ermittelt und für jeden Gesellschafter sein Anteil daran berechnet.

(2) Der einem Gesellschafter zukommende Gewinn wird dem Kapitalanteile des Gesellschafters zugeschrieben; der auf einen Gesellschafter entfallende Verlust sowie das während des Geschäftsjahrs auf den Kapitalanteil entnommene Geld wird davon abgeschrieben."

Der einzige Unterschied zwischen der österreichischen und der deutschen Norm liegt wohl in der Zurechnung des Gewinns/Verlusts, da § 120 Abs 2 dHGB das System der variablen Konten vorsieht. Gemäß IDW RS HFA 7 Rz 45ff kommt es ohne abweichende gesellschaftsvertragliche Vereinbarung aufgrund der direkten Zuschreibung des anteiligen Jahresergebnisses zum Kapitalanteil zu keinem Ausweis eines Jahresüberschusses in der Bilanz. Der Ausweis eines Jahresfehlbetrags bzw in weiterer Folge eines Verlustvortrags kommt nie in Betracht, da Verluste von den Kapitalanteilen abzuschreiben sind (vgl Ischebeck/Nissen-Schmidt, in Küting/Weber (Hrsg), Handbuch der Rechnungslegung, Einzelabschluss⁵, § 264c Rz 25ff). Dies kann für das österreichische Recht nicht gelten, da die Gewinnverwendung der Zustimmung der Gesellschafter bedarf (so auch BGH vom 10.05.1976, II ZR 180/74).

Gemäß Rz (17) der Stellungnahme entsteht der Gewinnanspruch der beiden Gesellschafterstämme bei fehlender gesellschaftsvertraglicher Regelung erst mit der Feststellung, ansonsten frühestens mit der Aufstellung des Jahresabschlusses. Unabhängig davon, welchen Zeitpunkt der Gesellschaftsvertrag vorsieht, kann der Gewinnanspruch der Gesellschafter frühestens mit der Aufstellung des Jahresabschlusses entstehen. Damit soll die Vergleichbarkeit der Abschlüsse sichergestellt werden. Zahlungen aus dem Titel des Gewinnanspruchs bereits vor Aufstellung des Jahresabschlusses sind als Gewinnvorab zu erfassen (siehe dazu die erläuternden Bemerkungen zu Rz (11)).

Zu Rz (20):

Da der Kommanditist gemäß § 168 UGB die Auszahlung seines Gewinnanteils nur dann verlangen kann, wenn die ihm zugewiesenen Verluste entsprechend ausgeglichen wurden, und der Komplementär bei fehlender gesellschaftsvertraglicher Regelung erst bei Ausscheiden oder Auflösung zum Ausgleich verpflichtet ist, ist ob des unterschiedlichen Charakters ein nach Komplementären und Kommanditisten getrennter Ausweis der Verlustanteile in der Bilanz vorzunehmen.

Der in der alten Richtlinie vorgesehene Posten „Nicht durch bedungene Einlagen gedeckte Verlustanteile" wird nicht mehr separat ausgewiesen, da sich dies automatisch aus der Gliederung ergibt. Siehe die Erläuterung zu Rz (11) bzgl des negativen Anteils des Kommanditisten.

Zu Rz (22):

Eine Widmungserklärung kann nicht aus einer langjährigen Buchungspraxis abgeleitet werden. Es bedarf in jedem Fall eines bewussten Widmungsaktes.

AFRAC-Stellungnahme 19 Funktionsfähigkeit Risikomanagement (ÖCGK)

Stellungnahme
Beurteilung der Funktionsfähigkeit des Risikomanagements nach Regel 83 des Österreichischen Corporate Governance Kodex

(Dezember 2020)

Historie der vorliegenden Stellungnahme

erstmalige Veröffentlichung	Dezember 2012	
Überarbeitung	Dezember 2015	nur formale Anpassung; bis auf geringfügige Aktualisierungen keine inhaltlichen Änderungen
Überarbeitung	Dezember 2020	Anpassung aufgrund der Änderungen von KFS/PG 13 und ISAE 3000; sonst keine wesentlichen inhaltlichen Änderungen

1. Zielsetzung und Anwendungsbereich

(1) Gemäß Regel 83 des Österreichischen Corporate Governance Kodex (ÖCGK, Fassung Jänner 2020) hat der Abschlussprüfer auf Grundlage der vorgelegten Dokumente und der zur Verfügung gestellten Unterlagen die Funktionsfähigkeit des Risikomanagements zu beurteilen und dem Vorstand darüber zu berichten. Dieser Bericht ist dem Vorsitzenden des Aufsichtsrats zur Kenntnis zu bringen. Dieser hat Sorge zu tragen, dass der Bericht im Prüfungsausschuss behandelt und im Aufsichtsrat darüber berichtet wird.

(2) Diese Stellungnahme regelt Inhalt und Umfang der Beurteilung der Funktionsfähigkeit des Risikomanagements (im Folgenden: „Beurteilung“) durch den Abschlussprüfer, beschreibt die Vorgehensweise bei der Auftragserteilung und gibt Anleitung für die Berichterstattung. Die Durchführung der Beurteilung durch den Abschlussprüfer ist im Fachgutachten KFS/PG 13 (Durchführung von sonstigen Prüfungen) des Fachsenats für Unternehmensrecht und Revision des Instituts für Betriebswirtschaft, Steuerrecht und Organisation der Kammer der Steuerberater und Wirtschaftsprüfer geregelt. In diesem Fachgutachten sind die wesentlichen Aussagen des International Standard on Assurance Engagements (ISAE) 3000 Revised – Assurance Engagements Other than Audits or Reviews of Historical Financial Information berücksichtigt.

(3) Diese Stellungnahme ist für alle Unternehmen und deren Abschlussprüfer relevant, die ein Bekenntnis zum ÖCGK abgegeben haben. Bei der Beurteilung der Funktionsfähigkeit des Risikomanagements von Unternehmen, für die besondere regulatorische Vorschriften gelten (wie Kreditinstitute, Zahlungsinstitute und E-Geld-Institute, Versicherungsunternehmen, Pensionskassen, Betriebliche Vorsorgekassen, Verwaltungsgesellschaften (OGAW) von Investmentfonds oder Immobilienfonds, Wertpapierfirmen und Wertpapierdienstleistungsunternehmen), sind die daraus resultierenden branchenspezifischen Anforderungen an das Risikomanagement entsprechend zu berücksichtigen.

2. Umfang, Gegenstand und Kriterien der Beurteilung

2.1. Umfang des Auftrages

(4) Die Beurteilung der Funktionsfähigkeit des Risikomanagements durch den Abschlussprüfer stellt i.d.R. einen direkten Zusicherungsauftrag (*direct engagement*) im Sinne des Fachgutachtens KFS/PG 13 dar. Die Aufgabe des Abschlussprüfers besteht darin, anhand eines Referenzmodells (geeigneter Kriterien) zu beurteilen, ob das Unternehmen ein funktionsfähiges Risikomanagement eingerichtet hat (zugrunde liegender Sachverhalt). Unter Risikomanagement sind dabei jene von der Unternehmensleitung getroffenen organisatorischen Vorkehrungen und Maßnahmen zu verstehen, die sicherstellen sollen, dass wesentliche strategische, finanzielle und operative Risiken sowie Risiken von Regelverstößen eines Unternehmens rechtzeitig identifiziert, bewertet, gesteuert und überwacht werden.

(5) Die Beurteilung umfasst die Gestaltung (*Design*) und die Umsetzung (*Implementation*) der wesentlichen Prozesse, Aktivitäten und Kontrollen im Risikomanagement. Die Prüfung der tatsächlichen operativen Wirksamkeit (*Operating Effectiveness*) des Risikomanagements ist nicht Gegenstand der Beurteilung. Ebenso sind die Vollständigkeit der vom Unternehmen tatsächlich identifizierten Risiken und deren zutreffende Bewertung nicht von der Beurteilung durch den Abschlussprüfer umfasst.

2.2. Gegenstand der Beurteilung (zugrunde liegender Sachverhalt)

(6) Gegenstand der Beurteilung (der zugrunde liegende Sachverhalt) ist das im Unternehmen zum Zeitpunkt der Beurteilung eingerichtete Risikomanagement. Mit Unternehmen ist dabei jene börsenotierte Einheit (Konzern, Teilkonzern oder einzelnes Unternehmen) gemeint, die den ÖCGK anwendet. Das Risikomanagement einzelner in einen (Teil-)Konzernabschluss einbezogener Unternehmen (Teilbereiche) ist nicht Prüfungsgegenstand.

(7) Der Zeitpunkt für die Beurteilung ist entweder der Abschlussstichtag oder ein anderer Tag

im jeweiligen Berichtsjahr und muss im Auftragsschreiben festgelegt werden.

2.3. Referenzmodell (geeignete Kriterien)

(8) Als Referenzmodell dienen allgemein anerkannte Rahmenwerke (Rahmenkonzepte) für ein unternehmensweites Risikomanagement oder – falls das Unternehmen ein individuell entwickeltes Rahmenwerk (Rahmenkonzept) anwendet – allgemein anerkannte Grundsätze für ein ordnungsgemäßes unternehmensweites Risikomanagement.

(9) Vom Unternehmen individuell entwickelte Rahmenwerke (Rahmenkonzepte) müssen alle für die Funktionsfähigkeit notwendigen Elemente eines allgemein anerkannten Rahmenwerks (Rahmenkonzepts) für ein unternehmensweites Risikomanagementsystem enthalten.

2.4. Zusammenfassende Beurteilung

(10) Mit der zusammenfassenden Beurteilung sichert der Abschlussprüfer den Berichtsadressaten einen entsprechenden Grad an Vertrauen in die Funktionsfähigkeit des Risikomanagements zu. Für die Beurteilung im Sinne von Regel 83 des ÖCGK ist eine Prüfung mit begrenzter Sicherheit ausreichend. Bei einer Prüfung mit begrenzter Sicherheit erfolgt die zusammenfassende Beurteilung in einer Form, bei der der Abschlussprüfer auf Grundlage der durchgeführten Prüfungshandlungen und erlangten Nachweise urteilt, dass ihm keine Sachverhalte bekannt geworden sind, die ihn zu der Auffassung gelangen lassen, dass das vom Unternehmen eingerichtete Risikomanagement zum … [Stichtag], gemessen am oben beschriebenen Referenzmodell, nicht funktionsfähig ist (negative Zusicherung).

(11) Falls aufgrund von wesentlichen Feststellungen eine uneingeschränkte Zusicherung nicht möglich ist, hat der Abschlussprüfer die Zusicherung entsprechend zu modifizieren.

3. Beauftragung der Beurteilung

3.1. Auftragserteilung

(12) Die Durchführung der Beurteilung ist vom Unternehmen gesondert zu beauftragen. Dies erfolgt entweder durch den Vorstand nach vorheriger Abstimmung mit dem Aufsichtsrat oder durch den Aufsichtsrat.

3.2. Auftragsschreiben

(13) Für den Auftrag zur Beurteilung der Funktionsfähigkeit des Risikomanagements ist ein gesondertes Auftragsschreiben notwendig.

(14) Das Auftragsschreiben sollte folgende Mindestinhalte umfassen:

- Verantwortung des Vorstandes (des zuständigen Vorstandsmitgliedes) für das Risikomanagement
- Art und Umfang der Tätigkeit einschließlich einer Bezugnahme auf diese Stellungnahme sowie auf das Fachgutachten KFS/PG 13
- eine eindeutige Festlegung, dass die Tätigkeit auf eine Beurteilung mit begrenzter Sicherheit gerichtet ist
- die Feststellung, dass der Umfang ausschließlich die Gestaltung und die Umsetzung, nicht aber die Prüfung der operativen Wirksamkeit des Risikomanagements sowie die Prüfung der Vollständigkeit der vom Unternehmen tatsächlich identifizierten Risiken und der zutreffenden Bewertung der identifizierten Risiken umfasst
- Hinweis auf das Referenzmodell (geeignete Kriterien)
- Stichtag der Beurteilung
- Hinweis, dass die Beurteilung auf Grundlage der vom Unternehmen vorgelegten Dokumente sowie der zur Verfügung gestellten Unterlagen und erteilten Auskünfte erfolgt
- Hinweis auf die Möglichkeit, dass selbst wesentliche Fehler, rechtswidrige Handlungen oder andere Verstöße möglicherweise nicht entdeckt werden, weil deren Entdeckung nicht Gegenstand des Auftrages ist
- Hinweis, dass dem Auftrag subsidiär die AAB für WT-Berufe i.d.g.F. zugrunde liegen; sie sollten dem Auftragsbestätigungsschreiben beigelegt werden
- Form und Inhalt der Berichterstattung
- Festlegung, ob der Bericht vom Unternehmen an Dritte weitergegeben werden darf
- Feststellung, dass der Abschlussprüfer vom Vorstand eine schriftliche Erklärung einholen wird, dass die vom Unternehmen vorgelegten Unterlagen und erteilten Auskünfte das Risikomanagement vollständig abbilden
- die Vereinbarung über das Honorar

4. Berichterstattung

(15) Die Berichterstattung des Abschlussprüfers erfolgt in schriftlicher Form gegenüber dem in Regel 83 des ÖCGK in der jeweils gültigen Fassung vorgesehenen bzw. gegenüber dem allenfalls zusätzlich im Auftragsschreiben festgelegten Adressaten.

(16) Die Berichterstattung hat folgende Mindestinhalte zu enthalten:

- Überschrift, die klar zum Ausdruck bringt, dass es sich um eine Berichterstattung über eine unabhängige Prüfung handelt
- Auftraggeber und/oder Berichtsadressat(en)
- Berufsgrundsätze, nach denen der Auftrag abgewickelt wurde, und die dem Auftrag zugrunde gelegten AAB für WT-Berufe i.d.g.F. sowie eine Erklärung, dass der beauftragte Abschlussprüfer die Anforderungen an die Unabhängigkeit und sonstige berufliche Verhaltensanforderungen einhält
- Identifizierung des Stichtags der Beurteilung und Beschreibung des vom beauftragten Abschlussprüfer erlangten Niveaus an Prüfungssicherheit; Hinweis, dass die operative

Wirksamkeit des Risikomanagements sowie die Vollständigkeit der vom Unternehmen tatsächlich identifizierten Risiken und deren zutreffende Bewertung nicht Gegenstand der Beurteilung waren und daher dazu keine Aussagen getroffen werden können

- Beschreibung der vom Unternehmen vorgelegten Dokumente und der zur Verfügung gestellten Unterlagen, die Nachweise für das vom Unternehmen eingerichtete Risikomanagement (den zugrunde liegenden Sachverhalt) geben; wenn dem Abschlussprüfer im Rahmen der Beurteilung bekannt geworden ist, dass das Risikomanagement vom Unternehmen während des Geschäftsjahres geändert wurde, so ist dieser Umstand gesondert zu berichten
- Identifizierung der anzuwendenden Kriterien (Angabe des Rahmenkonzepts oder kurze Darstellung der vom Unternehmen verwendeten allgemein anerkannten Grundsätze für ein ordnungsgemäßes unternehmensweites Risikomanagementsystem)
- Beschreibung der signifikanten inhärenten Beschränkungen, die mit der Beurteilung des Risikomanagements anhand der anzuwendenden Kriterien zusammenhängen; es kann sich beispielsweise als sinnvoll erweisen anzumerken, dass vergangene Beurteilungen des Risikomanagementsystems für zukünftige Perioden nicht relevant sind, weil das Risiko besteht, dass interne Kontrollen unangemessen werden, weil sich die Bedingungen geändert haben
- Hinweis, ob der Bericht neben einer Behandlung im Prüfungsausschuss und der Berichterstattung im Aufsichtsrat vom Unternehmen an Dritte weitergegeben werden darf
- Hinweis auf die Verantwortlichkeiten des Vorstandes und des beauftragten Abschlussprüfers in Bezug auf das Risikomanagement und dessen Beurteilung
- Erklärung, dass der Auftrag in Übereinstimmung mit dieser Stellungnahme und dem Fachgutachten KFS/PG 13 durchgeführt wurde
- eine informative Zusammenfassung der durchgeführten Tätigkeiten zur Vermittlung eines Verständnisses von Art, zeitlicher Einteilung und Umfang der durchgeführten Prüfungshandlungen
- Ergebnis der durchgeführten Tätigkeiten des Abschlussprüfers

Die zusammenfassende Beurteilung auf Basis einer begrenzten Sicherheit hat folgendermaßen zu lauten: „Auf Grundlage der durchgeführten Prüfungshandlungen und erlangten Nachweise sind uns keine Sachverhalte bekannt geworden, die uns zu der Auffassung gelangen lassen, dass das vom Unternehmen eingerichtete Risikomanagement zum … [Stichtag], gemessen am oben beschriebenen Referenzmodell, nicht funktionsfähig ist."

- Wenn der Abschlussprüfer im Rahmen seiner Beurteilung der Funktionsfähigkeit des Risikomanagements zum Ergebnis kommt, dass die Funktionsfähigkeit des eingerichteten Risikomanagements nur eingeschränkt oder nicht gegeben ist, hat er diesen Umstand in seiner zusammenfassenden Beurteilung zum Ausdruck zu bringen.
- Wenn dem Abschlussprüfer im Rahmen seiner Prüfungshandlungen Umstände bekannt geworden sind, die auf eine wesentliche Schwäche im Risikomanagement hinweisen, so ist darüber gesondert zu berichten.

(17) Der Bericht ist mit jenem Datum zu unterfertigen, an dem die Beurteilung abgeschlossen wurde.

5. Erstmalige Anwendung

(18) Die vorliegende Fassung der Stellungnahme ersetzt jene vom Dezember 2015. Sie ist für Aufträge über Beurteilungen im Zusammenhang mit der Abschlussprüfung von Geschäftsjahren, die nach dem 31. Dezember 2020 enden, anzuwenden. Eine frühere Anwendung wird empfohlen.

Erläuterungen

Zu Rz (1):

Die Fassung des ÖCGK vom Jänner 2020 beinhaltet wie die vorangegangenen Fassungen die Comply or Explain-Regel (C-Regel) 83 über die Beurteilung der Funktionsfähigkeit des Risikomanagements des Unternehmens durch den Abschlussprüfer („Regel 83 des ÖCGK").

In den Interpretationen zum ÖCGK (Fassung Februar 2018) erläutert der Österreichische Arbeitskreis für Corporate Governance Inhalt und Umfang dieser Beurteilung näher und stellt fest, dass

- die Beurteilung über die bloße Stellungnahme zu Risiken und Empfehlungen im internen Kontrollsystem, wie sie üblicherweise in der Kommunikation zwischen Abschlussprüfer und Aufsichtsrat oder Vorstand Gegenstand sein können, hinausgeht;
- die Nachvollziehbarkeit der Risikoidentifikation und -beschreibung auf Basis der zur Verfügung gestellten Unterlagen sowie die ausreichende Dokumentation des Risikomanagementsystems durch das Unternehmen notwendige Voraussetzungen für die Durchführung der Beurteilung mit vertretbarem Aufwand darstellen;
- die Beurteilung mit vertretbarem Aufwand – d.h. einem ausgewogenen Verhältnis zwischen Kosten und Nutzen – durchzuführen ist;
- Form und Inhalt der Berichterstattung einer gesonderten Vereinbarung unterliegen;
- zur Beurteilung zunächst die im Unternehmen eingesetzten Systeme und Einrichtungen (Risikomanagementmethoden, Sicherungsstrategien, Methoden und Systeme zur Identifikation, Erfassung, Analyse, Bewertung, Kontrollen und Kommunikation der Risiken

im Unternehmen etc.) zu erheben sind und sich der Abschlussprüfer über die Wirksamkeit der Maßnahmen und organisatorischen Vorkehrungen sowie Kontrollen durch entsprechende Stichproben zu vergewissern hat;

– zur Definition der Begriffe „Risiko“ und „Risikomanagement“ auf internationale Vorbilder und Modelle zurückgegriffen werden kann.

Aufgrund der zum Teil unklaren Abgrenzung des Begriffs „Risikomanagement“ und der schwierigen Einordnung der Beurteilung in die verschiedenen Leistungen von Wirtschaftstreuhändern („Prüfungen“, „Sonstige Prüfungen“, „Vereinbarte Prüfungshandlungen“) war eine unterschiedliche Vorgehensweise bei der Durchführung solcher Beurteilungen und der Berichterstattung darüber zu beobachten. Darüber hinaus bestand das Risiko, dass der tatsächliche Umfang der durchgeführten Beurteilung von den Berichtsadressaten unzutreffend (vor allem als zu weitreichend) interpretiert wird („Erwartungslücke“).

Zu Rz (2):

Zielsetzungen der Stellungnahme sind die Einordnung der Beurteilung in das Regelwerk für Zusicherungsleistungen von Wirtschaftsprüfern, die Definition des Umfangs der Beurteilung, die Regelung der Auftragserteilung und der Berichterstattung über die Beurteilung sowie die Regelung von einzelnen für diese Beurteilung spezifischen Fragen. Die Basis dafür bildet die Regel 83 des ÖCGK unter Berücksichtigung der dazugehörigen vom Österreichischen Arbeitskreis für Corporate Governance herausgegebenen Interpretation.

Die an den Wirtschaftstreuhänder gerichteten konkreten Richtlinien zur Durchführung der Beurteilung im Sinne einer Zusicherungsleistung sind in nationalen und internationalen Standards enthalten (Fachgutachten KFS/PG 13 des Fachsenats für Unternehmensrecht und Revision des Instituts für Betriebswirtschaft, Steuerrecht und Organisation der Kammer der Steuerberater und Wirtschaftsprüfer über die Durchführung von sonstigen Prüfungen sowie International Standard on Assurance Engagements (ISAE) 3000 Revised).

Zu Rz (3):

Das Risikomanagement von Unternehmen, die besonderen regulatorischen Vorschriften unterliegen (vor allem Banken, Versicherungs- und Finanzdienstleistungsunternehmen), unterscheidet sich in den konzeptionellen Grundsätzen (Erfassung, Beurteilung, Quantifizierung und Aggregation, Steuerung und Überwachung der Risiken) nicht wesentlich von dem der übrigen Unternehmen. Beispielsweise finden sich in den EBA-Leitlinien zur internen Governance, Abschnitt 17, entsprechende Beschreibungen für ein Risikomanagement-Rahmenwerk bei Kreditinstituten. Durch die einschlägigen Materiengesetze (wie BWG, VAG, WAG u.a.) werden spezifische Vorgaben, Prozesse und Verfahren normiert, die die Einrichtung eines Risikomanagements und von Kontrollmechanismen erfordern, welche nach der Art, dem Umfang und der Komplexität der betriebenen Geschäfte angemessen zu gestalten sind. Beispielsweise werden Risikokategorien angeführt, die besonders zu berücksichtigen sind (wie in § 39 BWG), oder die Einrichtung von Verfahren und Prozessen gefordert, welche die frühzeitige Erkennung von Risikopotenzialen und die Einrichtung von Absicherungs- und Risikoabwehrmechanismen und eine die Organisationseinheiten übergreifende Risikobetrachtung gewährleisten (wie in § 17b Abs. 5 VAG; ähnlich, aber umfassender § 110 VAG 2016).

Zu Rz (4):

Die vom ÖCGK definierten Ansprüche an die Beurteilung erfüllen die Tatbestandsmerkmale einer sonstigen Prüfung gemäß dem Fachgutachten KFS/PG 13. Sonstige Prüfungen sind auftragsgebundene Prüfungen, bei denen entweder eine andere Partei als der beauftragte Wirtschaftsprüfer den zugrunde liegenden Sachverhalt anhand von Kriterien misst oder beurteilt und der beauftragte Wirtschaftsprüfer zu dieser Information eine zusammenfassende Beurteilung (*conclusion*) abgibt (*attestation engagements*, Attestierungsaufträge) oder der beauftragte Wirtschaftsprüfer den zugrunde liegenden Sachverhalt unmittelbar anhand von Kriterien selbst misst oder beurteilt (*direct engagements*, direkte Zusicherungsaufträge) (vgl. KFS PG/13 Rz 5).

Das in einem Unternehmen eingerichtete Risikomanagementsystem stellt den zugrunde liegenden Sachverhalt dar, welcher anhand geeigneter Kriterien zu beurteilen ist. Die daraus resultierende Sachverhaltsinformationen (Aussage über die Funktionsfähigkeit des Risikomanagementsystems) ist Bestandteil der zusammenfassenden Beurteilung durch den Abschlussprüfer.

Die Beurteilung stellt nach herrschender Praxis einen direkten Zusicherungsauftrag dar, weil der beauftragte Abschlussprüfer die Beurteilung des Risikomanagements i.d.R. unmittelbar anhand der geeigneten Kriterien selbst vornimmt.

Zu Rz (5):

Eine vollständige Prüfung von Kontrollsystemen nach internationalen Prüfungsgrundsätzen umfasst die Beurteilung der Gestaltung der Kontrollen (*Design*), die Prüfung, ob diese Kontrollen im Unternehmen tatsächlich umgesetzt sind (*Implementation*), sowie die Prüfung, ob sie auch ordnungsgemäß ausgeführt werden (*Operating Effectiveness*). Rz (5) stellt klar, dass die Beurteilung ausschließlich *Design* und *Implementation* umfasst. Sie beinhaltet daher eine Beurteilung der wesentlichen Aktivitäten, Prozesse und Kontrollen des Risikomanagements im Hinblick darauf,

(a) ob sie so gestaltet sind, dass sie grundsätzlich für ein funktionsfähiges Risikomanagement geeignet sind,

(b) ob sie der unternehmensweiten Situation entsprechend aktualisiert worden sind und

(c) ob diese Aktivitäten, Prozesse und Kontrollen auch konzernweit umgesetzt sind.

Sie umfasst nicht die Prüfung, ob diese Aktivitäten, Prozesse und Kontrollen auch tatsächlich in der vorgesehenen Weise ausgeführt werden, also in einem bestimmten Zeitraum im Unternehmen operativ wirksam sind.

Die Prüfungshandlungen des Abschlussprüfers bestehen daher im Wesentlichen aus dem Lesen der bestehenden dokumentierten Beschreibungen des Risikomanagements (z.B. des Risikomanagement-Handbuchs), der Beurteilung, ob dieses Risikomanagement die wesentlichen Anforderungen an ein funktionierendes Risikomanagement erfüllt, der Befragung von mit dem Risikomanagement befassten Personen, dem Nachvollziehen einzelner wesentlicher Prozesse anhand von Dokumenten (ein so genannter *Walk-Through*) und der Durchsicht der wesentlichen dokumentierten Ergebnisse des Risikomanagements (z.B. von Risikoberichten). Die Prüfungshandlungen enthalten keine detaillierte Prüfung der Funktionsfähigkeit einzelner Prozesse und Kontrollen, beispielsweise auf Grundlage von für eine Prüfung der *Operating Effectiveness* erforderlichen statistisch relevanten Stichproben.

Die Prüfung der *Operating Effectiveness* würde über die Zielsetzung des ÖCGK hinausgehen, was daraus abgeleitet werden kann, dass die Regel 83 des ÖCGK nur eine Beurteilung der Funktionsfähigkeit auf Basis der zur Verfügung gestellten Unterlagen fordert und dass die Beurteilung mit vertretbarem Aufwand durchgeführt werden soll. Die Prüfung und Bestätigung der ordnungsgemäßen Ausführung (*Operating Effectiveness*) würde einen erheblich größeren Zeit- und damit Kostenaufwand bedeuten. Eine so weit gefasste Prüfpflicht ist auch für die durch das URÄG 2008 eingeführten Angaben im Lagebericht im Zusammenhang mit den wichtigsten Merkmalen des internen Kontroll- und des Risikomanagementsystems im Hinblick auf den Rechnungslegungsprozess nicht vorgesehen (vgl. Erläuternde Bemerkungen zum URÄG 2008). Der Auftraggeber kann jedoch eine über den beschriebenen Umfang hinausgehende Beurteilung beauftragen.

Die Vollständigkeit der vom Unternehmen tatsächlich identifizierten Risiken ist für den Abschlussprüfer faktisch nicht überprüfbar, weil für die Vollständigkeitsprüfung von Risiken keine substantiellen Prüfungshandlungen möglich sind. Der Abschlussprüfer kann nur beurteilen, ob Aktivitäten, Prozesse und Kontrollen bestehen, die ausreichend sicherstellen, dass die Unternehmensleitung alle wesentlichen Risiken tatsächlich erkennen und entsprechende Maßnahmen ergreifen kann. Dies entspricht dem Verständnis der Prüfung des Risikomanagements als Prozessprüfung. Stellt der Abschlussprüfer fest, dass das Unternehmen wesentliche Risiken nicht erkannt und berichtet hat, weist dies auf mögliche Schwächen im Risikomanagement hin.

Zu Rz (6):

Der ÖCGK richtet sich vorrangig an österreichische börsenotierte Unternehmen. Damit ist jene rechtliche Einheit gemeint, die den Kapitalmarkt in Anspruch nimmt. Die Beurteilung umfasst auch jene wirtschaftlichen Einheiten, die dem beherrschenden Einfluss dieser rechtlichen Einheit unterliegen. Gegenstand der Beurteilung ist daher nicht nur das Risikomanagement der Muttergesellschaft, sondern jenes des gesamten Konzerns. Dies ergibt sich einerseits aus der Tatsache, dass auch die Finanzberichterstattung den gesamten Konzern umfasst, anderseits aber auch daraus, dass die Risiken einer Muttergesellschaft sehr eng mit jenen der von ihr beherrschten Tochtergesellschaften verbunden sind. Ist die börsenotierte Muttergesellschaft selbst in einen übergeordneten Konzern einbezogen, so unterliegt der von der börsenotierten Muttergesellschaft gebildete Teilkonzern der Beurteilung. Denkbar ist auch der Fall, dass die börsenotierte Gesellschaft ein einzelnes Unternehmen darstellt.

Im Falle eines Konzerns umfasst die Beurteilung das konzernweite Risikomanagement und nicht jenes einzelner Tochtergesellschaften (Teilbereiche), weil für den Aufsichtsrat und die Teilnehmer am Kapitalmarkt i.d.R. der Konzern insgesamt und nicht einzelne Tochtergesellschaften isoliert relevant sind. Dies schließt nicht aus, dass der Abschlussprüfer im Rahmen der Beurteilung des konzernweiten Risikomanagements auch dessen Umsetzung in einzelnen Tochtergesellschaften prüfen muss.

Zu Rz (7):

Die Beurteilung der Gestaltung (*Design*) und der Umsetzung (*Implementation*) eines Systems ist typischerweise zeitpunktbezogen. Bei einer zeitraumbezogenen Beurteilung der Gestaltung und der Umsetzung wären statistisch relevante Stichproben notwendig, um eine Aussage bzgl. der Funktionsfähigkeit über diese gesamte Periode hinweg treffen zu können, was zu einem wesentlich höheren Prüfungsaufwand führen würde.

Der Abschlussprüfer soll im Zuge der Beurteilung allerdings hinterfragen, ob in einer bestimmten Periode (i.d.R. einem Geschäftsjahr) wesentliche Änderungen im Risikomanagement stattgefunden haben, und darüber berichten (vgl. Rz (16)).

Regel 83 des ÖCGK legt keinen Stichtag für die Beurteilung fest. Damit steht dem Auftraggeber die Wahl eines Stichtages im jeweiligen Berichtsjahr offen.

Zu Rz (8):

Zur objektiven Beurteilung ist es erforderlich, das im Unternehmen eingerichtete Risikomanagement (Prüfungsgegenstand, zugrunde liegender Sachverhalt) an Hand eines Referenzmodells (geeigneter Kriterien) zu beurteilen. Sowohl die Interpretationen zu Regel 83 des ÖCGK als auch die Erläuternden Bemerkungen zu § 92 Abs. 4a AktG i.d.F. der Regierungsvorlage des URÄG 2008 sowie die Rz 60 der AFRAC-Stellungnahme 9 „Lageberichterstattung gemäß §§ 243 bis 243b, 267 und 267a UGB" enthalten den Hinweis, dass für dieses Referenzmodell auf internationale Vorbilder und Modelle zurückgegriffen werden kann.

Das vom Committee of Sponsoring Organizations of the Treadway Commission (COSO, http://www.coso.org) herausgegebene Rahmenwerk (Rahmenkonzept) – 2017 Enterprise Risk Management – Integrating with Strategy and Performance – und ihre Vorgänger-Versionen stellen ein in der Praxis häufig angewendetes Rahmenwerk (Rahmenkonzept) dar. Andere in Frage kommende Rahmenwerke (Rahmenkonzepte) sind beispielsweise ÖNORM (Standard des österreichischen Normungsinstituts) D 4900 („Risikomanagement für Organisationen und Systeme – Begriffe und Grundlagen – Anleitung zur Umsetzung der ISO 31000"), ISO 31000:2018 (Risk Management – Guidelines) und ISO 31010:2019 (Risk Management – Risk Assessment Techniques). Darüber hinaus bestehen branchen- und aufgabenspezifische Rahmenwerke (Rahmenkonzepte).

Für Kreditinstitute beinhaltet z.B. Art. 76 der Capital Requirements Directive (CRD) IV, welche u.a. die Beaufsichtigung von Kreditinstituten und Wertpapierfirmen regelt, Anforderungen an die „Behandlung von Risiken". Verbindliche Vorgaben zur Ausgestaltung des Risikomanagements finden sich in der nationalen Umsetzung der CRD IV im BWG (§ 39, Allgemeine Sorgfaltspflichten) sowie in der Kreditinstitute-Risikomanagementverordnung (KI-RMV). § 3 der KI-RMV enthält eine Aufzählung der allgemeinen Prinzipien für das Risikomanagement bei Kreditinstituten.

Unternehmen können ihr Risikomanagement auch nach individuell entwickelten Rahmenwerken (Rahmenkonzepten) gestalten. In diesem Fall dienen die allgemein anerkannten Grundsätze für ein unternehmensweites Risikomanagement als Referenzmodell. Nach diesen Grundsätzen muss ein unternehmensweites Risikomanagement folgende Elemente umfassen:

- Risikomanagement-Organisation
- Risikostrategie
- Risikoidentifikation und -erfassung
- Risikoanalyse und -bewertung
- Risikosteuerung und -überwachung
- Risikoberichterstattung und Kommunikation

Das unternehmensweite Risikomanagement muss dabei folgende Eigenschaften aufweisen:

- Nachhaltigkeit und gesamtheitliche Betrachtung: Ein funktionsfähiges Risikomanagement erfordert einen permanenten, die gesamte Organisation (alle Organisationseinheiten, Abteilungen, (Tochter-)Unternehmen) umfassenden Prozess.
- Angemessenheit: Das eingerichtete Risikomanagementsystem hat in seiner Ausgestaltung der Größe und Komplexität des Unternehmens Rechnung zu tragen.
- Commitment: Ein funktionsfähiges Risikomanagement setzt eine Verankerung in der Unternehmenskultur und somit die Mitwirkung jedes Mitarbeiters im Unternehmen voraus und muss vom Management unterstützt werden.
- Objektivität: Die Risikoeinschätzungen müssen objektivierbar und nachvollziehbar gestaltet sein.
- Integration: Die Risikobeurteilungen müssen in den Unternehmensalltag und in die Unternehmenssteuerung einfließen, insbesondere auch in die (strategische) Planung und die Performancemessung.
- Validierung und laufende Verbesserung: Das Risikomanagementsystem muss laufend auf Validität und Konsistenz seiner Ergebnisse überprüft und regelmäßig aktualisiert, verfeinert und verbessert werden.
- Angemessene Sicherheit: Das Risikomanagementsystem muss geeignet sein, alle relevanten Ereignisse zu identifizieren, die die Erreichung der Unternehmensziele wesentlich beeinflussen können.

Um diese Grundvoraussetzungen im Unternehmen operationalisieren zu können, sind folgende überprüfbare organisatorische Merkmale erforderlich:

- Risikodefinition und -strategie: Ist der Risikobegriff im Unternehmen klar definiert und jedem bekannt? Ist festgelegt, in welchem Ausmaß unter Berücksichtigung der Risikotragfähigkeit des Unternehmens Risiken eingegangen werden sollen (Risikoappetit)?
- Verantwortung: Bestehen klare Verantwortlichkeiten für die Umsetzung des Risikomanagements?
- Risikomanagementprozess: Ist ein Risikomanagementprozess eingerichtet (Risikoidentifikations-, Risikobewertungs- und Risikosteuerungsprozesse)?
- Risikobewertung: Ist die Logik der Bewertung nachvollziehbar, und ist die Bedeutung des Risikowertes (Risikokennzahl) klar? Sind Risikokennzahlen und Steuerungskennzahlen aufeinander abgestimmt? Wird die Bewertung von Personen mit ausreichender Fachkenntnis und Erfahrung durchgeführt?
- Risikosteuerung: Werden auf Basis der identifizierten Risiken und eines definierten Risikoappetits angemessene Maßnahmen zur Risikosteuerung (z.B. Risikovermeidung, Risikoreduktion, Risikoverlagerung oder Risikoakzeptanz) definiert und umgesetzt?
- Risikobericht: Besteht ein angemessener Risikobericht? Enthält er alle relevanten Informationen? Erfolgt die Verteilung an die zuständigen Personen? Erfolgt eine regelmäßige Berichterstattung an Leitungs- und Aufsichtsorgane?
- Überwachung: Wird die Funktionsfähigkeit des eingerichteten Risikomanagementsystems laufend überwacht, und werden etwaige auftretende Schwächen behoben?

Zu Rz (10):

Eine sonstige Prüfung kann entweder eine Prüfung mit hinreichender Sicherheit oder eine Prüfung mit begrenzter Sicherheit sein bzw. eine Kombination beider (vgl. KFS/PG 13 Rz 34 ff.).

Eine Prüfung mit begrenzter Sicherheit liegt vor, wenn der beauftragte Abschlussprüfer als

Grundlage für die Abgabe einer zusammenfassenden Beurteilung das Auftragsrisiko auf ein Maß reduziert, das unter den Umständen des Auftrages vertretbar, aber höher ist als bei einer Prüfung mit hinreichender Sicherheit. Die zusammenfassende Beurteilung erfolgt in Form einer negativen Zusicherung. Dabei ist die zusammenfassende Beurteilung so formuliert, dass sie vermittelt, ob auf Grundlage der durchgeführten Prüfungshandlungen und der erlangten Nachweise Sachverhalte bekannt geworden sind, die den beauftragten Abschlussprüfer zur Auffassung gelangen lassen, dass die Funktionsfähigkeit des vom Unternehmen eingerichteten Risikomanagements nicht (ausreichend) gegeben ist.

Eine Prüfung mit hinreichender Sicherheit verringert das Auftragsrisiko auf ein gegenüber einer Prüfung mit begrenzter Sicherheit niedrigeres Maß und ist daher auch mit einem höheren Prüfungsaufwand verbunden. Die Berichterstattung enthält eine zusammenfassende Beurteilung über das Ergebnis der Prüfung des zugrunde liegenden Sachverhalts anhand der Kriterien (positive Zusicherung).

Regel 83 des ÖCGK enthält keine Aussage darüber, ob die Beurteilung des Abschlussprüfers mit hinreichender oder begrenzter Sicherheit erfolgen soll. Die vom Österreichischen Arbeitskreis für Corporate Governance herausgegebenen Interpretationen (vgl. die Erläuterungen zu Rz (1)), vor allem die Schlussfolgerung, dass die Beurteilung mit vertretbarem Aufwand und einem ausgewogenen Verhältnis zwischen Kosten und Nutzen durchzuführen ist, deuten darauf hin, dass eine Prüfung mit begrenzter Sicherheit i.d.R. als ausreichend angesehen wird. Es obliegt dem Auftraggeber, bei der Auftragserteilung die gewünschte Form der Zusicherung festzulegen.

Zu Rz (11):

Die Entscheidung darüber, ob eine Modifizierung erforderlich ist, und deren Ausgestaltung richten sich nach den für die Durchführung von sonstigen Prüfungen geltenden nationalen und internationalen Standards (vgl. die Erläuterungen zu Rz (2)).

Zu Rz (12):

Weder die Regel 83 des ÖCGK noch die dazugehörige Interpretation legen eindeutig fest, wer auf Seite des Unternehmens die Durchführung der Beurteilung zu beauftragen hat. Da die Berichterstattung jedenfalls gegenüber dem Vorstand zu erfolgen hat, ist eine Beauftragung durch diesen als für die Gesellschaft vertretungsbefugtes Organ jedenfalls möglich. Eine Abstimmung mit dem Aufsichtsrat ist in diesem Fall zu empfehlen, weil der Bericht über die Beurteilung dem Vorsitzenden des Aufsichtsrats zur Kenntnis zu bringen ist und dieser Sorge zu tragen hat, dass der Bericht im Prüfungsausschuss behandelt und im Aufsichtsrat darüber berichtet wird. Gemäß § 95 Abs. 3 AktG kann der Aufsichtsrat für bestimmte Aufgaben besondere Sachverständige beauftragen, weshalb auch eine Beauftragung der Prüfung des Risikomanagementsystems durch den Aufsichtsrat möglich ist.

Zu Rz (13) und (14):

Verträge zwischen geprüftem Unternehmen und Abschlussprüfer unterliegen üblicherweise und aufgrund internationaler Regeln der Schriftform. Dies soll auch für den Auftrag zur Beurteilung gelten. Der Inhalt des Auftragsschreibens richtet sich nach den für sonstige Prüfungen üblichen Grundsätzen.

Die Beurteilung erfolgt auf Grundlage der vorgelegten Dokumente und zur Verfügung gestellten Unterlagen bzw. Auskünfte, sodass der bei Prüfungsaufträgen übliche Satz über den uneingeschränkten Zugang zu Informationen und Auskünften entfallen kann. Hat der Vorstand oder Aufsichtsrat jedoch eine Prüfung mit hinreichender Sicherheit beauftragt, muss der Abschlussprüfer uneingeschränkten Zugang zu Informationen und Auskünften erhalten. Dies ist im Auftragsschreiben festzuhalten.

Die von der Kammer der Steuerberater und Wirtschaftsprüfer festgestellten und regelmäßig adaptierten sowie vom Vorstand der Kammer der Steuerberater und Wirtschaftsprüfer zur Anwendung empfohlenen Allgemeinen Auftragsbedingungen für Wirtschaftstreuhandberufe finden für vergleichbare Leistungen von Wirtschaftstreuhändern Anwendung. Ihre Anwendung ist auch für Beurteilungen sinnvoll.

Zu Rz (15):

Die Berichterstattung hat gemäß der Regel 83 des ÖCGK (in der jeweils gültigen Fassung) zu erfolgen.

Zur eindeutigen Dokumentation des Inhalts der Berichterstattung muss diese in schriftlicher Form erfolgen. Die Wahl des Formates („klassisches" Berichtsformat oder Präsentationsformat) obliegt dem beauftragten Abschlussprüfer.

Zu Rz (16):

Der Inhalt der Berichterstattung folgt den für sonstige Prüfungen üblichen Grundsätzen.

AFRAC-Stellungnahme 20 „Abfertigung alt" nach IAS 19

Stellungnahme
Behandlung der „Abfertigung alt" nach IAS 19, insbesondere Verteilung des Dienstzeitaufwandes

(Dezember 2015)

Historie der vorliegenden Stellungnahme

erstmalige Veröffentlichung	März 2013	
Überarbeitung	Dezember 2015	formale Anpassung; keine inhaltlichen Änderungen

1. Fragestellung – Verpflichtungen aus dem Titel der Abfertigung

(1) Diese Stellungnahme behandelt die Einordnung der in §§ 23 und 23a AngG („Abfertigung alt") festgelegten Leistungsarten in die in IAS 19 „Leistungen an Arbeitnehmer" (überarbeitet 2011) geregelten Leistungen an Arbeitnehmer und – soweit relevant – die Zuordnung dieser Leistungen auf Dienstjahre i.S.v. IAS 19.70 ff. („Ansparzeitraum").

(2) Rechtliche Verpflichtungen gemäß §§ 23 und 23a AngG:

Die Ansprüche gemäß § 23 AngG umfassen Abfertigungsleistungen des Arbeitgebers an Arbeitnehmer, die aufgrund folgender Anlässe entstehen (Leistungsarten):

(a) Tod des Arbeitnehmers;

(b) Arbeitgeberkündigung;

(c) einvernehmliche Lösung des Dienstverhältnisses.

Die Ansprüche gemäß § 23a AngG umfassen Abfertigungsleistungen des Arbeitgebers an Arbeitnehmer, die aufgrund folgender Anlässe entstehen (Leistungsarten):

(d) Pensionierung des Arbeitnehmers;

(e) Inanspruchnahme einer Pension durch den Arbeitnehmer wegen geminderter Arbeitsfähigkeit;

(f) Arbeitnehmerkündigung bzw. -austritt während einer Karenz.

(3) Faktische Verpflichtungen: In vielen Unternehmen besteht die betriebliche Praxis, dass zusätzlich zu den gesetzlichen Verpflichtungen Abfertigungen – meist unter dem Titel der einvernehmlichen Lösung des Dienstverhältnisses gemäß § 23 AngG – ausbezahlt werden. Eine solche betriebliche Praxis begründet gemäß IAS 19.4 (c) eine faktische Verpflichtung, wenn das Unternehmen keine realistische Alternative zur Zahlung der Leistungen an Arbeitnehmer hat. Dies ist beispielsweise dann gegeben, wenn eine Änderung der betrieblichen Praxis zu einer unannehmbaren Schädigung des sozialen Klimas im Betrieb führen würde. Durch eine solche betriebliche Praxis kann das Erreichen des Pensionsalters und damit die Leistungsverpflichtung aus Anlass der Pensionierung gemäß § 23a AngG in vielen Fällen ausgeschlossen sein.

2. Beschluss

(4) Die Leistungsarten (a), (d), (e) und (f) sowie davon abgeleitete freiwillig erhöhte Abfertigungsleistungen, sofern diese im Kollektivvertrag, in einer Betriebsvereinbarung oder vergleichbaren Verträgen festgelegt sind, sind als leistungsorientierte Leistungen nach Beendigung des Arbeitsverhältnisses („post-employment benefits") einzustufen und gemäß IAS 19.55 ff. zu bilanzieren.

(5) Die Leistungsart (b) ist als Leistung aus Anlass der Beendigung des Arbeitsverhältnisses („termination benefit") einzustufen und gemäß IAS 19.165 ff. zu bilanzieren.

(6) Leistungen aus einvernehmlicher Lösung des Dienstverhältnisses (Leistungsart (c)) sind dahingehend zu untersuchen, ob die Beendigung des Dienstverhältnisses originär vom Arbeitgeber oder vom Arbeitnehmer ausgeht. Im ersten Fall liegt grundsätzlich ein „termination benefit" vor, während im zweiten Fall i.d.R. von „post-employment benefits" auszugehen ist. Bei Vorliegen von faktischen Verpflichtungen aufgrund einer betrieblichen Praxis können die jeweiligen Umstände dazu führen, dass die einvernehmliche Lösung (Leistungsart (c)) jedenfalls als „post-employment benefit" einzustufen ist, insb. dann, wenn nachweislich nahezu jedes Dienstverhältnis vorzeitig einvernehmlich aufgelöst wird.

(7) Für die Leistungsarten (a), (e), (f) und ggf. (c) erstreckt sich der bilanzielle Ansparzeitraum vom Eintrittsdatum bis zum erwarteten Fälligkeitsdatum.

(8) Anzurechnende Vordienstzeiten müssen bei der Verteilung des Dienstzeitaufwandes auf die Perioden nicht gesondert berücksichtigt werden. Ihre Berücksichtigung erfolgt über die sich durch die Anrechnung ändernde Höhe der zu erwartenden Abfertigungsleistungen.

(9) Der Dienstzeitaufwand für die Leistungsarten (a), (e) und (f) sowie (c) bei Vorliegen einer faktischen Verpflichtung ist für jede zukünftige Periode entsprechend den jeweiligen Eintrittswahrscheinlichkeiten und den jeweils zu erwartenden Leistungshöhen (gemäß AngG zuzüglich eventueller freiwilliger Zusatzleistungen gemäß Rz. 4) zu bestimmen (Erwartungswert der Periode) und abzuzinsen. Die Leistungshöhe ist abhängig von der Anzahl der Dienstjahre und hat ihr Maximum

nach 25 Dienstjahren erreicht; danach ist eine Steigerung nur mehr aufgrund von Gehalts-/Entgelterhöhungen möglich.

(10) Für die Verteilung des Dienstzeitaufwandes für die Leistungsart (d) (Pensionierung) sind beide in der Praxis üblichen Methoden zulässig:

– Verteilung über die gesamte Dienstzeit vom Eintritt ins Unternehmen bis zum Erreichen des gesetzlichen Pensionsalters, beim Vorliegen von mindestens zehn Dienstjahren jedoch längstens bis zur Vollendung des 60. Lebensjahres (bei Frauen) bzw. des 65. Lebensjahres (bei Männern);
– Verteilung vom Eintritt ins Unternehmen bis zu dem Zeitpunkt, ab dem weitere Arbeitsleistungen nicht mehr zu einer Erhöhung der Anwartschaft führen (i.d.R. höchstens 25 Dienstjahre).

Die vom Unternehmen gewählte Verteilungsmethode ist stetig anzuwenden und im Anhang anzugeben.

(11) Zu den versicherungsmathematischen Annahmen zählen neben den üblichen biometrischen Wahrscheinlichkeiten auch Fluktuationswahrscheinlichkeiten, wobei das Ereignis der Arbeitgeberkündigung (Leistungsarten (b) und ggf. (c)) nicht zu berücksichtigen ist. Einvernehmliche Lösungen des Dienstverhältnisses dürfen in den Fluktuationswahrscheinlichkeiten nur dann berücksichtigt werden, wenn sie vom Arbeitnehmer ausgehen oder wenn eine faktische Verpflichtung des Arbeitgebers zur Leistung bei einvernehmlicher Lösung der Dienstverhältnisse besteht.

(12) Ergibt sich bei erstmaliger Anwendung dieser Stellungnahme die Notwendigkeit einer Änderung der bisherigen Bilanzierungsmethode für die „Abfertigung alt“, ist diese Änderung gemäß IAS 8 „Rechnungslegungsmethoden, Änderungen von rechnungslegungsbezogenen Schätzungen und Fehler“ vorzunehmen.

3. Erstmalige Anwendung

(13) Diese Stellungnahme ist auf Geschäftsjahre anzuwenden, die nach dem 31. Dezember 2012 beginnen. Eine frühere Anwendung wird empfohlen.

Erläuterungen

Zu Rz (4) ff.:

(14) Nach IAS 19.8 sind „post-employment benefits“ Vergütungen, die nach Beendigung des Dienstverhältnisses fällig werden. Daher sind Abfertigungsleistungen aus Gründen der Pensionierung (Leistungsart (d)), der Inanspruchnahme einer Pension wegen geminderter Arbeitsfähigkeit, des Todes oder der Selbstkündigung bzw. des Austritts während einer Karenz (Leistungsarten (a), (e) und (f)) als „post-employment benefits“ einzustufen (vgl. auch IAS 19.164).

(15) Leistungen aus Anlass der Arbeitgeberkündigung (Leistungsart (b)) und bei nicht betriebsüblicher einvernehmlicher Lösung des Dienstverhältnisses auf Wunsch des Arbeitgebers (Leistungsart (c)) sind nach IAS 19.8 als „termination benefits“ zu klassifizieren, denn sie resultieren aus einer Entscheidung des Arbeitgebers, das Dienstverhältnis vorzeitig zu beenden. Sie sind unter gewissen Voraussetzungen rückzustellen, jedenfalls aber frühestens dann, wenn der Arbeitgeber sein Angebot nicht mehr zurückziehen kann oder bereits Restrukturierungsmaßnahmen ergriffen hat (vgl. IAS 19.165 ff. sowie auch die Regelungen zu Restrukturierungskosten im IAS 37).

(16) Wenn die einvernehmliche Lösung des Dienstverhältnisses (Leistungsart (c)) aufgrund betrieblicher Praxis zu einer faktischen Verpflichtung wird oder wenn sie vom Arbeitnehmer ausgeht, ist die entsprechende Abfertigungsleistung als „post-employment benefit“ einzustufen.

(17) Da Leistungen aus Anlass von Arbeitgeberkündigungen sowie ggf. aus einvernehmlicher Lösung von Dienstverhältnissen aufgrund von Entscheidungen des Arbeitgebers anfallen und meist abhängig von Unternehmensergebnissen oder Managementzielen sind, sind sie auch nicht in den versicherungsmathematischen Annahmen zu berücksichtigen.

(18) Ansprüche bei vorzeitiger Beendigung des Dienstverhältnisses (Leistungsarten (a) bis (c)) sind im Angestelltengesetz unabhängig vom Pensionierungsfall (Leistungsart (d)) geregelt. Gleich zu behandeln sind die Leistungsarten (e) und (f), die ebenfalls eine vorzeitige Beendigung des Dienstverhältnisses betreffen (zum Sonderfall Arbeitgeberkündigung vgl. Rz. 15 ff.). Solche Leistungen sind für jede zukünftige Periode entsprechend ihren jeweiligen Eintrittswahrscheinlichkeiten und den jeweils zu erwartenden Leistungshöhen (gemäß AngG zuzüglich eventueller freiwilliger Zusatzleistungen) zu bestimmen (Erwartungswert der Periode) und abzuzinsen. Die Leistungshöhe (Monatsgehalt/-entgelt x Anspruchsmonate) ist abhängig von der Anzahl der Dienstjahre und hat die maximale Anspruchshöhe nach 25 Dienstjahren erreicht; danach ist eine Steigerung nur mehr aufgrund von Gehalts-/Entgelterhöhungen möglich.

Zu Rz (10) ff.:

(19) Für Leistungen aus Anlass der Pensionierung (Leistungsart (d)) sind die beiden in der Praxis üblichen Methoden der Anspruchsverteilung zu prüfen:

(i). Verteilung der Ansprüche über die gesamte Dienstzeit;
(ii). Verteilung der Ansprüche über die ersten 25 Dienstjahre.

(20) IAS 19.70 bestimmt grundsätzlich, dass für Pensionspläne, in denen sich die Ansprüche anhand einer Planformel entwickeln, der Dienstzeitaufwand so den Dienstjahren zuzuordnen ist, wie es diese Planformel vorgibt. IAS 19.BC 118 erläutert dazu, dass es nicht so sehr auf die Formulierung der Planformel ankommt, sondern auf den ökonomischen Gehalt des Plans („substance over form“).

(21) IAS 19.73 regelt, dass die Verteilung der Ansprüche bis zu dem Zeitpunkt zu erfolgen hat, ab dem die weitere Dienstleistung zu keiner wesent-

lichen Erhöhung der Ansprüche mehr führt, wobei Gehalts-/Entgelterhöhungen keine zusätzlichen Leistungen an Arbeitnehmer verkörpern. Illustriert wird IAS 19.73 anhand von vier Beispielen.

(22) Die Bestimmungen des IAS 19 lassen trotz der darin angeführten Beispiele einige Fragen unbeantwortet:

– Der Begriff des „Pensionsplans" ist nicht ausreichend definiert, sodass aus den Bestimmungen des IAS 19 nicht eindeutig hervorgeht, ob die Abfertigung mit ihren unterschiedlichen Leistungsarten als ein zusammenhängender Gesamtplan angesehen werden muss oder ob jede Leistungsart gesondert als eigener Plan zu betrachten ist.
– Auch der Begriff der „Planformel" ist nicht ausreichend determiniert, womit die Frage offenbleibt, ob die Leistungsformel für die Abfertigung gemäß AngG eine „Planformel" nach IAS 19 ist oder nicht.
– Die angeführten Beispiele des IAS 19 haben gemein, dass erworbene Anwartschaften sofort unverfallbar werden; dies ist bei der Abfertigung gemäß AngG jedoch nicht der Fall. Es bleibt daher die Frage offen, ob sich das Verteilungsende primär am Ende der Anwartschaftszuwächse oder am Erreichen der Unverfallbarkeit orientiert.

(23) Je nachdem, welcher Auffassung man folgt, ergeben sich Argumente für jeweils eine der beiden in der Praxis üblichen Verteilungsmethoden, sodass beide Methoden als zulässig erachtet werden.

(24) Die Verteilung über die gesamte Dauer des Dienstverhältnisses ergibt sich als Konsequenz einer Sichtweise, welche die Leistungsarten trennt, die Leistungsformel ökonomisch interpretiert (nach IAS 19.BC 118) und konsequenterweise den Unverfallbarkeitszeitpunkt als ökonomisches Verteilungsende ansieht.

(25) Betrachtet man die Abfertigungsleistungen hingegen als ein Gesamtpaket, so ergibt sich eine Art „faktische Unverfallbarkeit" nach 25 Jahren (weil Selbstkündigungen nach Ablauf von 25 Jahren i.d.R. nicht vorkommen); die Leistungsformel wird dann ökonomisch eine Planformel, und die Beispiele des IAS 19.73 werden anwendbar.

(26) Wenn die einzelnen Abfertigungsleistungen als getrennte Leistungspläne interpretiert werden, dann können sich die Ansparzeiträume der einzelnen Leistungsarten voneinander unterscheiden. Eine konsequente bilanzielle Erfassung würde daher eine separate Modellierung und Bewertung erfordern. Eine solche Trennung ist i.d.R. jedoch nicht erforderlich. Die gängigen aktuarischen Bewertungsmodelle vereinen die verschiedenen Leistungsarten, die in dieser Sichtweise zwar rechtlich voneinander unabhängig, faktisch aber sehr wohl voneinander abhängig sind (die unterschiedlichen Leistungsarten schließen einander gegenseitig aus, d.h. nach einer Leistung aus Anlass der Inanspruchnahme einer Pension wegen geminderter Arbeitsfähigkeit kann z.B. keine Leistung aus Anlass der Pensionierung mehr erfolgen), in einem einzigen versicherungsmathematischen Modell. Diese Vorgangsweise ist vor allem auch unter Berücksichtigung von Kosten-Nutzen-Überlegungen sinnvoll und zulässig, solange Ansparzeitraum und Parametrisierungen konsistent mit dieser Stellungnahme gehalten werden.

(27) Auch bei an sich getrennter Erfassung der Leistungsarten kann aus Vereinfachungsgründen der Verteilungszeitraum für die Gesamtleistung auf die dominanten Leistungsarten abgestimmt werden. Diese Vereinfachung kann dazu führen, dass sich bei untergeordneter Bedeutung der Abfertigungsleistung aus Anlass der Pensionierung in der Gesamtbetrachtung auch auf Basis einer grundsätzlichen Verteilung über die gesamte Dienstzeit eine faktische Verteilung des Dienstzeitaufwandes über die ersten 25 Jahre ergibt. In solchen Fällen ist aber nachzuweisen, dass diese Vereinfachung zulässig ist und dass die Anwendung dieser Vereinfachung zu keinem wesentlichen Unterschied in der Höhe der Rückstellung führt.

Zu Rz (12):

(28) IAS 8 unterscheidet zwischen Änderungen von Rechnungslegungsmethoden und Änderungen von Schätzungen. Die Bilanzierung der „Abfertigung alt" erfolgt grundsätzlich nach einer Rechnungslegungsmethode, also einer Regel oder Praktik, die ein Unternehmen anwendet (IAS 8.5). I.d.R. ist eine Änderung der Bilanzierungsmethode für die „Abfertigung alt" daher als Methodenänderung zu qualifizieren. Eine solche Änderung ist rückwirkend durchzuführen (vgl. IAS 8.19). Die Auswirkung einer solchen Änderung der Verteilung des Dienstzeitaufwandes ist jedenfalls kein versicherungsmathematischer Gewinn oder Verlust gemäß IAS 19. Es handelt sich um einen Anwendungsfall des IAS 8.14 (b), wonach die Änderung einer zulässigen Rechnungslegungsmethode insb. dann vorgenommen werden darf, wenn sie nach Beurteilung des Unternehmens dazu führt, dass der Abschluss zuverlässigere und relevantere Informationen liefert.

AFRAC-Stellungnahme 21
Konzernabschlüsse nach § 245a UGB

Stellungnahme
Die Aufstellung von IFRS-Konzernabschlüssen nach § 245a UGB

(Juni 2019)

Historie der vorliegenden Stellungnahme

erstmalige Veröffentlichung	März 2013	
Überarbeitung	September 2016	Berücksichtigung der Änderungen des UGB aufgrund des Rechnungslegungs-Änderungsgesetzes 2014
Überarbeitung	März 2017	Berücksichtigung der Änderungen des UGB aufgrund des Nachhaltigkeits- und Diversitätsverbesserungsgesetzes
Überarbeitung	Juni 2018	Anpassung an das BörseG 2018
Überarbeitung	Juni 2019	Berücksichtigung der Änderungen des UGB aufgrund des Anti-Gold-Plating-Gesetzes 2019 und Zitatanpassungen wegen Änderungen des IAS 1

1. Wortlaut des § 245a UGB

(1) Ein Mutterunternehmen, das nach Art. 4 der Verordnung (EG) Nr. 1606/2002 betreffend die Anwendung internationaler Rechnungslegungsstandards dazu verpflichtet ist, den Konzernabschluss nach den internationalen Rechnungslegungsstandards aufzustellen, die nach Art. 3 der Verordnung übernommen wurden, hat dabei § 193 Abs. 4 zweiter Halbsatz und § 194 sowie von den Vorschriften des zweiten bis neunten Titels § 247 Abs. 3, § 265 Abs. 2 bis 4, § 267, § 267a und § 267b anzuwenden; der Konzernanhang ist außerdem um die Angaben nach § 237 Abs. 1 Z 6 in Verbindung mit § 266 Z 4, § 237 Abs. 1 Z 3 und § 239 Abs. 1 Z 4 in Verbindung mit § 266 Z 2 sowie § 238 Abs. 1 Z 10 und Z 18 zu ergänzen.

(2) Ein Mutterunternehmen, das nicht unter Abs. 1 fällt, kann den Konzernabschluss nach den Rechnungslegungsvorschriften in Abs. 1 aufstellen.

(3) Ein Mutterunternehmen, das einen Konzernabschluss nach den in Abs. 1 bezeichneten Rechnungslegungsstandards aufstellt, hat bei der Offenlegung ausdrücklich darauf hinzuweisen, dass es sich um einen nach den in Abs. 1 bezeichneten Rechnungslegungsstandards aufgestellten Konzernabschluss und Konzernlagebericht handelt.

2. Gegenstand der Stellungnahme

(4) Die vorliegende Stellungnahme klärt Zweifelsfragen bei der Anwendung von § 245a UGB, ohne auf zusätzliche gesetzliche Anforderungen einzugehen, wie sie für Kreditinstitute, Wertpapierfirmen und Versicherungsunternehmen bestehen.

3. Anwendungsbereich des § 245a UGB

3.1. Grundsätzlicher Geltungsbereich

(5) § 245a UGB richtet sich an alle Mutterunternehmen im Sinne des § 244 UGB, also an alle Mutterunternehmen mit Sitz in Österreich.

3.2. Geltungsbereich der einzelnen Absätze und deren Verhältnis zueinander

(6) Für Mutterunternehmen im Sinne des § 244 UGB, die unter § 245a Abs. 1 UGB fallen, gilt dieser verpflichtend. Allen anderen der genannten Mutterunternehmen räumt § 245a Abs. 2 UGB das Wahlrecht ein, Abs. 1 anzuwenden. Dieses Wahlrecht dürfen auch Mutterunternehmen nützen, die gar keinen Konzernabschluss aufstellen müssen (vgl. Rz (10)). § 245a Abs. 3 UGB gilt für alle Mutterunternehmen, die entweder unter Abs. 1 fallen oder das Wahlrecht des Abs. 2 nützen.

(7) Das Wahlrecht des § 245a Abs. 2 UGB bezieht sich auf Abs. 1 in seiner Gesamtheit. Ein Mutterunternehmen, das nicht unter Abs. 1 fällt und keine anderen Befreiungsvorschriften nützen kann, kann sich daher nur dann durch die Aufstellung eines IFRS-Konzernabschlusses von der Verpflichtung zur Aufstellung eines Konzernabschlusses nach den §§ 247 ff. UGB befreien, wenn es alle Vorgaben des § 245a Abs. 1 UGB befolgt. Insbesondere ist demnach eine nur teilweise Anwendung der nach Art. 3 der zitierten Verordnung übernommenen internationalen Rechnungslegungsstandards (in der Folge als „IFRS" bezeichnet) weder nach § 245a Abs. 1 noch nach § 245a Abs. 2 UGB zulässig. Werden die IFRS angewandt, die weiteren Vorgaben des § 245a Abs. 1 UGB – etwa zu Währung und Sprache (vgl. Rz (16)) – aber gar nicht oder nur teilweise befolgt, liegt kein Konzernabschluss nach § 245a UGB vor; ein solcher Konzernabschluss kann daher keine befreiende Wirkung entfalten. Nicht verhindert wird die befreiende Wirkung durch bloß geringfügige Fehler bei der Befolgung der Vorgaben des § 245a Abs. 1 UGB.

3.3. Bedeutung des Begriffs „Konzernabschluss" – Anwendbarkeit des § 245a UGB

(8) § 245a Abs. 1 UGB nimmt auf „den Konzernabschluss" Bezug, setzt also voraus, dass das Mut-

terunternehmen zur Aufstellung eines Konzernabschlusses verpflichtet ist. Diese Voraussetzung muss nach österreichischem Recht geprüft werden.

(9) Verfügt ein Mutterunternehmen im Sinne des § 244 UGB nur über ein oder mehrere Tochterunternehmen, die gemäß § 249 UGB nicht in den Konzernabschluss einbezogen werden müssen, und braucht es deshalb gar keinen Konzernabschluss aufzustellen, gelangt § 245a Abs. 1 UGB demnach nicht zur Anwendung. Es muss in diesem Fall nicht geprüft werden, ob gemäß den nach Art. 3 der zitierten Verordnung übernommenen IFRS ein Konzernabschluss aufzustellen wäre.

(10) Gleichwohl darf das Mutterunternehmen in diesem Fall gemäß § 245a Abs. 2 UGB dessen Abs. 1 freiwillig anwenden. Das Gleiche gilt für Mutterunternehmen im Sinne des § 244 UGB, die gemäß §§ 245 oder 246 UGB von der Verpflichtung, einen Konzernabschluss aufzustellen, befreit sind.

(11) Fällt ein Mutterunternehmen unter § 245a Abs. 1 UGB oder hat es sich freiwillig für dessen Anwendung entschieden, muss nicht geprüft werden, ob gemäß den anzuwendenden IFRS auf die Aufstellung eines Konzernabschlusses verzichtet werden könnte.

(12) Existiert ausnahmsweise nach den anzuwendenden IFRS kein Tochterunternehmen, das konsolidiert werden darf, ändert dies nichts an der Anwendbarkeit des § 245a UGB. Gemäß IAS 27.7 gilt der IFRS-Abschluss in diesem Fall als Konzernabschluss, selbst wenn auch keine Beteiligung an einem assoziierten Unternehmen oder einem gemeinschaftlich geführten Unternehmen vorliegt.

(13) Da für die Verpflichtung zur Konzernrechnungslegung die österreichischen Vorschriften maßgebend sind, richten sich auch die Verpflichtung und die Möglichkeit zu einer neuerlichen Aufstellung bereits aufgestellter Konzernabschlüsse nach österreichischem Recht.

4. Verfahrens- und grundlegende Anordnungen des § 245a UGB

4.1. Auslegung des Begriffs „Tochterunternehmen" im Zusammenhang mit deren Vorlage- und Auskunftspflichten

(14) Der Begriff „Tochterunternehmen" in § 247 Abs. 3 UGB bezieht sich bei Anwendung von § 245a Abs. 1 UGB auf die Tochterunternehmen im Sinne der bei der Aufstellung des Konzernabschlusses anzuwendenden IFRS. Die Berichtspflichten erstrecken sich auf alle Tochterunternehmen im Sinne dieser IFRS; es kommt nicht darauf an, ob ein Tochterunternehmen tatsächlich in den Konzernabschluss einbezogen wird, zumal die Entscheidung darüber nicht ohne die Informationen getroffen werden kann, deren Übermittlung § 247 Abs. 3 UGB regelt.

4.2. Grundlegende Anforderungen an die nach § 245a UGB aufgestellten Konzernabschlüsse

(15) Das Geschäftsjahr eines nach § 245a UGB aufgestellten Konzernabschlusses kann höchstens zwölf Monate umfassen.

(16) Entsprechend dem Wortlaut des § 245a Abs. 1 UGB gelten für die nach dieser Bestimmung aufgestellten Konzernabschlüsse die §§ 193 Abs. 4 zweiter Halbsatz und 194 UGB. Daher sind sie einerseits in Euro und – „unbeschadet der volksgruppenrechtlichen Bestimmungen" – in deutscher Sprache aufzustellen und andererseits „unter Beisetzung des Datums zu unterzeichnen". Diese Unterzeichnung wird nicht durch die Erklärungen ersetzt, die die gesetzlichen Vertreter von Emittenten börsenotierter Wertpapiere gemäß § 124 Abs. 1 Z 3 BörseG 2018 zum Jahresfinanzbericht abgeben müssen („Bilanzeid", vgl. dazu die AFRAC-Stellungnahme 5).

4.3. Aufstellung eines Konzernlageberichts und weiterer konsolidierter Berichte

(17) Zu jedem nach § 245a UGB aufgestellten Konzernabschluss ist ein Konzernlagebericht gemäß § 267 UGB aufzustellen. Ob eine konsolidierte nichtfinanzielle Erklärung in diesen aufgenommen bzw. ein konsolidierter nichtfinanzieller Bericht aufgestellt werden muss, richtet sich nach § 267a UGB. Ob ein konsolidierter Corporate Governance-Bericht aufgestellt werden muss, richtet sich nach § 267b UGB. Alle diese Berichte sind – ebenso wie der konsolidierte Bericht über Zahlungen an staatliche Stellen gemäß § 267c UGB – keine Bestandteile des IFRS-Konzernabschlusses. Ihr Mindestinhalt richtet sich nach österreichischem Recht (zum Konzernlagebericht vgl. die AFRAC-Stellungnahme 9 zur Lageberichterstattung); Ergänzungen sind zulässig, auch aufgrund des IFRS Practice Statement „Management Commentary". Mit der „Bezugnahme auf die im Konzernabschluss ausgewiesenen Beträge und Angaben" im Konzernlagebericht (§ 267 Abs. 2 Satz 2 UGB) wird bei Anwendung von § 245a UGB der IFRS-Konzernabschluss angesprochen. Zur Möglichkeit von Verweisen im und auf den Konzernlagebericht vgl. den Abschnitt 6. der vorliegenden Stellungnahme.

4.4. Erfüllung der Verpflichtung des § 245a Abs. 3 UGB

(18) Hinsichtlich des Konzernabschlusses wird die Verpflichtung des § 245a Abs. 3 UGB automatisch durch die Befolgung von IAS 1.16 erfüllt, der eine entsprechende Erklärung im Konzernanhang verlangt. Diese sollte gemäß IAS 1.114 normalerweise am Beginn des Konzernanhangs stehen.

(19) Um allfälligen Missverständnissen vorzubeugen, ist im Anhang eines nach § 245a UGB aufgestellten Konzernabschlusses nicht bloß anzugeben, dass er gemäß den nach Art. 3 der zitierten Verordnung übernommenen IFRS aufgestellt worden ist, sondern vielmehr, dass er gemäß diesen IFRS aufgestellt worden ist und dabei auch die

zusätzlichen Anforderungen des § 245a Abs. 1 UGB erfüllt worden sind.

(20) Hinsichtlich des Konzernlageberichts wird die Verpflichtung des § 245a Abs. 3 UGB zweckmäßigerweise – analog zum Konzernabschluss – nicht außerhalb des Konzernlageberichts, sondern durch einen Hinweis im Konzernlagebericht erfüllt, dass dieser auf den IFRS-Konzernabschluss im Sinne des § 245a UGB Bezug nimmt (vgl. Rz (17)).

5. Die weiters von § 245a Abs. 1 UGB verlangten Angaben im Konzernanhang

5.1. Überblick

(21) Außer der in den Rz (18) f. erörterten grundlegenden Angabe verlangt § 245a Abs. 1 UGB alle weiteren von den nach Art. 3 der zitierten Verordnung übernommenen IFRS geforderten Angaben und – unbeschadet von Überschneidungen mit diesen Angaben – zusätzlich die folgenden Angaben im Konzernanhang:

- die Angaben gemäß § 265 Abs. 2 UGB (Angaben zum Konsolidierungskreis und zum Anteilsbesitz; für diese Angaben gelten auch § 265 Abs. 3 und 4 UGB),
- die Angabe gemäß § 237 Abs. 1 Z 6 in Verbindung mit § 266 Z 4 UGB (Angabe der durchschnittlichen Zahl der Arbeitnehmer(innen) der in den Konzernabschluss einbezogenen Unternehmen während des Geschäftsjahrs),
- die Angaben gemäß § 237 Abs. 1 Z 3 in Verbindung mit § 266 Z 2 UGB (Angaben zu Krediten an Organmitglieder und zugunsten dieser Personen eingegangenen Haftungsverhältnissen),
- die Angaben gemäß § 239 Abs. 1 Z 4 in Verbindung mit § 266 Z 2 UGB (Angaben zu den Bezugen der Organmitglieder sowie früherer Organmitglieder und ihrer Hinterbliebenen),
- die Angaben gemäß § 238 Abs. 1 Z 10 UGB, bezogen auf den Konzern (Angaben zu bestimmten außerbilanziellen Geschäften; vgl. dazu die AFRAC-Stellungnahme 7), und
- die Angaben gemäß § 238 Abs. 1 Z 18 UGB, bezogen auf den Konzern (Aufschlüsselung der Aufwendungen für den Konzernabschlussprüfer).

(22) § 245a Abs. 1 UGB verlangt keine Angaben im Konzernanhang, die weder von den nach Art. 3 der zitierten Verordnung übernommenen IFRS gefordert werden noch in der soeben zitierten Liste von UGB-Angaben enthalten sind. Denn er zählt diese Angaben ausdrücklich auf und enthält keine Verweise auf weitere Angabevorschriften; insbesondere führt er § 251 Abs. 1 UGB – woraus sich verschiedene Angabepflichten in Analogie zu solchen im Jahresabschluss ergeben – nicht an.

5.2. Allgemeines Verhältnis zwischen den IFRS-Angaben und den zusätzlich verlangten Angaben

(23) Soweit von den nach Art. 3 der zitierten Verordnung übernommenen IFRS geforderte Anhangsangaben einerseits und von § 245a Abs. 1 UGB zusätzlich verlangte Angaben andererseits einander überschneiden, müssen beide Angabepflichten befolgt werden. Dies gelingt widerspruchsfrei, wenn beachtet wird, dass § 245a Abs. 1 UGB keineswegs verlangt, dass der aufzustellende IFRS-Konzernabschluss UGB-Angaben so enthält, wie sie in einem Konzernanhang enthalten wären, für den ausschließlich die österreichischen Angabevorschriften maßgebend sind. Angeordnet wird vielmehr die Anwendung der österreichischen Angabevorschriften bei der Aufstellung des IFRS-Konzernabschlusses („dabei“); die zusätzlich verlangten Angaben beziehen sich demnach auf den aufzustellenden IFRS-Konzernabschluss.

(24) § 245a Abs. 1 UGB schreibt nicht das gesonderte Anführen der zusätzlich zu den IFRS geforderten Anhangsangaben vor, etwa zusammengefasst unter einer eigenen Überschrift. Redundanzen innerhalb der Anhangsangaben lassen sich deshalb vermeiden, indem die nach den anzuwendenden IFRS vorgeschriebenen Angaben so formuliert und gegebenenfalls erweitert werden, dass sie auch die Informationen im Sinne der in Rz (21) angeführten UGB-Vorgaben umfassen. Gegen erweiterte oder zusätzliche Angaben erheben die IFRS keinen Einwand.

(25) Die Anforderungen der IFRS an Anhangsangaben gelten auch für die von § 245a Abs. 1 UGB zusätzlich verlangten Angaben. Denn die allgemeinen Anforderungen der IFRS an Abschlüsse differenzieren nicht zwischen verpflichtenden und freiwilligen Angaben und demnach auch nicht zwischen Abschlussangaben, die zwar gemäß den IFRS freiwillig, aber laut § 245a Abs. 1 UGB (oder nach anderen Regelungen) vorgeschrieben sind, und Abschlussangaben, die völlig freiwillig gemacht werden.

(26) Eine Ausweitung der UGB-Angabepflichten bewirkt insbesondere IAS 1.38: „Sofern die IFRS nichts anderes erlauben oder vorschreiben, hat ein Unternehmen für alle im Abschluss der aktuellen Periode enthaltenen quantitativen Informationen Vergleichsinformationen hinsichtlich der vorangegangenen Periode anzugeben. Vergleichsinformationen sind in die verbalen und beschreibenden Informationen einzubeziehen, wenn sie für das Verständnis des Abschlusses der Berichtsperiode von Bedeutung sind.“ Diese Vorschrift verlangt für die zusätzlichen Anhangsangaben laut § 245a Abs. 1 UGB in umfassenderer Weise als § 223 Abs. 2 UGB die Angabe von Informationen zum vorangegangenen Geschäftsjahr (§ 223 Abs. 2 UGB betrifft nur „Posten“; vgl. dazu die AFRAC-Stellungnahme 12 zur Angabe von Vorjahreszahlen). Davon erfasst werden auch Beteiligungsquoten, Eigenkapital- und Ergebnisbeträge im Sinne des § 265 Abs. 2 Z 4 UGB, Betragsangaben zu außerbilanziellen Geschäften sowie Angaben zur Zahl der Arbeitnehmer(innen).

5.3. Einzelfragen bei der Erfüllung der Angabepflichten des § 265 Abs. 2 UGB

(27) Was unter „Tochterunternehmen“ und „as-

soziierten Unternehmen" zu verstehen ist, richtet sich nach den anzuwendenden IFRS. Der Begriff „Tochterunternehmen" besitzt den gleichen Inhalt wie bei der Anwendung von § 247 Abs. 3 UGB (vgl. Rz (14)).

(28) Um die zweiten Sätze von § 265 Abs. 2 Z 1 und 2 UGB zu erfüllen, sind die von den ersten Sätzen dieser Vorschriften verlangten Angaben (Name, Sitz, Anteil am Kapital, gegebenenfalls andere Grundlage der Tochtereigenschaft) auch für die nicht einbezogenen Tochterunternehmen und die nicht als solche behandelten assoziierten Unternehmen zu machen, und als Begründung für die Nichteinbeziehung bzw. die Nichtbehandlung als assoziiertes Unternehmen ist auf die angewandte Ausnahmeregelung oder auf die Unwesentlichkeit dieser Unternehmen zu verweisen. Ungeachtet der Angabe gemäß Rz (19) erscheint es empfehlenswert, die vollständigen Aufstellungen der Tochterunternehmen und der assoziierten Unternehmen mit einem Hinweis auf die UGB-Angabepflichten zu versehen. Die nicht einbezogenen Tochterunternehmen und die nicht als solche behandelten assoziierten Unternehmen dürfen auch in gesonderten Teilaufstellungen mit entsprechenden Überschriften bzw. Hinweisen angeführt werden. Ob gesonderte Teilaufstellungen empfehlenswert sind, hängt maßgeblich vom Gesamtumfang der Aufstellungen – auch jener gemäß § 265 Abs. 2 Z 3 und 4 UGB – sowie davon ab, welche der darin anzuführenden Unternehmen auch nach den anzuwendenden IFRS angabepflichtig sind; es kommt darauf an, alle von § 265 Abs. 2 (unter Berücksichtigung von Abs. 3) UGB verlangten Informationen insgesamt möglichst klar und übersichtlich zu präsentieren (vgl. dazu auch Rz (31)).

(29) Wenn es „nur anteilmäßig" – also mittels Quotenkonsolidierung – in den IFRS-Konzernabschluss einbezogene Unternehmen gibt, ist die Wortfolge „gemäß § 262" in § 265 Abs. 2 Z 3 UGB als Bezugnahme auf die einschlägigen IFRS-Regelungen zu lesen; sonst kommt diese Angabepflicht nicht zum Tragen. Ab der Anwendung des IFRS 11 („Joint Arrangements") entfallen Angaben gemäß § 265 Abs. 2 Z 3 UGB gänzlich, weil die Quotenkonsolidierung nicht mehr vorgesehen ist.

(30) Bei den Angabepflichten gemäß § 265 Abs. 2 Z 4 UGB ergeben sich nur insoweit Abweichungen von einem nach den §§ 247 ff. UGB aufgestellten Konzernabschluss, als der Kreis der davon erfassten Unternehmen vom Kreis der Tochterunternehmen und vom Kreis der assoziierten Unternehmen abhängt und diese beiden Kreise nach den anzuwendenden IFRS bestimmt werden müssen. Da sich die Betragsangaben auf den (verfügbaren) „Abschluss" des jeweiligen Unternehmens beziehen, sind keine Überleitungen auf IFRS-Zahlen erforderlich. Die zusätzliche Angabe solcher Beträge ist freilich erlaubt und empfehlenswert. Im Hinblick auf die Erläuterung der Originalbeträge (Art und Geschäftsjahr des Abschlusses, verwendete Rechnungslegungsvorschriften, Originalwährung und benützter Umrechnungskurs) bestehen keine anderen Anforderungen als in einem nach den §§ 247 ff. UGB aufgestellten Konzernabschluss.

(31) Vom Wahlrecht des § 265 Abs. 4 UGB, die Angaben gemäß § 265 Abs. 2 UGB statt im Konzernanhang in einer gesonderten „Aufstellung des Anteilsbesitzes" zu machen, die Bestandteil des Konzernanhangs ist, darf Gebrauch gemacht werden. Gegen die Inanspruchnahme dieses Wahlrechts spricht freilich, dass ein solches Vorgehen den IFRS fremd und daher international schwer verständlich ist. Dafür können im Einzelfall – bei sehr umfangreichen Aufstellungen anzuführender Unternehmen – die größere Klarheit und bessere Übersichtlichkeit des Konzernanhangs sprechen (vgl. das Ende der Rz (28)). Wenn bei Inanspruchnahme des Wahlrechts jene Unternehmen, die auch nach den anzuwendenden IFRS angabepflichtig sind, trotzdem (zusätzlich) direkt im Konzernanhang angeführt werden, sind die Bedenken hinsichtlich der IFRS-Konformität des Wahlrechts gegenstandslos; in diesem Fall sollten die (kurzen) Aufstellungen im Konzernanhang selbst und die vollständigen Aufstellungen parallel aufgebaut, d. h. gleich gegliedert, sein, um den Anforderungen der Klarheit und Übersichtlichkeit zu entsprechen.

5.4. Einzelfragen bei der Erfüllung der übrigen UGB-Angabepflichten

(32) Die Rz (29) (zur Quotenkonsolidierung) gilt entsprechend für den zweiten Halbsatz von § 266 Z 4 UGB (gesonderte Angabe der Zahl der Arbeitnehmer(innen) „von gemäß § 262 nur anteilig einbezogenen Unternehmen").

(33) Ob die einschlägigen Pflichtangaben gemäß IAS 24 zur Erfüllung der §§ 237 Abs. 1 Z 3 und 239 Abs. 1 Z 4 in Verbindung mit § 266 Z 2 UGB (Angaben betreffend Organmitglieder) ausreichen, hängt maßgeblich davon ab, wie der Personenkreis „Mitglieder des Managements in Schlüsselpositionen" im Einzelfall abgegrenzt wird. Stimmt er mit den „Mitgliedern des Vorstands, des Aufsichtsrats oder ähnlicher Einrichtungen des Mutterunternehmens" (§ 266 Z 2 Satz 1 UGB) überein, genügt eine Aufgliederung der Angaben gemäß IAS 24 auf die im UGB angeführten Personengruppen; ist er umfangreicher, ist eine weiter gehende Aufgliederung erforderlich, um den Anforderungen des UGB zu entsprechen. § 242 Abs. 4 UGB, wonach die Aufschlüsselungen „außer in den Fällen des § 243b Abs. 2 Z 3 unterbleiben" dürfen, wenn sie „weniger als drei Personen" betreffen, ist gemäß § 266 Z 2 Satz 3 UGB „sinngemäß anzuwenden". Falls das Mutterunternehmen einen (konsolidierten) Corporate Governance-Bericht aufstellt, worin gemäß § 243b Abs. 2 Z 3 UGB „die Gesamtbezüge der einzelnen Vorstandsmitglieder" angegeben werden müssen und gemäß der Regel 51 (C) des Österreichischen Corporate Governance Kodex die „Vergütungen ... für jedes Aufsichtsratsmitglied einzeln" angegeben sein können, ist zusätzlich ein Verweis auf diesen Bericht empfehlenswert; an den Angabepflichten im Konzernanhang ändert sich dadurch nichts.

(34) Die Einschränkung der Angabepflicht gemäß § 238 Abs. 1 Z 10 UGB betreffend außerbilanzielle Geschäfte (nicht in der Bilanz enthalten „und auch nicht gemäß § 237 Abs. 1 Z 2 anzugeben“) ist so zu lesen, dass sie sich auf die IFRS-Konzernbilanz und die den angeführten Angabepflichten (Haftungsverhältnisse und sonstige finanzielle Verpflichtungen) entsprechenden Angaben im IFRS-Konzernabschluss bezieht.

(35) Die „auf das Geschäftsjahr entfallenden Aufwendungen für den Abschlussprüfer“ (§ 238 Abs. 1 Z 18 UGB, im Konzernanhang zu beziehen auf den Konzernabschlussprüfer) schließen auch als Anschaffungsnebenkosten oder direkt im Eigenkapital erfasste Vergütungen ein, weil Art. 34 Nr. 16 der Siebenten Richtlinie, worauf diese Angabepflicht zurückgeht, ausdrücklich auf „die Gesamthonorare, die … für das Geschäftsjahr berechnet wurden“, Bezug nimmt; auch Art. 18 Abs. 1 lit. b der aktuellen Rechnungslegungsrichtlinie verwendet analoge Formulierungen. Soweit sie nicht unwesentlich sind, sollten als Anschaffungsnebenkosten oder direkt im Eigenkapital erfasste Vergütungen gesondert angeführt werden.

6. Doppelangaben in Konzernanhang und Konzernlagebericht minimierende Zuordnung der vorgeschriebenen Angaben

(36) Die von § 245a Abs. 1 UGB zusätzlich geforderten Angaben im Konzernanhang dürfen nicht in den Konzernlagebericht verlegt werden. Auch die IFRS verlangen grundsätzlich – von den in Rz (38) erörterten Ausnahmen abgesehen – alle Angaben im Abschluss, d. h. erlauben es nicht, vorgeschriebene Angaben in den Konzernlagebericht zu verlegen.

(37) Doppelangaben zwischen dem IFRS-Abschluss einerseits und dem Konzernlagebericht andererseits lassen sich nicht ganz vermeiden, weil § 267 UGB für diesen auch die Behandlung von Themen vorschreibt, die Gegenstand von IFRS-Angabepflichten sind. Die betreffenden Ausführungen im Konzernlagebericht können kurz gehalten werden, weil es zulässig ist, im Konzernlagebericht auf Ausführungen im Konzernabschluss zu verweisen (vgl. Rz (4) der AFRAC-Stellungnahme 9 zur Lageberichterstattung). So verfahren werden kann etwa im Hinblick auf die Ausführungen zum Bereich Forschung und Entwicklung oder bestimmte Angaben nach § 243a Abs. 1 UGB (zu Kapital-, Anteils-, Stimm- und Kontrollrechten und damit zusammenhängenden Vereinbarungen), die gemäß § 267 Abs. 3a UGB im Konzernlagebericht gemacht werden müssen. Alle Verweise sollten konkret, d. h. unter Anführung der genauen Stelle, auf die verwiesen wird, erfolgen.

(38) Die IFRS sehen ausnahmsweise vor, dass Abschlussangaben in anderen Dokumenten gemacht werden dürfen, die gemeinsam mit dem Abschluss veröffentlicht werden. Diese Voraussetzung ist für Konzernlageberichte von Emittenten börsenotierter Wertpapiere erfüllt, die gemäß § 124 BörseG 2018 Bestandteile der Jahresfinanzberichte sind. In diesem Fall können Doppelangaben auch vermieden werden, indem die entsprechenden Abschlussangaben in den Konzernlagebericht aufgenommen und dort mit den thematisch einschlägigen Ausführungen zusammengefasst werden. Wird von dieser Möglichkeit Gebrauch gemacht, sollte in den Abschluss ein konkreter Verweis (vgl. das Ende der Rz (37)) aufgenommen werden – auch dann, wenn die IFRS einen Verweis nicht ausdrücklich vorschreiben. Das angesprochene Vorgehen kommt derzeit für folgende Berichtsthemen in Frage:

- die „Beschreibung der Art der Geschäftstätigkeit des Unternehmens und seiner Haupttätigkeiten“ (IAS 1.138(b)),
- „die Angabe der Lebensdauer“ des Unternehmens, wenn sie „begrenzt ist“ (IAS 1.138(d)), und
- die in IFRS 7.31 bis 42 geforderten Angaben zu „Art und Ausmaß von Risiken, die sich aus Finanzinstrumenten ergeben“ (IFRS 7. B6, wo ausdrücklich von „einem Lage- oder Risikobericht“ die Rede ist und ein Verweis im Abschluss verlangt wird).

7. Erstmalige Anwendung

(39) Die vorliegende Fassung der Stellungnahme ersetzt jene vom Juni 2018. Sie ist auf IFRS-Konzernabschlüsse nach § 245a UGB und die zugehörigen Konzernlageberichte über Geschäftsjahre anzuwenden, die am oder nach dem 30. Juni 2019 enden.

Erläuterungen

Zu Rz (8):

Dass § 245a Abs. 1 UGB das Vorliegen einer Verpflichtung nach österreichischem Recht zur Aufstellung eines Konzernabschlusses voraussetzt, ergibt sich direkt aus dem Gesetz (1.). Außerdem hat sich der Gesetzgeber klar in diese Richtung geäußert (2.), und die IAS-Verordnung wird offiziell so ausgelegt (3.).

1. § 245a Abs. 1 UGB richtet sich offensichtlich nur an Mutterunternehmen, die bereits festgestellt haben – also ohne die IFRS heranzuziehen –, dass sie einen Konzernabschluss aufstellen müssen. Dementsprechend ist auch § 245a Abs. 2 UGB so textiert, dass er sich auf „den Konzernabschluss“ bezieht, der nach österreichischem Recht aufgestellt werden muss (müsste) bzw. aufgestellt wird (würde). Mit dieser Interpretation in Einklang stehen die Formulierung der Hauptaussage des § 245a UGB sowie dessen Stellung im Gesetz. Laut § 245a Abs. 1 UGB sind „von den Vorschriften des zweiten bis neunten Titels“ bestimmte Regelungen anzuwenden; er sieht also die Nichtanwendung der übrigen Vorschriften des zweiten bis neunten Titels vor, nicht hingegen die Nichtanwendung der Vorschriften des ersten Titels, dessen Gegenstand die Verpflichtung zur Aufstellung von Konzernabschlüssen ist. § 245a UGB steht in diesem Titel inmitten der Befreiungsvorschriften, betrifft also – wie die anderen

Befreiungsvorschriften – die Befreiung von der Verpflichtung zur Aufstellung eines Konzernabschlusses nach den österreichischen Regelungen, und eine Befreiung von einer Verpflichtung setzt das Bestehen dieser Verpflichtung voraus.

2. In den Erläuterungen zur RV des ReLÄG 2004 (677 BlgNR XXII. GP) wird zu § 245a Abs. 1 UGB ausgeführt, „dass sich die Pflicht zur Aufstellung eines Konzernabschlusses weiterhin aus den §§ 244 bis 246“ HGB (nunmehr UGB) ergibt. Als Begründung wird angeführt, dass „Art. 4 der IAS-VO“ nur „regelt …, nach welchen Standards der Konzernabschluss aufzustellen ist[,] und nicht, ob ein Konzernabschluss aufgestellt werden muss.“

3. Diese Begründung entspricht der offiziellen Auslegung des Rates und der Europäischen Kommission in deren gemeinsamer Erklärung 51/03 (Dokument Nr. 10883/03 des Rates vom Mai 2003): Sie „stimmen darin überein, dass die Entscheidung darüber, ob ein Unternehmen einen konsolidierten Abschluss aufstellen muss, unter Bezugnahme auf die einzelstaatlichen Rechtsvorschriften zur Umsetzung der 7. Richtlinie Gesellschaftsrecht zu treffen ist.“ In diesem Sinn äußert sich auch der Kommentar der Europäischen Kommission zur IAS-Verordnung (Beginn des Abschnitts 2.2.2.): „Da sich die IAS-Verordnung lediglich auf ‚konsolidierte Abschlüsse‘ bezieht, wird sie nur dann wirksam, wenn diese konsolidierten Abschlüsse von anderer Seite gefordert werden. Die Klärung der Frage, ob eine Gesellschaft zur Erstellung eines konsolidierten Abschlusses verpflichtet ist oder nicht, wird nach wie vor durch Bezugnahme auf das einzelstaatliche Recht erfolgen, das infolge der Siebenten Richtlinie erlassen wurde.“

Zu Rz (12):

Die angesprochene Ausnahmesituation kann bei Investmentgesellschaften (Investment Entities) im Sinne von IFRS 10.27 (ergänzt im Oktober 2012) vorliegen, weil deren Tochterunternehmen gemäß IFRS 10.31 (ergänzt im Oktober 2012) im Regelfall nicht konsolidiert werden dürfen. Dass § 245a UGB trotzdem anwendbar ist, entspricht auch der Höherrangigkeit der IAS-Verordnung (EU-Recht) gegenüber dem UGB (nationales Recht).

Zu Rz (14):

Dass sich der Begriff „Tochterunternehmen“ in § 247 Abs. 3 UGB bei Anwendung von § 245a Abs. 1 UGB auf die Tochterunternehmen im Sinne der anzuwendenden IFRS bezieht, folgt zunächst aus dem Wortlaut von § 245a Abs. 1 UGB. Denn danach ist § 247 Abs. 3 UGB „dabei“, also bei der Aufstellung des IFRS-Konzernabschlusses, „anzuwenden“.

Darüber hinaus wäre es sinnwidrig, die Berichtspflichten des § 247 Abs. 3 UGB auf einen anderen Kreis von Tochterunternehmen zu beziehen als auf jenen, der dem aufzustellenden Konzernabschluss zugrunde liegt; und dies ist bei Anwendung von § 245a Abs. 1 UGB der Kreis der Tochterunternehmen im Sinne der anzuwendenden IFRS. Denn die Festlegung des Konsolidierungskreises ist ein grundlegender Schritt bei der Aufstellung eines Konzernabschlusses, und diese hat bei Anwendung von § 245a Abs. 1 UGB gemäß den nach Art. 3 der zitierten Verordnung übernommenen IFRS zu erfolgen.

Dass der Konsolidierungskreis bei der Anwendung von § 245a Abs. 1 UGB gemäß den anzuwendenden IFRS bestimmt werden muss, wird dadurch bestätigt, dass § 245a Abs. 1 UGB zwar die Anwendung von § 247 Abs. 3 UGB verlangt, aber nicht die Befolgung von § 247 Abs. 1 und 2 UGB, also der grundlegenden österreichischen Vorschriften zum Konsolidierungskreis. Auch laut dem in den Erläuterungen zu Rz (8) unter 3. zitierten Kommentar legen die übernommenen IFRS „den Anwendungsbereich der Konsolidierung und folglich die Unternehmen fest, die in diese konsolidierten Abschlüsse einzubeziehen sind[,] als auch die Art und Weise, wie dies geschehen soll“ (vorletzter Satz des Abschnitts 2.2.2.).

Zu Rz (15):

Dies folgt aus dem Umstand, dass Konzernabschlüsse nach § 245a UGB nur auf Stichtage aufgestellt werden können, auf die nach österreichischem Recht Konzernabschlüsse aufgestellt werden müssen bzw. dürfen (vgl. den Abschnitt 3.3. der vorliegenden Stellungnahme), in Verbindung mit § 193 Abs. 3 UGB. Gemäß dieser Vorschrift darf die „Dauer des Geschäftsjahrs … zwölf Monate nicht überschreiten“, und sie gilt wegen ihrer Anführung in § 251 Abs. 1 UGB ausdrücklich auch für Konzernabschlüsse. Diese Geltung erstreckt sich auch auf nach § 245a UGB aufgestellte Konzernabschlüsse, obwohl § 251 Abs. 1 UGB in § 245a Abs. 1 UGB nicht angeführt wird; denn die Beschränkung der Dauer des Geschäftsjahrs kommt nicht erst im Zuge der Aufstellung des Konzernabschlusses („dabei“) zum Tragen, sondern bereits bei der Überlegung, ob bzw. auf welchen Stichtag spätestens der (nächste) Konzernabschluss aufzustellen ist.

Zu Rz (19):

Obwohl es keinen ordnungsgemäß nach § 245a UGB aufgestellten Konzernabschluss gibt, bei dessen Aufstellung § 245a Abs. 1 UGB nicht beachtet worden ist, sollte die Anhangsangabe nicht auf den Pflichtinhalt laut § 245a Abs. 3 UGB beschränkt werden. Denn diese Beschränkung gibt der Interpretation Raum, es könnten nur die IFRS, nicht aber die ergänzenden Vorgaben des § 245a Abs. 1 UGB eingehalten worden sein; und diese Interpretation sollte ausgeschlossen werden. Für das ausdrückliche Anführen des § 245a Abs. 1 UGB im Konzernanhang spricht außerdem die mangelnde internationale Bekanntheit dieser Vorschrift.

Zu Rz (28):

Die zweiten Sätze von § 265 Abs. 2 Z 1 und 2 UGB erstrecken die Angabepflichten zu Tochterunternehmen und zu assoziierten Unternehmen ausdrücklich auf Tochterunternehmen, die „gemäß

§ 249 nicht einbezogen" werden, und auf assoziierte Unternehmen, die im Konzernabschluss nicht als solche behandelt werden: „Die Anwendung des § 263 Abs. 2 ist jeweils anzugeben und zu begründen" (Wahlrecht zum Verzicht auf die Anwendung der einschlägigen Vorschriften, „wenn die Beteiligung nicht wesentlich (§ 189a Z 10) ist"); im Gegensatz dazu ist gemäß § 249 Abs. 3 UGB die Inanspruchnahme eines Wahlrechts zum Verzicht auf die Einbeziehung eines Tochterunternehmens in den Konzernabschluss nur dann „anzugeben und zu begründen", wenn von § 249 Abs. 1 (Verzicht auf die Einbeziehung wegen unverhältnismäßiger Verzögerungen oder Kosten bei der Beschaffung der erforderlichen Angaben, wegen Haltens der Anteile an dem Tochterunternehmen ausschließlich zum Zweck ihrer Weiterveräußerung oder wegen erheblicher und andauernder Beschränkungen bei der Ausübung der Rechte des Mutterunternehmens), nicht aber, wenn von § 249 Abs. 2 UGB (Verzicht auf die Einbeziehung, weil das oder die Tochterunternehmen „nicht wesentlich" ist bzw. sind) Gebrauch gemacht wird. Damit die vorgeschriebenen Angaben zu unwesentlichen Tochterunternehmen nicht missverständlich wirken, ist es empfehlenswert, sie um einen Hinweis auf die Nichteinbeziehung wegen Unwesentlichkeit zu ergänzen, wenngleich das UGB diese Ergänzung nicht verlangt.

Zu den §§ 249 und 263 Abs. 2 UGB bestehen keine direkten Entsprechungen in den IFRS; bei der Aufstellung von IFRS-Konzernabschlüssen gelangt man aber häufig zu vergleichbaren Ergebnissen, insbesondere aufgrund von Überlegungen zur Wesentlichkeit (vgl. den zweiten Satz von IAS 8.8). Zudem ist auf ausdrückliche Regelungen zur Nichtkonsolidierung von Tochterunternehmen (vgl. die Erläuterungen zu Rz (12), erster Satz) und Ausnahmen von der Verpflichtung, assoziierte Unternehmen als solche zu behandeln, in den IFRS Bedacht zu nehmen.

Die Angaben sind auch für die nicht einbezogenen Tochterunternehmen und die nicht als solche behandelten assoziierten Unternehmen zu machen, weil sonst § 265 Abs. 2 UGB nicht vollständig angewendet (1.) und der erkennbare Wille des Gesetzgebers nicht erfüllt würde (2.). Die IFRS sprechen nicht dagegen, unwesentliche Unternehmen anzuführen (3.). Problematisch wäre auch ein uneinheitliches Vorgehen betreffend nicht einbezogene Tochterunternehmen und nicht als solche behandelte assoziierte Unternehmen (4.).

1. § 265 Abs. 2 UGB differenziert bei den von den Angabepflichten erfassten Unternehmen zwischen den Z 1 bis 3 einerseits und der Z 4 andererseits. Die Z 1 und 2 beziehen sich auf alle Tochterunternehmen, also auch auf die nicht in den Konzernabschluss einbezogenen, bzw. auf alle assoziierten Unternehmen, also auch auf jene, die im Konzernabschluss nicht als solche behandelt werden; die Z 3 betrifft alle nur anteilmäßig in den Konzernabschluss einbezogenen Unternehmen (wobei eine gesonderte Erwähnung unwesentlicher Unternehmen entbehrlich ist). Die Z 4 erfasst hingegen lediglich Unternehmen, die nicht unter die vorangehenden Z 1 bis 3 fallen und die nicht „nicht wesentlich (§ 189a Z 10) sind"; freiwillig dürfen diese unwesentlichen Unternehmen zusätzlich angeführt werden. Tochterunternehmen und assoziierte Unternehmen werden also grundsätzlich als wichtiger erachtet, weil die Angaben über diese Unternehmen auch verlangt werden, wenn diese nicht wesentlich sind. Das Konzept, Informationen über den Kreis der Tochterunternehmen und den Kreis der assoziierten Unternehmen unabhängig davon, ob sie in den Konzernabschluss einbezogen bzw. in diesem als solche behandelt werden, vollständig bereitzustellen und im Fall der Nichteinbeziehung bzw. der Nichtanwendung der betreffenden Vorschriften eine Begründung dafür anzuführen, folgt den diesbezüglichen Angabevorschriften des Art. 34 der Siebenten Richtlinie (Nr. 2 lit. a und b sowie Nr. 3 lit. a und b, wobei die gesonderten Buchstaben für die nicht einbezogenen Tochterunternehmen und die nicht als solche behandelten assoziierten Unternehmen die Bedeutung der Angaben über diese Unternehmen hervorheben). Die Siebente Richtlinie ist für die Auslegung der §§ 245a und 265 Abs. 2 UGB noch immer von Bedeutung, weil sich der Gesetzgeber – wie unter 2. ausgeführt – darauf bezogen und diese Vorschriften seither insoweit nicht geändert hat. Freilich ist zu berücksichtigen, dass die aktuelle Rechnungslegungsrichtlinie für Tochterunternehmen, die wegen Unwesentlichkeit nicht in den Konzernabschluss einbezogen werden, zwar weiterhin die Verpflichtung vorsieht, die Angaben gemäß § 265 Abs. 2 Z 1 Satz 1 UGB zu machen, nicht aber eine Begründung für die Nichteinbeziehung verlangt (vgl. 4., letzter Absatz).

2. Dass das unter 1. erörterte Konzept betreffend Informationen über den Kreis der Tochterunternehmen und den Kreis der assoziierten Unternehmen auch für Konzernabschlüsse nach § 245a UGB gelten soll, mit anderen Worten: dass auch in diesem Fall insoweit der Siebenten Richtlinie gefolgt werden soll, hat der Gesetzgeber ausdrücklich klargestellt. In den Erläuterungen zur RV des ReLÄG 2004 wird zu § 245a Abs. 1 UGB ausgeführt:

„Die IAS bilden im Grundsatz ein in sich abgeschlossenes Regelwerk, das die an die Unternehmen zu stellenden Transparenzanforderungen umfassend beschreibt. Dem Ziel der IAS-Verordnung, für die Abschlüsse kapitalmarktorientierter Unternehmen in einem integrierten europäischen Finanzmarkt ein Höchstmaß an Vergleichbarkeit herzustellen, würde es zuwiderlaufen, wenn jeder Mitgliedstaat in weitem Umfang nationale Regelungen über zusätzliche oder abweichende

Transparenzanforderungen im Rahmen des Abschlusses aufstellen könnte.

Dieser Grundsatz gilt allerdings nicht für Bereiche, die von den IAS nicht abgedeckt werden. Der Rat und die Europäische Kommission haben diese Bereiche in der Gemeinsamen Erklärung 51/03 (in Dokument Nr. 10883/03 des Rates) identifiziert. Sie bezeichnet die Bestimmungen der Bilanz-RL und der Konzern-RL, die auch für einen Abschluss nach IAS Bedeutung behalten. ...

Diese Bestimmungen betreffen bestimmte Angaben im Anhang zum Konzernabschluss (Art. 34 Nr. 2 bis 5, 9 und 12 der Konzern-RL, umgesetzt in §§ 265 Abs. 2, 266 Z 4 und 7 HGB, Art. 34 Nr. 13 der Konzern-RL[,] umgesetzt in § 266 Z 5 HGB, Art. 35 Abs. 1 Konzern-RL, umgesetzt in § 265 Abs. 3 und 4 HGB), den Konzernlagebericht (§ 267 HGB), sowie die Prüfung und die Offenlegung des Konzernabschlusses und des Konzernlageberichts.

Der Entwurf benennt in Abs. 1 ausdrücklich diese bei einem nach der IAS-VO verpflichtenden Konzernabschluss nach IAS zusätzlich anzuwendenden Bestimmungen. Der Vierte Abschnitt über Prüfung und Offenlegung ist nach der vorgeschlagenen Systematik ohnehin weiter anwendbar."

Die gleichen Bestimmungen der Siebenten Richtlinie wie in der zitierten Erklärung 51/03 sind auch in der analogen Liste im Abschnitt 3.3. des zu Rz (8) unter 3. zitierten Kommentars enthalten. Die von § 245a Abs. 1 UGB verlangten zusätzlichen Angaben im Konzernanhang folgten ursprünglich ganz genau und vollständig den angeführten Dokumenten des Rates bzw. der Kommission und sind lediglich im Zuge einer Aktualisierung um die Angaben gemäß § 266 Z 2a und 11 UGB – nunmehr § 238 Abs. 1 Z 10 und 18 UGB, bezogen auf den Konzern – ergänzt worden. Da § 237 Abs. 1 Z 6 UGB – im Gegensatz zu § 266 Z 4 UGB in der vorherigen Fassung – die Angabe des Personalaufwands bei Anwendung des Umsatzkostenverfahrens („sofern er nicht gesondert in der Konzern-Gewinn- und Verlustrechnung ausgewiesen ist") nicht verlangt, bleibt § 245a Abs. 1 UGB in diesem Punkt nun hinter der Interpretation von Rat und Kommission zurück.

3. Es trifft nicht zu, dass ein IFRS-Abschluss keine unwesentlichen Angaben enthalten darf. Laut IAS 1.31 „braucht" ein Unternehmen „einer bestimmten Angabeverpflichtung eines IFRS nicht nachzukommen, wenn die anzugebende Information nicht wesentlich ist"; die Angabe der nicht wesentlichen Information ist demnach zulässig. Den Anforderungen des UGB darf daher entsprochen werden, obwohl grundsätzlich das Ziel verfolgt wird, unwesentliche Angaben im IFRS-Abschluss zu vermeiden. Bedenken, die Angabe einer unwesentlichen Information könnte missverständlich sein, weil sie für wesentlich gehalten werden könnte, lässt sich gegebenenfalls am einfachsten dadurch Rechnung tragen, dass die Information als unwesentlich gekennzeichnet wird.

4. Im Unterschied zu assoziierten Unternehmen (Z 2 Satz 2: „Die Anwendung des § 263 Abs. 2 ist jeweils anzugeben und zu begründen") ist § 265 Abs. 2 UGB bei Tochterunternehmen nicht ganz eindeutig: „Diese Angaben sind auch für Tochterunternehmen zu machen, die gemäß § 249 nicht einbezogen worden sind" (Z 1 Satz 2); § 249 Abs. 3 – die Verpflichtung zur Angabe und Begründung der Nichteinbeziehung bei Inanspruchnahme eines der Wahlrechte des § 249 Abs. 1 – wird aber nicht ausdrücklich angeführt, sodass argumentiert werden könnte, man müsse für nicht einbezogene Tochterunternehmen zwar die Angaben gemäß Z 1 Satz 1 (Name, Sitz, Anteil am Kapital bzw. andere Grundlage der Tochtereigenschaft) machen, nicht aber ihre Nichteinbeziehung angeben und begründen. Auch der vorletzte Absatz der Erwägungsgründe der Siebenten Richtlinie („Es ist unentbehrlich, daß der Anhang des konsolidierten Abschlusses genaue Angaben über die zu konsolidierenden Unternehmen enthält.") bietet Anlass zu vergleichbaren Überlegungen: Er hebt die Bedeutung der Informationen über Tochterunternehmen hervor und meint wohl alle, weil – anders als drei Absätze davor – nicht von „in die Konsolidierung einbezogenen Unternehmen" oder „konsolidierten Unternehmen" die Rede ist; er könnte aber abweichend davon so interpretiert werden, dass er sich nur auf einbezogene Tochterunternehmen bezieht, allerdings auch dahingehend, dass Angaben über assoziierte Unternehmen weniger wichtig wären als Angaben über Tochterunternehmen – umgekehrt zur soeben dargestellten Auslegung des § 265 Abs. 2 UGB.

Aufgrund des Größenschlusses darf dem Gesetzgeber nicht unterstellt werden, er wolle über nicht einbezogene Tochterunternehmen weniger Informationen verlangen als über nicht als solche behandelte assoziierte Unternehmen. Die Wortfolge „gemäß § 249" in § 265 Abs. 2 Z 1 Satz 2 UGB muss daher auf den gesamten § 249 UGB – einschließlich des Abs. 3, unabhängig davon, wie weit er interpretiert wird (vgl. unten) – bezogen werden. Ergänzend lässt sich anführen, dass auch § 247 Abs. 3 UGB alle Tochterunternehmen ohne Einschränkung erfasst (vgl. Rz (14)).

Völlig eindeutig sind diesbezüglich Art. 34 Nr. 2 und 3 der Siebenten Richtlinie, denen der Gesetzgeber erklärtermaßen (vgl. oben unter 2.) folgen will: Die lit. b beider Angabepflichten sind inhaltlich völlig parallel gestaltet; „zu begründen" ist demnach die Nichteinbeziehung von Tochterunternehmen ebenso wie die Nichtbehandlung assoziierter Unternehmen als solche. Der Verweis auf § 249 UGB in § 265 Abs. 2 Z 1 Satz 2 UGB ist auch aus diesem Grund so weit zu interpretieren, dass er auch die Angabe- und Begründungsverpflichtung des § 249 Abs. 3 UGB umfasst.

Dass sich diese nur auf die Wahlrechte des § 249 Abs. 1 UGB erstreckt, nicht aber auf gemäß § 249 Abs. 2 UGB wegen Unwesentlichkeit nicht in den Konzernabschluss einbezogene Tochterunternehmen, beruht auf dem letzten Unterabsatz des Art. 28 Abs. 2 lit. a der aktuellen Rechnungslegungsrichtlinie. Im Gegensatz zur Siebenten Richtlinie werden also unwesentliche Tochterunternehmen anders behandelt als solche, die aus anderen Gründen nicht in den Konzernabschluss einbezogen werden, und der Gesetzgeber folgt dieser Differenzierung. Entsprechend dem Gesetzeswortlaut ergibt sich – unabhängig davon, ob es sich um einen Konzernabschluss nach § 245a UGB handelt – eine Liste aller Tochterunternehmen mit grundsätzlich gleichen Angaben, wobei lediglich bei unwesentlichen Tochterunternehmen die Begründung für deren Nichteinbeziehung fehlt. Diese Leerstellen können sehr missverständlich wirken, zumal keine Verpflichtung besteht, die nicht in den Konzernabschluss einbezogenen Tochterunternehmen in einer gesonderten (Teil-)Liste zusammenzufassen. Im Sinne der Generalnorm ist es daher empfehlenswert, statt der Leerstellen einen kurzen Hinweis auf die Nichteinbeziehung wegen Unwesentlichkeit zu geben, etwa mittels einer Fußnote.

Zu Rz (29):

Ab der Anwendung des IFRS 11 verliert die Z 3 des § 265 Abs. 2 UGB für IFRS-Konzernabschlüsse ihren Anwendungsbereich, weil Joint Ventures als assoziierte Unternehmen zu behandeln sind und die für Joint Operations vorgeschriebene Bilanzierungsmethode keine Quotenkonsolidierung darstellt: Jeder Partner hat die ihm zuzurechnenden Anteile an den Vermögenswerten, Schulden, Aufwendungen und Erträgen in seinen (Konzern-) Abschluss aufzunehmen; diese Anteile können vom Anteil am Kapital abweichen.

Zu Rz (31):

Die IFRS sehen zwar eine Ausgliederung von Angaben, die verpflichtend im Anhang zu machen sind, in einen gesonderten Berichtsteil, der als Bestandteil des Anhangs gilt, nicht vor. Da die zitierten Dokumente des Rates bzw. der Kommission jedoch den Art. 35 Abs. 1 der Siebenten Richtlinie, der u. a. diese Ausgliederung als Mitgliedstaatenwahlrecht enthält, ausdrücklich als auf IFRS-Konzernabschlüsse im Sinne der IAS-Verordnung anwendbar erklären und Art. 28 Abs. 3 der aktuellen Rechnungslegungsrichtlinie diese Bestimmung der Siebenten Richtlinie fortsetzt, kann argumentiert werden, es liege eine europarechtliche Ergänzung der IFRS vor und diese Ausgliederung sei daher ausnahmsweise zulässig.

AFRAC-Stellungnahme 22
Corporate Governance-Bericht (UGB)

Stellungnahme
Aufstellung und Prüfung des (konsolidierten) Corporate Governance-Berichts gemäß §§ 243c und 267b UGB

(Dezember 2020)

Historie der vorliegenden Stellungnahme

erstmalige Veröffentlichung	März 2014	Die Stellungnahme ersetzte die beiden AFRAC-Stellungnahmen „Corporate Governance-Bericht gemäß § 243b UGB" vom Dezember 2008 und „Prüfung des Corporate Governance-Berichts" vom Juni 2011. Die beiden Stellungnahmen wurden zu einer gemeinsamen Stellungnahme zusammengeführt; Abschnitt 2 behandelte die Aufstellung von Corporate Governance-Berichten gemäß nunmehr § 243c UGB (die Stellungnahme aus dem Jahr 2008 wurde an die aktuellen regulativen Vorgaben angepasst); Abschnitt 3 behandelte die Prüfung des Corporate Governance-Berichts gemäß nunmehr § 243c UGB (die Stellungnahme aus dem Jahr 2011 wurde inhaltlich unverändert in die Stellungnahme integriert).
Überarbeitung	März 2016	Berücksichtigung der Änderungen des UGB aufgrund des Rechnungslegungs-Änderungsgesetzes 2014 und geringfügige weitere Aktualisierungen
Überarbeitung	Oktober 2017	Berücksichtigung der Änderungen des UGB aufgrund des Nachhaltigkeits- und Diversitätsverbesserungsgesetzes
Überarbeitung	Juni 2018	Anpassung an das BörseG 2018 und andere geringfügige Aktualisierungen
Überarbeitung	Dezember 2020	Berücksichtigung der Änderungen aufgrund des Aktienrechts-Änderungsgesetzes 2019 (Änderung der Rz (2), (7), (9), (10), (18c) und (39), Änderung der Überschrift des Abschnitts 2.2., Streichen der Rz (12) und der zugehörigen Erläuterungen, Änderung der Erläuterungen zu Rz (1) und (1a), (18) sowie (18c), Streichen der Erläuterungen zu Rz (9)) und geringfügige weitere Aktualisierungen

1. Einleitung

(1) § 243c UGB verpflichtet inländische Aktiengesellschaften, deren Aktien zum Handel auf einem geregelten Markt im Sinn des § 1 Z 2 BörseG 2018 zugelassen sind oder die ausschließlich andere Wertpapiere als Aktien auf einem solchen Markt emittieren und deren Aktien mit Wissen der Gesellschaft über ein multilaterales Handelssystem im Sinn des § 1 Z 24 WAG 2018 gehandelt werden, jährlich einen Corporate Governance-Bericht aufzustellen, der gemäß § 277 Abs. 1 UGB offenzulegen ist.

(1a) § 267b UGB verpflichtet inländische Mutterunternehmen, deren Aktien zum Handel auf einem geregelten Markt im Sinn des § 1 Z 2 BörseG 2018 zugelassen sind oder die ausschließlich andere Wertpapiere als Aktien auf einem solchen Markt emittieren und deren Aktien mit Wissen des Unternehmens über ein multilaterales Handelssystem im Sinn des § 1 Z 24 WAG 2018 gehandelt werden, jährlich einen konsolidierten Corporate Governance-Bericht aufzustellen, der gemäß § 280 Abs. 1 UGB offenzulegen ist.

(2) Der Bericht nach § 243c UGB hat zumindest folgende Angaben zu enthalten:

- Nennung eines in Österreich oder am jeweiligen Börseplatz allgemein anerkannten Corporate Governance Kodex (CGK) (§ 243c Abs. 1 Z 1 UGB);
- Angabe, wo dieser CGK öffentlich zugänglich ist (§ 243c Abs. 1 Z 2 UGB);
- Erklärung, in welchen Punkten und aus welchen Gründen von dem CGK abgewichen wird (§ 243c Abs. 1 Z 3 UGB);
- Begründung, falls die Gesellschaft beschlossen hat, keinem in Österreich oder am je-

weiligen Börseplatz anerkannten CGK zu entsprechen (§ 243c Abs. 1 Z 4 UGB);

- Zusammensetzung und Arbeitsweise des Vorstands, des Aufsichtsrats sowie seiner Ausschüsse (§ 243c Abs. 2 Z 1 UGB);
- Angabe, welche Maßnahmen zur Förderung von Frauen im Vorstand, im Aufsichtsrat und in leitenden Stellungen (§ 80 AktG) der Gesellschaft gesetzt wurden (§ 243c Abs. 2 Z 2 UGB);
- soweit es sich auch ohne Anwendung des § 221 Abs. 3 zweiter Satz UGB um eine große Aktiengesellschaft handelt, eine Beschreibung des Diversitätskonzepts, das im Zusammenhang mit der Besetzung des Vorstands und des Aufsichtsrats der Gesellschaft in Bezug auf Aspekte wie Alter, Geschlecht, Bildungs- und Berufshintergrund verfolgt wird, der Ziele dieses Diversitätskonzepts sowie der Art und Weise der Umsetzung dieses Konzepts und der Ergebnisse im Berichtszeitraum; wird kein derartiges Konzept angewendet, so ist dies zu begründen (§ 243c Abs. 2 Z 3 UGB).

(3) Der Corporate Governance-Bericht ist gemäß § 222 Abs. 1 UGB bzw. § 96 Abs. 1 AktG jährlich von den gesetzlichen Vertretern in den ersten fünf Monaten des Geschäftsjahrs für das abgelaufene Geschäftsjahr aufzustellen und den Mitgliedern des Aufsichtsrats vorzulegen. Der Corporate Governance-Bericht ist von sämtlichen gesetzlichen Vertretern zu unterzeichnen (§ 222 Abs. 1 UGB). Dieselben Regelungen gelten gemäß § 244 Abs. 1 UGB für den konsolidierten Corporate Governance-Bericht. Der Aufsichtsrat hat den (konsolidierten) Corporate Governance-Bericht zu prüfen und der Hauptversammlung darüber zu berichten (§ 96 AktG).

(4) Diese Stellungnahme hat das Ziel, zur besseren Orientierung eine Vereinheitlichung von Struktur und Inhalt für den Corporate Governance-Bericht vorzugeben. Der Aufbau geht davon aus, dass die Berichterstattung durch eine inländische Aktiengesellschaft oder Europäische Aktiengesellschaft mit einem dualistischen System (siehe Rz (13)) erfolgt, die dem österreichischen BörseG unterworfen ist und die sich zu dem vom Österreichischen Arbeitskreis für Corporate Governance herausgegebenen Österreichischen Corporate Governance Kodex (ÖCGK) bekennt. Die Entscheidung über das Bekenntnis zu einem bestimmten Kodex ist grundsätzlich von Vorstand und Aufsichtsrat gemeinsam zu treffen. Dies gilt auch für die Entscheidung, keinem in Österreich oder am jeweiligen Börseplatz anerkannten CGK zu entsprechen, was vom Gesetz gestattet wird.

(5) Sonderregelungen, insbesondere des Bank- und Versicherungsrechts, bleiben von dieser Stellungnahme unberührt.

(6) Diese Stellungnahme befasst sich im Abschnitt 2 mit der Aufstellung des Corporate Governance-Berichts (§ 243c UGB), im Abschnitt 3 mit der Aufstellung des konsolidierten Corporate Governance-Berichts (§ 267b UGB) und im Abschnitt 4 mit der Prüfung des (konsolidierten) Corporate Governance-Berichts. Die Stellungnahme bezieht sich auf die aktuelle Gesetzeslage und berücksichtigt den ÖCGK idF Jänner 2020.

2. Aufstellung des Corporate Governance-Berichts

(7) Für den Aufbau des Corporate Governance-Berichts wird folgende Grundstruktur empfohlen:

1. *Bekenntnis zum Corporate Governance Kodex*
2. *Zusammensetzung der Organe*
3. *Angaben zur Arbeitsweise von Vorstand und Aufsichtsrat*
4. *Maßnahmen zur Förderung von Frauen*
5. *Beschreibung des Diversitätskonzepts*
6. *Allfälliger Bericht über eine externe Evaluierung*
7. *Veränderungen nach dem Abschlussstichtag*

In den nachfolgenden Abschnitten wird dargestellt, welche konkreten Angaben zu den einzelnen hier angeführten Gliederungspunkten erforderlich sind, wobei die Inhalte sich einerseits aus dem Gesetz (§ 243c UGB) und andererseits aus den C-Regeln (Comply or Explain) des ÖCGK ergeben.

2.1. Bekenntnis zum Kodex

(8) Dieser Abschnitt des Corporate Governance-Berichts hat folgende Angaben zu enthalten (§ 243c Abs. 1 UGB):

- Bekenntnis zum ÖCGK und Angabe, wo dieser öffentlich zugänglich ist;
- Angabe, von welchen C-Regeln des ÖCGK die Gesellschaft abweicht. Jede Abweichung muss erklärt und begründet werden, um ein kodexkonformes Verhalten zu erreichen. Anhang 2b des ÖCGK idF Jänner 2020 sieht Leitlinien für die Erklärung und Begründung einer Abweichung vom Kodex vor.

2.2. Zusammensetzung der Organe

(9) Hinsichtlich der Mitglieder des Vorstands hat der Corporate Governance-Bericht folgende Angaben zu enthalten (vgl. auch § 243c Abs. 2 Z 1 UGB):

- Name, Geburtsjahr sowie Datum der Erstbestellung und des Endes der laufenden Funktionsperiode jedes Vorstandsmitglieds sowie Angabe des Vorsitzenden des Vorstands und gegebenenfalls seines Stellvertreters (C-Regel 16);
- Aufsichtsratsmandate oder vergleichbare Funktionen in anderen in- und ausländischen, nicht in den Konzernabschluss einbezogenen Gesellschaften für jedes Vorstandsmitglied (C-Regel 16).

(10) Hinsichtlich der Mitglieder des Aufsichtsrats sind folgende Angaben in den Corporate Governance-Bericht aufzunehmen:

- Name, Geburtsjahr sowie Datum der Erstbestellung und des Endes der laufenden Funk-

tionsperiode jedes Aufsichtsratsmitglieds (C-Regel 58);
- Vorsitzender und stellvertretende Vorsitzende (C-Regel 58);
- Mitgliedschaft in den Ausschüssen des Aufsichtsrats unter Angabe des Vorsitzes (§ 243c Abs. 2 Z 1 UGB);
- Aufsichtsratsmandate oder vergleichbare Funktionen in anderen in- und ausländischen börsenotierten Gesellschaften für jedes Aufsichtsratsmitglied (C-Regel 58);
- gegebenenfalls Gegenstand und Entgelt von gemäß § 95 Abs. 5 Z 12 AktG zustimmungspflichtigen Verträgen (C-Regel 49).

(11) In Bezug auf die Unabhängigkeit der Mitglieder des Aufsichtsrats sind zumindest nachfolgende Angaben im Corporate Governance-Bericht anzuführen:
- Darstellung der vom Aufsichtsrat festgelegten Kriterien für die Unabhängigkeit (C-Regel 53);
- Darstellung, welche Mitglieder als unabhängig anzusehen sind; eine Darstellung, welche Mitglieder als nicht unabhängig anzusehen sind, ist ebenfalls ausreichend (C-Regel 53);
- Darstellung, welche der unabhängigen Mitglieder des Aufsichtsrats nicht Anteilseigner mit einer Beteiligung von mehr als 10 % sind oder die Interessen eines solchen Anteilseigners vertreten (C-Regel 54).

(12) [gestrichen]

(13) Handelt es sich bei der Gesellschaft um eine Europäische Aktiengesellschaft, die dem Verwaltungsratssystem folgt (monistisches System), so sind die für die Mitglieder des Vorstands vorgesehenen Angaben für die geschäftsführenden Direktoren zu machen und die für die Mitglieder des Aufsichtsrats vorgesehenen Angaben für die Mitglieder des Verwaltungsrats.

2.3. Angaben zur Arbeitsweise von Vorstand und Aufsichtsrat

(14) Gemäß § 243c Abs. 2 Z 1 UGB ist im Corporate Governance-Bericht die Arbeitsweise des Vorstands anzugeben. Gemäß C-Regel 16 hat diese Angabe zumindest die Kompetenzverteilung im Vorstand zu enthalten. Darüber hinaus können beispielsweise Geschäfte und Maßnahmen, die über § 95 Abs. 5 AktG hinausgehen und zu welchen der Vorstand nach der Satzung oder der Geschäftsordnung die Zustimmung des Aufsichtsrats einzuholen hat, angegeben werden.

(15) Weiters erfordert § 243c Abs. 2 Z 1 UGB die Angabe der Arbeitsweise des Aufsichtsrats sowie seiner Ausschüsse und somit zumindest folgende Angaben:
- Anzahl und Art der Ausschüsse des Aufsichtsrats und deren Entscheidungsbefugnisse (C-Regel 34);
- Anzahl der Sitzungen des Aufsichtsrats im Geschäftsjahr (C-Regel 36) und Bericht über die Schwerpunkte seiner Tätigkeit (Anhang 2a des ÖCGK);
- Anzahl der Sitzungen der Ausschüsse im Geschäftsjahr und Bericht über ihre Tätigkeit (C-Regel 39);
- Vermerk, falls Mitglieder des Aufsichtsrats im Geschäftsjahr an mehr als der Hälfte der Sitzungen des Aufsichtsrats nicht persönlich teilgenommen haben (C-Regel 58).

2.4. Maßnahmen zur Förderung von Frauen

(16) Hinsichtlich der Förderung von Frauen hat der Corporate Governance-Bericht gemäß § 243c Abs. 2 Z 2 UGB zumindest folgende Angaben zu enthalten:
- Angabe des Frauenanteils im Vorstand, im Aufsichtsrat und in leitenden Stellungen (§ 80 AktG);
- Beschreibung der im Unternehmen bestehenden und im Berichtsjahr getroffenen Maßnahmen zur Förderung von Frauen im Vorstand, im Aufsichtsrat und in leitenden Stellungen der Gesellschaft.

2.5. Beschreibung des Diversitätskonzepts

(16a) Die Verpflichtung zur Beschreibung des Diversitätskonzepts betrifft nur Aktiengesellschaften, die zur Erstellung eines Corporate Governance-Berichts verpflichtet sind und als große Aktiengesellschaften qualifiziert werden. Unternehmen von öffentlichem Interesse gemäß § 189a Z 1 UGB sind – sofern sie nicht gleichzeitig auch große Aktiengesellschaften sind – von dieser Verpflichtung nicht betroffen.

(16b) Die gemäß Rz (16a) betroffenen Unternehmen haben im Corporate Governance-Bericht das im Unternehmen bestehende Diversitätskonzept zu beschreiben, das bei der Besetzung von Vorstand und Aufsichtsrat in Bezug auf Kriterien wie Alter, Geschlecht und Bildungs- und Berufshintergrund verfolgt wird. Weiters müssen die Ziele und die Art und Weise der Umsetzung dieses Diversitätskonzepts und die Ergebnisse im Berichtszeitraum dargestellt werden. Gibt es in einem berichtspflichtigen Unternehmen ein solches Diversitätskonzept nicht, so ist dies zu begründen.

2.6. Allfälliger Bericht über eine externe Evaluierung

(17) Falls im Sinne der C-Regel 62 des ÖCGK die Einhaltung der C-Regeln des Kodex durch eine externe Institution evaluiert wurde, ist über das Ergebnis zu berichten.

2.7. Veränderungen nach dem Abschlussstichtag

(18) Es wird empfohlen, Veränderungen von berichtspflichtigen Sachverhalten, die sich zwischen dem Abschlussstichtag und dem Zeitpunkt der Aufstellung des Corporate Governance-Berichts ergeben, im Corporate Governance-Bericht darzustellen, falls sie wesentlich sind.

3. Aufstellung des konsolidierten Corporate Governance-Berichts

(18a) Der konsolidierte Corporate Governance-Bericht hat die in § 243c UGB vorgeschriebenen Angaben – siehe hierzu die Ausführungen unter Rz (2) – zu enthalten, „wobei die erforderlichen Anpassungen vorzunehmen sind, um die Lage der insgesamt in die Konsolidierung einbezogenen Unternehmen bewerten zu können“ (§ 267b Satz 1 UGB).

(18b) Gehören neben dem zur Aufstellung des konsolidierten Corporate Governance-Berichts verpflichteten Mutterunternehmen keine weiteren börsenotierten Unternehmen zu dessen Konsolidierungskreis, sind die Angaben gemäß Abs. 1 des § 243c UGB im konsolidierten Corporate Governance-Bericht gleichlautend mit jenen im Corporate Governance-Bericht des Mutterunternehmens.

(18c) Die erforderlichen Anpassungen beschränken sich daher auf die Angaben nach Abs. 2 des § 243c UGB. Diese Angaben sind dahingehend anzupassen und zu ergänzen, ob die Organmitglieder der Muttergesellschaft auch Leitungs- und Überwachungsaufgaben bei wesentlichen Tochterunternehmen wahrnehmen. Des Weiteren sind die Maßnahmen zur Förderung von Frauen im Vorstand, im Aufsichtsrat und in leitenden Stellungen für die in die Konsolidierung einbezogenen Unternehmen darzustellen. Handelt es sich bei der Muttergesellschaft um eine große Aktiengesellschaft im Sinn der Rz (16a), hat eine Beschreibung der Grundsätze des Diversitätskonzepts, das im Mutterunternehmen und in den wesentlichen Tochtergesellschaften angewandt wird, zu erfolgen, wobei sich die Angaben zur Besetzung der Leitungs- und Überwachungsorgane in Bezug auf Aspekte wie Alter, Geschlecht, Bildungs- und Berufshintergrund auf jene des Vorstands und des Aufsichtsrats der Muttergesellschaft beschränken können.

(18d) Gehören zum Konsolidierungskreis des Mutterunternehmens kapitalmarktorientierte Tochterunternehmen, die nach der für sie maßgeblichen Rechtsordnung zur Aufstellung und Veröffentlichung eines Corporate Governance-Berichts verpflichtet sind, so sind diese Unternehmen anzugeben sowie die Stelle, wo dieser Bericht aufzufinden ist.

(18e) Da der konsolidierte Corporate Governance-Bericht im Wesentlichen – abgesehen von den in den vorangehenden Absätzen beschriebenen Anpassungen – dem Corporate Governance-Bericht des Mutterunternehmens entspricht, empfiehlt das AFRAC, den Corporate Governance-Bericht des Mutterunternehmens und den konsolidierten Corporate Governance-Bericht gemäß §§ 267b iVm 251 Abs. 3 UGB in einen Bericht zusammenzufassen.

4. Prüfung des (konsolidierten) Corporate Governance-Berichts

4.1. Prüfung durch den Aufsichtsrat

(19) Gemäß § 96 AktG hat der Aufsichtsrat die Pflicht, den Corporate Governance-Bericht (gegebenenfalls auch den konsolidierten Corporate Governance-Bericht) binnen zwei Monaten ab Vorlage zu prüfen, sich gegenüber dem Vorstand darüber zu erklären und einen Bericht an die Hauptversammlung zu erstatten.

(20) Im Vorfeld hat der Prüfungsausschuss gemäß § 92 Abs. 4a Z 4 lit. f (und lit. g) AktG den (konsolidierten) Corporate Governance-Bericht zu prüfen und einen Bericht über die Prüfungsergebnisse an den Aufsichtsrat zu erstatten.

(21) Beanstandet der Aufsichtsrat den (konsolidierten) Corporate Governance-Bericht, so hat er, falls der Vorstand den Bericht nicht korrigiert, selbst im Bericht an die Hauptversammlung dazu Stellung zu nehmen.

4.2. Intensität der Prüfung

(22) Die Pflicht zur Prüfung des (konsolidierten) Corporate Governance-Berichts durch den Aufsichtsrat umfasst die Prüfung, ob der Vorstand einen (konsolidierten) Corporate Governance-Bericht aufgestellt und diesen unterfertigt hat und ob der Corporate Governance-Bericht die im § 243c UGB und gegebenenfalls die im § 267b UGB sowie in dieser Stellungnahme vorgesehenen Angaben enthält.

(23) Beschließt die Gesellschaft gemäß § 243c Abs. 1 Z 4 UGB, keinem CGK zu entsprechen, so beschränkt sich die Prüfung hinsichtlich des § 243c Abs. 1 UGB durch den Aufsichtsrat allein auf die Tatsache, ob hierfür eine Begründung abgegeben wurde. Die Prüfung der Angaben nach § 243c Abs. 2 UGB ist unverändert vorzunehmen.

(24) Wenn sich die Gesellschaft verpflichtet, einem CGK zu entsprechen, jedoch von diesem in einigen Punkten abweicht, ist es die Aufgabe des Aufsichtsrats zu prüfen, ob dafür eine ausreichende und nachvollziehbare Erklärung vorliegt.

(25) Die L-Regeln (Legal Requirement) eines CGK, welche auf zwingenden Rechtsvorschriften beruhen und damit die Einhaltung der gesetzlichen Vorschriften durch die Gesellschaft und ihre Organe betreffen, sind im Zusammenhang mit der Prüfung des Corporate Governance-Berichts vom Aufsichtsrat nicht gesondert zu überprüfen.

(26) Angaben, die die Zusammenarbeit von Vorstand und Aufsichtsrat sowie den Aufsichtsrat selbst betreffen, hat der Aufsichtsrat inhaltlich auf Vollständigkeit und Richtigkeit zu überprüfen.

(27) Der Aufsichtsrat darf bei der Wahrnehmung seiner Aufgaben grundsätzlich auf die Ordnungsmäßigkeit der Erstellung des Corporate Governance-Berichts durch den Vorstand vertrauen.

4.3. Prüfung durch Dritte

(28) Im Bericht an die Hauptversammlung hat der Aufsichtsrat gemäß § 96 Abs. 2 bzw. Abs. 3 AktG anzugeben, welche Stelle gegebenenfalls den (konsolidierten) Corporate Governance-Bericht geprüft hat.

(29) Dies bedeutet, dass eine Prüfung des (konsolidierten) Corporate Governance-Berichts durch

eine externe Institution zulässig ist, nicht jedoch, dass eine solche Prüfung verpflichtend ist.

(30) Eine externe Institution wird vom Vorstand beauftragt. Diese Beauftragung hat in Abstimmung mit dem Aufsichtsrat zu erfolgen.

(31) Die externe Institution hat bei der Prüfung des (konsolidierten) Corporate Governance-Berichts den folgenden Anforderungen zu entsprechen:

- Unabhängigkeit vom geprüften Unternehmen,
- Freiheit von Eigeninteressen im Zusammenhang mit der Prüfung,
- Vorliegen entsprechender Sachkenntnisse und
- Einhaltung der Verschwiegenheit.

(32) Eine externe Institution, welche die Einhaltung der C-Regeln des ÖCKG gemäß der C-Regel 62 evaluiert hat, ist von der Prüfung des (konsolidierten) Corporate Governance-Berichts nicht ausgeschlossen. Dasselbe gilt für den Abschlussprüfer der Gesellschaft, der jedoch die Einhaltung der seine Tätigkeit betreffenden Regelungen nicht prüfen darf.

(33) Die externe Institution hat die Einhaltung der gesetzlichen Anforderungen an den (konsolidierten) Corporate Governance-Bericht gemäß §§ 243c bzw. 267b UGB mit einer Intensität, wie sie einer Evaluierung im Sinn der C-Regel 62 des ÖCGK sinngemäß entspricht, zu prüfen. Daher sind die L-Regeln und die R-Regeln des ÖCGK nicht Gegenstand der Prüfung.

(34) Die externe Institution hat über das Ergebnis ihrer Prüfung zu berichten und zu erklären, ob diese Prüfung nach ihrem abschließenden Ergebnis zu wesentlichen Beanstandungen Anlass gegeben hat.

(35) Im Falle einer Prüfung durch eine externe Institution hat der Aufsichtsrat den Bericht dieser externen Institution nur auf offensichtliche Auffälligkeiten hin zu überprüfen. Der Aufsichtsrat kann bei seiner Prüfung (vgl. Abschnitte 4.1. und 4.2.) von den Ergebnissen des Berichts dieser externen Institution ausgehen, solange keine gegenteiligen Indizien vorliegen.

4.4. Abschlussprüfung und (konsolidierter) Corporate Governance-Bericht

(36) Gemäß § 269 Abs. 3 letzter Satz UGB hat der Abschlussprüfer zu überprüfen, ob ein (konsolidierter) Corporate Governance-Bericht aufgestellt worden ist. Eine inhaltliche Prüfung des (konsolidierten) Corporate Governance-Berichts findet dabei nicht statt.

(37) Der Abschlussprüfer hat gemäß § 273 Abs. 1 UGB im Prüfungsbericht festzustellen, ob ein Corporate Governance-Bericht aufgestellt worden ist.

(38) Dem Abschlussprüfer ist der Corporate Governance-Bericht so rechtzeitig zu übermitteln, dass er seinen Verpflichtungen im Rahmen der Prüfung des abgelaufenen Geschäftsjahrs nachkommen kann.

5. Erstmalige Anwendung

(39) Die vorliegende Fassung der Stellungnahme ersetzt jene vom Juni 2018. Sie ist auf Geschäftsjahre anzuwenden, die nach dem 9. Juni 2019 beginnen.

Erläuterungen

Zu Rz (1) und (1a):

Die Verpflichtung zur Aufstellung eines Corporate Governance-Berichts wurde mit dem URÄG 2008 (BGBl I 2008/70) in § 243b UGB eingeführt. Mit dem Aktienrechts-Änderungsgesetz 2009 (BGBl I 2009/71) wurde die Bestimmung um die Pflicht zur Angabe von frauenfördernden Maßnahmen erweitert. Mit dem 2. Stabilitätsgesetz 2012 (BGBl I 2012/35) wurde die Bestimmung um die Angabe der Gesamtbezüge der einzelnen Vorstandsmitglieder und die Grundsätze der Vergütungspolitik ergänzt. Im Rahmen des Nachhaltigkeits- und Diversitätsverbesserungsgesetzes (BGBl I 2017/20) wurde die Regelung zur Aufstellung eines Corporate Governance-Berichts in § 243c UGB verschoben und für große Aktiengesellschaften um die Berichtspflicht zum Diversitätskonzept erweitert. Mit dem Aktienrechts-Änderungsgesetz 2019 (BGBl I 2019/63) entfallen die Bestimmungen zur Angabe der Gesamtbezüge der einzelnen Vorstandsmitglieder und der Grundsätze der Vergütungspolitik; die bisherige Z 2a des § 243c Abs. 2 UGB wird zu Z 3.

Die Aufstellung eines konsolidierten Corporate Governance-Berichts wurde mit dem Rechnungslegungs-Änderungsgesetz 2014 (BGBl I 2015/22) in § 267a UGB eingeführt, erfuhr mit dem Nachhaltigkeits- und Diversitätsverbesserungsgesetz und der damit verbundenen Änderung des § 243c UGB indirekt auch eine Anpassung und wurde in diesem Zusammenhang nach hinten in § 267b UGB gerückt.

Zu Rz (4):

Diese Stellungnahme hat nicht das Ziel, die Regeln des Österreichischen Corporate Governance Kodex (ÖCGK), der nach den Erläuterungen zum URÄG 2008 der in Österreich allgemein anerkannte Kodex ist (siehe RV 467 BlgNR 23. GP 15), auszulegen. Dafür sind ausschließlich jene Interpretationen anzuwenden, die vom Österreichischen Arbeitskreis für Corporate Governance ausgearbeitet und veröffentlicht werden.

Die in dieser Stellungnahme empfohlene Struktur des Corporate Governance-Berichts ist auf jene Fälle anzuwenden, in denen die Gesellschaft gemäß § 243c UGB verpflichtet ist, einen Corporate Governance-Bericht aufzustellen, **und** sich dabei zum ÖCGK bekennt. Deswegen ist es wichtig, zwischen der Verpflichtung zur Aufstellung eines Corporate Governance-Berichts gemäß § 243c UGB einerseits und der Verpflichtungserklärung einer Gesellschaft zum ÖCGK andererseits zu unterscheiden.

Die Verpflichtung zur Aufstellung eines Corporate Governance-Berichts gemäß § 243c UGB trifft alle in Österreich eingetragenen Aktiengesellschaften (inklusive der Europäischen Aktiengesellschaften), deren Aktien zum Abschlussstichtag an einem geregelten Markt im Gemeinschaftsgebiet (EU/EWR) zugelassen sind, sowie inländische Aktiengesellschaften, deren Aktien mit deren Wissen über ein multilaterales Handelssystem gehandelt werden und die sonstige Wertpapiere begeben haben, die im Gemeinschaftsgebiet zum Handel auf einem geregelten Markt zugelassen sind.

Nicht von der Verpflichtung nach § 243c UGB erfasst sind damit inländische Aktiengesellschaften, deren Aktien nur in einem geregelten Markt außerhalb des Gemeinschaftsgebiets (EU/EWR) zum Handel zugelassen sind (z.B. in der Schweiz), sowie Unternehmen, die ausschließlich Emittenten von Schuldtiteln sind.

Besteht eine Verpflichtung zur Aufstellung eines Corporate Governance-Berichts, muss differenziert werden zwischen den Pflichtangaben gemäß § 243c Abs. 2 UGB, die jedenfalls anzuführen sind, und jenen Angaben nach § 243 Abs. 1 UGB, deren Inhalt davon abhängt, zu welchem Corporate Governance Kodex sich die Gesellschaft bekennt (z.B. ÖCGK, Deutscher Corporate Governance Kodex, Dutch Corporate Governance Code, UK Corporate Governance Code etc.).

Folgende Gesellschaften sollen sich zum ÖCGK bekennen (vgl. Regelwerk Prime Market der Wiener Börse):

- Inländische Gesellschaften, die mit ihren Aktien in den von der Wiener Börse eingerichteten Prime Market aufgenommen werden wollen, müssen sich gegenüber der Börse zur Übernahme des ÖCGK vertraglich verpflichten.
- Auch Gesellschaften, die dem Gesellschaftsrecht eines Nicht-EU-Mitgliedstaats oder Nicht EWR-Mitgliedstaats unterliegen und ein Anbot auf Teilnahme am Prime Market der Wiener Börse stellen, haben eine Verpflichtungserklärung zur Einhaltung des ÖCGK abzugeben.

Gesellschaften hingegen, die dem Gesellschaftsrecht eines anderen EU-Mitgliedstaats oder EWR-Mitgliedstaats unterliegen und ein Anbot auf Teilnahme am Prime Market der Wiener Börse stellen, haben eine Verpflichtungserklärung zur Einhaltung eines in diesem Wirtschaftsraum anerkannten Corporate Governance Kodex abzugeben.

Anhand nachfolgender Fallkonstellationen soll die Unterscheidung zwischen der Verpflichtung zur Aufstellung eines Corporate Governance-Berichts und dem Bekenntnis zu einem Corporate Governance Kodex verdeutlicht werden:

- Eine österreichische Gesellschaft, deren Aktien (ausschließlich) an der Wiener Börse notieren, ist verpflichtet, einen Corporate Governance-Bericht gemäß § 243c UGB aufzustellen, und ist gemäß dem Regelwerk der Wiener Börse verpflichtet, sich zum ÖCGK zu bekennen.
- Eine österreichische Gesellschaft, deren Aktien ausschließlich auf einem geregelten Markt eines EWR-Mitgliedstaats gehandelt werden, hat ebenfalls einen Corporate Governance-Bericht gemäß § 243c UGB aufzustellen, wobei diese Gesellschaft in der Regel jenen Corporate Governance Kodex befolgen wird, der am jeweiligen Börseplatz anerkannt ist. Folgt später eine Zweitnotierung in Österreich, besteht grundsätzlich aufgrund der Notierung an mehreren Börseplätzen ein Wahlrecht, welcher Kodex zugrunde gelegt wird, soweit nicht die Regeln des Börseplatzes diese Wahlfreiheit einengen. Eine Zweitnotierung im **Prime Market** der Wiener Börse könnte daher je nach Fall zur Folge haben, dass der Corporate Governance-Bericht um etwaige fehlende Angaben zu ergänzen ist, damit den Anforderungen des ÖCGK entsprochen wird.
- Eine österreichische Gesellschaft, deren Aktien ausschließlich auf einem Markt außerhalb eines EWR-Mitgliedstaats zum Handel zugelassen sind, ist **nicht** verpflichtet, einen Corporate Governance-Bericht nach § 243c UGB aufzustellen. Hinsichtlich der Bekennung zu einem bestimmten Kodex gelten die Regeln des jeweiligen Börseplatzes.
- Eine ausländische Gesellschaft mit Sitz außerhalb des Gemeinschaftsgebiets, deren Aktien an der Wiener Börse zugelassen sind, hat keinen Corporate Governance-Bericht nach § 243c UGB aufzustellen, hat aber im Falle einer Notierung im Prime Market eine Verpflichtungserklärung zur Einhaltung des ÖCGK abzugeben.
- Eine ausländische Gesellschaft mit Sitz im Gemeinschaftsgebiet, deren Aktien für den Prime Market der Wiener Börse zugelassen sind, hat keinen Corporate Governance-Bericht nach § 243c UGB aufzustellen, hat aber eine Verpflichtungserklärung zur Einhaltung eines in diesem Wirtschaftsraum anerkannten Corporate Governance Kodex abzugeben (somit nicht zwingend zum ÖCGK). Nur in dem Fall, dass sich die Gesellschaft entscheidet, freiwillig einen Corporate Governance-Bericht nach § 243c UGB aufzustellen, **und** sich zum ÖCGK bekennt, ist diese Stellungnahme sinngemäß anzuwenden.

Zu Rz (5):

Sonderregelungen, insbesondere des Bank- und Versicherungsrechts, ersetzen die Regeln des Kodex mit gleichem Regelungsgegenstand. Weitergehende Regeln des Kodex bleiben davon unberührt.

Zu Rz (8):

In Österreich ist der vom Österreichischen Arbeitskreis für Corporate Governance seinerzeit unter Leitung des Kapitalmarktbeauftragten der Regierung (nunmehr unter Leitung eines Vorsitzenden des Arbeitskreises) ausgearbeitete ÖCGK seit 1. Oktober 2002 allgemein anerkannt. Der ÖCGK enthält die für eine gute Unternehmensführung wesentlichen Regeln. Diese sind in L-Regeln, die zwingendes Recht enthalten, C-Regeln, bei denen ein Abweichen rechtlich zulässig, aber zu begründen ist, und R-Regeln aufgeteilt, wobei

bei letzteren ein Abweichen zulässig und nicht begründungspflichtig ist.

Der ÖCGK bestimmt (C-Regel 61), dass die Gesellschaft ihre Selbstverpflichtung zur Einhaltung des Kodex in den Corporate Governance-Bericht gemäß § 243c UGB aufzunehmen und diesen Bericht auf der Website der Gesellschaft zu veröffentlichen hat. Diese Website ist im Lagebericht anzugeben. Jeder Aktionär ist berechtigt, in der Hauptversammlung Auskünfte zum Corporate Governance-Bericht zu verlangen. Für die Berichterstattung über die Umsetzung und Einhaltung der Corporate Governance-Regeln im Unternehmen ist der Vorstand verantwortlich; Abweichungen sind von jenem Organ zu verantworten und zu begründen, welches der Adressat der jeweiligen Regelung ist. Die jeweils aktuelle Fassung des ÖCGK ist auf der Website des Arbeitskreises unter www.corporate-governance.at abrufbar. Die Website enthält auch eine englische Übersetzung des ÖCGK sowie vom Arbeitskreis erarbeitete Interpretationen.

Gemäß den Leitlinien des Anhangs 2b des ÖCGK soll die Gesellschaft für jede Abweichung von einer C-Regel

- erläutern, in welcher Weise sie abgewichen ist;
- die Gründe für die Abweichung darlegen;
- beschreiben, auf welchem Weg die Entscheidung für eine Abweichung innerhalb des Unternehmens getroffen wurde (hier ist anzugeben, welches Organ der Gesellschaft die Entscheidung getroffen hat, siehe C-Regel 61);
- falls die Abweichung zeitlich befristet ist, erläutern, wann das Unternehmen die betreffende Regel einzuhalten beabsichtigt;
- falls anwendbar, die anstelle der regelkonformen Vorgehensweise gewählte Maßnahme beschreiben und erläutern, wie diese Maßnahme zur Erreichung des eigentlichen Ziels der betreffenden Regel oder des Kodex insgesamt beiträgt, oder präzisieren, wie diese Maßnahme zu einer guten Unternehmensführung beiträgt.

Diese Angaben sollen hinreichend klar, präzise und umfassend sein, damit die Aktionäre, Anleger und sonstigen Beteiligten beurteilen können, welche Konsequenzen sich aus der Abweichung von einer bestimmten Regel ergeben. Dabei sollte auch auf die spezifischen Merkmale und Gegebenheiten der Gesellschaft eingegangen werden, wie Größe, Unternehmens- oder Beteiligungsstruktur oder sonstige relevante Charakteristika.

Die Begründungen für Abweichungen sollten im Corporate Governance-Bericht gut erkennbar präsentiert werden, damit sie für Aktionäre, Anleger und sonstige Beteiligte leicht zu finden sind.

Zu Rz (11):

Gemäß C-Regel 53 des ÖCGK soll die Mehrheit der Mitglieder des Aufsichtsrats von der Gesellschaft und deren Vorstand unabhängig sein. Ein Aufsichtsratsmitglied ist als unabhängig anzusehen, wenn es in keiner geschäftlichen oder persönlichen Beziehung zu der Gesellschaft oder deren Vorstand steht, die einen materiellen Interessenkonflikt begründet und daher geeignet ist, das Verhalten des Mitglieds zu beeinflussen.

Für die Festlegung der Kriterien der Unabhängigkeit dienen als Orientierung die im Anhang 1 des ÖCGK angeführten Leitlinien für die Unabhängigkeit.

Bei Gesellschaften mit einem Streubesitz von mehr als 20 % soll gemäß C-Regel 54 des ÖCGK dem Aufsichtsrat mindestens ein unabhängiges Mitglied angehören, das nicht Anteilseigner mit einer Beteiligung von mehr als 10 % ist oder dessen Interessen vertritt. Bei Gesellschaften mit einem Streubesitz von mehr als 50 % sollen gemäß C-Regel 54 des ÖCGK mindestens zwei Mitglieder dem Aufsichtsrat angehören, die diese Kriterien erfüllen.

Zu Rz (14):

Der Berichtsteil über die Arbeitsweise des Vorstands soll eine Darstellung der Aufgabenbereiche und deren Aufteilung im Vorstand enthalten. C-Regel 16 des ÖCGK sieht vor, dass in der Geschäftsordnung die Geschäftsverteilung und die Zusammenarbeit des Vorstands geregelt werden, lässt aber offen, ob diese weiteren Informationen auch im Corporate Governance-Bericht anzugeben sind.

Zu Rz (15):

Gemäß C-Regel 36 soll sich der Aufsichtsrat jährlich mit der Effizienz seiner Tätigkeit, insbesondere mit seiner Organisation und Arbeitsweise befassen (Selbstevaluierung).

Neben Ausschüssen, deren Aufgabe darin besteht, die Verhandlungen und Beschlüsse des Aufsichtsrats vorzubereiten oder die Ausführung seiner Beschlüsse zu überwachen (§ 92 Abs. 4 AktG), können auch Ausschüsse eingerichtet werden, die Entscheidungen anstelle des gesamten Aufsichtsrats treffen. Dies gilt insbesondere für die Genehmigung von Geschäften und Maßnahmen gemäß § 95 Abs. 5 AktG. Kernaufgaben des Aufsichtsrats (wie die Bestellung und Abberufung des Vorstands, die Genehmigung des Jahresabschlusses, die Erstattung von Beschlussvorschlägen an die Hauptversammlung u.Ä.) können hingegen nicht zur Entscheidung an Ausschüsse delegiert werden.

Zu Rz (16):

Von dieser Angabepflicht umfasst sind sämtliche Maßnahmen, die zum Aufstieg von Frauen in Führungspositionen gesetzt wurden oder die den Zugang von Frauen zu Führungspositionen verbessert haben. Sollten keine entsprechenden Maßnahmen gesetzt worden sein, so ist dies auch anzuführen (siehe auch die Erläuterungen in der RV zum AktRÄG 2009 zu § 243c UGB). Beispielsweise wird hier über entsprechende Programme zur Ermöglichung der Überbrückung von Karenzzeiten, Möglichkeiten der Heimarbeit, Einrichtungen zur Kinderbetreuung, spezielle Ausbildungsprogramme, die Aufnahme von Quotenregelungen in die Satzung oder interne Richtlinien u.Ä. zu berichten sein.

Zu Rz (16a):

Kleine und mittlere Unternehmen von öffentlichem Interesse gemäß § 189a Z 1 UGB, die gemäß § 221 Abs. 3 Satz 2 UGB als große Unternehmen qualifiziert werden, sind hingegen vom Anwendungsbereich des § 243c Abs. 2 Z 3 UGB ausdrücklich ausgenommen. Die Angabepflicht nach § 243c Abs. 2 Z 3 UGB tritt ab dem folgenden Geschäftsjahr ein, wenn die Merkmale einer großen Aktiengesellschaft an den Abschlussstichtagen von zwei aufeinanderfolgenden Geschäftsjahren überschritten werden (§ 221 Abs. 4 UGB).

Zu Rz (18):

Im Gegensatz zu anderen Berichtspflichten, wie etwa der Anhangangabe gemäß § 238 Abs. 1 Z 11 UGB, ist für den Corporate Governance-Bericht keine gesetzliche Verpflichtung zur Darstellung von Veränderungen nach dem Abschlussstichtag vorgesehen. Wegen des Informationsgehalts für die Adressaten sollen wesentliche Änderungen zwischen dem Abschlussstichtag und dem Zeitpunkt der Aufstellung im Corporate Governance-Bericht dargestellt werden. Dies betrifft etwa Änderungen in der Zusammensetzung von Organen, die Verlängerung der Bestelldauer von Vorstandsmitgliedern oder Änderungen von Kriterien, die bisher für die Beurteilung der Unabhängigkeit maßgeblich waren.

Zu Rz (18c):

Das AFRAC empfiehlt, die Angaben nach Abs. 2 des § 243c UGB im konsolidierten Corporate Governance-Bericht wie folgt anzupassen:

- Zu § 243c Abs. 2 Z 1 (Zusammensetzung und Arbeitsweise des Vorstands und des Aufsichtsrats sowie seiner Ausschüsse): Diese Angaben beziehen sich auf die Organe des Mutterunternehmens und sind allenfalls um Angaben bezüglich Übernahme von Leitungs- und Aufsichtsaufgaben durch die Vorstandsmitglieder des Mutterunternehmens bei wesentlichen Tochterunternehmen zu ergänzen.
- Zu § 243c Abs. 2 Z 2 (Maßnahmen zur Förderung von Frauen im Vorstand, im Aufsichtsrat und in leitenden Stellungen): In diesem Bereich ist es erforderlich, nicht nur die frauenfördernden Maßnahmen im Mutterunternehmen, sondern auch konzernweite Maßnahmen, die zum Aufstieg von Frauen in Führungspositionen gesetzt wurden oder die den Zugang von Frauen zu Führungspositionen verbessert haben, darzustellen.
- Zu § 243c Abs. 2 Z 3 (Beschreibung des Diversitätskonzepts im Zusammenhang mit der Besetzung des Vorstands und Aufsichtsrats): Bei einem Mutterunternehmen, das eine große AG ist, hat im konsolidierten Corporate Governance-Bericht eine konzernweite Beschreibung des Diversitätskonzepts im Hinblick auf die Besetzung der Konzern-Leitungsgremien zu erfolgen.

Zu Rz (18e):

Die Entscheidung, den Corporate Governance-Bericht und den konsolidierten Corporate Governance-Bericht in einen Bericht zusammenzufassen, kann unabhängig davon erfolgen, ob von der Möglichkeit der Zusammenfassung des Konzernanhangs mit dem Anhang des Mutterunternehmens (§ 251 Abs. 3 UGB) oder der Möglichkeit der Zusammenfassung des Konzernlageberichts mit dem Lagebericht des Mutterunternehmens (§ 267 Abs. 4 UGB) Gebrauch gemacht wird. Eine Zusammenfassung dieser einzelnen Berichtselemente (Anhang, Lagebericht, Corporate Governance-Bericht) kann also unabhängig voneinander durchgeführt werden.

Werden die Berichte zusammengefasst, so sind sie gemeinsam mit dem Konzernabschluss und dem Konzernlagebericht gleichzeitig mit dem Jahresabschluss des Mutterunternehmens offenzulegen (§ 280 Abs. 1 UGB).

Die Möglichkeit der Zusammenfassung des Corporate Governance-Berichts des Mutterunternehmens mit dem konsolidierten Corporate Governance-Bericht ist nicht vom Stetigkeitsgrundsatz erfasst. Die gesetzlichen Vertreter können an sich jedes Jahr neu entscheiden, ob sie von dieser Möglichkeit Gebrauch machen wollen. Im Sinne der für den Kapitalmarkt wichtigen Transparenz sind willkürliche Änderungen in der Darstellungsweise zu vermeiden.

Zu Rz (24):

Hingewiesen wird darauf, dass durch eine entsprechende Erklärung und Begründung einer Abweichung im Sinn der C-Regeln ein kodexkonformes Verhalten erreicht wird.

Die Prüfungspflicht des Aufsichtsrats umfasst die Plausibilität der Begründung. Es ist nicht erforderlich, dass der Aufsichtsrat (oder einzelne Mitglieder) eine Prüfung der zugrunde liegenden Fakten und Umstände vornimmt.

Zu Rz (28):

Neben der gesetzlichen Prüfungspflicht des Aufsichtsrats (§ 96 Abs. 1 AktG) kann auch eine Prüfung des Corporate Governance-Berichts durch eine externe Stelle durchgeführt werden. Darüber ist vom Aufsichtsrat in der Hauptversammlung zu berichten.

Die C-Regel 62 des ÖCGK sieht vor, dass Gesellschaften die Einhaltung der C-Regeln des ÖCGK alle drei Jahre durch eine externe Institution evaluieren lassen. Diese Evaluierung erfasst nur die Regeln des ÖCGK und stellt daher nicht eine Prüfung des gesamten Corporate Governance-Berichts (§ 243c UGB) durch eine externe Stelle dar.

Zu Rz (32):

Der zweite Satz betrifft die Einhaltung der C-Regeln 77 (Prüfung nach internationalen Prüfungsgrundsätzen), 81a (Sitzungen des Prüfungsausschusses mit dem Abschlussprüfer), 82a (Offenlegung der Honorare) und 83 (Beurteilung der Funktionsfähigkeit des Risikomanagements).

Zu Rz (35):

Eine Überprüfung auf offensichtliche Auffälligkeiten bedeutet, dass der Aufsichtsrat im Allgemeinen nicht eine nochmalige Prüfung vornehmen muss. Vielmehr hängt der Umfang der

Prüfungspflicht des Aufsichtsrats von den Ergebnissen und der Qualität der Prüfung der externen Institution ab. Der Aufsichtsrat hat daher den Corporate Governance-Bericht anhand der Prüfungsergebnisse der externen Institution durchzuarbeiten und zu analysieren, um sich damit ein eigenes Urteil zu bilden.

AFRAC-Stellungnahme 23
Instrumente des zusätzlichen Kernkapitals (UGB)

Stellungnahme
Sonderfragen der unternehmensrechtlichen Bilanzierung von Instrumenten des zusätzlichen Kernkapitals und vergleichbaren Finanzinstrumenten

(März 2017)

Historie der vorliegenden Stellungnahme

erstmalige Veröffentlichung	März 2014	
Überarbeitung	Dezember 2015	Berücksichtigung der Änderungen des UGB aufgrund des Rechnungslegungs-Änderungsgesetzes 2014
Überarbeitung	September 2016	Klarstellung der Interpretation des Art 54 Abs 2 CRR (siehe vor allem Rz (2)); Klarstellung der Zinsrealisierung bei unternehmensrechtlichem Fremdkapital (neue Rz (14a)); Klarstellung des Ausweises von Beträgen aus der Herabschreibung und dem Wiedereinbuchen von zusätzlichem Kernkapital (Rz (15) und (16)); Berücksichtigung der Delegierten Verordnung 241/2014 (Rz (18), keine inhaltliche Änderung)
Überarbeitung	März 2017	Einfügung Kapitel „3. Unternehmensrechtliche Einordnung beim Investor" und Neunummerierung bestehender Kapitel; Anpassung des Titels

1. Zielsetzung und Anwendungsbereich

(1) Die vom Baseler Ausschuss für Bankenaufsicht veröffentlichten internationalen Standards („Basel III") wurden in der Europäischen Union durch die EU-Richtlinie 2013/36/EU (Capital Requirements Directive – „CRD IV") sowie die EU-Verordnung EU/575/2013 (Capital Requirements Regulation – „CRR") umgesetzt. Die nationale Umsetzung der CRD IV erfolgte mit BGBl I 184/2013 und trat am 1. Jänner 2014 in Kraft. Basel III und die darauf basierenden europäischen und nationalen Rechtsakte ändern die bisherige Struktur und Qualität der anrechenbaren Eigenmittel, sodass nunmehr zwischen hartem Kernkapital („Common Equity Tier 1 – CET 1"), zusätzlichem Kernkapital („Additional Tier 1 – AT 1") und Ergänzungskapital („Tier 2") unterschieden wird.

(2) Art 52 Abs 1 lit n CRR sieht die Verlusttragung für Finanzinstrumente des zusätzlichen Kernkapitals vor (Herabschreibung (der Begriff „Herabschreibung" entstammt der offiziellen deutschen Übersetzung der CRR, die englische Sprachfassung verwendet den Terminus „write-down") oder Wandlung). Gemäß Art 54 Abs 2 CRR müssen sich aus der Herabschreibung oder Wandlung „nach dem geltenden Rechnungslegungsrahmen Posten ergeben, die zu den Posten des harten Kernkapitals gerechnet werden können" (siehe zur Herabschreibung Rz (15) und (28) und zur Wandlung Rz (18) und (29)). Die CRR sieht für das zusätzliche Kernkapital keine verpflichtende Einordnung in Eigen- oder Fremdkapital im Sinne des geltenden Rechnungslegungsrahmens vor. In Abhängigkeit von dieser Einordnung werden hinsichtlich der Bilanzierung des zusätzlichen Kernkapitals unternehmensrechtliche Fragen aufgeworfen.

(3) Diese Fragen und die dazu entwickelten Grundsätze sind durch die Einführung der CRR motiviert. Der Anwendungsbereich dieser Stellungnahme ist aber nicht auf Kreditinstitute beschränkt. Die entwickelten Grundsätze gelten bei vergleichbaren Finanzinstrumenten auch für andere Unternehmen.

2. Unternehmensrechtliche Einordnung beim Emittenten

(4) Die Begriffe „Eigenmittel" nach der CRR und „Eigenkapital" nach dem UGB sind nicht deckungsgleich. Unternehmensrechtliches Eigenkapital einer Kapitalgesellschaft muss nach Literatur und Lehre die folgenden Kriterien erfüllen (vgl KWT, Bilanzierung von Genussrechten und von Hybridkapital, KFS/RL 13, Rz 8 ff.):

- Nachrangigkeit
  - Befriedigung erst nach allen Gläubigern
- Keine Befristung der Kapitalüberlassung
  - Ausschluss eines ordentlichen Kündigungsrechts des Inhabers
  - Rückzahlung seitens des Emittenten nur, wenn
    - die Gläubigerschutzvorschriften einer ordentlichen Kapitalherabsetzung beachtet wurden oder
    - das rückgezahlte Kapital im selben Geschäftsjahr durch gleich hohe Zufuhr von gebundenem Eigenkapital von außen ersetzt wird oder

- im selben Geschäftsjahr eine Kapitalerhöhung aus Gesellschaftsmitteln zu einer Umwandlung von ungebunden Rücklagen in Grund- oder Stammkapital geführt hat

• Erfolgsabhängigkeit der Vergütung
  o Vergütungszahlung nur bei entsprechend hohem ausschüttungsfähigem Bilanzgewinn
  o Nachholung einer in Vorjahren mangels ausschüttungsfähigen Bilanzgewinns nicht gezahlten vereinbarten Mindestvergütung ist zulässig
• Form der Verlusttragung
  o Das gesamte zur Verfügung gestellte Kapital muss zur Abdeckung von Verlusten des Emittenten verwendet werden können.
  o Zeitpunkt der Verlustteilnahme ist nicht entscheidend
  o Teilnahme am Verlust ist auch dann gegeben, wenn sie erst dann einsetzt, wenn die anderen nicht gegen Ausschüttungen geschützten Eigenkapitalbestandteile (ungebundene Rücklagen, nicht ausschüttungsgesperrte Teile des Bilanzgewinns) durch Verluste verbraucht sind.

(5) Art 52 CRR schreibt die Kriterien für zusätzliches Kernkapital vor. Mit Bezug auf die unternehmensrechtlichen Eigenkapitalkriterien für Kapitalgesellschaften sind die folgenden Kriterien für zusätzliches Kernkapital hervorzuheben:

• Nachrangigkeit
  o Nachrangig gegenüber Einlegern, nicht bevorrechtigten Gläubigern und nachrangigen Schuldinstrumenten des Emittenten
  o Es bestehen keine vertraglichen oder sonstigen Vereinbarungen in Bezug auf die Instrumente, die den Ansprüchen aus den Instrumenten bei Insolvenz oder Liquidation einen höheren Rang verleihen.
• Dauerhafte Kapitalüberlassung
  o Die Instrumente sind zeitlich unbefristet, und die für die Instrumente geltenden Bestimmungen enthalten keinen Tilgungsanreiz für das Institut.
  o Enthalten die für die Instrumente geltenden Bestimmungen eine oder mehrere Kündigungsoptionen, so kann eine Kündigungsoption nur nach Ermessen des Emittenten ausgeübt werden.
  o Jegliche Rückzahlung von Kapitalbeträgen (Rückkäufe oder Tilgung) kann nur erfolgen, wenn vorab die Aufsichtsinstanz ihre Genehmigung erteilt hat und das Emissionsdatum mindestens fünf Jahre zurückliegt.
• Erfolgsabhängige Vergütung
  o Vergütungszahlungen (Dividenden/Kupons) werden nur aus ausschüttungsfähigen Posten (einschließlich einbehaltener Gewinne) vorgenommen.
  o Es muss jederzeit im vollen Ermessen des Emittenten stehen, Ausschüttungen für unbefristete Zeit und auf nicht kumulierter Basis ausfallen zu lassen. Der Ausfall von Ausschüttungen stellt keinen Ausfall des Instruments dar.
  o Die Höhe der Ausschüttungen wird nicht aufgrund von Bonitätsänderungen angepasst.
• Form der Verlusttragung
  o Bei Eintritt eines Auslöseereignisses muss das zusätzliche Kernkapital dauerhaft oder vorübergehend herabgeschrieben oder in hartes Kernkapital gewandelt werden. Auch die Herabschreibung muss das harte Kernkapital erhöhen.

(6) Hinsichtlich der Kriterien „Nachrangigkeit“ und „erfolgsabhängige Vergütung“ sind die Anforderungen der CRR an Instrumente des zusätzlichen Kernkapitals gleich oder strenger als die Voraussetzungen für das Vorliegen von unternehmensrechtlichem Eigenkapital.

(7) Hinsichtlich des Kriteriums „unbefristete Kapitalüberlassung“ bestehen Unterschiede zwischen beiden Regelwerken (UGB und CRR). Während die Rückzahlung von Eigenkapital unternehmensrechtlich die Beachtung bestimmter Gläubigerschutzvorschriften erfordert, stehen Rückkäufe und Rücknahmen von Instrumenten des zusätzlichen Kernkapitals unter dem Vorbehalt der vorherigen Erlaubnis der zuständigen Aufsichtsbehörde. Die Klassifizierung von zusätzlichem Kernkapital als unternehmensrechtliches Eigenkapital setzt somit neben den aufsichtsrechtlichen Anforderungen die Erfüllung der unternehmensrechtlich erforderlichen Gläubigerschutzbestimmungen voraus.

(8) Größere Unterschiede zwischen der Eigenkapitaldefinition nach dem UGB und den Anforderungen an zusätzliches Kernkapital nach der CRR sind hinsichtlich der Form der Verlusttragung zu erkennen. Für die Einordnung von Finanzinstrumenten des zusätzlichen Kernkapitals bzw analog zu diesem in die unternehmensrechtlichen Kategorien Eigenkapital und Fremdkapital kann die Form der Verlusttragung daher als wesentliches Abgrenzungsmerkmal angesehen werden.

(9) Die Teilnahme am Verlust des Emittenten erfordert nach dem UGB, dass das gesamte eingezahlte Kapital zur Abdeckung von (laufenden) Verlusten verwendet und entsprechend aufgebraucht werden kann. Der Zeitpunkt der Verlustteilnahme ist grundsätzlich nicht entscheidend; eine Verlustteilnahme bis zur vollen Höhe ist auch dann gegeben, wenn die Verlustteilnahme erst einsetzt, wenn alle anderen gegen Ausschüttungen nicht gesperrten Eigenkapitalbestandteile (zB ungebundene Rücklagen, nicht ausschüttungsgesperrte Teile des Bilanzgewinns) zur Verlustabdeckung verwendet wurden. Unternehmensrechtlich muss Eigenkapital jedenfalls zur Gänze für die Verlustabdeckung zur Verfügung stehen; es schadet aber nicht, wenn

anderes Eigenkapital zuerst für die Verlustabdeckung verwendet wird. Somit ist der Zeitpunkt der Verlustabdeckung nicht entscheidend.

(10) Ein Auslöseereignis für die Herabschreibung oder Wandlung von zusätzlichem Kernkapital liegt gemäß Art 54 Abs 1 lit a CRR vor, wenn die harte Kernkapitalquote des Emittenten unter 5,125 % oder unter einen höheren vom Emittenten definierten Wert fällt. Erst dann führt die Herabschreibung oder Wandlung zur Stärkung des harten Kernkapitals, wodurch in Höhe der Herabschreibung oder des gewandelten Kapitalbetrags die unternehmensrechtliche Form der Verlusttragung gewährleistet ist.

(11) Die harte Kernkapitalquote ergibt sich aus dem harten Kernkapital, ausgedrückt als Prozentsatz des Gesamtanforderungsbetrags (Gesamtrisikobetrags, siehe Art 92 Abs 2 lit a CRR). Das Auslöseereignis kann damit sowohl durch eine Minderung des harten Kernkapitals (zB infolge laufender Verluste) als auch durch eine Erhöhung des Gesamtanforderungsbetrags (zB durch Neugeschäft) bedingt sein. Das Auslöseereignis setzt also nicht zwingend Verluste voraus.

(12) Umgekehrt lösen in Ausnahmefällen bei ausreichend hohem Nennkapital und gebundenen Rücklagen selbst erhebliche Verluste, die nach dem UGB bereits zu einer Verlustbeteiligung führen würden, noch keine Herabschreibung oder Wandlung aus. Da die beiden Formen der Verlusttragung nach dem UGB und der CRR an unterschiedliche Kenngrößen anknüpfen, können diese potenziell zu unterschiedlichen Zeitpunkten einsetzen. Die in der CRR definierten Formen der Verlusttragung stellen daher nicht in jedem Fall eine Verlusttragung bis zur vollen Höhe des eingezahlten Kapitals, wie dies für den Anwendungsbereich des UGB gefordert wird, sicher.

(13) Daher verfügt das zusätzliche Kernkapital bis zur Herabschreibung oder Wandlung nicht über jene Form der Verlusttragung, die für unternehmensrechtliches Eigenkapital erforderlich ist. Jene Finanzinstrumente, die ausschließlich über die in Art 52 CRR geforderte Form der Verlusttragung (Herabschreibung oder Wandlung) verfügen, sind bis zum Eintritt des Auslöseereignisses unternehmensrechtlich als Fremdkapital einzustufen. Finanzinstrumente, die zusätzlich das Kriterium der Verlusttragung bis zur vollen Höhe (und die übrigen Voraussetzungen) erfüllen, sind als unternehmensrechtliches Eigenkapital einzustufen. Zusammenfassend können Finanzinstrumente des zusätzlichen Kernkapitals, insbesondere abhängig von den in den Emissionsbedingungen vereinbarten Formen der Verlusttragung, unternehmensrechtlich sowohl Eigenkapital als auch Fremdkapital darstellen.

2.1. Unternehmensrechtliches Fremdkapital

(14) Finanzinstrumente des zusätzlichen Kernkapitals bzw Finanzinstrumente, die mit diesen Merkmalen ausgestattet sind, welche aufgrund der fehlenden Verlusttragung bis zur vollen Höhe oder wegen eines anderen Merkmals nicht der unternehmensrechtlichen Eigenkapitaldefinition entsprechen, sind als unternehmensrechtliches Fremdkapital zu bilanzieren. Die weitere bilanzielle Behandlung (siehe Abschnitte 2.1.1 und 2.1.2) richtet sich nach der in den Emissionsbedingungen festgeschriebenen Form der Verlusttragung: Herabschreibung oder Wandlung.

(14a) Der Ausfall der Ausschüttungen (siehe Rz (5) zu dieser Ermessensentscheidung des Emittenten) ist eine auflösende Bedingung für die schuldrechtliche Verpflichtung des Emittenten, Ausschüttungen aus ausschüttungsfähigen Posten zu zahlen. Zinsaufwendungen sind pro rata temporis zu realisieren und in der Gewinn- und Verlustrechnung auszuweisen, da auflösend bedingte Verbindlichkeiten grundsätzlich solange zu passivieren sind, bis der Bedingungseintritt praktisch gewiss ist und somit keine wirtschaftliche Last mehr vorliegt (vgl *Adler/Düring/Schmaltz*[6], § 246 Rz 122; *Nowotny* in *Straube*[3], § 196 Rz 18; *Rohatschek/Leitner-Hanetseder* in *Zib/Dellinger*, Großkomm UGB, § 196 Rz 13).

2.1.1. Herabschreibung

(15) Enthalten die Emissionsbedingungen bei einem als unternehmensrechtliches Fremdkapital zu qualifizierenden Finanzinstrument, welches als zusätzliches Kernkapital anrechenbar ist bzw welches mit den entsprechenden Merkmalen ausgestattet ist, die Herabschreibung als Form der Verlusttragung, so führt der Eintritt des Auslöseereignisses in Analogie zum Forderungsverzicht zur erfolgswirksamen (teilweisen oder vollständigen) Ausbuchung der Verbindlichkeit. Nach dem unternehmensrechtlichen Rechnungslegungsrahmen ergibt sich somit ein Posten (Ertrag), der im Sinne des Art 51 Abs 2 CRR grundsätzlich zu den Posten des harten Kernkapitals gerechnet werden kann; wie dieser Posten bei Eintritt des Auslöseereignisses oder danach tatsächlich als hartes Kernkapital angerechnet wird (etwa im Rahmen des Verlustabzugs nach Art 36 Abs 1 lit a CRR oder der Gewinnanrechnung nach Art 26 CRR), ist für die Anerkennung eines Instruments als zusätzliches Kernkapital im Zeitpunkt seiner Emission irrelevant. Das Ausbuchen der Verbindlichkeit erfolgt unabhängig davon, ob die Herabschreibung voraussichtlich vorübergehend oder dauerhaft ist. Die Herabschreibung ist als sonstiger betrieblicher Ertrag gemäß § 231 Abs 2 Z 4 bzw Abs 3 Z 6 UGB auszuweisen; unter den Voraussetzungen des § 237 Abs 1 Z 4 UGB ist eine Anhangangabe zu machen. Kreditinstitute haben die Herabschreibung unter den Voraussetzungen des § 54a BWG als außerordentlichen Ertrag (siehe Anlage 2 zu Artikel I § 43, Teil 2, Posten 15) auszuweisen; unter den Voraussetzungen des § 237 Abs 1 Z 4 UGB ist eine Anhangangabe zu machen.

(16) Bei einer vorübergehenden Herabschreibung des Fremdkapitalinstruments kann in weiterer Folge die ausgebuchte Schuld wieder aufleben. Hierfür gelten außerhalb des Anwendungsbereichs der CRR allgemein die zum Forderungsverzicht mit Besserungsvereinbarung geltenden Grund-

sätze. Ein erfolgswirksames Wiedereinbuchen der Schuld ist demnach nur bei Besserung der wirtschaftlichen Situation (zB bei Erreichen eines bestimmten vorweg vereinbarten Jahresüberschusses oder Bilanzgewinns) möglich (vgl *Rohatschek/Leitner-Hanetseder* in *Zib/Dellinger*, Großkomm UGB, § 196 Rz 14 mwH; *Hirschler/Grangl* in *Hirschler*, Bilanzrecht, § 240 Rz 32). Davor ist die eventuell wieder auflebende Schuld nicht zu passivieren. Das erfolgswirksame Wiedereinbuchen ist als sonstiger betrieblicher Aufwand gemäß § 231 Abs 2 Z 8 bzw Abs 3 Z 7 UGB auszuweisen; unter den Voraussetzungen des § 237 Abs 1 Z 4 UGB ist eine Anhangangabe zu machen. Kreditinstitute haben das erfolgswirksame Wiedereinbuchen unter den Voraussetzungen des § 54a BWG als außerordentlichen Aufwand (siehe Anlage 2 zu Artikel I § 43, Teil 2, Posten 16) auszuweisen; unter den Voraussetzungen des § 237 Abs 1 Z 4 UGB ist eine Anhangangabe zu machen.

(17) Bei zusätzlichem Kernkapital ist ein erfolgswirksames Wiedereinbuchen der Verbindlichkeit nur insoweit zulässig, als der zuvor ausgebuchte Rückzahlungsbetrag im Jahresüberschuss Deckung findet (Art 21 Abs 2 lit b DelVO 241/2014). Die Entscheidung über das Wiedereinbuchen der Verbindlichkeit liegt im alleinigen Ermessen des Emittenten des Fremdkapitalinstruments (Art 21 Abs 2 lit c DelVO 241/2014). Sie ist abhängig von der Feststellung des Jahresabschlusses durch das gesellschaftsrechtlich dafür zuständige Organ (zB Aufsichtsrat) (Art 21 Abs 2 lit b DelVO 241/2014). Die bloße Möglichkeit des Wiederauflebens bzw die tatsächliche Besserung der wirtschaftlichen Situation, insb ein Ansteigen der harten Kernkapitalquote, begründet keine (faktische) Außenverpflichtung und damit auch keine Rückstellungspflicht. Der im Jahr des Wiederauflebens der Schuld festgestellte ausschüttungsfähige Betrag des Emittenten verringert sich durch das Wiedereinbuchen der Schuld (Art 21 Abs 2 lit f DelVO 241/2014). Der Zeitpunkt dieser Entscheidung ist gleichzeitig jener des Wiederauflebens der Verbindlichkeit.

2.1.2. Wandlung

(18) Enthält das unternehmensrechtlich als Fremdkapital klassifizierte Finanz-instrument ein Wandlungselement, wird das Instrument bei Eintritt des Auslöseereignisses automatisch in ein Instrument des harten Kernkapitals (insb Stammaktien) gewandelt. Nach dem unternehmensrechtlichen Rechnungslegungsrahmen ergibt sich somit ein Posten, der im Sinne des Art 54 Abs 2 CRR grundsätzlich zu den Posten des harten Kernkapitals gerechnet werden kann. Unternehmensrechtlich erfolgt eine Wandlung von Fremd- in Eigenkapital. Da die Wandlung verpflichtend und bedingt durch ein externes Ereignis erfolgt, kann das Finanzinstrument als einer bedingten Pflichtwandelschuldverschreibung ähnlich betrachtet werden.

(19) Im Unterschied zu klassischen Wandelanleihen, die dem Investor ein Optionsrecht zur Wandlung der Anleihe in Aktien einräumen, haben weder Emittent noch Zeichner der bedingten Pflichtwandelschuldverschreibung ein Recht, die Wandlung auszulösen. Im Unterschied zur klassischen Pflichtwandelanleihe („mandatory convertible bond“) ist die Wandlung zu keinem fixen Zeitpunkt vorgesehen, sondern die sodann verpflichtend vorzunehmende Wandlung wird durch den Eintritt des Auslöseereignisses (Absinken der Kernkapitalquote) bewirkt.

(20) Die Wandlung kann grundsätzlich zum Fair Value erfolgen und die Schuldverschreibung in eine dem Nominale entsprechende Menge an Instrumenten des harten Kernkapitals getauscht werden. Art 54 Abs 1 lit c CRR fordert jedoch eine mengen- oder wertmäßige Beschränkung in Form eines Floor und allenfalls eines Cap.

(21) Bei klassischen Wandelanleihen hat der Investor ein Wandlungsrecht; es liegt somit aus Sicht des Investors ein Optionsrecht vor, dessen Erwerb gesondert abgegolten wird. Der Emittent erhält diese Zahlung als Stillhalterprämie. Die Wandelanleihe besteht somit aus Sicht des Emittenten aus einer Fremdkapitalkomponente (Schuldverschreibung) und aus einer Eigenkapitalkomponente (Stillhalterprämie). Beide Komponenten werden in der Bilanz des Emittenten getrennt erfasst. Die Fremdkapitalkomponente ist als Verbindlichkeit mit dem Rückzahlungsbetrag anzusetzen. Die Stillhalterprämie ist in eine gebundene Kapitalrücklage (Agio) einzustellen.

(22) Bei der bedingten Pflichtwandelschuldverschreibung sind für die unternehmensrechtliche Bilanzierung beim Emittenten im Zeitpunkt der Begebung des Finanz-instruments die Umtauschbedingungen ausschlaggebend.

(23) Erfolgt die Wandlung nach Eintritt des Auslöseereignisses gemäß den Emissionsbedingungen zum Fair Value des Eigenkapitalinstruments und wird die Schuldverschreibung somit werterhaltend vollständig oder teilweise gegen Stammaktien bzw Instrumente des harten Kernkapitals getauscht, so ist das Finanzinstrument im Zeitpunkt der Begebung als Verbindlichkeit mit dem Rückzahlungsbetrag zu bilanzieren. Aufgrund der Wandlung zum Fair Value hat die Eigenkapitalkomponente (Wandlungselement) keinen eigenständigen Wert und ist daher nicht gesondert zu bilanzieren.

(24) Erfolgt die Wandlung gemäß den Bedingungen für das Vorliegen von zusätzlichem Kernkapital unter Berücksichtigung einer betraglichen bzw mengenmäßigen Beschränkung in Form eines Floor und allenfalls eines Cap, so hat das Wandlungselement einen eigenständigen Wert. Im Gegensatz zur klassischen Wandelanleihe zahlt jedoch der Emittent an den Investor den Wert des Wandlungselements, idR in Form einer höheren Verzinsung. Das Wandlungselement stellt jedoch auf Basis der in der AFRAC-Stellungnahme 15 „Derivate und Sicherungsinstrumente (UGB)“ formulierten Kriterien kein Derivat dar. Ein Derivat wird in Rz (2) dieser Stellungnahme als ein Finanzinstrument definiert, das folgende Merkmale aufweist:

- seine Wertentwicklung ist an einen bestimmten Zinssatz, den Preis eines Finanzinstruments, einen Rohstoffpreis, Wechselkurs, Preis- oder Zinsindex, ein Bonitätsrating oder einen Kreditindex oder eine ähnliche Variable gekoppelt, sofern bei einer nicht finanziellen Variablen diese nicht spezifisch für eine der Vertragsparteien ist;
- es erfordert keine Anfangsauszahlung oder nur eine Anfangsauszahlung, die geringer ist als bei anderen Vertragsformen, von denen zu erwarten ist, dass sie in ähnlicher Weise auf Änderungen der Marktbedingungen reagieren;
- es wird zu einem späteren Zeitpunkt beglichen.

(25) Das Wandlungselement bei Finanzinstrumenten des zusätzlichen Kernkapitals sieht eine Pflichtwandlung bei Eintritt eines Auslöseereignisses vor. Je nach individueller Ausgestaltung und Festlegung der betraglichen bzw mengenmäßigen Beschränkung ist das Wandlungselement unterschiedlich sensitiv gegenüber Wertänderungen der zugrunde liegenden Stammaktien bzw Instrumente des harten Kernkapitals. Jedenfalls ist die Wertentwicklung des Wandlungselements aber nicht an die Aktienkursentwicklung gekoppelt.

(26) Erheblich wird die Wertentwicklung hingegen von der Solvenz des Emittenten insgesamt beeinflusst. Diese die Wahrscheinlichkeit und den Wert der Wandlung beeinflussende nicht finanzielle Variable ist spezifisch für den Emittenten, weshalb das Wandlungselement kein Derivat ist. Eine gesonderte Aktivierung des Wandlungselements beim Emittenten ist daher nicht zulässig. Das unternehmensrechtlich als Fremdkapital klassifizierte Finanzinstrument ist somit mit seinem Rückzahlungsbetrag zu bilanzieren.

2.2. Unternehmensrechtliches Eigenkapital

(27) Als zusätzliches Kernkapital anrechenbare Finanzinstrumente, die sämtliche Kriterien für das Vorliegen unternehmensrechtlichen Eigenkapitals erfüllen, insbesondere die Verpflichtung zur Teilnahme am laufenden Verlust bis zur vollen Höhe, sind im Zeitpunkt der Begebung als Eigenkapital auszuweisen. Sofern Wesentlichkeit vorliegt, hat der Ausweis in einem Sonderposten des Eigenkapitals zu erfolgen; die Bilanzgliederung ist entsprechend zu erweitern.

(28) Dieser Sonderposten des Eigenkapitals ist im Fall der Herabschreibung im Umfang der Verlustteilnahme zugunsten des Gewinn- oder Verlustvortrags erfolgsneutral umzubuchen. Nach dem unternehmensrechtlichen Rechnungslegungsrahmen ergibt sich somit ein Posten (Gewinn- oder Verlustvortrag), der im Sinne des Art 54 Abs 2 CRR grundsätzlich zu den Posten des harten Kernkapitals gerechnet werden kann; wie dieser Posten bei Eintritt des Auslöseereignisses oder danach tatsächlich als hartes Kernkapital angerechnet wird (etwa im Rahmen des Verlustabzugs nach Art 36 Abs 1 lit a CRR oder der Gewinnanrechnung nach Art 26 CRR), ist für die Anerkennung eines Instruments als zusätzliches Kernkapital im Zeitpunkt seiner Emission irrelevant.

(29) Enthält das Finanzinstrument ein Wandlungselement, so wird dieses Wandlungselement nicht gesondert bilanziert. Im Fall der Wandlung ist der Sonderposten gegen das Nennkapital und gegebenenfalls gegen die Kapitalrücklage erfolgsneutral umzubuchen. Nach dem unternehmensrechtlichen Rechnungslegungsrahmen ergibt sich somit ein Posten, der im Sinne des Art 54 Abs 2 CRR grundsätzlich zu den Posten des harten Kernkapitals gerechnet werden kann.

2.3. Anhangangaben

(30) § 238 Abs 1 Z 5 UGB erfordert für alle mittelgroßen und großen Kapitalgesellschaften eine Anhangangabe für Forderungsverzichte unter Besserungsvereinbarungen.

(31) Für Wandelschuldverschreibungen sieht § 238 Abs 1 Z 5 UGB eine verpflichtende Anhangangabe bei allen mittelgroßen und großen Kapitalgesellschaften vor. Diese Anhangangabe ist auch für eine bedingte Pflichtwandelschuldverschreibung zu machen.

(32) Für die in dieser Stellungnahme behandelten Finanzinstrumente wird empfohlen, die durch die Herabschreibung oder Wandlung entstehenden Veränderungen des Bilanzpostens im Anhang zu erläutern.

3. Unternehmensrechtliche Einordnung beim Investor

3.1. Bilanzausweis

(33) Das Finanzinstrument des zusätzlichen Kernkapitals ist beim Investor als Finanzanlagevermögen oder als Finanzumlaufvermögen auszuweisen. Hinsichtlich der Kriterien für die Einordnung als Finanzanlage- oder -umlaufvermögen wird auf die AFRAC-Stellungnahme 14 „Finanzanlage- und Finanzumlaufvermögen (UGB)“ verwiesen. Investoren, die besonderen Rechnungslegungsvorschriften unterliegen (bspw Kreditinstitute), haben die entsprechenden sonderrechtlichen Rechnungslegungsnormen zu beachten.

3.2. Bewertung

(34) Das Finanzinstrument ist mit den Anschaffungskosten (§ 203 bzw § 206 UGB) anzusetzen. Ein bei manchen Instrumenten enthaltenes Wandlungsrecht (siehe Rz (18)) stellt auch aus Sicht des Investors kein Derivat dar (siehe Rz (24) ff). Eine eigenständige Bilanzierung des Wandlungsrechts ist daher ausgeschlossen.

(35) Die Bewertung des Finanzanlagevermögens bzw Finanzumlaufvermögens erfolgt grundsätzlich mit den historischen Anschaffungskosten (Höchstgrenze) bzw mit dem niedrigeren beizulegenden (Zeit-)Wert. Die Bestimmungen der §§ 204 und 207 UGB zur Abschreibung auf den niedrigeren beizulegenden (Zeit-) Wert sind anzuwenden.

(36) Die Aussagen der AFRAC-Stellungnahme 14 zur Bewertung bei Kreditinstituten[1] sind von diesen anzuwenden.

[1] Siehe AFRAC 14, Rz (59) ff.

(37) Vor allfälligem Eintritt des Auslöseereignisses hat zu jedem Abschlussstichtag eine Bewertung des Finanzinstruments zu erfolgen, die bei (dauerhafter) Wertminderung zu einer Abschreibung gem § 204 bzw § 207 UGB führt. Diese ist als „Aufwendungen aus Finanzanlagen und aus Wertpapieren des Umlaufvermögens" (§ 231 Abs 2 Z 14 bzw Abs 3 Z 13 UGB) auszuweisen. Bei nicht kleinen Gesellschaften ist dieser Aufwand gesondert unter § 231 Abs 2 Z 14 lit a (bzw Abs 3 Z 13 lit a) UGB „Abschreibungen" auszuweisen. Hinweise auf den möglichen künftigen Eintritt eines Auslöseereignisses sind im Zuge der Bewertung zu berücksichtigen. Der Ausfall einzelner Zinszahlungen/Ausschüttungen stellt kein Auslöseereignis dar, kann jedoch ein Hinweis auf einen Wertverlust des Finanzinstruments sein. Für nachfolgende Wertsteigerungen ist § 208 UGB zu beachten. Wertaufholungen sind als „Erträge aus dem Abgang von und der Zuschreibung zu Finanzanlagen und Wertpapieren des Umlaufvermögens" (§ 231 Abs 2 Z 13 bzw Abs 3 Z 12 UGB) auszuweisen.

3.2.1. Herabschreibung

(38) Finanzinstrumente, bei denen die Verlusttragung bei Eintritt des Auslöseereignisses durch Herabschreibung erfolgt, sind nach Eintritt des Auslöseereignisses im Ausmaß der Herabschreibung auszubuchen. Die Herabschreibung führt zu einem Abgang des Finanzinstruments im Ausmaß der Herabschreibung. Soweit der Wertverlust nicht bereits im Rahmen der laufenden Bewertung (siehe Rz (37)) erfasst wurde, ist die Herabschreibung erfolgswirksam und analog zu Rz (37) auszuweisen. Der sich nach erfolgter Herabschreibung ergebende Buchwert stellt die neuen Anschaffungskosten und somit die Höchstgrenze der nachfolgenden Bewertung iSd Rz (37) dar.

(39) Kommt es in einer Folgeperiode zum Wiederaufleben der Schuld beim Emittenten, so ist das neue bzw wieder auflebende Finanzinstrument auch beim Investor erfolgswirksam zu erfassen. Für das Wiederaufleben des Finanzinstruments gelten die allgemeinen Grundsätze für Besserungsvereinbarungen (siehe Rz (16) f). Die erfolgswirksame Einbuchung erfolgt im Ausmaß des Wiederauflebens der Schuld (zum Nominale). Der Einbuchungsbetrag stellt die neuen Anschaffungskosten dar bzw erhöht diese entsprechend. Die Bewertung erfolgt gesondert (siehe Rz (37)). Ein saldierter Ausweis des Ertrags aus dem Wiederaufleben des Anspruchs und eines allfälligen Aufwands aus einer nachfolgenden Abwertung ist nicht zulässig. Das erfolgswirksame Wiederaufleben des Finanzinstruments führt zu „Erträge aus dem Abgang von und der Zuschreibung zu Finanzanlagen und Wertpapieren des Umlaufvermögens" (§ 231 Abs 2 Z 13 bzw Abs 3 Z 12 UGB).

(40) Die Entscheidung über das Wiederaufleben des Finanzinstruments liegt im alleinigen Ermessen des Emittenten (siehe Rz (17)). Der Investor darf das Finanzinstrument erst nach der entsprechenden Entscheidung des Emittenten wieder einbuchen (wertbegründendes Ereignis). Die bloße Möglichkeit des Wiederauflebens, zB aufgrund tatsächlicher Besserung der wirtschaftlichen Situation des Emittenten (Anstieg der maßgeblichen Kernkapitalquote), rechtfertigt das Wiedereinbuchen des Finanzinstruments (noch) nicht.

3.2.2. Wandlung

(41) Enthält das Finanzinstrument ein Wandlungselement zur Verlusttragung, so erfolgt nach dem Eintritt des Auslöseereignisses die Wandlung des Finanzinstruments in ein Instrument des harten Kernkapitals des Emittenten (insb in Stammaktien). Bei der Wandlung sind die allgemeinen rechnungslegungsrechtlichen Tauschgrundsätze anzuwenden.[2] Dabei stellt grundsätzlich der beizulegende (Zeit-)Wert des hingegebenen Finanzinstruments die Anschaffungskosten des erworbenen Finanzinstruments dar. Kann der beizulegende (Zeit-)Wert des hingegebenen Finanzinstruments nicht verlässlich ermittelt werden, dann ist der beizulegende (Zeit-)Wert des erhaltenen Finanzinstruments das beste Indiz für diesen Wert.

[2] Siehe AFRAC 14, Rz (37) ff.

(42) Das Finanzinstrument ist daher im Ausmaß der Wandlung auszubuchen (Abgang), und die im Zuge der Wandlung erhaltenen Instrumente des harten Kernkapitals sind entsprechend den oben dargelegten Grundsätzen einzubuchen (Zugang). Wird das Finanzinstrument nur anteilig in Instrumente des harten Kernkapitals gewandelt, sind die Tauschgrundsätze analog zu Rz (41) anteilig anzuwenden.

(43) Soweit der Wertverlust nicht bereits im Rahmen der laufenden Bewertung (siehe Rz (37)) erfasst wurde, erfolgt die Wandlung des Finanzinstruments in Instrumente des harten Kernkapitals erfolgswirksam. Ein dabei entstehender Aufwand ist als „Aufwendungen aus Finanzanlagen und aus Wertpapieren des Umlaufvermögens" (§ 231 Abs 2 Z 14 bzw Abs 3 Z 13 UGB) auszuweisen. Bei nicht kleinen Gesellschaften ist dieser Aufwand gesondert unter § 231 Abs 2 Z 14 lit a (bzw Abs 3 Z 13 lit a) UGB „Abschreibungen" auszuweisen. Ein dabei entstehender Ertrag ist als „Erträge aus dem Abgang von und der Zuschreibung zu Finanzanlagen und Wertpapieren des Umlaufvermögens" (§ 231 Abs 2 Z 13 bzw Abs 3 Z 12 UGB) zu erfassen.

3.3. Ertragsrealisierung

(44) Vor Eintritt des Auslöseereignisses werden aus dem Finanzinstrument des zusätzlichen Kernkapitals zu den in den Emissionsbedingungen festgelegten Terminen Erträge (Zinsen oder Gewinnausschüttungen) erwirtschaftet. Diese sind, abhängig von der Einordnung als Finanzanlage- oder Finanzumlaufvermögen, als „Erträge aus anderen Wertpapieren und Ausleihungen des

Finanzanlagevermögens“ (§ 231 Abs 2 Z 11 bzw Abs 3 Z 10 UGB) bzw als „sonstige Zinsen und ähnliche Erträge“ (§ 231 Abs 2 Z 12 bzw Abs 3 Z 11 UGB) zu erfassen. Die Ertragsrealisierung erfolgt pro rata temporis. Liegen Hinweise für den möglichen Ausfall des Kupons vor, hat gem § 204 Abs 2 bzw § 207 UGB eine außerplanmäßige Abschreibung der Zinsforderung in Höhe des erwarteten Ausfalls zu erfolgen. Bei Ausfall eines Kupons mit an Sicherheit grenzender Wahrscheinlichkeit ist die Zinsforderung auszubuchen.

(45) Nach erfolgter Herabschreibung bzw teilweiser Wandlung werden die Zinsen auf das verbleibende Nominale berechnet und sind entsprechend zu realisieren. Nach erfolgter Wandlung in Aktien richtet sich die Ertragsrealisierung für Dividenden nach den allgemeinen Grundsätzen der Beteiligungsertragsbilanzierung.

3.4. Anhangangaben

(46) Wird das Finanzinstrument im Finanzanlagevermögen gehalten, ist es im Anlagespiegel zu erfassen. Die Herabschreibung ist als (anteiliger) Abgang des Finanzinstruments darzustellen. Ein späteres (anteiliges) Wiederaufleben des Finanzinstruments ist als Zugang darzustellen. Die Wandlung ist als Abgang des ursprünglichen Finanzinstruments und als Zugang der dafür erworbenen Instrumente des harten Kernkapitals darzustellen. Ferner sind die gem § 238 Abs 1 Z 2, Z 10 und Z 11 UGB erforderlichen Angaben zu machen.

(47) Eine Umwidmung von Finanzumlaufvermögen in Finanzanlagevermögen ist im Anlagespiegel als Zugang, eine Umwidmung von Finanzanlagevermögen in Finanzumlaufvermögen als Abgang darzustellen.

(48) Ist das Finanzinstrument dem Finanzumlaufvermögen zuzurechnen, sind Anhangangaben gem § 238 Abs 1 Z 10 und Z 11 UGB zu machen; darüber hinaus sind keine gesonderten Anhangangaben erforderlich. Eine Anhangangabe gem § 238 Abs 1 Z 1 UGB hat nicht zu erfolgen, da es sich bei den Finanzinstrumenten des zusätzlichen Kernkapitals nicht um derivative Finanzinstrumente handelt (siehe Rz (24) ff).

4. Erstmalige Anwendung

(49) Die vorliegende Fassung der Stellungnahme ersetzt jene vom September 2016. Sie ist auf Geschäftsjahre anzuwenden, die nach dem 31. Dezember 2016 beginnen.

AFRAC-Stellungnahme 24
Beteiligungsbewertung (UGB)

Stellungnahme
Die Folgebewertung von Beteiligungen im Jahresabschluss nach dem UGB

(März 2018)

Historie der vorliegenden Stellungnahme

erstmalige Veröffentlichung	November 2014	
Überarbeitung	Dezember 2015	Berücksichtigung der Änderungen des UGB aufgrund des Rechnungslegungs-Änderungsgesetzes 2014
Überarbeitung	März 2018	Ergänzung um den Anhang (Verwendbarkeit von Bewertungsgutachten) und damit verbundene Anpassungen

1. Gesetzliche Grundlagen

(1) § 204 Abs. 2 UGB: Gegenstände des Anlagevermögens sind bei voraussichtlich dauernder Wertminderung ohne Rücksicht darauf, ob ihre Nutzung zeitlich begrenzt ist, außerplanmäßig auf den niedrigeren am Abschlussstichtag beizulegenden Wert abzuschreiben; bei Finanzanlagen, die keine Beteiligungen sind, erfolgt die Abschreibung auf den niedrigeren beizulegenden Zeitwert. Bei Finanzanlagen dürfen solche Abschreibungen auch vorgenommen werden, wenn die Wertminderung voraussichtlich nicht von Dauer ist.

(2) § 208 Abs. 1 UGB: Wird bei einem Vermögensgegenstand eine Abschreibung gemäß § 204 Abs. 2 oder § 207 vorgenommen und stellt sich in einem späteren Geschäftsjahr heraus, dass die Gründe dafür nicht mehr bestehen, so ist der Betrag dieser Abschreibung im Umfang der Werterhöhung unter Berücksichtigung der Abschreibungen, die inzwischen vorzunehmen gewesen wären, zuzuschreiben.

(3) [gestrichen]

(4) § 189a Z 2 UGB: Beteiligung: Anteile an einem anderen Unternehmen, die dazu bestimmt sind, dem eigenen Geschäftsbetrieb durch Herstellung einer dauernden Verbindung zu diesem Unternehmen zu dienen; dabei ist es gleichgültig, ob die Anteile in Wertpapieren verbrieft sind oder nicht; es wird eine Beteiligung an einem anderen Unternehmen vermutet, wenn der Anteil am Kapital 20 % beträgt oder darüber liegt; § 244 Abs. 4 und 5 über die Berechnung der Anteile ist anzuwenden; die Beteiligung als unbeschränkt haftender Gesellschafter an einer Personengesellschaft gilt stets als Beteiligung.

(5) § 189a Z 3 UGB: beizulegender Wert: der Betrag, den ein Erwerber des gesamten Unternehmens im Rahmen des Gesamtkaufpreises für den betreffenden Vermögensgegenstand oder die betreffende Schuld ansetzen würde; dabei ist davon auszugehen, dass der Erwerber das Unternehmen fortführt.

2. Gegenstand der Stellungnahme

(6) Die Stellungnahme regelt die Folgebewertung von Beteiligungen. Beteiligungen i.S.d. § 189a Z 2 UGB liegen dann vor, wenn mit dem Anteilsbesitz ein über eine Finanzinvestition hinausgehender Nutzen verbunden ist. Bei vermögensverwaltenden Holdinggesellschaften liegt eine Beteiligung auch dann vor, wenn mit der Beteiligung nur die Absicht verbunden ist, eine angemessene Rendite zu erzielen.

3. Grundsätze der Folgebewertung

(7) Die Folgebewertung von Beteiligungen erfolgt grundsätzlich zu Anschaffungskosten. Wenn der beizulegende Wert voraussichtlich dauernd unter dem Beteiligungsbuchwert liegt, muss abgeschrieben werden. Wenn der beizulegende Wert voraussichtlich nicht dauernd unter dem Beteiligungsbuchwert liegt, darf abgeschrieben werden. Wurde eine Abschreibung vorgenommen und stellt sich in einem späteren Geschäftsjahr heraus, dass die Gründe dafür nicht mehr bestehen, so ist der Betrag dieser Abschreibung im Umfang der Werterhöhung unter Berücksichtigung der Abschreibungen, die inzwischen vorzunehmen gewesen wären, zuzuschreiben.

(8) Wenn Anhaltspunkte für einen wesentlich gesunkenen beizulegenden Wert vorliegen, ist dieser im Rahmen der Prüfung der Notwendigkeit einer verpflichtenden Abschreibung wegen voraussichtlich dauernder Wertminderung zu ermitteln. Liegt der ermittelte beizulegende Wert unter dem Beteiligungsbuchwert, ist von einer voraussichtlich dauernden Wertminderung auszugehen. Liegen diese Anhaltspunkte für einen wesentlich gesunkenen beizulegenden Wert nicht mehr vor oder ergeben sich aus anderen Ursachen Anhaltspunkte für einen nach Vornahme einer Abschreibung gestiegenen beizulegenden Wert, hat eine Zuschreibung zu erfolgen.

4. Ermittlung des beizulegenden Werts

4.1. Keine Veräußerungsabsicht

(9) Besteht keine Absicht, die Beteiligung zu veräußern, ergibt sich der beizulegende Wert aus

dem subjektiven Unternehmenswert, der nach anerkannten Bewertungsverfahren (siehe insbes. das Fachgutachten KFS/BW 1) zu ermitteln ist.

(10) Die Ermittlung des beizulegenden Werts hat mit angemessenen Annahmen im Lichte des unternehmensrechtlichen Vorsichtsprinzips unter Annahme der Unternehmensfortführung zu erfolgen.

(11) Die Bewertung ist aus Sicht des die Beteiligung bilanzierenden Unternehmens vorzunehmen. Mithin dürfen bei der Ermittlung des Beteiligungswerts Synergien nur insoweit erfasst werden, als sie durch das bilanzierende Unternehmen, das zu bewertende Beteiligungsunternehmen oder direkte oder indirekte Tochterunternehmen dieser beiden Unternehmen realisierbar sind. Die Berücksichtigung von Synergieeffekten, die voraussichtlich bei einem Mutterunternehmen oder Schwesterunternehmen des bilanzierenden Unternehmens anfallen werden, kommt hingegen nicht in Betracht.

(12) Zum Stichtag noch nicht eingeleitete strukturverändernde Maßnahmen zur Verbesserung des subjektiven Unternehmenswerts können dann berücksichtigt werden, wenn die Durchführung der Maßnahmen hinreichend konkretisiert, beabsichtigt und ausreichend wahrscheinlich ist. Die Absicht ist angemessen zu dokumentieren.

4.2. Veräußerungsabsicht

(13) Soll die Beteiligung veräußert werden, ergibt sich der beizulegende Wert aus dem objektivierten Unternehmenswert, der nach anerkannten Bewertungsverfahren (siehe insbes. das Fachgutachten KFS/BW 1) zu ermitteln ist. Falls ein verbindliches Kaufangebot für die Beteiligung vorliegt, ist anstelle des objektivierten Unternehmenswerts grundsätzlich der Angebotspreis der Beteiligungsbewertung zugrunde zu legen.

5. Untergrenzen des beizulegenden Werts

(14) Der Liquidationswert ist grundsätzlich die Untergrenze jeder Beteiligungsbewertung, außer es bestehen rechtliche oder faktische Zwänge, das Beteiligungsunternehmen fortzuführen. Der Liquidationswert ist der anteilige Zerschlagungswert der Vermögensgegenstände abzüglich Schulden des Beteiligungsunternehmens. Sofern es keine gegenteiligen Hinweise gibt, kann im Einzelfall das buchmäßige Eigenkapital des Beteiligungsunternehmens dem Liquidationswert entsprechen.

6. Anwendung der Generalklausel für den Anhang

(15) Sind Unsicherheiten in Bezug auf die Beteiligungsbewertung für die Beurteilung der Vermögens-, Finanz- und Ertragslage des bilanzierenden Unternehmens relevant, dann sind unter Berücksichtigung von § 236 erster Satz UGB die angewandten Bewertungsmodelle samt den herangezogenen zentralen Annahmen im Anhang zu erläutern.

7. Erstmalige Anwendung

(16) Die vorliegende Fassung der Stellungnahme ersetzt jene vom Dezember 2015. Sie ist auf Geschäftsjahre anzuwenden, die nach dem 31. Dezember 2017 beginnen.

Erläuterungen

Zu Rz (5):

Die Stellungnahme betrifft auch Anteile an Personengesellschaften und stellt damit klar, dass die in der Vergangenheit in der Praxis auch zur Anwendung gekommene Spiegelbildmethode nicht durch die Stellungnahme gedeckt ist. (*Fritz-Schmied/Schwarz*, Die bilanzielle Behandlung von Anteilen an einer Personengesellschaft, SWK 19/2009, S. 67)

Zu Rz (6):

Voraussetzung für eine Beteiligung ist gemäß § 189a Z 2 UGB ein Anteil an einem anderen Unternehmen, der auf eine dauernde Verbindung ausgerichtet ist und womit dem eigenen Geschäftsbetrieb gedient werden soll. Nach überwiegender Auffassung bedeutet dies, dass eine über die bloße Kapitalveranlagung hinausgehende Zwecksetzung verfolgt werden muss, die aber nicht die Absicht und Möglichkeit der aktiven Einflussnahme auf die Geschäftsführung des Beteiligungsunternehmens erfordert. Für die Zweckbestimmung ist es notwendig, dass aus der Verbindung ein Beitrag zu den Unternehmenszielen des Gesellschafters resultiert. Der eigene Geschäftsbetrieb kann beispielsweise durch interdependente Produktionsprogramme, Kooperationen (gemeinsame Aktivitäten bei Einkauf, Produktion, Vertrieb oder Forschung und Entwicklung), faktische Mitsprachemöglichkeiten durch Personalverflechtungen, langfristige Lieferungs- und Leistungsbeziehungen sowie gemeinsame Erschließung neuer Märkte gefördert werden (vgl. *Winnefeld*, Bilanz-HB[4] (2006) Kapitel M, Rz 666). Eine Förderung des Geschäftsbetriebs kann auch mittelbar durch Konzernunternehmen erfolgen (vgl. *Nowotny* in *Straube*, UGB II/RLG[3] (2009) § 228 Rz 29). Reine Finanzbeteiligungen erfüllen in der Regel nicht die Definition einer Beteiligung (*Hachmeister*, Das Finanzanlagevermögen, in HdJ Abt. II/3 (September 2011), Rz 21). Anderes gilt nur bei vermögensverwaltenden Holdinggesellschaften, weil ihr Geschäftsbetrieb im Verwalten von Vermögen und der Erzielung von Dividenden oder Zinserträgen liegt (vgl. *Janschek* in *Hirschler*, Bilanzrecht (2010) § 228 Rz 26).

Zu Rz (7) und (8):

Nach der mittlerweile überwiegenden Ansicht der Literatur (*Doralt/Mayr* in *Doralt*, EStG[14] (2014) § 6 Rz 431; *Geist* in *Jabornegg*, HGB (1997) § 208 Rz 2; *Adler/Düring/Schmaltz*, HGB[6] (1997) § 280 Rz 13; *Eberhartinger/Plassak* in *Hirschler*, Bilanzrecht (2010) § 208 Rz 17 mit weiteren Nachweisen) kommt es auf den Wegfall der konkreten Gründe nicht (mehr) an. Für Beteiligungen i.S.d. § 189a Z 2 UGB gilt im UGB genauso wie im Steuerrecht ein Zuschreibungszwang.

Zu Rz (8):

Anhaltspunkte für eine wesentliche Veränderung des beizulegenden Werts können sich aus folgenden Punkten ergeben:

– durch aus externen und internen Ursachen entstandene Änderungen der Rahmenbedingungen und damit der Parameter für das gewählte Diskontierungsverfahren (z.B. Änderung der geschätzten Mittelzuflüsse, eine wesentlich gesunkene Ertragskraft, eine geplante Veräußerung oder Stilllegung, Restrukturierungen, Änderungen des Diskontierungszinssatzes); oder
– durch eine wesentliche Veränderung des anteiligen Eigenkapitals des Beteiligungsunternehmens; oder
– durch eine wesentliche Veränderung der Marktkapitalisierung; oder
– durch Veränderungen bei den berücksichtigbaren Synergieeffekten (Wegfall von Synergieeffekten, Ausscheiden aus gemeinsamen Syndikats- bzw. Kooperationsverträgen).

Diese Anhaltspunkte sind gegeneinander abzuwägen und im Rahmen einer gesamthaften Würdigung zu beurteilen.

Zu Rz (9) und (13):

Die Ermittlung des beizulegenden Werts richtet sich nach der Vorgehensweise anerkannter betriebswirtschaftlicher Bewertungsverfahren. Solche werden insbesondere im Fachgutachten KFS/BW 1 dargelegt. Im Anhang werden wesentliche Gemeinsamkeiten und Unterschiede zwischen dem Unternehmenswert nach diesem Fachgutachten und den entsprechenden Wertansätzen nach den IFRS, dem Nutzungswert und dem Fair Value, dargestellt.

Anerkannte Bewertungsverfahren gehen davon aus, dass der Unternehmenswert aus der Perspektive ausschließlich finanzieller Ziele zu bestimmen ist.

Bei Diskontierungsverfahren ergibt sich der Unternehmenswert aus dem Barwert finanzieller Überschüsse, die aus der Fortführung des Unternehmens und aus der Veräußerung etwaigen nicht betriebsnotwendigen Vermögens erzielt werden. Die Berechnung des Barwerts erfolgt mit jenem Diskontierungszinssatz, der der risikoadäquaten Renditeforderung der Kapitalgeber entspricht. Aufgrund der für die Zwecke des unternehmensrechtlichen Jahresabschlusses gebotenen Willkürfreiheit des Wertansatzes kommt eine Berücksichtigung vom Investor individuell und rein subjektiv bestimmter Renditeerwartungen nicht in Betracht. Zu den Diskontierungsverfahren zählen das Ertragswertverfahren sowie die Discounted Cash-Flow-Verfahren. Dabei dürfen nur solche Synergien und Kostenvorteile angesetzt werden, die hinreichend verlässlich quantifiziert werden können.

Bei Marktpreis-orientierten Verfahren (Multiplikatorverfahren) wird der Unternehmenswert als potentieller Marktpreis unter Anwendung von Multiplikatoren ermittelt, die aus Börsenkursen vergleichbarer Unternehmen oder Transaktionspreisen für vergleichbare Unternehmen abgeleitet werden oder Erfahrungssätzen entsprechen.

Die Plausibilität des auf Basis eines Diskontierungsverfahrens ermittelten Ergebnisses ist zu beurteilen. Dies kann u.a. durch Anwendung eines Multiplikatorverfahrens erfolgen. Notieren Anteile am zu bewertenden Unternehmen an einer Börse oder liegen für das zu bewertende Unternehmen Informationen über realisierte Transaktionspreise in zeitlicher Nähe zum Bewertungsstichtag vor, ist die Plausibilität des Bewertungsergebnisses durch eine Analyse dieser Börsenkurse oder Transaktionspreise zu beurteilen. Führt die Plausibilitätsbeurteilung zu wesentlichen Abweichungen vom Bewertungsergebnis auf Basis eines Diskontierungsverfahrens, sind die Abweichungen zu analysieren und die Plausibilität des Bewertungsergebnisses zu würdigen.

Zu Rz (12):

Dies sind jedenfalls alle Maßnahmen, für die die rechtlichen und faktischen Voraussetzungen (z.B. Beschlüsse in Aufsichtsgremien, behördliche Bewilligungen, verbindliche Finanzierungszusagen) bis zur Feststellung des Jahresabschlusses des die Beteiligung haltenden Unternehmens rechtsverbindlich (beispielsweise durch den Abschluss eines Rahmenvertrags) vorliegen und deren Durchführung mit ausreichender Sicherheit erwartet werden kann. Die Eintrittswahrscheinlichkeit ist individuell zu beurteilen und ist z.B. höher, wenn das Unternehmen bloß einem Hauptgesellschafter gehört, als wenn divergierende Meinungen vorliegen. Eine entsprechende Dokumentation ist z.B. durch die verpflichtende Vorschaurechnung im Bericht an den Aufsichtsrat gemäß § 28a GmbHG bzw. § 81 AktG gegeben. Eine Beschlussfassung über die Vorschaurechnung im Aufsichtsrat impliziert eine ausreichende Wahrscheinlichkeit. Bei Beteiligungsunternehmen ohne Aufsichtsrat bilden nachvollziehbare Beschlüsse des Managements oder Gesellschafterversammlungsprotokolle geeignete Nachweise.

Zu Rz (13):

Im Gegensatz zu anderen Finanzanlagen werden Beteiligungen nicht ausschließlich nach subjektiven Kriterien (Behalteabsicht und -fähigkeit) dem Finanzanlagevermögen zugeordnet. Daneben müssen objektive Kriterien (ein über eine Finanzinvestition hinausgehender Nutzen) vorliegen. Solange diese objektiven Kriterien vorliegen, führt auch eine Veräußerungsabsicht nicht zur Umgliederung ins Finanzumlaufvermögen. Dies unterscheidet somit Beteiligungen von anderen Finanzanlagen.

Ist eine Veräußerung seitens des bilanzierenden Unternehmens beabsichtigt oder aus anderen Gründen anzunehmen, ist die Beteiligung unter Veräußerungsgesichtspunkten zu bewerten. Unter Veräußerungsgesichtspunkten ist der Beteiligung der Wert beizulegen, den ein potentieller Erwerber für die Beteiligung zu zahlen bereit wäre, wobei vom Veräußerer bis zur Veräußerung voraussichtlich noch zusätzlich realisierbare Vorteile (Gewinnausschüttungen, Übernahme des vom

Erwerber der Beteiligung nicht benötigten/erwünschten materiellen und immateriellen Vermögens des Beteiligungsunternehmens, befristete Synergieeffekte) zu berücksichtigen sind. Da im Falle einer Veräußerung Synergien durch das bilanzierende Unternehmen nicht mehr nutzbar sind, ist eine Stand-Alone-Bewertung der Beteiligung vorzunehmen. Nach den Grundsätzen für die Ermittlung eines objektivierten Unternehmenswerts dürfen dann nur unechte Synergieeffekte, d.h. Synergien, die sich ohne Berücksichtigung der Auswirkungen des Bewertungsanlasses realisieren lassen, berücksichtigt werden. Ferner dürfen der Bewertung nur zum Stichtag bereits eingeleitete oder im Unternehmenskonzept dokumentierte Maßnahmen und typisierte Managementfaktoren zugrunde gelegt werden.

Liegt ein verbindliches Kaufangebot für die Beteiligung vor, hat der darin enthaltene Angebotspreis grundsätzlich Vorrang für den Wertansatz, außer der Angebotspreis ist offensichtlich so niedrig, dass das Unternehmen dieses Angebot nicht annehmen würde. Allerdings kann selbst ein solcher Angebotspreis Anlass zu einer kritischen Analyse der Annahmen geben, die der Ermittlung des objektivierten Unternehmenswerts zugrunde liegen.

Zu Rz (14):

Der Liquidationswert ist ein Spezialfall des subjektiven Unternehmenswerts (vgl. *Hering*, Unternehmensbewertung[2] (2006) S. 72). Er hängt von der Zerschlagungsintensität, der Zerschlagungsdauer und den Zerschlagungskosten ab.

Der Buchwert des Eigenkapitals des Beteiligungsunternehmens kann ein wesentlicher Indikator oder Näherungswert für den Liquidationswert des Beteiligungsunternehmens sein. Dies ist im Einzelfall zu beurteilen und branchenabhängig. Grundsätzlich nicht relevant sind die vom Beteiligungsunternehmen angewandten Rechnungslegungsvorschriften.

Anhang

In der Praxis stellt sich häufig die Frage, welche Kriterien Bewertungsgutachten erfüllen müssen, damit sie für die Beteiligungsbewertung nach dem UGB und/oder den IFRS verwendet werden können. Im Folgenden werden die wesentlichen Gemeinsamkeiten und Unterschiede der Beteiligungsbewertung nach den IFRS (insbesondere IAS 36 und IFRS 13) und nach dem UGB auf Basis dieser Stellungnahme exemplarisch für das Fachgutachten KFS/BW 1 dargestellt. Der Wertansatz nach KFS/BW 1 wird im Folgenden als Unternehmenswert bezeichnet.

1. Allgemeines

1.1. Relevante Wertkonzepte

KFS/BW 1 geht von drei bedeutsamen Bewertungszwecken aus: Ermittlung eines objektivierten Unternehmenswerts, Ermittlung eines subjektiven Unternehmenswerts und Ermittlung eines Schiedswerts. Der objektivierte Unternehmenswert ergibt sich aus der Fortführung des Unternehmens auf Basis des bestehenden Unternehmenskonzepts mit allen realistischen Zukunftserwartungen im Rahmen der Marktchancen und -risiken, der finanziellen Möglichkeiten des Unternehmens sowie der sonstigen Einflussfaktoren. Der subjektive Unternehmenswert bezieht auch spezifische Gegebenheiten (z.B. Synergieeffekte) des Bewertungssubjekts ein und wird somit aus der Perspektive eines konkreten Bewertungssubjekts bestimmt. Zweck des Schiedswerts ist es, im Falle einer Konfliktsituation einen fairen und angemessenen Interessenausgleich zwischen den Bewertungssubjekten herzustellen. Hierfür werden sowohl die Investitionsalternativen als auch die persönlichen Verhältnisse des jeweiligen Bewertungssubjekts berücksichtigt. Im Rahmen der Beteiligungsbewertung nach dem UGB sind im Falle keiner Veräußerungsabsicht der subjektive Unternehmenswert im Lichte des Gläubigerschutzes (siehe die Rz 10) und im Falle einer Veräußerungsabsicht der objektivierte Unternehmenswert maßgebend.

Die IFRS sehen im Rahmen der Beteiligungsbewertung grundsätzlich zwei Bewertungskonzepte vor, die den erzielbaren Betrag bestimmen, nämlich den beizulegenden Zeitwert (Fair Value gemäß IFRS 13) (abzüglich der Verkaufskosten) und den Nutzungswert (gemäß IAS 36). Der Fair Value ist als Preis definiert, der in einem geordneten Geschäftsvorfall zwischen Marktteilnehmern für den Verkauf eines Vermögenswerts eingenommen würde. Demnach fingiert der Fair Value eine Veräußerung. Er ist konzeptionell näher am objektivierten Unternehmenswert nach KFS/BW 1. Der Nutzungswert ist der Barwert der künftigen Cashflows, der voraussichtlich aus einem Vermögenswert oder einer zahlungsmittelgenerierenden Einheit abgeleitet werden kann. Demnach unterstellt der Nutzungswert keine Veräußerung vor Ende der Nutzungsdauer eines Vermögenswerts. Er ist konzeptionell näher am subjektiven Unternehmenswert nach KFS/BW 1, obwohl einige Elemente dem objektivierten Unternehmenswert entlehnt sind.

Im Rahmen der Ermittlung des Nutzungswerts muss vor dem Hintergrund der spezifischen Regelung des IAS 36.50 zwischen der Sphäre des Unternehmens, das die Beteiligung hält, und der Sphäre des Beteiligungsunternehmens unterschieden werden. Das verpflichtende Ausklammern der Zahlungen aus Fremdfinanzierungen und Unternehmenssteuern gemäß IAS 36.50 bezieht sich auf das die Beteiligung haltende Unternehmen, nicht jedoch auf die Bewertung des Beteiligungsunternehmens: Der Wert der Beteiligung wird nach Abzug des Werts des Fremdkapitals und nach Ertragsteuern des Beteiligungsunternehmens ermittelt, weil die Beteiligung einen Anteil am Nettovermögen des Beteiligungsunternehmens repräsentiert.

Prinzipiell können die unterschiedlichen Wertkonzepte zu abweichenden Ergebnissen führen.

1.2. Methoden

Sowohl der objektivierte als auch der subjektive Unternehmenswert wird nach KFS/BW 1 mit

Hilfe eines Diskontierungsverfahrens ermittelt. Dabei bildet grundsätzlich der Liquidationswert die Wertuntergrenze. Multiplikatorverfahren dienen in aller Regel lediglich zur Plausibilitätsbeurteilung.

Der Nutzungswert wird ebenfalls mittels eines Diskontierungsverfahrens bestimmt. Hingegen folgt die Ermittlung des Fair Value einer dreistufigen Bewertungshierarchie, wonach Bewertungstechniken, die mehr beobachtbare (Markt-)Informationen verwenden, bevorzugt heranzuziehen sind. Folglich können sich grundsätzliche Unterschiede zwischen der Ermittlung des Fair Value und einer Bewertung nach KFS/BW 1 ergeben. Ein Beispiel ist eine Ermittlung des Fair Value auf Stufe 2 mittels eines Multiplikatorverfahrens, was nach KFS/BW 1 nur bei sehr kleinen Unternehmen unter bestimmten Voraussetzungen zulässig ist.

Gemäß Rz 13 dieser Stellungnahme ist im Fall des Vorliegens eines verbindlichen Kaufangebots der Angebotspreis der Beteiligungsbewertung nach dem UGB zugrunde zu legen.

2. Ermittlung der Cashflows

2.1. Planungsgrundlage

Die Ermittlung der Cashflows erfolgt sowohl nach KFS/BW 1 als auch beim Nutzungswert auf Basis der Unternehmensplanung. IAS 36 fordert, dass grundsätzlich von der jüngsten vom Management genehmigten Planung auszugehen ist. Für den Fair Value sind Cashflow-Planungen aus Sicht eines Marktteilnehmers zugrunde zu legen. Aufgrund dieser unterschiedlichen Anknüpfungspunkte und Detailregelungen in den IFRS kann sich bei den Cashflows ein spezifischer Anpassungsbedarf gegenüber der Unternehmensplanung ergeben.

2.2. Brutto- und Nettoverfahren

Nach KFS/BW 1 besteht ein Wahlrecht zwischen Brutto- und Nettoverfahren für die Bewertung des Beteiligungsunternehmens. Bei Anwendung des Bruttoverfahrens wird zunächst der Wert des Gesamtkapitals des Beteiligungsunternehmens durch Abzinsung der Free Cash Flows ermittelt; durch Abzug des Werts des Fremdkapitals erhält man den Wert des Eigenkapitals. Demgegenüber werden beim Nettoverfahren sogleich die den Unternehmenseignern zufließenden Cashflows abgezinst; auf diese Weise erhält man den Wert des Eigenkapitals des Beteiligungsunternehmens. Analog kann bei der Beteiligungsbewertung nach den IFRS vorgegangen werden (siehe auch oben Abschnitt 1.1. zur Anwendung des IAS 36.50 im Rahmen der Ermittlung des Nutzungswerts).

2.3. Steuern

Nach KFS/BW 1 sind grundsätzlich sowohl die Unternehmenssteuern als auch persönliche Ertragsteuern zu berücksichtigen. Jedoch kann bei Kapitalgesellschaften vereinfachend auf die Berücksichtigung von persönlichen Ertragsteuern verzichtet werden. Bei der Ermittlung des Fair Value wird grundsätzlich eine Betrachtung nach Unternehmenssteuern, aber vor persönlichen Steuern zugrunde gelegt. Demnach sind KFS/BW 1 und Fair Value bezüglich der Ertragsteuern i.d.R. im Einklang. Dieser Einklang gilt auch für die Berücksichtigung von Steuern bei der Ermittlung des Nutzungswerts. Wie in Abschnitt 1.1. dargestellt, sind die Ertragsteuern des Beteiligungsunternehmens zu berücksichtigen, während die Ertragsteuern des beteiligten Unternehmens (sie entsprechen den persönlichen Steuern) gemäß IAS 36.50 auszublenden sind.

2.4. Planungshorizont

Sowohl KFS/BW 1 als auch der Nutzungswert sehen die Anwendung der Phasenmethode bei der Planung der Cashflows vor, jedoch enthalten die IFRS bezüglich des Nutzungswerts mehr spezifische Regelungen.

KFS/BW 1 sieht grundsätzlich drei Phasen vor: eine Detailplanungsphase, eine Grobplanungsphase und eine Rentenphase. Beim Nutzungswert werden hingegen nur zwei Phasen, die Detailplanungs- und die Rentenphase, unterschieden, und die Detailplanungsphase soll sich grundsätzlich auf höchstens fünf Jahre erstrecken. Darüber hinaus sind widerlegbare objektivierende Annahmen in der Rentenphase vorgesehen, z.B. eine gleich bleibende oder fallende Wachstumsrate. Bei der Ermittlung des Fair Value gibt es keine expliziten Regelungen bezüglich des Planungshorizonts.

2.5. Ewige Rente

Die Regelungen nach KFS/BW 1 und zur Ermittlung des Nutzungswerts unterscheiden sich zum Teil hinsichtlich der Vergleichsmaßstäbe, die für den repräsentativen Cashflow in der Rentenphase herangezogen werden sollen. Nach KFS/BW 1 ist die zugrunde gelegte Rendite primär mit den Kapitalkosten zu vergleichen, während es beim Nutzungswert primär Marktrenditen sind. Beim Nutzungswert darf die Wachstumsrate grundsätzlich nicht die langfristige Durchschnittswachstumsrate der betroffenen Produkte, Branchen oder Länder überschreiten. Diese Unterschiede können möglicherweise Anpassungen bei den Berechnungen erfordern. Bezüglich des Fair Value existieren keine expliziten Regelungen zur ewigen Rente.

2.6. Künftige Maßnahmen

Zu den künftigen Maßnahmen zählen u.a. Strukturveränderungen, Restrukturierungen, Erweiterungsinvestitionen und Desinvestitionen. Nach KFS/BW 1 sind künftige Maßnahmen nur zu berücksichtigen, wenn ihre Durchführung hinreichend konkretisiert, beabsichtigt und wahrscheinlich ist. Solche Maßnahmen sind beim Fair Value dann zu berücksichtigen, wenn sie von einem typischen Marktteilnehmer in derselben Art und Weise umgesetzt würden. Beim Nutzungswert wird nach der Art der künftigen Maßnahmen differenziert. Erhaltungsinvestitionen sind zu berücksichtigen, Erweiterungsinvestitionen nur, wenn bereits wesentliche Mittelabflüsse erfolgt sind, und Re-strukturierungen nur, wenn dazu eine Verpflichtung eingegangen worden ist. Durch diese Unterschiede sind i.d.R. Anpassungen bei den Wertansätzen notwendig.

2.7. Synergien

Zur Einbeziehung von Synergien vgl. Rz 11 und 12 der Stellungnahme.

KFS/BW 1 unterscheidet hinsichtlich des Umfangs der Einbeziehung von Synergien, ob der objektivierte Unternehmenswert oder der subjektive Unternehmenswert bestimmt werden soll. Beim objektivierten Unternehmenswert dürfen nur realisierte Synergien des Bewertungsobjekts berücksichtigt werden. Beim subjektiven Unternehmenswert sind aus Sicht des bilanzierenden Unternehmens auch Synergien zwischen dem Beteiligungshalter und dem Beteiligungsunternehmen zu berücksichtigen. Dies entspricht grundsätzlich der Vorgehensweise beim Nutzungswert. Zu noch nicht realisierten Synergien siehe oben Abschnitt 2.6. Beim Fair Value dürfen lediglich Synergien berücksichtigt werden, welche auch andere Marktteilnehmer realisieren können. Damit dürfen Synergien zwischen Beteiligungshalter und Beteiligungsunternehmen, die anderen Marktteilnehmern nicht zugänglich sind, nicht berücksichtigt werden.

2.8. Plausibilitätsbeurteilung

Nach KFS/BW 1 hat eine Beurteilung der formellen und der materiellen Plausibilität der Planung zu erfolgen, und daraus folgend sind gegebenenfalls Anpassungen vorzunehmen. Ähnlich wird beim Nutzungswert auch eine Beurteilung der Planungstreue und der Annahmen gefordert. Allerdings wird ein größeres Gewicht auf externe Daten gelegt. Ob sich daraus ein Unterschied zwischen einem Unternehmenswert nach KFS/BW 1 und dem Nutzungswert ergibt, ist im Einzelfall zu beurteilen. Bezüglich des Fair Value existieren keine expliziten Regelungen zur Plausibilitätsbeurteilung.

2.9. Insolvenzrisiko

Sowohl nach KFS/BW 1 als auch beim Fair Value ist das Insolvenzrisiko des Beteiligungsunternehmens zu berücksichtigen. Dies gilt auch für den Nutzungswert, weil das Insolvenzrisiko des Beteiligungsunternehmens ein spezifisches Risiko der Beteiligung ist. Das Insolvenzrisiko ist nach einer Empfehlung der Arbeitsgruppe Unternehmensbewertung des Fachsenats für Betriebswirtschaft der Kammer der Wirtschaftstreuhänder zur Berücksichtigung des Insolvenzrisikos ausschließlich auf Zahlungs- und nicht auf Diskontierungssatzebene zu berücksichtigen.

3. Ermittlung des Diskontierungssatzes

3.1. Grundsätze

Der anzuwendende Diskontierungssatz oder die anzuwendenden Diskontierungssätze müssen konsistent zu den Cashflows bestimmt werden (Äquivalenzprinzip). Dies betrifft insbesondere die Berücksichtigung von Finanzierungskosten und Ertragsteuern. Werden beim Unternehmenswert, dem Fair Value und dem Nutzungswert unterschiedliche Cashflows geplant (z.B. größere geplante Restrukturierungen), können sich unterschiedliche Diskontierungssätze ergeben.

Nach KFS/BW 1 unterscheidet sich der herangezogene Diskontierungssatz entsprechend dem Brutto- und Nettoverfahren. Bei Anwendung des Bruttoverfahrens in der Ausprägung des WACC-Verfahrens ist der gewichtete Mischzinssatz aus Eigen- und Fremdkapitalkosten (WACC) des Beteiligungsunternehmens zu bestimmen; beim APV-Verfahren entspricht der Diskontierungssatz den Eigenkapitalkosten des unverschuldeten Beteiligungsunternehmens. Bei Anwendung des Nettoverfahrens sind die Eigenkapitalkosten des verschuldeten Beteiligungsunternehmens heranzuziehen. Bezüglich des Diskontierungssatzes beim Fair Value auf Stufe 3 kann analog vorgegangen werden.

Methodisch unterscheiden sich die Diskontierungssätze nach KFS/BW1 (siehe voriger Absatz) auch nicht von jenen, die für die Ermittlung des Nutzungswerts heranzuziehen sind (siehe insbesondere Abschnitt 1.1. zur Anwendung des IAS 36.50 im Rahmen der Ermittlung des Nutzungswerts).

3.2. Risikoberücksichtigung

Das Risiko der Cashflows kann für alle drei Werte nach der Risikozuschlags- oder der Sicherheitsäquivalenzmethode berücksichtigt werden. In der Praxis ist die Risikozuschlagsmethode üblich. Die Risikoprämie wird überwiegend auf Basis des Capital Asset Pricing Model (CAPM) mit Hilfe des Beta-Faktors geschätzt.

Für die Ermittlung des objektivierten Unternehmenswerts, des Fair Value und des Nutzungswerts ist der Beta-Faktor marktbezogen abzuleiten. Dies kann grundsätzlich auf Basis einer Peer Group oder einer Branche, im Falle einer Börsennotierung zudem auf Basis des Beteiligungsunternehmens, erfolgen. Insofern enthält selbst der Nutzungswert als unternehmensspezifischer Wert ein Objektivierungselement. Hingegen sind für einen subjektiven Unternehmenswert nach KSF/BW 1 unternehmensindividuelle Verhältnisse zu berücksichtigen.

AFRAC-Stellungnahme 25
Rechnungslegung von Privatstiftungen (UGB)

Stellungnahme
Einzelfragen zur Rechnungslegung von Privatstiftungen

(Dezember 2017)

Historie der vorliegenden Stellungnahme

erstmalige Veröffentlichung	Dezember 2014	
Überarbeitung	Dezember 2015	Berücksichtigung der Änderungen des UGB aufgrund des Rechnungslegungs-Änderungsgesetzes 2014
Überarbeitung	März 2017	Aktualisierung, insbesondere Berücksichtigung des Abgabenänderungsgesetzes (AbgÄG) 2015 im Zusammenhang mit der Zwischenkörperschaftsteuer
Überarbeitung	Dezember 2017	Anpassung der Erläuterungen zu Rz (19) bis (21) an die Änderung des KESt-Satzes von 25% auf 27,5% durch das Steuerreformgesetz 2015/16

1. Rechtsgrundlagen und Anwendungsbereich

(1) Gegenstand dieser AFRAC-Stellungnahme ist die Beantwortung von Einzelfragen zur Rechnungslegung von Privatstiftungen. Eine abschließende Behandlung sämtlicher Themen rund um die Rechnungslegung bei Privatstiftungen ist nicht Ziel dieser Stellungnahme. Aus diesem Grund wurde für die Stellungnahme das Format von Fragen und Antworten gewählt.

(2) In den Anwendungsbereich dieser AFRAC-Stellungnahme fallen ausschließlich Privatstiftungen nach dem Privatstiftungsgesetz (PSG). Die AFRAC-Stellungnahme bezieht sich somit nicht auf andere Stiftungen, wie insbesondere solche, die auf dem Bundes-Stiftungs- und Fondsgesetz (BStFG) oder auf Landes-Stiftungs- und Fondsgesetzen beruhen, oder sondergesetzlich eingerichtete Stiftungen des öffentlichen Rechts.

(3) Das Privatstiftungsgesetz definiert die Privatstiftung als einen Rechtsträger, dem vom Stifter ein Vermögen gewidmet ist, um durch dessen Nutzung, Verwaltung und Verwertung der Erfüllung eines erlaubten, vom Stifter bestimmten Zwecks zu dienen; die Privatstiftung genießt Rechtspersönlichkeit und muss ihren Sitz im Inland haben (§ 1 Abs 1 PSG). Gemäß § 1 Abs 2 PSG darf eine Privatstiftung nicht

- eine gewerbsmäßige Tätigkeit, die über eine bloße Nebentätigkeit hinausgeht, ausüben;
- die Geschäftsführung einer Handelsgesellschaft übernehmen;
- unbeschränkt haftender Gesellschafter einer eingetragenen Personengesellschaft sein.

(4) Die Privatstiftung wird durch eine Stiftungserklärung (Stiftungsurkunde) errichtet; sie entsteht mit der Eintragung ins Firmenbuch (§ 7 Abs 1 PSG). Der Privatstiftung muss ein Vermögen im Wert von mindestens EUR 70.000 gewidmet werden (§ 4 PSG).

(5) Die folgenden Ausführungen beziehen sich auf den Jahresabschluss. Fragen im Zusammenhang mit einem Konzernabschluss werden nicht behandelt.

2. Einzelfragen zur Rechnungslegung von Privatstiftungen

2.1. Was bedeutet die Anweisung des § 18 PSG, die dort angeführten Bestimmungen des UGB sinngemäß anzuwenden?

(6) Auf die Rechnungslegung der Privatstiftung sind gemäß § 18 PSG die §§ 189 bis 216, 222 bis 226 Abs 1, 226 Abs 3 bis 234 und 236 bis 239 UGB, § 243 UGB über den Lagebericht sowie die §§ 244 bis 267 UGB über den Konzernabschluss und den Konzernlagebericht sinngemäß anzuwenden.

(7) Gemäß § 18 PSG iVm § 222 UGB hat der Stiftungsvorstand innerhalb der ersten fünf Monate des Geschäftsjahrs für das vorangegangene Geschäftsjahr den Jahresabschluss (bestehend aus Bilanz, Gewinn- und Verlustrechnung und Anhang) sowie einen Lagebericht aufzustellen und gegebenenfalls den Mitgliedern eines Aufsichtsrats vorzulegen. Der Jahresabschluss und der Lagebericht sind von allen Mitgliedern des Stiftungsvorstands zu unterzeichnen.

(8) Nach Aufstellung hat der Stiftungsvorstand den Jahresabschluss unverzüglich dem Stiftungsprüfer zur Prüfung zu übergeben. Eine gesetzliche Pflicht zur Offenlegung besteht nicht, da das PSG nicht auf die maßgeblichen Regelungen in den §§ 277 ff UGB verweist.

2.2. Besteht für die gesetzlichen Vertreter von Privatstiftungen die Verpflichtung, ein rechnungslegungsbezogenes internes Kontrollsystem einzurichten?

(9) Der Stiftungsvorstand hat die Bücher der Privatstiftung unter Beachtung der Grundsätze ordnungsmäßiger Buchführung zu führen (§ 18 PSG iVm § 190 UGB). Daraus ergibt sich die Verpflichtung des Stiftungsvorstands, für die Einrichtung eines rechnungslegungsbezogenen

internen Kontrollsystems zu sorgen. Dessen Ausgestaltung hängt im Einzelfall vom Umfang des Vermögens der Stiftung und der Komplexität ihrer Aktivitäten ab.

2.3. Wie haben die Gliederungsschemata für die Bilanz und die Gewinn- und Verlustrechnung auszusehen?

(10) Für die Gliederung der Bilanz ist § 224 UGB sinngemäß anzuwenden. Aufgrund des Zwecks und der Tätigkeit der Privatstiftung sind die Gliederung der Bilanz sowie die Bezeichnung einzelner Posten gegebenenfalls anzupassen (siehe Rz (12)).

(11) Bei der Erstellung der Gewinn- und Verlustrechnung kann gemäß § 231 UGB zwischen dem Gesamtkosten- und dem Umsatzkostenverfahren gewählt werden. Das Verfahren kann in der Stiftungserklärung festgelegt werden, sonst liegt die Auswahl eines Verfahrens im Ermessen des Vorstands. Zu Anpassungen siehe die folgende Rz (12).

(12) Die Privatstiftung hat die allgemeinen Grundsätze für die Gliederung einzuhalten (§ 18 PSG iVm § 223 UGB). Aufgrund der Unterschiede zwischen einer Privatstiftung und einem gewerbsmäßig tätigen Unternehmen ist es zulässig und, um dem Erfordernis der Vermittlung eines möglichst getreuen Bildes der Vermögens-, Finanz- und Ertragslage zu entsprechen, gegebenenfalls erforderlich, das für Kapitalgesellschaften vorgesehene Gliederungsschema zu adaptieren. Hierbei kommen insbesondere die Hinzufügung neuer Posten und die Erweiterung der Untergliederung (§ 223 Abs 4 UGB) sowie der Entfall von Leerposten (§ 223 Abs 7 UGB) in Betracht. Weiters können die mit arabischen Zahlen versehenen Posten der Bilanz und die mit Buchstaben gekennzeichneten Posten der Gewinn- und Verlustrechnung zusammengefasst werden, wenn es sich um unwesentliche Posten handelt oder wenn dies der Verbesserung der Klarheit der Darstellung dient, wobei im letzeren Fall eine Aufgliederung im Anhang zu erfolgen hat (§ 223 Abs 6 UGB). Gemäß § 223 Abs 8 UGB sind Gliederung und Bezeichnung der mit arabischen Zahlen versehenen Posten der Bilanz und der Gewinn- und Verlustrechnung zu ändern, wenn dies zur Aufstellung eines klaren und übersichtlichen Jahresabschlusses erforderlich ist. Auch eine Umreihung im Gliederungsschema kann geboten sein.

(13) Bei einer Privatstiftung, die überwiegend Finanzanlagevermögen hält, kann es geboten sein, das Finanzergebnis an die Spitze der Gewinn- und Verlustrechnung zu stellen. Zur Aufstellung eines klaren und übersichtlichen Jahresabschlusses – etwa, wenn die Privatstiftung aus zwei unterschiedlichen „Sparten" (zB Liegenschaften, Finanzanlagen) Erträge generiert – kann es zweckmäßig sein, für die einzelnen Bereiche bzw „Sparten" – durch Einfügen neuer/anderer Zwischenüberschriften – die Ergebnisse gesondert auszuweisen.

2.4. Wie ist das Eigenkapital darzustellen?

(14) Der Posten A.I. „eingefordertes Nennkapital" iSd § 224 Abs 3 UGB ist unter sinngemäßer Anwendung der unternehmensrechtlichen Rechnungslegungsvorschriften durch die Bezeichnung „Stiftungskapital" zu ersetzen.

(15) Das AFRAC empfiehlt folgende Gliederung des Eigenkapitals:

Eigenkapital:

1. Stiftungskapital
2. Gewinnrücklagen gemäß Stiftungsurkunde
3. Ergebnisvortrag

(16) Vermögen, das im Rahmen der Errichtung der Privatstiftung sowie durch Nach- oder Zustiftungen gewidmet wird, ist unmittelbar in das Eigenkapital („Stiftungskapital") einzubuchen.

(17) Die Entwicklung des Eigenkapitals ist in Form eines Eigenkapitalspiegels darzustellen. Auch kann eine nähere Erläuterung im Anhang geboten sein, um ein möglichst getreues Bild der Vermögens-, Finanz- und Ertragslage iSd § 222 Abs 2 UGB zu vermitteln.

2.5. Wie sind Zuwendungen an Begünstigte bilanziell darzustellen?

(18) Die Rechte auf Zuwendungen an die Begünstigten ergeben sich ausschließlich nach dem Stifterwillen, der sich in der Stiftungsurkunde niederschlägt. Zuwendungen an Begünstigte sind in der Bilanz als Minderung des Eigenkapitals darzustellen.

(19) Sachzuwendungen mindern das Eigenkapital in der Höhe des Buchwerts des abgegangenen Vermögenswerts samt einer allenfalls anfallenden Kapitalertragsteuer (KESt).

(20) Nutzungszuwendungen sind mit dem der Zuwendung zugeordneten Aufwand in der Gewinn- und Verlustrechnung und damit im Ergebnisvortrag enthalten.

(21) Eine detaillierte Erläuterung der im Ergebnisvortrag des Geschäftsjahrs enthaltenen Zuwendungen und der auf Zuwendungen entfallenden KESt im Anhang ist geboten.

2.6. Wie sind gesonderte Rechnungskreise darzustellen?

(22) Durch entsprechende Ausgestaltung der Stiftungs(zusatz)urkunde kann der Stifter das Vermögen sowie Erträge und Aufwendungen auf gesonderte Rechnungskreise für verschiedene Begünstigtengruppen aufteilen. Eine nach Rechnungskreisen getrennte Darstellung des Vermögens und der Erträge bzw Aufwendungen der Privatstiftung in der Bilanz und der Gewinn- und Verlustrechnung ist nicht zulässig, weil das gesamte Vermögen im Eigentum der Privatstiftung steht. Es kann nur eine Bilanz und eine Gewinn- und Verlustrechnung (gesamt für alle Kreise) geben. Zulässig ist aber die Einrichtung jeweils eigener Rechnungskreise und deren Erfassung in der Buchhaltung.

(23) Sofern in der Stiftungsurkunde nicht vorgesehen, besteht keine Verpflichtung, die einzelnen Rechnungskreise im Anhang darzustellen.

2.7. Zu den Besonderheiten des Lageberichts bei Privatstiftungen

2.7.1. Haben alle Privatstiftungen einen Lagebericht aufzustellen, der über die Angaben zur Erfüllung des Stiftungszwecks hinausgeht?

(24) Jede Privatstiftung hat einen Lagebericht aufzustellen, in dem auch auf die Erfüllung des Stiftungszwecks einzugehen ist.

2.7.2. Sind Angaben im Lagebericht, die sich auf Unternehmen beziehen, für Privatstiftungen erforderlich?

(25) Der Lagebericht der Privatstiftung ist unter sinngemäßer Anwendung des § 243 UGB aufzustellen, wobei Negativerklärungen nicht erforderlich sind. Für den Aufbau des Lageberichts kann die in der AFRAC-Stellungnahme 9 „Lageberichterstattung gemäß §§ 243, 243a und 267 UGB" empfohlene Grundstruktur sinngemäß herangezogen werden. Entsprechend der Vorgabe einer sinngemäßen Anwendung besteht der Lagebericht aus einem Bericht über die Entwicklung des Vermögens und der Erträge und Aufwendungen, die dafür wesentlichen Ursachen und die wirtschaftliche Lage, einem Bericht über die voraussichtliche Entwicklung und die Risiken und gegebenenfalls einem Bericht über Forschung und Entwicklung.

2.7.3. Wie ist die Erfüllung des Stiftungszwecks darzustellen?

(26) Gemäß § 18 zweiter Satz PSG ist im Lagebericht auch auf die Erfüllung des Stiftungszwecks einzugehen. Es ist darzustellen, wie der Stiftungszweck im abgelaufenen Geschäftsjahr erfüllt worden ist und wie seine Erfüllung in Zukunft beabsichtigt ist. Nach der Natur der Privatstiftung kommt den Angaben über die Erfüllung des Stiftungszwecks große Bedeutung zu. Maßgeblich sind nicht nur Kennzahlen, sondern auch andere Umstände, wie etwa welchen Begünstigten welche Leistungen erbracht worden sind.

(27) Eigennützige Privatstiftungen haben im Lagebericht die wesentlichen Maßnahmen zu beschreiben, die zur Erfüllung des Stiftungszwecks gesetzt worden sind. Bei fremdnützigen Privatstiftungen kommen darüber hinaus insbesondere folgende Angaben in Betracht:

- eine Erläuterung der geförderten Zwecke (ggf weiter untergliedert nach geplanten, durchgeführten bzw im Geschäftsjahr beendeten Projekten oder Tätigkeiten)
- eine Erläuterung der Höhe der geplanten, bewilligten und ausgezahlten Mittel sowie der Leistungsempfänger
- Ausführungen zur Kapitalerhaltung
- besondere Auflagen, zB Vermögenserhaltung, die Zahlung von Nachlassverbindlichkeiten sowie der Unterhalt des Stifters und von Begünstigten
- wesentliche Beschlüsse der Organe
- ein Ausblick auf künftige Entwicklungen

Wird dem Stiftungsvorstand bei Zuwendungen ein Ermessen eingeräumt, hat er auch kurz die Gründe für die vorgenommene Ermessensausübung im Lagebericht darzustellen.

2.8. Wie ist die Zwischenkörperschaftsteuer gemäß § 22 Abs 2 KStG im Jahresabschluss von Privatstiftungen zu behandeln?

(28) Mit den durch das AbgÄG 2015 erfolgten, seit 1.1.2016 in Kraft befindlichen Neuregelungen iZm der Zwischenkörperschaftsteuer ist deren Rückerstattung in späteren Perioden nicht mehr sichergestellt. Die Zwischenkörperschaftsteuer ist daher im Aufwand unter dem Posten „Steuern vom Einkommen und vom Ertrag" auszuweisen. Der Ausweis in einer Vorspalte oder mittels einer Angabe „davon Körperschaftsteuer gemäß § 22 Abs. 2 KStG" ist empfehlenswert.

(29) Soweit die Erstattung von Zwischenkörperschaftsteuer zum Bilanzierungszeitpunkt bereits erfolgt oder überwiegend wahrscheinlich ist, ist sie als „sonstige Forderung" anzusetzen. Im Anhang sollte dies erläutert werden.

(30) Im Anhang ist der für eine Gutschrift in Betracht kommende Restbetrag gemäß § 24 Abs 5 Z 5 KStG anzuführen.

3. Erstmalige Anwendung

(31) Die vorliegende Fassung der Stellungnahme ersetzt jene vom März 2017. Sie ist auf Geschäftsjahre anzuwenden, die nach dem 31. Dezember 2015 beginnen.

Erläuterungen

Zu Rz (1) bis (5):

Mit dem Rechnungslegungs-Änderungsgesetz 2014 (RÄG 2014) wurde die Richtlinie 2013/34/EU in Österreich umgesetzt. Durch das RÄG 2014 wurde das UGB angepasst, nicht aber § 18 PSG. Die neuen Bestimmungen des UGB sind unter Berücksichtigung bestimmter Übergangsvorschriften für Geschäftsjahre, die nach dem 31. Dezember 2015 beginnen, in Kraft getreten.

Zu Rz (3):

Nach § 1 Abs 2 Z 1 PSG darf eine Privatstiftung keine gewerbsmäßige Tätigkeit ausüben, die über eine bloße Nebentätigkeit hinausgeht. Dies bedeutet, dass Privatstiftungen eine nachhaltige unternehmerische Tätigkeit iSd § 1 UGB untersagt ist. Sollte diese Grenze verletzt werden, so kann dies zur Auflösung der Privatstiftung durch das Gericht führen (§ 35 Abs 1 Z 5 PSG). Aus den Gesetzesmaterialien zum PSG ergibt sich, dass das Verbot einer über eine Nebentätigkeit hinausgehenden gewerbsmäßigen Tätigkeit vor allem darin begründet ist, dass die Privatstiftung wegen ihrer Eigentümerlosigkeit für das Risiko einer unternehmerischen Tätigkeit nicht geeignet ist. Dazu wird in den Materialien aber auch ausdrücklich festgehalten, dass ihr die Ausübung von Nebentätigkeiten, wie sie in Lehre und Rechtsprechung anerkannt werden, insbesondere in der Land- und Forstwirtschaft, nicht vorenthalten bleiben soll;

ob eine solche Tätigkeit vorliegt, ist nach ihrem Umfang sowie ihrem Zusammenhang mit dem Stiftungszweck und mit dem der Privatstiftung zur Verfügung stehenden Vermögen zu beurteilen. Demnach entfaltet eine Privatstiftung, die Immobilienvermögen, insbesondere im Bereich der Land- und Forstwirtschaft, hält und bewirtschaftet oder verpachtet, im Regelfall keine vom PSG untersagte unternehmerische Tätigkeit.

Die Frage der Abgrenzung einer zulässigen wirtschaftlichen Aktivität gegenüber einer nicht mehr zulässigen unternehmerischen (gewerbsmäßigen) Tätigkeit stellt sich vor allem, wenn die Privatstiftung Liegenschaftsvermögen hält und durch Vermietung laufende Erträge erzielt. Ein ähnliches Problem ergibt sich, wenn die Rechnungslegungspflicht einer GmbH & Co KG davon abhängt, ob sie unternehmerisch tätig ist (vgl §§ 189 Abs 1 Z 2 lit b und 221 Abs 5 UGB). Nach der Rechtsprechung des OGH liegt eine unternehmerische Tätigkeit dann nicht vor, wenn sich die Vermietung auf eine Liegenschaft erstreckt, auch wenn für die Nutzung dieser Liegenschaft mehrere Mietverträge abgeschlossen werden sollten. Diese Wertung ist auch auf die Privatstiftung übertragbar, wobei anzumerken ist, dass nach den vorliegenden Entscheidungen des OGH nicht ausgeschlossen worden ist, dass auch die Vermietung mehrerer Immobilien noch nicht zwingend zur Unternehmereigenschaft führt. Denn der OGH hat betont, dass die Verwaltung und Bewirtschaftung des eigenen Vermögens nicht notwendigerweise eine unternehmerische Tätigkeit ist.

Zu Rz (6):

Die in § 18 PSG angeführten Bestimmungen des UGB sind „sinngemäß" anzuwenden. Dazu führen die Erläuterungen zur RV zum PSG, 1132 BlgNR 18. GP, aus: „So ist als „Kaufmann" im Sinn der genannten Bestimmungen die Privatrechtsstiftung anzusehen; an die Stelle des „Handelsgewerbes" tritt die Tätigkeit der Privatrechtsstiftung, an die Stelle des Eigenkapitals das Stiftungsvermögen [in der gegenständlichen AFRAC-Stellungnahme als „Stiftungskapital" bezeichnet]. Gesellschafter gibt es in der Privatrechtsstiftung nicht, ebensowenig einen Firmenwert oder Aktien. Darauf bezügliche Bestimmungen sind nicht anwendbar."

Die sinngemäße Anwendung gebietet eine objektiv-teleologische Interpretation der sinngemäß anzuwendenden Bestimmung. Die Gesetzesauslegung hat den Sinn, eine Bestimmung unter Bedachtnahme auf den Zweck der Regelung zu erfassen. Die gesetzgeberische Regelung und die darin zum Ausdruck kommenden Wertmaßstäbe sind selbständig und zu Ende zu denken (OGH 28.6.2007, 2 Ob 39/07k; OGH 24.3.2003, 9 Ob 241/02k).

Zu Rz (9):

In manchen Gesetzen (§ 22 Abs 1 GmbHG, § 82 AktG und § 22 Abs 1 GenG) wird die Verantwortlichkeit der gesetzlichen Vertreter, für die Einrichtung eines Rechnungswesens und eines internen Kontrollsystems zu sorgen, das den Anforderungen des Unternehmens entspricht, ausdrücklich vorgesehen. Doch bereits aus den das Rechnungswesen im Allgemeinen regelnden Bestimmungen des UGB lässt sich die Verpflichtung zur Einrichtung eines rechnungslegungsbezogenen internen Kontrollsystems ableiten.

Obwohl es im PSG keine ausdrückliche Bestimmung zur Einrichtung eines internen Kontrollsystems gibt, ergibt sich aus den allgemeinen Grundsätzen, insbesondere der ordnungsmäßigen Buchführung, und dem Grundsatz der Richtigkeit und Ordnungsmäßigkeit, dass ein rechnungslegungsbezogenes internes Kontrollsystem erforderlich ist; die §§ 243a Abs 2 und 267 Abs 3b UGB schreiben Angaben dazu im (Konzern-)Lagebericht vor. Folgt man der internationalen Praxis und betrachtet das Rechnungslegungssystem als Bestandteil des internen Kontrollsystems, dann sind die Vorschriften des § 190 UGB über die „Führung der Bücher" als Regelungen zu Bestandteilen des internen Kontrollsystems anzusehen.

Zu Rz (12):

Gemäß § 223 Abs 8 UGB sind Gliederung und Bezeichnung der mit arabischen Zahlen versehenen Posten der Bilanz und der Gewinn- und Verlustrechnung zu ändern, wenn dies zur Aufstellung eines klaren und übersichtlichen Jahresabschlusses erforderlich ist. In Ausnahmefällen wird dies auch für mit Großbuchstaben oder römischen Zahlen versehene Posten als zulässig erachtet (vgl *Hofians* in *Straube*, UGB II/RLG[3] § 223 Rz 40). Ein solcher Ausnahmefall kann bei Privatstiftungen vorliegen.

Gemäß § 27a SpG kann eine Sparkasse ihr Unternehmen oder den bankgeschäftlichen Teilbetrieb in eine Sparkassen Aktiengesellschaft einbringen (Anteilsverwaltende Sparkasse). Anteilsverwaltende Sparkassen haben gemäß § 23 Abs 2 SpG das Gliederungsschema der Anlage 2 zu § 43 BWG anzuwenden. Anteilsverwaltende Sparkassen können nach den Bestimmungen des § 27a SpG in eine Privatstiftung umgewandelt werden. Bei solchen Privatstiftungen, welche gemäß § 27a SpG aus der Umwandlung einer anteilsverwaltenden Sparkasse entstanden sind, sind die Besonderheiten des SpG zu beachten, wonach die Sparkasse nach der formwechselnden Umwandlung als Privatstiftung weiter besteht. Daher ist es geboten, dass diese Privatstiftungen das Gliederungsschema der Anlage 2 zu § 43 BWG in sinngemäßer Anwendung von § 23 Abs 2 SpG weiter anwenden.

Zu Rz (13):

Das Gliederungsschema bei Privatstiftungen iSd Rz (13) könnte beispielsweise wie folgt aussehen:

A. Ergebnis aus Beteiligungsvermögen

1. Erträge aus verbundenen Unternehmen
2. Erträge aus sonstigen Beteiligungen
3. Zwischensumme aus Z 1 bis 2 (Ergebnis aus Beteiligungsvermögen)

B. Ergebnis aus Kapitalvermögen

4. Erträge aus Wertpapieren
5. Zinsen und ähnliche Erträge

6. Erträge aus dem Abgang von und der Zuschreibung zu Finanzanlagen und Wertpapieren des Umlaufvermögens
7. Aufwendungen aus Finanzanlagen
8. Zinsen und ähnliche Aufwendungen
9. Zwischensumme aus Z 4 bis 8 (**Ergebnis aus Kapitalvermögen**)

C. Ergebnis aus Immobilienvermögen

10. Mieterlöse
11. Abschreibungen auf Immobilien (Gebäude)
12. Sonstige dem Immobilienvermögen zurechenbare betriebliche Aufwendungen
13. Zinsen und ähnliche Aufwendungen
14. Zwischensumme aus Z 10 bis 13 (**Ergebnis aus Immobilienvermögen**)

D. Sonstiges Ergebnis

15. Sonstige betriebliche Erträge
16. Abschreibungen auf Sachanlagen
17. Sonstige betriebliche Aufwendungen
18. Zwischensumme aus Z 15 bis 17 (**Sonstiges Ergebnis**)

E. Gesamtergebnis

19. Zwischensumme aus Z 3, 9, 14 und 18 (**Ergebnis vor Steuern**)
20. Steuern vom Einkommen und vom Ertrag
21. **Jahresüberschuss/Jahresfehlbetrag**

Eine Zuordnung der Steuern vom Einkommen und vom Ertrag zu den einzelnen Ergebniskategorien ist zulässig.

Zu Rz (15):

Da es sich bei der Privatstiftung um eine eigentümerlose juristische Person handelt, die keine den Kapitalgesellschaften vergleichbaren Kapitalerhaltungsvorschriften kennt, ist die in § 224 UGB vorgesehene Unterteilung des Eigenkapitals in eingefordertes Nennkapital, Kapitalrücklagen, Gewinnrücklagen und das Bilanzergebnis und allfällige weitere Kapitalposten im Stiftungsrecht obsolet. Daher ist das Eigenkapital in „Stiftungskapital", „Gewinnrücklagen gemäß Stiftungsurkunde" und „Ergebnisvortrag" zu gliedern, wobei jedenfalls zur Vermittlung eines möglichst getreuen Bildes der Vermögenslage iSd § 236 UGB im Anhang die Entwicklung des Stiftungskapitals darzustellen ist.

Falls das Eigenkapital negativ wird, ist die Überschrift „Eigenkapital" durch die Bezeichnung „negatives Eigenkapital" zu ersetzen.

Ergebnisvortrag

Im Posten „Ergebnisvortrag" sind die kumulierten Jahresergebnisse – soweit sie nicht aufgrund der Stiftungsurkunde den Gewinnrücklagen zuzuweisen sind – auszuweisen. Da dieser Posten sowohl positiv als auch negativ sein kann, soll die Bezeichnung „Ergebnisvortrag" gewählt werden.

Gewinnrücklagen gemäß Stiftungsurkunde

Absichtserklärungen – also außerhalb der Stiftungserklärung abgegebene Erklärungen des Stifters an den Vorstand oder auch an einen Beirat –, in welchen beispielsweise eine jährliche Dotierung einer Gewinnrücklage vorgesehen sein kann, entfalten keine normative Wirkung. Deswegen stellt Kapital, das nach einer derartigen Absichtserklärung einer Gewinnrücklage zuzuführen ist, kein „gebundenes Kapital" dar. Ein gesonderter Ausweis (im Posten „Gewinnrücklagen gemäß Stiftungsurkunde") ist daher in diesem Fall nicht erforderlich. Eine Angabe im Anhang kann in Betracht gezogen werden.

Zu Rz (16):

Als Stiftungskapital wird das gewidmete Vermögen dargestellt. Die Widmung des Mindestvermögens (dieses beträgt gemäß § 4 PSG EUR 70.000) ist in der Stiftungsurkunde vorzunehmen. Darüber hinaus kann anlässlich der Errichtung der Privatstiftung weiteres Vermögen in der Stiftungsurkunde gewidmet werden. Über das Mindestvermögen hinausgehendes Vermögen kann aber auch im Zuge der Errichtung der Privatstiftung in einer Stiftungszusatzurkunde gewidmet werden. Für nachträgliche Vermögenswidmungen durch den Stifter außerhalb von Stiftungsurkunde und Stiftungszusatzurkunde hat sich die Bezeichnung „Nachstiftung", für solche durch Dritte der Begriff der „Zustiftung" durchgesetzt.

„Zustiftungen" müssen von Spenden an die Privatstiftung abgegrenzt werden, welche nicht direkt ins Stiftungskapital gebucht werden, sondern erfolgswirksam zu verbuchen sind.

Zahlungen und Zuwendungen durch Dritte an eine *eigennützige* Privatstiftung stellen im Regelfall Zustiftungen dar und erhöhen das Stiftungskapital. Zahlungen und Zuwendungen durch Dritte an eine *fremdnützige* Privatstiftung stellen im Zweifel – wenn sie nicht ausdrücklich dem Vermögen der Privatstiftung gewidmet werden – Spenden dar und sind erfolgswirksam zu erfassen.

Zu Rz (17):

Im Eigenkapitalspiegel sind zumindest die Zugänge, die Abgänge sowie allenfalls vorgenommene Umbuchungen im Eigenkapital darzustellen. Zugänge im Stiftungskapital entstehen durch Nach- und Zustiftungen. Abgänge im Stiftungskapital können sich durch Widerruf von Stiftungsvorgängen ergeben. Gewinne erhöhen den Ergebnisvortrag bzw – wenn die Stiftungsurkunde eine Zuweisung an die Gewinnrücklagen vorsieht – durch Umbuchung die Gewinnrücklagen. Verluste sowie Zuwendungen verringern den Ergebnisvortrag (siehe hierzu Rz (21)).

Der Eigenkapitalspiegel kann wie folgt aussehen, wobei die wesentlichen Bewegungen zu erläutern sind:

Eigenkapital	1.1.	Zugänge	Abgänge	31.12.
1. Stiftungskapital				

2. Gewinnrücklagen gemäß Stiftungsurkunde				
3. Ergebnisvortrag				

Zu Rz (18):

Ein Ausweis von Zuwendungen als Ergebnisverwendung in der Gewinn- und Verlustrechnung entspricht nicht einem möglichst getreuen Bild iSd § 222 Abs 2 UGB, sodass die Gewinn- und Verlustrechnung mit dem Jahresüberschuss/Jahresfehlbetrag endet. Der Grund für die Ablehnung der „Variante" des Ausweises als Ergebnisverwendung besteht insbesondere darin, dass die Stellung von Begünstigten einer Privatstiftung unterschiedlich zu jener der Gesellschafter einer Kapitalgesellschaft ist. Die Gesellschafter einer Kapitalgesellschaft haben Mitgliedschaftsrechte, während die Privatstiftung keine Eigentümer hat. Die Rechte auf Zuwendungen an die Begünstigten ergeben sich ausschließlich nach dem Stifterwillen, der sich in der Stiftungsurkunde oder Stiftungszusatzurkunde niederschlägt. Ein weiterer Grund für die Ablehnung des Ausweises von Zuwendungen als Ergebnisverwendung ergibt sich aus der Natur der Zuwendung, die aus allen Bereichen des Eigenkapitals erfolgen kann, sofern die Stiftungsurkunde keine anderen Bestimmungen enthält. Kapitalgesellschaften können hingegen ausschließlich aufgrund eines Bilanzgewinns Ausschüttungen vornehmen. Für die Zuwendungen an Begünstigte ist nach den gesetzlichen Vorschriften kein erzielter Gewinn bzw kein ausgewiesener Bilanzgewinn erforderlich. Aus diesen Gründen sollen Zuwendungen an Begünstigte ausschließlich in der Bilanz als Minderung des Eigenkapitals dargestellt werden.

Zu Rz (19) bis (21):

Eine Legaldefinition des Zuwendungsbegriffs gibt es nicht. Unter Zuwendungen von Privatstiftungen sind im Wesentlichen unentgeltliche Vermögensübertragungen von Privatstiftungen an Begünstigte oder Letztbegünstigte zu verstehen. Zuwendungen von Privatstiftungen können sowohl in Geldwerten als auch in Sachwerten oder in der unentgeltlichen Überlassung von Nutzungsmöglichkeiten erfolgen.

Bei Sachzuwendungen werden Teile des Vermögens der Privatstiftung (zB eine Liegenschaft oder sonstige Sachwerte) an den Begünstigten übertragen – es handelt sich in der Regel um eine einmalige Leistung. Werden hingegen Vermögensgegenstände nicht ins Eigentum des Begünstigten übertragen, sondern (im Rahmen eines Dauerschuldverhältnisses) Nutzungsmöglichkeiten daran eingeräumt, spricht man von Nutzungszuwendungen (zB die unentgeltliche Überlassung einer Wohnung).

Sach- und Nutzungszuwendungen von inländischen nicht gemeinnützigen Privatstiftungen unterliegen gemäß § 93 Abs 2 Z 1 EStG der KESt, sofern keine steuerneutrale Substanzauszahlung vorliegt. Die Bemessungsgrundlage für den KESt-Abzug ist eigens nach den Sonderbestimmungen des § 15 Abs 3 Z 2 EStG zu ermitteln. Demnach sind Zuwendungen mit jenem Betrag anzusetzen, welcher für das einzelne Wirtschaftsgut, für sonstiges Vermögen bzw sonstige geldwerte Vorteile im Zeitpunkt der Zuwendung vom Begünstigten hätte aufgewendet werden müssen.

Grundsätzlich ist der Begünstigte Schuldner der KESt in Höhe von 27,5%. Wird die KESt jedoch von der Privatstiftung und nicht vom Begünstigten getragen, so gilt auch die Übernahme der KESt als Zuwendung, und somit ist auch diese wiederum kapitalertragsteuerpflichtig. In Summe ergibt sich daher eine KESt-Belastung in Höhe von 37,93%.

Zu Rz (25):

Unter sinngemäßer Anwendung der entsprechenden Grundsätze und Vorschriften hat der Lagebericht sohin insbesondere folgende Inhalte zu enthalten:

– den Geschäftsverlauf, das Geschäftsergebnis und die Lage der Privatstiftung; dabei ist auch über die Stiftungstätigkeit und die Rahmenbedingungen zu berichten (Wirtschaftsbericht)
– Berichterstattung über die voraussichtliche Entwicklung der Stiftung, Beschreibung der wesentlichen Risiken und Ungewissheiten und Verwendung von Finanzinstrumenten, sofern dies für die Beurteilung der Vermögens-, Finanz- und Ertragslage von Bedeutung ist. Beim Risiko ist neben den operativen Risiken auch auf die rechtlichen Risiken einzugehen. Zu den rechtlichen Risiken zählen bei der Stiftung auch vorbehaltene Stiftungsrechte und Ansprüche gegen den Stifter, sofern diese Auswirkungen auf die Stiftung haben (Prognose- und Risikobericht)
– Ein Bericht über Forschung und Entwicklung ist nur für jene Stiftungen relevant, die aufgrund ihres Stiftungszwecks Forschung und Entwicklung betreiben.

Zu Rz (28):

Im § 13 Abs 3 KStG wurde durch das AbgÄG 2015 die Ermittlung der Bemessungsgrundlage für die Zwischenkörperschaftsteuer neu geregelt. Weiters wurde mit den Änderungen des § 24 Abs 5 KStG die Rückerstattung der KESt dahingehend neu gefasst, dass die Bemessungsgrundlage für die Gutschrift der Unterschiedsbetrag zwischen der Summe der gemäß § 13 Abs 3 KStG gesondert zu versteuernden Einkünfte und der Summe der Zuwendungen iSd § 27 Abs 5 Z 7 EStG ist, wenn diese die Summe der Einkünfte übersteigt. Die Summe der Zuwendungen ist insoweit zu verringern, als sie wegen Entlastungen aufgrund eines Doppelbesteuerungsabkommens (DBA) nicht endgültig mit KESt belastet ist. Gutschriften von Zwischenkörperschaftsteuer der Jahre vor 2011 sind mit 12,5% der Bemessungsgrundlage zu berechnen, für Jahre ab 2011 mit 25%, wobei die Zwischenkörperschaftsteuer der Jahre vor 2011 vorrangig gutzuschreiben ist. In gleicher Weise ist die Gutschrift im Falle der Auflösung der Stiftung zu ermitteln, wobei für die Berechnung der für eine

Gutschrift in Betracht kommende Restbetrag wie eine Zuwendung zu behandeln ist.

Das Zwischenbesteuerungskonzept sollte zwar dem Grunde nach beibehalten werden, die angeführten Neuregelungen des AbgÄG 2015 haben allerdings wesentliche Auswirkungen auf das System der Gutschriften. Insbesondere bei Zuwendungen an "ausländische" Empfänger, wenn aufgrund eines DBA Zuwendungen zum Teil von der KESt entlastet sind, ist eine volle Rückerstattung der Zwischenkörperschaftsteuer nicht mehr möglich; bei Auflösung der Stiftung erfolgt eine Gutschrift des Restbetrags (laut Evidenzkonto) nur insoweit, als dieser mit KESt belastet ist.

AFRAC-Stellungnahme 26
BauARGEn (IFRS)

Stellungnahme
Form der Einbeziehung österreichischer Bau-Arbeitsgemeinschaften in einen IFRS-Konzernabschluss

(Dezember 2015)

Historie der vorliegenden Stellungnahme

erstmalige Veröffentlichung	Juni 2015	
Überarbeitung	Dezember 2015	formale Anpassung; keine inhaltlichen Änderungen

1. Hintergrund und Fragestellung

(1) Arbeitsgemeinschaften (ARGEN) sind eine sehr gebräuchliche Form der Kooperation in der Bauwirtschaft. Zwei oder mehrere Bauunternehmer schließen dabei in der Rechtsform der Gesellschaft bürgerlichen Rechts (GesbR) idR auf Basis der „Geschäftsordnung für Arbeitsgemeinschafts-Verträge“ (Bau-ARGE-Geschäftsordnung, Geschäftsordnung, hrsg vom Fachverband der Bauindustrie, Auflage 2008) eine gemeinsame Vereinbarung. Im Gegensatz zu deutschen Bau-ARGEN sieht die österreichische Bau-ARGE-Geschäftsordnung bei ARGEN mit mehr als zwei Partnern für viele Entscheidungen Beschlüsse mit einfacher Mehrheit vor. Die Anwendung von IFRS 11 *Gemeinsame Vereinbarungen (Joint Arrangements)* setzt hingegen einstimmige Entscheidungen der gemeinsam führenden Parteien über die maßgeblichen Tätigkeiten voraus.

(2) Die Stellungnahme befasst sich daher mit der Frage, wann eine typische österreichische Bau-ARGE in den Anwendungsbereich von IFRS 11 fällt und wie sie zu klassifizieren ist, wenn IFRS 11 nicht anwendbar ist.

(3) Für Bau-ARGEN, welche gemäß IFRS 11 darzustellen sind, stellt sich die Frage, ob sie als

(a) gemeinschaftliche Tätigkeit (joint operation) oder

(b) Gemeinschaftsunternehmen (joint venture)

zu klassifizieren sind – insbesondere weil eine österreichische Bau-ARGE im Gegensatz zur ansonsten vergleichbaren deutschen „BGB-Außengesellschaft“ keine Rechtspersönlichkeit besitzt.

(4) Diese Stellungnahme befasst sich daher auch mit der Frage, ob eine gemäß IFRS 11 darzustellende österreichische Bau-ARGE in ihrer typischen Ausprägung gemäß Bau-ARGE-Geschäftsordnung als gemeinschaftliche Tätigkeit (joint operation) oder Gemeinschaftsunternehmen (joint venture) zu klassifizieren ist.

(5) Im Anhang sind die wesentlichen Regelungen der Bau-ARGE-Geschäftsordnung, auf der die weiteren Ausführungen dieser Stellungnahme grundsätzlich beruhen, dargestellt.

2. Vorliegen einer gemeinsamen Vereinbarung (joint arrangement) gemäß IFRS 11

2.1. Überblick

(6) Voraussetzung für die Anwendung von IFRS 11 ist zunächst das Vorliegen einer vertraglichen Vereinbarung gemäß IFRS 11.5 lit a. In dieser Vereinbarung muss den Parteien die gemeinschaftliche Führung der Vereinbarung gemäß IFRS 11.5 lit b zugewiesen werden.

2.2. Vertragliche Vereinbarung

(7) Eine Vereinbarung zwischen den Partnern entsprechend der Bau-ARGE-Geschäftsordnung legt die wesentlichen Bedingungen der gemeinsamen Tätigkeit gemäß IFRS 11.B4 fest und erfüllt daher die Voraussetzungen von IFRS 11.5 lit a.

2.3. Gemeinschaftliche Führung

(8) Gemäß IFRS 11.7 liegt eine gemeinschaftliche Führung nur dann vor, wenn die Entscheidungen über die maßgeblichen Tätigkeiten von den gemeinsam führenden Parteien einstimmig getroffen werden.

(9) In Bau-ARGEN mit mehr als zwei Partnern entscheidet gemäß Abschnitt 4.1.5 iVm Abschnitt 4.1.2 der Geschäftsordnung der Firmenrat endgültig in allen grundsätzlichen und wichtigen Angelegenheiten der Arbeitsdurchführung und technischen und kaufmännischen Geschäftsführung mit einfacher Mehrheit. Allerdings werden regelmäßig Entscheidungen mit Einfluss auf die Rendite einer Bau-ARGE bereits mit allen Partnern im Vorfeld im Zuge der Errichtung einstimmig getroffen. Welche Tätigkeiten einer Bau-ARGE als maßgebliche Tätigkeiten zu qualifizieren sind, ist im Einzelfall zu bestimmen. Unter Berücksichtigung der tatsächlichen Verhältnisse und Entscheidungsmechanismen ist zu würdigen, ob die Entscheidungen über die maßgeblichen Tätigkeiten von gemeinsam führenden Parteien einstimmig getroffen werden und daher gemeinschaftliche Führung vorliegt.

(10) Bei Bau-ARGEN mit zwei Partnern ist – unabhängig von der Höhe der Beteiligung der einzelnen Partner – gemäß Abschnitt 4.2.1 der Geschäftsordnung bei allen Entscheidungen Einstimmigkeit erforderlich. Sie unterliegen daher den Regelungen von IFRS 11.

(11) Ändern sich die Anteilsverhältnisse der Bau-ARGE durch das Ausscheiden oder Hinzutreten von Partnern oder sonstige Anteilsverschiebungen, ist gemäß IFRS 11.19 eine Neubeurteilung vorzunehmen.

3. Klassifizierung einer Bau-ARGE gemäß IFRS 11

3.1. Überblick

(12) Gemäß IFRS 11.14 iVm IFRS 11.6 ist eine gemeinsame Vereinbarung zu klassifizieren als

(a) gemeinschaftliche Tätigkeit (joint operation) oder

(b) Gemeinschaftsunternehmen (joint venture).

Die Klassifizierung ist abhängig von den Rechten und Pflichten der Parteien (IFRS 11.B14). Wenn die Partner Rechte an den der Vereinbarung zuzurechnenden Vermögenswerten und Verpflichtungen für deren Schulden haben, ist die Vereinbarung gemäß IFRS 11.15 eine gemeinschaftliche Tätigkeit (joint operation). Wenn die Partner Rechte an dem der Vereinbarung zuzurechnenden Nettovermögen haben, ist die Vereinbarung gemäß IFRS 11.16 ein Gemeinschaftsunternehmen (joint venture). Die Klassifizierung erfolgt anhand der Kriterien gemäß IFRS 11.B15.

3.2. Eigenständiges Vehikel

(13) Ist die Struktur der gemeinsamen Vereinbarung nicht durch ein eigenständiges Vehikel gestaltet, dann handelt es sich zwangsläufig um eine gemeinschaftliche Tätigkeit (joint operation) (IFRS 11.B16).

(14) Eine Bau-ARGE nach der Geschäftsordnung stellt ein eigenständiges Vehikel gemäß IFRS 11 dar.

(15) Gemäß IFRS 11.B15 sind daher

(i) die Rechtsform des Vehikels (IFRS 11.B22–24),

(ii) die Bestimmungen der vertraglichen Vereinbarung (IFRS 11.B25–28) und

(iii) sonstige Sachverhalte und Umstände (IFRS 11.B29–33)

in die Beurteilung zur Klassifizierung einzubeziehen.

3.3. Rechtsform und vertragliche Vereinbarung

(16) In einer Bau-ARGE stehen die Forderungen aus Lieferungen und Leistungen den Partnern als Gesamthandforderungen zu. Gleiches ist auch für sonstige schuldrechtliche Ansprüche anzunehmen. Ohne Zustimmung der Mitgesellschafter kann darüber nicht disponiert werden. Da diese Vermögenswerte idR das weitaus überwiegende Vermögen einer Bau-ARGE in ihrer typischen Form darstellen, liegt aufgrund der Rechtsform und der damit verbundenen Ansprüche der Partner ein Gemeinschaftsunternehmen (joint venture) vor. Weder die fehlende Rechtspersönlichkeit noch die unmittelbare Haftung der Gesellschafter für Verbindlichkeiten der ARGE alleine sind für eine Klassifizierung als gemeinschaftliche Tätigkeit (joint operation) ausreichend.

(17) Eine andere Beurteilung kann sich ergeben, wenn wesentliche Vermögenswerte (insbesondere Sachanlagen) nicht von den Partnern gegen angemessenes Entgelt zur Verfügung gestellt, sondern von der ARGE selbst erworben oder von deren Gesellschaftern eingebracht werden. In diesen Fällen ist zu untersuchen, ob direkte Rechte der Partner an den Vermögenswerten das Vorliegen einer gemeinschaftlichen Tätigkeit (joint operation) bedingen.

3.4. Sonstige Sachverhalte und Umstände

(18) Da der Output einer typischen Bau-ARGE hauptsächlich von Dritten und nicht von den ARGE-Partnern abgenommen wird, lässt sich aus der Berücksichtigung sonstiger Sachverhalte und Umstände keine Klassifizierung als gemeinschaftliche Tätigkeit (joint operation) ableiten.

3.5. Ergebnis

(19) Im Ergebnis ist eine typische österreichische Bau-ARGE nach der Geschäftsordnung, wenn sie in den Anwendungsbereich von IFRS 11 fällt und ihr wesentliches Vermögen die Forderung aus der Leistungserbringung gegenüber dem Auftraggeber darstellt, als Gemeinschaftsunternehmen (joint venture) zu klassifizieren.

4. Klassifizierung einer Bau-ARGE außerhalb IFRS 11

4.1. Vollkonsolidierung von Bau-ARGEN bei einem Anteil von mehr als 50%

(20) Bei Bau-ARGEN mit mehr als zwei Partnern, die nicht in den Anwendungsbereich von IFRS 11 fallen, stellt sich für Partner, welche mit mehr als 50% beteiligt sind, die Frage, ob die ARGE ein konsolidierungspflichtiges Unternehmen (entity) gemäß IFRS 10 darstellt und die Regelungen von IFRS 10 anzuwenden sind.

(21) Eine Bau-ARGE nach der Geschäftsordnung stellt ein Unternehmen (entity) im Sinne von IFRS 10 dar. Bei Vorliegen von Beherrschung gemäß IFRS 10.A ist sie von der beherrschenden Partnerfirma voll zu konsolidieren.

4.2. Bilanzierung von Bau-ARGEN nach der Equity-Methode bei einem Anteil von weniger als 50%

(22) Bei Bau-ARGEN nach der Geschäftsordnung, an denen mehr als zwei Partner beteiligt sind, von denen keiner die ARGE beherrscht, verfügt jeder Partner idR über einen maßgeblichen Einfluss. Folglich sind diese Anteile gemäß IAS 28 als assoziierte Unternehmen einzustufen und entsprechend zu bilanzieren.

5. Anhangangaben

(23) Sofern die für Bau-ARGEN getroffene Klassifizierung für das Verständnis des Abschlusses relevant ist, sind entsprechende Angaben über die angewandten Rechnungslegungsmethoden gemäß

IAS 1.117 lit b bzw wesentliche Ermessensentscheidungen gemäß IAS 1.122 darzustellen. Darüber hinaus sind die gemäß IFRS 12 erforderlichen Angaben vorzunehmen.

6. Erstmalige Anwendung

(24) Diese Stellungnahme ist auf Geschäftsjahre anzuwenden, die nach dem 31. Dezember 2015 beginnen. Eine vorzeitige Anwendung wird empfohlen.

Erläuterungen

Zu Rz (7):

Die Geschäftsordnung regelt die in IFRS 11.B4 aufgezählten Elemente: Zweck, Tätigkeit und Laufzeit der gemeinsamen Vereinbarung; Art und Weise, wie die Mitglieder des Leitungsorgans bestellt werden; den Entscheidungsprozess, dh die Angelegenheiten, bei denen Entscheidungen der Parteien erforderlich sind, und die Stimmrechte der Parteien; das Kapital und andere verlangte Einlagen; und die Art und Weise, wie die Parteien Vermögenswerte, Schulden, Erlöse, Aufwendungen, Gewinne und Verluste aus der gemeinsamen Vereinbarung teilen.

Die wesentlichen Regelungen der Geschäftsordnung sind im Anhang dargestellt.

Zu Rz (8):

Für das Vorliegen gemeinschaftlicher Führung darf sich das Erfordernis der Einstimmigkeit gemäß IFRS 11.B9 nicht nur auf Schutzrechte, sondern muss sich auf die Entscheidungen über die maßgeblichen Tätigkeiten beziehen.

Zu Rz (9):

Eine ARGE mit mehr als zwei Partnerfirmen hat einen Firmenrat einzurichten (siehe Geschäftsordnung, Abschnitt 4.1), der endgültig in allen grundsätzlichen und wichtigen Angelegenheiten der Arbeitsdurchführung sowie in Fragen, die von der technischen Geschäftsführung, der kaufmännischen Geschäftsführung oder den Partnerfirmen beim Firmenrat anhängig gemacht werden, entscheidet (4.1.2).

Jede Partnerfirma ist im Firmenrat vertreten; ihr kommt ein Stimmrecht entsprechend ihrem Beteiligungsverhältnis zu (3.1 und 4.1.5). Grundsätzlich werden Entscheidungen mit einfacher Mehrheit getroffen (4.1.5); bei einzelnen, taxativ aufgezählten Angelegenheiten (4.1.3; Beschaffung von Barkrediten, Eröffnung von Akkreditiven, Übernahme und Verwendung von Vorauszahlungen des Bauauftraggebers, Verwendung der aufgrund von verrechneten Leistungen eingehenden Gelder sowie Änderung und Ergänzung des ARGE-Vertrages und Übertragung der ARGE-Mitgliedschaft (Rechtsnachfolge gemäß 17.2.)) ist Einstimmigkeit erforderlich.

Die gemäß 4.1.3 einstimmig zu fassenden Finanzierungsentscheidungen beeinflussen die Rendite einer ARGE idR nicht erheblich und sind daher oft nicht als maßgebliche Tätigkeiten zu betrachten. Dies gilt insbesondere auch, weil Bau-ARGEN wegen der Beistellung wesentlicher Sachanlagen durch die Partner meist nur in sehr geringem Umfang Kredite aufnehmen.

Die Übertragung der ARGE-Mitgliedschaft kann ebenso wie die Änderung und Ergänzung des ARGE-Vertrages entweder als Schutzrecht im Sinne von IFRS 11.B9 iVm IFRS 10.B26–28 oder als substantielles Recht im Sinne von IFRS 11.B9 iVm IFRS 10.B22–25 über maßgebliche Tätigkeiten ausgestaltet sein. Ein substantielles Recht resultiert häufig bei Änderungen und Erweiterungen des Bauauftrages im Zusammenhang mit wesentlichen Nachträgen aus nicht abgedeckten Kosten.

Entscheidungen, welche die Rendite einer Bau-ARGE wesentlich beeinflussen, werden regelmäßig auch im Vorfeld im Zuge der Errichtung einer Bau-ARGE insbesondere durch Angebotsabgabe, Kalkulation und Abschluss des Bauauftrages getroffen. Bei öffentlichen Aufträgen erfolgt dies über eine Bietergemeinschaft der zukünftigen ARGE-Partner, welche nach außen hin im Vergabeverfahren auftritt. IdR wird dazu ein ARGE-Vorvertrag abgeschlossen, welcher dem Einstimmigkeitsprinzip unterliegt. Im Bereich der privaten Aufträge ist die Vorgangsweise oft analog. Der Begriff der „Bietergemeinschaft" ist allerdings auf öffentliche Aufträge begrenzt.

Welche Tätigkeiten die Rendite einer Bau-ARGE erheblich beeinflussen und daher unter Berücksichtigung der Kriterien gemäß IFRS 10.B11–13 als maßgebliche Tätigkeiten im Sinne von IFRS 11.A iVm IFRS 10.A zu qualifizieren sind, ist unter Berücksichtigung der tatsächlichen Umstände und Verhältnisse im Einzelfall zu bestimmen. Hierauf basierend ist unter Berücksichtigung der diesbezüglich relevanten Entscheidungsmechanismen abzuleiten, ob die Entscheidungen über die maßgeblichen Tätigkeiten einstimmig getroffen werden und daher gemeinschaftliche Führung im Sinne von IFRS 11.7 vorliegt.

Zu Rz (11):

Relevant im Sinne dieser Bestimmung sind Veränderungen, durch die eine gemeinschaftliche Führung begründet oder beendet wird. Dies ist insbesondere bei Ausscheiden eines Partners und einer damit verbundenen Reduktion auf zwei verbleibende ARGE-Partner der Fall. Eine entsprechende Reduktion kann sich aus Konzernsicht auch bei Erwerb eines anderen ARGE-Partners ergeben.

Bei Erweiterung einer aus zwei Partnern bestehenden ARGE bzw der Veräußerung eines Konzernunternehmens, das neben einem anderen Konzernunternehmen an der ARGE beteiligt ist, kann sich der umgekehrte Effekt des Wegfalls der gemeinschaftlichen Führung im Sinne von Rz (8) ergeben.

Zu Rz (14):

Ein eigenständiges Vehikel ist gemäß IFRS 11.A eine eigenständig identifizierbare Finanzstruktur, einschließlich eigenständiger, rechtlich anerkannter, verfasster Einheiten, unabhängig davon, ob diese Einheit eine eigene Rechtspersönlichkeit besitzt.

Der Begriff der eigenständig identifizierbaren Finanzstruktur ist im Standard nicht weiter definiert. In der Literatur wird dieser „als von den Parteien getrennte Vermögens- und Finanzstruktur" interpretiert (vgl *Küting/Seel*, Die Abgrenzung und Bilanzierung von joint arrangements nach IFRS 11: Änderungen aus der grundlegenden Überarbeitung des IAS 31 und Auswirkungen auf die Bilanzierungspraxis, KoR 2011, 342 (345), unter Bezugnahme auf IFRS 11.B19; ähnlich *Fuchs/Stibi*, IFRS 11 "Joint Arrangements" – lange erwartet und doch noch mit (kleinen) Überraschungen? Betriebs-Berater 2011, 1451 (1452)). Eine eigene Rechtspersönlichkeit ist für das Vorliegen eines eigenständigen Vehikels hinreichend, aber nicht erforderlich (vgl *Küting/Seel,* Die Abgrenzung und Bilanzierung von joint arrangements nach IFRS 11: Änderungen aus der grundlegenden Überarbeitung des IAS 31 und Auswirkungen auf die Bilanzierungspraxis, KoR 2011, 342 (345)). Als Beispiele werden „ein eigenständiges Rechnungswesen oder eine eigenständige Finanzierung" genannt (vgl *Schubert/Lüdenbach*, Gemeinschaftliche Vereinbarungen (joint arrangements) nach IFRS 11 – Darstellung und kritische Würdigung des neuen Standards, PiR 2012, 1 (3)).

Eine Bau-ARGE ist als GesbR Trägerin einer zivilrechtlich anerkannten Rechtsform. Bau-ARGEN verfügen entsprechend Abschnitt 4 bis 6 der Geschäftsordnung über entsprechende Unternehmensstrukturen, eine eigenständige Finanzstruktur und ein eigenes Rechnungswesen. Vermögen und Schulden zur Erfüllung des Zwecks der ARGE werden von dieser gehalten und sind grundsätzlich vom Vermögen der Mitglieder zu trennen (§ 1178 Abs 2 und § 1199 Abs 1 ABGB idF GesbR-Reformgesetz (GesbR-RG)).

Eine Bau-ARGE nach der Geschäftsordnung stellt daher ein eigenständiges Vehikel gemäß IFRS 11 dar.

Zu Rz (16) und (17):

Für das Vorliegen einer gemeinschaftlichen Tätigkeit (joint operation) ist es jedenfalls erforderlich, dass die Gesellschafter sowohl Rechte an den der Vereinbarung zuzurechnenden Vermögenswerten als auch Verpflichtungen für deren Schulden haben (IFRS 11.15).

Das Gesellschaftsvermögen einer GesbR ist als Sondervermögen grundsätzlich vom Vermögen der Mitglieder zu trennen; Rechte und Verbindlichkeiten, die ein Dritter gegen die GesbR hat, sind also von den Rechten und Verbindlichkeiten gegen einzelne Mitglieder zu unterscheiden (§ 1178 Abs 2 und § 1199 Abs 1 ABGB idF GesbR-RG, vgl *Nowotny*, Erwerbsgesellschaft bürgerlichen Rechts, in *Kalss/Nowotny/Schauer* (Hrsg), Österreichisches Gesellschaftsrecht (2008) 65 Rz 2/29). Auch wenn ihm das schuldrechtlich durch den Gesellschaftsvertrag untersagt ist, kann der Gesellschafter einer GesbR sachenrechtlich wirksam über seinen Miteigentumsanteil verfügen (vgl EB zu § 1180 ABGB idF GesbR-RG).

Schuldrechtliche Ansprüche einer GesbR stehen nach der die bisher herrschende Lehre und ständige Rechtsprechung abbildenden gesetzlichen Bestimmung in § 1180 Abs 1 ABGB idF GesbR-RG jedoch den Gesellschaftern als Gesamthandforderungen zu. Sie können nicht, auch nicht anteilig, ohne Zustimmung der Mitgesellschafter geltend gemacht werden (vgl für viele OGH 7.11.2002, 6 Ob 67/02z, ecolex 2003/81, 176 bzw EB zu § 1180 ABGB idF GesbR-RG). Dementsprechend sind Forderungen einer Bau-ARGE gemäß Abschnitt 3.4 der Geschäftsordnung Forderungen zur gesamten Hand und können nur von allen Partnerfirmen gemeinsam geltend gemacht werden. Es bestehen daher keine direkten Rechte der Partner an den Forderungen der Bau-ARGE. Gleiches ist auch für Bankguthaben (als schuldrechtliche Ansprüche gegenüber Kreditinstituten, vgl OGH 1.12.2005, 6 Ob 99/05k, ÖBA 2006/1352, 518) und noch nicht abrechenbare Bauleistungen anzunehmen.

Für gesellschaftsbezogene Verbindlichkeiten einer Bau-ARGE haften die Mitglieder persönlich, unbeschränkt und idR solidarisch (vgl EB zu § 1199 ABGB idF GesbR-RG).

Das sonstige Vermögen, insbesondere Sachanlagen (Maschinen und Geräte), wird der ARGE meist von ihren Partnern beigestellt. Das weitaus überwiegende Vermögen einer Bau-ARGE besteht daher idR aus Forderungen bzw der Leistung aus dem Bau. Da diese in der Sphäre der ARGE stehen, haben die Partner darauf keinen direkten Anspruch. Mangels Rechten an den der Vereinbarung zuzurechnenden Vermögenswerten indizieren Rechtsform und Vereinbarung daher ein Gemeinschaftsunternehmen (joint venture).

Dieses Ergebnis steht im Einklang mit dem Ergebnis einer Analyse einer gemeinsamen Vereinbarung in Form einer spezifischen Bauprojektgesellschaft durch das IFRS IC (vgl IFRS IC, IFRIC Update Juli 2014, Agenda Paper 2B). Dort wird festgehalten, dass in dem Fall, dass Sachanlagen zur Ausführung des Bauauftrages im Eigentum der Vertragsparteien stehen und der Projektgesellschaft vermietet werden, die wesentlichen Vermögenswerte und Schulden der betreffenden Projektgesellschaft in Forderungen und Verbindlichkeiten (erhaltene Anzahlungen) gegenüber dem Auftraggeber und Verbindlichkeiten aus Lieferungen und Leistungen, Einzahlungen der Vertragspartner und Leistungsverpflichtungen gegenüber dem Auftraggeber (performance obligations) bestehen (vgl IFRS IC, IFRIC Update Juli 2014, Agenda Paper 2B Rz 4, Feature G).

Hinsichtlich der Beurteilung der Rechte und Verpflichtungen wird vom IFRS IC ausdrücklich festgehalten, dass für die Klassifizierung als joint operation das Vorliegen von „gross" rights an den Vermögenswerten und „gross" obligations für die Schulden erforderlich ist (vgl IFRS IC, IFRIC Update Juli 2014, Agenda Paper 2B Rz 17). Da die Vertragsparteien nur „net" amounts nach Abzug von Kosten der Projektgesellschaft erhalten, wird für die Forderung aus dem Bauauftrag als wesentlichen Vermögenswert das Vorliegen von „gross" rights und damit das Vorliegen von für eine joint operation ausreichenden Rechten an den Vermögenswerten verneint (vgl IFRS IC, IFRIC Update Juli 2014, Agenda Paper 2B Rz 17, 18 und 30).

Die direkte Haftung der Parteien für Verbindlichkeiten und die Verpflichtung zur Kapitalisierung und Finanzierung der Gesellschaft können das Vorliegen von Verpflichtungen für die Schulden indizieren. Für eine abschließende Beurteilung sind jedoch die spezifischen Verhältnisse zu würdigen.

Verpflichtungen der Parteien für die Schulden sind demnach nur dann anzunehmen, wenn die Vorauszahlungen des Auftraggebers zur Deckung der laufenden Verpflichtungen nicht ausreichen und die Parteien im konkreten Fall zur Finanzierung der laufenden Geschäftstätigkeit verpflichtet wären oder eine laufende direkte Inanspruchnahme aus der Haftung für die Verbindlichkeiten droht (vgl IFRS IC, IFRIC Update Juli 2014, Agenda Paper 2B Rz 21, 22 und 31).

Abschließend wird vom IFRS IC festgehalten, dass eine Bauprojektgesellschaft in der analysierten Form nicht als joint operation zu klassifizieren ist, weil dafür „in substance" beides, sowohl Rechte an den Vermögenswerten als auch Verpflichtungen für die Schulden, erforderlich sind (vgl IFRS IC, IFRIC Update Juli 2014).

Zu Rz (18):

Die Berücksichtigung sonstiger Sachverhalte und Umstände führt gemäß IFRS 11.B30 dann zu einer Klassifizierung als gemeinschaftliche Tätigkeit, wenn die Parteien aufgrund dieser sonstigen Sachverhalte und Umstände Rechte an den der Vereinbarung zuzurechnenden Vermögenswerten und Verpflichtungen für ihre Schulden erhalten.

Gemäß IFRS 11.B31 weist die Belieferung der Partner mit dem Produktionsergebnis (Output), sodass diese wesentliche Teile des wirtschaftlichen Gesamtnutzens aus den Vermögenswerten der Vereinbarung beanspruchen können („the parties have substantially all the economic benefits of the assets of the arrangement"), auf das Vorliegen derartiger Sachverhalte und Umstände hin. Häufig wird der Zugriff der Partner dadurch gesichert, dass das Produktionsergebnis (Output) nicht an Dritte verkauft werden darf.

Die Wirkung einer derart gestalteten Vereinbarung besteht gemäß IFRS 11.B32 darin, dass Schulden der gemeinsamen Vereinbarung im Wesentlichen durch die Zahlungsströme, die aus den Ankäufen des Outputs durch die Partner zufließen, beglichen werden.

Zweck einer Bau-ARGE ist gemäß Abschnitt 1.1 der Geschäftsordnung die gemeinsame Durchführung des den Partnerfirmen übertragenen Hauptauftrages. Der Output wird daher hauptsächlich von Dritten abgenommen. Sonstige Sachverhalte und Umstände, die für eine Klassifikation als gemeinschaftliche Tätigkeit im Sinne von IFRS 11.B29–32 relevant sein können, liegen damit nicht vor.

Zu Rz (19):

Das IFRS IC hat sich, wie in den Erläuterungen zu Rz (16) und (17) dargestellt, eingehend mit der Klassifizierung einer in vielen Aspekten sehr ähnlichen spezifischen Bauprojektgesellschaft auseinandergesetzt. Das Ergebnis der vorliegenden Stellungnahme entspricht dem Ergebnis der Analyse des IFRS IC (vgl IFRS IC, IFRIC Update Juli 2014, Agenda Paper 2B, sowie Rz (16) und (17) dieser Stellungnahme).

Zu Rz (20):

Ein Beteiligungsausmaß eines Partners von mehr als 50% resultiert oft daraus, dass sich die Zusammensetzung der ARGE durch Ausscheiden eines Partners verändert, indem die Beteiligung des ausscheidenden Partners von einem anderen ARGE-Partner übernommen wird. Andererseits kann sich eine Beteiligungsmehrheit an einer ARGE bei einer Konzernbetrachtung ergeben, wenn mehrere Gesellschaften eines Konzerns an derselben ARGE beteiligt sind.

Zu Rz (21):

Der Begriff Unternehmen (entity), welcher in IFRS 10.A verwendet wird, um ein Mutterunternehmen ebenso wie ein Tochterunternehmen zu definieren, wird in IFRS 10 selbst nicht festgelegt. IFRS 10.5 bringt allerdings zum Ausdruck, dass die Art des Engagements in einem Unternehmen für die Erfüllung der Definition eines Mutterunternehmens nicht ausschlaggebend ist.

Der Vorgängerstandard IAS 27 (2008) hielt explizit fest, dass „unincorporated entities" vom Begriff des Tochterunternehmens umfasst sind. Diese Erklärung wurde zwar nicht in IFRS 10 übernommen. Es ist jedoch davon auszugehen, dass es diesbezüglich durch den neuen Standard zu keiner Änderung gekommen ist und für das Vorliegen einer Tochtergesellschaft keine Rechtspersönlichkeit erforderlich ist (vgl Deloitte, iGAAP (2014) A24.4; PwC, Manual of accounting IFRS (2014) 24A.26).

Für das Vorliegen eines Unternehmens im Sinne von IFRS 10 wird also in IFRS 10.5 keine eigene Rechtspersönlichkeit vorausgesetzt. Für Strukturen ohne eigene Rechtspersönlichkeit werden in der Literatur beispielhaft folgende Indikatoren genannt, um die Definition eines Unternehmens nach IFRS 10 zu erfüllen (vgl PwC, Manual of accounting IFRS (2014) 24A.26):

- Bestehen eines Management-Organs
- Ein nicht zustimmender Investor kann an Mehrheitsentscheidungen gebunden werden
- Besteuerung als eigenständiges Unternehmen
- Möglichkeit zur Eröffnung eines eigenen Bankkontos
- Verbindlichkeiten des Investors sind nicht begrenzt

Mit Ausnahme der selbständigen Besteuerung und der Nichtbegrenzung der Verbindlichkeiten der Partner als Investoren sind bei einer typischen österreichischen Bau-ARGE sämtliche der genannten Indikatoren gegeben. Diese Indikatoren sprechen ebenso wie die Regelungen in IFRS 10.B77–79 über die Beherrschung festgelegter Vermögenswerte (sogenannte Silos) – dafür, dass eine typische Bau-ARGE nach der österreichischen Geschäftsordnung idR ein Unternehmen (entity) im Sinne von IFRS 10 darstellt.

Insbesondere bei Vorliegen einer Beteiligung von mehr als 50% ist daher zu untersuchen, ob die Kriterien für Beherrschung gemäß IFRS 10.7 (Verfügungsgewalt, Risikobelastung durch oder Anrechte auf schwankende Renditen und Fähigkeit, die Verfügungsgewalt zur Beeinflussung der Renditen zu nutzen) erfüllt sind. Hinsichtlich der Verfügungsgewalt und der Frage, ob diese durch den mehrheitlich beteiligten ARGE-Partner alleine oder von den ARGE-Partnern gemeinschaftlich ausgeübt wird, gelten die Ausführungen und Erläuterungen zu Rz (9) analog. Gegebenenfalls ist die Bau-ARGE vom beherrschenden ARGE-Partner gemäß IFRS 10 zu konsolidieren.

Zu Rz (22):

Die Definition assoziierter Unternehmen in IAS 28.3 legt den Begriff Unternehmen (entity) nicht weiter fest, vielmehr verwendet IAS 28 (2011) die Terminologie von IFRS 10 und verweist auf die entsprechenden Definitionen.

Der Definition in der alten Fassung von IAS 28 entsprechend war ein Unternehmen ohne Rechtspersönlichkeit explizit erfasst („including an unincorporated entity such as a partnership"; IAS 28.2 (2003)). Es ist davon auszugehen, dass sich durch die neue Terminologie hinsichtlich des Anwendungskreises keine Veränderung ergeben hat (vgl Ernst & Young, International GAAP (2014) 12.6.2.). Eine österreichische Bau-ARGE stellt daher grundsätzlich ein Unternehmen im Sinne von IAS 28.3 dar.

Voraussetzung für die bilanzielle Behandlung als assoziiertes Unternehmen ist ferner, dass der Beteiligte (Partner) über einen maßgeblichen Einfluss auf das Unternehmen im Sinne von IAS 28.3 verfügt.

Partner einer Bau-ARGE nach der Geschäftsordnung sind über den Firmenrat idR maßgeblich in die wesentlichen Entscheidungsprozesse einbezogen. Darüber hinaus stellen die ARGE-Partner typischerweise Personal, Geräte, Maschinen und/oder Know-how zur Verfügung, sodass zwischen der ARGE und ihren Partnern zumeist wesentliche Geschäftsbeziehungen bestehen bzw wesentliche Informationen im Sinne von IAS 28.6(e) bereitgestellt werden (vgl im Anhang dieser Stellungnahme die Zusammenfassung der Abschnitte 1–8 und 11 der Bau-ARGE-Geschäftsordnung).

Über diese Beziehungen verfügen ARGE-Partner auch bei einer Beteiligung von weniger als 20% idR über einen maßgeblichen Einfluss.

Anhang: Wesentliche Regelungen der „Geschäftsordnung für Arbeitsgemeinschaftsverträge" (Bau-ARGE-Geschäftsordnung)

Die folgenden Ausführungen beziehen sich auf die jeweiligen Abschnitte in der Bau-ARGE-Geschäftsordnung, Auflage 2008.

Zweck der ARGE ist die gemeinsame Durchführung des den Partnerfirmen übertragenen Hauptauftrages (vgl Abschnitt 1.1 Bau-ARGE-Geschäftsordnung).

Die Partnerfirmen verpflichten sich, entsprechend ihrem Beteiligungsverhältnis eine Bareinlage und rechtzeitig sonstige Leistungen zur Erfüllung des Bauauftrages zu erbringen (2.1 und 2.2). Jede Partnerfirma hat, soweit dies zur Durchführung des Bauauftrages notwendig ist, ihre Erfahrungen auf technischem und kaufmännischem Gebiet zur Verfügung zu stellen (2.3).

Die Partnerfirmen sind entsprechend dem Beteiligungsverhältnis an allen Rechten und Pflichten, insbesondere an Gewinn und Verlust, Bürgschaften, Haftung und Gewährleistung beteiligt (3.1). Kommt eine Partnerfirma ihren Verpflichtungen gemäß 2.1 und 2.2 nicht nach, so kann durch mehrheitlichen Beschluss eine Änderung des Beteiligungsverhältnisses festgelegt werden (3.2). Forderungen der ARGE sind Forderungen zur gesamten Hand und können nur von allen Partnerfirmen gemeinsam geltend gemacht werden (3.4).

In ARGEN mit zwei Partnerfirmen werden Entscheidungen durch einstimmigen Beschluss gefasst (4.2.1).

Eine ARGE mit mehr als zwei Partnerfirmen hat einen Firmenrat einzurichten (4.1), der endgültig in allen grundsätzlichen und wichtigen Angelegenheiten der Arbeitsdurchführung entscheidet (4.1.2). Jede Partnerfirma ist im Firmenrat vertreten; ihr kommt ein Stimmrecht entsprechend ihrem Beteiligungsverhältnis zu (3.1 und 4.1.5). Grundsätzlich werden Entscheidungen mit einfacher Mehrheit getroffen (4.1.5); bei einzelnen, taxativ aufgezählten Angelegenheiten (4.1.3; Beschaffung von Barkrediten, Eröffnung von Akkreditiven, Übernahme und Verwendung von Vorauszahlungen des Bauauftraggebers, Verwendung des aufgrund von verrechneten Leistungen eingehenden Geldes sowie Änderung und Ergänzung des ARGE-Vertrages und Übertragung der ARGE-Mitgliedschaft (Rechtsnachfolge gemäß 17.2)) ist Einstimmigkeit erforderlich.

Die Gesamtabwicklung der Geschäfte wird durch die technische und kaufmännische Geschäftsführung vorgenommen. In wesentlichen und grundsätzlichen Fragen haben die Geschäftsführer Einvernehmen herzustellen und erforderlichenfalls die Entscheidung des Firmenrates einzuholen. Im Außenverhältnis ist die Geschäftsführung vertretungsbefugt (5).

Die technische Geschäftsführung ist verantwortlich für die ordnungsgemäße technische Durchführung des Bauvorhabens sowie für die Einhaltung des ARGE-Vertrages und der Beschlüsse des Firmenrates in technischer Hinsicht (6.1).

Die kaufmännische Geschäftsführung ist verantwortlich für die ordnungsgemäße Durchführung sämtlicher kaufmännischer Arbeiten der ARGE sowie für die Einhaltung des ARGE-Vertrages und der Beschlüsse des Firmenrates in kaufmännischer Hinsicht (6.1).

Abschnitt 6.2.1 sieht umfangreiche und detaillierte Regelungen für Finanzierung (Finanzplan und Geldbeschaffung, Geldverkehr) und Rechnungswesen (Buchhaltung, Lohn- und Gehaltsverrechnung, monatliche Bauerfolgsrechnung) vor. Verantwortlich dafür ist die kaufmännische Geschäftsführung.

Der Bauleitung (Bauleiter und Baukaufmann) obliegt die Durchführung des Bauauftrages im Einvernehmen mit der Geschäftsführung (7.2).

Die Partnerfirmen haben entsprechend ihrem Beteiligungsverhältnis der ARGE die erforderlichen Geräte zu vermieten (8.2.1). Werden Geräte trotz Aufforderung nicht beigestellt, kann eine Anmietung von Dritten oder ein Zukauf erfolgen.

Die für die Baudurchführung benötigten Angestellten (11.1) und Arbeiter (11.2) sind von den Partnerfirmen beizustellen, soweit nichts anderes vereinbart wird.

Die Auftragserteilung an Subunternehmer erfolgt durch die technische Geschäftsführung. Bei Vergaben, die über den im ARGE-Vertrag festgesetzten Betrag hinausgehen, und vor Vergabe an einen ARGE-Partner ist die Zustimmung des Firmenrates einzuholen (12.3).

Die ARGE beginnt mit der Übernahme der Bauarbeiten und endet mit dem Ablauf der sich aus den übernommenen Bauarbeiten ergebenden Rechte und Pflichten (17.1).

Änderungen und Ergänzungen des ARGE-Vertrages bedürfen der Schriftform und der firmenmäßigen Zustimmung aller Partnerfirmen (17.1). Die Mitgliedschaft oder einzelne Rechte und Pflichten können nur mit Zustimmung aller Partner übertragen werden. Bei Übergang im Falle einer Verschmelzung, einer Umwandlung, einer Geschäftsübernahme im Wege der Gesamtrechtsnachfolge, einer Einbringung oder eines Zusammenschlusses können die übrigen Partner durch einstimmigen Beschluss aus wichtigen Gründen das Ausscheiden des Rechtsnachfolgers bzw insoweit eine Änderung der Stimmrechtsverhältnisse verlangen, als der Rechtsnachfolger aufgrund der ihm zugewachsenen Beteiligung ansonsten mehr als die Hälfte der Stimmrechte in der ARGE erlangen würde (17.2).

Der ARGE-Vertrag kann, solange Verpflichtungen bestehen, nicht gekündigt werden. Eine Partnerfirma kann aus wichtigen Gründen durch mehrheitlichen Beschluss ausgeschlossen werden (18.1 und 18.2).

Zur Sicherung aller Forderungen und Ansprüche aus dem ARGE-Verhältnis, welche gegen eine Partnerfirma seitens der übrigen Partnerfirmen gestellt werden können, verpfänden die Partnerfirmen einander die ihnen gehörenden, der ARGE zur Verfügung gestellten Baugeräte und Gegenstände sowie ihren Anteil am ARGE-Eigentum, und zwar dergestalt, dass mit der Einbringung dieser Gegenstände das Pfandrecht zu Gunsten jeweils aller übrigen Partnerfirmen begründet ist (18.6).

AFRAC-Stellungnahme 27
Personalrückstellungen (UGB)

Stellungnahme
Rückstellungen für Pensions-, Abfertigungs-, Jubiläumsgeld- und vergleichbare langfristig fällige Verpflichtungen nach den Vorschriften des Unternehmensgesetzbuches

(Dezember 2020)

Historie der vorliegenden Stellungnahme

erstmalige Veröffentlichung	Juni 2015	
Überarbeitung	Dezember 2015	formale Anpassung; keine inhaltlichen Änderungen
Überarbeitung	Juni 2016	Berücksichtigung aktueller Entwicklungen i.Z.m. der Ermittlung des Rechnungszinssatzes (Zeitraum für die Ermittlung des Durchschnittszinssatzes) und der Änderungen des UGB aufgrund des Abschlussprüfungsrechts-Änderungsgesetzes 2016
Überarbeitung	März 2018	Aktualisierung, Ergänzung um die Bestimmungen zur bilanziellen Behandlung von Rückdeckungsversicherungen und ausgelagerten Verpflichtungen; klarstellende Ausführungen zur so genannten „Nettomethode" in den Erläuterungen zu Rz 39; klarstellende Ausführungen zur finanzmathematischen Berechnung der Abfertigungs- und Jubiläumsgeldrückstellungen in den Erläuterungen zu Rz 68 und 85
Überarbeitung	Dezember 2019	Aktualisierung, Berücksichtigung der Änderungen des UGB aufgrund des Anti-Gold-Plating-Gesetzes 2019 (Änderung der Rz 52, 64, 70 und 81, Streichen der Rz 68 und 85 inklusive der zugehörigen Erläuterungen, Anpassung der Erläuterungen zu Rz 1 und 39, Änderung der Erläuterungen zu Rz 52 und 70) und der Override-Verordnung (Neuaufnahme der Rz 51a, 69a und 86a sowie der zugehörigen Erläuterungen, Anpassung der Rz 98); Klarstellungen bei ausgelagerten bzw. rückgedeckten Verpflichtungen (Änderung der Rz 50 sowie der zugehörigen Erläuterungen)
Überarbeitung	Dezember 2020	Einführung einer alternativen Bewertungsmöglichkeit für ausgelagerte Verpflichtungen (Rz 49a mit Erläuterungen) und Klarstellungen zur Bilanzierung rückgedeckter Verpflichtungen sowie redaktionelle Anpassungen; insgesamt Anpassung der Rz 15, 26, 29, 48, 49, 67, 84, 91, 92 und 98, der Erläuterungen zu den Rz 1, 14 bis 16, 22, 48 und 49 sowie der Überschriften 4.8., 5.8. und 6.8.

1. Gegenstand und Anwendungsbereich

(1) Diese Stellungnahme behandelt den Ansatz und die Bewertung von Rückstellungen für Pensions-, Abfertigungs-, Jubiläumsgeld- und vergleichbare langfristig fällige Verpflichtungen sowie die dazu erforderlichen Erläuterungen und Angaben im Anhang nach den Vorschriften des Unternehmensgesetzbuches (UGB). Darüber hinaus regelt die Stellungnahme die bilanzielle Behandlung von in Zusammenhang mit den genannten Verpflichtungen bestehenden Rückdeckungsversicherungen.

(2) Die Stellungnahme befasst sich nicht mit arbeits- und steuerrechtlichen Fragen.

2. Definitionen

(3) Die Stellungnahme verwendet die folgenden Begriffe mit der angegebenen Bedeutung:

(4) **Pensionen:** Pensionen sind periodisch wiederkehrende Zahlungen von Unternehmen an Berechtigte nach Beendigung des Arbeitsverhältnisses als zusätzliche Gegenleistung für die erbrachte Arbeitsleistung. Pensionen können lebenslang

oder innerhalb eines bestimmten Zeitraums ausbezahlt werden.

(5) **Abfertigungen:** Abfertigungen sind einmalige Zahlungen von Unternehmen an Berechtigte nach oder bei Beendigung des Arbeitsverhältnisses als zusätzliche Gegenleistung für die erbrachte Arbeitsleistung.

(6) **Jubiläumsgelder:** Jubiläumsgelder sind Zahlungen von Unternehmen an Arbeitnehmer nach Ablauf einer bestimmten Dauer eines Arbeitsverhältnisses als zusätzliche Gegenleistung für die erbrachte Arbeitsleistung.

(7) **Vergleichbare langfristig fällige Verpflichtungen:** Vergleichbare langfristig fällige Verpflichtungen sind sonstige Leistungen von Unternehmen an Berechtigte als zusätzliche Gegenleistung für die von Arbeitnehmern erbrachte Arbeitsleistung, die eine ähnliche Charakteristik wie Pensionen, Abfertigungen oder Jubiläumsgelder aufweisen.

(8) **Anwartschaften:** Anwartschaften auf Pensionen (Abfertigungen, Jubiläumsgelder) sind aufschiebend bedingte Ansprüche von Berechtigten, die mit Eintritt festgelegter Bedingungen (z.B. Erreichen eines bestimmten Lebensalters) ohne weitere Rechtsakte in Ansprüche auf Leistung übergehen. Dabei kann zwischen verfallbaren und unverfallbaren Anwartschaften unterschieden werden. Eine unverfallbare Anwartschaft führt dazu, dass der bis zu diesem Zeitpunkt erworbene Anspruch auf Leistung in voller Höhe auch dann weiter besteht, wenn der Arbeitnehmer noch vor dem Eintritt der Bedingung aus dem Arbeitsverhältnis ausscheidet und keine vertraglich festgelegten Ausschließungsgründe vorliegen.

(9) **Laufende (flüssige) Pensionen:** Bei laufenden Pensionen sind die Bedingungen für den Leistungsanfall (z.B. Erreichung eines bestimmten Lebensalters) eingetreten, und die Leistungen werden laufend erbracht (z.B. Zahlung der zugesagten Pensionen).

(10) **Aufgeschobene Pensionen:** Als aufgeschobene Pensionen bezeichnet man bereits unverfallbare Anwartschaften auf Pensionen im Zeitraum zwischen dem Ende des Ansammlungszeitraumes und dem Beginn der Pensionszahlungen.

(11) **Versicherungsmathematische Grundsätze:** Die Anwendung versicherungsmathematischer Grundsätze bedeutet, dass bei der Bewertung der Verpflichtungen sowohl eine Abzinsung künftiger Leistungen als auch statistische, insbesondere biometrische Wahrscheinlichkeiten und Größen sowie Annahmen über relevante Entwicklungen für die künftigen Leistungen berücksichtigt werden.

(12) **Berechtigte:** Unter Berechtigten ist jener Personenkreis zu verstehen, dem gegenüber das Unternehmen verpflichtet ist. Die Verpflichtungen eines Unternehmens zur Leistung von Pensionen, Abfertigungen oder Jubiläumsgeldern bestehen grundsätzlich gegenüber den Arbeitnehmern (direkt Berechtigte) und deren Hinterbliebenen (z.B. Ehegatten und unversorgte Kinder; indirekt Berechtigte) zum Zeitpunkt des Todes der direkt Berechtigten. Zusagen, durch die Verpflichtungen eines Unternehmens begründet werden, können aber auch an Personen erteilt werden, mit denen kein Arbeitsverhältnis im arbeitsrechtlichen Sinn besteht (z.B. Vorstandsmitglieder, geschäftsführende Gesellschafter) oder die aufgrund von Werkverträgen Leistungen für das Unternehmen erbringen.

(13) **Ansammlungszeitraum:** Der Ansammlungszeitraum ist der Zeitraum, in dem die Aufwendungen für die spätere Leistung erfasst und die Rückstellungen angesammelt werden. Er beginnt mit dem Zeitpunkt, ab dem die Arbeitsleistung des Arbeitnehmers erstmalig Leistungen aus der Zusage begründet (unabhängig davon, ob die Gewährung der Leistungen vom Fortbestand des Arbeitsverhältnisses abhängig ist), und reicht bis zu jenem Zeitpunkt, zu dem vollständige Unverfallbarkeit eintritt.

(14) **Direkte Verpflichtung:** Eine direkte Verpflichtung liegt vor, wenn das Unternehmen selbst (ohne Einschaltung eines selbständigen Rechtsträgers, z.B. einer Pensionskasse) die Leistung erbringen muss.

(15) **Ausgelagerte Verpflichtung:** Eine ausgelagerte Verpflichtung liegt insoweit vor, als die Verpflichtung zur Erbringung der Leistung an einen selbständigen Rechtsträger (z.B. an eine betriebliche oder überbetriebliche Pensionskasse oder an ein Versicherungsunternehmen) übertragen wurde. Das Unternehmen ist gegenüber dem Begünstigen von der Leistung der ausgelagerten Verpflichtung befreit, kann aber zu über die laufenden Beiträge hinausgehenden Zahlungen an den selbständigen Rechtsträger zur Erfüllung der vereinbarten Leistung gegenüber dem Begünstigten („Nachschüsse" oder „Sonderbeiträge") verpflichtet sein.

(16) **Rückdeckung:** Eine direkte Verpflichtung kann durch einen Versicherungsvertrag rückgedeckt werden, wodurch sich ein Unternehmen gegen die aus einer direkten Verpflichtung bestehenden Risiken absichert. Das Unternehmen bleibt weiterhin gegenüber dem Begünstigten verpflichtet.

(17) **Faktische Verpflichtung:** Eine faktische Verpflichtung besteht, wenn das Unternehmen aufgrund der Fakten und Umstände keine realistische Alternative zur Erbringung einer bestimmten Leistung an Berechtigte hat, ohne dass eine rechtliche Verpflichtung besteht.

(18) **Deckungsrückstellung:** Die Deckungsrückstellung ist die vom selbständigen Rechtsträger (z.B. der Pensionskasse oder dem Versicherungsunternehmen) zu bildende Rückstellung, die erforderlich ist, damit bei Anfall der Leistung an den Berechtigten beim selbständigen Rechtsträger ausreichend Kapital zur Finanzierung der Leistung bereitsteht. Davon abgeleitet wird der so genannte Rückkaufswert eines Versicherungsvertrages: Dieser bezeichnet jenen Betrag, den ein Lebensversicherer bei Rückkauf der Rechte des Versicherungsnehmers auf zukünftige Leistungen aus einem Lebensversicherungsvertrag an den Versicherungsnehmer bezahlt.

(19) **Pensionsstatut:** Ein Pensionsstatut ist eine kollektiv (i.d.R. auf betrieblicher Ebene) geschlossene Vereinbarung über die Leistung von Pensionen, die allen Personen, die unter diese Vereinbarung fallen, einen Anspruch auf Pension einräumen, ohne dass es einer unmittelbaren Vereinbarung mit der jeweiligen Person bedarf.

(20) **Gesamtpensionsverpflichtung:** Die Gesamtpensionsverpflichtung umfasst die sich am jeweiligen Abschlussstichtag ergebende Verpflichtung des Unternehmens (einschließlich der ausgelagerten Teile) gegenüber allen Berechtigten.

(21) **Pensionsplan:** Ein Pensionsplan ist eine formelle oder informelle Vereinbarung, durch die ein Unternehmen einem oder mehreren Berechtigten Leistungen nach Beendigung des Arbeitsverhältnisses zusagt.

3. Ansatz der Rückstellungen

(22) Die Pflicht zum Ansatz von Rückstellungen für laufende Pensionen und für Anwartschaften auf Pensionen und Anwartschaften auf Abfertigungen sowie für Anwartschaften auf Jubiläumsgelder ergibt sich aus § 198 Abs 8 Z 4 UGB und die analoge Pflicht für vergleichbare langfristig fällige Verpflichtungen aus § 198 Abs 8 Z 1 UGB. Die Rückstellungen sind insoweit zu bilden, als das Unternehmen aufgrund einer rechtlichen oder faktischen Verpflichtung künftige Leistungen für Berechtigte erbringen bzw. für die Erbringung dieser Leistungen einstehen muss.

(23) Die Verpflichtungen gegenüber den Berechtigten können auf

a) einem Gesetz,
b) einer einzelvertraglichen Zusage an eine bestimmte Person,
c) einem Pensionsstatut,
d) kollektivvertraglichen Regelungen,
e) Betriebsvereinbarungen,
f) einer sonstigen für das Unternehmen bindenden Vereinbarung, in der Zahlungen an Berechtigte geregelt sind und deren Inhalt ausdrücklich oder stillschweigend Bestandteil der einzelnen Dienstverträge ist, oder
g) einer faktischen Verpflichtung

beruhen.

(24) Besteht zwischen dem Zeitpunkt des Eingehens der Verpflichtung (Eintritt in den Pensionsplan) und deren Unverfallbarkeit eine Wartezeit (verfallbare Anwartschaft), so sind bereits während dieser Wartezeit Rückstellungen anzusetzen.

(25) Der Umstand, dass eine Anwartschaft im Falle der Auflösung des Arbeitsverhältnisses unter bestimmten Voraussetzungen wegfällt oder das Unternehmen die Zusage bei Eintritt bestimmter nicht vom Unternehmen beeinflussbarer Bedingungen widerrufen kann, ändert nichts an der Verpflichtung des Unternehmens zum Ansatz von Rückstellungen, solange die Voraussetzungen für den Wegfall oder den Widerruf nicht eingetreten sind. Die Möglichkeit des Wegfalls kann allerdings bei der Bewertung der Rückstellungen relevant sein, z.B. durch Berücksichtigung der Fluktuationswahrscheinlichkeit, falls dafür geeignete und verlässliche statistische Unterlagen vorliegen (siehe dazu Rz (47), (66) und (83)).

(26) Bei ausgelagerten Verpflichtungen sind Pensionsrückstellungen oder vergleichbare Rückstellungen insoweit zu bilden, als das auslagernde Unternehmen über die Beitragszahlung hinaus verpflichtet ist, Zahlungen (z.B. Nachschüsse oder Sonderbeiträge) zugunsten der Begünstigten an den selbständigen Rechtsträger zu leisten (vgl. Rz (22) und zugehörige Erläuterungen).

(27) Der Abschluss einer Rückdeckungsversicherung befreit ein Unternehmen nicht vom Ansatz der Rückstellungen. Der Anspruch des Unternehmens aus einer Rückdeckungsversicherung stellt abhängig von den zugrundeliegenden rechtlichen Verhältnissen einen selbständig anzusetzenden finanziellen Vermögensgegenstand dar oder ist bei der Bewertung der Rückstellung zu berücksichtigen (vgl. Rz (48) und (49)).

(28) Endet die Verpflichtung, ist die Rückstellung zu verwenden bzw. aufzulösen (vgl. Rz (51), (69) und (86)).

4. Bewertung der Rückstellungen für Pensionen

4.1. Allgemeine Grundsätze

(29) Rückstellungen für Pensionen sind gemäß § 211 Abs 1 UGB mit dem sich nach versicherungsmathematischen Grundsätzen ergebenden Betrag anzusetzen. Die Rückstellung entspricht bei direkten Verpflichtungen der Gesamtpensionsverpflichtung. Bei ausgelagerten Verpflichtungen (soweit sie gemäß Rz (26) anzusetzen sind) ergeben sich die Rückstellungen für Pensionen aus dem (gegebenenfalls über den Ansammlungszeitraum zu verteilenden) Barwert der zu erwartenden Nachschuss- bzw. Sonderbeitragszahlungen oder der Gesamtpensionsverpflichtung abzüglich der vom selbständigen Rechtsträger zur Deckung dieser Verpflichtung gehaltenen Vermögenswerte (siehe Rz (49a)).

(30) Die Gesamtpensionsverpflichtung ist wie folgt zu bewerten:

– bei laufenden und aufgeschobenen Pensionen mit dem Barwert der künftigen Pensionszahlungen;
– bei Anwartschaften auf Pensionen mit dem sich aus dem Ansammlungsverfahren (vgl. 4.5.) ergebenden Betrag.

(31) Die Höhe der Gesamtpensionsverpflichtung hängt von folgenden Einflussgrößen ab:

a) der Anzahl der Berechtigten,
b) der Höhe der Pensionszahlungen,
c) dem Ansammlungszeitraum,
d) dem Verfahren für die Verteilung des Barwerts der Pensionsverpflichtung über den Ansammlungszeitraum (Ansammlungsverfahren),

e) dem Rechnungszinssatz und
f) den Wahrscheinlichkeitsannahmen,

wobei für die Gesamtpensionsverpflichtung aus laufenden und aufgeschobenen Pensionen (vgl. Rz (30)) c) und d) nicht relevant sind.

4.2. Berechtigte

(32) Der Bewertung der Gesamtpensionsverpflichtung sind die am Abschlussstichtag existierenden direkt und indirekt Berechtigten zugrunde zu legen.

(33) Potenzielle indirekt Berechtigte sind entsprechend der konkreten Pensionszusage bei der Bewertung zu berücksichtigen, wenn geeignete und verlässliche statistische Unterlagen für die Wahrscheinlichkeit der Existenz von indirekt Berechtigten vorliegen (z.B. die Verheiratungswahrscheinlichkeit).

4.3. Höhe der Pensionszahlungen

(34) Der Bewertung der Gesamtpensionsverpflichtung sind jene Pensionszahlungen zugrunde zu legen, die aufgrund der bestehenden Pensionszusage voraussichtlich an den Berechtigten zu leisten sein werden.

(35) Die für die jeweilige Gruppe von Arbeitnehmern im Unternehmen üblichen Karriereschritte sind bei den Annahmen über die Höhe der Pensionszahlungen von Anfang an zu berücksichtigen, sofern die dafür erforderlichen Annahmen auf hinreichend geeigneten und verlässlichen statistischen Erfahrungswerten beruhen und das Unternehmen rechtlich oder faktisch zu deren Berücksichtigung verpflichtet ist. Bei den Annahmen nicht zu berücksichtigen sind außergewöhnliche Karriereentwicklungen von Arbeitnehmern, beispielsweise bei Einräumung einer wesentlich erweiterten Aufgabe.

(36) Bei wertgesicherten Pensionsansprüchen ist für die Ermittlung der voraussichtlichen Pensionszahlungen eine bestmögliche Schätzung der zukünftigen Veränderung bzw. des Index vorzunehmen.

4.4. Ansammlungszeitraum

(37) Die Zuordnung von Leistungen aus dem Pensionsplan zu Dienstjahren erfolgt im Ansammlungszeitraum (Rz (13)).

(38) Verpflichtet sich das Unternehmen, Zeiträume vor Eintritt in den Pensionsplan bei der Ermittlung der Ansprüche aus der Pensionszusage zu berücksichtigen (Anrechnung von Vordienstzeiten), sind diese grundsätzlich rückwirkend zu erfassen, d.h. der Beginn des Ansammlungszeitraumes wird um die zeitliche Länge der Vordienstzeiten vorverlegt. Sind die Ansprüche jedoch nicht sofort unverfallbar, kann die Berücksichtigung dieser Zeiträume auch ab dem Zeitpunkt der Zusage erfolgen, sofern sich dies aus der zugrundeliegenden Vereinbarung ergibt.

4.5. Ansammlungsverfahren

(39) Für die Ansammlung der Gesamtpensionsverpflichtung über den Ansammlungszeitraum ist eines der beiden folgenden Verfahren anzuwenden:

a) das Teilwertverfahren oder
b) das Verfahren der laufenden Einmalprämien.

(40) Das gewählte Ansammlungsverfahren ist stetig anzuwenden.

4.6. Rechnungszinssatz

(41) Zur Bewertung der Gesamtpensionsverpflichtung ist einer der beiden folgenden Zinssätze anzuwenden:

a) der Zinssatz, zu dem sich ein Unternehmen mit hochklassiger Bonitätseinstufung am Abschlussstichtag der durchschnittlichen Restlaufzeit der Verpflichtungen im Wesentlichen entsprechendes Fremdkapital beschaffen kann (aktueller Zinssatz), oder
b) der Zinssatz, der sich als Durchschnitt aus dem gemäß a) ermittelten Zinssatz zum Abschlussstichtag und den gemäß a) ermittelten Zinssätzen der vorangegangenen vier bis neun Abschlussstichtage ergibt (Durchschnittszinssatz).

Der gewählte Zinssatz und seine Ermittlung sind stetig anzuwenden.

(42) Der aktuelle Zinssatz entspricht dem Marktzinssatz für Anleihen von Unternehmen mit hochklassiger Bonitätseinstufung, die mit der durchschnittlichen Restlaufzeit der Gesamtpensionsverpflichtung sowie der Währung, in der das Unternehmen die Pensionsleistungen zu erbringen hat, übereinstimmen. Als durchschnittliche Restlaufzeit kann vereinfachend eine Restlaufzeit von 15 Jahren angenommenen werden, sofern dagegen im Einzelfall keine erheblichen Bedenken bestehen.

(43) Sofern kein liquider Markt für solche Unternehmensanleihen besteht, sind stattdessen die aktuellen Marktrenditen für Staatsanleihen zu verwenden.

4.7. Wahrscheinlichkeitsannahmen

(44) Die für die Bewertung der Gesamtpensionsverpflichtung relevanten versicherungsmathematischen Parameter ergeben sich aus der jeweiligen Pensionszusage. Die Festlegung dieser Parameter erfordert Wahrscheinlichkeitsannahmen.

(45) Diese Wahrscheinlichkeitsannahmen müssen individuell für Personen oder Personengruppen getroffen werden. Sie müssen auf einer umsichtigen Beurteilung beruhen und die bestmögliche Schätzung unter Berücksichtigung geeigneter und verlässlicher statistischer Grundlagen darstellen.

(46) Für die Bewertung der Gesamtpensionsverpflichtung besonders bedeutsame Wahrscheinlichkeitsannahmen sind die biometrischen Grundlagen wie die Lebenserwartung der Berechtigten, die Invalidisierungswahrscheinlichkeit oder die Verheiratungswahrscheinlichkeit. Die Annahmen über die biometrischen Rechnungsgrundlagen sind in so genannten Sterbetafeln abgebildet. Für die

Bewertung der Pensionsrückstellungen ist die für den jeweiligen Kreis der Berechtigten am besten geeignete Sterbetafel zu verwenden.

(47) Wenn eine Pensionszusage bei Beendigung des Arbeitsverhältnisses des Berechtigten noch verfallbar ist, ist bei der Bewertung der Rückstellungen die Wahrscheinlichkeit des Wegfalls von Pensionsverpflichtungen zu berücksichtigen (Fluktuationswahrscheinlichkeit), wenn diesbezüglich geeignete und verlässliche statistische Informationen vorhanden sind. Die Fluktuationswahrscheinlichkeit ist differenziert nach einzelnen Gruppen von Mitarbeitern zu ermitteln.

4.8. Bewertung der Rückstellungen für Pensionen bei rückgedeckten und bei ausgelagerten Verpflichtungen

(48) Bei rückgedeckten Verpflichtungen erfolgt die Bewertung der Gesamtpensionsverpflichtung nach den in den Rz (29) bis (47) dargestellten Regelungen. Falls der Anspruch aus der Rückdeckungsversicherung die Verpflichtungen aus der Pensionszusage vollständig deckt, entspricht der Wert der Gesamtpensionsverpflichtung dem Wert der Rückdeckungsversicherung.

(49) Bei rückgedeckten Verpflichtungen ist der Wert der Rückdeckungsversicherung (vgl. Rz (50)) als finanzieller Vermögensgegenstand in der Bilanz anzusetzen, es sei denn folgende Voraussetzungen sind erfüllt:

a) Die Rückdeckungsversicherung dient ausschließlich zur Deckung der konkreten Verpflichtung, und
b) der Anspruch aus der Rückdeckungsversicherung ist dem Zugriff des Unternehmens und seiner Gläubiger entzogen.

In diesem Fall ist der Wert der Rückdeckungsversicherung von dem durch die Versicherung rückgedeckten Teil der Gesamtpensionsverpflichtung abzuziehen.

(49a) Bei ausgelagerten Verpflichtungen, für die eine Rückstellung für drohende Zahlungen anzusetzen ist (vgl. Rz (26)), erfolgt die Bewertung dieser Rückstellung nach einer der folgenden zwei Methoden:

a) mit dem (gegebenenfalls über den Ansammlungszeitraum zu verteilenden) Barwert dieser erwarteten künftigen Zahlungen; die Zahlungen sind auf Basis der vertraglichen Regelungen und der für den selbständigen Rechtsträger geltenden Bestimmungen zu berechnen; bei der Ermittlung des Barwerts ist der Zinssatz gemäß Rz (41) heranzuziehen.
b) mit dem Unterschiedsbetrag zwischen der Gesamtpensionsverpflichtung und dem Wert der vom selbständigen Rechtsträger zur Deckung dieser Verpflichtung gehaltenen Vermögenswerte.

Die gewählte Bewertungsmethode ist stetig anzuwenden.

(50) Der Wert der vom selbständigen Rechtsträger gehaltenen Vermögenswerte und der Wert der Rückdeckungsversicherung entsprechen der beim selbständigen Rechtsträger für diese Verpflichtung bestehenden Deckungsrückstellung (bei Pensionskassen zuzüglich der anteiligen Schwankungsrückstellung abzüglich allfälliger aktivierter Fehlbeträge). Falls das Unternehmen den Rückkauf der Rückdeckungsversicherung beabsichtigt, erfolgt die Bewertung der Rückdeckungsversicherung mit dem Rückkaufswert. Ist der Wert der vom selbständigen Rechtsträger gehaltenen Vermögenswerte bzw. der Wert der Rückdeckungsversicherung höher als die Gesamtpensionsverpflichtung, ist für den übersteigenden Betrag nur insoweit ein finanzieller Vermögensgegenstand anzusetzen, als der Betrag vom Unternehmen zurückgefordert oder gegen künftige Beitragszahlungen aufgerechnet werden kann bzw. eine Vorauszahlung von Versicherungsprämien vorliegt.

4.9. Änderungen der Pensionsrückstellungen

(51) Jede Änderung des Wertes der Pensionsrückstellungen im Vergleich zur Vorperiode (ausgenommen aus Verbrauch, Übertragung, Unternehmenserwerb u.Ä.) ist erfolgswirksam in der Gewinn- und Verlustrechnung zu erfassen. Dies gilt auch für Wertänderungen aufgrund von Änderungen der Bewertungsparameter. Zum Ausweis in der Gewinn- und Verlustrechnung siehe Rz (90).

(51a) Für die Erfassung der Auswirkungen einer Änderung der biometrischen Rechnungsgrundlagen (vgl. Rz (46)) ist die Override-Verordnung (BGBl. II Nr. 283/2018, Verordnung des Bundesministers für Verfassung, Reformen, Deregulierung und Justiz über die Nichtanwendung einer Rechnungslegungsvorschrift des Unternehmensgesetzbuches) anzuwenden.

5. Bewertung der Rückstellungen für Abfertigungen

5.1. Allgemeine Grundsätze

(52) Rückstellungen für Abfertigungen sind gemäß § 211 Abs 1 UGB mit dem sich nach versicherungsmathematischen Grundsätzen ergebenden Betrag anzusetzen. Der Betrag kann auch durch eine finanzmathematische Berechnung ermittelt werden, sofern dagegen im Einzelfall keine erheblichen Bedenken bestehen.

(53) Die Gesamtverpflichtung für Anwartschaften auf Abfertigungen ist mit dem sich aus dem Ansammlungsverfahren (vgl. 5.5.) ergebenden Betrag zu bewerten.

(54) Die Höhe der Rückstellungen hängt von folgenden Einflussgrößen ab:

a) der Anzahl der Berechtigten,
b) der Höhe und der Art der Abfertigungszahlungen,
c) dem Ansammlungszeitraum,
d) dem Verfahren für die Verteilung des Barwerts der Abfertigungsverpflichtung über den Ansammlungszeitraum (Ansammlungsverfahren),
e) dem Rechnungszinssatz und

f) den Wahrscheinlichkeitsannahmen.

5.2. Berechtigte

(55) Der Bewertung der Abfertigungsrückstellungen sind die am Abschlussstichtag existierenden direkt und indirekt Berechtigten zugrunde zu legen.

(56) Potenzielle indirekt Berechtigte sind entsprechend der konkreten Abfertigungszusage bei der Bewertung zu berücksichtigen, wenn geeignete und verlässliche statistische Unterlagen für die Wahrscheinlichkeit der Existenz von indirekt Berechtigten vorliegen (z.B. die Verheiratungswahrscheinlichkeit).

5.3. Höhe und Art der Abfertigungszahlungen

(57) Die Höhe und die Art der Abfertigungszahlungen resultieren aus den jeweiligen rechtlichen Grundlagen bzw. aus dem jeweiligen Anlass (z.B. Tod, Arbeitgeberkündigung), aus dem der Anspruch entsteht.

(58) Bei der Bewertung ist die voraussichtliche Entwicklung der Höhe der Abfertigungszahlungen bis zum Zeitpunkt ihres Anfalls zu berücksichtigen. Die diesbezüglichen Ausführungen in Abschnitt 4.3. gelten sinngemäß.

5.4. Ansammlungszeitraum

(59) Die Bildung der Abfertigungsrückstellungen beginnt mit Antritt eines Arbeitsverhältnisses, das einen Abfertigungsanspruch begründet; bei vertraglichen Abfertigungen beginnt der Ansammlungszeitraum im Zeitpunkt der Abfertigungszusage.

(60) Verpflichtet sich das Unternehmen, Zeiträume vor Antritt des Arbeitsverhältnisses oder dem Zeitpunkt der Abfertigungszusage bei der Ermittlung der Abfertigungsansprüche zu berücksichtigen (Anrechnung von Vordienstzeiten), sind diese grundsätzlich rückwirkend zu erfassen, d.h. der Beginn des Ansammlungszeitraumes wird um die zeitliche Länge der Vordienstzeiten vorverlegt. Sind die Ansprüche jedoch nicht sofort unverfallbar, kann die Berücksichtigung dieser Zeiträume auch ab dem Zeitpunkt des Antrittes des Arbeitsverhältnisses oder dem Zeitpunkt der Zusage erfolgen, sofern sich dies aus der zugrundeliegenden Vereinbarung ergibt.

(61) Für den Ansammlungszeitraum gelten die in der AFRAC-Stellungnahme 20 „Behandlung der ‚Abfertigung alt' nach IAS 19, insbesondere Verteilung des Dienstzeitaufwandes" festgelegten Grundsätze.

5.5. Ansammlungsverfahren

(62) Bei der Bewertung der Abfertigungsrückstellungen sind die Ausführungen in Abschnitt 4.5. entsprechend anzuwenden.

5.6. Rechnungszinssatz

(63) Zur Bestimmung des Rechnungszinssatzes sind die Ausführungen in Abschnitt 4.6. entsprechend anzuwenden.

5.7. Wahrscheinlichkeitsannahmen

(64) Die für die Bewertung der Abfertigungsrückstellungen relevanten Parameter ergeben sich aus der jeweiligen Abfertigungszusage. Die Festlegung dieser Parameter erfordert Wahrscheinlichkeitsannahmen.

(65) Diese Wahrscheinlichkeitsannahmen müssen individuell für Personen oder Personengruppen getroffen werden. Sie müssen auf einer umsichtigen Beurteilung beruhen und die bestmögliche Schätzung unter Berücksichtigung geeigneter und verlässlicher statistischer Grundlagen darstellen.

(66) Für die Wahrscheinlichkeitsannahmen gelten die in der AFRAC-Stellungnahme 20 „Behandlung der ‚Abfertigung alt' nach IAS 19, insbesondere Verteilung des Dienstzeitaufwandes" zu den versicherungsmathematischen Annahmen festgelegten Grundsätze. Wenn eine Abfertigungszusage bei Beendigung des Arbeitsverhältnisses des Berechtigten noch verfallbar ist (ausgenommen Arbeitgeberkündigung; vgl. die AFRAC-Stellungnahme 20), ist bei der Bewertung der Rückstellungen die Wahrscheinlichkeit des aus diesem Umstand resultierenden Wegfalls von Abfertigungsverpflichtungen zu berücksichtigen (Fluktuationswahrscheinlichkeit), wenn diesbezüglich geeignete und verlässliche statistische Informationen vorhanden sind. Die Fluktuationswahrscheinlichkeit ist differenziert nach einzelnen Gruppen von Mitarbeitern zu ermitteln.

5.8. Bewertung der Rückstellungen für Abfertigungen bei rückgedeckten und bei ausgelagerten Verpflichtungen

(67) Für die Bewertung von Rückstellungen für rückgedeckte und für ausgelagerte Abfertigungsverpflichtungen ist Abschnitt 4.8. sinngemäß anzuwenden.

(68) [gestrichen]

5.9. Änderungen der Abfertigungsrückstellungen

(69) Jede Änderung des Wertes der Abfertigungsrückstellungen im Vergleich zur Vorperiode (ausgenommen aus Verbrauch, Übertragung, Unternehmenserwerb u.Ä.) ist erfolgswirksam in der Gewinn- und Verlustrechnung zu erfassen. Dies gilt auch für Wertänderungen aufgrund von Änderungen der Bewertungsparameter. Zum Ausweis in der Gewinn- und Verlustrechnung siehe Rz (90).

(69a) Für die Erfassung der Auswirkungen einer Änderung der biometrischen Rechnungsgrundlagen (vgl. Rz (46)) ist die Override-Verordnung (BGBl. II Nr. 283/2018, Verordnung des Bundesministers für Verfassung, Reformen, Deregulierung und Justiz über die Nichtanwendung einer Rechnungslegungsvorschrift des Unternehmensgesetzbuches) anzuwenden.

6. Bewertung der Rückstellungen für Jubiläumsgelder

6.1. Allgemeine Grundsätze

(70) Rückstellungen für Jubiläumsgeldzusagen sind gemäß § 211 Abs 1 UGB mit dem sich nach versicherungsmathematischen Grundsätzen ergebenden Betrag anzusetzen. Der Betrag kann auch durch eine finanzmathematische Berechnung ermittelt werden, sofern dagegen im Einzelfall keine erheblichen Bedenken bestehen.

(71) Die Gesamtverpflichtung für Anwartschaften auf Jubiläumsgelder ist mit dem sich aus dem Ansammlungsverfahren (vgl. 6.5.) ergebenden Betrag zu bewerten.

(72) Die Höhe der Rückstellungen hängt von folgenden Einflussgrößen ab:

a) der Anzahl der Berechtigten,
b) der Höhe und dem Zeitpunkt der Jubiläumsgeldansprüche,
c) dem Ansammlungszeitraum,
d) dem Verfahren für die Verteilung des Barwerts der Verpflichtung über den Ansammlungszeitraum (Ansammlungsverfahren),
e) dem Rechnungszinssatz und
f) den Wahrscheinlichkeitsannahmen.

6.2. Berechtigte

(73) Jubiläumsgeldrückstellungen sind für Arbeitnehmer zu bilden, die bis zum voraussichtlichen Ende des Arbeitsverhältnisses die für den Anfall eines Jubiläumsgeldes erforderlichen Dienstjahre erreichen.

(74) Wenn in einer Jubiläumsgeldzusage an einen Arbeitnehmer mehrere Jubiläumsgeldzahlungen zu unterschiedlichen Zeitpunkten vorgesehen sind, ist jedes Jubiläumsgeld in der Berechnung der Rückstellung zu berücksichtigen.

6.3. Höhe der Jubiläumsgeldzahlungen

(75) Die Höhe der Jubiläumsgeldzahlungen ergibt sich aus den jeweiligen rechtlichen Grundlagen, z.B. Betriebsvereinbarungen, Kollektivverträgen oder sondergesetzlichen Regelungen.

(76) Wenn die Jubiläumsgelder mit einem bestimmten Prozentsatz des Monatsbezuges im Zeitpunkt der Fälligkeit eines Jubiläumsgeldes definiert sind, ist die voraussichtliche Entwicklung des Monatsbezuges bis zum Zeitpunkt der Fälligkeit des Jubiläumsgeldes zu berücksichtigen. Wenn ein wertgesicherter fester Betrag als Jubiläumsgeld vereinbart oder zugesagt wird, ist eine bestmögliche Schätzung der zukünftigen Entwicklung des Betrages bis zu diesem Zeitpunkt vorzunehmen. Die diesbezüglichen Ausführungen in Abschnitt 4.3. gelten sinngemäß.

6.4. Ansammlungszeitraum

(77) Der Ansammlungszeitraum beginnt mit dem Zeitpunkt der Zusage und endet mit dem Zeitpunkt der Zahlung des Jubiläumsgeldes. Beruht der Jubiläumsgeldanspruch auf einer faktischen Verpflichtung des Unternehmens zur Zahlung von Jubiläumsgeldern, beginnt der Ansammlungszeitraum mit Eintritt in das Unternehmen.

(78) Verpflichtet sich das Unternehmen, Zeiträume vor dem Zeitpunkt der Zusage bei der Ermittlung der Jubiläumsgeldansprüche zu berücksichtigen (Anrechnung von Vordienstzeiten), sind diese grundsätzlich rückwirkend zu erfassen, d.h. der Beginn des Ansammlungszeitraumes wird um die zeitliche Länge der Vordienstzeiten vorverlegt. Alternativ kann die Berücksichtigung dieser Zeiträume auch ab dem Zeitpunkt der Zusage erfolgen, sofern sich dies aus der zugrundeliegenden Vereinbarung ergibt.

6.5. Ansammlungsverfahren

(79) Bei der Bewertung der Rückstellungen für Jubiläumsgelder sind die Ausführungen in Abschnitt 4.5. entsprechend anzuwenden.

6.6. Rechnungszinssatz

(80) Zur Bestimmung des Rechnungszinssatzes sind die Ausführungen in Abschnitt 4.6. entsprechend anzuwenden.

6.7. Wahrscheinlichkeitsannahmen

(81) Die für die Bewertung der Jubiläumsgeldrückstellungen relevanten Parameter ergeben sich aus der jeweiligen Jubiläumsgeldzusage. Die Festlegung dieser Parameter erfordert Wahrscheinlichkeitsannahmen.

(82) Diese Wahrscheinlichkeitsannahmen müssen individuell für Personen oder Personengruppen getroffen werden. Sie müssen auf einer umsichtigen Beurteilung beruhen und die bestmögliche Schätzung unter Berücksichtigung geeigneter und verlässlicher statistischer Grundlagen darstellen.

(83) Wenn eine Jubiläumsgeldzusage bei Beendigung des Arbeitsverhältnisses des Berechtigten noch verfallbar ist, ist bei der Bewertung der Rückstellungen die Wahrscheinlichkeit des aus diesem Umstand resultierenden Wegfalls von Jubiläumsgeldverpflichtungen zu berücksichtigen (Fluktuationswahrscheinlichkeit), wenn diesbezüglich geeignete und verlässliche statistische Informationen vorhanden sind. Die Fluktuationswahrscheinlichkeit ist differenziert nach einzelnen Gruppen von Mitarbeitern zu ermitteln.

6.8. Bewertung der Rückstellungen für Jubiläumsgelder bei rückgedeckten und bei ausgelagerten Verpflichtungen

(84) Für die Bewertung von Rückstellungen für rückgedeckte und für ausgelagerte Jubiläumsgeldverpflichtungen ist Abschnitt 4.8. sinngemäß anzuwenden.

(85) [gestrichen]

6.9. Änderungen der Jubiläumsgeldrückstellungen

(86) Jede Änderung des Wertes der Jubiläumsgeldrückstellungen im Vergleich zur Vorperiode (ausgenommen aus Verbrauch, Übertragung,

Unternehmenserwerb u.Ä.) ist erfolgswirksam in der Gewinn- und Verlustrechnung zu erfassen. Dies gilt auch für Wertänderungen aufgrund von Änderungen der Bewertungsparameter. Zum Ausweis in der Gewinn- und Verlustrechnung siehe Rz (90).

(86a) Für die Erfassung der Auswirkungen einer Änderung der biometrischen Rechnungsgrundlagen (vgl. Rz (46)) ist die Override-Verordnung (BGBl. II Nr. 283/2018, Verordnung des Bundesministers für Verfassung, Reformen, Deregulierung und Justiz über die Nichtanwendung einer Rechnungslegungsvorschrift des Unternehmensgesetzbuches) anzuwenden.

7. Bewertung von Rückstellungen für vergleichbare langfristig fällige Verpflichtungen

(87) Für die Bewertung von Rückstellungen für vergleichbare langfristig fällige Verpflichtungen sind die Ausführungen zu jenen Verpflichtungen, mit denen sie vergleichbar sind, sinngemäß anzuwenden.

8. Ausweis in der Bilanz und in der Gewinn- und Verlustrechnung

8.1. Ausweis in der Bilanz

(88) Rückstellungen für Abfertigungen sind in der Bilanz im Posten „Rückstellungen für Abfertigungen" (§ 224 Abs 3 B.1. UGB), Rückstellungen für Pensionen im Posten „Rückstellungen für Pensionen" (§ 224 Abs 3 B.2. UGB), Rückstellungen für Jubiläumsgelder und Rückstellungen für vergleichbare langfristig fällige Verpflichtungen im Posten „sonstige Rückstellungen" (§ 224 Abs 3 B.4. UGB) auszuweisen.

(89) Finanzielle Vermögensgegenstände aus ausgelagerten Verpflichtungen und Ansprüche aus einer Rückdeckungsversicherung (vgl. Rz (50)) sind im Posten „Wertpapiere (Wertrechte) des Anlagevermögens" (§ 224 Abs 2 A.III.5 UGB) auszuweisen. Ist ein Rückkauf einer Rückdeckungsversicherung beabsichtigt, ist der Anspruch daraus im Umlaufvermögen im Posten „sonstige Forderungen und Vermögensgegenstände" (§ 224 Abs 2 B.II.4 UGB) auszuweisen.

8.2. Ausweis in der Gewinn- und Verlustrechnung

(90) Aufwendungen im Zusammenhang mit Rückstellungen für Pensions-, Abfertigungs-, Jubiläumsgeld- und vergleichbare langfristig fällige Verpflichtungen sind grundsätzlich im Personalaufwand auszuweisen (siehe jedoch Rz (95)). Je nach Verpflichtung erfolgt der Ausweis als Löhne bzw. Gehälter (vgl. Rz (93)) oder als soziale Aufwendungen (Posten § 231 Abs 2 Z 6b UGB). Aufwendungen für die Altersversorgung müssen als Davon-Vermerk gesondert ausgewiesen werden. Gesellschaften, die nicht klein sind, haben zusätzlich Aufwendungen für Abfertigungen und Leistungen an betriebliche Mitarbeitervorsorgekassen (Posten § 231 Abs 2 Z 6b aa UGB) und Aufwendungen für gesetzlich vorgeschriebene Sozialabgaben sowie vom Entgelt abhängige Abgaben und Pflichtbeiträge (Posten § 231 Abs 2 Z 6b bb UGB) gesondert auszuweisen.

(91) Zu den Aufwendungen für Altersversorgung zählen:

a) Pensionszahlungen
b) Beiträge an selbständige Rechtsträger bei Auslagerung der Verpflichtungen
c) Aufwendungen für Beiträge, Prämien und andere Zahlungen in Zusammenhang mit der Rückdeckung der Verpflichtungen
d) erfolgswirksame Veränderungen der Pensionsrückstellungen und der finanziellen Vermögensgegenstände aus rückgedeckten und ausgelagerten Verpflichtungen

(92) Zu den Aufwendungen für Abfertigungen und Leistungen an betriebliche Mitarbeitervorsorgekassen zählen:

a) Abfertigungszahlungen
b) Beiträge an Betriebliche Vorsorgekassen
c) Aufwendungen für Beiträge, Prämien und andere Zahlungen in Zusammenhang mit der Rückdeckung der Verpflichtungen
d) erfolgswirksame Veränderungen der Rückstellungen für Abfertigungen und der finanziellen Vermögensgegenstände aus rückgedeckten und ausgelagerten Verpflichtungen

(93) Aufwendungen für Jubiläumsgelder und sonstige nicht regelmäßig anfallende Zahlungen an Arbeitnehmer sind in der Gewinn- und Verlustrechnung als Löhne und Gehälter (Posten § 231 Abs 2 Z 6a UGB) auszuweisen, wobei Gesellschaften, die nicht klein sind, Löhne und Gehälter getrennt voneinander auszuweisen haben.

(94) Die Verminderungen der Rückstellungen und Erträge aus der Rückdeckung sind im jeweiligen Posten der Gewinn- und Verlustrechnung gegen die Zuweisungen an die jeweiligen Rückstellungen aufzurechnen. Übersteigen in einem Geschäftsjahr die Verminderungen und Erträge insgesamt die Zuweisungen an die jeweiligen Rückstellungen, so ist der positive Saldo in den sonstigen betrieblichen Erträgen (Posten § 231 Abs 2 Z 4 bzw. Abs 3 Z 6 UGB) auszuweisen, von Gesellschaften, die nicht klein sind, im Unterposten b (Erträge aus der Auflösung von Rückstellungen).

(95) Es ist zulässig, die in den vorstehenden Veränderungen der Rückstellungen enthaltenen rechnungsmäßigen Zinsen im Posten Zinsen und ähnliche Aufwendungen (Posten § 231 Abs 2 Z 15 bzw. Abs 3 Z 14 UGB) auszuweisen. Bei Inanspruchnahme dieses Wahlrechts können auch die Änderungen der Rückstellungen aufgrund von Änderungen des Rechnungszinssatzes im jeweiligen Posten (Zinsen und ähnliche Aufwendungen, § 231 Abs 2 Z 15 bzw. Abs 3 Z 14 UGB, oder sonstige Zinsen und ähnliche Erträge, § 231 Abs 2 Z 12 bzw. Abs 3 Z 11 UGB) im Finanzergebnis erfasst werden.

(96) Der Ausweis ist gemäß § 223 Abs 1 UGB beizubehalten.

9. Angaben im Anhang

9.1. Allgemeine Grundsätze

(97) Im Anhang sind gemäß § 236 Satz 1 UGB die Bilanz und die Gewinn- und Verlustrechnung sowie die darauf angewandten Bilanzierungs- und Bewertungsmethoden so zu erläutern, dass ein möglichst getreues Bild der Vermögens-, Finanz- und Ertragslage des Unternehmens vermittelt wird. Gemäß § 237 Abs 1 Z 4 UGB sind der Betrag und die Wesensart der einzelnen Ertrags- und Aufwandsposten von außerordentlicher Größenordnung oder von außerordentlicher Bedeutung anzugeben.

9.2. Angaben

(98) Zu den in dieser Stellungnahme behandelten Verpflichtungen sind zur Erfüllung der in Rz (97) dargestellten grundsätzlichen Anforderungen i.d.R. folgende Angaben erforderlich, soweit diese Angaben für die jeweiligen Rückstellungen relevant sind:

a) Erläuterungen zu den Methoden und Rechnungsgrundlagen:
   - Ansammlungsverfahren,
   - der Bewertung der Rückstellungen zugrunde gelegte Rechnungsgrundlagen (Rechnungszinssatz, künftige Bezugserhöhungen bzw. Valorisierungs-Prozentsatz, Pensionsantrittsalter, biometrische Grundlagen (Sterbetafeln), Ansammlungszeitraum, Fluktuationsannahmen),
   - Methode der Ermittlung des Rechnungszinssatzes,
   - Methode der Erfassung eines etwaigen Unterschiedsbetrages aus der erstmaligen Anwendung dieser Stellungnahme,
   - Betrag sowie Methode der Erfassung eines etwaigen Unterschiedsbetrages aus der Anpassung der biometrischen Grundlagen (vgl. Rz (51a), (69a) und (86a)) und
   - Methode zur Ermittlung der Pensionsrückstellung bei ausgelagerten Verpflichtungen (vgl. Rz (49a)) und die bei der Bewertung angewendeten Annahmen (Rechnungszinssatz, erwarteter Ertrag aus den vom selbständigen Rechtsträger zur Deckung der Verpflichtung gehaltenen Vermögenswerten, künftige Bezugs- bzw. Pensionserhöhungen).

b) Erläuterungen zu den Bilanzposten und den Aufwendungen und Erträgen durch:
   - Aufgliederung des Pensionsaufwands in Aufwendungen für Zusagen, für welche eine Rückstellung (oder ein finanzieller Vermögensgegenstand im Fall rückgedeckter oder ausgelagerter Verpflichtungen) angesetzt ist, und Zusagen, für die ausschließlich Beiträge zu leisten sind,
   - Angabe der Aufwendungen oder Erträge für Rückstellungen für Jubiläumsgelder und Rückstellungen für vergleichbare langfristig fällige Verpflichtungen, die in den Posten Löhne und/oder Gehälter enthalten sind,
   - Angabe der Tatsache der Saldierung und der Höhe der Gesamtpensionsverpflichtung bei rückgedeckten oder ausgelagerten Verpflichtungen,
   - Angabe, in welchem Posten der Gewinn- und Verlustrechnung die Änderungen der Rückstellungen ausgewiesen sind, und Erläuterung allfälliger gemäß Rz (95) im Finanzergebnis erfasster Beträge und
   - Angabe wesentlicher periodenfremder Aufwendungen oder Erträge, z.B. aufgrund einer wesentlichen Veränderung des Rechnungszinssatzes oder der verwendeten Wahrscheinlichkeitsannahmen.

(99) § 239 Abs 1 Z 3 UGB verlangt, dass die Aufwendungen für Abfertigungen und Pensionen getrennt nach solchen für Vorstandsmitglieder und leitende Angestellte gemäß § 80 Abs 1 AktG 1965 und für andere Arbeitnehmer angeführt werden.

10. Erstmalige Anwendung

(100) Die vorliegende Fassung der Stellungnahme ersetzt jene vom Dezember 2019. Sie ist auf Geschäftsjahre anzuwenden, die nach dem 31. Dezember 2020 beginnen. Eine vorzeitige Anwendung ist zulässig.

Erläuterungen

Zu Rz (1):

Gemäß § 211 Abs 1 UGB idF des Rechnungslegungs-Änderungsgesetzes 2014 (RÄG 2014) sind Rückstellungen für Abfertigungsverpflichtungen, Pensionen, Jubiläumsgelder oder vergleichbare langfristig fällige Verpflichtungen mit dem sich nach versicherungsmathematischen Grundsätzen ergebenden Betrag anzusetzen. Die Erläuternden Bemerkungen zur Regierungsvorlage des RÄG 2014 führen dazu aus, dass es „bei der Bewertung aufgrund versicherungsmathematischer Grundsätze bleiben" soll. Damit wollte der Gesetzgeber bewusst keine näheren Vorschriften zur bilanziellen Abbildung solcher Rückstellungen festlegen und dies der Interpretation durch die „Stakeholder" (Anwender, Aktuare, Abschlussprüfer, Wissenschaftler) übertragen. Da es sich bei diesem Themenbereich um zum Teil sehr komplexe Fragen handelt und Potenzial zu stark abweichenden Auslegungen besteht, ist es angebracht, dass das AFRAC eine entsprechende Stellungnahme über die Rückstellungen für Pensions-, Abfertigungs-, Jubiläumsgeld- und vergleichbare Verpflichtungen herausgibt.

Diese Stellungnahme beruht auf einer Vorarbeit des Fachsenats für Unternehmensrecht und Revision der Kammer der Wirtschaftstreuhänder und ersetzt die bisher in der Praxis weitgehend angewendeten Fachgutachten KFS/RL 2, KFS/RL 3, KFS/RL 2/3, KFS/RL 2/3a und KFS/RL 2/3b.

Im März 2018 erfolgte die Ergänzung der Stellungnahme um die Bestimmungen über die bilanzielle Behandlung von in Zusammenhang mit den aufgezählten Rückstellungen bestehenden Rückdeckungsversicherungen (Rückdeckung der Verpflichtungen). Die Regelung solcher Sachverhalte erfolgte bis dahin in den vom Fachsenat für Unternehmensrecht und Revision der Kammer der Wirtschaftstreuhänder herausgegebenen Stellungnahmen KFS/RL 23 Bilanzierung von Rückdeckungsversicherungen und KFS/RL 17 Behandlung von Abfertigungs- und Jubiläumsgeldverpflichtungen, die im Sinne der Einkommensteuerrichtlinien 2000, Abschn 8.5.6 und 8.7.3.7, an ein Versicherungsunternehmen ausgelagert werden, im Jahresabschluss des Arbeitgebers.

Im Dezember 2019 wurde die Stellungnahme an die Override-Verordnung sowie das Anti-Gold-Plating-Gesetz 2019 angepasst, und es wurden Klarstellungen im Zusammenhang mit rückgedeckten bzw. ausgelagerten Verpflichtungen vorgenommen. Für diese wurde im Dezember 2020 eine alternative Bewertungsmöglichkeit eingeführt.

Zu Rz (4) bis (7):

Die Definitionen orientieren sich weitgehend an IAS 19. Sie sollen zum Ausdruck bringen, dass diese Stellungnahme ausschließlich Leistungen des Unternehmens umfasst, die als Gegenleistung für erbrachte Arbeitsleistungen entstehen. Aufgrund anderer Sachverhalte erbrachte Leistungen (z.B. als Gegenleistung für die Übertragung von Vermögenswerten) werden nicht von dieser Stellungnahme erfasst. Die grundsätzlichen Konzepte dieser Stellungnahme können jedoch durch Analogieschluss auf solche Sachverhalte anwendbar sein.

Unter Arbeitsverhältnis ist in dieser Stellungnahme nicht nur ein Vertrag im arbeitsrechtlichen Sinn zu verstehen (vgl. Rz (12)).

Zu Rz (5):

Unter Abfertigungen sind jene Leistungsarten der „Abfertigung alt" zu verstehen, die Leistungen nach Beendigung des Arbeitsverhältnisses darstellen (siehe dazu die AFRAC-Stellungnahme 20 „Behandlung der ‚Abfertigung alt' nach IAS 19, insbesondere Verteilung des Dienstzeitaufwandes").

Zu Rz (7):

Nach Sinn und Zweck des Gesetzes können vergleichbare Verpflichtungen nur Leistungen umfassen, die pensionsähnlich, d.h. „durch das ‚Leben' einer Person bedingt sind" (*Konezny* in Hirschler, Bilanzrecht, § 211 Rz 54). Ähnlich *Leitner/Urnik/Urtz* in Straube/Ratka/Rauter, UGB II^3, 2011, § 211 Rz 30: „Voraussetzung ist, dass die jeweilige Verpflichtung einen Zusammenhang mit der Lebensdauer des Leistungsempfängers aufweist, da andernfalls eine Bewertung nach versicherungsmathematischen Grundsätzen nicht in Betracht kommt."

Zu Rz (13):

Im Sinne des Äquivalenzprinzips (vgl. Erläuterung zur Rz (29)) muss die Ansammlung über jenen Zeitraum erfolgen, über den die Arbeitsleistung des Arbeitnehmers zu einer Erhöhung der späteren Pensionszahlungen führt. Der Ansammlungszeitraum beginnt daher zu jenem Zeitpunkt, ab dem die Arbeitsleistung Leistungen aus der Pensionszusage begründet. Zum besonderen Fall der Anrechnung von Vordienstzeiten siehe Rz (38).

Schwieriger zu definieren ist das Ende des Ansammlungszeitraumes. Bei unverfallbaren Ansprüchen müssen die Rückstellungen zu jedem Zeitpunkt zumindest dem Barwert der künftig zu erbringenden Pensionsleistungen entsprechen. Daher ist es in diesen Fällen erforderlich, dass die Ansammlung nach Maßgabe der zugrundeliegenden Vereinbarung (nach der „Planformel") erfolgt und der Ansammlungszeitraum spätestens dann endet, wenn die zusätzliche Arbeitsleistung nicht mehr zu einer Erhöhung des Anspruchs (ausgenommen Verzinsung) führt. Bei bis zum Pensionsantritt verfallbaren Ansprüchen tritt die Unverfallbarkeit und damit das Ende des Ansammlungszeitraums i.d.R. mit Pensionsantritt ein. In der Praxis kommt es allerdings in vielen Fällen aus rechtlichen oder faktischen Gründen bereits vor dem Pensionsantritt zur (zumindest teilweisen) Unverfallbarkeit des Anspruchs. Die gewählte Definition soll alle diese Sachverhalte abdecken.

Bei Pensionsverpflichtungen aus aufgeschobenen Pensionen ist der Ansammlungszeitraum jedenfalls beendet.

Zu Rz (14) bis (16):

Abhängig von der inhaltlichen Gestaltung einer Zusage kann das verpflichtete Unternehmen die Leistung an den Berechtigten unmittelbar erbringen (z.B. durch Zahlung der Pension, der Abfertigung oder des Jubiläumsgeldes; direkte Verpflichtung), die Leistung entgeltlich an einen selbständigen Rechtsträger (i.d.R. eine Pensionskasse oder ein Versicherungsunternehmen) schuldbefreiend übertragen (ausgelagerte Verpflichtung) oder die Leistungsverpflichtung gegenüber dem Berechtigten durch einen Versicherungsvertrag rückdecken (rückgedeckte Verpflichtung).

Ausgelagerte Verpflichtungen können so gestaltet sein, dass nicht alle Leistungsverpflichtungen übertragen werden. Beispielsweise kann im Rahmen der Übertragung der Pensionsverpflichtungen die Verpflichtung zur Erbringung von Pensionsleistungen aufgrund von Invalidität beim Unternehmen verbleiben. Eine Auslagerung der Verpflichtung kann auch vorsehen, dass das auslagernde Unternehmen weiterhin für eine vereinbarte (Mindest-)Höhe der Pension während der gesamten Laufzeit oder bis zu einem bestimmten Zeitpunkt (z.B. bis zum Pensionsantritt) einstehen muss (unbeschränkte bzw. beschränkte Nachschussverpflichtung) oder zu einem bestimmten Zeitpunkt zusätzliche Beiträge zur Deckung einer festgelegten Pensionshöhe, wie z.B. Sonderbeiträge bei Pensionsantritt, leisten muss.

Zu Rz (16):

Biometrische Risiken (Langlebigkeit, Sterblichkeit, Berufsunfähigkeit, Invalidität, Krankheit etc.), die mit der Abgabe einer Leistungszusage verbunden sind, sind dadurch gekennzeichnet, dass die möglichen Zahlungen für eine einzelne Person sehr stark um den Erwartungswert streuen, der durch Anwendung versicherungsmathematischer/statistischer Daten (z.B. Sterbetafeln) ermittelt wird.

Derartige Risiken stellen für Unternehmen, die nur einzelne oder wenige Leistungszusagen abgeben, eine Wette auf den nach versicherungsmathematischen Grundlagen ermittelten Erwartungswert dar, weil kein Risikoausgleich erfolgt, wie er möglich ist, wenn eine Vielzahl gleichartiger Leistungszusagen abgegeben wird („Gesetz der großen Zahl"). Abweichungen davon können sehr große Auswirkungen auf die Vermögens-, Finanz- und Ertragslage eines Unternehmens haben.

Mit einer Rückdeckungsversicherung soll dieses Risiko aus Leistungszusagen, die biometrische Risiken beinhalten, abgesichert werden. Rückdeckungsversicherungen können unterschiedlich gestaltet sein. Typische Formen sind:

Eine *Kapital-Rückdeckungsversicherung (gemischte Ab- und Erlebensversicherung)* deckt das Sterblichkeitsrisiko ab. Das Versicherungsunternehmen leistet die im Versicherungsvertrag festgelegte Versicherungssumme, die eine Sparkomponente enthält, bei Vertragsende auch im Erlebensfall. Eine Kapital-Rückdeckungsversicherung kann vom Versicherungsnehmer während der Laufzeit rückgekauft werden. Der Rückkaufswert ist – mit Ausnahme der ersten Jahre der Vertragsdauer – in der Regel niedriger als die Deckungsrückstellung.

Eine *Renten-Rückdeckungsversicherung (Rentenversicherung)* deckt das Langlebigkeitsrisiko ab. Bis zum Rentenbeginn ist auch bei einer solchen Rückdeckungsversicherung i.d.R. ein Rückkauf möglich; ab dem Beginn der Rentenzahlungen besteht diese Möglichkeit i.d.R. nicht mehr. Wenn der Begünstigte aus dem Rentenversicherungsvertrag vor Beginn der Rentenzahlungen stirbt und durch seinen Tod keine Rentenzahlungen an andere Begünstigte ausgelöst werden, wird dem Versicherungsnehmer bzw. dem für diesen Fall Begünstigten i.d.R. die Summe der bezahlten Prämien rückerstattet.

Bei einer *Ablebensversicherung* handelt es sich um eine reine Risikoversicherung, mit der das Sterblichkeitsrisiko abgesichert wird. Eine *Berufsunfähigkeitsversicherung* sichert das Berufsunfähigkeitsrisiko ab. In beiden Fällen wird vom Versicherungsunternehmen bei Vertragsende keine Leistung erbracht und bei Auflösung des Vertrags vor Vertragsende kein Rückkaufswert bezahlt.

Für Kapital- und Renten-Rückdeckungsversicherungen bildet das Versicherungsunternehmen eine Deckungsrückstellung, in die die Sparprämien und die rechnungsmäßigen (d.h. bei der Prämienkalkulation berücksichtigten) Zinsen einfließen; bei Vertragsende erreicht die Deckungsrückstellung die Versicherungssumme. Wenn die Rückdeckungsversicherung auch eine Gewinnbeteiligung umfasst, erhöhen sich während der Vertragslaufzeit sowohl die vertragliche Versicherungsleistung als auch die Deckungsrückstellung und der Rückkaufswert um die zugeteilten Gewinnanteile.

Ein vergleichbarer Sachverhalt liegt bei Ausgliederung der Verpflichtung an ein Versicherungsunternehmen i.S.d. der Einkommensteuerrichtlinien (EStR) 2000, Abschn 8.5.6 und 8.7.3.7 vor.

Zu Rz (20):

Die Gesamtpensionsverpflichtung entspricht bei Anwartschaften auf Pensionen dem unter Anwendung des jeweils gewählten Ansammlungsverfahrens ermittelten Barwert der leistungsorientierten Verpflichtung, bei aufgeschobenen Pensionen und laufenden Pensionen dem Barwert der künftigen Pensionszahlungen (vgl. Rz (30) und (31)) und damit sinngemäß der Definition des Barwerts der leistungsorientierten Verpflichtung („*Defined Benefit Obligation*") nach IAS 19.

Zu Rz (22):

Ein Unternehmen kann aufgrund unterschiedlicher Sachverhalte zur Erbringung von Leistungen für Berechtigte (Zahlung von Pensionen, Abfertigungen oder Jubiläumsgeldern oder Erbringung sonstiger langfristig fälliger Leistungen) verpflichtet sein. Eine Auslagerung der Verpflichtung zur Erbringung dieser Leistungen an einen selbständigen Rechtsträger befreit nur insoweit vom Ansatz einer Rückstellung, als das Unternehmen die Verpflichtungen übertragen hat und auch bei (teilweiser) Nichtleistung des selbständigen Rechtsträgers nicht mehr (z.B. durch Nachschüsse oder Sonderbeiträge) für die Leistungserbringung einstehen muss (vgl. dazu auch die Erläuterungen zu Rz (14) bis (16)).

Werden alle Verpflichtungen übertragen und ist das Unternehmen auch nicht zur Zahlung von Nachschüssen oder Sonderbeiträgen verpflichtet (z.B. bei Übertragung der Verpflichtung an eine Pensionskasse ohne Nachschussverpflichtung oder im Fall der gesetzlich festgelegten Beitragszahlung des Unternehmens bei der so genannten „Abfertigung Neu"), unterbleibt der Ansatz einer Rückstellung.

Die ausschließliche Verpflichtung zur Zahlung von vorab definierten Beiträgen an ein Versicherungsunternehmen oder eine Pensions- bzw. Vorsorgekasse führt nicht zum Ansatz einer Rückstellung, wenn die Beitragszahlungen dem Äquivalenzprinzip entsprechen. Bei ansteigenden Beitragszahlungen darf der Anstieg der Prämien dabei nicht höher sein als die Erhöhung des an den Begünstigten bezahlten Entgelts (Bezugs). Wenn die Beitragszahlungen nicht dem Äquivalenzprinzip entsprechen, sind entsprechende Abgrenzungen bzw. Rückstellungen zu bilden.

Zu Rz (23):

Regelungen zu Pensionen, Abfertigungen, Jubiläumsgeldern oder vergleichbaren langfristig fälligen Verpflichtungen sind in zahlreichen Gesetzen enthalten. Wesentliche Grundlagen bilden das Betriebspensionsgesetz, das Angestelltengesetz und das Arbeiter-Abfertigungsgesetz. Darüber hinaus bestehen spezielle gesetzliche Regelungen oder Vereinbarungen bei bestimmten Unternehmen oder Berufsgruppen, wie z.B. im ORF-Gesetz, in den allgemeinen Vertragsbedingungen für Dienstverträge bei den Österreichischen Bundesbahnen, im Hausgehilfen- und Hausangestelltengesetz oder im Handelsvertretergesetz.

Zu Rz (24):

Pensionsstatute sehen häufig eine Wartezeit von fünf Jahren zwischen dem Eintritt in den Pensionsplan und der Unverfallbarkeit des Anspruches vor. Tritt die Unverfallbarkeit ohne weiteres Zutun des Unternehmens ein, besteht die Pflicht zum Ansatz einer Rückstellung bereits ab dem Eintritt in das jeweilige Pensionsstatut. Steht es dem Unternehmen jedoch frei, bis zum Ende der Wartezeit eine Zusage zu erteilen oder nicht, darf bis zur Entscheidung des Unternehmens zur Erteilung der Zusage keine Rückstellung angesetzt werden. Erteilt das Unternehmen nach einer unverbindlichen Wartezeit eine Zusage mit Anrechnung der Wartezeit, ist dieser Sachverhalt entsprechend zu berücksichtigen; vgl. dazu die Erläuterungen zu Rz (38).

Zu Rz (29):

Da es sich bei Pensionsverpflichtungen um eine Gegenleistung für die über mehrere (häufig sehr viele) Perioden erbrachte Arbeitsleistung der direkt Berechtigten handelt, ist die Gesamtpensionsverpflichtung grundsätzlich so anzusammeln (zu bewerten) und damit der Aufwand aus den künftigen Leistungen den Perioden so zuzuordnen, dass in den einzelnen Perioden eine Äquivalenz zwischen der Arbeitsleistung und dem Aufwand aus der Bildung der Rückstellungen besteht. Das Ansammlungsverfahren (vgl. Rz (39)) nimmt diese Zuordnung vor.

Die leistungskongruente Belastung der einzelnen Perioden wird allerdings aus den folgenden Gründen nicht vollständig erreicht:

a) Das Fehlen einer ausreichend großen Anzahl gleichartiger Verpflichtungen führt dazu, dass der Unterschied zwischen der in den Sterbetafeln berücksichtigten durchschnittlichen Lebenserwartung und der individuellen Lebenserwartung bzw. -dauer der jeweils berechtigten Personen nicht vollständig ausgeglichen wird (Fehlen der Wirksamkeit des Gesetzes der großen Zahl). Der Unterschied zwischen der kalkulierten und der tatsächlichen Belastung der einzelnen Perioden kann besonders groß sein, wenn ein Unternehmen nur wenige, im Einzelnen aber sehr hohe Verpflichtungen (z.B. gegenüber Vorstandsmitgliedern) aufweist.

b) Abweichungen von anderen Wahrscheinlichkeitsannahmen (insbesondere die Veränderung der Berechtigten, der Eintritt der Berufsunfähigkeit, Fluktuation, Frühpensionierungsverhalten etc.), die mit Hilfe geeigneter und verlässlicher statistischer Informationen oder überhaupt nicht bei der Bewertung berücksichtigt werden, beeinflussen ebenfalls das Ergebnis der einzelnen Perioden.

c) Weitere nicht planmäßige (periodenfremde) Beeinflussungen der Ergebnisse der einzelnen Perioden können sich daraus ergeben, dass sich sowohl die Höhe des Rechnungszinssatzes als auch die Höhe der künftigen Zahlungen aus wertgesicherten Zusagen einer sicheren Prognose entziehen.

Zu Rz (33):

Unter der Verheiratungswahrscheinlichkeit versteht man die Wahrscheinlichkeit, mit der ein Berechtigter zum Zeitpunkt des Todes sinngemäß „verheiratet" ist, also der Todesfall eine Leistung an die Hinterbliebenen (i.d.R. Witwe bzw. Witwer) auslöst.

Zu Rz (34):

Die voraussichtlichen Pensionszahlungen ergeben sich aus der jeweiligen Pensionsvereinbarung und müssen auf Basis geeigneter und verlässlicher Annahmen ermittelt werden (z.B. bei vom Letztbezug abhängigen indexgebundenen Pensionen über das Pensionsantrittsalter und über erwartete künftige Erhöhungen des Bezuges). Die Annahmen können für vergleichbare Mitarbeitergruppen kollektiv getroffen werden.

Zu Rz (35):

Übliche Karriereschritte sind solche, die bei einem gewöhnlichen Karriereverlauf ohne besonderes Zutun des Unternehmens oder des Arbeitnehmers eintreten (z.B. Vorrückungen aufgrund zunehmender Berufserfahrung oder typische Karrierestufen in einem bestimmten Beruf) und die von einem Großteil vergleichbarer Arbeitnehmer auch tatsächlich erreicht werden. Da diese Karriereschritte ohne weiteres Zutun des Unternehmens eintreten, sind sie bei der Bewertung der Rückstellungen zu berücksichtigen.

Zu Rz (36):

Verlässliche Annahmen zur künftigen Entwicklung des Geldwertes (eines Geldwertindex) oder damit i.d.R. weitgehend korrelierender Veränderungen von Löhnen und Gehältern sowie Pensionen sind in der Praxis häufig schwer verfügbar. Aus diesem Grund ist es vertretbar, für diese Annahmen einen Durchschnittswert aus der Vergangenheit heranzuziehen, sofern nicht verlässlichere Informationen vorhanden sind.

Zu Rz (38):

Pensionszusagen können unter Anrechnung bisheriger bei demselben oder einem anderen Arbeitgeber geleisteter Arbeitszeiten erfolgen, z.B. nach Ablauf einer Wartezeit (vgl. Erläuterungen zu Rz (24)) oder bei Anstellung eines besonders qualifizierten Mitarbeiters. Bei der Bewertung der Gesamtpensionsverpflichtung sind solche Vordienstzeiten jedenfalls bei der Höhe der Pensionszahlung zu berücksichtigen (vgl. Rz (34)). Darüber hinaus stellt sich die Frage, ob die aus der Anrechnung resultierenden Ansprüche rückwirkend zu erfassen sind (was einer Vorverlegung des Beginns des Ansammlungszeitraumes gleichkommt und zu einer sofortigen Nacherfassung des Aufwandes für die Vorperioden in der Gewinn- und Verlustrechnung führt) oder ob die Ansprüche ab dem Zeitpunkt der Zusage angesammelt werden sollen.

Diese Stellungnahme sieht grundsätzlich eine rückwirkende Erfassung vor. Bei sofort unverfallbaren Ansprüchen ist dies erforderlich, weil die Gesamtpensionsverpflichtung zumindest jenen Betrag aufweisen muss, den das Unternehmen bei dem jederzeit möglichen Eintritt der Leistung zu erbringen hat.

Bei nicht sofort unverfallbaren Ansprüchen kann (als Wahlrecht) jedoch abhängig vom Beweggrund für die Anrechnung auch eine Berücksichtigung dieser Zeiträume ab dem Zeitpunkt der Zusage erfolgen. Dabei ist zu beurteilen, ob die Anrechnung der Vordienstzeit eine Abgeltung für bisher erbrachte Leistungen bzw. eine Prämie für das Eingehen des Arbeitsverhältnisses darstellt oder Bestandteil des Entgelts für die künftige Arbeitsleistung des Anwartschaftsberechtigten sein soll. Bei einer beim selben Arbeitgeber geleisteten Vordienstzeit kann deren Anrechnung eine nachträgliche Abgeltung für die bisherige Arbeitsleistung darstellen. Deshalb ist eine rückwirkende Erfassung sachgerecht. Bei Anrechnung einer Vordienstzeit, die der Mitarbeiter bei einem anderen Arbeitgeber verbracht hat, kann diese Anrechnung eine Prämie für das Eingehen des Arbeitsverhältnisses darstellen („signing bonus"), die ebenfalls im Zeitpunkt des Antritts des Arbeitsverhältnisses als Aufwand zu erfassen ist, was einer rückwirkenden Erfassung der Vordienstzeit entspricht. Bei Übertritt zwischen verbundenen oder nahestehenden Unternehmen unter Anrechnung von Vordienstzeiten handelt es sich in der Regel um die Übernahme einer bestehenden (und damit rückwirkend zu erfassenden) Verpflichtung.

Zu Rz (39):

Diese Stellungnahme sieht für die Ermittlung der Gesamtpensionsverpflichtung folgende grundsätzliche Schritte vor:

1. Ermittlung des Barwerts der künftigen Pensionsleistung (Rentenbarwert zu Beginn des Leistungszeitraumes). Dies erfordert wesentliche Schätzungen, wie z.B. die Höhe und die Dauer der künftigen Pensionszahlungen oder den Rechnungszinssatz für die Abzinsung dieser Zahlungen auf den Beginn des Leistungszeitraumes.
2. Zuordnung (Ansammlung) dieses Betrages über den Ansammlungszeitraum unter Anwendung eines zulässigen Ansammlungsverfahrens. Die Gesamtpensionsverpflichtung entspricht der Summe der dem Zeitraum vom Beginn des Ansammlungszeitraumes bis zum jeweiligen Abschlussstichtag zuzuordnenden Beträge (Prämien).

Zu jedem Abschlussstichtag erfolgt eine Neuberechnung der Gesamtpensionsverpflichtung auf Basis der jeweils aktuellen Sachverhalte und versicherungsmathematischen Annahmen. Änderungen der Gesamtpensionsverpflichtung aufgrund von Abweichungen der tatsächlich eingetretenen Sachverhalte von den Annahmen oder der Anpassung von versicherungsmathematischen Annahmen (so genannte versicherungsmathematische Gewinne und Verluste) werden in jeder Periode sofort erfolgswirksam erfasst. Im Gegensatz zu den Regeln im IAS 19 besteht nach dem UGB keine Möglichkeit zur Erfassung der versicherungsmathematischen Gewinne und Verluste außerhalb der Gewinn- und Verlustrechnung (vgl. Rz (51)).

Mit der sofortigen erfolgswirksamen Erfassung der versicherungsmathematischen Gewinne und Verluste wird jede Änderung der relevanten Rechnungsgrundlagen in die Vergangenheit projiziert; eine Verteilung auf künftige Perioden ist nicht vorgesehen.

Zum Ansammlungsverfahren sieht die Stellungnahme ein Unternehmenswahlrecht für die Anwendung der zwei in der Praxis gängigen Methoden vor: das nach den vorherigen Fachgutachten KFS/RL 2 und KFS/RL 3 grundsätzlich vorgesehene Teilwertverfahren sowie das Verfahren der laufenden Einmalprämien gemäß IAS 19. Das AFRAC ist nach Abwägen der Vor- und Nachteile eines Wahlrechtes für das Ansammlungsverfahren zum Schluss gekommen, dass sowohl die Verwendung der nach IAS 19 ermittelten Werte für Unternehmen, die ihren Konzernabschluss nach IFRS aufstellen (und damit eine doppelte Berechnung vermeiden), als auch die weitere Anwendung des Teilwertverfahrens für Unternehmen, die keine Werte nach IAS 19 benötigen, Vorteile mit sich bringen, die den Nachteil der fehlenden Vergleichbarkeit überwiegen. Letzterer soll durch die Angaben über die verwendeten Methoden und Annahmen gemildert werden (vgl. Rz (98)).

Beim Ansammlungsverfahren geht es in dieser Stellungnahme ausschließlich um die Frage, wie der Rentenbarwert den einzelnen Perioden im Ansammlungszeitraum zugeordnet wird. Die in Schrifttum und Praxis verwendeten Definitionen für die jeweiligen Verfahren sehen darüber hinaus regelmäßig weitere Definitionsmerkmale vor, z.B. die Vorgehensweise bei der Änderung von Sachverhalten und versicherungsmathematischen Annahmen.

Das Verfahren der laufenden Einmalprämien ist das in IAS 19.67 vorgeschriebene Verfahren und wird auch als Anwartschaftsansammlungsverfahren oder Anwartschaftsbarwertverfahren bezeichnet. Es verteilt den Rentenbarwert linear (oder der Planformel folgend) – unter Berücksichtigung der Abzinsung – auf die einzelnen Perioden im Ansammlungszeitraum. Die jährliche Erhöhung der Gesamtpensionsverpflichtung im Ansammlungszeitraum ergibt sich, abgesehen von versicherungsmathematischen Gewinnen und Verlusten, aus dem Barwert des im jeweiligen Geschäftsjahr erworbenen Leistungsanspruchs (Dienstzeitaufwand) und der Verzinsung der Vorjahresverpflichtung (Zinsaufwand).

Beim Teilwertverfahren erfolgt die Allokation des Rentenbarwertes durch Zuordnung „gleichwertiger Prämien" zu den einzelnen Perioden unter Berücksichtigung von Zinswirkungen. Für die Definition von „gleichwertig" bestehen in der Praxis unterschiedliche Varianten. So kann die jährlich zugeteilte Prämie (Dienstzeitaufwand) betraglich unverändert bleiben (Variante 1) oder – weitgehend praxisüblich – nach Maßgabe der Valorisierung der Leistung (der zugesagten Pension) im Ansammlungszeitraum ansteigen (Variante 2).

Beispiel zur Verdeutlichung der Verfahren (vereinfacht, ohne Berücksichtigung von biometrischen Faktoren):

Ein Unternehmen sagt zu, dem Begünstigten eine Pension in Höhe von EUR 905 p.a. über insgesamt fünf Jahre (Jahre 6 bis 10) mit Fälligkeit am Ende des jeweiligen Jahres zu leisten. Die Pension ist während der Anwartschaftszeit nach einem Index wertgesichert und bleibt im Auszahlungszeitraum unverändert. Der Begünstigte ist insgesamt fünf Jahre (Jahre 1 bis 5) für das Unternehmen tätig. Die Zusage der Pension erfolgt am Beginn des 1. Jahres. Der Rechnungszinssatz beträgt 5 % p.a., die angenommene Steigerung des Index 2 % p.a.

Entwicklung der Gesamtpensionsverpflichtung nach dem **Verfahren der laufenden Einmalprämien**:

	Jahr 1	Jahr 2	Jahr 3	Jahr 4	Jahr 5	Jahr 6	Jahr 7	Jahr 8	Jahr 9	Jahr 10
Gesamtpensionsverpflichtung am Periodenbeginn	0	712	1.496	2.356	3.299	4.329	3.546	2.723	1.859	952
Dienstzeitaufwand	712	748	785	825	866	0	0	0	0	0
Zinsaufwand	0	36	75	118	165	216	177	136	93	48
Pensionszahlung						-1.000	-1.000	-1.000	-1.000	-1.000
Gesamtpensionsverpflichtung am Periodenende	**712**	**1.496**	**2.356**	**3.299**	**4.329**	**3.546**	**2.723**	**1.859**	**952**	**0**

Entwicklung der Gesamtpensionsverpflichtung nach dem **Teilwertverfahren (Variante 1)**:

	Jahr 1	Jahr 2	Jahr 3	Jahr 4	Jahr 5	Jahr 6	Jahr 7	Jahr 8	Jahr 9	Jahr 10
Gesamtpensionsverpflichtung am Periodenbeginn	0	784	1.606	2.470	3.377	4.329	3.546	2.723	1.859	952
Dienstzeitaufwand	784	784	784	784	784	0	0	0	0	0
Zinsaufwand	0	39	80	124	169	216	177	136	93	48
Pensionszahlung						-1.000	-1.000	-1.000	-1.000	-1.000
Gesamtpensionsverpflichtung am Periodenende	**784**	**1.606**	**2.470**	**3.377**	**4.329**	**3.546**	**2.723**	**1.859**	**952**	**0**

Entwicklung der Gesamtpensionsverpflichtung nach dem **Teilwertverfahren (Variante 2)**:

	Jahr 1	Jahr 2	Jahr 3	Jahr 4	Jahr 5	Jahr 6	Jahr 7	Jahr 8	Jahr 9	Jahr 10
Gesamtpensionsverpflichtung am Periodenbeginn	0	754	1.561	2.424	3.346	4.329	3.546	2.723	1.859	952
Dienstzeitaufwand	754	769	785	800	816	0	0	0	0	0
Zinsaufwand	0	38	78	121	167	216	177	136	93	48
Pensionszahlung						-1.000	-1.000	-1.000	-1.000	-1.000
Gesamtpensionsverpflichtung am Periodenende	**754**	**1.561**	**2.424**	**3.346**	**4.329**	**3.546**	**2.723**	**1.859**	**952**	**0**

Der Ansammlungszeitraum erstreckt sich über die Jahre 1 bis 5. Am Ende des Ansammlungszeitraumes beträgt die Pensionszahlung nach Berücksichtigung der Indexanpassungen 1.000 (= 905 x $1{,}02^5$). Daraus ergibt sich unabhängig vom gewählten Ansammlungsverfahren am Ende des Ansammlungszeitraumes eine Gesamtpensionsverpflichtung von 4.329, was dem Barwert der Zahlung von 1.000 über den Leistungszeitraum der Jahre 6 bis 10 entspricht (= Rentenbarwert). Die Gesamtpensionsverpflichtung am Ende des Ansammlungszeitraumes ist damit bei beiden Verfahren und beiden Varianten des Teilwertverfahrens gleich hoch. Ein Unterschied ergibt sich ausschließlich aus der Zuordnung dieses Betrages zu den einzelnen Perioden im Ansammlungszeitraum.

Das Verfahren der laufenden Einmalprämien errechnet den Dienstzeitaufwand (die jährliche Prämie) als Barwert jenes Betrages, der sich aus der linearen Verteilung des Rentenbarwertes über den Ansammlungszeitraum (= 4.329 / 5 = 866) und der Abzinsung ergibt. Für das Jahr 1 beträgt der Dienstzeitaufwand somit 712 (= 866 / $1{,}05^4$). Er steigt jedes Jahr aufgrund des kürzer werdenden Abzinsungszeitraums. Beim Teilwertverfahren (Variante 1) ist der jeder Periode im Ansammlungszeitraum zugeordnete Dienstzeitaufwand gleich hoch und entspricht der finanzmathematisch aus dem Rentenbarwert ermittelten jährlichen Rente (Renten-Endwert = 4.329, Rente = 784). Bei der Variante 2 erhöht sich der Dienstzeitaufwand jeweils um die Indexanpassung der Pension. Der

Zinsaufwand errechnet sich in allen Fällen (vereinfacht) aus der Aufzinsung der am jeweiligen Periodenbeginn bestehenden Gesamtpensionsverpflichtung um ein Jahr.

Auf Grundlage des Fachgutachtens KFS/RL 2 erfolgte in der Vergangenheit die Berechnung der Abfertigungs- und/oder Jubiläumsgeldverpflichtungen in der Praxis regelmäßig nach der so genannten „Nettomethode" durch Anwendung der in KFS/RL 2 dargestellten Formel und eines „Realzinssatzes" auf den aktuellen Jahresbezug des Berechtigten. Der „Realzinssatz" war dabei als Unterschied zwischen dem nominellen Kapitalmarktzinssatz und der Geldentwertungsrate definiert. Die in KFS/RL 2 enthaltene Formel zur Ermittlung der Gesamtpensionsverpflichtung für einen bestimmten Stichtag lautete wie folgt:

$$\text{Gesamtpensionsverpflichtung} = \text{aktueller Jahresbezug x } \frac{\text{Rentenendwertfaktor für die bisherige Dienstzeit}}{\text{Rentenendwertfaktor für die gesamte Dienstzeit}}$$

Diese Berechnung führt zum selben Ergebnis wie die Berechnung nach der oben dargestellten **Variante 2** des Teilwertverfahrens. Die Anwendung der „Nettomethode" führt daher zu einer dieser Stellungnahme entsprechenden Rückstellung, vorausgesetzt die Herleitung des „Realzinssatzes" aus dem Rechnungszinssatz und den erwarteten durchschnittlichen Erhöhungen der künftigen Zahlungen (erwartete Bezugserhöhungen, nicht nur erwartete Geldentwertungsrate) und alle anderen in die Berechnung einfließenden Annahmen und Rechengrößen entsprechen den Vorgaben dieser Stellungnahme.

Der „Realzinssatz" darf dabei jedoch nicht durch Abzug der erwarteten Bezugserhöhungen vom Rechnungszinssatz ermittelt werden. Die Ermittlung muss durch die Formel

$$\text{„Realzinssatz"} = \frac{(1 + \text{Rechnungszinssatz})}{(1 + \text{erwartete jährliche Bezugserhöhung})} - 1$$

erfolgen.

Die Berechnung der Gesamtpensionsverpflichtung nach der oben dargestellten **Variante 1** mittels Anwendung der „Nettomethode" ist nicht möglich.

Die Gesamtpensionsverpflichtung ist bei gleichen Annahmen und bei positiven Zinssätzen bei Anwendung des Verfahrens der laufenden Einmalprämien im Ansammlungszeitraum geringer als bei Anwendung (beider Varianten) des Teilwertverfahrens. Die nach dem Verfahren der laufenden Einmalprämien berechneten Pensionsrückstellungen sind jedoch auch in einem nach unternehmensrechtlichen Grundsätzen erstellten Jahresabschluss zulässig, weil es sich bei diesem Verfahren um ein anerkanntes versicherungsmathematisches Verfahren handelt und die Bewertung von Rückstellungen mit ihrem Barwert den Grundsätzen des UGB idF des RÄG 2014 und idF des Anti-Gold-Plating-Gesetzes 2019 entspricht.

Das oben dargestellte vereinfachte Beispiel berücksichtigt keine versicherungsmathematischen Annahmen wie z.B. die Wahrscheinlichkeit eines früheren Leistungsanfalles aufgrund von Berufsunfähigkeit. Die unterschiedliche Berücksichtigung solcher Annahmen bei den jeweiligen Ansammlungsverfahren kann das Ergebnis der einzelnen Ansammlungsverfahren wesentlich beeinflussen und je nach Sachverhalt auch dazu führen, dass das Teilwertverfahren einen geringeren Wert als das Verfahren der laufenden Einmalprämien ergibt. Dies gilt auch für den Fall, dass der Valorisierungsprozentsatz den Rechnungszinssatz übersteigt.

Die Anwendung des Gegenwartswertverfahrens ist nicht zulässig. Beim Gegenwartswertverfahren erfolgt die Allokation des Rentenbarwertes aufbauend auf der zum Periodenbeginn bestehenden Gesamtpensionsverpflichtung durch Zuordnung gleichmäßig hoher Prämien zu den einzelnen (zukünftigen) Perioden bis zum Ende des Ansammlungszeitraumes. Wesentliche Aspekte einer Neubewertung werden daher in der Gesamtpensionsverpflichtung nicht berücksichtigt und damit nicht im laufenden Ergebnis erfasst, sondern auf den verbleibenden Ansammlungszeitraum verteilt. Das Gegenwartswertverfahren führt damit potenziell zu einer wesentlich geringeren Gesamtpensionsverpflichtung.

Zu Rz (41) bis (43):

§ 211 Abs 2 UGB sieht ein Wahlrecht zwischen einem marktüblichen Zinssatz am Abschlussstichtag und einem durchschnittlichen Zinssatz vor.

Der marktübliche Zinssatz am Abschlussstichtag entspricht grundsätzlich dem Zinssatz gemäß IAS 19.83 mit Ausnahme der nach dem UGB wahlweise möglichen Vereinfachung bei Festlegung der durchschnittlichen Restlaufzeit auf 15 Jahre. Diese Vereinfachung ist in IAS 19.83 nicht vorgesehen.

Da die versicherungsmathematische Bewertung der Gesamtpensionsverpflichtung aufgrund der Anwendung des Zinssatzes zum Abschlussstichtag erst nach dem Abschlussstichtag durchgeführt werden kann, ist aus Praktikabilitätsgründen auch eine Bewertung durch eine verlässliche Annäherungsrechnung zulässig. Dazu erfolgt zunächst die versicherungsmathematische Bewertung der Gesamtpensionsverpflichtung vor dem Abschlussstichtag mit zwei eng aneinander liegenden Zinssätzen, die im Bereich des zum Abschlussstichtag zu erwartenden Zinssatzes liegen. Bei Kenntnis des tatsächlichen Stichtagszinssatzes ist in diesem Fall keine neue versicherungsmathematische Berechnung erforderlich. Stattdessen kann der Wert der

Gesamtpensionsverpflichtung durch lineare Interpolation aus den vor dem Abschlussstichtag ermittelten Bewertungsergebnissen hergeleitet werden.

Zum Durchschnittszinssatz führen die Erläuternden Bemerkungen zur Neufassung des § 211 Abs 2 UGB durch das RÄG 2014 aus, dass man sich bei „der Bestimmung der Marktüblichkeit des zur Abzinsung gewählten Zinssatzes" [anstelle einer selbst durchgeführten Ermittlung des Zinssatzes] „entweder an den deutschen Kundmachungen der Rechtsverordnungen nach § 253 Abs. 2 vierter Satz dHGB orientieren oder den Durchschnittszinssatz in § 9 Abs. 5 EStG heranziehen" könne.

Die Anwendung des „Durchschnittszinssatzes" des § 9 Abs 5 EStG kommt für die Pensionsrückstellungen (und die anderen Rückstellungen, die Gegenstand dieser Stellungnahme sind) allerdings nicht in Frage, weil § 211 Abs 1 UGB die Anwendung versicherungsmathematischer Grundsätze für die Bewertung dieser Verpflichtungen festlegt. Wenn auch die Höhe des Zinssatzes nicht unmittelbar einen versicherungsmathematischen Grundsatz darstellt, so geht aus dieser speziellen Bestimmung doch hervor, dass für die Ermittlung dieser Verpflichtungen die für diesen Themenbereich allgemein anerkannten Grundsätze gelten sollen. Diese Grundsätze umfassen auch die Anwendung eines zutreffend abgeleiteten Zinssatzes.

Die Zulässigkeit eines Durchschnittszinssatzes kann auch damit begründet werden, dass das UGB im Vergleich zu den IFRS das bilanzorientierte (statische) Bilanzierungskonzept weniger stark betont und damit nicht ausschließlich die möglichst aktuelle Bewertung der Verpflichtung zum Abschlussstichtag in den Mittelpunkt stellt, sondern auch der angemessenen – gleichmäßigen – Verteilung des Pensionsaufwands über den Ansammlungszeitraum eine erhebliche Bedeutung beimisst. § 253 Abs 2 dHGB idF des Bilanzrechtsmodernisierungsgesetzes (BilMoG) normierte ursprünglich einen einheitlichen Durchschnittszeitraum von sieben Jahren. Der siebenjährige Zeitraum wurde damit begründet, dass die Länge der letzten sechs Zinszyklen bezogen auf den deutschen Zentralbankzinssatz seit den 1960er Jahren im Durchschnitt knapp sieben Jahre betrug und dieser Zeitraum daher den besten Glättungseffekt mit sich bringe (vgl. *Stapf/Elgg*, BB 2009, S. 2134 ff.). Aufgrund der anhaltenden Niedrigzinsphase hat der deutsche Gesetzgeber am 11. März 2016 die Ausdehnung des Durchschnittszeitraums für Altersversorgungsverpflichtungen von sieben auf zehn Jahre beschlossen.

Die vorliegende Stellungnahme sieht für die Ermittlung des Durchschnittszinssatzes ein Wahlrecht für einen Durchschnittszeitraum zwischen fünf und zehn Jahren vor. Die Länge des Durchschnittszeitraums hat wesentlichen Einfluss auf die Gleichmäßigkeit der Verteilung des Pensionsaufwands. Das Wahlrecht soll es den bilanzierenden Unternehmen ermöglichen, abhängig von der jeweiligen Zusammensetzung der Berechtigten und der Ausgestaltung der erteilten Zusagen eine angemessene – gleichmäßige – Verteilung zu erreichen. Der gewählte Durchschnittszeitraum ist stetig anzuwenden. Der Nachteil der fehlenden Vergleichbarkeit soll durch die Offenlegung des angewendeten Zinssatzes weitgehend ausgeglichen werden.

Für die Berechnung des Durchschnittszinssatzes der letzten fünf (sechs/sieben/acht/neun/zehn) Jahre können der Stichtagszinssatz am aktuellen Abschlussstichtag und die Stichtagszinssätze an den Abschlussstichtagen der vorangegangenen vier (fünf/sechs/sieben/acht/neun) Jahre herangezogen werden. So ergibt sich beispielsweise der siebenjährige Durchschnittszinssatz zum 31.12.2015 aus der Summe der Stichtagszinssätze am 31.12. der Jahre 2009 bis 2015, geteilt durch sieben. Die maßgebliche durchschnittliche Restlaufzeit des Bestandes ist jene des aktuellen Abschlussstichtages (bzw. vereinfachend 15 Jahre). Dieser Zeitraum ist unverändert auch für die vorangegangenen Stichtagszins-sätze zu berücksichtigen. Alternativ kann die Berechnung des Durchschnittszinssatzes wie auch in der deutschen Rückstellungsabzinsungsverordnung aus den jeweiligen Monatsendständen erfolgen (bei einem siebenjährigen Durchschnittszeitraum beispielsweise aus den 84 Monatsendständen einschließlich dem Abschlussstichtag).

Aus Praktikabilitätsgründen – z.B. zur Ermittlung der Gesamtpensionsverpflichtung vor dem Abschlussstichtag im Rahmen eines „Fast Close" – ist es für die Berechnung des Durchschnittszinssatzes zulässig, anstelle des Zinssatzes am aktuellen Abschlussstichtag den Zinssatz an einem Tag, der nicht mehr als drei Monate vor dem aktuellen Abschlussstichtag liegt, heranzuziehen.

Der Zinssatz muss grundsätzlich der durchschnittlichen Restlaufzeit der Pensionsverpflichtung entsprechen und separat für jene Währungen ermittelt werden, in der das Unternehmen die Pensionsleistungen zu erbringen hat. Die durchschnittliche Restlaufzeit errechnet sich aus dem Verhältnis der fälligkeitsgewichteten Zahlungen zur Summe aller Zahlungen aus den bestehenden Verpflichtungen, wobei die Zahlungen unter Berücksichtigung biometrischer Annahmen, d.h. wahrscheinlichkeitsgewichtet ermittelt werden. § 211 Abs 2 Satz 2 UGB sieht jedoch vor, dass bei Festlegung des Zinssatzes für Rückstellungen, die Gegenstand dieser Stellungnahme sind, vereinfachend von einer durchschnittlichen Restlaufzeit der Verpflichtungen von 15 Jahren ausgegangen werden kann, sofern dagegen im Einzelfall keine erheblichen Bedenken bestehen. Erhebliche Bedenken gegen die Vereinfachung bestehen dann, wenn sich aus deren Anwendung wesentliche Abweichungen in der Gesamtpensionsverpflichtung gegenüber der Ermittlung mit der tatsächlichen durchschnittlichen Restlaufzeit ergeben können.

Aus den Rz (39) und (41) dieser Stellungnahme ergeben sich folgende vier Alternativen zur Bewertung der Gesamtpensionsverpflichtung:

	Teilwertverfahren	Verfahren der laufenden Einmalprämien
Durchschnittszinssatz	Alternative 1	Alternative 2
Stichtagszinssatz	Alternative 4	Alternative 3

Zu Rz (46):

Welche Sterbetafel „am besten geeignet“ ist, sollte grundsätzlich vom Aktuar beurteilt werden. Geeignet ist eine Sterbetafel jedenfalls dann, wenn sie auf aktuellen Daten und Analysen beruht und wenn die der Sterbetafel zugrundeliegende Personengesamtheit in ihrer Charakteristik (Altersstruktur, Berufsgruppen, Nationalität etc.) dem Kreis an Berechtigten entspricht, für den sie angewendet werden soll. Bei gleichermaßen geeigneten Sterbetafeln ist jener mit dem höheren Rückstellungswert der Vorzug zu geben.

Zu Rz (47):

Die Berücksichtigung der Fluktuation führt in der Regel zu einer Verminderung der Rückstellung. Geeignete und verlässliche Informationen sind insbesondere bei einer Vielzahl von Pensionsverpflichtungen aufgrund eines Pensionsstatuts vorhanden. Bei einzelvertraglichen Pensionszusagen, bei denen der Verfall eines Pensionsanspruchs ausschließlich von Umständen abhängt, die vom Unternehmen nicht beeinflussbar sind, liegen hingegen i.d.R. keine ausreichenden statistischen Unterlagen für eine Kürzung aufgrund der Fluktuationswahrscheinlichkeit vor.

Zu Rz (48):

Entsprechen die Ansprüche aus der Rückdeckungsversicherung den Verpflichtungen aus der Pensionszusage (vollständige Deckung), erfolgt die Bewertung der Gesamtpensionsverpflichtung mit dem Wert der Rückdeckungsversicherung. Eine vollständige Deckung liegt dann vor, wenn die Ansprüche aus dem Pensionsvertrag und die Ansprüche aus der Rückdeckungsversicherung für alle oder eindeutig abgrenzbare Leistungsverpflichtungen im Hinblick auf Betrag und Fälligkeit übereinstimmen. Aus der Saldierung der Gesamtpensionsverpflichtung mit dem Anspruch aus der Rückdeckungsversicherung ergibt sich in diesem Fall eine Pensionsrückstellung von null.

Deckt der Rückdeckungsvertrag nicht die gesamte Verpflichtung aus der Pensionszusage, sondern nur bestimmte eindeutig abgrenzbare Leistungsverpflichtungen, erfolgt die Bewertung der durch die Rückdeckungsversicherung vollständig gedeckten Risiken mit dem Wert der Rückdeckungsversicherung. Die nicht gedeckten Leistungsteile werden getrennt davon betrachtet und sind gesondert zu bilanzieren. Beispiele für abgrenzbare Leistungsverpflichtungen sind nicht durch die Versicherung gedeckte Invaliden- oder Hinterbliebenenpensionen, nicht in voller Höhe gedeckte Pensionen oder eine von der Pensionszusage abweichende Wertsicherung der Pensionen.

Die Bewertung der Gesamtpensionsverpflichtung mit dem Wert der Rückdeckungsversicherung führt dazu, dass der erfasste Aufwand durch die vorgeschriebenen Versicherungsprämien bestimmt wird. Dabei ist darauf zu achten, dass die vorgeschriebenen Versicherungsprämien der bis zum Abschlussstichtag erbrachten Arbeitsleistung und damit dem Äquivalenzprinzip entsprechen (zum Äquivalenzprinzip vgl. die Erläuterungen zu Rz (22) und (29)). Sollte dies nicht der Fall sein, wie z.B. durch Vorauszahlung einer Prämie, die nicht sofort unverfallbar ist, stimmt die aus dem Wert der Rückdeckungsversicherung abgeleitete Gesamtpensionsverpflichtung nicht mit der tatsächlichen wirtschaftlichen Verpflichtung gegenüber dem Berechtigten überein. In diesem Fall ist die Gesamtpensionsverpflichtung der wirtschaftlichen Verpflichtung anzupassen. Dies kann durch die Berechnung der Gesamtpensionsverpflichtung nach den in den Rz (29) bis (47) dargestellten Regelungen oder durch ein anderes Verfahren, welches unter den vorliegenden Umständen eine sachgerechte Bewertung der Gesamtpensionsverpflichtung ermöglicht, erfolgen.

Zu Rz (49):

Eine Aufrechnung der Gesamtpensionsverpflichtung mit dem Anspruch gegenüber dem selbständigen Rechtsträger ist grundsätzlich nicht zulässig, weil es sich um zwei voneinander unabhängige Rechtsbeziehungen handelt (Verrechnungsverbot gemäß § 196 Abs 2 UGB). Eine Ausnahme bildet jener Fall, bei dem eine besondere rechtliche Gestaltung der Rückdeckung vorliegt, die einerseits den Zugriff des Unternehmens und seiner Gläubiger auf das Vermögen verhindert und andererseits eine möglichst hohe Absicherung des Vermögens sicherstellt. Ein typisches Instrument zur Verhinderung des Zugriffs durch das Unternehmen und dessen Gläubiger ist die Verpfändung des Anspruchs aus einer Rückdeckungsversicherung an den Begünstigten. Durch eine Verpfändung des Anspruchs bzw. durch eine rechtlich gleichwertige Gestaltung wird den Gläubigern des bilanzierenden Unternehmens der Zugriff auf den Anspruch an das Versicherungsunternehmen entzogen. Dadurch kommt es zur Gewährleistung der Insolvenzsicherheit für den Berechtigten.

§ 14 Abs 7 EStG räumt die Möglichkeit ein, aus Rückdeckungsversicherungen resultierende Ansprüche statt der vorgesehenen Wertpapierdeckung für das Deckungserfordernis zur steuerlichen Wirksamkeit der Pensionsrückstellungen anzurechnen. Für den Fall der Insolvenz des bilanzierenden Unternehmens enthält § 11 BPG Schutzbestimmungen, die ein vorrangiges Absonderungsrecht des Berechtigten vorsehen, wobei dieses auf den der Mindestwertpapierdeckung entsprechenden Teil des Rückkaufswertes beschränkt ist. Diese Sicherstellung ist damit nicht einer Verpfändung gleichzusetzen.

Die Vorschriften zur Bildung von Veranlagungs- und Risikogemeinschaften bei Pensionskassen bzw. Deckungsstöcken bei Versicherungsunternehmen führen dazu, dass das Vermögen vom selbständigen Rechtsträger getrennt ist und damit auch im Fall einer Insolvenz des selbständigen Rechtsträgers zur Erfüllung der Verpflichtungen zur Verfügung steht.

Zu Rz (49a):

Bei ausgelagerten Verpflichtungen kann das bilanzierende Unternehmen weiterhin zu über die laufenden Beitragszahlungen hinausgehenden Zahlungen (Nachschuss- oder Sonderbeitragszahlungen) verpflichtet sein (vgl. Rz (15) und die zugehörigen Erläuterungen). In solchen Fällen muss das bilanzierende Unternehmen eine Rückstellung für diese künftigen Zahlungen ansetzen. Diese Rückstellung ist gemäß § 211 UGB mit dem Erfüllungsbetrag zu bewerten, der bestmöglich zu schätzen ist. Diese Stellungnahme sieht dafür folgende Bewertungsmethoden vor:

a) Die Bewertung der Rückstellung erfolgt in Höhe des Barwerts der erwarteten Nachschuss- bzw. Sonderbeitragszahlungen. Bei ausgelagerten Verpflichtungen, die sich noch in der Anwartschaftsphase befinden, ist dieser Betrag nach einem gemäß Rz (39) zulässigen Verfahren über den Ansammlungszeitraum zu verteilen. Der Ermittlung dieser Zahlungen sind die für den Pensionsplan bestehenden vertraglichen Regelungen und die für den selbständigen Rechtsträger geltenden Bestimmungen zugrunde zu legen. Für die Abzinsung dieser Zahlungen auf den Abschlussstichtag ist jener Zinssatz zu verwenden, der auch für die Ermittlung der Gesamtpensionsverpflichtung Anwendung findet (vgl. Rz (41)).

   In die Ermittlung der erwarteten Zahlungen fließen auch die künftigen Erträge der zum Abschlussstichtag für den Pensionsplan gehaltenen Vermögenswerte ein. Für diese Erträge ist ein Zinssatz zu wählen, der einem mit gebotener Vorsicht erwarteten künftigen Ertrag dieser Vermögenswerte entspricht. Dabei ist auf die Struktur der Anlagen (Asset-Klassen) Bedacht zu nehmen. Der Zinssatz darf bei Auslagerung an eine Pensionskasse nicht höher sein als der in der jeweils gültigen Fassung der Verordnung über den höchstzulässigen Prozentsatz für den Rechnungszins und den rechnungsmäßigen Überschuss (Pensionskassen-Rechnungsparameterverordnung – PK-RPV) festgelegte höchstzulässige Prozentsatz für den Rechnungszins (§ 3 Abs 1 bzw. im Fall der Sicherheits-VRG § 3 Abs 2 der PK-RPV). Dabei ist auch zu berücksichtigen, dass der Zinssatz gemäß § 20 Abs 2a PKG mit der gebotenen Vorsicht zu wählen ist. Dies bedeutet, dass es nicht in jedem Fall zulässig ist, den höchsten nach dieser Verordnung zulässigen Zinssatz zu verwenden. Bei betrieblichen Kollektivversicherungen muss der Zinssatz dem vereinbarten vom Versicherungsunternehmen garantierten Rechnungszinssatz entsprechen.

b) Alternativ kann die Bewertung der Pensionsrückstellung mit dem Unterschiedsbetrag zwischen der Gesamtpensionsverpflichtung und dem Wert der vom selbständigen Rechtsträger für den jeweiligen Pensionsplan gehaltenen Vermögenswerte (vgl. Rz (50)) erfolgen. Diese Bewertung entspricht IAS 19.57.

   Beispiel zur Verdeutlichung dieser Vorgehensweise (vereinfacht, ohne Berücksichtigung von biometrischen Faktoren und unter der Annahme, dass der Pensionsempfänger keine Arbeits- oder anderen Leistungen mehr für das Unternehmen erbringt):

   Die Verpflichtung eines Unternehmens besteht darin, in zehn Jahren eine einmalige Zahlung von 1.000 zu leisten. Der festgelegte Rechnungszinssatz beträgt 4,5 %. Die auf Basis des Rechnungszinssatzes erforderliche Finanzierung wird durch eine Einmalzahlung bei Vertragsabschluss geleistet. Weitere Beitragszahlungen sind nicht vorgesehen. Falls bei Fälligkeit der Pension die vorhandenen Vermögenswerte nicht zur Finanzierung der Pensionszahlung ausreichen, ist das Unternehmen verpflichtet, einen Sonderbeitrag in Höhe des Differenzbetrages zu leisten. Die Pensionskasse rechnet mit einem vorsichtig geschätzten künftigen Ertrag von 2,0 %.

   Auf Basis des festgelegten Rechnungszinssatzes beträgt die Einmalzahlung bei Vertragsabschluss 644 (= $1.000 / 1{,}045^{10}$). Bei einem erwarteten Ertrag von 2,0 % ergibt sich zum Fälligkeitszeitpunkt ein Deckungskapital von 785 (= $644 \times 1{,}02^{10}$) und damit ein voraussichtlicher Sonderbeitrag von 215 (= 1.000 – 785). Dieser Betrag ist mit dem gemäß dieser Stellungnahme anzuwendenden Zinssatz abzuzinsen. Bei einem Zinssatz von 0,5 % resultiert daraus eine Rückstellung für den Sonderbeitrag in Höhe von 205 (= $215 / 1{,}005^{10}$).

   Alternativ kann die Rückstellung mit einem Wert von 307 angesetzt werden. Dies entspricht dem Unterschiedsbetrag zwischen der Gesamtpensionsverpflichtung ($1.000 / 1{,}005^{10} = 951$) und dem Planvermögen (644).

Die im Vergleich zu nicht ausgelagerten oder rückgedeckten Pensionsverpflichtungen unterschiedliche Bewertung der Pensionsrückstellung bei ausgelagerten Verpflichtungen trägt dem Umstand Rechnung, dass die Veranlagung des Vermögens durch den selbständigen Rechtsträger in andere Asset-Klassen erfolgt und damit i.d.R. zu einer höheren Rendite führt, als dies bei einer Veranlagung in hochklassige Unternehmensanleihen (die im für die Ermittlung der Gesamtpensionsverpflichtung verwendeten Zinssatz reflektiert sind) der Fall ist.

Zu Rz (50):

Die beim selbständigen Rechtsträger gebildete Deckungsrückstellung ergibt sich aus den Bilanzierungsvorschriften des selbständigen Rechtsträgers (PKG bzw. VAG). Die Versicherungsgesellschaften bezeichnen diesen Wert i.d.R. als „Aktivierungswert".

Die in den IFRS als Vermögensobergrenze (Asset Ceiling) bezeichnete Obergrenze des Ansatzes eines Vermögenswertes (vgl. IAS 19.8 und 19.64 sowie IFRIC 14) soll sicherstellen, dass er höchstens mit jenem Betrag angesetzt wird, der in künftigen Perioden realisiert werden kann.

Zu Rz (51):

Das UGB sieht im Gegensatz zu den IFRS kein sonstiges Ergebnis (Other Comprehensive Income) vor, so dass alle Änderungen des Betrages der Rückstellungen (ausgenommen Verbrauch, Übertragung, Unternehmenserwerb u.Ä.) in der Gewinn- und Verlustrechnung zu erfassen sind. Dies gilt auch für versicherungsmathematische Gewinne und Verluste.

Zu Rz (51a), (69a) und (86a):

In regelmäßigen Abständen (zuletzt alle zehn Jahre) veröffentlicht die Aktuarvereinigung Österreich (AVÖ) aktualisierte biometrische Rechnungsgrundlagen („Sterbetafeln"), um Änderungen beispielsweise der Lebenserwartung, der Invaliditätswahrscheinlichkeit oder der relevanten Rechtsnormen Rechnung zu tragen. Die Anpassung führt zu einer häufig nicht unwesentlichen Auswirkung auf den Wert der betreffenden Rückstellungen, die sofort ergebniswirksam zu erfassen wäre. Gemäß der Override-Verordnung ist der sich aus der Anpassung der Rechnungsgrundlagen ergebende Unterschiedsbetrag gleichmäßig auf längstens fünf Jahre zu verteilen, sofern durch die sofortige Zuführung oder Auflösung des gesamten Unterschiedsbetrages auch mit zusätzlichen Angaben nach § 222 Abs 2 UGB kein möglichst getreues Bild der Vermögens-, Finanz- und Ertragslage vermittelt werden kann. Die Override-Verordnung legt nicht fest, zu welchem Zeitpunkt im Geschäftsjahr der Anpassung der Unterschiedsbetrag zu ermitteln ist. Daher kann er zu Beginn oder zum Ende des Geschäftsjahres oder auch zu einem Zeitpunkt innerhalb des Geschäftsjahres ermittelt werden.

Die in der Bilanz ausgewiesene Rückstellung kann ratierlich auf- bzw. abgestockt werden, oder die gebotene Rückstellung wird sofort in der Bilanz erfasst und der verbleibende Unterschiedsbetrag in einen aktiven (passiven) Rechnungsabgrenzungsposten eingestellt. Der aktive (passive) Rechnungsabgrenzungsposten wird in der Folge über die gewählte Periode (längstens fünf Jahre) aufgelöst. Im Anhang ist anzugeben, für welchen Betrag das Verteilungswahlrecht in Anspruch genommen und welcher Verteilungszeitraum gewählt wurde (vgl. Rz (98) a)).

Zu Rz (52) und (70):

Durch das Anti-Gold-Plating-Gesetz 2019 (BGBl. I Nr. 46/2019) wurde § 211 Abs 1 UGB um folgenden Satz ergänzt: „Für Rückstellungen für Abfertigungsverpflichtungen, Jubiläumsgeldzusagen oder vergleichbare langfristig fällige Verpflichtungen kann der Betrag auch durch eine finanzmathematische Berechnung ermittelt werden, sofern dagegen im Einzelfall keine erheblichen Bedenken bestehen." Damit übernahm der Gesetzgeber die bereits in der vorigen Fassung dieser Stellungnahme vorgesehene Vereinfachungsmöglichkeit für die Berechnung der genannten Rückstellungen (vgl. AFRAC 27 (März 2018), Erläuterungen zu Rz (68) und (85)) in das UGB. Aus der Formulierung „sofern dagegen im Einzelfall keine erheblichen Bedenken bestehen" ergibt sich, dass kein uneingeschränktes Wahlrecht zwischen versicherungsmathematischer und finanzmathematischer Berechnung vorliegt (vgl. die Erläuternden Bemerkungen zur Regierungsvorlage des Anti-Gold-Plating-Gesetzes 2019, zu Art 1 Z 6 (§ 211 Abs 1 UGB)).

Die Einschränkung „sofern dagegen im Einzelfall keine erheblichen Bedenken bestehen" bestand bereits in den Fassungen des § 211 Abs 2 UGB vor dem RÄG 2014 im Zusammenhang mit der Möglichkeit der Ermittlung der Rückstellung durch Verwendung eines bestimmten Prozentsatzes der fiktiven Ansprüche in Anlehnung an die steuerlich vorgeschriebene Berechnung (§ 14 EStG). Die erwähnten Erläuterungen zu § 211 Abs 1 UGB verweisen für die Frage, wann keine erheblichen Bedenken bestehen, auf die Kommentarliteratur vor dem RÄG 2014. In der zur alten Fassung bestehenden Literatur wurden dann keine erheblichen Bedenken gesehen, wenn die vereinfachte Berechnung zu keiner wesentlichen Abweichung im Vergleich zur exakten Berechnung führte (vgl. *Bertl/Hirschler*, Maßgeblichkeitsprinzip und Abfertigungsrückstellung, RWZ 1996, S. 113; *Gedlicka*, Bewertung von Rückstellungen gemäß Fachgutachten KFS/RL 2, Anmerkungen zum Rechnungszinssatz, RWZ 2002, S. 80). Einigkeit bestand auch darin, dass die Einschränkung keine Kontrollrechnung zur Feststellung der möglichen Abweichung zwischen vereinfachter und versicherungsmathematischer Berechnung zu jedem Bilanzstichtag erforderte. Zur Bandbreite der möglichen Abweichungen zeigte die Literatur hingegen kein einheitliches Bild (vgl. *Leitner/Urnik/Urtz* in Straube/Ratka/Rauter, UGB II^{3}, 2011, § 211 Rz 43; *Christian/Hohensinner* in Zib/Delllinger, Großkommentar UGB III/1, 2013, § 211 Rz 196 ff.) Gemäß den erwähnten Erläuterungen zu § 211 Abs 1 UGB ergeben sich aber jedenfalls dann Bedenken, wenn aufgrund der großen Anzahl der Mitarbeiter und/oder der starken Fluktuation eine finanzmathematische Bewertung die Risiken für den voraussichtlich zu leistenden Betrag nicht ausreichend berücksichtigt und dieser Fehlbetrag außerdem wesentlich ist. Der Gesetzgeber nimmt damit für die Interpretation der Einschränkung nach der neuen Rechtslage explizit auf das Kriterium der Wesentlichkeit Bezug. Der Begriff „Fehlbetrag" ist dabei wohl als Abweichung in beide Richtungen zu interpretieren. Demnach bestehen gegen eine finanzmathematische Berechnung der Abfertigungs- bzw. Jubiläumsgeldrückstellung bzw. einer vergleichbaren Rückstellung dann keine erheblichen Bedenken, wenn der potenzielle Fehlbetrag zwischen versicherungs- und finanzmathematischer Berechnung als unwesentlich im Sinne von AFRAC 34 beurteilt werden kann.

Ein relevantes Kriterium für eine größere und damit potenziell wesentliche Abweichung zwischen versicherungs- und finanzmathematischer Berechnung ist neben der Anzahl der Mitarbeiter und einer hohen Fluktuation eine allgemein hohe Bedeutung der biometrischen Faktoren (z.B. Sterblichkeit, Berufsunfähigkeit, Invalidität). Ein höheres Zinsniveau kann diese Auswirkungen weiter verstärken.

Erfahrungswerte und Vergleichsrechnungen zeigen, dass die Auswirkungen biometrischer Faktoren bei der Bewertung von Abfertigungsrückstellungen im Gegensatz zu den Auswirkungen bei der Bewertung von Pensionsverpflichtungen i.d.R. gering sind.

Größere Unterschiede zwischen versicherungs- und finanzmathematischer Berechnung können sich bei Ermittlung der Rückstellungen für Jubiläumsgelder ergeben, weil die versicherungsmathematische Berechnung unter anderem auch das Ausscheiden aus dem Arbeitsverhältnis aufgrund von Invalidität berücksichtigt. Dies führt bei der Rückstellung für Jubiläumsgelder grundsätzlich dazu, dass die versicherungsmathematische Berechnung im Vergleich zur finanzmathematischen Berechnung einen geringeren Rückstellungswert ergibt. Falls geeignete und verlässliche statistische Informationen über die Fluktuationswahrscheinlichkeit, einschließlich der Fluktuation aufgrund eines früheren Pensionsantritts, vorhanden sind, muss dieser Sachverhalt durch Berücksichtigung der Fluktuationswahrscheinlichkeit im Rahmen der finanzmathematischen Berechnung berücksichtigt werden. Soweit keine geeigneten und verlässlichen statistischen Informationen vorliegen und damit Fluktuationswahrscheinlichkeiten nicht berücksichtigt werden dürfen (vgl. Rz (83)), erscheint – unter Berücksichtigung des Grundsatzes der Vorsicht – zumindest bei einer kleineren Anzahl von Berechtigten die Ermittlung der Jubiläumsgeldrückstellung nach der finanzmathematischen Methode dennoch sachgerecht. Je nach Anzahl der Berechtigten und der Bedeutung dieser Rückstellungen für den jeweiligen Abschluss als Ganzes und der möglichen Abweichung des Ergebnisses aus dem angewendeten Näherungsverfahren im Vergleich zu einer versicherungsmathematischen Berechnung kann es allerdings erforderlich sein, in regelmäßigen Abständen eine Kontrollrechnung durchzuführen.

Die im Steuerrecht verwendete Bewertung durch Anwendung eines fix festgelegten Prozentsatzes auf die fiktiven Ansprüche zum Abschlussstichtag stellt keine finanzmathematische bzw. versicherungsmathematische Berechnung im Sinne dieser Stellungnahme dar. Diese Vereinfachungsmethode ist daher im unternehmensrechtlichen Abschluss nicht anwendbar.

Die Ermittlung des Rückstellungsbetrages unterliegt der Bewertungsstetigkeit. Ein Abweichen vom Grundsatz der Bewertungsstetigkeit ist nur bei Vorliegen besonderer Umstände und unter Beachtung der Generalnorm zulässig (§ 201 Abs 3 UGB). Die Änderung eines Gesetzes ist als ein begründeter Ausnahmefall anzusehen (vgl. KFS/RL 1, Rz 32). Bei der erstmaligen Anwendung des durch das Anti-Gold-Plating-Gesetz 2019 geänderten § 211 Abs 1 UGB auf Geschäftsjahre, die nach dem 31. Dezember 2018 beginnen, ist es daher zulässig, von der versicherungsmathematischen auf die finanzmathematische Berechnung der Rückstellungen für Abfertigungen, Jubiläumsgelder oder vergleichbare langfristig fällige Verpflichtungen zu wechseln, sofern gegen die finanzmathematische Berechnung keine erheblichen Bedenken bestehen.

Zu Rz (55):

Bei der gesetzlichen Abfertigung sind die berechtigten Personen grundsätzlich die Arbeitnehmer. Bei vertraglichen Abfertigungen ergibt sich der Kreis der berechtigten Personen aus der Abfertigungszusage.

Zu Rz (57):

Gesetzliche Verpflichtungsgründe bestehen bei Arbeitnehmern, deren Arbeitsverhältnis vor dem 1.1.2003 begründet wurde („Abfertigung alt"), in folgenden Fällen:

a) wenn das Arbeitsverhältnis nach einer ununterbrochenen Dauer von drei Jahren durch das Unternehmen aufgelöst wird und den Arbeitnehmer kein Verschulden an einer vorzeitigen Entlassung oder Kündigung trifft sowie bei einem gerechtfertigten vorzeitigen Austritt und
b) wenn das Arbeitsverhältnis nach einer ununterbrochenen Dauer von mindestens zehn Jahren bei Erreichen des gesetzlichen Pensionsalters (Männer 65 Jahre, Frauen 60 Jahre) oder im Zeitpunkt der Inanspruchnahme der vorzeitigen Alterspension wegen langer Versicherungsdauer durch Kündigung des Arbeitnehmers endet.
c) Im Falle des Todes eines Arbeitnehmers erhalten dessen gesetzliche Erben, zu deren Erhaltung der Arbeitnehmer verpflichtet war, die Hälfte der im Gesetz vorgesehenen Abfertigung.
d) Weibliche Arbeitnehmer, deren Dienstverhältnis wenigstens fünf Jahre gedauert hat, erhalten nach der Geburt eines lebenden Kindes bei Austritt innerhalb der Schutzfrist des § 3 Abs 1 Mutterschutzgesetz die Hälfte der im Gesetz vorgesehenen Abfertigung, höchstens jedoch das Dreifache des monatlichen Entgelts.

Auf vertragliche Besonderheiten (z.B. in Verträgen mit Vorstandsmitgliedern) ist Bedacht zu nehmen. Abfertigungsverpflichtungen können sich auch aus anderen Gesetzen ergeben (vgl. die Erläuterungen zu Rz (23)).

Faktische Verpflichtungen beruhen häufig auf einer betrieblichen Übung, bestimmte Beträge als Abfertigungen zu leisten.

Zu Rz (60):

Siehe die Erläuterungen zu Rz (38).

Zu Rz (61):

Die AFRAC-Stellungnahme 20 „Behandlung der ‚Abfertigung alt' nach IAS 19, insbesondere Verteilung des Dienstzeitaufwandes" sieht für den Ansammlungszeitraum folgende Regelung vor:

Wenn die Abfertigungsleistung aufgrund des Todes des Arbeitnehmers, der Inanspruchnahme einer Pension durch den Arbeitnehmer wegen geminderter Arbeitsfähigkeit, durch Arbeitnehmerkündigung bzw. -austritt während der Karenz oder durch eine einvernehmliche Lösung des Dienstverhältnisses entsteht, erstreckt sich der Ansammlungszeitraum grundsätzlich vom Eintrittsdatum des Arbeitnehmers bis zum erwarteten Fälligkeitsdatum.

Als Ansammlungszeitraum für Abfertigungszahlungen aus Anlass der Pensionierung kann entweder die gesamte Dienstzeit vom Eintritt in das Unternehmen bis zum Erreichen des gesetzlichen Pensionsalters oder der Zeitraum vom Eintritt in das Unternehmen bis zu dem Zeitpunkt, ab dem weitere Arbeitsleistungen nicht mehr zu einer Erhöhung der Anwartschaft führen (i.d.R. höchstens 25 Dienstjahre), herangezogen werden.

Um eine getrennte Berechnung der Rückstellung für diese unterschiedlichen Leistungsarten zu vermeiden, kann diese vereinfachend in einer Rechnung erfolgen, wobei für den Ansammlungszeitraum ein stetig auszuübendes Unternehmenswahlrecht zwischen Ansammlung auf höchstens 25 Jahre einerseits und bis zum Pensionsantrittsalter andererseits besteht.

Zu Rz (64):

Für gesetzliche Verpflichtungen sind für folgende Ereignisse Wahrscheinlichkeitsannahmen zu berücksichtigen:

a) Tod eines Arbeitnehmers ohne gesetzliche Erben, zu deren Erhaltung der Arbeitnehmer verpflichtet war, vor dem Erreichen des gesetzlichen Pensionsalters;
b) Austritt eines Arbeitnehmers ohne Grund für einen gerechtfertigten vorzeitigen Austritt;
c) Entlassung eines Arbeitnehmers durch den Arbeitgeber, wenn den Arbeitnehmer ein Verschulden an der vorzeitigen Entlassung trifft;
d) Wahrscheinlichkeit des Eintritts der Verpflichtung zu Abfertigungszahlungen vor dem Erreichen des gesetzlichen Pensionsalters durch den Arbeitnehmer;
e) Tod eines Arbeitnehmers mit gesetzlichen Erben, zu deren Erhaltung der Arbeitnehmer verpflichtet war, vor Erreichen des gesetzlichen Pensionsalters;
f) Austritt eines Arbeitnehmers mit Grund für einen gerechtfertigten vorzeitigen Austritt;
g) Entlassung eines Arbeitnehmers durch den Arbeitgeber, wenn den Arbeitnehmer kein Verschulden an der vorzeitigen Entlassung trifft;
h) Austritt eines weiblichen Arbeitnehmers innerhalb der Mutterschutzfrist des § 3 Abs 1 Mutterschutzgesetz nach Geburt eines lebenden Kindes.

Wahrscheinlichkeitsannahmen müssen individuell für Personen oder Personengruppen ermittelt werden.

Zu Rz (66):

Die Berücksichtigung der Fluktuation führt – vor allem weil die Arbeitgeberkündigung gemäß der AFRAC-Stellungnahme 20 nicht als für die Rückstellung relevante Leistung gilt – in der Regel zu einer Verminderung der Rückstellung. Soweit ausreichend verlässliche statistische Grundlagen vorhanden sind, muss das Unternehmen Fluktuationswahrscheinlichkeiten für jene Fälle, bei denen eine Beendigung des Arbeitsverhältnisses ohne oder mit verminderter Abfertigungszahlung erfolgt, berücksichtigen. Solche statistischen Grundlagen müssen ausreichend differenziert auf die einzelnen Gruppen von Arbeitnehmern eingehen. Für einzelvertraglich zugesagte Abfertigungen sind i.d.R. aufgrund der geringen Anzahl der Berechtigten keine ausreichend verlässlichen statistischen Informationen vorhanden.

Zu Rz (73):

Der Zeitpunkt der Jubiläumsgeldzahlung ergibt sich aus der Jubiläumsgeldzusage. Eine allfällige arbeitsrechtlich beachtliche Übung, bei Übertritt in den Ruhestand ein Jubiläumsgeld vorzeitig auszuzahlen, ist zu berücksichtigen.

Zu Rz (83):

Soweit geeignete und verlässliche statistische Unterlagen vorhanden sind, muss das Unternehmen so genannte Fluktuationswahrscheinlichkeiten für jene Fälle, bei denen eine Beendigung des Arbeitsverhältnisses ohne oder mit verminderter Jubiläumsgeldzahlung erfolgt, berücksichtigen. Solche statistischen Unterlagen müssen ausreichend differenziert auf die einzelnen Gruppen von Arbeitnehmern eingehen. Für einzelvertraglich zugesagte Verpflichtungen sind i.d.R. aufgrund der geringen Anzahl der Berechtigten keine ausreichend verlässlichen statistischen Informationen vorhanden.

Zu Rz (87):

Vergleichbare Verpflichtungen können unterschiedliche Leistungen und Bedingungen umfassen. Zur Bewertung solcher Verpflichtungen sind die jeweils geeignetsten der in dieser Stellungnahme dargelegten Methoden heranzuziehen.

Werden Sachleistungen (z.B. Deputate oder Fahrscheine) gewährt, ist eine solche Verpflichtung grundsätzlich mit den zusätzlichen Aufwendungen, die dem Unternehmen bei Inanspruchnahme der Leistungen erwachsen, zu bewerten.

Zu Rz (89):

In der Praxis kann es aufgrund von zahlreichen Einflussfaktoren schwierig sein, die Restlaufzeit zu bestimmen. Im Zweifel ist von einer Restlaufzeit von mehr als einem Jahr auszugehen.

Zu Rz (94):

Da bei der Bewertung der Rückstellungen wesentliche Annahmen zu treffen sind und eine Abweichung der tatsächlichen Sachverhalte von diesen Annahmen oder eine Änderung der Annahmen auch zu einer Verminderung des Rückstellungsbetrages führen können, erscheint es wirtschaftlich richtig, Verminderungen der Rückstellungen für Pensions-, Abfertigungs-, Jubiläumsgeld- und vergleichbare langfristig fällige Verpflichtungen grundsätzlich im jeweiligen Posten der Gewinn- und Verlustrechnung gegen die Zahlungen und die Zuweisungen an die jeweilige Rückstellung aufzurechnen; diesem Ausweis ist gegenüber dem Ausweis als sonstige betriebliche Erträge (Erträge aus der Auflösung von Rückstellungen) der Vorzug zu geben. Ein Ausweis eines Negativpostens soll jedoch vermieden werden.

Verminderungen der Rückstellungen, die aus einem außerplanmäßigen Wegfall von Verpflichtungen resultieren (z.B. aus einer Vereinbarung über eine Herabsetzung der Pensionsleistung), sind hingegen als sonstige betriebliche Erträge (Erträge aus der Auflösung von Rückstellungen) auszuweisen.

Zu Rz (95):

Sofern das Wahlrecht, die in den Veränderungen der Rückstellungen enthaltenen rechnungsmäßigen Zinsen im Finanzergebnis auszuweisen, in Anspruch genommen wird, können auch die Änderungen der Rückstellungen aufgrund von Änderungen des Rechnungszinssatzes im Finanzergebnis erfasst werden, weil auch diese Änderungen auf Zinseffekte zurückgeführt werden können und der betriebliche Aufwand (z.B. Personalaufwand) in den Vorjahren – unter Berücksichtigung des Zinsniveaus der Vorjahre – korrekt ausgewiesen war.

Zu Rz (98):

Pensionen, Abfertigungen, Jubiläumsgelder und vergleichbare langfristig fällige Verpflichtungen können für die Vermittlung eines möglichst getreuen Bildes der Vermögens-, Finanz- und Ertragslage von Unternehmen von großer Bedeutung sein. Obwohl das UGB mit Ausnahme der in Rz (97) aufgezählten und der von § 239 Abs 1 Z 2 bis 4 UGB verlangten Angaben (siehe Rz (99)) keine spezifischen Angaben vorsieht, sind aufgrund der Generalnorm zusätzliche Angaben erforderlich. Der Umfang der Angaben richtet sich nach der Komplexität der Verpflichtungen und ihrer Wesentlichkeit für den jeweiligen Abschluss. Beispielsweise können Pensionsrückstellungen aus einer ausgelagerten Verpflichtung zwar nach Aufrechnung mit den beim selbständigen Rechtsträger bestehenden Vermögenswerten nur einen geringen Betrag aufweisen, die zugrundeliegenden Risiken aus der Gesamtpensionsverpflichtung und den Vermögenswerten können aber wesentlich sein und daher die entsprechenden Angaben erfordern.

Zu Rz (100):

Die erstmalige Anwendung des § 211 UGB idF des RÄG 2014 stellt einen besonderen Umstand dar, der ein Abgehen von den bis dahin angewendeten Bewertungsgrundsätzen rechtfertigt.

Soweit die erstmalige Anwendung dieser Stellungnahme zu einer Erhöhung oder Verminderung der Rückstellungen für Pensions-, Abfertigungs-, Jubiläumsgeld- oder vergleichbare langfristig fällige Verpflichtungen führt, kann der aus der erstmaligen Anwendung entstandene Unterschiedsbetrag gemäß den durch das RÄG 2014 eingefügten Übergangsbestimmungen in § 906 Abs 33 und 34 UGB über längstens fünf Jahre gleichmäßig verteilt nachgeholt bzw. aufgelöst werden. Diese Verteilung ist sinngemäß auch bei vorzeitiger Anwendung dieser Stellungnahme möglich.

Die Ermittlung des zu verteilenden Unterschiedsbetrages hat gemäß § 906 Abs 33 und 34 UGB idF des APRÄG 2016 zum Beginn jenes Geschäftsjahres zu erfolgen, für das die Vorschriften des RÄG 2014 erstmalig angewendet werden (bei einem Regelgeschäftsjahr ist dies grundsätzlich das Geschäftsjahr 2016). Der Unterschiedsbetrag entspricht daher dem Differenzbetrag zwischen dem sich bei der erstmaligen Anwendung dieser Stellungnahme zu Beginn dieses Geschäftsjahres ergebenden Betrag („Neurückstellung“) und dem im vorausgegangenen Abschluss ausgewiesenen Betrag („Altrückstellung“).

Für die Behandlung des Unterschiedsbetrages besteht ein Wahlrecht. Der Unterschiedsbetrag kann im Jahr der Umstellung sofort zur Gänze aufwandswirksam erfasst werden. Der Unterschiedsbetrag kann aber auch, beginnend im Jahr der Umstellung, gleichmäßig über maximal fünf Jahre verteilt werden. In beiden Fällen ist eine Anhangsangabe über die Wahl der Methode erforderlich (vgl. Rz (98) a)).

Wird die Verteilungsvariante gewählt, besteht ein weiteres Wahlrecht, das jeweils gesondert für den Erhöhungs- und den Auflösungsfall geregelt ist.

Ist die „Neurückstellung“ höher als die „Altrückstellung“, kann entweder die in der Bilanz ausgewiesene Rückstellung ratierlich aufgestockt (Variante a) oder die gebotene Rückstellung sofort voll in der Bilanz erfasst und der verbleibende Unterschiedsbetrag in einen aktiven Rechnungsabgrenzungsposten eingestellt werden (Variante b). Der aktive Rechnungsabgrenzungsposten wird in der Folge über die gewählte Periode (längstens fünf Jahre) aufgelöst. Zusätzlich ist eine Anhangsangabe entweder über den noch nicht der Rückstellung zugewiesenen Betrag oder über den in der Aktiven Rechnungsabgrenzung enthaltenen Betrag erforderlich (vgl. Rz (98) a)).

Ist die „Neurückstellung“ geringer als die „Altrückstellung“, kann entweder die in der Bilanz ausgewiesene Rückstellung ratierlich abgestockt (Variante a) oder die gebotene (geringere) Rückstellung sofort in der Bilanz ausgewiesen und der verbleibende Unterschiedsbetrag in einen passiven Rechnungsabgrenzungsposten aufgenommen werden (Variante b). Der passive Rechnungsabgrenzungsposten wird in der Folge über die gewählte Periode (längstens fünf Jahre) aufgelöst. Zusätzlich ist eine Anhangsangabe entweder über den noch nicht von der Rückstellung abgestockten Betrag oder über den in der Passiven Rechnungsabgrenzung enthaltenen Betrag erforderlich (vgl. Rz (98) a)).

Beispiel zur Erfassung des Unterschiedsbetrages:

Erstmalige Anwendung der Stellungnahme im Geschäftsjahr 2016 (Abschlussstichtag: 31.12.). Der Wert der Rückstellung zum 31.12.2015 nach den bisher im Unternehmen angewendeten Grundsätzen betrug TEUR 1.150.000 („Altrückstellung“). Der Wert der Gesamtpensionsverpflichtung zum 31.12.2015 nach den neuen Bestimmungen der Stellungnahme beträgt TEUR 1.200.000 („Neurückstellung“).

Im Jahr 2016 ergibt sich ein Unterschiedsbetrag iHv TEUR 50.000.

Variante 1) Sofortige Erfassung des vollen Unterschiedsbetrages im Jahr 2016

Variante 2) Gleichmäßige Verteilung des Unterschiedsbetrages über fünf Jahre und a) ratierliche Aufstockung der Rückstellung bzw. b) sofortiges Einstellen der gebotenen Rückstellung in die Bilanz

Es sei vereinfachend angenommen, dass in den Jahren 2016 bis 2020 keine Veränderung der Rückstellung eintritt. Die Spalte „Anhangsangabe“ bezieht sich nur auf den Übergang auf die neuen Bewertungsgrundsätze (Behandlung des Unterschiedsbetrages).

	Wert der Rückstellung in der Bilanz zum 31.12.2016	**Aufwand in der GuV 2016**	**ARA in der Bilanz zum 31.12.2016**	**Anhangsangabe im Jahr 2016**
Variante 1	TEUR 1.200.000	TEUR 50.000	-	Ja
Variante 2a	TEUR 1.160.000	TEUR 10.000	-	Ja
Variante 2b	TEUR 1.200.000	TEUR 10.000	TEUR 40.000	Ja

	Wert der Rückstellung in der Bilanz zum 31.12.2017	**Aufwand in der GuV 2017**	**ARA in der Bilanz zum 31.12.2017**	**Anhangsangabe im Jahr 2017**
Variante 1	TEUR 1.200.000	-	-	Nein
Variante 2a	TEUR 1.170.000	TEUR 10.000	-	Ja
Variante 2b	TEUR 1.200.000	TEUR 10.000	TEUR 30.000	Ja

	Wert der Rückstellung in der Bilanz zum 31.12.2018	**Aufwand in der GuV 2018**	**ARA in der Bilanz zum 31.12.2018**	**Anhangsangabe im Jahr 2018**
Variante 1	TEUR 1.200.000	-	-	Nein
Variante 2a	TEUR 1.180.000	TEUR 10.000	-	Ja
Variante 2b	TEUR 1.200.000	TEUR 10.000	TEUR 20.000	Ja

	Wert der Rückstellung in der Bilanz zum 31.12.2019	**Aufwand in der GuV 2019**	**ARA in der Bilanz zum 31.12.2019**	**Anhangsangabe im Jahr 2019**
Variante 1	TEUR 1.200.000	-	-	Nein
Variante 2a	TEUR 1.190.000	TEUR 10.000	-	Ja
Variante 2b	TEUR 1.200.000	TEUR 10.000	TEUR 10.000	Ja

	Wert der Rückstellung in der Bilanz zum 31.12.2020	Aufwand in der GuV 2020	ARA in der Bilanz zum 31.12.2020	Anhangsangabe im Jahr 2020
Variante 1	TEUR 1.200.000	-	-	Nein
Variante 2a	TEUR 1.200.000	TEUR 10.000	-	Ja
Variante 2b	TEUR 1.200.000	TEUR 10.000	-	Ja

AFRAC-Stellungnahme 28
IAS 12 Ertragsteuern – Outside Basis Differences (IFRS)

Stellungnahme
IAS 12 Ertragsteuern – Auswirkungen des österreichischen Steuerrechts auf latente Steuern aus Anteilen an Tochterunternehmen, aus Zweigniederlassungen und aus Anteilen an assoziierten Unternehmen und gemeinsamen Vereinbarungen

(Dezember 2019)

Historie der vorliegenden Stellungnahme

erstmalige Veröffentlichung	September 2015	
Überarbeitung	Dezember 2015	formale Anpassung; keine inhaltlichen Änderungen
Überarbeitung	Juni 2016	Klarstellung der Rz 14
Überarbeitung	Dezember 2019	Berücksichtigung der Auswirkungen der Hinzurechnungsbesteuerung iSd § 10a KStG

1. Problemstellung und Zielsetzung

(1) Gemäß IAS 12 hat ein Unternehmen für temporäre Differenzen aus Anteilen an Tochterunternehmen, aus Zweigniederlassungen und aus Anteilen an assoziierten Unternehmen sowie an gemeinsamen Vereinbarungen unter gewissen Voraussetzungen latente Steuern in einem nach den IFRS aufgestellten Konzernabschluss (IFRS-Konzernabschluss) anzusetzen bzw. diese im Konzernanhang anzugeben.

(2) Zu versteuernde und abzugsfähige temporäre Differenzen aus in den Jahresabschlüssen aller in den Konzernabschluss einbezogenen Unternehmen ausgewiesenen Anteilen an Tochterunternehmen, aus Zweigniederlassungen und aus Anteilen an assoziierten Unternehmen sowie an gemeinsamen Vereinbarungen und dem jeweiligen konsolidierten anteiligen Nettovermögen werden vereinfacht als „Outside Basis Differences" (im Folgenden: OBD) bezeichnet.

(3) Während „Inside Basis Differences" aus Differenzen zwischen den angesetzten Vermögenswerten und Schulden im IFRS-Konzernabschluss und den entsprechenden steuerlichen Wertansätzen entstehen, resultieren OBD aus Differenzen zwischen dem steuerlichen Wertansatz der Beteiligung und dem anteiligen Nettovermögen, das stellvertretend für diese Beteiligung im IFRS-Konzernabschluss angesetzt wird.

(4) OBD entstehen gemäß IAS 12.38 beispielsweise aus:

- dem Vorhandensein nicht ausgeschütteter Gewinne von Tochterunternehmen, Zweigniederlassungen, assoziierten Unternehmen und gemeinsamen Vereinbarungen;
- Änderungen der Wechselkurse, wenn ein Mutterunternehmen und sein Tochterunternehmen ihren jeweiligen Sitz in unterschiedlichen Ländern haben; oder
- einer Verminderung des Buchwertes der Anteile an einem assoziierten Unternehmen auf seinen erzielbaren Betrag.

(5) Der Ansatz latenter Steuern für OBD dient vor allem der Abbildung der ertragsteuerlichen Konsequenzen folgender Sachverhalte im IFRS-Konzernabschluss:

- Ausschüttung;
- Veräußerung;
- Liquidation.

(6) Basierend auf Rz (1) bis (5) hängt die Bilanzierung der OBD im Wesentlichen ab von

- der Rechtsform des betroffenen Mutterunternehmens und des Tochter-, assoziierten oder Gemeinschaftsunternehmens (Kapital- oder Personengesellschaft);
- der zugrunde liegenden Bilanzierungsebene (Jahres- oder Konzernabschluss);
- der erwarteten künftigen Besteuerung der den temporären Differenzen zugrunde liegenden Sachverhalte (Gewinnausschüttungen, Veräußerungsergebnisse, Liquidationsergebnisse); und
- der Anwendbarkeit der Ausnahmeregelungen gemäß IAS 12.39 (latente Steuerschulden) bzw. IAS 12.44 (latente Steueransprüche).

(7) Die Stellungnahme behandelt Auswirkungen des österreichischen Steuerrechts auf die Anwendung von IAS 12.39 ff. und IAS 12.44 ff. im Zusammenhang mit Anteilen an Tochterunternehmen, mit Zweigniederlassungen und mit Anteilen an assoziierten Unternehmen sowie an gemeinsamen Vereinbarungen in IFRS-Konzernabschlüssen.

(8) Sämtliche Ausführungen beziehen sich auf österreichische Beteiligungen haltende Unternehmen in der Rechtsform einer Kapitalgesellschaft.

2. Stellungnahme

2.1. Überblick

(9) Differenzen aus Anteilen an Kapitalgesellschaften sowie ihre steuerliche Wirkung und die daraus resultierenden Konsequenzen für den Ansatz von OBD im IFRS-Konzernabschluss bzw. für die Anhangangaben sind in der folgenden Rz (9a) sowie in der nachstehenden Tabelle für die in Rz (5) aufgezählten, typischen ertragsteuerlichen Konse-

quenzen (Ausschüttung, Veräußerung, Liquidation) dargestellt. In dieser Stellungnahme wird dann ausgehend von dieser Tabelle zwischen steuerwirksamen und nicht steuerwirksamen Transaktionen unterschieden.

(9a) Die Hinzurechnungsbesteuerung gemäß § 10a Abs. 1 Z 1 iVm Abs. 5 KStG führt im Wirtschaftsjahr der Zurechnung der Passiveinkünfte bei der beherrschenden inländischen Körperschaft zur endgültigen Steuerbelastung. Eine spätere Ausschüttung dieser Passiveinkünfte unterliegt gemäß § 10a Abs. 7 Z 2 KStG nicht dem Methodenwechsel. Hinsichtlich der hinzugerechneten Passiveinkünfte besteht keine Steuerlatenz, der Ansatz von latenten Steuern hat zu unterbleiben.

Die Hinzurechnungsbesteuerung gemäß § 10a Abs. 1 Z 1 iVm Abs. 5 KStG iVm § 1 bis 5 VO BGBl. II Nr. 21/2019 kommt unter folgenden kumulierend zu erfüllenden Voraussetzungen zur Anwendung:

- Es handelt sich um Passiveinkünfte gemäß § 10a Abs. 2 KStG.
- Die ausländische Körperschaft ist niedrigbesteuert gemäß § 10a Abs. 3 KStG.
- Die Passiveinkünfte iSd § 10a Abs. 2 KStG betragen gemäß § 10a Abs. 4 KStG iVm § 2 Z 2 VO BGBl. II Nr. 21/2019 mehr als ein Drittel der gesamten Einkünfte.
- Bei der ausländischen Körperschaft handelt es sich um eine gemäß § 10a Abs. 4 Z 2 KStG beherrschte Körperschaft.
- Die ausländische beherrschte Körperschaft übt bezogen auf Personal, Ausstattung, Vermögenswerte und Räumlichkeiten keine wesentliche wirtschaftliche Tätigkeit gemäß § 10a Abs. 4 Z 3 KStG iVm § 4 VO BGBl. II Nr. 21/2019 aus.

Sind die Voraussetzungen für die Hinzurechnungsbesteuerung gemäß § 10 Abs. 1 Z 1 iVm Abs. 5 KStG nicht erfüllt, jedoch für den Methodenwechsel gemäß § 10a Abs. 7 Z 1 KStG erfüllt, sind eine spätere Ausschüttung, ein Veräußerungs- und ein Liquidationsgewinn jedenfalls steuerpflichtig.

			Ansatz und Ausweis von steuerlichen Effekten aus Differenzen, deren Umkehrung verursacht werden kann durch			
	Anteil fällt unter:		**Ausschüttung**	**Ausschüttung mit Quellensteuer**	**Veräußerung**	**Liquidation**
			vgl. Rz (10)	**vgl. Rz (11)**	**vgl. Rz (12)**	**vgl. Rz (13)**
Anteile an Inländischen Körperschaften	§ 10 Abs. 1 Z 1 bis 4 KStG	Differenz	nicht steuerwirksam	n/a	steuerwirksam	steuerwirksam
		Ansatz	kein Ansatz	n/a	bei Veräußerungsabsicht	bei Liquidationsabsicht
		Anhangangabe*	nein	n/a	ja	ja
Internationale Portfoliobeteiligungen****	§ 10 Abs. 1 Z 5 bis 6 KStG	Differenz	nicht steuerwirksam	steuerwirksam	steuerwirksam	steuerwirksam
		Ansatz	kein Ansatz	bei Ausschüttungsabsicht	bei Veräußerungsabsicht	bei Liquidationsabsicht
		Anhangangabe*	nein	ja	ja	ja
Internationale Schachtelbeteiligungen ohne Option****	§ 10 Abs. 1 Z 7 sowie Abs. 2 und 3 KStG	Differenz	nicht steuerwirksam	steuerwirksam	nicht steuerwirksam**	steuerwirksam oder nicht steuerwirksam**
		Ansatz	kein Ansatz	bei Ausschüttungsabsicht	kein Ansatz	bei tatsächlichem und endgültigem Vermögensverlust
		Anhangangabe*	nein	ja	nein	nein***
Internationale Schachtelbeteiligungen mit Option****	§ 10 Abs. 1 Z 7 sowie Abs. 2 und 3 Z 1 KStG	Differenz	nicht steuerwirksam	steuerwirksam	steuerwirksam	steuerwirksam

		Ansatz	kein Ansatz	bei Ausschüttungsabsicht	bei Veräußerungsabsicht	bei Liquidationsabsicht
		Anhangangabe*	nein	ja	ja	ja
Andere Beteiligungen	Von § 10 KStG oder § 10a KStG nicht erfasst oder unter § 10 Abs. 4 KStG fallend	Differenz	steuerwirksam	steuerwirksam	steuerwirksam	steuerwirksam
		Ansatz	bei Ausschüttungsabsicht	bei Ausschüttungsabsicht	bei Veräußerungsabsicht	bei Liquidationsabsicht
		Anhangangabe*	ja	ja	ja	ja
Internationale Schachtelbeteiligungen und Beteiligungen, deren Gewinne unter § 10 Abs. 1 Z 5 oder 6 KStG fallen (qualifizierte Portfoliobeteiligungen)	§ 10a Abs. 7 Z 1 KStG und nicht unter § 10a Abs. 7 Z 2 KStG*****	Differenz	steuerwirksam	steuerwirksam	steuerwirksam	steuerwirksam
		Ansatz	bei Ausschüttungsabsicht	bei Ausschüttungsabsicht	bei Veräußerungsabsicht	bei Liquidationsabsicht
		Anhangangabe*	ja	ja	ja	ja
Beteiligungen, deren Passiveinkünfte der Hinzurechnungsbesteuerung unterliegen und deren Ausschüttungen insoweit gemäß § 10a Abs. 7 Z 2 KStG befreit sind	§ 10a Abs. 1 Z 1 und Abs. 7 Z 2 KStG	Differenz	steuerwirksam******	steuerwirksam******	steuerwirksam******	steuerwirksam******
		Ansatz	bei Ausschüttungsabsicht	bei Ausschüttungsabsicht	bei Veräußerungsabsicht	bei Liquidationsabsicht
		Anhangangabe*	Ja, soweit die Differenz (OBD) noch nicht durch die Hinzurechnungsbesteuerung erfasst wurde			

* Angabeerfordernis nur bei latenter Steuerschuld gemäß IAS 12.39
** Eine mögliche endgültige Steuerbelastung des Mutterunternehmens aus der Veräußerung oder Liquidation eines ausländischen Tochterunternehmens kann zu einer Einstufung als steuerwirksame Differenz führen.
*** In diesem Fall kann nur eine aktivische temporäre Differenz auftreten.
**** wenn der Methodenwechsel gemäß § 10a Abs. 7 KStG nicht zur Anwendung kommt
***** Erfasst sind nur jene Fälle, in denen die gesamte Ausschüttung bzw. der gesamte Veräußerungs- oder Liquidationsgewinn dem Methodenwechsel gemäß § 10a Abs. 7 Z 1 KStG unterliegt und § 10a Abs. 7 Z 2 KStG nicht zur Anwendung kommt.
****** Die Steuerwirksamkeit besteht nur in Höhe der Differenz zwischen den dem Methodenwechsel grundsätzlich unterliegenden Gewinnen aus Ausschüttung, Veräußerung oder Liquidation und den darin enthaltenen, bereits hinzugerechneten, Passiveinkünften, für die der Methodenwechsel gemäß § 10a Abs. 7 Z 2 KStG unterbleibt.

2.2. Temporäre Differenzen und deren Ansatz

(10) **Ausschüttungen** von einem im IFRS-Konzernabschluss vollkonsolidierten oder nach der Equity-Methode bilanzierten Unternehmen sind aufgrund der Regelungen des § 10 Abs. 1 und 2 KStG grundsätzlich steuerfrei. Daher ist diese Differenz zwischen dem konsolidierten Nettovermögen (oder dem fortgeschriebenen anteiligen Nettovermögen eines nach der Equity-Methode bilanzierten Unternehmens) und dem steuerlichen Beteiligungsansatz nicht temporär. Der Ansatz einer latenten Steuerschuld iSv IAS 12.39 aufgrund einer zu versteuernden temporären Differenz bei Ausschüttungsabsicht kommt somit nur dann in Betracht, wenn die Beteiligungserträge nicht gemäß § 10 KStG steuerbefreit sind (zu Quellensteuern siehe Rz (11)) und der Methodenwechsel nicht gemäß § 10a Abs. 7 Z 2 KStG unterbleibt.

(11) Fallen bei Ausschüttungen ausländischer Tochterunternehmen nicht anrechenbare **Quellensteuern** an, so sind die Bedingungen für den Nichtansatz gemäß IAS 12.39 zu berücksichtigen.

(12) Die **Veräußerung** von Beteiligungen ist stets steuerwirksam, mit Ausnahme einer internationalen Schachtelbeteiligung, sofern keine Option gemäß § 10 Abs. 3 Z 1 KStG zugunsten der Steuerwirksamkeit der Beteiligung ausgeübt wird. Wenn aus dem Vergleich des konsolidierten Nettovermögens (oder des fortgeschriebenen anteiligen Nettovermögens eines nach der Equity-Methode bilanzierten Unternehmens) eine abzugsfähige (aktivische) oder eine zu versteuernde (passivische) Differenz entsteht, ist jeweils das Vorliegen einer Veräußerungsabsicht und der daraus resultierende Ansatz latenter Steuern zu prüfen. Der Ansatz von latenten Steuern ist im Fall einer Veräußerung auch bei Beteiligungen zu prüfen, auf die der Methodenwechsel gemäß § 10a Abs. 7 Z 1 KStG zur Anwendung kommt. Bei Ermittlung der Steuerlatenz ist § 10a Abs. 7 Z 2 KStG zu berücksichtigen.

(13) Im Fall eines **Liquidation**sbeschlusses ist nach Maßgabe des § 19 KStG der Ansatz latenter Steuern zu prüfen. Grundsätzlich ist dabei von einer Besteuerung des Liquidationsergebnisses auszugehen, der Ansatz latenter Steuern kommt somit in Betracht. Dies gilt nicht für internationale Schachtelbeteiligungen, bei denen die Option gemäß § 10 Abs. 3 Z 1 KStG zugunsten der Steuerwirksamkeit der Beteiligung nicht ausgeübt wird, sofern nicht tatsächliche und endgültige steuerwirksame Vermögensverluste gemäß § 10 Abs. 3 Satz 2 KStG vorliegen. Der Ansatz von latenten Steuern ist im Fall einer Liquidation auch bei Beteiligungen zu prüfen, auf die der Methodenwechsel gemäß § 10a Abs. 7 Z 1 KStG zur Anwendung kommt. Bei Ermittlung der Steuerlatenz ist § 10a Abs. 7 Z 2 KStG zu berücksichtigen.

(14) Die Ausnahmebestimmungen zum Nichtansatz einer latenten Steuerschuld gemäß IAS 12.39 sind kumulativ zu erfüllen. Bei nach der Equity-Methode bilanzierten Unternehmen ist beispielsweise aufgrund des Anteilsbesitzes in der Regel davon auszugehen, dass im Hinblick auf eine **Ausschüttung** oder eine **Liquidation** keine Möglichkeit besteht, den zeitlichen Verlauf der Auflösung der Differenz zu steuern. Ungeachtet einer Ausschüttungs-, Verkaufs- oder Liquidationsabsicht ist bei Vorliegen einer steuerwirksamen temporären Differenz gemäß Rz (9a) im Fall einer fehlenden Steuerungsmöglichkeit jedenfalls eine latente Steuerschuld anzusetzen. Die Bewertung hat mit dem Steuersatz zu erfolgen, der für die von der Geschäftsleitung erwartete Art der Umkehr heranzuziehen ist.

(15) Im Gegensatz zu Anteilen an Kapitalgesellschaften werden Anteile an inländischen Personengesellschaften (Mitunternehmerschaften) im Steuerrecht nach der Spiegelbildmethode abgebildet, sodass es zu einer konzeptionellen Gleichbehandlung zwischen Steuerrecht und IFRS kommt. Auf sämtliche temporäre Differenzen zwischen den IFRS-Buchwerten im Konzernabschluss und den steuerlichen Wertansätzen sind insoweit latente Steuern zu erfassen, als diese auf Ebene des jeweiligen dem Konzern zugehörigen Gesellschafters zu einem abzugsfähigen oder zu versteuernden Betrag führen (quotale Steuerabgrenzung). Ein darüber hinausgehender Ansatz von latenten Steuern aus OBD ist zu prüfen, wenn die konzeptionelle Gleichbehandlung durchbrochen wird. Dies ist beispielsweise bei Wertminderungen von Anteilen an nach der Equity-Methode bilanzierten Unternehmen möglich.

(16) Bei ausländischen Personengesellschaften kann es aufgrund des ausländischen Steuerrechts dazu kommen, dass diese wie Körperschaften be-

handelt werden. In diesen Fällen ist auf die Vorgehensweise bei Kapitalgesellschaften abzustellen.

2.3. Anhangangaben

(17) Wird gemäß IAS 12.39 aufgrund der fehlenden Voraussetzungen vom Ansatz einer latenten Steuerschuld abgesehen, so sind die Angabeerfordernisse aus IAS 12.81 (f) und IAS 12.87 zu beachten. Die in Rz (9a) dargestellte Übersicht der Beteiligungsarten zeigt, dass ausschließlich bei internationalen Schachtelbeteiligungen ohne Option zur Steuerwirksamkeit der Beteiligung gemäß § 10 Abs. 3 Z 1 KStG, sofern im Fall der Ausschüttung keine ausländische Quellensteuer anfällt, kein Angabeerfordernis besteht. Ebenso ist insoweit keine Anhangangabe erforderlich, als eine Hinzurechnungsbesteuerung iSd Rz (9a) erfolgt ist und daher spätere Ausschüttungen, Veräußerungs- und Liquidationsgewinne steuerfrei sind.

(18) Da IAS 12.81 (f) und IAS 12.87 nur auf die Ausnahmebestimmungen des IAS 12.39 abzielen, ist im Anhang nur im Fall einer zu versteuernden Differenz eine nicht angesetzte latente Steuerschuld oder die zugrundeliegende Differenz anzugeben. Eine Saldierung mit jenen steuerlich abzugsfähigen Differenzen aus anderen Beteiligungen, die gemäß IAS 12.44 nicht angesetzt wurden, und ein Nettoausweis sind nicht vorgesehen.

(19) Sofern mehrere unterschiedliche Ursachen für die künftige Umkehrung in Betracht kommen, kann es zu unterschiedlich hohen temporären Differenzen bei einer Beteiligung kommen. In diesem Fall sind nicht die unterschiedlichen Differenzen, sondern ist die größtmögliche temporäre Differenz, für die im Abschluss keine latente Steuerschuld bilanziert wurde, anzugeben. Diese ist um konkret geplante Maßnahmen zu kürzen, wenn solche Maßnahmen in absehbarer Zeit nicht steuerwirksam sind (z.B. konkret geplante Ausschüttungen bei jenen Beteiligungen, die von § 10 KStG erfasst sind).

3. Erstmalige Anwendung

(20) Die vorliegende Fassung der Stellungnahme ersetzt jene vom Juni 2016. Sie ist auf Geschäftsjahre anzuwenden, die nach dem 31. Dezember 2019 beginnen. Eine frühere Anwendung wird empfohlen.

Erläuterungen

Zu Rz (4):

Diese Stellungnahme behandelt nicht die Art der Entstehung der Differenzen, sondern nur die Art der Umkehr und die daraus resultierenden steuerlichen Konsequenzen.

Zur Firmenwertabschreibung gemäß § 9 Abs. 7 KStG ist die AFRAC-Stellungnahme 13 „Fragen der IFRS-Bilanzierung und -Berichterstattung im Zusammenhang mit der Einführung der Gruppenbesteuerung" zu beachten.

Zu Rz (5):

Die Ermittlung des steuerlichen Teilwerts einer Beteiligung erfolgt gemäß den Grundsätzen der Unternehmensbewertung auf Basis eines Ertragswertverfahrens. Erwartete Veränderungen der wirtschaftlichen Situation einer Beteiligung müssen sich gemäß diesem Verfahren bereits in den bewertungsrelevanten Planungsrechnungen und somit im Teilwert widerspiegeln. Folglich kann es in der Regel (Ausnahme z.B. ausschüttungsbedingte Teilwertabschreibung) nur zu tatsächlichen steuerlich wirksamen Zu- oder Abschreibungen kommen. Der Ansatz latenter Steuern auf Basis eines absehbaren steuerlich wirksamen Zu- oder Abschreibungsbedarfs kommt bei sachgerechter Umsetzung des Ertragswertverfahrens nicht in Betracht.

Zu Rz (9):

Gemäß IAS 12.5 können temporäre Differenzen entweder

(a) zu versteuernde temporäre Differenzen sein, die temporäre Unterschiede darstellen, die zu steuerpflichtigen Beträgen bei der Ermittlung des zu versteuernden Einkommens (steuerlichen Verlustes) zukünftiger Perioden führen, wenn der Buchwert des Vermögenswerts realisiert oder der Schuld erfüllt wird; oder
(b) abzugsfähige temporäre Differenzen sein, die temporäre Unterschiede darstellen, die zu Beträgen führen, die bei der Ermittlung des zu versteuernden Ergebnisses (steuerlichen Verlustes) zukünftiger Perioden abzugsfähig sind, wenn der Buchwert des Vermögenswertes realisiert oder eine Schuld erfüllt wird.

Aus der Definition resultiert, dass eine temporäre Differenz nur dann vorliegt, wenn die Unterschiede in zukünftigen Perioden bei der Ermittlung des zu versteuernden Ergebnisses zu einem steuerpflichtigen oder abzugsfähigen Betrag führen. Es handelt sich somit um eine steuerwirksame Differenz. Bleibt die Differenz in zukünftigen Perioden bei der Ermittlung des zu versteuernden Ergebnisses unberücksichtigt (wie z.B. bei steuerfreien Beteiligungserträgen gemäß § 10 KStG), so liegt eine nicht steuerwirksame Differenz vor.

Wenn sowohl das Mutterunternehmen als auch das Tochterunternehmen die Rechtsform einer Kapitalgesellschaft aufweisen, sind für die Evaluierung einer etwaigen Differenz gemäß IAS 12.38 der steuerliche Beteiligungsbuchwert und das anteilige IFRS-Nettovermögen zu vergleichen.

Als mögliche Umkehreffekte für den Fall, dass das IFRS-Nettovermögen den steuerlichen Beteiligungsansatz übersteigt, kommen im Normalfall in Betracht:

- Ausschüttung;
- Veräußerung;
- Liquidation.

Für den Fall, dass der Wertansatz nach IFRS den steuerlichen Beteiligungsansatz unterschreitet, kommen teilweise andere steuerliche Auswirkungen zum Tragen. Als mögliche Umkehreffekte aus einer abzugsfähigen Differenz kommen in Betracht:

- Veräußerung;
- Liquidation.

Im Hinblick auf Unternehmen, die nach der Equity-Methode in den IFRS-Konzernabschluss einbezogen wurden, ist bei der Beurteilung der steuerlichen Wirksamkeit der Differenzen analog vorzugehen. An die Stelle des IFRS-Nettovermögens tritt in diesem Vergleich mit dem steuerlichen Beteiligungsbuchwert der fortgeschriebene Equity-Wert des assoziierten Unternehmens bzw. des Anteils an gemeinsamen Vereinbarungen.

Nach der Bestimmung der Differenz ist über den Ansatz unter Beachtung der in IAS 12.39 dargelegten Ausnahmebestimmungen zu entscheiden. Demzufolge ist eine latente Steuerschuld anzusetzen, es sei denn, das Unternehmen ist in der Lage, den Verlauf der Auflösung der temporären Differenz zu steuern, und es ist wahrscheinlich, dass sich die temporäre Differenz in absehbarer Zeit nicht auflösen wird.

Zu Rz (9a):

Ein Anrechnungsvortrag gemäß § 10a Abs. 9 Schlussteil KStG ist bei der Ermittlung der Steuerlatenz zu berücksichtigen.

Zu Rz (10):

Im Hinblick auf § 10 KStG (steuerfreie Beteiligungserträge) gehen vor allem die Ausführungen in IAS 12.40, wonach ein Mutterunternehmen dann in der Lage ist, den Zeitpunkt der Auflösung zu steuern, wenn es die Dividendenpolitik seines Tochterunternehmens bestimmen kann (IAS 12.40 spricht von „beherrscht"), überwiegend ins Leere. Nur für den seltenen Fall, dass Beteiligungserträge von Tochterunternehmen der Besteuerung unterworfen sind, liefert IAS 12.40 eine Hilfestellung.

Im Fall der Besteuerung von Ausschüttungen ist bei der Beurteilung des Ansatzes einer latenten Steuerschuld unter Bezugnahme auf den Begriff der „absehbaren Zeit" auf das Ausschüttungsverhalten in den vergangenen Jahren bzw. auf konkrete Unternehmensplanungen und Ausschüttungsbeschränkungen abzustellen. Ein formaler Ausschüttungsbeschluss erscheint im Fall einer Beherrschung nicht erforderlich, da dieser in diesem Zusammenhang regelmäßig nur formalen Charakter aufweist.

Ähnlich verhält sich die Beurteilung im Zusammenhang mit Anteilen an assoziierten Unternehmen unter Bezugnahme auf IAS 12.42. Da in der Regel davon auszugehen ist, dass Beteiligungserträge aus Anteilen an assoziierten Unternehmen aufgrund ihrer Beteiligungsquote (> 10 %) unter § 10 KStG fallen, ist die Forderung des Standards nach dem Ansatz einer latenten Steuerschuld überwiegend nicht auf die österreichische Situation übertragbar. Der Ansatz einer latenten Steuerschuld aufgrund der fehlenden Möglichkeit, die Dividendenpolitik zu steuern, kommt nur dann in Betracht, wenn es sich um eine Beteiligung an einem Unternehmen handelt, das nicht von der Steuerbefreiung des § 10 KStG erfasst wird, oder das Unternehmen aufgrund des DBA einer Quellensteuer unterliegt.

Im Zusammenhang mit diesen Beteiligungen ist bei der Beurteilung, ob eine latente Steuerschuld angesetzt werden soll, in jedem Fall die vertragliche Situation in die Ansatzüberlegungen mit einzubeziehen. Gibt es Vereinbarungen oder Regelungen, die laufende Ausschüttungen verhindern, so ist keine latente Steuerschuld zu bilanzieren. Ist in den Vereinbarungen oder Regelungen jedoch eine laufende Ausschüttung zwingend vorgesehen, so ist dies in der Beurteilung zu berücksichtigen, und es ist allenfalls eine latente Steuerschuld zu bilanzieren.

Analog ist bei Anteilen an gemeinsamen Vereinbarungen im Hinblick auf die Aussagen des IAS 12.43 vorzugehen.

Zu Rz (11):

Gemäß IAS 12.2 umfasst der Standard alle in- und ausländischen Steuern auf Grundlage des zu versteuernden Ergebnisses. Explizit erwähnt werden in diesem Zusammenhang Quellensteuern, welche von einem Tochterunternehmen, einem assoziierten Unternehmen oder einer gemeinsamen Vereinbarung aufgrund von Ausschüttungen an das berichtende Unternehmen geschuldet werden.

Bereits aus der Formulierung des Anwendungsbereichs ist ersichtlich, dass Quellensteuern auf Gewinnausschüttungen bei der Ermittlung von OBD zu berücksichtigen sind.

Bei Quellensteuern auf Gewinnausschüttungen ist der Steuerschuldner immer das empfangende Mutterunternehmen, daher erfolgt auch der Ansatz einer latenten Steuerschuld auf Ebene des Mutterunternehmens.

Bezüglich der Ansatzvoraussetzungen einer latenten Steuerschuld sei auf die Ausführungen zu den Beteiligungen, die nicht von § 10 KStG erfasst sind (siehe Erläuterungen zu Rz (10)), verwiesen. Diese Vorgehensweise ist im Zusammenhang mit Quellensteuern analog anzuwenden.

Zu Rz (12):

Im Hinblick auf die in IAS 12.39 (b) und IAS 12.44 (a) normierte Voraussetzung der „absehbaren Zeit" ist grundsätzlich eine unternehmensindividuelle Beurteilung zum Ansatz einer latenten Steuerschuld oder latenten Steuerforderung vorzunehmen.

Die Fachliteratur nennt in diesem Zusammenhang oftmals die Bilanzierung gemäß IFRS 5 als spätestmöglichen Zeitpunkt zum Ansatz latenter Steuern. Da gemäß IFRS 5.7 eine Klassifizierung als „zur Veräußerung gehalten" nur dann vorgenommen werden kann, wenn die Veräußerung „höchstwahrscheinlich" durchgeführt wird, ist in diesem Fall das Kriterium „in absehbarer Zeit" jedenfalls als erfüllt anzusehen.

Selbst wenn die Geschäftsleitung beabsichtigt, eine Beteiligung dauerhaft zu halten, handelt es sich um eine steuerwirksame temporäre Differenz, weil IAS 12 im Gegensatz zum UGB keine „quasipermanenten Differenzen" kennt. Der Verzicht auf den Ansatz einer latenten Steuerschuld aufgrund der steuerlichen Wirkung bei Veräußerung kann nur dadurch gerechtfertigt werden, dass sich der steuerwirksame Effekt in absehbarer Zeit nicht umkehren wird. Dies ist bei der Ermittlung der

Anhangangabe zu berücksichtigen. Ein Verzicht auf die Anhangangabe mit dem Argument einer dauerhaften Halteabsicht ist somit nicht zulässig.

Zu Rz (13):

Für die Liquidation ergibt sich aus § 19 Abs. 5 KStG, dass der Besteuerungszeitraum mit dem Ende des Wirtschaftsjahres beginnt, das unmittelbar vor Wirksamwerden des Auflösungsbeschlusses abgelaufen ist, wobei es darauf ankommt, für welchen Zeitpunkt die Auflösung beschlossen wurde.

In Analogie zur Argumentation im Zusammenhang mit der Veräußerungsabsicht, wonach ein konkreter Plan für die Veräußerung vorhanden und die Veräußerung „höchstwahrscheinlich" sein muss, erscheint es angemessen, den Auflösungsbeschluss als spätestmöglichen Zeitpunkt für den Ansatz eines latenten Steuerpostens heranzuziehen, unabhängig davon, über welchen Zeitraum sich die Liquidation erstreckt.

Zu Rz (15):

Anteile an inländischen Personengesellschaften betreffen in Österreich steuerlich registrierte Mitunternehmerschaften. Da diese im österreichischen Steuerrecht selbst nicht Ertragsteuersubjekt sind, treten an die Stelle des steuerlichen Beteiligungsansatzes anteilig sämtliche Vermögenswerte und Schulden des Beteiligungsunternehmens. Die Beteiligung an einer Personengesellschaft wird aufgrund der steuerlich anzuwendenden Spiegelbildmethode durch das Nettovermögen dieser Gesellschaft repräsentiert, indem die Beteiligung in Höhe des spiegelbildlichen Kapitalkontos des Gesellschafters der Personengesellschaft erfasst wird.

Eine Besteuerung der Entnahme kommt bei Personengesellschaften nicht in Betracht. Die Gewinne der Personengesellschaft erhöhen das spiegelbildliche Kapitalkonto und führen zu einer sofortigen Besteuerung beim Mutterunternehmen. Der Ansatz von latenten Steuern aus OBD aufgrund von Entnahmen kommt daher nicht in Betracht.

Im Fall der Veräußerung gilt die Einzelveräußerungsfiktion, bei der dem Veräußerungserlös sowohl in der Konzern- als auch in der Steuerbilanz das abgehende Nettovermögen gegenüberzustellen ist. Die Abbildung des daraus resultierenden Steuereffektes erfolgt aufgrund der konzeptionellen Gleichbehandlung grundsätzlich bereits durch die Erfassung latenter Steuern auf sämtliche temporäre Differenzen zwischen den IFRS-Buchwerten im Konzernabschluss und den steuerlichen Wertansätzen in der Höhe des jeweiligen Anteils des dem Konzern zugehörigen Gesellschafters. Somit ist zu beachten, dass latente Steuern nur insoweit zu berücksichtigen sind, als diese Differenzen zu abzugsfähigen oder zu versteuernden Beträgen beim jeweiligen dem Konzern zugehörigen Mutterunternehmen führen (quotale Steuerabgrenzung).

Wird die konzeptionelle Gleichbehandlung aufgrund von Bewertungsvorschriften durchbrochen, so kann es zu Differenzen kommen, die eine Prüfung der Ansatzvoraussetzungen für latente Steuern aus OBD erfordern. Erfolgt gemäß IAS 28.40 ff. beispielsweise eine Wertminderung des Anteils an einem nach der Equity-Methode bilanzierten Unternehmen, so weicht in diesem Fall der fortgeschriebene Equity-Wert des assoziierten Unternehmens bzw. des Anteils an gemeinsamen Vereinbarungen von der Entwicklung des spiegelbildlichen Kapitalkontos ab. Der Ansatz von latenten Steuern aus OBD aufgrund der steuerlichen Wirkung bei Veräußerungs- oder Liquidationsabsicht ist regelmäßig zu prüfen.

Zu Rz (18):

Gemäß IAS 12.81 (f) ist im Anhang die Summe der temporären Differenzen aus OBD, für die keine latenten Steuerschulden bilanziert worden sind, anzugeben. IAS 12.87 ergänzt dieses Angabeerfordernis um die Aussage, dass es häufig nicht praktikabel ist, den Betrag nicht bilanzierter latenter Steuerschulden anzugeben. Der Standard verlangt daher nur die Angabe der zugrundeliegenden Differenzen.

Latente Steueransprüche (oder die zugrundeliegenden Differenzen), die gemäß IAS 12.44 für andere Beteiligungen nicht angesetzt wurden, bleiben bei der Ermittlung unberücksichtigt, da sich die Kriterien zur Saldierung gemäß IAS 12.74 ff. nur auf die Darstellung angesetzter latenter Steuern in der Bilanz beziehen und nicht auf die erforderliche Anhangangabe.

Zu Rz (19):

Zur Ermittlung der Anhangangabe sollen nachstehende Schritte durchgeführt werden:

Schritt 1: Bestimmung der Art der Beteiligung

Schritt 2: Beurteilung der Differenz anhand möglicher Umkehreffekte aus der Tabelle in Rz (9a)

Schritt 3: Bestimmung der größtmöglichen temporären Differenz

Schritt 4: Ggf. Kürzung der Differenz aufgrund im Einzelfall nicht steuerwirksamer Umkehreffekte

Beispiel

Unternehmen A hält eine Beteiligung an Unternehmen B, die als internationale Schachtelbeteiligung mit Option gemäß § 10 Abs. 2 und 3 Z 1 KStG eingestuft wird. Ausschüttungen von Unternehmen B an Unternehmen A unterliegen einer Quellensteuer.

IFRS-Nettoreinvermögen des Unternehmens B im Konzernabschluss von Unternehmen A	70
Steuerlicher Beteiligungsansatz von Unternehmen B im Jahresabschluss von Unternehmen A	40
Max. ausschüttbarer Betrag aus dem Jahresabschluss des Unternehmens B	10
Temporäre Differenz durch mögliche Ausschüttung mit Quellensteuer	10
Temporäre Differenz durch mögliche Veräußerung	30 (= max. temporäre Differenz)
Im Anhang anzugebender Betrag	**30**

Im Fall der in Rz (9a) dargestellten Beteiligungsarten trifft eine mögliche Kürzung des anzugebenden Betrages beispielsweise auf alle von § 10 Abs. 1 bis 3 KStG erfassten Beteiligungen bei Ausschüttung zu (sofern keine Quellensteuern anfallen), da diese steuerbefreit sind. Im Sinne einer konsistenten Vorgehensweise ist der Begriff „in absehbarer Zeit" in diesem Zusammenhang gleich auszulegen wie beim Ansatz einer latenten Steuerschuld. Der Betrag der anzugebenden Differenz kann daher nur dann gekürzt werden, wenn bei entsprechender steuerlicher Regelung eine latente Steuerschuld für die Ausschüttung angesetzt worden wäre. Die in den Erläuterungen zu Rz (10) dargelegten Ansatzvoraussetzungen im Hinblick auf die Ausschüttungen gelten in diesem Fall somit sinngemäß.

AFRAC-Stellungnahme 29
Energieeffizienzgesetz (IFRS)

Stellungnahme
Auswirkungen des Energieeffizienzgesetzes auf IFRS-Abschlüsse

(Juni 2016)

Historie der vorliegenden Stellungnahme

erstmalige Veröffentlichung	Juni 2016	

1. Hintergrund und Fragestellung

1.1. Verpflichtung zur Setzung von Energieeffizienzmaßnahmen

(1) Mit dem Bundes-Energieeffizienzgesetz (Bundesgesetz über die Steigerung der Energieeffizienz bei Unternehmen und dem Bund, EEffG, BGBl I Nr 72/2014) wurde die Energieeffizienz-Richtlinie 2012/27/EU der Europäischen Union in nationales Recht umgesetzt. Gem § 10 EEffG werden Energielieferanten iSd Gesetzes für die Jahre 2015 bis 2020 unter anderem zu Energieeffizienzmaßnahmen verpflichtet, deren Ausmaß nach den Energieabsätzen des jeweiligen Vorjahres bemessen wird und über die bis zum 14. Februar des Folgejahres an die Monitoringstelle zu berichten ist.

(2) Die Verpflichtung zur Setzung von Energieeffizienzmaßnahmen in einem konkreten Jahr setzt voraus, dass es sich um einen Energielieferanten iSd § 5 Abs. 1 Z 11 EEffG handelt. Wesentlichstes Tatbestandsmerkmal eines Energielieferanten ist die entgeltliche Abgabe von Energie an Endverbraucher in Österreich, unabhängig von der Art derselben (Haushalts- oder gewerbliche Kunden). Energielieferanten sind gem § 10 Abs. 7 EEffG jedoch nur in jenen Kalenderjahren zu Maßnahmen verpflichtet, in deren jeweiligem Vorjahr mindestens 25 GWh an Energie (oder eine vom Bundesminister für Wissenschaft, Forschung und Wirtschaft durch Verordnung festgesetzte abweichende Mindestenergiemenge) an österreichische Endverbraucher abgesetzt wurden. Für das Jahr 2015, in dem das EEffG erstmalig zur Anwendung kommt, ist bspw der vom betroffenen Unternehmen an österreichische Endverbraucher erbrachte Energieabsatz des Jahres 2014 als Bemessungsgrundlage für Energieeffizienzmaßnahmen ausschlaggebend.

1.2. Arten der Erfüllung und Ausmaß der Verpflichtung zur Setzung von Energieeffizienzmaßnahmen

(3) Der Verpflichtung gem § 10 EEffG kann von den Energielieferanten durch die Durchführung von Energieeffizienzmaßnahmen im eigenen Unternehmen, durch den entgeltlichen oder unentgeltlichen Erwerb von Energieeffizienzmaßnahmen von ihren Endkunden, anderen Endenergieverbrauchern oder sonstigen Dritten (zB Energiedienstleistern, die ihrerseits Energieeffizienzmaßnahmen erworben haben), durch die Ausschreibung der erforderlichen Maßnahmen gem § 20 EEffG oder durch die Leistung von Ausgleichszahlungen gem § 21 EEffG nachgekommen werden. Diese Maßnahmen stehen im EEffG als gleichwertige Alternativen nebeneinander; auch mit der Leistung einer Ausgleichszahlung gem § 21 EEffG können Energielieferanten also ihre Pflicht zur Setzung von Energieeffizienzmaßnahmen erfüllen.

(4) Die anrechenbaren und nachgewiesenen Energieeffizienzmaßnahmen jener Energielieferanten, die nicht nach § 10 Abs. 7 EEffG von der Verpflichtung zur Durchführung von Energieeffizienzmaßnahmen ausgenommen sind, müssen gem § 10 Abs. 2 EEffG ein Ausmaß von 0,6% der im Vorjahr bei österreichischen Endverbrauchern erzielten Energieabsätze erreichen. Davon muss gem § 10 Abs. 1 EEffG zumindest eine Quote von 40% bei Haushalten iSd im Wohnraum oder Mobilitätsbereich getätigten Energieeinsatzes oder im Bereich des öffentlichen Verkehrs wirksam werden.

1.3. Von der Stellungnahme erfasste Fragestellungen

(5) Die vorliegende Stellungnahme befasst sich mit der Frage, wie die Verpflichtung zur Setzung von Energieeffizienzmaßnahmen sowie diese Maßnahmen in den IFRS-Abschlüssen von Energielieferanten zu behandeln sind, sowie mit den Auswirkungen des EEffG auf IFRS-Abschlüsse von Unternehmen, die keine Energielieferanten iSd EEffG sind, wenn sie anrechenbare Energieeffizienzmaßnahmen durchgeführt haben, die gem IAS 38.12 identifizierbar sind. Allfällige Fragen, die sich aus dem möglichen Abschluss von Selbstverpflichtungsvereinbarungen nach § 11 EEffG ergeben, werden in der vorliegenden Stellungnahme nicht behandelt.

2. Zivilrechtliche Aspekte der Übertragung von Energieeffizienzmaßnahmen

(6) Gem EEffG hat der Verfügungsberechtigte unter gewissen Voraussetzungen das Recht, die von ihm gesetzten Energieeffizienzmaßnahmen an Dritte zu übertragen. In der Anlage 1a zur Energieeffizienz-Richtlinienverordnung sind die vertraglichen Anforderungen festgelegt (die Übertragung erfolgt schriftlich durch zivilrechtliche Vereinbarung, aus der insbesondere Käufer, Verkäufer, Energieeffizienzmaßnahme, Menge in kWh, Preis und Datum der Übertragung hervorgehen; weiters sind der Übertragung die Energie-

effizienzmaßnahmen-Dokumentationsunterlagen bzw das Dokumentationsblatt beizufügen).

3. Behandlung der Energieeffizienzmaßnahmenverpflichtung sowie der verkehrsfähigen anrechenbaren Energieeffizienzmaßnahmen bei Energielieferanten

3.1. Anzuwendende Regelungen der IFRS

(7) Die Verpflichtung zur Setzung von Energieeffizienzmaßnahmen (in welcher Form auch immer) stellt für die betroffenen Unternehmen eine unentziehbare Verpflichtung mit Ressourcenabfluss dar, die hinsichtlich des Betrages, der aufgrund einer Mischung unterschiedlicher in Rz (3) genannter Maßnahmen vom Management geschätzt werden muss, unsicher ist, an der Eigenschaft als Energielieferant hängt und auf Basis der Energielieferungen des Vorjahres bemessen wird. Demnach stellt diese Verpflichtung grundsätzlich eine Rückstellung iSd IAS 37 dar, die von den Energielieferanten bilanziell zu erfassen ist.

(8) Die aus der Erfüllung der Verpflichtung zur Setzung von Energieeffizienzmaßnahmen resultierenden Ressourcenabflüsse bei den Energielieferanten sind als Abgaben iSd IFRIC 21.4 zu klassifizieren. Dies gilt insbesondere auch für die in § 21 EEffG vorgesehenen Ausgleichszahlungen, weil sie nach dem Sinn des Gesetzes nicht als Strafe oder Geldbuße für unterlassene Maßnahmen zu verstehen sind, sondern vielmehr eine gleichwertige Alternative zum Setzen eigener Maßnahmen, zum Erwerb von Maßnahmen von Dritten oder zur Ausschreibung von Maßnahmen gem § 20 EEffG darstellen. Dementsprechend wird auch im jeweils ersten Satz der §§ 20 und 21 des EEffG klargestellt, dass Energielieferanten sowohl mit der Ausschreibung von Effizienzmaßnahmen als auch mit der Leistung von Ausgleichsbeträgen ihre Verpflichtungen zur Setzung von Energieeffizienzmaßnahmen erfüllen können. Die Bilanzierung der Verpflichtung zur Setzung von Energieeffizienzmaßnahmen hat daher nach den Regelungen des IFRIC 21 zu erfolgen.

3.2. Bilanzierungszeitpunkt und Bewertung

(9) Für Energielieferanten mit qualifizierenden Vorjahres-Energielieferungen (siehe oben Rz (2)) entsteht die Verpflichtung zur Setzung von Energieeffizienzmaßnahmen mit der ersten Lieferung von Energie an österreichische Energieendverbraucher im Jahr, dh im Regelfall am ersten Tag des jeweiligen Jahres, weil damit ihre Eigenschaft als Energielieferant iSd § 5 Abs. 1 Z 11 EEffG im jeweiligen Jahr begründet wird. Demnach ist die Verpflichtung bereits im ersten Zwischenabschluss des Kalenderjahres in voller Höhe bilanziell zu erfassen (siehe auch IFRIC 21.IE1, Example 2). Die Höhe der zu erfassenden Rückstellung ergibt sich dabei aus den voraussichtlichen Kosten der dem Umfang der im jeweiligen Vorjahr abgesetzten Energiemenge entsprechenden Maßnahmen. Da davon auszugehen ist, dass sich die Kosten danach unterscheiden, ob die Maßnahmen vom bilanzierenden Unternehmen selbst gesetzt, von eigenen Endkunden oder anderen Endenergieverbrauchern oder sonstigen Dritten erworben, im Rahmen von Ausschreibungen erfüllt oder durch Ausgleichzahlungen erbracht werden, erfordert die Bewertung eine Einschätzung des Managements in Abhängigkeit vom geplanten Maßnahmen-Mix.

3.3. Erfassung der Kosten

(10) Die Kosten der Energieeffizienzmaßnahmen sind grundsätzlich als Aufwand zu erfassen, sofern sie nicht nach anderen Standards zu aktivieren sind (zB bauliche Maßnahmen, welche nach IAS 16 als Sachanlagevermögen zu Anschaffungs- bzw Herstellungskosten aktiviert werden).

(11) Vom Energielieferanten selbst durchgeführte oder erworbene anrechenbare Maßnahmen sind insoweit mit der passivierten Verpflichtung zu verrechnen und reduzieren diese, als sie unmittelbar der Erfüllung der Verpflichtung gewidmet sind. Dies stellt keinen Verstoß gegen das Saldierungsverbot des IAS 1.32 dar, sondern spiegelt vielmehr den wirtschaftlichen Gehalt der Transaktion wider (IAS 1.33). Bei der Berücksichtigung erworbener Maßnahmen ist darauf zu achten, dass bei in einem Kalenderjahr gesetzten Maßnahmen gem § 27 Abs. 4 Z 2 EEffG bis zum 14. Februar des Folgejahres eine maximal dreimalige Weiterübertragung zulässig ist und darüber hinausgehend keine Anrechenbarkeit besteht.

3.4. Erfassung eines Überhangs von Maßnahmen über die Verpflichtung

(12) Bei Vorliegen

– eines Überhangs von anrechenbaren Maßnahmen über die passivierte Verpflichtung oder
– anrechenbarer Maßnahmen, die nicht der Erfüllung der Verpflichtung gewidmet wurden,

ist – ihre Verkehrsfähigkeit und ihre Identifizierbarkeit gem IAS 38.12 vorausgesetzt – nach Herkunft/Zuordnung zu unterscheiden:

a) Erworbene anrechenbare Maßnahmen sind mit den direkt bestimmbaren Anschaffungskosten als immaterielle Vermögenswerte zu aktivieren. Dabei kommt abhängig von der Verwertungsabsicht ein Ausweis in den kurzfristigen Posten „Vorräte“ oder „sonstige Vermögensgegenstände“, aber auch im langfristigen Posten „immaterielle Vermögenswerte“ (Vortragsfähigkeit) in Betracht. Zur Weiterübertragung erworbener Maßnahmen siehe Rz (11) letzter Satz.

b) Bei selbst durchgeführten Energieeffizienzmaßnahmen aufgrund aktivierungspflichtiger Sachverhalte (zB Anlageninvestitionen) ist eine Aktivierung als immaterieller Vermögenswert in der Regel mangels verlässlicher Bestimmbarkeit der (anteiligen) Anschaffungs- oder Herstellungskosten nicht möglich.

c) Bei selbst durchgeführten Energieeffizienzmaßnahmen aufgrund aufwandsmäßig erfasster Sachverhalte (zB Energieberatung,

Verschenken von LED-Lampen) kann eine Aktivierung analog zu a) nur in jenem Umfang erfolgen, in dem direkt zurechenbare Kosten vorliegen.

(13) Für die Folgebewertung der als immaterielle Vermögenswerte aktivierten Maßnahmen sind grundsätzlich die Bestimmungen des IAS 38 bzw allenfalls IAS 2 zu beachten. Dabei ist zu berücksichtigen, dass sich der wirtschaftliche Nutzen der anrechenbaren Maßnahmen in der Regel nicht verbraucht, während sie gehalten werden. Vielmehr wird der wirtschaftliche Nutzen durch Erfüllung der Verpflichtung zu Energieeffizienzmaßnahmen oder durch Veräußerung dieser Maßnahmen an Dritte realisiert. Liegen Indikatoren für eine Wertminderung vor, ist zwingend ein Werthaltigkeitstest nach den Regelungen des IAS 36 durchzuführen. Allenfalls erfolgt eine Bewertung nach IAS 2.

4. Erfassung von verkehrsfähigen anrechenbaren Energieeffizienzmaßnahmen bei Unternehmen, die keine Energielieferanten iSd EEffG sind

(14) Analog zur Behandlung bei den Energielieferanten sind verkehrsfähige anrechenbare Energieeffizienzmaßnahmen auch von Unternehmen, die nicht zum Setzen solcher Maßnahmen verpflichtet sind, bei Erfüllung der Aktivierungsvoraussetzungen als immaterielle Vermögenswerte zu erfassen. Dabei ist zu beachten, dass für die Verkehrsfähigkeit spezielle Anforderungen zu erfüllen sind, die unter anderem in § 27 Abs. 3 EEffG angeführt sind. Demnach sind für eine Aktivierung als immaterielle Vermögenswerte jedenfalls die dort angeführten Dokumentationserfordernisse zu erfüllen und damit auch die „Zweckwidmung" des Managements zur Verwertung im Rahmen des EEffG zu dokumentieren. Bei der Berücksichtigung von Maßnahmen ist darauf zu achten, dass bei in einem Kalenderjahr gesetzten Maßnahmen gem § 27 Abs. 4 Z 2 EEffG nach dem 14. Februar des Folgejahres nur mehr eine (Erst-)Über–tragung an verpflichtete Energielieferanten zulässig ist und darüber hinausgehend keine Anrechenbarkeit/Veräußerbarkeit besteht.

5. Erstmalige Anwendung

(15) Diese Stellungnahme ist auf Geschäftsjahre anzuwenden, die nach dem 31. Dezember 2016 beginnen. Eine frühere Anwendung wird empfohlen.

AFRAC-Stellungnahme 30
Latente Steuern im Jahres- und Konzernabschluss

Stellungnahme
Latente Steuern im Jahres- und Konzernabschluss einschließlich der Behandlung von Einzelfragen zu Ertragsteuern im Zusammenhang mit der Gruppenbesteuerung

(Dezember 2020)

Historie der vorliegenden Stellungnahme

erstmalige Veröffentlichung	September 2016	
Überarbeitung	Dezember 2016	Ergänzung der Rz (6), Überarbeitung des Kapitels 4.2 „Gruppenbesteuerung (einschließlich einschlägiger Fragen zu Ertragsteuern im Allgemeinen)“, Neuaufnahme des Kapitels 4.4 „Sonderfragen bei Kreditinstituten und Versicherungsunternehmen“, Neunummerierung des bisherigen Kapitels 4.4 „Erstanwendung“ als Kapitel 4.5
Überarbeitung	Juni 2017	Anpassung des Titels und der Rz (1), Neuaufnahme der Rz (5a), Ergänzung der Rz (40), Neuaufnahme des Kapitels 5 „Latente Steuern im Konzernabschluss“, Ergänzung der Erläuterungen zu Rz (43)
Überarbeitung	Dezember 2017	Neuaufnahme der Kapitel 4.6 „Eigene Anteile im Jahresabschluss“, 4.7 „Anteile am Mutterunternehmen im Jahresabschluss eines Tochterunternehmens“ und 6 „Einzelfragen zu latenten Steuern im Konzernabschluss“
Überarbeitung	Dezember 2020	Überarbeitung der Rz (27), Neuaufnahme des Kapitels 4.8 „Währungsumrechnung“, Überarbeitung des Kapitels 5.1.3.9 „Währungsumrechnung“, Aktualisierung der Erläuterungen zu Rz (138)

1. Allgemeines

(1) Ziel der vorliegenden Stellungnahme ist die Klärung zahlreicher offener Fragen im Zusammenhang mit der Bilanzierung latenter Steuern im Jahres- und Konzernabschluss nach dem Unternehmensgesetzbuch (UGB) idF des Rechnungslegungs-Änderungsgesetzes 2014 (RÄG 2014). Die in diesem enthaltenen einschlägigen Übergangsbestimmungen sind durch das Abschlussprüfungsrechts-Änderungsgesetz 2016 (APRÄG 2016) präzisiert worden. Wegen des sachlichen Zusammenhangs behandelt die Stellungnahme auch Einzelfragen zu Ertragsteuern im Allgemeinen im Zusammenhang mit der Gruppenbesteuerung. Die Stellungnahme soll durch weitere Fragestellungen zu latenten Steuern ergänzt werden und versteht sich nicht als abschließende Stellungnahme zu latenten Steuern.

(2) Die Bilanzierung latenter Steuern erfolgt bilanzorientiert auf Basis des Temporary-Konzepts. Für den Ansatz latenter Steuern ist es vorbehaltlich der Sondernormen des § 198 Abs. 10 Satz 3 UGB grundsätzlich unerheblich, ob die zugrunde liegenden Differenzen erfolgsneutral oder erfolgswirksam entstanden sind.

2. Gesetzliche Grundlagen

(3) § 198 Abs. 9 UGB:

„Bestehen zwischen den unternehmensrechtlichen und den steuerrechtlichen Wertansätzen von Vermögensgegenständen, Rückstellungen, Verbindlichkeiten und Rechnungsabgrenzungsposten Differenzen, die sich in späteren Geschäftsjahren voraussichtlich abbauen, so ist bei einer sich daraus insgesamt ergebenden Steuerbelastung diese als Rückstellung für passive latente Steuern in der Bilanz anzusetzen. Sollte sich eine Steuerentlastung ergeben, so haben mittelgroße und große Gesellschaften im Sinn des § 189 Abs. 1 Z 1 und 2 lit. a diese als aktive latente Steuern (§ 224 Abs. 2 D) in der Bilanz anzusetzen; kleine Gesellschaften im Sinn des § 189 Abs. 1 Z 1 und 2 dürfen dies nur tun, soweit sie die unverrechneten Be- und Entlastungen im Anhang aufschlüsseln. Für künftige steuerliche Ansprüche aus steuerlichen Verlustvorträgen können aktive latente Steuern in dem Ausmaß angesetzt werden, in dem ausreichende passive latente Steuern vorhanden sind oder soweit überzeugende substantielle Hinweise vorliegen, dass ein ausreichendes zu versteuerndes Ergebnis in Zukunft zur Verfügung stehen wird; diesfalls sind in die Angabe nach § 238 Abs. 1 Z 3 auch die substantiellen Hinweise, die den Ansatz rechtfertigen, aufzunehmen.“

(4) § 198 Abs. 10 UGB:

„Die Bewertung der Differenzen nach Abs. 9 ergibt sich aus der Höhe der voraussichtlichen Steuerbe- und -entlastung nachfolgender Geschäftsjahre; der Betrag ist nicht abzuzinsen. Eine Saldierung aktiver latenter Steuern mit passiven latenten Steuern ist nicht vorzunehmen, soweit eine Aufrechnung der tatsächlichen Steuererstattungsansprüche mit den tatsächlichen Steuerschulden rechtlich nicht möglich ist. Latente Steuern sind nicht zu berücksichtigen, soweit sie entstehen

1. aus dem erstmaligen Ansatz eines Geschäfts(Firmen)werts; oder

2. aus dem erstmaligen Ansatz eines Vermögenswerts oder einer Schuld bei einem Geschäftsvorfall, der

   a) keine Umgründung im Sinn des § 202 Abs. 2 oder Übernahme im Sinn des § 203 Abs. 5 ist, und

   b) zum Zeitpunkt des Geschäftsvorfalls weder das bilanzielle Ergebnis vor Steuern noch das zu versteuernde Ergebnis (den steuerlichen Verlust) beeinflusst;

3. in Verbindung mit Anteilen an Tochterunternehmen, assoziierten Unternehmen oder Gemeinschaftsunternehmen im Sinn des § 262 Abs. 1, wenn das Mutterunternehmen in der Lage ist, den zeitlichen Verlauf der Auflösung der temporären Differenzen zu steuern, und es wahrscheinlich ist, dass sich die temporäre Differenz in absehbarer Zeit nicht auflösen wird.

Die ausgewiesenen Posten sind aufzulösen, soweit die Steuerbe- oder -entlastung eintritt oder mit ihr nicht mehr zu rechnen ist. Der Aufwand oder Ertrag aus der Veränderung bilanzierter latenter Steuern ist in der Gewinn- und Verlustrechnung gesondert unter dem Posten „Steuern vom Einkommen und vom Ertrag" auszuweisen."

(5) § 238 Abs. 1 Z 3 UGB:

„Mittelgroße und große Gesellschaften haben im Anhang zusätzlich anzugeben:

3. auf welchen Differenzen oder steuerlichen Verlustvorträgen die latenten Steuern beruhen und mit welchen Steuersätzen die Bewertung erfolgt ist; weiters sind die im Laufe des Geschäftsjahrs erfolgten Bewegungen der latenten Steuersalden anzugeben;"

(5a) § 258 UGB:

„Führen Maßnahmen, die nach den Vorschriften des dritten Abschnitts durchgeführt worden sind, zu Differenzen zwischen den unternehmensrechtlichen und den steuerrechtlichen Wertansätzen der Vermögensgegenstände, Schulden oder Rechnungsabgrenzungsposten und bauen sich diese Differenzen in späteren Geschäftsjahren voraussichtlich wieder ab, so ist eine sich insgesamt ergebende Steuerbelastung als Rückstellung für passive latente Steuern und eine sich insgesamt ergebende Steuerentlastung als aktive latente Steuern in der Konzernbilanz anzusetzen. Differenzen aus dem erstmaligen Ansatz eines nach § 254 Abs. 3 verbleibenden Unterschiedsbetrages bleiben unberücksichtigt. Unberücksichtigt bleiben auch Differenzen, die sich zwischen dem steuerrechtlichen Wertansatz einer Beteiligung an einem Tochterunternehmen, einem assoziierten Unternehmen oder einem Gemeinschaftsunternehmen im Sinn des § 262 Abs. 1 und dem unternehmensrechtlichen Wertansatz des im Konzernabschluss angesetzten Nettovermögens ergeben, wenn das Mutterunternehmen in der Lage ist, den zeitlichen Verlauf der Auflösung der temporären Differenzen zu steuern, und es wahrscheinlich ist, dass sich die temporäre Differenz in absehbarer Zeit nicht auflösen wird. Eine Saldierung ist nicht vorzunehmen, soweit eine Aufrechnung der tatsächlichen Steuererstattungsansprüche mit den tatsächlichen Steuerschulden rechtlich nicht möglich ist. § 198 Abs. 10 ist entsprechend anzuwenden. Die Posten dürfen mit den Posten nach § 198 Abs. 9 zusammengefasst werden. Die Steuerabgrenzung braucht nicht vorgenommen zu werden, soweit sie nicht wesentlich ist."

3. Latente Steuern im Jahresabschluss im Allgemeinen

3.1. Ansatz latenter Steuern

3.1.1. Grundsätzliches

(6) Passive latente Steuern sind als Rückstellung anzusetzen. Das Passivierungswahlrecht für unwesentliche Rückstellungen gemäß § 198 Abs. 8 Z 3 Satz 2 UGB gilt nur insoweit, als die unsaldierten Steuerbelastungen insgesamt unwesentlich sind.

(7) Für aktive latente Steuern besteht eine Aktivierungspflicht für mittelgroße und große Gesellschaften. Für kleine Gesellschaften besteht ein Aktivierungswahlrecht, verbunden mit der Anhangangabe zu unverrechneten Be- und Entlastungen. Soweit die aktiven latenten Steuern aus steuerlichen Verlustvorträgen resultieren, besteht für alle Gesellschaften ein Aktivierungswahlrecht bei Vorliegen der Voraussetzungen des § 198 Abs. 9 UGB.

(8) Für aktivierte latente Steuern besteht gemäß § 235 Abs. 2 UGB eine Ausschüttungssperre.

3.1.2. Zielsetzung und Umfang des Temporary-Konzepts

(9) Im Mittelpunkt des bilanzorientierten Konzepts steht der zutreffende Ausweis der Vermögenslage des bilanzierenden Unternehmens, der durch eine umfassende Steuerabgrenzung sichergestellt wird. Eine solche Konzeption umfasst den Ansatz von latenten Steuern auf die temporären Differenzen und die steuerlichen Verlustvorträge. Neben den temporären Differenzen zwischen den unternehmensrechtlichen und den steuerrechtlichen Wertansätzen von Vermögensgegenständen, Rückstellungen, Verbindlichkeiten und Rechnungsabgrenzungsposten kann es auch weitere Ursachen für das Vorliegen latenter Steuern, wie zB die steuerlich noch nicht als Betriebsausgabe geltend gemachten Siebentelabschreibungen iSd § 12 Abs. 3 Z 2 KStG geben. Diesen stehen in einem UGB-Abschluss keine korrespondierenden Ver-

mögensgegenstände gegenüber. Der Unterschied zwischen der steuerlichen Basis der noch offenen Siebentelabschreibungen, die von der Steuerbehörde als ein in zukünftigen Perioden abzugsfähiger Betrag anerkannt werden, und dem Buchwert von null ist eine abzugsfähige temporäre Differenz, die einen latenten Steueranspruch zur Folge hat.

3.1.3. Gesamtdifferenzenbetrachtung

(10) Gemäß § 198 Abs. 9 iVm Abs. 10 Satz 2 UGB ist eine Gesamtdifferenzenbetrachtung erforderlich, soweit die Steuererstattungsansprüche und die Steuerschulden gegenüber derselben Steuerbehörde bestehen und tatsächlich verrechenbar sind. Bestehen mehrere Steuerbehörden, ergeben sich dementsprechend mehrere Gesamtdifferenzenbetrachtungen. Demzufolge sind vorbehaltlich der Ausnahmen des § 198 Abs. 10 UGB sämtliche temporären Differenzen, die sich aus dem Temporary-Konzept ergeben und die sich in späteren Geschäftsjahren voraussichtlich abbauen, bei einer sich daraus insgesamt ergebenden Steuerbe- oder -entlastung für die Ermittlung der latenten Steuern heranzuziehen.

(11) Eine unterschiedliche Fristigkeit dieser Ansprüche und Schulden steht der Gesamtdifferenzenbetrachtung nicht entgegen.

3.1.4. Latente Steuern aus Verlustvorträgen

(12) § 198 Abs. 9 Satz 3 UGB normiert zwei Ansatzwahlrechte für die Berücksichtigung des steuerlichen Verlustvortrags:

1. die Verrechnung mit dem nach der Gesamtdifferenzenbetrachtung verbleibenden Betrag an passiven latenten Steuern unter Berücksichtigung der 75%igen Vortragsgrenze iSd § 8 Abs. 4 Z 2 lit. a KStG und
2. den Ansatz aktiver latenter Steuern.

(13) Gemäß § 198 Abs. 9 Satz 3 UGB können für künftige steuerliche Ansprüche aus steuerlichen Verlustvorträgen aktive latente Steuern in dem Ausmaß angesetzt werden, in dem ausreichende passive latente Steuern vorhanden sind (erstes Ansatzwahlrecht). Dabei ist auf den Betrag an passiven latenten Steuern abzustellen, der sich nach der Gesamtdifferenzenbetrachtung ergibt.

(14) Ein nach der Verrechnung mit passiven latenten Steuern verbleibender auf Verlustvorträgen beruhender aktiver Überhang darf aktiviert werden (zweites Ansatzwahlrecht), soweit überzeugende substantielle Hinweise vorliegen, dass ein ausreichendes zu versteuerndes Ergebnis in Zukunft zur Verfügung stehen wird.

3.1.5. Substantielle Hinweise zur Aktivierung latenter Steuern aus Verlustvorträgen

(15) Folgende Umstände können für das Vorliegen von substantiellen Hinweisen sprechen:

a) *es ist wahrscheinlich, dass das Unternehmen zu versteuernde Ergebnisse erzielen wird, bevor die noch nicht genutzten steuerlichen Verluste verfallen;*

b) *die noch nicht genutzten steuerlichen Verluste stammen aus identifizierbaren Ursachen, welche aller Wahrscheinlichkeit nach nicht wieder auftreten; und*

c) *dem Unternehmen stehen Steuergestaltungsmöglichkeiten zur Verfügung, zu versteuernde Ergebnisse in der Periode zu erzeugen, in der die noch nicht genutzten steuerlichen Verluste verwendet werden können.*

(16) Für den Nachweis eines ausreichenden zukünftigen zu versteuernden Ergebnisses bedarf es in der Regel einer aus der Unternehmensplanung abgeleiteten Steuerplanungsrechnung. Diese Planungsrechnung hat die aus der Umkehrung passiver und aktiver temporärer Differenzen entstehenden steuerrechtlichen Ergebnisse konsistent zu enthalten und muss in sich schlüssig sein. Die Prämissen für die Steuerplanungsrechnung müssen konsistent mit den Prämissen anderer Planungsrechnungen des Unternehmens sein.

(17) An die Verlässlichkeit der Steuerplanungsrechnung sind hohe Anforderungen zu stellen. Bei der Beurteilung, inwieweit eine tatsächliche künftige Verwertbarkeit der Verlustvorträge zu erwarten ist, ist das Vorsichtsprinzip zu beachten. Dabei sind die in den Vorjahren beobachtbaren Bandbreiten der Soll-Ist-Abweichungen geschätzter Ergebnisse und geplanter Umkehreffekte aus latenten Steuern ein Indiz für die Planungsqualität. Sowohl bereits verwirklichte als auch beabsichtigte, hinreichend konkretisierte und realisierbare Sachverhalte sind zu berücksichtigen.

(18) Im Hinblick auf den Ansatz von auf Verlustvorträgen beruhenden aktiven latenten Steuern müssen bei einer länger zurückreichenden Historie an negativen Ergebnissen höhere Anforderungen an die Nachweise für das Vorliegen von substantiellen Hinweisen gestellt werden.

(19) Die Festlegung des Prognosezeitraums für die Abschätzung der Wahrscheinlichkeit der Verlustverwertung ist von den spezifischen Umständen im Einzelfall abhängig. Dabei sind die speziellen Gegebenheiten des Unternehmens, insbesondere die Ergebnislage und deren Volatilität in den vorangegangenen Jahren, die historische Prognosequalität (siehe oben) sowie die Branchenzugehörigkeit und ähnliche Faktoren zu berücksichtigen.

(20) Zur Veranschaulichung dieser Ausführungen wird auf die Übersichten im Anhang dieser Stellungnahme über die Möglichkeiten der Ausübung der Wahlrechte iZm steuerlichen Verlustvorträgen verwiesen.

3.1.6. Stetigkeitsgebot im Zusammenhang mit latenten Steuern

(21) Bei kleinen Gesellschaften ist das Ansatzwahlrecht für aktive latente Steuern auf Basis der Gesamtdifferenzenbetrachtung zu beurteilen. Bei Ausübung dieses Wahlrechts ist das Stetigkeitsgebot gemäß § 201 Abs. 2 Z 1 UGB zu beachten.

(22) Wird aus einer mittelgroßen oder großen Kapitalgesellschaft eine kleine Kapitalgesellschaft, ist im Jahr der erstmaligen Anwendung der Vor-

schriften für kleine Kapitalgesellschaften über das Ansatzwahlrecht für aktive latente Steuern zu entscheiden.

(23) Die Ausübung der beiden Wahlrechte für die Berücksichtigung von auf steuerlichen Verlustvorträgen beruhenden aktiven latenten Steuern setzt das Vorliegen von steuerlichen Verlustvorträgen voraus. Bei Ausübung der Wahlrechte ist das Stetigkeitsgebot iSd § 201 Abs. 2 Z 1 UGB zu beachten.

(24) Ein späteres Abweichen von dieser Stetigkeit ist nach den allgemeinen Grundsätzen des § 201 Abs. 3 UGB zu beurteilen.

3.1.7. Ausnahmen vom Ansatz latenter Steuern

(25) Gemäß § 198 Abs. 10 Satz 3 Z 1 bis 3 UGB bestehen Bilanzierungsverbote für latente Steuern. Diese umfassen latente Steuern aus

- dem erstmaligen Ansatz eines Geschäfts(Firmen)werts,
- erfolgsneutral entstandenen temporären Differenzen aus dem erstmaligen Ansatz eines Vermögensgegenstands oder einer Schuld (außer Umgründungen iSd § 202 Abs. 2 UGB und Übernahmen iSd § 203 Abs. 5 UGB) und
- temporären Differenzen bei bestimmten Unternehmensanteilen.

a) Geschäfts(Firmen)wert

(26) § 198 Abs. 10 Satz 3 Z 1 UGB gilt für den erstmaligen Ansatz eines Geschäfts(Firmen)werts im Jahresabschluss. Das Verbot der Bilanzierung latenter Steuern gilt nicht im Rahmen der Folgebewertung. Differenzen, welche sich aus unterschiedlichen Nutzungsdauern ergeben, führen daher auch für einen Geschäfts(Firmen)wert zu latenten Steuern.

b) Erfolgsneutral entstandene Differenzen aus dem erstmaligen Ansatz eines Vermögensgegenstands oder einer Schuld

(27) § 198 Abs. 10 Satz 3 Z 2 UGB normiert das Verbot der Bilanzierung latenter Steuern aus erfolgsneutral entstandenen Differenzen, sofern diese nicht im Zuge einer Umgründung iSd § 202 Abs. 2 UGB oder einer Übernahme eines Betriebes iSd § 203 Abs. 5 UGB entstanden sind (siehe Kapitel 4.3 zu Steuerlatenzen im Rahmen einer Umgründung iSd § 202 Abs. 2 UGB oder einer Übernahme eines Betriebes iSd § 203 Abs. 5 UGB). Das Bilanzierungsverbot kommt zB bei Anschaffungsvorgängen, bei denen sich die unternehmensrechtlichen von den steuerlichen Anschaffungskosten unterscheiden, oder bei eingelegten Vermögensgegenständen, bei denen der unternehmensrechtliche und der steuerliche Einlagewert unterschiedlich sind (zB die Einlage von bestimmtem Kapitalvermögen oder bestimmten Grundstücken gemäß § 6 Z 5 EStG), in Betracht. Schließlich kann nach Ansicht des AFRAC das Ansatzverbot gemäß § 198 Abs. 10 Satz 3 Z 2 UGB bei bestimmten Umgründungen zur Anwendung kommen (siehe Kapitel 4.3). Die bilanzielle Behandlung von Anschaffungsnebenkosten hat auf die Anwendung von § 198 Abs. 10 Satz 3 Z 2 UGB keinen Einfluss.

c) Bestimmte Unternehmensanteile

(28) Die bestimmten Unternehmensanteile sind nach dem Wortlaut von § 198 Abs. 10 Satz 3 Z 3 UGB Anteile an Tochterunternehmen (§ 189a Z 7 UGB), an Gemeinschaftsunternehmen (§ 262 Abs. 1 UGB) und an assoziierten Unternehmen (§ 189a Z 9 UGB). Nicht von Bedeutung ist, ob bzw wie die entsprechenden Anteile in einen gegebenenfalls aufzustellenden Konzernabschluss einbezogen werden.

(29) Beim beteiligten Unternehmen dürfen die betreffenden temporären Differenzen unter den folgenden Voraussetzungen laut § 198 Abs. 10 Satz 3 Z 3 UGB nicht bilanziert werden:

- Das beteiligte Unternehmen ist in der Lage, den zeitlichen Verlauf der Auflösung der temporären Differenzen zu steuern, und
- es ist wahrscheinlich, dass sich die temporäre Differenz in absehbarer Zeit nicht auflösen wird.

(30) Nach Ansicht des AFRAC können auch Beteiligungen iSd § 189a Z 2 UGB unter den Voraussetzungen der Rz (29) unter die Ausnahmebestimmung § 198 Abs. 10 Satz 3 Z 3 UGB fallen.

3.2. Bewertung der Steuerabgrenzung

(31) Im Rahmen der für jede Steuerbehörde vorzunehmenden Gesamtdifferenzenbetrachtung (vgl Rz (10)) ergeben sich die zu saldierenden Steuererstattungsansprüche und Steuerbelastungen aus den mit den konkreten Steuersätzen (Regelsteuersätze und Sondersteuersätze) bewerteten temporären Differenzen. Diese Beträge sind nicht abzuzinsen. Der Bewertung der Steuerabgrenzung sind jene Steuersätze zugrunde zu legen, die im Zeitpunkt der Umkehrung der Differenz gelten werden.

(32) Für die Beurteilung der voraussichtlichen Steuerbe- und -entlastung ist grundsätzlich eine Prognose der steuerlichen Ergebnisse in den nachfolgenden Geschäftsjahren notwendig. Hierbei ist das Vorsichtsprinzip zu beachten. Daher sind passive Steuerlatenzen als Ergebnis der Gesamtdifferenzenbetrachtung grundsätzlich zu bilanzieren, weil hier eine voraussichtliche Steuerbelastung in der Regel unterstellt werden kann. Für die Werthaltigkeit von aktiven Steuerlatenzen als Ergebnis der Gesamtdifferenzenbetrachtung ist es aber notwendig, dass in den nachfolgenden Geschäftsjahren mit hinreichender Wahrscheinlichkeit steuerliche Ergebnisse zur voraussichtlichen Steuerentlastung herangezogen werden können. Die Anforderungen an diese Prognose der steuerlichen Ergebnisse variieren, etwa in Abhängigkeit von der Ergebnissituation des Unternehmens oder der Länge des Zeitraums bis zum voraussichtlichen Differenzausgleich. Für aktive Steuerlatenzen, die aus Verlustvorträgen resultieren und aktiviert werden

sollen, gelten die strengen Voraussetzungen des § 198 Abs. 9 Satz 3 UGB (siehe Abschnitt 3.1.5).

(33) Die Höhe der voraussichtlichen Steuerbe- und -entlastung ist durch das Unternehmen am Abschlussstichtag zu schätzen (§ 201 Abs. 2 Z 3 UGB). Im Normalfall ist zur Ermittlung der voraussichtlichen Steuerbe- und -entlastung der am Abschlussstichtag geltende Ertragsteuertarif heranzuziehen. Ein Durchschnittstarif für mehrere Steuerjurisdiktionen ist nicht zulässig.

(34) Ist am Abschlussstichtag absehbar, dass in künftigen Geschäftsjahren ein anderer Ertragsteuertarif gelten wird, dann ist grundsätzlich dieser für die Bewertung heranzuziehen. Voraussetzung dafür ist, dass der künftige Steuersatz mit hinreichender Sicherheit am Abschlussstichtag feststeht. In Österreich ist dies in der Regel der Fall, wenn ein Beschluss des Nationalrats in 3. Lesung vorliegt.

3.3. Ausweis der Steuerabgrenzung

(35) Passive latente Steuern sollten innerhalb der Rückstellungen in einem gesonderten Posten ausgewiesen werden. Aktive latente Steuern sind im Bilanzposten „D. Aktive latente Steuern" gemäß § 224 UGB gesondert auszuweisen. Soweit aktive und passive latente Steuern nicht verrechnet werden können, sind sie getrennt auszuweisen.

(36) Der Aufwand bzw Ertrag aus latenten Steuern ist in der Gewinn- und Verlustrechnung gesondert innerhalb der „Steuern vom Einkommen und vom Ertrag" auszuweisen.

3.4. Angaben im Anhang

3.4.1. Allgemeine Grundsätze

(37) Im Anhang sind gemäß § 236 Satz 1 UGB die Bilanz und die Gewinn- und Verlustrechnung sowie die darauf angewandten Bilanzierungs- und Bewertungsmethoden so zu erläutern, dass ein möglichst getreues Bild der Vermögens-, Finanz- und Ertragslage des Unternehmens vermittelt wird. Gemäß § 237 Abs. 1 Z 4 UGB sind der Betrag und die Wesensart der einzelnen Ertrags- und Aufwandsposten von außerordentlicher Größenordnung oder von außerordentlicher Bedeutung anzugeben.

3.4.2. Angaben

(38) Gemäß § 238 Abs. 1 Z 3 UGB sind im Anhang folgende Angaben zu machen:

- auf welchen Differenzen oder steuerlichen Verlustvorträgen die latenten Steuern beruhen,
- die Steuersätze (und deren Veränderungen), die zur Bewertung herangezogen werden, sowie
- die im Laufe des Geschäftsjahrs erfolgten Bewegungen der latenten Steuersalden.

(39) Qualitative Angaben zur Art der bestehenden Differenzen oder zu steuerlichen Verlustvorträgen sind regelmäßig ausreichend, um die Erläuterungspflicht zu erfüllen und künftiges Nutzenpotential aufzuzeigen. Ebenso kann auch die Darstellung der Bewegung der latenten Steuersalden qualitativ erfolgen.

(40) Weiters sind gemäß § 198 Abs. 9 Satz 3 UGB die substantiellen Hinweise auf ein ausreichendes zu versteuerndes Ergebnis in der Zukunft, die den Ansatz der latenten Steuern aus Verlustvorträgen rechtfertigen, im Anhang anzuführen. Qualitative Angaben sind regelmäßig ausreichend.

(41) Die Ausübung der Wahlrechte betreffend latente Steuern ist gemäß § 237 Abs. 1 Z 1 UGB im Anhang anzugeben (siehe dazu Rz (12) bis (14)).

(42) Um den Abschluss so zu erläutern, dass ein möglichst getreues Bild der Vermögens-, Finanz- und Ertragslage des Unternehmens vermittelt wird, sind gegebenenfalls zusätzliche Angaben zu machen.

4. Einzelfragen zu latenten Steuern im Jahresabschluss

4.1. Personengesellschaften

(43) Gesellschafter einer Personengesellschaft haben latente Steuern anzusetzen für temporäre Differenzen

1. aus Unterschieden zwischen unternehmensrechtlichen und steuerrechtlichen Wertansätzen von auf Ebene der Personengesellschaft bilanzierten Vermögensgegenständen, Rückstellungen, Verbindlichkeiten und Rechnungsabgrenzungsposten im Ausmaß der für die steuerliche Gewinnzuweisung geltenden Quote;
2. aus der Abschreibung von in einer steuerlichen Ergänzungsbilanz erfassten stillen Reserven, Geschäfts(Firmen)werten und stillen Lasten;
3. aus Sonderbetriebsvermögen;
4. aus durch die zeitlich unterschiedliche Erfassung von Gewinn- und Verlustanteilen entstehenden Unterschieden zwischen dem unternehmensrechtlichen Beteiligungsbuchwert und dem steuerlichen Kapitalkonto, soweit nicht die Bestimmung des § 198 Abs. 10 Satz 3 Z 3 UGB anzuwenden ist.

4.2. Gruppenbesteuerung (einschließlich einschlägiger Fragen zu Ertragsteuern im Allgemeinen)

4.2.1. Die Bilanzierung von aus Steuerumlagevereinbarungen resultierenden Steuerumlagen

(44) Ziel der Steuerumlage ist eine betriebswirtschaftlich sinnvolle bzw angemessene Verteilung des beim Gruppenträger insgesamt für die Unternehmensgruppe ermittelten und erhobenen Steueraufwands auf die einzelnen der Unternehmensgruppe angehörenden inländischen Körperschaften.

(45) Die aus der Steuerumlagevereinbarung resultierenden Salden sind vom Gruppenträger und vom Gruppenmitglied in der Bilanz als Forderung bzw Verbindlichkeit (Forderungen/Verbindlichkeiten gegenüber verbundenen Unternehmen bzw bei Beteiligungsgemeinschaften Forderungen/

Verbindlichkeiten gegenüber Unternehmen, mit denen ein Beteiligungsverhältnis besteht) und in der Gewinn- und Verlustrechnung im Posten „Steuern vom Einkommen und vom Ertrag" zu erfassen.

(46) Der Posten „Steuern vom Einkommen und vom Ertrag" ist entweder in der Gewinn- und Verlustrechnung oder im Anhang aufzugliedern. Der Gruppenträger hat einerseits den gesamten Körperschaftsteueraufwand und andererseits den Saldo aus positiven und negativen Steuerumlagen auszuweisen. Wenn beim Gruppenmitglied im Posten „Steuern vom Einkommen und vom Ertrag" keine anderen Komponenten (zB latente Steuern) enthalten sind, ist die Bezeichnung dieses Postens um den Zusatz „(aus Steuerumlage)" zu ergänzen.

4.2.2. Die Bilanzierung latenter Steueransprüche und -schulden

(47) Wie am Anfang dieser Stellungnahme dargelegt, besteht gemäß § 198 Abs. 9 UGB für latente Steuerschulden eine Pflicht zur Bildung einer Rückstellung und für latente Steueransprüche mit Ausnahme der kleinen Gesellschaften eine Pflicht zum Ansatz eines aktiven Steuerabgrenzungspostens. Diese Steuerabgrenzungen sind gemäß § 198 Abs. 9 UGB in Höhe der voraussichtlichen Steuerbe- bzw. -entlastung zu bilden.

(48) Da die einzelnen Gruppenmitglieder weiterhin unbeschränkt steuerpflichtige Steuersubjekte bleiben, sind die Bestimmungen über latente Steueransprüche und -schulden von den einzelnen Gruppenmitgliedern ungeachtet der bestehenden Unternehmensgruppe anzuwenden.

(49) Sollte bei Anwendung der Periodenabrechnungsmethode zwischen Gruppenträger und Gruppenmitglied ein geringerer als der aktuell (bzw künftig) gültige Körperschaftsteuersatz vereinbart sein, ist für die Bemessung der latenten Steueransprüche und -schulden der in der Steuerumlagevereinbarung vereinbarte feste Umlagesatz heranzuziehen. Ist der nach der Steuerumlagevereinbarung erwartete effektive Umlagesatz jedoch nicht abschätzbar, weil dieser in Abhängigkeit von der künftigen Ergebnissituation der Unternehmensgruppe oder des Gruppenmitglieds variiert, ist der aktuell (bzw künftig) gültige Körperschaftsteuersatz, höchstens aber der vereinbarte Umlagesatz zu verwenden. Der angewendete Steuersatz ist im Anhang anzugeben.

(50) Aufgrund der Steuerumlagevereinbarung ist der Gruppenträger verpflichtet, die latente Steuerlast des Gruppenmitglieds im Zeitpunkt der Umkehr zu tragen. Daher hat der Gruppenträger bei Anwendung der Periodenabrechnungsmethode für latente Steuerschulden eines Gruppenmitglieds insoweit eine Rückstellung für latente Steuern zu bilden, als dies – beispielsweise aufgrund der Anwendung eines im Vergleich zum gültigen Steuersatz geringeren Umlagesatzes – noch nicht beim Gruppenmitglied geschehen ist. Die Höhe der Rückstellung ergibt sich dabei aus dem Unterschiedsbetrag zwischen der passiven Steuerlatenz, berechnet mit dem Steuersatz, der im Zeitpunkt der Umkehr der zeitlich begrenzten Ergebnisunterschiede voraussichtlich Gültigkeit haben wird, und dem Betrag, den das Gruppenmitglied in seinem Jahresabschluss rückgestellt hat.

(51) Für latente Steuerguthaben besteht für den Gruppenträger – soweit er keine kleine Gesellschaft ist – sinngemäß eine Verpflichtung zum Ansatz einer zusätzlichen aktiven Steuerabgrenzung in Höhe des Unterschiedsbetrags zwischen der aktiven Steuerlatenz, berechnet mit dem Steuersatz, der im Zeitpunkt der Umkehr der zeitlich begrenzten Ergebnisunterschiede voraussichtlich Gültigkeit haben wird, und dem Betrag, den das Gruppenmitglied in seinem Jahresabschluss aktiviert hat.

(52) Auf Ebene des einzelnen Gruppenmitglieds sind dessen Vor- und Außergruppenverluste iSd § 9 Abs. 6 Z 4 KStG als steuerliche Verlustvorträge nach § 8 Abs. 4 Z 2 KStG sowie interne Verlustvorträge iSd Rz (54) zu berücksichtigen. Unter den Voraussetzungen des § 198 Abs. 9 Satz 3 UGB kann auf Basis dieser Verlustvorträge entsprechend den Rz (12) ff auch eine aktive latente Steuer angesetzt werden (hinsichtlich des Steuersatzes siehe Rz (49)).

(53) Die Ausführungen über die Vor- und Außergruppenverluste der einzelnen Gruppenmitglieder gelten sinngemäß auch für den Gruppenträger.

(53a) Im Falle des Bestehens eines Ergebnisabführungsvertrags hat der Gruppenträger die latenten Steuern aus den temporären Differenzen des Gruppenmitglieds zu berücksichtigen. Dies schließt auch die Möglichkeit der Aktivierung latenter Steuern beim Gruppenträger aufgrund von Vorgruppenverlusten des Gruppenmitglieds mit ein.

4.2.3. Künftige Be- und Entlastungen aus Steuerumlagevereinbarungen

(54) Steuerumlagevereinbarungen können vorsehen, dass der Gruppenträger dem Gruppenmitglied für übernommene steuerliche Verluste keine negative Umlage gutschreibt, das Gruppenmitglied jedoch in späteren Jahren bei steuerlichen Gewinnen so lange keine positive Umlage abzuführen hat, bis die Verluste verbraucht sind („interner Verlustvortrag"). Weiters können Steuerumlagevereinbarungen einen so genannten Steuerschlussausgleich im Zusammenhang mit dem Ausscheiden eines Gruppenmitglieds aus der Unternehmensgruppe vorsehen. Dabei hat der Gruppenträger an das ausscheidende Gruppenmitglied eine Ausgleichszahlung für bisher genutzte steuerliche Verluste zu leisten, für die keine negative Umlage gutgeschrieben wurde. In beiden Fällen entstehen dadurch künftige Verpflichtungen des Gruppenträgers.

(55) Der Gruppenträger hat für solche künftigen Verpflichtungen grundsätzlich gemäß § 198 Abs. 8 Z 1 UGB eine Rückstellung für künftige Steuerbelastungen zu bilden. Gemäß § 211 Abs. 1 UGB ist die Rückstellung mit dem bestmöglich zu schätzenden Erfüllungsbetrag anzusetzen, wobei bei Langfristigkeit die Abzinsungspflicht gemäß § 211 Abs. 2 Satz 1 UGB zu beachten ist. Es ist jener Aufwand rückzustellen, mit dem die Zeit nach dem Abschlussstichtag voraussichtlich belastet wird. Bei

der Schätzung der erforderlichen Höhe der Rückstellung ist auf den Grundsatz der Vorsicht (§ 201 Abs. 1 Z 4 UGB) Bedacht zu nehmen. Ist der Gruppenträger in der Lage, das Entstehen steuerlicher Gewinne beim Gruppenmitglied zu beeinflussen, und ist es wahrscheinlich, dass in absehbarer Zeit beim Gruppenmitglied keine steuerlichen Gewinne entstehen werden, sind diese Faktoren bei der Schätzung zu berücksichtigen. Die Schätzung hat zu jedem (Zwischen-)Abschlussstichtag zu erfolgen. Wird keine Rückstellung gebildet oder liegt der angesetzte Wert unter dem nominellen Betrag der künftigen Belastung, ist der nicht rückgestellte Betrag gemäß § 237 Abs. 1 Z 2 UGB außer bei Unwesentlichkeit im Anhang anzugeben.

(56) Bei der Verteilungsmethode kann es erforderlich sein, dass das Gruppenmitglied eine Rückstellung für künftige Umlagebelastungen bildet. Dies ist insbesondere dann der Fall, wenn ein Gruppenmitglied mit steuerlichem Gewinn bei gleichzeitigem steuerlichen Verlust der Unternehmensgruppe insgesamt zunächst keine positive Steuerumlage zu leisten hat, dieser Aufschub aber in späteren Jahren bei steuerlichen Gewinnen der Unternehmensgruppe zu einer entsprechend abzuführenden Umlage führt. Auch in diesem Fall sind die oben angeführten Grundsätze anzuwenden.

(57) Sollte ein Gruppenmitglied im Rahmen der Steuerumlagevereinbarung nicht endgültig eine betraglich unveränderliche Abgeltung für die steuerlich erzielten und an den Gruppenträger übertragenen Verluste erhalten, sondern eine, deren endgültige Höhe von der Möglichkeit der Verwertung der vom Gruppenmitglied erzielten Verlustvorträge durch den Gruppenträger abhängt, ist auf diese Möglichkeit der zukünftigen Verlustverwertung als Anwendungsfall für künftige steuerliche Ansprüche aus steuerlichen Verlustvorträgen im Rahmen der Ermittlung der Höhe der Rückstellung für latente Steuern auf Ebene des Gruppenmitglieds Rücksicht zu nehmen.

(58) Aus Steuerumlagevereinbarungen können Forderungen des Gruppenträgers gegen ein Gruppenmitglied sowie auch Forderungen eines Gruppenmitglieds gegen den Gruppenträger entstehen (beispielsweise aus einem vereinbarten „Steuerschlussausgleich"), die nicht aus den laufenden Steuerumlagen stammen. Gemäß § 196 Abs. 1 UGB hat der Jahresabschluss sämtliche Vermögensgegenstände, Rückstellungen, Verbindlichkeiten, Rechnungsabgrenzungsposten, Aufwendungen und Erträge zu enthalten, soweit gesetzlich nichts anderes bestimmt ist. Wenn die Ansatzkriterien für Vermögensgegenstände erfüllt sind, ist eine Forderung zu aktivieren. Die Bewertung hat entsprechend den §§ 206 Abs. 1 und 207 UGB zu erfolgen; insbesondere sind langfristige unverzinsliche Forderungen abzuzinsen.

(59) [verschoben in die Erläuterungen zu Rz (53a)]

4.2.4. Die Bilanzierung des Steuervorteils aus einer Firmenwertabschreibung gemäß § 9 Abs. 7 KStG

(60) Die Firmenwertabschreibung gemäß § 9 Abs. 7 KStG bewirkt eine Steuerminderung, die sich zu einem späteren Zeitpunkt wieder umkehren kann. Daraus ergibt sich die Frage, ob und inwieweit für diesen Sachverhalt bei der beteiligten Gesellschaft Steuerabgrenzungen vorzunehmen sind.

(61) Die laufende Firmenwertabschreibung bzw die damit einhergehende Verminderung des steuerlichen Beteiligungsansatzes kürzt in den Folgejahren den nach den steuerrechtlichen Vorschriften zu versteuernden Gewinn, während das unternehmensrechtliche Ergebnis davon unberührt bleibt. Es entsteht damit eine Differenz zwischen den Beteiligungsbuchwerten nach dem UGB und nach Steuerrecht. Gemäß § 198 Abs. 9 UGB ist daher grundsätzlich eine Rückstellung für latente Steuern zu bilden.

(62) § 198 Abs. 10 Satz 3 Z 3 UGB ist zu beachten.

4.2.5. Die Bilanzierung von zukünftigen Steuerverpflichtungen aus der Anrechnung von Verlusten ausländischer Tochtergesellschaften

(63) Aufgrund der Regelungen in § 9 Abs. 6 Z 7 KStG hat ein Gruppenträger die steuerlichen Vorteile, die er durch die Übernahme der steuerlichen Verluste eines ausländischen Gruppenmitglieds erzielt hat, in späteren Jahren unter bestimmten Voraussetzungen als Hinzurechnung zu berücksichtigen.

(64) Daraus ergibt sich, dass der Gruppenträger grundsätzlich die aus der Übernahme der steuerlichen Verluste des ausländischen Gruppenmitglieds erzielten steuerlichen Vorteile nachversteuern muss.

(65) Der Gruppenträger hat für die steuerlich geltend gemachten ausländischen steuerlichen Verluste entsprechend den Vorschriften des § 198 Abs. 8 Z 1 UGB iVm § 211 UGB eine Rückstellung zu bilden.

(66) Wird keine Rückstellung gebildet oder liegt der angesetzte Wert unter dem nominellen Betrag der künftigen Belastung, ist der nicht rückgestellte Betrag gemäß § 237 Abs. 1 Z 2 UGB außer bei Unwesentlichkeit im Anhang anzugeben.

4.3. Umgründungen iSd § 202 Abs. 2 UGB und Übernahmen iSd § 203 Abs. 5 UGB

4.3.1. Grundsatz

(67) Differenzen zwischen den unternehmens- und steuerrechtlichen Wertansätzen von Vermögensgegenständen, Rückstellungen, Verbindlichkeiten und Rechnungsabgrenzungsposten, die infolge einer Umgründung iSd § 202 Abs. 2 UGB oder einer Übernahme iSd § 203 Abs. 5 UGB entstehen und sich in späteren Geschäftsjahren voraussichtlich abbauen, sind bei der Ermittlung der künftigen Steuerbe- oder -entlastung gemäß § 198

Abs. 9 UGB zu berücksichtigen. Ausnahmen von diesem Grundsatz sind in § 198 Abs. 10 Satz 3 Z 1 bis 3 UGB geregelt.

(68) Aus dem Wortlaut von § 198 Abs. 10 Satz 3 Z 2 UGB folgt, dass für Umgründungen iSd § 202 Abs. 2 UGB und Übernahmen iSd § 203 Abs. 5 UGB nur mehr die Ausnahmen gemäß § 198 Abs. 10 Satz 3 Z 1 und 3 UGB gelten, da die Voraussetzungen der § 198 Abs. 10 Z 2 lit. a und b UGB kumulativ erfüllt sein müssen.

(69) § 198 Abs. 10 Satz 3 Z 2 UGB ist bei einer Umgründung iSd § 202 Abs. 2 UGB anwendbar, wenn kein (Teil-)Betrieb umgegründet wird und weder das bilanzielle Ergebnis vor Steuern noch das zu versteuernde Ergebnis beeinflusst werden (siehe dazu Abschnitt 4.3.4).

(70) Zusammengefasst lässt sich feststellen: Umgründungen nach § 202 Abs. 2 UGB mit (Teil-) Betrieb und Übernahmen nach § 203 Abs. 5 UGB fallen keinesfalls unter die Ausnahmebestimmung § 198 Abs. 10 Satz 3 Z 2 UGB; für sie sind aber die Ausnahmen nach § 198 Abs. 10 Satz 3 Z 1 und 3 UGB zu beachten. Umgründungen nach § 202 Abs. 2 UGB ohne (Teil-)Betrieb fallen unter die Ausnahmebestimmung § 198 Abs. 10 Satz 3 Z 2 UGB, wenn weder das bilanzielle Ergebnis vor Steuern noch das zu versteuernde Ergebnis beeinflusst werden (in der Folge: „erfolgsneutral"). Sie fallen nicht unter diese Ausnahmebestimmung, wenn entweder das bilanzielle Ergebnis vor Steuern oder das zu versteuernde Ergebnis beeinflusst werden (in der Folge: „erfolgswirksam"). Für sie ist dann – mangels Geschäfts(Firmen)werts – die Ausnahme nach § 198 Abs. 10 Satz 3 Z 3 UGB zu beachten.

(71) Die folgende Tabelle veranschaulicht diese Zusammenfassung der Ausnahmen des § 198 Abs. 10 Satz 3 UGB:

	Umgründung gemäß § 202 Abs. 2 UGB	Übernahme gemäß § 203 Abs. 5 UGB
mit (Teil-)Betrieb	~~§ 198 Abs. 10 Satz 3 Z 2 UGB;~~ § 198 Abs. 10 Satz 3 Z 1 und 3 UGB	~~§ 198 Abs. 10 Satz 3 Z 2 UGB;~~ § 198 Abs. 10 Satz 3 Z 1 und 3 UGB
ohne (Teil-)Betrieb und erfolgsneutral	§ 198 Abs. 10 Satz 3 Z 2 UGB	n.a., weil stets ein (Teil-)Betrieb übernommen wird
ohne (Teil-)Betrieb und erfolgswirksam	~~§ 198 Abs. 10 Satz 3 Z 2 UGB;~~ § 198 Abs. 10 Satz 3 Z 3 UGB	n.a., weil stets ein (Teil-)Betrieb übernommen wird

Zur Veranschaulichung dieser Ausführungen wird auf den Entscheidungsbaum über die Anwendung von § 198 Abs. 10 Satz 3 Z 2 UGB im Zusammenhang mit Umgründungen im Anhang verwiesen.

4.3.2. Übernahme gemäß § 203 Abs. 5 UGB

(72) Übernahmen gemäß § 203 Abs. 5 UGB sind erfolgsneutrale Anschaffungsvorgänge betreffend (Teil-)Betriebe. Die unternehmens- und die steuerrechtlichen Wertansätze von Vermögensgegenständen, Rückstellungen, Verbindlichkeiten und Rechnungsabgrenzungsposten sind im Anschaffungszeitpunkt in aller Regel gleich hoch; sind sie es nicht, sind nur die Ausnahmen nach § 198 Abs. 10 Satz 3 Z 1 und 3 UGB anwendbar.

4.3.3. Umgründung gemäß § 202 Abs. 2 UGB mit (Teil-)Betrieb

4.3.3.1. Übernehmender Rechtsträger

(73) Beim übernehmenden Rechtsträger sind die Vermögensgegenstände, Rückstellungen, Verbindlichkeiten und Rechnungsabgrenzungsposten des (Teil-)Betriebs zu bilanzieren, der im Rahmen einer Aufwärts-, Abwärts- oder Seitwärts-Umgründung übertragen wird. Ihre unternehmens- und steuerrechtlichen Wertansätze sind einander gegenüberzustellen und auf Steuerlatenzen zu untersuchen. Aus Sicht der übernehmenden Gesellschaft handelt es sich bei Umgründungen iSd § 202 Abs. 2 UGB um Erwerbsvorgänge. Für die im Zuge der Übernahme der Vermögensgegenstände und Schulden entstehenden temporären Differenzen ist der Ansatz latenter Steuern vom Erwerber zu beurteilen. Ob und in welcher Höhe für Unterschiede in den Wertansätzen des übertragenen Vermögens bereits auf Ebene des übertragenden Rechtsträgers latente Steuern angesetzt wurden, ist aus diesem Grunde unerheblich.

(74) Anwachsungen iSd § 142 UGB sind wie Aufwärts-Umgründungen zu behandeln. Die Ausführungen zu den Abwärts-Umgründungen gelten sowohl für Umgründungen verbundener Unternehmen als auch für Umgründungen nicht verbundener Unternehmen.

(75) Unabhängig von der Beeinflussung des bilanziellen Ergebnisses vor Steuern oder des zu versteuernden Ergebnisses führen temporäre Differenzen im Rahmen einer Umgründung eines (Teil-) Betriebs jedenfalls zu Steuerlatenzen gemäß § 198 Abs. 9 UGB, weil die beiden Voraussetzungen der § 198 Abs. 10 Satz 3 Z 2 lit. a und b UGB nicht kumulativ erfüllt sind.

(76) Trifft die Neubewertung nach § 202 Abs. 1 UGB auf die steuerrechtliche Buchwertfortführung, wird die Höhe des Geschäfts(Firmen)werts durch die Steuerlatenzen bei den Vermögensgegenständen, Rückstellungen, Verbindlichkeiten und Rechnungsabgrenzungsposten beeinflusst. Bei bestimmten Unternehmensanteilen ist § 198 Abs. 10 Satz 3 Z 3 UGB und beim Geschäfts(Firmen)wert § 198 Abs. 10 Satz 3 Z 1 UGB anwendbar (siehe Beispiel 1 im Anhang).

(77) Trifft die modifizierte Buchwertfortführung nach § 202 Abs. 2 Z 2 und 3 UGB auf die steuerrechtliche Buchwertfortführung und müssen latente Steuern auf den Umgründungsmehrwert passiviert werden, so führt dies zu einer entsprechenden Erhöhung des aktivierten Umgründungsmehrwerts und / oder Firmenwerts. In diesem Zusammenhang sind zwei Konstellationen denkbar:

- Konstellation 1: Die stillen Reserven im Anlagevermögen sind größer oder gleich dem Unterschiedsbetrag einschließlich latenter Steuern:
  Der Umgründungsmehrwert verändert sich iterativ durch die Berücksichtigung der Steuerlatenzen. Die Höhe des Umgründungsmehrwerts ist durch die stillen Reserven im übernommenen Vermögen betraglich begrenzt. Ein Firmenwert entsteht infolge der Iteration nicht, wenn die stille Reserve des Umgründungsmehrwerts insgesamt zumindest größer oder gleich dem Unterschiedsbetrag einschließlich latenter Steuern ist. Die Ausnahme nach § 198 Abs. 10 Satz 3 Z 1 UGB ist nicht relevant, jedoch ist die Ausnahme nach § 198 Abs. 10 Satz 3 Z 3 UGB anwendbar (siehe Beispiel 3 Variante 1).
- Konstellation 2: Die stillen Reserven im Anlagevermögen sind geringer als der Unterschiedsbetrag einschließlich latenter Steuern:
  Gemäß § 202 Abs. 2 Z 3 UGB darf in Höhe der Differenz ein Firmenwert angesetzt werden, für den die Ausnahmebestimmung § 198 Abs. 10 Satz 3 Z 1 UGB gilt (siehe Beispiel 3 Variante 2).

(78) Im Fall einer Aufwärts-Abspaltung oder Aufwärts-Einbringung ist zudem zu prüfen, ob hinsichtlich der Beteiligung an der übertragenden Gesellschaft durch die Umgründung temporäre Differenzen entstehen. Die Anwendbarkeit der Ausnahme nach § 198 Abs. 10 Satz 3 Z 3 UGB ist zu prüfen (vgl dazu Rz (28) ff).

4.3.3.2. Übertragender Rechtsträger

4.3.3.2.1. Abspaltung und Einbringung im Rahmen einer Abwärts-Umgründung

(79) Bei der Abwärts-Abspaltung ohne Anteilsgewährung und der Abwärts-Einbringung sind der unternehmens- und der steuerrechtliche Wertansatz der Beteiligung am übernehmenden Rechtsträger einander gegenüberzustellen und auf Steuerlatenzen zu untersuchen, weshalb selbst bei Umgründung eines (Teil-)Betriebs die Ausnahme nach § 198 Abs. 10 Satz 3 Z 2 UGB anwendbar ist, wenn weder das bilanzielle Ergebnis vor Steuern noch das zu versteuernde Ergebnis beeinflusst werden.

(80) Wird der Ansatz der Beteiligung am übernehmenden Rechtsträger um den beizulegenden Wert des übertragenen (Teil-)Betriebs erhöht, entsteht in Höhe der positiven Differenz zwischen Buchwertabgang und beizulegendem Wert des übertragenen (Teil-) Betriebs ein Gewinn, der das bilanzielle Ergebnis vor Steuern beeinflusst. § 198 Abs. 10 Satz 3 Z 2 lit. b UGB ist daher nicht erfüllt (siehe Beispiel 4 im Anhang). Die Anwendbarkeit der Ausnahme nach § 198 Abs. 10 Satz 3 Z 3 UGB ist zu prüfen (vgl dazu Rz (28) ff).

(81) Bei steuerneutralen Umgründungen und Anwendung der Buchwertfortführungsmethode iSd § 202 Abs. 2 Z 1 UGB werden in der Regel weder das bilanzielle Ergebnis vor Steuern noch das zu versteuernde Ergebnis beim übertragenden Rechtsträger beeinflusst. § 198 Abs. 10 Satz 3 Z 2 lit. b UGB ist daher erfüllt. Eine Ausnahme liegt vor, wenn der Saldo der Buchwerte des übertragenen (Teil-)Betriebs negativ ist. In diesem Fall bleibt der Buchwert der Beteiligung an dem übernehmenden Rechtsträger grundsätzlich unverändert, und es entsteht ein Gewinn in Höhe des negativen Saldos der Buchwerte des übertragenen Vermögens. Dieser ist in der Gewinn- und Verlustrechnung in einem Sonderposten vor dem Posten „Jahresüberschuss/ Jahresfehlbetrag" auszuweisen und beeinflusst daher das bilanzielle Ergebnis vor Steuern (vgl KFS/RL 25, Rz 134). § 198 Abs. 10 Satz 3 Z 2 lit. b UGB ist dann nicht erfüllt. Die Anwendbarkeit der Ausnahme nach § 198 Abs. 10 Satz 3 Z 3 UGB ist zu prüfen (vgl dazu Rz (28) ff).

4.3.3.2.2. Sonstige Umgründungen

(82) Im Rahmen einer Aufwärts- oder Seitwärts-Umgründung geht der übertragende Rechtsträger entweder unter oder überträgt einen (Teil-)Betrieb ohne Gegenleistung und besteht weiter. Auch bei der Verschmelzung und der Aufspaltung im Rahmen einer Abwärts-Umgründung geht der übertragende Rechtsträger unter. In all diesen Fällen stellt sich die Frage der Bilanzierung von umgründungsbedingten Steuerlatenzen beim übertragenden Rechtsträger nicht.

4.3.3.3. Gesellschafter, der weder übernehmender noch übertragender Rechtsträger ist

4.3.3.3.1. Seitwärts-Umgründungen

(83) Bei der Seitwärts-Umgründung sind der unternehmens- und der steuerrechtliche Wertansatz der Beteiligung des Gesellschafters, der weder übernehmender noch übertragender Rechtsträger ist, einander gegenüberzustellen und auf Steuerlatenzen zu untersuchen, weshalb selbst bei Umgründung eines (Teil-)Betriebs die Ausnahme nach § 198 Abs. 10 Satz 3 Z 2 UGB anwendbar ist, wenn weder das bilanzielle Ergebnis vor Steuern noch das zu versteuernde Ergebnis beeinflusst werden.

(84) Wird der Ansatz der Beteiligung am übernehmenden Rechtsträger bei der Verschmelzung um den beizulegenden Wert des übertragenen (Teil-)Betriebs erhöht, entsteht in Höhe der positiven Differenz zwischen Buchwertabgang der Beteiligung am übertragenden Rechtsträger und beizulegendem Wert des übertragenen (Teil-)Betriebs ein Gewinn, der das bilanzielle Ergebnis vor Steuern beeinflusst. § 198 Abs. 10 Satz 3 Z 2 lit. b UGB ist daher nicht erfüllt. Die Anwendbarkeit der

Ausnahme nach § 198 Abs. 10 Satz 3 Z 3 UGB ist zu prüfen (vgl dazu Rz (28) ff).

(85) Wird der Ansatz der Beteiligung am übernehmenden Rechtsträger bei der Abspaltung um den beizulegenden Wert des übertragenen (Teil-)Betriebs erhöht, entsteht in dieser Höhe ein Gewinn, der das bilanzielle Ergebnis vor Steuern beeinflusst. § 198 Abs. 10 Satz 3 Z 2 lit. b UGB ist daher nicht erfüllt. Die Anwendbarkeit der Ausnahme nach § 198 Abs. 10 Satz 3 Z 3 UGB ist sowohl für die Beteiligung am übernehmenden als auch für die Beteiligung am übertragenden Rechtsträger zu prüfen (vgl dazu Rz (28) ff).

(86) Bei der Übertragung des unternehmens- bzw steuerrechtlichen Buchwerts der Beteiligung am übertragenden Rechtsträger auf den unternehmens- bzw steuerrechtlichen Buchwert der Beteiligung am übernehmenden Rechtsträger (Verschmelzung) und bei betragsgleicher Abstockung des unternehmens- bzw steuerrechtlichen Buchwerts der Beteiligung am übertragenden Rechtsträger und Aufstockung des unternehmens- bzw steuerrechtlichen Buchwerts der Beteiligung am übernehmenden Rechtsträger (Abspaltung) werden beim Gesellschafter des übertragenden und des übernehmenden Rechtsträgers weder das bilanzielle Ergebnis vor Steuern noch das zu versteuernde Ergebnis beeinflusst. § 198 Abs. 10 Satz 3 Z 2 lit. b UGB ist daher erfüllt.

4.3.3.3.2. Abwärts-Umgründungen

(87) Bei der Abwärts-Umgründung sind der unternehmens- und der steuerrechtliche Wertansatz der Beteiligung des Gesellschafters, der weder übernehmender noch übertragender Rechtsträger ist, einander gegenüberzustellen und auf Steuerlatenzen zu untersuchen, weshalb selbst bei Umgründung eines (Teil-)Betriebs die Ausnahme nach § 198 Abs. 10 Satz 3 Z 2 UGB anwendbar ist, wenn weder das bilanzielle Ergebnis vor Steuern noch das zu versteuernde Ergebnis beeinflusst werden.

(88) Wird bei einer Verschmelzung (Tochtergesellschaft als übertragender und Enkelgesellschaft als übernehmender Rechtsträger) die Beteiligung am übernehmenden Rechtsträger (Enkelgesellschaft) mit dem beizulegenden Wert angesetzt, entsteht in der Regel in Höhe der positiven Differenz zwischen Buchwertabgang der Beteiligung am übertragenden Rechtsträger (Tochtergesellschaft) und beizulegendem Wert der Beteiligung am übernehmenden Rechtsträger (Enkelgesellschaft) ein Gewinn, der das bilanzielle Ergebnis vor Steuern beeinflusst. § 198 Abs. 10 Satz 3 Z 2 lit. b UGB ist daher nicht erfüllt. Die Anwendbarkeit der Ausnahme nach § 198 Abs. 10 Satz 3 Z 3 UGB ist zu prüfen (vgl dazu Rz (28) ff).

(89) Erfolgt bei einer Verschmelzung die Übertragung des unternehmens- bzw steuerrechtlichen Buchwerts der Beteiligung am übertragenden Rechtsträger (Tochtergesellschaft) auf den unternehmens- bzw steuerrechtlichen Buchwert der Beteiligung am übernehmenden Rechtsträger (Enkelgesellschaft), werden beim Gesellschafter des übertragenden und des übernehmenden Rechtsträgers weder das bilanzielle Ergebnis vor Steuern noch das zu versteuernde Ergebnis beeinflusst. § 198 Abs. 10 Satz 3 Z 2 lit. b UGB ist daher erfüllt.

(90) Bei der Abspaltung eines (Teil-)Betriebs des übertragenden Rechtsträgers (Tochtergesellschaft) auf den übernehmenden Rechtsträger (Enkelgesellschaft) ergeben sich in der Regel keine Auswirkungen auf die Bilanzierung latenter Steuern beim Gesellschafter des übertragenden Rechtsträgers. Sollten im Einzelfall dem Gesellschafter des übertragenden Rechtsträgers vom übernehmenden Rechtsträger Anteile gewährt werden, liegt im Ergebnis eine Seitwärts-Abspaltung vor. Für die Beurteilung der Auswirkungen auf die Berücksichtigung von latenten Steuern ist Abschnitt 4.3.3.3.1 analog anzuwenden.

4.3.4. Umgründung gemäß § 202 Abs. 2 UGB ohne (Teil-)Betrieb

4.3.4.1. Übernehmender Rechtsträger

(91) Wird kein (Teil-)Betrieb im Rahmen der Umgründung übertragen, ist entsprechend Rz (69) § 198 Abs. 10 Satz 3 Z 2 UGB anwendbar, wenn weder das bilanzielle Ergebnis vor Steuern noch das zu versteuernde Ergebnis beeinflusst werden.

(92) Werden im Zuge der Aufwärts-Umgründung weder das bilanzielle Ergebnis vor Steuern noch das steuerliche Ergebnis beeinflusst, kommt es zu einer erfolgsneutralen Aufwärts-Umgründung nach Rz (70). In diesem Fall ist daher § 198 Abs. 10 Satz 3 Z 2 UGB anwendbar (siehe Rz (69) und Beispiel 5 im Anhang). Dies kann beispielsweise bei der modifizierten Buchwertfortführung in Verbindung mit der steuerrechtlichen Buchwertfortführung der Fall sein. In allen anderen – erfolgswirksamen – Fällen ist § 198 Abs. 10 Satz 3 Z 2 UGB nicht erfüllt. Die Anwendbarkeit der Ausnahme nach § 198 Abs. 10 Satz 3 Z 3 UGB ist zu prüfen (vgl dazu Rz (28) ff). Anwachsungen iSd § 142 UGB sind wie Aufwärts-Umgründungen zu behandeln.

(93) Alle Abwärts- und Seitwärts-Umgründungen sind erfolgsneutral nach Rz (70). Es ist daher § 198 Abs. 10 Satz 3 Z 2 UGB anwendbar (siehe Rz (69) und Beispiel 6 im Anhang).

4.3.4.2. Übertragender Rechtsträger und Gesellschafter, der weder übernehmender noch übertragender Rechtsträger ist

(94) Für die Erfüllung der Voraussetzung laut § 198 Abs. 10 Satz 3 Z 2 lit. b UGB ist die Frage, ob im Rahmen der Umgründung ein (Teil-)Betrieb übertragen wurde, irrelevant. Aus diesem Grund gelten die Aussagen der Abschnitte 4.3.3.2 und 4.3.3.3 entsprechend.

4.3.5. Zusammenfassung

(95) Eine zusammenfassende tabellarische Übersicht zu der Bilanzierung von latenten Steuern bei Umgründungen findet sich im Anhang dieser Stellungnahme.

4.4. Sonderfragen bei Kreditinstituten und Versicherungsunternehmen

(95a) Kreditinstitute haben gemäß § 57 Abs. 5 BWG eine Haftrücklage zu bilden. Die Höhe der zu bildenden Haftrücklage hängt von der Höhe der risikogewichteten Aktiva ab. Die Auflösung ist nur zur Erfüllung von Verpflichtungen im Sicherungsfall (§ 9 ESAEG) oder Entschädigungsfall (§ 46 ESAEG) oder zur Deckung sonstiger im Jahresabschluss auszuweisender Verluste zulässig. Die Bildung der Haftrücklage war bis 1996 (zum Teil) steuerlich als Betriebsausgabe abzugsfähig. Seit 1997 ist die Rücklage aus dem versteuerten Ergebnis zu dotieren. Die unversteuerten Teile der Haftrücklage müssen bei einer Auflösung nachversteuert werden. Auch bei Abwicklung des Kreditinstituts kommt es zur Nachversteuerung.

(95b) Versicherungsunternehmen haben gemäß § 143 VAG 2016 iVm § 22 VU-RLV eine Risikorücklage zu bilden. Diese war bis 1996 (zum Teil) steuerlich als Betriebsausgabe abzugsfähig. Nach den Bestimmungen des § 143 VAG 2016 darf die Risikorücklage nur zur Deckung von Verlusten und nur verwendet werden, wenn davor alle anderen freien und satzungsmäßigen Rücklagen aufgelöst wurden. Die Risikorücklage kann gemäß § 22 Abs. 2 VU-RLV auch dann aufzulösen sein, wenn sich das Prämienvolumen aufgrund wesentlicher unternehmensrechtlicher Vorgänge (wie zB jedenfalls solche, die zu einer Einschränkung oder einem Wegfall der Konzession führen) ändert, während eine Auflösung bei Reduktion der Prämienbemessungsgrundlage unzulässig ist.

(95c) Die Sachverhalte in Gestalt der Haft- und der Risikorücklage sind vergleichbar, da in beiden Fällen eine dem Eigenkapital zugerechnete Rücklage angesprochen wird, deren Bildung (teilweise) zu einer Betriebsausgabe und somit Steuerentlastung und deren Auflösung (teilweise) zu einer Betriebseinnahme und somit Steuerbelastung führt. Beide Sachverhalte verändern jedoch zu keinem Zeitpunkt den Jahresüberschuss bzw -fehlbetrag vor Steuern und betreffen daher zu keinem Zeitpunkt die Gewinnentstehung, wo Aufwendungen und Erträge im Zusammenhang mit dem Ansatz und der Bewertung von Vermögensgegenständen, Rückstellungen, Verbindlichkeiten und Rechnungsabgrenzungsposten realisiert werden. Sie betreffen bilanziell ausschließlich die Gewinnverwendung. Daher liegen keine zu latenzierenden temporären Differenzen vor.

(95d) Für künftige Steuerbelastungen aus der Auflösung von Haft- oder Risikorücklagen ist gegebenenfalls gemäß § 198 Abs. 8 Z 1 UGB eine Rückstellung für künftige Steuerbelastungen zu bilden. Gemäß § 211 Abs. 1 UGB ist die Rückstellung mit dem bestmöglich zu schätzenden Erfüllungsbetrag anzusetzen, wobei bei Langfristigkeit die Abzinsungspflicht gemäß § 211 Abs. 2 Satz 1 UGB zu beachten ist. Es ist jener Aufwand rückzustellen, mit dem die Zeit nach dem Abschlussstichtag voraussichtlich belastet wird. Bei der Schätzung der erforderlichen Höhe der Rückstellung ist auf den Grundsatz der Vorsicht (§ 201 Abs. 1 Z 4 UGB) Bedacht zu nehmen.

4.5. Erstanwendung

4.5.1. Zeitpunkt der erstmaligen Anwendung

(96) Gemäß § 906 Abs. 28 UGB sind § 198 Abs. 9 und 10 UGB idF RÄG 2014 auf Geschäftsjahre anzuwenden, die nach dem 31. Dezember 2015 beginnen. Vorjahreswerte sind gemäß § 906 Abs. 28 UGB grundsätzlich nicht anzupassen.

4.5.2. Wahlrechte im Rahmen der erstmaligen Anwendung

(97) Latente Steuern, die sich aus der erstmaligen Anwendung des bilanzorientierten Konzepts ergeben, sind entweder zur Gänze im Jahr der erstmaligen Anwendung der neuen Bestimmungen oder – beginnend mit diesem Jahr – über längstens fünf Jahre verteilt nachzuholen.

(98) Nach § 906 Abs. 33 UGB ist jener Betrag, der aufgrund der Anwendung der Neuregelungen einer Rückstellung für latente Steuern zugeführt werden muss, über längstens fünf Jahre gleichmäßig verteilt nachzuholen. Der Unterschiedsbetrag ermittelt sich als Differenzbetrag zwischen dem sich bei der erstmaligen Anwendung zu Beginn des Geschäftsjahrs ergebenden Betrag und dem im vorausgegangenen Abschluss ausgewiesenen Betrag. Es ist zulässig, die gebotene Rückstellung in voller Höhe in die Bilanz einzustellen. In diesem Fall kann zudem der jeweilige Unterschiedsbetrag zu jener Rückstellungshöhe, die sich bei einem Verteilungszeitraum von längstens fünf Jahren ergibt, in der Bilanz unter den aktiven Rechnungsabgrenzungsposten gesondert ausgewiesen werden.

(99) Nach § 906 Abs. 34 UGB besteht ein korrespondierendes Wahlrecht für aktive latente Steuern und für die Auflösung von Rückstellungen für latente Steuern. Auch hier ist jener Betrag, der sich aus der erstmaligen Anwendung der Neuregelungen zum Ansatz aktiver latenter Steuern oder als Auflösungsbetrag ergibt, über längstens fünf Jahre gleichmäßig verteilt nachzuholen. Der Unterschiedsbetrag ermittelt sich als Differenzbetrag zwischen dem sich bei der erstmaligen Anwendung zu Beginn des Geschäftsjahrs ergebenden Betrag und dem im vorausgegangenen Abschluss ausgewiesenen Betrag. Es ist zulässig, den gebotenen Betrag in vollem Umfang in die Bilanz einzustellen. In diesem Fall kann zudem der jeweilige Unterschiedsbetrag zu jenem Betrag, der sich bei einem Verteilungszeitraum von längstens fünf Jahres ergibt, in der Bilanz unter den passiven Rechnungsabgrenzungsposten gesondert ausgewiesen werden.

(100) Die Höhe des wahlweise zu verteilenden Betrags ergibt sich aus einem Vergleich der latenten Steuern an jenem Abschlussstichtag, an dem letztmalig das GuV-orientierte Konzept angewendet wurde, mit dem Betrag der latenten Steuern, der sich zu Beginn des darauffolgenden Geschäftsjahrs unter Anwendung des bilanzorientierten Konzepts ergeben würde. Sofern das Geschäftsjahr dem Ka-

lenderjahr entspricht, ergibt sich der verteilungsfähige Betrag somit aus der Differenz zwischen den aktivierten bzw passivierten latenten Steuern zum 31. Dezember 2015 und den sich aus den Neuregelungen ergebenden aktiven bzw passiven latenten Steuern zum 1. Jänner 2016.

4.5.3. Unversteuerte Rücklagen

(101) Wegen der Streichung des § 205 UGB durch das RÄG 2014 sind unversteuerte Rücklagen nicht mehr in der Bilanz auszuweisen. Die Übergangsvorschriften des § 906 Abs. 31 UGB sehen vor, dass unversteuerte Rücklagen, abzüglich der darauf entfallenden passiven latenten Steuern, unmittelbar den Gewinnrücklagen zuzuführen sind. Die Umgliederung der Rücklagen erfolgt erfolgsneutral.

(102) Vorjahresbeträge sind gemäß § 906 Abs. 36 UGB so zu berechnen, als wären die Bestimmungen der neuen Rechtslage schon im Vorjahr angewandt worden, soweit das im Einzelfall zur Herstellung der im § 222 Abs. 2 UGB genannten Zielsetzung erforderlich und praktikabel ist.

4.5.4. Behandlung von latenten Steuern aus Umgründungen

(103) Bei erfolgsneutralen Umgründungen sind vor dem RÄG 2014 auch bei Neubewertung keine latenten Steuern berücksichtigt worden, weil es durch die Umgründung zu keiner Steuerbe- oder -entlastung kam. Nach § 906 Abs. 33 UGB sind passive latente Steuern aus Umgründungsvorgängen und Betriebsübernahmen iSv § 198 Abs. 10 Satz 3 Z 2 UGB, die sich aus der erstmaligen Anwendung dieser Bestimmung ergeben, nicht über die Gewinn- und Verlustrechnung nachzuerfassen. Sie sind demnach unter direkter Verrechnung mit dem Eigenkapital zu bilden oder wahlweise im bilanzierten Geschäfts(Firmen)wert zu berücksichtigen.

(104) Sind auf Ebene des Gruppenträgers latente Steuern eines Gruppenmitglieds nachzuerfassen, weil entweder ein gesellschaftsrechtlicher Ergebnisabführungsvertrag besteht oder der nach der Steuerumlagevereinbarung erwartete Steuersatz geringer als der aktuell gültige Steuersatz ist, hat die Nacherfassung selbst dann über die Gewinn- und Verlustrechnung zu erfolgen, wenn die temporären Differenzen aus einem beim Gruppenmitglied erfolgsneutralen Vorgang stammen, weil auch die ursprüngliche Erfassung beim Gruppenträger nur erfolgswirksam möglich gewesen wäre.

4.5.5. Anhangangaben

(105) Durch die erstmalige Anwendung des RÄG 2014 kommt es zu einer Änderung der Methode zur Ermittlung der latenten Steuern sowie zu einem geänderten Ausweis von angesetzten aktiven latenten Steuern. Im Falle einer Ausweisänderung sind Vorjahresbeträge nach § 906 Abs. 36 UGB so zu berechnen, als wären die Bestimmungen der neuen Rechtslage bereits im Vorjahr angewendet worden, soweit das im Einzelfall zur Herstellung der im § 222 Abs. 2 UGB genannten Zielsetzung erforderlich und praktikabel ist. Somit sind bereits im Vorjahr angesetzte aktive und passive latente Steuern (welche nach dem Timing-Konzept berechnet wurden) in den Vorjahresspalten den durch das RÄG 2014 neu geschaffenen Posten zuzuordnen. Die Darstellung der Anhangangaben ist entsprechend anzupassen. Dem Wortlaut des Gesetzes ist keine Neuberechnung der Vorjahreswerte nach dem Temporary-Konzept zu entnehmen.

(106) Gemäß § 237 Abs. 1 Z 1 UGB sind wesentliche Änderungen der Bilanzierungs- und Bewertungsmethoden im Anhang anzugeben; gemäß § 236 Satz 1 UGB sollten sie auch erläutert werden. Dementsprechend sind im Anhang die Auswirkungen der erstmaligen Anwendung des Temporary-Konzepts anzugeben. Die Erläuterungen sollten sowohl den geänderten Ausweis als auch die Änderung der Höhe der angesetzten aktiven und passiven latenten Steuern umfassen.

(107) Wird eines der Wahlrechte des § 906 Abs. 33 bzw Abs. 34 UGB in Anspruch genommen und der Unterschiedsbetrag, der sich aus der erstmaligen Anwendung der neuen Bestimmungen ergibt, über längstens fünf Jahre verteilt, so sind diese Tatsache sowie der abgegrenzte Betrag im Anhang zu erläutern.

4.6. Eigene Anteile im Jahresabschluss

4.6.1. Unternehmensrechtliche Behandlung von eigenen Anteilen

(107a) Gemäß § 229 Abs. 1a UGB ist der Nennbetrag oder, falls ein solcher nicht vorhanden ist, der rechnerische Wert von erworbenen eigenen Anteilen offen vom Nennkapital abzuziehen. Der Unterschiedsbetrag zwischen dem Nennbetrag oder dem rechnerischen Wert dieser Anteile und ihren Anschaffungskosten ist mit den nicht gebundenen Kapitalrücklagen und den freien Gewinnrücklagen (§ 224 Abs. 3 A II Z 2 und III Z 3 UGB) zu verrechnen. In die gebundenen Rücklagen ist ein Betrag einzustellen, der dem Nennbetrag beziehungsweise dem rechnerischen Wert der erworbenen eigenen Anteile entspricht. Aufwendungen, die Anschaffungsnebenkosten sind, sind im Gegensatz zum Steuerrecht Aufwand des Geschäftsjahrs.

(107b) egliche Wertänderung der eigenen Anteile nach deren Erwerb ist bilanziell unbeachtlich.

(107c) Gemäß § 229 Abs. 1b UGB entfällt nach der Veräußerung der eigenen Anteile der Abzug nach § 229 Abs. 1a Satz 1 UGB. Ein den Nennbetrag oder den rechnerischen Wert übersteigender Differenzbetrag aus dem Veräußerungserlös ist bis zur Höhe des mit den frei verfügbaren Rücklagen nach § 229 Abs. 1a Satz 2 UGB verrechneten Betrags in die jeweiligen Rücklagen einzustellen. Ein darüber hinausgehender Differenzbetrag ist in die Kapitalrücklage gemäß § 229 Abs. 2 Z 1 UGB einzustellen. Nebenkosten der Veräußerung sind Aufwand des Geschäftsjahrs. Die Rücklage nach § 229 Abs. 1a Satz 4 UGB ist aufzulösen.

4.6.2. Steuerliche Behandlung von eigenen Anteilen

(107d) Bei der steuerlichen Beurteilung des

Erwerbs eigener Anteile ist zu unterscheiden, ob der Erwerb als betrieblich oder als nicht betrieblich veranlasst anzusehen ist. Ein nicht betrieblich veranlasster Erwerb liegt aus der Sicht des Abgabenrechts insbesondere dann vor, wenn der Anlass für den Rückerwerb in der Beziehung zwischen Gesellschafter und Gesellschaft liegt. Dies ist etwa der Fall, wenn der Rückerwerb aufgrund eines Beschlusses der Hauptversammlung zur Einziehung der Aktien nach den Vorschriften über die Kapitalherabsetzung erfolgt (§ 65 Abs. 1 Z 6 AktG); auch andere Vorgänge, wie etwa der Erwerb als Folge einer Umgründung im Wege der Gesamtrechtsnachfolge gemäß § 65 Abs. 1 Z 3 AktG oder aufgrund einer Umwandlung einer GmbH in eine AG oder aus Anlass einer nicht verhältniswahrenden oder rechtsformübergreifenden Spaltung zur Entschädigung von Minderheitsaktionären (§ 65 Abs. 1 Z 5 AktG) kann im Einzelfall als nicht betrieblich veranlasst zu beurteilen sein. Die maßgeblichen wirtschaftlichen Beweggründe sind in jedem Einzelfall aufgrund der objektiven Gegebenheiten zu untersuchen.

4.6.3. Beurteilung des Vorliegens von temporären Differenzen

4.6.3.1. Gesellschaftsrechtliche Veranlassung (Vorgang societatis causa)

(107e) Aus Sicht des Abgabenrechts liegt im Falle einer gesellschaftsrechtlichen Veranlassung grundsätzlich eine Einlagenrückzahlung oder eine (verdeckte) Ausschüttung vor, die zu einer Verminderung des Eigenkapitals führt.

(107f) Bei einem Erwerb eigener Anteile, der gesellschaftsrechtlich veranlasst ist, kommt es zu einer Beeinflussung des steuerlichen und des unternehmensrechtlichen Eigenkapitals. Es entsteht keine temporäre Differenz, für die gemäß § 198 Abs. 9 und 10 UGB latente Steuern zu bilanzieren sind.

4.6.3.2. Betriebliche Veranlassung (Vorgang obligationis causa)

(107g) Wurde der Erwerb eigener Anteile betrieblich veranlasst, liegt aus steuerlicher Sicht ein Wirtschaftsgut vor.

(107h) Dem steuerrechtlichen Buchwert des Wirtschaftsguts „eigene Anteile" steht im unternehmensrechtlichen Abschluss kein korrespondierender Vermögensgegenstand gegenüber. Daher liegt eine temporäre Differenz vor, für die aber nach § 198 Abs. 10 Satz 3 Z 2 UGB keine latenten Steuern angesetzt werden dürfen.

4.7. Anteile am Mutterunternehmen im Jahresabschluss eines Tochterunternehmens

4.7.1. Beurteilung des Vorliegens einer temporären Differenz im Erwerbszeitpunkt

(107i) Gemäß § 225 Abs. 5 Satz 1 UGB hat ein Unternehmen Anteile am Mutterunternehmen je nach ihrer Zweckbestimmung im Anlagevermögen oder im Umlaufvermögen in einem gesonderten Posten „Anteile an Mutterunternehmen" auszuweisen. In gleicher Höhe ist auf der Passivseite eine Rücklage gesondert auszuweisen.

(107j) Im Gegensatz zum Erwerb von eigenen Anteilen, wobei Anschaffungsnebenkosten gemäß § 229 Abs. 1a Satz 3 UGB laufender Aufwand des Geschäftsjahrs sind, müssen beim Erwerb von Anteilen am Mutterunternehmen Anschaffungsnebenkosten sowie die nachträglichen Anschaffungskosten aktiviert und Anschaffungspreisminderungen abgesetzt werden.

(107k) Im Erwerbszeitpunkt steht dem Vermögensgegenstand „Anteile an Mutterunternehmen" ein steuerliches Wirtschaftsgut in gleicher Höhe gegenüber. Es entsteht keine temporäre Differenz, für die gemäß § 198 Abs. 9 und 10 UGB latente Steuern zu bilanzieren sind.

4.7.2. Unternehmensrechtliche Gewinnausschüttung bzw steuerliche Einlagenrückzahlung

(107l) Führt eine Gewinnausschüttung sowohl unternehmensrechtlich als auch steuerlich zu einem Beteiligungsertrag, ändert sich grundsätzlich weder der unternehmensrechtliche noch der steuerliche Wertansatz der Anteile am Mutterunternehmen. Es entsteht keine temporäre Differenz, für die gemäß § 198 Abs. 9 und 10 UGB latente Steuern zu bilanzieren sind.

(107m) Führt eine Gewinnausschüttung unternehmensrechtlich zu einem Beteiligungsertrag, während aus steuerlicher Sicht eine Einlagenrückzahlung vorliegt, gilt diese aus steuerlicher Sicht als Veräußerung, die beim Tochterunternehmen gemäß § 4 Abs. 12 EStG zu einer Minderung des Buchwerts der Anteile am Mutterunternehmen führt. In diesem Fall entsteht beim Tochterunternehmen eine passive temporäre Differenz, für die gemäß § 198 Abs. 9 und 10 UGB latente Steuern zu bilanzieren sind, soweit nicht allenfalls die Bestimmung des § 198 Abs. 10 Satz 3 Z 3 UGB anzuwenden ist.

4.8. Währungsumrechnung

(107n) Zur Bilanzierung von latenten Steuern im Zusammenhang mit der Währungsumrechnung siehe AFRAC-Stellungnahme 38: Währungsumrechnung (UGB) (Dezember 2020).

5. Latente Steuern im Konzernabschluss

5.1. Ansatz latenter Steuern

5.1.1. Grundsätzliches

(108) Die Ermittlung der Steuerabgrenzung im Konzernabschluss erfolgt auf mehreren Ebenen. Zuerst werden die latenten Steuern der in den Konzernabschluss einbezogenen Unternehmen unabhängig von ihrer Berücksichtigung in den Jahresabschlüssen dieser Unternehmen gemäß § 253 Abs. 2 UGB vollständig in den Konzernabschluss aufgenommen, und danach werden die sich aus der Durchführung der Konsolidierungsmaßnahmen ergebenden latenten Steuern erfasst. Im Konzernabschluss besteht die Steuerabgrenzung somit aus folgenden Komponenten:

- latente Steuern auf temporäre Differenzen zwischen den unternehmensrechtlichen und den steuerrechtlichen Wertansätzen in den Jahresabschlüssen (werden regelmäßig aus den Jahresabschlüssen übernommen);
- latente Steuern auf temporäre Differenzen zwischen den in den vereinheitlichten Jahresabschlüssen angesetzten unternehmensrechtlichen Wertansätzen und den steuerlichen Wertansätzen (UB I-UB II-Differenzen);
- latente Steuern auf aufgrund von Konsolidierungsmaßnahmen entstehende temporäre Differenzen.

5.1.2. Erfassung von latenten Steuern

(109) Sämtliche temporären Differenzen zwischen den entsprechend § 253 Abs. 2 UGB erfassten Vermögensgegenständen, Rückstellungen, Verbindlichkeiten und Rechnungsabgrenzungsposten und deren Steuerwerten sind vollständig zu berücksichtigen.

5.1.3. Temporäre Differenzen aufgrund von Konsolidierungsmaßnahmen

5.1.3.1. Allgemeine Grundsätze

(110) § 258 UGB bestimmt, dass auf alle temporären Differenzen, die durch Konsolidierungsmaßnahmen entstehen, latente Steuern zu bilden sind. Es besteht unter Berücksichtigung der Gesamtdifferenzenbetrachtung (vgl Rz (10) f) sowohl für passive als auch für aktive latente Steuern eine Ansatzpflicht.

(111) Aktive und passive Differenzen sind unter den Voraussetzungen der Rz (10) f zu saldieren, und nur die daraus resultierenden aktiven oder passiven latenten Steuern sind konzernbilanziell zu berücksichtigen. Eine Saldierung aktiver und passiver latenter Steuerbeträge ist dann vorzunehmen, wenn die latenten Steuern in Verbindung mit Ertragsteuern stehen, die von derselben Steuerbehörde erhoben werden, und eine Aufrechnung daher rechtlich und tatsächlich möglich ist. Dadurch ergeben sich dementsprechend viele Gesamtdifferenzenbetrachtungen.

(112) Unterschiedliche Fristigkeiten stehen einer Saldierung nicht entgegen (vgl Rz (11)).

(113) Bei der Saldierung sind die nach § 258 UGB gebildeten latenten Steuern gemeinsam mit den in den Jahres- bzw Zwischenabschlüssen der einbezogenen Gesellschaften gebildeten und im Rahmen der Konsolidierung zusammengefassten latenten Steuern zu berücksichtigen.

(114) Steuerabgrenzungen aus Konsolidierungsmaßnahmen müssen bei Unwesentlichkeit nicht vorgenommen werden.

(115) Im dritten Abschnitt des Dritten Buches des UGB werden folgende Konsolidierungsmaßnahmen geregelt:

- Kapitalkonsolidierung (§ 254 UGB),
- Schuldenkonsolidierung (§ 255 UGB),
- Zwischenergebniseliminierung (§ 256 UGB),
- Aufwands- und Ertragskonsolidierung (§ 257 UGB),
- einheitliche Ansatz- und Bewertungsgrundsätze (§§ 253 Abs. 2, 260 UGB),
- anteilmäßige Konsolidierung (§ 262 UGB),
- Behandlung von assoziierten Unternehmen (§§ 263, 264 UGB).

Darüber hinaus sind zu beachten:

- Währungsumrechnung,
- Endkonsolidierung und Übergangskonsolidierung.

5.1.3.2. Kapitalkonsolidierung

(116) Gemäß § 254 Abs. 1 UGB wird der Wertansatz der dem Mutterunternehmen gehörenden Anteile an einem in den Konzernabschluss einbezogenen Tochterunternehmen mit dem auf diese Anteile entfallenden Betrag des Eigenkapitals des Tochterunternehmens verrechnet. Das Eigenkapital des Tochterunternehmens ist mit dem Betrag anzusetzen, der dem beizulegenden Zeitwert (§ 189a Z 4 UGB) der in den Konzernabschluss aufzunehmenden Vermögensgegenstände, Rückstellungen, Verbindlichkeiten und Rechnungsabgrenzungsposten entspricht.

(117) Im Zuge der Erstkonsolidierung sind daher bei einem Tochterunternehmen unter Berücksichtigung des Anschaffungskostenprinzips alle stillen Reserven und Lasten aufzudecken und die übernommenen Vermögensgegenstände, Rückstellungen, Verbindlichkeiten und Rechnungsabgrenzungsposten im Konzernabschluss mit ihrem beizulegenden Zeitwert anzusetzen, während die steuerrechtlichen Wertansätze unverändert bleiben. Auf die so entstandenen temporären Differenzen sind bei der Erstkonsolidierung latente Steuern zu erfassen. Dies gilt nicht, wenn das erworbene Nettovermögen der Tochtergesellschaft keinen (Teil-)Betrieb iSd Rz (69) ff darstellt.

(118) Die nach Rz (117) ermittelte latente Steuer ersetzt eine im auf den Zeitpunkt der Erstkonsolidierung aufgestellten Abschluss des erworbenen Unternehmens bilanzierte latente Steuer.

(119) Die Aufdeckung der stillen Reserven und stillen Lasten erfolgt im Rahmen der Kaufpreisallokation und daher aus Konzernsicht erfolgsneutral. Demzufolge sind auch die hierauf entfallenden latenten Steuern im Erstkonsolidierungszeitpunkt erfolgsneutral zu bilanzieren. Passive latente Steuern aus der Erstkonsolidierung erhöhen (vermindern) den Geschäfts- oder Firmenwert (negativen Unterschiedsbetrag), aktive latente Steuern vermindern (erhöhen) den Geschäfts- oder Firmenwert (negativen Unterschiedsbetrag).

(120) Entsprechend § 198 Abs. 10 Satz 1 UGB sind die Beträge der Steuererstattungsansprüche und Steuerbelastungen nicht abzuzinsen.

5.1.3.3. Schuldenkonsolidierung

(121) Bei der Schuldenkonsolidierung nach § 255 Abs. 1 UGB kommt es dann zu temporären Differenzen zwischen den unternehmensrecht-

lichen und steuerrechtlichen Wertansätzen von Forderungen, Rückstellungen, Verbindlichkeiten und Rechnungsabgrenzungsposten, wenn nach der erforderlichen Eliminierung von konzerninternen Ausleihungen und anderen Forderungen, Rückstellungen und Verbindlichkeiten sowie entsprechender Rechnungsabgrenzungsposten den im Konzernabschluss eliminierten Werten ein abweichender Steuerwert gegenübersteht. Werden durch die Schuldenkonsolidierung temporäre Differenzen, auf die latente Steuern in den Jahresabschlüssen berücksichtigt wurden, wieder ausgeglichen, so ist die auf Jahresabschlussebene entstandene und gebuchte latente Steuer ebenso zu korrigieren.

5.1.3.4. Zwischenergebniseliminierung

(122) Werden Zwischengewinne und -verluste gemäß § 256 Abs. 1 UGB eliminiert und folgt dem das jeweilige Steuerrecht nicht, entstehen temporäre Differenzen, für die latente Steuern anzusetzen sind.

5.1.3.5. Aufwands- und Ertragskonsolidierung

(123) Durch die Aufwands- und Ertragskonsolidierung nach § 257 Abs. 1 UGB werden konzerninterne Aufwendungen und Erträge eliminiert. Es entstehen grundsätzlich keine temporären Differenzen zwischen den Wertansätzen von Vermögensgegenständen, Schulden oder Rechnungsabgrenzungsposten in der Konzernbilanz und in der Steuerbilanz.

5.1.3.6. Einheitliche Ansatz- und Bewertungsgrundsätze

(124) Gemäß § 260 Abs. 1 UGB sind die in den Konzernabschluss gemäß § 253 Abs. 2 UGB übernommenen Vermögensgegenstände und Schulden einbezogener Unternehmen nach den auf den Jahresabschluss des Mutterunternehmens anwendbaren Bewertungsmethoden einheitlich zu bewerten. Gemäß §§ 253 Abs. 2 bzw 260 Abs. 1 UGB dürfen nach dem Recht des Mutterunternehmens zulässige Bilanzierungs- und Bewertungswahlrechte im Konzernabschluss unabhängig von ihrer Ausübung in den Jahresabschlüssen der in den Konzernabschluss einbezogenen Unternehmen neu ausgeübt werden; die Wahl unterliegt dann dem Stetigkeitsgebot.

(125) Die nach lokalem Unternehmensrecht erstellten Jahresabschlüsse von Tochtergesellschaften sind daher an die vom Mutterunternehmen vorgegebenen Ansatz- und Bewertungsmethoden anzupassen. Dadurch werden die unternehmensrechtlichen Wertansätze der Vermögensgegenstände und Schulden gegebenenfalls geändert, ohne dass sich dadurch die lokalen steuerlichen Wertansätze ändern, woraus sich das Erfordernis der Bildung latenter Steuern ergeben kann.

(126) Das Aktivierungswahlrecht für aktive latente Steuern aus Verlustvorträgen ist im Konzernabschluss einheitlich auszuüben.

5.1.3.7. Anteilmäßige Konsolidierung

(127) Bei der anteilmäßigen Konsolidierung nach § 262 UGB werden die Vermögensgegenstände, aktiven latenten Steuern, Rückstellungen, Verbindlichkeiten und Rechnungsabgrenzungsposten eines anderen Unternehmens, das gemeinsam mit einem oder mehreren nicht in den Konzernabschluss einbezogenen Unternehmen geführt wird, entsprechend der Beteiligungsquote anteilig in den Konzernabschluss übernommen. Die Bestimmungen für die Vollkonsolidierung sind dabei entsprechend anzuwenden. Daher ist anteilmäßig auch die erforderliche Steuerabgrenzung im Konzernabschluss vorzunehmen.

5.1.3.8. Assoziierte Unternehmen

(128) Die Vorschriften zur Steuerabgrenzung nach § 258 UGB sind auch auf die Equity-Bewertung nach §§ 263 f UGB anzuwenden. Bei der Equity-Methode können sowohl Unterschiede zwischen den im Konzernabschluss angesetzten Vermögensgegenständen, Schulden oder Rechnungsabgrenzungsposten und den entsprechenden steuerlichen Wertansätzen (Inside Basis Differences) als auch Differenzen zwischen dem Buchwert des assoziierten Unternehmens im Konzernabschluss und dem steuerlichen Wertansatz der Beteiligung (Outside Basis Differences) entstehen.

(129) Inside Basis Differences können aus der Aufdeckung stiller Reserven und stiller Lasten im Zuge der Kapitalaufrechnung bzw „Erstkonsolidierung" der Beteiligung an einem assoziierten Unternehmen gemäß § 264 Abs. 2 UGB bzw aus der Anpassung an die konzerneinheitlichen Ansatz- und Bewertungsgrundsätze resultieren. Entstehen hierdurch temporäre Ansatz- und Bewertungsunterschiede bei den übernommenen Vermögensgegenständen und Schulden, sind entsprechend dem Vorgehen bei der Erstkonsolidierung im Rahmen der Vollkonsolidierung latente Steuern zu berücksichtigen. Die Steuerabgrenzung erfolgt erfolgsneutral und nimmt Einfluss auf die Höhe des Geschäfts(Firmen)werts bzw des passiven Unterschiedsbetrags. Eine Steuerabgrenzung auf den Geschäfts(Firmen)wert bzw passiven Unterschiedsbetrag ist wie bei der Vollkonsolidierung nicht zulässig.

(130) Des Weiteren sind für temporäre Differenzen aus sonstigen Konsolidierungsmaßnahmen (insbesondere der Zwischenergebniseliminierung gemäß § 264 Abs. 5 UGB) latente Steuern zu erfassen.

(131) Da im Rahmen der Equity-Konsolidierung die Vermögensgegenstände und Schulden des konsolidierten Unternehmens nicht einzeln in die Konzernbilanz übernommen werden – der Ausweis erfolgt zusammengefasst in Form einer Equity-Beteiligung –, dürfen die auf die temporären Differenzen der im Equity-Wertansatz enthaltenen Bilanzposten ermittelten latenten Steuern im Konzernabschluss nicht separat ausgewiesen werden. Diese sind Bestandteil des Equity-Wertansatzes. Für Zwecke der Fortschreibung der Equity-Beteiligung in den künftigen Jahren sind sie

jedoch in einer Nebenrechnung zu dokumentieren. Die bei der Erstkonsolidierung angesetzte latente Steuer löst sich entsprechend der Abschreibung oder Auflösung der stillen Reserven und stillen Lasten wieder auf.

(132) Für Unterschiede zwischen dem fortgeschriebenen Equity-Buchwert und dem steuerlichen Beteiligungsbuchwert (Outside Basis Differences) dürfen unter den Voraussetzungen des § 258 Satz 3 UGB keine latenten Steuern angesetzt werden.

5.1.3.9. Währungsumrechnung

(133) [gestrichen]

(134) [gestrichen]

(134a) Zur Bilanzierung von latenten Steuern im Zusammenhang mit der Währungsumrechnung siehe AFRAC-Stellungnahme 38: Währungsumrechnung (UGB) (Dezember 2020).

5.1.3.10. Endkonsolidierung und Übergangskonsolidierung

(135) Im Zuge der Endkonsolidierung scheiden die auf Ebene des Jahresabschlusses gebildeten sowie die im Rahmen der Kapitalkonsolidierung entstandenen aktiven und passiven Steuerlatenzen des endkonsolidierten Unternehmens aus dem Konzernabschluss aus. Latente Steuern aus der Zwischenergebniseliminierung und der Schuldenkonsolidierung werden erfolgswirksam aufgelöst.

(136) Für die Übergangskonsolidierung von der Quoten- zur Vollkonsolidierung und umgekehrt gelten die Ausführungen zur Erstkonsolidierung wie zur Endkonsolidierung analog.

5.1.4. Ausnahmen vom Ansatz latenter Steuern

5.1.4.1. Geschäfts(Firmen)wert

(137) Auf temporäre Unterschiede aus einem bei der Erstkonsolidierung eines einbezogenen Unternehmens entstandenen Geschäfts(Firmen)wert oder passiven Unterschiedsbetrag dürfen gemäß § 258 Satz 2 UGB keine latenten Steuern angesetzt werden. Diese temporären Differenzen bleiben auch in den Folgejahren bei der Steuerabgrenzung unberücksichtigt, soweit sie noch nicht (etwa durch Abschreibungen) abgebaut sind.

5.1.4.2. Bestimmte Unternehmensanteile

(138) Auf Differenzen, die sich zwischen dem steuerrechtlichen Wertansatz einer Beteiligung an einem Tochterunternehmen, einem assoziierten Unternehmen oder einem Gemeinschaftsunternehmen und dem unternehmensrechtlichen Wertansatz des im Konzernabschluss angesetzten Nettovermögens ergeben (Outside Basis Differences), dürfen gemäß § 258 Satz 3 UGB keine latenten Steuern angesetzt werden, wenn das Mutterunternehmen in der Lage ist, den zeitlichen Verlauf der Auflösung der temporären Differenzen zu steuern, und es wahrscheinlich ist, dass sich die temporäre Differenz in absehbarer Zeit nicht auflösen wird. Latente Steuern aus Outside Basis Differences, die vom Mutterunternehmen nicht gesteuert werden können oder deren Auflösung in absehbarer Zeit erfolgen wird, sind im Konzernabschluss zu erfassen. Eine Umkehrung dieser Unterschiede kommt idR bei der Ausschüttung, Veräußerung oder Liquidation in Betracht. Zu weiteren Ausführungen zur Ausnahme von der Bilanzierung latenter Steuern bei Unternehmensanteilen siehe Rz (28) ff.

5.2. Bewertung der Steuerabgrenzung

(139) § 258 UGB enthält keine Bestimmungen zur Bewertung der Differenzen, die durch die Konsolidierungsmaßnahmen entstehen. Daher gelten die Ausführungen zur Bewertung latenter Steuern im Jahresabschluss für die Bewertung im Konzernabschluss sinngemäß.

(140) Auch im Konzernabschluss hat eine individuelle Prüfung der Eintrittswahrscheinlichkeit der Umkehrung der Differenz zu erfolgen. Hierbei ist das Vorsichtsprinzip zu beachten. Daher sind passive Steuerlatenzen als Ergebnis der Gesamtdifferenzenbetrachtung grundsätzlich zu bilanzieren, weil hier eine voraussichtliche Steuerbelastung in der Regel unterstellt werden kann. Für die Werthaltigkeit von aktiven Steuerlatenzen als Ergebnis der Gesamtdifferenzenbetrachtung ist es aber notwendig, dass in den nachfolgenden Geschäftsjahren mit hinreichender Wahrscheinlichkeit steuerliche Ergebnisse zur voraussichtlichen Steuerentlastung herangezogen werden können (vgl Rz (32)).

(141) Hinsichtlich des anzuwendenden Steuersatzes ist der Verweis des § 258 Satz 5 UGB auf § 198 Abs. 10 UGB maßgebend, welcher normiert, dass die Bewertung der latenten Steuern im Jahresabschluss mit dem unternehmensindividuellen Steuersatz im Zeitpunkt der Umkehrung der Differenz zu erfolgen hat. Die Verwendung eines konzerneinheitlichen Durchschnittssteuersatzes oder des Steuersatzes des Mutterunternehmens ist nicht zulässig. Die latenten Steuern sind somit mittels der Steuersätze jener Konzerngesellschaften zu ermitteln, bei welchen sich die Differenzen wieder umkehren werden.

(142) Temporäre Differenzen, die im Zuge der Anpassung einzubeziehender Jahresabschlüsse an konzerneinheitliche Bilanzierungs- und Bewertungsmethoden (Aufstellung der UB II) oder im Zuge der Neubewertung der Vermögensgegenstände und Schulden im Rahmen der Erstkonsolidierung nach § 254 UGB entstehen, sind ebenso mit den unternehmensindividuellen Steuersätzen der einzubeziehenden Tochterunternehmen, bei denen sich die Differenzen voraussichtlich umkehren, zu bewerten.

(143) Im Rahmen der erfolgswirksamen Schuldenkonsolidierung zu berücksichtigende latente Steuern sind mit dem unternehmensindividuellen Steuersatz des Unternehmens, bei dem sich die temporären Differenzen voraussichtlich umkehren, zu bewerten.

(144) Bei der Bilanzierung latenter Steuern aus der Eliminierung von Zwischenergebnissen aus konzerninternen Lieferungen und Leistungen ist

der Steuersatz desjenigen Unternehmens maßgeblich, das die Lieferung oder Leistung empfangen hat.

(145) Steuersatzänderungen sind entsprechend den Ausführungen zum Jahresabschluss (siehe oben Rz (34)) zu berücksichtigen und ergebniswirksam zu erfassen.

5.3. Ausweis der Steuerabgrenzung

(146) Passive latente Steuern sollten innerhalb der Rückstellungen in einem gesonderten Posten ausgewiesen werden. Aktive latente Steuern sind im Bilanzposten „D. Aktive latente Steuern" gemäß § 251 Abs. 1 iVm § 224 UGB gesondert auszuweisen. Soweit aktive und passive latente Steuern nicht verrechnet werden können, sind sie getrennt auszuweisen.

(147) Der Aufwand bzw Ertrag aus latenten Steuern ist in der Gewinn- und Verlustrechnung gesondert innerhalb der „Steuern vom Einkommen und vom Ertrag" auszuweisen.

5.4. Angaben im Konzernanhang

5.4.1. Allgemeine Grundsätze

(148) Im Konzernanhang sind gemäß § 265 Abs. 1 Satz 1 UGB die Konzernbilanz und die Konzern-Gewinn- und Verlustrechnung sowie die darauf angewandten Bilanzierungs- und Bewertungsmethoden so zu erläutern, dass ein möglichst getreues Bild der Vermögens-, Finanz- und Ertragslage des Konzerns vermittelt wird. Gemäß § 251 Abs. 1 iVm § 237 Abs. 1 Z 4 UGB sind der Betrag und die Wesensart der einzelnen Ertrags- und Aufwandsposten von außerordentlicher Größenordnung oder von außerordentlicher Bedeutung anzugeben.

5.4.2. Angaben

(149) Gemäß § 251 Abs. 1 iVm § 238 Abs. 1 Z 3 UGB sind im Konzernanhang folgende Angaben zu machen:

- auf welchen Differenzen oder steuerlichen Verlustvorträgen die latenten Steuern beruhen,
- die Steuersätze (und deren Veränderungen), die zur Bewertung herangezogen werden, sowie
- die im Laufe des Geschäftsjahrs erfolgten Bewegungen der latenten Steuersalden.

(150) Qualitative Angaben zur Art der bestehenden Differenzen oder zu steuerlichen Verlustvorträgen sind regelmäßig ausreichend, um die Erläuterungspflicht zu erfüllen und künftiges Nutzenpotential aufzuzeigen. Ebenso kann auch die Darstellung der Bewegung der latenten Steuersalden qualitativ erfolgen.

(151) Weiters sind die substantiellen Hinweise auf ein ausreichendes zu versteuerndes Ergebnis in der Zukunft, die den Ansatz der latenten Steuern aus Verlustvorträgen rechtfertigen, im Konzernanhang anzuführen. Qualitative Angaben sind regelmäßig ausreichend.

(152) Die Ausübung der Wahlrechte betreffend latente Steuern ist gemäß § 265 Abs. 1 Z 1 UGB im Konzernanhang anzugeben (siehe dazu Rz (12) bis (14)).

(153) Um den Abschluss so zu erläutern, dass ein möglichst getreues Bild der Vermögens-, Finanz- und Ertragslage des Konzerns vermittelt wird, sind gegebenenfalls zusätzliche Angaben zu machen.

(154) Der Abschnitt 4.5.5 Anhangangaben gilt analog für den Konzernanhang.

6. Einzelfragen zu latenten Steuern im Konzernabschluss

6.1. Anteile, die ein Tochterunternehmen am Mutterunternehmen hält, im Konzernabschluss des Mutterunternehmens

6.1.1. Unternehmensrechtliche und steuerrechtliche Behandlung im Erwerbszeitpunkt

(155) Gemäß § 254 Abs. 4 UGB sind Anteile an dem Mutterunternehmen, die diesem oder einem in den Konzernabschluss einbezogenen Tochterunternehmen gehören, in der Konzernbilanz als eigene Anteile zu behandeln.

(156) Werden im Konzernabschluss eigene Anteile ausgewiesen, die von einem Tochterunternehmen am Mutterunternehmen gehalten werden, so liegt aus steuerlicher Sicht ein Wirtschaftsgut vor.

6.1.2. Beurteilung des Vorliegens einer temporären Differenz im Erwerbszeitpunkt

(157) Dem steuerrechtlichen Buchwert des Wirtschaftsguts „Anteile am Mutterunternehmen" steht im Konzernabschluss kein korrespondierender Vermögensgegenstand gegenüber. Daher liegt eine temporäre Differenz vor, für die im Konzernabschluss nach § 198 Abs. 10 Satz 3 Z 2 UGB keine latenten Steuern angesetzt werden dürfen (siehe Rz (107h)).

6.1.3. Unternehmensrechtliche Gewinnausschüttung bzw steuerliche Einlagenrückzahlung

(158) Führt eine Gewinnausschüttung unternehmensrechtlich zu einem Beteiligungsertrag, während aus steuerlicher Sicht eine Einlagenrückzahlung vorliegt, gilt diese aus steuerlicher Sicht als Veräußerung, die beim Tochterunternehmen gemäß § 4 Abs. 12 EStG zu einer Minderung des Buchwerts der Anteile am Mutterunternehmen führt (siehe Rz (107m)).

(159) Die im Erwerbszeitpunkt entstandene temporäre Differenz vermindert sich durch die steuerliche Behandlung der Gewinnausschüttung als Einlagenrückzahlung.

6.2. Anteile, die ein Tochterunternehmen am Mutterunternehmen hält, im Konzernabschluss des Tochterunternehmens

(160) Hier wird sinngemäß auf die Ausführungen in den Rz (107i) bis (107m) verwiesen.

Erläuterungen

Zu Rz (2):

Die Anwendung des Temporary-Konzepts hat zur Folge, dass Differenzen, die bislang bei Anwendung des Timing-Konzepts als quasi-permanent eingestuft und nicht bilanziert wurden, nunmehr als Teil der temporären Differenzen grundsätzlich für die Bilanzierung latenter Steuern heranzuziehen sind.

Zu Rz (6):

Die Regelungen zur Rückstellung für latente Steuern gemäß § 198 Abs. 9 und 10 UGB sind ihrem Grunde nach eine Spezialnorm, allerdings wird aufgrund des vom Gesetzgeber vorgesehenen Ausweises unter den Steuerrückstellungen auch § 198 Abs. 8 UGB angesprochen, sodass aus Sicht des AFRAC die Anwendung des § 198 Abs. 8 Z 3 Satz 2 UGB vertretbar ist, wenn die unsaldierten Steuerbelastungen insgesamt unwesentlich sind.

Zu Rz (9):

In konzeptioneller Hinsicht lässt sich die Erkenntnis ableiten, dass Timing-Differenzen in der Regel auch temporäre Differenzen darstellen.

Klargestellt wird, dass § 198 Abs. 9 UGB – abgesehen von der Ausnahme iSd § 198 Abs. 10 Satz 3 Z 1 UGB – auch auf den Geschäfts(Firmen)wert anzuwenden ist, soweit eine temporäre Differenz zwischen den unternehmensrechtlichen und den steuerrechtlichen Wertansätzen besteht.

§ 12 Abs. 3 Z 2 KStG bestimmt, dass Teilwertabschreibungen auf Beteiligungen über sieben Wirtschaftsjahre verteilt als Betriebsausgabe zu erfassen sind. Diese steuerliche Verteilung auf sieben Jahre ist unabhängig davon durchzuführen, ob die Beteiligung veräußert wurde oder ob sie noch besteht.

Auslösendes Moment für die Siebentelabschreibungen ist entweder die Abschreibung auf den niedrigeren Teilwert oder ein Verlust anlässlich der Veräußerung oder eines sonstigen Ausscheidens einer zum Anlagevermögen gehörenden Beteiligung. Die Siebentelabschreibung führt bei der späteren Verrechnungsmöglichkeit unabhängig vom weiteren Bestehen der Beteiligung zu einer Steuerermäßigung. Daher ist der Steuereffekt von dem Steuerwert der Beteiligung und von der Bilanzierung der Beteiligung selbst losgelöst zu betrachten.

Können Aufwendungen steuerlich erst in späteren Perioden geltend gemacht werden, dann haben die noch nicht als Betriebsausgaben geltend gemachten Aufwendungen eine steuerliche Basis, der aber im UGB-Abschluss kein korrespondierender Vermögensgegenstand gegenübersteht. Entsprechend IAS 12.9 liegt auch in diesem Fall eine abzugsfähige temporäre Differenz vor, die einen latenten Steueranspruch zur Folge hat.

Weitere vergleichbare Ursachen für das Vorliegen von temporären Differenzen sind beispielsweise die Aktivierung eines Aktivpostens für die mit einer Verbindlichkeit unmittelbar zusammenhängenden Geldbeschaffungskosten gemäß § 6 Z 3 Teilstrich 2 EStG und die gleichmäßige Verteilung der Auszahlung von Abfertigungen gemäß § 124b Z 68 lit. c EStG.

Zu Rz (10):

Wenn eine Saldierung aktiver latenter Steuern mit passiven latenten Steuern rechtlich nicht möglich ist, dann besteht für kleine Gesellschaften eine Passivierungspflicht für die unsaldierten passiven latenten Steuern und ein Aktivierungswahlrecht für die unsaldierten aktiven latenten Steuern.

Zu Rz (12):

Die Möglichkeit zur Berücksichtigung des steuerlichen Verlustvortrags kann grundsätzlich entweder zu einer Verrechnung mit passiven latenten Steuern oder einem Ansatz aktiver latenter Steuern führen.

Soweit die Berücksichtigung zu einer Verrechnung mit passiven latenten Steuern führt, sind die steuerlichen Verlustvorträge nach der österreichischen Rechtslage jedenfalls iHv 75% realisierbar. Insofern unterscheidet sich dieser Teil der steuerlichen Verlustvorträge von jenem Teil, der darüber hinaus für den Ansatz aktiver latenter Steuern berücksichtigt wird, weil dafür überzeugende substantielle Hinweise erforderlich sind und ihre Realisierbarkeit auch nicht in vergleichbarer Weise gesichert ist.

Im Interesse der Generalnorm soll die Möglichkeit zur Verrechnung mit passiven latenten Steuern im dargestellten Umfang nicht davon abhängig gemacht werden, ob auch für das Aktivieren latenter Steuern aus steuerlichen Verlustvorträgen substantielle Hinweise erbracht werden können.

Die Möglichkeit zur Berücksichtigung des steuerlichen Verlustvortrags gemäß § 198 Abs. 9 Satz 3 UGB schlägt sich daher in zwei getrennten Schritten (zwei Ansatzwahlrechten) nieder.

Bei der Verrechnung der auf den steuerlichen Verlustvorträgen beruhenden aktiven latenten Steuern mit den passiven latenten Steuern ist die 75%ige Vortragsgrenze iSd § 8 Abs. 4 Z 2 KStG zu beachten, da aufgrund der 75%igen Vortragsgrenze in den einzelnen Geschäftsjahren Steuerzahlungen nicht ausgeschlossen sind.

Zeitlich befristete Verlustvorträge, die vor Eintritt der Steuerpflicht bereits verfallen sind, dürfen bei der Ermittlung der aktiven latenten Steuern nicht berücksichtigt werden.

Zu Rz (13):

Hintergrund der Regelung ist die Überlegung, dass eine zukünftige Steuerbelastung (passive Steuerlatenz) mit dem Verlustvortrag verrechenbar sein und somit tatsächlich nicht eintreten wird. Bilanziell wird diese Neutralisierung einer zukünftigen Steuerbelastung mit der Berücksichtigung des Verlustvortrags (aktive Steuerlatenz) bei der Ermittlung des Abgrenzungsbetrags abgebildet, weshalb die Berücksichtigung aktiver latenter Steuern aus Verlustvorträgen bis zur Höhe der vorhandenen passiven latenten Steuern wahlweise zulässig ist.

Zu Rz (12) bis (14):

Eine Inanspruchnahme des ersten Wahlrechts ist nicht möglich, wenn sich nach der Verrechnung der passiven latenten Steuern mit den nicht auf steuerlichen Verlustvorträgen beruhenden aktiven latenten Steuern im Lichte der Gesamtdifferenzenbetrachtung ein aktiver Überhang ergibt. Eine Inanspruchnahme des zweiten Wahlrechts ist nicht möglich, wenn keine substantiellen Hinweise auf ein ausreichendes zu versteuerndes Ergebnis in Zukunft vorliegen. AFRAC empfiehlt in diesen Fällen eine interne Dokumentation über das fehlende Vorliegen der Voraussetzungen.

Zu Rz (15):

Zur Beurteilung der substantiellen Hinweise kann IAS 12.36 herangezogen werden.

Zu Rz (16):

Verwendet man die Steuerplanung zur Beurteilung, ob aktive Überhänge, die auf Verlustvorträgen oder abzugsfähigen temporären Differenzen beruhen, bilanzierungsfähig sind, sind Doppelzählungen zu vermeiden. Eine solche läge beispielsweise vor, wenn die geplanten zu versteuernden Ergebnisse die Umkehr von solchen zu versteuernden temporären Differenzen beinhalten, für die bereits eine passive latente Steuer bei der Ermittlung des aktiven Überhangs berücksichtigt worden ist. Die entsprechend geplante (positive) Mehr-Weniger-Rechnung wäre daher (negativ) zu korrigieren. Spiegelbildlich wäre im Falle von abzugsfähigen temporären Differenzen vorzugehen, wenn für diese bereits eine aktive latente Steuer bei der Ermittlung des aktiven Überhangs berücksichtigt worden ist.

Zu Rz (17):

Für die Ermittlung des zukünftigen zu versteuernden Ergebnisses sind neben den Umkehrwirkungen aus temporären Differenzen auch deren Auswirkungen auf Verlustvorträge zu berücksichtigen. Soweit sich daher aus der Umkehrung ein steuerlicher Verlustvortrag ergibt, der im Planungszeitraum verwertbar ist, kann er entsprechend berücksichtigt werden.

Bei der Einschätzung der Nutzbarkeit des Verlustvortrags sind hinsichtlich des österreichischen Steuerrechts die eingeschränkte Verrechenbarkeit durch die Vortragsgrenze gemäß § 8 Abs. 4 Z 2 lit. a KStG und das Risiko eines möglichen Untergangs des Verlustvortrags durch Mantelkauf, Umgründungen oder infolge einer steuerlichen Außenprüfung sowie sämtliche ausländischen Bestimmungen, die eine Verwertung von Verlustvorträgen beschränken, zu beachten.

Zu Rz (18):

Bei einer länger zurückreichenden Historie an negativen Ergebnissen sind an die Zuverlässigkeit der Planungsrechnungen höhere Anforderungen zu stellen. Restrukturierungsmaßnahmen sind darzustellen, und deren positive Auswirkungen auf die Vermögens-, Finanz- und Ertragslage („Turn around") sind plausibel nachvollziehbar zu erläutern. Daneben können auf Basis einer substantiierten Dokumentation auch Steuergestaltungsmöglichkeiten in die steuerliche Planungsrechnung einbezogen werden. Um dabei das Vorsichtsprinzip nicht zu verletzen, dürfen jedoch nur solche Gestaltungsmöglichkeiten einbezogen werden, die zum Abschlussstichtag entweder bereits verwirklicht oder beabsichtigt und realisierbar sind. Auch die Gründe für die Verlustentstehung sind darzulegen. Als Hinweis auf künftig ausreichende verrechnungsfähige Gewinne kann eine Verlustentstehung im nicht nachhaltigen, außerordentlichen oder aperiodischen Bereich (bspw. durch höhere Gewalt) angesehen werden.

Zu Rz (19):

Für den Ansatz von auf steuerlichen Verlustvorträgen beruhenden aktiven latenten Steuern wurde in § 198 Abs. 9 UGB keine zeitliche Grenze für die Verlustverrechnung gesetzt. Die Definition des Prognosezeitraums für die Abschätzung der Wahrscheinlichkeit der Verlustverwertung obliegt somit dem bilanzierenden Unternehmen. Eine Unternehmensplanung über einen Zeitraum von fünf Jahren ist plausibel, wobei im Einzelfall kürzere oder längere Beobachtungszeiträume zulässig sind. Für Jahre ohne Detailplanung ist gegebenenfalls eine sachgerechte und plausible Schätzung vorzunehmen.

Zu Rz (25):

Die ErlRV 367 BlgNR 25. GP zu den Ausnahmen in § 198 Abs. 10 Satz 3 Z 1 bis 3 UGB lauten wie folgt: *„Die anerkannten Ausnahmen von der Bilanzierung latenter Steuern (Abs. 10) wurden aus IAS 12.15 (für passive latente Steuern) bzw. IAS 12.24 (für aktive latente Steuern, hier ist nur die Z 2 relevant) entnommen (‚initial recognition exemption'). Das Ansatzverbot latenter Steuern für so genannte ‚Outside Basis Differenzen' (Unterschied zwischen steuerlichen Beteiligungsansatz und unternehmensrechtlichen Buchwerten des Tochterunternehmens) ist primär bei der Konsolidierung von Bedeutung und findet sich daher in § 258 dritter Satz. Es kann jedoch auch Anwendungsfälle beim Einzelabschluss geben, wenn anlässlich der Verschmelzung zweier Tochtergesellschaften die Beteiligung eines dieser Gesellschaften an einer dritten Gesellschaft auf den beizulegenden Zeitwert aufgewertet wird, in der Steuerbilanz aber mit dem Buchwert fortgeführt wird. Nach dem bisherigen GuV-orientierten Konzept wurden keine passiven latenten Steuern gebildet, da die Aufwertung nicht GuV-wirksam war. Das neue, bilanzorientierte Konzept würde hier die Bildung einer passiven Steuerlatenz vorsehen, weshalb die Regelung der vorgeschlagenen Z 3 es ermöglichen soll, von der Bildung einer passiven Steuerlatenz abzusehen."*

Die ErlRV 367 BlgNR 25. GP zu § 198 Abs. 10 UGB nehmen direkten Bezug auf die Ausnahmen von der Bilanzierung latenter Steuern nach IAS 12.15 und IAS 12.24. Daher sind die Ausnahmen nach § 198 Abs. 10 UGB auch vor dem Hintergrund des IAS 12 zu interpretieren. Eine solche Interpretation wird jedoch erschwert, wenn Bestimmungen des IAS 12 in das UGB übernommen werden, ohne dass das Bilanzierungsumfeld nach dem UGB mit jenem nach den IFRS vergleichbar ist. Diese fehlende Vergleichbarkeit muss nach Ansicht des AFRAC im Wege der Auslegung der Bestimmung (die weitgehend unangepasst in das UGB übernommen wurde) nach IAS 12 berücksichtigt werden. Beispiele für solche Auslegungen finden sich in der Rz (27) für bestimmte Umgründungen und in den Rz (28) ff für bestimmte Unternehmensanteile.

Zu Rz (26):

Die Geschäfts- oder Firmenwertausnahme gemäß IAS 12.15(a) besteht im Gegensatz zu § 198 Abs. 10 Satz 3 Z 1 UGB nur für passive Steuerlatenzen und wird im Rahmen von Unternehmenszusammenschlüssen behandelt (IAS 12.19 und IAS 12.26(c)). Dort soll es zur Bewertung aller erworbenen identifizierbaren Vermögenswerte und übernommenen Schulden mit deren beizulegenden Zeitwerten kommen; aktive und passive Steuerlatenzen sind dabei zu berücksichtigen (außer es bestehen Ausnahmen). Diese Steuerlatenzen beeinflussen die Höhe des Geschäfts- oder Firmenwerts (so auch IAS 12.66). Ist der Geschäfts- oder Firmenwert steuerlich aber nicht abzugsfähig (also in der Regel null), darf keine passive Steuerlatenz passiviert werden (eben nach IAS 12.15(a)). Die Geschäfts- oder Firmenwertausnahme wird in IAS 12.21 (sowie IAS 12.21A und IAS 12.21B) genauer beschrieben und wie folgt erklärt: *„Dieser Standard erlaubt jedoch nicht den Ansatz der entstehenden latenten Steuerschuld, weil der Geschäfts- oder Firmenwert als ein Restwert bewertet wird und der Ansatz der latenten Steuerschuld wiederum eine Erhöhung des Buchwerts des Geschäfts- oder Firmenwerts zur Folge hätte."* IAS 12.21B stellt klar, dass die Geschäfts- oder Firmenwertausnahme stets nur für temporäre Differenzen beim Erstansatz des Geschäfts- oder Firmenwerts gilt, nicht aber für temporäre Differenzen, die erst bei der Folgebewertung entstehen.

Die Ausnahme des § 198 Abs. 10 Satz 3 Z 1 UGB bezieht sich nur auf den Erstansatz, nicht auf die Folgebewertung. Soweit sich daher zukünftige Unterschiede ausschließlich aus der Folgebewertung ergeben, sind diese zu berücksichtigen. Ist daher beispielsweise der unternehmensrechtliche Erstansatz des Geschäfts(Firmen)werts höher als der steuerliche Erstansatz, werden hinsichtlich des dem Steuerwert entsprechenden Teils im Zeitpunkt des Erstansatzes keine latenten Steuern angesetzt, weil keine temporäre Differenz besteht. In der Folgebewertung kann es zum Beispiel durch unterschiedliche Nutzungsdauern zu temporären Differenzen aus diesem Teil kommen, die zum Ansatz latenter Steuern führen. Für den den Steuerwert übersteigenden Teil gilt die Ausnahme § 198 Abs. 10 Satz 3 Z 1 UGB, weshalb auf diese temporäre Differenz aus dem Erstansatz keine latente Steuer angesetzt werden darf. Veränderungen dieser nicht angesetzten latenten Steuer durch die Folgebewertung werden angesehen, als wären sie ebenfalls aus dem Erstansatz entstanden, und werden daher nicht angesetzt.

Zu Rz (27):

Die folgende Ausnahme besteht sowohl für passive Steuerlatenzen (IAS 12.15(b)) als auch für aktive Steuerlatenzen (IAS 12.24): temporäre Differenzen aus dem erstmaligen Ansatz eines Vermögenswerts oder einer Schuld bei einem Geschäftsvorfall, der kein Unternehmenszusammenschluss ist und zum Zeitpunkt des Geschäftsvorfalls weder das bilanzielle Ergebnis vor Steuern noch das zu versteuernde Ergebnis (den steuerlichen Verlust) beeinflusst. IAS 12.22 erläutert diese Ausnahme: Ohne diese Ausnahme *„würde ein Unternehmen ... die sich ergebenden latenten Steuerschulden oder latenten Steueransprüche bilanzieren und den Buchwert des Vermögenswerts oder der Schuld in Höhe des gleichen Betrags berichtigen. Ein Abschluss würde jedoch durch solche Berichtigungen unklarer. Aus diesem Grund gestattet dieser Standard einem Unternehmen keine Bilanzierung der sich ergebenden latenten Steuerschuld oder des sich ergebenden latenten Steueranspruchs, weder beim erstmaligen Ansatz noch später (...). Außerdem berücksichtigt ein Unternehmen auch keine späteren Änderungen der nicht erfassten latenten Steuerschulden oder latenten Steueransprüche infolge der Abschreibung des Vermögenswerts."*

Mit Blick auf die Geschäfts- oder Firmenwertausnahme des IAS 12.15(a) und die Ausnahme beim erstmaligen Ansatz eines Vermögenswerts oder einer Schuld unter bestimmten Voraussetzungen (siehe IAS 12.15(b) und IAS 12.24) ist Folgendes festzuhalten: Diese Ausnahmen gewährleisten im Ergebnis, dass Leistung und Gegenleistung einander entsprechen. So müsste man den Geschäfts- oder Firmenwert ohne die Geschäfts- oder Firmenwertausnahme iterativ erhöhen, um letztlich eine Entsprechung zu erzielen. Weiters müsste man ohne die Ausnahme beim erstmaligen Ansatz eines Vermögenswerts oder einer Schuld unter bestimmten Voraussetzungen den beizulegenden Zeitwert des Vermögenswerts oder der Schuld iterativ anpassen, um eine Entsprechung zu erzielen. Beides möchte IAS 12 verhindern. Bei den Unternehmenszusammenschlüssen, die in IAS 12 genannt sind, übernimmt somit der Geschäfts- oder Firmenwert die Entsprechungsfunktion; aus diesem Grund sind für die erworbenen identifizierbaren Vermögenswerte und übernommenen Schulden Steuerlatenzen zu bilden. Einen solchen Geschäfts- oder Firmenwert gibt es bei temporären Differenzen aus dem erstmaligen Ansatz eines Vermögenswerts oder einer Schuld abseits eines Unternehmenszusammenschlusses und ohne Berührung des bilanziellen oder steuerlichen Ergebnisses nicht; daher sind Steuerlatenzen bereits auf dieser Ebene verboten.

Ausweislich der ErlRV 367 BlgNR 25. GP zu § 198 Abs. 10 UGB sollten die Ausnahmebestimmungen des IAS 12.15 übernommen werden, die in (b) den Begriff „Vermögenswert" verwenden. Der Begriff wurde – im Gegensatz zum Begriff „Unternehmenszusammenschluss" – bei der Übernahme in das UGB nicht redaktionell angepasst. Der Begriff „Vermögenswert" in § 198 Abs. 10 Satz 3 Z 2 UGB ist im Lichte der Entstehung der

Bestimmung kein eigenständiger Begriff der Rechnungslegung, sondern entspricht dem Begriff „Vermögensgegenstand".

Die Anwendung des § 6 Z 5 EStG ist im vorliegenden Kontext insoweit denkbar, als eine Kapitalgesellschaft Vermögensgegenstände in eine Personengesellschaft einlegt.

Zu Rz (28) bis (30):

Die letzte Ausnahme besteht ebenfalls sowohl für passive Steuerlatenzen (IAS 12.15 mit Verweis auf IAS 12.39) als auch für aktive Steuerlatenzen (IAS 12.24 mit Verweis auf IAS 12.44), obgleich sich die Anforderungen an eine Inanspruchnahme dieser Ausnahme bei passiven und aktiven Steuerlatenzen unterscheiden: IAS 12.39 fordert für die Inanspruchnahme der Ausnahme in Bezug auf passive Steuerlatenzen aus Anteilen an Tochterunternehmen, Zweigniederlassungen, assoziierten Unternehmen und gemeinsamen Vereinbarungen, dass das beteiligte Unternehmen in der Lage ist, den zeitlichen Verlauf der Auflösung der temporären Differenz zu steuern (Steuerungsmöglichkeit), und es wahrscheinlich ist, dass sich die temporäre Differenz in absehbarer Zeit nicht auflösen wird. IAS 12.44 fordert für die Inanspruchnahme der Ausnahme in Bezug auf aktive Steuerlatenzen aus den genannten Anteilen nur, dass es wahrscheinlich ist, dass sich die temporäre Differenz in absehbarer Zeit nicht auflösen wird, wohingegen § 198 Abs. 10 Satz 3 Z 3 UGB zusätzlich die Steuerungsmöglichkeit fordert.

IAS 12.40 bis IAS 12.43 erläutern die Ausnahme in Bezug auf passive Steuerlatenzen und die geforderte Steuerungsmöglichkeit durch das beteiligte Unternehmen: Der Schwerpunkt liegt auf der Konzernsicht und der Möglichkeit, die Dividendenpolitik des Beteiligungsunternehmens zu beherrschen. So gesehen, ist diese Beherrschung bei Tochterunternehmen jedenfalls gegeben (IAS 12.40), bei gemeinsamen Vereinbarungen in Abhängigkeit von der entsprechenden gemeinsamen Vereinbarung (IAS 12.43) und bei assoziierten Unternehmen nur, wenn neben der Beteiligung entsprechende vertragliche Vereinbarungen bestehen (IAS 12.42). Die zuletzt genannten vertraglichen Vereinbarungen neben der Beteiligung fordert zwar die AFRAC-Stellungnahme 28 „IAS 12 Ertragsteuern – Outside Basis Differences (IFRS) – Auswirkungen des österreichischen Steuerrechts auf latente Steuern aus Anteilen an Tochterunternehmen, aus Zweigniederlassungen und aus Anteilen an assoziierten Unternehmen und gemeinsamen Vereinbarungen" (Juni 2016) in ihrer Rz 14 nicht explizit, die Erläuterungen zu Rz 10 der AFRAC-Stellungnahme 28 zeigen aber deutlich, dass vertragliche Vereinbarungen eine Ausnahme von der in Rz 14 dargelegten Regel darstellen.

Der Schwerpunkt der Regelungen von IAS 12.39 und IAS 12.44 liegt somit auf der Konzernsicht und der Steuerungsmöglichkeit betreffend die Dividendenpolitik. Klassischer Anwendungsfall ist die Beherrschung dieser Politik beim Tochterunternehmen. Aber auch bei der gemeinsamen Vereinbarung und beim assoziierten Unternehmen kann es Anwendungsfälle geben, wenngleich sich diese Fälle nicht unmittelbar aus der Beteiligung ergeben müssen, sondern auch aufgrund von vertraglichen Vereinbarungen ergeben können (siehe insbesondere IAS 12.42). Die AFRAC-Stellungnahme 28 zeigt (ebenso aus Konzernsicht), dass es einerseits auf die tatsächliche Besteuerung der temporären Differenzen ankommt (siehe etwa die Rz 10 der AFRAC-Stellungnahme 28 zur Steuerbefreiung von Dividenden für den österreichischen Rechtsraum) und dass andererseits bei der Beurteilung der Steuerungsmöglichkeit zwischen der Sphäre des Beteiligungsunternehmens und jener des beteiligten Unternehmens zu differenzieren ist. Während sich die Ausschüttung und die Liquidation auf die Sphäre des Beteiligungsunternehmens beziehen, betrifft die Veräußerung grundsätzlich nur die Sphäre des beteiligten Unternehmens. Sowohl die Erläuterungen in IAS 12.40 bis IAS 12.43 als auch die Rz 14 der AFRAC-Stellungnahme 28 weisen darauf hin, dass die Steuerungsmöglichkeit auf Ebene des Beteiligungsunternehmens im Vordergrund der Betrachtung stehen muss. So kann etwa der maßgebliche Einfluss auf die Geschäfts- und Finanzpolitik die Steuerungsmöglichkeit nicht bedingen, weitere vertragliche Vereinbarungen können dies aber sehr wohl (siehe IAS 12.42 und die Erläuterungen zur Rz 10 der AFRAC-Stellungnahme 28).

Nach Ansicht des AFRAC muss bei § 198 Abs. 10 Satz 3 Z 3 UGB die Auslegung die folgende mangelnde Übereinstimmung des UGB- und des IFRS-Bilanzierungsumfelds berücksichtigen (siehe bereits die Erläuterungen zu Rz (25)):

- Nach den IFRS wird aus Konzernsicht grundsätzlich bei Tochterunternehmen, Gemeinschaftsunternehmen und assoziierten Unternehmen auf das (anteilige) Nettovermögen des Unternehmens und bei Unternehmensanteilen der Kategorie „available for sale" auf den beizulegenden Zeitwert des Anteils abgestellt.
- Auch nach dem UGB steht bei bei Tochterunternehmen, Gemeinschaftsunternehmen und assoziierten Unternehmen aus Konzernsicht grundsätzlich das (anteilige) Nettovermögen im Vordergrund. Bei den übrigen Unternehmensanteilen wird jedoch unterschieden in Beteiligungen gemäß § 189a Z 2 UGB, sonstige Finanzanlagen und Finanzumlaufvermögen.

Unter die unternehmensrechtliche Beteiligungsdefinition des § 189a Z 2 UGB fallen auch Anteile an Tochterunternehmen, Gemeinschaftsunternehmen und assoziierten Unternehmen. Daneben gibt es Beteiligungen, bei denen das beteiligte Unternehmen keinen maßgeblichen Einfluss auf die Geschäfts- und Finanzpolitik ausübt. Wenngleich diese Beteiligungen im Konzernabschluss nicht zum anteiligen Nettovermögen gezeigt werden, unterscheiden sie sich wesentlich von den sonstigen Finanzanlagen und (mehr noch) vom Finanzumlaufvermögen. Ihr Wertmaßstab ist der beizulegende Wert (im Gegensatz zum beizulegenden Zeitwert), und sie verfügen neben subjektiven

Finanzanlagekriterien (Halteabsicht und Haltefähigkeit) über ein objektives Finanzanlagekriterium (siehe § 189a Z 2 UGB: *„dem eigenen Geschäftsbetrieb ... dienen"*).

Liegen die Voraussetzungen für die Ausnahme von der Steuerlatenz (Steuerungsmöglichkeit und absehbare Zeit) sowohl bei Anteilen an assoziierten Unternehmen als auch bei anderen Beteiligungen gemäß § 189a Z 2 UGB vor, dann muss die Ausnahme von der Steuerlatenz entgegen dem Wortlaut von § 198 Abs. 10 Satz 3 Z 3 UGB auch für diese Beteiligungen gelten. Andernfalls würden zwei in wirtschaftlicher Betrachtungsweise gleichartige Sachverhalte unterschiedlich behandelt werden. In diesem Zusammenhang ist auch auf die explizite Erwähnung der wirtschaftlichen Betrachtungsweise in § 196a Abs. 1 UGB hinzuweisen. Sonstige Finanzanlagen können bereits nicht mehr umfasst sein, da das objektive Finanzanlagekriterium (siehe oben) fehlt und sie daher diesbezüglich nicht mit Tochterunternehmen, Gemeinschaftsunternehmen und assoziierten Unternehmen vergleichbar sind.

Der Anwendungsbereich von § 198 Abs. 10 Satz 3 Z 3 UGB beschränkt sich auf wenige Sachverhalte, in denen es zu entsprechenden temporären Differenzen bei Unternehmensanteilen kommt. Hier sind insbesondere temporäre Differenzen im Rahmen von Umgründungsvorgängen zu nennen (siehe Abschnitt 4.3), aber auch temporäre Differenzen bei Anteilen an Personengesellschaften, die unternehmensrechtlich zum beizulegenden Wert und steuerrechtlich nach der Spiegelbildmethode zu bewerten sind (siehe Abschnitt 4.1). Andere Sachverhalte führen nicht zu temporären Differenzen zwischen den unternehmensrechtlichen und den steuerrechtlichen Wertansätzen von Vermögensgegenständen, Rückstellungen, Verbindlichkeiten und Rechnungsabgrenzungsposten. Zu nennen sind hier die ausschüttungsbedingte Teilwertabschreibung nach § 12 Abs. 3 Z 1 KStG sowie die Siebentelabschreibung nach § 12 Abs. 3 Z 2 KStG. In beiden Fällen entsprechen einander die unternehmensrechtlichen und die steuerrechtlichen Buchwerte nach der Abschreibung. Während aber im ersten Fall keine Steuerlatenzrechnung in Frage kommt, ist für die Siebentelabschreibung eine latente Steuer zu berücksichtigen (vgl Rz (9)).

Temporäre Differenzen existieren weiters in der Regel nicht bei Zuschreibungen. Auch bei internationalen Schachtelbeteiligungen entstehen bei Option zur Steuerpflicht nach § 10 Abs. 3 KStG keine Differenzen. Bei Nicht-Option zur Steuerpflicht sind diese Differenzen nicht temporär.

Zu Rz (39):

Entsprechend dem Verweis auf § 285 Z 29 dHGB in den ErlRV 367 BlgNR 25. GP zu § 238 Abs. 1 Z 3 UGB und gemäß DRS 18.65 ist eine qualitative Angabe in der Regel ausreichend.

Zu Rz (43):

Steuerrechtliche Grundlagen

Personengesellschaften sind keine Steuersubjekte des österreichischen Ertragsteuerrechts und als solche nicht einkommen- oder körperschaftsteuerpflichtig. Die Gewinne der Personengesellschaft werden im Wege der Gewinnfeststellung anteilig bei ihren Gesellschaftern erfasst.

Die steuerliche Gewinnermittlung erfolgt in zwei Stufen. Der Gewinn wird zuerst auf der Ebene der Gesellschaft ermittelt, und dann werden auf der zweiten Ebene die persönlichen Verhältnisse (Ergänzungsbilanzen und Sonderbilanzen) der einzelnen Gesellschafter berücksichtigt.

Das Gesellschaftsvermögen der Personengesellschaft wird steuerrechtlich nicht der Personengesellschaft selbst, sondern den einzelnen Gesellschaftern zugerechnet. Somit stellt das steuerliche Betriebsvermögen der Personengesellschaft quotenmäßig Betriebsvermögen der Gesellschafter dar. Der Personengesellschaftsanteil kann als anteiliger Betrieb bzw als Betriebsstätte des Personengesellschafters angesehen werden. Das steuerrechtliche Transparenzprinzip führt dazu, dass es steuerrechtlich irrelevant ist, ob Sachverhalte unmittelbar vom Steuerpflichtigen oder mittelbar über die Personengesellschaft verwirklicht werden.

Unternehmensrechtliche Bilanzierung des Personengesellschaftsanteils

Der Gesellschafter einer Personengesellschaft erfasst in seinem unternehmensrechtlichen Jahresabschluss seinen Anteil als einheitlichen Vermögensgegenstand mit den Anschaffungskosten oder mit dem niedrigeren beizulegenden (Zeit-) Wert gemäß § 204 Abs. 2 UGB bzw § 207 UGB. In der Steuerbilanz des Gesellschafters steht dem das steuerliche Kapitalkonto (inkl Ergänzungskapital) gegenüber.

Differenzen zwischen den unternehmensrechtlichen und den steuerrechtlichen Wertansätzen

Latente Steuern können sich aus dem Vergleich zwischen unternehmensrechtlichem Buchwert der Beteiligung zuzüglich des Beteiligungsertrags einerseits (unternehmensrechtlicher Wert) und dem steuerlichen Kapitalkonto zuzüglich des Ergänzungskapitals (steuerrechtlicher Wert) andererseits ergeben. Der Unterschiedsbetrag zwischen dem unternehmensrechtlichen und dem steuerrechtlichen Wert ist eine Mischgröße, die sich in der Regel aus aktiven und/oder passiven permanenten und/oder temporären Differenzen und aus Differenzen zusammensetzt, deren Berücksichtigung beim Ansatz latenter Steuern aufgrund der Ausnahmetatbestände gemäß § 198 Abs. 10 UGB ausgeschlossen ist. Die Gründe für das Vorliegen unterschiedlicher Wertansätze sind zu analysieren, und entsprechend der Entstehungsursache sind vom Personengesellschafter latente Steuern zu bilden bzw nicht zu bilden.

Die Differenzen zwischen unternehmensrechtlichem und steuerrechtlichem Wert des Personengesellschaftsanteils entstehen durch:

1. Unterschiede zwischen unternehmensrechtlichen und steuerrechtlichen Wertansätzen von auf Ebene der Personengesellschaft bilanzierten Vermögensgegenständen, Rückstellungen, Verbindlichkeiten und Rechnungsabgrenzungsposten (Ebene 1),

2. die Fortschreibung von Ergänzungsbilanz und Sonderbilanz (Ebene 2) und
3. die steuerrechtliche Zuweisung von Gewinn- und Verlustanteilen (Ebene 3).

Dabei ist darauf zu achten, dass Doppelerfassungen vermieden werden.

Differenzen auf Ebene der Personengesellschaft

Die Unterschiede zwischen unternehmensrechtlichen und steuerrechtlichen Wertansätzen von auf Ebene der Personengesellschaft bilanzierten Vermögensgegenständen, Rückstellungen, Verbindlichkeiten und Rechnungsabgrenzungsposten sind bei der Ermittlung der latenten Steuern des Personengesellschafters im Ausmaß der für die steuerliche Gewinnzuweisung geltenden Quote zu berücksichtigen. Dabei gelten die allgemeinen Aussagen gemäß Rz (1) bis (11).

Ergänzungsbilanz

Ein entgeltlich erworbener Personengesellschaftsanteil wird vom Erwerber unternehmensrechtlich mit den Anschaffungskosten aktiviert. Steuerrechtlich steht diesen der Wert des übernommenen steuerrechtlichen Kapitalkontos zuzüglich des steuerlichen Ergänzungskapitals gegenüber. In der Ergänzungsbilanz werden die beim Erwerb aufgedeckten stillen Reserven und stillen Lasten und ein eventuell entstandener Firmenwert abgebildet. Im Erwerbszeitpunkt haben der unternehmensrechtliche und der steuerrechtliche Ansatz denselben Wert; latente Steuern auf einen steuerlichen Firmenwert sind daher nicht zu bilden. In den Folgeperioden verringert sich das Ergänzungskapital durch die steuerwirksame Abschreibung des Firmenwerts und der übernommenen stillen Reserven bzw die Aufwertung übernommener stiller Lasten. Dem steht keine Verringerung des unternehmensrechtlichen Beteiligungsbuchwerts gegenüber. Wann und wie sich die aufgedeckten stillen Reserven und stillen Lasten abbauen, wird grundsätzlich durch die Personengesellschaft und nicht durch den Gesellschafter bestimmt, da sich die stillen Reserven und stillen Lasten auf Vermögensgegenstände, Rückstellungen, Verbindlichkeiten und Rechnungsabgrenzungsposten der Personengesellschaft beziehen; die Ausnahme des § 198 Abs. 10 Satz 3 Z 3 UGB ist daher nicht anwendbar. Die Umkehrung der Differenz aus der steuerlichen Abschreibung des Firmenwerts ist hingegen durch den Gesellschafter beeinflussbar (Veräußerung oder Liquidation); die Ausnahmebestimmung des § 198 Abs. 10 Satz 3 Z 3 UGB ist daher anzuwenden.

Sonderbilanz

In Sonderbilanzen werden vom Gesellschafter der Gesellschaft zur Verfügung gestellte Wirtschaftsgüter (Sonderbetriebsvermögen) und die daraus resultierenden Sonderbetriebseinnahmen und -ausgaben dargestellt. Sowohl unternehmensrechtlich als auch steuerrechtlich wird Sonderbetriebsvermögen im Jahresabschluss bzw in der Steuerbilanz des Gesellschafters erfasst. Auf Differenzen zwischen dem unternehmensrechtlichen und dem steuerrechtlichen Wertansatz hat der Gesellschafter latente Steuern nach § 198 Abs. 9 UGB anzusetzen (vgl Rz (1) bis (11)).

Steuerliche Gewinn- und Verlustzuweisung

Aus der steuerrechtlich und unternehmensrechtlich zeitlich unterschiedlichen Zurechnung bzw Erfassung von Gewinn- und Verlustanteilen können Unterschiede der Wertansätze zwischen Beteiligungsbuchwert zuzüglich Beteiligungsertrag einerseits und steuerlichem Kapitalkonto andererseits entstehen.

Gewinnanteile werden steuerrechtlich sofort und unabhängig von einem formellen Gewinnfeststellungsbeschluss zugewiesen und erhöhen das steuerrechtliche Kapitalkonto. Unternehmensrechtlich werden Gewinnanteile in der Regel erst im Folgejahr nach der Feststellung des Jahresabschlusses der Personengesellschaft als Beteiligungsertrag erfasst. Daraus ergibt sich ein temporärer Unterschied, der als aktive latente Steuer zu berücksichtigen ist.

Verlustanteile werden steuerrechtlich sofort und unabhängig von einem formellen Ergebnisfeststellungsbeschluss zugewiesen und verringern das steuerrechtliche Kapitalkonto. Unternehmensrechtlich wirken sich die Verlustanteile nur insoweit auf den Beteiligungsbuchwert aus, als sie eine (dauerhafte) Wertminderung (außerplanmäßige Abschreibung) iSd § 204 Abs. 2 UGB bzw § 207 UGB auslösen. Insoweit keine außerplanmäßige Abschreibung erfolgt, ergibt sich ein temporärer Unterschied, der als passive latente Steuer zu berücksichtigen ist.

Die Ausnahmebestimmung § 198 Abs. 10 Satz 3 Z 3 UGB ist zu beachten. Kann die Auflösung der aus der unterschiedlichen zeitlichen Erfassung von Gewinnanteilen entstehenden aktiven temporären Differenz durch entsprechende Entnahmepolitik (abhängig von den Bestimmungen des Gesellschaftsvertrages) gesteuert werden und ist die Auflösung der Differenz in absehbarer Zeit nicht wahrscheinlich, so ist § 198 Abs. 10 Satz 3 Z 3 UGB anwendbar, und ein Ansatz latenter Steuern hat zu unterbleiben. Die Auflösung der sich aus der unterschiedlichen zeitlichen Berücksichtigung von Verlustanteilen ergebenden passiven temporären Differenz ist durch den Gesellschafter grundsätzlich nicht beeinflussbar. Deshalb ist die Ausnahmebestimmung § 198 Abs. 10 Satz 3 Z 3 UGB nicht anwendbar, und es sind passive latente Steuern anzusetzen.

Zu Rz (44):

In der Literatur und in der Praxis haben sich unterschiedliche Methoden der Steuerumlage herausgebildet:

a) Belastungsmethode („stand alone"-Methode)

   Die Belastungsmethode geht von der steuerlichen Selbständigkeit des einzelnen Gruppenmitglieds aus. Daher richtet sich die Höhe der Steuerumlage danach, welchen Betrag an Körperschaftsteuer das Gruppenmitglied zu zahlen gehabt hätte, wenn sein steuerliches Ergebnis nicht dem Gruppenträger zugerechnet worden wäre (Fiktion des Nichtbestehens der Unternehmensgruppe).

Daraus folgt für die Bilanzierung: Weist ein inländisches Gruppenmitglied ein positives steuerliches Ergebnis aus, dann ist derzeit eine positive Steuerumlage von 25 % an den Gruppenträger abzuführen. Bei einem steuerlichen Verlust erteilt der Gruppenträger entweder eine Gutschrift von 25 % oder merkt den überrechneten steuerlichen Verlust als „internen Verlustvortrag" vor, der mit künftigen positiven steuerlichen Umlagen verrechnet wird.

b) Verteilungsmethode

Bei der Verteilungsmethode wird die vom Gruppenträger tatsächlich geschuldete Körperschaftsteuer nach betriebswirtschaftlich als vernünftig angesehenen Schlüsseln (zB im Verhältnis der körperschaftsteuerlichen Ergebnisse der Gruppenmitglieder zueinander) auf die Gruppenmitglieder verteilt. Fällt aufgrund der vollständigen Verrechnung von steuerlichen Gewinnen und Verlusten keine Körperschaftsteuer an, so ist nach der Verteilungsmethode auch keine Steuerumlage zu verrechnen. Bei einem steuerlichen Verlust eines Gruppenmitglieds sehen Steuerumlagevereinbarungen nach dieser Methode häufig keine Gutschrift, sondern einen „internen Verlustvortrag" vor.

c) Periodenabrechnungsmethode

Bei der Periodenabrechnungsmethode wird ein fester Umlagesatz vereinbart, durch den der erwartete Vorteil der geringeren Steuerbelastung in der Unternehmensgruppe an die einzelnen Gruppenmitglieder weitergegeben wird. Im Unterschied zur Verteilungsmethode hat die tatsächlich geschuldete Körperschaftsteuer einer abgerechneten Periode keine unmittelbare Auswirkung auf die Steuerumlagen.

d) Ergebnisabführungsvertrag

Besteht zwischen dem Gruppenträger und dem Gruppenmitglied ein gesellschaftsrechtlicher Ergebnisabführungsvertrag, ist eine Umlagevereinbarung nicht erforderlich, weil das gesamte unternehmensrechtliche Ergebnis des Gruppenmitglieds an den Gruppenträger zu verrechnen ist.

Zu Rz (46):

Der Gruppenträger hat den gesamten Körperschaftsteueraufwand und den Saldo aus positiven und negativen Steuerumlagen auszuweisen. Der Gruppenträger ist aufgrund § 24a Abs. 3 KStG abgabenrechtlicher Schuldner der Steuer auf das Gruppenergebnis, weshalb bei ihm die Steuer auf die zugerechneten Ergebnisse der Gruppenmitglieder von dem Tatbestand des § 234 UGB erfasst wird. In wirtschaftlicher Betrachtungsweise ist auch das Gruppenmitglied Steuerschuldner iSd § 234 UGB hinsichtlich der von ihm aufgrund der Steuerumlagevereinbarung zu leistenden Steuerumlagen. Daher haben sowohl der Gruppenträger als auch das Gruppenmitglied die Steuerumlagen auszuweisen, weil das Gruppenmitglied dem Gruppenträger die (positive) Steuerumlage schuldet.

Zu Rz (47):

Die Werthaltigkeit der latenten Steuern ist vom Gruppenträger auf Basis der Steuerplanungsrechnung der gesamten Unternehmensgruppe zu beurteilen.

Zur Erläuterung folgendes Beispiel:

Der Gruppenträger weist einen aktiven Überhang an temporären Differenzen zum 31.12.X0 iHv 400 auf. Das Einkommen des Gruppenträgers vor Zurechnung der Ergebnisse der Gruppenmitglieder zum 31.12.X0 beträgt 200. Der steuerliche Verlust des Gruppenmitglieds A zum 31.12.X0 beträgt -300. Insgesamt ergibt sich daher ein Gruppeneinkommen iHv -100.

Aus der Steuerplanungsrechnung der gesamten Unternehmensgruppe ergeben sich folgende steuerliche Ergebnisse:

	X1	X2	X3	X4	X5	Summe
Gruppenträger	200	200	200	200	200	1.000
Gruppenmitglied A	-300	-300	-300	-300	-300	-1.500
Gruppeneinkommen	-100	-100	-100	-100	-100	-500

Die Umkehrung der aktiven temporären Differenzen wird im Jahr X20 erwartet.

Gemäß § 198 Abs. 9 UGB hat der Gruppenträger für die aktive temporäre Differenz iHv 400 grundsätzlich latente Steuern iHv 100 anzusetzen.

Aufgrund der Steuerplanungsrechnung der gesamten Unternehmensgruppe wird in den Folgejahren ein negatives Gruppeneinkommen erwartet. Es wird mit hinreichender Wahrscheinlichkeit kein steuerliches Ergebnis, welches zur voraussichtlichen Steuerentlastung beim Gruppenträger herangezogen werden könnte, zur Verfügung stehen. Der Gruppenträger darf daher keine latenten Steuern auf die temporären Differenzen iHv 400 aktivieren.

Weiters darf der Gruppenträger aufgrund der negativen Steuerplanungsrechnung keine latenten Steuern auf Verlustvorträge aktivieren.

Zu Rz (49):

Für die Bemessung der latenten Steueransprüche und -schulden ist bei Anwendung der Periodenabrechnungsmethode der in der Steuerumlagevereinbarung vereinbarte feste Umlagesatz heranzuziehen, weil er die Höhe der voraussichtlichen Steuerbe- bzw -entlastung aus Sicht des Gruppenmitglieds abbildet. Dies gilt auch bei Mischmethoden, bei denen ein fester Umlagesatz als Höchstsatz vereinbart ist.

Zu Rz (50):

§ 198 Abs. 9 und 10 UGB erfordern für die Bilanzierung von latenten Steuern sowohl eine temporäre Differenz der unternehmensrechtlichen und steuerrechtlichen Wertansätze als auch eine künftige steuerliche Be- bzw Entlastung bei demselben Unternehmen. Da dem Gruppenträger die temporären Differenzen des Gruppenmitglieds nicht zuzurechnen sind, können beim Gruppenträger grundsätzlich auch keine aktiven und passiven Steuerlatenzen des Gruppenmitglieds berücksichtigt werden. Im Hinblick auf das Vorsichtsprinzip ist es geboten, dass der Gruppenträger die latenten Steuerschulden eines Gruppenmitglieds insoweit passiviert, als dies beim Gruppenmitglied nicht erfolgt und insgesamt aus Sicht des Gruppenträgers eine zukünftige Steuerbelastung zu erwarten ist.

Zu Rz (51):

Gemäß § 198 Abs. 9 Satz 2 UGB besteht für kleine Gesellschaften ein Wahlrecht, aktive latente Steuern in der Bilanz anzusetzen, soweit sie die unverrechneten Be- und Entlastungen im Anhang aufschlüsseln. Wenn eine kleine Gesellschaft von diesem Wahlrecht nicht Gebrauch macht und der Gruppenträger eine mittelgroße oder große Gesellschaft ist, stellt sich für diesen die Frage, in welcher Höhe die aktive Steuerlatenz des Gruppenmitglieds beim Gruppenträger zu aktivieren ist. Der Gruppenträger darf in diesem Fall aufgrund der rechtlichen Selbständigkeit des Gruppenmitglieds die aktiven latenten Steuern nur in dem Ausmaß berücksichtigen, als dies beim Gruppenmitglied – beispielsweise aufgrund der Anwendung eines im Vergleich zum gültigen Steuersatz geringeren Umlagesatzes – nicht möglich ist. Soweit das Gruppenmitglied aktive latente Steuern gemäß § 198 Abs. 9 UGB ansetzen dürfte, ist diese aktive Steuerlatenz beim Gruppenträger bilanziell nicht zu berücksichtigen.

Zu Rz (53a):

Beim Gruppenmitglied ist keine Bilanzierung von latenten Steuern möglich, weil diese bereits beim Gruppenträger erfasst sind.

Bei Bestehen eines gesellschaftsrechtlichen Ergebnisabführungsvertrags zwischen einem Gruppenmitglied und dem Gruppenträger sind künftige Be- und Entlastungen aus Steuerumlagevereinbarungen beim Gruppenmitglied nicht zu berücksichtigen, weil das gesamte unternehmensrechtliche Ergebnis des Gruppenmitglieds an den Gruppenträger zu verrechnen ist.

Zu Rz (55):

Der Gruppenträger hat für künftige Verpflichtungen aus internen Verlustvorträgen grundsätzlich eine Rückstellung für künftige Steuerbelastungen iSd § 198 Abs. 8 Z 1 UGB zu bilden. Durch die Übernahme der steuerlichen Verluste eines Gruppenmitglieds erwirbt der Gruppenträger den Anspruch auf deren Verrechnung mit steuerpflichtigen Gewinnen und geht im Gegenzug die Verpflichtung ein, Steuerlasten, die das Gruppenmitglied in späteren Perioden verursacht, bis zur Höhe der übernommenen Verluste zu tragen.

Folgende Konstellationen lassen sich dabei in der Bilanzierungspraxis beobachten:

1. Ein Gruppenmitglied leitet seinen steuerlichen Verlust in voller Höhe an den Gruppenträger weiter. Insgesamt ergibt sich auf Ebene der gesamten Unternehmensgruppe ein steuerpflichtiges Gruppeneinkommen.

   Durch die Verwertung des übernommenen steuerlichen Verlusts des Gruppenmitglieds kommt es zu einer insgesamt geringeren Steuerbelastung beim Gruppenträger. Der übernommene steuerliche Verlust des Gruppenmitglieds steht zudem in den Folgejahren nicht mehr für eine Verrechnung mit den dem Gruppenträger zuzurechnenden steuerpflichtigen Gewinnen von Gruppenmitgliedern und/oder dem steuerpflichtigen Gewinn des Gruppenträgers zur Verfügung.

   Aufgrund der Verwertung der übernommenen steuerlichen Verluste des Gruppenmitglieds durch den Gruppenträger droht dem Gruppenträger eine wirtschaftliche Last, für die unter den Voraussetzungen des § 198 Abs. 8 Z 1 UGB eine Rückstellung für künftige Steuerbelastungen zu bilden ist, wenn ein steuerpflichtiger Gewinn des Gruppenmitglieds im Planungszeitraum erwartet wird.

2. Ein Gruppenmitglied leitet seinen steuerlichen Verlust in voller Höhe an den Gruppenträger weiter. Insgesamt ergibt sich auf Ebene der gesamten Unternehmensgruppe ein negatives Gruppeneinkommen zumindest in Höhe des vom Gruppenmitglied weitergeleiteten Verlusts.

   Der vom Gruppenmitglied an den Gruppenträger weitergeleitete steuerliche Verlust wird vom Gruppenträger steuerlich nicht verwertet und steht daher in den Folgejahren grundsätzlich für eine Verrechnung mit den dem Gruppenträger zuzurechnenden steuerpflichtigen Gewinnen von Gruppenmitgliedern und/oder dem steuerpflichtigen Gewinn des Gruppenträgers zur Verfügung.

   a) Für das verlustzuweisende Gruppenmitglied werden in den Folgejahren laut der Steuerplanungsrechnung weiterhin nur steuerliche Verluste erwartet. Auf Ebene der gesamten Unternehmensgruppe wird in den Folgejahren mit einem steuerpflichtigen Gruppeneinkommen gerechnet. Die übernommenen steuerlichen Verluste des Gruppenmitglieds werden daher aufgrund der erwarteten steuerpflichtigen Gewinne des Gruppenträgers oder anderer Gruppenmitglieder zu werthaltigen Verlustvorträgen des Gruppenträgers.

      Der Gruppenträger aktiviert auf diese künftigen steuerlichen Ansprüche aus steuerlichen Verlustvorträgen latente Steuern. Eine Rückstellung iSd § 198 Abs. 8 Z 1 UGB für künftige Steuerbelastungen gegenüber dem verlustzuweisenden Gruppenmitglied hat der Gruppenträger grundsätzlich nicht zu bilden, weil auf Basis der Steuerplanungsrechnung des Gruppenmitglieds ein steuerpflichtiger Gewinn im Planungszeitraum nicht erwartet wird und es daher an der für die Passivierung einer Rückstellung erforderlichen Wahrscheinlichkeit einer Inanspruchnahme fehlt.

Sollte dem Gruppenträger bei Ausscheiden des Gruppenmitglieds aus der Unternehmensgruppe aufgrund eines Steuerschlussausgleichs eine Ausgleichszahlung für bisher genutzte steuerliche Verluste des Gruppenmitglieds drohen, für die keine negative Steuerumlage gutgeschrieben wurde, ist unter den Voraussetzungen des § 198 Abs. 8 Z 1 UGB eine Rückstellung zu bilden.

b) Für ein verlustzuweisendes Gruppenmitglied werden in den Folgejahren laut der Steuerplanungsrechnung steuerpflichtige Gewinne erwartet. Auf Ebene der gesamten Unternehmensgruppe wird in den Folgejahren mit einem negativen Gruppenergebnis gerechnet. Die übernommenen steuerlichen Verluste des Gruppenmitglieds sind daher beim Gruppenträger als nicht werthaltig anzusehen.

Der Gruppenträger kann aufgrund der fehlenden Voraussetzungen der Rz (12) ff keine latenten Steuern auf die künftigen steuerlichen Ansprüche aus steuerlichen Verlustvorträgen aktivieren. Weiters ist davon auszugehen, dass die für die Passivierung einer Rückstellung für künftige Steuerbelastungen iSd § 198 Abs. 8 Z 1 UGB erforderliche Wahrscheinlichkeit nicht gegeben ist, weil ein steuerpflichtiges Gruppeneinkommen im Planungszeitraum nicht erwartet wird.

Sollte dem Gruppenträger bei Ausscheiden des Gruppenmitglieds aus der Unternehmensgruppe aufgrund eines Steuerschlussausgleichs eine Ausgleichszahlung für bisher genutzte steuerliche Verluste des Gruppenmitglieds drohen, für die keine negative Steuerumlage gutgeschrieben wurde, ist unter den Voraussetzungen des § 198 Abs. 8 Z 1 UGB eine Rückstellung zu bilden.

3. Ein Gruppenmitglied leitet seinen steuerlichen Verlust in voller Höhe an den Gruppenträger weiter. Insgesamt ergibt sich auf Ebene der gesamten Unternehmensgruppe ein negatives Gruppeneinkommen zumindest in Höhe des vom Gruppenmitglied weitergeleiteten Verlusts.

Der vom Gruppenmitglied an den Gruppenträger weitergeleitete steuerliche Verlust wird vom Gruppenträger steuerlich nicht verwertet und steht daher in den Folgejahren grundsätzlich für eine Verrechnung mit den dem Gruppenträger zuzurechnenden steuerpflichtigen Gewinnen von Gruppenmitgliedern und/oder dem steuerpflichtigen Gewinn des Gruppenträgers zur Verfügung.

Für das verlustzuweisende Gruppenmitglied und auf Ebene der gesamten Unternehmensgruppe werden laut der Steuerplanungsrechnung in den Folgejahren steuerpflichtige Gewinne bzw ein steuerpflichtiges Gruppeneinkommen erwartet. Die übernommenen Verluste des Gruppenmitglieds werden daher zu werthaltigen Verlustvorträgen des Gruppenträgers.

Der Gruppenträger aktiviert auf diese künftigen steuerlichen Ansprüche aus steuerlichen Verlustvorträgen entsprechend § 198 Abs. 9 Satz 3 UGB latente Steuern. Der Gruppenträger hat unter den Voraussetzungen des § 198 Abs. 8 Z 1 UGB eine Rückstellung für künftige Steuerbelastungen zu bilden. Die künftigen Ansprüche aus den übernommenen steuerlichen Verlusten stehen dann der Verpflichtung aus der Steuerausgleichsvereinbarung auf der Passivseite der Bilanz kompensierend gegenüber.

Entscheidet sich der Gruppenträger gegen die Ausübung des Wahlrechts zur Aktivierung von latenten Steuern, steht der künftige steuerliche Anspruch aus steuerlichen Verlustvorträgen der künftigen Verpflichtung aus der Steuerumlagevereinbarung unter Beachtung der 75%igen Vortragsgrenze kompensierend gegenüber. Insoweit ist daher keine Rückstellung für künftige Steuerbelastungen iSd § 198 Abs. 8 Z 1 UGB zu bilden.

Unabhängig von der Ausübung des Wahlrechts zur Aktivierung von latenten Steuern aus den übernommenen steuerlichen Verlusten eines Gruppenmitglieds beim Gruppenträger darf auch das Gruppenmitglied unter den Voraussetzungen der Rz (12) ff latente Steuern auf den internen Verlustvortrag aktivieren (siehe Rz (52)).

Zu Rz (63):

In den folgenden Fällen hat ein Gruppenträger die steuerlichen Vorteile, die er durch die Übernahme der steuerlichen Verluste eines ausländischen Gruppenmitglieds erzielt hat, in späteren Jahren als Hinzurechnung zu berücksichtigen:

a) Das ausländische Gruppenmitglied verrechnet seine steuerlichen Verlustvorträge mit eigenen steuerlichen Gewinnen oder könnte sie damit verrechnen.

b) Das ausländische Gruppenmitglied scheidet aus der steuerlichen Unternehmensgruppe aus, bleibt aber Tochtergesellschaft.

c) Das ausländische Gruppenmitglied scheidet aus der steuerlichen Unternehmensgruppe durch Verkauf aus.

d) Das ausländische Gruppenmitglied wird liquidiert oder geht durch Insolvenz (Konkurs) unter.

Zu Rz (64):

Die Höhe der Anrechnung des vom ausländischen Gruppenmitglied erzielten steuerlichen Verlusts bestimmte sich bis zum 1. StabG 2012 (1. Stabilitätsgesetz 2012, BGBl I 2012/22) alleine nach österreichischem Steuerrecht. War bis einschließlich 2011 der nach österreichischem Steuerrecht ermittelte Verlust höher als der nach ausländischem Steuerrecht ermittelte Verlust (zB durch Nutzung von im österreichischen Steuerrecht vorgesehenen Freibeträgen), so war für die Nachversteuerung zunächst der nach dem ausländischen Steuerrecht anrechenbare geringere Verlustvortrag maßgebend. Dadurch entstand ein Unterschiedsbetrag zwischen dem in Österreich geltend gemachten Verlust und dem im Ausland verwendeten Verlustvortrag, den der Gruppenträger erst bei Ausscheiden des ausländischen Gruppenmitglieds oder dessen Liquidation nachzuversteuern hat. Ebenso sind ausländische Verlustvorträge, die nach dem ausländischen Steuerrecht (zB wegen Zeitablaufs) verfallen sind, erst bei Ausscheiden des ausländischen Gruppenmitglieds aus der Unternehmensgruppe oder dessen Liquidation nachzuversteuern („eingefrorene Verluste"). Derartige „eingefrorene Verluste" aus den Jahren 2005 bis 2011 können weiterhin bestehen und sind bei der Bilanzierung weiterhin zu berücksichtigen.

Nach der Änderung der Bestimmungen durch das 1. StabG 2012 sind ausländische Verluste zwar weiterhin nach den österreichischen Gewinnermittlungsvorschriften umzurechnen. Sie dürfen aber nunmehr höchstens in Höhe der ausländischen (nicht umgerechneten) Verluste von der österreichischen Steuerbemessungsgrundlage abgezogen werden („Deckelung").

Durch das AbgÄG 2014 wurde § 9 Abs. 2 KStG dahingehend geändert, dass in eine Unternehmensgruppe nur mehr ausländische Beteiligungskörperschaften einbezogen werden können, mit deren Ansässigkeitsstaat ein umfassendes Amtshilfeabkommen besteht. Weiters können Verluste nur mehr in Höhe von 75 % der Summe der steuerpflichtigen Einkommen sämtlicher unbeschränkt steuerpflichtigen Gruppenmitglieder einschließlich des Gruppenträgers verrechnet werden. Die verbleibenden, nicht verrechenbaren 25 % gehen in den Verlustvortrag des Gruppenträgers ein.

Ausländische Gruppenmitglieder, die ihren Sitz in einem Staat haben, mit dem kein umfassendes Amtshilfeabkommen besteht, sind gemäß § 26c Z 45 lit. a KStG zwingend mit 1. Jänner 2015 aus der Unternehmensgruppe ausgeschieden. Es kommt daher zwingend zu einer Nachversteuerung der bisher geltend gemachten ausländischen Verluste. Der nachzuversteuernde Betrag ist gemäß § 26c Z 45 lit. b KStG gleichmäßig auf das Jahr des Ausscheidens sowie auf die beiden folgenden Jahre zu verteilen.

Zu Rz (65):

Die Bildung dieser Verbindlichkeitsrückstellung ist insbesondere dann erforderlich, wenn sich diese Verluste wahrscheinlich in den nächsten Jahren umkehren und diese Umkehrung vom Gruppenträger grundsätzlich nicht verhindert werden kann. Erfolgt die Nachversteuerung erst bei Ausscheiden oder Liquidation des Gruppenmitglieds und liegt ein solches Ausscheiden oder die Liquidation in der Verfügungsmacht des Gruppenträgers, so stellen die erst dabei steuerwirksamen Verluste (die „eingefrorenen Verluste") Differenzen dar, für die keine Rückstellung zu bilden ist.

Zu Rz (67) bis (95):

Die Ausführungen in diesem Kapitel behandeln die Frage, ob und unter welchen Voraussetzungen latente Steuern aus durch die Umgründung neu entstandenen temporären Differenzen zu berücksichtigen sind oder nicht.

Die Ausführungen in diesem Kapitel werden durch den Entscheidungsbaum über die Anwendung von § 198 Abs. 10 Satz 3 Z 2 UGB im Zusammenhang mit Umgründungen und die Übersichtstabellen über die Auswirkungen von Umgründungen auf die Bilanzierung von latenten Steuern bei den jeweiligen Rechtsträgern (siehe Anhang) ergänzt.

Greift die Ausnahme § 198 Abs. 10 Satz 3 Z 2 UGB nicht, ist gesondert zu überprüfen, ob die Ausnahmebestimmungen § 198 Abs. 10 Satz 3 Z 1 oder 3 UGB anzuwenden sind.

Zu Rz (69):

Umgründungen

Die ErlRV 367 BlgNR 25. GP zu § 198 Abs. 10 UGB nehmen auf IAS 12 Bezug. Gemäß IAS 12.15(b) ist unter anderem keine latente Steuerschuld anzusetzen, wenn die latente Steuerschuld aus dem erstmaligen Ansatz eines Vermögenswerts oder einer Schuld bei einem Geschäftsvorfall, der kein Unternehmenszusammenschluss ist, erwächst.

Ein Unternehmenszusammenschluss liegt nach IAS 12.15(b) iVm IFRS 3 Anhang A dann vor, wenn die erworbenen Vermögenswerte und übernommenen Schulden einen Geschäftsbetrieb darstellen und der Erwerber die Beherrschung über den Geschäftsbetrieb erlangt. Da dem UGB der Begriff des Unternehmenszusammenschlusses fremd ist, wird in § 198 Abs. 10 Satz 3 Z 2 UGB stellvertretend auf Umgründungen iSd § 202 Abs. 2 UGB und Übernahmen iSd § 203 Abs. 5 UGB abgestellt.

Wird im Rahmen der Umgründung ein Betrieb oder Teilbetrieb übernommen, stellt dies einen Erwerb eines Geschäftsbetriebs nach IAS 12.15(b) iVm IFRS 3 Anhang A dar. Die Ausnahme § 198 Abs. 10 Satz 3 Z 2 UGB greift daher nicht, weil die Bedingungen der § 198 Abs. 10 Satz 3 Z 2 lit. a und b UGB keinesfalls kumulativ vorliegen können. Es müssen daher grundsätzlich latente Steuern angesetzt werden. Allerdings stellen § 198 Abs. 10 Satz 3 Z 1 und 3 UGB Ausnahmen von dieser grundsätzlichen Verpflichtung zur Bilanzierung latenter Steuern dar, die auch im Rahmen von Umgründungen zu beachten sind.

Keine Umgründung iSd Bedingung des § 198 Abs. 10 Satz 3 Z 2 lit. a UGB liegt vor, wenn der Geschäftsvorfall keinen Betrieb oder Teilbetrieb, sondern nur einzelne Vermögensgegenstände wie beispielsweise ein Grundstück oder einen Gesellschaftsanteil betrifft, weil dies keinen Erwerb eines Geschäftsbetriebs nach IAS 12.15(b) iVm IFRS 3 Anhang A darstellt. Die Ausnahme § 198 Abs. 10 Satz 3 Z 2 UGB greift daher bei einer solchen erfolgsneutralen Umgründung, weil die Bedingungen in § 198 Abs. 10 Satz 3 Z 2 lit. a und b UGB kumulativ vorliegen. Bei einer solchen erfolgswirksamen Umgründung kommt es hingegen grundsätzlich zur Verpflichtung zur Bilanzierung latenter Steuern. Allerdings stellt § 198 Abs. 10 Satz 3 Z 3 UGB auch in diesem Fall eine Ausnahme von der grundsätzlichen Verpflichtung zur Bilanzierung latenter Steuern dar. Mangels Übertragung eines Betriebs bzw Teilbetriebs ist der Ansatz eines Geschäfts(Firmen)werts keinesfalls denkbar, die Ausnahme § 198 Abs. 10 Satz 3 Z 1 UGB geht daher ins Leere.

Beeinflussung des bilanziellen Ergebnisses vor Steuern

Ob durch eine Umgründung das bilanzielle Ergebnis vor Steuern beeinflusst wird, hängt von der Umgründungsrichtung ab. Soweit es sich bei Umgründungen um einen Tausch oder tauschähnlichen Vorgang handelt, kann es zu einer Beeinflussung des bilanziellen Ergebnisses vor Steuern kommen. Das bilanzielle Ergebnis wird dann nicht beeinflusst, wenn der Tausch oder der tauschähnliche Vorgang zu keinem Gewinn oder Verlust führt oder ein Verlust durch den Ansatz eines Umgründungsmehrwerts und gegebenenfalls durch den Ansatz eines Firmenwerts neutralisiert wird.

Allfällige Confusiogewinne und -verluste sind der Umgründung nachgelagert und beeinflussen daher das bilanzielle Ergebnis vor Steuern iSd § 198 Abs. 10 Satz 3 Z 2 lit. b UGB nicht.

Beeinflussung des zu versteuernden Ergebnisses

Ob durch eine Umgründung das steuerliche Ergebnis beeinflusst wird, ist einerseits von der Umgründungsrichtung und andererseits von der steuerlichen Bewertung des übernommenen Vermögens (Buchwertfortführung oder steuerliche Realisation) abhängig. Aufgrund des Grundsatzes der Steuerneutralität von Buchgewinnen und Buchverlusten kommt es zu keiner Beeinflussung des zu versteuernden Ergebnisses.

Allfällige Confusiogewinne und -verluste sind der Umgründung nachgelagert und beeinflussen daher das zu versteuernde Ergebnis iSd § 198 Abs. 10 Satz 3 Z 2 lit. b UGB nicht.

Zu Rz (73) bis (78):

Die Ausführungen zum übernehmenden Rechtsträger können für Verschmelzungen, Einbringungen, Spaltungen und Umwandlungen herangezogen werden.

Der übernehmende Rechtsträger hat entsprechend seinen bilanziellen Verhältnissen das Erfordernis der Bildung latenter Steuern zu beurteilen. Dies kann zB bedeuten, dass eine grundsätzlich erforderliche Rückstellung für latente Steuern wegen Vorhandenseins von Verlustvorträgen letztlich nicht zu bilden ist. Ebenso ist es denkbar, dass eine beim übertragenden Rechtsträger unterlassene aktive bzw passive Steuerabgrenzung beim übernehmenden Rechtsträger gebildet wird.

Dementsprechend ist vom übernehmenden Rechtsträger auch die Auswirkung latenter Steuern auf den Unterschiedsbetrag des § 202 Abs. 2 Z 2 UGB zu beurteilen.

Zur Erläuterung folgen zwei Beispiele:

Beispiel A:

Die M-GmbH ist an der T-GmbH zu 100 % beteiligt. Die T-GmbH soll auf die M-GmbH verschmolzen werden.

Die unternehmens- und steuerrechtliche Bilanz der M-GmbH vor der Umgründung zeigt folgendes Bild:

url und strl Bilanz

Beteiligung	1.500	EK	1.500
	1.500		1.500

Die unternehmens- bzw steuerrechtliche Schlussbilanz der T-GmbH zeigt folgendes Bild:

url Schlussbilanz

AV	1.000	EK	800
		RSt	200
	1.000		1.000

strl Schlussbilanz

AV	1.000	EK	900
		RSt	100
	1.000		1.000

Im Anlagevermögen befinden sich stille Reserven iHv 2.000.

Zwischen dem unternehmens- und dem steuerrechtlichen Wertansatz der ausgewiesenen Rückstellung besteht eine temporäre Differenz iHv 100. Daraus ergibt sich eine aktive latente Steuer iHv 25. Diese aktive latente Steuer wird aber in der Bilanz der T-GmbH nicht bilanziert, weil aus Sicht der

T-GmbH mit der Steuerentlastung nicht zu rechnen ist, und ist daher in den fortgeführten Buchwerten der T-GmbH nicht enthalten.

In einem ersten Schritt ist der übernommene Unterschiedsbetrag iSd § 202 Abs. 2 Z 2 UGB zwischen dem Buchwert der untergehenden Anteile iHv 1.500 und den fortgeführten Werten iHv 800 zu ermitteln. Dieser beträgt 700.

In wirtschaftlicher Betrachtungsweise ist in dem Unterschiedsbetrag iSd § 202 Abs. 2 Z 2 UGB zwischen dem Buchwert der untergehenden Anteile und den fortgeführten Werten die beim übertragenden Rechtsträger nicht aktivierte latente Steuer enthalten. Deshalb ist beim übernehmenden Rechtsträger die beim übertragenden Rechtsträger nicht bilanzierte aktive latente Steuer bei der Ermittlung der latenten Steuern auf den Unterschiedsbetrag iSd § 202 Abs. 2 Z 2 UGB zu berücksichtigen. Die beim übertragenden Rechtsträger nicht aktivierte latente Steuer iHv 25 führt zu einer Erhöhung des Eigenkapitals auf 825, und der Unterschiedsbetrag zwischen dem Betrag der untergehenden Anteile iHv 1.500 und den fortgeführten Werten iHv 825 beträgt in der Folge 675. Dieser Unterschiedsbetrag iHv 675 stellt eine temporäre Differenz dar, aus der sich auf Basis einer iterativen Ermittlungsmethode eine passive latente Steuer iHv 225 ergibt.[1]

[1] Bei der iterativen Berechnung der latenten Steuern wird in schrittweisen wiederholten Rechengängen der genaue Betrag ermittelt: Aus dem Unterschiedsbetrag iHv 675 ergibt sich eine passive latente Steuer iHv 168,75, die in gleicher Höhe den Buchverlust und damit den Unterschiedsbetrag erhöht. Daher ist auf diesen Betrag eine passive latente Steuer iHv 42,19 zu bilanzieren, die erneut den Buchverlust bzw den Unterschiedsbetrag erhöht. In der Folge ist auf diesen Betrag wieder eine passive latente Steuer zu ermitteln usw.
Zusammengefasst ergibt die iterative Berechnung der latenten Steuern auf Basis des Unterschiedsbetrags iHv 675 einen Betrag iHv 900 (675 : 75 % = 900). Die latenten Steuern ergeben sich aus der Differenz zwischen dem Unterschiedsbetrag iHv 675 und dem Betrag iHv 900 und betragen daher 225.

Im Rahmen der Gesamtdifferenzenbetrachtung sind die passiven latenten Steuern iHv 225 mit den aktiven latenten Steuern iHv 25 zu saldieren. Der Gesamtbetrag der passiven latenten Steuern beträgt somit 200.

Der übernehmende Rechtsträger kann gemäß § 202 Abs. 2 Z 2 UGB den Unterschiedsbetrag iHv 700 als Umgründungsmehrwert aktivieren. Bei Ausübung dieses Wahlrechts ist zudem die Passivierung der Rückstellung für latente Steuern durch den Umgründungsmehrwert zu neutralisieren. Sollte der sich daraus insgesamt ergebende Umgründungsmehrwert nicht in den stillen Reserven des Anlagevermögens gedeckt sein, so darf darüber hinaus gemäß § 202 Abs. 2 Z 3 UGB ein Firmenwert aktiviert werden.

Die demonstrative unternehmens- bzw steuerrechtliche Bilanz der M-GmbH nach der Umgründung zeigt folgendes Bild:

url Bilanz

AV	1.000	EK	1.500
Umgr.-MW	900	RSt	200
		RSt latente Steuern	200
	1.900		1.900

strl Bilanz

AV	1.000	EK	1.500
		Buchverlust	-600
		RSt	100
	1.000		1.000

Beispiel B:

Die M-GmbH ist an der T-GmbH zu 100 % beteiligt. Die T-GmbH soll auf die M-GmbH verschmolzen werden.

Die unternehmens- und steuerrechtliche Bilanz der M-GmbH vor der Umgründung zeigt folgendes Bild:

url und strl Bilanz

Beteiligung	1.500	EK	1.500
	1.500		1.500

Die unternehmens- bzw steuerrechtliche Schlussbilanz der T-GmbH zeigt folgendes Bild:

url Schlussbilanz

AV	1.000	EK	900
		FK	100
	1.000		1.000

strl Schlussbilanz

AV	600	EK	500
		FK	100
	600		600

Im Anlagevermögen befinden sich stille Reserven iHv 700.

Zwischen den unternehmens- und den steuerrechtlichen Wertansätzen des Anlagevermögens der T-GmbH besteht eine temporäre Differenz iHv 400. Daraus ergibt sich eine passive latente Steuer iHv 100. Diese passive latente Steuer wird aber in der Bilanz der T-GmbH nicht bilanziert, weil das Wahlrecht iSd Rz (13) zum Ansatz aktiver latenter Steuern aus steuerlichen Verlustvorträgen ausgeübt wird. Bei der übernehmenden Gesellschaft wird das Wahlrecht zur Aktivierung latenter Steuern aus steuerlichen Verlustvorträgen nicht ausgeübt.

In einem ersten Schritt ist der übernommene Unterschiedsbetrag iSd § 202 Abs. 2 Z 2 UGB zwischen dem Buchwert der untergehenden Anteile iHv 1.500 und den fortgeführten Werten iHv 900 zu ermitteln. Dieser beträgt 600.

In wirtschaftlicher Betrachtungsweise ist in dem Unterschiedsbetrag iSd § 202 Abs. 2 Z 2 UGB zwischen dem Buchwert der untergehenden Anteile und den fortgeführten Werten die beim übertragenden Rechtsträger nicht passivierte latente Steuer enthalten. Deshalb ist beim übernehmenden Rechtsträger die beim übertragenden Rechtsträger nicht bilanzierte passive latente Steuer bei der Ermittlung der latenten Steuern auf den Unterschiedsbetrag iSd § 202 Abs. 2 Z 2 UGB zu berücksichtigen. Die beim übertragenden Rechtsträger nicht passivierte latente Steuer iHv 100 führt zu einer Verminderung des Eigenkapitals auf 800, und der Unterschiedsbetrag zwischen dem Betrag der untergehenden Anteile iHv 1.500 und den fortgeführten Werten iHv 800 beträgt in der Folge 700. Dieser Unterschiedsbetrag iHv 700 stellt eine temporäre Differenz dar, aus der sich eine passive latente Steuer iHv 175 ergibt. Zuzüglich der passiven latenten Steuer aus dem übernommenen Anlagevermögen iHv 100 ergibt sich ein Gesamtbetrag an passiven latenten Steuern iHv 275.

Der übernehmende Rechtsträger kann gemäß § 202 Abs. 2 Z 2 UGB den Unterschiedsbetrag iHv 600 aktivieren. Bei Ausübung dieses Wahlrechts ist zudem die Passivierung der Rückstellung für latente Steuern durch den Umgründungsmehrwert zu neutralisieren. Sollte der sich daraus insgesamt ergebende Umgründungsmehrwert nicht in den stillen Reserven des Anlagevermögens gedeckt sein, so darf darüber hinaus gemäß § 202 Abs. 2 Z 3 UGB ein Firmenwert aktiviert werden.

Die demonstrative unternehmensrechtliche bzw steuerrechtliche Bilanz der M-GmbH nach der Umgründung zeigt folgendes Bild:

url Bilanz

AV	1.000	EK	1.500
Umgr.-MW	700	FK	100
Firmenwert	175	RSt latente Steuern	275
	1.875		1.875

strl Bilanz

AV	600	EK	1.500
		Buchverlust	-1.000
		FK	100
	600		600

Zu Rz (83):

Bei der Verschmelzung von zwei Schwestergesellschaften liegt beim Gesellschafter der übertragenden und der übernehmenden Gesellschaft ein tauschähnlicher Vorgang vor. Dem Untergang der Beteiligung an der übertragenden Gesellschaft steht eine Wertänderung der Beteiligung an der übernehmenden Gesellschaft gegenüber. Nach den für den Tausch geltenden Grundsätzen ist der beizulegende Wert der untergehenden Beteiligung an der übertragenden Gesellschaft auf die Beteiligung an der übernehmenden Gesellschaft zu übertragen. Der Unterschiedsbetrag zwischen dem beizulegenden Wert und dem Buchwert der untergehenden Beteiligung ist in der Gewinn- und Verlustrechnung in einem Sonderposten vor dem Posten „Jahresüberschuss/Jahresfehlbetrag" auszuweisen, wodurch es zu einer Beeinflussung des bilanziellen Ergebnisses vor Steuern kommt.

Zu Rz (86):

Vgl dazu die Ausführungen in KFS/RL 25, Rz 143 und 158.

Zu Rz (88):

Bei der Muttergesellschaft wird im Fall der Abwärts-Verschmelzung die Beteiligung an der Tochtergesellschaft durch die Beteiligung an der Enkelgesellschaft ersetzt. Dieser Vorgang stellt einen Tausch oder tauschähnlichen Vorgang dar, welcher nach den für den Tausch entwickelten Grundsätzen iSd § 202 Abs. 1 UGB bewertet werden kann. Durch den Realisationsgewinn wird das bilanzielle Ergebnis vor Steuern beeinflusst.

Zu Rz (89):

Im Hinblick darauf, dass dem vorliegenden Tausch eine Umgründung zugrunde liegt, darf die Muttergesellschaft den Buchwert der bisherigen Beteiligung an der Tochtergesellschaft unverändert auf die neue Beteiligung an der Enkelgesellschaft übertragen. Das bilanzielle Ergebnis vor Steuern wird dabei nicht beeinflusst.

Zu Rz (95a) bis (95d):

IAS 12.9 öffnet potentiell den Anwendungsbereich des § 198 Abs. 9 UGB für außerbilanzielle Hinzurechnungen und Abzüge im Steuerrecht, die berücksichtigt werden müssen, um die zukünftigen Steuerbe- und -entlastungen umfassend abzubilden. Diese Hinzurechnungen und Abzüge führen im Ergebnis dazu, dass Aufwendungen und Erträge im Rahmen der unternehmensrechtlichen Gewinnentstehung steuerrechtlich in Gestalt von Betriebsausgaben und -einnahmen zu einem anderen Zeitpunkt zu Steuerent- und -belastungen führen, als sie unternehmensrechtlich realisiert werden. Auf

Rz (9) und die diesbezüglichen Erläuterungen in dieser Stellungnahme wird verwiesen.

Es stellt sich die Frage, ob § 198 Abs. 9 UGB sowie IAS 12.9, der für die Auslegung des § 198 Abs. 9 UGB herangezogen wird, im Ergebnis auch dazu führen können, dass künftige Steuerbelastungen aus der Auflösung der Haft- oder Risikorücklage im Rahmen der Steuerlatenzrechnung zu berücksichtigen sind. Diese Frage ist zu verneinen, weil diese Rücklagen nicht dazu führen, dass Aufwendungen und Erträge im Rahmen der unternehmensrechtlichen Gewinnentstehung zu einem anderen Zeitpunkt zu Steuerent- und -belastungen führen, als sie unternehmensrechtlich realisiert werden. Vielmehr sind solche Rücklagen unternehmensrechtlich der Gewinnverwendung zuzuordnen; nur im Steuerrecht waren sie in der Vergangenheit (teilweise) bei ihrer Bildung als Betriebsausgabe eine Steuerentlastung und führen daher (teilweise) bei ihrer Auflösung als Betriebseinnahme zu einer Steuerbelastung. Diese Überlegungen gelten gleichermaßen auch für andere gleichgelagerte Fragestellungen, zB den Fonds für allgemeine Bankrisiken, der ähnlich der Haftrücklage als Rücklage und damit Gewinnverwendung gesehen wird.[2] Veränderungen des bereits versteuerten Teils sind steuerlich unbeachtlich, dieser ist daher als permanente Differenz zu qualifizieren.

[2] Der Fonds für allgemeine Bankrisiken wird in der Literatur einhellig den Rücklagen zugewiesen. Auch aufsichtsrechtlich wird dieser als Eigenmittel bester Qualität den offen ausgewiesenen Rücklagen zugeordnet. Lediglich die Bildung und Auflösung ist in der Gewinn- und Verlustrechnung gesondert auszuweisen. Dass der Gesetzgeber dies im Rahmen des außerordentlichen Ergebnisses und nicht der Rücklagenbewegung vorgesehen hat, liegt darin begründet, dass er den Fonds für allgemeine Bankrisiken den Zustimmungs- und Eingriffsmöglichkeiten der Aktionäre entziehen und damit dem Vorstand ein diskretionäres Recht auf Rücklagenbildung zugestehen wollte. Es handelt sich daher nicht um einen Ansatz- oder Bewertungsunterschied, sondern um Gewinnverwendung. Vgl auch Klein/Bartsch, ÖBA 1994, S 939 ff, Dellinger/Burger/Puhm in Dellinger, BWG § 23 Rz 57, OGH 27.04.2016, 6 Ob 90/14z.

Vor dem Hintergrund der bisherigen Schlussfolgerungen sind auch die unternehmensrechtlichen unversteuerten Rücklagen zu beurteilen, deren Ausweis durch das RÄG 2014 abgeschafft wurde. Sie sind nach Abzug der passiven Steuerlatenz ins Eigenkapital umzugliedern. Diese passive Steuerlatenz ist jedoch nicht ursprünglich auf die im Rahmen der Gewinnverwendung gebildete unversteuerte Rücklage zurückzuführen, sondern auf Differenzen zwischen den unternehmens- und steuerrechtlichen Wertansätzen von Vermögensgegenständen (etwa aus vorzeitigen steuerrechtlichen Abschreibungen, der steuerrechtlichen Übertragung stiller Reserven oder der steuerlichen Begünstigung von künftigen Anschaffungen von Vermögensgegenständen). Genau diese Differenzen fehlen bei der Haft- oder Risikorücklage, da diese Rücklagen zu keinerlei Wertansatzdifferenzen im Rahmen der unternehmensrechtlichen Gewinnentstehung führen.

Zu Rz (107d):

Entsprechend dem Erkenntnis des VwGH vom 21. September 2016, 2013/13/0120, ist bei der steuerlichen Beurteilung des Erwerbs eigener Anteile zu unterscheiden, ob der Rückerwerb als Vorgang societatis causa (Einlagenrückzahlung oder Gewinnausschüttung) oder obligationis causa (Anschaffung eines Wirtschaftsguts) zu werten sei.

Zu Rz (107e) und (107f):

Insbesondere dann, wenn keine betrieblichen Gründe seitens der Gesellschaft für den Erwerb eigener Anteile bestehen, werden die Rechtsregeln für die Einlagenrückzahlung oder die Gewinnausschüttung schlagend. Der Erwerb eigener Anteile zwecks Einziehung im Wege einer Kapitalherabsetzung stellt einen Vorgang societatis causa dar. Hinsichtlich des Erwerbs eigener Anteile zum Zwecke der Kurspflege ist im Einzelfall zu prüfen, ob dies einen Vorgang societatis causa oder einen Vorgang obligationis causa darstellt.

Sowohl unternehmensrechtlich als auch steuerlich erfolgt für die eigenen Anteile kein Ansatz eines Aktivpostens in der Bilanz. Die erworbenen eigenen Anteile werden in der Unternehmens- und in der Steuerbilanz im Eigenkapital abgebildet.

§ 198 Abs. 9 und 10 UGB verlangen unter bestimmten Voraussetzungen den Ansatz von latenten Steuern für Differenzen zwischen den unternehmensrechtlichen und den steuerrechtlichen Wertansätzen von Vermögensgegenständen, Rückstellungen, Verbindlichkeiten und Rechnungsabgrenzungsposten. Ein Ansatz von latenten Steuern auf temporäre Differenzen zwischen den unternehmensrechtlichen und den steuerlichen Posten des Eigenkapitals ist nicht möglich. Da die eigenen Anteile in der Unternehmens- und in der Steuerbilanz im Eigenkapital abgebildet werden, sind die Ansatzvoraussetzungen für latente Steuern iSd § 198 Abs. 9 und 10 UGB nicht erfüllt.

Zu Rz (107g) und (107h):

Allgemeines

Wenn der Erwerb eigener Anteile der Gesellschaft einen betrieblichen Nutzen bringen kann, dann kann dies als betrieblicher Vorgang angesehen werden, selbst wenn der Erwerb auch im Interesse der Aktionäre erfolgt. Die Beurteilung, ob ein Wirtschaftsgut vorliegt, hängt von den objektiven Beweggründen des Erwerbs ab. Liegt aus steuerlicher Sicht ein Wirtschaftsgut vor, sind Abschreibungen auf den niedrigeren Teilwert gemäß § 6 Z 2 lit a EStG und Veräußerungsgewinne steuerwirksam.

Vorliegen einer temporären Differenz

Wenn steuerlich ein Wirtschaftsgut vorliegt, dann sind zwei unterschiedliche Vorgangsweisen denkbar:[3] Dem Steuerwert der eigenen Anteile steht der Betrag gegenüber, der beim Erwerb vom Eigenkapital abgezogen wurde. Im Erwerbszeitpunkt liegt grundsätzlich keine Differenz zwischen dem Steuerwert und dem im unternehmensrechtlichen Eigenkapital erfassten Wert vor (Variante 1). Dem Steuerwert der eigenen Anteile steht im UGB-Abschluss kein korrespondierender Vermögensgegenstand gegenüber, und es liegt grundsätzlich eine temporäre Differenz vor (Variante 2). AFRAC ist der Ansicht, dass in Höhe des Unterschiedsbetrags zwischen dem steuerlichen Wertansatz und dem unternehmensrechtlichen Buchwert iHv null eine temporäre Differenz vorliegt und daher Variante 2 die zutreffende Variante ist. Auf die temporäre Differenz sind unter den Voraussetzungen des § 198 Abs. 10 Satz 3 Z 2 UGB keine latenten Steuern anzusetzen. Die bilanzielle Behandlung von Anschaffungsnebenkosten als laufender Aufwand hat auf die Anwendung von § 198 Abs. 10 Satz 3 Z 2 UGB keinen Einfluss.

[3] Vgl Baumgartner/Nowotny, AFRAC-Stellungnahme 30 – Probleme, zu denen diese Stellungnahme (noch) schweigt, RWZ 7-8/2017, 227 f mwN.

Gemäß § 198 Abs. 10 Satz 3 Z 2 UGB sind latente Steuern nicht zu berücksichtigen, soweit sie aus dem erstmaligen Ansatz eines Vermögenswerts oder einer Schuld bei einem Geschäftsvorfall entstehen, der keine Umgründung iSd § 202 Abs. 2 UGB oder Übernahme iSd § 203 Abs. 5 UGB ist und zum Zeitpunkt des Geschäftsvorfalls weder das bilanzielle Ergebnis vor Steuern noch das zu versteuernde Ergebnis (den steuerlichen Verlust) beeinflusst. Ein Vermögensgegenstand liegt vor, wenn insbesondere das Merkmal der selbständigen Verkehrsfähigkeit erfüllt ist. Sofern eigene Anteile das Merkmal der selbständigen Verkehrsfähigkeit erfüllen und als Vermögensgegenstand qualifiziert werden, greift die Ausnahmebestimmung des § 198 Abs. 10 Satz 3 Z 2 UGB unter den genannten Voraussetzungen. Der Anwendung dieser Ausnahmebestimmung steht nicht entgegen, dass die eigenen Anteile unternehmensrechtlich das Eigenkapital vermindern. Ebenso ist der Umstand, dass sämtliche Gesellschafterrechte aus dem Anteil während der Dauer des Besitzes durch die Gesellschaft ruhen, für die Anwendung von § 198 Abs. 10 Satz 3 Z 2 UGB nicht von Bedeutung.

Die Ausnahme des § 198 Abs. 10 Satz 3 Z 2 UGB bezieht sich nur auf den Erstansatz. Veränderungen der temporären Differenz aus dem Erstansatz, die durch eine Teilwertabschreibung gemäß § 6 Z 2 lit a EStG ausgelöst werden, sind als Folge der Nichtberücksichtigung latenter Steuern beim Erstansatz ebenfalls nicht zu berücksichtigen.

Zu Rz (107k):

Aus steuerlicher Sicht liegt beim Erwerb eines Anteils am Mutterunternehmen durch ein Tochterunternehmen grundsätzlich ein Wirtschaftsgut vor.

Zu Rz (108):

Aktive latente Steuern sind jedenfalls zu berücksichtigen, auch wenn kleine Gesellschaften sie aufgrund des Ansatzwahlrechts im Jahresabschluss nicht bilanziert haben.

Zu Rz (109):

Bei latenten Steuern, die sich bereits aus den Jahresabschlüssen der in den Konzernabschluss einzubeziehenden Unternehmen ergeben, kann es aufgrund unterschiedlicher Ansatz- und Bewertungsmöglichkeiten der Steuerabgrenzung im Jahres- und im Konzernabschluss zu entsprechenden Anpassungen im Rahmen der Erstellung der Unternehmensbilanz II (UB II) kommen.

Zu Rz (113):

Entsprechend der Einheitstheorie gemäß § 250 Abs. 3 Satz 1 UGB, wonach im Konzernabschluss die Vermögens-, Finanz- und Ertragslage der einbezogenen Unternehmen so darzustellen ist, als ob diese Unternehmen insgesamt ein einziges Unternehmen wären, ist die Saldierung gemeinsam für die nach § 258 UGB gebildeten latenten Steuern und die in den Abschlüssen der einbezogenen Gesellschaften gebildeten und im Rahmen der Konsolidierung zusammengefassten latenten Steuern vorzunehmen.

Zu Rz (116) bis (120):

Das anteilige Eigenkapital darf gemäß § 254 Abs. 1 Satz 3 UGB nicht mit einem Betrag angesetzt werden, der die Anschaffungskosten des Mutterunternehmens für die Anteile an dem einbezogenen Tochterunternehmen überschreitet. Wenn die Anschaffungskosten den Buchwert des anteiligen Eigenkapitals unterschreiten, so ist gemäß § 254 Abs. 1 Satz 4 UGB der Buchwert anzusetzen.

Nicht in den Anwendungsbereich der Erstkonsolidierung gemäß § 254 Abs. 1 UGB fallen latente Steuern auf steuerliche Verlustvorträge, die erst infolge eines Unternehmenszusammenschlusses die Ansatzvoraussetzungen für eine Bilanzierung erfüllen (zB durch erwartete künftige zusätzliche Gewinne). Wird das entsprechende Aktivierungswahlrecht konzernweit ausgeübt, hat die Aktivierung der latenten Steuern in diesem Fall erfolgswirksam auf Ebene der UB II des betreffenden Konzernunternehmens zu erfolgen. Voraussetzung für einen Ansatz ist allerdings, dass für die Realisierung der Steuerentlastung überzeugende substantielle Hinweise vorliegen und die Verlustvorträge nicht aufgrund spezieller steuerlicher Regelungen im Rahmen des Unternehmenszusammenschlusses vollständig oder anteilig untergehen (bspw aufgrund der Mantelkaufbestimmung des § 8 Abs. 4 KStG). Eine spätere Anpassung der aktiven latenten Steuern hat erfolgswirksam zu erfolgen.

Entsprechend der Ausnahmebestimmung des § 198 Abs. 10 Satz 3 Z 2 UGB besteht nur dann eine Verpflichtung zur Bilanzierung latenter Steuern auf die im Zuge der Erstkonsolidierung entstandenen temporären Differenzen, wenn das erworbene Nettovermögen der Tochtergesellschaft einen (Teil-) Betrieb darstellt (vgl Rz (69) ff sowie die dazugehörigen Erläuterungen).

Zu Rz (121):

Forderungen und Verbindlichkeiten zwischen in einen Konzernabschluss einbezogenen Unternehmen stehen einander normalerweise in gleicher Höhe gegenüber. Sofern jedoch im Rahmen der erfolgswirksamen Schuldenkonsolidierung aus Aufrechnungsdifferenzen temporäre Differenzen entstehen, sind darauf gemäß § 258 UGB latente Steuern zu bilden. Erfolgswirksame Aufrechnungsdifferenzen entstehen hierbei dann, wenn die zu eliminierenden Aktiv- oder Passivposten keinen ihnen gegenüberstehenden Posten aufweisen oder einander nicht in derselben Höhe gegenüberstehen und die unternehmensrechtlichen Ansätze vor der Schuldenkonsolidierung den steuerrechtlichen Ansätzen entsprochen haben.

Aufrechnungsdifferenzen im Zuge der Schuldenkonsolidierung kommen beispielsweise in folgenden Fällen vor:

- Ein Tochterunternehmen weist in seinem Jahresabschluss eine Verbindlichkeit gegenüber dem Mutterunternehmen mit dem Erfüllungsbetrag iSd § 211 Abs. 1 UGB aus. Das Mutterunternehmen hat die korrespondierende Forderung gegen das Tochterunternehmen in seinem Jahresabschluss mit steuerlicher Wirkung wertberichtigt oder abgezinst. Das Mutterunternehmen hat daher im Zusammenhang mit dem konzerninternen Forderungsanspruch gegen das Tochterunternehmen einen Aufwand in seinem Jahresabschluss erfasst, dem kein entsprechender Ertrag des Tochterunternehmens gegenübersteht. Im Rahmen der erfolgswirksamen Schuldenkonsolidierung nach § 255 Abs. 1 UGB wird dieser Aufwand storniert, während der Steuerwert unverändert bleibt. Dadurch entsteht eine passive temporäre Differenz, für die gemäß § 258 UGB eine Steuerabgrenzung zu erfassen ist.
- Ein Tochterunternehmen bildet in seinem Jahresabschluss eine Rückstellung wegen möglicher Schadenersatzansprüche gegenüber dem Mutterunternehmen, die auch steuerrechtlich anerkannt ist. Das Mutterunternehmen nimmt keine Buchungen vor. Im Rahmen der Schuldenkonsolidierung nach § 255 Abs. 1 UGB ist die Bildung der Rückstellung zu berichtigen, während der Steuerwert unverändert bleibt. Dadurch entsteht eine passive temporäre Differenz, für die gemäß § 258 UGB eine Steuerabgrenzung zu erfassen ist.
- Erfolgsauswirkungen aus der Schuldenkonsolidierung ergeben sich insbesondere, wenn bei der Währungsumrechnung von Forderungen und Verbindlichkeiten valutarische Differenzen erfolgswirksam berücksichtigt wurden.
- Ein Tochterunternehmen hat in seinem Jahresabschluss eine Rückstellung für drohende Verluste aus einem schwebenden Geschäft mit dem Mutterunternehmen gebildet. Steuerrechtlich wird dieser Aufwand aber erst bei Realisierung des Verlustes anerkannt. Im Jahresabschluss hat das Tochterunternehmen aktive latente Steuern auf diese abzugsfähige temporäre Differenz gebildet. Im Rahmen der erfolgswirksamen Schuldenkonsolidierung nach § 255 Abs. 1 UGB wird die Bildung dieser Rückstellung rückgängig gemacht. Da dadurch keine temporäre Differenz mehr besteht, ist die aktive latente Steuer wieder zu eliminieren.

Keinen Anwendungsfall für erfolgswirksame Aufrechnungsdifferenzen bilden zB zeitlich auseinanderfallende Buchungen von Ein- und Ausgangsrechnungen.

Zu Rz (122):

Die Eliminierung von Zwischengewinnen führt idR zur Bilanzierung aktiver latenter Steuern. Zwischenverlusteliminierungen begründen die Bilanzierung passiver latenter Steuern. Bestehen bereits auf Jahresabschlussebene unterschiedliche unternehmensrechtliche und steuerrechtliche Wertansätze, so ist dies im Zuge der Steuerabgrenzung nach § 258 UGB zu berücksichtigen. Die Zwischengewinne werden mit dem Verkauf der Vermögensgegenstände an Dritte, der Abschreibung oder dem Verbrauch realisiert. Entsprechend sind die hierauf gebildeten latenten Steuern wieder aufzulösen.

Konzerninterne Lieferungen und Leistungen können sowohl Vermögensgegenstände des Anlagevermögens als auch solche des Umlaufvermögens betreffen. Liefert bspw das Konzernunternehmen A an das Konzernunternehmen B eine Ware und liegt diese Ware zum Konzernabschlussstichtag (teilweise) noch auf Lager, dann ist der (anteilige) Gewinn, den das Konzernunternehmen A beim Verkauf erzielt hat, wieder zu eliminieren, da die Ware den Konzern noch nicht verlassen hat. Durch die (anteilige) Eliminierung des Zwischengewinns werden im Konzernabschluss die Vorräte mit einem niedrigeren Wert ausgewiesen, als sie im Jahresabschluss des Konzernunternehmens B in den Büchern stehen. Dadurch entsteht eine abzugsfähige temporäre Differenz, die mit dem Steuersatz des Konzernunternehmens B zu bewerten ist (siehe Rz (144)).

Dieselbe Vorgangsweise ist auch auf konzernintern angeschafftes bzw hergestelltes Anlagevermögen anzuwenden.

Sieht eine ausländische Steuerrechtsordnung ein Konzernbesteuerungskonzept vor, das eine umfassende Zwischengewinneliminierung im Zuge der steuerlichen Gewinnermittlung berücksichtigt (bspw die fiscale eenheid in den Niederlanden), so führt die Zwischenergebniseliminierung auf Ebene des Konzernabschlusses nicht zu entsprechenden Wertunterschieden zur Steuerbilanz. Dies hat zur Folge, dass keine Differenzen entstehen und somit auch keine Steuerabgrenzung gemäß § 258 UGB in Betracht kommt. Im Rahmen der Gruppenbesteuerung gemäß § 9 KStG kommt es zu keiner umfassenden steuerlichen Zwischenergebniseliminierung.

Zu Rz (124) bis (126):

Die Jahresabschlüsse der einzubeziehenden Konzernunternehmen (Unternehmensbilanz I (UB I)) werden häufig nicht nach denselben Ansatz-, Bewertungs- und Gliederungsgrundsätzen aufgestellt, möglicherweise auch nicht in derselben Währung und zum selben Stichtag. Damit diese Abschlüsse zusammengefasst werden können, müssen sie erst vereinheitlicht werden. Unter der Unternehmensbilanz II (UB II) versteht man daher den Jahresabschluss für ein Konzernunternehmen, der zum Konzernabschlussstichtag in der Konzernwährung nach den Konzernansatz-, -bewertungs- und -gliederungsvorschriften erstellt wurde.

Ergeben sich bei der Überleitung von der Unternehmensbilanz I zur Unternehmensbilanz II Veränderungen der unternehmensrechtlichen Wertansätze, so können weitere temporäre Differenzen zu den steuerlichen Wertansätzen entstehen, für die latente Steuern anzusetzen sind, oder es können sich temporäre Differenzen vermindern, wofür eine entsprechende Kürzung der auf diese Differenzen angesetzten latenten Steuern vorzunehmen ist:

- Ein ausländisches Tochterunternehmen weist in seinem Jahresabschluss eine langfristige Personalrückstellung iHv 200 aus. Der steuerrechtliche Wert dieser Personalrückstellung beträgt 150. Nach den Vorschriften des Konzernabschlusses ist eine Rückstellung iHv 230 zu bilden.

  Für die Personalrückstellung des Tochterunternehmens ergibt sich in seinem Jahresabschluss eine aktive temporäre Differenz iHv 50, im Konzernabschluss vergrößert sich die temporäre Differenz auf 80.
- Ein ausländisches Tochterunternehmen ermittelt im Rahmen des Ansammlungsverfahrens einen unternehmens- und steuerrechtlichen Wert einer langfristigen Personalrückstellung iHv 100. Im Konzernabschluss sind langfristige Personalrückstellungen gemäß IAS 19 zu ermitteln, und der Wert dieser langfristigen Personalrückstellung beträgt 150.

  Für die Personalrückstellung des Tochterunternehmens ergibt sich in seinem Jahresabschluss keine temporäre Differenz, im Konzernabschluss hingegen entsteht eine aktive temporäre Differenz iHv 50.
- Ein ausländisches Tochterunternehmen weist in seinem Jahresabschluss eine Rückstellung iHv 100 aus, die steuerrechtlich nicht anerkannt wird. Für diesen Sachverhalt ist nach den Vorschriften des Konzernabschlusses keine Rückstellung zu bilden.

  Für die Rückstellung des Tochterunternehmens ergibt sich im Jahresabschluss eine temporäre Differenz iHv 100, für die Steuerlatenzen grundsätzlich zu berücksichtigen sind. Im Konzernabschluss liegt hingegen keine temporäre Differenz vor.
- Tochterunternehmen 1 weist in seinem Jahresabschluss immaterielle Vermögensgegenstände iHv 100, die von Tochterunternehmen 2 erworben wurden, aus. Der steuerrechtliche Wert dieser immateriellen Vermögensgegenstände beträgt ebenfalls 100. Im Konzernabschluss dürfen diese immateriellen Vermögensgegenstände aufgrund der Bestimmungen des § 251 Abs. 1 iVm § 197 Abs. 2 UGB nicht angesetzt werden.

  Im Konzernabschluss darf kein Ansatz der immateriellen Vermögensgegenstände erfolgen, weshalb sich eine aktive temporäre Differenz iHv 100 ergibt, für die nach den Vorschriften des § 258 UGB latente Steuern zu berücksichtigen sind.

Zu Rz (138):

Outside Basis Differences können durch folgende Ursachen entstehen:

- das Vorhandensein nicht ausgeschütteter Gewinne von Tochterunternehmen, assoziierten Unternehmen und Gemeinschaftsunternehmen;
- Änderungen der Wechselkurse bei ausländischen Tochterunternehmen, assoziierten Unternehmen und Gemeinschaftsunternehmen; und
- eine Verminderung des Buchwerts der Beteiligung an einem assoziierten Unternehmen aufgrund einer außerplanmäßigen Abschreibung gemäß § 204 Abs. 2 UGB.

Ausschüttungen von einem in den Konzernabschluss einbezogenen Unternehmen sind gemäß § 10 Abs. 1 und 2 KStG grundsätzlich körperschaftsteuerbefreit; allerdings sind etwaige ausländische Quellensteuern zu beachten. Daher ist diese Differenz zwischen dem konsolidierten Nettovermögen und dem steuerlichen Beteiligungsansatz grundsätzlich permanent und der Ansatz latenter Steuern nicht zulässig, soweit nicht ausländische Quellensteuern zu berücksichtigen sind. Eine temporäre Differenz ergibt sich jedoch, wenn die Ausschüttung gemäß § 10a KStG der Besteuerung unterliegt. In dieser Konstellation verhindert § 258 Satz 3 UGB die Bilanzierung latenter Steuern, sofern die Ausschüttung und somit die Realisation der Steuerlatenz nicht in absehbarer Zeit erfolgen wird. Beim Begriff der „absehbaren Zeit" ist auf das Ausschüttungsverhalten in den vergangenen Jahren sowie auf konkrete Unternehmensplanungen und Ausschüttungsbeschränkungen abzustellen. Ein formaler Ausschüttungsbeschluss erscheint bei Beherrschung nicht erforderlich.

Ergänzend wird auf die Erläuterungen zu Rz (28) ff verwiesen.

Zu Rz (155):

Das Mutterunternehmen hat daher im Konzernabschluss gemäß § 254 Abs. 4 iVm § 229 Abs. 1a UGB den Nennbetrag oder, falls ein solcher nicht vorhanden ist, den rechnerischen Wert der Anteile offen vom Nennkapital abzuziehen. Der Unterschiedsbetrag zwischen dem Nennbetrag oder dem rechnerischen Wert dieser Anteile und ihren Anschaffungskosten ist mit den Rücklagen (§ 251 Abs. 1 iVm § 224 Abs. 3 A II und III UGB) zu verrechnen.

Anschaffungsnebenkosten, die das Tochterunternehmen in seinem Jahresabschluss beim Erwerb der Anteile am Mutterunternehmen aktiviert hat, sind im Konzernabschluss Aufwand des Geschäftsjahrs.

Zu Rz (159):

Veränderungen der temporären Differenz aus dem Erstansatz, die durch eine Einlagenrückzahlung gemäß § 4 Abs. 12 EStG ausgelöst werden, sind als Folge der Nichtberücksichtigung latenter

Steuern beim Erstansatz ebenfalls nicht zu berücksichtigen.

Anhang

- Übersichten über die Möglichkeiten der Ausübung der Wahlrechte im Zusammenhang mit steuerlichen Verlustvorträgen
- Entscheidungsbaum zur Anwendung von § 198 Abs. 10 Satz 3 Z 2 UGB im Zusammenhang mit Umgründungen
- Übersichtstabellen
  - o Übersicht über die Auswirkungen von Umgründungen auf die Bilanzierung latenter Steuern beim übernehmenden Rechtsträger
  - o Übersicht über die Auswirkungen von Umgründungen auf die Bilanzierung latenter Steuern beim übertragenden Rechtsträger
  - o Übersicht über die Auswirkungen von Umgründungen auf die Bilanzierung latenter Steuern beim Gesellschafter, soweit dieser nicht übertragender oder übernehmender Rechtsträger ist
- Erläuternde Beispiele

Übersichten über die Möglichkeiten der Ausübung der Wahlrechte im Zusammenhang mit steuerlichen Verlustvorträgen

a) Die Gesamtdifferenzenbetrachtung ergibt einen **passiven Überhang** an temporären Differenzen:

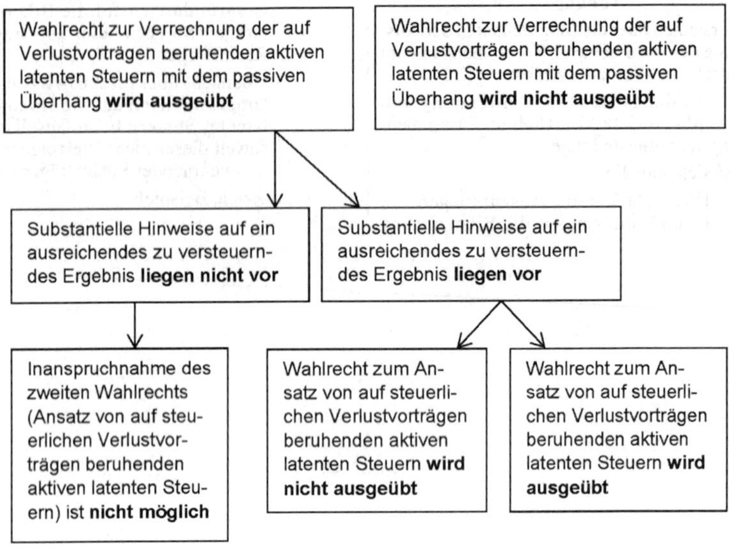

b) Die Gesamtdifferenzenbetrachtung ergibt einen **aktiven Überhang** an temporären Differenzen:

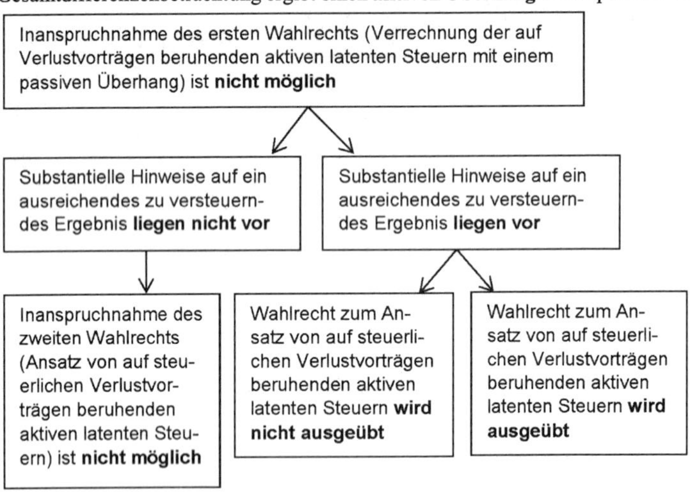

Entscheidungsbaum Entscheidungsbaum zur Anwendung von § 198 Abs. 10 Satz 3 Z 2 UGB im Zusammenhang mit Umgründungen

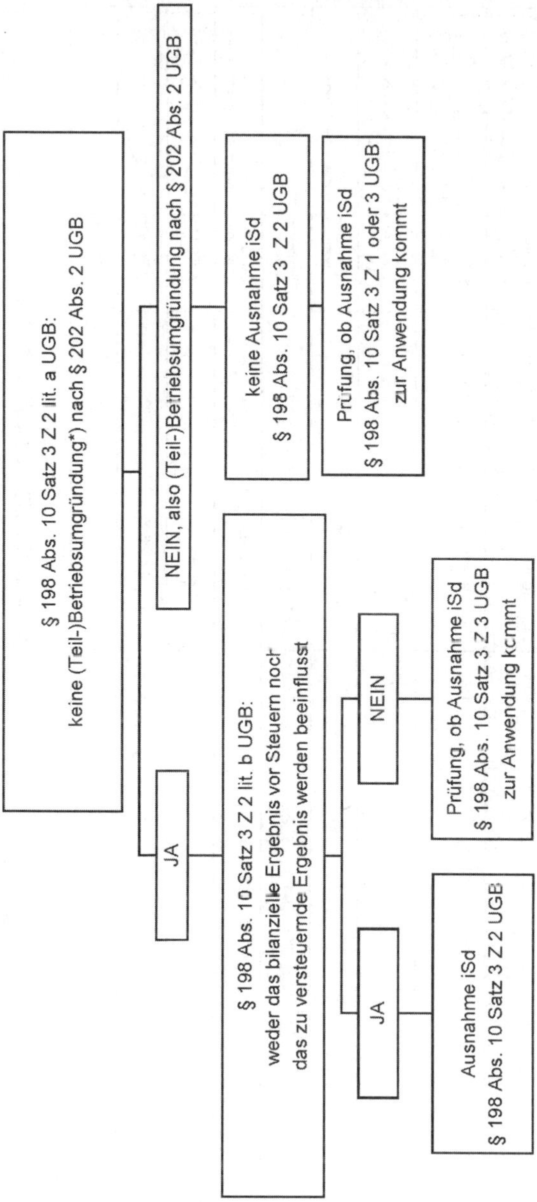

*) gemeint ist eine Umgründung, die statt eines (Teil-)Betriebs nur Vermögensgegenstände umfasst. Von dem Begriff „Vermögensgegenstand" sind insbesondere erfasst:

- Anteile an Unternehmen (zB Kapitalanteile und Mitunternehmeranteile)
- Grundstücke

Übersicht über die Auswirkungen von Umgründungen auf die Bilanzierung latenter Steuern beim übernehmenden Rechtsträger

	Umgründungs-richtung	unternehmensrechtlicher Bewertungsansatz			§ 198 Abs. 10 Satz 3 Z 2 lit. a UGB	§ 198 Abs. 10 Satz 3 Z 2 lit. b UGB	Anwendbarkeit der Ausnahmebestimmungen
Zeile	aufwärts seitswärts abwärts	Neubewertung § 202 Abs. 1 UGB	Modifizierte Buchwertfortführung § 202 Abs. 2 Z 2 und 3 UGB	Buchwertfortführung mit Buchverlust oder Buchgewinn § 202 Abs. 2 Z 1 UGB	(Teil-)Betrieb vs Vermögensgegenstand[1]	Beeinflussung des bilanziellen Ergebnisses vor Steuern oder des zu versteuernden Ergebnisses	Ausnahme nach § 198 Abs. 10 Satz 3 Z 1, 2 oder 3 UGB
1	aufwärts seitwärts abwärts	X			(Teil-)Betrieb	irrelevant	keine Ausnahme nach Z 2 für Firmenwert: Ausnahme nach Z 1 für bestimmte Unternehmensanteile: Ausnahme nach Z 3
2	aufwärts seitwärts abwärts		X		(Teil-)Betrieb	irrelevant	keine Ausnahme nach Z 2 Erhöhung des Umgründungsmehrwerts / Firmenwerts für Firmenwert: Ausnahme nach Z 1 für bestimmte Unternehmensanteile: Ausnahme nach Z 3
3	aufwärts seitwärts abwärts			X	(Teil-)Betrieb	irrelevant	keine Ausnahme nach Z 2 für bestimmte Unternehmensanteile: Ausnahme nach Z 3
4	aufwärts	X			Vermögensgegenstand	ja	keine Ausnahme nach Z 2 für bestimmte Unternehmensanteile: Ausnahme nach Z 3
5	aufwärts		X		Vermögensgegenstand	nein[2]	Ausnahme nach Z 2 Erhöhung des Umgründungsmehrwerts[2]
6	aufwärts			X	Vermögensgegenstand	ja	keine Ausnahme nach Z 2 für bestimmte Unternehmensanteile: Ausnahme nach Z 3
7	seitwärts abwärts	X			Vermögensgegenstand	nein	Ausnahme nach Z 2
8	seitwärts abwärts		X		Vermögensgegenstand	nein[2]	Ausnahme nach Z 2 Erhöhung des Umgründungsmehrwerts[2]
9	seitwärts abwärts			X	Vermögensgegenstand	nein	Ausnahme nach Z 2

Anmerkungen:

- Für diese Übersicht gelten die Ausführungen der Abschnitte 4.3.3.1 und 4.3.4.1.
- Diese Übersicht kann für Verschmelzungen, Einbringungen, Spaltungen und Umwandlungen herangezogen werden.
- Für diese Übersicht wird unterstellt, dass das UmgrStG anzuwenden ist. Aus steuerlicher Sicht sind daher beim übernehmenden Rechtsträger die Buchwerte fortzuführen.
- Greift die Ausnahme nach § 198 Abs. 10 Satz 3 Z 2 UGB nicht, ist gesondert zu überprüfen, ob eine der Ausnahmebestimmungen § 198 Abs. 10 Satz 3 Z 1 und 3 UGB anzuwenden ist.
- Anwachsungen iSd § 142 UGB sind wie Aufwärts-Umgründungen zu behandeln.

Fußnoten:

1) Für die Unterscheidung zwischen der Umgründung eines (Teil-)Betriebs und der Umgründung eines Vermögensgegenstands siehe die Erläuterungen zu Abschnitt 4.3.1 der Stellungnahme.

2) Das bilanzielle Ergebnis vor Steuern wird grundsätzlich nicht beeinflusst, weil der Buchverlust durch den Ansatz eines Umgründungsmehrwerts bzw eines Firmenwerts neutralisiert wird. Soweit eine Rückstellung für latente Steuern passiviert wird, führt dies auf der Aktivseite der Bilanz zu einer entsprechenden Erhöhung des Unterschiedsbetrags (Umgründungsmehrwert bzw Firmenwert). Es kommt somit weder zu einer Beeinflussung des bilanziellen Ergebnisses vor Steuern noch zu einer Beeinflussung des zu versteuernden Ergebnisses.

Übersicht über die Auswirkungen von Umgründungen auf die Bilanzierung latenter Steuern beim übertragenden Rechtsträger

Zeile	Umgründungs-richtung	Umgründungs-typ	unternehmensrechtlicher Bewertungsansatz: Tausch mit Aufdeckung stiller Reserven	unternehmensrechtlicher Bewertungsansatz: Tausch mit Buchwert-übertragung	§ 198 Abs. 10 Satz 3 Z 2 UGB: erstmaliger Ansatz eines Vermögensgegenstandes oder einer Schuld	§ 198 Abs. 10 Satz 3 Z 2 lit. a UGB: Erweiterung des Gesellschaftsanteils als Gegenleistung für die Übertragung[1]	§ 198 Abs. 10 Satz 3 Z 2 lit. b UGB: Beeinflussung des bilanziellen Ergebnisses vor Steuern oder des zu versteuernden Ergebnisses	Anwendbarkeit der Ausnahmebestimmungen: Ausnahme § 198 Abs. 10 Satz 3 Z 2 UGB	Anwendbarkeit der Ausnahmebestimmungen: Ausnahme § 198 Abs. 10 Satz 3 Z 3 UGB	Berücksichtigung von latenten Steuern
1	abwärts	Abspaltung Einbringung	X		ja	Vermögensgegenstand	ja	nein	ja	nein, wegen Z 3
2	abwärts	Abspaltung Einbringung	X		ja	Vermögensgegenstand	ja	nein	nein	ja
3	abwärts	Abspaltung Einbringung		X	ja	Vermögensgegenstand	nein[2]	ja	irrelevant	nein, wegen Z 3
4	abwärts	Abspaltung Einbringung		X	ja	Vermögensgegenstand	ja (Ausnahme)[2]	nein	ja	nein, wegen Z 3
5	abwärts	Abspaltung Einbringung		X	ja	Vermögensgegenstand	ja (Ausnahme)[2]	nein	nein	ja
6	aufwärts seitwärts	Verschmelzung Abspaltung Aufspaltung Einbringung Umwandlung	Der übertragende Rechtsträger geht unter, oder es kommt mangels Gegenleistung zu einem Vermögensabgang.							nein
7	abwärts	Verschmelzung Aufspaltung	Der übertragende Rechtsträger geht unter.							nein

Anmerkungen:

- Für diese Übersicht gelten die Ausführungen der Abschnitte 4.3.3.2 und 4.3.4.2.
- Für diese Übersicht wird unterstellt, dass das UmgrStG anzuwenden ist.

Fußnoten:

1) Der übertragende Rechtsträger erhält als Gegenleistung für die Übertragung von Vermögen einen Vermögensgegenstand in Form einer Erhöhung des Buchwerts der Gesellschaftsanteile.

2) In der Regel sollte es zu keiner Beeinflussung des bilanziellen Ergebnisses vor Steuern oder des zu versteuernden Ergebnisses kommen. Eine Ausnahme liegt vor, wenn der Saldo der Buchwerte des übertragenenen Vermögens negativ ist. In diesem Fall bleibt der Buchwert der Beteiligung an dem übernehmenden Rechtsträger grundsätzlich unverändert, und es ensteht ein Gewinn in Höhe des negativen Saldos der Buchwerte des übertragenen Vermögens. Dieser ist in der Gewinn- und Verlustrechnung in einem Sonderposten vor dem Posten "Jahresüberschuss/Jahresfehlbetrag" auszuweisen und beeinflusst daher das bilanzielle Ergebnis vor Steuern.

Übersicht über die Auswirkungen von Umgründungen auf die Bilanzierung latenter Steuern beim Gesellschafter, soweit dieser nicht übertragender oder übernehmender Rechtsträger ist

			unternehmensrechtlicher Bewertungsansatz				§ 198 Abs. 10 Satz 3 Z 2 lit. a UGB	§ 198 Abs. 10 Satz 3 Z 2 lit. b UGB	Anwendbarkeit der Ausnahmebestimmungen		
Zeile	Umgründungs-richtung	Umgründungstyp	Tausch mit Aufdeckung stiller Reserven	Tausch mit Buchwert-übertragung	Ab- und Aufstockung des Buchwerts im Verhältnis beizulegender Wert (Teil-)Betrieb und gesamtes Vermögen	Erhöhung um den positiven Saldo der Buchwerte des abgespaltenen Vermögens	Erweiterung oder Gewährung eines Gesellschaftsanteils als Gegenleistung für die Übertragung[1]	Beeinflussung des bilanziellen Ergebnisses vor Steuern oder des zu versteuernden Ergebnisses	Ausnahme § 198 Abs. 10 Satz 3 Z 2 UGB	Ausnahme § 198 Abs. 10 Satz 3 Z 3 UGB	Berücksichtigung von latenten Steuern
1	seitwärts	Verschmelzung T1 auf T2	X				Vermögensgegenstand	ja	nein	ja	nein, wegen Z 3
2	seitwärts	Verschmelzung T1 auf T2	X				Vermögensgegenstand	ja	nein	nein	ja
3	seitwärts	Verschmelzung T1 auf T2		X			Vermögensgegenstand	nein	ja	irrelevant	nein, wegen Z 2
4	seitwärts	Abspaltung (Teil-)Betrieb von T1 auf T2	X				Vermögensgegenstand	ja	nein	ja	nein, wegen Z 3
5	seitwärts	Abspaltung (Teil-)Betrieb von T1 auf T2	X				Vermögensgegenstand	ja	nein	nein	ja
6	seitwärts	Abspaltung (Teil-)Betrieb von T1 auf T2			X		Vermögensgegenstand	nein	ja	irrelevant	nein, wegen Z 2
7	seitwärts	Abspaltung (Teil-)Betrieb von T1 auf T2				X	Vermögensgegenstand	ja	nein	ja	nein, wegen Z 3
8	seitwärts	Abspaltung (Teil-)Betrieb von T1 auf T2				X	Vermögensgegenstand	ja	nein	nein	ja
9	abwärts	Verschmelzung der Tochter auf Enkel	X				Vermögensgegenstand	ja	nein	ja	nein, wegen Z 3
10	abwärts	Verschmelzung der Tochter auf Enkel	X				Vermögensgegenstand	ja	nein	nein	ja
11	abwärts	Verschmelzung der Tochter auf Enkel		X			Vermögensgegenstand	nein	ja	irrelevant	nein, wegen Z 2
12	abwärts	Abspaltung (Teil-)Betrieb der Tochter auf Enkel mit Anteilsgewährung an die Muttergesellschaft[2]	X				Vermögensgegenstand	ja	nein	ja	nein, wegen Z 3
13	abwärts	Abspaltung (Teil-)Betrieb der Tochter auf Enkel mit Anteilsgewährung an die Muttergesellschaft[2]	X				Vermögensgegenstand	ja	nein	nein	ja
14	abwärts	Abspaltung (Teil-)Betrieb der Tochter auf Enkel mit Anteilsgewährung an die Muttergesellschaft[2]			X		Vermögensgegenstand	nein	ja	irrelevant	nein, wegen Z 2

Anmerkungen:

· Für diese Übersicht gelten die Ausführungen der Abschnitte 4.3.3.3 und 4.3.4.2.

· Für diese Übersicht wird unterstellt, dass das UmgrStG anzuwenden ist.

Fußnoten:

1) Der Gesellschafter erhält einen Vermögensgegenstand in Form von Gesellschaftsanteilen bzw einer Erhöhung des Buchwerts der Gesellschaftsanteile.

2) Ausgangsstruktur: Die M-GmbH hält 100 % an der T-GmbH und die T-GmbH hält 100 % an der E-GmbH.
Zielstruktur: Die M-GmbH hält 100 % an der T-GmbH und zB 10 % an der E-GmbH. Die T-GmbH hält 90 % an der E-GmbH.

Beispiel 1 – Aufwärts-Verschmelzung: Neubewertung iSd § 202 Abs. 1 UGB

Die T-GmbH soll auf die M-GmbH verschmolzen werden.

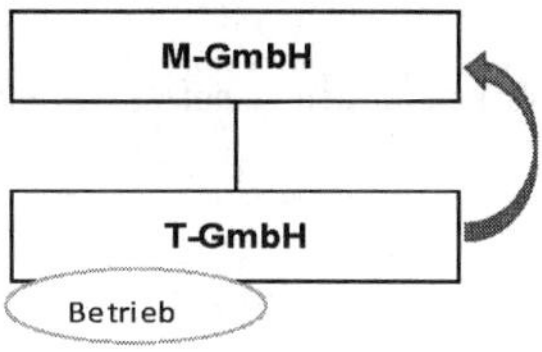

Schlussbilanz der M-GmbH

Beteiligung T-GmbH	100	Stammkapital	100
	100		100

Schlussbilanz der T-GmbH

AV	100	EK	80
UV	150	FK	170
	250		250

Die stillen Reserven im Anlagevermögen der T-GmbH betragen 40, der Unternehmenswert der T-GmbH beläuft sich auf 210 (= beizulegender Wert), und der Körperschaftsteuersatz beträgt 25 %.

demonstratives url Bilanzbild der M-GmbH nach der Umgründung

Firmenwert	100	Stammkapital	100
AV (T)	140	Bilanzgewinn	110
UV (T)	150	FK (T)	170
		RSt latente Steuern	10
	390		390

demonstratives strl Bilanzbild der M-GmbH nach der Umgründung

AV (T)	100	Stammkapital	100
UV (T)	150	Buchverlust	-20
		FK (T)	170
	250		250

Berechnung des Geschäfts(Firmen)werts:

Eigenkapital der T-GmbH	80
+ stille Reserven im Anlagevermögen	40
- Rückstellung latente Steuern	-10
	110
beizulegender Wert	210
	-110
Geschäfts(Firmen)wert	100

Berechnung der latenten Steuern:

Da im vorliegenden Fall ein Betrieb umgegründet wird, müssen Steuerlatenzen grundsätzlich angesetzt werden (siehe Abschnitt 4.3.1).

url (Buch-)Wert	140	
strl Buchwert	100	
temporäre Differenz	40	(entspricht den stillen Reserven im Anlagevermögen)
davon latente Steuern	10	

Latente Steuern sind nicht zu berücksichtigen, soweit sie aus dem erstmaligen Ansatz eines Geschäfts(Firmen)werts entstehen (§ 198 Abs. 10 Satz 3 Z 1 UGB).

url Firmenwert	100
strl Wert	0
temporäre Differenz	100

Beispiel 2 – Aufwärts-Verschmelzung: Buchwertfortführung – Buchgewinn

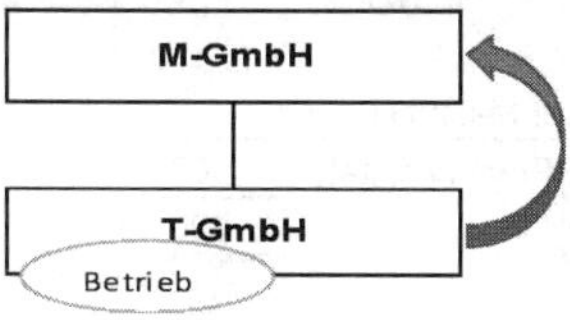

Schlussbilanz der M-GmbH

Beteiligung T-GmbH	80	Stammkapital	35
		geb KapRL	45
	80		80

url Schlussbilanz der T-GmbH

AV	110	EK	110
UV	150	so FK	135
		RSt latente Steuern	15
	260		260

strl Schlussbilanz der T-GmbH

AV	50	EK	65
UV	150	FK	135
	200		200

url Buchwert	110
strl Buchwert	50
temporäre Differenz	60
darauf latente Steuern	15

Die stillen Reserven im Anlagevermögen der T-GmbH betragen 40, der Unternehmenswert der T-GmbH beläuft sich auf 210 (= beizulegender Wert), und der Körperschaftsteuersatz beträgt 25 %.

demonstratives url Bilanzbild der M-GmbH nach der Umgründung

AV (T)	110	Stammkapital	35
UV (T)	150	geb KapRL	45
		Bilanzgewinn	30
		RSt latente Steuern	15
		FK (T)	135
	260		200

demonstratives strl Bilanzbild der M-GmbH nach der Umgründung

AV (T)	50	Stammkapital	35
UV (T)	150	geb KapRL	45
		Buchverlust	-15
		FK (T)	135
	200		200

Da im vorliegenden Fall ein Betrieb übernommen/umgegründet wird, greift die Ausnahme § 198 Abs. 10 Satz 3 Z 2 UGB nicht, und es werden grundsätzlich Steuerlatenzen angesetzt (unabhängig von der Erfolgswirksamkeit oder Erfolgsneutralität der Umgründung); allerdings stellen § 198 Abs. 10 Satz 3 Z 1 und 3 UGB mögliche Ausnahmen von diesem Grundsatz dar (siehe Abschnitt 4.3.1).

Sofern schon vor der Umgründung zwischen den unternehmensrechtlichen und den steuerlichen Buchwerten Differenzen bestehen, sind die daraus resultierenden Steuerlatenzen unter den Voraussetzungen von § 198 Abs. 9 und 10 UGB bereits beim übertragenden Rechtsträger bilanziell zu erfassen.

Beispiel 3 – Aufwärts-Verschmelzung: modifizierte Buchwertfortführung iSd § 202 Abs. 2 Z 2 und 3 UGB

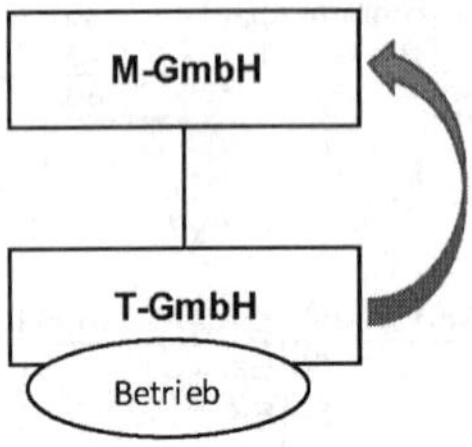

Schlussbilanz der M-GmbH

Beteiligung T-GmbH	100	Stammkapital	100
	100		100

Schlussbilanz der T-GmbH

AV	100	EK	80
UV	150	FK	170
	250		250

Der Unternehmenswert der T-GmbH beläuft sich auf 210 (= beizulegender Wert), und der Körperschaftsteuersatz beträgt 25 %.

<u>Variante 1: Die stillen Reserven im Anlagevermögen betragen 40</u>

demonstratives url Bilanzbild der M-GmbH nach der Umgründung

AV (T)	100	Stammkapital	100
Umgr.-MW	26,67	FK (T)	170
UV (T)	150	RSt latente Steuern	6,67
	276,67		276,67

demonstratives strl Bilanzbild der M-GmbH nach der Umgründung

AV (T)	100	Stammkapital	100
UV (T)	150	Buchverlust	-20
		FK (T)	170
	250		250

1) Ermittlung des Buchverlusts

Nettovermögen der T-GmbH	80
Buchwert der Beteiligung an der T-GmbH bei der M-GmbH	100
Buchverlust	-20

2) iterative Ermittlung der latenten Steuern vom Buchverlust

20	75%
26,67	100%
6,67	latente Steuern – sind als Rückstellung zu passivieren

Gemäß § 202 Abs. 2 Z 2 und 3 UGB besteht ein Wahlrecht zur Aktivierung des Buchverlusts als Umgründungsmehrwert. Der Umgründungsmehrwert beträgt insgesamt 26,67.

3) Berechnung der temporären Differenz

url Buchwert des Umgründungsmehrwerts	26,67
strl Buchwert	0
temporäre Differenz	26,67

Variante 2: Die stillen Reserven im Anlagevermögen betragen 22

demonstratives url Bilanzbild der M-GmbH nach der Umgründung

AV (T)	100	Stammkapital	100
Umgr.-MW	22	FK (T)	170
FW	3,5	RSt latente Steuern	5,5
UV (T)	150		
	275,5		275,5

demonstratives strl Bilanzbild der M-GmbH nach der Umgründung

AV (T)	100	Stammkapital	100
UV (T)	150	Buchverlust	-20
		FK (T)	170
	250		250

1) Ermittlung des Buchverlusts

Nettovermögen der T-GmbH	80
Buchwert der Beteiligung an der T-GmbH bei der M-GmbH	100
Buchverlust	-20

2) Die iterative Ermittlung der latenten Steuern vom Buchverlust ist nicht vollständig möglich, weil die stillen Reserven nur 22 betragen und der Umgründungsmehrwert daher maximal 22 betragen kann.

stille Reserven im Anlagevermögen	22	
	5,5	passive latente Steuern (25 %)

aktivierte stille Reserven im Anlagevermögen	22
passive latente Steuern	-5,5
Differenz	16,5
Buchverlust	-20
verbleibender Buchverlust	-3,5

Der Restbetrag darf als Firmenwert angesetzt werden. Der Firmenwert beträgt daher 3,5.

Beispiel 4 – Abwärts-Umgründung eines Teilbetriebs mit Buchgewinn

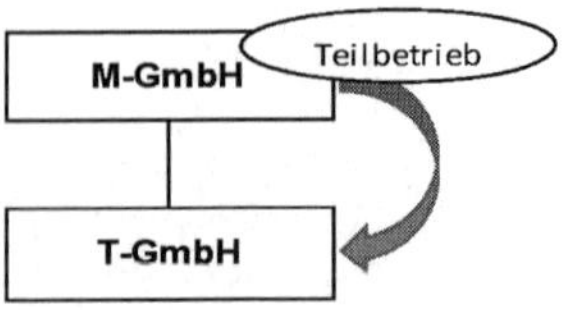

Schlussbilanz der M-GmbH

Beteiligung T-GmbH	100	Stammkapital	35
AV Teilbetrieb	80	KapRL	65
UV	70	FK Teilbetrieb	30
		so FK	120
	250		250

Die stillen Reserven im Anlagevermögen des Teilbetriebs belaufen sich auf 20. Der beizulegende Wert des Teilbetriebs beträgt 120 und der Körperschaftsteuersatz 25 %.

Schlussbilanz der T-GmbH

UV	80	Stammkapital	35
		geb KapRL	45
	80		80

Übernehmender Rechtsträger:

a) Neubewertung – § 202 Abs. 1 UGB

demonstratives url Bilanzbild der T-GmbH nach der Umgründung

FW	55	Stammkapital	35
AV Teilbetrieb	100	geb KapRL	45
UV	80	ungeb KapRL	120
		FK Teilbetrieb	30
		RSt latente Steuern	5
	235		235

demonstratives strl Bilanzbild der T-GmbH nach der Umgründung

AV Teilbetrieb	80	Stammkapital	35
UV	80	geb KapRL	45
		ungeb KapRL	50
		FK TB	30
	160		160

Berechnung des Geschäfts(Firmen)werts:

Buchwert Teilbetrieb	50
+ stille Reserven im Anlagevermögen	20
- Rückstellung für latente Steuern	-5
	65
beizulegender Wert des Teilbetriebs	120
	-65
Geschäfts(Firmen)wert	55

Da im vorliegenden Fall ein Teilbetrieb umgegründet wird, müssen Steuerlatenzen angesetzt werden (siehe Abschnitt 4.3.1).

b) Buchwertfortführung – § 202 Abs. 2 Z 1 UGB

demonstratives url Bilanzbild der T-GmbH nach der Umgründung

AV Teilbetrieb	80	Stammkapital	35
UV	80	geb KapRL	45
		ungeb KapRL	50
		FK Teilbetrieb	30
	160		160

demonstratives strl Bilanzbild der T-GmbH nach der Umgründung

AV Teilbetrieb	80	Stammkapital	35
UV	80	geb KapRL	45
		ungeb KapRL	50
		FK Teilbetrieb	30
	160		160

Übertragender Rechtsträger:

Da im vorliegenden Beispiel angenommen wird, dass die Bedingungen in § 198 Abs. 10 Satz 3 Z 3 UGB erfüllt sind, sind beim übertragenden Rechtsträger keine latenten Steuern auf den Beteiligungsansatz für das Tochterunternehmen zu bilden.

Variante 1 – Tausch mit Aufdeckung der stillen Reserven:

Aus der Sicht der übertragenden Gesellschaft liegt in der aus der Vermögensübertragung resultierenden Wertänderung der Beteiligung an der Tochtergesellschaft ein tauschändlicher Vorgang vor. Das eingebrachte Vermögen ist daher nach den für den Tausch entwickelten Grundsätzen zu bewerten.

Der Beteiligungsansatz für den übernehmenden Rechtsträger wird um den beizulegenden Wert des übertragenen Vermögens erhöht. Die Differenz zwischen dem abgegangenen Buchwert und dem zu aktivierenden beizulegenden Wert stellt einen Gewinn dar.

demonstratives url Bilanzbild der M-GmbH nach der Umgründung

Beteiligung T-GmbH	220	Stammkapital	35
UV	70	KapRL	65
		Bilanzgewinn	70
		so FK	120
	290		290

demonstratives strl Bilanzbild der M-GmbH nach der Umgründung

Beteiligung T-GmbH	150	Stammkapital	35
UV	70	KapRL	65
		Buchgewinn	0
		so FK	120
	220		220

<u>Variante 2 – Tausch mit Buchwertfortführung:</u>

Es kommt zu einer Erhöhung des Buchwerts der Beteiligung an der übernehmenden Tochtergesellschaft um den positiven Saldo der Buchwerte des übertragenen Vermögens.

demonstratives url Bilanzbild der M-GmbH nach der Umgründung

Beteiligung T-GmbH	150	Stammkapital	35
UV	70	KapRL	65
		Bilanzgewinn	0
		so FK	120
	220		220

demonstratives strl Bilanzbild der M-GmbH nach der Umgründung

Beteiligung T-GmbH	150	Stammkapital	35
UV	70	KapRL	65
		Buchgewinn	0
		so FK	120
	220		220

Beispiel 5 – Übertragung eines einzelnen Vermögensgegenstandes im Rahmen einer formalrechtlichen Umgründung – Aufwärts-Verschmelzung mit Buchverlust

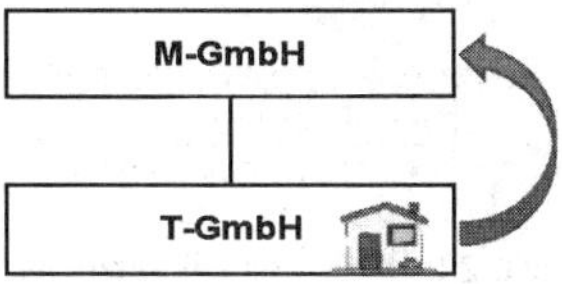

Schlussbilanz der M-GmbH

Beteiligung T-GmbH	100	Stammkapital	35
		KapRL	65
	100		100

Schlussbilanz der T-GmbH

Immobilie	80	EK	80
	80		80

Der Verkehrswert der Immobilie beträgt 300 und der Körperschaftsteuersatz 25 %.

a) Neubewertung – § 202 Abs. 1 UGB

demonstratives url Bilanzbild der M-GmbH nach der Umgründung

Immobilie (T)	300	Stammkapital	35
		KapRL	65
		Bilanzgewinn	145
		RSt latente Steuern	55
	300		300

Da im vorliegenden Fall die Übertragung eines einzelnen Vermögensgegenstandes im Rahmen einer Aufwärts-Umgründung mit Neubewertung zu einer Erhöhung des Eigenkapitals führt und somit das bilanzielle Ergebnis vor Steuern zum Zeitpunkt des Geschäftsvorfalls beeinflusst wird, ist die Bedingung in § 198 Abs. 10 Satz 3 Z 2 lit. b UGB nicht erfüllt, und die Ausnahme in § 198 Abs. 10 Satz 3 Z 2 UGB greift nicht. Es sind daher grundsätzlich latente Steuern zu berücksichtigen (siehe Abschnitt 4.3.1).

Berechnung der latenten Steuern auf die temporäre Differenz der Immobilie:

url Buchwert	300	Verschmelzungsgewinn	200
strl Buchwert	80	abzügl RSt latente Steuern	-55
temporäre Differenz	220	Jahresüberschuss	145
davon latente Steuern	55		

b) Modifizierte Buchwertfortführung – § 202 Abs. 2 Z 2 UGB

demonstratives url Bilanzbild der M-GmbH
nach der Umgründung

Immobilie (T)	80	Stammkapital	35
Umgr.-MW	20	KapRL	65
	100		100

In diesem Fall greift die Ausnahme gemäß § 198 Abs. 10 Satz 3 Z 2 UGB, weil ein einzelner Vermögensgegenstand erworben wird und es zu keiner Beeinflussung des bilanziellen Ergebnisses vor Steuern oder des zu versteuernden Ergebnisses kommt (siehe Abschnitt 4.3.1).

c) Buchwertfortführung – § 202 Abs. 2 Z 1 UGB

demonstratives url Bilanzbild der M-GmbH
nach der Umgründung

Immobilie (T)	80	Stammkapital	35
		KapRL	65
		Bilanzverlust	-20
	80		80

In diesem Fall greift die Ausnahme § 198 Abs. 10 Satz 3 Z 2 UGB nicht, weil es zu einer Beeinflussung des bilanziellen Ergebnisses kommt (siehe Abschnitt 4.3.1).

Beispiel 6 – Übertragung eines einzelnen Vermögensgegenstandes im Rahmen einer formalrechtlichen Umgründung – Seitwärts-Verschmelzung

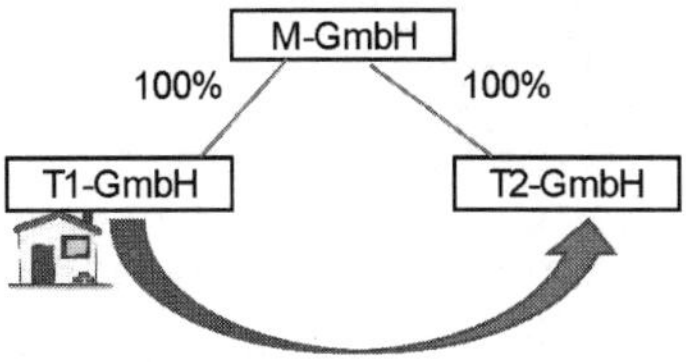

Schlussbilanz der M-GmbH

Beteiligung T1-GmbH	100	Stammkapital	200
Beteiligung T2-GmbH	100		
	200		200

Schlussbilanz der T1-GmbH

Immobilie	80	Stammkapital	80
	80		80

Der Verkehrswert der Immobilie beträgt 300 (= beizulegender Wert der T1-GmbH) und der Körperschaftsteuersatz 25 %.

Schlussbilanz der T2-GmbH

AV	100	Stammkapital	100
	100		100

Übernehmender Rechtsträger:

a) Neubewertung – § 202 Abs. 1 UGB

demonstratives url Bilanzbild der T2-GmbH nach der Umgründung

so AV (T2)	100	Stammkapital	100
Immobilie (T1)	300	KapRL	300
	400		400

In diesem Fall ist die Bedingung § 198 Abs. 10 Satz 3 Z 2 lit. a UGB erfüllt, weil ein einzelner Vermögensgegenstand erworben wird (siehe Abschnitt 4.3.1).

Weiters kommt es im vorliegenden Fall beim übernehmenden Rechtsträger zwar zu einer Erhöhung des Eigenkapitals (Erhöhung der Kapitalrücklagen gemäß § 229 Abs. 2 Z 5 UGB); diese Erhöhung beeinflusst aber zum Zeitpunkt des Geschäftsvorfalls weder das bilanzielle Ergebnis noch das zu versteuernde Ergebnis. Die Bedingungen in § 198 Abs. 10 Satz 3 Z 2 lit. a und b UGB sind daher erfüllt, und die Ausnahme in § 198 Abs.10 Satz 3 Z 2 UGB ist anwendbar.

b) Buchwertfortführung – § 202 Abs. 2 UGB

demonstratives url Bilanzbild der T2-GmbH nach der Umgründung

AV (T2)	100	Stammkapital	100
Immobilie (T1)	80	KapRL	80
	180		180

Siehe dazu die Ausführungen zur Neubewertung oben.

Übertragender Rechtsträger:

Der übertragende Rechtsträger geht in diesem Fall unter.

Auswirkungen auf die M-GmbH:

Da im vorliegenden Beispiel angenommen wird, dass die Bedingungen in § 198 Abs. 10 Satz 3 Z 3 UGB erfüllt sind, sind beim Mutterunternehmen keine latenten Steuern auf den Beteiligungsansatz für das Tochterunternehmen anzusetzen.

Variante 1 – Tausch mit Aufdeckung der stillen Reserven:

Gemäß KFS/RL 25, Rz 126 liegt beim Gesellschafter der übertragenden und der übernehmenden Gesellschaft hinsichtlich der Anteile an den beiden Gesellschaften ein tauschähnlicher Vorgang vor. Nach den für den Tausch geltenden Grundsätzen ist der beizulegende Wert der untergehenden Beteiligung an der übertragenden Gesellschaft auf die Beteiligung an der übernehmenden Gesellschaft zu übertragen.

Der Unterschiedsbetrag zwischen dem beizulegenden Wert und dem Buchwert der untergehenden Beteiligung ist in der Gewinn- und Verlustrechnung auszuweisen.

demonstratives url Bilanzbild der M-GmbH nach der Umgründung

Beteiligung T2-GmbH	400	Stammkapital	200
		Bilanzgewinn	200
	400		400

demonstratives strl Bilanzbild der M-GmbH nach der Umgründung

Beteiligung T2-GmbH	200	Stammkapital	200
		Bilanzgewinn	0
	200		200

Variante 2 – Tausch mit Buchwertfortführung:

Im Hinblick darauf, dass dem Tausch eine Umgründung zugrunde liegt, ist es zulässig, den Buchwert der Beteiligung an der übertragenden Gesellschaft auf die Beteiligung an der übernehmenden Gesellschaft zu übertragen.

demonstratives url Bilanzbild der M-GmbH nach der Umgründung

Beteiligung T2-GmbH	200	Stammkapital	200
	200		200

demonstratives strl Bilanzbild der M-GmbH nach der Umgründung

Beteiligung T2-GmbH	200	Stammkapital	200
	200		200

AFRAC-Stellungnahme 31
Zur Ausschüttungssperre nach § 235 Abs. 1 UGB

Stellungnahme
Zur Ausschüttungssperre im Zusammenhang mit Umgründungen nach § 235 Abs. 1 UGB

(März 2017)

Historie der vorliegenden Stellungnahme

Erstmalige Veröffentlichung	März 2017	

1. Gegenstand und Anwendungsbereich

(1) Diese Stellungnahme behandelt Fragen, die sich bei der Anwendung von § 235 Abs. 1 UGB bei Umgründungen ergeben. Allgemeine Fragen gebundener Rücklagen sind nicht Gegenstand dieser Stellungnahme. Dafür wird auf die Aussagen in KFS/RL 11 (Stellungnahme des Fachsenats für Unternehmensrecht und Revision zur Behandlung offener Rücklagen im Jahresabschluss) hingewiesen. Für die Fragen der Behandlung latenter Steuern im Zusammenhang mit Umgründungen wird auf die AFRAC-Stellungnahme 30: Latente Steuern im Jahresabschluss einschließlich der Behandlung von Einzelfragen zu Ertragsteuern im Zusammenhang mit der Gruppenbesteuerung, insbesondere Rz 27 und 67 ff. hingewiesen.

(2) Anlass für diese Stellungnahme ist die Neuregelung des § 235 Abs. 1 UGB durch das AbgÄG 2015. Die viele Zweifelsfragen aufwerfende Regelung i.d.F. vor dem RÄG 2014 hat zunächst durch das RÄG 2014 eine Klärung erfahren; noch vor dessen Wirksamwerden ist (vor allem aus fiskalischen Überlegungen) § 235 UGB durch das AbgÄG 2015 geändert worden. Die Neufassung von § 235 Abs. 1 UGB hat folgenden Wortlaut:

„Gewinne dürfen nicht ausgeschüttet werden, soweit sie durch Umgründungen unter Ansatz des beizulegenden Wertes entstanden sind und

1. *aus der Auflösung von Kapitalrücklagen stammen,*
2. *nicht als Kapitalrücklage ausgewiesen werden können, oder*
3. *der beizulegende Wert für eine Gegenleistung angesetzt wurde.*

Dies gilt sinngemäß für einen Übergang des Gesellschaftsvermögens gemäß § 142. Die ausschüttungsgesperrten Beträge vermindern sich insoweit, als der Unterschiedsbetrag zwischen Buchwert und dem höheren beizulegenden Wert in der Folge insbesondere durch planmäßige oder außerplanmäßige Abschreibungen gemäß den §§ 204 und 207 oder durch Buchwertabgänge vermindert wird. Dies gilt unabhängig von der Auflösung einer zugrunde liegenden Kapitalrücklage.“

In den Materialien wird dazu folgende Erläuterung gegeben:

„Die Entscheidung für eine Umgründungsrichtung kann verschiedene Ursachen haben, insbesondere verkehrssteuerliche (es wird zur Vermeidung der Grunderwerbsteuer jene Gesellschaft übertragen, die keine Immobilien besitzt) oder gesellschaftsrechtliche Gründe (zur Vermeidung des kapitalherabsetzenden Effekts wird jene Gesellschaft übertragen, die das geringere gebundene Kapital aufweist); aus Gläubigersicht besteht aber meist kein wesentlicher Unterschied, welche Umgründungsrichtung gewählt wird, daher ist es erforderlich, die Ausschüttungssperre auf alle Umgründungstypen mit Neubewertung auszudehnen.

Mit der vorgesehenen Änderung soll daher der Geltungsbereich des Abs. 1 in § 235 erweitert werden. Die Ausschüttungsbeschränkung soll umfassend auf alle im Bilanzgewinn enthaltenen Gewinnteile ausgedehnt werden, die sich bei einer übernehmenden Kapitalgesellschaft durch die Bewertung des Vermögens mit dem beizulegenden Wert gegenüber dem Buchwert ergeben; dies unabhängig davon, ob es sich um down-stream bzw. side-stream (Z 1) oder up-stream Vorgänge (Z 2), einschließlich einer Anwachsung nach § 142, handelt.

Ebenso sollen jene Gewinne, die sich bei einer übertragenden Kapitalgesellschaft auf Grund der Bewertung der umgründungsveranlassten Gegenleistung mit dem beizulegenden Wert gegenüber dem Buchwert des übertragenen Vermögens ergeben, von der Ausschüttungssperre zukünftig erfasst werden (Z 3).

Aufgrund des Abstellens auf den Gewinn kürzen insbesondere umgründungsveranlasste Rückstellungen für latente Steuern den ausschüttungsgesperrten Betrag.

Unverändert zur bisherigen Rechtslage reduziert sich der ausschüttungsgesperrte Betrag, als er in der Folge durch planmäßige oder außerplanmäßige Abschreibungen oder durch Buchwertabgänge unabhängig von der Auflösung der zugrunde liegenden Kapitalrücklage vermindert wird. Buchwertabgänge im Rahmen von Folgeumgründungen führen nicht zu einer Verminderung des ausschüttungsgesperrten Betrages.“[1]

[1] ErlRV 896 BlgNR 25. GP 35.

Inkrafttreten (§ 906 Abs. 41 UGB):

„§ 235 Abs. 1 in der Fassung des Bundesgesetzes BGBl. I Nr. 163/2015 tritt mit 1. Jänner 2016 in Kraft. § 235 Abs. 1 Z 2 und 3 in der Fassung des Bundesgesetzes BGBl. I Nr. 163/2015 sind auf nach dem 31. Mai 2015 beschlossene Umgründungsvorgänge anzuwenden und gelten für Ausschüttungsbeschlüsse nach dem 31. Dezember 2015. § 235

Abs. 1 in der Fassung des Bundesgesetzes BGBl. I Nr. 163/2015 ist auf nach dem 31. Mai 2015 stattfindende Übergänge des Gesellschaftsvermögens gemäß § 142 anzuwenden und gilt für Ausschüttungsbeschlüsse nach dem 31. Dezember 2015."

(3) § 235 UGB erfasst inländische echte und unechte (siehe den Verweis in § 221 Abs. 5 UGB) Kapitalgesellschaften. Ebenso gilt er sinngemäß für mittelgroße und große Genossenschaften (§ 22 Abs. 4 GenG).

2. Definitionen

(4) § 235 Abs. 1 UGB setzt voraus, dass eine Umgründung vorliegt. Maßgeblich ist nicht, ob der auslösende Vorgang als Umgründung im Sinne der abgabenrechtlichen Vorschriften zu qualifizieren ist. Diese Stellungnahme folgt der Definition des Fachgutachtens des Fachsenats für Unternehmensrecht und Revision der Kammer der Wirtschaftstreuhänder zur Rechnungslegung bei Umgründungen (KFS/RL 25) in Rz 92: *„Unter den Begriff Umgründung fallen jedenfalls Verschmelzungen nach den einschlägigen Normen, Spaltungen nach dem SpaltG und Umwandlungen nach dem UmwG sowie mit diesen vergleichbare Vermögensübertragungen. Darüber hinaus fallen aufgrund der Zitierung in der Klammer des Einleitungssatzes von § 202 Abs 2 UGB jedenfalls auch Vermögensübernahmen, die Vermögen iSd Art III bis V UmgrStG (Einbringungen, Zusammenschlüsse und Realteilungen) zum Gegenstand haben, unter den Begriff Umgründung. Neben den in § 202 Abs 1 UGB genannten Betrieben und Teilbetrieben zählen zu Vermögen iSd § 202 Abs 2 UGB auch Beteiligungen iSd § 189a Z 2 UGB."*

(5) Die Regelung erfasst einen „Gewinn", der bei einer Umgründung unter Ansatz des beizulegenden Wertes entstanden ist. Für den beizulegenden Wert ist auf § 189a Z 3 UGB abzustellen. Der Begriff „Gewinn" ergibt sich aus dem Unterschied zwischen dem unternehmensrechtlichen Buchwert und dem beizulegenden Wert, gegebenenfalls gekürzt um darauf entfallende latente Steuern oder eine direkt durch die Umgründung ausgelöste Ertragsteuer. Ein „Gewinn" kann sowohl bei der übertragenden als auch bei der übernehmenden Gesellschaft sowie beim Gesellschafter der übertragenden Gesellschaft oder einer Zwischengesellschaft oder bei dem gemeinsamen Gesellschafter entstehen. Bei der übertragenden Gesellschaft entsteht ein „Gewinn" dann, wenn die ihr zukommende Gegenleistung mit dem beizulegenden Wert angesetzt wird; hier ist auf den Unterschied zwischen dem Buchwert des übertragenen Vermögens und dem Wertansatz für die erhaltene Gegenleistung abzustellen. Bei Umgründungen, die sich im Jahresergebnis auswirken, wie dies insbesondere bei Aufwärtsumgründungen der Fall ist, ist für die Ermittlung des „Gewinns" auch die mit der Umgründung bewirkte Minderung des Vermögens zu berücksichtigen, die sich aus dem Untergang oder der Wertminderung der Anteile an der übertragenden Gesellschaft ergibt.

3. Zweck der Regelung

(6) Der vorrangige Zweck der Regelung besteht im Gläubigerschutz: Ein „Gewinn", der dadurch bewirkt wird, dass im Rahmen einer Umgründung Vermögen der übertragenden oder der übernehmenden Gesellschaft oder bei dem Gesellschafter der übertragenden Gesellschaft oder dem gemeinsamen Gesellschafter oder einer Zwischengesellschaft in der unternehmensrechtlichen Rechnungslegung auf den beizulegenden Wert aufgewertet wird, soll den ausschüttungsfähigen Gewinn nicht beeinflussen. Das Ziel des Gläubigerschutzes ist für die Auslegung von besonderer Bedeutung.

4. Verhältnis zum Grund-/Stammkapital sowie zu (gebundenen) Rücklagen

(7) Umgründungen können beim übernehmenden Rechtsträger mit einer Erhöhung des Grund-/Stammkapitals, gegebenenfalls unter Festlegung eines Aufgeldes, verbunden sein. Letzteres ist bei einer AG und einer großen GmbH stets in eine gebundene Kapitalrücklage einzustellen, die einer gesetzlich vorgegebenen Ausschüttungssperre unterliegt (§ 229 Abs. 7 UGB). Deshalb kommt § 235 Abs. 1 UGB in diesen Fällen nicht zur Anwendung. Bei einer Einstellung des Aufgeldes in eine nicht gebundene Kapitalrücklage darf deren Auflösung nicht zur Erhöhung des ausschüttbaren Gewinns führen.

(8) Nach § 229 Abs. 7 UGB darf eine gebundene Kapitalrücklage nur zum Ausgleich eines ansonsten auszuweisenden Bilanzverlustes aufgelöst werden. Der Verwendung der gesetzlichen Rücklage steht hingegen nicht entgegen, dass freie, zum Ausgleich von Wertminderungen und zur Deckung von sonstigen Verlusten bestimmte Rücklagen vorhanden sind. Das Grund-/Stammkapital kann nach den §§ 175 ff. AktG und §§ 54 ff. GmbHG herabgesetzt werden. Diese Maßnahmen erhöhen nicht den ausschüttbaren Gewinn. Eine ordentliche Kapitalherabsetzung ist nur unter Beachtung von dem Gläubigerschutz dienenden Regelungen zulässig. Auch wenn im gesetzlich gebundenen Kapital von der Ausschüttungssperre nach § 235 Abs. 1 UGB an sich erfasste Beträge enthalten sein sollten, steht daher auf Grund des Wortlautes und der Systematik der Regelung dieser Umstand diesen Maßnahmen nicht entgegen. § 235 Abs. 1 UGB verbietet nicht die Auflösung von gebundenen Rücklagen zur Verlustabdeckung, auch wenn für nachfolgende Perioden die Ausschüttungsfähigkeit positiv beeinflusst wird. Dies gilt auch dann sinngemäß, wenn der für die Ausschüttung gesperrte Teil in einer freien Rücklage enthalten ist, die zum Ausgleich eines ansonsten auszuweisenden Bilanzverlustes aufgelöst wird. Vorrangig sind jene Beträge aufzulösen, die nicht nach § 235 Abs. 1 UGB gesperrt sind (siehe auch Rz 13 letzter Satz). Die Ausschüttungssperre nach § 235 Abs. 2 UGB (aktivierte latente Steuern) ist gesondert zu beurteilen. Nach Abs. 1 gesperrte Beträge sind auf die Sperre nach Abs. 2 nicht anzurechnen.

5. Auswirkungen bei der Buchwertfortführung (§ 202 Abs. 2 Z 1 UGB)

(9) Werden von der übernehmenden Gesellschaft die Buchwerte fortgeführt, kommt es zu keiner Ausschüttungssperre. Dies gilt auch für die übertragende Gesellschaft, wenn diese die Gegenleistung für das übertragene Vermögen mit dem unternehmensrechtlichen Buchwert des übertragenen Vermögens ansetzt. Ebenso gilt dies bei Seitwärtsumgründungen, wenn der gemeinsame Gesellschafter den Buchwert der (untergehenden) Anteile an der übertragenden Gesellschaft als Anschaffungskosten auf die Anteile an der/den übernehmenden Gesellschaft(en) überträgt oder auf die Anteile an den Gesellschaften aufteilt. In diesen Fällen sind auch keine (neuen) latenten Steuern zu passivieren.

6. Auswirkungen bei der modifizierten Buchwertfortführung (§ 202 Abs. 2 Z 2 und 3 UGB)

(10) § 202 Abs. 2 Z 2 UGB gewährt dem Übernehmer zur Vermeidung eines durch die Umgründung bewirkten Verlustes das Wahlrecht, den Unterschiedsbetrag zwischen dem Gesamtbetrag der Gegenleistung und dem niedrigeren Saldo der Buchwerte des übernommenen Vermögens zu aktivieren. Dieser Unterschiedsbetrag ist, soweit möglich, den Aktiven und Passiven zuzuweisen und gemäß § 202 Abs. 2 Z 3 UGB unter den Posten des Anlagevermögens gesondert als Umgründungsmehrwert auszuweisen; der Rest darf gemäß § 202 Abs. 2 Z 3 UGB als Firmenwert ausgewiesen werden. Voraussetzung für den Ansatz eines Umgründungsmehrwertes und Firmenwertes ist, dass eine Gegenleistung gewährt wird. Der Umgründungsmehrwert ist in der Folge entsprechend der Entwicklung der stillen Reserven (planmäßige, außerplanmäßige Abschreibung/Zuschreibung) fortzuführen und kann nicht nach Belieben aufgelöst werden. Dies gilt sinngemäß für den Firmenwert.

(11) Der Ausweis eines Umgründungsmehrwertes und eines Firmenwertes kann bei der modifizierten Buchwertfortführung nicht zur Entstehung eines Gewinns führen, sodass § 235 Abs. 1 UGB keine Anwendung findet.

7. Auswirkungen des Wertansatzes gemäß § 202 Abs. 1 UGB

7.1. Auswirkungen bei Umgründungen down-stream (Abwärtsumgründungen)

(12) Hier entsteht bei der übernehmenden Gesellschaft ein „Gewinn“ (siehe Rz 5), der sich aus dem Unterschied zwischen dem Buchwert und dem beigelegten Wert des übertragenen Vermögens, gegebenenfalls abzüglich latenter Steuern, ergibt. Der Betrag wird bei Umgründungen in Form von Sacheinlagen im Grund-/Stammkapital und gegebenenfalls als Aufgeld bei einer AG und großen GmbH in gebundenen oder vor allem bei Sachzuwendungen in den nicht gebundenen Kapitalrücklagen ausgewiesen (§ 229 Abs. 4 UGB). Eine Auflösung von Rücklagen zur Abdeckung eines sonst auszuweisenden Bilanzverlustes ist zulässig; für die Auflösung gebundener Kapitalrücklagen ist § 229 Abs. 7 erster Satz UGB zu beachten (siehe Rz 8). Insoweit wird durch die Auflösung von Rücklagen der ausschüttungsgesperrte Betrag gemindert. Bei einer Verschmelzung down-stream werden die Anteile der übertragenden an der übernehmenden Gesellschaft an die Gesellschafter der übertragenden durchgeleitet. Die übernehmende Gesellschaft kann für das übertragene Restvermögen den beizulegenden Wert ansetzen. Der daraus resultierende „Gewinn“ ist auch im Falle der Dotierung einer nicht gebundenen Kapitalrücklage ausschüttungsgesperrt.

7.2. Auswirkungen bei Umgründungen up-stream (Aufwärtsumgründungen)

(13) Im Falle von erfolgswirksamen Umgründungen (§ 235 Abs. 1 Z 2 UGB, Übertragungen up-stream) sowie der Anwachsung nach § 142 UGB (§ 235 Abs. 1 zweiter Satz UGB) ergibt sich der gesperrte Betrag aus dem Unterschied zwischen der Wertminderung des Anteils an der übertragenden Gesellschaft und dem Wertansatz des übertragenen Vermögens nach § 202 Abs. 1 UGB, gegebenenfalls abzüglich latenter Steuern und allfälliger durch die Umgründung ausgelöster Ertragsteuern. Dies gilt auch dann, wenn der Anteil (wie bei einer Verschmelzung oder Anwachsung) untergeht und das übertragene Vermögen zum höheren beizulegenden Wert angesetzt wird. Würde die übernehmende Gesellschaft ohne Berücksichtigung des „Umgründungsgewinns“ einen Jahresfehlbetrag oder einen Bilanzverlust ausweisen, kommt es nur insoweit zu einer Sperre, als der durch den Ansatz zum beizulegenden Wert bewirkte „Umgründungsgewinn“ den ansonsten auszuweisenden Jahresfehlbetrag übersteigt. Der Zweck des Gläubigerschutzes hat zur Folge, dass dann der Jahresüberschuss, soweit sich dieser durch die Umgründung auf Grund des Ansatzes des übertragenen Vermögens zum beizulegenden Wert ergibt, erst an letzter Stelle zur Abdeckung eines Verlustvortrages herangezogen werden darf.

7.3. Auswirkungen bei Umgründungen side-stream (Seitwärtsumgründungen)

(14) Bei Umgründungen side-stream (Verschmelzung von Tochtergesellschaften, Abspaltung oder Einbringung zwischen Tochtergesellschaften) kann bei der gemeinsamen Muttergesellschaft (oder einer Zwischengesellschaft) ein „Umgründungsgewinn“ entstehen, der sich aus dem Unterschied zwischen dem Wertabgang bei dem Anteil an der übertragenden Gesellschaft und dem mit dem beizulegenden Wert ermittelten und im Jahresabschluss angesetzten Wertzuwachs des Anteils an der übernehmenden Gesellschaft und gegebenenfalls an Zwischengesellschaften ergibt. Dieser Vorgang ist erfolgswirksam; der sich daraus ergebende „Gewinn“ unterliegt der Ausschüttungssperre. Wird bei der übernehmenden Gesellschaft ebenfalls der Ansatz des beizulegenden Wertes

gewählt, kann es sowohl bei dieser Gesellschaft als auch bei dem gemeinsamen Gesellschafter und gegebenenfalls bei Zwischengesellschaften zu einer Ausschüttungssperre kommen. Im Falle der Abspaltung von Vermögen mit einem positiven Buchwert kommt es bei der übertragenden Gesellschaft zu einem Spaltungsverlust und zu einer Entsperrung des im übertragenen Vermögen enthaltenen, bisher gesperrten „Umgründungsgewinns" (siehe Rz 19).

8. Auswirkungen bei Folgeumgründungen

(15) Der Zweck des Gläubigerschutzes spricht dafür, dass im Falle einer Folgeumgründung eine Ausschüttungssperre bei der übertragenden Gesellschaft, die auf der Bewertung des übertragenen Vermögens mit dem beizulegenden Wert aus einer vorangegangenen Umgründung beruht, bei der übernehmenden Gesellschaft fortbesteht, selbst wenn diese den von der übertragenden Gesellschaft angesetzten Buchwert fortführt; dies gilt unabhängig davon, ob die übertragende Gesellschaft infolge der Umgründung untergeht. Im Falle einer Verschmelzung auf eine Schwestergesellschaft, bei der die aufnehmende Gesellschaft die bei der übertragenden Gesellschaft nach § 202 Abs. 1 UGB erhöhten Wertansätze nach § 202 Abs. 2 UGB fortführt, kommt es demnach zu keiner Entsperrung, sondern der gesperrte Betrag ist von der übernehmenden Gesellschaft fortzuführen. Für den Fall, dass die übertragende Gesellschaft fortbesteht (wie bei einer Abspaltung auf eine Schwestergesellschaft), wird in den Erläuterungen zum AbgÄG 2015 festgehalten, dass Buchwertabgänge im Rahmen von Folgeumgründungen nicht zu einer Verminderung des ausschüttungsgesperrten Betrages (wohl nur bei der übertragenden Gesellschaft) führen. Dies ist nur auf Übertragungen down-stream zu beziehen, bei denen sich dann im Ansatz der Beteiligung an der übernehmenden Gesellschaft die Sperre fortsetzt.

(16) Das Gesetz enthält keine klare Aussage darüber, ob es dann, wenn bei Umgründungen down-stream bei der übertragenden Gesellschaft die Ausschüttungssperre bestehen bleibt, zusätzlich zu einer Sperre bei der übernehmenden Gesellschaft kommt, wenn im Rahmen einer Folgeumgründung der zweite Übernehmer die Buchwerte fortführt („Verdoppelungseffekt"). Der Schutzzweck der Ausschüttungssperre erfordert im Einklang mit dem Wortlaut des § 235 Abs. 1 UGB nicht, dass im Falle der Fortführung der Buchwerte eine weitere Sperre beim Übernehmer eingreift; die Sperre des auf Grund der vorangegangenen Umgründung bei der übertragenden Gesellschaft sich ergebenden Betrages bleibt aufrecht.

(17) Im Falle von Übertragungen up-stream oder side-stream kommt es bei der übertragenden Gesellschaft, wenn diese fortbesteht, zu einem Vermögensabgang, sodass damit bei dieser die auf das übertragene Vermögen zurückgehende Sperre erlischt (§ 235 Abs. 1 dritter Satz UGB). Der übernehmende Rechtsträger übernimmt auch bei Fortführung der Buchwerte die Sperre, unabhängig davon, ob die übertragende Gesellschaft infolge der Umgründung untergeht (siehe Rz 15).

(18) Bei mittelbaren Umgründungen (beispielsweise Einbringung von der Mutter- in die Enkelgesellschaft und umgekehrt) sowie bei Umgründungen side-stream kommt es bei Übertragungen down-stream und side-stream auch zu einer Sperre bei der übertragenden Gesellschaft oder einer Zwischengesellschaft, wenn der Anteil an der übernehmenden Gesellschaft und/oder Zwischengesellschaft um den beizulegenden Wert (gegebenenfalls abzüglich latenter Steuern und durch die Umgründung ausgelöster Ertragsteuern) erhöht wird. Zu einer Entsperrung kommt es bei der Muttergesellschaft und gegebenenfalls bei einer Zwischengesellschaft, wenn der Ansatz der Beteiligung an der übertragenden Gesellschaft durch eine Folgeumgründung im Wege einer Übertragung up-stream oder side-stream oder durch eine außerplanmäßige Abschreibung reduziert werden sollte (siehe Rz 19).

9. Entsperrung

(19) Zu einer Entsperrung kommt es jedenfalls durch den Abgang eines aufgewerteten Vermögensgegenstandes außerhalb einer Umgründung, beispielsweise durch einen Verkauf. Ein dabei erzielter Gewinn unterliegt keiner Ausschüttungssperre. Zu einer (teilweisen) Entsperrung kommt es außerdem durch die planmäßige oder außerplanmäßige Abschreibung aktivierter stiller Reserven sowie eines Firmenwerts. Kommt es im Falle einer außerplanmäßigen Abschreibung in der Folge auf Grund von § 208 Abs. 1 UGB zu einer Zuschreibung, so lebt die Sperre wieder auf, soweit dadurch im Jahr der Zuschreibung der Jahresüberschuss oder Bilanzgewinn erhöht wird. Soweit durch eine Zuschreibung ein Jahresfehlbetrag oder Bilanzverlust verringert oder ausgeglichen wird, kommt es zu keinem Wiederaufleben der Ausschüttungssperre (siehe Rz 8).

(20) Im Falle eines Gewinnabführungsvertrages dürfen von der Ausschüttungssperre erfasste Teile des Jahresüberschusses nicht auf den Organträger (in der Regel die Muttergesellschaft) überrechnet werden. Der Zweck des Gläubigerschutzes spricht für ein Fortbestehen der Ausschüttungssperre und damit gegen die Überrechnung, auch wenn bei Gewinnabführungsverträgen die Muttergesellschaft ohnedies eine Verlustausgleichsverpflichtung bei der Tochter übernimmt. Auch dann tragen nämlich die Gläubiger der Tochtergesellschaft das Bonitätsrisiko der Muttergesellschaft.

10. Darstellung im Jahresabschluss

(21) Ein gesonderter Ausweis des gesperrten Betrages in der Bilanz ist nicht erforderlich, wenn diese Information im Anhang enthalten ist. Dieser Betrag ist auf Grundlage von § 237 Abs. 1 Z 1 UGB im Anhang anzugeben. Alternativ ist es zulässig, dass der von der Ausschüttungssperre erfasste Betrag in der Bilanz beim Bilanzgewinn als „davon-Vermerk" ausgewiesen wird. Bei Kleinstkapitalgesellschaften ist ein Anhang nicht aufzu-

stellen, weshalb diese Angabe in der Bilanz beim Bilanzgewinn geboten ist.

11. Folgen einer Verletzung

(22) Es gehört zu den Pflichten der für die Rechnungslegung verantwortlichen Organmitglieder (Geschäftsführer, Vorstandsmitglieder), bei der Erstellung des Gewinnverteilungsvorschlages auf etwaige Ausschüttungssperren zu achten und diesen Vorschlag entsprechend zu formulieren. Daher gehört es zu deren Aufgaben, laufend Aufzeichnungen zu führen, aus denen der Betrag der Ausschüttungssperre, deren Anlass und gegebenenfalls deren zeitliche Reichweite hervorgehen. Bei einer Verletzung dieser Pflichten kommt es zur Haftung gegenüber der Gesellschaft für jenen Schaden, der durch die Auszahlung eines nicht ausschüttungsfähigen Betrages entsteht. Grundsätzlich besteht die Möglichkeit, dass der Entlastungsbeweis durch den Nachweis fehlenden Verschuldens angetreten werden kann. Da es sich vorrangig um Rechtsfragen handelt, kann die Entlastung mit dem Argument, dass ein entschuldbarer Rechtsirrtum vorliegt, fraglich sein. Die Missachtung einer Ausschüttungssperre berührt nicht die Gültigkeit des Jahresabschlusses.

(23) Im Falle einer Verletzung der Ausschüttungssperre ist der Gewinnausschüttungsbeschluss bzw. bei Fehlen eines derartigen Beschlusses (siehe § 35 Abs. 1 Z 1 GmbHG) der Beschluss über die Feststellung des Jahresabschlusses insgesamt nichtig. In diesem Fall kommt eine Teilnichtigkeit, beschränkt auf den ausschüttungsgesperrten Anteil, auf Grund der Rechtsprechung zu Fragen der Teilnichtigkeit aus aktueller Sicht nicht in Betracht.

Erläuterungen

Zu Rz (2):

Zu Fragen der Auswirkungen von Umgründungen auf die Rechnungslegung nach dem RÄG 2014 und dessen Übergangsbestimmungen siehe *Strimitzer*, Bilanzierung von Umgründungen im Übergang zum RÄG 2014, RWZ 2016/50, 213. Beispiele für das Eingreifen der Ausschüttungssperre bei *Hirschler/Strimitzer* in *Mayr/Schlager/Zöchling* (Hrsg.), Handbuch Einlagenrückzahlung (2016) 166 ff.

Zu Rz (3):

Wird demnach Vermögen im Rahmen einer verschmelzenden Umwandlung auf einen Verein, eine Privatstiftung, eine Körperschaft öffentlichen Rechts oder einen ausländischen Rechtsträger übertragen, ist für diese Rechtsträger § 235 UGB nicht anwendbar, auch wenn der beizulegende Wert angesetzt wird.

Zu Rz (4):

Diese Auslegung entspricht KFS/RL 25, Rz 92. Sie gilt sowohl für Umgründungen zwischen verbundenen als auch zwischen unabhängigen Gesellschaften. Die Gefahr, dass eine Umgründung vor allem das Ziel hat, ein bisher nicht bestehendes Ausschüttungspotential zu schaffen, ist bei Umgründungen bei verbundenen Gesellschaften besonders groß, vor allem, wenn durch die steuerliche Buchwertfortführung nach den Bestimmungen des UmgrStG mit der Übertragung von Vermögen keine Steuerbelastung bewirkt wird. Insbesondere wenn bei Gestaltungen keine eigenständige unternehmerische Begründung erkennbar ist, kann bei wirtschaftlicher Betrachtung eine Umgehung der Ausschüttungssperre vorliegen.

Zu Rz (5):

Ist unternehmensrechtlich ein Verlustvortrag vorhanden, so unterliegt der Ausschüttungssperre nur der aus der Umgründung resultierende Gewinn, soweit er den Verlustvortrag übersteigt. Teile des Gewinns, die nicht durch die Umgründung bewirkt worden sind, sind im Sinne des mit der Regelung bezweckten Gläubigerschutzes vorrangig mit dem Verlustvortrag zu verrechnen. Die Gesellschaft hat dies durch entsprechende Aufzeichnungen evident zu halten.

Zu Rz (6):

§ 235 Abs. 1 UGB setzt nach seinem eindeutigen Wortlaut voraus, dass der von der Ausschüttung gesperrte Gewinn unter Ansatz des beizulegenden Wertes entstanden ist. Werden die Buchwerte fortgeführt, so kommt die Regelung nicht zur Anwendung. Dies gilt auch für die modifizierte Buchwertfortführung (siehe Rz 10). Die unklare Regelung der § 235 Z 3 UGB i.d.F. vor dem RÄG 2014 ist damit durch eine eindeutige Bestimmung ersetzt worden; daher kommt auch der zur Vorgängerbestimmung ergangenen Rechtsprechung für die Auslegung der Neuregelung keine Bedeutung mehr zu. Auf Grund des bezweckten Schutzes der Gläubiger ist § 235 Abs. 1 UGB auch dann anzuwenden, wenn als Gegenleistung keine Gesellschaftsanteile gewährt werden, sondern ein anderes, eigenkapitalähnliches Instrument (Substanzgenussrecht mit der Eigenschaft von Eigenkapital) begeben wird. Ebenso ist § 235 Abs. 1 UGB anzuwenden, wenn im Wege einer Sachzuwendung Vermögen ohne Gegenleistung übertragen wird und es unternehmensrechtlich zu einer Aufwertung kommt.

Zu Rz (7):

Sollte, aus welchem Grund auch immer, die gebundene Rücklage in eine freie Rücklage mutieren, so bleibt die bisher in der gebundenen Rücklage enthaltene Ausschüttungssperre aufrecht. Durch das RÄG 2014 ist des Weiteren klargestellt worden, dass die Verpflichtung zur Dotierung gebundener Rücklagen gemäß § 229 Abs. 5 und 6 UGB für Personengesellschaften im Sinne von § 189 Abs. 1 Z 2 UGB nicht besteht, da der Verweis in § 221 Abs. 5 UGB diese Regelungen nicht (mehr) erfasst. Allerdings inkludiert der Verweis § 235 UGB, sodass auch bei unechten Kapitalgesellschaften diese Bestimmung sinngemäß anzuwenden ist (auch im Sinne einer Entnahmesperre). Fraglich ist, ob dies auch für solche unternehmerisch tätige unechte Kapitalgesellschaften gilt, bei denen die Komplementärfunktion nicht von einer Kapitalgesellschaft, sondern von einer anderen juristischen Person (Verein, Genossenschaft, Gemeinde) eingenommen wird. Dafür spricht der zweite Halbsatz von § 221 Abs. 5 UGB, wonach in diesem Fall die Vorschriften für eine GmbH anzuwenden sind.

Zu Rz (8):

Die Aussage, wonach Rücklagen zur Verlustabdeckung aufgelöst werden können, auch wenn in diesen Beträge enthalten sind, die einer Ausschüttungssperre nach § 235 Abs. 1 UGB unterliegen, und das die Sperre auslösende Vermögen noch (ungeschmälert) vorhanden ist, entspricht der Behandlung gebundener Rücklagen in § 229 Abs. 7 UGB, die auch dann zur Verlustabdeckung aufgelöst werden können, wenn dadurch in Folgeperioden die Ausschüttungsfähigkeit künftiger Gewinne ermöglicht wird. Zu beachten ist, dass die von der Sperre erfassten Beträge an letzter Stelle zur Verlustabdeckung aufgelöst werden dürfen, wie dies der Regelung für die gebundene Kapitalrücklage entspricht. Es wird darauf hingewiesen, dass es zu dieser Frage bisher keine Rechtsprechung gibt. Zur Behandlung gebundener Rücklagen wird im Übrigen auf die Ausführungen in KFS/RL 11, insbesondere in Rz 9 bis 18 sowie 26, hingewiesen. Wird das Aufgeld in eine freie Kapitalrücklage eingestellt und durch deren (teilweise) Auflösung der Bilanzgewinn erhöht, so darf dieser Teil nicht ausgeschüttet, sondern muss auf neue Rechnung vorgetragen werden. Fraglich ist, ob auch ein bloß „schuldrechtliches Aufgeld" ebenfalls in eine gebundene Kapitalrücklage einzustellen ist. Dies betrifft Vereinbarungen mit einer Emissionsbank, wonach diese zur Beschleunigung der Emission die Aktien zum (rechnerischen) Nominale zeichnet und sich verpflichtet, den aus der Platzierung bei den Investoren lukrierten Mehrerlös (abzüglich Kosten) an die Emittentin herauszugeben. Unabhängig von der Anwendung von § 229 Abs. 7 UGB ist ein Aufgeld ausschüttungsgesperrt, wenn die sonstigen Voraussetzungen nach § 235 Abs. 1 Z 1 UGB vorliegen. Der Summengrundsatz kommt bei der Spaltung zur Aufnahme für gebundene Rücklagen nicht zur Anwendung. Die Abdeckung eines Spaltungsverlustes durch die Auflösung gebundener Kapitalrücklagen bei Fortführung freier Rücklagen entgegen § 229 Abs. 7 UGB ist nicht zulässig (a.A. *Hügel*, Zur Verrechnung des Spaltungsverlustes mit gebundenem und ungebundenem Eigenkapital, in FS Ch. Nowotny 574 ff.). § 82 Abs. 5 GmbHG bestimmt, dass dann, wenn den Geschäftsführern oder dem Aufsichtsrat in der Zeit zwischen dem Schluss des Geschäftsjahres und der Beschlussfassung über den Jahresabschluss bekannt wird, dass der Vermögensstand der Gesellschaft durch eingetretene Verluste oder Wertminderungen erheblich und voraussichtlich nicht bloß vorübergehend geschmälert worden ist, der sich nach der Bilanz ergebende Gewinn in einem der erlittenen Schmälerung des Vermögens entsprechenden Betrag von der Verteilung ausgeschlossen und auf Rechnung des laufenden Geschäftsjahres zu übertragen ist. Daraus ergibt sich die Verpflichtung der Geschäftsführer, der Generalversammlung einen Gewinnverteilungsvorschlag vorzulegen, der einen dieser Bestimmung entsprechenden Vortrag des Gewinns auf neue Rechnung enthält. Sollte sich später herausstellen, dass die nach dem Abschlussstichtag im Sinne einer Wertbegründung aufgetretenen Verluste durch eine positive Entwicklung ausgeglichen worden sind, so kann der Gewinnvortrag zur Ausschüttung verwendet werden. Dies bedarf eines Beschlusses der Generalversammlung. Ob diese Bestimmung auf die AG sinngemäß anzuwenden ist, ist umstritten. Dafür spricht der damit bezweckte Schutz der Gläubiger. Die Regelung ist neben § 235 UGB anzuwenden.

Zu Rz (9):

Siehe dazu die Ausführungen in KFS/RL 25, Rz 93.

Zu Rz (10):

Siehe dazu KFS/RL 25, Rz 98 ff.

Zu Rz (11):

Der Wortlaut des Gesetzes stellt eindeutig darauf ab, dass direkt durch die Umgründung und den Ansatz zum beizulegenden Wert der Gewinn erhöht wird. Dies ist bei Anwendung der modifizierten Buchwertfortführung nicht der Fall. Im Einzelfall kann die modifizierte Buchwertfortführung zur Umgehung von § 235 Abs. 1 UGB eingesetzt werden, wenn nämlich der Gesamtbetrag der Gegenleistung (§ 202 Abs. 2 Z 2 UGB) durch einen gesetzlich nicht geforderten hohen Ausgabebetrag „künstlich" hoch angesetzt wird und durch den dadurch bewirkten „Umgründungsverlust" im Wege der Auflösung einer Rücklage die Ausschüttungssperre vermieden oder reduziert wird. Für derartige Fälle kann eine analoge Anwendung geboten sein (siehe in diesem Sinn *Hirschler/Strimitzer* in *Mayr/Schlager/Zöchling* (Hrsg.), Handbuch Einlagenrückzahlung (2016) 152 f.).

Zu Rz (13):

Ein Gewinnvortrag ist mit einem Jahresfehlbetrag, der durch einen „Umgründungsgewinn" geschmälert wurde, zu verrechnen. Der verbleibende Gewinnvortrag, soweit dieser keinen „Umgründungsgewinn" aus Vorperioden enthält, kann zur Ausschüttung verwendet werden. Dies veranschaulicht das folgende Beispiel:

Jahresfehlbetrag vor Aufwertungsgewinn	- 1.000
Aufwertungsgewinn (aus Umgründung up-stream)	900
Jahresfehlbetrag laut GuV 31.12.2016	- 100
Gewinnvortrag aus Bilanzgewinn 2015	1.500
ausschüttbarer Bilanzgewinn 2016	1.400

Zu Rz (15):

Der letzte Satz in den Erläuterungen ergibt ansonsten keinen Sinn. *Hirschler/Strimitzer* in *Mayr/Schlager/Zöchling* (Hrsg.), Handbuch Einlagenrückzahlung (2016) 164, weisen darauf hin, dass eine Reduktion der Sperre dann nur mehr bei einer außerplanmäßigen Abschreibung oder bei Ausscheiden der Beteiligung eintritt.

Zu Rz (16):

Für diese Auslegung spricht vor allem auch der Wortlaut des § 235 Abs. 1 UGB; die Erläuterungen enthalten keinen Hinweis. Bei Umgehungskonstruktionen, die etwa bei Kettenübertragungen down-stream auf direkte und in der Folge dann indirekte Tochtergesellschaften im Konzern vorliegen können, indem dann von der übernehmenden Gesellschaft nach oben ausgeschüttet wird, ist eine sinngemäße Anwendung in Betracht zu ziehen (siehe auch *Hirschler/Strimitzer* in *Mayr/Schlager/Zöchling* (Hrsg.), Handbuch Einlagenrückzahlung (2016) 163 f.).

Zu Rz (18):

Zu Umgehungsfällen siehe die Erläuterungen zu Rz 6 und zu Rz 11.

Zu Rz (19):

Bei einem Abgang durch Umgründungen kann es zur Fortsetzung bei der übernehmenden Gesellschaft kommen. Das Aufleben der Sperre bei einer Zuschreibung ergibt sich aus dem Zweck des Gläubigerschutzes. Soweit durch die Zuschreibung lediglich ein Jahresfehlbetrag/Bilanzverlust verringert wird, bewirkt sie keine Ausschüttungssperre.

Zu Rz (20):

Auch nach der herrschenden Auffassung zum dAktG können zwar freie Rücklagen gewinnerhöhend aufgelöst und damit überrechnet werden, nicht aber gebundene Rücklagen. Im Einzelfall ist auf die Ausgestaltung des Vertrages, insbesondere auch auf dessen Laufzeit und Aufkündbarkeit abzustellen. Maßgeblich ist, ob im Falle der Beendigung, aus welchem Grund auch immer, der Rechtsträger, an den der Gewinn zu überrechnen ist, zum Ausgleich des zum Beendigungszeitpunkt bestehenden Verlustes verpflichtet ist.

Zu Rz (21):

Bei der Ausübung des Wahlrechtes des § 202 UGB ist sinngemäß von der Anwendung einer Bewertungsmethode auszugehen. Im Anhang von mittelgroßen und großen Gesellschaften ist der Vorschlag zur Verwendung des Ergebnisses oder gegebenenfalls die Verwendung des Ergebnisses anzugeben (§ 238 Abs. 1 Z 9 UGB). Dabei ist gegebenenfalls auf den nach § 235 UGB gesperrten Teil einzugehen.

Zu Rz (23):

Siehe OGH 29.11.2016, 6 Ob 213/16s, wonach eine Teilnichtigkeit nur bei Beschlüssen in Betracht kommt, die objektiv in einen gültigen und nichtigen Teil trennbar sind; im Zweifel ist Totalnichtigkeit anzunehmen.

AFRAC-Stellungnahme 32
Umsatzrealisierung

Stellungnahme
Umsatzrealisierung: Vereinbarkeit der Bestimmungen des IFRS 15 mit den Grundsätzen des UGB

(Juli 2020)

Historie der vorliegenden Stellungnahme

erstmalige Veröffentlichung	Juni 2018	
Überarbeitung	Juli 2020	Redaktionelle Anpassung in Form der Aufnahme einer Inkrafttretens Bestimmung (Rz 113)

1. Zielsetzung der Stellungnahme

(1) Diese Stellungnahme befasst sich mit den Grundsätzen der unternehmensrechtlichen Umsatzrealisierung und behandelt Fragen, die bei Unternehmen, welche ihren Konzernabschluss nach den IFRS aufstellen oder in einen nach den IFRS aufgestellten Konzernabschluss einbezogen werden und ihren Jahresabschluss nach dem Unternehmensgesetzbuch (UGB) aufstellen, auftreten können.

(2) Ziel der Stellungnahme ist zu beurteilen, inwieweit die Bestimmungen des UGB und die allgemein anzuwendenden Grundsätze ordnungsmäßiger Buchführung (GoB) im Vergleich zu den Bestimmungen des IFRS 15 Gemeinsamkeiten und Unterschiede aufweisen, inwieweit daher für Unternehmen, die auch nach IFRS bilanzieren, eine Umsatzrealisierung nach IFRS 15 mit dem UGB vereinbar ist.

(3) Die Stellungnahme richtet sich vorrangig nicht an Unternehmen, die ihren Jahres- und Konzernabschluss ausschließlich nach dem UGB aufstellen. Aus dieser Stellungnahme lässt sich daher keine verpflichtende Anwendung des IFRS 15, oder einzelner Bestimmungen daraus, für die Bilanzierung nach dem UGB ableiten.

(4) Durch die vorliegende Stellungnahme wird ferner keine Interpretation der Be-stimmungen des IFRS 15 vorgenommen. Die direkt und indirekt zitierten Bestimmungen (die nachfolgend jeweils kursiv dargestellt werden) sind Auszüge aus der Endorsement-Verordnung zum IFRS 15 (VO EU 2016/1905, geändert durch VO EU 2017/1986 und 2017/1987) und dienen der besseren Lesbarkeit der Stellungnahme.

2. Definition Umsatzerlöse

(5) Der Begriff „Umsatzerlöse" des UGB gem. § 189a Z 5 UGB umfasst Erlöse aus dem Verkauf von Produkten sowie der Erbringung von Dienstleistungen. Eine Veräußerung bzw. Erbringung im Rahmen der gewöhnlichen Geschäftstätigkeit ist keine Voraussetzung für das Vorliegen von Umsatzerlösen. Erlöse aus der Veräußerung von Vermögensgegenständen des Anlagevermögens, Versicherungsentschädigungen, Subventionen sowie private Zuschüsse ohne Gegenleistungsverpflichtung, die nicht wegen ihrer gesellschaftsrechtlichen Veranlassung in die Kapitalrücklage eigestellt werden müssen, stellen regelmäßig keine Umsatzerlöse, sondern sonstige betriebliche Erträge dar.

(6) Nach den Bestimmungen der IFRS sind in der Gewinn- und Verlustrechnung im Posten „Umsatzerlöse" (IAS 1.82) jene Erlöse zu erfassen, die aus der gewöhnlichen Geschäftstätigkeit des Unternehmens entstehen. Umfasst sind also nur Erlöse, die dem Kerngeschäft des Unternehmens zuzurechnen sind. Weisen Erlöskomponenten keinen Bezug zum Kerngeschäft auf, liegen keine Erlöse i. S. d. IAS 1.82 vor. Diese Klassifizierung ist von den Verhältnissen im Unternehmen abhängig. Der Anwendungsbereich des IFRS 15 ist ebenfalls auf die gewöhnliche Geschäftstätigkeit des leistenden Unternehmens beschränkt (IFRS 15.6). Überdies sind die Bestimmungen des IFRS 15 ausschließlich auf Erlöse aus Verträgen mit Kunden, nicht aber auf Erlöse aus anderen Erlösquellen, die in der Gewinn- und Verlustrechnung ebenfalls als Umsatzerlöse zu erfassen sind (z.B. auf Erlöse aus Leasingverhältnissen), anwendbar. Gem. IFRS 15.6 ist ein Kunde eine Partei, die mit einem Unternehmen vertraglich vereinbart hat, im Austausch für eine Gegenleistung Güter oder Dienstleistungen aus der gewöhnlichen Geschäftstätigkeit des Unternehmens zu erhalten.

(7) Durch die Anknüpfung an die gewöhnliche Geschäftstätigkeit des leistenden Unternehmens sind sowohl der Begriff „Umsatzerlöse" gem. IAS 1.82 als auch der Anwendungsbereich des IFRS 15 enger gefasst als der Begriff „Umsatzerlöse" nach dem UGB. Einzelne Erlöskomponenten, die nach dem UGB als Umsatzerlöse zu klassifizieren sind, fallen mangels Zugehörigkeit zur gewöhnlichen Geschäftstätigkeit nicht in den Anwendungsbereich des IFRS 15. Dieser Unterschied betrifft die Rechtsfolgen des IFRS 15, welche ausschließlich für den engeren Erlösbegriff nach dem IFRS 15 gelten, sowie den Ausweis von Erlöskomponenten in der Gewinn- und Verlustrechnung.

3. Grundsätze der Umsatzrealisierung nach dem UGB

(8) Die Realisierung von Umsatzerlösen nach dem UGB erfolgt nach Maßgabe der GoB. Aufgrund des Realisationsprinzips sind im Jahres-

abschluss nur am Abschlussstichtag verwirklichte Gewinne auszuweisen (§ 201 Abs. 2 Z 4 lit. a UGB). Der Zeitpunkt der Realisation von Erlösen und die damit einhergehende Gewinnrealisierung sind gesetzlich nicht normiert, sondern aus den GoB abzuleiten.

(9) Umsatzerlöse sind zu realisieren, wenn ein Produkt geliefert bzw. eine Dienstleistung erbracht wird. Ein Produkt gilt als geliefert bzw. eine Dienstleistung als erbracht, sobald das leistende Unternehmen alle für eine ordnungsgemäße Vertragserfüllung erforderlichen Handlungen gesetzt hat. Maßgeblich ist der Übergang der mit dem Produkt oder der Dienstleistung verbundenen Chancen und Risiken (Preisgefahr) vom leistenden Unternehmen auf den Kunden.

(10) Ab dem Zeitpunkt des Übergangs der Preisgefahr trifft die Gefahr des zufälligen Unterganges des Produktes oder der Dienstleistung nicht mehr das leistende Unternehmen, sondern den Kunden. Dadurch entsteht beim leistenden Unternehmen ein schuldrechtlich durchsetzbarer Anspruch auf die Gegenleistung.

(11) Dieser Anspruch auf die Gegenleistung muss, unter Berücksichtigung bestehender Rücktritts- und Kündigungsrechte, dem Grunde nach so gut wie sicher sein, während Unsicherheit hinsichtlich der Einbringlichkeit der Gegenleistung die Realisierung von Umsatzerlösen nicht beeinflusst. Durch diese Abgrenzung werden Umsatzerlöse unabhängig von möglichen Delkredere-, Verzugs-, Gewährleistungs- und Haftungsrisiken realisiert. Diese Risiken sind im Rahmen der Forderungsbewertung sowie der Rückstellungsbildung zu berücksichtigen.

4. Grundsätze der Umsatzrealisierung nach dem IFRS 15

(12) Kerninhalt des IFRS 15 ist ein 5-Schritte-Modell zur Erlösrealisierung. Dieses Modell ist dem UGB fremd. Der IFRS 15 sieht keine geschäftsfallspezifische, sondern eine allgemeine Anwendung des 5-Schritte-Modells auf sämtliche Kundenverträge vor. Die Schritte zur Erlösrealisierung sind (IFRS 15.IN7):

1) *Identifizierung von Verträgen mit Kunden*
2) *Identifizierung der Leistungsverpflichtungen eines Vertrages*
3) *Bestimmung des Transaktionspreises*
4) *Aufteilung des Transaktionspreises auf die Leistungsverpflichtungen eines Vertrages*
5) *Erlösrealisierung bei Erfüllung einer Leistungsverpflichtung*

(13) Nachfolgend wird geprüft, wie Einzelbestimmungen dieses Modells aus Sicht des UGB zu beurteilen sind.

5. Vertrag

5.1. Identifizierung des Vertrages

(14) Ein Umsatzvorgang nach dem UGB setzt den Verkauf von Produkten oder die Erbringung von Dienstleistungen voraus. Aus Sicht des leistenden Unternehmens muss der Anspruch auf die Gegenleistung des Kunden dem Grunde nach so gut wie sicher sein. Eine Unsicherheit hinsichtlich der Einbringlichkeit der Gegenleistung hat keinen Einfluss auf das Vorliegen eines Umsatzvorganges (siehe Rz (8) ff.).

(15) *Ein Erlösvorgang nach dem IFRS 15 setzt das Vorliegen eines Vertrages mit einem Kunden voraus. Dazu müssen die Kriterien des IFRS 15.9 erfüllt sein:*

a) *die Vertragsparteien haben dem Vertrag (schriftlich, mündlich oder gemäß anderer Geschäftsgepflogenheiten) zugestimmt und zugesagt, ihre vertraglichen Pflichten zu erfüllen;*
b) *das Unternehmen kann für jede Vertragspartei feststellen, welche Rechte diese hinsichtlich der zu übertragenden Güter oder Dienstleistungen besitzt;*
c) *das Unternehmen kann die Zahlungsbedingungen für die zu übertragenden Güter oder Dienstleistungen feststellen;*
d) *der Vertrag hat wirtschaftliche Substanz (d. h. das Risiko, der Zeitpunkt oder die Höhe der künftigen Zahlungsströme des Unternehmens wird sich infolge des Vertrags voraussichtlich ändern); und*
e) *das Unternehmen wird die Gegenleistung, auf die es im Austausch für die auf den Kunden zu übertragenden Güter oder Dienstleistungen Anspruch hat, wahrscheinlich erhalten. Bei der Bewertung, ob der Erhalt einer Gegenleistung wahrscheinlich ist, trägt das Unternehmen ausschließlich der Fähigkeit und der Absicht des Kunden zur Zahlung des entsprechenden Betrags bei Fälligkeit Rechnung.*

(16) Die Erfüllung dieser Kriterien ist einmalig bei Vertragsabschluss zu prüfen (IFRS 15.13). Eine nachträgliche Beurteilung ist nur vorgesehen, wenn es beim Unternehmen einen Hinweis für eine signifikante Änderung der Fakten und Umstände gibt (z. B. signifikante Verschlechterung der Fähigkeit eines Kunden zur Zahlung der Gegenleistung).

(17) Während das Vorliegen eines Vertrages für einen Umsatzvorgang nach dem UGB nicht explizit erforderlich ist, setzt die Begründung eines Anspruchs auf die Gegenleistung des Kunden implizit eine entsprechende vertragliche Vereinbarung voraus. Die kumulative Erfüllung der Kriterien des IFRS 15.9 ist demnach mit einem Umsatzvorgang nach dem UGB gleichzusetzen. Die Erfüllung des Kriteriums gem. IFRS 15.9 e) ist für das Vorliegen eines Vertrages und damit eines Umsatzvorganges nach dem UGB allerdings nicht erforderlich. Daraus können sich Situationen ergeben, in denen Umsatzerlöse nach dem UGB vorliegen, während dies nach dem IFRS 15 nicht der Fall ist. Eine allfällige Unsicherheit hinsichtlich der Einbringlichkeit der Gegenleistung führt nach dem UGB nicht zur Verneinung von Umsatzerlösen, sondern ist im Rahmen der Forderungsbewertung zu berücksichtigen.

5.2. Zusammenfassung von Verträgen

(18) Nach dem UGB erscheint die Zusammenfassung mehrerer Verträge zu einem Vertrag geboten, wenn zwischen den Verträgen ein enger wirtschaftlicher Zusammenhang besteht und somit wirtschaftlich ein zusammengehöriges Geschäft vorliegt (Mehrkomponentengeschäft). Entscheidend ist dabei, dass erst durch die Erfüllung dieser Verträge insgesamt beim leistenden Unternehmen ein Anspruch auf Gegenleistung begründet wird (siehe Rz (8) ff.). Die Zusammenfassung mehrerer Verträge, die mit einem Kunden und diesem nahestehenden Vertragsparteien geschlossen wurden, ist nach dem UGB unzulässig, da der Anspruch auf Gegenleistungen gegenüber den einzelnen Vertragsparteien besteht.

(19) *IFRS 15.17 sieht vor, dass ein Unternehmen zwei oder mehr Verträge, die gleichzeitig oder in geringem Zeitabstand mit ein und demselben Kunden (oder diesem nahestehenden Unternehmen und Personen) geschlossen werden, zusammenzufassen und als einen einzigen Vertrag zu bilanzieren hat, wenn mindestens eines der folgenden Kriterien erfüllt ist:*

a) die Verträge werden als Paket mit einem einzigen wirtschaftlichen Zweck ausgehandelt;

b) die Höhe der in einem Vertrag zugesagten Gegenleistung hängt vom Preis oder von der Erfüllung des anderen Vertrags ab; oder

c) die in den Verträgen zugesagten Güter oder Dienstleistungen stellen eine einzige Leistungsverpflichtung dar.

(20) Die Bestimmungen zur Zusammenfassung von Verträgen nach dem IFRS 15 sind weiter gefasst als die Regelungen nach dem UGB. Im Sinne einer wirtschaftlichen Betrachtungsweise ist die Vorgehensweise nach dem IFRS 15 jedoch in der Regel mit den Grundsätzen des UGB vereinbar, sofern die Leistungsverpflichtung gegenüber einem einzelnen Kunden besteht.

6. Leistungsverpflichtung als Rechnungseinheit

(21) Nach dem UGB ist die Erfassung von Umsatzerlösen an die ordnungsgemäße Erfüllung eines Vertrages geknüpft, wodurch beim leistenden Unternehmen ein Anspruch auf die Gegenleistung begründet wird. Dieser Anspruch hat unabhängig von weiteren Teilleistungen desselben oder eines anderen Vertrages zu bestehen, damit eine Rechnungseinheit für die Umsatzrealisierung vorliegt. Die vertraglich vereinbarte (Teil-)Leistung muss hierzu eine gewisse Selbständigkeit sowie Abgrenzbarkeit zu anderen Leistungen aufweisen, und die Gegenleistung muss hinreichend bestimmbar sein. Darüber hinaus hat eine verbindliche Abnahme der Teilleistung durch den Kunden zu erfolgen, wodurch das Gesamtrisiko des Vertrages, unter Berücksichtigung allenfalls bestehender Rücktritts- und Kündigungsrechte, entsprechend verringert wird.

(22) *Bei Vertragsabschluss hat ein Unternehmen die in einem Vertrag mit einem Kunden zugesagten Güter oder Dienstleistungen zu prüfen und jede Zusage, auf den Kunden Folgendes zu übertragen, als Leistungsverpflichtung („Unit of Account") zu identifizieren (IFRS 15.22):*

a) ein eigenständig abgrenzbares Gut oder eine eigenständig abgrenzbare Dienstleistung; oder

b) eine Reihe eigenständig abgrenzbarer Güter oder Dienstleistungen, die im Wesentlichen gleich sind und nach dem gleichen Muster auf den Kunden übertragen werden.

Zentrales Merkmal einer separaten Leistungsverpflichtung ist deren eigenständige Abgrenzbarkeit. IFRS 15.27 sieht in diesem Zusammenhang zwei kumulative Kriterien vor:

a) der Kunde kann aus dem Gut oder der Dienstleistung entweder gesondert oder zusammen mit anderen, für ihn jederzeit verfügbaren Ressourcen einen Nutzen ziehen (d. h., das Gut oder die Dienstleistung kann eigenständig abgegrenzt werden); und

b) die Zusage des Unternehmens, das Gut oder die Dienstleistung auf den Kunden zu übertragen, ist von anderen Zusagen aus dem Vertrag trennbar (d. h., die Zusage zur Übertragung des Guts oder der Dienstleistung ist im Vertragskontext eigenständig abgrenzbar).

U. a. weisen gem. IFRS 15.29 folgende Faktoren auf die Trennbarkeit hin:

a) Das Unternehmen erbringt keine signifikante Integrationsleistung, um das Gut oder die Dienstleitung mit anderen vertraglich zugesagten Gütern oder Dienstleistungen zu einem Bündel aus Gütern oder Dienstleistungen zusammenzufassen, damit das mit dem Kunden vertraglich vereinbarte kombinierte Endergebnis erzielt wird.

b) Das Gut oder die Dienstleistung führt zu keiner signifikanten Änderung oder Anpassung einer anderen vertraglich zugesagten Ware oder Dienstleistung.

c) Das Gut oder die Dienstleistung ist weder in hohem Maße von anderen vertraglich zugesagten Gütern oder Dienstleistungen abhängig noch mit diesen eng verbunden.

(23) In Bezug auf die für die Umsatzrealisierung maßgebliche Rechnungseinheit bestehen zwar konzeptionelle Unterschiede zwischen den Bestimmungen des IFRS 15 und jenen des UGB, im Sinne einer wirtschaftlichen Betrachtungsweise ist die Vorgehensweise nach dem IFRS 15 jedoch in der Regel mit den Grund-sätzen des UGB vereinbar. Nach dem UGB muss bei Erfüllung einer Teilleistung jedoch ein Übergang der Preisgefahr stattfinden und dadurch ein rechtlich durchsetzbarer Anspruch auf eine Gegenleistung entstehen. Abhängig von deren konkreter Ausgestaltung kann eine separate Leistungsverpflichtung nach dem IFRS 15 aufgrund des gemeinsamen Kriteriums der Abgrenzbarkeit demnach eine Teilleistung nach dem UGB darstellen.

7. Umsatzrealisierung bei Erfüllung der Leistungsverpflichtung

7.1. Zeitpunktbezogene Umsatzrealisierung

(24) Wie in den Rz (8) ff. dargestellt, erfolgt die Umsatzrealisierung nach dem UGB im Zeitpunkt des Übergangs der mit dem Produkt oder der Dienstleistung verbundenen Chancen und Risiken (Preisgefahr) vom leistenden Unternehmen auf den Kunden.

(25) *Ein Unternehmen hat Erlöse i. S. d. IFRS 15 zeitpunktbezogen zu erfassen, sobald (oder während; zeitraumbezogene Umsatzrealisierung, siehe Rz (31)) es durch Übertragung eines zugesagten Guts oder einer zugesagten Dienstleistung (d. h. eines Vermögenswerts) auf einen Kunden eine Leistungsverpflichtung erfüllt. Als übertragen gilt ein Vermögenswert dann, wenn der Kunde die Verfügungsgewalt über diesen Vermögenswert erlangt (Control-Ansatz, IFRS 15.31). Der Kunde hat die Verfügungsgewalt über einen Vermögenswert, wenn er über dessen Nutzung bestimmen und im Wesentlichen den verbleibenden Nutzen aus ihm ziehen kann. Dies schließt auch die Fähigkeit ein, andere Unternehmen daran zu hindern, seine Nutzung zu bestimmen und Nutzen aus ihm zu ziehen. Der Nutzen eines Vermögenswerts besteht in den potenziellen Zahlungsströmen, die ein Unternehmen auf verschiedenste Weise direkt oder indirekt erhalten kann (IFRS 15.33). Bei der Bewertung, ob ein Kunde die Verfügungsgewalt über einen Vermögenswert erhält, hat ein Unternehmen jede etwaige Rückkaufvereinbarung zu berücksichtigen (IFRS 15.34).*

(26) *Die Erfüllung der Leistungsverpflichtung und somit die Umsatzrealisierung erfolgt zeitpunktbezogen, wenn die Leistungsverpflichtung nicht über einen bestimmten Zeitraum erfüllt wird (siehe Rz (31)). Zur Bestimmung des Zeitpunkts, zu dem ein Unternehmen eine Leistungsverpflichtung erfüllt, sind neben den allgemeinen Bestimmungen zur Verfügungsgewalt u. a. folgende Indikatoren für die Übertragung der Verfügungsgewalt zu berücksichtigen (IFRS 15.38):*

a) Das Unternehmen hat gegenwärtig einen Anspruch auf Erhalt einer Zahlung für den Vermögenswert.

b) Der Kunde hat ein Eigentumsrecht an dem Vermögenswert. Behält ein Unternehmen das Eigentum nur, um sich gegen einen Zahlungsausfall des Kunden abzusichern, hindert dieses Eigentumsrecht des Unternehmens den Kunden nicht daran, die Verfügungsgewalt über den Vermögenswert zu erlangen.

c) Das Unternehmen hat den physischen Besitz des Vermögenswerts übertragen. Physischer Besitz ist nicht immer gleichbedeutend mit Verfügungsgewalt über den Vermögenswert (z. B. bei einigen Rückkaufvereinbarungen und Kommissionsgeschäften).

d) Die mit dem Eigentum an dem Vermögenswert verbundenen signifikanten Risiken und Chancen liegen beim Kunden. Risiken, die eine separate Leistungsverpflichtung begründen, sind außer Acht zu lassen.

e) Der Kunde hat den Vermögenswert abgenommen.

(27) Hinsichtlich der Umsatzrealisierung bestehen konzeptionelle Unterschiede zwischen den Bestimmungen des IFRS 15 und jenen des UGB. Der IFRS 15 stellt auf den Übergang der Verfügungsgewalt ab (*Control*-Ansatz), während nach dem UGB die mit dem Produkt oder der Dienstleistung verbundenen Chancen und Risiken (Preisgefahr) auf den Kunden übergehen müssen (*Risk/Reward*-Ansatz). Wie aus der Aufzählung in IFRS 15.38 ersichtlich, ist der *Risk/Reward*-Ansatz in IFRS 15.38 d) nur ein möglicher Indikator für den Übergang der Verfügungsgewalt. Im Ergebnis führt der Übergang der Verfügungsgewalt nach den Bestimmungen des IFRS 15.38 nur dann auch zu einer Umsatzrealisierung nach dem UGB, wenn gleichzeitig ein Übergang der Chancen und Risiken stattfindet.

7.2. Zeitraumbezogene Umsatzrealisierung

(28) Die in den Rz (8) ff. und (24) dargestellten Grundsätze der Umsatzrealisierung nach dem UGB sind unabhängig davon anzuwenden, ob beim Erwerber ein Anschaffungs- oder ein Herstellungsvorgang vorliegt.

(29) Bei Dauerschuldverhältnissen (z. B. bei langfristigen Miet- oder Pachtverträgen) wird die zu erbringende Gesamtleistung in separate Teilleistungen zerlegt, und die Umsatzerlöse sind nach dem UGB zeitanteilig zu realisieren.

(30) Die in den Rz (8) ff. und (24) dargestellten Grundsätze der Umsatzrealisierung nach dem UGB sind auch auf langfristige Fertigungsaufträge anzuwenden. Die Umsatzerlöse sind zeitpunktbezogen zu realisieren, sobald durch die Erbringung einer selbständigen und abgrenzbaren Teilleistung beim leistenden Unternehmen ein rechtlich durchsetzbarer Anspruch auf eine Gegenleistung begründet wird (siehe Rz (21)). Eine zeitraumbezogene Umsatzrealisierung ist in diesen Fällen nicht zulässig. Die Aktivierung von allgemeinen Kosten der Verwaltung und des Vertriebs ist nach dem UGB allenfalls im engen Rahmen des § 206 Abs. 3 UGB zulässig.

(31) *Ein Unternehmen überträgt die Verfügungsgewalt über ein Gut oder eine Dienstleistung über einen bestimmten Zeitraum, erfüllt somit eine Leistungsverpflichtung und erfasst den Erlös über einen bestimmten Zeitraum, wenn eines der folgenden Kriterien erfüllt ist (IFRS 15.35):*

a) dem Kunden fließt der Nutzen aus der Leistung des Unternehmens zu und er nutzt gleichzeitig die Leistung, während diese erbracht wird;

b) durch die Leistung des Unternehmens wird ein Vermögenswert erstellt oder verbessert (z. B. unfertige Leistung) und der Kunde erlangt die Verfügungsgewalt über den Vermögenswert, während dieser erstellt oder verbessert wird; oder

c) *durch die Leistung des Unternehmens wird ein Vermögenswert erstellt, der keine alternativen Nutzungsmöglichkeiten für das Unternehmen aufweist, und das Unternehmen hat einen Rechtsanspruch auf Bezahlung der bereits erbrachten Leistungen.*

Bei jeder Leistungsverpflichtung, die über einen bestimmten Zeitraum erfüllt wird, hat ein Unternehmen den über einen bestimmten Zeitraum erzielten Erlös zu erfassen, indem es den Leistungsfortschritt gegenüber der vollständigen Erfüllung dieser Leistungsverpflichtung ermittelt. Bei der Bestimmung des Leistungsfortschritts wird das Ziel verfolgt, die Leistung des Unternehmens bei der Übertragung der Verfügungsgewalt über die einem Kunden zugesagten Güter oder Dienstleistungen darzustellen (IFRS 15.39). Gem. IFRS 15.41 kann das Unternehmen zur Messung des Leistungsfortschrittes u. a. output- und inputorientierte Methoden verwenden. Wenn ein Unternehmen die zur Fortschrittsmessung geeignete Methode bestimmt, hat es der Art des Guts oder der Dienstleistung Rechnung zu tragen, deren Übertragung auf den Kunden es zugesagt hat.

(32) Im Bereich der zeitraumbezogenen Umsatzrealisierung bestehen konzeptionelle Unterschiede zwischen den Bestimmungen des IFRS 15 und jenen des UGB. Während IFRS 15.35 drei Tatbestände für eine zeitraumbezogene Umsatzrealisierung enthält, sind Umsatzerlöse nach dem UGB in der Regel zeitpunktbezogen zu realisieren. Bei Vorliegen eines Dauerschuldverhältnisses entspricht die zeitraumbezogene Umsatzrealisierung gem. IFRS 15.35 a) einer zeitanteiligen Umsatzrealisierung nach dem UGB. Die Höhe der erfassten Umsatzerlöse ist dabei von den Methoden zur Messung des Leistungsfortschrittes abhängig, wobei die nach IFRS 15.B16 vorgesehene vereinfachte Vorgehensweise einer zeitanteiligen Umsatzrealisierung derjenigen nach dem UGB entspricht (siehe Rz (29)). Bei einer zeitraumbezogenen Umsatzrealisierung nach IFRS 15.35 b) oder c) sind Umsatzerlöse nach dem UGB nur bei Erbringung einer selbständigen und abgrenzbaren Teilleistung zu realisieren.

(33) Da eine zeitraumbezogene Umsatzrealisierung nach dem UGB nur für Dauerschuldverhältnisse in Betracht kommt, sind die in IFRS 15.39 ff. vorgesehenen Methoden zur Messung des Leistungsfortschrittes (z. B. *Percentage-of-Completion-Methode*) nach dem UGB nicht anwendbar.

8. Bestimmung des Transaktionspreises

8.1. Allgemeines

(34) Die Höhe der Umsatzerlöse nach dem UGB richtet sich nach dem vereinbarten Preis, den das leistende Unternehmen vom Kunden als Gegenleistung für die ordnungsgemäße Vertragserfüllung fordern kann. Erlösschmälerungen, die Umsatzsteuer sowie sonstige direkt mit dem Umsatz verbundene Steuern sind gem. § 189a Z 5 UGB von den Umsatzerlösen abzuziehen, sodass im Ergebnis das Entgelt der unmittelbaren betrieblichen Leistung als Umsatzerlös ausgewiesen wird.

(35) Erlösschmälerungen sind nach dem UGB Aufwendungen, die in unmittelbarem Zusammenhang mit einem Umsatzvorgang stehen und die Höhe der Gegenleistung reduzieren. Als Erlösschmälerungen zu klassifizieren sind Rabatte, Skonti, Preisnachlässe sowie Entgeltminderungen oder -berichtigungen aufgrund einer mangelhaften Lieferung oder Leistung. Freimengen oder Treueprämien, die das leistende Unternehmen unabhängig von einem Umsatzvorgang gewährt, Provisionen an Dritte sowie Gewährleistungsaufwendungen zur Nachbesserung stellen keine Erlösschmälerungen dar.

(36) Die Grundsätze in Rz (35) sind analog auf direkt mit dem Umsatz verbundene Steuern anwendbar. Nach dem UGB sind Steuern, bei denen die Steuerschuld im Zusammenhang mit dem Umsatzakt steht (z. B. Umsatzsteuer, Vergnügungssteuer), von den Umsatzerlösen abzuziehen. Nicht abzuziehen sind Verbrauchsteuern, die keine direkte Verbindung zum Umsatzvorgang aufweisen und bei denen die Steuerschuld bei Herstellung des Produktes oder dessen Überführung in das Steuergebiet entsteht (z. B. Schaumweinsteuer, Alkoholsteuer).

(37) *Ist eine Leistungsverpflichtung erfüllt, hat das Unternehmen als Erlöse den dieser Leistungsverpflichtung zugeordneten Transaktionspreis zu erfassen (IFRS 15.46). Gem. IFRS 15.47 hat das Unternehmen bei der Bestimmung des Transaktionspreises die Vertragsbedingungen und seine Geschäftsgepflogenheiten zu berücksichtigen. Der Transaktionspreis ist die Gegenleistung, die ein Unternehmen im Austausch für die Übertragung zugesagter Güter oder Dienstleistungen auf einen Kunden voraussichtlich erhalten wird. Hiervon ausgenommen sind Beträge, die im Namen Dritter eingezogen werden (z. B. Umsatzsteuer). Die in einem Vertrag mit einem Kunden zugesagte Gegenleistung kann feste oder variable Beträge oder beides enthalten.*

(38) Die Regelungen zur Bestimmung des Transaktionspreises i. S. d. IFRS 15 sind in der Regel mit den Grundsätzen des UGB vereinbar. Erlösschmälerungen sowie bestimmte vom leistenden Unternehmen eingezogene Steuern sind sowohl nach IFRS 15.47 als auch nach dem UGB nicht Teil der Umsatzerlöse. Bei spezifischen Gegenleistungselementen können Unterschiede zwischen dem IFRS 15 und dem UGB auftreten (siehe Rz (39) ff.).

8.2. Variable Gegenleistungen

(39) Nach dem UGB richtet sich die Erfassung einer variablen Gegenleistung (z. B. Rabatte, Rückerstattungen, Gutschriften, Preisnachlässe, Anreize, Leistungsprämien, Strafzuschläge) nach den allgemeinen Kriterien zur Umsatzrealisierung (siehe Rz (8) ff.). Entsteht der Anspruch auf die Gegenleistung bspw. durch Eintritt oder Nichteintritt eines künftigen Ereignisses (z. B. bei Verkauf eines Produktes mit Rückgaberecht oder bei Zusage einer Leistungsprämie bei Erreichen eines

bestimmten Leistungsziels), ist er also aufschiebend bedingt, sind eine vorzeitige Berücksichtigung der Gegenleistung und damit eine frühere Umsatzrealisierung nach dem UGB nicht zulässig (zur Behandlung von am Abschlussstichtag bestehenden Rücktrittsrechten siehe Rz (81)).

(40) Für eine mögliche Verringerung der Gegenleistung (z. B. durch Umsatzboni oder Treuegutscheine), die am Abschlussstichtag noch nicht eingetreten, mit deren Eintritt in naher Zukunft aber aufgrund einer vertraglichen Verpflichtung oder gewohnheitsmäßig zu rechnen ist, hat nach Maßgabe des Vorsichtsprinzips eine Rückstellungsbildung zu Lasten der ausgewiesenen Umsatzerlöse zu erfolgen. Die Höhe der Rückstellung hängt von der zu erwartenden Verringerung der Gegenleistung sowie der Wahrscheinlichkeit ihres Eintritts ab.

(41) *Enthält eine vertraglich zugesagte Gegenleistung eine variable Komponente, so hat das Unternehmen die Höhe der Gegenleistung, die ihm im Austausch für die Übertragung der zugesagten Güter oder Dienstleistungen auf einen Kunden zusteht, zu bestimmen (IFRS 15.50).*

Die Höhe einer variablen Gegenleistung ist vom Unternehmen entweder nach der Erwartungswertmethode oder der Methode des wahrscheinlichsten Betrages zu schätzen, je nachdem, welche von beiden das Unternehmen zu diesem Zweck für die beste hält (IFRS 15.53). Das Unternehmen darf eine geschätzte variable Gegenleistung nur dann ganz oder teilweise in den Transaktionspreis einbeziehen, wenn hochwahrscheinlich ist, dass es bei den erfassten kumulierten Erlösen nicht zu einer signifikanten Stornierung kommt, sobald die Unsicherheit in Verbindung mit der variablen Gegenleistung nicht mehr besteht (IFRS 15.56). Die Wahrscheinlichkeit oder das Ausmaß der Umsatzstornierung kann sich gem. IFRS 15.57 u. a. erhöhen, wenn

a) die Gegenleistung in hohem Maße von externen Faktoren abhängt, wie Marktvolatilität, Ermessensentscheidungen oder Handlungen Dritter, Wetterbedingungen oder hohem Alterungsrisiko der zugesagten Güter oder Dienstleistungen.

b) die Unsicherheit über die Höhe der Gegenleistung voraussichtlich über einen längeren Zeitraum anhalten wird.

c) die Erfahrungen des Unternehmens mit ähnlichen Vertragsarten begrenzt sind oder diese Erfahrungen nur geringe Aussagekraft für Prognosen besitzen.

d) es Geschäftspraxis des Unternehmens ist, eine Vielzahl von Preisnachlässen anzubieten oder die Zahlungsbedingungen ähnlicher Verträge unter ähnlichen Umständen zu ändern.

e) der Vertrag eine Vielzahl unterschiedlich hoher Gegenleistungen vorsieht.

(42) Bei der Behandlung variabler Gegenleistungen bestehen konzeptionelle Unterschiede zwischen den Bestimmungen des IFRS 15 und des UGB, sowohl hinsichtlich der Umsatzrealisierung dem Grunde als auch hinsichtlich der Umsatzrealisierung der Höhe nach. Die Umsatzrealisierung dem Grunde nach ist nach dem UGB nicht möglich, wenn der Anspruch auf die Gegenleistung von einem künftigen Ereignis abhängt. Nach dem IFRS 15 hingegen kommt, wenn dieses Ereignis hochwahrscheinlich ist, eine Umsatzrealisierung in Betracht.

(43) Die Umsatzrealisierung der Höhe nach kann sich nach dem IFRS 15 und dem UGB im Einzelfall unterscheiden. Dies ergibt sich daraus, dass Umsätze nach den IFRS 15 in jener Höhe anzusetzen sind, die hochwahrscheinlich zu keiner signifikanten Umsatzstornierung führen, während nach dem UGB der Anspruch auf die Gegenleistung so gut wie sicher sein muss.

8.3. Vorliegen einer signifikanten Finanzierungskomponente

(44) Nach dem UGB ist eine Finanzierungskomponente, wenn also der zwischen den Vertragsparteien vereinbarte Zahlungszeitpunkt für den Kunden oder das Unternehmen einen signifikanten Nutzen aus einer Finanzierung darstellt, aufgrund des Realisationsprinzips vom zugrunde liegenden Leistungsgeschäft zu trennen. Davon betroffen sind unverzinsliche sowie niedrig verzinsliche Forderungen, bei denen der vereinbarte oder effektiv zur Anwendung gelangende Zinssatz nicht nur geringfügig unter dem fremdüblichen Zinssatz liegt. Eine Abzinsung ist ab einer Restlaufzeit von mehr als einem Jahr vorzunehmen, wobei der Abzinsungssatz aus vergleichbaren Bargeschäften oder einem landes- und marktüblichen fristenkongruenten Zinssatz abzuleiten ist. Im Ergebnis werden die Umsatzerlöse um den auf die Finanzierungskomponente entfallenden Zinsertrag reduziert.

(45) Vorauszahlungen des Kunden sind nach dem UGB als erhaltene Anzahlungen zu klassifizieren und mit dem zugeflossenen Betrag zu passivieren. Sofern bei langfristigen Anzahlungen eine signifikante verdeckte Finanzierungskomponente enthalten ist, kommt eine Aufzinsung der Anzahlung und eine entsprechende Erhöhung der Umsatzerlöse um den akkumulierten Betrag im Realisationszeitpunkt in Betracht.

(46) *Bei der Bestimmung des Transaktionspreises hat ein Unternehmen die zugesagte Gegenleistung um den Zeitwert des Geldes anzupassen, wenn der zwischen den Vertragsparteien vereinbarte Zahlungszeitpunkt für den Kunden oder das Unternehmen einen signifikanten Nutzen aus einer Finanzierung darstellt (IFRS 15.60). Eine derartige Finanzierungskomponente bedarf keiner expliziten vertraglichen Vereinbarung. Durch die Anpassung der Gegenleistung um eine signifikante Finanzierungskomponente soll der Erlös jenen Preis widerspiegeln, den der Kunde bei Barzahlung gezahlt hätte. Relevant für die Bestimmung einer signifikanten Finanzierungskomponente sind gem. IFRS 15.61 auch:*

a) die etwaige Differenz zwischen der Höhe der zugesagten Gegenleistung und dem Barverkaufspreis und

b) der kombinierte Effekt aus:
i) der erwarteten Zeitspanne zwischen der Übertragung der zugesagten Güter oder Dienstleistungen und der Bezahlung dieser Güter und Dienstleitungen durch den Kunden; und
ii) den marktüblichen Zinssätzen.

Das Unternehmen kann gem. IFRS 15.63 aus praktischen Gründen auf die Berücksichtigung einer signifikanten Finanzierungskomponente verzichten, wenn es bei Vertragsbeginn erwartet, dass die Zeitspanne zwischen der Übertragung eines zugesagten Guts oder einer zugesagten Dienstleistung auf den Kunden und der Bezahlung durch den Kunden maximal ein Jahr beträgt. Das Unternehmen hat einen Abzinsungssatz zu verwenden, den es bei einem gesonderten Finanzierungsgeschäft mit dem Kunden bei Vertragsbeginn zu Grunde legen würde. Dabei sind die Kreditwürdigkeit des Kunden sowie die beigebrachten Sicherheiten zu berücksichtigen (IFRS 15.64).

(47) Eine signifikante Finanzierungskomponente in Zusammenhang mit einer Kundenforderung ist ab einer Zeitspanne von mehr als einem Jahr sowohl nach dem IFRS 15 als auch nach dem UGB anhand eines fremdüblichen Zinssatzes zu bestimmen. Das leistende Unternehmen hat die Umsatzerlöse dabei entsprechend zu reduzieren. Die Vorgehensweise nach dem IFRS 15 ist in der Regel mit den Grundsätzen des UGB vereinbar. Die Berücksichtigung einer signifikanten Finanzierungskomponente nach dem IFRS 15 bei erhaltenen Anzahlungen ist in der Regel ebenfalls mit den Grundsätzen des UGB vereinbar.

8.4. Nicht zahlungswirksame Gegenleistungen

(48) Nach dem UGB werden nicht zahlungswirksame Gegenleistungen auf Basis des Tauschgrundsatzes behandelt. Demnach liegen beim leistenden Unternehmen sowohl ein Veräußerungs- als auch ein Anschaffungsgeschäft vor. Die für das Veräußerungsgeschäft auszuweisenden Umsatzerlöse entsprechen dem auf dem Markt erzielbaren Wert (Zeitwert) des hingegebenen Vermögensgegenstandes. Die Umsatzerlöse sind dabei aufgrund des Realisationsprinzips (siehe Rz (8) ff.) mit dem Zeitwert des hereingenommenen Vermögensgegenstandes (zuzüglich einer etwaigen Aufzahlung) begrenzt. Der Zeitwert ist im Zeitpunkt der Umsatzrealisierung zu bestimmen und entspricht dem Einzelveräußerungspreis des hingegebenen Vermögensgegenstandes.

(49) *Um bei Verträgen, bei denen ein Kunde eine nicht zahlungswirksame Gegenleistung zusagt, den Transaktionspreis zu bestimmen, hat ein Unternehmen gem. IFRS 15.66 die nicht zahlungswirksamen Gegenleistungen (oder deren Zusagen) zum beizulegenden Zeitwert zu bewerten. Kann ein Unternehmen den beizulegenden Zeitwert der nicht zahlungswirksamen Gegenleistung nicht hinreichend verlässlich schätzen, so hat es die Gegenleistung indirekt unter Bezugnahme auf den Einzelveräußerungspreis der dem Kunden im Austausch für die Gegenleistung zugesagten Güter oder Dienstleistungen zu bemessen (IFRS 15.67). Der beizulegende Zeitwert der nicht zahlungswirksamen Gegenleistung kann je nach Art der Gegenleistung schwanken. Ist eine Schwankung des beizulegenden Zeitwerts der von einem Kunden zugesagten nicht zahlungswirksamen Gegenleistung nicht durch die Art der Gegenleistung bedingt, hat das Unternehmen die Anforderungen gem. IFRS 15.56-58 einzuhalten (siehe Rz (41), IFRS 15.68).*

Bringt ein Kunde eigene Güter oder Dienstleistungen (wie Material, Ausrüstung oder Arbeitskräfte) ein, um einem Unternehmen die Vertragserfüllung zu erleichtern, hat das Unternehmen zu beurteilen, ob es die Verfügungsgewalt über die eingebrachten Güter oder Dienstleistungen erhält. Ist dies der Fall, hat das Unternehmen die eingebrachten Güter oder Dienstleistungen gem. IFRS 15.69 als nicht zahlungswirksame Gegenleistung des Kunden zu bilanzieren.

(50) Bei der Behandlung nicht zahlungswirksamer Gegenleistungen bestehen konzeptionelle Unterschiede zwischen den Bestimmungen des IFRS 15 und des UGB. Während die Wertmaßstäbe des IFRS 15 (beizulegender Zeitwert) und des UGB (Zeitwert) einander grundsätzlich entsprechen, knüpft IFRS 15.66 für die Bestimmung des Transaktionspreises an die vom Kunden erhaltene nicht zahlungswirksame Gegenleistung an. Nach dem UGB ist hingegen der hingegebene Vermögensgegenstand des leistenden Unternehmens maßgebend.

(51) Übersteigt der beizulegende Zeitwert der nicht zahlungswirksamen Gegenleistung (zuzüglich einer etwaigen Aufzahlung) den Zeitwert des hingegebenen Vermögensgegenstandes nicht, stimmen die Umsatzerlöse nach dem IFRS 15 im Ergebnis mit jenen nach dem UGB überein. Liegt der beizulegende Zeitwert der nicht zahlungswirksamen Gegenleistung (zuzüglich einer etwaigen Aufzahlung) über dem Zeitwert des hingegebenen Vermögensgegenstandes, führt dies nach dem IFRS 15 zu höheren Umsatzerlösen, da die nach dem UGB zu erfassenden Umsatzerlöse in diesem Fall mit dem Zeitwert des hingegebenen Vermögensgegenstandes begrenzt sind.

(52) Auf variable nicht zahlungswirksame Gegenleistungen sind Rz (39) ff. anwendbar.

8.5. An den Kunden zu zahlende Gegenleistungen

(53) An den Kunden zu zahlende Gegenleistungen umfassen gem. IFRS 15.70 Barbeträge, die ein Unternehmen an einen Kunden zahlt oder zu zahlen erwartet. Sie umfassen darüber hinaus auch Gutschriften oder andere Posten (z. B. Gutscheine), die mit Beträgen verrechnet werden können, die dem Unternehmen geschuldet werden.

(54) Nach dem UGB sind an den Kunden zu zahlende Gegenleistungen dahingehend zu beurteilen, ob dadurch eine Leistungspflicht des Kunden entsteht. Stehen Gegenleistungen in unmittelbarem

Zusammenhang mit einem Umsatzvorgang und führen sie daher zu keiner Leistungspflicht des Kunden, liegt aus wirtschaftlicher Sicht eine Erlösschmälerung vor, die gem. Rz (34) f. von den Umsatzerlösen abzuziehen ist. Führen an den Kunden zu zahlende Gegenleistungen zu einer Leistungspflicht des Kunden, liegt keine Erlösschmälerung, sondern ein entsprechender Aufwand vor. Auf am Abschlussstichtag noch nicht eingetretene Erlösschmälerungen ist Rz (40) anzuwenden.

(55) *An einen Kunden zu zahlende Gegenleistungen hat das Unternehmen als eine Verringerung des Transaktionspreises und damit auch der Erlöse zu erfassen, es sei denn, die Zahlung an den Kunden erfolgt im Austausch für ein vom Kunden auf das Unternehmen übertragenes, eigenständig abgrenzbares Gut oder Dienstleistung (IFRS 15.70).*

Wird die an einen Kunden zu zahlende Gegenleistung als Verringerung des Transaktionspreises erfasst, hat das Unternehmen gem. IFRS 15.72 die Verringerung der Erlöse zu erfassen, wenn (oder sobald) das spätere der beiden folgenden Ereignisse eintritt:

a) das Unternehmen erfasst die Erlöse in Verbindung mit der Übertragung der entsprechenden Güter oder Dienstleistungen auf den Kunden; und

b) das Unternehmen zahlt die Gegenleistung oder sagt deren Zahlung zu (selbst wenn diese von einem künftigen Ereignis abhängt). Diese Zusage kann durch die Geschäftsgepflogenheiten des Unternehmens impliziert sein.

(56) Der Begriff der an den Kunden zu zahlenden Gegenleistungen nach IFRS 15.70 ist weiter gefasst als jener nach dem UGB. An den Kunden zu zahlende Gegenleistungen i. S. d. IFRS 15.70 sind nach dem UGB nur dann von den Umsatzerlösen abzuziehen, wenn dadurch keine Leistungspflicht des Kunden entsteht.

9. Aufteilung des Transaktionspreises auf die Leistungsverpflichtungen

9.1. Allgemeines

(57) Nach dem UGB ist der Gesamttransaktionspreis bei Verträgen, die aus mehreren Teilleistungen bestehen (Mehrkomponentengeschäfte), auf die jeweiligen Teilleistungen aufzuteilen. Die Aufteilung erfolgt auf Basis der bei Vertragsabschluss vereinbarten Einzelveräußerungspreise der Teilleistungen. Bei nicht separat vereinbarten Einzelveräußerungspreisen wird die Aufteilung in wirtschaftlicher Betrachtungsweise anhand der Marktwerte vergleichbarer Produkte oder Dienstleistungen bzw. nach der Residualmethode durchgeführt. Weichen die separat vereinbarten Einzelveräußerungspreise wesentlich von den Marktwerten der Teilleistungen ab, wird eine den Marktwertrelationen folgende Aufteilung vorgenommen. Dabei ist zur Wahrung des Vorsichtsprinzips zu prüfen, ob dem auf Basis von Marktwerten aufgeteilten Gesamttransaktionspreis und der daraus resultierenden aufschiebend bedingten Forderung beim leistenden Unternehmen ein dem Grunde nach so gut wie sicherer Anspruch auf Gegenleistungen in selber Höhe gegenübersteht (vgl. für die Telekommunikationsbranche Protokoll zur 240. Sitzung des Hauptfachausschusses des IDW). Sind diese Voraussetzungen nicht erfüllt, wird der Gesamttransaktionspreis anhand der separat vereinbarten Einzelveräußerungspreise aufgeteilt.

(58) *Gem. IFRS 15.73 besteht bei der Aufteilung des Transaktionspreises das Ziel für das Unternehmen darin, den Transaktionspreis in einer Höhe auf die einzelnen Leistungsverpflichtungen aufzuteilen, die der Gegenleistung entspricht, die ein Unternehmen im Austausch für die Übertragung der zugesagten Güter oder Dienstleistungen auf einen Kunden voraussichtlich erhalten wird. Um dieses Ziel zu erreichen, hat das Unternehmen den Transaktionspreis auf Basis der relativen Einzelveräußerungspreise auf die einzelnen im Vertrag identifizierten Leistungsverpflichtungen aufzuteilen (IFRS 15.74).*

Um den Transaktionspreis auf Basis der relativen Einzelveräußerungspreise auf die einzelnen Leistungsverpflichtungen aufzuteilen, hat ein Unternehmen bei Vertragsbeginn den Einzelveräußerungspreis des jeder Leistungsverpflichtung zugrunde liegenden eigenständig abgrenzbaren Guts oder Dienstleistung zu bestimmen und den Transaktionspreis proportional zu diesen Einzelveräußerungspreisen aufzuteilen (IFRS 15.76). Ist ein Einzelveräußerungspreis nicht direkt beobachtbar, hat das Unternehmen einen Preis zu schätzen, der sich ergäbe, wenn die Aufteilung des Transaktionspreises das in IFRS 15.73 genannte Ziel der Aufteilung erfüllen würde (IFRS 15.78).

(59) Besteht ein Vertrag aus mehreren separaten Leistungsverpflichtungen i. S. d. IFRS 15, die nach dem UGB jeweils als Teilleistungen zu klassifizieren sind (siehe Rz (21) und (23)), ist eine Aufteilung des Gesamttransaktionspreises nach IFRS 15.76 f. im Sinne einer wirtschaftlichen Betrachtungsweise in der Regel mit den Grundsätzen des UGB vereinbar. Bei einer Aufteilung des Gesamttransaktionspreises auf Basis von Marktwerten ist im Hinblick auf das Vorsichtsprinzip zu beachten, ob ein so gut wie sicherer Anspruch auf die Gegenleistung besteht (siehe Rz (57)). Andernfalls ist nach dem UGB eine vom IFRS 15 abweichende Aufteilung anhand der separat vereinbarten Einzelveräußerungspreise der Teilleistungen vorzunehmen.

9.2. Zuordnung von Preisnachlässen

(60) Preisnachlässe sind nach dem UGB anhand der entsprechenden vertraglichen Vereinbarungen zuzuordnen. Betreffen Preisnachlässe den gesamten Vertrag, sind sie analog zum Gesamttransaktionspreis auf die Teilleistungen aufzuteilen. Preisnachlässe, die eine oder mehrere, aber nicht alle Teilleistungen eines Vertrages betreffen, sind den jeweiligen Teilleistungen zuzuordnen.

(61) *Ein Unternehmen hat nach IFRS 15.81 einen Preisnachlass grundsätzlich anteilig auf alle Leistungsverpflichtungen innerhalb eines Vertrags aufzuteilen. Gem. IFRS 15.82 ist der Preisnachlass in bestimmten Fällen (z. B. wenn jedes vertraglich*

vereinbarte eigenständig abgrenzbare Gut oder jede vertraglich vereinbarte eigenständig abgrenzbare Dienstleistung regelmäßig separat veräußert wird) vollständig einer oder mehreren, aber nicht allen Leistungsverpflichtungen zuzuordnen.

(62) Die Zuordnung von Preisnachlässen nach IFRS 15.81 f. ist im Sinne einer wirtschaftlichen Betrachtungsweise in der Regel mit den Grundsätzen des UGB vereinbar.

9.3. Zuordnung variabler Gegenleistungen

(63) Variable Gegenleistungen sind nach dem UGB analog zu den Preisnachlässen zuzuordnen (siehe Rz (60)).

(64) *Eine vertraglich zugesagte variable Gegenleistung kann gem. IFRS 15.84 dem gesamten Vertrag zuzuordnen sein oder einem bestimmten Vertragsbestandteil (z. B. einer oder mehreren, aber nicht allen Leistungsverpflichtungen innerhalb eines Vertrages; siehe IFRS 15.85).*

(65) Die Zuordnung variabler Gegenleistungen nach IFRS 15.84 f. ist in der Regel mit den Grundsätzen des UGB vereinbar. Zugeordnete variable Gegenleistungen sind gem. Rz (42) f. zu behandeln.

10. Vertragsänderungen

10.1. Allgemeines

(66) Vertragsänderungen sind nach dem UGB nicht explizit geregelt und nach den allgemeinen Grundsätzen zur Bestimmung von Teilleistungen (siehe Rz (21)) sowie zur Aufteilung des Gesamttransaktionspreises zu beurteilen (siehe Rz (57)).

(67) Gem. IFRS 15.18 liegt eine Vertragsänderung vor, wenn alle Vertragsparteien einer Änderung zustimmen, mit der neue durchsetzbare Rechte und Verpflichtungen der Vertragsparteien begründet oder die bestehenden abgeändert werden. Daran knüpfen bestimmte Regelungen zur Umsatzerlösrealisierung an, welche in der Folge hinsichtlich ihrer Vereinbarkeit mit den GoB nach dem UGB analysiert werden.

10.2. Änderung des Leistungsumfanges

(68) Nach dem UGB ist eine Änderung des Leistungsumfanges eines Vertrages anhand der Grundsätze zur Bestimmung von Teilleistungen (siehe Rz (21)) zu behandeln. Abhängig vom Ausmaß der Vertragsänderung führt dies zur Begründung einer Teilleistung oder zur Erweiterung bisher vereinbarter Teilleistungen. Der Gesamttransaktionspreis eines Vertrages ist nach den in Rz (57) dargestellten Grundsätzen auf die Teilleistungen aufzuteilen.

(69) *Gem. IFRS 15.20 hat ein Unternehmen eine Vertragsänderung als separaten Vertrag zu bilanzieren, wenn der Vertragsumfang zunimmt, da die vertraglichen Zusagen um eigenständig abgrenzbare Güter oder Dienstleistungen erweitert werden, und der vertraglich vereinbarte Preis sich um die Gegenleistung für die zusätzlichen Güter oder Dienstleistungen erhöht (unter Berücksichtigung von etwaigen Preisnachlässen). Wird eine Vertragsänderung nicht als separater Vertrag bilanziert, führt dies entweder zur Beendigung des bestehenden und Begründung eines neuen Vertrages oder zur Erfassung der Vertragsänderung im Rahmen des bestehenden Vertrages.*

(70) Die Berücksichtigung einer Änderung des Leistungsumfanges eines Vertrages nach IFRS 15.18 ff. ist im Sinne einer wirtschaftlichen Betrachtungsweise in der Regel mit den Grundsätzen des UGB vereinbar, sofern dabei die Grundsätze zur Bestimmung von Teilleistungen sowie zur Aufteilung des Gesamttransaktionspreises gewahrt werden.

10.3. Änderung des Transaktionspreises

(71) Nach dem UGB sind eine nachträgliche Änderung des Gesamttransaktionspreises sowie eine Anpassung aufgrund eines veränderten Leistungsumfanges (siehe Rz (68)) nach den Grundsätzen zur Aufteilung des Gesamttransaktionspreises zu behandeln (siehe Rz (57)). Ändern sich nach Vertragsabschluss die Einzelveräußerungspreise der vereinbarten Teilleistungen, hat das leistende Unternehmen keine Neuaufteilung des Gesamttransaktionspreises vorzunehmen. Betrifft die Änderung des Transaktionspreises Teilleistungen, für die aufgrund des Realisationsprinzips bereits Umsatzerlöse erfasst wurden, hat eine entsprechende Berichtigung der ausgewiesenen Umsatzerlöse zu erfolgen.

(72) *Änderungen des Transaktionspreises (z. B. durch den Eintritt unsicherer Ereignisse) sind den vertraglichen Leistungsverpflichtungen auf der gleichen Basis zuzuordnen wie bei Vertragsbeginn (IFRS 15.88). Ein Unternehmen darf den Transaktionspreis nicht neu zuordnen, wenn sich die Einzelveräußerungspreise nach Vertragsbeginn geändert haben. Die einer erfüllten Leistungsverpflichtung zugeordneten Beträge sind in der Periode, in der sich der Transaktionspreis ändert, als Erlöse bzw. Erlösminderung zu erfassen. Die Änderung des Transaktionspreises ist auf eine oder mehrere Leistungsverpflichtungen zuzuordnen. Eine aus einer Vertragsänderung resultierende Änderung des Transaktionspreises ist nach IFRS 15.18 ff. zu bilanzieren (IFRS 15.90).*

(73) Sofern die Grundsätze zur Aufteilung des Gesamttransaktionspreises gewahrt werden, ist die Behandlung von Änderungen des Transaktionspreises nach IFRS 15.87 ff. im Sinne einer wirtschaftlichen Betrachtungsweise in der Regel mit den Grundsätzen des UGB vereinbar.

11. Vertragskosten

11.1. Grundsatz

(74) Unter bestimmten Voraussetzungen sind zusätzliche Kosten bei der Anbahnung eines Vertrages sowie Vertragserfüllungskosten gem. IFRS 15.91 ff. als Vermögenswert zu aktivieren. Der aktivierte Vermögenswert ist in Abhängigkeit davon abzuschreiben, wie die Güter oder Dienstleistungen, auf die sich die Kosten beziehen, auf den Kunden übertragen werden (IFRS 15.99). Bei einer signifikanten Änderung des vom Unter-

nehmen erwarteten zeitlichen Ablaufs der Übertragung solcher Güter oder Dienstleistungen auf den Kunden hat das Unternehmen eine Anpassung der Abschreibung vorzunehmen (IFRS 15.100). IFRS 15.101 sieht in bestimmten Fällen die Erfassung eines Wertminderungsaufwandes vor.

11.2. Zusätzliche Kosten bei der Anbahnung eines Vertrages

(75) Nach dem UGB sind zusätzliche Kosten bei der Anbahnung eines Vertrages (Kosten der Auftragserlangung, z. B. Verkaufsprovision) entweder als Vertriebs- oder als Herstellungskosten zu klassifizieren. Das leistende Unternehmen hat zu prüfen, ob derartige Kosten dem Vertriebs- oder dem Fertigungsvorgang zuzuordnen sind. Sind Kosten der Auftragserlangung als Herstellungskosten zu klassifizieren, ist eine Aktivierung nach Maßgabe des § 203 Abs. 3 UGB vorzunehmen. Vertriebskosten können ausschließlich im engen Rahmen des § 206 Abs. 3 UGB aktiviert werden. Eine Aktivierung von Kosten der Auftragserlangung als separater Vermögensgegenstand ist nach dem UGB nicht zulässig.

(76) *Die bei der Anbahnung eines Vertrags mit einem Kunden anfallenden zusätzlichen Kosten sind gem. IFRS 15.91 als Vermögenswert zu aktivieren, wenn das Unternehmen davon ausgeht, dass es diese Kosten zurückerlangen wird. Davon umfasst sind Kosten, die dem Unternehmen ohne den Abschluss des Vertrags nicht entstanden wären (bspw. eine Verkaufsprovision; IFRS 15.92). Kosten, die auch ohne Vertragsabschluss entstanden wären, sind grundsätzlich als Aufwand zu erfassen (IFRS 15.93). Gem. IFRS 15.94 kann die Aktivierung eines Vermögenswertes aus praktischen Gründen unterbleiben, wenn der Abschreibungszeitraum nicht mehr als ein Jahr beträgt.*

(77) Im Bereich der zusätzlichen Kosten bei der Anbahnung eines Vertrages bestehen konzeptionelle Unterschiede zwischen den Regelungen des IFRS 15 und jenen des UGB. Während diese Kosten nach IFRS 15.91 ff. allenfalls als Vermögenswert zu aktivieren und abzuschreiben sind, sieht das UGB eine Erfassung als Aufwand im Zeitpunkt der wirtschaftlichen Verursachung bzw. ggf. eine Aktivierung als Herstellungskosten vor.

11.3. Vertragserfüllungskosten

(78) Vertragserfüllungskosten sind nach dem UGB nur nach Maßgabe des § 203 Abs. 3 UGB als Teil der Herstellungskosten zu aktivieren. Sofern es sich um Kosten der allgemeinen Verwaltung oder des Vertriebes handelt, besteht im engen Rahmen des § 206 Abs. 3 UGB ein Aktivierungswahlrecht.

(79) *Kosten der Vertragserfüllung, die nicht in den Anwendungsbereich eines anderen Standards fallen, sind nur dann als Vermögenswert zu aktivieren, wenn die Kosten unmittelbar mit einem bestehenden oder einem erwarteten Vertrag zusammenhängen, die Kosten zur Schaffung oder zur Verbesserung von Ressourcen des Unternehmens führen, und ein Ausgleich der Kosten erwartet wird (IFRS 15.95). Gem. IFRS 15.97 gelten u. a. als Kosten, die unmittelbar mit einem Vertrag zusammenhängen:*

a) Lohneinzelkosten;

b) Materialeinzelkosten;

c) zugerechnete Gemeinkosten, die unmittelbar mit dem Vertrag zusammenhängen (wie Kosten für die Organisation und Überwachung der Vertragserfüllung);

d) Kosten, deren Weiterbelastung an den Kunden der Vertrag ausdrücklich vorsieht; und

e) sonstige Kosten, die nur angefallen sind, weil das Unternehmen den Vertrag geschlossen hat (wie Zahlungen an Unterauftragnehmer).

Folgende Kosten sind gem. IFRS 15.98 als Aufwand zu erfassen:

a) allgemeine Verwaltungskosten;

b) Kosten für Materialabfälle, Löhne oder andere zur Vertragserfüllung eingesetzte Ressourcen, die nicht im vertraglich vereinbarten Preis berücksichtigt sind;

c) Kosten im Zusammenhang mit bereits erfüllten Leistungsverpflichtungen aus dem Vertrag; und

d) Kosten, bei denen ein Unternehmen nicht unterscheiden kann, ob sie sich auf noch nicht erfüllte oder bereits erfüllte Leistungsverpflichtungen beziehen.

(80) Die in Rz (77) dargestellten konzeptionellen Unterschiede zwischen den Regelungen des IFRS 15 und jenen des UGB bestehen analog für Vertragserfüllungskosten.

12. Spezifische Vertragsgestaltungen

12.1. Verkauf mit Rückgaberecht

(81) Nach dem UGB ist ein Verkauf mit Rückgaberecht anhand der in Rz (8) ff. sowie in Rz (39) dargestellten Grundsätze zu behandeln. Demnach sind Umsatzerlöse vollständig zu erfassen und der Veräußerungsgewinn zu realisieren, sofern der Anspruch auf die Gegenleistung dem Grunde nach so gut wie sicher ist. Ist dieser Anspruch aufgrund von Rückgaberechten nicht so gut wie sicher, sind die zu erfassenden Umsatzerlöse sowie die damit verbundene auflösend bedingte Forderung des leistenden Unternehmens bis zum Erlöschen des Rückgaberechts mit den Anschaffungs- bzw. Herstellungskosten der erbrachten Leistung begrenzt. Aufgrund des Vorsichtsprinzips sind voraussichtlich anfallende Rücknahmekosten, Wertminderungen infolge eines Mangels der zurückzunehmenden Ware oder Leistung sowie ein allfälliger Veräußerungsverlust bei der Umsatzrealisierung bzw. Forderungsbewertung zu berücksichtigen. Wurde die Gegenleistung durch den Kunden bereits erbracht, hat das leistende Unternehmen eine Rückstellung in Höhe des Unterschiedsbetrages zwischen Gegenleistung und Anschaffungs- bzw. Herstellungskosten der erbrachten Leistung, inklusive voraussichtlicher Rücknahmekosten, Wertminderungen sowie Veräußerungsverluste, zu bilden.

(82) Erlaubt die Anzahl der Geschäftsabschlüsse eine Schätzung der voraussichtlichen Rückgabequote, hat das leistende Unternehmen für jene Verkäufe, mit deren Rückgabe gewohnheitsmäßig zu rechnen ist, eine Rückstellung ebenfalls in Höhe des Unterschiedsbetrages zwischen Gegenleistung und Anschaffungs- bzw. Herstellungskosten der erbrachten Leistung, inklusive voraussichtlicher Rücknahmekosten, Wertminderungen sowie Veräußerungsverluste, zu bilden. Für die übrigen Verkäufe hat das leistende Unternehmen die Umsatzerlöse in voller Höhe zu realisieren.

(83) *In bestimmten Verträgen überträgt ein Unternehmen die Verfügungsgewalt für ein Produkt auf einen Kunden und räumt diesem gleichzeitig das Recht ein, das Produkt aus verschiedenen Gründen gegen jede Kombination der folgenden Leistungen zurückzugeben (IFRS 15.B20):*

a) vollständige oder teilweise Erstattung der gezahlten Gegenleistung;

b) Gutschrift auf dem Unternehmen bereits geschuldete oder künftig zustehende Beträge; und

c) Umtausch gegen ein anderes Produkt.

Bei einer Übertragung von Produkten mit Rückgaberecht erfasst das Unternehmen gem. IFRS 15. B21 folgende Elemente:

a) Umsätze für die übertragenen Produkte in Höhe der Gegenleistung, die dem Unternehmen nach seinen Erwartungen zustehen (für Produkte, mit deren Rückgabe gerechnet wird, werden folglich keine Umsätze erfasst);

b) eine Rückerstattungsverbindlichkeit; und

c) einen Vermögenswert für sein Recht, Produkte bei Begleichung der Rückerstattungsverbindlichkeit vom Kunden zurückzuholen.

(84) Bei Verkäufen mit Rückgaberecht bestehen konzeptionelle Unterschiede zwischen den Bestimmungen des IFRS 15 und jenen des UGB. Während das leistende Unternehmen für Verkäufe, bei denen nicht mit einer Rückgabe zu rechnen ist, gem. IFRS 15.B20 ff. Umsatzerlöse zu erfassen hat, sind nach dem UGB die Umsatzerlöse zu realisieren, sofern der Anspruch auf die Gegenleistung dem Grunde nach so gut wie sicher ist. Andernfalls sind die zu erfassenden Umsatzerlöse mit den Anschaffungs- bzw. Herstellungskosten des gelieferten Produktes oder der erbrachten Dienstleistung begrenzt. Voraussichtlich anfallende Rücknahmekosten, Wertminderungen sowie Veräußerungsverluste sind nach dem UGB bei der Umsatzrealisierung bzw. Forderungsbewertung zu berücksichtigen. Vom Kunden bereits erbrachte Gegenleistungen, die eine Rückerstattungsverbindlichkeit i. S. d. IFRS 15.B21 darstellen, führen nach dem UGB zu einer Rückstellungsbildung. Der Ansatz eines zusätzlichen separaten Vermögenswertes i. S. d. IFRS 15.B21 ist nach dem UGB unzulässig, da bereits eine Forderung in Höhe der Anschaffungs- bzw. Herstellungskosten des gelieferten Produktes oder der erbrachten Dienstleistung besteht.

12.2. Gewährleistungen und Garantien

(85) Nach dem UGB sind Gewährleistungs- sowie Garantieverpflichtungen anhand der in Rz (21) dargestellten Grundsätze zur Bestimmung von Teilleistungen zu beurteilen. Geht der Anspruch des Kunden über den gesetzlichen Garantie- oder Gewährleistungsumfang hinaus und kann er diesen Anspruch separat erwerben, liegt nach dem UGB in der Regel eine Teilleistung vor. Da derartige Verpflichtungen ein Dauerschuldverhältnis darstellen, hat das leistende Unternehmen die auf die Gewährleistungs- oder Garantieverpflichtung entfallenden Umsatzerlöse zeitanteilig zu erfassen (siehe Rz (29)).

(86) *In Verbindung mit dem Verkauf von Gütern oder Dienstleistungen gewähren Unternehmen häufig auch Gewährleistungen oder Garantien, wobei der vereinbarte Leistungsumfang variieren kann (IFRS 15.B28). Kann der Kunde wählen, ob er den Gewährleistungs- oder Garantieanspruch separat erwerben möchte, stellt dieser gem. IFRS 15.B29 eine eigenständig abgrenzbare Dienstleistung und damit eine separate Leistungsverpflichtung i. S. d. IFRS 15.22 ff. dar (siehe Rz (22)). Gewährleistungs- oder Garantieansprüche, bei denen der Kunde nicht über einen separaten Erwerb entscheiden kann, sind als separate Leistungsverpflichtungen i. S. d. IFRS 15.22 ff. zu klassifizieren, wenn der Anspruch eine Leistung für den Kunden darstellt, die über die Zusage, dass das Produkt den vereinbarten Spezifikationen entspricht, hinausgeht (IFRS 15.B30). Gem. IFRS 15.B31 sind dabei folgende Faktoren zu berücksichtigen:*

a) ob die Gewährleistungs-/Garantieverpflichtung gesetzlich vorgeschrieben ist. Gesetzliche Garantie-/Gewährleistungsverpflichtungen deuten üblicherweise darauf hin, dass keine separate Leistungsverpflichtung vorliegt.

b) die Dauer der Gewährleistungs-/Garantiefrist. Je länger die Gewährleistungs-/Garantieverpflichtung andauert, desto wahrscheinlicher stellt sie eine separate Leistungsverpflichtung dar.

c) die Art der Leistungen, die das Unternehmen zusagt. Wenn ein Unternehmen besondere Leistungen erbringen muss, um zusichern zu können, dass ein Produkt die vereinbarten Spezifikationen erfüllt (z. B. Retourentransport für ein schadhaftes Produkt), ist es unwahrscheinlich, dass dadurch eine separate Leistungsverpflichtung begründet wird.

(87) Die Behandlung von Gewährleistungs- und Garantieverpflichtungen nach IFRS 15.B28 ff. ist in der Regel mit den Grundsätzen des UGB vereinbar. Bei Gewährleistungs- oder Garantieverpflichtungen, die eine separate Leistungsverpflichtung i. S. d. IFRS 15 darstellen und nach dem UGB als Teilleistung zu klassifizieren sind, kann einer Behandlung gem. IFRS 15.B28 ff. auch für Zwecke des UGB gefolgt werden.

12.3. Konstellation Prinzipal oder Agent

(88) Nach dem UGB sind Prinzipal-Agenten-Konstellationen i. S. d. IFRS 15.B34 ff. (siehe Rz (89)) anhand der in Rz (8) ff. dargestellten Grundsätze zu beurteilen. Erbringt das leistende Unternehmen ausschließlich eine Vermittlungsleistung, d. h. sind die mit der vermittelten Leistung verbundenen Chancen und Risiken (Preisgefahr) zuvor nicht auf das leistende Unternehmen übergegangen, entsprechen die bei Leistungserbringung zu erfassenden Umsatzerlöse der vereinbarten Provision (Marge) aus dem Vertrag. Erbringt das leistende Unternehmen Leistungen, für welche es die Preisgefahr trägt, hat es Umsatzerlöse in Höhe der Gegenleistung für das zu übertragende Produkt oder die zu erbringende Dienstleistung zu erfassen.

(89) *Ist eine andere Partei an der Lieferung von Gütern oder an der Erbringung von Dienstleistungen beteiligt, hat das Unternehmen festzustellen, ob es sich bei seiner Zusage um eine Leistungsverpflichtung handelt, das Gut selbst zu liefern bzw. die Dienstleistung selbst zu erbringen, oder um eine Leistungsverpflichtung, eine andere Partei mit der Lieferung des Guts bzw. der Erbringung der Dienstleistung zu beauftragen (IFRS 15.B34). Dabei hat das Unternehmen gem. IFRS 15.B34A:*

a) das zu liefernde Gut bzw. die zu erbringende Dienstleistung zu identifizieren; und

b) festzustellen, ob es die Verfügungsgewalt über das Gut bzw. die Dienstleistung besitzt.

Ein Unternehmen ist Prinzipal, wenn es vor der Übertragung eines zugesagten Guts oder einer zugesagten Dienstleistung auf einen Kunden die Verfügungsgewalt über das Gut bzw. die Dienstleistung besitzt. Eine vorübergehende Erlangung der Verfügungsgewalt ist üblicherweise nicht ausreichend (IFRS 15.B35). Die zu erfassenden Umsatzerlöse entsprechen dabei der Gegenleistung für die Übertragung der betreffenden Güter oder Dienstleistungen (IFRS 15.B35B). Ist ein Unternehmen Prinzipal, erhält es gem. IFRS 15.B35A die Verfügungsgewalt über:

a) ein Gut oder eine Dienstleistung, das bzw. die es von einer anderen Partei erhält und danach auf einen Kunden überträgt;

b) ein Recht auf eine Leistung einer anderen Partei, wodurch das Unternehmen die andere Partei beauftragen kann, die Leistung an einen Kunden zu erbringen; oder

c) ein Gut oder eine Dienstleistung einer anderen Partei, das bzw. die das Unternehmen gemeinsam mit anderen Gütern oder Dienstleistungen an einen Kunden überträgt. Dabei erlangt das Unternehmen die Verfügungsgewalt über das erhaltene Gut bzw. die erhaltene Dienstleistung, sofern es über deren Verwendung bestimmen kann.

Ein Unternehmen ist Agent, wenn seine Leistungsverpflichtung darin besteht, eine andere Partei mit der Lieferung von Gütern oder der Erbringung von Dienstleistungen zu beauftragen. Ein Agent erfasst Umsatzerlöse für die Gebühr oder die Provision, die er für die Beauftragung der anderen Partei erwartet (IFRS 15.B36).

Folgende Indikatoren weisen gem. IFRS 15.B37 darauf hin, dass ein Unternehmen als Prinzipal agiert:

a) das Unternehmen ist primär für die Erfüllung des Vertrags verantwortlich;

b) das Unternehmen trägt während der Lieferung oder bei einem Recht auf Rückgabe des Produkts das Bestandsrisiko;

c) das Unternehmen kann die Preisgestaltung für die Güter oder Dienstleistungen beeinflussen.

(90) Die in Rz (27) dargestellten konzeptionellen Unterschiede zwischen den Bestimmungen des IFRS 15 und jenen des UGB bestehen gleichermaßen für Prinzipal-Agenten-Konstellationen. Während nach dem IFRS 15 der Übergang der Verfügungsgewalt maßgebend ist, müssen nach dem UGB die mit dem Produkt oder der Dienstleistung verbundenen Chancen und Risiken übergehen.

12.4. Optionen des Kunden zum Erwerb zusätzlicher Güter oder Dienstleistungen

(91) Nach dem UGB führen Optionen zum kostenlosen oder vergünstigten Erwerb zusätzlicher Güter oder Dienstleistungen zu wirtschaftlich vorbelasteten Umsatzerlösen, die anhand der in Rz (40) dargestellten Grundsätze zu behandeln sind. Das leistende Unternehmen hat demnach eine Rückstellung für die erwarteten Kosten der zusätzlichen Güter oder Dienstleistungen zu bilden und die erfassten Umsatzerlöse entsprechend zu reduzieren. Bei der Ermittlung der Rückstellungshöhe ist die Wahrscheinlichkeit der Optionsausübung zu berücksichtigen.

(92) *Optionen des Kunden zum kostenlosen oder vergünstigten Erwerb zusätzlicher Güter oder Dienstleistungen umfassen z. B. Kaufanreize, Treueprämien, Vertragsverlängerungsoptionen oder sonstige Preisnachlässe auf zukünftig erworbene Güter oder Dienstleistungen (IFRS 15.B39). Wird dem Kunden eine derartige Option eingeräumt, so ergibt sich daraus gem. IFRS 15.B40 eine vertragliche Leistungsverpflichtung, wenn die Option dem Kunden ein wesentliches Recht gewährt, das dieser ohne den Abschluss dieses Vertrags nicht erhalten würde (z. B. ein Preisnachlass, der über den Rabatten liegt, die üblicherweise gewährt werden). Eine Option zum Erwerb zusätzlicher Güter oder Dienstleistungen zu einem Preis, der dem Einzelveräußerungspreis für diese Güter oder Dienstleistungen entspricht, ist kein wesentliches Recht, sondern als Werbeangebot anzusehen (IFRS 15.B41). Bei Vorliegen einer Option ist der Transaktionspreis nach Maßgabe von IFRS 15.74 ff. auf die Leistungsverpflichtungen aufzuteilen. Bei der Ermittlung des Einzelveräußerungspreises der Option sind neben dem geschätzten Preisnachlass bei Ausübung der Option auch Preisnachlässe, die der Kunde ohne Optionsausübung erhalten könnte, sowie die Wahrscheinlichkeit der Ausübung der Option zu beachten (IFRS 15.B42).*

(93) Während eine Option gem. IFRS 15.B39 ff. eine separate Leistungsverpflichtung darstellt, deren Umsatzerlöse bei Erfüllung zu realisieren sind, hat das leistende Unternehmen nach dem UGB eine Rückstellung zu bilden und die erfassten Umsatzerlöse entsprechend zu reduzieren. Bei Optionen zum kostenlosen oder vergünstigten Erwerb zusätzlicher Güter oder Dienstleistungen bestehen daher Unterschiede zwischen den Regelungen des IFRS 15 und jenen des UGB; die am Abschlussstichtag nach dem IFRS 15 ausgewiesenen Umsatzerlöse stimmen im Ergebnis jedoch grundsätzlich mit jenen nach dem UGB überein.

12.5. Nicht geltend gemachte Ansprüche des Kunden

(94) Nach dem UGB sind Vorauszahlungen des Kunden für zukünftige Leistungen als Verbindlichkeit zu erfassen. Ist die Nichtgeltendmachung solcher Ansprüche durch den Kunden dem Grunde nach so gut wie sicher (siehe Rz (39)), hat das leistende Unternehmen die Verbindlichkeit erfolgswirksam auszubuchen. Die Ausbuchung führt nur dann zu Umsatzerlösen, wenn das Unternehmen im Zusammenhang mit den nicht geltend gemachten Ansprüchen des Kunden eine Leistung erbringt bzw. erbracht hat. Der Verfall von Gutscheinen („*breakage*" i. S. d. IFRS 15) führt hingegen zu sonstigen betrieblichen Erträgen, da das Unternehmen keine Leistung an den Kunden erbringt.

(95) *Gem. IFRS 15.106 sind Vorauszahlungen des Kunden für die künftige Übertragung von Gütern oder Dienstleistungen als Vertragsverbindlichkeit zu erfassen. Bei Übertragung der Güter oder Dienstleistungen hat das Unternehmen diese Verbindlichkeit auszubuchen und Umsatzerlöse zu realisieren (IFRS 15.B44). Eine nicht rückerstattungsfähige Vorauszahlung räumt dem Kunden einen Anspruch für den künftigen Erhalt eines Guts oder einer Dienstleistung ein (IFRS 15.B45). Geht ein Unternehmen bei einer Vertragsverbindlichkeit davon aus, dass ein Kunde seine Ansprüche nicht vollständig geltend macht („breakage"), hat es den entsprechenden Betrag proportional zum Muster der vom Kunden geltend gemachten Ansprüche als Erlös zu erfassen. Ist dies nicht der Fall, hat es den erwarteten Betrag aus einer Nichtinanspruchnahme dann als Erlös zu erfassen, wenn die Wahrscheinlichkeit, dass der Kunde seine verbleibenden Ansprüche geltend macht, als gering einzustufen ist (IFRS 15.B46).*

(96) Die in Rz (42) dargestellten konzeptionellen Unterschiede zwischen den Bestimmungen des IFRS 15 und jenen des UGB bestehen gleichermaßen für nicht geltend gemachte Ansprüche des Kunden. Während das leistende Unternehmen Vorauszahlungen des Kunden gem. IFRS 15.B45 bei geringer Wahrscheinlichkeit der Inanspruchnahme zukünftiger Leistungen als Umsatzerlöse zu erfassen hat, ist die Verbindlichkeit nach dem UGB auszubuchen, wenn die Nichtgeltendmachung der Ansprüche dem Grunde nach so gut wie sicher ist. Während nicht geltend gemachte Ansprüche nach dem IFRS 15 zu Umsatzerlösen führen, setzt die Erfassung von Umsatzerlösen nach dem UGB eine Leistung durch das Unternehmen voraus. Erbringt das Unternehmen keine Leistung an den Kunden, sind nach dem UGB sonstige betriebliche Erträge zu erfassen.

12.6. Nicht erstattungsfähige, im Voraus zahlbare Entgelte

(97) Bei einigen Verträgen stellt das Unternehmen dem Kunden bei oder in zeitlicher Nähe zum Vertragsbeginn ein nicht erstattungsfähiges, im Voraus zahlbares Entgelt in Rechnung (z. B. Aufnahmegebühren in Fitnessclubs, Aktivierungsgebühren bei Telekommunikationsverträgen). Nach dem UGB ist bei nicht erstattungsfähigen, im Voraus zahlbaren Entgelten zu prüfen, ob diese im Zusammenhang mit einem Dauerschuldverhältnis stehen. Das leistende Unternehmen hat in diesem Fall einen passiven Rechnungsabgrenzungsposten zu bilden und die Umsatzerlöse aus dem Entgelt zeitanteilig zu realisieren (siehe Rz (29)). Weisen Entgelte keinen Bezug zu einem Dauerschuldverhältnis auf oder betreffen sie eine separate Teilleistung, sind die Umsatzerlöse entsprechend den in Rz (8) ff. dargestellten Grundsätzen zu erfassen.

(98) *Hat das Entgelt keine Übertragung eines zugesagten Guts oder einer zugesagten Dienstleistung zur Folge, ist dieses Entgelt gem. IFRS 15.B49 als Vorauszahlung für künftige Güter oder Dienstleistungen zu betrachten. Bezieht sich das Entgelt auf ein Gut oder eine Dienstleistung, hat das Unternehmen zu beurteilen, ob dadurch eine separate Leistungsverpflichtung vorliegt (IFRS 15.B50).*

(99) Bei der Behandlung nicht erstattungsfähiger, im Voraus zahlbarer Entgelte bestehen konzeptionelle Unterschiede zwischen den Bestimmungen des IFRS 15 und jenen des UGB. Entgelte, die im Zusammenhang mit einer über einen bestimmten Zeitraum zu erbringenden Leistung stehen (*Dauerschuldverhältnis*) und keine separate Teilleistung betreffen, sind gem. IFRS 15.B48 ff. als Vorauszahlungen zu behandeln; nach dem UGB ist grundsätzlich ein passiver Rechnungsabgrenzungsposten zu bilden. Die am Abschlussstichtag nach dem IFRS 15 ausgewiesenen Umsatzerlöse stimmen im Ergebnis jedoch grundsätzlich mit jenen nach dem UGB überein. Umsatzerlöse aus Entgelten, die keinen Bezug zu einem Dauerschuldverhältnis aufweisen oder eine separate Teilleistung betreffen, sind nach dem UGB anhand der in Rz (21) bzw. Rz (8) ff. dargestellten Grundsätze zu realisieren. Dabei können, in Abhängigkeit von der Behandlung nach dem IFRS 15, Unterschiede in den erfassten Umsatzerlösen auftreten.

12.7. Lizenzerteilung

(100) Bei bestimmten Transaktionen wird einem Kunden neben der Übertragung von Gütern oder Dienstleistungen eine Lizenz erteilt. Nach dem UGB sind Lizenzen anhand der in Rz (21) dargestellten Grundsätze zur Bestimmung von Teilleistungen zu beurteilen. Liegt eine separate Teilleistung vor, hat das leistende Unternehmen zu prüfen, ob die Lizenz im Rahmen eines Dauer-

schuldverhältnisses gewährt wird. In diesem Fall sind die Umsatzerlöse zeitanteilig zu realisieren (siehe Rz (29)). Liegt kein Dauerschuldverhältnis vor und sind die Voraussetzungen für eine Umsatzrealisierung erfüllt (siehe Rz (8) ff.), hat das leistende Unternehmen die Umsatzerlöse aus der Lizenzerteilung, unter Berücksichtigung bestehender Rücktritts- und Kündigungsrechte, zeitpunktbezogen zu realisieren. Ist eine Lizenz nicht als separate Teilleistung zu klassifizieren, erfolgt die Umsatzrealisierung für die gesamte Transaktion anhand der in Rz (8) ff. dargestellten Grundsätze.

(101) *Wird einem Kunden neben der Übertragung von Gütern oder Dienstleistungen eine Lizenz erteilt, sind die separaten Leistungsverpflichtungen eines Vertrages nach IFRS 15.22 ff. zu identifizieren (siehe Rz (22)). Ist die Lizenzerteilung nicht abgrenzbar, hat das Unternehmen sie mit den anderen zugesagten Gütern oder Dienstleistungen als eine Leistungsverpflichtung zu bilanzieren. Davon umfasst sind Lizenzen, die fester Bestandteil eines materiellen Guts und für dessen Funktion unverzichtbar sind, sowie Lizenzen, die der Kunde nur in Verbindung mit einer dazugehörigen Dienstleistung nutzen kann (IFRS 15.B54).*

Liegt eine separate Leistungsverpflichtung vor, hat das Unternehmen zu beurteilen, ob a) ein Recht auf Zugriff auf sein geistiges Eigentum oder b) ein Recht auf Nutzung seines geistigen Eigentums vorliegt (IFRS 15.B56).

Eine Lizenz, die Zugriff auf geistiges Eigentum des Unternehmens gewährt, stellt eine über einen bestimmten Zeitraum zu erfüllende Leistungsverpflichtung dar (IFRS 15.B58 ff.). Eine Lizenz zur Nutzung geistigen Eigentums ist hingegen als Leistungsverpflichtung, die zu einem bestimmten Zeitpunkt erfüllt wird, zu klassifizieren. Der Zeitpunkt der Erfüllung der Leistungsverpflichtung ist gem. IFRS 15.38 zu bestimmen. Die Erfassung von Umsatzerlösen vor Nutzung der Lizenz ist nicht möglich (IFRS 15.B61).

Für umsatz- oder nutzungsabhängige Lizenzgebühren dürfen Erlöse nur erfasst werden, wenn das spätere der beiden folgenden Ereignisse eintritt (IFRS 15.B63):

a) der nachfolgende Verkauf wird getätigt oder die nachfolgende Nutzung tritt ein; und

b) die Leistungsverpflichtung, der die umsatz- oder nutzungsabhängigen Lizenzgebühren ganz oder teilweise zugeordnet wurden, wurde erfüllt.

(102) Bei Umsatzerlösen aus Lizenzen bestehen konzeptionelle Unterschiede zwischen den Bestimmungen des IFRS 15 und jenen des UGB. Nach dem IFRS 15 hat das leistende Unternehmen zu prüfen, ob die Gewährung eines Rechts auf Zugriff auf geistiges Eigentum oder eines Rechts auf Nutzung geistigen Eigentums vorliegt, während nach dem UGB das Vorliegen eines Dauerschuldverhältnisses maßgebend ist. Umsatzerlöse aus Lizenzen, die ein Recht auf Zugriff auf geistiges Eigentum vermitteln, sind gem. IFRS 15.B60 zeitraumbezogen zu realisieren; vermitteln Lizenzen ein Recht auf Nutzung geistigen Eigentums, sind Umsatzerlöse zeitpunktbezogen zu erfassen. Nach dem UGB ist im Falle eines Dauerschuldverhältnisses eine zeitanteilige Umsatzrealisierung vorgesehen. Liegt kein Dauerschuldverhältnis vor, hat das leistende Unternehmen bei ordnungsgemäßer Erfüllung des Vertrages (d. h. der Anspruch auf Gegenleistung ist dem Grunde nach so gut wie sicher) eine zeitpunktbezogene Umsatzrealisierung vorzunehmen. Diese Vorgehensweise ist auch bei einer zeitlich begrenzten Nutzung der Lizenz geboten. In Abhängigkeit von der Klassifizierung des Lizenzvertrages nach dem IFRS 15 sowie dem UGB können die beschriebenen Unterschiede zu einer zeitlich abweichenden Umsatzrealisierung führen.

12.8. Rückkaufvereinbarungen

(103) Bei einer Rückkaufvereinbarung verkauft ein Unternehmen einen Vermögenswert und sagt zu oder verfügt über die Option, den Vermögenswert zurückzuerwerben. Dies erfolgt z. B. durch eine Verpflichtung des Unternehmens zum Rückkauf des Vermögenswertes (Termingeschäft), durch ein Recht des Unternehmens auf Rückkauf des Vermögenswertes (eine Kaufoption) oder durch eine Verpflichtung des Unternehmens, den Vermögenswert auf Anfrage des Kunden zurückzuerwerben (eine Verkaufsoption). Nach dem UGB sind Termingeschäfte sowie Kaufoptionen des leistenden Unternehmens anhand der in Rz (8) ff. dargestellten Grundsätze zu beurteilen. Gehen die mit einer Leistung verbundenen Chancen und Risiken (Preisgefahr) nicht auf den Kunden über, ist beim leistenden Unternehmen keine Umsatzrealisierung vorzunehmen. Liegt der Rückkaufpreis in diesem Fall unter dem ursprünglichen Verkaufspreis, stellt die Rückkaufvereinbarung ein Miet- bzw. ein Leasingverhältnis dar, während bei einem höheren Rückkaufpreis eine Finanzierungskomponente vorliegt. Geht die Preisgefahr auf den Kunden über, sind die Umsatzerlöse aus der Rückkaufvereinbarung zu realisieren, und das leistende Unternehmen hat ggf. eine Drohverlustrückstellung zu bilden.

(104) Verkaufsoptionen sind nach dem UGB anhand der in Rz (81) dargestellten Grundsätze zu behandeln. Das leistende Unternehmen hat Umsatzerlöse zu erfassen, wenn die Verkaufsoption des Kunden erlischt und der Anspruch auf Gegenleistung dem Grunde nach so gut wie sicher ist. Die Behandlung betragsmäßiger Unterschiede zwischen dem Rückkaufpreis und dem ursprünglichen Verkaufspreis erfolgt gem. Rz (103). Bei Übergang der Preisgefahr auf den Kunden ist Rz (103) analog anzuwenden.

(105) *Nach dem IFRS 15 ist zu prüfen, ob ein Leasingverhältnis vorliegt. Ist das Unternehmen zum Rückkauf des Vermögenswerts verpflichtet oder berechtigt (Termingeschäft oder Kaufoption), erlangt der Kunde nicht die Verfügungsgewalt über den Vermögenswert, da er nur eingeschränkt in der Lage ist, die Nutzung des Vermögenswerts zu bestimmen (IFRS 15.B66). Ist der Rückkaufpreis geringer als der ursprüngliche Verkaufspreis,*

liegt ein Leasingverhältnis vor. Bei einem gleichen oder höheren Rückkaufpreis ist von einer Finanzierungsvereinbarung auszugehen. Ist das Unternehmen verpflichtet, den Vermögenswert auf Anfrage des Kunden zu einem Preis unter dem ursprünglichen Verkaufspreis zurückzuerwerben, hat es bei Vertragsbeginn zu beurteilen, ob es für den Kunden einen signifikanten wirtschaftlichen Anreiz zur Ausübung dieses Rechts gibt. Übt der Kunde dieses Recht aus, hat dies zur Folge, dass er dem Unternehmen effektiv eine Gegenleistung für das Recht zahlt, einen spezifizierten Vermögenswert für einen bestimmten Zeitraum zu nutzen. Liegt ein signifikanter wirtschaftlicher Anreiz vor, hat das Unternehmen die Vereinbarung als Leasingverhältnis zu bilanzieren (IFRS 15.B70). Andernfalls hat das Unternehmen die Vereinbarung wie einen Verkauf eines Produkts mit Rückgaberecht zu bilanzieren (IFRS 15.B72). Ist der Rückkaufpreis des Vermögenswerts gleich dem ursprünglichen Verkaufspreis oder höher als dieser, so handelt es sich bei dem Vertrag effektiv um eine Finanzierungsvereinbarung (IFRS 15.B73). Verfällt die Option oder wird diese nicht ausgeübt, hat das Unternehmen die Verbindlichkeit auszubuchen und den entsprechenden Erlös zu erfassen (IFRS 15.B76).

(106) Bei der Behandlung von Rückkaufvereinbarungen bestehen konzeptionelle Unterschiede zwischen den Bestimmungen des IFRS 15 und jenen des UGB. Bei Termingeschäften und Kaufoptionen des leistenden Unternehmens stimmt die Vorgehensweise gem. IFRS 15.B66 dann mit der Behandlung nach dem UGB überein, wenn kein Übergang der Chancen und Risiken auf den Kunden erfolgt. Für Verkaufsoptionen bestehen die in Rz (84) dargestellten konzeptionellen Unterschiede; hat der Kunde bei Vertragsabschluss einen signifikanten wirtschaftlichen Anreiz zur Ausübung der Option, ist die Behandlung der Transaktion analog zu IFRS 15.B70 ff. als Leasingverhältnis aufgrund einer wirtschaftlichen Betrachtungsweise in der Regel mit den Grundsätzen des UGB vereinbar.

12.9. Kommissionsvereinbarungen

(107) Nach dem UGB sind Kommissionsvereinbarungen anhand der in Rz (8) ff. dargestellten Grundsätze zu beurteilen. Gehen die mit einer Leistung verbundenen Chancen und Risiken (Preisgefahr) auf den Kommissionär über, sind die Umsatzerlöse beim leistenden Unternehmen im Zeitpunkt des Übergangs zu realisieren. Die Umsatzerlöse des Kommissionärs entsprechen der Gegenleistung. Geht die Preisgefahr nicht auf den Kommissionär über, sind die Umsatzerlöse beim leistenden Unternehmen erst bei Übergang der Preisgefahr auf den Endkunden zu realisieren. Die beim Kommissionär zu erfassenden Umsatzerlöse entsprechen der Provision (Marge) aus der Kommissionsvereinbarung.

(108) *Liefert ein Unternehmen einem Dritten (z. B. einem Händler) ein Produkt zum Verkauf an die Endkunden, hat das Unternehmen zu beurteilen, ob dieser Dritte zu diesem Zeitpunkt die Verfügungsgewalt über das Produkt erlangt hat. Hat der Dritte nicht die Verfügungsgewalt über das Produkt erlangt, kann es auch im Rahmen einer Kommissionsvereinbarung an den Dritten geliefert worden sein. Wenn das gelieferte Produkt im Rahmen einer Kommissionsvereinbarung bei dem Dritten verbleibt, darf ein Unternehmen bei Lieferung des Produkts an den Dritten gem. IFRS 15. B77 keine Erlöse erfassen. Folgende Indikatoren deuten auf das Vorliegen einer Kommissionsvereinbarung hin (IFRS 15.B78):*

a) das Unternehmen besitzt die Verfügungsgewalt über das Produkt, bis ein spezifisches Ereignis wie der Verkauf des Produkts an einen Kunden des Händlers eintritt oder ein festgelegter Zeitraum abläuft;

b) das Unternehmen kann die Rückgabe des Produkts verlangen oder das Produkt auf einen Dritten (z. B. einen anderen Händler) übertragen; und

c) der Händler ist nicht bedingungslos verpflichtet, für das Produkt eine Zahlung zu leisten (eine Anzahlung kann verlangt werden).

(109) Die in Rz (27) dargestellten konzeptionellen Unterschiede zwischen den Be-stimmungen des IFRS 15 und jenen des UGB bestehen gleichermaßen für Kommissionsvereinbarungen. Die Beurteilung eines möglichen Überganges der Verfügungsgewalt gem. IFRS 15.B77 f. stimmt nur dann mit der Vorgehensweise nach dem UGB überein, wenn mit dem Übergang der Verfügungsgewalt auch die Chancen und Risiken übergehen.

12.10. Bill-and-hold-Vereinbarungen

(110) Bei einer Bill-and-hold-Vereinbarung stellt ein Unternehmen einem Kunden ein Produkt in Rechnung; dieses verbleibt jedoch im physischen Besitz des Unternehmens. Nach dem UGB sind Bill-and-hold-Vereinbarungen anhand der in Rz (8) ff. dargestellten Grundsätze zu beurteilen. Demnach sind Umsatzerlöse aus Bill-and-hold-Vereinbarungen zu realisieren, sobald die mit einer Leistung verbundenen Chancen und Risiken (Preisgefahr) auf den Kunden übergehen.

(111) *Gem. IFRS 15.B81 kann ein Kunde bei Bill-and-hold-Vereinbarungen die Verfügungsgewalt über ein Produkt erlangen (d. h. die Leistungsverpflichtung eines Vertrages wird erfüllt), wenn zusätzlich zu IFRS 15.38 folgende Voraussetzungen erfüllt sind:*

a) der Grund für die Bill-and-hold-Vereinbarung muss materiell sein (z. B. der Kunde hat darum gebeten);

b) das Produkt muss für sich genommen als dem Kunden gehörend identifiziert werden;

c) das Produkt muss für die physische Übertragung auf den Kunden bereit sein; und

d) das Unternehmen darf das Produkt nicht selbst nutzen oder an einen anderen Kunden weiterleiten können.

(112) Die in Rz (27) dargestellten konzeptionellen Unterschiede zwischen den Be-stimmungen des IFRS 15 und jenen des UGB bestehen gleicher-

maßen für Bill-and-hold-Vereinbarungen. Während für den Übergang der Verfügungsgewalt im Rahmen einer Bill-and-hold-Vereinbarung zusätzlich zu den Vorschriften des IFRS 15.38 auch die Kriterien gem. IFRS 15.B81 erfüllt sein müssen, ist für eine Umsatzrealisierung nach dem UGB nur der Übergang der Chancen und Risiken maßgeblich.

13. Erstmalige Anwendung

(113) Die vorliegende Stellungnahme ist auf Geschäftsjahre anzuwenden, die nach dem 31.12.2018 beginnen. Eine frühere Anwendung wird empfohlen.

Erläuterungen

Die Realisierung von Umsatzerlösen nach dem Unternehmensgesetzbuch (UGB) erfolgt, mangels expliziter gesetzlicher Vorschriften, nach Maßgabe der Grundsätze ordnungsmäßiger Buchführung (GoB). Bei den in dieser Stellungnahme dargestellten Bestimmungen des UGB handelt es sich demnach um GoB. Bei deren Auslegung wurde in den jeweiligen Randziffern insbesondere auf die nachstehend angeführte Literatur zurückgegriffen.

Zu Rz (8):

Urnik/Urtz/Rohn in Straube/Ratka/Rauter (Hrsg), Unternehmensgesetzbuch II/RLG[3] (2016) § 201 Rz 56

Zu Rz (10):

Hebenstreit/Neugschwandtner/Maresch/Dieter/Hohensinner in Zib/Dellinger (Hrsg), Unternehmensgesetzbuch III/1 (2013) § 201 Rz 100; *Hirschler/Christian/Fraberger/Neugschwandtner/Petritz/Schiebel* in Hirschler (Hrsg), Bilanzrecht – Einzelabschluss (2010) § 201 Rz 140; *Mayr*, Gewinnrealisierung und Anschaffungszeitpunkt, RdW 2000, 381; *Urtz/Urnik/Rohn* in Straube/Ratka/Rauter (Hrsg), Unternehmensgesetzbuch II/RLG[3] (2016) § 201 Rz 58

Zu Rz (11):

Ballwieser in Münchener Kommentar zum Handelsgesetzbuch[3] IV (2013) § 252 Rz 57; *Bertl/Fraberger*, Realisationsprinzip, RWZ 1994, 187; *Bertl/Hirschler*, Umsatzerlösrealisation bei Rückgaberecht des Käufers, RWZ 2015, 319; *Bertl/Hirschler*, Realisationsprinzip und Verbindlichkeitsrückstellung, RWZ 1996, 334; *Fraberger/Petritz* in Hirschler (Hrsg), Bilanzrecht – Einzelabschluss (2010) § 201 Rz 140; *Hebenstreit/Neugschwandtner/Maresch/Dieter/Hohensinner* in Zib/Dellinger (Hrsg), Unternehmensgesetzbuch III/1 (2013) § 201 Rz 100; *Merkt* in Baumbach/Hopt (Hrsg), Handelsgesetzbuch[38] (2018) § 252 Rz 19; *Urtz/Urnik/Rohn* in Straube/Ratka/Rauter (Hrsg), Unternehmensgesetzbuch II/RLG[3] (2016) § 201 Rz 58; *Tumpel*, Zum Ausweis „noch nicht abrechenbarer Leistungen", SWK 1990, 34 f; *Wörner*, Die Gewinnrealisierung bei schwebenden Geschäften, BB 1988, 773

Zu Rz (14):

Fraberger/Petritz in Hirschler (Hrsg), Bilanzrecht – Einzelabschluss (2010) § 201 Rz 140; *Hebenstreit/Neugschwandtner/Maresch/Dieter/Hohensinner* in Zib/Dellinger (Hrsg), Unternehmensgesetzbuch III/1 (2013) § 201 Rz 100; *Urtz/Urnik/Rohn* in Straube/Ratka/Rauter (Hrsg), Unternehmensgesetzbuch II/RLG[3] (2016) § 201 Rz 58

Zu Rz (18):

Konezny in Hirschler (Hrsg), Bilanzrecht – Einzelabschluss (2010) § 198 Rz 148; *Nowotny* in Straube/Ratka/Rauter (Hrsg), Unternehmensgesetzbuch II/RLG[3] (2017) § 198 Rz 145

Zu Rz (21):

Denk/Heitzinger, Die handels- und steuerrechtliche Behandlung von langfristigen Fertigungsaufträgen unter Einbezug internationaler Aspekte, ÖStZ 2000, 244; *Dieter/Hohensinner* in Zib/Dellinger (Hrsg), Unternehmensgesetzbuch III/1 (2013) § 206 Rz 49 f mwN; *Fattinger/Patloch-Kofler* in Bertl/Mandl (Hrsg), Handbuch zum Rechnungslegungsgesetz (2017) § 206 Rz 24

Zu Rz (23):

Wirth, Die Bilanzierung von Mehrkomponentengeschäften nach HGB, IFRS und US-GAAP (2009) 81 f

Zu Rz (29):

BFH 20.5.1992, BStBl II, 904

Zu Rz (30):

Fraberger/Petritz in Hirschler (Hrsg), Bilanzrecht – Einzelabschluss (2010) § 201 Rz 143; *Hebenstreit/Neugschwandtner/Maresch/Dieter/Hohensinner* in Zib/Dellinger (Hrsg), Unternehmensgesetzbuch III/1 (2013) § 201 Rz 101

Zu Rz (35):

Vanas in Zib/Dellinger (Hrsg), Unternehmensgesetzbuch III/2 (2015) § 232 Rz 20 und 25; *Schmidt/Peun* in Beck'scher Bilanzkommentar[11] (2018) § 275 Rz 62 ff

Zu Rz (36):

Stückler, Umsatzerlöse nach dem RÄG 2014, SWK 2016, 487; *Schmidt/Peun* in Beck'scher Bilanzkommentar[11] (2018) § 275 Rz 67

Zu Rz (38):

Bertl/Deutsch-Goldoni/Hirschler, Buchhaltungs- und Bilanzierungshandbuch[10] (2017) 85

Zu Rz (39):

Bert/Hirschler, Umsatzerlösrealisation bei Rückgaberecht des Käufers, RWZ 2015, 319; *Bertl/Fraberger*, Bilanzierung von Boni, RWZ 2000, 375; BFH 9.2.1978, BStBl II, 320 ff

Zu Rz (40):

Bergmann in Straube/Ratka/Rauter, Unternehmensgesetzbuch II/RLG[3] (2011) § 232 Rz 10; *Bertl/Hirschler*, Bilanzielle Behandlung von Treuegutscheinen, RWZ 2010, 359; *Bertl/Fraberger*, Bilanzierung von Boni, RWZ 2000, 375; *Konezny* in Hirschler (Hrsg), Bilanzrecht – Einzelabschluss (2010) § 232 Rz 9; *Schmidt/Peun* in Beck'scher Bilanzkommentar[11] (2018) § 275 Rz 62; *Vanas* in Zib/Dellinger (Hrsg), Unternehmensgesetzbuch III/2 (2015) § 232 Rz 21 f

Zu Rz (44):

Walter in Hirschler (Hrsg), Bilanzrecht – Einzelabschluss (2010) § 207 Rz 18 mwN; *Fellinger/Urnik/Urtz* in Straube/Ratka/Rauter (Hrsg), Unternehmensgesetzbuch II/RLG[3] (2017) § 207 Rz 17

Zu Rz (45):

Dieter/Hohensinner in Zib/Dellinger (Hrsg), Unternehmensgesetzbuch III/1 (2013) § 211 Rz 71; *Schubert* in Beck'scher Bilanzkommentar[11] (2018) § 253 Rz 95

Zu Rz (48):

Bertl/Deutsch-Goldoni/Hirschler, Buchhaltungs- und Bilanzierungshandbuch[10] (2017) 91 ff; *Janschek/Jung* in Hirschler (Hrsg), Bilanzrecht – Einzelabschluss (2010) § 203 Rz 47; *Lang* in Zib/Dellinger (Hrsg), Unternehmensgesetzbuch III/1 (2013) § 203 Rz 36; *Urnik/Urtz* in Straube/Ratka/Rauter (Hrsg), Unternehmensgesetzbuch II/RLG[3] (2016) § 203 Rz 34

Zu Rz (54):

Schmidt/Peun in Beck'scher Bilanzkommentar[11] (2018) § 275 Rz 64; *Vanas* in Zib/Dellinger (Hrsg), Unternehmensgesetzbuch III/2 (2015) § 232 Rz 22

Zu Rz (56):

Grote/Hold/Pilhofer, IFRS 15: Die neuen Vorschriften zur Umsatz- und Gewinnrealisierung – Was sich (nicht) ändert!, IRZ 2014, 339

Zu Rz (57):

Oser/Bellert/König, Bilanzielle Behandlung von Mehrkomponentengeschäften am Beispiel der verbilligten Abgabe von Mobilfunktelefonen, IRZ 2017, 49; *Winkeljohann/Büssow* in Beck'scher Bilanzkommentar[11] (2018) § 252 Rz 44; aA *Wirth*, Die Bilanzierung von Mehrkomponentengeschäften nach HGB, IFRS und US-GAAP (2009) 112

Zu Rz (71):

Winkeljohann/Büssow in Beck'scher Bilanzkommentar[11] (2018) § 252 Rz 44

Zu Rz (75):

Fattinger/Patloch-Kofler in Bertl/Mandl (Hrsg), Handbuch zum Rechnungslegungsgesetz (2017) § 203 Rz 71; bzgl Vertriebskosten: *Janschek/Jung* in Hirschler (Hrsg), Bilanzrecht – Einzelabschluss (2010) § 203 Rz 120; *Wohlgemuth* in v. Wysocki/Schulze-Osterloh/Hennrichs/Kuhner (Hrsg), Handbuch des Jahresabschlusses I/10 (2012) Rz 61; bzgl Vertriebskosten bei Provisionen und Schmiergeldern: *Adler/Düring/Schmaltz*, Rechungslegung und Prüfung[6] (2016) § 255 Rz 213; *Schubert/Gadek* in Beck'scher Bilanzkommentar[11] (2018) § 255 Rz 456; bzgl einer Zuordnung zum Fertigungsbereich nur bei langfristiger Auftragsfertigung: *Kofler* in Kofler (Hrsg), Handbuch Bilanz und Abschlussprüfung[3] (2001) § 231 Abs 3 Z 5 Rz 8 f; für eine einzelfallbezogene Betrachtung: *Oestreicher* in Böcking/Castan/Heymann/Pfitzer/Scheffler (Hrsg), Beck'sches Handbuch der Rechnungslegung (2017) B 163 Rz 226 f

Zu Rz (78):

Fattinger/Patloch-Kofler in Bertl/Mandl (Hrsg), Handbuch zum Rechnungslegungsgesetz (2017) § 203 Rz 71; *Janschek/Jung* in Hirschler (Hrsg), Bilanzrecht – Einzelabschluss (2010) § 203 Rz 74

Zu Rz (81):

Bertl/Hirschler, Umsatzerlösrealisation bei Rückgaberecht des Käufers, RWZ 2015, 319; *Schuber/Huber* in Beck'scher Bilanzkommentar[11] (2018) § 247 Rz 80 bzw 90; *Bertl/Hirschler*, Realisationsprinzip und Verbindlichkeitsrückstellung, RWZ 1996, 334; *Weninger*, Der bedingte Kauf und konfliktäre Bilanzgrundsätze, GesRZ 2004, 189

Zu Rz (85):

Winkeljohann/Büssow in Beck'scher Bilanzkommentar[11] (2018) § 252 Rz 44

Zu Rz (88):

Lüdenbach/Christian in Hirschler (Hrsg), Bilanzrecht – Einzelabschluss (2010) § 196 Rz 26 bzw 125 f

Zu Rz (94):

Bergmann in Straube/Ratka/Rauter (Hrsg), Unternehmensgesetzbuch II/RLG[3] (2011) § 232 Rz 6; *Schmidt/Peun* in Beck'scher Bilanz-Kommentar[11] (2018) § 275 Rz 52; *Sopp/Grünberger* in Zib/Dellinger (Hrsg), Unternehmensgesetzbuch III/1 (2013) § 224 Rz 266 ff; *Vanas* in Zib/Dellinger (Hrsg), Unternehmensgesetzbuch III/2 (2015) § 231 Rz 50; *Wunsch*, Gutscheine - Verbuchung und Umsatzsteuer, RWP 2008, 154

Zu Rz (97):

Hirschler/Christian/Hohensinner/Konezny/Petutschnig/Schiebel/Six in Hirschler (Hrsg), Bilanzrecht – Einzelabschluss (2010) § 198 Rz 84

Zu Rz (100):

Hirschler/Sulz/Schaffer in Hirschler (Hrsg), Bilanzrecht – Einzelabschluss (2010) § 224 Rz 100

Zu Rz (103):

Bertl/Hirschler, Drohverlustrückstellung für betraglich fixe Rückkaufvereinbarung von Kfz, RWZ 2001, 39

Zu Rz (107):

Hoffmann/Lüdenbach, Umsatzrealisierung bei strukturierten Geschäftsmodellen – Dargestellt am Beispiel des Autoverkaufes mit Rückkaufverpflichtung, DStR 2005, 1331 ff; *Lüdenbach/Christian* in Hirschler (Hrsg), Bilanzrecht – Einzelabschluss (2010) § 196 Rz 125; *Rohatschek/Leitner-Hanetseder* in Zib/Dellinger (Hrsg), Unternehmensgesetzbuch III/1 (2013) § 196 Rz 33 f

AFRAC-Stellungnahme 33
Kapitalkonsolidierung (UGB)

Stellungnahme
Die Kapitalkonsolidierung nach §§ 254, 259 und 261 UGB

(März 2019)

Historie der vorliegenden Stellungnahme

erstmalige Veröffentlichung	März 2019	

1. Ziel

(1) Die im Rahmen der Kapitalkonsolidierung einzuhaltenden Vorschriften zur Einbeziehung von Tochterunternehmen entsprechend der Erwerbsmethode, zur bilanziellen Behandlung allfällig vorliegender Anteile anderer Gesellschafter sowie zur Bilanzierung des Geschäfts- oder Firmenwerts bzw. passiven Unterschiedsbetrags sind in den §§ 254, 259 und 261 UGB geregelt. Das Ziel der vorliegenden Stellungnahme liegt in der Sicherstellung einer einheitlichen Anwendung der genannten Vorschriften, indem sowohl die Regelungen der Vollkonsolidierung konkretisiert als auch die im Zusammenhang mit der Einbeziehung von Tochterunternehmen in den Konzernabschluss bestehenden Zweifelsfragen geklärt werden.

2. Gegenstand und Geltungsbereich

(2) Die vorliegende Stellungnahme gilt für sämtliche Unternehmen, die der Konzernabschlussaufstellungspflicht gemäß § 244 UGB unterliegen. Das für die Anwendung des § 254 UGB maßgebliche Mutter-Tochter-Verhältnis ist nach der genannten Bestimmung zu beurteilen. Die Einbeziehungspflicht ergibt sich nach den §§ 247 und 249 UGB. Wie der Verlust der Beherrschung iSd § 244 UGB im Konzernabschluss darzustellen ist („Endkonsolidierung"), wird ebenfalls von der Stellungnahme geregelt. Auf rechtsformbedingte im Rahmen der Kapitalkonsolidierung auftretende Besonderheiten wird gesondert eingegangen (vgl. die Erläuterung zu Rz (55) und Rz (63)).

(3) Für die anteilmäßige Zusammenfassung der Jahresabschlüsse von Gemeinschaftsunternehmen gemäß § 262 UGB (Quotenkonsolidierung) gilt der Inhalt der Stellungnahme analog.

(4) Die Stellungnahme gilt nicht für Mutterunternehmen, die einen den internationalen Rechnungslegungsstandards entsprechenden Konzernabschluss gemäß § 245a UGB aufstellen (vgl. AFRAC-Stellungnahme 21 „Konzernabschlüsse nach § 245a UGB").

(5) Die in dieser Stellungnahme aufgestellten Grundsätze sind branchenunabhängig für alle Unternehmen anwendbar.

(6) Aufgrund der wirtschaftlichen Vergleichbarkeit der Übernahme eines Betriebes mit der der Kapitalkonsolidierung inhärenten Einheitstheorie wird eine analoge Anwendung der in der Stellungnahme aufgestellten Grundsätze empfohlen.

3. Definitionen

(7) Die Stellungnahme verwendet die folgenden Begriffe mit der angegebenen Bedeutung:

(8) **Andere Gesellschafter:** Gesellschafter eines Tochterunternehmens, die weder beherrschenden Einfluss noch einheitliche Leitung auf dieses Tochterunternehmen ausüben können.

(9) **Anteile:** Gesellschaftsrechtliche Mitgliedschaftsrechte, die Vermögensrechte (z.B. Recht auf Gewinnanspruch oder Recht auf Beteiligung am Abwicklungsüberschuss) oder Verwaltungsrechte (z.B. Stimm-, Informations- und Kontrollrechte) umfassen und ausschließlich Eigenkapitalcharakter haben. Dazu zählen vor allem die gesellschaftsrechtlichen Eigenkapitalanteile an in- und ausländischen Kapitalgesellschaften und solchen Personengesellschaften, die über ein Gesamthandvermögen verfügen.

(10) **Beherrschender Einfluss:** Rechtliche Abhängigkeit des Tochterunternehmens, wenn dem Mutterunternehmen die Stimmrechtsmehrheit zusteht, das Recht zusteht, die Mehrheit der Mitglieder des Verwaltungs-, Leitungs- oder Aufsichtsorgans zu bestellen oder abzuberufen, und es gleichzeitig Gesellschafter ist, das Recht zusteht, einen beherrschenden Einfluss auszuüben, oder aufgrund eines Vertrages mit einem oder mehreren Gesellschaftern des Tochterunternehmens das Recht zur Entscheidung zusteht, wie Stimmrechte der Gesellschafter, soweit sie mit seinen eigenen Stimmrechten zur Erreichung der Mehrheit aller Stimmen erforderlich sind, bei Bestellung oder Abberufung der Mehrheit der Mitglieder des Leitungs- oder eines Aufsichtsorgans auszuüben sind (§ 244 Abs 2 UGB).

(11) **Beizulegender Wert:** Der Betrag, den ein Erwerber des gesamten Unternehmens im Rahmen des Gesamtkaufpreises für den betreffenden Vermögensgegenstand oder die betreffende Schuld ansetzen würde; dabei ist davon auszugehen, dass der Erwerber das Unternehmen fortführt (§ 189a Z 3 UGB).

(12) **Beizulegender Zeitwert:** Der Börsenkurs oder Marktpreis; im Fall von Finanzinstrumenten, deren Marktpreis sich als Ganzes nicht ohne weiteres ermitteln lässt, der aus den Marktpreisen der einzelnen Bestandteile des Finanzinstruments oder dem Marktpreis für ein gleichartiges Finanzinstrument abgeleitete Wert; falls sich bei Finanzinstrumenten ein verlässlicher Markt nicht ohne

weiteres ermitteln lässt, der mit Hilfe allgemein anerkannter Bewertungsmodelle und -methoden bestimmte Wert, sofern diese Modelle und Methoden eine angemessene Annäherung an den Marktpreis gewährleisten (§ 189a Z 4 UGB).

(13) **Einheitliche Leitung:** Faktische Abhängigkeit des Tochterunternehmens aufgrund der Zusammenfassung von Mutter- und Tochterunternehmen als wirtschaftliche Einheit, wodurch es zur Vereinheitlichung der wesentlichen Unternehmensbereiche bzw. -funktionen kommt. Ein Unternehmen, das unmittelbar oder mittelbar unter einer einheitlichen Leitung steht, wird iSd § 244 UGB beherrscht.

(14) **Endkonsolidierung:** Ausscheiden eines Tochterunternehmens aus dem Konsolidierungskreis. Damit verbunden ist der vollständige Abgang der auf das Tochterunternehmen entfallenden Vermögensgegenstände, Rückstellungen, Verbindlichkeiten, Rechnungsabgrenzungsposten und latenten Steuern.

(15) **Erstkonsolidierung:** Die Erstkonsolidierung umfasst die Neubewertung des Reinvermögens des Tochterunternehmens zum maßgeblichen Erstkonsolidierungszeitpunkt, die Verrechnung der dem Mutterunternehmen gehörenden Anteile mit dem darauf entfallenden neubewerteten Eigenkapital und die Erfassung eines danach verbleibenden (aktiven oder passiven) Unterschiedsbetrags (§ 254 Abs 1 bis 3 UGB).

(16) **Folgekonsolidierung:** Fortschreibung der im Zuge der Neubewertung zum Erstkonsolidierungszeitpunkt in den Vermögensgegenständen und Schulden eines Tochterunternehmens aufgedeckten stillen Reserven und Lasten sowie der aus der Erstkonsolidierung resultierenden aktiven und passiven Unterschiedsbeträge. Neben der Fortschreibung der Wertkorrekturen aus der Erstkonsolidierung zählen zur Folgekonsolidierung auch jene Maßnahmen, die auf Veränderungen der konsolidierungspflichtigen Anteile und des konsolidierungspflichtigen Kapitals zurückzuführen sind.

(17) **Gemeinschaftsunternehmen:** Unternehmen, das durch ein in den Konzernabschluss einbezogenes Mutter- oder Tochterunternehmen gemeinsam mit einem oder mehreren anderen Unternehmen, die nicht in den Konzernabschluss einbezogen werden, geführt wird.

(18) **Geschäfts- oder Firmenwert:** Unterschiedsbetrag, der nach Verrechnung des Wertansatzes der dem Mutterunternehmen gehörenden Anteile an einem in den Konzernabschluss einbezogenen Tochterunternehmen mit dem auf diese Anteile entfallenden Betrag des neubewerteten Eigenkapitals (§ 254 Abs 1 Satz 1 und 2 UGB) des Tochterunternehmens auf der Aktivseite entsteht (§ 254 Abs 3 Satz 1 UGB).

(19) **Kapitalkonsolidierung:** Eliminierung der kapitalmäßigen Verflechtung zwischen Mutter- und Tochterunternehmen. Hierbei wird zwischen Erst-, Folge- sowie Übergangs- und Endkonsolidierungsmaßnahmen unterschieden.

(20) **Konsolidierungskreis:** Im Wege der Vollkonsolidierung in den Konzernabschluss einzubeziehende Mutter- und Tochterunternehmen, soweit deren Einbeziehung nicht aufgrund der Ausübung eines Konsolidierungswahlrechts nach § 249 UGB unterbleibt, sowie anteilmäßig einbezogene Gemeinschaftsunternehmen.

(21) **Konzern:** Ein Mutterunternehmen, sein(e) Tochterunternehmen und Gemeinschaftsunternehmen.

(22) **Konzernabschluss:** Der Konzernabschluss ist der Abschluss einer Gruppe von Unternehmen, in dem die Vermögens-, Finanz- und Ertragslage der einbezogenen Unternehmen so dargestellt werden, als ob die Unternehmen insgesamt ein einziges Unternehmen wären (§ 250 Abs 3 Satz 1 UGB). Er besteht aus der Konzernbilanz, der Konzern-Gewinn- und Verlustrechnung, dem Konzernanhang, der Konzernkapitalflussrechnung sowie einer Darstellung der Komponenten des Eigenkapitals und ihrer Entwicklung und kann um eine Segmentberichterstattung erweitert werden (§ 250 Abs 1 UGB).

(23) **Mehrstufiger Konzern:** Konzern, bei dem ein Mutterunternehmen nicht nur unmittelbare Beteiligungen an Tochterunternehmen hält, sondern darüber hinaus mittelbar über diese Tochterunternehmen an anderen Tochterunternehmen (sog. Enkelunternehmen oder indirekte Beteiligungen des Mutterunternehmens) beteiligt ist.

(24) **Mutterunternehmen:** Ein Unternehmen, das ein oder mehrere Tochterunternehmen iSd § 244 UGB beherrscht (§ 189a Z 6 UGB).

(25) **Neubewertungsbilanz:** Bilanz mit sämtlichen Vermögensgegenständen, Rückstellungen, Verbindlichkeiten, Rechnungsabgrenzungsposten und latenten Steuern zum Zeitpunkt der Erstkonsolidierung auf Basis der beizulegenden Zeitwerte.

(26) **Nicht beherrschende Anteile:** Bilanzposten für den Teil des Eigenkapitals, einschließlich des Jahresergebnisses, der nicht dem Mutterunternehmen zuzurechnen ist.

(27) **Passiver Unterschiedsbetrag aus der Kapitalkonsolidierung:** Unterschiedsbetrag, der nach Verrechnung des Wertansatzes der dem Mutterunternehmen gehörenden Anteile an einem in den Konzernabschluss einbezogenen Tochterunternehmen mit dem auf diese Anteile entfallenden Betrag des neubewerteten Eigenkapitals (§ 254 Abs 1 Satz 1 und 2 UGB) des Tochterunternehmens auf der Passivseite entsteht (§ 254 Abs 3 Satz 1 UGB).

(28) **Tochterunternehmen:** Ein Unternehmen, das von einem Mutterunternehmen iSd § 244 UGB unmittelbar oder mittelbar beherrscht wird (§ 189a Z 7 UGB).

(29) **Übergangskonsolidierung:** Der Übergang von der Vollkonsolidierung zur Quotenkonsolidierung oder Equity-Methode und umgekehrt oder von der Quotenkonsolidierung zur Equity-Methode und umgekehrt.

(30) Zeitpunkt der Endkonsolidierung: Der Zeitpunkt, an dem die Beherrschung iSd § 244 UGB über das Tochterunternehmen verloren geht oder ab dem das Mutterunternehmen ein Wahlrecht zur Nichteinbeziehung gemäß § 249 UGB in Anspruch nimmt.

4. Erstkonsolidierungszeitpunkt

(31) Die Erstkonsolidierung kann entweder auf Basis der Wertverhältnisse zum Zeitpunkt des Erwerbs des Tochterunternehmens oder auf Basis der Wertverhältnisse zum Zeitpunkt des erstmaligen Einbeziehens des Tochterunternehmens in den Konzernabschluss oder auf Basis der Wertverhältnisse zum Zeitpunkt, zu dem das Unternehmen zum Tochterunternehmen geworden ist, durchgeführt werden, wobei letztere Variante nur jene Tochterunternehmen betrifft, bei welchen die Anteile zu verschiedenen Zeitpunkten erworben wurden (sog. stufenweiser Anteilserwerb).

(32) Mit dem Erstkonsolidierungszeitpunkt sind an die Stelle der dem Mutterunternehmen gehörenden Anteile an dem Tochterunternehmen dessen Vermögensgegenstände, aktive latente Steuern, Rückstellungen, Verbindlichkeiten und Rechnungsabgrenzungsposten in der Konzernbilanz zu erfassen. Ebenso sind ab diesem Zeitpunkt die Erträge und Aufwendungen des Tochterunternehmens in der Konzern-Gewinn- und Verlustrechnung zu erfassen.

(33) Eine unterjährige Neubewertungsbilanz ist im Falle des unterjährigen Erwerbs bei Erstkonsolidierung zum Zeitpunkt des Erwerbs der Anteile sowie beim stufenweisen Erwerb notwendig, wenn der Erwerb, der zum Vorliegen eines Tochterunternehmens geführt hat, unterjährig stattgefunden hat und die Erstkonsolidierung entweder zum Zeitpunkt des Erwerbs der Anteile oder zu dem Zeitpunkt, zu dem das Unternehmen Tochterunternehmen geworden ist, durchgeführt wird.

(34) Aus konzeptioneller Sicht entspricht die auf Basis der Wertansätze zum Zeitpunkt des Anteilserwerbs durchgeführte Kapitalkonsolidierung am ehesten der Erwerbsmethode. Obwohl die rückwirkende Kapitalaufrechnung theoretisch jederzeit möglich ist, kann deren praktische Umsetzung mit erheblichen Aufwendungen verbunden sein, da die vom Erwerbsstichtag bis zur erstmaligen Einbeziehung in den Konzernabschluss aufgedeckten stillen Reserven und stillen Lasten sowie etwaige verbleibende Unterschiedsbeträge fortzuführen sind. Dies ist vor allem dann aufwendig, wenn die Einbeziehung erst mehrere Jahre nach dem Erwerb des Tochterunternehmens erfolgt. Eine rückwirkende Feststellung der zum Erwerbszeitpunkt für die Kapitalaufrechnung relevanten Wertverhältnisse ist nur bei Vorliegen verlässlicher Unterlagen zur Bewertung aus der Vergangenheit als gerechtfertigt und sinnvoll anzusehen.

(35) Die Möglichkeit zur Erstkonsolidierung zum Zeitpunkt der erstmaligen Einbeziehung des Tochterunternehmens ist als praktische Vereinfachung anzusehen. Liegen keine verlässlichen Unterlagen zur Bewertung aus der Vergangenheit vor, wird diese Vereinfachung empfohlen, in allen anderen Fällen besteht ein freies Wahlrecht zu deren Inanspruchnahme. Liegt der Erwerb der Anteile am Tochterunternehmen mehr als ein Jahr zurück, so sind der Kapitalaufrechnung die zum Beginn des Konzerngeschäftsjahres bestehenden Wertverhältnisse zugrunde zu legen. Wurden die Anteile am Tochterunternehmen während des letzten Konzerngeschäftsjahres erworben, so sind der Kapitalaufrechnung vereinfachend die zum Ende des Konzerngeschäftsjahres bestehenden Wertverhältnisse zugrunde zu legen.

(36) Bei Erwerb der Anteile am Tochterunternehmen zu verschiedenen Zeitpunkten besteht neben der praktischen Vereinfachung der Kapitalaufrechnung zum Zeitpunkt der erstmaligen Einbeziehung in den Konzernabschluss die Möglichkeit zur Kapitalaufrechnung zum Zeitpunkt, zu dem das Unternehmen zum Tochterunternehmen geworden ist, oder zum Zeitpunkt des Erwerbs der Anteile. Bei der letzten Methode besteht die Besonderheit, dass die Neubewertung des Reinvermögens für die Kapitalaufrechnung nicht einheitlich für das gesamte Unternehmen erfolgt, sondern gesondert für jeden erworbenen Anteil.

(37) Wurden die zuvor bestehenden Anteile an dem Tochterunternehmen als Finanzinstrument zu fortgeführten Anschaffungskosten bilanziert, wird empfohlen, die Kapitalaufrechnung zum Zeitpunkt, zu dem das Unternehmen zum Tochterunternehmen geworden ist, durchzuführen oder von der praktischen Vereinfachung der Kapitalaufrechnung zum Zeitpunkt der erstmaligen Einbeziehung in den Konzernabschluss Gebrauch zu machen. Die Kapitalaufrechnung zum Zeitpunkt des Erwerbs der Anteile wird nicht empfohlen, weil keine sinnvolle Möglichkeit besteht, die Ergebnisse und Wertänderungen zwischen dem ersten Erwerb und dem Zeitpunkt, zu dem das Unternehmen zum Tochterunternehmen geworden ist, darzustellen.

(38) Wurden die zuvor bestehenden Anteile an dem Tochterunternehmen als assoziiertes Unternehmen gemäß § 264 UGB mit dem anteiligen Eigenkapital in den Konzernabschluss einbezogen, wird hingegen die Kapitalaufrechnung zum Zeitpunkt des Erwerbs der Anteile empfohlen, weil in diesem Fall die Ergebnisse und Wertänderungen zwischen dem ersten Erwerb und dem Zeitpunkt, zu dem das Unternehmen zum Tochterunternehmen geworden ist, bereits bisher im Konzernabschluss erfasst wurden. In diesem Fall besteht bei der Kapitalaufrechnung zum Zeitpunkt, zu dem das Unternehmen zum Tochterunternehmen geworden ist, oder zum Zeitpunkt der erstmaligen Einbeziehung in den Konzernabschluss keine sinnvolle Möglichkeit, diese bereits erfassten Ergebnisse und Wertänderungen zu korrigieren.

5. In die Kapitalkonsolidierung einzubeziehende Bilanzposten

5.1. Grundsatz

(39) Der Wertansatz der dem Mutterunternehmen gehörenden Anteile an einem in den Konzern-

abschluss einzubeziehenden Tochterunternehmen ist mit dem auf diese Anteile entfallenden neubewerteten Eigenkapital des Tochterunternehmens zu verrechnen. Der Begriff der „Anteile" sowie deren Wertansatz sind im Einzelnen in Rz (40) ff bzw. Rz (43) ff geregelt. Der Begriff des „Eigenkapitals" sowie dessen Neubewertung (§ 254 Abs 1 UGB) wird in Rz (55) ff konkretisiert. Ein nach der Verrechnung verbleibender aktiver oder passiver Unterschiedsbetrag ist gemäß § 254 Abs 3 UGB in der Konzernbilanz anzusetzen (vgl. im Einzelnen Rz (91) ff bzw. Rz (97)). Soweit an dem zu konsolidierenden Tochterunternehmen auch andere Gesellschafter beteiligt sind, ist ein entsprechender Ausgleichsposten in der Konzernbilanz zu bilden (vgl. Rz (98) ff).

5.2. Anteile des Mutterunternehmens

(40) Einzubeziehen sind grundsätzlich sämtliche dem Mutterunternehmen gehörenden Anteile an einem Tochterunternehmen sowie sämtliche Anteile, die dem Mutterunternehmen entsprechend § 244 Abs 4 UGB zuzurechnen sind. Auf den konkreten Ausweis der Anteile im Jahresabschluss des Mutterunternehmens kommt es nicht an. Anteile, die von assoziierten Unternehmen oder von im Wege der Equity-Methode abgebildeten Gemeinschaftsunternehmen gehalten werden, sind nicht zu berücksichtigen. Anteilmäßig zu berücksichtigen sind allerdings die Anteile an einzubeziehenden Tochterunternehmen, die von anteilmäßig einbezogenen Gemeinschaftsunternehmen gehalten werden. Grundsätzlich gehören zu den Anteilen entsprechend § 244 Abs 4 UGB auch die Anteile, die von nicht einbezogenen Tochterunternehmen gehalten werden. Bei Unwesentlichkeit der Effekte können diese im Rahmen der Kapitalkonsolidierung unberücksichtigt bleiben.

(41) Direkte und indirekte schuldrechtliche Ansprüche des Mutterunternehmens (z.B. aus Schuldverschreibungen oder Genussrechten) zum Erstkonsolidierungszeitpunkt stellen grundsätzlich keine Anteile im Sinne dieser Stellungnahme dar. Sofern solche Ansprüche im Einzelfall Eigenkapitalcharakter haben, sind sie in die Kapitalkonsolidierung einzubeziehen (vgl. hierzu KFS/RL 13, Rz (66) ff).

(42) Hält das Mutterunternehmen weder direkt noch indirekt Kapitalanteile an einem konsolidierungspflichtigen Tochterunternehmen (z.B. bei einer Zweckgesellschaft), ist keine Verrechnung gemäß § 254 Abs 1 Satz 1 UGB vorzunehmen. Ein Unterschiedsbetrag gemäß § 254 Abs 3 UGB kann daher nicht entstehen. Die übrigen Regelungen in § 254 UGB hinsichtlich Ansatz und Bewertung (vgl. Rz (68) ff) und die Ermittlung der Anteile anderer Gesellschafter gemäß § 259 UGB (vgl. Rz (98) ff) sind jedoch anzuwenden. Daraus folgt ein vollständiger Ausweis des sich ergebenden Reinvermögens des Tochterunternehmens unter dem Posten „Nicht beherrschende Anteile".

5.3. Wertansatz der Anteile

5.3.1. Grundsatz

(43) Der Wertansatz der Anteile entspricht grundsätzlich den Anschaffungskosten gemäß § 203 Abs 2 UGB.

(44) Die Anschaffungskosten sind aus Konzernsicht zu ermitteln und ergeben sich unabhängig von einer eventuellen Verteilung auf mehrere Unternehmen, die in den Konzernabschluss einbezogen werden. Bei der Ermittlung der (Konzern-) Anschaffungskosten sind gegebenenfalls die Regelungen des § 256 UGB zu beachten.

(45) Anschaffungsnebenkosten iSv § 203 Abs 2 Satz 2 UGB sind die neben dem eigentlichen Anschaffungspreis anfallenden Aufwendungen, die dem Zweck dienen, einen konkreten Vermögensgegenstand zu erwerben, d.h. aus fremdem in das eigene Eigentum zu überführen.

(46) Sofern der Zeitpunkt des Erwerbs der Anteile und der Zeitpunkt der Erstkonsolidierung auseinanderfallen, ist der eventuell niedrigere Buchwert bei der Erstkonsolidierung zugrunde zu legen; eine Zuschreibung der Beteiligung bis auf die Anschaffungskosten ist ohne gestiegenen beizulegenden Wert nicht zulässig.

5.3.2. Besonderheiten

(47) Sofern der Erwerb der Anteile durch Hingabe von Sachwerten erfolgt (Tausch), erfolgt der Ansatz zum beizulegenden Zeitwert der hingegebenen Vermögensgegenstände. Ist der beizulegende Zeitwert der erlangten Anteile niedriger, wird empfohlen, den niedrigeren Wert heranzuziehen.

(48) Erfolgt der Erwerb gegen Übernahme von Schulden oder gegen Zahlung einer Rente, die gemäß § 211 UGB nicht mit dem beizulegenden Zeitwert bewertet werden, wird der Wertansatz der Anteile durch die Anschaffungskosten im Zugangszeitpunkt in den Jahresabschlüssen der einbezogenen Unternehmen bestimmt. Eine Neubewertung der Verpflichtungen zum beizulegenden Zeitwert und daraus folgend der Anteile im Zugangszeitpunkt für Zwecke der Kapitalkonsolidierung ist unzulässig.

(49) Wird ein negativer Kaufpreis gezahlt, d.h. übersteigt eine vom Verkäufer der Anteile an deren Erwerber geleistete Zahlung den von diesem gezahlten, oft symbolischen Kaufpreis, bspw. aufgrund eines Restrukturierungs- oder Sanierungsstaus im Erwerbszeitpunkt, ist diese Zahlung bei der Kapitalkonsolidierung als negative Anschaffungskosten zu berücksichtigen.

(50) Erwirbt das Mutterunternehmen gemeinsam mit den Anteilen am Tochterunternehmen eine Option, zu einem späteren Zeitpunkt die verbleibenden Anteile am Tochterunternehmen zu erwerben, ist der Gesamtkaufpreis auf die aktuell erworbenen Anteile und die Option aufzuteilen. Der auf die Option entfallende Anteil der Anschaffungskosten ist als Vermögensgegenstand im Konzernabschluss zu erfassen, der in der Folge mit den fortgeführten Anschaffungskosten zu bewerten ist. Bei Ausübung

der Option bildet der Buchwert der Option zum Zeitpunkt der Ausübung einen Bestandteil der Anschaffungskosten für die dann erworbenen Anteile.

5.3.3. Kaufpreisanpassungsklauseln

(51) Wertsicherungsklauseln, Earn-Out-Klauseln oder andere vertragliche Regelungen können Zahlungen zwischen dem Käufer und dem Verkäufer nach dem Erstkonsolidierungszeitpunkt auslösen. Soweit zum Erstkonsolidierungszeitpunkt oder zu einem darauffolgenden Abschlussstichtag aufgrund solcher Kaufpreisanpassungsklauseln eine Zahlung des Käufers an den Verkäufer wahrscheinlich ist, ist gemäß § 198 Abs 8 Z 1 UGB eine Rückstellung für die ungewisse Verbindlichkeit zu bilden und bei der Berechnung der Kapitalaufrechnung entsprechend zu berücksichtigen.

(52) Nachträgliche Erhöhungen der Rückstellung sowie nachträgliche Zahlungen des Käufers, für die keine Rückstellung gebildet wurde, sind als nachträgliche Anschaffungskosten iSv § 203 Abs 2 Satz 2 UGB zu erfassen. Verminderungen der Rückstellung bzw. Zahlungen des Verkäufers an den Käufer sind als Anschaffungspreisminderungen iSv § 203 Abs 2 Satz 3 UGB zu erfassen.

(53) Die Erfassung im Rahmen der Anschaffungskosten hat unabhängig vom Zeitpunkt der Rückstellungspassivierung grundsätzlich zum Barwert im Erwerbszeitpunkt zu erfolgen. Die in Folgeperioden vorzunehmende Aufzinsung der entsprechenden Rückstellung hat keinen Einfluss auf die Höhe der im Erwerbszeitpunkt erfassten (bedingten) Anschaffungskosten der Anteile. Die Aufzinsung ist aufwandswirksam zu erfassen. Sind die Voraussetzungen für die Erfassung bedingter Anschaffungskosten erst zu einem späteren Zeitpunkt erfüllt (vgl. Rz (52)), entsprechen die dann zu erfassenden (nachträglichen) Anschaffungskosten der Beteiligung ebenfalls nur dem Barwert, der sich bei einer Erfassung bereits im Erwerbszeitpunkt ergeben hätte. Die Differenz zwischen den nachträglichen Anschaffungskosten der Beteiligung und der gemäß § 211 Abs 1 UGB zum Erfüllungsbetrag zu bewertenden (bedingten) Kaufpreisverpflichtung ist als Zinsaufwand zu erfassen.

(54) Entsprechend ist mit späteren Erhöhungen der bedingten Anschaffungskosten, z.B. wahrscheinliches Erreichen bestimmter Ergebnisgrößen, wodurch sich der Betrag der Kaufpreisanpassung gegenüber den bislang bereits erfassten Beträgen erhöht, zu verfahren. Auch in diesem Fall darf nur der Barwert der Kaufpreiserhöhung, bezogen auf den Erwerbszeitpunkt, als nachträgliche Anschaffungskosten erfasst werden. Differenzen zu der zu passivierenden Verpflichtung bzw. dem tatsächlich gezahlten Betrag sind als Zinsaufwand zu erfassen. Im umgekehrten Fall einer Minderung bereits bilanzierter bedingter Anschaffungskosten, z.B. weil bestimmte Ergebnisgrößen/-ziele voraussichtlich nicht mehr erreicht werden, mindern sich die Anschaffungskosten der Anteile um den Betrag, der dem mit dem im Erwerbszeitpunkt geltenden Abzinsungssatz ermittelten Barwert des Minderungsbetrags entspricht. Die passivierte Rückstellung ist insoweit auszubuchen. Differenzen der passivierten Rückstellung zum Barwert des Minderungsbetrags entsprechen dem bislang erfassten Zinsaufwand und sind als Ertrag zu erfassen.

5.3.4. Eigenkapital des Tochterunternehmens

(55) Der Wertansatz der dem Mutterunternehmen gehörenden Anteile an einem Tochterunternehmen (vgl. Rz (40) ff) ist zum Zeitpunkt der Erstkonsolidierung (vgl. Rz (31) ff) mit dem auf diese Anteile entfallenden Betrag des Eigenkapitals des Tochterunternehmens zu verrechnen (§ 254 Abs 1 Satz 1 UGB). Das anteilige Eigenkapital ist anhand einer Neubewertungsbilanz gemäß § 254 Abs 1 Satz 2 UGB (vgl. Rz (68) ff) zu ermitteln.

(56) Eigene Anteile des zu konsolidierenden Tochterunternehmens sind zum Erstkonsolidierungszeitpunkt in Anwendung von § 229 Abs 1a iVm § 251 Abs 1 UGB mit dem Eigenkapital dieses Unternehmens zu verrechnen.

(57) Bei Tochterunternehmen, die ihren Jahresabschluss in einer fremden Währung aufstellen, ist das neubewertete Eigenkapital mit dem Devisenkassamittelkurs zum Erstkonsolidierungszeitpunkt in Euro umzurechnen. In den Folgeperioden ist dieser historische Kurs bei der Umrechnung des Eigenkapitals beizubehalten.

(58) Verbleibt in der Neubewertungsbilanz ein negatives Eigenkapital (§ 225 Abs 1 UGB), ist dieses ebenfalls in die Verrechnung einzubeziehen.

(59) Hat das Tochterunternehmen bei der Ausgabe von Wandlungs- und Optionsanleihen Beträge in das Eigenkapital (Kapitalrücklage) eingestellt, sind diese Teil des konsolidierungspflichtigen Kapitals, soweit die entsprechenden Bezugsrechte ausgeübt oder verfallen sind. Stillhalterverpflichtungen aus bestehenden Bezugsrechten konzernfremder Dritter auf Anteile des Tochterunternehmens sind als nicht beherrschender Anteil mit dem beizulegenden Zeitwert im Zeitpunkt der Erstkonsolidierung zu erfassen. Zur Bewertung in den Folgeperioden bzw. Behandlung bei Ausübung der Bezugsrechte vgl. Rz (102).

(60) Hat das Tochterunternehmen im Jahresabschluss eine Rücklage für Anteile am Mutterunternehmen gemäß § 225 Abs 5 UGB gebildet (Rückbeteiligung), ist diese Teil des konsolidierungspflichtigen Eigenkapitals. Zur Bewertung der Anteile in der Neubewertungsbilanz vgl. Rz (76). Ihre weitere Behandlung richtet sich nach § 254 Abs 4 iVm §§ 229 Abs 1a und 251 Abs 1 UGB (vgl. KFS/RL 11, Rz (23) ff).

(61) Ausstehende Einlagen auf das gezeichnete Kapital von Tochterunternehmen sind wie folgt zu behandeln:

a) Von in den Konzernabschluss einbezogenen Unternehmen eingeforderte ausstehende Einlagen sind im Rahmen der Schuldenkonsolidierung (§ 255 UGB) zu eliminieren. Sind diese Einlagen nicht eingefordert, ist bereits im Jahresabschluss eine Absetzung vom gezeichneten Kapital Sie sind damit nicht

Bestandteil des konsolidierungspflichtigen Eigenkapitals des Tochterunternehmens.

b) Von Dritten und nicht in den Konzernabschluss einbezogenen Tochterunternehmen eingeforderte ausstehende Einlagen sind als Forderung gesondert auszuweisen. Eine Verrechnung mit dem Ausgleichsposten für Anteile anderer Gesellschafter (vgl. Rz (98) ff) ist nicht zulässig. Sind diese Einlagen nicht eingefordert, ist bereits im Jahresabschluss eine Absetzung vom gezeichneten Kapital notwendig. Sie sind damit ebenfalls nicht Bestandteil des konsolidierungspflichtigen Eigenkapitals des Tochterunternehmens. Der Ausgleichsposten für Anteile anderer Gesellschafter ist entsprechend geringer.

(62) Werden schuldrechtliche Ansprüche des Mutterunternehmens zum Erstkonsolidierungszeitpunkt im Einzelfall aufgrund ihres Eigenkapitalcharakters in die zu konsolidierenden Anteile einbezogen (vgl. Rz (41)), sind auch die korrespondierenden Verpflichtungen des Tochterunternehmens Bestandteil des zu konsolidierenden Eigenkapitals.

(63) Für die Berechnung der Beteiligungsquote ist grundsätzlich die unmittelbare bzw. mittelbare Kapitalbeteiligung des den Konzernabschluss aufstellenden Mutterunternehmens am Tochterunternehmen maßgeblich. Gegebenenfalls abweichende Stimmrechtsverteilungen sind unerheblich. Bei Kapitalgesellschaften bestimmt sich die Beteiligungsquote daher nach dem Verhältnis des Nennbetrags der dem Mutterunternehmen unmittelbar bzw. mittelbar gehörenden Anteile zum gezeichneten Kapital bzw. im Falle von Stückaktien nach dem Verhältnis der Anteile des Mutterunternehmens zu den insgesamt ausgegebenen Aktien. In beiden Fällen sind dem Tochterunternehmen gehörende eigene Anteile abzuziehen (§ 244 Abs 5 UGB; vgl. Rz (56)). Bei Personengesellschaften bestimmt sich die Beteiligungsquote nach dem Anteil des Mutterunternehmens am Festkapital oder – falls nur ein Kapitalkonto geführt wird – nach dem Verhältnis des Kapitalkontos zum Gesamtkapital.

(64) Weicht die Beteiligungsquote des Mutterunternehmens an den laufenden Ergebnissen (Gewinne und Verluste) sowie am Liquidationsergebnis von seiner kapitalmäßigen Beteiligung am Tochterunternehmen ab, ist das zu konsolidierende Eigenkapital anhand der wirtschaftlichen Beteiligungsquote zu ermitteln. Voraussetzung dafür ist, dass die wirtschaftliche Beteiligungsquote anhand entsprechender (gesellschafts)vertraglicher Vereinbarungen eindeutig ermittelt werden kann. Für eine von den Kapitalanteilen abweichende Ermittlung der Beteiligungsquote ist es nicht ausreichend, wenn die abweichende Ergebnisbeteiligung nur zeitlich befristet gilt.

5.3.5. Zuvor bestehende Beziehungen

(65) Zum Zeitpunkt der Erstkonsolidierung können aus laufendem Liefer- und Leistungsverkehr oder aus sonstigen, nicht vertraglichen Rechtsbeziehungen – z.B. Rechtsstreitigkeiten – Ansprüche und Verpflichtungen zwischen den bestehenden Konzernunternehmen einerseits und dem erstmals in den Konzernabschluss einzubeziehenden Tochterunternehmen andererseits bestehen (sog. zuvor bestehende Beziehungen). Aus Sicht des Konzerns gehen diese zuvor bestehenden Beziehungen mit dem Erwerb des Tochterunternehmens jedenfalls unter, daher ist im Konzernabschluss zusätzlich zum Erwerb des Tochterunternehmens die Beendigung dieser Beziehungen zu bilanzieren.

(66) Besteht bei den bestehenden Konzernunternehmen ein Anspruch aus zuvor bestehenden Beziehungen, ist das Erlöschen dieses Anspruchs als Teil der Anschaffungskosten des Tochterunternehmens zu erfassen; besteht eine Verpflichtung, ist das Erlöschen der Verpflichtung als Anschaffungspreisminderung zu bilanzieren. Ein Anspruch oder eine Verpflichtung aus einer nicht vertraglichen Beziehung ist dabei mit dem beizulegenden Zeitwert anzusetzen. Ein Anspruch oder eine Verpflichtung aus einer vertraglichen Beziehung ist entweder mit dem Betrag, um den der Vertrag im Vergleich zu aktuellen Marktbedingungen vorteilhaft oder nachteilig ist, oder mit dem Betrag, zu dem der Vertrag vorzeitig beendet werden kann, anzusetzen, je nachdem, welcher Betrag aus Sicht des benachteiligten Vertragspartners günstiger ist.

(67) Soweit Ansprüche und Verpflichtungen aus zuvor bestehenden Beziehungen einander betragsgleich gegenüberstehen, bleiben die Anschaffungskosten des Tochterunternehmens unberührt, und die Ansprüche und Verpflichtungen werden im Rahmen der Schuldenkonsolidierung eliminiert.

5.3.6. Ermittlung des neubewerteten Eigenkapitals zum Zeitpunkt der Erstkonsolidierung

5.3.6.1. Zu berücksichtigende Bilanzposten

(68) In der Neubewertungsbilanz sind alle Vermögensgegenstände, Rückstellungen, Verbindlichkeiten, Rechnungsabgrenzungsposten und latenten Steuern des Tochterunternehmens vollständig und einzeln neu zu erfassen. Die Ansatzpflicht gilt unabhängig davon, ob die betreffenden Posten bereits im Jahresabschluss des Tochterunternehmens bilanziert wurden. Eine Bilanzierungspflicht besteht deshalb z.B. auch für selbst erstellte immaterielle Vermögensgegenstände, welche aufgrund des Bilanzierungsverbots gemäß § 197 Abs 2 UGB im Jahresabschluss des Tochterunternehmens nicht aktiviert wurden. Zu erfassen sind auch (bisher) bilanzunwirksame Ansprüche und Verpflichtungen des erworbenen Unternehmens (z.B. Finanzderivate, schuldrechtliche Haftungsverhältnisse und Besserungsabreden aus erklärten Darlehensverzichten).

(69) Unabhängig davon, ob das Tochterunternehmen im Rahmen der Bilanzierung Übergangsvorschriften in Anspruch genommen hat, sind für die Neubewertungsbilanz die endgültigen Beträge anzusetzen.

(70) Ein gesonderter Ansatz eines Vermögensgegenstandes, einer Rückstellung oder einer Verbindlichkeit ist unzulässig, wenn sie nicht verlässlich bewertbar sind (vgl. Rz (76) ff).

(71) Vorteile, die nicht die Ansatzkriterien für das Vorliegen eines Vermögensgegenstandes erfüllen, dürfen nicht gesondert erfasst werden. Sie werden in der Konzernbilanz als Bestandteil des derivativen Geschäfts- oder Firmenwerts erfasst.

(72) Schulden, deren rechtliche Entstehung auf Maßnahmen oder Entscheidungen beruht, die der Erwerber erst nach der Entstehung des Tochter-Mutter-Verhältnisses iSd § 244 UGB getroffen hat, dürfen in der Neubewertungsbilanz nicht angesetzt werden.

(73) Rückstellungen für Restrukturierungsmaßnahmen sind nur dann in der Neubewertungsbilanz anzusetzen, wenn hierfür im Zeitpunkt des Erwerbs bereits eine Außenverpflichtung des erworbenen Tochterunternehmens bestanden hat.

(74) Zu den Schulden, die in der Neubewertungsbilanz anzusetzen sind, gehören auch Verpflichtungen gegenüber Organmitgliedern, Arbeitnehmern oder sonstigen Dritten, z.B. Lieferanten, deren Entstehung aufschiebend bedingt von einem Kontrollwechsel abhängig ist (Change of Control-Klauseln) und die nicht der Abgeltung für eine künftige (Arbeits-)Leistung dienen.

(75) Bereits zum Erstkonsolidierungszeitpunkt bestehende Rückbeteiligungen des Tochterunternehmens am Mutterunternehmen sind im Rahmen der Erstkonsolidierung ebenfalls anzusetzen. Zur Verrechnung gemäß § 254 Abs 4 iVm §§ 229 Abs 1a und 251 Abs 1 UGB sei auf KFS/RL 11, Rz (23) ff verwiesen.

5.3.6.2. Bewertungsmaßstäbe

(76) In der Neubewertungsbilanz sind grundsätzlich alle Vermögensgegenstände, Verbindlichkeiten, Rückstellungen und Rechnungsabgrenzungsposten mit dem beizulegenden Zeitwert unter Beachtung der Anschaffungskostenobergrenze zum jeweils maßgeblichen Erstkonsolidierungszeitpunkt zu bewerten (§ 254 Abs 1 Satz 2 und 3 UGB). Latente Steuern sind nach den in der AFRAC-Stellungnahme 30 festgeschriebenen Grundsätzen anzusetzen. Rückstellungen sowie Verbindlichkeiten sind mit dem Erfüllungsbetrag nach § 211 UGB in die Konzernbilanz zu übernehmen.

(77) Für Zwecke der Folgebewertung/Folgekonsolidierung entspricht der Wertansatz der Vermögensgegenstände in der Neubewertungsbilanz den Konzernanschaffungskosten für diese Vermögensgegenstände (§§ 203 Abs 1 und 206 Abs 1 iVm § 251 Abs 1 UGB).

(78) Der Marktpreis ist grundsätzlich auf einem aktiven Markt zu ermitteln. Hierfür ist der notierte Marktpreis maßgeblich. Die Berücksichtigung von Paketzu- oder -abschlägen ist nicht zulässig.

(79) Falls sich ein verlässlicher Markt nicht ohne weiteres ermitteln lässt, ist der beizulegende Zeitwert aus Marktpreisen für vergleichbare Vermögensgegenstände oder Geschäftsvorfälle abzuleiten oder, wenn dies möglich ist, unter Anwendung sonstiger anerkannter Bewertungsverfahren zu ermitteln. Die Verwendung von ertragswert- oder kapitalwertorientierten Bewertungsverfahren (Ertragswert- oder DCF-Verfahren) kommt dabei nur in Betracht, wenn sich die Zahlungsströme den einzelnen zu bewertenden Vermögensgegenständen verlässlich zuordnen lassen.

(80) Ist eine marktpreis-, ertragswert- oder kapitalwertorientierte Wertermittlung nicht möglich, dürfen zur Ermittlung des beizulegenden Zeitwerts kostenorientierte Bewertungsverfahren (Reproduktions- oder Wiederbeschaffungskostenmethoden) herangezogen werden. Hierbei ist dem jeweiligen Nutzungszustand des zu bewertenden Vermögensgegenstandes durch angemessene Wertabschläge Rechnung zu tragen.

(81) Kann der beizulegende Zeitwert nicht verlässlich mit Hilfe allgemein anerkannter Bewertungsverfahren ermittelt werden, sind die Vermögensgegenstände mit dem beizulegenden Wert anzusetzen.

(82) Die Bewertung mit dem beizulegenden Zeitwert betrifft auch Verbindlichkeiten des Tochterunternehmens gegenüber dem Mutterunternehmen aus einem bereits zum Erstkonsolidierungszeitpunkt bestehenden Schuldverhältnis. Hat das Mutterunternehmen die Forderung ganz oder teilweise abgeschrieben, ist die Differenz zwischen dem beizulegenden Zeitwert der Schuld (vgl. Rz (12)) und dem bisher beim Tochterunternehmen passivierten Erfüllungsbetrag bei der Ermittlung des neubewerteten Eigenkapitals zu berücksichtigen.

(83) Bereits zum Erstkonsolidierungszeitpunkt bestehende Rückbeteiligungen des Tochterunternehmens am Mutterunternehmen sind mit dem beizulegenden Zeitwert aus Sicht eines unabhängigen Erwerbers zu bewerten.

(84) Erfolgt eine Ausgleichszahlung für Veränderungen im Reinvermögen vom Verkäufer an das erworbene Unternehmen oder vom erworbenen Unternehmen an den Verkäufer, verändern sich die Anschaffungskosten im Jahresabschluss des Anteilseigners nicht. Auch das Eigenkapital des erworbenen Unternehmens wird hierdurch in der Regel nicht beeinflusst, weil die Ausgleichszahlung die Veränderung im Reinvermögen kompensiert. Entspricht die Höhe der Ausgleichszahlung nicht dem Betrag der Wertänderung im Vermögen des Tochterunternehmens, an die sie anknüpft, ist die sich ergebende Differenz erfolgswirksam zu erfassen. Konsequenzen für die Kapitalkonsolidierung ergeben sich insoweit nicht.

5.3.6.3. Berücksichtigung latenter Steuern in der Neubewertungsbilanz

(85) Auf die im Zuge der Erstkonsolidierung durch die Neubewertung von Vermögensgegenständen, Rückstellungen, Verbindlichkeiten oder Rechnungsabgrenzungsposten entstandenen temporären Differenzen sind latente Steuern zu erfassen (§ 254 Abs 1 iVm § 258 Satz 1 UGB; AFRAC 30, Rz (116) ff). Dies gilt nicht, wenn das erworbene Nettovermögen des Tochterunternehmens keinen (Teil-) Betrieb darstellt (vgl. AFRAC 30, Rz (117)).

(86) Die zum Erstkonsolidierungszeitpunkt für die Ermittlung latenter Steuern maßgeblichen

temporären Differenzen resultieren aus dem Unterschied zwischen den in der Neubewertungsbilanz zum beizulegenden Zeitwert angesetzten Vermögensgegenständen, Rückstellungen, Verbindlichkeiten und Rechnungsabgrenzungsposten und den entsprechenden steuerrechtlichen Wertansätzen.

(87) In der Neubewertungsbilanz sind die latenten Steuern mit den unternehmensindividuellen Steuersätzen jener Konzerngesellschaften zu ermitteln, bei welchen sich die Differenzen wieder umkehren werden (vgl. AFRAC 30, Rz (141)). Der in der Neubewertungsbilanz als Steuerlatenz anzusetzende Betrag erhöht (aktive latente Steuern) oder vermindert (passive latente Steuern) das konsolidierungspflichtige Eigenkapital des Tochterunternehmens gemäß § 254 Abs 1 Satz 2 UGB. Steuerliche Verlustvorträge des Tochterunternehmens sind unter Berücksichtigung des Wahlrechts des § 198 Abs 10 UGB bei entsprechender Werthaltigkeit als Vermögensgegenstand des Tochterunternehmens anzusetzen. Steuerliche Verlustvorträge des Mutterunternehmens sind auch dann, wenn sich die Werthaltigkeit durch den Unternehmenserwerb ändert, nicht als Vermögensgegenstand des Tochterunternehmens anzusetzen. Siehe dazu auch AFRAC 30, Rz (12) ff.

5.3.6.4. Begrenzung des anteiligen Eigenkapitals mit den Anschaffungskosten

(88) Das anteilige Eigenkapital darf in der Neubewertungsbilanz nicht mit einem Betrag angesetzt werden, der die Anschaffungskosten des Mutterunternehmens für die Anteile an dem einbezogenen Tochterunternehmen überschreitet (§ 254 Abs 1 Satz 3 UGB). Da in der Neubewertungsbilanz alle Vermögensgegenstände, Rückstellungen, Verbindlichkeiten, Rechnungsabgrenzungsposten und latenten Steuern einheitlich anzusetzen und zu bewerten sind, hat die Begrenzung des auf die Anteile des Mutterunternehmens entfallenden Eigenkapitals mit den Anschaffungskosten Auswirkungen auf das auf die nicht beherrschenden Anteile entfallende Eigenkapital.

(89) Die Begrenzung des anteiligen Eigenkapitals mit den Anschaffungskosten bezieht sich auf das Eigenkapital in der Neubewertungsbilanz unter Berücksichtigung der zu bildenden latenten Steuern. Eine Aufwertung von Vermögensgegenständen ist daher so weit vorzunehmen, dass die Aufwertung abzüglich der auf die Aufwertung entfallenden latenten Steuerschuld zu einem Eigenkapital führt, das die Anschaffungskosten des Mutterunternehmens nicht übersteigt.

5.3.6.5. Nachträgliche Änderung der Bewertungsmaßstäbe – Werterhellung

(90) Wesentliche bessere Erkenntnisse über die Verhältnisse zum Zeitpunkt der Erstkonsolidierung, die bis zum Ende der Aufstellungsphase für den Konzernabschluss erlangt werden, in dem die Erstkonsolidierung erfolgt, sind entsprechend den allgemeinen Grundsätzen (§ 201 Abs 2 Z 4 iVm § 251 Abs 1 UGB) unmittelbar bei der erstmaligen Erfassung des erfolgsneutralen Anschaffungsvorgangs zu berücksichtigen. An dieser Stelle sei auf die AFRAC-Stellungnahme 16 „Wertaufhellung und Wertbegründung" verwiesen.

5.3.7. Behandlung verbleibender Unterschiedsbeträge (§ 254 Abs 3 UGB)

5.3.7.1. Geschäfts- oder Firmenwert

(91) Ein Geschäfts- oder Firmenwert aus der Kapitalkonsolidierung ergibt sich auf Ebene des Konzernabschlusses als positiver Unterschiedsbetrag nach Durchführung der Verrechnung gemäß § 254 Abs 1 Satz 1 UGB und ist auf der Aktivseite gesondert innerhalb der immateriellen Vermögensgegenstände des Anlagevermögens auszuweisen (§ 254 Abs 3 Satz 1 UGB).

(92) Der Geschäfts- oder Firmenwert resultiert aus Ursachen für den zukünftigen Unternehmenserfolg, die nicht separat als Vermögensgegenstand erfasst werden dürfen bzw. nicht zuverlässig bewertet werden können. Stellt das Nettovermögen des erworbenen Tochterunternehmens keinen (Teil-) Betrieb dar, kann kein Geschäfts- oder Firmenwert bestehen; in diesem Fall sind die gesamten Anschaffungskosten für den Erwerb des Tochterunternehmens als Anschaffungskosten für die identifizierten Vermögensgegenstände, Rückstellungen, Verbindlichkeiten und Rechnungsabgrenzungsposten anzusehen.

(93) Wird ein Tochterunternehmen gegründet, übersteigen die Anschaffungskosten des Mutterunternehmens das Eigenkapital des Tochterunternehmens um die Anschaffungsnebenkosten. Mangels (Teil-)Betrieb des neu gegründeten Tochterunternehmens liegt auch in diesem Fall kein Geschäfts- oder Firmenwert iSd § 203 Abs 5 UGB vor; die konzerninterne Gründung ist als konzerninterner Geschäftsfall anzusehen, der im Rahmen der Konsolidierungsmaßnahmen zu eliminieren ist. Dieser Unterschiedsbetrag ist daher im Konzernabschluss im Jahr der Gründung als Aufwand zu erfassen.

(94) Bei der Ermittlung des Geschäfts- oder Firmenwerts ist zunächst zu prüfen, ob der gemäß § 254 Abs 3 Satz 1 UGB ermittelte aktive Unterschiedsbetrag Bestandteile enthält, die sich nur aufgrund der Konsolidierungstechnik ergeben und daher gesondert zu behandeln sind. Die nachstehend beschriebenen Sachverhalte können aus Vereinfachungsgründen bereits im Rahmen der Erstkonsolidierung berücksichtigt werden.

(95) Gründungkosten, die bei der Gründung eines Tochterunternehmens anfallen, sind im Jahresabschluss des beteiligten Unternehmens als Anschaffungsnebenkosten der Anteile zu erfassen (§ 203 Abs 2 Satz 2 UGB). Anschaffungsnebenkosten können jedoch auch im Rahmen einer beim Tochterunternehmen durchgeführten Kapitalerhöhung entstehen. Dieser Teil der Anschaffungsnebenkosten der Anteile am Tochterunternehmen führt im Rahmen der Kapitalaufrechnung iSd § 254 Abs 1 UGB zu einem aktiven Unterschiedsbetrag, der aus Konzernsicht zur Gänze aufwandswirksam zu erfassen ist.

(96) Grunderwerbsteuer, die durch den Übergang von Anteilen ausgelöst wird, ist (unabhängig von ihrer Behandlung im Jahresabschluss des die Anteile erwerbenden Unternehmens) aus Konzernsicht als Anschaffungsnebenkosten der erworbenen Anteile einzuordnen. In diesem Fall ist der sich nach § 254 Abs 3 Satz 1 UGB ergebende Unterschiedsbetrag in Höhe der Grunderwerbsteuer dem (jeweiligen) Grundstück zuzuordnen.

5.3.7.2. Passiver Unterschiedsbetrag

(97) Ein passiver Unterschiedsbetrag aus der Kapitalkonsolidierung ergibt sich dann, wenn nach der Durchführung der Verrechnung gemäß § 254 Abs 1 Satz 1 UGB ein negativer Unterschiedsbetrag resultiert. Diese Differenz ist als Unterschiedsbetrag aus der Zusammenfassung von Eigenkapital und Beteiligungen (Kapitalkonsolidierung) auszuweisen (§ 254 Abs 3 Satz 1 UGB).

5.3.7.3. Anteile anderer Gesellschafter

(98) In der Konzernbilanz ist für nicht dem Mutterunternehmen oder einem einbezogenen Tochterunternehmen gehörende Anteile an den in den Konzernabschluss einbezogenen Tochterunternehmen ein Ausgleichsposten für die Anteile der anderen Gesellschafter am nach den Vorschriften des § 254 Abs 1 UGB ermittelten Eigenkapital im Posten „Nicht beherrschende Anteile“ innerhalb des Eigenkapitals gesondert auszuweisen (§ 259 Abs 1 UGB).

(99) Der Ermittlung des Anteils am Eigenkapital ist der Anteil am Kapital des jeweiligen Tochterunternehmens zugrunde zu legen. Der Anteil an den Stimmrechten ist hierbei irrelevant. Rz (64) ist analog anzuwenden.

(100) Die Bilanzierung von Optionen anderer Gesellschafter, ihre Anteile an das Mutterunternehmen zu verkaufen, ist abhängig von der Bilanzierung der Auf- bzw. Abstockung von Anteilen an Tochterunternehmen und wird daher in den Abschnitten 6.8.2. und 6.8.3. behandelt.

6. Folgekonsolidierung

6.1. Fortführung der neubewerteten Vermögensgegenstände und Schulden

(101) In den auf die Erstkonsolidierung folgenden Konzernabschlüssen sind die im Zuge der Neubewertung gemäß § 254 Abs 1 UGB aufgedeckten stillen Reserven und Lasten wie die Vermögensgegenstände, Rückstellungen, Verbindlichkeiten und Rechnungsabgrenzungsposten, denen sie in der Neubewertungsbilanz zugeordnet wurden, abzuschreiben, aufzulösen, zu verbrauchen oder beizubehalten. Entsprechendes gilt für Vermögensgegenstände, Rückstellungen, Verbindlichkeiten, Rechnungsabgrenzungsposten und latente Steuern, die erstmals in der Neubewertungsbilanz angesetzt wurden; auch diese sind nach den allgemeinen Grundsätzen fortzuführen.

(102) Wurde bei der Erstkonsolidierung ein nicht beherrschender Anteil für eine Stillhalterverpflichtung aufgrund von bestehenden Bezugsrechten konzernfremder Dritter auf Anteile an einem Tochterunternehmen erfasst, ist dieser nicht beherrschende Anteil mit unverändertem Buchwert beizubehalten, bis die Bezugsrechte ausgeübt werden oder erlöschen. Bei der Aufteilung des Ergebnisses des Tochterunternehmens bleiben diese nicht beherrschenden Anteile unberücksichtigt. Werden die Bezugsrechte ausgeübt, ist der neu entstandene nicht beherrschende Anteil mit dem anteiligen Reinvermögen zum Zeitpunkt der Bezugsrechtsausübung zu erfassen. Je nachdem, ob der neu entstandene nicht beherrschende Anteil den Buchwert des bisher erfassten nicht beherrschenden Anteils zuzüglich des Ausübungspreises überschreitet oder unterschreitet, ergibt sich eine Minderung bzw. Mehrung des Konzernanteils am Eigenkapital. Je nach Ausübung des Wahlrechts gemäß Rz (134) ff ist diese Veränderung erfolgswirksam (Erwerbs- bzw. Veräußerungsvorgang) oder erfolgsneutral (Kapitalvorgang) zu erfassen. Erlöschen die Bezugsrechte, ist der bestehende nicht beherrschende Anteil erfolgsneutral in die Kapitalrücklage umzugliedern.

6.2. Fortführung eines Geschäfts- oder Firmenwerts bzw. passiven Unterschiedsbetrags

6.2.1. Geschäfts- oder Firmenwert

6.2.1.1. Planmäßige Abschreibung

(103) Der als Geschäfts- oder Firmenwert ausgewiesene Unterschiedsbetrag ist um planmäßige Abschreibungen zu mindern (§ 261 Abs 1 iVm § 203 Abs 5 UGB).

(104) Die Abschreibung des Geschäfts- oder Firmenwerts ist planmäßig auf die Geschäftsjahre, in denen er voraussichtlich genutzt wird, zu verteilen (§ 261 Abs 1 iVm § 203 Abs 5 UGB). Zum Zeitpunkt der Erstkonsolidierung ist ein Abschreibungsplan zu erstellen, in welchem sowohl die Abschreibungsmethode als auch die Nutzungsdauer festzulegen sind.

(105) In Fällen, in denen die Nutzungsdauer des Geschäfts- oder Firmenwerts nicht verlässlich geschätzt werden kann, ist dieser über 10 Jahre gleichmäßig verteilt abzuschreiben (§ 261 Abs 1 iVm § 203 Abs 5 UGB).

(106) Für die Abschreibung im Jahr des Zugangs ist konzerneinheitlich eine allgemeine Abschreibungsmethode festzulegen.

(107) Wenn bei einem unterjährig erworbenen Tochterunternehmen das Wahlrecht zur Erstkonsolidierung im Zeitpunkt der erstmaligen Einbeziehung in den Konzernabschluss (= Konzernabschlussstichtag) in Anspruch genommen wird, beginnt die Abschreibung im darauffolgenden Geschäftsjahr.

(108) Grundsätzlich ist der Geschäfts- oder Firmenwert linear abzuschreiben. Liegen objektive Nachweise vor, dass der Abnutzungsverlauf durch eine andere Abschreibungsmethode zutreffender dargestellt wird, kann diese dem Abschreibungsplan zugrunde gelegt werden.

(109) Die Nutzungsdauer ist anhand objektiv nachvollziehbarer Kriterien festzulegen. Im Zweifel ist bei bestehenden Schätzunsicherheiten ein kürzerer Zeitraum zugrunde zu legen.

6.2.1.2. Außerplanmäßige Abschreibung

(110) Der Geschäfts- oder Firmenwert ist bei voraussichtlich dauernder Wertminderung außerplanmäßig auf den niedrigeren am Abschlussstichtag beizulegenden Wert abzuschreiben (§ 204 Abs 2 Satz 1 iVm § 251 Abs 1 UGB).

(111) Aufgrund des Wertaufholungsverbots ist der niedrigere Wertansatz auch an künftigen Abschlussstichtagen beizubehalten (§ 208 Abs 2 iVm § 251 Abs 1 UGB).

(112) Liegen ein oder mehrere Anhaltspunkte oder andere objektive Hinweise für eine voraussichtlich dauerhafte Wertminderung vor und können diese nicht widerlegt werden, ist die Werthaltigkeit des Geschäfts- oder Firmenwerts zu prüfen und gegebenenfalls die Höhe der außerplanmäßigen Abschreibung zu ermitteln.

(113) Ein voll abgeschriebener Geschäfts- oder Firmenwert ist als Abgang zu behandeln und zwingend auszubuchen (§ 226 Abs 4 iVm § 251 Abs 1 UGB).

6.2.1.3. Ausweis in der Konzern-Gewinn- und Verlustrechnung

(114) Die planmäßige Abschreibung des Geschäfts- oder Firmenwerts ist in der nach dem Gesamtkostenverfahren aufgestellten Gewinn- und Verlustrechnung grundsätzlich im Posten gemäß § 231 Abs 2 Z 7 lit a UGB „Abschreibungen auf immaterielle Gegenstände des Anlagevermögens und Sachanlagen" auszuweisen. Bei Anwendung des Umsatzkostenverfahrens hat ein Ausweis im Posten gemäß § 231 Abs 3 Z 7 UGB „Sonstige betriebliche Aufwendungen" zu erfolgen (§ 231 iVm § 251 Abs 1 UGB), falls keine Anhaltspunkte vorliegen, die eine Zuordnung zu den Funktionsbereichen rechtfertigen würden. Mögliche Anhaltspunkte können aus der betrieblichen Tätigkeit des Tochterunternehmens abgeleitet werden. Außerplanmäßige Abschreibungen des Geschäfts- oder Firmenwerts sind gesondert auszuweisen (§ 232 Abs 5 iVm § 251 Abs 1 UGB).

6.2.2. Passiver Unterschiedsbetrag

(115) Die Fortführung des aus der Kapitalkonsolidierung entstehenden passiven Unterschiedsbetrags richtet sich nach § 261 Abs 2 UGB. Hierzu sind die Entstehungsursachen im Erstkonsolidierungszeitpunkt zu ermitteln und zu dokumentieren. Der Ausweis hat in Abhängigkeit von der Entstehungsursache des passiven Unterschiedsbetrags zu erfolgen.

(116) Wurden zum Zeitpunkt der Festlegung des Kaufpreises negative Entwicklungen, wie bspw. schlechte Ertragserwartungen, antizipiert, so hat ein gesonderter Ausweis unter den Rückstellungen zu erfolgen. Der als Rückstellung ausgewiesene passive Unterschiedsbetrag ist in dem Ausmaß ergebniswirksam aufzulösen, in dem die zum Zeitpunkt des Erwerbs der Anteile oder zum Erstkonsolidierungszeitpunkt erwartete ungünstige Entwicklung der künftigen Ertragslage des Unternehmens eingetreten ist oder zu diesem Zeitpunkt erwartete Aufwendungen zu berücksichtigen sind (§ 261 Abs 2 Z 1 UGB). Der passive Unterschiedsbetrag ist bis zum Eintritt der erwarteten Verluste bzw. Aufwendungen unverändert weiterzuführen. Stellt sich jedoch im Zeitablauf zweifelsfrei heraus, dass die Verluste bzw. Aufwendungen, für welche der passive Unterschiedsbetrag als Rückstellung erfasst wurde, nicht mehr eintreten werden, ist der passive Unterschiedsbetrag insoweit ergebniswirksam aufzulösen.

(117) Ist der Unterschiedsbetrag auf einen günstigen Kauf (einen sog. Lucky Buy) zurückzuführen, ist er zum Zeitpunkt der Erstkonsolidierung erfolgswirksam aufzulösen.

(118) Ein passiver Unterschiedsbetrag iSd § 254 Abs 3 UGB kann sich weiters aufgrund folgender Ursachen ergeben:

a) Das Tochterunternehmen hat zwischen dem Zeitpunkt des Anteilserwerbs und dem Erstkonsolidierungszeitpunkt Gewinnthesaurierungen durchgeführt. Hierdurch hat sich das zu konsolidierende Eigenkapital des Tochterunternehmens zwischen diesen Zeitpunkten erhöht. Ein daraus entstandener passiver Unterschiedsbetrag ist wie ein Lucky Buy zu behandeln (vgl. Rz (117)).

b) Die Entstehung des Mutter-Tochter-Verhältnisses ist auf eine zu Buchwerten iSd § 202 Abs 2 UGB durchgeführte Verschmelzung oder Einbringung zurückzuführen. Im Rahmen der Kapitalkonsolidierung ist auch in diesem Fall die Beteiligung mit dem beizulegenden Zeitwert Daher entsteht in diesem Fall kein Lucky Buy.

6.3. Anteile anderer Gesellschafter

(119) Der im Rahmen der Erstkonsolidierung ermittelte Anteil anderer Gesellschafter ist in den folgenden Geschäftsjahren analog zur Entwicklung des Eigenkapitals des Tochterunternehmens in der Neubewertungsbilanz am jeweiligen Abschlussstichtag fortzuschreiben.

(120) Verlangt der Gesellschaftsvertrag eine von den Kapitalanteilen abweichende Ergebnisverteilung, ist die gesellschaftsrechtliche Regelung maßgeblich (vgl. Rz (64)).

(121) Ändern sich die Kapitalanteile bzw. die Ergebnisanteile während des Geschäftsjahrs, ist das Ergebnis für den Zeitraum vor bzw. nach der Änderung gesondert zu ermitteln und aufzuteilen.

(122) In der Konzern-Gewinn- und Verlustrechnung sind die nicht beherrschenden Anteile am Jahresergebnis nach dem Posten „Jahresüberschuss/Jahresfehlbetrag" gesondert auszuweisen (§ 259 Abs 2 UGB).

(123) Hat das Mutterunternehmen mit dem Tochterunternehmen eine Ergebnisüberrechnung vertraglich vereinbart und den anderen Gesellschaf-

tern eine Ausgleichszahlung garantiert, ist dieser Betrag nicht als Teil des Ausgleichspostens für Anteile anderer Gesellschafter, sondern als Verbindlichkeit gegenüber anderen Gesellschaftern auszuweisen. In der Konzern-Gewinn- und Verlustrechnung ist die Ausgleichszahlung als „Nicht beherrschenden Anteilen zustehender Gewinn" gesondert vor dem Posten „(Konzern-)Jahresüberschuss/Jahresfehlbetrag" auszuweisen.

6.4. Nachträgliche Änderungen des Wertansatzes der Anteile aufgrund von Kaufpreisanpassungsklauseln

(124) Im Falle nachträglicher Änderungen des Wertansatzes der Anteile aufgrund von Kaufpreisanpassungsklauseln (vgl. Rz (51) ff) ist eine Zuordnung der Kaufpreisanpassung auf die einzelnen übernommenen Vermögensgegenstände, Rückstellungen, Verbindlichkeiten, Rechnungsabgrenzungsposten und latenten Steuern nur dann vorzunehmen, wenn die Kaufpreisanpassung in der Neubewertung eines Vermögensgegenstands, einer Rückstellung, einer Verbindlichkeit, eines Rechnungsabgrenzungspostens oder der latenten Steuern begründet ist. In allen anderen Fällen ist der Anpassungsbetrag ausschließlich dem Geschäfts- oder Firmenwert bzw. dem passiven Unterschiedsbetrag zuzuordnen. Wurde allerdings bei der ursprünglichen Kapitalaufrechnung die Aufdeckung stiller Reserven durch die Begrenzung der Neubewertung mit den Anschaffungskosten eingeschränkt oder verhindert, führt eine nachträgliche Erhöhung der Anschaffungskosten zu einer nachträglichen Berücksichtigung stiller Reserven.

(125) Wenn sich die Kaufpreisanpassungen bereits vor der Fertigstellung jenes Konzernabschlusses, in den das Tochterunternehmen erstmalig einbezogen worden ist, ergeben haben, können die Anpassungen so berücksichtigt werden, als wären sie von Anfang an bekannt gewesen (retrospektiv). Die Differenz zwischen der Kaufpreisanpassung und den fortgeführten Werten des Geschäfts- oder Firmenwerts bzw. des passiven Unterschiedsbetrags und der betroffenen Vermögensgegenstände, Rückstellungen, Verbindlichkeiten, Rechnungsabgrenzungsposten und latenten Steuern vor und nach der Kaufpreisanpassung ist erfolgswirksam zu erfassen.

(126) In allen anderen Fällen ist prospektiv auf den Zeitpunkt der Kaufpreisanpassung abzustellen.

6.5. Veränderungen des Buchwerts konsolidierungspflichtiger Anteile

(127) Abschreibungen vor dem Erstkonsolidierungszeitpunkt sind auch im Zuge der Folgekonsolidierung nicht rückgängig zu machen.

(128) Buchwertänderungen aufgrund von Abschreibungen nach dem Erstkonsolidierungszeitpunkt sind vor Durchführung der Kapitalkonsolidierung rückgängig zu machen. Bei einer Abschreibung der Anteile im laufenden Geschäftsjahr ist die Buchwerterhöhung der Anteile des Mutterunternehmens unter Stornierung der Abschreibung ergebniswirksam vorzunehmen. Die Rücknahme von Abschreibungen aus Vorjahren nach dem Erstkonsolidierungszeitpunkt ist im Ergebnisvortrag des Konzerns zu erfassen.

6.6. Kapitalmaßnahmen des Tochterunternehmens

(129) Nimmt das Mutterunternehmen proportional an einer Kapitalmaßnahme des Tochterunternehmens teil, so sind die Anschaffungskosten der neuen Anteile mit dem neu eingezahlten Kapital des Tochterunternehmens zu verrechnen. Ein sich ergebender Unterschiedsbetrag ist im Falle einer Kapitalerhöhung gegen Bareinlage regelmäßig auf Anschaffungsnebenkosten zurückzuführen, die aufwandswirksam zu erfassen sind.

(130) Im Rahmen einer Sachkapitalerhöhung werden die Sacheinlagen beim Tochterunternehmen mit dem beizulegenden Zeitwert angesetzt. Aus Sicht des Konzerns liegt aber eine konzerninterne Transaktion vor, sodass diese Sacheinlagen weiterhin mit dem bisherigen Buchwert im Konzernabschluss bilanziert werden müssen. Erfolgt beim Mutterunternehmen der Beteiligungsansatz mit dem beizulegenden Zeitwert der Sacheinlagen, muss diese Aufwertung im Konzernabschluss rückgängig gemacht werden (analog zu konzerninternen Umgründungen, vgl. Rz (133)).

(131) Erhöht sich die Beteiligungsquote des Mutterunternehmens infolge einer Kapitalmaßnahme des Tochterunternehmens, so ist der Unterschiedsbetrag, der aus der Verrechnung der neu erworbenen Anteile mit dem neugeschaffenen anteiligen Eigenkapital entsteht, wie bei einem Hinzuerwerb (vgl. Rz (134)) zu behandeln. Dabei sind die Wertverhältnisse zum Zeitpunkt der Kapitalmaßnahme zugrunde zu legen.

(132) Bei einer Minderung der Beteiligungsquote des Mutterunternehmens (ohne Verlust der Beherrschung iSd § 244 UGB) infolge einer Kapitalmaßnahme des Tochterunternehmens werden in der Regel Anteile zu einem Kurs ausgegeben, der den Nennwert des neugezeichneten Kapitals übersteigt (über pari-Ausgabe von Anteilen), um die geminderte Teilhabe des Mutterunternehmens an stillen Reserven und Lasten bzw. an einem Geschäfts- oder Firmenwert auszugleichen. Bei der Kapitalkonsolidierung sind in diesem Fall die Grundsätze zur Bilanzierung von Abstockungen einer Mehrheitsbeteiligung zu beachten (vgl. Rz (134)).

6.7. Konzerninterne Umgründungsvorgänge

(133) Konzerninterne Umgründungsvorgänge dürfen aufgrund der Einheitstheorie keinen Einfluss auf den Konzernabschluss haben. Sämtliche Vermögens- und Erfolgseffekte aus solchen Umgründungsvorgängen sind zu eliminieren, soweit für den Konzern insgesamt kein Mittelzufluss oder Mittelabfluss entsteht.

6.8. Auf- und Abstockung von Anteilen an Tochterunternehmen

6.8.1. Grundsatz

(134) Werden nach Begründung des Mutter-Tochter-Verhältnisses weitere Anteile an einem Tochterunternehmen erworben (Aufstockung) oder Anteile veräußert (Abstockung), ohne dass der Status als Tochterunternehmen verloren geht, können diese Transaktionen entweder als Erwerbs- bzw. Veräußerungsvorgang oder als Kapitalvorgang abgebildet werden. Die im Konzernabschluss gewählte Methode ist einheitlich für alle Auf- und Abstockungsfälle sowie zeitlich stetig anzuwenden.

6.8.2. Erwerbs- bzw. Veräußerungsvorgang

(135) Bei einer Interpretation als Erwerbsvorgang sind die Vermögensgegenstände, Rückstellungen, Verbindlichkeiten, Rechnungsabgrenzungsposten und latenten Steuern anteilig in Höhe des Zuerwerbs neu zu bewerten. Ein sich nach der Verrechnung der Anschaffungskosten der weiteren Anteile mit dem auf diese Anteile entfallenden neubewerteten Eigenkapital ergebender Unterschiedsbetrag ist nach den §§ 254 Abs 3 und 261 UGB zu behandeln.

(136) Bei einer teilweisen Anteilsveräußerung ohne Verlust der Beherrschung iSd § 244 UGB ist die Differenz zwischen dem Verkaufspreis der Anteile und dem hierauf entfallenden Anteil des Eigenkapitals zzgl. des anteiligen abgehenden Geschäfts- oder Firmenwerts zum Zeitpunkt der Veräußerung dieser Anteile erfolgswirksam zu behandeln. Der auf die verkauften Anteile entfallende Anteil des Eigenkapitals ist als „Nicht beherrschende Anteile" auszuweisen.

(137) Haben die anderen Gesellschafter eine Option, ihre Anteile an das Mutterunternehmen zu verkaufen, erfüllt der Konzern die Rolle des Stillhalters für eine spätere Transaktion, die als Erwerb oder Veräußerung erfasst wird. Soweit bei dieser Transaktion ein Verlust erwartet wird, d.h. soweit der Ausübungspreis höher ist als der beizulegende Zeitwert der von der Option umfassten Anteile, ist in Höhe dieses Verlusts eine Rückstellung für drohende Verluste gemäß § 198 Abs 8 Z 1 UGB zu bilden. Die Bilanzierung der nicht beherrschenden Anteile bleibt von dieser Rückstellung unberührt.

6.8.3. Kapitalvorgang

(138) Bei einer Interpretation als Kapitalvorgang sind die Vermögensgegenstände, Rückstellungen, Verbindlichkeiten, Rechnungsabgrenzungsposten und latenten Steuern nicht neu zu bewerten. Vielmehr sind die Anschaffungskosten der weiteren Anteile mit dem hierauf entfallenden Anteil anderer Gesellschafter am Eigenkapital zum Zeitpunkt des Erwerbs dieser Anteile zu verrechnen. Sofern sich nach dieser Verrechnung ein Unterschiedsbetrag ergibt, ist dieser erfolgsneutral mit dem Konzerneigenkapital, das auf das Mutterunternehmen entfällt, zu verrechnen.

(139) Besteht bei einer teilweisen Anteilsveräußerung die Beherrschung des Tochterunternehmens iSd § 244 UGB durch das Mutterunternehmen fort, ist die Differenz zwischen dem Verkaufspreis der Anteile und dem hierauf entfallenden Anteil des Eigenkapitals zum Zeitpunkt der Veräußerung dieser Anteile erfolgsneutral in das Konzerneigenkapital einzustellen. Der auf die verkauften Anteile entfallende Anteil des Eigenkapitals ist als „Nicht beherrschende Anteile" auszuweisen. Ein Geschäfts- oder Firmenwert ist in Höhe der fortgeführten Anschaffungskosten beizubehalten.

(140) Haben andere Gesellschafter eine Option, ihre Anteile an das Mutterunternehmen zu verkaufen, besteht aus Sicht des Konzerns eine Zahlungsverpflichtung in Höhe des Ausübungspreises, da die auf den Konzernabschluss entfallenden Vermögensgegenstände und Schulden bereits vollständig im Konzernabschluss gezeigt werden und bei Ausübung der Option lediglich eine Veränderung im Eigenkapital des Konzerns stattfindet. Daher ist der geschätzte Ausübungspreis der Option als Rückstellung im Konzernabschluss zu zeigen und der betreffende Anteil anderer Gesellschafter auszubuchen. Veränderungen dieser Rückstellung sind im Ergebnis zu erfassen.

(141) Sind andere Gesellschafter an einem Tochterunternehmen beteiligt, das eine Rückbeteiligung am Mutterunternehmen hält, ist nicht der anteilige, auf das Mutterunternehmen entfallende, sondern der gesamte Nennbetrag oder rechnerische Wert offen vom gezeichneten Kapital abzusetzen.

7. Endkonsolidierung

(142) Ein Tochterunternehmen ist nicht länger im Wege der Vollkonsolidierung in den Konzernabschluss einzubeziehen, wenn die Beherrschung iSd § 244 UGB endet oder das Mutterunternehmen künftig auf die Einbeziehung eines Tochterunternehmens verzichtet (§ 249 UGB).

(143) In diesem Fall ist das auf das Tochterunternehmen entfallende Reinvermögen zu Konzernbuchwerten (Vermögensgegenstände, Rückstellungen, Verbindlichkeiten, Rechnungsabgrenzungsposten und latente Steuern, ein gegebenenfalls bilanzierter Geschäfts- oder Firmenwert oder passiver Unterschiedsbetrag sowie eine gegebenenfalls vorhandene Eigenkapitaldifferenz aus der Währungsumrechnung) nach den in Rz (101) ff niedergelegten Regelungen bis zum Zeitpunkt der Endkonsolidierung fortzuschreiben.

(144) Anschließend ist das bis zum Zeitpunkt der Endkonsolidierung ermittelte Reinvermögen des Tochterunternehmens zu Konzernbuchwerten in voller Höhe als Abgang auszubuchen. In diesem Zusammenhang ist eine auf das ausscheidende Tochterunternehmen entfallende Eigenkapitaldifferenz aus der Währungsumrechnung erfolgswirksam aufzulösen.

(145) Der Unterschied zwischen dem Veräußerungspreis einerseits und dem zum Abgangszeitpunkt fortgeschriebene Reinvermögen zu Konzernbuchwerten andererseits zzgl. der Eigenkapitaldifferenz aus der Währungsumrechnung ist ergebniswirksam als Veräußerungsgewinn bzw.

-verlust, in der Regel in den sonstigen betrieblichen Erträgen bzw. Aufwendungen, in der Konzern-Gewinn- und Verlustrechnung zu erfassen.

(146) Sind an dem Tochterunternehmen bis zum Zeitpunkt der Endkonsolidierung andere Gesellschafter beteiligt, ist das Reinvermögen zu Konzernbuchwerten bei der Ermittlung des Veräußerungsergebnisses entsprechend dem Anteil des Mutterunternehmens zu berücksichtigen. Da der auf andere Gesellschafter entfallende Anteil am Reinvermögen (ohne Geschäfts- oder Firmenwert bzw. passiven Unterschiedsbetrag) mit dem Anteil anderer Gesellschafter übereinstimmt, erfolgt der Abgang der Anteile anderer Gesellschafter erfolgsneutral.

8. Übergang von der Vollkonsolidierung auf die Quotenkonsolidierung, die Equity-Methode oder die Anschaffungskostenmethode

(147) Für den abgehenden Anteil des ehemaligen Tochterunternehmens gelten die in Rz (142) ff beschriebenen Grundsätze zur Endkonsolidierung. Die nachfolgenden Ausführungen beziehen sich auf den im Konzern verbleibenden Anteil des ehemaligen Tochterunternehmens.

(148) Wenn ein Tochterunternehmen zu einem Gemeinschaftsunternehmen wird und dieses Gemeinschaftsunternehmen künftig im Wege der Quotenkonsolidierung in den Konzernabschluss einbezogen werden soll (§ 262 UGB), ist der verbleibende Anteil des Reinvermögens, einschließlich eines evtl. noch vorhandenen Geschäfts- oder Firmenwerts bzw. passiven Unterschiedsbetrags aus der Kapitalkonsolidierung, in den Konzernabschluss einzubeziehen. Die bislang im Rahmen der Vollkonsolidierung vorgenommenen Konsolidierungsmaßnahmen sind nunmehr quotal fortzuführen.

(149) Im Rahmen der Übergangskonsolidierung zur Equity-Methode findet keine neue Erwerbsbilanzierung statt. Vielmehr werden fortgeführte stille Reserven und Lasten aus der Neubewertungsbilanz des Tochterunternehmens sowie ein verbliebener Geschäfts- oder Firmenwert oder passiver Unterschiedsbetrag aus der Kapitalkonsolidierung entsprechend den verbliebenen Anteilen des Mutterunternehmens in der Nebenrechnung im Rahmen der Equity-Methode fortgeführt.

(150) Wird der verbleibende Anteil entsprechend der Anschaffungskostenmethode bilanziert, gilt das anteilige Reinvermögen einschließlich des anteiligen Geschäfts- oder Firmenwerts zu Konzernbuchwerten zum Zeitpunkt des Abgangs als Anschaffungskosten der Beteiligung (§ 203 Abs 1 UGB).

9. Kapitalkonsolidierung im mehrstufigen Konzern

9.1. Technische Vorgehensweise

(151) Im mehrstufigen Konzern kann die Kapitalkonsolidierung entweder in Form der Stufen- oder in Form der Simultankonsolidierung vorgenommen werden. Trotz unterschiedlicher Vorgehensweisen bei der Durchführung der Kapitalaufrechnung führen beide Verfahren zum selben Ergebnis.

(152) Im Rahmen der Stufenkonsolidierung wird für jeden innerhalb des Gesamtkonzerns bestehenden Teilkonzern ein Teilkonzernabschluss erstellt, der als Grundlage für die Kapitalkonsolidierung der nächsthöheren Stufe herangezogen wird. Bei der Simultankonsolidierung werden alle Konzernunternehmen in einem Schritt zu einem Summenabschluss zusammengefasst und die Kapitalkonsolidierung in einem einzigen Schritt vorgenommen.

9.2. Kapitalkonsolidierung bei Unternehmenserwerb durch ein Tochterunternehmen

(153) Bei Unternehmenserwerb durch ein Tochterunternehmen kann die Kapitalaufrechnung sowohl nach der additiven als auch nach der multiplikativen Methode durchgeführt werden.

(154) Bei Erwerb eines bisher nicht in den Konzernabschluss einbezogenen Enkelunternehmens durch ein bereits in den Konsolidierungskreis einbezogenes Tochterunternehmen sind der Kapitalkonsolidierung im Erstkonsolidierungszeitpunkt gemäß § 254 UGB die direkten Beteiligungsverhältnisse zugrunde zu legen. Daher ist die unmittelbare Beteiligung des erwerbenden Tochterunternehmens an dem erworbenen Enkelunternehmen mit dem anteiligen neubewerteten Eigenkapital des erworbenen Enkelunternehmens zu verrechnen (sog. additive Methode).

(155) Bei der multiplikativen Methode wird der auf das Mutterunternehmen entfallende Anteil des Beteiligungsansatzes des Tochterunternehmens mit dem durchgerechneten anteiligen neubewerteten Eigenkapital des Enkelunternehmens verrechnet. Auf diese Art wird ein Geschäfts- oder Firmenwert bzw. passiver Unterschiedsbetrag ermittelt, der sich nur auf die Anteile des Mutterunternehmens bezieht.

(156) Sofern an dem oder den erwerbenden Konzernunternehmen andere Gesellschafter beteiligt sind, ist ein aus der Kapitalkonsolidierung entstehender Geschäfts- oder Firmenwert bzw. passiver Unterschiedsbetrag auch den indirekten Anteilen anderer Gesellschafter an dem erworbenen Enkelunternehmen zuzuordnen (additive Methode) bzw. mit den Anteilen anderer Gesellschafter zu verrechnen (multiplikative Methode).

9.3. Kapitalkonsolidierung bei Erwerb eines Teilkonzerns

(157) Erwirbt ein Mutterunternehmen einen Teilkonzern bestehend aus Tochter- und Enkelunternehmen, ist der Beteiligungsansatz des Mutterunternehmens mit den darauf entfallenden anteiligen Vermögensgegenständen, Rückstellungen, Verbindlichkeiten, Rechnungsabgrenzungsposten und latenten Steuern zu verrechnen. Ein etwaiger, bisher innerhalb des Teilkonzerns bilanzierter Firmenwert ist nicht als Vermögensgegenstand

anzusetzen. Das anteilige Reinvermögen ergibt sich aus dem anteiligen Reinvermögen des Tochterunternehmens ohne die Beteiligung an der Enkelgesellschaft und zzgl. der durchgerechneten anteiligen Vermögensgegenstände, Rückstellungen, Verbindlichkeiten, Rechnungsabgrenzungsposten und latenten Steuern der Enkelgesellschaft. Daher entsteht nur ein einheitlicher Geschäfts- oder Firmenwert bzw. passiver Unterschiedsbetrag für den erworbenen Teilkonzern.

9.4. Erstmalige Erstellung eines mehrstufigen Konzernabschlusses

(158) Bestehen bei der erstmaligen Erstellung eines Konzernabschlusses neben Tochterunternehmen bereits auch Enkelunternehmen, kann die Kapitalaufrechnung nach den allgemeinen Regeln zum Erstkonsolidierungszeitpunkt entweder rückwirkend zum Zeitpunkt des Anteilserwerbs oder vereinfachend zum Beginn des Geschäftsjahrs des ersten Konzernabschlusses durchgeführt werden (vgl. Rz (34) bzw. (35)). Bei der rückwirkenden Kapitalaufrechnung kommen je nach Entstehung des mehrstufigen Konzerns die Regelungen von Abschnitt 9.2. oder 9.3. zur Anwendung. Bei der vereinfachten Kapitalaufrechnung zu Beginn des Geschäftsjahrs des ersten Konzernabschlusses sind die Regelungen zur Kapitalkonsolidierung bei Erwerb eines Teilkonzerns (Abschnitt 9.3.) analog anzuwenden, d.h. es entsteht nur ein einheitlicher Geschäfts- oder Firmenwert bzw. passiver Unterschiedsbetrag je Tochterunternehmen einschließlich aller jeweiligen Enkelunternehmen.

10. Angaben im Konzernanhang

10.1. Allgemeine Grundsätze

(159) Im Konzernanhang sind gemäß § 265 Abs 1 Satz 1 UGB die Konzernbilanz und die Konzern-Gewinn- und Verlustrechnung sowie die darauf angewandten Bilanzierungs- und Bewertungsmethoden so zu erläutern, dass ein möglichst getreues Bild der Vermögens-, Finanz- und Ertragslage des Konzerns vermittelt wird.

10.2. Angaben

(160) Gemäß § 237 Abs 1 Z 4 iVm § 251 Abs 1 UGB sind im Konzernanhang der Betrag und die Wesensart der einzelnen Ertrags- und Aufwandsposten von außerordentlicher Größenordnung oder von außerordentlicher Bedeutung anzugeben.

(161) Ein allfälliger Geschäfts- oder Firmenwert bzw. passiver Unterschiedsbetrag sowie daraus resultierende wesentliche Änderungen gegenüber dem Vorjahr sind zu erläutern. Sofern Unterschiedsbeträge der Aktivseite mit solchen der Passivseite verrechnet werden, sind die verrechneten Beträge im Konzernanhang anzugeben (§ 254 Abs 3 Satz 2 UGB).

(162) Die Ausübung folgender Wahlrechte bedarf einer Erläuterung im Konzernanhang:

a) der gewählte Erstkonsolidierungszeitpunkt jedes Tochterunternehmens (§ 254 Abs 2 Satz 2 UGB; vgl. Abschnitt 4.),
b) die im Konzernabschluss einheitlich und stetig angewandte Methode für die Behandlung von Auf- und Abstockungen von Anteilen an Tochterunternehmen (vgl. Abschnitt 6.8.) sowie
c) die gewählte Methode der Kapitalaufrechnung bei Unternehmenserwerb durch ein Tochterunternehmen (vgl. Abschnitt 9.2.).

(163) Eine Angabe im Konzernanhang ist auch für aus der Endkonsolidierung resultierende wesentliche Erfolgsbestandteile notwendig.

(164) Damit der Konzernabschluss ein möglichst getreues Bild der Vermögens-, Finanz- und Ertragslage des Konzerns vermittelt, sind erforderlichenfalls im Konzernanhang zusätzliche Angaben zu machen (§ 250 Abs 2 Satz 4 UGB).

11. Erstmalige Anwendung

(165) Die vorliegende Stellungnahme ist auf Erst-, Folge- und Endkonsolidierungen betreffend Geschäftsjahre anzuwenden, die nach dem 31. Dezember 2018 beginnen.

Erläuterungen

Zu Rz (1):

Der Inhalt der vorliegenden Stellungnahme orientiert sich weitgehend an DRS 23 „Kapitalkonsolidierung (Einbeziehung von Tochterunternehmen in den Konzernabschluss)“, Bekanntmachung vom 15. Februar 2016.

Zu Rz (2):

Zur bilanziellen Behandlung von aus der Anwendung der aufgestellten Grundsätze resultierenden latenten Steuern (§ 258 UGB) wird auf die AFRAC-Stellungnahme 30 „Latente Steuern im Jahres- und Konzernabschluss“ verwiesen.

Zu Rz (32):

In den ErläutRV zum APRÄG 2016 wird zu Art 1 Z 15 klargestellt, dass im kodifizierten Vollständigkeitsgebot des § 253 Abs 2 UGB „aktive latente Steuern“ zu erwähnen sind, da diese eine Zwischenstellung zwischen Vermögensgegenständen und Rechnungsabgrenzungsposten einnehmen. Ob aktive latente Steuern vom Tochterunternehmen zu übernehmen sind, bleibt letztlich gleichgültig, da nach dem bilanzorientierten Konzept des § 198 Abs 9 iVm § 258 Abs 1 UGB latente Steuern ohnehin aus Konzernsicht auf Basis der Konzernwerte neu zu berechnen sind.

Aufwendungen aus Restrukturierungsmaßnahmen, die der Konzern zwischen Erwerbszeitpunkt und Zeitpunkt der Erstkonsolidierung durchgeführt hat, sind nicht als Aufwendungen des Tochterunternehmens anzusehen, sondern als Aufwendungen des Konzerns in der Konzern-Gewinn- und Verlustrechnung zu erfassen.

Zu Rz (40):

Von der Konsolidierungspflicht sind sowohl unmittelbare als auch mittelbare Tochterunternehmen betroffen.

Teilweise werden in Konzernabschlüsse nicht wesentliche Zwischenholdinggesellschaften nicht einbezogen. In diesem Fall steht dem Anteil des Mutterunternehmens an der Zwischenholding im Summenabschluss kein entsprechendes Eigenkapital der Zwischenholding gegenüber, ebenso besteht im Summenabschluss kein Beteiligungsansatz der Zwischenholding, gegen den das Eigenkapital der Enkelgesellschaften verrechnet werden kann. In diesen Fällen ist es sachgerecht, den Beteiligungsansatz des Mutterunternehmens an der Zwischenholding im Rahmen der Kapitalkonsolidierung mit dem Eigenkapital der Enkelgesellschaften zu verrechnen (sog. Sprungkonsolidierung), weil durch diese Vorgehensweise der Konzernabschluss weitgehend so wie bei Einbeziehung der Zwischenholding dargestellt wird.

Zu Rz (45):

Als Anschaffungsnebenkosten sind demnach nur solche Aufwendungen, die zum einen direkt zurechenbar sind und zum anderen nach der grundsätzlichen Erwerbsentscheidung anfallen, z.B. Due Diligence-Kosten, Gebühren, Honorare für Prüfer, Rechtsberater und Investmentbanken, zu aktivieren. Das Datum der grundsätzlichen Erwerbsentscheidung kann bspw. durch einen Letter of Intent oder ähnliche Absichtserklärungen konkretisiert sein, mit welchen dem Verkäufer das Interesse signalisiert wird, die Anteile an einem bestimmten Unternehmen erwerben zu wollen.

Zu Rz (51):

Von Kaufpreisanpassungsklauseln zu unterscheiden sind Zahlungen, die den Ausgleich für eine angenommene Bewertung von Vermögensgegenständen, Rückstellungen, Verbindlichkeiten, Rechnungsabgrenzungsposten oder latenten Steuern darstellen. Diese werden in Abschnitt 5.3.6.2. bei der Bewertung des Reinvermögens behandelt.

Zu Rz (55):

Bei Tochterunternehmen in der Rechtsform einer Kapitalgesellschaft bilden regelmäßig das Nennkapital, die Kapitalrücklagen, die Gewinnrücklagen, der Ergebnisvortrag, das Jahresergebnis sowie die Effekte aus der Neubewertung (Neubewertungsrücklage) das konsolidierungspflichtige Eigenkapital. Im Jahresabschluss des Tochterunternehmens gegebenenfalls gemäß § 235 UGB ausschüttungsgesperrte Teile des Eigenkapitals sind in die Konsolidierung einzubeziehen. Bei Tochterunternehmen in der Rechtsform einer Personengesellschaft sind die entsprechenden Eigenkapitalposten zu berücksichtigen. Dies erfolgt in der Regel im Rahmen einer Neubewertungsrücklage. Die formale Aufstellung einer Neubewertungsbilanz ist jedoch nicht erforderlich.

Zu Rz (68):

Somit können auch bisher beim Tochterunternehmen nicht bilanzierte Vermögensgegenstände aktivierungspflichtig werden, weil bspw. ein selbst erstellter immaterieller Vermögensgegenstand des erworbenen Unternehmens aus Sicht des Konzerns beim Kauf des Tochterunternehmens entgeltlich erworben wurde.

Abgrenzungsposten, die sich aus Übergangsvorschriften ergeben, z.B. aufgrund des Rechnungslegungs-Änderungsgesetzes 2014 (RÄG 2014), sind nicht in die Neubewertungsbilanz zu übernehmen. Dies gilt auch für Abgrenzungsposten aufgrund der Override-Verordnung.

Zu Rz (71):

Beispiele hierfür sind Ruf der Firma, Mitarbeiterqualitäten, Know-how sowie Standortvorteile. Ob ein immaterieller wirtschaftlicher Vorteil als Vermögensgegenstand ansatzfähig ist oder es sich um einen geschäftswertähnlichen Vorteil handelt, ist im konkreten Einzelfall zu prüfen. Im Zweifel ist der jeweilige Vorteil Bestandteil des Geschäfts- oder Firmenwerts.

Zu Rz (76):

Bei einzelnen Bilanzposten sind die einschlägigen Bewertungsbestimmungen heranzuziehen, die eine Bewertung abweichend vom beizulegenden Zeitwert erlauben. Rückstellungen können abweichend vom Stichtagszinssatz mit dem Durchschnittszinssatz bewertet werden. Latente Steuern werden nicht diskontiert. Verbindlichkeiten sind mit dem Erfüllungsbetrag anzusetzen. Im Sinne einer einheitlichen Bewertung ist hier der Grundsatz der einheitlichen Bewertung vorrangig vor dem beizulegenden Zeitwert anzuwenden.

Zu Rz (84):

Eine Ausgleichszahlung kommt zum Beispiel vor, wenn der Verkäufer dem Käufer die Einbringlichkeit einer Forderung oder den Wert eines Vermögensgegenstands garantiert oder für nicht erwartete Kosten aus einem Rechtsstreit aufkommt. In diesen Fällen werden bei der Kapitalaufrechnung die garantierten Werte (soweit die Garantieleistung einbringlich ist) bzw. die erwarteten Kosten für die Bewertung der Vermögensgegenstände und Schulden herangezogen. Tritt ein Wertverlust ein, wird der Buchwert des Vermögensgegenstands reduziert bzw. die Schuld erhöht und stattdessen der Anspruch auf die Ausgleichszahlung bilanziert. Das Reinvermögen bleibt somit unverändert, die Ausgleichszahlung hat keine Auswirkung auf die Kapitalkonsolidierung.

Zu Rz (86):

Die Erfassung latenter Steuern für im Erwerbszeitpunkt bestehende temporäre Differenzen hat ausschließlich auf Basis des § 258 UGB zu erfolgen. Bereits auf Ebene des Jahresabschlusses des Tochterunternehmens bestehende oder erst im Rahmen der Überleitung auf die Handelsbilanz II oder durch die Neubewertung des übernommenen Reinvermögens entstandene Wertansatzunterschiede werden nicht gesondert berücksichtigt. Somit entstehen sämtliche temporäre Differenzen aus Konzernsicht neu zum Erwerbszeitpunkt.

Zu Rz (87):

Bei der Erstkonsolidierung handelt es sich um einen erfolgsneutralen Vorgang. Weder das Ergebnis noch das Konzerneigenkapital darf durch die Erfassung latenter Steuern berührt werden. Somit sind die im Erwerbszeitpunkt bestehenden

Steuerlatenzen im Rahmen der Kaufpreisallokation wie erworbene Aktiva oder Passiva zu behandeln, wodurch entweder eine Erhöhung oder eine Verminderung des konsolidierungspflichtigen Eigenkapitals eintritt. Dies führt dazu, dass durch den separaten Ansatz latenter Steuern auch die Höhe des aus der Kapitalkonsolidierung resultierenden Unterschiedsbetrags (Geschäfts- oder Firmenwert bzw. passiver Unterschiedsbetrag) beeinflusst wird.

Zu Rz (88) und (89):

Die Aufdeckung stiller Reserven darf in der Neubewertungsbilanz zu keinem positiven Geschäfts- oder Firmenwert führen. Dabei sind der Konzernanteil und die latente Steuerbelastung zu berücksichtigen.

> **Beispiel:**
>
> Erwerb von 60 % an einem Unternehmen um 108; Eigenkapital 150; Steuersatz 25 %; laut Sachverständigen sind in den Grundstücken stille Reserven in Höhe von 50 enthalten.
>
> Vor Durchführung der Neubewertung ergibt sich für den Konzernanteil ein Unterschiedsbetrag in Höhe von 18 (108 – 150 x 60 %). In der Neubewertungsbilanz sind daher stille Reserven in Höhe von 40 zu berücksichtigen (18 : 60 % = 30; 30 : 75 % = 40). Durch den Ansatz der stillen Reserven in Höhe von 40 und der darauf entfallenden Rückstellung für latente Steuern in Höhe von 10 beträgt das Eigenkapital in der Neubewertungsbilanz 180; der endgültige Unterschiedsbetrag für den Konzernanteil beträgt daher null (108 – 180 x 60 %).

Zu Rz (92):

§ 261 Abs 1 UGB verweist bezüglich der Bilanzierung des Geschäfts- oder Firmenwerts auf § 203 Abs 5 UGB, der einen Geschäfts- oder Firmenwert ausschließlich bei der Übernahme eines Betriebes vorsieht. Es ist daher konsistent, auch im Konzernabschluss die Bilanzierung eines Geschäfts- oder Firmenwerts ausschließlich für solche erworbenen Tochterunternehmen zuzulassen, die einen (Teil-)Betrieb bilden oder enthalten.

Zu Rz (97):

Durch das RÄG 2014 kam es zur Abschaffung der Buchwertmethode. Dennoch stellen auch im Rahmen der Neubewertungsmethode die Anschaffungskosten für die Anteile am Tochterunternehmen die Obergrenze dar (§ 254 Abs 1 Satz 3 UGB). Somit wurde der „pagatorische Deckel“ beibehalten, da das Anschaffungskostenprinzip auch für den Konzernabschluss gilt. Liegen die Anschaffungskosten unter dem Buchwert des Eigenkapitals des Tochterunternehmens, ist gemäß § 254 Abs 1 Satz 4 UGB der Buchwert anzusetzen, sodass in diesem Fall ein passiver Unterschiedsbetrag entstehen kann (vgl. ErläutRV zum RÄG 2014).

Zu Rz (98):

Es erscheint sinnvoll, den Ausgleichsposten „Nicht beherrschende Anteile“ nach dem Eigenkapitalposten „Bilanzgewinn/Bilanzverlust“ auszuweisen. Die Höhe des Ausgleichspostens entspricht im Rahmen der Erstkonsolidierung dem Anteil der anderen Gesellschafter am neubewerteten Eigenkapital des Tochterunternehmens zum Zeitpunkt der Kapitalaufrechnung.

Zu Rz (99):

Im Falle eines negativen Eigenkapitals des Tochterunternehmens ist innerhalb des Eigenkapitals ein negativer Posten für die Anteile anderer Gesellschafter auszuweisen. Ein Ausweis auf der Aktivseite kommt nicht in Betracht. Entsprechend dem Gesetzeswortlaut („ein Ausgleichsposten“) dürfen positive und negative Anteile anderer Gesellschafter miteinander saldiert werden, sodass lediglich der Überhang im Eigenkapital auszuweisen ist. In solchen Fällen wird empfohlen, die saldierten Beträge im Konzernanhang aufzugliedern.

Zu Rz (101):

Stille Reserven, die in der Neubewertungsbilanz dem nicht abnutzbaren Anlagevermögen zugeordnet wurden, sind bis zum Verkauf oder der vollständigen Abschreibung des betreffenden Vermögensgegenstands bzw. zum Ausscheiden des Tochterunternehmens aus dem Konsolidierungskreis fortzuführen (§§ 203 Abs 1 und 206 Abs 1 iVm § 251 Abs 1 UGB). Werden im Zuge der Neubewertung gemäß § 254 Abs 1 Satz 2 UGB immaterielle Vermögensgegenstände erstmals angesetzt oder stille Reserven im abnutzbaren Anlagevermögen aufgedeckt, sind diese planmäßig über die Nutzungsdauer bzw. die Restnutzungsdauer des zugrundeliegenden Vermögensgegenstands abzuschreiben (§ 204 Abs 1 iVm § 251 Abs 1 UGB). Die (Rest-)Nutzungsdauer ist ausgehend von den Verhältnissen im Erstkonsolidierungszeitpunkt zu bestimmen. Außerplanmäßige Abschreibungen sind vorzunehmen, wenn der beizulegende Wert des Anlagevermögens (voraussichtlich dauerhaft) unter dem Konzernbuchwert liegt (§ 204 Abs 2 Satz 1 iVm § 251 Abs 1 UGB). Zuschreibungen gemäß § 208 Abs 1 iVm § 251 Abs 1 UGB dürfen höchstens bis zum Betrag der (gegebenenfalls fortgeführten) Konzern-Anschaffungs- oder Herstellungskosten vorgenommen werden.

Stille Reserven, die anlässlich der Neubewertung nach § 254 Abs 1 Satz 2 UGB in den Roh-, Hilfs- und Betriebsstoffen und in den fertigen Erzeugnissen und Waren aufgedeckt wurden, sind bis zum Verbrauch bzw. Verkauf oder sonstigen Abgang (z.B. bei Endkonsolidierung des betreffenden Tochterunternehmens) der jeweiligen Vermögensgegenstände fortzuführen. Wird der Wertansatz für unfertige Erzeugnisse oder Leistungen in der Neubewertungsbilanz erhöht, sind die stillen Reserven bis zur Fertigstellung oder zum Verkauf bzw. sonstigen Abgang fortzuführen. Liegt der beizulegende Zeitwert der Vorräte unter den Konzern-Anschaffungs- oder Herstellungskosten, ist eine Abwertung gemäß § 207 iVm § 251 Abs 1 UGB geboten.

In der Neubewertungsbilanz erstmals angesetzte Rückstellungen, z.B. aufgrund von Change of Control-Klauseln, sind zu verbrauchen, sobald der damit verbundene Aufwand im Jahresabschluss des betreffenden Tochterunternehmens erfasst wird. Eine Auflösung kommt im Übrigen nur in Betracht, wenn der Grund für die Rückstellungsbildung entfallen ist. Rückstellungen sind auch an den auf die Erstkonsolidierung folgenden Konzernabschlussstichtagen mit dem Erfüllungsbetrag zu bewerten, der bestmöglich zu schätzen ist (§ 211 Abs 1 Satz 2 iVm § 251 Abs 1 UGB).

Rückstellungen für Abfertigungsverpflichtungen, Pensionen, Jubiläumsgeldzusagen oder vergleichbare langfristig fällige Verpflichtungen sind mit dem sich nach versicherungsmathematischen Grundsätzen ergebenden Betrag anzusetzen (§ 211 Abs 1 Satz 3 iVm § 251 Abs 1 UGB).

Zu Rz (106):

Die Halbjahresregel gemäß § 7 Abs 2 EStG ist nicht Bestandteil der unternehmensrechtlichen Vorschriften und wird daher in dieser Stellungnahme nicht ausdrücklich als Methode für die Bemessung der planmäßigen Abschreibung im Jahr des Zugangs bzw. Abgangs empfohlen. Wendet jedoch ein Konzern die Halbjahresregel für alle immateriellen Vermögensgegenstände einheitlich an, so ist sie auch auf den Geschäfts- oder Firmenwert aus der Kapitalkonsolidierung anzuwenden.

Zu Rz (109):

Folgende Anhaltspunkte können für die Schätzung der voraussichtlichen (Rest-)Nutzungsdauer herangezogen werden:

a) die voraussichtliche Bestandsdauer und Entwicklung des erworbenen Unternehmens einschließlich der gesetzlichen oder vertraglichen Regelungen,

b) der Lebenszyklus der Produkte des erworbenen Unternehmens,

c) die Auswirkungen von zu erwartenden Veränderungen der Absatz- und Beschaffungsmärkte sowie der wirtschaftlichen, rechtlichen und politischen Rahmenbedingungen auf das erworbene Unternehmen,

d) die Höhe und der zeitliche Anfall von Erhaltungsaufwendungen, die erforderlich sind, um den erwarteten ökonomischen Nutzen des erworbenen Unternehmens zu realisieren, sowie die Fähigkeit des Unternehmens, diese Aufwendungen aufzubringen,

e) die Laufzeit wesentlicher Absatz- und Beschaffungsverträge des erworbenen Unternehmens,

f) die voraussichtliche Dauer der Tätigkeit wichtiger Schlüsselpersonen für das erworbene Unternehmen,

g) das erwartete Verhalten von (potenziellen) Wettbewerbern des erworbenen Unternehmens sowie

h) die Branche und deren zu erwartende Entwicklung.

Zu Rz (110):

Den GoB entsprechend ist eine außerplanmäßige Abschreibung des Geschäfts- oder Firmenwerts dann notwendig, wenn der Ertragswert des Tochterunternehmens dauerhaft unter die Buchwerte des Tochterunternehmens einschließlich des Buchwerts des Geschäfts- oder Firmenwerts absinkt.

Für das Vorliegen einer voraussichtlich dauernden Wertminderung des Geschäfts- oder Firmenwerts können folgende Anhaltspunkte relevant sein:

a) Die Beteiligung wurde im Jahresabschluss außerplanmäßig abgeschrieben.

b) Das interne Berichtswesen liefert substanzielle Hinweise dafür, dass die zu erwartende Ertrags- und Kostenentwicklung des Tochterunternehmens schlechter ist oder sein wird als erwartet.

c) Das Unternehmen weist eine Historie nachhaltiger operativer Verluste auf.

d) Die für die Bestimmung der betriebsgewöhnlichen Nutzungsdauer wesentlichen Faktoren haben sich im Vergleich zur ursprünglichen Annahme ungünstiger entwickelt.

e) Schlüsselpersonen aus verschiedenen Bereichen, z.B. des Managements oder der Forschung des Tochterunternehmens, scheiden früher als erwartet aus dem Konzern aus.

f) Signifikante Veränderungen mit nachteiligen Folgen für das Unternehmen im technischen, marktbezogenen, ökonomischen, rechtlichen oder gesetzlichen Umfeld, in welchem das Unternehmen tätig ist, sind während der Periode eingetreten oder werden in der nächsten Zukunft eintreten.

g) Die Marktzinssätze oder andere Marktrenditen haben sich während der Periode erhöht, und die Erhöhungen werden sich wahrscheinlich auf den Abzinsungssatz, der für die Berechnung des beizulegenden Zeitwerts herangezogen wird, auswirken und damit den beizulegenden Zeitwert wesentlich mindern.

h) Der Buchwert des Nettovermögens des Tochterunternehmens ist nachhaltig größer als seine Marktkapitalisierung.

i) Technische Veränderungen oder Veränderungen des rechtlichen Umfelds führen zu einer Verkürzung des Lebenszyklus der erworbenen Produktlinien.

j) Durch den unvorhergesehenen Wegfall von Teilmärkten hat sich das Marktpotenzial wichtiger Produktlinien wesentlich verringert.

Zu Rz (112):

Da ein Geschäfts- oder Firmenwert nicht selbstständig bewertet werden kann, ist der außerplanmäßige Abschreibungsbedarf durch den Vergleich des beizulegenden Werts der Beteiligung am Tochterunternehmen mit der Summe aus dem anteiligen Konzernbuchwert des Reinvermögens des Tochterunternehmens und dem Restbuchwert des Geschäfts- oder Firmenwerts zu bestimmen. Für mögliche Anhaltspunkte für einen Abschreibungsbedarf vgl. die Erläuterung zu Rz (110).

Zu Rz (116):

Folgende Ursachen können zu einem als Rückstellung auszuweisenden passiven Unterschiedsbetrag führen:

a) geplante Sanierungsmaßnahmen, die zu einer Minderung des Kaufpreises der Beteiligung geführt haben und sich bislang noch nicht im neubewerteten Eigenkapital des Tochterunternehmens niedergeschlagen haben;

b) absehbare negative Ertragsentwicklungen oder konkrete Verlusterwartungen des Tochterunternehmens, die ebenfalls zu einer Minderung des Kaufpreises geführt haben.

Zu Rz (117):

Durch die vom Gesetzgeber gewählte Formulierung („darf aufgelöst werden") wird klargestellt, dass abweichend vom Anschaffungskostenprinzip bei einem Erwerb ein Ertrag erfasst werden kann. Daher ist diese Bestimmung nicht als Wahlrecht im Sinne eines Bilanzierungswahlrechts zu lesen, sondern nur als Möglichkeit, über die Anschaffungskosten hinauszugehen. Eine andere Leseart würde dem Willkürverbot widersprechen, da in nachfolgenden Geschäftsjahren willkürliche Erträge erfasst werden könnten.

Zu Rz (128):

Abschreibungen konsolidierungspflichtiger Anteile auf einen niedrigeren beizulegenden Wert können ein Indiz für eine Wertminderung eines noch vorhandenen Geschäfts- oder Firmenwerts bzw. eine fehlende Werthaltigkeit noch vorhandener aufgedeckter stiller Reserven sein (vgl. die Erläuterung zu Rz (110)).

Zu Rz (134):

Die Auf- bzw. Abstockung von Anteilen an Tochterunternehmen ist im UGB nicht explizit geregelt. Nach dieser Stellungnahme gibt es zwei Möglichkeiten, das UGB hinsichtlich dieser Transaktionen zu interpretieren:

Die Interpretation als Erwerbs- bzw. Veräußerungsvorgang in Abschnitt 6.8.2. bezieht sich auf die formale Regelung des § 254 Abs 1 UGB, der eine Verrechnung des Beteiligungsansatzes des Mutterunternehmens mit dem Eigenkapital des Tochterunternehmens vorsieht. Bei Erwerb eines nicht beherrschenden Anteils entsteht ein zusätzlicher Beteiligungsansatz beim Mutterunternehmen, und folglich bewirkt § 254 Abs 1 UGB eine zusätzliche Verrechnung für diesen zusätzlichen Anteil.

Die Interpretation als Kapitalvorgang in Abschnitt 6.8.3. bezieht sich auf die in § 250 Abs 3 UGB normierte Einheitstheorie: Mutter- und Tochterunternehmen bilden eine Einheit, die wie ein einziges Unternehmen dargestellt werden. Bei dieser Betrachtung kann der spätere Erwerb von zusätzlichen Anteilen an dem Tochterunternehmen keine Änderung bei den im Konzernabschluss ausgewiesenen Vermögensgegenständen, einschließlich Geschäfts- oder Firmenwert, Rückstellungen, Verbindlichkeiten, Rechnungsabgrenzungsposten und latenten Steuern bewirken. Allfällige Differenzen zwischen der Zahlung und der Änderung der nicht beherrschenden Anteile können daher nur im Eigenkapital erfasst werden.

Zu Rz (141):

Folgendes Beispiel soll die bilanzielle Vorgehensweise im Rahmen der Kapitalkonsolidierung bei Vorliegen einer Rückbeteiligung verdeutlichen:

Das Tochterunternehmen (T) ist am Mutterunternehmen (M) beteiligt. Die historischen Anschaffungskosten entsprechen hierbei dem Nennbetrag. T muss gemäß § 225 Abs 5 UGB die Anteile an M auf der Aktivseite im Anlagevermögen oder Umlaufvermögen ausweisen. Gleichzeit muss der Buchwert dieser Anteile dem Buchwert einer auf der Passivseite gesondert auszuweisenden Rücklage entsprechen. Zum Zeitpunkt der Erstkonsolidierung sehen die Jahresabschlüsse von M und T (Buchwerte = Zeitwerte) wie folgt aus:

Jahresabschluss M

AV	1.200	Eigenkapital		1.200
Anteile an T	600	gezeichn. Kapital	600	
		Kapitalrücklagen	400	
		Gewinnrücklagen	200	
		Verbindlichkeiten		600
	1.800			1.800

Jahresabschluss T

AV	500	Eigenkapital		600
Anteile an M	100	davon RL für Anteile an M	100	
	600			600

Zunächst hat die Kapitalaufrechnung iSd § 254 Abs 1 UGB zu erfolgen. Die für „Anteile am Mutterunternehmen" gebildete Rücklage ist im Rahmen der Kapitalkonsolidierung zu berücksichtigen. Die Kapitalkonsolidierungsbuchung stellt sich wie folgt dar:

Eigenkapital von T (inkl. Rücklage für Anteile an M) / Anteile an T 600

Dieser Vorgang führt zu folgender vorläufiger Konzernbilanz:

vorläufige Konzernbilanz

AV	1.700	Eigenkapital		1.200
Anteile an M	100	gezeichn. Kapital	600	
		Kapitalrücklagen	400	
		Gewinnrücklagen	200	
		Verbindlichkeiten		600
	1.800			1.800

Auf Konzernebene sind die „Anteile am Mutterunternehmen" als eigene Anteile zu behandeln (§ 254 Abs 4 UGB). Diese sind vom gezeichneten Kapital des Mutterunternehmens abzuziehen:

Gezeichnetes Kapital / Anteile an M 100

Somit stellt sich die endgültige Konzernbilanz wie folgt dar:

endgültige Konzernbilanz

AV	1.700	Eigenkapital		1.100
		gezeichn. Kapital	600	
		Rückbeteiligung	-100	
		Kapitalrücklagen	400	
		Gewinnrücklagen	200	
		Verbindlichkeiten		600
	1.700			1.700

Halten andere Gesellschafter 20 % an T und beträgt der Beteiligungsansatz von M an T daher nur 480 statt 600, ergeben sich folgende Werte (unter der Annahme unveränderten Eigenkapitals bei M):

Jahresabschluss M

AV	1.200	Eigenkapital		1.200
Anteile an T	480	gezeichn. Kapital	600	
		Kapitalrücklagen	400	
		Gewinnrücklagen	200	
		Verbindlichkeiten		480
	1.680			1.680

Jahresabschluss T

AV	500	Eigenkapital		600
Anteile an M	100	davon RL für Anteile an M	100	
	600			600

Kapitalkonsolidierung:

Eigenkapital von T (inkl. Rücklage für Anteile an M) 600
/ Anteile an T 480
/ NBA 120

Dieser Vorgang führt zu folgender vorläufiger Konzernbilanz:

vorläufige Konzernbilanz

AV	1.700	Eigenkapital		1.320
Anteile an M	100	gezeichn. Kapital	600	
		Kapitalrücklagen	400	
		Gewinnrücklagen	200	
		NBA	120	
		Verbindlichkeiten		480
	1.800			1.800

Auf Konzernebene sind die „Anteile am Mutterunternehmen" als eigene Anteile zu behandeln (§ 254 Abs 4 UGB). Diese sind vom gezeichneten Kapital des Mutterunternehmens abzuziehen:

Gezeichnetes Kapital / Anteile an M 100

Somit stellt sich die endgültige Konzernbilanz wie folgt dar:

endgültige Konzernbilanz

AV	1.700	Eigenkapital		1.220
		gezeichn. Kapital	600	
		Rückbeteiligung	-100	
		Kapitalrücklagen	400	
		Gewinnrücklagen	200	
		NBA	120	
		Verbindlichkeiten		480
	1.700			1.700

Die nicht beherrschenden Anteile werden auf Basis der neubewerteten Handelsbilanz II des Tochterunternehmens gebildet und bleiben von der Saldierung der eigenen Anteile unberührt.

Zu Rz (143):

Zur ordnungsgemäßen Abbildung der Fortschreibung wird die Aufstellung einer unterjährigen Neubewertungsbilanz zum Zeitpunkt der Endkonsolidierung empfohlen (vgl. Rz (33)).

Zu Rz (146):

Wird ein Tochterunternehmen endkonsolidiert, an dem indirekte nicht beherrschende Anteile bestehen, und verbleibt das Tochterunternehmen, an dem die betreffenden direkten nicht beherrschenden Anteile bestehen, im Konzernverbund, verbleiben diese nicht beherrschenden Anteile weiterhin im Konzernabschluss. Daher ist bei der Ermittlung des Veräußerungsgewinns oder -verlusts das anteilige Reinvermögen des Mutterunternehmens und der indirekten nicht beherrschenden Anteile zu berücksichtigen. Der Veräußerungsgewinn oder -verlust ist auf die Anteile des Mutterunternehmens und die nicht beherrschenden Anteile aufzuteilen.

Zu Rz (151) und (158):

Die technische Abwicklung der Konzernabschlusserstellung ist nicht Gegenstand dieser Stellungnahme, daher wird auch keine Präferenz für die Stufen- oder die Simultankonsolidierung festgelegt. Um Missverständnisse zu vermeiden, wird in Rz (151) aber klargestellt, dass die Wahl zwischen diesen beiden unterschiedlichen technischen Vorgehensweisen keine inhaltliche Auswirkung auf den Konzernabschluss haben darf, d.h. in beiden Fällen muss der Konzernabschluss den Normen der Abschnitte 9.2. und 9.3. bzw. 9.4. entsprechen.

Folgendes Beispiel soll die unterschiedlichen Vorgehensweisen erläutern (latente Steuern werden außer Acht gelassen):

Unternehmenserwerb durch ein Tochterunternehmen

Die Muttergesellschaft (M) hat 75 % an der Tochtergesellschaft (T) um 300 erworben, zum Erwerbszeitpunkt betrug der Zeitwert der Grundstücke von T 90 (Buchwert 50). Die Kapitalaufrechnung nach der Neubewertungsmethode ergab sich wie folgt:

Beteiligungsansatz		*300*
Eigenkapital T		
Grundkapital (75 % x 200)	*-150*	
Aufwertung Grundstücke (75 % x 40)	*-30*	
		-180
Firmenwert		*120*

Später erwirbt T 80 % an der Enkelgesellschaft (E) um 200. Die Grundstücke von E haben einen Zeitwert in Höhe von 100 (Buchwert 20), der Wert der Grundstücke von T ist auf 150 gestiegen.

Jahresabschluss M

Grundstücke	80	Grundkapital	400
Anteile an T	300	Bilanzgewinn	50
Umlaufvermögen	120	Verbindlichkeiten	50
Summe Aktiva	500	Summe Passiva	500

Jahresabschluss T

Grundstücke	50	Grundkapital	400
Anteile an E	200	Bilanzgewinn	20
Umlaufvermögen	50	Verbindlichkeiten	80
Summe Aktiva	300	Summe Passiva	300

Jahresabschluss E

Grundstücke	20	Grundkapital	100
Umlaufvermögen	140	Bilanzgewinn	40
		Verbindlichkeiten	20
Summe Aktiva	160	Summe Passiva	160

Der Wertanstieg der Grundstücke von T hat keine Auswirkung auf den Konzernabschluss.

Multiplikative Methode

Bei der multiplikativen Methode wird der Firmenwert nur für den durchgerechneten Konzernanteil an E ermittelt, d.h. 75 % x 80 % = 60 %:

Beteiligungsansatz Konzernanteil (75 % x 200)		*150*
Eigenkapital E		
Grundkapital (60 % x 100)	*-60*	
Aufwertung Grundstücke (60 % x 80)	*-48*	
Bilanzgewinn (60 % x 40)	*-24*	
		-132
Firmenwert		*18*

Bei der Simultankonsolidierung wird ein Summenabschluss für M, T und E erstellt, die Kapitalaufrechnung für E (Spalte 3) wird losgelöst von der Kapitalaufrechnung für T (Spalte 1) gebucht. Der nicht beherrschende Anteil an T (Spalte 2) ergibt sich aus 25 % des Eigenkapitals von T abzüglich Beteiligungsansatz, der nicht beherrschende Anteil an E (Spalte 4) ergibt sich aus 40 % des Eigenkapitals von E.

	M	T	E	S	1	2	3	4	K
Firmenwert					120		18		**138**
Grundstücke	80	90	100	**270**					**270**
Anteile verb Unt	300	200		**500**	-300	-50	-150		**0**
Umlaufvermögen	120	50	140	**310**					**310**
Aktiva	**500**	**340**	**240**	**1.080**	**-180**	**-50**	**-132**	**0**	**718**
Grundkapital	-400	-200	-100	**-700**	150	50	60	40	**-400**
Aufwertung		-40	-80	**-120**	30	10	48	32	**0**
Bilanzgewinn	-50	-20	-40	**-110**		5	24	16	**-65**
nicht beherrsch Ant						-15		-88	**-103**
Verbindlichkeiten	-50	-80	-20	**-150**					**-150**
Passiva	**-500**	**-340**	**-240**	**-1.080**	**180**	**50**	**132**	**0**	**-718**

Nicht dargestellt sind die bisherigen und aktuellen Abschreibungen der Firmenwerte.

Bei der Stufenkonsolidierung wird die Kapitalaufrechnung für E aus der Perspektive von T durchgeführt, d.h. unabhängig vom Konzernanteil M für die 80 %, die T an E hält:

Beteiligungsansatz		*200*
Eigenkapital E		
Grundkapital (80 % x 100)	*-80*	
Aufwertung Grundstücke (80 % x 80)	*-64*	
Bilanzgewinn (80 % x 40)	*-32*	
		-176
Firmenwert		*24*

Aus dieser Kapitalaufrechnung ergibt sich der Teilkonzernabschluss von T; der nicht beherrschende Anteil an E ergibt sich aus 20 % des Eigenkapitals von E:

	T	E	S	1	2	K (T/E)
Firmenwert				24		**24**
Grundstücke	50	100	**150**			**150**
Anteile verbundene Unt	200		**200**	-200		**0**
Umlaufvermögen	50	140	**190**			**190**
Aktiva	**300**	**240**	**540**	**-176**		**364**
Grundkapital	-200	-100	**-300**	80	20	**-200**
Aufwertung		-80	**-80**	64	16	**0**
Bilanzgewinn	-20	-40	**-60**	32	8	**-20**
nicht beherrsch Ant					-44	**-44**
Verbindlichkeiten	-80	-20	**-100**			**-100**
Passiva	**-300**	**-240**	**-540**	**176**		**-364**

Dieser Teilkonzernabschluss wird in den Konzernabschluss von M übernommen, wobei noch die Neubewertung der Grundstücke von T vorzunehmen ist:

	M	T/E	S	1	2	K
Firmenwert		24	**24**	120	-6	**138**
Grundstücke	80	190	**270**			**270**
Anteile verbundene Unt	300	0	**300**	-300		**0**
Umlaufvermögen	120	190	**310**			**310**
Aktiva	**500**	**404**	**904**	**-180**	**-6**	**718**
Grundkapital	-400	-200	**-600**	150	50	**-400**
Aufwertung		-40	**-40**	30	10	**0**
Bilanzgewinn	-50	-20	**-70**		5	**-65**
nicht beherrsch Ant		-44	**-44**		-59	**-103**
Verbindlichkeiten	-50	-100	**-150**			**-150**
Passiva	**-500**	**-404**	**-904**	**180**	**6**	**-718**

Die Kapitalaufrechnung für T (Spalte 1) erfolgt wie bei der Simultankonsolidierung, der nicht beherrschende Anteil an T (Spalte 2) ergibt sich aus 25 % des Eigenkapitals von T. Um dasselbe Ergebnis wie bei der Simultankonsolidierung zu erreichen, muss dabei zusätzlich der indirekte nicht beherrschende Anteil am Firmenwert von E um 6 (24 x 25 %) korrigiert werden.

Nicht dargestellt sind die bisherigen und aktuellen Abschreibungen der Firmenwerte.

Additive Methode

Bei der additiven Methode wird die Kapitalaufrechnung für E aus der Perspektive von T durchgeführt, d.h. unabhängig vom Konzernanteil M für die 80 %, die T an E hält:

Beteiligungsansatz		*200*
Eigenkapital E		
Grundkapital (80 % x 100)	*-80*	
Aufwertung Grundstücke (80 % x 80)	*-64*	
Bilanzgewinn (80 % x 40)	*-32*	
		-176
Firmenwert		*24*

Bei der Simultankonsolidierung wird ein Summenabschluss für M, T und E erstellt, die Kapitalaufrechnung für E (Spalte 3) wird losgelöst von der Kapitalaufrechnung für T (Spalte 1) gebucht. Der nicht beherrschende Anteil an T (Spalte 2) ergibt sich aus 25 % des Eigenkapitals von T einschließlich Beteiligungsansatz, der nicht beherrschende Anteil an E (Spalte 4) ergibt sich aus 20 % des Eigenkapitals von E.

	M	T	E	S	1	2	3	4	K
Firmenwert					120		24		**144**
Grundstücke	80	90	100	**270**					**270**
Anteile verb Unt	300	200		**500**	-300		-2000		**0**
Umlaufvermögen	120	50	140	**310**					**310**
Aktiva	**500**	**340**	**240**	**1.080**	**-180**	**0**	**-176**	**0**	**724**
Grundkapital	-400	-200	-100	**-700**	150	50	80	20	**-400**
Aufwertung		-40	-80	**-120**	30	10	64	16	**0**
Bilanzgewinn	-50	-20	-40	**-110**		5	32	8	**-65**
nicht beherrsch Ant						-65		-44	**-109**
Verbindlichkeiten	-50	-80	-20	**-150**					**-150**
Passiva	**-500**	**-340**	**-240**	**-1.080**	**180**	**0**	**176**	**0**	**-724**

Nicht dargestellt sind die bisherigen und aktuellen Abschreibungen der Firmenwerte.

Bei der Stufenkonsolidierung ergibt sich der Teilkonzernabschluss für T wie bei der multiplikativen Methode, bei der Konzernabschlusserstellung für M wird keine Korrektur für den indirekten nicht beherrschenden Anteil am Firmenwert vorgenommen:

	M	T/E	S	1	2	K
Firmenwert		24	**24**	120		**144**
Grundstücke	80	190	**270**			**270**
Anteile verbundene Unt	300	0	**300**	-300		**0**
Umlaufvermögen	120	190	**310**			**310**
Aktiva	**500**	**404**	**904**	**-180**	**0**	**724**
Grundkapital	-400	-200	**-600**	150	50	**-400**
Aufwertung		-40	**-40**	30	10	**0**
Bilanzgewinn	-50	-20	**-70**		5	**-65**
nicht beherrsch Ant		-44	**-44**		-65	**-109**
Verbindlichkeiten	-50	-100	**-150**			**-150**
Passiva	**-500**	**-404**	**-904**	**180**	**0**	**-724**

Die Kapitalaufrechnung für T (Spalte 1) erfolgt wie bei der Simultankonsolidierung, der nicht beherrschende Anteil an T (Spalte 2) ergibt sich aus 25 % des Eigenkapitals von T.

Nicht dargestellt sind die bisherigen und aktuellen Abschreibungen der Firmenwerte.

Die multiplikative und die additive Methode unterscheiden sich also hinsichtlich des auf den indirekten nicht beherrschenden Anteil entfallenden Firmenwerts.

Erwerb eines Teilkonzerns

Die spätere Tochtergesellschaft (T) hat 80 % an der Enkelgesellschaft (E) um 200 erworben. Der Wert der Grundstücke von E beträgt 50 (Buchwert 20). Der Konzernabschluss ergibt sich wie folgt:

	T	E	S	1	2	K (T/E)
Firmenwert				64		**64**
Grundstücke	50	50	**100**			**100**
Anteile verbunde Unt	200		**200**	-200		**0**
Umlaufvermögen	50	140	**190**			**190**
Aktiva	**300**	**190**	**490**	**-136**	**0**	**354**
Grundkapital	-200	-100	**-300**	80	20	**-200**
Aufwertung		-30	**-30**	24	6	**0**
Bilanzgewinn	-20	-40	**-60**	32	8	**-20**
nicht beherrsch Ant					-34	**-34**
Verbindlichkeiten	-80	-20	**-100**			**-100**
Passiva	**-300**	**-190**	**-490**	**136**	**0**	**-354**

Später erwirbt die Muttergesellschaft (M) 75 % der Anteile an T um 300. Der Wert der Grundstücke von T beträgt 90, der Wert der Grundstücke von E ist von 50 auf 100 gestiegen.

Jahresabschluss M

Grundstücke	80	Grundkapital	400
Anteile an T	300	Bilanzgewinn	50
Umlaufvermögen	120	Verbindlichkeiten	50
Summe Aktiva	500	Summe Passiva	500

Jahresabschluss T

Grundstücke	50	Grundkapital	400
Anteile an E	200	Bilanzgewinn	20
Umlaufvermögen	50	Verbindlichkeiten	80
Summe Aktiva	300	Summe Passiva	300

Jahresabschluss E

Grundstücke	20	Grundkapital	100
Umlaufvermögen	140	Bilanzgewinn	40
		Verbindlichkeiten	20
Summe Aktiva	160	Summe Passiva	160

Der Erwerb der Anteile an T ist als eine Transaktion zu sehen, bei der M die anteiligen Vermögensgegenstände und Schulden von T sowie die anteiligen Vermögensgegenstände und Schulden von E erwirbt. Ein Firmenwert ergibt sich durch Verrechnung des Beteiligungsansatzes des Mutterunternehmens und somit nur auf der obersten Stufe. Der Firmenwert, den T für den Erwerb von E im Teilkonzernabschluss bilanziert hat, ist aus Sicht von M ebenso wenig ein erworbener Vermögensgegenstand wie der Beteiligungsansatz von T an E.

Die Kapitalaufrechnung lautet daher wie folgt:

Beteiligungsansatz	*300*	
Eigenkapital T exklusive Unterbeteiligung		
Grundkapital (75 % x 200)	*-150*	
Aufwertung Grundstücke (75 % x 40)	*-30*	
Bilanzgewinn (75 % x 20)	*-15*	
Beteiligung T an E (200 x 75 %)	*+150*	
		-45
Eigenkapital E		
Grundkapital (60 % x 100)	*-60*	
Aufwertung Grundstücke (60 % x 80)	*-48*	
Bilanzgewinn (60 % x 40)	*-24*	
		-132
Firmenwert		*123*

Bei der Simultankonsolidierung wird ein Summenabschluss für M, T und E erstellt. Die Kapitalaufrechnung kann gemäß obiger Rechnung in einem Buchungssatz (Spalte 1) erfolgen, wobei auch der Konzernanteil der Beteiligung von T an E eliminiert wird. Der nicht beherrschende Anteil an T (Spalte 2) ergibt sich aus 25 % des Eigenkapitals von T, wobei auch 25 % des Beteiligungsansatzes von T für E eliminiert werden. Der nicht beherrschende Anteil an E (Spalte 3) ergibt sich aus 40 % des Eigenkapitals von E.

	M	T	E	S	1	2	3	K
Firmenwert					123		18	**123**
Grundstücke	80	90	100	**270**				**270**
Anteile verb Unt	300	200		**500**	-450	-50		**0**
Umlaufvermögen	120	50	140	**310**				**310**
Aktiva	**500**	**340**	**240**	**1.080**	**-327**	**-50**	**0**	**703**
Grundkapital	-400	-200	-100	**-700**	210	50	40	**-400**
Aufwertung		-40	-80	**-120**	78	10	32	**0**
Bilanzgewinn	-50	-20	-40	**-110**	39	5	16	**-50**
nicht beherrsch Ant						-15	-88	**-103**
Verbindlichkeiten	-50	-80	-20	**-150**				**-150**
Passiva	**-500**	**-340**	**-240**	**-1.080**	**327**	**50**	**0**	**-703**

Nicht dargestellt ist die aktuelle Abschreibung des Firmenwerts.

Bei der Stufenkonsolidierung wird der Teilkonzernabschluss von T in den Konzernabschluss von M übernommen. Wird dabei auf den historischen Teilkonzernabschluss aufgesetzt, müssen im Rahmen einer Neubewertung einerseits sowohl die stillen Reserven von T als auch die bei E neu entstandenen stillen Reserven berücksichtigt werden, andererseits muss der Firmenwert eliminiert werden. Die Aufwertung der Grundstücke von E betrifft zu 20 % den nicht beherrschenden Anteil.

Die Kapitalaufrechnung für den Teilkonzern ergibt sich wie folgt:

Beteiligungsansatz		*300*
Eigenkapital im Teilkonzernabschluss		
Grundkapital (75 % x 200)	*-150*	
Aufwertung Grundstücke T (75 % x 40)	*-30*	
Aufwertung Grundstücke E (60 % x 50)	*-30*	
Abwertung Firmenwert (75 % x 64)	*48*	
Bilanzgewinn T/E (75 % x 20)	*-15*	
		-177
Firmenwert		*123*

Diese Kapitalaufrechnung wird in einem Buchungssatz (Spalte 1) vorgenommen. Der nicht beherrschende Anteil am Teilkonzern (Spalte 2) ergibt sich aus 25 % des Eigenkapitals des Teilkonzerns.

	M	T/E	S	1	2	K
Firmenwert		0	**0**	123		**123**
Grundstücke	80	190	**270**			**270**
Anteile verb Unt	300	0	**300**	-300		**0**
Umlaufvermögen	120	190	**310**			**310**
Aktiva	**500**	**380**	**880**	**-177**	**0**	**703**
Grundkapital	-400	-200	**-600**	150	50	**-400**
Aufwertung		-16	**-16**	12	4	**0**
Bilanzgewinn	-50	-20	**-70**	15	5	**-50**
nicht beherrsch Ant		-44	**-44**		-59	**-103**
Verbindlichkeiten	-50	-100	**-150**			**-150**
Passiva	**-500**	**-380**	**-880**	**177**	**0**	**-703**

Die Neubewertung des Konzernabschlusses T/E berücksichtigt einerseits das Eliminieren des Firmenwerts in Höhe von 64 und andererseits die Aufwertung der Grundstücke von T in Höhe von 40 und der Grundstücke von E in Höhe von 50.

Zu Rz (158):

Die Kapitalaufrechnung zum Zeitpunkt der erstmaligen Einbeziehung in den Konzernabschluss hat den Zweck der Vereinfachung. Dieser Zweck wird am besten erreicht, wenn nur ein Geschäfts- oder Firmenwert bzw. passiver Unterschiedsbetrag für Tochter- und Enkelgesellschaft(en) gemeinsam festgestellt wird. Andernfalls wäre eine Neubewertung der Beteiligung der Tochter- an der bzw. den Enkelgesellschaft(en) notwendig. Soll keine Vereinfachung vorgenommen, sondern der Geschäfts- oder Firmenwert bzw. passive Unterschiedsbetrag so genau wie möglich pro Konzernunternehmen ermittelt werden, ist die rückwirkende Berechnung anzuwenden.

AFRAC-Stellungnahme 34
Wesentlichkeit bei der Aufstellung von UGB-Abschlüssen

Stellungnahme
Wesentlichkeit bei der Aufstellung von UGB-Abschlüssen

(September 2019)

Historie der vorliegenden Stellungnahme

erstmalige Veröffentlichung	September 2019	

1. Vorbemerkungen

(1) Nach Art. 6 Abs. 1 der Bilanz-Richtlinie 2013/34/EU (im Folgenden vereinfacht „Bilanz-Richtlinie“ genannt) sind die im Jahresabschluss und im konsolidierten Abschluss (im Folgenden zusammenfassend als „Abschluss“ bezeichnet) ausgewiesenen Posten nach allgemeinen Grundsätzen dieser Richtlinie anzusetzen und zu bewerten. Art. 6 Abs. 1 lit. j der Bilanz-Richtlinie führt aus: „Die Anforderungen in dieser Richtlinie in Bezug auf Ansatz, Bewertung, Darstellung, Offenlegung und Konsolidierung müssen nicht erfüllt werden, wenn die Wirkung ihrer Einhaltung unwesentlich ist.“

(2) Die unternehmensrechtlichen Rechnungslegungsvorschriften enthalten seit dem RÄG 2014 im § 189a Z 10 UGB eine Definition der Wesentlichkeit. Ebenfalls mit dem RÄG 2014 wurde § 196a Abs. 2 UGB eingeführt, der die umfassende Geltung des Wesentlichkeitsgrundsatzes auf Darstellung und Offenlegung beschränkte.

(3) Durch das Bundesgesetz vom 28.5.2019, BGBl I 46/2019 wurde der § 196a Abs. 2 UGB aufgehoben. Der Gesetzgeber führt in den erläuternden Bemerkungen dazu als Ergebnis folgendes aus: „Das bedeutet, dass der Wesentlichkeitsgrundsatz in Zukunft im Wege einer richtlinienkonformen Interpretation bei den einzelnen Bestimmungen mitzubedenken ist. Die genauere Anwendung dieses Grundsatzes auf die einzelnen Sachverhalte kann dabei den Standardsetzern überlassen werden.“

(4) Der österreichische Gesetzgeber macht somit ab Inkrafttreten der Aufhebung des § 196a Abs. 2 UGB von der in Art. 6 Abs. 4 der Bilanz-Richtlinie eingeräumten Möglichkeit, den Grundsatz der Wesentlichkeit auf Darstellung und Offenlegung einzuschränken, nicht mehr Gebrauch, weshalb dieser Grundsatz auf alle in Rz (1) genannten Bereiche richtlinienkonform anzuwenden ist.

(5) Diese Anforderung aus der Bilanz-Richtlinie bedeutet somit für nach dem UGB aufgestellte Abschlüsse, dass der Grundsatz der Wesentlichkeit auf Ansatz, Bewertung, Darstellung, Offenlegung sowie Konsolidierung anzuwenden ist. Die Darstellung umfasst auch die in einem Abschluss gemachten Angaben und die Erläuterungen im Anhang.

(6) Neben diesem allgemeinen, durch die Richtlinie vorgegebenen Grundsatz der Wesentlichkeit finden sich im UGB einzelfallbezogene Regelungen zur Anwendung des Wesentlichkeitsgrundsatzes in allen diesen Bereichen. E contrario-Schlüsse auf eine Nichtanwendbarkeit des Wesentlichkeitsgrundsatzes können daraus nicht abgeleitet werden.

2. Gegenstand der Stellungnahme

(7) Diese Stellungnahme behandelt den Grundsatz und Einzelfragen der Wesentlichkeit im Rahmen der Aufstellung eines Abschlusses nach dem UGB. Die Wesentlichkeit in anderen Rechnungslegungsgrundsätzen (z. B. International Financial Reporting Standards, IFRS) oder in Prüfungsgrundsätzen (z. B. International Standards on Auditing, ISA) ist von der Stellungnahme nicht umfasst, ebenso wenig die Wesentlichkeit bei gesonderten Berichten wie dem (konsolidierten) Corporate Governance-Bericht oder dem (konsolidierten) Bericht über Zahlungen an staatliche Stellen oder der gesellschaftsrechtlichen Genehmigungspflicht wesentlicher Geschäfte mit nahe stehenden Personen und Unternehmen. Auf den (Konzern-) Lagebericht sowie allenfalls den (konsolidierten) nichtfinanziellen Bericht können die Grundsätze dieser Stellungnahme angewendet werden (vgl. Rz 21b der AFRAC-Stellungnahme 9 – Lageberichterstattung (UGB)).

(8) Gemäß Erwägungsgrund 17 der Bilanz-Richtlinie sollte der Grundsatz der Wesentlichkeit eine etwaige Pflicht nach einzelstaatlichen Rechtsvorschriften zur Führung vollständiger Aufzeichnungen, aus denen die Geschäftstätigkeit und die finanzielle Lage hervorgehen, nicht berühren.

(9) Gemäß § 190 Abs. 3 UGB müssen die Eintragungen in Büchern und die sonst erforderlichen Aufzeichnungen vollständig, richtig, zeitgerecht und geordnet vorgenommen werden. Diese AFRAC-Stellungnahme befasst sich daher nicht mit der Buchführung, sondern ist ausschließlich auf Abschlüsse (§§ 193 bis 211, 221 bis 242 und 244 bis 266 UGB) anzuwenden.

3. Grundsatz der Wesentlichkeit

(10) § 189a Z 10 UGB lautet: „wesentlich: der Status von Informationen, wenn vernünftigerweise zu erwarten ist, dass ihre Auslassung oder fehlerhafte Angabe Entscheidungen beeinflusst, die Nutzer auf der Grundlage des Jahres- oder Konzernabschlusses treffen. Die Wesentlichkeit ist von der Größe oder der spezifischen Eigenschaft des Postens oder der Fehlerhaftigkeit der Angabe abhängig. Selbst wenn ein einzelner Posten für sich genommen als unwesentlich angesehen werden

kann, können mehrere unwesentliche gleichartige Posten zusammen als wesentlich gelten"

(11) Der Grundsatz der Wesentlichkeit besagt, dass jene Informationen im Abschluss enthalten sein sollen, welche die Entscheidungen der Adressaten (= Nutzer) des Abschlusses beeinflussen können. Der Begriff des „Nutzers" wird in Abschnitt 4.2. der Stellungnahme behandelt.

(12) Der Grundsatz der Wesentlichkeit steht in einem unmittelbaren Zusammenhang mit dem Grundsatz der Vollständigkeit gemäß § 196 Abs. 1 UGB: Unter Berücksichtigung dieser beiden Grundsätze muss der Abschluss vorbehaltlich gesetzlich bestimmter Ausnahmen sämtliche Vermögensgegenstände, Rückstellungen, Verbindlichkeiten, Rechnungsabgrenzungsposten, Aufwendungen und Erträge enthalten, soweit vernünftigerweise zu erwarten ist, dass ihre Auslassung oder fehlerhafte Angabe Entscheidungen beeinflusst, die Nutzer auf der Grundlage des Abschlusses treffen. Die Einschränkung des Grundsatzes der Vollständigkeit durch den Grundsatz der Wesentlichkeit ist eng auszulegen und stellt keine Ermächtigung dar, Angaben bewusst unrichtig zu machen.

(13) Der Grundsatz der Wesentlichkeit steht auch in einem unmittelbaren Zusammenhang mit dem als Grundsatz ordnungsmäßiger Bilanzierung anerkannten Grundsatz der Wirtschaftlichkeit: Während der Grundsatz der Wesentlichkeit den Nutzen einer Information aus der Perspektive des Nutzers beurteilt, ist nach dem Grundsatz der Wirtschaftlichkeit eine Abwägung des mit einer alternativen oder zusätzlichen Information verbundenen Werts für den Nutzer mit dem dafür notwendigen Aufwand der Informationsgewinnung und mitteilung für das berichtende Unternehmen vorzunehmen.

(14) Die Wesentlichkeit dient bei dieser Abwägung als Maß für die Beurteilung des Werts einer Information. Ist eine Information aus der Perspektive des Nutzers wesentlich, so überwiegt das Interesse des Nutzers an einer Bereitstellung der Information den möglichen Aufwand für die Informationsgewinnung und mitteilung. Die Wesentlichkeit bestimmt daher das Mindestmaß an Informationen im Abschluss. Er muss aber keine Informationen enthalten, deren Gewinnung unmöglich oder unzumutbar ist.

(15) Die Wesentlichkeit bestimmt auch das vernünftige Ausmaß an Informationen, da die Überfrachtung des Abschlusses mit unwesentlichen Informationen wesentliche Informationen im Abschluss verdecken und die Übersichtlichkeit des Abschlusses beeinträchtigen kann.

4. Auslegung des Begriffs der Wesentlichkeit nach § 189a Z 10 UGB

4.1. Allgemeines

(16) Zur Auslegung der begriffsbestimmenden Merkmale in § 189a Z 10 UGB kann auch auf Auslegungen des International Accounting Standards Board (IASB) und das Schrifttum zur Wesentlichkeit in den IFRS zurückgegriffen werden.

4.2. Begriff des „Nutzers"

(17) § 189a Z 10 UGB definiert die Wesentlichkeit aus der Perspektive der Nutzer des Abschlusses. Der Begriff des Nutzers ist grundsätzlich weit zu verstehen und umfasst den Kreis jener Personen, die ihren Entscheidungen Informationen aus einem Abschluss zugrunde legen.

(18) Bei der Beurteilung der Wesentlichkeit kann vom bilanzierenden Unternehmen nicht in jedem Fall erwartet werden, dass die Informationsbedürfnisse aller Nutzer berücksichtigt werden. Einzelne Nutzer können aufgrund ihrer spezifischen Interessenlage an Informationen interessiert sein, die für die Mehrheit der übrigen Nutzer keine oder eine zu vernachlässigende Bedeutung haben. Derartige singuläre Informationsinteressen beeinflussen die allgemeine Beurteilung des Status einer Information nicht. Es genügt aber für die Beurteilung einer Information als wesentlich, wenn diese für unterschiedliche Gruppen von Nutzern oder zumindest eine bedeutende Gruppe von Nutzern relevant ist.

(19) Bei der Beurteilung der Wesentlichkeit ist von einem sachverständigen Nutzer auszugehen.

(20) Informationen sind entsprechend dem Gesetzeswortlaut dann wesentlich, wenn „vernünftigerweise" von einer Beeinflussung des Entscheidungsverhaltens des Nutzers ausgegangen werden kann. Es ist demnach ein rationales Verhalten des Nutzers zu unterstellen.

4.3. Maßstab für die Wesentlichkeit

4.3.1. Grundaussagen

(21) Die Beurteilung der Wesentlichkeit ist immer vom Einzelfall abhängig. Ein allgemein für alle Sachverhalte gültiger Maßstab besteht nicht. Dies kommt in der gesetzlichen Begriffsbestimmung gemäß § 189a Z 10 UGB zum Ausdruck: Demnach ist die Beurteilung der Wesentlichkeit „von der Größe oder der spezifischen Eigenschaft des Postens oder der Fehlerhaftigkeit der Angabe abhängig". Der Begriff „Posten" schließt hier Geschäftsfälle und sonstige Ereignisse oder Bedingungen ein, die sich auf den Abschluss auswirken (können).

(22) Aus der gesetzlichen Bestimmung ergibt sich, dass die Wesentlichkeitsbeurteilung sowohl quantitativ anhand festgelegter Bezugsgrößen („Größe des Postens") als auch anhand qualitativer Beurteilungskriterien („spezifische Eigenschaft des Postens") vorzunehmen ist. Auch die Fehlerhaftigkeit einer Angabe kann im Hinblick auf ihre Bedeutung für die Nutzer unter Umständen nur einer qualitativen Beurteilung zugänglich sein.

(23) Gleichartige Posten sind nach dem Gesetz immer gesamthaft zu beurteilen. Auch wenn ein einzelner Posten für sich genommen unwesentlich ist, können mehrere gleichartige unwesentliche Posten in der Gesamtschau als wesentlich gelten. Einzelne wesentliche Beträge werden umgekehrt nicht dadurch unwesentlich, dass diesen Beträgen andere Beträge gegenüberstehen, die zu einer vollständigen oder teilweisen Kompensation der

Auswirkungen auf den Abschluss führen oder geführt hätten.

4.3.2. Quantitative Beurteilung der Wesentlichkeit

(24) Für die quantitative Beurteilung der Wesentlichkeit bedarf es Bezugsgrößen, zu denen der zu beurteilende Betrag eines Postens oder einer Angabe ins Verhältnis zu setzen ist. Zudem ist es erforderlich, Grenzwerte für das sich ergebende Verhältnis zu definieren.

(25) Es ist auf eine angemessene, begründete Auswahl der Bezugsgrößen zu achten. In der Regel sind zur Beurteilung der quantitativen Wesentlichkeit eines Postens oder einer Angabe mehrere Bezugsgrößen zu berücksichtigen.

(26) Als Bezugsgrößen sind – unter Umständen um außerordentliche Effekte bereinigt – neben dem Jahresüberschuss/Jahresfehlbetrag und ähnlichen Ergebnisgrößen sowie der Bilanzsumme aufgrund der gebotenen Berücksichtigung der Umstände des Einzelfalls auch geeignete Posten der Bilanz (z. B. das Eigenkapital) und der Gewinn- und Verlustrechnung (insb. der Umsatz oder die Summe der Aufwendungen) sowie allfälliger sonstiger Bestandteile des Abschlusses in Betracht zu ziehen. Ebenso sind die Auswirkungen auf wichtige abschlussbezogene Kennzahlen zu beurteilen. Dabei sind Branchenbesonderheiten zu berücksichtigen.

4.3.3. Qualitative Beurteilung der Wesentlichkeit

(27) Neben den quantitativen Aspekten ist entsprechend dem Zweck der jeweiligen Bestimmung auch eine qualitative Beurteilung vorzunehmen.

(28) Auch (geringe) Beträge oder Informationen, die bei einer quantitativen Beurteilung als unwesentlich beurteilt wurden, können sich als Ergebnis einer qualitativen Beurteilung als wesentlich aus Sicht des Nutzers erweisen, z. B. weil die Erfüllung oder Nichterfüllung wichtiger unternehmerischer Zielgrößen oder eine (zusätzliche) Information zu bedeutenden Transaktionen oder Geschäftsaktivitäten bzw. Sachverhalten mit der Angabe dieser Beträge verbunden ist.

(29) Vor diesem Hintergrund ist die Anwendung eines niedrigeren Schwellenwerts für die Beurteilung der Wesentlichkeit beispielsweise angezeigt, wenn hierdurch

– anstelle eines Gewinns ein Verlust auszuweisen ist oder umgekehrt;
– bestimmte Trends oder eine Trendumkehr sichtbar werden;
– Budgetvorgaben oder übereinstimmende Analystenerwartungen gerade (oder gerade nicht mehr) erfüllt werden;
– Zielvorgaben zur Gewährung von Tantiemen, Boni oder anderen Vorteilen für das Management gerade (oder gerade nicht mehr) erreicht werden;
– gesetzliche und/oder regulatorische Anforderungen gerade (oder gerade nicht mehr) erfüllt werden; und
– bestimmte, für Finanzierungsentscheidungen relevante Kenngrößen (Covenants) gerade (oder gerade nicht mehr) eingehalten werden.

(30) Darüber hinaus haben Informationen zu bestimmten Transaktionen und Geschäftsaktivitäten bzw. Sachverhalten für den Nutzer des Abschlusses häufig einen besonders hohen Stellenwert, auch wenn die quantitative Bedeutung der Transaktion oder der Geschäftsaktivität bzw. des Sachverhalts gering sein kann. Zu diesen Informationen können unter anderem zählen:

– Angaben zu ungewöhnlichen oder nicht wiederkehrenden Transaktionen (beispielsweise Transaktionen mit nahe stehenden Personen mit besonderen Vertragskonditionen);
– Angaben zu Unternehmensbereichen oder Segmenten, die für die zukünftigen Geschäftsaktivitäten des Unternehmens von besonderer Bedeutung sind, auch wenn ihre quantitativen Auswirkungen auf den Abschluss aktuell noch gering sind; und
– Angaben, die im Zusammenhang mit der Governance eines Unternehmens stehen (z. B. an Organe gewährte Vorschüsse und Kredite, Beziehungen zu verbundenen Unternehmen, Aufwendungen für den Abschlussprüfer etc.).

(31) Solche grundsätzlich qualitativ wesentlichen Informationen können in Ausnahmefällen dann als unwesentlich eingestuft werden, wenn ihre quantitative Bedeutung derart gering ist, dass sie nicht geeignet sind, Nutzerentscheidungen zu beeinflussen.

(32) Das Erreichen einer bestimmten nicht dem wirtschaftlichen Gehalt entsprechenden Darstellung, wodurch eine Irreführung des Nutzers hervorgerufen werden könnte, ist aus qualitativer Sicht stets wesentlich.

5. Anwendungsbereich der Wesentlichkeit

(33) Der Anwendungsbereich des Grundsatzes der Wesentlichkeit erstreckt sich im Sinne der Rz (5) auf Ansatz, Bewertung, Darstellung, Offenlegung und Konsolidierung; die Offenlegung gehört allerdings nicht zur Abschlussaufstellung und ist daher nicht Gegenstand dieser Stellungnahme. Die Anwendung des Wesentlichkeitsgrundsatzes ist nicht auf die einzelfallbezogenen gesetzlichen Bestimmungen eingeschränkt (vgl. Rz (6)), sondern bei sämtlichen gesetzlichen Bestimmungen mitzubedenken.

(34) Ein Nichtansatz oder eine von den gesetzlichen Bewertungsvorschriften abweichende Bewertung von Vermögensgegenständen, Rückstellungen, Verbindlichkeiten, Rechnungsabgrenzungsposten, Aufwendungen und Erträgen berührt die Gesetzmäßigkeit des Abschlusses nicht, wenn sie gemäß § 189a Z 10 UGB nicht wesentlich sind.

(35) In Bezug auf Ansatz und Bewertung (siehe Rz (34) ist der Grundsatz der Wesentlichkeit insbe-

sondere bei folgenden gesetzlichen Bestimmungen mitzubedenken:

- Ansatz (oder Nichtansatz) von Rückstellungen (§ 198 Abs. 8 UGB);
- latente Steuern (§ 198 Abs. 9 und 10 UGB);
- Haftungsverhältnisse (§ 199 UGB);
- Bilanzierungs- und Bewertungsmethoden (§ 201 Abs. 2 UGB usw.);
- Bewertung von Einlagen und Zuwendungen sowie Entnahmen (§ 202 UGB);
- Umgründungsmehrwert (§ 202 Abs. 2 Z 3 UGB);
- Anschaffungs- und Herstellungskosten (§ 203 UGB);
- Abschreibungen im Anlagevermögen (§ 204 UGB);
- Wertansätze für Gegenstände des Umlaufvermögens (§ 206 UGB);
- Abschreibungen auf Gegenstände des Umlaufvermögens (§ 207 UGB);
- Wertaufholung (§ 208 Abs. 1 UGB);
- Wertansätze von Passivposten (§ 211 UGB); und
- Bestandsveränderungen (§ 232 Abs. 1 UGB).

(36) Vom Grundsatz der Wesentlichkeit unberührt bleibt die Inanspruchnahme der gesetzlich eingeräumten Bilanzierungs- und Bewertungswahlrechte und Vereinfachungen (z. B. Bewertungsvereinfachungsverfahren nach § 209 UGB). Ebenso bleibt die Entscheidung für eine bestimmte Bewertungsmethode unberührt, sofern diese im Einklang mit den gesetzlichen Voraussetzungen steht und allgemein als zulässig für den zugrundeliegenden Bilanzierungszusammenhang angesehen wird. Bei der Entscheidung für eine bestimmte Bewertungsmethode aus einer Bandbreite allgemein als zulässig beurteilter Bewertungsmethoden sind die Umstände des Einzelfalls zu berücksichtigen. Dies gilt entsprechend für die Vornahme von Schätzungen.

(37) Die Anwendung des Wesentlichkeitsgrundsatzes auf die Darstellung bedeutet die Möglichkeit der Weglassung unwesentlicher, ansonsten verpflichtend anzugebender Informationen. Dies kann eine Zusammenfassung (nach Erwägungsgrund 17 der Bilanz-Richtlinie „Aggregierung“) oder Unterlassung einer Aufgliederung oder sonstiger Informationen wie Erläuterungen im Anhang sein.

(38) In Bezug auf die Darstellung in der Bilanz und der Gewinn- und Verlustrechnung ist der Grundsatz der Wesentlichkeit insbesondere bei folgenden gesetzlichen Bestimmungen mitzubedenken:

- Inhalt der Bilanz (§ 198 Abs. 1 bis 7 und 10 UGB);
- Haftungsverhältnisse (§ 199 UGB);
- Inhalt der Gewinn- und Verlustrechnung (§ 200 UGB);
- Umgründungsmehrwert (§ 202 Abs. 2 Z 3 UGB);
- Gliederung der Bilanz (§§ 224, 225, 227 und 229 UGB); und
- Gliederung der Gewinn- und Verlustrechnung (§§ 231, 232 und 234 UGB).

(39) Auch betreffend den Anhang ist eine Einschränkung der Anwendung des Wesentlichkeitsgrundsatzes auf bestimmte Erläuterungen oder sonstige Angaben nicht vorgesehen, weshalb eine Aufzählung jener Bestimmungen, bei denen der Grundsatz der Wesentlichkeit insbesondere mitzubedenken ist, nicht erforderlich ist.

6. Wesentlichkeit in der Konzernrechnungslegung

(40) Gemäß Bilanz-Richtlinie ist auf den Konzernabschluss, soweit seine Eigenart keine Abweichung bedingt, der Grundsatz der Wesentlichkeit entsprechend anzuwenden.

(41) Die Ausführungen in dieser Stellungnahme zum Anwendungsbereich der Wesentlichkeit gelten deshalb auch für den Konzernabschluss, und zwar für alle seine Bestandteile.

7. Erstmalige Anwendung

(42) Diese Stellungnahme ist auf Geschäftsjahre anzuwenden, die nach dem 31. Dezember 2018 beginnen.

Erläuterungen

Zu Rz (1):

Vgl. Art. 6 der Richtlinie 2013/34/EU des Europäischen Parlaments und des Rates vom 26. Juni 2013 über den Jahresabschluss, den konsolidierten Abschluss und damit verbundene Berichte von Unternehmen bestimmter Rechtsformen und zur Änderung der Richtlinie 2006/43/EG des Europäischen Parlaments und des Rates und zur Aufhebung der Richtlinien 78/660/EWG und 83/349/EWG des Rates, ABl. L 182 vom 29.6.2013, S. 19.

Zu Rz (2):

Die Bestimmungen wurden in Umsetzung der Bilanz-Richtlinie durch das Rechnungslegungs-Änderungsgesetz (RÄG) 2014 in das UGB aufgenommen.

Zu Rz (3):

Die erläuternden Bemerkungen zur Regierungsvorlage eines Bundesgesetzes, mit dem das Unternehmensgesetzbuch, das Alternative Investmentfonds Manager-Gesetz, das Bankwesengesetz, das Immobilien-Investmentfondsgesetz, das Investmentfondsgesetz 2011, das Versicherungsaufsichtsgesetz 2016, das PRIIP-Vollzugsgesetz, das Wirtschaftstreuhandberufsgesetz 2017, das Bilanzbuchhaltungsgesetz 2014 und das Abfallwirtschaftsgesetz 2002 geändert werden (ErlRV 508 BlgNR 26. GP, S. 4) führen zu Art. 1 Z 2 und 3 (betr. § 196a Abs. 2 UGB) wie folgt aus:

„Nach Art. 6 Abs. 1 lit. j der Bilanz-Richtlinie erstreckt sich der Wesentlichkeitsgrundsatz auf „Ansatz, Bewertung, Darstellung, Offenlegung und Konsolidierung“, wobei den Mitgliedstaaten nach Art. 6 Abs. 4 das Wahlrecht eingeräumt wurde, diesen auf „Darstellung" und „Offenlegung" zu beschränken. Schon vor dem RÄG 2014 war der Grundsatz der Wesentlichkeit als nicht kodifizierter Grundsatz ordnungsgemäßer Bilanzierung anerkannt (ErläutRV 367 BlgNR 25. GP 1; *Moser*, GES 2015, 203 [204]). Dass die Formulierung des durch das RÄG 2014 eingefügten § 196a Abs. 2 nur auf „Darstellung und Offenlegung" explizit Bezug nimmt, hat schon bisher nicht zwingend den e contrario-Schluss nach sich gezogen, dass der österreichische Gesetzgeber vom Wahlrecht nach Art. 6 Abs. 4 der Bilanz-Richtlinie eindeutig Gebrauch gemacht hätte (vgl. *Dokalik/Hirschler*, RÄG 2014 SWK-Spezial[2] 28 mwN; idS auch *Moser*, GES 2015, 204).

Mit anderen Worten hat die explizite Verankerung des nur eingeschränkten Wesentlichkeitsgrundsatzes mehr Anwendungsfragen aufgeworfen, als vor dem RÄG 2014 bestanden, sodass auf eine Kodifikation dieses Grundsatzes verzichtet und die Streichung des § 196a Abs. 2 vorgeschlagen wird, wie es auch schon vor dem RÄG 2014 der Fall war und zB in Deutschland noch ist. Das bedeutet, dass der Wesentlichkeitsgrundsatz in Zukunft im Wege einer richtlinienkonformen Interpretation bei den einzelnen Bestimmungen mitzubedenken ist. Die genauere Anwendung dieses Grundsatzes auf die einzelnen Sachverhalte kann dabei den Standardsetzern überlassen werden."

Zu Rz (9):

Die Bilanz-Richtlinie befasst sich ausschließlich mit dem Jahresabschluss, dem konsolidierten Abschluss und den damit verbundenen Berichten von Unternehmen bestimmter Rechtsformen.

Zu Rz (10):

Der Text wurde aus Art. 2 Nr. 16 der Bilanz-Richtlinie inhaltlich ident übernommen. Die Abweichungen vom Text der Bilanz-Richtlinie sollen nur der Klarstellung dienen.

Zu Rz (11):

Entscheidend bei der Beurteilung einer Information als wesentlich ist die zu erwartende Auswirkung auf das Entscheidungsverhalten, nicht die tatsächliche Auswirkung einer Information, auch wenn dieser Indizwirkung zukommen kann (vgl. Hirschler/Nitschinger in Hirschler (Hrsg.), Bilanzrecht, Band I2 (2019), § 189a Z 10 Rz 16, in anderem Zusammenhang auch Fida, Zur Adhoc-Publizität bei personellen Veränderungen im Vorstand, in Gelter/Blocher/Bucher (Hrsg.), FS Nowotny (2015), S. 639 ff., hier S. 643).

Zu Rz (12):

Zur Erfüllung des Grundsatzes der Vollständigkeit muss sichergestellt sein, dass die Buchführung alle Transaktionen erfasst.

Zu Rz (15):

Aus der Wesentlichkeit lässt sich kein Höchstmaß für die Bereitstellung von Informationen im Abschluss ableiten.

Zu Rz (16) und (17):

Neben dem deutschsprachigen Schrifttum zu Auslegungsfragen im UGB und im HGB kann zur Auslegung des Begriffs der Wesentlichkeit auch auf Veröffentlichungen des IASB zurückgegriffen werden. Ausführungen zur Wesentlichkeit finden sich außer im Rahmenkonzept, im IAS 1 und im IAS 8 insbesondere im vom IASB veröffentlichten IFRS Practice Statement 2: Making Materiality Judgements, September 2017.

Während in der internationalen Rechnungslegung zwischen Primärnutzern (wie bspw. bestehende und potenzielle Investoren, Kreditgeber und andere Gläubiger) und sonstigen Nutzern unterschieden wird, ist eine derartige Trennung nach § 189a Z 10 UGB nicht vorgesehen. Aufgrund ihres unmittelbaren eigenständigen wirtschaftlichen Interesses kommt den genannten Primärnutzern unter Berücksichtigung der Informationsfunktion des Abschlusses auch in der nationalen Rechnungslegung eine besondere Bedeutung zu. Mangels eines gesetzgeberischen Hinweises in § 189a Z 10 UGB ist es jedoch nicht ausgeschlossen, dass auch die sonstigen Nutzer als relevant zu betrachten sind und folglich jede Person, die ein wirtschaftliches Interesse an der Vermögens-, Finanz- und Ertragslage begründet geltend machen kann, als Nutzer anzuerkennen ist (vgl. Hirschler/Nitschinger in Hirschler (Hrsg.), Bilanzrecht, Band I2 (2019), § 189a Z 10 Rz 14).

Zu Rz (18):

Vom Aufsteller des Abschlusses kann nicht gefordert werden, dass im Jahres- oder Konzernabschluss alle denkmöglichen Informationen enthalten sind, die irgendein Nutzer für seine Entscheidung fordern könnte. Die möglichen Auswirkungen falscher Angaben auf bestimmte einzelne Rechnungslegungsadressaten, deren Bedürfnisse sich stark unterscheiden können, werden nicht berücksichtigt (vgl. IDW, Fragen und Antworten: Zur Festlegung der Wesentlichkeit und der Toleranzwesentlichkeit nach ISA 320 bzw. IDW PS 250 n.F. (F & A zu ISA 320 bzw. IDW PS 250 n.F.), Abschn. 2.1.). Eine (bedeutende) Gruppe von Nutzern kann allerdings aus nur einem Nutzer (z. B. Aktionär, Hausbank) bestehen.

Zu Rz (19):

Es ist von Adressaten auszugehen, die ein vernünftiges Maß an Rechnungslegungskenntnissen und Kenntnissen der Geschäftstätigkeit und des Geschäftsumfelds haben und den Abschluss mit angemessener Sorgfalt studieren.

Zu Rz (26):

Es bestehen keine schematischen Regeln, an denen sich der Abschlussaufsteller ausrichten kann, auch wenn ein praktisches Bedürfnis nach Anhaltspunkten besteht. Quantitative Maßstäbe allgemeiner Natur zur intersubjektiv nachprüfbaren Beurteilung der Wesentlichkeit sowie praktikable Grenzwerte im Hinblick auf die Erwartungshaltung des Nutzers lassen sich wohl nicht entwickeln.

Zu Rz (35):

Gemäß § 198 Abs. 8 Z 3 Satz 2 UGB besteht keine Verpflichtung zur Rückstellungsbildung, soweit es sich um nicht wesentliche Beträge handelt. Dies ist die einzige Bestimmung zum Ansatz im Jahresabschluss, die auf die Wesentlichkeit einzelfallbezogen Bezug nimmt. Bei Ausübung dieses Wahlrechts hat der Aufsteller die Zielsetzung des § 198 Abs. 8 Z 3 Satz 2 UGB mitzuberücksichtigen. Der mögliche Nichtansatz wird nach den ErlRV 1270 BlgNR 17. GP, S. 50, mit der praktischen Schwierigkeit, alle rückzustellenden Risiken vollständig zu erfassen, begründet, und es wird festgehalten, dass die Ausnahme entsprechend dem Vorsichtsprinzip eng zu sehen ist.

Zu Rz (36):

Die Rechnungslegung ist unvermeidbar mit Entscheidungen für bestimmte Bewertungsmethoden und der Vornahme von Schätzungen verbunden, so z. B. im Zusammenhang mit der Folgebewertung von Beteiligungen, der Forderungs- oder der Rückstellungsbewertung (vgl. Bertl, UGB zwischen IFRS und Bilanz-Richtlinie, in Bertl/Eberhartinger/Egger/Kalss/Lang/Nowotny/Riegler/Schuch/Staringer (Hrsg.), Reform der Rechnungslegung in Österreich (2015), S. 13 ff., hier S. 23 ff.). Rz (36) stellt klar, dass der Wesentlichkeitsgrundsatz keine Auswirkungen auf Entscheidungen für eine bestimmte Bewertungsmethode oder Entscheidungen im Zusammenhang mit Schätzungen hat, solange die Bewertungsmethoden bzw. die Schätzannahmen im Einklang mit den gesetzlichen Voraussetzungen stehen und allgemein als zulässig für den zugrundeliegenden Bilanzierungszusammenhang angesehen werden. Ebenso hat der Wesentlichkeitsgrundsatz keine Auswirkungen auf notwendigerweise vorzunehmende Beurteilungen im Zusammenhang mit der Subsumption eines Sachverhalts unter einen unbestimmten Rechtsbegriff, etwa jenen des Vermögensgegenstands, solange das Ergebnis der Beurteilung allgemein als vertretbar angesehen werden kann.

Zu Rz (37) und (39):

Es gibt originär quantitative Anhangangaben, die in der Regel unter Berücksichtigung des Einzelfalls im Hinblick auf die Entscheidungsrelevanz für die Rechnungslegungsadressaten als qualitativ wesentlich anzusehen sind. Derartige Angaben können daher grundsätzlich nicht aufgrund ihrer quantitativen Unwesentlichkeit weggelassen werden. Die folgenden Beispiele können insbesondere genannt werden (siehe auch die Aufzählung in Rz (30)):

- § 237 Abs. 1 Z 3 UGB (an Mitglieder des Vorstands und des Aufsichtsrats gewährte Vorschüsse und Kredite);
- § 238 Abs. 1 Z 18 UGB (Aufwendungen für den Abschlussprüfer); und
- § 239 Abs. 1 Z 4 UGB (Bezüge der Mitglieder des Vorstands, des Aufsichtsrats oder ähnlicher Einrichtungen; vgl. IDW PS 250 n.F., Rz 28).

Die genannten Angaben können zwar Teilgrößen von in der Bilanz oder der Gewinn- und Verlustrechnung ausgewiesenen Beträgen sein, erfüllen allerdings erkennbar einen über die bloße Aufgliederung eines Postens hinausgehenden Zweck. Beispielsweise soll die Angabe nach § 238 Abs. 1 Z 18 UGB „das Verhältnis zwischen Abschlussprüfer bzw. Prüfungsgesellschaft und geprüftem Unternehmen transparenter gestalten“ (vgl. ErlRV 467 BlgNR 23. GP, S. 13).

Zu Rz (41):

Gemäß § 250 Abs. 1 UGB besteht der Konzernabschluss aus der Konzernbilanz, der Konzern-Gewinn- und Verlustrechnung, dem Konzernanhang, der Konzernkapitalflussrechnung und einer Darstellung der Komponenten des Eigenkapitals und ihrer Entwicklung. Er kann um die Segmentberichterstattung erweitert werden. Der Grundsatz der Wesentlichkeit ist gemäß Art. 24 Abs. 1 der Bilanz-Richtlinie auf alle Bestandteile des Konzernabschlusses anzuwenden und bezieht sich auf Ansatz, Bewertung, Darstellung und Konsolidierung sowie auf die Offenlegung des Konzernabschlusses. Bei der Inanspruchnahme des Wesentlichkeitsgrundsatzes für den Ausweis der Unterschiedsbeträge aus der Kapitalkonsolidierung (§ 254 Abs. 3 UGB) und den Ausweis der Anteile anderer Gesellschafter (§ 259 UGB) ist insbesondere die qualitative Wesentlichkeit zu berücksichtigen.

AFRAC-Stellungnahme 35
Konzerneigenkapitalspiegel (UGB)

Stellungnahme
Die Darstellung der Komponenten des Eigenkapitals und ihrer Entwicklung gemäß § 250 Abs 1 UGB

(Mai 2020)

Historie der vorliegenden Stellungnahme

erstmalige Veröffentlichung	Mai 2020	

1. Gegenstand und Anwendungsbereich

(1) Die „Darstellung der Komponenten des Eigenkapitals und ihrer Entwicklung" (Konzerneigenkapitalspiegel) ist gemäß § 250 Abs 1 UGB ein Pflichtbestandteil des Konzernabschlusses. Da das Gesetz die inhaltliche Ausgestaltung des Konzerneigenkapitalspiegels nicht regelt, behandelt diese Stellungnahme die systematische Darstellung der Zusammensetzung und der Entwicklung des im Konzernabschluss ausgewiesenen Eigenkapitals (Konzerneigenkapital) in einem Konzerneigenkapitalspiegel. Ferner klärt die Stellungnahme ausgewählte Bilanzierungsfragen mit Auswirkung auf die Darstellung des Konzerneigenkapitals, um die einheitliche Anwendung der konzernspezifischen sowie der gesetzlichen Vorschriften zum Eigenkapital, die nach § 251 Abs 1 UGB auf den Konzernabschluss entsprechend anzuwenden sind, sicherzustellen.

(2) Diese Stellungnahme gilt für Konzernabschlüsse, die verpflichtend oder freiwillig gemäß den Vorschriften der §§ 244 bis 266 UGB (ausgenommen § 245a UGB) erstellt werden. Die Stellungnahme gilt somit auch für Konzernabschlüsse, die aufgrund anderer gesetzlicher Vorschriften erstellt werden, soweit diese auf die Bestimmungen der §§ 244 bis 266 UGB (ausgenommen § 245a UGB) verweisen.

(3) Die Stellungnahme gilt nicht für Konzernabschlüsse, die gemäß Art. 4 der Verordnung (EG) Nr. 1606/2002 betreffend die Anwendung internationaler Rechnungslegungsstandards, ABl. Nr. L 243 vom 11.9.2002, S. 1, verpflichtend oder gemäß § 245a Abs 2 UGB freiwillig nach internationalen Rechnungslegungsstandards erstellt werden.

2. Komponenten des Konzerneigenkapitals

(4) Das Konzerneigenkapital umfasst die Posten des Eigenkapitals gemäß § 224 Abs 3 A UGB (Eingefordertes Nennkapital, Kapitalrücklagen, Gewinnrücklagen und Bilanzgewinn/-verlust), allfällige Posten gemäß § 229 Abs 1a UGB (eigene Anteile und die dafür gebildete Rücklage), eine allfällige Rücklage gemäß § 225 Abs 5 UGB (für Anteile an Mutterunternehmen) und die Eigenkapitalposten aufgrund von Konsolidierungsmaßnahmen (§§ 254 Abs 3, 259 Abs 1 und 261 UGB). Der Konzerneigenkapitalspiegel beinhaltet die Entwicklung des Konzerneigenkapitals für den Berichtszeitraum.

(5) Der Konzerneigenkapitalspiegel hat daher zumindest folgende Komponenten zu umfassen:

	Eingefordertes Nennkapital (Grund-, Stammkapital) des Mutterunternehmens
–	Nennbetrag bzw. rechnerischer Wert eigener Anteile des Mutterunternehmens
+	Kapitalrücklagen
+/–	Rücklagen aus erfolgsneutral erfassten Wertänderungen
+/–	Kumuliertes Ergebnis
=	**Das den Gesellschaftern des Mutterunternehmens zuzurechnende Eigenkapital**
+	Nicht beherrschende Anteile
=	**Konzerneigenkapital**

(6) Der gesonderte Ausweis der Rücklage für eigene Anteile des Mutterunternehmens und der Rücklage für Anteile an Mutterunternehmen des Mutterunternehmens kann unterbleiben (vgl. Rz (17)).

(7) Die Gewinnrücklagen und der Bilanzgewinn/-verlust können im Konzernabschluss im Posten „Kumuliertes Ergebnis" zusammengefasst werden (vgl. Rz (14)).

(8) Das Gliederungsschema für die Komponenten des Eigenkapitals ist gegebenenfalls entsprechend Besonderheiten (z.B. Branchen, Optionsrücklagen, vgl. AFRAC-Stellungnahme 3 „Anteilsbasierte Vergütungen (UGB)", etc.) anzupassen. Hat das Mutterunternehmen nicht die Rechtsform einer Kapitalgesellschaft, sind die betreffenden Posten des Konzerneigenkapitals ebenfalls entsprechend zu adaptieren (vgl. Rz (32) ff).

(9) Auf die Gliederung des Konzerneigenkapitals ist § 223 Abs 4 UGB gemäß § 251 Abs 1 UGB entsprechend anzuwenden. Werden in der Konzernbilanz innerhalb des Postens „A. Eigenkapital" gemäß § 224 Abs 3 iVm § 251 Abs 1 UGB zusätzliche Posten ausgewiesen, wie etwa für stille Beteiligungen, Genussrechtskapital oder anderes Mezzanin-Kapital, sind diese in die Gliederung des Konzerneigenkapitalspiegels zu übernehmen. Die Spalten des Konzerneigenkapitalspiegels (vgl. Rz (31)) müssen mit den entsprechenden Posten der Konzernbilanz abstimmbar sein. Die Postenbezeichnungen der Konzernbilanz sind dabei beizubehalten.

3. Erläuterungen zu einzelnen Komponenten

3.1. Eingefordertes Nennkapital

(10) Nach § 229 Abs 1 iVm § 251 Abs 1 UGB sind beim eingeforderten Nennkapital des Mutterunternehmens auch der Betrag der übernommenen Einlagen („Nennkapital") und das einbezahlte Nennkapital auszuweisen. Das Nennkapital im Konzernabschluss muss mit dem Nennkapital des Mutterunternehmens übereinstimmen.

(11) Ausstehende Einlagen auf das Nennkapital des Mutterunternehmens sind wie folgt zu behandeln:

a) Eingeforderte ausstehende Einlagen gegenüber in den Konzernabschluss einbezogenen Tochterunternehmen oder anteilmäßig einbezogenen Gemeinschaftsunternehmen sind im Rahmen der Schuldenkonsolidierung (vgl. § 255 UGB) zu eliminieren.

b) Eingeforderte ausstehende Einlagen gegenüber Dritten (einschließlich nicht vollkonsolidierter Tochterunternehmen, nicht einbezogener Gemeinschaftsunternehmen, assoziierter Unternehmen und anderer Beteiligungsunternehmen) sind als Forderung gesondert auszuweisen.

3.2. Kapitalrücklagen

(12) Die Kapitalrücklagen im Konzernabschluss zeigen in aller Regel die Einlagen der Gesellschafter des Mutterunternehmens, die über das Nennkapital hinausgehen, und stimmen regelmäßig mit den Kapitalrücklagen des Mutterunternehmens überein.

(13) Da der Konzernabschluss für die Zulässigkeit von Ausschüttungen keine rechtliche Bedeutung hat, ist im Konzerneigenkapitalspiegel eine Unterscheidung zwischen gebundenen und nicht gebundenen Kapitalrücklagen nicht notwendig.

3.3. Kumuliertes Ergebnis

(14) Eine Unterscheidung in gesetzliche, satzungsmäßige und freie Gewinnrücklagen ist im Konzerneigenkapitalspiegel nicht notwendig, weil der Konzernabschluss für die Zulässigkeit von Ausschüttungen keine rechtliche Bedeutung hat. Aus dem gleichen Grund dürfen die Gewinnrücklagen und der Bilanzgewinn/-verlust im Konzerneigenkapitalspiegel zu einem Posten zusammengefasst werden. Dieser Posten kann als „Kumuliertes Ergebnis" bezeichnet werden. Wird eine gesetzliche oder satzungsmäßige Rücklage freiwillig gesondert gezeigt, so muss sie mit der gesetzlichen bzw. satzungsmäßigen Rücklage des Mutterunternehmens übereinstimmen.

3.4. Eigene Anteile und Anteile am Mutterunternehmen

(15) Eigene Anteile des Mutterunternehmens im Konzernabschluss müssen mit dem entsprechenden Posten im Jahresabschluss des Mutterunternehmens grundsätzlich übereinstimmen, es sei denn, ein einbezogenes Tochterunternehmen oder ein gemäß § 262 UGB anteilmäßig konsolidiertes Unternehmen hält Anteile am Mutterunternehmen (Rückbeteiligungen). Nach § 254 Abs 4 UGB sind diese Anteile am Mutterunternehmen in der Konzernbilanz ebenfalls als eigene Anteile zu behandeln und daher nach § 229 Abs 1a UGB stets mit dem Nennbetrag bzw. rechnerischen Wert der Anteile am Mutterunternehmen offen vom Nennkapital abzuziehen.

(16) Der Unterschiedsbetrag zwischen dem Nennbetrag oder dem rechnerischen Wert und den Anschaffungskosten der eigenen Anteile ist grundsätzlich mit den nicht gebundenen Kapitalrücklagen und den freien Gewinnrücklagen (vgl. § 224 Abs 3 A II Z 2 und III Z 3 UGB) zu verrechnen (vgl. § 229 Abs 1a Satz 2 UGB). Im Konzernabschluss ist eine Verrechnung auch gegen gebundene Kapitalrücklagen (vgl. Rz (13)) sowie gesetzliche oder satzungsmäßige Gewinnrücklagen (vgl. Rz (14)) zulässig.

(17) Gemäß § 229 Abs 1a Satz 4 UGB ist der Nennbetrag bzw. der rechnerische Wert der erworbenen eigenen Anteile in die gebundenen Rücklagen einzustellen. Aufgrund des reinen Informationscharakters der Konzernbilanz und weil der Konzernabschluss für die Zulässigkeit von Ausschüttungen keine rechtliche Bedeutung hat, ist ein gesonderter Ausweis einer derartigen Rücklage im Konzernabschluss nicht notwendig. Abhängig von der Zuordnung dieser Rücklage im Jahresabschluss des Mutterunternehmens ist diese ebenso in den Kapital- oder Gewinnrücklagen bzw. ggf. im kumulierten Ergebnis (vgl. Rz (14)) des Konzernabschlusses auszuweisen.

(18) Bei in den Konzernabschluss gemäß § 262 UGB anteilmäßig einbezogenen Unternehmen (Gemeinschaftsunternehmen) ist keine Rücklagenbildung erforderlich, unabhängig davon, ob sie Anteile am übergeordneten Unternehmen oder an dessen Mutterunternehmen halten.

(19) Die Anschaffungsnebenkosten des Erwerbs eigener Anteile sind als Aufwand des Geschäftsjahrs erfolgswirksam in der Konzern-Gewinn- und Verlustrechnung zu erfassen (vgl. § 229 Abs 1a Satz 3 UGB).

(20) Sind an dem Tochterunternehmen, welches eine Rückbeteiligung am Mutterunternehmen hält, auch andere Gesellschafter beteiligt, ist zunächst der Abzug des Nennbetrags oder rechnerischen Werts in voller Höhe vorzunehmen. Bei der Verrechnung des Restbetrags der Anschaffungskosten der Rückbeteiligung ist jener Betrag, der mit den Rücklagen des Mutterunternehmens zu verrechnen ist, entsprechend zu verringern. Der verbleibende Differenzbetrag ist mit dem Ausgleichsposten gemäß § 259 Abs 1 UGB zu verrechnen.

3.5. Rücklagen aus erfolgsneutral erfassten Wertänderungen

(21) Werden im Rahmen der Konsolidierung Wertänderungen im Konzern – z.B. Änderungen der Vermögensgegenstände, Rückstellungen, Verbindlichkeiten, Rechnungsabgrenzungsposten und latenten Steuern ausländischer Tochterunter-

nehmen aufgrund von Wechselkursschwankungen (Währungsumrechnung) – nicht in der Konzern-Gewinn- und Verlustrechnung gezeigt, so sind diese Wertänderungen im Konzernabschluss als gesonderte Komponente des Konzerneigenkapitals zu zeigen. Die Komponente für erfolgsneutral erfasste Wertänderungen zeigt die kumulierten Effekte aus der erfolgsneutralen Erfassung ab der erstmaligen Einbeziehung der ausländischen Tochterunternehmen in den Konzernabschluss.

3.6. Nicht beherrschende Anteile

(22) Der in Rz (5) zuletzt angeführte Posten ergibt sich aus § 259 Abs 1 UGB, wonach für die nicht dem Mutterunternehmen oder einem einbezogenen Tochterunternehmen gehörenden Anteile an den in den Konzernabschluss einbezogenen Tochterunternehmen ein Ausgleichsposten für die Anteile der anderen Gesellschafter in Höhe ihres Anteils am Eigenkapital unter der Bezeichnung „Nicht beherrschende Anteile" innerhalb des Eigenkapitals gesondert auszuweisen ist.

4. Darstellung der Entwicklung des Konzerneigenkapitals

4.1. Allgemeine Grundsätze

(23) Die Veränderungen des Konzerneigenkapitals sind in die Veränderungen, die aus der Unternehmenssphäre stammen, und die Veränderungen, die aus der Eigentümersphäre stammen, zu untergliedern. Die Veränderungen, die aus der Unternehmenssphäre stammen, sollen als Konzerngesamtergebnis bezeichnet werden.

(24) Die Veränderungen des Konzerneigenkapitals sind unsaldiert auszuweisen. So sind beispielsweise Veränderungen des Konzerneigenkapitals aufgrund von Änderungen des Konsolidierungskreises in einer gesonderten Zeile zu erfassen.

(25) Die Zeile „Jahresüberschuss/-fehlbetrag" (vgl. Rz (31)) muss dem gemäß § 231 Abs 2 Z 21 oder Abs 3 Z 20 iVm § 251 Abs 1 UGB in der Konzern-Gewinn- und Verlustrechnung ausgewiesenen Posten entsprechen.

(26) Gemäß § 223 Abs 2 UGB ist im Jahresabschluss zu jedem Posten der entsprechende Betrag des vorangegangenen Geschäftsjahrs zumindest in vollen EUR 1.000 anzugeben. Gemäß § 251 Abs 1 UGB bzw. Rz (15) f der AFRAC-Stellungnahme 12 „Vorjahreszahlen (UGB)" sind auch im Konzerneigenkapitalspiegel durchgängig Vorjahreszahlen anzugeben.

(27) Da für die Offenlegung und die Veröffentlichung des Konzernabschlusses gemäß § 280 Abs 1 UGB die Bestimmungen des § 277 Abs 3 UGB sinngemäß anzuwenden sind, sind dabei die Rundung und Angabe der Entwicklung des Konzerneigenkapitals in vollen EUR 1.000 bzw. nach Maßgabe der Wesentlichkeit (vgl. § 189a UGB bzw. sinngemäß AFRAC-Stellungnahme 34 „Wesentlichkeit bei der Aufstellung von UGB-Abschlüssen") auch in größeren Einheiten zulässig.

4.2. Veränderungen aus der Eigentümersphäre

(28) Zu den Veränderungen aus der Eigentümersphäre gehören z.B. erfolgsneutral erfasste Veränderungen des Konzerneigenkapitals im Zusammenhang mit der Auf- und Abstockung von Anteilen an Tochterunternehmen ohne Statuswechsel (vgl. AFRAC-Stellungnahme 33 „Kapitalkonsolidierung (UGB)" Rz (138) ff) oder der Ausübung von Bezugsrechten auf Anteile an einem Tochterunternehmen (vgl. AFRAC-Stellungnahme 33 „Kapitalkonsolidierung (UGB)" Rz (102)).

(29) Eine Untergliederung und/oder Umbenennung der Veränderungen aus der Eigentümersphäre ist zulässig.

(30) Wesentliche Veränderungen aus der Eigentümersphäre sind anzugeben und zu erläutern.

5. Beispiel für die Darstellung der Komponenten des Konzerneigenkapitals und ihrer Entwicklung

(31) Nachfolgend ist ein Beispiel für einen Konzerneigenkapitalspiegel dargestellt. Dabei wird davon ausgegangen, dass im Konzern keine Anteile an Mutterunternehmen des Mutterunternehmens gehalten werden. Die Darstellung des Konzerneigenkapitalspiegels kann auch invertiert erfolgen.

	Eingefordertes Nennkapital	Nennbetrag bzw. rechnerischer Wert eigener Anteile	Kapitalrücklagen	Rücklagen aus erfolgsneutral erfassten Wertänderungen	Kumuliertes Ergebnis	**Das den Gesellschaftern des Mutterunternehmens zuzurechnende Eigenkapital**	Nicht beherrschende Anteile	**Konzerneigenkapital**
Stand 1.1. Vorjahr	**X**	**(X)**	**X**	**X**	**X**	**X**	**X**	**X**
Jahresüberschuss / -fehlbetrag					X	**X**	X	**X**
Erfolgsneutral erfasste Wertänderungen				X		**X**	X	**X**
Konzerngesamtergebnis				**X**	**X**	**X**	**X**	**X**
Ausschüttungen					(X)	**(X)**	(X)	**(X)**
Kapitalerhöhung/-herabsetzung	X		X			**X**	X	**X**
Erwerb / Verkauf Tochterunternehmen							X	**X**
Auf- / Abstockung Tochterunternehmen			(X)		(X)	**(X)**	(X)	**(X)**
Erwerb / Verkauf eigener Anteile		(X)	(X)		(X)	**(X)**		**(X)**
Stand 31.12. Vorjahr	**X**	**(X)**	**X**	**X**	**X**	**X**	**X**	**X**
Jahresüberschuss / -fehlbetrag					X	**X**	X	**X**
Erfolgsneutral erfasste Wertänderungen				X		**X**	X	**X**
Konzerngesamtergebnis				**X**	**X**	**X**	**X**	**X**
Ausschüttungen					(X)	**(X)**	(X)	**(X)**
Kapitalerhöhung/-herabsetzung	X		X			**X**	X	**X**
Erwerb / Verkauf Tochterunternehmen							X	**X**
Auf- / Abstockung Tochterunternehmen			(X)		(X)	**(X)**	(X)	**(X)**
Erwerb / Verkauf eigener Anteile		(X)	(X)		(X)	**(X)**		**(X)**
Stand 31.12.	**X**	**(X)**	**X**	**X**	**X**	**X**	**X**	**X**

6. Ergänzende Regelungen für Personengesellschaften iSd § 189 Abs 1 Z 2 UGB

(32) Dieser Abschnitt gilt für eingetragene Personengesellschaften, bei denen alle unmittelbaren oder mittelbaren Gesellschafter mit ansonsten unbeschränkter Haftung nur beschränkt haftbar sind (vgl. § 189 Abs 1 Z 2 UGB).

(33) Die Kapitalanteile der Gesellschafter und, sofern der Betrag der bedungenen Einlage erreicht ist, die Verbindlichkeiten gegenüber den Kommanditisten sind im Konzernabschluss des Mutterunternehmens in der Rechtsform einer Personengesellschaft in gleicher Höhe wie in seinem Jahresabschluss auszuweisen.

(34) Übersteigt das im Berichtsjahr erwirtschaftete Ergebnis des Konzerns das Ergebnis aus dem Jahresabschluss des Mutterunternehmens, wird empfohlen, den Differenzbetrag in die sonstigen Konzerngewinnrücklagen einzustellen. Ist das im Berichtsjahr erwirtschaftete Ergebnis des Konzerns niedriger als das Ergebnis aus dem Jahresabschluss des Mutterunternehmens, wird empfohlen, den Differenzbetrag zunächst mit den Konzerngewinnrücklagen zu verrechnen. Übersteigt dieser Differenzbetrag die vorhandenen Konzerngewinnrücklagen, wird empfohlen, den nach vollständiger Verrechnung mit den Konzerngewinnrücklagen verbleibenden Unterschiedsbetrag in einem gesonderten Posten mit entsprechender Bezeichnung (z.B. „Differenzbetrag für das gegenüber dem Mutterunternehmen niedrigere Konzernergebnis") innerhalb des Konzerneigenkapitals auszuweisen. Durch diese Vorgehensweise wird gewährleistet, dass im Konzernabschluss nur das Ergebnis ausgewiesen wird, das den Gesellschaftern zur Disposition steht, nämlich das Ergebnis des Mutterunternehmens.

7. Ergänzende Angaben zum Konzerneigenkapitalspiegel

(35) Es wird empfohlen, zusätzlich Folgendes anzugeben:

a) vom kumulierten Ergebnis den Betrag, der beim Mutterunternehmen am Stichtag zur Gewinnausschüttung an die Gesellschafter zur Verfügung steht, und

b) von den Kapitalrücklagen und dem kumulierten Ergebnis den Betrag, der beim Mutterunternehmen gemäß § 235 UGB, Satzung oder Gesellschaftsvertrag einer Ausschüttungssperre oder anderen Verfügungsbeschränkungen unterliegt.

(36) Die ergänzenden Angaben sind geschlossen entweder unter dem Konzerneigenkapitalspiegel oder im Konzernanhang zu machen.

8. Erstmalige Anwendung

(37) Diese Stellungnahme ist auf Geschäftsjahre anzuwenden, die nach dem 31. Dezember 2019 beginnen. Eine vorzeitige Anwendung ist möglich.

Erläuterungen

Zu Rz (1):

Der Inhalt der vorliegenden Stellungnahme orientiert sich weitgehend an der Stellungnahme KFS/BW 4 des Fachsenats für Betriebswirtschaft der Kammer der Wirtschaftstreuhänder zur „Darstellung der Komponenten des Konzerneigenkapitals und ihrer Entwicklung" vom Jänner 2016 sowie DRS 22 „Konzerneigenkapital" vom 22.9.2017 (Bekanntmachung am 4.12.2017).

Zu Rz (12):

Lediglich in besonderen Fällen kann es zu Abweichungen zwischen den Kapitalrücklagen des Mutterunternehmens und jenen im Konzernabschluss kommen (vgl. Deutsch-Goldoni in *Straube/Ratka/Rauter*, UGB II/RLG[3] (2019) § 250 Rz 16; *Fröhlich*, Praxis der Konzernrechnungslegung4 (2016) 821).

Zu Rz (15):

Im Jahresabschluss von in den Konzernabschluss einbezogenen Tochter oder anteilmäßig konsolidierten Unternehmen ausgewiesene Rücklagen für in ihrem Besitz befindliche eigene Anteile sind nicht in den Konzernabschluss zu übernehmen.

Zu Rz (21):

Da sich die Rücklagen aus erfolgsneutral erfassten Wertänderungen im UGB-Konzernabschluss nur auf Währungsumrechnungseffekte beziehen, kann der Posten auch als „Währungsumrechnungsdifferenzen" bezeichnet werden.

Zu Rz (24):

Es sind sowohl wesentliche Mehrungen als auch wesentliche Minderungen des Konzerneigenkapitals, z.B. aufgrund von erfolgsneutral erfassten Effekten aus der Erst-, End- und Übergangskonsolidierung, in separaten Zeilen und Spalten des Konzerneigenkapitalspiegels auszuweisen.

Zu Rz (28):

Werden nach Begründung des Mutter-Tochter-Verhältnisses weitere Anteile an einem Tochterunternehmen erworben (Aufstockung) oder Anteile veräußert (Abstockung), ohne dass der Status als Tochterunternehmen verloren geht, können diese Transaktionen gemäß AFRAC-Stellungnahme 33 „Kapitalkonsolidierung (UGB)" Rz (134) ff entweder als Erwerbs- bzw. Veräußerungsvorgang oder als Kapitalvorgang abgebildet werden. Bei einer Interpretation als Kapitalvorgang ist ein etwaiger Unterschiedsbetrag mit dem Konzerneigenkapital, das auf das Mutterunternehmen entfällt, zu verrechnen. Dieser Unterschiedsbetrag kann im Konzerneigenkapitalspiegel entweder in den Kapitalrücklagen oder im kumulierten Ergebnis erfasst werden. Die gewählte Vorgehensweise ist einheitlich für alle Auf- und Abstockungsfälle sowie zeitlich stetig anzuwenden.

Zu Rz (33):

Bestehen zwischen den Tochterunternehmen und dem Mutterunternehmen Ergebnisabführungsverträge oder sind die Voraussetzungen für die phasengleiche Ergebnisvereinnahmung (vgl. AFRAC-Stellungnahme 4 „Dividendenaktivierung (UGB)" Rz (9)) erfüllt, so sind die Ergebnisse der Tochterunternehmen im Ergebnis des Mutterunternehmens bereits enthalten. Dieses Ergebnis wird sodann den Kapitalanteilen der Gesellschafter des Mutterunternehmens und ggf. den Gesellschafterkonten im Fremdkapital (bei Kommanditisten) zugerechnet.

Liegen dagegen keine Ergebnisabführungsverträge vor oder sind die Voraussetzungen für die phasengleiche Ergebnisvereinnahmung nicht erfüllt, ist eine Zuweisung der Ergebnisse der Tochterunternehmen, über deren Verwendung noch nicht entschieden wurde, zu den Kapitalanteilen der Gesellschafter des Mutterunternehmens und ggf. zu den Verbindlichkeiten nicht sachgerecht: Die Gesellschafter haben noch keinen Zugriff auf die Ergebnisse der Tochterunternehmen, die Verbindlichkeiten sind aus rechtlicher Sicht noch nicht entstanden. Stattdessen soll nur das Ergebnis des Mutterunternehmens aus seinem Jahresabschluss den Kapitalanteilen und ggf. den Gesellschafterkonten im Fremdkapital, wie in AFRAC-Stellungnahme 18 „Eigenkapital bei der GmbH & Co KG (UGB)" Rz (5a) ff erläutert, zugewiesen werden. Dadurch werden die Kapitalanteile der Gesellschafter im Jahresabschluss des Mutterunternehmens und im Konzernabschluss in gleicher Höhe ausgewiesen.

Zu Rz (35):

Wenn die Gewinnrücklagen und der Bilanzgewinn/-verlust nicht zu dem Posten „Kumuliertes Ergebnis" zusammengefasst werden (vgl. Rz (14)), hat die ergänzende Angabe gemäß Punkt b) zum jeweiligen Posten zu erfolgen.

AFRAC-Stellungnahme 36 Geldflussrechnung (UGB)

Stellungnahme
Geldflussrechnung (UGB)

(Juni 2020)

Historie der vorliegenden Stellungnahme

erstmalige Veröffentlichung	Juni 2020	

1. Vorbemerkungen und Anwendungsbereich

(1) Die Geldflussrechnung ist gemäß § 250 Abs 1 UGB (dort „Konzernkapitalflussrechnung") ein verpflichtender Bestandteil von Konzernabschlüssen. Für den Jahresabschluss sind im UGB keine expliziten Regelungen betreffend die Geldflussrechnung enthalten, jedoch sieht die Rz (41) der AFRAC-Stellungnahme 9 „Lageberichterstattung (UGB)" die Angabe von Teilergebnissen der Geldflussrechnung als finanzielle Leistungsindikatoren im Lagebericht vor.

(2) Konkrete Vorschriften für die Ausgestaltung der Konzerngeldflussrechnung fehlen im UGB. Gegenstand der vorliegenden Stellungnahme sind daher Regelungen für die Ausgestaltung sowohl der Konzerngeldflussrechnung als auch der Geldflussrechnung zum Jahresabschluss.

(3) Die Stellungnahme orientiert sich an der internationalen Praxis, insbesondere am International Accounting Standard (IAS) 7 „Statement of Cash Flows" und am Deutschen Rechnungslegungsstandard (DRS) 21 „Kapitalflussrechnung".

(4) Bei der Aufstellung der Geldflussrechnung sind insbesondere die Grundsätze der Vollständigkeit, der Wesentlichkeit (vgl. AFRAC-Stellungnahme 34 „Wesentlichkeit bei der Aufstellung von UGB-Abschlüssen"), der Klarheit und Übersichtlichkeit sowie der Stetigkeit zu beachten. Zu jedem Posten der Geldflussrechnung ist der entsprechende Betrag des vorangegangenen Geschäftsjahrs (bzw. der Vergleichsperiode) anzugeben. Die Anwendung der Grundsätze findet dort ihre Grenze, wo sie nur mit unverhältnismäßig großem Aufwand möglich wäre. Zuordnungsprobleme bzw. das Abweichen von diesen Grundsätzen sind im (Konzern-)Anhang zu erläutern.

2. Fonds der flüssigen Mittel

2.1. Abgrenzung des Fonds der flüssigen Mittel

(5) Der für die Aufstellung der Geldflussrechnung maßgebliche Finanzmittelfonds ist nach gängiger internationaler Praxis der Fonds der flüssigen Mittel. Dieser Fonds umfasst den Bilanzposten „Kassenbestand, Schecks, Guthaben bei Kreditinstituten" (§ 224 Abs 2 B IV UGB) zuzüglich Zahlungsmitteläquivalente. Zahlungsmittel bzw. Zahlungsmitteläquivalente, die nicht innerhalb von drei Monaten nach ihrem Erwerb flüssig gemacht werden können, dürfen nicht in den Fonds der flüssigen Mittel aufgenommen werden. Zahlungsmitteläquivalente sind kurzfristige, äußerst liquide Finanzinvestitionen, die jederzeit in festgelegte Zahlungsmittelbeträge umgewandelt werden können und die nur unwesentlichen Wertschwankungsrisiken unterliegen. Den Zahlungsmitteläquivalenten zugeordnete Finanzinvestitionen dürfen daher im Erwerbszeitpunkt nur eine Restlaufzeit von maximal drei Monaten aufweisen.

(6) In den Fonds der flüssigen Mittel sind außerdem Kontokorrentkredite einzubeziehen und offen abzusetzen, wenn sie zur Disposition der flüssigen Mittel dienen. Ein Merkmal solcher Vereinbarungen mit den Banken sind häufige Schwankungen des Kontosaldos zwischen Soll- und Habenbeständen.

(7) Guthaben bei Kreditinstituten und Kontokorrentkredite, die in Vereinbarungen zum fiktiven Cash-Pooling einbezogen sind, sind in der Regel als Bestandteile des Fonds der flüssigen Mittel anzusehen.

Forderungen bzw. Verbindlichkeiten aus Vereinbarungen zum physischen Cash-Pooling erfüllen in der Regel die Definition von Zahlungsmitteläquivalenten und sind daher Bestandteile des Fonds der flüssigen Mittel, wenn kumulativ Folgendes gilt:

a) Die Forderungen gegenüber dem Cash-Pool-Leader können jederzeit in Zahlungsmittel umgewandelt werden;

b) die Forderungen gegenüber dem Cash-Pool-Leader unterliegen nur einem den Zahlungsmitteläquivalenten entsprechenden geringen Wertänderungsrisiko;

c) der Cash-Pool-Leader verfügt über ausreichende Liquidität, um alle Verpflichtungen gegenüber den Teilnehmern am Cash-Pooling jederzeit erfüllen zu können;

d) das Finanzmanagement des Konzerns verfügt über Kontrollsysteme und Prozesse, die denen von Finanzinstituten vergleichbar sind;

e) die Teilnehmer am Cash-Pooling haben entsprechende Überwachungsrechte, um die Einhaltung der Punkte a bis d jederzeit überprüfen zu können. Dies umfasst auch die laufende Überwachung der Bonität der am Cash-Pooling teilnehmenden Gesellschaften.

2.2. Ergänzende Angaben

(8) Die Geldflussrechnung zeigt die Ursachen und Quellen auf, auf welche die Veränderungen

des Fonds der flüssigen Mittel zurückzuführen sind. Die Offenlegung der Zusammensetzung des Fonds ist dann von Bedeutung, wenn im Fonds kurzfristige Finanzinvestitionen (z.B. Wertpapiere) enthalten sind. Wesentliche unrealisierte Wertänderungen des Finanzmittelbestands am Ende der Rechnungsperiode sind im Finanzmittelnachweis gesondert darzustellen.

(9) Ein Unternehmen hat die Bestandteile und die einzelnen Komponenten des Fonds der flüssigen Mittel inkl. einer Überleitung zu den einzelnen Bilanzposten anzugeben, falls der Fonds der flüssigen Mittel nicht dem Bilanzposten „Kassenbestand, Schecks, Guthaben bei Kreditinstituten" entspricht.

(10) Ein Unternehmen hat den Betrag an wesentlichen Zahlungsmitteln und Zahlungsmitteläquivalenten, die trotz einer Verfügungsbeschränkung unter die Definition des Fonds der flüssigen Mittel fallen, gemeinsam mit den Gründen für die Verfügungsbeschränkung anzugeben. Aspekte der Kapitalverkehrskontrollen sind bei der Zuordnung zu den Zahlungsmitteln zu berücksichtigen.

3. Zahlungsströme in Fremdwährungen

(11) Zahlungsströme in Fremdwährung sind grundsätzlich mit dem Wechselkurs des jeweiligen Zahlungszeitpunkts in die Berichtswährung umzurechnen; dies gilt auch für ausländische Tochterunternehmen. Die Währungsumrechnung kann aus Vereinfachungsgründen mit gewogenen Durchschnittskursen vorgenommen werden, die im Ergebnis einer Umrechnung mit den tatsächlichen Kursen zum Zahlungszeitpunkt näherungsweise entsprechen.

4. Die Erstellung der Geldflussrechnung

(12) Die Geldflussrechnung kann entweder originär durch unmittelbare Erfassung der Zahlungsströme oder derivativ aus den Jahresabschlussdaten erstellt werden.

(13) Für die originäre Erfassung der Zahlungsströme ist im Hinblick auf die erfolgs- und bilanzorientierte Datenbasis der Buchhaltung eine zusätzliche Systematisierung des Datenflusses in Bezug auf die Zahlungswirksamkeit erforderlich. Sofern diese nicht vorliegt, ist es zweckmäßig, die Geldflussrechnung derivativ aus den Jahresabschlussdaten zu erstellen und ergänzend einzelne Kontenumsätze heranzuziehen, um sonst nicht erkennbare finanzwirtschaftlich relevante Vorgänge zu identifizieren.

(14) Für die derivative Ermittlung der Zahlungsströme erfolgt eine Verknüpfung von Erfolgsposten mit Posten der Veränderungsbilanz, wodurch die ursprünglich vorgenommenen Periodisierungen und Bewertungsmaßnahmen rückgängig gemacht werden und bewertungsunabhängige Zahlungsströme ermittelt werden, deren Saldo, also der Einzahlungs- oder Auszahlungsüberschuss, aufgrund des verrechnungstechnischen Zusammenhangs zu einer entsprechenden Veränderung des Fonds der flüssigen Mittel führt.

5. Die Gliederung der Geldflussrechnung

5.1. Grundsätze

(15) Eine Geldflussrechnung als periodenbezogene Rechnung zur Finanzlage kann die gewünschten Informationen nur geben, wenn die Zahlungsströme entsprechend dem Rechnungszweck nach sachlichen Gesichtspunkten in Bereiche gegliedert werden, wobei jeder Bereich mit einem Saldo (Nettozufluss/Nettoabfluss) abschließt. Maßgebend ist die international übliche Gliederung der Geldflüsse nach den folgenden Bereichen, die auch der gängigen Praxis entspricht:

a) Betriebliche Tätigkeit,
b) Investitionstätigkeit,
c) Finanzierungstätigkeit.

(16) Der Unternehmenszweck und das Geschäftsmodell bestimmen maßgeblich die Abgrenzung zwischen betrieblicher Tätigkeit, Investitionstätigkeit und Finanzierungstätigkeit. Veränderungen von Vermögensgegenständen und Schulden sind, sofern wesentlich, sachgerecht den drei genannten Bereichen der Geldflussrechnung zuzuordnen.

(17) Durch Untergliederungen kann jeder Tätigkeitsbereich in seinem Informationsgehalt angereichert werden, wodurch eine differenzierte Analyse ermöglicht wird.

5.2. Betriebliche Tätigkeit

(18) Die derivative Ermittlung des Netto-Geldflusses aus betrieblicher Tätigkeit kann nach der direkten oder nach der indirekten Methode erfolgen. Beide Methoden führen bei sachgerechter Anwendung zum gleichen Ergebnis, haben jedoch unterschiedliche Aussagekraft.

(19) Bei der direkten Methode werden die Geldzu- und -abflüsse in voller Höhe analog zur Gliederung der Gewinn- und Verlustrechnung ausgewiesen. Bei der indirekten Methode wird das Ergebnis vor Steuern auf den Netto-Geldfluss aus der betrieblichen Tätigkeit übergeleitet. Da die indirekte Methode die Gründe für die Divergenz zwischen Ergebnis vor Steuern und Netto-Geldfluss aus der betrieblichen Tätigkeit aufzeigt, sollte sie bei Anwendung der direkten Methode als gesonderte Rechnung Bestandteil der Darstellung der Finanzlage sein.

(20) Geldflüsse in diesem Bereich resultieren primär aus den mit der Haupttätigkeit des Unternehmens zusammenhängenden Geschäftsfällen. Zu diesen Geldflüssen gehören:

a) Einzahlungen aus der betrieblichen Leistungserstellung,
b) sonstige Einzahlungen, die nicht der Investitions- oder Finanzierungstätigkeit zuzuordnen sind,
c) Auszahlungen für die betriebliche Leistungserstellung,
d) sonstige Auszahlungen, die nicht der Investitions- oder Finanzierungstätigkeit zuzuordnen sind.

(21) Steuerzahlungen sind in der Regel der betrieblichen Tätigkeit zuzuordnen. Es kommt, sofern wesentlich, auch eine teilweise Zuordnung zu den Geldflüssen aus der Investitions- bzw. Finanzierungstätigkeit in Betracht. Ertragsteuerzahlungen sind gesondert auszuweisen. Ertragsteuerzahlungen umfassen auch Zahlungen aus der Steuerumlage bei Anwendung der Gruppenbesteuerung. Diese kürzen die „Zahlungen für Ertragsteuern" beim Gruppenträger; beim Gruppenmitglied sind diese als „Zahlungen für die Steuerumlage" auszuweisen.

(22) Der Kauf bzw. Verkauf von sowie die Erträge und Aufwendungen aus Wertpapieren sind als Geldfluss aus der Investitionstätigkeit darzustellen. Sie können nur dann den Geldflüssen aus der betrieblichen Tätigkeit zugeordnet werden, wenn das Unternehmen regelmäßig Handel mit Wertpapieren betreibt und diese Wertpapiere zu Handelszwecken gehalten werden.

(23) Die Geldflüsse aus zur Sicherung von bestimmten Positionen abgeschlossenen Kontrakten sind nach den gleichen Kriterien einzustufen wie die Geldflüsse aus den gesicherten Positionen. Die Zuordnung ist vom Geschäftsmodell des Unternehmens abhängig.

5.3. Investitionstätigkeit

(24) Die gesonderte Darstellung der Geldflüsse aus Investitionstätigkeit zeigt das Ausmaß der Investitionen, die künftige Erträge und Einzahlungen bewirken sollen. Die Investitionstätigkeit umfasst sowohl die der Produktion von Gütern und Leistungen dienenden Investitionen (Sachanlagen und immaterielles Anlagevermögen) als auch Finanzinvestitionen, das sind Finanzanlagen und sonstiges selbständiges, nicht dem betrieblichen Bereich zurechenbares (nicht unmittelbar mit Beschaffungs- und Absatzvorgängen verbundenes) Finanzvermögen. Zu letzterem zählen auch Vermögensgegenstände des Umlaufvermögens, die weder der betrieblichen Tätigkeit zuzuordnen noch Bestandteil des Fonds der flüssigen Mittel sind. Auszahlungen, die zu keinem in der Bilanz aktivierbaren Vermögensgegenstand führen, sind nicht den Geldflüssen dieses Bereichs zuzuordnen.

(25) Zu den Geldflüssen aus Investitionsaktivitäten gehören:

a) Auszahlungen für die Anschaffung/Herstellung von Sachanlagen und immateriellem Anlagevermögen (einschließlich aktivierter Eigenleistungen),
b) Auszahlungen für den Erwerb von Finanzanlagen und für sonstige Finanzinvestitionen (Gewährung von Finanzkrediten, Erwerb von Wertpapieren des Umlaufvermögens u.ä.),
c) Einzahlungen aus dem Abgang von Sachanlagen und immateriellem Anlagevermögen,
d) Einzahlungen aus dem Abgang von Finanzanlagen und sonstigen Finanzinvestitionen (Veräußerungserlöse, Tilgungsbeträge u.ä.),
e) Einzahlungen aus at equity bilanzierten Unternehmen,
f) Einzahlungen aus Beteiligungs-, Zinsen- und Wertpapiererträgen.

(26) Finanzinvestitionen in verbundene Unternehmen und Unternehmen, mit denen ein Beteiligungsverhältnis besteht, sollen gesondert dargestellt werden.

5.4. Finanzierungstätigkeit

(27) Die Finanzierungstätigkeit betrifft ausschließlich Vorgänge der Außenfinanzierung und umfasst Geldflüsse aus

a) der Beschaffung und Rückzahlung von Eigenkapital,
b) Gewinnausschüttungen bzw. -entnahmen,
c) der Begebung und Tilgung von Anleihen,
d) der Aufnahme und Tilgung von sonstigen Finanzkrediten,
e) Auszahlungen für Zinsen und ähnliche Aufwendungen.

(28) Die Auszahlungen für den Erwerb und die Einzahlungen für die Ausgabe eigener Anteile sind grundsätzlich Eigenkapitalrückzahlungen bzw. -einlagen, die als Geldflüsse aus der Finanzierungstätigkeit zu klassifizieren sind.

6. Nicht zahlungswirksame Investitions- und Finanzierungsvorgänge

(29) Investitions- und Finanzierungsvorgänge, die zwar die Vermögens- und Kapitalstruktur des Unternehmens beeinflussen, aber nicht mit Zahlungen verbunden sind, sind nicht in die Geldflussrechnung aufzunehmen. Sie sind gesondert darzustellen und im Anhang entsprechend zu erläutern.

(30) Zu den nicht zahlungswirksamen Investitions- und Finanzierungsvorgängen gehören insbesondere

a) die Gewährung von Gesellschaftsrechten gegen Sacheinlagen,
b) die Umwandlung von Fremd- in Eigenkapital einschließlich der Wandlung von Schuldverschreibungen,
c) die Kapitalerhöhung aus Gesellschaftsmitteln,
d) das Finanzierungsleasing und
e) die Ausgabe von Optionen an Mitarbeiter als anteilsbasierte Vergütung.

Sofern bis zum Abschlussstichtag noch keine Zahlung stattgefunden hat, liegt auch bei branchenüblichen Zahlungszielen kein Geldfluss vor; die Geldflussrechnung bleibt unberührt. Um dennoch eine gesamthafte Darstellung der Investitionstätigkeit zu erreichen, sind solche unbaren Transaktionen zu erläutern.

(31) Sind in den Sacheinlagen dem Fonds der flüssigen Mittel zuzurechnende Vermögensgegenstände enthalten, sind diese im Finanzierungsbereich als Einzahlungen gesondert auszuweisen.

7. Besonderheiten der Konzerngeldflussrechnung

(32) Die Konzerngeldflussrechnung ist unter der Fiktion der wirtschaftlichen Einheit des Konzerns aufzustellen. Demnach sind sämtliche konzerninternen Beziehungen aus der Geldflussrechnung zu eliminieren und somit ausschließlich Zahlungsströme abzubilden, die sich im Geschäftsverkehr mit Konzernfremden ergeben. Deren Ermittlung kann aus dem Konzernabschluss unter Verwendung zusätzlicher Informationen oder durch Konsolidierung der Geldflussrechnungen der in den Konzernabschluss einbezogenen Unternehmen erfolgen.

(33) Zahlungen eines quotenkonsolidierten Unternehmens sind entsprechend der Konsolidierungsquote im Konzernabschluss in die Geldflussrechnung zu übernehmen.

(34) Auf nicht beherrschende Anteile entfallende Einzahlungen aus Kapitalzuführungen und Auszahlungen (Ausschüttungen und Kapitalrückzahlungen) sollen in der Konzerngeldflussrechnung gesondert ausgewiesen oder im Rahmen der ergänzenden Angaben im Konzernanhang angegeben werden.

(35) Die Zahlungsströme aus dem Kauf und dem Verkauf von konsolidierten Tochterunternehmen, Betrieben und Teilbetrieben sind jeweils als Investitionstätigkeit zu klassifizieren und gesondert auszuweisen. Sie ergeben sich als Gesamtbetrag der als Kaufpreis gezahlten bzw. als Verkaufspreis erhaltenen Zahlungsmittel abzüglich der erworbenen bzw. veräußerten Zahlungsmittel und Zahlungsmitteläquivalente.

(36) Der Zugang oder Abgang von Vermögensgegenständen oder Schulden aufgrund von Änderungen des Konsolidierungskreises, der nicht in unmittelbarem Zusammenhang mit einem Kauf oder Verkauf steht, ist kein zahlungswirksamer Vorgang und daher nicht in der Geldflussrechnung zu erfassen. Der Zugang oder Abgang an Zahlungsmitteln oder Zahlungsmitteläquivalenten, der nicht in unmittelbarem Zusammenhang mit einem Kauf oder Verkauf steht, ist zur Überleitung auf den Fonds der flüssigen Mittel am Ende der Periode gesondert auszuweisen.

(37) Ein Unternehmen hat im Hinblick auf den während der Periode erfolgten Kauf oder Verkauf von Tochterunternehmen, Betrieben oder Teilbetrieben folgende Angaben zu machen:

a) gesamter Kauf- oder Verkaufspreis;
b) Teil des Kauf- oder Verkaufspreises, der durch Zahlungsmittel und Zahlungsmitteläquivalente beglichen wurde;
c) Betrag der Zahlungsmittel und Zahlungsmitteläquivalente des Tochterunternehmens, Betriebs oder Teilbetriebs, die mit dem Kauf übernommen oder im Zusammenhang mit dem Verkauf abgegeben wurden;
d) nach Hauptgruppen gegliederte Beträge der Vermögensgegenstände und Schulden mit Ausnahme der Zahlungsmittel und Zahlungsmitteläquivalente des Tochterunternehmens, Betriebs oder Teilbetriebs, das bzw. der gekauft oder verkauft wurde.

(38) Werden konsolidierte Tochterunternehmen, Betriebe oder Teilbetriebe anders als durch Kauf erworben (z.B. durch Tausch oder Umgründung), so ist auch dies als Investitionstätigkeit zu klassifizieren. Die dabei erworbenen bzw. veräußerten Zahlungsmittel und Zahlungsmitteläquivalente sind gesondert auszuweisen.

(39) Ein Unternehmen hat im Hinblick auf den während der Periode erfolgten Erwerb von Tochterunternehmen, Betrieben oder Teilbetrieben anders als durch Kauf folgende Angaben zu machen:

a) Art des Erwerbs (z.B. Tausch oder Umgründung);
b) beim Erwerb hingegebene Vermögensgegenstände und vom Veräußerer übernommene Schulden, gegliedert nach Hauptgruppen, und deren Werte;
c) Betrag der Zahlungsmittel und Zahlungsmitteläquivalente des Tochterunternehmens, Betriebs oder Teilbetriebs, die beim Erwerb übernommen oder im Zusammenhang mit dem Erwerb abgegeben wurden;
d) nach Hauptgruppen gegliederte Beträge der Vermögensgegenstände und Schulden mit Ausnahme der Zahlungsmittel und Zahlungsmitteläquivalente des Tochterunternehmens, Betriebs oder Teilbetriebs, das bzw. der erworben wurde.

(40) Die Veräußerung von konsolidierten Tochterunternehmen, Betrieben oder Teilbetrieben anders als durch Verkauf (z.B. durch Tausch oder Umgründung) ist analog zum Verkauf zu behandeln.

(41) Gemäß AFRAC-Stellungnahme 33 „Kapitalkonsolidierung (UGB)“ Rz (134) besteht ein Wahlrecht, Auf- und Abstockungen von Anteilen an Tochterunternehmen als Erwerbs- bzw. Veräußerungsvorgang oder als Kapitalvorgang abzubilden; die gewählte Methode ist einheitlich und zeitlich stetig anzuwenden. Erfolgt die Abbildung als Erwerbs- bzw. Veräußerungsvorgang, sind die Zahlungsströme aus diesen Transaktionen als Investitionstätigkeit zu klassifizieren; erfolgt die Abbildung als Kapitalvorgang, sind die Zahlungsströme aus diesen Transaktionen als Finanzierungstätigkeit zu klassifizieren.

8. Schemata zur Aufstellung der Geldflussrechnung

8.1. Gliederung der Geldflussrechnung bei direkter Ermittlung des Netto-Geldflusses aus der betrieblichen Tätigkeit

(42) Die Ableitung einzelner Zahlungsströme aus den Jahresabschlussdaten ist in den Erläuterungen zur Rz (42) dargestellt.

1		Umsatzeinzahlungen
2	+	andere Einzahlungen aus der betrieblichen Leistungserstellung
3	–	Auszahlungen für die betriebliche Leistungserstellung
4	+	sonstige Einzahlungen, die nicht der Investitions- oder Finanzierungstätigkeit zuzuordnen sind
5	–	sonstige Auszahlungen, die nicht der Investitions- oder Finanzierungstätigkeit zuzuordnen sind
6		Netto-Geldfluss aus der betrieblichen Tätigkeit vor Steuern
7	–	Zahlungen für Ertragsteuern
8		**Netto-Geldfluss aus der betrieblichen Tätigkeit**
9		Einzahlungen aus Anlagenabgang (ohne Finanzanlagen)
10	+	Einzahlungen aus Finanzanlagenabgang und sonstigen Finanzinvestitionen
11	–	Auszahlungen für Anlagenzugang (ohne Finanzanlagen)
12	–	Auszahlungen für Finanzanlagenzugang und sonstige Finanzinvestitionen
13	+	Einzahlungen aus Beteiligungs-, Zinsen- und Wertpapiererträgen
14		**Netto-Geldfluss aus der Investitionstätigkeit**
15		Einzahlungen von Eigenkapital
16	–	Rückzahlungen von Eigenkapital
17	–	ausbezahlte Ausschüttungen
18	+	Einzahlungen aus der Begebung von Anleihen und der Aufnahme von Finanzkrediten
19	–	Auszahlungen für die Tilgung von Anleihen und Finanzkrediten
20	–	Auszahlungen für Zinsen und ähnliche Aufwendungen[1]
21		**Netto-Geldfluss aus der Finanzierungstätigkeit**
22		**zahlungswirksame Veränderung der Zahlungsmittel und Zahlungsmitteläquivalente (Z 8+14+21)**
23	+/–	wechselkursbedingte und sonstige Wertänderungen der Zahlungsmittel und Zahlungsmitteläquivalente
24		Zahlungsmittel und Zahlungsmitteläquivalente am Beginn der Periode
25		**Zahlungsmittel und Zahlungsmitteläquivalente am Ende der Periode**

[1] Einschließlich Auszahlungen im Zusammenhang mit aktivierten Zinsen.

8.2. Gliederung der Geldflussrechnung bei indirekter Ermittlung des Netto-Geldflusses aus der betrieblichen Tätigkeit

(43) Die Ableitung einzelner Zahlungsströme aus den Jahresabschlussdaten ist in den Erläuterungen zur Rz (43) dargestellt.

1		Ergebnis vor Steuern
2	+/–	Abschreibungen/Zuschreibungen auf Vermögensgegenstände des Bereichs Investitionstätigkeit
3	–/+	Gewinne/Verluste aus dem Abgang von Vermögensgegenständen des Bereichs Investitionstätigkeit
4	–/+	Beteiligungserträge, Erträge aus anderen Wertpapieren und Ausleihungen des Finanzanlagevermögens sowie sonstige Zinsen und ähnliche Erträge/Zinsen und ähnliche Aufwendungen[2]
5	+/–	sonstige zahlungsunwirksame Aufwendungen/Erträge, soweit nicht Zeilen 7 bis 9 betreffend
6		Netto-Geldfluss aus dem betrieblichen Ergebnis[3]
7	–/+	Zunahme/Abnahme der Vorräte, der Forderungen aus Lieferungen und Leistungen sowie anderer Aktiva[4,5]

8	+/–	Zunahme/Abnahme von Rückstellungen[6,7]
9	+/–	Zunahme/Abnahme der Verbindlichkeiten aus Lieferungen und Leistungen sowie anderer Passiva[4]
10		Netto-Geldfluss aus der betrieblichen Tätigkeit vor Steuern
11	–	Zahlungen für Ertragsteuern
12		**Netto-Geldfluss aus der betrieblichen Tätigkeit**
13		Einzahlungen aus Anlagenabgang (ohne Finanzanlagen)
14	+	Einzahlungen aus Finanzanlagenabgang und sonstigen Finanzinvestitionen
15	–	Auszahlungen für Anlagenzugang (ohne Finanzanlagen)
16	–	Auszahlungen für Finanzanlagenzugang und sonstige Finanzinvestitionen
17	+	Einzahlungen aus Beteiligungs-, Zinsen- und Wertpapiererträgen
18		**Netto-Geldfluss aus der Investitionstätigkeit**
19		Einzahlungen von Eigenkapital
20	–	Rückzahlungen von Eigenkapital
21	–	ausbezahlte Ausschüttungen
22	+	Einzahlungen aus der Begebung von Anleihen und der Aufnahme von Finanzkrediten
23	–	Auszahlungen für die Tilgung von Anleihen und Finanzkrediten
24	–	Auszahlungen für Zinsen und ähnliche Aufwendungen[8]
25		**Netto-Geldfluss aus der Finanzierungstätigkeit**
26		**zahlungswirksame Veränderung der Zahlungsmittel und Zahlungsmitteläquivalente (Z 12+18+25)**
27	+/–	wechselkursbedingte und sonstige Wertänderungen der Zahlungsmittel und Zahlungsmitteläquivalente
28	+	Zahlungsmittel und Zahlungsmitteläquivalente am Beginn der Periode
29		**Zahlungsmittel und Zahlungsmitteläquivalente am Ende der Periode**

[2] Hierzu gehören auch die Abschreibung des Disagios und Rechnungsabgrenzungsposten, die nicht dem Bereich der betrieblichen Tätigkeit zuzuordnen sind.
[3] Diese Zwischensumme kann entfallen.
[4] Eine weitere Untergliederung der darin enthaltenen Posten kann zur Informationsverbesserung notwendig sein.
[5] Die Veränderungen der anderen Aktiva enthalten unter anderem nicht die des Disagios und der aktiven latenten Steuern.
[6] Eine Untergliederung der Rückstellungen in lang- und kurzfristige Rückstellungen kann zur Informationsverbesserung notwendig sein.
[7] Die Veränderungen der Rückstellungen enthalten nicht die der passiven latenten Steuern und der Steuerrückstellungen.
[8] Einschließlich Auszahlungen im Zusammenhang mit aktivierten Zinsen.

9. Erstmalige Anwendung

(44) Die vorliegende Stellungnahme ist auf Geschäftsjahre anzuwenden, die nach dem 31. Dezember 2020 beginnen. Eine frühere Anwendung wird empfohlen.

Erläuterungen

Zu Rz (1):

Der Inhalt der vorliegenden Stellungnahme orientiert sich weitgehend am Fachgutachten KFS/BW 2 des Fachsenats für Betriebswirtschaft der Kammer der Steuerberater und Wirtschaftsprüfer zur „Geldflussrechnung als Ergänzung des Jahresabschlusses und Bestandteil des Konzernabschlusses“ vom 27. Mai 2008 idF vom April 2019. Darüber hinaus wurde auf die Kompatibilität mit vergleichbaren Rechnungslegungsstandards der Bundesrepublik Deutschland (DRS 21) und des IASB (IAS 7 bzw. Exposure Draft ED/2019/7 „General Presentation and Disclosures“ vom Dezember 2019) geachtet.

Der in der Generalklausel der §§ 222 und 250 UGB verwendete Begriff der Finanzlage umfasst sowohl deren statischen wie auch deren dynamischen Aspekt. Die unternehmensrechtliche Rechnungslegung sieht für den Jahresabschluss derzeit keine eigenständige zeitraumbezogene Rechnung zur Finanzlage vor, welche die für die Beurteilung des dynamischen Aspekts der Finanzlage bedeutsamen finanzwirtschaftlichen Stromgrößen abbildet. Diesen Mangel soll eine Geldflussrechnung beseitigen helfen, deren Rechnungszweck als periodenbezogene Rechnung zur Finanzlage darin liegt, die Veränderung eines Finanzmittelfonds, definiert als Fonds der flüssigen Mittel, aufgrund der fonds-, d.h. zahlungswirksamen Vorgänge des betrieblichen Leistungs- und Absatzprozesses sowie aufgrund der Investitions- und Finanzierungsaktivitäten in der Periode aufzuzeigen.

Zusammen mit den Informationen, die der Jahresabschluss liefert, soll eine solche Geldflussrechnung eine bessere Beurteilung des Unternehmens hinsichtlich

a) seiner Fähigkeit, Zahlungsüberschüsse zu erwirtschaften,
b) seiner Fähigkeit, die Zahlungsverpflichtungen zu erfüllen und das Eigenkapital zu bedienen,
c) der Auswirkungen von Investitions- und Finanzierungsvorgängen auf die Finanzlage sowie
d) der Gründe für die Divergenz zwischen Jahresergebnis und Netto-Geldfluss aus der betrieblichen Tätigkeit

ermöglichen.

Zu Rz (4):

Als Datenbasis für die Ableitung der Zahlungsströme dienen grundsätzlich Veränderungsbilanz, Anlagenspiegel, Gewinn- und Verlustrechnung und Anhang. Soweit der Inhalt einzelner Jahresabschlussposten eine Zuordnung zu mehreren Posten der Geldflussrechnung gemäß Abschnitt 8.1 bzw. 8.2 erfordert, ist eine Zerlegung dieser Jahresabschlussposten notwendig, um sonst nicht erkennbare finanzwirtschaftlich relevante Vorgänge zu identifizieren. Diese Zuordnung ist in den Erläuterungen zu Rz (42) bzw. (43) beispielhaft dargestellt.

Zu Rz (5):

Nach derzeitigem Stand stellen Kryptowährungen keine Zahlungsmitteläquivalente dar.

Zu Rz (7):

Cash-Pooling bezeichnet einen konzerninternen Liquiditätsausgleich durch ein zentrales, von der Konzernobergesellschaft oder einer dafür bestimmten Spezialgesellschaft (Cash-Pool-Leader) übernommenes Finanzmanagement. Dabei unterscheidet man zwischen physischem (echtem) und fiktivem (unechtem) Cash-Pooling. Beim physischen Cash-Pooling werden die Salden der separat geführten Konten der Konzerngesellschaften (Nebenkonten) regelmäßig (meist täglich) auf das Hauptkonto (Master Account) übertragen und durch Forderungen bzw. Verbindlichkeiten an den Cash-Pool-Leader ersetzt. Dadurch wird u.a. eine Zinsoptimierung im Cash-Pool bewirkt. Beim fiktiven Cash-Pooling werden die Salden der Nebenkonten nicht tatsächlich auf das Hauptkonto übertragen, sondern nur rechnerisch kompensiert. Die Zinsberechnung erfolgt dann auf Basis des fiktiv ermittelten Gesamtsaldos aller in das Cash-Pooling einbezogenen Konten. In diesem Fall wird die Zinsoptimierung nur durch die fiktive Verrechnung der valutarischen Salden der Nebenkonten erreicht.

Falls solche Cash-Pooling-Vereinbarungen zu Nachteilen für die betroffene Gesellschaft führen, sei – ungeachtet der Behandlung des Cash-Poolings in der Geldflussrechnung – auf die Aspekte verdeckte Einlagenrückgewähr und Transferpreisgestaltung explizit hingewiesen.

Zu Rz (8):

Im Finanzmittelnachweis werden die Zahlungsmittel und -äquivalente am Beginn und am Ende der Rechnungsperiode sowie ihre Zusammensetzung dargestellt.

Bei wesentlichen unrealisierten Wertänderungen der Zahlungsmittel und -äquivalente am Ende der Rechnungsperiode handelt es sich z.B. um Bewertungsdifferenzen von Fremdwährungen, deren Wechsel in die vom Unternehmen genutzte Währung erst zu einem späteren Zeitpunkt erfolgt. Diese Wertänderungen sind im Finanzmittelnachweis gesondert darzustellen, da ihnen kein Geldfluss zugrunde liegt.

Zu Rz (10):

Verfügungsbeschränkungen können rechtlicher (z.B. Verpfändungen), faktischer (z.B. Konzernrichtlinien) oder rechtlicher und faktischer Natur (z.B. Gesellschafterweisungen) sein. Unter die rechtlichen Beschränkungen fallen auch Beschränkungen aufgrund von Kapitalverkehrskontrollen.

Zu Rz (12) ff.:

Im IAS 7 werden beide Methoden zugelassen, die direkte Methode wird jedoch empfohlen.

Soweit wegen des Fehlens der benötigten Einzelheiten Beträge der Veränderungsbilanz nicht zugeordnet werden können, erfolgt eine Gleichsetzung von Erträgen mit Einzahlungen und Aufwendungen mit Auszahlungen.

Zu Rz (16):

Besonders die Geschäftsmodelle von Banken, Versicherungsunternehmen und anderen Finanzinstituten erfordern Gliederungsschemata, die von den in dieser Stellungnahme dargelegten abweichen.

Beispiele für Veränderungen der Vermögensgegenstände und Schulden, die nicht dem operativen Bereich zugeordnet werden, sind die Veränderungen von Forderungen oder Verbindlichkeiten, die durch den Erwerb oder Verkauf von Vermögensgegenständen des Anlagevermögens entstehen.

Zu Rz (18) ff.:

Die direkte Methode geht von den Posten der Gewinn- und Verlustrechnung aus und entwickelt daraus durch Hinzufügen von zugehörigen Posten der Veränderungsbilanz i.S.des Abschnitts 5.2 gegliederte Einzahlungen und Auszahlungen im Bereich der betrieblichen Tätigkeit. Durch die Bildung von Einzahlungs- und Auszahlungskategorien werden die Zusammenhänge in diesem Bereich offengelegt. Die Gliederung der Geldflüsse bei Anwendung der direkten Methode ist in Abschnitt 8.1 dargestellt.

Bei der indirekten Methode wird das Ergebnis vor Steuern auf den Netto-Geldfluss aus der betrieblichen Tätigkeit übergeleitet, indem es um die zahlungsunwirksamen Aufwendungen erhöht und um die zahlungsunwirksamen Erträge vermindert sowie um die erfolgsneutralen Veränderungen jener Bilanzposten, die dem Bereich der betrieblichen Tätigkeit zuzuordnen sind, ergänzt wird.

Zu Rz (24) ff.:

Soweit Gegenstände des Umlaufvermögens weder der betrieblichen Tätigkeit noch dem Fonds der flüssigen Mittel zugeordnet werden, sind die daraus resultierenden Geldflüsse den Investitionen oder Desinvestitionen zuzuordnen.

Eine Verbesserung der Aussagekraft ergibt sich, wenn die Finanzinvestitionen in verbundene Unternehmen, die aus den Veränderungen der entsprechenden Posten des Finanzanlagevermögens und des Umlaufvermögens entnommen werden können, als gesonderter Teilbereich dargestellt werden.

Zu Rz (25):

Die „Auszahlungen für den Erwerb von Finanzanlagen und für sonstige Finanzinvestitionen (Gewährung von Finanzkrediten, Erwerb von Wertpapieren des Umlaufvermögens u.ä.)" gemäß Rz (25) b) und die „Einzahlungen aus dem Abgang von Finanzanlagen und sonstigen Finanzinvestitionen (Veräußerungserlöse, Tilgungsbeträge u.ä.)" gemäß Rz (25) d) beinhalten auch die Geldflüsse aus dem Erwerb und der Veräußerung von Anteilen an Tochterunternehmen.

Die Auszahlungen für das Anlagevermögen ergeben sich aus den Zugängen lt. Anlagenspiegel, korrigiert um nicht zahlungswirksame Zugänge und um die Veränderung der Verbindlichkeiten für den Erwerb von Anlagegegenständen. Die Zahlungsströme im Zusammenhang mit aktivierten Zinsen bei aktivierten Eigenleistungen sind, konform mit den lt. ED/2019/7 geplanten Änderungen des IAS 7, der Finanzierungstätigkeit zuzuordnen.

Die aus Desinvestitionen im Anlagevermögen resultierenden Einzahlungen können retrograd aus den um Gewinne und Verluste aus Anlagenabgängen berichtigten Restbuchwerten der abgegangenen Vermögensgegenstände unter Berücksichtigung der Veränderung von allfälligen Forderungen aus dem Verkauf ermittelt werden.

Einzahlungen auf und Auszahlungen von Guthaben im Rahmen von Cash-Pooling-Vereinbarungen sind – sofern nicht Zahlungsmittel(äquivalente) – als Geldflüsse aus der Investitionstätigkeit darzustellen (s. dazu auch die Erläuterungen zu Rz (27)).

Zu Rz (27):

Einzahlungen von Eigenkapital ergeben sich aus Kapitalerhöhungen, Einforderungen ausstehender Einlagen, gesellschaftsrechtlich bedingten Zuzahlungen, Emissionen von Genussrechten mit Eigenkapitalcharakter, Einlagen stiller Gesellschafter mit Eigenkapitalcharakter u.ä., soweit diese Vorgänge zahlungswirksam sind. Rückzahlungen von Eigenkapital ergeben sich aus den entsprechenden zahlungswirksamen Kapitalherabsetzungen bzw. Rückzahlungen.

Zu den Finanzverbindlichkeiten gehören Anleihen, Finanzwechsel, Finanzkredite, soweit sie in den Posten „Verbindlichkeiten gegenüber verbundenen Unternehmen", „Verbindlichkeiten gegenüber Unternehmen, mit denen ein Beteiligungsverhältnis besteht" und „Sonstige Verbindlichkeiten" enthalten sind, sowie sonstige Finanzkredite.

Finanzierungsvorgänge im langfristigen Kapitalbereich sind brutto darzustellen. Dazu gehört auch die Umwandlung kurzfristiger Finanzkredite in langfristige. Ein saldierter Ausweis für Ein- und Auszahlungen für Posten mit großer Umschlagshäufigkeit, großen Beträgen und kurzen Laufzeiten ist zulässig (vgl. dazu IAS 7.22).

Zahlungen für die Aufnahme bzw. die Tilgung von sonstigen Finanzkrediten im Rahmen von Cash-Pooling-Vereinbarungen sind – sofern nicht Zahlungsmittel(äquivalente) – als Geldflüsse aus der Finanzierungstätigkeit darzustellen. Sofern der Saldo – wie bei Kontokorrentguthaben/-krediten – häufig zwischen Guthabens- und Kreditständen wechselt, können für die Vermittlung eines möglichst getreuen Bildes der Finanzlage in sinngemäßer Anwendung von IAS 7.22 f. die Geldflüsse im Rahmen von Cash-Pooling-Vereinbarungen auch saldiert im Bereich der Finanzierungstätigkeit ausgewiesen werden. Diese Form des Ausweises ist im Anhang zu erläutern.

Die Erhöhung der Bilanzansätze der Verbindlichkeiten ist um allfällige darin enthaltene Disagiobeträge zu kürzen. Die Abschreibungen auf das aktivierte Disagio sind von den Zinsaufwendungen abzuziehen.

Die Aktivierung eines Leasinggegenstands im Rahmen von Finanzierungsleasinggeschäften ist ein nicht zahlungswirksamer Vorgang. Die Zahlungen der Leasingraten sind dem Geldfluss aus der Finanzierungstätigkeit zuzuordnen.

Zu Rz (28):

Auszahlungen für den Erwerb eigener Aktien sind dann nicht als Eigenkapitalrückzahlungen zu qualifizieren, wenn der Erwerb zum Zweck der Weitergabe erfolgt oder die Aktien dauerhaft, im Zusammenhang mit einem zukünftigen Unternehmenserwerb bzw. Unternehmensübergang, eingezogen werden. Diese Auszahlungen sind im Netto-Geldfluss aus der Investitionstätigkeit abzubilden.

Zu Rz (30):

Zu d): Der Zugang von Vermögensgegenständen im Rahmen von Finanzierungsleasingvereinbarungen ist nicht zahlungswirksam.

Zu Rz (41):

Für eine Konformität mit IAS 7.42A f. ist die Auf- und Abstockung von Anteilen an Tochterunternehmen ohne eine Änderung des Status der Beherrschung als Kapitalvorgang zu klassifizieren. Die Geldflüsse aus diesen Transaktionen sind daher der Finanzierungstätigkeit zuzurechnen.

Zu Rz (42):

Bei der Ableitung aus Jahresabschlussdaten (Datenbasis: Veränderungsbilanz, Gewinn- und Verlustrechnung, Anhang) kann auf der Grundlage der Gliederung gemäß §§ 224 und 231 Abs 2 UGB für die Ermittlung der Geldflüsse nach Rz (42) die Zuordnung der Posten wie folgt vorgenommen werden, wobei von üblichen Inhalten der Posten des Jahresabschlusses ausgegangen wird. Im Einzelfall kann der tatsächliche Inhalt eines Postens dessen Zerlegung und entsprechende Zuordnung erfordern. Dies gilt jedenfalls für jeden mehrfach genannten Jahresabschlussposten. Da die sonstigen Ein- und

Auszahlungen allenfalls Restbeträge betreffen, wird deren Ableitung nicht dargestellt.

Das erste Rechenzeichen ist bei einer Erhöhung, das zweite bei einer Verminderung des Bilanzpostens anzuwenden.

a)	Umsatzerlöse	+		1
b)	Erträge aus der Auflösung von Rückstellungen	+	aus	4 b[9]
c)	Abschreibungen und Wertberichtigungen auf Forderungen aus Lieferungen und Leistungen	–	aus	8
d)	unübliche Abschreibungen auf Forderungen aus Lieferungen und Leistungen	–	aus	7 b
e)	Forderungen aus Lieferungen und Leistungen	–/+	aus	B II 1[10]
f)	sonstige Rückstellungen	+/–	aus	B4[9]
g)	erhaltene Anzahlungen auf Bestellungen	+/–		C 3
h)	passive Rechnungsabgrenzungsposten	+/–	aus	D[9]
= 1. Umsatzeinzahlungen				

[9] Soweit Umsatzeinzahlungen betreffend.
[10] Einschließlich der in den Posten B II 2 und 3 enthaltenen Beträge.

a)	übrige sonstige betriebliche Erträge	+		4 c
b)	sonstige Forderungen	–/+	aus	B II 4[11]
c)	passive Rechnungsabgrenzungsposten	+/–	aus	D[11]
= 2. andere Einzahlungen aus der betrieblichen Leistungserstellung				

[11] Soweit die betriebliche Leistungserstellung betreffend.

a)	Aufwendungen für Material und sonstige bezogene Herstellungsleistungen	+		5
b)	Personalaufwand	+		6
c)	unübliche Abschreibungen auf das Umlaufvermögen	+	aus	7 b[12]
d)	sonstige betriebliche Aufwendungen	+	aus	8[12]
e)	Bestandserhöhung/-verminderung	–/+		2
f)	andere aktivierte Eigenleistungen	–		3
g)	Erträge aus der Auflösung von Rückstellungen	–	aus	4 b[12]
h)	Vorräte	+/–		B I
i)	sonstige Forderungen	+/–	aus	B II 4[12]
j)	aktive Rechnungsabgrenzungsposten	+/–	aus	C[12]
k)	Rückstellungen für Abfertigungen und Pensionen	–/+		B 1, 2
l)	Steuerrückstellungen, ausgenommen für Ertragsteuern	–/+	aus	B 3
m)	sonstige Rückstellungen	–/+	aus	B 4[12]
n)	Verbindlichkeiten aus Lieferungen und Leistungen	–/+	aus	C 4[13]
o)	sonstige Verbindlichkeiten	–/+	aus	C 8[12]
= 3. Auszahlungen für die betriebliche Leistungserstellung				

[12] Soweit die betriebliche Leistungserstellung betreffend.
[13] Einschließlich der in den Posten C 5, 6 und 7 enthaltenen Beträge.

a)	Steuern vom Einkommen und vom Ertrag	+		18
b)	sonstige Forderungen aus Ertragsteuerverrechnung	+/–	aus	B II 4
c)	aktive latente Steuern	+/–	aus	D
d)	Ertragsteuerrückstellungen	–/+	aus	B 3
e)	sonstige Verbindlichkeiten aus Ertragsteuerverrechnung	–/+	aus	C 8
= 7. Zahlungen für Ertragsteuern				

a)	Erträge aus Anlagenabgang und -zuschreibung	+		4 a
b)	Verluste aus Anlagenabgang	–	aus	8
c)	Abgänge lt. Anlagenspiegel zu Buchwerten	+		(A I, II)
d)	Zuschreibungen lt. Anlagenspiegel	–		(A I, II)
e)	sonstige Forderungen aus Anlagenverkauf (ohne Finanzanlagen)	–/+	aus	B II 4[14, 15]
= 9. Einzahlungen aus Anlagenabgang (ohne Finanzanlagen)				

[14] Einschließlich der in den Posten B II 2 und 3 enthaltenen Beträge.
[15] Soweit nicht die betriebliche Tätigkeit oder den Bestand an Zahlungsmittel(äquivalente)n betreffend.

a)	Erträge aus Abgang/Zuschreibung bei Finanzanlagen und Wertpapieren des Umlaufvermögens	+		13[15]
b)	Aufwendungen aus Finanzanlagen und Wertpapieren des Umlaufvermögens	–		14[15]
c)	Abgänge von Finanzanlagen lt. Anlagenspiegel zu Buchwerten	+		(A III)
d)	Zuschreibungen zu Finanzanlagen lt. Anlagenspiegel	–		(A III)
e)	Abschreibungen von Finanzanlagen lt. Anlagenspiegel	+		(A III)
f)	Wertpapiere und Anteile: Verminderung durch Abgang/Abschreibung	+	aus	B III[15]
g)	Wertpapiere und Anteile: Erhöhung durch Zuschreibung	–	aus	B III[15]
h)	Guthaben bei Kreditinstituten: Verminderung von Finanzinvestitionen	+	aus	B IV[15]
i)	sonstige Forderungen aus Verkauf von Finanzinvestitionen	–/+	aus	B II 4[14, 15]
j)	sonstige Forderungen: Rückzahlung von Finanzkrediten	+	aus	B II 4[14, 15]
= 10. Einzahlungen aus Finanzanlagenabgang und sonstigen Finanzinvestitionen				

[14] Einschließlich der in den Posten B II 2 und 3 enthaltenen Beträge.
[15] Soweit nicht die betriebliche Tätigkeit oder den Bestand an Zahlungsmittel(äquivalente)n betreffend.

a)	Zugänge lt. Anlagenspiegel	+		(A I, II)
b)	Verbindlichkeiten aus dem Erwerb von Anlagevermögen (ohne Finanzanlagen)	–/+	aus	C
= 11. Auszahlungen für Anlagenzugang (ohne Finanzanlagen)				

a)	Zugänge lt. Anlagenspiegel	+		(A III)
b)	Wertpapiere und Anteile: Erhöhung durch Zugänge	+	aus	B III[16]
c)	Guthaben bei Kreditinstituten: Erhöhung von Finanzinvestitionen	+	aus	B IV
d)	sonstige Forderungen: Gewährung von Finanzkrediten	+	aus	B II 4[16, 17]
e)	Verbindlichkeiten aus dem Erwerb von Finanzinvestitionen	–/+	aus	C
= 12. Auszahlungen für Finanzanlagenzugang und sonstige Finanzinvestitionen				

[16] Soweit nicht die betriebliche Tätigkeit oder den Bestand an Zahlungsmittel(äquivalente)n betreffend.
[17] Einschließlich der in den Posten B II 2 und 3 enthaltenen Beträge.

a)	Erträge aus Beteiligungen	+		10
b)	Erträge aus anderen Finanzanlagen	+		11
c)	sonstige Zinsen und ähnliche Erträge	+		12
d)	sonstige Forderungen	–/+	aus	B II 4[18]
e)	passive Rechnungsabgrenzungsposten	+/–	aus	D[18]
= 13. Einzahlungen aus Beteiligungs-, Zinsen- und Wertpapiererträgen				

[18] Soweit Finanzerträge betreffend.

a)	Einzahlungen auf das Nennkapital	+	aus	A I
b)	Einzahlungen auf Kapitalrücklagen	+	aus	A II
= 15. Einzahlungen von Eigenkapital				

a)	Rückzahlungen von Nennkapital	+	aus	A I
= 16. Rückzahlungen von Eigenkapital				

a)	Auszahlungen aus dem Bilanzgewinn	+	aus	A IV
= 17. ausbezahlte Ausschüttungen				

a)	Anleihen: Erhöhung durch Begebung	+	aus	C 1
b)	langfristige Bankkredite: Erhöhung durch Zuzählung	+	aus	C 2
c)	kurzfristige Bankkredite: Saldoerhöhung	+	aus	C 2
d)	Wechselverbindlichkeiten: Saldoerhöhung	+	aus	C 5
e)	Verbindlichkeiten gegenüber verbundenen Unternehmen und Unternehmen, mit denen ein Beteiligungsverhältnis besteht: Zuzählung von Finanzkrediten	+	aus	C 6, 7
f)	sonstige Verbindlichkeiten: Zuzählung von Finanzkrediten	+	aus	C 8[19]
= 18. Einzahlungen aus der Begebung von Anleihen und der Aufnahme von Finanzkrediten				

[19] Soweit nicht die betriebliche Tätigkeit oder den Bestand an Zahlungsmittel(äquivalente)n betreffend.

a)	Anleihen: Verminderung durch Tilgung	+	aus	C 1
b)	langfristige Bankkredite: Verminderung durch Tilgung	+	aus	C 2
c)	kurzfristige Bankkredite: Saldoverminderung	+	aus	C 2
d)	Wechselverbindlichkeiten: Saldoverminderung	+	aus	C 5
e)	Verbindlichkeiten gegenüber verbundenen Unternehmen und Unternehmen, mit denen ein Beteiligungsverhältnis besteht: Rückzahlung von Finanzkrediten	+	aus	C 6, 7
f)	sonstige Verbindlichkeiten: Rückzahlung von Finanzkrediten	+	aus	C 8[19]
= 19. Auszahlungen für die Tilgung von Anleihen und Finanzkrediten				

[19] Soweit nicht die betriebliche Tätigkeit oder den Bestand an Zahlungsmittel(äquivalente)n betreffend.

a)	Zinsen und ähnliche Aufwendungen	+		15
b)	sonstige Verbindlichkeiten	–/+	aus	C 8[20]
c)	aktive Rechnungsabgrenzungsposten	+/–	aus	C[20]
= 20. Auszahlungen für Zinsen und ähnliche Aufwendungen				

[20] Soweit Zinsen und ähnliche Aufwendungen betreffend.

Zu Rz (43):

Das IASB empfiehlt in den lt. ED/2019/7 geplanten Änderungen des IAS 7 bei der Ermittlung nach der indirekten Methode den operativen Gewinn bzw. Verlust als Startpunkt. Es wurde überlegt, den Empfehlungen in den dortigen BC186 ff. zu folgen, jedoch wurde entschieden, den in Rz (19) dieser Stellungnahme angeführten Startpunkt beizubehalten.

Bei der Ableitung aus Jahresabschlussdaten (Datenbasis: Veränderungsbilanz, Gewinn- und Verlustrechnung, Anhang) kann auf der Grundlage der Gliederung gemäß §§ 224 und 231 Abs 2 UGB für die

Ermittlung der Posten nach Rz (43) die Zuordnung wie folgt vorgenommen werden, wobei von üblichen Inhalten der Posten des Jahresabschlusses ausgegangen wird. Im Einzelfall kann der tatsächliche Inhalt eines Postens dessen Zerlegung und entsprechende Zuordnung erfordern. Dies gilt jedenfalls für jeden mehrfach genannten Jahresabschlussposten. Da die sonstigen zahlungsunwirksamen Aufwendungen und Erträge allenfalls Restbeträge betreffen, wird deren Ableitung nicht dargestellt.

Das erste Rechenzeichen ist bei einer Erhöhung, das zweite bei einer Verminderung des Bilanzpostens anzuwenden.

a)	Abschreibungen (ohne Finanzanlagen)	+		7 a
b)	Abschreibungen auf Finanzanlagen und sonstige Finanzinvestitionen	+	aus	14[21]
c)	Erträge aus der Zuschreibung zum Anlagevermögen (ohne Finanzanlagen)	–	aus	4 a
d)	Erträge aus der Zuschreibung zu Finanzanlagen und sonstigen Finanzinvestitionen	–	aus	13[21]
= 2. Abschreibungen/Zuschreibungen auf Vermögensgegenstände des Bereichs Investitionstätigkeit				

[21] Soweit nicht den Bestand an Zahlungsmittel(äquivalente)n betreffend.

a)	Erträge aus dem Abgang von Anlagevermögen (ohne Finanzanlagen)	+	aus	4 a
b)	Erträge aus dem Abgang von Finanzanlagen und sonstigen Finanzinvestitionen	+	aus	13
c)	Verluste aus dem Abgang von Anlagevermögen (ohne Finanzanlagen)	–	aus	8
d)	Verluste aus dem Abgang von Finanzanlagen und sonstigen Finanzinvestitionen	–	aus	14
= 3. Gewinn/Verlust aus dem Abgang von Vermögensgegenständen des Bereichs Investitionstätigkeit				

a)	Erträge aus Beteiligungen		aus	10
b)	Erträge aus anderen Wertpapieren und Ausleihungen des Finanzanlagevermögens	–	aus	11
c)	sonstige Zinsen und ähnliche Erträge	–	aus	12
d)	Zinsen und ähnliche Aufwendungen	+	aus	15
= 4. Beteiligungserträge, Erträge aus anderen Wertpapieren und Ausleihungen des Finanzanlagevermögens sowie sonstige Zinsen und ähnliche Erträge/Zinsen und ähnliche Aufwendungen				

a)	Vorräte	+/–		B I
b)	Forderungen aus Lieferungen und Leistungen	+/–	aus	B II 1
c)	Forderungen gegenüber verbundenen Unternehmen	+/–	aus	B II 2
d)	Forderungen gegenüber Unternehmen, mit denen ein Beteiligungsverhältnis besteht	+/–	aus	B II 3
e)	sonstige Forderungen und Vermögensgegenstände	+/–	aus	B II 4
f)	aktive Rechnungsabgrenzungsposten	+/–		C
= 7. Zunahme/Abnahme der Vorräte, der Forderungen aus Lieferungen und Leistungen sowie anderer Aktiva				

a)	Rückstellungen für Abfertigungen und Pensionen	+/–		B 1, 2
b)	Steuerrückstellungen, ausgenommen für Ertragsteuern	+/–	aus	B 3
c)	sonstige Rückstellungen	+/–	aus	B 4
= 8. Zunahme/Abnahme von Rückstellungen				

a)	erhaltene Anzahlungen auf Bestellungen	+/–		C 3
b)	Verbindlichkeiten aus Lieferungen und Leistungen	+/–	aus	C 4
c)	Wechselverbindlichkeiten	+/–	aus	C 5
d)	Verbindlichkeiten gegenüber verbundenen Unternehmen	+/–	aus	C 6
e)	Verbindlichkeiten gegenüber Unternehmen, mit denen ein Beteiligungsverhältnis besteht	+/–	aus	C 7
f)	sonstige Verbindlichkeiten	+/–	aus	C 8
g)	passive Rechnungsabgrenzungsposten	+/–	aus	D
= 9. Zunahme/Abnahme der Verbindlichkeiten aus Lieferungen und Leistungen sowie anderer Passiva				

a)	Steuern vom Einkommen und vom Ertrag	+		18
b)	sonstige Forderungen aus Ertragsteuerverrechnung	+/–	aus	B II 4
c)	aktive latente Steuern	+/–	aus	D
d)	Ertragsteuerrückstellungen	–/+	aus	B 3
e)	sonstige Verbindlichkeiten aus Ertragsteuerverrechnung	–/+	aus	C 8
= 11. Zahlungen für Ertragsteuern				

a)	Erträge aus Anlagenabgang	+	aus	4 a
b)	Verluste aus Anlagenabgang	–	aus	8
c)	Abgänge lt. Anlagenspiegel zu Buchwerten	+		(A I, II)
d)	sonstige Forderungen aus Anlagenverkauf (ohne Finanzanlagen)	–/+	aus	B II 4[22, 23]
= 13. Einzahlungen aus Anlagenabgang (ohne Finanzanlagen)				

[22] Einschließlich der in den Posten B II 2 und 3 enthaltenen Beträge.
[23] Soweit nicht die betriebliche Tätigkeit oder den Bestand an Zahlungsmittel(äquivalente)n betreffend.

a)	Erträge aus dem Abgang von Finanzanlagen und Wertpapieren des Umlaufvermögens	+	aus	13[23]
b)	Verluste aus dem Abgang von Finanzanlagen und Wertpapieren des Umlaufvermögens	–	aus	14[23]
c)	Abgänge von Finanzanlagen lt. Anlagenspiegel zu Buchwerten	+		(A III)
d)	Wertpapiere und Anteile: Verminderung durch Abgang	+	aus	B III[23]
e)	Guthaben bei Kreditinstituten: Verminderung von Finanzinvestitionen	+	aus	B IV[23]
f)	sonstige Forderungen aus Verkauf von Finanzinvestitionen	–/+	aus	B II 4[22, 23]
g)	sonstige Forderungen: Rückzahlung von Finanzkrediten	+	aus	B II 4[22, 23]
= 14. Einzahlungen aus Finanzanlagenabgang und sonstigen Finanzinvestitionen				

[22] Einschließlich der in den Posten B II 2 und 3 enthaltenen Beträge.
[23] Soweit nicht die betriebliche Tätigkeit oder den Bestand an Zahlungsmittel(äquivalente)n betreffend.

a)	Zugänge lt. Anlagenspiegel	+		(A I, II)
b)	Verbindlichkeiten aus dem Erwerb von Anlagevermögen (ohne Finanzanlagen)	–/+	aus	C
= 15. Auszahlungen für Anlagenzugang (ohne Finanzanlagen)				

a)	Zugänge lt. Anlagenspiegel	+		(A III)
b)	Wertpapiere und Anteile: Erhöhung durch Zugänge	+	aus	B III[24]
c)	Guthaben bei Kreditinstituten: Erhöhung von Finanzinvestitionen	+	aus	B IV

d)	sonstige Forderungen: Gewährung von Finanzkrediten	+	aus B II 4[24, 25]
e)	Verbindlichkeiten aus dem Erwerb von Finanzinvestitionen	–/+	aus C
= 16. Auszahlungen für Finanzanlagenzugang und sonstige Finanzinvestitionen			

[24] Soweit nicht die betriebliche Tätigkeit oder den Bestand an Zahlungsmittel(äquivalente)n betreffend.
[25] Einschließlich der in den Posten B II 2 und 3 enthaltenen Beträge.

a)	Erträge aus Beteiligungen	+	10
b)	Erträge aus anderen Finanzanlagen	+	11
c)	sonstige Zinsen und ähnliche Erträge	+	12
d)	sonstige Forderungen	–/+	aus B II 4[26]
e)	passive Rechnungsabgrenzungsposten	+/–	aus D[26]
= 17. Einzahlungen aus Beteiligungs-, Zinsen- und Wertpapiererträgen			

[26] Soweit Finanzerträge betreffend.

a)	Einzahlungen auf das Nennkapital	+	aus A I
b)	Einzahlungen auf Kapitalrücklagen	+	aus A II
= 19. Einzahlungen von Eigenkapital			

a)	Rückzahlungen von Nennkapital	+	aus A I
= 20. Rückzahlungen von Eigenkapital			

a)	Auszahlungen aus dem Bilanzgewinn	+	aus A IV
= 21. ausbezahlte Ausschüttungen			

a)	Anleihen: Erhöhung durch Begebung	+	aus C 1
b)	langfristige Bankkredite: Erhöhung durch Zuzählung	+	aus C 2
c)	kurzfristige Bankkredite: Saldoerhöhung	+	aus C 2
d)	Wechselverbindlichkeiten: Saldoerhöhung	+	aus C 5
e)	Verbindlichkeiten gegenüber verbundenen Unternehmen und Unternehmen, mit denen ein Beteiligungsverhältnis besteht: Zuzählung von Finanzkrediten	+	aus C 6, 7
f)	sonstige Verbindlichkeiten: Zuzählung von Finanzkrediten	+	aus C 8[27]
= 22. Einzahlungen aus der Begebung von Anleihen und der Aufnahme von Finanzkrediten			

[27] Soweit nicht die betriebliche Tätigkeit oder den Bestand an Zahlungsmittel(äquivalente)n betreffend.

a)	Anleihen: Verminderung durch Tilgung	+	aus C 1
b)	langfristige Bankkredite: Verminderung durch Tilgung	+	aus C 2
c)	kurzfristige Bankkredite: Saldoverminderung	+	aus C 2

d)	Wechselverbindlichkeiten: Saldoverminderung	+	aus	C 5
e)	Verbindlichkeiten gegenüber verbundenen Unternehmen und Unternehmen, mit denen ein Beteiligungsverhältnis besteht: Rückzahlung von Finanzkrediten	+	aus	C 6, 7
f)	sonstige Verbindlichkeiten: Rückzahlung von Finanzkrediten	+	aus	C 8[27]
= 23. Auszahlungen für die Tilgung von Anleihen und Finanzkrediten				

[27] Soweit nicht die betriebliche Tätigkeit oder den Bestand an Zahlungsmittel(äquivalente)n betreffend.

a)	Zinsen und ähnliche Aufwendungen	+		15
b)	sonstige Verbindlichkeiten	–/+	aus	C 8[28]
c)	aktive Rechnungsabgrenzungsposten	+/–	aus	C[28]
= 24. Auszahlungen für Zinsen und ähnliche Aufwendungen				

[28] Soweit Zinsen und ähnliche Aufwendungen betreffend.

AFRAC-Stellungnahme 37
Vergütungsbericht gemäß § 78c AktG

Stellungnahme
Erstellung des Vergütungsberichts gemäß § 78c AktG

(Dezember 2020)

Historie der vorliegenden Stellungnahme

erstmalige Veröffentlichung	Dezember 2020	

1. Vorbemerkungen

(1) Mit dem Aktienrechts-Änderungsgesetz 2019 wurde die Richtlinie (EU) 2017/828 zur Förderung der langfristigen Mitwirkung der Aktionäre umgesetzt. Die Erstellung eines Vergütungsberichts und seine Vorlage in der ordentlichen Hauptversammlung einer börsenotierten AG soll in diesem Zusammenhang eine Stellungnahme der Aktionäre zu der Vergütung an die Mitglieder des Vorstands und des Aufsichtsrats im Wege einer Abstimmung in der Hauptversammlung ermöglichen. Grundlage für die Meinungsbildung ist der in einer vorangegangenen Hauptversammlung gefasste, empfehlende Beschluss über die Vergütungspolitik.

(2) Der Vergütungsbericht ist gem. § 78c Abs 1 AktG von börsenotierten Aktiengesellschaften zu erstellen. Nach § 3 AktG ist eine Aktiengesellschaft börsenotiert, wenn ihre Aktien zum Handel an einer anerkannten Börse gem. Art 4 Abs 1 Nummer 72 der Verordnung (EU) 575/2013 (Verordnung über Aufsichtsanforderungen an Kreditinstitute und Wertpapierfirmen) oder an einem gleichwertigen Markt mit Sitz in einem Drittland zugelassen sind.

(3) Diese Stellungnahme befasst sich mit der Erstellung eines Vergütungsberichts zu der in der Berichtsperiode gewährten oder geschuldeten Vergütung von Vorstands- und Aufsichtsratsmitgliedern in börsenotierten Gesellschaften. Fragen der Vergütungspolitik sind nicht Gegenstand dieser Stellungnahme.

(4) In der Stellungnahme werden die wesentlichen Aussagen der nicht bindenden Leitlinien der Europäischen Kommission für eine standardisierte Darstellung des Vergütungsberichts berücksichtigt.

(5) Fragen der Offenlegung der Vergütungspolitik und -praxis von Kreditinstituten und Wertpapierfirmen gem. Art 450 der Verordnung (EU) Nr. 575/2013 sowie Bestimmungen zur Vergütungspolitik von Versicherungsunternehmen gem. Art 275 der delegierten Verordnung (EU) 2015/35 (Solvabilität II) werden nicht behandelt.

(6) Mit der Veröffentlichung eines Vergütungsberichts verbundene Fragen der Verarbeitung personenbezogener Daten und des Datenschutzes (§ 78c Abs 3 und 4 AktG) werden ebenfalls im Rahmen dieser Stellungnahme nicht aufgegriffen.

(7) Die Stellungnahme behandelt die Umsetzung der Rechtsgrundlagen, stellt Grundprinzipien für die Erstellung eines Vergütungsberichts auf und schlägt einen Aufbau und eine Struktur für den Bericht vor. Abschließend werden besondere Fragen des Vergütungsberichts für den Aufsichtsrat und das Inkrafttreten behandelt. Damit soll ein Rahmenwerk vorgegeben werden, sodass die gesetzlichen Vorgaben übersichtlich (transparent) und mit Berichten anderer Unternehmen vergleichbar umgesetzt werden können.

2. Rechtsgrundlagen und Organzuständigkeiten

(8) Vorstand und Aufsichtsrat einer börsenotierten Gesellschaft haben gem. § 78c Abs 1 AktG einen klaren und verständlichen Vergütungsbericht zu erstellen, wobei die Aufbereitung der Information in erster Linie dem Vorstand obliegt.

(9) Der Vergütungsbericht hat die Vergütung sowohl der Vorstands- als auch der Aufsichtsratsmitglieder zu enthalten.

(10) Der Vergütungsbericht soll eine Information über die gewährte oder geschuldete Vorstands- und Aufsichtsratsvergütung an die Aktionäre ermöglichen und ist jedes Jahr der Hauptversammlung zur Abstimmung vorzulegen. Die nachstehende Grafik gibt einen Überblick über die Vorgehensweise hinsichtlich Erstellung, Vorlage und Veröffentlichung des Vergütungsberichts (vgl. §§ 78c bis 78e AktG):

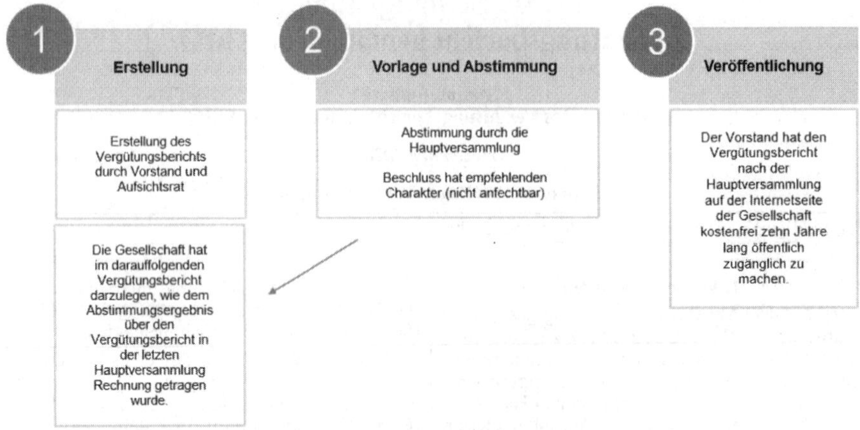

(11) Es wird empfohlen, dass die Zuständigkeit für die Beschlussfassung über den gemeinsam mit dem Vorstand erstellten Vergütungsbericht im Aufsichtsrat dem Plenum vorbehalten wird.

(12) Handelt es sich bei der Gesellschaft um eine Europäische Aktiengesellschaft (SE), die dem Verwaltungsratssystem folgt (monistisches System), so sind die für die Mitglieder des Vorstands vorgesehenen Angaben für die geschäftsführenden Direktoren zu machen und die für die Mitglieder des Aufsichtsrats vorgesehenen Angaben für die Mitglieder des Verwaltungsrats.

(13) Der Vergütungsbericht ist kein Bestandteil des Jahresfinanzberichts (§ 124 BörseG 2018), sondern ein gesonderter, eigenständiger Bericht.

(14) Der Vergütungsbericht ist nicht gesondert beim Firmenbuch einzureichen. Er ist nach Abstimmung in der Hauptversammlung vom Vorstand auf der im Firmenbuch eingetragenen Internetseite der Gesellschaft kostenfrei zehn Jahre lang zur Verfügung zu stellen.

3. Grundprinzipien

(15) Der Vergütungsbericht hat aus Sicht des Unternehmens einen umfassenden Überblick über alle in einem Geschäftsjahr gewährten oder geschuldeten Vergütungen (vgl. Rz (28)) zu geben und alle anderen im Gesetz vorgeschriebenen Informationen zu enthalten.

(16) Bei der Erstellung des Vergütungsberichts sind die Grundsätze der Vollständigkeit, der Verlässlichkeit, der Klarheit und der Übersichtlichkeit sowie der Vergleichbarkeit einzuhalten (vgl. sinngemäß Rz (23) in AFRAC 9 – Lageberichterstattung). Die Informationen haben aussagekräftig und verständlich zu sein. Angaben zum Vergleich mit der in der vorangegangenen Periode gewährten oder geschuldeten Vergütung sind nicht geboten, aber empfehlenswert (hinsichtlich der Darstellung der jährlichen Veränderung der zumindest letzten fünf Geschäftsjahre siehe Rz (36) ff.). Der Bericht ist so zu gestalten, dass nachvollzogen werden kann, dass die gewährte oder geschuldete Vergütung in der Vergütungspolitik Deckung findet.

(17) Der Berichtsaufbau (formelle Stetigkeit) sowie die im Vergütungsbericht dargestellten Inhalte (materielle Stetigkeit) sind beizubehalten. Ein Abweichen von diesem Grundsatz ist nur bei Vorliegen besonderer Umstände (z. B. Gesetzesänderungen oder geänderte Berichtserfordernisse oder Änderungen der Vergütungspolitik) zulässig. Vorgenommene Änderungen sind entsprechend zu erläutern. Wenn für bestimmte Informationen keine Angaben gemacht werden können, muss dies nicht ausdrücklich angeführt werden.

(18) Der Vergütungsbericht hat als eigenständiges Dokument (vgl. Rz (13)) alle erforderlichen Informationen zu enthalten. Ein Verweis auf andere Teile der Unternehmensberichterstattung ist nicht ausreichend. Gegebenenfalls können Angaben zur Vergütung, die im Anhang des Jahresabschlusses zu machen sind (§ 239 Abs 1 Z 4 und 5 UGB), in den Vergütungsbericht übernommen werden.

(19) Alle Geldbeträge im Bericht sind als Bruttozahlen (exkl. Dienstgeber- bzw. sonstige Pflichtabgaben) anzugeben. Wird die Vergütung in einer anderen Währung gewährt, ist der Betrag in Euro anzugeben.

(20) Neben Zahlenangaben sind auch Erläuterungen bereitzustellen, um das Verständnis für die berichteten Informationen zu erleichtern und darzustellen, wie die Leistungskriterien angewendet wurden. Insbesondere die Zusammensetzung der Vergütungen, die Übereinstimmung der Gesamtvergütungen mit der Vergütungspolitik des Unternehmens sowie der Beitrag der Gesamtvergütungen zur Geschäftsstrategie und zur langfristigen Entwicklung des Unternehmens sind verständlich zu erläutern.

(21) Für jedes Organmitglied eines Unternehmens können unterschiedliche Vergütungsregelungen gelten. Diese Informationen sollen so bereitgestellt werden, dass unterschieden werden kann zwischen der

– Vergütung für Organmitglieder mit unterschiedlichen Funktionen (Mitglied des Vorstands oder Aufsichtsrats, Vorsitzende(r), stellvertretende(r) Vorsitzende(r)) etc.);
– Vergütung für Organmitglieder in unterschiedlichen Situationen (z. B. aktive/ehemalige Mitglieder).

(22) Die Vergütung im Vergütungsbericht bezieht sich nicht nur auf Vorstands- oder Aufsichtsratsmitglieder, die während des gesamten oder Teilen des letzten Geschäftsjahres ihre Funktion ausgeübt haben, sondern auch auf die Vergütung, die ehemaligen (ausgeschiedenen) Vorstands- oder Aufsichtsratsmitgliedern auf Grund ihrer früheren Positionen gewährt oder geschuldet wird.

(23) Die Offenlegung der Vergütung von Vorstands- und Aufsichtsratsmitgliedern soll die Unternehmen nicht dazu verpflichten, bestimmte einzelne Informationen zugänglich zu machen, wenn deren Offenlegung für die Geschäftsposition einen schweren Schaden bedeuten könnte. Eine solche Nichtoffenlegung darf allerdings nicht die Erreichung der mit dem Vergütungsbericht verbundenen Ziele (vgl. Rz (1) und (8)) beeinträchtigen sowie die Unternehmen davon befreien, angemessene Erläuterungen vorzulegen, wie die Leistungskriterien im berichteten Geschäftsjahr angewendet wurden.

4. Aufbau und Inhalte

(24) § 78c Abs 2 AktG enthält eine Auflistung der Informationen über die Vergütung der einzelnen Mitglieder des Vorstands, die der Vergütungsbericht gegebenenfalls zu enthalten hat. Für den Aufbau des Vergütungsberichts wird folgende Struktur empfohlen:

– Einleitung
– Grundzüge der Vergütungspolitik
– Darstellung der Gesamtvergütung (inkl. Anteile der variablen Vergütung an der Gesamtvergütung)
– Informationen zu aktienbezogenen Vergütungen
– Sonstige Informationen und Erläuterungen (jährliche Veränderungen, ggf. Abweichungen von der Vergütungspolitik, Rückforderung von variablen Vergütungsbestandteilen, Berücksichtigung des Abstimmungsergebnisses in der letzten Hauptversammlung)

(25) In der Einleitung sollen ein Überblick über den wirtschaftlichen Erfolg des Berichtsjahres und über die wirtschaftliche Lage des Unternehmens gegeben werden sowie eine Beschreibung von signifikanten Ereignissen erfolgen.

(26) In die Darstellung der Grundzüge der Vergütungspolitik sollen die einzelnen Vergütungselemente, deren Beschreibung und deren Verbindung mit den Zielen und der langfristigen Entwicklung der Gesellschaft übersichtlich aufgenommen werden, um ein umfassendes Verständnis der Rahmenbedingungen für die im Vergütungsbericht dargestellte Gesamtvergütung zu erleichtern.

(27) Die Gesamtvergütung ist in einer übersichtlichen Darstellung in ihre Bestandteile aufzuschlüsseln, und der relative Anteil von festen und variablen Vergütungsbestandteilen jedes einzelnen Vorstands- und Aufsichtsratsmitglieds ist darzustellen. Die Vergütung von verbundenen Unternehmen an Vorstands- oder Aufsichtsratsmitglieder ist durch eine von den restlichen Bestandteilen getrennte Angabe ersichtlich zu machen.

(28) Der Vergütungsbericht hat die gewährte oder geschuldete Vergütung einschließlich sämtlicher Vorteile in jeglicher Form von Vorstands- und Aufsichtsratsmitgliedern zu umfassen.

Die gewährte Vergütung betrifft Vergütungsbestandteile, welche auf Basis rechtlicher oder vertraglicher Verpflichtungen dieser Berichtsperiode wirtschaftlich zuzurechnen sind, deren endgültige Festlegung und Auszahlung aber erst in (einer) späteren Periode(n) erfolgen wird. Dies betrifft auch Vergütungsvereinbarungen, die an bestimmte Bedingungen geknüpft sind (z. B. der Verbleib im Unternehmen, die Erfüllung von vorgegebenen, in Zukunft zu erreichenden Kriterien u. a. m.). Nicht darunter fallen Zuweisungen an Abfertigungs- und Pensionsrückstellungen.

Die geschuldete Vergütung umfasst die dem Organmitglied innerhalb der Berichtsperiode tatsächlich zugeflossenen Beträge, die dieser Berichtsperiode zuzurechnen sind, sowie die für diese Periode endgültig erworbenen Ansprüche, auch wenn die Auszahlung erst in einer späteren Periode erfolgt.

(29) Es wird empfohlen, eine Gegenüberstellung der basierend auf Leistungen der Vorperiode(n) in der Berichtsperiode tatsächlich an die Vorstands- bzw. Aufsichtsratsmitglieder ausgezahlten Beträge und der in der Berichtsperiode (neu) gewährten oder geschuldeten Beträge in einem übersichtlichen Format darzustellen.

(30) Im Falle von Vereinbarungen über langfristige variable Vergütungen (z. B. sogenannte Long Term Incentive-Programme, LTIP) ist die jeweilige jährliche Veränderung der als Aufwand erfassten und abgegrenzten Beträge als gewährte Vergütung in den Vergütungsbericht aufzunehmen; falls ein Teil davon schon bezahlt worden ist, wird empfohlen, dies mit einem Davon-Vermerk anzuführen. Ebenso wird empfohlen, am Ende des letzten Jahres des Anwartschaftszeitraumes von Vereinbarungen über langfristige variable Vergütungen basierend auf der Erfüllung der entsprechenden Leistungskriterien zusätzlich den Gesamtbetrag zur jeweiligen Verpflichtung anzugeben und zu erläutern.

(31) Im Vergütungsbericht ist darzulegen, wie die Gesamtvergütung der Vergütungspolitik entspricht, einschließlich Angaben dazu, wie die langfristige Leistung der Gesellschaft gefördert wird und wie die Leistungskriterien im Einklang mit der Vergütungspolitik angewendet wurden. Die Verwendung alternativer Leistungskennzahlen (Alternative Performance Measures) ist möglich, sofern diese angemessen erläutert werden.

(32) Bestandteile der Gesamtvergütung umfassen unter anderem Gehälter, Gewinnbeteiligungen, Versicherungsentgelte, Provisionen, anreizorientierte Vergütungszusagen, Sitzungsgelder und Nebenleistungen jeder Art sowie Ruhegehälter, Hinterbliebenenbezüge und Leistungen verwandter Art.

(33) Nebenleistungen sind grundsätzlich mit dem beizulegenden Zeitwert anzugeben. Wenn die Angabe von Nebenleistungen jedoch zu dem steuerlichen Sachbezugswert erfolgt, ist darauf gesondert hinzuweisen.

(34) Das Bestehen einer D&O-Versicherung ist anzuführen, wenn die Kosten von der Gesellschaft getragen werden.

(35) Die Informationen zu aktienbezogenen Vergütungen bezüglich der Anzahl der gewährten und angebotenen Aktien und Aktienoptionen und der wichtigsten Bedingungen für die Ausübung der Rechte, einschließlich des Ausübungspreises, des Ausübungsdatums und etwaiger Änderungen dieser Bedingungen, können weitgehend von den Pflichtangaben zu Aktienoptionen nach § 239 Abs 1 Z 5 UGB übernommen werden. Voraussetzung für das Vorliegen einer aktienbezogenen Vergütung i. S. d. § 78c Abs 2 Z 4 AktG ist, dass kein Barausgleich (Cash Settlement) vorgesehen ist.

(36) Gem. § 78c Abs 2 Z 2 AktG ist die jährliche Veränderung der Gesamtvergütung, des wirtschaftlichen Erfolgs der Gesellschaft und der durchschnittlichen Entlohnung der sonstigen Beschäftigten der Gesellschaft auf Vollzeitäquivalenzbasis im Vergütungsbericht offenzulegen, zumindest für die letzten fünf Geschäftsjahre und in einer Weise, die einen Vergleich ermöglicht. Die jährliche Veränderung soll als prozentuelle Veränderung und als absoluter Betrag tabellarisch sinnvoll aufbereitet werden.

(37) Bei der durchschnittlichen Entlohnung der sonstigen Beschäftigten auf Vollzeitäquivalenzbasis ist lediglich auf Beschäftigte der berichterstattenden Gesellschaft abzustellen. Bei Verfügbarkeit der Daten und im Sinne der Transparenz soll die Information auf die sonstigen Beschäftigten im gesamten Konzern erweitert werden.

(38) Der Vergleich anhand von Informationen für die letzten fünf Geschäftsjahre ist bis zum Ablauf des fünften Geschäftsjahres, gerechnet ab Inkrafttreten der neuen Bestimmungen, mit der Maßgabe anzuwenden, dass nicht die durchschnittliche Vergütung der letzten fünf Geschäftsjahre in die vergleichende Betrachtung einbezogen wird, sondern lediglich die durchschnittliche Vergütung im Zeitraum seit dem Geschäftsjahr nach Inkrafttreten der neuen Bestimmungen. Zur Ermittlung dieser Periode siehe Rz (47) f.

(39) Weiters ist es im Vergütungsbericht zu erläutern, wenn unterjährige Vergütungen von der später in einem Geschäftsjahr neu abgestimmten Vergütungspolitik abweichen.

(40) Der Vergütungsbericht hat Informationen zu enthalten, ob und wie von der Möglichkeit Gebrauch gemacht wurde, variable Vergütungsbestandteile zurückzufordern. Diese Information ist lediglich anzugeben, wenn im letzten Geschäftsjahr tatsächlich variable Vergütungsbestandteile zurückgefordert wurden. Eine Angabe der bloßen Existenz von vertraglichen Vereinbarungen zur Rückforderbarkeit ist nicht erforderlich.

(41) Ebenso sind Informationen zu einem Abweichen von der Vergütungspolitik, insbesondere aus Gründen gem. § 78a Abs 8 AktG (vorübergehendes Abweichen bei Vorliegen außergewöhnlicher Umstände), nur anzuführen, sofern tatsächlich abgewichen wurde.

(42) Abschließend ist in den Erläuterungen darzustellen, wie dem Abstimmungsergebnis über den Vergütungsbericht in der letzten Hauptversammlung Rechnung getragen wurde.

5. Vergütungsbericht für den Aufsichtsrat

(43) Die Ausführungen in dieser Stellungnahme betreffen auch die Aufsichtsratsvergütung, wobei einige Besonderheiten zu beachten sind, welche in den folgenden Randziffern erläutert werden.

(44) Die Aufschlüsselung für die Vergütung des Aufsichtsrats ist in einem passenden Format neben der Vorstandsvergütung im Vergütungsbericht darzustellen, da in der Regel einige der Leistungskomponenten der Vorstandsvergütung bei der Aufsichtsratsvergütung keine Anwendung finden. Eine vereinfachte Darstellung erscheint demnach angemessen. In den Vergütungsbericht ist nur jene Vergütung aufzunehmen, die Aufsichtsratsmitglieder aufgrund ihrer Organfunktion erhalten. Barauslagen sind davon nicht erfasst.

(45) Im Rahmen der Vergütung für den Aufsichtsrat ist anzugeben, ob alle oder einzelne Mitglieder als pauschale Abgeltung für die Teilnahme an einer Sitzung ein Sitzungsgeld erhalten. Ein gesonderter Ersatz von Barauslagen (wie Reisekosten u. ä.) ist nicht anzugeben.

(46) Die Gesamtvergütung ist aufgeschlüsselt nach Bestandteilen gem. § 78c Abs 2 Z 1 AktG anzugeben. Sofern die Aufsichtsratsvergütung in der Satzung geregelt ist, ist darauf hinzuweisen.

6. Inkrafttreten

(47) Für das Geschäftsjahr, das nach dem 9. Juni 2019 beginnt, ist erstmals eine Vergütungspolitik festzulegen und der ordentlichen Hauptversammlung vorzulegen. In der Folge hat dies mindestens in jedem vierten Geschäftsjahr sowie bei jeder wesentlichen Änderung zu geschehen.

(48) In der ordentlichen Hauptversammlung der darauffolgenden Geschäftsjahre ist jeweils über das abgelaufene Geschäftsjahr ein Vergütungsbericht vorzulegen.

7. Erstmalige Anwendung

(49) Diese Stellungnahme ist auf Geschäftsjahre anzuwenden, die nach dem 9. Juni 2020 beginnen.

Erläuterungen

Zu Rz (1):

Das Bundesgesetz, mit dem das Aktiengesetz, das SE-Gesetz, das Übernahmegesetz und das Unternehmensgesetzbuch geändert werden (Aktienrechts-Änderungsgesetz 2019 – AktRÄG 2019), BGBl. I Nr. 63/2019, wurde am 23. Juli 2019 kundgemacht. Damit wurde die Richtlinie (EU) 2017/828 zur Änderung der Richtlinie 2007/36/EG im Hinblick auf die Förderung der langfristigen Mitwirkung der Aktionäre, ABl. Nr. L 132 vom 20.5.2017, S. 1, umgesetzt.

In den Erwägungsgründen der Richtlinie (EU) 2017/828 wird festgehalten:

„(29) ... Die Vergütungspolitik sollte zu der Geschäftsstrategie, den langfristigen Interessen und der Tragfähigkeit der Gesellschaft beitragen und nicht gänzlich oder hauptsächlich an kurzfristige Ziele geknüpft sein. Die Leistung von Mitgliedern der Unternehmensleitung sollte anhand sowohl finanzieller als auch nicht-finanzieller Kriterien, gegebenenfalls einschließlich ökologischer, sozialer und Governance-Faktoren, bewertet werden. ...“

„(31) Um sicherzustellen, dass die Umsetzung der Vergütungspolitik in Einklang mit dieser Politik steht, sollte den Aktionären das Recht eingeräumt werden, über den Vergütungsbericht der Gesellschaft abzustimmen. ...“

Im Unterschied zum Corporate Governance-Bericht hat der Vergütungsbericht vor allem auch den Zweck, die Umsetzung der Vergütungspolitik (§ 78a AktG) durch die tatsächlich gewährte oder geschuldete Vergütung darzustellen.

Zu Rz (2):

§ 78c AktG ist gem. § 3 AktG auch auf Aktiengesellschaften anzuwenden, deren Aktien nicht in Österreich, sondern an einem gleichwertigen Markt mit Sitz in einem Drittland, wie z. B. der Schweiz oder den USA, zum Handel zugelassen sind.

Zu Rz (4):

Am 12. Juli 2019 veröffentlichte die Europäische Kommission einen Entwurf betreffs *“Guidelines on the standardised presentation of the remuneration report under Directive 2007/36/EC, as amended by Directive (EU) 2017/828, as regards the encouragement of long-term shareholder engagement”* (im Folgenden „EU-Leitlinien“). Diese EU-Leitlinien (Guidelines) sind nicht bindend und erzeugen daher auch keine neuen rechtlichen Verpflichtungen, sollen aber die Unternehmen unterstützen, klare, verständliche, umfassende, einheitliche und vergleichbare Informationen zur Vergütung der Mitglieder der Unternehmensleitung vorzulegen.

Zu Rz (5):

In der Verordnung (EU) Nr. 575/2013 über Aufsichtsanforderungen an Kreditinstitute und Wertpapierfirmen werden in Art 450 Mindestanforderungen für die Offenlegung von Vergütungspolitik und -praxis für Mitarbeiterkategorien geregelt, deren Tätigkeit in diesen Instituten sich wesentlich auf das Risikoprofil auswirkt.

In der delegierten Verordnung (EU) 2015/35 der Europäischen Kommission vom 10. Oktober 2014 zur Ergänzung der Richtlinie 2009/138/EG des Europäischen Parlaments und des Rates betreffend die Aufnahme und Ausübung der Versicherungs- und der Rückversicherungstätigkeit (Solvabilität II) werden im Kapitel IX unter Abschnitt 5 – Vergütungspolitik in Art 275 Grundsätze und Vorgaben für die Ausgestaltung und Offenlegung der Vergütungspolitik von Versicherungs- und Rückversicherungsunternehmen festgelegt.

Zu Rz (9):

Die Umsetzungsbestimmungen in Österreich sehen eine Vergütungspolitik und einen Vergütungsbericht vor, die Angaben zum Vorstand und zum Aufsichtsrat zu umfassen haben. Das ergibt sich insbesondere aus der Formulierung des § 98a AktG, wonach „die Vergütungspolitik und der Vergütungsbericht auch hinsichtlich der Mitglieder des Aufsichtsrats“ zu erstellen ist. In den Erläuterungen zu § 98a AktG (im Initiativantrag 910/A XXVI. GP zum AktRÄG 2019) findet sich dazu explizit folgende Aussage:

„Durch die Formulierung, dass Vergütungspolitik und Vergütungsbericht ‚auch hinsichtlich der Vergütung der Mitglieder des Aufsichtsrats‘ zu erstellen sind, wird klargestellt, dass es für jede börsenotierte Gesellschaft nur eine – die Angaben zu Vorstand und Aufsichtsrat umfassende – Vergütungspolitik und auch nur einen einheitlichen Vergütungsbericht gibt (vgl. auch § 104 Abs. 2a Z 1 und 2, wo vom betreffenden Dokument jeweils im Singular die Rede ist).“

Es kann sachliche Gründe geben, die Abstimmung über die (an sich einheitliche) Vergütungspolitik oder auch den Vergütungsbericht für Vorstand und Aufsichtsrat getrennt durchzuführen.

Zu Rz (10) und (11):

Eine börsenotierte Gesellschaft hat gem. § 108 Abs 4 Z 4 AktG den Vergütungsbericht ab dem 21. Tag vor der Hauptversammlung und die gefassten Beschlüsse gem. § 128 Abs 2 AktG spätestens am zweiten Werktag nach der Versammlung jeweils auf ihrer im Firmenbuch eingetragenen Internetseite zugänglich zu machen.

Der Vorstand und der Aufsichtsrat sind gleichermaßen für den Bericht verantwortlich. In der Praxis wird vom Vorstand zunächst ein Entwurf erstellt, der dann ggf. mit dem Vergütungsausschuss des Aufsichtsrats besprochen wird. Im Anschluss sollte der Bericht vom Vorstand und dann vom Aufsichtsrat eigens nochmals beschlossen werden. Erst wenn der Beschluss von beiden Organen ordnungsgemäß gefasst wurde, ist der Bericht im Sinne des § 78c Abs 1 AktG erstellt und kann der Hauptversammlung zur Abstimmung vorgelegt werden.

Die Zuständigkeit zur Beschlussfassung im Aufsichtsrat über den gemeinsam mit dem Vorstand erstellten Vergütungsbericht sollte grundsätzlich im Plenum liegen; sie kann aber auch einem im Aufsichtsrat eingerichteten Vergütungsausschuss übertragen werden.

Zu Rz (12):

Gem. § 60 SE-Gesetz gelten diese Bestimmungen des AktG sinngemäß auch für die geschäftsführenden Direktoren einer Europäischen Aktiengesellschaft.

Zu Rz (14):

Die Beschlussfassung über den Vergütungsbericht ist als Teil der öffentlich beglaubigten Abschrift der Niederschrift der Hauptversammlung gem. § 120 Abs 4 AktG vom Vorstand unverzüglich nach der Versammlung zum Firmenbuch einzureichen.

In den Erwägungsgründen der Richtlinie (EU) 2017/828 wird festgehalten:

„(40) Um den Eingriff in die Rechte auf Privatsphäre von Mitgliedern der Unternehmensleitung zu beschränken und ihre personenbezogenen Daten zu schützen, sollte die Veröffentlichung der im Vergütungsbericht enthaltenen personenbezogenen Daten von Mitgliedern der Unternehmensleitung durch die Gesellschaften auf zehn Jahre begrenzt sein. ...

(41) Nach Ablauf des Zehnjahreszeitraums sollte die Gesellschaft alle personenbezogenen Daten aus dem Vergütungsbericht streichen oder den gesamten Vergütungsbericht nicht mehr öffentlich zugänglich machen. ...“

Zu Rz (15):

Für die in dieser Stellungnahme entwickelten Grundsätze einer ordentlichen Berichterstattung im Rahmen eines Vergütungsberichts wurden die “Key Principles” der EU-Leitlinien herangezogen (vgl. Abschnitt 5 der EU-Leitlinien).

Art 9b der Richtlinie (EU) 2017/828 führt wie folgt aus:

„Die Mitgliedstaaten stellen sicher, dass Gesellschaften einen klaren und verständlichen Vergütungsbericht erstellen, der einen umfassenden Überblick über die im Laufe des letzten Geschäftsjahrs den einzelnen Mitgliedern der Unternehmensleitung, einschließlich neu eingestellter oder ehemaliger Mitglieder der Unternehmensleitung, gemäß der in Artikel 9a genannten Vergütungspolitik gewährte oder geschuldete Vergütung, einschließlich sämtlicher Vorteile in jeglicher Form, enthält.“

Zu Rz (18):

Abschnitt 5 Z 4 der EU-Leitlinien führt aus (bis inkl. Doppelpunkt auch im Original kursiv; dies gilt ebenso für die folgenden Zitate):

“Cross-references: The Report should be a stand-alone document and contain all the necessary information in one place. Nonetheless, in addition to the information regarding the remuneration awarded or due during the reported financial year and other information required by the Directive, the Report could also make cross-references to relevant background information published elsewhere, where appropriate, in order to avoid unnecessary duplications.”

Die Pflichtangaben gem. § 239 Abs 1 Z 4 UGB korrespondieren u. a. mit den geforderten Informationen im Vergütungsbericht zur Vergütung von verbundenen Unternehmen (§ 78c Abs 2 Z 3 AktG). Weiters sieht § 239 Abs 1 Z 5 UGB Anhangangaben zu aktienbezogenen Vergütungen vor, welche mit den Offenlegungspflichten im Vergütungsbericht gem. § 78c Abs 2 Z 4 AktG übereinstimmen (siehe Erläuterungen zu Rz (32)). Eine vollständige Übernahme dieser Informationen aus dem Anhang für die Erstellung des Vergütungsberichts ist sinnvoll.

Zu Rz (19):

Abschnitt 5 Z 5 der EU-Leitlinien führt aus:

“Reporting on amounts: All monetary amounts in the Report should be presented as gross figures.”

Da gesetzlich geregelte Dienstgeber- und sonstige Abgaben nicht der Disposition des Aufsichtsrats im Rahmen einer Vergütungspolitik unterliegen, sind diese auch nicht anzuführen. Dies betrifft insbesondere den Dienstgeberanteil zur Sozialversicherung, die Kommunalsteuer, Dienstgeberbeiträge zum Familienlastenausgleichsfonds sowie die Zuschläge zum Dienstgeberbeitrag und den Beitrag zur Betrieblichen Vorsorgekasse (früher Mitarbeitervorsorgekasse).

Zu Rz (20):

Abschnitt 5 Z 6 der EU-Leitlinien führt aus:

“Narrative information: In addition to numeric information, tables or graphics, it may be helpful to include narrative information to explain numbers and provide context for the users of the Report. Narrative explanation is therefore encouraged if it will make the reported information easier to understand (e.g. explaining complex elements of the directors’ remuneration or how the total remuneration complies with the remuneration policy adopted by the company, including how it contributes to the long-term performance of the company), and to provide information as to how the performance criteria were applied.”

Zu Rz (21):

Abschnitt 5 Z 7 der EU-Leitlinien führt aus (Fußnote weggelassen):

“Different types of directors and their remuneration: Different remuneration arrangements can apply to executive and non-executive directors, members of administrative, management or supervisory bodies and chief executive officers or other kind of directors. Where this guidance makes reference to information on the remuneration of ‘directors’, this should be interpreted as covering all directors for which the information in question is required by the Directive. ...”

Zu Rz (22):

Unter einem ehemaligen (ausgeschiedenen) Mitglied ist eines zu verstehen, dessen Bestellung zum Vorstands- oder Aufsichtsratsmitglied geendet hat. § 239 Abs 1 Z 4 lit b UGB sieht Anhangangaben zu den Gesamtbezügen (Abfindungen, Ruhegehälter, Hinterbliebenenbezüge und Leistungen verwandter Art) der früheren Mitglieder des Vorstands, des Aufsichtsrats oder ähnlicher Einrichtungen und ihrer Hinterbliebenen vor. Eine vollständige Übernahme dieser Informationen aus dem Anhang für die Erstellung des Vergütungsberichts ist empfehlenswert (vgl. auch Rz (18)).

Zu Rz (23):

Die Erläuterungen zu § 78c Abs 2 AktG (im Initiativantrag 910/A XXVI. GP zum AktRÄG 2019) halten fest:

„Entsprechend der in Erwägungsgrund 45 der Richtlinie dargelegten allgemeinen Schutzklausel müssen Informationen nicht offengelegt werden, wenn dies für die Geschäftsposition der Gesellschaft einen schweren Schaden bedeuten könnte."

Erwägungsgrund (45) der Richtlinie (EU) 2017/828 legt fest:

„Durch diese Richtlinie werden Transparenzanforderungen in Bezug auf Gesellschaften, institutionelle Anleger, Vermögensverwalter und Stimmrechtsberater aufgestellt. Durch diese Transparenzanforderungen soll Gesellschaften, institutionellen Anlegern, Vermögensverwaltern und Stimmrechtsberatern nicht vorgeschrieben werden, bestimmte einzelne Informationen der Öffentlichkeit gegenüber offenzulegen, deren Offenlegung ihrer Geschäftsposition oder, wenn sie keine Unternehmen mit gewerblicher Zwecksetzung sind, den Interessen ihrer Mitglieder oder Begünstigten schwer schaden würde. Eine solche Nichtoffenlegung sollte die Ziele der Offenlegungspflichten gemäß dieser Richtlinie nicht beeinträchtigen."

Abschnitt 5 Z 8 zweiter Absatz der EU-Leitlinien führt aus (Fußnote weggelassen):

"Transparency and confidentiality: In addition to specific situations that relate to the omission of information the disclosure of which would be seriously prejudicial to the business position of the company, companies are also reminded of their obligation to take into account the data protection requirements as referred to in the Directive with respect to the publication of special categories of personal data within the meaning of Article 9(1) of Regulation (EU) 2016/679 of the European Parliament and of the Council or personal data which refer to the family situation of the individual directors."

Zu Rz (24):

Vgl. dazu auch Abschnitt 6 (Standardised Presentation) der EU-Leitlinien.

Zu Rz (25):

Die EU-Leitlinien empfehlen in Abschnitt 6.1. (Introduction, Fußnote weggelassen):

"This introduction could include the main pieces of information that help to put the directors' remuneration during the reported financial year into context, such as any key events in the company's operations, its performance, major decisions, the business environment in which it operates, its prospects and sustainability issues. It could also highlight key changes in the remuneration of directors as such, in the performance criteria or methodology used and in the remuneration policy or in its application, compared to the previous reported financial year. If there has been any deviation or derogation from the remuneration policy during the reported financial year, this could also be mentioned in the introduction, together with information as to how the vote or the views of the shareholders on the remuneration report were taken into account."

Zu Rz (26):

Vgl. dazu auch Abschnitt 6.5 der EU-Leitlinien.

Zu Rz (27):

Vgl. dazu auch Abschnitt 6.2 der EU-Leitlinien.

Zu Rz (28):

Im Sinne des § 78c AktG sind unter gewährten Vergütungsbestandteilen Beträge zu verstehen, deren Auszahlung an die zukünftige Erfüllung gewisser Kriterien geknüpft oder deren Höhe noch ungewiss ist; typischerweise sind dies variable Komponenten, wie z. B. mittel- oder langfristige Vergütungsprogramme (vgl. Rz (30)). Im Unterschied dazu sind geschuldete Vergütungsbestandteile alle in einer Periode zugeflossenen Beträge, wie z. B. das Jahresfixum, sowie die für diese Periode endgültig erworbenen Ansprüche, auch wenn die Auszahlung erst in einer späteren Periode erfolgt (z. B. Jahresbonus als Zuerkennung einer variablen Vergütung für einen konkreten Bemessungszeitraum, unabhängig vom tatsächlichen Zeitpunkt, zu dem der Betrag gezahlt wird).

Oftmals kann der der jeweiligen Berichtsperiode wirtschaftlich zuzurechnende Betrag aus der im Jahresabschluss gebildeten Rückstellung abgeleitet werden.

Der Begriff „Gesamtvergütung" in § 78c Abs 2 Z 1 AktG kann als Synonym zu den „Gesamtbezügen" in § 239 Abs 1 Z 4 lit a UGB interpretiert werden (siehe Erläuterungen zu Rz (32)). Daher ist die jährliche Dotierung der Abfertigungs- und Pensionsrückstellungen kein Bestandteil der Gesamtvergütung (vgl. Hebenstreit/Stückler in Zib/Dellinger (Hrsg.), UGB III/2 (2015), § 239 UGB, Rz 35; Ch. Nowotny in Straube/Ratka/Rauter (Hrsg.), UGB II/RLG3 (2018), § 239 UGB, Rz 22).

Die Auszahlungen von Ruhegenüssen und Abfertigungen durch das Unternehmen stellen Vergütungen an ehemalige Organmitglieder dar und sind in den jeweiligen Jahren im Vergütungsbericht gesondert anzuführen (siehe Rz (21)).

Abschnitt 6.2 Z 5 der EU-Leitlinien führt zur Spalte 4 (Pension expense) aus:

"This column should include the contributions that effectively took place during the reported financial year to finance a fund or other pension scheme for future pension pay-out for the director (or the director's heirs)."

Es wird empfohlen, die geforderte Information dahingehend aufzubereiten, dass es nicht zur Doppelzählung oder Duplizierung der gleichen Vergütungsbestandteile in der Gesamtvergütungsauflistung kommt; dies ist besonders bei den variablen Komponenten zu beachten.

Zu Rz (29) und (30):

Die in Rz (29) beschriebene Gegenüberstellung ist dann möglich, wenn die in Rz (16) empfohlene Darstellung eines Jahresvergleichs umgesetzt wird. Diese Form der Darstellung bietet eine zusätzliche Information und ermöglicht dem Leser des Vergütungsberichts zu verstehen, welcher Betrag der variablen Vergütung basierend auf Leistungen der Vorperiode bzw. der Vorperioden tatsächlich an die Vorstands- und Aufsichtsratsmitglieder ausbezahlt worden ist. Dies gilt auch für Auszahlungen aus Ansprüchen auf Grund von Vereinbarungen über langfristige variable Vergütungen und allenfalls darauf vorweg gewährte Akonti.

Zu Rz (31):

Die finanzielle Lage der Gesellschaft kann anhand von aussagekräftigen Kennzahlen wie z. B. alternativen Leistungskennzahlen (Alternative Performance Measures) dargestellt werden. Hierbei wird auf die ESMA Guidelines on Alternative Performance Measures verwiesen. In den Erläuterungen des Vergütungsberichts ist die Verwendung solcher Kennzahlen zu erklären und die Überleitung zu Kennzahlen des Jahresabschlusses darzustellen.

Zu Rz (32):

§ 78 Abs 1 AktG zählt Gehälter, Gewinnbeteiligungen, Aufwandsentschädigungen, Versicherungsentgelte, Provisionen, anreizorientierte Vergütungszusagen und Nebenleistungen jeder Art zu den Gesamtbezügen der Vorstandsmitglieder. Ruhegehälter, Hinterbliebenenbezüge und Leistungen verwandter Art werden ebenso genannt.

Zu den Gesamtbezügen für die Mitglieder des Vorstands, des Aufsichtsrats oder ähnlicher Einrichtungen gem. § 239 Abs 1 Z 4 lit a UGB zählen Gehälter, Gewinnbeteiligungen, Aufwandsentschädigungen, Versicherungsentgelte, Provisionen und Nebenleistungen jeder Art. Die Gesamtbezüge der früheren Mitglieder der bezeichneten Organe und ihrer Hinterbliebenen (lit b) umfassen Abfindungen, Ruhegehälter, Hinterbliebenenbezüge und Leistungen verwandter Art.

Alle außerhalb der gesetzlichen Verpflichtungen und auf Grund des Anstellungsvertrages oder Beschlüssen des Aufsichtsrats gewährten Bezüge, insbesondere Gewinnbeteiligungen, Provisionen, Nebenleistungen jeder Art (auch Natural- und Sachbezüge und andere geldwerte Vorteile), Erfindervergütungen sowie Versicherungsbeiträge für private Kranken-, Unfall- und Altersvorsorge-Versicherungen, die von der Gesellschaft übernommen werden, sind einzubeziehen, soweit daraus dem Vorstandsmitglied ein unmittelbarer Anspruch gegen die Gesellschaft oder das Versicherungsunternehmen erwächst oder dafür eine Haftung der Gesellschaft besteht. Dazu zählen auch Zahlungen an eine betriebliche oder überbetriebliche Pensionskasse oder für eine Lebensversicherung.

Anreizorientierte Vergütungszusagen umfassen nach herrschender Ansicht neben Gewinnbeteiligungen auch Aktien, Aktienoptionen, Phantom Stocks und andere vergleichbare unbare Entgeltformen. Für Zwecke der Darstellung im Vergütungsbericht ist allerdings zwischen aktienbezogenen Vergütungen i. S. d. §§ 78a Abs 5 iVm 78c Abs 2 Z 4 AktG und sonstigen aktienbasierten Vergütungen zu unterscheiden.

Aktienbezogene Vergütungen i. S. d. §§ 78a Abs 5 iVm 78c Abs 2 Z 4 AktG betreffen Aktienoptionsprogramme, mit denen Mitglieder des Vorstands bzw. Aufsichtsrats die Möglichkeit bekommen, Aktien des Unternehmens unter bestimmten Bedingungen zu erwerben. In diesen Fällen ist kein Barausgleich (Cash Settlement) vorgesehen bzw. müssen im Vergütungsbericht gesonderte Angaben gemacht werden (vgl. Rz (35) und Erläuterungen dazu).

Sonstige aktienbasierte Vergütungen sind bspw. Barabgeltungen von erzielten Aktienkurssteigerungen, virtuelle Aktienoptionen, Stock Appreciation Rights, Phantom Stocks und ähnliche schuldrechtliche Vergütungsinstrumente (vgl. Grottel in Beck'scher Bilanz-Kommentar12 (2020), § 285 HGB, Rz 253). Diese sind im Rahmen des Vergütungsberichts als Bestandteil einer (langfristigen) variablen Vergütung darzustellen.

Zu Rz (35):

Nur Vereinbarungen, die durch Übertragungen von Eigenkapitalinstrumenten zu erfüllen sind, gehören zu den aktienbezogenen Vergütungen (vgl. Erläuterungen zu Rz (32)).

Vgl. dazu auch Abschnitt 6.3 der EU-Leitlinien.

§ 78c Abs 2 Z 4 AktG sieht im Vergleich zu den Anhangangaben gem. § 239 Abs 1 Z 5 UGB keine Angaben zu den Grundlagen oder der Formel der Berechnung des Ausübungspreises von Aktienoptionen, zum jeweiligen Schätzwert dieser eingeräumten Optionen zum Bilanzstichtag und zum Wert der im Geschäftsjahr ausgeübten Optionen zum Zeitpunkt der Ausübung vor. Der Vergütungsbericht hat lediglich eine Angabe des „Mengengerüsts" der Aktien bzw. Aktienoptionen zu beinhalten.

Abschnitt 6.3.5 der EU-Leitlinien empfiehlt auch die Angabe von Marktwerten (Market Value of Shares), ohne eine bestimmte Bewertungsmethode vorzuschreiben. Folgt man dieser Empfehlung, können bspw. die diesbezüglichen Anhangangaben des Jahresabschlusses in den Vergütungsbericht übernommen werden.

Zu Rz (36):

Abschnitt 6.7 Z 1 der EU-Leitlinien führen dazu aus:

"In line with point (b), paragraph 1 of Article 9b of the Directive, the Report shall contain information on the annual change of remuneration of each individual director, of the performance of the company and of average remuneration on a full-time equivalent basis of employees of the company other than directors over at least the five most recent financial years. According to the Directive, the said information is to be presented together in a manner which permits comparison. ..."

Zu Rz (37):

Vgl. dazu auch Abschnitt 6.7 Z 2 der EU-Leitlinien.

Falls es sich bei der berichterstattenden Gesellschaft um eine reine Holdinggesellschaft handelt, wäre die Angabe der sonstigen Beschäftigten dieser Holdinggesellschaft wenig aussagekräftig. In diesem Falle soll die Information auf Beschäftigte anderer Gesellschaften der Unternehmensgruppe dahingehend ausgedehnt werden, dass ein sinnvoller Vergleich mit der durchschnittlichen Entlohnung der sonstigen Beschäftigten ermöglicht wird.

Zu Rz (38):

Die Anwendung von § 78c Abs 2 Z 2 AktG mit der Maßgabe, dass lediglich die durchschnittliche Vergütung im Zeitraum seit dem Geschäftsjahr nach Inkrafttreten der neuen Bestimmungen in den Vergleich mit einbezogen wird, steht im Einklang mit der Richtlinie (EU) 2017/828 (siehe hierzu EU-Leitlinien, Abschnitt 7: Transitional Regime – First Reporting Years).

Zu Rz (39):

Wird in einer Hauptversammlung eine neue Vergütungspolitik beschlossen, kann es zu Unterschieden zwischen der Vergütung in den Monaten vor und nach der in der Hauptversammlung abgestimmten Vergütungspolitik kommen. In solchen Fällen ist dies im Vergütungsbericht zu erläutern.

Zu Rz (44):

Honorare und andere Vergütungen, die über die Mandatstätigkeit hinaus bezahlt werden, sind in anderen Teilen der Unternehmensberichterstattung, z. B. im Corporate Governance-Bericht (vgl. Rz (10) in AFRAC 22 – Corporate Governance-Bericht) oder in den Angaben zu Transaktionen mit nahe stehenden Unternehmen und Personen (Related Party Transactions) im Anhang des Jahres- bzw. Konzernabschlusses zu finden. Dabei kann es sich um Vergütungen für folgende Tätigkeiten handeln:

- Beratungs- und andere Dienstleistungen
- Bezüge von anderen, verbundenen Unternehmen für Leistungen in diesen Unternehmen

Zu Rz (45):

§ 110 Abs 3 Satz 1 ArbVG sieht vor, dass Arbeitnehmervertreter im Aufsichtsrat ihre Funktion ehrenamtlich ausüben und daher nur einen Anspruch auf Ersatz der angemessenen Barauslagen haben.

Der Ersatz von angemessenen Barauslagen muss keinen Niederschlag im Vergütungsbericht finden, Sitzungsgelder sind hingegen anzugeben.

Zu Rz (48):

Der frühestmögliche Zeitpunkt für die Vorlage eines Vergütungsberichts nach diesen Bestimmungen ist bei einem Geschäftsjahr endend mit dem 30. Juni die ordentliche Hauptversammlung im Geschäftsjahr vom 1. Juli 2020 bis zum 30. Juni 2021, der über das Geschäftsjahr vom 1. Juli 2019 bis zum 30. Juni 2020 berichtet wird.

Zu Rz (49):

Hinsichtlich der Offenlegung der jährlichen Veränderung der Gesamtvergütung, des wirtschaftlichen Erfolgs der Gesellschaft und der durchschnittlichen Entlohnung der sonstigen Beschäftigten der Gesellschaft auf Vollzeitäquivalenzbasis, zumindest für die letzten fünf Geschäftsjahre (vgl. Rz (36)), wird insbesondere auf Rz (38) verwiesen.

Beispiel zur Anwendung der Vorgaben dieser Stellungnahme

Ein Unternehmen hat drei Vorstandsmitglieder: A (Vorsitzender) sowie B und C (Mitglieder).

Die Vergütungspolitik sieht Folgendes vor:

A erhält ein Jahresfixgehalt von 120. Die kurzfristige variable Vergütung (= Jahresbonus) ist durch den Aufsichtsrat nach einem bestimmten Verfahren festzulegen. Die langfristige variable Vergütung (LTIP) erfolgt in Form von Stock Appreciation Rights (aktienorientierte Vergütung) über einen Betrachtungszeitraum von drei Jahren mit Barauszahlung am Ende und Rückforderungsansprüchen. Die Gewährung des LTIPs ist an gewisse Erfüllungsbedingungen geknüpft. Darüber hinaus hat A aus der Vergangenheit eine direkte Pensionszusage vom Unternehmen, für die in Form einer Rückstellung vorgesorgt wird.

B und C erhalten jeweils ein Jahresfixgehalt von 80. Der Jahresbonus ist durch den Aufsichtsrat nach einem bestimmten Verfahren festzulegen. Das LTIP ist ähnlich ausgestaltet wie bei A, allerdings wird im Jahr 2 bereits ein Akonto vorausbezahlt. Für beide Vorstandsmitglieder werden darüber hinaus fixe Beiträge in eine überbetriebliche Pensionskasse gezahlt (beitragsorientierter Plan). B erhält zusätzlich eine Vergütung für Geschäftsführertätigkeiten in Tochterunternehmen.

Folgende Ereignisse sind zu berücksichtigen:

Im Jahr 1 hat das Unternehmen seine Vergütungspolitik vorzulegen.

Ab dem Jahr 2 sind jährliche Vergütungsberichte vorzulegen.

Die Jahresboni werden im betreffenden Geschäftsjahr rückgestellt und im Folgejahr nach Beschlussfassung im Aufsichtsrat ausbezahlt. Zum Zeitpunkt der Erstellung des Vergütungsberichts ist die Höhe des Vorjahresbonus noch nicht beschlossen worden.

Das LTIP wird in den Jahren 1 bis 3 angespart und im Jahr 4 ausbezahlt, sofern keine Rückforderungsansprüche vorliegen (vereinfachende Annahme, keine Zinsen usw.). Es ergeben sich keine Rückforderungen, daher wird alles ausbezahlt.

Zu Beginn des Jahres 4 wird mit A eine Trennungsvereinbarung getroffen, die zu einer Auszahlung des Vorjahresbonus sowie der Ansprüche aus dem LTIP und einer einmaligen Abfindung führt. Ab diesem Zeitpunkt gelangt weiters der vereinbarte und rückgestellte Ruhegenuss zur Auszahlung. Das Jahresfixgehalt von B und C erhöht sich auf 100.

	Jahr 1			Jahr 2			Jahr 3			Jahr 4		
	A	B	C	A	B	C	A	B	C	A	B	C
Jahresfixgehalt	120	80	80	120	80	80	120	80	80	0	100	100
Jahresbonus	50	35	25	60	40	35	40	30	30	0	50	50
Auszahlung Vorjahresbonus	0	0	0	45	30	20	60	35	35	40	30	30
Dotierung LTIP	25	20	20	50	40	40	30	25	25	0	0	0
Auszahlung LTIP	0	0	0	0	20	30	0	0	0	105	65	55
Vergütung verbundene Unt.	0	40	0	0	40	0	0	40	0	0	40	0
Dotierung Pensionsrückstellung	15	0	0	10	0	0	5	0	0	0	0	0
Zahlung Ruhegenuss	0	0	0	0	0	0	0	0	0	80	0	0
Zahlung PK-Beiträge	0	10	10	0	10	10	0	10	10	0	10	10
Sonstiges (Einmalabfindung A)	0	0	0	0	0	0	0	0	0	100	0	0

Exemplarische Darstellung der Gesamtvergütung im Vergütungsbericht

Empfohlener Jahresvergleich gem. Rz (16)

Vergütungsbericht (ab Berichtsjahr 2)

Berichtsjahr 2	Jahr 2			Jahr 1		
	A	B	C	A	B	C
Fixe Vergütung						
- Jahresfixgehalt	120	80	80	120	80	80
- Beiträge zur überbetrieblichen Pensionskasse	0	10	10	0	10	10
Zwischensumme	**120**	**90**	**90**	**120**	**90**	**90**
Variable Vergütung						
- Jahresbonus[1]	60	40	35	50	35	25
Auszahlung Vorjahresbonus	*45*	*30*	*20*	*0*	*0*	*0*
- Erfolgsabhängiges LTIP	50[3]	40[4]	40[5]	25[2]	20[2]	20[2]
Akontoauszahlung LTIP	*0*	*20*	*30*	*0*	*0*	*0*
Zwischensumme	**110**	**80**	**75**	**75**	**55**	**45**
Vergütung von verbundenen Unternehmen						
- Gehalt für Geschäftsführertätigkeiten in TU	0	40	0	0	40	0
Zwischensumme	**0**	**40**	**0**	**0**	**40**	**0**
Sonstige Vergütung						
- einmalige Abfindung	0	0	0	0	0	0
Zwischensumme	**0**	**0**	**0**	**0**	**0**	**0**
Vergütung aus ehemaliger Organfunktion						
- Ruhegenuss	0	0	0	0	0	0
Zwischensumme	**0**	**0**	**0**	**0**	**0**	**0**
Gesamtvergütung						
- fix	120	90	90	120	90	90
- variabel	110	80	75	75	55	45
- verbundene Unternehmen	0	40	0	0	40	0
- sonstige	0	0	0	0	0	0
- Ruhegenuss (Ehemalige Vorstandsmitglieder)	0	0	0	0	0	0
Summe	**230**	**210**	**165**	**195**	**185**	**135**

Relativer Anteil der festen Bestandteile (in %)	*52*	*62*	*55*	*62*	*70*	*67*
Relativer Anteil der variablen Bestandteile (in %)	*48*	*38*	*45*	*38*	*30*	*33*
Total		**605**			**515**	

[1] geschätzter Erfüllungsbetrag, Abweichungen zum Auszahlungsbetrag möglich (Erläuterung gem. Rz (29))
[2] jährliche Dotierung (jährliche Veränderung), Gesamtbetrag der Auszahlung hängt von Erfüllung der Kriterien am Ende der Performanceperiode ab
[3] jährliche Dotierung (jährliche Veränderung), kumulierte Dotierung aus Vorjahr(en): 25
[4] jährliche Dotierung (jährliche Veränderung), kumulierte Dotierung aus Vorjahr(en): 20
[5] jährliche Dotierung (jährliche Veränderung), kumulierte Dotierung aus Vorjahr(en): 20

Berichtsjahr 3		**Jahr 3**			**Jahr 2**	
	A	**B**	**C**	**A**	**B**	**C**
Fixe Vergütung						
- Jahresfixgehalt	120	80	80	120	80	80
- Beiträge zur überbetrieblichen Pensionskasse	0	10	10	0	10	10
Zwischensumme	**120**	**90**	**90**	**120**	**90**	**90**
Variable Vergütung						
- Jahresbonus[1]	40	30	30	60	40	35
Auszahlung Vorjahresbonus	*60*	*35*	*35*	*45*	*30*	*20*
- Erfolgsabhängiges LTIP	30[3]	25[4]	25[5]	50[2]	40[2]	40[2]
Akontoauszahlung LTIP	*0*	*0*	*0*	*0*	*20*	*30*
Gesamtbetrag	*105[6]*	*85[7]*	*85[8]*	*0*	*0*	*0*
Zwischensumme	**70**	**55**	**55**	**110**	**80**	**75**
Vergütung von verbundenen Unternehmen						
- Gehalt für Geschäftsführertätigkeiten in TU	0	40	0	0	40	0
Zwischensumme	**0**	**40**	**0**	**0**	**40**	**0**
Sonstige Vergütung						
- einmalige Abfindung	0	0	0	0	0	0
Zwischensumme	**0**	**0**	**0**	**0**	**0**	**0**
Vergütung aus ehemaliger Organfunktion						
- Ruhegenuss	0	0	0	0	0	0
Zwischensumme	**0**	**0**	**0**	**0**	**0**	**0**
Gesamtvergütung						
- fix	120	90	90	120	90	90
- variabel	70	55	55	110	80	75
- verbundene Unternehmen	0	40	0	0	40	0
- sonstige	0	0	0	0	0	0
- Ruhegenuss (Ehemalige Vorstandsmitglieder)	0	0	0	0	0	0
Summe	**190**	**185**	**145**	**230**	**210**	**165**
Relativer Anteil der festen Bestandteile (in %)	*63*	*70*	*62*	*52*	*62*	*55*
Relativer Anteil der variablen Bestandteile (in %)	*37*	*30*	*38*	*48*	*38*	*45*
Total		**520**			**605**	

[1] geschätzter Erfüllungsbetrag, Abweichungen zum Auszahlungsbetrag möglich (Erläuterung gem. Rz (29))
[2] jährliche Dotierung (jährliche Veränderung)
[3] jährliche Dotierung (jährliche Veränderung), kumulierte Dotierung aus Vorjahren: 75
[4] jährliche Dotierung (jährliche Veränderung), kumulierte Dotierung aus Vorjahren: 60
[5] jährliche Dotierung (jährliche Veränderung), kumulierte Dotierung aus Vorjahren: 60
[6] Gesamtbetrag auf Grund Erfüllung der Kriterien, Betrag gelangt zur Auszahlung im Folgejahr: 105
[7] Gesamtbetrag auf Grund Erfüllung der Kriterien, davon 20 bereits im Jahr 2 ausbezahlt; Restbetrag gelangt zur Auszahlung im Folgejahr: 65
[8] Gesamtbetrag auf Grund Erfüllung der Kriterien, davon 30 bereits im Jahr 2 ausbezahlt; Restbetrag gelangt zur Auszahlung im Folgejahr: 55

Berichtsjahr 4	**Jahr 4**			**Jahr 3**		
	A	B	C	A	B	C
Fixe Vergütung						
- Jahresfixgehalt	0	100	100	120	80	80
- Beiträge zur überbetrieblichen Pensionskasse	0	10	10	0	10	10
Zwischensumme	**0**	**110**	**110**	**120**	**90**	**90**
Variable Vergütung						
- Jahresbonus[1]	0	50	50	40	30	30
Auszahlung Vorjahresbonus	*40*	*30*	*30*	*60*	*35*	*35*
- Erfolgsabhängiges LTIP	0	0	0	30[2]	25[2]	25[2]
(Rest-)Auszahlung LTIP	*105*	*65*	*55*	*0*	*0*	*0*
Gesamtbetrag	*0*	*0*	*0*	*105*	*85*[3]	*85*[4]
Zwischensumme	**0**	**50**	**50**	**70**	**55**	**55**
Vergütung von verbundenen Unternehmen						
- Gehalt für Geschäftsführertätigkeiten in TU	0	40	0	0	40	0
Zwischensumme	**0**	**40**	**0**	**0**	**40**	**0**
Sonstige Vergütung						
- einmalige Abfindung	100	0	0	0	0	0
Zwischensumme	**100**	**0**	**0**	**0**	**0**	**0**
Vergütung aus ehemaliger Organfunktion						
- Ruhegenuss	80	0	0	0	0	0
Zwischensumme	**80**	**0**	**0**	**0**	**0**	**0**
Gesamtvergütung						
- fix	0	110	110	120	90	90
- variabel	0	50	50	70	55	55
- verbundene Unternehmen	0	40	0	0	40	0
- sonstige	100	0	0	0	0	0
- Ruhegenuss (Ehemalige Vorstandsmitglieder)	80	0	0	0	0	0
Summe	**180**	**200**	**160**	**190**	**185**	**145**
Relativer Anteil der festen Bestandteile (in %)	*100*	*75*	*69*	*63*	*70*	*62*
Relativer Anteil der variablen Bestandteile (in %)	*-*	*25*	*31*	*37*	*30*	*38*
Total		**540**			**520**	

[1] geschätzter Erfüllungsbetrag, Abweichungen zum Auszahlungsbetrag möglich (Erläuterung gem. Rz (29))
[2] jährliche Dotierung (jährliche Veränderung)
[3] davon 20 bereits im Jahr 2 ausbezahlt
[4] davon 30 bereits im Jahr 2 ausbezahlt

AFRAC-Stellungnahme 38
Währungsumrechnung (UGB)

Stellungnahme
Währungsumrechnung in Jahres- und Konzernabschlüssen nach dem UGB

(Dezember 2020)

Historie der vorliegenden Stellungnahme

erstmalige Veröffentlichung	Dezember 2020	

1. Ziel

(1) Der Jahresabschluss ist gemäß § 193 Abs 4 Halbsatz 2 UGB in Euro aufzustellen. Nach § 251 Abs 1 UGB ist diese Vorschrift auch auf den Konzernabschluss anzuwenden. Diese Stellungnahme konkretisiert die Grundsätze zur Umrechnung von Fremdwährungsgeschäften und die Folgebewertung von daraus resultierenden Vermögensgegenständen, Schulden, Rechnungsabgrenzungsposten und latenten Steuern im Jahresabschluss sowie in den Handelsbilanzen II von in einen unternehmensrechtlichen Konzernabschluss einbezogenen Unternehmen als Teil der konzerneinheitlichen Bewertung iSd § 260 UGB. Ebenso werden die Grundsätze der Umrechnung von Fremdwährungsabschlüssen im Konzernabschluss und die in diesem Zusammenhang bestehenden Zweifelsfragen angesprochen. Ziel dieser Stellungnahme ist es, eine einheitliche Anwendung der unternehmensrechtlichen Vorschriften sicherzustellen und die Informationsfunktion des Jahres- und des Konzernabschlusses zu stärken. Die Stellungnahme konkretisiert ferner unter Beachtung der §§ 237 Abs 1 Z 1 und 265 Abs 1 Z 2 UGB die Anforderungen an die Angaben zur Währungsumrechnung im Anhang zum Jahres- und zum Konzernabschluss.

2. Gegenstand und Geltungsbereich

(2) Die vorliegende Stellungnahme ist auf die Bilanzierung von Geschäftsvorfällen und Salden in Fremdwährungen anzuwenden mit Ausnahme von Geschäftsvorfällen und Salden, die sich auf Derivate beziehen, sowie auf die Umrechnung der Vermögens-, Finanz- und Ertragslage von Konzernunternehmen, die durch Vollkonsolidierung oder durch die Equity-Methode in einen Konzernabschluss einbezogen sind.

(3) Für die anteilmäßige Zusammenfassung der Jahresabschlüsse von Gemeinschaftsunternehmen gemäß § 262 UGB (Quotenkonsolidierung) gilt der Inhalt der Stellungnahme analog.

(4) Die Stellungnahme gilt hingegen nicht für Mutterunternehmen, die einen den internationalen Rechnungslegungsstandards entsprechenden Konzernabschluss gemäß § 245a UGB aufstellen (vgl. AFRAC-Stellungnahme 21: Konzernabschlüsse nach § 245a UGB).

(5) Die in dieser Stellungnahme aufgestellten Grundsätze sind branchenunabhängig für alle Unternehmen anwendbar. Die Ausführungen gelten ungeachtet der §§ 43 Abs 1 BWG und 136 VAG 2016 nicht für Kreditinstitute und Versicherungsunternehmen.

3. Definitionen

(6) Die Stellungnahme verwendet die folgenden Begriffe mit der angegebenen Bedeutung:

(7) **Briefkurs:** Der Kurs, zu dem Kreditinstitute Euro verkaufen und eine Fremdwährung ankaufen.

(8) **Durchschnittskurs:** Ein historischer Kurs, der jedoch aus Praktikabilitätsgründen als Durchschnittswert von Kursen an verschiedenen Zeitpunkten oder eines Zeitraums ermittelt wird.

(9) **Fremdwährung:** Jede Währung, die nicht die Landeswährung ist. Sofern es bei ausländischen Konzernunternehmen nach deren landesrechtlichen Vorschriften zulässig ist, den Abschluss in einer von der Landeswährung abweichenden Währung aufzustellen, und von dieser Möglichkeit Gebrauch gemacht wird, gilt für die Umrechnung der in Landeswährung getätigten Geschäfte dieser Konzernunternehmen die Landeswährung als Fremdwährung.

(10) **Fremdwährungsgeschäft:** Ein Geschäftsvorfall, der die Erfüllung in einer Fremdwährung erfordert oder dessen Transaktionsvolumen in einer Fremdwährung angegeben ist.

(11) **Funktionale Währung:** Die Währung des primären Wirtschaftsumfelds, in dem das Konzernunternehmen tatig ist.

(12) **Geldkurs:** Der Kurs, zu dem Kreditinstitute Euro ankaufen und eine Fremdwährung verkaufen.

(13) **Handelsbilanz II:** Bilanz und Gewinn- und Verlustrechnung eines Konzernunternehmens, die nach konzerneinheitlichen Bilanzierungs- und Bewertungsvorschriften (§§ 253 Abs 2 und 260 UGB, ggf. iVm § 262 Abs 2 UGB) in der Landeswährung dieses Unternehmens aufgestellt sind.

(14) **Historischer Kurs:** Wechselkurs in dem Zeitpunkt, in dem ein Bilanzposten nach den Regelungen des UGB erstmals bilanzierungspflichtig wird oder bilanziert wird.

(15) **Hochinflation:** Ein Hochinflationsland liegt regelmäßig dann vor, wenn die kumulierte Inflationsrate über drei Jahre über 100 % beträgt. Darüber hinaus weisen folgende Indikatoren auf ein Hochinflationsland hin:

a) Vermögen wird in Sachwerten oder stabiler Auslandswährung gehalten.

b) Beträge in Landeswährung werden unverzüglich investiert.
c) Preise werden in einer stabilen Auslandswährung angegeben.
d) Preise für Zielgeschäfte enthalten Prämien für die erwartete Geldentwertung, selbst wenn die Kreditperiode nur kurz ist.
e) Zinssätze, Löhne und andere Preise sind an einen Preisindex, z.B. Verbraucherpreisindex oder Index der Erzeugerpreise, gebunden.
f) Zum Schutz der Landeswährung erfolgt von staatlicher Seite eine strikte Devisenbewirtschaftung/-kontrolle.

(16) **Kassakurs:** Der Kurs, zu dem ein (Devisen-)Geschäft bei sofortiger Erfüllung abgewickelt wird. Das Gegenstück zum Kassakurs ist der Terminkurs (vgl. Rz (26)).

(17) **Kontokorrent:** Wenn jemand mit einem Unternehmer, mit dem er in Geschäftsverbindung steht, vereinbart, dass die aus der Verbindung entspringenden beiderseitigen Ansprüche und Leistungen nebst Zinsen in Rechnung gestellt und in regelmäßigen Zeitabschnitten durch Verrechnung und Feststellung des für den einen oder anderen Teil sich ergebenden Überschusses ausgeglichen werden (§ 355 Abs 1 UGB).

(18) **Konzernunternehmen:** Ein Konzernunternehmen ist ein Tochterunternehmen, ein assoziiertes Unternehmen oder ein Gemeinschaftsunternehmen im Konsolidierungskreis des obersten Mutterunternehmens.

(19) **Landeswährung:** Das gesetzliche Zahlungsmittel im Sitzstaat eines Unternehmens.

(20) **Mittelkurs:** Das arithmetische Mittel zwischen Geld- und Briefkurs.

(21) **Monetäre Posten:** Zahlungsmittel und Ansprüche, die auf Währungseinheiten lauten, sowie Verpflichtungen, die mit einer festen oder bestimmbaren Anzahl von Währungseinheiten beglichen werden müssen.

(22) **Nichtmonetäre Posten:** Vermögensgegenstände, die nicht auf Währungseinheiten lauten, sowie Verpflichtungen, die nicht mit einer festen oder bestimmbaren Anzahl von Währungseinheiten beglichen werden müssen.

(23) **Rücklage aus erfolgsneutral erfassten Währungsumrechnungsdifferenzen:** Ein Unterposten des Konzerneigenkapitals, in dem Umrechnungsdifferenzen von auf fremde Währung lautenden Abschlüssen sowie sonstige im Rahmen der Konsolidierungsmaßnahmen entstandene währungskursbedingte Differenzen ausgewiesen werden (vgl. AFRAC-Stellungnahme 35: Konzerneigenkapitalspiegel (UGB), Rz (21)).

(24) **Stichtagskurs:** Der Kassakurs einer Währung am Abschlussstichtag.

(25) **Stichtagskursmethode:** In Kapitel 5.2. dieser Stellungnahme festgelegte Methode zur Umrechnung von Posten eines Konzernunternehmens mit einer anderen funktionalen Währung als der Konzernwährung in die Konzernwährung.

(26) **Terminkurs:** Der Kurs, der bei der Erfüllung eines (Devisen-)Geschäfts in der Zukunft maßgeblich ist.

(27) **Transaktionstag:** Der Tag, an dem ein Geschäftsvorfall nach den Regelungen des UGB bilanzierungspflichtig wird oder bilanziert wird.

(28) **Umrechnungsdifferenz:** Der Unterschiedsbetrag aus der Umrechnung der gleichen Anzahl von Einheiten einer Fremdwährung in Landeswährung zu unterschiedlichen Wechselkursen.

(29) **Zeitbezugsmethode:** In Kapitel 5.3. dieser Stellungnahme festgelegte Methode zur Umrechnung von Posten eines Konzernunternehmens mit einer anderen funktionalen Währung als der Konzernwährung in die Konzernwährung.

(30) **Zweigniederlassung:** Ein auf Dauer angelegter, räumlich und organisatorisch von der Hauptniederlassung getrennter Unternehmensteil ohne eigene Rechtspersönlichkeit, der im Außenverhältnis selbständig handelt und im Innenverhältnis weisungsgebunden ist.

4. Umrechnung von Fremdwährungsgeschäften im Jahresabschluss

4.1. Grundsätze für die Währungsumrechnung von Fremdwährungsgeschäften

(31) Gemäß § 193 Abs 4 Halbsatz 2 UGB ist der Jahresabschluss in Euro aufzustellen. Demzufolge sind alle abschlussrelevanten Fremdwährungsbeträge in Euro umzurechnen.

(32) Für die Umrechnung von Fremdwährungsbeträgen gelten in Ermangelung besonderer Regelungen in den Vorschriften des UGB die Grundsätze ordnungsmäßiger Buchführung (GoB), im Speziellen das Anschaffungskostenprinzip (§§ 203 Abs 1 und 206 Abs 1 UGB, ggf. iVm § 251 Abs 1 UGB) sowie das Realisations- und das Imparitätsprinzip (§ 201 Abs 2 Z 4 UGB, ggf. iVm § 251 Abs 1 UGB).

(33) Bei der Währungsumrechnung ist zwischen der erstmaligen Erfassung des Fremdwährungsgeschäfts und der Folgebewertung zu unterscheiden.

4.2. Erstmalige Erfassung von Fremdwährungsgeschäften

(34) Die erstmalige Erfassung der aus Fremdwährungsgeschäften resultierenden Vermögensgegenstände, Schulden und Rechnungsabgrenzungsposten hat mit dem am Transaktionstag gültigen Kassakurs zu erfolgen. Sofern aus dem Fremdwährungsgeschäft auch Erträge und Aufwendungen entstehen, sind sie mit dem gleichen Kurs umzurechnen wie die zugrundeliegenden Bilanzposten.

(35) Aus praktischen Erwägungen können anstelle von tagesgenauen Kursen auch (zeitraumbezogene) Durchschnittskurse verwendet werden, sofern die damit verbundene Auswirkung auf die Darstellung der Vermögens-, Finanz- und Ertragslage insgesamt unwesentlich (vgl. AFRAC-Stellungnahme 34: Wesentlichkeit bei der Aufstellung von UGB-Abschlüssen) ist.

(36) Für die Umrechnung in Euro ist der jeweils zutreffende Geld- oder Briefkurs heranzuziehen. Auf fremde Währung lautende nichtmonetäre Vermögensgegenstände sowie Schulden sind mit dem Geldkurs anzusetzen. Die Umrechnung von auf fremde Währung lautenden monetären Vermögensgegenständen erfolgt grundsätzlich mit dem Briefkurs.

(37) Geleistete Anzahlungen für nichtmonetäre Vermögensgenstände werden mit dem Geldkurs zum Zeitpunkt der Zahlung umgerechnet.

(38) Gewinnausschüttungen werden mit dem Kurs des Tages umgerechnet, an dem die Auszahlungsverpflichtung auf Ebene des Beteiligungsunternehmens nach den jeweiligen landesrechtlichen Bestimmungen entsteht. Dies ist in der Regel der Zeitpunkt des Gewinnverwendungsbeschlusses. Sofern eine Ausschüttung zu einer Verminderung der Anschaffungskosten der Beteiligung führt, weil in wirtschaftlicher Betrachtung die ursprüngliche Substanz ausgeschüttet wird, ist der Abstockungsbetrag mit dem historischen Kurs umzurechnen. Die Differenz zwischen dem Abstockungsbetrag und dem zum Transaktionstag umgerechneten Zahlungseingang ist erfolgswirksam im Finanzergebnis zu erfassen.

4.3. Folgebewertung von Vermögensgegenständen und Schulden

4.3.1. Grundsätze

(39) Der Buchwert eines Bilanzpostens zum Abschlussstichtag ist unter Berücksichtigung der einschlägigen unternehmensrechtlichen Bewertungsvorschriften zu ermitteln. Unabhängig davon, welcher Vergleichsmaßstab maßgeblich ist, hat bei der Ermittlung dieses Werts in einer fremden Währung eine Umrechnung in Euro zu erfolgen.

(40) Sofern mehrere Wechselkurse verfügbar sind, ist jener Wechselkurs heranzuziehen, zu dem die zukünftigen Cashflows, die durch den Bilanzposten dargestellt werden, hätten abgerechnet werden können, wenn sie am Bewertungsstichtag stattgefunden hätten. Sollte kein Wechselkurs verfügbar sein, weil beispielsweise der Umtausch zwischen zwei Währungen vorübergehend ausgesetzt wurde, ist jener Kurs zu verwenden, zu dem ein Umtausch erstmalig wieder möglich war. Sollte bis zum Zeitpunkt der Aufstellung des Jahresabschlusses kein Markt existieren, ist die Werthaltigkeit des betreffenden Bilanzpostens zu beurteilen.

(41) Bei der Folgebewertung ist zwischen nichtmonetären und monetären Vermögensgegenständen und Schulden zu unterscheiden. Eine Folgebewertung von Rechnungsabgrenzungsposten entfällt in der Regel, weil die entsprechenden Zahlungsvorgänge bereits bei der erstmaligen Erfassung abgeschlossen sind.

(42) Gemäß § 211 Abs 1 UGB sind Rückstellungen mit dem stichtagsbezogenen Erfüllungsbetrag anzusetzen, weswegen sie an jedem Abschlussstichtag neu zu bewerten, d.h. bestmöglich zu schätzen, sind. Aus diesem Grund ist der mit dem historischen Kurs umgerechnete Erfüllungsbetrag in Fremdwährung für die Folgebewertung von Rückstellungen unbeachtlich (im Gegensatz zur Folgebewertung von Verbindlichkeiten (vgl. Rz (47) f).

4.3.2. Folgebewertung von monetären Vermögensgegenständen und Verbindlichkeiten

4.3.2.1. Grundsatz

(43) Bei auf fremde Währung lautenden monetären Vermögensgegenständen bzw. Verbindlichkeiten ist der beizulegende (Zeit-)Wert bzw. Erfüllungsbetrag in Fremdwährung zum Stichtagskurs am Abschlussstichtag umzurechnen.

4.3.2.2. Folgebewertung monetärer Vermögensgegenstände

(44) Sofern der mit dem Stichtagskurs umgerechnete beizulegende (Zeit-)Wert in Fremdwährung am Abschlussstichtag unter den mit dem historischen Kurs umgerechneten (ggf. fortgeführten) Anschaffungskosten liegt, sind monetäre Vermögensgegenstände auf den niedrigeren Wert abzuschreiben.

(45) Sofern es sich um einen monetären Vermögensgegenstand des Anlagevermögens handelt, muss eine Abschreibung iSd Rz (44) nicht vorgenommen werden, wenn die Wertminderung voraussichtlich nicht von Dauer ist. Eine währungskursbedingte Wertminderung iSd Rz (44) ist immer von Dauer, sofern sich der Wert nicht innerhalb des Wertaufhellungszeitraums (vgl. AFRAC-Stellungnahme 16: Wertaufhellung und Wertbegründung (UGB), Rz (9) ff) erholt hat.

(46) Liegt der beizulegende (Zeit-)Wert in Fremdwährung, umgerechnet mit dem Stichtagskurs, über dem gemäß Rz (44) außerplanmäßig abgeschriebenen Vorjahreswert, ist eine Zuschreibung anzusetzen. Dabei dürfen die mit dem historischen Kurs umgerechneten (ggf. fortgeführten) Anschaffungskosten in Fremdwährung nicht überschritten werden.

4.3.2.3. Folgebewertung von Verbindlichkeiten

(47) Sofern der mit dem Stichtagskurs umgerechnete Erfüllungsbetrag in Fremdwährung den mit dem historischen Kurs umgerechneten Erfüllungsbetrag in Fremdwährung übersteigt, ist bei monetären Verbindlichkeiten eine währungskursbedingte Werterhöhung anzusetzen.

(48) Für monetäre Verbindlichkeiten ist eine währungskursbedingte Wertminderung zu erfassen, wenn der mit dem Stichtagskurs umgerechnete Erfüllungsbetrag in Fremdwährung unter dem Vorjahreswert gemäß Rz (47) liegt. Der mit dem historischen Kurs umgerechnete Erfüllungsbetrag in Fremdwährung stellt dabei die Untergrenze dar.

4.3.2.4. Kompensatorische Bewertung von monetären Vermögensgegenständen und Verbindlichkeiten in fremder Währung

(49) Das in § 196 Abs 2 UGB normierte Verrechnungsverbot untersagt eine Saldierung von Posten

der Aktivseite mit Posten der Passivseite. Von diesem Grundsatz gibt es allerdings Ausnahmen, wie beispielsweise die Bildung von Bewertungseinheiten, die eine kompensatorische Bewertung gleichwertiger Posten der Aktivseite und der Passivseite ermöglicht.

(50) Aufgrund ihres Ausnahmecharakters ist die Bildung von Bewertungseinheiten allerdings an strenge formelle und materielle Voraussetzungen geknüpft. Sofern diese Bedingungen erfüllt werden, ist eine kompensatorische Bewertung von monetären Vermögensgegenständen und Verbindlichkeiten in fremder Währung als zulässig zu erachten.

(51) Für eine kompensatorische Bewertung müssen monetäre Vermögensgegenstände und Verbindlichkeiten in fremder Währung zum einen das Kriterium der Gleichartigkeit, durch Fristenkongruenz und Währungsidentität, erfüllen. In Höhe des niedrigeren der beiden Beträge von auf die gleiche Fremdwährung lautenden und zugleich fälligen monetären Vermögensgegenständen und Verbindlichkeiten ist eine kompensatorische Bewertung der Wechselkursänderungen möglich. Darüber hinaus muss in analoger Anwendung von Rz (30) der AFRAC-Stellungnahme 15: Derivate und Sicherungsinstrumente (UGB) eine dokumentierte Widmung zu Beginn der Bewertungseinheit vorliegen. Im Rahmen der dokumentierten Widmung wird das abzusichernde Risiko identifiziert, und es wird der Beginn der Bewertungseinheit festgelegt.

(52) Grundsätzlich können bei der Bewertung künftig zu erwartende gegenläufige Entwicklungen aus hochwahrscheinlichen Transaktionen berücksichtigt werden. Zusätzlich zu den in Rz (51) genannten Voraussetzungen sind auch die in den Rz (59) bis (62) der AFRAC-Stellungnahme 15: Derivate und Sicherungsinstrumente (UGB) angeführten zu erfüllen.

(53) Bei Vorliegen eines Kontokorrents iSd § 355 UGB entsteht im Rahmen der Verrechnung der beiderseitigen Ansprüche und Leistungen gemäß § 355 Abs 3 UGB ein neuer Saldo. Dieser ist mit dem Stichtagskurs umzurechnen und bilanziell zu erfassen. Damit sind alle bisherigen Kursgewinne und -verluste aufgerechnet.

4.3.3. Folgebewertung von nichtmonetären Vermögensgegenständen

4.3.3.1. Wertminderung

(54) Für die Ermittlung des Vergleichswerts nach § 204 Abs 2 UGB bzw. § 207 UGB ist zu unterscheiden, ob die in fremder Währung erworbenen Vermögensgegenstände ausschließlich in fremder Währung oder ausschließlich bzw. auch in Euro wiederbeschafft oder veräußert werden können.

(55) Ist eine Wiederbeschaffung oder Veräußerung ausschließlich in fremder Währung möglich, erfolgt die Umrechnung des nach Maßgabe des § 204 Abs 2 bzw. § 207 UGB ermittelten Vergleichswerts mit dem Stichtagskurs. Sofern der so ermittelte Betrag die (ggf. fortgeführten) Anschaffungs- bzw. Herstellungskosten in Euro (vgl. Rz (34) ff) unterschreitet, ist eine außerplanmäßige Abschreibung durchzuführen.

(56) Ist eine Wiederbeschaffung oder Veräußerung ausschließlich in Euro möglich, sind die (ggf. fortgeführten) Anschaffungs- bzw. Herstellungskosten in Euro (vgl. Rz (34) ff) mit dem ermittelten Vergleichswert in Euro zum Abschlussstichtag zu vergleichen.

(57) Ist eine Wiederbeschaffung oder Veräußerung sowohl in Euro als auch in fremder Währung möglich, ist bei der Ermittlung des Vergleichswerts auf die Währung des für das Unternehmen relevanten Markts abzustellen.

(58) Wenn sich der Vergleichswert für nichtmonetäre Vermögensgegenstände auf zukünftige Cashflows in fremder Währung bezieht, dann sind diese mit einem Zinssatz, der für diese Währung abgeleitet werden muss, auf einen Barwert in fremder Währung abzuzinsen. Anschließend ist dieser Barwert mit dem Stichtagskurs in Euro umzurechnen. Falls diese Vorgehensweise nicht möglich sein sollte, ist eine eigene Methode zu entwickeln, wobei auf die Konsistenz der Parameter zu achten ist.

(59) Sofern es sich um einen nichtmonetären Vermögensgegenstand des Anlagevermögens handelt, muss eine Abschreibung iSd Rz (55) nicht vorgenommen werden, wenn die Wertminderung voraussichtlich nicht von Dauer ist. Eine währungskursbedingte Wertminderung iSd Rz (55) ist immer von Dauer, sofern sich der Wert nicht innerhalb des Wertaufhellungszeitraums (vgl. AFRAC-Stellungnahme 16: Wertaufhellung und Wertbegründung (UGB), Rz (9) ff) erholt hat.

(60) Ein bis zum Zugangszeitpunkt eingetretener Währungsverlust bei geleisteten Anzahlungen für nichtmonetäre Vermögensgegenstände ist zu berücksichtigen. Der in fremder Währung erworbene nichtmonetäre Vermögensgegenstand ist mit dem niedrigeren Betrag anzusetzen, indem die geleistete Anzahlung in Höhe des Währungsverlusts außerplanmäßig abgeschrieben wird.

4.3.3.2. Wertaufholung

(61) Wurde bei einem nichtmonetären Vermögensgegenstand eine außerplanmäßige Abschreibung auf einen niedrigeren Wert nach Rz (54) ff vorgenommen und stellt sich in einem späteren Geschäftsjahr heraus, dass die Gründe dafür nicht mehr bestehen, so ist der Betrag dieser Abschreibung wieder zuzuschreiben (§ 208 Abs 1 UGB). Dabei stellen die (ggf. fortgeführten) Anschaffungs- bzw. Herstellungskosten in Euro (vgl. Rz (34) ff) die Obergrenze für eine Wertaufholung dar.

4.4. Behandlung von Umrechnungsdifferenzen

(62) Umrechnungsdifferenzen, die aus der Folgebewertung von monetären und nichtmonetären Vermögensgegenständen und Schulden resultieren, sind in der Berichtsperiode aufwands- oder ertragswirksam zu erfassen, in der diese Differenzen entstehen.

(63) Beziehen sich Erträge bzw. Aufwendungen aus der Währungsumrechnung von monetären Vermögensgegenständen und Schulden auf den Finanzbereich des Unternehmens, sind sie im Posten „Sonstige Zinsen und ähnliche Erträge“ bzw. im Posten „Zinsen und ähnliche Aufwendungen“ zu zeigen. Ansonsten hat die Erfassung der Erträge aus der Währungsumrechnung von monetären Vermögensgegenständen und Schulden im Posten „Sonstige betriebliche Erträge“ und die Erfassung der Aufwendungen aus der Währungsumrechnung von monetären Vermögensgegenständen und Schulden im Posten „Sonstige betriebliche Aufwendungen“ zu erfolgen. Erforderliche Angaben im Anhang werden in Kapitel 7. behandelt.

(64) Außerplanmäßige Abschreibungen bei nichtmonetären Vermögensgegenständen aufgrund von Wechselkursänderungen sowie aufgrund von Veränderungen des Vergleichswerts in Fremdwährung (vgl. Rz (62)) sind in den (den Bilanzposten) entsprechenden Posten der Gewinn- und Verlustrechnung (§ 231 Abs 2 Z 7 lit a, Z 7 lit b, Z 14 lit a UGB bei Anwendung des Gesamtkostenverfahrens bzw. § 231 Abs 3 Z 2, Z 4, Z 5, Z 13 lit a UGB bei Anwendung des Umsatzkostenverfahrens) auszuweisen.

(65) Da Wechselkursänderungen Teil der Neuschätzung einer Rückstellung zu jedem Abschlussstichtag sind (vgl. Rz (42)), ist der Aufwand im Zusammenhang mit der Zuweisung in dem die Rückstellung betreffenden (Aufwands-)Posten der Gewinn- und Verlustrechnung auszuweisen. Die Erträge aus der Auflösung der Rückstellungen sind mit Ausnahme der Steuerrückstellungen im gleichnamigen Posten der Gewinn- und Verlustrechnung zu zeigen (§ 231 Abs 2 Z 4 lit b UGB bei Anwendung des Gesamtkostenverfahrens bzw. § 231 Abs 3 Z 6 lit b UGB bei Anwendung des Umsatzkostenverfahrens).

(66) Grundsätzlich ist gemäß § 196 Abs 2 UGB eine Verrechnung von Aufwendungen und Erträgen nicht zulässig. Sofern jedoch unterjährig realisierte Wechselkurserträge/-aufwendungen mit am Abschlussstichtag nicht realisierten Wechselkurserträgen/-aufwendungen aus der Anwendung der Rz (43) ff saldiert werden, ist der Saldo nach Rz (63) gesondert in einem eigenen Posten „Wechselkursgewinne“ im Sammelposten „Sonstige betriebliche Erträge“ oder „Wechselkursverluste“ im Sammelposten „Sonstige betriebliche Aufwendungen“ auszuweisen.

4.5. Ausländische Zweigniederlassungen

(67) Unterhält ein Unternehmen eine Zweigniederlassung in einem Staat außerhalb der Eurozone, sind die dort befindlichen Vermögensgegenstände, Schulden, Rechnungsabgrenzungsposten und latenten Steuern grundsätzlich dem einheitlichen Vermögen der inländischen Hauptniederlassung zuzuordnen. Die Bilanzposten der Zweigniederlassung sind sowohl zum Zugangszeitpunkt als auch an den darauf folgenden Abschlussstichtagen wie originäre Fremdwährungsposten der Hauptniederlassung nach den Grundsätzen der Rz (31) bis (66) zu bewerten.

(68) Sofern die Geschäftsvorfälle, beispielsweise aus steuerlichen Gründen, in der ausländischen Zweigniederlassung und nicht in der Hauptniederlassung aufgezeichnet werden, hat eine Umrechnung in Euro mittels differenzierter Kurse (= Zeitbezugsmethode) zu erfolgen.

(69) Unterliegt die ausländische Zweigniederlassung außerhalb der Eurozone einer Ertragsteuer, sind die steuerrechtlichen Wertansätze mit dem Stichtagskurs umzurechnen. Bei Vermögensgegenständen können sich daher aus der Währungsumrechnung temporäre Differenzen ergeben, für die gemäß § 198 Abs 9 UGB latente Steuern anzusetzen sind. Jede Veränderung dieser latenten Steuern darf in der Gewinn- und Verlustrechnung als Steuern vom Einkommen und vom Ertrag oder als Kursgewinn oder -verlust ausgewiesen werden (siehe ausführlich Kapitel 6.).

(70) In Ausnahmefällen ist eine Umrechnung der (internen) Abschlüsse der ausländischen Zweigniederlassung in Fremdwährung mit einheitlichen (Stichtags-) Kursen möglich. Die Anwendung der Stichtagskursmethode kann als zulässig erachtet werden, wenn die Schwankungen zwischen der ausländischen Währung und dem Euro unwesentlich sind oder wenn die Zweigniederlassung über keine oder nur unwesentliche nichtmonetäre Vermögensgegenstände verfügt, sodass die Heranziehung von historischen Kursen schon aus diesem Grund von untergeordneter Bedeutung ist und eine Umrechnung mittels Stichtagskursen aus Wesentlichkeitsgründen (vgl. AFRAC-Stellungnahme 34: Wesentlichkeit bei der Aufstellung von UGB-Abschlüssen) nicht zu beanstanden sein dürfte. Bei Anwendung dieser Ausnahme ist die Bildung einer Rücklage aus erfolgsneutral erfassten Wertänderungen im Zusammenhang mit Währungsumrechnungsdifferenzen analog zum Konzernabschluss (vgl. Rz (76) nicht zulässig.

5. Umrechnung von Fremdwährungsabschlüssen im Konzernabschluss

5.1. Grundsätze für die Umrechnung von Fremdwährungsabschlüssen

(71) Gemäß § 251 Abs 1 iVm § 193 Abs 4 Halbsatz 2 UGB ist der Konzernabschluss in Euro aufzustellen. Sofern Konzernunternehmen ihren Jahresabschluss in einer anderen Währung als dem Euro aufstellen, müssen diese Fremdwährungsabschlüsse in Euro umgerechnet werden.

(72) Gemäß § 250 Abs 3 UGB (ggf. iVm § 262 Abs 2 UGB) ist die Vermögens-, Finanz- und Ertragslage der in den Konzernabschluss einbezogenen Unternehmen (Mutter-, Tochter- und Gemeinschaftsunternehmen iSd § 189a Z 6 bis 8 UGB) so darzustellen, als ob diese Unternehmen insgesamt ein einziges Unternehmen wären. Demnach hat auch die Umrechnung der Fremdwährungsabschlüsse der einbezogenen Unternehmen nach konzerneinheitlichen Bilanzierungs- und Bewertungsmethoden zu erfolgen.

(73) In Ermangelung einer spezifischen Regelung zur Währungsumrechnung im UGB besteht für die Umrechnung der Fremdwährungsabschlüsse von Konzernunternehmen ein Methodenwahlrecht zwischen der Stichtagskursmethode (siehe Kapitel 5.2.) und der Zeitbezugsmethode (siehe Kapitel 5.3.). Anteile von assoziierten Unternehmen sind nach der Stichtagskursmethode (siehe Kapitel 5.2.) umzurechnen.

(74) Die Anwendung der Zeitbezugsmethode wird empfohlen, wenn entweder die Erträge oder die Aufwendungen des Konzernunternehmens mehrheitlich in Euro anfallen oder wenn die lokale Währung eine Hochinflationswährung ist.

(75) Fremdwährungsabschlüsse von vergleichbaren Konzernunternehmen sind nach einer einheitlichen Methode stetig umzurechnen. Sofern für die Umrechnung von Fremdwährungsabschlüssen von Konzernunternehmen unterschiedliche Methoden angewendet werden, ist dies zu begründen.

5.2. Stichtagskursmethode

5.2.1. Grundsätze

(76) Bei der Stichtagskursmethode werden Vermögensgegenstände und Schulden, Aufwendungen und Erträge mit jeweils aktuellen Kursen umgerechnet. Auf die Nettoposition aus Vermögen und Schulden (= Eigenkapital) ergibt sich daher eine Umrechnungsdifferenz aus der Währungsumrechnung.

(77) Diese Umrechnungsdifferenz ist erfolgsneutral innerhalb des Konzerneigenkapitals im Posten „Rücklage aus erfolgsneutral erfassten Währungsumrechnungsdifferenzen" (oder „Rücklage aus erfolgsneutral erfassten Wertänderungen" oder „Währungsumrechnungsdifferenzen"; siehe AFRAC-Stellungnahme 35: Konzerneigenkapitalspiegel (UGB), Rz (21)) zu erfassen und erst beim Ausscheiden des Konzernunternehmens aus dem Konsolidierungskreis erfolgswirksam aufzulösen. Der Ausweis hat in einem gesonderten Eigenkapitalposten zu erfolgen.

(78) Der Anteil der Rücklage aus erfolgsneutral erfassten Währungsumrechnungsdifferenzen, der auf nicht beherrschende Gesellschafter entfällt, ist im Posten „Nicht beherrschende Anteile" (§ 259 Abs 1 UGB) auszuweisen (vgl. AFRAC-Stellungnahme 35: Konzerneigenkapitalspiegel (UGB), Rz (22)).

5.2.2. Umrechnung der Bilanz

(79) Die Posten der Bilanz eines Konzernunternehmens sind mit dem aktuellen Kassamittelkurs am Konzernabschlussstichtag in Euro umzurechnen.

(80) Hält ein Tochterunternehmen in fremder Währung Anteile an einem weiteren Tochterunternehmen, d.h. an einem Enkelunternehmen, stellen diese Anteile aus Sicht des Konzerns keine Vermögensgegenstände dar. Eine Umrechnungsdifferenz entsteht bei der Umrechnung der Vermögensgegenstände und Schulden der untergeordneten Enkelgesellschaft; bei der Umrechnung der Anteile darf keine zusätzliche Umrechnungsdifferenz entstehen. Daher wird empfohlen, diese Anteile mit dem historischen Kurs umzurechnen, der auch für die Umrechnung des konsolidierungspflichtigen Eigenkapitals dieses Enkelunternehmens gilt.

5.2.3. Umrechnung der Gewinn- und Verlustrechnung

(81) Die Posten der Gewinn- und Verlustrechnung eines Konzernunternehmens sind mit dem Kurs zum Zeitpunkt des Geschäftsvorfalls in Euro umzurechnen, wobei zur Vereinfachung eine Umrechnung mit Durchschnittskursen erfolgen kann. Die gewählte Vorgehensweise ist stetig anzuwenden.

(82) Die Verwendung von auf das Geschäftsjahr bezogenen Durchschnittskursen ist zulässig, wenn die Auswirkung auf die Darstellung der Ertragslage unwesentlich (vgl. AFRAC-Stellungnahme 34: Wesentlichkeit bei der Aufstellung von UGB-Abschlüssen) ist.

(83) Wird ein Konzernunternehmen erstmals in den Konzernabschluss einbezogen oder endet die Einbeziehung im Wege der Vollkonsolidierung, ist für die Ermittlung des Durchschnittskurses der Zeitraum der Konzernzugehörigkeit im betreffenden Konzerngeschäftsjahr zugrunde zu legen.

5.2.4. Umrechnung des Eigenkapitals

(84) Die Posten des Eigenkapitals des Tochterunternehmens sind mit historischen Kassamittelkursen in Euro umzurechnen. Der historische Kurs bestimmt sich nach dem Zeitpunkt der Entstehung der betreffenden Eigenkapitalposten aus Konzernsicht.

(85) Die Umrechnung des konsolidierungspflichtigen Eigenkapitals iSd § 254 Abs 1 Satz 2 UGB hat mit dem Kassamittelkurs im jeweils maßgeblichen Erstkonsolidierungszeitpunkt (vgl. § 254 Abs 2 UGB sowie AFRAC-Stellungnahme 33: Kapitalkonsolidierung (UGB), Kapitel 4.) zu erfolgen.

(86) Während der Dauer der Einbeziehung in den Konzernabschluss sind die vom Konzernunternehmen erzielten Jahresergebnisse mit dem jeweiligen Durchschnittskurs umzurechnen (vgl. Kapitel 5.2.3.).

(87) (Sach-)Kapitalerhöhungen oder (Sach-)Zuzahlungen von Gesellschaftern sind mit dem Kassamittelkurs zum Zeitpunkt der Entstehung des (Geld-/Sachleistungs-)Anspruchs umzurechnen. Aus Vereinfachungsgründen kann bei stabilen Wechselkursen auch der Kassamittelkurs zum Zeitpunkt der Leistung der Einlage herangezogen werden.

(88) Entnahmen bzw. Gewinnausschüttungen sind mit dem Kassamittelkurs zum Zeitpunkt der Entstehung der entsprechenden (Auszahlungs-)Verpflichtung nach den für das Konzernunternehmen geltenden unternehmens- bzw. gesellschaftsrechtlichen Regelungen umzurechnen.

(89) Ausstehende Einlagen stellen, solange sie nicht eingefordert sind, einen Korrekturposten zum gezeichneten Kapital dar. Umgerechnet wird

daher nur das bereits einbezahlte Kapital (exklusive der ausstehenden Einlagen). Mit Einforderung ausstehender Einlagen erhöht sich das Kapital um den eingeforderten Betrag, der mit dem Kassamittelkurs am Tag der Einforderung umzurechnen ist. Ab der Einforderung sind die eingeforderten, aber noch nicht eingezahlten Einlagen Forderungen (vgl. § 229 Abs 1 letzter Satz UGB) und deshalb mit dem Kassamittelkurs am Abschlussstichtag umzurechnen.

(90) Von Konzernunternehmen gehaltene eigene Anteile sind wie ein Eigenkapitalposten mit dem (historischen) Kassamittelkurs zum Zeitpunkt ihres Erwerbs umzurechnen.

(91) Von Konzernunternehmen gehaltene Rückbeteiligungen am Mutterunternehmen sind wie ein Eigenkapitalposten zu behandeln und mit dem (historischen) Kassamittelkurs zum Erwerbszeitpunkt umzurechnen.

5.2.5. Umrechnung der Kapitalflussrechnung

(92) Die Umrechnung der Zahlungsströme in Fremdwährungen erfolgt zum Kassamittelkurs am jeweiligen Transaktions-/Zahlungstag oder vereinfachend zu einem Durchschnittskurs der jeweiligen Berichtsperiode. Wesentliche Geschäftsvorfälle sind in jedem Fall mit dem Transaktionskurs umzurechnen.

(93) Die Ableitung des Nettogeldflusses aus der betrieblichen Tätigkeit kann gemäß der Rz (18) der AFRAC-Stellungnahme 36: Geldflussrechnung (UGB) nach der direkten oder der indirekten Methode erfolgen, wobei bei der indirekten Methode keine Zahlungsströme ausgewiesen werden, sondern Veränderungen von Bilanzposten. Im Fall von Konzernunternehmen mit Fremdwährungsabschlussen sind die Bilanzpostenänderungen des Konzernunternehmens mit dem Durchschnittskurs der jeweiligen Berichtsperiode umzurechnen. Alternativ dazu können auch die Bilanzpostenänderungen gemäß Konzernbilanz ausgewiesen werden, wobei die Differenzen zur Umrechnung der Bilanzpostenänderungen der Fremdwährungsabschlüsse in einem Sammelposten „Sonstige Differenzen" auszuweisen sind.

(94) Sind im Finanzmittelfonds Fremdwährungsbestände enthalten, sind sie zum Kassamittelkurs am Abschlussstichtag (Konzernabschlussstichtag) in Euro umzurechnen. Wenn sich die Wechselkurse in der Berichtsperiode ändern, ergeben sich Veränderungen des Finanzmittelfonds, denen keine zahlungswirksamen Geschäftsvorfälle zugrunde liegen. Um auf den Finanzmittelfonds zum Ende der Berichtsperiode überzuleiten, ist der Ausweis dieser Wechselkursdifferenzen gesondert von den Nettogeldflüssen aus der betrieblichen Tätigkeit, der Investitions- und der Finanzierungstätigkeit vorzunehmen.

5.2.6. Kapitalkonsolidierung

5.2.6.1. Stille Reserven und Lasten

(95) Bei einem Konzernunternehmen, das seinen Abschluss in fremder Währung aufstellt, sind die in der Neubewertungsbilanz aufgedeckten und bis zum jeweiligen Konzernabschlussstichtag fortgeschriebenen stillen Reserven und Lasten (vgl. AFRAC-Stellungnahme 33: Kapitalkonsolidierung (UGB), Kapitel 6.) Bestandteil der Vermögensgegenstände, Schulden, Rechnungsabgrenzungsposten und latenten Steuern des Konzernunternehmens und sind gemeinsam mit den übrigen Vermögensgegenständen, Schulden, Rechnungsabgrenzungsposten und latenten Steuern mit dem Kassamittelkurs am Abschlussstichtag umzurechnen.

5.2.6.2. Geschäfts- oder Firmenwert bzw. passiver Unterschiedsbetrag

(96) Ein Geschäfts- oder Firmenwert aus der Kapitalkonsolidierung eines Konzernunternehmens, das seinen Abschluss in fremder Währung aufstellt, darf wie ein Vermögensgegenstand des Konzernunternehmens behandelt werden. Dazu ist der sich aus der Kapitalaufrechnung nach § 254 Abs 3 UGB ergebende Geschäfts- oder Firmenwert in Euro mit dem Kassamittelkurs im maßgeblichen Erstkonsolidierungszeitpunkt in die Fremdwährung umzurechnen (vgl. AFRAC-Stellungnahme 33: Kapitalkonsolidierung (UGB), Rz (57)). Andernfalls ist der Geschäfts- oder Firmenwert in Euro zu ermitteln und fortzuschreiben. Die gewählte Vorgehensweise ist einheitlich anzuwenden.

(97) Ergibt sich aus der Kapitalaufrechnung eines Konzernunternehmens ein passiver Unterschiedsbetrag aus der Kapitalkonsolidierung, ist dieser nach den Grundsätzen der AFRAC-Stellungnahme 33: Kapitalkonsolidierung (UGB), Rz (115) ff zu behandeln. Sofern der passive Unterschiedsbetrag in fremder Währung als Rückstellung gesondert zu passivieren ist, darf diese wie eine Rückstellung des Konzernunternehmens behandelt werden; die Ausführungen in Rz (96) gelten analog. Ist der passive Unterschiedsbetrag in fremder Währung auf einen Lucky Buy (vgl. AFRAC-Stellungnahme 33: Kapitalkonsolidierung (UGB), Rz (117)) zurückzuführen, ist er zum Zeitpunkt der Erstkonsolidierung mit dem Kassamittelkurs umzurechnen und ergebniswirksam aufzulösen.

5.2.6.3. Auf- und Abstockung von Anteilen an Tochterunternehmen

(98) Werden nach Begründung des Mutter-Tochter-Verhältnisses weitere Anteile an einem Tochterunternehmen erworben (Aufstockung), können diese Transaktionen nach der Rz (134) der AFRAC-Stellungnahme 33: Kapitalkonsolidierung (UGB) entweder als Erwerbs- oder als Kapitalvorgang abgebildet werden. Bei einer Behandlung als Erwerbsvorgang gehört die auf die hinzuerworbenen Anteile entfallende und bislang als Teil der nicht beherrschenden Anteile ausgewiesene Rücklage aus erfolgsneutral erfassten Währungsumrechnungsdifferenzen zum konsolidierungspflichtigen Eigenkapital (§ 254 Abs 1 Satz 2 und 3 UGB; AFRAC-Stellungnahme 33: Kapitalkonsolidierung (UGB), Rz (135)). Bei einer Behandlung als Kapitalvorgang ist die auf die hinzuerworbenen Anteile entfallende Rücklage aus erfolgsneutral

erfassten Währungsumrechnungsdifferenzen, die bislang als Teil des auf nicht beherrschende Anteile entfallenden Eigenkapitals ausgewiesen wurde, erfolgsneutral in das Eigenkapital umzugliedern, das den Gesellschaftern des Mutterunternehmens zuzurechnen ist.

(99) Werden nach Begründung des Mutter-Tochter-Verhältnisses Anteile an einem Tochterunternehmen veräußert (Abstockung), ohne dass der Status als Tochterunternehmen verloren geht, können diese Transaktionen nach der Rz (134) der AFRAC-Stellungnahme 33: Kapitalkonsolidierung (UGB) entweder als Veräußerungs- oder als Kapitalvorgang abgebildet werden. Bei einer Behandlung als Veräußerungsvorgang ist die auf die veräußerten Anteile entfallende Rücklage aus erfolgsneutral erfassten Währungsumrechnungsdifferenzen erfolgswirksam aufzulösen (vgl. AFRAC-Stellungnahme 33: Kapitalkonsolidierung (UGB), Rz (136)). Erfolgt die Abbildung als Kapitalvorgang, ist die auf die veräußerten Anteile entfallende Rücklage aus erfolgsneutral erfassten Währungsumrechnungsdifferenzen erfolgsneutral in das Eigenkapital umzugliedern, das auf die Gesellschafter des Mutterunternehmens entfällt (vgl. AFRAC-Stellungnahme 33: Kapitalkonsolidierung (UGB), Rz (139)).

5.2.7. Schuldenkonsolidierung

(100) Währungskursbedingte Differenzen aus konzerninternen Forderungen und Verbindlichkeiten sind grundsätzlich ergebniswirksam zu behandeln. Soweit am Konzernabschlussstichtag ein Schuldverhältnis noch besteht und sich aus diesem Fremdwährungsgeschäft im Konzern ein Gewinn ergibt, darf er nach dem Realisationsprinzip (§ 201 Abs 2 Z 4 lit a UGB) nicht in der Konzern-Gewinn- und Verlustrechnung erfasst werden. Stattdessen sind diese noch nicht realisierten Kursgewinne in die Rücklage aus erfolgsneutral erfassten Währungsumrechnungsdifferenzen einzustellen.

(101) Die Ausführungen der Rz (100) gelten nicht für wesentliche Darlehen, die aus Sicht des Mutterunternehmens einen beteiligungsähnlichen Charakter haben, d.h. solche, bei denen eine Rückzahlung mittelfristig weder geplant noch wahrscheinlich ist. Umrechnungsdifferenzen aus der Fremdwährungsumrechnung sind in diesen Fällen erfolgsneutral im Posten „Rücklage aus erfolgsneutral erfassten Währungsumrechnungsdifferenzen" zu erfassen und erst bei Verkauf oder Liquidation des Konzernunternehmens erfolgswirksam aufzulösen. Das Mutterunternehmen hat im Zeitpunkt der Begebung des Darlehens festzulegen und zu dokumentieren, dass es sich um ein entsprechendes Darlehen handelt.

(102) Sofern das Mutterunternehmen oder ein Konzernunternehmen für ein konzerninternes Kreditverhältnis eine Währungssicherung mit einem konzernfremden Dritten abgeschlossen und auf Jahresabschluss- oder Handelsbilanz II-Ebene eine Bewertungseinheit (vgl. AFRAC-Stellungnahme 15: Derivate und Sicherungsinstrumente (UGB), Rz (28) ff) gebildet hat, führt eine Aufrechnung von konzerninternen Ansprüchen und Verpflichtungen in fremder Währung, soweit sie Teil der Bewertungseinheit sind, nicht zu deren Beendigung auf Konzernebene. Der ineffektive Anteil der Bewertungseinheit ist nach den allgemeinen Grundsätzen zu behandeln (vgl. AFRAC-Stellungnahme 15: Derivate und Sicherungsinstrumente (UGB), Rz (45) ff).

(103) Eine etwaige Differenz aus der Aufrechnung von konzerninternen Ansprüchen und Verpflichtungen in fremder Währung ist in den Posten „Rücklage aus erfolgsneutral erfassten Währungsumrechnungsdifferenzen" einzustellen, soweit sie Teil der effektiven Bewertungseinheit ist.

5.2.8. Absicherung konzerninterner Transaktionen

(104) Eine hochwahrscheinliche konzerninterne Transaktion kann nach Maßgabe der Bestimmungen der AFRAC-Stellungnahme 15: Derivate und Sicherungsinstrumente (UGB) im Konzernabschluss als abgesichertes Grundgeschäft designiert werden, wenn die Transaktion auf eine andere Währung lautet als die funktionale Währung des Unternehmens, das die Transaktion abschließt, und das Währungsrisiko sich auf den Konzerngewinn oder -verlust auswirkt.

5.2.9. Aufwands- und Ertragskonsolidierung

(105) Aufrechnungsdifferenzen bei der Aufwands- und Ertragskonsolidierung nach § 257 UGB, die ihre Ursache darin haben, dass die Gewinn- und Verlustrechnung eines Konzernunternehmens mit einem Durchschnittskurs umgerechnet wird, der von den Transaktionskursen abweicht, die bei der Erfassung der korrespondierenden Erträge und Aufwendungen im Jahresabschluss bzw. der Handelsbilanz II des jeweils anderen Konzernunternehmens Verwendung gefunden haben, sind in den Posten „Rücklage aus erfolgsneutral erfassten Währungsumrechnungsdifferenzen" umzugliedern.

5.2.10. Endkonsolidierung

(106) Scheidet ein Konzernunternehmen vollständig aus dem Konsolidierungskreis aus, ist die für dieses Konzernunternehmen bestehende und bis zum Endkonsolidierungszeitpunkt fortentwickelte Rücklage aus erfolgsneutral erfassten Währungsumrechnungsdifferenzen (vgl. Rz (77)), soweit sie auf (unmittelbar oder mittelbar) dem Mutterunternehmen gehörende Anteile entfällt, über die Gewinn- und Verlustrechnung erfolgswirksam aufzulösen (vgl. AFRAC-Stellungnahme 33: Kapitalkonsolidierung (UGB), Rz (144)).

(107) Eine erfolgswirksame Auflösung der gesamten Rücklage aus erfolgsneutral erfassten Währungsumrechnungsdifferenzen ist auch dann geboten, wenn sämtliche Vermögensgegenstände, Schulden und Rechnungsabgrenzungsposten des Konzernunternehmens an (konzern)fremde Dritte veräußert werden (Asset Deal). Die Rücklage aus erfolgsneutral erfassten Währungsumrechnungsdifferenzen ist dabei unabhängig davon, ob der

erzielte Kaufpreis an das Mutterunternehmen ausgeschüttet oder zeitnah in der Währung des Konzernunternehmens reinvestiert wird, erfolgswirksam aufzulösen.

(108) Eine anteilig im Ausgleichsposten für nicht beherrschende Anteile enthaltene Rücklage aus erfolgsneutral erfassten Währungsumrechnungsdifferenzen ist erfolgsneutral gegen das anteilig auf diese Anteile entfallende und aus Anlass der Endkonsolidierung aus dem Konzernabschluss ausscheidende Reinvermögen zu verrechnen (vgl. AFRAC-Stellungnahme 33: Kapitalkonsolidierung (UGB), Rz (146)).

5.2.11. Übergangskonsolidierung

(109) Bei einem Übergang von der Vollkonsolidierung auf die anteilmäßige Konsolidierung gemäß § 262 UGB erfolgt für die im Konzern verbleibenden Anteile keine neue Erwerbsbilanzierung (vgl. AFRAC-Stellungnahme 33: Kapitalkonsolidierung (UGB), Rz (149)). Dementsprechend ist auch die auf die im Konzern verbleibenden Anteile entfallende Rücklage aus erfolgsneutral erfassten Währungsumrechnungsdifferenzen nach allgemeinen Grundsätzen fortzuführen.

(110) Bei einem Übergang von der Vollkonsolidierung auf die Equity-Bewertung (vgl. AFRAC-Stellungnahme 33: Kapitalkonsolidierung (UGB), Rz (149)) ist der auf die im Konzern verbleibenden Anteile entfallende Betrag der Rücklage aus erfolgsneutral erfassten Währungsumrechnungsdifferenzen als Währungsdifferenz für das assoziierte Unternehmen weiterzuführen.

(111) Bei einem Übergang von der Vollkonsolidierung auf die Anschaffungskostenbewertung ist die bisher auf den Konzernanteil entfallende Rücklage aus erfolgsneutral erfassten Währungsumrechnungsdifferenzen entsprechend der Vorgehensweise bei der Veräußerung der Anteile erfolgswirksam zu erfassen.

5.2.12. Änderung der funktionalen Währung

(112) Ändert sich bei einem Konzernunternehmen die funktionale Währung, wird die bis zu diesem Zeitpunkt entstandene Umrechnungsdifferenz nicht ergebniswirksam aufgelöst, sondern bleibt bis zum Verkauf oder der Liquidation des Konzernunternehmens bestehen.

5.3. Zeitbezugsmethode

5.3.1. Grundsätze

(113) Bei der Zeitbezugsmethode werden alle Geschäftsvorfälle so umgerechnet, als wären sie beim Mutterunternehmen selbst angefallen. Für die Währungsumrechnung bedeutet dies, dass jeder Geschäftsvorfall mit dem jeweils aktuellen Kurs umgerechnet und mit diesem auch in den Jahresabschluss aufgenommen wird.

(114) Die Differenzen, die sich aus der Umrechnung in den Konzernabschluss ergeben, sind erfolgswirksam als Kursgewinne oder -verluste zu erfassen.

5.3.2. Umrechnung der Bilanz

(115) Der Umrechnungskurs der einzelnen Bilanzposten ergibt sich aus den jeweiligen Werten, die für den Posten herangezogen werden.

(116) Historische Werte sind mit dem historischen Kurs umzurechnen. Dies gilt beispielsweise für die zu Anschaffungs- oder Herstellungskosten bewerteten nichtmonetären Vermögensgegenstände. Werden diese hingegen mit dem niedrigeren beizulegenden Wert am Abschlussstichtag bewertet, ist dieser Wert mit dem Kurs am Konzernabschlussstichtag umzurechnen. Monetäre Vermögensgegenstände sind mit dem niedrigeren Kurs aus historischem Kurs und Kurs am Konzernabschlussstichtag umzurechnen.

(117) Verbindlichkeiten sind mit dem höheren Kurs aus historischem Kurs und Kurs am Konzernabschlussstichtag umzurechnen, weil sie mit dem Erfüllungsbetrag zu bewerten sind. Rückstellungen sind mit dem Kurs am Konzernabschlussstichtag umzurechnen.

5.3.3. Umrechnung der Gewinn- und Verlustrechnung

(118) Die Erträge und Aufwendungen eines Konzernunternehmens werden mit dem Durchschnittskurs der Periode umgerechnet, es sei denn, der Ertrag oder der Aufwand bezieht sich auf einen zum historischen Kurs bewerteten Bilanzposten. Für die Durchschnittskursbildung gelten die Ausführungen der Rz (81) ff analog. Planmäßige Abschreibungen sind daher mit dem historischen Kurs des jeweiligen Vermögensgegenstandes umzurechnen.

(119) Für Ausschüttungen wird auf die Ausführungen bei der Stichtagskursmethode verwiesen (vgl. Rz (88)).

5.3.4. Umrechnung des Eigenkapitals

(120) Die Posten des Eigenkapitals werden analog zur Stichtagskursmethode (vgl. Kapitel 5.2.4.) mit den historischen Kursen umgerechnet.

5.3.5. Umrechnung der Kapitalflussrechnung

(121) Hinsichtlich der Umrechnung der Kapitalflussrechnung wird auf die Ausführungen in Kapitel 5.2.5. verwiesen.

5.3.6. Kapitalkonsolidierung

5.3.6.1. Stille Reserven und Lasten

(122) Stille Reserven und Lasten sind Bestandteil der Vermögensgegenstände und Schulden des Konzernunternehmens (vgl. Rz (95)). Sie sind bei erstmaliger Erfassung mit dem Kurs zum Zeitpunkt der Erstkonsolidierung (siehe AFRAC-Stellungnahme 33: Kapitalkonsolidierung (UGB), Kapitel 4.) umzurechnen. In weiterer Folge erfolgt die Umrechnung bei der Bewertung zu Anschaffungskosten mit den historischen Kursen bzw. bei der Bewertung zum niedrigeren beizulegenden Wert mit dem Kurs am Konzernabschlussstichtag.

5.3.6.2. Geschäfts- oder Firmenwert bzw. passiver Unterschiedsbetrag

(123) Sofern sich aus der Kapitalkonsolidierung ein Geschäfts- oder Firmenwert bzw. passiver Unterschiedsbetrag ergibt, der auf ein Konzernunternehmen entfällt, welches seinen Abschluss in fremder Währung aufstellt, gelten die Regelungen der Rz (96) bzw. (97) analog.

5.3.7. Schuldenkonsolidierung

(124) Kursverluste aus konzerninternen Forderungen und Verbindlichkeiten, die in der Handelsbilanz II erfasst werden, werden im Rahmen der Schuldenkonsolidierung ergebniswirksam eliminiert.

(125) Da bei der Zeitbezugsmethode keine Gewinne oder Verluste aus konzerninternen Forderungen und Verbindlichkeiten entstehen, können diese im Konzernabschluss keine Grundgeschäfte für eine Bewertungseinheit iSd AFRAC-Stellungnahme 15: Derivate und Sicherungsinstrumente (UGB) sein.

5.4. Equity-Bewertung

(126) Bei der erstmaligen Equity-Bewertung eines assoziierten Unternehmens, dessen Abschluss auf fremde Währung lautet, ist das (anteilige) Eigenkapital dieses Unternehmens zum Kassamittelkurs am Tag der erstmaligen Equity-Bewertung umzurechnen. Dieser Kurs stellt den historischen Kurs dar.

(127) Das anteilige Eigenkapital ist der Buchwert des Eigenkapitals des assoziierten Unternehmens zuzüglich der stillen Reserven und des ggf. vorhandenen Geschäfts- oder Firmenwerts bzw. abzüglich der stillen Lasten und des ggf. vorhandenen passiven Unterschiedsbetrags.

(128) Bei Anwendung der Equity-Methode ist das Ergebnis von assoziierten Unternehmen, einschließlich Abschreibungen der stillen Reserven und des Geschäfts- oder Firmenwerts, mit dem Durchschnittskurs umzurechnen. Für die Umrechnung etwaiger Ausschüttungen sowie anderer Zahlungen an das bzw. vom assoziierten Unternehmen ist der tatsächliche Kurs zum Zeitpunkt, zu dem der Anspruch entsteht, zu verwenden. Der Equity-Wert ist mit dem Stichtagskurs am Konzernabschlussstichtag umzurechnen. Die Differenz, die sich aus der Umrechnung des Equity-Werts mit dem Stichtagskurs einerseits und den differenzierten (historischen) Kursen andererseits ergibt, ist erfolgsneutral in den Posten „Rücklage aus erfolgsneutral erfassten Währungsumrechnungsdifferenzen“ einzustellen.

6. Latente Steuern

6.1. Jahresabschluss

(129) Die folgenden Ausführungen gehen von der Annahme aus, dass eine inländische Körperschaft in einem Land außerhalb der Eurozone eine Zweigniederlassung hat. Die ausländische Zweigniederlassung ist nach ihren nationalen Vorschriften zur Führung von Büchern verpflichtet und unterliegt im Ausland einer der österreichischen Körperschaftsteuer vergleichbaren Ertragsteuer. Die ausländischen steuerlichen Wertansätze sind mit dem Stichtagskurs umzurechnen.

(130) Latente Steuern iSd § 198 Abs 9 und 10 UGB beruhen auf Differenzen zwischen dem unternehmensrechtlichen und dem steuerrechtlichen Wertansatz. Temporäre Differenzen können durch unterschiedliche Ansatz- und Bewertungsvorschriften im Unternehmens- und im in- und/oder ausländischen Steuerrecht entstehen. Weiters können durch die Währungsumrechnung (zusätzliche) Differenzen entstehen oder bestehende Ansatz- und Bewertungsdifferenzen vermindert werden.

(131) Werden die unternehmensrechtlichen Buchwerte von Vermögensgegenständen, Schulden und Rechnungsabgrenzungsposten mit dem historischen Kurs und der ausländische steuerrechtliche Wertansatz mit dem Stichtagskurs umgerechnet, kann durch die Währungsumrechnung eine (zusätzliche) Differenz entstehen oder sich die temporäre Differenz, die auf die unterschiedliche Bewertung zwischen UGB und ausländischem Steuerrecht zurückzuführen ist, verändern.

(132) Sind Währungsdifferenzen aus latenten Steuerschulden oder -ansprüchen gegenüber ausländischen Steuerbehörden in der Gewinn- und Verlustrechnung enthalten, dürfen solche Unterschiedsbeträge entweder als Fremdwährungsaufwand oder -ertrag oder im Posten „Steuern vom Einkommen und vom Ertrag“ als latenter Steueraufwand (Steuerertrag) ausgewiesen werden.

6.2. Konzernabschluss

6.2.1. Grundsätze

(133) Entstehen bedingt durch die Umrechnung von Fremdwährungsposten eines einbezogenen Unternehmens bei Durchführung der einzelnen Konsolidierungsmaßnahmen (zusätzliche) Differenzen zwischen den unternehmensrechtlichen Wertansätzen im Konzernabschluss und den steuerlichen Wertansätzen, dann sind auf diese temporären Differenzen latente Steuern entsprechend den Be-stimmungen des § 258 UGB zu erfassen.

(134) Latente Steuern auf Differenzen zwischen dem unternehmensrechtlichen Wertansatz des im Konzernabschluss angesetzten Nettovermögens und dem steuerlichen Beteiligungsbuchwert eines einbezogenen Unternehmens, die durch die Umrechnung in die Konzernwährung entstehen, dürfen nicht angesetzt werden, wenn die Voraussetzungen des § 258 Satz 3 UGB gegeben sind.

(135) Sind Währungsdifferenzen aus latenten Steuerschulden oder -ansprüchen gegenüber ausländischen Steuerbehörden in der Konzern-Gewinn- und Verlustrechnung enthalten, dürfen solche Unterschiedsbeträge entweder als Fremdwährungsaufwand oder -ertrag oder im Posten „Steuern vom Einkommen und vom Ertrag“ als latenter Steueraufwand (Steuerertrag) ausgewiesen werden.

6.2.2. Stichtagskursmethode

(136) Bei Anwendung der Stichtagskursmethode werden sowohl die unternehmensrechtlichen als auch die steuerrechtlichen Wertansätze mit dem Stichtagskurs am Konzernabschlussstichtag umgerechnet, zusätzliche Differenzen aus der Währungsumrechnung ergeben sich daher nicht. Die temporären Differenzen und die darauf gebildeten latenten Steuern in der Konzernwährung ergeben sich aus den temporären Differenzen in lokaler Währung, umgerechnet mit dem Stichtagskurs am Konzernabschlussstichtag.

(137) Aufgrund der Umrechnung mit dem Stichtagskurs am Konzernabschlussstichtag verändert sich der Wert des gesamten Reinvermögens des ausländischen Konzernunternehmens in der Konzernwährung. Da der steuerliche Wertansatz der Anteile des Mutterunternehmens in der Konzernwährung unverändert bleibt, entsteht durch Wechselkursänderungen eine Differenz auf bestimmte Unternehmensanteile gemäß § 258 UGB iVm § 198 Abs 10 Satz 3 Z 3 UGB (Outside Basis Differences). Auf diese Differenzen sind gemäß § 198 Abs 10 Satz 3 Z 3 UGB keine latenten Steuern zu bilden (siehe dazu AFRAC-Stellungnahme 30: Latente Steuern im Jahres- und Konzernabschluss (UGB), Rz (28)). Werden mangels Anwendung der Ausnahme iSd § 198 Abs 10 Satz 3 Z 3 UGB latente Steuern bilanziert, erfolgt die Bildung entsprechend den Effekten aus der Währungskursänderung erfolgsneutral; sobald die Währungsumrechnungsdifferenzen über die Konzern-Gewinn- und Verlustrechnung erfolgswirksam aufgelöst werden, sind auch die daraus resultierenden latenten Steuern erfolgswirksam aufzulösen.

6.2.3. Zeitbezugsmethode

(138) Werden Vermögensgegenstände im Konzernabschluss mit historischen Kursen umgerechnet, führen Wechselkursänderungen zu temporären Differenzen, da die steuerlichen Wertansätze mit dem Stichtagskurs am Konzernabschlussstichtag umgerechnet werden. Für diese temporären Differenzen sind latente Steuern in der Konzernbilanz und ein entsprechender latenter Steueraufwand bzw. -ertrag in der Konzern-Gewinn- und Verlustrechnung zu erfassen.

(139) Bestehen in der Handelsbilanz II temporäre Differenzen zwischen den unternehmens- und ausländischen steuerlichen Wertansätzen der Vermögensgegenstände oder Schulden, die mit dem historischen Kurs umgerechnet werden, treten beide Effekte gemeinsam auf: Die temporäre Differenz und die darauf gebildeten latenten Steuern auf Ebene der Handelsbilanz II verändern sich aufgrund von Wechselkursänderungen, und es entsteht durch die Wechselkursänderungen eine zusätzliche temporäre Differenz oder die temporäre Differenz verkleinert sich.

(140) Zusätzlich kann durch Wechselkursänderungen eine temporäre Differenz auf bestimmte Unternehmensanteile gemäß § 258 UGB iVm § 198 Abs 10 Satz 3 Z 3 UGB (Outside Basis Differences) entstehen.

7. Angaben im (Konzern-)Anhang

7.1. Angaben im Anhang zum Jahresabschluss

(141) Zu den Pflichtangaben im Anhang gehören gemäß § 237 Abs 1 Z 1 UGB die Grundlagen für die Umrechnung in Euro, soweit den Posten Beträge zugrunde liegen, die auf eine andere Währung lauten oder ursprünglich gelautet haben.

(142) Im Einzelnen ist im Anhang Folgendes darzustellen, soweit für das Verständnis der Angaben zu den Grundlagen für die Fremdwährungsumrechnung gemäß Rz (141) erforderlich:

a) die Methode der Umrechnung von Fremdwährungsgeschäften und die Art der im Jahresabschluss verwendeten Kurse,
b) die Methode der Umrechnung von auf fremde Währung lautenden Vermögensgegenständen, Schulden, Rechnungsabgrenzungsposten und latenten Steuern sowie die dabei verwendeten Kurse,
c) die Vorgehensweise zur Ermittlung der Durchschnittskurse, sofern aus Vereinfachungsgründen Durchschnittskurse verwendet wurden.

7.2. Angaben im Konzernanhang

(143) Im Konzernanhang sind gemäß § 265 Abs 1 Z 2 UGB die Grundlagen für die Umrechnung in Euro anzugeben, sofern der Konzernabschluss Posten enthält, denen Beträge zugrunde liegen, die auf fremde Währung lauten oder ursprünglich auf fremde Währung lauteten.

(144) Im Einzelnen ist im Konzernanhang Folgendes darzustellen, soweit für das Verständnis der Angaben zu den Grundlagen für die Fremdwährungsumrechnung gemäß Rz (143) erforderlich:

a) die Methode der Umrechnung von Fremdwährungsgeschäften in der Handelsbilanz II und die dabei verwendeten Kurse,
b) die Methode zur Umrechnung von auf fremde Währung lautenden Abschlüssen einbezogener Konzernunternehmen,
c) die Vorgehensweise zur Ermittlung der Durchschnittskurse, sofern aus Vereinfachungsgründen Durchschnittskurse verwendet wurden.

(145) Sofern die Erträge oder Aufwendungen aus der Währungsumrechnung in der Konzern-Gewinn- und Verlustrechnung wesentlich sind, sind sie aus Gründen der Klarheit der Darstellung der Konzern-Gewinn- und Verlustrechnung im Konzernanhang zu erläutern.

8. Erstmalige Anwendung

(146) Die vorliegende Stellungnahme ist auf Geschäftsjahre anzuwenden, die nach dem 31. Dezember 2020 beginnen. Eine frühere Anwendung wird empfohlen.

Erläuterungen

Zu Rz (1):

Der Inhalt der vorliegenden Stellungnahme orientiert sich weitgehend an DRS 25 „Währungsumrechnung im Konzernabschluss“ vom 3. Mai 2018.

Zu Rz (2):

Im Zusammenhang mit der Absicherung von Währungsrisiken sind darüber hinaus die Ausführungen der AFRAC-Stellungnahme 15: Derivate und Sicherungsinstrumente (UGB) zu beachten.

Zu Rz (10):

Ein Fremdwährungsgeschäft liegt beispielsweise vor, wenn ein Unternehmen

a) Güter oder Dienstleistungen erwirbt oder veräußert, deren Preise auf fremde Währung lauten (Liefer- und Leistungsverkehr),

b) Kapital aufnimmt oder verleiht, wobei der Wert der Verbindlichkeiten oder Forderungen in einer fremden Währung angegeben ist (Kapitalverkehr), oder

c) auf sonstige Weise Vermögensgegenstände kauft oder verkauft oder Verbindlichkeiten eingeht oder begleicht, deren Wert in einer fremden Währung angegeben ist.

Zu Rz (25):

Die Stichtagskursmethode entspricht der in § 308a HGB vorgeschriebenen und im DRS 25 erläuterten „modifizierten Stichtagskursmethode“.

Zu Rz (27):

Die Aktivierung von Vermögensgegenständen erfolgt in der Regel mit dem Übergang in das wirtschaftliche Eigentum des Unternehmens. Der Ansatzzeitpunkt von Forderungen orientiert sich an den korrespondierenden Erträgen, weswegen der Realisationszeitpunkt maßgeblich für den bilanziellen Ausweis ist. Umgekehrt ist bei Schulden auf das Imparitätsprinzip abzustellen, weswegen diese bereits bei erkennbarem Risiko oder einem drohenden Verlust zu passivieren sind.

Zu Rz (35):

Die Durchschnittsbildung soll eine taggenaue Umrechnung abbilden oder sich dieser zumindest annähern. Der festgelegte Zeitraum ist zu jedem Abschlussstichtag neu zu überprüfen, wobei die Wesentlichkeit (vgl. AFRAC-Stellungnahme 34: Wesentlichkeit bei der Aufstellung von UGB-Abschlüssen), die Volatilität von Kursschwankungen und die Regelmäßigkeit des Geschäftsverlaufs in die Betrachtung einzubeziehen sind.

So ist bei einem gleichmäßigen Geschäftsverlauf und stabilen Wechselkursen die Verwendung eines Wochen- oder Monatsdurchschnittskurses für die Umrechnung der in der betreffenden Periode angefallenen Geschäftsvorfälle zulässig.

Zu Rz (36) und (43) ff:

Folgender Tabelle kann die Verwendung von Geld- oder Briefkurs bei der erstmaligen Erfassung und der Folgebewertung ausgewählter Bilanzposten entnommen werden:

	Geldkurs	Briefkurs
Sachanlagevermögen und immaterielle Vermögensgegenstände		
Anschaffungs- oder Herstellungskosten	X	
beizulegender Wert abgeleitet aus Kosten	X	
beizulegender Wert abgeleitet aus zukünftigen Einnahmen		X
beizulegender Zeitwert		X
Forderungen, Ausleihungen und Schuldverschreibungen		X
Vorräte		
Anschaffungs- oder Herstellungskosten	X	
beizulegender Wert abgeleitet aus Kosten	X	
beizulegender Wert abgeleitet aus zukünftigen Einnahmen		X
Marktpreis/Börsenkurs abgeleitet aus dem Beschaffungsmarkt	X	
Marktpreis/Börsenkurs abgeleitet aus dem Absatzmarkt		X
Bankguthaben und Zahlungsmittel		X
Rechnungsabgrenzungsposten		
aktive	X	
passive		X
Anzahlungen		
geleistete	X	
erhaltene		X
Schulden	X	

Aus praktischen Erwägungen dürfte die Verwendung des Kassamittelkurses anstelle der differenzierten Geld- oder Briefkurse regelmäßig zulässig sein. Die Wesentlichkeit dient bei dieser Abwägung der Zulässigkeit als Maßstab, weswegen an dieser Stelle auf die Ausführungen der AFRAC-Stellungnahme 34: Wesentlichkeit bei der Aufstellung von UGB-Abschlüssen verwiesen wird.

Zu Rz (43):

Währungskursbedingte Wertänderungen und Änderungen des beizulegenden Werts in Fremdwährung können kompensatorisch wirken.

Zu Rz (43) f:

Eine Kassa in fremder Währung unterliegt in der Regel ständigen Ein- und Auszahlungen, sodass kein historischer Kurs ermittelt werden kann. Daher wird der Kassenstand unabhängig von der Kursentwicklung mit dem Stichtagskurs am Abschlussstichtag umgerechnet.

Zu Rz (53):

Bankkonten mit laufenden Ein- und Auszahlungen stellen jedenfalls Kontokorrente iSd Rz (17) dar und sind daher zu jedem Abrechnungstermin mit dem Stichtagskurs neu umzurechnen. Termineinlagen und Bankkredite sind in der Regel nach den Bestimmungen der Rz (43) ff zu bewerten.

Zu Rz (66):

Diese Ausnahme vom Verrechnungsverbot des § 196 Abs 2 UGB ist vor dem Hintergrund der Informationsfunktion des Jahresabschlusses zu betrachten. Durch den gesammelten und gesonderten Ausweis werden wesentliche Informationen für die Abschlussadressaten zur Verfügung gestellt, indem Währungseffekte kumulativ ersichtlich sind (in Anlehnung an *Emig/Hirner* in Bertl/Fröhlich/Mandl (Hrsg), Handbuch Rechnungslegung I (2018) § 196 Rz 17, die eine Verrechnung von Kursgewinnen und -verlusten als möglich erachten, sofern nicht absehbar ist, dass sich der Forderungseingang verzögert, anderer Ansicht *Zirngast*, C.4. Verbindlichkeiten aus Lieferungen und Leistungen, in Kanduth-Kristen/Fritz-Schmied (Hrsg), Bilanzposten-Kommentar (2017) Rz 109).

Zu Rz (67) ff:

Vermögensgegenstände, Schulden, Rechnungsabgrenzungsposten und latente Steuern sowie die korrespondierenden Erträge und Aufwendungen einer ausländischen rechtlich unselbständigen Zweigniederlassung sind als Teil des einheitlichen Vermögens des inländischen Unternehmens (Hauptniederlassung) zu behandeln. Somit entspricht die funktionale Währung der ausländischen Zweigniederlassungen in der Regel dem Euro.

Zu Rz (70):

Aufgrund seiner zusätzlichen Funktionen, Ausschüttungs- und Zahlungsbemessungsfunktion, ist die Bildung einer Rücklage aus erfolgsneutral erfassten Wertänderungen im Jahresabschluss – im Unterschied zum Konzernabschluss – nicht zulässig.

Zu Kapitel 5.:

Bei den folgenden Ausführungen wurde bewusst auf die Erläuterung der Vorgehensweise bei der Zwischenergebniseliminierung verzichtet. Dies ist darauf zurückzuführen, dass es in der Praxis verschiedene Methoden zur Erfassung des Zwischenergebnisses gibt und sich die Währungsumrechnung an dieser orientiert. Da sich aus dem UGB keine bestimmte Methode ableiten lässt, besteht ein Wahlrecht, das durch diese Stellungnahme nicht eingeschränkt werden soll. Eine dieser Methoden findet sich in DRS 25 Tz 83 bis 85.

Zu Rz (73):

Bei der Stichtagskursmethode wird das ausländische Tochterunternehmen als abgeschlossene Einheit betrachtet, deren Cashflows unabhängig von den Cashflows des Mutterunternehmens in der lokalen Währung des ausländischen Tochterunternehmens anfallen. Die in lokaler Währung angeschafften Vermögensgegenstände dienen demgemäß zur Deckung der in lokaler Währung eingegangenen Schulden und umgekehrt: Es besteht eine natürliche Absicherung, dem Kursrisiko unterliegt nur die Nettoposition Eigenkapital. Daher werden alle Vermögensgegenstände und Schulden mit demselben Kurs umgerechnet; eine Umrechnungsdifferenz kann nicht einzelnen Bilanzposten, sondern nur der Nettogröße Eigenkapital zugerechnet werden.

Bestehen wesentliche Cashflows des ausländischen Tochterunternehmens mit dem Mutterunternehmen, ist die Werthaltigkeit der Vermögensgegenstände des Tochterunternehmens von den Cashflows des Mutterunternehmens abhängig. Die Vermögensgegenstände des Tochterunternehmens sind nach dieser Auffassung so wie Vermögenswerte des Mutterunternehmens zu betrachten, die in fremder Währung angeschafft wurden. Dieser Auffassung entspricht die Umrechnung nach der Zeitbezugsmethode.

Andere Methoden zur Währungsumrechnung werden nicht als sinnvoll angesehen und sind daher nach dieser Stellungnahme nicht zulässig.

Zu Rz (81):

Bei der Ermittlung eines Periodendurchschnittskurses ist zu beachten, dass keine wesentlichen Abweichungen zur Umrechnung aller Transaktionen mit dem jeweiligen Tageskurs entstehen dürfen. Ist ein Wechselkurs während des gesamten Geschäftsjahrs stabil, genügt auch eine Durchschnittsbildung auf Basis der Quartalsstichtage dieser Anforderung; bei stärker schwankenden Wechselkursen kann eine Durchschnittsbildung auf Basis von Monatsendkursen oder Tageskursen geboten sein.

Davon zu unterscheiden ist die Frage, ob die Jahresrechnung insgesamt umgerechnet werden kann oder ob gesonderte Umrechnungen für die jeweiligen Quartals- oder Monatsrechnungen notwendig sind. Letzteres gilt nur dann, wenn einerseits die Erträge und Aufwendungen nicht gleichmäßig über das Jahr verteilt anfallen und andererseits der Wechselkurs nicht stabil ist. Ist beides der Fall, sollten die einzelnen Unterperioden mit dem jeweiligen Durchschnittskurs der Periode umgerechnet und anschließend die umgerechneten Unterperioden zur Jahresrechnung aufaddiert werden. Fallen Erträge und Aufwendungen gleichmäßig über das Jahr verteilt an und ist der Wechselkurs stabil und werden dennoch unterjährige Periodenabschlüsse erstellt, ist es hingegen ebenso möglich, zu jedem Stichtag die Periodenrechnungen mit einem Durchschnittskurs für die jeweilige Periode umzurechnen.

Zu Kapitel 5.2.6.:

Die Kapitalkonsolidierung im mehrstufigen Konzern kann entweder in Form der Stufen- oder in Form der Simultankonsolidierung vorgenommen werden. Während beide Methoden bei der Kapitalaufrechnen zum selben Ergebnis führen (vgl. AFRAC-Stellungnahme 33: Kapitalkonsolidierung (UGB), Rz (151)), kann die Anwendung der Stufen- oder der Simultankonsolidierung beim Mutterunternehmen die Höhe der Rücklage aus erfolgsneutral erfassten Währungsumrechnungsdifferenzen hinsichtlich eines einzelnen Konzernunternehmens beeinflussen. Bei der Simultankonsolidierung wird der Jahresabschluss des Konzernunternehmens direkt in die Währung des Mutterunternehmens (Euro) umgerechnet. Bei der Stufenkonsolidierung wird der Jahresabschluss des Konzernunternehmens zuerst in die Währung des Teilkonzerns und erst in weiterer Folge in die Währung des Mutterunternehmens umgerechnet. Somit besteht die Rücklage aus erfolgsneutral erfassten Währungsumrechnungsdifferenzen bei dieser Methode nur auf Teilkonzernebene und nicht auf Ebene des einzelnen Konzernunternehmens. Während bei der Simultankonsolidierung die Rücklage aus erfolgsneutral erfassten Währungsumrechnungsdifferenzen beim Ausscheiden eines Konzernunternehmens aufzulösen ist, gilt dies bei der Stufenkonsolidierung nur beim Abgang des gesamten Teilkonzerns. Ungeachtet dessen sind beide Methoden nach dieser Stellungnahme grundsätzlich zulässig, wobei die gewählte Methode stetig anzuwenden ist.

Zu Rz (96):

Wenn der Geschäfts- oder Firmenwert wie ein Vermögensgegenstand des Konzernunternehmens behandelt wird, dann ist an den auf die Erstkonsolidierung folgenden Abschlussstichtagen der Buchwert des Geschäfts- oder Firmenwerts jeweils mit dem Kassamittelkurs am Abschlussstichtag und die auf den Geschäfts- oder Firmenwert entfallende (planmäßige sowie ggf. außerplanmäßige) Abschreibung zum Durchschnittskurs in Euro umzurechnen. Für die Ermittlung einer ggf. erforderlichen außerplanmäßigen Abschreibung ist der beizulegende Zeitwert des Geschäfts- oder Firmenwerts nach den Grundsätzen der AFRAC-Stellungnahme 33: Kapitalkonsolidierung (UGB), Rz (110) ff jeweils in fremder Währung zu ermitteln und mit dem ebenfalls in fremder Währung fortgeführten Buchwert des Geschäfts- oder Firmenwerts zu vergleichen.

Zu Rz (105):

Grundsätzlich können bei der Aufwands- und Ertragskonsolidierung keine oder nur unwesentliche Differenzen entstehen. Sollten die Aufrechnungsdifferenzen dennoch wesentlich sein (siehe auch Rz (82)), ist die Durchschnittsbildung entsprechend zu modifizieren. Ggf. muss der festgelegte Zeitraum verkürzt werden, oder es sind für einzelne Posten der Konzern-Gewinn- und Verlustrechnung unterschiedliche Durchschnittskurse heranzuziehen.

Zu Rz (109) ff:

Wird der Übergang auf die anteilmäßige Konsolidierung nach § 262 UGB, die Equity-Bewertung nach § 264 UGB oder die Anschaffungskostenbewertung nach § 203 UGB durch eine (teilweise) Anteilsveräußerung ausgelöst, gelten für die auf die veräußerten Anteile entfallende Eigenkapitaldifferenz die in Rz (106) beschriebenen Regeln.

Sind vor dem Übergang auf die anteilmäßige Konsolidierung, die Equity-Bewertung oder die Anschaffungskostenbewertung nicht beherrschende Gesellschafter an dem Tochterunternehmen beteiligt, gelten für die auf deren Anteile entfallende Rücklage aus erfolgsneutral erfassten Währungsumrechnungsdifferenzen die in Rz (106) beschriebenen Regeln.

Zu Rz (115) ff:

Im Detail gelten für die Umrechnung der Bilanzposten nach der Zeitbezugsmethode die Ausführungen von Kapitel 4.3.

Zu Rz (118):

Planmäßige Abschreibungen werden somit in der Regel mit dem historischen Kurs des jeweiligen Vermögensgegenstandes und der Materialaufwand mit dem historischen Kurs der Vorräte umgerechnet.

Zu Rz (129):

Die Ausführungen in Kapitel 6. gelten auch für eine rein steuerliche Betriebsstätte.

Eine inländische Körperschaft kann Vermögensgegenstände und Schulden in Fremdwährung besitzen, ohne dass diese einer Zweigniederlassung/Betriebsstätte in dem jeweiligen Land zuzurechnen sind.

Soweit Vermögensgegenstände, Schulden und Rechnungsabgrenzungsposten der österreichischen Ertragsteuer unterliegen, entstehen durch die Währungsumrechnung keine zusätzlichen (temporären) Differenzen hinsichtlich der inländischen Steuerbehörde, weil aufgrund des Maßgeblichkeitsprinzips in § 5 Abs 1 EStG die Methodik der Währungsumrechnung im Steuerrecht der Umrechnung der unternehmensrechtlichen Wertansätze entspricht. Somit können temporäre Differenzen im Zusammenhang mit der Währungsumrechnung nur auftreten, wenn Vermögensgegenstände und Schulden einer ausländischen Ertragsteuer unterliegen.

Zu Rz (129) bis (131):

Beispiel 1: Eine ausländische Zweigniederlassung erwirbt am 2.1.X0 einen LKW um 10.000 $, der nach in- und ausländischem Unternehmens- und Steuerrecht über fünf Jahre abgeschrieben wird. Der in- und ausländische Steuersatz beträgt 25 %. Die Wechselkurse und die Ermittlung der latenten Steuern zeigen folgendes Bild (Auszug):

Ebene ausländische Zweigniederlassung (in $)				
	Wertansatz ausländisches Unternehmensrecht[1]	Wertansatz ausländisches Steuerrecht	Temporäre Differenz	Wechselkurs
2.1.X0	10.000	10.000	0	1 $ = 1,5 €
31.12.X0	8.000	8.000	0	1 $ = 1,1 €
31.12.X1	6.000	6.000	0	1 $ = 0,9 €
31.12.X2	4.000	4.000	0	1 $ = 1,6 €
Ebene österreichische Körperschaft (in €)				
Befreiungsmethode:				
	Wertansatz nach UGB	Wertansatz ausländisches Steuerrecht[2]	Temporäre Differenz	Latente Steuern gegenüber ausländischer Steuerbehörde
2.1.X0	15.000[3]	15.000	0	
31.12.X0	12.000	8.800[4]	3.200 (passiv)	800 (passiv)
31.12.X1	9.000	5.400	3.600 (passiv)	900 (passiv)
31.12.X2	6.000	6.400	400 (aktiv)	100 (aktiv)
Im Fall der Anrechnungsmethode ergibt sich beim vorliegenden Sachverhalt die gleiche Lösung wie bei der Befreiungsmethode. Die Bewertung erfolgt mit dem für das jeweilige Land gültigen Steuersatz. Eine Saldierung zwischen den Steuerbehörden ist nicht zulässig (vgl. AFRAC-Stellungnahme 30: Latente Steuern im Jahres- und Konzernabschluss (UGB), Rz (10)).				

[1] Die Wertansätze nach ausländischem Unternehmensrecht haben für die Bilanzierung von latenten Steuern nach § 198 Abs 9 und 10 UGB keine Bedeutung.
[2] Der ausländische steuerliche Buchwert wird am jeweiligen Abschlussstichtag mit dem Stichtagskurs in Euro umgerechnet.
[3] Die Anschaffungskosten iHv 10.000 $ werden mit dem Umrechnungskurs zum Anschaffungszeitpunkt in Euro umgerechnet und im Rahmen der Jahresabschlusserstellung in Euro fortgeführt. Eine Umrechnung des Buchwerts in Fremdwährung nach ausländischem Unternehmensrecht zum jeweiligen Abschlussstichtag erfolgt nicht.
[4] Berechnung: ausländischer steuerlicher Buchwert iHv 8.000 $ * 1,1 = 8.800 €.

Beispiel 2: Eine ausländische Zweigniederlassung erwirbt am 2.1.X0 einen PKW um 10.000 $, der nach in- und ausländischem Unternehmensrecht uber fünf Jahre und nach in- und ausländischem Steuerrecht über acht Jahre abgeschrieben wird. Der in- und ausländische Steuersatz beträgt 25 %. Die Wechselkurse und die Ermittlung der latenten Steuern zeigen folgendes Bild (Auszug):

Ebene ausländische Zweigniederlassung (in $)					
	Wertansatz ausländisches Unternehmensrecht[5]	Wertansatz ausländisches Steuerrecht	Aktive temporäre Differenz[5]	Latente Steuern gegenüber ausländischer Steuerbehörde	Wechselkurs
2.1.X0	10.000	10.000	0	0	1 $ = 1,5 €
31.12.X0	8.000	8.750	750	188	1 $ = 1,1 €
31.12.X1	6.000	7.500	1.500	375	1 $ = 1,2 €
31.12.X2	4.000	6.250	2.250	563	1 $ = 1,6 €

Ebene österreichische Körperschaft (in €)				
Befreiungsmethode:				
	Wertansatz nach UGB	Wertansatz ausländisches Steuerrecht[6]	Temporäre Differenz	Latente Steuern gegenüber ausländischer Steuerbehörde
2.1.X0	15.000	15.000	0	0
31.12.X0	12.000	9.625[7]	2.375	594
31.12.X1	9.000	9.000	0	0
31.12.X2	6.000	10.000	4.000	1.000

Anrechnungsmethode:				
Auf Ebene der inländischen Körperschaft ermitteln sich die latenten Steuern gegenüber der ausländischen Steuerbehörde zunächst gleich wie bei der Befreiungsmethode. Zusätzlich müssen die Steuerabgrenzungen gegenüber der inländischen Steuerbehörde, die die latenten Steuern gegenüber der ausländischen Steuerbehörde in entsprechender Höhe beinhalten, ermittelt werden.				
	Wertansatz nach UGB	Wertansatz nach inländischem Steuerrecht	Temporäre Differenz	Latente Steuern gegenüber inländischer Steuerbehörde
2.1.X0	15.000	15.000	0	0
31.12.X0	12.000	13.125	1.125	281
31.12.X1	9.000	11.250	2.250	563
31.12.X2	6.000	9.375	3.375	844
Rechnerisch ergibt sich eine passive latente Steuer gegenüber der ausländischen Steuerbehörde iHv 594 € und eine aktive latente Steuer gegenüber der inländischen Steuerbehörde iHv 281 €. Inwieweit diese sich rechnerisch ergebenden latenten Steuern im Jahresabschluss anzusetzen sind, ist im Einzelfall zu beurteilen und hängt u.a. von der Ergebnissituation im In- und Ausland (und z.B. dem sich daraus ergebenden Anrechnungshöchstbetrag) ab.				

[5] Die Wertansätze nach ausländischem Unternehmensrecht sowie die daraus resultierenden aktiven temporären Differenzen haben für die Bilanzierung von latenten Steuern nach § 198 Abs 9 und 10 UGB keine Bedeutung.
[6] Der ausländische steuerliche Buchwert wird am jeweiligen Abschlussstichtag mit dem Stichtagskurs in Euro umgerechnet.
[7] Berechnung: ausländischer steuerlicher Buchwert iHv 8.750 $ * 1,1 = 9.625 €.

Zu Rz (136):

Die auf Ebene der Handelsbilanz II bilanzierten latenten Steuern ergeben sich aus den latenten Steuern in lokaler Währung, umgerechnet mit dem Stichtagskurs.

Zu Rz (146):

Werden abweichend von 5.2.6.1. stille Reserven und Lasten bisher nicht in der lokalen Währung geführt, dürfen diese alten stillen Reserven und Lasten in Euro weitergeführt werden.

AFRAC-Stellungnahme 39
Änderung von Abschlüssen und Lageberichten (UGB)

Stellungnahme
Die Änderung von Abschlüssen und Lageberichten (UGB)

(Juni 2021)

Historie der vorliegenden Stellungnahme

erstmalige Veröffentlichung	Juni 2021	

1. Gegenstand und Anwendungsbereich

(1) Diese Stellungnahme behandelt die Änderung einschließlich Fehlerkorrektur von aufgestellten unternehmensrechtlichen Jahres- und Konzernabschlüssen (im Folgenden „Abschlüsse“) sowie (Konzern-)Lageberichten und richtet sich an alle mit der Aufstellung und Feststellung von UGB-Abschlüssen befassten Gremien einschließlich der Geschäftsleitung von Einzelunternehmen. Auf Besonderheiten bei Abschlüssen von Personengesellschaften (vgl AFRAC 16 Rz (15)) wird in Rz (11) dieser Stellungnahme verwiesen. Hinsichtlich Abschlüssen nach internationalen Rechnungslegungsvorschriften wird auf die in diesen Vorschriften festgehaltenen Regeln verwiesen (vor allem IAS 8 Rechnungslegungsmethoden, Änderungen von rechnungslegungsbezogenen Schätzungen und Fehler).

(2) Die nachfolgenden Ausführungen gelten auch für Abschlüsse anderer Einrichtungen als Unternehmen, soweit sie den unternehmensrechtlichen Rechnungslegungsvorschriften unterliegen. Auf nach den Bestimmungen des UGB aufgestellte Zwischenabschlüsse sind die nachfolgenden Ausführungen ebenfalls anzuwenden. Sonderbilanzen sind nicht Gegenstand dieser Stellungnahme.

(3) Soweit mit der Aufstellung und Vorlage eines Abschlusses gesellschaftsrechtliche Beschlüsse verbunden sind, werden diese in der Stellungnahme nicht behandelt. Zu gemäß § 202 Abs 1 Z 2 oder Z 3 AktG nichtigen Jahresabschlüssen siehe Abschnitt 5.

(4) Nicht Gegenstand dieser Stellungnahme sind insbesondere

- Änderungen einschließlich Fehlerkorrekturen im Zuge der Erstellung von Abschlüssen, solange noch keine Aufstellung (§§ 193 Abs 2, 222 Abs 1 bzw 244 Abs 1 UGB) stattgefunden hat,
- Änderungen bei der Offenlegung von Abschlüssen (vgl §§ 277 ff UGB) ohne Auswirkungen auf den aufgestellten Abschluss,
- Änderungen in anderen Unternehmensberichten (zB gesonderter nichtfinanzieller Bericht, Corporate Governance-Bericht, Bericht über Zahlungen an staatliche Stellen, Vergütungsbericht),
- Änderungen in der Gewinnverwendung gegenüber dem im Abschluss angegebenen Gewinnverwendungsvorschlag (vgl §§ 238 Abs 1 Z 9 bzw 266 Z 1 UGB),
- Änderungen von gebilligten Abschlüssen aufgrund von Beschlüssen in einer Hauptversammlung (vgl § 104 Abs 4 Satz 3 AktG betreffend die Verwendung des Bilanzgewinns).

2. Grundlagen

2.1. Änderung eines Abschlusses

(5) Bei der Änderung eines bereits aufgestellten Abschlusses ist zu unterscheiden, ob eine zulässige Bilanzierung durch eine andere zulässige Bilanzierung ersetzt wird (Bilanzänderung bei einem fehlerfreien Abschluss, siehe Abschnitt 3) oder eine unzulässige Bilanzierung durch eine zulässige Bilanzierung ersetzt bzw ein Fehler korrigiert wird (Bilanzberichtigung bei einem fehlerhaften Abschluss, siehe Abschnitt 4).

(6) Eine Änderung von Abschlüssen kann beispielsweise erfolgen

- als Ergebnis einer Prüfung durch den Aufsichtsrat (vgl zB § 96 Abs 1 AktG, § 30k Abs 1 GmbHG),
- bei wesentlichen wertaufhellenden Erkenntnissen nach Aufstellung des Abschlusses (siehe AFRAC 16 Rz (18)),
- zur Fehlerkorrektur durch Rückwärtsänderung (siehe Rz (9)) oder
- aufgrund von Beschlüssen einer Gesellschafterversammlung.

(7) Als Änderung eines Abschlusses ist jede Änderung von Inhalt und Darstellung eines Abschlusses anzusehen, dh Änderungen des Ansatzes, der Bewertung sowie der Darstellung. Die Darstellung umfasst dabei auch die in einem Abschluss gemachten Angaben im Anhang. Die Änderung von (Konzern-)Lageberichten wird im Abschnitt 6 behandelt.

(8) Das Ersetzen eines zulässigen Bilanzansatzes durch einen anderen, ebenfalls zulässigen Bilanzansatz in laufender Rechnung stellt keine Änderung eines Abschlusses dar, sondern ist ausschließlich nach dem Grundsatz der Stetigkeit zu beurteilen (vgl § 201 Abs 3 UGB).

(9) Eine Korrektur von Fehlern (Bilanzberichtigung) kann grundsätzlich in laufender Rechnung (also im Abschluss des (laufenden) Geschäftsjahrs, der gerade aufgestellt wird, ohne vorangegangene (bereits aufgestellte) Abschlüsse zu ändern)

oder durch Änderung eines von einem Fehler betroffenen Abschlusses (Rückwärtsänderung bzw Änderung eines bereits aufgestellten Abschlusses) erfolgen (siehe Abschnitt 4).

(10) Die Korrektur eines Fehlers durch bloßes Anpassen der Vorjahreszahlen (sogenannte Rückwärtsanpassung) unbeschadet § 223 Abs 2 UGB widerspricht dem Grundsatz der Bilanzidentität (§ 201 Abs 2 Z 6 UGB) und ist deshalb unzulässig.

(11) Jede Änderung eines Abschlusses unterliegt den gesellschaftsrechtlichen Regelungen zu seiner Aufstellung, gegebenenfalls Feststellung, Offenlegung und Veröffentlichung. Für Einrichtungen und Unternehmen (zB Einzelunternehmen und Personengesellschaften), bei denen ein Feststellungsverfahren nicht vorgesehen ist, gilt in diesem Zusammenhang, dass der unterzeichnete und damit rechtswirksam gewordene Jahresabschluss einem festgestellten Abschluss entspricht.

(12) Bei einer Änderung eines fehlerfreien Abschlusses nach seiner Herausgabe oder einer Fehlerkorrektur durch Rückwärtsänderung wird empfohlen, den geänderten Abschluss als solchen zu bezeichnen.

(13) Bei durch einen Abschlussprüfer gemäß §§ 268 ff UGB geprüften Abschlüssen ist zu beachten, dass gemäß § 269 Abs 4 UGB jede nachträgliche Änderung dem Abschlussprüfer bekanntzugeben ist und die Änderung bzw der geänderte Abschluss zu prüfen ist. Im Falle inhaltlich nichtiger Jahresabschlüsse ist nach neuerlicher Aufstellung des Abschlusses eine Abschlussprüfung gemäß §§ 268 ff UGB vorzunehmen.

(14) Bei der Änderung eines Abschlusses nach seiner Herausgabe ist seine Bindungswirkung zu beachten. Diese ergibt sich aus der Informationsfunktion der Rechnungslegung, die im Geschäftsverkehr Rechtssicherheit bewirken soll. Die Adressaten eines herausgegebenen Abschlusses dürfen daher auf die erhaltene Information vertrauen (Bestandskraft des Abschlusses). Die möglichst unveränderte Aufrechterhaltung eines aufgestellten, gegebenenfalls festgestellten und dann auch herausgegebenen Abschlusses entspricht dem Interesse der Öffentlichkeit an einer verlässlichen Information über die wirtschaftlichen Verhältnisse des Unternehmens. Allgemein bestehen jedoch Unterschiede in Abhängigkeit davon, ob es sich um einen fehlerfreien (gesetzmäßigen) oder fehlerhaften (gesetzwidrigen) Jahresabschluss handelt (vgl Abschnitt 3 bzw Abschnitt 4, insbesondere Rz (19) und (25) f).

2.2. Wesentlichkeit

(15) Die Zulässigkeit (vgl Abschnitt 3) und die Notwendigkeit (vgl Abschnitt 4) von Änderungen eines Abschlusses hängen maßgeblich von deren Wesentlichkeit ab.

(16) Gemäß § 189a Z 10 UGB ist eine Information (hier: in einem Abschluss) dann wesentlich, wenn vernünftigerweise zu erwarten ist, dass ihre Auslassung oder fehlerhafte Angabe Entscheidungen beeinflusst, die Nutzer auf der Grundlage des Jahres- oder Konzernabschlusses treffen. Die Wesentlichkeit ist von der Größe oder der spezifischen Eigenschaft des Postens oder der Fehlerhaftigkeit der Angabe abhängig. Selbst wenn ein einzelner Posten für sich genommen als unwesentlich angesehen werden kann, können mehrere unwesentliche gleichartige Posten zusammen als wesentlich gelten.

(17) Zum Grundsatz und zu Einzelfragen der Wesentlichkeit im Rahmen der Aufstellung eines Abschlusses wird auf die Ausführungen in AFRAC 34 (Wesentlichkeit bei der Aufstellung von UGB-Abschlüssen) verwiesen.

3. Änderung von fehlerfreien Abschlüssen

(18) Bei Änderungen von fehlerfreien Abschlüssen sind insbesondere der Grundsatz der Bestandskraft (siehe Rz (14)) und das Gebot der Stetigkeit (§§ 201 Abs 2 Z 1 iVm Abs 3, 223 Abs 1 und 250 Abs 3 Sätze 2 und 3 UGB) zu beachten.

(19) Eine Änderung fehlerfreier Abschlüsse, die bereits herausgegeben wurden (Dritten zur Verfügung gestellt wurden), kommt im Interesse der Bestandskraft des Abschlusses nur dann in Betracht, wenn gewichtige rechtliche, wirtschaftliche oder steuerliche Gründe vorliegen. Dies gilt auch für erst nach der Feststellung erlangte werterhellende Erkenntnisse.

(20) Die Änderung eines fehlerfreien Jahresabschlusses ist insbesondere dann unzulässig, wenn hierdurch aufgrund eines ordnungsgemäßen Gewinnverwendungsbeschlusses entstandene Gewinnbezugsrechte der Gesellschafter beeinträchtigt würden, es sei denn, dass deren Einverständnis eingeholt wird. Bei Änderungen nach Herausgabe eines Abschlusses sind Ansprüche aus schuldrechtlichen Vereinbarungen jedenfalls zu beachten. Ob sich die Höhe solcher Ansprüche verändert, richtet sich nach den getroffenen Vereinbarungen. Bleibt ihre Höhe unverändert, sind die Auswirkungen auf den Bilanzgewinn und damit die Gewinnansprüche der Gesellschafter zu beachten. Diese Grundsätze gelten auch dann, wenn ein weiter zurückliegender Jahresabschluss geändert werden soll und wegen des Grundsatzes des Bilanzzusammenhangs auch nachfolgende, bereits festgestellte Jahresabschlüsse geändert werden müssen.

(21) Der Konzernabschluss wird von den zuständigen Organen (insb Aufsichtsrat, Gesellschafterversammlung) nur zur Kenntnis genommen, weshalb die Bindungswirkung des Konzernabschlusses im Vergleich zum festgestellten Jahresabschluss geringer ist. Nach Herausgabe ist die Entscheidung der Organe über eine Änderung des Konzernabschlusses wie beim Jahresabschluss entsprechend der gebotenen Sorgfalt des für die Aufstellung zuständigen Organs der Muttergesellschaft zu treffen. Dabei sind auch die Bestimmungen des § 260 UGB (einheitliche Bewertung) zu beachten und ist ausschließlich auf die Auswirkungen auf das vom Konzernabschluss vermittelte Bild der Vermögens-, Finanz- und Ertragslage des Konzerns und auf die damit verbundenen Konsequenzen Be-

dacht zu nehmen (vgl ähnliche Überlegungen zum Wertaufhellungszeitraum in AFRAC 16 Rz (25)).

(22) Soweit nicht § 237 Abs 1 Z 4 UGB anzuwenden ist, sind wesentliche Änderungen aufgrund der Generalnorm im Anhang zu erläutern.

4. Korrektur von fehlerhaften Abschlüssen

(23) Das UGB enthält keine Bestimmung über die Vorgehensweise bei der Korrektur von fehlerhaften Abschlüssen, weshalb die Grundsätze ordnungsmäßiger Buchführung (GoB) maßgebend sind.

(24) Ein fehlerhafter Abschluss liegt dann vor, wenn der Abschluss zwingenden für seine Aufstellung relevanten Regelungen widerspricht oder die Bilanzierung aus der Sicht eines ordentlichen und gewissenhaften Unternehmers nicht vertretbar ist, gleichgültig ob der Fehler als unwesentlich oder wesentlich zu qualifizieren ist.

(25) Beim Erkennen eines unwesentlichen Fehlers ist in der Regel eine Korrektur in laufender Rechnung ausreichend. Eine Rückwärtsänderung von Abschlüssen, die bereits herausgegeben wurden, ist im Interesse der Bestandskraft des Abschlusses nur dann zulässig, wenn gewichtige rechtliche, wirtschaftliche oder steuerliche Gründe dies rechtfertigen.

(26) Die Korrektur eines wesentlichen Fehlers hat in Form einer Rückwärtsänderung oder in laufender Rechnung zu erfolgen. Eine Verpflichtung zur Rückwärtsänderung besteht nur dann, wenn eine zeitnahe, den gesetzlichen Anforderungen entsprechende Informationsvermittlung durch die Korrektur im laufenden Abschluss nicht erreicht werden kann.

(27) Die vorstehenden Grundsätze gelten auch, wenn eine oder mehrere Anhangangaben im Abschluss fehlen oder inhaltlich unzutreffend sind.

(28) Soweit nicht § 237 Abs 1 Z 4 UGB anzuwenden ist, ist die Korrektur wesentlicher Fehler aufgrund der Generalnorm im Anhang zu erläutern.

5. Vorgehensweise bei nichtigen Jahresabschlüssen

(29) Von der Korrektur fehlerhafter Abschlüsse ist die Behandlung nichtiger Jahresabschlüsse zu unterscheiden. Die Nichtigkeit eines Jahresabschlusses einer Aktiengesellschaft ist in § 202 AktG geregelt.

(30) Für Zwecke dieser Stellungnahme sind die Tatbestände der Z 2 und 3 des § 202 Abs 1 AktG relevant, bei denen ein Jahresabschluss mit dem Wesen der Gesellschaft unvereinbar ist oder durch seinen Inhalt Vorschriften verletzt, die ausschließlich oder überwiegend zum Schutz der Gläubiger der Gesellschaft oder sonst im öffentlichen Interesse gegeben sind, oder durch seinen Inhalt gegen die guten Sitten verstößt (inhaltliche Nichtigkeit).

(31) Diese Tatbestände setzen für das Eintreten der inhaltlichen Nichtigkeit eines Jahresabschlusses besonders schwere Fehler oder Mängel voraus, die bewirken, dass die Vermögens-, Finanz- und Ertragslage derart verzerrt dargestellt ist, dass eine sachgerechte und richtige Information der Jahresabschlussadressaten völlig verfehlt wird. Im Hinblick auf die Rechtssicherheit (Bestandskraft des Jahresabschlusses, vgl Rz (14)) sollte die Folge der Nichtigkeit nur bei sehr gravierenden Fehlern und Mängeln eintreten.

(32) Da das Gesetz die Auf- und die Feststellung gesellschaftsrechtlich wirksamer Jahresabschlüsse vorsieht und als Grundlage für weitere Rechtsakte (zB Gewinnverwendung) auch voraussetzt, müssen in den Fällen von gemäß § 202 Abs 1 Z 2 oder 3 AktG nichtigen Jahresabschlüssen grundsätzlich fehlerfreie, den unternehmensrechtlichen Vorschriften entsprechende Jahresabschlüsse aufgestellt werden.

6. Änderungen in (Konzern-)Lageberichten

(33) Die Ausführungen zur Änderung von Abschlüssen gelten grundsätzlich auch für die Änderung von (Konzern-)Lageberichten.

(34) Fehler in einem (Konzern-)Lagebericht können entweder (Folge-)Fehler aufgrund von Fehlern im zugehörigen Abschluss oder eigenständige Fehler sein.

(35) Weist ein (Konzern-)Lagebericht wesentliche Fehler auf, ist er zu korrigieren. Im Einzelfall haben die zuständigen Organe zu überlegen, ob eine Korrektur in einem erst aufzustellenden (Konzern-)Lagebericht in gleicher Weise den Interessen der Adressaten entspricht (vgl die Ausführungen in Rz (26)).

(36) Jede Korrektur in einem (Konzern-)Lagebericht ist als solche zu kennzeichnen.

7. Erstmalige Anwendung

(37) Diese Stellungnahme ist auf die Änderung von Abschlüssen und (Konzern-)Lageberichten für Geschäftsjahre anzuwenden, die nach dem 31. Dezember 2020 beginnen. Eine vorzeitige Anwendung ist zulässig.

Erläuterungen

Zu Rz (1):

Bei einem Einzelunternehmer ist der Rechnungslegungsprozess mit dem Zeitpunkt der Aufstellung des Jahresabschlusses abgeschlossen (§194 iVm §193 Abs 2 UGB). Gleiches gilt für Personengesellschaften, bei denen alle Gesellschafter an der Geschäftsführung beteiligt sind (vgl AFRAC 16 Rz (15)). Demgegenüber führen gesellschaftsrechtliche Vorschriften bei Kapitalgesellschaften und bei Personengesellschaften, bei denen nicht alle Gesellschafter an der Geschäftsführung beteiligt sind, zu einer Verlängerung des Prozesses, indem sie die Feststellung des Jahresabschlusses durch Gesellschaftsorgane (Aufsichtsrat, Generalversammlung, Hauptversammlung, Gesellschafterversammlung, Beirat) vorsehen und außerdem bei Zutreffen bestimmter Kriterien die Einreichung beim Firmenbuch („Offenlegung"), gegebenenfalls auch die Veröffentlichung in der Wiener Zeitung (vgl § 277 ff UGB).

Zu Rz (2):

Diese Stellungnahme ist auf alle Organisationen und Einrichtungen anzuwenden, die in ihren Rechtsgrundlagen Verweise auf eine Rechnungslegung nach dem UGB haben, insbesondere auch auf Abschlüsse von Genossenschaften (vgl § 22 GenG), Privatstiftungen (vgl § 18 PSG), dem Bundes-Stiftungs- und Fondsgesetz unterliegenden Stiftungen (vgl § 20 BStFG 2015) sowie Vereinen (vgl § 22 VerG). Bei der Beurteilung der Möglichkeit einer Änderung von Abschlüssen ist auf die einschlägigen rechtlichen Bestimmungen Bedacht zu nehmen.

Zu Rz (4):

Ein Fehler bei der Offenlegung ohne Auswirkung auf den aufgestellten Abschluss liegt bspw vor, wenn im Rahmen der Offenlegung zu Unrecht Erleichterungsbestimmungen in Anspruch genommen werden oder Teile des aufgestellten Abschlusses vorschriftswidrig nicht offengelegt werden. Werden derartige Fehler bei der Offenlegung nachfolgend korrigiert, so stellt dies keine Änderung eines Abschlusses iSd Stellungnahme dar.

Hinsichtlich der Konsequenzen im Fall einer Änderung der Verwendung des Ergebnisses für die Anhangangabe siehe AFRAC-FI Auswirkungen der Ausbreitung des Coronavirus (COVID-19) auf die Unternehmensberichterstattung (März 2021), Rz (25) f.

Sind bei der Aufstellung und Feststellung Fehler unterlaufen (zB unrichtige Postenbezeichnungen, fehlende Aufgliederungen oder Anhangangaben, Über- oder Unterbewertungen), so können diese im Zuge der Offenlegung nicht mehr korrigiert werden (Lindinger in Bertl//Fröhlich/Mandl, Handbuch Rechnungslegung III2 (2021) § 281 Rz 18; Grottel in Beck Bil-Komm10 (2016) § 328 HGB Rz 7). Die Abschlüsse haben der auf- bzw festgestellten Fassung zu entsprechen. Schlichte Schreib- oder Druckfehler können jedoch korrigiert werden (Lindinger in Bertl/Fröhlich/Mandl, Handbuch Rechnungslegung III2 (2021) § 281 Rz 18; Zehetner in Straube/Ratka/Rauter, UGB II/RLG3 § 281 (2017) Rz 38; Öppinger, Offenlegung von Jahresabschlüssen nach den Bestimmungen des UGB, SWK 2009, W 181 FN 47; Pötzi in Kofler et al., HBA3 (1999) § 281 Rz 14; referierend Strimitzer in Hirschler, Bilanzrecht I2 (2019) § 281 Rz 10; Zib in Zib/Dellinger, Großkomm UGB III/2 (2015) § 281 Rz 10 ff; Rohatschek/Schober in Jabornegg/Artmann, UGB II2 (2017) § 281 Rz 2), da eine derartige Korrektur keine materielle oder formelle Änderung des Abschlusses darstellt. Fraglich ist, ob dies auch für einen Ziffernsturz gilt. Im Hinblick auf Sinn und Zweck der Bestimmung (Verbesserung der Information der interessierten Verkehrskreise und Hintanhaltung von Missverständnissen über die Informationsqualität) kann ein bloßer Ziffernsturz korrigiert werden (Adler/Düring/Schmaltz, Rechnungslegung und Prüfung6 (1994) § 328 HGB Rz 28 und 42).

Zu Rz (9) und (10):

Die Fehlerkorrektur in laufender Rechnung oder durch Rückwärtsänderung sind grundsätzlich zulässige Arten der Fehlerkorrektur (Altenburger, Der Umgang mit Fehlern in der Rechnungslegung, in Bertl et al., Fehler und Fehlverhalten in Bilanz- und Steuerrecht (2016) 49, 53 ff; Gedlicka, Berücksichtigung von Fehlerkorrekturen in Jahres- und Konzernabschlüssen gemäß UGB – Teil 1, DJA 2019, 5, 6; Nowotny in Straube/Ratka/Rauter, UGB II/RLG3 § 193 (2018) Rz 15; Bertl/Hirschler, Unternehmens- und steuerrechtliche Behandlung einer Bilanzberichtigung, RWZ 2008, 102; Fritz-Schmied/Herbst, Bilanzänderungen/-berichtigungen in unternehmens- und steuerrechtlicher Beurteilung, Jahrbuch Bilanzsteuerrecht 2012, 169, 179). „In laufender Rechnung" bedeutet in diesem Zusammenhang die Fehlerkorrektur im Rahmen der laufenden Buchführung bis spätestens zur Aufstellung bzw Beendigung der Prüfung (§ 274 Abs 7 UGB iVm KFS/PG 3 Rz 111) eines Abschlusses, ohne vorangegangene Abschlüsse zu ändern. Bei einer Rückwärtsänderung wird eine Fehlerkorrektur in einem bereits aufgestellten Abschluss vorgenommen.

Die einfachste Methode der Fehlerkorrektur ist jene „in laufender Rechnung"; sie wirkt sich lediglich auf die laufende Periode aus. Dem Vorteil der Einfachheit steht – bei erfolgswirksamer Fehlerkorrektur – der Nachteil gegenüber, dass der Abschluss der laufenden Periode zusätzlich die Korrekturbeträge der Vorperioden enthält (vgl Nowotny, Bilanzänderung und Bilanzberichtigung nach UGB und IFRS, in Bertl et al., Bilanzpolitik (2013) 129 ff; kritisch Urnik/Urtz/Rohn in Straube/Ratka/Rauter, UGB II/RLG3 § 201 (2016) Rz 72).

Die in der Literatur auch vertretene Rückwärtsanpassung (bloßes Anpassen der Vorjahreszahlen unbeschadet § 223 Abs 2 UGB) entspricht aufgrund der Durchbrechung des Grundsatzes der Bilanzidentität (§ 201 Abs 2 Z 6 UGB) nicht dem Gesetz und ist daher nicht zulässig (vgl Altenburger, Der Umgang mit Fehlern in der Rechnungslegung, in Bertl et al., Fehler und Fehlverhalten in Bilanz- und Steuerrecht (2016) 49, 55).

Zu Rz (11):

Im Fall von Personengesellschaften, bei denen ein Feststellungsverfahren nicht vorgesehen ist, entspricht der unterzeichnete und damit rechtswirksam gewordene Jahresabschluss insbesondere dann einem festgestellten Abschluss, wenn alle Gesellschafter an der Geschäftsführung beteiligt sind. Der OGH hält in einer Entscheidung vom 31.1.2020 (OGH 6 Ob 219/19b) im Zusammenhang mit einer Kommanditgesellschaft ausdrücklich fest, dass abhängig vom Gesellschaftsvertrag die Aufstellung des Jahresabschlusses die Aufgabe der geschäftsführenden Gesellschafter ist. Davon zu unterscheiden ist die endgültige Feststellung des Abschlusses, die dann auch die Grundlage für die Berechnung der Anteile der Gesellschafter am Gewinn und Verlust bildet. Diese Feststellung erfordert einen Beschluss aller Gesellschafter.

Zu Rz (12) und (14):

Eine Herausgabe ist jedwede Handlung, mittels der ein Abschluss nach Feststellung bzw Prüfung durch die zuständigen Organe Dritten zugänglich gemacht wird. Darunter ist nicht nur die Offenlegung des Abschlusses beim Firmenbuch, sondern jedwede Herausgabe des Abschlusses zu verstehen (zB Vorlage an Banken aufgrund einer Verpflichtung aus einem Kreditvertrag, Vorlage im Zuge der Einladung zu einer Haupt- bzw Gesellschafterversammlung, Aufnahme in einen Geschäftsbericht bzw Veröffentlichung als Jahresfinanzbericht gemäß § 124 BörseG, Vorlage eines Jahresabschlusses einer Stiftung an die Begünstigten, an einen Beirat oder an Banken etc).

Zur Bindungswirkung von Abschlüssen vgl IDW RS HFA 6 Tz 6.

Zur Informationsfunktion der Rechnungslegung siehe insbes Gelter in Straube/Ratka/Rauter, UGB II/RLG3 Vor § 189 (2017) Rz 6 ff.

Nach der Rsp des OGH ist die Berichtigung oder Änderung von Bilanzen vor ihrer Feststellung und Genehmigung durch das zuständige Organ der Gesellschaft uneingeschränkt möglich, danach wegen allfälliger Rechte der Gesellschafter oder auch Dritter wegen der bindenden Wirkung der Feststellung jedoch nur mehr eingeschränkt (OGH 16.5.2001, 6 Ob 40/01b; Mitterecker, Nachtragsausschüttungen bei der GmbH, ecolex 2018, 729; Bertl/Hirschler, Unternehmens- und steuerrechtliche Behandlung einer Bilanzberichtigung, RWZ 2008, 102, welche sich auf die „Bestandskraft des einmal festgestellten Jahresabschlusses" beziehen).

Im Sinne der Bestandskraft eines herausgegebenen Abschlusses ist eine freiwillige Bilanzänderung ohne besondere Gründe grundsätzlich nur im Zeitraum nach Aufstellung des Abschlusses und vor Herausgabe des Abschlusses möglich. Nach Herausgabe ist eine Bilanzänderung nur dann möglich, wenn gewichtige rechtliche, wirtschaftliche oder steuerliche Gründe vorliegen und im Einzelfall keine Gläubiger- oder Gesellschafterrechte berührt werden (vgl Rz (19) f).

Zu Rz (19):

IDW RS HFA 6 führt nicht im Detail aus, was unter gewichtigen rechtlichen, wirtschaftlichen oder steuerlichen Gründen im Zusammenhang mit einer Änderung von Abschlüssen zu verstehen ist, weist aber als Beispiel auf Ergebnisse einer steuerlichen Außenprüfung hin (Tz 33 ff). KFS/RL 1 (Stellungnahme zum Grundsatz der Bewertungsstetigkeit) nennt in Rz (32) Beispiele für Umstände, die ein Abgehen vom Grundsatz der Bewertungsstetigkeit begründen und daher auch im Einzelfall bei sonst drohenden rechtlichen oder wirtschaftlichen Nachteilen eine Änderung von fehlerfreien Abschlüssen erlauben könnten.

Zeitliche Grenzen für eine Änderung bestehen nicht, sofern die angeführten sachlichen Voraussetzungen erfüllt sind (vgl IDW RS HFA 6 Tz 13).

Ob sich die Notwendigkeit für eine Änderung aufgrund neuer wertaufhellender Erkenntnisse ergibt, ist eine Frage der Organverantwortung (vgl AFRAC 16 Rz (19)).

Zu Rz (24):

Die Aufsteller des Abschlusses haben dafür zu sorgen, dass ihr Kenntnisstand über die Verhältnisse am Abschlussstichtag zum Zeitpunkt der Aufstellung des Abschlusses möglichst umfassend ist, und sind daher verpflichtet, alle für die Bilanzierung relevanten Erkenntnisse innerhalb des Wertaufhellungszeitraums zu beschaffen; diese Pflicht umfasst alle einem ordentlichen und gewissenhaften Unternehmer zumutbaren Maßnahmen (AFRAC 16 Rz (7)). Kein fehlerhafter Abschluss liegt vor, wenn die Bilanzierung aus der Sicht eines ordentlichen und gewissenhaften Unternehmers im Zeitpunkt der Bilanzierung vertretbar war (vgl Bertl/Hirschler, Unternehmens- und steuerrechtliche Behandlung einer Bilanzberichtigung, RWZ 2008, 102; Fritz-Schmied/Herbst, Bilanzänderungen/-berichtigungen in unternehmens- und steuerrechtlicher Beurteilung, Jahrbuch Bilanzsteuerrecht 2012, 169, 175; Bertl/Hirschler, Bilanzberichtigung und „subjektiver Fehlerbegriff", RWZ 2013, 279; Gedlicka, Berücksichtigung von Fehlerkorrekturen in Jahres- und Konzernabschlüssen gemäß UGB – Teil 1, DJA 2019, 5). Maßgeblich ist ein objektiver Sorgfaltsmaßstab. Es ist auf die Regelungen abzustellen, die im Zeitpunkt der Aufstellung bzw Feststellung nach Gesetz, den GoB, anerkannten Standards und/oder der Wissenschaft maßgeblich waren. Eine Berufung auf eine in der Fachliteratur geäußerte Meinung, welche nicht im Widerspruch zu gesetzlichen Bestimmungen und den GoB steht, kann als vertretbare Rechtsansicht angesehen werden (vgl zur Diskussion Steinhauser/Maier, Der Begriff des „Fehlers" in der (nationalen und internationalen) Rechnungslegung und im Bilanzsteuerrecht – Inkongruenzen und aktuelle Entwicklungen, Jahrbuch Bilanzsteuerrecht 2020, 53, 60 f mwN). In Bezug auf den normativ-subjektiven Fehlerbegriff ist es im Einklang mit der herrschenden Ansicht zu IAS 8 vertretbar, der herrschenden Ansicht zu folgen oder – soweit eine Normauslegung grundlegend und kontrovers diskutiert wird – eine begründete Dokumentation für die angewandte Rechtsansicht vorzuhalten. Unabhängig davon gilt das Prinzip der Wertaufhellung (siehe AFRAC 16).

Die Gründe für einen fehlerhaften Abschluss können insbesondere darin bestehen, dass bestimmte Bilanzposten fehlen, unrichtig bewertet sind oder zu Unrecht angesetzt wurden oder keine oder fehlerhafte Angaben gemacht wurden (vgl dazu auch die Ausführungen in AFRAC 34 Rz (33) ff).

Zu Rz (25):

Ein unwesentlicher Fehler beeinflusst die Entscheidungen der Adressaten (= Nutzer) des Abschlusses nicht (idS wohl AFRAC 34 Rz (10) ff). Das Vertrauen der Adressaten in die Bestandskraft des festgestellten Abschlusses erfordert generell, die Gründe für eine Rückwärtsänderung auf gewichtige einzuschränken (vgl dazu auch Rz (19) und die zugehörigen Erläuterungen).

Ansprüche schuldrechtlich Berechtigter wie Genussrechtsinhaber oder stille Gesellschafter, die bereits entstanden sind, dürfen nicht ohne deren Zustimmung beeinträchtigt werden. Zu beachten ist, dass der gute Glaube eines Dritten nur dann vor einer Verpflichtung zur Rückzahlung von zu Unrecht ausgeschütteten Beträgen schützt, wenn der Betrag bereits geflossen ist und der Empfänger nicht fahrlässig war (vgl § 56 Abs 3 AktG, § 83 Abs 1 GmbHG, § 172 Abs 4 UGB).

Zu Rz (26):

Eine Berichtigung im aktuellen noch nicht aufgestellten Abschluss ist insbesondere dann möglich und zweckmäßig, wenn auf diesem Weg die Adressaten des Abschlusses durch eine Offenlegung bzw Veröffentlichung zeitnah und bestmöglich über den wesentlichen Fehler informiert werden können. Dies kann bspw dann der Fall sein, wenn der wesentliche Fehler kurz vor der Aufstellung des aktuellen Abschlusses entdeckt wird und eine zeitnahe Informationsvermittlung zu der Fehlerkorrektur erfolgt.

Die Fehlerkorrektur in laufender Rechnung ist erfolgswirksam (erfolgsneutral) vorzunehmen, wenn der ursprünglich fehlerhaft bilanzierte Geschäftsfall erfolgswirksam (erfolgsneutral) bilanziert wurde.

Zu Rz (29):

§ 202 Abs 1 AktG lautet wie folgt:

„*Ein vom Vorstand mit Billigung des Aufsichtsrats festgestellter Jahresabschluß ist nur dann nichtig, wenn*

1. *der Vorstand oder der Aufsichtsrat bei seiner Feststellung nicht ordnungsgemäß mitgewirkt haben,*
2. *er mit dem Wesen der Aktiengesellschaft unvereinbar ist oder durch seinen Inhalt Vorschriften verletzt, die ausschließlich oder überwiegend zum Schutz der Gläubiger der Gesellschaft oder sonst im öffentlichen Interesse gegeben sind,*
3. *er durch seinen Inhalt gegen die guten Sitten verstößt,*
4. *keine Prüfung gemäß § 268 UGB stattgefunden hat.*“

Die Bestimmung regelt gemeinsam mit § 199 AktG die Nichtigkeit von Beschlüssen über die Feststellung eines Jahresabschlusses einer AG. Für andere Rechtsformen gibt es keine entsprechenden gesetzlichen Bestimmungen.

Für die GmbH vertritt die herrschende Ansicht die analoge Anwendbarkeit der §§ 199 ff AktG (vgl zB *Baumgartner/Mollnhuber/Torggler* in Torggler, GmbHG (2014) § 41 Rz 5; *Koppensteiner/Rüffler*, GmbHG³ (2007) § 41 Rz 17). Demnach gelten § 199 Abs 1 Z 3 und 4 sowie § 202 Abs 1 Z 2 und 3 AktG analog für Beschlüsse über die Feststellung eines Jahresabschlusses einer GmbH.

Die Nichtigkeit umfasst das gesamte zur Feststellung des Jahresabschlusses führende verbandsrechtliche Rechtsgeschäft (vgl zB *Eckert/Schopper* in Artmann/Karollus, AktG⁶ III (2019) § 202 Rz 28).

Zu Rz (31):

Normzweck des § 202 AktG ist es, eine möglichst umfassende Bestandssicherung des Jahresabschlusses zu gewährleisten. Die Rechtsfolge der Nichtigkeit soll bloß bei gravierenden Verstößen eintreten. Dadurch wird sichergestellt, dass nicht sämtliche Verstöße die Feststellung des Jahresabschlusses erschweren. Denn eine Vielzahl nichtiger Jahresabschlüsse würde zu Rechtsunsicherheiten führen. Gleichzeitig soll die Regelung jedoch die Richtigkeit des Jahresabschlusses gewährleisten. Jedenfalls ist der Bestandsschutz des Jahresabschlusses im Interesse der Gläubiger und der Öffentlichkeit, weshalb eine auf besonders wesentliche Verstöße einschränkende Auslegung gerechtfertigt erscheint. Die inhaltliche Nichtigkeit eines Jahresabschlusses (§ 202 Abs 1 Z 2 und 3 AktG) setzt daher in objektiver Weise einen wesentlichen Mangel voraus, der ausdrücklich einen eigenen Maßstab erfordert, welcher von der Art des Fehlers abhängt und weder mit der Definition des § 189a Z 10 UGB noch allenfalls mit den für eine Abschlussprüfung geltenden Grundsätzen gleichgesetzt werden darf (vgl im Detail die Ausführungen von *Eckert/Schopper* in Artmann/Karollus, AktG⁶ III (2019) § 202 Rz 13). Ein unrichtiger Jahresabschluss gemessen am UGB und den GoB ist demnach eine notwendige, aber nicht hinreichende Voraussetzung für eine inhaltliche Nichtigkeit. Beispielsweise könnten aus dem Gläubigerinteresse heraus besonders gravierende Fehler, die zum Ausweis eines zu hohen Eigenkapitals führen, eher zur Nichtigkeit führen. Eine Beeinträchtigung des Informationsgehalts eines Jahresabschlusses aus Sicht des öffentlichen Interesses führt nur dann zur Nichtigkeit, wenn die Vermögens-, Finanz- oder Ertragslage grob verfälscht dargestellt wird (zu weiteren Ausführungen vgl *Eckert/Schopper* in Artmann/Karollus, AktG⁶ III (2019) § 202 Rz 15 ff).

Bei der Beurteilung, ob ein Jahresabschluss nichtig ist oder nicht, sollten sowohl quantitative Bezugsgrößen als auch qualitative Kriterien herangezogen werden.

Weitere einschlägige Quellen: *Bertl/Aschauer*, Das Kriterium der Wesentlichkeit für die Nichtigkeit des Jahresabschlusses, RWZ 2008, 109; *Dollenz/Lindbauer/Milla*, Nichtigkeit des Jahresabschlusses: Zur Relevanz von Wesentlichkeit bei verbotener Einlagenrückgewähr, RWZ 2018, 250; *Hirschler/Geutebrück*, Gebarung und Rechnungslegung, in Gratzl/Hausmaninger/Justich, Handbuch zur Aktiengesellschaft² I (2017) Rz 61 ff; *Reiter*, Die Wesentlichkeit gem § 189a Z 10 UGB im Verhältnis zur Wesentlichkeit für die Nichtigkeit eines Jahresabschlusses nach § 202 Abs 1 Z 2 AktG, RWZ 2016, 231.

Zu Rz (32):

In den Fällen des § 202 Abs 1 Z 2 und 3 AktG ist eine Heilung im Zeitablauf nicht möglich. Ist ein Jahresabschluss daher derart fehlerhaft, dass er als nichtig einzustufen ist, besitzen dieser Jahresabschluss und der Beschluss, mit dem er aufgestellt oder festgestellt worden ist, keine Bestandskraft und ist er grundsätzlich durch einen fehlerfreien Jahresabschluss zu ersetzen, um ggf gesellschaftsrechtlich die Grundlage für auf dem Jahresabschluss aufbauende Beschlüsse (insbesondere jene über die Gewinnverwendung) zu schaffen (vgl *Eckert/Schopper* in Artmann/Karollus, AktG[6] III (2019) § 202 Rz 30 zum Gebot der neuerlichen Feststellung).

Da der Jahresabschluss nur für eine verhältnismäßig beschränkte Zeit von Bedeutung ist, stellt die Geltendmachung der Nichtigkeit nach Ablauf längerer Zeit häufig eine unzulässige Rechtsausübung dar (siehe *Schilling* in Großkomm AktG[2] (1973) § 202 Rz 8; zur Bedeutung des Zeitablaufs für ein Feststellungsinteresse *Fasching/Konecny*, Komm ZPO[3] (2017) § 228 Rz 86: „gegenwärtige Gefährdung“). Wird der nichtige Jahresabschluss durch einen rechtmäßigen Abschluss ersetzt, kann die Nichtigkeit nicht mehr geltend gemacht werden.

Bei weit zurückliegenden Fällen eines nichtigen Jahresabschlusses ist im Einzelfall zu entscheiden, ob es im Einverständnis mit den Gesellschaftern und ohne Beeinträchtigung von Gläubiger- und anderen Interessen möglich ist, anstelle einer rückwirkenden (Neu-)Aufstellung eines Jahresabschlusses eine Korrektur in laufender Rechnung vorzunehmen. Die strenge, den Gläubigerschutz in den Vordergrund stellende Rechtsprechung des OGH bei verbotener Einlagenrückgewähr oder Fehlern bei der Kapitalaufbringung (verdeckte Scheinlage) ist zu beachten. Im Zweifel ist eine Rückwärtsänderung zu empfehlen.

2. Fachgutachten, Richtlinien, Stellungnahmen und Empfehlungen der Fachsenate der Kammer der Steuerberater und Wirtschaftsprüfer (KSW)*) und des Instituts Österreichischer Wirtschaftsprüfer (iwp)

*) Eine Übersicht über aufgehobene bzw. zurückgenommene Fachgutachten und Stellungnahmen der Kammer der Steuerberater und Wirtschaftsprüfer ist auf der Website der KSW (Mitgliederportal) abrufbar.

2/1. Rechnungslegung (RL)

2/1/1. KFS/RL 1

Stellungnahme
des Fachsenats für Unternehmensrecht und Revision
zum Grundsatz der Bewertungsstetigkeit (§ 201 Abs. 2 Z 1 UGB) und zur Berichterstattung bei Änderungen der Bewertungsmethoden (§ 237 Abs. 1 Z 1 i.V.m. § 201 Abs. 3 UGB)

(beschlossen in der Sitzung des Fachsenats für Unternehmensrecht und Revision am 26. November 2015 als Stellungnahme KFS/RL 1)

1. Vorbemerkungen, Anwendungsbereich

(1) Diese Stellungnahme behandelt den Grundsatz der Bewertungsstetigkeit (§ 201 Abs. 2 Z 1 UGB) und die Berichterstattung bei Änderungen der Bewertungsmethoden (§ 237 Abs. 1 Z 1 i.V.m. § 201 Abs. 3 UGB).

(2) Das Rechnungslegungs-Änderungsgesetz 2014 (RÄG 2014, BGBl I 2015/22) sieht neben der Bewertungsstetigkeit nunmehr auch die Ansatzstetigkeit vor. Nach den Änderungen durch das RÄG 2014 bezieht sich das Stetigkeitsgebot ausdrücklich nicht nur auf die Beibehaltung der auf den vorhergehenden Jahresabschluss angewendeten Bewertungsmethoden, sondern auch auf die Ausübung von Ansatz- (bzw. Bilanzierungs)wahlrechten. Die Ansatzstetigkeit ist jedoch vorläufig nicht Gegenstand dieser Stellungnahme. Die Ausführungen in dieser Stellungnahme beziehen sich daher ausschließlich auf die Bewertungsstetigkeit und auf die Berichterstattung bei Änderungen der Bewertungsmethoden.

2. Gesetzliche Vorschriften und Zielsetzung

2.1. Gesetzliche Vorschriften

(3) Nach § 201 Abs. 2 Z 1 UGB sind die auf den vorhergehenden Jahresabschluss angewendeten Bewertungsmethoden beizubehalten. Ein Abweichen ist nur bei Vorliegen besonderer Umstände und unter Beachtung der Generalnorm (d.h. der Vermittlung eines möglichst getreuen Bildes der Vermögens-, Finanz- und Ertragslage) für die Aufstellung des Abschlusses zulässig (§ 201 Abs. 3 UGB).

(4) Diese Vorschrift gilt rechtsformunabhängig für alle Unternehmer, die unter die Vorschriften des Dritten Buches (§§ 189 ff. UGB) fallen.

(5) Kapitalgesellschaften und diesen gemäß § 221 Abs. 5 UGB für die Rechnungslegung gleichgestellte Personengesellschaften sind darüber hinaus verpflichtet, im Anhang die auf die Posten der Bilanz und der Gewinn- und Verlustrechnung angewandten Bewertungsmethoden anzugeben und gemäß § 236 UGB so zu erläutern, dass ein möglichst getreues Bild der Vermögens-, Finanz- und Ertragslage vermittelt wird. Änderungen der Bewertungsmethoden sind ebenfalls anzugeben und zu begründen, wobei der Einfluss der Änderungen auf die Vermögens-, Finanz- und Ertragslage darzulegen ist (§ 237 Abs. 1 Z 1 i.V.m. § 201 Abs. 3 UGB). Kleinstkapitalgesellschaften sind aufgrund der Bestimmung des § 242 Abs. 1 UGB, unter bestimmten Voraussetzungen keinen Anhang aufstellen zu müssen, von diesen Angabepflichten befreit.

2.2. Zielsetzung

(6) Diese Vorschriften haben die Vergleichbarkeit aufeinanderfolgender Jahresabschlüsse zum Ziel. Gerät diese Zielsetzung ausnahmsweise mit der Generalnorm der §§ 195 bzw. 222 Abs. 2 UGB in Konflikt, geht die Generalnorm vor.

(7) Aus der Forderung nach Vergleichbarkeit ergibt sich u.a., dass art- und funktionsgleiche Vermögensgegenstände und Schulden nach gleichen Methoden zu bewerten sind, wenn nicht sachliche Gründe eine andere Behandlung rechtfertigen (Grundsatz der Einheitlichkeit der Bewertung). Der Grundsatz der Einheitlichkeit der Bewertung bildet andererseits die Voraussetzung für die Anwendung des Grundsatzes der Bewertungsstetigkeit.

3. Bewertungsmethoden

3.1. Begriff der Bewertungsmethode

(8) Unter "Bewertungsmethode" ist jedes Verfahren der Ermittlung von Wertansätzen zu verstehen, das einem bestimmten (festgelegten) Ablauf folgt und bestimmte (festgelegte) Bewertungselemente verwendet.

(9) Die für die Bilanzbewertung zulässigen Bewertungsmethoden sind in den Bewertungsvorschriften der §§ 201 bis 211 UGB geregelt. Jeder Wertansatz muss nach einer aus den gesetzlichen Vorschriften abgeleiteten Bewertungsmethode ermittelt werden.

(10) Für die Ermittlung der Wertansätze im Einzelnen gilt der Grundsatz der Einheitlichkeit der Bewertung; die Nichtbeachtung dieses Grundsatzes würde überdies einen Verstoß gegen den Grundsatz der Willkürfreiheit bedeuten.

3.2. Gesetzlich eindeutig fixierte Wertansätze

(11) Das Gesetz enthält Bewertungsmethoden, die zu einem eindeutig determinierten Wertansatz führen (z.B. Umfang der Anschaffungskosten gemäß § 203 Abs. 2 UGB, Abwertung von Gegenständen des Anlagevermögens auf den niedrigeren Wert des Abschlussstichtages, wenn solche Wertminderungen voraussichtlich von Dauer sind – § 204 Abs. 2 UGB, Abwertungen von Gegenständen des Umlaufvermögens auf den niedrigeren Wert des Abschlussstichtages – § 207 UGB). In diesen

Fällen ergibt sich für § 201 Abs. 2 Z 1 UGB kein Anwendungsbereich.

3.3. Bewertungswahlrechte

(12) In anderen Fällen sieht das Gesetz jedoch Wahlmöglichkeiten bei der Anwendung von Bewertungsmethoden vor; auf diese Fälle bezieht sich die Wirksamkeit des § 201 Abs. 2 Z 1 UGB.

(13) Bei diesen Wahlrechten sind zu unterscheiden:

a) **echte Wahlrechte:** Das Gesetz stellt alternative Bewertungsmethoden zur Wahl. Auf Abschnitt 5. wird verwiesen.

b) **unechte Wahlrechte:** Das Gesetz verwendet bei der Beschreibung von vorgeschriebenen oder zur Wahl gestellten Bewertungsmethoden unbestimmte Gesetzesbegriffe („angemessene Teile … fixer und variabler Gemeinkosten" in § 203 Abs. 3 UGB, „angemessene Teile der Verwaltungs- und Vertriebskosten" in § 206 Abs. 3 UGB, bestmögliche Schätzung des Erfüllungsbetrags in § 211 Abs. 1 UGB, „versicherungsmathematische Grundsätze" in § 211 Abs. 1 UGB), die dem Unternehmer einen Auslegungsspielraum gewähren.

(14) Im Fall a) muss die einmal gewählte Bewertungsmethode, im Fall b) die einmal gewählte Auslegung beibehalten bzw. einheitlich angewendet werden.

4. Anwendungsbereich und Reichweite der Beibehaltungspflicht

(15) Die Anwendung des Grundsatzes der Bewertungsstetigkeit kann sinnvollerweise nur bei der Beurteilung vergleichbarer Sachverhalte verlangt werden, d.h. wenn die zu bewertenden Vermögensgegenstände und Schulden vergleichbaren Nutzungs- und Risikobedingungen unterworfen sind.

(16) Das Stetigkeitsgebot gilt nicht, wenn das „möglichst getreue Bild" dadurch beeinträchtigt wird (Verstoß gegen die Generalnorm, Wegfall der going concern-Prämisse) oder bei begründeten Ausnahmefällen (§ 201 Abs. 3 UGB, siehe Abschnitt 6.).

(17) Liegt kein begründeter Ausnahmefall vor, sind bei der Bewertung der Vermögensgegenstände und Schulden die auf den vorhergehenden Jahresabschluss angewendeten Bewertungsmethoden beizubehalten.

(18) Diese Verpflichtung bezieht sich nach dem Sinn der Vorschrift des § 201 Abs. 2 Z 1 UGB auch auf im laufenden Geschäftsjahr hinzugekommene Vermögensgegenstände und Schulden, wenn gleichartige Vermögensgegenstände und Schulden im vorhergegangenen Jahresabschluss zu bewerten waren. Ein Ersetzen von Bewertungsobjekten durch ähnliche oder art- und funktionsgleiche sowie ein vorübergehender Nullbestand an ähnlichen bzw. gleichartigen Bewertungsobjekten unterbrechen die Beibehaltungspflicht daher nicht. Nur in mehrjährigem Abstand auftretende Bewertungsprobleme werden vom Stetigkeitsgebot in der Regel nicht erfasst.

(19) Bei der Aufstellung vorhergehender Jahresabschlüsse unterlaufene Fehler fallen selbstverständlich nicht unter das Stetigkeitsgebot, sondern sind so bald wie möglich richtigzustellen.

5. Ausgewählte Beispiele für Bewertungswahlrechte

5.1. Bewertung der Herstellungskosten

(20) Gemäß § 203 Abs. 3 UGB sind bei der Berechnung der Herstellungskosten neben den Einzelkosten auch angemessene Teile dem einzelnen Erzeugnis nur mittelbar zurechenbarer fixer und variabler Gemeinkosten in dem Ausmaß, wie sie auf den Zeitraum der Herstellung entfallen, einzurechnen. Sind die Gemeinkosten durch offenbare Unterbeschäftigung überhöht, so dürfen nur die einer durchschnittlichen Beschäftigung entsprechenden Teile dieser Kosten eingerechnet werden. Aus der Verwendung des unbestimmten Gesetzesbegriffes „angemessene Teile" ergibt sich ein unechtes Wahlrecht im Sinne des Abschnitts 3.3.

(21) Die Einrechenbarkeit der Aufwendungen für Sozialeinrichtungen des Betriebes, für freiwillige Sozialleistungen, für betriebliche Altersversorgung und Abfertigungen stellt ein echtes Wahlrecht dar.

(22) Ein echtes Wahlrecht besteht auch für die Behandlung der in die Herstellungskosten einrechenbaren Zinsen für Fremdkapital (§ 203 Abs. 4 UGB).

5.2. Ansatz angemessener Teile der Verwaltungs- und Vertriebskosten gemäß § 206 Abs. 3 UGB

(23) Das echte Wahlrecht, bei sich über mehr als zwölf Monate erstreckenden Aufträgen angemessene Teile der Verwaltungs- und Vertriebskosten anzusetzen (§ 206 Abs. 3 UGB), ist für jeden Unternehmensbereich (Sparte) einheitlich auszuüben.

5.3. Bewertungsvereinfachungsverfahren gemäß § 209 UGB

(24) Das Bewertungsvereinfachungsverfahren gemäß § 209 Abs. 1 UGB bindet den Unternehmer, solange die Prämissen für die Anwendbarkeit dieses Bewertungsvereinfachungsverfahrens vorliegen.

(25) Die Bewertungsvereinfachungsverfahren gemäß § 209 Abs. 2 UGB enthalten eine Möglichkeit zur Ausübung eines echten Wahlrechtes.

5.4. Bewertung von Rückstellungen und Leibrentenverpflichtungen

(26) Für Rückstellungen für Abfertigungsverpflichtungen, Pensionen, Jubiläumsgeldzusagen oder vergleichbare langfristig fällige Verpflichtungen bestehen Bewertungsspielräume aufgrund der Anwendbarkeit unterschiedlicher versicherungsmathematischer Verfahren. Das einmal gewählte versicherungsmathematische Verfahren ist beizubehalten.

(27) Für die Bewertung von Leibrentenverpflichtungen gilt dies analog.

(28) Für die anderen Rückstellungen bestehen Bewertungsspielräume aufgrund möglicher unterschiedlicher Auslegungen des unbestimmten Gesetzesbegriffs der bestmöglichen Schätzung des Erfüllungsbetrags gemäß § 211 Abs. 1 UGB. Bei allen regelmäßig auftretenden Rückstellungssachverhalten sind die einmal gewählten Bewertungsmethoden beizubehalten. Dies gilt auch für die Abwicklung von Rückstellungen, die aufgrund vereinzelt auftretender Sachverhalte gebildet wurden.

(29) Rückstellungen mit einer Restlaufzeit von mehr als einem Jahr sind gemäß § 211 Abs. 2 UGB mit einem marktüblichen Zinssatz abzuzinsen. Bei Rückstellungen für Abfertigungsverpflichtungen, Pensionen, Jubiläumsgeldzusagen oder vergleichbare langfristig fällige Verpflichtungen kann ein durchschnittlicher Marktzinssatz angewendet werden, der sich bei einer angenommenen Restlaufzeit von 15 Jahren ergibt, sofern dagegen im Einzelfall keine erheblichen Bedenken bestehen. Für die Festlegung des marktüblichen Zinssatzes bestehen somit Wahlrechte, die einmalig auszuüben sind. Verfahren zur Ermittlung des Zinssatzes sind beizubehalten.

6. Abweichungen von der Bewertungsstetigkeit

(30) Eine Abweichung vom Grundsatz der Bewertungsstetigkeit ist nur bei Vorliegen besonderer Umstände und unter Beachtung der Generalnorm (d.h. der Vermittlung eines möglichst getreuen Bildes der Vermögens-, Finanz- und Ertragslage) für die Aufstellung des Abschlusses zulässig (§ 201 Abs. 3 UGB).

(31) Kapitalgesellschaften – zu Kleinstkapitalgesellschaften vgl. Rz (5) letzter Satz – und Personengesellschaften im Sinne des § 221 Abs. 5 UGB haben im Anhang Änderungen von Bewertungsmethoden nicht nur anzugeben, sondern auch zu begründen, warum es sich um einen Ausnahmefall im Sinne der gesetzlichen Vorschriften handelt; der Einfluss der Änderungen auf die Vermögens- Finanz- und Ertragslage des Unternehmens ist darzulegen (§ 237 Abs. 1 Z 1 i.V.m. § 201 Abs. 3 UGB). Die Rechtfertigung für die Abweichung muss sich aus der Begründung ergeben; eine Änderung aus rein bilanzpolitischen Gründen ist nicht zulässig.

(32) Als Beispiele für begründete Ausnahmefälle können genannt werden:

a) Änderungen von Gesetzen und der Rechtsprechung
b) Übergang oder Verzicht auf die Anwendung von Bewertungsvereinfachungsverfahren
c) Ereignisse, die zu strukturellen Änderungen des Unternehmens führen, wie:
   - wesentliche Veränderungen in der Gesellschafterstruktur, Einbeziehung in einen oder Ausscheiden aus einem Konzernverbund
   - Änderungen der unternehmerischen Konzeption wie bei Wechsel des Managements, Einleitung von Sanierungsmaßnahmen
   - größere Produktions- und Sortimentsumstellungen
   - technische Umwälzungen
d) steuerliche Gründe, und zwar Ergebnisse einer Betriebsprüfung, Nutzung von sonst nicht ausnutzbaren Verlustvorträgen, soweit dem nicht unternehmensrechtliche Vorschriften entgegenstehen

7. Angabe- und Begründungspflicht bei Änderungen von Bewertungsmethoden

(33) Gemäß § 237 Abs. 1 Z 1 UGB sind im Anhang wesentliche Änderungen der Bewertungsmethoden anzugeben; diese sind gemäß § 201 Abs. 3 UGB zu begründen, und ihr Einfluss auf die Vermögens-, Finanz- und Ertragslage ist darzulegen.

(34) Nach dem Grundsatz der Wesentlichkeit sind Änderungen von nur unwesentlichem Einfluss nicht verpflichtend darzustellen.

(35) Die Berichterstattungspflicht im Zusammenhang mit Änderungen der Bewertungsmethoden bezieht sich auf den jeweiligen Bilanzposten und die Beschreibung der Abweichungen gegenüber der Bewertungsmethode des Vorjahres; das Vorliegen eines besonderen Umstandes im Sinne des § 201 Abs. 3 UGB muss sich aus der Begründung ergeben.

(36) Der Einfluss von Änderungen der Bewertungsmethoden auf die Vermögens-, Finanz- und Ertragslage ist gesondert darzustellen. Dies erfordert in der Regel zahlenmäßige Angaben über die Auswirkungen, da sonst die Höhe des Einflusses auf die Vermögens-, die Finanz- und insbesondere auf die Ertragslage nicht ausreichend erkennbar ist.

8. Schlussbestimmungen

8.1. Anwendungszeitpunkt

(37) Die Stellungnahme ist auf Geschäftsjahre, die nach dem 31. Dezember 2015 beginnen, anzuwenden.

8.2. Änderung anderer Richtlinien, Fachgutachten und Stellungnahmen

(38) Die Stellungnahme ersetzt die Richtlinie des Instituts Österreichischer Wirtschaftsprüfer zum Grundsatz der Bewertungsstetigkeit (§ 201 Abs 2 Z 1 UGB) und zur Berichterstattung bei der Änderung der Bilanzierungs- und Bewertungsmethoden (§ 236 UGB) (IWP/RL 1) vom Februar 1991 (redaktionell überarbeitet im Juli 2010).

2/1/5. KFS/RL 5

Stellungnahme
des Fachsenats für Unternehmensrecht und Revision
zum Vermerk der Mitzugehörigkeit gem. § 225 Abs. 2 UGB und § 223 Abs. 5 UGB beim Ausweis von Ausleihungen, Forderungen und Verbindlichkeiten gegenüber verbundenen Unternehmen und gegenüber Unternehmen, mit denen ein Beteiligungsverhältnis besteht

(beschlossen in der Sitzung des Fachsenats für Unternehmensrecht und Revision am 26. November 2015 als KFS/RL 5)

1. Gesetzliche Vorschriften

(1) § 225 Abs. 2 UGB lautet: „Forderungen und Verbindlichkeiten gegenüber verbundenen Unternehmen und gegenüber Unternehmen, mit denen ein Beteiligungsverhältnis besteht, sind in der Regel als solche jeweils gesondert auszuweisen. Werden sie unter anderen Posten ausgewiesen, so ist dies zu vermerken."

(2) § 223 Abs. 5 UGB lautet: „Fällt ein Vermögensgegenstand oder eine Verbindlichkeit unter mehrere Posten der Bilanz, so ist die Zugehörigkeit auch zu anderen Posten bei dem Posten, unter dem der Ausweis erfolgt ist, zu vermerken oder im Anhang anzugeben, wenn dies zur Aufstellung eines klaren und übersichtlichen Jahresabschlusses erforderlich ist."

(3) § 223 Abs. 5 UGB berücksichtigt allgemein den Umstand, dass die Gliederung der Bilanz nicht auf einer einheitlichen Systematik beruht, sondern Überschneidungen zwischen den einzelnen Bilanzposten möglich sind. Ein Vermerk der Mitzugehörigkeit wird vom Gesetz gefordert, wenn dies zur Aufstellung eines klaren und übersichtlichen Jahresabschlusses erforderlich ist.

(4) Für den Fall der gesellschaftsrechtlichen Beziehungen enthält § 225 Abs. 2 UGB Spezialvorschriften, die Vorrang gegenüber den allgemeinen Vorschriften des § 223 Abs. 5 UGB haben.

2. Ausleihungen gegenüber verbundenen Unternehmen und gegenüber Unternehmen, mit denen ein Beteiligungsverhältnis besteht

(5) Bei Ausleihungen im Sinne des § 227 UGB besteht keine Möglichkeit des Ausweises unter einem anderen Bilanzposten, sodass sich aus dem Gesetzestext die Verpflichtung zum gesonderten Ausweis ergibt. Infolge der ausdrücklichen Unterscheidung in § 225 Abs. 2 UGB zwischen „gesondertem Ausweis" und „Vermerk" erscheint der Ersatz des gesonderten Ausweises durch einen „davon-Vermerk" durch den Gesetzeswortlaut nicht gedeckt, auch wenn dadurch keine Verringerung des Informationsgehaltes einträte.

3. Forderungen gegenüber verbundenen Unternehmen und gegenüber Unternehmen, mit denen ein Beteiligungsverhältnis besteht

3.1. Die Anwendung des § 225 Abs. 2 UGB

(6) § 225 Abs. 2 UGB sieht vor, dass diese Forderungen *„in der Regel als solche jeweils gesondert auszuweisen"* sind. *„Werden sie unter anderen Posten ausgewiesen, so ist dies zu vermerken."* Die Wortfolge *„in der Regel"* bedeutet, dass dem gesonderten Ausweis der Vorrang zukommen soll und besondere Gründe vorliegen müssen, um den Ausweis unter „anderen Posten" zu rechtfertigen. Der Regelfall ist anzunehmen, wenn es sich um Forderungen handelt, die bei Nichtbestehen einer gesonderten Ausweispflicht als „Forderungen aus Lieferungen und Leistungen" oder als „sonstige Forderungen" auszuweisen wären; in diesen Fällen liegen keine besonderen Gründe für den Ausweis unter anderen Bilanzposten vor. Der Regelfall liegt nicht vor, wenn die betreffenden Beträge nur unwesentlich sind.

(7) Das Gesetz schränkt jedoch den Begriff der *„Forderungen gegenüber verbundenen Unternehmen und gegenüber Unternehmen, mit denen ein Beteiligungsverhältnis besteht"* nicht auf jene ein, die bei Nichtbestehen einer gesonderten Ausweispflicht unter § 224 Abs. 2 B. II. UGB auszuweisen wären, sondern umfasst alle Forderungen gegenüber solchen Unternehmen ohne Rücksicht darauf, unter welchen Posten des Gliederungsschemas des § 224 UGB sie fallen würden. So können z.B. Forderungen gegenüber solchen Unternehmen dem wirtschaftlichen Inhalt nach zu folgenden Posten der Bilanzgliederung (§ 224 Abs. 2 UGB) gehören:

A. I. 3.	geleistete Anzahlungen (für immaterielle Vermögensgegenstände)
A. II. 4.	geleistete Anzahlungen (für Sachanlagen)
B. I. 5.	geleistete Anzahlungen (für Vorräte)
B. IV.	Schecks, Guthaben bei Kreditinstituten

(8) In diesen Fällen liegen besondere Gründe für den Ausweis unter „anderen Posten" vor, da zweifellos ein solcher Ausweis der Vermittlung eines möglichst getreuen Bildes der Vermögens- und Finanzlage besser entspricht als der Ausweis unter B. II. 2. bzw. B. II. 3.

(9) Der Ausweis unter „anderen Posten" erscheint daher in den genannten Fällen geboten, und die gesellschaftsrechtlichen Beziehungen sind diesfalls durch den gesetzlich vorgeschriebenen Vermerk darzustellen.

(10) Eine weitere Ausnahme vom „Regelfall" des § 225 Abs. 2 UGB stellen Forderungen aus eingeforderten ausstehenden Einlagen dar; diese sind gem. § 229 Abs. 1 letzter Satz UGB „unter den

Forderungen gesondert auszuweisen und entsprechend zu bezeichnen“. Wenn in diesem Posten auch Forderungen gegenüber verbundenen Unternehmen und gegenüber Unternehmen, mit denen ein Beteiligungsverhältnis besteht, enthalten sind, geht der Ausweis unter diesem „anderen Posten“ vor.

(11) Der Mitzugehörigkeitsvermerk gem. § 225 Abs. 2 UGB ist in die Bilanz aufzunehmen; ein Wahlrecht zur Aufnahme in den Anhang sieht das Gesetz nicht vor.

3.2. Die Anwendung des § 223 Abs. 5 UGB

(12) In Ergänzung zur Vorschrift des § 225 Abs. 2 UGB ist gem. § 223 Abs. 5 UGB zu untersuchen, ob die Darstellung der Mitzugehörigkeit der Bilanzposten „Forderungen gegenüber verbundenen Unternehmen“ und „Forderungen gegenüber Unternehmen, mit denen ein Beteiligungsverhältnis besteht“ zu anderen Bilanzposten zur Aufstellung eines klaren und übersichtlichen Jahresabschlusses erforderlich ist. Diese Frage ist in der Regel zu bejahen, da für die Vermittlung eines möglichst getreuen Bildes der Vermögens- und Finanzlage die Zusammensetzung dieser Posten nach „Forderungen aus Lieferungen und Leistungen“ und „sonstigen Forderungen“ (z.B. aus dem Finanzverkehr, auf Grund von Gewinngemeinschaften und sonstigen Beteiligungen) wesentlich ist.

(13) Für die Darstellung der Mitzugehörigkeit nach § 223 Abs. 5 UGB besteht ein Wahlrecht zwischen Vermerk in der Bilanz und Angabe im Anhang.

4. Verbindlichkeiten gegenüber verbundenen Unternehmen und Unternehmen, mit denen ein Beteiligungsverhältnis besteht

4.1. Die Anwendung des § 225 Abs. 2 UGB

(14) Dazu wird auf die Ausführungen in Abschnitt 3.1. verwiesen.

(15) Die Wortfolge „in der Regel“ ist bei den Verbindlichkeiten vor allem auf jene zu beziehen, die bei nicht gesonderter Ausweispflicht als „Verbindlichkeiten aus Lieferungen und Leistungen“ oder „sonstige Verbindlichkeiten“ zu erfassen wären.

(16) Bei den Verbindlichkeiten gibt es ebenfalls weitere mögliche Überschneidungen der Verbindlichkeiten gegenüber verbundenen Unternehmen bzw. gegenüber Unternehmen, mit denen ein Beteiligungsverhältnis besteht, mit anderen in der Bilanzgliederung angeführten Posten, so z.B. mit den folgenden Posten des § 224 Abs. 3 C. UGB:

2. Verbindlichkeiten gegenüber Kreditinstituten
3. erhaltene Anzahlungen auf Bestellungen
5. Verbindlichkeiten aus der Annahme gezogener Wechsel und der Ausstellung eigener Wechsel

Der „Regelfall“ ist bei diesen Arten von Verbindlichkeiten der Ausweis unter dem entsprechenden Bilanzposten; dies erfüllt auch besser den Anspruch auf Vermittlung eines möglichst getreuen Bildes der Vermögens- und Finanzlage. Wie bei den Forderungen sieht § 225 Abs. 2 UGB zwingend den Vermerk der Mitzugehörigkeit beim jeweiligen Bilanzposten vor.

4.2. Die Anwendung des § 223 Abs. 5 UGB

(17) Ebenso wie bei den Forderungen ergibt sich die Frage, ob die Darstellung der Mitzugehörigkeit der Verbindlichkeiten gegenüber verbundenen Unternehmen und gegenüber Unternehmen, mit denen ein Beteiligungsverhältnis besteht, zu anderen Verbindlichkeiten zur Aufstellung eines klaren und übersichtlichen Jahresabschlusses erforderlich ist. Diese Frage ist ebenso wie für die Forderungen in der Regel zu bejahen.

(18) Auch hier besteht das Wahlrecht zwischen Vermerk in der Bilanz und Angabe im Anhang.

5. Schlussbestimmungen

5.1. Anwendungszeitpunkt

(19) Die Stellungnahme ist auf Geschäftsjahre, die nach dem 31. Dezember 2015 beginnen, anzuwenden.

5.2. Änderung anderer Richtlinien, Fachgutachten und Stellungnahmen

(20) Die Stellungnahme ersetzt die Richtlinie des Instituts Österreichischer Wirtschaftsprüfer zum Vermerk der Mitzugehörigkeit gem § 225 Abs 2 UGB und § 223 Abs 5 UGB beim Ausweis von Ausleihungen, Forderungen und Verbindlichkeiten gegenüber verbundenen Unternehmen und gegenüber Unternehmen, mit denen ein Beteiligungsverhältnis besteht (IWP/RL 5) vom Mai 1992 (redaktionell überarbeitet im Juli 2010).

2/1/10. KFS/RL 10

Stellungnahme
des Fachsenats für Unternehmensrecht und Revision
Zur einheitlichen Bewertung im Konzernabschluss nach dem UGB

(beschlossen in der Sitzung des Fachsenats für Handelsrecht und Revision (nunmehr Fachsenat für Unternehmensrecht und Revision) am 8. Juli 1994 als Stellungnahme KFS/RL 10; zuletzt überarbeitet im November 2015)*

** Zur Anpassung der Stellungnahme an Änderungen in den Rechtsvorschriften und anderen fachlichen Regelungen seit ihrer Verabschiedung.*

1. Der Grundsatz der konzerneinheitlichen Bewertung

1.1. Anwendbare Bewertungsmethoden

(1) Für die Bewertung im Konzernabschluss sind nach § 260 Abs. 1 Satz 1 UGB grundsätzlich solche Bewertungsmethoden anzuwenden, die im **Jahresabschluss des Mutterunternehmens anwendbar** sind. In einem nach § 244 UGB aufgestellten Konzernabschluss sind demnach nur die nach den Vorschriften der §§ 201 bis 211 UGB zulässigen Methoden anwendbar.

(2) **Nach anderen Rechnungslegungsvorschriften zulässige Bewertungsmethoden**, die von den nach dem UGB zulässigen Methoden abweichen, sind in einem Konzernabschluss nach dem UGB nicht zulässig.

1.2. Einheitlichkeit der Bewertung

(3) Aus dem in § 250 Abs. 3 Satz 1 UGB aufgestellten Grundsatz ergibt sich, dass die Bewertung so zu erfolgen hat, als ob die Konzernunternehmen insgesamt **ein einziges Unternehmen** wären. Im Rahmen der anwendbaren Bewertungsmethoden ist gemäß § 260 Abs. 1 Satz 1 UGB **einheitlich** zu bewerten. Damit verlangt das Gesetz grundsätzlich, dass gleiche Sachverhalte nicht unterschiedlich behandelt werden, sofern nicht die im Abschnitt 2. angeführten Voraussetzungen für Ausnahmen von diesem Grundsatz gegeben sind.

(4) Sofern für bestimmte Posten verschiedene Bewertungsmethoden anwendbar sind (z.B. lineare oder degressive Abschreibung, nach dem Unternehmensgesetzbuch zulässige Formen der Verbrauchsfolge wie Lifo oder Fifo), dürfen die **Wahlrechte** nebeneinander nur dann **unterschiedlich** ausgeübt werden, wenn und soweit dies auch im Jahresabschluss einer rechtlich einheitlichen Kapitalgesellschaft zulässig wäre.

(5) Die **Einheitlichkeit der Bewertung** bei gleichen Sachverhalten umfasst nicht nur die einheitliche Anwendung derselben Methode, sondern auch die Verwendung derselben **Bewertungsparameter**. So ist z.B. bei der Bemessung der planmäßigen Abschreibungen **bei gleichen Sachverhalten** von gleich langen **Nutzungsdauern** auszugehen.

(6) Die geforderte Einheitlichkeit der Bewertung soll jedoch **nicht zu einer Nivellierung** der Bewertung von art- oder funktionsverschiedenen Vermögensgegenständen oder Schulden bzw. zur Nivellierung der Bewertung bei ungleichen wertbestimmenden Bedingungen führen. Bei der Beantwortung der Frage, **ob gleiche Sachverhalte vorliegen**, sind daher die unternehmens- und länderspezifischen Gegebenheiten in geeigneter Weise zu berücksichtigen. Erfahrungsgemäß weichen die wertbestimmenden Bedingungen bei den Vermögensgegenständen und Schuldposten der einzelnen Konzernunternehmen in internationalen Konzernen eher voneinander ab als in einem national operierenden Konzern; bei gleichen Vermögensgegenständen in verschiedenen Staaten kann die Anwendung unterschiedlicher Methoden bzw. unterschiedlicher Bewertungsparameter (z.B. Nutzungsdauer) nicht nur zulässig, sondern sogar geboten sein.

(7) Beispielsweise gilt dies für die **Währungsumrechnung** der Posten des Jahresabschlusses von Unternehmen in Staaten mit Hochinflation.

1.3. Neuausübung von Bewertungswahlrechten

(8) Die nach dem Recht des Mutterunternehmens zulässigen Bewertungswahlrechte können im Konzernabschluss **unabhängig von ihrer Ausübung in den Jahresabschlüssen** der in den Konzernabschluss einbezogenen Unternehmen ausgeübt werden (§ 260 Abs. 1 Satz 1 zweiter Halbsatz UGB). Demnach können diese Bewertungswahlrechte **auch bei Mutterunternehmen** für den Konzernabschluss neu ausgeübt werden.

(9) Das Gesetz geht allerdings grundsätzlich davon aus, dass auf den Konzernabschluss jene Bewertungsmethoden angewendet werden, die das **Mutterunternehmen** in seinem Jahresabschluss **tatsächlich anwendet**. Werden im Konzernabschluss **andere Methoden** als im Jahresabschluss des Mutterunternehmens angewendet, so ist dies im Konzernanhang anzugeben und zu begründen (§ 260 Abs. 1 Satz 2 UGB); diese Verpflichtung besteht naturgemäß nur, wenn und soweit im Jahresabschluss des Mutterunternehmens gleiche Sachverhalte vorliegen.

(10) Die **Neuausübung von Bewertungswahlrechten darf nicht** zu unterschiedlichen Bewertungsmethoden führen; der Grundsatz der Einheitlichkeit der Bewertung ist dabei zu beachten (vgl. Abschnitt 1.2.).

(11) Die Änderung von **Ermessensentscheidungen** und **Schätzgrößen** gegenüber den Jahresabschlüssen der einbezogenen Unternehmen ist wegen des Willkürverbots in der Regel nur insoweit zulässig, als die Änderungen zum Zweck der Einheitlichkeit der Bewertung erfolgen. Der Grundsatz der Bewertungsstetigkeit (§ 201 Abs. 2 Z 1 UGB) ist zu beachten.

1.4. Aufstellung von Ergänzungsrechnungen über notwendige Bewertungsanpassungen

(12) Entsprechen die Wertansätze der in den Konzernabschluss zu übernehmenden Vermögensgegenstände und Schulden nicht den Anforderungen einheitlicher Bewertung, so ist vor deren Übernahme in den Konzernabschluss eine **Bewertungsanpassung** vorzunehmen (§ 260 Abs. 2 Satz 1 UGB).

(13) Zweckmäßigerweise erfolgt die Überleitung zur einheitlichen Bewertung durch Aufstellung einer Ergänzungsrechnung **(„Handelsbilanz II")**, welche die Grundlage für die Konsolidierung bildet.

(14) Die zwecks einheitlicher Bewertung erforderlichen Anpassungen sind **in den Folgejahren weiterzuführen**.

1.5. Einheitliche Bewertung bei Pensionsrückstellungen

(15) Der Grundsatz der Einheitlichkeit der Bewertung schließt nicht aus, dass **staatenbedingte Abweichungen bei den Rechnungsgrundlagen** für die versicherungsmathematische Berechnung der Rückstellung für Pensionsverpflichtungen (Sterbetafeln, Invalidisierungswahrscheinlichkeit, Rechnungszinssatz, Pensionierungsalter u.a.) beibehalten werden; die Beibehaltung der staatenbedingten Unterschiede ist geboten, wenn die unterschiedlichen Rechnungsgrundlagen beispielsweise auf unterschiedliche biometrische oder arbeitsrechtliche Gegebenheiten oder auf unterschiedliche Kapitalmarktverhältnisse zurückzuführen sind.

(16) Während des Zeitraums, in welchem in Österreich aufgrund von **Übergangsvorschriften** Unterschiedsbeträge verteilt aufgeholt werden, erstreckt sich die Einheitlichkeit der Bewertung auch auf die Art und Weise, in der von den Übergangsvorschriften Gebrauch gemacht wird; eine Vereinheitlichung der Aufholung der Unterschiedsbeträge aufgrund der §§ 906 Abs. 33 und 34 UGB i.d.F. RÄG 2014 ist daher bei der Erstellung des Konzernabschlusses erforderlich.

(17) Die vorstehenden Ausführungen gelten sinngemäß auch für **Abfertigungsverpflichtungen und ähnliche Verpflichtungen**.

2. Ausnahmen vom Grundsatz der einheitlichen Bewertung

2.1. Bewertungsvorschriften für Kreditinstitute und Versicherungsunternehmen

(18) Wertansätze, die auf Sondervorschriften für Kreditinstitute oder Versicherungsunternehmen beruhen, sind beizubehalten; auf die Anwendung dieser Ausnahme ist im Konzernanhang hinzuweisen (§ 260 Abs. 2 Satz 2 UGB). Dabei ist die angewandte Bewertungsmethode anzugeben (§ 260 Abs. 2 Satz 2 zweiter Halbsatz i.V.m. § 265 Abs. 1 Z 1 UGB).

2.2. Verzicht auf unwesentliche Bewertungsanpassungen

(19) Sind die Auswirkungen einer nach § 260 Abs. 2 Satz 1 UGB grundsätzlich gebotenen Anpassung für die Vermittlung eines möglichst getreuen Bildes der Vermögens-, Finanz- und Ertragslage des Konzerns **nicht wesentlich** (§ 189a Z 10 UGB), so braucht die einheitliche Bewertung nicht vorgenommen zu werden (§ 260 Abs. 2 Satz 3 UGB).

(20) Dies gilt nicht, wenn **mehrere Sachverhalte** vorliegen, bei denen die Auswirkungen der Bewertungsanpassung nur bei isolierter Betrachtung des Einzelfalls, nicht jedoch bei einer **Gesamtbetrachtung** unwesentlich sind. Der für die Einheitlichkeit der Bewertung kodifizierte Grundsatz der Wesentlichkeit ist so anzuwenden, dass die Voraussetzung der Unwesentlichkeit auch kumulativ zu erfüllen ist (analoge Anwendung des § 249 Abs. 2 Satz 2 UGB). Bei der Prüfung, ob auf die Vereinheitlichung der Bewertung verzichtet werden kann, ist auf die Verhältnisse des Konzerns abzustellen.

(21) Eine allgemein gültige Normierung von **Größenkriterien** für die Definition der Wesentlichkeit ist nicht möglich.

(22) Im Einzelfall muss daher unter Berücksichtigung aller Umstände zu jedem Stichtag neuerlich geprüft werden, ob die Voraussetzungen für den Verzicht auf Bewertungsanpassungen vorliegen. Auch in Konzernrichtlinien festgelegte Maßstäbe für die Wesentlichkeit in Bezug auf die Einheitlichkeit der Bewertung unterliegen der Prüfung.

(23) Die Ausübung des Wahlrechts, wegen der Unwesentlichkeit der Unterschiede keine Anpassung vorzunehmen, löst **keine Angabepflicht** im Konzernanhang aus.

2.3. Verzicht auf Bewertungsanpassungen in Ausnahmefällen

(24) Das UGB gestattet in § 260 Abs. 2 Satz 4 erster Halbsatz, auf Bewertungsanpassungen in **Ausnahmefällen** zu verzichten, und zwar „bei Vorliegen besonderer Umstände und unter Beachtung der in § 250 Abs. 2 dritter Satz umschriebenen Zielsetzung" (Vermittlung eines möglichst getreuen Bildes der Vermögens-, Finanz- und Ertragslage des Konzerns).

(25) Durch diese Bestimmung soll in besonderen Fällen die **Praktikabilität der Konsolidierung** gewährleistet werden. Beispiel: wenn bei einem neuerworbenen Tochterunternehmen die Bewertungsanpassung zu einer unverhältnismäßigen Verzögerung der Erstellung des Konzernabschlusses führen und dieser Umstand die Nichteinbeziehung des Tochterunternehmens gemäß § 249 Abs. 1 Z 1 UGB rechtfertigen würde.

(26) Die Abweichung von der einheitlichen Bewertung, der Grund für den Verzicht und der Ein-

fluss auf die Vermögens-, Finanz- und Ertragslage des Konzerns sind im **Konzernanhang** darzustellen (§ 260 Abs. 2 Satz 4 zweiter Halbsatz UGB).

3. Anwendungsbereich

(27) Die in den Abschnitten 1. (Grundsatz) und 2. (Ausnahmen) enthaltenen Ausführungen zur Einheitlichkeit der Bewertung im Konzernabschluss gelten zwingend nur für **vollkonsolidierte verbundene Unternehmen** und für **Gemeinschaftsunternehmen**, die im Wege der **Quotenkonsolidierung** in den Konzernabschluss einbezogen werden.

(28) Bei Unternehmen, an denen Beteiligungen bestehen, die **nach den Vorschriften des § 264 UGB bewertet werden**, besteht gemäß § 264 Abs. 5 UGB ein **Wahlrecht** zur Anpassung an die im Konzernabschluss angewendeten Bewertungsmethoden. Wird die Bewertung nicht angepasst, ist dies im Konzernanhang anzugeben.

2/1/11. KFS/RL 11

**Stellungnahme
des Fachsenats für Unternehmensrecht und Revision
zur Behandlung offener Rücklagen im Jahresabschluss**

(beschlossen in der Sitzung des Fachsenats für Handelsrecht und Revision (nunmehr Fachsenat für Unternehmensrecht und Revision) am 18. Juli 2001 als Stellungnahme KFS/RL 11, zuletzt überarbeitet im März 2016)*

** Zur Anpassung der Stellungnahme an Änderungen in den Rechtsvorschriften und anderen fachlichen Regelungen seit ihrer Verabschiedung.*

1. Vorbemerkung

(1) Diese Stellungnahme behandelt die offenen Rücklagen im Jahresabschluss nach dem Unternehmensgesetzbuch (UGB). Die letzte Überarbeitung dieser Stellungnahme betrifft vor allem Änderungen, die durch das Rechnungslegungs-Änderungsgesetz (RÄG) 2014 notwendig wurden.

2. Gliederung der Rücklagen in der Bilanz

(2) Das UGB sieht in § 224 Abs. 3 folgende Gliederung vor:

A. II. Kapitalrücklagen
  1. gebundene
  2. nicht gebundene

A. III. Gewinnrücklagen
  1. gesetzliche Rücklage
  2. satzungsmäßige Rücklagen
  3. andere Rücklagen (freie Rücklagen)

Weitere Rücklagen enthalten die Rechnungslegungsvorschriften für Kreditinstitute und Versicherungsunternehmen.

Unternehmen, welche Anteile an Mutterunternehmen oder eigene Anteile besitzen, müssen die in Abschnitt 3.3. angeführten Rücklagen bilden.

Schließlich kann sich die Verpflichtung zur Bildung von Rücklagen oder zur Aufgliederung von Rücklagen im Anhang aufgrund von abgabenrechtlichen Vorschriften ergeben.

3. Bildung von Rücklagen

3.1. Kapitalrücklagen

(3) Als Kapitalrücklagen sind gemäß § 229 Abs. 2 UGB auszuweisen:

1. der Betrag, der bei der ersten oder einer späteren Ausgabe von Anteilen für einen höheren Betrag als den Nennbetrag oder den dem anteiligen Betrag des Grundkapitals entsprechenden Betrag über diesen hinaus erzielt wird;
2. der Betrag, der bei der Ausgabe von Schuldverschreibungen für Wandlungsrechte und Optionsrechte zum Erwerb von Anteilen erzielt wird;
3. der Betrag von Zuzahlungen, die Gesellschafter gegen Gewährung eines Vorzugs für ihre Anteile leisten;
4. die Beträge, die bei einer Kapitalherabsetzung gemäß §§ 185 und 192 Abs. 5 AktG und gemäß § 59 GmbHG zu binden sind;
5. der Betrag von sonstigen Zuzahlungen, die durch gesellschaftsrechtliche Verbindungen veranlasst sind.

(4) Die in Z 1 bis 4 genannten Beträge gehören gemäß § 229 Abs. 5 UGB zu den gebundenen, die Zuzahlungen nach Z 5 zur nicht gebundenen Kapitalrücklage. Der Gesamtbetrag der gebundenen Teile der Kapitalrücklage(n) ist gesondert auszuweisen.

(5) Zur Bildung gebundener Rücklagen sind Aktiengesellschaften und gemäß § 23 GmbHG große Gesellschaften mit beschränkter Haftung verpflichtet (§ 229 Abs. 4 UGB). Diese Beschränkung ist zu beachten, wenn in dieser Stellungnahme gebundene Rücklagen behandelt werden.

zu 1.:

(6) Die Verpflichtung zur Einstellung des Unterschiedsbetrags in die gebundene Kapitalrücklage gilt auch dann, wenn Anteile im Zuge von Umgründungen (vgl. zum Begriff „Umgründungen" KFS/RL 25 i.d.F. September 2014, Rz 92) zu einem höheren Ausgabebetrag ausgegeben werden. Dabei spielt es keine Rolle, ob die Bewertung der umgründungsbedingten Einlage mit dem beizulegenden Wert gemäß § 202 Abs. 1 UGB oder mit den fortgeführten Buchwerten gemäß § 202 Abs. 2 Z 1 UGB erfolgt. Auch die Erträge, die sich bei der Ausübung der Wandlungsrechte durch den Unterschied zwischen der wegfallenden Verbindlichkeit und dem Nennbetrag der hingegebenen Anteile ergeben, fallen unter diese Bestimmung.

(7) Erfolgt im Zusammenhang mit einer Umgründung keine Kapitalerhöhung bei der übernehmenden Gesellschaft, ist der Unterschiedsbetrag in eine nicht gebundene Kapitalrücklage einzustellen.

(8) Die Möglichkeit zur Fortführung der Buchwerte besteht nicht, wenn außerhalb einer Umgründung einzelne Vermögensgegenstände (z.B. eine Liegenschaft oder Wertpapiere) bei der Gründung oder im Zuge einer Kapitalerhöhung als Sacheinlage eingebracht werden. Diese Vermögensgegenstände sind mit dem Wert, der sich gemäß § 202 Abs. 1 UGB ergibt, das ist der beizulegende Wert, anzusetzen.

zu 2.:

(9) Der bei der Ausgabe von Schuldverschreibungen für Wandlungsrechte und für Optionsrechte zum Erwerb von Anteilen erzielte Betrag entspricht dem Entgelt für das Wandlungs- oder Optionsrecht. Er kann sich aus einem über dem Nennwert der Schuldverschreibung liegenden Ausgabebetrag oder auch aus der Unterverzinslichkeit der Anleihe oder aus Wertangaben in den Emissionsbedingungen ergeben.

zu 3. und 5.:

(10) Eine Zuzahlung liegt vor, wenn durch die Zuwendung weder eine Forderung an den Zahlenden abgestattet noch eine Verbindlichkeit gegenüber diesem begründet wird und die Zahlung nicht ein Aufgeld anlässlich einer Erhöhung des Grund- oder Stammkapitals darstellt.

(11) Zuzahlungen gegen Gewährung eines Vorzugs sind in eine gebundene Kapitalrücklage einzustellen. Solche Zuzahlungen liegen insbesondere vor, wenn bestimmten Gesellschaftern Vorrechte bei der Gewinnverteilung, bei der Einräumung von Aufsichtsratssitzen (bei Gesellschaften mbH auch bei der Geschäftsführung) oder bei der Verteilung des Liquidationserlöses eingeräumt werden.

(12) Sonstige Zuzahlungen aufgrund von gesellschaftsrechtlichen Verbindungen – dazu gehören jedenfalls Zuzahlungen von verbundenen Unternehmen – sind in voller Höhe, d.h. ohne Abzug der mit den Zuzahlungen verbundenen und von der Gesellschaft zu tragenden Aufwendungen, in eine nicht gebundene Kapitalrücklage einzustellen.

(13) Zuzahlungen durch Zuführung von Sachgegenständen sind nach den in den Erläuterungen zu Z 1 dargestellten Grundsätzen zu bewerten.

zu 4.:

(14) Die Vorgangsweise bei Kapitalherabsetzungen wird in den Abschnitten 6.3. und 6.4. behandelt.

3.2. Gewinnrücklagen

(15) Als Gewinnrücklagen dürfen gemäß § 229 Abs. 3 UGB nur Beträge ausgewiesen werden, die im Geschäftsjahr oder in einem früheren Geschäftsjahr aus dem Jahresüberschuss gebildet worden sind. Zu Lasten des Jahresüberschusses sind vorweg die Einstellungen in die bei Aktiengesellschaften und großen Gesellschaften mbH vorgesehene gesetzliche Rücklage – soweit diese das nach Gesetz oder Satzung erforderliche Ausmaß noch nicht erreicht hat – zu verrechnen.

(16) Ein Verlustvortrag kürzt mangels gesetzlicher Vorschriften die in einem Geschäftsjahr zulässige Zuweisung an Gewinnrücklagen nicht.

(17) Ein Gewinnvortrag kann in einem späteren Geschäftsjahr nur von dem zur Beschlussfassung über die Ergebnisverwendung befugten Gesellschaftsorgan einer Gewinnrücklage zugeführt werden, sofern er nachweislich aus Jahresüberschüssen vorangegangener Geschäftsjahre stammt. Gewinnvorträge, die aus der Auflösung von nicht gebundenen Kapitalrücklagen stammen, dürfen nicht für Zuweisungen an Gewinnrücklagen verwendet werden, da es sich dabei nicht um Beträge handelt, die aus einem Jahresüberschuss stammen.

(18) Zu beachten ist, dass es bei Aktiengesellschaften gemäß § 104 Abs. 4 AktG einer besonderen Satzungsermächtigung bedarf, damit die Hauptversammlung den Bilanzgewinn ganz oder teilweise von der Verteilung ausschließen kann, d.h. damit sie beschließen darf, den Bilanzgewinn ganz oder teilweise einer Gewinnrücklage zuzuweisen oder auf neue Rechnung vorzutragen. Der Vorstand darf einen entsprechenden Gewinnverwendungsvorschlag nur machen, wenn eine solche Ermächtigung in der Satzung enthalten ist. Das Gleiche gilt gemäß § 35 Abs. 1 Z 1 GmbHG für Gesellschaften mbH.

(19) Der gesetzlichen Rücklage sind gemäß § 229 Abs. 6 UGB Beträge zuzuführen, wenn die gebundenen Rücklagen, das sind die gebundene Kapitalrücklage und die gesetzliche Rücklage, den zehnten oder den in der Satzung bestimmten höheren Teil des Nennkapitals (ohne Kürzung um ausstehende Einlagen) noch nicht erreicht haben. Der gesetzlichen Rücklage sind mindestens 5 v.H. des um einen Verlustvortrag geminderten Jahresüberschusses zuzuführen, bis der Betrag der gebundenen Rücklagen insgesamt (gebundene Kapitalrücklage und gesetzliche Rücklage) den zehnten oder den in der Satzung bestimmten höheren Teil des Nennkapitals erreicht hat. Eine darüber hinausgehende Zuweisung ist nicht zulässig. Wenn eine in der Satzung vorgesehene höhere Grenze für die gebundenen Rücklagen durch eine Satzungsänderung herabgesetzt wird, berechtigt dies nicht zu einer Verminderung der vorhandenen gesetzlichen Rücklage; eine weitere Dotierung der gesetzlichen Rücklage ist jedoch nur erforderlich, wenn die gebundenen Rücklagen die niedrigere Grenze nicht erreichen.

(20) Bei einer Änderung der Bestimmungen über satzungsmäßige Rücklagen, die nicht als gebundene Rücklagen bezeichnet wurden, hängt es von der Formulierung der Satzungsänderung ab, ob eine Anpassung der satzungsmäßigen Rücklagen, die in der Vergangenheit aus Jahresüberschüssen gebildet wurden, zulässig ist.

3.3. Rücklagen für Anteile an Mutterunternehmen und für eigene Anteile

(21) Im UGB wird die Bildung von Rücklagen für Anteile an Mutterunternehmen (d.h. beherrschenden Unternehmen) und für eigene Anteile vorgeschrieben.

(22) Für Anteile an Mutterunternehmen ist gemäß § 225 Abs. 5 UGB eine Rücklage zu bilden und gesondert auszuweisen (siehe Abschnitt 6.1.).

(23) Bei der Darstellung eigener Anteile hat sich durch das RÄG 2014 dahingehend eine Änderung ergeben, dass diese nunmehr mit dem Eigenkapital zu verrechnen sind. Der vor dem RÄG 2014 in § 225 Abs. 5 UGB vorgeschriebene Ausweis eigener Anteile im Anlage- oder Umlaufvermögen ist nicht mehr zulässig.

(24) Die Verrechnung mit dem Eigenkapital ist in § 229 Abs. 1a UGB wie folgt geregelt:

(1a) Der Nennbetrag oder, falls ein solcher nicht vorhanden ist, der rechnerische Wert von erworbenen eigenen Anteilen ist in der Vorspalte offen von dem Posten Nennkapital abzusetzen. Der Unterschiedsbetrag zwischen dem Nennbetrag oder dem rechnerischen Wert dieser Anteile und ihren Anschaffungskosten ist mit den nicht gebundenen Kapitalrücklagen und den freien Gewinnrücklagen (§ 224 Abs. 3 A II Z 2 und III Z 3) zu verrechnen. Aufwendungen, die Anschaffungsnebenkosten sind, sind Aufwand des Geschäftsjahrs. In die gebundenen Rücklagen ist ein Betrag einzustellen, der dem Nennbetrag beziehungsweise dem rechnerischen Wert der erworbenen eigenen Anteile entspricht. § 192 Abs. 5 AktG ist anzuwenden.

(25) Gemäß § 229 Abs. 1a UGB letzter Satz ist daher für eigene Anteile in die gebundenen Rücklagen ein Betrag einzustellen, der dem Nennbetrag beziehungsweise dem rechnerischen Wert der erworbenen eigenen Anteile entspricht.

4. Auflösung von Rücklagen

4.1. Gebundene Rücklagen

(26) Gebundene Rücklagen, das sind die gebundene Kapitalrücklage und die gesetzliche Rücklage, dürfen gemäß § 229 Abs. 7 erster Satz UGB nur zum Ausgleich eines ansonsten auszuweisenden Bilanzverlustes aufgelöst werden. Eine Auflösung der gebundenen Kapitalrücklage ist nur zulässig, wenn keine nicht gebundenen Rücklagen zum Ausgleich eines solchen Verlustes vorhanden sind; dem Ausgleich eines solchen Verlustes steht jedoch nicht entgegen, dass dieser durch einen Verlustvortrag aus dem Vorjahr bedingt ist.

(27) Der Auflösung der gesetzlichen Rücklage steht gemäß § 229 Abs. 7 zweiter Satz UGB nicht entgegen, dass freie, zum Ausgleich von Wertminderungen und zur Deckung von sonstigen Verlusten bestimmte Rücklagen vorhanden sind. Es ist jedoch nicht zulässig, die gesetzliche Rücklage zur Deckung eines ansonsten auszuweisenden Bilanzverlustes aufzulösen und gleichzeitig durch Auflösung von nicht gebundenen Rücklagen einen ausschüttbaren Bilanzgewinn auszuweisen. Es ist auch nicht zulässig, die gesetzliche Rücklage zur Deckung eines Bilanzverlustes, der sich aufgrund eines Verlustvortrags ergibt, aufzulösen, wenn in diesem Geschäftsjahr ein Jahresüberschuss entstanden ist und dieser zur Gänze oder teilweise einer Gewinnrücklage zugewiesen wurde.

(28) Wenn sich herausstellt, dass ein in der Bilanz fälschlicherweise als gebundene Rücklage bezeichneter Betrag tatsächlich nicht gebundenes Eigenkapital darstellt, ist bezüglich der Behandlung dieses Betrags darauf zu achten, dass das Vertrauen Dritter, insbesondere der Gläubiger der Gesellschaft, in den veröffentlichten Jahresabschluss nicht getäuscht wird.

(29) Dieser Forderung wird nur dann entsprochen, wenn

a) ein in der Bilanz als gebundene Rücklage ausgewiesener Betrag in dem darauf folgenden Geschäftsjahr nur zur Deckung eines ansonsten auszuweisenden Bilanzverlustes verwendet wird und
b) die Umgliederung eines solchen Betrags in eine nicht gebundene Rücklage zu keiner für die Gläubiger nicht vorhersehbaren Verschlechterung ihrer Sicherheit führt und im Anhang darüber berichtet wird.

(30) Hinzuweisen ist darauf, dass ein festgestellter Jahresabschluss einer Aktiengesellschaft gemäß § 202 Abs. 1 Z 2 AktG nichtig sein kann, wenn durch seinen Inhalt Vorschriften verletzt werden, die ausschließlich oder überwiegend dem Schutz der Gläubiger der Gesellschaft dienen.

4.2. Freie Rücklagen

(31) Freie Rücklagen (nicht gebundene Kapitalrücklagen und freie Gewinnrücklagen) dürfen – soweit nicht eine Satzungsbestimmung oder eine Regelung in einem Verschmelzungs-, Einbringungs- oder Spaltungs- und Übernahmevertrag (insbesondere zur Verhinderung eines kapitalherabsetzenden Effekts) entgegensteht – jederzeit aufgelöst werden; ihre Auflösung kann – soweit keine Ausschüttungssperre besteht (siehe § 235 UGB) – auch zu einem ausschüttbaren Bilanzgewinn führen. Die Auflösung einer durch Zuzahlungen auf gesellschaftsrechtlicher Grundlage gebildeten nicht gebundenen Kapitalrücklage ist auch in dem Geschäftsjahr zulässig, in dem diese Zuzahlungen geleistet und die zugezahlten Beträge zunächst in eine nicht gebundene Kapitalrücklage eingestellt wurden. In der Gewinn- und Verlustrechnung ist dies entsprechend darzustellen (siehe Abschnitt 5.).

(32) Wenn sich in einem späteren Geschäftsjahr herausstellt, dass eine als gebunden auszuweisende Kapitalrücklage irrtümlich als nicht gebundene Rücklage bezeichnet wurde, ist eine Umgliederung in den Bilanzposten Gebundene Kapitalrücklagen vorzunehmen. Bezüglich der Verwendung einer solchen Rücklage sind in dem Jahr, in dem die Umgliederung erfolgt, bereits die für gebundene Kapitalrücklagen geltenden Vorschriften anzuwenden.

4.3. Satzungsmäßige Gewinnrücklagen

(33) Die Auflösung von satzungsmäßigen Gewinnrücklagen ist in der Satzung geregelt. Solche Rücklagen müssen jedenfalls aufgelöst werden, bevor eine gebundene Kapitalrücklage zur Deckung eines ansonsten auszuweisenden Bilanzverlustes aufgelöst werden darf; entgegenstehende Satzungsbestimmungen müssten daher geändert werden.

4.4. Kapitalherabsetzungen

(34) Bezüglich der Auflösung von Rücklagen im Falle von Kapitalherabsetzungen wird auf die Abschnitte 6.3. und 6.4. verwiesen.

5. Ausweis in der Gewinn- und Verlustrechnung

(35) § 231 Abs. 2 und 3 UGB schreiben folgende Gliederung der Rücklagenveränderungen in der Gewinn- und Verlustrechnung vor:

Auflösung von Kapitalrücklagen
Auflösung von Gewinnrücklagen
Zuweisung zu Gewinnrücklagen

(36) Auf § 231 Abs. 5 UGB wird verwiesen.

6. Sonderfragen zu Rücklagen

6.1. Rücklage für Anteile an Mutterunternehmen (§ 225 Abs. 5 UGB)

(37) Gemäß § 225 Abs. 5 zweiter Satz UGB ist für Anteile an Mutterunternehmen in Höhe des Bilanzwertes dieser Anteile eine Rücklage zu bilden und gesondert auszuweisen. Diese Rücklage darf durch Umwidmung frei verfügbarer (nicht gebundener) Kapital- und Gewinnrücklagen gebildet werden, soweit diese einen Verlustvortrag übersteigen; gesetzlich oder satzungsmäßig gebundene Rücklagen dürfen demnach nicht umgewidmet werden. Die Bildung durch Umwidmung vorhandener Rücklagen ist nicht über die Gewinn- und Verlustrechnung zu führen. Die Bildung zu Lasten des Jahresergebnisses ist zulässig, doch hat eine allenfalls erforderliche Zuweisung an die gesetzliche Rücklage Vorrang. Da das Gesetz keine Rangfolge der Dotierungsquellen (Umwidmung bestehender Rücklagen oder Bildung zu Lasten des Jahresergebnisses) vorsieht, fällt deren Wahl in die Entscheidungskompetenz des Erstellers des Jahresabschlusses.

(38) Die Rücklage gemäß § 225 Abs. 5 UGB ist unabhängig von der Art ihrer Bildung (Umwidmung von Kapital- oder Gewinnrücklagen oder Bildung zu Lasten des Jahresergebnisses) in einem Betrag, zweckdienlich nach der Postengruppe Gewinnrücklagen, auszuweisen; der durch Umwidmung von Kapitalrücklagen gewonnene Betrag muss in Evidenz gehalten werden.

(39) Ein Beherrschungsverhältnis kann auch bei einer Minderheitsbeteiligung vorliegen, wenn die Herrschaftsrechte der Minderheitsgesellschafter durch vertragliche Vereinbarungen begründet sind. Für wechselseitige Minderheitsbeteiligungen ist die Vorschrift über die Bildung von Rücklagen für Anteile an Mutterunternehmen nicht anzuwenden.

(40) Zur Frage der Zulässigkeit des Erwerbs von Anteilen an Mutterunternehmen wird auf die betreffenden gesellschaftsrechtlichen Bestimmungen (insbesondere § 66 AktG) verwiesen.

(41) Die Rücklage für Anteile an Mutterunternehmen ist insoweit aufzulösen, als die Anteile, für die sie gebildet worden ist, aus dem Vermögen ausgeschieden sind oder für sie in der Bilanz ein niedrigerer Betrag angesetzt wird. Die Auflösung soll entsprechend der Bildung der Rücklage die nicht gebundenen Kapital- und Gewinnrücklagen (bei Auflösung von durch Umwidmung gebildeten Rücklagen) oder den Bilanzgewinn (bei Auflösung von zu Lasten des Jahresergebnisses gebildeten Rücklagen) erhöhen.

6.2. Rücklage für eigene Anteile (§ 229 Abs. 1a UGB)

(42) Gemäß § 229 Abs. 1a vierter Satz UGB ist, wenn eigene Anteile gehalten werden, in die gebundenen Rücklagen ein Betrag einzustellen, der dem Nennbetrag bzw. dem rechnerischen Wert dieser eigenen Anteile entspricht. § 192 Abs. 5 AktG ist anzuwenden.

(43) In Analogie zur Rücklage für Anteile an Mutterunternehmen darf die Rücklage für eigene Anteile durch Umwidmung frei verfügbarer (nicht gebundener) Kapital- und Gewinnrücklagen gebildet werden, soweit diese einen Verlustvortrag übersteigen; gesetzlich oder satzungsmäßig gebundene Rücklagen dürfen demnach nicht umgewidmet werden. Die Bildung durch Umwidmung vorhandener Rücklagen ist nicht über die Gewinn- und Verlustrechnung zu führen.

(44) Die Rücklage für eigene Anteile ist unabhängig von der Art ihrer Bildung (Umwidmung von Kapital- oder Gewinnrücklagen oder Bildung zu Lasten des Jahresergebnisses) in einem Betrag, zweckdienlich nach der Postengruppe Gewinnrücklagen, auszuweisen; der durch Umwidmung von Kapitalrücklagen gewonnene Betrag muss in Evidenz gehalten werden.

(45) Zur Frage der Zulässigkeit des Erwerbs von eigenen Anteilen wird auf die betreffenden gesellschaftsrechtlichen Bestimmungen (insbesondere § 65 AktG) verwiesen.

(46) Die Rücklage ist bis zur Veräußerung der eigenen Anteile auszuweisen; im Fall der Veräußerung entfällt das Erfordernis zum Ausweis. Eine Auflösung der Rücklage zum Ausgleich eines ansonsten auszuweisenden Bilanzverlustes gemäß § 229 Abs. 7 ist während des Zeitraums, in dem die betreffenden eigenen Anteile gehalten werden, für den auf diese entfallenden Teil der gebundenen Rücklagen nicht zulässig.

6.3. Rücklagen bei vereinfachten Kapitalherabsetzungen[1]

[1] Bei ordentlichen Kapitalherabsetzungen dürfen gebundene Rücklagen der Gesellschaft nicht aufgelöst werden.

(47) Eine vereinfachte Kapitalherabsetzung liegt vor, wenn die Herabsetzung des Grund- oder Stammkapitals dazu dient, einen ansonsten auszuweisenden Bilanzverlust zu decken und allenfalls – in begrenztem Ausmaß – Beträge in die gebundene Kapitalrücklage einzustellen (§ 182 Abs. 1 AktG bzw. § 59 Abs. 1 GmbHG).

(48) Sie ist nur zulässig, nachdem der 10 v.H. des nach der Herabsetzung verbleibenden Nennkapitals übersteigende Teil der gebundenen Rücklagen und alle nicht gebundenen Kapitalrücklagen sowie alle satzungsmäßigen und sonstigen Gewinnrücklagen vorweg aufgelöst sind (§ 183 AktG). Zu diesen Rücklagen zählen nicht die Rücklage für Anteile an Mutterunternehmen und die Rücklage für eigene Anteile.

(49) Die Beträge, die aus der Auflösung von Rücklagen und aus der Kapitalherabsetzung gewonnen werden, dürfen nicht zu Zahlungen an Aktionäre (Gesellschafter) und zur Befreiung der Aktionäre (Gesellschafter) von der Verpflichtung zur Leistung von Einlagen verwendet werden. Sie dürfen nur zur Abdeckung eines ansonsten auszuweisenden Bilanzverlustes und allenfalls – soweit dies im Beschluss der Haupt- bzw. Generalversammlung als Zweck der Herabsetzung angegeben ist – zur Einstellung von Beträgen in die gebundene Kapitalrücklage verwendet werden (§ 184 AktG bzw. § 59 Abs. 2 GmbHG). Auch die weiteren Absätze dieses Abschnitts gelten sinngemäß auch für Gesellschaften mbH (§ 59 Abs. 1 sechster Satz GmbHG).

(50) Gemäß § 186 AktG darf die Einstellung von aus der Kapitalherabsetzung und der Auflösung von Rücklagen gewonnenen Beträgen in die gebundenen Rücklagen nur insoweit erfolgen, als diese 10 v.H. des nach der Herabsetzung verbleibenden Grundkapitals oder dessen Mindestnennbetrags gemäß § 7 AktG nicht übersteigen. Beträge, die nach der Beschlussfassung über die Kapitalherabsetzung nach den allgemeinen Vorschriften (§ 229 Abs. 2 Z 2 bis 4 UGB) in die gebundenen Rücklagen einzustellen sind, bleiben bei der Ermittlung des Höchstbetrages der gebundenen Rücklagen auch dann außer Betracht, wenn ihre Zahlung auf einem Beschluss beruht, der zugleich mit dem Beschluss über die Kapitalherabsetzung gefasst wird.

(51) Ein Gewinn darf gemäß § 187 AktG nicht ausgeschüttet werden, bevor die gebundenen Rücklagen 10 v.H. des Grundkapitals nach der Kapitalherabsetzung bzw. dessen Mindestnennbetrags gemäß § 7 AktG erreicht haben.

(52) Wenn sich bei der Aufstellung des Jahresabschlusses für das Geschäftsjahr, in dem eine vereinfachte Kapitalherabsetzung beschlossen wurde, oder für eines der beiden folgenden Geschäftsjahre herausstellt, dass die Verluste in der bei der Beschlussfassung angenommenen Höhe tatsächlich nicht eingetreten sind oder ausgeglichen waren, ist der Unterschiedsbetrag gemäß § 185 AktG in die gebundene Kapitalrücklage einzustellen. Dies gilt nicht nur für große, sondern auch für mittelgroße und kleine Gesellschaften mbH (keine Einschränkung auf große Gesellschaften in § 59 GmbHG).

6.4. Kapitalherabsetzung zu Lasten von Rücklagen

(53) Die Vorschriften über die ordentliche Kapitalherabsetzung brauchen gemäß § 192 Abs. 3 AktG nicht befolgt zu werden, wenn Aktien, auf die der Ausgabebetrag voll geleistet ist,

a) der Gesellschaft unentgeltlich zur Verfügung gestellt werden oder
b) zu Lasten des sich aus der Jahresbilanz ergebenden Bilanzgewinns, einer freien Rücklage, einer Rücklage gemäß § 225 Abs. 5 zweiter Satz UGB oder einer Rücklage gemäß § 229 Abs. 1a vierter Satz UGB (Rücklage für Anteile an Mutterunternehmen bzw. Rücklage für eigene Anteile) eingezogen werden (siehe auch Abschnitte 6.1. und 6.2.).

(54) In diesen Fällen ist in die gebundenen Rücklagen ein Betrag einzustellen, der dem auf die eingezogenen Aktien entfallenden Betrag entspricht (§ 192 Abs. 5 AktG).

6.5. Begriff der jederzeit auflösbaren Rücklagen

(55) Gemäß § 235 Abs. 2 UGB ist bei Aktivierung latenter Steuern die Ausschüttung eines Bilanzgewinns nur insoweit zulässig, als nach der Ausschüttung jederzeit auflösbare Rücklagen zuzüglich eines Gewinnvortrags und abzüglich eines Verlustvortrags in Höhe dieses Aktivpostens vorhanden sind.

(56) Zu den jederzeit auflösbaren Rücklagen gehören nicht:

a) eine Rücklage für Anteile an Mutterunternehmen,
b) eine Rücklage für eigene Anteile und
c) nicht gebundene Kapitalrücklagen, die bei Umgründungen gebildet wurden und für die eine Ausschüttungssperre gemäß § 235 Abs. 1 UGB besteht.

(57) Weitere Rücklagen, die nur zur Deckung eines ansonsten in der Bilanz auszuweisenden Verlustes aufgelöst werden dürfen, sind im Bankwesengesetz und im Versicherungsaufsichtsgesetz geregelt.

6.6. Zuweisungen an Rücklagen bei Gewinn- und Verlustübernahmevereinbarungen

(58) Die Dotierung der gesetzlichen Rücklage, einer Rücklage für Anteile an Mutterunternehmen und einer Rücklage für eigene Anteile geht einer Gewinnabfuhr vor. Ob auch andere Gewinnrücklagen vor der Gewinnabfuhr gebildet werden können oder müssen, ist in der Gewinn- und Verlustübernahmevereinbarung zu regeln.

6.7. Verwendung von Rücklagen bei Kapitalerhöhungen aus Gesellschaftsmitteln

(59) Für Kapitalerhöhungen aus Gesellschaftsmitteln nach den Vorschriften des Kapitalberichtigungsgesetzes können offene Rücklagen, soweit dies mit ihrer Zweckbestimmung vereinbar ist, einschließlich eines Gewinnvortrags bzw. abzüglich eines Verlustes einschließlich eines Verlustvortrags verwendet werden. Gebundene Rücklagen können nur umgewandelt werden, soweit sie den zehnten oder den in der Satzung bestimmten höheren Teil des Nennkapitals nach der Kapitalerhöhung übersteigen. Auch die Verwendung von Rücklagen für Anteile an Mutterunternehmen und von Rücklagen für eigene Anteile für eine Kapitalerhöhung aus Gesellschaftsmitteln ist nicht zulässig.

7. Anwendungszeitpunkt

(60) Diese Stellungnahme ist in der geänderten Fassung auf Geschäftsjahre anzuwenden, die nach dem 31. Dezember 2015 beginnen.

2/1/13. KFS/RL 13

Stellungnahme
des Fachsenats für Unternehmensrecht und Revision
zur Bilanzierung von Genussrechten und von Hybridkapital

(beschlossen in der Sitzung des Fachsenats für Handelsrecht und Revision (nunmehr Fachsenat für Unternehmensrecht und Revision) am 23. Juli 1997 als Stellungnahme KFS/RL 13; zuletzt überarbeitet im Juni 2016)*

** Zur Anpassung der Stellungnahme an Änderungen in den Rechtsvorschriften und anderen fachlichen Regelungen seit ihrer Verabschiedung.*

1. Vorbemerkungen

(1) Genussrechte sind **Vermögensrechte**, die der Genussrechtsemittent dem Genussrechtsinhaber als **Gegenleistung für die Überlassung von Kapital** (Kapitalzufuhr oder Forderungsverzicht) oder zur **Abgeltung sonstiger Ansprüche** einräumt. Sie sehen in der Regel eine zeitlich begrenzte oder unbegrenzte **Beteiligung am Gesamtergebnis** oder einem **Teilergebnis** und / oder an **Vermögensänderungen** bzw. am **Liquidationserlös** des Genussrechtsemittenten vor.

(2) Genussrechte haben unabhängig von ihrer Ausgestaltung **stets schuldrechtlichen Charakter** und gewähren **keine Mitgliedschaftsrechte**. Sie können sowohl Gesellschaftern eines Unternehmens als auch Dritten eingeräumt werden.

(3) Für die Ausgestaltung der Genussrechte räumt die **Rechtsordnung** den Emittenten weitgehende Gestaltungsfreiheit ein. Konkrete Vorschriften enthalten lediglich das Bank- und Versicherungsaufsichtsrecht für Genussrechte, die als Eigenmittel im Sinn der Solvabilitätsvorschriften gelten. Die gesetzlichen Regelungen im Aktiengesetz beschränken sich darauf, negative Auswirkungen von Genussrechten auf die Vermögensrechte von Gesellschaftern oder anderen Genussrechtsinhabern zu verhindern. § 174 Abs. 4 AktG räumt den Aktionären ein Bezugsrecht im Sinn von § 153 AktG auf Genussrechte ein; gemäß § 238 Abs. 1 Z 5 UGB müssen mittelgroße und große Gesellschaften im Anhang Angaben über das Bestehen von Genussscheinen, Genussrechten, Wandelschuldverschreibungen, Optionsscheinen, Optionen, Besserungsscheinen oder vergleichbaren Wertpapieren oder Rechten, unter Angabe der Zahl und der Rechte, die sie verbriefen, machen.

(4) Genussrechte können **verbrieft** (sogenannte Genussscheine) oder **nicht verbrieft** sein; Genussscheine können als Inhaber-, Order- oder Namenspapiere ausgegeben werden.

(5) Die Stellungnahme geht auf Genussrechte, die ohne Überlassung von Kapital gewährt werden, nicht ein.

2. Behandlung der Genussrechte bei Emittenten in der Rechtsform von Kapitalgesellschaften und von Gesellschaften im Sinne von § 221 Abs. 5 UGB

2.1. Behandlung der Kapitalzuführungen

(6) Das überlassene Genussrechtskapital ist beim Emittenten je nach Sachverhalt

– unmittelbar in das **Eigenkapital** einzustellen oder
– als **Fremdkapital** zu passivieren oder
– **erfolgswirksam** zu vereinnahmen.

2.1.1. Genussrechtskapital mit Eigenkapitalcharakter

(7) Im Unternehmensgesetzbuch werden die Posten, die dem Eigenkapital zuzuordnen sind, nicht abschließend geregelt. Genussrechtskapital ist dem Eigenkapital zuzuordnen, wenn es eine insbesondere aus der Gläubigerschutzfunktion des unternehmensrechtlichen Jahresabschlusses zu bestimmende **ausreichende Haftungsqualität** hat und eine **erfolgswirksame Vereinnahmung nicht zulässig** ist. Unerheblich ist dagegen aus dieser Sicht, ob die Kapitalzufuhr durch Gesellschafter erfolgt oder von Dritten stammt, sowie der Umstand, dass das Genussrecht keine Mitgliedschaftsrechte verkörpert.

(8) Genussrechtskapital ist nur dann als bilanzielles Eigenkapital auszuweisen, wenn **kumulativ die folgenden Kriterien** erfüllt sind:[1]

[1] Die Bestimmungen des Bankwesengesetzes und des Versicherungsaufsichtsgesetzes über die Zurechenbarkeit von Genussrechtskapital zu den Eigenmitteln von Kreditinstituten und Versicherungsunternehmen sind wegen ihres abweichenden Regelungszwecks für die Zuordnung zum bilanziellen Eigen- und Fremdkapital nicht maßgeblich.

– **Nachrangigkeit**,
– **Erfolgsabhängigkeit** der Vergütung und **Teilnahme am Verlust** bis zur vollen Höhe,
– **keine Befristung** der Kapitalüberlassung.

a) Nachrangigkeit

(9) Das Kriterium der **Nachrangigkeit** von Genussrechtskapital ist dann gegeben, wenn im Falle der Liquidation oder der Insolvenz ein Rückzahlungsanspruch erst **nach Befriedigung aller Gläubiger**, deren Kapitalüberlassung nicht den Kriterien für einen Eigenkapitalausweis genügt,

geltend gemacht werden kann. Genussrechtskapital muss demnach auch im Falle der Liquidation oder der Insolvenz voll als Haftungssubstanz verfügbar sein. Die Regelung über die Verteilung des nach Befriedigung aller anderen Gläubiger verbleibenden Vermögens auf die Genussrechtsinhaber und Gesellschafter ist für die Beurteilung der Haftungsqualität des Genussrechtskapitals unerheblich.

(10) Das Kriterium der Nachrangigkeit ist unabhängig davon gegeben, ob anderes nachrangiges Kapital besteht, das als solches im Jahresabschluss kenntlich gemacht ist und die Kriterien für Eigenkapital nicht erfüllt.

b) Erfolgsabhängigkeit der Vergütung und Teilnahme am Verlust bis zur vollen Höhe

(11) Das Kriterium der **Erfolgsabhängigkeit der Vergütung** für Genussrechtskapital ist erfüllt, wenn sichergestellt ist, dass nur solche Beträge als Vergütungen gewährt werden, die auch als ein **ausschüttbarer Bilanzgewinn** dargestellt werden könnten; d.h., dass die gesetzlichen und gesellschaftsvertraglichen Rücklagenbindungen und Ausschüttungssperren bei der Feststellung, ob eine erfolgsabhängige Vergütung zulässig ist, zu berücksichtigen sind.

(12) Erfolgsabhängigkeit der Vergütung liegt auch vor, wenn eine vereinbarte **Mindestvergütung**, die mangels Voraussetzungen in einem Geschäftsjahr nicht gewährt werden konnte, in späteren Geschäftsjahren, in denen die Voraussetzungen wieder gegeben sind, **nachgeholt** wird.

(13) Da das Fehlen einer Befristung der Überlassung des Genussrechtskapitals Voraussetzung für den Eigenkapitalcharakter ist, ist es nicht entscheidend, **wann** die **Beteiligung** dieses Genussrechtskapitals an **Verlusten beginnt**.

(14) Das Kriterium der **Teilnahme am Verlust bis zur vollen Höhe** ist daher auch dann erfüllt, wenn die Teilnahme am Verlust erst in dem Zeitpunkt einsetzt, in dem die Verluste von den Eigenkapitalbestandteilen, die gegen Ausschüttungen nicht besonders geschützt sind, nicht mehr getragen werden können. Es ist auch nicht erforderlich, dass eine Verrechnung eingetretener Verluste mit Eigenkapitalbestandteilen, die gegen Ausschüttungen geschützt sind, erst erfolgen darf, wenn das Genussrechtskapital durch die Verlustverrechnung vollkommen aufgezehrt ist.

(15) Als **gegen Ausschüttungen besonders geschützte Eigenkapitalbestandteile** gelten neben dem Nennkapital alle Rücklagen und Teile des Bilanzgewinns, die nach den Vorschriften des Gesellschaftsrechts und den Rechnungslegungsvorschriften für Ausschüttungen an Gesellschafter einer Kapitalgesellschaft nicht verwendet werden dürfen.

(16) Die Regelung der **Verteilung des Vermögens** und damit auch der **Erfolge unter den Genussrechtsinhabern und Gesellschaftern** ist für die Beurteilung des Eigenkapitalcharakters eines zeitlich unbefristet überlassenen Genussrechtskapitals nicht maßgeblich.

c) Keine Befristung der Kapitalüberlassung

(17) Das Kriterium **des Fehlens einer Befristung der Kapitalüberlassung** ist auch dann erfüllt, wenn bei einer **vom Genussrechtsemittenten beschlossenen Rückzahlung** eines unbefristet überlassenen Genussrechtskapitals vor Beendigung des Unternehmens

– die **bei einer ordentlichen Kapitalherabsetzung vorgeschriebenen Vorkehrungen** zum Schutz der Gläubiger zu beachten sind[2] oder
– das rückgezahlte Genussrechtskapital in dem Geschäftsjahr, in dem die Rückzahlung erfolgt, durch eine mindestens gleich hohe **Zufuhr von gebundenem Eigenkapital** von außen ersetzt wurde oder
– in dem Geschäftsjahr, in dem die Rückzahlung erfolgt, mindestens gleich hohe **nicht gebundene Rücklagen** im Zuge einer **Kapitalerhöhung aus Gesellschaftsmitteln** in Grund- oder Stammkapital umgewandelt wurden.

(18) Ein **Recht des Genussrechtsinhabers**, vor Beendigung des Unternehmens eine Rückzahlung zu verlangen (insbesondere im Wege eines ordentlichen Kündigungsrechts), muss jedenfalls **ausgeschlossen** sein. Im Einzelfall ist zu prüfen, ob ein Ausschluss des ordentlichen Kündigungsrechts wirksam ist.[3] Ein Recht zur außerordentlichen Kündigung (Kündigung aus wichtigem Grund) ist für die Zuordnung zum Eigenkapital unschädlich.[4]

(19) Gegen die Auffassung, dass Kapitalbeträge nur dann zum Eigenkapital gezählt werden können, wenn eine Rückzahlung nur bei Beachtung besonderer Gläubigerschutzvorkehrungen zulässig ist, könnte eingewendet werden, dass dieses Erfordernis von den nicht gebundenen Kapital- und Gewinnrücklagen nicht erfüllt wird, da diese aufgelöst und im Bilanzgewinn ausgeschüttet werden können. Dem ist jedoch entgegenzuhalten, dass eine Auflösung nicht gebundener Rücklagen zugunsten des Bilanzgewinnes zur Voraussetzung hat, dass die zuständigen Gesellschaftsorgane bei der Aufstellung des Jahresabschlusses die wirtschaftliche Vertretbarkeit eines daraus resultierenden Eigenkapitalabflusses bejahen und daher die Verantwortung für eine solche Maßnahme tragen. Eine vertragliche Rückzahlungsverpflichtung zu einem bestimmten Zeitpunkt muss dagegen auch dann erfüllt werden, wenn die wirtschaftliche Lage des Unternehmens in diesem Zeitpunkt so ungünstig ist, dass ein Eigenkapitalabfluss durch Ausschüttung von den Unternehmensorganen nicht verantwortet werden könnte.

[2] Bei einer Gesellschaft im Sinne von § 221 Abs. 5 UGB sind diese Maßnahmen auf die eingetragene Personengesellschaft zu beziehen.

[3] Siehe 1 Ob 105/10p, 10 Ob 34/05f.

[4] Zur Frage, ob ein vertraglicher Ausschluss des Rechts zur außerordentlichen Kündigung überhaupt wirksam vereinbart werden kann, siehe 1 Ob 105/10p, 10 Ob 34/05f.

2.1.2. Genussrechtskapital ohne Eigenkapitalcharakter

(20) Genussrechtskapital, das die **Haftungsqualität von Eigenkapital nicht erreicht** und dessen **erfolgswirksame Vereinnahmung nicht zulässig** ist, ist als Fremdkapital zu qualifizieren.

2.1.3. Erfolgswirksame Vereinnahmung

(21) Die erfolgswirksame Vereinnahmung von Genussrechtskapital ist nur zulässig, wenn

- die Genussrechtsinhaber ausdrücklich einen **Ertragszuschuss** – sei es in Form einer Kapitalzufuhr oder in Form eines Forderungsverzichts (Besserungsvereinbarung) – leisten wollen, welcher der Durchführung bestimmter Maßnahmen (z.B. **Sanierung, nicht aktivierbare Aufwendungen, Abschichtung eines Gesellschafters**) gewidmet ist,
- Vergütungen an den Genussrechtsinhaber nur bis zur Höhe des **ausschüttbaren Jahresüberschusses** gewährt werden und daher zu keinem Jahresfehlbetrag führen dürfen und
- den Genussrechtsinhabern bei Beendigung des Unternehmens nur dann ein Anspruch auf Beteiligung am Liquidationserlös zusteht, wenn **sämtliche nicht nachrangigen Gläubiger voll befriedigt** sind.

(22) Ein **ausschüttbarer Jahresüberschuss** liegt nur insoweit vor, als der ausgewiesene Jahresüberschuss nicht aufgrund von gesetzlichen oder gesellschaftsrechtlichen Vorschriften Rücklagen zugeführt werden muss, als für ihn keine Ausschüttungssperren bestehen und als keine Verlustvorträge bestehen, die nicht durch Auflösung von Rücklagen abgedeckt werden können.

(23) Bei Vorliegen der vorstehenden Voraussetzungen steht der Annahme eines Ertragszuschusses nicht entgegen, dass die Vergütungen, die den Genussrechtsinhabern eingeräumt werden, mit dem **Betrag der Kapitalzuführung zuzüglich Zinsen begrenzt** werden und dass **Jahresraten** für die Vergütungen vorgesehen sind.

(24) Genussrechtskapital, durch das eine **dauernde Verstärkung der Eigenkapitalbasis** des Unternehmens bewirkt werden soll und das den Kapitalgebern gesellschafterähnliche Vermögensrechte (Anteile am Erfolg und am Liquidationsüberschuss) einräumt (z.B. Partizipationskapital), darf nicht erfolgswirksam vereinnahmt werden, da es sich um keinen Ertragszuschuss handelt. Diese Kapitalbeträge sind direkt in das Eigenkapital einzustellen.

(25) Auch als Ertragszuschuss deklariertes Genussrechtskapital, für das Vergütungen an die Genussrechtsinhaber vorgesehen sind, darf nicht erfolgswirksam vereinnahmt werden, wenn **kein Sanierungsbedarf** besteht, sondern die Kapitalzuführung beim Empfänger der Kapitalzuführung lediglich die Ausschüttung von Dividenden ermöglichen soll.

2.1.4. Ausweis und Angaben im Anhang

a) Ausweis als Eigenkapital

(26) Erreicht das Genussrechtskapital die Haftungsqualität von Eigenkapital und wird es zulässigerweise nicht erfolgswirksam vereinnahmt, so ist es gemäß § 224 Abs. 3 UGB innerhalb des Hauptpostens "A. Eigenkapital" in einem **gesonderten Posten** auszuweisen. Da Genussrechtskapital Außenfinanzierung darstellt, ist ein Ausweis nach den Kapitalrücklagen sachgerecht. Die Einstellung in das Eigenkapital erfolgt ohne Berührung der Gewinn- und Verlustrechnung.

b) Ausweis als Verbindlichkeit

(27) Genussrechtskapital **ohne Eigenkapitalqualität** ist grundsätzlich als Verbindlichkeit auszuweisen, wobei es nach dem Grundsatz der Klarheit sachgerecht erscheint, gemäß § 223 Abs. 4 Satz 2 UGB einen **neuen Posten** (beispielsweise "Genussrechtskapital" oder "Genussrechtskapital mit Nachrang") hinzuzufügen. Bei **Genussscheinen** ist ein Ausweis im Posten "Anleihen" mit weiteren Untergliederungen gemäß § 223 Abs. 4 Satz 1 UGB oder einem Davon-Vermerk vertretbar. Unter bestimmten Voraussetzungen kann ein Ausweis als gesonderter Hauptposten in Betracht gezogen werden.

c) Erfolgswirksame Vereinnahmung

(28) Wenn das überlassene Kapital nach den in Abschnitt 2.1.3. genannten Kriterien erfolgswirksam vereinnahmt wird, richtet sich der Ausweis des diesbezüglichen Ertrags nach der Zweckbestimmung. In diesem Sinne kann der Ertrag aus der Vereinnahmung in der Gewinn- und Verlustrechnung als sonstiger betrieblicher Ertrag oder als Finanzertrag ausgewiesen werden.

(29) Für Erträge oder Aufwendungen aus Genussrechtskapital ist auf die Angabepflicht gemäß § 237 Abs. 1 Z 4 UGB Bedacht zu nehmen.

d) Erläuterungen im Anhang

(30) Um den Abschluss im Sinne der Generalnorm so zu erläutern, dass ein möglichst getreues Bild der Vermögens-, Finanz- und Ertragslage des Unternehmens vermittelt wird, sind für nicht im Eigenkapital ausgewiesenes Genussrechtskapital im Anhang in der Regel zusätzlich anzugeben:

- die für Verbindlichkeiten vorgeschriebene (kürzestmögliche) **Restlaufzeit**,
- allfällige andere **Bedingungen** dieses Kapitals, insbesondere Art und Ausmaß einer **Verlustbeteiligung**,
- ein allfälliger **Vergütungsrückstand**, der in Jahren mit einem positiven Jahresergebnis nachzuzahlen ist,
- bei **Nachrangigkeit** deren Bedingungen.

(31) Ein Ausweis als **gesonderter Hauptposten** der Bilanz ist zu begründen.

(32) Wurden Zuführungen von Genussrechtskapital **erfolgswirksam vereinnahmt**, sind die **künftigen Belastungen** durch Vergütungen, die in den Folgejahren an die Genussrechtsinhaber zu leisten sind, im Anhang anzugeben, da diese

Vergütungen in den Folgejahren die Möglichkeiten der Eigenkapitalstärkung des Unternehmens sowohl durch Selbstfinanzierung aus einbehaltenen Gewinnen als auch – wegen der Belastung der künftigen Ergebnisse – im Wege der Außenfinanzierung schmälern. Erfüllungsrückstände für Vorjahre sind gesondert anzuführen.

2.2. Behandlung eines Ausgabeaufgelds oder Ausgabeabgelds

(33) Werden Genussrechte zu einem Kurs über dem Nennwert ausgegeben oder ist der Rückzahlungsbetrag des Genussrechtskapitals höher als der bei der Ausgabe erzielte Betrag, ergeben sich folgende Ausweiskonsequenzen:

2.2.1. Genussrechtskapital mit Eigenkapitalcharakter

(34) Das **Unternehmensgesetzbuch** enthält **keine Regelung**, wie ein Aufgeld oder Abgeld bei der Ausgabe von Genussrechtskapital mit Eigenkapitalcharakter (z.B. Partizipationskapital) in der Bilanz auszuweisen ist.

(35) Da das **nominelle Genussrechtskapital** in der Regel eine Bezugsgröße für wesentliche **Rechte** eines Genussrechtsinhabers ist und ein **Informationsbedürfnis** Dritter an der Höhe des nominellen Genussrechtskapitals besteht, sollen der Nennbetrag und ein Aufgeld oder Abgeld grundsätzlich getrennt ausgewiesen werden.

(36) Das **Aufgeld** bei der Ausgabe von Genussrechtskapital erfüllt **nicht die Voraussetzungen**, bei deren Vorliegen Beträge gemäß § 229 Abs. 2 UGB als **Kapitalrücklage** auszuweisen sind. Im Hinblick darauf, dass es sich um eine Eigenkapitalzufuhr von außen handelt, kann dennoch ein Ausweis als **nicht gebundene Kapitalrücklage** in Betracht gezogen werden; in diesem Fall ist eine Untergliederung dieses Postens gemäß § 223 Abs. 4 UGB oder ein Davon-Vermerk erforderlich. Die **gesonderte Kenntlichmachung** des Aufgelds innerhalb des Postens Genussrechtskapital ist jedoch vorzuziehen.

(37) Wird Genussrechtskapital mit einem **Abgeld** ausgegeben, ist im Emissionszeitpunkt nur der tatsächlich zugeflossene Betrag als gesonderter Posten in das Eigenkapital einzustellen; das Abgeld ist innerhalb dieses Postens gesondert auszuweisen (z.B. im Rahmen einer Vorspalte). Besteht kein Zwang zur Auffüllung auf den Nennbetrag, erfolgt jedoch eine solche, ist sie zu Lasten eines gesondert auszuweisenden Aufwandspostens (vgl. Abschnitt 2.4.1. lit. a) vorzunehmen.

2.2.2. Genussrechtskapital ohne Eigenkapitalcharakter

(38) Genussrechtskapital ohne Eigenkapitalcharakter ist gemäß § 211 Abs. 1 UGB grundsätzlich mit dem **Erfüllungsbetrag** anzusetzen; dies gilt auch dann, wenn es als gesonderter Hauptposten (siehe Abschnitt 2.1.4. lit. b) ausgewiesen wird.

(39) Wenn das **Aufgeld** bei wirtschaftlicher Betrachtungsweise ein **Äquivalent für künftige erhöhte Aufwendungen** aus der Kapitalüberlassung der Genussrechtsinhaber (z.B. einen Ausgleich für eine nach den Kapitalmarktverhältnissen besonders hohe "Verzinsung") darstellt und auf eine bestimmte Zeit nach dem Bilanzstichtag bezogen werden kann, ist es – soweit es nicht zur Abdeckung der Ausgabekosten für das Genussrechtskapital benötigt wird – als **Rechnungsabgrenzungsposten** zu passivieren. Liegt eine Kapitalüberlassung auf unbestimmte Zeit vor, ist für künftige Belastungen des Genussrechtsemittenten, die durch das Aufgeld abgegolten werden, eine Rückstellung gemäß § 198 Abs. 8 Z 1 UGB zu bilden. Die Rückstellung ist, soweit ihre Restlaufzeit ein Jahr übersteigt, mit einem marktüblichen Zinssatz abzuzinsen (§ 211 Abs. 2 UGB).

(40) Ein **Abgeld** ist gemäß § 198 Abs. 7 UGB gesondert als **aktiver Rechnungsabgrenzungsposten** zu erfassen; dieser ist durch planmäßige jährliche Abschreibungen zu tilgen.

2.3. Behandlung von Wandlungs- und Optionsgenussscheinen

(41) Der Gesamtausgabebetrag solcher Genussscheine ist in den Ausgabebetrag für die **reinen Genussrechte** und den Ausgabebetrag für die **Wandlungs- und Optionsrechte** (das Entgelt für die Einräumung der Wandlungs- oder Optionsrechte) aufzugliedern. Letzterer ist gemäß § 229 Abs. 2 Z 2 UGB in eine **gebundene Kapitalrücklage** einzustellen.

2.4. Ausweis der Vergütungen und Verlustanteile

2.4.1. Genussrechtskapital mit Eigenkapitalcharakter

a) Ausweis der Vergütungen

(42) Wenn die Höhe der Vergütung von der Hauptversammlung (Generalversammlung) festgesetzt wird, sind die Vergütungen zu Lasten des Bilanzgewinns zu verrechnen. Dies gilt auch dann, wenn die Höhe der Vergütung in einem festen Verhältnis zu der von der Hauptversammlung festzusetzenden Dividende auf das Grundkapital steht.

(43) Wenn eine **schuldrechtliche Verpflichtung** zur Leistung von **Vergütungen** besteht, sofern das Unternehmen ein ausreichendes Ergebnis erzielt, sind diese als **Finanzierungsaufwand** gesondert (z.B. "Vergütung für Genussrechtskapital") auszuweisen. Dies gilt auch für Vergütungen, welche nach den vertraglichen Bedingungen nicht ausgezahlt, sondern einbehalten werden; es hängt von diesen Bedingungen ab, ob die einbehaltenen Teile der Vergütungen in der **Bilanz** dem Genussrechtskapital zugebucht oder in eine besondere Gewinnrücklage eingestellt werden.

(44) Vergütungen, die zur **Wiederauffüllung** eines durch Verlustanteile geschmälerten Genussrechtskapitals verwendet werden, sind dagegen **nach dem Jahresüberschuss gesondert** (z.B. „Wiederauffüllung des Genussrechtskapitals“) auszuweisen. Bei einer Darstellung der Veränderungen von Kapital- und Gewinnrücklagen gemäß § 231

Abs. 5 UGB im Anhang sind die Vergütungen in diese Darstellung einzubeziehen.

b) Ausweis der Verlustanteile

(45) Anteile des Genussrechtskapitals an einem **Verlust** sind **nach dem Jahresfehlbetrag** gesondert auszuweisen.

(46) Es hängt von den vertraglichen Bedingungen ab, ob Anteile des Genussrechtskapitals an einem **Verlust** in der **Bilanz**

- vom Posten Genussrechtskapital abgebucht oder
- einer dem Genussrechtskapital zugeordneten Kapital- oder Gewinnrücklage entnommen oder
- als Anteil des Genussrechtskapitals am Bilanzverlust in Form eines Davon-Vermerks ausgewiesen werden.

(47) Wenn bei Inanspruchnahme von Genussrechtskapital zur Verlustabdeckung eine **Verpflichtung zur Wiederauffüllung** aus künftigen Jahresüberschüssen besteht, ist der Betrag der Wiederauffüllungsverpflichtung im **Anhang** anzugeben.

c) Rückkauf von Genussrechten durch den Emittenten

(48) Ein Recht des Inhabers zum Verkauf an den Emittenten oder ein Tochterunternehmen des Emittenten (§ 189a Z 7 UGB) schließt die Qualifikation als Eigenkapital aus. Für die buchmäßige Behandlung kommen die Bestimmungen des UGB (§§ 229 Abs. 1a und 1b sowie 225 Abs. 5 UGB) über den Ausweis eigener Anteile sinngemäß zur Anwendung. Dies gilt auch dann, wenn der Emittent keine Aktiengesellschaft ist.

2.4.2. Genussrechtskapital ohne Eigenkapitalcharakter

(49) Die folgenden Ausführungen gelten auch für Genussrechte, die als gesonderter Hauptposten in der Bilanz ausgewiesen werden.

a) Ausweis der Vergütungen

(50) Vergütungen für Genussrechtskapital, das bilanziell keinen Eigenkapitalcharakter hat, sind betriebswirtschaftlich **Finanzierungsaufwand** und daher im Posten "Zinsen und ähnliche Aufwendungen" auszuweisen. Der Betrag sollte als Davon-Vermerk oder im Anhang angegeben werden.

b) Ausweis von Verlustanteilen

(51) Wird durch eine Beteiligung des Genussrechtsinhabers am Verlust die Rückzahlungsverpflichtung des Emittenten herabgesetzt, ist der daraus resultierende **Ertrag** im **Finanzierungsbereich** gesondert auszuweisen (z.B. "Ertrag aus der Herabsetzung des Genussrechtskapitals") und im Anhang zu erläutern.

(52) Ein Anteil des Genussrechtskapitals an einem Verlust, der nach den Bedingungen zu **keiner Kürzung der Rückzahlungsverpflichtung** führt, sondern lediglich in künftigen Gewinnjahren gegen Vergütungen an die Genussrechtsinhaber aufgerechnet wird (Vormerkposten für die künftige Gewinnverteilung), findet weder in der Bilanz noch in der Gewinn- und Verlustrechnung Niederschlag. Wesentliche Ersparnisse von künftigen Vergütungen sind gemäß § 238 Abs. 1 Z 10 UGB im Anhang anzugeben.

2.4.3. Erfolgswirksam vereinnahmtes Genussrechtskapital

(53) **Vergütungen**, die für erfolgswirksam vereinnahmtes Genussrechtskapital in den Folgejahren bedingungsgemäß gewährt werden, sind in einem gesonderten Aufwandsposten **vor dem Jahresüberschuss** bzw. Jahresfehlbetrag auszuweisen. Wenn die Höhe der Vergütungen von den Organen des Genussrechtsempfängers beeinflusst werden kann, ist der Ausweis in einem gesonderten Posten nach dem Jahresüberschuss bzw. Jahresfehlbetrag vorzuziehen.

3. Behandlung der Genussrechte beim Genussrechtsinhaber

3.1. Genussrechtskapital

3.1.1. Bewertung

(54) Das Genussrecht stellt beim Genussrechtsinhaber einen **eigenständigen Vermögensgegenstand** dar, der – unabhängig von der Form der Kapitalüberlassung, der Vereinbarung einer Teilnahme am Verlust oder einem Rangrücktritt – **höchstens zu den Anschaffungskosten** zu bewerten ist.

(55) Die **Anschaffungskosten** sind im Fall einer **Kapitalzufuhr** die geleisteten Zahlungen. Im Fall eines **Forderungsverzichts** bestimmen sie sich nach dem Wert der untergehenden Forderung im Zeitpunkt der Einräumung des Bezugsrechts (Anschaffungszeitpunkt); in Sanierungsfällen ist solchen Forderungen vielfach nur ein Erinnerungswert beizulegen.

(56) In den **Folgejahren** gelten für die Bewertung aktivierter Genussrechte die allgemeinen Bewertungsregeln des Unternehmensgesetzbuchs (§§ 201 ff. UGB).

3.1.2. Ausweis

(57) Da Genussrechte keine mitgliedschaftsrechtliche Stellung begründen, ist ein Ausweis beim Genussrechtsinhaber als **Anteile an verbundenen Unternehmen** oder **Beteiligungen** nicht zulässig.

(58) Aktivierungspflichtige **verbriefte Genussrechte** sind bei **Dauerbesitzabsicht** (§ 198 Abs. 2 UGB) im Posten "Wertpapiere (Wertrechte) des Anlagevermögens" auszuweisen; bei Zuordnung zum **Umlaufvermögen** ist ein Ausweis im Posten "sonstige Wertpapiere und Anteile" geboten.

(59) Aktivierungspflichtige **nicht verbriefte Genussrechte** sind bei **Dauerbesitzabsicht** als Ausleihungen ("Ausleihungen an verbundene Unternehmen", "Ausleihungen an Unternehmen, mit denen ein Beteiligungsverhältnis besteht" oder "sonstige Ausleihungen") auszuweisen; bei Zuordnung zum **Umlaufvermögen** ist ein Ausweis im Posten "sonstige Forderungen und Vermögensgegenstände" geboten.

(60) Ob ein **gesonderter Posten** in die Bilanz aufzunehmen ist, richtet sich nach den Grundsätzen des § 223 Abs. 4 UGB.

(61) Bei Genussrechten an **verbundenen Unternehmen** oder an Unternehmen, mit einen ein **Beteiligungsverhältnis** besteht, sind die Bestimmungen des § 225 Abs. 2 UGB (gesonderter Ausweis oder Davon-Vermerk) zu beachten.

(62) Werden Genussrechte mit einem **Aufgeld** ausgegeben und ist das Ausgabeaufgeld wirtschaftlich eine Ausgleichsleistung für eine nach den Kapitalmarktverhältnissen besonders hohe "Verzinsung", ist es bei Zeitbestimmtheit (d.h. wenn die hohen Vergütungen zeitlich begrenzt sind, was in der Regel der Fall ist) als **aktiver Rechnungsabgrenzungsposten** auszuweisen. Die Auflösung des Rechnungsabgrenzungspostens mindert in den Folgeperioden den Ertrag aus den Genussrechten.

3.2. Vergütungen und Verlustanteile

(63) **Vergütungen** für die Überlassung des Genussrechtskapitals sind in den Posten „Erträge aus anderen Wertpapieren und Ausleihungen des Finanzanlagevermögens“ bzw. „sonstige Zinsen und ähnliche Erträge“ (Posten 11 bzw. 12 des Gliederungsschemas gemäß § 231 Abs. 2 / Posten 10 bzw. 11 des Gliederungsschemas gemäß § 231 Abs. 3 UGB) auszuweisen.

(64) Bestehen die Genussrechte an einem **verbundenen Unternehmen**, sind Vergütungen dieser Unternehmen in die Anmerkung der von verbundenen Unternehmen stammenden Erträge einzubeziehen.

(65) **Verlustanteile** der Genussrechtsinhaber sind in deren Jahresabschluss nur insoweit zu berücksichtigen, als die aktivierten Genussrechte nach den allgemeinen Bewertungsgrundsätzen abgewertet werden müssen bzw. können. Solche Abwertungen sind in der Regel im Posten „Aufwendungen aus Finanzanlagen und aus Wertpapieren des Umlaufvermögens“ auszuweisen.

4. Behandlung der Genussrechte im Konzernabschluss

(66) Genussrechtskapital, das beim Empfänger als **Eigenkapital** ausgewiesen wird (Genussrechtskapital mit Eigenkapitalcharakter), ist in die **Kapitalkonsolidierung** einzubeziehen. Welcher Teil des offenen Eigenkapitals und allfälliger stiller Rücklagen des Genussrechtsemittenten dem Genussrechtskapital zuzuordnen ist, ergibt sich aus den Bedingungen für das Genussrechtskapital, insbesondere aus den Bestimmungen über dessen Anteil am Liquidationserlös.

(67) Genussrechtskapital, das beim Empfänger als **Fremdkapital** ausgewiesen wird (Genussrechtskapital mit Fremdkapitalcharakter), ist in der Konzernbilanz im Wege der **Schuldenkonsolidierung** zu eliminieren. In die Schuldenkonsolidierung sind auch die Abgrenzungsposten für Aufgeld und Abgeld einzubeziehen.

(68) Genussrechtskapital, das beim Empfänger **erfolgswirksam vereinnahmt** wurde, ist gleichfalls nach den **Grundsätzen der Schuldenkonsolidierung** zu behandeln. Die Auswirkungen der erfolgswirksamen Vereinnahmung beim Empfänger des Genussrechtskapitals auf das Ergebnis fallen im Konzernabschluss insoweit weg, als das Genussrecht bei einem in den Konzernabschluss im Wege der Vollkonsolidierung einbezogenen Unternehmen als Aktivposten angesetzt ist.

(69) Genussrechte an **angeschlossenen Unternehmen**, bei denen das Genussrechtskapital durch direkte Einstellung oder durch erfolgswirksame Vereinnahmung in das Eigenkapital des angeschlossenen Unternehmens eingeflossen ist, sind bei der erstmaligen Bewertung der Beteiligung an den angeschlossenen Unternehmen in der Konzernbilanz in der Weise zu berücksichtigen, dass der Wertansatz des Genussrechts in der Konzernbilanz vom anteiligen Eigenkapital des angeschlossenen Unternehmens abgezogen wird.

(70) Bei der **Erfolgskonsolidierung** gehen die Unterschiede zwischen den als Ertrag und den als Aufwand gebuchten Beträgen und die Veränderungen der Unterschiedsbeträge bei der Schuldenkonsolidierung in das Konzernergebnis oder in die Veränderung der Rücklagen in der Konzernbilanz (wenn der Bilanzerfolg in der Bilanz des Mutterunternehmens als Bilanzerfolg in der Konzernbilanz ausgewiesen wird) ein.

5. Hybridkapital

(71) Bei Hybridkapital handelt es sich um nachrangiges Kapital, das nur wegen einer vereinbarten Rückzahlungsverpflichtung die Kriterien für einen Eigenkapitalausweis nicht erfüllt. Es ist unmittelbar nach dem Eigenkapital in einem eigenen Hauptposten als „Hybridkapital“ auszuweisen. Kriterien für die Zuordnung zum Hybridkapital sind:

- Es handelt sich um **nachrangiges Kapital** im Sinn von Abschnitt 2.1.1. lit. a;
- das Hybridkapital nimmt **ab Zuzählung** in **angemessenem Umfang an Verlusten** teil;
- **Vergütungen** dürfen nur insoweit gezahlt werden, als sie in einem **ausschüttbaren Jahresüberschuss** (Rz (22)) Deckung finden;
- das Hybridkapital steht dem Unternehmen **langfristig** zur Verfügung.

(72) Eine **angemessene Teilnahme am Verlust** kann angenommen werden, wenn ein Fehlbetrag im Verhältnis zwischen Nennkapital zuzüglich gebundener Rücklagen und Hybridkapital aufgeteilt wird. Sie liegt auch dann vor, wenn das durch Verlustanteile geschmälerte Hybridkapital in Folgejahren zu Lasten eines ausschüttbaren Jahresüberschusses vorweg wieder aufgefüllt wird.

(73) **Erfolgsabhängigkeit** der Vergütungen liegt auch dann vor, wenn Vergütungen, die in einem Geschäftsjahr wegen des Fehlens eines ausschüttbaren Jahresüberschusses entfallen, in späteren Geschäftsjahren, in denen ein ausschüttbarer Jahresüberschuss vorliegt, nachgezahlt werden.

6. Anwendungszeitpunkt

(74) Diese Stellungnahme ist in der geänderten Fassung auf Geschäftsjahre anzuwenden, die nach dem 31. Dezember 2015 beginnen.

2/1/19. KFS/RL 19

Fachgutachten des Fachsenats für Unternehmensrecht und Revision zur Rechnungslegung der Vereine

(beschlossen in der Sitzung des Fachsenats für Unternehmensrecht und Revision am 19. April 2021 als Neufassung der Stellungnahme KFS/RL 19)

1. Rechtsgrundlagen und Anwendungsbereich

(1) Das vorliegende Fachgutachten befasst sich mit den Bestimmungen der §§ 21 und 22 Vereinsgesetz 2002 (VerG) und behandelt davon abgeleitet Anforderungen und Besonderheiten bei der Rechnungslegung von Vereinen.

(2) Die wesentlichen Bestimmungen zur Rechnungslegung von Vereinen in Österreich finden sich im Vereinsgesetz 2002 in den §§ 21 und 22. Gemäß § 21 Abs. 1 VerG hat das Leitungsorgan dafür Sorge zu tragen, dass die Finanzlage des Vereins rechtzeitig und hinreichend erkennbar ist. Es hat ein den Anforderungen des Vereins entsprechendes Rechnungswesen einzurichten, insbesondere für die laufende Aufzeichnung der Einnahmen und Ausgaben zu sorgen. Zum Ende des Rechnungsjahrs hat das Leitungsorgan innerhalb von fünf Monaten eine Einnahmen-Ausgaben-Rechnung samt Vermögensübersicht zu erstellen, wenn nicht gemäß § 22 VerG umfangreichere Rechnungslegungspflichten bestehen.

(3) Das VerG sieht für Vereine eine gestaffelte Rechnungslegungsverpflichtung vor. Die folgende Tabelle zeigt die gesetzlichen Größenklassen samt Kriterien zur Einstufung der Vereinsgröße:

	klein	mittelgroß	groß
Regelung in	§ 21 VerG	§ 22 Abs. 1 VerG	§ 22 Abs. 2 VerG
Gewöhnliche Einnahmen/ Ausgaben	Bis € 1 Mio.	Über € 1 Mio. bis € 3 Mio.	Über € 3 Mio.
Publikumsspenden	Bis € 1 Mio.	Bis € 1 Mio.	Über € 1 Mio.
Rechnungslegung/ Gewinnermittlung	Einnahmen-Ausgaben-Rechnung, Vermögensübersicht	Bilanz, Gewinn und Verlustrechnung (§§ 190–216 UGB)	Bilanz, Gewinn- und Verlustrechnung, Anhang (§ 22 Abs. 2 VerG und §§ 190–242 UGB)
Rechnungsjahr	abweichend möglich	abweichend möglich	abweichend möglich
Kontrolle	Zwei Rechnungsprüfer	Zwei Rechnungsprüfer	Abschlussprüfer übernimmt die Aufgaben der Rechnungsprüfer

Tabelle 1: Größenklassen der Vereine

(4) Für die Bestimmung der Vereinsgröße ist die Höhe der gewöhnlichen Einnahmen und Ausgaben bzw. der im Publikum gesammelten Spenden maßgeblich und nicht die Mitgliederzahl, die Anzahl von Zweigvereinen oder jene der Arbeitnehmer.

(5) Die Bestimmungen für die jeweilige Größenklasse sind ab dem darauffolgenden Rechnungsjahr anzuwenden, wenn in zwei aufeinanderfolgenden Rechnungsjahren der Schwellenwert über- bzw. unterschritten wurde (§ 22 Abs. 1VerG) bzw. wenn in zwei aufeinanderfolgenden Rechnungsjahren zumindest einer der Schwellenwerte über- bzw. beide Schwellenwerte unterschritten wurden (§ 22 Abs. 2 VerG).

(6) Die Rechnungslegungsbestimmungen des Vereinsgesetzes gehen gemäß § 189 Abs. 3 UGB als Sonderbestimmungen den Bestimmungen des Unternehmensgesetzbuches vor. Einzelne rechnungslegungsrelevante Bestimmungen des Unternehmensgesetzbuches sind sinngemäß anzuwenden.

2. Zu definierende Begriffe

2.1. Gewöhnliche Einnahmen und Ausgaben

(7) Gewöhnliche Einnahmen und Ausgaben sind solche, die über Jahre hin in bestimmter Regelmäßigkeit anfallen. Außergewöhnlichkeit besteht bei unregelmäßigen Zuwendungen, z.B. aus Vermächtnissen, oder bei unregelmäßigen Ausgaben.

(8) Bei der Auslegung des Begriffs „gewöhnlich" ist sinngemäß § 231 UGB in der Fassung vor 2015 heranzuziehen, wonach – sofern keine Außergewöhnlichkeit nach § 233 UGB in der Fassung vor 2015 vorliegt – alle Erträge und Aufwendungen der gewöhnlichen Geschäftstätigkeit zuzurechnen sind. Die in § 22 Abs. 2 VerG genannten Einnahmen

(Mitgliedsbeiträge, öffentliche Subventionen, Spenden und sonstige Zuwendungen sowie Einkünfte aus wirtschaftlicher Tätigkeit) sind üblicherweise als gewöhnliche Einnahmen zu qualifizieren. Bei der Beurteilung der Gewöhnlichkeit ist auf die Tätigkeit des Vereins abzustellen. Auch die Häufigkeit von Einnahmen und Ausgaben kann dabei zu berücksichtigen sein. Bei Verstößen gegen die Statuten des Vereins oder gegen den Vereinszweck liegt jedenfalls eine Außergewöhnlichkeit von Geschäftsfällen vor.

(9) Bei einem bilanzierenden Verein können zur Beurteilung der Größenkriterien nicht nur die gewöhnlichen Einnahmen oder Ausgaben, sondern auch die gewöhnlichen Erträge oder Aufwendungen herangezogen werden. Hierbei sind die außergewöhnlichen Erträge und Aufwendungen als Davon-Posten in der Gewinn- und Verlustrechnung oder im Anhang gesondert auszuweisen.

(10) Zu den Einkünften aus wirtschaftlicher Tätigkeit zählen alle Zugänge in Geld oder Geldeswert, die durch einen Betrieb veranlasst sind, und alle Ausgaben bzw. Aufwendungen, welche sich auf eine wirtschaftliche Tätigkeit des Vereins zurückführen lassen.

2.2. Mitgliedsbeiträge

(11) Mitgliedsbeiträge werden aufgrund einer Mitgliedschaft, jedoch nicht basierend auf einer konkret erwarteten bzw. erbrachten Gegenleistung gefordert und entrichtet. Mitgliedsbeiträge zählen zu den gewöhnlichen Einnahmen.

2.3. (Öffentliche) Subventionen

(12) Subventionen sind Zuschüsse, Beihilfen, Prämien, Ausgleichsbeträge, Förderungen etc., meist in Form von Geld, oder Sachleistungen, die von öffentlicher Hand gewährt werden. Der Subvention muss ein förderungswürdiges Verhalten bzw. ein förderungswürdiger Zweck zu Grunde liegen.

(13) Subventionszusagen sind, wie auch ausstehende Mitgliedsbeiträge, als Forderungen auszuweisen, wenn sie dem Grunde nach als Vermögensgegenstände zu werten und werthaltig sind. Zur Frage des Zeitpunkts der Erfassung sowie der Bilanzierbarkeit wird im Speziellen auf AFRAC 6 verwiesen.

2.4. Spenden und sonstige Zuwendungen

(14) Spenden sind freiwillige Geld- oder Sachzuwendungen. Spenden können zweckgewidmet sein oder dem Verein ohne konkret vorgesehene Widmung zukommen. Unter den Begriff Spenden fallen auch Sponsorzahlungen, welche nur eine geringe Werbewirkung zur Folge haben.

(15) Erbschaften sind unter Spenden und sonstigen Zuwendungen auszuweisen und können mit oder ohne Zweckbindung gewährt werden. Sie sind mit dem beizulegenden Wert im Zeitpunkt des Zugangs anzusetzen.

(16) Bei den Spenden sind Publikumsspenden und andere Spenden zu unterscheiden und getrennt voneinander zu betrachten. Publikumsspenden sind solche, die bei Spendensammelaktionen vereinnahmt werden, z.B. Erlagscheinaktionen, Straßensammlungen oder Fernsehaufrufe. Legate, Vermächtnisse, Schenkungen oder ähnliche Zuwendungen fallen nicht darunter und werden zu den sonstigen Zuwendungen gerechnet.

(17) Zeitspenden sind ehrenamtliche Tätigkeiten für den Verein. Sie sind – unabhängig davon, ob sie von Mitgliedern oder Vereinsfremden erbracht werden – nicht im Rechnungswesen zu erfassen. Nutzungseinlagen sind ebenfalls nicht im Rechnungswesen zu erfassen.

2.5. Verbindlichkeiten

(18) Verbindlichkeiten sind jenes Kapital einer Organisation, welches auf Grundlage von schuldrechtlichen Normen zur Verfügung gestellt wird, kündbar und befristet ist und einen Rückzahlungsanspruch des Kapitalgebers begründet. Dieser Rückzahlungsanspruch ist zwar bei öffentlichen Zuwendungen gegeben, wenn sie keine widmungsgemäße Verwendung finden, nicht aber bei Spenden oder Legaten, da diese in der rechtlichen Verfügungsmacht des Vereins stehen. Eine vom Spender auferlegte Verpflichtung kann nicht mit einer Zahlungsverpflichtung einer Verbindlichkeit gleichgesetzt werden. Es kann sich bei entsprechender Zweckwidmung jedoch beim bilanzierenden Verein die Notwendigkeit der Darstellung eines Sonderpostens für noch nicht widmungsgemäß verwendete Zuwendungen ergeben (vgl. Rz (36)).

3. Einfache Rechnungslegung nach § 21 VerG (Kleiner Verein)

(19) Kleine Vereine nach § 21 VerG sind jene Vereine, deren gewöhnliche Einnahmen und Ausgaben in einem Rechnungsjahr € 1 Mio. nicht übersteigen. Die Aufzeichnungs- oder Buchführungs- bzw. Rechnungslegungspflicht beginnt bereits beim ersten Geschäftsvorfall, z.B. mit der Eröffnung eines Bankkontos, eventuell noch vor Errichtung. Neu gegründete Vereine sind immer kleine Vereine.

(20) § 21 Abs. 1 VerG verlangt, dass das Leitungsorgan zum Ende des Rechnungsjahrs, welches nicht mit dem Kalenderjahr übereinstimmen muss und zwölf Monate nicht überschreiten darf, innerhalb von fünf Monaten eine Einnahmen-Ausgaben-Rechnung samt Vermögensübersicht aufstellt. Diese muss auf ordnungsgemäßen Aufzeichnungen der Einnahmen und Ausgaben beruhen, d.h. die Aufzeichnungen müssen laufend, zeitgerecht, richtig, vollständig, geordnet und nachvollziehbar erfolgen.

(21) Folgende Mindestgliederung für die Einnahmen-Ausgaben-Rechnung wird empfohlen:

A.	Einnahmen		
	1.	Spenden und sonstige Zuwendungen	
		a.	Ungewidmet
		b.	Gewidmet
	2.	Mitgliedsbeiträge	
	3.	Einkünfte aus wirtschaftlicher Tätigkeit	
	4.	Subventionen	
	5.	Sonstige Einnahmen	
		a.	Vermögensverwaltung
		b.	Andere sonstige Einnahmen
B.	Ausgaben		
	1.	Leistungen für statutarisch festgelegte Zwecke	
	2.	Spendenwerbung	
	3.	Verwaltungsausgaben	
	4.	Investitionen	
	5.	Sonstige Ausgaben	

Tabelle 2: Übersicht Einnahmen-Ausgaben-Rechnung

(22) In die Vermögensübersicht sind, um die Finanzlage gemäß § 21 Abs. 1 Satz 1 VerG rechtzeitig und hinreichend erkennbar zu machen, zumindest folgende kurzfristig verwertbare Vermögensgegenstände und sämtliche Verbindlichkeiten aufzunehmen, zu bewerten und gesondert auszuweisen:

– Vorräte
– Forderungen
– Wertpapiere
– Kassa, Guthaben bei Kreditinstituten
– Verbindlichkeiten gegenüber Kreditinstituten
– Lieferverbindlichkeiten und andere Verbindlichkeiten

Ungewisse Verbindlichkeiten (Rückstellungen) müssen nicht aufgenommen werden.

(23) Entgeltlich erworbene zur Veräußerung bestimmte Vorräte sind zu den Anschaffungs-kosten oder zum niedrigeren beizulegenden Wert (voraussichtlicher Verkaufspreis abzüglich Verkaufskosten) zu bewerten. Unentgeltlich erworbene zur Veräußerung bestimmte Vorräte sind mit dem beizulegenden Wert (voraussichtlicher Verkaufspreis abzüglich Verkaufskosten) zu bewerten.

(24) Immaterielles Anlagevermögen und Sachanlagen (mit Ausnahme geringwertiger Vermögensgegenstände (§ 204 Abs. 1a UGB)) sowie Finanzanlagen sind jedenfalls mengenmäßig anzuführen; eine Bewertung ist nicht zwingend erforderlich. Werden Anlagen nicht bewertet, sind die Ausgaben zur Anschaffung von Anlagen und die Einnahmen aus der Veräußerung von Anlagen in der Einnahmen-Ausgaben-Rechnung gesondert auszuweisen.

(25) Für die in der Vermögensübersicht angegebenen Werte sind die angewendeten Grundsätze der Wertermittlung in Erläuterungen anzuführen.

(26) Es ist zulässig, dass ein kleiner Verein in seine Einnahmen-Ausgaben-Rechnung anstelle der Ausgaben für die Anschaffung von Gegenständen des Anlagevermögens Abschreibungen vom Anlagevermögen aufnimmt, wenn

– die Rechnung als adaptierte Einnahmen-Ausgaben-Rechnung bezeichnet wird und
– in der Vermögensübersicht die Entwicklung des Anlagevermögens im Rechnungsjahr dargestellt wird (Anlagenspiegel).

(27) Forderungen und Verbindlichkeiten gegenüber Organmitgliedern sind gesondert aus-zuweisen.

(28) Wesentliche Verpflichtungen aufgrund von nicht erfüllten Auflagen bei zweckgewidmeten Zuwendungen sowie künftig fällig werdende Verpflichtungen, insbesondere gegenüber Arbeitnehmern (z.B. die fiktiven Abfertigungsverpflichtungen am Abschlussstichtag), und wesentliche Risiken (z.B. Prozessrisiken) sind in die Vermögensübersicht aufzunehmen.

(29) Die Vermögensübersicht kann in Staffel- oder Kontoform aufgestellt werden.

(30) Das maßgebende Regelwerk zur Erstellung der Einnahmen-Ausgaben-Rechnung und der Vermögensübersicht ist vom Leitungsorgan schriftlich festzuhalten. Die Erstellung eines Anhangs ist nicht erforderlich.

(31) Kleine Vereine nach § 21 VerG können freiwillig einen Jahresabschluss aufstellen, sich also an den strengeren Vorschriften für mittelgroße oder große Vereine nach § 22 VerG orientieren.

4. Qualifizierte Rechnungslegung nach § 22 VerG

4.1. Mittelgroßer Verein

(32) Wenn die gewöhnlichen Einnahmen oder die gewöhnlichen Ausgaben in zwei aufeinander-

folgenden Rechnungsjahren zwischen den Schwellenwerten € 1 Mio. und € 3 Mio. liegen, ist vom Verein ein Jahresabschluss (Bilanz, Gewinn- und Verlustrechnung) unter sinngemäßer Anwendung der relevanten UGB-Bestimmungen aufzustellen. Bei solch einem bilanzierungspflichtigen Verein werden somit im Rechnungswesen nicht (nur) die Einnahmen und Ausgaben, sondern die Erträge und Aufwendungen erfasst. Wenn in zwei aufeinanderfolgenden Rechnungsjahren die gewöhnlichen Einnahmen oder Ausgaben unter € 1 Mio. fallen, entfällt die verpflichtende Aufstellung eines Jahresabschlusses.

(33) Bei der Aufstellung des Jahresabschlusses ist gemäß § 22 Abs. 1 VerG die Aufstellung eines Anhangs oder Lageberichts nicht notwendig. Die Angabe von Vorjahreswerten im Jahresabschluss ist nicht gesetzlich vorgeschrieben, allerdings empfiehlt sich deren Anführung zum besseren Verständnis der Entwicklung des Vereins.

(34) Die bei der Aufstellung des Jahresabschlusses angewendeten Grundsätze der Wertermittlung sind in Erläuterungen anzuführen.

(35) Werden dem Verein mit einer Zweckwidmung versehene Vermögensgegenstände (körperliche Vermögensgegenstände, aber auch Finanzmittel mit der Auflage, damit bestimmte Vermögensgegenstände anzuschaffen oder bestimmte Aufwendungen zu decken) zugewendet, sind die mit der Auflage zugewendeten Spenden- oder Subventionsbeträge in der Gewinn- und Verlustrechnung gesondert auszuweisen, wobei eine Schätzung des Werts der körperlichen Vermögensgegenstände im Zeitpunkt der Zuwendung vorzunehmen ist.

(36) Soweit die Auflagen für zweckgebundene Spenden und Zuwendungen am Abschlussstichtag noch nicht erfüllt sind, ist in die Bilanz ein Passivposten aufzunehmen, der als gesonderter Hauptposten vor den Verbindlichkeiten („Verpflichtungen aus noch nicht widmungsgemäß verwendeten Zuwendungen") oder im Rahmen der Passiven Rechnungsabgrenzungsposten gesondert („Noch nicht widmungsgemäß verwendete Zuwendungen") auszuweisen ist.

(37) In der Gewinn- und Verlustrechnung sollen die in den einzelnen Rechnungsjahren gewährten Zuwendungen ersichtlich gemacht werden; dies wird dadurch erreicht, dass die mit einer Auflage versehenen Zuwendungen brutto ausgewiesen und die in der Bilanz passivierten Beträge davon offen abgezogen werden.

(38) Wenn die Auflagen in einem Folgejahr erfüllt werden, ist der Passivposten zugunsten des Jahresergebnisses aufzulösen. Der dabei entstehende Ertragsposten kann als „Ertrag aufgrund der Erfüllung von Widmungsauflagen aus Vorjahren" bezeichnet werden; er ist in die Postengruppe „Spenden und sonstige Zuwendungen" einzubeziehen. Die Zuweisung zum Passivposten „Verpflichtungen aus noch nicht widmungsgemäß verwendeten Zuwendungen" ist mit der Verwendung von Beträgen aus der Auflösung dieses Postens zu saldieren.

(39) Wenn körperliche Vermögensgegenstände mit einer Zweckwidmung zugewendet oder aus mit einer Auflage versehenen Finanzmitteln angeschafft werden, sind in der Bilanz des Vereins Passivposten in Höhe der fiktiven Anschaffungskosten bzw. jener Teile der Anschaffungskosten, die aus den mit einer Auflage versehenen Finanzmitteln gedeckt werden, mit der Bezeichnung „Zweckgebundene Finanzierungsbeiträge für Anlagegegenstände" zu bilden. Diese Passivposten sind nach Maßgabe der planmäßigen oder außerplanmäßigen Abschreibungen der betreffenden Anlagegegenstände bzw. im Zeitpunkt des Abgangs dieser Anlagegegenstände aufzulösen.

(40) Wenn aufgrund der Formulierung einer Auflage bei einer Zuwendung feststeht, dass die Auflage mit einem geringeren Betrag als dem Zuwendungsbetrag vollständig erfüllt wurde, ist es in der Regel zulässig, den gesamten Passivposten in dem Rechnungsjahr, in dem die Auflage erfüllt wurde, erfolgserhöhend in die Gewinn- und Verlustrechnung aufzunehmen. Der Unterschiedsbetrag zwischen dem Ertrag aus der Auflösung des Passivpostens und den Aufwendungen für die Erfüllung der Auflage geht in das Ergebnis und damit in das Reinvermögen des Vereins ein.

(41) Durch diese Art der Bilanzierung wird erreicht, dass

- in der Gewinn- und Verlustrechnung die gesamten in den einzelnen Rechnungsjahren gewährten Zuwendungen ersichtlich gemacht werden,
- die mit einer Auflage versehenen Zuwendungen in das Ergebnis jener Rechnungsjahre eingehen, in denen die entsprechenden Aufwendungen getätigt bzw. in denen aufgrund der entsprechenden Anschaffungen Zuweisungen an den Passivposten „Zweckgebundene Finanzierungsbeiträge für Anlagegegenstände" erfolgen, und
- die Abschreibungen der und die Ergebnisse aus dem Abgang der durch zweckgewidmete Finanzierungsbeiträge finanzierten Anlagegegenstände durch die Erträge aus der Auflösung des Passivpostens „Zweckgebundene Finanzierungsbeiträge für Anlagegegenstände" ausgeglichen bzw. berichtigt werden.

(42) Wie bei kleinen Vereinen ist auch bei mittelgroßen Vereinen die Möglichkeit gegeben, sich freiwillig einer strengeren Rechnungslegungsanforderung zu unterwerfen.

4.2. Großer Verein

(43) Sobald in zwei aufeinanderfolgenden Rechnungsjahren die gewöhnlichen Einnahmen oder Ausgaben mehr als € 3 Mio. betragen oder das jährliche Aufkommen an im Publikum gesammelten Spenden den Betrag von € 1 Mio. übersteigt, handelt es sich um einen großen Verein. Dies gilt so lange, bis die genannten Schwellenwerte in zwei aufeinanderfolgenden Rechnungsjahren nicht mehr überschritten werden.

(44) Nach den Regelungen des VerG unterliegt

ein großer Verein der Verpflichtung zur Aufstellung eines erweiterten Jahresabschlusses (Bilanz, Gewinn- und Verlustrechnung, Anhang) samt vereinsspezifischen Erläuterungen und Anlagenspiegel. Für die Aufstellung des erweiterten Jahresabschlusses gelten zusätzlich zu den §§ 190 bis 193 Abs. 1 und 193 Abs. 3 bis 216 UGB die §§ 222 bis 234, 236 bis 240 und 242 Abs. 2 bis 4 UGB sinngemäß. Für die größenabhängigen Erleichterungen sind die Größenklassen des § 221 UGB maßgeblich. Als Umsatzerlöse sind die Umsatzerlöse i.S.d. § 189a Z 5 UGB heranzuziehen. Das bedeutet, dass die Umsatzerlöse nicht mit den gewöhnlichen Einnahmen oder gewöhnlichen Ausgaben gleichzusetzen sind. Ein Lagebericht ist nicht erforderlich.

(45) Im Anhang sind die wichtigsten Einnahmequellen (Mitgliedsbeiträge, Subventionen, Spenden und sonstige Zuwendungen sowie Einkünfte aus wirtschaftlicher Tätigkeit) und die ihnen jeweils zugeordneten Aufwendungen auszuweisen (siehe Anlagen 1 und 2).

(46) Die Zuordnung von Aufwendungen zu den Einkünften aus wirtschaftlicher Tätigkeit kann nach den Grundsätzen, die im Falle einer Besteuerung dieser Einkünfte zu beachten sind, vorgenommen werden.

(47) Die Zuordnung von Aufwendungen zu den Spenden muss mit der Zielsetzung, die beim Sammeln der Spenden den Spendern gegenüber bekanntgegeben wurde, in Einklang stehen. Neben den Beträgen, die den Begünstigten unmittelbar zufließen, können in die aus den Spenden gedeckten Aufwendungen auch angemessene Aufwendungen für das Sammeln und Verwalten der Spenden einbezogen werden.

(48) Die Zuordnung von Aufwendungen zu den öffentlichen Subventionen ist nach den Regeln, die bezüglich der Verwendung der Subventionen bestehen, vorzunehmen.

(49) Die Erträge aus zweckgewidmeten Spenden und sonstigen Zuwendungen enthalten auch die Veränderungen des Passivpostens für noch nicht widmungsgemäß verwendete Zuwendungen (Ertrag aufgrund der Erfüllung von Widmungsauflagen aus Vorjahren abzüglich Zuführung an den Passivposten für noch nicht widmungsgemäß verwendete Zuwendungen).

(50) Zu den Aufwendungen, die den Zuwendungen zugeordnet werden, zählen neben laufenden Aufwendungen auch Anschaffungskosten von Gegenständen des Anlagevermögens, die aufgrund der mit den Zuwendungen verbundenen Auflagen angeschafft werden (= Zuweisungen an den Passivposten für zweckgebundene Finanzierungsbeiträge).

(51) Alle verbleibenden Aufwendungen (insbesondere die Aufwendungen für den Vereinsbetrieb) gelten als den Mitgliedsbeiträgen zugeordnet; sie können im Anhang auch als gesonderter Block von Aufwendungen, die keinen anderen Erträgen zuzuordnen sind, ausgewiesen werden.

(52) Die den Einkünften aus wirtschaftlicher Tätigkeit, den Spenden, den öffentlichen Subventionen und den sonstigen Zuwendungen zugeordneten Aufwendungen sowie die Veränderungen des Passivpostens für noch nicht widmungsgemäß verwendete Zuwendungen und der Passivposten für zweckgebundene Finanzierungsbeiträge sind im Anhang zu erläutern; Aufwendungen für das Sammeln und Verwalten von Spenden, die den aus den Spenden gedeckten Aufwendungen zugeordnet werden, sind im Anhang gesondert anzuführen.

(53) In den Anhangangaben über Organe sind neben statutarischen Leitungsorganen auch Geschäftsführer anzuführen, falls solche vorhanden sind.

(54) Zur Darstellung von Verpflichtungen im Zusammenhang mit zweckgewidmeten Zuwendungen wird auf die Randzahlen (36) bis (41) verwiesen. Im Anhang sind die Entwicklung der Verpflichtungen für noch nicht widmungsgemäß verwendete Zuwendungen und jene des Passivpostens für zweckgewidmete Finanzierungsbeiträge darzustellen.

4.3. Gliederungsschemata für die Bilanz und die Gewinn- und Verlustrechnung

(55) Im VerG wird auf eine sinngemäße Anwendung der unternehmensrechtlichen Bestimmungen abgestellt. Dies zeigt sich u.a. daran, dass die Gliederung der Gewinn- und Verlustrechnung nach dem UGB keine Posten für Mitgliedsbeiträge, Spenden und Subventionen kennt. Ein gesonderter Ausweis der genannten Posten in der Gewinn- und Verlustrechnung ist erforderlich.

4.4. Darstellung des Eigenkapitals

(56) Folgende Gliederung des Eigenkapitals wird empfohlen:

1.	**Vereinskapital**	
	a.	**Vereinskapital zum 01.01. (bzw. Anfang des jeweiligen Rechnungsjahrs)**
	b.	**Jahresergebnis**
	c.	**Vereinskapital zum 31.12. (bzw. Ende des jeweiligen Rechnungsjahrs) (= Nettovereinsvermögen)**
2.	**Rücklagen**	
	a.	**Statutengemäße Rücklagen** – **Davon gewidmet**
	b.	**Sonstige Rücklagen**
		– **Davon gewidmet (unter anderem Projektrücklagen)**

(57) Die Entwicklung des Vereinskapitals kann in der Bilanz oder im Anhang dargestellt werden.

(58) Die Bildung von Rücklagen ist erlaubt. Diese können z.B. Personalkosten, Aufwendungen für die Auflösung von Verträgen und anderen Verpflichtungen bzw. eine Reservenbildung im Ausmaß der Aufwendungen für die Abwicklung des Vereins bzw. einer im Verhältnis zum durchschnittlichen Finanzbedarf angemessenen Reserve umfassen.

(59) Es kann auch eine Bildung von Projektrücklagen vorgenommen werden. Bei Projektrücklagen muss auf eine dem statutarischen Zweck zugutekommende Verwendung abgestellt werden sowie ein ausreichender Nachweis zur geplanten Verwendung erfolgen.

5. Rechnungslegungsübergang bei Überschreiten/Unterschreiten der Schwellenwerte

5.1. Übergang von der Einnahmen-Ausgaben-Rechnung auf eine qualifizierte Rechnungslegung

(60) Im Rahmen des Übergangs auf eine qualifizierte Rechnungslegung (vgl. Abschnitt 4.) ist zum Beginn des Rechnungsjahrs eine Eröffnungsbilanz aufzustellen, die alle Vermögensgegenstände, Rückstellungen, Verbindlichkeiten und Rechnungsabgrenzungsposten zu enthalten und den Bilanzierungs- und Bewertungsregeln des § 22 VerG i.V.m. den dort zitierten, sinngemäß anzuwendenden Regelungen des UGB zu entsprechen hat.

(61) Wenn diesbezügliche Unterlagen vorhanden sind, sind die Vermögensgegenstände mit den Anschaffungskosten bzw. den von diesen durch Abzug planmäßiger und außerplanmäßiger Abschreibungen abgeleiteten Restwerten zu bewerten; falls die Nutzungswerte niedriger sind, sind diese anzusetzen. Wenn keine Anschaffungswerte bekannt sind, sind die Wertansätze durch sachgerechte Schätzung zu ermitteln (Hinweis auf § 202 Abs. 1 UGB). Geringwertige Vermögensgegenstände (§ 204 Abs. 1a UGB) können unbewertet bleiben. Rückstellungen und Verbindlichkeiten sind mit dem Erfüllungsbetrag anzusetzen.

(62) Für mit einer Auflage versehene Zuwendungen, die noch nicht widmungsgemäß verwendet worden sind, ist in die Eröffnungsbilanz ein Passivposten für zweckgewidmete Zuwendungen aufzunehmen (vgl. Rz (36)).

(63) Die Differenz zwischen Vermögensgegenständen sowie aktiven Rechnungsabgrenzungsposten einerseits und Rückstellungen, Verbindlichkeiten sowie passiven Rechnungsabgrenzungsposten andererseits stellt das Eigenkapital dar (vgl. Rz (56)).

(64) Die gewählten Wertansätze sind zu erläutern.

(65) In der Schlussbilanz des Rechnungsjahrs sind die Werte der Eröffnungsbilanz als Vergleichswerte darzustellen (vgl. Rz (33)).

5.2. Übergang von der Rechnungslegung nach dem UGB auf eine Einnahmen-Ausgaben-Rechnung

(66) Die Fortführung der Bilanzwerte in der Vermögensübersicht wird empfohlen.

6. Anwendungszeitpunkt

(67) Dieses Fachgutachten ist auf Rechnungsjahre anzuwenden, die am oder nach dem 30. Juni 2021 enden. Eine frühere Anwendung wird empfohlen.

Anlage 1: Beispiel für den Ausweis der Erträge und Aufwendungen bei Vereinen im Anhang (Variante 1)

Der Ausweis der Erträge und der zugehörigen Aufwendungen im Anhang könnte bei Vereinen beispielsweise wie folgt aussehen (Variante 1):

	Erträge in EUR	Zuordenbare Aufwendungen in EUR
Erträge aus wirtschaftlichen Tätigkeiten		
Mitgliedsbeiträge		
Subventionen		
Spenden und sonstige Zuwendungen		

Anlage 2: Beispiel für den Ausweis der Erträge und Aufwendungen bei Vereinen im Anhang (Variante 2)

Der Ausweis der Erträge und der zugehörigen Aufwendungen im Anhang könnte bei Vereinen beispielsweise wie folgt aussehen (Variante 2):

	Wirtschaftliche Tätigkeit I	*Wirtschaftliche Tätigkeit II*	Mitgliedsbeiträge	Subventionen	Spenden und sonstige Zuwendungen
Erträge					
Materialaufwand, Fremdleistungen					
Personalaufwand					
Sonstige betriebliche Aufwendungen					
Ergebnis					

2/1/21. KFS/RL 21

Stellungnahme
des Fachsenats für Unternehmensrecht und Revision
zur Behandlung von nicht rückzahlbaren Investitionszuschüssen bei der Ermittlung der Eigenmittelquote gemäß § 23 URG und der fiktiven Schuldentilgungsdauer gemäß § 24 URG

(verabschiedet in der Sitzung des Fachsenats für Unternehmensrecht und Revision am 10.3.2008 als Stellungnahme KFS/RL 21)

1. Darstellung der nicht rückzahlbaren Investitionszuschüsse in der Bilanz

In der Bilanz können nach herrschender Auffassung nicht rückzahlbare Investitionszuschüsse entweder nach der Bruttomethode (Ausweis der Investitionszuschüsse als gesonderter Posten auf der Passivseite) oder nach der Nettomethode (Aufrechnung der Investitionszuschüsse gegen die Anschaffungs- und Herstellungsaufwendungen der Vermögensgegenstände, für deren Finanzierung die Investitionszuschüsse verwendet werden) dargestellt werden.

Das nachstehende schematische Beispiel zeigt den Unterschied zwischen den beiden Darstellungsmethoden, wenn zur Finanzierung von Investitionen im Anlagevermögen in Höhe von EUR 50 Investitionszuschüsse in Höhe von EUR 20 gewährt werden.

1. Bruttodarstellung

Aktiva		*Passiva*	
Durch Zuschüsse gefördertes Anlagevermögen[1])	50	Eigenkapital	30
		Investitionszuschüsse	20
Sonstiges Vermögen	50	Fremdkapital	50
	100		100

2. Nettodarstellung

Aktiva		*Passiva*	
Durch Zuschüsse gefördertes Anlagevermögen[1])	30	Eigenkapital	30
		Fremdkapital	50
Sonstiges Vermögen	50		
	80		80

[1]) Alternativbezeichnung: „Bezuschusstes Anlagevermögen"

Die Bruttodarstellung hat den Vorteil, dass in der Bilanz der Gesamtbetrag der Anschaffungs- und Herstellungsaufwendungen der vom Unternehmen getätigten Investitionen und die Aufbringung der gesamten zur Finanzierung des Vermögens des Unternehmens benötigten Mittel offengelegt werden.

Bei der Bruttodarstellung werden die Investitionszuschüsse in der Regel nach Maßgabe der von den vollen Anschaffungs- und Herstellungsaufwendungen berechneten Abschreibungen aufgelöst und offen gegen die Abschreibungen aufgerechnet oder als Ertrag ausgewiesen, sodass in der Gewinn- und Verlustrechnung lediglich Abschreibungen von den Nettobilanzwerten des Anlagevermögens aufwandswirksam sind. Diese Vorgangsweise gründet sich darauf, dass durch Investitionszuschüsse meist nicht nur ein Beitrag zur Finanzierung der Investitionen geleistet, sondern auch eine Entlastung des Ergebnisses des Zuschussempfängers in den Folgejahren erreicht werden soll.

Wenn ein Investitionszuschuss aufgrund der Nichteinhaltung der dem Zuschuss zugrunde liegenden vertraglichen Bedingungen zurückzuzahlen ist, ist der rückzuzahlende Betrag als Verbindlichkeit auszuweisen. Wenn in der Bilanz die Nettodarstellung gewählt wird, ist der Nettobilanzwert des Anlagevermögens um die als Verbindlichkeit ausgewiesenen Beträge zu erhöhen. Sollte der Bilanzwert des Anlagevermögens nach der Zuschreibung den beizulegenden Wert übersteigen, ist insoweit eine außerplanmäßige Abschreibung vorzunehmen.

2. Die Ermittlung der Eigenmittelquote und der fiktiven Schuldentilgungsdauer

Die gemäß §§ 23 und 24 URG zu berechnenden Kennzahlen sollen durch die Methode der Darstellung der Investitionszuschüsse in der Bilanz nicht beeinflusst werden. Eine einheitliche Vorgangsweise wird dadurch erreicht, dass bei Anwendung der Bruttomethode in der Bilanz für die Berechnung der Kennzahlen die Investitionszuschüsse gegen den Buchwert der durch die Investitionszuschüsse geförderten Gegenstände des Anlagevermögens und die Auflösungen der Investitionszuschüsse gegen die von den Bruttobilanzwerten des Anlagevermögens berechneten Abschreibungen aufgerechnet werden.

Die **Eigenmittelquote** gemäß § 23 URG beträgt demnach bei Zugrundelegung der Zahlen des schematischen Beispiels unabhängig von der Darstellung in der Bilanz 37,5 % (Eigenkapital = 30, Bilanzsumme = 80).

Wenn der Jahresüberschuss 10 beträgt und die Abschreibungen vom Anlagevermögen 10 % der Buchwerte betragen, ergibt sich die folgende **fiktive Schuldentilgungsdauer** gemäß § 24 URG:

	Bilanzierung nach der Bruttomethode	Bilanzierung nach der Nettomethode
Jahresüberschuss	10	10
Abschreibungen von den Bilanzwerten	5	3
Auflösung der Investitionszuschüsse	-2	0
Saldo bzw Summe	13	13

Die fiktive Schuldentilgungsdauer gemäß § 24 URG beträgt demnach unabhängig von der Darstellung der Investitionszuschüsse in der Bilanz 3,85 Jahre (Jahresbetrag = 13, Fremdkapital = 50).

Die einheitliche Anwendung der Nettomethode bei der Berechnung der im URG vorgeschriebenen Kennzahlen wird damit begründet, dass die Investitionszuschüsse im Regelfall nicht die Zielsetzung haben, die Eigenmittel der Zuschussempfänger zu erhöhen, sondern bei den Empfängern Investitionen ermöglichen sollen, die ohne die Zuschüsse wegen nicht ausreichender Rentabilität unterbleiben würden. Die Investitionszuschüsse haben daher, wirtschaftlich betrachtet, meist den Charakter einer Wertberichtigung zu den mit den vollen Anschaffungs- und Herstellungsaufwendungen angesetzten Gegenständen des Anlagevermögens.

3. Beginn der Anwendung der Stellungnahme

Die Stellungnahme zur Berechnung der Eigenmittelquote und der fiktiven Schuldentilgungsdauer ist bei der Prüfung von Jahresabschlüssen, die nach dem Zeitpunkt des Beschlusses der Stellungnahme aufgestellt werden, zu beachten.

Da bisher keine Empfehlung bezüglich der Berechnung der Kennzahlen bestand, sind zu vor diesem Zeitpunkt aufgestellten Jahresabschlüssen erstattete Berichte, denen Kennzahlen zugrunde liegen, die aus einer nach der Bruttomethode erstellten Bilanz abgeleitet wurden, als ordnungsgemäß anzusehen.

2/1/24. KFS/RL 24

Stellungnahme
des Fachsenats für Unternehmensrecht und Revision
zur Behandlung von Patronatserklärungen im Zusammenhang mit der unternehmensrechtlichen Rechnungslegung

(beschlossen in der Sitzung des Fachsenats für Unternehmensrecht und Revision am 10. Dezember 2008 als Stellungnahme KFS/RL 24, redaktionell überarbeitet im November 2015)*

** Zur Anpassung der Stellungnahme an Änderungen in den Rechtsvorschriften und anderen fachlichen Regelungen seit ihrer Verabschiedung.*

1. Allgemeines

(1) Das Verlangen von Geschäftspartnern und Gläubigern, aber auch die Sicherung des Fortbestands bei Insolvenzgefahr oder bei Vorliegen der Vermutung eines Reorganisationsbedarfs nach URG eines zu einem Konzern gehörenden Unternehmens führen oftmals zur Abgabe von Erklärungen durch andere Konzernunternehmen oder einen Dritten, denen zu Folge die erklärende Person (im Folgenden kurz „Patron") in mehr oder weniger verbindlicher Form Leistungen oder auch nur Bemühungen oder die Aufrechterhaltung eines bestehenden Zustands (wie etwa eine bestimmte Beteiligungshöhe) zusagt.

(2) Patronatserklärungen werden sowohl zur Absicherung konkreter Gläubiger als auch zur Stärkung des Vertrauens in den Fortbestand eines bestimmten Unternehmens abgegeben. Sie haben sich in der Unternehmenspraxis als Alternative zu Schuldbeitritt, Bürgschaft und Garantie entwickelt, oft auch mit dem Hintergrund, dass beim Patron damit Auswirkungen auf den Jahresabschluss (insbesondere Angabe der Haftungsverhältnisse im Anhang) vermieden werden sollen.

(3) Diese Erklärungen des Patrons in Form von Zusagen können gegenüber

a) dem Gläubiger (Kreditgeber) des Konzernunternehmens, meist eine Bank,
b) dem betroffenen Konzernunternehmen (also der Tochter) selbst, das in weiterer Folge die Erklärung mit Zustimmung des Patrons an Gläubiger weitergibt oder Rechte aus der Zusage an den Gläubiger überträgt, oder gegenüber
c) dem betroffenen Konzernunternehmen selbst ohne näheren Adressatenkreis

abgegeben werden.

(4) Ein einheitlicher Rechtsbegriff „Patronatserklärung", aus dem Rechte und Pflichten des Erklärenden und des Erklärungsempfängers abgeleitet werden können, ist dem österreichischen Recht fremd. Vielmehr steht dieser Begriff als Mittel der Kreditsicherung für eine Vielzahl von Erklärungen unterschiedlicher rechtlicher Prägung, die von einer vom Kreditnehmer verschiedenen, zu diesem jedoch regelmäßig in einem Naheverhältnis stehenden Person, dem Patron, abgegeben werden und von ihrem Inhalt her von völlig unverbindlichen Erklärungen bis hin zum Garantievertrag reichen (OGH 11.7.1985, 7 Ob 572/85).

(5) Im Wesentlichen können drei Fallgruppen von Patronatserklärungen unterschieden werden:

a) Absicherung von Forderungsrechten Dritter
b) Absicherung der Going Concern Prämisse von Konzernunternehmen
c) Auskunftserteilung über die Geschäftspolitik (vor allem im Zusammenhang mit der Begründung von Geschäftsbeziehungen)

(6) Die im Einzelfall getroffene Formulierung ist von entscheidender Bedeutung für die Beurteilung im Rahmen der Rechnungslegung.

2. Rechtliche Einordnung

(7) In der Praxis wurde bisher vor allem zur Absicherung von Forderungsrechten Dritter auf die Aussagen in HFA 2/1076 i.d.F. 1990 bzw. RH HFA 1.1013 vom 22.2.2008 des deutschen IDW zurückgegriffen. In Österreich hat sich bisher die Judikatur in Einzelfällen mit Fragen der Patronatserklärung befasst. Diese zeigen, dass die jeweils im Einzelfall getroffene Formulierung von entscheidender Bedeutung für die Beurteilung auch im Rahmen der Rechnungslegung ist (siehe insbesondere Aussagen in OGH 24.2.2000, 6 Ob 334/99g).

(8) In der Lehre bewegt sich die Bandbreite zwischen zwei („hart" und „weich"; *Heiss/Müller*, RdW 1989, 290ff) und drei Stufen von Patronatserklärungen („hart", „mittel", „weich"; *Avancini*, Rechtsprobleme bei Patronatserklärungen, ÖJZ 1983, 546f; *Rudorfer*, Konsequenzen der Redepflicht des Abschlussprüfers unter besonderer Berücksichtigung des URG, RWZ 2000, 89) mit unterschiedlicher rechtlicher Wirkung.

(9) Für Zwecke dieser Stellungnahme wird von zwei Formen ausgegangen: harte und weiche Patronatserklärungen. Die Zwischenstufe der mittleren Form weist entweder überwiegend Merkmale der einen oder der anderen Kategorie auf und bedarf daher in diesem Zusammenhang keiner gesonderten Einordnung.

3. Zivilrechtliche Folgen bei Abgabe einer Patronatserklärung

(10) Für die Beurteilung der Rechtsfolgen bei Abgabe einer Patronatserklärung ist nur nach dem Inhalt der abgegebenen Erklärung oder Zusage zu

differenzieren. Die Person des Patrons (Konzernunternehmen oder Dritter) hat keinen Einfluss auf die zivilrechtliche Beurteilung.

(11) Bei unklarer Formulierung und Zweifeln am objektiven Aussagewert der abgegebenen Erklärung ist nach den in den §§ 914 und 915 ABGB normierten Auslegungsregeln bei Verträgen vorzugehen (vgl. *Gamerith* in Rummel 3, § 1346 Rz 3b).

3.1. Harte Patronatserklärungen

(12) Die harte Patronatserklärung wird in Judikatur und Lehre mit einer Garantieerklärung oder Bürgschaft verglichen, qualifiziert den Patron als Mitschuldner und begründet im Konkursfall eine gleichrangige Haftung (vgl. *Nowotny*, Besicherung durch „harte" Patronatserklärung, RdW 1992, 198; OGH 24.2.2000, 6 Ob 334/99g). Harte Patronatserklärungen stellen das unbedingte Einstehen-Müssen des Patrons für die erklärte Schuldübernahme dar. Der Anspruch des Begünstigten entsteht mit Eintritt des jeweiligen von der Erklärung abgedeckten Ereignisses. Wenn der Patron beispielsweise erklärt, für den Erfolg einzustehen, können auf „volle Genugtuung" des Patrons gerichtete Schadenersatzpflichten abgeleitet werden. Dem Patron steht im Falle der Inanspruchnahme durch den Gläubiger in der Regel (Einschränkungen können sich aus dem EKEG oder auch aus der Erklärung selbst ergeben) ein Regress gegenüber dem Begünstigten zu. Eine harte Patronatserklärung liegt insbesondere vor, wenn sich der Patron verpflichtet, ein bestimmtes Unternehmen finanziell so auszustatten, dass es in der Lage ist, seine Verpflichtungen gegenüber einem bestimmten Gläubiger zu erfüllen. Im Unterschied zur Bürgschaft oder Garantie hat der Gläubiger keinen direkten Zahlungsanspruch gegenüber dem Patron, sondern einen Schadenersatzanspruch, wenn dieser seine Ausstattungsverpflichtung nicht erfüllt.

3.2. Weiche Patronatserklärungen

(13) Weiche Patronatserklärungen stellen eine bloße Auskunftserteilung über die Geschäftspolitik dar, vor allem im Zusammenhang mit der Begründung von Geschäftsbeziehungen. Sie sind rechtlich oft nur als Verwendungszusage gemäß § 880a 1. Halbsatz ABGB zu qualifizieren und drücken als bloße Wissensmitteilung keine Äußerung eines Willens oder Rechtsfolgewillens aus. Ein Anspruch auf Ersatz des Vertrauensschadens des Gläubigers kommt aber auch hier in Betracht, wenn der Patron Erklärungen abgegeben hat, um damit die Geschäftsbeziehung (z.B. Lieferbeziehung, etc.) herbeizuführen, etwa durch die Erklärung, dass er seine Beteiligung an dem Tochterunternehmen erst nach Verständigung des Gläubigers abgeben oder reduzieren wird.

(14) Weiche Patronatserklärungen können deshalb auch im Einzelfall mit Rechtsfolgen verbunden sein.

4. Behandlung im Jahresabschluss

(15) Für die Behandlung im Jahresabschluss ist der Wortlaut der abgegebenen Erklärung maßgeblich. Ob die Patronatserklärung gegenüber dem Gläubiger oder einem Konzer,nunternehmen abgegeben wird und ob ein Konzernunternehmen oder ein Dritter in der Rolle des Patrons fungiert, ist unerheblich. Generell kommt es darauf an, ob ein Dritter gegenüber dem Erklärenden einen rechtlich durchsetzbaren Anspruch erwirbt, falls der Anspruch des Dritten aus einem Vertrag nicht ordnungsgemäß erfüllt oder die zugesagte Ausstattungsverpflichtung schlagend wird. Darunter fallen jedenfalls die in der Praxis als harte Patronatserklärungen qualifizierten Zusagen.

(16) Im Einzelfall kann auch eine rechtlich nicht durchsetzbare Verpflichtung ausweispflichtig sein, wenn sich der Erklärende dieser aus wirtschaftlichen Gründen nicht entziehen kann, was beispielsweise bei bestehender Abhängigkeit aufgrund von Kredit- oder Lieferantenverhältnissen der Fall sein wird.

4.1. Harte Patronatserklärungen

(17) Bei einer harten Patronatserklärung handelt es sich um ein sonstiges vertragliches Haftungsverhältnis im Sinne des § 199 UGB, welches beim Patron nach § 237 Abs. 1 Z 2 UGB im Anhang anzugeben ist (Betrag anzugeben, sofern bezifferbar, sonst verbale Erläuterung). Nach § 238 Abs. 1 Z 14 UGB sind mittelgroße und große Gesellschaften darüber hinaus dazu verpflichtet, den Gesamtbetrag der Haftungsverhältnisse aufzugliedern und zu erläutern. Im Fall der drohenden Inanspruchnahme ist der Ausweis einer Rückstellung oder, bei entsprechender Konkretisierung, einer Verbindlichkeit geboten.

(18) Beim Begünstigten erfolgt kein Ansatz, siehe Abschnitt 5.1.

4.2. Weiche Patronatserklärungen

(19) Bei einer weichen Patronatserklärung handelt es sich weder um ein vertragliches Haftungsverhältnis im Sinne des § 199 UGB noch um eine sonstige finanzielle Verpflichtung im Sinne von § 237 Abs. 1 Z 2 UGB. Es sind daher beim Patron auch keine Angaben gemäß § 237 Abs. 1 Z 2 UGB und § 238 Abs. 1 Z 14 UGB in den Anhang aufzunehmen.

(20) Wenn davon auszugehen ist, dass sich der Patron trotz fehlender rechtlicher Verpflichtung aufgrund faktischer Gegebenheiten (z.B. geschäftspolitische Notwendigkeit) der Übernahme von Leistungen an den Begünstigten nicht entziehen kann, kann es bei mittelgroßen und großen Gesellschaften im Einzelfall geboten sein, Angaben gemäß § 238 Abs. 1 Z 10 UGB in den Anhang aufzunehmen, sofern dafür keine Rückstellung gebildet werden muss. Dies kommt vor allem dann in Betracht, wenn die weiche Patronatserklärung sich generell an gegenwärtige und künftige Geschäftspartner richtet oder auch in der Vergangenheit aufgrund der Patronatserklärung der Begünstigte unterstützt worden ist.

(21) Beim Begünstigten erfordern weiche Patronatserklärungen keinen Ansatz und auch keine

Angaben im Anhang. Wenn aufgrund faktischer Gegebenheiten die weiche Patronatserklärung für die Fortführung der Geschäftstätigkeit des Begünstigten von besonderer Bedeutung ist, ist im Lagebericht darauf einzugehen.

5. Einzelfragen

5.1. Absicherung des Going Concern eines Unternehmens

(22) Harte Patronatserklärungen können auch zur Absicherung der Bilanzierung unter der Going Concern-Prämisse eines Unternehmens herangezogen werden.

(23) Hierfür sind folgende Kriterien erforderlich:

a) direkte Berechtigung des Begünstigten aus der Patronatserklärung

b) ausreichende Bonität der die Patronatserklärung abgebenden Gesellschaft

c) Laufzeit: zumindest 12 Monate ab Erteilung des Bestätigungsvermerks, empfohlen: unbeschränkte Laufzeit

5.2. Insolvenzrechtliche Aspekte

(24) Bei buchmäßiger Überschuldung und ungewisser Fortbestehensprognose können unter Berücksichtigung des Einzelfalls und einer gesonderten rechtlichen Beurteilung harte Patronatserklärungen mit unbeschränkter Laufzeit für den Nachweis herangezogen werden, dass keine insolvenzrechtliche Überschuldung vorliegt. Die für Zwecke der Absicherung der Going Concern-Prämisse als ausreichend qualifizierte harte Patronatserklärung mit einer vereinbarten maximalen Laufzeit kann alleine nicht als ausreichend angesehen werden. Erforderlich ist die Geltung der Erklärung bis zum Zeitpunkt der Beseitigung der insolvenzrechtlichen Überschuldung des gefährdeten Unternehmens.

5.3. Buchmäßige Überschuldung

(25) Die Abgabe einer harten Patronatserklärung bei Vorliegen einer buchmäßigen Überschuldung zur Vermeidung einer insolvenzrechtlichen Überschuldung kann beim Begünstigten einen Zusatz im Bestätigungsvermerk erfordern.

5.4. Rangrücktrittserklärungen

(26) Bei diesen Erklärungen sagt ein Gläubiger, der eine Forderung gegenüber dem Begünstigten hat, zu, diese erst nach Befriedigung der anderen Gläubiger geltend zu machen. Sie sind für die Beseitigung der insolvenzrechtlichen Überschuldung nur geeignet, wenn sie § 67 Abs. 3 IO entsprechen.

2/1/25. KFS/RL 25

**Fachgutachten
des Fachsenats für Unternehmensrecht und Revision
zur Rechnungslegung bei Umgründungen**

(beschlossen in der Sitzung des Fachsenats für Unternehmensrecht und Revision am 3. Dezember 2012 als Fachgutachten KFS/RL 25, zuletzt überarbeitet im März 2020)

1. Vorbemerkungen

(1) Dieses Fachgutachten behandelt Fragen der Rechnungslegung bei Verschmelzungen, Spaltungen und Umwandlungen von inländischen Kapitalgesellschaften und geht auch auf Einbringungen ein. Die Ausführungen können sinngemäß auch auf andere gesellschaftsrechtlich nicht gesondert geregelte Umgründungsformen (Zusammenschlüsse und Realteilungen) angewendet werden, wenn eine Vermögensübertragung von einer Gesellschaft auf eine andere Gesellschaft erfolgt. Nicht Gegenstand dieses Fachgutachtens sind gesellschaftsrechtliche Fragen und in Sondergesetzen geregelte Verschmelzungen (Genossenschaftsverschmelzungsgesetz, Versicherungsaufsichtsgesetz, Sparkassengesetz). Die letzte Überarbeitung dieses Fachgutachtens betrifft vor allem Änderungen, die durch das Rechnungslegungs-Änderungsgesetz (RÄG) 2014 notwendig wurden, sowie erforderliche redaktionelle Anpassungen. Fragen der Ausschüttungssperren gemäß § 235 Abs 1 UGB sowie der Bilanzierung latenter Steuern gemäß § 198 Abs 9 und 10 UGB werden in diesem Fachgutachten nicht behandelt.

(2) Unter „Gesellschaft" ist in diesem Fachgutachten jedes Unternehmen zu verstehen, das an einer Umgründung als Übertragender oder Übernehmender beteiligt ist.

2. Die im Fachgutachten behandelten Umgründungen

2.1. Verschmelzungen

(3) Aktiengesellschaften können unter Ausschluss der Abwicklung verschmolzen werden

a) durch Übertragung des Vermögens einer Gesellschaft oder mehrerer Gesellschaften (übertragende Gesellschaften) im Wege der Gesamtrechtsnachfolge auf eine andere bestehende Gesellschaft (übernehmende Gesellschaft) gegen Gewährung von Aktien dieser Gesellschaft (Verschmelzung durch Aufnahme; § 219 Z 1 AktG) oder

b) durch Übertragung der Vermögen zweier oder mehrerer Gesellschaften (übertragende Gesellschaften) im Wege der Gesamtrechtsnachfolge auf eine von ihnen dadurch gegründete neue Gesellschaft gegen Gewährung von Aktien dieser Gesellschaft (Verschmelzung durch Neugründung; § 219 Z 2 AktG).

(4) Die gesetzlichen Regelungen über die Verschmelzungen von Aktiengesellschaften sind grundsätzlich auch auf die Verschmelzung einer Gesellschaft mit beschränkter Haftung mit einer Aktiengesellschaft (§ 234 AktG), auf die Verschmelzung einer Aktiengesellschaft mit einer Gesellschaft mit beschränkter Haftung (§ 234a AktG) und auf die Verschmelzung von Gesellschaften mit beschränkter Haftung (§§ 96 bis 101 GmbHG) anzuwenden.

(5) Auf eine im Zuge einer Verschmelzung neu gegründete Aktiengesellschaft sind die Vorschriften des § 233 Abs 3 AktG anzuwenden. Dies gilt sinngemäß auch für Verschmelzungen von Gesellschaften mit beschränkter Haftung.

(6) Bei Verschmelzungen erlischt die übertragende Gesellschaft bzw erlöschen die übertragenden Gesellschaften im Zeitpunkt der Eintragung der Verschmelzung im Firmenbuch.

2.2. Spaltungen und Einbringungen

(7) Eine Kapitalgesellschaft kann gemäß § 1 SpaltG ihr Vermögen spalten

a) unter Beendigung ohne Abwicklung der übertragenden Gesellschaft durch gleichzeitige Übertragung aller ihrer Vermögensteile (Vermögensgegenstände, Schulden und Rechtsverhältnisse) im Wege der Gesamtrechtsnachfolge auf andere dadurch gegründete neue Kapitalgesellschaften (Aufspaltung zur Neugründung) oder auf bereits bestehende übernehmende Kapitalgesellschaften (Aufspaltung zur Aufnahme; § 1 Abs 2 Z 1 SpaltG) oder

b) unter Fortbestand der übertragenden Gesellschaft durch Übertragung eines oder mehrerer Vermögensteile dieser Gesellschaft im Wege der Gesamtrechtsnachfolge auf eine oder mehrere dadurch gegründete neue Kapitalgesellschaften (Abspaltung zur Neugründung) oder auf bestehende übernehmende Kapitalgesellschaften (Abspaltung zur Aufnahme; § 1 Abs 2 Z 2 SpaltG)

gegen Gewährung von Anteilen (Aktien oder Geschäftsanteilen) der neuen oder übernehmenden Kapitalgesellschaften an die Anteilsinhaber der übertragenden Gesellschaft.

(8) Die gleichzeitige Übertragung auf neu gegründete und bestehende Kapitalgesellschaften ist zulässig.

(9) Auf eine im Zuge einer Spaltung neu gegründete Kapitalgesellschaft sind die Gründungsvorschriften gemäß § 3 Abs 3 SpaltG anzuwenden. Als Gründerin gilt die spaltende Gesellschaft.

(10) Bei Aufspaltungen erlischt die übertragende Gesellschaft im Zeitpunkt der Eintragung der

Spaltung im Firmenbuch; bei Abspaltungen bleibt die übertragende Gesellschaft bestehen.

(11) Bei umgründungsbedingten Einbringungen von Betrieben, Teilbetrieben, Anteilen an Personengesellschaften oder Beteiligungen an Kapitalgesellschaften oder anderen Körperschaften handelt es sich um Sacheinlagen bzw Sachübernahmen iSd §§ 6 Abs 4 GmbHG bzw 20 AktG. Sie unterscheiden sich von Abspaltungen dadurch,

a) dass die übernehmende Gesellschaft an die übertragende Gesellschaft als Gegenleistung für die Übertragung des Vermögens in der Regel – ausgenommen Seitwärts-Einbringungen – Anteile an der übernehmenden Gesellschaft gewährt und
b) dass es bei Einbringungen in der Regel keine Gesamtrechtsnachfolge gibt.

(12) Bei Einbringungen bleibt die übertragende Gesellschaft bestehen.

2.3. Umwandlungen

(13) Kapitalgesellschaften können gemäß § 1 UmwG unter Ausschluss der Abwicklung durch Übertragung des Unternehmens im Wege der Gesamtrechtsnachfolge auf den Hauptgesellschafter, der keine Aktiengesellschaft, Gesellschaft mit beschränkter Haftung oder sonstige Kapitalgesellschaft iSd § 1 Abs 2 EU Verschmelzungsgesetz sein darf (verschmelzende Umwandlung), oder in eine durch den Beschluss der Haupt- bzw Generalversammlung der übertragenden Gesellschaft errichtete offene Gesellschaft oder Kommanditgesellschaft (errichtende Umwandlung gemäß § 5 UmwG) umgewandelt werden.

(14) Die übertragende Kapitalgesellschaft erlischt mit der Eintragung der Umwandlung im Firmenbuch.

3. Für die Rechnungslegung bei Umgründungen wesentliche Zeitpunkte

(15) Für die Rechnungslegung bei Umgründungen sind folgende Zeitpunkte von Bedeutung:

a) Zeitpunkt der Einigung über den Entwurf bzw des Abschlusses des Umgründungsvertrags oder der Aufstellung des Umgründungsplans;
b) Zeitpunkt der Beschlussfassung über die Umgründung in der Haupt- bzw Generalversammlung;
c) Verschmelzungs-/Spaltungs-/Umwandlungsstichtag (im Folgenden als Umgründungsstichtag bezeichnet; siehe dazu Abschnitt 4.1.1.);
d) Zeitpunkt des Übergangs des wirtschaftlichen Eigentums am Vermögen der übertragenden Gesellschaft auf die übernehmende Gesellschaft (siehe dazu Abschnitt 5.);
e) Zeitpunkt der Anmeldung der Umgründung zur Eintragung im Firmenbuch;
f) Zeitpunkt der Eintragung der Umgründung im Firmenbuch.

(16) Mit der Eintragung der Verschmelzung bzw Spaltung zur Neugründung entsteht die übernehmende Gesellschaft als juristische Person. Mit der Eintragung der Verschmelzung, Aufspaltung oder Umwandlung erlischt die übertragende Gesellschaft; das zivilrechtliche Eigentum an ihrem Vermögen geht im Wege der Gesamtrechtsnachfolge auf die übernehmende Gesellschaft über. Diese Aussagen gelten analog, wenn eine Mehrzahl von Gesellschaften betroffen ist.

4. Rechnungslegung bei der übertragenden Gesellschaft

4.1. Pflicht zur Aufstellung einer Schlussbilanz

4.1.1. Stichtag und Funktion

(17) In den rechtlichen Grundlagen der Verschmelzung, der Spaltung und der Umwandlung (Verschmelzungsvertrag, -plan; Spaltungsplan, Spaltungs- und Übernahmsvertrag; Umwandlungsvertrag, -plan) ist der Stichtag anzugeben, von dem an die Handlungen der übertragenden Gesellschaft(en) als für Rechnung der übernehmenden Gesellschaft(en) vorgenommen gelten (Umgründungsstichtag; § 220 Abs 2 Z 5 AktG, § 2 Abs 1 Z 7 SpaltG, § 2 Abs 3 UmwG).

(18) Für die Verschmelzung, die Spaltung und die Umwandlung ist zwingend eine Schlussbilanz (je)der übertragenden Gesellschaft zum Umgründungsstichtag aufzustellen (§ 220 Abs 3 AktG, § 96 Abs 2 GmbHG, § 2 Abs 2 SpaltG, § 2 Abs 3 UmwG). Für die Schlussbilanz gelten die Vorschriften des UGB über den Jahresabschluss und dessen Prüfung sinngemäß. Ihr Stichtag darf höchstens neun Monate vor der Anmeldung der Umgründung zur Eintragung im Firmenbuch liegen.

(19) Der vorrangige Zweck der Schlussbilanz liegt in der Abgrenzung des Ergebnisses, das die übertragende Gesellschaft für eigene Rechnung bzw für Rechnung der übernehmenden Gesellschaft(en) erwirtschaftet. Daneben hat die Schlussbilanz auch eine Informationsfunktion für die Gesellschafter der in die Umgründung einbezogenen Gesellschaften, die Gläubiger und das Firmenbuchgericht sowie eine Dokumentationsfunktion.

(20) Aufgrund der eindeutigen Anordnung in § 220 Abs 3 AktG ist die Schlussbilanz auf den Umgründungsstichtag aufzustellen; der Stichtag der Schlussbilanz ist daher stets ident mit dem Umgründungsstichtag.

(21) Stimmen Umgründungsstichtag und Abschlussstichtag überein, entspricht die Schlussbilanz der Bilanz des Jahresabschlusses. In diesem Fall ist eine gesonderte Bezeichnung als „Schlussbilanz" nicht erforderlich.

(22) Weicht der Umgründungsstichtag um einen Tag vom Stichtag des Jahresabschlusses oder eines Zwischenabschlusses ab, so bestehen keine Bedenken, der Schlussbilanz die Ansätze der Jahres- bzw der Zwischenbilanz zugrunde zu legen, wenn die Auswirkungen allfälliger Geschäftsfälle an diesem Tag auf die Vermögens , Finanz- und

Ertragslage der übertragenden Gesellschaft nicht wesentlich sind.

(23) Die Schlussbilanz kann nicht Grundlage für Gewinnausschüttungen sein, weil ihr keine Ausschüttungsbemessungsfunktion zukommt.

4.1.2. Sinngemäße Geltung der Vorschriften des UGB über den Jahresabschluss

(24) Die Anordnung einer sinngemäßen Geltung der Vorschriften des UGB über den Jahresabschluss in § 220 Abs 3 AktG und § 2 Abs 2 SpaltG bedeutet, dass in der Schlussbilanz so zu bilanzieren ist, als ob es sich um eine aus Anlass eines Jahresabschlusses aufzustellende Bilanz handeln würde. Die folgenden Ausführungen gelten unabhängig davon, ob die Schlussbilanz auf den Abschlussstichtag oder einen davon abweichenden Umgründungsstichtag aufgestellt wird.

(25) Die Aufstellung einer Gewinn- und Verlustrechnung für den Zeitraum zwischen dem letzten Abschlussstichtag und dem Stichtag der Schlussbilanz ist zwar nicht zwingend erforderlich, doch setzt die Bilanzerstellung die Aufstellung einer Gewinn- und Verlustrechnung voraus. Letztere muss weder offengelegt noch dem Firmenbuch vorgelegt werden.

(26) Die Schlussbilanz ist aus der letzten Jahresbilanz unter Berücksichtigung zwischenzeitlich angefallener Geschäftsfälle nach den Grundsätzen ordnungsmäßiger Buchführung zu entwickeln. Die Umgründung und die Übertragung des Vermögens stellen für sich allein keinen Grund dar, vom Grundsatz der Fortführung des Unternehmens (§ 201 Abs 2 Z 2 UGB) abzugehen, auch wenn dabei die übertragende Gesellschaft untergeht.

(27) Ist gesichert, dass der Bestand der Vermögensgegenstände nach Art, Menge und Wert auch ohne körperliche Bestandsaufnahme für den Stichtag der Schlussbilanz verlässlich ermittelt werden kann, so kann auf die Vornahme einer körperlichen Inventur zu diesem Stichtag verzichtet werden.

(28) Bei der Aufstellung der Schlussbilanz sind die Ansatz- und Bewertungsvorschriften des UGB und das Stetigkeitsgebot des § 201 Abs 2 Z 1 UGB zu beachten. Die Aufstellung einer Schlussbilanz kann jedoch als ein begründeter Ausnahmefall für die zulässige Durchbrechung der Ansatz-, Bewertungs- und Ausweisstetigkeit angesehen werden.

4.1.3. Inhalt und Umfang der Schlussbilanz

(29) Die Schlussbilanz ist um jene Teile des Anhangs, welche die Bilanz erläutern, zu ergänzen. Dazu zählen bspw die Angaben nach § 226 Abs 1 und 5 UGB sowie die Angabe des Gesamtbetrags der Haftungsverhältnisse (§ 199 UGB) und die weiteren Angaben des § 237 Abs 1 Z 2 UGB. Allfällige größen- oder rechtsformabhängige Erleichterungsvorschriften gelten auch für die die Schlussbilanz erläuternden Angaben im Anhang. Dies bedeutet, dass Kleinstkapitalgesellschaften iSd § 221 Abs 1a UGB keine ergänzenden Anhangangaben zu machen brauchen, wenn sie die in § 242 Abs 1 UGB geforderten Angaben unter der Bilanz vornehmen.

(30) Ein Lagebericht iSd § 243 UGB ist nicht erforderlich.

(31) Die Schlussbilanz bedarf keiner Feststellung durch den Aufsichtsrat oder die Generalversammlung. Die Pflicht zur Information der Aktionäre bzw Gesellschafter ergibt sich aus den Anordnungen über die Vorbereitung der Beschlussfassung der Umgründung und die aufzulegenden bzw zu übersendenden Unterlagen (§ 221a Abs 2 AktG und § 97 GmbHG). Eine Offenlegung und Veröffentlichung der Schlussbilanz ist nicht erforderlich.

(32) Die Schlussbilanz ist von sämtlichen gesetzlichen Vertretern der Gesellschaft zu unterzeichnen.

4.2. Mehrfachzüge

(33) Mehrfachzüge bei Umgründungen sind dadurch gekennzeichnet, dass zwei oder mehrere aufeinander folgende Umgründungen auf denselben Stichtag oder zeitlich unmittelbar aufeinander folgende Stichtage Bezug nehmen und die folgende Umgründung jeweils den Vollzug der vorhergehenden Umgründung voraussetzt.

(34) Bei mehrfachen Umgründungen auf einen Stichtag ist es aus Gründen der Klarheit und Übersichtlichkeit zu empfehlen, zusätzlich zur Schlussbilanz (bzw zu einer Spaltungsbilanz oder Einbringungsbilanz) eine weitere Vermögensübersicht (zB eine „adaptierte Schlussbilanz“) aufzustellen, in der die Vermögensänderung durch Vorumgründungen (Zugang oder Abgang von Vermögensgegenstanden und Schulden) berücksichtigt wird.

(35) Diese zusätzliche Vermögensübersicht hat den gleichen Stichtag wie die eigentliche Schlussbilanz.

(36) In der **Anlage** werden zwei Beispiele betreffend adaptierte Umgründungsbilanzen dargestellt.

4.3. Anlagenspiegel

(37) Das übertragene Anlagevermögen ist bei der übertragenden Gesellschaft, sofern diese fortbesteht (zB bei Abspaltungen), in der Entwicklung des Anlagevermögens gemäß § 226 Abs 1 UGB (Anlagenspiegel) als Abgang zu erfassen. Wesentliche Abgänge sollten im Sinne der Generalnorm (§ 222 Abs 2 UGB) in einer gesonderten Spalte dargestellt werden.

4.4. Pflicht zur Aufstellung von Jahresabschlüssen von übertragenden Gesellschaften, die durch Umgründungen erlöschen

(38) Die unternehmensrechtliche Rechnungslegungspflicht der übertragenden Gesellschaft bleibt auch nach der Beschlussfassung über die Umgründung bis zum Wirksamwerden der Umgründung durch Eintragung im Firmenbuch bestehen. Solange die Eintragung noch aussteht, sind von den gesetzlichen Vertretern der übertragenden Gesellschaft auch für Abschlussstichtage, die nach dem Umgründungsstichtag liegen, Jahresabschlüsse nach allgemeinen Grundsätzen aufzustellen.

(39) Sofern nicht besondere Umstände wie etwa aufschiebende Bedingungen (zB kartellrechtliche Genehmigungen, Steuerklauseln, Wirksamkeit einer Vorumgründung bei Mehrfachzügen zu einem Stichtag) vorliegen, kann allerdings von der Erfüllung der Verpflichtung zur Aufstellung eines Jahresabschlusses Abstand genommen werden, wenn vor dem Abschlussstichtag der übertragenden Gesellschaft der Umgründungsbeschluss gefasst worden und das wirtschaftliche Eigentum am zu übertragenden Vermögen übergegangen ist (siehe dazu die Anforderungen in Abschnitt 5.1.) und bis zum Ablauf der gesetzlichen Frist zur Aufstellung des Jahresabschlusses die Eintragung der Umgründung erfolgt oder mit an Sicherheit grenzender Wahrscheinlichkeit zu erwarten ist (Indizien dafür sind beispielsweise: keine Anfechtungsklagen oder Klagen auf Feststellung der Nichtigkeit, keine Gläubigergefährdung). Die Eintragung im Firmenbuch hat im Hinblick auf den zuvor erfolgten Übergang des wirtschaftlichen Eigentums des Vermögens der übertragenden Gesellschaft nur mehr erhellende Bedeutung.

(40) In der **Anlage** werden verschiedene Sachverhalte in Beispielen erläutert.

(41) Diese Ausführungen gelten sinngemäß für Konzernabschlüsse.

4.5. Besonderheiten der Rechnungslegung bei Abspaltungen

4.5.1. Pflicht zur Aufstellung einer Spaltungsbilanz

(42) Bei der Abspaltung besteht die übertragende Gesellschaft fort, weil nur ein Teil ihres Vermögens übertragen wird. In § 2 Abs 2 Z 12 SpaltG wird daher neben der Schlussbilanz der übertragenden Gesellschaft (siehe Abschnitt 4.1.) die Aufstellung einer Spaltungsbilanz verlangt, in der das der übertragenden Gesellschaft verbleibende Vermögen darzustellen ist. Die Spaltungsbilanz ergibt sich durch Ausscheiden des abzuspaltenden Vermögens aus der Schlussbilanz der übertragenden Gesellschaft. In der Praxis hat es sich als zweckmäßig erwiesen, das in der Spaltungsdokumentation beschriebene abzuspaltende Vermögen (§ 2 Abs 1 Z 10 SpaltG) in einer „unternehmensrechtlichen Übertragungsbilanz“ darzustellen.

(43) Im Spaltungsgesetz wird der Stichtag der Spaltungsbilanz nicht definiert. Als Stichtag kann entweder der Spaltungsstichtag oder der Beginn des dem Spaltungsstichtag folgenden Tages bestimmt werden.

4.5.2. Abbildung der Abspaltung zur Neugründung in der Spaltungsbilanz sowie im Jahresabschluss

(44) Die Abspaltung zur Neugründung stellt eine auf einer Beschlussfassung der Anteilsinhaber der übertragenden Gesellschaft beruhende Vermögensauskehrung dar, in deren Zusammenhang an die Gesellschafter der übertragenden Gesellschaft eine Gegenleistung in Form von Anteilen an der übernehmenden Gesellschaft gewährt wird. Da nur ein Teil des Vermögens übertragen wird, besteht die übertragende Gesellschaft fort. Der Saldo der Buchwerte des abgespaltenen Vermögens kann entweder positiv oder negativ sein. Da es sich bei der Abspaltung um einen gesellschaftsrechtlichen Vorgang und nicht um einen laufenden Geschäftsfall der abspaltenden Gesellschaft handelt, dürfen sich daraus keine Auswirkungen auf den Jahresüberschuss/Jahresfehlbetrag ergeben.

(45) Bei Abspaltung eines zu Buchwerten positiven Vermögens ist die dabei entstehende buchmäßige Vermögensminderung in der Gewinn- und Verlustrechnung als Sonderposten mit der Bezeichnung „Reinvermögensminderung durch Abspaltung“ unmittelbar **nach** dem Posten „Jahresüberschuss/Jahresfehlbetrag“ auszuweisen. Wird gemäß § 231 Abs 5 UGB auf den Ausweis der Veränderungen der Kapital- und Gewinnrücklagen in der Gewinn- und Verlustrechnung verzichtet, ist auch diese Vermögensminderung gemeinsam mit den Rücklagenänderungen im Anhang auszuweisen.

(46) Die Verminderung des bilanziellen Eigenkapitals kann zu folgenden Änderungen von einzelnen oder mehreren Bilanzposten führen:

a) Verminderung eines Bilanzgewinns oder Entstehen/Erhöhung eines Bilanzverlusts
b) Auflösung nicht gebundener Rücklagen
c) Auflösung gesetzlicher und/oder anderer gebundener Rücklagen
d) Herabsetzung des Nennkapitals höchstens bis zum gesetzlich vorgeschriebenen Mindestkapital

Die Beträge aus der Auflösung von Rücklagen oder der Herabsetzung des Nennkapitals iSd § 3 Abs 2 Satz 1 SpaltG sind in die Gewinn- und Verlustrechnung bzw in die Anhangdarstellung gemäß § 231 Abs 5 UGB im Anschluss an den Sonderposten gemäß Rz (45) aufzunehmen. Entsteht aufgrund der Reinvermögensminderung durch Abspaltung ein Bilanzverlust oder erhöht sich dadurch ein bereits davor bestehender Bilanzverlust, ist dies – mit Ausnahme von Kleinstkapitalgesellschaften – im Anhang gesondert darzustellen und zu erläutern.

(47) Wenn bei der Abspaltung zur Neugründung die Vorschriften des § 3 Abs 1 SpaltG über die Kapitalerhaltung (Summengrundsatz) eingehalten werden, darf das Nennkapital der spaltenden Gesellschaft gemäß § 3 Abs 2 SpaltG ohne Berücksichtigung der Vorschriften über die Kapitalherabsetzung herabgesetzt werden. Werden die Vorschriften über die ordentliche Kapitalherabsetzung befolgt, muss der Summengrundsatz nicht eingehalten werden.

(48) Die Abspaltung eines zu Buchwerten positiven Vermögens kann dazu führen, dass das verbleibende bilanzielle Eigenkapital der abspaltenden Gesellschaft niedriger ist als das ausgewiesene Nennkapital oder dass ein negatives bilanzielles Eigenkapital entsteht. Dies ist so lange unbedenklich, als die Kapitalerhaltungsvorschrift des § 3 Abs 1 SpaltG eingehalten wird und der tatsächliche Wert des der abspaltenden Gesellschaft verbleibenden

Nettoaktivvermögens wenigstens der Höhe ihres Nennkapitals zuzüglich gebundener Rücklagen nach Durchführung der Spaltung entspricht.

(49) Bei Abspaltung eines zu Buchwerten negativen Vermögens ergibt sich eine Erhöhung des bilanziellen Eigenkapitals der übertragenden Gesellschaft. Der Abgang des negativen Vermögenssaldos ist in der Gewinn- und Verlustrechnung als Sonderposten mit der Bezeichnung „Reinvermögensmehrung durch Abspaltung" unmittelbar **nach** dem Posten „Jahresüberschuss/Jahresfehlbetrag" auszuweisen. Wird gemäß § 231 Abs 5 UGB auf den Ausweis der Veränderungen der Kapital- und Gewinnrücklagen in der Gewinn- und Verlustrechnung verzichtet, ist auch diese Vermögensmehrung gemeinsam mit den Rücklagenänderungen im Anhang auszuweisen.

(50) Die Verminderung bzw Erhöhung des bilanziellen Eigenkapitals durch Abspaltung ist – mit Ausnahme von Kleinstkapitalgesellschaften – im Anhang zu erläutern, gegebenenfalls gemeinsam mit dem Ausweis der Vermögensänderung iSd § 231 Abs 5 UGB.

4.5.3. Abbildung der Abspaltung zur Aufnahme in der Spaltungsbilanz sowie im Jahresabschluss

(51) Die Ausführungen der Rz (44) ff gelten grundsätzlich in gleicher Weise. Bei der Abspaltung zur Aufnahme kann die erleichterte Kapitalherabsetzung durch Einhaltung des Summengrundsatzes nicht angewendet werden, eine allfällige Kapitalherabsetzung hat diesfalls nach den Vorschriften über die ordentliche Kapitalherabsetzung zu erfolgen.

(52) Zu den Besonderheiten der Abspaltung zur Aufnahme zwischen verbundenen Unternehmen wird auf Abschnitt 7.3.2. verwiesen.

5. Vermögens- und Erfolgszuordnung in der Rechnungslegung der beteiligten Gesellschaften

5.1. Vermögenszuordnung

(53) Sind auf Abschlussstichtage vor der Eintragung der Umgründung Jahresabschlüsse für die beteiligten Gesellschaften aufzustellen, so ist nach den allgemeinen unternehmensrechtlichen Grundsätzen für die Vermögenszuordnung nicht auf das zivilrechtliche Eigentum, das erst mit der Eintragung der Umgründung übergeht, sondern auf das wirtschaftliche Eigentum zum Abschlussstichtag abzustellen.

(54) Der Übergang des wirtschaftlichen Eigentums ist anzunehmen, wenn die folgenden Voraussetzungen kumulativ vorliegen:

a) Bis zum Abschlussstichtag muss ein Umgründungsvertrag formwirksam abgeschlossen sein, und die erforderlichen Gesellschafterbeschlüsse müssen in rechtlich wirksamer Form vorliegen.
b) Die Umgründung muss bis zum Ablauf der gesetzlichen Frist zur Aufstellung des Jahresabschlusses im Firmenbuch eingetragen sein, oder es muss mit an Sicherheit grenzender Wahrscheinlichkeit zu erwarten sein, dass die Eintragung der Umgründung erfolgen wird; es dürfen insbesondere keine Gründe bekannt sein, die einer Eintragung der Umgründung entgegenstehen könnten.
c) Es muss faktisch oder durch eine entsprechende Regelung im Umgründungsvertrag sichergestellt sein, dass die übertragende Gesellschaft bis zum zivilrechtlichen Vermögensübergang nur im Rahmen eines ordnungsmäßigen Geschäftsgangs oder mit Einwilligung der übernehmenden Gesellschaft über das zu übertragende Vermögen verfügen kann.

(55) Sind diese Voraussetzungen für den auf den Umgründungsstichtag folgenden Abschlussstichtag erfüllt, hat nicht mehr die übertragende, sondern bereits die übernehmende Gesellschaft das übertragene Vermögen zu bilanzieren. Wenn diese Voraussetzungen für den auf den Umgründungsstichtag folgenden Abschlussstichtag nicht zur Gänze vorliegen, kann zu diesem Stichtag noch kein wirtschaftlicher Eigentumsübergang des zu übertragenden Vermögens angenommen werden; dieses ist daher noch in dem auf den Umgründungsstichtag folgenden Jahresabschluss der übertragenden Gesellschaft zu erfassen. Ein Übergang des wirtschaftlichen Eigentums vor Ablauf des Umgründungsstichtags ist ausgeschlossen.

(56) In den üblichen Fällen der Beschlussfassung einer Umgründung auf einen zurückliegenden Umgründungsstichtag ist es mangels Übergangs des wirtschaftlichen Eigentums nicht zulässig, die Umgründung bereits in einem Jahresabschluss der übernehmenden Gesellschaft abzubilden, dessen Stichtag mit dem Umgründungsstichtag zusammenfällt. In einem solchen Fall ist die Umgründung in der Regel erst in dem Jahresabschluss der übernehmenden Gesellschaft abzubilden, der für den dem Umgründungsstichtag folgenden Abschlussstichtag aufgestellt wird.

5.2. Erfolgszuordnung

(57) Für die Erfolgszuordnung ist maßgebend, dass die Handlungen und Rechtsgeschäfte der übertragenden Gesellschaft ab dem dem Umgründungsstichtag folgenden Tag als für Rechnung der übernehmenden Gesellschaft vorgenommen gelten und daher an diese zu überrechnen sind. Diese Zuordnung wird zwar erst mit der Eintragung der Umgründung in das Firmenbuch endgültig rechtswirksam, sie hat jedoch schon in der Zeit zwischen dem Vertragsabschluss und der Eintragung in das Firmenbuch Auswirkungen auf die Rechnungslegung der beteiligten Gesellschaften. Für die Erfassung der Erträge und Aufwendungen aus dem zu übertragenden Vermögen ist entscheidend, ob das wirtschaftliche Eigentum an dem zu übertragenden Vermögen am jeweiligen Abschlussstichtag bereits von der übertragenden auf die übernehmende Gesellschaft übergegangen ist.

(58) Bis zum Übergang des wirtschaftlichen Eigentums an dem an die übernehmende Gesellschaft zu übertragenden Vermögen handelt es sich bei den Erträgen und Aufwendungen aus diesem Vermögen um originäre Erträge und Aufwendungen der übertragenden Gesellschaft, die in deren Büchern zunächst in gewöhnlicher Weise zu erfassen sind. Ab dem Zeitpunkt des Übergangs des wirtschaftlichen Eigentums an dem Vermögen liegen originäre Erträge und Aufwendungen der übernehmenden Gesellschaft vor; dies gilt auch dann, wenn diese Geschäftsfälle nach dem Übergang des wirtschaftlichen Eigentums noch in den Büchern der übertragenden Gesellschaft aufgezeichnet werden.

(59) Für die Erfolgszuordnung ist somit zu unterscheiden, ob das wirtschaftliche Eigentum an dem zu übertragenden Vermögen am jeweiligen Abschlussstichtag bereits von der übertragenden auf die übernehmende Gesellschaft übergegangen ist. In der **Anlage** wird anhand von verschiedenen Beispielen gezeigt, in welchem Geschäftsjahr der übertragenden und der übernehmenden Gesellschaft die Ergebnisse aus dem übertragenen Vermögen zwischen dem Umgründungsstichtag und dem Zeitpunkt des Übergangs des wirtschaftlichen Eigentums auszuweisen sind.

(60) Wenn der Übergang des wirtschaftlichen Eigentums vor dem dem Umgründungsstichtag folgenden Abschlussstichtag der übertragenden und der übernehmenden Gesellschaft erfolgt (siehe **Fall A**), können die zu übertragenden Erträge und Aufwendungen für die Zeit nach dem Umgründungsstichtag direkt von den Konten der übertragenden Gesellschaft abgebucht werden, sodass auf diesen lediglich die bei der übertragenden Gesellschaft verbleibenden Beträge aufscheinen.

(61) Die übernehmende Gesellschaft hat zum Zeitpunkt des Übergangs des wirtschaftlichen Eigentums (Übergangszeitpunkt; siehe Rz (54)) das übergehende Vermögen einschließlich der seit dem Umgründungsstichtag in den Büchern der übertragenden Gesellschaft erfassten Erträge und Aufwendungen bei sich einzubuchen. Dabei ist Folgendes zu beachten:

a) Die Geschäftsfälle in der Zeit zwischen dem Umgründungsstichtag und dem Übergangszeitpunkt können bei der übernehmenden Gesellschaft in Form von Sammelbuchungen erfasst werden; eine Einzelbuchung der Geschäftsfälle ist nicht erforderlich. Dabei ist jedoch sicherzustellen, dass die im Wege von Sammelbuchungen erfassten Geschäftsfälle aufgrund der Bücher, Aufzeichnungen und Belege bei der übertragenden Gesellschaft nachvollziehbar bleiben und diese Unterlagen der übernehmenden Gesellschaft bei Bedarf zur Verfügung stehen.

b) Der in der Schlussbilanz der übertragenden Gesellschaft ausgewiesene Stand des übertragenen buchmäßigen Reinvermögens muss mit dem bei der übernehmenden Gesellschaft eingebuchten Reinvermögen vor einer allfälligen Neubewertung des übernommenen Vermögens übereinstimmen.

c) Einzubuchende Geschäftsfälle, die die übernehmende Gesellschaft betreffen, sind mit den entsprechenden Buchungen bei dieser aufzurechnen (zu konsolidieren, vgl auch Rz (79)).

(62) Die buchmäßige Darstellung der Vermögensübernahme hängt von der Größe und der Komplexität des übertragenen Vermögens und der Organisation des Rechnungswesens der übertragenden und der übernehmenden Gesellschaft ab.

(63) Grundsätzlich ist es möglich, den Stand des Vermögens (der Vermögensgegenstände, Schulden, Rückstellungen und Abgrenzungsposten und des Reinvermögens) zum Umgründungsstichtag oder zu einem späteren Zeitpunkt, spätestens zum Übergangszeitpunkt, in die Bücher der übernehmenden Gesellschaft aufzunehmen.

(64) Wird das übernommene Vermögen mit dem Stand zum Umgründungsstichtag in die Bücher der übernehmenden Gesellschaft aufgenommen, sind alle Veränderungen des Vermögens bis zum Übergangszeitpunkt einzeln oder in Form von Sammelbuchungen auf den Bestands- und Erfolgskonten der übernehmenden Gesellschaft zu erfassen.

(65) Wird das übernommene Vermögen mit dem Stand zum Übergangszeitpunkt oder zu einem Zeitpunkt zwischen dem Umgründungsstichtag und dem Übergangszeitpunkt in die Bücher der übernehmenden Gesellschaft aufgenommen, sind die Veränderungen des Reinvermögens zwischen dem Umgründungsstichtag und dem Zeitpunkt der Einbuchung bei der übernehmenden Gesellschaft einzeln oder in Form von Sammelbuchungen auf den Erfolgskonten und dem Reinvermögenskonto der übernehmenden Gesellschaft zu erfassen.

(66) Ab dem Zeitpunkt der Einbuchung des übernommenen Vermögens sind die Geschäftsfälle dieses Vermögens bei der übernehmenden Gesellschaft in den Büchern einzeln zu erfassen.

(67) Liegt das wirtschaftliche Eigentum an dem dem Umgründungsstichtag folgenden Abschlussstichtag der übertragenden Gesellschaft noch bei der übertragenden Gesellschaft (siehe **Fall B**), sind die für Rechnung der übernehmenden Gesellschaft angefallenen Erträge und Aufwendungen noch in der Gewinn- und Verlustrechnung der übertragenden Gesellschaft auszuweisen.

(68) Der Saldo aus den in der Zeit zwischen dem Umgründungsstichtag und dem Abschlussstichtag für die übernehmende Gesellschaft bewirkten Erträgen und Aufwendungen ist – mit Ausnahme von Kleinstkapitalgesellschaften – im Anhang der übertragenden Gesellschaft anzugeben und zu erläutern, insbesondere dass erwirtschaftete Gewinne nicht für Ausschüttungszwecke zur Verfügung stehen. Eine Rückstellung für den abzuführenden Gewinn oder eine Forderung auf Übernahme des für fremde Rechnung entstandenen Verlusts darf nach herrschender Meinung in der Bilanz der übertragenden Gesellschaft nicht angesetzt werden, weil es sich bei dem Umgründungsbeschluss nach dem

Abschlussstichtag um ein (rechts)begründendes Ereignis handelt. Die Einstellung des abzuführenden Gewinns in eine Rücklage, die bei Wesentlichkeit – außer von Kleinstkapitalgesellschaften – im Anhang erläutert werden sollte, ist zulässig.

(69) Wenn von dem bei der übernehmenden Gesellschaft von der übertragenden Gesellschaft übernommenen Ergebnis ein Teil einem früheren Geschäftsjahr zuzuordnen ist, ist im Fall der Wesentlichkeit zu empfehlen, diesen Teil des übernommenen Ergebnisses in einem Sonderposten mit der Bezeichnung „Umgründungsbedingte Übernahme eines Ergebnisses aus Vorperioden" **vor** dem Posten „Jahresüberschuss/Jahresfehlbetrag" auszuweisen. Dieser Posten ist im Anhang zu erläutern. Diese Erläuterungspflicht gilt nicht für Kleinstkapitalgesellschaften.

(70) Besteht die übernehmende Gesellschaft bereits (Umgründung zur Aufnahme), kann sich bei voneinander abweichenden Abschlussstichtagen der übertragenden und der übernehmenden Gesellschaft die Situation ergeben, dass an dem auf den Umgründungsstichtag jeweils folgenden Abschlussstichtag aus Sicht der übertragenden Gesellschaft das wirtschaftliche Eigentum bereits übergegangen, aus Sicht der übernehmenden Gesellschaft aber noch nicht übergegangen ist (siehe **Fall C**). Die übernehmende Gesellschaft darf in diesem Fall die zwischen dem Umgründungsstichtag und ihrem nachfolgenden Abschlussstichtag von der übertragenden Gesellschaft für ihre Rechnung erwirtschafteten Erträge und Aufwendungen noch nicht erfassen; sie darf aus den oben genannten Gründen auch keine Rückstellung für einen von ihr zu übernehmenden Verlust bilden. Die übertragende Gesellschaft darf dieses Ergebnis aufgrund des bereits übergegangenen wirtschaftlichen Eigentums nicht mehr zeigen bzw hat unter Umständen gar keinen Jahresabschluss mehr aufzustellen (siehe Abschnitt 4.4.).

(71) Wenn in dem dem Erwerb des wirtschaftlichen Eigentums folgenden Jahresabschluss in der Gewinn- und Verlustrechnung wesentliche Ergebnisanteile für einen Zeitraum enthalten sind, in dem noch kein wirtschaftliches Eigentum an dem zugrunde liegenden Vermögen bestanden hat, und die daher von der Geschäftsleitung der übernehmenden Gesellschaft nicht beeinflussbar waren, soll dieser Umstand im Anhang der übernehmenden Gesellschaft erläutert werden, es sei denn, es handelt sich um eine Kleinstkapitalgesellschaft. Zahlenangaben sind dazu nicht erforderlich.

(72) Zum gesonderten Ausweis des einem früheren Geschäftsjahr zuzuordnenden Ergebnisses siehe Rz (69).

(73) Als **Fall D** wird im Abschnitt „Zu Rz (59) bis (73)" der **Anlage** ein ausführliches Beispiel einer Abspaltung zur Neugründung gezeigt.

6. Rechnungslegung bei der übernehmenden Gesellschaft

6.1. Erfassung der Vermögensübernahme

6.1.1. Umgründung zur Neugründung

(74) Aktiengesellschaften und Gesellschaften mit beschränkter Haftung erlangen erst mit der Eintragung der Gesellschaft in das Firmenbuch zivilrechtliche Existenz (§ 34 Abs 1 AktG, § 2 Abs 1 GmbHG). Gleiches gilt für die Gründung einer einzutragenden Personengesellschaft (§ 123 UGB).

(75) Bei Gründung einer Aktiengesellschaft mit Sacheinlagen oder Sachübernahmen hat der Vorstand gemäß § 33 Abs 3 Satz 1 AktG unverzüglich nach der Eintragung der Gesellschaft im Firmenbuch die Eröffnungsbilanz, für welche die allgemeinen unternehmensrechtlichen Vorschriften gelten, auf den Tag der Errichtung der Gesellschaft (gemäß § 21 AktG Zeitpunkt der Übernahme aller Aktien durch die Gründer) zu erstellen, nach ihrer Bestätigung durch die Gründungsprüfer dem Aufsichtsrat vorzulegen und innerhalb von drei Monaten nach der Eintragung der Gesellschaft zu veröffentlichen. Wird ein Unternehmen (Betrieb) aufgrund einer auf einen höchstens neun Monate vor der Errichtung der Gesellschaft (das ist bei Verschmelzungen durch und Spaltungen zur Neugründung in der Regel der Zeitpunkt der Anmeldung des Verschmelzungs- bzw Spaltungsbeschlusses zur Eintragung im Firmenbuch) liegenden Stichtag aufgestellten Bilanz als Sacheinlage eingebracht, kann gemäß § 33 Abs 3 Satz 3 AktG die Eröffnungsbilanz auf diesen Stichtag, das ist der Beginn des dem Umgründungsstichtag folgenden Tages, aufgestellt werden. Dies gilt sinngemäß **rechtsformunabhängig** insbesondere für Verschmelzungen durch und Spaltungen zur Neugründung, errichtende Umwandlungen und verschmelzende Umwandlungen auf den Hauptgesellschafter, wenn das übernommene Vermögen einen neuen rechnungslegungspflichtigen Betrieb oder eine neue rechnungslegungspflichtige Gesellschaft begründet.

(76) Im Fall der Umgründung zur Neugründung sind die Bilanzierungs- und Bewertungswahlrechte des § 202 UGB (siehe Rz (82)) in der Eröffnungsbilanz der neuen Gesellschaft auszuüben.

(77) Das erste Geschäftsjahr der übernehmenden Gesellschaft enthält bei Umgründungen auch die Ergebnisse aus dem übernommenen Vermögen für den Zeitraum zwischen dem Umgründungsstichtag und dem ersten Jahresabschlussstichtag. Dies kann dazu führen, dass im ersten Jahresabschluss das Ergebnis der wirtschaftlichen Betätigung für einen Zeitraum von mehr als zwölf Monaten enthalten ist (siehe Rz (69) zum Ausweis eines Sonderpostens für Ergebnisse aus Vorperioden). Dieser Umstand stellt keinen Verstoß gegen die Vorschrift des § 193 Abs 3 UGB dar, wonach die Dauer eines Geschäftsjahrs zwölf Monate nicht übersteigen darf. Im Anhang ist das Ergebnis des ersten Geschäftsjahrs der übernehmenden Gesellschaft angemessen zu erläutern, es sei denn, es handelt sich um eine Kleinstkapitalgesellschaft.

6.1.2. Umgründung zur Aufnahme

(78) Die Erstellung einer Übernahmebilanz auf den Umgründungsstichtag durch eine schon bestehende übernehmende Gesellschaft ist nicht erforderlich. Die Vermögensübernahme ist für die übernehmende Gesellschaft ein Geschäftsfall, der in dem den Übergang des wirtschaftlichen Eigentums (siehe Abschnitt 5.1.) erfassenden Jahresabschluss abgebildet wird.

(79) Die Übernahme von Vermögen im Zuge der Abwärts- und Seitwärts-Umgründung hat bei der übernehmenden Gesellschaft grundsätzlich keine Erfolgsauswirkung. Lediglich wenn es umgründungsbedingt zu einer Verrechnung bzw zu einem Wegfall einzelner Vermögensgegenstände und Schulden oder Rechnungsabgrenzungsposten kommt (sog Confusio), sind die sich dabei ergebenden Differenzbeträge im Zeitpunkt des umgründungsbedingten Erwerbs des wirtschaftlichen Eigentums bei der übernehmenden Gesellschaft erfolgswirksam zu berücksichtigen.

6.1.3. Anlagenspiegel

(80) Das übertragene Anlagevermögen ist bei der übernehmenden Gesellschaft in der Entwicklung des Anlagevermögens gemäß § 226 Abs 1 UGB (Anlagenspiegel) als Zugang zu erfassen. Wesentliche Zugänge sollten im Sinne der Generalnorm (§ 222 Abs 2 UGB) in einer gesonderten Spalte dargestellt werden. Im Fall der Bewertung gemäß § 202 Abs 1 UGB stellen die beizulegenden Werte die Anschaffungskosten der übernommenen Vermögensgegenstände dar.

(81) Bei Fortführung der Buchwerte des übertragenen Vermögens gemäß § 202 Abs 2 UGB sollten sowohl die historischen Anschaffungs- oder Herstellungskosten als auch die kumulierten Abschreibungen aus dem Anlagenspiegel des Rechtsvorgängers übernommen werden. Zur Frage des Ansatzes des beizulegenden Werts auch im Falle der Buchwertfortführung siehe Rz (93a); in diesem Fall ist dieser Wert als Anschaffungskosten auszuweisen und der Wert der kumulierten Abschreibungen entsprechend anzupassen.

6.2. Bilanzierung der Vermögensübernahme

6.2.1. Grundsätzliches

(82) § 202 UGB enthält für die Bewertung bei der übernehmenden Gesellschaft folgende Wahlrechte:

a) Neubewertung zum beizulegenden Wert (§ 202 Abs 1 UGB)

b) Fortführung der Buchwerte des übertragenen Vermögens (§ 202 Abs 2 Z 1 UGB)

c) Fortführung der Buchwerte und Ansatz eines aktiven Unterschiedsbetrags im Anlagevermögen (§ 202 Abs 2 Z 2 und 3 UGB – modifizierte Buchwertfortführung)

(83) Sofern die Vermögensübernahme bei Umgründungen als Einlage oder Zuwendung zu qualifizieren ist, richtet sich die Bewertung der Vermögensgegenstände und Schulden nach den Vorschriften des § 202 UGB. Im Fall einer Neubewertung übernehmen die beizulegenden Werte für die Folgebewertung die Funktion von Anschaffungs- oder Herstellungskosten iSd § 203 UGB. Für Vermögensübernahmen, die wegen des Fehlens einer Vermögensmehrung einen Tausch oder tauschähnlichen Vorgang darstellen, gelten grundsätzlich die allgemeinen bewertungsrechtlichen Vorschriften des UGB. Aufgrund der umgründungsbedingten Veranlassung des Tausches ist es bei Umgründungen zulässig, die Buchwerte der übertragenden Gesellschaft in sinngemäßer Anwendung des § 202 Abs 2 UGB fortzuführen.

6.2.2. Die Bewertungsvorschrift des § 202 Abs 1 UGB

(84) *Einlagen und Zuwendungen sowie Entnahmen sind mit dem Wert anzusetzen, der ihnen im Zeitpunkt ihrer Leistung beizulegen ist, soweit sich nicht aus der Nutzungsmöglichkeit im Unternehmen ein geringerer Wert ergibt. Werden Betriebe oder Teilbetriebe eingelegt oder zugewendet, so gilt § 203 Abs 5 sinngemäß.*

(85) Unter **Einlagen** werden Vermögensmehrungen bei der übernehmenden Gesellschaft verstanden, die als gesellschaftsrechtliche Vorgänge bewirkt werden und gegen Gewährung einer Gegenleistung (Gesellschaftsanteile oder andere Formen von Beteiligungen am Vermögen der Gesellschaft wie insbesondere Substanzgenussrechte) erfolgen. Gegenstand einer Einlage können grundsätzlich alle Arten von Vermögenswerten sein.

(86) Unter **Zuwendungen** werden Vermögensmehrungen bei der übernehmenden Gesellschaft verstanden, die als gesellschaftsrechtliche Vorgänge durch Gesellschafter, verbundene Unternehmen oder fremde Personen bewirkt werden und ohne Gewährung einer Gegenleistung erfolgen. Gegenstand einer Zuwendung können grundsätzlich alle Arten von Vermögenswerten sein.

(87) Der **beizulegende Wert** ist in § 189a Z 3 UGB definiert. Obergrenze ist jedenfalls der sich aus der konkreten Nutzungsmöglichkeit im Unternehmen ergebende (geringere) Wert.

(88) **Zeitpunkt** der Leistung ist grundsätzlich der Zeitpunkt des Erwerbs des wirtschaftlichen Eigentums. Bei Umgründungen, bei denen vertraglich ein Umgründungsstichtag vereinbart ist, von dem an die betreffenden Handlungen der übertragenden Gesellschaft als für Rechnung der übernehmenden Gesellschaft vorgenommen gelten, ist das übernommene Vermögen nach den Wertverhältnissen am Umgründungsstichtag zu bewerten.

(89) Im Fall der Neubewertung sind bei der übernehmenden Gesellschaft auch bisher gemäß § 197 Abs 2 UGB nicht bilanzierungsfähige immaterielle Vermögensgegenstände anzusetzen.

(90) Werden im Zuge einer Umgründung Betriebe oder Teilbetriebe eingelegt oder zugewendet, gilt gemäß § 202 Abs 1 Satz 2 UGB die Bestimmung des § 203 Abs 5 UGB sinngemäß. Dies bedeutet, dass bei Anwendung des § 202 Abs 1 UGB zwingend auch ein allfälliger Firmenwert anzusetzen ist.

6.2.3. Die Bewertungsvorschrift des § 202 Abs 2 UGB

(91) *Bei Umgründungen (Verschmelzungen, Umwandlungen, Einbringungen, Zusammenschlüssen, Realteilungen und Spaltungen) gilt Folgendes:*

1. *Abweichend von Abs 1 dürfen die Buchwerte aus dem letzten Jahresabschluss oder einer Zwischenbilanz, die nach den auf den letzten Jahresabschluss angewandten Bilanzierungs- und Bewertungsmethoden zu erstellen ist, fortgeführt werden. Der Stichtag der zugrundegelegten Bilanz darf höchstens neun Monate vor der Anmeldung zum Firmenbuch liegen; ist eine Anmeldung zum Firmenbuch nicht vorgesehen, so ist der Tag des Abschlusses der zugrundeliegenden Vereinbarung maßgeblich. War der Rechtsvorgänger (der Übertragende) zur Führung von Büchern nicht verpflichtet, dürfen die steuerrechtlichen Werte angesetzt werden.*
2. *Übersteigt der Gesamtbetrag der Gegenleistung die fortgeführten Werte nach Z 1, so darf der Unterschiedsbetrag unter die Posten des Anlagevermögens aufgenommen werden; der Gesamtbetrag der Gegenleistung ergibt sich aus dem Gesamtausgabebetrag der neuen Anteile, dem Buchwert eigener oder untergehender Anteile und den baren Zuzahlungen.*
3. *Jener Teil des Unterschiedsbetrags, der den Aktiven und Passiven des übertragenen Vermögens zugeordnet werden kann, ist als Umgründungsmehrwert gesondert auszuweisen; auf diesen Wert sind die für Vermögensgegenstände und Schulden geltenden Bestimmungen anzuwenden. Ein danach verbleibender Restbetrag darf als Firmenwert angesetzt werden.*

(92) Die Reichweite des Begriffs **Umgründung** ist im UGB nicht näher definiert. Wenn auch in einem Klammerausdruck die Umgründungstypen des UmgrStG genannt werden, bedeutet das nicht, dass auf Umgründungen iSd § 202 UGB im konkreten Fall das UmgrStG zur Anwendung kommen muss. Unter den Begriff Umgründung fallen jedenfalls Verschmelzungen nach den einschlägigen Normen, Spaltungen nach dem SpaltG und Umwandlungen nach dem UmwG sowie mit diesen vergleichbare Vermögensübertragungen. Darüber hinaus fallen aufgrund der Zitierung in der Klammer des Einleitungssatzes von § 202 Abs 2 UGB jedenfalls auch Vermögensübernahmen, die Vermögen iSd Art III bis V UmgrStG (Einbringungen, Zusammenschlüsse und Realteilungen) zum Gegenstand haben, unter den Begriff Umgründung. Neben den in § 202 Abs 1 UGB genannten Betrieben und Teilbetrieben zählen zu Vermögen iSd § 202 Abs 2 UGB auch Beteiligungen iSd § 189a Z 2 UGB.

(93) Bei den **fortgeführten Buchwerten** muss es sich grundsätzlich um Buchwerte handeln, die nach den Vorschriften des UGB oder bei nicht buchführungspflichtigen Rechtsvorgängern nach dem österreichischen Ertragsteuerrecht – im Falle betrieblichen Vermögens gemäß § 5 Abs 1 EStG – ermittelt wurden. Nicht auf diese Weise ermittelte Buchwerte sind durch die übernehmende Gesellschaft in UGB-äquivalente Buchwerte umzurechnen.[1]

[1] Nicht Gegenstand dieses Fachgutachtens ist die Beurteilung der Frage, ob aus europarechtlicher Sicht eine Fortführung von der Richtlinie des Europäischen Parlaments und des Rates vom 26. Juni 2013 über den Jahresabschluss, den konsolidierten Abschluss und damit verbundene Berichte von Unternehmen bestimmter Rechtsformen und zur Änderung der Richtlinie 2006/43/EG des Europäischen Parlaments und des Rates und zur Aufhebung der Richtlinien 78/660/EWG und 83/349/EWG des Rates (2013/34/EU) idgF (Bilanz-Richtlinie) oder der Verordnung (EG) Nr. 1606/2002 des Europäischen Parlaments und des Rates vom 19. Juli 2002 betreffend die Anwendung internationaler Rechnungslegungsstandards (IAS-Verordnung) entsprechenden Buchwerten zulässig ist.

(93a) Nach § 202 Abs 2 UGB dürfen die Buchwerte aus dem letzten Jahresabschluss oder einer Zwischenbilanz, die nach den auf den letzten Jahresabschluss angewandten Bilanzierungs- und Bewertungsmethoden zu erstellen ist, fortgeführt werden. In diesem Fall hat die übernehmende Gesellschaft die historischen Anschaffungs- und Herstellungskosten des Rechtsvorgängers weiterzuführen. Dies gilt auch dann, wenn der beizulegende Wert dem fortzuführenden Buchwert entspricht oder niedriger als die historischen Anschaffungs- oder Herstellungskosten ist. Die zwingende Ermittlung des beizulegenden Werts im Zeitpunkt der Umgründung würde dem Vereinfachungsgedanken des § 202 Abs 2 UGB widersprechen. Die unternehmensrechtliche Fortführung der historischen Anschaffungs- und Herstellungskosten steht hinsichtlich des Anlagevermögens in Einklang mit der bilanzsteuerrechtlichen Regelung des § 6 Z 13 Satz 2 EStG idF StRefG 2020. Da nach dem Erkenntnis des VwGH vom 22.5.2014, 2010/15/0127, der Ansatz des (niedrigeren) beizulegenden Werts als Anschaffungskosten auch dann als geboten angesehen wird, wenn sich die übernehmende Gesellschaft für die Buchwertfortführung entscheidet, sind nach Auffassung des Fachsenats beide Alternativen (Fortführung der Buchwerte des Rechtsvorgängers einschließlich der historischen Anschaffungs- oder Herstellungskosten oder Fortführung der Buchwerte des Rechtsvorgängers begrenzt mit dem beizulegenden Wert) sowohl bei Einzel- als auch bei Gesamtrechtsnachfolge zulässig.

(94) Erfolgt keine Buchwertfortführung, ist eine Bewertung nach § 202 Abs 1 UGB mit dem beizulegenden Wert vorzunehmen. Ein Ansatz von Zwischenwerten zwischen dem beizulegenden Wert und den fortgeführten Buchwerten ist nicht zulässig.

(95) Sollte das übertragene Vermögen negative steuerrechtliche Anschaffungskosten aufweisen (eine Privatperson überträgt beispielsweise einen GmbH-Anteil mit negativen Anschaffungskosten aus einer vorangehenden Umgründung), ist dieses Vermögen im Rahmen der Fortführung der steuerlichen Werte zumindest mit einem Erinnerungswert anzusetzen.

6.2.4. Ansatz- und Bewertungswahlrechte bei Umgründungen

6.2.4.1. Ansatz- und Bewertungswahlrechte bei Einlagen

(96) Bei Einlagen hat die übernehmende Gesellschaft für die Bewertung des übernommenen Vermögens folgende Wahlrechte:

a) Neubewertung zum beizulegenden Wert (§ 202 Abs 1 UGB)
b) Fortführung der Buchwerte (§ 202 Abs 2 Z 1 UGB)
c) modifizierte Buchwertfortführung (§ 202 Abs 2 Z 2 und 3 UGB)

(97) Bei der **Buchwertfortführung** (Fortführung der Buchwerte aus dem letzten Jahresabschluss oder einer Zwischenbilanz der übertragenden Gesellschaft bzw der steuerlichen Werte gemäß § 5 Abs 1 EStG) sind die Unterschiedsbeträge zwischen dem Saldo der Buchwerte des übernommenen Vermögens und dem Gesamtbetrag der Gegenleistung wie folgt zu behandeln:

a) Übersteigt der Saldo der Buchwerte des übernommenen Vermögens den Gesamtbetrag der Gegenleistung, ist der Unterschiedsbetrag in eine Kapitalrücklage einzustellen.
b) Übersteigt der Gesamtbetrag der Gegenleistung den Saldo der Buchwerte des übernommenen Vermögens, ist der Unterschiedsbetrag in der Gewinn- und Verlustrechnung in einem Sonderposten mit der Bezeichnung „Reinvermögensminderung durch Umgründung" unmittelbar nach dem Posten „Jahresüberschuss/Jahresfehlbetrag" auszuweisen. Wird gemäß § 231 Abs 5 UGB auf den Ausweis der Veränderungen der Kapital- und Gewinnrücklagen in der Gewinn- und Verlustrechnung verzichtet, ist auch diese Vermögensminderung gemeinsam mit den Rücklagenänderungen im Anhang auszuweisen. Der Posten ist bei Wesentlichkeit – gegebenenfalls gemeinsam mit dem Ausweis der Vermögensänderung iSd § 231 Abs 5 UGB – gemäß der Generalnorm (§ 222 Abs 2 UGB) im Anhang zu erläutern. Dies gilt nicht für Kleinstkapitalgesellschaften.

Der Gesamtbetrag der Gegenleistung ergibt sich gemäß § 202 Abs 2 Z 2 UGB aus dem Gesamtausgabebetrag der neuen Anteile, dem Buchwert eigener oder untergehender Anteile und baren Zuzahlungen.

(98) Bei Anwendung der **modifizierten Buchwertfortführung** darf der Unterschiedsbetrag zwischen dem Gesamtbetrag der Gegenleistung und dem niedrigeren Betrag des Saldos der Buchwerte des übernommenen Vermögens im Anlagevermögen aktiviert werden.

(99) Im Fall der Ausübung des Ansatzwahlrechts ist jener Teil des Unterschiedsbetrags, der den übertragenen Vermögensgegenständen (einschließlich bislang bei der übertragenden Gesellschaft gemäß § 197 Abs 2 UGB nicht aktivierter) und Schulden zugeordnet werden kann, gemäß § 202 Abs 2 Z 3 UGB in der Bilanz der übernehmenden Gesellschaft als gesonderter Posten mit der Bezeichnung „Umgründungsmehrwert" im Rahmen des Anlagevermögens auszuweisen. Auf diesen Teil des Unterschiedsbetrags sind die für die jeweiligen Vermögensgegenstände und Schulden geltenden Bestimmungen des UGB anzuwenden.

(100) Wenn der Saldo aus stillen Reserven und stillen Lasten niedriger ist als der Unterschiedsbetrag, darf der übersteigende Teil des Unterschiedsbetrags als Firmenwert iSd § 203 Abs 5 UGB angesetzt werden.

(101) Übersteigen die stillen Reserven abzüglich der stillen Lasten den Unterschiedsbetrag, ist die Zuordnung zum Unterschiedsbetrag unter Beachtung des Grundsatzes der Willkürfreiheit vorzunehmen. Diesem Erfordernis wird entsprochen, wenn die Zuordnung der stillen Nettoreserven entweder proportional oder nach Wesentlichkeits- oder Bestimmtheitskriterien vorgenommen wird.

(102) Der Umgründungsmehrwert ist – mit Ausnahme von Kleinstkapitalgesellschaften – im Anhang zu erläutern.

6.2.4.2. Ansatz- und Bewertungswahlrechte bei Zuwendungen

(103) Da bei Zuwendungen keine Gegenleistung der übernehmenden Gesellschaft erfolgt, können Vermögensgegenstände und Schulden, die im Wege einer Zuwendung übertragen werden, lediglich zu beizulegenden Werten oder zu fortgeführten Buchwerten bewertet werden. Die Anwendung der modifizierten Buchwertfortführung ist bei Zuwendungen mangels Gegenleistung nicht möglich.

(104) Liegt ein positiver Saldo der Buchwerte des übernommenen Vermögens vor, ist dieser in eine Kapitalrücklage einzustellen. Ein negativer Saldo der Buchwerte des übernommenen Vermögens ist in der Gewinn- und Verlustrechnung in einem Sonderposten mit der Bezeichnung „Reinvermögensminderung durch Umgründung" unmittelbar **nach** dem Posten „Jahresüberschuss/Jahresfehlbetrag" gesondert auszuweisen. Wird gemäß § 231 Abs 5 UGB auf den Ausweis der Veränderungen der Kapital- und Gewinnrücklagen in der Gewinn- und Verlustrechnung verzichtet, ist auch diese Vermögensminderung gemeinsam mit den Rücklagenänderungen im Anhang auszuweisen. Der Posten ist bei Wesentlichkeit – gegebenenfalls gemeinsam mit dem Ausweis der Vermögensänderung iSd § 231 Abs 5 UGB – gemäß der Generalnorm (§ 222 Abs 2 UGB) im Anhang zu erläutern. Dies gilt nicht für Kleinstkapitalgesellschaften.

6.2.5. Weiterführung des Umgründungsmehrwerts in den Folgejahren

(105) Hinsichtlich der Weiterführung der im Umgründungsmehrwert enthaltenen stillen Reserven und Lasten in den Folgeperioden gilt Folgendes:

a) Stille Reserven in abnutzbaren Vermögensgegenständen sind nach Maßgabe planmäßiger Abschreibungen auf die Restnutzungsdauer zu verteilen; bei Wertminderungen, die außerplanmäßige Abschreibungen erforderlich machen, und beim Abgang des Vermögensgegenstands sind sie insoweit zu vermindern bzw auszubuchen.

b) Stille Reserven in nicht abnutzbaren Vermögensgegenständen sind bei Wertminderungen, die außerplanmäßige Abschreibungen erforderlich machen, und beim Abgang des Vermögensgegenstands insoweit zu vermindern bzw auszubuchen. Im Fall einer Wertminderung ist vorrangig der Umgründungsmehrwert zu vermindern; der Buchwert des betreffenden Vermögensgegenstands ist nur herabzusetzen, wenn die Wertminderung den auf den Vermögensgegenstand entfallenden Umgründungsmehrwert übersteigt.

c) Stille Reserven in Verbindlichkeiten (zB bei Fremdwährungen) sind im Fall ihrer Verminderung sowie nach Maßgabe der Tilgung der Verbindlichkeit aufzulösen.

d) Bei einer Verminderung oder beim Wegfall stiller Lasten kommt es zu einer Erhöhung des Umgründungsmehrwerts.

e) Stellt sich in einem späteren Geschäftsjahr nach einer vorangehenden außerplanmäßigen Abschreibung heraus, dass die Gründe dafür nicht mehr bestehen, hat eine Zuschreibung des Umgründungsmehrwerts gemäß § 208 UGB zu erfolgen.

(106) Bei einer Folgeumgründung können für das übernommene Vermögen die Wahlrechte des § 202 Abs 2 UGB in Anspruch genommen werden. Ein im übernommenen Vermögen enthaltener Umgründungsmehrwert ist in diesem Fall weiterzuführen.

7. Besonderheiten bei Umgründungen zwischen verbundenen Unternehmen

7.1. Vorbemerkung

(107) In den anschließenden Ausführungen werden folgende Richtungen von Umgründungen behandelt:

a) Aufwärts (upstream)-Umgründungen: Vermögen wird von einer Tochtergesellschaft auf die Muttergesellschaft übertragen.

b) Abwärts (downstream)-Umgründungen: Vermögen wird von einer Muttergesellschaft auf eine Tochtergesellschaft übertragen.

c) Seitwärts (sidestream)-Umgründungen: Vermögen wird von einer Tochtergesellschaft (T 1) einer Muttergesellschaft auf eine andere Tochtergesellschaft (T 2) derselben Muttergesellschaft übertragen.

In den Ausführungen zur Erfassung der Umgründungsvorgänge in den Gewinn- und Verlustrechnungen wird unterstellt, dass jeweils 100%ige Beteiligungen der Muttergesellschaft an der bzw den Tochtergesellschaft(en) bestehen. Wenn an Tochter- oder Schwestergesellschaften andere Gesellschafter beteiligt sind, sind die daraus resultierenden Auswirkungen im Einzelfall zum Teil unterschiedlich zu berücksichtigen. Beispielsweise liegt bei einer Aufwärts-Verschmelzung einer Tochtergesellschaft, an der die Muttergesellschaft nur 80 % hält, anteilig im Ausmaß von 20 % des Vermögens der Tochtergesellschaft eine Einlage vor.

(108) In den Ausführungen zur Erfassung der Umgründungsvorgänge in den Gewinn- und Verlustrechnungen wird unterstellt, dass jeweils 100%ige Beteiligungen der Muttergesellschaft an der bzw den Tochtergesellschaft(en) bestehen. Wenn an Tochter- oder Schwestergesellschaften andere Gesellschafter beteiligt sind, sind die daraus resultierenden Auswirkungen im Einzelfall zum Teil unterschiedlich zu berücksichtigen. Beispielsweise liegt bei einer Aufwärts-Verschmelzung einer Tochtergesellschaft, an der die Muttergesellschaft nur 80 % hält, anteilig im Ausmaß von 20 % des Vermögens der Tochtergesellschaft eine Einlage vor.

7.2. Verschmelzungen

7.2.1. Aufwärts-Verschmelzungen

7.2.1.1. Rechnungslegung bei der übertragenden Gesellschaft

(109) Die übertragende Gesellschaft geht bei der Verschmelzung unter.

7.2.1.2. Rechnungslegung bei der übernehmenden Gesellschaft

(110) Da sich die Vermögenslage der übernehmenden Muttergesellschaft durch die Übertragung des Vermögens der Tochtergesellschaft nicht ändert, liegt keine Vermögensmehrung und daher keine Einlage oder Zuwendung vor. Das übernommene Vermögen ist nach den für Tauschgeschäfte geltenden Grundsätzen (dh zum beizulegenden Wert) zu bewerten. Im Hinblick darauf, dass dem Tausch eine Umgründung zugrunde liegt, ist es jedoch zulässig, die Buchwerte des übernommenen Vermögens weiterzuführen (siehe Rz (83)).

(111) Der Unterschiedsbetrag zwischen dem Buchwert der untergehenden Anteile und dem Saldo des zu Buchwerten oder zu beizulegenden Werten bewerteten übernommenen Vermögens (Verschmelzungsverlust oder -gewinn) ist in der Gewinn- und Verlustrechnung in einem Sonderposten **vor** dem Posten „Jahresüberschuss/Jahresfehlbetrag“ auszuweisen und bei Wesentlichkeit im Anhang zu erläutern, es sei denn, dass es sich um eine Kleinstkapitalgesellschaft handelt.

(112) Im Falle der Fortführung der Buchwerte des übernommenen Vermögens ist auch die modifizierte Buchwertfortführung (siehe Rz (98)) zulässig, sodass sich kein ergebniswirksamer Verschmelzungsverlust ergibt. Dies ist dann nicht der Fall, wenn nach Aktivierung eines Umgründungsmehrwerts, vermindert um allfällige latente Steuern, ein Unterschiedsbetrag verbleibt, der nicht vollständig durch die wahlweise Aktivierung eines Firmenwerts ausgeglichen wird.

7.2.2. Abwärts-Verschmelzungen

7.2.2.1. Rechnungslegung bei der übertragenden Gesellschaft

(113) Die übertragende Gesellschaft geht bei der Verschmelzung unter.

7.2.2.2. Rechnungslegung bei der übernehmenden Gesellschaft

(114) Wird eine Muttergesellschaft auf ihre Tochtergesellschaft verschmolzen, gehen die Anteile der Muttergesellschaft an der Tochtergesellschaft ohne Buchung bei der Tochtergesellschaft auf die Gesellschafter der Muttergesellschaft über (Durchgangserwerb, siehe § 224 Abs 3 AktG).

(115) Der Übergang des übrigen Vermögens mit positivem Verkehrswert auf die Tochtergesellschaft stellt entweder eine Einlage (wenn das Vermögen die Grundlage für eine Kapitalerhöhung bildet) oder eine Zuwendung dar.

(116) Unabhängig davon, ob es bei der Tochtergesellschaft anlässlich der Verschmelzung zu einer Kapitalerhöhung kommt, liegt bei ihr eine Gegenleistung iSd § 202 Abs 2 Z 2 UGB vor. Aufgrund des Vorliegens einer Gegenleistung ist, abgesehen von der Möglichkeit der Bewertung des übertragenen Vermögens bei der übernehmenden Gesellschaft mit dem beizulegenden Wert gemäß § 202 Abs 1 UGB, sowohl die Buchwertfortführung (siehe Rz (97)) als auch die modifizierte Buchwertfortführung (siehe Rz (98)) zulässig. Die Anwendung der modifizierten Buchwertfortführung erfordert das Vorhandensein von stillen Reserven einschließlich Firmenwert im übertragenen Vermögen.

(117) Da die Vermögensmehrung bei der Tochtergesellschaft eine gesellschaftsrechtlich veranlasste Einlage oder Zuwendung iSd § 202 UGB darstellt, ist der die Erhöhung des Nennkapitals übersteigende Betrag des positiven Saldos des übernommenen Vermögens bei der übernehmenden Gesellschaft in eine Kapitalrücklage einzustellen.

(118) Ist der bei der Tochtergesellschaft angesetzte Saldo der Buchwerte des Vermögens negativ und wird von der modifizierten Buchwertfortführung nicht Gebrauch gemacht, ist dieser Betrag in der Gewinn- und Verlustrechnung in einem Sonderposten mit der Bezeichnung „Reinvermögensminderung durch Verschmelzung“ unmittelbar **nach** dem Posten „Jahresüberschuss/Jahresfehlbetrag“ auszuweisen und bei Wesentlichkeit im Anhang zu erläutern, es sei denn, dass es sich um eine Kleinstkapitalgesellschaft handelt. Wird gemäß § 231 Abs 5 UGB auf den Ausweis der Veränderungen der Kapital- und Gewinnrücklagen in der Gewinn- und Verlustrechnung verzichtet, ist auch diese Vermögensminderung gemeinsam mit den Rücklagenänderungen im Anhang auszuweisen und zu erläutern. Dies gilt nicht für Kleinstkapitalgesellschaften.

(119) Der Bewertung gemäß § 202 UGB unterliegt nur das im Zuge der Verschmelzung an die Tochtergesellschaft übertragene Vermögen; eine Neubewertung des Vermögens der Tochtergesellschaft anlässlich der Verschmelzung ist nicht zulässig.

7.2.2.3. Rechnungslegung beim Gesellschafter der übertragenden Gesellschaft

(120) Beim Gesellschafter der übertragenden Gesellschaft wird im Fall der Abwärts-Verschmelzung die Beteiligung an der Muttergesellschaft durch die Beteiligung an der Tochtergesellschaft ersetzt. Dieser Vorgang stellt einen Tausch oder tauschähnlichen Vorgang dar, welcher grundsätzlich nach den für den Tausch entwickelten Grundsätzen zu bewerten ist. Im Hinblick darauf, dass dem vorliegenden Tausch eine Umgründung zugrunde liegt, ist es zulässig, den Buchwert der bisherigen Beteiligung an der Muttergesellschaft unverändert auf die neue Beteiligung an der Tochtergesellschaft zu übertragen.

7.2.3. Seitwärts-Verschmelzungen

7.2.3.1. Rechnungslegung bei der übertragenden Gesellschaft

(121) Die übertragende Gesellschaft geht bei der Verschmelzung unter.

7.2.3.2. Rechnungslegung bei der übernehmenden Gesellschaft

(122) Bei der übernehmenden Gesellschaft kommt es anlässlich der Übernahme des Vermögens zu einer Vermögensmehrung, weshalb die Bewertungsvorschriften des § 202 Abs 1 oder 2 UGB anzuwenden sind (siehe Rz (84) ff).

(123) Erfolgt bei der übernehmenden Gesellschaft als Gegenleistung eine Kapitalerhöhung, ist der Überschuss der Buchwerte bzw der beizulegenden Werte des übertragenen Vermögens über den Nennbetrag der neuen Anteile in eine Kapitalrücklage einzustellen, welche gemäß § 229 Abs 4 UGB bei Aktiengesellschaften und großen Gesellschaften mit beschränkter Haftung gebunden ist. Erfolgt keine Gegenleistung iSd § 229 Abs 2 Z 1 UGB, ist der positive Saldo des zu Buchwerten übernommenen bzw mit beizulegenden Werten bewerteten übernommenen Vermögens in eine nicht gebundene Kapitalrücklage einzustellen.

(124) Übersteigt der Gesamtbetrag der Gegenleistung den Saldo des zu Buchwerten übernommenen Vermögens, ist der Unterschiedsbetrag in der Gewinn- und Verlustrechnung in einem Sonderposten mit der Bezeichnung „Reinvermögensminderung durch Verschmelzung“ unmittelbar *nach* dem Posten „Jahresüberschuss/Jahresfehlbetrag“ auszuweisen, soweit nicht von der Möglichkeit der modifizierten Buchwertfortführung Gebrauch gemacht wird. Wird gemäß § 231 Abs 5 UGB auf den Ausweis der Veränderungen der Kapital- und Gewinnrücklagen in der Gewinn- und Verlustrechnung verzichtet, ist auch diese Vermögensminderung gemeinsam mit den Rücklagenänderungen im Anhang auszuweisen und zu erläutern. Dies gilt nicht für Kleinstkapitalgesellschaften.

(125) Unterbleibt eine Gegenleistung und wird ein zu Buchwerten negatives Vermögen eingelegt,

kann die modifizierte Buchwertfortführung nicht angewendet werden (siehe Rz (103)).

7.2.3.3. Rechnungslegung beim Gesellschafter der übertragenden und der übernehmenden Gesellschaft

(126) Beim Gesellschafter der übertragenden und der übernehmenden Gesellschaft liegt hinsichtlich der Anteile an den beiden Gesellschaften ein tauschähnlicher Vorgang vor. Dem Untergang der Beteiligung an der übertragenden Gesellschaft steht eine Wertänderung (in der Regel Wertsteigerung) der Beteiligung an der übernehmenden Gesellschaft gegenüber. Nach den für den Tausch geltenden Grundsätzen ist der beizulegende Wert der untergehenden Beteiligung an der übertragenden Gesellschaft auf die Beteiligung an der übernehmenden Gesellschaft zu übertragen. Im Hinblick darauf, dass dem Tausch eine Umgründung zugrunde liegt, ist es jedoch zulässig, den Buchwert der Beteiligung an der übertragenden Gesellschaft auf die Beteiligung an der übernehmenden Gesellschaft zu übertragen.

(127) Wird der beizulegende Wert der untergehenden Beteiligung auf die Beteiligung an der übernehmenden Gesellschaft übertragen, ist der Unterschiedsbetrag zwischen dem beizulegenden Wert und dem Buchwert der untergehenden Beteiligung in der Gewinn- und Verlustrechnung in einem Sonderposten vor dem Posten „Jahresüberschuss/Jahresfehlbetrag" auszuweisen und – mit Ausnahme von Kleinstkapitalgesellschaften – bei Wesentlichkeit im Anhang zu erläutern.

7.3. Abspaltungen

7.3.1. Aufwärts-Abspaltungen

7.3.1.1. Rechnungslegung bei der übertragenden Gesellschaft

(128) Bei der übertragenden Gesellschaft verändert sich das bilanzielle Eigenkapital um den Saldo der Buchwerte des übertragenen Vermögens. Die Abbildung in der Rechnungslegung der übertragenden Gesellschaft ist in den Rz (44) ff dargestellt.

7.3.1.2. Rechnungslegung bei der übernehmenden Gesellschaft

(129) Wird Vermögen einer Tochtergesellschaft im Wege der Abspaltung auf die Muttergesellschaft übertragen, darf die Muttergesellschaft für das übertragene Vermögen keine Anteile ausgeben, weil sie die Anteile an der übertragenden Tochtergesellschaft besitzt (vgl § 224 Abs 1 Z 1 AktG iVm § 17 Z 5 SpaltG). Es liegt ein tauschähnlicher Vorgang (Übernahme von Vermögen gegen Veränderung des Werts der Beteiligung) vor. Das abgespaltene Vermögen ist daher grundsätzlich nach den für den Tausch entwickelten Grundsätzen zu bewerten. Im Hinblick darauf, dass dem Tausch eine Umgründung zugrunde liegt, ist es jedoch zulässig, bei der übernehmenden Gesellschaft die Buchwerte des übernommenen Vermögens der Tochtergesellschaft fortzuführen. Der Buchwert oder der beizulegende Wert des übernommenen Vermögens ist in der Gewinn- und Verlustrechnung in einem Sonderposten **vor** dem Posten „Jahresüberschuss/Jahresfehlbetrag" auszuweisen, und zwar saldiert mit den Aufwendungen gemäß Rz (132), und bei Wesentlichkeit im Anhang zu erläutern, es sei denn, dass es sich um eine Kleinstkapitalgesellschaft handelt.

(130) Neben der Bewertung des übernommenen Vermögens (zum Buchwert oder zum beizulegenden Wert) stellt sich bei der übernehmenden Gesellschaft die Frage der Auswirkungen des Vorgangs auf den Wertansatz der Beteiligung an der übertragenden Tochtergesellschaft. Anlässlich der Aufstellung des auf die Abspaltung folgenden Jahresabschlusses ist zu prüfen, ob der Wertansatz der Beteiligung in dem nach der Abspaltung bei der Tochtergesellschaft verbliebenen Vermögen Deckung findet bzw ob eine außerplanmäßige Abschreibung erforderlich ist.

(131) Ebenso ist es zulässig, dass jener Teil des Buchwerts der Beteiligung an der übertragenden Tochtergesellschaft, der sich aus dem Verhältnis zwischen dem beizulegenden Wert des übertragenen Vermögens und dem beizulegenden Wert des gesamten Vermögens der Tochtergesellschaft vor der Umgründung ergibt, im Zeitpunkt des Übergangs des wirtschaftlichen Eigentums als Beteiligungsabgang ausgewiesen wird. In diesem Fall ist auch die modifizierte Buchwertfortführung (siehe Rz (98)) zulässig, sodass sich keine ergebniswirksame Spaltungsdifferenz ergibt. Dies ist dann nicht der Fall, wenn nach Aktivierung eines Umgründungsmehrwerts, vermindert um allfällige latente Steuern, ein Unterschiedsbetrag verbleibt, der nicht vollständig durch die wahlweise Aktivierung eines Firmenwerts ausgeglichen wird.

(132) Eine außerplanmäßige Abschreibung bzw der aus dem Beteiligungsabgang resultierende Aufwand ist mit dem Spaltungsergebnis gemäß Rz (129) aufzurechnen. Der Saldo, der sich bei dieser Aufrechnung ergibt, ist in der Gewinn- und Verlustrechnung in einem Sonderposten **vor** dem Posten „Jahresüberschuss/Jahresfehlbetrag" auszuweisen und bei Wesentlichkeit im Anhang zu erläutern, es sei denn, dass es sich um eine Kleinstkapitalgesellschaft handelt.

7.3.2. Abwärts-Abspaltungen

7.3.2.1. Rechnungslegung bei der übertragenden Gesellschaft

(133) Ist die abspaltende Gesellschaft an der übernehmenden Gesellschaft beteiligt und verzichten die Gesellschafter der übertragenden Gesellschaft gemäß § 17 Z 5 SpaltG iVm § 224 AktG auf die Gewährung von Anteilen an der übernehmenden Gesellschaft, liegt aus der Sicht der übertragenden Gesellschaft in der aus der Vermögensübertragung resultierenden Wertänderung der Beteiligung an der Tochtergesellschaft ein tauschähnlicher Vorgang vor. Das eingebrachte Vermögen ist daher grundsätzlich nach den für den Tausch entwickelten Grundsätzen zu bewerten. Im Hinblick auf die umgründungsbedingte

Veranlassung des Vorgangs ist es jedoch zulässig, von einer Gewinnrealisierung Abstand zu nehmen und den Buchwert der Beteiligung an der übernehmenden Tochtergesellschaft um einen positiven Saldo der Buchwerte des übertragenen Vermögens zu erhöhen.

(134) Wenn der Saldo der Buchwerte des übertragenen Vermögens negativ ist, bleibt der Buchwert der Beteiligung an der Tochtergesellschaft grundsätzlich unverändert. In diesem Fall entsteht bei der übertragenden Gesellschaft ein Gewinn in Höhe des negativen Saldos der Buchwerte des übertragenen Vermögens. Dieser ist in der Gewinn- und Verlustrechnung in einem Sonderposten **vor** dem Posten „Jahresüberschuss/Jahresfehlbetrag" auszuweisen und bei Wesentlichkeit im Anhang zu erläutern, es sei denn, dass es sich um eine Kleinstkapitalgesellschaft handelt.

(135) Im Fall einer Bewertung des Zugangs der Beteiligung an der übernehmenden Tochtergesellschaft mit dem beizulegenden Wert des übertragenen Vermögens ist die daraus resultierende Erhöhung des buchmäßigen Reinvermögens in der Gewinn- und Verlustrechnung der übertragenden Gesellschaft in einem Sonderposten **vor** dem Posten „Jahresüberschuss/Jahresfehlbetrag" auszuweisen und bei Wesentlichkeit im Anhang zu erläutern, es sei denn, dass es sich um eine Kleinstkapitalgesellschaft handelt.

7.3.2.2. Rechnungslegung bei der übernehmenden Gesellschaft

(136) Wird Vermögen mit einem positiven beizulegenden Wert im Wege der Abspaltung von der Muttergesellschaft auf eine Tochtergesellschaft übertragen, liegt bei der Tochtergesellschaft eine Zuwendung vor. Da es bei der übernehmenden Gesellschaft zu einer Vermögensmehrung kommt, sind bei dieser die Bewertungsvorschriften des § 202 Abs 1 oder 2 UGB anzuwenden (siehe Rz (84) ff).

7.3.2.3. Rechnungslegung beim Gesellschafter der übertragenden Gesellschaft

(137) Beim Gesellschafter der übertragenden Gesellschaft ergeben sich in aller Regel keine Auswirkungen, weil von der übernehmenden Gesellschaft keine neuen Anteile ausgegeben werden. Sollten im Einzelfall von der übernehmenden Gesellschaft Anteile gewährt werden, liegt im Ergebnis eine Seitwärts-Abspaltung vor (siehe dazu Abschnitt 7.3.3.4.).

7.3.3. Seitwärts-Abspaltungen

7.3.3.1. Grundsätzliches

(138) Eine Seitwärts-Abspaltung liegt vor, wenn eine Tochtergesellschaft (T 1) Vermögen auf eine andere bereits bestehende (Abspaltung zur Aufnahme) oder durch die Abspaltung neu gegründete (Abspaltung zur Neugründung) Tochtergesellschaft (T 2) derselben Muttergesellschaft abspaltet. Gemäß § 1 Abs 2 Z 2 SpaltG sind bei einer Abspaltung als Gegenleistung Anteile an der übernehmenden Gesellschaft an die Anteilsinhaber der übertragenden Gesellschaft, das ist die Muttergesellschaft der Gesellschaft T 1, zu gewähren; die Anteilsinhaber können im Fall einer Abspaltung zur Aufnahme auf die Gewährung von neuen Gesellschaftsanteilen an der übernehmenden Gesellschaft verzichten.

7.3.3.2. Rechnungslegung bei der übertragenden Gesellschaft

(139) Bei der übertragenden Gesellschaft verändert sich das bilanzielle Eigenkapital um den Saldo der Buchwerte des übertragenen Vermögens. Die Abbildung in der Rechnungslegung der übertragenden Gesellschaft ist in den Rz (44) ff dargestellt.

7.3.3.3. Rechnungslegung bei der übernehmenden Gesellschaft

(140) Bei der übernehmenden Gesellschaft (T 2) liegt eine Einlage oder Zuwendung vor. Bei der Bewertung des übernommenen Vermögens sind die Bewertungsvorschriften des § 202 Abs 1 oder 2 UGB anzuwenden (siehe Rz (84) ff).

7.3.3.4. Rechnungslegung bei der Muttergesellschaft der beiden Tochtergesellschaften

(141) Werden aufgrund der Übertragung von Vermögen einer Tochtergesellschaft (T 1) Anteile der übernehmenden Tochtergesellschaft (T 2) an die Muttergesellschaft ausgegeben, liegt bei der Muttergesellschaft ein tauschähnlicher Vorgang vor (Tausch von Vermögen der Tochtergesellschaft T 1 gegen Anteile an der Tochtergesellschaft T 2). Dies gilt auch, wenn bei einer Abspaltung zur Aufnahme auf die Gewährung von neuen Anteilen an der Tochtergesellschaft T 2 verzichtet wird; in diesem Fall ergibt sich aufgrund der Übertragung von Vermögen der Tochtergesellschaft T 1 eine Wertänderung der bestehenden Anteile an der Tochtergesellschaft T 2. Da es sich um einen umgründungsbedingten Tausch handelt, ist es zulässig, den Wertansatz der Beteiligung an der Tochtergesellschaft T 2 – unabhängig von der Bewertung des übernommenen Vermögens bei dieser Gesellschaft – um den positiven Saldo der Buchwerte des abgespaltenen Vermögens zu erhöhen.

(142) Bei der Muttergesellschaft ist anlässlich der Aufstellung des auf die Abspaltung folgenden Jahresabschlusses zu prüfen, ob der Wertansatz der Beteiligung an der übertragenden Tochtergesellschaft (T 1) in dem nach der Abspaltung bei dieser Tochtergesellschaft verbliebenen Vermögen Deckung findet bzw ob eine außerplanmäßige Abschreibung erforderlich ist.

(143) Ebenso ist es zulässig, dass jener Teil des Buchwerts der Beteiligung an der übertragenden Tochtergesellschaft (T 1), der sich aus dem Verhältnis zwischen dem beizulegenden Wert des übertragenen Vermögens und dem beizulegenden Wert des gesamten Vermögens dieser Tochtergesellschaft vor der Umgründung ergibt, im Zeitpunkt des Übergangs des wirtschaftlichen Eigentums als Beteiligungsabgang ausgewiesen und der Buchwert der Beteiligung an der Tochtergesellschaft T

2 um den gleichen Betrag als Beteiligungszugang erhöht wird.

7.4. Einbringungen

7.4.1. Aufwärts-Einbringungen

7.4.1.1. Rechnungslegung bei der übertragenden Gesellschaft

(144) Bei der übertragenden Gesellschaft verändert sich das bilanzielle Eigenkapital um den Saldo der Buchwerte des übertragenen Vermögens. Eine Aufwärts-Einbringung ist nur zulässig, wenn diese nicht zu einem Verstoß gegen das Verbot der Einlagenrückgewähr führt (§ 52 AktG, § 82 GmbHG). Die Abbildung in der Rechnungslegung der übertragenden Gesellschaft ist von der Möglichkeit einer Sachausschüttung und/oder den gegebenenfalls zu treffenden Ausgleichsmaßnahmen abhängig.

7.4.1.2. Rechnungslegung bei der übernehmenden Gesellschaft

(145) Wird Vermögen einer Tochtergesellschaft im Wege der Einbringung auf die Muttergesellschaft übertragen, darf die Muttergesellschaft für das übertragene Vermögen grundsätzlich keine Anteile ausgeben. Es liegt in gleicher Weise wie bei der Aufwärts-Verschmelzung und der Aufwärts-Abspaltung ein tauschähnlicher Vorgang (Übernahme von Vermögen gegen Veränderung des Werts der Beteiligung) vor. Das eingebrachte Vermögen ist daher grundsätzlich nach den für den Tausch entwickelten Grundsätzen zu bewerten. Im Hinblick darauf, dass dem Tausch eine Umgründung zugrunde liegt, ist es jedoch zulässig, die Buchwerte des übernommenen Vermögens fortzuführen. Der Saldo der Buchwerte ist in der Gewinn- und Verlustrechnung in einem Sonderposten **vor** dem Posten „Jahresüberschuss/Jahresfehlbetrag" auszuweisen, und zwar saldiert mit den Aufwendungen gemäß Rz (148), und bei Wesentlichkeit im Anhang zu erläutern, es sei denn, dass es sich um eine Kleinstkapitalgesellschaft handelt.

(146) Neben der Bewertung des übernommenen Vermögens (zum Buchwert oder zum beizulegenden Wert) stellt sich bei der übernehmenden Gesellschaft die Frage der Auswirkungen des Vorgangs auf den Wertansatz der Beteiligung an der übertragenden Tochtergesellschaft. Es ist anlässlich der Aufstellung des auf die Einbringung folgenden Jahresabschlusses zu prüfen, ob der Wertansatz der Beteiligung in dem nach der Einbringung bei der Tochtergesellschaft verbliebenen Vermögen Deckung findet bzw ob eine außerplanmäßige Abschreibung erforderlich ist.

(147) Ebenso ist es zulässig, dass jener Teil des Buchwerts der Beteiligung an der übertragenden Tochtergesellschaft, der sich aus dem Verhältnis zwischen dem beizulegenden Wert des übertragenen Vermögens und dem beizulegenden Wert des gesamten Vermögens der Tochtergesellschaft vor der Umgründung ergibt, im Zeitpunkt des Übergangs des wirtschaftlichen Eigentums als Beteiligungsabgang ausgewiesen wird. In diesem Fall ist auch die modifizierte Buchwertfortführung (siehe Rz (98)) zulässig, sodass sich keine ergebniswirksame Einbringungsdifferenz ergibt. Dies ist dann nicht der Fall, wenn nach Aktivierung eines Umgründungsmehrwerts, vermindert um allfällige latente Steuern, ein Unterschiedsbetrag verbleibt, der nicht vollständig durch die wahlweise Aktivierung eines Firmenwerts ausgeglichen wird.

(148) Eine außerplanmäßige Abschreibung bzw der aus dem Beteiligungsabgang resultierende Aufwand ist mit dem Einbringungsergebnis gemäß Rz (145) aufzurechnen. Der Saldo, der sich bei dieser Aufrechnung ergibt, ist in der Gewinn- und Verlustrechnung in einem Sonderposten **vor** dem Posten „Jahresüberschuss/Jahresfehlbetrag" auszuweisen und bei Wesentlichkeit im Anhang zu erläutern, es sei denn, dass es sich um eine Kleinstkapitalgesellschaft handelt.

7.4.2. Abwärts-Einbringungen

7.4.2.1. Rechnungslegung bei der übertragenden Gesellschaft

(149) Die Einbringung ist ein Geschäftsfall, der nach den Regeln über Tauschgeschäfte zu behandeln ist; die als Gegenleistung erhaltenen Anteile sind daher nach den für Tauschgeschäfte geltenden Grundsätzen zu bewerten. Dies führt zu einer Gewinnrealisierung, wenn die beizulegenden Werte des übertragenen Vermögens höher sind als die Buchwerte. Im Hinblick auf die umgründungsbedingte Veranlassung des Tausches ist es zulässig, von einer Gewinnrealisierung abzusehen und die erhaltenen Anteile mit dem Saldo der Buchwerte des übertragenen Vermögens zu bewerten. Ist der Saldo des zu Buchwerten bewerteten ausgegliederten Vermögens negativ, sind die erhaltenen Anteile zumindest mit einem Erinnerungswert anzusetzen.

(150) Gewinne, die bei der Einbringung realisiert werden, sind in der Gewinn- und Verlustrechnung in einem Sonderposten **vor** dem Posten „Jahresüberschuss/Jahresfehlbetrag" auszuweisen und bei Wesentlichkeit im Anhang zu erläutern, es sei denn, dass es sich um eine Kleinstkapitalgesellschaft handelt.

(151) Erfolgt anlässlich der Einbringung von Vermögen in die 100%ige Tochtergesellschaft keine Anteilsgewährung, gelten die Ausführungen der Rz (133) ff in gleicher Weise.

7.4.2.2. Rechnungslegung bei der übernehmenden Gesellschaft

(152) Wird Vermögen mit einem positiven beizulegenden Wert im Wege der Einbringung von einer Muttergesellschaft an eine Tochtergesellschaft übertragen, liegt bei der Tochtergesellschaft bei Ausgabe neuer Anteile eine Einlage und bei Unterbleiben einer Kapitalerhöhung eine Zuwendung vor. Auf diese Vorgänge sind die Bewertungsvorschriften des § 202 Abs 1 oder 2 UGB anzuwenden (siehe Rz (84) ff).

7.4.3. Seitwärts-Einbringungen

7.4.3.1. Grundsätzliches

(153) Bei einer Seitwärts-Einbringung, bei der eine Tochtergesellschaft (T 1) Vermögen auf eine andere, bereits bestehende Tochtergesellschaft (T 2) derselben Muttergesellschaft überträgt, erhält die übertragende Gesellschaft in der Regel keine Anteile der übernehmenden Gesellschaft, weil darauf verzichtet wird. Dieser Verzicht auf eine Gegenleistung ist nur zulässig, wenn die Einbringung dadurch nicht zu einem Verstoß gegen das Verbot der Einlagenrückgewähr führt (§ 52 AktG, § 82 GmbHG). Werden verkehrswertäquivalent Anteile als Gegenleistung an die übertragende Gesellschaft gewährt, liegt letztlich eine Abwärts-Einbringung vor (siehe dazu Rz (149) ff).

7.4.3.2. Rechnungslegung bei der übertragenden Gesellschaft

(154) Wenn die übertragende Gesellschaft für das übertragene Vermögen keine Anteile an der übernehmenden Gesellschaft erhält, verändert sich bei ihr das bilanzielle Reinvermögen um den Saldo der Buchwerte des übertragenen Vermögens. Die Abbildung in der Rechnungslegung der übertragenden Gesellschaft ist von der Möglichkeit einer Sachausschüttung und/oder den gegebenenfalls zu treffenden Ausgleichsmaßnahmen abhängig.

7.4.3.3. Rechnungslegung bei der übernehmenden Gesellschaft

(155) Bei der übernehmenden Gesellschaft (T 2) liegt bei Ausgabe neuer Anteile eine Einlage und bei Unterbleiben einer Kapitalerhöhung eine Zuwendung vor. Auf diese Vorgänge sind die Bewertungsvorschriften des § 202 Abs 1 oder 2 UGB anzuwenden (siehe Rz (84) ff).

7.4.3.4. Rechnungslegung bei der Muttergesellschaft der beiden Tochtergesellschaften

(156) Aufgrund der Übertragung von Vermögen der Tochtergesellschaft T 1 auf die Tochtergesellschaft T 2 ergibt sich eine Wertänderung der bestehenden Anteile an der Tochtergesellschaft T 2. Im Hinblick auf die umgründungsbedingte Veranlassung des Tausches ist es zulässig, den Wertansatz der Beteiligung an der Tochtergesellschaft T 2 um den positiven Saldo der Buchwerte des übertragenen Vermögens zu erhöhen.

(157) Bei der Muttergesellschaft ist anlässlich der Aufstellung des auf die Einbringung folgenden Jahresabschlusses zu prüfen, ob der Wertansatz der Beteiligung an der übertragenden Tochtergesellschaft (T 1) in dem nach der Einbringung bei ihr verbliebenen Vermögen Deckung findet bzw ob eine außerplanmäßige Abschreibung erforderlich ist.

(158) Ebenso ist es zulässig, dass jener Teil des Buchwerts der Beteiligung an der übertragenden Tochtergesellschaft (T 1), der sich aus dem Verhältnis zwischen dem beizulegenden Wert des übertragenen Vermögens und dem beizulegenden Wert des gesamten Vermögens dieser Tochtergesellschaft vor der Umgründung ergibt, im Zeitpunkt des Übergangs des wirtschaftlichen Eigentums als Beteiligungsabgang ausgewiesen und der Buchwert der Beteiligung an der Tochtergesellschaft T 2 um den gleichen Betrag als Beteiligungszugang erhöht wird.

7.5. Umwandlungen

7.5.1. Verschmelzende Umwandlung auf den Hauptgesellschafter

7.5.1.1. Rechnungslegung bei der übertragenden Gesellschaft

(159) Die übertragende Gesellschaft geht bei der Umwandlung unter.

7.5.1.2. Rechnungslegung beim übernehmenden Hauptgesellschafter

(160) Da sich die Vermögenslage des übernehmenden Hauptgesellschafters durch die Übertragung des Vermögens der 100%igen Tochtergesellschaft nicht ändert, liegt keine Vermögensmehrung und daher keine Einlage oder Zuwendung vor. Das Vermögen ist nach den für Tauschgeschäfte geltenden Grundsätzen (dh zum beizulegenden Wert) zu bewerten. Im Hinblick darauf, dass dem Tausch eine Umgründung zugrunde liegt, ist es jedoch zulässig, die Buchwerte des übernommenen Vermögens weiterzuführen (siehe Rz (83)).

(161) Im Falle der Fortführung der Buchwerte des übertragenen Vermögens ist auch die modifizierte Buchwertfortführung (siehe Rz (98)) zulässig, sodass sich kein ergebniswirksamer Umwandlungsverlust ergibt. Dies ist dann nicht der Fall, wenn nach Aktivierung eines Umgründungsmehrwerts, vermindert um allfällige latente Steuern, ein Unterschiedsbetrag verbleibt, der nicht vollständig durch die wahlweise Aktivierung eines Firmenwerts ausgeglichen wird.

(162) anlageDer Unterschiedsbetrag zwischen dem Buchwert der untergehenden Beteiligung und dem Saldo des zu Buchwerten oder zu beizulegenden Werten bewerteten übernommenen Vermögens ist in der Gewinn- und Verlustrechnung in einem Sonderposten **vor** dem Posten „Jahresüberschuss/Jahresfehlbetrag" auszuweisen und bei Wesentlichkeit im Anhang zu erläutern, es sei denn, dass es sich um eine Kleinstkapitalgesellschaft handelt.

(163) Hat die Beteiligung des Hauptgesellschafters zu keinem Betrieb gehört, entsteht erst durch die Umwandlung Rechnungslegungspflicht; der in Rz (160) dargestellte Tausch ist daher außerhalb der betrieblichen Sphäre erfolgt. In der Eröffnungsbilanz der durch die Umwandlung neu errichteten Gesellschaft stellt der umwandlungsbedingte Zugang eine Einlage gemäß § 202 UGB dar, bei deren Bewertung die in Rz (96) ff dargestellten Wahlrechte anzuwenden sind.

7.5.2. Errichtende Umwandlung

7.5.2.1. Rechnungslegung bei der übertragenden Gesellschaft

(164) Die übertragende Gesellschaft geht bei der Umwandlung unter.

7.5.2.2. Rechnungslegung bei der errichteten Personengesellschaft

(165) Bei der errichteten Personengesellschaft stellt der umwandlungsbedingte Vermögenszugang eine Einlage dar. In der Eröffnungsbilanz ist der umwandlungsbedingte Vermögenszugang als Einlage iSd § 202 UGB darzustellen, auf die die in den Rz (96) ff dargestellten Wahlrechte anzuwenden sind.

(166) Ein laut dem Gesellschaftsvertrag von den Gesellschaftern zu leistendes Aufgeld sowie in Analogie zu § 229 Abs 2 Z 5 UGB die von den Gesellschaftern als Einlage gewidmeten Gewinne und sonstige Zuzahlungen sind bei einer kapitalistischen Personengesellschaft (insbesondere GmbH oder AG & Co KG) in einer Kapitalrücklage zu erfassen. Im Übrigen wird auf die AFRAC-Stellungnahme 18 „Die Darstellung des Eigenkapitals im Jahresabschluss der GmbH & Co KG" verwiesen.

7.5.2.3. Rechnungslegung beim Gesellschafter der übertragenden Gesellschaft

(167) Aufgrund der Regelung der errichtenden Umwandlung im UmwG 1996 als übertragende Umwandlung liegt hinsichtlich der Anteile an der übertragenden und der neu errichteten Gesellschaft ein Tausch vor. Dem Untergang der Anteile an der übertragenden Gesellschaft steht der Zugang der Anteile an der errichteten Nachfolge-Personengesellschaft gegenüber. Nach den für den Tausch geltenden Grundsätzen ist der beizulegende Wert der untergehenden Anteile an der übertragenden Gesellschaft auf die Anteile an der übernehmenden Gesellschaft zu übertragen. Im Hinblick darauf, dass dem Tausch eine Umgründung zugrunde liegt, ist es jedoch zulässig, den Buchwert der Anteile an der übertragenden Gesellschaft auf die Anteile an der übernehmenden Gesellschaft zu übertragen.

(168) Wird der beizulegende Wert der untergehenden Anteile auf die Anteile an der übernehmenden Gesellschaft übertragen, ist der Unterschiedsbetrag zwischen dem beizulegenden Wert und dem Buchwert der untergehenden Anteile in der Gewinn- und Verlustrechnung in einem Sonderposten **vor** dem Posten „Jahresüberschuss/Jahresfehlbetrag" auszuweisen und – mit Ausnahme von Kleinstkapitalgesellschaften – bei Wesentlichkeit im Anhang zu erläutern.

7.6. Übergang des Gesellschaftsvermögens nach § 142 UGB (Anwachsung)

(169) Verbleibt in einer Personengesellschaft nur noch ein Gesellschafter, so erlischt sie ohne Liquidation. Das Gesellschaftsvermögen geht im Wege der Gesamtrechtsnachfolge auf den verbleibenden Gesellschafter über (Anwachsung). Für diesen stellt der Vermögensübergang einen einer Aufwärts-Verschmelzung vergleichbaren Vorgang dar. Es ist daher sachgerecht, auf die bilanzielle Abbildung der Anwachsung die Wahlrechte bei Aufwärts-Verschmelzungen, somit einschließlich der (modifizierten) Buchwertfortführung, anzuwenden (vgl Rz (112)).

(170) Ist die Anwachsung unmittelbare Folge einer Umgründung, die auf einen zurückliegenden Stichtag bezogen wird (zB im Zusammenhang mit der Einbringung von Anteilen an der unmittelbar danach untergehenden Personengesellschaft oder mit der Verschmelzung eines Gesellschafters der Personengesellschaft auf den letzten verbleibenden Gesellschafter), ist der in der zugrunde liegenden Umgründung vereinbarte zurückliegende Stichtag auch für die Anwachsung maßgebend.

8. Sonstige Feststellungen

8.1. Latente Steuern

(171) Zur Frage, ob für die latente Steuerlast auf den stillen Reserven eine Vorsorge zu bilden ist, wird auf die diesbezügliche AFRAC-Stellungnahme 30 „Latente Steuern im Jahresabschluss" verwiesen.

8.2. Kein Stetigkeitsgebot

(172) Da Umgründungen in aller Regel singuläre Ereignisse darstellen, besteht hinsichtlich der Anwendung des § 202 UGB kein Stetigkeitsgebot, dh die Bilanzierungs- und Bewertungswahlrechte dürfen bei jeder Umgründung neu ausgeübt werden. Sind mehrere Gesellschaften an einer Umgründung beteiligt, besteht keine Verpflichtung, dass sämtliche an der Umgründung beteiligten Gesellschaften die Bewertungswahlrechte in gleicher Weise ausüben; dies gilt sowohl für die übernehmenden Gesellschaften als auch für deren rechnungslegungspflichtige Gesellschafter.

(173) Für einen Umgründungsvorgang kann allerdings die Bilanzierung und Bewertung nur entweder nach § 202 Abs 1 oder nach § 202 Abs 2 UGB vorgenommen werden. Die gleichzeitige Anwendung beider Ansatz- und Bewertungsvorschriften bei einer umgründungsbedingten Vermögensübernahme von einem Rechtsvorgänger ist nicht zulässig.

9. Angabe von Vorjahreszahlen im Jahresabschluss nach einer Umgründung

(174) Im Jahresabschluss ist gemäß § 223 Abs 2 UGB zu jedem Posten der entsprechende Betrag des vorangegangenen Geschäftsjahrs zumindest in vollen 1.000 Euro anzugeben. Sind die Beträge infolge einer Umgründung nicht vergleichbar, so ist im Anhang entweder die fehlende Vergleichbarkeit oder die Tatsache der Anpassung der Vorjahresbeträge anzugeben und zu erläutern, es sei denn, dass es sich um eine Kleinstkapitalgesellschaft handelt.

(175) Einer Gesellschaft stehen damit zwei Möglichkeiten zur Verfügung, nicht vergleichbare Vorjahreszahlen im Jahresabschluss zu berücksichtigen. Die Wahlmöglichkeit steht den von der

Umgründung betroffenen Gesellschaften unabhängig voneinander zu.

(176) Werden die Vorjahresbeträge nicht angepasst, ist zu erläutern, aus welchen Gründen die Vorjahresbeträge nicht vergleichbar sind. Dazu ist es zweckmäßig, auf die im Anhang beschriebene Umgründung Bezug zu nehmen.

(177) Wird die Vergleichbarkeit der Vorjahresbeträge mit denen des laufenden Abschlusses durch Anpassung hergestellt, ist verbal auszuführen, welche Einzelposten in welcher Weise angepasst worden sind.

(178) Wird rückwirkend auf einen Stichtag vor der Gründung der übernehmenden Gesellschaft Vermögen mittels einer Umgründung auf diese übertragen, kann die übernehmende Gesellschaft keine Vorjahresbeträge, sondern nur die Beträge der Eröffnungsbilanz ausweisen. In der Gewinn- und Verlustrechnung unterbleibt der Ausweis von Vorjahresbeträgen.

(179) Entsteht die übernehmende Gesellschaft durch eine Umgründung zur Neugründung, kann die übernehmende Gesellschaft keine Vorjahresbeträge, sondern nur die Beträge der Eröffnungsbilanz ausweisen. In der Gewinn- und Verlustrechnung unterbleibt der Ausweis von Vorjahresbeträgen.

10. Anwendungszeitpunkt

(180) Dieses Fachgutachten ist in der geänderten Fassung bei allen Umgründungen zu beachten, die in Jahresabschlüssen ihren Niederschlag finden, auf deren Aufstellung bereits die Rechnungslegungsvorschriften idF des RÄG 2014 anzuwenden sind. Die Änderungen und Ergänzungen vom März 2020 (Rz (80), (81), (93a), (178) und (179)) sind für alle Umgründungen zu beachten, die in Jahresabschlüssen ihren Niederschlag finden, denen ein Stichtag am oder nach dem 30. Juni 2020 zugrunde liegt. Eine frühere Anwendung ist zulässig.

Anlage: Erläuternde Beispiele

Zu Rz (33) bis (35) (Beispiele betreffend Mehrfachzüge):

Beispiel 1:

Einbringung eines Betriebs zum Einbringungsstichtag 31.12.X0 in die Gesellschaft A, Verschmelzung der Gesellschaft A als übertragende Gesellschaft auf die Gesellschaft B zum gleichen Stichtag (Abschlussstichtag der Gesellschaft A).

Zusätzlich zur nach § 220 Abs 3 AktG erforderlichen Schlussbilanz der Gesellschaft A zum 31.12. X0, die mit der Jahresbilanz zu diesem Stichtag ident ist, sollte eine um den übernommenen Betrieb adaptierte „Schlussbilanz" erstellt und dem Verschmelzungsbericht oder bei Verzicht auf diesen dem Verschmelzungsvertrag beigelegt werden.

Beispiel 2:

Aus der Gesellschaft X werden zum Stichtag 31.12.X0 mehrere Beteiligungen, darunter die 100%ige Beteiligung an der Gesellschaft Y, abgespalten. Von dieser 100%igen Tochtergesellschaft Y wird gleichfalls zum Stichtag 31.12.X0 ein Betrieb A unter Anwendung des SpaltG sowie des Art VI UmgrStG auf die Muttergesellschaft X zur Aufnahme abgespalten; dieser Betrieb bleibt bei der Gesellschaft X. Der Verkehrswert der Gesellschaft Y ist durch die Abspaltung des Betriebs A unter den bei der Gesellschaft X vor Abspaltung angesetzten Buchwert der Beteiligung an der Gesellschaft Y gesunken.

Bei der Gesellschaft X sollten neben den der Spaltung zugrunde liegenden Bilanzen (Schlussbilanz, Übertragungsbilanz (siehe Rz (42)) und Spaltungsbilanz), in denen das von der Gesellschaft Y übernommene Vermögen (Betrieb A) noch nicht berücksichtigt ist und die abgespaltenen Beteiligungen noch enthalten sind, auch adaptierte Vermögensübersichten erstellt werden. In der adaptierten Spaltungsbilanz wird das von der Gesellschaft Y durch Spaltung übernommene Vermögen (Betrieb A) ausgewiesen; in der adaptierten Übertragungsbilanz wird auch die allfällige Abschreibung der Beteiligung an der Gesellschaft Y berücksichtigt.

Zu Rz (40) (Beispiele betreffend die Pflicht zur Aufstellung von Jahresabschlüssen für die übertragende Gesellschaft):

Folgende Fälle können beispielhaft unterschieden werden (Abschlussstichtag der übertragenden Gesellschaft ist jeweils der 31.12.):

A) Grundfall

Der Umgründungsstichtag entspricht dem Abschlussstichtag (31.12.X0); Umgründungsbeschluss, Anmeldung und Eintragung der Umgründung im Firmenbuch erfolgen vor dem nächsten Abschlussstichtag der übertragenden Gesellschaft:

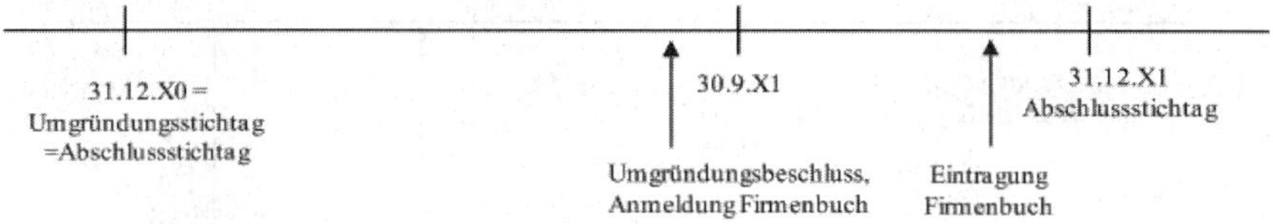

Die Schlussbilanz ist identisch mit der Bilanz des Jahresabschlusses der übertragenden Gesellschaft zum 31.12.X0. Obwohl die übertragende Gesellschaft erst am Tag der Eintragung der Umgründung im Firmenbuch erlischt, ist für das Geschäftsjahr X1 kein Jahresabschluss mehr aufzustellen, weil die übertragende Gesellschaft am nächstfolgenden Abschlussstichtag 31.12.X1 zivilrechtlich nicht mehr existiert.

B) Verzögerte Firmenbucheintragung

Der Umgründungsstichtag entspricht dem Abschlussstichtag (31.12.X0); Umgründungsbeschluss und Anmeldung zur Eintragung im Firmenbuch erfolgen vor, die Eintragung der Umgründung erfolgt nach dem nächstfolgenden Abschlussstichtag (31.12.X1) der übertragenden Gesellschaft (im Geschäftsjahr X2):

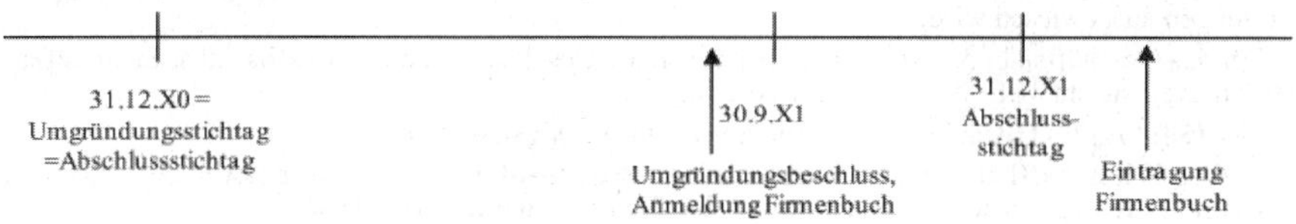

Von der Aufstellung eines Jahresabschlusses zum 31.12.X1 durch die übertragende Gesellschaft kann Abstand genommen werden, wenn die Eintragung der Umgründung im Firmenbuch im Hinblick auf den vor dem 30.9.X1 erfolgten Übergang des wirtschaftlichen Eigentums am zu übertragenden Vermögen auf die übernehmende Gesellschaft nur mehr erhellende Bedeutung hat. Der letzte Jahresabschluss der übertragenden Gesellschaft ist in diesem Fall auf den 31.12.X0 aufzustellen.

Ist jedoch das wirtschaftliche Eigentum bis zu dem auf den Umgründungsbeschluss folgenden Abschlussstichtag der übertragenden Gesellschaft noch nicht übergegangen, weil der Eintragung der Umgründung im Firmenbuch in dem Zeitpunkt, in dem dieser Jahresabschluss aufzustellen ist, begründete Zweifel entgegenstehen, hat die übertragende Gesellschaft noch einen Jahresabschluss zum 31.12.X1 aufzustellen, in dem das zu übertragende Vermögen ausgewiesen wird.

Für das Geschäftsjahr X2 ist von der übertragenden Gesellschaft kein Jahresabschluss mehr aufzustellen, weil sie am 31.12.X2 nicht mehr besteht.

C) Beschlussfassung nach dem Abschlussstichtag

Vom Abschlussstichtag (31.12.) abweichender Umgründungsstichtag (30.6.X1) vor dem nächsten Abschlussstichtag (31.12.X1) der übertragenden Gesellschaft; Beschlussfassung, Anmeldung und Eintragung der Umgründung im Firmenbuch erfolgen danach (im Geschäftsjahr X2):

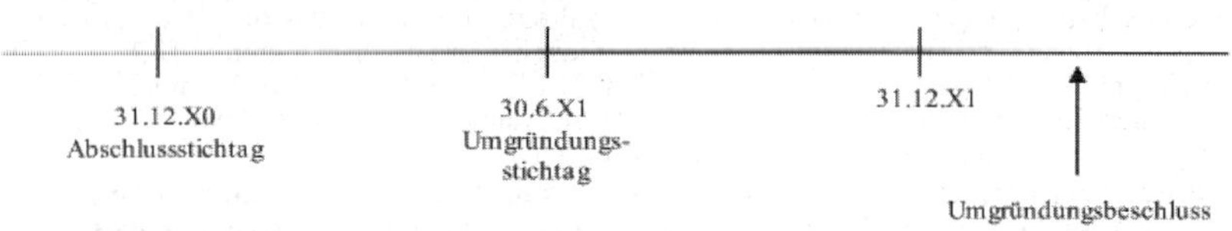

Wenn der Umgründungsbeschluss erst nach dem Abschlussstichtag auf einen davor liegenden Umgründungsstichtag gefasst wird, ist neben der Schlussbilanz zum Umgründungsstichtag (30.6.X1) jedenfalls noch ein Jahresabschluss der übertragenden Gesellschaft auf den darauffolgenden Abschlussstichtag (31.12.X1) aufzustellen. Wenn der Umgründungsbeschluss vor Beendigung der Aufstellung dieses Jahresabschlusses gefasst wird, ist in dessen Anhang auf die Verpflichtung zur Ergebnisüberrechnung hinzuweisen. Mangels Beschlussfassung über die Umgründung vor dem Abschlussstichtag 31.12.X1 kann das wirtschaftliche Eigentum an den übertragenen Vermögensgegenständen und Schulden in diesem Zeitpunkt noch nicht übergegangen sein.

Für das Geschäftsjahr X2 ist von der übertragenden Gesellschaft kein Jahresabschluss mehr aufzustellen, weil sie am 31.12.X2 nicht mehr besteht.

D) Beschlussfassung vor, Anmeldung nach dem Abschlussstichtag

Umgründungsstichtag (30.6.X1) und Umgründungsbeschluss vor dem Abschlussstichtag (31.12.X1) der übertragenden Gesellschaft, Anmeldung und Eintragung der Umgründung im Firmenbuch erfolgen erst nach dem Abschlussstichtag (im Geschäftsjahr X2):

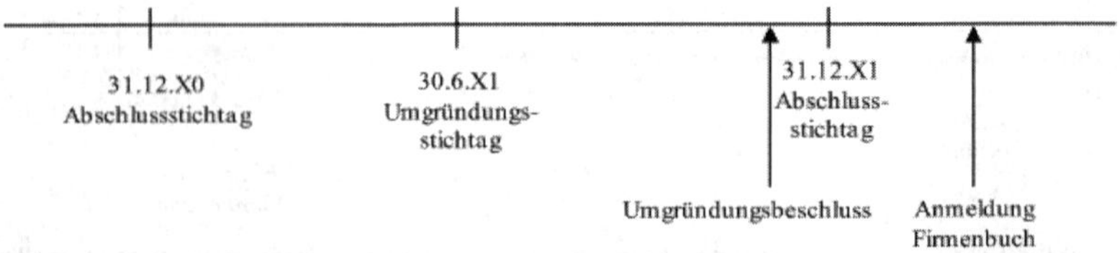

Von der Aufstellung eines Jahresabschlusses zum 31.12.X1 kann Abstand genommen werden, wenn im Hinblick auf den Übergang des wirtschaftlichen Eigentums am zu übertragenden Vermögen auf die übernehmende Gesellschaft die Eintragung im Firmenbuch nur mehr erhellende Bedeutung hat.

Ist das wirtschaftliche Eigentum bis zu dem auf den Umgründungsbeschluss folgenden Abschlussstichtag der übertragenden Gesellschaft noch nicht übergegangen, weil an der Eintragung der Umgründung im Firmenbuch in dem Zeitpunkt, in dem der Jahresabschluss aufzustellen ist, begründete Zweifel bestehen, hat sie einen Jahresabschluss zum 31.12.X1 aufzustellen, in dem das zu übertragende Vermögen ausgewiesen wird.

Für das Geschäftsjahr X2 ist von der übertragenden Gesellschaft kein Jahresabschluss mehr aufzustellen, weil sie am 31.12.X2 nicht mehr besteht.

Zu Rz (59) bis (73) (Beispiele zur Vermögens- und Erfolgszuordnung):

Fall A) Wirtschaftlicher Eigentumsübergang vor dem auf den Umgründungsstichtag folgenden Abschlussstichtag der übertragenden und der übernehmenden Gesellschaft

Die Gesellschaft A (Abschlussstichtag 31.12.) spaltet einen Teilbetrieb auf die Gesellschaft B (Abschlussstichtag 31.12.) ab (Abspaltung zur Aufnahme). Spaltungsstichtag ist der 31.12.X0. Der Spaltungsbeschluss und die Anmeldung zur Eintragung im Firmenbuch erfolgen am 27.9.X1 bzw am 30.9.X1. Die Eintragung der Spaltung erfolgt am 30.11.X1.

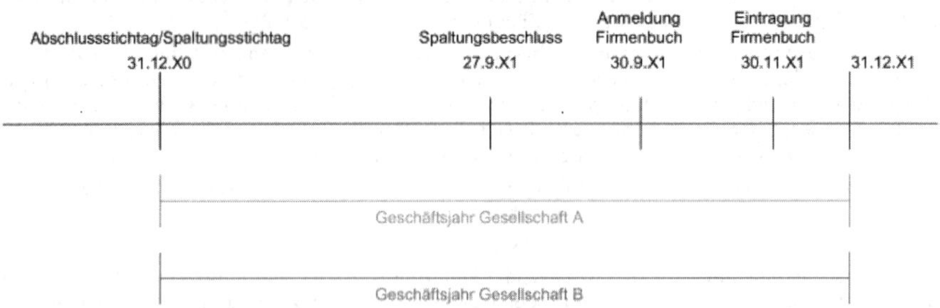

Das wirtschaftliche Eigentum geht mit der Beschlussfassung am 27.9.X1 auf die Gesellschaft B über. Die Gesellschaft B hat das übertragene Vermögen in ihrem Jahresabschluss zum 31.12.X1 darzustellen. Das übertragene Vermögen wird im Jahresabschluss der Gesellschaft A zum 31.12.X1 nicht mehr ausgewiesen; es ist bereits im Jahresabschluss zum 31.12.X1 der Gesellschaft B enthalten. Die dem übertragenen Teilbetrieb zugeordneten Erträge und Aufwendungen für die Zeit nach dem Spaltungsstichtag sind am 27.9.X1 an die übernehmende Gesellschaft zu überrechnen.

Fall B) Wirtschaftlicher Eigentumsübergang erst nach dem auf den Umgründungsstichtag folgenden Abschlussstichtag der übertragenden und der übernehmenden Gesellschaft

Die Gesellschaft A (Abschlussstichtag 31.12.) wird auf die Gesellschaft B (Abschlussstichtag 31.12.) verschmolzen (Verschmelzung zur Aufnahme). Verschmelzungsstichtag ist der 30.6.X1. Der Verschmelzungsbeschluss und die Anmeldung zur Eintragung im Firmenbuch erfolgen am 10.2.X2 bzw am 15.2.X2. Die Eintragung der Verschmelzung erfolgt am 30.4.X2.

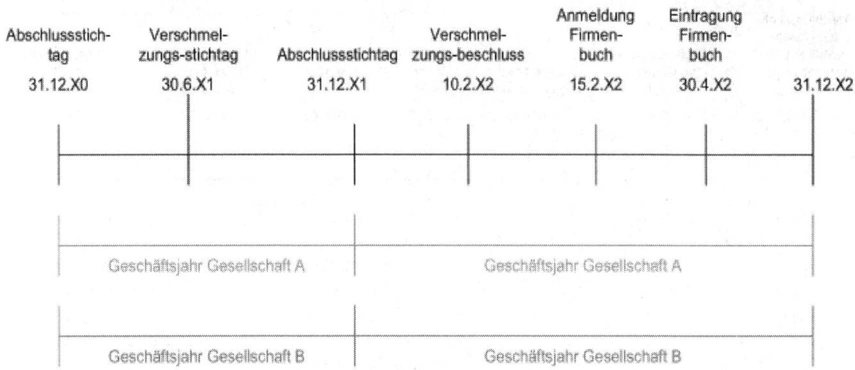

Das wirtschaftliche Eigentum geht mit der Beschlussfassung über die Verschmelzung am 10.2.X2 auf die Gesellschaft B über. Die Gesellschaft A erlischt erst mit der Eintragung der Verschmelzung im Firmenbuch. Da die unternehmensrechtliche Verpflichtung der Gesellschaft A zur Rechnungslegung und Abschlussaufstellung bis zur Eintragung der Verschmelzung im Firmenbuch am 30.4.X2 besteht, hat die Gesellschaft A zum 31.12.X1 noch einen Jahresabschluss aufzustellen, in dem mangels Übergangs des wirtschaftlichen Eigentums vor dem Abschlussstichtag noch sämtliche Vermögensgegenstände und Schulden sowie das zwischen 30.6.X1 und 31.12.X1 für Rechnung der Gesellschaft B erwirtschaftete Ergebnis auszuweisen sind. Der Saldo aus den in der Zeit zwischen 30.6.X1 und 31.12. X1 für Rechnung der Gesellschaft B bewirkten Erträgen und Aufwendungen ist – außer es handelt sich um eine Kleinstkapitalgesellschaft – im Anhang des Jahresabschlusses der Gesellschaft A zum 31.12. X1 anzugeben und zu erläutern; insbesondere ist im Fall eines Gewinns darauf hinzuweisen, dass er nicht für Ausschüttungszwecke zur Verfügung steht.

Da das wirtschaftliche Eigentum am übertragenen Vermögen am 31.12.X1 noch nicht auf die Gesellschaft B übergegangen ist, kann diese in ihrem Jahresabschluss zum 31.12.X1 weder dieses Vermögen noch die damit zwischen 30.6.X1 und 31.12.X1 erwirtschafteten Erträge und Aufwendungen zeigen. Bei der Gesellschaft B sind das durch den Verschmelzungsbeschluss zum 30.6.X1 (Verschmelzungsstichtag) übertragene Vermögen und die zugehörigen Erträge und Aufwendungen für den Zeitraum vom 30.6.X1 bis zum 10.2.X2 im Zeitpunkt des Übergangs des wirtschaftlichen Eigentums (10.2.X2) einzubuchen; sie sind erstmals im Jahresabschluss zum 31.12.X2 auszuweisen. Das im Zeitraum zwischen 30.6.X1 und 31.12.X1 erwirtschaftete Ergebnis ist in der Gewinn- und Verlustrechnung der Gesellschaft B für das Geschäftsjahr X2 **vor** dem Posten „Jahresüberschuss/Jahresfehlbetrag" in einem Sonderposten mit der Bezeichnung „Verschmelzungsbedingte Ergebnisübernahme aus Vorperioden" auszuweisen; dieser Posten ist – außer es handelt sich um eine Kleinstkapitalgesellschaft – im Anhang zu erläutern.

Fall C) Wirtschaftlicher Eigentumsübergang zwischen voneinander abweichenden Abschlussstichtagen der übertragenden und der übernehmenden Gesellschaft

Die Gesellschaft A (Abschlussstichtag 30.6.) wird auf die Gesellschaft B (Abschlussstichtag 31.12.) verschmolzen. Verschmelzungsstichtag ist der 30.6.X1. Die Verschmelzung wird am 10.2.X2 beschlossen. Die Anmeldung zur Eintragung im Firmenbuch erfolgt am 15.2.X2. Die Eintragung der Verschmelzung erfolgt am 30.4.X2.

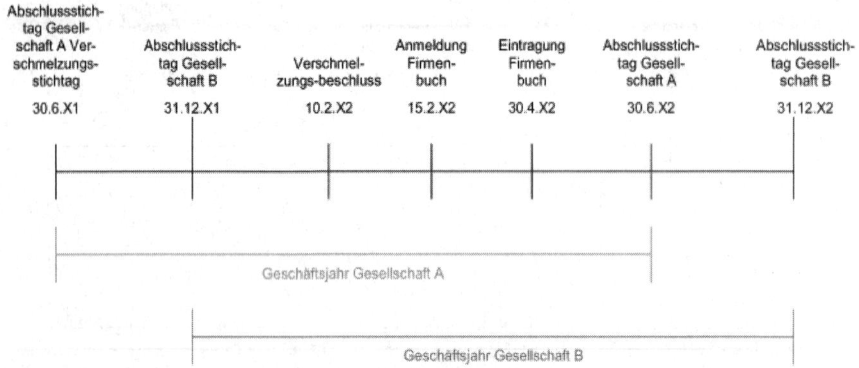

Das wirtschaftliche Eigentum geht mit der Beschlussfassung über die Verschmelzung am 10.2.X2 auf die Gesellschaft B über. Die Gesellschaft A erlischt mit der Eintragung der Verschmelzung im Firmenbuch. Da die unternehmensrechtliche Verpflichtung der Gesellschaft A zur Rechnungslegung und Abschlussaufstellung nur bis zur Eintragung der Verschmelzung im Firmenbuch am 30.4.X2 besteht, hat diese Gesellschaft zum 30.6.X2 keinen Jahresabschluss mehr aufzustellen. Das zwischen 30.6.X1 und 30.4.X2 für Rechnung der Gesellschaft B erwirtschaftete Ergebnis scheint daher in keinem Jahresabschluss der Gesellschaft A auf.

Da das wirtschaftliche Eigentum am übertragenen Vermögen am 31.12.X1 noch nicht auf die Gesellschaft B übergegangen ist, kann diese in ihrem Jahresabschluss zum 31.12.X1 weder dieses Vermögen noch die damit zwischen 30.6.X1 und 31.12.X1 erwirtschafteten Erträge und Aufwendungen zeigen. Bei der Gesellschaft B sind das rückwirkend zum 30.6.X1 übertragene Vermögen und die zugehörigen Erträge und Aufwendungen für den Zeitraum vom 30.6.X1 bis zum 10.2.X2 im Zeitpunkt des Übergangs des wirtschaftlichen Eigentums (10.2.X2) einzubuchen; sie sind erstmals im Jahresabschluss zum 31.12.X2 auszuweisen. Das im Zeitraum zwischen 30.6.X1 und 31.12.X1 erwirtschaftete Ergebnis ist in der Gewinn- und Verlustrechnung der Gesellschaft B für das Geschäftsjahr X2 **vor** dem Posten „Jahresüberschuss/Jahresfehlbetrag" in einem Sonderposten mit der Bezeichnung „Verschmelzungsbedingte Ergebnisübernahme aus Vorperioden" auszuweisen; dieser Posten ist – außer es handelt sich um eine Kleinstkapitalgesellschaft – im Anhang zu erläutern.

Fall D) Abspaltung zur Neugründung

1. Sachverhalt

Die A-AG (übertragende Gesellschaft), deren Geschäftsjahr vom 1.7. bis zum 30.6. dauert, spaltet Vermögensteile (einen Betrieb X) an die durch die Spaltung neu errichtete B-AG wie folgt ab:

- Spaltungsstichtag laut Spaltungsplan 31.12.X0
- Spaltungsbeschluss am 15.7.X1 = Tag der Errichtung der B-AG
- Eintragung der Spaltung und der B-AG im Firmenbuch am 20.8.X1
- Geschäftsjahr der B-AG laut Satzung vom 1.7. bis zum 30.6. des Folgejahrs

Die Besonderheit in diesem Beispiel besteht darin, dass zwischen dem Spaltungsstichtag und dem Zeitpunkt des Spaltungsbeschlusses ein Abschlussstichtag (30.6.X1) der übertragenden Gesellschaft (A-AG) liegt und die übernehmende Gesellschaft (B-AG) erst im Zeitpunkt des Spaltungsbeschlusses errichtet wird und das gleiche Geschäftsjahr wie die übertragende Kapitalgesellschaft (1.7. bis 30.6.) hat.

2. Auswirkungen bei der übertragenden Gesellschaft (A-AG)

Am Abschlussstichtag 30.6.X1 hat die A-AG noch das wirtschaftliche Eigentum am Betrieb X; dessen Vermögen ist daher im Jahresabschluss der A-AG auszuweisen.

Die Erträge und Aufwendungen des Betriebs X im Zeitraum zwischen 31.12.X0 (Spaltungsstichtag) und 15.7.X1 (Zeitpunkt des Spaltungsbeschlusses) sind noch originäre Erträge und Aufwendungen der A-AG, die allerdings aufgrund des Spaltungsbeschlusses im Zeitpunkt des Übergangs des wirtschaftlichen Eigentums an die B-AG zu überrechnen sind.

Die Erträge und Aufwendungen, die zwischen dem Spaltungsstichtag und dem Abschlussstichtag der A-AG für Rechnung der B-AG erwirtschaftet werden, sind im Jahresabschluss der A-AG grundsätzlich wie eigene Erträge und Aufwendungen zu erfassen. Der Saldo dieser Erträge und Aufwendungen ist im Anhang anzugeben; eine Erläuterung und Aufgliederung ist zu empfehlen, wenn es sich um wesentliche Beträge handelt. Im Anhang ist im Fall eines Gewinns, der für Rechnung der B-AG erwirtschaftet worden ist, zu erwähnen, dass er nicht für Ausschüttungen verwendet werden kann. Die Angabepflichten im Anhang entfallen, wenn es sich um eine Kleinstkapitalgesellschaft handelt.

Am 15.7.X1 geht das wirtschaftliche Eigentum am abgespaltenen Betrieb X auf die B-AG über. Zu diesem Zeitpunkt wird das zu Buchwerten bewertete Vermögen des Betriebs X (dem Betrieb zugeordnete Vermögensgegenstände, Verbindlichkeiten einschließlich Rückstellungen, Rechnungsabgrenzungsposten und Eigenkapitalbestandteile) von der A-AG an die B-AG übertragen.

Die Überrechnung des in der Zeit zwischen 31.12.X0 und 15.7.X1 bei der A AG entstandenen Ergebnisses des Betriebs X, das am 15.7.X1 an die B-AG abzuführen ist (Gewinn) bzw von dieser zu vergüten ist (Verlust), kann wie folgt dargestellt werden:

Das in der Zeit zwischen 31.12.X0 und 15.7.X1 bei der A-AG entstandene Ergebnis des Betriebs X (an die B-AG abzuführende Gewinne bzw von der B AG abzudeckende Verluste) ist in der Gewinn- und Verlustrechnung der A AG für das Geschäftsjahr vom 1.7.X1 bis zum 30.6.X2 **vor** dem Posten „Jahresüberschuss/Jahresfehlbetrag" in einem Sonderposten mit der Bezeichnung „Abfuhr eines für fremde Rechnung erwirtschafteten Gewinns" bzw „Ersatz eines für fremde Rechnung entstandenen Verlusts" auszuweisen und im Anhang zu erläutern, außer es handelt sich um eine Kleinstkapitalgesellschaft.

3. Auswirkungen bei der übernehmenden Gesellschaft (B-AG)

Wenn die Errichtung der B-AG (Feststellung und notarielle Beglaubigung der Satzung) am 15.7.X1 (Zeitpunkt des Spaltungsbeschlusses) und ihre Eintragung am 20.8.X1 erfolgen und ihr Geschäftsjahr den Zeitraum vom 1.7. bis zum 30.6. des Folgejahrs umfasst, ist der erste Jahresabschluss der B-AG zum 30.6.X2 aufzustellen; dieser Jahresabschluss umfasst das Rumpfgeschäftsjahr vom 20.8.X1 bis zum 30.6.X2, in dem auch das Ergebnis des im Wege der Abspaltung übernommenen Betriebs X ab dem 1.1.X1 enthalten ist. Der Umstand, dass im Ergebnis des ersten Geschäftsjahrs der B-AG Erträge und Aufwendungen aus der Geschäftstätigkeit für 18 Monate (1.1.X1 bis 30.6.X2) enthalten sind, stellt keinen Verstoß gegen das Gebot, dass die Dauer eines Geschäftsjahrs zwölf Monate nicht übersteigen darf, dar.

In der Eröffnungsbilanz der B-AG sind die abgespaltenen Vermögensteile mit dem Stand zum 31.12.X0 als Sacheinlage zu erfassen und wahlweise mit den beizulegenden Werten oder mit den Buchwerten zu bewerten (vgl § 202 UGB). Das Ergebnis des Betriebs X in der Zeit zwischen 31.12.X0 und 15.7.X1 ist in der Gewinn- und Verlustrechnung der B-AG für das Geschäftsjahr vom 20.8.X1 bis zum 30.6.X2 vor dem Posten „Jahresüberschuss/Jahresfehlbetrag" in einem Sonderposten mit der Bezeichnung „Spaltungsbedingte Ergebnisübernahme aus Vorperioden" auszuweisen und im Anhang zu erläutern, außer es handelt sich um eine Kleinstkapitalgesellschaft.

Ab dem 15.7.X1 (Zeitpunkt des Spaltungsbeschlusses und Übergang des wirtschaftlichen Eigentums am Betrieb X) sind die Geschäftsfälle des Betriebs X in den Büchern der B-AG jedenfalls einzeln zu erfassen.

Bewertungsänderungen, die gemäß § 202 Abs 1 UGB bei der Übernahme des abgespaltenen Vermögens (Betrieb X) vorgenommen werden, sind in der Eröffnungsbilanz der B-AG im übernommenen Reinvermögen zu berücksichtigen; sie dürfen nicht in das Ergebnis des Geschäftsjahrs vom 20.8.X1 bis zum 30.6.X2 eingehen.

Die Aufstellung eines Jahresabschlusses der B-AG zum 30.6.X1 ist nicht möglich, weil die Gesellschaft zu diesem Zeitpunkt noch nicht bestanden hat. Es wäre auch nicht zulässig, dass das Vermögen des abzuspaltenden Betriebs X, das noch in den Jahresabschluss der A-AG zum 30.6.X1 aufzunehmen ist, auch in einem weiteren Jahresabschluss (nämlich jenem der B-AG) zum gleichen Stichtag erfasst wird.

2/1/26. KFS/RL 26

Fachgutachten
des Fachsenats für Unternehmensrecht und Revision
über Grundsätze für die Erstellung von Abschlüssen

(beschlossen in der Sitzung des Fachsenats für Unternehmensrecht und Revision am 10. Oktober 2012 als Fachgutachten KFS/RL 26, zuletzt überarbeitet im Juni 2020)

1. Vorbemerkungen

(1) Dieses Fachgutachten legt die Berufsauffassung über die Erstellung von Abschlüssen durch Berufsangehörige dar. Der Zweck des Fachgutachtens ist die Darstellung von Grundsätzen für die berufliche Verantwortung der Berufsangehörigen im Zusammenhang mit der Erstellung von Abschlüssen sowie von Leitlinien zu Form und Inhalt des von Berufsangehörigen in Verbindung mit einer solchen Erstellung anzufertigenden Berichts.

(2) Werden Berufsangehörige mit der Erstellung eines Abschlusses beauftragt, haben sie bei dieser Tätigkeit und bei der Berichterstattung hierüber die einschlägigen berufsrechtlichen Grundsätze, insbesondere das Wirtschaftstreuhandberufsgesetz 2017 (WTBG 2017) und die Allgemeine Richtlinie über die Ausübung der Wirtschaftstreuhandberufe 2017 (WT-AARL 2017-KSW), zu beachten.

(3) Dieses Fachgutachten berücksichtigt wesentliche Aussagen des International Standard on Related Services (ISRS) 4410 „Engagements to Compile Financial Statements“[1].

[1] www.ifac.org.

2. Anwendungsbereich

(4) Dieses Fachgutachten gilt für die Erstellung von Abschlüssen durch Berufsangehörige. Unter Abschlüssen sind für Zwecke dieses Fachgutachtens nicht nur Jahres- und Konzernabschlüsse gemäß den Vorschriften des Unternehmensgesetzbuchs (UGB) oder der International Financial Reporting Standards (IFRS) zu verstehen, sondern auch Abschlüsse im weiteren Sinne wie z.B. Zwischenabschlüsse, die zur Vorlage an Dritte bestimmt sind, oder einzelne Abschlussbestandteile (beispielsweise Bilanzen im Rahmen von Umgründungen, es sei denn, die Umgründungsbilanz beruht auf einem nach diesem Fachgutachten erstellten Abschluss).[2] Auf § 5 EStG-Gewinnermittler, deren Umsatz 700.000 Euro nicht übersteigt, auf die Gewinnermittlung nach § 4 Abs. 1 Einkommensteuergesetz (EStG) und auf Einnahmen-Ausgaben-Rechnungen nach § 4 Abs. 3 EStG kommt dieses Fachgutachten nicht zur Anwendung; es kann jedoch auf diese Fälle freiwillig angewendet werden.

[2] Für weitere Ausführungen zum Gegenstand der Erstellung des Abschlusses siehe Abschnitt 4.

(5) Der Umfang des Auftrags zur Erstellung des Abschlusses kann zwischen Auftraggeber und Berufsangehörigem frei vereinbart werden. Grundsätzlich kann zwischen Aufträgen zur Erstellung von Abschlüssen mit oder ohne Plausibilitätsbeurteilungen unterschieden werden.[3] Die Ausführungen in diesem Fachgutachten beziehen sich ausschließlich auf Aufträge zur Erstellung von Abschlüssen ohne Plausibilitätsbeurteilungen und sonstige Beurteilungen der vom Auftraggeber zur Verfügung gestellten Unterlagen und Informationen.

[3] Der in Deutschland zur Anwendung gelangende IDW Standard: Grundsätze für die Erstellung von Jahresabschlüssen (IDW S 7) differenziert zwischen Aufträgen zur Erstellung von Abschlüssen ohne Beurteilungen, mit Plausibilitätsbeurteilungen und mit umfassenden Beurteilungen.

(6) Der Berufsangehörige erstellt den Abschluss ausschließlich im Interesse des Auftraggebers und nicht für spezifische Zwecke Dritter (z.B. für Bank oder Finanzamt). Dem Auftraggeber steht es frei, den vom Berufsangehörigen erstellten Abschluss an Dritte weiterzugeben. Wird vom Berufsangehörigen ein Erstellungsbericht4 angefertigt, so darf der erstellte Abschluss vom Auftraggeber nur unter Beigabe des Erstellungsberichts weitergegeben werden.

[4] Für weitere Ausführungen zum Erstellungsbericht siehe Abschnitt 6.

3. Aufstellung versus Erstellung des Abschlusses

3.1. Aufstellung des Abschlusses

(7) Gemäß § 193 Abs. 2 UGB hat der Unternehmer für den Schluss eines jeden Geschäftsjahrs in den ersten neun Monaten des Geschäftsjahrs für das vorangegangene Geschäftsjahr einen Jahresabschluss aufzustellen.

(8) Gemäß § 222 Abs. 1 UGB haben die gesetzlichen Vertreter einer Kapitalgesellschaft in den ersten fünf Monaten des Geschäftsjahrs für das vorangegangene Geschäftsjahr den um den Anhang erweiterten Jahresabschluss, vorbehaltlich § 243 Abs. 4 UGB einen Lagebericht sowie gegebenenfalls einen Corporate Governance-Bericht aufzustellen und den Mitgliedern des Aufsichtsrats vorzulegen.

(9) Der Unternehmer bzw. die gesetzlichen Vertreter einer Kapitalgesellschaft sind für die rechtzeitige Aufstellung des Jahresabschlusses und dessen Vollständigkeit und Richtigkeit verantwortlich. Der Akt der Aufstellung des Jahresabschlusses stellt somit einen Akt der Geschäftsführung dar. Die zur Aufstellung des Jahresabschlusses verpflichteten Personen haben auch über die ordnungs-

mäßige Ausübung von Ansatz-, Bewertungs- und Ausweiswahlrechten sowie Ermessensentscheidungen zu entscheiden und den Jahresabschluss zu unterzeichnen.

3.2. Erstellung des Abschlusses

(10) Im Gegensatz zu den mit der Aufstellung des Abschlusses verbundenen Entscheidungen und Rechtsakten können die Vorarbeiten für die Aufstellung des Abschlusses (= Erstellung des Abschlusses) auf Berufsangehörige übertragen werden.

(11) Die Erstellung des Abschlusses umfasst sämtliche Tätigkeiten, die erforderlich sind, um auf Grundlage der Buchführung, des Inventars und/oder sonstiger für die Erstellung des Abschlusses relevanter Informationen den Abschluss zu entwickeln. Bestehende Ansatz-, Bewertungs- und Ausweiswahlrechte sind bei der Erstellung des Abschlusses im Rahmen der anwendbaren gesetzlichen Vorschriften nach den Vorgaben des Unternehmers bzw. der gesetzlichen Vertreter einer Kapitalgesellschaft auszuüben.

(12) Die Verantwortlichkeiten sind dementsprechend klar voneinander abgegrenzt: Der Unternehmer bzw. die gesetzlichen Vertreter einer Kapitalgesellschaft stellen den Abschluss auf und treffen alle hierfür notwendigen Entscheidungen. Der Berufsangehörige als Ersteller des Abschlusses kann lediglich Vorschläge unterbreiten und Gestaltungsmöglichkeiten aufzeigen. Der Berufsangehörige hilft den zur Aufstellung des Abschlusses verpflichteten Personen somit, ihren unternehmensrechtlichen, steuerrechtlichen und gesellschaftsrechtlichen Pflichten nachzukommen.

3.3. Verwendung der Begriffe „Aufstellung“ und „Erstellung“

(13) Die Begriffe „Aufstellung“ und „Erstellung“ werden für Zwecke dieses Fachgutachtens unabhängig von allfälligen Bezeichnungen in Gesetzen oder anderen Verlautbarungen im Sinne der Definitionen in den Abschnitten 3.1. und 3.2. verwendet.

4. Gegenstand und Inhalt der Erstellung des Abschlusses (Auftragsgegenstand)

(14) Gegenstand der Erstellung des Abschlusses können insbesondere sein:

a) der Jahres- oder Konzernabschluss gemäß UGB,
b) der Jahres- oder Konzernabschluss gemäß IFRS,
c) der Rechnungsabschluss gemäß Genossenschaftsgesetz (GenG),
d) der Jahresabschluss gemäß Vereinsgesetz (VerG),
e) der Rechnungsabschluss gemäß Universitätsgesetz (UG) oder
f) der kamerale Rechnungsabschluss gemäß Voranschlags- und Rechnungsabschlussverordnung 2015 (VRV 2015).

(15) Eine Erstellungsleistung im Sinne dieses Fachgutachtens zeichnet sich dadurch aus, dass sie über das bloße Ordnen und Zusammenstellen von Informationen zu einem Abschluss hinausgeht. Der Berufsangehörige bringt seine Kompetenz in Bilanzierungsfragen ein.

(16) Der Berufsangehörige kann auch bei der Abfassung des Lageberichts beratend mitwirken. Die Verantwortung für die Erstellung des Lageberichts verbleibt jedoch beim Auftraggeber.

(17) Die Erstellung des Abschlusses durch den Berufsangehörigen schließt diesen von der Prüfung oder prüferischen Durchsicht, auch freiwilliger Art, dieses Abschlusses aus.

(18) Der Berufsangehörige, der einen Abschluss erstellt, darf nicht den Eindruck erwecken, er habe eine Abschlussprüfung (siehe KFS/PG 1) oder prüferische Durchsicht (siehe KFS/PG 11) bzw. sonstige Prüfungen (siehe KFS/PG 13) vorgenommen und somit eine Bestätigungsleistung erbracht oder vereinbarte Untersuchungshandlungen (siehe KFS/PG 14) vorgenommen.

5. Auftrag zur Erstellung des Abschlusses

5.1. Allgemeines

(19) Die Ausführung eines Auftrags zur Erstellung des Abschlusses umfasst folgende Arbeitsschritte:

a) Auftragsannahme und Auftragsbestätigung,
b) Auftragsplanung,
c) Erstellung des Abschlusses (Auftragsdurchführung) und Dokumentation,
d) gegebenenfalls Einholung der Vollständigkeitserklärung des Auftraggebers und
e) gegebenenfalls Anfertigung des Erstellungsberichts (Berichterstattung).

5.2. Auftragsannahme und Auftragsbestätigung

(20) Dem Berufsangehörigen wird empfohlen, bei der erstmaligen Auftragsannahme die von ihm zu übernehmenden Aufgaben eindeutig festzulegen und den Tätigkeitsumfang in einer schriftlichen Auftragsbestätigung im Einzelnen zu beschreiben.

(21) Das Auftragsschreiben bestätigt die Annahme des Auftrags durch den Berufsangehörigen und hilft, Missverständnisse hinsichtlich der Ziele und des Umfangs des Auftrags und des Ausmaßes der Verantwortlichkeiten des Berufsangehörigen zu vermeiden. Ein Muster einer Auftragsbestätigung für einen Erstellungsauftrag findet sich in der Anlage 1 zu diesem Fachgutachten.

(22) Ohne hinreichende Konkretisierung seines Tätigkeitsumfangs soll der Berufsangehörige einen Erstellungsauftrag nicht annehmen. Die bei der Auftragsannahme festzulegenden Sachverhalte umfassen insbesondere:

a) die Art des Erstellungsauftrags einschließlich der Tatsache, dass durch den Berufsangehörigen weder eine Abschlussprüfung oder eine prüferische Durchsicht noch sonstige Prüfungen oder vereinbarte Untersuchungshandlungen vorgenommen werden und dass demzufolge keine Zusicherung (Bestätigung) zum Abschluss gegeben wird,

b) die Tatsache, dass aufgrund des Erstellungsauftrags nicht darauf vertraut werden kann, dass Fehler, rechtswidrige Handlungen und andere Unregelmäßigkeiten, wie z.B. Betrug und Unterschlagung, aufgedeckt werden,

c) die Tatsache, dass der Auftraggeber für die Richtigkeit und Vollständigkeit der vorgelegten Unterlagen sowie für die vollständige Offenlegung aller wesentlichen und relevanten Informationen, die für die Erstellung des Abschlusses notwendig sind, verantwortlich ist, sowie

d) auf welcher Grundlage (Buchführung und Inventar sowie zu erteilende Auskünfte) und nach welcher Maßgabe (Unternehmensrecht, Spezialgesetze etc.) der Abschluss zu erstellen ist.

(23) Es wird empfohlen, dass der Berufsangehörige vor Beginn der Erstellungsarbeiten mit dem Auftraggeber die Allgemeinen Auftragsbedingungen (AAB) für Wirtschaftstreuhandberufe der Kammer der Steuerberater und Wirtschaftsprüfer (KSW) vereinbart und diese AAB der schriftlichen Auftragsbestätigung beifügt.

(24) Bei der wiederholten Beauftragung ohne Veränderung des Auftragsinhalts ist eine erneute schriftliche Auftragsbestätigung nicht erforderlich. Sofern sich an den vom Berufsangehörigen zu übernehmenden Aufgaben bzw. am Tätigkeitsumfang Änderungen ergeben, wird jedoch empfohlen, dass der Berufsangehörige dem Auftraggeber eine neuerliche Auftragsbestätigung oder ein Änderungs- bzw. Ergänzungsschreiben übermittelt, dem der geänderte Auftrag zu entnehmen oder beigefügt ist.

(25) Wird mit dem Auftraggeber die Anfertigung eines Erstellungsberichts vereinbart, sind Art und Umfang der Berichterstattung zu konkretisieren.

(26) Bei der Auftragsannahme hat der Berufsangehörige mit dem Auftraggeber zu vereinbaren, dass ihm die für die Erstellungsarbeiten benötigten Unterlagen und Informationen vollständig zur Verfügung gestellt werden.

(27) Es erfolgt keine Beurteilung der Ordnungsmäßigkeit und der Plausibilität der überlassenen Unterlagen und erteilten Auskünfte, und der Berufsangehörige übernimmt für die Richtigkeit und Vollständigkeit der Informationen durch den Auftraggeber keine Verantwortung.

5.3. Auftragsplanung und Auftragsdurchführung

(28) Die Planung des Erstellungsauftrags hat in Abhängigkeit von der Größe des Auftrags zu erfolgen.

(29) Der Berufsangehörige ist nur dann berechtigt, einen Auftrag zur Erstellung eines Abschlusses anzunehmen und auszuführen, wenn er über die erforderliche Sachkenntnis und die zur Bearbeitung erforderlichen personellen Ressourcen verfügt.[5] Ergibt sich nachträglich die Unerfüllbarkeit eines Erstellungsauftrags, ist dieser zurückzulegen.[6]

[5] Siehe auch § 7 Abs 1 und 2 WT-AARL 2017-KSW.
[6] Siehe auch § 7 Abs 3 WT-AARL 2017-KSW.

(30) Die Erstellung des Abschlusses erfordert vom Berufsangehörigen die Kenntnis und Beachtung der hierfür anwendbaren gesetzlichen Vorschriften einschließlich der Grundsätze ordnungsmäßiger Buchführung (GoB) sowie der einschlägigen fachlichen Verlautbarungen. Der Berufsangehörige hat sich daher bei Annahme des Erstellungsauftrags über die zur Anwendung gelangenden relevanten Vorschriften, Richtlinien, Verlautbarungen etc. gewissenhaft zu informieren.

(31) Zur Durchführung des Erstellungsauftrags benötigt der Berufsangehörige angemessenes Verständnis der Branche, des Rechtsrahmens und der Geschäftstätigkeit sowie der betrieblichen Abläufe des Auftraggebers. Der Berufsangehörige benötigt insbesondere ein allgemeines Verständnis der Art der Geschäftsvorfälle des Auftraggebers sowie der Ausgestaltung des Buchführungssystems, auf dem der zu erstellende Abschluss basiert.

(32) Der Berufsangehörige ist im Rahmen der Erstellung des Abschlusses nicht dazu verpflichtet,

a) Nachforschungen bei der Unternehmensleitung anzustellen, um die Richtigkeit und Vollständigkeit der zur Verfügung gestellten Unterlagen und Informationen zu beurteilen,

b) das rechnungslegungsbezogene interne Kontrollsystem zu beurteilen oder

c) Sachverhalte und Erklärungen zu überprüfen.

(33) Gemäß § 77 Abs. 6 WTBG 2017 sind Berufsangehörige berechtigt, die ihnen erteilten Auskünfte und übergebenen Unterlagen des Auftraggebers, insbesondere Zahlenangaben, als richtig und vollständig anzusehen. Der Berufsangehörige verwendet die ihm erteilten Auskünfte und vorgelegten Unterlagen des Auftraggebers daher, ohne deren Ordnungsmäßigkeit oder Plausibilität zu beurteilen. Im Rahmen des Erstellungsauftrags ist der Berufsangehörige nur für die den rechnungslegungsspezifischen Vorschriften entsprechende Entwicklung des Abschlusses aus den vorgelegten Unterlagen unter Berücksichtigung der erhaltenen Informationen verantwortlich. Vom Berufsangehörigen im Rahmen des Erstellungsauftrags nicht entdeckte Mängel der Unterlagen und Informationen sowie sich daraus ergebende Folgewirkungen für den Abschluss fallen nicht in die Verantwortlichkeit des Berufsangehörigen.

(34) Der Erstellungsauftrag erstreckt sich nicht auf die Beurteilung der Angemessenheit und Funktion interner Kontrollen sowie der Ordnungsmäßigkeit der Buchführung.

(35) Die Erstellung des Abschlusses durch den Berufsangehörigen befreit den Auftraggeber nicht von seiner gesetzlichen Verantwortung für die Vollständigkeit und Ordnungsmäßigkeit der Buchführung.

(36) Werden vom Berufsangehörigen Um- und Nachbuchungen im Rahmen der Erstellung des Abschlusses durchgeführt, nimmt er diese auf Basis der vorgelegten Unterlagen und erteilten Auskünfte vor.

(37) Ein Berufsangehöriger darf an unzulässigen Wertansätzen und Darstellungen im Abschluss nicht mitwirken. Zu den unzulässigen Wertansätzen und Darstellungen gehört auch die nicht sachgerechte Anwendung der Fortführungsannahme (vgl. das Fachgutachten KFS/RL 28).

5.4. Auftragsdurchführung bei Anzeichen von Krisen

(38) Zeigen sich aufgrund der vorgelegten Unterlagen der Fortführungsannahme möglicherweise entgegenstehende Gründe, so hat der Berufsangehörige den Auftraggeber unverzüglich auf die im Fachgutachten KFS/RL 28 dargestellten Anforderungen im Zusammenhang mit der Unternehmensfortführung hinzuweisen. Die in diesem Zusammenhang vom Auftraggeber vorgelegten Unterlagen sind daraufhin zu beurteilen, ob sie im Hinblick auf die Anforderungen des KFS/RL 28 nicht evident untauglich sind. Ohne besondere Vereinbarung ist der Berufsangehörige nicht verpflichtet, von sich aus eine Fortführungsprognose zu erstellen und die hierfür erheblichen Tatsachen zu ermitteln.

5.5. Dokumentation

(39) Der Berufsangehörige hat die bei der Erstellung des Abschlusses ausgeführten Tätigkeiten nach pflichtgemäßem Ermessen angemessen zu dokumentieren.

(40) Die Dokumentation kann insbesondere durch

a) die Anlage eines Dauerakts,
b) die Anlage von (jährlichen) Arbeitspapieren,
c) eine Vollständigkeitserklärung des Auftraggebers oder
d) einen Erstellungsbericht

erfolgen.

(41) Der Berufsangehörige hat eine Ausfertigung des vom Auftraggeber unterschriebenen Abschlusses bei seinen Unterlagen aufzubewahren.

5.6. Vollständigkeitserklärung

(42) Es wird empfohlen, dass der mit der Erstellung des Abschlusses beauftragte Berufsangehörige vom Auftraggeber eine Vollständigkeitserklärung einholt. Die Vollständigkeitserklärung hat die Richtigkeit und Vollständigkeit der vorgelegten Unterlagen sowie die vollständige Offenlegung aller wesentlichen und relevanten Informationen, die für die Erstellung des Abschlusses notwendig sind, an den Berufsangehörigen zum Gegenstand.

(43) Die Vollständigkeitserklärung hat sich auf die Gesamtheit der erteilten Informationen zu erstrecken (Belege, Bücher, Auskünfte etc.).

(44) Die Vollständigkeitserklärung muss vom Auftraggeber bzw. von allen seinen gesetzlichen Vertretern persönlich unterzeichnet werden.

(45) Ein Muster einer Vollständigkeitserklärung für einen Erstellungsauftrag findet sich in der Anlage 2 zu diesem Fachgutachten. Das Muster ist im Einzelfall nach Art und Umfang des Auftrags zu ändern oder zu ergänzen.

6. Berichterstattung

(46) Es wird empfohlen, dass der Berufsangehörige einen Bericht über die Erstellung des Abschlusses erstattet (Erstellungsbericht). Der Bericht dient zum Nachweis der Erfüllung der Pflichten des Berufsangehörigen aus dem Auftragsverhältnis.

(47) Die Form der Berichterstattung darf nicht den Anschein erwecken, der Berufsangehörige habe eine Abschlussprüfung i.S.d. §§ 268 ff. UGB oder eine prüferische Durchsicht des Abschlusses, eine sonstige Prüfung oder vereinbarte Untersuchungshandlungen vorgenommen. Dies ist u.a. durch die Bezeichnung des Erstellungsberichts, z.B. als „Bericht über die Erstellung des Abschlusses zum …“ deutlich zu machen.

(48) Der Erstellungsbericht sollte folgende Mindestinhalte umfassen:

a) den Namen und die Anschrift des Berufsangehörigen,
b) den Auftraggeber,
c) eine Überschrift mit der Bezeichnung des Erstellungsberichts,
d) den Gegenstand des Erstellungsauftrags,
e) einen Hinweis auf die für den Abschluss maßgebenden Rechtsgrundlagen (z.B. UGB, IFRS oder Spezialgesetze),
f) eine Anmerkung, dass der Abschluss auf der Grundlage von Unterlagen und Informationen erstellt wurde, die vom Auftraggeber zur Verfügung gestellt wurden und vom Berufsangehörigen keinen gesonderten Plausibilitätsbeurteilungen unterzogen wurden,
g) eine Erklärung darüber, dass durch den Berufsangehörigen weder eine Abschlussprüfung noch eine prüferische Durchsicht oder eine sonstige Prüfung oder vereinbarte Untersuchungshandlungen vorgenommen wurden und dass demzufolge keine Zusicherung (Bestätigung) zum Abschluss gegeben wird,
h) eine Erklärung darüber, dass der Auftraggeber für die Richtigkeit und Vollständigkeit der Unterlagen und Informationen verantwortlich ist, die dem Berufsangehörigen für die Erstellung des Abschlusses zur Verfügung gestellt wurden,
i) gegebenenfalls einen Hinweis auf die durch den Berufsangehörigen eingeholte Vollständigkeitserklärung,
j) eine Erklärung darüber, dass der Auftrag zur Erstellung des Abschlusses in Übereinstimmung mit den geltenden gesetzlichen Vorschriften einschließlich der GoB sowie

den einschlägigen fachlichen Verlautbarungen durchgeführt wurde,

k) einen Hinweis auf die zugrunde gelegten Auftragsbedingungen für die Erstellung des Abschlusses und

l) allfällige Vereinbarungen von Haftungsausschlüssen im Falle der Weitergabe des vom Berufsangehörigen erstellten Abschlusses an Dritte.[7]

[7] Siehe auch Punkt 5. und Punkt 7. der Allgemeinen Auftragsbedingungen für Wirtschaftstreuhandberufe (AAB 2018) der KSW.

Anlage 3 zu diesem Fachgutachten enthält ein Muster für einen Erstellungsbericht. Dieses Muster ist im Einzelfall je nach Auftrag zu ändern oder zu ergänzen.

(49) War der Berufsangehörige selbst mit der Buchführung betraut, ist dies im Erstellungsbericht anzugeben.

7. Anwendungszeitpunkt

(50) Die vorliegende überarbeitete Fassung dieses Fachgutachtens ist auf Aufträge zur Erstellung von Abschlüssen über Geschäftsjahre anzuwenden, die am oder nach dem 31. Dezember 2020 enden. Eine frühere Anwendung ist zulässig.

Anlage 1: Muster einer Auftragsbestätigung für einen Erstellungsauftrag

Das folgende Musterschreiben kann als Leitfaden in Verbindung mit den in Abschnitt 5.2. dieses Fachgutachtens dargestellten Ausführungen verwendet werden und ist den individuellen Anforderungen und Umständen anzupassen.

An … [Auftraggeber]

Dieses Schreiben dient zur Bestätigung unseres Verständnisses der Auftragsbedingungen sowie der Art und der Einschränkungen der von uns zu erbringenden Leistungen.

Sie haben uns beauftragt, die folgenden Leistungen zu erbringen:

Auf der Grundlage von Unterlagen und Auskünften, die Sie uns zur Verfügung stellen, werden wir, in Übereinstimmung mit dem für Erstellungsaufträge geltenden Fachgutachten KFS/RL 26, den Jahresabschluss der … [Auftraggeber] zum … [Abschlussstichtag] – bestehend aus Bilanz, Gewinn- und Verlustrechnung sowie Anhang – erstellen.

Der Auftrag umfasst die Erstellung der Bilanz und der Gewinn- und Verlustrechnung sowie des Anhangs auf Grundlage der Buchführung und des Inventars sowie der Vorgaben zu den anzuwendenden Bilanzierungs- und Bewertungsmethoden.

Wir werden in Bezug auf den Abschluss keine Prüfungshandlungen bzw. Bestätigungsleistungen durchführen, die bei einer Abschlussprüfung oder prüferischen Durchsicht bzw. bei sonstigen Prüfungen oder vereinbarten Untersuchungshandlungen vorzunehmen wären. Demzufolge geben wir keine Zusicherung (Bestätigung) zum Abschluss.

Die Belege, Bücher und Bestandsnachweise sowie die Auskünfte, die von Ihnen für die Erstellung des Abschlusses an uns übermittelt werden, werden uns vollständig und nach bestem Wissen und Gewissen gegeben.

Es erfolgt von uns keine Prüfung der überlassenen Unterlagen und erteilten Auskünfte, so dass die Unternehmensleitung sowohl für die Richtigkeit als auch für die Vollständigkeit der uns zur Verfügung gestellten Unterlagen und Auskünfte verantwortlich ist. Dies gilt auch gegenüber den Nutzern des von uns erstellten Abschlusses. Dazu zählt auch die Führung bzw. Einrichtung von angemessenen Buchhaltungsunterlagen und eines internen Kontrollsystems. Die Aufdeckung von Fehlern, rechtswidrigem Verhalten oder anderen Unregelmäßigkeiten ist nicht Gegenstand unseres Erstellungsauftrags.

Für den Erstellungsauftrag gelten die Allgemeinen Auftragsbedingungen (AAB) für Wirtschaftstreuhandberufe der Kammer der Steuerberater und Wirtschaftsprüfer (KSW) in der Fassung vom … [Datum]. Eine Kopie der AAB ist diesem Auftragsschreiben als Anlage beigefügt.

Nach Fertigstellung des Abschlusses werden wir Ihnen einen Bericht über die Erstellung des Abschlusses (Erstellungsbericht) übermitteln. Eine Weitergabe des von uns erstellten Abschlusses an Dritte darf nur unter Beigabe des Erstellungsberichts erfolgen.

Im Falle der Weitergabe des von uns erstellten Abschlusses an Dritte gelten die in Punkt 7. der AAB für Wirtschaftstreuhandberufe der KSW enthaltenen Ausführungen zur Haftung auch gegenüber Dritten.

Wir freuen uns auf die Zusammenarbeit mit Ihren Mitarbeiter(inne)n und sind zuversichtlich, dass diese uns den Zugriff auf jegliche von uns in Verbindung mit unserer Erstellung benötigten Aufzeichnungen, Dokumente und sonstigen Informationen ermöglichen werden.

Unserem Honorar, das wir entsprechend den Fortschritten unserer Arbeit in Rechnung stellen, liegt die Zeit zugrunde, die die dem Auftrag zugewiesenen Mitarbeiter(innen) benötigen, zuzüglich Barauslagen. Die einzelnen Stundensätze variieren gemäß dem Grad der jeweils übernommenen Verantwortung sowie der erforderlichen Erfahrungen und Kenntnisse.

Dieses Auftragsschreiben ist vorbehaltlich seiner Kündigung, Änderung oder Ersetzung auch für spätere Jahre gültig.

Wir bitten Sie, die beigefügte Kopie dieses Auftragsschreibens zu unterzeichnen und zu retournieren, um Ihr Einverständnis mit den Vereinbarungen für unsere Erstellung Ihres Abschlusses zu erklären.

(Unterschrift des Berufsangehörigen)
(Datum)
(Anschrift)

Bestätigt im Namen der … [Auftraggeber], vertreten durch
(Unterschrift)
(Name und Titel)

Anlage 2: Muster für eine Vollständigkeitserklärung

Das folgende Musterschreiben kann als Leitfaden in Verbindung mit den in Abschnitt 5.6. dieses Fachgutachtens dargestellten Ausführungen verwendet werden und ist den individuellen Anforderungen und Umständen anzupassen.

An … [Name und Anschrift des Berufsangehörigen]

Vollständigkeitserklärung

Diese Vollständigkeitserklärung wird in Verbindung mit dem von Ihnen erstellten Jahresabschluss für das Geschäftsjahr … [Geschäftsjahr] abgegeben. Durch die Erklärung bestätigen wir Ihnen, dass Sie aufgrund der Ihnen übergebenen Unterlagen und der Ihnen gegebenen Informationen in die Lage versetzt worden sind, einen Jahresabschluss zu erstellen, der ein möglichst getreues Bild der Vermögens- und Finanzlage des Unternehmens zum … [Abschlussstichtag] und der Ertragslage des Unternehmens im Geschäftsjahr vom … [Datum] bis zum … [Datum] in Übereinstimmung mit … [Bezeichnung der maßgebenden Rechtsgrundlagen, z.B. UGB oder IFRS] vermittelt.

Ihnen als mit der Erstellung des oben angeführten Jahresabschlusses beauftragtem Wirtschaftsprüfer / Steuerberater erkläre ich / erklären wir als zur Aufstellung des Jahresabschlusses verpflichtete(s/r) Vorstandsmitglied(er) / Geschäftsführer / geschäftsführende(r) Gesellschafter / Einzelunternehmer Folgendes:

Die Belege, Bücher und Bestandsnachweise sowie die Auskünfte, die von uns für die Erstellung des Abschlusses an Sie übermittelt wurden, wurden Ihnen vollständig und nach bestem Wissen und Gewissen gegeben.

In den vorgelegten Büchern und Aufzeichnungen sind sämtliche Geschäftsvorfälle lückenlos und vollständig aufgezeichnet, die für das oben genannte Geschäftsjahr buchungspflichtig geworden sind.

Ich habe / Wir haben sichergestellt, dass im Rahmen der gesetzlichen Aufbewahrungspflichten und -fristen auch die nicht ausgedruckten Daten jederzeit verfügbar sind und innerhalb angemessener Frist lesbar gemacht werden können.

Die Verantwortung für die Aufstellung des Jahresabschlusses sowie für die Erstellung des Lageberichts in Übereinstimmung mit den anzuwendenden Rechnungslegungsvorschriften liegt bei mir / uns. Diese Verantwortung beinhaltet insbesondere grundsätzliche Entscheidungen über die Abbildung von Geschäftsvorfällen bzw. Vermögensgegenständen und Schulden im Jahresabschluss, die Auswahl und Anwendung angemessener Bilanzierungs- und Bewertungsmethoden und die Vornahme von Schätzungen, die unter Berücksichtigung der gegebenen Rahmenbedingungen angemessen erscheinen.

In dem von Ihnen erstellten Jahresabschluss sind alle bilanzierungspflichtigen Vermögensgegenstände, Verpflichtungen, Wagnisse und Abgrenzungen berücksichtigt, sämtliche Aufwendungen und Erträge enthalten sowie alle erforderlichen Angaben gemacht.

Ich bin / Wir sind verantwortlich für die Verhinderung und Aufdeckung von Verstößen durch Mitarbeiter und für die Einrichtung und Aufrechterhaltung eines geeigneten internen Kontrollsystems.

Ich bin / Wir sind verantwortlich für die Einrichtung eines angemessenen Rechnungslegungs- und internen Kontrollsystems, um sicherzustellen, dass Geschäfte mit und zwischen nahestehenden Unternehmen und Personen in den Buchführungsunterlagen als solche festgehalten und entsprechend den anzuwendenden Rechnungslegungsvorschriften offengelegt werden.

Alle für die Erstellung des Jahresabschlusses notwendigen Aufzeichnungen, Dokumentationen und Informationen, insbesondere zu den Risiken, für die Rückstellungen gebildet werden müssen, zu drohenden Verlusten aus schwebenden Geschäften, zu bestehenden und drohenden Rechtsstreitigkeiten und sonstigen Auseinandersetzungen und zur Werthaltigkeit von Forderungen, wurden Ihnen mitgeteilt. Derartige Informationen bzw. Sachverhalte können beispielsweise sein:

a) Ereignisse nach dem Abschlussstichtag, die für die Bewertung am Abschlussstichtag von Bedeutung sind,
b) besondere Umstände, die der Fortführung des Unternehmens oder der Vermittlung eines möglichst getreuen Bildes der Vermögens-, Finanz- und Ertragslage des Unternehmens entgegenstehen oder die Aussagefähigkeit des Jahresabschlusses wesentlich beeinflussen,
c) eine Übersicht über die Unternehmen, mit denen das Unternehmen im Geschäftsjahr oder am Abschlussstichtag verbunden war bzw. mit denen im Geschäftsjahr oder am Abschlussstichtag ein Beteiligungsverhältnis bestand,
d) Verbindlichkeiten aus der Begebung und Übertragung von Wechseln, aus Bürgschaften, aus Garantien und aus sonstigen gesetzlichen und vertraglichen Haftungsverhältnissen,
e) Patronatserklärungen,

f) gesetzliche und vertragliche Sicherheiten für Verbindlichkeiten (einschließlich Eventualverbindlichkeiten), z.B. Pfandrechte, Sicherungseigentum und Eigentumsvorbehalte an bilanzierten Vermögensgegenständen,
g) Rückgabeverpflichtungen für in der Bilanz ausgewiesene Vermögensgegenstände und Rücknahmeverpflichtungen für nicht in der Bilanz ausgewiesene Vermögensgegenstände,
h) derivative Finanzinstrumente (z.B. fremdwährungs-, zins-, wertpapier- und indexbezogene Optionsgeschäfte und Terminkontrakte, Zins- und Währungsswaps),
i) Verträge oder sonstige rechtliche Sachverhalte, die wegen ihres Gegenstands, ihrer Dauer, möglicher Vertragsstrafen oder aus anderen Gründen für die Beurteilung der wirtschaftlichen Lage des Unternehmens von Bedeutung sind oder werden können (z.B. Verträge mit Lieferanten, Abnehmern, Gesellschaftern oder verbundenen Unternehmen sowie Arbeitsgemeinschafts-, Versorgungs-, Options-, Leasing- und Treuhandverträge sowie Verträge über Verpflichtungen, die aus dem Gewinn zu erfüllen sind), und
j) die finanziellen Verpflichtungen aus diesen Verträgen sowie sonstige wesentliche finanzielle Verpflichtungen (z.B. aus in naher Zukunft erforderlichen Großreparaturen).

Bestätigt im Namen der … [Auftraggeber], vertreten durch
(Unterschrift)
(Name)
(Datum der Unterfertigung)

Anlage 3: Muster für einen Bericht über einen Auftrag zur Erstellung des Abschlusses (Erstellungsbericht)

Das folgende Musterschreiben kann als Leitfaden in Verbindung mit den in Abschnitt 6. dieses Fachgutachtens dargestellten Ausführungen verwendet werden und ist den individuellen Anforderungen und Umständen anzupassen.

a) Erstellungsbericht im Fall der Nichtmitwirkung an der Buchführung:

An … [Auftraggeber]

Bericht über die Erstellung des Jahresabschlusses der … [Auftraggeber] zum … [Abschlussstichtag]

Wir haben auftragsgemäß den vorstehenden/nachstehenden Jahresabschluss der … [Auftraggeber] zum … [Abschlussstichtag] – bestehend aus Bilanz, Gewinn- und Verlustrechnung sowie Anhang – auf Grundlage der Buchführung und des Inventars sowie der Vorgaben zu den anzuwendenden Bilanzierungs- und Bewertungsmethoden erstellt.

Grundlage für die Erstellung des Abschlusses waren die uns vorgelegten Belege, Bücher und Bestandsnachweise, die wir auftragsgemäß nicht auf Ordnungsmäßigkeit oder Plausibilität geprüft haben, sowie die uns erteilten Auskünfte. Die Buchführung sowie die Aufstellung des Inventars und des Jahresabschlusses nach … [Bezeichnung der maßgebenden Rechtsgrundlagen, z.B. UGB, IFRS oder Spezialgesetze] und den ergänzenden Bestimmungen des Gesellschaftsvertrags / der Satzung liegen in Ihrer Verantwortung.

Wir haben weder eine Abschlussprüfung noch eine prüferische Durchsicht des Abschlusses noch eine sonstige Prüfung oder vereinbarte Untersuchungshandlungen vorgenommen und geben demzufolge keine Zusicherung (Bestätigung) zum Abschluss.

Sie sind sowohl für die Richtigkeit als auch für die Vollständigkeit der uns zur Verfügung gestellten Unterlagen und Auskünfte verantwortlich, auch gegenüber den Nutzern des von uns erstellten Abschlusses. Wir verweisen in diesem Zusammenhang auf die auf unser Verlangen von Ihnen am … [Datum] unterschriebene Vollständigkeitserklärung.

Der Erstellungsauftrag wurde unter Beachtung des Fachgutachtens KFS/RL 26 „Grundsätze für die Erstellung von Abschlüssen“ durchgeführt. Für den Erstellungsauftrag gelten die Allgemeinen Auftragsbedingungen (AAB) für Wirtschaftstreuhandberufe der Kammer der Steuerberater und Wirtschaftsprüfer (KSW) in der Fassung vom … [Datum].

Eine Weitergabe des von uns erstellten Abschlusses an Dritte darf nur unter Beigabe des Erstellungsberichts erfolgen.

Im Falle der Weitergabe des von uns erstellten Abschlusses an Dritte gelten die in Punkt 7. der AAB für Wirtschaftstreuhandberufe der KSW enthaltenen Ausführungen zur Haftung auch gegenüber Dritten.

Der Erstellungsauftrag wurde unter Beachtung des Fachgutachtens KFS/RL 26 „Grundsätze für die Erstellung von Abschlüssen“ durchgeführt. Für den Erstellungsauftrag gelten die Allgemeinen Auftragsbedingungen (AAB) für Wirtschaftstreuhandberufe der Kammer der Wirtschaftstreuhänder (KWT) in der Fassung vom … [Datum].

Eine Weitergabe des von uns erstellten Abschlusses an Dritte darf nur unter Beigabe des Erstellungsberichts erfolgen.

Im Falle der Weitergabe des von uns erstellten Abschlusses an Dritte gelten die in Punkt 7. der AAB für Wirtschaftstreuhandberufe der KWT enthaltenen Ausführungen zur Haftung auch gegenüber Dritten.

b) Erstellungsbericht im Fall der Mitwirkung an der Buchführung:

An … [Auftraggeber]

Bericht über die Erstellung des Jahresabschlusses der … [Auftraggeber] zum … [Abschlussstichtag]

Wir haben auftragsgemäß den vorstehenden/nachstehenden Jahresabschluss der … [Auftraggeber] zum … [Abschlussstichtag] – bestehend aus Bilanz, Gewinn- und Verlustrechnung sowie Anhang – auf Grundlage der Buchführung und des Inventars sowie der Vorgaben zu den anzuwendenden Bilanzierungs- und Bewertungsmethoden erstellt.

Grundlage für die Erstellung des Abschlusses waren die von uns durchgeführten … [Art der durchgeführten Tätigkeit(en) (z.B. die gesamte Buchhaltung, Lohn- und Gehaltsbuchführung, Anlagenverzeichnis)] und die uns darüber hinaus vorgelegten Belege, Bücher und Bestandsnachweise, die wir auftragsgemäß nicht auf Ordnungsmäßigkeit oder Plausibilität geprüft haben, sowie die uns erteilten Auskünfte. Die Buchführung sowie die Aufstellung des Inventars und des Jahresabschlusses nach … [Bezeichnung der maßgebenden Rechtsgrundlagen, z.B. UGB, IFRS oder Spezialgesetze] und den ergänzenden Bestimmungen des Gesellschaftsvertrags / der Satzung liegen in Ihrer Verantwortung.

Wir haben weder eine Abschlussprüfung noch eine prüferische Durchsicht des Abschlusses noch eine sonstige Prüfung oder vereinbarte Untersuchungshandlungen vorgenommen und geben demzufolge keine Zusicherung (Bestätigung) zum Abschluss.

Sie sind sowohl für die Richtigkeit als auch für die Vollständigkeit der uns zur Verfügung gestellten Unterlagen und Auskünfte verantwortlich, auch gegenüber den Nutzern des von uns erstellten Abschlusses. Wir verweisen in diesem Zusammenhang auf die auf unser Verlangen von Ihnen am … [Datum] unterschriebene Vollständigkeitserklärung.

Der Erstellungsauftrag wurde unter Beachtung des Fachgutachtens KFS/RL 26 „Grundsätze für die Erstellung von Abschlüssen" durchgeführt. Für den Erstellungsauftrag gelten die Allgemeinen Auftragsbedingungen (AAB) für Wirtschaftstreuhandberufe der Kammer der Steuerberater und Wirtschaftsprüfer (KSW) in der Fassung vom … [Datum].

Eine Weitergabe des von uns erstellten Abschlusses an Dritte darf nur unter Beigabe des Erstellungsberichts erfolgen.

Im Falle der Weitergabe des von uns erstellten Abschlusses an Dritte gelten die in Punkt 7. der AAB für Wirtschaftstreuhandberufe der KSW enthaltenen Ausführungen zur Haftung auch gegenüber Dritten.

Erläuterungen und Anwendungshinweise

Zu Rz (37):

Der Berufsangehörige hat, wenn Bedenken an der Richtigkeit der Darstellung der Vermögens-, Finanz- und Ertragslage im Jahresabschluss hervortreten, geeignete Nachweise für die Richtigkeit der gewählten Darstellung vom Auftraggeber einzuholen. Werden vom Auftraggeber keine oder evident ungeeignete Nachweise beigebracht, hat der Berufsangehörige den Auftraggeber aufzufordern, die wesentliche falsche Darstellung im Jahresabschluss zu berichtigen. Da unzulässige Wertansätze und Darstellungen im Jahresabschluss für das aufstellende Unternehmen und seine Organe sowie für den im Rahmen seines Erstellungsauftrags mitwirkenden Berufsangehörigen zu umfangreichen zivil- und strafrechtlichen Konsequenzen führen können, hat es der Berufsangehörige zu unterlassen, an der Beibehaltung einer wesentlichen falschen Darstellung der Vermögens-, Finanz- und Ertragslage im Jahresabschluss mitzuwirken. (vgl. § 7 Abs. 3 WT-AARL 2017-KSW)

2/1/28. KFS/RL 28

Fachgutachten
des Fachsenats für Unternehmensrecht und Revision
zur Unternehmensfortführung gemäß § 201 Abs. 2 Z 2 UGB

(beschlossen in der Sitzung des Fachsenats für Unternehmensrecht und Revision am 19. September 2017, überarbeitet im Juni 2018)

1. Gegenstand und Anwendungsbereich

(1) Die Annahme der Unternehmensfortführung („going concern-Prämisse“) ist ein zentraler Bewertungsgrundsatz bei der Aufstellung von Abschlüssen nach dem Unternehmensgesetzbuch (UGB). Bei der Beurteilung, ob diese Annahme gerechtfertigt ist, können sich im Einzelfall schwierige Fragen ergeben.

(2) Zielsetzung dieses Fachgutachtens ist es, eine Interpretation für diese Beurteilung zu schaffen, die die Meinung des Berufsstands darlegt. Die Regeln der Insolvenzordnung (IO) bezüglich des Vorliegens einer Überschuldung sind von den unternehmensrechtlichen Vorschriften zur Unternehmensfortführung prinzipiell zu unterscheiden, wobei auf die Angabepflicht gemäß § 225 Abs. 1 UGB (Erläuterung, ob bei negativem Eigenkapital eine Überschuldung im Sinn der IO vorliegt) hingewiesen wird.

(3) Dieses Fachgutachten geht nicht auf Besonderheiten bei Kreditinstituten und Versicherungsunternehmen ein.

2. Definitionen

(4) Nachstehende Begriffe sind für das Fachgutachten von zentraler Bedeutung:

- **Unternehmensfortführung:** Aufrechterhaltung der Unternehmenstätigkeit und damit die Nutzung und Realisation der unternehmerisch genutzten Vermögensgegenstände sowie die Bedienung der Schulden im Rahmen des gewöhnlichen Geschäftsbetriebs.
- **Fortführungsannahme („going concern-Prämisse“)** im Sinne des § 201 Abs. 2 Z 2 UGB: allgemeiner Bewertungsgrundsatz und gesetzliche Grundannahme, wonach bei der Bewertung des Vermögens und der Schulden von der Unternehmensfortführung auszugehen ist, solange dem nicht tatsächliche oder rechtliche Gründe entgegenstehen.
- **Abschlussaufsteller:** diejenigen Personen, die gemäß dem UGB oder anderen Normen zur Abschlussaufstellung verpflichtet sind. Gemäß dem UGB sind dies der Unternehmer bzw. bei Kapitalgesellschaften die gesetzlichen Vertreter.
- **Fortführungsprognose:** Beurteilung der zukünftigen Entwicklung des Unternehmens im Zusammenhang mit der Fortführungsannahme des UGB, basierend auf der Unternehmensplanung; sie ist erforderlich bei Vorliegen von tatsächlichen oder rechtlichen Gründen, die der Fortführungsannahme möglicherweise entgegenstehen, d.h. wenn nicht ohne weiteres von der Fortführungsannahme ausgegangen werden kann.

Davon zu unterscheiden ist die **Fortbestehensprognose** als Beurteilung der zukünftigen Entwicklung des Unternehmens gemäß § 67 IO („Überschuldung“; vgl. dazu im Detail „Leitfaden Fortbestehensprognose“, Gemeinsame Stellungnahme der KWT, der WKO und der KMU Forschung Austria aus 2016).

- **Der Fortführungsannahme möglicherweise entgegenstehende Gründe** sind tatsächliche (betriebliche, finanzielle) oder rechtliche Ereignisse oder Gegebenheiten, die zu einer wesentlichen Unsicherheit bezüglich der Unternehmensfortführung führen können.
- Eine **wesentliche Unsicherheit** bezüglich der Unternehmensfortführung besteht im Zusammenhang mit Gründen, die der Unternehmensfortführung möglicherweise entgegenstehen, dann, wenn das Ausmaß dieser Gründe und die Wahrscheinlichkeit ihres Eintretens so groß sind, dass eine angemessene Angabe von Art und Auswirkungen der Unsicherheit im Abschluss notwendig ist, um ein möglichst getreues Bild der Vermögens-, Finanz- und Ertragslage des Unternehmens zu vermitteln.

3. Gesetzliche Annahme der Unternehmensfortführung

(5) § 201 Abs. 2 Z 2 UGB normiert eine gesetzliche Fortführungsannahme, von der nur abgegangen werden darf, wenn ihr tatsächliche oder rechtliche Gründe entgegenstehen.

(6) Für die Fortführungsannahme sind keine besonderen Nachweise zu führen, wenn ein grundsätzlicher Fortführungswille des Unternehmers besteht und insbesondere unter Berücksichtigung einer Gesamtschau aus Ereignissen und Gegebenheiten, wie z.B. einer nachhaltigen Gewinnsituation, einem leichten Zugriff auf finanzielle Mittel und einem positiven Eigenkapital, der Fortführungsannahme keine Gründe entgegenstehen.

(7) Wenn der Unternehmensfortführung tatsächliche oder rechtliche Gründe möglicherweise entgegenstehen, ist die Unternehmensfortführung anhand einer Fortführungsprognose zu beurteilen.

4. Unternehmensplanung als Ausgangspunkt für die Beurteilung

(8) Gemäß § 1189 Abs. 3 ABGB sowie § 22 Abs. 1 GmbHG bzw. § 82 AktG sind die Geschäftsführung bzw. die gesetzlichen Vertreter verpflichtet, ein Rechnungswesen zu führen, das den Anforderungen des Unternehmens entspricht. Diese Verpflichtung umfasst auch das Vorliegen einer den Unternehmensgegebenheiten entsprechenden Unternehmensplanung, insbesondere wenn der Unternehmensfortführung möglicherweise Gründe entgegenstehen, vor allem wenn das Vorliegen insolvenzrechtlicher Tatbestände droht.

(9) Die Unternehmensplanung muss das Unternehmen vollständig erfassen und die relevanten und wesentlichen Entwicklungen mit ihren Chancen und Risiken in plausibler Weise berücksichtigen; sie muss vom Abschlussaufsteller für maßgeblich erklärt werden. Sie hat aktuell, realistisch und widerspruchsfrei zu sein und die zum Zeitpunkt der Erstellung bekannten Faktoren sowie die Ausgangslage aus der Vergangenheit konsistent einzubeziehen. Die Darstellung darf nicht irreführend sein, und die wesentlichen Planungsannahmen sind offenzulegen. Die Unternehmensplanung muss von einem sachkundigen Dritten innerhalb angemessener Zeit nachvollziehbar sein.

(10) Die Unsicherheit von Planungsannahmen ist aufgrund vorliegender Informationen unter Berücksichtigung ihrer Quellen und deren Verlässlichkeit, der historischen Entwicklung und des Vorliegens externer Einflussfaktoren unter Berücksichtigung der Fähigkeit zur eigenständigen Umsetzung einzuschätzen. Das Schwergewicht ist dabei auf Annahmen zu legen, die hinsichtlich Ausmaß und Wahrscheinlichkeit einen wesentlichen Einfluss auf die Unternehmensplanung haben.

(11) Der Detaillierungsgrad richtet sich nach Ausmaß und Wahrscheinlichkeit der der Unternehmensfortführung möglicherweise entgegenstehenden Gründe sowie den jeweiligen Planungsannahmen; er reicht von einer reinen Ertragsplanung bis zu einer integrierten Planungsrechnung einschließlich detaillierter Erläuterung der Annahmen und deren Herleitung sowie verbaler Kommentierung nicht-finanzieller Aspekte. Die Planungsperioden sind der laufenden Berichterstattung über den gewöhnlichen Geschäftsbetrieb anzugleichen.

5. Der Fortführungsannahme möglicherweise entgegenstehende Gründe

(12) Der Abschlussaufsteller hat zu beurteilen, ob der Unternehmensfortführung möglicherweise tatsächliche oder rechtliche Gründe entgegenstehen.

(13) Tatsächliche entgegenstehende Gründe können sich aus Ereignissen und Gegebenheiten betrieblicher oder finanzieller Art ergeben.

(14) Rechtliche Gründe, die grundsätzlich, aber nicht in jedem Fall zwingend, der Fortführungsannahme entgegenstehen, können zum Beispiel sein:

- das Vorliegen insolvenzrechtlicher Tatbestände (Zahlungsunfähigkeit nach § 66 IO, bei Kapitalgesellschaften und diesen gleichgestellten Gesellschaften Überschuldung nach § 67 IO),
- das Auslaufen von Verträgen oder Konzessionen, die wesentliche Grundlage für die Unternehmenstätigkeit sind, oder
- die Auflösung aufgrund gesetzlicher oder gesellschaftsvertraglicher Befristung.

(15) Der Auswirkung solcher möglicherweise entgegenstehender Gründe kann durch Maßnahmen des Abschlussaufstellers entgegengewirkt werden.

(16) Im Zusammenhang mit Gründen, die der Unternehmensfortführung möglicherweise entgegenstehen, muss der Abschlussaufsteller im Zuge der Abschlussaufstellung unter Berücksichtigung allenfalls getroffener oder geplanter Maßnahmen einschätzen, ob eine wesentliche Unsicherheit bezüglich der Unternehmensfortführung vorliegt, ohne dass bereits ein Abgehen von der Fortführungsannahme geboten ist, oder dieses Abgehen geboten ist (vgl. Abschnitt 6.).

(17) Eine wesentliche Unsicherheit besteht, wenn das Ausmaß dieser Gründe und die Wahrscheinlichkeit ihres Eintretens so groß sind, dass eine angemessene Angabe von Art und Auswirkungen der Unsicherheit im Abschluss notwendig ist, um ein möglichst getreues Bild der Vermögens-, Finanz- und Ertragslage des Unternehmens zu vermitteln.

(18) Der Abschlussaufsteller hat die Beurteilung der Angemessenheit der Fortführungsannahme zum Zeitpunkt der Abschlussaufstellung vorzunehmen und dabei alle verfügbaren Informationen heranzuziehen. Es sind auch Ereignisse zu berücksichtigen, die erst nach dem Abschlussstichtag eingetreten sind.

6. Abgehen von der Fortführungsannahme

(19) Wenn die ernsthafte Absicht besteht, die Unternehmenstätigkeit einzustellen oder das Unternehmen aufzulösen, dann ist mangels Fortführungswillens von der Fortführungsannahme abzugehen.

(20) Ein Abgehen von der Fortführungsannahme ist auch dann geboten, wenn eine realistische Alternative zur Einstellung der Unternehmenstätigkeit oder zur Auflösung des Unternehmens fehlt. Dies ist dann der Fall, wenn hinreichend sichere (das sind substantielle und in hohem Maße wahrscheinliche) tatsächliche oder rechtliche Gründe vorliegen, die aufgrund ihres Ausmaßes und der Wahrscheinlichkeit ihres Eintretens eine Unternehmensfortführung im Prognosezeitraum in hohem Maße unwahrscheinlich erscheinen lassen.

7. Dauer der Unternehmensfortführung (Prognosezeitraum)

(21) Das UGB enthält keine Vorschriften darüber, für welchen Zeitraum die Unternehmensfortführung zu beurteilen ist. Nach Ansicht des Fachsenats kann grundsätzlich von einem Beurteilungszeitraum von zumindest zwölf Monaten ab dem Abschlussstichtag ausgegangen werden.

(22) Im Zeitpunkt der Abschlussaufstellung dürfen bei Annahme der Unternehmensfortführung keine fundierten Anhaltspunkte vorliegen, die eine Unternehmensfortführung über den Zeitraum von zwölf Monaten ab dem Abschlussstichtag hinaus in hohem Maße unwahrscheinlich erscheinen lassen.

(23) Stellt sich allerdings während der Abschlussaufstellung heraus, dass der Unternehmensfortführung möglicherweise Gründe entgegenstehen, weil beispielsweise Plan-Ist-Vergleiche negativ ausfallen, so muss der Abschlussaufsteller über eine zwölf Monate nach dem Abschlussstichtag umfassende Unternehmensplanung hinaus weitere Nachweise für die Fortführungsannahme erbringen. Dafür ist eine aktualisierte Hochrechnung für das laufende Geschäftsjahr und bei erkennbarer erheblicher negativer Abweichung auch eine erweiterte Unternehmensplanung für einen Zeitraum von zumindest zwölf Monaten ab dem Abschlussaufstellungszeitpunkt bzw. für das gesamte folgende Geschäftsjahr zu erstellen und im Hinblick auf die Unternehmensfortführung zu beurteilen; diese Beurteilung ist die Fortführungsprognose.

(24) In besonderen Fällen kann auch ein noch längerer Zeitraum in die Beurteilung einzubeziehen sein. Bei allzu weit in die Zukunft reichenden Planungen sind die dazu erforderlichen Vermutungen in der Regel zu weitgehend, um eine ausreichende Prognosesicherheit aufzuweisen.

8. Berichterstattung im Anhang

(25) Im Anhang sind gemäß §§ 236 und 237 Abs. 1 Z 1 UGB die angewandten Bilanzierungs- und Bewertungsmethoden so zu erläutern, dass ein möglichst getreues Bild der Vermögens-, Finanz- und Ertragslage des Unternehmens (Generalnorm der Rechnungslegung nach § 222 Abs. 2 UGB) vermittelt wird. Wenn der Bewertungsgrundsatz der Fortführungsannahme angewandt wird, ist dies im Anhang anzugeben.

(26) Sollte der Bewertungsgrundsatz der Fortführungsannahme nicht angewandt werden, ist dies im Anhang anzugeben und zu begründen. Die Auswirkungen der Abkehr von diesem Bewertungsgrundsatz sind zu erläutern.

(27) Zur Erfüllung der Generalnorm des § 222 Abs. 2 UGB ist eine wesentliche Unsicherheit bezüglich der Anwendung des Grundsatzes der Unternehmensfortführung im Anhang anzugeben. Falls der Abschlussaufsteller zu dem Schluss kommt, dass die Anwendung der Fortführungsannahme unter den gegebenen Umständen insgesamt zwar angemessen ist, jedoch eine wesentliche Unsicherheit besteht, muss er im Anhang

– die wesentlichen der Unternehmensfortführung möglicherweise entgegenstehenden Gründe und seine Pläne, diesen Gründen zu begegnen, angemessen darstellen und
– zweifelsfrei angeben, dass eine wesentliche Unsicherheit im Zusammenhang mit Gründen besteht, die der Unternehmensfortführung möglicherweise entgegenstehen, und das Unternehmen daher möglicherweise nicht in der Lage ist, im Rahmen des gewöhnlichen Geschäftsbetriebs seine Vermögenswerte zu realisieren und seine Schulden zu begleichen.

(28) Auch Ereignisse nach dem Abschlussstichtag im Sinne von § 238 Abs. 1 Z 11 UGB können im Zusammenhang mit der Unternehmensfortführung stehen. Die diesbezügliche Berichterstattung hat daher auch solche Ereignisse zu umfassen.

(29) Zusätzlich zu den Angaben zur Unternehmensfortführung als Bewertungsgrundsatz nach dem UGB ist gemäß § 225 Abs. 1 UGB im Falle eines negativen Eigenkapitals im Anhang zu erläutern, ob eine Überschuldung im Sinne des Insolvenzrechts vorliegt.

(30) Bei Kleinstkapitalgesellschaften im Sinne des § 221 Abs. 1a UGB geht § 242 Abs. 1 UGB davon aus, dass auch ohne Erstellung eines Anhangs ein möglichst getreues Bild der Vermögens-, Finanz- und Ertragslage vermittelt wird. Eine Kleinstkapitalgesellschaft ist daher auch bei Vorliegen einer wesentlichen Unsicherheit bezüglich der Unternehmensfortführung nicht zu den in diesem Abschnitt beschriebenen Angaben verpflichtet. Gleichwohl muss der Abschlussaufsteller die Beurteilung der Fortführungsannahme vornehmen und das Ergebnis dieser Beurteilung bei der Abschlussaufstellung berücksichtigen. Dies gilt für alle Jahresabschlüsse ohne Anhang.

9. Berichterstattung im Lagebericht

(31) Die erforderliche Berichterstattung zur Unternehmensfortführung im Lagebericht ergibt sich weitgehend aus der AFRAC-Stellungnahme 9 (März 2016).

(32) Im Lagebericht sind gemäß § 243 Abs. 1 UGB auch die wesentlichen Risiken und Ungewissheiten, denen das Unternehmen ausgesetzt ist, zu beschreiben. Gemäß § 243 Abs. 3 Z 1 UGB ist auch auf die voraussichtliche Entwicklung des Unternehmens einzugehen. Dies umfasst auch die der Unternehmensfortführung möglicherweise entgegenstehenden Gründe.

(33) Falls der Abschlussaufsteller zu dem Schluss kommt, dass die Anwendung der Fortführungsannahme unter den gegebenen Umständen zwar angemessen ist, jedoch eine wesentliche Unsicherheit besteht, muss er im Lagebericht Angaben analog zu jenen im Anhang gemäß Rz (27) machen.

10. Konsequenzen eines Abgehens von der Fortführungsannahme

(34) Ein Abgehen von der Fortführungsannahme führt zur Änderung der Bewertungsmethoden für die von der Einstellung der Unternehmenstätigkeit betroffenen Vermögensgegenstände und Schulden.

(35) Ohne formale Auflösung des Unternehmens sind die übrigen Bilanzierungs- und Bewertungsgrundsätze weiterhin zu beachten. Insbesondere gelten nach wie vor das Vorsichts- und das Realisationsprinzip. Bei den Vermögensgegenständen ist zu prüfen, ob aufgrund der Verkürzung der Nutzungsdauer oder der Änderung der Verwertungsannahmen Abschreibungspläne zu ändern oder

außerplanmäßige Abschreibungen vorzunehmen sind. Weiters sind Verpflichtungen aufgrund der Beendigung des Unternehmens (z.B. gegenüber Arbeitnehmern) zu passivieren.

(36) Für den Fall der Auflösung einer Kapitalgesellschaft bestehen sondergesetzliche Regelungen in § 211 Abs. 3 AktG und § 91 Abs. 1 GmbHG, die sinngemäß auch für andere bilanzierende Unternehmen gelten. Demnach sind für die von den Abwicklern bzw. Liquidatoren aufzustellenden Abschlüsse die Bewertungsnormen des UGB nicht anzuwenden. Auf diese sondergesetzlichen Normen wird hier nicht weiter eingegangen.

(37) Im Anhang sind die infolge des Abgehens von der Fortführungsannahme geänderten Bilanzierungs- und Bewertungsmethoden und die Auswirkung der Änderungen zu erläutern.

11. Unternehmensfortführung bei Unternehmensteilen bzw. im Konzern

(38) Die Fortführungsannahme bezieht sich auf das Gesamtunternehmen. Demzufolge führt die Einstellung eines Unternehmensteils nicht zwangsläufig zu einem Abgehen von der Fortführungsannahme für das Unternehmen als Ganzes. Unabhängig davon ist bei der Bewertung des dem einzustellenden Unternehmensteil zuzuordnenden Vermögens die geänderte Verwendungsabsicht zu berücksichtigen.

(39) Bei Aufstellung eines Konzernabschlusses bezieht sich die Fortführungsannahme aufgrund der Einheitstheorie auf den gesamten Konzern als wirtschaftliche Einheit; die Einstellung eines Konzernteils muss daher nicht zu einem Abgehen von der Fortführungsannahme für den Gesamtkonzern führen. Allerdings sind bei einem Konzernabschluss verstärkt die oft vorhandenen Haftungs- und sonstigen Verflechtungen zwischen den Konzernunternehmen zu berücksichtigen, welche die Fortführung des Konzerns gesamthaft beeinflussen können (z.B. Insolvenz einer Konzerngesellschaft, existenzbedrohende Konzernhaftungen oder Konzernfinanzierungen über Cash Pooling). Die Ausführungen zur Berichterstattung im Anhang und im Lagebericht gelten sinngemäß auch für den Konzernanhang und den Konzernlagebericht.

12. Anwendungszeitpunkt

(40) Dieses Fachgutachten ist mit Veröffentlichung anwendbar.

Anhang: Erläuterungen und Anwendungshinweise

Zu Rz (4):

Die begriffliche Trennung von Fortführungsprognose im Sinne von § 201 Abs. 2 Z 2 UGB und Fortbestehensprognose im Zusammenhang mit § 67 IO („Überschuldung“) ist sinnvoll und geboten.

Die Fortbestehensprognose im Sinne der IO soll die Frage beantworten, ob trotz einer rechnerischen Überschuldung mit überwiegender Wahrscheinlichkeit die Lebensfähigkeit (insbesondere Zahlungsfähigkeit) des Unternehmens angenommen werden kann, widrigenfalls die Eröffnung eines Insolvenzverfahrens zu beantragen ist. Die IO insgesamt ist primär auf die Sanierung des Schuldners, weiters die Gleichbehandlung von Gläubigern und gegebenenfalls die bestmögliche Verwertung des Vermögens gerichtet. Die Notwendigkeit einer Fortbestehensprognose ist abweichend von der Fortführungsprognose unabhängig von der Abschlussaufstellung zu sehen.

Das Unternehmensrecht hingegen stellt in § 201 Abs. 2 Z 2 UGB die gesetzliche Annahme auf, dass bei der Abschlussaufstellung von der Unternehmensfortführung auszugehen ist („Bei der Bewertung ist von der Fortführung des Unternehmens auszugehen, …“). Der Nebensatz „solange dem nicht tatsächliche oder rechtliche Gründe entgegenstehen“ weist auf eine möglicherweise notwendige Widerlegung der Vermutung der Fortführung hin. Der Abschlussaufsteller hat – je nach Ausmaß und Wahrscheinlichkeit der möglicherweise entgegenstehenden Gründe – die Fortführungsannahme im Zuge der Abschlussaufstellung zu begründen oder zu widerlegen. Dies erfolgt aufgrund einer (unternehmensrechtlichen) Fortführungsprognose.

Sowohl Fortführungs- als auch Fortbestehensprognose sind Instrumente zur Beurteilung des Vorliegens der Unternehmensfortführung bzw. des Fortbestehens, die auf der Unternehmensplanung basieren, deren Ausgestaltung und Detailliertheit sich aus den Anforderungen der speziellen Unternehmensgegebenheiten ergeben (Rz (8) ff.).

Die unternehmensrechtliche Fortführungsprognose und die in fortgeschrittenen Krisenstadien zu erstellende insolvenzrechtliche Fortbestehensprognose haben unterschiedliche Zwecke und Ausgestaltungen. Beide basieren jedoch auf derselben Planung und sind daraus jeweils zweckorientiert abzuleiten.

Im Unterschied zur insolvenzrechtlichen Fortbestehensprognose liegt zur unternehmensrechtlichen Fortführungsprognose – soweit ersichtlich – noch keine Rechtsprechung vor. Auch dies mag in der Praxis dazu beitragen, dass die Begriffe oftmals nicht unterschieden werden.

Zu Rz (5) ff.:

Die hier dargestellte mehrstufige Beurteilungslogik sieht vor:

- Eingangs wird beurteilt, ob ohne besondere Nachweise von der Fortführungsannahme ausgegangen werden kann, weil keine Gründe dagegen sprechen (Abschnitt 3.), oder ob der Fortführungsannahme (möglicherweise) Gründe entgegenstehen. In diesem Fall wird anschließend beurteilt, ob
- sich aus dem Ausmaß dieser Gründe und der Wahrscheinlichkeit ihres Eintretens eine wesentliche Unsicherheit bezüglich der Unternehmensfortführung ergibt (Abschnitt 5.) oder
- hinreichend sichere tatsächliche oder rechtliche Gründe vorliegen, die aufgrund ihres Ausmaßes und der Wahrscheinlichkeit ihres Eintretens eine Unternehmensfortführung im Prognosezeitraum in hohem Maße unwahr-

scheinlich erscheinen lassen, sodass von den Fortführungswerten abzugehen ist (Abschnitt 6.).

Folgende Grafik dient zur Illustration:

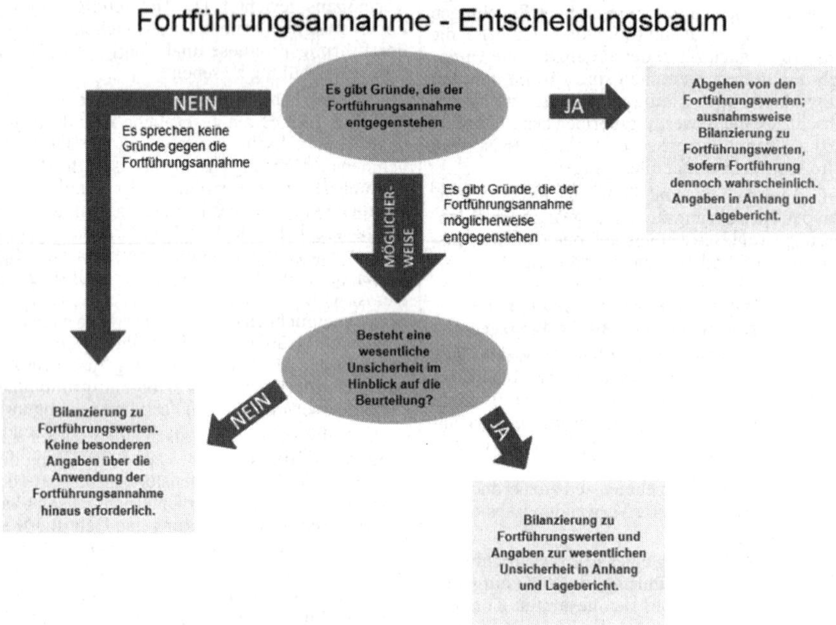

Dies entspricht auch der Beurteilungslogik des IAS 1.25, der die Begriffe der erheblichen Zweifel und der wesentlichen Unsicherheit in der folgenden Bedeutung verwendet (der für Zwecke der Abschlussprüfung vom Abschlussprüfer zu beachtende Prüfungsstandard ISA 570 enthält dieselbe Logik):

- Erhebliche Zweifel (im Zusammenhang mit der Unternehmensfortführung) können durch einzelne oder mehrere Ereignisse oder Gegebenheiten finanzieller oder betrieblicher Art aufgeworfen werden, sofern diese nicht durch andere Faktoren abgemildert werden. Dies entspricht dem Begriff der einer Unternehmensfortführung möglicherweise entgegenstehenden Gründe.
- Eine wesentliche Unsicherheit (im Zusammenhang mit der Unternehmensfortführung) besteht im Zusammenhang mit Ereignissen oder Gegebenheiten, die einzeln oder zusammen erhebliche Zweifel an der Unternehmensfortführung aufwerfen können, wenn das mögliche Ausmaß und die Wahrscheinlichkeit ihres Eintretens so groß sind, dass eine angemessene Angabe von Art und Auswirkungen der Unsicherheit im Abschluss notwendig ist, um eine sachgerechte Gesamtdarstellung zu ermöglichen.

Zu Rz (11):

Als Anhaltspunkt für die Detailliertheit der Planung können die inhaltlichen Anforderungen gemäß dem aktualisierten „Leitfaden Fortbestehensprognose" (2016) herangezogen werden.

Auf die zukünftige Aufrechterhaltung der Zahlungsfähigkeit ist besonders Bedacht zu nehmen.

In diesem Zusammenhang kann das „Orientierungshilfeerkenntnis" des OGH (19.01.2011, 3Ob99/10w) hilfreich sein:

„Zahlungsunfähigkeit liegt vor, wenn der Schuldner mehr als 5 % aller fälligen Schulden nicht begleichen kann. Von Zahlungsfähigkeit darf ein Zahlungsempfänger ausgehen, wenn der Schuldner 95 % oder mehr aller fälligen Schulden begleichen kann. Eine Zahlungsstockung liegt vor, wenn eine ex-ante-Prüfung ergibt, dass eine hohe Wahrscheinlichkeit dafür bestand, dass der Schuldner in einer kurzen, für die Beschaffung der benötigten Geldmittel erforderlichen, im Durchschnittsfall (wenn Umschuldungen vorzunehmen sind; Vermögensobjekte verkauft werden sollen, Gesellschafterdarlehen vereinbart werden sollen uä) drei Monate nicht übersteigenden Frist alle seine Schulden pünktlich zu zahlen in der Lage sein wird. Eine noch längere Frist setzt voraus, dass mit an Sicherheit grenzender Wahrscheinlichkeit

mit der Beseitigung der Liquiditätsschwäche zu rechnen ist.“

Zu Rz (13):

Im Folgenden sind Beispiele für betriebliche, finanzielle und sonstige Gründe aufgeführt, die der Unternehmensfortführung möglicherweise entgegenstehen. Die Auflistung ist weder erschöpfend, noch weist das Vorliegen eines oder mehrerer der Punkte immer darauf hin, dass ein der Unternehmensfortführung möglicherweise entgegenstehender Grund vorliegt.

- betriebliche Gründe
  - Absicht des Managements zur Liquidierung des Unternehmens oder zur Einstellung der Geschäftstätigkeit
  - Verlust von Mitgliedern des Managements in Schlüsselfunktionen ohne Ersatz
  - Verlust von besonders wichtigen Märkten, Schlüsselkunden, Franchiseverträgen, Lizenzen oder Hauptlieferanten
  - Arbeitskonflikte
  - Engpässe bei wichtigen Zulieferungen
  - Aufkommen eines äußerst erfolgreichen Konkurrenten
- finanzielle Gründe
  - negatives Eigenkapital
  - Fälligwerden von Darlehensverbindlichkeiten mit fester Laufzeit ohne realistische Aussicht auf Verlängerung sowie übermäßiger Verlass auf kurzfristige Darlehen zur Finanzierung langfristiger Vermögenswerte
  - Anzeichen für den Entzug finanzieller Unterstützung durch Gläubiger
  - vergangenheits- oder zukunftsorientierte Finanzrechnungen deuten auf negative betriebliche Cashflows hin
  - ungünstige Schlüsselfinanzkennzahlen
  - erhebliche betriebliche Verluste oder erhebliche Wertbeeinträchtigung bei Vermögenswerten, die zur Generierung von Cashflows dienen
  - ausstehende oder ausgesetzte Gewinnausschüttungen
  - Unfähigkeit zur Zahlung an Gläubiger bei Fälligkeit
  - Unfähigkeit zur Erfüllung der Bedingungen von Darlehensvereinbarungen
  - Änderung der Zahlungsbedingungen der Lieferanten von einer Kreditgewährung zu einer Zahlung bei Lieferung
  - Unfähigkeit zur Beschaffung von Finanzmitteln für wichtige neue Produktentwicklungen oder für andere wichtige Investitionen
- sonstige Gründe
  - Verstoß gegen eigenkapitalbezogene oder sonstige gesetzliche Anforderungen
  - schwebende gerichtliche oder behördliche Verfahren gegen das Unternehmen, die im Erfolgsfall zu Verbindlichkeiten führen, welche das Unternehmen nicht erfüllen kann
  - Änderungen von Gesetzen oder anderen Rechtsvorschriften oder politische Änderungen, die voraussichtlich nachteilige Auswirkungen auf das Unternehmen haben
  - Eintreten nicht versicherter oder unterversicherter Schadenfälle

Zu Rz (14):

Mit Konkurseröffnung ist das Unternehmen zwar formaljuristisch aufgelöst, eine Liquidation findet aber bei Unternehmensfortführung nicht statt, sodass eine Insolvenz der Fortführungsannahme nicht in jedem Fall entgegensteht.

Zu Rz (15):

So kann bspw. der Unfähigkeit eines Unternehmens, seinen regulären Schuldenrückzahlungen nachzukommen, durch Pläne des Abschlussaufstellers entgegengewirkt werden, ausreichende Cashflows durch alternative Maßnahmen herbeizuführen, z.B. durch Veräußerung von Vermögenswerten, Neufestlegung von Darlehensrückzahlungen oder Beschaffung von zusätzlichem Kapital. Entsprechend kann der Verlust eines Hauptlieferanten durch die Verfügbarkeit einer geeigneten alternativen Bezugsquelle abgemildert werden. Ebenso können Patronatserklärungen, Rangrücktrittsvereinbarungen oder andere Finanzierungszusagen den Auswirkungen der Unternehmensfortführung möglicherweise entgegenstehender Gründe entgegenwirken.

Für die Fähigkeit kleinerer Unternehmen zur Fortführung der Unternehmenstätigkeit ist häufig die laufende Unterstützung durch Gesellschafter-Geschäftsführer wichtig. Wenn ein kleines Unternehmen größtenteils durch ein Darlehen des Gesellschafter-Geschäftsführers finanziert wird, kann es von Bedeutung sein, dass diese Mittel nicht entzogen werden. So kann bspw. die Fortführung eines kleinen Unternehmens, das in finanziellen Schwierigkeiten ist, davon abhängen, dass der Gesellschafter-Geschäftsführer ein Darlehen zugunsten von Banken oder anderen Gläubigern als nachrangig erklärt oder das Unternehmen bei Aufnahme eines Darlehens unterstützt, indem er mit seinem persönlichen Vermögen als Sicherheit bürgt. Sofern derartige Gegebenheiten in die Fortführungsannahme einfließen, sind sie angemessen zu dokumentieren.

Zu Rz (19):

Die ernsthafte Absicht als Akt der inneren Willensbildung der zuständigen Unternehmensorgane muss bis zum Tag der Abschlussaufstellung in ausreichendem Ausmaß nach außen in Erscheinung getreten sein, z.B. durch einen entsprechenden Beschluss oder eine entsprechende Kommunikation im Unternehmen (an die Mitarbeiter) oder an Dritte.

Zu Rz (20):

Zur Frage des erforderlichen Ausmaßes der Wahrscheinlichkeit finden sich in der Literatur folgende Sichtweisen:

IDW PS 270 Tz 8: „Die aus der Annahme einer nicht gegebenen Fortführung der Unternehmenstätigkeit zu ziehenden Konsequenzen müssen durch eine hohe Wahrscheinlichkeit abgesichert werden".

Urnik/Urtz/Rohn in Straube, § 201 Rz 34: „Weitgehende Einigkeit besteht ..., dass ein Abgehen von der „going concern"-Prämisse ... erst zu einem relativ späten Zeitpunkt zu erfolgen hat. Es muss sich um Ausnahmefälle handeln bzw der Sachverhalt muss hinreichend konkretisiert und scherwiegend sein".

Fraberger/Petritz in Hirschler, § 201 Rz 37: „Abgehen erst bei hinreichender Konkretisierung der Sachverhalte als erforderlich angesehen"; „Geeignet erscheint, dem in den IAS verankerten hohen Wahrscheinlichkeitserfordernis der fehlenden realistischen Alternative zu einer Nichtfortführung zu folgen."

Zusammenfassend lässt sich daraus schließen, dass für ein Abgehen von der Fortführungsannahme jedenfalls ein hohes Maß an Wahrscheinlichkeit einer Nichtfortführung erforderlich ist und nicht bloß eine überwiegende Wahrscheinlichkeit.

Zu Rz (21):

Die Frist von zwölf Monaten, gerechnet ab dem Abschlussstichtag, ist aus dem Rahmen des gewöhnlichen Geschäftsbetriebs ableitbar, weil Unternehmen die Planung für das Folgejahr üblicherweise im letzten Viertel des laufenden Geschäftsjahrs erstellen und diese Planung dann in der Regel die Grundlage für die Fortführungsannahme bzw. auch für die Fortführungsprognose ist. Im Zeitpunkt der Abschlussaufstellung wird eine der Fortführungsprognose zugrundeliegende Planung mit den tatsächlichen Zahlen kontrolliert und bei Vorliegen einer entsprechenden Planungstreue der Ist-Zahlen in der Regel auch als zuverlässig anerkannt.

Eine Orientierung gibt auch IAS 1.26, da auch nach den IFRS das „*going concern principle*" als fundamentaler Bewertungsgrundsatz gilt, von dem bis zur Widerlegung auszugehen ist: „*Bei der Einschätzung, ob die Annahme der Unternehmensfortführung angemessen ist, zieht das Management sämtliche verfügbaren Informationen über die Zukunft in Betracht, die mindestens zwölf Monate nach dem Abschlussstichtag umfasst, aber nicht auf diesen Zeitraum beschränkt ist. Der Umfang der Berücksichtigung ist von den Gegebenheiten jedes einzelnen Sachverhalts abhängig.*"

In der unternehmensrechtlichen Kommentarliteratur finden sich unterschiedliche Aussagen, auf welchen Zeitraum sich die Vermutung der Unternehmensfortführung beziehen muss. Ähnlich IAS 1.26 wird aber auch hier überwiegend von einem (Mindest-)Zeitraum von zwölf Monaten – gerechnet ab dem Abschlussstichtag – ausgegangen. Darüber hinaus dürfen keine fundierten Anhaltspunkte vorliegen, dass danach eine Unternehmensfortführung überwiegend unwahrscheinlich ist. „Die aus der Annahme einer nicht gegebenen Fortführung der Unternehmenstätigkeit zu ziehenden Konsequenzen müssen durch eine hohe Wahrscheinlichkeit abgesichert werden, wobei zu berücksichtigen ist, dass die Prognosesicherheit mit zunehmender Länge des Prognosezeitraums abnimmt. Daher ermöglicht diese Mindestperiode von zwölf Monaten nach dem Abschlussstichtag eine hinreichende Sicherheit, sofern keine besonderen Unsicherheiten bestehen ..." (So IDW PS 270 Tz 8. Dieser Standard bezieht sich grundsätzlich auf die Abschlussprüfung, diese Aussage ist aber auch für Zwecke der Rechnungslegung unverändert zu übernehmen.)

Zu Rz (22) ff.:

Nach herrschender Auffassung ist angesichts der jeder Prognose immanenten Unsicherheit auf einen mit hinreichender Sicherheit überschaubaren Zeitraum abzustellen, der von den jeweiligen Gegebenheiten abhängt, aber mindestens zwölf Monate nach dem Abschlussstichtag umfassen muss. Zeiträume, für die eine Prognose nicht mehr einigermaßen verlässlich erstellbar ist, sind nicht mehr „mit hinreichender Sicherheit überschaubar". Da die aus der Annahme einer nicht gegebenen Fortführung der Unternehmenstätigkeit zu ziehenden Konsequenzen durch eine hohe Wahrscheinlichkeit abgesichert sein müssen, ist der Prognosezeitraum für die Fortführung grundsätzlich kurz, es sei denn, es liegen Gegebenheiten vor, die zu einem späteren Zeitpunkt sehr wahrscheinlich eintreten oder gar fixiert sind (z.B. Ablauf eines Patents, das Geschäftsmodell ist von längerfristigen Projekten bestimmt oder sieht gewisse Laufzeiten vor oder folgt einem starken, mehrjährigen Zyklus). Dies stellt einen erheblichen Unterschied zu Prognosezeiträumen z.B. bei Unternehmensbewertungen oder Impairment Tests dar.

Zu Rz (23):

Aus dem Blickwinkel der unternehmensrechtlichen Fortführungsannahme ist der der Beurteilung zugrundeliegende Zeitraum von zwölf Monaten ab Abschlussaufstellung bzw. das laufende und das folgende Geschäftsjahr ausreichend, damit sich nicht wegen zu weit in der Zukunft liegender Vermutungen eine zu große Prognoseunsicherheit ergibt. Diesfalls würde sich daher der Zeitraum für die Fortführungsprognose je nach dem Zeitpunkt der Abschlussaufstellung auf maximal ca. eineinhalb bis zwei Jahre ab dem Abschlussstichtag bzw. ca. ein bis eineinhalb Jahre ab dem Abschlussaufstellungszeitpunkt erstrecken.

Zu Rz (27):

Die Erläuterungen zum RÄG 2014 stellen zu § 237 UGB klar, dass „wesentliche Unsicherheiten im Hinblick auf die Anwendung des Grundsatzes der Unternehmensfortführung anzugeben sind".

Die Angabepflicht bei einer wesentlichen Unsicherheit steht im Einklang mit IAS 1.25. Allerdings verlangen die IFRS in IAS 1.122 auch die Offenlegung wesentlicher Ermessensentscheidungen, worunter das IFRIC (vgl. July 2014 IFRIC Update) auch die Ermessensentscheidung subsumiert, dass trotz Vorliegens der Fortführungsannahme möglicherweise entgegenstehender Gründe keine wesentliche Unsicherheit besteht (dies entspricht dem sogenannten „close call" nach ISA 570.20). Daher sind nach den IFRS allenfalls auch die Gründe, die der Fortführungsannahme möglicherweise entgegenstehen, sowie die Gründe, warum keine wesentliche Unsicherheit besteht, anzuführen. Im zusätzlichen Bericht an den Prüfungsausschuss nach Art. 11 der EU-Verordnung Nr. 537/2014 wird dies ebenso verlangt. Ein solches Erfordernis besteht im Rahmen der Abschlussaufstellung nach dem UGB nicht, es sei denn, dass diese Angaben zur Erfüllung der Generalnorm (§ 222 Abs. 2 UGB) erforderlich sind.

Bezüglich näherer Angaben zu Plänen des Abschlussaufstellers, Gründen, die der Unternehmensfortführung möglicherweise entgegenstehen, entgegenzuwirken, sodass keine wesentliche Unsicherheit besteht, wird auf die Anwendungshinweise zu Rz (15) verwiesen.

Zu Rz (34) bis (37):

Die hier erläuterten Konsequenzen im Fall des Abgehens von der Fortführungsannahme folgen einem Stufenkonzept:

1. Rz (35): Wenn ein Abgehen von der Fortführungsannahme (allerdings noch keine formale Auflösung) erforderlich ist und damit die Nutzung und Realisation der unternehmerisch genutzten Vermögensgegenstände sowie die Bedienung der Schulden nicht mehr im Rahmen des gewöhnlichen Geschäftsbetriebs möglich ist, so erfolgt unter Aufrechterhaltung der übrigen Bilanzierungs- und Bewertungsgrundsätze des UGB eine Abschlussaufstellung auf Basis der Nutzung und Realisation der unternehmerisch genutzten Vermögensgegenstände sowie der Bedienung der Schulden im Rahmen des neu festzulegenden dem Abgehen von der Fortführungsannahme entsprechenden, auf Einstellung ausgerichteten („außergewöhnlichen") Geschäftsbetriebs. Sollte im Zuge nachfolgender Abschlussaufstellungen wieder von der Fortführungsannahme ausgegangen werden können, kann dies zu entsprechenden Zuschreibungen führen.
2. Rz (36): Im Fall der Auflösung gelten die Bilanzierungs- und Bewertungsgrundsätze des UGB (wie beispielsweise das Vorsichts- und das Realisationsprinzip) nicht mehr, und es werden Zerschlagungswerte angesetzt. Die Auflösungsgründe einer Aktiengesellschaft sind in § 203 AktG, jene einer GmbH in § 84 GmbHG, jene einer Personengesellschaft (OG, KG) in § 131 UGB, jene eines Vereins in § 28 f. VerG, jene einer Genossenschaft in § 36 GenG und jene einer Privatstiftung in § 35 PSG aufgezählt. Wird das Unternehmen trotz „formaler" Auflösung fortgeführt (z.B. in einem Konkursverfahren) und kann die Fortführungsannahme unter Berücksichtigung aller Umstände aufrecht bleiben, dann sind weiterhin Fortführungswerte anzusetzen. Solche Fälle bedürfen einer entsprechenden Darstellung und Begründung im Anhang (§ 237 Abs. 1 Z 1 i.V.m. § 236 erster Satz UGB).

2/1/29. KFS/RL 29

Fachgutachten
des Fachsenats für Unternehmensrecht und Revision
über die Rechnungslegung nach dem Bundes-Stiftungs- und Fondsgesetz 2015

(beschlossen in der Sitzung des Fachsenats für Unternehmensrecht und Revision am 8. Juni 2020 als Fachgutachten KFS/RL 29)

1. Vorbemerkungen und Anwendungsbereich

(1) Durch das Bundes-Stiftungs- und Fondsgesetz 2015 (BStFG 2015) wurden die gesetzlichen Bestimmungen betreffend die Rechnungslegung und Prüfung von Stiftungen grundlegend überarbeitet. Gemäß § 20 Abs. 1 BStFG 2015 hat der Stiftungsvorstand dafür zu sorgen, dass die Finanzlage der Stiftung rechtzeitig und hinreichend erkennbar ist, und ein den Anforderungen der Stiftung entsprechendes Rechnungswesen einzurichten, insbesondere für die laufende Aufzeichnung der Einnahmen und Ausgaben zu sorgen. Zum Ende des Rechnungsjahrs hat der Stiftungsvorstand innerhalb von fünf Monaten eine Einnahmen- und Ausgabenrechnung samt Vermögensübersicht oder einen Jahresabschluss zu erstellen.

(2) Stiftungen, die in zwei aufeinander folgenden Rechnungsjahren gewöhnliche Ausgaben oder Ausschüttungen von mehr als einer Million Euro aufweisen, unterliegen ab dem folgenden Rechnungsjahr der Verpflichtung zu einer qualifizierten Rechnungslegung und müssen einen Jahresabschluss aufstellen. Die näheren Bestimmungen dazu sind in § 20 Abs. 6 BStFG 2015 enthalten und werden in der Rz (17) dargelegt.

(3) Das vorliegende Fachgutachten befasst sich mit den Bestimmungen des § 20 BStFG 2015 und behandelt davon abgeleitet Anforderungen und Besonderheiten bei der Rechnungslegung von Stiftungen.

(4) In diesem Fachgutachten wird explizit nur die Rechnungslegung von Stiftungen nach dem Bundes-Stiftungs- und Fondsgesetz 2015 behandelt. Es gilt jedoch entsprechend auch für die Rechnungslegung von Fonds nach dem Bundes-Stiftungs- und Fondsgesetz 2015.

2. Einnahmen- und Ausgabenrechnung und Vermögensübersicht

(5) Die Verpflichtung zur Führung einer Einnahmen- und Ausgabenrechnung bedeutet, dass von der Stiftung nur die Geldflüsse laufend aufgezeichnet und in die Jahresrechnung aufgenommen werden müssen.

(6) Zu den gewöhnlichen Einnahmen bzw. Ausgaben gehören sämtliche Einnahmen bzw. Ausgaben mit Ausnahme von in wirtschaftlicher Betrachtungsweise außerordentlichen, d.h. nicht regelmäßig anfallenden Einnahmen und Ausgaben (z.B. Erlöse aus dem Verkauf von Liegenschaften, einmalige Zuwendungen).

(7) In die von den Einnahmen- und Ausgabenrechnern zu erstellende Vermögensübersicht sind, um die Finanzlage gemäß § 20 Abs. 1 BStFG rechtzeitig und hinreichend erkennbar zu machen, zumindest folgende kurzfristig verwertbare Vermögensgegenstände und folgende Schulden aufzunehmen, zu bewerten und gesondert auszuweisen:

- Vorräte
- Forderungen
- Wertpapiere
- Kassa, Guthaben bei Kreditinstituten
- Verbindlichkeiten gegenüber Kreditinstituten
- Andere Verbindlichkeiten
- Verpflichtungen aufgrund von noch nicht erfüllten Auflagen bei zweckgewidmeten Zuwendungen

(8) Entgeltlich erworbene zur Veräußerung bestimmte Vorräte sind zu den Anschaffungskosten oder zum niedrigeren beizulegenden Wert (voraussichtlicher Verkaufspreis abzüglich Verkaufskosten) zu bewerten. Unentgeltlich erworbene zur Veräußerung bestimmte Vorräte sind mit dem beizulegenden Wert (voraussichtlicher Verkaufspreis abzüglich Verkaufskosten) zu bewerten.

(9) Immaterielle Vermögensgegenstände und Sachanlagen (mit Ausnahme geringwertiger Vermögensgegenstände (§ 204 Abs. 1a UGB)) sowie Finanzanlagen sind jedenfalls mengenmäßig anzuführen; eine Bewertung ist nicht erforderlich, aber empfehlenswert. Werden Anlagen nicht bewertet, sind die Ausgaben zur Anschaffung von Anlagen und die Einnahmen aus der Veräußerung von Anlagen in der Einnahmen- und Ausgabenrechnung gesondert auszuweisen.

(10) Wesentliche künftig fällig werdende Verpflichtungen, insbesondere gegenüber Arbeitnehmern (z.B. die fiktiven Abfertigungsverpflichtungen am Abschlussstichtag), und wesentliche Risiken (z.B. Prozessrisiken) sind im Rahmen der Vermögensübersicht anzuführen und erforderlichenfalls zu erläutern.

(11) Nimmt eine Stiftung, die berechtigt ist, eine Einnahmen- und Ausgabenrechnung zu erstellen, in diese Rechnung anstelle der Ausgaben für die Anschaffung von Gegenständen des Anlagevermögens Abschreibungen vom Anlagevermögen auf, ist dies nicht zu beanstanden, wenn

- die Rechnung als adaptierte Einnahmen- und Ausgabenrechnung bezeichnet wird und

– in der Vermögensübersicht die Entwicklung des Anlagevermögens im Rechnungsjahr dargestellt wird (Anlagenspiegel).

(12) Forderungen und Verbindlichkeiten gegenüber Organmitgliedern sind gesondert auszuweisen.

(13) Werden der Stiftung mit einer Zweckwidmung versehene Vermögensgegenstände (körperliche Vermögensgegenstände, aber auch Finanzmittel mit der Auflage, damit bestimmte Vermögensgegenstände anzuschaffen oder bestimmte Aufwendungen zu decken) zugewendet, sind die mit der Auflage zugewendeten Spenden- oder Subventionsbeträge in der Einnahmen- und Ausgabenrechnung gesondert auszuweisen, wobei eine Schätzung des Werts der körperlichen Vermögensgegenstände im Zeitpunkt der Zuwendung vorzunehmen ist. Soweit die Auflagen für die Zuwendungen am Abschlussstichtag noch nicht erfüllt sind, sind diese in die Vermögensübersicht als Verpflichtungen aufgrund von noch nicht erfüllten Auflagen bei zweckgewidmeten Zuwendungen aufzunehmen.

(14) Wenn in der Vermögensübersicht Werte angegeben werden, ist die Wertermittlung in den Erläuterungen anzuführen.

(15) Die Vermögensübersicht kann in Staffel- oder Kontoform aufgestellt werden.

(16) Das maßgebende Regelwerk i.S.v. ISA 200 zur Erstellung der Einnahmen- und Ausgabenrechnung und der Vermögensübersicht ist vom Stiftungsvorstand schriftlich festzulegen.

3. Rechnungslegung nach dem UGB

3.1. Gesetzliche Regelung

(17) Nach § 20 Abs. 6 BStFG 2015 hat der Stiftungsvorstand von Stiftungen, bei denen die gewöhnlichen Ausgaben oder die Ausschüttungen jährlich in zwei aufeinander folgenden Rechnungsjahren jeweils höher als 1 Million Euro sind, ab dem folgenden Rechnungsjahr an Stelle der Einnahmen- und Ausgabenrechnung einen Jahresabschluss (Bilanz, Gewinn- und Verlustrechnung) aufzustellen. Die §§ 190 bis 216, 222 bis 226 Abs. 1, 226 Abs. 3 bis 234, 236 bis 239 Abs. 1 und 2 sowie § 243 UGB sind sinngemäß anzuwenden. Die Verpflichtung zur Aufstellung eines Jahresabschlusses entfällt, sobald der Schwellenwert in zwei aufeinander folgenden Rechnungsjahren nicht mehr überschritten wird.

3.2. Grundsätze der Gliederung

(18) Für die Gliederung der Bilanz ist § 224 UGB sinngemäß anzuwenden. Aufgrund des Zwecks und der Tätigkeit der Stiftung sind die Gliederung der Bilanz sowie die Bezeichnung einzelner Posten gegebenenfalls anzupassen; siehe dazu die Rz (20).

(19) Bei der Erstellung der Gewinn- und Verlustrechnung kann gemäß § 231 UGB zwischen dem Gesamtkosten- und dem Umsatzkostenverfahren gewählt werden. Das Verfahren kann in der Stiftungserklärung festgelegt werden; sonst liegt die Auswahl eines Verfahrens im Ermessen des Vorstands. Zu Anpassungen siehe die folgende Rz (20).

(20) Die Stiftung hat die allgemeinen Grundsätze für die Gliederung einzuhalten (§ 223 UGB). Aufgrund der Unterschiede zwischen einer Stiftung und einem gewerbsmäßig tätigen Unternehmen ist es zulässig und, um dem Erfordernis der Vermittlung eines möglichst getreuen Bildes der Vermögens-, Finanz- und Ertragslage zu entsprechen, gegebenenfalls erforderlich, das für Kapitalgesellschaften vorgesehene Gliederungsschema zu adaptieren. Hierbei kommen insbesondere die Hinzufügung neuer Posten und die Erweiterung der Untergliederung (§ 223 Abs. 4 UGB) sowie der Entfall von Leerposten (§ 223 Abs. 7 UGB) in Betracht. Weiters können die mit arabischen Zahlen versehenen Posten der Bilanz und die mit Buchstaben gekennzeichneten Posten der Gewinn- und Verlustrechnung zusammengefasst werden, wenn es sich um unwesentliche Posten handelt oder wenn dies der Verbesserung der Klarheit der Darstellung dient, wobei im letzteren Fall eine Aufgliederung im Anhang zu erfolgen hat (§ 223 Abs. 6 UGB). Gemäß § 223 Abs. 8 UGB sind Gliederung und Bezeichnung der mit arabischen Zahlen versehenen Posten der Bilanz und der Gewinn- und Verlustrechnung zu ändern, wenn dies zur Aufstellung eines klaren und übersichtlichen Jahresabschlusses erforderlich ist. Auch eine Umreihung im Gliederungsschema kann geboten sein.

(21) Bei einer Stiftung, die überwiegend Finanzanlagevermögen hält, kann es geboten sein, das Finanzergebnis an die Spitze der Gewinn- und Verlustrechnung zu stellen. Zur Aufstellung eines klaren und übersichtlichen Jahresabschlusses – etwa, wenn die Stiftung aus zwei unterschiedlichen „Sparten" (z.B. Liegenschaften, Finanzanlagen) Erträge generiert – kann es zweckmäßig sein, für die einzelnen Bereiche bzw. „Sparten" – durch Einfügen neuer/anderer Zwischenüberschriften – die Ergebnisse gesondert auszuweisen.

3.3. Eigenkapital

(22) Der Posten A.I. Eingefordertes Nennkapital i.S.d. § 224 Abs. 3 UGB ist unter sinngemäßer Anwendung der unternehmensrechtlichen Rechnungslegungsvorschriften durch die Bezeichnung „Stiftungskapital" zu ersetzen.

(23) Folgende Gliederung des Eigenkapitals wird empfohlen:

A. Eigenkapital:
   1. Stiftungskapital
   2. Gewinnrücklagen
   3. Ergebnisvortrag

(24) Vermögen, das im Rahmen der Errichtung der Stiftung oder durch Nach- oder Zustiftungen gewidmet wird, ist unmittelbar in das Eigenkapital („Stiftungskapital") einzubuchen.

(25) Die Bildung von Gewinnrücklagen ist nach Maßgabe der rechtlichen Möglichkeiten zulässig, sofern ihr nicht Bestimmungen der Stiftungsurkunde entgegenstehen.

(26) Eine nähere Erläuterung des Eigenkapitals im Anhang kann geboten sein, um ein möglichst getreues Bild der Vermögens-, Finanz- und Ertragslage i.S.d. § 222 Abs. 2 UGB zu vermitteln. Es wird empfohlen, die Entwicklung des Eigenkapitals in Form eines Eigenkapitalspiegels darzustellen.

3.4. Zuwendungen an Begünstigte

(27) Die Rechte auf Zuwendungen an die Begünstigten ergeben sich ausschließlich aus dem Stifterwillen, der sich in der Stiftungsurkunde niederschlägt. Zuwendungen an Begünstigte sind in der Bilanz als Minderung des Eigenkapitals darzustellen.

(28) Sachzuwendungen mindern das Eigenkapital in der Höhe des Buchwerts des abgegangenen Vermögenswerts samt einer allenfalls anfallenden Kapitalertragsteuer (KESt).

(29) Nutzungszuwendungen sind mit dem der Zuwendung zugeordneten Aufwand in der Gewinn- und Verlustrechnung und damit im Ergebnisvortrag enthalten.

(30) Führen Zuwendungen zu einem negativen Ergebnisvortrag, so ist dieser in einem Posten „Nicht durch Ergebnis gedeckte Zuwendungen" auszuweisen. Eine detaillierte Erläuterung dieses Postens sowie der Zuwendungen und der auf Zuwendungen allenfalls entfallenden KESt im Anhang ist geboten.

3.5. Anhang

(31) Der Umfang des Anhangs ergibt sich aus der sinngemäßen Anwendung der §§ 236 ff. UGB. Größenabhängige Befreiungen gelten nicht.

3.6. Lagebericht/Tätigkeitsbericht

(32) Der Lagebericht der Stiftung ist unter sinngemäßer Anwendung des § 243 UGB aufzustellen, wobei Negativerklärungen nicht erforderlich sind.

(33) Der Tätigkeitsbericht nach § 20 Abs. 7 BStFG hat die Erfüllung des Stiftungszwecks darzustellen. Wenn er die Angaben entsprechend sinngemäßer Anwendung des § 243 UGB enthält, kann er zugleich den Lagebericht darstellen.

3.7. Freiwillige Rechnungslegung nach dem UGB

(34) Wird freiwillig ein Jahresabschluss aufgestellt, ist er entsprechend § 20 Abs. 6 BStFG zu erstellen. Die Ausführungen der Abschnitte 3.1. bis 3.6. sind anzuwenden.

4. Übergang

4.1. Einnahmen- und Ausgabenrechnung auf Rechnungslegung nach dem UGB

(35) Im Rahmen der erstmaligen Rechnungslegung nach dem UGB (vgl. Rz (17)) ist zum Beginn des Rechnungsjahrs eine Eröffnungsbilanz aufzustellen, die alle Vermögensgegenstände, Rückstellungen und Verbindlichkeiten zu enthalten und den Bilanzierungs- und Bewertungsregeln des § 20 Abs. 6 BStFG i.V.m. den dort zitierten Regelungen des UGB zu entsprechen hat.

(36) Wenn diesbezügliche Unterlagen vorhanden sind, sind die Vermögensgegenstände mit den Anschaffungskosten bzw. den von diesen durch Abzug planmäßiger und außerplanmäßiger Abschreibungen abgeleiteten Restwerten zu bewerten; falls die Nutzwerte niedriger sind, sind diese anzusetzen. Wenn keine Anschaffungswerte bekannt sind, sind die Wertansätze durch sachgerechte Schätzung zu ermitteln (Hinweis auf § 202 Abs. 1 UGB). Geringwertige Vermögensgegenstände (§ 204 Abs. 1a UGB) können unbewertet bleiben. Rückstellungen und Verbindlichkeiten sind mit dem Erfüllungsbetrag anzusetzen.

(37) Für mit einer Auflage versehene Zuwendungen, die noch nicht widmungsgemäß verwendet sind, ist in die Eröffnungsbilanz ein Passivposten für zweckgewidmete Zuwendungen aufzunehmen (vgl. Rz (7)).

(38) Die Differenz zwischen Vermögensgegenständen einerseits und Rückstellungen sowie Verbindlichkeiten andererseits stellt das Eigenkapital dar. Jene Vermögensgegenstände und Verpflichtungen, die der Stiftung gemäß der Stiftungsurkunde gewidmet worden sind, sind mit den in Rz (36) angeführten Wertansätzen im Stiftungskapital zu erfassen. Die Residualgröße ist entweder als Gewinnrücklage oder Ergebnisvortrag auszuweisen.

(39) Die gewählten Wertansätze sind im Anhang zu erläutern.

(40) In der Bilanz zum Schluss des Rechnungsjahrs und im Anhang sind die Werte der Eröffnungsbilanz als Vergleichswerte darzustellen.

4.2. Rechnungslegung nach dem UGB auf Einnahmen- und Ausgabenrechnung

(41) Wenn die Schwellenwerte gemäß § 20 Abs. 6 BStFG in zwei aufeinander folgenden Rechnungsjahren nicht mehr überschritten werden, kann an Stelle einer qualifizierten Rechnungslegung gemäß § 20 Abs. 6 BStFG eine Einnahmen- und Ausgabenrechnung samt Vermögensübersicht (vgl. Abschnitt 2.) geführt werden. Die Fortführung der Werte in der Vermögensübersicht wird empfohlen.

5. Anwendungszeitpunkt

(42) Dieses Fachgutachten ist auf Rechnungsjahre anzuwenden, die am oder nach dem 31. Dezember 2020 enden. Eine frühere Anwendung ist zulässig.

Erläuterungen und Anwendungshinweise

Zu Rz (19) bis (21):

Das Gliederungsschema könnte bei Stiftungen beispielsweise wie folgt aussehen:

A. Ergebnis aus Beteiligungs- und Kapitalvermögen

1. Erträge aus verbundenen Unternehmen
2. Erträge aus sonstigen Beteiligungen
3. Erträge aus Wertpapieren

4. Zinsen und ähnliche Erträge
5. Erträge aus dem Abgang von und der Zuschreibung zu Finanzanlagen und Wertpapieren des Umlaufvermögens
6. Aufwendungen aus Finanzanlagen
7. Zinsen und ähnliche Aufwendungen, soweit nicht Immobilienvermögen betreffend
8. Zwischensumme aus Z 1 bis 7 **(Ergebnis aus Beteiligungs- und Kapitalvermögen)**

B. Ergebnis aus Immobilienvermögen

9. Mieterlöse
10. Abschreibungen auf Immobilien (Gebäude)
11. Sonstige dem Immobilienvermögen zurechenbare betriebliche Aufwendungen
12. Zinsen und ähnliche Aufwendungen für Immobilienvermögen
13. Zwischensumme aus Z 9 bis 12 **(Ergebnis aus Immobilienvermögen)**

C. Ergebnis aus Spendenverrechnungen

14. Spendenerlöse
15. Verrechnungspflichtige Aufwendungen
16. Zwischensumme aus Z 14 und 15 **(Ergebnis aus Spendenverrechnungen)**

D. Sonstiges Ergebnis

17. Sonstige betriebliche Erträge
18. Abschreibungen auf Sachanlagen
19. Sonstige betriebliche Aufwendungen
20. Zwischensumme aus Z 17 bis 19 **(Sonstiges Ergebnis)**

E. Gesamtergebnis

21. Zwischensumme aus Z 8, 13, 16 und 20 **(Ergebnis vor Steuern)**
22. Steuern vom Einkommen und vom Ertrag
23. **Jahresüberschuss/Jahresfehlbetrag**

Eine Zuordnung der Steuern vom Einkommen und vom Ertrag zu den einzelnen Ergebniskategorien ist zulässig.

Zu Rz (19) bis (21):

Der Eigenkapitalspiegel kann wie folgt aussehen, wobei die wesentlichen Bewegungen zu erläutern sind:

Eigenkapital	1.1.	Zugänge	Abgänge	31.12.
1. Stiftungskapital				
2. Gewinnrücklagen				
3. Ergebnisvortrag				

2/2. Prüfung – Grundsatzfragen (PG)

2/2/1. KFS/PG 1

Fachgutachten
des Fachsenats für Unternehmensrecht und Revision
zur Durchführung von Abschlussprüfungen

(beschlossen in der Sitzung des Fachsenats für Unternehmensrecht und Revision am 3. März 2014 als Neufassung des Fachgutachtens KFS/PG 1, zuletzt redaktionell überarbeitet im März 2020; von der Abschlussprüferaufsichtsbehörde (APAB) genehmigt)

1. Vorbemerkungen und Anwendungsbereich

1.1. Vorbemerkungen

(1) Der Fachsenat legt in diesem Fachgutachten die Berufsauffassung dar, wie Abschlussprüfer Abschlussprüfungen nach den österreichischen Grundsätzen ordnungsmäßiger Abschlussprüfung durchzuführen haben.

(2) Was unter Abschlussprüfungen zu verstehen ist, ergibt sich aus der Stellungnahme des Fachsenats KFS/PE 1 Rahmenkonzept zu Auftragsarten. In deren Anlage 2 werden alle einschlägigen Fachbegriffe definiert; die in diesem Fachgutachten verwendeten Fachbegriffe sind in dem dort angeführten Sinn zu verstehen. Dieses Fachgutachten gilt demnach nur für Prüfungen, mit denen im Sinne des § 3 Abs. 2 Z 1 WTBG 2017 die Erteilung eines förmlichen Bestätigungsvermerks verbunden ist.

(3) Unter Berücksichtigung der bisherigen Berufsübung (vgl. auch KFS/PG 1 i.d.F. 2009, Ende des Abschnitts 1.) und des Umstands, dass die Anwendung der International Standards on Auditing (ISA) des International Auditing and Assurance Standards Board (IAASB) der International Federation of Accountants (IFAC) häufig vertraglich vereinbart und vom Österreichischen Corporate Governance Kodex (in der C Regel 77) als Regelfall vorgesehen wird, erachtet der Fachsenat die Anwendung der ISA als die angemessene Interpretation der österreichischen Grundsätze ordnungsmäßiger Abschlussprüfung, wenngleich sie derzeit noch nicht gesetzlich vorgeschrieben ist (vgl. § 269a UGB). Freilich sind dabei zusätzliche Anforderungen und Klarstellungen zu berücksichtigen, die sich aus den österreichischen gesetzlichen Bestimmungen ergeben; sie werden in diesem Fachgutachten dargelegt.

(4) Durch die Anwendung der ISA sollen die internationale Vergleichbarkeit sowie eine einheitliche Urteilsqualität der in der EU durchgeführten Abschlussprüfungen gefördert werden. Die sachgerechte Anwendung der ISA in Abhängigkeit von der Größe und Komplexität der zu prüfenden Einheiten sichert eine verhältnismäßige Abschlussprüfung.

(5) Der Fachsenat wird bei zukünftigen Änderungen bestehender ISA und bei Erlass neuer ISA jeweils auf Grundlage dieses Fachgutachtens prüfen, ob der Standard mit dem österreichischen Recht in Einklang steht. In jenen Fällen, in denen aufgrund der österreichischen Rechtslage zusätzliche Anforderungen oder Klarstellungen notwendig sind, wird der Fachsenat diesen bei seinem Anwendungsbeschluss Rechnung tragen.

1.2. Anwendungsbereich

(6) Dieses Fachgutachten gilt sowohl für alle gesetzlich vorgeschriebenen und freiwilligen Prüfungen, die vereinbarungsgemäß den gesetzlichen Prüfungen nach Art und Inhalt zur Gänze entsprechen (siehe Rz (11)), von Abschlüssen für allgemeine Zwecke (general purpose financial statements) ohne Rücksicht auf Größe, Rechtsform und wirtschaftliche Zielsetzung (z.B. Gewinnorientierung) der geprüften Einheit als auch für Prüfungen von Abschlüssen für einen speziellen Zweck, von einzelnen Finanzaufstellungen und bestimmten Bestandteilen einer Finanzaufstellung und von verdichteten Abschlüssen.

(7) Abschlüsse, die in Übereinstimmung mit dem Unternehmensgesetzbuch (UGB) oder mit den International Financial Reporting Standards (IFRS), wie sie in der EU anzuwenden sind, aufgestellt wurden, sind als Abschlüsse für allgemeine Zwecke (general purpose financial statements) zu qualifizieren.

(8) Davon zu unterscheiden sind Abschlüsse für einen speziellen Zweck (special purpose financial statements), die in Übereinstimmung mit einem Regelwerk aufgestellt wurden, das darauf ausgerichtet ist, den Informationsbedürfnissen von bestimmten Nutzern von Finanzinformationen gerecht zu werden (Regelwerk für einen speziellen Zweck). Diese Abschlüsse für einen speziellen Zweck können einer Prüfung unterliegen (vgl. ISA 800).

(9) Auch einzelne Finanzaufstellungen und bestimmte Bestandteile, Konten oder Posten einer Finanzaufstellung können einer Prüfung unterliegen (vgl. ISA 805).

(10) Ein verdichteter Abschluss, der von einem Abschluss abgeleitet worden ist, der von einem Abschlussprüfer in Übereinstimmung mit diesem Fachgutachten geprüft wurde, darf nur von diesem Abschlussprüfer geprüft werden (vgl. ISA 810).

(11) Freiwillige Abschlussprüfungen können je nach Vereinbarung

a) entweder nach den für gesetzlich vorgeschriebene Prüfungen geltenden österreichischen Grundsätzen ordnungsmäßiger Abschlussprüfung (d.h. unter sinngemäßer Anwendung aller gesetzlichen Vorschriften für eine Abschlussprüfung sowie unter Anwendung aller einschlägigen Fachgutachten)

b) oder unter ausschließlicher Anwendung anderer allgemein anerkannter Prüfungsgrundsätze

durchgeführt werden.

Nur wenn die Abschlussprüfung in Übereinstimmung mit den österreichischen Grundsätzen ordnungsmäßiger Abschlussprüfung durchgeführt wird (Fall a), darf ein Bestätigungsvermerk in einer für gesetzlich vorgeschriebene Prüfungen vorgesehenen Form erteilt werden.

Wenn bei freiwilligen Prüfungen mit dem Auftraggeber vereinbart wird, dass andere allgemein anerkannte Prüfungsgrundsätze angewendet werden (Fall b), ergibt sich die Form der Berichterstattung des Abschlussprüfers aus diesen Standards und hat der Prüfer in seiner Berichterstattung zur Vermeidung einer Verwechslung mit der für gesetzliche Prüfungen vorgesehenen Form in allen schriftlichen Aussagen über die Prüfung ausdrücklich auf die von ihm angewendeten Prüfungsstandards hinzuweisen. Die schriftliche Berichterstattung über die Abschlussprüfung darf weder im Fließtext noch in Überschriften die Bezeichnung „Bestätigungsvermerk“ enthalten.

(12) Dieses Fachgutachten bezieht sich nicht nur auf die Prüfung von Abschlüssen von Unternehmen, sondern auch auf die Prüfung von Abschlüssen von Vereinen, Stiftungen, anderen Körperschaften und sonstigen Institutionen (Rechtsträgern) sowie von nicht rechtlich abgegrenzten wirtschaftlichen Einheiten. In den anschließenden Ausführungen wird daher vereinfachend von der Prüfung von Einheiten gesprochen.

2. Anwendung der International Standards on Auditing (ISA)

(13) Bei der Durchführung von Prüfungen von Abschlüssen für allgemeine Zwecke, von Abschlüssen für einen speziellen Zweck, von einzelnen Finanzaufstellungen und bestimmten Bestandteilen, Konten oder Posten einer Finanzaufstellung und von verdichteten Abschlüssen, die nach österreichischen Grundsätzen zu erfolgen haben, sind die International Standards on Auditing (ISA) des International Auditing and Assurance Standards Board (IAASB) der International Federation of Accountants (IFAC), ISA 200 bis ISA 810 einschließlich der jeweiligen Anwendungshinweise und sonstigen Erläuterungen, anzuwenden. Dabei sind die zusätzlichen Anforderungen und die Klarstellungen dieses Fachgutachtens zu einzelnen ISA zu beachten.

3. Zusätzliche Anforderungen und Klarstellungen zu einzelnen ISA

3.1. Allgemeines

(14) Um die Anwendung der ISA im Kontext der österreichischen Rechtsvorschriften zu erleichtern, wird in der Folge auf zusätzliche Anforderungen und Klarstellungen zu den ISA eingegangen, die sich aus den zu beachtenden österreichischen gesetzlichen Vorschriften ergeben.

(15) Auf Besonderheiten und zusätzliche Anforderungen aufgrund von sondergesetzlichen Vorschriften (z.B. Bankwesengesetz, Versicherungsaufsichtsgesetz, Privatstiftungsgesetz, Vereinsgesetz) wird in diesem Fachgutachten nicht eingegangen.

3.2. Zusätzliche Anforderungen zu einzelnen ISA

3.2.1. ISA 210 Vereinbarung der Auftragsbedingungen für Prüfungsaufträge

(16) Bei der Wahl des Abschlussprüfers und beim Abschluss des Prüfungsvertrags sind zusätzlich zu ISA 210 folgende Anforderungen zu beachten:

a) Gemäß § 270 Abs. 1a UGB hat der Wirtschaftsprüfer bzw. die Wirtschaftsprüfungsgesellschaft vor der Erstattung des Wahlvorschlags durch den Aufsichtsrat bzw. vor der Wahl durch die Gesellschafter eine nach Leistungskategorien gegliederte Aufstellung über das für das vorangegangene Geschäftsjahr von der Gesellschaft erhaltene Entgelt vorzulegen und über seine (ihre) Einbeziehung in das durch das Abschlussprüfer-Aufsichtsgesetz (APAG) eingerichtete System der externen Qualitätssicherung und die aufrechte Registrierung zu berichten. Die Berichtspflicht umfasst weiters die Darlegung und Dokumentation aller Umstände, die die Befangenheit oder Ausgeschlossenheit gemäß § 271 ff. UGB begründen könnten, sowie jener Schutzmaßnahmen, die getroffen worden sind, um eine unabhängige und unbefangene Prüfung sicherzustellen.

b) Gemäß § 270 Abs. 1 Satz 5 UGB hat der Aufsichtsrat unverzüglich nach der Wahl mit dem gewählten Prüfer den Vertrag über die Durchführung der Abschlussprüfung abzuschließen und das Entgelt zu vereinbaren.

c) Gemäß § 270 Abs. 2 UGB ist, wenn kein anderer Prüfer bestellt wurde, der Abschlussprüfer der Muttergesellschaft auch der Konzernabschlussprüfer.

d) § 270 Abs. 4 UGB regelt die Bestimmung des Abschlussprüfers durch den zuständigen Gerichtshof.

e) Gemäß § 270 Abs. 6 UGB kann ein abgeschlossener Prüfungsvertrag vom Abschlussprüfer nur aus wichtigem Grund gekündigt werden, wobei Meinungsverschiedenheiten zwischen Gesellschaft und Abschlussprüfer nicht als wichtiger Grund anzusehen sind. Die Kündigung bedarf der Schriftform und ist zu begründen. Der kündigende Abschlussprüfer hat über das Ergebnis seiner bisherigen Prüfung unverzüglich zu berichten, wobei § 273 UGB entsprechend anzuwenden ist. Das Vorliegen eines Kündigungsgrunds ist restriktiv zu beurteilen. Im Fall der Kündigung des Prüfungsvertrags hat der kündigende Abschlussprüfer gemäß § 275 Abs. 1 Satz 5 UGB dem nachfolgenden Abschlussprüfer auf dessen Anfrage Zugang zu allen relevanten Informationen über das geprüfte Unternehmen und über die zuletzt durchgeführte Abschlussprüfung zu geben. Auf die Meldepflicht nach § 58 Abs. 1 APAG wird verwiesen.

f) Wirtschaftsprüfungsgesellschaften haben gemäß § 77 Abs. 9 Wirtschaftstreuhandberufsgesetz 2017 (WTBG 2017) für jeden von ihnen übernommenen Auftrag mindestens eine natürliche Person, welche die für die Erledigung entsprechende Berufsberechtigung besitzt, zu bestimmen und deren Namen dem Auftraggeber schriftlich bekanntzugeben.

3.2.2. ISA 250 Berücksichtigung der Auswirkungen von Gesetzen und anderen Rechtsvorschriften auf den Abschluss bei einer Abschlussprüfung

(17) Zusätzlich zu den Anforderungen des ISA 250 sind entsprechend den gesetzlichen Bestimmungen folgende Punkte zu beachten:

a) Gemäß § 269 Abs. 1 Satz 1 UGB hat der Abschlussprüfer neben den gesetzlichen Vorschriften auch die ergänzenden Bestimmungen des Gesellschaftsvertrags oder der Satzung zu beachten.

b) Gemäß § 269 Abs. 1a UGB hat der Abschlussprüfer für die Abschlussprüfung von Gesellschaften von öffentlichem Interesse im Sinne des § 189a Z 1 lit. a und lit. d UGB zusätzlich die Bestimmungen der Art. 7 und 12 der Verordnung (EU) Nr. 537/2014 vom 16. April 2014 (im Folgenden EU-VO) einzuhalten.

c) Die in § 273 Abs. 2 UGB normierte Redepflicht erstreckt sich auch auf Tatsachen, die schwerwiegende Verstöße der gesetzlichen Vertreter oder von Arbeitnehmern gegen Gesetz, Gesellschaftsvertrag oder Satzung erkennen lassen. Diesbezüglich wird auf die Stellungnahme zu ausgewählten Fragen zur Redepflicht des Abschlussprüfers gemäß § 273 Abs. 2 und 3 UGB (KFS/PE 18) verwiesen.

3.2.3. ISA 510, 570, 700, 701, 705, 706, 710, 720 und EU-VO Erteilung eines Vermerks zum Abschluss

(18) Die Vorschriften des § 273 Abs. 1 UGB zur Erstellung eines Prüfungsberichts gehen über die Anforderungen der ISA hinaus und sind zusätzlich zu beachten. Diesbezüglich wird auf das Fachgutachten über Grundsätze ordnungsmäßiger Berichterstattung bei Abschlussprüfungen nach § 273 Abs. 1 UGB (KFS/PG 2) verwiesen.

(19) Die Vorschriften des § 274 UGB zur Zusammenfassung des Ergebnisses der Prüfung in einem Bestätigungsvermerk stellen spezifische Anforderungen dar, die zusätzlich zu den ISA 510, 570, 700, 701, 705, 706, 710, 720 und der EU-VO zu beachten sind. Diesbezüglich wird auf das Fachgutachten über die Erteilung von Bestätigungsvermerken nach den Vorschriften des UGB bei Abschlussprüfungen von Jahres- und Konzernabschlüssen (KFS/PG 3) verwiesen.

3.2.4. Prüfung des Lageberichts

(20) Die Prüfung des Lageberichts fällt nicht unter den ISA 720, weil sie in Österreich in § 269 Abs. 3 Satz 1 UGB gesondert geregelt ist. Auf das Fachgutachten über die Prüfung des Lageberichts (KFS/PG 10) wird verwiesen.

(21) Bezüglich der Berichterstattung über die Prüfung des Lageberichts gemäß § 274 Abs. 5 UGB im Bestätigungsvermerk wird auf KFS/PG 3 verwiesen.

3.3. Klarstellungen zu einzelnen ISA

3.3.1. ISA 200 Übergreifende Zielsetzungen des unabhängigen Prüfers und Grundsätze einer Prüfung in Übereinstimmung mit den International Standards on Auditing

(22) Gemäß ISA 200.11 (a) ist es das Ziel der Durchführung einer Abschlussprüfung, ein Prüfungsurteil darüber abzugeben, ob der zu prüfende Abschluss in allen wesentlichen Belangen in Übereinstimmung mit maßgebenden Rechnungslegungsgrundsätzen (financial reporting framework) aufgestellt wurde.

(23) ISA 200 unterscheidet zwischen „Rechnungslegungsgrundsätzen zur sachgerechten Gesamtdarstellung“ (fair presentation framework) und „Rechnungslegungsgrundsätzen zur Normentsprechung“ (compliance framework).

(24) Der Begriff „Rechnungslegungsgrundsätze zur sachgerechten Gesamtdarstellung“ wird für Grundsätze verwendet, die die Einhaltung der Anforderungen der Rechnungslegungsgrundsätze verlangen und

a) explizit oder implizit anerkennen, dass es notwendig sein kann, dass das Management Abschlussangaben macht, die über die ausdrücklich von den Rechnungslegungsgrundsätzen geforderten hinausgehen, um insgesamt eine sachgerechte Gesamtdarstellung des Abschlusses zu erreichen, oder

b) explizit anerkennen, dass es für das Management notwendig sein kann, von einer Anforderung der Rechnungslegungsgrundsätze abzuweichen, um eine sachgerechte Gesamtdarstellung des Abschlusses zu erreichen. Solche Abweichungen sind erwartungsgemäß nur in äußerst seltenen Fällen notwendig.

(25) Der Begriff „Rechnungslegungsgrundsätze zur Normentsprechung“ wird für Rechnungslegungsgrundsätze verwendet, die die Einhaltung der Anforderungen der Rechnungslegungsgrundsätze verlangen, jedoch weder die in Rz (24) lit. a) geforderten Ergänzungen noch die lt. Rz (24) lit. b) zulässigen Abweichungen verlangen bzw. gestatten.

(26) Entsprechend der Generalnorm des § 222 Abs. 2 bzw. § 250 Abs. 2 UGB haben nach den Vorschriften des UGB aufgestellte Jahresabschlüsse von Kapitalgesellschaften bzw. Konzernabschlüsse ein möglichst getreues Bild der Vermögens-, Fi-

nanz- und Ertragslage zu vermitteln. Wenn dies aus besonderen Umständen nicht gelingt, sind im (Konzern-)Anhang die erforderlichen zusätzlichen Angaben zu machen.

(27) Klarstellend wird festgehalten, dass die Rechnungslegungsvorschriften des UGB für Jahres- und Konzernabschlüsse daher als Rechnungslegungsgrundsätze zur sachgerechten Gesamtdarstellung im Sinne von Rz (24) zu qualifizieren sind.

(28) Für gemäß § 245a UGB aufgestellte Konzernabschlüsse sind die maßgebenden Rechnungslegungsgrundsätze die IFRS, wie sie in der EU anzuwenden sind, ergänzt um einzelne Anforderungen des UGB. Gemäß IAS 1.17 (c) sind zusätzliche Angaben zu machen, wenn die Anforderungen der IFRS unzureichend sind, um es den Adressaten zu ermöglichen, die Auswirkungen einzelner Geschäftsvorfälle sowie sonstiger Ereignisse und Bedingungen auf die Vermögens-, Finanz- und Ertragslage des Unternehmens zu verstehen.

(29) Weiters sieht IAS 1.19 vor, dass in den äußerst seltenen Fällen, in denen das Management zu dem Ergebnis gelangt, dass die Einhaltung einer in einem IFRS enthaltenen Anforderung so irreführend wäre, dass sie zu einem Konflikt mit dem im Rahmenkonzept dargestellten Zweck führen würde, ein Unternehmen von dieser Anforderung unter Beachtung der Angabepflichten des IAS 1.20 abzuweichen hat, sofern die geltenden gesetzlichen Rahmenbedingungen eine solche Abweichung erfordern oder ansonsten nicht untersagen (overriding principle).

(30) Klarstellend wird festgehalten, dass daher auch die Rechnungslegungsvorschriften der IFRS als Rechnungslegungsgrundsätze zur sachgerechten Gesamtdarstellung im Sinne von Rz (24) zu qualifizieren sind.

3.3.2. ISA 260 Kommunikation mit den für die Überwachung Verantwortlichen

(31) Der Begriff „Die für die Überwachung Verantwortlichen“ ist im Einzelfall auf Basis der unternehmensrechtlichen Bestimmungen bzw. anhand des maßgebenden Rechtsrahmens oder anderer Umstände des Auftrags auszulegen. Dies können nach österreichischer Rechtslage beispielsweise ein Aufsichtsrat, Prüfungsausschuss, Beirat, Kuratorium etc. sein.

(32) Insgesamt ist zu den Berichtspflichten gemäß ISA 260 klarstellend festzuhalten, dass diese auch die Tatbestände, die zu einer Redepflicht gemäß § 273 Abs. 2 und 3 UGB führen, umfassen. Diesbezüglich wird auf die Stellungnahme zu ausgewählten Fragen zur Redepflicht des Abschlussprüfers gemäß § 273 Abs. 2 und 3 UGB (KFS/PE 18) verwiesen.

(33) Weiters wird auf die Berichtspflicht nach Art. 11 EU-VO und das dazu ergangene Fachgutachten KFS/PG 4 hingewiesen (vgl. dazu § 92 Abs. 4a Z 2 AktG und § 30g Abs. 4a Z 2 GmbHG).

3.3.3. ISA 315 Identifizierung und Beurteilung der Risiken wesentlicher falscher Darstellungen aus dem Verstehen der Einheit und ihres Umfelds

(34) Gemäß § 269 Abs. 1 Satz 2 UGB ist in die Prüfung des Jahresabschlusses die Buchführung einzubeziehen. Nach ISA 315.18 hat der Abschlussprüfer ein Verständnis vom „rechnungslegungsbezogenen Informationssystem“ einschließlich der damit verbundenen Geschäftsprozesse zu gewinnen.

(35) Klarstellend wird festgehalten, dass das Buchführungssystem Bestandteil des rechnungslegungsbezogenen Informationssystems ist.

3.3.4. ISA 560 Nachträgliche Ereignisse

(36) Ergänzend zu den Bestimmungen des ISA 560 wird auf das Fachgutachten KFS/PG 3 verwiesen, welches die Auswirkungen von nachträglichen Ereignissen auf den Bestätigungsvermerk regelt.

(37) Nach ISA 560.6 endet die Verpflichtung des Abschlussprüfers zur Berücksichtigung von nachträglichen Ereignissen frühestens mit dem Datum der Aufstellung des Abschlusses durch die gesetzlichen Vertreter, jedenfalls aber mit dem Datum des Bestätigungsvermerks und nicht mit dem Datum einer Genehmigung des Abschlusses durch den Aufsichtsrat oder die Hauptversammlung.

(38) Hinsichtlich der AFRAC-Stellungnahme 16 „Wertaufhellung und Wertbegründung vor und nach Aufstellung von Jahres- und Konzernabschlüssen“, die sich ebenso mit Folgewirkungen von nachträglichen Ereignissen befasst, ist klarstellend festzuhalten, dass sie an die für die Aufstellung und die Feststellung des Abschlusses verantwortlichen Organe gerichtet ist und somit für den Abschlussprüfer keine über die Regelungen von ISA 560 hinausgehenden Verpflichtungen enthält.

3.3.5. ISA 580 Schriftliche Erklärungen

(39) Gemäß ISA 580.9 ist der Abschlussprüfer verpflichtet, schriftliche Erklärungen von den Mitgliedern des Managements anzufordern, die die Verantwortlichkeit für die Aufstellung des Abschlusses und die Kenntnisse der betreffenden Sachverhalte haben.

(40) Gemäß § 222 Abs. 1 Satz 2 UGB sind der Jahresabschluss, der Lagebericht sowie gegebenenfalls der Corporate Governance-Bericht von sämtlichen gesetzlichen Vertretern zu unterzeichnen. Gleiches gilt gemäß § 244 Abs. 1 Satz 2 UGB für den Konzernabschluss, den Konzernlagebericht und den konsolidierten Corporate Governance-Bericht. Demnach liegt die Verantwortung für die Aufstellung des Abschlusses bei sämtlichen gesetzlichen Vertretern.

(41) Daher wird klargestellt, dass auch die Vollständigkeitserklärung von sämtlichen gesetzlichen Vertretern zu unterzeichnen ist.

3.3.6. ISA 710 Vergleichsinformationen – Vergleichsangaben und Vergleichsabschlüsse

(42) ISA 710 behandelt die Pflichten des Ab-

schlussprüfers im Zusammenhang mit Vergleichsinformationen. ISA 710.2 unterscheidet in diesem Zusammenhang zwischen Rechnungslegungsgrundsätzen, die „Vergleichsangaben", und Rechnungslegungsgrundsätzen, die „Vergleichsabschlüsse" vorschreiben.

(43) Diesbezüglich ist klarstellend festzuhalten, dass für Abschlüsse, die in Übereinstimmung mit dem UGB bzw. mit den IFRS, wie sie in der EU anzuwenden sind, aufgestellt werden, Vergleichsangaben vorgeschrieben werden. Das Prüfungsurteil des Abschlussprüfers zum Abschluss bezieht sich daher gemäß ISA 710.3 (a) nur auf den laufenden Zeitraum.

3.4. Zusätzliche Anforderungen und Klarstellungen zu ISA 600 Besondere Überlegungen zu Konzernabschlussprüfungen (einschließlich der Tätigkeit von Teilbereichsprüfern)

(44) Zusätzlich zu den Anforderungen des ISA 600 sind bei der Durchführung von Konzernabschlussprüfungen gemäß § 269 Abs. 1, 1a und 2 UGB entsprechend den österreichischen gesetzlichen Bestimmungen die folgenden weiteren Anforderungen und Klarstellungen zu beachten.

(45) Zur Durchführung der Prüfung des Konzernabschlusses bestehen gemäß § 272 Abs. 3 und 4 UGB weitreichende Vorschriften zu Vorlagepflichten gegenüber dem Abschlussprüfer und Auskunftsrechten des Abschlussprüfers.

(46) § 269 Abs. 2 Satz 3 UGB schreibt dem Abschlussprüfer vor, andere Abschlussprüfer (Teilbereichsprüfer) in geeigneter Weise zu überwachen. Zur Überwachung ist ein strukturierter und einheitlicher Kommunikationsprozess notwendig. Durch diesen Kommunikationsprozess müssen die Qualifikation der anderen Abschlussprüfer (Teilbereichsprüfer) nachgewiesen sowie deren Überwachung und die Verfügbarkeit der Prüfungsdokumentationen bei Bedarf sichergestellt werden.

(47) Die im Konzernabschluss zusammengefassten Jahresabschlüsse im Sinne des § 269 Abs. 2 Satz 2 UGB sind die Finanzinformationen der einbezogenen Unternehmen nach den für den Konzernabschluss gültigen Rechnungslegungsgrundsätzen. Diese Finanzinformationen werden üblicherweise als Berichtspakete bezeichnet.

(48) Die in § 269 Abs. 1 UGB genannten ergänzenden Prüfungsziele, wie die Einhaltung ergänzender Bestimmungen des Gesellschaftsvertrags oder der Satzung, beziehen sich nur auf die den Konzernabschluss aufstellende Einheit und nicht auf die im Konzernabschluss zusammengefassten Jahresabschlüsse der einbezogenen Unternehmen.

(49) In Ergänzung zu ISA 600.19 ff. hat der Abschlussprüfer in dem Fall, dass ein Teil des Konzerns von Abschlussprüfern oder Prüfungsgesellschaften aus Drittländern, die keine Vereinbarungen zur Zusammenarbeit gemäß § 78 APAG geschlossen haben, geprüft wird, Erkundigungen darüber einzuholen, ob er auf Antrag einen ungehinderten und unbeschränkten Zugang zu den Prüfungsunterlagen der anderen Abschlussprüfer erhält. Diese Erkundigungen sind in den Prüfungsunterlagen zu dokumentieren.

(50) Weiters hat der Abschlussprüfer § 51 APAG zu beachten. Die Dokumentation der im Zusammenhang mit § 51 Abs. 4 APAG durchgeführten Maßnahmen des Abschlussprüfers und die von anderen Abschlussprüfern erhaltenen Unterlagen stellen Bestandteile der Prüfungsdokumentation des Abschlussprüfers dar.

4. Anwendungszeitpunkt

(51) Die vorliegende überarbeitete Fassung dieses Fachgutachtens ist auf die Prüfung von Abschlüssen für Geschäftsjahre, die am oder nach dem 31. Dezember 2018 enden, anzuwenden.

2/2/2. KFS/PG 2

Fachgutachten
des Fachsenats für Unternehmensrecht und Revision
über Grundsätze ordnungsmäßiger Berichterstattung bei Abschlussprüfungen nach § 273 Abs. 1 UGB

(beschlossen in der Sitzung des Fachsenats für Unternehmensrecht und Revision am 24. Juni 2009 als Fachgutachten KFS/PG 2, zuletzt überarbeitet im November 2020; von der Abschlussprüferaufsichtsbehörde (APAB) genehmigt)

1. Vorbemerkung und Anwendungsbereich

(1) Dieses Fachgutachten wurde aus Anlass des Unternehmensrechts-Änderungsgesetzes (URÄG) 2008 im Jahr 2009 neu gefasst und zuletzt anlässlich des Nachhaltigkeits- und Diversitätsverbesserungsgesetzes (NaDiVeG) überarbeitet. Die darin dargelegten Grundsätze beziehen sich ausschließlich auf den gemäß § 273 Abs. 1 Unternehmensgesetzbuch (UGB) zu erstattenden Prüfungsbericht. Der Fachsenat legt in diesem Fachgutachten die Berufsauffassung dar, wie Abschlussprüfer im Sinne dieser Vorschrift Berichte über gesetzlich vorgesehene Abschlussprüfungen (§ 268 ff. UGB) zu erstatten haben. Dieses Fachgutachten findet auch Anwendung auf freiwillige Prüfungen von Abschlüssen, sofern eine solche Prüfung mit einem Bestätigungsvermerk in Anlehnung an § 274 UGB abgeschlossen wird.

(2) Dieses Fachgutachten regelt nicht besondere Berichtsvorschriften, wie sie z.B. für die Prüfung von Banken oder Versicherungsunternehmen zu beachten sind.

(3) Für die Berichtspflichten gemäß § 273 Abs. 2 und Abs. 3 UGB wird auf die diesbezügliche Stellungnahme KFS/PE 18 verwiesen.

(4) Der zusätzliche Bericht an den Prüfungsausschuss gemäß Art. 11 der Verordnung (EU) 537/2014 (AP-VO) ist nicht Bestandteil des Prüfungsberichts gemäß § 273 Abs. 1 UGB und daher nicht Gegenstand dieses Fachgutachtens. Hinsichtlich dieses zusätzlichen Berichts wird auf das Fachgutachten KFS/PG 4 verwiesen.

(5) Dieses Fachgutachten stellt keine Anleitung zum formalen Aufbau des Prüfungsberichts dar.

2. Allgemeine Berichtsgrundsätze

(6) Der Prüfungsbericht muss – wie die Abschlussprüfung selbst – den Grundsätzen der Unparteilichkeit, der Wahrheit, der Vollständigkeit und der Klarheit entsprechen.

(7) Der Grundsatz der Unparteilichkeit erfordert eine objektive Wertung der Sachverhalte unter Berücksichtigung aller verfügbaren Informationen; gegebenenfalls ist auf abweichende Auffassungen der gesetzlichen Vertreter des geprüften Unternehmens hinzuweisen.

(8) Der Grundsatz der Wahrheit erfordert, dass alle Feststellungen im Prüfungsbericht nach der Überzeugung des Abschlussprüfers den tatsächlichen Gegebenheiten entsprechen.

(9) Der Grundsatz der Vollständigkeit erfordert, dass im Prüfungsbericht alle von Gesetz, Gesellschaftsvertrag (Satzung) oder Prüfungsvertrag geforderten Feststellungen getroffen werden.

(10) Der Grundsatz der Klarheit erfordert eine übersichtliche, verständliche und eindeutige Darlegung. Feststellungen sind grundsätzlich in Form von Aussagesätzen zu treffen.

3. Rechtliche Grundlagen und Inhalt des Prüfungsberichts

(11) Gemäß § 273 Abs. 1 UGB hat der Abschlussprüfer *„über das Ergebnis der Prüfung schriftlich zu berichten. Im Bericht ist insbesondere festzustellen, ob die Buchführung, der Jahresabschluss, der Lagebericht, der Konzernabschluss und der Konzernlagebericht den gesetzlichen Vorschriften entsprechen und die nichtfinanzielle Erklärung oder der gesonderte nichtfinanzielle Bericht (§ 243b), der Corporate Governance-Bericht (§ 243c), die konsolidierte nichtfinanzielle Erklärung oder der gesonderte konsolidierte nichtfinanzielle Bericht (§ 267a) und der konsolidierte Corporate-Governance Bericht (§ 267b) aufgestellt worden sind sowie ob die gesetzlichen Vertreter die verlangten Aufklärungen und Nachweise erbracht haben. Im Prüfungsbericht zum Konzernabschluss ist auch festzustellen, ob die für die Übernahme in den Konzernabschluss maßgeblichen Vorschriften beachtet worden sind. Die Posten des Jahresabschlusses sind aufzugliedern und zu erläutern. Nachteilige Veränderungen der Vermögens-, Finanz- und Ertragslage gegenüber dem Vorjahr und Verluste, die das Jahresergebnis nicht unwesentlich beeinflusst haben, sind anzuführen und zu erläutern. Werden Tatsachen nach Abs. 2 und 3 nicht festgestellt, so ist dies im Bericht ausdrücklich festzuhalten.“*

(12) Da das UGB außer den im Gesetz genannten Pflichtbestandteilen über den Inhalt des Prüfungsberichts nichts Näheres aussagt, sind die diesbezüglichen Erfordernisse aus dem vom Gesetzgeber dem Prüfungsbericht offenbar zugeordneten Zweck der Information der Berichtsempfänger abzuleiten. Dabei sind Wiederholungen von Aussagen im Jahresabschluss/Konzernabschluss und gegebenenfalls Lagebericht/Konzernlagebericht im Prüfungsbericht zu vermeiden.

(13) Dieses Fachgutachten legt den gesetzlich geforderten Mindestumfang dar, der erweitert werden kann, sofern dies vom Berichtersteller nach seinem pflichtgemäßen Ermessen für zweck-

mäßig erachtet wird oder mit dem Auftraggeber im Prüfungsvertrag gesondert vereinbart wurde. Das Auftragsverhältnis und grundsätzliche Ausführungen zur Prüfungstätigkeit sind zur Verdeutlichung des Prüfungsumfangs und der Grenzen im Hinblick auf die erlangte Prüfungssicherheit jedenfalls über das gesetzliche Mindesterfordernis hinausgehend anzuführen.

(14) Der Bericht des Abschlussprüfers hat daher in Abhängigkeit vom zu prüfenden Abschluss zumindest folgende Abschnitte zu enthalten:

	Jahres-abschluss	Konzern-abschluss
Prüfungsvertrag und Auftragsdurchführung	X	X
Aufgliederung und Erläuterung der Posten des Jahresabschlusses bzw. Konzernabschlusses	X	Vgl. 5.3.
Feststellungen zur Gesetzmäßigkeit von Buchführung, Jahresabschluss und Lagebericht bzw. Konzernabschluss und -lagebericht	X	X
Feststellung, ob die für die Übernahme in den Konzernabschluss maßgeblichen Vorschriften beachtet worden sind		X
Feststellung, ob eine nichtfinanzielle Erklärung (oder ein nichtfinanzieller Bericht) erstellt worden ist	X	
Feststellung, ob ein Corporate Governance-Bericht erstellt worden ist	X	
Feststellung, ob eine konsolidierte nichtfinanzielle Erklärung (oder ein konsolidierter nichtfinanzieller Bericht) erstellt worden ist		X
Feststellung, ob ein konsolidierter Corporate Governance-Bericht erstellt worden ist		X
Feststellung, ob im jeweiligen Geschäftsjahr ein Vergütungsbericht aufgestellt worden ist und der Vorstand die geforderten Informationen in dem erforderlichen Umfang zur Verfügung gestellt hat (vgl. § 78e Abs. 2 AktG)	X	
Feststellung, ob die gesetzlichen Vertreter die verlangten Aufklärungen und Nachweise erbracht haben	X	X
Nachteilige Veränderungen der Vermögens-, Finanz- und Ertragslage und wesentliche Verluste	X	X
Feststellungen zu Tatsachen nach § 273 Abs. 2 UGB	X	X
Feststellungen zu Tatsachen nach § 273 Abs. 3 UGB	X	
Bestätigungsvermerk	X	X

Dem Bericht des Abschlussprüfers ist als Anlage jedenfalls der Jahres-/Konzernabschluss beizulegen. Wurde ein (Konzern-)Lagebericht erstellt, ist dieser ebenfalls als Anlage beizulegen.

4. Abschnitte des Prüfungsberichts bei Jahresabschlussprüfungen

4.1. Prüfungsvertrag und Auftragsdurchführung

(15) Einleitend ist auf die Wahl bzw. Bestellung zum Abschlussprüfer und den abgeschlossenen Prüfungsvertrag (§ 270 UGB) einzugehen. Im Fall einer freiwilligen Abschlussprüfung kann die Angabe der Wahl bzw. Bestellung zum Abschlussprüfer entfallen.

(16) Anzugeben ist, dass der Abschlussprüfer die Prüfung in Übereinstimmung mit den österreichischen Grundsätzen ordnungsmäßiger Abschlussprüfung durchgeführt hat, die die Einhaltung der International Standards on Auditing (ISA) erfordern (vgl. das Fachgutachten KFS/PG 1).

(17) Anzugeben ist die für das zu prüfende Geschäftsjahr geltende Größenklasse gemäß § 221 UGB, gegebenenfalls dass das geprüfte Unternehmen ein Unternehmen von öffentlichem Interesse gemäß § 189a Z 1 UGB, eine kapitalmarktnotierte Einheit gemäß ISA 220.7 (g), aufsichtsratspflichtig und/oder fünffach groß gemäß § 271a Abs. 1 UGB ist, und ob es sich um eine gesetzliche Pflichtprüfung oder eine freiwillige Abschlussprüfung handelt.

(18) Der für die Abschlussprüfung verantwortliche Wirtschaftsprüfer ist ebenfalls anzugeben.

(19) Weiters ist der Zeitraum anzuführen, in dem die Prüfung durchgeführt wurde; es ist auch anzuführen, dass die Prüfung an jenem Tag materiell abgeschlossen wurde, mit welchem der Prüfungsbericht (bzw. der Bestätigungsvermerk) datiert wurde.

(20) Die gesetzliche oder vertraglich vereinbarte Haftungsbegrenzung und – sofern zutreffend – die Vereinbarung der allgemeinen Auftragsbedingungen sind anzuführen, und es ist festzustellen, dass die Haftungsgrenzen auch im Verhältnis zu Dritten gelten. Es empfiehlt sich, die der Durchführung der Abschlussprüfung zugrunde gelegten Auftragsbedingungen dem Bericht als Anlage beizufügen.

4.2. Aufgliederung und Erläuterung von Posten des Jahresabschlusses

(21) Das UGB sieht bestimmte Aufgliederungen und Erläuterungen von einzelnen Posten der Bilanz und der Gewinn- und Verlustrechnung zwingend im Anhang bzw. im Lagebericht vor. Im Prüfungsbericht kann auf diese Aufgliederungen und Erläuterungen unter Angabe der entsprechenden Stelle verwiesen werden. Sofern im Anhang und/oder im Lagebericht – auch unter Berücksichtigung der Generalnorm – zulässigerweise keine detaillierten Aufgliederungen und Erläuterungen erfolgen, diese aber für den Berichtsempfänger nach dem pflichtgemäßen Ermessen des Abschlussprüfers im Hinblick auf die Analyse und das Verstehen des geprüften Jahresabschlusses notwendig sind, sind die Posten im Prüfungsbericht aufzugliedern und zu erläutern. Im Sinne der allgemeinen Berichtsgrundsätze sind diese Aufgliederungen und Erläuterungen – einschließlich der Vorjahreszahlen – auf wesentliche Posten zu beschränken.

(22) Da gemäß § 242 Abs. 1 UGB bei Kleinstkapitalgesellschaften davon ausgegangen wird, dass zur Erfüllung der Generalnorm die Aufstellung eines Anhangs nicht erforderlich ist, kann auch im Rahmen der Berichterstattung des Abschlussprüfers auf eine Aufgliederung und Erläuterung von Posten des Jahresabschlusses verzichtet werden.

4.3. Zusammenfassung des Prüfungsergebnisses

4.3.1. Feststellungen zur Gesetzmäßigkeit von Buchführung, Jahresabschluss und Lagebericht sowie zur nichtfinanziellen Erklärung oder zum nichtfinanziellen Bericht, zum Corporate Governance-Bericht und zum Vergütungsbericht

(23) Gemäß § 273 Abs. 1 zweiter Satz UGB ist im Prüfungsbericht insbesondere festzustellen, ob die Buchführung, der Jahresabschluss und der Lagebericht den gesetzlichen Vorschriften entsprechen und – gegebenenfalls – ob die nichtfinanzielle Erklärung (oder der gesonderte nichtfinanzielle Bericht) und der Corporate Governance-Bericht aufgestellt worden sind. Dabei ist zu berücksichtigen, dass gemäß § 274 UGB zum Teil gleichlautende Feststellungen im Bestätigungsvermerk, der auch in den Prüfungsbericht aufzunehmen ist, enthalten sind. Im Sinne der Klarheit ist es daher geboten, Wiederholungen von im Bestätigungsvermerk enthaltenen Aussagen zu vermeiden.

(24) Der Prüfungsbericht muss eine Aussage darüber enthalten, ob die Buchführung den gesetzlichen Vorschriften entspricht. Eine darüber hinausgehende Berichterstattung zur Buchführung erscheint nur geboten, wenn besondere Umstände dies erfordern.

(25) Hinsichtlich des Jahresabschlusses und des Lageberichts werden die erforderlichen Aussagen im Bestätigungsvermerk getroffen.

(26) Gesellschaften, die in den Anwendungsbereich des § 243b UGB fallen, haben eine nichtfinanzielle Erklärung in den Lagebericht aufzunehmen oder einen gesonderten nichtfinanziellen Bericht aufzustellen. Bei diesen Gesellschaften ist im Prüfungsbericht festzustellen, ob die nichtfinanzielle Erklärung oder ein solcher Bericht aufgestellt worden ist oder nicht. Der Abschlussprüfer hat nicht die Aufgabe, eine materielle Prüfung dieser Erklärung oder dieses Berichts durchzuführen.

(27) Gesellschaften, die in den Anwendungsbereich des § 243c UGB fallen, haben einen Corporate Governance-Bericht aufzustellen. Bei diesen Gesellschaften ist im Prüfungsbericht festzustellen, ob ein Corporate Governance-Bericht aufgestellt worden ist oder nicht. Der Abschlussprüfer hat nicht die Aufgabe, eine materielle Prüfung des Corporate Governance-Berichts durchzuführen.

(28) Gesellschaften, die in den Anwendungsbereich von § 78c AktG fallen, haben einen Vergütungsbericht aufzustellen und auf der im Firmenbuch eingetragenen Internetseite kostenfrei zehn Jahre lang öffentlich zugänglich zu machen. Bei diesen Gesellschaften ist im Prüfungsbericht festzustellen, ob im jeweiligen Geschäftsjahr der Bericht aufgestellt worden ist und der Vorstand die geforderten Informationen in dem erforderlichen Umfang zur Verfügung gestellt hat (vgl. § 78e Abs. 2 AktG). Der Abschlussprüfer hat nicht die Aufgabe, eine materielle Prüfung des Vergütungsberichts durchzuführen.

4.3.2. Erteilte Auskünfte

(29) Gemäß § 273 Abs. 1 zweiter Satz UGB ist im Prüfungsbericht ausdrücklich festzuhalten, ob die gesetzlichen Vertreter die verlangten Aufklärungen und Nachweise erbracht haben; dabei ist auch auf den Erhalt einer schriftlichen Vollständigkeitserklärung einzugehen.

(30) Im Fall eines Prüferwechsels ist anzuführen, ob der vorherige Abschlussprüfer dem berichtenden Abschlussprüfer auf dessen Anfrage Zugang zu den relevanten Informationen über das geprüfte Unternehmen und die zuletzt durchgeführte Abschlussprüfung[1] gewährt hat.

[1] Erstmals für Geschäftsjahre, die nach dem 16. Juni 2016 beginnen.

4.3.3. Nachteilige Veränderungen der Vermögens-, Finanz- und Ertragslage und wesentliche Verluste

(31) Unabhängig von einer etwaigen Darstellung im Lagebericht sind nachteilige Veränderungen der Vermögens-, Finanz- und Ertragslage gegenüber dem Vorjahr und Verluste, die das Jahresergebnis nicht unwesentlich beeinflusst haben, anzuführen und zu erläutern (§ 273 Abs. 1 fünfter Satz UGB).

(32) Diese Berichtspflicht bezieht sich nur auf Sachverhalte, die im geprüften Geschäftsjahr eingetreten sind (vergangenheitsorientierte Berichterstattung).

(33) Verluste, die das Jahresergebnis nicht unwesentlich beeinflusst haben, sind anzuführen und zu erläutern. Diese Verluste können sich z.B. auf einzelne Unternehmenssparten, einzelne Teilmärkte, einzelne wesentliche Aufträge bei langfristiger

Einzelfertigung, einzelne Vermögensgegenstände (z.B. Beteiligungen) oder Rückstellungen für drohende Belastungen aus außergewöhnlichen Risiken (z.B. Umweltschutzauflagen, Haftungen, Prozesse) beziehen.

(34) Sofern die geprüfte Gesellschaft einen Lagebericht erstellt hat und darin alle gemäß § 273 Abs. 1 fünfter Satz UGB berichtspflichtigen Sachverhalte enthalten und ihre Ursachen erläutert sind, ist es ausreichend, dass die Sachverhalte im Prüfungsbericht stichwortartig angeführt werden und auf die relevanten Angaben im Lagebericht verwiesen wird.

(35) Ergibt sich aus diesen Tatsachen eine Bestandsgefährdung oder eine wesentliche Beeinträchtigung der Entwicklung des Unternehmens, so fällt dies unter die Berichtspflicht gemäß § 273 Abs. 2 UGB (siehe Abschnitt 4.3.4.).

(36) Werden keine gemäß § 273 Abs. 1 fünfter Satz UGB berichtspflichtigen Sachverhalte festgestellt, so ist die Aufnahme einer entsprechenden Negativfeststellung in den Prüfungsbericht nicht notwendig.

4.3.4. Feststellungen zu Tatsachen nach § 273 Abs. 2 und Abs. 3 UGB

(37) Falls Tatsachen nach § 273 Abs. 2 und Abs. 3 UGB nicht festgestellt wurden, hat der Abschlussprüfer dies im Prüfungsbericht gemäß § 273 Abs. 1 letzter Satz UGB ausdrücklich festzuhalten. Daraus wird abgeleitet, dass im Prüfungsbericht sowohl über Nicht-Feststellungen als auch – im Umkehrschluss – über Feststellungen zu berichten ist.

(38) Wurden Tatsachen nach § 273 Abs. 2 und Abs. 3 UGB festgestellt und wurde die Redepflicht ausgeübt, so ist im Prüfungsbericht darauf zu verweisen. Dabei sind zumindest die Gegenstände der erfolgten Berichterstattung anzuführen.

(39) Sofern seit Ausübung der Redepflicht wesentliche Änderungen eingetreten sind (z.B. die Überschuldung wurde durch einen Gesellschafterzuschuss beseitigt), so ist darüber im Prüfungsbericht zu berichten. Sofern die Voraussetzungen für die Vermutung eines Reorganisationsbedarfes festgestellt werden, sind die Eigenmittelquote gemäß § 23 URG und die fiktive Schuldentilgungsdauer gemäß § 24 URG auf Basis des geprüften Jahresabschlusses im Prüfungsbericht anzugeben.

(40) Wurden keine Tatsachen nach § 273 Abs. 2 und Abs. 3 UGB festgestellt, so ist eine diesbezügliche Negativfeststellung in den Prüfungsbericht aufzunehmen.

4.4. Bestätigungsvermerk

(41) Der Bestätigungsvermerk (§ 274 UGB) ist in den Prüfungsbericht aufzunehmen (§ 274 Abs. 8 zweiter Satz UGB).

(42) Hinsichtlich des Bestätigungsvermerks wird auf das Fachgutachten KFS/PG 3 verwiesen.

5. Besonderheiten bei Konzernabschlussprüfungen

5.1. Grundsatz

(43) Über die Konzernabschlussprüfung ist unabhängig von der Berichterstattung über die Prüfung des Jahresabschlusses des Mutterunternehmens gesondert zu berichten. Soweit die nachstehenden konzernspezifischen Ausführungen dem nicht entgegenstehen, ist der Abschnitt 4. sinngemäß anzuwenden.

5.2. Prüfungsvertrag und Auftragsdurchführung

(44) Die Ausführungen zur Wahl bzw. Bestellung (vgl. Abschnitt 4.1.) müssen – sofern kein Konzernabschlussprüfer gewählt bzw. bestellt wird – auch Angaben zur Fiktion der Bestellung nach § 270 Abs. 2 UGB enthalten.

(45) Wenn in den Konzernabschluss einbezogene Teilbereiche / Unternehmen von anderen Abschlussprüfern geprüft wurden, sollte im Prüfungsbericht angegeben werden, dass deren Tätigkeit in geeigneter Weise überwacht wurde, soweit dies für die Prüfung des Konzernabschlusses maßgeblich ist.

5.3. Aufgliederung und Erläuterung der Posten des Konzernabschlusses

(46) § 273 Abs. 1 UGB sieht keine ausdrückliche Verpflichtung zur Aufgliederung und Erläuterung der Posten des Konzernabschlusses vor.

(47) Diese Angaben können im Rahmen freiwilliger Berichtsausweitungen erfolgen, sofern dies vom Konzernabschlussprüfer nach seinem pflichtgemäßen Ermessen für zweckmäßig erachtet wird.

5.4. Zusammenfassung des Prüfungsergebnisses

(48) Im Bericht über die Prüfung des Konzernabschlusses ist auch festzustellen, ob die für die Übernahme in den Konzernabschluss maßgeblichen Vorschriften beachtet worden sind.

6. Besonderheiten bei Nachtragsprüfungen

(49) Im Abschnitt „Prüfungsvertrag und Auftragsdurchführung“ ist auszuführen, dass es sich um eine Nachtragsprüfung gemäß § 269 Abs. 4 UGB handelt, wenn der bereits geprüfte Abschluss nachträglich geändert und deshalb dem Abschlussprüfer nochmals zur Prüfung vorgelegt wurde. Weiters ist festzuhalten, dass sich die Nachtragsprüfung gemäß § 269 Abs. 4 UGB nur auf jene Posten und Angaben des geänderten Abschlusses, die im Vergleich zum ursprünglichen Abschluss geändert wurden, und jene Posten und Angaben, auf die sich diese Änderungen auswirken, bezieht. Daher ist auch darauf hinzuweisen, dass der Bericht über die Nachtragsprüfung und der ursprünglich erstattete Prüfungsbericht nur gemeinsam verwendet werden dürfen.

(50) Die Änderungen des Abschlusses sind im Prüfungsbericht in geeigneter Weise zu erläutern.

(51) Mögliche Äußerungen zu einer nachteiligen Veränderung der Vermögens-, Finanz- und Ertragslage im Vergleich zum Vorjahr und zu wesentlichen Verlusten sowie die allfällige Ausübung der Redepflicht gemäß § 273 Abs. 2 und Abs. 3 UGB sind im Zeitpunkt der Berichterstattung über die Nachtragsprüfung neu zu beurteilen.

(52) Hinsichtlich des Bestätigungsvermerks wird auf das Fachgutachten KFS/PG 3 verwiesen.

7. Ausfertigung des Prüfungsberichts

(53) Der Prüfungsbericht ist an die gesetzlichen Vertreter (Vorstand, Geschäftsführung) und – gegebenenfalls – an die Mitglieder des Aufsichtsrats zu adressieren.

(54) Der Prüfungsbericht ist gemäß § 273 Abs. 4 i.V.m. § 274 Abs. 7 UGB unter Angabe des Datums und des Ortes der Niederlassung des Abschlussprüfers zu unterzeichnen. Dies erfolgt durch Unterzeichnung des in den Prüfungsbericht aufgenommenen Bestätigungsvermerks. Diesbezüglich wird auf das Fachgutachten KFS/PG 3 verwiesen. Im Fall einer elektronischen Übermittlung zur Vorlage des Prüfungsberichts an die Organe des geprüften Unternehmens ist der unterzeichnete Prüfungsbericht vom Abschlussprüfer aufzubewahren.

8. Vorlage des Prüfungsberichts

8.1. Allgemeines

(55) Gemäß § 273 Abs. 4 UGB hat der Abschlussprüfer den Prüfungsbericht den gesetzlichen Vertretern sowie den Mitgliedern des Aufsichtsrats vorzulegen. Die „Vorlage" (Übermittlung) kann postalisch, per Boten oder elektronisch[2] erfolgen.

[2] Für die elektronische Übermittlung ist es nicht erforderlich, den Prüfungsbericht mit einer „elektronischen Signatur" im Sinne der Verordnung (EU) Nr. 910/2014 über elektronische Identifizierung und Vertrauensdienste für elektronische Transaktionen im Binnenmark

(56) Es empfiehlt sich, die Art der Übermittlung des Prüfungsberichts vorab mit den gesetzlichen Vertretern sowie den Mitgliedern des Aufsichtsrats schriftlich zu vereinbaren (z.B. im Rahmen des Prüfungsvertrages bzw. im Rahmen der Protokollierung einer Aufsichtsratssitzung). Bei elektronischer Übermittlung des Prüfungsberichts ist dies jedenfalls erforderlich.

(57) Die Verantwortung für die Geheimhaltung der im Prüfungsbericht enthaltenen Informationen trifft die gesetzlichen Vertreter sowie die Mitglieder des Aufsichtsrats.

(58) Bei einer GmbH ist der Abschlussprüfer nicht verpflichtet und ohne Genehmigung durch die Geschäftsführer oder einen diesbezüglichen Gesellschafterbeschluss auch nicht berechtigt, den Prüfungsbericht den Gesellschaftern vorzulegen.

8.2. Besonderheiten bei Personengesellschaften im Sinne des § 189 Abs. 1 Z 2 UGB

8.2.1. Gesetzliche Vorschriften

(59) In § 221 Abs. 5 UGB wird angeordnet, dass die Vorschriften über die Prüfung des Jahresabschlusses auf eingetragene Personengesellschaften im Sinne des § 189 Abs. 1 Z 2 UGB anzuwenden sind.

(60) Ist der unbeschränkt haftende Gesellschafter eine Kapitalgesellschaft, gelten die Rechtsvorschriften für diese Kapitalgesellschaft; ist der unbeschränkt haftende Gesellschafter keine Kapitalgesellschaft – z.B. wieder eine Personengesellschaft ohne natürliche Person als Komplementär (doppelstöckige GmbH & Co KG) –, so gelten die Vorschriften für Gesellschaften mit beschränkter Haftung.

(61) Der Abschlussprüfer hat seinen Bericht gemäß § 273 Abs. 4 UGB den gesetzlichen Vertretern sowie den Mitgliedern des Aufsichtsrats vorzulegen; ist bei einem unbeschränkt haftenden Gesellschafter einer unternehmerisch tätigen eingetragenen Personengesellschaft im Sinne des § 189 Abs. 1 Z 2 UGB ein Aufsichtsrat eingerichtet, so hat der Abschlussprüfer nach dieser gesetzlichen Vorschrift den Bericht hinsichtlich der Personengesellschaft auch den Mitgliedern dieses Aufsichtsrats vorzulegen.

8.2.2. Vorlage an die gesetzlichen Vertreter

(62) Gesetzliche Vertreter einer Personengesellschaft im Sinne des § 189 Abs. 1 Z 2 UGB sind jene persönlich haftenden Gesellschafter, deren Vertretungsbefugnis nicht durch den Gesellschaftsvertrag ausgeschlossen ist.

(63) Ist eine inländische Kapitalgesellschaft unbeschränkt haftender Gesellschafter, so sind alle Geschäftsführer (Vorstandsmitglieder) der Kapitalgesellschaft als gesetzliche Vertreter der Personengesellschaft anzusehen. Diesen Personen ist demnach der Prüfungsbericht vorzulegen.

(64) Sind mehrere inländische Kapitalgesellschaften als persönlich haftende Gesellschafter mit Vertretungsbefugnis an einer Personengesellschaft beteiligt, so ist der Prüfungsbericht allen Mitgliedern der Geschäftsführungen dieser Kapitalgesellschaften vorzulegen.

(65) Ist Komplementär einer Personengesellschaft im Sinne des § 189 Abs. 1 Z 2 UGB eine andere Personengesellschaft, an der keine natürliche Person mit Vertretungsbefugnis als unbeschränkt haftender Gesellschafter beteiligt ist (doppelstöckige Personengesellschaft), sind die Geschäftsführer (Vorstandsmitglieder) der in der übergeordneten Personengesellschaft vertretungsbefugten Kapitalgesellschaft als gesetzliche Vertreter der ersten Personengesellschaft anzusehen, denen der Prüfungsbericht vorzulegen ist.

(66) Bei Annahme eines Auftrags zur Prüfung einer Personengesellschaft im Sinne des § 189 Abs. 1 Z 2 UGB, bei der eine ausländische Kapitalgesellschaft Komplementär ist, ist vom Abschlussprüfer zu klären, welche Personen als gesetzliche Vertreter der Kapitalgesellschaft, denen der Prüfungsbericht vorzulegen ist, anzusehen sind.

(67) Ist Komplementär einer Personengesellschaft im Sinne des § 189 Abs. 1 Z 2 UGB weder

eine inländische noch eine ausländische Kapitalgesellschaft (sondern z.B. eine Genossenschaft), so ist nach dem für diesen Rechtsträger anwendbaren Heimatrecht zu ermitteln, welche Personen dort eine dem österreichischen Recht entsprechende Stellung als vertretungsbefugtes Organ (Geschäftsführer) haben.

8.2.3. Vorlage an die Mitglieder des Aufsichtsrats

(68) Eine Personengesellschaft im Sinne des UGB kann das Organ Aufsichtsrat nicht haben. Sind bei einer solchen Personengesellschaft Gremien mit ähnlicher Funktion eingerichtet, so sind diese ohne Rücksicht auf ihre Bezeichnung (Beirat oder auch Aufsichtsrat) keine gesetzlichen Organe; der Abschlussprüfer ist daher weder verpflichtet noch ohne Auftrag oder Zustimmung der vertretungsbefugten Organmitglieder berechtigt, den Prüfungsbericht den Mitgliedern eines solchen Gremiums vorzulegen.

(69) Der Prüfungsbericht ist lediglich den Mitgliedern eines Aufsichtsrats, der bei einer inländischen Komplementärgesellschaft eingerichtet ist, vorzulegen. Dies gilt in gleicher Weise für Aufsichtsräte, die kraft Gesetzes oder kraft Satzung oder auf freiwilliger Basis im Sinne der einschlägigen Bestimmungen des Aktien- oder GmbH-Gesetzes eingerichtet sind. Die Verpflichtung zur Vorlage des Prüfungsberichts an die Mitglieder des Aufsichtsrats ist eine Vorschrift für Gesellschaften, die dem österreichischen Recht unterliegen. Ob der Abschlussprüfer verpflichtet oder berechtigt ist, den Prüfungsbericht den Mitgliedern des Aufsichtsrats einer ausländischen Komplementärgesellschaft vorzulegen, hängt von den für diese Gesellschaft geltenden diesbezüglichen Vorschriften ab; im Zweifelsfall ist zu empfehlen, den Prüfungsbericht den gesetzlichen Vertretern der Komplementärgesellschaft mit der Bitte um Verteilung an die empfangsberechtigten Organmitglieder zu übermitteln und den Vorsitzenden des Aufsichtsrats davon zu verständigen.

(70) Es ist zweifelhaft, ob bei einer doppelstöckigen Personengesellschaft im Sinne des UGB ein Aufsichtsrat der Kapitalgesellschaft, welche bei der übergeordneten Personengesellschaft der einzige unbeschränkt haftende Gesellschafter ist, Adressat des Prüfungsberichts im Sinne der Vorschrift des § 273 Abs. 4 UGB ist, da dieser Aufsichtsrat nicht unmittelbar beim unbeschränkt haftenden Gesellschafter der Personengesellschaft eingerichtet ist. Bei Annahme des Auftrags zur Prüfung einer solchen Gesellschaft soll sich der Abschlussprüfer daher von den Geschäftsführern der Kapitalgesellschaft die Zustimmung geben lassen, dass er den Prüfungsbericht den Mitgliedern des Aufsichtsrats dieser Kapitalgesellschaft vorlegt.

8.2.4. Vorlage an die nicht vertretungsbefugten Gesellschafter der Personengesellschaft

(71) Der Abschlussprüfer ist nicht verpflichtet und ohne Genehmigung durch die gesetzlichen Vertreter oder einen diesbezüglichen Gesellschafterbeschluss auch nicht berechtigt, den Prüfungsbericht an Gesellschafter, die nicht nach den unternehmensrechtlichen Vorschriften originäre Berichtsempfänger sind, vorzulegen.

9. Anwendungszeitpunkt

(72) Die vorliegende überarbeitete Fassung dieses Fachgutachtens ist auf Abschlussprüfungen für Geschäftsjahre anzuwenden, die nach dem 31. Dezember 2016 beginnen. Rz (28) ist auf die Prüfung von Abschlüssen für Geschäftsjahre anzuwenden, die am oder nach dem 30. Juni 2020 enden, wenn die Prüfung nach Veröffentlichung dieser Fassung abgeschlossen wird.

2/2/3. KFS/PG 3

Fachgutachten
des Fachsenats für Unternehmensrecht und Revision
über die Erteilung von Bestätigungsvermerken nach den Vorschriften des UGB bei Abschlussprüfungen von Jahres- und Konzernabschlüssen

(beschlossen in der Sitzung des Fachsenats für Unternehmensrecht und Revision am 10. Dezember 2008 als Fachgutachten KFS/PG 3, zuletzt überarbeitet im April 2021; von der Abschlussprüferaufsichtsbehörde (APAB) genehmigt)

1. Vorbemerkungen

(1) In diesem Fachgutachten legt der Fachsenat die Berufsauffassung dar, wie Wirtschaftsprüfer als Abschlussprüfer unbeschadet ihrer Eigenverantwortlichkeit Bestätigungsvermerke über Abschlussprüfungen nach den Vorschriften der §§ 268 ff. UGB in Verbindung mit der Anwendung der International Standards on Auditing (ISA) 510, 560, 570, 700, 701, 705, 706, 710, 720, 800, 805 und 810[1] und der EU-Verordnung Nr. 537/2014 vom 16. April 2014 (im Folgenden EU-VO) zu erteilen haben. Dieses Fachgutachten konkretisiert die Anforderungen der angeführten ISA und der EU-VO zur Erteilung von Bestätigungsvermerken bei Abschlussprüfungen.

[1] ISA 510, 560, 570, 700, 701, 705, 706, 710, 720, 800, 805 und 810 in der Fassung, die für die Prüfung von Abschlüssen für Zeiträume gilt, die am oder nach dem 15. Dezember 2016 enden.

(2) Der Bestätigungsvermerk ist als Bericht zu verstehen, der aus zwei Teilen besteht. Der erste Teil enthält das Prüfungsurteil, welches am Beginn steht und die Gesamtbeurteilung zusammenfasst, und den Abschnitt „Grundlage für das Prüfungsurteil". Weiters werden hier die Verantwortlichkeiten der gesetzlichen Vertreter der geprüften Einheit (vgl. zu diesem Begriff KFS/PG 1, Rz 12) für den Abschluss und die Verantwortlichkeiten des Abschlussprüfers beschrieben. Der zweite Teil des Bestätigungsvermerks beinhaltet den Bericht zum Lagebericht sowie sonstige Angabepflichten.

2. Anwendungsbereich

(3) Dieses Fachgutachten gilt für Bestätigungsvermerke über Prüfungen von vollständigen Abschlüssen für allgemeine Zwecke (vgl. KFS/PG 1, Rz 6 ff.). Zur Berichterstattung über Prüfungen von Abschlüssen für einen speziellen Zweck, von einzelnen Finanzaufstellungen und bestimmten Bestandteilen, Konten oder Posten einer Finanzaufstellung sowie von verdichteten Abschlüssen wird auf die ISA 800, 805 und 810 verwiesen.

(4) Dieses Fachgutachten gilt für alle gesetzlich vorgeschriebenen Prüfungen von vollständigen Abschlüssen und weiters für freiwillige Prüfungen, die vereinbarungsgemäß den gesetzlichen Prüfungen nach Art und Inhalt zur Gänze entsprechen. Es gilt für die Prüfung von Abschlüssen ohne Rücksicht auf Größe, Rechtsform und wirtschaftliche Zielsetzung (z.B. Gewinnorientierung) der geprüften Einheit. Abschlüsse, die nach Rechnungslegungsgrundsätzen zur Normentsprechung aufgestellt werden, werden in diesem Fachgutachten nicht berücksichtigt. Im Folgenden wird der Einfachheit und besseren Lesbarkeit halber regelmäßig – soweit nicht missverständlich – lediglich auf den Jahresabschluss bzw. den Lagebericht Bezug genommen.

3. Allgemeines

(5) Der Bestätigungsvermerk ist schriftlich zu verfassen und hat die Ergebnisse der Prüfung deutlich und in übersichtlicher Form darzustellen (vgl. § 274 Abs. 8 UGB).

(6) Der Bestätigungsvermerk enthält ein Gesamturteil über das Ergebnis der nach den geltenden gesetzlichen Vorschriften und Berufsgrundsätzen pflichtgemäß durchgeführten Prüfung. Beurteilt wird, ob der Abschluss mit den für die geprüfte Einheit geltenden Normen für die Rechnungslegung übereinstimmt und ein möglichst getreues Bild der Vermögens-, Finanz- und Ertragslage in Übereinstimmung mit den anzuwendenden Rechnungslegungsgrundsätzen vermittelt.

(7) Die geltenden Normen für die Rechnungslegung ergeben sich aus gesetzlichen Vorschriften, den Grundsätzen ordnungsmäßiger Buchführung oder sonstigen maßgeblichen Rechnungslegungsgrundsätzen. Weiters sind die Stellungnahmen des österreichischen Beirats für Rechnungslegung und Abschlussprüfung (Austrian Financial Reporting and Auditing Committee – AFRAC) und die von den Fachsenaten des Instituts für Betriebswirtschaft, Steuerrecht und Organisation der Kammer der Steuerberater und Wirtschaftsprüfer und vom Institut Österreichischer Wirtschaftsprüfer beschlossenen Fachgutachten, Richtlinien und Stellungnahmen, welche die Auffassung des Berufsstands der österreichischen Wirtschaftsprüfer zu Fragen der Rechnungslegung, insbesondere zur Interpretation von Rechnungslegungsvorschriften, enthalten, sowie die Rechtsprechung von Höchstgerichten in Österreich und der Europäischen Union zu Fragen der Rechnungslegung zu berücksichtigen.

(8) Gemäß § 274 Abs. 4 UGB muss der Bestätigungsvermerk „eine Erklärung zu etwaigen wesentlichen Unsicherheiten in Verbindung mit den Ereignissen oder Gegebenheiten enthalten, die erhebliche Zweifel an der Fähigkeit des Unternehmens zur Fortführung der Unternehmenstätigkeit aufwerfen können."

(9) Gemäß § 274 Abs. 5 UGB umfasst der Bestätigungsvermerk „ferner

1. ein Urteil darüber, ob der Lagebericht oder Konzernlagebericht
   a) mit dem Jahresabschluss beziehungsweise Konzernabschluss des betreffenden Geschäftsjahres in Einklang steht,
   b) nach den geltenden rechtlichen Anforderungen aufgestellt wurde und
   c) gegebenenfalls zutreffende Angaben nach § 243a enthält sowie
2. eine Erklärung, ob angesichts der bei der Prüfung gewonnenen Erkenntnisse und des gewonnenen Verständnisses über das Unternehmen und sein Umfeld wesentliche fehlerhafte Angaben im Lagebericht beziehungsweise Konzernlagebericht festgestellt wurden, wobei auf die Art dieser fehlerhaften Angaben einzugehen ist."

(10) Über eine nach § 243b oder § 267a UGB erforderliche nichtfinanzielle Erklärung oder einen solchen Bericht und den nach § 243c bzw. § 267b UGB aufzustellenden Corporate Governance-Bericht ist im Bestätigungsvermerk kein Prüfungsurteil abzugeben. Im Rahmen der Abschlussprüfung ist nach § 269 Abs. 3 Satz 2 UGB nur Gegenstand der Prüfung, ob eine nach § 243b oder § 267a UGB erforderliche nichtfinanzielle Erklärung oder ein solcher Bericht und ob ein nach § 243c oder § 267b UGB erforderlicher Corporate Governance-Bericht aufgestellt worden sind. Dies ist im Prüfungsbericht zu erwähnen.

4. Inhalt und Gliederung des Bestätigungsvermerks

4.1. Übersicht

(11) In den folgenden Übersichten werden die unterschiedlichen Abschnitte eines Bestätigungsvermerks in Übereinstimmung mit den einschlägigen ISA und § 274 UGB sowie die jeweiligen Quellen und entsprechenden Bestimmungen dargestellt.

(12)

	in Übereinstimmung mit	
Abschnitte eines Bestätigungsvermerks gemäß KFS/PG 3	**ISA 700, ISA 720**	**§ 274 UGB**
Überschrift	✓	✓
Empfänger (nur bei freiwilligen Prüfungen möglich)	✓	–
Prüfungsurteil	✓	✓
Grundlage für das Prüfungsurteil	✓	✓
Wesentliche Unsicherheiten in Bezug auf die Unternehmensfortführung	✓	✓
Sonstige Informationen	✓	–
Verantwortlichkeiten der gesetzlichen Vertreter [und des Aufsichtsrats/ Prüfungsausschusses] für den Abschluss	✓	✓
Verantwortlichkeiten des Abschlussprüfers	✓	✓
Bericht zum Lagebericht	✓	✓
Unterschrift des Abschlussprüfers	✓	✓
Ort des Abschlussprüfers	✓	✓
Datum des Bestätigungsvermerks	✓	✓

(13) Für Abschlüsse von kapitalmarktnotierten Einheiten (Rz (38)) und von Unternehmen von öffentlichem Interesse (§ 189a Z 1 UGB) sind ergänzende Bestimmungen der EU-VO sowie des ISA 701 zu berücksichtigen. Die nachfolgende Übersicht enthält diese Ergänzungen.

	in Übereinstimmung mit	
Abschnitte eines Bestätigungsvermerks gemäß KFS/PG 3	**ISA 700, 701, ISA 720**	**EU-VO und § 274 UGB**
Überschrift	✓	✓
Empfänger (nur bei freiwilligen Prüfungen möglich)	✓	–
Prüfungsurteil	✓	✓
Grundlage für das Prüfungsurteil	✓	✓
Wesentliche Unsicherheiten in Bezug auf die Unternehmensfortführung	✓	✓
Besonders wichtige Prüfungssachverhalte	✓	✓

Sonstige Informationen	✓	–
Verantwortlichkeiten der gesetzlichen Vertreter [und des [Aufsichtsrats/Prüfungsausschusses]] für den Abschluss	✓	✓
Verantwortlichkeiten des Abschlussprüfers	✓	✓
Bericht zum Lagebericht	✓	✓
Zusätzliche Angaben nach Art. 10 der EU-VO	–	✓
Auftragsverantwortlicher Wirtschaftsprüfer	✓	–
Unterschrift des Abschlussprüfers	✓	✓
Ort des Abschlussprüfers	✓	✓
Datum des Bestätigungsvermerks	✓	✓

4.2. Bestandteile des Bestätigungsvermerks

4.2.1. Bezeichnung – Überschrift

(14) Gemäß § 274 Abs. 1 Satz 1 UGB ist der Vermerk des Abschlussprüfers als „Bestätigungsvermerk" zu bezeichnen; dies drückt sich auch in der entsprechenden Überschrift aus.

4.2.2. Empfänger des Bestätigungsvermerks

(15) Der Bestätigungsvermerk ist bei einer Pflichtprüfung nicht zu adressieren. Dies ergibt sich aus den EB zum ReLÄG 2004 zu § 274, wo angeführt wird, dass aufgrund der Offenlegung des Bestätigungsvermerks die Öffentlichkeit der Adressat ist. Bei freiwilligen Abschlussprüfungen ist es möglich, den Bestätigungsvermerk entsprechend den Vereinbarungen im Prüfungsvertrag an den Auftraggeber zu adressieren.

4.2.3. Prüfungsurteil

(16) Der erste Abschnitt des Bestätigungsvermerks muss das Prüfungsurteil enthalten und mit der Überschrift „Prüfungsurteil" versehen sein.

(17) Dieser Abschnitt muss außerdem die in ISA 700.24 und § 274 Abs. 1 Z 2 UGB angeführten Punkte (vor allem Name der geprüften Einheit, Bezeichnungen der einzelnen Finanzaufstellungen, Datum bzw. Zeitraum der einzelnen Finanzaufstellungen) enthalten.

(18) Der Bestätigungsvermerk umfasst nach § 274 Abs. 1 Z 3 UGB ein Prüfungsurteil, das zweifelsfrei Auskunft darüber gibt, ob nach der Auffassung des Abschlussprüfers der Jahresabschluss oder Konzernabschluss den gesetzlichen Vorschriften entspricht und unter Beachtung der maßgeblichen Rechnungslegungsgrundsätze ein möglichst getreues Bild der Vermögens-, Finanz- und Ertragslage des Unternehmens oder des Konzerns vermittelt.

(19) Ein Prüfungsurteil mit uneingeschränkt positiver Gesamtaussage sollte daher wie folgt formuliert werden:

Prüfungsurteil

Wir haben den Jahresabschluss der [Gesellschaft], [Ort], bestehend aus der Bilanz zum [Datum], der Gewinn- und Verlustrechnung für das an diesem Stichtag endende Geschäftsjahr und dem Anhang, geprüft.

Nach unserer Beurteilung entspricht der beigefügte Jahresabschluss den gesetzlichen Vorschriften und vermittelt ein möglichst getreues Bild der Vermögens- und Finanzlage zum [Datum] sowie der Ertragslage der Gesellschaft für das an diesem Stichtag endende Geschäftsjahr in Übereinstimmung mit den österreichischen unternehmensrechtlichen Vorschriften [und den sondergesetzlichen Bestimmungen].

4.2.4. Grundlage für das Prüfungsurteil

(20) ISA 700.28 regelt den Abschnitt „Grundlage für das Prüfungsurteil".

(21) Bei Abschlussprüfungen sind regelmäßig die in Österreich geltenden gesetzlichen Vorschriften (z.B. UGB, WTBG 2017) sowie die in den einschlägigen Fachgutachten, Richtlinien und Stellungnahmen festgehaltenen Grundsätze ordnungsmäßiger Abschlussprüfung zu beachten.

(22) Zur Verdeutlichung des Umstands, dass die ISA als österreichische Grundsätze ordnungsmäßiger Abschlussprüfung gelten (siehe KFS/PG 1, Rz 13), ist dies im Absatz „Grundlage für das Prüfungsurteil" anzuführen.

(23) Die Formulierung sollte daher wie folgt lauten:

Grundlage für das Prüfungsurteil

Wir haben unsere Abschlussprüfung in Übereinstimmung mit den österreichischen Grundsätzen ordnungsmäßiger Abschlussprüfung durchgeführt. Diese Grundsätze erfordern die Anwendung der International Standards on Auditing (ISA). Unsere Verantwortlichkeiten nach diesen Vorschriften und Standards sind im Abschnitt „Verantwortlichkeiten des Abschlussprüfers für die Prüfung des Jahresabschlusses" unseres Bestätigungsvermerks weitergehend beschrieben. Wir sind von der Gesellschaft unabhängig in Übereinstimmung mit den österreichischen unternehmensrechtlichen und berufsrechtlichen Vorschriften, und wir haben unsere sonstigen beruflichen Pflichten in Übereinstimmung mit diesen Anforderungen erfüllt. Wir sind der Auffassung, dass die von uns bis zum Datum des Bestätigungsvermerks erlangten Prüfungsnachweise ausreichend und geeignet sind, um als Grundlage für unser Prüfungsurteil zu diesem Datum zu dienen.

(24) Gemäß ISA 700.A38 kann es bei Konzernabschlussprüfungen nach ISA 600 mehrere Quellen relevanter beruflicher Verhaltensanforderungen, die sich auf die Unabhängigkeit beziehen, geben. Es muss daher im Bestätigungsvermerk auf den Rechtsraum der relevanten beruflichen Verhaltensanforderungen, die für das Konzernprüfungsteam maßgeblich sind, Bezug genommen werden.

(25) Die Formulierung sollte daher wie folgt lauten:

Wir sind vom Konzern unabhängig in Übereinstimmung mit den österreichischen unternehmensrechtlichen und berufsrechtlichen Vorschriften [und in Übereinstimmung mit allfälligen anderen vereinbarten Regeln bzw. Vorschriften], und wir haben unsere sonstigen ...

(26) Bei Abschlussprüfungen von Unternehmen von öffentlichem Interesse müssen auch die Bestimmungen der EU-VO eingehalten werden.

(27) Die Formulierung sollte daher wie folgt lauten:

Grundlage für das Prüfungsurteil

Wir haben unsere Abschlussprüfung in Übereinstimmung mit der EU-Verordnung Nr. 537/2014 (im Folgenden EU-VO) und mit den österreichischen Grundsätzen ordnungsmäßiger Abschlussprüfung durchgeführt.

4.2.5. Wesentliche Unsicherheiten in Bezug auf die Unternehmensfortführung

(28) Gemäß § 274 Abs. 4 UGB muss der Bestätigungsvermerk gegebenenfalls in einem eigenen Abschnitt eine Erklärung zu etwaigen wesentlichen Unsicherheiten in Verbindung mit den Ereignissen oder Gegebenheiten enthalten, die erhebliche Zweifel an der Fähigkeit des Unternehmens zur Fortführung der Unternehmenstätigkeit aufwerfen können.

(29) Zur Vorgangsweise bei der Prüfungsdurchführung und zu den Auswirkungen auf den Bestätigungsvermerk wird auf den ISA 570 verwiesen.

(30) Der Abschnitt trägt die Überschrift „Wesentliche Unsicherheiten in Bezug auf die Unternehmensfortführung“ und wird unmittelbar nach dem Abschnitt „Grundlage für das Prüfungsurteil“ eingefügt.

(31) Bezüglich der Erweiterung des Berichts zum Lagebericht bei wesentlichen Unsicherheiten in Bezug auf die Unternehmensfortführung siehe Abschnitt 4.2.12.2.3.

(32) Bestehen keine wesentlichen Unsicherheiten, die erhebliche Zweifel an der Fähigkeit des Unternehmens zur Fortführung der Unternehmenstätigkeit aufwerfen können, ist ein Negativvermerk nicht notwendig.

(33) Entsprechend den Regelungen der ISA werden die wesentlichen Unsicherheiten in Bezug auf die Unternehmensfortführung nicht als besonders wichtiger Prüfungssachverhalt i.S.d. ISA 701 angeführt, sondern gemäß dem ISA 570 in einem eigenen Abschnitt dargestellt.

(34) Bei Unternehmen von öffentlichem Interesse ist daher zu empfehlen, im Abschnitt „Wesentliche Unsicherheiten in Bezug auf die Unternehmensfortführung“ auch die Berichtserfordernisse nach Art. 10 Abs. 2 c) ii) und iii) der EU-VO zu erfüllen (siehe Rz (35) sowie ISA 570.A30).

4.2.6. Besonders wichtige Prüfungssachverhalte

(35) Gemäß Art. 10 Abs. 2 lit. c) der EU-VO muss der Bestätigungsvermerk bei Unternehmen von öffentlichem Interesse

i) eine Beschreibung der bedeutsamsten beurteilten Risiken wesentlicher falscher Darstellungen, einschließlich der beurteilten Risiken wesentlicher falscher Darstellungen aufgrund von Betrug,

ii) eine Zusammenfassung der Reaktion des Prüfers auf diese Risiken und

iii) gegebenenfalls wichtige Feststellungen, die sich in Bezug auf diese Risiken ergeben,

enthalten. Darunter sind auch wesentliche Unsicherheiten in Bezug auf die Unternehmensfortführung zu subsumieren.

(36) Nach seinem pflichtgemäßen Ermessen kann der Abschlussprüfer zur Untermauerung des Prüfungsurteils zum Abschluss wichtige Feststellungen (key observations) in Bezug auf den Sachverhalt anführen.

(37) Gemäß ISA 700.30 muss der Abschlussprüfer bei Prüfungen eines vollständigen Abschlusses für allgemeine Zwecke von kapitalmarktnotierten Einheiten im Bestätigungsvermerk besonders wichtige Prüfungssachverhalte in Übereinstimmung mit dem ISA 701 mitteilen.

(38) Unter kapitalmarktnotierten Einheiten sind Unternehmen zu verstehen, deren Anteile, Aktien oder Schuldverschreibungen an einer anerkannten Wertpapierbörse notiert sind oder auf einem Markt nach den Vorschriften einer anerkannten Wertpapierbörse oder einer vergleichbaren Einrichtung gehandelt werden (ISA 220.7 (g)).[2]

[2] Die an der Wiener Börse betriebenen Marktsegmente „direct market plus“ und „corporates prime“ stellen ein von einer anerkannten Börse betriebenes multilaterales Handelssystem (MTF) gemäß § 1 Z 24 WAG 2018 dar, bei dem aufgrund eines Antrags des Unternehmens zur Aufnahme neben an-deren Aufnahmefolgepflichten insbesondere Publizitätsvorschriften zum Jahres-/Konzernabschluss des Emittenten im Interesse der Anleger vorgesehen sind. Nur im Fall einer Notierung in dieser Form am Dritten Markt der Wiener Börse liegt eine „listed entity“ im Sinne des ISA 220.7 (g) vor.

(39) ISA 700.31 regelt weiters, dass, wenn der Abschlussprüfer aufgrund von Gesetzen oder anderen Rechtsvorschriften (wie der EU-VO) verpflichtet ist, besonders wichtige Prüfungssachverhalte im Bestätigungsvermerk mitzuteilen, dies in Übereinstimmung mit dem ISA 701 zu erfolgen hat.

(40) Besonders wichtige Prüfungssachverhalte werden als solche Sachverhalte definiert, die nach dem pflichtgemäßen Ermessen des Abschlussprüfers am bedeutsamsten für die Prüfung des Abschlusses waren. Besonders wichtige Prüfungssachverhalte werden aus den Sachverhalten aus-

gewählt, die mit den für die Überwachung Verantwortlichen erörtert wurden (ISA 701.8).

(41) Der Umfang der Berichterstattung über besonders wichtige Prüfungssachverhalte (Rz (37)) entspricht grundsätzlich der Berichterstattung nach Art. 10 der EU-VO (Rz (35)).

(42) Die besonders wichtigen Prüfungssachverhalte werden in einem eigenen Abschnitt mit der Überschrift „Besonders wichtige Prüfungssachverhalte", der, vorbehaltlich der Rz (44), unmittelbar nach dem Abschnitt „Grundlage für das Prüfungsurteil" eingefügt wird, beschrieben.

(43) Die Formulierung sollte wie folgt lauten:

Besonders wichtige Prüfungssachverhalte

Besonders wichtige Prüfungssachverhalte sind solche Sachverhalte, die nach unserem pflichtgemäßen Ermessen am bedeutsamsten für unsere Prüfung des Jahres-abschlusses des Geschäftsjahres waren. Diese Sachverhalte wurden im Zusammenhang mit unserer Prüfung des Jahresabschlusses als Ganzes und bei der Bildung unseres Prüfungsurteils hierzu berücksichtigt, und wir geben kein gesondertes Prüfungsurteil zu diesen Sachverhalten ab.

[Beschreibung jedes besonders wichtigen Prüfungssachverhalts in Übereinstimmung mit ISA 701 und EU-VO:

- Bezeichnung des Sachverhalts
- Verweis auf weitergehende Informationen im Abschluss/Lagebericht
- Grund, warum Sachverhalt als einer der bedeutsamsten in der Prüfung betrachtet wurde
- prüferisches Vorgehen bezüglich dieses Sachverhalts und
- gegebenenfalls wichtige Feststellungen bzw. Beobachtungen in Bezug auf diesen Sachverhalt]

(44) Sollte der Bestätigungsvermerk einen Abschnitt „Wesentliche Unsicherheiten in Bezug auf die Unternehmensfortführung" enthalten, wird der Abschnitt „Besonders wichtige Prüfungssachverhalte" nach diesem Abschnitt eingefügt.

(45) Der in Rz (43) beschriebene Text sollte wie folgt ergänzt werden:

Zusätzlich zu dem im Abschnitt „Wesentliche Unsicherheiten in Bezug auf die Unternehmensfortführung" beschriebenen Sachverhalt haben wir unten beschriebene Sachverhalte bestimmt, die als besonders wichtige Prüfungssachverhalte in unserem Bestätigungsvermerk zu kommunizieren sind.

4.2.7. Sonstige Informationen

(46) Für den Fall, dass sonstige Informationen im Zusammenhang mit dem geprüften Abschluss, dem Lagebericht und dem Bestätigungsvermerk veröffentlicht werden, regelt der ISA 720 die Pflichten des Abschlussprüfers im Zusammenhang mit diesen sonstigen Informationen. ISA 720.14 verlangt vom Abschlussprüfer, diese sonstigen Informationen zu lesen, um allfällige Unstimmigkeiten mit dem Jahresabschluss würdigen zu können.

(47) Als „annual report" i.S.v. ISA 720.12(a) ist nach österreichischen Gepflogenheiten in der Regel lediglich ein Geschäftsbericht oder ein vergleichbar benanntes Dokument (z.B. integrierter Geschäftsbericht) zu verstehen, das als zusammenfassendes Dokument regelmäßig veröffentlicht wird und den vollständigen geprüften Abschluss, den Lagebericht und den dazu abgegebenen Bestätigungsvermerk enthält.

(48) Handelt es sich um Dokumente zur Erfüllung der Informationsbedürfnisse einer bestimmten Interessengruppe oder zur Einhaltung eines bestimmten regulatorischen Berichtsziels, sind sie in der Regel nicht als Teil der sonstigen Informationen i.S.v. ISA 720.12(c) zu verstehen, selbst wenn die Verpflichtung besteht, einen solchen Bericht öffentlich zur Verfügung zu stellen. Zu den Beispielen für Berichte, die, wenn sie als eigenständige Dokumente herausgegeben werden, typischerweise kein Bestandteil des „annual report" i.S.v. ISA 720.12(a) sind und die daher keine sonstigen Informationen i.S.v. ISA 720.12(c) darstellen, selbst wenn sie zeitgleich mit einem Geschäftsbericht veröffentlicht werden sollten, gehören:

- Branchenberichte
- Corporate Social Responsibility-Berichte
- Berichte an Aufsichtsbehörden (z.B. Solvenzbilanz)
- nichtfinanzielle Berichte gemäß § 243b bzw. § 267a UGB
- Corporate Governance-Berichte gemäß § 243c bzw. § 267b UGB
- Berichte über Zahlungen an staatliche Stellen gemäß § 243d bzw. § 267c UGB
- Vergütungsberichte gemäß § 78c AktG

(49) Werden diese Berichte jedoch gemeinsam mit dem Jahresabschluss, dem Lagebericht und dem Bestätigungsvermerk in einem Dokument veröffentlicht, stellen sie sonstige Informationen i.S.d. ISA 720 dar.

(50) Jahresfinanzberichte gemäß § 124 BörseG im gesetzlichen Mindestumfang, Offenlegungen zum Firmenbuch gemäß § 277 UGB und Veröffentlichungen im Amtsblatt der Wiener Zeitung sind keine sonstigen Informationen und daher auch keine Bestandteile des „annual report" i.S.v. ISA 720.12(a).

(51) Wird in einem „annual report" auf ein anderes Dokument verwiesen, dann wird dieses Dokument dadurch nicht zu einem Teil des „annual report", und die darin enthaltenen Informationen werden nicht zu sonstigen Informationen.

(52) Abhängig davon, ob der Abschlussprüfer die sonstigen Informationen vor oder nach Erteilung des Bestätigungsvermerks erhält, ist im Bestätigungsvermerk auf diese sonstigen Informationen unterschiedlich einzugehen.

(53) Unter der Annahme, dass der Abschlussprüfer die sonstigen Informationen vor Erteilung des Bestätigungsvermerks erhält, sollte im Bestätigungsvermerk vor dem Abschnitt „Verantwortlichkeiten der gesetzlichen Vertreter [und des Auf-

sichtsrats/Prüfungsausschusses] für den Abschluss" folgender Abschnitt mit der Überschrift „Sonstige Informationen" (oder andere entsprechende Bezeichnung) eingefügt werden:

Sonstige Informationen

Die gesetzlichen Vertreter sind für die sonstigen Informationen verantwortlich. Die sonstigen Informationen umfassen alle Informationen im [Bezeichnung des Gesamtberichts], *ausgenommen den Jahresabschluss, den Lagebericht und den Bestätigungsvermerk.*

Unser Prüfungsurteil zum Jahresabschluss erstreckt sich nicht auf diese sonstigen Informationen, und wir geben dazu keine Art der Zusicherung.

Im Zusammenhang mit unserer Prüfung des Jahresabschlusses haben wir die Verantwortlichkeit, diese sonstigen Informationen zu lesen und dabei zu würdigen, ob die sonstigen Informationen wesentliche Unstimmigkeiten zum Jahresabschluss oder zu unseren bei der Abschlussprüfung erlangten Kenntnissen aufweisen oder anderweitig falsch dargestellt erscheinen.

Falls wir auf der Grundlage der von uns zu den vor dem Datum des Bestätigungsvermerks des Abschlussprüfers erlangten sonstigen Informationen durchgeführten Arbeiten den Schluss ziehen, dass eine wesentliche falsche Darstellung dieser sonstigen Informationen vorliegt, sind wir verpflichtet, über diese Tatsache zu berichten. Wir haben in diesem Zusammenhang nichts zu berichten.

(54) Unter der Annahme, dass der Abschlussprüfer die sonstigen Informationen gänzlich nach Erteilung des Bestätigungsvermerks erhält, sollte im Bestätigungsvermerk bei kapitalmarktnotierten Einheiten vor dem Abschnitt „Verantwortlichkeiten der gesetzlichen Vertreter [und des Aufsichtsrats/Prüfungsausschusses] für den Abschluss" folgender Abschnitt mit der Überschrift „Sonstige Informationen" (oder andere entsprechende Bezeichnung) eingefügt werden:

Sonstige Informationen

Die gesetzlichen Vertreter sind für die sonstigen Informationen verantwortlich. Die sonstigen Informationen umfassen alle Informationen im [Bezeichnung des Gesamtberichts], *ausgenommen den Jahresabschluss, den Lagebericht und den Bestätigungsvermerk. Der* [Bezeichnung des Gesamtberichts] *wird uns voraussichtlich nach dem Datum des Bestätigungsvermerks zur Verfügung gestellt.*

Unser Prüfungsurteil zum Jahresabschluss erstreckt sich nicht auf diese sonstigen Informationen, und wir werden dazu keine Art der Zusicherung geben.

Im Zusammenhang mit unserer Prüfung des Jahresabschlusses haben wir die Verantwortlichkeit, diese sonstigen Informationen zu lesen, sobald sie vorhanden sind, und dabei zu würdigen, ob die sonstigen Informationen wesentliche Unstimmigkeiten zum Jahresabschluss oder zu unseren bei der Abschlussprüfung erlangten Kenntnissen aufweisen oder anderweitig falsch dargestellt erscheinen.

(55) Unter der Annahme, dass der Abschlussprüfer einer kapitalmarktnotierten Einheit einen Teil der sonstigen Informationen vor dem Datum seines Bestätigungsvermerks erhält und die Erlangung weiterer sonstiger Informationen nach dem Datum des Bestätigungsvermerks erwartet, sollte im Bestätigungsvermerk vor dem Abschnitt „Verantwortlichkeiten der gesetzlichen Vertreter [und des Aufsichtsrats/Prüfungsausschusses] für den Abschluss" folgender Abschnitt mit der Überschrift „Sonstige Informationen" (oder andere entsprechende Bezeichnung) eingefügt werden:

Sonstige Informationen

Die gesetzlichen Vertreter sind für die sonstigen Informationen verantwortlich. Die sonstigen Informationen umfassen alle Informationen im [Bezeichnung des Gesamtberichts], *ausgenommen den Jahresabschluss, den Lagebericht und den Bestätigungsvermerk.*

Den [konkrete Bezeichnung des/der Berichts/e] *haben wir vor dem Datum des Bestätigungsvermerks erhalten, die übrigen Teile des* [Bezeichnung des Gesamtberichts] *werden uns voraussichtlich nach diesem Datum zur Verfügung gestellt.*

Unser Prüfungsurteil zum Jahresabschluss erstreckt sich nicht auf diese sonstigen Informationen, und wir werden dazu keine Art der Zusicherung geben.

Im Zusammenhang mit unserer Prüfung des Jahresabschlusses haben wir die Verantwortlichkeit, diese sonstigen Informationen zu lesen und dabei zu würdigen, ob die sonstigen Informationen wesentliche Unstimmigkeiten zum Jahresabschluss oder zu unseren bei der Abschlussprüfung erlangten Kenntnissen aufweisen oder anderweitig falsch dargestellt erscheinen.

Falls wir auf der Grundlage der von uns zu den vor dem Datum des Bestätigungsvermerks des Abschlussprüfers erlangten sonstigen Informationen durchgeführten Arbeiten den Schluss ziehen, dass eine wesentliche falsche Darstellung dieser sonstigen Informationen vorliegt, sind wir verpflichtet, über diese Tatsache zu berichten. Wir haben in diesem Zusammenhang nichts zu berichten.

4.2.8. Verantwortlichkeiten der gesetzlichen Vertreter für den Abschluss

(56) Der Bestätigungsvermerk muss einen Abschnitt mit der Überschrift „Verantwortlichkeiten der gesetzlichen Vertreter für den Jahresabschluss/Konzernabschluss" enthalten.

(57) Gemäß ISA 700.34 muss dieser Abschnitt die Verantwortlichkeiten des Managements für den Abschluss beschreiben. Diese Beschreibung muss eine Erklärung enthalten, dass das Management verantwortlich ist für die Aufstellung des Abschlusses in Übereinstimmung mit den maßgebenden Rechnungslegungsgrundsätzen und für solche internen Kontrollen, die es als notwendig erachtet, um die Aufstellung eines Abschlusses zu ermöglichen, der frei von wesentlichen falschen Darstellungen aufgrund von dolosen Handlungen oder Irrtümern ist.

(58) Weiters sind die gesetzlichen Vertreter verantwortlich für die Beurteilung der Fähigkeit der Einheit zur Fortführung der Unternehmenstätigkeit und ob die Anwendung des Rechnungslegungsgrundsatzes der Fortführung der Unternehmenstätigkeit angemessen ist sowie – sofern einschlägig – für die Angabe von Sachverhalten im Zusammenhang mit der Fortführung der Unternehmenstätigkeit. Die Erklärung der Verantwortlichkeit der gesetzlichen Vertreter für diese Beurteilung muss eine Beschreibung enthalten, wann die Anwendung des Rechnungslegungsgrundsatzes der Fortführung der Unternehmenstätigkeit angemessen ist.

(59) In diesem Abschnitt müssen auch die für die Aufsicht über den Rechnungslegungsprozess Verantwortlichen (z.B. Aufsichtsrat, Prüfungsausschuss, Beirat, Kuratorium etc.) genannt werden, sofern sich diese von den gesetzlichen Vertretern, die für die Aufstellung des Abschlusses verantwortlich sind, unterscheiden.

(60) In diesem Fall muss die Überschrift dieses Abschnitts „Verantwortlichkeiten der gesetzlichen Vertreter [und des [Aufsichtsrats/Prüfungsausschusses]] für den Jahresabschluss/Konzernabschluss" lauten.

(61) Dieser Abschnitt sollte daher wie folgt formuliert werden:

Verantwortlichkeiten der gesetzlichen Vertreter [und des [Aufsichtsrats/Prüfungsausschusses]] für den Jahresabschluss

Die gesetzlichen Vertreter sind verantwortlich für die Aufstellung des Jahresabschlusses und dafür, dass dieser in Übereinstimmung mit den österreichischen unternehmensrechtlichen Vorschriften [und den sondergesetzlichen Bestimmungen] ein möglichst getreues Bild der Vermögens-, Finanz- und Ertragslage der Gesellschaft vermittelt. Ferner sind die gesetzlichen Vertreter verantwortlich für die internen Kontrollen, die sie als notwendig erachten, um die Aufstellung eines Jahresabschlusses zu ermöglichen, der frei von wesentlichen falschen Darstellungen aufgrund von dolosen Handlungen oder Irrtümern ist.

Bei der Aufstellung des Jahresabschlusses sind die gesetzlichen Vertreter dafür verantwortlich, die Fähigkeit der Gesellschaft zur Fortführung der Unternehmenstätigkeit zu beurteilen, Sachverhalte im Zusammenhang mit der Fortführung der Unternehmenstätigkeit – sofern einschlägig – anzugeben, sowie dafür, den Rechnungslegungsgrundsatz der Fortführung der Unternehmenstätigkeit anzuwenden, es sei denn, die gesetzlichen Vertreter beabsichtigen, entweder die Gesellschaft zu liquidieren oder die Unternehmenstätigkeit einzustellen, oder haben keine realistische Alternative dazu.

[Der [Aufsichtsrat/Prüfungsausschuss] ist verantwortlich für die Überwachung des Rechnungslegungsprozesses der Gesellschaft.]

(62) Wie in KFS/PG 1, Rz 7 beschrieben, werden in Österreich das UGB und die IFRS, wie sie in der EU anzuwenden sind, als maßgebende Rechnungslegungsgrundsätze verstanden. Bei manchen Einheiten (Banken, Versicherungsunternehmen, Universitäten, Vereine, ausgegliederte Rechtsträger etc.) können weitere, in Sondergesetzen geregelte rechnungslegungsrelevante Bestimmungen zu beachten sein. Daraus ergibt sich die Notwendigkeit, im Absatz „Verantwortlichkeiten der gesetzlichen Vertreter für den Jahresabschluss/Konzernabschluss" bei den Ausführungen zur Aufstellung des Abschlusses und im Prüfungsurteil auch auf allfällige sondergesetzliche Bestimmungen hinzuweisen.

4.2.9. Verantwortlichkeiten des Abschlussprüfers für die Prüfung des Abschlusses

(63) Der Bestätigungsvermerk muss einen Abschnitt mit der Überschrift „Verantwortlichkeiten des Abschlussprüfers für die Prüfung des Jahresabschlusses/Konzernabschlusses" enthalten.

(64) Die Inhalte dieses Abschnitts sind in ISA 700.38, 700.39 und 700.40 geregelt.

(65) Gemäß ISA 700.41 müssen die in den Textziffern 39 und 40 beschriebenen Sachverhalte enthalten sein:

a) im Bestätigungsvermerk,
b) in einer Anlage zum Bestätigungsvermerk, wobei dann ein Verweis im Bestätigungsvermerk enthalten sein muss, wo diese Anlage zu finden ist, oder
c) durch einen gesonderten Hinweis im Bestätigungsvermerk auf die Stelle, an der eine solche Beschreibung auf einer Website einer zuständigen Behörde zu finden ist.

(66) Gemäß Option a) in Rz (65) sollte dieser Abschnitt daher wie folgt lauten:

Verantwortlichkeiten des Abschlussprüfers für die Prüfung des Jahresabschlusses

Unsere Ziele sind, hinreichende Sicherheit darüber zu erlangen, ob der Jahresabschluss als Ganzes frei von wesentlichen falschen Darstellungen aufgrund von dolosen Handlungen oder Irrtümern ist, und einen Bestätigungsvermerk zu erteilen, der unser Prüfungsurteil beinhaltet. Hinreichende Sicherheit ist ein hohes Maß an Sicherheit, aber keine Garantie dafür, dass eine in Übereinstimmung mit den österreichischen Grundsätzen ordnungsmäßiger Abschlussprüfung, die die Anwendung der ISA erfordern, durchgeführte Abschlussprüfung eine wesentliche falsche Darstellung, falls eine solche vorliegt, stets aufdeckt. Falsche Darstellungen können aus dolosen Handlungen oder Irrtümern resultieren und werden als wesentlich angesehen, wenn von ihnen einzeln oder insgesamt vernünftigerweise erwartet werden könnte, dass sie die auf der Grundlage dieses Jahresabschlusses getroffenen wirtschaftlichen Entscheidungen von Nutzern beeinflussen.

Als Teil einer Abschlussprüfung in Übereinstimmung mit den österreichischen Grundsätzen ordnungsmäßiger Abschlussprüfung, die die Anwendung der ISA erfordern, üben wir während der gesamten Abschlussprüfung pflichtgemäßes Ermessen aus und bewahren eine kritische Grundhaltung.

Darüber hinaus gilt:

- *Wir identifizieren und beurteilen die Risiken wesentlicher falscher Darstellungen aufgrund von dolosen Handlungen oder Irrtümern im Abschluss, planen Prüfungshandlungen als Reaktion auf diese Risiken, führen sie durch und erlangen Prüfungsnachweise, die ausreichend und geeignet sind, um als Grundlage für unser Prüfungsurteil zu dienen. Das Risiko, dass aus dolosen Handlungen resultierende wesentliche falsche Darstellungen nicht aufgedeckt werden, ist höher als ein aus Irrtümern resultierendes, da dolose Handlungen kollusives Zusammenwirken, Fälschungen, beabsichtigte Unvollständigkeiten, irreführende Darstellungen oder das Außerkraftsetzen interner Kontrollen beinhalten können.*
- *Wir gewinnen ein Verständnis von dem für die Abschlussprüfung relevanten internen Kontrollsystem, um Prüfungshandlungen zu planen, die unter den gegebenen Umständen angemessen sind, jedoch nicht mit dem Ziel, ein Prüfungsurteil zur Wirksamkeit des internen Kontrollsystems der Gesellschaft abzugeben.*
- *Wir beurteilen die Angemessenheit der von den gesetzlichen Vertretern angewandten Rechnungslegungsmethoden sowie die Vertretbarkeit der von den gesetzlichen Vertretern dargestellten geschätzten Werte in der Rechnungslegung und damit zusammenhangende Angaben.*
- *Wir ziehen Schlussfolgerungen über die Angemessenheit der Anwendung des Rechnungslegungsgrundsatzes der Fortführung der Unternehmenstätigkeit durch die gesetzlichen Vertreter sowie, auf der Grundlage der erlangten Prüfungsnachweise, ob eine wesentliche Unsicherheit im Zusammenhang mit Ereignissen oder Gegebenheiten besteht, die erhebliche Zweifel an der Fähigkeit der Gesellschaft zur Fortführung der Unternehmenstätigkeit aufwerfen können. Falls wir die Schlussfolgerung ziehen, dass eine wesentliche Unsicherheit besteht, sind wir verpflichtet, in unserem Bestätigungsvermerk auf die dazugehörigen Angaben im Jahresabschluss aufmerksam zu machen oder, falls diese Angaben unangemessen sind, unser Prüfungsurteil zu modifizieren. Wir ziehen unsere Schlussfolgerungen auf der Grundlage der bis zum Datum unseres Bestätigungsvermerks erlangten Prüfungsnachweise. Zukünftige Ereignisse oder Gegebenheiten können jedoch die Abkehr der Gesellschaft von der Fortführung der Unternehmenstätigkeit zur Folge haben.*
- *Wir beurteilen die Gesamtdarstellung, den Aufbau und den Inhalt des Jahresabschlusses einschließlich der Angaben sowie ob der Jahresabschluss die zugrunde liegenden Geschäftsvorfälle und Ereignisse in einer Weise wiedergibt, dass ein möglichst getreues Bild erreicht wird.*

(67) Bei der Prüfung von Konzernabschlüssen sollte nach dem Text in Rz (66) noch folgender Absatz zusätzlich angefügt werden:

- *Wir erlangen ausreichende geeignete Prüfungsnachweise zu den Finanzinformationen der Einheiten oder Geschäftstätigkeiten innerhalb des Konzerns, um ein Prüfungsurteil zum Konzernabschluss abzugeben. Wir sind verantwortlich für die Anleitung, Überwachung und Durchführung der Konzernabschlussprüfung. Wir tragen die Alleinverantwortung für unser Prüfungsurteil.*

(68) Weiters sollten bei Einheiten mit einem Organ, welches für die Überwachung verantwortlich ist, folgende zwei Absätze zusätzlich angeführt werden, wobei der zweite Absatz nach ISA 700.40(b) nur bei kapitalmarktnotierten Einheiten anzuführen ist (für Unternehmen von öffentlichem Interesse wird auf die zusätzlichen Angaben in Rz (103) verwiesen):

Wir tauschen uns mit dem [Aufsichtsrat/Prüfungsausschuss] unter anderem über den geplanten Umfang und die geplante zeitliche Einteilung der Abschlussprüfung sowie über bedeutsame Prüfungsfeststellungen, einschließlich etwaiger bedeutsamer Mängel im internen Kontrollsystem, die wir während unserer Abschlussprüfung erkennen, aus.

Wir geben dem [Aufsichtsrat/Prüfungsausschuss] auch eine Erklärung ab, dass wir die relevanten beruflichen Verhaltensanforderungen zur Unabhängigkeit eingehalten haben, und tauschen uns mit ihm über alle Beziehungen und sonstigen Sachverhalte aus, von denen vernünftigerweise angenommen werden kann, dass sie sich auf unsere Unabhängigkeit und – sofern einschlägig – damit zusammenhängende Schutzmaßnahmen auswirken.

(69) Bei kapitalmarktnotieren Einheiten bzw. Unternehmen von öffentlichem Interesse ist bezüglich der besonders wichtigen Prüfungssachverhalte ein weiterer Absatz anzufügen. Dieser sollte wie folgt lauten:

Wir bestimmen von den Sachverhalten, über die wir uns mit dem [Aufsichtsrat/Prüfungsausschuss] ausgetauscht haben, diejenigen Sachverhalte, die am bedeutsamsten für die Prüfung des Jahresabschlusses des Geschäftsjahres waren und daher die besonders wichtigen Prüfungssachverhalte sind. Wir beschreiben diese Sachverhalte in unserem Bestätigungsvermerk, es sei denn, Gesetze oder andere Rechtsvorschriften schließen die öffentliche Angabe des Sachverhalts aus oder wir bestimmen in äußerst seltenen Fällen, dass ein Sachverhalt nicht in unserem Bestätigungsvermerk mitgeteilt werden sollte, weil vernünftigerweise erwartet wird, dass die negativen Folgen einer solchen Mitteilung deren Vorteile für das öffentliche Interesse übersteigen würden.

(70) ISA 700.A55 bzw. ISA 700.A57 enthalten Formulierungsvorschläge für den Abschnitt „Verantwortlichkeiten des Abschlussprüfers für

die Prüfung des Jahresabschlusses/Konzernabschlusses" bei Wahl der Option b) bzw. der Option c) in Rz (65).

(71) Bei Abschlussprüfungen von Unternehmen von öffentlichem Interesse müssen auch die Bestimmungen der EU-VO eingehalten werden.

(72) Der Text laut Rz (66) (erster und zweiter Absatz) sollte daher wie folgt lauten:

... *Hinreichende Sicherheit ist ein hohes Maß an Sicherheit, aber keine Garantie dafür, dass eine in Übereinstimmung mit der EU-VO und mit den österreichischen Grundsätzen ordnungsmäßiger Abschlussprüfung ...*

Als Teil einer Abschlussprüfung in Übereinstimmung mit der EU-VO und mit den österreichischen Grundsätzen ordnungsmäßiger Abschlussprüfung ...

4.2.10. Ergänzungen des Bestätigungsvermerks

(73) Gemäß § 274 Abs. 3 UGB ist im Bestätigungsvermerk auf alle anderen Umstände zu verweisen, auf die der Abschlussprüfer in besonderer Weise aufmerksam gemacht hat, ohne das Prüfungsurteil einzuschränken.

(74) Zur Vorgangsweise bei der Prüfungsdurchführung und zu den Auswirkungen auf den Bestätigungsvermerk wird auf den ISA 706 verwiesen.

4.2.11. Modifikationen zum Prüfungsurteil

4.2.11.1. Allgemeines

(75) Gemäß § 274 Abs. 1 Z 3 UGB kann das Prüfungsurteil auch eingeschränkt oder negativ formuliert sein. § 274 Abs. 2 UGB regelt die Angabe der Nichtabgabe des Prüfungsurteils, falls der Abschlussprüfer nicht in der Lage ist, ein solches abzugeben.

(76) ISA 705.5(b) definiert ein modifiziertes Prüfungsurteil als eingeschränktes, versagtes oder nicht abgegebenes Prüfungsurteil.

(77) ISA 705.6 gibt die Fälle an, in denen eine Modifizierung des Prüfungsurteils erforderlich ist. Der Abschlussprüfer muss das Prüfungsurteil dann modifizieren, wenn

a) er auf der Grundlage der erlangten Prüfungsnachweise zu der Schlussfolgerung gelangt, dass der Abschluss insgesamt nicht frei von wesentlichen falschen Darstellungen ist, oder

b) er nicht in der Lage ist, ausreichende geeignete Prüfungsnachweise zu erlangen, die den Schluss erlauben, dass der Abschluss insgesamt frei von wesentlichen falschen Darstellungen ist.

(78) Die nachfolgende Tabelle setzt die Bezeichnungen des ISA 705 und des UGB in Beziehung zueinander.

ISA	UGB
eingeschränktes Prüfungsurteil (ISA 705.6(a) oder (b), 7)	eingeschränktes Prüfungsurteil (§ 274 Abs. 1 Z 3)
versagtes Prüfungsurteil (ISA 705.6(a), 8)	negatives Prüfungsurteil (§ 274 Abs. 1 Z 3)
Erklärung der Nichtabgabe eines Prüfungsurteils (ISA 705.6(b), 9, 10)	Nichtabgabe eines Prüfungsurteils, weil der Abschlussprüfer nicht in der Lage ist, ein Prüfungsurteil abzugeben (§ 274 Abs. 2)

4.2.11.2. Form und Inhalt des Bestätigungsvermerks bei modifiziertem Prüfungsurteil

(79) Der Abschnitt zur Grundlage der Modifizierung (vgl. ISA 705.16 ff.) ist entsprechend den Gegebenheiten mit der Überschrift „Grundlage für das eingeschränkte Prüfungsurteil", „Grundlage für das negative Prüfungsurteil" oder „Grundlage für die Nichtabgabe eines Prüfungsurteils" zu versehen.

(80) Der Abschnitt mit dem Prüfungsurteil (vgl. ISA 705.22 ff.) ist ebenfalls entsprechend anzupassen, und die Überschrift hat „Eingeschränktes Prüfungsurteil", „Negatives Prüfungsurteil" oder „Erklärung der Nichtabgabe eines Prüfungsurteils" zu lauten.

4.2.12. Sonstige Angabepflichten

4.2.12.1. Allgemeines

(81) Nach ISA 700.43 muss der Abschlussprüfer, wenn er im Vermerk „sonstigen über die ISA-Angabepflichten zum Abschluss hinausgehenden Angabepflichten nachkommt", hierfür einen gesonderten Abschnitt in den Vermerk aufnehmen und diesen mit der Überschrift „Vermerk zu sonstigen gesetzlichen und anderen rechtlichen Anforderungen" oder mit einem anderen, dem Inhalt des Abschnitts angemessenen Titel versehen.

(82) Bei Unternehmen von öffentlichem Interesse sollte dieser Bereich die Überschrift „Sonstige gesetzliche und andere rechtliche Anforderungen" haben und die Abschnitte mit den Überschriften „Bericht zum Lagebericht" (Rz (87)) und „Zusätzliche Angaben nach Artikel 10 der EU-VO" (Rz (105)) beinhalten.

(83) Bei allen anderen Einheiten kann die Überschrift „Sonstige gesetzliche und andere rechtliche Anforderungen" entfallen. Auch der Abschnitt „Zusätzliche Angaben nach Artikel 10 der EU-VO" ist nicht erforderlich.

4.2.12.2. Bericht zum Lagebericht

(84) Beim Bericht zum Lagebericht handelt es sich um Angabepflichten im Sinne von Rz (9).

4.2.12.2.1. Gesetzlich vorgeschriebenes Urteil und Erklärung

(85) Der Bestätigungsvermerk umfasst gemäß § 274 Abs. 5 UGB auch

1. ein Urteil darüber, ob der Lagebericht
   a) mit dem Jahresabschluss des betreffenden Geschäftsjahres in Einklang steht,

b) nach den geltenden rechtlichen Anforderungen aufgestellt wurde und
c) gegebenenfalls zutreffende Angaben nach § 243a UGB enthält sowie

2. eine Erklärung, ob angesichts der bei der Prüfung gewonnenen Erkenntnisse und des gewonnenen Verständnisses über das Unternehmen und sein Umfeld wesentliche fehlerhafte Angaben im Lagebericht festgestellt wurden, wobei auf die Art dieser fehlerhaften Angaben einzugehen ist.

Dieses Urteil und diese Erklärung haben in einem gesonderten Teil des Bestätigungsvermerks (Bericht zum Lagebericht) zu erfolgen.

(86) Sofern im Lagebericht eine nichtfinanzielle Erklärung enthalten ist, hat der Abschlussprüfer darauf hinzuweisen, dass in Bezug auf diese Erklärung über die Anforderungen des ISA 720 hinaus keine aussagebezogenen Prüfungshandlungen erfolgt sind.

4.2.12.2.2. Bericht bei ordnungsgemäß erstelltem Lagebericht

(87) Stellt der Abschlussprüfer aufgrund der Ergebnisse der Prüfung des Lageberichts fest, dass die einschlägigen gesetzlichen Bestimmungen erfüllt wurden, wird folgende Formulierung des den Lagebericht betreffenden Teils des Bestätigungsvermerks empfohlen:

Bericht zum Lagebericht

Der Lagebericht ist aufgrund der österreichischen unternehmensrechtlichen Vorschriften darauf zu prüfen, ob er mit dem Jahresabschluss in Einklang steht und ob er nach den geltenden rechtlichen Anforderungen aufgestellt wurde. [Zu der im Lagebericht enthaltenen nichtfinanziellen Erklärung ist es unsere Verantwortlichkeit zu prüfen, ob sie aufgestellt wurde, sie zu lesen und dabei zu würdigen, ob diese sonstigen Informationen wesentliche Unstimmigkeiten zum Jahresabschluss oder zu unseren bei der Abschlussprüfung erlangten Kenntnissen aufweisen oder anderweitig falsch dargestellt erscheinen.]

Die gesetzlichen Vertreter sind verantwortlich für die Aufstellung des Lageberichts in Übereinstimmung mit den österreichischen unternehmensrechtlichen Vorschriften [und den sondergesetzlichen Bestimmungen].

Wir haben unsere Prüfung in Übereinstimmung mit den Berufsgrundsätzen zur Prüfung des Lageberichts durchgeführt.

Urteil

Nach unserer Beurteilung ist der Lagebericht nach den geltenden rechtlichen Anforderungen aufgestellt worden[, enthält zutreffende Angaben nach § 243a UGB] und steht in Einklang mit dem Jahresabschluss.

Erklärung

Angesichts der bei der Prüfung des Jahresabschlusses gewonnenen Erkenntnisse und des gewonnenen Verständnisses über die Gesellschaft und ihr Umfeld wurden wesentliche fehlerhafte Angaben im Lagebericht nicht festgestellt.

4.2.12.2.3. Wesentliche Unsicherheiten in Bezug auf die Unternehmensfortführung

(88) Gemäß § 243 Abs. 2 UGB hat der Lagebericht unter anderem eine angemessene Analyse der Lage des Unternehmens zu enthalten. Der Lagebericht hat nach § 243 Abs. 3 Z 1 UGB auch auf die voraussichtliche Entwicklung des Unternehmens einzugehen.

(89) Bestehen wesentliche Unsicherheiten in Bezug auf die Unternehmensfortführung, ist eine entsprechende Ergänzung vorzunehmen, auch wenn die Ausführungen im Lagebericht mit dem Jahresabschluss in Einklang stehen und keine wesentlichen fehlerhaften Angaben enthalten.

(90) Die ersten drei Absätze des in Rz (87) empfohlenen Berichts zum Lagebericht bleiben unverändert.

(91) Nach der Erklärung ist ein weiterer Absatz als Ergänzung anzufügen, der wie folgt lauten sollte:

Ergänzung

Hinsichtlich der wesentlichen Unsicherheiten in Bezug auf die Unternehmensfortführung verweisen wir auf Abschnitt X im Lagebericht, der die Analyse der Lage der Gesellschaft beschreibt. Weiters verweisen wir auf Abschnitt Y im Lagebericht, der auf die voraussichtliche Entwicklung der Gesellschaft eingeht.

4.2.12.2.4. Bericht bei nicht ordnungsgemäß erstelltem Lagebericht

4.2.12.2.4.1. Urteil zum Lagebericht

(92) Das Urteil über den Lagebericht ist anzupassen, wenn als Ergebnis der Prüfung im Lagebericht wesentliche fehlerhafte oder fehlende Angaben bezüglich

a) des Einklangs mit dem Jahresabschluss,
b) der geltenden rechtlichen Anforderungen oder
c) gegebenenfalls der Angaben nach § 243a UGB

festgestellt wurden.

(93) Die Bestimmungen von ISA 705 und ISA 706 finden auf den Bericht zum Lagebericht in Bezug auf dessen Formulierungserfordernisse keine Anwendung.

(94) Die ersten drei Absätze des in Rz (87) empfohlenen Berichts zum Lagebericht bleiben unverändert.

(95) Nach der Überschrift „Urteil" ist ein Absatz einzufügen, worin die Umstände zu erläutern sind, die zu der negativen Beurteilung geführt haben, allenfalls unter Angabe entsprechender Zahlen bzw. mit Hinweisen auf die als nicht zutreffend angesehenen Angaben bzw. Beschreibungen im Lagebericht. Das Urteil ist daher entsprechend anzupassen. Abhängig davon, ob die fehlerhaften und/oder fehlenden Angaben den Einklang mit dem Jahresabschluss, die geltenden rechtlichen

Anforderungen oder die Angaben nach § 243a UGB betreffen, wird folgende Formulierung empfohlen:

Urteil

[Absatz zur Erläuterung der Umstände]

Nach unserer Beurteilung ist der Lagebericht [in den vorstehend angeführten Punkten nicht] nach den geltenden rechtlichen Anforderungen aufgestellt worden, enthält [in den vorstehend angeführten Punkten nicht] zutreffende Angaben nach § 243a UGB und steht [in den vorstehend angeführten Punkten nicht] in Einklang mit dem Jahresabschluss.

4.2.12.2.4.2. Erklärung zum Lagebericht

(96) Die Erklärung zum Lagebericht ist anzupassen, wenn angesichts der bei der Prüfung gewonnenen Erkenntnisse und des gewonnenen Verständnisses über das Unternehmen und sein Umfeld wesentliche fehlerhafte Angaben im Lagebericht festgestellt wurden.

(97) Wurden derartige wesentliche fehlerhafte Angaben festgestellt, so ist auf die Art dieser fehlerhaften Angaben in der Erklärung einzugehen.

(98) Die ersten drei Absätze des in Rz (87) empfohlenen Berichts zum Lagebericht bleiben unverändert. Das Urteil zum Lagebericht ist entsprechend der Rz (95) anzupassen.

(99) Für die Erklärung wird folgende Formulierung empfohlen:

Erklärung

Angesichts der bei der Prüfung des Jahresabschlusses gewonnenen Erkenntnisse und des gewonnenen Verständnisses über die Gesellschaft und ihr Umfeld wurden folgende wesentliche fehlerhafte Angaben im Lagebericht festgestellt:

[Aufzählung und Beschreibung der fehlerhaften Angaben]

4.2.12.2.5. Konsequenzen des Fehlens eines Lageberichts

(100) Erstellt die Gesellschaft keinen Lagebericht, obwohl sie gemäß den Bestimmungen des UGB dazu verpflichtet wäre, so kann der Abschlussprüfer keine ausreichenden Prüfungsnachweise zum Lagebericht erlangen.

(101) Unabhängig vom Fehlen des Lageberichts ist das Prüfungsurteil zum Jahresabschluss in der entsprechenden Form (uneingeschränkt, eingeschränkt, negativ oder Nichtabgabe) zu erklären.

(102) Der Bericht zum Lagebericht ist entsprechend anzupassen. Es wird folgende Formulierung empfohlen:

Bericht zum Lagebericht

Der Lagebericht ist aufgrund der österreichischen unternehmensrechtlichen Vorschriften darauf zu prüfen, ob er mit dem Jahresabschluss in Einklang steht und ob er nach den geltenden rechtlichen Anforderungen aufgestellt wurde.

Die gesetzlichen Vertreter haben entgegen den österreichischen unternehmensrechtlichen Vorschriften den Lagebericht nicht aufgestellt.

Daher konnten wir eine Prüfung in Übereinstimmung mit den Berufsgrundsätzen zur Prüfung des Lageberichts nicht durchführen und sind nicht in der Lage, ein Urteil und eine Erklärung zum Lagebericht abzugeben.

4.2.12.3. Zusätzliche Angaben nach Artikel 10 der EU-VO

(103) Gemäß Art. 10 Abs. 2 der EU-VO hat der Bestätigungsvermerk bei Unternehmen von öffentlichem Interesse folgende zusätzliche Angaben zu enthalten:

1. die Angabe, von wem oder von welchem Organ der Abschlussprüfer bestellt wurde;
2. die Angabe des Datums der Bestellung des Abschlussprüfers und der gesamten ununterbrochenen Mandatsdauer, einschließlich bereits erfolgter Verlängerungen und erneuter Bestellungen;
3. eine Darlegung darüber, in welchem Maße die Abschlussprüfung als dazu geeignet angesehen wurde, Unregelmäßigkeiten, einschließlich Betrug, aufzudecken (bereits berücksichtigt in den Verantwortlichkeiten des Abschlussprüfers für die Prüfung des Jahresabschlusses, siehe Rz (66));
4. die Bestätigung, dass das Prüfungsurteil mit dem im Art. 11 der EU-VO genannten zusätzlichen Bericht an den Prüfungsausschuss im Einklang steht;
5. die Erklärung, dass keine verbotenen Nichtprüfungsleistungen nach Art. 5 Abs. 1 der EU-VO erbracht wurden und der Abschlussprüfer bei der Durchführung der Abschlussprüfung seine Unabhängigkeit von dem geprüften Unternehmen gewahrt hat;
6. die Angabe der Leistungen, die vom Abschlussprüfer für das geprüfte Unternehmen oder das bzw. die von diesem beherrschte(n) Unternehmen zusätzlich zur Abschlussprüfung erbracht wurden und die im Lagebericht oder in den Abschlüssen nicht angegeben wurden.

(104) Der entsprechende Abschnitt im Bestätigungsvermerk sollte nach dem „Bericht zum Lagebericht“ eingeordnet werden.

(105) Dieser Abschnitt sollte wie folgt lauten:

Zusätzliche Angaben nach Artikel 10 der EU-VO

Wir wurden von der Hauptversammlung am [Datum] als Abschlussprüfer gewählt. Wir wurden am [Datum] vom Aufsichtsrat beauftragt. [Sofern zutreffend bei Bestellung im Vorhinein (Bank- und Versicherungsprüfer): Außerdem wurden wir von der [Hauptversammlung/Generalversammlung] am [Datum] bereits für das darauffolgende Geschäftsjahr als Abschlussprüfer gewählt und am [Datum] vom Aufsichtsrat mit der Abschlussprüfung beauftragt.] Wir sind ununterbrochen seit [Datum/Geschäftsjahr/Anzahl Jahre] Abschlussprüfer.

Wir erklären, dass das Prüfungsurteil im Abschnitt „Bericht zum Jahresabschluss“ mit dem zusätzlichen Bericht an den Prüfungsausschuss nach Artikel 11 der EU-VO in Einklang steht.

Wir erklären, dass wir keine verbotenen Nichtprüfungsleistungen (Artikel 5 Abs. 1 der EU-VO) erbracht haben und dass wir bei der Durchführung der Abschlussprüfung unsere Unabhängigkeit von der geprüften Gesellschaft gewahrt haben.

[Wir haben folgende Leistungen, die nicht im Jahresabschluss oder im Lagebericht angegeben wurden, zusätzlich zur Abschlussprüfung für die geprüfte Gesellschaft und für die von dieser beherrschten Unternehmen erbracht:

...]

(106) Für die Angabe zu den zusätzlich vom Abschlussprüfer erbrachten Leistungen im Abschluss des geprüften Unternehmens ist es ausreichend, wenn diese den Anforderungen gemäß § 238 Abs. 1 Z 18 UGB entspricht. Dies gilt auch für die Möglichkeit des Unterbleibens der Angabe, wenn das Unternehmen in einen Konzernabschluss einbezogen und eine derartige Information darin enthalten ist. Sollten vom Abschlussprüfer Leistungen erbracht worden sein, die weder von der Angabe im Abschluss noch von der Angabe in einem übergeordneten Konzernabschluss oder in einem Abschluss eines beherrschten Unternehmens umfasst sind, sind sie im Bestätigungsvermerk anzugeben.

4.2.13. Name des Auftragsverantwortlichen

(107) Nach ISA 700.46 muss bei Bestätigungsvermerken von kapitalmarktnotierten Einheiten der Auftragsverantwortliche im Bestätigungsvermerk genannt werden. Nach den österreichischen berufsrechtlichen Bestimmungen ist dies der auftragsverantwortliche Wirtschaftsprüfer.

(108) Dieser Abschnitt trägt die Überschrift „Auftragsverantwortlicher Wirtschaftsprüfer" und ist als letzter Abschnitt des Bestätigungsvermerks vor Ort, Datum und Unterschrift zu platzieren.

(109) Der Text sollte wie folgt lauten:

Auftragsverantwortlicher Wirtschaftsprüfer

Der für die Prüfung auftragsverantwortliche Wirtschaftsprüfer ist [Name].

4.2.14. Unterzeichnung des Bestätigungsvermerks

(110) Der Bestätigungsvermerk ist vom Abschlussprüfer zu unterzeichnen. Bestätigungsvermerke, die durch eine Gesellschaft erteilt werden, müssen gemäß § 57 WTBG 2017 die firmenmäßige Zeichnung durch Unterschrift von für die Gesellschaft zeichnungsberechtigten Wirtschaftsprüfern enthalten; der gemäß § 77 Abs. 9 WTBG 2017 für die Prüfung verantwortliche Wirtschaftsprüfer hat den Bestätigungsvermerk jedenfalls zu unterzeichnen. Dies ist auch in § 274 Abs. 7 Satz 2 UGB geregelt. Der Unterschrift sollte die Berufsbezeichnung „Wirtschaftsprüfer" ohne Verwendung anderer Berufsbezeichnungen hinzugefügt werden.

(111) Gemäß § 274 Abs. 7 Satz 1 UGB ist der Bestätigungsvermerk vom Abschlussprüfer unter Angabe des Datums und des Ortes der Niederlassung des Abschlussprüfers zu unterzeichnen. Der Ort sollte üblicherweise der Ort des Berufssitzes des Abschlussprüfers sein. Bei Wirtschaftsprüfungsgesellschaften kommt als Ort entweder der Firmensitz oder der Sitz einer Zweigstelle in Betracht. Das Datum des Bestätigungsvermerks ist das Datum, an dem der Abschlussprüfer ausreichende geeignete Prüfungsnachweise als Grundlage für das Prüfungsurteil erlangt hat (vgl. ISA 700.49).[3]

[3] Durch die abschließende Durchsicht der Prüfungsdokumentation gemäß ISA 220.17 ist sicherzustellen, dass diese Voraussetzungen zum im Bestätigungsvermerk angeführten Datum gegeben sind.

(112) Sind mehr als ein Abschlussprüfer gleichzeitig beauftragt worden (vgl. dazu § 274 Abs. 6 UGB), so ist gemäß § 274 Abs. 7 Satz 3 UGB der Bestätigungsvermerk von allen verantwortlichen Abschlussprüfern zu unterzeichnen, welche die Abschlussprüfung durchgeführt haben.

5. Vergleichsangaben

(113) Klarstellend wird festgehalten, dass es sich bei den vergleichenden Darstellungen (Vorjahreszahlen) in Abschlüssen nach dem UGB und den IFRS, wie sie in der EU anzuwenden sind, um Vergleichsangaben (corresponding figures) i.S.v. ISA 710.6(b) handelt, d.h. dass sich das Prüfungsurteil des Abschlussprüfers zum Abschluss nur auf den laufenden Zeitraum bezieht.

6. Veröffentlichung des Bestätigungsvermerks

(114) Der vollständige Wortlaut des Bestätigungsvermerks ist gemeinsam mit dem offenzulegenden Jahresabschluss wiederzugeben (§ 281 UGB). Wird im Rahmen der Offenlegung (§§ 277 ff. UGB) von den Erleichterungsbestimmungen Gebrauch gemacht, ist darauf hinzuweisen, dass sich der erteilte Bestätigungsvermerk auf den vollständigen Jahresabschluss bezieht. Dies gilt ebenso für sonstige durch Gesetz, Gesellschaftsvertrag oder Satzung vorgeschriebene Veröffentlichungen.

(115) Der Abschlussprüfer ist nicht verpflichtet zu prüfen, ob der Jahresabschluss und der Lagebericht gemeinsam mit dem Bestätigungsvermerk richtig offengelegt werden. Gelangt jedoch dem Abschlussprüfer die Tatsache einer unvollständigen oder abweichenden Veröffentlichung eines mit einem Bestätigungsvermerk versehenen Jahresabschlusses zur Kenntnis, so hat der Abschlussprüfer die geprüfte Gesellschaft aufzufordern, eine Richtigstellung zu veranlassen.

7. Sonderfragen

7.1. Bestätigungsvermerk bei Änderung des Jahresabschlusses oder des Lageberichts (Nachtragsprüfungen)

7.1.1. Allgemeines

(116) § 269 Abs. 4 UGB enthält diesbezüglich folgende Vorschrift: „Werden der Jahresabschluss, der Konzernabschluss, der Lagebericht oder der Konzernlagebericht nach Vorlage des Prüfungs-

berichts geändert, so ist die Änderung dem Abschlussprüfer bekanntzugeben, der sie mit ihren Auswirkungen zu prüfen hat. Über das Ergebnis der Prüfung ist zu berichten; der Bestätigungsvermerk ist gemäß § 274 entsprechend zu ergänzen und erforderlichenfalls zu ändern."

(117) Die Nachtragsprüfung hat nur die nachträglichen Änderungen des Jahresabschlusses und/oder des Lageberichts und die Auswirkungen dieser Änderungen zu umfassen. Die ursprünglichen Festlegungen zur Wesentlichkeit gemäß dem ISA 320 werden durch die Nachtragsprüfung nicht verändert.

(118) Jahresabschlüsse, die i.S.d. gesellschaftsrechtlichen Vorschriften (§ 202 Abs. 1 Z 2 oder 3 AktG) als nichtig einzustufen sind, können nicht einer Nachtragsprüfung unterzogen werden.

(119) Der ISA 560 sieht zwei Varianten der Berichterstattung über die Nachtragsprüfung vor (ISA 560.12(a) und (b)). Beide finden in § 269 Abs. 4 UGB Deckung.

7.1.2. Bestätigungsvermerk nach ISA 560.12(a)

7.1.2.1. Prüfungsurteil

(120) Das ursprünglich erteilte Prüfungsurteil bleibt im Falle einer Nachtragsprüfung grundsätzlich wirksam, muss jedoch entsprechend ergänzt, erforderlichenfalls modifiziert werden.

(121) Führt die Nachtragsprüfung zu dem Ergebnis, dass das ursprünglich erteilte uneingeschränkte Prüfungsurteil unverändert aufrechterhalten werden kann, ist dennoch eine Ergänzung des Prüfungsurteils erforderlich, um klarzustellen, dass sich das Prüfungsurteil auf einen geänderten Jahresabschluss bezieht.

(122) Nach dem gesamten Bestätigungsvermerk ist, nach dem ursprünglichen Datum, ein Prüfungsurteil zur Nachtragsprüfung anzufügen. Der Abschnitt sollte wie folgt formuliert werden:

Änderungen des Jahresabschlusses

Der Jahresabschluss wurde nach Erteilung des Bestätigungsvermerks geändert. Wir verweisen auf Abschnitt ... des Anhangs, in dem die Änderungen im Jahresabschluss beschrieben sind. Die Änderungen betrafen den Bilanzposten ..., den Posten der Gewinn- und Verlustrechnung ... sowie die damit zusammenhängenden Angaben im Anhang. Auf die Begründung der Änderungen durch die gesetzlichen Vertreter der Gesellschaft in der Anhangangabe ... wird verwiesen.

(123) Der Absatz mit dem Prüfungsurteil und seine Überschrift sind ebenfalls anzupassen und sollten wie folgt lauten:

Prüfungsurteil zur Nachtragsprüfung

Wir haben die Änderungen des Jahresabschlusses geprüft. Nach unserer Beurteilung entsprechen die Änderungen des Jahresabschlusses den gesetzlichen Vorschriften und vermittelt der geänderte Jahresabschluss ein möglichst getreues Bild der Vermögens- und Finanzlage der Gesellschaft zum [Datum des Abschlussstichtags] sowie der Ertragslage der Gesellschaft für das an diesem Stichtag endende Geschäftsjahr in Übereinstimmung mit den österreichischen unternehmensrechtlichen Vorschriften [und den sondergesetzlichen Bestimmungen].

(124) Der um das Prüfungsurteil zur Nachtragsprüfung ergänzte Bestätigungsvermerk ist unter Angabe des Datums und des Ortes der Niederlassung des Abschlussprüfers zu unterzeichnen und in den Bericht über die Nachtragsprüfung aufzunehmen.

(125) Für Modifizierungen des Prüfungsurteils hinsichtlich der Änderungen gelten im Übrigen die Ausführungen im ISA 705.

7.1.2.2. Bericht zum Lagebericht

(126) Wird der Lagebericht geändert, ist der Bericht zum Lagebericht entsprechend zu ergänzen, wobei auch hier grundsätzlich das ursprünglich erteilte Urteil und die Erklärung wirksam bleiben.

(127) Kann der ursprünglich erteilte Bericht zum Lagebericht weiterhin aufrecht bleiben, ist dennoch eine Ergänzung des Berichts zum Lagebericht erforderlich, um klarzustellen, dass sich der Bericht zum Lagebericht auf einen geänderten Lagebericht bezieht.

(128) Der „Bericht zum geänderten Lagebericht" ist nach dem gesamten Bestätigungsvermerk bzw. – wenn auch der Jahresabschluss geändert wurde – nach dem Prüfungsurteil zur Nachtragsprüfung anzufügen. Der Text sollte wie folgt lauten:

Bericht zum geänderten Lagebericht

Der Lagebericht wurde nach Erteilung des Bestätigungsvermerks geändert. Die Änderungen betrafen die Abschnitte ... Auf die Begründung der Änderungen durch die gesetzlichen Vertreter der Gesellschaft in der Angabe ... im Lagebericht wird verwiesen.

(129) Die Absätze mit dem Urteil und der Erklärung sind ebenfalls entsprechend zu ergänzen und sollten wie folgt lauten:

Ergänztes Urteil

Die Änderungen im Lagebericht sind nach unserer Beurteilung nach den geltenden rechtlichen Anforderungen vorgenommen worden[, enthalten zutreffende Angaben nach § 243a UGB] und stehen in Einklang mit dem geänderten Jahresabschluss.

Ergänzte Erklärung

Angesichts der bei der Nachtragsprüfung des geänderten Jahresabschlusses gewonnenen Erkenntnisse und des gewonnenen Verständnisses über die Gesellschaft und ihr Umfeld wurden wesentliche fehlerhafte Angaben bei den Änderungen im Lagebericht nicht festgestellt.

(130) Für Anpassungen des Berichts zum Lagebericht hinsichtlich der Änderungen gelten im Übrigen die Ausführungen der Rz (92) ff.

7.1.3. Bestätigungsvermerk nach ISA 560.12(b)

7.1.3.1. Prüfungsurteil

(131) Mit Abschluss der Nachtragsprüfung ist ein Bestätigungsvermerk zu erteilen, in den ein Abschnitt mit der Bezeichnung „Hervorhebung eines Sachverhalts – Nachtragsprüfung" oder mit der Bezeichnung „Hinweis auf einen sonstigen Sachverhalt – Nachtragsprüfung" oder einer ähnlichen Bezeichnung aufzunehmen ist. Es wird empfohlen, diesen Abschnitt unmittelbar vor dem Abschnitt „Verantwortlichkeiten der gesetzlichen Vertreter [und des [Aufsichtsrats/Prüfungsausschusses]] für den Jahresabschluss" einzufügen.

(132) Der Abschnitt „Hervorhebung eines Sachverhalts – Nachtragsprüfung" sollte wie folgt lauten:

Hervorhebung eines Sachverhalts – Nachtragsprüfung

Der Jahresabschluss wurde nach Erteilung des Bestätigungsvermerks vom (Datum des ursprünglichen Bestätigungsvermerks) geändert. Wir verweisen auf Abschnitt ... des Anhangs, in dem die Änderungen im Jahresabschluss beschrieben sind. Die Änderungen betrafen den Bilanzposten ..., den Posten der Gewinn- und Verlustrechnung ... sowie die damit zusammenhängenden Angaben im Anhang. Auf die Begründung der Änderungen durch die gesetzlichen Vertreter der Gesellschaft in der Anhangangabe ... wird verwiesen.

Die Prüfungshandlungen der Nachtragsprüfung zu den nachträglichen Ereignissen bis zum Datum dieses neuen Bestätigungsvermerks beschränken sich auf die im Anhang beschriebenen Änderungen.

Das Prüfungsurteil ist in Bezug auf diesen Sachverhalt nicht modifiziert.

(133) Der Abschnitt „Hinweis auf einen sonstigen Sachverhalt – Nachtragsprüfung" sollte wie folgt lauten:

Hinweis auf einen sonstigen Sachverhalt – Nachtragsprüfung

Der Jahresabschluss wurde nach Erteilung des Bestätigungsvermerks vom (Datum des ursprünglichen Bestätigungsvermerks) geändert. Die Änderungen betrafen den Bilanzposten ..., den Posten der Gewinn- und Verlustrechnung ... sowie die damit zusammenhängenden Angaben im Anhang. Als Begründung haben die gesetzlichen Vertreter der Gesellschaft ... angegeben.

Die Prüfungshandlungen der Nachtragsprüfung zu den nachträglichen Ereignissen bis zum Datum dieses neuen Bestätigungsvermerks beschränken sich auf die im Anhang beschriebenen Änderungen.

7.1.3.2. Bericht zum Lagebericht

(134) Im Falle der Verwendung eines Abschnitts „Hervorhebung eines Sachverhalts – Nachtragsprüfung" sollte der Text wie folgt lauten:

Bericht zum [geänderten] Lagebericht

Der Lagebericht wurde nach Erteilung des Bestätigungsvermerks vom (Datum des ursprünglichen Bestätigungsvermerks) geändert. Die Änderungen betrafen die Abschnitte ... Auf die Begründung der Änderungen durch die gesetzlichen Vertreter der Gesellschaft in der Angabe ... im Lagebericht wird verweisen.

Die Prüfungshandlungen der Nachtragsprüfung zu den nachträglichen Ereignissen bis zum Datum dieses neuen Bestätigungsvermerks beschränken sich auf die im Lagebericht beschriebenen Änderungen.

(135) Bezüglich der Absätze „Ergänztes Urteil" und „Ergänzte Erklärung" wird auf Rz (129) verwiesen.

(136) Im Falle der Verwendung eines Abschnitts „Hinweis auf einen sonstigen Sachverhalt – Nachtragsprüfung" sollte der Text wie folgt lauten:

Bericht zum [geänderten] Lagebericht

Der Lagebericht wurde nach Erteilung des Bestätigungsvermerks vom (Datum des ursprünglichen Bestätigungsvermerks) geändert. Die Änderungen betrafen die Abschnitte ... Als Begründung haben die gesetzlichen Vertreter der Gesellschaft ... angegeben.

Die Prüfungshandlungen der Nachtragsprüfung zu den nachträglichen Ereignissen bis zum Datum dieses neuen Bestätigungsvermerks beschränken sich auf die im Lagebericht beschriebenen Änderungen.

(137) Bezüglich der Absätze „Ergänztes Urteil" und „Ergänzte Erklärung" wird auf Rz (129) verwiesen.

7.2. Bestätigungsvermerk bei Neuaufstellung des Jahresabschlusses und/oder des Lageberichts

(138) In Fällen, in denen sich die zuständigen Organe entscheiden, den Jahresabschluss und/oder den Lagebericht neu aufzustellen, hat der Abschlussprüfer diesen Jahresabschluss und/oder diesen Lagebericht zu prüfen und einen neuen Bestätigungsvermerk zu erteilen.

(139) Die Prüfung darf sich dabei nicht nur auf die Änderungen beziehen, da es sich nicht um eine Nachtragsprüfung, sondern um die Prüfung eines neuen Jahresabschlusses bzw. Lageberichts handelt.

(140) Falls der durch den neu aufgestellten Jahresabschluss bzw. Lagebericht ersetzte Jahresabschluss bzw. Lagebericht bereits herausgegeben wurde, ist der sich darauf beziehende Bestätigungsvermerk zu widerrufen.

7.3. Widerruf des Bestätigungsvermerks

(141) Der Widerruf des Bestätigungsvermerks ist gesetzlich nicht geregelt.

(142) ISA 560.17 i.V.m. A20 enthält Regelungen zum Widerruf des Bestätigungsvermerks, ohne den Begriff „Widerruf" ausdrücklich anzuführen.

(143) Haben die gesetzlichen Vertreter nach Auffassung des Abschlussprüfers nicht die erforderlichen Schritte unternommen, um das Vertrauen in den zu einem vorher veröffentlichten Jahresabschluss erteilten Bestätigungsvermerk

zu verhindern, obwohl der Abschlussprüfer zuvor mitgeteilt hat, dass er Maßnahmen ergreifen wird, um ein solches Vertrauen zu verhindern, hängen die Maßnahmen des Abschlussprüfers von den gesetzlichen Rechten und Pflichten ab (ISA 560.A20).

(144) Werden die Maßnahmen gemäß Rz (143) durch die gesetzlichen Vertreter nicht ergriffen, hat der Abschlussprüfer den Bestätigungsvermerk zu widerrufen. Der Widerruf des Bestätigungsvermerks ist schriftlich an die Adressaten des Prüfungsberichts zu richten und zu begründen.

(145) Weiters hat der Abschlussprüfer unter Hinweis auf die Auftragsbedingungen die Gesellschaft darauf hinzuweisen, dass der Bestätigungsvermerk nicht mehr verwendet werden darf und die Veröffentlichung des Widerrufs in den Bekanntmachungsblättern zu erfolgen hat; weiters hat der Abschlussprüfer das Firmenbuchgericht von der Tatsache des Widerrufs zu verständigen.

(146) Ein Widerruf ist nicht erforderlich, wenn die Vermeidung eines falschen Eindrucks vom Ergebnis der Abschlussprüfung bereits auf andere Art aufgrund von Informationen an die Adressaten des Bestätigungsvermerks sichergestellt ist, z.B. durch Korrektur in einem Folgeabschluss unter Berücksichtigung der maßgebenden Rechnungslegungsgrundsätze.

7.4. Bestätigungsvermerk bei freiwilligen Abschlussprüfungen

(147) Bei nicht gesetzlich vorgeschriebenen Abschlussprüfungen ist die Erteilung eines Bestätigungsvermerks gemäß § 274 UGB nur zulässig, wenn die Prüfung nach den für gesetzlich vorgeschriebene Abschlussprüfungen geltenden Grundsätzen durchgeführt worden ist.

(148) Im Zusammenhang mit freiwilligen Abschlussprüfungen ist festzuhalten, dass die in § 275 UGB vorgesehenen Haftungshöchstgrenzen nur für Pflichtprüfungen, nicht aber für freiwillige Prüfungen jeglicher Art gelten. Es ist jedoch geboten, in der Vereinbarung mit dem Auftraggeber über eine freiwillige Prüfung eine Haftungshöchstgrenze zu vereinbaren. Diese Vereinbarung kann in Anlehnung an die Bestimmungen des § 275 UGB getroffen werden.

(149) Um die Wirksamkeit der Haftungsbegrenzung gegenüber Dritten zu erreichen, wird empfohlen, die Einschränkung der Haftung im Bestätigungsvermerk offenzulegen. Im Abschnitt „Grundlage für das Prüfungsurteil" ist daher nach dem letzten Satz folgender Hinweis aufzunehmen:

Unsere Verantwortlichkeit und Haftung bei der Abschlussprüfung ist analog zu § 275 Abs. 2 UGB (Haftungsregelung bei der Abschlussprüfung einer kleinen oder mittelgroßen Gesellschaft) gegenüber der Gesellschaft und auch gegenüber Dritten mit insgesamt 2 Millionen Euro begrenzt.

7.5. Sonderfall: Bestätigungsvermerk bei Kleinstkapitalgesellschaften

(150) Kleinstkapitalgesellschaften gemäß § 221 Abs. 1a UGB brauchen nach § 242 Abs. 1 UGB keinen Anhang aufzustellen. Trotzdem sieht diese Bestimmung die Fiktion vor, dass der Jahresabschluss ohne weitere Angaben und Erläuterungen ein möglichst getreues Bild der Vermögens-, Finanz- und Ertragslage vermittelt.

(151) Das Prüfungsurteil wird daher entsprechend den Rechnungslegungsgrundsätzen zur sachgerechten Gesamtdarstellung (Fair presentation framework) formuliert (vgl. Rz (4)).

(152) Zur Klarstellung ist bei Kleinstkapitalgesellschaften in den Bestätigungsvermerk ein Abschnitt mit der Überschrift „Sonstiger Sachverhalt" aufzunehmen, der auf diese Besonderheit hinweist. Dieser sollte wie folgt lauten:

Sonstiger Sachverhalt

Nach den österreichischen unternehmensrechtlichen Vorschriften wird bei Kleinstkapitalgesellschaften davon ausgegangen, dass der Jahresabschluss auch ohne weitere Angaben und Erläuterungen ein möglichst getreues Bild der Vermögens-, Finanz- und Ertragslage vermittelt.

8. Anwendungszeitpunkt

(153) Die vorliegende überarbeitete Fassung dieses Fachgutachtens ist auf die Prüfung von Abschlüssen für Geschäftsjahre anzuwenden, die am oder nach dem 31. Dezember 2020 enden. Eine frühere Anwendung ist zulässig. Die Bestimmungen des Abschnitts 7.5. sind auf die Prüfung von Abschlüssen für Geschäftsjahre anzuwenden, die nach dem 31. Dezember 2020 beginnen.

Anlage 1: Muster für einen Bestätigungsvermerk über die Abschlussprüfung eines Jahresabschlusses einer Kapitalgesellschaft [mit [Aufsichtsrat/Prüfungsausschuss]], aufgestellt nach dem UGB, samt Lagebericht (kein Unternehmen von öffentlichem Interesse)

Bestätigungsvermerk

Bericht zum Jahresabschluss

Prüfungsurteil

Wir haben den Jahresabschluss der [Gesellschaft], [Ort], bestehend aus der Bilanz zum [Datum], der Gewinn- und Verlustrechnung für das an diesem Stichtag endende Geschäftsjahr und dem Anhang, geprüft.

Nach unserer Beurteilung entspricht der beigefügte Jahresabschluss den gesetzlichen Vorschriften und vermittelt ein möglichst getreues Bild der Vermögens- und Finanzlage zum [Datum] sowie der Ertragslage der Gesellschaft für das an diesem Stichtag endende Geschäftsjahr in Übereinstimmung mit den österreichischen unternehmensrechtlichen Vorschriften [und den sondergesetzlichen Bestimmungen].

Grundlage für das Prüfungsurteil

Wir haben unsere Abschlussprüfung in Übereinstimmung mit den österreichischen Grundsätzen ordnungsmäßiger Abschlussprüfung durchgeführt. Diese Grundsätze erfordern die Anwendung der International Standards on Auditing (ISA). Unsere Verantwortlichkeiten nach diesen Vorschriften und Standards sind im Abschnitt „Verantwortlichkeiten des Abschlussprüfers für die Prüfung des Jahresabschlusses" unseres Bestätigungsvermerks weitergehend beschrieben. Wir sind von der Gesellschaft unabhängig in Übereinstimmung mit den österreichischen unternehmensrechtlichen und berufsrechtlichen Vorschriften, und wir haben unsere sonstigen beruflichen Pflichten in Übereinstimmung mit diesen Anforderungen erfüllt. Wir sind der Auffassung, dass die von uns bis zum Datum des Bestätigungsvermerks erlangten Prüfungsnachweise ausreichend und geeignet sind, um als Grundlage für unser Prüfungsurteil zu diesem Datum zu dienen.

Verantwortlichkeiten der gesetzlichen Vertreter [und des [Aufsichtsrats/Prüfungsausschusses]] für den Jahresabschluss

Die gesetzlichen Vertreter sind verantwortlich für die Aufstellung des Jahresabschlusses und dafür, dass dieser in Übereinstimmung mit den österreichischen unternehmensrechtlichen Vorschriften [und den sondergesetzlichen Bestimmungen] ein möglichst getreues Bild der Vermögens-, Finanz- und Ertragslage der Gesellschaft vermittelt. Ferner sind die gesetzlichen Vertreter verantwortlich für die internen Kontrollen, die sie als notwendig erachten, um die Aufstellung eines Jahresabschlusses zu ermöglichen, der frei von wesentlichen falschen Darstellungen aufgrund von dolosen Handlungen oder Irrtümern ist.

Bei der Aufstellung des Jahresabschlusses sind die gesetzlichen Vertreter dafür verantwortlich, die Fähigkeit der Gesellschaft zur Fortführung der Unternehmenstätigkeit zu beurteilen, Sachverhalte im Zusammenhang mit der Fortführung der Unternehmenstätigkeit – sofern einschlägig – anzugeben, sowie dafür, den Rechnungslegungsgrundsatz der Fortführung der Unternehmenstätigkeit anzuwenden, es sei denn, die gesetzlichen Vertreter beabsichtigen, entweder die Gesellschaft zu liquidieren oder die Unternehmenstätigkeit einzustellen, oder haben keine realistische Alternative dazu.

[Der [Aufsichtsrat/Prüfungsausschuss] ist verantwortlich für die Überwachung des Rechnungslegungsprozesses der Gesellschaft.]

Verantwortlichkeiten des Abschlussprüfers für die Prüfung des Jahresabschlusses

Unsere Ziele sind, hinreichende Sicherheit darüber zu erlangen, ob der Jahresabschluss als Ganzes frei von wesentlichen falschen Darstellungen aufgrund von dolosen Handlungen oder Irrtümern ist, und einen Bestätigungsvermerk zu erteilen, der unser Prüfungsurteil beinhaltet. Hinreichende Sicherheit ist ein hohes Maß an Sicherheit, aber keine Garantie dafür, dass eine in Übereinstimmung mit den österreichischen Grundsätzen ordnungsmäßiger Abschlussprüfung, die die Anwendung der ISA erfordern, durchgeführte Abschlussprüfung eine wesentliche falsche Darstellung, falls eine solche vorliegt, stets aufdeckt. Falsche Darstellungen können aus dolosen Handlungen oder Irrtümern resultieren und werden als wesentlich angesehen, wenn von ihnen einzeln oder insgesamt vernünftigerweise erwartet werden könnte, dass sie die auf der Grundlage dieses Jahresabschlusses getroffenen wirtschaftlichen Entscheidungen von Nutzern beeinflussen.

Als Teil einer Abschlussprüfung in Übereinstimmung mit den österreichischen Grundsätzen ordnungsmäßiger Abschlussprüfung, die die Anwendung der ISA erfordern, üben wir während der gesamten Abschlussprüfung pflichtgemäßes Ermessen aus und bewahren eine kritische Grundhaltung.

Darüber hinaus gilt:

- Wir identifizieren und beurteilen die Risiken wesentlicher falscher Darstellungen aufgrund von dolosen Handlungen oder Irrtümern im Abschluss, planen Prüfungshandlungen als Reaktion auf diese Risiken, führen sie durch und erlangen Prüfungsnachweise, die ausreichend und geeignet sind, um als Grundlage für unser Prüfungsurteil zu dienen. Das Risiko, dass aus dolosen Handlungen resultierende wesentliche falsche Darstellungen nicht aufgedeckt werden, ist höher als ein aus Irrtümern resultierendes, da dolose Handlungen kollusives Zusammenwirken, Fälschungen, beabsichtigte Unvollständigkeiten, irreführende Darstellungen oder das Außerkraftsetzen interner Kontrollen beinhalten können.

- Wir gewinnen ein Verständnis von dem für die Abschlussprüfung relevanten internen Kontrollsystem, um Prüfungshandlungen zu planen, die unter den gegebenen Umständen angemessen sind, jedoch nicht mit dem Ziel, ein Prüfungsurteil zur Wirksamkeit des internen Kontrollsystems der Gesellschaft abzugeben.
- Wir beurteilen die Angemessenheit der von den gesetzlichen Vertretern angewandten Rechnungslegungsmethoden sowie die Vertretbarkeit der von den gesetzlichen Vertretern dargestellten geschätzten Werte in der Rechnungslegung und damit zusammenhängende Angaben.
- Wir ziehen Schlussfolgerungen über die Angemessenheit der Anwendung des Rechnungslegungsgrundsatzes der Fortführung der Unternehmenstätigkeit durch die gesetzlichen Vertreter sowie, auf der Grundlage der erlangten Prüfungsnachweise, ob eine wesentliche Unsicherheit im Zusammenhang mit Ereignissen oder Gegebenheiten besteht, die erhebliche Zweifel an der Fähigkeit der Gesellschaft zur Fortführung der Unternehmenstätigkeit aufwerfen können. Falls wir die Schlussfolgerung ziehen, dass eine wesentliche Unsicherheit besteht, sind wir verpflichtet, in unserem Bestätigungsvermerk auf die dazugehörigen Angaben im Jahresabschluss aufmerksam zu machen oder, falls diese Angaben unangemessen sind, unser Prüfungsurteil zu modifizieren. Wir ziehen unsere Schlussfolgerungen auf der Grundlage der bis zum Datum unseres Bestätigungsvermerks erlangten Prüfungsnachweise. Zukünftige Ereignisse oder Gegebenheiten können jedoch die Abkehr der Gesellschaft von der Fortführung der Unternehmenstätigkeit zur Folge haben.
- Wir beurteilen die Gesamtdarstellung, den Aufbau und den Inhalt des Jahresabschlusses einschließlich der Angaben sowie ob der Jahresabschluss die zugrunde liegenden Geschäftsvorfälle und Ereignisse in einer Weise wiedergibt, dass ein möglichst getreues Bild erreicht wird.

[Wir tauschen uns mit dem [Aufsichtsrat/Prüfungsausschuss] unter anderem über den geplanten Umfang und die geplante zeitliche Einteilung der Abschlussprüfung sowie über bedeutsame Prüfungsfeststellungen, einschließlich etwaiger bedeutsamer Mängel im internen Kontrollsystem, die wir während unserer Abschlussprüfung erkennen, aus.]

Bericht zum Lagebericht

Der Lagebericht ist aufgrund der österreichischen unternehmensrechtlichen Vorschriften darauf zu prüfen, ob er mit dem Jahresabschluss in Einklang steht und ob er nach den geltenden rechtlichen Anforderungen aufgestellt wurde.

Die gesetzlichen Vertreter sind verantwortlich für die Aufstellung des Lageberichts in Übereinstimmung mit den österreichischen unternehmensrechtlichen Vorschriften [und den sondergesetzlichen Bestimmungen].

Wir haben unsere Prüfung in Übereinstimmung mit den Berufsgrundsätzen zur Prüfung des Lageberichts durchgeführt.

Urteil

Nach unserer Beurteilung ist der Lagebericht nach den geltenden rechtlichen Anforderungen aufgestellt worden und steht in Einklang mit dem Jahresabschluss.

Erklärung

Angesichts der bei der Prüfung des Jahresabschlusses gewonnenen Erkenntnisse und des gewonnenen Verständnisses über die Gesellschaft und ihr Umfeld wurden wesentliche fehlerhafte Angaben im Lagebericht nicht festgestellt.

[Ort]

[Datum]

[Firmenmäßige Zeichnung, der verantwortliche Wirtschaftsprüfer hat in jedem Fall zu unterschreiben.]

Anlage 2: Muster für einen Bestätigungsvermerk über die Abschlussprüfung eines Jahresabschlusses einer börsennotierten Kapitalgesellschaft mit [Aufsichtsrat/Prüfungsausschuss], aufgestellt nach dem UGB, samt Lagebericht mit nichtfinanzieller Erklärung und Geschäftsbericht, der nach Erteilung des Bestätigungsvermerks zur Verfügung gestellt wird (Konzernmutter, Unternehmen von öffentlichem Interesse)

Bestätigungsvermerk

Bericht zum Jahresabschluss

Prüfungsurteil

Wir haben den Jahresabschluss der [Gesellschaft], [Ort], bestehend aus der Bilanz zum [Datum], der Gewinn- und Verlustrechnung für das an diesem Stichtag endende Geschäftsjahr und dem Anhang, geprüft.

Nach unserer Beurteilung entspricht der beigefügte Jahresabschluss den gesetzlichen Vorschriften und vermittelt ein möglichst getreues Bild der Vermögens- und Finanzlage zum [Datum] sowie der Ertragslage der Gesellschaft für das an diesem Stichtag endende Geschäftsjahr in Übereinstimmung mit den österreichischen unternehmensrechtlichen Vorschriften [und den sondergesetzlichen Bestimmungen].

Grundlage für das Prüfungsurteil

Wir haben unsere Abschlussprüfung in Übereinstimmung mit der EU-Verordnung Nr. 537/2014 (im Folgenden EU-VO) und mit den österreichischen Grundsätzen ordnungsmäßiger Abschlussprüfung durchgeführt. Diese Grundsätze erfordern die Anwendung der International Standards on Auditing (ISA). Unsere Verantwortlichkeiten nach diesen Vorschriften und Standards sind im Abschnitt „Verantwortlichkeiten des Abschlussprüfers für die Prüfung des Jahresabschlusses" unseres Bestätigungsvermerks weitergehend beschrieben. Wir sind von der Gesellschaft unabhängig in Übereinstimmung mit den österreichischen unternehmensrechtlichen und berufsrechtlichen Vorschriften, und wir haben unsere sonstigen beruflichen Pflichten in Übereinstimmung mit diesen Anforderungen erfüllt. Wir sind der Auffassung, dass die von uns bis zum Datum des Bestätigungsvermerks erlangten Prüfungsnachweise ausreichend und geeignet sind, um als Grundlage für unser Prüfungsurteil zu diesem Datum zu dienen.

Besonders wichtige Prüfungssachverhalte

Besonders wichtige Prüfungssachverhalte sind solche Sachverhalte, die nach unserem pflichtgemäßen Ermessen am bedeutsamsten für unsere Prüfung des Jahresabschlusses des Geschäftsjahres waren. Diese Sachverhalte wurden im Zusammenhang mit unserer Prüfung des Jahresabschlusses als Ganzes und bei der Bildung unseres Prüfungsurteils hierzu berücksichtigt, und wir geben kein gesondertes Prüfungsurteil zu diesen Sachverhalten ab.

[Beschreibung jedes besonders wichtigen Prüfungssachverhalts in Übereinstimmung mit ISA 701 und EU-VO]

Sonstige Informationen

Die gesetzlichen Vertreter sind für die sonstigen Informationen verantwortlich. Die sonstigen Informationen umfassen alle Informationen im [Bezeichnung des Gesamtberichts, z.B. integrierten Geschäftsbericht], ausgenommen den Jahresabschluss, den Lagebericht und den Bestätigungsvermerk. Der [Bezeichnung des Gesamtberichts, z.B. integrierte Geschäftsbericht] wird uns voraussichtlich nach dem Datum des Bestätigungsvermerks zur Verfügung gestellt.

Unser Prüfungsurteil zum Jahresabschluss erstreckt sich nicht auf diese sonstigen Informationen, und wir werden dazu keine Art der Zusicherung geben.

Im Zusammenhang mit unserer Prüfung des Jahresabschlusses haben wir die Verantwortlichkeit, diese sonstigen Informationen zu lesen, sobald sie vorhanden sind, und dabei zu würdigen, ob die sonstigen Informationen wesentliche Unstimmigkeiten zum Jahresabschluss oder zu unseren bei der Abschlussprüfung erlangten Kenntnissen aufweisen oder anderweitig falsch dargestellt erscheinen.

Verantwortlichkeiten der gesetzlichen Vertreter und des [Aufsichtsrats/Prüfungsausschusses] für den Jahresabschluss

Die gesetzlichen Vertreter sind verantwortlich für die Aufstellung des Jahresabschlusses und dafür, dass dieser in Übereinstimmung mit den österreichischen unternehmensrechtlichen Vorschriften [und den sondergesetzlichen Bestimmungen] ein möglichst getreues Bild der Vermögens-, Finanz- und Ertragslage der Gesellschaft vermittelt. Ferner sind die gesetzlichen Vertreter verantwortlich für die internen Kontrollen, die sie als notwendig erachten, um die Aufstellung eines Jahresabschlusses zu ermöglichen, der frei von wesentlichen falschen Darstellungen aufgrund von dolosen Handlungen oder Irrtümern ist.

Bei der Aufstellung des Jahresabschlusses sind die gesetzlichen Vertreter dafür verantwortlich, die Fähigkeit der Gesellschaft zur Fortführung der Unternehmenstätigkeit zu beurteilen, Sachverhalte im Zusammenhang mit der Fortführung der Unternehmenstätigkeit – sofern einschlägig – anzugeben, sowie dafür, den Rechnungslegungsgrundsatz der Fortführung der Unternehmenstätigkeit anzuwenden, es sei denn, die gesetzlichen Vertreter beabsichtigen, entweder die Gesellschaft zu liquidieren oder die Unternehmenstätigkeit einzustellen, oder haben keine realistische Alternative dazu.

Der [Aufsichtsrat/Prüfungsausschuss] ist verantwortlich für die Überwachung des Rechnungslegungsprozesses der Gesellschaft.

Verantwortlichkeiten des Abschlussprüfers für die Prüfung des Jahresabschlusses

Unsere Ziele sind, hinreichende Sicherheit darüber zu erlangen, ob der Jahresabschluss als Ganzes frei von wesentlichen falschen Darstellungen aufgrund von dolosen Handlungen oder Irrtümern ist, und einen Bestätigungsvermerk zu erteilen, der unser Prüfungsurteil beinhaltet. Hinreichende Sicherheit ist ein hohes Maß an Sicherheit, aber keine Garantie dafür, dass eine in Übereinstimmung mit der EU-VO und mit den österreichischen Grundsätzen ordnungsmäßiger Abschlussprüfung, die die Anwendung der ISA erfordern, durchgeführte Abschlussprüfung eine wesentliche falsche Darstellung, falls eine solche vorliegt, stets aufdeckt. Falsche Darstellungen können aus dolosen Handlungen oder Irrtümern resultieren und werden als wesentlich angesehen, wenn von ihnen einzeln oder insgesamt vernünftigerweise erwartet werden könnte, dass sie die auf der Grundlage dieses Jahresabschlusses getroffenen wirtschaftlichen Entscheidungen von Nutzern beeinflussen.

Als Teil einer Abschlussprüfung in Übereinstimmung mit der EU-VO und mit den österreichischen Grundsätzen ordnungsmäßiger Abschlussprüfung, die die Anwendung der ISA erfordern, üben wir während der gesamten Abschlussprüfung pflichtgemäßes Ermessen aus und bewahren eine kritische Grundhaltung.

Darüber hinaus gilt:

- Wir identifizieren und beurteilen die Risiken wesentlicher falscher Darstellungen aufgrund von dolosen Handlungen oder Irrtümern im Abschluss, planen Prüfungshandlungen als Reaktion auf diese Risiken, führen sie durch und erlangen Prüfungsnachweise, die ausreichend und geeignet sind, um als Grundlage für unser Prüfungsurteil zu dienen. Das Risiko, dass aus dolosen Handlungen resultierende wesentliche falsche Darstellungen nicht aufgedeckt werden, ist höher als ein aus Irrtümern resultierendes, da dolose Handlungen kollusives Zusammenwirken, Fälschungen, beabsichtigte Unvollständigkeiten, irreführende Darstellungen oder das Außerkraftsetzen interner Kontrollen beinhalten können.
- Wir gewinnen ein Verständnis von dem für die Abschlussprüfung relevanten internen Kontrollsystem, um Prüfungshandlungen zu planen, die unter den gegebenen Umständen angemessen sind, jedoch nicht mit dem Ziel, ein Prüfungsurteil zur Wirksamkeit des internen Kontrollsystems der Gesellschaft abzugeben.
- Wir beurteilen die Angemessenheit der von den gesetzlichen Vertretern angewandten Rechnungslegungsmethoden sowie die Vertretbarkeit der von den gesetzlichen Vertretern dargestellten geschätzten Werte in der Rechnungslegung und damit zusammenhängende Angaben.
- Wir ziehen Schlussfolgerungen über die Angemessenheit der Anwendung des Rechnungslegungsgrundsatzes der Fortführung der Unternehmenstätigkeit durch die gesetzlichen Vertreter sowie, auf der Grundlage der erlangten Prüfungsnachweise, ob eine wesentliche Unsicherheit im Zusammenhang mit Ereignissen oder Gegebenheiten besteht, die erhebliche Zweifel an der Fähigkeit der Gesellschaft zur Fortführung der Unternehmenstätigkeit aufwerfen können. Falls wir die Schlussfolgerung ziehen, dass eine wesentliche Unsicherheit besteht, sind wir verpflichtet, in unserem Bestätigungsvermerk auf die dazugehörigen Angaben im Jahresabschluss aufmerksam zu machen oder, falls diese Angaben unangemessen sind, unser Prüfungsurteil zu modifizieren. Wir ziehen unsere Schlussfolgerungen auf der Grundlage der bis zum Datum unseres Bestätigungsvermerks erlangten Prüfungsnachweise. Zukünftige Ereignisse oder Gegebenheiten können jedoch die Abkehr der Gesellschaft von der Fortführung der Unternehmenstätigkeit zur Folge haben.
- Wir beurteilen die Gesamtdarstellung, den Aufbau und den Inhalt des Jahresabschlusses einschließlich der Angaben sowie ob der Jahresabschluss die zugrunde liegenden Geschäftsvorfälle und Ereignisse in einer Weise wiedergibt, dass ein möglichst getreues Bild erreicht wird.

Wir tauschen uns mit dem [Aufsichtsrat/Prüfungsausschuss] unter anderem über den geplanten Umfang und die geplante zeitliche Einteilung der Abschlussprüfung sowie über bedeutsame Prüfungsfeststellungen, einschließlich etwaiger bedeutsamer Mängel im internen Kontrollsystem, die wir während unserer Abschlussprüfung erkennen, aus.

Wir geben dem [Aufsichtsrat/Prüfungsausschuss] auch eine Erklärung ab, dass wir die relevanten beruflichen Verhaltensanforderungen zur Unabhängigkeit eingehalten haben, und tauschen uns mit ihm über alle Beziehungen und sonstigen Sachverhalte aus, von denen vernünftigerweise angenommen werden kann, dass sie sich auf unsere Unabhängigkeit und – sofern einschlägig – damit zusammenhängende Schutzmaßnahmen auswirken.

Wir bestimmen von den Sachverhalten, über die wir uns mit dem [Aufsichtsrat/Prüfungsausschuss] ausgetauscht haben, diejenigen Sachverhalte, die am bedeutsamsten für die Prüfung des Jahresabschlusses des Geschäftsjahres waren und daher die besonders wichtigen Prüfungssachverhalte sind. Wir beschreiben diese Sachverhalte in unserem Bestätigungsvermerk, es sei denn, Gesetze oder andere Rechtsvorschriften schließen die öffentliche Angabe des Sachverhalts aus oder wir bestimmen in äußerst seltenen Fällen, dass ein Sachverhalt nicht in unserem Bestätigungsvermerk mitgeteilt werden sollte, weil vernünftigerweise erwartet wird, dass die negativen Folgen einer solchen Mitteilung deren Vorteile für das öffentliche Interesse übersteigen würden.

Sonstige gesetzliche und andere rechtliche Anforderungen

Bericht zum Lagebericht

Der Lagebericht ist aufgrund der österreichischen unternehmensrechtlichen Vorschriften darauf zu prüfen, ob er mit dem Jahresabschluss in Einklang steht und ob er nach den geltenden rechtlichen Anforderungen aufgestellt wurde. Zu der im Lagebericht enthaltenen nichtfinanziellen Erklärung ist es unsere Verantwortlichkeit zu prüfen, ob sie aufgestellt wurde, sie zu lesen und dabei zu würdigen, ob diese sonstigen Informationen wesentliche Unstimmigkeiten zum Jahresabschluss oder zu unseren bei der Abschlussprüfung erlangten Kenntnissen aufweisen oder anderweitig falsch dargestellt erscheinen.

Die gesetzlichen Vertreter sind verantwortlich für die Aufstellung des Lageberichts in Übereinstimmung mit den österreichischen unternehmensrechtlichen Vorschriften [und den sondergesetzlichen Bestimmungen].

Wir haben unsere Prüfung in Übereinstimmung mit den Berufsgrundsätzen zur Prüfung des Lageberichts durchgeführt.

Urteil

Nach unserer Beurteilung ist der Lagebericht nach den geltenden rechtlichen Anforderungen aufgestellt worden, enthält zutreffende Angaben nach § 243a UGB und steht in Einklang mit dem Jahresabschluss.

Erklärung

Angesichts der bei der Prüfung des Jahresabschlusses gewonnenen Erkenntnisse und des gewonnenen Verständnisses über die Gesellschaft und ihr Umfeld wurden wesentliche fehlerhafte Angaben im Lagebericht nicht festgestellt.

Zusätzliche Angaben nach Artikel 10 der EU-VO

Wir wurden von der Hauptversammlung am [Datum] als Abschlussprüfer gewählt. Wir wurden am [Datum] vom Aufsichtsrat beauftragt. Wir sind ununterbrochen seit [Datum/Geschäftsjahr/Anzahl Jahre] Abschlussprüfer.

Wir erklären, dass das Prüfungsurteil im Abschnitt „Bericht zum Jahresabschluss" mit dem zusätzlichen Bericht an den Prüfungsausschuss nach Artikel 11 der EU-VO in Einklang steht.

Wir erklären, dass wir keine verbotenen Nichtprüfungsleistungen (Artikel 5 Abs. 1 der EU-VO) erbracht haben und dass wir bei der Durchführung der Abschlussprüfung unsere Unabhängigkeit von der geprüften Gesellschaft gewahrt haben.

[Wir haben folgende Leistungen, die nicht im Jahresabschluss oder im Lagebericht angegeben wurden, zusätzlich zur Abschlussprüfung für die geprüfte Gesellschaft und für die von dieser beherrschten Unternehmen erbracht:

…]

Auftragsverantwortlicher Wirtschaftsprüfer

Der für die Abschlussprüfung auftragsverantwortliche Wirtschaftsprüfer ist [Name].

[Ort]

[Datum]

[Firmenmäßige Zeichnung, der verantwortliche Wirtschaftsprüfer hat in jedem Fall zu unterschreiben.]

Anlage 3: Muster für einen Bestätigungsvermerk über die Abschlussprüfung eines Jahresabschlusses einer Privatstiftung samt Lagebericht

Bestätigungsvermerk

Bericht zum Jahresabschluss

Prüfungsurteil

Wir haben den Jahresabschluss der [Stiftung], [Ort], bestehend aus der Bilanz zum [Datum], der Gewinn- und Verlustrechnung für das an diesem Stichtag endende Geschäftsjahr und dem Anhang, geprüft.

Nach unserer Beurteilung entspricht der beigefügte Jahresabschluss den gesetzlichen Vorschriften und vermittelt ein möglichst getreues Bild der Vermögens- und Finanzlage zum [Datum] sowie der Ertragslage der Stiftung für das an diesem Stichtag endende Geschäftsjahr in Übereinstimmung mit den Vorschriften des Privatstiftungsgesetzes unter sinngemäßer Anwendung der Vorschriften des österreichischen Unternehmensgesetzbuches [und den Bestimmungen der Stiftungserklärung].

Grundlage für das Prüfungsurteil

Wir haben unsere Abschlussprüfung in Übereinstimmung mit den österreichischen Grundsätzen ordnungsmäßiger Abschlussprüfung durchgeführt. Diese Grundsätze erfordern die Anwendung der International Standards on Auditing (ISA). Unsere Verantwortlichkeiten nach diesen Vorschriften und Standards sind im Abschnitt „Verantwortlichkeiten des Stiftungsprüfers für die Prüfung des Jahresabschlusses" unseres Bestätigungsvermerks weitergehend beschrieben. Wir sind von der Stiftung unabhängig in Übereinstimmung mit den Bestimmungen des Privatstiftungsgesetzes und den österreichischen berufsrechtlichen Vorschriften, und wir haben unsere sonstigen beruflichen Pflichten in Übereinstimmung mit diesen Anforderungen erfüllt. Wir sind der Auffassung, dass die von uns bis zum Datum des Bestätigungsvermerks erlangten Prüfungsnachweise ausreichend und geeignet sind, um als Grundlage für unser Prüfungsurteil zu diesem Datum zu dienen.

Verantwortlichkeiten des Stiftungsvorstands [und des Aufsichtsrats] für den Jahresabschluss

Der Stiftungsvorstand ist verantwortlich für die Aufstellung des Jahresabschlusses und dafür, dass dieser in Übereinstimmung mit den Vorschriften des Privatstiftungsgesetzes unter sinngemäßer Anwendung der Vorschriften des österreichischen Unternehmensgesetzbuches [und den Bestimmungen der Stiftungserklärung] ein möglichst getreues Bild der Vermögens-, Finanz- und Ertragslage der Stiftung vermittelt. Ferner ist der Stiftungsvorstand verantwortlich für die internen Kontrollen, die er als notwendig erachtet, um die Aufstellung eines Jahresabschlusses zu ermöglichen, der frei von wesentlichen falschen Darstellungen aufgrund von dolosen Handlungen oder Irrtümern ist.

Bei der Aufstellung des Jahresabschlusses ist der Stiftungsvorstand dafür verantwortlich, die Fähigkeit der Stiftung zur Fortführung der Geschäftstätigkeit zu beurteilen, Sachverhalte im Zusammenhang mit der Fortführung der Geschäftstätigkeit – sofern einschlägig – anzugeben, sowie dafür, den Rechnungslegungsgrundsatz der Fortführung der Geschäftstätigkeit anzuwenden, es sei denn, der Stiftungsvorstand beabsichtigt, entweder die Stiftung zu liquidieren oder die Geschäftstätigkeit einzustellen, oder hat keine realistische Alternative dazu.

Sofern ein Aufsichtsrat gemäß §§ 22 ff. PSG vorhanden ist, ist folgender Absatz einzufügen:

[Der Aufsichtsrat ist verantwortlich für die Überwachung des Rechnungslegungsprozesses der Stiftung.]

Verantwortlichkeiten des Stiftungsprüfers für die Prüfung des Jahresabschlusses

Unsere Ziele sind, hinreichende Sicherheit darüber zu erlangen, ob der Jahresabschluss als Ganzes frei von wesentlichen falschen Darstellungen aufgrund von dolosen Handlungen oder Irrtümern ist, und einen Bestätigungsvermerk zu erteilen, der unser Prüfungsurteil beinhaltet. Hinreichende Sicherheit ist ein hohes Maß an Sicherheit, aber keine Garantie dafür, dass eine in Übereinstimmung mit den österreichischen Grundsätzen ordnungsmäßiger Abschlussprüfung, die die Anwendung der ISA erfordern, durchgeführte Abschlussprüfung eine wesentliche falsche Darstellung, falls eine solche vorliegt, stets aufdeckt. Falsche Darstellungen können aus dolosen Handlungen oder Irrtümern resultieren und werden als wesentlich angesehen, wenn von ihnen einzeln oder insgesamt vernünftigerweise erwartet werden könnte, dass sie die auf der Grundlage dieses Jahresabschlusses getroffenen wirtschaftlichen Entscheidungen von Nutzern beeinflussen.

Als Teil einer Abschlussprüfung in Übereinstimmung mit den österreichischen Grundsätzen ordnungsmäßiger Abschlussprüfung, die die Anwendung der ISA erfordern, üben wir während der gesamten Abschlussprüfung pflichtgemäßes Ermessen aus und bewahren eine kritische Grundhaltung.

Darüber hinaus gilt:

- Wir identifizieren und beurteilen die Risiken wesentlicher falscher Darstellungen aufgrund von dolosen Handlungen oder Irrtümern im Abschluss, planen Prüfungshandlungen als Reaktion auf diese Risiken, führen sie durch und erlangen Prüfungsnachweise, die ausreichend und geeignet sind, um als Grundlage für unser Prüfungsurteil zu dienen. Das Risiko, dass aus dolosen Handlungen resultierende wesentliche falsche Darstellungen nicht aufgedeckt werden, ist höher als ein aus Irrtümern resultierendes, da dolose Handlungen kollusives Zusammenwirken, Fälschungen, beabsichtigte Unvollständigkeiten, irreführende Darstellungen oder das Außerkraftsetzen interner Kontrollen beinhalten können.
- Wir gewinnen ein Verständnis von dem für die Abschlussprüfung relevanten internen Kontrollsystem, um Prüfungshandlungen zu planen, die unter den gegebenen Umständen angemessen sind, jedoch nicht mit dem Ziel, ein Prüfungsurteil zur Wirksamkeit des internen Kontrollsystems der Stiftung abzugeben.
- Wir beurteilen die Angemessenheit der vom Stiftungsvorstand angewandten Rechnungslegungsmethoden sowie die Vertretbarkeit der vom Stiftungsvorstand dargestellten geschätzten Werte in der Rechnungslegung und damit zusammenhängende Angaben.
- Wir ziehen Schlussfolgerungen über die Angemessenheit der Anwendung des Rechnungslegungsgrundsatzes der Fortführung der Geschäftstätigkeit durch den Stiftungsvorstand sowie, auf der Grundlage der erlangten Prüfungsnachweise, ob eine wesentliche Unsicherheit im Zusammenhang mit Ereignissen oder Gegebenheiten besteht, die erhebliche Zweifel an der Fähigkeit der Stiftung zur Fortführung der Geschäftstätigkeit aufwerfen können. Falls wir die Schlussfolgerung ziehen, dass eine wesentliche Unsicherheit besteht, sind wir verpflichtet, in unserem Bestätigungsvermerk auf die dazugehörigen Angaben im Jahresabschluss aufmerksam zu machen oder, falls diese Angaben unangemessen sind, unser Prüfungsurteil zu modifizieren. Wir ziehen unsere Schlussfolgerungen auf der Grundlage der bis zum Datum unseres Bestätigungsvermerks erlangten Prüfungsnachweise. Zukünftige Ereignisse oder Gegebenheiten können jedoch die Abkehr der Stiftung von der Fortführung der Geschäftstätigkeit zur Folge haben.
- Wir beurteilen die Gesamtdarstellung, den Aufbau und den Inhalt des Jahresabschlusses einschließlich der Angaben sowie ob der Jahresabschluss die zugrunde liegenden Geschäftsvorfälle und Ereignisse in einer Weise wiedergibt, dass ein möglichst getreues Bild erreicht wird.

Sofern ein Aufsichtsrat gemäß §§ 22 ff. PSG vorhanden ist, sind folgende Absätze einzufügen:

[Wir tauschen uns mit dem Aufsichtsrat unter anderem über den geplanten Umfang und die geplante zeitliche Einteilung der Abschlussprüfung sowie über bedeutsame Prüfungsfeststellungen, einschließlich etwaiger bedeutsamer Mängel im internen Kontrollsystem, die wir während unserer Abschlussprüfung erkennen, aus.]

Bericht zum Lagebericht

Der Lagebericht ist aufgrund der österreichischen unternehmensrechtlichen Vorschriften darauf zu prüfen, ob er mit dem Jahresabschluss in Einklang steht und ob er nach den geltenden rechtlichen Anforderungen aufgestellt wurde.

Der Stiftungsvorstand ist verantwortlich für die Aufstellung des Lageberichts in Übereinstimmung mit den Vorschriften des Privatstiftungsgesetzes unter sinngemäßer Anwendung der Vorschriften des österreichischen Unternehmensgesetzbuches [und den Bestimmungen der Stiftungserklärung].

Wir haben unsere Prüfung in Übereinstimmung mit den Berufsgrundsätzen zur Prüfung des Lageberichts durchgeführt.

Urteil

Nach unserer Beurteilung ist der Lagebericht nach den geltenden rechtlichen Anforderungen aufgestellt worden, steht in Einklang mit dem Jahresabschluss und geht auf die Erfüllung des Stiftungszwecks ein.

Erklärung

Angesichts der bei der Prüfung des Jahresabschlusses gewonnenen Erkenntnisse und des gewonnenen Verständnisses über die Stiftung und ihr Umfeld wurden wesentliche fehlerhafte Angaben im Lagebericht nicht festgestellt.

[Ort]

[Datum]

[Firmenmäßige Zeichnung, der verantwortliche Wirtschaftsprüfer hat in jedem Fall zu unterschreiben.]

Anlage 4: Muster für einen Bestätigungsvermerk über die Abschlussprüfung eines Jahresabschlusses eines großen Vereins

Bestätigungsvermerk

Bericht zum Jahresabschluss

Prüfungsurteil

Wir haben den Jahresabschluss des [Verein], [Ort], bestehend aus der Bilanz zum [Datum], der Gewinn- und Verlustrechnung für das an diesem Stichtag endende Geschäftsjahr und dem Anhang, geprüft.

Nach unserer Beurteilung entspricht der beigefügte Jahresabschluss den gesetzlichen Vorschriften und vermittelt ein möglichst getreues Bild der Vermögens- und Finanzlage zum [Datum] sowie der Ertragslage des Vereins für das an diesem Stichtag endende Geschäftsjahr in Übereinstimmung mit den Vorschriften des Vereinsgesetzes unter sinngemäßer Anwendung der Vorschriften des österreichischen Unternehmensgesetzbuches.

Grundlage für das Prüfungsurteil

Wir haben unsere Abschlussprüfung in Übereinstimmung mit den österreichischen Grundsätzen ordnungsmäßiger Abschlussprüfung durchgeführt. Diese Grundsätze erfordern die Anwendung der International Standards on Auditing (ISA). Unsere Verantwortlichkeiten nach diesen Vorschriften und Standards sind im Abschnitt „Verantwortlichkeiten des Abschlussprüfers für die Prüfung des Jahresabschlusses" unseres Bestätigungsvermerks weitergehend beschrieben. Wir sind vom Verein unabhängig in Übereinstimmung mit den Bestimmungen des Vereinsgesetzes und den österreichischen berufsrechtlichen Vorschriften, und wir haben unsere sonstigen beruflichen Pflichten in Übereinstimmung mit diesen Anforderungen erfüllt. Wir sind der Auffassung, dass die von uns bis zum Datum des Bestätigungsvermerks erlangten Prüfungsnachweise ausreichend und geeignet sind, um als Grundlage für unser Prüfungsurteil zu diesem Datum zu dienen.

Verantwortlichkeiten des Leitungsorgans [und des … (falls ein für die Überwachung verantwortliches Gremium eingerichtet ist)] für den Jahresabschluss

Das Leitungsorgan ist verantwortlich für die Aufstellung des Jahresabschlusses und dafür, dass dieser in Übereinstimmung mit den Vorschriften des Vereinsgesetzes unter sinngemäßer Anwendung der Vorschriften des österreichischen Unternehmensgesetzbuches ein möglichst getreues Bild der Vermögens-, Finanz- und Ertragslage des Vereins vermittelt. Ferner ist das Leitungsorgan verantwortlich für die internen Kontrollen, die es als notwendig erachtet, um die Aufstellung eines Jahresabschlusses zu ermöglichen, der frei von wesentlichen falschen Darstellungen aufgrund von dolosen Handlungen oder Irrtümern ist.

Bei der Aufstellung des Jahresabschlusses ist das Leitungsorgan dafür verantwortlich, die Fähigkeit des Vereins zur Fortführung der Geschäftstätigkeit zu beurteilen, Sachverhalte im Zusammenhang mit der Fortführung der Geschäftstätigkeit – sofern einschlägig – anzugeben, sowie dafür, den Rechnungslegungsgrundsatz der Fortführung der Geschäftstätigkeit anzuwenden, es sei denn, das Leitungsorgan beabsichtigt, entweder den Verein zu liquidieren oder die Geschäftstätigkeit einzustellen, oder hat keine realistische Alternative dazu.

Sofern ein … vorhanden ist, ist folgender Absatz einzufügen:

[Der … ist verantwortlich für die Überwachung des Rechnungslegungsprozesses des Vereins.]

Verantwortlichkeiten des Abschlussprüfers für die Prüfung des Jahresabschlusses

Unsere Ziele sind, hinreichende Sicherheit darüber zu erlangen, ob der Jahresabschluss als Ganzes frei von wesentlichen falschen Darstellungen aufgrund von dolosen Handlungen oder Irrtümern ist, und einen Bestätigungsvermerk zu erteilen, der unser Prüfungsurteil beinhaltet. Hinreichende Sicherheit ist ein hohes Maß an Sicherheit, aber keine Garantie dafür, dass eine in Übereinstimmung mit den österreichischen Grundsätzen ordnungsmäßiger Abschlussprüfung, die die Anwendung der ISA erfordern, durchgeführte Abschlussprüfung eine wesentliche falsche Darstellung, falls eine solche vorliegt, stets aufdeckt. Falsche Darstellungen können aus dolosen Handlungen oder Irrtümern resultieren und werden als wesentlich angesehen, wenn von ihnen einzeln oder insgesamt vernünftigerweise erwartet werden könnte, dass sie die auf der Grundlage dieses Jahresabschlusses getroffenen wirtschaftlichen Entscheidungen von Nutzern beeinflussen.

Als Teil einer Abschlussprüfung in Übereinstimmung mit den österreichischen Grundsätzen ordnungsmäßiger Abschlussprüfung, die die Anwendung der ISA erfordern, üben wir während der gesamten Abschlussprüfung pflichtgemäßes Ermessen aus und bewahren eine kritische Grundhaltung.

Darüber hinaus gilt:

- Wir identifizieren und beurteilen die Risiken wesentlicher falscher Darstellungen aufgrund von dolosen Handlungen oder Irrtümern im Abschluss, planen Prüfungshandlungen als Reaktion auf diese Risiken, führen sie durch und erlangen Prüfungsnachweise, die ausreichend und geeignet sind, um als Grundlage für unser Prüfungsurteil zu dienen. Das Risiko, dass aus dolosen Handlungen resultierende wesentliche falsche Darstellungen nicht aufgedeckt werden, ist höher als ein aus Irrtümern resultierendes, da dolose Handlungen kollusives Zusammenwirken, Fälschungen, beabsichtigte Unvollständigkeiten, irreführende Darstellungen oder das Außerkraftsetzen interner Kontrollen beinhalten können.
- Wir gewinnen ein Verständnis von dem für die Abschlussprüfung relevanten internen Kontrollsystem, um Prüfungshandlungen zu planen, die unter den gegebenen Umständen angemessen sind, jedoch nicht mit dem Ziel, ein Prüfungsurteil zur Wirksamkeit des internen Kontrollsystems des Vereins abzugeben.
- Wir beurteilen die Angemessenheit der vom Leitungsorgan angewandten Rechnungslegungsmethoden sowie die Vertretbarkeit der vom Leitungsorgan dargestellten geschätzten Werte in der Rechnungslegung und damit zusammenhängende Angaben.
- Wir ziehen Schlussfolgerungen über die Angemessenheit der Anwendung des Rechnungslegungsgrundsatzes der Fortführung der Geschäftstätigkeit durch das Leitungsorgan sowie, auf der Grundlage der erlangten Prüfungsnachweise, ob eine wesentliche Unsicherheit im Zusammenhang mit Ereignissen oder Gegebenheiten besteht, die erhebliche Zweifel an der Fähigkeit des Vereins zur Fortführung der Geschäftstätigkeit aufwerfen können. Falls wir die Schlussfolgerung ziehen, dass eine wesentliche Unsicherheit besteht, sind wir verpflichtet, in unserem Bestätigungsvermerk auf die dazugehörigen Angaben im Jahresabschluss aufmerksam zu machen oder, falls diese Angaben unangemessen sind, unser Prüfungsurteil zu modifizieren. Wir ziehen unsere Schlussfolgerungen auf der Grundlage der bis zum Datum unseres Bestätigungsvermerks erlangten Prüfungsnachweise. Zukünftige Ereignisse oder Gegebenheiten können jedoch die Abkehr des Vereins von der Fortführung der Geschäftstätigkeit zur Folge haben.
- Wir beurteilen die Gesamtdarstellung, den Aufbau und den Inhalt des Jahresabschlusses einschließlich der Angaben sowie ob der Jahresabschluss die zugrunde liegenden Geschäftsvorfälle und Ereignisse in einer Weise wiedergibt, dass ein möglichst getreues Bild erreicht wird.

Sofern ein … vorhanden ist, sind folgende Absätze einzufügen.

[Wir tauschen uns mit dem … unter anderem über den geplanten Umfang und die geplante zeitliche Einteilung der Abschlussprüfung sowie über bedeutsame Prüfungsfeststellungen, einschließlich etwaiger bedeutsamer Mängel im internen Kontrollsystem, die wir während unserer Abschlussprüfung erkennen, aus.]

[Ort]

[Datum]

[Firmenmäßige Zeichnung, der verantwortliche Wirtschaftsprüfer hat in jedem Fall zu unterschreiben.]

Anlage 5: Muster für einen Bestätigungsvermerk über die Abschlussprüfung eines Konzernabschlusses einer Kapitalgesellschaft mit [Aufsichtsrat/Prüfungsausschuss], aufgestellt nach den IFRS, wie sie in der EU anzuwenden sind, und den zusätzlichen Anforderungen des § 245a UGB, samt Konzernlagebericht (kein Unternehmen von öffentlichem Interesse)

Bestätigungsvermerk

Bericht zum Konzernabschluss

Prüfungsurteil

Wir haben den Konzernabschluss der [Gesellschaft], [Ort], und ihrer Tochtergesellschaften (der Konzern), bestehend aus der Konzernbilanz zum [Datum], der Konzerngesamtergebnisrechnung, der Konzerneigenkapitalveränderungsrechnung und der Konzerngeldflussrechnung für das an diesem Stichtag endende Geschäftsjahr und dem Konzernanhang, geprüft.

Nach unserer Beurteilung entspricht der beigefügte Konzernabschluss den gesetzlichen Vorschriften und vermittelt ein möglichst getreues Bild der Vermögens- und Finanzlage des Konzerns zum [Datum] sowie der Ertragslage und der Zahlungsströme des Konzerns für das an diesem Stichtag endende Geschäftsjahr in Übereinstimmung mit den International Financial Reporting Standards, wie sie in der EU anzuwenden sind (IFRS), und den zusätzlichen Anforderungen des § 245a UGB.

Grundlage für das Prüfungsurteil

Wir haben unsere Abschlussprüfung in Übereinstimmung mit den österreichischen Grundsätzen ordnungsmäßiger Abschlussprüfung durchgeführt. Diese Grundsätze erfordern die Anwendung der International Standards on Auditing (ISA). Unsere Verantwortlichkeiten nach diesen Vorschriften und Standards sind im Abschnitt „Verantwortlichkeiten des Abschlussprüfers für die Prüfung des Konzernabschlusses" unseres Bestätigungsvermerks weitergehend beschrieben. Wir sind vom Konzern unabhängig in Übereinstimmung mit den österreichischen unternehmensrechtlichen und berufsrechtlichen Vorschriften, und wir haben unsere sonstigen beruflichen Pflichten in Übereinstimmung mit diesen Anforderungen erfüllt. Wir sind der Auffassung, dass die von uns bis zum Datum des Bestätigungsvermerks erlangten Prüfungsnachweise ausreichend und geeignet sind, um als Grundlage für unser Prüfungsurteil zu diesem Datum zu dienen.

Verantwortlichkeiten der gesetzlichen Vertreter und des [Aufsichtsrats/Prüfungsausschusses] für den Konzernabschluss

Die gesetzlichen Vertreter sind verantwortlich für die Aufstellung des Konzernabschlusses und dafür, dass dieser in Übereinstimmung mit den IFRS, wie sie in der EU anzuwenden sind, und den zusätzlichen Anforderungen des § 245a UGB ein möglichst getreues Bild der Vermögens-, Finanz- und Ertragslage des Konzerns vermittelt. Ferner sind die gesetzlichen Vertreter verantwortlich für die internen Kontrollen, die sie als notwendig erachten, um die Aufstellung eines Konzernabschlusses zu ermöglichen, der frei von wesentlichen falschen Darstellungen aufgrund von dolosen Handlungen oder Irrtümern ist.

Bei der Aufstellung des Konzernabschlusses sind die gesetzlichen Vertreter dafür verantwortlich, die Fähigkeit des Konzerns zur Fortführung der Unternehmenstätigkeit zu beurteilen, Sachverhalte im Zusammenhang mit der Fortführung der Unternehmenstätigkeit – sofern einschlägig – anzugeben, sowie dafür, den Rechnungslegungsgrundsatz der Fortführung der Unternehmenstätigkeit anzuwenden, es sei denn, die gesetzlichen Vertreter beabsichtigen, entweder den Konzern zu liquidieren oder die Unternehmenstätigkeit einzustellen, oder haben keine realistische Alternative dazu.

Der [Aufsichtsrat/Prüfungsausschuss] ist verantwortlich für die Überwachung des Rechnungslegungsprozesses des Konzerns.

Verantwortlichkeiten des Abschlussprüfers für die Prüfung des Konzernabschlusses

Unsere Ziele sind, hinreichende Sicherheit darüber zu erlangen, ob der Konzernabschluss als Ganzes frei von wesentlichen falschen Darstellungen aufgrund von dolosen Handlungen oder Irrtümern ist, und einen Bestätigungsvermerk zu erteilen, der unser Prüfungsurteil beinhaltet. Hinreichende Sicherheit ist ein hohes Maß an Sicherheit, aber keine Garantie dafür, dass eine in Übereinstimmung mit den österreichischen Grundsätzen ordnungsmäßiger Abschlussprüfung, die die Anwendung der ISA erfordern, durchgeführte Abschlussprüfung eine wesentliche falsche Darstellung, falls eine solche vorliegt, stets aufdeckt. Falsche Darstellungen können aus dolosen Handlungen oder Irrtümern resultieren und werden als wesentlich angesehen, wenn von ihnen einzeln oder insgesamt vernünftigerweise erwartet werden könnte, dass sie die auf der Grundlage dieses Konzernabschlusses getroffenen wirtschaftlichen Entscheidungen von Nutzern beeinflussen.

Als Teil einer Abschlussprüfung in Übereinstimmung mit den österreichischen Grundsätzen ordnungsmäßiger Abschlussprüfung, die die Anwendung der ISA erfordern, üben wir während der gesamten Abschlussprüfung pflichtgemäßes Ermessen aus und bewahren eine kritische Grundhaltung.

Darüber hinaus gilt:

- Wir identifizieren und beurteilen die Risiken wesentlicher falscher Darstellungen aufgrund von dolosen Handlungen oder Irrtümern im Abschluss, planen Prüfungshandlungen als Reaktion auf diese Risiken, führen sie durch und erlangen Prüfungsnachweise, die ausreichend und geeignet sind, um als Grundlage für unser Prüfungsurteil zu dienen. Das Risiko, dass aus dolosen Handlungen resultierende wesentliche falsche Darstellungen nicht aufgedeckt werden, ist höher als ein aus Irrtümern resultierendes, da dolose Handlungen kollusives Zusammenwirken, Fälschungen, beabsichtigte Unvollständigkeiten, irreführende Darstellungen oder das Außerkraftsetzen interner Kontrollen beinhalten können.
- Wir gewinnen ein Verständnis von dem für die Abschlussprüfung relevanten internen Kontrollsystem, um Prüfungshandlungen zu planen, die unter den gegebenen Umständen angemessen sind, jedoch nicht mit dem Ziel, ein Prüfungsurteil zur Wirksamkeit des internen Kontrollsystems des Konzerns abzugeben.
- Wir beurteilen die Angemessenheit der von den gesetzlichen Vertretern angewandten Rechnungslegungsmethoden sowie die Vertretbarkeit der von den gesetzlichen Vertretern dargestellten geschätzten Werte in der Rechnungslegung und damit zusammenhängende Angaben.
- Wir ziehen Schlussfolgerungen über die Angemessenheit der Anwendung des Rechnungslegungsgrundsatzes der Fortführung der Unternehmenstätigkeit durch die gesetzlichen Vertreter sowie, auf der Grundlage der erlangten Prüfungsnachweise, ob eine wesentliche Unsicherheit im Zusammenhang mit Ereignissen oder Gegebenheiten besteht, die erhebliche Zweifel an der Fähigkeit des Konzerns zur Fortführung der Unternehmenstätigkeit aufwerfen können. Falls wir die Schlussfolgerung ziehen, dass eine wesentliche Unsicherheit besteht, sind wir verpflichtet, in unserem Bestätigungsvermerk auf die dazugehörigen Angaben im Konzernabschluss aufmerksam zu machen oder, falls diese Angaben unangemessen sind, unser Prüfungsurteil zu modifizieren. Wir ziehen unsere Schlussfolgerungen auf der Grundlage der bis zum Datum unseres Bestätigungsvermerks erlangten Prüfungsnachweise. Zukünftige Ereignisse oder Gegebenheiten können jedoch die Abkehr des Konzerns von der Fortführung der Unternehmenstätigkeit zur Folge haben.
- Wir beurteilen die Gesamtdarstellung, den Aufbau und den Inhalt des Konzernabschlusses einschließlich der Angaben sowie ob der Konzernabschluss die zugrunde liegenden Geschäftsvorfälle und Ereignisse in einer Weise wiedergibt, dass ein möglichst getreues Bild erreicht wird.
- Wir erlangen ausreichende geeignete Prüfungsnachweise zu den Finanzinformationen der Einheiten oder Geschäftstätigkeiten innerhalb des Konzerns, um ein Prüfungsurteil zum Konzernabschluss abzugeben. Wir sind verantwortlich für die Anleitung, Überwachung und Durchführung der Konzernabschlussprüfung. Wir tragen die Alleinverantwortung für unser Prüfungsurteil.

Wir tauschen uns mit dem [Aufsichtsrat/Prüfungsausschuss] unter anderem über den geplanten Umfang und die geplante zeitliche Einteilung der Abschlussprüfung sowie über bedeutsame Prüfungsfeststellungen, einschließlich etwaiger bedeutsamer Mängel im internen Kontrollsystem, die wir während unserer Abschlussprüfung erkennen, aus.

Bericht zum Konzernlagebericht

Der Konzernlagebericht ist aufgrund der österreichischen unternehmensrechtlichen Vorschriften darauf zu prüfen, ob er mit dem Konzernabschluss in Einklang steht und ob er nach den geltenden rechtlichen Anforderungen aufgestellt wurde.

Die gesetzlichen Vertreter sind verantwortlich für die Aufstellung des Konzernlageberichts in Übereinstimmung mit den österreichischen unternehmensrechtlichen Vorschriften [und den sondergesetzlichen Bestimmungen].

Wir haben unsere Prüfung in Übereinstimmung mit den Berufsgrundsätzen zur Prüfung des Konzernlageberichts durchgeführt.

Urteil

Nach unserer Beurteilung ist der Konzernlagebericht nach den geltenden rechtlichen Anforderungen aufgestellt worden und steht in Einklang mit dem Konzernabschluss.

Erklärung

Angesichts der bei der Prüfung des Konzernabschlusses gewonnenen Erkenntnisse und des gewonnenen Verständnisses über den Konzern und sein Umfeld wurden wesentliche fehlerhafte Angaben im Konzernlagebericht nicht festgestellt.

[Ort]

[Datum]

[Firmenmäßige Zeichnung, der verantwortliche Wirtschaftsprüfer hat in jedem Fall zu unterschreiben.]

Anlage 6: Muster für einen Bestätigungsvermerk über die Abschlussprüfung eines Konzernabschlusses einer Kapitalgesellschaft mit [Aufsichtsrat/Prüfungsausschuss], aufgestellt nach dem UGB, samt Konzernlagebericht (kein Unternehmen von öffentlichem Interesse)

Bestätigungsvermerk

Bericht zum Konzernabschluss

Prüfungsurteil

Wir haben den Konzernabschluss der [Gesellschaft], [Ort], und ihrer Tochtergesellschaften (der Konzern), bestehend aus der Konzernbilanz zum [Datum], der Konzern-Gewinn- und Verlustrechnung, der Darstellung der Komponenten des Eigenkapitals und ihrer Entwicklung und der Konzerngeldflussrechnung für das an diesem Stichtag endende Geschäftsjahr und dem Konzernanhang, geprüft.

Nach unserer Beurteilung entspricht der beigefügte Konzernabschluss den gesetzlichen Vorschriften und vermittelt ein möglichst getreues Bild der Vermögens- und Finanzlage zum [Datum] sowie der Ertragslage und der Zahlungsströme des Konzerns für das an diesem Stichtag endende Geschäftsjahr in Übereinstimmung mit den österreichischen unternehmensrechtlichen Vorschriften [und den sondergesetzlichen Bestimmungen].

Grundlage für das Prüfungsurteil

Wir haben unsere Abschlussprüfung in Übereinstimmung mit den österreichischen Grundsätzen ordnungsmäßiger Abschlussprüfung durchgeführt. Diese Grundsätze erfordern die Anwendung der International Standards on Auditing (ISA). Unsere Verantwortlichkeiten nach diesen Vorschriften und Standards sind im Abschnitt „Verantwortlichkeiten des Abschlussprüfers für die Prüfung des Konzernabschlusses" unseres Bestätigungsvermerks weitergehend beschrieben. Wir sind vom Konzern unabhängig in Übereinstimmung mit den österreichischen unternehmensrechtlichen und berufsrechtlichen Vorschriften, und wir haben unsere sonstigen beruflichen Pflichten in Übereinstimmung mit diesen Anforderungen erfüllt. Wir sind der Auffassung, dass die von uns bis zum Datum des Bestätigungsvermerks erlangten Prüfungsnachweise ausreichend und geeignet sind, um als Grundlage für unser Prüfungsurteil zu diesem Datum zu dienen.

Verantwortlichkeiten der gesetzlichen Vertreter und des [Aufsichtsrats/Prüfungsausschusses] für den Konzernabschluss

Die gesetzlichen Vertreter sind verantwortlich für die Aufstellung des Konzernabschlusses und dafür, dass dieser in Übereinstimmung mit den österreichischen unternehmensrechtlichen Vorschriften [und den sondergesetzlichen Bestimmungen] ein möglichst getreues Bild der Vermögens-, Finanz- und Ertragslage des Konzerns vermittelt. Ferner sind die gesetzlichen Vertreter verantwortlich für die internen Kontrollen, die sie als notwendig erachten, um die Aufstellung eines Konzernabschlusses zu ermöglichen, der frei von wesentlichen falschen Darstellungen aufgrund von dolosen Handlungen oder Irrtümern ist.

Bei der Aufstellung des Konzernabschlusses sind die gesetzlichen Vertreter dafür verantwortlich, die Fähigkeit des Konzerns zur Fortführung der Unternehmenstätigkeit zu beurteilen, Sachverhalte im Zusammenhang mit der Fortführung der Unternehmenstätigkeit – sofern einschlägig – anzugeben, sowie dafür, den Rechnungslegungsgrundsatz der Fortführung der Unternehmenstätigkeit anzuwenden, es sei denn, die gesetzlichen Vertreter beabsichtigen, entweder den Konzern zu liquidieren oder die Unternehmenstätigkeit einzustellen, oder haben keine realistische Alternative dazu.

Der [Aufsichtsrat/Prüfungsausschuss] ist verantwortlich für die Überwachung des Rechnungslegungsprozesses des Konzerns.

Verantwortlichkeiten des Abschlussprüfers für die Prüfung des Konzernabschlusses

Unsere Ziele sind, hinreichende Sicherheit darüber zu erlangen, ob der Konzernabschluss als Ganzes frei von wesentlichen falschen Darstellungen aufgrund von dolosen Handlungen oder Irrtümern ist, und einen Bestätigungsvermerk zu erteilen, der unser Prüfungsurteil beinhaltet. Hinreichende Sicherheit ist ein hohes Maß an Sicherheit, aber keine Garantie dafür, dass eine in Übereinstimmung mit den österreichischen Grundsätzen ordnungsmäßiger Abschlussprüfung, die die Anwendung der ISA erfordern, durchgeführte Abschlussprüfung eine wesentliche falsche Darstellung, falls eine solche vorliegt, stets aufdeckt. Falsche Darstellungen können aus dolosen Handlungen oder Irrtümern resultieren und werden als wesentlich angesehen, wenn von ihnen einzeln oder insgesamt vernünftigerweise erwartet werden könnte, dass sie die auf der Grundlage dieses Konzernabschlusses getroffenen wirtschaftlichen Entscheidungen von Nutzern beeinflussen.

Als Teil einer Abschlussprüfung in Übereinstimmung mit den österreichischen Grundsätzen ordnungsmäßiger Abschlussprüfung, die die Anwendung der ISA erfordern, üben wir während der gesamten Abschlussprüfung pflichtgemäßes Ermessen aus und bewahren eine kritische Grundhaltung.

Darüber hinaus gilt:

- Wir identifizieren und beurteilen die Risiken wesentlicher falscher Darstellungen aufgrund von dolosen Handlungen oder Irrtümern im Abschluss, planen Prüfungshandlungen als Reaktion auf diese Risiken, führen sie durch und erlangen Prüfungsnachweise, die ausreichend und geeignet sind, um als Grundlage für unser Prüfungsurteil zu dienen. Das Risiko, dass aus dolosen Handlungen resultierende wesentliche falsche Darstellungen nicht aufgedeckt werden, ist höher als ein aus Irrtümern resultierendes, da dolose Handlungen kollusives Zusammenwirken, Fälschungen, beabsichtigte Unvollständigkeiten, irreführende Darstellungen oder das Außerkraftsetzen interner Kontrollen beinhalten können.
- Wir gewinnen ein Verständnis von dem für die Abschlussprüfung relevanten internen Kontrollsystem, um Prüfungshandlungen zu planen, die unter den gegebenen Umständen angemessen sind, jedoch nicht mit dem Ziel, ein Prüfungsurteil zur Wirksamkeit des internen Kontrollsystems des Konzerns abzugeben.
- Wir beurteilen die Angemessenheit der von den gesetzlichen Vertretern angewandten Rechnungslegungsmethoden sowie die Vertretbarkeit der von den gesetzlichen Vertretern dargestellten geschätzten Werte in der Rechnungslegung und damit zusammenhängende Angaben.
- Wir ziehen Schlussfolgerungen über die Angemessenheit der Anwendung des Rechnungslegungsgrundsatzes der Fortführung der Unternehmenstätigkeit durch die gesetzlichen Vertreter sowie, auf der Grundlage der erlangten Prüfungsnachweise, ob eine wesentliche Unsicherheit im Zusammenhang mit Ereignissen oder Gegebenheiten besteht, die erhebliche Zweifel an der Fähigkeit des Konzerns zur Fortführung der Unternehmenstätigkeit aufwerfen können. Falls wir die Schlussfolgerung ziehen, dass eine wesentliche Unsicherheit besteht, sind wir verpflichtet, in unserem Bestätigungsvermerk auf die dazugehörigen Angaben im Konzernabschluss aufmerksam zu machen oder, falls diese Angaben unangemessen sind, unser Prüfungsurteil zu modifizieren. Wir ziehen unsere Schlussfolgerungen auf der Grundlage der bis zum Datum unseres Bestätigungsvermerks erlangten Prüfungsnachweise. Zukünftige Ereignisse oder Gegebenheiten können jedoch die Abkehr des Konzerns von der Fortführung der Unternehmenstätigkeit zur Folge haben.
- Wir beurteilen die Gesamtdarstellung, den Aufbau und den Inhalt des Konzernabschlusses einschließlich der Angaben sowie ob der Konzernabschluss die zugrunde liegenden Geschäftsvorfälle und Ereignisse in einer Weise wiedergibt, dass ein möglichst getreues Bild erreicht wird.
- Wir erlangen ausreichende geeignete Prüfungsnachweise zu den Finanzinformationen der Einheiten oder Geschäftstätigkeiten innerhalb des Konzerns, um ein Prüfungsurteil zum Konzernabschluss abzugeben. Wir sind verantwortlich für die Anleitung, Überwachung und Durchführung der Konzernabschlussprüfung. Wir tragen die Alleinverantwortung für unser Prüfungsurteil.

Wir tauschen uns mit dem [Aufsichtsrat/Prüfungsausschuss] unter anderem über den geplanten Umfang und die geplante zeitliche Einteilung der Abschlussprüfung sowie über bedeutsame Prüfungsfeststellungen, einschließlich etwaiger bedeutsamer Mängel im internen Kontrollsystem, die wir während unserer Abschlussprüfung erkennen, aus.

Bericht zum Konzernlagebericht

Der Konzernlagebericht ist aufgrund der österreichischen unternehmensrechtlichen Vorschriften darauf zu prüfen, ob er mit dem Konzernabschluss in Einklang steht und ob er nach den geltenden rechtlichen Anforderungen aufgestellt wurde.

Die gesetzlichen Vertreter sind verantwortlich für die Aufstellung des Konzernlageberichts in Übereinstimmung mit den österreichischen unternehmensrechtlichen Vorschriften [und den sondergesetzlichen Bestimmungen].

Wir haben unsere Prüfung in Übereinstimmung mit den Berufsgrundsätzen zur Prüfung des Konzernlageberichts durchgeführt.

Urteil

Nach unserer Beurteilung ist der Konzernlagebericht nach den geltenden rechtlichen Anforderungen aufgestellt worden und steht in Einklang mit dem Konzernabschluss.

Erklärung

Angesichts der bei der Prüfung des Konzernabschlusses gewonnenen Erkenntnisse und des gewonnenen Verständnisses über den Konzern und sein Umfeld wurden wesentliche fehlerhafte Angaben im Konzernlagebericht nicht festgestellt.

[Ort]

[Datum]

[Firmenmäßige Zeichnung, der verantwortliche Wirtschaftsprüfer hat in jedem Fall zu unterschreiben.]

Anlage 7: Muster für einen Bestätigungsvermerk über die Abschlussprüfung eines Konzernabschlusses einer Kapitalgesellschaft unter folgenden Annahmen:

- **Mutterunternehmen von öffentlichem Interesse (börsennotiert), daher**
  - **[Aufsichtsrat/Prüfungsausschuss]**
  - **Anwendung der EU-VO**
- **aufgestellt nach den IFRS, wie sie in der EU anzuwenden sind, und den zusätzlichen Anforderungen des § 245a UGB**
- **relevante berufliche Verhaltensanforderungen umfassen österreichische unternehmensrechtliche und berufsrechtliche Unabhängigkeitsbestimmungen**
- **Konzernlagebericht mit konsolidierter nichtfinanzieller Erklärung**
- **Der Konzernabschluss, der Konzernlagebericht, der Bestätigungsvermerk und alle sonstigen Informationen werden in einem „integrierten Geschäftsbericht" gemeinsam veröffentlicht. Zum Datum des Bestätigungsvermerks liegt von den sonstigen Informationen nur der konsolidierte Corporate Governance-Bericht gemäß § 267b UGB fertig vor, alle anderen Informationen noch nicht.**

Bestätigungsvermerk

Bericht zum Konzernabschluss

Prüfungsurteil

Wir haben den Konzernabschluss der [Gesellschaft], [Ort], und ihrer Tochtergesellschaften (der Konzern), bestehend aus der Konzernbilanz zum [Datum], der Konzerngesamtergebnisrechnung, der Konzerneigenkapitalveränderungsrechnung und der Konzerngeldflussrechnung für das an diesem Stichtag endende Geschäftsjahr und dem Konzernanhang, geprüft.

Nach unserer Beurteilung entspricht der beigefügte Konzernabschluss den gesetzlichen Vorschriften und vermittelt ein möglichst getreues Bild der Vermögens- und Finanzlage des Konzerns zum [Datum] sowie der Ertragslage und der Zahlungsströme des Konzerns für das an diesem Stichtag endende Geschäftsjahr in Übereinstimmung mit den International Financial Reporting Standards, wie sie in der EU anzuwenden sind (IFRS), und den zusätzlichen Anforderungen des § 245a UGB.

Grundlage für das Prüfungsurteil

Wir haben unsere Abschlussprüfung in Übereinstimmung mit der EU-Verordnung Nr. 537/2014 (im Folgenden EU-VO) und mit den österreichischen Grundsätzen ordnungsmäßiger Abschlussprüfung durchgeführt. Diese Grundsätze erfordern die Anwendung der International Standards on Auditing (ISA). Unsere Verantwortlichkeiten nach diesen Vorschriften und Standards sind im Abschnitt „Verantwortlichkeiten des Abschlussprüfers für die Prüfung des Konzernabschlusses" unseres Bestätigungsvermerks weitergehend beschrieben. Wir sind vom Konzern unabhängig in Übereinstimmung mit den österreichischen unternehmensrechtlichen und berufsrechtlichen Vorschriften, und wir haben unsere sonstigen beruflichen Pflichten in Übereinstimmung mit diesen Anforderungen erfüllt. Wir sind der Auffassung, dass die von uns bis zum Datum des Bestätigungsvermerks erlangten Prüfungsnachweise ausreichend und geeignet sind, um als Grundlage für unser Prüfungsurteil zu diesem Datum zu dienen.

Besonders wichtige Prüfungssachverhalte

Besonders wichtige Prüfungssachverhalte sind solche Sachverhalte, die nach unserem pflichtgemäßen Ermessen am bedeutsamsten für unsere Prüfung des Konzernabschlusses des Geschäftsjahres waren. Diese Sachverhalte wurden im Zusammenhang mit unserer Prüfung des Konzernabschlusses als Ganzes und bei der Bildung unseres Prüfungsurteils hierzu berücksichtigt, und wir geben kein gesondertes Prüfungsurteil zu diesen Sachverhalten ab.

[Beschreibung jedes besonders wichtigen Prüfungssachverhalts in Übereinstimmung mit ISA 701 und EU-VO]

Sonstige Informationen

Die gesetzlichen Vertreter sind für die sonstigen Informationen verantwortlich. Die sonstigen Informationen umfassen alle Informationen im [Bezeichnung des Gesamtberichts, z.B. integrierten Geschäftsbericht], ausgenommen den Konzernabschluss, den Konzernlagebericht und den Bestätigungsvermerk.

Den [konkrete Bezeichnung des/der Berichts/e, z.B. Corporate Governance-Bericht gemäß § 267b UGB] haben wir vor dem Datum des Bestätigungsvermerks erhalten, die übrigen Teile des [Bezeichnung des Gesamtberichts, z.B. integrierten Geschäftsberichts] werden uns voraussichtlich nach diesem Datum zur Verfügung gestellt.

Unser Prüfungsurteil zum Konzernabschluss erstreckt sich nicht auf diese sonstigen Informationen, und wir werden dazu keine Art der Zusicherung geben.

Im Zusammenhang mit unserer Prüfung des Konzernabschlusses haben wir die Verantwortlichkeit, diese sonstigen Informationen zu lesen und dabei zu würdigen, ob die sonstigen Informationen wesentliche Unstimmigkeiten zum Konzernabschluss oder zu unseren bei der Abschlussprüfung erlangten Kenntnissen aufweisen oder anderweitig falsch dargestellt erscheinen.

Falls wir auf der Grundlage der von uns zu den vor dem Datum des Bestätigungsvermerks des Abschlussprüfers erlangten sonstigen Informationen durchgeführten Arbeiten den Schluss ziehen, dass eine wesentliche falsche Darstellung dieser sonstigen Informationen vorliegt, sind wir verpflichtet, über diese Tatsache zu berichten. Wir haben in diesem Zusammenhang nichts zu berichten.

Verantwortlichkeiten der gesetzlichen Vertreter und des [Aufsichtsrats/Prüfungsausschusses] für den Konzernabschluss

Die gesetzlichen Vertreter sind verantwortlich für die Aufstellung des Konzernabschlusses und dafür, dass dieser in Übereinstimmung mit den IFRS, wie sie in der EU anzuwenden sind, und den zusätzlichen Anforderungen des § 245a UGB ein möglichst getreues Bild der Vermögens-, Finanz- und Ertragslage des Konzerns vermittelt. Ferner sind die gesetzlichen Vertreter verantwortlich für die internen Kontrollen, die sie als notwendig erachten, um die Aufstellung eines Konzernabschlusses zu ermöglichen, der frei von wesentlichen falschen Darstellungen aufgrund von dolosen Handlungen oder Irrtümern ist.

Bei der Aufstellung des Konzernabschlusses sind die gesetzlichen Vertreter dafür verantwortlich, die Fähigkeit des Konzerns zur Fortführung der Unternehmenstätigkeit zu beurteilen, Sachverhalte im Zusammenhang mit der Fortführung der Unternehmenstätigkeit – sofern einschlägig – anzugeben, sowie dafür, den Rechnungslegungsgrundsatz der Fortführung der Unternehmenstätigkeit anzuwenden, es sei denn, die gesetzlichen Vertreter beabsichtigen, entweder den Konzern zu liquidieren oder die Unternehmenstätigkeit einzustellen, oder haben keine realistische Alternative dazu.

Der [Aufsichtsrat/Prüfungsausschuss] ist verantwortlich für die Überwachung des Rechnungslegungsprozesses des Konzerns.

Verantwortlichkeiten des Abschlussprüfers für die Prüfung des Konzernabschlusses

Unsere Ziele sind, hinreichende Sicherheit darüber zu erlangen, ob der Konzernabschluss als Ganzes frei von wesentlichen falschen Darstellungen aufgrund von dolosen Handlungen oder Irrtümern ist, und einen Bestätigungsvermerk zu erteilen, der unser Prüfungsurteil beinhaltet. Hinreichende Sicherheit ist ein hohes Maß an Sicherheit, aber keine Garantie dafür, dass eine in Übereinstimmung mit der EU-VO und mit den österreichischen Grundsätzen ordnungsmäßiger Abschlussprüfung, die die Anwendung der ISA erfordern, durchgeführte Abschlussprüfung eine wesentliche falsche Darstellung, falls eine solche vorliegt, stets aufdeckt. Falsche Darstellungen können aus dolosen Handlungen oder Irrtümern resultieren und werden als wesentlich angesehen, wenn von ihnen einzeln oder insgesamt vernünftigerweise erwartet werden könnte, dass sie die auf der Grundlage dieses Konzernabschlusses getroffenen wirtschaftlichen Entscheidungen von Nutzern beeinflussen.

Als Teil einer Abschlussprüfung in Übereinstimmung mit der EU-VO und mit den österreichischen Grundsätzen ordnungsmäßiger Abschlussprüfung, die die Anwendung der ISA erfordern, üben wir während der gesamten Abschlussprüfung pflichtgemäßes Ermessen aus und bewahren eine kritische Grundhaltung.

Darüber hinaus gilt:

- Wir identifizieren und beurteilen die Risiken wesentlicher falscher Darstellungen aufgrund von dolosen Handlungen oder Irrtümern im Abschluss, planen Prüfungshandlungen als Reaktion auf diese Risiken, führen sie durch und erlangen Prüfungsnachweise, die ausreichend und geeignet sind, um als Grundlage für unser Prüfungsurteil zu dienen. Das Risiko, dass aus dolosen Handlungen resultierende wesentliche falsche Darstellungen nicht aufgedeckt werden, ist höher als ein aus Irrtümern resultierendes, da dolose Handlungen kollusives Zusammenwirken, Fälschungen, beabsichtigte Unvollständigkeiten, irreführende Darstellungen oder das Außerkraftsetzen interner Kontrollen beinhalten können.
- Wir gewinnen ein Verständnis von dem für die Abschlussprüfung relevanten internen Kontrollsystem, um Prüfungshandlungen zu planen, die unter den gegebenen Umständen angemessen sind, jedoch nicht mit dem Ziel, ein Prüfungsurteil zur Wirksamkeit des internen Kontrollsystems des Konzerns abzugeben.
- Wir beurteilen die Angemessenheit der von den gesetzlichen Vertretern angewandten Rechnungslegungsmethoden sowie die Vertretbarkeit der von den gesetzlichen Vertretern dargestellten geschätzten Werte in der Rechnungslegung und damit zusammenhängende Angaben.
- Wir ziehen Schlussfolgerungen über die Angemessenheit der Anwendung des Rechnungslegungsgrundsatzes der Fortführung der Unternehmenstätigkeit durch die gesetzlichen Vertreter sowie, auf der Grundlage der erlangten Prüfungsnachweise, ob eine wesentliche Unsicherheit im Zusammenhang mit Ereignissen oder Gegebenheiten besteht, die erhebliche Zweifel an der Fähigkeit des Konzerns zur Fortführung der Unternehmenstätigkeit aufwerfen können. Falls wir die Schlussfolgerung ziehen, dass eine wesentliche Unsicherheit besteht, sind wir verpflichtet, in unserem Bestätigungsvermerk auf die dazugehörigen Angaben im Konzernabschluss aufmerksam

zu machen oder, falls diese Angaben unangemessen sind, unser Prüfungsurteil zu modifizieren. Wir ziehen unsere Schlussfolgerungen auf der Grundlage der bis zum Datum unseres Bestätigungsvermerks erlangten Prüfungsnachweise. Zukünftige Ereignisse oder Gegebenheiten können jedoch die Abkehr des Konzerns von der Fortführung der Unternehmenstätigkeit zur Folge haben.

- Wir beurteilen die Gesamtdarstellung, den Aufbau und den Inhalt des Konzernabschlusses einschließlich der Angaben sowie ob der Konzernabschluss die zugrunde liegenden Geschäftsvorfälle und Ereignisse in einer Weise wiedergibt, dass ein möglichst getreues Bild erreicht wird.
- Wir erlangen ausreichende geeignete Prüfungsnachweise zu den Finanzinformationen der Einheiten oder Geschäftstätigkeiten innerhalb des Konzerns, um ein Prüfungsurteil zum Konzernabschluss abzugeben. Wir sind verantwortlich für die Anleitung, Überwachung und Durchführung der Konzernabschlussprüfung. Wir tragen die Alleinverantwortung für unser Prüfungsurteil.

Wir tauschen uns mit dem [Aufsichtsrat/Prüfungsausschuss] unter anderem über den geplanten Umfang und die geplante zeitliche Einteilung der Abschlussprüfung sowie über bedeutsame Prüfungsfeststellungen, einschließlich etwaiger bedeutsamer Mängel im internen Kontrollsystem, die wir während unserer Abschlussprüfung erkennen, aus.

Wir geben dem [Aufsichtsrat/Prüfungsausschuss] auch eine Erklärung ab, dass wir die relevanten beruflichen Verhaltensanforderungen zur Unabhängigkeit eingehalten haben, und tauschen uns mit ihm über alle Beziehungen und sonstigen Sachverhalte aus, von denen vernünftigerweise angenommen werden kann, dass sie sich auf unsere Unabhängigkeit und – sofern einschlägig – damit zusammenhängende Schutzmaßnahmen auswirken.

Wir bestimmen von den Sachverhalten, über die wir uns mit dem [Aufsichtsrat/Prüfungsausschuss] ausgetauscht haben, diejenigen Sachverhalte, die am bedeutsamsten für die Prüfung des Konzernabschlusses des Geschäftsjahres waren und daher die besonders wichtigen Prüfungssachverhalte sind. Wir beschreiben diese Sachverhalte in unserem Bestätigungsvermerk, es sei denn, Gesetze oder andere Rechtsvorschriften schließen die öffentliche Angabe des Sachverhalts aus oder wir bestimmen in äußerst seltenen Fällen, dass ein Sachverhalt nicht in unserem Bestätigungsvermerk mitgeteilt werden sollte, weil vernünftigerweise erwartet wird, dass die negativen Folgen einer solchen Mitteilung deren Vorteile für das öffentliche Interesse übersteigen würden.

Sonstige gesetzliche und andere rechtliche Anforderungen

Bericht zum Konzernlagebericht

Der Konzernlagebericht ist aufgrund der österreichischen unternehmensrechtlichen Vorschriften darauf zu prüfen, ob er mit dem Konzernabschluss in Einklang steht und ob er nach den geltenden rechtlichen Anforderungen aufgestellt wurde. Zu der im Konzernlagebericht enthaltenen konsolidierten nichtfinanziellen Erklärung ist es unsere Verantwortlichkeit zu prüfen, ob sie aufgestellt wurde, sie zu lesen und dabei zu würdigen, ob diese sonstigen Informationen wesentliche Unstimmigkeiten zum Konzernabschluss oder zu unseren bei der Abschlussprüfung erlangten Kenntnissen aufweisen oder anderweitig falsch dargestellt erscheinen.

Die gesetzlichen Vertreter sind verantwortlich für die Aufstellung des Konzernlageberichts in Übereinstimmung mit den österreichischen unternehmensrechtlichen Vorschriften [und den sondergesetzlichen Bestimmungen].

Wir haben unsere Prüfung in Übereinstimmung mit den Berufsgrundsätzen zur Prüfung des Konzernlageberichts durchgeführt.

Urteil

Nach unserer Beurteilung ist der Konzernlagebericht nach den geltenden rechtlichen Anforderungen aufgestellt worden, enthält zutreffende Angaben nach § 243a UGB und steht in Einklang mit dem Konzernabschluss.

Erklärung

Angesichts der bei der Prüfung des Konzernabschlusses gewonnenen Erkenntnisse und des gewonnenen Verständnisses über den Konzern und sein Umfeld wurden wesentliche fehlerhafte Angaben im Konzernlagebericht nicht festgestellt.

Zusätzliche Angaben nach Artikel 10 der EU-VO

Wir wurden von der Hauptversammlung am [Datum] als Abschlussprüfer gewählt. Wir wurden am [Datum] vom Aufsichtsrat beauftragt. Wir sind ununterbrochen seit [Datum/Geschäftsjahr/Anzahl Jahre] Abschlussprüfer.

Wir erklären, dass das Prüfungsurteil im Abschnitt „Bericht zum Konzernabschluss" mit dem zusätzlichen Bericht an den Prüfungsausschuss nach Artikel 11 der EU-VO in Einklang steht.

Wir erklären, dass wir keine verbotenen Nichtprüfungsleistungen (Artikel 5 Abs. 1 der EU-VO) erbracht haben und dass wir bei der Durchführung der Abschlussprüfung unsere Unabhängigkeit von der geprüften Gesellschaft gewahrt haben.

[Wir haben folgende Leistungen, die nicht im Konzernabschluss oder im Konzernlagebericht angegeben wurden, zusätzlich zur Abschlussprüfung für die geprüfte Gesellschaft und für die von dieser beherrschten Unternehmen erbracht:

…]

Auftragsverantwortlicher Wirtschaftsprüfer

Der für die Abschlussprüfung auftragsverantwortliche Wirtschaftsprüfer ist [Name].

[Ort]

[Datum]

[Firmenmäßige Zeichnung, der verantwortliche Wirtschaftsprüfer hat in jedem Fall zu unterschreiben.]

2/2/4. KFS/PG 4

Fachgutachten
des Fachsenats für Unternehmensrecht und Revision
über Grundsätze und Einzelfragen zum zusätzlichen Bericht an den Prüfungsausschuss gemäß Artikel 11 der Verordnung (EU) Nr. 537/2014

(beschlossen in der Sitzung des Fachsenats für Unternehmensrecht und Revision am 28. November 2016 als Fachgutachten KFS/PG 4, zuletzt überarbeitet im Juni 2020; von der Abschlussprüferaufsichtsbehörde (APAB) genehmigt)

1. Vorbemerkungen und Anwendungsbereich

(1) Art. 11 der Verordnung (EU) Nr. 537/2014 (im Folgenden kurz „EU-VO") sieht für Unternehmen von öffentlichem Interesse (PIEs – Public Interest Entities) einen zusätzlichen Bericht an den Prüfungsausschuss durch den Abschlussprüfer der Gesellschaft (im Folgenden kurz „zusätzlicher Bericht") vor.

(2) Dieser zusätzliche Bericht ist für Abschlussprüfungen von Unternehmen von öffentlichem Interesse gemäß § 189a Z 1 UGB und aufsichtsratspflichtigen großen Gesellschaften, bei denen das Fünffache eines der in Euro ausgedrückten Größenmerkmale einer großen Gesellschaft (§ 221 Abs. 3 erster Satz in Verbindung mit Abs. 4 bis 6 UGB) überschritten wird (fünffach große Gesellschaften), zu erstellen.

(3) Die rechtliche Grundlage der Berichterstattung für Unternehmen von öffentlichem Interesse bildet Art. 11 EU-VO und ergänzend für Aktiengesellschaften § 92 Abs. 4a Z 2 AktG, für GmbH § 30g Abs. 4a Z 2 GmbHG, für SE § 51 Abs. 3a Z 2 SE-Gesetz, für Erwerbs- und Wirtschaftsgenossenschaften § 24c Abs. 6 Z 2 GenG sowie für Kreditinstitute § 63a Abs. 4 BWG.

(4) Dieses Fachgutachten behandelt die einzelnen gemäß Art. 11 EU-VO erforderlichen inhaltlichen Bestandteile des zusätzlichen Berichts und erläutert Grundsätze und Einzelfragen zu diesen.

(5) Dieses Fachgutachten stellt keine Anleitung zum formalen Aufbau des zusätzlichen Berichts dar.

(6) Hinsichtlich der allgemeinen Berichtsgrundsätze wird auf das Fachgutachten KFS/PG 2 Rz (6) bis (10) verwiesen.

2. Adressaten des zusätzlichen Berichts

(7) Adressaten des zusätzlichen Berichts sind die Mitglieder des Prüfungsausschusses. Wurde ein solcher Ausschuss unter Inanspruchnahme von Befreiungsbestimmungen nicht eingerichtet, so tritt an seine Stelle das gleichwertige Gremium, das dessen Aufgaben und sonstige Pflichten erfüllt.

(8) In Gesellschaften, an denen ein Mutterunternehmen unmittelbar oder mittelbar mehr als 75 Prozent der Anteile hält, muss kein Prüfungsausschuss bestellt werden, sofern nicht sondergesetzliche Vorschriften (§ 63a Abs. 4 BWG, § 123 Abs. 7 f VAG 2016) zu beachten sind und im Mutterunternehmen ein solcher oder ein gleichwertiges Gremium dessen Aufgaben und sonstige Pflichten auf Konzernebene erfüllt (§ 92 Abs. 4a Z 3 AktG; § 30g Abs. 4a Z 3 GmbHG). In diesem Fall ist der zusätzliche Bericht dem Prüfungsausschuss oder dem gleichwertigen Gremium des Mutterunternehmens sowie zugleich dem Aufsichtsrat des Tochterunternehmens zu erstatten.

(9) Bei fünffach großen Gesellschaften, die nicht unter sondergesetzliche Vorschriften (§ 63a Abs. 4 BWG, § 123 Abs. 7 VAG 2016) fallen, kann die Bestellung eines Prüfungsausschusses auch unterbleiben, wenn der Aufsichtsrat aus nicht mehr als vier Mitgliedern besteht, wie ein Prüfungsausschuss zusammengesetzt ist und dessen Aufgaben und sonstige Pflichten wahrnimmt. Der zusätzliche Bericht ist diesfalls dem Aufsichtsrat zu erstatten (§ 92 Abs. 4a Z 3 AktG; siehe weiters § 30g Abs. 4a Z 3 GmbHG, § 51 Abs. 3a Z 3 SE-G, § 24c Abs. 6 Z 3 GenG). Bei Kreditinstituten und Versicherungsunternehmen, die Unternehmen von öffentlichem Interesse sind, gilt dies sinngemäß in Fällen, in denen aufgrund von größenabhängigen Befreiungen kein Prüfungsausschuss eingerichtet wurde (§ 63a Abs. 4 BWG, § 123 Abs. 8 VAG 2016), und der Bericht ist dem Gremium vorzulegen, das bei dem Kreditinstitut bzw. Versicherungsunternehmen vergleichbare Funktionen hat (Art. 11 Abs. 1 zweiter Unterabsatz EU-VO).

(10) Der zusätzliche Bericht ist vom Abschlussprüfer auf Verlangen der Abschlussprüferaufsichtsbehörde (APAB) an diese zu übermitteln (Art. 11 Abs. 5 EU-VO). Unbeschadet dessen können sich aus anderen Rechtsgrundlagen weitere Verpflichtungen zur Übermittlung dieses Berichts an Dritte ergeben.

3. Allgemeines zur Berichterstattung gemäß Art. 11 EU-VO

(11) Für die Erfüllung der Berichtspflichten an den Prüfungsausschuss gemäß Art. 11 EU-VO ist ein vom Prüfungsbericht gemäß § 273 Abs. 1 UGB gesonderter Bericht zu erstellen. Eine Zusammenfassung mit dem Prüfungsbericht gemäß § 273 Abs. 1 UGB ist, da dieser Bericht einen erweiterten Adressatenkreis und abweichende Informationsinhalte hat, ohne ausdrückliche Vereinbarung nicht möglich.

(12) Zur Erfüllung der schriftlichen Berichtspflicht ist der zusätzliche Bericht so zu gestalten, dass dieser ausformuliert und ohne weitere (mündliche) Erläuterungen durch den Abschluss-

prüfer vollständig und verständlich ist. Eine bloße Auflistung von Themenpunkten ohne inhaltliche Aussagen zu den einzelnen Berichtspflichten ist nicht ausreichend.

(13) Die Sprache des zusätzlichen Berichts ist gesetzlich nicht vorgegeben und daher im Prüfungsvertrag zu vereinbaren.[1]

[1] Im Falle einer Vorlage des zusätzlichen Berichts auf Verlangen der Abschlussprüferaufsichtsbehörde (APAB) gemäß Art. 11 Abs. 5 EU-VO ist zu beachten, dass die Behörde auskunftsgemäß den Bericht nur in deutscher oder englischer Sprache entgegennimmt.

(14) Der zusätzliche Bericht ist zu datieren und von denselben Personen, die den Bestätigungsvermerk unterzeichnen, zu unterfertigen.

(15) Der Zeitpunkt der Berichterstattung (Unterschriftsdatum des zusätzlichen Berichts) kann vor dem Datum des Bestätigungsvermerks liegen, jedoch nicht später. Im Bestätigungsvermerk von Unternehmen von öffentlichem Interesse ist auf den zusätzlichen Bericht gemäß Art. 11 EU-VO einzugehen (vgl. KFS/PG 3 Rz (101) Punkt 4.).

(16) Der zusätzliche Bericht unterliegt der auftragsbegleitenden Qualitätssicherungsprüfung gemäß Art. 8 EU-VO.

(17) Im zusätzlichen Bericht sind die geforderten Angaben sowohl für die Prüfung des Jahresabschlusses des Mutterunternehmens als auch für die Prüfung des Konzernabschlusses zu machen. Die Berichterstattung kann in zwei getrennten Berichten oder in einem kombinierten Bericht erfolgen.

4. Struktur des Berichts gemäß Art. 11 EU-VO

(18) Art. 11 EU-VO enthält keine Vorgabe hinsichtlich der Struktur des zusätzlichen Berichts an den Prüfungsausschuss.

(19) Empfohlen wird der Aufbau des zusätzlichen Berichts in folgender Struktur (Artikel beziehen sich auf die EU-VO):

1. **Angaben zu Organisation und Durchführung der Prüfung**
   - Verantwortlicher Prüfungspartner (Art. 11 Abs. 2 lit. b)
   - Vorliegen aller notwendigen Unterlagen und Erläuterungen (Art. 11 Abs. 2 lit. o)
   - Umfang und Zeitplan der Prüfung (Art. 11 Abs. 2 lit. e)
   - Kommunikation mit Organen des geprüften Unternehmens (Art. 11 Abs. 2 lit. d)
   - Für die Prüfung festgelegte Wesentlichkeit (Art. 11 Abs. 2 lit. h)
   - Methodik bei der Durchführung der Prüfung (Art. 11 Abs. 2 lit. g)
   - Bei Joint Audits: Aufgabenverteilung zwischen den Gemeinschaftsprüfern (Art. 11 Abs. 2 lit. f)
   - Bei Konzernabschlussprüfungen: Prüfungsarbeiten von netzwerkfremden Teilbereichsprüfern (Art. 11 Abs. 2 lit. n)
   - Verwertung der Arbeiten externer Sachverständiger oder netzwerkfremder Prüfer (Art. 11 Abs. 2 lit. c)
2. **Angaben zur Unabhängigkeit**
   - Erklärung über die Unabhängigkeit (Art. 11 Abs. 2 lit. a)
   - Beschreibung erbrachter Steuerberatungs- und Bewertungsleistungen (§ 271a Abs. 6 Z 3 UGB)
3. **Sonstige Berichtspflichten**
   - Angewandte Bewertungsmethoden (Art. 11 Abs. 2 lit. l)
   - Bei Konzernabschlussprüfungen: Konsolidierungskreis (Art. 11 Abs. 2 lit. m)
   - Ereignisse oder Gegebenheiten, die erhebliche Zweifel an der Fähigkeit des Unternehmens zur Fortführung der Unternehmenstätigkeit aufwerfen oder wesentliche Unsicherheiten darstellen können (Art. 11 Abs. 2 lit. i)
   - Festgestellte bedeutsame Mängel im rechnungslegungsbezogenen internen Kontrollsystem (Art. 11 Abs. 2 lit. j)
   - Unrichtigkeiten und Verstöße, soweit für die Wahrnehmung der Aufgaben des Prüfungsausschusses relevant (Art. 11 Abs. 2 lit. k)
   - Bedeutsame Schwierigkeiten, Gegenstand von Besprechungen und für die Aufsicht über den Rechnungslegungsprozess bedeutsame Sachverhalte (Art. 11 Abs. 2 lit. p)
   - Uneinigkeit über die Durchführung der Prüfung betreffende Themen zwischen mehreren Abschlussprüfern (Art. 11 Abs. 3)

(20) Liegen im Zusammenhang mit der Erläuterung der Ergebnisse der Abschlussprüfung keine Sachverhalte vor, die nach Art. 11 Hinweise, Angaben oder Erläuterungen erfordern (Art. 11 Abs. 2 lit. c, f, i, j, k, m, n und p sowie Abs. 3), dann entfallen diese Angaben im Bericht. In den Fällen des Art. 11 Abs. 2 lit. i, j, k und p sowie Abs. 3 kann ein ausdrücklicher Hinweis, dass keine diesbezüglichen Feststellungen vorliegen, aufgenommen werden.

5. Einzelfragen zum Inhalt des zusätzlichen Berichts

5.1. Erläuterung der Ergebnisse der durchgeführten Abschlussprüfung (Art. 11 Abs. 2 zweiter Satz EU-VO)

(21) Der Erläuterungspflicht wird in der Regel durch die Angaben zu den Punkten a) bis p) sowie einen Verweis auf den Bestätigungsvermerk ausreichend Rechnung getragen.

5.2. Erklärung über die Unabhängigkeit (Art. 11 Abs. 2 lit. a EU-VO)

(22) Art. 11 Abs. 2 lit. a EU-VO lautet: *„die Er-*

klärung über die Unabhängigkeit nach Artikel 6 Absatz 2 Buchstabe a".

(23) Mit dieser Erklärung im zusätzlichen Bericht wird die Verpflichtung gemäß Art. 6 EU-VO erfüllt; eine gesonderte schriftliche Erklärung ist nicht erforderlich.

(24) Art. 6 Abs. 2 lit. a EU-VO lautet: *„Ein Abschlussprüfer oder eine Prüfungsgesellschaft*

a) erklärt gegenüber dem Prüfungsausschuss jährlich schriftlich, dass der Abschlussprüfer bzw. die Prüfungsgesellschaft, Prüfungspartner und Mitglieder der höheren Führungsebene und das Leitungspersonal, die die Abschlussprüfung durchführen, unabhängig vom geprüften Unternehmen sind".

Prüfungspartner, Mitglieder der höheren Führungsebene und Leitungspersonal sind in der englischen Sprachfassung der EU-VO als Partner, Senior Manager und Manager bezeichnet. Im Zusammenhang mit der Zuordnung zur höheren Führungsebene oder zum Leitungspersonal ist auf die Funktion der einzelnen Personen im Prüfungsteam abzustellen.

(25) Der schriftliche Bericht gemäß § 270 Abs. 1a UGB ist vor Erstattung des Wahlvorschlags für den Abschlussprüfer an den Prüfungsausschuss zu übermitteln und ist kein Ersatz für die Erklärung über die Unabhängigkeit im zusätzlichen Bericht.

(26) Die Erklärung über die Unabhängigkeit ist auch in den zusätzlichen Bericht betreffend fünffach große Gesellschaften aufzunehmen.

(27) Bei Konzernabschlussprüfungen umfasst diese Erklärung auch die Unabhängigkeit des entsprechenden Personenkreises aller Teilbereichsprüfer.

(28) Weiters sind an dieser Stelle die Angaben gemäß § 271a Abs. 6 Z 3 UGB zu machen. Diese Angaben haben die Auswirkungen der erbrachten Steuerberatungs- und Bewertungsleistungen auf den geprüften Abschluss darzustellen und zu erläutern. Von der Angabepflicht betroffen sind ausschließlich die in § 271a Abs. 6 UGB i.V.m. Art. 5 Abs. 1 EU-VO angeführten Steuerberatungs- und Bewertungsleistungen, soweit diese vom Abschlussprüfer oder einem Mitglied seines Netzwerks für das geprüfte Unternehmen oder ein mit diesem verbundenes Unternehmen erbracht werden:

- Erstellung von Steuererklärungen;
- Ermittlung von staatlichen Beihilfen und steuerlichen Anreizen, es sei denn, die Unterstützung durch den Abschlussprüfer oder die Prüfungsgesellschaft bei solchen Leistungen ist gesetzlich vorgeschrieben;
- Unterstützung hinsichtlich Steuerprüfungen durch die Steuerbehörden, es sei denn, die Unterstützung durch den Abschlussprüfer oder die Prüfungsgesellschaft bei solchen Leistungen ist gesetzlich vorgeschrieben;
- Berechnung der direkten und indirekten Steuern sowie latenter Steuern;
- Erbringung von Steuerberatungsleistungen;
- Bewertungsleistungen, einschließlich Bewertungsleistungen in Zusammenhang mit Leistungen im Bereich der Versicherungsmathematik und der Unterstützung bei Rechtsstreitigkeiten.

(29) Im Sinn von Erwägungsgrund 9 der EU-VO sind Leistungen mit direkten („unmittelbaren"), jedoch bloß unwesentlichen Auswirkungen oder mit indirekten („mittelbaren") Auswirkungen von dem Verbot nicht umfasst (vgl. EB zum APRÄG 2016, zu § 271a Abs. 6 UGB). Eine konkrete Erläuterung der Auswirkungen der erbrachten Steuerberatungs- und Bewertungsleistungen auf den geprüften Abschluss ist somit nur in jenen Fällen von Bedeutung bzw. sinnvoll, in denen sich direkte („unmittelbare") Auswirkungen ergeben. Diesfalls ist durch konkrete Darstellung der Auswirkungen zu begründen, warum diese unwesentlich sind. Für Leistungen mit nur indirekten („mittelbaren") Auswirkungen sind konkrete Erläuterungen nicht erforderlich.

5.3. Verantwortliche Prüfungspartner (Art. 11 Abs. 2 lit. b EU-VO)

(30) Art. 11 Abs. 2 lit. b EU-VO lautet: *„die Angabe jedes an der Prüfung beteiligten verantwortlichen Prüfungspartners, falls die Abschlussprüfung von einer Prüfungsgesellschaft durchgeführt wurde".*

(31) Die verantwortlichen Prüfungspartner bestimmen sich nach der Definition in Art. 2 Z 16 der Richtlinie 2006/43/EG i.d.F. der Richtlinie 2014/56/EU (AP-RL) i.V.m. Art. 3 EU-VO und umfassen demnach den verantwortlichen Wirtschaftsprüfer gemäß § 77 Abs. 9 WTBG 2017, weitere Unterzeichner des Bestätigungsvermerks (sofern sie Wirtschaftsprüfer sind) und im Falle von Konzernabschlussprüfungen die verantwortlichen Wirtschaftsprüfer von bedeutenden Tochtergesellschaften.

(32) Eine Tochtergesellschaft ist „bedeutend", wenn sie ein bedeutendes verbundenes Unternehmen im Sinn von § 271a Abs. 4 UGB ist. Diese Definition unterscheidet sich von jener für bedeutsame Teilbereiche gemäß ISA 600.9(m).

5.4. Verwertung der Arbeiten externer Sachverständiger oder netzwerkfremder Prüfer (Art. 11 Abs. 2 lit. c EU-VO)

(33) Art. 11 Abs. 2 lit. c EU-VO lautet: *„gegebenenfalls der Hinweis darauf, dass der Abschlussprüfer oder die Prüfungsgesellschaft Vorkehrungen getroffen hat, dass bestimmte seiner bzw. ihrer Tätigkeiten von einem anderen Abschlussprüfer bzw. einer anderen Prüfungsgesellschaft, der bzw. die nicht demselben Netzwerk angehört, durchgeführt werden, oder dass auf die Arbeit externer Sachverständiger zurückgegriffen wird, sowie die Bestätigung, dass der Abschlussprüfer bzw. die Prüfungsgesellschaft seitens des anderen Abschlussprüfers oder der anderen Prüfungsgesellschaft und/oder des externen Sachverständigen eine Bestätigung hinsichtlich ihrer Unabhängigkeit erhalten hat".*

(34) Anzuführen ist, ob in die Prüfung netzwerkfremde Abschlussprüfer (als Teil des Prüfungsteams oder als Teilbereichsprüfer) oder externe Sachverständige im Sinn von ISA 620 einbezogen wurden. Gegebenenfalls ist eine Erklärung abzugeben, dass von diesen eine Bestätigung hinsichtlich ihrer Unabhängigkeit vorliegt. Die Grundlagen für diese Erklärung ergeben sich aus den Anforderungen in ISA 220.11(a), ISA 600.40(b) und ISA 620.9.

(35) Erfolgte keine Verwertung der Arbeiten externer Sachverständiger oder netzwerkfremder Prüfer, entfällt dieses Kapitel.

5.5. Kommunikation mit Organen des geprüften Unternehmens (Art. 11 Abs. 2 lit. d EU-VO)

(36) Art. 11 Abs. 2 lit. d EU-VO lautet: „*eine Beschreibung der Art, der Häufigkeit und des Umfangs der Kommunikation mit dem Prüfungsausschuss oder dem Gremium, das bei dem geprüften Unternehmen vergleichbare Funktionen hat, dem Unternehmensleitungsorgan und dem Verwaltungs- oder Aufsichtsorgan des geprüften Unternehmens, einschließlich der Zeitpunkte der Zusammenkünfte mit diesen Organen*“.

(37) Anzuführen ist nur die Kommunikation mit dem jeweiligen Kollegialorgan. Dabei ist es unerheblich, ob diese Kommunikation mit dem Kollegialorgan im Rahmen einer Sitzung oder auf andere Weise (z.B. schriftlich) erfolgt. Bei einer Kommunikation im Rahmen einer Sitzung ist das Datum der Sitzung anzugeben.

(38) Die Kommunikation mit einzelnen Mitgliedern dieser Organe ist von dieser Berichtspflicht nicht umfasst, kann jedoch freiwillig angeführt werden.

(39) In der Beschreibung des Umfangs sind die bedeutendsten Themen der Kommunikation darzustellen. Eine stichwortartige Darstellung ist in der Regel ausreichend.

5.6. Umfang und Zeitplan der Prüfung (Art. 11 Abs. 2 lit. e EU-VO)

(40) Art. 11 Abs. 2 lit. e EU-VO lautet: „*eine Beschreibung des Umfangs und des Zeitplans der Prüfung*“.

(41) Die Angaben zum Umfang und Zeitplan der Prüfung beziehen sich auf inhaltliche Aspekte der Prüfung und ihre zeitliche Einteilung. Zu diesen Angaben kann auf ISA 260.15 und die Beispiele in ISA 260.A11 bis .A15 zurückgegriffen werden.

(42) Bei Konzernabschlussprüfungen ist die Art der Tätigkeiten, welche bei Tochtergesellschaften oder Teilbereichen durchgeführt wurden, darzustellen („Scoping“ im Sinn von ISA 600.26 ff.). Bei Einbindung von netzwerkfremden Teilbereichsprüfern wird empfohlen, die Angaben betreffend die Prüfungsarbeiten von netzwerkfremden Teilbereichsprüfern (Art. 11 Abs. 2 lit. n EU-VO; siehe Abschnitt 5.15.) gemeinsam mit den Angaben zu Umfang und Zeitplan der Prüfung in einem Kapitel des zusätzlichen Berichts zu machen.

5.7. Bei Joint Audits: Aufgabenverteilung zwischen den Gemeinschaftsprüfern (Art. 11 Abs. 2 lit. f EU-VO)

(43) Art. 11 Abs. 2 lit. f VO lautet: „*die Beschreibung der Aufgabenverteilung zwischen den Abschlussprüfern und/oder den Prüfungsgesellschaften, sofern zwei oder mehr Prüfer oder Prüfungsgesellschaften bestellt wurden*“.

(44) Da diese Angabe an die Bestellung von mindestens zwei Abschlussprüfern oder Prüfungsgesellschaften geknüpft ist, bezieht sie sich ausschließlich auf die Durchführung von Joint Audits. Falls kein Joint Audit durchgeführt wurde, entfällt diese Angabe.

5.8. Methodik bei der Durchführung der Prüfung (Art. 11 Abs. 2 lit. g EU-VO)

(45) Art. 11 Abs. 2 lit. g EU-VO lautet: „*eine Beschreibung der verwendeten Methode, u. a. dahingehend, welche Kategorien der Bilanz direkt überprüft wurden und welche Kategorien dabei System- und Zuverlässigkeitsprüfungen unterzogen wurden, einschließlich einer Erläuterung wesentlicher Veränderungen bei der Gewichtung von System- und Zuverlässigkeitsprüfungen gegenüber dem Vorjahr, selbst wenn die Abschlussprüfung im Vorjahr von anderen Abschlussprüfern oder anderen Prüfungsgesellschaften durchgeführt wurde*“.

(46) Unter der verwendeten Methode ist in diesem Zusammenhang die Prüfungsstrategie je Prüffeld zu verstehen. Eine Darstellung der einzelnen Prüfungshandlungen im Detail ist davon nicht umfasst.

(47) Unter Kategorien sind in diesem Zusammenhang die Prüffelder zu verstehen. Die Angaben zur Prüfungsstrategie können zu allen Prüffeldern des Abschlusses (und nicht bloß zu den Prüffeldern der Bilanz) gemacht werden.

(48) Unter „System- und Zuverlässigkeitsprüfungen“ ist die Durchführung von Prozess- und Systemerhebungen einschließlich der Durchführung von „Walk-Throughs“ und Kontrollprüfungen (Wirksamkeitsprüfungen) zu verstehen.

(49) Im Gegensatz dazu bedeutet „direkte Prüfung“ die Durchführung von aussagebezogenen Prüfungshandlungen (aussagebezogene analytische Prüfungshandlungen und Einzelfallprüfungen).

(50) Im Sinn der Berichtsklarheit wird empfohlen, darzustellen, welche Prüffelder ausschließlich „direkt“ (d.h. nur mit aussagebezogenen Prüfungshandlungen) geprüft und bei welchen zusätzlich „System- und Zuverlässigkeitsprüfungen“ durchgeführt wurden. Eine vollständige Aufzählung aller Prüffelder ist zu diesem Zweck nicht zwingend erforderlich.

(51) Es wird empfohlen, im Bericht klar darzustellen, dass die Angabe über die Durchführung von Kontrollprüfungen in einem Prüffeld nicht bedeutet, dass eine vollständige, alle Kontrollen eines Prüffeldes umfassende Kontrollprüfung durchgeführt wurde.

(52) Wesentliche Veränderungen in der Prüfungsstrategie je Prüffeld gegenüber dem Vorjahr sind zu erläutern.

(53) Bei Konzernabschlussprüfungen ist auch auf die Prüfung der Konsolidierungsvorgänge einzugehen. Wesentliche Unterschiede in der Durchführung von „System- und Zuverlässigkeitsprüfungen" in bedeutsamen Teilbereichen sind zu erläutern.

5.9. Für die Prüfung festgelegte Wesentlichkeit (Art. 11 Abs. 2 lit. h EU-VO)

(54) Art. 11 Abs. 2 lit. h EU-VO lautet: *„die Darlegung der quantitativen Wesentlichkeitsgrenze, die bei der Durchführung der Abschlussprüfung für den Abschluss als Ganzes zugrunde gelegt wurde, und gegebenenfalls der Wesentlichkeitsgrenzen für bestimmte Arten von Geschäftsvorfällen, Kontensalden oder Darlegungen zugrunde gelegt wurde, sowie Darlegung der qualitativen Faktoren, die bei der Festlegung der Wesentlichkeitsgrenze berücksichtigt wurden".*

(55) Offenzulegen ist der absolute Betrag der Wesentlichkeit für den Abschluss als Ganzes sowie die zugrundeliegende(n) Bezugsgröße(n).

(56) Sollten „spezifische Wesentlichkeiten" (siehe ISA 320.10) festgelegt worden sein, so sind die entsprechenden Beträge und die zugehörigen Geschäftsvorfälle, Kontensalden oder Abschlussangaben offenzulegen.

5.10. Ereignisse oder Gegebenheiten, die erhebliche Zweifel an der Fähigkeit des Unternehmens zur Fortführung der Unternehmenstätigkeit aufwerfen oder wesentliche Unsicherheiten darstellen können (Art. 11 Abs. 2 lit. i EU-VO)

(57) Art. 11 Abs. 2 lit. i EU-VO lautet: *„die Angabe und Erläuterung von Einschätzungen zu bestimmten im Laufe der Prüfung festgestellten Ereignissen oder Gegebenheiten, die erhebliche Zweifel an der Fähigkeit des Unternehmens zur Fortführung der Unternehmenstätigkeit aufwerfen können, sowie die Angabe und Erläuterung von Einschätzungen dazu, ob diese Ereignisse oder Gegebenheiten eine wesentliche Unsicherheit darstellen; ferner eine Zusammenfassung aller Garantien, Prüfbescheinigungen (Comfort Letters), Hilfszusagen der öffentlichen Hand und anderer unterstützender Maßnahmen, die bei der Beurteilung der Fähigkeit des Unternehmens zur Fortführung seiner Tätigkeit berücksichtigt wurden".*

(58) An dieser Stelle sind Angaben und Erläuterungen zu den Einschätzungen des Abschlussprüfers zu bestimmten im Laufe der Prüfung festgestellten Ereignissen oder Gegebenheiten, die erhebliche Zweifel an der Fähigkeit des Unternehmens zur Fortführung der Unternehmenstätigkeit aufwerfen können, zu machen. Darüber hinaus hat der Abschlussprüfer Angaben und Erläuterungen zu seinen Einschätzungen dazu zu machen, ob diese Ereignisse oder Gegebenheiten eine wesentliche Unsicherheit darstellen.

(59) Weiters sind alle unterstützenden Maßnahmen darzustellen, die vom Abschlussprüfer bei der Beurteilung der Fähigkeit zur Unternehmensfortführung berücksichtigt wurden.

(60) Die Begriffe „erhebliche Zweifel" und „wesentliche Unsicherheit" sind analog zu ISA 570.10 und .16 auszulegen.

(61) In Erfüllung dieser Berichtspflicht kann zur Vermeidung von Wiederholungen auch auf geeignete Darstellungen der gesetzlichen Vertreter im Abschluss oder Lagebericht und auf die Aussagen im Bestätigungsvermerk hingewiesen werden.

(62) Diese Berichtspflicht geht über jene der Redepflicht des Abschlussprüfers nach § 273 Abs. 2 UGB und im Bestätigungsvermerk gemäß § 274 UGB sowie ISA 570.21 ff. hinaus. Wurde eine diesbezügliche Berichterstattung durchgeführt, wird zusätzlich ein Verweis darauf empfohlen.

(63) Sofern der Abschlussprüfer keine Ereignisse oder Gegebenheiten festgestellt hat, die erhebliche Zweifel an der Fähigkeit des Unternehmens zur Fortführung der Unternehmenstätigkeit aufwerfen können, kann dieses Kapitel entfallen.

5.11. Bedeutsame Mängel im rechnungslegungsbezogenen internen Kontrollsystem (Art. 11 Abs. 2 lit. j EU-VO)

(64) Art. 11 Abs. 2 lit. j EU-VO lautet: *„die Angabe bedeutsamer Mängel im internen Finanzkontrollsystem des geprüften Unternehmens oder – im Falle konsolidierter Abschlüsse – der Muttergesellschaft oder im Rechnungslegungssystem. Im zusätzlichen Bericht wird hinsichtlich jeder dieser bedeutsamen Mängel festgestellt, ob sie vom Management beseitigt wurde oder nicht".*

(65) Die hier geforderte Angabe bedeutsamer Mängel im internen Finanzkontrollsystem oder im Rechnungslegungssystem ist der Berichterstattung gemäß § 273 Abs. 2 zweiter Satz UGB bzw. ISA 265.10 f. inhaltlich gleichzusetzen. Zur besseren Lesbarkeit des zusätzlichen Berichts sollten die bedeutsamen Mängel nochmals angeführt werden, wobei ergänzend auf die Berichterstattung gemäß § 273 Abs. 2 zweiter Satz UGB bzw. ISA 265.10 f. hingewiesen werden sollte.

(66) Zu jedem bedeutsamen Mangel ist festzuhalten, ob dieser vom Management beseitigt wurde oder nicht. Zur Feststellung, dass der Mangel beseitigt wurde, sind ausreichende und geeignete Prüfungsnachweise einzuholen.

(67) Sofern keine derartigen Mängel festgestellt wurden, kann dieses Kapitel entfallen.

5.12. Unrichtigkeiten und Verstöße, soweit für die Wahrnehmung der Aufgaben des Prüfungsausschusses relevant (Art. 11 Abs. 2 lit. k EU-VO)

(68) Art. 11 Abs. 2 lit. k EU-VO lautet: *„die Angabe von im Laufe der Prüfung festgestellten bedeutsamen Sachverhalten im Zusammenhang mit der tatsächlichen oder vermuteten Nichteinhaltung von Rechtsvorschriften oder des Gesellschaftsvertrags bzw. der Satzung der Gesellschaft, soweit*

sie für die Fähigkeit des Prüfungsausschusses, seine Aufgaben wahrzunehmen, als relevant betrachtet werden".

(69) Der Gegenstand dieser Berichterstattung ist mit jenem der Berichterstattung gemäß ISA 250.22 ff. inhaltlich gleichzusetzen und kann auch zu einer Berichterstattung gemäß § 273 Abs. 2 erster Satz UGB bzw. Art. 7 und Art. 12 Abs. 1 lit. a EU-VO geführt haben. Zur besseren Lesbarkeit des zusätzlichen Berichts sollten die Berichtsinhalte nochmals angeführt werden; alternativ kann auf die jeweilige Berichterstattung hingewiesen werden.

(70) Im Vergleich zu § 273 Abs. 2 erster Satz UGB umfasst die Berichterstattung auch die vermuteten Nichteinhaltungen/Verstöße. Es wird empfohlen, die der Vermutung zugrundeliegenden Sachverhalte anzuführen. Darüber hinaus ist bei der Berichterstattung gemäß Art. 11 Abs. 2 lit. k EU-VO der Personenkreis im Unterschied zu § 273 Abs. 2 erster Satz UGB nicht eingeschränkt.

(71) Sofern keine derartigen Mängel festgestellt wurden, kann dieses Kapitel entfallen.

5.13. Angewandte Bewertungsmethoden (Art. 11 Abs. 2 lit. l EU-VO)

(72) Art. 11 Abs. 2 lit. l EU-VO lautet: *„die Angabe und Beurteilung der bei den verschiedenen Posten des Jahres- oder konsolidierten Abschlusses angewandten Bewertungsmethoden einschließlich etwaiger Auswirkungen von Änderungen an diesen Methoden".*

(73) Zur Angabe der Bewertungsmethoden ist in der Regel ein Verweis auf die entsprechenden Erläuterungen im Anhang ausreichend. Eine Gesamtbeurteilung zur Angemessenheit der angewandten Bewertungsmethoden wird hinsichtlich des Abschlusses bereits durch den Bestätigungsvermerk abgegeben.

(74) Es ist lediglich eine Aussage in Form einer erläuternden Einschätzung zu bedeutsamen Bewertungssachverhalten abzugeben, die den Prüfungsausschuss bei der Wahrnehmung seiner Aufgaben unterstützt.

(75) In Anlehnung an ISA 260.16(a) und .A19 f. sowie den zugehörigen Anhang 2 kann diese Angabe und Beurteilung beispielsweise umfassen:

- Bewertungssachverhalte mit hoher Bewertungsunsicherheit;
- Bewertungsmethoden, die sehr sensibel im Hinblick auf Veränderungen der einfließenden Parameter sind;
- bei Bewertungsspielräumen: Beurteilung, wie diese ausgenützt wurden.

(76) Obwohl Änderungen in den Bewertungsmethoden und deren Auswirkungen im Abschluss angeführt werden, sind die wesentlichen Änderungen und deren Auswirkungen im zusätzlichen Bericht zusammenzufassen.

5.14. Bei Konzernabschlussprüfungen: Konsolidierungskreis (Art. 11 Abs. 2 lit. m EU-VO)

(77) Art. 11 Abs. 2 lit. m EU-VO lautet: *„im Fall der Prüfung eines konsolidierten Abschlusses die Erläuterung des Umfangs der Konsolidierung und der vom geprüften Unternehmen auf etwaige nicht konsolidierte Unternehmen angewandten Ausschlusskriterien sowie die Angabe, ob die angewandten Kriterien im Einklang mit den Rechnungslegungsregelungen stehen".*

(78) Hinsichtlich des Umfangs des Konsolidierungskreises und der Art der Einbeziehung kann an dieser Stelle auf den Konzernabschluss verwiesen werden.

(79) Hervorgehoben werden sollten an dieser Stelle insbesondere schwierig zu beurteilende Sachverhalte, sowohl hinsichtlich der Frage der Einbeziehung als auch hinsichtlich der Methode der Einbeziehung von Unternehmen in den Konzernabschluss.

(80) Die vom Unternehmen auf etwaige nicht konsolidierte Unternehmen angewandten Ausschlusskriterien sind anzuführen, und es ist anzugeben, ob diese Kriterien im Einklang mit den Rechnungslegungsregelungen stehen.

(81) Wenn keine Prüfung eines konsolidierten Abschlusses durchgeführt wurde, entfällt dieses Kapitel.

5.15. Bei Konzernabschlussprüfungen: Prüfungsarbeiten von netzwerkfremden Teilbereichsprüfern (Art. 11 Abs. 2 lit. n EU-VO)

(82) Art. 11 Abs. 2 lit. n EU-VO lautet: *„gegebenenfalls die Angabe, welche Prüfungsarbeiten von Prüfern aus einem Drittland, von Abschlussprüfern, von Prüfungsunternehmen aus einem Drittland oder von Prüfungsgesellschaft(en), bei denen es sich nicht um Mitglieder desselben Netzwerks wie das des Prüfers des konsolidierten Abschlusses handelt, im Zusammenhang mit der Abschlussprüfung eines konsolidierten Abschlusses ausgeführt wurden".*

(83) Anzugeben sind hier die Prüfungsarbeiten im Rahmen einer Konzernabschlussprüfung, die von Teilbereichsprüfern, die nicht dem Netzwerk des Konzernabschlussprüfers angehören, durchgeführt wurden.

(84) Es sind alle Teilbereiche (Zweigniederlassungen, Tochterunternehmen) mit dem zugehörigen netzwerkfremden Teilbereichsprüfer anzuführen. Geeignete zusammengefasste Angaben sind möglich.

(85) Es wird empfohlen, die Angaben betreffend die Prüfungsarbeiten von netzwerkfremden Teilbereichsprüfern gemeinsam mit den Angaben zu Umfang und Zeitplan der Prüfung (Art. 11 Abs. 2 lit. e EU-VO; siehe Abschnitt 5.6.) in einem Kapitel des zusätzlichen Berichts zu machen.

(86) Wurden keine Prüfungsarbeiten von netzwerkfremden Teilbereichsprüfern ausgeführt, entfällt diese Angabe.

5.16. Vorliegen aller notwendigen Unterlagen und Erläuterungen (Art. 11 Abs. 2 lit. o EU-VO)

(87) Art. 11 Abs. 2 lit. o EU-VO lautet: *„die Angabe, ob das geprüfte Unternehmen alle verlangten Erläuterungen und Unterlagen geliefert hat"*.

(88) Dies betrifft dieselbe Aussage, die gemäß § 273 Abs. 1 zweiter Satz UGB als Pflichtbestandteil des Prüfungsberichts gefordert ist und sich auf die Auskunftspflicht der gesetzlichen Vertreter gemäß § 272 UGB bezieht. Aus Gründen der Lesbarkeit des zusätzlichen Berichts wird eine Wiederholung an dieser Stelle empfohlen.

5.17. Bedeutsame Schwierigkeiten, Gegenstand von Besprechungen und für die Aufsicht über den Rechnungslegungsprozess bedeutsame Sachverhalte (Art. 11 Abs. 2 lit. p EU-VO)

(89) Art. 11 Abs. 2 lit. p EU-VO lautet:

„Angaben über:

i) etwaige bedeutsame Schwierigkeiten, die während der Abschlussprüfung aufgetreten sind,

ii) etwaige sich aus der Abschlussprüfung ergebende bedeutsame Sachverhalte, die besprochen wurden oder Gegenstand des Schriftverkehrs mit dem Management waren, und

iii) etwaige sonstige sich aus der Abschlussprüfung ergebende Sachverhalte, die nach dem fachkundigen Urteil des Prüfers für die Aufsicht über den Rechnungslegungsprozess bedeutsam sind."

(90) *Ad i):* Zu diesen Angaben kann auf ISA 260.16(b) und die Beispiele in ISA 260.A21 zurückgegriffen werden.

(91) *Ad ii):* Zu diesen Angaben kann auf ISA 260.16(c)(i) und die Beispiele in ISA 260.A22 zurückgegriffen werden.

(92) *Ad iii):* Zu diesen Angaben kann auf ISA 260.16(d) und die Beispiele in ISA 260.A26 bis .A28 zurückgegriffen werden.

(93) Sofern keine derartigen Sachverhalte vorliegen, kann dieses Kapitel entfallen.

5.18. Uneinigkeit über die Durchführung der Prüfung betreffende Themen zwischen mehreren Abschlussprüfern (Art. 11 Abs. 3 EU-VO)

(94) Art. 11 Abs. 3 EU-VO lautet: *„Sind mehr als ein Abschlussprüfer bzw. eine Prüfungsgesellschaft gleichzeitig beauftragt worden und herrscht zwischen ihnen Uneinigkeit über Prüfungshandlungen, Rechnungslegungsvorschriften oder andere die Durchführung der Abschlussprüfung betreffende Themen, so werden im zusätzlichen Bericht an den Prüfungsausschuss die Gründe für diese Uneinigkeit dargelegt."*

(95) Uneinigkeiten zwischen den Gemeinschaftsprüfern sind nur dann relevant und es ist darüber zu berichten, wenn sie dazu führen, dass kein gemeinsames Prüfungsurteil gemäß § 274 Abs. 6 UGB abgegeben wird. Die Uneinigkeiten über Prüfungshandlungen, Rechnungslegungsvorschriften oder andere die Durchführung der Abschlussprüfung betreffende Themen sind so klar darzustellen, dass sich der Prüfungsausschuss ein ausreichendes Bild über Art und Umfang der Uneinigkeiten und deren Auswirkungen auf die Prüfungsurteile machen kann.

(96) Der Bericht an den Prüfungsausschuss ist jedenfalls ein gemeinsamer. Uneinigkeiten betreffend den zusätzlichen Bericht sind in dem zusätzlichen Bericht darzustellen und zu erläutern.

(97) Besteht keine Uneinigkeit über die Durchführung der Prüfung betreffende Themen zwischen mehreren Abschlussprüfern, kann dieses Kapitel entfallen.

5.19. Nachtragprüfung

(98) Wurde der Jahres-/Konzernabschluss bzw. Lagebericht/Konzernlagebericht geändert und hat eine Nachtragsprüfung gemäß § 269 Abs. 4 UGB stattgefunden, ist unter Bezugnahme auf die durchgeführte Nachtragsprüfung der Bericht an den Prüfungsausschuss gemäß Art. 11 EU-VO neu zu fassen.

6. Anwendungszeitpunkt

(99) Die vorliegende überarbeitete Fassung dieses Fachgutachtens ist auf die Prüfung von Abschlüssen für Geschäftsjahre anzuwenden, die am oder nach dem 31. Dezember 2020 enden. Eine frühere Anwendung ist zulässig.

2/2/10. KFS/PG 10

Fachgutachten
des Fachsenats für Unternehmensrecht und Revision
über die Prüfung des Lageberichts

(beschlossen in der Sitzung des Fachsenats für Unternehmensrecht und Revision am 15. März 2016 als Neufassung des Fachgutachtens KFS/PG 10, zuletzt überarbeitet im Juni 2017; von der Abschlussprüferaufsichtsbehörde (APAB) genehmigt)

1. Vorbemerkungen

(1) Dieses Fachgutachten gilt sowohl für die Prüfung des Lageberichts als auch für die Prüfung des Konzernlageberichts. Im Folgenden wird der Einfachheit und besseren Lesbarkeit halber regelmäßig lediglich auf den Lagebericht Bezug genommen. Die Ausführungen gelten sinngemäß auch für den Konzernlagebericht.

(2) Die gesetzlichen Anforderungen an den Lagebericht ergeben sich aus § 243 UGB; darüber hinaus sind für bestimmte Gesellschaften die Bestimmungen der §§ 243a und 243b UGB zu beachten. Den Konzernlagebericht regeln die §§ 267 und 267a UGB.

(3) Der Beirat für Rechnungslegung und Abschlussprüfung (AFRAC) hat mit seiner Stellungnahme 9 „Lageberichterstattung gemäß §§ 243, 243a und 267 UGB" Grundsätze der Lageberichterstattung formuliert und Empfehlungen zu Aufbau und Inhalt des Lageberichts/Konzernlageberichts entsprechend den Bestimmungen des UGB abgegeben.

2. Gegenstand und Umfang der Prüfung

(4) Gegenstand und Umfang der Prüfung des Lageberichts ergeben sich aus § 269 Abs. 3 UGB. Demnach hat der Abschlussprüfer zu prüfen, ob der Lagebericht mit dem Jahresabschluss in Einklang steht (Abschnitt 3.3.) und ob der Lagebericht nach den geltenden rechtlichen Anforderungen aufgestellt wurde (Abschnitt 3.2.).

(5) Darüber hinaus ergibt sich aus der gemäß § 274 Abs. 5 Z 2 UGB im Bestätigungsvermerk gebotenen Erklärung die Verpflichtung des Abschlussprüfers, den Lagebericht gesamthaft dahingehend zu würdigen, ob er angesichts der bei der Prüfung des Jahresabschlusses gewonnenen Erkenntnisse und des gewonnenen Verständnisses über das Unternehmen und dessen Umfeld wesentliche fehlerhafte Angaben enthält (Abschnitt 3.1.).

(6) Gesellschaften, die in den Anwendungsbereich des § 243b (oder § 267a) UGB fallen, haben eine (konsolidierte) nichtfinanzielle Erklärung in den Lagebericht aufzunehmen oder einen gesonderten (konsolidierten) nichtfinanziellen Bericht zu erstellen. Wird die (konsolidierte) nichtfinanzielle Erklärung in den Lagebericht aufgenommen, ist im Prüfungsbericht festzustellen, ob die nichtfinanzielle Erklärung aufgestellt worden ist oder nicht. (Abschnitt 3.2.6.)

(7) Werden von der Unternehmensleitung Jahresabschluss und Lagebericht mit anderen Informationen in einem Bericht (z.B. „Geschäftsbericht" oder „Finanzbericht") zusammengefasst, hat der Abschlussprüfer erforderlichenfalls darauf hinzuwirken, dass der Jahresabschluss und der Lagebericht klar von den anderen Informationen des Berichts abgegrenzt werden. Dies gilt gleichermaßen für eine (konsolidierte) nichtfinanzielle Erklärung, wenn diese in den Lagebericht aufgenommen wird.

3. Prüfungshandlungen

(8) Der Abschlussprüfer hat zur Prüfung des Lageberichts zumindest die in der Folge dargelegten Prüfungshandlungen durchzuführen und dazu ausreichende und geeignete Nachweise einzuholen.

3.1. Gesamtwürdigung des Lageberichts

(9) Die für die Gesamtwürdigung erforderlichen Prüfungshandlungen bestehen im Wesentlichen aus einer vollständigen Durchsicht des Lageberichts.

(10) Aufgrund dieser Durchsicht ist eine Gesamtwürdigung dahingehend vorzunehmen, ob der Lagebericht wesentliche fehlerhafte Angaben enthält.

(11) Die für diese Würdigung erforderlichen Erkenntnisse und Informationen ergeben sich insbesondere aus den im Rahmen der Abschlussprüfung gewonnenen Erkenntnissen bzw. dem gewonnenen Verständnis über das Unternehmen und dessen Umfeld. Im Zusammenhang mit den anderen Prüfungspflichten des Abschlussprüfers in Bezug auf den Lagebericht (Abschnitte 3.2. und 3.3.) resultierende Erkenntnisse sind hierbei zu berücksichtigen.

3.2. Prüfung der Einhaltung der gesetzlichen Vorschriften

(12) Der Abschlussprüfer hat zu prüfen, ob der Lagebericht sämtliche vom Gesetz geforderten Angaben enthält.

(13) Darüber hinaus sind nachfolgende Aspekte vom Abschlussprüfer zu beurteilen:

3.2.1. Einhaltung der Grundsätze der Lageberichterstattung

3.2.1.1. Vollständigkeit

(14) Der Abschlussprüfer hat abzuschätzen, ob im Lagebericht alle wesentlichen Informationen für die Vermittlung eines möglichst getreuen Bildes der Vermögens-, Finanz- und Ertragslage enthalten sind und ob er alle wesentlichen Informationen ent-

hält, die ein sachkundiger Berichtsadressat für die Beurteilung des Geschäftsverlaufs und der Lage des Unternehmens sowie von dessen voraussichtlicher Entwicklung und dessen Risikolage benötigt. Dabei hat der Abschlussprüfer die im Rahmen der Abschlussprüfung gewonnenen Erkenntnisse und sein gewonnenes Verständnis über das Unternehmen und sein Umfeld heranzuziehen.

(15) Der Abschlussprüfer hat bei seiner Beurteilung betreffend Umfang und Auswahl der berichtspflichtigen Sachverhalte Größe, Branche und wirtschaftliche Lage des Unternehmens sowie den Gesichtspunkt der Wesentlichkeit zu berücksichtigen.

3.2.1.2. Verlässlichkeit

(16) Hinsichtlich Tatsachenangaben hat der Abschlussprüfer eine Abstimmung mit jenen Unterlagen vorzunehmen, aus denen die Angaben abgeleitet wurden.

(17) Annahmen sind auf ihre Plausibilität und Widerspruchsfreiheit zum Jahresabschluss zu würdigen.

(18) Dargestellte Schlussfolgerungen sind daraufhin zu prüfen, ob sie schlüssig und willkürfrei gezogen worden sind.

3.2.1.3. Klarheit und Übersichtlichkeit

(19) Der Abschlussprüfer hat im Rahmen der Prüfung des Lageberichts festzustellen, ob der Lagebericht als solcher bezeichnet und als zusammenhängende, übersichtliche Darstellung aufgestellt wurde. Hinsichtlich der erforderlichen Trennung des Lageberichts von anderen Teilen der Finanzberichterstattung wird auf Rz (7) verwiesen.

(20) Werden der Konzernlagebericht und der Lagebericht des Mutterunternehmens gemäß § 267 Abs. 4 UGB zusammengefasst, hat der Abschlussprüfer besonders darauf zu achten, dass durch die Zusammenfassung kein Informationsverlust eintritt und dem Grundsatz der Klarheit und Übersichtlichkeit Rechnung getragen wird.[1]

[1] Zur grundsätzlichen Problematik der Zusammenfassung des Lageberichts und des Konzernlageberichts siehe Abschnitt 8.1. der AFRAC-Stellungnahme zur Lageberichterstattung.

3.2.1.4. Vergleichbarkeit

(21) Der Abschlussprüfer hat nachzuvollziehen, ob die Vergleichbarkeit mit früheren Abschlussperioden beachtet und der Berichtsaufbau (formelle Stetigkeit) sowie die im Lagebericht dargestellten Inhalte einschließlich der finanziellen und – soweit zutreffend – nichtfinanziellen Leistungsindikatoren (materielle Stetigkeit) beibehalten wurden.

(22) Wird vom Grundsatz der Stetigkeit abgewichen, ist zu beurteilen, ob besondere Umstände vorliegen (z.B. Gesetzesänderungen oder geänderte Berichtserfordernisse), die die Abweichung begründen.

3.2.2. Besondere Aspekte der Prüfung der Angaben über den Geschäftsverlauf und die wirtschaftliche Lage

(23) Hinsichtlich der vom Unternehmen verwendeten Leistungsindikatoren hat der Abschlussprüfer zu beurteilen, ob diese zur Darstellung des Geschäftsverlaufs und der wirtschaftlichen Lage des geprüften Unternehmens geeignet sind. Zu möglichen Kennzahlen als finanzielle Leistungsindikatoren wird auf KFS/BW 3 verwiesen.

3.2.3. Besondere Aspekte der Prüfung der Angaben über die voraussichtliche Entwicklung des Unternehmens

(24) Bei prognostischen und wertenden Angaben über die voraussichtliche Entwicklung des Unternehmens beurteilt der Abschlussprüfer ihre Plausibilität und Übereinstimmung mit seinen durch die Abschlussprüfung gewonnenen Erkenntnissen. Dies gilt auch für die der Prognose zugrunde liegenden Annahmen über die zukünftige Entwicklung, die vor dem Hintergrund der tatsächlichen Lage und im Vergleich zur tatsächlichen Entwicklung auf Vollständigkeit und Plausibilität zu prüfen sind.

(25) Hinsichtlich der im Lagebericht dargestellten Prognosen hat der Abschlussprüfer zu beurteilen, ob sie mit den internen Erwartungen des Unternehmens übereinstimmen. Die Erwartungen müssen realitätsnah sein und die Absichten sowie die Möglichkeiten der Unternehmensführung, bestimmte Handlungen durchzuführen, in angemessener Weise widerspiegeln.

(26) Bei wertenden Aussagen hat der Abschlussprüfer zusätzlich zur Realitätsnähe der Prognosen zu beurteilen, ob nicht durch Darstellungsform und Wortwahl möglicherweise ein irreführendes Bild der tatsächlich erwarteten Verhältnisse vermittelt wird.

3.2.4. Besondere Aspekte der Prüfung der Angaben über wesentliche Risiken und Ungewissheiten

(27) Der Abschlussprüfer hat die Darstellungen im Lagebericht zu den wesentlichen Risiken und Ungewissheiten, denen das Unternehmen ausgesetzt ist, mit seiner eigenen Einschätzung zu vergleichen, die er auf Basis der im Zuge der Abschlussprüfung gewonnenen Erkenntnisse entwickelt hat; dies gilt insbesondere im Fall von erheblichen Zweifeln an der Fähigkeit zur Unternehmensfortführung.

(28) Soweit im Lagebericht in diesem Zusammenhang Angaben zum Risikomanagementsystem enthalten sind, muss im Rahmen der Prüfung des Lageberichts keine vollständige Prüfung des Risikomanagementsystems erfolgen; jedoch ist darauf zu achten, dass durch die Angaben kein falscher Eindruck vermittelt wird; dies gilt insbesondere für Angaben zur Wirksamkeit des Risikomanagementsystems.

3.2.5. Besondere Aspekte der Prüfung der Angaben gemäß § 243a UGB

3.2.5.1. Prüfung der Angaben zu Kapital-, Anteils-, Stimm- und Kontrollrechten und damit zusammenhängenden Vereinbarungen

(29) Der Abschlussprüfer hat zu prüfen, ob der Lagebericht alle gemäß § 243a Abs. 1 UGB anzugebenden Tatbestände enthält, die am Abschlussstichtag gegeben waren, und ob die Angaben zu diesen Tatbeständen zutreffen.

(30) Zur Prüfung der Angaben hat der Abschlussprüfer die dazu erforderlichen Unterlagen des Unternehmens (insbesondere die Satzung) heranzuziehen und die Angaben damit abzustimmen.

3.2.5.2. Prüfung der Angaben zum internen Kontroll- und Risikomanagementsystem

(31) Eine Beurteilung des internen Kontrollsystems durch den Abschlussprüfer erfolgt bereits im Rahmen der Planung und Durchführung der Abschlussprüfung und bezieht sich insbesondere auf jene Regelungen, welche die Ordnungsmäßigkeit und Verlässlichkeit der Rechnungslegung betreffen.

(32) Die Prüfung der Angaben gemäß § 243a Abs. 2 UGB im Lagebericht kann sich daher auf die Prüfung der Frage beschränken, ob die von der Unternehmensleitung gegebene Darstellung in ausgewogener und umfassender Form die wesentlichen Merkmale des internen Kontrollsystems im Hinblick auf den Rechnungslegungsprozess und des diesbezüglichen Risikomanagementsystems enthält.

(33) Ob die Ergebnisse aus den Prüfungshandlungen im Sinne der Rz (31) ausreichen oder ob noch zusätzliche Prüfungshandlungen für die Beurteilung dieser gesetzlich vorgeschriebenen Angaben erforderlich sind, richtet sich nach den Verhältnissen des Einzelfalls. Eine Prüfung der Wirksamkeit des dargestellten internen Kontroll- und Risikomanagementsystems im Hinblick auf den Rechnungslegungsprozess ist dazu jedoch nicht erforderlich.

3.2.6. Besondere Aspekte der Prüfung der nichtfinanziellen Erklärung

(34) Wird die (konsolidierte) nichtfinanzielle Erklärung in den Lagebericht aufgenommen, ist im Prüfungsbericht festzustellen, ob die nichtfinanzielle Erklärung aufgestellt worden ist oder nicht. Der Abschlussprüfer hat daher nicht die Aufgabe, eine materielle Prüfung der Erklärung durchzuführen, ist aber verpflichtet, diese als sonstige Informationen gemäß ISA 720.14 f. zu würdigen.

3.3. Prüfung des Einklangs des Lageberichts mit dem Jahresabschluss

(35) Zur Prüfung des Einklangs des Lageberichts mit dem Jahresabschluss hat der Abschlussprüfer insbesondere folgende Prüfungshandlungen durchzuführen:

a) Abstimmung sämtlicher Angaben im Lagebericht, die auch im Jahresabschluss (einschließlich erläuternder Angaben) enthalten sind oder aus diesem abgeleitet wurden, mit dem Jahresabschluss,
b) Prüfung der Ableitung der finanziellen Leistungsindikatoren aus dem Jahresabschluss,
c) Beurteilung der Erläuterungen zu den finanziellen Leistungsindikatoren,
d) Vergleich des vom Lagebericht vermittelten Bildes der Vermögens-, Finanz- und Ertragslage des Unternehmens mit dem vom Jahresabschluss diesbezüglich vermittelten Bild.

4. Vollständigkeitserklärung

(36) Der Abschlussprüfer hat gemäß ISA 580 eine Vollständigkeitserklärung zur Abschlussprüfung einzuholen. Im Zusammenhang mit der Prüfung des Lageberichts hat sie zusätzlich eine Erklärung der Unternehmensleitung

a) zu deren Verantwortlichkeit für die Aufstellung des Lageberichts und
b) über die Vollständigkeit und Richtigkeit der Angaben im Lagebericht

zu enthalten.

5. Berichterstattung über die Prüfung

(37) Hat die Prüfung des Lageberichts zu Beanstandungen geführt, hat dies der Abschlussprüfer in seiner Berichterstattung entsprechend zu würdigen.

(38) Hinsichtlich der Berichterstattung im Prüfungsbericht wird auf das Fachgutachten KFS/PG 2 verwiesen.

(39) Hinsichtlich der Berichterstattung im Bestätigungsvermerk wird auf das Fachgutachten KFS/PG 3 verwiesen.

6. Anwendungszeitpunkt

(40) Die vorliegende überarbeitete Fassung dieses Fachgutachtens ist auf die Prüfung von Lageberichten und Konzernlageberichten für Geschäftsjahre anzuwenden, die nach dem 31. Dezember 2016 beginnen.

2/2/11. KFS/PG 11

**Fachgutachten
des Fachsenats für Unternehmensrecht und Revision
über Grundsätze für die prüferische Durchsicht von Abschlüssen**

(beschlossen in der Sitzung des Fachsenats für Unternehmensrecht und Revision am 23. September 2009 als Fachgutachten KFS/PG 11, zuletzt redaktionell überarbeitet im November 2017)

1. Vorbemerkungen

(1) Der Fachsenat für Unternehmensrecht und Revision legt in diesem Fachgutachten die Berufsauffassung dar, wie Wirtschaftsprüfer Aufträge zur prüferischen Durchsicht von Abschlüssen durchzuführen haben. Dieses Fachgutachten enthält die Grundsätze für die berufliche Verantwortung des Wirtschaftsprüfers bei Aufträgen zur prüferischen Durchsicht von Abschlüssen sowie für Form und Inhalt des in diesem Zusammenhang zu erstellenden Berichts. Darüber hinaus verdeutlicht das Fachgutachten gegenüber der Öffentlichkeit Inhalt und Grenzen einer prüferischen Durchsicht.

(2) Dieses Fachgutachten betrifft eine Prüfungsleistung, die keine, auch keine in ihrem Umfang reduzierte, Abschlussprüfung ist. Zur Kennzeichnung des abweichenden Ansatzes werden auch dort unterschiedliche Begriffe verwendet, wo inhaltlich Sachverhalte oder Maßnahmen bezeichnet werden, die zwar der Abschlussprüfung ihrem Wesen nach entsprechen, aber aufgrund der anderen Zielsetzung nicht den Anforderungen einer Abschlussprüfung entsprechen müssen (beispielsweise: Prüfungshandlungen – Maßnahmen der prüferischen Durchsicht, Prüfungsnachweise – Nachweise, analytische Prüfungshandlungen – analytische Beurteilungen).

(3) Das Fachgutachten für die prüferische Durchsicht von Abschlüssen gilt für Jahres-, Konzern- und Zwischenabschlüsse.[1]

[1] Sofern Zwischenabschlüsse Bestandteile von Halbjahresfinanzberichten nach § 125 BörseG 2018 sind, siehe auch die „Empfehlung des Fachsenats für Unternehmensrecht und Revision zum Umfang einer prüferischen Durchsicht sowie zur Formulierung eines Berichts über die prüferische Durchsicht von Halbjahresfinanzberichten gemäß § 125 BörseG 2018", KFS/PE 16.

(4) Abschlüsse umfassen nicht den Lagebericht iSd §§ 243 und 267 UGB bzw § 125 Börsegesetz 2018 (BörseG 2018). Wenn der Lagebericht in die Untersuchung einbezogen werden soll, ist dies gesondert zu vereinbaren. Das vorliegende Fachgutachten ist insoweit nicht anwendbar.[2] Der Umfang der prüferischen Durchsicht ist jedenfalls im Auftragsbestätigungsschreiben („Engagement Letter", vgl Anhang 1) klarzustellen.

[2] Zur besonderen Rechtslage bei Halbjahreslageberichten gemäß § 125 Abs 4 BörseG 2018 siehe auch die „Empfehlung des Fachsenats für Unternehmensrecht und Revision zum Umfang einer prüferischen Durchsicht sowie zur Formulierung eines Berichts über die prüferische Durchsicht von Halbjahresfinanzberichten gemäß § 125 BörseG 2018", KFS/PE 16.

(5) Die prüferische Durchsicht von Abschlüssen gilt als „Durchführung von Prüfungsaufgaben, die nicht die Erteilung eines förmlichen Bestätigungsvermerks erfordern", und fällt gemäß § 3 WTBG 2017 in den Aufgabenbereich, der den Wirtschaftsprüfern vorbehalten ist.[3] Die berufsrechtlichen Bestimmungen zur Befangenheit und zur Unabhängigkeit nach §§ 14 bis 16 der Allgemeinen Richtlinie über die Ausübung der Wirtschaftstreuhandberufe 2017 (WT-AARL 2017-KSW) sowie nach §§ 10 und 11 der Verordnung zur Durchführung prüfender Tätigkeiten 2017 (KSW-PRL 2017) sind zu beachten.

[3] Auch die prüferische Durchsicht von Halbjahresfinanzberichten nach § 125 BörseG 2018 ist eine Vorbehaltsaufgabe der Wirtschaftsprüfer.

(6) Dieses Fachgutachten berücksichtigt inhaltlich die wesentlichen Aussagen des International Standard on Review Engagements (ISRE) 2400 „Engagements to Review Financial Statements" und des ISRE 2410 „Review of Interim Financial Information Performed by the Independent Auditor of the Entity".[4]

[4] www.ifac.org

2. Ziel und Gegenstand

(7) Durch die prüferische Durchsicht soll die Glaubwürdigkeit der in den Abschlüssen enthaltenen Informationen erhöht werden, wobei auf die durch eine Abschlussprüfung erreichbare hinreichende Sicherheit für ein Prüfungsurteil mit positiver Gesamtaussage (vgl ISA 200.11) auftragsgemäß verzichtet wird.

(8) Die prüferische Durchsicht ist keine Abschlussprüfung, sondern eine kritische Würdigung des Abschlusses auf der Grundlage einer Plausibilitätsbeurteilung und gewährt daher einen geringeren Grad an Sicherheit als eine Abschlussprüfung. Die prüferische Durchsicht ist so zu planen und durchzuführen, dass der Wirtschaftsprüfer nach kritischer Würdigung einen Bericht mit einer negativ formulierten Aussage erstatten kann. Eine negativ formulierte Aussage besagt, dass dem Wirtschaftsprüfer keine Sachverhalte bekannt geworden sind, die ihn zu der Annahme veranlassen, dass der Abschluss

– kein möglichst getreues Bild der Vermögens-, Finanz- und Ertragslage des Unternehmens in Übereinstimmung mit den jeweils anzuwendenden Rechnungslegungsvorschriften vermittelt bzw

– nicht in allen wesentlichen Belangen in Übereinstimmung mit den jeweils anzuwendenden Rechnungslegungsvorschriften aufgestellt wurde.

Für verkürzte Abschlüsse[5] ist die negativ formulierte Aussage auf die Übereinstimmung mit den anzuwendenden Rechnungslegungsvorschriften zu beschränken. Beispielsweise vermittelt ein verkürzter Abschluss nach IAS 34 definitionsgemäß kein möglichst getreues Bild der Vermögens-, Finanz- und Ertragslage.

[5] In analoger Anwendung von IAS 34 können darunter beispielsweise Abschlüsse von Unternehmen verstanden werden, die nicht unter die ergänzenden Rechnungslegungsvorschriften des Zweiten Abschnitts des Dritten Buches des UGB fallen und die diese Vorschriften nicht freiwillig anwenden.

(9) Eine negativ formulierte Aussage kann auf Basis von Maßnahmen der prüferischen Durchsicht erstattet werden, die nicht alle Nachweise umfassen, die für eine Abschlussprüfung erforderlich wären.

(10) Die auf der Grundlage der prüferischen Durchsicht negativ formulierte Aussage des Wirtschaftsprüfers wird in einen Bericht (vgl Anhang 2) aufgenommen. Dieser darf nicht als Bestätigungsvermerk bezeichnet werden und kein Prüfungsurteil enthalten.

3. Grundsätze

(11) Für den Wirtschaftsprüfer, der mit einer prüferischen Durchsicht beauftragt ist, gelten die für den Abschlussprüfer maßgeblichen Berufsgrundsätze (vgl Allgemeine Richtlinie über die Ausübung der Wirtschaftstreuhandberufe 2017 (WT-AARL 2017-KSW) sowie Verordnung zur Durchführung prüfender Tätigkeiten 2017 (KSW-PRL 2017)).

(12) Die Abgabe einer negativ formulierten Aussage des Wirtschaftsprüfers muss sich auf ausreichende und angemessene Nachweise stützen. Nachweise sind die im Zuge der prüferischen Durchsicht erlangten Informationen, die die Grundlage für die Beurteilung durch den Wirtschaftsprüfer bilden. Solche Nachweise werden insbesondere durch Befragungen und analytische Beurteilungen (vgl ISA 520) erlangt.

(13) Die prüferische Durchsicht ist mit der berufsüblichen kritischen Grundhaltung zu planen und durchzuführen; die erlangten Nachweise sind kritisch zu würdigen.

(14) Werden bei Durchführung der prüferischen Durchsicht Sachverhalte festgestellt, die den Bestand des geprüften Unternehmens gefährden oder seine Entwicklung wesentlich beeinträchtigen können oder die schwerwiegende Verstöße der gesetzlichen Vertreter oder von Arbeitnehmern gegen Gesetz, Gesellschaftsvertrag oder Satzung erkennen lassen, so ist aufgrund der mit dem Auftrag zur prüferischen Durchsicht übernommenen Informationspflichten in der Regel unverzüglich über die festgestellten Sachverhalte an den Auftraggeber zu berichten.

4. Auftragsbedingungen

(15) Für die prüferische Durchsicht sind die Regelungen des ISA 210 zur Vereinbarung der Auftragsbedingungen (vgl ISA 210.9 ff) sinngemäß anzuwenden.

(16) In der Auftragsbestätigung, die an das auftragserteilende Organ zu richten ist, sollten insbesondere folgende Punkte behandelt werden (siehe Beispiel Anhang 1):

- die Verantwortung der gesetzlichen Vertreter für den Abschluss;
- Art und Umfang der prüferischen Durchsicht einschließlich einer Bezugnahme auf dieses Fachgutachten mit dem besonderen Hinweis, dass eine prüferische Durchsicht im Wesentlichen aus Befragungen und analytischen Beurteilungen besteht;
- das Erfordernis eines uneingeschränkten Zugangs zu den für die prüferische Durchsicht erforderlichen Aufzeichnungen, Schriftstücken und sonstigen Informationen und der Bereitschaft der gesetzlichen Vertreter, Auskünfte in dem erforderlichen Umfang vollständig zu erteilen;
- die Tatsache, dass aufgrund der immanenten Grenzen einer prüferischen Durchsicht ein gegenüber der Abschlussprüfung höheres Risiko besteht, dass selbst wesentliche Fehler, rechtswidrige Handlungen oder andere Unregelmäßigkeiten nicht aufgedeckt werden;
- der Hinweis, dass dem Auftrag subsidiär die Allgemeinen Auftragsbedingungen für Wirtschaftstreuhandberufe, die dem Auftragsbestätigungsschreiben beigelegt werden sollten, zugrunde liegen;
- Form und Inhalt der Berichterstattung über die prüferische Durchsicht. Es ist festzuhalten, dass kein Bestätigungsvermerk (Prüfungsurteil) erteilt werden kann, weil keine Abschlussprüfung durchgeführt wird. Ergänzend kann vereinbart werden, dass der Bericht nicht an Dritte weitergegeben werden darf, sofern diesem Verbot nicht zwingende Regelungen entgegenstehen;
- ein Hinweis auf die Haftungsbeschränkung in analoger Anwendung der Aussagen im Fachgutachten KFS/PG 3, Rz 133;
- ein Hinweis auf die Vereinbarung über das Honorar;
- von Wirtschaftstreuhandgesellschaften ist in der Auftragsbestätigung der für die prüferische Durchsicht verantwortliche Wirtschaftsprüfer bekanntzugeben (§ 77 Abs 9 WTBG 2017).

(17) Der Wirtschaftsprüfer soll sich vergewissern, dass der Adressat das Auftragsbestätigungsschreiben zustimmend zur Kenntnis genommen hat.

(18) Im Zuge der Auftragsannahme soll von den gesetzlichen Vertretern die Verpflichtung eingeholt werden, eine schriftliche Vollständigkeitserklärung abzugeben.

5. Planung

(19) Der Wirtschaftsprüfer hat die Tätigkeit so zu planen, dass eine wirtschaftliche und wirksame Durchführung der prüferischen Durchsicht gewährleistet ist.

(20) Im Zuge der Planung der prüferischen Durchsicht hat sich der Wirtschaftsprüfer Kenntnisse über die Geschäftstätigkeit und das wirtschaftliche und rechtliche Umfeld des Unternehmens zu verschaffen bzw die diesbezüglichen Kenntnisse auf den neuesten Stand zu bringen. Dabei sind auch die Organisation, das Rechnungslegungssystem und unternehmensspezifische Merkmale sowie die Art der Aktiva, Passiva, Erträge und Aufwendungen zu berücksichtigen. Der Wirtschaftsprüfer muss sich auch in angemessener Weise mit anderen Sachverhalten vertraut machen, die für den Abschluss von wesentlicher Bedeutung sind. Diese Kenntnisse sind erforderlich, um sachdienliche Befragungen anstellen und geeignete Maßnahmen im Rahmen der prüferischen Durchsicht planen zu können, sowie zur Beurteilung von Antworten und anderen erhaltenen Informationen.

6. Art, zeitlicher Ablauf und Umfang der Maßnahmen

(21) Der Wirtschaftsprüfer hat Art, Zeitpunkt und Umfang der für die prüferische Durchsicht im Einzelfall erforderlichen Maßnahmen im Rahmen seiner Eigenverantwortlichkeit nach pflichtgemäßem Ermessen zu bestimmen.[6] Dabei hat er folgende Umstände zu berücksichtigen:

- Kenntnisse, die er aus der Durchführung von Abschlussprüfungen oder prüferischen Durchsichten von Abschlüssen für frühere Zeiträume gewonnen hat;
- Kenntnisse über die Geschäftstätigkeit und das wirtschaftliche und rechtliche Umfeld des Unternehmens;
- Kenntnisse über die Bilanzierungs- und Bewertungsmethoden des Unternehmens sowie die diesbezüglichen Usancen der Branche, in der das Unternehmen tätig ist;
- das rechnungslegungsbezogene interne Kontrollsystem des Unternehmens;
- das Ausmaß, in dem die Aussagen in der Rechnungslegung von Ermessensspielräumen der Unternehmensleitung beeinflusst werden;
- die Wesentlichkeit von Geschäftsvorfällen und Kontensalden.

(22) Der Wirtschaftsprüfer hat bei der prüferischen Durchsicht den Grundsatz der Wesentlichkeit zu beachten. Die Beurteilung, was als wesentlich gilt, obliegt dem pflichtgemäßen Ermessen des Wirtschaftsprüfers; es gelten die gleichen Wesentlichkeitsgrundsätze wie bei der Abschlussprüfung gemäß ISA 320, sofern nicht im Auftrag andere Vereinbarungen getroffen werden.

(23) Zu den im Rahmen einer prüferischen Durchsicht durchzuführenden Maßnahmen gehören:

- Erlangen eines Verständnisses für die Geschäftstätigkeit des Unternehmens und der Branche
- Befragungen von Personen, die für das Rechnungswesen verantwortlich sind, zu folgenden Punkten:
  - o ob es in letzter Zeit Änderungen der Geschäftstätigkeit gegeben hat,
  - o ob auch für den für die prüferische Durchsicht vorgelegten Abschluss die bisher bzw üblicherweise angewandten Rechnungslegungsvorschriften, Bilanzierungswahlrechte und Schätzungsverfahren angewandt wurden,
  - o ob alle Geschäftsfälle in den Büchern erfasst wurden,
  - o zu Feststellungen, die sich im Zuge der prüferischen Durchsicht ergeben haben
- Befragungen zu den Abläufen im Unternehmen bei Aufzeichnung, Einordnung und Zusammenfassung von Geschäftsfällen, beim Zusammentragen von Informationen zur Darstellung in den Abschlüssen und bei der Abschlusserstellung
- analytische Beurteilungen mit dem Ziel, Entwicklungen bzw einzelne Posten, die unüblich erscheinen, zu identifizieren. Diese Handlungen sollten umfassen:
  - o Vergleich des Abschlusses mit Abschlüssen für Vorperioden,
  - o Vergleich mit erwarteten Ergebnissen bzw Vermögens- und Schuldposten,
  - o Durchsicht des Abschlusses im Hinblick auf die Entwicklung des Unternehmens und der Branche.

Im Zuge dieser Maßnahmen sollte der Wirtschaftsprüfer auch Umstände berücksichtigen, die in Vorperioden Anpassungen erforderten.

- Einsichtnahme in Protokolle der Sitzungen der Gesellschafter, der Unternehmensleitung, des Aufsichtsorgans und von Ausschüssen dieser Organe und Befragungen zu Maßnahmen, die bei diesen Sitzungen beschlossen wurden und Auswirkungen auf den Abschluss haben können
- Einholen von Informationen von sachverständigen Dritten, sofern erforderlich
- Bei der prüferischen Durchsicht von Konzernabschlüssen ist Einsicht zu nehmen in die Jahresabschlüsse der in den Konzernabschluss einbezogenen Unternehmen, in die Bestätigungsvermerke der Abschlussprüfer und/oder in die Berichte der Wirtschaftsprüfer, welche die prüferische Durchsicht der Jahresabschlüsse durchgeführt haben. Von den gesetzlichen Vertretern des Mutterunternehmens ist eine Erklärung zu verlangen, dass weder kritische Äußerungen der Prüfer

[6] Beispiele für mögliche Maßnahmen enthält ISRE 2400 „Engagements to Review Financial Statements", Appendix 2.

der Tochterunternehmen noch Informationen vorliegen, dass die Jahresabschlüsse der Tochterunternehmen deren wirtschaftliche Lage nicht richtig darstellen.

Am Schluss der Maßnahmen der prüferischen Durchsicht hat der Wirtschaftsprüfer den Abschluss kritisch durchzusehen, um aufgrund der bei seiner Tätigkeit erlangten Informationen zu beurteilen, ob diese Informationen keinen Anlass oder Anlass für die Annahme geben, dass der Abschluss kein möglichst getreues Bild der Vermögens-, Finanz- und Ertragslage des Unternehmens in Übereinstimmung mit den anzuwendenden Rechnungslegungsvorschriften vermittelt bzw dass der Abschluss nicht in allen wesentlichen Belangen in Übereinstimmung mit den anzuwendenden Rechnungslegungsvorschriften aufgestellt wurde.

(24) Der Wirtschaftsprüfer hat Befragungen zu Ereignissen nach dem Abschlussstichtag vorzunehmen. Der Wirtschaftsprüfer ist aber nicht verpflichtet, Maßnahmen zu setzen, die auf die Entdeckung von Ereignissen, die nach dem Datum seines Berichts über die prüferische Durchsicht eintreten, gerichtet sind.

(25) Wenn der Wirtschaftsprüfer begründet glaubt, dass die finanziellen Informationen, die Gegenstand der prüferischen Durchsicht sind, wesentliche Fehlaussagen enthalten, hat er zusätzliche und umfangreichere Maßnahmen zu ergreifen, um entweder eine uneingeschränkte negativ formulierte Aussage abgeben zu können oder Gewissheit zu erlangen, dass die negativ formulierte Aussage einzuschränken oder zu versagen ist.

7. Verwertung von Arbeiten Dritter

(26) Bei der Verwertung der Arbeiten von anderen externen Prüfern oder Sachverständigen hat sich der Wirtschaftsprüfer davon zu überzeugen, dass diese Arbeiten für die Zwecke der prüferischen Durchsicht geeignet sind.

8. Dokumentation

(27) Der Wirtschaftsprüfer hat die Sachverhalte, welche wichtige Nachweise zur Untermauerung des Berichts über die prüferische Durchsicht liefern, sowie Nachweise dafür, dass die prüferische Durchsicht unter Beachtung dieses Fachgutachtens durchgeführt wurde, zu dokumentieren.

(28) Zeitnah zum Abschluss der prüferischen Durchsicht ist eine berufsübliche Vollständigkeitserklärung, wie sie im Rahmen von Abschlussprüfungen verwendet wird (vgl ISA 580.15), einzuholen.

9. Schlussfolgerungen und Bericht

(29) Der Bericht über die prüferische Durchsicht hat eine klare schriftliche Aussage über das Ergebnis der prüferischen Durchsicht zu enthalten. Der Wirtschaftsprüfer hat als Grundlage seiner Aussage über das Ergebnis der prüferischen Durchsicht die aus den erhaltenen Nachweisen gezogenen Schlüsse zusammenzufassen.

(30) Auf Grundlage der durchgeführten Maßnahmen/Arbeiten hat der Wirtschaftsprüfer zu beurteilen, ob im Rahmen der prüferischen Durchsicht erhaltene Informationen darauf hindeuten, dass der Abschluss kein möglichst getreues Bild der Vermögens-, Finanz- und Ertragslage des Unternehmens in Übereinstimmung mit den angewandten Rechnungslegungsvorschriften vermittelt. Bei verkürzten Abschlüssen ist diese Aussage auf die Übereinstimmung mit den angewandten Rechnungslegungsvorschriften zu beschränken.

(31) Der Bericht über die prüferische Durchsicht hat den Umfang des Auftrags zu beschreiben, um dem Leser Art und Umfang der durchgeführten Maßnahmen verständlich zu machen und klarzustellen, dass keine Abschlussprüfung durchgeführt wurde und daher auch kein Bestätigungsvermerk (Prüfungsurteil) erteilt wird.

(32) Der Bericht über die prüferische Durchsicht hat die folgenden Grundbestandteile üblicherweise in der nachfolgenden Reihenfolge zu enthalten (siehe auch die Beispiele in Anhang 2):

a) Überschrift;

b) Adressat;[7]

[7] Sofern der Bericht über die prüferische Durchsicht nicht an einen unbestimmten Adressatenkreis gerichtet ist.

c) einleitender Abschnitt mit der Bezeichnung des Abschlusses, der Gegenstand der prüferischen Durchsicht war, und der angewandten Rechnungslegungsvorschriften, einer Erklärung über die Verantwortlichkeit der Unternehmensleitung und die Verantwortlichkeit des Wirtschaftsprüfers sowie dem Hinweis auf eine vereinbarte Haftungsbeschränkung;

d) beschreibender Abschnitt, worin
   - Art und Umfang der prüferischen Durchsicht beschrieben werden,
   - Bezug genommen wird auf dieses Fachgutachten,
   - erklärt wird, dass sich eine prüferische Durchsicht in erster Linie auf Befragungen und analytische Beurteilungen beschränkt, und
   - klargestellt wird, dass eine Abschlussprüfung nicht durchgeführt worden ist und die durchgeführten Maßnahmen der prüferischen Durchsicht zu einer geringeren Sicherheit hinsichtlich der Kenntnis aller wesentlichen Sachverhalte führen, als sie bei einer Abschlussprüfung erreichbar ist, und deshalb kein Bestätigungsvermerk erteilt wird;

e) negativ formulierte Aussage über das Ergebnis der prüferischen Durchsicht, die besagt, dass der Wirtschaftsprüfer aufgrund der prüferischen Durchsicht nicht auf Sachverhalte gestoßen ist, die ihn zu der Annahme veranlassen, der Abschluss vermittle kein möglichst getreues Bild der Vermögens-, Finanz- und Ertragslage des Unternehmens in Übereinstimmung mit den angewandten Rechnungslegungsvorschriften. Bei verkürzten Abschlüssen ist diese Aussage auf die Übereinstimmung mit den angewandten Rechnungslegungsvorschriften zu beschränken;

f) Verwendungsbeschränkung;

g) Ort und Datum, (firmenmäßige) Unterschrift des Wirtschaftsprüfers.

(33) Wenn dem Wirtschaftsprüfer Sachverhalte bekannt geworden sind, die die Vermittlung eines möglichst getreuen Bildes der Vermögens-, Finanz- und Ertragslage in Übereinstimmung mit den angewandten Rechnungslegungsvorschriften beeinträchtigen bzw dazu führen, dass in wesentlichen Belangen keine Übereinstimmung des Abschlusses mit den angewandten Rechnungslegungsvorschriften gegeben ist, sind diese Sachverhalte zu beschreiben und – soweit möglich – ihre Auswirkungen auf den Abschluss anzugeben. In diesem Fall ist

- entweder die negativ formulierte Aussage im Bericht über das Ergebnis der prüferischen Durchsicht einzuschränken
- oder, wenn die Auswirkungen dieser Sachverhalte auf den Abschluss so wesentlich sind, dass der Wirtschaftsprüfer eine Einschränkung der Aussage für nicht ausreichend ansieht, um die Fehler oder die Unvollständigkeit des Abschlusses offenzulegen, im Bericht über die prüferische Durchsicht zu erklären, dass der Abschluss kein möglichst getreues Bild der Vermögens-, Finanz- und Ertragslage in Übereinstimmung mit den angewandten Rechnungslegungsvorschriften vermittelt bzw keine Übereinstimmung des Abschlusses mit den angewandten Rechnungslegungsvorschriften gegeben ist („Versagungsbericht").

(34) Wenn wesentliche Hemmnisse bei der Durchführung der prüferischen Durchsicht aufgetreten sind, sind diese Hemmnisse zu beschreiben. In diesem Fall ist

- entweder die negativ formulierte Aussage des Wirtschaftsprüfers unter Bezugnahme auf die möglichen Auswirkungen auf seine Aussage über den Abschluss, wenn diese Hemmnisse nicht bestanden hätten, einzuschränken
- oder, wenn die möglichen Auswirkungen dieser Hemmnisse so wesentlich und umfassend sind, dass nach Beurteilung des Wirtschaftsprüfers eine negativ formulierte Aussage über das Ergebnis der prüferischen Durchsicht mit ausreichender Sicherheit nicht möglich ist, eine solche Aussage zu versagen („Versagungsbericht").

(35) Der Wirtschaftsprüfer hat den Bericht über die prüferische Durchsicht unter Angabe von Ort und Datum (Tag der Beendigung der Durchführung der prüferischen Durchsicht) zu unterzeichnen. Der Bericht darf kein früheres Datum als das Datum der Unterzeichnung des Abschlusses durch die Unternehmensleitung tragen.

(36) Der für die Durchführung der prüferischen Durchsicht verantwortliche Wirtschaftsprüfer hat den Bericht über die prüferische Durchsicht in jedem Fall zu unterzeichnen.

Anhang 1: Beispiel für ein Auftragsbestätigungsschreiben („Engagement Letter") zur Durchführung einer prüferischen Durchsicht

An den Vorstand / die Geschäftsführung
(oder den Aufsichtsrat)

Auftragsbestätigung

Dieses Schreiben dient zur Bestätigung meines / unseres Verständnisses der Bedingungen und Ziele meines / unseres Auftrags sowie der Art und der Einschränkungen der von mir / uns zu erbringenden Leistungen.

Ich / Wir werde(n) die folgenden Leistungen erbringen:

Durchführung einer prüferischen Durchsicht des [Bezeichnung des Abschlusses] der [Name der Gesellschaft], [Ort], zum [Datum], bestehend aus [Bezeichnung der Bestandteile], unter Beachtung der in Österreich geltenden berufsüblichen Grundsätze, insbesondere KFS/PG 11 „Grundsätze für die prüferische Durchsicht von Abschlüssen". Wir führen keine Prüfung dieses [Bezeichnung des Abschlusses] durch und erteilen aus diesem Grund kein Prüfungsurteil (Bestätigungsvermerk).

Die prüferische Durchsicht eines Abschlusses umfasst Befragungen, in erster Linie von für das Finanz- und Rechnungswesen verantwortlichen Personen, sowie analytische Beurteilungen und sonstige Erhebungen. Eine prüferische Durchsicht ist von wesentlich geringerem Umfang und umfasst geringere Nachweise als eine Abschlussprüfung und ermöglicht es mir / uns daher nicht, eine mit einer Abschlussprüfung vergleichbare Sicherheit darüber zu erlangen, dass mir / uns alle wesentlichen Sachverhalte bekannt werden.

Mein / Unser Auftrag kann nicht als verlässliche Grundlage dafür angesehen werden, dass möglicherweise vorhandene betrügerische Handlungen, Fehler oder andere gesetzeswidrige Handlungen aufgedeckt werden. Ich / Wir werde(n) Ihnen jedoch über von uns entdeckte wesentliche Sachverhalte Mitteilung machen.

Der uneingeschränkte Zugang zu den für die prüferische Durchsicht erforderlichen Aufzeichnungen, Schriftstücken und sonstigen Informationen sowie die Bereitschaft der gesetzlichen Vertreter, Auskünfte in dem erforderlichen Umfang vollständig zu erteilen, gelten als vereinbart.

Die Verantwortung für den Abschluss, einschließlich seiner angemessenen Offenlegung, liegt bei den gesetzlichen Vertretern der Gesellschaft. Dazu zählen auch die Führung von adäquaten Buchhaltungsunterlagen und die Aufrechterhaltung von internen Kontrollen sowie die Auswahl und Anwendung von Rechnungslegungsgrundsätzen.

Für die Durchführung des Auftrags ist [Name], [Berufsbefugnis], verantwortlich.

Grundlage für die Durchführung meiner / unserer Arbeiten und für meine / unsere Verantwortung auch im Verhältnis zu Dritten sind die Allgemeinen Auftragsbedingungen für Wirtschaftstreuhandberufe (AAB) [in der jeweils geltenden Fassung]. Eine Kopie dieser Auftragsbedingungen lege(n) ich / wir diesem Schreiben mit der Bitte um Unterfertigung und Retournierung bei.

Zeitnah zum Abschluss der prüferischen Durchsicht erhalte(n) ich / wir eine von den gesetzlichen Vertretern unterfertigte berufsübliche Vollständigkeitserklärung.

Über die Durchführung der prüferischen Durchsicht werde(n) ich / wir in berufsüblichem Umfang mit einem Ergebnis in Form einer negativ formulierten Aussage berichten.

Meine / Unsere Verantwortlichkeit und Haftung für nachgewiesene Vermögensschäden aufgrund einer grob fahrlässigen Pflichtverletzung bei der Durchführung unserer Arbeiten wird analog zu § 275 Abs 2 UGB (Haftungsregelung bei der Prüfung einer kleinen oder mittelgroßen Gesellschaft) mit 2 Millionen Euro begrenzt. Meine / Unsere Haftung für leichte Fahrlässigkeit ist in Übereinstimmung mit den Allgemeinen Auftragsbedingungen für Wirtschaftstreuhandberufe (AAB) [in der jeweils geltenden Fassung], die diesem Auftrag zugrunde liegen, ausgeschlossen.

Da mein / unser Bericht ausschließlich im Auftrag und im Interesse des Auftraggebers erstellt wird, bildet er keine Grundlage für ein allfälliges Vertrauen dritter Personen auf seinen Inhalt. Ansprüche dritter Personen können daher daraus nicht abgeleitet werden. Dementsprechend darf dieser Bericht weder gänzlich noch auszugsweise ohne mein / unser ausdrückliches Einverständnis an Dritte weitergegeben werden.

Das Honorar für die Durchführung der prüferischen Durchsicht beträgt EUR ……,-- zuzüglich Umsatzsteuer und Spesen.

Zur Erklärung Ihres Einverständnisses mit den Vereinbarungen in Bezug auf die prüferische Durchsicht des [Bezeichnung des Abschlusses] bitten wir Sie, die beigefügte Kopie dieses Schreibens zu unterzeichnen und an uns zurückzusenden.

Mit freundlichen Grüßen

Firmenmäßige Unterschrift

Angenommen im Namen der [Name der Gesellschaft]

[Ort], am [Datum]

Anhang 2: Muster für einen Bericht über die prüferische Durchsicht von Abschlüssen

2.1. Muster für einen Bericht über die prüferische Durchsicht eines Abschlusses mit einer uneingeschränkten zusammenfassenden Beurteilung

Bericht über die prüferische Durchsicht

An den
(Adressat)[8]

[8] Sofern der Bericht über die prüferische Durchsicht nicht an einen unbestimmten Adressatenkreis gerichtet ist.

Einleitung

Ich habe / Wir haben den beigefügten [Bezeichnung des Abschlusses] der [Firma], [Ort], für die Periode vom [Datum] bis [Datum] prüferisch durchgesehen. Der Abschluss umfasst die Bilanz zum [Datum], die Gewinn- und Verlustrechnung [und die Geldflussrechnung] für den Zeitraum vom [Datum] bis zum [Datum] sowie den Anhang für dieses Geschäftsjahr.

Die gesetzlichen Vertreter der Gesellschaft sind für die Aufstellung dieses Abschlusses verantwortlich. Sie sind auch dafür verantwortlich, dass der Abschluss ein möglichst getreues Bild der Vermögens-, Finanz- und Ertragslage des Unternehmens in Übereinstimmung mit [den jeweils anzuwendenden Rechnungslegungsvorschriften] vermittelt.

Meine / Unsere Verantwortung ist es, auf Grundlage meiner / unserer prüferischen Durchsicht eine zusammenfassende Beurteilung über diesen Abschluss abzugeben.

Meine / Unsere Verantwortlichkeit und Haftung für nachgewiesene Vermögensschäden aufgrund einer grob fahrlässigen Pflichtverletzung wird analog zu § 275 Abs 2 UGB mit EUR 2 Mio begrenzt. Meine / Unsere Haftung für leichte Fahrlässigkeit ist in Übereinstimmung mit den Allgemeinen Auftragsbedingungen für Wirtschaftstreuhandberufe (AAB) [in der jeweils geltenden Fassung], die diesem Auftrag zugrunde liegen, ausgeschlossen. Die mit dem Auftraggeber vereinbarte und hier offengelegte Beschränkung meiner / unserer Haftung gilt auch gegenüber jedem Dritten, der im Vertrauen auf meinen / unseren Bericht über die prüferische Durchsicht Handlungen setzt oder unterlässt.[9]

[9] Dient der Bericht über die prüferische Durchsicht ausschließlich internen Zwecken oder ist er ausschließlich im Interesse des Auftraggebers erstellt worden, so kann die Haftung Dritten gegenüber durch folgenden Zusatz ausgeschlossen wer-den: „Da unser Bericht ausschließlich im Auftrag und im Interesse des Auftraggebers erstellt worden ist, bildet er keine Grundlage für ein allfälliges Vertrauen dritter Personen auf seinen Inhalt. Ansprüche dritter Personen können daher daraus nicht abgeleitet werden."

Umfang der prüferischen Durchsicht

Ich / Wir habe(n) die prüferische Durchsicht unter Beachtung der in Österreich geltenden berufsüblichen Grundsätze, insbesondere KFS/PG 11 „Grundsätze für die prüferische Durchsicht von Abschlüssen", durchgeführt.

Die prüferische Durchsicht eines Abschlusses umfasst Befragungen, in erster Linie von für das Finanz- und Rechnungswesen verantwortlichen Personen, sowie analytische Beurteilungen und sonstige Erhebungen. Eine prüferische Durchsicht ist von wesentlich geringerem Umfang und umfasst geringere Nachweise als eine Abschlussprüfung und ermöglicht es mir / uns daher nicht, eine mit einer Abschlussprüfung vergleichbare Sicherheit darüber zu erlangen, dass mir / uns alle wesentlichen Sachverhalte bekannt werden. Aus diesem Grund erteile(n) ich / wir keinen Bestätigungsvermerk.

Zusammenfassende Beurteilung

Auf Grundlage meiner / unserer prüferischen Durchsicht sind mir / uns keine Sachverhalte bekannt geworden, die mich / uns zu der Annahme veranlassen, dass der beigefügte Abschluss kein möglichst getreues Bild der Vermögens- und Finanzlage des Unternehmens zum [Datum] sowie der Ertragslage [und der Zahlungsströme] für den Zeitraum vom [Datum] bis zum [Datum] in Übereinstimmung mit [den jeweils anzuwendenden Rechnungslegungsvorschriften] vermittelt.

Dieser Bericht dient ausschließlich den Informationsbedürfnissen der Geschäftsführung / des Vorstands der [Firma] als Auftraggeber und darf weder gänzlich noch auszugsweise ohne mein / unser ausdrückliches Einverständnis an Dritte weitergegeben werden.[10]

[10] Sofern der Bericht über die prüferische Durchsicht nicht an einen unbestimmten Adressatenkreis gerichtet ist.

[Ort], am [Datum]
Firmenmäßige Unterschrift

2.2. Muster für einen Bericht über die prüferische Durchsicht eines Abschlusses mit einer eingeschränkten zusammenfassenden Beurteilung im Fall von Mängeln in der Rechnungslegung

Bericht über die prüferische Durchsicht

An den

(Adressat)[11]

[11] Sofern der Bericht über die prüferische Durchsicht nicht an einen unbestimmten Adressatenkreis gerichtet ist.

Einleitung

Ich habe / Wir haben den beigefügten [Bezeichnung des Abschlusses] der [Firma], [Ort], für die Periode vom [Datum] bis [Datum] prüferisch durchgesehen. Der Abschluss umfasst die Bilanz zum [Datum], die Gewinn- und Verlustrechnung [und die Geldflussrechnung] für den Zeitraum vom [Datum] bis zum [Datum] sowie den Anhang für dieses Geschäftsjahr.

Die gesetzlichen Vertreter der Gesellschaft sind für die Aufstellung dieses Abschlusses verantwortlich. Sie sind auch dafür verantwortlich, dass der Abschluss ein möglichst getreues Bild der Vermögens-, Finanz- und Ertragslage des Unternehmens in Übereinstimmung mit [den jeweils anzuwendenden Rechnungslegungsvorschriften] vermittelt.

Meine / Unsere Verantwortung ist es, auf Grundlage meiner / unserer prüferischen Durchsicht eine zusammenfassende Beurteilung über diesen Abschluss abzugeben.

Meine / Unsere Verantwortlichkeit und Haftung für nachgewiesene Vermögensschäden aufgrund einer grob fahrlässigen Pflichtverletzung wird analog zu § 275 Abs 2 UGB mit EUR 2 Mio begrenzt. Meine / Unsere Haftung für leichte Fahrlässigkeit ist in Übereinstimmung mit den Allgemeinen Auftragsbedingungen für Wirtschaftstreuhandberufe (AAB) [in der jeweils geltenden Fassung], die diesem Auftrag zugrunde liegen, ausgeschlossen. Die mit dem Auftraggeber vereinbarte und hier offengelegte Beschränkung meiner / unserer Haftung gilt auch gegenüber jedem Dritten, der im Vertrauen auf meinen / unseren Bericht über die prüferische Durchsicht Handlungen setzt oder unterlässt.[12]

[12] Dient der Bericht über die prüferische Durchsicht ausschließlich internen Zwecken oder ist er ausschließlich im Interesse des Auftraggebers erstellt worden, so kann die Haftung Dritten gegenüber durch folgenden Zusatz ausgeschlossen wer-den: „Da unser Bericht ausschließlich im Auftrag und im Interesse des Auftraggebers erstellt worden ist, bildet er keine Grundlage für ein allfälliges Vertrauen dritter Personen auf seinen Inhalt. Ansprüche dritter Personen können daher daraus nicht abgeleitet werden."

Umfang der prüferischen Durchsicht

Ich / Wir habe(n) die prüferische Durchsicht unter Beachtung der in Österreich geltenden berufsüblichen Grundsätze, insbesondere KFS/PG 11 „Grundsätze für die prüferische Durchsicht von Abschlüssen", durchgeführt.

Die prüferische Durchsicht eines Abschlusses umfasst Befragungen, in erster Linie von für das Finanz- und Rechnungswesen verantwortlichen Personen, sowie analytische Beurteilungen und sonstige Erhebungen. Eine prüferische Durchsicht ist von wesentlich geringerem Umfang und umfasst geringere Nachweise als eine Abschlussprüfung und ermöglicht es mir / uns daher nicht, eine mit einer Abschlussprüfung vergleichbare Sicherheit darüber zu erlangen, dass mir / uns alle wesentlichen Sachverhalte bekannt werden. Aus diesem Grund erteile(n) ich / wir keinen Bestätigungsvermerk.

Für schwer verkäufliche Vorräte wurden die erforderlichen Abschreibungen nach § 207 Abs 1 UGB in Höhe von EUR ... auf den niedrigeren beizulegenden Wert nicht vorgenommen. Bei ordnungsgemäßer Abschreibung würde sich das Jahresergebnis um EUR ... verschlechtern.

Zusammenfassende Beurteilung

Auf Grundlage meiner / unserer prüferischen Durchsicht sind mir / uns *mit Ausnahme der im vorstehenden Absatz genannten Auswirkungen der zu hohen Bewertung der Vorräte* keine Sachverhalte bekannt geworden, die mich / uns zu der Annahme veranlassen, dass der beigefügte Abschluss kein möglichst getreues Bild der Vermögens- und Finanzlage des Unternehmens zum [Datum] sowie der Ertragslage [und der Zahlungsströme] für den Zeitraum vom [Datum] bis zum [Datum] in Übereinstimmung mit [den jeweils anzuwendenden Rechnungslegungsvorschriften] vermittelt.

Dieser Bericht dient ausschließlich den Informationsbedürfnissen der Geschäftsführung / des Vorstands der [Firma] als Auftraggeber und darf weder gänzlich noch auszugsweise ohne mein / unser ausdrückliches Einverständnis an Dritte weitergegeben werden.[13]

[13] Sofern der Bericht über die prüferische Durchsicht nicht an einen unbestimmten Adressatenkreis gerichtet ist.

[Ort], am [Datum]

Firmenmäßige Unterschrift

2.3. Muster für einen Bericht über die prüferische Durchsicht eines Abschlusses mit einer eingeschränkten zusammenfassenden Beurteilung im Fall von Prüfungshemmnissen

Bericht über die prüferische Durchsicht

An den
(Adressat)[14]

[14] Sofern der Bericht über die prüferische Durchsicht nicht an einen unbestimmten Adressatenkreis gerichtet ist.

Einleitung

Ich habe / Wir haben den beigefügten [Bezeichnung des Abschlusses] der [Firma], [Ort], für die Periode vom [Datum] bis [Datum] prüferisch durchgesehen. Der Abschluss umfasst die Bilanz zum [Datum], die Gewinn- und Verlustrechnung [und die Geldflussrechnung] für den Zeitraum vom [Datum] bis zum [Datum] sowie den Anhang für dieses Geschäftsjahr.

Die gesetzlichen Vertreter der Gesellschaft sind für die Aufstellung dieses Abschlusses verantwortlich. Sie sind auch dafür verantwortlich, dass der Abschluss ein möglichst getreues Bild der Vermögens-, Finanz- und Ertragslage des Unternehmens in Übereinstimmung mit [den jeweils anzuwendenden Rechnungslegungsvorschriften] vermittelt.

Meine / Unsere Verantwortung ist es, auf Grundlage meiner / unserer prüferischen Durchsicht eine zusammenfassende Beurteilung über diesen Abschluss abzugeben.

Meine / Unsere Verantwortlichkeit und Haftung für nachgewiesene Vermögensschäden aufgrund einer grob fahrlässigen Pflichtverletzung wird analog zu § 275 Abs 2 UGB mit EUR 2 Mio begrenzt. Meine / Unsere Haftung für leichte Fahrlässigkeit ist in Übereinstimmung mit den Allgemeinen Auftragsbedingungen für Wirtschaftstreuhandberufe (AAB) [in der jeweils geltenden Fassung], die diesem Auftrag zugrunde liegen, ausgeschlossen. Die mit dem Auftraggeber vereinbarte und hier offengelegte Beschränkung meiner / unserer Haftung gilt auch gegenüber jedem Dritten, der im Vertrauen auf meinen / unseren Bericht über die prüferische Durchsicht Handlungen setzt oder unterlässt.[15]

[15] Dient der Bericht über die prüferische Durchsicht ausschließlich internen Zwecken oder ist er ausschließlich im Interesse des Auftraggebers erstellt worden, so kann die Haftung Dritten gegenüber durch folgenden Zusatz ausgeschlossen wer-den: „Da unser Bericht ausschließlich im Auftrag und im Interesse des Auftraggebers erstellt worden ist, bildet er keine Grundlage für ein allfälliges Vertrauen dritter Personen auf seinen Inhalt. Ansprüche dritter Personen können daher daraus nicht abgeleitet werden."

Umfang der prüferischen Durchsicht

Ich / Wir habe(n) die prüferische Durchsicht unter Beachtung der in Österreich geltenden berufsüblichen Grundsätze, insbesondere KFS/PG 11 „Grundsätze für die prüferische Durchsicht von Abschlüssen", durchgeführt.

Die prüferische Durchsicht eines Abschlusses umfasst Befragungen, in erster Linie von für das Finanz- und Rechnungswesen verantwortlichen Personen, sowie analytische Beurteilungen und sonstige Erhebungen. Eine prüferische Durchsicht ist von wesentlich geringerem Umfang und umfasst geringere Nachweise als eine Abschlussprüfung und ermöglicht es mir / uns daher nicht, eine mit einer Abschlussprüfung vergleichbare Sicherheit darüber zu erlangen, dass mir / uns alle wesentlichen Sachverhalte bekannt werden. Aus diesem Grund erteile(n) ich / wir keinen Bestätigungsvermerk.

Seitens der Unternehmensleitung und der Mitarbeiter der Gesellschaft wurden keine Informationen zu den langfristigen Vertragsbeziehungen mit dem Unternehmen ... erteilt. Daher konnte nicht festgestellt werden, ob die Forderungen gegenüber diesem Unternehmen in Höhe von EUR ..., d.s. ...% der Gesamtforderungen der Gesellschaft, möglicherweise hätten anders bewertet werden müssen.

Zusammenfassende Beurteilung

Auf Grundlage meiner / unserer prüferischen Durchsicht sind mir / uns *mit Ausnahme der vorstehend genannten möglichen Auswirkungen* keine Sachverhalte bekannt geworden, die mich / uns zu der Annahme veranlassen, dass der beigefügte Abschluss kein möglichst getreues Bild der Vermögens- und Finanzlage des Unternehmens zum [Datum] sowie der Ertragslage [und der Zahlungsströme] für den Zeitraum vom [Datum] bis zum [Datum] in Übereinstimmung mit [den jeweils anzuwendenden Rechnungslegungsvorschriften] vermittelt.

Dieser Bericht dient ausschließlich den Informationsbedürfnissen der Geschäftsführung / des Vorstands der [Firma] als Auftraggeber und darf weder gänzlich noch auszugsweise ohne mein / unser ausdrückliches Einverständnis an Dritte weitergegeben werden.[16]

[14] Sofern der Bericht über die prüferische Durchsicht nicht an einen unbestimmten Adressatenkreis gerichtet ist.

[Ort], am [Datum]
Firmenmäßige Unterschrift

2.4. Muster für einen Bericht über die prüferische Durchsicht eines Abschlusses mit einer versagenden zusammenfassenden Beurteilung („Versagungsbericht“)

Bericht über die prüferische Durchsicht

An den

(Adressat)[17]

[17] Sofern der Bericht über die prüferische Durchsicht nicht an einen unbestimmten Adressatenkreis gerichtet ist.

Einleitung

Ich habe / Wir haben den beigefügten [Bezeichnung des Abschlusses] der [Firma], [Ort], für die Periode vom [Datum] bis [Datum] prüferisch durchgesehen. Der Abschluss umfasst die Bilanz zum [Datum], die Gewinn- und Verlustrechnung [und die Geldflussrechnung] für den Zeitraum vom [Datum] bis zum [Datum] sowie den Anhang für dieses Geschäftsjahr.

Die gesetzlichen Vertreter der Gesellschaft sind für die Aufstellung dieses Abschlusses verantwortlich. Sie sind auch dafür verantwortlich, dass der Abschluss ein möglichst getreues Bild der Vermögens-, Finanz- und Ertragslage des Unternehmens in Übereinstimmung mit [den jeweils anzuwendenden Rechnungslegungsvorschriften] vermittelt.

Meine / Unsere Verantwortung ist es, auf Grundlage meiner / unserer prüferischen Durchsicht eine zusammenfassende Beurteilung über diesen Abschluss abzugeben.

Meine / Unsere Verantwortlichkeit und Haftung für nachgewiesene Vermögensschäden aufgrund einer grob fahrlässigen Pflichtverletzung wird analog zu § 275 Abs 2 UGB mit EUR 2 Mio begrenzt. Meine / Unsere Haftung für leichte Fahrlässigkeit ist in Übereinstimmung mit den Allgemeinen Auftragsbedingungen für Wirtschaftstreuhandberufe (AAB) [in der jeweils geltenden Fassung], die diesem Auftrag zugrunde liegen, ausgeschlossen. Die mit dem Auftraggeber vereinbarte und hier offengelegte Beschränkung meiner / unserer Haftung gilt auch gegenüber jedem Dritten, der im Vertrauen auf meinen / unseren Bericht über die prüferische Durchsicht Handlungen setzt oder unterlässt.[18]

[18] Dient der Bericht über die prüferische Durchsicht ausschließlich internen Zwecken oder ist er ausschließlich im Interesse des Auftraggebers erstellt worden, so kann die Haftung Dritten gegenüber durch folgenden Zusatz ausgeschlossen wer-den: „Da unser Bericht ausschließlich im Auftrag und im Interesse des Auftraggebers erstellt worden ist, bildet er keine Grundlage für ein allfälliges Vertrauen dritter Personen auf seinen Inhalt. Ansprüche dritter Personen können daher daraus nicht abgeleitet werden.“

Umfang der prüferischen Durchsicht

Ich / Wir habe(n) die prüferische Durchsicht unter Beachtung der in Österreich geltenden berufsüblichen Grundsätze, insbesondere KFS/PG 11 „Grundsätze für die prüferische Durchsicht von Abschlüssen“, durchgeführt.

Die prüferische Durchsicht eines Abschlusses umfasst Befragungen, in erster Linie von für das Finanz- und Rechnungswesen verantwortlichen Personen, sowie analytische Beurteilungen und sonstige Erhebungen. Eine prüferische Durchsicht ist von wesentlich geringerem Umfang und umfasst geringere Nachweise als eine Abschlussprüfung und ermöglicht es mir / uns daher nicht, eine mit einer Abschlussprüfung vergleichbare Sicherheit darüber zu erlangen, dass mir / uns alle wesentlichen Sachverhalte bekannt werden. Aus diesem Grund erteile(n) ich / wir keinen Bestätigungsvermerk.

Der Abschluss wurde unter der Annahme des Fortbestands der Gesellschaft aufgestellt, obwohl wegen der ungenügenden Liquiditätsausstattung hiervon nicht ausgegangen werden kann.

Zusammenfassende Beurteilung

Auf Grundlage meiner / unserer prüferischen Durchsicht bin ich / sind wir zur Auffassung gelangt, dass der beigefügte Abschluss aufgrund der im vorstehenden Absatz genannten Sachverhalte kein möglichst getreues Bild der Vermögens- und Finanzlage des Unternehmens zum [Datum] sowie der Ertragslage [und der Zahlungsströme] für den Zeitraum vom [Datum] bis zum [Datum] in Übereinstimmung mit [den jeweils anzuwendenden Rechnungslegungsvorschriften] vermittelt.

Dieser Bericht dient ausschließlich den Informationsbedürfnissen der Geschäftsführung / des Vorstands der [Firma] als Auftraggeber und darf weder gänzlich noch auszugsweise ohne mein / unser ausdrückliches Einverständnis an Dritte weitergegeben werden.[19]

[19] Sofern der Bericht über die prüferische Durchsicht nicht an einen unbestimmten Adressatenkreis gerichtet ist.

[Ort], am [Datum]

Firmenmäßige Unterschrift

2/2/13. KFS/PG 13

Fachgutachten des Fachsenats für Unternehmensrecht und Revision über die Durchführung von sonstigen Prüfungen

(beschlossen in der Sitzung des Fachsenats für Unternehmensrecht und Revision am 19. November 2019 als Neufassung des Fachgutachtens KFS/PG 13)

1. Vorbemerkungen

(1) Der Fachsenat für Unternehmensrecht und Revision legt in diesem Fachgutachten die Berufsauffassung dar, wie Wirtschaftsprüfer Aufträge zur Durchführung von sonstigen Prüfungen abzuwickeln haben.

(2) Dieses Fachgutachten berücksichtigt die wesentlichen Aussagen des International Standard on Assurance Engagements (ISAE) 3000 (Revised).[1]

[1] www.ifac.org; ISAE 3000 (Revised) – Assurance Engagements Other than Audits or Reviews of Historical Financial Information

(3) Dieses Fachgutachten enthält die Grundsätze für die berufliche Verantwortung des Wirtschaftsprüfers bei sonstigen Prüfungen sowie für Form und Inhalt der in diesem Zusammenhang zu erstellenden Berichterstattung. Darüber hinaus verdeutlicht das Fachgutachten gegenüber der Öffentlichkeit Inhalt und Grenzen dieser Leistungen.

(4) Hinsichtlich Befangenheit, Anschein der Befangenheit, Interessenkollision und Unabhängigkeit gelten insbesondere die §§ 14 bis 16 der Allgemeinen Richtlinie über die Ausübung der Wirtschaftstreuhandberufe (WT-AARL 2017-KSW) sowie die §§ 10 und 11 der Verordnung zur Durchführung prüfender Tätigkeiten (KSW-PRL 2017).

2. Ziel und Gegenstand der sonstigen Prüfungen

2.1. Definition einer sonstigen Prüfung

(5) Sonstige Prüfungen sind auftragsgebundene Prüfungen, bei denen entweder eine andere Partei als der beauftragte Wirtschaftsprüfer den zugrunde liegenden Sachverhalt anhand von Kriterien misst oder beurteilt und der beauftragte Wirtschaftsprüfer zu dieser Information eine zusammenfassende Beurteilung (*conclusion*) abgibt (*attestation engagements*, Attestierungsaufträge) oder der beauftragte Wirtschaftsprüfer den zugrunde liegenden Sachverhalt unmittelbar anhand von Kriterien selbst misst oder beurteilt (*direct engagements*, direkte Zusicherungsaufträge).

(6) Dieses Fachgutachten enthält Anforderungen, Anwendungshinweise und sonstige Erläuterungen für Attestierungsaufträge mit hinreichender und begrenzter Prüfungssicherheit. Es kann auch bei direkten Zusicherungsaufträgen mit hinreichender und begrenzter Prüfungssicherheit angewendet werden – je nach den Auftragsumständen erforderlichenfalls angepasst und ergänzt.

(7) Die zu beurteilenden Sachverhaltsinformationen (*subject matter information*) sind das Ergebnis einer Messung bzw. Beurteilung eines zugrunde liegenden Sachverhalts (*underlying subject matter*) anhand geeigneter Kriterien (*suitable criteria*). Beispiele:

Sachverhaltsinformationen	**Kriterien**	**Zugrunde liegender Sachverhalt**
Aussage über die Wirksamkeit interner Kontrollen	Relevante Kriterien, z.B. COSO-Framework	Internes Kontrollsystem
Unternehmensspezifische Leistungskennzahlen, z.B. Economic Value Added	Relevante Beurteilungsgrundsätze, z.B. selbst erstellte Grundsätze zur Ermittlung eines Economic Value Added	Aspekte der Unternehmensleitung
Aussage über die Einhaltung gesetzlicher Vorschriften und anderer Regeln	z.B. Regelungen zum Datenschutz	Einhaltung gesetzlicher Vorschriften und anderer Regeln durch ein Unternehmen (Verhalten)

(8) Nicht Gegenstand von sonstigen Prüfungen sind Zusicherungsleistungen zu vergangenheitsorientierten Finanzinformationen oder sonstige Dienstleistungen (vgl. KFS/PE 1). Demnach sind sonstige Prüfungen weder eine Abschlussprüfung noch eine prüferische Durchsicht von vergangenheitsorientierten Finanzinformationen; diese sind in eigenen Fachgutachten geregelt (KFS/PG 1 oder KFS/PG 11). Es handelt sich aber in jedem Fall um Aufträge, die eine Zusicherungsleistung eines unabhängigen Prüfers mit Erteilung eines entsprechenden Vermerks (der sogenannten zusammenfassenden Beurteilung) erfordern (§ 3 WTBG 2017).

2.2. Ziel einer sonstigen Prüfung

(9) Ziel des beauftragten Wirtschaftsprüfers bei der Durchführung einer sonstigen Prüfung ist es, abhängig von der Vereinbarung über den Umfang der Prüfung, auf Grundlage einer hinreichenden oder einer begrenzten Prüfungssicherheit

– eine Aussage darüber zu machen, ob die Sachverhaltsinformationen frei von wesentlichen falschen Darstellungen sind (Attestierungsauftrag), oder
– eine Aussage über das Ergebnis einer Messung oder Beurteilung des zugrunde liegenden Sachverhalts in einem Bericht zu machen, der eine zusammenfassende Beurteilung enthält und auch die Grundlage dafür beschreibt (direkter Zusicherungsauftrag).

Ein direkter Zusicherungsauftrag ist demnach definiert als ein Prüfungsauftrag, gemäß dem der beauftragte Wirtschaftsprüfer selbst den zugrunde liegenden Sachverhalt anhand der Kriterien misst oder beurteilt und die daraus resultierenden Sachverhaltsinformationen als Bestandteil der zusammenfassenden Beurteilung bzw. zusammen mit der zusammenfassenden Beurteilung darstellt.

(10) Wenn es der vereinbarte Auftragsumfang oder die dem Auftrag zugrunde liegenden Anforderungen an die Sachverhaltsinformationen vorsehen, kann im Rahmen des Berichts über eine sonstige Prüfung auch eine weitergehende Kommunikation (wie z.B. Empfehlungen und sonstige Informationen, vgl. ISAE 3000 (Revised) 68.) erforderlich sein.

2.3. Gegenstand sonstiger Prüfungen

(11) Zugrunde liegender Sachverhalt von sonstigen Prüfungen können beispielsweise sein (vgl. dazu auch Anlage 1 von KFS/PE 1):[2]

[2] Soweit durch die Befugnisse der Wirtschaftsprüfer gemäß § 3 WTBG 2017 gedeckt und unter Berücksichtigung der Befugnisse anderer Berufsgruppen gemäß § 4 WTBG 2017.

– Finanzinformationen, soweit sie keine vergangenheitsorientierten Finanzinformationen oder Teile von solchen sind und nicht unter die fachlichen Regelungen für Abschlussprüfungen oder prüferische Durchsichten fallen, wenn und soweit sie über den wirtschaftlichen Erfolg oder wirtschaftliche Verhältnisse Auskunft geben (z.B. Planungsrechnungen über zukunftsorientierte Vermögens- und Finanzlage, Ertragslage oder Cash-flows (vgl. ISAE 3400), Darstellung von Pro FormaFinanzinformationen (vgl. ISAE 3420) etc.)
– Informationen über den nicht-finanziellen Erfolg oder nicht-finanzielle Verhältnisse, wobei die Information über den Gegenstand der Prüfung z.B. aus Schlüsselgrößen für Wirtschaftlichkeit und Wirksamkeit (Leistungskennzahlen) bestehen könnte
– Angaben in Umwelt- und Sozialberichten und Nachhaltigkeitsberichten (vgl. KFS/PE 28)
– Systeme oder Prozesse (z.B. das interne Kontrollsystem eines Unternehmens), inkl. der Ordnungsmäßigkeit der Rechnungslegung
– Informationen im Rahmen eines Corporate Governance-Berichts, eines Vergütungsberichts oder ähnlicher Berichte
– gesellschaftsrechtliche Transaktionen (Gründungs-, Sacheinlageprüfungen, Umwandlungs-, Spaltungs- und Restvermögensprüfungen, Prüfungen der Barabfindung (§ 6 GesAusG) oder eines Übernahmeangebots etc.)
– Risikomanagement (vgl. Regel 83 des Österreichischen Corporate Governance-Kodex sowie AFRAC 19)
– das Vorliegen der Voraussetzungen für die Abzugsfähigkeit von Spenden gemäß § 4a Abs. 8 Z 1 EStG 1988 (alternativ: § 4a Abs. 8 Z 2 EStG 1988 oder § 4a Abs. 8 Z 3 EStG 1988) (vgl. KFS/PE 24)

(12) Keine sonstigen Prüfungen im Sinne dieses Fachgutachtens sind daher insbesondere:

– vereinbarte Untersuchungshandlungen (vgl. KFS/PG 14[3])

[3] Im internationalen Bereich ISRS 4400 „Aufträge zur Durchführung vereinbarter Untersuchungshandlungen bezüglich Finanzinformationen".

– Aufträge zur Erstellung von Abschlüssen (vgl. KFS/RL 26[4])

[4] Im internationalen Bereich ISRS 4410 „Compilation Engagements".

– die Erstellung von Steuererklärungen und alle damit zusammenhängenden Arbeiten
– Beratungsleistungen im Zusammenhang mit dem betrieblichen Rechnungswesen und der Unternehmensorganisation
– Aufträge zur Aussage in rechtlichen Verfahren zu Fragen der Rechnungslegung oder der Abschlussprüfung oder zu sonstigen Sachverhalten
– Aufträge, die fachliche Stellungnahmen bzw. Gutachten,[5] Auffassungen oder Formulierungen enthalten oder bei denen ggf. schriftlich vereinbart wurde, dass mit dem Auftrag eine sonstige Prüfung nicht beabsichtigt ist, z.B. Gutachten gemäß KFS/BW 1 – Fachgutachten zur Unternehmensbewertung, Gutachten gemäß KFS/PE 29 – Fachgutachten über die Erstellung eines Gutachtens zum Steuerkontrollsystem gemäß §§ 153b Abs. 4 Z 4 und 153f Abs. 5 BAO, Gutachten über Prospektinformationen bei alternativen Finanzierungen (§ 4 Abs. 9 AltFG)

[5] Ein Gutachten bzw. eine gutachterliche Stellungnahme unterscheidet sich von einem Prüfungsauftrag im Wesentlichen dadurch, dass keine für eine sonstige Prüfung geeigneten Kriterien vorliegen.

(13) Der zugrunde liegende Sachverhalt kann sich auf einen bestimmten Zeitpunkt oder auf einen Zeitraum beziehen.

2.4. Definitionen im Zusammenhang mit der Durchführung einer sonstigen Prüfung

2.4.1. Überblick

(14) Bei sonstigen Prüfungen sind insbesondere folgende Definitionen zu beachten:

– Kriterien (*criteria*) – vgl. Abschnitt 2.4.2.

– Dreiparteienverhältnis (*three party-relationship*) – vgl. Abschnitt 2.4.3.
– Vorgesehener Nutzer (*intended user*) – vgl. Abschnitt 2.4.4.
– Messender oder Beurteilender (*measurer or evaluator*) – vgl. Abschnitt 2.4.5.
– Sachverhaltsinformationen (*subject matter information*) und zugrunde liegender Sachverhalt (*underlying subject matter*) – vgl. Abschnitt 2.4.6.
– Einholung von Prüfungsnachweisen (*obtaining of evidence*) – vgl. Abschnitt 4.5.
– Art der Zusicherung (*assurance*) – vgl. Abschnitt 2.4.7.
– Zusammenfassende Beurteilung (*conclusion*) und Berichterstattung (*assurance report*) – vgl. Abschnitt 6.

2.4.2. Kriterien

(15) Für eine hinreichend konsistente Messung oder Beurteilung eines zugrunde liegenden Sachverhalts im Rahmen des pflichtgemäßen Ermessens sind geeignete Kriterien erforderlich. Diese bilden den Maßstab für seine Messung oder Beurteilung.

(16) Die Eignung der Kriterien wird nicht von dem Sicherheitsniveau der prüferischen Aussage beeinflusst, d.h. wenn Kriterien für eine Prüfung mit hinreichender Sicherheit nicht geeignet sind, dann sind sie auch nicht für eine Prüfung mit begrenzter Sicherheit geeignet.

(17) Ein durch anzuwendende Kriterien bereitgestellter Bezugsrahmen kann von der beauftragenden oder der verantwortlichen Partei, Branchenverbänden sowie sonstigen Gruppen aufgestellt oder entwickelt werden, die sich nicht an formalisierte Normsetzungsverfahren halten und nicht eindeutig im öffentlichen Interesse handeln müssen.

(18) Zur Feststellung der Eignung der Kriterien hat der beauftragte Wirtschaftsprüfer unter Berücksichtigung folgender Merkmale eine Einschätzung vorzunehmen:
– Relevanz (Nur relevante Kriterien führen zu den Sachverhaltsinformationen, die den Entscheidungsprozess der vorgesehenen Nutzer unterstützen.)
– Vollständigkeit (Kriterien sind ausreichend vollständig, wenn sämtliche relevanten Faktoren, die im Rahmen des Auftrags die zusammenfassende Beurteilung beeinflussen könnten, berücksichtigt werden.)
– Verlässlichkeit (Verlässliche Kriterien ermöglichen eine angemessen konsistente Einschätzung des zugrunde liegenden Sachverhalts, wenn sie unter ähnlichen Umständen von Personen mit ähnlicher Qualifikation angewandt werden, wobei vollständige Kriterien, sofern relevant, Bezugsgrößen für Darstellung und Angaben beinhalten.)
– Neutralität (Neutrale Kriterien tragen zu zusammenfassenden Beurteilungen bei, die frei von verzerrenden Einflüssen sind.)
– Verständlichkeit (Verständliche Kriterien tragen zu zusammenfassenden Beurteilungen bei, die eindeutig und umfassend sind und nicht wesentlich unterschiedlich ausgelegt werden können.)

(19) Die Anwendbarkeit der Kriterien ist von den jeweiligen Auftragsumständen abhängig. Somit können selbst für ein und denselben zugrunde liegenden Sachverhalt unterschiedliche Kriterien Anwendung finden.

(20) Kriterien sind geeignet, wenn alle in Rz (18) angeführten Merkmale gegeben sind. Da jedoch die relative Bedeutung der einzelnen Merkmale von Auftrag zu Auftrag variieren kann, hat der beauftragte Wirtschaftsprüfer nach pflichtgemäßem Ermessen zu beurteilen, ob die gewählten Kriterien für die Durchführung des Auftrags geeignet sind.

(21) Die Kriterien sollten den Berichtsadressaten auf eine oder mehrere der folgenden Arten zugänglich sein:
– öffentlich zugänglich,
– für sämtliche Berichtsadressaten zugänglich durch klare Darstellung der Kriterien in der Berichterstattung des beauftragten Wirtschaftsprüfers oder in den Sachverhaltsinformationen,
– durch allgemeines Verständnis (z.B. die Messung der Zeit in Stunden und Minuten),
– nur für bestimmte Adressaten zugänglich; in diesem Fall ist die Zusicherung nur für die Adressaten bestimmt, die Zugang zu den Kriterien haben.

2.4.3. Dreiparteienverhältnis

(22) Ein Auftrag für eine sonstige Prüfung kennt mindestens drei Parteien (vgl. dazu auch Erläuterungen und Anwendungshinweise – Anhang 1: Rollen und Verantwortlichkeiten):
– die verantwortliche Partei (z.B. Unternehmen, Mandant/Klient),
– den Prüfer (beauftragter Wirtschaftsprüfer) und
– den (die) vorgesehenen Nutzer (z.B. Förderstelle, Behörde, Aufsichtsrat, Kreditgeber).

(23) Beauftragende Partei können der **vorgesehene Nutzer** oder die verantwortliche Partei sein; Berichtsadressat kann auch die verantwortliche Partei sein.

(24) Die **verantwortliche Partei** ist für den zugrunde liegenden Sachverhalt verantwortlich und hat die schriftliche Erklärung gemäß Rz (72) ff. zu unterfertigen.

(25) Der **beauftragte Wirtschaftsprüfer** hat bei der Planung des Auftrags sorgfältig darauf zu achten, dass der zugrunde liegende Sachverhalt und die Kriterien eindeutig identifizierbar sind und ausreichende sowie angemessene Nachweise seine abzugebende Zusicherung stützen. Anderenfalls kann seitens des beauftragten Wirtschaftsprüfers zu dem Auftrag keine Zusicherung abgegeben werden.

2.4.4. Vorgesehener Nutzer

(26) Vorgesehene Nutzer sind (eine) natürliche Person(en) oder Organisation(en) oder (eine) Gruppe(n) dieser, von der (denen) der beauftragte Wirtschaftsprüfer erwartet, dass sie den Bericht über die sonstige Prüfung verwenden wird (werden). In einigen Fällen kann es weitere als die in der Berichterstattung als Empfänger genannten vorgesehenen Nutzer geben.

(27) Vorgesehene Nutzer oder deren Vertreter können direkt mit dem beauftragten Wirtschaftsprüfer und der verantwortlichen Partei (und der beauftragenden Partei, falls diese eine andere ist) in die Festlegung der Auftragsanforderungen eingebunden werden.

(28) Unabhängig davon, ob Dritte in den Auftrag eingebunden sind (vgl. Rz (26) f.), ist der beauftragte Wirtschaftsprüfer jedenfalls für die Festlegung von Art, zeitlicher Einteilung und Umfang der Prüfungshandlungen verantwortlich. Unter Umständen kann es notwendig sein, zusätzliche Prüfungshandlungen durchzuführen, insbesondere wenn Informationen erlangt werden, die erheblich von den Informationen abweichen, auf denen die Festlegung der geplanten Prüfungshandlungen basiert. Anders als bei einem Auftrag zur Durchführung vereinbarter Untersuchungshandlungen, der mit der beauftragenden Partei und möglichen Dritten vereinbarte Untersuchungshandlungen umfasst, kann auf Basis der Prüfungshandlungen einer sonstigen Prüfung eine zusammenfassende Beurteilung über die Sachverhaltsinformationen abgegeben werden, wohingegen die Berichterstattung zu den vereinbarten Untersuchungshandlungen nur festgestellte Tatsachen enthält.

2.4.5. Messender oder Beurteilender

(29) Messender oder Beurteilender ist (sind) jene Partei(en), die den zugrunde liegenden Sachverhalt anhand der Kriterien misst (messen) bzw. beurteilt (beurteilen). Der Messende bzw. Beurteilende verfügt über Fachwissen bezüglich des zugrunde liegenden Sachverhalts.

(30) In vielen Attestierungsaufträgen ist die verantwortliche Partei der Messende bzw. Beurteilende und gleichzeitig die beauftragende Partei.

(31) Der Messende oder Beurteilende ist für eine hinreichende Grundlage für die Sachverhaltsinformationen verantwortlich. Die Tatsache, dass ein beauftragter Wirtschaftsprüfer im Rahmen eines Attestierungsauftrags eine Berichterstattung zu den Sachverhaltsinformationen abgeben wird, ist kein Ersatz für die eigenen Prozesse des Messenden bzw. Beurteilenden zur Bereitstellung einer hinreichenden Grundlage für die Sachverhaltsinformationen.[6]

[6] Im Rahmen eines direkten Zusicherungsauftrags ist der beauftragte Wirtschaftsprüfer dafür verantwortlich, dass die für die Messung oder Beurteilung angewendeten Prozesse und Methoden sicherstellen, dass das Ergebnis der Messung oder Beurteilung für den vereinbarten Zusicherungsgrad (hinreichende oder begrenzte Sicherheit) ausreichend ist.

2.4.6. Sachverhaltsinformationen

(32) Sachverhaltsinformationen sind das Ergebnis einer Messung oder Beurteilung von Sachverhalten anhand von Kriterien. Sachverhalte sind geeignet, wenn sie identifizierbar sind, durchgehend anhand von Kriterien (siehe Rz (18)) beurteilt oder gemessen und dafür geeignete Nachweise eingeholt werden können.

(33) Auf dieser Grundlage kann der beauftragte Wirtschaftsprüfer zu einer zusammenfassenden Beurteilung in Form einer Zusicherung gelangen. Die Sachverhaltsinformationen müssen nicht zwingend in einem solchen Maße objektivierbar sein, dass sachverständige Dritte immer die gleiche zusammenfassende Beurteilung abgeben. Unter Wahrung angemessener Sorgfalt handelnde Personen sollten jedoch zu einer im Wesentlichen gleichen zusammenfassenden Beurteilung gelangen.

2.4.7. Art der Zusicherung

(34) Eine sonstige Prüfung kann entweder eine Prüfung mit hinreichender Sicherheit oder eine Prüfung mit begrenzter Sicherheit sein bzw. eine Kombination beider.

(35) Eine Prüfung **mit hinreichender Sicherheit** liegt dann vor, wenn der beauftragte Wirtschaftsprüfer durch die vorgenommenen Prüfungshandlungen und erlangten Nachweise das Auftragsrisiko auf ein unter den Umständen des Auftrags vertretbar niedriges Maß reduziert und in seiner Berichterstattung eine zusammenfassende Beurteilung über das Ergebnis der Messung bzw. Beurteilung des zugrunde liegenden Sachverhalts anhand der Kriterien abgibt (positive Zusicherung).

(36) Eine Prüfung **mit begrenzter Sicherheit** liegt vor, wenn der beauftragte Wirtschaftsprüfer als Grundlage für die Abgabe einer zusammenfassenden Beurteilung das Auftragsrisiko auf ein Maß reduziert, das unter den Umständen des Auftrags vertretbar, aber höher ist als bei einer Prüfung mit hinreichender Sicherheit, und die zusammenfassende Beurteilung daher so formuliert wird, dass sie vermittelt, ob auf Grundlage der durchgeführten Prüfungshandlungen und erlangten Nachweise (ein) Sachverhalt(e) bekannt geworden ist (sind), der (die) den beauftragten Wirtschaftsprüfer zur Auffassung gelangen lässt (lassen), dass die Sachverhaltsinformationen wesentlich falsch dargestellt sind (negative Zusicherung).

(37) Art, zeitliche Einteilung und Umfang der bei einer Prüfung mit begrenzter Sicherheit durchgeführten Prüfungshandlungen sind im Vergleich zu den bei einer Prüfung mit hinreichender Sicherheit notwendigen begrenzt, aber darauf ausgerichtet, einen Grad der Prüfungssicherheit zu erreichen, der nach pflichtgemäßem Ermessen des beauftragten Wirtschaftsprüfers eine aussagekräftige zusammenfassende Beurteilung ermöglicht (siehe Erläuterungen und Anwendungshinweise – Anhang 2: Gegenüberstellung – Prüfung mit begrenzter Sicherheit vs. Prüfung mit hinreichender Sicherheit). Um aussagekräftig zu sein, muss die vom beauftragten Wirtschaftsprüfer auf Basis der erlangten

Prüfungssicherheit abgegebene zusammenfassende Beurteilung das Vertrauen der vorgesehenen Nutzer voraussichtlich in einem Maß erhöhen, das deutlich mehr als unbeachtlich ist.

(38) In jenen Fällen, bei denen im Rahmen des Auftrags wesentliche Feststellungen getroffen worden sind, die die Abgabe einer eindeutigen Zusicherung im Rahmen der zusammenfassenden Beurteilung nicht zulassen, sind entsprechende Einschränkungen festzuhalten. Die Beurteilung, ob und inwieweit eine Einschränkung festzuhalten ist, liegt im pflichtgemäßen Ermessen des beauftragten Wirtschaftsprüfers.

3. Auftragsannahme und Auftragsbedingungen

3.1. Auftragsannahme

(39) Der beauftragte Wirtschaftsprüfer hat vor Annahme eines Auftrags gewissenhaft zu prüfen, ob er diesen bei Einhaltung der im WTBG 2017, in der WT-AARL 2017-KSW sowie in der KSW-PRL 2017 geregelten Berufspflichten annehmen darf und ob er die für die sachgerechte Durchführung der Prüfung erforderlichen Kenntnisse und Erfahrungen sowie personellen und technischen Ressourcen besitzt oder sich beschaffen kann. Bei Folgeaufträgen hat der beauftragte Wirtschaftsprüfer zu beurteilen, ob die Umstände eine Änderung der Auftragsbedingungen erforderlich machen und ob es notwendig ist, die beauftragende Partei an die bestehenden Auftragsbedingungen zu erinnern.

(40) Der beauftragte Wirtschaftsprüfer darf den Auftrag nur annehmen, wenn folgende Voraussetzungen erfüllt sind:

- Vorliegen von entsprechender fachlicher Eignung
- ausreichend konkretisierter zugrunde liegender Sachverhalt
- geeignete, für die Adressaten nachvollziehbare und verfügbare Kriterien (vgl. Rz (18))
- ausreichende Nachweise, um in einer Berichterstattung (eine) zusammenfassende Beurteilung(en) abgeben zu können

(41) Der beauftragte Wirtschaftsprüfer hat sich ein ausreichendes Verständnis für den zugrunde liegenden Sachverhalt und die sonstigen Auftragsumstände zu verschaffen, um die Risiken wesentlicher Fehler in Bezug auf die Informationen über diesen zu identifizieren und zu beurteilen.

(42) Bei der Auftragsvereinbarung ist besonders darauf zu achten, dass zwischen der Auftragsart „sonstige Prüfungen“ und der Auftragsart „vereinbarte Untersuchungshandlungen“ (vgl. Fachgutachten KFS/PG 14) unterschieden wird, weil in manchen Fällen bestimmte Prüfungsobjekte beiden Auftragsarten zugänglich sind. Die Auftragsart „sonstige Prüfungen“ kann nur zur Anwendung kommen, wenn Kriterien vorliegen und es dem beauftragten Wirtschaftsprüfer obliegt, Art und Umfang der von ihm durchzuführenden Prüfungshandlungen festzulegen; außerdem muss der zugrunde liegende Sachverhalt eindeutig identifizierbar sein (siehe Rz (32)).

(43) Wurde ein Auftrag als „sonstige Prüfung“ vereinbart und angenommen, darf ein Wechsel zu anderen Auftragsarten (wie z.B. zur Auftragsart „vereinbarte Untersuchungshandlungen“) ohne wichtigen Grund und ohne weitere Vereinbarung mit der beauftragenden Partei bzw. der verantwortlichen Partei nicht vorgenommen werden.

(44) In jenen Fällen, in welchen die Formulierung der zusammenfassenden Beurteilung durch gesetzliche oder andere rechtliche Regelungen vorgegeben ist, hat der beauftragte Wirtschaftsprüfer zu beurteilen, ob die vorgegebene zusammenfassende Beurteilung für den vorgesehenen Nutzer missverständlich sein könnte und ob dies durch eine Ergänzung der zusammenfassenden Beurteilung beseitigt werden kann. Andernfalls soll der Auftrag nur bei Vorliegen einer Verpflichtung aufgrund von Gesetzen oder anderen Rechtsvorschriften angenommen werden. Ein in Übereinstimmung mit solchen Gesetzen oder anderen Rechtsvorschriften durchgeführter Auftrag entspricht nicht diesem Fachgutachten, und die Berichterstattung darf keine Referenz auf die Einhaltung dieses Fachgutachtens enthalten.

3.2. Auftragsbedingungen

(45) Für sonstige Prüfungen ist ein Auftragsschreiben erforderlich. Das Auftragsschreiben dokumentiert die zwischen dem beauftragten Wirtschaftsprüfer und der beauftragenden Partei abzuschließende Auftragsvereinbarung und hat die für den konkreten Auftrag erforderlichen Bestandteile zu beinhalten. Weiters wird empfohlen, die Allgemeinen Auftragsbedingungen für Wirtschaftstreuhandberufe (AAB für WT-Berufe) i.d.g.F. zu vereinbaren.

(46) Das Auftragsschreiben sollte zumindest folgende Punkte beinhalten:

- Verantwortlichkeit für den zugrunde liegenden Sachverhalt (vgl. Rz (24))
- Art und Umfang der Tätigkeit einschließlich einer Bezugnahme auf dieses Fachgutachten
- Erfordernis eines uneingeschränkten Zugangs zu den für die Durchführung der sonstigen Prüfung erforderlichen Aufzeichnungen, Schriftstücken und sonstigen Informationen und der Bereitschaft der verantwortlichen Partei, Auskünfte in dem erforderlichen Ausmaß vollständig zu erteilen
- Hinweis auf die Tatsache, dass selbst wesentliche Fehler, rechtswidrige Handlungen oder andere Unregelmäßigkeiten möglicherweise nicht entdeckt werden, weil deren Entdeckung nicht ausdrücklicher Gegenstand des Auftrags ist
- Hinweis, dass dem Auftrag subsidiär die AAB für WT-Berufe i.d.g.F. zugrunde liegen; sie sollten dem Auftragsbestätigungsschreiben beigelegt werden

– Form und Inhalt der Berichterstattung (Ergänzend kann vereinbart werden, dass der Bericht nicht an Dritte weitergegeben werden darf, sofern diesem Verbot nicht zwingende Regelungen entgegenstehen.)
– Hinweis auf die Vereinbarung über das Honorar

(47) Der beauftragte Wirtschaftsprüfer hat vor der Fertigstellung des Auftrags jede Änderung im Umfang des Auftrags zu beachten und gegebenenfalls eine Änderung des Auftragsbestätigungsschreibens herbeizuführen.

4. Auftragsdurchführung

4.1. Auftragsplanung

(48) Die Planung des Auftrags beinhaltet die Entwicklung einer Strategie, die den Umfang, den Schwerpunkt, die Zeitplanung und die Durchführung des Auftrags umfasst, und hierauf aufbauend die Erstellung eines Prüfungsprogramms, in dem Art, Zeitplanung und Umfang der Verfahren zur Erhebung von Nachweisen und die Gründe für die Auswahl der Nachweise festgelegt werden. Art und Umfang des Prüfungsprogramms sind von den Auftragsumständen abhängig.

(49) In der Auftragsplanung ist auch zu berücksichtigen, ob und für welche Themen die Verwendung der Arbeit eines Sachverständigen oder Konsultationen notwendig sind. Die Kompetenz der beigezogenen Personen und deren Nachweise und Schlussfolgerungen sind vom beauftragten Wirtschaftsprüfer zu würdigen und eigenverantwortlich Schlussfolgerungen für die Berichterstattung abzuleiten.

(50) Es kann sein, dass der beauftragte Wirtschaftsprüfer seine Strategie und sein Prüfungsprogramm aufgrund unerwarteter Ereignisse, Änderung der Bedingungen oder erhaltener Nachweise im Laufe der Auftragsdurchführung anpassen muss.

(51) Der beauftragte Wirtschaftsprüfer hat im Rahmen der Auftragsplanung und -durchführung die angemessene Anleitung und Überwachung des Prüfungsteams zu berücksichtigen, um die Einhaltung der Prüfungsstandards und anwendbaren rechtlichen und regulatorischen Regelungen, insbesondere der berufsrechtlichen Anforderungen, sicherzustellen. Dies schließt eine zeitgerechte Durchsicht der Arbeitspapiere bis zum Datum der Berichterstattung ein.

(52) Der beauftragte Wirtschaftsprüfer hat in Abwägung der Auftragsumstände und der Vorgaben des Qualitätssicherungssystems Überlegungen anzustellen, ob eine auftragsbegleitende Qualitätssicherung für die Durchführung des Auftrags vorzusehen ist, und entsprechende Maßnahmen zu ergreifen.

4.2. Beurteilung der Angemessenheit des zugrunde liegenden Sachverhalts

(53) Der beauftragte Wirtschaftsprüfer hat die Angemessenheit des zugrunde liegenden Sachverhalts zu beurteilen und die spezifischen Punkte, die für die Berichtsadressaten relevant sind, zu identifizieren (vgl. Abschnitte 2.1., 2.2. und 2.4.6.).

4.3. Beurteilung der Anwendbarkeit der Kriterien

(54) Der beauftragte Wirtschaftsprüfer hat die Eignung der Kriterien zu beurteilen. Im Detail wird auf Abschnitt 2.4.2. verwiesen.

4.4. Wesentlichkeit und Auftragsrisiko

(55) Der beauftragte Wirtschaftsprüfer hat bei der Planung und Durchführung des Auftrags die Wesentlichkeit und die Risiken einer Fehlbeurteilung für den zugrunde liegenden Sachverhalt zu berücksichtigen. Die Wesentlichkeit ist auch zu beachten, wenn untersucht wird, ob die Informationen über den zugrunde liegenden Sachverhalt frei von falschen Angaben sind.

(56) Die Beurteilung der Wesentlichkeit und der relativen Bedeutung quantitativer und qualitativer Faktoren in Bezug auf einen bestimmten Auftrag unterliegt dem pflichtgemäßen Ermessen.

(57) Der beauftragte Wirtschaftsprüfer hat die Risiken einer Fehlbeurteilung für den zugrunde liegenden Sachverhalt im Rahmen der gegebenen Umstände auf ein akzeptables Maß zu reduzieren. In Abhängigkeit von der gewählten Auftragsart ist das Risiko einer Fehlbeurteilung vom beauftragten Wirtschaftsprüfer einzuschätzen. Bei einem Auftrag zur Abgabe einer positiven Zusicherung werden die Risiken einer Fehlbeurteilung für den zugrunde liegenden Sachverhalt auf ein akzeptables Maß herabgesetzt, um mit hinreichender Sicherheit eine positiv formulierte zusammenfassende Beurteilung abgeben zu können. Bei einem Auftrag zur Abgabe einer negativen Zusicherung sind die Risiken einer Fehlbeurteilung für den zugrunde liegenden Sachverhalt höher als bei einem Auftrag zur Abgabe einer positiven Zusicherung; dies liegt an der Art der gewünschten Sicherheit und dem damit verbundenen geringeren Umfang an vorzunehmenden Handlungen zur Einholung von Nachweisen.

4.5. Einholung ausreichender und geeigneter Nachweise

(58) Sonstige Prüfungen erfordern die Einholung von ausreichenden und geeigneten Nachweisen.

(59) Der beauftragte Wirtschaftsprüfer hat bei der Einschätzung der Quantität und Qualität bzw. des ausreichenden Umfangs und der Eignung von Nachweisen zur Stützung seiner zusammenfassenden Beurteilung pflichtgemäßes Ermessen auszuüben und eine kritische Grundhaltung einzunehmen.

(60) Im Rahmen der Einholung ausreichender und geeigneter Nachweise ist auch eine Beurteilung des Risikos, dass die Informationen über den zugrunde liegenden Sachverhalt wesentliche falsche Angaben enthalten, vorzunehmen. Dies bedeutet im Einzelnen:

(61) Im Falle einer **negativen Zusicherung** hat der beauftragte Wirtschaftsprüfer basierend auf seinem Verständnis

- Bereiche zu identifizieren, in denen eine wesentlich falsche Darstellung der Sachverhaltsinformationen wahrscheinlich ist, und
- entsprechende Prüfungshandlungen, die seine zusammenfassende Beurteilung unterstützen, zu definieren und durchzuführen, um eine begrenzte Sicherheit zu erlangen.

(62) Wenn der beauftragte Wirtschaftsprüfer von (einer) Tatsache(n) Kenntnis erlangt, die ihn vermuten lässt (lassen), dass die Sachverhaltsinformationen wesentlich falsch dargestellt sein könnten, hat er zusätzliche Prüfungshandlungen festzulegen und durchzuführen, um weitere Nachweise zu erhalten, bis er in der Lage ist,

- zum Schluss zu gelangen, dass die Tatsache(n) wahrscheinlich nicht dazu führt (führen), dass die Sachverhaltsinformationen wesentlich falsch dargestellt werden; oder
- sich zu vergewissern, dass die Tatsache(n) dazu führt (führen), dass die Sachverhaltsinformationen wesentlich falsch dargestellt werden.

(63) Im Falle einer **positiven Zusicherung** hat der beauftragte Wirtschaftsprüfer basierend auf seinem Verständnis

- die Risiken wesentlicher falscher Angaben in den Sachverhaltsinformationen zu identifizieren und zu bewerten und
- entsprechende Prüfungshandlungen, die seine zusammenfassende Beurteilung unterstützen, zu definieren und durchzuführen, um eine hinreichende Sicherheit zu erlangen.

Er hat die operative Wirksamkeit der relevanten Kontrollen der Sachverhaltsinformationen zu beurteilen, wenn

- die Erwartung besteht, dass die Kontrollen wirksam funktionieren, oder
- andere Prüfungshandlungen als die Prüfung von Kontrollen allein keine ausreichenden geeigneten Nachweise liefern.

(64) Die Einschätzung des beauftragten Wirtschaftsprüfers über die Risiken wesentlicher Fehldarstellungen kann sich im Laufe der Auftragsdurchführung ändern. Eine Anpassung der Prüfungshandlungen kann im Einzelfall – ebenso wenn der beauftragte Wirtschaftsprüfer Nachweise erhält, die mit anderen Prüfungsnachweisen in Widerspruch stehen – erforderlich sein.

(65) Bei der Festlegung und Durchführung von Prüfungshandlungen sind die Relevanz und Zuverlässigkeit der einzuholenden Prüfungsnachweise zu berücksichtigen. Wenn

- die von einer Quelle erhaltenen Nachweise nicht mit denen einer anderen übereinstimmen oder
- der beauftragte Wirtschaftsprüfer Zweifel an der Zuverlässigkeit der Informationen hat,

hat er zu überlegen, welche Änderungen oder Ergänzungen der Prüfungshandlungen erforderlich sind bzw. wie sich diese Tatsachen auf andere Aspekte des Auftrags auswirken können.

(66) Nicht korrigierte falsche Darstellungen, die während der Auftragsdurchführung festgestellt werden, sind – abgesehen von jenen, die eindeutig unwesentlich sind – zu dokumentieren.

(67) Wenn der beauftragte Wirtschaftsprüfer andere Wirtschaftsprüfer, andere Sachverständige oder Experten beizieht, hat er

- deren erforderliche Kompetenz, Fähigkeiten und Objektivität zu beurteilen. Dies umfasst auch die Untersuchung von Interessen und Beziehungen, die eine Gefahr für die Objektivität dieser Personen darstellen können;
- ein ausreichendes Verständnis von deren Fachgebieten zu erlangen;
- die Art, den Umfang und die Ziele von deren Tätigkeit abzustimmen; und
- die Angemessenheit dieser Arbeiten für die Zwecke der Prüfungsdurchführung zu beurteilen.

(68) Soweit erforderlich, ist sinngemäß vorzugehen, wenn der beauftragte Wirtschaftsprüfer die Arbeiten von durch die verantwortliche Partei beauftragten Experten oder anderen Personen verwendet. Neben der Beurteilung der Kompetenz, der Fähigkeiten und der Objektivität der eingesetzten Spezialisten muss der beauftragte Wirtschaftsprüfer ein Verständnis über deren Tätigkeiten erlangen sowie die Angemessenheit dieser Tätigkeiten als Prüfungsnachweise würdigen.

(69) Wenn der beauftragte Wirtschaftsprüfer plant, die Tätigkeiten der Internen Revision zu nutzen, hat er Folgendes zu beurteilen:

- inwieweit die Stellung der Internen Revision innerhalb der Organisation sowie relevante Regelungen und Maßnahmen die Objektivität der Internen Revision fördern;
- die Kompetenz der Internen Revision;
- ob die Interne Revision einer systematischen und geregelten Vorgehensweise, einschließlich Qualitätssicherung, folgt; und
- ob die Tätigkeiten der Internen Revision für die Zwecke des Auftrags angemessen sind.

4.6. Berücksichtigung von nachträglichen Ereignissen

(70) Wenn es für den Auftrag relevant ist, hat der beauftragte Wirtschaftsprüfer

- die Auswirkung von Ereignissen bis zum Datum der Berichterstattung zu würdigen und
- in angemessener Weise auf Tatsachen zu reagieren, die ihm nach dem Datum der Berichterstattung bekannt werden und die ihn – wären sie ihm zu diesem Datum bekannt gewesen – zur Anpassung der zusammenfassenden Beurteilung veranlasst haben könnten.

(71) Das Ausmaß der Befassung mit nachträglichen Ereignissen hängt von der möglichen Trag-

weite solcher Ereignisse ab, mit der sie die Sachverhaltsinformationen beeinflussen und sich auf die Angemessenheit der zusammenfassenden Beurteilung des beauftragten Wirtschaftsprüfers auswirken. Der beauftragte Wirtschaftsprüfer ist jedoch nicht dafür verantwortlich, etwaige zusätzliche Prüfungshandlungen hinsichtlich der Sachverhaltsinformationen nach dem Datum der Berichterstattung durchzuführen.

5. Vollständigkeitserklärung (schriftliche Erklärung)

(72) Der beauftragte Wirtschaftsprüfer hat von der (den) entsprechenden Partei(en) eine schriftliche Erklärung anzufordern,

- dass sie für den zugrunde liegenden Sachverhalt, für die Sachverhaltsinformationen und für die Auswahl der Kriterien sowie deren Angemessenheit für den jeweiligen Zweck verantwortlich ist (sind);
- dass die für den zugrunde liegenden Sachverhalt relevanten Unterlagen von der verantwortlichen Partei vollständig bereitgestellt und ihre inhaltliche Richtigkeit und Vollständigkeit bestätigt werden;
- dass sie dem beauftragten Wirtschaftsprüfer alle Informationen gegeben hat (haben), von denen die entsprechende(n) Partei(en) Kenntnis hat (haben), dass sie für den Auftrag relevant sind;
- die die Messung bzw. die Beurteilung des zugrunde liegenden Sachverhalts anhand der anzuwendenden Kriterien einschließlich der Berücksichtigung sämtlicher relevanten Sachverhalte in den Sachverhaltsinformationen bestätigt.

(73) Stellt der beauftragte Wirtschaftsprüfer fest, dass es notwendig ist, zusätzlich zu den angeforderten Erklärungen eine oder mehrere schriftliche Erklärungen zur Unterstützung anderer für die Sachverhaltsinformationen relevanter Nachweise zu erlangen, hat der beauftragte Wirtschaftsprüfer diese anderen schriftlichen Erklärungen anzufordern.

(74) Wenn sich schriftliche Erklärungen auf Sachverhalte beziehen, die für die Sachverhaltsinformationen wesentlich sind, hat der beauftragte Wirtschaftsprüfer

- ihre Begründbarkeit und Übereinstimmung mit anderen erhaltenen Nachweisen einschließlich anderer (mündlicher oder schriftlicher) Erklärungen zu beurteilen und
- zu würdigen, ob von denjenigen, die die Erklärungen abgeben, erwartet werden kann, dass sie über die betreffenden Sachverhalte gut informiert sind.

(75) Das Datum dieser schriftlichen Erklärungen hat so nahe wie praktisch durchführbar am Datum der Berichterstattung zu liegen, darf jedoch nicht nach diesem Datum liegen.

(76) Werden eine oder mehrere der angeforderten schriftlichen Erklärungen nicht abgegeben oder zieht der beauftragte Wirtschaftsprüfer den Schluss, dass es hinreichende Zweifel an der Kompetenz, der Integrität, den berufsethischen Wertvorstellungen oder der Sorgfalt derjenigen gibt, die die schriftlichen Erklärungen abgeben, oder dass die schriftlichen Erklärungen anderweitig nicht verlässlich sind, hat er

- den Sachverhalt mit der (den) entsprechenden Partei(en) zu erörtern;
- die Integrität derer, von denen die Erklärungen angefordert oder erhalten wurden, erneut zu beurteilen und zu würdigen, welche Auswirkung dies auf die Verlässlichkeit von (mündlichen oder schriftlichen) Erklärungen und Nachweisen im Allgemeinen haben kann; und
- angemessene Maßnahmen zu ergreifen, einschließlich der Feststellung einer möglichen Auswirkung auf die zusammenfassende Beurteilung in der Berichterstattung.

6. Berichterstattung

6.1. Zusammenfassende Beurteilung

(77) Der beauftragte Wirtschaftsprüfer hat zu beurteilen, ob er ausreichende und angemessene Nachweise erlangt hat, und, falls unter den Umständen des Auftrags notwendig, zu versuchen, weitere Nachweise zu erlangen. Der beauftragte Wirtschaftsprüfer hat alle relevanten Nachweise zu würdigen, unabhängig davon, ob sie die Messung oder Beurteilung des zugrunde liegenden Sachverhalts anhand der anzuwendenden Kriterien untermauern oder dieser widersprechen.

(78) Der beauftragte Wirtschaftsprüfer hat eine Aussage zu treffen, ob die Sachverhaltsinformationen frei von wesentlichen falschen Darstellungen sind. Bei der zusammenfassenden Beurteilung hat der beauftragte Wirtschaftsprüfer zu berücksichtigen, ob er als Grundlage dafür ausreichende und angemessene Nachweise erlangt hat und ob allfällige nicht korrigierte falsche Darstellungen einzeln oder insgesamt wesentlich sind.

(79) Wenn der beauftragte Wirtschaftsprüfer nicht in der Lage ist, ausreichende und geeignete Nachweise zu erlangen, besteht ein Prüfungshemmnis, und der beauftragte Wirtschaftsprüfer hat eine Einschränkung oder eine Nichtabgabe der zusammenfassenden Beurteilung zu erklären oder den Auftrag niederzulegen, sofern eine Niederlegung nach den einschlägigen Gesetzen oder anderen Rechtsvorschriften möglich ist.

6.2. Erstellung des Berichts

6.2.1. Form der Berichterstattung

(80) Die Berichterstattung bedarf der Schriftform und hat eine eindeutige zusammenfassende Beurteilung des beauftragten Wirtschaftsprüfers über die Sachverhaltsinformationen zu enthalten.

(81) Die Berichterstattung des beauftragten Wirtschaftsprüfers ist deutlich von Informationen oder Erläuterungen zu trennen, von denen nicht beabsichtigt ist, dass sie sich auf die zusammen-

fassende Beurteilung des beauftragten Wirtschaftsprüfers auswirken.

6.2.2. Bestandteile der Berichterstattung

(82) Die Berichterstattung hat zumindest folgende Punkte zu enthalten:

- Überschrift, die klar zum Ausdruck bringt, dass es sich um eine Berichterstattung über eine unabhängige Prüfung handelt
- beauftragende Partei, verantwortliche Partei und/oder Berichtsadressat(en)
- Berufsgrundsätze, nach denen der Auftrag abgewickelt wurde, und die dem Auftrag zugrunde gelegten AAB für WT-Berufe i.d.g.F sowie eine Erklärung, dass der beauftragte Wirtschaftsprüfer die Anforderungen an die Unabhängigkeit und sonstige berufliche Verhaltensanforderungen einhält
- Identifizierung oder Beschreibung des vom beauftragten Wirtschaftsprüfer erlangten Niveaus an Prüfungssicherheit, der Sachverhaltsinformationen und, sofern sachgerecht, des zugrunde liegenden Sachverhalts
- Identifizierung der anzuwendenden Kriterien
- Beschreibung der signifikanten inhärenten Beschränkungen, die mit der Messung bzw. Beurteilung des zugrunde liegenden Sachverhalts anhand der anzuwendenden Kriterien zusammenhängen. Es kann sich beispielsweise als sinnvoll erweisen, in einem Bericht, der auf die Wirksamkeit der internen Kontrollen eingeht, anzumerken, dass vergangene Bewertungen der Wirksamkeit für zukünftige Perioden nicht relevant sind, da das Risiko besteht, dass interne Kontrollen unangemessen werden, weil sich die Bedingungen geändert haben.
- Wenn die verwendeten Kriterien für die Beurteilung des zugrunde liegenden Sachverhalts nur einem eingeschränkten Benutzerkreis zugänglich sind oder nur für einen speziellen Zweck benutzt werden sollen, so ist die Beschränkung im Bericht anzuführen und sind die Leser darauf aufmerksam zu machen, dass es sein kann, dass die Sachverhaltsinformationen für einen anderen Zweck nicht geeignet sind.
- eine Erklärung, die die verantwortliche Partei und den Messenden bzw. Beurteilenden – falls sich diese voneinander unterscheiden – identifiziert sowie eine Aussage dazu enthält, wie die Verantwortlichkeiten zwischen dem beauftragten Wirtschaftsprüfer und der verantwortlichen Partei verteilt sind
- eine Erklärung, dass der Auftrag in Übereinstimmung mit diesem Fachgutachten durchgeführt wurde oder, wenn es ein sachverhaltsspezifisches Fachgutachten gibt, jenem Fachgutachten
- eine informative Zusammenfassung der durchgeführten Tätigkeiten. Im Falle einer Prüfung mit begrenzter Sicherheit ist ein Verständnis von Art, zeitlicher Einteilung und Umfang der durchgeführten Prüfungshandlungen unabdingbar für ein Verständnis der zusammenfassenden Beurteilung des beauftragten Wirtschaftsprüfers.
- eine zusammenfassende Beurteilung des beauftragten Wirtschaftsprüfers; falls eine Vielzahl von Aspekten behandelt wird, ist es empfehlenswert, mehrere Beurteilungen anzuführen.
  - o Sofern sachgerecht, ist der vorgesehene Nutzer über den Zusammenhang zu informieren, in dem die zusammenfassende Beurteilung zu lesen ist.
  - o Bei einer Prüfung mit hinreichender Sicherheit ist die zusammenfassende Beurteilung positiv zu formulieren.
  - o Bei einer Prüfung mit begrenzter Sicherheit ist die zusammenfassende Beurteilung so zu formulieren, dass sie vermittelt, ob dem beauftragten Wirtschaftsprüfer auf Grundlage der durchgeführten Prüfungshandlungen und erlangten Nachweise (ein) Sachverhalt(e) bekannt geworden ist (sind), der (die) ihn zu der Auffassung gelangen lässt (lassen), dass die Sachverhaltsinformationen wesentlich falsch dargestellt sind.
  - o Die zusammenfassende Beurteilung bei einer Prüfung mit hinreichender oder begrenzter Sicherheit ist mit sachgerechten Begriffen für den zugrunde liegenden Sachverhalt und die anzuwendenden Kriterien vor dem Hintergrund der Auftragsumstände abzufassen und hat einzugehen auf:
    - ■ den zugrunde liegenden Sachverhalt und die anzuwendenden Kriterien,
    - ■ die Sachverhaltsinformationen und die anzuwendenden Kriterien oder
    - ■ eine Erklärung der entsprechenden Partei(en).
  - o Wenn die zusammenfassende Beurteilung des beauftragten Wirtschaftsprüfers mit Begriffen aus einer von der (den) entsprechenden Partei(en) erstellten Erklärung formuliert wird, ist diese Erklärung dem Bericht beizufügen, im Bericht wiederzugeben oder dort mittels eines Verweises auf eine Quelle aufzunehmen, die für die vorgesehenen Nutzer verfügbar ist.
  - o Wenn der beauftragte Wirtschaftsprüfer eine modifizierte zusammenfassende Beurteilung abgibt, hat die Berichterstattung zu enthalten:
    - ■ einen Abschnitt, der eine Beschreibung des Sachverhalts der Sachverhalte enthält, der bzw. die Anlass für die Modifizierung gibt bzw. geben, und

- ■ einen Abschnitt, der die modifizierte zusammenfassende Beurteilung des beauftragten Wirtschaftsprüfers enthält.
- – Hinweis darauf, dass es sich bei dem Auftrag um keine Abschlussprüfung oder prüferische Durchsicht handelt
- – Unterschrift des beauftragten Wirtschaftsprüfers
- – Datum der Berichterstattung (siehe Rz (83))
- – Ort des Berufssitzes/der Niederlassung des beauftragten Wirtschaftsprüfers

(83) Die Berichterstattung ist mit dem Tag des Abschlusses der Tätigkeiten zu datieren, die zur Einholung ausreichender und geeigneter Nachweise für die zusammenfassende Beurteilung gedient haben.

(84) Es empfiehlt sich, dem Bericht die AAB für WT-Berufe i.d.g.F. beizufügen.

(85) In der Berichterstattung ist auch die Art der Zusicherung anzuführen. Im Fall einer Kombination unterschiedlicher Arten der Zusicherung in einem Auftrag ist eindeutig zu beschreiben, welche Teile des Berichts sich auf welche Art der Zusicherung beziehen, und die zusammenfassenden Beurteilungen sind eindeutig zu trennen (z.B. durch die Bildung von Absätzen). Es darf nicht der Eindruck entstehen, dass die gesamte Berichterstattung (eine) Prüfung(en) mit hinreichender Sicherheit betrifft, wenn lediglich ein zugrunde liegender Sachverhalt mit dieser Art der Zusicherung geprüft wurde. Es wird empfohlen, die Beurteilung mit dem schwächeren Grad der Zusicherung ans Ende des Abschnitts zu stellen. Es kann grundsätzlich auch zu einer Kombination von einem Attestierungsauftrag und einem direkten Zusicherungsauftrag kommen; auch hierbei ist auf eine eindeutige Trennung zu achten.

6.2.3. Bezugnahme auf einen Sachverständigen

(86) Wenn der beauftragte Wirtschaftsprüfer in der Berichterstattung auf die Tätigkeit eines Sachverständigen Bezug nimmt, darf die diesbezügliche Formulierung nicht implizieren, dass die Verantwortlichkeit des beauftragten Wirtschaftsprüfers für die in der Berichterstattung abgegebene zusammenfassende Beurteilung aufgrund der Einbindung des Sachverständigen verringert wird.

6.2.4. In Gesetzen oder anderen Rechtsvorschriften vorgeschriebene Berichterstattung

(87) Wenn der beauftragte Wirtschaftsprüfer aufgrund von Gesetzen oder anderen Rechtsvorschriften verpflichtet ist, einen bestimmten Aufbau oder Wortlaut zu verwenden, darf die Berichterstattung nur dann auf dieses Fachgutachten Bezug nehmen, wenn sie mindestens die in Rz (82) angeführten Bestandteile enthält.

6.3. Nicht modifizierte und modifizierte zusammenfassende Beurteilung

(88) Der beauftragte Wirtschaftsprüfer hat eine nicht modifizierte zusammenfassende Beurteilung abzugeben, wenn er urteilt,

- – dass im Fall einer Prüfung mit hinreichender Sicherheit die Sachverhaltsinformationen in allen wesentlichen Belangen in Übereinstimmung mit den anzuwendenden Kriterien dargestellt wurden oder
- – dass im Fall einer Prüfung mit begrenzter Sicherheit, auf Grundlage der durchgeführten Prüfungshandlungen und erlangten Nachweise, ihm keine Sachverhalte bekannt geworden sind, die ihn zu der Auffassung gelangen lassen, dass die Sachverhaltsinformationen nicht in allen wesentlichen Belangen in Übereinstimmung mit den anzuwendenden Kriterien dargestellt wurden.

(89) Wenn der beauftragte Wirtschaftsprüfer es für notwendig erachtet,

- – die vorgesehenen Nutzer auf einen in den Sachverhaltsinformationen dargestellten oder angegebenen Sachverhalt aufmerksam zu machen, der nach der Beurteilung des beauftragten Wirtschaftsprüfers so wichtig ist, dass er grundlegend für das Verständnis der Sachverhaltsinformationen durch die vorgesehenen Nutzer ist (Absatz zur Hervorhebung eines Sachverhalts), oder
- – einen nicht in den Sachverhaltsinformationen dargestellten oder angegebenen Sachverhalt mitzuteilen, der nach der Beurteilung des beauftragten Wirtschaftsprüfers für das Verständnis der vorgesehenen Nutzer von dem Auftrag, den Verantwortlichkeiten des beauftragten Wirtschaftsprüfers oder der zusammenfassenden Beurteilung relevant ist (Absatz zum Hinweis auf sonstige Sachverhalte),

und dies nicht durch Gesetz oder andere Rechtsvorschriften untersagt ist, so hat der beauftragte Wirtschaftsprüfer dies in einem Absatz in der zusammenfassenden Beurteilung mit einer geeigneten Überschrift vorzunehmen, in dem eindeutig darauf hingewiesen wird, dass die zusammenfassende Beurteilung des beauftragten Wirtschaftsprüfers hinsichtlich des Sachverhalts nicht modifiziert ist. Im Fall eines Absatzes zur Hervorhebung eines Sachverhalts hat sich der Absatz nur auf die dargestellten oder angegebenen Informationen in den Sachverhaltsinformationen zu beziehen.

(90) Der beauftragte Wirtschaftsprüfer sollte eine modifizierte zusammenfassende Beurteilung abgeben, wenn folgende Umstände vorliegen und deren Auswirkung nach der Beurteilung des beauftragten Wirtschaftsprüfers nicht unwesentlich ist:

- – wenn eine Beschränkung bei den durchgeführten Tätigkeiten bestand, die entweder von den Gegebenheiten oder von der beauftragenden verantwortlichen Partei vorgegeben wurde. In solchen Fällen hat der beauftragte Wirtschaftsprüfer eine Einschränkung oder eine Nichtabgabe der zusammenfassenden Beurteilung zu erklären.

- wenn sich nach Annahme des Auftrags herausstellt, dass die Sachverhaltsinformationen wesentlich falsch dargestellt sind. In solchen Fällen hat der beauftragte Wirtschaftsprüfer eine Einschränkung oder eine Versagung der zusammenfassenden Beurteilung zu erklären.

(91) Der beauftragte Wirtschaftsprüfer hat eine eingeschränkte zusammenfassende Beurteilung abzugeben, wenn nach dem pflichtgemäßen Ermessen des beauftragten Wirtschaftsprüfers die Auswirkungen oder möglichen Auswirkungen eines seine Beurteilung beeinträchtigenden Sachverhalts nicht so wesentlich und umfassend sind, dass sie eine Versagung oder eine Nichtabgabe der zusammenfassenden Beurteilung erfordern. Eine eingeschränkte zusammenfassende Beurteilung ist mit der Formulierung „… mit Ausnahme der Auswirkungen oder möglichen Auswirkungen des Sachverhalts, auf den sich die Einschränkung bezieht, …“ abzugeben.

(92) Wenn der beauftragte Wirtschaftsprüfer aufgrund eines Prüfungshemmnisses eine modifizierte zusammenfassende Beurteilung abgibt, aber auch wenn er davon Kenntnis hat, dass es einen oder mehrere Sachverhalte gibt, die dazu führen, dass die Sachverhaltsinformationen wesentlich falsch dargestellt sind, hat der beauftragte Wirtschaftsprüfer in den Bericht eine eindeutige Beschreibung sowohl des Prüfungshemmnisses als auch des (der) Sachverhalte(s) aufzunehmen, der (die) zur Folge hat (haben), dass die Sachverhaltsinformationen wesentlich falsch dargestellt wurden.

(93) Wenn die von der (den) entsprechenden Partei(en) erstellte Erklärung feststellt und auf angemessene Weise beschreibt, dass die Sachverhaltsinformationen wesentlich falsch dargestellt sind, hat der beauftragte Wirtschaftsprüfer entweder

- eine in Begriffen des zugrunde liegenden Sachverhalts und der anzuwendenden Kriterien formulierte Einschränkung oder Versagung abzugeben oder,
- falls die Auftragsbedingungen ausdrücklich erfordern, dass die zusammenfassende Beurteilung mit einer von der (den) entsprechenden Partei(en) erstellten Erklärung formuliert wird, eine nicht modifizierte zusammenfassende Beurteilung abzugeben, aber einen Absatz zur Hervorhebung eines Sachverhalts in den Bericht aufzunehmen, der sich auf die von der (den) entsprechenden Partei(en) erstellte Erklärung bezieht, die feststellt und angemessen beschreibt, dass die Sachverhaltsinformationen wesentlich falsch dargestellt sind.

(94) In sämtlichen Fällen, in denen entweder keine hinreichende bzw. begrenzte Prüfungssicherheit erlangt werden kann oder eine Einschränkung für die Berichterstattung an die vorgesehenen Nutzer unzureichend ist, hat der beauftragte Wirtschaftsprüfer die Versagung oder Nichtabgabe der zusammenfassenden Beurteilung zu erklären oder den Auftrag niederzulegen, sofern eine Niederlegung nach den einschlägigen Gesetzen oder anderen Rechtsvorschriften möglich ist.

(95) Der beauftragte Wirtschaftsprüfer hat zu würdigen, ob er auf einen Sachverhalt aufmerksam geworden ist, der, gemäß den Auftragsbedingungen und anderen Auftragsumständen, der verantwortlichen Partei, dem Messenden bzw. Beurteilenden, der beauftragenden Partei, den für die Überwachung Verantwortlichen oder Sonstigen zu kommunizieren ist (z.B. tatsächliche oder vermutete Verstöße und Einseitigkeiten bei der Erstellung der Sachverhaltsinformationen).

7. Dokumentation

(96) Der beauftragte Wirtschaftsprüfer hat zeitgerecht eine Dokumentation über die sonstige Prüfung zu erstellen, die einen Nachweis für die Grundlage der zusammenfassenden Beurteilung(en) der sonstigen Prüfung bietet. Die Dokumentation muss ausreichend und geeignet sein, einen erfahrenen Wirtschaftsprüfer, der zuvor nicht mit der sonstigen Prüfung befasst war, in die Lage zu versetzen, Folgendes zu verstehen:

- Art, zeitliche Einteilung und Umfang der Prüfungshandlungen, die durchgeführt wurden, um die relevanten Vorschriften dieses Fachgutachtens und maßgebende gesetzliche und andere rechtliche Anforderungen einzuhalten;
- die Ergebnisse der durchgeführten Prüfungshandlungen und die erlangten Prüfungsnachweise; sowie
- bedeutsame Sachverhalte, die sich während der Prüfung ergeben haben, die dazu gezogenen Schlussfolgerungen und bedeutsame Beurteilungen im Zusammenhang mit diesen Schlussfolgerungen.

(97) Sofern der beauftragte Wirtschaftsprüfer Informationen erlangt hat, die nicht mit seiner zusammenfassenden Beurteilung zu einem bedeutsamen Sachverhalt in Einklang stehen, hat er zu dokumentieren, wie damit umgegangen wurde.

(98) Der beauftragte Wirtschaftsprüfer hat die Prüfungsdokumentation in einer Prüfungsakte zusammenzustellen und den Prozess der Zusammenstellung der endgültigen Prüfungsakte in angemessener Zeit nach dem Datum der Berichterstattung abzuschließen.

(99) Nachdem der beauftragte Wirtschaftsprüfer die Zusammenstellung der endgültigen Prüfungsakte abgeschlossen hat, darf er jegliche Art von Prüfungsdokumentation nicht vor dem Ende des jeweiligen Aufbewahrungszeitraums entfernen oder löschen.

(100) Erachtet es der beauftragte Wirtschaftsprüfer als notwendig, nach Abschluss der Zusammenstellung der endgültigen Prüfungsakte die bestehende Prüfungsdokumentation zu ändern oder ihr etwas hinzuzufügen, hat er unabhängig von der Art der Änderungen oder Ergänzungen Folgendes zu dokumentieren:

– die spezifischen Gründe für deren Vornahme; und
– wann und von wem sie vorgenommen und durchgesehen wurden.

(101) Die Prüfungsdokumentation hat zumindest Folgendes zu enthalten:
– Auftragsschreiben
– Nachweis der Planung (einschließlich etwaiger im Zuge der Auftragsdurchführung vorgenommener Änderungen an der allgemeinen Strategie und dem Prüfungsprogramm des beauftragten Wirtschaftsprüfers)
– Liste der durchgeführten Prüfungshandlungen und die erlangten Nachweise
– bedeutsame Sachverhalte, die sich während der Prüfung ergeben haben, die dazu gezogenen Schlussfolgerungen und bedeutsame Beurteilungen im Zusammenhang mit diesen Schlussfolgerungen
– Vollständigkeitserklärung (schriftliche Erklärung)

8. Anwendungszeitpunkt

(102) Die vorliegende Fassung dieses Fachgutachtens ist auf sonstige Prüfungen, die nach dem 31. Dezember 2019 vertraglich vereinbart werden, anzuwenden. Eine frühere Anwendung wird empfohlen.

Erläuterungen und Anwendungshinweise

Zu Rz (2) – (4):

Dieses Fachgutachten berücksichtigt die wesentlichen Aussagen des International Standard on Assurance Engagements (ISAE) 3000 (Revised). Dieser Standard erfordert, dass
– die Mitglieder des Auftragsteams und der auftragsbegleitende Qualitätssicherer (für die Aufträge, bei denen einer bestellt wurde) dem vom International Ethics Standards Board for Accountants herausgegebenen Code of Ethics for Professional Accountants (IESBA Code) bezüglich solcher sonstigen Prüfungen unterliegen oder mindestens ebenso anspruchsvollen anderen beruflichen oder in Gesetzen oder anderen Rechtsvorschriften enthaltenen Anforderungen und
– der den Auftrag durchführende beauftragte Wirtschaftsprüfer ein Angehöriger einer Wirtschaftsprüfungsgesellschaft ist, die bezüglich ihrer Verantwortlichkeit für ihr Qualitätssicherungssystem dem ISQC 1 unterliegt oder anderen beruflichen oder in Gesetzen oder anderen Rechtsvorschriften enthaltenen Anforderungen, die mindestens ebenso anspruchsvoll sind wie ISQC 1.

Nach Auffassung dieses Fachgutachtens sind die in Österreich geltenden berufsrechtlichen in Gesetzen oder anderen Rechtsvorschriften enthaltenen Anforderungen mindestens ebenso anspruchsvoll wie die im IESBA Code of Ethics festgelegten Grundsätze hinsichtlich Integrität, Objektivität, berufliche Kompetenz und erforderliche Sorgfalt, Verschwiegenheit sowie berufswürdiges Verhalten sowie auch das dort vorgegebene Rahmenkonzept für die Feststellung von Gefährdungen zur Einhaltung dieser fundamentalen Grundsätze.

Das betrifft auch die Verpflichtung zur Einrichtung und Aufrechterhaltung eines angemessenen Qualitätssicherungssystems für sonstige Prüfungen.

Demnach kann ein Auftrag zu einer sonstigen Prüfung im Sinne dieses Fachgutachtens auch, bei Einhaltung aller diesbezüglichen Bestimmungen, als ein Auftrag in Übereinstimmung mit KFS/PG 13 und ISAE 3000 (Revised) bezeichnet und durchgeführt werden.

Berufsrechtlich ist in § 3 WTBG 2017 der Berechtigungsumfang für die Tätigkeit als Wirtschaftsprüfer geregelt.

Zu Rz (5) ff.:

Bei den im Rahmen eines direkten Zusicherungsauftrags zugrunde liegenden Sachverhalten handelt es sich um Informationen, Erscheinungen oder Ausprägungen (Phänomene), die anhand von Kriterien messbar und beurteilbar sind. Zum Beispiel kann es sich um
– die Kapazität einer Anlage
– den CO_2-Wert einer Emission
– die Einhaltung von Gesetzen und anderen Rechtsvorschriften oder bestimmter vertraglicher Bestimmungen (z.B. vereinbarte Mittelverwendung, Gebarung)

handeln.

Zu Rz (8):

Eine sonstige Prüfung ist ebenso wie eine Abschlussprüfung oder eine prüferische Durchsicht eine Zusicherungsleistung. Vgl. dazu die Stellungnahme KFS/PE 1 (Abschnitt 2.). Für die Beantwortung der Frage, ob ein Prüfungsauftrag unter KFS/PG 13 fällt, ist zu berücksichtigen, ob sich die Beurteilung auf die historischen Finanzinformationen an sich, also auf die in den historischen Finanzinformationen enthaltenen Aussagen, bezieht oder auf den Prozess der Ermittlung der historischen Finanzinformationen. In letzterem Fall erstreckt sich die Prüfung auf die Einhaltung der Kriterien bei der Durchführung des Prozesses und nicht auf die Finanzinformationen selbst; somit ist KFS/PG 13 anzuwenden.

Zu Rz (15) ff.:

Ohne den durch geeignete Kriterien bereitgestellten Bezugsrahmen ist jede zusammenfassende Beurteilung offen für individuelle Interpretation und Missverständnisse. Die eigenen Erwartungen, Ermessensentscheidungen und persönlichen Erfahrungen des beauftragten Wirtschaftsprüfers stellen keinen geeigneten Bezugsrahmen dar.

Die Eignung der Kriterien wird im Zusammenhang mit den Auftragsumständen festgelegt. Selbst für denselben zugrunde liegenden Sachverhalt kann es verschiedene Kriterien geben, die eine andere Messung bzw. Beurteilung ergeben.

Ein Messender oder Beurteilender könnte z.B. als ein Kriterium für den zugrunde liegenden Sachverhalt der Kundenzufriedenheit die Anzahl der Kundenreklamationen auswählen, die zur anerkannten Zufriedenheit des Kunden gelöst wurden; ein anderer Messender bzw. Beurteilender könnte die Anzahl der Wiederholungskäufe in den ersten drei Monaten nach dem Erstkauf auswählen.

Zu Rz (26) ff.:

In einigen Fällen kann es weitere vorgesehene Nutzer geben als die in der Berichterstattung als Empfänger genannten. Der beauftragte Wirtschaftsprüfer kann unter Umständen nicht alle identifizieren, die die Berichterstattung lesen werden, insbesondere wenn eine große Personenzahl darauf Zugriff hat. In solchen Fällen, insbesondere wenn mögliche Nutzer wahrscheinlich ein weiter reichendes Interesse an dem zugrunde liegenden Sachverhalt haben, können vorgesehene Nutzer auf die wesentlichen Stakeholder mit bedeutsamen und gemeinsamen Interessen begrenzt werden.

Vorgesehene Nutzer können auf verschiedene Weise identifiziert werden, z.B. durch eine Vereinbarung zwischen dem beauftragten Wirtschaftsprüfer und der verantwortlichen Partei oder beauftragenden Partei oder aufgrund von Gesetzen oder anderen Rechtsvorschriften.

In manchen Fällen geben die vorgesehenen Nutzer (z.B. Banken und Aufsichtsbehörden) eine Anforderung vor oder fordern von der (den) entsprechenden Partei(en), eine sonstige Prüfung für einen speziellen Zweck durchführen zu lassen.

Wenn Aufträge Kriterien verwenden, die für einen bestimmten Zweck ausgelegt wurden, ist im Bericht über die sonstige Prüfung eine Erklärung erforderlich, die die Leser auf diese Tatsache hin weist. Zusätzlich kann der beauftragte Wirtschaftsprüfer einen Hinweis für sachgerecht erachten, dass die Berichterstattung ausschließlich für die betreffenden Nutzer vorgesehen ist. Abhängig von den Auftragsumständen kann dies auch erreicht werden, indem die Weitergabe oder Verwendung der Berichterstattung beschränkt wird.

Zu Rz (34) ff.:

Was eine hinreichende Grundlage begründet, hängt von der Art des zugrunde liegenden Sachverhalts und den sonstigen Auftragsumständen ab. In manchen Fällen kann ein formaler Prozess mit umfangreichen internen Kontrollen erforderlich sein, um dem Messenden bzw. Beurteilenden eine hinreichende Grundlage dafür bereitzustellen, dass die Sachverhaltsinformationen frei von wesentlichen falschen Darstellungen sind.

In manchen Fällen können die Sachverhaltsinformationen eine Erklärung sein, die einen Aspekt eines Prozesses bzw. einer Leistung oder Einhaltung in Bezug auf die Kriterien bewertet. Beispiel: „ABCs interne Kontrollen waren hinsichtlich der XYZ-Kriterien während des Zeitraums … wirksam" oder „ABCs Überwachungsstruktur entsprach während des Zeitraums ... den XYZ-Kriterien".

Die wesentlichen Unterschiede zwischen den Prüfungshandlungen für eine Prüfung mit hinreichender Sicherheit und eine Prüfung mit begrenzter Sicherheit umfassen (siehe auch Anhang 2):

- Der Schwerpunkt der Art verschiedener Prüfungshandlungen als Nachweis kann sich je nach den Auftragsumständen verändern. Der beauftragte Wirtschaftsprüfer kann beispielsweise beurteilen, dass es unter den Umständen einer bestimmten Prüfung mit begrenzter Sicherheit angemessen ist, den Schwerpunkt verhältnismäßig stärker auf Befragungen des Fachpersonals der für die Erstellung der Informationen verantwortlichen Stelle und analytische Prüfungshandlungen zu legen und dafür verhältnismäßig weniger auf Funktionsprüfungen und das Erlangen von Nachweisen aus externen Quellen, als es bei einer Prüfung mit hinreichender Sicherheit der Fall sein kann.
- Bei einer Prüfung mit begrenzter Sicherheit kann der beauftragte Wirtschaftsprüfer
  - weniger Posten zur Prüfung auswählen oder
  - weniger Prüfungshandlungen ausführen (z.B. nur analytische Prüfungshandlungen durchführen, wenn bei einer Prüfung mit hinreichender Sicherheit sowohl analytische Prüfungshandlungen als auch sonstige Prüfungshandlungen durchgeführt würden).
- Bei einer Prüfung mit hinreichender Sicherheit umfassen die analytischen Prüfungshandlungen als Reaktion auf das Auftragsrisiko die Entwicklung von Erwartungen, die ausreichend genau sind, um wesentliche falsche Darstellungen festzustellen. Bei einer Prüfung mit begrenzter Sicherheit können die analytischen Prüfungshandlungen so gestaltet sein, dass sie die Erwartungen hinsichtlich der Entwicklung von Trends, Beziehungen und Kennzahlen stützen, anstatt falsche Darstellungen mit der für eine Prüfung mit hinreichender Sicherheit erwarteten Genauigkeit festzustellen.
- Wenn darüber hinaus bedeutsame Fluktuationen, Beziehungen oder Unterschiede festgestellt werden, können geeignete Nachweise bei einer Prüfung mit begrenzter Sicherheit mit Hilfe von Befragungen erlangt und die erhaltenen Antworten vor dem Hintergrund bekannter Auftragsumstände betrachtet werden.
- Außerdem kann der beauftragte Wirtschaftsprüfer bei der Durchführung analytischer Prüfungshandlungen bei einer Prüfung mit begrenzter Sicherheit beispielsweise höher aggregierte Daten verwenden, etwa Quartalszahlen anstelle von Monatszahlen, oder Daten verwenden, die nicht gesonderten Prüfungshandlungen unterworfen wurden, um deren Verlässlichkeit in demselben Ausmaß

zu prüfen, wie es bei einer Prüfung mit hinreichender Sicherheit der Fall gewesen wäre.

Zum aussagekräftigen Sicherheitsniveau (Rz (37) – Grad der Prüfungssicherheit):

- Das Sicherheitsniveau, das der beauftragte Wirtschaftsprüfer erlangen will, ist normalerweise nicht quantifizierbar, und ob es aussagekräftig ist, ist nach pflichtgemäßem Ermessen des beauftragten Wirtschaftsprüfers je nach den Auftragsumständen festzulegen. Bei einer Prüfung mit begrenzter Sicherheit führt der beauftragte Wirtschaftsprüfer Prüfungshandlungen durch, die im Vergleich zu denen bei einer Prüfung mit hinreichender Sicherheit begrenzt sind, aber dennoch geplant werden, um ein aussagekräftiges Sicherheitsniveau zu erlangen. Um aussagekräftig zu sein, muss das vom beauftragten Wirtschaftsprüfer erlangte Sicherheitsniveau das Vertrauen der vorgesehenen Nutzer auf die Sachverhaltsinformationen voraussichtlich in einem Maß erhöhen, das deutlich mehr als unbeachtlich ist.
- Innerhalb der Bandbreite aller Prüfungen mit begrenzter Sicherheit kann eine aussagekräftige Sicherheit variieren von dem Sicherheitsniveau, das das Vertrauen der vorgesehenen Nutzer auf die Sachverhaltsinformationen voraussichtlich in einem Maß erhöhen wird, das deutlich mehr als unbeachtlich ist, bis hin zu leicht unter einem hinreichenden Sicherheitsniveau. Was bei einem bestimmten Auftrag als aussagekräftig gilt, stellt eine Ermessensausübung innerhalb dieser Bandbreite dar, die von den Auftragsumständen, einschließlich der Informationsbedürfnisse der vorgesehenen Nutzer als eine Gruppe, der Kriterien und des zugrunde liegenden Sachverhalts des Auftrags, abhängig ist.
- Da das vom beauftragten Wirtschaftsprüfer bei Prüfungen mit begrenzter Sicherheit erlangte Sicherheitsniveau variiert, enthält die Berichterstattung des beauftragten Wirtschaftsprüfers eine informative Zusammenfassung der durchgeführten Prüfungshandlungen, anerkennend, dass ein Verständnis von Art, zeitlicher Einteilung und Umfang der durchgeführten Prüfungshandlungen unabdingbar für das Verständnis der zusammenfassenden Beurteilung des beauftragten Wirtschaftsprüfers ist.

Faktoren, die bei der Feststellung relevant sein können, was eine aussagekräftige Sicherheit bei einem bestimmten Auftrag darstellt, umfassen z.B.:

- die Merkmale des zugrunde liegenden Sachverhalts und die Kriterien und ob es relevante sachverhaltsspezifische ISAE gibt;
- Anweisungen oder sonstige Hinweise der beauftragenden Partei über die Art der Sicherheit, deren Erlangung die beauftragende Partei vom beauftragten Wirtschaftsprüfer erwartet. Die Auftragsbedingungen können z.B. bestimmte Prüfungshandlungen, die die beauftragende Partei als notwendig erachtet, oder bestimmte Aspekte der Sachverhaltsinformationen festlegen, von denen die beauftragende Partei möchte, dass der beauftragte Wirtschaftsprüfer seine Prüfungshandlungen darauf konzentriert. Der beauftragte Wirtschaftsprüfer kann jedoch berücksichtigen, dass andere Prüfungshandlungen erforderlich sind, um ausreichende geeignete Nachweise zum Erreichen eines aussagekräftigen Sicherheitsniveaus zu erlangen.
- sofern solche bestehen, allgemein anerkannte Vorgehensweisen hinsichtlich betriebswirtschaftlicher Prüfungsaufträge für die bestimmten Sachverhaltsinformationen oder ähnliche oder verwandte Sachverhaltsinformationen;
- die Informationsbedürfnisse der vorgesehenen Nutzer als Gruppe. Je größer die Folgen für die vorgesehenen Nutzer beim Erhalt einer unangemessenen zusammenfassenden Beurteilung bei wesentlich falsch dargestellten Sachverhaltsinformationen sind, umso höher muss generell die Prüfungssicherheit sein, damit diese für sie aussagekräftig Zum Beispiel können in manchen Fällen die Folgen für die vorgesehenen Nutzer beim Erhalt einer unangemessenen zusammenfassenden Beurteilung so groß sein, dass eine Prüfung mit hinreichender Sicherheit erforderlich ist, damit der beauftragte Wirtschaftsprüfer die Sicherheit erlangt, die unter den Umständen des Auftrags aussagekräftig ist.
- die Erwartung der vorgesehenen Nutzer, dass der beauftragte Wirtschaftsprüfer die zusammenfassende Beurteilung zu den Sachverhaltsinformationen innerhalb eines knappen Zeitrahmens und zu geringen Kosten mit einer begrenzten Prüfungssicherheit bilden wird.

Zu Rz (77) ff.:

Beispiele von zusammenfassenden Beurteilungen des beauftragten Wirtschaftsprüfers, die so formuliert sind, dass es für eine Prüfung mit hinreichender Sicherheit angemessen ist:

- Wenn sie auf den zugrunde liegenden Sachverhalt und die anzuwendenden Kriterien eingeht: *„Nach unserer Beurteilung hat [die Einheit] in allen wesentlichen Belangen das XYZ-Gesetz eingehalten."*
- Wenn sie auf die Sachverhaltsinformationen und die anzuwendenden Kriterien eingeht: *„Nach unserer Beurteilung ist die Prognose der Ertragslage [der Einheit] in allen wesentlichen Belangen basierend auf den XYZ-Kriterien ordnungsgemäß erstellt."*
- Wenn sie auf eine Erklärung der entsprechenden Partei(en) eingeht: *„Nach unserer Beurteilung ist die Erklärung [der entsprechenden Partei(en)], dass [die Einheit] in allen wesentlichen Belangen das XYZ-Gesetz eingehalten hat, sachgerecht dargestellt."* oder *„Nach unserer Beurteilung ist die Erklärung [der entsprechenden Partei(en)], dass*

die leistungsbezogenen Schlüsselgrößen in Übereinstimmung mit den XYZ-Kriterien angegeben sind, in allen wesentlichen Belangen sachgerecht dargestellt."

Es kann angemessen sein, die vorgesehenen Nutzer über den Zusammenhang zu informieren, in dem die zusammenfassende Beurteilung des beauftragten Wirtschaftsprüfers zu lesen ist, wenn die Berichterstattung eine Erläuterung bestimmter Merkmale des zugrunde liegenden Sachverhalts enthält, von denen die vorgesehenen Nutzer Kenntnis haben sollten. Die zusammenfassende Beurteilung des beauftragten Wirtschaftsprüfers kann z.B. Formulierungen enthalten wie: *„Diese zusammenfassende Beurteilung wurde auf der Grundlage der Sachverhalte formuliert, die an anderer Stelle in dieser Berichterstattung ausgeführt sind."*

Beispiele von zusammenfassenden Beurteilungen des beauftragen Wirtschaftsprüfers, die so formuliert sind, dass es für eine Prüfung mit begrenzter Sicherheit angemessen ist:

– Wenn sie auf den zugrunde liegenden Sachverhalt und die anzuwendenden Kriterien eingeht: *„Auf Grundlage der durchgeführten Prüfungshandlungen und erlangten Nachweise sind uns keine Sachverhalte bekannt geworden, die uns zu der Auffassung gelangen lassen, dass [die Einheit] nicht in allen wesentlichen Belangen die XYZ-Gesetze eingehalten hat."*

– Wenn sie auf die Sachverhaltsinformationen und die anzuwendenden Kriterien eingeht: *„Auf Grundlage der durchgeführten Prüfungshandlungen und erlangten Nachweise sind uns keine wesentlichen Änderungen zur Kenntnis gelangt, die für die Beurteilung der leistungsbezogenen Schlüsselgrößen erfolgen müssen, damit sie die XYZ-Kriterien erfüllen."*

– Wenn sie auf eine Erklärung der entsprechenden Partei(en) eingeht: *„Auf Grundlage der durchgeführten Prüfungshandlungen und erlangten Nachweise sind uns keine Sachverhalte bekannt geworden, die uns zu der Auffassung gelangen lassen, dass die Erklärung [der entsprechenden Partei(en)], dass [die Einheit] die XYZ-Gesetze eingehalten hat, nicht in allen wesentlichen Belangen sachgerecht dargestellt ist."*

Beispiele für Formulierungen, die für die zugrunde liegenden Sachverhalte nützlich sein können:

– Bei Aufträgen zur Prüfung der Einhaltung: *„in Einhaltung von"* oder *„in Übereinstimmung mit"*

– Bei Aufträgen, bei denen die anzuwendenden Kriterien einen Prozess oder eine Methode für die Erstellung oder Darstellung der Sachverhaltsinformationen beschreiben: *„ordnungsgemäß erstellt"*

– Bei Aufträgen, bei denen die Prinzipien der sachgerechten Darstellung in die anzuwendenden Kriterien eingebunden sind: *„sachgerecht dargestellt"*

Anhang 1:
Rollen und Verantwortlichkeiten

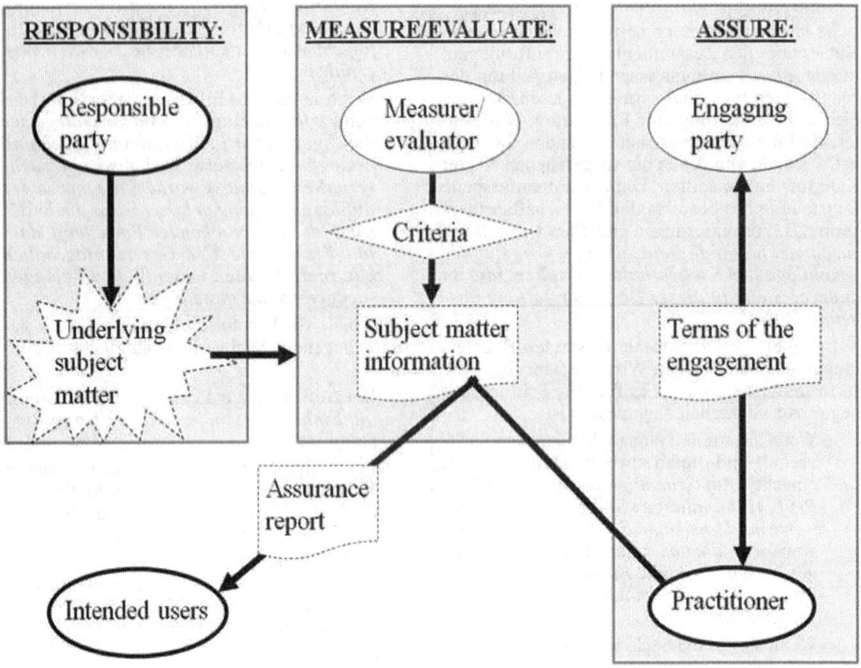

1. Alle sonstigen Prüfungen haben mindestens drei Parteien (siehe Abschnitt 2.4.3. Dreiparteienverhältnis, Rz (22) ff.): die verantwortliche Partei, den Prüfer (beauftragter Wirtschaftsprüfer) und den (die) vorgesehenen Nutzer. Abhängig vom Auftrag kann es noch die separate Rolle des Messenden oder Beurteilenden oder der beauftragenden Partei geben.
2. Das vorstehende Diagramm illustriert, wie diese Rollen bei einer sonstigen Prüfung zusammenwirken:
   a. Die verantwortliche Partei ist für den zugrunde liegenden Sachverhalt verantwortlich.
   b. Der Messende bzw. Beurteilende verwendet die Kriterien, um den zugrunde liegenden Sachverhalt, der zu den Sachverhaltsinformationen führt, zu messen bzw. zu beurteilen.
   c. Die beauftragende Partei schließt/vereinbart den Prüfungsvertrag/Auftrag mit dem Prüfer (beauftragter Wirtschaftsprüfer).
   d. Der beauftragte Wirtschaftsprüfer erlangt ausreichende geeignete Nachweise, um eine zusammenfassende Beurteilung abzugeben, die konzipiert ist, das Vertrauen anderer vorgesehener Nutzer als der verantwortlichen Partei auf die Sachverhaltsinformationen zu erhöhen.
   e. Der (Die) vorgesehene(n) Nutzer entscheidet (entscheiden) auf der Grundlage der Sachverhaltsinformationen, wobei der (die) vorgesehene(n) Nutzer entweder (eine) Einzelperson(en) oder Organisation(en) ist (sind) oder eine Gruppe dieser, von der (denen) der beauftragte Wirtschaftsprüfer erwartet, dass sie die Berichterstattung verwendet (verwenden).
3. Die folgenden Aussagen können zu diesen Parteien gemacht werden:
   - Der beauftragte Wirtschaftsprüfer kann nicht die verantwortliche Partei, die beauftragende Partei oder der vorgesehene Nutzer sein.
   - Bei einem direkten Zusicherungsauftrag ist der beauftragte Wirtschaftsprüfer auch der Messende bzw. Beurteilende.
   - Bei einem Attestierungsauftrag kann die verantwortliche Partei oder jemand anderer, mit Ausnahme des beauftragten Wirtschaftsprüfers, der Messende bzw. Beurteilende sein.
   - Wenn der beauftragte Wirtschaftsprüfer den zugrunde liegenden Sachverhalt anhand der Kriterien gemessen bzw. beurteilt hat, dann handelt es sich um einen direkten Zusicherungsauftrag. Die Art dieses Auftrags kann nicht von einer anderen Partei, die Verantwortlichkeit

für die Messung bzw. Beurteilung übernimmt, in einen Attestierungsauftrag geändert werden, z.B. durch die verantwortliche Partei, die den Sachverhaltsinformationen eine Erklärung hinzufügt und dafür die Verantwortlichkeit übernimmt.

- Die verantwortliche Partei kann auch die beauftragende Partei sein.
- In vielen Attestierungsaufträgen ist die verantwortliche Partei auch der Messende bzw. Beurteilende und zugleich die beauftragende Partei. Ein Beispiel dafür ist die Beauftragung eines Wirtschaftsprüfers mit der Durchführung einer sonstigen Prüfung einer Berichterstattung, die eine Gesellschaft über ihre eigenen Nachhaltigkeitsmaßnahmen erstellt hat. Ein Beispiel dafür, dass sich die verantwortliche(n) Partei(en) vom Messenden bzw. Beurteilenden unterscheidet (unterscheiden), ist die Beauftragung eines Wirtschaftsprüfers mit einer sonstigen Prüfung einer Berichterstattung, die von einer Regierungsorganisation über die Nachhaltigkeitsmaßnahmen eines Privatunternehmens erstellt wurde.
- Bei einem Attestierungsauftrag stellt der Messende Beurteilende dem beauftragten Wirtschaftsprüfer in der Regel eine schriftliche Erklärung über die Sachverhaltsinformationen zur Verfügung. In manchen Fällen kann der beauftragte Wirtschaftsprüfer eine solche Erklärung nicht erhalten, z.B. wenn die beauftragende Partei nicht der Messende bzw. Beurteilende ist.
- Die verantwortliche Partei kann einer der vorgesehenen Nutzer sein, aber nicht der alleinige.
- Die verantwortliche Partei, der Messende bzw. Beurteilende und der (die) vorgesehene(n) Nutzer können aus unterschiedlichen Einheiten oder der gleichen Einheit stammen. Als Beispiel für den letzteren Fall kann der Aufsichtsrat in einer Struktur der getrennten Unternehmensleitung und -überwachung Sicherheit über die vom geschäftsführenden Gremium bereitgestellten Informationen anstreben. Die Beziehung zwischen der verantwortlichen Partei, dem Messenden bzw. Beurteilenden und den vorgesehenen Nutzern muss im Zusammenhang mit einem speziellen Auftrag betrachtet werden und kann von traditionell definierten Verantwortlichkeitshierarchien abweichen. Das obere Management einer Einheit (ein vorgesehener Nutzer) kann z.B. einen Wirtschaftsprüfer beauftragen, eine sonstige Prüfung zu einem bestimmten Aspekt der Aktivitäten der Einheit durchzuführen, der in die direkte Verantwortlichkeit einer unteren Managementebene (die verantwortliche Partei) fällt, für den aber letztendlich das obere Management verantwortlich ist.
- Die beauftragende Partei, die nicht die verantwortliche Partei ist, kann der vorgesehene Nutzer sein.

4. Die zusammenfassende Beurteilung des beauftragten Wirtschaftsprüfers kann sich beziehen auf:
   - den zugrunde liegenden Sachverhalt und die anzuwendenden Kriterien,
   - die Sachverhaltsinformationen und die anzuwendenden Kriterien oder
   - eine Erklärung der entsprechenden Partei(en).
5. Der beauftragte Wirtschaftsprüfer und die verantwortliche Partei können auch bei Fehlen eines vorgesehenen Nutzers die Anwendbarkeit des ISAE 3000 (Revised) vereinbaren, wenn alle anderen Anforderungen des ISAE 3000 (Revised), bis auf den vorgesehenen Nutzer, erfüllt sind. In solchen Fällen beinhaltet die Berichterstattung eine Verwendungsbeschränkung auf die verantwortliche Partei.

Anhang 2:
Gegenüberstellung – Prüfung mit begrenzter Sicherheit vs. Prüfung mit hinreichender Sicherheit

Prüfung mit begrenzter Sicherheit	**Prüfung mit hinreichender Sicherheit**
Verständnis des zugrunde liegenden Sachverhalts und sonstiger Auftragsumstände:	
Der beauftragte Wirtschaftsprüfer hat ein Verständnis von dem zugrunde liegenden Sachverhalt und sonstigen Auftragsumständen zu erlangen, das ausreichend ist, um (a) ihn in die Lage zu versetzen, Bereiche zu identifizieren, bei denen eine wesentlich falsche Darstellung der Sachverhaltsinformationen wahrscheinlich ist, und (b) hierdurch eine Grundlage zu schaffen für die Planung und Durchführung von Prüfungshandlungen, um Bereiche zu bearbeiten und eine seine zusammenfassende Beurteilung unterstützende begrenzte Prüfungssicherheit zu erlangen.	Der beauftragte Wirtschaftsprüfer hat ein Verständnis von dem zugrunde liegenden Sachverhalt und sonstigen Auftragsumständen zu erlangen, das ausreichend ist, um (a) ihn in die Lage zu versetzen, die Risiken wesentlicher falscher Darstellungen in den Sachverhaltsinformationen zu identifizieren und zu beurteilen, und (b) hierdurch eine Grundlage zu schaffen für die Planung und Durchführung von Prüfungshandlungen zur Reaktion auf die beurteilten Risiken, um eine seine zusammenfassende Beurteilung unterstützende hinreichende Prüfungssicherheit zu erlangen.

Bei der Erlangung eines Verständnisses von dem zugrunde liegenden Sachverhalt und anderen Auftragsumständen hat der beauftragte Wirtschaftsprüfer den für die Erstellung der Sachverhaltsinformationen angewandten Prozess zu würdigen.	Bei der Erlangung eines Verständnisses von dem zugrunde liegenden Sachverhalt und anderen Auftragsumständen hat der beauftragte Wirtschaftsprüfer ein Verständnis zu erlangen von den internen Kontrollen zur Erstellung der Sachverhaltsinformationen, die für den Auftrag relevant sind. Hierzu gehört die Beurteilung der Ausgestaltung der für den Auftrag relevanten Kontrollen.
Erlangung von Nachweisen:	
Auf der Grundlage des Verständnisses des beauftragten Wirtschaftsprüfers hat er (a) Bereiche zu identifizieren, bei denen eine wesentlich falsche Darstellung der Sachverhaltsinformationen wahrscheinlich ist, und (b) Prüfungshandlungen zu planen und durchzuführen, um die identifizierten Bereiche zu bearbeiten und eine seine zusammenfassende Beurteilung unterstützende begrenzte Prüfungssicherheit zu erlangen.	Auf der Grundlage des Verständnisses des beauftragten Wirtschaftsprüfers hat er (a) die Risiken wesentlicher falscher Darstellungen in den Sachverhaltsinformationen zu identifizieren und zu beurteilen, und (b) Prüfungshandlungen zu planen und durchzuführen, um auf die beurteilten Risiken zu reagieren und eine seine zusammenfassende Beurteilung unterstützende hinreichende Prüfungssicherheit zu erlangen. Zusätzlich zu sämtlichen anderen auf die Sachverhaltsinformationen bezogenen Prüfungshandlungen, die unter den Auftragsumständen angemessen sind, haben die Prüfungshandlungen das Erlangen ausreichender geeigneter Nachweise für die Wirksamkeit der bezüglich der Sachverhaltsinformationen relevanten Kontrollen einzuschließen, wenn (i) die Risikobeurteilung des beauftragten Wirtschaftsprüfers betreffend wesentliche falsche Darstellungen von der Erwartung ausgeht, dass die Kontrollen wirksam sind, oder (ii) andere Prüfungshandlungen als Funktionsprüfungen alleine keine ausreichenden geeigneten Nachweise erbringen.
Feststellen, ob zusätzliche Prüfungshandlungen bei einer Prüfung mit begrenzter Sicherheit notwendig sind:	Anpassung der Risikobeurteilung bei einer Prüfung mit hinreichender Sicherheit:
Erlangt der beauftragte Wirtschaftsprüfer von (einem) Sachverhalt(en) Kenntnis, der (die) ihn zu der Auffassung gelangen lässt (lassen), dass die Sachverhaltsinformationen wesentlich falsch dargestellt sein können, hat er zusätzliche Prüfungshandlungen zu planen und durchzuführen, um weitere Nachweise zu erlangen, bis er in der Lage ist, (a) zu schlussfolgern, dass der (die) Sachverhalt(e) wahrscheinlich nicht zur Folge haben wird (werden), dass die Sachverhaltsinformationen wesentlich falsch dargestellt sind, oder (b) festzustellen, dass der (die) Sachverhalt(e) zur Folge haben wird (werden), dass die Sachverhaltsinformationen wesentlich falsch dargestellt sind.	Die Beurteilung der Risiken wesentlicher falscher Darstellungen in den Sachverhaltsinformationen durch den beauftragten Wirtschaftsprüfer kann sich bei der Erlangung weiterer Nachweise im Laufe der Auftragsdurchführung ändern. In Fällen, in denen er Nachweise erlangt, die nicht mit den Nachweisen in Einklang stehen, auf denen seine Beurteilung der Risiken wesentlicher falscher Darstellungen ursprünglich basierte, hat er die Beurteilung sowie die geplanten Prüfungshandlungen entsprechend anzupassen.

2/2/14.a) KFS/PG 14

Fachgutachten
des Fachsenats für Unternehmensrecht und Revision
über Vereinbarte Untersuchungshandlungen

(beschlossen in der Sitzung des Fachsenats für Unternehmensrecht und Revision am 23. März 2011 als Fachgutachten KFS/PG 14, zuletzt redaktionell überarbeitet im November 2017)

1. Vorbemerkungen

(1) Der Fachsenat für Unternehmensrecht und Revision legt in diesem Fachgutachten die Berufsauffassung dar, wie Wirtschaftstreuhänder Aufträge zu vereinbarten Untersuchungshandlungen abzuwickeln haben.

(2) Dieses Fachgutachten berücksichtigt die wesentlichen Aussagen des International Standard on Related Services (ISRS) 4400.[1]

[1] www.ifac.org

(3) Dieses Fachgutachten enthält die Grundsätze für die berufliche Verantwortung des beauftragten Wirtschaftstreuhänders bei vereinbarten Untersuchungshandlungen sowie für Form und Inhalt des in diesem Zusammenhang zu erstellenden Berichts. Darüber hinaus verdeutlicht das Fachgutachten gegenüber der Öffentlichkeit Inhalt und Grenzen dieser Leistungen.

2. Grundbegriffe

2.1. Definition des Auftrags zur Durchführung vereinbarter Untersuchungshandlungen

(4) Vereinbarte Untersuchungshandlungen dienen dazu, aufgrund dieser Untersuchungshandlungen Feststellungen zu treffen, ohne damit eine an einen unbestimmten Adressatenkreis gerichtete Zusicherung (Bestätigung) zu erbringen.

(5) Die Auftragsart „vereinbarte Untersuchungshandlungen" unterscheidet sich von der Abschlussprüfung bzw der prüferischen Durchsicht (vgl Fachgutachten KFS/PG 1 bzw KFS/PG 11), aber auch von den „sonstigen Prüfungen" (vgl Fachgutachten KFS/PG 13). Die Berichterstattung erfolgt ausschließlich in Form von tatsächlichen Feststellungen. Der beauftragte Wirtschaftstreuhänder bestimmt nicht die Art und den Umfang der von ihm durchzuführenden Untersuchungshandlungen, deswegen kann er dafür auch keine Verantwortung übernehmen und keine Zusicherung (Bestätigung) abgeben.

(6) Die Vereinbarung eines Prüfungsziels (zB „Prüfung, ob bestimmte Vorgänge vertragsgemäß abgewickelt wurden") oder eines Prüfungsgegenstands (zB „Prüfung der Ordnungsmäßigkeit" eines bestimmten Abschlusspostens, zB der Vorräte oder des Materialaufwands) ist somit nicht möglich. Es sind vielmehr die einzelnen Untersuchungshandlungen zu definieren, die vom Auftraggeber bzw von der verantwortlichen Partei zB im Zusammenhang mit einer bestimmten Angabe in den finanziellen Informationen für dessen bzw deren Zwecke für erforderlich gehalten werden.

(7) Allgemeine Formulierungen wie „Prüfen von …", „prüfen, ob …", „Plausibilisieren von …" beinhalten in der Regel ein Prüfungsziel oder einen Prüfungsgegenstand und dürfen demnach bei der Darstellung der vereinbarten Untersuchungshandlungen in der Berichterstattung nicht verwendet werden. Wenn der Auftraggeber bzw die verantwortliche Partei den beauftragten Wirtschaftstreuhänder mit vereinbarten Untersuchungshandlungen im Hinblick auf ein bestimmtes Prüfungsziel oder im Zusammenhang mit einem bestimmten Prüfungsgegenstand beauftragen möchte, ist daher festzulegen, welche konkreten Untersuchungshandlungen der beauftragte Wirtschaftstreuhänder durchführen soll, damit der Auftraggeber bzw die verantwortliche Partei als Berichtsadressat selbst die für ihn bzw sie erforderlichen Schlussfolgerungen ziehen kann. Dabei kann der beauftragte Wirtschaftstreuhänder den Auftraggeber bzw die verantwortliche Partei zwar dahingehend beraten, welche Untersuchungshandlungen im Hinblick auf das vom Auftraggeber bzw von der verantwortlichen Partei verfolgte Ziel oder im Zusammenhang mit einem bestimmten Auftragsgegenstand sinnvoll sein könnten. Es ist jedoch klarzustellen, dass der beauftragte Wirtschaftstreuhänder keine Verantwortung dafür übernehmen kann, dass die vereinbarten Untersuchungshandlungen für den vom Auftraggeber bzw von der verantwortlichen Partei verfolgten Zweck ausreichend oder tauglich sind. Dies ist auch im Bericht entsprechend anzuführen.

2.2. Gegenstand vereinbarter Untersuchungshandlungen (Auftragsgegenstand)

(8) Dieses Fachgutachten ist abgestellt auf Aufträge, die Finanzinformationen betreffen, sofern es sich weder um die Prüfung oder prüferische Durchsicht von Abschlüssen noch um die Durchführung sonstiger Prüfungen handelt; es kann auch als Anleitung für Aufträge herangezogen werden, die sich auf nicht-finanzielle Informationen beziehen.

(9) Ein Auftrag zur Durchführung vereinbarter Untersuchungshandlungen kann sich auf die Untersuchung von Einzelposten finanzieller Unterlagen (zB Lieferforderungen, Lieferverbindlichkeiten, Käufe von nahe stehenden Unternehmen und Personen), auf einen Bestandteil eines Abschlusses (zB Bilanz oder Gewinn- und Verlustrechnung) oder auf einen Abschluss insgesamt beziehen.

(10) Weitere Anwendungsfälle[2] können beispielsweise sein:

[2] soweit durch die Befugnisse der Wirtschaftstreuhänder gemäß §§ 2 und 3 WTBG 2017 gedeckt und unter Berücksichtigung der Befugnisse anderer Berufsgruppen gemäß § 4 WTBG 2017

a) Bescheinigungen für Zuschüsse, für Förderungen jeder Art,
b) Bescheinigungen für Kollektivvertragsparteien,
c) Bescheinigungen über die Einhaltung von Finanzkennzahlen (zB Covenants-Bescheinigungen).

2.3. Merkmale eines Auftrags zur Durchführung vereinbarter Untersuchungshandlungen

(11) Die Auftragsart „vereinbarte Untersuchungshandlungen" ist durch folgende Merkmale gekennzeichnet:

a) In der Regel (und somit anders als bei der Abschlussprüfung und den sonstigen Prüfungen) besteht keine Beziehung zwischen drei Parteien (verantwortliche Partei/Auftraggeber, beauftragter Wirtschaftstreuhänder, Berichtsadressat), sondern nur eine Beziehung zwischen zwei Parteien (verantwortliche Partei/Auftraggeber/Berichtsadressat, beauftragter Wirtschaftstreuhänder).
b) Die vom beauftragten Wirtschaftstreuhänder zu erbringenden Leistungen werden gemeinsam mit dem Auftraggeber im Detail vereinbart und stellen den ausschließlichen Auftragsumfang dar.
c) Die Berichterstattung erfolgt ausschließlich in Form von tatsächlichen Feststellungen, womit keine Zusicherung (Bestätigung) abgegeben wird. Der Auftraggeber hat demzufolge selbst eine Schlussfolgerung über das Ergebnis der Berichterstattung zu ziehen.
d) Ein standardisierter Berichtsinhalt und -aufbau berücksichtigt einerseits die Besonderheit dieser Auftragsart und reduziert andererseits das Risiko einer unrichtigen Schlussfolgerung aus der Berichterstattung.

(12) Bei dem Auftraggeber handelt es sich um den/die Berichtsadressaten, wobei es jedoch auch noch bestimmte andere Berichtsadressaten geben kann.

3. Auftragsannahme und Auftragsbedingungen

3.1. Auftragsannahme

(13) Der beauftragte Wirtschaftstreuhänder hat vor Annahme eines Auftrags gewissenhaft zu prüfen, ob er diesen bei Einhaltung der im Wirtschaftstreuhandberufsgesetz 2017 (WTBG 2017) sowie in der Allgemeinen Richtlinie über die Ausübung der Wirtschaftstreuhandberufe 2017 (WT-AARL 2017-KSW) geregelten Berufspflichten annehmen darf und ob er die für die sachgerechte Durchführung der vereinbarten Untersuchungshandlungen erforderlichen Kenntnisse und Erfahrungen sowie personellen und technischen Ressourcen besitzt oder sich beschaffen kann.

(14) Bei der Auftragsvereinbarung ist besonders darauf zu achten, dass zwischen der Auftragsart „vereinbarte Untersuchungshandlungen" und der Auftragsart „sonstige Prüfungen" (vgl Fachgutachten KFS/PG 13) unterschieden wird, weil in manchen Fällen bestimmte Prüfungsobjekte beiden Auftragsarten zugänglich sind. Wenn kein Referenzmodell vorliegt oder es dem beauftragten Wirtschaftstreuhänder nicht obliegt, Art und Umfang der von ihm durchzuführenden Untersuchungshandlungen festzulegen, kann nur die Auftragsart „vereinbarte Untersuchungshandlungen" zur Anwendung kommen.

3.2. Auftragsbedingungen

(15) Vor Durchführung der vereinbarten Untersuchungshandlungen ist ein gesondertes Auftragsbestätigungsschreiben zur Vereinbarung der dem Auftrag zugrunde gelegten Bedingungen zu versenden. Das Auftragsbestätigungsschreiben dokumentiert die zwischen dem beauftragten Wirtschaftstreuhänder und dem Auftraggeber abzuschließende Auftragsvereinbarung. Es hat die für den konkreten Auftrag erforderlichen Bestandteile zu beinhalten und dient der Bestätigung der Auftragsannahme durch den beauftragten Wirtschaftstreuhänder sowie der Vermeidung von Missverständnissen betreffend den Gegenstand und Zweck des Auftrags, das Ausmaß der Verantwortung des Wirtschaftstreuhänders sowie die Art der Berichterstattung. Weiters wird empfohlen, die Allgemeinen Auftragsbedingungen für Wirtschaftstreuhandberufe (AAB für WT-Berufe) idgF zu vereinbaren.

(16) Zwischen dem beauftragten Wirtschaftstreuhänder und dem Auftraggeber sollte ein klares Einvernehmen darüber herrschen, worin der Untersuchungsgegenstand besteht und zu welchen Bedingungen der Auftrag abgewickelt wird. Eine Abstimmung zwischen dem Auftraggeber und anderen Berichtsadressaten obliegt nicht dem beauftragten Wirtschaftstreuhänder.

(17) Jedenfalls sollten folgende Bedingungen schriftlich vereinbart werden:

a) Auftragsgegenstand samt ausdrücklichem Hinweis, dass die vereinbarten Untersuchungshandlungen weder in der Durchführung einer Prüfung noch einer prüferischen Durchsicht bestehen und dass ihre Vornahme auch zu keiner Zusicherung (Bestätigung) führt
b) dem Auftrag zugrunde gelegte Berufsgrundsätze, subsidiäre Geltung der AAB für WT-Berufe idgF; sie sollten dem Auftragsbestätigungsschreiben beigelegt werden
c) Zweck des Auftrags
d) Beschreibung der den vereinbarten Untersuchungshandlungen zugrunde liegenden Informationen

e) Erfordernis eines uneingeschränkten Zugangs zu den für die Durchführung der vereinbarten Untersuchungshandlungen erforderlichen Aufzeichnungen, Schriftstücken und sonstigen Informationen und der Bereitschaft des Auftraggebers bzw der verantwortlichen Partei, Auskünfte in dem erforderlichen Ausmaß vollständig zu erteilen
f) Art, Zeitrahmen und Umfang der vereinbarten Untersuchungshandlungen
g) Form der Berichterstattung
h) Adressatenkreis der Berichterstattung
i) Hinweis auf die Vereinbarung über das Honorar

4. Auftragsdurchführung

4.1. Auftragsplanung

(18) Der beauftragte Wirtschaftstreuhänder hat die vereinbarten Untersuchungshandlungen so zu planen, dass deren wirksame Durchführung gewährleistet ist.

4.2. Auftragsdurchführung nach Maßgabe der vertraglichen Vereinbarung

(19) Der beauftragte Wirtschaftstreuhänder führt die Untersuchungshandlungen in der vereinbarten Form durch und erstellt seinen Bericht über festgestellte Tatsachen auf der Grundlage der erhaltenen Nachweise.

(20) Die bei einem Auftrag durchzuführenden Untersuchungshandlungen richten sich danach, was für den jeweiligen Auftrag vertraglich vereinbart wurde. In Betracht kommen insbesondere folgende Arten von Untersuchungshandlungen:

a) Befragungen und Analysen
b) Nachrechnen, Vergleiche und andere buchhalterische Abstimmungshandlungen
c) Beobachtungen
d) Einsichtnahme in Unterlagen
e) Einholung von Bestätigungen

4.3. Vereinbarte Untersuchungshandlungen zu Zahlenangaben

(21) Vereinbarte Untersuchungshandlungen zu Zahlenangaben bestehen in der Regel darin, dass der beauftragte Wirtschaftstreuhänder Berechnungen des Auftraggebers bzw der verantwortlichen Partei nachrechnet oder vom Auftraggeber bzw von der verantwortlichen Partei in Bestätigungen übernommene Zahlen beispielsweise mit Angaben in dem (vom Abschlussprüfer) geprüften Abschluss oder der diesem zugrunde liegenden Buchführung vergleicht. Vereinbarungen, nach denen bestimmte Angaben vom beauftragten Wirtschaftstreuhänder zu „prüfen" sind, ohne dass die einzelnen vom beauftragten Wirtschaftstreuhänder durchzuführenden Untersuchungshandlungen näher spezifiziert werden, sind nicht zulässig.

4.4. Vereinbarte Untersuchungshandlungen mit Stichproben

(22) Besonderheiten ergeben sich bei der Vereinbarung von Untersuchungshandlungen mit Stichproben. Da im Rahmen vereinbarter Untersuchungshandlungen die Vereinbarung eines Prüfungsziels nicht möglich ist, hat der beauftragte Wirtschaftstreuhänder keinen Maßstab, anhand dessen er den Umfang der zu ziehenden Stichproben festlegen könnte. Vielmehr ist die Urteilsbildung Aufgabe des Auftraggebers bzw der verantwortlichen Partei. In derartigen Fällen müssen daher die Art der Stichprobenziehung (Zufallsauswahl, Auswahl anhand konkreter Vorgaben) und der Umfang der Stichprobe (Anzahl absolut oder in Prozent, bezogen auf eine Grundgesamtheit) im Auftragsbestätigungsschreiben explizit vereinbart werden.

5. Dokumentation

(23) Da sich Aufträge zur Durchführung von vereinbarten Untersuchungshandlungen erheblich voneinander unterscheiden können, sind einheitliche Vorgaben für die Dokumentation nur sehr allgemein möglich. Der beauftragte Wirtschaftstreuhänder hat Nachweise über die untersuchten Sachverhalte festzuhalten und die durchgeführten Untersuchungshandlungen sowie die Ergebnisse dieser Untersuchungshandlungen in seinen Arbeitspapieren zu dokumentieren. Die Dokumentation bei einem Auftrag zur Durchführung von vereinbarten Untersuchungshandlungen hat zumindest folgende Punkte zu enthalten:

a) Auftragsbestätigungsschreiben
b) Nachweis der Planung
c) Untersuchungshandlungen, die für den Auftrag vertraglich vereinbart wurden
d) erbrachte Nachweise, die als Grundlage für den Bericht über die festgestellten Tatsachen dienen
e) Zusammenfassung aller Feststellungen und anderer Sach- und Fachprobleme
f) gegebenenfalls Vollständigkeitserklärung

6. Vollständigkeitserklärung

(24) Die Einholung einer Vollständigkeitserklärung durch den beauftragten Wirtschaftstreuhänder sollte in jenen Fällen erfolgen, in denen es aufgrund der Art des Auftrags als sinnvoll anzusehen ist.

7. Berichterstattung

(25) Nach Durchführung der vereinbarten Untersuchungshandlungen sind die Ergebnisse der Untersuchungshandlungen in einem Bericht zusammenzufassen, der als „Bericht über tatsächliche Feststellungen" zu kennzeichnen ist.

(26) Die Feststellungen sind verständlich und in angemessener Ausführlichkeit darzustellen. Bei der Darstellung der Ergebnisse sind wertende Bezeichnungen (wie zB unwesentlich, unbeachtlich, unbedeutend) grundsätzlich nicht zu verwenden, außer es gibt klare Definitionen dieser Begriffe, die

vom Auftraggeber bzw von der verantwortlichen Partei bestätigt werden. Derartige Definitionen sind in das Auftragsbestätigungsschreiben und in den Bericht aufzunehmen.

(27) Dem Bericht über die tatsächlichen Feststellungen sind grundsätzlich der Auftragsgegenstand sowie sonstige Unterlagen, die der Auftraggeber bzw die verantwortliche Partei dem beauftragten Wirtschaftstreuhänder zur Verfügung gestellt hat und auf die im Bericht verwiesen wird, als Anlagen beizufügen. Eine Ausnahme von diesem Erfordernis besteht nur dann, wenn die sonstigen Unterlagen zum Verständnis der durchgeführten Untersuchungshandlungen nicht erforderlich sind.

(28) Die Berichterstattung hat zumindest folgende Punkte zu enthalten:

a) Überschrift, die klar zum Ausdruck bringt, dass vereinbarte Untersuchungshandlungen durchgeführt wurden
b) Auftraggeber bzw verantwortliche Partei (Berichtsadressat)
c) Beschreibung des Auftragsgegenstands
d) Berufsgrundsätze, nach denen der Auftrag abgewickelt wurde, und die dem Auftrag zugrunde gelegten AAB für WT-Berufe idgF
e) Zweck des Auftrags und Auflistung sämtlicher mit dem Auftraggeber bzw der verantwortlichen Partei vereinbarten und durchgeführten Untersuchungshandlungen
f) Aufzählung und Beschreibung der identifizierten Fehler und Feststellungen
g) Hinweis darauf, dass es sich bei dem Auftrag um keine Abschlussprüfung, prüferische Durchsicht oder sonstige Prüfung handelt und demzufolge auch keine Zusicherung (Bestätigung) abgegeben wird
h) Hinweis darauf, dass, wenn zusätzliche Prüfungshandlungen in Form einer Abschlussprüfung oder einer prüferischen Durchsicht durchgeführt worden wären, möglicherweise Sachverhalte identifiziert worden wären, über die zu berichten gewesen wäre
i) Hinweis darauf, dass der Bericht nur für jenen Personenkreis bestimmt ist, mit dem die vereinbarten Untersuchungshandlungen festgelegt wurden, und demzufolge die Weitergabe beschränkt ist

(29) Der Bericht über die tatsächlichen Feststellungen ist mit dem Tag des Abschlusses der Untersuchungshandlungen zu datieren.

(30) Es empfiehlt sich, dem Bericht über die tatsächlichen Feststellungen die AAB für WT-Berufe idgF beizufügen.

(31) Sofern eine Weitergabe des Berichts an Dritte gewünscht wird, bedarf es der ausdrücklichen Zustimmung des beauftragten Wirtschaftstreuhänders, womit auf jeden Fall ein limitierter Adressatenkreis sichergestellt wird.

(32) Gilt jedoch eine Weitergabe als vereinbart, ist ein entsprechender Passus betreffend die Vereinbarung der AAB für WT-Berufe idgF gegenüber denjenigen, an die der Bericht weitergegeben wird, erforderlich. Die Weitergabe hat in Abstimmung mit dem Auftraggeber bzw der verantwortlichen Partei an eine überschaubare und somit begrenzte Personengruppe zu erfolgen.

(33) Die bewusste Eingrenzung des Adressatenkreises dient der Sicherheit des beauftragten Wirtschaftstreuhänders, weil ein Dritter die zwischen den Vertragsparteien vereinbarten Untersuchungshandlungen und deren vereinbarten Umfang nicht kennt und aus dieser Unwissenheit falsche Rückschlüsse ziehen könnte.

8. Anwendungszeitpunkt

(34) Dieses Fachgutachten ist auf die Durchführung von vereinbarten Untersuchungshandlungen, die nach dem 31. Dezember 2011 vertraglich vereinbart werden, anzuwenden. Eine frühere Anwendung wird empfohlen.

2/2/14.b) KFS/PG 14

Speziell für den Fall vereinbarter Untersuchungshandlungen über die Abtretung der Rechte und Ansprüche im Zusammenhang mit Exportfinanzierungsverfahren wurde nachstehendes Musterschreiben von der Arbeitsgruppe Banken/Versicherungen/Leasing des Fachsenats für Unternehmensrecht und Revision ausgearbeitet und mit der Oesterreichischen Kontrollbank abgestimmt:

Musterschreiben:
Vereinbarte Untersuchungshandlungen über die Abtretung der Rechte und Ansprüche im Zusammenhang mit Exportfinanzierungsverfahren (Oesterreichische Kontrollbank Aktiengesellschaft)

An die
ABC BANK
Adresse
PLZ Stadt

Kopie an die
Oesterreichische Kontrollbank Aktiengesellschaft
z.H. Kreditabteilung
Strauchgasse 1-3
1011 Wien

Durchführung von vereinbarten Untersuchungshandlungen

Exportfinanzierungsverfahren der Oesterreichischen Kontrollbank Aktiengesellschaft – Sicherungszessionen

Die Geschäftsleitung der ABC Bank hat im Rahmen des Exportfinanzierungsverfahrens (EFV) die sicherstellungsweise Abtretung der Forderungen aus Export- und Beteiligungsfinanzierungen, die in der Anlage 1 (Übersicht über abgetretene Forderungen aus Export- und Beteiligungsfinanzierungen) angeführt sind, an die Oesterreichische Kontrollbank Aktiengesellschaft (OeKB), Wien (künftig „Sicherungszessionen"), in ihren Büchern anzumerken, sofern es sich um stille Zessionen handelt (künftig der „Buchvermerk"), und in den relevanten Datenauswertungen auf die Buchvermerke hinzuweisen. Für die Erstellung der Anlage 1 sowie für die Aufrechterhaltung der Systeme zur Evidenthaltung der Sicherungszessionen sind die Geschäftsleiter der ABC Bank verantwortlich.

- In der ordentlichen Hauptversammlung vom TT.MM.JJJJ der ABC Bank wurden wir zum Bankprüfer für das Geschäftsjahr vom TT.MM.JJJJ bis TT.MM.JJJJ bestellt. Darüber hinaus wurden wir von der Geschäftsleitung der ABC Bank mit der Erstellung dieses Berichtes über tatsächliche Feststellungen zu Sicherungszessionen zum Stichtag des Jahresabschlusses TT.MM.JJJJ beauftragt.
- Sofern ein anderer Wirtschaftsprüfer als der Bankprüfer bestätigt:

  Wir wurden von der Geschäftsleitung der ABC Bank mit der Erstellung dieses Berichtes über tatsächliche Feststellungen zu Sicherungszessionen zum Stichtag des Jahresabschlusses TT.MM. JJJJ beauftragt.

Dieser Auftrag wurde unter Beachtung der österreichischen berufsüblichen Grundsätze zu vereinbarten Untersuchungshandlungen (KFS/PG 14) durchgeführt. Dieses Schreiben bezieht sich nur auf die im Folgenden angeführten Untersuchungshandlungen und erstreckt sich nicht auf Jahresabschlüsse der ABC BANK.

Folgende Untersuchungshandlungen wurden im Zusammenhang mit den in Anlage 1 aufgelisteten Sicherungszessionen für den Stichtag TT. MM.JJJJ vorgenommen:

1. Einsicht in das Rechnungswesensystem und Untersuchung hinsichtlich der in der Anlage 1 angeführten Forderungen und Ansprüche aus Export- und Beteiligungsfinanzierungen, ob zum Untersuchungszeitpunkt die Anmerkung des Buchvermerks am Debitorenkonto erfolgt ist.
2. Untersuchung, ob der Ausweis der aushaftenden Beträge der in der Anlage 1 angeführten Forderungen und Ansprüche aus Export- und Beteiligungsfinanzierungen mit den im Rechnungswesensystem erfassten Beträgen zum Stichtag TT. MM.JJJJ übereinstimmt.
3. Untersuchung, ob die ABC BANK Datenauswertungen durchführt und ob die Abtretungen in diesen Datenauswertungen ersichtlich vermerkt sind.

4. Untersuchung, ob in den gemäß Anlage 1 vorliegenden Fällen, die Buchvermerke die folgenden Informationen enthalten:
   a. Kennzeichnung des Abtretungsvermerks als Sicherungszession
   b. Kennzeichnung, dass die Sicherungszession an OeKB erfolgt ist
   c. Datum der Vereinbarung der Sicherungszession

Im Folgenden geben wir hinsichtlich der in der Anlage 1 aufgelisteten Sicherungszessionen zum Stichtag TT. MM.JJJJ unsere Untersuchungsergebnisse wieder:

i. Das Rechnungswesen der ABC BANK wird EDV-mäßig geführt. Der Buchvermerk erfolgt durch [Beschreibung der Art des Vermerks (Schlüssel in der Liste und dessen Wortlaut, z.B. „Ein eigens hierfür angelegter Sperrcode mit dem Wortlaut …“); Erläuterung der in diesem Zusammenhang verwendeten Abkürzungen und Symbole und wo der Verweis auf die ergänzenden Informationen (z.B. Zessionar) zu finden ist].
ii. Die Höhe der in der Buchhaltung als abgetreten vermerkten Beträge stimmt mit jenen der Anlage 1 überein.
iii. Es werden Datenauswertungen durchgeführt. Zur Erfüllung der Publizität wurden die Vermerke ersichtlich und wie unter Punkt i. angeführt vorgenommen.
iv. Die untersuchten Buchvermerke enthielten die unter Punkt 4. angeführten Informationen.

Die oben genannten Untersuchungshandlungen stellen weder eine Prüfung, prüferische Durchsicht oder sonstige Prüfung in Übereinstimmung mit österreichischen Grundsätzen noch mit den International Standards on Auditing (ISA), International Standards on Review Engagements (ISRE) oder International Standards on Assurance Engagements (ISAE) dar.

Wenn wir zusätzliche Untersuchungshandlungen vorgenommen oder eine Prüfung, prüferische Durchsicht oder sonstige Prüfung durchgeführt hätten, wären von uns möglicherweise andere Sachverhalte festgestellt worden, über die Ihnen dann berichtet worden wäre. Folglich machen wir keine Aussagen darüber, ob die von uns durchgeführten Tätigkeiten für Ihre Zwecke ausreichend sind. Dieses Schreiben bezieht sich nur auf die oben beschriebenen Untersuchungshandlungen und erstreckt sich nicht auf Abschlüsse der ABC BANK.

Dieses Schreiben ist für Zwecke der an die OeKB zu richtenden Meldung an die ABC BANK gerichtet und darf in keinem anderen Zusammenhang als der Weiterleitung an die OeKB verwendet werden.

Dieses Schreiben bildet daher keine Grundlage für ein allfälliges Vertrauen dritter Personen auf seinen Inhalt. Ansprüche dritter Personen können daher daraus nicht abgeleitet werden. Dementsprechend darf dieses Schreiben weder gänzlich noch auszugsweise ohne unser ausdrückliches Einverständnis an Dritte weitergegeben werden.

Da dieses Schreiben nicht zur Veröffentlichung bestimmt ist, darf es weder ganz noch teilweise in einem der Öffentlichkeit zugänglichen Dokument, im Internet oder in anderen an die Öffentlichkeit gerichteten Medien veröffentlicht oder in solchen Veröffentlichungen auf dieses Schreiben Bezug genommen werden.

Das Schreiben spiegelt den Stand der Erkenntnisse wider, die zum Zeitpunkt der Erstellung vorlagen. Eine Aktualisierung des Schreibens ist nicht Gegenstand der Beauftragung und dementsprechend nicht vorgesehen. Eine Verpflichtung, Sie auf neuere Erkenntnisse und Entwicklungen hinzuweisen, übernehmen wir nicht.

Wir weisen auf den sich aus diesem Schreiben ergebenden eingeschränkten Aussagegehalt unserer Feststellungen hin. Für die Abwicklung dieses Auftrages wurden zwischen uns die „Allgemeinen Auftragsbedingungen für Wirtschaftstreuhandberufe (AAB)“, einschließlich der dort vorgesehenen Bestimmung über unsere Haftung, vereinbart.

Durch Kenntnisnahme und Nutzung der in diesem Schreiben enthaltenen Informationen bestätigt jeder Empfänger, die in den AAB getroffenen Regelungen zur Haftung unter Abschnitt 7 zur Kenntnis genommen zu haben und erkennt deren Geltung im Verhältnis zu uns an.

[ORT], am TT. MM.JJJJ

Mit freundlichen Grüßen

Anlage:

1. Übersicht über abgetretene Forderungen aus Export- und Beteiligungsfinanzierungen

2/2/15. KFS/PG 15

**Fachgutachten
des Fachsenats für Unternehmensrecht und Revision
über die Durchführung von Qualitätssicherungsprüfungen**

(beschlossen in der Sitzung des Fachsenats für Unternehmensrecht und Revision am 28. November 2018 als Fachgutachten KFS/PG 15, überarbeitet im Oktober 2021; von der Abschlussprüferaufsichtsbehörde (APAB) genehmigt)

1. Vorbemerkungen

(1) Die Kammer der Steuerberater und Wirtschaftsprüfer (KSW) legt in diesem Fachgutachten die Berufsauffassung dar, nach der Qualitätssicherungsprüfungen (im Folgenden: QS-Prüfungen) in Prüfungsbetrieben durch anerkannte Qualitätssicherungsprüfer (§ 26 APAG, im Folgenden: QS-Prüfer) gemäß §§ 24 ff. APAG durchzuführen sind. Dieses Fachgutachten verdeutlicht zugleich gegenüber der Öffentlichkeit Inhalt und Grenzen von QS-Prüfungen in Prüfungsbetrieben.

(2) Das vorliegende Fachgutachten dient vornehmlich der Durchführung einer QS-Prüfung bei Prüfungsbetrieben, in denen keine Jahres- bzw Konzernabschlüsse von Unternehmen von öffentlichem Interesse geprüft werden. Abschnitt 8. geht auf die Besonderheiten der QS-Prüfung bei Abschlussprüfern und Prüfungsgesellschaften, die der Inspektion unterliegen, ein.

(3) Die Grundzüge des Verfahrens der QS-Prüfung sind in den §§ 24 ff. APAG sowie in den dazu ergangenen Verordnungen der Abschlussprüferaufsichtsbehörde (im Folgenden: APAB) geregelt. Dazu gehören u.a. die Verpflichtung zur Teilnahme am Verfahren, der Gegenstand der QS-Prüfung, die Voraussetzungen für eine Tätigkeit als QS-Prüfer, die Erteilung und die Kündigung von Aufträgen zur Durchführung von QS-Prüfungen, die Verschwiegenheitspflicht der Beteiligten am Verfahren sowie die Organisation des Verfahrens in der APAB. Das Verfahren der QS-Prüfung iSd § 24 ff. APAG wird durch die APAB unter Anhörung der Qualitätsprüfungskommission gemäß § 12 APAG durchgeführt. Weitere Hinweise finden sich in den zur QS-Prüfung ergangenen Rundschreiben der APAB.

(4) Die Pflicht zur Einhaltung und Überwachung von Qualitätsgrundsätzen ergibt sich aus den allgemeinen Berufspflichten, wonach der Wirtschaftsprüfer seinen Beruf unabhängig, gewissenhaft, verschwiegen und eigenverantwortlich auszuüben hat. Diese Pflichten werden in der WT-AARL 2017-KSW[1] sowie der KSW-PRL 2017[2] konkretisiert. Wirtschaftsprüfer und Wirtschaftsprüfungsgesellschaften, die Abschlussprüfungen, prüferische Durchsichten und sonstige Prüfungen im Sinne der KSW-PRL 2017 durchführen, sind gemäß § 3 KSW-PRL 2017 verpflichtet, Regelungen und Maßnahmen einzurichten, die nach den Verhältnissen des Prüfungsbetriebes erforderlich sind, um eine hohe Qualität der Berufsausübung zu gewährleisten. Diese Verpflichtung bezieht sich auf den gesamten Tätigkeitsbereich des Prüfungsbetriebes. Zusätzlich sind Abschlussprüfer und Prüfungsgesellschaften iSd § 2 Z 2 und Z 3 APAG verpflichtet, die Bestimmungen des § 23 Abs 1 und 2 APAG zu befolgen.

[1] Verordnung der Kammer der Steuerberater und Wirtschaftsprüfer über die Allgemeine Richtlinie über die Ausübung der Wirtschaftstreuhandberufe der Kammer der Steuerberater und Wirtschaftsprüfer (WT-AARL 2017-KSW).

[2] Verordnung der Kammer der Steuerberater und Wirtschaftsprüfer zur Durchführung prüfender Tätigkeiten (KSW-PRL 2017).

(5) Die KSW legt in der KSW-PRL 2017 dar, wie ein Qualitätssicherungssystem in Prüfungsbetrieben ausgestaltet sein sollte, um die Einhaltung der gesetzlichen und berufsständischen Anforderungen (insbesondere der ISA und ergänzenden Fachgutachten, des WTBG 2017, der WT-AARL 2017-KSW sowie der KSW-GWPRL 2017[3]) sicherzustellen. § 23 Abs 2 APAG zählt die Regelungen auf, die eine Prüfung der Qualitätssicherung eines Prüfungsbetriebes zu umfassen hat, soweit sie für die Tätigkeit des Abschlussprüfers oder der Prüfungsgesellschaft relevant sind.

[3] Verordnung der Kammer der Steuerberater und Wirtschaftsprüfer über die Richtlinie über die Geldwäscheprävention bei Ausübung von WT-Berufen (KSW-GWPRL 2017).

(6) Der Begriff Prüfungsbetrieb ist iSd § 2 Z 11 APAG zu verstehen.

(7) Prüfungsbetriebe, die nicht zur Durchführung einer QS-Prüfung verpflichtet sind, können sich freiwillig einer QS-Prüfung unterziehen. In diesem Fall gelten die Vorschriften des APAG gemäß § 23 Abs 5 APAG sowie alle Bestimmungen dieses Fachgutachtens entsprechend.

2. Zielsetzung und Umfang der QS-Prüfung

(8) Das Qualitätssicherungssystem hat gemäß § 3 Abs 1 KSW-PRL 2017 alle Regelungen und Maßnahmen zu umfassen, die nach den Verhältnissen des Prüfungsbetriebes erforderlich sind, um unter Berücksichtigung der qualitätsgefährdenden Risiken des Prüfungsbetriebes eine hohe Qualität der Berufsausübung zu gewährleisten.

(9) Qualitätsgefährdende Risiken ergeben sich aus dem Umfeld und internen Sachverhalten des Prüfungsbetriebes, die eine ordnungsgemäße Durchführung von Abschlussprüfungen gefährden.

(10) Das Qualitätsrisiko ist das Risiko, dass die im Qualitätssicherungssystem des Prüfungsbe-

triebes verankerten Regelungen und Maßnahmen nicht im Einklang mit den gesetzlichen und berufsständischen Anforderungen stehen und/oder die qualitätsgefährdenden Risiken nicht auf ein akzeptables Ausmaß reduzieren.

(11) Nach § 23 Abs 3 APAG unterliegen Abschlussprüfer und Prüfungsgesellschaften iSd § 2 Z 2 und Z 3 APAG hinsichtlich ihrer Regelungen zur Qualitätssicherung QS-Prüfungen.

(12) Die QS-Prüfung umfasst gemäß § 24 Abs 1 APAG ausschließlich das nach § 23 Abs 1 APAG unter Berücksichtigung von § 3 KSW-PRL 2017 von einem Abschlussprüfer oder einer Prüfungsgesellschaft (im Folgenden: Prüfungsbetrieb) einzurichtende Qualitätssicherungssystem in Bezug auf Abschlussprüfungen iSd § 2 Z 1 APAG (im Folgenden: Abschlussprüfungen). Der QS-Prüfer führt seine Tätigkeit mit dem Ziel durch, Regelungen zur Qualitätssicherung eines Prüfungsbetriebes, welche im Zusammenhang mit Abschlussprüfungen stehen, zu prüfen. Eine freiwillige QS-Prüfung umfasst das Qualitätssicherungssystem in Bezug auf alle von einem Prüfungsbetrieb durchgeführten Jahres- und Konzernabschlussprüfungen; dies umfasst auch Jahresabschlussprüfungen von Vereinen und Stiftungen.

3. Unabhängigkeit und Verschwiegenheit bei der Durchführung von QS-Prüfungen

(13) Der QS-Prüfer darf eine QS-Prüfung nicht durchführen, wenn dies den für die berufliche Ausübung geltenden Unvereinbarkeitsregelungen zuwiderläuft. Wechselseitige QS-Prüfungen sind unzulässig.[4] Weiters hat der QS-Prüfer § 30 Abs 2 APAG zu beachten. Darüber hinaus hat der QS-Prüfer die allgemeinen und besonderen Pflichten nach dem WTBG 2017 und der WT-AARL 2017-KSW sowie der KSW-PRL 2017 zu beachten.[5]

[4] Vgl § 30 APAG.
[5] Vgl §§ 71 ff. WTBG 2017, §§ 1 und 14 bis 16 WT-AARL 2017-KSW, § 25 KSW-PRL 2017.

(14) Zwischen dem QS-Prüfer und dem zu überprüfenden Abschlussprüfer bzw der zu überprüfenden Prüfungsgesellschaft dürfen keine Interessenkonflikte bestehen. Insbesondere sind die Vermeidung der Besorgnis der Befangenheit nach §§ 14 und 16 WT-AARL 2017-KSW sowie die Vermeidung von Interessenkollisionen nach §§ 15 und 16 WT-AARL 2017-KSW zu beachten. So darf beispielsweise ein für die interne Nachschau extern Beauftragter nicht QS-Prüfer sein. Ebenso darf ein ehemaliger Mitarbeiter, der seit der letzten QS-Prüfung an Abschlussprüfungen mitwirkte, oder eine externe Person, die in diesem Zeitraum an der Auftragsabwicklung mitwirkte, nicht QS-Prüfer sein.

(15) Gemäß § 33 Abs 2 APAG wird die Verpflichtung des Abschlussprüfers, seiner Gehilfen[6] und der bei der Prüfung mitwirkenden gesetzlichen Vertreter einer Prüfungsgesellschaft zur Verschwiegenheit (§ 80 WTBG 2017, § 275 Abs 1 Satz 1 UGB) in dem Umfang eingeschränkt, in dem es zur Durchführung der QS-Prüfung nach den §§ 24 ff. APAG erforderlich ist. Die schutzwürdigen Interessen der Mandanten des zu prüfenden Prüfungsbetriebes werden durch die Einbeziehung aller an dem System der QS-Prüfung Beteiligten (QS-Prüfer, ihre qualifizierten Assistenten, Mitglieder und Ersatzmitglieder der Qualitätsprüfungskommission, Mitarbeiter und Organe der APAB und beigezogene Sachverständige iSd § 2 Z 8 APAG) in den Kreis der zur Verschwiegenheit Verpflichteten nach § 17 Abs 1 bis 3 APAG berücksichtigt. Insbesondere dürfen die an dem System der QS-Prüfung Beteiligten Geschäfts- und Betriebsgeheimnisse, die sie bei ihrer Tätigkeit erfahren haben, nicht gegenüber Dritten offenbaren oder verwerten. Die schuldhafte Verletzung dieser Pflicht kann u.a. zu einer Schadenersatzpflicht gegenüber dem geprüften Prüfungsbetrieb führen.

[6] Gehilfe ist jeder Dritte, der in die Auftragsbearbeitung eingebunden ist. Hierzu gehören die ange-stellten Mitarbeiter des Abschlussprüfers bzw der Prüfungsgesellschaft, über Werkvertrag Mit-wirkende sowie einbezogene Sachverständige und externe Dienstleister.

4. Angebotslegung, Auftragsannahme und vorzeitige Beendigung aus wichtigem Grund

(16) Eine QS-Prüfung darf gemäß § 26 Abs 1 APAG nur von anerkannten QS-Prüfern[7] durchgeführt werden.

[7] Liste der anerkannten Qualitätssicherungsprüfer: siehe Internetseite der APAB unter https://www.apab.gv.at/aufsicht/qualitaetssicherung.

(17) Vor der Angebotslegung hat der QS-Prüfer zu prüfen und zu dokumentieren, ob Ausschlussgründe gemäß Rz (13) und (14) bestehen. Diese Prüfung hat vor Abgabe der Unabhängigkeitsbestätigung nach § 30 Abs 3 APAG zu erfolgen.

(18) Ein Angebot zur Durchführung einer QS-Prüfung darf ferner nur gelegt werden, wenn der QS-Prüfer über die notwendigen Kenntnisse und Erfahrungen sowie die erforderlichen Ressourcen verfügt, um die QS-Prüfung sachgerecht durchführen zu können.[8]

[8] Vgl § 7 WT-AARL 2017-KSW.

(19) Die Aufgabenstellung erfordert es vielfach, qualifizierte Assistenten iSd § 28 iVm § 2 Z 24 APAG[9] für die Durchführung von QS-Prüfungen einzusetzen. Der QS-Prüfer ist für die sachgerechte Besetzung des Prüfungsteams verantwortlich. Die Zusammensetzung und die Größe des Prüfungsteams sind abhängig vom Umfang und der Komplexität des zu prüfenden Prüfungsbetriebes. Ist der zu prüfende Prüfungsbetrieb in Bereichen tätig, die besondere Kenntnisse erfordern, muss das Prüfungsteam, das die Einhaltung der Qualitätssicherungsmaßnahmen bei der Auftragsdurchführung in diesen Bereichen prüft, über die erforderlichen Kenntnisse verfügen. Dies gilt beispielsweise für Prüfungsbetriebe, die Unternehmen bestimmter Branchen prüfen, die spezielle Kenntnisse erfordern.

[9] Qualifizierte Assistenten sind im Rahmen einer QS-Prüfung mitwirkende Wirtschaftsprüfer, Steu-erberater oder Berufsanwärter, die mindestens drei Jahre Berufs-

erfahrung haben und davon min-destens 50 vH in der Abschlussprüfung tätig waren.

(20) Nach § 31 Abs 2 APAG sind der Prüfungsvertrag[10] und die Honorarberechnung vor Erstellung des Vorschlages gemäß § 29 Abs 1 APAG zwischen den jeweiligen vorgeschlagenen QS-Prüfern und dem zu überprüfenden Abschlussprüfer oder der zu überprüfenden Prüfungsgesellschaft – unter der aufschiebenden Bedingung der Bestellung – schriftlich in Form eines Fixhonorars zu vereinbaren. Das Angebot zum Prüfungsvertrag ist der APAB im Rahmen des Antrags auf Durchführung einer QS-Prüfung gemäß § 29 Abs 1 APAG zu übermitteln (§ 1 Abs 1 Z 6 APAB-DVV[11]). Das Angebot zur Durchführung einer QS-Prüfung hat unter Zugrundelegung der Allgemeinen Auftragsbedingungen für Wirtschaftstreuhandberufe zu erfolgen.

[10] Vgl dazu Anlage 1: Muster – Angebot / Auftrag Qualitätssicherungsprüfung.

[11] Verordnung der Abschlussprüferaufsichtsbehörde zu den von zu überprüfenden Abschlussprüfern oder Prüfungsgesellschaften bereitzustellenden Informationen zur Beurteilung des Antrages auf Bestellung eines Qualitätssicherungsprüfers (APAB-Dreiervorschlagsverordnung – APAB-DVV).

(21) Ein Auftrag zur Durchführung einer QS-Prüfung kann gemäß § 32 Abs 1 APAG von beiden Parteien nur aus wichtigem Grund vorzeitig beendet werden. Wichtige Gründe können insbesondere sein: sich nachträglich ergebende Unerfüllbarkeit der QS-Prüfung sowie das nachträgliche Hervorkommen des Umstandes, dass der zu überprüfende Abschlussprüfer oder die zu überprüfende Prüfungsgesellschaft bewusst unrichtige oder unvollständige Unterlagen zur Verfügung gestellt hat. Ein wichtiger Grund liegt nach § 32 Abs 2 APAG nicht vor, wenn Meinungsverschiedenheiten über den Inhalt des schriftlichen Prüfberichts (im Folgenden: Qualitätssicherungsprüfbericht) bestehen. Treten nach der Auftragsannahme Umstände ein, welche die Unabhängigkeit des QS-Prüfers gefährden können, ist festzustellen, ob der Auftrag vorzeitig beendet werden muss.

(22) Gemäß § 32 Abs 3 APAG muss der QS-Prüfer im Falle einer vorzeitigen Beendigung der Prüfung dem überprüften Abschlussprüfer bzw der überprüften Prüfungsgesellschaft und der APAB über den Grund der vorzeitigen Beendigung und das Ergebnis der bisherigen Prüfung berichten. Für den Bericht über die bisherigen Prüfungsergebnisse sind die in den Rz (86) ff. festgelegten Grundsätze zur Berichterstattung über die QS-Prüfung anzuwenden.

5. Risikoorientiertes Vorgehen bei der QS-Prüfung

5.1. Allgemeine Grundsätze

(23) Der QS-Prüfer hat die QS-Prüfung so zu planen, dass die Prüfung wirksam durchgeführt werden kann. Es muss ein in sachlicher, personeller und zeitlicher Hinsicht angemessener Prüfungsablauf gewährleistet sein (vgl auch Rz (18)).

(24) Zur Vorbereitung der Prüfungsplanung hat der QS-Prüfer Informationen über das Qualitätssicherungssystem und dessen Entwicklung seit der letzten QS-Prüfung einzuholen. Die erlangten Informationen sind Grundlage für die Feststellung der qualitätsgefährdenden Risiken des Prüfungsbetriebes und darauf aufbauend für die Beurteilung der Angemessenheit und Wirksamkeit der im Prüfungsbetrieb eingeführten Regelungen und Maßnahmen des Qualitätssicherungssystems zur Identifizierung, Bewertung und Steuerung der qualitätsgefährdenden Risiken. Die Abbildung in Anlage 3 zeigt den Ablauf einer risikobasierten QS-Prüfung.

(25) Der QS-Prüfer hat die QS-Prüfung mit einer kritischen Grundhaltung zu planen und durchzuführen (vgl § 24 KSW-PRL 2017).

(26) Der QS-Prüfer hat bei der Planung der QS-Prüfung zu berücksichtigen, ob und in welchen Fällen ein wesentlicher Mangel des Qualitätssicherungssystems möglich sein könnte. Die Berücksichtigung von Wesentlichkeitsaspekten liegt im pflichtgemäßen Ermessen des QS-Prüfers.

(27) QS-Prüfungen sind durch Einschau (vgl § 24 Abs 3 Satz 1 APAG) und daher nach pflichtgemäßem Ermessen regelmäßig auch vor Ort im Prüfungsbetrieb durchzuführen. Auf diese Weise kann sich der QS-Prüfer ein fundiertes Bild von der Angemessenheit und Wirksamkeit des Qualitätssicherungssystems des Prüfungsbetriebes machen.

5.2. Prüfungshandlungen zur Feststellung und Beurteilung der qualitätsgefährdenden Risiken des Prüfungsbetriebes

5.2.1. Gewinnung eines Verständnisses vom Prüfungsbetrieb und von dessen Qualitätssicherungssystem

(28) Der QS-Prüfer hat ein Verständnis vom Prüfungsbetrieb und von dessen Qualitätssicherungssystem zu erlangen, soweit dies für die QS-Prüfung relevant ist. Das Verständnis muss ausreichen, um

- den QS-Prüfer in die Lage zu versetzen, die qualitätsgefährdenden Risiken des Prüfungsbetriebes festzustellen und zu beurteilen, und
- eine angemessene Grundlage für die Festlegung der weiteren Prüfungshandlungen zu erlangen.

(29) Das erforderliche Verständnis des QS-Prüfers vom Prüfungsbetrieb erstreckt sich u.a. auf folgende Aspekte:

- Mandantenstruktur des von der QS-Prüfung umfassten Zeitraums (mindestens hinsichtlich der von § 1 Abs 1 APAB-AIV[12] geforderten Informationen)

[12] Verordnung der Abschlussprüferaufsichtsbehörde über die von zu überprüfenden Abschlussprü-fern oder Prüfungsgesellschaften bereitzustellenden Informationen für die Angebotserstellung durch potentielle Qualitätssicherungsprüfer (APAB-Angebotsinformationsverordnung – APAB-AIV).

- Auftragsstruktur und Tätigkeitsschwerpunkte
- Mitarbeiterstruktur

- Umfeld des Prüfungsbetriebes bzw Branchentrends oder Entwicklungen bei den Mandanten
- gesellschaftsrechtliche Organisationsform des Prüfungsbetriebes
- Zusammenarbeit mit anderen Prüfungsbetrieben (Sozietät, Netzwerk)
- Erwerbe und Verkäufe von Prüfungsbetrieben und/oder Teilen von Prüfungsbetrieben

Dabei hat der QS-Prüfer auch Prüfungshandlungen zur Überprüfung der Vollständigkeit der Grundgesamtheit der Aufträge, die der Prüfungsbetrieb abwickelt und die der QS-Prüfung unterliegen, durchzuführen.

(30) Das vom QS-Prüfer zu erlangende Verständnis vom Qualitätssicherungssystem des Prüfungsbetriebes schließt den Prozess zur Einrichtung, Überwachung und Durchsetzung des Qualitätssicherungssystems ein und umfasst insbesondere:

- das Qualitätsumfeld und die Qualitätsziele
- die Regelungen des Prüfungsbetriebes zur Identifizierung, Bewertung und Steuerung der qualitätsgefährdenden Risiken
- die Überwachung des Qualitätssicherungssystems im Rahmen des Nachschauprozesses
- das Verfahren zur kontinuierlichen Verbesserung des Systems

Die Regelungen des Qualitätssicherungssystems haben mindestens die in § 23 Abs 2 APAG genannten Bestandteile zu enthalten. Deshalb muss das zu erlangende Verständnis des QS-Prüfers auch diese Mindestbestandteile umfassen.

(31) Das zu erlangende Verständnis vom Qualitätssicherungssystem kann u.a. aus Befragungen der Leitung des Prüfungsbetriebes und im Wege einer Durchsicht vorhandener Unterlagen zur Organisation (zB Handbücher) erlangt werden. Umfang und Inhalt der Dokumentation des Qualitätssicherungssystems haben sich an den individuellen Gegebenheiten des einzelnen Prüfungsbetriebes zu orientieren. Die dem Umfang und der Komplexität der Tätigkeit des Prüfungsbetriebes angemessene Dokumentation der Regelungen zur Qualitätssicherung ist insbesondere zur Sicherstellung einer konsistenten Anwendung und dauerhaften, personenunabhängigen Funktionsfähigkeit des Qualitätssicherungssystems sowie zum Nachweis der Einhaltung der gesetzlichen Pflicht zur Einrichtung eines ordnungsgemäßen Qualitätssicherungssystems erforderlich.

(32) Das Ergebnis der vorherigen QS-Prüfung sowie der Schriftverkehr mit der APAB (und deren Vorgängerorganisationen) bzw anderen Aufsichtsbehörden sind bei der Planung zu berücksichtigen.

5.2.2. Identifizierung der qualitätsgefährdenden Risiken

(33) Auf Basis des erlangten Verständnisses vom Prüfungsbetrieb und von dessen Qualitätssicherungssystem hat der QS-Prüfer die vom Prüfungsbetrieb festgestellten und beurteilten qualitätsgefährdenden Risiken zu würdigen, um die Angemessenheit der zu deren Steuerung im Prüfungsbetrieb eingeführten Regelungen und Maßnahmen zu beurteilen. Dabei hat der QS-Prüfer auch solche qualitätsgefährdenden Risiken zu berücksichtigen, die vom Prüfungsbetrieb nicht festgestellt oder dokumentiert wurden, die der QS-Prüfer im Verlauf der QS-Prüfung jedoch zusätzlich identifiziert hat.

(34) Qualitätsgefährdende Risiken für eine ordnungsgemäße Auftragsabwicklung können sich aus dem Umfeld und aus internen Sachverhalten des Prüfungsbetriebes ergeben. Dabei sind Mandanten- und Auftragsstruktur sowie Umfang und Komplexität der Tätigkeit des Prüfungsbetriebes zu berücksichtigen.[13]

[13] Siehe zB Arbeitshilfe 1.2.1. zur Mustervorlage für ein Handbuch zur Qualitätssicherung in Prü-fungsbetrieben des Instituts Österreichischer Wirtschaftsprüfer, 4. Auflage, Version vom 5. Dezember 2017.

(35) Des Weiteren können sich Anhaltspunkte für qualitätsgefährdende Risiken und damit mögliche Mängel im Qualitätssicherungssystem auch aus dem Vorhandensein von Aufträgen ergeben, bei denen ein konkretes Risiko bereits offenkundig geworden ist, zB durch geltend gemachte Schadenersatzansprüche.

(36) Der QS-Prüfer muss jedenfalls folgende Unterlagen daraufhin durchsehen, ob sich hieraus Hinweise auf qualitätsgefährdende Risiken ergeben, die bei der Prüfungsplanung zu berücksichtigen sind:

- interne Nachschauberichte
- den Qualitätssicherungsprüfbericht über die letzte QS-Prüfung
- sofern anwendbar, den Maßnahmenbescheid aus der letzten QS-Prüfung
- die schriftliche Übermittlung der Maßnahmenerfüllung gemäß § 38 Abs 3 APAG
- gegebenenfalls Inspektionsberichte (§ 50 APAG)
- gegebenenfalls den Maßnahmenbescheid aus der letzten Inspektion (§ 49 APAG)
- gegebenenfalls Übermittlungen zur Umsetzung von Empfehlungen durch den Prüfungsbetrieb (§ 49 APAG)
- gegebenenfalls einen Sonderprüfbericht gemäß § 38 Abs 2 Z 2 APAG
- den sonstigen Schriftverkehr zwischen dem Prüfungsbetrieb und der APAB sowie anderen Aufsichtsbehörden und einem früheren QS-Prüfer
- von der APAB durchgeführte Untersuchungen gemäß § 61 APAG sowie von der APAB verhängte Sanktionen gemäß § 62 APAG

Er hat außerdem die Maßnahmen zur Beseitigung festgestellter Mängel bzw die Umsetzung der gegebenen Empfehlungen zu würdigen, um festzustellen, ob sich daraus Auswirkungen auf die Planung und Durchführung der QS-Prüfung ergeben.

5.2.3. Beurteilung der qualitätsgefährdenden Risiken und Festlegung der weiteren Prüfungshandlungen zur Beurteilung der Angemessenheit und Wirksamkeit des Qualitätssicherungssystems

(37) Auf Basis des erlangten Verständnisses vom Prüfungsbetrieb und von dessen Qualitätssicherungssystem sowie der qualitätsgefährdenden Risiken hat der QS-Prüfer das Qualitätsrisiko in den einzelnen Regelungsbereichen des zu prüfenden Qualitätssicherungssystems zu beurteilen. Auf der Grundlage dieser Beurteilung hat der QS-Prüfer Art, Zeitpunkt und Umfang weiterer Prüfungshandlungen zur Beurteilung der Angemessenheit und Wirksamkeit des Qualitätssicherungssystems festzulegen.

(38) Veränderungen in der Organisationsstruktur (insbesondere Netzwerk, neue Standorte, Änderungen hinsichtlich der verantwortlichen Prüfer uä) ist im Rahmen der QS-Prüfung besondere Aufmerksamkeit zu widmen.

(39) Hat der Prüfungsbetrieb mehrere Standorte, hat der QS-Prüfer nach pflichtgemäßem Ermessen zu entscheiden, welche Standorte vor Ort geprüft werden. In diesen Fällen sollte der QS-Prüfer eine risikoorientierte Auswahl der einzubeziehenden Standorte aus der Grundgesamtheit der Standorte vornehmen. Bei der Auswahl der Standorte sollten folgende Aspekte berücksichtigt werden:

- Anzahl und Größe der Standorte
- Grad der Selbstständigkeit der einzelnen Standorte
- Organisation der Auftragsabwicklung
- Auftragsstruktur
- Spezialisierung der Standorte auf bestimmte Branchen
- Ergebnisse der internen Nachschau oder früherer QS-Prüfungen

(40) Sofern die vom Prüfungsbetrieb festgelegten Regelungen zur Qualitätssicherung über die nach den gesetzlichen und berufsständischen Vorschriften notwendigen Regelungen hinausgehen (zB internationale Netzwerkregelungen), sind auch diese Regelungen Bestandteil des Qualitätssicherungssystems. Ein Verstoß gegen einzelne dieser weitergehenden Regelungen stellt für sich alleine in der Regel keinen Mangel dar, ist jedoch vom QS-Prüfer bei seinem weiteren Vorgehen zu berücksichtigen.

(41) Sofern der QS-Prüfer im Rahmen der Auftragsdurchführung Erkenntnisse erlangt, die mit seiner Risikobeurteilung nicht im Einklang stehen, muss er diese anpassen und die weiteren geplanten Prüfungshandlungen entsprechend modifizieren.

5.3. Prüfung des Qualitätssicherungssystems

5.3.1. Allgemeine Grundsätze

(42) Die QS-Prüfungen müssen gemäß § 24 Abs 4 APAG im Hinblick auf den Umfang und die Komplexität der Tätigkeit des überprüften Prüfungsbetriebes geeignet und angemessen sein. Der QS-Prüfer hat sich zunächst einen Überblick über die Ausgestaltung des Qualitätssicherungssystems und der internen Kontrollen zu verschaffen. Er hat zur Beurteilung der Angemessenheit und der Wirksamkeit des Qualitätssicherungssystems in angemessenem Umfang Aufbau- und Funktionsprüfungen durchzuführen.

5.3.2. Prüfung der Angemessenheit

5.3.2.1. Überblick und Grundsätze

(43) Der QS-Prüfer hat zur **Beurteilung der Angemessenheit** des Qualitätssicherungssystems eine Aufbauprüfung der funktionellen Bereiche gemäß § 23 Abs 2 APAG durchzuführen.

Regelungsbereich	Funktioneller Bereich
Regelungen zur allgemeinen Organisation des Prüfungsbetriebes (internes Qualitätssicherungssystem)	• Einhaltung der allgemeinen Berufsgrundsätze • Annahme, Fortführung und vorzeitige Beendigung von Aufträgen • Mitarbeiterentwicklung • Gesamtplanung aller Aufträge • ausreichender Versicherungsschutz • Umgang mit Beschwerden und Vorwürfen • Einhaltung der kontinuierlichen Fortbildungsverpflichtung

Regelungen zur Auftragsabwicklung	• Organisation der Auftragsabwicklung • Einhaltung der gesetzlichen Vorschriften und der fachlichen Regelungen für die Auftragsabwicklung • Anleitung des Auftragsteams • Einholung von fachlichem Rat (Konsultation) • laufende Überwachung der Auftragsabwicklung • abschließende Durchsicht der Auftragsergebnisse • auftragsbegleitende Qualitätssicherung • Lösung von Meinungsverschiedenheiten • Ausgestaltung, Abschluss und Archivierung der Arbeitspapiere
Regelungen zur Überwachung der Angemessenheit und Wirksamkeit des Qualitätssicherungssystems	• Interne Nachschau

(44) Die Angemessenheit des Qualitätssicherungssystems ist für die im Rahmen der Auftragsplanung festgestellten konkreten qualitätsgefährdenden Risiken des Prüfungsbetriebes unter Berücksichtigung der gesetzlichen Vorschriften und der KSW-PRL 2017 zu beurteilen, wobei der Umfang und die Komplexität der Tätigkeit des Prüfungsbetriebes zu beachten sind. Abschnitt 1 der KSW-PRL 2017 regelt die Anforderungen an ein Qualitätssicherungssystem, um die Einhaltung der gesetzlichen und berufsständischen Vorschriften sicherzustellen.

(45) Für die Prüfung der Angemessenheit kommen unter Berücksichtigung der beurteilten qualitätsgefährdenden Risiken des Prüfungsbetriebes insbesondere die folgenden Arten von Prüfungshandlungen in Betracht:

- Befragungen der Leitung des Prüfungsbetriebes und der Mitarbeiter
- Durchsicht von Organisationsunterlagen (zB Qualitätssicherungshandbuch, Formblätter, Arbeitsprogramme, Fragebögen, Anweisungen an Mitarbeiter)
- Beurteilung, ob die Maßnahmen nach Art und Umfang den Erfordernissen des Prüfungsbetriebes entsprechen, umgesetzt und angewendet sowie regelmäßig aktualisiert werden
- Beobachtung und Nachvollziehen von Arbeitsabläufen („Walkthrough“)

(46) Die Durchsicht von Organisationsunterlagen kann sich zB auf die folgenden Unterlagen beziehen:

- Regelungen für die Auftragsannahme und -fortführung und deren Anwendung
- Regelungen zur Berücksichtigung der Unabhängigkeitsanforderungen, auch im Rahmen von Netzwerk- oder Kooperationsverbindungen
- Gesamtplanung aller Aufträge
- Verpflichtungserklärungen zur Unabhängigkeit und Verschwiegenheit der Mitarbeiter sowie zur Einhaltung der Regelungen des Qualitätssicherungssystems
- Leitlinien und Formulare zur Mitarbeiterbeurteilung
- Aus- und Fortbildungsprogramm sowie Nachweise über die Teilnahme an Aus- und Fortbildungsveranstaltungen
- Information der Mitarbeiter über fachliche Entwicklungen
- Dokumentation oder Beschreibungen der Maßnahmen zum auftragsabhängigen Risikomanagement
- Verfahrensbeschreibungen von im Rahmen der allgemeinen Organisation des Prüfungsbetriebes eingesetzten Datenverarbeitungssystemen
- Leitlinien zur Vorgangsweise bei der Einholung von fachlichem Rat (Konsultation) und gegebenenfalls Richtlinien zu Pflichtkonsultationen
- Leitlinien und Arbeitshilfen zur auftragsbegleitenden Qualitätssicherung
- Regelungen zum Umgang mit Beschwerden von Mandanten, Mitarbeitern oder Dritten
- kanzleiinterner Leitfaden zu Maßnahmen zur Verhinderung der Geldwäsche und der Terrorismusfinanzierung

(47) Die Ergebnisse der Aufbauprüfungen müssen eine Aussage des QS-Prüfers über die Angemessenheit der Regelungen zur Steuerung und Überwachung der Qualität im Prüfungsbetrieb (allgemeine Organisation des Prüfungsbetriebes, Auftragsabwicklung und interne Nachschau) ermöglichen, soweit sich diese Regelungen auf Abschlussprüfungen beziehen.

5.3.2.2. Prüfung der Angemessenheit der Regelungen zur allgemeinen Organisation des Prüfungsbetriebes

(48) Der QS-Prüfer hat zunächst unter Berücksichtigung der festgestellten qualitätsgefährdenden Risiken die Angemessenheit der Regelungen zur

Steuerung und Überwachung der Qualität im Prüfungsbetrieb zu prüfen.

(49) Die Regelungen umfassen insbesondere die Bereiche des § 23 Abs 2 Z 1 APAG, § 99 WTBG 2017 und die darauf basierenden Verordnungen der KSW sowie die notwendigen Meldungen an die APAB. Bei der Prüfung der Angemessenheit der Regelungen zur allgemeinen Organisation des Prüfungsbetriebes sind risikoorientiert Schwerpunkte auf diejenigen Regelungsbereiche zu legen, die einem höheren Qualitätsrisiko unterliegen.

(50) Zusätzlich ist vom QS-Prüfer im Rahmen der QS-Prüfung auch die Einhaltung der Regelungen zur Verhinderung der Geldwäsche und Terrorismusfinanzierung zu prüfen.[14] In diesem Zusammenhang ist hinsichtlich des Prüfungsumfangs KFS/PE 30[15] zu beachten.

[14] Vgl 1669 der Beilagen XXV. GP – Regierungsvorlage – Erläuterungen zu § 102 WTBG 2017.

[15] Stellungnahme des Fachsenats für Unternehmensrecht und Revision der Kammer der Steuerberater und Wirtschaftsprüfer zur Vorgehensweise bei der Prüfung der Vorkehrungen zur Einhaltung der Bestimmungen zur Verhinderung der Geldwäsche und der Terrorismusfinanzierung gemäß §§ 102 ff. WTBG 2017 (beschlossen vom Fachsenat für Unternehmensrecht und Revision am 8. Oktober 2019 als Stellungnahme KFS/PE 30).

5.3.2.3. Prüfung der Angemessenheit der Regelungen zur Auftragsabwicklung

(51) Der QS-Prüfer hat zu beurteilen, ob die Regelungen zur Auftragsabwicklung gemäß § 23 Abs 2 Z 2 APAG und den §§ 17 bis 22 KSW-PRL 2017 in Abhängigkeit von den im Prüfungsbetrieb vorliegenden qualitätsgefährdenden Risiken angemessen ausgestaltet sind.

(52) Der QS-Prüfer muss sich im Hinblick auf die Regelungen zur Auftragsabwicklung auch über den Prüfungsansatz des Prüfungsbetriebes zur Durchführung von Abschlussprüfungen informieren und dessen Angemessenheit beurteilen. Hierbei muss er sich auch mit den eingesetzten (IT-)Hilfsmitteln zur Prüfungsdurchführung auseinandersetzen (zB Prüfungshandbücher, Prüfungssoftware).

5.3.2.4. Prüfung der Angemessenheit der Regelungen zur internen Nachschau

(53) Die Prüfung der Angemessenheit der Regelungen zur internen Nachschau gemäß § 23 Abs 2 Z 3 APAG und § 23 KSW-PRL 2017 erfolgt insbesondere auf der Grundlage von deren Durchsicht, von Befragungen der Leitung des Prüfungsbetriebes und des mit der internen Nachschau Beauftragten sowie einer Durchsicht der Dokumentation über die interne Nachschau des Prüfungsbetriebes. Der QS-Prüfer hat die Kompetenz des internen Nachschaubeauftragten sowie die Durchführung des Verfahrens der Nachschau, einschließlich der Ursachenanalyse und des kontinuierlichen Verbesserungsprozesses, zu beurteilen.

5.3.3. Prüfung der Wirksamkeit

5.3.3.1. Überblick und Grundsätze

(54) Der QS-Prüfer hat zur **Beurteilung der Wirksamkeit** des Qualitätssicherungssystems Funktionsprüfungen der funktionellen Bereiche gemäß § 23 Abs 2 APAG (vgl Rz (43)) durchzuführen.

(55) Die Wirksamkeit des Qualitätssicherungssystems ist für die im Rahmen der Auftragsplanung festgestellten konkreten qualitätsgefährdenden Risiken des Prüfungsbetriebes unter Berücksichtigung der gesetzlichen Vorschriften und der KSW-PRL 2017 zu beurteilen, wobei der Umfang und die Komplexität der Tätigkeit des Prüfungsbetriebes zu beachten sind. Abschnitt 1 der KSW-PRL 2017 regelt die Anforderungen an ein Qualitätssicherungssystem, um die Einhaltung der gesetzlichen und berufsständischen Vorschriften sicherzustellen.

(56) Die Ergebnisse der Funktionsprüfungen müssen eine Aussage des QS-Prüfers über die Wirksamkeit der Regelungen zur Steuerung und Überwachung der Qualität im Prüfungsbetrieb (allgemeine Organisation des Prüfungsbetriebes, Auftragsabwicklung und interne Nachschau) ermöglichen, soweit sich diese Regelungen auf Abschlussprüfungen beziehen.

5.3.3.2. Prüfung der Wirksamkeit der Regelungen zur allgemeinen Organisation des Prüfungsbetriebes

(57) Die Prüfung der Wirksamkeit der auftragsunabhängigen Maßnahmen ist dem Umfang und der Komplexität der Tätigkeit des Prüfungsbetriebes angepasst abzuwickeln. Sie umfasst beispielsweise die Überprüfung der Einhaltung der Regelungen zur Unabhängigkeit, zum Versicherungsschutz, zur Einstellung der Mitarbeiter und zur kontinu ierlichen Fortbildungsverpflichtung.

5.3.3.3. Prüfung der Wirksamkeit der Regelungen zur Auftragsabwicklung

(58) Zur Beurteilung, ob die Regelungen zur Auftragsabwicklung eingehalten werden, hat der QS-Prüfer Auftragsprüfungen durchzuführen. Der Auftragsauswahl sind als Grundgesamtheit vornehmlich alle in den letzten zwölf Monaten vor Beginn der QS-Prüfung abgeschlossenen Abschlussprüfungen zugrunde zu legen, gegebenenfalls sind risikoorientiert auch Aufträge außerhalb des vorgenannten Zeitraums auszuwählen.

(59) Der QS-Prüfer bestimmt nach pflichtgemäßem Ermessen die Anzahl und die Art der in die Auftragsauswahl einzubeziehenden Aufträge. Die Anzahl und die Art der Aufträge, die zur Prüfung ausgewählt werden, sollen den QS-Prüfer in die Lage versetzen, festzustellen, ob die zur Abwicklung von einzelnen Aufträgen eingeführten internen Regelungen des Prüfungsbetriebes angemessen und wirksam sind. Die einzelnen in die Auftragsprüfung einzubeziehenden Aufträge sind dabei unter Risikoaspekten auszuwählen. Dabei ist jeder verantwortliche Prüfer mit zumindest einem Auftrag in die Stichprobe einzubeziehen.

(60) Der QS-Prüfer hat bei den in der Stichprobe enthaltenen Aufträgen Schwerpunkte auf die Bereiche zu legen, in denen sich die qualitätsgefährdenden Risiken am wahrscheinlichsten auswirken. Dabei hat sich der QS-Prüfer insbesondere mit den qualitativ bedeutsamen Bereichen der Prüfung, insbesondere mit der Identifikation und Beurteilung der bedeutsamen Risiken sowie dem Umgang damit zu befassen.

(61) In den ausgewählten Prüffeldern hat der QS-Prüfer nachzuvollziehen, ob im Einzelfall die notwendigen Prüfungshandlungen zur Erlangung ausreichender und geeigneter Prüfungsnachweise durchgeführt worden sind und ob der Prüfungsbetrieb zu angemessenen Schlussfolgerungen gekommen ist. Stellt der QS-Prüfer bei der Durchsicht der Arbeitspapiere wesentliche Fehler in der Rechnungslegung des Mandanten des Prüfungsbetriebes fest, die im Rahmen der Auftragsabwicklung nicht aufgegriffen wurden, hat der QS-Prüfer zu beurteilen, ob ein Einzelfehler oder ein systemischer Mangel vorliegt (vgl Anlage 4).

5.3.3.4. Prüfung der Wirksamkeit der Regelungen zur internen Nachschau

(62) Für Zwecke der Wirksamkeitsprüfung hat der QS-Prüfer zunächst festzustellen, ob die interne Nachschau die Einhaltung der Regelungen des Qualitätssicherungssystems wirksam überwacht und allfällige festgestellte Mängel in angemessener Zeit behoben wurden. Des Weiteren ist zu beurteilen, ob die für die interne Nachschau geltenden Regelungen eingehalten werden und die Prüfungsergebnisse für den QS-Prüfer plausibel und ausreichend sind.

(63) Wesentliche festgestellte Mängel bei der internen Nachschau sind beim Prüfungsumfang der QS-Prüfung zu berücksichtigen.

5.4. Einstufung und Würdigung von Mängeln

5.4.1. Überblick und Grundsätze

(64) Mängel können sich im Rahmen der Prüfung der Angemessenheit und im Bereich der Wirksamkeit ergeben. Die Einstufung und Würdigung von Mängeln unterliegt dem Ermessen des QS-Prüfers.

(65) Anlage 4 enthält Definitionen zu Arten und Einstufungskategorien von Mängeln und zu den Kategorien für die Gesamteinstufung von Prüfungsaufträgen und funktionellen Bereichen. Zusätzlich ist ein Entscheidungsbaum dargestellt, der den QS-Prüfer bei den vorzunehmenden Einstufungen unterstützen soll.

5.4.2. Vorgehen bei der Einstufung von Mängeln

(66) Für jeden Mangel ist zu beurteilen (vgl dazu die Grafik in Anlage 4), ob

- er wesentlich, erheblich oder nicht wesentlich ist,
- es sich um einen Wiederholungsmangel handelt und
- es sich um einen Einzelfehler oder einen systemischen Mangel handelt.

(67) Jeder Mangel ist einer Ursachenanalyse zu unterziehen. Diese hat sich auf die Frage zu konzentrieren, warum das Qualitätssicherungssystem nicht sichergestellt hat oder nicht sicherstellen konnte, dass die an der Prüfung mitwirkenden Personen die gesetzlichen und berufsständischen Vorgaben einhalten. Die Mängel können beispielsweise eine oder mehrere der folgenden Ursachen haben:

Ursache (demonstrative Aufzählung)	**Mögliche Kategorie**
mangelnde Qualitätskultur, die sich negativ auf die Motivation der Mitarbeiter zur Einhaltung der Berufspflichten auswirken kann (einschließlich Vergütungsgrundsätze und der bewussten Inkaufnahme von Verstößen aus Effizienzgründen)	unzureichendes Qualitätsumfeld
mangelnde Unabhängigkeitsregelungen oder Verfahren zu deren Beachtung	unzureichendes Qualitätsumfeld
mangelnde Regelungen und Maßnahmen zur Gewährleistung eines ausreichenden Aus- und Fortbildungsstands der Mitarbeiter	unzureichende Schulung der Mitarbeiter, unzureichende Fortbildung
mangelnde Kenntnisse der gesetzlichen und berufsständischen Regelungen zur Auftragsannahme und Auftragsabwicklung (zB ISA, Fachgutachten, Gesetze)	unzureichende Schulung der Mitarbeiter, unzureichende Fortbildung, unzureichende Fachkenntnis
mangelnde Regelungen und Maßnahmen zur Gewährleistung der Verfügbarkeit von Mitarbeitern mit den erforderlichen Kenntnissen und Erfahrungen zur Durchführung der Aufträge	unzureichende Personalausstattung, unzureichende Fachkenntnis
mangelnde Prozesse und Hilfsmittel zur Unterstützung der eingesetzten Mitarbeiter (Prüfungssoftware, Konsultationspartner etc)	unzureichende technische Hilfsmittel

mangelnde Regelungen und Maßnahmen für die Anleitung und Überwachung der Mitarbeiter	mangelnde Kommunikation
mangelnde Regelungen zu Inhalt, Form und Ausmaß der Prüfungsdokumentation, der Berichterstattung und des Bestätigungsvermerks	mangelnde Dokumentation, falsche Dokumentation

(68) Für jede Auftragsprüfung ist basierend auf den festgestellten Mängeln (dh Feststellungen) eine Gesamteinstufung nach dem folgenden Beurteilungsschema vorzunehmen (vgl dazu die Grafik in Anlage 4):

- Keine Feststellungen
- Verbesserung möglich
- Verbesserung erforderlich
- Unzureichend

(69) Für jeden anwendbaren funktionellen Bereich ist basierend auf allen festgestellten Mängeln sowohl hinsichtlich der Angemessenheit als auch hinsichtlich der Wirksamkeit eine Gesamteinstufung nach dem folgenden Beurteilungsschema vorzunehmen (vgl dazu die Grafik in Anlage 4):

- Keine Feststellungen
- Verbesserung möglich
- Verbesserung erforderlich
- Unzureichend

Dabei sind auch die im Rahmen der Auftragsprüfung festgestellten Mängel zu berücksichtigen.

5.4.3. Würdigung der Mängel

(70) Im Hinblick auf die Folgen von festgestellten Mängeln ist zu beurteilen, ob und inwieweit die beanstandeten Sachverhalte die konkrete Gefahr nach sich ziehen, dass die beruflichen Leistungen, die Gegenstand der QS-Prüfung sind, nicht in Übereinstimmung mit den gesetzlichen und berufsständischen Anforderungen erbracht werden. Bei der Einschätzung sind u.a. folgende Aspekte von Bedeutung:

- die Angemessenheit der kritischen Grundhaltung des Abschlussprüfers
- eine etwaige Verletzung gesetzlicher und berufsständischer Regelungen sowie interner Regelungen zur allgemeinen Organisation des Prüfungsbetriebes und zur Auftragsabwicklung
- die Wesentlichkeit des funktionellen Bereichs oder Prüffelds
- die Zweckmäßigkeit und Qualität der vorhandenen Prüfungsnachweise des Prüfungsbetriebes
- die Anzahl der festgestellten Mängel in einem funktionellen Bereich oder in einem Prüffeld

Liegt eine der in Rz (67) angeführten Ursachen vor und wird die Gefahr nicht als ganz geringfügig eingeschätzt, deutet dies vielfach auf einen wesentlichen Mangel des Qualitätssicherungssystems hin.

(71) Zur Unterscheidung, ob es sich um einen systemischen Mangel oder um einen Einzelfehler handelt, sind gegebenenfalls weitere Prüfungshandlungen durchzuführen. Als mögliche Prüfungshandlungen kommen hierbei in Betracht:

- Würdigung der Regelungen des Prüfungsbetriebes in Bezug auf den festgestellten Sachverhalt (zB schriftliche Anweisungen an Mitarbeiter, Musterberichte, Überwachungshandlungen des verantwortlichen Abschlussprüfers)
- Prüfung, ob festgestellte Sachverhalte auch in anderen Fällen aufgetreten und damit repräsentativ für die Angemessenheit und Wirksamkeit des Qualitätssicherungssystems sind bzw ob im Rahmen der internen Nachschau vergleichbare Mängel festgestellt wurden und welche Schritte im Prüfungsbetrieb in diesem Zusammenhang veranlasst wurden
- Einschätzung der Ursache des festgestellten Sachverhalts (vgl Rz (67)) und der Frage, warum das Qualitätssicherungssystem ihn nicht verhindert hat

Entscheidend für das Vorliegen eines systemischen Mangels ist das Gesamtbild der Verhältnisse bei der Auftragsprüfung. Bei dieser Beurteilung ist zu berücksichtigen, dass ein Qualitätssicherungssystem angemessen ausgestaltet und wirksam ist, wenn es mit hinreichender Sicherheit erhebliche und/oder wesentliche Mängel bei der Durchführung von Abschlussprüfungen verhindert.

(72) Indizien für einen systemischen Mangel können zB sein:

- Vielzahl gleichartiger Mängel in Abschlussprüfungsaufträgen
- besondere Schwere eines Mangels
- Wiederholungsmangel

(73) Ein Mangel in der Auftragsprüfung kann auch auf einen bereits im Rahmen der Prüfung der Angemessenheit der Regelungen zur allgemeinen Organisation des Prüfungsbetriebes oder der Prüfung der Angemessenheit der Regelungen zur Auftragsabwicklung festgestellten Mangel zurückzuführen sein; in diesem Fall ist der Mangel aus der Auftragsprüfung ebenfalls als systemischer Mangel einzustufen.

(74) Umgekehrt kann ein bei der Auftragsprüfung festgestellter Mangel einen Mangel im Qualitätssicherungssystem hinsichtlich der Angemessenheit der Regelungen zur Auftragsabwicklung, aber auch hinsichtlich der Angemessenheit und Wirksamkeit der Regelungen zur allgemeinen Organisation des Prüfungsbetriebes ergeben.

5.4.4. Dokumentation von und Berichterstattung zu Mängeln

(75) Alle festgestellten Mängel sind in den Arbeitspapieren des QS-Prüfers zu dokumentieren

und unabhängig von ihrer Einstufung in den dafür vorgesehenen Bereichen im APAB-Musterbericht zu erfassen. Sofern der QS-Prüfer bei der Einschätzung eines Mangels zunächst Zweifel bezüglich der Abgrenzung hat, sind die Gründe hierfür, die ergänzenden Prüfungshandlungen (vgl Rz (45)) und die abschließende Einschätzung des Mangels im Qualitätssicherungsprüfbericht darzustellen.

(76) Um Missverständnisse zu vermeiden, sollten Mängel zeitnah mit der Leitung des Prüfungsbetriebes erörtert werden.

(77) Sofern Mängel betreffend Verstöße gegen gesetzliche Regelungen und berufsständische Anforderungen (dazu zählen auch die ISA) festgestellt wurden, sind die Beschreibung des Mangels und die Gründe für diese Beurteilung im Qualitätssicherungsprüfbericht darzulegen. Dabei ist auch anzugeben, gegen welche Regelung verstoßen wurde. Mängel in der Dokumentation gemäß ISA 230 sind in diesem Zusammenhang subsidiär zu beurteilen.[16] Des Weiteren sind die Einstufung der Wesentlichkeit des festgestellten Mangels und die vom Prüfungsbetrieb festgestellten Ursachen anzugeben.

[16] Liegt zB eine mangelnde Dokumentation hinsichtlich nahestehender Personen vor, ist in erster Linie der Verstoß anhand der Vorschriften des ISA 550 zu beurteilen, und ISA 230 ist nur subsidi-är anzuwenden.

(78) Hat der QS-Prüfer wesentliche Mängel im Qualitätssicherungssystem festgestellt und sind vom Prüfungsbetrieb bis zum Zeitpunkt der Beendigung der Prüfung bereits entsprechende korrigierende Maßnahmen gesetzt worden, ist auf diese Mängel und die Maßnahmen zur Behebung im Qualitätssicherungsprüfbericht einzugehen. Die nachträgliche Behebung der Mängel ändert nichts an der Einstufung der Mängel durch den QS-Prüfer. Eine Berichterstattung ist auch dann erforderlich, wenn andere, nicht als wesentlich beurteilte Mängel bis zur Beendigung der Prüfung behoben worden sind.

(79) Im Qualitätssicherungsprüfbericht ist darauf einzugehen, ob Sachverhalte bekannt geworden sind, die für die Annahme sprechen, dass die überprüften Aufträge nicht in Übereinstimmung mit den im Prüfungsbetrieb eingeführten Regelungen zur Auftragsabwicklung durchgeführt wurden (vgl Rz (40)). Weitere Sachverhalte können nach dem Ermessen des QS-Prüfers in die optionale Berichterstattung (§ 1 APAB-QPBV[17] Abschnitt 7.4. „Sonstige Anmerkungen und Hinweise des Qualitätssicherungsprüfers") aufgenommen werden.

[17] Verordnung der Abschlussprüferaufsichtsbehörde über den Aufbau und die inhaltliche Gestaltung des schriftlichen Prüfberichts des Qualitätssicherungsprüfers (APAB-Qualitätssicherungsprüfberichtsverordnung – APAB-QPBV).

(80) Stellt der QS-Prüfer nach Ausschöpfen aller Möglichkeiten ein Prüfhemmnis fest, hat er das Prüfhemmnis und dessen Auswirkungen auf die QS-Prüfung im Qualitätssicherungsprüfbericht zu erläutern (siehe § 34 Abs 2 APAG).

5.5. Schlussbesprechung und abschließende Prüfungshandlungen

(81) Vor Abgabe des Qualitätssicherungsprüfberichts ist es im Regelfall zweckmäßig, die Leitung des Prüfungsbetriebes zusammenfassend über alle Mängel zu informieren. Dies kann in Rahmen einer Schlussbesprechung erfolgen.

(82) Der QS-Prüfer hat zeitnah zum Datum des Qualitätssicherungsprüfberichts vom Prüfungsbetrieb eine schriftliche Erklärung[18] einzuholen, nach der dem QS-Prüfer alle für die Beurteilung des Qualitätssicherungssystems erforderlichen Unterlagen und Auskünfte zur Verfügung gestellt wurden.

[18] Vgl dazu Anlage 2: Muster Vollständigkeitserklärung.

(83) Der QS-Prüfer hat die Auswirkungen von Ereignissen, die nach Ablauf des Beurteilungszeitraums eintreten, bis zum Zeitpunkt der Datierung des Qualitätssicherungsprüfberichts zu berücksichtigen. Dies gilt insbesondere für Fälle, in denen solche Ereignisse darauf hindeuten, dass das geprüfte Qualitätssicherungssystem des Prüfungsbetriebes nicht mehr wirksam ist.

6. Dokumentation

(84) Der QS-Prüfer hat die Auftragsannahme, die risikobasierte Prüfungsplanung und Prüfungsdurchführung sowie die Prüfungsergebnisse der QS-Prüfung zu dokumentieren. Hinsichtlich der Anforderungen an die Arbeitspapiere des QS-Prüfers gelten ISA 230 sowie Abschnitt 4.7. von KFS/PE 27 sinngemäß. Die Arbeitspapiere sind so abzufassen, dass es einem sachverständigen Dritten, der nicht mit der QS-Prüfung befasst war, in angemessener Zeit möglich ist, die Prüfungshandlungen des QS-Prüfers und die Prüfungsergebnisse nachzuvollziehen.

(85) Die vom QS-Prüfer anzulegende Dokumentation hat zumindest zu enthalten:

- Zusammenfassung der Gewinnung des Verständnisses vom Prüfungsbetrieb und von dessen Qualitätssicherungssystem
- identifizierte und beurteilte Qualitätsrisiken des Prüfungsbetriebes
- Prüfungsstrategie und Prüfungsprogramm auf Grundlage der beurteilten Qualitätsrisiken
- Prüfungshandlungen und Ergebnisse der Prüfung zur Vollständigkeit der Grundgesamtheit der Aufträge des Prüfungsbetriebes, die der QS-Prüfung unterliegen
- Arbeitspapiere zu durchgeführten Prüfungshandlungen
- bei der Prüfung festgestellte Mängel
- Empfehlungen zur Beseitigung von wesentlichen festgestellten Mängeln des Qualitätssicherungssystems (optional)

7. Qualitätssicherungsprüfbericht

7.1. Zielsetzung des Qualitätssicherungsprüfberichts

(86) Über die Durchführung der QS-Prüfung

hat der QS-Prüfer einen Qualitätssicherungsprüfbericht unter Beachtung der APAB-QPBV und des Musterprüfberichts der APAB anzufertigen.

(87) Der Qualitätssicherungsprüfbericht umfasst neben den allgemeinen Angaben zum Prüfungsbetrieb und der Beschreibung des Qualitätssicherungssystems insbesondere Ausführungen über Art und Umfang der QS-Prüfung sowie die festgestellten Mängel.

(88) Der Qualitätssicherungsprüfbericht ist vom QS-Prüfer so abzufassen, dass die APAB und die als Beirat in der APAB eingerichtete Qualitätsprüfungskommission in angemessener Zeit das prüferische Vorgehen sowie die festgestellten Mängel und die gezogenen Schlussfolgerungen des QS-Prüfers nachvollziehen können.

7.2. Inhalt des Qualitätssicherungsprüfberichts

7.2.1. Mindestinhalt

(89) Der Qualitätssicherungsprüfbericht hat jedenfalls die Angaben gemäß § 34 Abs 1 APAG iVm der APAB-QPBV zu enthalten. Die Berichterstattung hat sich an dem auf der Internetseite der APAB veröffentlichten Musterprüfbericht zu orientieren.

7.2.2. Empfehlungen zur Beseitigung festgestellter Mängel im Qualitätssicherungssystem

(90) Unter den Punkten „Maßnahmenempfehlungen“ gemäß APAB-QPBV können Empfehlungen zur Beseitigung der festgestellten Mängel angegeben werden. Die Empfehlungen des QS-Prüfers zur Beseitigung der festgestellten Mängel im Qualitätssicherungssystem sollten so formuliert werden, dass sie als Grundlage für die notwendigen Änderungen im Qualitätssicherungssystem herangezogen werden können.

7.3. Unterzeichnung des Qualitätssicherungsprüfberichts

(91) Der Qualitätssicherungsprüfbericht ist nach Einholung einer Vollständigkeitserklärung (siehe Rz (82)) unter Angabe von Ort und Tag vom verantwortlichen QS-Prüfer zu unterzeichnen.

7.4. Empfänger des Qualitätssicherungsprüfberichts

(92) Der QS-Prüfer hat gemäß § 34 Abs 3 Satz 2 APAG den Qualitätssicherungsprüfbericht an die APAB und an den der QS-Prüfung unterzogenen Prüfungsbetrieb zu übermitteln.

8. Besonderheiten der QS-Prüfung bei Abschlussprüfern und Prüfungsgesellschaften, die der Inspektion unterliegen

(93) Mit dem Inkrafttreten des APAG hat sich der Prüfungsumfang für QS-Prüfungen bei Abschlussprüfern und Prüfungsgesellschaften, die Unternehmen von öffentlichem Interesse (§ 189a Z 1 UGB iVm § 2 Z 9 APAG, im Folgenden: PIE) prüfen und damit der Inspektion (§ 2 Z 7 APAG) unterliegen, geändert. Die QS-Prüfung beschränkt sich in diesen Fällen auf die Überprüfung der Unterlagen über die Durchführung von Abschlussprüfungen („file review“) in Bezug auf Non-PIE-Mandate (§ 2 Z 12 und § 24 Abs 6 APAG).

(94) Die bis zum Inkrafttreten des APAG und bei Abschlussprüfern und Prüfungsgesellschaften, die keine PIE prüfen, nach wie vor im Rahmen von QS-Prüfungen überprüfte Angemessenheit (Gestaltung) und Wirksamkeit des internen Qualitätssicherungssystems („firm wide review“) erfolgt für Abschlussprüfer und Prüfungsgesellschaften, die PIE-Prüfungen durchführen, nunmehr ausschließlich im Rahmen der Inspektion, der demnach die Überprüfung bzw Bewertung der nachfolgenden Prüffelder vorbehalten ist:

- Angemessenheit (Gestaltung) des internen Qualitätssicherungssystems („firm wide review“)
- Überprüfung der Wirksamkeit (Einhaltung) des internen Qualitätssicherungssystems (Compliance-Tests)
- Überprüfung der Prüfungsunterlagen („file review“) in Bezug auf PIE-Mandate
- Bewertung der Transparenzberichte
- Überprüfung der Regelungen zur Überwachung der Angemessenheit und Wirksamkeit des Qualitätssicherungssystems (interne Nachschau)

(95) Dem QS-Prüfer wird der Inspektionsbericht, der die wichtigsten Schlussfolgerungen und Empfehlungen aus der Inspektion enthält, zur Verfügung gestellt (§ 24 Abs 6 APAG iVm Art 26 Abs 9 AP-VO). Der QS-Prüfer hat diese Informationen für seine Prüfung zu verwerten, wobei es nicht seine Aufgabe ist, eigene Prüfungshandlungen zum internen Qualitätssicherungssystem durchzuführen.

(96) Bis auf wenige Ausnahmen (§ 43 Abs 2 APAG) ist die Prüfung und Beurteilung der Durchführung von Abschlussprüfungen bei Non-PIE-Mandaten der QS-Prüfung vorbehalten. Die Angaben gemäß § 1 Abs 1 APAB-AIV, die der zu überprüfende Abschlussprüfer bzw die zu überprüfende Prüfungsgesellschaft den potentiellen QS-Prüfern bereitzustellen haben, sind demnach auf Angaben über Non-PIE-Mandate beschränkt.

(97) Für die Berichterstattung gilt Abschnitt 7. sinngemäß.

(98) Stellen Abschlussprüfer oder Prüfungsgesellschaften, die der Inspektion unterliegen, gemeinsam mit anderen Abschlussprüfern oder Prüfungsgesellschaften, die ausschließlich Unternehmen prüfen, die keine PIE sind, einen Prüfungsbetrieb iSd § 2 Z 11 APAG dar, hat die QS-Prüfung bei den letztgenannten nach den Vorschriften des § 2 Z 12 Satz 1 bzw § 24 Abs 1 bis 5 APAG zu erfolgen.

9. Anwendungszeitpunkt

(99) Die vorliegende überarbeitete Fassung dieses Fachgutachtens ist auf QS-Prüfungen anzuwenden, die am oder nach dem 1. Jänner 2022 beginnen.

Anlage 1: Muster – Angebot / Auftrag Qualitätssicherungsprüfung

An
[Anschrift des Auftraggebers]

[Datum]

[Angebot / Auftrag] für die externe Qualitätssicherungsprüfung gemäß §§ 24 ff. APAG

Sehr geehrte Damen und Herren,

Sie haben [mich / uns] eingeladen, [mich / uns] für Ihre Qualitätssicherungsprüfung in einem nach § 29 APAG zu erstellenden Vorschlag als Qualitätssicherungsprüfer zu benennen. Nach den von Ihnen übermittelten Unterlagen und weiteren mündlich erteilten Informationen [komme ich / kommen wir] dieser Einladung gerne nach und möchte(n) mit diesem Schreiben [mein / unser] Verständnis der Bedingungen und Ziele [meines / unseres] Auftrags sowie von Art und Umfang der von [mir / uns] zu erbringenden Leistungen darlegen.

Für die ordnungsgemäße Durchführung des Auftrags ist [Frau / Herr [Name]], Wirtschaftsprüfer[in], Verantwortlicher iSd § 27 APAG unter Zuziehung [Anzahl] qualifizierter Assistenten / -innen wie folgt:

	Name	Berufsbefugnis	Allfällige Regelungen zu Werkverträgen
Qualifizierter Assistent 1			
Qualifizierter Assistent 2			
Qualifizierter Assistent 3			
Qualifizierter Assistent 4			
Qualifizierter Assistent 5			

Art und Umfang unserer Leistungen

[Meine / Unsere] Tätigkeit umfasst die Durchführung einer Qualitätssicherungsprüfung gemäß § 24 ff. APAG.

[Ich / Wir] werde(n) den Auftrag unter Beachtung der in Österreich geltenden gesetzlichen Vorschriften und berufsüblichen Grundsätze zu Qualitätssicherungsprüfungen (KFS/PG 15) durchführen und werde(n) in [meinem / unserem] Bericht darauf hinweisen.

Danach habe(n) [ich meine / wir unsere] Berufspflichten einschließlich Vorschriften zur Unabhängigkeit gemäß § 30 APAG einzuhalten und den Auftrag unter Berücksichtigung des Grundsatzes der Wesentlichkeit so zu planen, dass [ich meine / wir unsere] Prüfung wirksam durchführen [kann / können].

Der Auftrag zur externen Qualitätssicherungsprüfung der [Name Prüfungsbetrieb] umfasst [Anzahl] Standort(e) wie folgt:

Standort	Gesellschaft

Insgesamt wurden betreffend das Geschäftsjahr [Jahr] [Anzahl] Abschlussprüfungen iSd § 2 Z 1 APAG im zeitlichen Umfang von insgesamt rd. [Anzahl] Stunden im Prüfungsbetrieb durchgeführt, die sich wie folgt aufteilen:

<Information gemäß Anlage zur APAB-AIV einfügen>

<Optional>

Darüber hinaus wurden Prüfungsleistungen außerhalb des § 2 Z 1 APAG wie folgt durchgeführt:

Art der Prüfung	Anzahl	Gesamtstunden

<ab hier alle Varianten>

Die Abschlussprüfungen iSd § 2 Z 1 APAG betreffen Unternehmen der nachfolgenden Größenklassen:

<Information gemäß Anlage zur APAB-AIV einfügen>

Die in die Qualitätssicherungsprüfung einzubeziehenden Unternehmen betreffen nachfolgende Branchen:

<Information gemäß Anlage zur APAB-AIV einfügen>

Es wurden [keine / Anzahl] Gemeinschaftsprüfungen durchgeführt. Weiters wurden [keine / Anzahl] Konzernabschlussprüfungen durchgeführt, davon [Anzahl] betreffend Konzernabschlüsse nach internationalen Rechnungslegungsstandards. <wenn keine, dann ab „, davon löschen">

Im Prüfungsbetrieb sind insgesamt [Anzahl] Mitarbeiter tätig, davon sind [Anzahl] fachlich im Prüfungsbetrieb tätig. Davon sind [Anzahl] auftragsverantwortliche Wirtschaftsprüfer sowie [Anzahl] fachliche Mitarbeiter, die in maßgeblich leitender Funktion an der Durchführung von Abschlussprüfungen mitwirken.

Der Prüfungsbetrieb [Name] ist ein Netzwerkunternehmen von [Name des Netzwerks].

<Alternativ>

Der Prüfungsbetrieb gehört keinem Netzwerk an.

<ab hier alle Varianten>

Die externe Qualitätssicherungsprüfung bezieht sich ausschließlich auf den Prüfungsbetrieb [Name] und in keiner Weise auf andere Tätigkeiten wie zB Steuerberatung, betriebswirtschaftliche oder sonstige Beratung sowie andere Leistungen. Für diese Tätigkeiten werden weder Prüfungshandlungen gesetzt noch wird dazu eine Stellungnahme oder ein Prüfungsurteil abgegeben. Es wird weiters festgehalten, dass es sich bei der externen Qualitätssicherungsprüfung um eine Durchsicht handelt, die nicht eine nochmalige Prüfung der ausgewählten Prüfungsklienten darstellt.

Gegenstand [meines / unseres] Auftrages ist weder eine Abschlussprüfung noch eine prüferische Durchsicht von Abschlüssen. Ebenso sind weder die Aufdeckung und Aufklärung strafrechtlicher Tatbestände, wie zB Unterschlagungen oder sonstige Untreuehandlungen, noch die Beurteilung der Effektivität und Wirtschaftlichkeit der Geschäftsführung Gegenstand [meines / unseres] Auftrages.

Elektronischer Datenaustausch

Der Auftraggeber ist damit einverstanden, dass zwischen dem Auftraggeber und [mir / uns] Daten per E-Mail ohne zusätzliche Verschlüsselung ausgetauscht werden. Beide Parteien nehmen hierbei zur Kenntnis, dass moderne E-Mail-Server ausschließlich verschlüsselt miteinander kommunizieren.

Der Auftraggeber hält [Name des QS-Prüfers / der Gesellschaft des QS-Prüfers] aus diesem Titel völlig schad- und klaglos.

Elektronische Datenspeicherung

Der Auftraggeber nimmt zur Kenntnis, dass die hierfür notwendigen personenbezogenen Daten sowie Art und Umfang inklusive Leistungszeitraum der zwischen Auftraggeber und [mir / uns] vereinbarten Leistungen zum Zweck der Überprüfung des Vorliegens von Befangenheits- oder Ausschließungsgründen und Interessenkollisionen in einem allfälligen Netzwerk, dem wir angehören, verarbeitet und zu diesem Zweck an die übrigen Mitglieder dieses Netzwerkes auch ins Ausland übermittelt werden. Hierfür entbindet der Auftraggeber [mich / uns] nach dem Datenschutzgesetz und gemäß den unternehmens- bzw berufsrechtlichen Vorschriften ausdrücklich von unserer Verschwiegenheitspflicht. Der Auftraggeber kann die Entbindung von der Verschwiegenheitspflicht jederzeit widerrufen.

Pflichten der gesetzlichen Vertreter des Auftraggebers

Die Verantwortung für die Einrichtung, Durchsetzung und Überwachung eines Qualitätssicherungssystems liegt bei der Leitung des Prüfungsbetriebes. Dazu zählen auch die Erstellung einer adäquaten Dokumentation sowie die Einrichtung interner Kontrollen.

Es liegt in der Verantwortung der Leitung des Prüfungsbetriebes, [mir / uns] einen uneingeschränkten Zugang zu den für die externe Qualitätssicherungsprüfung erforderlichen Aufzeichnungen, Schriftstücken und sonstigen Informationen zu gewährleisten und [mir / uns] die erforderlichen Auskünfte zu erteilen bzw deren Einholung zu ermöglichen (§ 33 APAG) sowie darüber eine Vollständigkeitserklärung abzugeben.

Berichterstattung

Über das Ergebnis der externen Qualitätssicherungsprüfung [werde ich / werden wir] in Übereinstimmung mit § 34 APAG iVm der APAB-QPBV sowie mit KFS/PG 15 gesondert in schriftlicher Form berichten.

Honorarkalkulation

Im Sinne des § 31 APAG [kalkuliere ich / kalkulieren wir] (nach den erteilten Informationen zur Organisation Ihres Prüfungsbetriebes und zu bestehenden Qualitätssicherungsmaßnahmen) das Honorar wie folgt:

	Allgemeine Organisation des Prüfungsbetriebes und interne Nachschau	Auftragsabwicklung	Berichterstattung	Sonstiges (zB Reisezeiten)	Summe	Stundensatz	**Honorar**
	Stunden	Stunden	Stunden	Stunden	Stunden	EUR	**EUR**
Verantwortlicher QS-Prüfer	0,00	0,00	0,00	0,00	0,00	0,00	**0,00**
Qualifizierter Assistent 1	0,00	0,00	0,00	0,00	0,00	0,00	**0,00**
Qualifizierter Assistent 2	0,00	0,00	0,00	0,00	0,00	0,00	**0,00**
Qualifizierter Assistent 3	0,00	0,00	0,00	0,00	0,00	0,00	**0,00**
Qualifizierter Assistent 4	0,00	0,00	0,00	0,00	0,00	0,00	**0,00**
Qualifizierter Assistent 5	0,00	0,00	0,00	0,00	0,00	0,00	**0,00**
Summe	**0,00**	**0,00**	**0,00**	**0,00**	**0,00**	**0,00**	**0,00**

[Mein / unser] Honorar basiert auf der für die Prüfungstätigkeiten aufgewendeten Zeit zu [meinen / unseren] üblichen Stundensätzen für qualifizierte Leistungen dieser Art und entspricht der Schwierigkeit der Arbeit und der Erfahrung und erforderlichen Qualifikation. [Ich erlaube mir / Wir erlauben uns] daher die Qualitätssicherungsprüfung des Prüfungsbetriebes **um EUR [Betrag]** anzubieten (zuzüglich Reise- und Fahrtkosten in Höhe von rd. EUR [Betrag] und Umsatzsteuer).

Das vereinbarte Honorar basiert auf der Annahme, dass [meine / unsere] Prüfungstätigkeit in allen Prüfungsphasen ohne Verzögerungen durchgeführt werden kann und [ich / wir] bei der Durchführung der Prüfungsarbeiten von der Leitung und allenfalls benannten Mitarbeitern des Prüfungsbetriebes hinreichend unterstützt [werde / werden]. Für eine effiziente Abwicklung der Qualitätssicherungsprüfung setzt dies im beiderseitigen Interesse voraus, dass folgende Ziele gesetzt und eingehalten werden:

- Terminvereinbarung,
- termingerechte Vorlage der vereinbarten Prüfungsunterlagen und
- ausreichende Kommunikation zwischen dem Auftraggeber und [mir / uns] im Vorfeld der Prüfung.

Insbesondere gilt als vereinbart, dass [mir / uns] die schriftliche Dokumentation des Qualitätssicherungssystems des Prüfungsbetriebes (zB Qualitätssicherungshandbuch, Prüfungshandbuch, Checklisten, Formulare und Arbeitshilfen) termingerecht zur Verfügung gestellt werden.

Sollte sich aufgrund unvorhergesehener Umstände eine wesentliche Überschreitung des von [mir / uns] geschätzten Honorars abzeichnen, [werde ich / werden wir] Sie rechtzeitig informieren, um gemeinsam mit Ihnen die aufgetretenen Probleme zu lösen.

Eine Abweichung von diesem Honorarrahmen (Fixhonorar gemäß § 31 Abs 2 APAG) ist zulässig, wenn sich im Rahmen der Qualitätssicherungsprüfung materielle – nicht durch [mich / uns] verschuldete – Einzelumstände herausstellen, welche zu einer Verlängerung der Prüfungszeit führen. Sofern Mehrstunden anfallen, die nicht von [mir / uns] zu vertreten sind, [werde ich / werden wir] diesen Mehraufwand zu den oben angeführten Stundensätzen verrechnen.

Zeitliche Durchführung

Für die zeitliche Durchführung haben wir den Zeitraum von [Monat Jahr] bis [Monat Jahr] vorgesehen.

Unabhängigkeit, zeitliche Ressourcen

[Ich erkläre und bestätige / Wir erklären und bestätigen], dass keine kapitalmäßige, finanzielle oder persönliche Bindung, die den für die berufliche Ausübung geltenden Unvereinbarkeitsregelungen zuwiderläuft, zu [Name des Prüfungsbetriebes] besteht sowie keine Interessenkonflikte vorliegen. Derzeit und in den letzten drei Jahren liegen bzw lagen keine Verbindungen iSd § 30 Abs 2 APAG vor. Es liegt keine wechselseitige Qualitätssicherungsprüfung vor.

Weiters [erkläre ich / erklären wir], dass [ich / wir] über die erforderlichen fachlichen Kenntnisse und die persönlichen und zeitlichen Ressourcen zur ordnungsgemäßen Durchführung der Qualitätssicherungsprüfung verfüge[n].

Allgemeine Auftragsbedingungen

Im Falle der Auftragserteilung gelten die von der Kammer der Steuerberater und Wirtschaftsprüfer herausgegebenen „Allgemeinen Auftragsbedingungen für Wirtschaftstreuhandberufe" in der aktuellen Fassung (siehe Beilage) als vereinbart. Die Auftragsbedingungen gelten nur insoweit, als wir keine hiervon abweichenden Vereinbarungen treffen.

Bestätigung der Auftragserteilung unter aufschiebender Bedingung

Gemäß § 31 Abs 2 APAG gilt diese Auftragsvereinbarung unter der aufschiebenden Bedingung [meiner / unserer] Bestellung durch die Behörde.

Für Fragen [stehe ich / stehen wir] Ihnen gerne unter [E-Mail / Telefonnummer] zur Verfügung.

Mit freundlichen Grüßen
[Firma des Auftragnehmers]

[Name1] [Name2]

Beilage

Allgemeine Auftragsbedingungen für Wirtschaftstreuhandberufe („AAB") in der aktuellen Fassung

Anlage 2: Muster Vollständigkeitserklärung

An
[Name des Qualitätssicherungsprüfers]
[Straße]
[PLZ Ort]

____
Firmenstempel(n) des(der) Auftraggeber(s)

Durchführung der externen Qualitätssicherungsprüfung gemäß § 24 ff. APAG des Prüfungsbetriebes [Name]

Als Leiter des Prüfungsbetriebes, bestehend aus

[Gesellschaft 1]
[Gesellschaft 2]

[erkläre ich / erklären wir] nach bestem Wissen und Gewissen Folgendes:

1. Die Aufklärungen und Nachweise, die Sie für das Anbot und für die Durchführung der externen Qualitätssicherungsprüfung verlangt haben bzw die für die Beurteilung der Qualitätssicherungsmaßnahmen des Prüfungsbetriebes erforderlich sind, wurden Ihnen vollständig gegeben. Als Auskunftspersonen, die angewiesen wurden, Ihnen alle gewünschten Auskünfte und Nachweise richtig und vollständig zu geben, und für deren Auskünfte [der/die] Unterfertigte[n] die Gewähr [übernimmt/übernehmen], wurden Ihnen benannt:
2. Die schriftlichen Regelungen und Richtlinien betreffend eingerichtete Qualitätssicherungsmaßnahmen des Prüfungsbetriebes und zum Verständnis des Prüfungsbetriebes erforderliche Organisationsunterlagen sind Ihnen vollständig zur Verfügung gestellt worden.
3. [Ich bestätige / Wir bestätigen], dass Ihnen sämtliche im Überprüfungszeitraum abgeschlossenen Aufträge betreffend Abschlussprüfungen iSd § 2 Z 1 APAG *<bei freiwilligen Qualitätssicherungsprüfungen ist „iSd § 2 Z 1 APAG" zu streichen>* bekannt gegeben und sämtliche Arbeitspapiere der von Ihnen überprüften Prüfungsaufträge in nicht adaptierter Form zur Verfügung gestellt worden sind.
4. [Ich bestätige / Wir bestätigen], dass im vorgenannten Prüfungsbetrieb keine Abschlussprüfungen oder Arbeiten an Abschlussprüfungen nach Auslaufen der Bescheinigung durchgeführt wurden.

Unterschrift des Leiters des Prüfungsbetriebes mit Angabe des Datums der Unterfertigung

5. *<notwendig wenn der Leiter des Prüfungsbetriebes nicht alleine vertretungsbefugt ist>*

Firmenmäßige Zeichnung(en) der vertretungsbefugten Organe mit Angabe des Datums der Unterfertigung

Anlage 3: Risikobasierte Planung und Durchführung von QS-Prüfungen

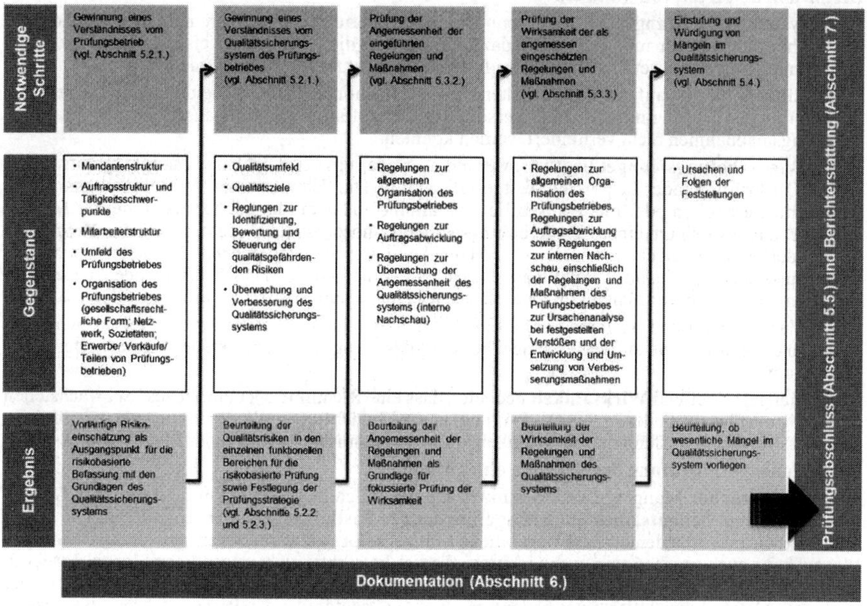

Anlage 4: Einstufung von Mängeln

Definitionen – Arten von Mängeln

Ein **systemischer Mangel** liegt vor, wenn Qualitätssicherungsmaßnahmen nicht ausreichend sind. Ein solcher Mangel kann möglicherweise dazu führen, dass die beruflichen Leistungen nicht in Übereinstimmung mit den gesetzlichen und berufsständischen Anforderungen erbracht werden.

Ein **Einzelfehler** ist auf das Fehlverhalten oder auf (fachliche) Fehlentscheidungen einzelner oder mehrerer an der Prüfung mitwirkender Personen zurückzuführen, die trotz ausreichender Qualitätssicherungsmaßnahmen nicht verhindert werden konnten.

Ein **Wiederholungsmangel** liegt vor, wenn dieser oder ein vergleichbarer Mangel bereits in der letzten QS-Prüfung (oder Inspektion) festgestellt wurde. Die Schwere eines Wiederholungsmangels (wesentlich, erheblich oder nicht wesentlich) ist alleine aus dem Mangel heraus zu beurteilen; die Tatsache, dass es sich um einen Wiederholungsmangel handelt, ist dabei nicht zu berücksichtigen. Ist der Wiederholungsmangel ein systemischer Mangel und war der entsprechende Mangel im Qualitätssicherungssystem bereits im Maßnahmenbescheid der vorhergehenden QS-Prüfung (oder Inspektion) enthalten, dann ist dieser Mangel im Qualitätssicherungssystem jedenfalls wesentlich.

Ein Mangel betreffend **Angemessenheit** bedeutet, dass eine Richtlinie oder ein Prozess Schwachstellen in der **Konzeption** aufweist. Mängel betreffend die Angemessenheit stellen immer systemische Mängel dar.

Ein Mangel betreffend **Wirksamkeit** bedeutet, dass eine Richtlinie oder ein Prozess Schwachstellen (erstmalig oder bereits in der letzten QS-Prüfung) in der **Einrichtung und/oder effektiven Ausführung** aufweist. Mängel betreffend die Wirksamkeit können systemische Mängel oder Einzelmängel sein.

Definitionen – Einstufung der Schwere eines Mangels

Ein **wesentlicher** Mangel in einem funktionellen Bereich liegt vor, wenn die **konkrete Gefahr** besteht, dass ein **bedeutsames qualitätsgefährdendes Risiko** nicht verhindert oder entsprechend reduziert wird. Dies bedeutet, dass wesentliche Mängel **sofort zu adressieren** sind. Ein wesentlicher Mangel kann auch gegeben sein, wenn mehrere für sich betrachtet nicht wesentliche Mängel vorliegen und der QS-Prüfer zu der Auffassung gelangt, dass diese Mängel in ihrem Zusammenwirken zu einer konkreten Gefahr hinsichtlich eines bedeutsamen qualitätsgefährdenden Risikos führen. Ein wesentlicher Mangel im Rahmen der Auftragsprüfung liegt jedenfalls vor, wenn der Mangel bei der Prüfung von derartiger Bedeutung ist, dass keine ausreichenden Prüfungshandlungen durchgeführt oder keine geeigneten, ausreichenden Prüfungsnachweise vorliegen, die das Prüfungsurteil hinreichend stützen. Ein wesentlicher Mangel liegt auch vor, wenn zwar ausreichende Prüfungshandlungen durchgeführt und geeignete, ausreichende Prüfungsnachweise eingeholt wurden, aber ein unangemessenes Prüfungsurteil abgegeben wurde oder sonstige wesentliche Berichtspflichten verletzt wurden.

Ein **erheblicher** Mangel in einem funktionellen Bereich liegt vor, wenn die **Gefahr** besteht, dass ein **bedeutsames qualitätsgefährdendes Risiko** nicht verhindert oder entsprechend reduziert wird. Dies bedeutet, dass erhebliche Mängel **zu adressieren** sind. Ein erheblicher Mangel im Rahmen der Auftragsprüfung liegt beispielsweise vor, wenn einzelne erforderliche oder geplante Prüfungshandlungen nicht vollständig in Übereinstimmung mit den relevanten Bestimmungen durchgeführt bzw dokumentiert wurden, dies aber nicht so bedeutsam oder umfassend ist, dass mit hinreichender Sicherheit festgestellt werden kann, dass das Prüfungsurteil nicht ausreichend gestützt wird.

Ein **nicht wesentlicher Mangel** in einem funktionellen Bereich liegt vor, wenn die **Gefahr** besteht, dass ein **qualitätsgefährdendes Risiko** nicht verhindert oder entsprechend reduziert wird. Ein nicht wesentlicher Mangel im Rahmen der Auftragsprüfung liegt beispielsweise vor, wenn einzelne erforderliche oder geplante Prüfungshandlungen nicht vollständig in Übereinstimmung mit den relevanten Bestimmungen durchgeführt bzw dokumentiert wurden, dies allerdings keine Auswirkung auf das Gesamturteil und die Berichterstattung über die Abschlussprüfung hat.

Definitionen – Gesamteinstufung Prüfungsauftrag

Einstufung	Beschreibung
Keine Feststellungen	Bei Durchführung der QS-Prüfung wurden keine Feststellungen getroffen.
Verbesserung möglich	Die identifizierten Verbesserungsbereiche führen nur zu eingeschränkten Bedenken hinsichtlich Prüfungsqualität, sind aber insgesamt nicht wesentlich.
Verbesserung erforderlich	Die identifizierten Verbesserungsbereiche führen zu umfassenderen Bedenken hinsichtlich Prüfungsqualität, sind aber insgesamt nicht wesentlich.

Unzureichend	Auf Basis der Feststellungen liegen wesentliche Mängel vor, die zu erheblichen Bedenken hinsichtlich folgender Bereiche führen: • Zweckmäßigkeit und Qualität der Prüfungsnachweise • angemessene kritische Grundhaltung • Nicht-Einhaltung geltender gesetzlicher Vorschriften und berufsüblicher Grundsätze im Zusammenhang mit Qualitätssicherung und der Durchführung von Abschlussprüfungen oder interner Vorgaben des Prüfungsbetriebes in einem wesentlichen Bereich.

Definitionen – Gesamteinstufung funktioneller Bereich

Einstufung	Beschreibung
n / a	Ein funktioneller Bereich gelangt vom Prüfungsbetrieb nicht zur Anwendung (zB Auslagerung).
Keine Feststellungen	Bei Durchführung der QS-Prüfung wurden keine Feststellungen getroffen.
Verbesserung möglich	Die identifizierten Feststellungen führen nur zu eingeschränkten Bedenken hinsichtlich der Angemessenheit und Wirksamkeit des Bereiches innerhalb des internen Qualitätssicherungssystems, diese sind aber insgesamt nicht wesentlich.
Verbesserung erforderlich	Die Feststellungen führen zu umfassenderen Bedenken hinsichtlich der Angemessenheit und Wirksamkeit des Bereiches innerhalb des internen Qualitätssicherungssystems, diese sind aber insgesamt nicht wesentlich.
Unzureichend	Die Feststellungen führen zu erheblichen Bedenken hinsichtlich der Angemessenheit und Wirksamkeit des Bereiches innerhalb des internen Qualitätssicherungssystems, insbesondere da: •Anforderungen in abgrenzbaren Teilen nicht erfüllt wurden und •die identifizierten Feststellungen geeignet sind, dass die berufliche Leistung nicht in Übereinstimmung mit den gesetzlichen und berufsständischen Bestimmungen erbracht wird.

Entscheidungsbaum – Einstufung von Mängeln

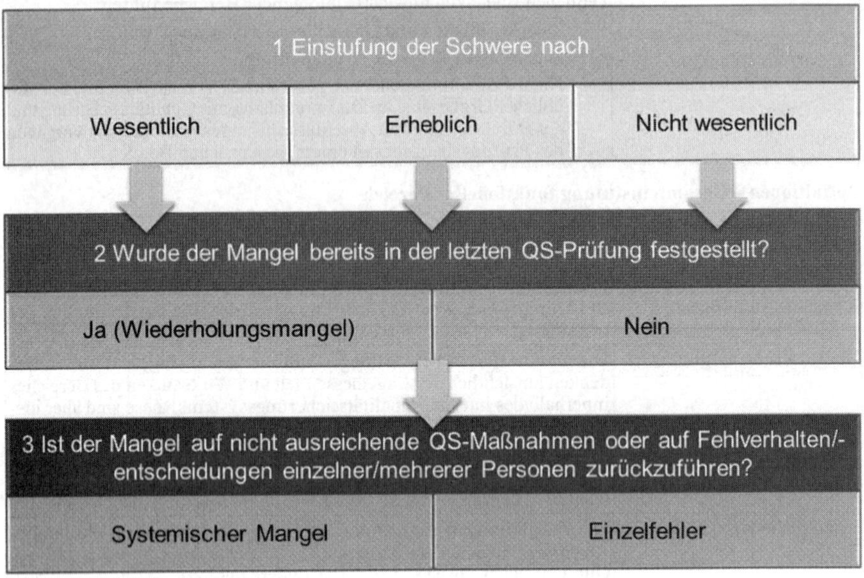

Entscheidungsbaum – Einstufung Prüfungsauftrag

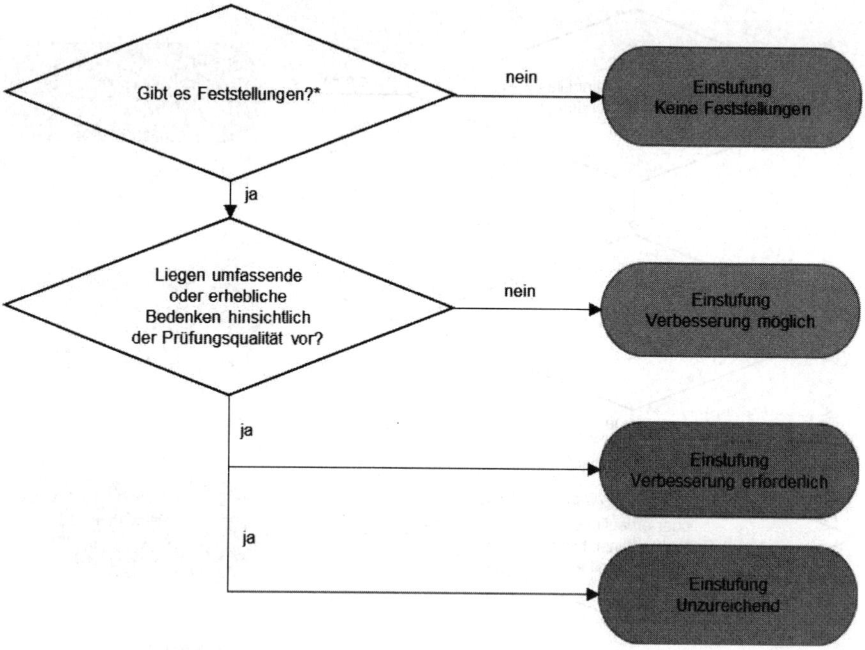

* Die einzelnen Feststellungen sind je nach funktionellem Bereich, dem Sie zuzuordnen sind, zusätzlich bei der Gesamteinstufung dieses Bereichs zu berücksichtigen.

Entscheidungsbaum – Einstufung funktioneller Bereich

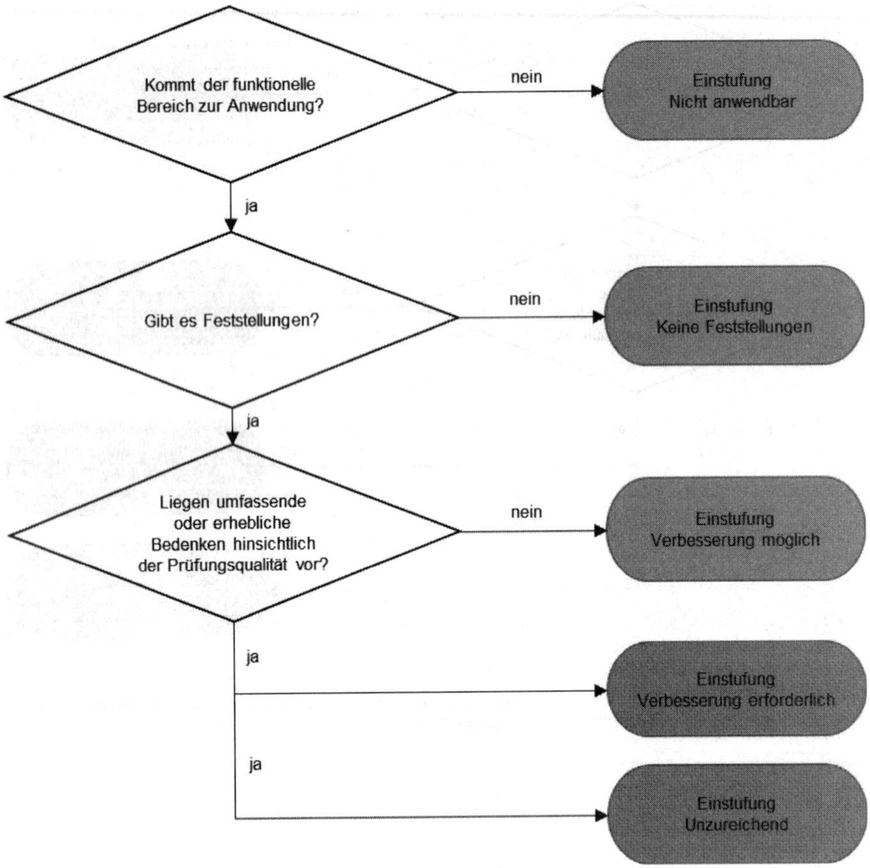

2/3. Prüfung – Einzelfragen (PE)

2/3/1. KFS/PE 1

Stellungnahme
des Fachsenats für Unternehmensrecht und Revision
Rahmenkonzept zu Auftragsarten

(beschlossen in der Sitzung des Fachsenats für Unternehmensrecht und Revision am 3. März 2014 als Stellungnahme KFS/PE 1, zuletzt überarbeitet im März 2020; von der Abschlussprüferaufsichtsbehörde (APAB) genehmigt)

1. Vorbemerkungen

(1) In dieser Stellungnahme wird ein Überblick über die Leistungen, die von Berufsangehörigen erbracht werden können, gegeben.

(2) Diese Stellungnahme ist kein Fachgutachten; sie enthält keine Vorgehensweisen bei der Erbringung der Leistungen.

(3) Grundsätzlich lassen sich die Leistungen von Berufsangehörigen (siehe auch §§ 2 und 3 WTBG 2017) in folgende Gruppen (Auftragsarten) einteilen:

a) Zusicherungsleistungen (Assurance Services)
b) Sonstige Dienstleistungen

(4) In dieser Stellungnahme werden die Auftragsarten, deren wesentliche Elemente und Ziele sowie die Fachgutachten/Richtlinien/Stellungnahmen, nach denen die Aufträge von Berufsangehörigen abzuwickeln sind, dargestellt.

2. Zusicherungsleistungen

2.1. Überblick

(5) Bei Zusicherungsleistungen gibt der Berufsangehörige ein Urteil über die Richtigkeit der von ihm geprüften Informationen ab. Dabei wird zwischen Prüfungen mit hinreichender und Prüfungen mit begrenzter Sicherheit unterschieden.

(6) Zusicherungsleistungen können sich auf

a) vergangenheitsorientierte Finanzinformationen und
b) andere Informationen als vergangenheitsorientierte Finanzinformationen

beziehen.

2.2. Zusicherungsleistungen zu vergangenheitsorientierten Finanzinformationen

(7) Diese Zusicherungsleistungen umfassen

a) Prüfungen, die mit Berichten mit hinreichender Sicherheit, und
b) prüferische Durchsichten, die mit Berichten mit begrenzter Sicherheit

abgeschlossen werden.

(8) Prüfungen, die mit Berichten mit hinreichender Sicherheit abgeschlossen werden, können sich auf

a) Abschlüsse für allgemeine Zwecke,
b) Abschlüsse für einen speziellen Zweck,
c) einzelne Finanzaufstellungen,
d) bestimmte Bestandteile, Konten oder Posten einer Finanzaufstellung und
e) verdichtete Abschlüsse

beziehen.

2.3. Zusicherungsleistungen zu anderen Informationen als vergangenheitsorientierten Finanzinformationen

(9) In diese Gruppe fallen sonstige Prüfungen, die mit Berichten mit hinreichender oder begrenzter Sicherheit abgeschlossen werden können.

3. Sonstige Dienstleistungen

(10) Die sonstigen Dienstleistungen, die von Berufsangehörigen erbracht werden können, umfassen:

a) Vereinbarte Untersuchungshandlungen
b) Erstellungsleistungen
c) Beratende, gutachtliche und andere Tätigkeiten (vgl. §§ 2 und 3 WTBG 2017)

4. Anlagen

(11) Anlage 1 vermittelt einen Gesamtüberblick, aus dem

a) die Beziehungen zwischen den einzelnen Dienstleistungen und den österreichischen Fachgutachten/Richtlinien/Stellungnahmen sowie den internationalen Standards der International Federation of Accountants (IFAC) und
b) die möglichen Grade der Zusicherung

hervorgehen.

(12) Anlage 2 enthält Definitionen der in dieser Stellungnahme (einschließlich Anlagen) verwendeten Begriffe.

Anlage 1: Übersicht zu Auftragsarten und deren Rahmenbedingungen

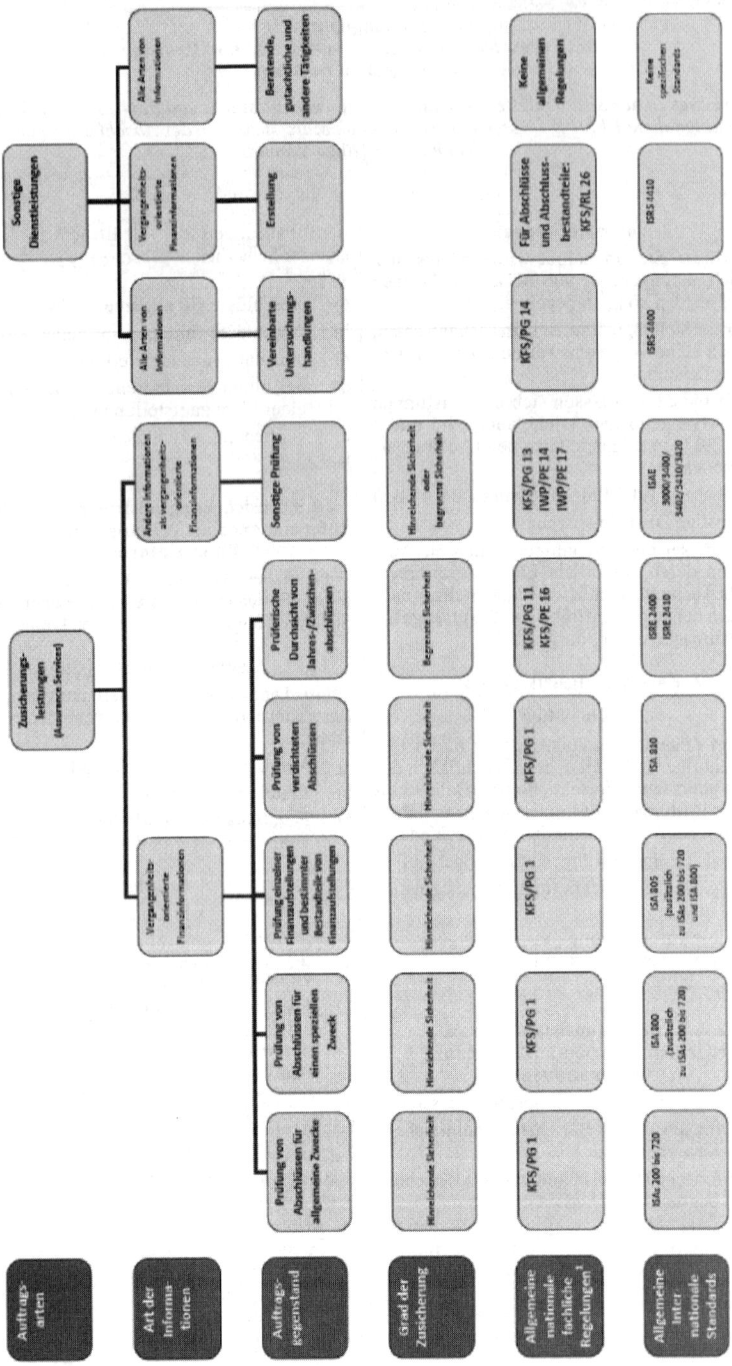

[1] Die Darstellungen beziehen sich auf die relevanten allgemeinen Regelungen zur Auftragsdurchführung. Die (zusätzliche) Anwendbarkeit anderer Regelungen ist in Abhängigkeit vom jeweiligen Einzelfall zu beurteilen; z.B. gilt für die Durchführung von Abschlussprüfungen von Kreditinstituten zusätzlich IWP/BA 1, für die Prüfung von Vereinen zusätzlich KFS/PE 22 oder für die Durchführung von Unternehmensbewertungen KFS/BW 1.

Anlage 2: Definitionen[2]

Zusicherungsleistungen (Assurance Services)	Dienstleistungen aufgrund von Aufträgen an Berufsangehörige, eine Gesamtbeurteilung (conclusion) von Informationen vorzunehmen mit dem Ziel, dadurch das Vertrauen der vorgesehenen Nutzer (intended users) in diese Informationen zu erhöhen. Die zu beurteilenden Informationen sind das Ergebnis einer Bewertung oder Messung eines zugrunde liegenden Sachverhalts (subject matter) anhand geeigneter Kriterien (criteria). (vgl. International Framework for Assurance Engagements, Punkt 10)
Vergangenheitsorientierte Finanzinformationen	In Begriffen des Rechnungswesens ausgedrückte Informationen über wirtschaftliche Ereignisse in vergangenen Zeiträumen oder über wirtschaftliche Gegebenheiten oder Umstände zu bestimmten Zeitpunkten in der Vergangenheit bezüglich einer bestimmten Einheit, die hauptsächlich aus dem Rechnungswesen der betreffenden Einheit abgeleitet werden. (ISA 200.13 (g)) Dazu gehören (vgl. ISA 200.A8): – Finanzaufstellungen: Abschlüsse (Jahres-, Konzern-, Zwischenabschlüsse) und sonstige Finanzaufstellungen (z.B. Bilanz, Gewinn- und Verlustrechnung, Geldflussrechnung, Einnahmen-Überschuss-Rechnung, Vermögensaufstellung) – Posten einer Finanzaufstellung (z.B. Vorräte, Forderungen aus Lieferungen und Leistungen, Personalaufwand) – sonstige aus der Buchführung entnommene Finanzinformationen (z.B. ein bestimmter Geschäftsvorfall, ein bestimmter Vermögenswert oder eine bestimmte Schuld)
Einheit	Zu prüfende wirtschaftliche Einheit. Dabei kann es sich um ein Unternehmen, einen Einzelunternehmer, eine Gesellschaft bürgerlichen Rechts, eine Gebietskörperschaft, eine Anstalt des öffentlichen Rechts, einen Konzern oder eine nicht rechtlich abgegrenzte wirtschaftliche Einheit handeln.
Andere Informationen als vergangenheitsorientierte Finanzinformationen	können sein: – prospektive finanzielle Ergebnisse oder prospektive finanzielle Lage – nicht-finanzielle Ergebnisse oder nicht finanzielle Lage – physische Charakteristika – Systeme und Prozesse – Verhalten Einschlägige Prüfungen können sich auf Plausibilität, Übereinstimmung mit Vorgaben, Vorhandensein, Regelkonformität, Wirksamkeit/Effektivität, Effizienz oder ähnliche Kriterien beziehen.
Abschluss	Eine strukturierte Darstellung vergangenheitsorientierter Finanzinformationen einschließlich Angaben, die in Übereinstimmung mit Rechnungslegungsgrundsätzen zur Kommunikation über die wirtschaftlichen Ressourcen oder Verpflichtungen einer Einheit zu einem bestimmten Zeitpunkt oder deren Veränderungen in einem bestimmten Zeitraum dient. Der Begriff „Abschluss“ bezieht sich regelmäßig auf einen in den Anforderungen der maßgebenden Rechnungslegungsgrundsätze festgelegten vollständigen Abschluss, kann sich jedoch auch auf eine einzelne Finanzaufstellung beziehen. Angaben umfassen erläuternde oder beschreibende Informationen, die – wie nach den maßgebenden Rechnungslegungsgrundsätzen vorgeschrieben, ausdrücklich gestattet oder anderweitig erlaubt – im Zahlenwerk einer Finanzaufstellung oder in den dazugehörigen Angaben aufgeführt werden oder die durch Querverweis darin einbezogen sind. (ISA 200.13 (f))

Maßgebende Rechnungslegungsgrundsätze	Die vom Management und (sofern einschlägig) von den für die Überwachung Verantwortlichen bei der Aufstellung des Abschlusses gewählten Rechnungslegungsgrundsätze, die angesichts der Art der Einheit und der Ziele des Abschlusses akzeptabel sind oder durch Gesetze oder andere Rechtsvorschriften vorgegeben werden. Es wird zwischen Rechnungslegungsgrundsätzen zur sachgerechten Gesamtdarstellung und Rechnungslegungsgrundsätzen zur Normentsprechung unterschieden. (ISA 200.13 (a))
Rechnungslegungsgrundsätze zur sachgerechten Gesamtdarstellung	Der Begriff „Rechnungslegungsgrundsätze zur sachgerechten Gesamtdarstellung" wird für Rechnungslegungsgrundsätze verwendet, die die Einhaltung der Anforderungen der Rechnungslegungsgrundsätze verlangen und (i) explizit oder implizit anerkennen, dass es notwendig sein kann, dass das Management Abschlussangaben macht, die über die ausdrücklich von den Rechnungslegungsgrundsätzen geforderten hinausgehen, um eine sachgerechte Gesamtdarstellung des Abschlusses zu erreichen, oder (ii) explizit anerkennen, dass es für das Management notwendig sein kann, von einer Anforderung der Rechnungslegungsgrundsätze abzuweichen, um eine sachgerechte Gesamtdarstellung des Abschlusses zu erreichen. Solche Abweichungen sind erwartungsgemäß nur in äußerst seltenen Fällen notwendig. (ISA 200.13 (a))
Rechnungslegungsgrundsätze zur Normentsprechung	Der Begriff „Rechnungslegungsgrundsätze zur Normentsprechung" wird für Rechnungslegungsgrundsätze verwendet, die die Einhaltung der Anforderungen der Rechnungslegungsgrundsätze verlangen, jedoch nicht die oben in (i) oder (ii) genannten Anerkennungen beinhalten. (ISA 200.13 (a))
Abschluss für allgemeine Zwecke	Ein in Übereinstimmung mit Rechnungslegungsgrundsätzen für allgemeine Zwecke aufgestellter Abschluss. (ISA 700.7 (a))
Rechnungslegungsgrundsätze für allgemeine Zwecke	Rechnungslegungsgrundsätze, die darauf ausgerichtet sind, die gemeinsamen Bedürfnisse eines breiten Spektrums von Nutzern an Finanzinformationen zu erfüllen. Bei den Rechnungslegungsgrundsätzen kann es sich um Rechnungslegungsgrundsätze zur sachgerechten Gesamtdarstellung oder um Rechnungslegungsgrundsätze zur Normentsprechung handeln. (ISA 700.7 (b))
Abschluss für einen speziellen Zweck	Ein Abschluss, der aufgestellt ist in Übereinstimmung mit Rechnungslegungsgrundsätzen für einen speziellen Zweck. (ISA 800.6 (a))
Rechnungslegungsgrundsätze für einen speziellen Zweck	Rechnungslegungsgrundsätze, die darauf ausgerichtet sind, den Informationsbedürfnissen von bestimmten Nutzern von Finanzinformationen gerecht zu werden. Bei den Rechnungslegungsgrundsätzen kann es sich um Rechnungslegungsgrundsätze zur sachgerechten Gesamtdarstellung oder um Rechnungslegungsgrundsätze zur Normentsprechung handeln. (ISA 800.6 (b))
Finanzaufstellung	Vgl. die Aufzählung unter „Vergangenheitsorientierte Finanzinformationen". Eine einzelne Finanzaufstellung oder ein bestimmter Bestandteil einer Finanzaufstellung schließt die damit zusammenhängenden Angaben ein. Die damit zusammenhängenden Angaben umfassen normalerweise eine Zusammenfassung von bedeutsamen Rechnungslegungsmethoden und andere erläuternde Informationen, die für die Finanzaufstellung oder den Bestandteil relevant sind. (ISA 805.6 (c))
Bestandteil einer Finanzaufstellung	Mit „Bestandteil einer Finanzaufstellung" oder „Bestandteil" ist ein „Bestandteil, Konto oder Posten einer Finanzaufstellung" gemeint. (ISA 805.6 (a))

Verdichteter Abschluss	Vergangenheitsorientierte Finanzinformationen, die von einem Abschluss abgeleitet sind, jedoch weniger Details enthalten als der Abschluss und dennoch eine mit der Darstellung im Abschluss in Einklang stehende strukturierte Darstellung der wirtschaftlichen Ressourcen oder Verpflichtungen der Einheit zu einem bestimmten Zeitpunkt oder deren Veränderungen für einen bestimmten Zeitraum vermitteln. (ISA 810.4 (c))
Management	Person(en) mit Führungsverantwortung für die Geschäftstätigkeit der Einheit. Bei einigen Einheiten gehören einige oder alle für die Überwachung Verantwortlichen zum Management (bspw. geschäftsführende Mitglieder eines gemeinsamen Führungs- und Überwachungsgremiums oder ein geschäftsführender Eigentümer). Im Zusammenhang mit der Aufstellung von Abschlüssen sind das die in § 222 Abs. 1 UGB oder in vergleichbaren Bestimmungen genannten gesetzlichen Vertreter sowie im Fall einer Europäischen Gesellschaft die geschäftsführenden Direktoren (§ 41 Abs. 1 SE-Gesetz). (vgl. ISA 200)
Abschlussprüfung („Prüfung von Abschlüssen")	Der Zweck einer Abschlussprüfung besteht darin, das Maß an Vertrauen der vorgesehenen Nutzer in den Abschluss zu erhöhen. Dies wird dadurch erreicht, dass der Abschlussprüfer ein Prüfungsurteil darüber abgibt, ob der Abschluss in allen wesentlichen Belangen in Übereinstimmung mit den maßgebenden Rechnungslegungsgrundsätzen aufgestellt wurde. (ISA 200.3) Als Grundlage für das Prüfungsurteil ist der Abschlussprüfer nach den ISA verpflichtet, hinreichende Sicherheit darüber zu erlangen, ob der Abschluss als Ganzes frei von wesentlichen falschen Darstellungen aufgrund von dolosen Handlungen oder Irrtümern ist. (ISA 200.5)
Prüferische Durchsicht	Ziel einer prüferischen Durchsicht ist es, durch Befragungen und analytische Maßnahmen eine begrenzte Sicherheit zu erlangen, ob der Abschluss frei von wesentlichen falschen Darstellungen ist, und damit dem Prüfer eine Aussage zu ermöglichen, dass ihm keine Sachverhalte bekanntgeworden sind, die ihn zu der Annahme veranlassen, dass der Abschluss nicht in allen wesentlichen Belangen in Übereinstimmung mit den anzuwendenden Rechnungslegungsvorschriften aufgestellt wurde. (vgl. ISRE 2400.14 (a))
Sonstige Prüfung	Ein Auftrag, bei dem ein beauftragter Wirtschaftsprüfer das Ziel verfolgt, ausreichende geeignete Nachweise zu erlangen, um eine zusammenfassende Beurteilung abzugeben, die konzipiert ist, das Vertrauen anderer vorgesehener Nutzer als der verantwortlichen Partei in die Sachverhaltsinformation (d.h. das Ergebnis der Messung bzw. Beurteilung eines zugrunde liegenden Sachverhalts anhand von Kriterien) zu erhöhen. Eine sonstige Prüfung ist entweder eine Prüfung mit hinreichender Sicherheit oder eine Prüfung mit begrenzter Sicherheit. Weiters kann eine sonstige Prüfung entweder als Attestierungsauftrag oder als direkter Zusicherungsauftrag durchgeführt werden.
Hinreichende Sicherheit	Im Kontext einer Abschlussprüfung ein hoher, jedoch kein absoluter Grad an Sicherheit (ISA 200.13 (m)). Im Kontext einer sonstigen Prüfung die Reduzierung des Auftragsrisikos auf ein unter den Umständen des Auftrags vertretbar niedriges Maß; die Berichterstattung des beauftragten Wirtschaftsprüfers wird so formuliert, dass er seine zusammenfassende Beurteilung über das Ergebnis der Messung bzw. Beurteilung des zugrunde liegenden Sachverhalts anhand der Kriterien abgibt. (vgl. ISAE 3000.12(a)(i)(a) und KFS/PG 13, Rz (35))

Begrenzte Sicherheit	Im Kontext einer prüferischen Durchsicht die Reduzierung des Auftragsrisikos auf ein akzeptables niedriges Niveau, wobei das Risiko größer ist als bei Aufträgen mit hinreichender Sicherheit, als Basis für eine negative Form des Ausdrucks der Gesamtbeurteilung. (vgl. ISRE 2400.17 (f)) Im Kontext einer sonstigen Prüfung die Reduzierung des Auftragsrisikos auf ein Maß, das unter den Umständen des Auftrags vertretbar ist, wobei aber dieses Risiko höher ist als bei einer sonstigen Prüfung mit hinreichender Sicherheit und die zusammenfassende Beurteilung so formuliert wird, dass sie vermittelt, ob auf Grundlage der durchgeführten Prüfungshandlungen und erlangten Nachweise dem beauftragten Wirtschaftsprüfer (ein) Sachverhalt(e) bekannt geworden ist/sind, der/die ihn zu der Auffassung gelangen lässt/lassen, dass die Sachverhaltsinformation wesentlich falsch dargestellt ist. (vgl. ISAE 3000.12(a)(i)(b) und KFS/PG 13, Rz (36))
Attestierungsauftrag	Eine sonstige Prüfung, bei der eine andere Partei als der beauftragte Wirtschaftsprüfer den zugrunde liegenden Sachverhalt anhand der Kriterien misst bzw. beurteilt. Eine andere Partei als der beauftragte Wirtschaftsprüfer stellt die daraus resultierende Sachverhaltsinformation oft auch in einem Bericht bzw. einer Erklärung dar. In manchen Fällen kann die Sachverhaltsinformation jedoch vom beauftragten Wirtschaftsprüfer in der Berichterstattung bzw. in der zusammenfassenden Beurteilung dargestellt werden. Bei einem Attestierungsauftrag bezieht sich die zusammenfassende Beurteilung des beauftragten Wirtschaftsprüfers darauf, ob die Sachverhaltsinformation frei von wesentlichen falschen Darstellungen ist. Die zusammenfassende Beurteilung des beauftragten Wirtschaftsprüfers kann eingehen auf: i. den zugrunde liegenden Sachverhalt und die anzuwendenden Kriterien, ii. die Sachverhaltsinformation und die anzuwendenden Kriterien oder iii. eine Erklärung der entsprechenden Partei(en).
Direkter Zusicherungsauftrag	Eine sonstige Prüfung, bei der der beauftragte Wirtschaftsprüfer den zugrunde liegenden Sachverhalt anhand der anzuwendenden Kriterien misst bzw. beurteilt und die daraus resultierende Sachverhaltsinformation als Teil der Berichterstattung bzw. der zusammenfassenden Beurteilung oder zusammen mit diesen darstellt. Bei einem direkten Zusicherungsauftrag umfasst die zusammenfassende Beurteilung des beauftragten Wirtschaftsprüfers das berichtete Ergebnis der Messung bzw. Beurteilung des zugrunde liegenden Sachverhalts anhand der Kriterien.
Vereinbarte Untersuchungshandlungen	In der Regel eine Beziehung zwischen zwei Parteien, wobei die zu erbringenden Leistungen zwischen Auftraggeber und Auftragnehmer im Detail zu vereinbaren sind. Die Berichterstattung erfolgt ausschließlich in Form von tatsächlichen Feststellungen, womit keine Zusicherung abgegeben wird.
Erstellung eines Abschlusses	Die Erstellung eines Abschlusses umfasst sämtliche Tätigkeiten, die erforderlich sind, um auf Grundlage der Buchführung, des Inventars und/oder sonstiger für die Erstellung des Abschlusses relevanter Informationen den Abschluss zu entwickeln. (KFS/RL 26, Rz (11))
Beratende, gutachtliche und andere Tätigkeiten	Tätigkeiten, die nicht als Zusicherungsleistungen, vereinbarte Untersuchungshandlungen oder Erstellungsleistungen einzuordnen sind. Ein Gutachten bzw. eine gutachterliche Stellungnahme unterscheidet sich von einem Prüfungsauftrag im Wesentlichen dadurch, dass keine für eine sonstige Prüfung geeigneten Kriterien vorliegen.

[2] Die Definitionen entsprechen – soweit dort enthalten – der von der IFAC und der EU-Kommission genehmigten deutschen Übersetzung der ISAs, die vom Institut der Wirtschaftsprüfer in Deutschland e.V. in Kooperation mit dem Institut Österreichischer Wirtschaftsprüfer und der Treuhand-Kammer, der Schweizerischen Kammer der Wirtschaftsprüfer und Steuerexperten, erstellt wurde.

2/3/11. IWP/PE 11

**Empfehlung
des Instituts Österreichischer Wirtschaftsprüfer
für die Durchführung von Arbeiten im Zusammenhang mit der Ausfertigung eines
Comfort Letter**

(verabschiedet in der Sitzung des Vorstandes vom September 2003 als Empfehlung IWP/PE 11; zuletzt überarbeitet im September 2014, redaktionell überarbeitet im Oktober 2017)

1. Vorbemerkung

Gegenstand dieser Empfehlung sind Aufträge zur Durchführung vereinbarter Tätigkeiten bezüglich bestimmter finanzieller Informationen von Emittenten im Zusammenhang mit Kapitalmarkttransaktionen durch Berufsangehörige. Als Emittent im Sinne dieser Empfehlung ist ein Unternehmen zu verstehen, dessen Wertpapiere Gegenstand einer Kapitalmarkttransaktion sind. Die folgenden Ausführungen enthalten grundlegende Empfehlungen, die bei der Ausfertigung eines Comfort Letter durch Berufsangehörige zu beachten sind. Ein Hinweis auf diese Empfehlung im Comfort Letter ist zweckmäßig, wobei auch darauf hingewiesen werden kann, dass es sich nicht um einen AU Section 634 Comfort Letter handelt, da diese Empfehlung den amerikanischen Prüfungsstandard AU Section 634 „Letters for Underwriters and certain other requesting parties“ (vormals SAS 72) nicht übernimmt.

Aufgrund der Weiterentwicklung der (internationalen) Standards für die Erteilung eines Comfort Letter ist nicht auszuschließen, dass einzelne Punkte dieser Empfehlung zu einem späteren Zeitpunkt wieder ganz oder teilweise verändert werden (z.B. wegen allfälliger in- und ausländische Entwicklungen bei Prüfungsstandards).

Auf vergleichbare Prüfungen, wie z.B. nach dem Kapitalmarktgesetz sowie vergleichbaren in- und ausländischen Normen ist die Empfehlung sinngemäß anzuwenden. Auf andere verwandte Tätigkeiten von Berufsangehörigen, wie z.B. Prüfungen im Zusammenhang mit Verschmelzungen, Einbringungen, Umwandlungen, Spaltungen, Übernahmeverfahren sowie auf die Arbeiten im Zusammenhang mit der prüferischen Durchsicht von Zwischenabschlüssen und die Überprüfung von zukunftsorientierten Informationen (z.B. in Form von Plausibilitätsprüfungen) ist diese Empfehlung nicht anzuwenden.

2. Anwendungsbereich/Anlässe

Bei einer Vielzahl von Kapitalmarkttransaktionen werden Berufsangehörige aufgefordert, einen Comfort Letter auszufertigen; dazu zählen insbesondere:

- Börsegänge (z.B. Initial Public Offering - IPO);
- Kapitalerhöhungen bzw. prospektpflichtige Anteilsverkäufe über die Börse (z.B. Secondary Purchase Offering - SPO);
- Begebungen von Schuldverschreibungen, Euro-Bond-Anleihen, einschließlich des Auflegens von Emissionsprogrammen.

Die Anforderungen im Rahmen eines U.S.-filings (z.B. NYSE) sind – mit Ausnahme solcher Platzierungen, die unter Rule 144A des (US) Securities Act 1933 fallen – nicht Gegenstand dieser Stellungnahme.

Der Berufsangehörige unterstützt mit dem Comfort Letter den Emittenten in Erfüllung seiner Verpflichtungen gemäß dem Underwriting Agreement, das der Emittent mit den mit der Transaktion betrauten Investmentbanken abschließt. Der Comfort Letter soll den mit der Emission betrauten Investmentbanken neben anderen Maßnahmen als Nachweis ihrer sorgfaltsgemäßen Vorgangsweise bei der entsprechenden Emission dienen („due diligence defense“).

Der Berufsangehörige ist nicht Prospekt erstellend tätig, und übernimmt daher diesbezüglich – auch nicht für Teile des Prospekts – nicht die Prospektverantwortung.

Adressaten des Comfort Letter sind in der Regel die Konsortialführer /Lead Manager (zugleich für die anderen die Emission begleitenden Banken) sowie der Emittent als Auftraggeber selbst. Der Umfang der Tätigkeit von Berufsangehörigen wird durch das Auftragsschreiben mit dem Emittenten und inhaltlich durch die Anforderungen des Konsortialführers – unter Beachtung der ergänzenden börsenplatzspezifischen Regelungen – bestimmt.

In Österreich wird ein Comfort Letter typischerweise in zeitlicher Nähe zur Prospektbilligung ausgefertigt.

Zu dem Zeitpunkt, zu welchem die Aktien oder Schuldverschreibungen an die Investoren weitergereicht werden, wird sodann ggf. ein Bring Down Letter ausgefertigt. Beispiele sowohl für Comfort Letter als auch für Bring Down Letter enthalten die Anlagen 4 und 5.

3. Voraussetzungen zur Auftragsannahme

Die Berufsangehörigen haben die Bestimmungen des § 71 (1) WTBG 2017 hinsichtlich Sorgfalt etc., insbesondere in der Form zu beachten, dass sie vor der Auftragsannahme sicherstellen, über ausreichende Ressourcen in fachlicher und zeitlicher Hinsicht sowie über die notwendigen Kenntnisse und Erfahrungen zu verfügen.

Die Beauftragung eines mit der Problemstellung solcher Aufträge vertrauten Rechtsanwaltes wird empfohlen. Im Hinblick auf die besonderen Anforderungen, die üblicherweise mit Aufträgen zur Ausfertigung von Comfort Letter verbunden sind, empfiehlt es sich, bei der Auftragsabwicklung einen weiteren (persönlich berechtigten) Berufsangehörigen beizuziehen.

Vor der Auftragsannahme ist weiters sicherzustellen, dass die Unabhängigkeit des Berufsangehörigen bezogen auf die von seinem Comfort Letter umfassten Perioden (in sinngemäßer Anwendung von §§ 271 ff. UGB, der Ausübungsrichtlinien gemäß § 72 WTBG 2017 sowie bei einem Rule 144A private placement des (U.S.) Securities Act 1933 des IFAC Code of Ethics) hinsichtlich des Emittenten gegeben ist.

Die Berufsangehörigen haben in Entsprechung von § 11 (1) bzw. § 77 (1) WTBG 2017 für eine dem Emissionsvolumen sowie dem spezifischen Risiko des jeweiligen Auftrages angemessene Versicherungsdeckung zu sorgen.[1] Die Kosten einer allfälligen Versicherung stellen vom Emittenten zu tragende Spesen dar.

[1] Vgl Erläuterungen RV 970 (GP XXII) zu § 88 (1) WTBG 1999 idF BGBl I Nr. 84/2005, demnach nicht das theoretische Höchstmaß zu versichern ist, sondern ein der Risikoeinschätzung durch den Berufsberechtigten angemessenes Ausmaß.

Die Ausfertigung eines Comfort Letter setzt voraus, dass der Berufsangehörige entweder selbst als Prüfer im Rahmen einer Abschlussprüfung oder im Zuge der Durchführung einer prüferischen Durchsicht (KFS/PG 11, ISRE 2400 oder ISRE 2410) eines nachgelagerten Zwischenabschlusses – nach einer von einem anderen Berufsangehörigen durchgeführten Jahresabschlussprüfung – für den entsprechenden Emittenten tätig war. Der Comfort Letter darf nur die vom Berufsangehörigen geprüften bzw. einer prüferischen Durchsicht unterzogenen Zeiträume oder spätere Zeiträume umfassen (d.h. für Zeiträume, für die ein anderer Berufsangehöriger eine Jahresabschlussprüfung durchgeführt hat, muss ein Comfort Letter von diesem Berufsangehörigen eingeholt werden).

Außerdem hat sich der Comfort Letter nur auf jene finanzielle Informationen zu beziehen, die sich aus dem Jahres- bzw. Zwischenabschluss oder aus dem Rechnungswesen dieser Zeiträume unmittelbar ableiten lassen. Der Zeitraum zwischen dem letzten geprüften oder prüferisch durchgesehenen Abschluss und der Ausfertigung des Comfort Letter sollte grundsätzlich die international anerkannte Frist von derzeit 135 Tagen nicht übersteigen. Sollte im Einzelfall nach dieser Frist dennoch ein Comfort Letter ausgefertigt werden, kann keine negativ formulierte Aussage zu einzelnen Kennzahlen abgegeben werden; es besteht jedoch die Möglichkeit vereinbarte Untersuchungshandlungen durchzuführen und darüber mittels tatsächlichen Feststellungen zu berichten. Die Aussagen über tatsächliche Feststellungen haben einen geringeren Aussagewert („comfort level") als eine negativ formulierte Aussage.

4. Ablauf eines Auftrags zur Ausfertigung eines Comfort Letter

Der Ablauf eines Auftrags zur Ausfertigung eines Comfort Letter lässt sich schematisch wie folgt darstellen:

	Empfehlung Punkt	Anlage
Auftragsvereinbarung	4.1.	1
↓		
Auftragsdurchführung	4.2.	n/a
↓		
Vollständigkeitserklärung	4.2.	2
↓		
Request Letter	4.5.	3
↓		
Comfort Letter	4.4.	4
↓		
Bring Down Letter	4.4.	5

4.1. Auftragsvereinbarung mit dem Emittenten

Der Emittent hat die Ausfertigung des Comfort Letter zu beauftragen. Dies ist schriftlich zwischen dem Berufsangehörigen und dem Emittenten zu vereinbaren (Engagement Letter).

In diesem Schreiben sind die wesentlichen Eckpunkte der beauftragten Tätigkeiten (z.B. Befragung von Vorstandsmitgliedern, Lesen von Protokollen, prüferische Durchsicht von Zwischenberichten) zu beschreiben. Gleichzeitig ist klarzustellen, dass die Erstellung und der Inhalt des Prospektes ausschließlich in der Verantwortung des Emittenten liegen. Dies wird auch durch die Unterzeichnung einer Vollständigkeitserklärung (siehe Abschnitt 4.2) zu dokumentieren sein. Wie üblich ist der ungehinderte Zugang zu allen relevanten Informationen, Mitarbeitern und sonstigen Unterlagen zu vereinbaren. Auch die Entbindung von der berufsrechtlichen Verschwiegenheitsverpflichtung gegenüber anderen Mitwirkenden ist vorzusehen.

Weiters ist zu vereinbaren, dass der Emittent die Übermittlung eines Request oder Representation Letter veranlasst.[2]

[2] Siehe dazu näher Abschnitt 4.5.

Weiters wird im Auftragsschreiben grundsätzlich das Formerfordernis der Schriftlichkeit für Aussagen des Berufsberechtigten vereinbart und die Weitergabe des Comfort Letter an Dritte untersagt. Auch wird Vertraulichkeit hinsichtlich der Tätigkeiten bedungen, die mit einer (pauschalen) Schadenersatzverpflichtung verknüpft werden kann.

Der im Auftragsschreiben vereinbarte Zeitrahmen für die Durchführung der erforderlichen Tätigkeiten dient als Richtlinie, ist aber, da die Vorgaben üblicherweise durch die Investmentbanken erfolgen und im Laufe des Projektes angepasst werden, Veränderungen unterworfen. Es ist jedoch notwendig, den spätesten Endtermin („Cut-Off Date"), nach dem der Berufsangehörige zu keinen weiteren Tätigkeiten bzw. Berichterstattungen verpflichtet ist, festzulegen.

Bei der Honorarvereinbarung mit dem Emittenten ist auf die besonderen fachlichen und zeitlichen Anforderungen anlässlich der Tätigkeit zur Ausfertigung eines Comfort Letter Bedacht zu nehmen. Dem Auftragsschreiben ist ein Entwurf des Comfort Letter beizuschließen, wobei im Entwurf ein Vorspann – wie er in der Anlage 4 zu dieser Empfehlung enthalten ist- unbedingt aufzunehmen ist.

Dem Berufsangehörigen wird empfohlen einen Entwurf des Underwriting Agreements zwischen Emittent und Konsortialführer, sobald dieses im Wesentlichen vereinbart ist, zu lesen. Von besonderem Interesse sind jene Abschnitte, in denen Form und Inhalt des Comfort Letter geregelt sind, um auf allfällige Abweichungen zwischen diesem und dem Entwurf des Comfort Letter rechtzeitig (schriftlich) hinweisen zu können.

Dem Auftrag sind grundsätzlich die Allgemeinen Auftragsbedingungen für Wirtschaftstreuhandberufe zugrunde zu legen (insbesondere bezüglich Gerichtsstand und anzuwendendem Recht), wobei in der Regel höhere als in den AAB genannte Haftungsgrenzen für grobe Fahrlässigkeit zu berücksichtigen sind. Weiters ist in das Schreiben aufzunehmen, dass dieser Auftrag jedenfalls dem österreichischen Recht unterliegt und im Verhältnis zum Emittenten ein inländischer Gerichtsstand als vereinbart gilt.

Das anwendbare Recht hat auch im Verhältnis zu den Investmentbanken österreichisches Recht zu sein. Der Gerichtsstand sollte in dem Land des anwendbaren Rechts liegen, jedenfalls aber innerhalb der Staaten, welche bis inklusive März 2004 der Europäischen Union angehört haben („EU 15"). Es ist darauf zu achten, dass eine entsprechende Rechtswahl und der vereinbarte Gerichtsstand von der Versicherung des Berufsangehörigen gedeckt ist.

Die Vereinbarung oder die Anwendbarkeit von US-Recht und/oder US-Gerichtsstand bei Emissionen, die in den Teilanwendungsbereich des US-Wertpapierrechtes (Section 144A (U.S.) Securities Act 1933) fallen, ist – ohne Vorliegen einer diese Risiken abdeckenden Einzelfallversicherung – unter Bedachtnahme auf die Bestimmungen des § 77 (1) WTBG 2017 als unzulässig einzustufen.

4.2. Auftragsdurchführung/Vollständigkeitserklärung

4.2.1. Auftragsumfang

Der Auftragsumfang richtet sich nach den im Auftragsschreiben vereinbarten Tätigkeiten, die im Zusammenhang mit der Ausfertigung des Comfort Letter erbracht werden. Es werden üblicherweise folgende Tätigkeiten durchzuführen sein:

- Prüferische Durchsicht („limited review") von Zwischen-(Quartals-) Abschlüssen (diese Tätigkeit kann auch in einem vom Comfort Letter gesonderten Auftragsschreiben vereinbart werden, da diese Tätigkeit üblicherweise die längste Vorlaufzeit benötigt);
- Einsicht in Protokolle von Organen (Aufsichtsrat, Vorstand etc.), Befragungen der Geschäftsleitung (des Finanzvorstandes) sowie der für das Finanz- und Rechnungswesen verantwortlichen Mitarbeiter der Gesellschaft (sog. „read & discuss procedures");
- Andere vereinbarte Tätigkeiten („agreed upon procedures" bzw. „vereinbarte Untersuchungshandlungen" im Sinne von ISRS 4400 bzw. KFS/PG 14); insbesondere Durchsicht des Prospektes hinsichtlich Zahlenabgleich (Vergabe von sogen. „Prüfzeichen") mit geprüften oder prüferisch durchgesehenen Abschlüssen in der Regel auf Grund von Vorgaben und Anforderungen des Unternehmens und der an der Transaktion beteiligten Banken.

4.2.2. Einholung von Informationen, Beurteilung und Dokumentation

Der Berufsangehörige hat sich, neben ausreichenden Kenntnissen über den Emittenten selbst, insbesondere Informationen über das rechtliche und wirtschaftliche Umfeld sowie solche Ereignisse, Entwicklungen, Gestaltungen und Übungen zu verschaffen, die sich auf seine Tätigkeiten auswirken können. Art und Umfang der Arbeiten sind dabei so zu planen, dass

- bedeutende Risikofelder erkannt werden, die zu wesentlichen falschen oder unklaren Aussagen oder unvollständigen Angaben führen können, und
- hierauf aufbauend eine risikoorientierte Vorgehensweise bei der Durchführung von Arbeiten im Zusammenhang mit der Ausfertigung von Comfort Letter entwickelt werden kann.

Für die Durchführung dieser Arbeiten sind neben den gesetzlichen Bestimmungen die jeweils geltenden fachlichen Regelungen zu beachten.

Die Auftragsdurchführung ist in einer Art und Weise zu dokumentieren, die einem fachkundigen

Dritten ein Nachvollziehen der Tätigkeiten ermöglicht (insbesondere ist auf die geordnete Ablage der zur Verfügung stehenden Basisdaten, der Nachweise der prüferischen Tätigkeiten selbst sowie der Gesprächsprotokolle Wert zu legen).

Darüber hinaus ist die jeweils letztgültige Fassung des Prospektes darin aufzunehmen. Obwohl die Beurteilung des Prospekts insgesamt nicht Gegenstand der Arbeiten im Zusammenhang mit der Ausfertigung eines Comfort Letter ist, empfiehlt es sich für den Berufsangehörigen, den Prospekt zu lesen und die verantwortlichen Prospektersteller bei Kenntnis von Unrichtigkeiten auf diese aufmerksam zu machen (auch wenn dies über den vereinbarten Arbeitsumfang hinausgeht).

Des Weiteren sind folgende Erklärungen einzuholen bevor die Tätigkeiten abgeschlossen werden:

- Vollständigkeitserklärungen der Geschäftsleitung des Emittenten hinsichtlich der vorgelegten finanziellen Informationen, Dokumente und erteilten Auskünfte, für alle erbrachten Leistungen (vgl. hierzu Anlage 2).
- Erklärung der Banken (Lead Manager) in der sie einen auf Basis des vorliegenden Entwurfes erstellten Comfort Letter anfordern und gleichzeitig die Rechtswahl- sowie Gerichtsstandsklausel (anzuwendendes Recht und Gerichtsstand) anerkennen (Request Letter, siehe Anlage 3).
- Im Falle von Platzierungen, die unter Rule 144A des (US) Securities Act 1933 fallen, ist darüber hinaus auch eine schriftliche Erklärung des Konsortialführers hinsichtlich der durchgeführten Due Diligence Prüfungen (Representation Letter, siehe Anlage 6.) einzuholen.

Die Vollständigkeitserklärungen und sonstigen Erklärungen müssen das Datum des jeweiligen Comfort Letter tragen. Eine Unterschriftsleistung sämtlicher Mitglieder der Geschäftsleitung ist anzustreben, jedenfalls aber jene des Vorsitzenden der Geschäftsleitung sowie jene des für die Finanzen verantwortlichen Mitglieds der Geschäftsleitung.

4.3. Comfort Letter

4.3.1. Adressat und Einleitung

Der vom Berufsangehörigen ausgefertigte Comfort Letter richtet sich üblicherweise an den/die Konsortialführer und an den Emittenten als Auftraggeber. In der Einleitung wird festgehalten, welche im Prospekt enthaltenen Abschlüsse vom Berufsangehörigen geprüft wurden. Der Berufsangehörige kann auch schriftlich darauf hinweisen, dass der Konsortialführer eine Due Diligence (Sorgfaltsprüfung zu Geschäfts-, Finanz-, Steuer- und Rechtsrisiken) durchgeführt hat bzw. durchführen hat lassen. Weiters erklärt der Berufsangehörige, dass er im Sinne der gesetzlichen und standesüblichen Vorschriften vom Emittenten unabhängig ist.

Der Berufsangehörige verweist auf die durch ihn durchgeführte(n) Prüfung(en) der im (unvollständigen bzw. vollständigen) Prospekt enthaltenen Abschlüsse und hält fest, wann ein Bestätigungsvermerk erteilt wurde. Es handelt sich bei diesem Verweis um eine Wissenserklärung, also einen Hinweis auf Fakten ohne Rechtsfolgenwille. Keinesfalls darf der Wortlaut des Bestätigungsvermerks wiederholt werden, da der Comfort Letter ein späteres Datum als der Bestätigungsvermerk trägt und eine Neuausstellung eines Bestätigungsvermerks eine neuerliche Abschlussprüfung erfordern würde und dies regelmäßig nicht zu den vereinbarten Tätigkeiten in Zusammenhang mit der Ausstellung eines Comfort Letter gehört.

In vielen Fällen wird der Prospekt in Englisch erstellt und die geprüften Abschlüsse sind in übersetzter Form im Prospekt enthalten. Da die Abschlussprüfung sich auf die deutschsprachigen Abschlüsse bezogen hat, muss der Berufsangehörige im Comfort Letter auf die Tatsache hinweisen, dass es sich bei den beigefügten Abschlüssen um Übersetzungen handelt. Auch im Prospekt selbst ist darauf hinzuweisen.

Zudem hat der Berufsangehörige zu erklären, dass er keinen Abschluss zu einem späteren Stichtag als den im Comfort Letter beschriebenen Abschluss einer Abschlussprüfung unterzogen hat.

Der Berufsangehörige trifft im Comfort Letter – über die Tatsache der Erteilung hinaus – grundsätzlich keine Aussagen zum Bestätigungsvermerk. Es besteht keine Verpflichtung, erneut Aussagen zum Bestätigungsvermerk zu treffen.

Nach der Erteilung des Bestätigungsvermerks ist der Abschlussprüfer grundsätzlich nicht verpflichtet, zu dem geprüften Jahres-/Konzernabschluss und Lagebericht weitere Prüfungshandlungen vorzunehmen bzw. weitere Nachforschungen anzustellen. Die Feststellung von Ereignissen, die nach Erteilung des Bestätigungsvermerks bis zu einem maßgeblichen Stichtag bekannt geworden sind, ist nicht Teil der Abschlussprüfung.

4.3.2. Aussagen über die Durchführung einer prüferischen Durchsicht

Ist im Prospekt ein Zwischenabschluss enthalten, der einer prüferischen Durchsicht unterzogen wurde, ist zu unterscheiden, ob der Bericht über die prüferische Durchsicht dem Prospekt beigefügt wird oder nicht. Wird der Bericht dem Prospekt beigefügt, verweist der Berufsangehörige auf die durchgeführte prüferische Durchsicht und das Datum des Berichts über die prüferische Durchsicht. Nur wenn der Bericht nicht im Prospekt abgedruckt wird, trifft der Berufsangehörige Aussagen über die Ergebnisse der prüferischen Durchsicht im Comfort Letter. In diesem Fall kann auf Grund des eingeschränkten, mit der Transaktion vertrauten Adressatenkreises des Comfort Letters die Berichterstattung über die prüferische Durchsicht verkürzt erfolgen.

4.3.3. Aussagen über die Durchführung von anderen vereinbarten Tätigkeiten

a) Lesen von Monatsberichten

Der Berufsangehörige weist in diesem Abschnitt zunächst darauf hin, dass die leitenden Mitarbeiter der Gesellschaft ihm versichert haben, dass nach dem letzten geprüften oder einer prüferischen Durchsicht unterzogenen Abschluss kein weiterer (Zwischen-)Abschluss erstellt wurde.

Sind unternehmensinterne Monatsberichte, die zumindest aus einer (konsolidierten) verkürzten Bilanz und Gewinn- und Verlustrechnung bestehen, vorhanden, hat der Berufsangehörige jedenfalls den letzten verfügbaren Monatsbericht zu lesen und die leitenden Mitarbeiter des Unternehmens hinsichtlich wesentlicher Veränderungen einzelner Posten zu befragen. Die Mitarbeiter des Unternehmens haben auch zu bestätigen, dass diese Monatsberichte im Wesentlichen nach den gleichen Bilanzierungs- und Bewertungsgrundsätzen erstellt wurden, wie der letzte geprüfte oder prüferisch durchgesehene Abschluss. Diese Tätigkeiten stellen keine Abschlussprüfung oder prüferische Durchsicht gemäß den in Österreich berufsüblichen Prüfungsgrundsätzen/von der IFAC veröffentlichten ISA oder ISRE oder anderer üblicherweise anerkannten Prüfungsstandards dar.

b) Lesen von Protokollen

Weiters sind die Protokolle der Hauptversammlungen, Aufsichtsrats- und Vorstandssitzungen o.ä. vom Berufsangehörigen durchzusehen. Sind im Aufsichtsrat Ausschüsse eingerichtet, so umfasst dieses Lesen jedenfalls die Protokolle des Prüfungsausschusses.

Haben Sitzungen der Organe stattgefunden, die nicht, oder nur im Entwurf protokolliert sind, so ist im Comfort Letter darauf hinzuweisen.

c) Veränderung einzelner Posten

Bei diesen Posten handelt es sich üblicherweise um das Nennkapital und die langfristigen Finanzierungsverbindlichkeiten des Unternehmens, allenfalls um den Umsatz, jedoch keinesfalls um Ergebnisdaten oder nach betriebswirtschaftlichen Grundsätzen ermittelte Kennzahlen und Saldogrößen. Wesentlich ist, dass das Management seinerseits Auskünfte über Veränderungen dieser Posten begründet erteilen kann, weil es z.B. ein aktuelles internes Berichtswesen gibt oder andere Informationen verfügbar sind, die es dem Management ermöglichen, diese Aussagen zu treffen.

Begriffe wie „negative" oder „nachteilige Veränderungen" („adverse changes"), „Veränderungen in der Finanzlage" oder „Veränderungen in den wirtschaftlichen Verhältnissen der Emittentin" sind zu vermeiden, da sie keinen hinreichend klaren Begriffsinhalt haben.

Ebenso soll keine Aussage zur Wesentlichkeit einer Veränderung (sofern nicht ziffernmäßig oder prozentmäßig definiert) erfolgen, da im Zusammenhang mit Kapitalmarkttransaktionen andere Wesentlichkeitsgrundsätze und –grenzen gelten können, als sich diese aus den einschlägigen Berufsstandards ergeben.

d) Abgleich von Zahlenangaben

Weiters ordnet der Berufsangehörige im Verkaufsprospekt außerhalb der abgedruckten Abschlüsse enthaltene Beträge einer Hierarchie von Prüfzeichen zu (insgesamt als „Levels of Comfort" bezeichnet). Diesen Aussagen (Prüfzeichen) liegen vereinbarte Tätigkeiten („Agreed Upon Procedures") zugrunde. Der Berufsangehörige trifft somit keine Gesamtaussage, sondern nur Einzelaussagen, die auf zahlenmäßige Beträge (und Prozentsätze, die von solchen Beträgen abgeleitet sind) zu begrenzen sind. Ferner sind im Comfort Letter nur zu solchen Beträgen Aussagen aufzunehmen, die aus dem Rechnungswesen des Emittenten abgeleitet und damit vom internen Kontrollsystem erfasst sind. Nicht darunter fallen im Regelfall Aussagen zu z.B. Quadratmeter – Verkaufsfläche, Auftragseingang und -bestand, Marktanteilen, Investitionsbudgets u.ä. Die einzelnen Prüfzeichen („Tickmarks") dürfen sich zudem nur auf Werte beziehen, die Zeiträumen zugeordnet werden können, deren Abschlüsse der Berufsangehörige entweder geprüft oder einer prüferischen Durchsicht unterzogen hat.

Bei der Erläuterung zu den einzelnen Prüfzeichen ist auf eine präzise Formulierung zu achten. Insbesondere sollte ein Hinweis auf Rundungsdifferenzen enthalten sein und der Ausschluss von inhaltlichen Aussagen über den Grund von Veränderungen bzw. inhaltlichen Zusammenhängen aufgenommen werden. Zu einer typischen Hierarchie von Prüfzeichen wird auf Anlage 4 verwiesen.

Mit der Durchführung des Zahlenabgleichs ist keine über den Zahlenabgleich hinausgehende inhaltliche Untersuchung der zu Grunde liegenden Informationsquellen verbunden.

c) Aussage zu steuerlichen Bestimmungen

Oftmals sind im Verkaufsprospekt auch allgemeine Aussagen zu den steuerlichen Konsequenzen eines Erwerbs der Wertpapiere in Österreich enthalten. Im Comfort Letter kann der Berufsangehörige darüber eine Aussage treffen.

f) Sonstiges

Abschließend wird ausdrücklich festgehalten, dass der Comfort Letter ausschließlich der Information des Emittenten und des Konsortialführers im Zusammenhang mit der Kapitalmarkttransaktion dient und nicht veröffentlicht oder anderweitig zitiert oder verwendet werden darf. Zudem erklärt der Berufsberechtigte, dass er keine Verantwortung für die Aktualisierung des Comfort Letter bezüglich solcher Ereignisse und Umstände übernimmt, die sich nach dem Datum des Comfort Letter, welches ebenfalls festzuhalten ist, ergeben. Der Berufsangehörige schließt die vereinbarten Tätigkeiten zu einem Datum ab, das vor dem Datum der Ausfertigung des Comfort Letter liegt („Cut-Off Date"); ein diesbezüglicher Hinweis ist in den Comfort Letter aufzunehmen.

4.4. Bring Down Letter

Der Bring Down Letter wird üblicherweise mit jenem Datum ausgestellt, zu welchem die mit der Emission betrauten Investmentbanken die Wertpapiere an die Investoren gegen Zahlung des Kaufpreises bzw. des Ausgabebetrages weiterreichen („Closing"). Die Erteilung eines Bring Down Letter ist nur bei jenen Transaktionen erforderlich, bei denen dies ausdrücklich vereinbart wurde.

Inhaltlich bezieht sich der Bring Down Letter auf den zuvor erteilten Comfort Letter und richtet sich an denselben Adressatenkreis. Die Aufnahme dieser Tätigkeit in die Auftragsvereinbarung wird empfohlen. Einige der im Comfort Letter angeführten Tätigkeiten erfahren im Bring Down Letter eine Ausdehnung in zeitlicher Hinsicht bis zu einem neuen Stichtag („New Cut-Off Date") vor dem Closing.

Aufgrund der vorher beschriebenen Funktion des Bring Down Letter wird nur auf jene Absätze im Comfort Letter verwiesen, in denen sich Angaben mit einer zeitlichen Beschränkung bis zum Stichtag („Cut-Off Date") dieses Schreibens befinden und die eine diesbezügliche zeitliche Ausdehnung bis zum neuen Stichtag („New Cut-Off Date") erfahren. Allerdings ist möglicher Weise auch auf andere Zeiträume, die vor dem neuen Stichtag („New Cut-Off Date") enden, Bezug zu nehmen, wenn etwa neue Monatsberichte verfügbar werden; die entsprechenden Passagen des Comfort Letters sind dann im Wege des Bring Down Letters anzupassen.

In der Regel wird der neue Stichtag zeitnah vor dem tatsächlichen Closing der Kapitalmarkttransaktion liegen. Die in Abschnitt 4.2.2. beschriebenen Dokumentationsanforderungen gelten bei der Ausfertigung eines Bring Down Letter sinngemäß.

Die Klauseln hinsichtlich des eingeschränkten Adressatenkreises des Schreibens sowie die eingeschränkte Publizität sollten auch im Bring Down Letter angeführt werden. Beispiele für Bring Down Letter (in englischer und deutscher Sprache) finden sich in Anlage 5.

Vor Ausfertigung des Bring Down Letter ist jedenfalls vom Berufsangehörigen eine weitere Vollständigkeitserklärung (Closing) einzuholen. Diese muss das Datum des Bring Down Letter tragen. Die unter 4.2.2. gemachten Aussagen zur Vollständigkeitserklärung gelten auch für diese Vollständigkeitserklärung. Da der Bring Down Letter inhaltlich den gesamten Inhalt des Comfort Letters abdeckt, ist die Vollständigkeitserklärung (vgl. Anlage 2.) nochmals vollständig einzuholen.

4.5. Request Letter[3] oder Representation Letter

Vor Ausfertigung des Comfort Letter hat der Berufsangehörige vom Konsortialführer jedenfalls einen sogenannten Request Letter einzuholen. Mit diesem Schreiben werden insbesondere das anwendbare Recht, die Gerichtsstandsklausel und gegebenenfalls eine Haftungsvereinbarung auch von den mit der Emission betrauten Investmentbanken rückbestätigt. Ein Beispiel für einen Request Letter (in englischer und deutscher Sprache) findet sich in Anlage 3.

Im Falle eines Rule 144A private placement hat die konsortialführende Bank zusätzlich zu bestätigen, dass sie marktübliche due diligence Untersuchungen vorgenommen oder beauftragt hat. Ein Beispiel für einen derartigen Representation Letter (in englischer Sprache) findet sich in Anlage 6.

4.6. Sonstige Anmerkungen

Die Übergabe des von Berufsangehörigen ausgefertigten Comfort Letter oder Bring Down Letter kann auch über einen Dritten erfolgen, der das Schreiben als Treuhänder vor dem Ausstellungsdatum in Verwahrung nimmt und auf Anweisung des Berufsangehörigen am Ausstellungstag den Adressaten zur Verfügung stellt oder auf dessen Auftrag hin davon absieht. In diesem Fall sind die Einzelheiten des Ablaufes in einer Treuhandvereinbarung festzulegen.

Bei englischsprachigen Comfort Letter, denen deutschsprachige Abschlüsse zu Grunde liegen, können die Bezeichnungen der jeweiligen Abschlussposten als Klammerzusatz in den Text eingefügt und zum Zwecke der Klarstellung im Text durchgängig wiederholt werden (Beispiel: share capital (Nennkapital)). Bei einem englischsprachigen Prospekt sollte darauf hingewiesen werden, dass es sich bei an den Prospekt angeschlossenen oder in den Prospekt inkorporierten englischsprachigen Abschlüssen um Übersetzungen der geprüften deutschen Originale handelt – weder der Abschluss noch der Bestätigungsvermerk sind mit (gescannten) Unterschriften zu versehen. Allenfalls kann ein Hinweis erfolgen, dass der Lagebericht nicht Bestandteil des Prospektes ist.

Jeder Comfort Letter sollte am Ende Erläuterungen bzw. Informationen mit Bezug auf die Verantwortlichkeit des Berufsangehörigen enthalten, der den Comfort Letter ausgefertigt hat, sowie die Verwendbarkeit des Comfort Letter regeln. Dazu gehören insbesondere folgende Anmerkungen:

- Grundsätzlich beziehen sich Abschlussprüfungen auf einen Rechnungsabschluss als Ganzes und nicht auf Einzelsalden oder Zusammenfassungen von einzelnen Transaktionen. Die Tätigkeiten, die anlässlich der Ausfertigung eines Comfort Letter durchgeführt werden müssen, unterscheiden sich in Umfang und Qualität deutlich von jenen, die anlässlich einer Jahresabschlussprüfung durchzuführen sind. Daraus resultiert, dass im Zuge der Ausfertigung eines Comfort Letter keinesfalls ein Bestätigungsvermerk erteilt wird.
- Der Comfort Letter von Berufsangehörigen enthält, mit Ausnahme von Aussagen entsprechend Abschnitt 4.3.3. lit e), keinerlei Aussagen über rechtliche Fragen.
- Ob die vereinbarten Tätigkeiten für die Zwecke des Konsortialführers ausreichen oder nicht, liegt nicht in der Verantwortung des

[3] Teilweise wird dieses Schreiben auch als „Jurisdiction Letter" bezeichnet.

Berufsangehörigen, der den Comfort Letter ausfertigt.

5. Liste der Anlagen

- **Anlage 1**

  Schema für Auftragsschreiben (Engagement Letter)
- **Anlage 2**

  2.1. Muster einer Vollständigkeitserklärung des Emittenten in Deutsch (Comfort Letter)

  2.2. Muster einer Vollständigkeitserklärung des Emittenten in Englisch (Comfort Letter)
- **Anlage 3**

  3.1. Muster eines Request Letter in Deutsch

  3.2. Muster eines Request Letter in Englisch
- **Anlage 4**

  4.1. Muster eines Comfort Letter in Deutsch

  4.2. Muster eines Comfort Letter in Deutsch (Variante 135 Tage abgelaufen)

  4.3. Muster eines Comfort Letter in Englisch

  4.4. Muster eines Comfort Letter in Englisch (Variante 135 Tage abgelaufen)
- **Anlage 5**

  5.1. Muster eines Bring Down Letter in Deutsch

  5.2. Muster eines Bring Down Letter in Englisch
- **Anlage 6**

  6.1. Muster eines Bestätigungsschreibens des Konsortialführers in Deutsch (keine Übersetzung)

  6.2. Muster eines Bestätigungsschreibens des Konsortialführers in Englisch

6. Anwendungszeitpunkt

Die Empfehlung in der überarbeiteten Fassung ist auf Comfort Letter, die am oder nach dem 1.1.2015 ausgefertigt werden, anzuwenden.

Anlage 1.
Schema für Auftragsschreiben (Engagement Letter)

Inhalt eines Auftragsschreibens in Zusammenhang mit der Erstellung eines Comfort Letter

Adressat	Schreiben richtet sich an den Mandanten
Einleitung	• Zusammenfassung der Vereinbarung ist Ziel dieses Schreibens • Erläuterung der Vorgangsweise für Erstellung des Prospektes, aber Klarstellung, dass der Berufsangehörige nicht an der Prospekterstellung beteiligt ist • Benennung der geplanten Transaktion und der Börse sowie der relevanten Bestimmungen (insbesondere U.S. – Recht)
Umfang	• Erstellung eines Comfort Letter (Muster beilegen!) • Befragung von Vorstandsmitgliedern und sonstigen Mitarbeitern • Durchsicht von Vorstands- und Aufsichtsratsprotokollen sowie Protokollen von Hauptversammlungen • Verweis auf Vereinbarungen für Prüfung bzw. prüferische Durchsicht von Abschlüssen
Verantwortlichkeit	• Verantwortlichkeit für die Erstellung und des Inhaltes des Prospektes liegt beim Vorstand. • Vorstand verantwortlich für freien Zugang zu Unterlagen, Informationen und Mitarbeitern, die für die Erstellung eines Comfort Letter notwendig sind • Verantwortlichkeit wird durch Vollständigkeitserklärung dokumentiert (evtl. Muster beilegen) • Verantwortlichkeit des Vorstandes zur Einhaltung von mit dem Berufsangehörigen getroffenen Vereinbarungen auch im Rahmen von sonstigen Vereinbarungen (zB Underwriting Agreement) mit anderen Personen
Entbindung von der Verschwiegenheit	• Entbindung von der Verschwiegenheit gegenüber den mit der Emission betrauten Investmentbanken und ihrer und der eigenen Berater
Berichterstattung	• Grundsätzlich Schriftlichkeit vereinbaren – mündliche Aussagen sind nur dann gültig, wenn sie schriftlich wiederholt wurden • Untersagung der Weitergabe bzw. “in Umlauf bringen” des Comfort Letter an Dritte (Hinweis darauf, dass eine solche Klausel im Comfort Letter enthalten sein wird) • Untersagung der Verwendung, Bezugnahme und Zitierung des Comfort Letter durch Dritte • Vertraulichkeit der Unterlagen ist zu vereinbaren • Hinweis darauf, dass für Entwürfe keine Haftung übernommen wird
Zeitrahmen	• Zeitrahmen für die Auftragsdurchführung • Hinweis auf Abhängigkeit bei der Durchführung von der zeitgerechten Erteilung von Auskünften und Bereitstellung von Unterlagen
Honorar	• Angabe von Stunden- oder Tagessätzen • Abschätzung der Gesamtkosten möglich • Vereinbarung von Kostentragung für Versicherungsschutz • Anzahlungen
Auftragsbedingungen	• Allgemeine Auftragsbedingungen sind zu vereinbaren (separate Unterfertigung)
Haftung	• Begrenzung der Haftung für Fahrlässigkeit • Abweichungen von § 8 (2) AAB samt betraglicher Begrenzung
Sonstiges	• Vereinbarung der Schriftform für Ergänzungen und Änderungen • Salvatorische Klausel • Vereinbarung von österreichischem Recht und inländischem Gerichtsstand • Einholung eines Request Letter • Gegenzeichnung eines Briefduplikats sowie der AAB

Anlage 2.1.

Muster einer Vollständigkeitserklärung des Emittenten in Deutsch (Comfort Letter)

Das nachfolgende Muster ist an die jeweiligen konkreten Umstände des Einzelfalles anzupassen.

[▶Briefkopf des Klienten]

An
[▶Berufsangehöriger]
[▶Adresse]
[▶Datum]

Comfort Letter im Zusammenhang mit

____ der [▶XXX] Aktiengesellschaft

[▶Bezeichnung der Transaktion; bspw. Emission von bis zu [▶Stück] auf den Inhaber lautende Stückaktien]

Im Zusammenhang mit dem deutschsprachigen [▶Bezeichnung des Prospekts] vom [▶Datum] und dem englischsprachigen [▶Bezeichnung des Prospekts] vom [▶Datum] (im Folgenden: „Prospekte") für die vorgenannte [▶Bezeichnung der Transaktion] (im Folgenden: „Transaktion") der [▶XXX] Aktiengesellschaft (im Folgenden: „Gesellschaft") und mit Ihren Tätigkeiten zur Abgabe eines Comfort Letter erklären wir als Vorstandsmitglied(er) / Geschäftsführer Folgendes:

A. Aufklärungen und Nachweise

Die Aufklärungen und Nachweise, um die Sie uns bei Durchführung Ihrer Tätigkeiten im Zusammenhang mit dem Comfort Letter gebeten haben, haben wir Ihnen vollständig und nach bestem Wissen und Gewissen gegeben. [*sofern nicht alle Vorstände / Geschäftsführer unterfertigen*: Dabei haben wir außer unseren persönlichen Kenntnissen auch die Kenntnisse der übrigen Mitglieder des Vorstandes / der Geschäftsführung an Sie weitergegeben.] Als Auskunftspersonen haben wir Ihnen die nachfolgend aufgeführten Personen benannt:

____

____

____

____

Diese Personen sind von uns angewiesen worden, Ihnen alle erforderlichen und alle gewünschten Auskünfte und Nachweise richtig und vollständig zu geben.

B. Sitzungen der Gremien der Gesellschaft

1. Sämtliche Protokolle von Aufsichtsratssitzungen einschließlich Prüfungsausschusses des Aufsichtsrates, Vorstandssitzungen und Hauptversammlungen der Gesellschaft, die in der Zeit vom [▶Datum Beginn des Geschäftsjahres] bis zum [▶Cut-Off Date] (Cut-off Date des Comfort Letter) stattgefunden haben, wurden Ihnen vollständig zur Verfügung gestellt. Alle wesentlichen während diesen Sitzungen besprochenen Sachverhalte sind in den Protokollen enthalten. Alle Sitzungen von Gremien der Gesellschaft wurden protokolliert.
2. Für die Sitzung des [▶Bezeichnung des Gremiums] am [▶Datum] liegt bisher lediglich ein Protokollentwurf vom [▶Datum] vor, der Ihnen zur Verfügung gestellt wurde. Alle wesentlichen während dieser Sitzung besprochenen Sachverhalte sind in dem Protokollentwurf enthalten.
3. Für die Sitzung des [▶Bezeichnung des Gremiums] am [▶Datum] ist noch kein Protokoll oder Protokollentwurf erstellt worden.

C. Change Period

1. Für den Zeitraum oder einen Zeitpunkt nach dem [▶Datum, vgl. Comfort Letter] wurden keine Jahres-, Konzern- oder Zwischenabschlüsse der Gesellschaft mehr erstellt.
2. Für den Zeitraum zwischen dem Stichtag des letzten (Konzern-)Zwischenabschlusses zum [▶Datum, vgl. Comfort Letter] und dem Cut-Off Date des Comfort Letter sind folgende Monatsberichte verfügbar:
   a) Monatsbericht für [▶Monat], bestehend aus:

      ____

   b) Monatsbericht für [▶Monat], bestehend aus:

      ____

3. Bei der Erstellung der im vorhergehenden Punkt aufgeführten Monatsberichte wurden im Wesentlichen die gleichen Bilanzierungs- und Bewertungsgrundsätze angewandt wie bei der Aufstellung der Jahres-/Konzernabschlüsse zum [▶Datum, vgl. Comfort Letter].
4. Für den Zeitraum bis zum [▶Datum des letzten verfügbaren Monatsberichtes] geben wir folgende Erklärung ab:
   4.1. Zum [▶Datum des letzten verfügbaren Monatsberichtes] haben sich im Vergleich zum letzten von Ihnen geprüften oder prüferisch durchgesehenen Konzern(zwischen)abschluss zum [▶Datum]
   - keine Veränderungen des Nennkapitals ergeben,
   - keine Verringerungen/Zunahmen der [▶Abschlussposten Bilanz] ergeben
   - folgende Verringerungen/Zunahmen ergeben:

     ____

     ____

   4.2. In der Periode vom [▶Datum, Monatserste nach dem letzten geprüften oder prüferisch durchgesehenen Konzern(zwischen)abschluss] bis zum [▶Datum des letzten verfügbaren Monatsberichtes] sind im Vergleich zur entsprechenden Periode des Vorjahres
   - keine Verringerungen/Zunahmen der [▶Posten Gewinn- und Verlustrechnung] eingetreten,
   - folgende Verringerungen/Zunahmen eingetreten:

     ____

     ____

5. Für den Zeitraum bis zum Cut-Off Date des Comfort Letter geben wir folgende Erklärung ab:
   5.1. Zum Cut-Off Date des Comfort Letter haben sich im Vergleich zum letzten von Ihnen geprüften oder prüferisch durchgesehenen Konzern(zwischen)abschluss zum [▶Datum]
   - keine Veränderungen des Nennkapitals ergeben,
   - keine Verringerungen/Zunahmen der [▶Abschlussposten Bilanz] ergeben
   - folgende Verringerungen/Zunahmen ergeben:

     ____

     ____

   5.2. In der Periode [▶Datum, Monatserste nach dem letzten geprüften oder prüferisch durchgesehen Konzern(zwischen)abschluss] bis zum Cut-Off Date des Comfort Letter sind im Vergleich zur entsprechenden Periode des Vorjahres
   - keine Verringerungen/Zunahmen der [▶Posten Gewinn- und Verlustrechnung] eingetreten,
   - folgende Verringerungen/Zunahmen eingetreten:

     ____

     ____

D. Abschlüsse

Die in den Prospekten abgebildeten

– Jahresabschlüsse der Gesellschaft zum [▶Datum], zum [▶Datum], und zum [▶Datum],

– Konzernabschlüsse der Gesellschaft zum [▶Datum], zum [▶Datum], und zum [▶Datum],

– (Konzern-)Zwischenabschluss der Gesellschaft zum [▶Datum]

entsprechen den von uns aufgestellten und Ihnen vorgelegten Abschlüssen.

E. Zusätze und Bemerkungen

____

____

____

____

Unterschriften:

Anlage 2.2.
Muster einer Vollständigkeitserklärung des Emittenten in Englisch (Comfort Letter)

This Draft should be adapted according to the specific circumstances.

[▶Letterhead Company]
Attn. of
[▶name & address of auditors]
[▶Date]

Comfort Letter in Connection With ______________________________
of [▶XXX] Company

[description of transaction; e.g., issue of up to [▶number] bearer shares without par value]

In connection with the German prospectus of [▶date] and the English language prospectus of [date] (the "Offering Circulars") for the above-mentioned [transaction] (the "Issue") of [▶XXX] Company (the "Company") and your work for the issuance of a comfort letter, we, as director(s)/general manager(s), make the following representations:

A. Information and Documentation

We confirm that we have provided you with all the information and documentation you requested for your work in connection with the comfort letter to the best of our knowledge and belief and that we have disclosed to you the facts known to ourselves [*If not signed by all members of management*: and to the other members of management board.] We nominated the following persons to provide you with information:

____
____
____
____

We instructed these persons to provide you, completely and accurately, with any information and documentation required and requested.

B. Meetings of the Company's Boards and Shareholders

1. All minutes of meetings of the supervisory board including the audit committee, management board and shareholders held between [▶Datum Beginn des Geschäftsjahres] and [▶Cut-Off Date] (Cut-off date of the comfort letter), were made available to you in full. All significant issues discussed at those meetings are recorded in the minutes. Minutes were prepared for all of the meetings of the Company's boards and shareholders.
2. For the meeting of [▶name of body] on [▶date] only a draft of the minutes dated [▶date] is available to date; this draft was made available to you. All significant issues discussed at this meeting are recorded in the draft of the minutes.
3. No minutes or draft of the minutes have yet been prepared for the meeting of [▶name of body] on [▶date].

C. Change Period

1. No annual, consolidated or interim financial statements of the Company have been prepared as of any date or for any period subsequent to [▶date, cf. comfort letter].
2. The following monthly financial information is available for the period from the balance sheet date of the most recent interim (consolidated) financial statements as of [▶date, cf. comfort letter] and Cut-Off Date of the comfort letter:
   a) monthly financial information for [▶month], consisting of:

      ____
      ____

   b) monthly financial information for [▶month]) , consisting of:

      ____
      ____

3. The monthly financial information was stated on a basis substantially consistent with that of the most recent annual/consolidated financial statements as of [▶date, cf. comfort letter].
4. With respect to the period from [▶date of the most recent audited or reviewed interim financial statements] to / [▶date of the latest monthly financial information] we represent that

4.1. as of [▶date of the latest monthly financial information] as compared to the latest audited or reviewed consolidated (interim) financial statements as of [▶date] there were
  - no changes in the stated capital;
  - no decreases/increases in [▶balance sheet items];
  - the following decreases/increases:

    ____

    ____

4.2. In the period from [▶date, beginning of the consecutive month after date of most recent audited or reviewed consolidated (interim) financial statements] to [▶date of the latest monthly financial information] there were, as compared with the corresponding period in the preceding year,
  - no decreases/increases in [▶income statement items];
  - the following decreases/increases:

    ____

    ____

5. With respect to the period to the Cut-Off Date of the comfort letter we represent that:

5.1. as of the Cut-Off Date of the comfort letter as compared to the latest audited or reviewed consolidated (interim) financial statements as of [▶date] there were
  - no changes in the stated capital;
  - no decreases/increases in _________ [▶balance sheet items];
  - the following decreases/increases:

    ____

    ____

5.2. in the period [▶date, beginning of the consecutive month after date of most recent audited or reviewed consolidated (interim) financial statements] to the Cut-Off Date of the comfort letter there were
  - no decreases/increases in [▶income statement items];
  - the following decreases/increases:

    ____

    ____

D. Financial Statements

The

- financial statements of the Company as of [▶date], as of [▶date], and as of [▶date],
- consolidated financial statements of the Company as of [▶date], as of [▶date], and as of [▶date],
- interim (consolidated) financial statements of the Company as of [▶date],

which are presented in the Offering Circulars correspond to the financial statements prepared by us and provided to you.

E. Additional Notes ____

____

____

____

____

____

Signatures:

Anlage 3.1.
Muster eines Request Letter in Deutsch

[Briefkopf der Lead Manager]

[▶Wirtschaftsprüfer]

[▶Betreff]
[▶Datum]
Sehr geehrte Damen und Herren!

[▶Bank] als Lead Manager im eigenem Namen und für die anderen Manager, welche namentlich im Underwriting Agreement//Prospekt vom [▶Datum] genannt sind, in Zusammenhang mit dem Angebot von Aktien der [▶Gesellschaft], wie im [▶Prospekt] vom [▶Datum] näher beschrieben, ersucht Sie höflich einen „Comfort" Letter auszustellen, der im Wesentlichen mit der angeschlossenen Vorlage übereinstimmt, wobei Punkt [▶zu dem Gerichtstand, ggf anwendbaren Recht und ggf Haftungsvereinbarung] jenem der angeschlossenen Vorlage zu entsprechen hat.

Mit freundlichen Grüßen
[▶Bank]
Durch: ______________________ vertretungsbefugt für [▶Bank]
Name:
Titel:
Durch: ______________________ vertretungsbefugt für [▶Bank]
Name:
Titel:

Beilage: „Comfort Letter" (Entwurf)

Anlage 3.2.
Muster eines Request Letter in Englisch

[Letterhead of Lead Manager]

[▶Auditor]
[▶Reference]
[▶Date]
Gentlemen,

[Bank], as lead manager, and as representative of the other managers named in the Underwriting Agreement//Prospectus, dated [▶Date], in the offering of shares of [▶Company] as described in the Prospectus, dated [▶Date], kindly requests that you deliver to us a „comfort letter" substantially in the form attached hereto, provided that paragraph [▶with regards to the place of jurisdiction, and, if applicable, applicable law and liability agreement] thereof shall have a wording identical to the one included in the enclosed form.

Yours sincerely,
[▶Bank]
By: ____________________ entitled to represent [▶Bank]
Name:
Title:
By: ____________________ entitled to represent [▶Bank]
Name:
Title:

Enclosure: „comfort letter" (draft)

Anlage 4.1.
Muster eines Comfort Letter in Deutsch

Dieser Entwurf basiert auf der vom Institut Österreichischer Wirtschaftsprüfer veröffentlichten Comfort Letter Empfehlung und dient ausschließlich den Zweck, die Form und den Inhalt des Comfort Letter anzuzeigen, den wir auf Anforderung der unten genannten Adressaten ausstellen könnten. Der Entwurf beinhaltet diejenigen Aussagen und Tätigkeiten von denen wir auf Grund unserer Gespräche mit den unten genannten Adressaten annehmen, dass sie die Adressaten erwarten. (//ODER: Der Entwurf beinhaltet diejenigen Aussagen und Handlungen von denen wir annehmen, dass sie die unten genannten Adressaten erwarten.) Soweit wir nichts Gegenteiliges hören, gehen wir davon aus, dass keine weiteren Aussagen getroffen werden sollen. Der endgültige Text des Comfort Letter hängt von dem Ergebnis unser Tätigkeiten ab, die erwartungsgemäß erst kurz vor Abgabe dieses Comfort Letter abgeschlossen sein werden. Die im letzten Absatz angesprochenen Einschränkungen gelten auch für diesen Entwurf.

[Briefkopf des Wirtschaftsprüfers]

Vertraulich

1. [▶XXX] Aktiengesellschaft

[▶Address]

2. [▶Lead Manager I]

[▶Adresse]

3. [▶Lead Manager II]

[▶Adresse]

(als Vertreter der namentlich im Underwriting Agreement//Prospekt vom oder um den [▶Datum] genannten Underwriter//Manager, zusammen, die **"Manager")**

[▶Betreff]

[▶Datum]

Sehr geehrte Damen und Herren!

Wir haben die vom Vorstand auf Basis der österreichischen unternehmensrechtlichen Vorschriften // International Financial Reporting Standards (**„IFRS“**), wie sie in der EU anzuwenden sind, in deutscher Sprache erstellten Konzernjahresabschlüsse der [▶XXX] Aktiengesellschaft (die **„Gesellschaft“**) zum und für die am [▶Datum], [▶Datum] und [▶Datum] endenden Geschäftsjahre, bestehend aus den Konzernbilanzen zum [▶Datum], [▶Datum] und [▶Datum], sowie die zugehörigen Konzerngewinn- und Verlustrechnungen, die Konzerngesamtergebnisrechnungen, Konzernkapitalflussrechnungen und Veränderungen der Konzerneigenkapitalrechnungen und die Konzernanhänge für die Geschäftsjahre [▶Datum], [▶Datum] und [▶Datum] (die **„Konzernjahresabschlüsse“**), unter Beachtung in Österreich berufsüblicher Prüfungsgrundsätze [*bis 31.12.2015 ggf:* und der International Standards on Auditing („**ISA**“), veröffentlicht durch die International Federation of Accountants (**„IFAC“**)] geprüft. [*Ab 1.1.2016 (vgl. KFS/PG1):* Die in Österreich berufsüblichen Grundsätze erfordern die Anwendung der internationalen Prüfungsstandards (International Standards on Auditing, („**ISA**“)), veröffentlicht durch die International Federation of Accountants (**„IFAC“**)]. *[Sofern wir Konzernzwischenabschlüsse geprüft oder prüferisch durchgesehen haben und der Bestätigungsvermerk bzw Bericht über die prüferische Durchsicht im Prospekt enthalten (referenziert) sind, sind diese ebenfalls hier anzuführen.]*

Englischsprachige Übersetzungen der Konzernjahresabschlüsse sowie der entsprechenden Bestätigungsvermerke sind Bestandteile des Prospektes vom [▶Datum] (der **„Prospekt“**), der der Verwendung in Zusammenhang mit [*Beschreibung der Transaktion, z.B. öffentliche Börseplatzierung in Österreich// und eine Privatplatzierung in oder außerhalb der U.S.A. gemäß Rule 144A und Regulation S des U.S. Securities Act 1933 in der aktuellen Fassung*] von bis zu [▶Anzahl] Aktien (die **„Aktien“**) der Gesellschaft (das **„Angebot“**) dient.

Dieses Schreiben wurde nicht in Übereinstimmung mit den Vorschriften des American Institute of Certified Public Accountants, AU Section 634 „Letters for Underwriters and Certain Other Requesting Parties“, erstellt.

Wir wurden weder mit einer Prospektprüfung im Sinne des österreichischen Kapitalmarktgesetzes oder des österreichischen Börsegesetzes beauftragt, noch haben wir eine solche vorgenommen. Dieses Schreiben stellt keinen Kontrollvermerk im Sinne des § 8 Kapitalmarktgesetzes dar.

Dieses Schreiben gibt das Verständnis und das Übereinkommen der Adressaten wieder.

Im Zusammenhang mit dem Prospekt treffen wir folgende Aussagen:

1. Wir sind als Abschlussprüfer im Sinne der gesetzlichen Regelungen und der Verlautbarungen des Berufsstandes der Wirtschaftsprüfer in Österreich gegenüber der Gesellschaft unabhängig.
2. Wir haben die oben genannten Konzernjahresabschlüsse zum [▶Datum], [▶Datum] und [▶Datum] geprüft und haben uneingeschränkte//eingeschränkte Bestätigungsvermerke [mit Zusatz] jeweils datiert mit [▶Datum], [▶Datum] und [▶Datum] erteilt. [*Sofern wir Zwischenabschlüsse geprüft oder prüferisch durchgesehen haben und die Bescheinigungen im Prospekt enthalten (referenziert) sind, ist in die obige Wissenserklärung ein entsprechender Hinweis analog zu den Konzernabschlüssen aufzunehmen.*]
3. Wir haben keine Jahresabschlüsse der Gesellschaft für einen Stichtag oder für eine Periode nach dem [▶Datum] geprüft; wir haben eine Prüfung für das am [▶Datum] endende Geschäftsjahr vorgenommen, wobei diese Prüfung ausschließlich darauf gerichtet war, einen Bestätigungsvermerk für den Konzernjahresabschluss zum [▶Datum], nicht aber für irgendwelche Zwischenperioden in diesem Jahr, zu erteilen. Daher ist es uns nicht möglich einen Bestätigungsvermerk für den im Prospekt//[ohne unseren diesbezüglichen Bericht] enthaltenen Konzernzwischenabschluss bestehend aus den ungeprüften gekürzten Konzernbilanzen zum [▶Datum] und [▶Datum], den ungeprüften gekürzten Konzerngewinn- und Verlustrechnungen, Konzerngesamtergebnisrechnungen und Konzernkapitalflussrechnungen für die am [▶Datum] und [▶Datum] endenden [▶Zahl] monatigen Perioden (**„Konzernzwischenabschluss“**) oder über die finanzielle Lage der Gesellschaft, Ergebnisse der Geschäftstätigkeiten oder den Konzernkapitalflüssen für einen Stichtag oder für eine Periode nach dem [▶Datum] zu erteilen.
4. Für Zwecke dieses Schreibens haben wir Einsicht in die Protokolle der Hauptversammlungen, der Vorstands- und Aufsichtsratssitzungen sowie des Prüfungsausschusses des Aufsichtsrates der Gesellschaft genommen, die im Zeitraum vom [▶1. Tag nach dem letzten geprüften oder prüferisch durchgesehene Konzern(zwischen)abschluss] und [▶Datum] (**„Cut-Off Date“**) stattgefunden haben; der Vorstand der Gesellschaft hat uns mitgeteilt, dass uns alle Protokolle dieser Sitzungen übergeben oder zur Einsicht vorgelegt wurden und dass diese Protokolle vollständig sind und getreue Kopien darstellen und alle wesentlichen, während dieser Sitzungen besprochenen Sachverhalte, enthalten (für den Zeitraum von [▶Datum] bis [▶Datum] habe wir keine Tätigkeiten durchgeführt). Wir haben noch folgende andere Tätigkeiten vorgenommen:
   a) Für die [▶Zahl] monatigen Perioden, welche zum [▶Datum Konzernzwischenabschluss] enden, haben wir unter Beachtung von ISRE 2410 „Review of Interim Financial Information Performed by the Independent Auditor of the Entity“// ISRE 2400 Engagement to Review Financial Statements // KFS/PG 11 „Grundsätze für die prüferische Durchsicht von Abschlüssen“ // des International Auditing and Assurance Standards Boards der International Federation of Accountants // des Fachsenats für Unternehmensrecht und Revision des Instituts für Betriebswirtschaft, Steuerrecht und Organisation der Kammer der Wirtschaftstreuhänder // hinsichtlich des Konzernzwischenabschlusses, welcher vom Vorstand der Gesellschaft in Übereinstimmung mit IAS 34, wie in der EU anzuwenden, aufgestellt wurde, Maßnahmen zur prüferischen Durchsicht durchgeführt.
   b) Wir haben folgende Tätigkeiten für die Periode [▶1. Tag nach dem letzten prüferisch durchgesehene Konzern(zwischen)abschluss] und [▶Datum Monatsbericht] vorgenommen:
      (i) Wir haben den/die internen, ungeprüften, [unvollständigen] und [verkürzten] Monatsbericht/e der Gesellschaft für den/die Monat/e [▶Monat/e], bestehend [▶Details], der/die uns von der Gesellschaft zur Verfügung gestellt wurden, gelesen. Der Vorstand hat uns darüber informiert, dass kein/e derartiger/en Monatsbericht/e für einen Stichtag oder für Perioden nach dem [▶Datum letzter Monatsbericht] besteht/en.
      (ii) Wir haben den Vorstand und bestimmte für Finanzen und Buchhaltung zuständige Personen in der Gesellschaft befragt, ob der/die interne/n, ungeprüfte/n, unvollständige/n und verkürzte/n Monatsbericht/e wie in b(i) angeführt, im Wesentlichen auf gleicher Grundlage aufgestellt wurde/n wie der im Prospekt enthaltene Konzernjahresabschluss zum [▶Datum].

   Die vorhergehend unter Punkt 4a) angeführten Tätigkeiten stellen keine Abschlussprüfung und jene unter Punkt 4b) weder eine Abschlussprüfung noch eine prüferische Durchsicht gemäß den in Österreich berufsüblichen Prüfungsgrundsätzen/von der IFAC veröffentlichte ISA oder ISRE oder anderer üblicherweise anerkannten Prüfungsstandards dar. Demnach führen sie auch nicht zwangsläufig zu einer Aufdeckung aller wesentlichen Aspekte im Zusammenhang mit den in dem folgenden Abschnitt enthaltenen Aussagen. Darüber hinaus treffen wir keine Aussage darüber, ob die vorgenannten Tätigkeiten für Ihre Zwecke ausreichend sind.
5. Jedoch ist uns aufgrund der vorgenannten Tätigkeiten nichts zur Kenntnis gelangt, was uns zu dem Schluss führte, dass:
   a) wesentliche Änderungen der Konzernzwischenabschlüsse zu erfolgen hätten, um Übereinstimmung mit IAS 34, wie in der EU angewendet, herzustellen.

b) auf Grundlage des/r internen, ungeprüften, unvollständigen und verkürzten Monatsberichte/s wie in 4.b(i) angeführt:

(i) sich am [▶Datum letzter Monatsbericht] eine Veränderung [am Nennkapital oder eine Zunahme der konsolidierten langfristigen Verbindlichkeiten] der Gesellschaft im Vergleich zu den Beträgen, die in der Konzernbilanz des im Prospekt enthaltenen prüferisch durchgesehenen [und gekürzten] Konzernzwischenabschlusses zum [▶Datum] ausgewiesen sind, ergeben hätte; dies in allen Fällen mit Ausnahme von Veränderungen, Zunahmen oder Verringerungen, die im Prospekt als bereits erfolgt oder möglicherweise erfolgend offen gelegt wurden und mit Ausnahme von [▶Details].

(ii) sich für die Periode von [▶Datum erster Tag nach dem prüferisch durchgesehenen Konzernzwischenabschluss] bis [▶Datum letzter Monatsbericht] eine Verringerung der [konsolidierten Umsatzerlöse] der Gesellschaft im Vergleich zur Vergleichsperiode des Vorjahres ergeben hätte; dies in allen Fällen mit Ausnahme von Veränderungen, Zunahmen oder Verringerungen, die im Prospekt als bereits erfolgt oder möglicherweise erfolgend offen gelegt wurden und mit Ausnahme von [▶Details].

6. Wie unter 4.b)(i) angeführt, hat uns der Vorstand mitgeteilt, dass kein Monatsbericht für einen Stichtag oder für eine Periode nach dem [▶Datum letzter Monatsbericht] zur Verfügung steht. Dementsprechend sind unsere Tätigkeiten in Bezug auf Änderungen von Abschlussposten nach dem [▶Datum letzter Monatsbericht] zwangsläufig beschränkter als für die Perioden, die unter Punkt 4.b) angeführt sind. Wir haben das für das Finanz- und Rechnungswesen der Gesellschaft verantwortliche Vorstandsmitglied befragt, ob (a) sich zum Cut-Off Date eine [Veränderungen des Nennkapitals oder eine Zunahme der konsolidierten langfristigen Verbindlichkeiten] der Gesellschaft im Vergleich zu den Beträgen, die in der Konzernbilanz des im Prospekt enthaltenen prüferisch durchgesehenen [und gekürzten] Konzern(zwischen)abschlusses zum [▶Datum] ausgewiesen sind, oder (b) sich für die Periode vom [▶ erster Tag nach der letzten geprüften oder prüferisch durchgesehenen Konzernzwischenabschluss] bis zum Cut-Off Date eine Verringerung der [konsolidierten Umsatzerlöse] der Gesellschaft im Vergleich zur Vergleichsperiode des Vorjahres ergeben hat. Nach Durchführung dieser Befragung und der Einsichtnahme in die Protokolle, die unter Punkt 4 angeführt sind, sind uns keine Umstände zur Kenntnis gelangt, die darauf hindeuten, dass es zu einer Veränderung, Zunahme oder Verringerung gekommen wäre; dies in allen Fällen mit Ausnahme von Veränderungen, Zunahmen oder Verringerungen, die im Prospekt als bereits erfolgt oder möglicherweise erfolgend offen gelegt wurden und mit Ausnahme von [▶Details].

7. [Auf Grund Ihrer Anfrage, haben wir den Abschnitt im Prospekt mit der Bezeichnung [„Taxation – Taxation in Austria"] durchgesehen und die darin getroffenen Aussagen mit den entsprechenden österreichischen steuerrechtlichen Bestimmungen verglichen und festgestellt, dass diese in allen materiellen Aspekten mit den gesetzlichen Bestimmungen übereinstimmen. Wir weisen in diesem Zusammenhang darauf hin, dass wir keine Verantwortung dafür übernehmen, dass die in diesem Punkten bezeichneten Tätigkeiten für ihre Zwecke ausreichend sind.]

8. Für die Zwecke dieses Schreibens haben wir die in der beigefügten Kopie des Prospekts mit den nachfolgenden Buchstaben gekennzeichneten und vereinbarten Tätigkeiten durchgeführt. Wir halten fest, dass sich unsere Tätigkeiten nicht auf inhaltliche Zusammenhänge oder Periodenzuordnungen beziehen und dass wir darüber keine Aussagen treffen.

A Wir haben die im Prospekt angeführten Beträge mit den entsprechenden Zahlen, die in den Konzernjahresabschlüssen aufscheinen, verglichen und bis auf Differenzen bei Rundungen Übereinstimmung festgestellt.

B Wir haben die im Prospekt angeführten Prozentzahlen und Beträge, die auf Grundlage der oben genannten Konzernjahresabschlüssen ermittelt wurden, nachgerechnet und bis auf Differenzen bei Rundungen Übereinstimmung festgestellt.

C Wir haben die im Prospekt angeführten Beträge mit den entsprechenden Zahlen, die in dem Konzernzwischenabschluss aufscheinen, verglichen und bis auf Differenzen bei Rundungen Übereinstimmung festgestellt.

D Wir haben die im Prospekt angeführten Prozentzahlen und Beträge, die auf Grundlage des oben genannten Konzernzwischenabschlusses ermittelt wurden, nachgerechnet und bis auf Differenzen bei Rundungen Übereinstimmung festgestellt.

E Wir haben die im Prospekt angeführten Beträge mit den entsprechenden Zahlen, die in den von der Gesellschaft erstellten Buchhaltungsunterlagen[1] aufscheinen, verglichen und bis auf Differenzen bei Rundungen Übereinstimmung festgestellt.

[1] Soweit sich diese auf von uns geprüfte oder prüferisch durchgesehene Zeiträume erstrecken.

F Wir haben die Prozentzahlen und Beträge, die auf Grundlage der oben genannten Buchhaltungsunterlagen ermittelt wurden, nachgerechnet und bis auf Differenzen bei Rundungen Übereinstimmung festgestellt.

9. Unsere Prüfung der Konzernabschlüsse, für die in der Einführung bezeichneten Zeiträume, beinhaltete diejenigen Prüfungstätigkeiten, die wir für erforderlich hielten, um eine zusammenfassende Beurteilung in Form eines Bestätigungsvermerks erteilen zu können. Wir haben für keinen Zeitpunkt oder Zeitraum solche Handlungen durchgeführt, die uns in die Lage versetzen könnten, einen Bestätigungsvermerk auf Einzelsalden oder Zusammenfassungen von einzelnen Transaktionen zu erteilen. Dies gilt insbesondere auch für die in der Beilage gesondert gekennzeichneten Beträge, für die wir daher keinen Bestätigungsvermerk erteilen.
10. Wir weisen darauf hin, dass wir für die in Punkt 8 bezeichneten Tätigkeiten keine Verantwortung für die Beurteilung rechtlicher Fragen übernehmen oder Aussagen darüber treffen, ob diese für Ihre Zwecke ausreichend sind; zudem würden solchen Tätigkeiten nicht notwendigerweise falsche Darstellungen von Beträgen oder Prozentzahlen im Prospekt offen legen. Ferner beziehen wir uns ausschließlich auf die vorgenannten Daten, wie sie im Prospekt dargelegt werden und übernehmen keine Verantwortung für die allgemeine Angemessenheit und Vollständigkeit der Darstellungen im Prospekt.
11. Wir räumen ein, dass wir gegenüber den Managern für unsere Fehler und mangelnde Sorgfalt in Zusammenhang mit diesem Schreiben haftbar sind und deshalb für Verluste, Schäden, Kosten und Ausgaben, mit Ausnahme von Folgeschäden (z.B. entgangene Gewinne), gegenüber den Managern haften, die aus mangelnder Sorgfalt oder durch vorsätzliches Handeln unserseits entstehen. Wir haften jedoch nicht, wenn Verluste als Resultat falscher, irreführender oder unvollständiger Informationen oder Dokumentation oder wegen Handlungen oder Unterlassungen Außenstehender entstehen, außer in jenen Fällen, in denen es aufgrund üblicher Erkundigungen im Zusammenhang mit der Erstellung eines Comfort Letter in Österreich zumutbar wäre (unter Bedachtnahme das hierbei keine Prüfung erfolgt) einen solchen Mangel aufzudecken. Dieses Schreiben begründet keine Erfolgshaftung bzw. verschuldensunabhängige Haftung und es wird keine Garantieerklärung abgegeben.
12. Auf diesen Schreiben und alle Handlungen und Unterlassungen (beinhaltend schriftliche und mündliche Aussagen) ist österreichisches Recht ohne Kollisionsnormen anwendbar. Für Streitigkeiten in Zusammenhang mit diesem Schreiben sind ausschließlich die ordentlichen Gerichte in Österreich zuständig.
13. Dieses Schreiben dient ausschließlich den Adressaten zur Information und Unterstützung bei der Durchführung und Dokumentation ihrer eigenen Untersuchungen hinsichtlich der Geschäftstätigkeit der Gesellschaft im Zusammenhang mit den im Prospekt bezeichneten Wertpapieren. Er ist weder zur anderweitigen Verwendung, Veröffentlichung oder Weitergabe innerhalb noch außerhalb der Underwriting Gruppe für irgendeinen anderen Zweck (beinhaltend die Registrierung, Verkauf und Kauf von Wertpapieren) gedacht noch dazu bestimmt, (ganz oder teilweise) mit dem Prospekt eingereicht, in diesem in Bezug genommen oder in einem anderen Dokument zitiert oder abgedruckt zu werden – dies mit Ausnahme eines Verweises in dem nicht öffentlichen Underwriting Agreement oder in einer nicht öffentlichen Closing Liste des Angebotes.
14. Weder dieses Schreiben noch sich daraus ergebende Rechte sind abtretbar oder übertragbar. Dieses Schreiben wird mit heutigem Datum an Sie ausgegeben. Wir übernehmen keine Haftung für eine Aktualisierung dieses Schreibens oder für Ereignisse oder Umstände, welche uns nach dem Cut-Off Date zur Kenntnis gelangen oder zur Kenntnis gelangen sollten und die geeignet wären, eine in diesem Schreiben getroffene Aussage negativ zu beeinflussen. Wir übernehmen Ihnen oder Dritten gegenüber keine Haftung für mündliche Aussagen, welche nicht schriftlich von uns bestätigt wurden.

Mit freundlichen Grüßen

(Wirtschaftsprüfer) (Wirtschaftsprüfer)

Beilage: Prospekt

Anlage 4.2.
Muster eines Comfort Letter in Deutsch (Variante 135 Tage abgelaufen)

Dieser Entwurf basiert auf der vom Institut Österreichischer Wirtschaftsprüfer veröffentlichten Comfort Letter Empfehlung und dient ausschließlich den Zweck, die Form und den Inhalt des Comfort Letter anzuzeigen, den wir auf Anforderung der unten genannten Adressaten ausstellen könnten. Der Entwurf beinhaltet diejenigen Aussagen und Tätigkeiten von denen wir auf Grund unserer Gespräche mit den unten genannten Adressaten annehmen, dass sie die Adressaten erwarten. (//ODER: Der Entwurf beinhaltet diejenigen Aussagen und Handlungen von denen wir annehmen, dass sie die unten genannten Adressaten erwarten.) Soweit wir nichts Gegenteiliges hören, gehen wir davon aus, dass keine weiteren Aussagen getroffen werden sollen. Der endgültige Text des Comfort Letter hängt von dem Ergebnis unser Tätigkeiten ab, die erwartungsgemäß erst kurz vor Abgabe dieses Comfort Letter abgeschlossen sein werden. Die im letzten Absatz angesprochenen Einschränkungen gelten auch für diesen Entwurf.

[Briefkopf des Wirtschaftsprüfers]

Vertraulich
1. [▶XXX] Aktiengesellschaft
[▶Address]
2. [▶Lead Manager I]
[▶Adresse]
3. [▶Lead Manager II]
[▶Adresse]
(als Vertreter der namentlich im Underwriting Agreement//Prospekt vom oder um den [▶Datum] genannten Underwriter//Manager, zusammen, die **"Manager")**
[▶Betreff]
[▶Datum]

Sehr geehrte Damen und Herren!

Wir haben die vom Vorstand auf Basis der österreichischen unternehmensrechtlichen Vorschriften// International Financial Reporting Standards („**IFRS**"), wie sie in der EU anzuwenden sind, in deutscher Sprache erstellten Konzernjahresabschlüsse der [▶XXX] Aktiengesellschaft (die **„Gesellschaft"**) zum und für die am [▶Datum], [▶Datum] und [▶Datum] endenden Geschäftsjahre, bestehend aus den Konzernbilanzen zum [▶Datum], [▶Datum] und [▶Datum], sowie die zugehörigen Konzerngewinn- und Verlustrechnungen, die Konzerngesamtergebnisrechnungen, Konzernkapitalflussrechnungen und Veränderungen der Konzerneigenkapitalrechnungen und die Konzernanhänge für die Geschäftsjahre [▶Datum], [▶Datum] und [▶Datum] (die **„Konzernjahresabschlüsse"**), unter Beachtung in Österreich berufsüblicher Prüfungsgrundsätze [*bis 31.12.2015 ggf:* und der International Standards on Auditing („**ISA**"), veröffentlicht durch die International Federation of Accountants (**„IFAC"**)] geprüft. [*Ab 1.1.2016 (vgl. KFS/PG1):* Die in Österreich berufsüblichen Grundsätze erfordern die Anwendung der internationalen Prüfungsstandards (International Standards on Auditing, („**ISA**")), veröffentlicht durch die International Federation of Accountants (**„IFAC"**).] *[Sofern wir Konzernzwischenabschlüsse geprüft oder prüferisch durchgesehen haben und der Bestätigungsvermerk bzw Bericht über die prüferische Durchsicht im Prospekt enthalten (referenziert) sind, sind diese ebenfalls hier anzuführen.]*

Englischsprachige Übersetzungen der Konzernjahresabschlüsse sowie der entsprechenden Bestätigungsvermerke sind Bestandteile des Prospektes vom [▶Datum] (der **„Prospekt"**), der der Verwendung in Zusammenhang mit [*Beschreibung der Transaktion, z.B. öffentliche Börseplatzierung in Österreich// und eine Privatplatzierung in oder außerhalb der U.S.A. gemäß Rule 144A und Regulation S des U.S. Securities Act 1933 in der aktuellen Fassung*] von bis zu [▶Anzahl] Aktien (die **„Aktien"**) der Gesellschaft (das **„Angebot"**) dient.

Dieses Schreiben wurde nicht in Übereinstimmung mit den Vorschriften des American Institute of Certified Public Accountants, AU Section 634 „Letters for Underwriters and Certain Other Requesting Parties", erstellt.

Wir wurden weder mit einer Prospektprüfung im Sinne des österreichischen Kapitalmarktgesetzes oder des österreichischen Börsegesetzes beauftragt, noch haben wir eine solche vorgenommen. Dieses Schreiben stellt keinen Kontrollvermerk im Sinne des § 8 Kapitalmarktgesetzes dar.

Dieses Schreibens gibt das Verständnis und das Übereinkommen der Adressaten wieder.

Im Zusammenhang mit dem Prospekt treffen wir folgende Aussagen:

1. Wir sind als Abschlussprüfer im Sinne der gesetzlichen Regelungen und der Verlautbarungen des Berufsstandes der Wirtschaftsprüfer in Österreich gegenüber der Gesellschaft unabhängig.
2. Wir haben die oben genannten Konzernjahresabschlüsse zum [▶Datum], [▶Datum] und [▶Datum] geprüft und haben uneingeschränkte//eingeschränkte Bestätigungsvermerke [mit Zusatz] jeweils datiert mit [▶Datum], [▶Datum] und [▶Datum] erteilt. [*Sofern wir Zwischenabschlüsse geprüft oder prüferisch durchgesehen haben und die Bescheinigungen im Prospekt enthalten (referenziert) sind, ist in die obige Wissenserklärung ein entsprechender Hinweis analog zu den Konzernabschlüssen aufzunehmen.*]
3. Wir haben keine Jahresabschlüsse der Gesellschaft für einen Stichtag oder für eine Periode nach dem [▶Datum] geprüft; wir haben eine Prüfung für das am [▶Datum] endende Geschäftsjahr vorgenommen, wobei diese Prüfung ausschließlich darauf gerichtet war, einen Bestätigungsvermerk für den Konzernjahresabschluss zum [▶Datum], nicht aber für irgendwelche Zwischenperioden in diesem Jahr, zu erteilen. Daher ist es uns nicht möglich einen Bestätigungsvermerk für den im Prospekt//[ohne unseren diesbezüglichen Bericht] enthaltenen Konzernzwischenabschluss bestehend aus den ungeprüften gekürzten Konzernbilanzen zum [▶Datum] und [▶Datum], den ungeprüften gekürzten Konzerngewinn- und Verlustrechnungen, Konzerngesamtergebnisrechnungen und Konzernkapitalflussrechnungen für die am [▶Datum] und [▶Datum] endenden [▶Zahl] monatigen Perioden (**„Konzernzwischenabschluss“**) oder über die finanzielle Lage der Gesellschaft, Ergebnisse der Geschäftstätigkeiten oder den Konzernkapitalflüssen für einen Stichtag oder für eine Periode nach dem [▶Datum] zu erteilen.
4. Für Zwecke dieses Schreibens haben wir Einsicht in die Protokolle der Hauptversammlungen, der Vorstands- und Aufsichtsratssitzungen sowie des Prüfungsausschusses des Aufsichtsrates der Gesellschaft genommen, die im Zeitraum vom [▶1. Tag nach dem letzten geprüften oder prüferisch durchgesehene Konzern(zwischen)abschluss] und [▶Datum] (**„Cut-Off Date“**) stattgefunden haben; der Vorstand der Gesellschaft hat uns mitgeteilt, dass uns alle Protokolle dieser Sitzungen übergeben oder zur Einsicht vorgelegt wurden und dass diese Protokolle vollständig sind und getreue Kopien darstellen und alle wesentlichen, während dieser Sitzungen besprochenen Sachverhalte, enthalten (für den Zeitraum von [▶Datum] bis [▶Datum] habe wir keine Tätigkeiten durchgeführt). Wir haben noch folgende andere Tätigkeiten vorgenommen:
   a) Wir haben den Konzernzwischenabschluss, der vom Vorstand der Gesellschaft nach IAS 34, wie in der EU anzuwenden, aufgestellt wurde, gelesen; der Vorstand [und ggf bestimmte für Finanzen und die Buchhaltung der Gesellschaft zuständige Personen] haben uns mitgeteilt, dass keine Konzernzwischenabschlüsse für einen Stichtag oder eine Periode nach dem [▶Datum] bestehen.
   b) Für die Periode [▶Datum 1. Tag nach dem letzten geprüften [Konzern]abschluss] und [▶Datum letzter Monatsbericht] haben wir den/die internen, ungeprüften, [unvollständigen] und [verkürzten] [Konzern]Monatsbericht/e der Gesellschaft für den/die Monat/e [▶Monate], bestehend [▶Details], der/die uns von der Gesellschaft zur Verfügung gestellt wurden, gelesen. Der Vorstand hat uns darüber informiert, dass keine/n derartigen [Konzern]Monatsbericht/e für einen Stichtag oder für Perioden nach dem [▶Datum letzter Monatsbericht] besteht/en.
   c) Weiters haben wir den Vorstand [und bestimmte für Finanzen und die Buchhaltung der Gesellschaft zuständige Personen] befragt, ob die internen, ungeprüften, unvollständigen und verkürzten [Konzern]Monatsberichte, im Wesentlichen auf gleicher Grundlage aufgestellt wurden, wie der im Prospekt enthaltene Konzernabschluss zum [▶Datum].

   Die vorhergehend angeführten Tätigkeiten stellen weder eine Abschlussprüfung noch eine prüferische Durchsicht gemäß den in Österreich berufsüblichen Prüfungsgrundsätzen/von der IFAC veröffentlichte ISA oder ISRE oder anderer üblicherweise anerkannten Prüfungsstandards dar. Demnach führen sie auch nicht zwangsläufig zu einer Aufdeckung aller wesentlichen Aspekte im Zusammenhang mit den in dem folgenden Abschnitt enthaltenen Aussagen. Darüber hinaus treffen wir keine Aussage darüber, ob die vorgenannten Tätigkeiten für Ihre Zwecke ausreichend sind.
5. Der Vorstand [und bestimmte für Finanzen und die Buchhaltung der Gesellschaft zuständige Personen] haben uns auf Grundlage des/der internen, ungeprüften, unvollständigen und verkürzten Monatsberichte/s, wie in 4b) angeführt, mitgeteilt, dass sich (i) am [▶Datum Monatsbericht] keine [Veränderung am Nennkapital], keine [Zunahme der konsolidierten langfristigen Verbindlichkeiten] der Gesellschaft im Vergleich zu den Beträgen, die in der im Prospekt enthaltenen Konzernbilanz zum [▶Datum] ausgewiesen sind, und (ii) für die Periode von [▶Datum 1. Tag nach dem letzten geprüften Konzernabschluss] bis [▶Datum Monatsbericht] keine Verringerung der [konsolidierten Umsatzerlöse] der Gesellschaft im Vergleich zur Vergleichsperiode des Vorjahres ergeben hat; dies in allen Fällen mit Ausnahme von Veränderungen, Zunahmen oder Verringerungen, die im Prospekt als bereits erfolgt oder möglicherweise erfolgend offen gelegt wurden und mit Ausnahme von [▶Details].

6. Wie unter 4a) und b) angeführt, hat uns der Vorstand mitgeteilt, dass kein Konzernzwischenabschluss oder [Konzern]Monatsbericht für einen Stichtag oder für eine Periode nach dem [▶Datum letzter Konzern(zwischen)abschluss] bzw. [▶Datum letzter Monatsbericht] zur Verfügung steht. Dementsprechend sind unsere Tätigkeiten in Bezug auf Änderungen von Abschlussposten nach dem [▶Datum letzter Monatsbericht] zwangsläufig noch beschränkter als für die Perioden, die unter Punkt 4 angeführt sind. Wir haben den Vorstand [und bestimmte für Finanzen und die Buchhaltung der Gesellschaft zuständige Personen] befragt, ob (a) sich zum Cut-Off Date eine [Veränderungen des Nennkapitals oder eine Zunahme der konsolidierten langfristigen Verbindlichkeiten] der Gesellschaft im Vergleich zu den Beträgen, die in der im Prospekt enthaltenen Konzernbilanz zum [▶Datum] ausgewiesen sind, oder (b) sich für die Periode vom [▶ erster Tag nach der letzten geprüften Konzernabschluss] bis zum Cut-Off Date eine Verringerung der [konsolidierten Umsatzerlöse] der Gesellschaft im Vergleich zur Vergleichsperiode des Vorjahres ergeben hat. Der Vorstand der Gesellschaft hat uns mitgeteilt, dass es zu keiner Veränderung, Zunahme oder Verringerung gekommen ist; dies in allen Fällen mit Ausnahme von Veränderungen, Zunahmen oder Verringerungen, die im Prospekt als bereits erfolgt oder möglicherweise erfolgend offen gelegt wurden und mit Ausnahme von [▶Details].
7. Für die Zwecke dieses Schreibens haben wir die in der beigefügten Kopie des Prospekts mit den nachfolgenden Buchstaben gekennzeichneten und vereinbarten Tätigkeiten durchgeführt. Wir halten fest, dass sich unsere Tätigkeiten nicht auf inhaltliche Zusammenhänge oder Periodenzuordnungen beziehen und dass wir darüber keine Aussagen treffen.
   A Wir haben die im Prospekt angeführten Beträge mit den entsprechenden Zahlen, die in den Konzernjahresabschlüssen aufscheinen, verglichen und bis auf Differenzen bei Rundungen Übereinstimmung festgestellt.
   B Wir haben die im Prospekt angeführten Prozentzahlen und Beträge, die auf Grundlage der oben genannten Konzernjahresabschlüssen ermittelt wurden, nachgerechnet und bis auf Differenzen bei Rundungen Übereinstimmung festgestellt.
   C Wir haben die im Prospekt angeführten Beträge mit den entsprechenden Zahlen, die in den von der Gesellschaft erstellten Buchhaltungsunterlagen aufscheinen[1], verglichen und bis auf Differenzen bei Rundungen Übereinstimmung festgestellt.

[1] Soweit sich diese auf von uns geprüfte oder prüferisch durchgesehene Zeiträume erstrecken.

   D Wir haben die Prozentzahlen und Beträge, die auf Grundlage der oben genannten Buchhaltungsunterlagen ermittelt wurden, nachgerechnet und bis auf Differenzen bei Rundungen Übereinstimmung festgestellt.
8. Unsere Prüfung der Konzernabschlüsse, für die in der Einführung bezeichneten Zeiträume, beinhaltete diejenigen Prüfungstätigkeiten, die wir für erforderlich hielten, um eine zusammenfassende Beurteilung in Form eines Bestätigungsvermerks erteilen zu können. Wir haben für keinen Zeitpunkt oder Zeitraum solche Handlungen durchgeführt, die uns in die Lage versetzen könnten, einen Bestätigungsvermerk auf Einzelsalden oder Zusammenfassungen von einzelnen Transaktionen zu erteilen. Dies gilt insbesondere auch für die in der Beilage gesondert gekennzeichneten Beträge, für die wir daher keinen Bestätigungsvermerk erteilen.
9. Wir weisen darauf hin, dass wir für die in Punkt 7 bezeichneten Tätigkeiten keine Verantwortung für die Beurteilung rechtlicher Fragen übernehmen oder Aussagen darüber treffen, ob diese für Ihre Zwecke ausreichend sind; zudem würden solchen Tätigkeiten nicht notwendigerweise falsche Darstellungen von Beträgen oder Prozentzahlen im Prospekt offen legen. Ferner beziehen wir uns ausschließlich auf die vorgenannten Daten, wie sie im Prospekt dargelegt werden und übernehmen keine Verantwortung für die allgemeine Angemessenheit und Vollständigkeit der Darstellungen im Prospekt.
10. Wir räumen ein, dass wir gegenüber den Managern für unsere Fehler und mangelnde Sorgfalt in Zusammenhang mit diesem Schreiben haftbar sind und deshalb für Verluste, Schäden, Kosten und Ausgaben, mit Ausnahme von Folgeschäden (z.B. entgangene Gewinne), gegenüber den Managern haften, die aus mangelnder Sorgfalt oder durch vorsätzliches Handeln unserseits entstehen. Wir haften jedoch nicht, wenn Verluste als Resultat falscher, irreführender, oder unvollständiger Informationen oder Dokumentation oder wegen Handlungen oder Unterlassungen Außenstehender entstehen, außer in jenen Fällen, in denen es aufgrund üblicher Erkundigungen im Zusammenhang mit der Erstellung eines Comfort Letter in Österreich zumutbar wäre (unter Bedachtnahme das hierbei keine Prüfung erfolgt) einen solchen Mangel aufzudecken. Dieses Schreiben begründet keine Erfolgshaftung bzw. verschuldensunabhängige Haftung und es wird keine Garantieerklärung abgegeben.
11. Auf dieses Schreiben und alle Handlungen und Unterlassungen (beinhaltend schriftliche und mündliche Aussagen) ist österreichisches Recht ohne Kollisionsnormen anwendbar. Für Streitigkeiten in Zusammenhang mit diesem Schreiben sind ausschließlich die ordentlichen Gerichte in Österreich zuständig.

12. Dieses Schreiben dient ausschließlich den Adressaten zur Information und Unterstützung bei der Durchführung und Dokumentation ihrer eigenen Untersuchungen hinsichtlich der Geschäftstätigkeit der Gesellschaft im Zusammenhang mit den im Prospekt bezeichneten Wertpapieren. Er ist weder zur anderweitigen Verwendung, Veröffentlichung oder Weitergabe innerhalb noch außerhalb der Underwriting Gruppe für irgendeinen anderen Zweck (beinhaltend die Registrierung, Verkauf und Kauf von Wertpapieren) gedacht noch dazu bestimmt, (ganz oder teilweise) mit dem Prospekt eingereicht, in diesem in Bezug genommen oder in einem anderen Dokument zitiert oder abgedruckt zu werden – dies mit Ausnahme eines Verweises in dem nicht öffentlichen Underwriting Agreement oder in einer nicht öffentlichen Closing Liste des Angebotes.
13. Weder dieses Schreiben noch sich daraus ergebende Rechte sind abtretbar oder übertragbar. Dieses Schreiben wird mit heutigem Datum an Sie ausgegeben. Wir übernehmen keine Haftung für eine Aktualisierung dieses Schreibens oder für Ereignisse oder Umstände, welche uns nach dem Cut-Off Date zur Kenntnis gelangen oder zur Kenntnis gelangen sollten und die geeignet wären, eine in diesem Schreiben getroffene Aussage negativ zu beeinflussen. Wir übernehmen Ihnen oder Dritten gegenüber keine Haftung für mündliche Aussagen, welche nicht schriftlich von uns bestätigt wurden.

Mit freundlichen Grüßen

(Wirtschaftsprüfer) (Wirtschaftsprüfer)

Beilage: Prospekt

Anlage 4.3.
Muster eines Comfort Letter in Englisch

This draft is based on the Austrian Comfort Letter Guideline as published by the Austrian Institute of Certified Auditors (IWP) and is furnished solely for the purpose of indicating the form of the letter that we would expect to be able to furnish to you in response to your request, the matters expected to be covered in the letter, and the nature of the procedures which we would expect to carry out with respect to such matters. Based on our discussions with the addressees named below, it is our understanding that the procedures outlined in this draft letter are those the addressees wish us to follow. (// ODER: We have set out in this draft letter those procedures that we anticipate the addressees named below would wish us to follow). Unless the addressees inform us otherwise, we shall assume that there are no additional procedures they wish us to follow. The text of the letter itself will depend, of course, upon the results of the procedures, which we would not expect to complete until shortly before the letter is delivered. The restrictions expressed in the concluding paragraph apply also to this draft.

[Auditor's Letterhead]

Confidential

1. [▶XXX] Aktiengesellschaft
[▶Address]
2. [▶Lead Manager I]
[▶Address]
3. [▶Lead Manager II]
[▶Address]

(as representative(s) of the underwriters//managers named in the underwriting agreement//Prospectus to be dated on or around [▶Date], collectively, the **"Managers")**

[▶Reference]

[▶Date]

Ladies and Gentlemen,

We have audited in accordance with Auditing Standards Generally Accepted in Austria („**Austrian GAAS**") *[up to 31.12.2015 if applicable:* and the International Standards on Auditing („**ISA**") as published by the International Federation of Accountants („**IFAC**") *//after 1.1.2016 (see KFS/PG 1)*: , which require us to apply the International Standards on Auditing („**ISA**") as published by the International Federation of Accountants („**IFAC**")], the consolidated financial statements of [▶XXX Aktiengesellschaft] (the „**Company**") as of and for the years ended [▶Date], [▶Date] and [▶Date] consisting of the consolidated balance sheets *(Konzernbilanz)* as of [▶Date], [▶Date] and [▶Date], and the related consolidated statements of income *(Konzerngewinn- und Verlustrechnung)*, consolidated comprehensive income *(Konzerngesamtergebnisrechnung)*, consolidated cash flows *(Konzernkapitalflussrechnung)* and changes in consolidated shareholders' equity *(Konzerneigenkapitalrechnung)* and the notes thereto *(Konzernanhang)* for the years ended [▶Date] ,[▶Date] and [▶Date] („**Annual Consolidated Financial Statements**") which have been prepared by the Company's management board in German language on the basis of Austrian Generally Accepted Accounting Principle („**Austrian GAAP**")//International Financial Reporting Standards („**IFRS**") as adopted by the EU. *[Sofern wir Konzernzwischenabschlüsse geprüft oder prüferisch durchgesehen haben und der Bestätigungsvermerk bzw Bericht über die prüferische Durchsicht im Prospekt enthalten (referenziert) sind, sind diese ebenfalls hier anzuführen.]*

English translations of the Annual Consolidated Financial Statements together with translations of our respective audit opinions are included in the prospectus dated [▶Date] (the „**Prospectus**") for use in connection with [▶description of transaction, e.g. public offering in Austria//and a private placement in and outside the U.S.A. in reliance on Rule 144A and Regulation S of the Securities Act 1933 as amended] of up to [▶number] shares (the „**Shares**") of the Company (the „**Offering**").

This letter is not issued in accordance with the provisions of the American Institute of Certified Public Accountants, AU Section 634 „Letters for Underwriters and Certain Other Requesting Parties".

We have not been engaged to and we have not acted in order to review the Prospectus for the purposes of the Austrian Capital Market Act (*Kapitalmarktgesetz*) or the Austrian Stock Exchange Act (*Börsegesetz*) and this letter does not constitute an opinion (so called „*Kontrollvermerk*") according to section 8 Austrian Capital Market Act.

This letter represents the sole understanding and agreement between the underwriter(s) and us as to the subject matter of this letter.

In connection with the Prospectus:

1. We are independent auditors *(Abschlussprüfer)* with respect to the Company under Austrian law and Austrian Professional Standards.
2. We have audited the Annual Consolidated Financial Statements as of and for the years ended [▶Date], [▶Date] and [▶Date] and issued our unqualified//qualified auditors opinion [with an explanatory paragraph] dated [▶Date], [▶Date] and [▶Date] thereon. [*Sofern wir Zwischenabschlüsse geprüft oder prüferisch durchgesehen haben und die Bescheinigungen im Prospekt enthalten (referenziert) sind, ist in die obige Wissenserklärung ein entsprechender Hinweis analog zu den Konzernabschlüssen aufzunehmen.*]
3. We have not audited any financial statements of the Company as of any date or for any period subsequent to [▶Date]; although we have conducted an audit for the year ended [▶Date], the purpose (and therefore the scope) of the audit was to enable us to express an opinion on the consolidated financial statements as of [▶Date] and for the year then ended, but not on the consolidated financial statements for any interim period within that year. Therefore, we are unable to and do not express any opinion on the [condensed] consolidated interim financial statements consisting of the unaudited interim [condensed] consolidated balance sheet as of [▶Date] and [▶Date], and the unaudited interim [condensed] consolidated statements of income, comprehensive income and cash flows for the [▶number]-months period ended [▶Date] and [▶Date], included in the Prospectus//[without our report thereon] („**Interim Consolidated Financial Statements**"), or on the Company's financial position, results of operations or cash flows as of any date or for any period subsequent to [▶Date].
4. For purposes of this letter, we have read the minutes of the meetings of the Shareholders (*Hauptversammlung),* Management Board *(Vorstand),* Supervisory Board (*Aufsichtsrat)* and of the audit committee *(Prüfungsausschuss)* of the Supervisory Board of the Company held between [▶first day after the end of the last audited or reviewed period included in the Prospectus] and [▶Date] (the „**Cut-Off Date**"); officials of the Company have advised us that all the minutes of all such meetings have been provided or made available, and that such minutes were complete and true copies of such minutes and contained all substantive issues discussed at such meetings; (our work did not extend to the period from [▶Date] to [▶Date]); we have carried out other procedures as follows:
   (a) With respect to the [▶number] months periods ended on [▶Date Interim Consolidated Financial Statements] we have performed the procedures specified by // the International Auditing and Assurance Standards Board of the International Federation of Accountants // the Expert Committee for Company Law and Auditing (of the institute of business administration, tax law and organization) of the Chamber of Chartered Accountants // for a review of interim financial information as described in the ISRE 2410 „Review of Interim Financial Information Performed by the Independent Auditor of the Entity" // ISRE 2400 Engagement to Review Financial Statements // KFS/PG 11 „Principles for a review of financial information" (*Grundsätze für die prüferische Durchsicht von Abschlüssen*) //, on the Interim Consolidated Financial Statements which have been prepared by the Company's Management Board on the basis of IAS 34, as adopted by the EU.
   (b) With respect to the period from [▶Date first day after the end of the last reviewed period] to [▶Date monthly financial information] we have:
      (i) Read the unaudited, [incomplete] internal [condensed] monthly consolidated financial information of the Company for the month/s of [▶month] and [▶month], consisting of [▶Details], furnished to us by the Company. Officials of the Company have advised us that no such monthly financial information as of any date or for any period subsequent to [▶Date monthly financial information] were available.
      (ii) Inquired of certain officials of the Company who have responsibility for financial and accounting matters whether the unaudited, incomplete condensed consolidated monthly financial information referred to in paragraph b(i) are stated on a basis substantially consistent with that of the audited consolidated financial statements as of and for the year ending [▶Date] included in the Prospectus.

   The foregoing procedures stated under 4(a) do not constitute an audit conducted and those listed under 4(b) do not constitute an audit nor a review in accordance with Austrian GAAS/ISA or ISRE as published by the IFAC or any other generally accepted auditing standards. Also, they would not necessarily reveal matters of significance with respect to the comments in the following paragraphs. Accordingly, we make no representations regarding the sufficiency of the foregoing procedures for your purposes.
5. Nothing came to our attention on the basis of the foregoing procedures, however, that caused us to believe that:

(a) Any material modifications should be made to the Interim Consolidated Financial Statements for them to be in conformity with IAS 34, as adopted by the EU.

(b) Based on the unaudited, incomplete internal condensed consolidated monthly financial information as described in paragraph 4(b) that:

(i) At [▶Date latest monthly financial information] there was any change in [the capital stock (*Nennkapital*) or any increase in consolidated long-term debt (*langfristige Verbindlichkeiten*)] as compared with amounts shown in the balance sheet being part of the reviewed Interim (condensed) Consolidated Financial Statements as of [▶Date] included in the Prospectus, except in all instances for changes, increases or decreases that the Prospectus discloses have occurred or may occur, [except ▶details].

(ii) For the period from [▶Date first day after the end of the latest reviewed period] to [▶Date latest monthly financial information] there was any decrease, as compared with the corresponding period of the preceding year in [consolidated revenues (*Umsatzerlöse*)], except in all instances for decreases that the Prospectus discloses have occurred or may occur [and except …].

6. As mentioned under 4(b)(i), Company officials have advised us that no consolidated financial statements as of any date or for any period subsequent to [▶Date latest monthly financial information] are available; accordingly, the procedures carried out by us with respect to changes in financial statement items after [▶Date latest monthly financial information], have, of necessity, been even more limited than those with respect to the periods referred to in paragraph 4. We have inquired of certain officials of the Company who have responsibility for financial and accounting matters whether (a) at Cut-Off Date there was any change in the [capital stock (*Nennkapital*) or any increase in consolidated long-term debt (*langfristige Verbindlichkeiten*)] as compared with amounts shown in the balance sheet being part of the reviewed Interim (condensed) Consolidated Financial Statements as of [▶Date] included in the Prospectus or (b) for the period from [▶first day after last reviewed period] to Cut-Off Date, there was any decrease, as compared with the corresponding period of the preceding year in [consolidated revenues (*Umsatzerlöse*)]. On the basis of these inquiries and our reading of the minutes as described in paragraph 4, nothing came to our attention that caused us to believe that there was any such change, increase or decrease, except in all instances for changes, increases or decreases that the Prospectus discloses have occurred or may occur [and except for ...].

7. [At your request, we have read the Section headed [„Taxation —Taxation in Austria"] of the Prospectus, compared it to the relevant tax provisions of Austrian tax law and found it to be in conformity in all material respects with current applicable Austrian tax law; it should be understood that we make no representations regarding the sufficiency for your purpose of the procedures enumerated in this paragraph.]

8. For purposes of this letter, we have also read at your request the items identified by you on the attached copy of the Prospectus and have performed the following agreed upon procedures, which were applied as indicated by the legends below. However, we make no comment with respect to any reasons given between periods or to any causal relationships.

A We compared the amounts included in the Prospectus to corresponding amounts appearing in the Annual Consolidated Financial Statements, and found such amounts to be in agreement except for rounding.

B We proved the mathematical accuracy of the percentages and of such amounts based on the data in the Annual Consolidated Financial Statements, and found such percentages and amounts to be in agreement except for rounding.

C We compared the amounts included in the Prospectus with the corresponding amounts appearing in the Interim Consolidated Financial Statements, and found such amounts to be in agreement except for rounding.

D We proved the mathematical accuracy of the percentages and of such amounts based on the data in the Interim Consolidated Financial Statements and found such percentages and amounts to be in agreement except for rounding.

E We compared the amounts included in the Prospectus to corresponding amounts appearing in Company-prepared accounting records[1], and found the amounts to be in agreement except for rounding.

[1] If such accounting records cover periods which were subject to our audit or review.

F We proved the mathematical accuracy of the percentages and of such amounts based on the data in the above mentioned accounting records, and found such percentages and amounts to be in agreement except for rounding.

9. Our audit of the consolidated financial statements for the periods referred to in the introductory paragraph of this letter comprised audit tests and procedures deemed necessary for the purpose

of expressing an opinion on such financial statements taken as a whole. For none of the periods referred to therein, or any other period, did we perform audit tests for the purpose of expressing an opinion on individual balances of accounts or summaries of selected transactions such as those that have been identified by you on the attached copy of the Prospectus and, accordingly, we express no opinion thereon.

10. It should be understood that we make no representations regarding questions of legal interpretation or regarding the sufficiency for your purposes of the procedures enumerated in paragraph 8; also, such procedures would not necessarily reveal any material misstatement of the amounts or percentages identified on the attached pages of the Prospectus. Further, we have addressed ourselves solely to the foregoing data as set forth in the Prospectus and make no representations regarding the adequacy of disclosure or regarding whether any material facts have been omitted.
11. We acknowledge and agree that we may be found liable to the Managers in connection with this letter as a result of any failure on our part or for our failure to use reasonable skill and care and thus may be liable to the Managers for losses, damages, costs or expenses, except for consequential damages such as lost profits, caused by our negligence or wilful default. We will however not be so liable if such losses are due to the provisions of false, misleading, misrepresenting or incomplete information or documentation or due to the acts or omissions of any other person other than us, except where, on the basis of the enquiries normally undertaken in connection with providing comfort letters of this kind in Austria and having regard to the fact that we are not undertaking an audit, it would have been reasonable for us to discover such defect. By this letter no strict liability (*Erfolgshaftung bzw. verschuldensunabhängige Haftung*) will be created and no guarantee will be issued.
12. This letter and all acts or omissions (including written or oral statements) are governed by and construed in accordance with the laws of the Republic of Austria not taking into account its conflict of law rules. Place of jurisdiction for any dispute arising out or in connection with this letter shall be exclusively Austria.
13. This letter is solely for the information of the addressees and to assist the underwriters in conducting and documenting their investigations of the affairs of the Company in connection with the offering of the securities covered by the Prospectus, and it is not to be used, circulated, quoted, or otherwise referred to within or without the underwriting group for any other purpose, including but not limited to the registration, purchase, or sale of securities, nor is it to be filed with or referred to in whole or in part in the Prospectus or any other document, except that reference may be made to it in the non-public underwriting agreement or in any non-public list of closing documents pertaining to the Offering.
14. Neither this letter nor any rights arising there from may be assigned or transferred to any person. This letter is being furnished to you as of the date hereof. We have no responsibility to inform you or to amend or to update this letter for events and or circumstances occurring after the Cut-Off Date, in case we obtain or should have obtained any information, which would negatively affect any statement made herein. We are not liable towards you or third parties for any oral statement, which we have not confirmed in writing.

Very truly yours,

(Auditor) (Auditor)

Enclosure: Prospectus

Anlage 4.4.
Muster eines Comfort Letter in Englisch (Variante 135 Tage abgelaufen)

This draft is based on the Austrian Comfort Letter Guideline as published by the Austrian Institute of Certified Auditors (IWP) and is furnished solely for the purpose of indicating the form of the letter that we would expect to be able to furnish to you in response to your request, the matters expected to be covered in the letter, and the nature of the procedures which we would expect to carry out with respect to such matters. Based on our discussions with the addressees named below, it is our understanding that the procedures outlined in this draft letter are those the addressees wish us to follow. (//ODER: We have set out in this draft letter those procedures that we anticipate the addressees named below would wish us to follow). Unless the addressees inform us otherwise, we shall assume that there are no additional procedures they wish us to follow. The text of the letter itself will depend, of course, upon the results of the procedures, which we would not expect to complete until shortly before the letter is delivered. The restrictions expressed in the concluding paragraph apply also to this draft.

[Auditor's Letterhead]

Confidential

1. [▶XXX] Aktiengesellschaft
[▶Address]
2. [▶Lead Manager I]
[▶Address]
3. [▶Lead Manager II]
[▶Address]

(as representative(s) of the underwriters//managers named in the underwriting agreement//Prospectus to be dated on or around [▶Date], collectively, the **"Managers")**

[▶Reference]

[▶Date]

Ladies and Gentlemen,

We have audited in accordance with Auditing Standards Generally Accepted in Austria („**Austrian GAAS**") *[up to 31.12.2015 if applicable:* and the International Standards on Auditing („**ISA**") as published by the International Federation of Accountants („**IFAC**") *//after 1.1.2016 (see KFS/PG 1)*: , which require us to apply the International Standards on Auditing („**ISA**") as published by the International Federation of Accountants („**IFAC**")], the consolidated financial statements of [▶XXX Aktiengesellschaft] (the „**Company**") as of and for the years ended [▶Date], [▶Date] and [▶Date] consisting of the consolidated balance sheets *(Konzernbilanz)* as of [▶Date], [▶Date] and [▶Date], and the related consolidated statements of income *(Konzerngewinn- und Verlustrechnung)*, consolidated comprehensive income *(Konzerngesamtergebnisrechnung)*, consolidated cash flows *(Konzernkapitalflussrechnung)* and changes in consolidated shareholders' equity *(Konzerneigenkapitalrechnung)* and the notes thereto *(Konzernanhang)* for the years ended [▶Date] ,[▶Date] and [▶Date] („**Annual Consolidated Financial Statements**") which have been prepared by the Company's Management Board in German language on the basis of Austrian Generally Accepted Accounting Principle („**Austrian GAAP**")//International Financial Reporting Standards („**IFRS**") as adopted by the EU. *[Sofern wir Konzernzwischenabschlüsse geprüft oder prüferisch durchgesehen haben und der Bestätigungsvermerk bzw Bericht über die prüferische Durchsicht im Prospekt enthalten (referenziert) sind, sind diese ebenfalls hier anzuführen.]*

English translations of the Annual Consolidated Financial Statements together with translations of our respective audit opinions are included in the prospectus dated [▶Date] (the „**Prospectus**") for use in connection with [▶description of transaction, e.g. public offering in Austria//and a private placement in and outside the U.S.A. in reliance on Rule 144A and Regulation S of the Securities Act 1933 as amended] of up to [▶number] shares (the „**Shares**") of the Company (the „**Offering**").

This letter is not issued in accordance with the provisions of the American Institute of Certified Public Accountants, AU Section 634 „Letters for Underwriters and Certain Other Requesting Parties".

We have not been engaged to and we have not acted in order to review the Prospectus for the purposes of the Austrian Capital Market Act *(Kapitalmarktgesetz)* or the Austrian Stock Exchange Act *(Börsegesetz)* and this letter does not constitute an opinion (so called „*Kontrollvermerk*") according to section 8 Austrian Capital Market Act.

This letter represents the sole understanding and agreement between the underwriter(s) and us as to the subject matter of this letter.

In connection with the Prospectus:

1. We are independent auditors *(Abschlussprüfer)* with respect to the Company under Austrian law and Austrian Professional Standards.
2. We have audited the Annual Consolidated Financial Statements as of and for the years ended [▶Date], [▶Date] and [▶Date] and issued our unqualified//qualified auditors opinion [with an explanatory paragraph] dated [▶Date], [▶Date] and [▶Date] thereon. [*Sofern wir Zwischenabschlüsse geprüft oder prüferisch durchgesehen haben und die Bescheinigungen im Prospekt enthalten (referenziert) sind, ist in die obige Wissenserklärung ein entsprechender Hinweis analog zu den Konzernabschlüssen aufzunehmen.*]
3. We have not audited any financial statements of the Company as of any date or for any period subsequent to [▶Date]; although we have conducted an audit for the year ended [▶Date], the purpose (and therefore the scope) of the audit was to enable us to express an opinion on the consolidated financial statements as of [▶Date] and for the year then ended, but not on the consolidated financial statements for any interim period within that year. Therefore, we are unable to and do not express any opinion on the [condensed] consolidated interim financial statements consisting of the unaudited interim [condensed] consolidated balance sheet as of [▶Date] and [▶Date], and the unaudited interim [condensed] consolidated statements of income, comprehensive income and cash flows for the [▶number]-months period ended [▶Date] and [▶Date], included in the Prospectus//[without our report thereon] („**Interim Consolidated Financial Statements**"), or on the Company's financial position, results of operations or cash flows as of any date or for any period subsequent to [▶Date].
4. For purposes of this letter, we have read the minutes of the meetings of the Shareholders (*Hauptversammlung),* Management Board *(Vorstand),* Supervisory Board (*Aufsichtsrat)* and of the audit committee *(Prüfungsausschuss)* of the Supervisory Board of the Company held between [▶first day after the end of the last audited or reviewed period included in the Prospectus] and [▶Date] (the „**Cut-Off Date**"); officials of the Company have advised us that all the minutes of all such meetings have been provided or made available, and that such minutes were complete and true copies of such minutes and contained all substantive issues discussed at such meetings; (our work did not extend to the period from [▶Date] to [▶Date]); we have carried out other procedures as follows:
   (a) We have read the Interim Consolidated Financial Statements, which have been prepared by the Company's Management Board on the basis of IAS 34, as adopted by the EU; the Management Board [officials of the Company who have responsibility for financial and accounting matters as the case may be] has advised us that no such Interim Consolidated Financial Statements as of any date or for any period subsequent to [▶Date Interim Consolidated Financial Statements], were available.
   (b) With respect to the period from [▶Date first day after the end of the last audited consolidated financial statements] to [▶Date monthly financial information] we have read the unaudited, [incomplete] internal [condensed] monthly consolidated financial information of the Company for the month/s of [▶month] and [▶month], consisting of [▶Details], furnished to us by the Company, the Management Board of the Company has advised us that no such monthly financial information as of any date or for any period subsequent to [▶Date monthly financial information] were available.
   (c) We have inquired of the Company's Management Board [and certain officials of the Company who have responsibility for financial and accounting matters] whether the unaudited, incomplete internal condensed consolidated monthly financial information referred to in paragraph (b) are stated on a basis substantially consistent with that of the audited consolidated financial statements as of [▶Date] included in the Prospectus.

   The foregoing procedures do not constitute an audit nor a review in accordance with Austrian GAAS/ISA or ISRE as published by the IFAC or any other generally accepted auditing standards. Also, they would not necessarily reveal matters of significance with respect to the comments in the following paragraphs. Accordingly, we make no representations regarding the sufficiency of the foregoing procedures for your purposes.
5. The Management Board [and certain officials of the Issuer who have responsibility for financial and accounting matters] reported to us based on the unaudited, [incomplete] internal [condensed] monthly consolidated financial information as described in 4(b) above that (i) as of [▶Date latest monthly financial information] there was no change in the [stock capital (*Nennkapital*) or increase in consolidated long-term debt (*langfristige Verbindlichkeiten*)], as compared with amounts shown in the balance sheet of the Annual Consolidated Financial Statements as of [▶Date], and that (ii) for the period from [▶Date first day after the latest audited Consolidated Financial Statements] to [▶Date latest monthly financial information] there was no decrease, as compared with the corresponding period in the preceding year in [consolidated revenues (*Umsatzerlöse*)], except in

all instances for decreases that the Prospectus discloses have occurred or may occur [and except ...].

6. As mentioned under 4 (a) and 4 (b), Company officials have advised us that no consolidated financial statements or monthly consolidated financial information as of any date or for any period subsequent to [▶Date latest monthly financial information] are available; accordingly, the procedures carried out by us with respect to changes in financial statement items after [▶Date latest monthly financial information], have, of necessity, been even more limited than those with respect to the periods referred to in paragraph 4. We have inquired of the Management Board [and certain officials of the Company who have responsibility for financial and accounting matters] whether (a) at Cut-Off Date there was any change in the [capital stock (*Nennkapital*) or any increase in consolidated long-term debt (*langfristige Verbindlichkeiten*)] as compared with amounts shown in the balance sheet being part of the Annual Consolidated Financial Statements as of [▶Date] included in the Prospectus or (b) for the period from [▶first day after last audited period] to Cut-Off Date, there was any decrease, as compared with the corresponding period in the preceding year in [consolidated revenues (*Umsatzerlöse*)]. The Management Board reported to us that there was no such change, increase or decrease, except in all instances for changes, increases or decreases that the Prospectus discloses have occurred or may occur [and except for ...].

7. For purposes of this letter, we have also read at your request the items identified by you on the attached copy of the Prospectus and have performed the following agreed upon procedures, which were applied as indicated by the legends below. However, we make no comment with respect to any reasons given between periods or to any causal relationships.

   A We compared the amounts included in the Prospectus to corresponding amounts appearing in the Annual Consolidated Financial Statements, and found such amounts to be in agreement except for rounding.

   B We proved the mathematical accuracy of the percentages and of such amounts based on the data in the Annual Consolidated Financial Statements, and found such percentages and amounts to be in agreement except for rounding.

   C We compared the amounts included in the Prospectus to corresponding amounts appearing in Company-prepared accounting records[1], and found the amounts to be in agreement except for rounding.

[1] If such accounting records cover periods which were subject to our audit or review.

   D We proved the mathematical accuracy of the percentages and of such amounts based on the data in the above mentioned accounting records, and found such percentages and amounts to be in agreement except for rounding.

8. Our audit of the consolidated financial statements for the periods referred to in the introductory paragraph of this letter comprised audit tests and procedures deemed necessary for the purpose of expressing an opinion on such financial statements taken as a whole. For none of the periods referred to therein, or any other period, did we perform audit tests for the purpose of expressing an opinion on individual balances of accounts or summaries of selected transactions such as those that have been identified by you on the attached copy of the Prospectus and, accordingly, we express no opinion thereon.

9. It should be understood that we make no representations regarding questions of legal interpretation or regarding the sufficiency for your purposes of the procedures enumerated in paragraph 7; also, such procedures would not necessarily reveal any material misstatement of the amounts or percentages identified on the attached pages of the Prospectus. Further, we have addressed ourselves solely to the foregoing data as set forth in the Prospectus and make no representations regarding the adequacy of disclosure or regarding whether any material facts have been omitted.

10. We acknowledge and agree that we may be found liable to the Managers in connection with this letter as a result of any failure on our part or for our failure to use reasonable skill and care and thus may be liable to the Managers for losses, damages, costs or expenses, except for consequential damages such as lost profits, caused by our negligence or wilful default. We will however not be so liable if such losses are due to the provisions of false, misleading, misrepresenting or incomplete information or documentation or due to the acts or omissions of any other person other than us, except where, on the basis of the enquiries normally undertaken in connection with providing comfort letters of this kind in Austria and having regard to the fact that we are not undertaking an audit, it would have been reasonable for us to discover such defect. By this letter no strict liability (*Erfolgshaftung bzw. verschuldensunabhängige Haftung*) will be created and no guarantee will be issued.

11. This letter and all acts or omissions (including written or oral statements) are governed by and construed in accordance with the laws of the Republic of Austria not taking into account its conflict of law rules. Place of jurisdiction for any dispute arising out or in connection with this letter shall be exclusively Austria.

12. This letter is solely for the information of the addressees and to assist the underwriters in conducting and documenting their investigations of the affairs of the Company in connection with the offering of the securities covered by the Prospectus, and it is not to be used, circulated, quoted, or otherwise referred to within or without the underwriting group for any other purpose, including but not limited to the registration, purchase, or sale of securities, nor is it to be filed with or referred to in whole or in part in the Prospectus or any other document, except that reference may be made to it in the non-public underwriting agreement or in any non-public list of closing documents pertaining to the Offering.
13. Neither this letter nor any rights arising there from may be assigned or transferred to any person. This letter is being furnished to you as of the date hereof. We have no responsibility to inform you or to amend or to update this letter for events and or circumstances occurring after the Cut-Off Date, in case we obtain or should have obtained any information, which would negatively affect any statement made herein. We are not liable towards you or third parties for any oral statement, which we have not confirmed in writing.

Very truly yours,

(Auditor) (Auditor)

Enclosure: Prospectus

Anlage 5.1.
Muster eines Bring Down Letter in Deutsch

[Briefkopf des Wirtschaftsprüfers]

Vertraulich

1. [▶XXX] Aktiengesellschaft

[▶Address]

2. [▶Lead Manager I]

[▶Adresse]

3. [▶Lead Manager II]

[▶Adresse]

(als Vertreter der namentlich im Underwriting Agreement//Prospekt vom oder um den [▶Datum] genannten Underwriter//Manager, zusammen, die **"Manager")**

[▶Betreff]

[▶Datum]

Sehr geehrte Damen und Herren!

Wir nehmen auf unser Schreiben vom [▶Datum] (das **„Schreiben"**) in Zusammenhang mit [*Beschreibung der Transaktion, z.B. öffentliche Börseplatzierung in Österreich//und eine Privatplatzierung in oder außerhalb der U.S.A. gemäß Rule 144A und Regulation S des U.S. Securities Act 1933 in der aktuellen Fassung*] von bis zu [▶Anzahl] Aktien (die **„Aktien"**) Bezug.

Wir bestätigen noch einmal alle im oben genannten Schreiben getroffene Aussagen mit Ausnahme, dass für Zwecke dieses Schreibens

(a) die Einsichtnahme in die im Punkt 4. des Schreibens genannten Protokolle bis zum [▶Datum] (**„New Cut-Off Date 1"**) vorgenommen wurde; für den nachfolgenden Zeitraum haben wir keine Tätigkeiten durchgeführt;

(b) sich die Verweise auf das Cut-Off Date im Schreiben nunmehr auf das New Cut-Off Date 1 beziehen;

(c) unsere Tätigkeiten und Befragungen[1] gemäß Punkt [▶Nummer[2]] des Schreibens bis zum New Cut-Off Date 1 durchgeführt wurden; der Vorstand der Gesellschaft hat uns mitgeteilt, dass kein Konzernabschluss für einen Stichtag oder für eine Periode nach dem [▶Datum] zur Verfügung steht.

[1] Sind innerhalb des Zeitraumes, den der Bring Down Letter abdeckt, weitere Monatsberichte fertig gestellt worden, dann ist dies in den Bring Down Letter als separater Punkt aufzunehmen, etwa: „(c) unsere Tätigkeiten und Befragungen gemäß Punkt 4.(b) des Schreiben bis zum [▶Datum] vorgenommen wurden und wir die internen, ungeprüften, [unvollständigen] und [verkürzten] Monatsberichte der Gesellschaft für die Monate [▶Monate] gelesen haben; das Datum in Punkt 5.b. (i) des Schreibens ändert sich auf [▶Datum] und der in Punkt 5.b. (ii) des Schreibens genannte Zeitraum ändert sich auf [▶Datum] bis [▶Datum].

[2] Betrifft jene Befragung des Management, die sich auf Zahlen bezieht, die nicht mit Monatsberichten unterlegt sind (Punkt 6. des Schreibens).

Dieses Schreiben dient ausschließlich den Adressaten zur Information und Unterstützung bei der Durchführung und Dokumentation ihrer eigenen Untersuchungen hinsichtlich der Geschäftstätigkeit der Gesellschaft im Zusammenhang mit den im Prospekt, datiert vom [▶Datum] (der **„Prospekt"**) bezeichneten Wertpapieren. Er ist weder zur anderweitigen Verwendung, Veröffentlichung oder Weitergabe innerhalb noch außerhalb der Underwriting Gruppe für irgendeinen anderen Zweck (beinhaltend die Registrierung, Verkauf und Kauf von Wertpapieren) gedacht noch dazu bestimmt, (ganz oder teilweise) mit dem Prospekt eingereicht, in diesem in Bezug genommen oder in einem anderen Dokument zitiert oder abgedruckt zu werden – dies mit Ausnahme eines Verweises in dem nicht öffentlichen Underwriting Agreement oder in einer nicht öffentlichen Closing Liste des im Prospekt beschriebenen Angebotes. Weder dieses Schreiben noch sich daraus ergebende Rechte sind abtretbar oder übertragbar. Dieses Schreiben wird mit heutigem Datum an Sie ausgegeben. Wir übernehmen keine Haftung für eine Aktualisierung dieses Schreibens oder für Ereignisse oder Umstände, welche uns nach dem New Cut-Off Date 1 zur Kenntnis gelangen oder zur Kenntnis gelangen sollten und die geeignet wären, eine in diesem Schreiben getroffene Aussage negativ zu beeinflussen. Wir übernehmen Ihnen oder Dritten gegenüber keine Haftung für mündliche Aussagen, welche nicht schriftlich von uns bestätigt wurden.

Mit freundlichen Grüßen,

(Wirtschaftsprüfer) (Wirtschaftsprüfer)

Anlage 5.2.
Muster eines Bring Down Letter in Englisch

[Auditor's Letterhead]

Confidential

1. [▶XXX] Aktiengesellschaft

[▶Address]

2. [▶Lead Manager I]

[▶Address]

3. [▶Lead Manager II]

[▶Address]

(as representative(s) of the underwriters//managers named in the underwriting agreement//Prospectus to be dated on or around [▶Date], collectively, the **"Managers")**

[▶Reference]

[▶Date]

Ladies and Gentlemen:

We refer to our letter of [▶Date] (the **„Comfort Letter"**) in connection with the [*description of transaction, e.g. public offering in Austria//and a private placement in and outside the U.S. of America in reliance on Rule 144A and Regulation S of the Securities Act 1933 as amended*] of up to [▶number] shares of the Company (the **„Shares"**).

We reaffirm all statements made in the Comfort Letter except that, for the purposes of this letter

(a) the reading of the minutes described in paragraph [▶number] of the Comfort Letter has been carried out through [▶Date] („**New Cut-Off Date 1**"), our work did not extend to any period thereafter;

(b) the references to the Cut-Off Date in the Comfort Letter are changed to the New Cut-Off Date 1;

(c) the procedures and inquiries[1] covered in paragraph [▶number[2]] of the Comfort Letter were carried out to the New Cut-Off Date 1; Company officials have advised us that no consolidated financial statements as of any date or period subsequent to [▶Date], are available.

[1] Sind innerhalb des Zeitraumes, den der Bring Down Letter abdeckt, weitere Monatsberichte fertig gestellt worden, dann ist dies in den Bring Down Letter als separater Punkt aufzunehmen, etwa: „(c) the procedures and inquiries covered in paragraph 4.(b) of the Comfort Letter were carried out to [▶Date] and we have read the unaudited, [incomplete] internal [condensed] consolidated financial information of the Company for the months of [▶month] and [▶month]; the date in 5.b. (i) of the Comfort Letter is changed to [▶Date] and the period in 5.b. (ii) of the Comfort Letter is changed to the period from [▶Date] to [▶Date].

[2] Betrifft jene Befragung des Management, die sich auf Zahlen bezieht, die nicht mit Monatsberichten unterlegt sind (Punkt 6. des Comfort Letter).

This letter is solely for the information of the addressees and to assist the underwriters in conducting and documenting their investigations of the affairs of the Company in connection with the offering of the securities covered by the Prospectus, dated [▶Date] (the "**Prospectus**"), and it is not to be used, circulated, quoted, or otherwise referred to within or without the underwriting group for any other purpose, including but not limited to the registration, purchase, or sale of securities, nor is it to be filed with or referred to in whole or in part in the Prospectus or any other document, except that reference may be made to it in the non-public underwriting agreement or in any non-public list of closing documents pertaining to the offering described in the Prospectus. Neither this letter nor any rights arising therefrom may be assigned or transferred to any person that is not a Manager. This letter is being furnished to you as of the date hereof. We have no responsibility to inform you or to amend or to update this letter for events and or circumstances occurring after New Cut-Off Date 1, in case we obtain or should have obtained any information, which would negatively affect any statement made herein. We are not liable towards you or third parties for any oral statement, which we have not confirmed in writing.

Very truly yours,

[▶Auditor] [Auditor]

Anlage 6.1.
Muster eines Bestätigungsschreibens des Konsortialführers in Deutsch

Da Bestätigungsschreiben des Konsortialführers praktisch nur bei Privatplatzierungen in der U.S.A. gemäß Rule 144A des U.S. Securities Act 1933 von Bedeutung sind, und somit in der Regel in englischer Sprache erstellt werden, besteht kein Bedarf für eine deutsche Fassung.

Anlage 6.2.
Muster eines Bestätigungsschreibens des Konsortialführers in Englisch

[letterhead of Lead Manager]

[▶Auditor]
[▶Reference]
[▶Date]

Gentlemen,

[▶Lead Manager 1] together with [▶Lead Manager 2] (collectively the „**Lead Managers**"), as principal or agent and manager in the proposed offering of up to [▶number] shares of the [▶Company], as described in the [▶Prospectus] dated [▶Date], has reviewed certain information relating to the Company that will be included in the Prospectus, which may be delivered to investors and utilized by them as a basis for their investment decision. This due diligence process, applied to the information relating to the Company, was substantially consistent with the due diligence review process that we would perform in connection with a placement of securities in a transaction of this type//This review process, applied to the information relating to the Company, will be substantially consistent with the due diligence review process that we would perform if this placement of securities were being registered pursuant to the US Securities Act of 1933 as amended. It is recognised that what is „substantially consistent" may vary from situation to situation and may not be the same as that done in other offerings of the same securities for the same issuer; whether the procedures being, or to be, followed will be „substantially consistent" will be determined by the requesting parties on a case-by-case basis.

We are knowledgeable with respect to the due diligence process that would customarily be performed in placements of securities in transactions of this type.

We hereby kindly request that you deliver to us a „comfort" letter substantially in the form attached hereto provided that paragraph [▶jurisdiction clause] shall have a wording identical to the one included in the form attached hereto.

Yours sincerely,
[▶Bank]
By: ________________________ entitled to represent [▶Bank]
Name:
Title:
By: ________________________ entitled to represent [▶Bank]
Name:
Title:
Enclosure: form of „comfort" letter

2/3/13. KFS/PE 13

Stellungnahme des Fachsenats für Unternehmensrecht und Revision zur Haftung für Fehler des Prüfers bei Prüfungen, die keine Pflichtprüfungen gemäß § 268 UGB sind

(beschlossen in der Sitzung des Fachsenates für Handelsrecht und Revision (nunmehr Fachsenat für Unternehmensrecht und Revision) am 7. Juni 2006 als Stellungnahme KFS/PE 13, zuletzt redaktionell überarbeitet im Juni 2015; von der Abschlussprüferaufsichtsbehörde (APAB) genehmigt)*

**) Zur Anpassung der Stellungnahme an Änderungen in den Rechtsvorschriften und anderen fachlichen Regelungen seit ihrer Verabschiedung.*

1. Vorbemerkungen, Anwendungsbereich

(1) Die Stellungnahme befasst sich mit der Frage der Haftung des Prüfers bei Prüfungen von Abschlüssen, die keine Pflichtprüfungen gemäß § 268 UGB sind, und den Möglichkeiten einer Haftungsbegrenzung bei solchen Prüfungen.[1]

[1] Zur Berichterstattung über eine prüferische Durchsicht und zu damit zusammenhängenden Haftungsfragen siehe das Fachgutachten über Grundsätze für die prüferische Durchsicht von Abschlüssen (KFS/PG 11).

(2) Zu den Prüfungen, die keine Pflichtprüfungen gemäß § 268 UGB sind, gehören freiwillige Prüfungen von Abschlüssen nach dem Fachgutachten KFS/PG 1.

2. Gesetzliche und vertragliche Haftungsbegrenzungen

(3) Die in § 275 UGB vorgesehenen Haftungsbegrenzungen gelten nach Ansicht des Fachsenats für Pflichtprüfungen gemäß § 268 UGB sowie für Prüfungen aufgrund sondergesetzlicher Vorschriften, die auf diese Bestimmung verweisen (z.B. § 21 Abs. 2 Privatstiftungsgesetz, § 22 Abs. 2 Vereinsgesetz). Es ist jedoch möglich, mit dem Auftraggeber einer freiwilligen Prüfung eine Haftungshöchstgrenze festzulegen; diese wird gegenüber Dritten allerdings nur dann wirksam, wenn sie bei Erteilung eines Bestätigungsvermerks als dessen Bestandteil in geeigneter Weise offengelegt wird.

3. Abgrenzung zwischen gesetzlichen und freiwilligen Prüfungen und zwischen einer Prüfung und einer prüferischen Durchsicht

(4) Bezüglich der Abgrenzung zwischen gesetzlichen und freiwilligen Prüfungen bzw. zwischen einer Prüfung und einer prüferischen Durchsicht ist Folgendes zu beachten:

(5) Wenn mehrere, nach unterschiedlichen Rechnungslegungsgrundsätzen zum selben Stichtag aufgestellte Abschlüsse eines Unternehmens geprüft werden, ist die Haftungsbegrenzung für die Prüfung jener Abschlüsse zu vereinbaren, die nicht als gesetzlicher Abschluss gelten.

(6) Wenn ein Mutterunternehmen gemäß § 245a Abs. 2 UGB das Wahlrecht hat, einen Konzernabschluss nach den österreichischen unternehmensrechtlichen Vorschriften oder unter Anwendung internationaler Rechnungslegungsstandards aufzustellen, und Konzernabschlüsse nach beiden Rechnungslegungsgrundsätzen erstellt, gilt nach Ansicht des Fachsenats die Prüfung jenes Konzernabschlusses, der beim Firmenbuch eingereicht wird, als gesetzliche Abschlussprüfung.

(7) Bei der Prüfung von Zwischenabschlüssen ist zu unterscheiden, ob nach dem vom zu prüfenden Unternehmen erteilten Auftrag ein Bestätigungsvermerk über die Prüfung des Zwischenabschlusses zu erteilen ist – in diesem Fall liegt eine freiwillige Abschlussprüfung vor – oder ob vom Abschlussprüfer lediglich eine prüferische Durchsicht des Zwischenabschlusses verlangt wird; in diesem Fall darf kein Bestätigungsvermerk erteilt, sondern dem Auftraggeber lediglich ein Bericht über das Ergebnis der prüferischen Durchsicht erstattet werden.

4. Ausmaß der Haftungsbegrenzung

(8) Der Fachsenat empfiehlt, dass die Haftung des Abschlussprüfers bei Vorliegen von Fahrlässigkeit für freiwillige Abschlussprüfungen in der Vereinbarung mit dem Auftraggeber (im Auftragsschreiben) mit einem Betrag begrenzt wird, der in der Regel nicht niedriger ist als der für die Pflichtprüfung kleiner und mittelgroßer Gesellschaften nach § 275 UGB geltende Höchstbetrag, das sind 2 Millionen Euro.

(9) Bei freiwilligen Abschlussprüfungen selbst von sehr kleinen Gesellschaften sollte die Haftung des Abschlussprüfers nach Ansicht des Fachsenats keinesfalls mit weniger als 50 % des vorstehend angeführten Betrags bemessen werden.

5. Formulierung der Haftungsbegrenzung

(10) Wenn die mit dem Auftraggeber vereinbarte Haftungsbegrenzung für Fahrlässigkeit jeder Art gelten soll, wird die Aufnahme folgender Formulierung in den Bestätigungsvermerk empfohlen:

(11) „Meine/Unsere Verantwortlichkeit und Haftung ist analog zu § 275 Abs. 2 UGB (Haftungsregelungen bei der Abschlussprüfung einer kleinen oder mittelgroßen Gesellschaft) gegenüber

der Gesellschaft und auch gegenüber Dritten mit insgesamt 2 Millionen Euro begrenzt."[2]

[2] Bei Festsetzung einer Obergrenze von weniger als 2 Millionen Euro muss der Hinweis auf § 275 Abs. 2 UGB entfallen.

(12) Im Einzelfall ist zu entscheiden, ob an diesen Text der nachstehende Satz angeschlossen wird.

(13) „Die mit dem Auftraggeber vereinbarte und hier offengelegte Beschränkung meiner/unserer Haftung gilt auch gegenüber jedem Dritten, der im Vertrauen auf meinen/unseren Bestätigungsvermerk über die von mir/uns durchgeführte freiwillige Abschlussprüfung Handlungen setzt oder unterlässt."

6. Ausschluss der Haftung für leichte Fahrlässigkeit

(14) Der Vollständigkeit halber wird darauf hingewiesen, dass nach gesicherter Lehre und Rechtsprechung im Falle einer leicht fahrlässigen Pflichtverletzung ein vollständiger Haftungsausschluss für Vermögenschäden vereinbart werden kann.

(15) In diesem Fall müsste die vorgeschlagene Angabe im Bestätigungsvermerk durch Einfügung des Wortes „grob" vor dem Wort „fahrlässigen" ergänzt und folgender Satz angeschlossen werden:

(16) „Meine/Unsere Haftung für leichte Fahrlässigkeit ist in Übereinstimmung mit den Allgemeinen Auftragsbedingungen für Wirtschaftstreuhandberufe i.d.g.F., die diesem Auftrag zugrunde liegen, ausgeschlossen."

7. Prüfungen, deren Ergebnisse ausschließlich für den Auftraggeber bestimmt sind

(17) In Berichte über freiwillige Prüfungen, die ausschließlich der Information des Auftraggebers dienen und über die daher kein Bestätigungsvermerk erteilt wird, sollte neben der Vereinbarung über eine Haftungsbegrenzung folgende Formulierung aufgenommen werden:

(18) „Der Bericht ist ausschließlich im Auftrag und Interesse des Auftraggebers erstellt worden. Er bildet keine Grundlage für ein allfälliges Vertrauen dritter Personen auf seinen Inhalt; Ansprüche können daher daraus nicht abgeleitet werden."

8. Anwendungszeitpunkt

(19) Diese Fassung der Stellungnahme ist mit Veröffentlichung anwendbar.

2/3/14. IWP/PE 14

**Richtlinie
des Instituts Österreichischer Wirtschaftsprüfer
über die Prüfung bei ausgelagerten Funktionen**

(Auf Prüfungen von Abschlüssen für Geschäftsjahre, die am oder nach dem 30. Juni 2016 enden, anzuwenden. Eine frühere Anwendung ist zulässig.)

(verabschiedet in der Sitzung des Vorstands am 03.09.2012 als Richtlinie IWP/PE 14, zuletzt redaktionell überarbeitet im Oktober 2017; von der Abschlussprüferaufsichtsbehörde genehmigt)

1. Vorbemerkungen

1.1. Geltungsbereich / Anwendungsbereich

(1) In dieser Richtlinie wird die Berufsauffassung dargelegt, nach der Wirtschaftsprüfer unbeschadet ihrer Eigenverantwortung bei der Prüfung des dienstleistungsbezogenen internen Kontrollsystems von Dienstleistungsorganisationen vorgehen.

1.2. Zu Grunde liegende und mitgeltende Prüfungsstandards

(2) In dieser Richtlinie werden die in ISAE 3402 getroffenen Regelungen erläutert, und es wird klar gestellt, wie diese im österreichischen Kontext zu sehen sind.

(3) Relevante Informationen bezüglich der Prüfung des dienstleistungsbezogenen internen Kontrollsystems von Dienstleistungsorganisationen oder der Interpretation und Berücksichtigung eines Prüfberichts über das dienstleistungsbezogene interne Kontrollsystem der Dienstleistungsorganisation im Rahmen der Abschlussprüfung der auslagernden Organisation sind in ISA 315 und ISA 330 enthalten.

1.3. Begriffsdefinitionen

(4) Die **auslagernde Organisation** („user organization“, „user entity“) ist eine in der Regel prüfungspflichtige Organisation, die eine oder mehrere betriebliche Funktionen an eine Dienstleistungsorganisation auslagert und deren Jahresabschluss oder Konzernabschluss (vom Kundenabschlussprüfer) geprüft wird.

(5) Der **Kundenabschlussprüfer** („user auditor“) ist der Abschlussprüfer der auslagernden Organisation.

(6) Eine **Dienstleistungsorganisation** („service organization“) ist eine rechtlich von der auslagernden Organisation getrennte Organisation (Unternehmen, Unternehmensteil, Verein, Körperschaft oder ähnliches), die eine oder mehrere betriebliche Funktionen der auslagernden Organisation in dessen Auftrag eigenständig durchführt.

(7) Das **dienstleistungsbezogene interne Kontrollsystem** der Dienstleistungsorganisation (DIKS) umfasst jene Teile des internen Kontrollsystems, insbesondere Kontrollziele und Kontrollen selbst, die in Zusammenhang mit den an sie ausgelagerten Funktionen stehen.

(8) Das **Dienstleistungssystem** („service organization's system“, „system“) umfasst neben dem DIKS der Dienstleistungsorganisation all jene Richtlinien und Verfahren, die für die Erbringung der ausgelagerten Funktionen relevant sind.

(9) Der **Dienstleistungsprüfer** („service auditor“) ist der Prüfer des DIKS (zu unterscheiden vom allfälligen Abschlussprüfer der Dienstleistungsorganisation).

(10) Die **Erklärung der gesetzlichen Vertreter der Dienstleistungsorganisation** („service organization's assertion“) ist eine im Bericht aufgenommene, unterfertigte Stellungnahme, in der die gesetzlichen Vertreter insbesondere die Angemessenheit, Richtigkeit und Vollständigkeit der Beschreibung des Dienstleistungssystems sowie Einrichtung und Wirksamkeit des DIKS der Dienstleistungsorganisation bestätigen.

(11) Als **Sub-Dienstleistungsorganisation** („sub-service organization“) wird eine Organisation bezeichnet, derer sich die Dienstleistungsorganisation zusätzlich bedient, um ausgelagerte Funktionen für den Kunden zu erbringen.

(12) Die **ergänzenden Kontrollen der Kundenorganisation** („complementary user entity controls“) sind Kontrollen, von denen die Dienstleistungsorganisation bei der Konzeption ihres DIKS ausgeht, dass sie bei der Kundenorganisation eingerichtet sind. Sofern Angemessenheit und Wirksamkeit dieser Kontrollen für die Erreichung der Kontrollziele wesentlich sind, sind sie in der Beschreibung des Dienstleistungssystems anzuführen.

(13) Bei der **Inklusiv-Methode** („inclusive method“) werden die an die Sub-Dienstleistungsorganisation ausgelagerten, für die Erfüllung der Kontrollziele wesentlichen Teile des DIKS im Rahmen der Prüfung mit eingeschlossen.

(14) Bei der **Exklusiv-Methode** („carve-out method“) werden die an die Sub-Dienstleistungsorganisation ausgelagerten, für die Erfüllung der Kontrollziele wesentlichen Teile des DIKS im Rahmen der Prüfung nicht berücksichtigt.

(15) Ein **Kontrollziel** („control objective“) definiert den Zweck von Kontrollen, wobei sich

Kontrollziele insbesondere auf Risiken, die von einzelnen Kontrollen adressiert werden, beziehen.

(16) Ein **Update (oder Roll-forward) Letter** ist ein Informationsschreiben des Dienstleistungsprüfers, ob und inwiefern sich das Dienstleistungssystem inklusive des DIKS nach dem Ende des Prüfungszeitraums geändert hat und diesbezüglich erlangte Prüfnachweise; es enthält kein Prüfurteil über Konzeption, Einrichtung und Wirksamkeit der Kontrollen.

(17) Anhand der **Beurteilungskriterien** („criteria") wird jener Maßstab festgelegt, auf Basis dessen die gesetzlichen Vertreter ihre Erklärung abgeben und der Prüfer sein Prüfurteil abgibt.

2. Die Prüfung des dienstleistungsbezogenen internen Kontrollsystems

2.1. Gegenstand, Ziel und Umfang der Prüfung des internen Kontrollsystems

(18) Führen Dienstleistungsorganisationen im Auftrag von auslagernden Organisationen in bestimmten Bereichen der Rechnungslegung Vorgänge eigenständig durch, entbindet dies die auslagernden Organisationen nicht von ihrer Verantwortung für die ausgelagerten Vorgänge sowie deren ordnungsgemäße Abbildung in der Rechnungslegung. Aus diesem Grund ist das von den Dienstleistungsorganisationen eingerichtete DIKS für die Abschlussprüfungen der auslagernden Organisationen von Bedeutung. Die Beurteilung des IKS der auslagernden Organisation durch deren Abschlussprüfer muss daher in der Regel auch das DIKS umfassen.

(19) Gegenstand der Prüfung nach dieser Richtlinie ist das im Rahmen einer Beschreibung des Dienstleistungssystems von der Dienstleistungsorganisation dargestellte DIKS. Die Prüfung des DIKS nach dieser Richtlinie findet dann Anwendung, wenn wahrscheinlich ist, dass die gegenständliche Dienstleistung bzw. das DIKS für das rechnungslegungsbezogene IKS einer Kundenorganisation oder für den Kundenabschlussprüfer relevant ist. Prüfungen, ob Kontrollen ohne Bezug zum rechnungslegungsbezogenen IKS eines Kunden wie in einer Beschreibung dargestellt eingerichtet, umgesetzt und gegebenenfalls wirksam sind, sind nach dem Fachgutachten KFS/PG 13 „Durchführung von sonstigen Prüfungen" abzuwickeln.

(20) Abhängig von der Auftragserteilung durch die Dienstleistungsorganisation gibt der Dienstleistungsprüfer

a) bei einem **Bericht Typ 1** ein Urteil darüber ab, ob
   - die Beschreibung des Dienstleistungssystems die tatsächliche Konzeption und Einrichtung des Systems zum angegebenen **Zeitpunkt** in allen wesentlichen Belangen richtig und klar darstellt und
   - die Konzeption des DIKS zur Erreichung der in der Beschreibung des Dienstleistungssystems dargestellten Kontrollziele zum angegebenen **Zeitpunkt** angemessen war,

b) beziehungsweise bei einem **Bericht Typ 2** ein Urteil darüber ab, ob
   - die Beschreibung des Dienstleistungssystems die tatsächliche Konzeption und Einrichtung des Systems über den angegebenen **Zeitraum** hinweg in allen wesentlichen Belangen richtig und klar darstellt,
   - die Konzeption des DIKS zur Erreichung der in der Beschreibung des Dienstleistungssystems dargestellten Kontrollziele über den angegebenen **Zeitraum** hinweg angemessen war und
   - die geprüften Kontrollen während dieses **Zeitraums** wirksam waren und dadurch mit hinreichender Sicherheit zur Einhaltung der Kontrollziele beitrugen.

(21) Maßgebend für diese Beurteilung ist die Perspektive der auslagernden Organisation und des Kundenabschlussprüfers.

2.2. Beauftragung und Auftragsannahme

(22) Vor der Auftragsannahme hat der Dienstleistungsprüfer gewissenhaft zu prüfen, ob der Auftrag unter **Beachtung der Berufsausübungsgrundsätze** angenommen werden darf. Hierfür ist es auch erforderlich, dass der Prüfer über die besonderen Kenntnisse und Erfahrungen verfügt, um die Prüfung sachgerecht durchführen zu können. Ein Auftrag darf nur angenommen bzw. fortgeführt werden, wenn er in sachlicher, personeller und zeitlicher Hinsicht ordnungsgemäß abgewickelt werden kann. Für den Dienstleistungsprüfer gilt § 271 Abs 1 UGB sinngemäß.

(23) Im Rahmen des Auftragsschreibens empfiehlt es sich, Folgendes zu vereinbaren:

a) den Auftragsgegenstand und den Typ der Berichterstattung,
b) die Verantwortung der gesetzlichen Vertreter,
c) die Verantwortung des Prüfers,
d) eine Verwendungsbeschränkung für die Berichterstattung sowie
e) eine Haftungsvereinbarung.

(24) Es empfiehlt sich, die **Haftungsvereinbarung** auf das Zehnfache der Mindestversicherungssumme gemäß § 11 WTBG 2017 zu beschränken. Diese Summe wird – auch im Vergleich zu den in § 275 UGB angeführten Höchsthaftungssummen – als angemessen erachtet, da das DIKS nur einen Teilaspekt des IKS sowohl der Dienstleistungsorganisation wie auch der auslagernden Organisation darstellt, und bei Prüfungen von IKS kein Zusammenhang mit den Größenmerkmalen des § 221 UGB besteht.

(25) Ein Beispiel für ein Auftragsschreiben ist als Anhang (Kapitel 4.1) beigefügt.

(26) Im Zusammenhang mit der Auftragsvereinbarung sind mit der Dienstleistungsorganisation folgende Aspekte zu erörtern:

a) Angemessenheit der Beurteilungskriterien, die der Beschreibung des Dienstleistungssystems und der Erklärung der gesetzlichen Vertreter der Dienstleistungsorganisation zugrunde liegen;
b) Umfang und Relevanz der Inhalte der Beschreibung des Dienstleistungssystems inklusive des DIKS sowie des vorgesehenen Berichterstattungstyps für die Kundenabschlussprüfer;
c) Abgrenzung der ausgelagerten Dienstleistung und der zugehörigen Kontrollen bei der Dienstleistungsorganisation zu den ergänzenden Kontrollen in der auslagernden Organisation;
d) Relevanz von Sub-Dienstleistungsorganisationen und Art der Berücksichtigung im Rahmen der Prüfung (Inklusiv- oder Exklusiv-Methode);
e) Zeitpunkt (Typ 1) bzw. Zeitraum (Typ 2), auf den sich die Prüfung bezieht.

2.2.1. Verantwortung der gesetzlichen Vertreter

(27) Die gesetzlichen Vertreter sind für Folgendes verantwortlich:

a) Erbringung der Dienstleistungen, die von der Beschreibung des Dienstleistungssystems umfasst sind
b) Vorbereitung einer Beschreibung ihres Dienstleistungssystems, der begleitenden Erklärung der gesetzlichen Vertreter sowie der Vollständigkeit und Richtigkeit und Darstellungsmethode der Beschreibung und der Erklärung
c) Darstellung der Funktionen, die bei der Beschreibung des Dienstleistungssystems der Dienstleistungsorganisation umfasst sind
d) Festlegung der Kontrollziele (sofern diese nicht zB durch Gesetze oder eine andere Regelung identifiziert wurden)
e) Konzeption und Einrichtung (Typ 1) bzw. Konzeption, Einrichtung und operative Wirksamkeit (Typ 2) der Kontrollen, die – unter Berücksichtigung von Risikoaspekten - zur Erreichung festgelegter Kontrollziele im Einsatz sind
f) Auswählen und Festlegen geeigneter Beurteilungskriterien, die als Basis für die Abgabe der Erklärung der gesetzlichen Vertreter herangezogen werden
g) Aufsetzen und Unterschreiben der Erklärung der gesetzlichen Vertreter

(28) Die Systembeschreibung (siehe Anhang, Kapitel 4.5) sollte neben einer Übersicht über die Dienstleistungsorganisation, des Dienstleistungsspektrums, der Prozesse, Richtlinien und Verfahren zur Erbringung der Dienstleistung(en), des prüfungsgegenständlichen DIKS auch eine Darstellung der risikoorientierten Herangehensweise zur Ausgestaltung des DIKS und eine Darstellung relevanter Sub-Dienstleistungsorganisationen sowie die ergänzenden Kontrollen der Kundenorganisation enthalten.

(29) Die Beurteilungskriterien sind von den gesetzlichen Vertretern so zu wählen, dass sie einen angemessen Maßstab für die im Rahmen der Erklärung der gesetzlichen Vertreter abgegebenen Beurteilung festlegen. Neben allgemeinen Kriterien (zB, dass in der Beschreibung keine Informationen verfälscht dargestellt sind), können (inhaltliche) Kriterien in Anlehnung an Standards wie COSO oder COBIT definiert werden. Falls nicht alle Kriterien erfüllt werden (zB wird ein Kontrollziel nicht erreicht), so ist diese Tatsache in der Erklärung anzuführen.

(30) Das DIKS umfasst neben den Kontrollen (auch Kontrollmaßnahmen oder Kontrollaktivitäten genannt) weitere Komponenten. Diese sind das Kontrollumfeld, der Risikobeurteilungsprozess, das betriebliche Informations- und Kommunikationssystem und die Überwachung. Die Beschreibung des DIKS hat neben der Darstellung dieser weiteren Komponenten Kontrollziele und die zur Erreichung der Kontrollziele eingerichteten Kontrollen des DIKS zu beinhalten, die sich auf das IKS einer auslagernden Organisation auswirken können.[1]

[1] Neben dem vom „Committee of Sponsoring Organizations of the Treadway Commission" (COSO) entwickelten Framework können zur Darstellung des IKS auch vergleichbare Kontrollkonzepte eingesetzt sein, soweit sie gleichwertig und allgemein anerkannt sind. Ein solches Konzept ist beispielsweise der COBIT Standard der ISACA, der häufig bei IT-Dienstleistungsorganisationen – manchmal in Kombination mit COSO – eingesetzt wird.

(31) Darüberhinaus müssen die gesetzlichen Vertreter der Dienstleistungsorganisation eine ausreichende Grundlage („reasonable basis") zur Beurteilung der angemessenen Konzeption und Einrichtung sowie im Falle eines Typ 2 Reports der Wirksamkeit der Kontrollen schaffen. Diese kann durch routinemäßige Management- und Überwachungsaktivitäten (zB durch die interne Revision) sowie das strukturierte Erfassen und Bereinigen von erkannten Kontrollschwächen geschaffen werden. In manchen Fällen können zusätzliche Funktionstests durch die Organisation oder externe Dritte („self assessment") zu der Schaffung dieser ausreichenden Grundlage beitragen.

(32) Der Bericht des externen Prüfers über das DIKS ersetzt allerdings nicht die eigenen Prozesse der Dienstleistungsorganisation zur Beurteilung der Angemessenheit der Konzeption und Einrichtung sowie – im Falle eines Typ 2 Reports – der Wirksamkeit der Kontrollen.

(33) Im Rahmen ihrer Verantwortung zur Konzeption und Einrichtung geeigneter Kontrollen ist eine risikoorientierte Herangehensweise notwendig. Dies bedeutet Identifikation jener Risiken, die die Erreichung der Kontrollziele gefährden können und die Ausgestaltung der Kontrollen in einer Weise, die geeignet ist das Eintreten dieser Risiken hintanzuhalten.

2.2.2. Prüfungsumfang und Aussagekraft für den Kundenabschlussprüfer

(34) Dienstleistungsorganisationen erbringen oft verschiedene Arten von Dienstleistungen oder diese werden von geografisch, rechtlich oder organisatorisch unterschiedlichen Einheiten (Teilorganisationen) erbracht. Der vereinbarte Umfang kann sich insofern nur auf Teile des Systems und damit des DIKS erstrecken, soweit diese Teile klar abgrenzbar sind und eine diesen Teil oder diese Teile des DIKS betreffende, für den Kundenabschlussprüfer relevante Gesamtaussage ermöglichen.

(35) Beispiele für Beschränkungen der Prüfung auf klar abgrenzbare, sinnvolle Teile sind:

a) Beschränkung auf eines von mehreren Logistikzentren einer Dienstleistungsorganisation (geografische oder organisatorische Abgrenzung),
b) Beschränkung auf eine spezielle Anwendung oder Systemplattform, die von einem Rechenzentrum für Kunden betrieben wird (Abgrenzung nach der Art der Dienstleistung),
c) Beschränkung auf die anwendungsunabhängigen Kontrollen, die ein IT-Dienstleister eingerichtet hat, der auch für gewisse anwendungsabhängige Kontrollen im Rahmen seiner Dienstleistung die Verantwortung trägt (Abgrenzung nach Art der Dienstleistung oder organisatorische Abgrenzung),
d) Beschränkung auf den Lohnverrechungsbereich einer Dienstleistungsorganisation, die neben Lohnverrechnung auch Buchhaltung anbietet (Abgrenzung nach der Art der Dienstleistung).

(36) Keine Gesamtaussage wird möglich sein, wenn bezüglich oben angeführter Beispiele

a) in einem der Logistikzentren nur jene Kontrollziele Teil der Prüfung sein sollen, die sich auf den Wareneingang nicht jedoch auf die Lagerung und den Versand der Waren beziehen, oder
b) für eine ausgewählte Systemplattform der Prüfumfang nur auf Kontrollziele und Kontrollen hinsichtlich Zugriffsschutz und nicht betreffend plattformrelevanter Software-Änderungsprozesse beschränkt werden soll, oder
c) die prüfungsgegenständlichen anwendungsunabhängigen Kontrollen nur Kontrollen bezüglich Datensicherungsrisiken umfassen, oder
d) die bezüglich der Lohnverrechnung dargestellten Kontrollziele die Vollständigkeit jedoch nicht die Richtigkeit der abzurechnenden Daten beschreiben.

(37) Für den Grad der Prüfsicherheit sind unter anderem der Zeitpunkt bzw. Zeitraum, auf den sich die Beschreibung der Kontrollen bezieht, ebenso wie der Zeitpunkt der Prüfung sowie auch der bei einem Funktionstest umfasste Zeitraum relevant. Da jedoch Dienstleistungsorganisationen oft mehrere Kunden mit zum Teil unterschiedlichen Abschlussstichtagen betreuen, empfiehlt es sich, den Zeitpunkt und umfassten Zeitraum mit den auslagernden Organisationen und den Kundenabschlussprüfern abzustimmen. Zur Erlangung der notwendigen Prüfsicherheit hinsichtlich der Wirksamkeit der Kontrollen wird eine Periode von zumindest sechs Monaten empfohlen, die den Funktionstests zu Grunde liegt.

2.2.3. Sub-Dienstleistungsorganisation

(38) Sind aus Sicht der Kundenorganisation wesentliche Teile des DIKS an Sub-Dienstleistungsorganisationen ausgelagert, so hat der Dienstleistungsprüfer gemeinsam mit der Dienstleistungsorganisation zu entscheiden, ob die Prüfung nach der Inklusiv- oder Exklusiv-Methode durchgeführt wird.

(39) Generell ist die Inklusiv-Methode vorzuziehen, da dabei sichergestellt ist, dass Konzeption (inkl. Einrichtung) und Wirksamkeit des DIKS gesamthaft im Hinblick auf die ausgelagerte Funktion beurteilt werden, dh die Prüfungshandlungen erstrecken sich auch auf die an das Subunternehmen ausgelagerten Dienstleistungen.

(40) Der Exklusiv-Methode ist insbesondere dann der Vorzug zu geben, falls bei der Sub-Dienstleistungsorganisation eine eigene Prüfung des DIKS nach dieser Richtlinie oder einem vergleichbaren Standard durchgeführt wird.

(41) Die folgenden Grafiken erläutern diese Zusammenhänge beispielhaft:

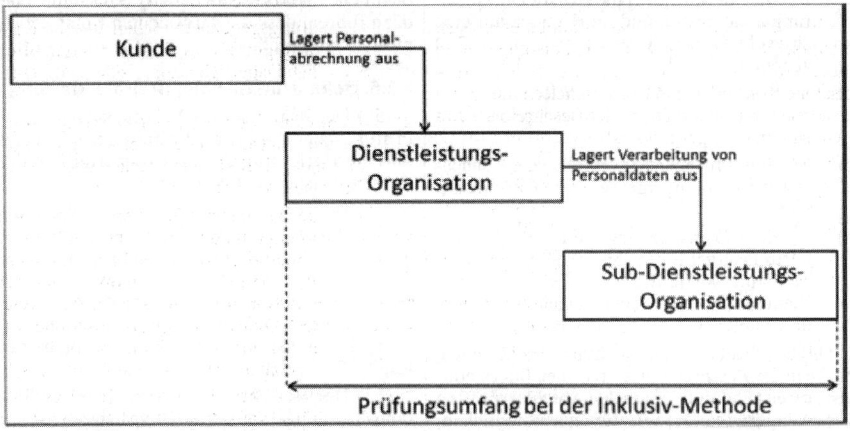

(42) Werden hingegen die Dienstleistungen und das DIKS der Sub-Dienstleistungsorganisation im Prüfbericht nicht berücksichtigt, so handelt es sich um die Exklusiv-Methode. In diesem Fall hat der Kundenabschlussprüfer für die Beurteilung der Angemessenheit und Wirksamkeit des DIKS bei der Sub-Dienstleistungsorganisation, falls wesentlich, auch nach dieser Richtlinie vorzugehen, oder nach eigenem Ermessen Prüfungshandlungen durchzuführen.

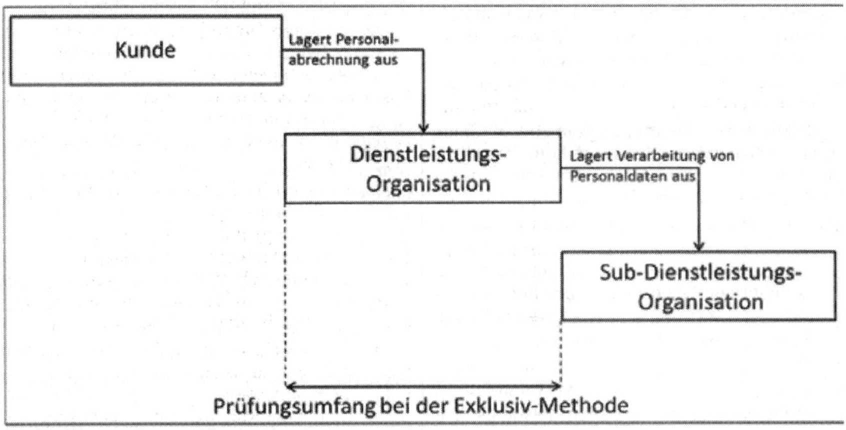

(43) Für Zwecke der Abschlussprüfung des auslagernden Unternehmens ist die Inklusiv- Methode grundsätzlich immer anwendbar, da nur diese dem Abschlussprüfer eine umfassende Berichterstattung über die Angemessenheit und Wirksamkeit des dienstleistungsbezogenen internen Kontrollsystems bei der Dienstleistungsorganisation und der Sub-Dienstleistungsorganisation liefert.

(44) Jedenfalls ist die für die Prüfung gewählte Methode (inklusiv oder exklusiv) in der Berichterstattung namentlich zu erwähnen.

2.3. Prüfungsplanung

(45) Der Prüfer hat sich zunächst ausreichende Kenntnisse über die Dienstleistung sowie das wirtschaftliche und rechtliche Umfeld der Dienstleistungsorganisation zu verschaffen. Insbesondere empfiehlt es sich, auch die Änderungen des Dienstleistungssystems inklusive des DIKS seit der letzten Prüfungsdurchführung zu erheben.

(46) Im Rahmen der Prüfungsplanung sind insbesondere die Ausführungen von ISA 300 sinngemäß zu beachten.

2.4. Prüfungsdurchführung

(47) Gegenstand der Prüfung sind einerseits die Beschreibung des Dienstleistungssystems und andererseits das DIKS.

(48) Im Rahmen der Beurteilung, ob die Beschreibung die relevanten Aspekte des Dienstleistungssystems zutreffend darstellt, ist insbesondere zu prüfen, ob:

a) die in der Beschreibung dargestellten Kontrollziele in Bezug auf die Art der Dienstleistung angemessen und im Hinblick auf eine sinnvolle Gesamtaussage (vgl. Kapitel 2.2.2) ausreichend sind,
b) die Kontrollen den Kontrollzielen zugeordnet sind und entsprechend der Beschreibung tatsächlich umgesetzt sind,
c) allfällige ergänzende Kontrollen der Kundenorganisation angemessen beschrieben sind und
d) allfällige Dienstleistungen einer Sub-Dienstleistungsorganisation angemessen beschrieben sind, sowie die Art der angewandten Methode (Inklusiv- oder Exklusiv-Methode) dargestellt ist.

(49) Der Prüfer hat darüber hinaus festzustellen, ob die in der Beschreibung enthaltenen Informationen ausreichend sind, um es den Abschlussprüfern der auslagernden Organisation zu ermöglichen, ein Verständnis über das Dienstleistungssystems inklusive des DIKS zu entwickeln.

(50) Bei der Beurteilung der Konzeption und Einrichtung des DIKS, ist insbesondere zu prüfen, dass die von der Dienstleistungsorganisation konzipierten und umgesetzten Kontrollen alle wesentlichen, der Erreichung der Kontrollziele tatsächlich entgegenstehenden Risiken hintanhalten. Diesbezüglich wird das Verständnis der Zuordnung von Kontrollzielen, Risiken und Kontrollen notwendig sein.

(51) Die für die Beurteilung der Beschreibung sowie von Konzeption und Einrichtung des DIKS erforderlichen Prüfungsnachweise werden in der Regel folgendermaßen erlangt:

a) durch Befragung von Management, Personen mit Überwachungsfunktionen, Mitarbeitern mit Aufsichtsfunktionen und sonstigen Mitarbeitern der Dienstleistungsorganisation,
b) anhand der Durchsicht von Unterlagen und Dokumenten der Dienstleistungsorganisation und
c) durch Beobachtung von Aktivitäten und Arbeitsabläufen in der Dienstleistungsorganisation.

(52) Bei Berichterstattungen vom Typ 1 sind keine Funktionsprüfungen der Kontrollen der Dienstleistungsorganisation erforderlich.

(53) Das Urteil im Rahmen der Berichterstattung nach **Typ 1**, dass die Kontrollen angemessen sind, beinhaltet weder eine Aussage zu ihrer Wirksamkeit noch zu ihrer Eignung, andere als die dargestellten Kontrollziele zu erfüllen.

(54) Die für Berichterstattungen nach **Typ 2** zusätzlich erforderlichen Nachweise werden durch Funktionsprüfungen gewonnen, deren Art, Zeitpunkt und Umfang der Prüfer festzulegen hat, um sicherzustellen, dass die Kontrollen während des in der Bestätigung angegebenen Prüfungszeitraums wirksam waren. Der Prüfer hat bei der Prüfungsdurchführung alle ihm bekannt gewordenen Informationen zu berücksichtigen, die seiner Auffassung nach wesentliche Mängel im Aufbau oder in der Wirksamkeit des DIKS darstellen und dazu führen, dass die dargestellten Kontrollziele nicht erreicht werden.

2.5. Dokumentation und Berichterstattung

(55) Der Prüfer hat die Prüfungsplanung, die Prüfungshandlungen, die Prüfungsfeststellungen und die Herleitung des Prüfungsurteils in den Arbeitspapieren zu dokumentieren.

(56) Bei einer Berichterstattung nach **Typ 1** ist das **Datum**, nach **Typ 2** der **Zeitraum** anzugeben, auf das bzw. den sich die Beschreibung des Dienstleistungssystems inklusive des DIKS bezieht. Dieses Datum deckt sich üblicherweise mit jenem Zeitpunkt bzw. Zeitraum, auf den der Dienstleistungsprüfer seine Beurteilung gemäß Kapitel 2.1 bezieht.

(57) Der Bericht ist mit Abschluss der Prüfungshandlungen zu datieren. Später eintretende Ereignisse, die dem Prüfer noch vor der Erteilung der Bestätigung bekannt werden, sind bei der Beurteilung zu berücksichtigen, sofern sie Erkenntnisse über die Angemessenheit bzw. Wirksamkeit des DIKS während des Zeitraums, auf den sich die Bestätigung bezieht, und bis zum Abschluss der Prüfungshandlungen liefern. Über Erkenntnisse, die nicht den von der Prüfung umfassten Zeitraum betreffen, ist eine Berichterstattung nur dann notwendig, wenn sich nach pflichtgemäßem Ermessen wesentliche Auswirkungen auf das Prüfungsurteil ergeben.

(58) Der Prüfer hat von den gesetzlichen Vertretern im Rahmen der Vollständigkeitserklärung auch eine Erklärung über den Eintritt von Ereignissen nach dem Prüfungszeitraum einzuholen. Das Muster einer Vollständigkeitserklärung ist im Anhang (4.7) beigefügt. Das Datum der Unterschrift der Vollständigkeitserklärung sollte so nahe wie möglich an die Prüfung, jedoch nicht nach dem Abschluss der Prüfungsarbeiten vor Ort sein.

(59) Der Bericht muss über einen klaren Titel verfügen, aus dem hervorgeht, dass es sich um einen Prüfbericht des unabhängigen Prüfers über das dienstleistungsbezogene interne Kontrollsystem einer Dienstleistungsorganisation nach diesem Standard handelt. Der Titel hat auch zu bezeichnen, ob es sich um einen Bericht nach Typ 1 oder Typ 2 handelt.

(60) Der Bericht ist in folgende Berichtsbestandteile zu gliedern:

- Teil 1: Bestätigungsbericht des unabhängigen Prüfers;
- Teil 2: unterschriebene Erklärung der gesetzlichen Vertreter der Dienstleistungsorganisation
- Teil 3: Beschreibung des Dienstleistungssystems inklusive des DIKS durch die gesetzlichen Vertreter der Dienstleistungsorganisation;
- Teil 4: (nur bei einem Bericht Typ 2 jedenfalls notwendig): Informationen des unabhängigen

Prüfers zu den Prüfungszielen und zur Prüfungsdurchführung;

- Teil 5: Anhänge.

(61) Neben der Abgrenzung des Umfangs im Bestätigungsbericht (siehe nachfolgendes Kapitel) sind in der Beschreibung des Dienstleistungssystems nicht prüfungsgegenständliche Teile des DIKS nicht aufzunehmen oder zumindest unmissverständlich kenntlich zu machen. Desgleichen sind darin auch relevante Leistungen von Sub-Dienstleistern zu beschreiben und die Herangehensweise im Rahmen der Prüfung zu erläutern (Verwendung der Inklusiv- oder Exklusiv-Methode).

(62) Bei einem Bericht Typ 2 müssen neben den Kontrollzielen und für die Erreichung dieser Ziele notwendigen, prüfungsgegenständlichen Kontrollen im Berichtsbestandteil 4 Art, Umfang und Ergebnis der durchgeführten Funktionsprüfungen und die Prüfungsergebnisse enthalten sein, damit die Kundenabschlussprüfer die Auswirkungen auf ihre Prüfungsstrategie und ihre Beurteilung festlegen können. Sofern bei den Funktionstests Kontrollschwächen festgestellt werden, hat der Prüfer auch die allfällige Stichprobengröße, die Anzahl des Auftretens und entweder das Nichtfunktionieren der Kontrollen oder gegebenenfalls Informationen über kompensierende Kontrollen (Beschreibung, Funktionstests, Ergebnis) darzulegen.

(63) Der Bestätigungsbericht hat zu enthalten:

a) Informationen über das Auftragsverhältnis (Datum der Beauftragung und Umfang der Prüfung);

b) eine Darstellung
   - des prüfungsgegenständlichen Systems (Anwendungen, Produkte oder sonstige Services der Dienstleistungsorganisation, allenfalls durch Verweis auf die Systembeschreibung)
   - einer allfälligen Beschränkung auf Teile des DIKS (siehe Kapitel 2.2.2)
   - der Tatsache, dass - sofern die Beschreibung des Systems wesentliche ergänzende Kontrollen bei der auslagernden Organisation umfasst – einerseits die ergänzenden Kontrollen nicht durch den Dienstleistungsprüfer hinsichtlich Konzeption, Einrichtung und Wirksamkeit evaluiert wurden und andererseits, dass die Kontrollziele nur dann erreicht werden können, falls die ergänzenden Kontrollen bei der auslagernden Organisation gemeinsam mit jenen der Dienstleistungsorganisation angemessen konzipiert und wirksam sind.
   - der Tätigkeiten des Sub-Dienstleisters, sofern Services von einer Sub-Dienstleistungsorganisation ausgeführt werden, sowie der Art der Tätigkeiten der Sub-Dienstleistungsorganisation ebenso wie der gewählten Methode (Inklusive- oder Exklusive-Methode).

c) eine Einschränkung der Nutzung des Berichts auf die gesetzlichen Vertreter der Dienstleistungsorganisation, sowie deren Kunden und der Kundenabschlussprüfer und eine Weitergabebeschränkung

d) eine Darstellung der Verantwortlichkeit der gesetzlichen Vertreter der Dienstleistungsorganisation (siehe Kapitel 2.2.1)

e) eine Darstellung der Verantwortlichkeit des Dienstleistungsprüfers; diese umfasst die Abgabe eines Prüfungsurteils über die Beschreibung des Dienstleistungssystems, der Angemessenheit der in der Erklärung der gesetzlichen Vertreter zugrunde gelegten Beurteilungskriterien sowie die Konzeption, Einrichtung – und im Falle eines Berichts Typ 2 – die Wirksamkeit der Kontrollen im Hinblick auf die beschriebenen Kontrollziele

f) einen Verweis auf die der Prüfung zu Grunde gelegten Prüfungsstandards

g) eine Beschreibung von Art und Umfang der vom Prüfer durchgeführten Prüfungshandlungen (im Falle eines Typ 2 Berichts Verweis auf Berichtsbestandteil 4) und eine Aussage darüber, dass die vom Prüfer eingeholten Prüfungsnachweise geeignet und ausreichend sind, um ein Prüfungsurteil abzugeben, und im Falle eines Berichts Typ 1 einen Hinweis darauf, dass kein Prüfungsurteil über die Wirksamkeit des DIKS abgegeben wird

h) eine Aussage über die inhärenten Grenzen eines DIKS und einen Hinweis auf das Risiko einer Übertragung der abgegebenen Beurteilung auf die Zukunft

i) ein auf Basis hinreichender Sicherheit und angemessener Beurteilungskriterien abgegebenes Prüfungsurteil darüber, dass
   - die Beschreibung des Dienstleistungssystems in allen wesentlichen Belangen zutreffend das im Falle eines Berichts Typ 1 zum Zeitpunkt / im Falle eines Berichts Typ 2 im zu bezeichnenden, prüfungsgegenständlichen Zeitraum eingerichtete Dienstleistungssystem inklusive dem DIKS darstellt
   - die in der Beschreibung dargestellten Kontrollen im Falle eines Berichts Typ 1 zum zu bezeichnenden, prüfungsgegenständlichen Zeitpunkt / im Falle eines Berichts Typ 2 im zu bezeichnenden, prüfungsgegenständlichen Zeitraum angemessen eingerichtet und implementiert waren
   - und im Falle eines Berichts nach Typ 2: die geprüften Kontrollen, die zur Erreichung der beschriebenen Kontrollziele notwendig sind, ausreichend konzipiert, eingerichtet und wirksam waren, um mit einer hinreichenden, nicht absoluten Sicherheit dazu beizutragen, dass die beschriebenen Kontrollziele im zu bezeichnenden, prüfungsgegenständlichen Zeitraum erfüllt wurden

– die Beschreibung eine in allen wesentlichen Belangen zutreffende Darstellung der maßgebenden Komponenten des von der Dienstleistungsorganisation zu einem angegebenen Zeitpunkt eingerichteten DIKS beinhaltet und ob die Kontrollen nach Einschätzung des Prüfers angemessen ausgestaltet waren, um die dargestellten Kontrollziele bei ordnungsgemäßer Anwendung dieser Kontrollen mit hinreichender Sicherheit zu erreichen

j) einen Verweis auf die vereinbarte Haftungsbegrenzung

(64) Der Bestätigungsbericht ist unter Angabe von Ort und Datum durch den Dienstleistungsprüfer zu unterzeichnen. Ist eine Gesellschaft Dienstleistungsprüfer so sind die Unterzeichnungsregeln des Fachgutachtens KFS/PG 3 „Erteilung von Bestätigungsvermerken nach den Vorschriften des UGB bei Abschlussprüfungen von Jahres- und Konzernabschlüssen“ der Kammer der Wirtschaftstreuhänder zu beachten.

(65) Bei den zu Grunde gelegten Prüfungsstandards kann – falls zutreffend – zusätzlich zu den österreichischen explizit auf die Inhalte von ISAE 3402 verwiesen werden.

(66) Ein Beispiel für einen Bestätigungsbericht vom Typ 1 findet sich im Anhang (4.2), ein Beispiel für einen Bestätigungsbericht vom Typ 2 findet sich im Anhang (Kapitel 4.3).

3. Schlussbestimmungen

3.1. Anwendungszeitpunkt

(67) Die Richtlinie ist ab dem 1. Januar 2013 anzuwenden. Eine frühere Anwendung ist zulässig.

3.2. Änderung anderer Richtlinien

(68) Diese Richtlinie ersetzt die Richtlinie des Instituts Österreichischer Wirtschaftsprüfer über die Prüfung ausgelagerter Funktionen (IWP/PE 14, Juni 2007)

4. Anhänge

Kursive Texte stellen alternative Formulierungen dar, kursive Texte in eckiger Klammer sind optional.

Die folgenden Muster erheben nicht den Anspruch an Vollständigkeit oder umfassende Einsetzbarkeit, sondern dienen der allgemeinen Orientierung.

4.1. Muster Auftragsschreiben

Auftrags(bestätigungs)schreiben

Sehr geehrte Mitglieder des Vorstandes / der Geschäftsführung,

[Variante Auftragsschreiben:

Mit Schreiben vom [Datum] haben Sie uns beauftragt, eine Prüfung des von der [Dienstleistungsorganisation] beschriebenen Dienstleistungssystems für die im Zusammenhang mit der Verarbeitung von Transaktionen auslagernder Organisationen stehende [Dienstleistung oder abgrenzbarer Teilbereich] sowie über die Konzeption und Einrichtung von Kontrollen in Bezug auf die dargestellten Kontrollziele nach der Richtlinie des Instituts Österreichischer Wirtschaftsprüfer („Prüfung bei ausgelagerten Funktionen") *[und den Inhalten von ISAE 3402 („Assurance Reports on Controls at a Service Organisation"]* durchzuführen.

Wir bestätigen gerne die Annahme des Auftrages und legen mit diesem Schreiben unser Verständnis der Bedingungen und Ziele unseres Auftrags sowie von Art und Umfang der von uns zu erbringenden Leistungen im Rahmen des Auftrages dar.*]*

[Variante Angebotsschreiben:

Mit Schreiben vom [Datum] haben Sie uns eingeladen, für die Prüfung des von der [Dienstleistungsorganisation] beschriebenen Dienstleistungssystems für die im Zusammenhang mit der Verarbeitung von Transaktionen auslagernder Organisationen stehende [Dienstleistung oder abgrenzbarer Teilbereich] sowie über die Konzeption und Einrichtung von Kontrollen in Bezug auf die dargestellten Kontrollziele nach der Richtlinie des Instituts Österreichischer Wirtschaftsprüfer („Prüfung bei ausgelagerten Funktionen") *[und den Inhalten von ISAE 3402 („Assurance Reports on Controls at a Service Organisation"]* unsere Leistungen anzubieten und eine Honorarschätzung abzugeben.

Wir kommen gerne dieser Einladung nach und möchten mit diesem Schreiben unser Verständnis der Bedingungen und Ziele unseres Auftrags sowie von Art und Umfang der von uns zu erbringenden Leistungen im Rahmen des Auftrages darlegen.*]*

Für die ordnungsgemäße Durchführung des Auftrags ist [Frau/Herr [Name]], Wirtschaftsprüfer[in], verantwortlich.

<u>Art und Umfang unserer Leistungen</u>

Wir werden die von Ihnen *erstellte / zu erstellende* Beschreibung des im Zusammenhang mit [Dienstleistung(en) oder klar abgrenzbarer Teilbereich] eingerichteten Systems zur Dienstleistungserbringung inklusive des dienstleistungsbezogenen internen Kontrollsystems prüfen.

[Diese Beschreibung dient zur Vorlage gegenüber Abschlussprüfern derjenigen Organisationen, für die Sie Ihre Dienstleistung erbringen (nachfolgend „auslagernde Organisationen").]

Die Abgrenzung Ihrer Dienstleistungen, des Dienstleistungssystems und des zugehörigen internen Kontrollsystems zu den (ergänzenden) Kontrollen in der auslagernden Organisation wird nachstehend festgelegt.

Wir werden unsere Prüfung unter Beachtung der Richtlinie des Instituts Österreichischer Wirtschaftsprüfer („Prüfung bei ausgelagerten Funktionen") durchführen und werden in unserem Bericht darauf hinweisen. Darüber hinaus werden wir den Auftrag unter Beachtung der in Österreich geltenden berufsüblichen Grundsätze zu sonstigen Prüfungen (KFS/PG 13) durchführen.

Wir werden unsere Prüfungshandlungen so planen und durchführen, dass wir mit hinreichender Sicherheit ein Urteil darüber abgeben können, ob

Textbaustein für Typ 1:

- die Beschreibung des Dienstleistungssystems, die tatsächliche Konzeption und Einrichtung des Systems zum **[Zeitpunkt]** in allen wesentlichen Belangen richtig und klar darstellt und
- die Konzeption des DIKS zur Erreichung der in der Beschreibung des Dienstleistungssystems dargestellten Kontrollziele zum **[Zeitpunkt]** angemessen war,

Wir werden keine Prüfungshandlungen mit dem Ziel durchführen, die Wirksamkeit von Kontrollen für irgendeinen Zeitraum festzustellen. Dementsprechend werden wir keine Beurteilung über die Wirksamkeit der Kontrollen Ihrer Dienstleistungsorganisation weder im Einzelnen noch in ihrer Gesamtheit abgeben.

Da sich Ihre Beschreibung des Systems der Dienstleistungserbringung inklusive des DIKS sowie unsere Angaben über die durchgeführten Prüfungshandlungen auf einen bestimmten Zeitpunkt beziehen werden, möchten wir darauf aufmerksam machen, dass jede Übertragung dieser Angaben auf einen späteren Zeitpunkt die Gefahr in sich birgt, dass aufgrund von zwischenzeitlich durchgeführten Änderungen Ihre Beschreibung nicht mehr dem aktuellen Stand entspricht.

Textbaustein für Typ 2:

- die Beschreibung des Dienstleistungssystems die tatsächliche Konzeption und Einrichtung des Systems von [Datum] bis [Datum] in allen wesentlichen Belangen richtig und klar darstellt,
- die Konzeption des DIKS zur Erreichung der in der Beschreibung des Dienstleistungssystems dargestellten Kontrollziele über den angegebenen Zeitraum von [Datum] bis [Datum] hinweg angemessen war und
- die geprüften Kontrollen während dieses **Zeitraums** wirksam waren und dadurch mit hinreichender Sicherheit zur Einhaltung der Kontrollziele beitrugen

Wir werden für den Zeitraum vom [Datum] bis [Datum] Prüfungshandlungen durchführen, mit denen wir die Kontrollen des dienstleistungsbezogenen internen Kontrollsystems der [Dienstleistungsorganisation] auf ihre Wirksamkeit prüfen. Der Umfang der von uns durchzuführenden Prüfungshandlungen lässt sich erst bestimmen, nachdem wir einen Eindruck von Ihrem Kontrollsystem erlangt haben.

Wir weisen ausdrücklich darauf hin, dass sich unsere Prüfungshandlungen nur auf die Erfüllung der von Ihnen angegebenen Kontrollziele beziehen. Ein Urteil über die Erfüllung anderer Kontrollziele werden wir nicht abgeben.

Ferner weisen wir darauf hin, dass die Auswirkungen der Wirksamkeit und die relative Bedeutung der Kontrollen des dienstleistungsbezogenen internen Kontrollsystems für die Beurteilung des Kontrollrisikos bei den auslagernden Organisationen abhängig sind von dem Zusammenwirken dieser Kontrollen mit den Kontrollen bei den auslagernden Organisationen sowie weiteren individuellen Gegebenheiten. Wir werden keine Prüfungshandlungen durchführen, um die Wirksamkeit des internen Kontrollsystems bei den einzelnen auslagernden Organisationen zu beurteilen.

Da sich Ihre Beschreibung des Systems der Dienstleistungserbringung inklusive des DIKS sowie unsere Angaben über die durchgeführten Prüfungshandlungen auf einen bestimmten Zeitraum beziehen werden, möchten wir darauf aufmerksam machen, dass jede Übertragung dieser Angaben auf einen späteren Zeitpunkt die Gefahr in sich birgt, dass aufgrund von zwischenzeitlich durchgeführten Änderungen Ihre Beschreibung nicht mehr dem aktuellen Stand entspricht.

Unsere Prüfung wird diejenigen Prüfungshandlungen umfassen, die wir für notwendig erachten, um auf einer hinreichend sicheren Grundlage unsere Beurteilungen abgeben zu können. Die Prüfung hat nicht das Ziel, gesetzliche Verstöße (dolose Handlungen, Unterschlagungen) aufzudecken. Sollten wir allerdings bei der Durchführung unserer Prüfungshandlungen derartige Feststellungen treffen, werden wir Sie darüber umgehend informieren.

Die Wirksamkeit des von Ihnen eingerichteten internen Kontrollsystems unterliegt systemimmanenten Grenzen, so dass möglicherweise Unrichtigkeiten oder Verstöße auftreten können, ohne dass diese aufgedeckt werden.

Verantwortung der gesetzlichen Vertreter

Wir möchten darauf hinweisen, dass durch unsere Prüfung die Verantwortung der gesetzlichen Vertreter für die Einrichtung, Dokumentation und Aufrechterhaltung eines wirksamen internen Kontrollsystems nicht eingeschränkt wird. Ihre Verantwortung umfasst insbesondere

- die Erbringung der Dienstleistungen, die von der Beschreibung des Dienstleistungssystems umfasst sind
- das Anfertigen einer vollständigen und angemessenen Beschreibung des Dienstleistungssystems
- die Festlegung der Kontrollziele
- die Konzeption und Einrichtung geeigneter Kontrollen, die - unter Berücksichtigung von Risikoaspekten - zur Erreichung der festgelegten Kontrollziele notwendig sind (DIKS)
- das Auswählen und Festlegen geeigneter Beurteilungskriterien, die als Basis für die Abgabe der Erklärung der gesetzlichen Vertreter herangezogen werden
- das Aufsetzen und Unterschreiben der Erklärung der gesetzlichen Vertreter

Pflichten der gesetzlichen Vertreter

Der uneingeschränkte Zugang zu den für die Durchführung der oben beschriebenen Prüfung erforderlichen Aufzeichnungen, Schriftstücken und sonstigen Informationen sowie die Bereitschaft der gesetzlichen Vertreter, Auskünfte in dem erforderlichen Umfang vollständig zu erteilen, gelten als vereinbart.

Im Rahmen der Aufklärungspflicht werden wir [die Geschäftsführung / den Vorstand] vor der Beendigung unserer Prüfung als Voraussetzung für die Übermittlung des Berichts ersuchen, uns durch eine Vollständigkeitserklärung die Offenlegung aller für die Durchführung unserer Prüfung erforderlichen Unterlagen und Daten zu bestätigen.

Bei unserer Prüfungsplanung gehen wir davon aus, dass eine effiziente Prüfungsdurchführung gewährleistet ist. Wir bitten Sie, dafür Sorge zu tragen, dass uns ein unbeschränkter Zugang zu den erforderlichen Aufzeichnungen, Schriftstücken und sonstigen Informationen gewährt wird und uns die gesetzlichen Vertreter sowie andere Auskunftspersonen Auskünfte in dem erforderlichen Umfang vollständig erteilen.

Berichterstattung

Über das Ergebnis unserer Prüfung werden wir in Übereinstimmung mit IWP/PE 14 („Prüfung bei ausgelagerten Funktionen") gesondert in schriftlicher Form berichten.

Die von Ihnen abgegebene Erklärung der gesetzlichen Vertreter wie auch die von Ihnen erstellte Beschreibung des auftragsgegenständlichen Systems zur Dienstleistungserbringung inklusive des dienstleistungsbezogenen internen Kontrollsystems ist integrativer Bestandteil unseres Berichts. Der Aussagegehalt unserer Beurteilung kann nur im unmittelbaren Zusammenhang mit der von Ihnen vorgelegten Beschreibung verstanden werden.

Unser Prüfungsbericht dient allein Ihrer Information sowie der Information der auslagernden Organisationen und ihrer Abschlussprüfer im Rahmen ihrer jeweiligen Abschlussprüfung.

Diese Bestätigung ist ausschließlich zur Nutzung durch die gesetzlichen Vertreter der [Dienstleistungsorganisation] sowie ihrer Kunden [auslagernden Organisationen] und deren Abschlussprüfer, die ausreichend Verständnis, zusammen mit sonstiger Information einschließlich der Kenntnis über Kontrollen, die in der auslagernden Organisation selbst durchgeführt werden, für die Evaluierung des finanzrelevanten Informationssystems des Kunden, bestimmt. Ansprüche anderer Personen können daher daraus nicht abgeleitet werden. Dementsprechend darf dieser Bericht weder gänzlich noch auszugsweise ohne unser ausdrückliches Einverständnis an andere Personen weitergegeben werden.

[Veröffentlichung]

Aufgrund des besonderen Verwendungszwecks der Berichterstattung bitten wir um Ihr Verständnis, dass wir einer gesonderten Veröffentlichung des Berichtes oder Auszügen daraus – insbesondere im Internet oder einer Broschüre Ihrer Gesellschaft – nicht zustimmen können und eine Weitergabe an sonstige Dritte nicht zulässig ist.

Oder

Ob und in welcher Form unser Bericht veröffentlicht, in den Geschäftsbericht bzw. in eine andere Veröffentlichung der Gesellschaft aufgenommen werden darf, obliegt unserer ausdrücklichen Zustimmung. Wir behalten uns vor, auch gänzlich von dessen Veröffentlichung Abstand zu nehmen.

[Honorarvereinbarungen einfügen]

Zu diesbezüglichen Musterformulierungen wird auf Vorlage 3.2.3.3: „Vorlage für das Auftragsbestätigungsschreiben bzw den Prüfungsvertrag" des Handbuches zur Qualitätssicherung in Prüfungsbetrieben verwiesen.

[Zeitliche Durchführung

Für diese Prüfung planen wir eine Prüfung im Zeitraum von [Datum] bis [Datum].

Die Prüfungsbereitschaft ist von Ihrer Seite bis zum [Datum] herzustellen. Für die Durchführung der Prüfung haben wir den Zeitraum vom [Datum] bis [Datum] vorgemerkt. Als Termin der Fertigstellung und Auslieferung unseres Prüfungsberichtes wird der [Datum] vereinbart.]

Wir weisen darauf hin, dass trotz unserer Prüfung nicht ausgeschlossen werden kann, dass die Abschlussprüfer der auslagernden Organisationen weitere Prüfungshandlungen zur Erfüllung ihrer Zwecke für erforderlich halten können. Diese weitergehenden Prüfungshandlungen können grundsätzlich entweder durch diese Abschlussprüfer selbst oder nach deren Angaben über die zusätzlichen Prüfungshandlungen auch durch uns wahrgenommen werden. In Betracht kommen hierbei insbesondere Prüfungshandlungen zur Aktualisierung unserer Feststellungen oder eine Ausweitung der von uns durchgeführten Prüfung auf weitere Kontrollziele und diesbezügliche Kontrollen. Wir möchten darauf aufmerksam machen, dass sich die Abschlussprüfer der auslagernden Organisationen über das bei Ihnen implementierte dienstleistungsbezogene interne Kontrollsystem ein eigenes Urteil bilden müssen. Nach den einschlägigen Prüfungsstandards kann sich für diese Abschlussprüfer die Notwendigkeit ergeben, zB die Ergebnisse unserer Prüfung mit uns zu besprechen oder Einsichtnahme in unsere diesbezüglichen Arbeitspapiere zu nehmen.

Dies setzt zum einen voraus, dass Sie uns für diesen Fall von unserer Verschwiegenheitspflicht entbinden. Zum anderen besteht Einvernehmen darüber, dass wir solche Auskünfte oder Einsichtnahmen in unsere Arbeitspapiere nur unter der weiteren Voraussetzung gewähren, dass sich die Kundenabschlussprüfer uns gegenüber schriftlich damit einverstanden erklären, die von uns erlangten Informationen nur für Zwecke der Kundenabschlussprüfung zu verwenden und nicht an Dritte weiterzugeben. Schließlich übernehmen wir weder gegenüber dem Kundenabschlussprüfer noch gegenüber einem anderen Dritten eine Haftung aus der Überlassung von Informationen und Prüfungsaussagen. Eine entsprechende Vorlage für eine solche Erklärung werden wir den Abschlussprüfern auf Anfrage gern zukommen lassen.

[Mit Unterzeichnung dieser Auftragsbestätigung entbinden Sie uns vorsorglich von unserer Verschwiegenheitspflicht und erklären Ihr Einverständnis mit den Grundlagen für eine solche Auskunftserteilung und Einsichtsgewährung gegenüber den Kundenabschlussprüfern.]

Soweit sich aus der Konsultation zwischen Abschlussprüfern von auslagernden Organisationen mit uns ein zusätzlicher Aufwand ergibt, werden wir Sie rechtzeitig von dieser Tatsache in Kenntnis setzen, um uns über das dann erforderliche Honorar zu verständigen.

Haftungsvereinbarung

Grundlage für die Durchführung unserer Arbeiten und für unsere Verantwortung auch im Verhältnis zu Dritten sind die Allgemeinen Auftragsbedingungen der Wirtschaftstreuhandberufe (AAB) in der derzeit gültigen Fassung. Mit Unterfertigung dieses Vertrags erklären Sie sich ausdrücklich mit der Anwendung der AAB einverstanden.

Unsere Verantwortlichkeit und Haftung für nachgewiesene Vermögensschäden aufgrund einer fahrlässigen Pflichtverletzung ist bei unserer Beurteilung auf das Zehnfache der Mindestversicherungssumme gemäß §11 WTBG 2017, somit derzeit EUR 726.730, begrenzt. Die mit dem Auftraggeber vereinbarte und hier offen gelegte Beschränkung unserer Haftung gilt auch gegenüber jedem Dritten, der im Vertrauen auf unseren Bericht über die von uns durchgeführte Beurteilung Handlungen setzt oder unterlässt.

[Unsere Haftung für leichte Fahrlässigkeit wird in Übereinstimmung mit den Allgemeinen Auftragsbedingungen für Wirtschaftstreuhandberufe in der derzeit gültigen Fassung, die diesem Auftrag zugrunde liegen, ausgeschlossen.]

[Variante Auftragsschreiben:

Wir bedanken uns nochmals für Ihren Auftrag. Wir bitten Sie, zum Zeichen Ihres Einverständnisses mit dem Inhalt dieses Schreibens die beiliegende Zweitschrift unterschrieben an uns zurückzusenden.*]*

[Variante Angebotsschreiben:

Wenn unser Angebot Ihre Zustimmung findet, ersuchen wir Sie, Zeichen Ihres Einverständnisses mit dem Inhalt dieses Schreibens die beiliegende Zweitschrift unterschrieben an uns zurückzusenden.*]*

Mit freundlichen Grüßen

[Firma des Auftragnehmers]

[Name1] [Name2]

Anlage

Allgemeine Auftragsbedingungen für Wirtschaftstreuhandberufe in der gültigen Fassung

Einverständniserklärung des Auftraggebers

Mit dem vorstehenden Auftragsinhalt und insbesondere den darin erwähnten Allgemeinen Auftragsbedingungen und Haftungsbeschränkungen sind wir einverstanden

Ort und Datum Unterschrift

4.2. Muster Bestätigung Typ 1 (uneingeschränkt)

Unabhängige Bestätigung über die Beschreibung, die Konzeption und Einrichtung des DIKS

Prüfungsauftrag

Mit Schreiben vom [Datum] wurden wir von der [Dienstleistungsorganisation] beauftragt, eine Prüfung des von der [Dienstleistungsorganisation] beschriebenen Dienstleistungssystems für die im Zusammenhang mit der Verarbeitung von Transaktionen auslagernder Organisationen stehende [Dienstleistung oder abgrenzbarer Teilbereich] sowie über die Konzeption und Einrichtung von Kontrollen in Bezug auf die dargestellten Kontrollziele nach der Richtlinie des Instituts Österreichischer Wirtschaftsprüfer („Prüfung bei ausgelagerten Funktionen") *[und den Inhalten von ISAE 3402 („Assurance Reports on Controls at a Service Organisation")]* durchzuführen.

Verantwortung der [Dienstleistungsorganisation]

Die [Dienstleistungsorganisation] ist verantwortlich für:

- Erbringung der Dienstleistungen, die von der Beschreibung des Dienstleistungssystems umfasst sind
- Vorbereitung einer Beschreibung ihres Dienstleistungssystems, der begleitenden Erklärung der gesetzlichen Vertreter sowie der Vollständigkeit und Richtigkeit und Darstellungsmethode der Beschreibung und der Erklärung
- Darstellung der Funktionen, die bei der Beschreibung des Dienstleistungssystems der Dienstleistungsorganisation umfasst sind
- Festlegung der Kontrollziele (sofern diese nicht zB durch Gesetze oder eine andere Regelung identifiziert wurden)
- Konzeption und Einrichtung der Kontrollen, die – unter Berücksichtigung von Risikoaspekten – zur Erreichung festgelegter Kontrollziele im Einsatz sind
- Auswählen und Festlegen geeigneter Beurteilungskriterien, die als Basis für die Abgabe der Erklärung der gesetzlichen Vertreter herangezogen werden
- Aufsetzen und Unterschreiben der Erklärung der gesetzlichen Vertreter

Verantwortung des Prüfers

Unsere Verantwortung besteht in der Abgabe eines Prüfungsurteils darüber, ob in allen wesentlichen Belangen

- die Beschreibung des Dienstleistungssystems die tatsächliche Konzeption und Einrichtung des Systems inklusive des dienstleistungsbezogenen internen Kontrollsystems in allen wesentlichen Belangen richtig und klar darstellt,
- die Konzeption der in der Beschreibung dargestellten Kontrollen zur Erreichung der in der Beschreibung des Dienstleistungssystems dargestellten Kontrollziele angemessen war und
- die in der Beschreibung dargestellten Kontrollen eingerichtet waren.

Wir haben unsere Prüfung in Einklang mit der Richtlinie des Instituts Österreichischer Wirtschaftsprüfer IWP/PE 14 („Prüfung bei ausgelagerten Funktionen") sowie dem Standard ISAE 3402 („Assurance Reports on Controls at a Service Organisation") durchgeführt.

[Sofern Dienstleistungen von einer Sub-Dienstleistungsorganisation ausgeführt werden:] Wir haben im Rahmen unserer Prüfung folgende von Sub-Dienstleistungsorganisationen durchgeführte Dienstleistungen […] in unseren Prüfungshandlungen [nicht] berücksichtigt (Anwendung der [Inklusiv- oder Exklusiv-] Methode).

Wir haben darüber hinaus keine Prüfungshandlungen mit dem Ziel durchgeführt, die Wirksamkeit von Kontrollen für irgendeinen Zeitraum festzustellen. Dementsprechend geben wir keine Beurteilung über die Wirksamkeit der Kontrollen der [Dienstleistungsorganisation] weder im Einzelnen noch in ihrer Gesamtheit ab.

Immanente Grenzen der Berichterstattung und von Internen Kontrollsystemen

Die Beschreibung [der Dienstleistungsorganisation] zielt auf die typischerweise von ihren Kunden und deren Prüfern erwarteten Inhalte ab. Daher kann es vorkommen, dass einzelne Aspekte des Dienstleistungssystems, die für einzelne Kunden und deren Umgebung als besonders wichtig erachtet werden, nicht zwingend berücksichtigt werden.

Die Beschreibung der Kontrollen bei der [Dienstleistungsorganisation] wurde zum [Datum] erstellt. Jede Übertragung dieser Angaben auf einen zukünftigen Zeitpunkt birgt die Gefahr in sich, dass aufgrund von durchgeführten Änderungen die beigefügte Beschreibung der Kontrollen nicht dem aktuellen Stand entspricht. Ebenso wird darauf hingewiesen, dass die Wirksamkeit des Internen Kontrollsystems sowie von einzelnen Kontrollen systemimmanenten Grenzen unterliegt, sodass naturgemäß nicht sämtliche falsche Angaben, Fehler oder Verstöße entdeckt oder verhindert werden können.

Ferner bergen Schlussfolgerungen für die Zukunft auf Grundlage unserer Feststellungen das Risiko, dass aufgrund von Änderungen des dienstleistungsbezogenen internen Kontrollsystems die Zulässigkeit dieser Schlussfolgerungen beeinträchtigt werden kann.

Prüfungsurteil

Nach unserer Überzeugung stellt die beigefügte Beschreibung der zuvor genannten Dienstleistung in allen wesentlichen Belangen zutreffend das zum [Datum] eingerichtete dienstleistungsbezogene interne Kontrollsystem der [Dienstleistungsorganisation] dar. Weiterhin sind wir der Auffassung, dass die in der Beschreibung dargestellten Kontrollen angemessen waren, um mit hinreichender Sicherheit zu gewährleisten, dass die in der Beschreibung genannten Kontrollziele erreicht werden unter der Voraussetzung, dass diese Kontrollen hinreichend beachtet *[und bei den auslagernden Organisationen die unterstellten korrespondierenden Kontrollen tatsächlich durchgeführt]* werden.

Nutzungsbeschränkung und Haftung

Diese Bestätigung ist ausschließlich zur Nutzung durch die gesetzlichen Vertreter der [Dienstleistungsorganisation] sowie ihrer Kunden [auslagernden Organisationen] und deren Abschlussprüfern, die ausreichend Verständnis, zusammen mit sonstiger Information einschließlich der Kenntnis über Kontrollen, die in der auslagernden Organisation selbst durchgeführt werden, für die Evaluierung des finanzrelevanten Informationssystems des Kunden haben, bestimmt. Ansprüche anderer Personen können daher daraus nicht abgeleitet werden. Dementsprechend darf dieser Bericht weder gänzlich noch auszugsweise ohne unser ausdrückliches Einverständnis an andere Personen weitergegeben werden.

Grundlage für die Durchführung unserer Arbeiten und für unsere Verantwortung auch im Verhältnis zu Dritten sind die Allgemeinen Auftragsbedingungen für Wirtschaftreuhandberufe in der derzeit gültigen Fassung. Mit Unterfertigung dieses Vertrags erklären Sie sich ausdrücklich mit der Anwendung der AAB einverstanden.

Unsere Verantwortlichkeit und Haftung für nachgewiesene Vermögensschäden aufgrund einer fahrlässigen Pflichtverletzung ist bei unserer Beurteilung auf das Zehnfache der Mindestversicherungssumme gemäß §11 WTBG 2017, somit derzeit EUR 726.730 begrenzt. Die mit dem Auftraggeber vereinbarte und hier offen gelegte Beschränkung unserer Haftung gilt auch gegenüber jedem Dritten, der im Vertrauen auf unseren Bericht über die von uns durchgeführte Beurteilung Handlungen setzt oder unterlässt.

[Unsere Haftung für leichte Fahrlässigkeit wird in Übereinstimmung mit den Allgemeinen Auftragsbedingungen für Wirtschaftstreuhandberufe, die diesem Auftrag zugrunde liegen, ausgeschlossen.]

Ort und Datum | Unterschrift

4.3. Muster Bestätigung Typ 2 (uneingeschränkt)

Unabhängige Bestätigung über die Beschreibung, die Konzeption und Einrichtung sowie operative Wirksamkeit des DIKS

Prüfungsauftrag

Mit Schreiben vom [Datum] wurden wir von der [Dienstleistungsorganisation] beauftragt, eine Prüfung des von der [Dienstleistungsorganisation] beschriebenen Dienstleistungssystems für die im Zusammenhang mit der Verarbeitung von Transaktionen auslagernder Organisationen stehenden [Dienstleistung oder abgrenzbarer Teilbereich] sowie über die Konzeption, Einrichtung und operative Wirksamkeit nach der Richtlinie des Instituts Österreichischer Wirtschaftsprüfer („Prüfung bei ausgelagerten Funktionen") *[und den Inhalten von ISAE 3402 („Assurance Reports on Controls at a Service Organisation"]* durchzuführen.

Verantwortung der [Dienstleistungsorganisation]

Die [Dienstleistungsorganisation] ist verantwortlich für:

- Erbringung der Dienstleistungen, die von der Beschreibung des Dienstleistungssystems umfasst sind
- Vorbereitung einer Beschreibung ihres Dienstleistungssystems, der begleitenden Erklärung der gesetzlichen Vertreter sowie der Vollständigkeit und Richtigkeit und Darstellungsmethode der Beschreibung und der Erklärung
- Darstellung der Funktionen, die bei der Beschreibung des Dienstleistungssystems der Dienstleistungsorganisation umfasst sind
- Festlegung der Kontrollziele (sofern diese nicht zB durch Gesetze oder eine andere Regelung identifiziert wurden)
- Konzeption, Einrichtung und operative Wirksamkeit der Kontrollen, die - unter Berücksichtigung von Risikoaspekten - zur Erreichung festgelegter Kontrollziele im Einsatz sind
- Auswählen und Festlegen geeigneter Beurteilungskriterien, die als Basis für die Abgabe der Erklärung der gesetzlichen Vertreter herangezogen werden
- Aufsetzen und Unterschreiben der Erklärung der gesetzlichen Vertreter

Verantwortung des Prüfers

Unsere Verantwortung besteht in der Abgabe eines Prüfungsurteils darüber, ob in allen wesentlichen Belangen

- die Beschreibung des Dienstleistungssystems die tatsächliche Konzeption und Einrichtung des Systems inklusive des dienstleistungsbezogenen internen Kontrollsystems in allen wesentlichen Belangen richtig und klar darstellt,
- die Konzeption der in der Beschreibung dargestellten Kontrollen zur Erreichung der in der Beschreibung des Dienstleistungssystems dargestellten Kontrollziele angemessen war und
- die in der Beschreibung dargestellten Kontrollen eingerichtet und wirksam waren.

Wir haben unsere Prüfung in Einklang mit der Richtlinie des Instituts Österreichischer Wirtschaftsprüfer IWP/PE 14 („Prüfung bei ausgelagerten Funktionen") sowie dem Standard ISAE 3402 („Assurance Reports on Controls at a Service Organisation") durchgeführt.

[Sofern Dienstleistungen von einer Sub-Dienstleistungsorganisation ausgeführt werden:] Wir haben im Rahmen unserer Prüfung folgende von Sub-Dienstleistungsorganisationen durchgeführte Dienstleistungen […] in unseren Prüfungshandlungen [nicht] berücksichtigt (Anwendung der [Inklusiv- oder Exklusiv-] Methode).

Die Auswirkungen der Wirksamkeit und die relative Bedeutung einzelner Kontrollen der [Dienstleistungsorganisation] für die Beurteilung des Kontrollrisikos bei den auslagernden Organisationen ist abhängig von dem Zusammenwirken dieser Kontrollen mit den Kontrollen bei den auslagernden Organisationen sowie weiteren individuellen Gegebenheiten. Wir haben keine Prüfungshandlungen durchgeführt, um die Wirksamkeit des internen Kontrollsystems bei den einzelnen auslagernden Organisationen zu beurteilen.

Immanente Grenzen der Berichterstattung und von Internen Kontrollsystemen

Die Beschreibung [der Dienstleistungsorganisation] zielt auf die typischerweise von ihren Kunden und deren Prüfern erwarteten Inhalte ab. Daher kann es vorkommen, dass einzelne Aspekte des Dienstleistungssystems, die für einzelne Kunden und deren Umgebung als besonders wichtig erachtet werden, nicht zwingend berücksichtigt werden.

Die Beschreibung des Systems der Dienstleistungserbringung sowie die Ausführungen zu den Prüfungshandlungen zur Beurteilung der Konzeption, Einrichtung und Wirksamkeit einzelner Kontrollen erstreckten sich auf den Zeitraum von [Datum] bis [Datum]. Jede Übertragung dieser Angaben auf einen zukünftigen Zeitpunkt birgt die Gefahr in sich, dass aufgrund von durchgeführten Änderungen die beigefügte Beschreibung der Kontrollen nicht dem aktuellen Stand entspricht. Ebenso wird darauf hingewiesen, dass die Wirksamkeit eines Internen Kontrollsystems sowie von einzelnen Kontrollen systemimmanenten Grenzen unterliegt, sodass naturgemäß nicht sämtliche falsche Angaben, Fehler oder Verstöße entdeckt oder verhindert werden können.

Ferner bergen Schlussfolgerungen für die Zukunft auf Grundlage unserer Feststellungen das Risiko, dass aufgrund von Änderungen des dienstleistungsbezogenen internen Kontrollsystems die Zulässigkeit dieser Schlussfolgerungen beeinträchtigt werden kann.

Prüfungsurteil

Nach unserer Überzeugung stellt die beigefügte Beschreibung der zuvor genannten Dienstleistung in allen wesentlichen Belangen zutreffend das zum [Datum] eingerichtete dienstleistungsbezogene interne Kontrollsystem der [Dienstleistungsorganisation] dar. Weiterhin sind wir der Auffassung, dass die in der Beschreibung dargestellten Kontrollen angemessen waren, um mit hinreichender Sicherheit zu gewährleisten, dass die in der Beschreibung genannten Kontrollziele erreicht werden unter der Voraussetzung, dass diese Kontrollen hinreichend beachtet *[und bei den auslagernden Organisationen die unterstellten korrespondierenden Kontrollen tatsächlich durchgeführt]* werden.

Ergänzend zu den Prüfungshandlungen, die wir für notwendig erachteten, um unsere im vorigen Absatz dargestellte Beurteilung abgeben zu können, haben wir für den Zeitraum vom [Datum] bis [Datum] einzelne, im Berichtsbestandteil 4 aufgeführte Kontrollen geprüft. Zweck dieser Prüfungshandlungen war es, Prüfungsnachweise darüber zu erlangen, ob die Kontrollen in Bezug auf die im Berichtsbestandteil 4 dargestellten Kontrollziele wirksam waren. Die einzelnen Kontrollen sowie Art, Zeitpunkt, Umfang und Ergebnisse unserer Prüfung sind im Berichtsbestandteil 4 dargestellt.

Nach unserer Überzeugung waren die von uns geprüften Kontrollen, wie im Berichtsbestandteil 4 dargestellt, ausreichend konzipiert, umgesetzt und wirksam, um mit einer hinreichenden, jedoch nicht absoluten Sicherheit dazu beizutragen, dass die im Berichtsbestandteil 4 aufgeführten Kontrollziele im Zeitraum vom [Datum] bis [Datum] erfüllt wurden. *[Nicht Gegenstand unseres Auftrags war die Durchführung von Prüfungshandlungen im Hinblick auf die Erfüllung von Kontrollzielen, die nicht* im Berichtsbestandteil 4 *aufgeführt sind. Dementsprechend erteilen wir kein Urteil über die Einhaltung von Kontrollzielen, die nicht* im Berichtsbestandteil 4 *aufgeführt sind.]*

Nutzungsbeschränkung und Haftung

Diese Bestätigung ist ausschließlich zur Nutzung durch die gesetzlichen Vertreter der [Dienstleistungsorganisation] sowie ihrer Kunden [auslagernden Organisationen] und deren Abschlussprüfer, die ausreichend Verständnis, zusammen mit sonstiger Information einschließlich der Kenntnis über Kontrollen, die in der auslagernden Organisation selbst durchgeführt werden, für die Evaluierung des finanzrelevanten Informationssystems des Kunden haben, bestimmt. Ansprüche anderer Personen können daher daraus nicht abgeleitet werden. Dementsprechend darf dieser Bericht weder gänzlich noch auszugsweise ohne unser ausdrückliches Einverständnis an andere Personen weitergegeben werden.

Grundlage für die Durchführung unserer Arbeiten und für unsere Verantwortung auch im Verhältnis zu Dritten sind die Allgemeinen Auftragsbedingungen für Wirtschaftreuhandberufe in der derzeit gültigen Fassung. Mit Unterfertigung dieses Vertrags erklären Sie sich ausdrücklich mit der Anwendung der AAB einverstanden.

Unsere Verantwortlichkeit und Haftung für nachgewiesene Vermögensschäden aufgrund einer fahrlässigen Pflichtverletzung ist bei unserer Beurteilung auf das Zehnfache der Mindestversicherungssumme gemäß § 11 WTBG 2017, somit derzeit EUR 726.730, begrenzt. Die mit dem Auftraggeber vereinbarte und hier offen gelegte Beschränkung unserer Haftung gilt auch gegenüber jedem Dritten, der im Vertrauen auf unseren Bericht über die von uns durchgeführte Beurteilung Handlungen setzt oder unterlässt.

[Unsere Haftung für leichte Fahrlässigkeit wird in Übereinstimmung mit den Allgemeinen Auftragsbedingungen für Wirtschaftstreuhandberufe, die diesem Auftrag zugrunde liegen, ausgeschlossen.]

Ort und Datum Unterschrift

4.4. Muster einer Erklärung der gesetzlichen Vertreter der Dienstleistungsorganisation

Die dieser Erklärung folgende Beschreibung wurde erstellt für

- Kunden, die unser Dienstleistungssystem genutzt und [Dienstleistungen] bezogen haben, sowie für
- deren Abschlussprüfer.

Dabei gehen wir davon aus, dass unsere Kunden sowie deren Abschlussprüfer über ein ausreichendes Verständnis verfügen, um diese Beschreibung zusammen mit anderen Informationen, wie insbesondere über bei den Kundenorganisationen implementierten Kontrollen, im Zusammenhang mit der Einschätzung des Risikos einer wesentlichen Fehldarstellung in den Jahresabschlüssen der Kundenorganisationen, entsprechend würdigen zu können.

Wir erklären nach bestem Wissen und Gewissen, dass

a. die Beschreibung im Berichtsbestandteil 3 das System zur Erbringung von [Dienstleistungen] von [Datum] bis [Datum] angemessen darstellt. Wir geben diese Erklärung auf Basis der Erfüllung folgender Kriterien ab:

   Die Beschreibung stellt dar, wie das System, das den Kundenorganisationen zur Verfügung gestellt wurde, definiert und implementiert wurde, einschließlich:

   [die folgende Aufzählung ist an die Art der Dienstleistungen anzupassen bzw. einzuschränken]

   - der Arten der zur Verfügung gestellten Services [einschließlich, soweit erforderlich, der Klassen verarbeiteter Transaktionen],
   - der Verfahren für die relevanten IT-gestützten und manuellen Systeme und Abläufe, die für die Bereitstellung der Services verwendet wurden, [einschließlich der Beschreibung der Verfahren, mit welchen Transaktionen initiiert, autorisiert, aufgezeichnet, verarbeitet, falls notwendig korrigiert, und gegebenenfalls an die Kundenorganisation übermittelt wurden],
   - der relevanten Buchungsdaten, dazugehörige Nachweise und die Konten, die verwendet wurden, um Transaktionen zu initiieren, autorisieren, aufzuzeichnen, zu verarbeiten und zu berichten; das schließt die Korrektur inkorrekter Informationen und wie die Informationen in die von Anwendern verwendeten Systemberichte übermittelt wurden mit ein,
   - der Verarbeitung von außergewöhnlichen und wesentlichen Ereignissen und Umständen durch das System,
   - des Prozesses zur Erstellen von Berichten für den Kunden,
   - der wesentlichen Kontrollziele und der Kontrollen, die entwickelt wurden, um diese Ziele zu erreichen,
   - der Kontrollen, von welchen im Rahmen der Konzeption des Dienstleistungssystems ausgegangen wurde, dass sie von den Kundenorganisationen eingerichtet wurden, und die insofern relevant und in der Beschreibung angeführt waren, da die dort dargestellten Kontrollziele durch unsere Kontrollen allein nicht erreicht werden konnten,
   - anderer Aspekte des Kontrollumfelds der Organisation, des Risikobeurteilungsprozesses, der Informations- und Kommunikationssysteme (einschließlich der relevanten Geschäftsprozesse), der Kontrollaktivitäten, und der für das System relevanten Überwachungskontrollen, die für die zur Verfügung gestellten Dienste und die Verarbeitung relevant waren.

   2. Die Beschreibung enthält alle wesentlichen Änderungen des Dienstleistungssystems im Zeitraum [Beobachtungsperiode].
   3. Die Beschreibung lässt keine relevanten Informationen des dargestellten Systems aus oder stellt diese verfälscht dar – unter der Berücksichtigung, dass die Beschreibung darauf ausgerichtet ist, den üblichen Anforderungen der Kundenorganisationen und deren Abschlussprüfern zu genügen und nicht alle individuellen Aspekte einzelner Kunden oder Prüfer abzudecken.

b. die Kontrollen in Bezug auf die Kontrollziele, welche in der Systembeschreibung angegeben wurden, angemessen ausgestaltet und im Zeitraum von [Beobachtungsperiode] entsprechend ihrer Beschreibung [mit Ausnahme der auf folgende Kontrollziele [Name] bezogenen Kontrollen][2] wirksam waren. Wir geben diese Erklärung auf Basis der Erfüllung folgender Kriterien ab:

[2] Bei Unwirksamkeit von Kontrollen ist diese Tatsache offenzulegen.

   1. Risiken, die die Erreichung der dargestellten Kontrollziele gefährden, wurden identifiziert.

2. Die in der Beschreibung angeführten Kontrollen gewährleisten mit hinreichender Sicherheit, dass diese Risiken die Erreichung der Kontrollziele nicht beeinträchtigen können, insofern die Kontrollen entsprechend ihrer Beschreibung durchgeführt werden.
3. Die Kontrollen wurden wie vorgesehen durchgeführt; die Personen, die manuelle Kontrollen durchgeführt haben, verfügten im Zeitraum [Beobachtungsperiode] über das notwendige Wissen und ausreichende Kompetenz.

[Report Datum]

[Firmenzeichnung und Unterschrift]

4.5. Muster einer Beschreibung des Dienstleistungssystems

Ziel der Beschreibung ist es, möglichst vielen Kunden und deren Abschlussprüfern ausreichend Informationen zu geben, sodass diese ein Verständnis über die Gestaltung des Dienstleistungssystems inklusive des DIKS erlangen können.

Die Beschreibung des Dienstleistungssystems der Dienstleistungsorganisation soll daher für obiges Ziel ausführlich genug sein, muss jedoch nicht jedes Detail der Dienstleistungen umfassen, insbesondere wenn Sicherheit oder Geschäftsgeheimnisse dadurch gefährdet sein können. In den folgenden Kapiteln sind Stichworte angeführt, zu denen Darstellungen im Sinne der Zielsetzung typischerweise relevant sein werden.

1. Allgemeine Angaben zur Organisation und zum Dienstleistungsspektrum

1.1. Organisation

An dieser Stelle sollen Angaben zum wirtschaftlichen und rechtlichem Umfeld der Dienstleistungsorganisation gemacht werden. Beispiele sind u.a.

- Kurzbeschreibung der Geschäftstätigkeit sowie des Marktes
- Eigentümerstruktur, (ggf. Beteiligungsstruktur)
- Geschäftsführung
- Aufsichtsorgane
- Aufbauorganisation
- Ziele und Visionen

1.2. Dienstleistungsspektrum

An dieser Stelle sollen Angaben über die wesentlichen Dienstleistungen der Dienstleistungsorganisation gemacht werden. Diese können in Form einer Aufzählung mit einer kurzen Beschreibung dargestellt werden und umfassen u.a.:

- Geschäftsbereiche (Dienstleistungen)
- Geschäftsprozesse (oder auch Teile davon)
- IT-Systeme, insbesondere, wenn es um IT-Dienstleistungen geht

2. Beschreibung des prüfungsgegenständlichen Dienstleistungssystems inklusive des DIKS

2.1. Beschreibung der prüfungsgegenständlichen Dienstleistungen (Kundentransaktionen, Applikationen und IT-Systeme)

Das betrifft die Angabe jener Dienstleistungen, welche im Prüfumfang des Berichts enthalten sind.

Der Fokus hier ist die genaue Abgrenzung des Prüfumfangs, sodass keine offensichtlichen Missverständnisse bei den Kundenabschlussprüfern entstehen.

Darüber hinaus ist die Gültigkeit, auf das sich die Beschreibung des Dienstleistungssystems bezieht, anzugeben.

- Richtlinien, interne/externe Vorgaben und Abläufe, die für die Erbringung der Dienstleistungen eingerichtet wurden
- Relevante und wichtige Systeme (Infrastruktur und Anwendungen), über welche die Dienstleistungen erbracht werden
- Kundenrelevante Transaktionsklassen (insbesondere bei ausgelagerten Geschäftsprozessen abseits der IT)
- Beschreibung, der vertraglichen Verpflichtungen (soweit relevant)
- Beschreibung des Datenflusses von kundenrelevanten Transaktionen in der Dienstleistungsorganisation mit Schnittstellen (von der Auslösung bis zur Berichterstellung an die auslagernde Organisation)
- Abläufe bei wesentlichen Vorgängen abseits der Transaktionen
- Berichterstattung an die Kunden
- Änderungen bezüglich aller oben angeführter Punkte während der geprüften Periode (Typ 2)

2.2. Beschreibung der relevanten Prozesse zur Dienstleistungserbringung, Kontrollziele und Kontrollen

- Beschreibung der in den relevanten Dienstleistungen eingesetzten Prozesse und Verfahren (einschließlich der IT-gestützten Prozesse und manuellen Verfahren)
- Beschreibung der relevanten Kontrollziele, die aus den prüfungsgegenständlichen Dienstleistungen und unter Berücksichtigung der Kundensichtweise abgeleitet wurden
- Beschreibung der Vorgehensweise zur Ermittlung
    - o der Risiken , die der Erreichung der Kontrollziele entgegenstehen
    - o der Kontrollen, die zur Abdeckung dieser Risiken etabliert wurden

Diese Angaben können u.a. in Form von Prozessbeschreibungen erfolgen. Zum Verständnis des Kundenabschlussprüfers wird empfohlen, eine Zuordnung von Kontrollzielen, Risiken und Kontrollen zu den Elementen der dienstleistungsbezogenen Ablauforganisation darzustellen.

Um eine redundante Beschreibung der Kontrollziele und Kontrollen zu vermeiden, wird empfohlen, die Beschreibung im Detail im Berichtsbestandteil 4 des Berichts anzugeben. An dieser Stelle soll eine Übersicht der Kontrollziele mit Kennzeichnung der Relevanz von Sub-Dienstleistungsorganisationen angegeben werden.

2.3. Ergänzende Kundenkontrollen

An dieser Stelle sind Angaben zu Kontrollen, von denen die Dienstleistungsorganisation bei der Erbringung ihrer Dienstleistungen unterstellt, dass sie bei der auslagernden Organisation eingerichtet sind, anzugeben.

Die Kontrollen bei der [Dienstleistungsorganisation] wurden entworfen und eingerichtet unter der Annahme, dass bestimmte Kontrollen bei den auslagernden Organisationen durchgeführt werden. Die Erfüllung bestimmter Kontrollziele in diesem Bericht ist abhängig von der Angemessenheit und Wirksamkeit dieser Kontrollen bei den auslagernden Organisationen.

2.4. Relevante Subservices und deren Behandlung

Die Prüfung des DIKS kann die an Subunternehmen ausgelagerten Funktionen mit einschließen („Inclusive Method") oder diese ausschließen („Carve-out Method").

An dieser Stelle sind die im Prüfumfang enthaltenen Dienstleistungen (oder Teile davon), die von einer Sub-Dienstleistungsorganisation erbracht werden, anzugeben. Dies umfasst jedenfalls:

- Name(n) der Sub- Dienstleistungsorganisation(en)
- Art und Umfang der von diesen erbrachten Dienstleistungen
- Anwendung der Exklusiv- oder Inklusiv-Methode

Wird die Exklusiv-Methode angewandt, sind jedenfalls überwachende Kontrollen bei der Dienstleistungsorganisation für diese Sub-Dienstleistungen in der Beschreibung des Dienstleistungssystems zu berücksichtigen.

2.5. Andere Elemente des DIKS

Neben Kontrollaktivitäten umfasst das DIKS gemäß COSO weitere Elemente, die nachfolgend zu beschreiben sind:

- Kontrollumgebung
  - Organisationskultur und -philosophie
  - Führungsstil des Managements
  - Grundsätze der Personalpolitik
- Risikobeurteilung
  - Prozess zur Risikoidentifikation, -analyse, -bewertung, -dokumentation und -überwachung
- Information und Kommunikation
  - Verantwortungsabgrenzung, bei der Initiierung, Erfassung, Verarbeitung und Weiterleitung/ Ausgabe von Geschäftsvorfällen
  - Information der Mitarbeiter über ihre Aufgaben und Verantwortlichkeiten im DIKS
  - Kommunikationswege und -methoden top-down und bottom-up
  - Darstellung der für die Kunden relevanten Anwendungssysteme im Überblick.
- Überwachung des internen Kontrollsystems.
  - Management und Regelkreise
  - Performancemessung
  - Interne Revision
  - Externe Revision

Für weitere Erläuterungen verweisen wir auf das COSO Internal Control – Integrated Framework

4.6. Muster Berichtsbestandteil 4 (Typ 2)

Die [Dienstleistungsorganisation] hat in Bezug auf [Angabe der geprüften Dienstleistungen] Kontrollziele identifiziert, die ihrer Meinung nach für die auslagernden Organisationen relevant sind, und Kontrollen eingerichtet, die so gestaltet wurden, dass sie die angeführten Kontrollziele erfüllen können. Dieser Berichtsbestandteil enthält eine durch die Dienstleistungsorganisation erstellte Beschreibung dieser Kontrollziele und Kontrollen sowie eine Beschreibung der vom [Prüfer der Dienstleistungsorganisation] durchgeführten System- und Funktionstests, des Ergebnisses und möglicher Ausnahmen.

Das DIKS umfasst jene Teile des internen Kontrollsystems, die in Zusammenhang mit den, an die [Name der Dienstleistungsorganisation] ausgelagerten, Funktionen stehen.

Die Tests zur Beurteilung der Wirksamkeit der Kontrollen beinhalten jene Tests, die unter Berücksichtigung der anderen Elemente des DIKS (des Kontrollumfelds, des Risikobeurteilungsprozesses, des betrieblichen Informations- und Kommunikationssystems, der Überwachung) als notwendig erachtet wurden, um zu beurteilen, ob diese Kontrollen und das Ausmaß ihrer Einhaltung/Beachtung ausreichend sind, um mit einer hinreichenden, jedoch nicht absoluten Sicherheit dazu beizutragen, dass die hier aufgeführten Kontrollziele im Zeitraum vom [Beginn der bestätigten Periode] bis zum [Ende der bestätigten Periode] erfüllt wurden.

Es wurden keine Tests auf Wirksamkeit anderer als in diesem Berichtsbestandteil dargestellten Kontrollen, [insbesondere jener Kontrollen, die nicht im Verantwortungsbereich der Dienstleistungsorganisation liegen (bei Verwendung der Inklusiv-Methode anzupassen)], durchgeführt.

Die Tests zur Beurteilung der Wirksamkeit der Kontrollen wurden derart gestaltet, dass sie im Zeitraum vom [Beginn der bestätigten Periode] bis zum [Ende der bestätigten Periode] eine repräsentative Anzahl von Geschäftsvorfällen und Prozessen abdecken.

Bei der Auswahl der Tests zur Beurteilung der Wirksamkeit der Kontrollen wurde Folgendes berücksichtigt:

(1) die Art der getesteten Geschäftsvorfälle,

(2) die Art und Qualität der verfügbaren Nachweise,

(3) das geschätzte Kontrollrisiko,

(4) die erwartete Effizienz und Effektivität der Tests und

(5) das Testergebnis anderer Kontrollen, die auch das jeweils beurteilte Kontrollziel abdecken.

Angabe der Methoden der Funktionstests

Bei der Durchführung unserer Prüfung bedienen wir uns der unten angeführten Methoden, um ausreichende Nachweise für die Wirksamkeit jeder Kontrolle zu erhalten.

- Befragungen: Wir befragen verantwortliches Personal, um Informationen zur Kontrolle zu erhalten und um andere Aussagen zu bestätigen.
- Beobachtung: Wir beobachten die Existenz und Durchführung einer Kontrollhandlung.
- Durchsicht: Wir nehmen Einsicht in gedruckte und elektronische Dokumente und andere Unterlagen, welche die Durchführung einer Kontrolle belegen. Dazu gehört beispielsweise die Überprüfung von Abstimmarbeiten, Managementberichten, Genehmigungen und anderen Aufzeichnungen, welche die Kontrolldurchführung nachweisen. Gegebenenfalls überprüfen wir System und Parametereinstellungen.
- Wiederholung (Reperformance): Wir führen die Kontrollhandlung, welche die [Dienstleistungsorganisation] durchführt, selbst noch einmal durch.

Angaben zu den Funktionstests der Kontrollen

Wir haben Funktionstests im Zeitraum vom [Prüfungsbeginn] bis [Prüfungsende] durchgeführt.

Die Ergebnisse der Funktionstests sind in einer Tabelle dargestellt.

	[Beschreibung des Kontrollziels X der Dienstleistungsorganisation]				
	Angaben der Dienstleistungsorganisation			Angaben des Prüfers	
	Kontroll-beschreibung	Kontroll-frequenz	Kontrollart; -typ	Test-Beschreibung	Testergebnis
Kontrolle 1					
Kontrolle 2					
Kontrolle n					
	Ergänzende Kundenkontrollen für Kontrollziel X (falls vorhanden)				
	• Beschreibung Kundenkontrolle 1 • Beschreibung Kundenkontrolle n				

Erläuterungen zu den einzelnen Spalten der Tabelle

Frequenz

jährlich, halbjährlich, vierteljährlich, monatlich, wöchentlich, täglich, mehrmals täglich, anlassbezogen

Art; Typ

- Art: automatische Kontrolle, manuelle Kontrolle, halbautomatisch (manuelle und automatische Komponenten)
- Typ: fehlervermeidende / fehleraufdeckende Kontrollen

Testergebnis

- Keine Ausnahmen festgestellt: Die vorgefundenen Vorkehrungen oder Kontrollmaßnahmen erfüllen die zu stellenden Anforderungen, werden angemessen durchgeführt und nachvollziehbar dokumentiert.
- Ausnahmen festgestellt: Die Kontrollmaßnahmen erfüllen nicht die Anforderungen. In diesem Fall sind die Ergebnisse des Tests darzustellen.

4.7. Muster Vollständigkeitserklärung

Wir bestätigen [dem Dienstleistungsprüfer] hiermit, dass die Erklärung der gesetzlichen Vertreter der Dienstleistungsorganisation nach bestem Wissen und Gewissen abgegeben wurde.

Wir erklären hiermit, dass nach unserem Verständnis die von Ihnen durchgeführte Prüfung der Beschreibung des Dienstleistungssystems inklusive des DIKS in Bezug auf die [Dienstleistung] der [Dienstleistungsorganisation] darauf ausgerichtet war und so durchgeführt wurde, dass Sie mit hinreichender Sicherheit ein Urteil darüber abgeben können, ob

[bei einem **Bericht Typ 1**]

- die Beschreibung des Dienstleistungssystems die tatsächliche Konzeption und Einrichtung des Systems zum angegebenen **Zeitpunkt** in allen wesentlichen Belangen richtig und klar darstellt und
- die Konzeption des DIKS zur Erreichung der in der Beschreibung des Dienstleistungssystems dargestellten Kontrollziele zum angegebenen **Zeitpunkt** angemessen war,

[bei einem **Bericht Typ 2**]

- die Beschreibung des Dienstleistungssystems die tatsächliche Konzeption und Einrichtung des Systems über den angegebenen **Zeitraum** hinweg in allen wesentlichen Belangen richtig und klar darstellt,
- die Konzeption des DIKS zur Erreichung der in der Beschreibung des Dienstleistungssystems dargestellten Kontrollziele über den angegebenen **Zeitraum** hinweg angemessen war und
- die geprüften Kontrollen während dieses **Zeitraums** wirksam waren und dadurch mit hinreichender Sicherheit zur Einhaltung der Kontrollziele beitrugen

Die gesetzlichen Vertreter sind für Folgendes verantwortlich:

- Erbringung der Dienstleistungen, die von der Beschreibung des Dienstleistungssystems umfasst sind
- Vorbereitung einer Beschreibung ihres Dienstleistungssystems, der begleitenden Erklärung der gesetzlichen Vertreter sowie der Vollständigkeit und Richtigkeit und Darstellungsmethode der Beschreibung und der Erklärung
- Darstellung der Funktionen, die bei der Beschreibung des Dienstleistungssystems der Dienstleistungsorganisation umfasst sind
- Festlegung der Kontrollziele (sofern diese nicht zB durch Gesetze oder eine andere Regelung identifiziert wurden)
- Konzeption, Einrichtung und operative Wirksamkeit der Kontrollen, die - unter Berücksichtigung von Risikoaspekten - zur Erreichung festgelegter Kontrollziele im Einsatz sind
- Auswählen und Festlegen geeigneter Beurteilungskriterien, die als Basis für die Abgabe der Erklärung der gesetzlichen Vertreter herangezogen werden
- Aufsetzen und Unterschreiben der Erklärung der gesetzlichen Vertreter

Die für Ihre Prüfung erforderlichen Aufklärungen und Nachweise, um die Sie uns gebeten haben, haben wir Ihnen vollständig gegeben. Als Auskunftspersonen, die angewiesen wurden, Ihnen alle gewünschten Auskünfte und Nachweise richtig und vollständig zu geben und für deren Auskünfte die Unterfertigten die Gewähr übernehmen, wurden Ihnen benannt: [Auskunftspersonen].

Im Einzelnen versichern wir nach bestem Wissen und Gewissen,

1. dass die von uns definierten Kontrollziele den für die Rechnungslegung unserer Kunden relevanten gesetzlichen Anforderungen [sowie den zusätzlich vertraglich mit unseren Kunden vereinbarten Anforderungen] entsprechen.
2. dass die in der Beschreibung dargestellten Kontrollen, die für das interne Kontrollsystem von auslagernden Organisationen im Rahmen der Abschlussprüfung maßgeblich sein können, in allen wesentlichen Belangen zutreffend dargestellt sind.
3. dass wir Ihnen alle wesentlichen Änderungen von Kontrollen zur Kenntnis gebracht habe(n), [die seit der letzten Prüfung der [Dienstleistungsorganisation] eingetreten sind] und diese Änderungen in unserer Beschreibung der Kontrollen berücksichtigt haben.
4. dass wir Ihnen sämtliche Unrichtigkeiten, Verstöße oder rechtswidrigen Handlungen, die von dem Management oder sonstigen Mitarbeitern der [Dienstleistungsorganisation] begangen wurden oder ihnen zuzurechnen sind oder die auslagernde Organisationen berühren können, offen gelegt haben.
5. dass wir Ihnen sämtliche mir/uns bekannten Schwachstellen von Kontrollen offen gelegt haben. Diese schließen auch solche Schwachstellen ein, für die nach unserer Auffassung der Aufwand zur Beseitigung der Schwachstelle den Nutzen überschreiten kann.

6. dass wir Ihnen sämtliche uns bekannten Sachverhalte offen gelegt haben, nach denen Kontrollen nicht ausreichend wirksam gewesen sind, um die in der Beschreibung genannten Kontrollziele zu erfüllen.
7. dass sämtliche von uns definierten Kontrollziele erfüllt wurden [mit Ausnahme der nachfolgend explizit angeführten Kontrollziele].
8. dass wir Ihnen sämtliche Unterlagen zur Kenntnis gebracht haben, die zusammen mit der Berichterstattung des Prüfers versendet werden sollen. Über die Ereignisse hinaus, die wir Ihnen offen gelegt haben, sind uns keine weiteren Ereignisse nach der Beendigung der Prüfungstätigkeit bekannt geworden, die wesentliche Auswirkungen für auslagernde Organisationen haben könnten. Sollten solche Vorgänge bis zur Auslieferung der endgültigen Fassung Ihres Prüfungsberichtes noch eintreten, so werden wir Sie unverzüglich hiervon unterrichten.

Nach unserem Verständnis ist die von Ihnen erteilte Beurteilung des dienstleistungsbezogenen internen Kontrollsystems ausschließlich zur Nutzung durch *den Vorstand / die Geschäftsführung* der [Dienstleistungsorganisation] sowie ihrer Kunden (auslagernde Organisationen) und deren Abschlussprüfer bestimmt.

Ort und Datum   Unterschrift

4.8. Muster Update-Letter (ohne Änderung des Systems)

In der unabhängigen Bestätigung über die Beschreibung, die Konzeption und Einrichtung des DIKS (Bericht gemäß Richtlinie IWP/PE 14, Typ 2 (idF Bericht)) für die [Dienstleistungsorganisation] vom [Datum] wurden die Prüfungshandlungen für die Untersuchung des von [Dienstleistungsorganisation] beschriebenen Systems für die Erbringung von [Dienstleistungen] beschrieben und dementsprechend ein Aussage bezüglich der Erreichung der definierten Kontrollziele aus der Sicht der Kunden und der Effektivität des dienstleistungsbezogenen internen Kontrollsystems (DIKS) für den Zeitraum [Beobachtungsperiode] getroffen.

Um festzustellen, ob wesentliche Änderungen am Dienstleistungssystem inklusive des DIKS nach dem Ende der Beobachtungsperiode bis zum [Datum] eingetreten sind, haben wir folgende Prüfungshandlungen durchgeführt [anzupassen]:

- Befragung des Managements
- Einsicht in die Durchführungsnachweise ausgewählter Key-Kontrollen
- Wiederholung (Reperformance) ausgewählter Kontrollhandlungen, welche die [Dienstleistungsorganisation] durchführt

Gemäß Aussage des Managements ist die im Bericht dargestellte Beschreibung des Dienstleistungssystems inklusive des DIKS in wesentlichen Belangen weiterhin zutreffend; im Zuge unserer zusätzlichen Prüfungshandlungen sind uns keine Fakten bekannt geworden, die der Aussage des Managements entgegenstehen.

Dieser Update Letter dient ausschließlich zur Nutzung in Verbindung mit dem Bericht und enthält kein Prüfurteil über die Konzeption, Einrichtung und Wirksamkeit der Kontrollen.

Grundlage für die Durchführung unserer Arbeiten und für unsere Verantwortung auch im Verhältnis zu Dritten sind die Allgemeinen Auftragsbedingungen für Wirtschaftstreuhänder (AAB) in der derzeit gültigen Fassung. Mit Unterfertigung dieses Vertrags erklären Sie sich ausdrücklich mit der Anwendung der AAB einverstanden.

Unsere Verantwortlichkeit und Haftung für nachgewiesene Vermögensschäden aufgrund einer fahrlässigen Pflichtverletzung ist bei unserer Beurteilung auf das Zehnfache der Mindestversicherungssumme gemäß § 11 WTBG 2017, somit derzeit 726.730 Euro, begrenzt. Die mit dem Auftraggeber vereinbarte und hier offen gelegte Beschränkung unserer Haftung gilt auch gegenüber jedem Dritten, der im Vertrauen auf unseren Bericht über die von uns durchgeführte Beurteilung Handlungen setzt oder unterlässt.

Unsere Haftung für leichte Fahrlässigkeit wird in Übereinstimmung mit den Allgemeinen Auftragsbedingungen für Wirtschaftstreuhandberufe in der derzeit gültigen Fassung, die diesem Auftrag zugrunde liegen, ausgeschlossen.

Ort und Datum　　　　Unterschrift

2/3/15. IWP/PE 15

**Richtlinie
des Instituts Österreichischer Wirtschaftsprüfer
zur Formulierung des Bestätigungsvermerks gemäß § 274 UGB des Abschlussprüfers zum Rechenschaftsbericht einer Verwaltungsgesellschaft (Kapitalanlagegesellschaft für Immobilien) über ein(en) von ihr verwaltetes(n) Sondervermögen (Immobilienfonds)**

(verabschiedet in der Sitzung des Vorstandes vom Juni 2005 als IWP/PE 15, zuletzt überarbeitet im Dezember 2020)

1. Vorbemerkungen

(1) Diese Richtlinie betrifft die Erteilung von Bestätigungsvermerken durch den Abschlussprüfer zum Rechenschaftsbericht einer Verwaltungsgesellschaft (Kapitalanlagegesellschaft für Immobilien) über ein(en) von ihr verwaltetes(n) Sondervermögen (Immobilienfonds).

(2) Gemäß § 49 Abs 5 InvFG 2011 (resp § 13 Abs 3 ImmoInvFG) ist der Rechenschaftsbericht der Verwaltungsgesellschaft (Kapitalanlagegesellschaft für Immobilien) über ein(en) von ihr verwaltetes(n) Sondervermögen (Immobilienfonds) von einem Wirtschaftsprüfer, der auch der Bankprüfer der Verwaltungsgesellschaft sein kann, (resp vom Bankprüfer der Kapitalanlagegesellschaft für Immobilien) zu prüfen. Für diese Prüfung gelten die §§ 268 bis 276 UGB sinngemäß. Der Inhalt und Aufbau des Rechenschaftsberichts über ein(en) Sondervermögen (Immobilienfonds) unterscheidet sich auf Basis detaillierter Vorschriften in EU-Richtlinien und im (Immo)InvFG grundlegend vom Jahresabschluss nach UGB. Dementsprechend wurden schon immer, dieser Tatsache Rechnung tragend, eigenständig formulierte Bestätigungsvermerke verwendet. Das im Jahr 2013 erlassene Alternative Investmentfonds Manager-Gesetz (AIFMG) sieht für Sondervermögen, die nach den Vorschriften des ImmoInvFG aufgelegt wurden, sowie für Sondervermögen, die nach den Vorschriften des InvFG aufgelegt wurden, aber keine Organismen für gemeinsame Anlagen (OGAW) im Sinne der Richtlinie 2009/65/EG sind (sog „Nicht-OGAW-konforme Fonds"), zusätzliche Regelungen vor. In Ergänzung zum Fachgutachten des Fachsenats für Unternehmensrecht und Revision der Kammer der Wirtschaftstreuhänder über die Erteilung von Bestätigungsvermerken nach den Vorschriften des UGB bei Abschlussprüfungen von Jahres- und Konzernabschlüssen, zuletzt überarbeitet im Oktober 2020, (KFS/PG 3) bestand der Bedarf, den Bestätigungsvermerk zum Rechenschaftsbericht über ein(en) Sondervermögen (Immobilienfonds) zu adaptieren.

(3) Als Mitglieder der Arbeitsgruppe haben die Mitglieder des Arbeitskreises Investment/Immobilienfonds mitgewirkt.

(4) Die vorliegende überarbeitete Fassung dieser Richtlinie ersetzt die vorherige Fassung für die Prüfung von Rechenschaftsberichten für Rechnungsjahre, die am oder nach dem 31. Dezember 2020 enden.

2. Text eines uneingeschränkten Bestätigungsvermerks

Betreffend Modifizierungen wird auf die Ausführungen in KFS/PG 3 verwiesen.

2.1. Text für Sondervermögen gemäß InvFG 2011

Bestätigungsvermerk

(5) **Bericht zum Rechenschaftsbericht**

Prüfungsurteil

Wir haben den beigefügten Rechenschaftsbericht der …(Firma der Gesellschaft), Ort, über den von ihr verwalteten

………… (Fondsname),

Miteigentumsfonds gemäß ….,

bestehend aus der Vermögensaufstellung zum …………, der Ertragsrechnung für das an diesem Stichtag endende (Rumpf)Rechnungsjahr und den sonstigen in Anlage I Schema B Investmentfondsgesetz 2011 (InvFG 2011) vorgesehenen Angaben, geprüft.

Nach unserer Beurteilung entspricht der Rechenschaftsbericht den gesetzlichen Vorschriften und vermittelt ein möglichst getreues Bild der Vermögens- und Finanzlage zum ………. sowie der Ertragslage des Fonds für das an diesem Stichtag endende (Rumpf)Rechnungsjahr in Übereinstimmung mit den österreichischen unternehmensrechtlichen Vorschriften und den Bestimmungen des InvFG 2011.

(6) **Grundlage für das Prüfungsurteil**

Wir haben unsere Abschlussprüfung gemäß § 49 Abs 5 InvFG 2011 in Übereinstimmung mit den österreichischen Grundsätzen ordnungsmäßiger Abschlussprüfung durchgeführt. Diese Grundsätze erfordern die Anwendung der International Standards on Auditing (ISA). Unsere Verantwortlichkeiten nach diesen Vorschriften und Standards sind im Abschnitt „Verantwortlichkeiten des Abschlussprüfers für die Prüfung des Rechenschaftsberichts" unseres Bestätigungsvermerks weitergehend beschrieben. Wir sind von der Gesellschaft unabhängig in Übereinstimmung mit den österreichischen unternehmensrechtlichen und berufsrechtlichen Vorschriften und wir haben unsere sonstigen beruflichen Pflichten in Übereinstimmung mit diesen Anforderungen erfüllt. Wir sind der Auffassung, dass die von uns bis zum Datum des Bestätigungsvermerks erlangten Prüfungsnachweise ausreichend und geeignet sind, um als Grundlage für unser Prüfungsurteil zu diesem Datum zu dienen.

(7) **Sonstige Informationen**

Die gesetzlichen Vertreter sind für die sonstigen Informationen verantwortlich. Die sonstigen Informationen umfassen alle Informationen im Rechenschaftsbericht, ausgenommen die Vermögensaufstellung, die Ertragsrechnung, die sonstigen in Anlage I Schema B InvFG 2011 vorgesehenen Angaben und den Bestätigungsvermerk.

Unser Prüfungsurteil zum Rechenschaftsbericht erstreckt sich nicht auf diese sonstigen Informationen und wir geben dazu keine Art der Zusicherung.

Im Zusammenhang mit unserer Prüfung des Rechenschaftsberichts haben wir die Verantwortlichkeit, diese sonstigen Informationen zu lesen und dabei zu würdigen, ob die sonstigen Informationen wesentliche Unstimmigkeiten zum Rechenschaftsbericht oder zu unseren bei der Abschlussprüfung erlangten Kenntnissen aufweisen oder anderweitig falsch dargestellt erscheinen.

Falls wir auf der Grundlage der von uns zu den vor dem Datum des Bestätigungsvermerks des Abschlussprüfers erlangten sonstigen Informationen durchgeführten Arbeiten den Schluss ziehen, dass eine wesentliche falsche Darstellung dieser sonstigen Informationen vorliegt, sind wir verpflichtet, über diese Tatsache zu berichten. Wir haben in diesem Zusammenhang nichts zu berichten.

(8) **Verantwortlichkeiten der gesetzlichen Vertreter und des Aufsichtsrats/Prüfungsausschusses/ für den Rechenschaftsbericht**

Hinweis: Sofern ein Prüfungsausschuss eingerichtet ist, ist nur dieser anzuführen – gilt für den ganzen Bestätigungsvermerk.

Die gesetzlichen Vertreter sind verantwortlich für die Aufstellung des Rechenschaftsberichts und dafür, dass dieser in Übereinstimmung mit den österreichischen unternehmensrechtlichen Vorschriften und den Bestimmungen des InvFG 2011 ein möglichst getreues Bild der Vermögens-, Finanz- und Ertragslage des Fonds vermittelt. Ferner sind die gesetzlichen Vertreter verantwortlich für die internen Kontrollen, die sie als notwendig erachten, um die Aufstellung eines Rechenschaftsberichts zu ermöglichen, der frei von wesentlichen falschen Darstellungen aufgrund von dolosen Handlungen oder Irrtümern ist.

Der Aufsichtsrat/Prüfungsausschuss ist verantwortlich für die Überwachung des Rechnungslegungsprozesses der Gesellschaft betreffend den von ihr verwalteten Fonds.

(9) **Verantwortlichkeiten des Abschlussprüfers für die Prüfung des Rechenschaftsberichts**

Unsere Ziele sind, hinreichende Sicherheit darüber zu erlangen, ob der Rechenschaftsbericht als Ganzes frei von wesentlichen falschen Darstellungen aufgrund von dolosen Handlungen oder Irrtümern ist und einen Bestätigungsvermerk zu erteilen, der unser Prüfungsurteil beinhaltet. Hinreichende Sicherheit ist ein hohes Maß an Sicherheit, aber keine Garantie dafür, dass eine in Übereinstimmung mit den österreichischen Grundsätzen ordnungsmäßiger Abschlussprüfung, die die Anwendung der ISA erfordern, durchgeführte Abschlussprüfung eine wesentliche falsche Darstellung, falls eine solche vorliegt, stets aufdeckt. Falsche Darstellungen können aus dolosen Handlungen oder Irrtümern resultieren und werden als wesentlich angesehen, wenn von ihnen einzeln oder insgesamt vernünftigerweise erwartet werden könnte, dass sie die auf der Grundlage dieses Rechenschaftsberichts getroffenen wirtschaftlichen Entscheidungen von Nutzern beeinflussen.

Als Teil einer Abschlussprüfung in Übereinstimmung mit den österreichischen Grundsätzen ordnungsmäßiger Abschlussprüfung, die die Anwendung der ISA erfordern, üben wir während der gesamten Abschlussprüfung pflichtgemäßes Ermessen aus und bewahren eine kritische Grundhaltung.

Darüber hinaus gilt:

— Wir identifizieren und beurteilen die Risiken wesentlicher falscher Darstellungen aufgrund von dolosen Handlungen oder Irrtümern im Rechenschaftsbericht, planen Prüfungshandlungen als Reaktion auf diese Risiken, führen sie durch und erlangen Prüfungsnachweise, die ausreichend und geeignet sind, um als Grundlage für unser Prüfungsurteil zu dienen. Das Risiko, dass aus dolosen Handlungen resultierende wesentliche falsche Darstellungen nicht aufgedeckt werden, ist höher als ein aus Irrtümern resultierendes, da dolose Handlungen kollusives Zusammenwirken,

Fälschungen, beabsichtigte Unvollständigkeiten, irreführende Darstellungen oder das Außerkraftsetzen interner Kontrollen beinhalten können.

— Wir gewinnen ein Verständnis von dem für die Abschlussprüfung relevanten internen Kontrollsystem um Prüfungshandlungen zu planen, die unter den gegebenen Umständen angemessen sind, jedoch nicht mit dem Ziel, ein Prüfungsurteil zur Wirksamkeit des internen Kontrollsystems der Gesellschaft abzugeben.

— Wir beurteilen die Angemessenheit der von den gesetzlichen Vertretern angewandten Rechnungslegungsmethoden sowie die Vertretbarkeit der von den gesetzlichen Vertretern dargestellten geschätzten Werte in der Rechnungslegung und damit zusammenhängende Angaben.

— Wir beurteilen die Gesamtdarstellung, den Aufbau und den Inhalt des Rechenschaftsberichts einschließlich der Angaben sowie ob der Rechenschaftsbericht die zugrunde liegenden Geschäftsvorfälle und Ereignisse in einer Weise wiedergibt, dass ein möglichst getreues Bild erreicht wird.

Wir tauschen uns mit dem Aufsichtsrat/ Prüfungsausschuss unter anderem über den geplanten Umfang und die geplante zeitliche Einteilung der Abschlussprüfung sowie über bedeutsame Prüfungsfeststellungen, einschließlich etwaiger bedeutsamer Mängel im internen Kontrollsystem, die wir während unserer Abschlussprüfung erkennen, aus.

Fakultativ:

(10) **Auftragsverantwortlicher Wirtschaftsprüfer**

Der für die Abschlussprüfung auftragsverantwortliche Wirtschaftsprüfer ist Frau/Herr [Name].

Ort, am ……..

WP-Gesellschaft

[Firmenmäßige Zeichnung, der verantwortliche Wirtschaftsprüfer hat in jedem Fall zu unterschreiben.]

2.2. Text für Immobilienfonds nach dem ImmoInvFG

Bestätigungsvermerk

(11) **Bericht zum Rechenschaftsbericht**

Prüfungsurteil

Wir haben den beigefügten Rechenschaftsbericht der …(Firma der Gesellschaft), Ort, über den von ihr verwalteten

………… (Fondsname),

Immobilienfonds ….,

bestehend aus der Vermögensaufstellung zum …………, der Ertragsrechnung für das an diesem Stichtag endende (Rumpf)Rechnungsjahr und den sonstigen in Anlage B Immobilien-Investmentfondsgesetz (ImmoInvFG) vorgesehenen Angaben, geprüft.

Nach unserer Beurteilung entspricht der Rechenschaftsbericht den gesetzlichen Vorschriften sowie in Hinblick auf die Zahlenangaben den entsprechenden Vorschriften des Alternative Investmentfonds Manager-Gesetzes (AIFMG) und vermittelt ein möglichst getreues Bild der Vermögens- und Finanzlage zum ………. sowie der Ertragslage des Fonds für das an diesem Stichtag endende (Rumpf)Rechnungsjahr in Übereinstimmung mit den österreichischen unternehmensrechtlichen Vorschriften und den Bestimmungen des ImmoInvFG sowie des AIFMG.

(12) **Grundlage für das Prüfungsurteil**

Wir haben unsere Abschlussprüfung gemäß § 13 Abs 3 ImmoInvFG und § 20 Abs 3 AIFMG in Übereinstimmung mit den österreichischen Grundsätzen ordnungsmäßiger Abschlussprüfung durchgeführt. Diese Grundsätze erfordern die Anwendung der International Standards on Auditing (ISA). Unsere Verantwortlichkeiten nach diesen Vorschriften und Standards sind im Abschnitt „Verantwortlichkeiten des Abschlussprüfers für die Prüfung des Rechenschaftsberichts“ unseres Bestätigungsvermerks weitergehend beschrieben. Wir sind von der Gesellschaft unabhängig in Übereinstimmung mit den österreichischen unternehmensrechtlichen und berufsrechtlichen Vorschriften und wir haben unsere sonstigen beruflichen Pflichten in Übereinstimmung mit diesen Anforderungen erfüllt. Wir sind der Auffassung, dass die von uns bis zum Datum des Bestätigungsvermerks erlangten Prüfungsnachweise ausreichend und geeignet sind, um als Grundlage für unser Prüfungsurteil zu diesem Datum zu dienen.

(13) **Sonstige Informationen**

Die gesetzlichen Vertreter sind für die sonstigen Informationen verantwortlich. Die sonstigen Informationen umfassen alle Informationen im Rechenschaftsbericht, ausgenommen die Vermögensaufstellung, die Ertragsrechnung, die sonstigen in Anlage B ImmoInvFG sowie in § 20 Abs 2 AIFMG vorgesehenen Angaben und den Bestätigungsvermerk.

Unser Prüfungsurteil zum Rechenschaftsbericht erstreckt sich nicht auf diese sonstigen Informationen und wir geben dazu keine Art der Zusicherung.

Im Zusammenhang mit unserer Prüfung des Rechenschaftsberichts haben wir die Verantwortlichkeit, diese sonstigen Informationen zu lesen und dabei zu würdigen, ob die sonstigen Informationen wesentliche Unstimmigkeiten zum Rechenschaftsbericht oder zu unseren bei der Abschlussprüfung erlangten Kenntnissen aufweisen oder anderweitig falsch dargestellt erscheinen.

Falls wir auf der Grundlage der von uns zu den vor dem Datum des Bestätigungsvermerks des Abschlussprüfers erlangten sonstigen Informationen durchgeführten Arbeiten den Schluss ziehen, dass eine wesentliche falsche Darstellung dieser sonstigen Informationen vorliegt, sind wir verpflichtet, über diese Tatsache zu berichten. Wir haben in diesem Zusammenhang nichts zu berichten.

(14) **Verantwortlichkeiten der gesetzlichen Vertreter und des Aufsichtsrats/Prüfungsausschusses/ für den Rechenschaftsbericht**

Hinweis: Sofern ein Prüfungsausschuss eingerichtet ist, ist nur dieser anzuführen – gilt für den ganzen Bestätigungsvermerk.

Die gesetzlichen Vertreter sind verantwortlich für die Aufstellung des Rechenschaftsberichts und dafür, dass dieser in Übereinstimmung mit den österreichischen unternehmensrechtlichen Vorschriften und den Bestimmungen des ImmoInvFG sowie des AIFMG ein möglichst getreues Bild der Vermögens-, Finanz- und Ertragslage des Fonds vermittelt. Ferner sind die gesetzlichen Vertreter verantwortlich für die internen Kontrollen, die sie als notwendig erachten, um die Aufstellung eines Rechenschaftsberichts zu ermöglichen, der frei von wesentlichen falschen Darstellungen aufgrund von dolosen Handlungen oder Irrtümern ist.

Der Aufsichtsrat/Prüfungsausschuss ist verantwortlich für die Überwachung des Rechnungslegungsprozesses der Gesellschaft betreffend den von ihr verwalteten Fonds.

(15) **Verantwortlichkeiten des Abschlussprüfers für die Prüfung des Rechenschaftsberichts**

Unsere Ziele sind, hinreichende Sicherheit darüber zu erlangen, ob der Rechenschaftsbericht als Ganzes frei von wesentlichen falschen Darstellungen aufgrund von dolosen Handlungen oder Irrtümern ist und einen Bestätigungsvermerk zu erteilen, der unser Prüfungsurteil beinhaltet. Hinreichende Sicherheit ist ein hohes Maß an Sicherheit, aber keine Garantie dafür, dass eine in Übereinstimmung mit den österreichischen Grundsätzen ordnungsmäßiger Abschlussprüfung, die die Anwendung der ISA erfordern, durchgeführte Abschlussprüfung eine wesentliche falsche Darstellung, falls eine solche vorliegt, stets aufdeckt. Falsche Darstellungen können aus dolosen Handlungen oder Irrtümern resultieren und werden als wesentlich angesehen, wenn von ihnen einzeln oder insgesamt vernünftigerweise erwartet werden könnte, dass sie die auf der Grundlage dieses Rechenschaftsberichts getroffenen wirtschaftlichen Entscheidungen von Nutzern beeinflussen.

Als Teil einer Abschlussprüfung in Übereinstimmung mit den österreichischen Grundsätzen ordnungsmäßiger Abschlussprüfung, die die Anwendung der ISA erfordern, üben wir während der gesamten Abschlussprüfung pflichtgemäßes Ermessen aus und bewahren eine kritische Grundhaltung.

Darüber hinaus gilt:

— Wir identifizieren und beurteilen die Risiken wesentlicher falscher Darstellungen aufgrund von dolosen Handlungen oder Irrtümern im Rechenschaftsbericht, planen Prüfungshandlungen als Reaktion auf diese Risiken, führen sie durch und erlangen Prüfungsnachweise, die ausreichend und geeignet sind, um als Grundlage für unser Prüfungsurteil zu dienen. Das Risiko, dass aus dolosen Handlungen resultierende wesentliche falsche Darstellungen nicht aufgedeckt werden, ist höher als ein aus Irrtümern resultierendes, da dolose Handlungen kollusives Zusammenwirken, Fälschungen, beabsichtigte Unvollständigkeiten, irreführende Darstellungen oder das Außerkraftsetzen interner Kontrollen beinhalten können.

— Wir gewinnen ein Verständnis von dem für die Abschlussprüfung relevanten internen Kontrollsystem um Prüfungshandlungen zu planen, die unter den gegebenen Umständen angemessen sind, jedoch nicht mit dem Ziel, ein Prüfungsurteil zur Wirksamkeit des internen Kontrollsystems der Gesellschaft abzugeben.

— Wir beurteilen die Angemessenheit der von den gesetzlichen Vertretern angewandten Rechnungslegungsmethoden sowie die Vertretbarkeit der von den gesetzlichen Vertretern dargestellten geschätzten Werte in der Rechnungslegung und damit zusammenhängende Angaben.

— Wir beurteilen die Gesamtdarstellung, den Aufbau und den Inhalt des Rechenschaftsberichts einschließlich der Angaben sowie ob der Rechenschaftsbericht die zugrunde liegenden Geschäftsvorfälle und Ereignisse in einer Weise wiedergibt, dass ein möglichst getreues Bild erreicht wird.

Wir tauschen uns mit dem Aufsichtsrat/ Prüfungsausschuss unter anderem über den geplanten Umfang und die geplante zeitliche Einteilung der Abschlussprüfung sowie über bedeutsame Prüfungsfeststellungen, einschließlich etwaiger bedeutsamer Mängel im internen Kontrollsystem, die wir während unserer Abschlussprüfung erkennen, aus.

Fakultativ:

(16) **Auftragsverantwortlicher Wirtschaftsprüfer**

Der für die Abschlussprüfung auftragsverantwortliche Wirtschaftsprüfer ist Frau/Herr [Name].

Ort, am ……..

WP-Gesellschaft

[Firmenmäßige Zeichnung, der verantwortliche Wirtschaftsprüfer hat in jedem Fall zu unterschreiben.]

2/3/16. KFS/PE 16

Empfehlung
des Fachsenats für Unternehmensrecht und Revision
zum Umfang einer prüferischen Durchsicht sowie zur Formulierung eines Berichts über die prüferische Durchsicht von Halbjahresfinanzberichten gemäß § 125 BörseG 2018

(beschlossen in der Sitzung des Fachsenats für Unternehmensrecht und Revision am 10. September 2007 als Empfehlung KFS/PE 16; zuletzt redaktionell überarbeitet im November 2017)

1. Gesetzliche Bestimmungen

(1) Die relevanten gesetzlichen Bestimmungen für die Aufstellung, prüferische Durchsicht und Veröffentlichung von Halbjahresfinanzberichten börsenotierter Unternehmen sind in § 125 Börsegesetz 2018 (BörseG 2018) enthalten. Gemäß Abs. 1 dieser Bestimmung umfasst der Halbjahresfinanzbericht:

a) einen verkürzten Abschluss;
b) einen Halbjahreslagebericht;
c) Erklärungen, in denen die gesetzlichen Vertreter des Emittenten unter Angabe ihres Namens und ihrer Stellung versichern,
   – dass der in Einklang mit den maßgebenden Rechnungslegungsstandards aufgestellte verkürzte Abschluss nach bestem Wissen ein möglichst getreues Bild der Vermögens-, Finanz- und Ertragslage des Emittenten oder der Gesamtheit der in die Konsolidierung einbezogenen Unternehmen vermittelt;
   – dass der Halbjahreslagebericht ein möglichst getreues Bild der Vermögens-, Finanz- und Ertragslage bezüglich der nach Abs. 4 geforderten Informationen vermittelt.

(2) Eine Prüfung oder prüferische Durchsicht des Halbjahresfinanzberichts ist nicht verpflichtend vorgesehen. Wenn der Halbjahresfinanzbericht freiwillig durch einen Abschlussprüfer geprüft oder prüferisch durchgesehen wurde, ist der Bestätigungsvermerk bzw. der Bericht über die prüferische Durchsicht gemäß § 125 Abs. 3 BörseG 2018 in vollem Umfang in der Veröffentlichung wiederzugeben; wurde der Halbjahresfinanzbericht weder einer vollständigen Prüfung noch einer prüferischen Durchsicht durch einen Abschlussprüfer unterzogen, so hat der Emittent dies in seinem Bericht anzugeben.

2. Umfang einer prüferischen Durchsicht

(3) Die Definition des Halbjahresfinanzberichts umfasst nach § 125 BörseG 2018 bei wörtlicher Auslegung auch den Halbjahreslagebericht und die Erklärungen der gesetzlichen Vertreter. Daraus ergibt sich die Frage, ob sich die prüferische Durchsicht des Halbjahresfinanzberichts nicht nur auf den verkürzten Abschluss, sondern auch auf diese Bestandteile erstreckt. Der Fachsenat für Unternehmensrecht und Revision nimmt dazu wie folgt Stellung:

a) Verkürzter Abschluss

(4) Der verkürzte Abschluss ist jedenfalls einer prüferischen Durchsicht zugänglich. Derzeit bestehen in Österreich keine gesetzlichen Vorschriften über die Durchführung einer prüferischen Durchsicht. § 125 Abs. 5 Z 2 BörseG 2018 ermächtigt die FMA, durch Verordnung „zu präzisieren, welcher Art die prüferische Durchsicht durch einen Abschlussprüfer ist". Eine derartige Verordnung kann jedoch erst auf Basis entsprechender Komitologiebestimmungen der Europäischen Kommission erlassen werden, die derzeit noch nicht vorliegen. Vorbehaltlich einer solchen Verordnung bildet je nach Vereinbarung entweder das Fachgutachten KFS/PG 11 „Grundsätze für die prüferische Durchsicht von Abschlüssen" oder der International Standard on Review Engagements 2410 (ISRE 2410) *Review of Interim Financial Information Performed by the Independent Auditor of the Entity* die relevante Grundlage für die Durchführung der prüferischen Durchsicht.

b) Halbjahreslagebericht

(5) Der Inhalt des Halbjahreslageberichts gemäß § 125 Abs. 4 BörseG 2018 umfasst insbesondere auch „wichtige Ereignisse während der ersten sechs Monate des Geschäftsjahres" sowie „Risiken und Ungewissheiten" für die „restlichen sechs Monate des Geschäftsjahres". Solche Informationen sind einer prüferischen Durchsicht schwer zugänglich. Darüber hinaus würde eine prüferische Durchsicht des Halbjahreslageberichts über den Umfang der Prüfung eines Lageberichts für das gesamte Geschäftsjahr hinausgehen.

(6) Da der Halbjahreslagebericht gemeinsam mit dem prüferisch durchgesehenen verkürzten Abschluss veröffentlicht wird, erscheint die analoge Anwendung der Bestimmungen von ISA 720 „Other Information in Documents Containing Audited Financial Statements" zutreffend. Demnach ist der Halbjahreslagebericht zu lesen und dahingehend zu beurteilen, ob er sowohl die nach BörseG 2018 geforderten Bestandteile enthält als auch keine offensichtlichen Widersprüche zum verkürzten Abschluss bestehen.

c) Erklärung der gesetzlichen Vertreter

(7) Da es sich bei der Erklärung der gesetzlichen Vertreter um eine subjektive Einschätzung handelt, die einer inhaltlichen Prüfung nicht zugänglich ist, kann nach Ansicht des Fachsenats nur die Aussage getroffen werden, dass diese Erklärung vorhanden

ist und die von § 125 BörseG 2018 geforderten Bestandteile enthält.

(8) Der Umfang der prüferischen Durchsicht ist jedenfalls im Auftragschreiben (Engagement Letter) klarzustellen.

3. Bericht über die prüferische Durchsicht

(9) Anlage 1 und 2 enthalten aus dem ISRE 2410 abgeleitete deutsche Übersetzungen eines Berichts über die prüferische Durchsicht eines Halbjahresfinanzberichts für einen verkürzten Konzernzwischenabschluss (Anlage 1) und für einen vollständigen Konzernzwischenabschluss (Anlage 2). Für den (seltenen) Fall, dass ein Emittent nicht verpflichtet ist, einen Konzernabschluss aufzustellen, ist der Bericht über die prüferische Durchsicht eines solchen Halbjahresfinanzberichts entsprechend zu adaptieren.

(10) Bei den beiden Berichten in Anlage 1 und 2 ist zu beachten, dass die Aussage zum möglichst getreuen Bild der Vermögens- und Finanzlage sowie der Ertragslage und der Zahlungsströme des Unternehmens im Bericht über die prüferische Durchsicht nur bei einem vollständigen IFRS-Abschluss möglich ist, da aus Sicht der IFRS ein getreues Bild nur durch einen vollständig IFRS-konformen Abschluss gewährleistet ist (IAS 1.15). Bei einem verkürzten Abschluss kann nur die Übereinstimmung mit IAS 34, nicht aber eine vollständige Übereinstimmung mit den IFRS und somit auch keine Aussage zum möglichst getreuen Bild im Sinne von IAS 1.15 getroffen werden (IAS 34.19).

(11) Die gesetzlichen Vertreter des Unternehmens haben nach § 125 Abs. 1 Z 3 lit. a und b BörseG 2018 ebenfalls zu erklären, dass der verkürzte Abschluss bzw. der Halbjahreslagebericht jeweils ein „möglichst getreues Bild der Vermögens-, Finanz- und Ertragslage“ vermittelt. Auf Grund der expliziten gesetzlichen Anordnung kann auf eine solche Erklärung nicht verzichtet werden. Da § 125 BörseG 2018 den Begriff des möglichst getreuen Bildes auch für den Halbjahresfinanzbericht mit einem verkürzten Abschluss und sogar für den Halbjahreslagebericht verwendet, muss es sich dabei um einen Spezialbegriff des BörseG 2018 handeln. Dieser Begriff des möglichst getreuen Bildes unterscheidet sich daher vom Begriff gemäß IAS 1.13. Konkret sollte die Erklärung der gesetzlichen Vertreter daher klarstellen, dass der verkürzte Abschluss ein getreues Bild der Vermögens-, Finanz- und Ertragslage im Sinne der börsenrechtlichen Anforderungen vermittelt, wonach IAS 34 einzuhalten ist (vgl. auch Art. 5 Abs. 2 lit c i.V.m. Abs. 3 der RL 2004/109/EG). Desgleichen ist beim Halbjahreslagebericht ein getreues Bild im Sinne der börsenrechtlichen Anforderungen zu erklären, wonach die erforderlichen Inhalte des § 125 Abs. 4 BörseG 2018 den tatsächlichen Verhältnissen entsprechend darzustellen sind (vgl. auch Art. 5 Abs. 2 lit. c i.V.m. Abs. 3 der RL 2004/109/EG).

(12) Der Fachsenat hat der Finanzmarktaufsicht (FMA) diese Interpretation der prüferischen Durchsicht von Halbjahresfinanzberichten mitgeteilt. Die FMA hat – vorbehaltlich einer Verordnung auf Grundlage der Bestimmung des § 125 Abs. 5 BörseG 2018 (siehe dazu auch oben Abschnitt 2.a)) oder zukünftiger internationaler Abstimmungen – dagegen keine Einwendungen erhoben.

Anlage 1: Verkürzter IFRS-Konzernzwischenabschluss

Bericht über die prüferische Durchsicht des verkürzten Konzernzwischenabschlusses

Einleitung

Ich habe / Wir haben den beigefügten verkürzten Konzernzwischenabschluss der [Firma], [Ort], für den Zeitraum vom [Datum] bis [Datum] prüferisch durchgesehen. Der verkürzte Konzernzwischenabschluss umfasst die verkürzte Konzernbilanz zum [Datum], die verkürzte Konzern-Gewinn- und Verlustrechnung, die verkürzte Konzernkapitalflussrechnung und die verkürzte Konzern-Eigenkapitalveränderungsrechnung für den Zeitraum vom [Datum] bis [Datum] sowie den Anhang, der die wesentlichen Bilanzierungs- und Bewertungsmethoden zusammenfasst und sonstige Erläuterungen enthält.

Die gesetzlichen Vertreter der Gesellschaft sind für die Aufstellung dieses verkürzten Konzernzwischenabschlusses in Übereinstimmung mit den IFRS für Zwischenberichterstattung, wie sie in der EU anzuwenden sind, verantwortlich.

Meine / Unsere Verantwortung ist es, auf Grundlage meiner / unserer prüferischen Durchsicht eine zusammenfassende Beurteilung über diesen verkürzten Konzernzwischenabschluss abzugeben.

Umfang der prüferischen Durchsicht

Ich / Wir habe(n) die prüferische Durchsicht unter Beachtung der in Österreich geltenden gesetzlichen Vorschriften und berufsüblichen Grundsätze, insbesondere des Fachgutachtens KFS/PG 11 „Grundsätze für die prüferische Durchsicht von Abschlüssen", / sowie des International Standard on Review Engagements 2410 „Prüferische Durchsicht des Zwischenabschlusses durch den unabhängigen Abschlussprüfer der Gesellschaft"/[1] durchgeführt. Die prüferische Durchsicht eines Zwischenabschlusses umfasst Befragungen, in erster Linie von für das Finanz- und Rechnungswesen verantwortlichen Personen, sowie analytische Beurteilungen und sonstige Erhebungen. Eine prüferische Durchsicht ist von wesentlich geringerem Umfang und umfasst geringere Nachweise als eine Abschlussprüfung und ermöglicht es mir / uns daher nicht, eine mit einer Abschlussprüfung vergleichbare Sicherheit darüber zu erlangen, dass mir / uns alle wesentlichen Sachverhalte bekannt werden. Aus diesem Grund erteile(n) ich / wir keinen Bestätigungsvermerk.

[1] In diesem Satz sind jene Vorschriften und Grundsätze anzugeben, die dem Auftrag zugrunde liegen.

Zusammenfassende Beurteilung

Auf Grundlage meiner / unserer prüferischen Durchsicht sind mit / uns keine Sachverhalte bekannt geworden, die mich / uns zu der Annahme veranlassen, dass der beigefügte verkürzte Konzernzwischenabschluss nicht in allen wesentlichen Belangen in Übereinstimmung mit den IFRS für Zwischenberichterstattung, wie sie in der EU anzuwenden sind, aufgestellt worden ist.

Stellungnahme zum Halbjahreskonzernlagebericht und zur Erklärung der gesetzlichen Vertreter gemäß § 125 BörseG 2018

Ich / Wir habe(n) den Halbjahreskonzernlagebericht gelesen und dahingehend beurteilt, ob er keine offensichtlichen Widersprüche zum verkürzten Konzernzwischenabschluss aufweist. Der Halbjahreskonzernlagebericht enthält nach unserer / meiner Beurteilung keine offensichtlichen Widersprüche zum verkürzten Konzernzwischenabschluss.

Der Halbjahresfinanzbericht enthält die von § 125 Abs. 1 Z 3 BörseG 2018 geforderte Erklärung der gesetzlichen Vertreter.

Ort, am [Datum]

Firmenmäßige Unterschrift

Anlage 2: Vollständiger IFRS-Konzernzwischenabschluss

Bericht über die prüferische Durchsicht des Konzernzwischenabschlusses

Einleitung

Ich habe / Wir haben den beigefügten Konzernzwischenabschluss der [Firma], [Ort], für den Zeitraum vom [Datum] bis [Datum] prüferisch durchgesehen. Der Konzernzwischenabschluss umfasst die Konzernbilanz zum [Datum], die Konzern-Gewinn- und Verlustrechnung, die Konzernkapitalflussrechnung und die Konzern-Eigenkapitalveränderungsrechnung für den Zeitraum vom [Datum] bis [Datum] sowie eine Zusammenfassung der wesentlichen angewandten Bilanzierungs- und Bewertungsmethoden und sonstigen Anhangangaben.

Die gesetzlichen Vertreter der Gesellschaft sind für die Aufstellung dieses Konzernzwischenabschlusses verantwortlich. Sie sind auch dafür verantwortlich, dass der Konzernzwischenabschluss ein möglichst getreues Bild der Vermögens-, Finanz- und Ertragslage des Konzerns in Übereinstimmung mit den International Financial Reporting Standards (IFRS), wie sie in der EU anzuwenden sind, vermittelt.

Meine / Unsere Verantwortung ist es, auf Grundlage meiner / unserer prüferischen Durchsicht eine zusammenfassende Beurteilung über diesen Konzernzwischenabschluss abzugeben.

Umfang der prüferischen Durchsicht

Ich / Wir habe(n) die prüferische Durchsicht unter Beachtung der in Österreich geltenden gesetzlichen Vorschriften und berufsüblichen Grundsätze, insbesondere des Fachgutachtens KFS/PG 11 „Grundsätze für die prüferische Durchsicht von Abschlüssen", / sowie des International Standard on Review Engagements 2410 „Prüferische Durchsicht des Zwischenabschlusses durch den unabhängigen Abschlussprüfer der Gesellschaft"/[2] durchgeführt. Die prüferische Durchsicht eines Zwischenabschlusses umfasst Befragungen, in erster Linie von für das Finanz- und Rechnungswesen verantwortlichen Personen, sowie analytische Beurteilungen und sonstige Erhebungen. Eine prüferische Durchsicht ist von wesentlich geringerem Umfang und umfasst geringere Nachweise als eine Abschlussprüfung und ermöglicht es mir / uns daher nicht, eine mit einer Abschlussprüfung vergleichbare Sicherheit darüber zu erlangen, dass mir / uns alle wesentlichen Sachverhalte bekannt werden. Aus diesem Grund erteile(n) ich / wir keinen Bestätigungsvermerk.

[2] In diesem Satz sind jene Vorschriften und Grundsätze anzugeben, die dem Auftrag zugrunde liegen.

Zusammenfassende Beurteilung

Auf Grundlage meiner / unserer prüferischen Durchsicht, sind mir / uns keine Sachverhalte bekannt geworden, die mich / uns zu der Annahme veranlassen, dass der beigefügte Konzernzwischenabschluss kein möglichst getreues Bild der Vermögens- und Finanzlage des Konzerns zum [Datum] sowie der Ertragslage und der Zahlungsströme des Konzerns für die Periode vom [Datum] bis zum [Datum] in Übereinstimmung mit den International Financial Reporting Standards, wie sie von der EU anzuwenden sind, vermittelt.

Stellungnahme zum Halbjahreskonzernlagebericht und zur Erklärung der gesetzlichen Vertreter gemäß § 125 BörseG 2018

Ich / Wir habe(n) den Halbjahreskonzernlagebericht gelesen und dahingehend beurteilt, ob er keine offensichtlichen Widersprüche zum Konzernzwischenabschluss aufweist. Der Halbjahreskonzernlagebericht enthält nach unserer / meiner Beurteilung keine offensichtlichen Widersprüche zum Konzernzwischenabschluss.

Der Halbjahresfinanzbericht enthält die von § 125 Abs. 1 Z 3 BörseG 2018 geforderte Erklärung der gesetzlichen Vertreter.

Ort, am [Datum]

Firmenmäßige Unterschrift

2/3/18. KFS/PE 18

Stellungnahme
des Fachsenats für Unternehmensrecht und Revision
Ausgewählte Fragen zur Redepflicht gemäß dem UGB und anderen anlassbezogenen Berichtspflichten des Abschlussprüfers

(beschlossen in der Sitzung des Fachsenats für Unternehmensrecht und Revision am 9. Dezember 2009 als Stellungnahme KFS/PE 18, zuletzt überarbeitet im November 2017; von der Abschlussprüferaufsichtsbehörde (APAB) genehmigt)

1. Vorbemerkungen

(1) Die vorliegende Stellungnahme behandelt ausgewählte Fragen zur Redepflicht gemäß dem UGB und anderen anlassbezogenen Berichtspflichten des Abschlussprüfers.

(2) Der Abschlussprüfer hat unverzüglich zu berichten, wenn er bei Wahrnehmung seiner Aufgaben Tatsachen feststellt, die den Bestand des geprüften Unternehmens oder Konzerns gefährden oder seine Entwicklung wesentlich beeinträchtigen können oder die schwerwiegende Verstöße der gesetzlichen Vertreter oder von Arbeitnehmern gegen Gesetz, Gesellschaftsvertrag oder Satzung erkennen lassen; darüber hinaus hat er unverzüglich über wesentliche Schwächen bei der internen Kontrolle des Rechnungslegungsprozesses zu berichten (§ 273 Abs 2 UGB). Der Abschlussprüfer hat auch unverzüglich zu berichten, wenn bei der Prüfung des Jahresabschlusses das Vorliegen der Voraussetzungen für die Vermutung eines Reorganisationsbedarfs festgestellt wird (§ 273 Abs 3 UGB).

(3) Ergänzend dazu enthalten die ISA eine Reihe von zusätzlichen, anlassbezogenen Berichtspflichten.

(4) Bei Abschlussprüfungen von Unternehmen von öffentlichem Interesse sind darüber hinaus weitere anlassbezogene Berichtspflichten zu beachten, die sich aus der Verordnung (EU) Nr 537/2014 ergeben.

(5) Rede- und Berichtspflichten nach sondergesetzlichen Vorschriften (zB § 63 Abs 3 BWG) werden in dieser Stellungnahme nicht behandelt.

2. Redepflicht gemäß dem UGB

2.1. Schwerwiegende Verstöße der gesetzlichen Vertreter oder von Arbeitnehmern gegen Gesetz, Gesellschaftsvertrag oder Satzung

(6) **Gesetzliche Vertreter** sind Mitglieder des Vorstands bzw der Geschäftsführung.

(7) Der Begriff „**Arbeitnehmer**" ist iSd arbeitsrechtlichen Begriffsdefinition auszulegen.

(8) Werkvertragsnehmer, sofern sie nicht in einem dienstnehmerähnlichen Werkvertragsverhältnis tätig sind, und sonstige Beauftragte gelten nicht als Arbeitnehmer iSd arbeitsrechtlichen Begriffsdefinition.[1]

[1] Vgl EB zur RV des URÄG 2008, zu § 273.

(9) Das Tatbestandsmerkmal **schwerwiegend** bezieht sich auf den Verstoß als solchen, dh nicht nur auf die betragliche Auswirkung der Verletzung der Vorschriften auf den Abschluss. Die tatsächliche Zufügung eines Schadens für das Unternehmen ist nicht Voraussetzung für das Vorliegen eines schwerwiegenden Verstoßes. Je nach der Tätigkeit des Unternehmens können dafür unterschiedliche Rechtsvorschriften relevant sein.

(10) Folgende Kriterien haben sich in der Literatur für die Qualifikation eines Verstoßes als schwerwiegend herausgebildet:

a) Höhe des finanziellen Risikos, das für das Unternehmen aus dem Verstoß resultiert;
b) Umfang des für das Unternehmen durch den Verstoß eingetretenen Schadens;
c) Bedeutung der Rechtsnorm, gegen die verstoßen wurde;
d) Grad des Vertrauensbruchs, den der Verstoß für das Unternehmen darstellt.

(11) Als Maßstab für die Qualifizierung von Verstößen als schwerwiegend kann das Aufkommen von Zweifeln an der Eignung der jeweiligen Person, ihre Funktion weiterhin auszuüben, angesehen werden. Demnach sind Verstöße schwerwiegend, wenn sie geeignet sind, das Vertrauen in die Leitungsorgane zu erschüttern oder schwerwiegende Folgen (zB finanzielle Auswirkungen) für das Unternehmen zu bewirken. Zu beachten ist jedoch, dass die Abschlussprüfung nicht darauf ausgerichtet ist, zu überprüfen, ob sämtliche Vorschriften, gegen die gesetzliche Vertreter oder Arbeitnehmer des geprüften Unternehmens verstoßen könnten, eingehalten wurden. Bei der Beurteilung eines Verstoßes als schwerwiegend geht es daher in erster Linie um den Bezug der verletzten Norm zum Abschluss und die Auswirkungen des Rechtsbruchs auf diesen.

(12) Bei **Verstößen gegen Gesetz** stellt sich die Frage nach den zu berücksichtigenden Rechtsvorschriften. Zunächst kommen schwerwiegende Verstöße gegen unternehmens- und gesellschaftsrechtliche Rechtsvorschriften, die sich auf die Finanzberichterstattung beziehen, in Betracht. Hierunter zu subsumieren sind insbesondere Verstöße gegen Bestimmungen des UGB und andere Normen zur Rechnungslegung wie die Nichtaufstellung eines Konzernabschlusses trotz gesetzlicher Verpflichtung, die Nichteinberufung der Generalversammlung bei Verlust des halben Stammkapitals

oder bei Vorliegen der Voraussetzungen für die Vermutung eines Reorganisationsbedarfs und das Fehlen eines gesetzlich erforderlichen zusätzlichen (konsolidierten) Berichts (nichtfinanzieller Bericht, Corporate Governance-Bericht, Bericht über Zahlungen an staatliche Stellen). Zu beachten ist, dass der Abschlussprüfer nicht die Aufgabe hat, eine materielle Prüfung dieser Berichte vorzunehmen.

(13) Die Einhaltung sonstiger Rechtsvorschriften ist nicht Gegenstand der Abschlussprüfung. Wenn aber der Abschlussprüfer bei Wahrnehmung seiner Aufgaben Tatsachen feststellt, die einen schwerwiegenden Verstoß gegen solche Vorschriften darstellen, so kann dies die Redepflicht auslösen. Rechtsvorschriften, die in diesem Zusammenhang relevant sein könnten, sind Vorschriften des Gesellschaftsrechts, des Insolvenzrechts, des Kapitalmarktrechts, des Steuerrechts, des Strafrechts, des Verwaltungsrechts sowie des Kartell- und des Immaterialgüterrechts.

(14) **Verstöße gegen Gesellschaftsvertrag oder Satzung**, die eine Redepflicht auslösen, können insbesondere eindeutige Verstöße gegen den im Gesellschaftsvertrag/in der Satzung geregelten Unternehmensgegenstand oder gegen die Geschäftsordnung oder gegen im Gesellschaftsvertrag/in der Satzung festgelegte Zustimmungspflichten zur Durchführung von Geschäften (zB der Erwerb von Grundstücken oder Beteiligungen oder Kreditaufnahmen ohne Genehmigung) sein.

(15) Für das Vorliegen eines die Redepflicht auslösenden Tatbestands ist allein auf den schwerwiegenden Verstoß, nicht auf dessen Folgen, die uU auch vorteilhaft sein können, abzustellen. (*Beispiel:* Das ohne Zustimmung des Aufsichtsrats durchgeführte Geschäft führt zu einem finanziellen Vorteil für das Unternehmen.)

(16) Verstöße der gesetzlichen Vertreter und von Arbeitnehmern in deren Privatsphäre, die nicht geeignet sind, Bedenken an der Eignung der Betroffenen hervorzurufen, ihre Funktion im Unternehmen zu erfüllen, werden von der Redepflicht nicht erfasst.

2.2. Vermutung eines Reorganisationsbedarfs

(17) Nach § 273 Abs 3 UGB hat der Abschlussprüfer auch unverzüglich zu berichten, wenn bei der Prüfung des Jahresabschlusses das Vorliegen der Voraussetzungen für die Vermutung eines Reorganisationsbedarfs (§ 22 Abs 1 Z 1 URG) festgestellt wird; im Bericht sind in diesem Fall die Eigenmittelquote (§ 23 URG) und die fiktive Schuldentilgungsdauer (§ 24 URG) anzugeben.

(18) Die Vermutung eines Reorganisationsbedarfs iSd § 22 Abs 1 Z 1 URG liegt immer dann vor, wenn die gemäß § 23 URG ermittelte Eigenmittelquote weniger als 8 % **und** die gemäß § 24 URG ermittelte fiktive Schuldentilgungsdauer mehr als 15 Jahre betragen.[2]

[2] Unter Verwendung dieser URG-Kennzahlen wird in § 2 Abs 1 Z 3 EKEG (Eigenkapitalersatzgesetz) eine Variante des Krisenbegriffs definiert.

(19) Der Abschlussprüfer hat zum frühestmöglichen Zeitpunkt – das ist in der Regel der Zeitpunkt, in dem ein Entwurf des Jahresabschlusses vorliegt, aus dem die Kennzahlen gemäß §§ 23 und 24 URG berechnet werden können – nach Überprüfung der für die Berechnung benötigten Zahlen die beiden Kennzahlen zu berechnen, um festzustellen, ob die Vermutung eines Reorganisationsbedarfs gegeben ist.

(20) Diese Redepflicht kann auch vor dem Zeitpunkt, zu dem der Entwurf des Jahresabschlusses vorliegt, bestehen, wenn im Rahmen der Jahresabschlussprüfung aus Zahlenwerken des Unternehmens zu erkennen ist, dass die Nichterfüllung der Kennzahlen zum Abschlussstichtag zu erwarten ist.

(21) Die Redepflicht des Abschlussprüfers tritt dann ein, wenn beide Kennzahlen nicht im Rahmen der vom URG gesetzten Grenzen liegen. Die Beurteilung, ob beispielsweise aufgrund bestehender Sicherheiten oder des Vorhandenseins stiller Reserven oder aufgrund sonstiger Umstände tatsächlich kein Reorganisationsbedarf besteht, ist Gegenstand eines gesonderten Gutachtens eines Wirtschaftstreuhänders gemäß § 26 Abs 1 und 2 URG.

2.3. Zeitpunkt der Ausübung der Redepflicht

(22) Der Zeitpunkt der Ausübung der Redepflicht wird in § 273 Abs 2 und 3 UGB mit „unverzüglich“ beschrieben. Demgemäß ist die Redepflicht unabhängig vom Fortschritt der Prüfungshandlungen und von der Ausfertigung des Prüfungsberichts auszuüben. Ein Verschieben der Ausübung der Redepflicht bis zur Ausfertigung des Prüfungsberichts oder der geplanten Berichterstattung über die Prüfung des Abschlusses in der Aufsichtsratssitzung oder Gesellschafterversammlung ist nicht zulässig.

(23) Der Abschlussprüfer hat bei Verdacht auf eine berichtspflichtige Tatsache zuerst sorgfältig, aber unverzüglich alle Informationen zu prüfen, ob sich der Verdacht bestätigt. In dieser Phase müssen vom Abschlussprüfer weitere Prüfungshandlungen vorgenommen werden, um den Verdacht mit ausreichenden Nachweisen zu unterlegen. Dies kann – je nach Größe des Unternehmens und Ablauf der Prüfung – auch einen längeren Zeitraum in Anspruch nehmen. Die Berichterstattung ist dann vorzunehmen, wenn der Abschlussprüfer weitgehende Gewissheit vom Vorliegen der berichtspflichtigen Tatsache hat.

(24) Der Bericht kann zunächst mündlich erfolgen, muss in weiterer Folge aber ehestmöglich schriftlich (vgl § 273 Abs 4 UGB) den Adressaten vorgelegt werden.

(25) Bei Bestehen einer berichtspflichtigen Tatsache während mehrerer Geschäftsjahre (zB Redepflicht gemäß § 273 Abs 3 UGB betreffend URG-Kennzahlen) ist die Berichterstattung bei jeder Abschlussprüfung zu wiederholen. Der Abschlussprüfer kann sich nicht auf die Ausübung der Redepflicht im vorangegangenen Geschäftsjahr berufen.

(26) Die Redepflicht beginnt frühestens mit Abschluss des Prüfungsvertrags und endet regelmäßig mit der Erteilung des Bestätigungsvermerks. Nach Erteilung des Bestätigungsvermerks besteht grundsätzlich keine Verpflichtung, weitere Prüfungshandlungen zu setzen. Erhält der Abschlussprüfer allerdings nach Erteilung des Bestätigungsvermerks und vor der Teilnahme an der Sitzung mit der Prüfung bzw Feststellung des Abschlusses durch den Aufsichtsrat Unterlagen und Informationen, die möglicherweise geeignet sind, die Redepflicht auszulösen, so hat er diesen nachzugehen und gegebenenfalls gegenüber den Adressaten (vgl Abschnitt 2.5.) die Redepflicht auszuüben.

2.4. Berichterstattung über die Ausübung der Redepflicht im Prüfungsbericht

(27) Betreffend die Berichterstattung über die Ausübung der Redepflicht im Prüfungsbericht wird auf Abschnitt 4.3.4. des Fachgutachtens KFS/PG 2 verwiesen.

2.5. Adressaten der Redepflicht

(28) Die Redepflicht besteht gegenüber den gesetzlichen Vertretern und sämtlichen Mitgliedern des Aufsichtsrats der geprüften Gesellschaft. Auch bei einer allfälligen Befassung eines Prüfungsausschusses ist der diesbezügliche Bericht stets allen Mitgliedern des Aufsichtsrats und dem Vorstand bzw der Geschäftsführung zuzustellen.

(29) Besteht kein Aufsichtsrat, so hat der Abschlussprüfer die Redepflicht gegenüber der Geschäftsführung auszuüben und sämtliche Gesellschafter davon zu unterrichten, dass er seiner Redepflicht nachgekommen ist und der Geschäftsführung einen Bericht erstattet hat; gemäß § 273 Abs 4 Satz 2 UGB ist beim unbeschränkt haftenden Gesellschafter einer Personengesellschaft iSv § 221 Abs 5 UGB ebenso vorzugehen.

2.6. Redepflicht in besonderen Fällen

2.6.1. Prüfung von Konzernabschlüssen

(30) Die Redepflicht gemäß § 273 Abs 2 UGB besteht auch bei der Prüfung von Konzernabschlüssen, nicht aber jene gemäß § 273 Abs 3 UGB.

(31) Der Konzernabschlussprüfer hat sich zu vergewissern, ob die Prüfer der in den Konzernabschluss einbezogenen Unternehmen ihre Redepflicht oder eine vergleichbare Berichtspflicht ausgeübt haben, und deren Auswirkung auf die eigene Redepflicht zu würdigen.

2.6.2. Prüfung von Vereinen und Privatstiftungen

(32) Gemäß § 22 Abs 2 VerG (Vereinsgesetz) und § 21 Abs 3 PSG (Privatstiftungsgesetz) ist § 273 UGB von Vereinen, die einen erweiterten Jahresabschluss (Bilanz, Gewinn- und Verlustrechnung und Anhang) aufzustellen haben (große Vereine), und von Privatstiftungen sinngemäß anzuwenden.

(33) Bezüglich der Redepflicht gemäß § 273 Abs 3 UGB (Vorliegen der Vermutung eines Reorganisationsbedarfs) bedeutet die sinngemäße Anwendung, dass sich die diesbezügliche Verpflichtung auf große Vereine und Privatstiftungen beschränkt, denen Unternehmereigenschaft iSd UGB zukommt, weil der Weg zu einem Reorganisationsverfahren iSd URG nur Unternehmen offensteht.

(34) Besteht bei großen Vereinen oder Privatstiftungen, denen Unternehmereigenschaft iSd UGB nicht zukommt („Nichtunternehmen"), ein Insolvenzrisiko, ist dieses aufgrund der Redepflicht gemäß § 273 Abs 2 UGB aufzuzeigen. Wenn der Abschlussprüfer die Kennzahlen gemäß §§ 23 und 24 URG auch bei einem „Nichtunternehmen" ermittelt und feststellt, dass aufgrund der Kennzahlen die Vermutung eines Reorganisationsbedarfs besteht, bleiben die daraus resultierenden Konsequenzen dem pflichtgemäßen Ermessen des Abschlussprüfers überlassen.

(35) Bei Vereinen besteht die Redepflicht gegenüber dem Leitungsorgan (§ 5 Abs 3 VerG) und den Mitgliedern eines in den Statuten vorgesehenen Aufsichtsorgans (§ 5 Abs 4 VerG). Von der Redepflicht gegenüber dem Leitungsorgan und einem allenfalls bestehenden Aufsichtsorgan eines großen Vereins ist die Warnpflicht an die Vereinsbehörde gemäß § 22 Abs 5 VerG, die für große Vereine gilt, zu unterscheiden. Stellt der Abschlussprüfer bei seiner Prüfung Tatsachen fest, die erkennen lassen, dass der Verein seine bestehenden Verpflichtungen nicht erfüllen kann, oder die erwarten lassen, dass der Verein in Zukunft zur Erfüllung seiner Verpflichtungen nicht in der Lage sein wird, hat er dies der Vereinsbehörde mitzuteilen. Eine Mitteilung hat auch zu erfolgen, wenn diese Tatsachen nicht mehr bestehen. Auf Abschnitt 6.2. des Fachgutachtens KFS/PE 22 wird verwiesen.

(36) Bei Privatstiftungen besteht die Redepflicht gegenüber dem Stiftungsvorstand (§ 15 PSG) und den Mitgliedern des Aufsichtsrats (§ 22 PSG) oder eines allfälligen Beirats, dem die Kompetenzen der Prüfung und Feststellung des Abschlusses zugeordnet sind. Zur Redepflicht bei Privatstiftungen sowie zu weiteren Verpflichtungen im Zusammenhang mit Verstößen wird auf die Abschnitte 4.2. und 5. des Fachgutachtens KFS/PE 21 verwiesen.

2.6.3. Prüfung von juristischen Personen des öffentlichen Rechts

(37) Juristische Personen des öffentlichen Rechts sind im UGB nicht ausdrücklich geregelt. Das Vorliegen der Unternehmereigenschaft ist aufgrund der tatsächlichen Tätigkeiten und der sonstigen Umstände zu beurteilen.

(38) Von einem Abschlussprüfer, der mit der Prüfung des Abschlusses einer juristischen Person des öffentlichen Rechts beauftragt ist, ist in gleicher Weise wie vom Abschlussprüfer einer Kapitalgesellschaft festzustellen, ob Redepflicht besteht; ist dies der Fall, hat der Abschlussprüfer die Redepflicht in gleicher Weise wie der Abschlussprüfer einer Kapitalgesellschaft auszuüben.

(39) Wenn der Abschlussprüfer die Kennzahlen gemäß §§ 23 und 24 URG auch bei einem

„Nichtunternehmen" ermittelt und feststellt, dass aufgrund der Kennzahlen die Vermutung eines Reorganisationsbedarfs besteht, bleiben die daraus resultierenden Konsequenzen dem pflichtgemäßen Ermessen des Abschlussprüfers überlassen.

(40) Dies gilt sowohl für gesetzlich vorgeschriebene als auch für statutarisch gebotene und freiwillige Abschlussprüfungen.

2.6.4. Freiwillige Abschlussprüfungen

(41) Die Redepflicht des Abschlussprüfers besteht unabhängig davon, ob es sich um eine gesetzlich vorgeschriebene, eine statutarisch gebotene oder eine freiwillige Abschlussprüfung handelt.

(42) Die Redepflicht bei Vorliegen der Voraussetzungen für die Vermutung eines Reorganisationsbedarfs ist auch bei freiwilligen Abschlussprüfungen auszuüben, obwohl für die Organe die Haftungsfolgen gemäß § 22 URG nicht gelten.

3. Anlassbezogene Berichtspflichten nach internationalen Prüfungsgrundsätzen

(43) Ergänzend zu den Regelungen zur Redepflicht gemäß § 273 Abs 2 und 3 UGB bestehen nach den ISA mehrere Regelungen zu anlassbezogenen Berichtspflichten des Abschlussprüfers gegenüber dem Management und den für die Überwachung Verantwortlichen, die zusätzlich zu beachten sind.

(44) Der ISA 260 stellt ein übergreifendes Regelwerk für die Kommunikation des Abschlussprüfers mit den für die Überwachung Verantwortlichen dar und nennt einige spezifische Sachverhalte, über die mit diesen zu kommunizieren ist. Zu kommunizierende Sachverhalte sind im ISA 260 sowie in anderen ISA dargestellt (vgl dazu die Übersicht in Anlage 1 zum ISA 260). Insbesondere überschneiden sich folgende Berichtspflichten mit der Redepflicht gemäß § 273 Abs 2 UGB:

a) zu dolosen Handlungen gemäß ISA 240.40 ff;
b) zu Verstößen gegen Rechtsvorschriften gemäß ISA 250.22 ff;
c) zu Mängeln im internen Kontrollsystem gemäß ISA 265.9 ff;
d) zu erheblichen Zweifeln an der Fähigkeit zur Unternehmensfortführung gemäß ISA 570.25.

4. Anlassbezogene Berichtspflichten für Unternehmen von öffentlichem Interesse nach der Verordnung (EU) Nr 537/2014

(45) Art 7 und Art 12 der Verordnung (EU) Nr 537/2014 (im Folgenden kurz „EU-VO") sehen zusätzliche Regelungen für die Abschlussprüfer von Unternehmen von öffentlichem Interesse (PIE – Public Interest Entities) vor, die die bestehenden Redepflichten gemäß § 273 Abs 2 und 3 UGB und die anlassbezogenen Berichtspflichten nach den ISA ergänzen. Diese Berichtspflichten gelten nur bei gesetzlich vorgeschriebenen Abschlussprüfungen für Unternehmen von öffentlichem Interesse.

4.1. Berichtspflicht gemäß Art 7 der EU-VO

(46) Hat ein Abschlussprüfer, der bei einem PIE die Abschlussprüfung durchführt, die Vermutung oder einen berechtigten Grund zu der Vermutung, dass Unregelmäßigkeiten, wie dolose Handlungen („fraud" iSv ISA 240.11 (a)) im Zusammenhang mit dem Abschluss des geprüften Unternehmens, möglicherweise eintreten oder eingetreten sind, ist der Abschlussprüfer gemäß Art 7 der EU-VO verpflichtet, dies (unbeschadet des Art 12 der EU-VO) dem geprüften Unternehmen mitzuteilen und dieses aufzufordern, die Angelegenheit zu untersuchen sowie angemessene Maßnahmen zu treffen, um derartige Unregelmäßigkeiten aufzugreifen und einer Wiederholung dieser Unregelmäßigkeiten in der Zukunft vorzubeugen.

(47) Der Begriff der Unregelmäßigkeiten („irregularities") ist analog zum Begriff des Verstoßes gemäß ISA 250.11 („non-compliance") auszulegen und umfasst Unregelmäßigkeiten bei der Rechnungslegung, der Aufstellung von Abschlüssen und der Unternehmensberichterstattung sowie Verstöße gegen nicht unmittelbar rechnungslegungsbezogene Rechtsvorschriften.

(48) Die Mitteilung an das Unternehmen mit der Aufforderung, die Angelegenheit zu untersuchen und geeignete Maßnahmen zu treffen, hat der Abschlussprüfer in schriftlicher Form an die gesetzlichen Vertreter zu richten. Sie ist zudem in schriftlicher Form an den Aufsichtsrat zu richten, wenn die Unregelmäßigkeiten auch für die Wahrnehmung von dessen Aufsichtsfunktion relevant sind oder die gesetzlichen Vertreter die Angelegenheit nicht untersuchen und diese Sachverhalte nicht offensichtlich unbeachtlich iSv ISA 250.22 sind. Die Mitteilung ist jeweils an alle Mitglieder des Aufsichtsrats bzw der gesetzlichen Vertretung zu richten.

(49) Die geforderte Untersuchung des Sachverhalts durch das geprüfte Unternehmen (die gesetzlichen Vertreter oder den Aufsichtsrat) sollte folgende Teilschritte beinhalten:

a) eine Untersuchung, ob fundierte Anhaltspunkte für das Vorliegen von Unregelmäßigkeiten bestehen;
b) bei fundierten Anhaltspunkten die Durchführung einer internen Investigation, ggf mit Unterstützung externer Spezialisten;
c) eine umfassende Information des Prüfungsausschusses über die festgestellten Sachverhalte und die eingeleiteten Untersuchungsmaßnahmen;
d) eine Auswertung der Untersuchungsergebnisse; bei Verstößen eine angemessene Ursachenanalyse.

(50) Der Abschlussprüfer hat geeignete Nachweise über die eingeleiteten Untersuchungsmaßnahmen und das Ergebnis der Untersuchung einzuholen, um zu beurteilen, ob eine Anzeige (Rz (51)) zu erstatten ist und welche Auswirkungen auf den Abschluss oder auf seinen Bestätigungsvermerk sich aus dem Untersuchungsergebnis ergeben.

(51) Untersuchen die gesetzlichen Vertreter bzw der Aufsichtsrat die Angelegenheit nicht, hat der Abschlussprüfer diesen Umstand bei den von den Mitgliedstaaten benannten, für die Untersuchung dieser Unregelmäßigkeiten zuständigen Behörden anzuzeigen. Hinsichtlich der Zuständigkeit von Behörden für diese Anzeigepflicht gilt in Österreich Folgendes:

a) Für Kreditinstitute und Versicherungsunternehmen ist ausdrücklich gemäß § 63 Abs 8 BWG bzw § 265 Abs 5 VAG 2016 ohne inhaltliche Einschränkungen die Finanzmarktaufsichtsbehörde (FMA) die für diese Anzeigen zuständige Behörde.
b) Für ein PIE, das kein Kreditinstitut oder Versicherungsunternehmen ist, ist gemäß § 1 Abs 4 Abschlussprüfer-Aufsichtsgesetz (APAG) die Abschlussprüferaufsichtsbehörde (APAB) die zuständige Behörde, soweit die Unregelmäßigkeiten die Einhaltung abschlussprüfungsrelevanter Verpflichtungen betreffen.

(52) Die Berichtspflicht gemäß Art 7 der EU-VO unterscheidet sich von jener gemäß § 273 Abs 2 UGB darin, dass

a) ein Verstoß iSv Art 7 der EU-VO nicht schwerwiegend sein muss,
b) dabei der Kreis der Personen, die einen Verstoß begehen, nicht auf die gesetzlichen Vertreter und die Arbeitnehmer des geprüften Unternehmens beschränkt ist und
c) die Verpflichtungen zur Nachverfolgung festgelegter Maßnahmen und ggf zur Anzeige an die zuständigen Behörden bei einer Redepflicht gemäß § 273 UGB nicht bestehen.

4.2. Berichtspflicht gemäß Art 12 der EU-VO

(53) Gemäß Art 12 Abs 1 der EU-VO ist der Abschlussprüfer eines PIE verpflichtet, die für die Beaufsichtigung des PIE zuständigen Behörden über jede Information zu unterrichten, von der er bei Durchführung der Abschlussprüfung Kenntnis erhält und die eine der folgenden Konsequenzen haben kann:

a) einen wesentlichen Verstoß gegen die Rechts- oder Verwaltungsvorschriften, die die Zulassungsvoraussetzungen enthalten oder speziell die Tätigkeiten des PIE regeln;
b) eine wesentliche Gefährdung oder wesentliche Bedenken hinsichtlich der Fortführung der Tätigkeit des PIE;
c) eine Verweigerung der Abgabe eines Prüfungsurteils über die Abschlüsse oder die Abgabe eines versagenden oder eingeschränkten Prüfungsurteils.

(54) Die Berichterstattung an die zuständige Behörde hat in schriftlicher Form zu erfolgen.

(55) Hinsichtlich der Zuständigkeit von Behörden für diese Berichtspflicht gilt in Österreich Folgendes:

a) Für Kreditinstitute und Versicherungsunternehmen ist die FMA die zuständige Behörde (vgl für Kreditinstitute § 61 Abs 3 BWG sowie für Versicherungsunternehmen sinngemäß § 265 Abs 1 VAG 2016).[3]

[3] Der Bankprüfer bzw der Abschlussprüfer eines Versicherungsunternehmens erfüllt seine Berichtspflicht gemäß Art 12 EU-VO im Wege der schriftlichen Berichterstattung gemäß § 63 Abs 3 BWG bzw Anzeige gemäß § 265 Abs 1 VAG 2016.

b) Für ein PIE, das kein Kreditinstitut oder Versicherungsunternehmen ist, ist gemäß § 1 Abs 4 APAG die APAB die für die Einhaltung abschlussprüfungsrelevanter Verpflichtungen zuständige Behörde.

(56) Über den Umstand und den Inhalt der Berichterstattung des Abschlussprüfers an die zuständige Behörde sind auch die Organe des geprüften Unternehmens zu informieren. Hinsichtlich des Adressatenkreises ist Rz (48) sinngemäß anzuwenden.

(56a) Sind die Verstöße gegen Rechts- oder Verwaltungsvorschriften Gegenstand von behördlichen Untersuchungen, über deren Fortgang und Ergebnis die Organe des Unternehmens (Rz (56)) und die für die Berichterstattungspflicht zuständigen Behörden (iSv Rz (55)) nachweislich unterrichtet sind, kann die Anzeige an die zuständige Behörde unterbleiben.

(57) Vergleicht man diese Berichtspflicht mit jener gemäß § 273 Abs 2 UGB, sind die ersten beiden Tatbestände mit jenen gemäß § 273 Abs 2 UGB eng verwandt, Unterschiede bestehen jedoch in den folgenden Punkten:

a) Gemäß Art 12 Abs 1 der EU-VO besteht eine Verpflichtung, die zuständigen Behörden zu unterrichten; gemäß § 273 UGB bestehen die Berichtspflichten nur gegenüber den gesetzlichen Vertretern und den Mitgliedern des Aufsichtsorgans.
b) Gemäß Art 12 Abs 1 der EU-VO muss ein Verstoß „wesentlich“, gemäß § 273 Abs 2 UGB „schwerwiegend“ sein, um die Redepflicht auszulösen.
c) Gemäß § 273 Abs 2 UGB sind nur Verstöße von gesetzlichen Vertretern oder Arbeitnehmern berichtspflichtig, gemäß Art 12 Abs 1 der EU-VO besteht diese Einschränkung nicht.

(58) Die Berichtspflicht gemäß Art 12 Abs 1 der EU-VO betrifft nicht nur berichtspflichtige Sachverhalte beim PIE selbst, sondern auch solche bei vom selben Abschlussprüfer geprüften Unternehmen, die eine „enge Verbindung“ iSv Art 4 Abs 1 Nr 38 der Verordnung (EU) Nr 575/2013 (Capital Requirements Regulation – CRR) zu dem geprüften PIE haben. Beispielsweise gilt dies für Fälle, in denen eine Kapitalbeteiligung von 20 Prozent oder mehr des PIE an einem Unternehmen besteht, oder wenn ein Unternehmen eine solche Beteiligung am PIE hält.

5. Art der Übermittlung

(59) Soweit nicht behördlich anders vorgegeben, kann die schriftliche Berichterstattung postalisch,

per Boten oder nach Vereinbarung auch elektronisch übermittelt werden.

6. Anwendungszeitpunkt

(60) Die vorliegende Fassung der Stellungnahme ersetzt jene vom Juni 2015. Sie ist auf die Prüfung von Abschlüssen für Geschäftsjahre anzuwenden, die am oder nach dem 17. Juni 2016 beginnen, wenn die Prüfung nach Veröffentlichung dieses Fachgutachtens abgeschlossen wird.

2/3/19. KFS/PE 19

Fachgutachten
des Fachsenats für Unternehmensrecht und Revision
über Grundsätze und Einzelfragen im Zusammenhang mit den für Abschlussprüfungen geltenden Unabhängigkeitsvorschriften

(beschlossen in der Sitzung des Fachsenats für Unternehmensrecht und Revision am 22. März 2017 als Fachgutachten KFS/PE 19, zuletzt überarbeitet im Oktober 2021; von der Abschlussprüferaufsichtsbehörde (APAB) genehmigt)

1. Vorbemerkungen

(1) Mit diesem Fachgutachten wird die Berufsauffassung dargelegt, nach der Abschlussprüfer unbeschadet ihrer Eigenverantwortung bei der Beurteilung ihrer Unabhängigkeit im Rahmen der Prüfung von Jahres- oder Konzernabschlüssen („Abschlüssen") vorzugehen haben.

(2) Für Abschlussprüfungen von Unternehmen von öffentlichem Interesse („Public Interest Entities" – PIE) sind die in der EU-Verordnung Nr. 537/2014 (im Folgenden kurz „EU-VO" genannt) festgelegten Regelungen zur Unabhängigkeit und ergänzend die Bestimmungen des UGB maßgeblich. (Vgl Erläuterungen und Anwendungshinweise zu Rz (2) in Abschnitt 9.)

(3) Nach den Vorschriften des § 270 Abs 1a UGB sind vor Erstattung des Wahlvorschlags durch den Aufsichtsrat beziehungsweise vor der Wahl durch die Gesellschafter alle Umstände, die eine Befangenheit oder Ausgeschlossenheit des Abschlussprüfers begründen könnten, sowie gegebenenfalls getroffene Schutzmaßnahmen gegenüber dem Aufsichtsrat (oder gegebenenfalls dem gemäß § 92 Abs 4a AktG, § 30g Abs 4a GmbHG bzw § 51 Abs 3a SEG eingerichteten Prüfungsausschuss) darzulegen und zu dokumentieren.

(4) Bei PIE erklärt der Abschlussprüfer gemäß Art 6 Abs 2 lit a der EU-VO einmal jährlich, dass er, die Prüfungspartner und Mitglieder der höheren Führungsebene und das Leitungspersonal, die die Abschlussprüfung durchführen, unabhängig vom geprüften Unternehmen sind. Diese Erklärung ist gemäß Art 11 Abs 2 lit a der EU-VO Bestandteil des zusätzlichen Berichts an den Prüfungsausschuss. Dabei erörtert der Abschlussprüfer gemäß Art 6 Abs 2 lit b der EU-VO mit dem Prüfungsausschuss die Gefahren für seine Unabhängigkeit sowie die von ihm dokumentierten zur Verminderung dieser Gefahren angewendeten Schutzmaßnahmen. Für kapitalmarktnotierte Einheiten besteht gemäß ISA 260.17 eine analoge Verpflichtung. (Vgl Erläuterungen und Anwendungshinweise zu Rz (4) in Abschnitt 9.)

(5) Die Bestimmungen zur Unabhängigkeit des Abschlussprüfers sind vom Beginn des zu prüfenden Geschäftsjahres bis zur Abgabe des Bestätigungsvermerks einzuhalten. Bei Prüfungen von PIE gilt gemäß Art 5 Abs 1 Unterabsatz 1 lit b der EU-VO das Verbot für Leistungen hinsichtlich Gestaltung und Umsetzung von internen Kontroll- oder Risikomanagementverfahren für Finanzinformationssysteme auch für das Geschäftsjahr, welches dem geprüften Geschäftsjahr unmittelbar vorangeht. (Vgl Erläuterungen und Anwendungshinweise zu Rz (5) in Abschnitt 9.)

(6) Die Beurteilung der Befangenheit oder Ausgeschlossenheit liegt in der Verantwortung des Abschlussprüfers und hat unter Berücksichtigung aller Umstände des Einzelfalles entsprechend seinem pflichtgemäßen Ermessen zu erfolgen. Auf Seiten des Unternehmens obliegt dem Aufsichtsrat (oder gegebenenfalls dem Prüfungsausschuss) die Prüfung und Überwachung der Unabhängigkeit des Abschlussprüfers.

(7) Das Fachgutachten stellt zunächst die Systematik der Unabhängigkeitsvorschriften auf Basis der anzuwendenden Rechtsquellen dar und legt berufliche Standards für den Umgang mit Einzelfragen zur Besorgnis der Befangenheit, zum Netzwerktatbestand und zu möglichen Schutzmaßnahmen sowie Einzelfragen zur Vereinbarkeit bestimmter Nichtprüfungsleistungen fest. Allgemeine berufsrechtliche Pflichten, die sich aus dem Wirtschaftstreuhandberufsgesetz 2017 (WTBG 2017), der Allgemeinen Richtlinie über die Ausübung der Wirtschaftstreuhandberufe 2017 (WT-AARL 2017-KSW) sowie der Verordnung zur Durchführung prüfender Tätigkeiten 2017 (KSW-PRL 2017) ergeben, und Spezialvorschriften in anderen Gesetzen (Bankwesengesetz, Versicherungsaufsichtsgesetz, Privatstiftungsgesetz etc) werden in diesem Fachgutachten nicht behandelt.

2. Systematik der Unabhängigkeitsbestimmungen

(8) Die Regelungen zur Unabhängigkeit von Abschlussprüfern unterscheiden sich je nach den zu prüfenden Unternehmen. Demnach wird zwischen drei verschiedenen Kategorien differenziert, nämlich Vorschriften für Unternehmen von öffentlichem Interesse, für fünffachgroße Gesellschaften, das sind gemäß § 271a Abs 1 UGB große Gesellschaften, bei denen das Fünffache eines der in Euro ausgedrückten Größenmerkmale einer großen Gesellschaft überschritten wird, sowie für alle anderen Gesellschaften (bzw jeweils diesen Vorschriften unterliegende Konzerne):

Unternehmen von öffentlichem Interesse iSd § 189a Z 1 lit a und d UGB*	Fünffach große Gesellschaften	Gesellschaften, die weder PIE noch fünffach groß sind
Primär: o EU-VO (insbesondere Art 4, 5 und 17) o § 271a Abs 6 und 7 UGB In Ergänzung (sofern sich aus der EU-VO nichts anderes ergibt): o § 271a Abs 5 iVm § 271 Abs 2 UGB o § 269 Abs 1a iVm § 271 Abs 1 und 3 bis 6 UGB o § 271b UGB	o § 271 Abs 1 bis 6 UGB o § 271a Abs 1 bis 4 UGB o § 271b UGB	o § 271 Abs 1 bis 6 UGB o § 271b UGB

* gilt durch entsprechende Verweise in BWG und VAG auch für Unternehmen von öffentlichem Interesse im Sinne des § 189a Z 1 lit b und c UGB

(Vgl Erläuterungen und Anwendungshinweise zu Rz (8) in Abschnitt 9.)

(9) Gemäß § 271a Abs 5 UGB sind bei Abschlussprüfungen von PIE die Vorschriften der EU-VO für verbotene Nichtprüfungsleistungen unabhängig von allenfalls gleichartigen Regelungen im UGB unmittelbar anzuwenden. (Vgl Erläuterungen und Anwendungshinweise zu Rz (9) in Abschnitt 9.)

(10) Demnach dürfen der Abschlussprüfer eines PIE und jedes Mitglied seines Netzwerkes weder direkt noch indirekt für das geprüfte Unternehmen, dessen Mutterunternehmen oder die von ihm beherrschten Unternehmen mit Sitz in der EU die in Art 5 Abs 1 der EU-VO angeführten verbotenen Nichtprüfungsleistungen erbringen.

(11) Ob der Abschlussprüfer oder ein Mitglied seines Netzwerkes eine bestimmte Nichtprüfungsleistung an das geprüfte PIE, an dessen Mutterunternehmen oder an die vom geprüften Unternehmen beherrschten Unternehmen mit Sitz in einem Mitgliedstaat der EU erbringen darf, ist nach den jeweils anzuwendenden Rechtsvorschriften für PIE im Sitzstaat des Unternehmens zu beurteilen, für das die Nichtprüfungsleistung erbracht werden soll (sogenanntes „*principle of local law*"). Dies gilt auch dann, wenn dieses Unternehmen selbst kein PIE ist.

(Vgl Erläuterungen und Anwendungshinweise zu Rz (10) und (11) in Abschnitt 9.)

(12) Gehört der Abschlussprüfer von Unternehmen mit Sitz in der EU, die nicht von öffentlichem Interesse sind („Non-Public Interest Entities" – Non-PIE), einem Netzwerk an, in dem ein anderes Mitglied des Netzwerkes ein PIE mit Sitz in der EU prüft, das Mutterunternehmen oder beherrschtes Unternehmen der geprüften Gesellschaft ist, sind somit die Vorschriften für PIE gemäß Art 5 der EU-VO ebenfalls zu beachten, auch wenn das geprüfte Unternehmen selbst kein PIE ist.

(13) Für Nichtprüfungsleistungen an ein Mutterunternehmen eines PIE außerhalb der EU (in Drittstaaten ansässiges Mutterunternehmen) sieht die EU-VO keine Restriktionen vor. Nichtprüfungsleistungen an von einem PIE beherrschte Unternehmen in einem Drittstaat sind von der EU-Verbotsliste gemäß Art 5 Abs 5 der EU-VO insofern abgestuft betroffen, als nur bei der Teilnahme an den Entscheidungsprozessen des beherrschten Unternehmens und der Erbringung der in Art 5 Abs 1 Unterabs 2 lit b (Unternehmensführung), c (Buchhaltung) und e (Gestaltung des IKS) EU-VO genannten Leistungen eine Gefährdung der Unabhängigkeit begründet wird, die nicht durch Schutzmaßnahmen vermindert werden kann. Bei den übrigen in der Verbotsliste angeführten Leistungen liegt es im Verantwortungsbereich des Abschlussprüfers, zu beurteilen, ob seine Unabhängigkeit gefährdet ist und ob gegebenenfalls Schutzmaßnahmen zur Verminderung der Gefährdung der Unabhängigkeit zu ergreifen sind. (Vgl Erläuterungen und Anwendungshinweise zu Rz (13) in Abschnitt 9.)

(14) Bei der Konzernabschlussprüfung von fünffach großen und allen anderen Gesellschaften ist demgegenüber zu beachten, dass gemäß §§ 271 Abs 5 und 271a Abs 4 UGB iVm § 271b UGB auch bei beherrschten Unternehmen in Drittstaaten die Erbringung von Nichtprüfungsleistungen durch den Abschlussprüfer oder durch ein Mitglied seines Netzwerkes verboten sein kann.

3. Zur Besorgnis der Befangenheit gemäß § 271 Abs 1 UGB

3.1. Allgemeines

(15) Gemäß § 271 Abs 1 UGB darf ein Wirtschaftsprüfer eine Abschlussprüfung nicht durchführen, wenn Gründe, insbesondere Beziehungen geschäftlicher, finanzieller oder persönlicher Art, vorliegen, nach denen die Besorgnis der Befangenheit besteht.

(16) § 271 Abs 1 UGB gilt nur für den Abschlussprüfer als natürliche Person (Wirtschaftsprüfer). Gemäß § 271 Abs 4 UGB gilt aber auch eine Wirtschaftsprüfungsgesellschaft als befangen, wenn der den Bestätigungsvermerk unterzeichnende Wirtschaftsprüfer oder eine für ihn tätige Person,

die eine maßgeblich leitende Funktion bei der Prüfung ausübt, nach § 271 Abs 1 UGB befangen ist.

(17) Sollten sich Gründe für eine Besorgnis der Befangenheit auf Ebene einer Wirtschaftsprüfungsgesellschaft ergeben, zB aufgrund geschäftlicher oder finanzieller Beziehungen, werden deren Geschäftsführer und Personen in maßgeblich leitender Funktion sowie Personen, die den Bestätigungsvermerk unterzeichnen, durch § 271 Abs 1 UGB nicht unmittelbar erfasst, jedoch ist davon auszugehen, dass diese mittelbar – aufgrund eines Loyalitätskonfliktes zur Gesellschaft – ebenfalls als befangen anzusehen sind.

3.2. Zur Definition von Befangenheit

(18) Mit dem Begriff „Besorgnis der Befangenheit" in § 271 Abs 1 UGB soll der Anforderung einer sogenannten „Independence in appearance" Rechnung getragen werden. Dabei geht es um Situationen, in denen der Abschlussprüfer zwar möglicherweise tatsächlich unabhängig ist, jedoch der Anschein einer Befangenheit besteht. (Vgl Erläuterungen und Anwendungshinweise zu Rz (18) in Abschnitt 9.)

(19) § 271 Abs 1 UGB dient der Umsetzung der allgemeinen Grundsätze der Abschlussprüfungs-Richtlinie (2006/43/EG) idgF zur Unabhängigkeit des Abschlussprüfers. Der Abschlussprüfer oder die Prüfungsgesellschaft darf die Abschlussprüfung gemäß Art 22 Abs 1 dieser Richtlinie nicht ausführen, wenn eine Gefahr der Befangenheit aufgrund einer Beziehung finanzieller, persönlicher oder geschäftlicher Art, eines Beschäftigungsverhältnisses oder anderer Beziehungen zwischen

- dem Abschlussprüfer, der Prüfungsgesellschaft, deren Netzwerk sowie jeder natürlichen Person, die in der Lage ist, das Ergebnis der Abschlussprüfung zu beeinflussen, und
- dem geprüften Unternehmen besteht,

wodurch eine unabhängige, vernünftige und sachkundige dritte Partei unter Beachtung der angewandten Schutzmaßnahmen zu dem Schluss käme, dass die Unabhängigkeit des Abschlussprüfers oder der Prüfungsgesellschaft gefährdet ist. (Vgl Erläuterungen und Anwendungshinweise zu Rz (19) in Abschnitt 9.)

(20) Faktoren, die bei der Beurteilung der Besorgnis der Befangenheit von Bedeutung sind, sind gemäß Art 22 Abs 1 der Abschlussprüfungs-Richtlinie insbesondere:

a) Selbstprüfung,
b) Eigeninteresse des Abschlussprüfers am Ergebnis der Prüfung,
c) Interessenvertretung,
d) Vertrautheit sowie
e) Einschüchterung.

3.3. Unterschiede und Zusammenhänge zwischen Befangenheits- und Ausschlussgründen

(21) Das Gesetz unterscheidet zwischen dem Tatbestand der „Besorgnis der Befangenheit" (§ 271 Abs 1 UGB) und taxativ normierten Tatbeständen der „Ausgeschlossenheit" (§§ 271 Abs 2 bis 4 und 271a UGB, „Ausschlussgründe"). Liegen Gründe für eine Besorgnis der Befangenheit vor, besteht die Möglichkeit, durch das Ergreifen von Schutzmaßnahmen die Besorgnis zu beseitigen. Im Fall des Vorliegens von Ausschlussgründen ist dies nicht möglich. (Vgl zu Schutzmaßnahmen im Detail Abschnitt 5.)

(22) Da mit den Ausschlussgründen bestimmte Tatbestände vom Gesetzgeber ausdrücklich geregelt wurden, kann es sich bei Sachverhalten, die eine Besorgnis der Befangenheit begründen, in der Regel nur um solche handeln, die nicht den Tatbestand eines Ausschlussgrundes darstellen. Der Anwendungsbereich des § 271 Abs 1 UGB umfasst damit insbesondere Sachverhalte, die nicht von § 271 Abs 2 und § 271a Abs 1 UGB erfasst sind.

(23) Liegen Sachverhalte vor, die zwar dem Grunde nach vom Katalog der Ausschlussgründe erfasst sind, aber wegen des Unterschreitens der festgelegten quantitativen Grenzen (zB gemäß § 271 Abs 2 Z 7 UGB) zu keiner Ausgeschlossenheit des Abschlussprüfers führen, sind sie bei der Gesamtbeurteilung, ob eine Besorgnis der Befangenheit vorliegt, zu berücksichtigen. Da der Gesetzgeber durch die Grenzziehungen solche Umstände nicht absolut ausschließen wollte, ist allein aufgrund solcher Sachverhalte aber noch nicht von einer unmittelbaren Besorgnis der Befangenheit auszugehen. Nur wenn noch weitere die Unbefangenheit gefährdende Sachverhalte („Gefährdungsmomente") hinzutreten, kann dies insgesamt zu einer Besorgnis der Befangenheit führen.

3.4. Zu einzelnen Befangenheitsgründen

(24) Als Tatbestände, die im Zusammentreffen mit weiteren die Unbefangenheit gefährdenden Tatbeständen oder unter Umständen bereits alleine durch ihr Eintreten zu einer Besorgnis der Befangenheit führen können, sind beispielsweise zu nennen:

a) Organfunktionen beim Unternehmen im Sinne von § 271 Abs 2 Z 2 UGB, die länger als 24 Monate zurückliegen
b) Organfunktionen bzw Positionen mit unmittelbarem Einfluss auf das Rechnungswesen beim Unternehmen, die ein „enges Familienmitglied" des Wirtschaftsprüfers bekleidet (hat)
c) wesentliche finanzielle Beteiligungen des Wirtschaftsprüfers an Unternehmen, an denen auch das Unternehmen beteiligt ist, ohne die Grenzen gemäß § 271 Abs 2 Z 1 UGB zu überschreiten
d) wesentliche finanzielle Beteiligungen eines engen Familienmitglieds des Wirtschaftsprüfers am Unternehmen
e) wesentliche geschäftliche Beziehungen des Wirtschaftsprüfers mit dem Unternehmen als Bezieher von Leistungen des Wirtschaftsprüfers, die die Grenzen gemäß §§ 271 Abs 2 Z 7 bzw 271a Abs 1 Z 1 UGB nicht überschreiten

f) wesentliche geschäftliche Beziehungen des Wirtschaftsprüfers mit dem Unternehmen als Bezieher von Leistungen des Unternehmens, die ein Abhängigkeitsverhältnis des Wirtschaftsprüfers begründen, zB aus
   – Lieferungen und Leistungen zu Vorzugskonditionen
   – Krediten bzw Garantien des Unternehmens (Kreditinstitut) an den Wirtschaftsprüfer
g) wesentliche unbeglichene Forderungen des Wirtschaftsprüfers gegenüber dem Unternehmen aus Vorperioden
h) Rechtsstreitigkeiten des Wirtschaftsprüfers mit dem Unternehmen
i) wesentliche geschäftliche Beziehungen eines engen Familienmitglieds des Wirtschaftsprüfers zum Unternehmen

(Vgl Erläuterungen und Anwendungshinweise zu Rz (24) in Abschnitt 9.)

(25) Der Gesetzgeber hat beim Vorliegen von Befangenheitsgründen grundsätzlich vorgesehen, dass durch das Ergreifen von entsprechenden Schutzmaßnahmen eine Besorgnis der Befangenheit beseitigt werden kann (vgl dazu Abschnitt 5.). Abgesehen vom Ergreifen von Schutzmaßnahmen kann es unter Umständen auch möglich sein, durch sogenannte „Vermeidungsmaßnahmen" den Grund für eine Besorgnis der Befangenheit (mangels Erfüllung der Tatbestandsvoraussetzungen) zu beseitigen. Sollten bei Vorliegen einer „bloßen" Befangenheit Schutzmaßnahmen aufgrund der Charakteristika des Sachverhaltes nicht möglich sein („unbeseitigbare" Befangenheit), darf ein Wirtschaftsprüfer den Auftrag nicht durchführen.

4. Zum Netzwerktatbestand gemäß § 271b Abs 1 UGB

4.1. Zur Definition von Netzwerken

(26) Nach der Definition in § 271b Abs 1 UGB, womit der Gesetzgeber jene der Abschlussprüfungs-Richtlinie umgesetzt hat, müssen für das Vorliegen eines Netzwerkes zwei Kriterien kumulativ erfüllt sein:

a) es muss eine auf Dauerhaftigkeit ausgerichtete Struktur sein, der ein Wirtschaftsprüfer oder eine Wirtschaftsprüfungsgesellschaft angehört, und
b) der Hauptzweck dieser dauerhaften Kooperation muss in der Förderung gemeinsamer wirtschaftlicher Interessen der Netzwerkangehörigen liegen.

(Vgl Erläuterungen und Anwendungshinweise zu Rz (26) in Abschnitt 9.)

(27) Wie die in Art 2 Z 7 der Abschlussprüfungs-Richtlinie angeführte Begriffsbestimmung zeigt, muss die Kooperation für die Mitglieder verbindlich sein und nicht bloß gelegentlich und nach eigenem Ermessen wahrgenommen werden und darf das Element der Gewinn- bzw Kostenteilung kein bloßer Nebeneffekt sein, sondern muss ein wesentliches Ziel darstellen. Diese wirtschaftliche Zielsetzung kann zum Ausdruck kommen durch:

a) Gewinn- oder Kostenteilung,
b) gemeinsames Eigentum,
c) gemeinsame Kontrolle (damit ist die Eigentümerstruktur gemeint),
d) gemeinsame Geschäftsführung,
e) gemeinsame Qualitätssicherungsmaßnahmen und -verfahren,
f) eine gemeinsame Geschäftsstrategie,
g) die Verwendung einer gemeinsamen Marke (Eindruck einer „one-firm") oder
h) einen wesentlichen Teil gemeinsamer fachlicher Ressourcen.

(28) Bei der Beurteilung des Vorliegens eines Netzwerkes kommt es auf eine Gesamtbetrachtung an, wobei die in der Abschlussprüfungs-Richtlinie explikativ aufgezählten Kriterien nicht gleichgewichtig nebeneinandergestellt sind. Maßgeblich ist die Beurteilung, ob durch die der Kooperation explizit oder implizit inhärenten Ziele ein Netzwerkmitglied aufgrund seiner Netzwerkzugehörigkeit als Abschlussprüfer bei seiner Beurteilung beeinflusst werden könnte, insbesondere, weil es bei der Durchführung der Prüfung und bei der Abgabe des Prüfungsurteils zu Interessenkonflikten mit den gemeinsamen Netzwerkzielen kommen könnte. (Vgl Erläuterungen und Anwendungshinweise zu Rz (28) in Abschnitt 9.)

(29) Die Verwendung einer gemeinsamen Bezeichnung im Außenverhältnis (zB in Form einer gemeinsamen Marke) verbunden mit einer dauerhaften Zusammenarbeit ist ausreichend, um unter die Definition eines Netzwerkes zu fallen. (Vgl Erläuterungen und Anwendungshinweise zu Rz (29) in Abschnitt 9.)

4.2. Zur Bedeutung einzelner Ausschlussgründe innerhalb eines Netzwerkes

(30) Ist ein Mitglied eines Netzwerkes von der Prüfung ausgeschlossen, weil bei ihm eine Registrierung nach § 52 APAG nicht vorliegt, oder deswegen ausgeschlossen, weil der Tatbestand der Honorarabhängigkeit eingreift (§ 271 Abs 2 Z 3 bzw Z 7 UGB), so hat dies auf andere Mitglieder des Netzwerkes keine Auswirkungen.

(31) Die Regelungen zur personenbezogenen Rotation gemäß § 271a Abs 1 Z 4 und Abs 3 UGB sind nach der Regelung des § 271b Abs 2 UGB für andere Mitglieder des Netzwerkes ebenfalls nicht relevant. Es wird demnach das personenbezogene Rotationsgebot auch beachtet, wenn bei Bestellung und Beauftragung einer anderen Gesellschaft, die demselben Netzwerk angehört, der Rotationsverpflichtung unterliegende Personen nicht mehr an der Prüfung mitwirken.

(32) Generell ist aber zu beachten, dass auch durch in § 271b Abs 2 UGB nicht ausdrücklich genannte Tatbestände die Unabhängigkeit gefährdet werden kann, zB wenn die Gesamteinnahmen des Netzwerkes erheblich vom Unternehmen bestimmt werden.

4.3. Zum Verhältnis der Sozietätsklausel zum Netzwerktatbestand

(33) Die Sozietätsklausel des § 271 Abs 3 sowie § 271a Abs 2 UGB (Ausübung des Berufes zusammen mit einer nach § 271 Abs 2 bzw § 271a Abs 1 Z 1 bis 3 UGB ausgeschlossenen Person) ist unmittelbar nur auf die Zusammenarbeit natürlicher Personen („Einzelwirtschaftsprüfer") anzuwenden. (Vgl Erläuterungen und Anwendungshinweise zu Rz (33) in Abschnitt 9.)

(34) Die Zusammenarbeit nach § 271 Abs 3 bzw § 271a Abs 2 UGB erfasst nach herrschender Lehre eine dauerhafte Kooperation von berufsrechtlich selbständigen Wirtschaftsprüfern mit anderen ausgeschlossenen Personen auf vertraglicher Grundlage. Weiters kann der Tatbestand durch einen gemeinsamen Auftritt nach außen (Briefkopf, Bezeichnung, Website), der den Eindruck einer Partnerschaft vermittelt, verwirklicht werden (sogenannte „Scheinsozietät"). (Vgl Erläuterungen und Anwendungshinweise zu Rz (34) in Abschnitt 9.)

(35) Fallen die Zusammenarbeit nach § 271 Abs 3 bzw § 271a Abs 2 UGB und der Netzwerktatbestand zusammen, so ergibt sich insofern ein Unterschied, als der durch die berufliche Zusammenarbeit bewirkte Ausschluss nicht durch Schutzmaßnahmen beseitigt werden kann.

5. Zu möglichen Schutzmaßnahmen

5.1. Allgemeines

(36) Unter Schutzmaßnahmen sind Maßnahmen zu verstehen, die eine bestehende Besorgnis der Befangenheit oder die Gefährdung der Unabhängigkeit des Abschlussprüfers beseitigen.

(37) Im Rahmen der Unabhängigkeitsvorschriften nach dem UGB kann bei den von § 271 Abs 1 UGB erfassten Sachverhalten das Ergreifen von Schutzmaßnahmen grundsätzlich geeignet sein, um die Besorgnis der Befangenheit zu beseitigen. In Fällen des Vorliegens von Ausschlussgründen gemäß § 271 Abs 2 und 3 UGB können Schutzmaßnahmen dagegen nicht berücksichtigt werden. Ebenso wird im Anwendungsbereich des § 271 Abs 4 UGB unwiderlegbar vermutet, dass eine Wirtschaftsprüfungsgesellschaft befangen ist, wenn ein den Bestätigungsvermerk unterzeichnender Wirtschaftsprüfer oder eine Person mit einer maßgeblich leitenden Funktion befangen ist. Diesfalls können Schutzmaßnahmen auf der Ebene der Gesellschaft ebenso nicht greifen und nur sogenannte „Vermeidungsmaßnahmen" (die den Grund für eine Besorgnis der Befangenheit vermeiden) die Ausgeschlossenheit der Wirtschaftsprüfungsgesellschaft verhindern.

(38) Ist ein Wirtschaftsprüfer oder eine Wirtschaftsprüfungsgesellschaft gemäß § 271b Abs 2 UGB befangen, weil bei einem Mitglied seines Netzwerkes die Voraussetzungen des § 271 Abs 1, Abs 2 Z 1, 2, 5 oder 6 oder des § 271a Abs 1 Z 3 UGB vorliegen, kann er bzw sie durch Schutzmaßnahmen sicherstellen, dass das Netzwerkmitglied auf das Ergebnis der Abschlussprüfung keinen Einfluss nehmen kann, und die Besorgnis der Befangenheit beseitigen. In Fällen des Vorliegens von Ausschlussgründen gemäß § 271 Abs 2 Z 4 und § 271a Abs 1 Z 2 UGB können Schutzmaßnahmen dagegen nicht berücksichtigt werden.

(39) Im Anwendungsbereich der EU-VO können Schutzmaßnahmen geboten sein

a) einerseits um im Fall der Erbringung von nicht verbotenen Nichtprüfungsleistungen für das geprüfte Unternehmen, dessen Mutterunternehmen oder beherrschte Unternehmen, sofern diese in der EU ansässig sind, durch den Abschlussprüfer oder ein Mitglied seines Netzwerkes eine Gefährdung der Unabhängigkeit abzuwenden;

b) andererseits hat der Abschlussprüfer Schutzmaßnahmen zur Verminderung der Gefährdung der Unabhängigkeit zu ergreifen, falls ein Mitglied des Netzwerkes, dem der Abschlussprüfer angehört, für ein beherrschtes Unternehmen mit Sitz in einem Drittstaat bestimmte innerhalb der EU als verboten qualifizierte Nichtprüfungsleistungen durchführt.

(Vgl Erläuterungen und Anwendungshinweise zu Rz (39) in Abschnitt 9.)

5.2. Sicherungssystem zum Erkennen von Unabhängigkeitsgefährdungen

(40) Abschlussprüfer müssen nach berufsrechtlichen Grundsätzen sicherstellen, dass Beziehungen zum Auftraggeber bzw Auftragsverhältnisse nur begründet bzw fortgeführt werden, wenn keine Ausschlussgründe oder eine sonstige Besorgnis der Befangenheit bestehen. Zudem haben Abschlussprüfer organisatorische Regelungen und Maßnahmen festzulegen, die darauf ausgerichtet sind, dem Prüfungsbetrieb hinreichende Sicherheit darüber zu verschaffen, dass er über Verstöße gegen Unabhängigkeitsanforderungen unterrichtet wird, und ihn in die Lage versetzen, geeignete Maßnahmen zur Klärung solcher Situationen zu ergreifen. (Vgl Erläuterungen und Anwendungshinweise zu Rz (40) in Abschnitt 9.)

5.3. Schutzmaßnahmen im Zusammenhang mit Unternehmenserwerben

(41) Für den Fall, dass das geprüfte Unternehmen von einem anderen Unternehmen erworben wird, sich mit diesem zusammenschließt oder selbst ein Unternehmen erwirbt, hat der Abschlussprüfer zu beurteilen, ob seine Unabhängigkeit weiterhin gegeben und die Fortsetzung der Abschlussprüfung auch nach der Transaktion möglich ist. Ergeben sich in diesem Zusammenhang Beeinträchtigungen der Unabhängigkeit, sieht Art 22 Abs 6 der Abschlussprüfungs-Richtlinie vor, dass der Abschlussprüfer alle notwendigen Schutzmaßnahmen ergreift und so schnell wie möglich, in jedem Fall aber innerhalb von drei Monaten die notwendigen Schritte einleitet, um eine Gefährdung der Unabhängigkeit zu beseitigen. Diese Richtlinien-Bestimmung ist in § 77 Abs 2 WTBG 2017 und nicht im UGB

umgesetzt. Aufgrund des eindeutigen Gesetzeswortlauts gilt sie für Abschlussprüfungen, im Übrigen würden auch die Voraussetzungen einer unmittelbaren Anwendbarkeit von Art 22 Abs 6 der Abschlussprüfungs-Richtlinie vorliegen.

5.4. Spezifische Schutzmaßnahmen

(42) Um die Risiken aufgrund von Gefährdungen der Unabhängigkeit des Abschlussprüfers in Einzelfällen abzuschwächen oder auszuräumen, sind nach der Empfehlung der Kommission vom 16. Mai 2002 zur „Unabhängigkeit des Abschlussprüfers in der EU – Grundprinzipien" (2002/590/EG, ABl L 191 vom 19. Juli 2002, im Folgenden kurz „Empfehlung zur Unabhängigkeit" genannt) Informationspflichten, Beschränkungen oder auch Verbote als Schutzmaßnahmen vorgesehen. Die Auswahl jeweils angemessener Schutzmaßnahmen liegt im pflichtgemäßen Ermessen des Abschlussprüfers. Der Abschlussprüfer trägt die Beweislast dafür, dass die ergriffenen Schutzmaßnahmen geeignet sind, eine Besorgnis der Befangenheit zu beseitigen.

(43) Beispiele dafür, welche Schutzmaßnahmen in spezifischen Fällen in Frage kommen, sind dem IESBA Code of Ethics bzw der Empfehlung zur Unabhängigkeit zu entnehmen. Da das Konzept des österreichischen Gesetzgebers hinsichtlich der Anforderungen an die Unabhängigkeit des Abschlussprüfers von jenem der genannten Regelwerke abweicht, ist bei einer Orientierung an diesen Regelwerken zu beachten, dass unter Umständen einzelne Schutzmaßnahmen dieser Regelwerke zur Einhaltung der Vorschriften des UGB nicht zweckmäßig sind. (Vgl Erläuterungen und Anwendungshinweise zu Rz (43) in Abschnitt 9.)

(44) Aus dem Katalog der Schutzmaßnahmen, die im IESBA Code of Ethics im Zusammenhang mit Nichtprüfungsleistungen angeführt werden, sind nach dem Regelungskonzept des österreichischen Gesetzgebers insbesondere die folgenden zur Beseitigung einer Besorgnis der Befangenheit des Abschlussprüfers geeignet:

a) Einrichtung getrennter Verantwortlichkeiten für die Durchführung von Prüfungsaufträgen und (die Unabhängigkeit allenfalls gefährdenden) Nichtprüfungsaufträgen
b) Ausschluss befangener Mitarbeiter des Prüfungsbetriebes von der Mitwirkung an der Durchführung des Prüfungsauftrages
c) Überprüfung der Ergebnisse einer Nichtprüfungsleistung oder nochmalige Durchführung derselben durch eine andere Person, die nicht an der Prüfung mitwirkt, sodass diese die Verantwortung für die Leistung übernehmen kann

(Vgl Erläuterungen und Anwendungshinweise zu Rz (44) in Abschnitt 9.)

5.5. Dokumentation der Schutzmaßnahmen

(45) Die konkreten Schutzmaßnahmen, die zur Verminderung einer Gefährdung der Unabhängigkeit des Abschlussprüfers ergriffen wurden, sind von diesem als Teil der Arbeitspapiere in geeigneter Weise zu dokumentieren.

6. Zur Unabhängigkeit bei der Durchführung von Konzernabschlussprüfungen (einschließlich der Tätigkeit von Teilbereichsprüfern)

6.1. Allgemeines

(46) Für Konzernabschlussprüfungen gemäß § 269 Abs 1, 1a und 2 UGB sind die Unabhängigkeitsvorschriften des UGB sinngemäß anzuwenden (vgl §§ 271 Abs 5, 271a Abs 4 und 271b Abs 3 UGB). Zusätzliche Anforderungen ergeben sich aus ISA 600 (vgl Fachgutachten KFS/PG 1 über die Durchführung von Abschlussprüfungen, Rz 44 ff) sowie den Art 4 und 5 EU-VO. (Vgl Erläuterungen und Anwendungshinweise zu Rz (46) ff in Abschnitt 9.)

6.2. Zur Einbeziehung eines Teilbereichsprüfers

(47) Falls ein Teilbereichsprüfer im Rahmen einer Konzernabschlussprüfung mit der Durchführung von Untersuchungen zu den Finanzinformationen eines Teilbereichs beauftragt wird, hat sich der Konzernabschlussprüfer entsprechend den Anforderungen von ISA 600.19 (a) ein Bild von der Unabhängigkeit des Teilbereichsprüfers zu verschaffen. Dabei hat der Konzernabschlussprüfer sicherzustellen, dass der Teilbereichsprüfer die für die Konzernabschlussprüfung relevanten beruflichen Verhaltensanforderungen versteht und einhalten wird und insbesondere unabhängig ist. (Vgl Erläuterungen und Anwendungshinweise zu Rz (46) ff in Abschnitt 9.)

(48) Falls ein Teilbereichsprüfer die für die Konzernabschlussprüfung relevanten Unabhängigkeitsanforderungen nicht erfüllt oder der Konzernabschlussprüfer diesbezüglich ernsthafte Bedenken hat, muss der Konzernabschlussprüfer gemäß ISA 600.20 anderweitig ausreichende geeignete Prüfungsnachweise zu den Finanzinformationen des Teilbereichs beschaffen, ohne den betreffenden Teilbereichsprüfer zur Durchführung von Untersuchungen zu den Finanzinformationen des Teilbereichs heranzuziehen.

6.3. Zur Erbringung von Nichtprüfungsleistungen im Konzern

(49) Bei der Prüfung eines Non-PIE-Konzernabschlusses gelten grundsätzlich die Bestimmungen des UGB hinsichtlich der Erbringung von Nichtprüfungsleistungen. Handelt es sich hingegen um einen PIE-Konzern, sind die UGB-Bestimmungen nur zu beachten, sofern sich nicht aus den Anforderungen des Art 5 EU-VO anderes ergibt.

(50) Werden Teilbereichsprüfer, die nicht Mitglieder des Netzwerkes des Konzernabschlussprüfers sind, mit der Prüfung eines Teilbereichs, der selbst nicht die Eigenschaft eines PIE im jeweiligen Sitzstaat erfüllt, beauftragt, ist zu beachten, dass sie ebenfalls nicht von den Bestimmungen des Art 5 EU-VO umfasst sind. Für diese Teilbereichsprüfer

gelten die generellen Unabhängigkeitsmaßstäbe, dh die UGB-Unabhängigkeitsvorschriften.

7. Zur Vereinbarkeit bestimmter Nichtprüfungsleistungen

7.1. Verhältnis der einzelnen Tatbestände zueinander

(51) Für die Erbringung von bestimmten Nichtprüfungsleistungen ergibt sich, abgeleitet aus der allgemeinen Systematik der Unabhängigkeitsbestimmungen, dass folgende Regelungen gelten:

a) Für die Abschlussprüfung von PIE (sowie in bestimmten weiteren Fällen (vgl Rz (12)) gelten insbesondere Art 5 der EU-VO iVm § 271a Abs 6 UGB und ergänzend § 271 Abs 1 und 2 UGB (soweit nicht durch die EU-VO anders geregelt).

b) Für die Abschlussprüfung fünffach großer Gesellschaften gelten insbesondere die §§ 271 Abs 1 und 2 sowie 271a Abs 1 UGB.

c) Für die Abschlussprüfung aller übrigen Gesellschaften gelten insbesondere § 271 Abs 1 und 2 UGB.

Vor allem beim Umfang der verbotenen Nichtprüfungsleistungen ergeben sich bei der Prüfung fünffach großer Gesellschaften und von PIE Unterschiede zu allen übrigen Gesellschaften. (Vgl Erläuterungen und Anwendungshinweise zu Rz (51) in Abschnitt 9.)

(52) In besonderen Einzelfällen kann es zur Zuordnung eines Sachverhaltes zu mehreren Tatbeständen (Befangenheit gemäß § 271 Abs 1 UGB oder Ausschlussgründe gemäß §§ 271 Abs 2 und 271a Abs 1 UGB sowie gemäß Art 5 der EU-VO) kommen. Innerhalb des Anwendungsbereiches des UGB sind bei Überschneidungen die Rechtsfolgen des Tatbestandes mit den strengsten Rechtsfolgen zu beachten. (Vgl Erläuterungen und Anwendungshinweise zu Rz (52) in Abschnitt 9.)

7.2. Zu Nichtprüfungsleistungen nach den Vorschriften für Non-PIE

7.2.1. Zu Leistungen im Zusammenhang mit der Lohn- und Gehaltsabrechnung (§ 271 Abs 2 Z 4 lit a UGB)

(53) Die Erstellung von Lohn- und Gehaltsabrechnungen für ein Unternehmen stellt grundsätzlich keinen Verstoß gegen das Verbot zur Mitwirkung bei der Führung der Bücher oder der Aufstellung des zu prüfenden Abschlusses dar, wenn das Unternehmen (bzw dessen Mitarbeiter) für die Lohn- und Gehaltsabrechnung als solche (auch im Innenverhältnis) inhaltlich verantwortlich bleibt. Sofern nur technische Arbeiten und Dienstleistungen durch den Abschlussprüfer durchgeführt werden (wie die Anfertigung von Lohn- und Gehaltsabrechnungen, die Durchführung der Datenverarbeitung oä), ist die anschließende Prüfung des Abschlusses im Hinblick auf das Selbstprüfungsverbot unbedenklich. (Vgl Erläuterungen und Anwendungshinweise zu Rz (53) in Abschnitt 9.)

7.2.2. Zu Rechts- und Steuerberatungsleistungen für fünffach große Gesellschaften (§ 271a Abs 1 Z 2 UGB)

(54) Gemäß § 271a Abs 1 Z 2 UGB ist ein Abschlussprüfer bzw gemäß § 271a Abs 3 UGB eine Wirtschaftsprüfungsgesellschaft als Abschlussprüfer einer fünffach großen Gesellschaft neben den in § 271 Abs 2 UGB genannten Gründen ausgeschlossen, wenn er bzw sie in dem zu prüfenden Geschäftsjahr über die Prüfungstätigkeit hinaus für das Unternehmen Rechts- oder Steuerberatungsleistungen erbracht hat, die über das Aufzeigen von Gestaltungsalternativen hinausgehen und die sich auf den Abschluss nicht nur unwesentlich auswirken. (Vgl Erläuterungen und Anwendungshinweise zu Rz (54) in Abschnitt 9.)

7.2.3. Zu anderen Nichtprüfungsleistungen

(55) Durch die gesetzlichen Bestimmungen zur Unabhängigkeit des Abschlussprüfers sind dessen Möglichkeiten zur Erbringung von Nichtprüfungsleistungen eingeschränkt. Dennoch sind in der Praxis eine Reihe von Nichtprüfungsleistungen vorstellbar, die zulässig sind, sofern nicht im Zusammenwirken mit weiteren Gefährdungsmomenten eine nicht beseitigbare Besorgnis der Befangenheit gegeben ist. (Vgl Erläuterungen und Anwendungshinweise zu Rz (55) in Abschnitt 9.)

(56) Soweit sich die Beratungsleistungen auf das Rechnungslegungsinformationssystem des Unternehmens beziehen, ist insbesondere darauf zu achten, dass sie nicht den Ausschlussgrund gemäß § 271a Abs 1 Z 3 UGB erfüllen, wonach dessen Entwicklung, Einführung und Installation durch den Abschlussprüfer verboten sind. (Vgl Erläuterungen und Anwendungshinweise zu Rz (56) in Abschnitt 9.)

(57) Soweit sich die Leistungen auf das interne Kontroll- und Risikomanagementsystem („IKS" und „RMS") des Unternehmens beziehen, ist darauf zu achten, dass sie nicht den Ausschlussgrund gemäß § 271 Abs 2 Z 4 lit b UGB erfüllen, wonach die Mitwirkung des Abschlussprüfers an der internen Revision unzulässig ist. Von einer Unzulässigkeit dieser Leistungen ist insbesondere in jenen Fällen auszugehen, in denen der Abschlussprüfer im Rahmen seiner Leistung im Auftrag der internen Revision tätig wird oder direkt den Weisungen der Unternehmensleitung unterliegt.

7.3. Zu Nichtprüfungsleistungen nach den Vorschriften für PIE

7.3.1. Zur Genehmigung durch den Prüfungsausschuss

(58) Der Abschlussprüfer hat sich davon zu überzeugen, dass für die Erbringung nicht verbotener Nichtprüfungsleistungen an PIE sowie deren Mutterunternehmen und beherrschte Tochterunternehmen mit Sitz in der EU eine vorherige Genehmigung (Pre-Approval) durch den Prüfungsausschuss gemäß Art 5 Abs 4 Unterabs 1 der EU-VO erfolgt ist. (Vgl Erläuterungen und Anwendungshinweise zu Rz (58) in Abschnitt 9.)

(59) Weiters hat der Abschlussprüfer darauf zu achten, dass eine Vorabgenehmigung von Leistungsarten nur zulässig ist, wenn diese inhaltlich, zeitlich bzw betraglich entsprechend konkretisiert und begrenzt werden, was im Einzelfall zu beurteilen ist. Eine pauschale und unbegrenzte Genehmigung von erlaubten Nichtprüfungsleistungen ist nicht sachgerecht.

7.3.2. Zu Steuerberatungs- und Bewertungsleistungen (Art 5 Abs 1 Unterabs 2 lit a und f der EU-VO)

(60) Art 5 Abs 1 Unterabs 2 lit a der EU-VO untersagt die Erbringung von Steuerberatungsleistungen im Zusammenhang mit Folgendem:

a) Erstellung von Steuererklärungen (Z (i));
b) Lohnsteuer (Z (ii));
c) Zöllen (Z (iii));
d) Ermittlung von staatlichen Beihilfen und steuerlichen Anreizen, es sei denn, die Unterstützung durch den Abschlussprüfer oder die Prüfungsgesellschaft bei solchen Leistungen ist gesetzlich vorgeschrieben (Z (iv));
e) Unterstützung hinsichtlich Steuerprüfungen durch die Steuerbehörden, es sei denn, die Unterstützung durch den Abschlussprüfer oder die Prüfungsgesellschaft bei diesen Prüfungen ist gesetzlich vorgeschrieben (Z (v));
f) Berechnung der direkten und indirekten Steuern sowie latenter Steuern (Z (vi));
g) Erbringung von Steuerberatungsleistungen (Z (vii)).

(61) Art 5 Abs 1 Unterabs 2 lit f der EU-VO untersagt die Erbringung von Bewertungsleistungen, einschließlich Bewertungsleistungen in Zusammenhang mit Leistungen im Bereich der Versicherungsmathematik und der Unterstützung bei Rechtsstreitigkeiten.

(62) Durch die Inanspruchnahme des Mitgliedstaatenwahlrechtes gemäß Art 5 Abs 3 der EU-VO soll den Abschlussprüfern von PIE die Erbringung von Nichtprüfungsleistungen im weitesten nach der EU-VO zulässigen Rahmen gestattet werden. Dementsprechend sieht § 271a Abs 6 UGB vor, dass Steuerberatungsleistungen gemäß Rz (60) mit Ausnahme von Beratungsleistungen im Zusammenhang mit Lohnsteuer (Z (ii)) und Zöllen (Z (iii)) sowie Bewertungsleistungen gemäß Rz (61) vom Abschlussprüfer oder dessen Netzwerk erbracht werden dürfen, wenn

a) diese Leistungen in dem der Prüfung unterliegenden Geschäftsjahr einzeln oder zusammen keine direkten oder nur unwesentliche Auswirkungen auf den geprüften Abschluss haben (Z 1),
b) der Prüfungsausschuss diese Leistungen unter Bedachtnahme auf die Unabhängigkeit des Abschlussprüfers und die angewendeten Schutzmaßnahmen genehmigt (hat) (Z 2) und
c) der Abschlussprüfer die Auswirkungen dieser Leistungen auf den zu prüfenden Abschluss im zusätzlichen Bericht an den Prüfungsausschuss nach Art 11 der EU-VO darstellt und erläutert (Z 3).

(Vgl Erläuterungen und Anwendungshinweise zu Rz (62) in Abschnitt 9.)

(63) Die Anforderung, dass die Leistungen „keine direkten oder nur unwesentliche Auswirkungen auf die geprüften Abschlüsse haben“ dürfen, bedeutet, dass Leistungen verboten sind, die direkte („unmittelbare“) und wesentliche Auswirkungen auf den geprüften Abschluss haben. Leistungen mit unmittelbaren, jedoch bloß unwesentlichen Auswirkungen und Leistungen mit bloß mittelbaren („indirekten“) Auswirkungen sind von dem Verbot nicht umfasst.

(64) Die Voraussetzungen für die Zulässigkeit der Leistungen werden in Art 5 Abs 3 der EU-VO anders formuliert als in § 271a Abs 1 Z 2 UGB, sind jedoch inhaltlich ohne Unterschied. Direkte Auswirkungen auf den Abschluss sind erst gegeben, wenn der Abschlussprüfer über das Aufzeigen von Gestaltungsalternativen hinausgeht und die Entscheidung über die gewählte Alternative nicht vom Unternehmen getroffen wird. Zur näheren Abgrenzung von über das Aufzeigen von Gestaltungsalternativen hinausgehenden Leistungen wird auf die Erläuterungen und Anwendungshinweise zu Rz (54) in Abschnitt 9. verwiesen.

(Vgl Erläuterungen und Anwendungshinweise zu Rz (63) und (64) in Abschnitt 9.)

(65) Zur Beurteilung der Wesentlichkeit von Auswirkungen von Leistungen auf den geprüften Abschluss sind Einschätzungen des Abschlussprüfers entsprechend ISA 320 erforderlich; eine aggressive Steuerplanung ist jedoch in jedem Fall als wesentlich einzustufen. (Vgl Erläuterungen und Anwendungshinweise zu Rz (65) in Abschnitt 9.)

(66) Zur begrifflichen Abgrenzung von verbotenen Steuerberatungsleistungen im Zusammenhang mit der Lohnsteuer wird auf den IESBA Code of Ethics verwiesen; Notsituationen oder Unwesentlichkeit rechtfertigen demnach die Erbringung solcher Leistungen für PIE nicht. (Vgl Erläuterungen und Anwendungshinweise zu Rz (66) in Abschnitt 9.)

(67) Das Verbot von Bewertungsleistungen, wenn sich diese unmittelbar und nicht nur unwesentlich auf den Abschluss auswirken, entspricht inhaltlich dem schon gemäß § 271 Abs 2 Z 4 lit d UGB für die Prüfung aller Unternehmen geltenden Ausschlussgrund. Aufgrund der neuen speziellen Regelungen für PIE in Umsetzung des Art 5 Abs 3 iVm Abs 1 Unterabs 2 lit f der EU-VO ergeben sich somit keine materiellen Auswirkungen.

7.3.3. Zu Leistungen mit Teilnahme an der Führung oder an Entscheidungen (Art 5 Abs 1 Unterabs 2 lit b der EU-VO)

(68) Art 5 Abs 1 Unterabs 2 lit b der EU-VO untersagt Leistungen, mit denen eine Teilnahme an der Führung oder an Entscheidungen des geprüften Unternehmens verbunden ist. Das Verbot der Teilnahme an Entscheidungen verhindert nicht jegliche Beratung oder jegliche entscheidungsvorbereitende

Leistung. Vorauszusetzen für die Erfüllung des Tatbestandes ist vielmehr eine ausschlaggebende Rolle im Entscheidungsprozess in Form einer faktischen Delegation von Entscheidungsmacht an den Abschlussprüfer. (Vgl Erläuterungen und Anwendungshinweise zu Rz (68) in Abschnitt 9.)

7.3.4. Zur Gestaltung und Umsetzung interner Kontroll- und Risikomanagementverfahren zu Finanzinformationen (Art 5 Abs 1 Unterabs 2 lit e der EU-VO)

(69) Art 5 Abs 1 Unterabs 2 lit e der EU-VO verbietet die Gestaltung und Umsetzung von internen Kontroll- oder Risikomanagementverfahren, die bei der Erstellung und/oder Kontrolle von Finanzinformationen oder Finanzinformationstechnologiesystemen zum Einsatz kommen. (Vgl Erläuterungen und Anwendungshinweise zu Rz (69) in Abschnitt 9.)

(70) Der Begriff „Finanzinformationen" ist deckungsgleich zum Begriff „Rechnungslegung" zu verstehen, wie er in § 271a Abs 1 Z 3 UGB im Ausdruck „Rechnungslegungsinformationssystem" verwendet wird. Es handelt sich somit um Informationen, die im Rahmen der externen Finanzberichterstattung verwendet werden bzw zu ihrer Erstellung erforderlich sind. (Vgl Erläuterungen und Anwendungshinweise zu Rz (70) in Abschnitt 9.)

(71) Die Begriffe „interne Kontrolle" und „Risikomanagement", jeweils in Bezug auf die „Erstellung und/oder Kontrolle von Finanzinformationen oder Finanzinformationstechnologiesystemen", umfassen alle Maßnahmen, die das Unternehmen setzt, um die Qualität der Finanzinformationen zu gewährleisten, unabhängig von ihrer Bezeichnung. In diesem Sinne sind Leistungen verboten, die auf die „Gestaltung und Umsetzung" von „Kontroll- oder Risikomanagementverfahren" bzw von IT-Systemen, die der externen Finanzberichterstattung dienen, ausgerichtet sind. Die Abgabe von Empfehlungen zum internen Kontrollsystem des Unternehmens, zB im Rahmen der Abschlussprüfung, ebenso eine gesonderte Beauftragung für eine Prüfung von internen Kontroll- und Risikomanagementverfahren mit Bezug zu Finanzinformationen sind zulässig. (Vgl Erläuterungen und Anwendungshinweise zu Rz (71) in Abschnitt 9.)

7.3.5. Zu juristischen Leistungen (Art 5 Abs 1 Unterabs 2 lit g der EU-VO)

(72) Gemäß Art 5 Abs 1 Unterabs 2 lit g der EU-VO ist ein Abschlussprüfer bzw eine Wirtschaftsprüfungsgesellschaft als Abschlussprüfer eines PIE ausgeschlossen, wenn er oder sie juristische Leistungen im Zusammenhang mit

a) allgemeiner Beratung,
b) Verhandlungen im Namen des geprüften Unternehmens oder
c) Vermittlungstätigkeiten in Bezug auf die Beilegung von Rechtsstreitigkeiten

erbringt.

(73) Das Verbot juristischer Leistungen im Zusammenhang mit allgemeiner Beratung bezieht sich in erster Linie auf die Wahrnehmung der Funktion eines „General Counsel", im Sinne einer hauptsächlichen Rechtsberatung der Gesellschaft durch den Abschlussprüfer. (Vgl Erläuterungen und Anwendungshinweise zu Rz (73) in Abschnitt 9.)

(74) Weiters sind alle Formen der Rechtsberatung unzulässig, durch die es zu einer Teilnahme an der Führung oder an Entscheidungen des geprüften Unternehmens kommen würde. (Vgl Erläuterungen und Anwendungshinweise zu Rz (74) in Abschnitt 9.)

7.3.6. Zu Leistungen im Zusammenhang mit der internen Revision (Art 5 Abs 1 Unterabs 2 lit h der EU-VO)

(75) Art 5 Abs 1 Unterabs 2 lit h der EU-VO untersagt Leistungen im Zusammenhang mit der internen Revision des geprüften Unternehmens. Darunter sind zum einen Tätigkeiten zu verstehen, welche sich auf die organisatorische und konzeptionelle Gestaltung der internen Revision beziehen. Zum anderen fällt darunter jegliche Mitwirkung an der operativen Aufgabenerfüllung im Auftrag der internen Revision. (Vgl Erläuterungen und Anwendungshinweise zu Rz (75) in Abschnitt 9.)

(76) Der Tatbestand kennt weder eine Einschränkung hinsichtlich der Bedeutsamkeit der erbrachten Leistungen des Abschlussprüfers, noch sieht er eine inhaltliche Beschränkung der verbotenen Tätigkeiten (etwa auf rechnungslegungsrelevante Agenden der internen Revision) vor.

(77) Sonstige Prüfungen abseits der Abschlussprüfung sind im Lichte dieses Tatbestandes grundsätzlich unbedenklich. Dies findet seine Grenze jedoch dort, wo durch die Beauftragung von sonstigen Prüfungen materiell Aufgaben einer internen Revision substituiert werden.

7.3.7. Zu Leistungen im Zusammenhang mit der Finanzierung, der Kapitalstruktur und -ausstattung sowie der Anlagestrategie (Art 5 Abs 1 Unterabs 2 lit i der EU-VO)

(78) Gemäß Art 5 Abs 1 Unterabs 2 lit i der EU-VO zählen zu den verbotenen Nichtprüfungsleistungen „Leistungen im Zusammenhang mit der Finanzierung, der Kapitalstruktur und -ausstattung sowie der Anlagestrategie des geprüften Unternehmens". Davon explizit ausgenommen ist „die Erbringung von Bestätigungsleistungen im Zusammenhang mit Abschlüssen, einschließlich der Ausstellung von Prüfbescheinigungen (Comfort Letters) im Zusammenhang mit vom geprüften Unternehmen herausgegebenen Prospekten".

(79) Zusicherungsleistungen („Assurance") im Zusammenhang mit Abschlüssen sind tendenziell weit auszulegen, da sie typischerweise vom Abschlussprüfer zu erbringen sind. Insbesondere sind sogenannte „Due-Diligence-Prüfungen" – sowohl auf Verkäufer- als auch auf Käuferseite – zulässig.

(80) Der Begriff „Leistungen in Zusammenhang mit" (in der englischen Version: „linked to") be-

zieht sich sowohl auf die aktive Unterstützung bei Finanzierung, Kapitalstruktur und -ausstattung sowie Anlagestrategie als auch auf die Beratung bei diesen Themenbereichen. Generelle Diskussionen über die verschiedenen Möglichkeiten für Finanzierungen und Anlagen sind jedoch als zulässig anzusehen.

(81) Da in Art 5 Abs 1 Unterabs 2 lit i der EU-VO ausschließlich von Finanzierung, Kapitalstruktur und -ausstattung sowie Anlagestrategie die Rede ist, ist davon auszugehen, dass Beratungsleistungen im Zusammenhang mit operativen Aktivitäten des Unternehmens nicht von den Restriktionen erfasst sind.

(82) Unter „Finanzierung" ist die Zurverfügungstellung von Mitteln für die Geschäftsaktivitäten zu verstehen. Der Begriff umfasst sowohl Eigen- als auch Fremdfinanzierung.

(83) Zum Begriff „Anlagestrategie" ist zu bemerken, dass in der englischen Version „investment strategy" steht. Der Begriff umfasst somit auch Marktstrategien und/oder Kapitaltransaktionsstrategien.

(84) Bei der Einstufung, ob Leistungen im Zusammenhang mit der Finanzierung, der Kapitalstruktur und -ausstattung sowie der Anlagestrategie des geprüften Unternehmens im Sinne der EU-VO erbracht werden, ist auch die Rolle des Leistungserbringers zu berücksichtigen: Agieren der Abschlussprüfer oder sein Netzwerk beispielsweise bei einer Unternehmenstransaktion in der Rolle des sogenannten „lead advisor", so ist dies als Leistung im Zusammenhang mit der Kapitalstruktur einzustufen, auch wenn das Unternehmen selbst die Entscheidung trifft, eine bestimmte Unternehmenseinheit zu erwerben. Dies gilt deshalb, weil die Rolle als „lead advisor" den Akquisitionspreis beeinflussen könnte und damit die Kapitalallokation betroffen wäre. Im Gegensatz dazu sind die Beratungsleistungen, die sich auf Sachverhalte nach der Transaktion beziehen (Transaction Integration Services), zulässig.

(85) Das Erstellen von strategischen Geschäftsmodellen („business modelling") zum Zwecke der Errichtung oder Reorganisation der Struktur des geprüften Unternehmens fällt ebenso unter das Verbot wie im Rahmen von M&A-Aktivitäten das Suchen von potentiellen Zielobjekten oder das Verhandeln und/oder Ausführen der Transaktionen, sofern eine „lead advisor"-Rolle erfüllt wird.

(86) Während Reorganisation oder Restrukturierung mit dem Ziel, die Kapitalstruktur zu verändern, nicht erlaubt sind, fällt Steuerstrukturierungsberatung unter die unter bestimmten Bedingungen erlaubten Leistungen.

(87) Als für den Abschlussprüfer oder sein Netzwerk erlaubte Leistungen sind ua einzustufen:

a) Due Diligence (finanziell, Markt, Integrität, steuerlich, betriebswirtschaftlich, rechtlich),
b) Tätigkeiten im Zusammenhang mit der Begebung eines Prospekts, einschließlich der Abgabe eines Comfort Letter,
c) rechnungslegungsbezogene/prüfungsnahe Beratungs- und Bestätigungsleistungen im Zusammenhang mit Unternehmenstransaktionen (zB Prüfung von carve-out-Abschlüssen und Angabe von IPO-readiness-Bestätigungen),
d) Bewertungsleistungen und Steuerberatungsleistungen in diesem Zusammenhang, sofern sie vom jeweiligen Mitgliedstaat mittels Wahlrechtsausübung erlaubt werden.

(Vgl Erläuterungen und Anwendungshinweise zu Rz (78) bis (87) in Abschnitt 9.)

8. Anwendungszeitpunkt

(88) Die vorliegende überarbeitete Fassung dieses Fachgutachtens gilt für die Prüfung von Abschlüssen für Geschäftsjahre, die nach dem 31. Dezember 2021 beginnen. Eine frühere Anwendung ist zulässig. (Vgl Erläuterungen und Anwendungshinweise zu Rz (88) in Abschnitt 9.)

9. Erläuterungen und Anwendungshinweise

Diese Erläuterungen und Anwendungshinweise sind integraler Bestandteil dieses Fachgutachtens.

Zu Rz (2):

In Umsetzung der damals anzuwendenden Fassung der Richtlinie 84/253/EWG betreffend die Abschlussprüfung wurde bereits mit dem GesRÄG 2005 § 271a in das UGB eingefügt, welcher besondere Ausschlussgründe unter anderem für die Abschlussprüfer von kapitalmarktorientierten Unternehmen enthält. Seit dem 17. Juni 2016 (Inkrafttreten der EU-VO) werden diese Ausschlussgründe für Abschlussprüfer von PIE durch die unmittelbar anwendbare EU-VO geregelt.

Subsidiär gelten, soweit die EU-VO einen Sachverhalt nicht selbst abschließend regelt, für diesen auch die Unabhängigkeitsvorschriften, die die nationalen Bestimmungen in Umsetzung der Abschlussprüfungs-Richtlinie (Richtlinie 2006/43/EG des Europäischen Parlaments und des Rates vom 17. Mai 2006, zuletzt geändert durch die Änderungs-Richtlinie (Richtlinie 2014/56/EU des Europäischen Parlaments und des Rates vom 16. April 2014)) vorsehen (vgl § 269 Abs 1a UGB sowie die Ausführungen unter Rz (8)).

Zu Rz (4):

Zum zusätzlichen Bericht an den Prüfungsausschuss vgl näher Fachgutachten KFS/PG 4 über Grundsätze und Einzelfragen zum zusätzlichen Bericht an den Prüfungsausschuss gemäß Artikel 11 der Verordnung (EU) Nr. 537/2014, Rz 22 ff.

ISA 260.17 sieht vor, dass der Abschlussprüfer gegenüber den für die Überwachung Verantwortlichen seine Unabhängigkeit sowie die Unabhängigkeit aller Mitglieder des Prüfungsteams sowie allfälliger Netzwerkmitglieder bestätigen muss sowie über alle in diesem Zusammenhang getroffenen Maßnahmen und Vorkehrungen sowie weitere Sachverhalte (zB verrechnete Gebühren) zu informieren hat. Diese Regelung gewinnt in jenen Fällen an Bedeutung bzw ist besonders zu beachten, in denen die Berichterstattung gemäß Art 11 der EU-VO nicht zum Tragen kommt.

Zu Rz (5):

Zum relevanten Zeitraum zur Einhaltung der Unabhängigkeitsbestimmungen vgl § 271 Abs 1 UGB sowie Art 5 Abs 1 der EU-VO.

Zum verlängerten Zeitraum hinsichtlich Gestaltung und Umsetzung von internen Kontroll- oder Risikomanagementverfahren für Finanzinformationssysteme vgl Art 5 Abs 1 Unterabs 1 lit b iVm Art 5 Abs 1 Unterabs 2 lit e der EU-VO.

Art 22 Abs 1 Unterabs 2 der Abschlussprüfungs-Richtlinie definiert den Zeitraum, in dem die Unabhängigkeit des Abschlussprüfers gegeben sein muss. Danach ist die Unabhängigkeit sowohl für den Zeitraum erforderlich, auf den sich die zu prüfenden Abschlüsse beziehen, als auch für die Dauer der Abschlussprüfung.

§ 271 Abs 1 UGB legt daher in Umsetzung dieser Richtlinienbestimmung fest, dass die Unabhängigkeit des Abschlussprüfers während des zu prüfenden Geschäftsjahres und bis zur Abgabe des Bestätigungsvermerks bestehen muss. Erst mit Abgabe des Bestätigungsvermerks endet sohin die Abschlussprüfung. Die Erläuterungen (ErlRV 1109 BlgNR 25. GP) zum Abschlussprüfungsrechts-Änderungsgesetz (APRÄG 2016, BGBl I Nr 43/2016) führen hierzu aus, dass dabei auf den Zeitpunkt abzustellen ist, in dem der Bestätigungsvermerk *„erstmals die Sphäre des Abschlussprüfers verlässt und dem Vorstand vorgelegt oder an die Aufsichtsratsmitglieder abgesendet wird.“* Dabei kommt es ausschließlich darauf an, dass der Abschlussprüfer den Bestätigungsvermerk nachweislich an einen Adressaten absendet bzw übergibt, und nicht auf den Zeitpunkt des tatsächlichen Zugangs. Bei Durchführung einer allfälligen Nachtragsprüfung ist neu zu prüfen, ob die Unabhängigkeit nach wie vor gegeben ist.

Zum Vorgehen im Zusammenhang mit Unternehmenserwerben vgl Abschnitt 5.3.

Zu Rz (8):

Wie in Rz (2) ausgeführt, sind die direkt geltenden Bestimmungen der EU-VO vorrangig vor den nationalen Bestimmungen in Umsetzung der Abschlussprüfungs-Richtlinie anzuwenden. Vor diesem Hintergrund ist § 271a UGB wie folgt aufgebaut: Während die Abs 1 bis 4 ausschließlich für die Kategorie der fünffach großen Gesellschaften anwendbar sind, enthalten die Abs 5 bis 7 die für PIE maßgeblichen Anpassungen zu der für diese geltenden EU-VO.

Zu Rz (9):

Wenn die EU-VO für einen bestimmten Bereich eine Regelung vorsieht und hierfür auch im UGB eine Vorschrift besteht, gilt aufgrund des Anwendungsvorranges der EU-VO für PIE die Regelung der EU-VO, und zwar unabhängig davon, ob die entsprechende Regelung im UGB hierzu strenger oder milder wäre, es sei denn die UGB-Bestimmung beruht auf der Ausübung eines Mitgliedstaatenwahlrechtes in der EU-VO. Konkret kommt es zu einer solchen Konstellation in Fällen gemäß Art 5 Abs 5 der EU-VO, in denen ein Netzwerkmitglied des Abschlussprüfers eines PIE Nichtprüfungsleistungen an ein außerhalb der EU ansässiges vom PIE beherrschtes Unternehmen erbringen möchte:

– Das Verbot der Mitwirkung an der Implementierung von Rechnungslegungsinformationssystemen ergibt sich für die Prüfung von PIE unmittelbar aus Art 5 Abs 1 Unterabs 2 lit e der EU-VO. Wenn eine solche Leistung an ein außerhalb der EU ansässiges vom PIE beherrschtes Unternehmen erbracht werden soll, ist dies gemäß Art 5 Abs 5 der EU-VO nicht möglich, da die EU-VO – im Gegensatz zu § 271b UGB – hierzu keine Schutzmaßnahmen zulässt.
– Für Nichtprüfungsleistungen nach § 271 Abs 2 Z 4 UGB (zB Mitwirkung an der internen Revision (§ 271 Abs 2 Z 4 lit b UGB) oder Bewertungsleistungen, die sich nicht nur unwesentlich auswirken (§ 271 Abs 2 Z 4 lit d UGB)), aber auch für Leistungen nach § 271a Abs 1 Z 2 UGB (gestaltende Steuer- und Rechtsberatung) sind Schutzmaßnahmen im Netzwerk gemäß § 271b Abs 2 Satz 2 UGB nicht zulässig. Nach Art 5 Abs 5 der EU-VO hingegen sind in diesen drei Fällen, wenn ein Mitglied des Netzwerkes des Abschlussprüfers eines PIE eine solche Leistung für ein außerhalb der EU ansässiges von diesem PIE beherrschtes Unternehmen erbringen möchte, Schutzmaßnahmen möglich.

Hinsichtlich der besonderen Ausnahmevorschriften für bestimmte Steuerberatungs- und Bewertungsleistungen vgl Abschnitt 7.3.2.

Zu Rz (10) und (11):

Es ist bei Anwendung des Art 5 der EU-VO irrelevant, ob das neben dem zu prüfenden PIE in Frage kommende Mutterunternehmen bzw die beherrschten Unternehmen ebenfalls PIE sind. Die Begriffe „Mutterunternehmen“ bzw „beherrschte Unternehmen“ werden weder in der Abschlussprüfungs-Richtlinie noch in der EU-VO definiert. Gemäß Art 2 Z 9 der Bilanzrichtlinie (Richtlinie 2013/34/EU des Europäischen Parlaments und des Rates vom 26. Juni 2013) ist ein „Mutterunternehmen“ ein Unternehmen, das ein oder mehrere Tochterunternehmen kontrolliert. Das können auch „mittelbare Mutterunternehmen“ (Großmutter etc) sein, sodass davon auszugehen ist, dass in den Anwendungsbereich des Art 5 Abs 1 der EU-VO auch „mittelbare Mutterunternehmen“ (Großmutterunternehmen etc) mit Sitz in der EU fallen. Für die Frage, welche Unternehmen vom zu prüfenden PIE „beherrschte Unternehmen“ sind, gilt dies entsprechend, sodass sämtliche beherrschte Unternehmen in „absteigender Linie“ von der Verbotsliste des Art 5 der EU-VO betroffen sind (Enkelunternehmen etc). Dabei ist die jeweils national geltende Umsetzung des Art 5 der EU-VO zu beachten (vgl dazu auch IDW, EU-Regulierung der Abschlussprüfung: IDW-Positionspapier zu Nichtprüfungsleistungen des Abschlussprüfers (Stand 21.10.2019,

Ergänzungen vom 31.01.2020), im Folgenden kurz „Positionspapier zu Nichtprüfungsleistungen" genannt, www.idw.de, Abschnitt 2.2.1).

Weiters ist festzuhalten, dass vom Verbot der Erbringung bestimmter Nichtprüfungsleistungen nicht erfasst sind:

- Leistungen an ein Schwesterunternehmen im Konzern des PIE, ebenso
- Leistungen an andere Unternehmen des Konzerns, die nicht vom PIE beherrscht werden (zB assoziierte Unternehmen im Konzern des PIE).

In jedem Fall ist allerdings durch den Abschlussprüfer zu beurteilen, ob die Besorgnis einer Befangenheit (§ 271 Abs 1 UGB) vorliegt.

Hinsichtlich der Anwendung des sogenannten „*principle of local law*" führt die Europäische Kommission Folgendes aus (vgl Europäische Kommission, Q&A – Implementation of the New Statutory Audit Framework, Schreiben vom 3. September 2014, http://ec.europa.eu/finance/auditing/docs/reform/140903-questions-answers_en.pdf):

„The Regulation contains several Member States' options. How do the new rules apply to groups of companies where a PIE has non-PIE subsidiaries in several Member States? Given that Member States may prohibit services other than those listed in the Regulation and that the prohibitions in Article 5 apply to the PIE, its parent undertaking or its controlled undertakings in the EU, which Member States' prohibitions apply to the PIE's subsidiaries – the PIE's home country prohibitions or the subsidiaries'?

In order to determine whether the statutory auditor is allowed to provide certain services to a subsidiary of a PIE, the law of the Member State where the subsidiary is located applies. As an example, if a PIE is located in one Member State and has non-PIEs subsidiaries in other Member States with more prohibited non-audit services, the auditor cannot provide to the non-PIE subsidiaries those additional services that are prohibited under the national laws of these other Member States ..."

Mit anderen Worten: Der Abschlussprüfer oder ein Mitglied seines Netzwerkes muss beurteilen, ob er die Leistung erbringen dürfte, wenn dieses Unternehmen ein PIE wäre (sofern dies nicht der Fall ist) und der Abschlussprüfer oder das Mitglied seines Netzwerkes Abschlussprüfer dieses Unternehmens wäre.

Ist beispielsweise eine bestimmte Nichtprüfungsleistung im Sitzstaat eines geprüften PIE erlaubt, aber im Sitzstaat des beherrschten Unternehmens verboten, darf diese Leistung vom Abschlussprüfer des geprüften Unternehmens oder einem Mitglied seines Netzwerkes für das geprüfte Unternehmen erbracht werden, aber nicht für das beherrschte Unternehmen.

Umgekehrt: Ist eine bestimmte Nichtprüfungsleistung im Sitzstaat des beherrschten Unternehmens für PIE erlaubt, aber im Sitzstaat des geprüften PIE verboten, kann der Abschlussprüfer des geprüften Unternehmens oder ein Mitglied seines Netzwerkes diese Leistung nur für das beherrschte Unternehmen erbringen, aber nicht für das geprüfte PIE.

Klarstellend ist festzuhalten, dass Teilbereichsprüfer, die in eine Konzernabschlussprüfung einbezogen werden, aber nicht Mitglied des Netzwerkes des Konzernabschlussprüfers sind, nicht von dieser Rechtsvorschrift erfasst sind.

Zu Rz (13):

Vgl dazu auch IDW, Positionspapier zu Nichtprüfungsleistungen, Abschnitt 2.2.3.

Zu Rz (18):

Der Begriff der „Independence in appearance" wird im „International Code of Ethics for Professional Accountants (including International Independence Standards)" des International Ethics Standards Board for Accountants (IESBA Code of Ethics) der International Federation of Accountants (IFAC) (www.ifac.org; 2020 edition, section 400.5 (b)) wie folgt beschrieben:

„Independence in appearance – the avoidance of facts and circumstances that are so significant that a reasonable and informed third party would be likely to conclude that a firm's, or an audit team member's , integrity, objectivity or professional skepticism has been compromised."

Zu Rz (19):

Vgl Art 22 der Abschlussprüfungs-Richtlinie.

Beispiele für mögliche Fälle von Befangenheit (bzw angemessene Schutzmaßnahmen) finden sich insbesondere im IESBA Code of Ethics der IFAC sowie in der Empfehlung zur Unabhängigkeit. (Vgl Part 4A des IESBA Code of Ethics, 2020 edition sowie die Empfehlung zur Unabhängigkeit.)

Zu Rz (24):

Die Definition des „engen Familienmitglieds" („*immediate family member*") des Wirtschaftsprüfers umfasst den Ehegatten/die Ehegattin oder den Lebenspartner/die Lebenspartnerin und finanziell Abhängige („*A spouse (or equivalent) or dependent*") (vgl IESBA Code of Ethics, 2020 edition, glossary).

Zu Rz (26):

In den ErlRV 467 BlgNR 23. GP zum URÄG 2008, zu § 271b Abs 1 UGB wird dazu wie folgt ausgeführt:

„Art. 2 Z 7 der Abschlussprüfungs-RL definiert das Netzwerk als breitere Struktur, die auf Kooperation ausgerichtet ist und die eindeutig auf Gewinn- oder Kostenteilung abzielt oder durch gemeinsames Eigentum, gemeinsame Kontrolle oder gemeinsame Geschäftsführung, gemeinsame Qualitätssicherungsmaßnahmen und -verfahren, eine gemeinsame Geschäftsstrategie, die Verwendung einer gemeinsamen Marke oder durch einen wesentlichen Teil gemeinsamer fachlicher Ressourcen miteinander verbunden ist. Der Netzwerkbegriff der RL entspricht dem vom International Ethics Standards Board for Accountants (IESBA) der International Federation of Accountants (IFAC)

veröffentlichten Code of Ethics for Professional Accountants (Section 290 Independence – Assurance Engagements). Der Netzwerkbegriff spielt insbesondere im Rahmen der Unabhängigkeit und Unbefangenheit des Abschlussprüfers eine Rolle.

…

Der Entwurf sieht in § 271b Abs. 1 aber dennoch keine wortgetreue Übernahme des Art. 2 Z 7 vor, sondern eine allgemeine Formulierung, die sämtliche Kriterien bündeln soll.“

Zu Rz (28) und (29):

Die Tatbestände des gemeinsamen Eigentums, der gemeinsamen Qualitätssicherungsmaßnahmen und -verfahren, der gemeinsamen Geschäftsstrategie sowie der Nutzung eines wesentlichen Teils gemeinsamer fachlicher Ressourcen müssen in besonderer Ausprägung vorhanden sein, um den Begriff des „Netzwerkes“ zu erfüllen und in der Folge maßgebliche Interessenkonflikte für den Abschlussprüfer als Teil dieser Kooperation herbeizuführen.

So hat beispielsweise eine Bürogemeinschaft zwar häufig kostensenkende Effekte zur Folge, die aber in der Regel nicht von jener Bedeutung sind, dass dadurch allein ein Prüfungsurteil beeinflusst werden könnte. Dasselbe gilt für den Tatbestand des „gemeinsamen Eigentums“. Auch hier muss dies ein wesentliches gemeinsames Vermögen betreffen und nicht bloß einzelne Anlagegüter von untergeordnetem Gewicht. Auch der bloße Austausch von Ideen und Erfahrungen oder Schulungsveranstaltungen (ohne gemeinsamen Auftritt) ist bei Kostenumlegung typischerweise nicht von Relevanz.

Gemeinsame Qualitätssicherungsmaßnahmen und -verfahren setzen voraus, dass diese auch in wechselseitiger Verpflichtung festgelegt und überprüft werden. Beispielsweise verpflichten sich internationale Netzwerke, die dem Forum of Firms angehören, ausdrücklich, Governance-Regeln einzuhalten (https://www.ifac.org/publications/forum-firms-governance-arrangements), die ua verlangen, dass globale Standards für die Prüfung und Qualitätssicherung verwendet und deren Einhaltung regelmäßig durch entsprechende netzwerkinterne Revisionen überprüft werden (https://www.ifac.org/system/files/uploads/TAC-FoF/Forum-of-Firms-Constitution.pdf). Sind Abschlussprüfer Teil eines gemeinsamen Prüfungsbetriebes im Sinne von § 2 Z 11 APAG, ist aus vergleichbaren Gründen ebenso idR vom Vorliegen eines Netzwerkes auszugehen.

Die Verwendung des Begriffs Netzwerk und der gemeinsame Auftritt unter einer Marke, vor allem die Unterfertigung von Bestätigungsvermerken unter dem einheitlichen Markennamen, führen zur Qualifizierung eines Netzwerkes, da dies die dauerhafte Verfolgung gemeinsamer wirtschaftlicher Interessen zum Ziel hat und auch für den sachverständigen objektiven Dritten allem Anschein nach ein solches eingegangen wurde (vgl Casey in Hirschler, Bilanzrecht I, 2. Auflage, § 271b, Rz 16; Steinböck in Zib/Dellinger, Unternehmensgesetzbuch, § 271b, Rz 12).

Zu Rz (33):

Nach herrschender Lehre erfasst die Sozietätsklausel aber auch die berufliche Zusammenarbeit als Geschäftsführer einer Personengesellschaft oder juristischen Person. Für die Abgrenzung zum Tatbestand des Netzwerkes ist ausschließlich der Fall der Zusammenarbeit von Wirtschaftsprüfern, die als natürliche Personen zusammenarbeiten, von Bedeutung. Die Zusammenarbeit von Gesellschaften und juristischen Personen, die als Wirtschaftsprüfungsgesellschaften zugelassen sind, wird ausschließlich vom Tatbestand des Netzwerkes erfasst.

Zu Auslegungsfragen zur Sozietätsklausel vgl ErlRV 467 BlgNR 23. GP zum URÄG 2008, zu § 271b Abs 2 UGB.

Gemäß der Rz (7) werden Spezialvorschriften in anderen Gesetzen, wie dem Bankwesengesetz (BWG), in diesem Fachgutachten nicht behandelt. Allerdings ist darauf hinzuweisen, dass von der Sozietätsklausel des § 62 Z 13 BWG (Ausübung des Berufes zusammen mit einer nach den Z 3 bis 12 und 14 bis 17 ausgeschlossenen Person) auch Wirtschaftsprüfungsgesellschaften, wenn sie als Bankprüfer tätig werden, erfasst sind.

Zu Rz (34):

Nach herrschender Lehre begründen eine Bürogemeinschaft sowie das gemeinsame Nutzen von Infrastruktureinrichtungen keine berufliche Zusammenarbeit im Sinne von § 271 Abs 3 bzw § 271a Abs 2 UGB, außer es wird nach außen der Eindruck einer Sozietät vermittelt. Ebenso ist in diesen Fällen auch der Tatbestand des Netzwerkes nicht erfüllt.

Zu Rz (39):

Die European Contact Group führt dazu wie folgt aus (vgl European Contact Group (ECG), European Union Audit Legislation – Frequently Asked Questions (FAQs) von 2021 (im Folgenden kurz „FAQs – 2021“ genannt), 8cld.eu, FAQ 7.35):

„For services provided by the statutory auditor's network to controlled undertakings of the PIE outside of the EU, a 'threats and safeguards' approach is required giving some scope to provide services by the network - although a limited number of absolute prohibitions still apply“.

Zu erforderlichen Schutzmaßnahmen zur Verminderung der Gefährdung der Unabhängigkeit für beherrschte Tochterunternehmen mit Sitz in einem Drittstaat vgl Art 5 Abs 5 Unterabs 3 lit b der EU-VO sowie die Erläuterungen und Anwendungshinweise zu Rz (9).

Die European Contact Group definiert ihre Aufgabe und Rolle wie folgt: *„The ECG is a group of 6 major audit firms in the European Union (EU) that monitors and engages in issues contributing to the efficient functioning of EU capital markets.“*

Zu Rz (40):

Zur berufsrechtlichen Verpflichtung zur Einrichtung eines solchen Sicherungssystems vgl §§ 10 Abs 4, 11 Abs 1 Z 2 und 25 KSW-PRL 2017.

Zu Rz (43):

Zu Beispielen dafür, welche Schutzmaßnahmen in spezifischen Fällen in Frage kommen, vgl IESBA Code of Ethics, 2020 edition, section R120.10 ff sowie die Empfehlung zur Unabhängigkeit, Abschnitt B. Besondere Umstände.

Die in der Empfehlung zur Unabhängigkeit sowie im IESBA Code of Ethics angeführte Maßnahme, die Besorgnis der Befangenheit begründende Sachverhalte mit dem Prüfungsausschuss oder Aufsichtsrat des Unternehmens zu diskutieren, stellt keine geeignete Schutzmaßnahme dar. Zu begründen ist dies damit, dass in § 270 Abs 1a UGB bzw in Art 6 Abs 2 der EU-VO eine solche Information(spflicht) des Abschlussprüfers verankert ist und diese Information(spflicht) auch die getroffenen Schutzmaßnahmen umfasst; diese Bestimmungen gehen demnach davon aus, dass diese Information selbst keine Schutzmaßnahme ist.

Zu Rz (44):

Zu Schutzmaßnahmen im Zusammenhang mit Nichtprüfungsleistungen vgl IESBA Code of Ethics, 2020 edition, section 600.1 ff.

Zu Rz (46) ff:

Bei einer Konzernabschlussprüfung nach § 269 Abs 1, 1a und 2 UGB sind die Unabhängigkeitsvorschriften des UGB sowie etwaige sondergesetzliche Bestimmungen zu beachten. Für den Fall, dass es sich um die Prüfung eines PIE-Konzerns handelt, sind die Vorschriften der EU-VO anzuwenden. Im Besonderen sind Art 4 und 5 EU-VO zu beachten.

Die UGB-Unabhängigkeitsvorschriften umfassen das Mutterunternehmen selbst sowie alle in den Konzernabschluss einbezogenen Unternehmen. Somit haben der Konzernabschlussprüfer und dessen Netzwerkmitglieder sowie alle Teilbereichsprüfer die Regelungen in den §§ 271 ff UGB zu beachten, auch wenn die einbezogenen Unternehmen ihren Sitz außerhalb der EU haben bzw sie nicht im Wege der Vollkonsolidierung (dh assoziierte Unternehmen und Gemeinschaftsunternehmen) in den Konzernabschluss einbezogen werden. Die Vorschriften der EU-VO umfassen neben dem geprüften PIE selbst und den vom PIE beherrschten Unternehmen auch die Mutterunternehmen des PIE mit Sitz in der EU. Die Einbeziehung der übergeordneten Ebene stellt somit eine zusätzliche Anforderung dar. Im Gegensatz dazu ergeben sich für den Teilbereichsprüfer von nicht beherrschten Unternehmen, also beispielsweise assoziierten Unternehmen und Gemeinschaftsunternehmen, keine Restriktionen aus der EU-VO. Gleiches gilt für die Mutterunternehmen des den Konzernabschluss aufstellenden Unternehmens, sofern sie ihren Sitz nicht in der EU haben.

Nachfolgend werden die anzuwendenden Regelungen bei Konzernabschlussprüfungen österreichischer PIE- und Non-PIE-Mutterunternehmen grafisch dargestellt:

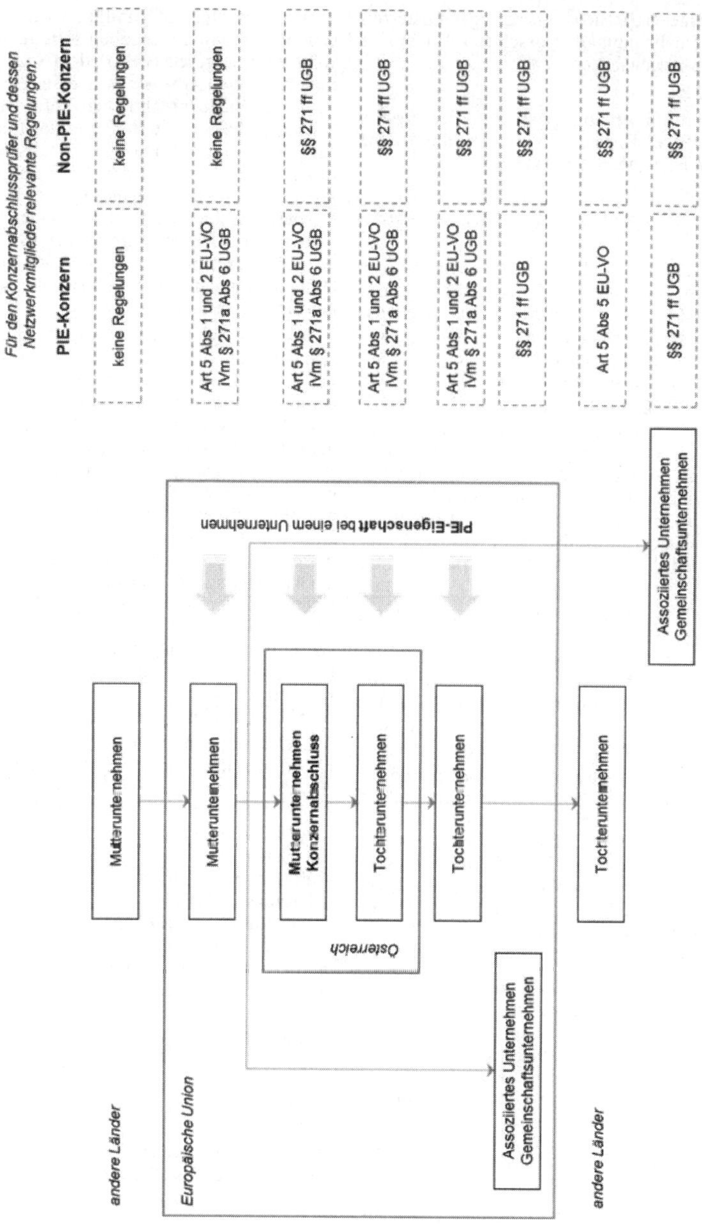

Um sicherzustellen, dass alle Teilbereichsprüfer die für die Konzernabschlussprüfung relevanten Unabhängigkeitsanforderungen erfüllen, hat der Konzernabschlussprüfer die Teilbereichsprüfer in den schriftlichen Prüfungsanweisungen („Audit Instructions") über die anzuwendenden Unabhängigkeitsstandards und auch Verbote bzw Pflichten zur Genehmigung von Nichtprüfungsleistungen zu informieren. Diese Anforderungen hat jeder Teilbereichsprüfer nach Erhalt der Prüfungsanweisungen zu bestätigen.

Um sicherzustellen, dass die UGB-Bestimmungen eingehalten werden, kann bei der Abfrage der Unabhängigkeit der Teilbereichsprüfer auf Basis des international anerkannten IESBA Code of Ethics ein österreichisches Supplement beigelegt werden. Eine englische Übersetzung der österreichischen Unabhängigkeitsvorschiften findet sich in den iwp-Arbeitshilfen, www.iwp.or.at.

Zu Rz (51):

Zu einem Entscheidungsbaum zu den jeweils anzuwendenden Regelungen wird auf die Anlage zu diesem Fachgutachten verwiesen.

Zu Rz (52):

Zu Überschneidungen kann es wie folgt kommen:

- Bei fünffach großen Gesellschaften kann es zu Überschneidungen der Ausschlussgründe gemäß §§ 271 Abs 2 und 271a Abs 1 UGB sowie zwischen Befangenheit und Ausgeschlossenheit kommen; dabei geht § 271a dem § 271 UGB vor, Ausschlussgründe haben Vorrang vor Befangenheit.
- Bei PIE kann es zu Überschneidungen der Ausschlussgründe gemäß § 271 Abs 2 UGB und Art 5 der EU-VO sowie zwischen Befangenheit und Ausgeschlossenheit kommen. Dann gehen die spezifischeren Ausschlussgründe der EU-VO dem § 271 Abs 2 UGB vor (vgl ErlRV 1109 BlgNR 25. GP zum APRÄG 2016, zu § 271a Abs 5 UGB).

Ausschlussgründe gemäß § 271a Abs 1 bis 4 UGB und gemäß der EU-VO sind für Prüfungen, die nicht unter diese Bestimmungen fallen, nur insofern von Bedeutung, als sie Ursache für die Besorgnis einer Befangenheit gemäß § 271 Abs 1 UGB sein können, wenn weitere Gefährdungsmomente hinzutreten (vgl näher Abschnitt 3.).

§ 271 UGB sieht in Abs 1 den Tatbestand der Befangenheit und in Abs 2 Ausschlussgründe vor. Die Abs 3 und 4 enthalten keine eigenständigen Befangenheits- oder Ausschlussgründe, sondern dehnen jene der Abs 1 und 2 auf Prüfungsgesellschaften und Sozietäten aus. Gleiches gilt für § 271a Abs 2 bis 5 UGB, die auch Klarstellungen zur Prüfung von PIE enthalten.

Zu Rz (53):

Im Rahmen der laufenden Steuerberatung werden in der Praxis auch Leistungen betreffend die Lohn- und Gehaltsabrechnung erbracht. Da die Lohn- und Gehaltsabrechnung zu den Nebenbuchhaltungen der Finanzbuchhaltung zählt, stellt sich die Frage, ob ein Abschlussprüfer, der Leistungen der Lohn- und Gehaltsabrechnung erbringt, von der Abschlussprüfung aufgrund von § 271 Abs 2 Z 4 lit a UGB und dem damit verbundenen „Selbstprüfungsverbot" ausgeschlossen ist.

In der EU-VO wird die Lohn- und Gehaltsabrechnung in Art 5 Abs 1 Unterabs 2 lit d eigens als verbotene Nichtprüfungsleistung angeführt und nicht der lit c „Buchhaltung und Erstellung von Unterlagen der Rechnungslegung und von Abschlüssen" zugeordnet. Daraus kann geschlossen werden, dass die Führung der Bücher oder die Aufstellung des Jahresabschlusses und die Lohn- und Gehaltsabrechnung zu unterscheiden und somit – etwa auch in § 271 UGB – getrennt zu behandeln sind.

Die gesetzlichen Grundlagen zur Lohn- und Gehaltsabrechnung ergeben sich aus dem Einkommensteuergesetz (EStG), dem Sozialversicherungsrecht, dem Arbeitsrecht und diversen weiteren lohn- und abgabenrechtlichen Vorschriften. Insbesondere basiert die Führung der Lohnkonten auf § 76 EStG. Die Lohn- und Gehaltsabrechnung ist auf das Ziel gerichtet, die Löhne und Gehälter sowie die Lohn- und Gehaltsabgaben entsprechend den gesetzlichen Vorschriften (und den Kollektivverträgen bzw Betriebsvereinbarungen) ordnungsgemäß zu berechnen und die strengen steuerlichen Ordnungsvorschriften für Selbstbemessungsabgaben einzuhalten.

Derartige technische Dienstleistungen zeichnen sich dadurch aus, dass sie keine eigenen Beurteilungen und Entscheidungen des Abschlussprüfers erfordern, die ohne vorherige Kontrolle durch einen Dritten (zB die Personalabteilung des Unternehmens) in die Buchführung und damit in den Abschluss Eingang finden. In diesem Sinne muss gewährleistet sein, dass die Verantwortung für die richtige Erfassung im Abschluss des geprüften Unternehmens beim Unternehmen verbleibt, dh beispielsweise, dass rechtliche Festlegungen (zB die Anwendung von Kollektivverträgen) durch das Unternehmen selbst erfolgen (vgl dazu im Detail auch Rüffler, Zur Vereinbarkeit der Erbringung von Lohnverrechnungstätigkeiten mit der gesetzlichen Abschlussprüfung, in: Urnik/Fritz-Schmied/Kanduth-Kristen, Steuerwissenschaften und betriebliches Rechnungswesen, S 611).

Die Erbringung von „nicht eigenständigen" Leistungen hinsichtlich der Lohn- und Gehaltsabrechnung ist somit gemäß dem in § 271 Abs 2 Z 4 lit a UGB normierten Selbstprüfungsverbot im Regelfall unschädlich (vgl Bartos/Milla/Kuntner, Einzelfragen zur Unabhängigkeit des Abschlussprüfers, in Wirtschaftsprüfer-Jahrbuch 2011, S 167). Allerdings sind zur Lohn- und Gehaltsabrechnung durchgeführte Tätigkeiten (inklusive der Berechnung damit verbundener Rückstellungen), wenn sie mit Bewertungen und Berechnungen wesentlicher Posten des Abschlusses verbunden sind, gemäß § 271 Abs 2 Z 4 lit d UGB unzulässig.

Ähnliche Überlegungen enthält auch der IESBA Code of Ethics (vgl 2020 edition, section 601.4 A1), wonach eine Gefährdung der Unabhängigkeit dann gegeben ist, wenn der Abschlussprüfer Entscheidungen trifft, aber (ebenso) nicht, wenn er bloß technische Unterstützung bei der Führung der Bücher und der Erstellung des Abschlusses leistet:

„Accounting and bookkeeping services that are routine or mechanical in nature require little or no professional judgment. Some examples of these services are:

- *Preparing payroll calculations or reports based on client-originated data for approval and payment by the client.*
- *Recording recurring transactions for which amounts are easily determinable from source of documents or originating data, such as a utility bill where the client has determined or*

approved the appropriate account classification.

- *Calculating depreciation on fixed assets when the client determines the accounting policy and estimate of useful life and residual values.*
- *Posting transactions coded by the client to the general ledger.*
- *Posting client-approved entries to the trial balance.*
- *Preparing financial statements based on information in the client-approved trial balance and preparing related notes based on client-approved records."*

Zu Rz (54):

Der Gesetzgeber hat sich mit dieser Bestimmung dazu entschlossen, Rechts- und Steuerberatungsleistungen in bestimmten Fällen zu verbieten, in denen die Grenzen zur Selbstprüfung überschritten werden. In Fällen mit einer Gefahr der Selbstprüfung ist zu befürchten, dass der Abschlussprüfer bei der Prüfung entweder Fehler nicht erkennt (fachliche Voreingenommenheit) oder, wenn er Fehler erkennt, diese zur Vermeidung von Nachteilen im Rahmen der Prüfung nicht pflichtgemäß offenbart (Selbstschutz).

Durch die Formulierung „über das Aufzeigen von Gestaltungsalternativen hinausgehend" wird klargestellt, dass dieser Ausschlusstatbestand dann nicht erfüllt wird, wenn der Abschlussprüfer nur Hinweise auf eine bestehende Rechtslage gibt, die ein eigenständiges Handeln des Unternehmens zur Wahrung von Steuervorteilen nach sich ziehen können.

Die Erarbeitung konkreter Vorschläge zur Erreichung eines vom Unternehmen formulierten Zieles ist nach der gesetzlichen Formulierung „Aufzeigen von Gestaltungsalternativen" zulässig, sofern die Entscheidung über den gewählten Weg beim Unternehmen verbleibt. Eine abschließende Bewertung von Alternativen überschreitet die Grenze einer zulässigen Rechts- und Steuerberatungsleistung dann nicht, wenn sie sich im Sinne einer Steuerwirkungsanalyse auf die Darstellung der einzelnen Auswirkungen beschränkt oder sich ihre Umsetzung auf die Darstellung der Vermögens-, Finanz- und Ertragslage in dem zu prüfenden Abschluss nur unwesentlich auswirkt.

Vergleicht man die zu einem Ausschluss führenden Leistungen mit den nach der betriebswirtschaftlichen Steuerlehre unterschiedenen Leistungen der „Steuerdeklaration", „Steuerdurchsetzung" und „Steuerwirkungsanalyse", ist Folgendes festzustellen:

- Bei der Steuerdeklaration (Erstellung und Einreichung von Steuererklärungen) handelt es sich um eine jedenfalls vereinbare Tätigkeit, da der Abschlussprüfer auf Zahlen des geprüften Abschlusses zurückgreift.
- Die Steuerdurchsetzung ist grundsätzlich ebenfalls vereinbar, da der Abschlussprüfer dabei nur die von der Gesellschaft gewählten und von ihm im Rahmen der Abschlussprüfung akzeptierten Wertansätze vertritt.
- Bei der Steuerwirkungsanalyse handelt es sich um die Erarbeitung fachlicher Aussagen zur Wirkung von Steuern auf bestimmte betriebliche Entscheidungen.

Dem Unternehmen werden dabei unterschiedliche Auswirkungen betrieblicher Entscheidungen dargestellt bzw aufgezeigt. Sofern diese Darstellung im Sinne einer wertneutralen Information als abstrakte Analyse in Form des Aufzeigens von Möglichkeiten (auch unter Aufzeigen der Vor- und Nachteile, um die eigenständige Entscheidung des Unternehmens zu ermöglichen) erfolgt, ist diese Tätigkeit jedenfalls zulässig.

Informationen, die sich auf den Abschluss auswirken, sind dann als wesentlich einzustufen, wenn vernünftigerweise zu erwarten ist, dass ihre Auslassung oder fehlerhafte Angabe Entscheidungen beeinflusst, die Nutzer auf deren Grundlage treffen. Die Wesentlichkeit ist von der Größe und spezifischen Eigenschaften eines Postens oder der Fehlerhaftigkeit der Angabe abhängig. Selbst wenn ein einzelner Posten für sich genommen als unwesentlich angesehen werden kann, können mehrere unwesentliche gleichartige Posten zusammen als wesentlich gelten (vgl § 189a Z 10 UGB).

Da sich alle steuerlichen (wie auch alle anderen) Beratungsleistungen in irgendeiner Form auf den Abschluss auswirken – zumindest auf die Höhe des Steueraufwandes oder des sonstigen betrieblichen Aufwandes, auf Verbindlichkeiten oder Rückstellungen –, ist davon auszugehen, dass entsprechend der Wertung des deutschen Gesetzgebers (§ 319a dHGB, inzwischen aufgehoben) eine „unmittelbare" Auswirkung gegeben sein muss, um eine Ausgeschlossenheit zu bewirken. Da mittelbare Auswirkungen von Beratungsleistungen nicht die Unabhängigkeit des Abschlussprüfers beeinträchtigen, ist deren generelles Verbot nicht Zielsetzung dieser Vorschrift. Nach den Gesetzesmaterialien zur deutschen Regelung (§ 319a dHGB) sind mit Beratungsleistungen mit unmittelbarer Auswirkung Fälle angesprochen, bei denen die Auswirkungen auf die im Abschluss dargestellte Vermögens-, Finanz- und Ertragslage ausdrücklich in die Gestaltung einbezogen werden und somit Beratungsgegenstand und nicht Folge der Beratung sind. Als Beispiel wird vom deutschen Gesetzgeber die Beratung zur Auslagerung von Risiken auf Zweckgesellschaften, die nicht in den Konzernabschluss einbezogen werden müssen, angeführt. „Mit unmittelbaren Auswirkungen sind insbesondere Fälle angesprochen, in denen die Auswirkungen auf den Jahresabschluss mit in die Gestaltung einbezogen werden. Es besteht dann die Besorgnis der Befangenheit, wenn der Abschlussprüfer die bilanziellen Konsequenzen der von ihm entwickelten Konstruktion im Rahmen der Abschlussprüfung nicht mehr unvoreingenommen beurteilen kann." (Schmidt/Nagel in Beck'scher Bilanzkommentar, 12. Auflage, § 319a, Rz 15).

Schließt ein Auftrag zur Darstellung einer bestimmten Rechtslage im Zusammenhang mit Maßnahmen, die eine unmittelbare und wesentliche Auswirkung auf den Abschluss haben, auch das Aufzeigen von Gestaltungsalternativen ein, führt dies nicht zur Gefahr der Selbstprüfung, da hier nur Vor- und Nachteile einzelner Alternativen gegeneinander abgewogen werden, die Entscheidung jedoch beim Unternehmen verbleibt. Zur Abgrenzung ist somit in dieser Hinsicht auf die „funktionale Entscheidungszuständigkeit" abzustellen, dh dass der Abschlussprüfer keine unternehmerischen Entscheidungen in Bezug auf den zu prüfenden Abschluss treffen darf. Eine unzulässige Mitwirkung ist demnach dann nicht gegeben, wenn trotz umfangreicher Beratungstätigkeiten die Entscheidung bei den jeweiligen Entscheidungsträgern des beratenen Unternehmens verbleibt. Selbst alternativlose Entscheidungsvorschläge stellen keine verbotene Mitwirkung dar, wenn die Entscheidung beim Beratenen verbleibt, ob er dem Vorschlag folgt oder nicht. Der Beratungsbeitrag stellt hier lediglich eine Entscheidungshilfe dar, während sich die Prüfung auf die Entscheidung des Unternehmens und auf deren Auswirkungen auf den Abschluss bezieht.

Wesentlich ist, dass die selbständige Entscheidung des Beratenen nicht eingeschränkt wird. Notwendig erscheint daher die Darstellung aller zulässigen Alternativen mit Vor- und Nachteilen. Die Abgabe von Empfehlungen ohne oder mit verkürzter Begründung ist dagegen problematisch, weil sie direkten Einfluss auf die Entscheidung des Beratenen nimmt.

Eine unzulässige Beratung liegt auch nicht vor, wenn aus rechtlichen Gründen nur ein Lösungsweg zulässig ist. Hier hat der Abschlussprüfer diese eine Lösung vorzuschlagen, wobei dem Unternehmen kein Entscheidungsspielraum mehr verbleibt. Ein Interessenkonflikt kann nicht entstehen, weil der Prüfer nicht in die Gefahr gerät, später eine eigene Entscheidung zu prüfen. Vielmehr nehmen in diesen Fällen schon die rechtlichen Rahmenbedingungen die Entscheidung vorweg.

Beispiele für zulässige Rechts- und Steuerberatungsleistungen (vgl Bartos/Milla/Kuntner in Wirtschaftsprüfer-Jahrbuch 2011, S 177 f):

- Erstellung von Steuererklärungen
- Beratung zu bereits verwirklichten Sachverhalten, zB in Betriebsprüfungen oder Berufungsverfahren
- Vertretung des Unternehmens bei Betriebsprüfungen, vor dem Bundesfinanzgericht oder dem Verwaltungsgerichtshof
- Erteilung steuerrechtlicher Auskünfte zu geplanten Maßnahmen des Unternehmens
- umsatzsteuerliche Beratung hinsichtlich der Optimierung steuerrechtlicher Verpflichtungen
- Stellungnahmen zu von Dritten entwickelten Steuermodellen
- steuerrechtliche Due Diligence-Aufträge beim Kauf oder Verkauf von Unternehmen

Zu Rz (55):

Als Beispiele, die für die Praxis von Bedeutung sind, sind zu nennen (vgl Milla/Vcelouch-Kimmeswenger/Weber, Unternehmensrechts-Änderungsgesetz 2008, Praxiskommentar, S 114):

- Beratungsleistungen im Zusammenhang mit Umstellungen in der Rechnungslegung (zB IFRS-Umstellung),
- Beratungsleistungen zur Verbesserung der Prozesse im Rechnungs- und Berichtswesen (Vorschläge zur Systemverbesserung, Unterstützung bei der Entwicklung von Berichterstattungsstandards, Schulungs- und Informationsleistungen),
- Beratungsleistungen im Zusammenhang mit Fragen des internen Kontroll- und Risikomanagementsystems („IKS" und „RMS"),
- Beratungsleistungen zu Fragen im Zusammenhang mit der Corporate Governance und
- Due Diligence-Aufträge, wenn damit keine Bewertungsleistungen, die in den Abschluss Eingang finden, verbunden sind.

Andere Prüfungsleistungen wie etwa

- die Durchführung einer Gründungsprüfung gemäß § 25 AktG bzw § 6a Abs 4 GmbHG,
- die Prüfung eines Angebotes gemäß § 9 Übernahmegesetz (ÜbG),
- die Tätigkeit als Sachverständiger der Zielgesellschaft gemäß § 13 ÜbG,
- die Erstellung von Gutachten gemäß § 26 Unternehmensreorganisationsgesetz (URG),
- die Prüfung des Herganges einer Spaltung gemäß § 3 Abs 4 Spaltungsgesetz (SpaltG) oder
- die Prüfung gemäß § 3 Gesellschafter-Ausschlussgesetz (GesAusG)

bewirken bei gleichzeitiger Tätigkeit als Abschlussprüfer für die betroffene Gesellschaft ebenfalls keine Besorgnis der Befangenheit oder Ausgeschlossenheit. In all diesen Fällen wird weder eine Bewertungsleistung erbracht noch kann dadurch eine andere Situation einer Selbstprüfung in Bezug auf den Abschluss entstehen. Vielmehr werden im Zuge solcher Prüfungen die Einhaltung rechtlicher Bestimmungen sowie die Ordnungsmäßigkeit und Angemessenheit vorgelegter Unterlagen und von Dritten erstellte Bewertungen beurteilt (vgl Milla/Vcelouch-Kimmeswenger/Weber, Unternehmensrechts-Änderungsgesetz 2008, Praxiskommentar, S 115).

Anders zu beurteilen sind Prüfungen von Verschmelzungen (§ 220b AktG bzw § 100 Abs 2 GmbHG), Umwandlungen (§ 2 Abs 3 Z 4 UmwG) sowie Spaltungen (§ 5 SpaltG). In diesen Fällen hat ein bestellter Prüfer nicht nur die Einhaltung rechtlicher Bestimmungen zu beurteilen, sondern auch Aussagen zur Angemessenheit der vorgesehenen Transaktion (Umtauschverhältnis bzw Barabfindung) zu machen, die in der Folge Grundlage für eine Bilanzierung in Jahresabschlüssen darstellen können (vgl Gelter in Bertl/Fröhlich/

Mandl, Handbuch Rechnungslegung, Bd. III, 2. Auflage, § 271, Rz 74).

Abschließend ist auch auf Prüfungen gemäß § 2 Abs 5 Kapitalberichtigungsgesetz (KapBG) hinzuweisen, die aufgrund gesetzlicher Anordnung durch den Abschlussprüfer durchzuführen und daher jedenfalls zulässig sind.

Zu Rz (56):

Sofern der Abschlussprüfer zB bei der Einführung eines ERP-Systems, einer wesentlichen Umstellung von Geschäftsprozessen etc projektbegleitend Prüfungshandlungen durchführt, sind diese grundsätzlich zulässig (zB eine Leistung vergleichbar dem deutschen Standard IDW PS 850: Projektbegleitende Prüfung bei Einsatz von Informationstechnologie).

Zu Rz (58):

Der Abschlussprüfer hat zu beachten, dass Unternehmen in den internen Pre-Approval-Verfahren strengere und somit von den gesetzlichen Vorschriften abweichende Regelungen festlegen können, die vom Abschlussprüfer gleichermaßen zu beachten sind.

Im Fall der Erbringung von Nichtprüfungsleistungen bei mehrstöckigen Konstruktionen ist die Genehmigung des Prüfungsausschusses des obersten Mutterunternehmens anzuerkennen. Die European Contact Group führt dazu wie folgt aus (vgl ECG, FAQs – 2021, FAQ 9.4) (Fußnote weggelassen):

„The audit committee of the ultimate PIE parent undertaking in the EU should approve non-audit services to be provided to its PIE and non-PIE controlled undertakings in the EU. If the controlled undertaking is itself a PIE and is a direct recipient of those non audit services (i.e. the service is being provided directly to the subsidiary) (see Question 7.34), those services should also be approved by the audit committee of the controlled undertaking (to the extent that an audit committee is required by local law). If the controlled undertaking is itself a PIE but is not a direct recipient of these non-audit services, we understand that the approval of the controlled undertaking's audit committee would not be required. Member States may however take a different view."

Zu Einzelfragen zur Genehmigung durch den Prüfungsausschuss vgl etwa ECG, FAQs – 2021, FAQ 9.2 bis 9.6, sowie IDW, Positionspapier zu Nichtprüfungsleistungen, Abschnitt 2.3; insbesondere hinsichtlich der Zulässigkeit von Vorab-Genehmigungen vgl die Ausführungen in Abschnitt 2.3.6 des Positionspapiers sowie in der iwp-Arbeitshilfe zur Überwachung der Unabhängigkeit des Abschlussprüfers bei Unternehmen von öffentlichem Interesse durch den Prüfungsausschuss, www.iwp.or.at.

Zu Rz (62):

Zu den im zusätzlichen Bericht an den Prüfungsausschuss erforderlichen Erläuterungen vgl näher Fachgutachten KFS/PG 4 über Grundsätze und Einzelfragen zum zusätzlichen Bericht an den Prüfungsausschuss gemäß Artikel 11 der Verordnung (EU) Nr. 537/2014, Rz 28 f.

Zu Rz (63) und (64):

Vgl ErlRV 1109 BlgNR 25. GP zum APRÄG 2016, zu § 271a Abs 6 UGB unter Verweis auf Erwägungsgrund 9 der EU-VO; ebenso ECG, FAQs – 2021, FAQ 7.8, sowie IDW, Positionspapier zu Nichtprüfungsleistungen, Abschnitt 3.5, unter Bezugnahme auf die deutsche Rechtslage.

Zu Rz (65):

Vgl ECG, FAQs – 2021, FAQ 7.9.

Ein Anhaltspunkt für das Verständnis des Begriffs „aggressive Steuerplanung" findet sich in der Empfehlung der Kommission vom 6. Dezember 2012 betreffend aggressive Steuerplanung, C(2012) 8806. Dort wird festgehalten, dass aggressive Steuerplanung darin besteht, *„die Feinheiten eines Steuersystems oder Unstimmigkeiten zwischen zwei oder mehr Steuersystemen auszunutzen, um die Steuerschuld zu senken. Aggressive Steuerplanung kann in vielerlei Formen auftreten. Zu ihren Folgen gehören doppelte Abzüge (dh ein und derselbe Verlust wird sowohl im Quellenstaat als auch im Ansässigkeitsstaat abgezogen) und doppelte Nichtbesteuerung (dh Einkünfte, die im Quellenstaat nicht besteuert werden, sind im Ansässigkeitsstaat steuerbefreit)."*

Zu Rz (66):

Vgl ECG, FAQs – 2021, FAQ 7.12; zur begrifflichen Abgrenzung des Verbotes von Steuerberatungsleistungen im Zusammenhang mit Lohnsteuer vgl IESBA Code of Ethics, 2020 edition, section R601.6 f.

Zu Rz (68):

Die European Contact Group führt dazu wie folgt aus (vgl ECG, FAQs – 2021, FAQ 7.15):

„Consistent with the principles set out in the IESBA Code, to avoid the risk that the auditor may, or may be seen to be, involved in decision making the engagement partner responsible for the service (in conjunction with the audit engagement partner, where appropriate) must always be satisfied the client's management makes all judgments and decisions that are the responsibility of management.

This includes ensuring that the client's management:

a) designates an individual who possesses suitable skill, knowledge and experience to be responsible at all times for the client's decisions and to oversee the services,

b) provides oversight of the services and evaluates the adequacy of the results of the services performed for the client's purpose, and

c) accepts responsibility for the actions, if any, to be taken arising from the results of the services.

The audit firm should ensure that it is clear that this is the basis for its services. For example, the management of the audited entity may expressly acknowledge their responsibilities as described above (for example in the engagement contract) and the audit firm may expressly state that its advice and recommendations are matters for consideration and decision by the management of the audited entity.

We consider that it remains appropriate for a firm to provide advice and recommendations to client management provided that such advice is not clearly prohibited by one of the specific prohibitions in Article 5.1 and subject to the above.“

Erwägungsgrund 8 der EU-VO hält fest, dass zu den Leistungen, mit denen eine Beteiligung an der Führung oder an Entscheidungen des geprüften Unternehmens verbunden ist, die Verwaltung des Umlaufvermögens (Working Capital Management), die Bereitstellung von Finanzinformationen, die Optimierung von Geschäftsabläufen, die Finanzmittelverwaltung (Cash Management), die Verrechnungspreisgestaltung, die Herbeiführung von Effizienzgewinnen bei Lieferketten und Ähnliches gehören könnten. Daraus ist jedoch nicht der Schluss zu ziehen, dass jegliche Form der Beratung in diesen Bereichen schädlich ist, sondern es muss eine entsprechend ausschlaggebende Rolle des Abschlussprüfers im Rahmen der Entscheidungsfindung gegeben sein, damit von einem Verbot der Leistung auszugehen ist.

Nicht unter das Verbot fallen im Umkehrschluss bloße Entscheidungsvorbereitungen (zB Hinweise zu strategischen oder operativen Fragen, die Aufbereitung von Informationen zur Entwicklung von Entscheidungsalternativen, die Unterstützung bei der Bewertung solcher Alternativen und die Unterstützung bei der Entwicklung von möglichen Maßnahmen zur Umsetzung von Entscheidungen).

Zu Rz (69):

Art 5 Abs 1 Unterabs 2 lit e der EU-VO in der deutschen Fassung untersagt die Gestaltung und Umsetzung interner Kontroll- und Risikomanagementverfahren, die bei der Erstellung und/oder Kontrolle von Finanzinformationen oder Finanzinformationstechnologiesystemen zum Einsatz kommen. Aus der englischen Originalfassung (*„designing and implementing internal control or risk management procedures relating to the preparation and/or control of financial information or designing and implementing financial information technology systems“*) ergibt sich, dass es sich hinsichtlich der Gestaltung und Umsetzung interner Kontroll- und Risikomanagementverfahren und der Gestaltung und Umsetzung von IT-Systemen eigentlich um zwei zu unterscheidende Sachverhalte handelt.

Zu Rz (70):

Der IESBA Code of Ethics, der wohl eine wesentliche Grundlage für die Verbotsliste darstellt, verwendet den Begriff *„financial information*“ im Zusammenhang mit der Definition von *„financial statements*“. Die ECG vergleicht die Definitionen des IESBA Code of Ethics und der Änderungs-Richtlinie und kommt zum Schluss, dass sich beide im Grunde auf Informationen beziehen, die aus den Buchhaltungssystemen der geprüften Einheit stammen und in die Jahresabschlüsse und/oder die Erläuterungen einfließen. Aufgrund dessen erscheint eine Gleichsetzung der Begriffe sachgerecht (vgl ECG, FAQs – 2021, FAQ 7.17). Der Begriff „Finanzinformationen“ entspricht somit auch dem in § 271a Abs 1 Z 3 UGB im Rahmen des Verbotes, bei fünffach großen Gesellschaften bei der Entwicklung, Installation und Einführung von Rechnungslegungsinformationssystemen mitzuwirken, verwendeten Begriff „Rechnungslegung“.

Ebenso wurde im Erwägungsgrund 5 der Änderungs-Richtlinie von der Verantwortung der Unternehmensleitung gesprochen, „Finanzinformationen“ bereitzustellen, weshalb es zweckmäßig erscheint, den Begriff „Finanzinformationen“ auf jene Informationen zu beziehen, die aus dem Buchhaltungssystem abgeleitet werden, um im Abschluss bzw in den Anhangangaben des Abschlusses verarbeitet zu werden (vgl ECG, FAQs – 2021, FAQ 7.17).

Zu Rz (71):

Eine klare Abgrenzung der Begriffe „Kontrollverfahren“ und „Risikomanagementverfahren“ ist nicht möglich, da auch das Risikomanagement in Bezug auf Finanzinformationen auf die Qualität der Finanzberichterstattung gerichtet ist. Eine darüberhinausgehende Bedeutung kann sich ergeben, wenn an Risikomanagementmaßnahmen gedacht wird, deren unmittelbarer Zusammenhang mit der Finanzberichterstattung nicht auf der Hand liegt, wie zB die Einrichtung von Berechtigungskonzepten (vgl ECG, FAQs – 2021, FAQ 7.19).

Nicht von der Einschränkung betroffen sind jedenfalls Empfehlungen (zB sich aus der Abschlussprüfung ergebende), Analysen bzw Untersuchungen zum aktuellen Zustand („Gap-Analysen“) von Kontroll- und Risikomanagementverfahren und Finanzinformationstechnologiesystemen bzw die Gestaltung und Umsetzung von Maßnahmen, die sich nicht auf die externe Finanzberichterstattung beziehen (vgl IDW, Positionspapier zu Nichtprüfungsleistungen, Abschnitt 3.12, und ECG, FAQs – 2021, FAQ 7.18).

Zu Rz (73):

Zwar umfasst die allgemeine juristische Beratung auch die Beratung in Spezialfragen (vgl auch die englische Sprachfassung: *„specific advisory services“*). Dennoch kann dem Verordnungsgeber nicht unterstellt werden, dass jede Rechtsberatungsleistung schlechthin unzulässig wäre, was insbesondere innerhalb von Netzwerken – das Berufsbild der Wirtschaftsprüferberufe lässt ohnehin nur sehr eingeschränkte Rechtsberatung zu – problematisch und kaum gerechtfertigt erschiene. Offenbar war dem Verordnungsgeber daher daran gelegen, an den Umfang der Rechtsberatung, welche an den Abschlussprüfer und sein Netzwerk ausgelagert werden, anzuknüpfen. Auch in diesem Punkt kann aus der englischen Sprachfassung auf den Sinn des Verbotes geschlossen werden, die *„the provision of general counsel“* verbietet. Als General Counsel ist im allgemeinen Sprachgebrauch die erste oder Hauptanlaufstelle der geprüften Gesellschaft für Beratungsleistungen zu verstehen (vgl ähnlich

IDW, Positionspapier zu Nichtprüfungsleistungen, Abschnitt 3.8), auch wenn sich die Gesellschaft in Sonderfragen anderer Berater bedient oder der General Counsel seinerseits Beratungsaufträge weitergibt. Das erscheint auch insofern sinnvoll, als in einer solchen Konstellation – geprüfte Gesellschaft befasst in allen Rechtsfragen primär den Abschlussprüfer oder sein Netzwerk – zwangsläufig eine Gefährdung der Unabhängigkeit gesehen werden muss (vgl ECG, FAQs – 2021, FAQ 7.21, mit Verweis auf den IESBA Code of Ethics).

Unzulässig ist daher eine gänzliche oder überwiegende Auslagerung von Aufgaben der Rechtsabteilung eines Unternehmens an den Abschlussprüfer oder sein Netzwerk. Eine punktuelle Rechtsberatung ist dagegen zulässig.

Allerdings müssen im Zusammenhang mit der allgemeinen Beratung juristische Leistungen erbracht werden. Das bloße Verteilen von Beratungsaufträgen an andere Berater erscheint daher unproblematisch, soweit es nicht bereits selbständig als juristische Leistung gesehen werden kann oder dadurch ein anderer Tatbestand des Art 5 der EU-VO erfüllt wird.

Die Erbringung spezifischer juristischer Beratungsleistungen führt dagegen (sofern sie keinen anderen Ausschlussgrund erfüllt, wie etwa die Teilnahme an Entscheidungen der geprüften Gesellschaft) nicht zur Ausgeschlossenheit als Abschlussprüfer des PIE. Das gilt auch dann, wenn die Leistung bilanzwesentlich ist; allerdings hat der Abschlussprüfer genau abzuwägen, ob eine solche Leistung Befangenheit begründen kann.

Das Verbot, juristische Leistungen im Zusammenhang mit Verhandlungen im Namen des geprüften Unternehmens zu erbringen, bezieht sich auf die rechtsgeschäftliche Vertretung selbst. Die Formulierung „im Namen“ deutet auf eine Handlungsweise hin, wodurch die Gesellschaft ohne eigene aktive Beteiligung zu etwas verpflichtet wird. Dies ist inhaltlich abzugrenzen von dem bloßen Aufzeigen von Handlungsalternativen oder der Unterstützung bei Verhandlungen, die von der Gesellschaft selbst geleitet werden. Vgl dazu (ebenso) IDW, Positionspapier zu Nichtprüfungsleistungen, Abschnitt 3.8.

Erfasst sind Verhandlungen (englische Sprachfassung: „*negotiation*“) im Namen des Kunden, die die Vorbereitung des Abschlusses von Rechtsgeschäften zum Gegenstand haben, dh in die Möglichkeit zur Vertretung vor Behörden durch Wirtschaftsprüfer wird durch diese Regelung nicht eingegriffen.

Ebenso steht diese Regelung vorbereitenden Beratungstätigkeiten des Abschlussprüfers oder der Unterstützung des Unternehmens zu Einzelfragen des Rechtsgeschäfts nicht entgegen.

Untersagt sind auch juristische Leistungen bei Vergleichsverhandlungen, sei es im Auftrag der geprüften Gesellschaft, im Auftrag des Prozessgegners oder als neutraler Vermittler (oder Mediator). Vom Verbot sind alle juristischen Leistungen im Zusammenhang mit Vermittlungstätigkeiten in Bezug auf die Beilegung von Rechtsstreitigkeiten erfasst. Nach der deutschen Sprachfassung (anders als nach der englischen) müssen diese Rechtsstreitigkeiten nicht gerichtsanhängig sein. In welcher Rolle der Abschlussprüfer oder Netzwerkangehörige auftritt, ist unerheblich. Erfasst sind daher das Einschreiten als Schlichter, Schiedsgutachter oder Mediator, aber auch alle Unterstützungshandlungen, wie etwa die Ausarbeitung von Vergleichsvorschlägen oder Ähnlichem.

Zu Rz (74):

Steuerberatungsleistungen und damit verbundene Vertretungsleistungen gegenüber Behörden stellen keine „Rechtsberatung“ iSv Art 5 Abs 1 Unterabs 2 lit g EU-VO dar. Die Verbote zu Steuerberatungsleistungen werden in lit a des gleichen Unterabs gesondert behandelt.

Zu Rz (75):

Vgl IDW, Positionspapier zu Nichtprüfungsleistungen, Abschnitt 3.10; ähnlich IESBA Code of Ethics, 2020 edition, section 605.1 ff.

Eine interne Revision wird üblicherweise als Stabstelle der Geschäftsleitung eingerichtet. Die konkrete Bezeichnung der betreffenden Organisationseinheit des geprüften Unternehmens ist unerheblich. Vom Tatbestand erfasst sind Leistungen im Zusammenhang mit jeder Organisationseinheit bzw jener Funktion im Unternehmen, welcher Aufgaben zugewiesen sind, die üblicherweise von einer internen Revision erbracht werden.

Zu den Tätigkeiten einer internen Revision zählen insbesondere:

- die Überwachung von internen Kontrollen – Überprüfung von Kontrollen, Überwachung ihrer Funktion und Empfehlung von Verbesserungen dazu,
- Untersuchungen von Finanz- und Betriebsinformationen – Überprüfung der Maßnahmen zur Erkennung, Bewertung und Klassifizierung von Finanz- und Betriebsinformationen und zur Berichterstattung darüber sowie besondere Untersuchungen einzelner Sachverhalte, einschließlich der Detailprüfung von Geschäftsvorfällen, Salden und Verfahren,
- die Überprüfung der Sparsamkeit, Wirtschaftlichkeit und Wirksamkeit der Geschäftstätigkeit, einschließlich der nichtfinanziellen Tätigkeiten einer Einheit, und
- die Überprüfung der Einhaltung von Gesetzen, anderen Rechtsvorschriften und sonstigen externen Anforderungen sowie der Einhaltung von Regelungen und Anweisungen des Managements und sonstigen internen Anforderungen.

Die interne Revision ist als Bestandteil des IKS eines Unternehmens im Rahmen der Abschlussprüfung zu beurteilen. Bei Kreditinstituten und Versicherungsunternehmen ist die interne Revision zudem verpflichtender Gegenstand der vom Bankprüfer/Abschlussprüfer durchzuführenden aufsichtsrechtlichen Prüfung und im Rahmen des aufsichtlichen Prüfungsberichts zu würdigen. Insofern sind auch Prüfungstätigkeiten abseits der Abschlussprüfung, die sich auf die interne Revision beziehen und nicht in deren Auftrag erfolgen, grundsätzlich unbedenklich.

Eine gesetzliche Verpflichtung zur Einrichtung einer internen Revision besteht insbesondere für Kreditinstitute (vgl § 42 BWG) und Versicherungsunternehmen (vgl §§ 85 Abs 3 und 4 bzw 119 VAG 2016). Aus der Verantwortung des Vorstandes bzw der Geschäftsführung, ein den Anforderungen des Unternehmens entsprechendes internes Kontrollsystem einzurichten (vgl zB für AG § 82 AktG, für GmbH § 22 Abs 1 GmbHG), kann gegebenenfalls auch für Unternehmen, die keine Kreditinstitute oder Versicherungsunternehmen sind, eine Verpflichtung zur Einrichtung einer internen Revisionsfunktion (verstanden als erforderlicher Bestandteil eines angemessenen internen Kontrollsystems) abgeleitet werden. Siehe weiters die C-Regel 18 des Österreichischen Corporate Governance Kodex (Fassung Jänner 2021), die in Abhängigkeit von der Größe des Unternehmens die Einrichtung einer internen Revision als eigene Stabstelle des Vorstandes oder ihre Auslagerung an eine geeignete Institution verlangt.

Vgl ebenso IDW, Positionspapier zu Nichtprüfungsleistungen, Abschnitt 3.10 und 3.11 (hinsichtlich der dazu analogen in Österreich vorgesehenen Beurteilung der Funktionsfähigkeit des Risikomanagements nach Regel 83 des Österreichischen Corporate Governance Kodex).

Zur verpflichtenden Prüfung der internen Revision bei Kreditinstituten und Versicherungsunternehmen vgl § 63 Abs 4 Z 3 BWG bzw § 263 Abs 1 Z 2 VAG 2016.

Zu Rz (78) bis (87):

Zu weiteren Ausführungen zu diesem Tatbestand vgl ECG, FAQs – 2021, FAQ 7.23.

Zu Rz (88):

Hinsichtlich der Prüfung von Unternehmen von öffentlichen Interesse wird in einer Stellungnahme der Europäischen Kommission festgehalten, dass die neuen Bestimmungen grundsätzlich auf die Prüfung von Geschäftsjahren anzuwenden sind, die am oder nach dem 17. Juni 2016 begonnen haben (vgl Europäische Kommission, Q&A – Implementation of the New Statutory Audit Framework, Schreiben vom 3. September 2014, http://ec.europa.eu/finance/auditing/docs/reform/140903-questions-answers_en.pdf).

Anlage: Entscheidungsbaum: Anzuwendende österreichische/europäische Regelungen zur Zulässigkeit von Nichtprüfungsleistungen (ohne Unabhängigkeitsregelungen für EU-Non-PIE-MU oder Drittstaaten-MU)

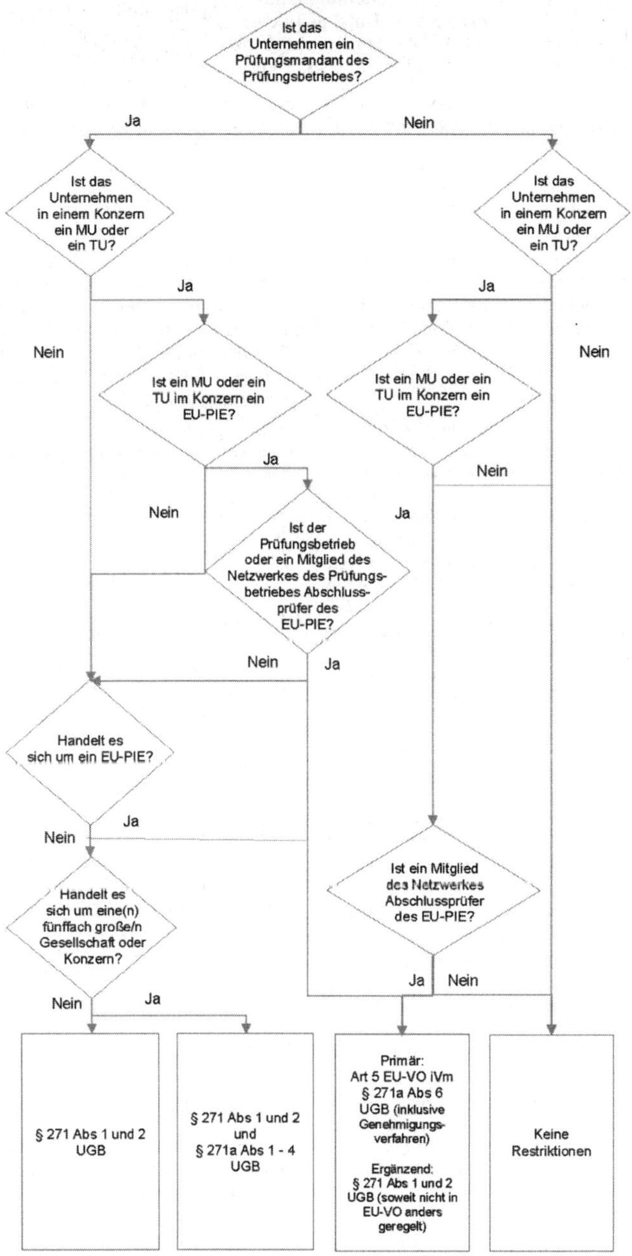

Beachte:
Im Falle des Vorliegens eines MU können durch die Einbeziehung des Unternehmens in eine Konzernabschlussprüfung auf Ebene des MU zusätzliche, eventuell strengere Unabhängigkeitsvorgaben von Seiten des Konzernabschlussprüfers zu beachten sein.

2/3/19a. KFS/PE 19a

Stellungnahme
des Fachsenats für Unternehmensrecht und Revision
zu Fragen im Zusammenhang mit der Honorarbegrenzung für Nichtprüfungsleistungen bei PIEs („Fee Cap“) gemäß Art. 4 Abs. 2 Verordnung (EU) Nr. 537/2014

(beschlossen in der Sitzung des Fachsenats für Unternehmensrecht und Revision am 23. September 2019 als Stellungnahme KFS/PE 19a; von der Abschlussprüferaufsichtsbehörde (APAB) genehmigt)

1. Rechtsgrundlagen

(1) Die Verordnung (EU) Nr. 537/2014 des Europäischen Parlaments und des Rates vom 16.4.2014 über spezifische Anforderungen an die Abschlussprüfung bei Unternehmen von öffentlichem Interesse und zur Aufhebung des Beschlusses 2005/909/EG der Kommission, ABl. L 158 vom 27.5.2014, 77 (in der Folge als „AP-VO“ bezeichnet), regelt in Art. 4 Abs. 2 Folgendes:

„Wenn ein Abschlussprüfer oder eine Prüfungsgesellschaft für einen Zeitraum von drei oder mehr aufeinanderfolgenden Geschäftsjahren für ein geprüftes Unternehmen, dessen Muttergesellschaft oder die von diesem beherrschten Unternehmen andere als die in Artikel 5 Absatz 1 dieser Verordnung genannten Nichtprüfungsleistungen erbringt, werden die Gesamthonorare für diese Leistungen auf maximal 70 % des Durchschnitts der in den letzten drei aufeinanderfolgenden Geschäftsjahren für die Abschlussprüfung(en) des geprüften Unternehmens und gegebenenfalls seines Mutterunternehmens, der von ihm beherrschten Unternehmen und der konsolidierten Abschlüsse der betreffenden Unternehmensgruppe durchschnittlich gezahlten Honorare begrenzt.

Für die Zwecke der in Unterabsatz 1 genannten Beschränkungen werden andere als die in Artikel 5 Absatz 1 genannten Nichtprüfungsleistungen, die nach Unionsrecht oder nationalem Recht erforderlich sind, ausgenommen.

Die Mitgliedstaaten können vorsehen, dass eine zuständige Behörde auf Ersuchen des Abschlussprüfers oder der Prüfungsgesellschaft ausnahmsweise gestatten darf, dass der Abschlussprüfer oder die Prüfungsgesellschaft in Bezug auf ein geprüftes Unternehmen für einen Zeitraum von höchstens zwei Geschäftsjahren von den Anforderungen nach Unterabsatz 1 ausgenommen wird.“

(2) Das im letzten Unterabsatz des Art. 4 Abs. 2 der AP-VO eingeräumte Mitgliedstaatenwahlrecht, zeitlich begrenzte Ausnahmen von der Honorarbegrenzung (im Folgenden kurz „Fee Cap“ genannt) vorzusehen, ist in Österreich in § 271a Abs. 7 Satz 1 UGB umgesetzt worden:

„Die Abschlussprüferaufsichtsbehörde kann den Abschlussprüfer einer Gesellschaft im Sinn des § 189a Z 1 lit. a und lit. d auf dessen Antrag ausnahmsweise und unter Bedachtnahme auf seine weiter bestehende Unabhängigkeit von den Anforderungen des Art. 4 Abs. 2 Unterabs. 1 der Verordnung (EU) Nr. 537/2014 für höchstens zwei Geschäftsjahre ausnehmen.“

(3) Diese Stellungnahme behandelt auf Basis der von der Europäischen Kommission verlautbarten Interpretationen[1], der Stellungnahme des Committee of European Auditing Oversight Bodies (CEAOB)[2] und anderen Veröffentlichungen verschiedener Institutionen Fragen der praktischen Anwendung des Fee Cap.

[1] Vgl. https://ec.europa.eu/info/law/audit-directive-2006-43-ec/implementation/guidance-implementation-and-interpretation-law_en.

[2] Vgl. Committee of European Auditing Oversight Bodies (CEAOB), Monitoring the fee cap of non-audit services (2018).

2. Zu klärende Fragen

2.1. Frage 1: Bei welchen Abschlussprüfungen gilt der Fee Cap?

(4) Die Vorschriften des Art. 4 Abs. 2 AP-VO gelten für die Abschlussprüfung von Unternehmen von öffentlichem Interesse (public interest entities, PIEs) gemäß § 189a Z 1 UGB.

(5) Besteht ein Konzern aus mehreren PIEs, hat die Ermittlung für jedes PIE getrennt zu erfolgen.

2.2. Frage 2: Wie berechnet sich der Fee Cap?

(6) Der Fee Cap ermittelt sich für ein bestimmtes Geschäftsjahr als Durchschnitt der Honorare für die Durchführung von gesetzlichen Abschlussprüfungen (in der Folge als „Prüfungsleistungen“ bezeichnet, siehe hierzu Frage 2.6.) der drei vorangegangenen Geschäftsjahre. Somit gilt folgende Formel hinsichtlich der Beschränkungen aufgrund der Fee Cap-Regelung für Nichtprüfungsleistungen für PIEs:

$$\frac{\textit{Honorare Nichtprüfungsleistungen (Jahr 4)}}{\textit{ø Honorare Prüfungsleistungen (Jahr 1 bis 3))}} \leq 70\,\%$$

2.3. Frage 3: Sind für die Berechnung des Fee Cap eines PIE auch die Prüfungs- und Nichtprüfungsleistungen anderer Mitglieder des Netzwerkes zu berücksichtigen?

(7) Nein, in die Berechnung sämtlicher Beträge (Zähler und Nenner) sind ausschließlich jene Honorare einzubeziehen, die sich auf Leistungen des Abschlussprüfers bzw. der Prüfungsgesellschaft (in der Folge vereinfachend als „Abschlussprüfer“ bezeichnet) beziehen (und nicht auch Honorare von

anderen Mitgliedern seines Netzwerkes), d.h. es erfolgt keine netzwerkweite Betrachtung.[3]

[3] Vgl. Q&A – Implementation of the New Statutory Audit Framework – Europäische Kommission (2014), 3; European Contact Group (ECG) – FAQs vom 21.2.2018, 81; IDW Positionspapier zu Nichtprüfungsleistungen des Abschlussprüfers, Stand: 5.11.2018, Fragen 4.3.4. und 4.3.8.; Committee of European Auditing Oversight Bodies (CEAOB), Monitoring the fee cap of non-audit services (2018), 2.

(8) Im Falle von Joint Audits hat jeder Abschlussprüfer den Fee Cap auf Basis seines abgerechneten Prüfungshonorars zu berechnen und nicht auf Basis des Gesamthonorars.[4]

[4] Vgl. European Contact Group (ECG) – FAQs vom 21.2.2018, 79.

2.4. Frage 4: Die Honorare von welchen Unternehmen sind bei der Berechnung des Fee Cap einzubeziehen?

(9) Der (mögliche) Kreis der Unternehmen, die Leistungsempfänger der einzubeziehenden Prüfungsleistungen und Nichtprüfungsleistungen sind, sind das geprüfte PIE selbst, dessen Muttergesellschaften sowie vom geprüften PIE beherrschte Unternehmen. Der Sitz der Unternehmen ist in diesem Zusammenhang irrelevant, d.h. dies gilt auch, wenn ein anderes Unternehmen aus diesem Kreis als das geprüfte PIE seinen Sitz außerhalb der EU hat.[5]

[5] Vgl. Q&A – Implementation of the New Statutory Audit Framework – Europäische Kommission (2014), 3; IDW Positionspapier zu Nichtprüfungsleistungen des Abschlussprüfers, Stand: 5.11.2018, Frage 4.3.4.; Committee of European Auditing Oversight Bodies (CEAOB), Monitoring the fee cap of non-audit services (2018), 2.

2.5. Frage 5: Wie sind Unterbrechungen bei der Erbringung von Prüfungs- oder Nichtprüfungsleistungen zu berücksichtigen?

(10) Nur wenn Prüfungsleistungen und Nichtprüfungsleistungen ununterbrochen für drei aufeinanderfolgende Geschäftsjahre durch denselben Abschlussprüfer erbracht worden sind, ist im folgenden Geschäftsjahr der Fee Cap für Nichtprüfungsleistungen dieses Abschlussprüfers anzuwenden.[6] Wurden somit für eines der drei vorangegangenen Geschäftsjahre keine Prüfungs- und/oder keine Nichtprüfungsleistungen erbracht, ist die Beschränkung durch den Fee Cap im folgenden Geschäftsjahr (d.h. im vierten Jahr) nicht anwendbar.[7]

[6] Vgl. Q&A – Implementation of the New Statutory Audit Framework – Europäische Kommission (2014), 3.

[7] Vgl. Q&A – Implementation of the New Statutory Audit Framework – Europäische Kommission (2014), 2 f; IDW Positionspapier zu Nichtprüfungsleistungen des Abschlussprüfers, Stand: 5.11.2018, Frage 4.2.4.; eine Behörde kann ggf. die Umstände, die zur Unterbrechung führten, untersuchen, wenn sie beispielsweise einen Betrugsfall oder Kollusion zwischen dem geprüften PIE und dem Abschlussprüfer oder sonstige gesetzwidrige Umgehungsversuche vermutet.

2.6. Frage 6: Welche Arten von Prüfungsleistungen bzw. welche anderen Leistungen zur Unterstützung der Abschlussprüfung sind in die Berechnungsbasis für den Fee Cap (Nenner) einzubeziehen?

(11) Der Begriff „Abschlussprüfung“ ist in Art. 2 Z 1 der Richtlinie 2006/43/EU („Abschlussprüfungs-Richtlinie“, i.d.F. Richtlinie 2014/56/EU) festgelegt und bezieht sich insbesondere auf die gesetzlich vorgeschriebene Prüfung des Jahres- und des Konzernabschlusses.

(12) Zusätzlich zu den Honoraren für Abschlussprüfungen gelten auch Honorare für gesonderte, im Einzelfall genehmigungspflichtige Nichtprüfungsleistungen als Teil der Honorare für Abschlussprüfungen, sofern diese sonstigen Leistungen inhaltlich als Teil einer Jahres- oder Konzernabschlussprüfung anzusehen sind, weil sie unmittelbar für die konkrete Abschlussprüfung genutzt werden. Beispielsweise betrifft dies Leistungen des (Konzern-)Abschlussprüfers im Zusammenhang mit

- der Prüfung, der prüferischen Durchsicht oder bestimmten, festgelegten Prüfungshandlungen (specified procedures) von bzw. zu Reporting Packages von beherrschten Unternehmen im Rahmen von Konzernabschlussprüfungen, die durch ihn durchgeführt werden (vgl. § 269 Abs. 2 UGB),
- der Prüfung von Eröffnungs-/Erwerbsbilanzen bei Unternehmenszusammenschlüssen im Zuge von Konzernabschlussprüfungen,
- IT-Prüfungen für Zwecke der Jahres- bzw. Konzernabschlussprüfung des PIE (z.B. Migrationsprüfungen, Prüfungen des Kontrollsystems der IT-Organisation des PIE gemäß ISAE 3402 etc.),
- (freiwilligen) Abschlussprüfungen von kleinen Unternehmen, sofern es sich um zum Konzern gehörende Tochterunternehmen handelt und diese Prüfungen zur Prüfung des Jahres- oder Konzernabschlusses des übergeordneten inländischen PIE beitragen (dies kann insbesondere dann der Fall sein, wenn diese Prüfungen lokale Abschlüsse betreffen, die nach denselben, Rechnungslegungsgrundsätzen wie der Konzernabschluss aufgestellt werden),
- der Prüfung oder der prüferischen Durchsicht von Reporting Packages von PIEs, die selbst beherrschte Unternehmen sind, sowie von ihren Tochterunternehmen durch denselben Abschlussprüfer, wenn sie als Teil einer Konzernabschlussprüfung erfolgen, die nach Unionsrecht erforderlich ist, und
- erweiterten Prüfungshandlungen, wie sie beispielsweise bei einer Prüfung der internen Kontrollen im Rahmen eines Integrated Audit nach PCAOB-Standards notwendig sind, sofern sie im Rahmen einer Abschlussprüfung im Sinne der AP-VO erbracht werden und untrennbar mit der Abschlussprüfung verbunden sind.

(13) In inhaltlicher Hinsicht von der Abschlussprüfung abzugrenzen sind rechtlich vorgeschriebene vom Abschlussprüfer zusätzlich zu erbringende Leistungen, deren Honorar folglich auch nicht in der Berechnung des Fee Cap Berücksichtigung findet. Bankaufsichtliche Prüfungen gemäß § 63 Abs. 4 BWG oder Prüfungen von Versicherungsunternehmen gemäß § 263 Abs. 1 und 2 VAG 2016 sind zwar jeweils verpflichtend durch den Abschlussprüfer durchzuführen und werden auch als eng mit der Abschlussprüfung verbunden betrachtet, inhaltlich und EU-rechtlich sind sie jedoch nicht Teil der „Abschlussprüfung" i.S.v. Art. 2 Z 1 AP-RL.[8, 9]

[8] Vgl. European Contact Group (ECG) – FAQs vom 21.2.2018, 80: „the definition of statutory audit fees for the calculation of the cap will be narrow and that fees for assurance work required by national legislation will not be included in the denominator, unless such services are included in the national definition of a statutory audit as per Article 26 (4) of the Directive (under the ISAs, these are considered „Other Legal and Regulatory Requirements")."

[9] Gemäß Art. 26 Abs. 4 Bst. a AP-RL ist es den Mitgliedstaaten unter bestimmten Voraussetzungen gestattet, zusätzliche Prüfverfahren und Prüfungsanforderungen zur Abschlussprüfung vorzuschreiben, die erforderlich sind, „um den nationalen rechtlichen Anforderungen in Bezug auf den Umfang der Abschlussprüfungen [und den dazu vorgesehenen Bestätigungsvermerk; Anm. der Verfasser] Wirkung zu verleihen". Zusätzliche Prüfverfahren und Prüfungsanforderungen i.S.v. Art. 26 Abs. 4 Bst. a AP-RL betreffen ausschließlich Anforderungen für die Abschlussprüfung selbst, wie z.B. jene gemäß KFS/PG 1, dass im Rahmen einer Abschlussprüfung unter Anwendung der österreichischen Grundsätze ordnungsmäßiger Abschlussprüfung die International Standards on Auditing zu berücksichtigen sind. Vgl. KFS/PG 1, Rz 13; Committee of European Auditing Oversight Bodies (CEAOB), Monitoring the fee cap of non-audit services (2018), 4. Im Unterschied dazu betreffen die Prüfungen gemäß § 63 Abs. 4 BWG und gemäß § 263 Abs. 1 und 2 VAG nicht zusätzliche Prüfverfahren und Prüfungsanforderungen i.S.v. Art. 26 Abs. 4 Bst. a AP-RL, somit nicht den geprüften Abschluss bzw. den dazu vorgesehenen Bestätigungsvermerk, sondern andere Informationsinhalte und münden daher auch in einer gesonderten Berichterstattung.

2.7. Frage 7: Welche Leistungen bleiben bei der Berechnung des Fee Cap im Zähler außer Betracht?

(14) Grundsätzlich definiert die Verordnung alle Leistungen, die nicht gesetzliche Abschlussprüfungen darstellen, als Nichtprüfungsleistungen. Die Fee Cap-Regelungen gelten nur für „erlaubte" Nichtprüfungsleistungen, die vom Abschlussprüfer an die geprüfte Einheit/Gruppe erbracht werden. Verbotene Nichtprüfungsleistungen i.S.d. Art. 5 Abs. 1 AP-VO dürfen nicht erbracht werden und fallen somit auch nicht unter die 70%-Begrenzung durch den Fee Cap.

(15) Nichtprüfungsleistungen, die i.S.v. Art. 4 Abs. 2 Unterabs. 2 AP-VO (vgl. Rz (1)) entweder durch Unionsrecht oder nationales Recht vorgeschrieben und nicht aufgrund Art. 5 Abs. 1 APVO verboten sind (sog. „erforderliche Nichtprüfungsleistungen"), sind von den Beschränkungen durch den Fee Cap ausgenommen und dürfen ohne betragliche Einschränkung erbracht werden. Dies gilt beispielsweise für folgende gesetzlich vorgeschriebene Leistungen, die verpflichtend vom bestellten Abschlussprüfer oder einem anderen Wirtschaftsprüfer durchzuführen sind (und sei es auch nur zur Erfüllung von Voraussetzungen für die Beantragung bestimmter Förderungen):[10]

[10] Vgl. IDW Positionspapier zu Nichtprüfungsleistungen des Abschlussprüfers, Stand: 5.11.2018, Frage 4.3.6.

- aufsichtsrechtliche Prüfungen für Kreditinstitute oder Versicherungsunternehmen (§§ 63 Abs. 4 BWG bzw. 263 Abs. 1 und 2 VAG 2016);
- gesellschaftsrechtlich erforderliche Gründungs- und Verschmelzungsprüfungen (siehe etwa § 25 Abs. 4 AktG);
- gesellschaftsrechtlich erforderliche Spaltungsprüfungen (§ 5 Abs. 3 SpaltG);
- Prüfung des Berichts über eine Kapitalerhöhung aus Gesellschaftsmitteln (§ 2 Abs. 5 KapBG);
- Prüfung der Einhaltung der Vorschriften für Spendenabzugsfähigkeit (§ 4a EStG);
- Prüfung der Einhaltung der Vorschriften für die Geltendmachung der Forschungsprämie (§ 108c EStG);
- prüferische Bestätigungen zu Gewinnen zwecks Zurechnung zum harten Kernkapital gemäß Art. 26 Abs. 2 Bst. a EU-Verordnung Nr. 575/2013;
- Prüfung von Pro forma-Informationen gemäß Pkt. 20.2. Annex I sowie Prüfung von „forward looking" Informationen gemäß Pkt. 13.2. Annex I der EU-Verordnung Nr. 809/2004 im Zusammenhang mit den in Prospekten enthaltenen Informationen.

(16) Nichtprüfungsleistungen i.S.v. Rz (15) gelten dann als erforderlich, wenn das Unternehmen nicht freiwillig entscheiden kann, ob es einen Wirtschaftsprüfer mit dieser Nichtprüfungsleistung beauftragt oder nicht. Dabei muss die Durchführung der Nichtprüfungsleistung nicht dem Abschlussprüfer vorbehalten sein.[11]

[11] Vgl. IDW Positionspapier zu Nichtprüfungsleistungen des Abschlussprüfers, Stand: 5.11.2018, Frage 4.3.6.

(17) Nicht von der Ausnahme erfasst (und damit als Nichtprüfungsleistung im Zähler der Berechnung zu berücksichtigen) sind hingegen Honorare für vom Abschlussprüfer durchgeführte Leistungen, die nicht auf gesetzlichen Vorschriften, sondern nur auf anderen, fachlichen oder sonstigen Regelungen beruhen, wie z.B.:

- für bestimmte börsennotierte Unternehmen, die sich gemäß § 243c Abs. 1 Z 1 UGB zum Österreichischen Corporate Governance Kodex (ÖCGK) bekennen, nach dessen Regel 83 eine Evaluierung des Risikomanagementsystems durch den Abschlussprüfer zu erfolgen hat;
- die Ausfertigung eines Comfort Letters im Zusammenhang mit Kapitalmarkttransaktionen,

die nach den einschlägigen internationalen und nationalen Vorgaben (z.B. IWP/PE 11) dem Abschlussprüfer vorbehalten ist;
- andere nicht vorgeschriebene sonstige Prüfungen (vgl. KFS/PG 13) wie z.B. die Prüfung von nichtfinanziellen Erklärungen (Berichten), Corporate Governance-Berichten u.a.m.

(18) Jegliche Honorare für Leistungen, die nicht von der Ausnahmeregelung erfasst sind, sind als Honorare für Nichtprüfungsleistungen in den Zähler aufzunehmen.

2.8. Frage 8: Wie sind Honorare in zeitlicher Hinsicht zuzuordnen, d.h. sind die erbrachten (und abgegrenzten), die verrechneten oder die gezahlten Leistungen in die Berechnungsbasis einzubeziehen?

(19) Die zugrunde zu legenden Honorare für Prüfungs- und Nichtprüfungsleistungen sind aus der Buchführung bzw. dem Jahresabschluss des PIE oder aus den entsprechenden Aufzeichnungen des Abschlussprüfers zu entnehmen und sind somit die Honorare, die sich unter Berücksichtigung von Abgrenzungsgesichtspunkten auf das Geschäftsjahr beziehen,[12] d.h. der Zeitpunkt der Fakturierung oder Bezahlung der Leistung ist nicht von Bedeutung.

[12] Vgl. European Contact Group (ECG) – FAQs vom 21.2.2018, 80; Committee of European Auditing Oversight Bodies (CEAOB), Monitoring the fee cap of non-audit services (2018), 3.

2.9. Frage 9: Aus welchen Bestandteilen setzt sich die für die Berechnung des Fee Cap zu ermittelnde Honorarsumme zusammen?

(20) Die Honorare ermitteln sich ohne Berücksichtigung von Nebenkosten im Sinne von Abschnitt 12. Abs. 6 bis 9 der Allgemeinen Auftragsbedingungen (AAB 2018), d.h. z.B. ohne Barauslagen, Kosten von zusätzlichen Versicherungen, Reisespesen etc.

(21) Allfällige auf die verrechneten Honorare entfallende Umsatzsteuerbeträge sind für die Berechnung ebenfalls nicht zu berücksichtigen.

2.10. Frage 10: Wann greift der Fee Cap erstmalig (Übergangsszenario aufgrund Inkrafttretens der AP-VO)?

(22) Die Fee Cap-Regelung ist erstmals auf Geschäftsjahre anwendbar, die am oder nach dem 17. Juni 2016 beginnen. Da die Verordnung nicht retrospektiv anzuwenden ist, beginnt der Beobachtungszeitraum von drei aufeinanderfolgenden Geschäftsjahren für den Fee Cap frühestens am 17. Juni 2016. Die Konsequenzen des Fee Cap treten erst im vierten Geschäftsjahr ein. Rumpfgeschäftsjahre sind dabei mitzuzählen.

Beispiel:

Für ein Unternehmen mit Bilanzstichtag 31.12. ist das erste zu beobachtende Geschäftsjahr das Geschäftsjahr mit Stichtag 31.12.2017. Daher sind die Prüfungshonorare der Geschäftsjahre 2017, 2018 und 2019 in der Berechnungsbasis für den Fee Cap zu berücksichtigen. In weiterer Folge sind im Jahr 2020 70 % der durchschnittlichen Prüfungshonorare der letzten drei Geschäftsjahre die maximale Höhe der erlaubten Honorare für Nichtprüfungsleistungen.[13]

[13] Vgl. Committee of European Auditing Oversight Bodies (CEAOB), Monitoring the fee cap of non-audit services (2018), 3.

2.11. Frage 11: Wann greift der Fee Cap erstmalig, wenn ein Unternehmen zum PIE wird?

(23) Für den Fall, dass ein Unternehmen erstmalig die Eigenschaften eines PIE erfüllt, kommt die Fee Cap-Regelung nicht sofort durch Beschränkungen der möglichen Honorare für Nichtprüfungsleistungen zur Anwendung, sondern es beginnt ab dem Geschäftsjahr der Erlangung der PIE-Eigenschaft der dreijährige Beobachtungszeitraum zur Ermittlung des Fee Cap zu laufen.[14]

[14] Vgl. Q&A – Implementation of the New Statutory Audit Framework – Europäische Kommission (2014), 6.

Beispiel:

Ein Unternehmen wird im Geschäftsjahr 2018 durch die Emission einer Anleihe auf einem geregelten Markt in der EU zu einem PIE. Für die Berechnung des Fee Cap sind in diesem Fall die Honorare der Geschäftsjahre 2018, 2019 und 2020 heranzuziehen, und der Fee Cap greift mit der 70%igen Beschränkung im Jahr 2021.

2.12. Frage 12: Gibt es Ausnahmen von der Verpflichtung zur Einhaltung des Fee Cap?

(24) Honorare für Nichtprüfungsleistungen dürfen in höchstens zwei Jahren den errechneten Fee Cap überschreiten, wenn der Abschlussprüfer dazu eine Genehmigung der APAB erhalten hat (vgl. Rz (2)).

2.13. Frage 13: Wie ist nach der vollständigen Ausschöpfung des Fee Cap vorzugehen?

(25) Ist der Fee Cap durch erbrachte Leistungen ausgeschöpft, ist es nicht zulässig, noch weitere Nichtprüfungsleistungen zu erbringen, sofern nicht von der Ausnahmeregelung i.S.d. Rz (24) Gebrauch gemacht wurde.

3. Anwendungszeitpunkt

(26) Die Stellungnahme ist auf Geschäftsjahre anzuwenden, für die die Vorschriften des Art. 4 Abs. 2 AP-VO anzuwenden sind (vgl. Abschnitt 2.10.).

2/3/19b. KFS/PE 19b

Stellungnahme des Fachsenats für Unternehmensrecht und Revision zu Fragen im Zusammenhang mit der personenbezogenen Rotation gemäß § 271a UGB und Art. 17 Abs. 7 AP-VO

(beschlossen vom Fachsenat für Unternehmensrecht und Revision am 24. März 2020 als Stellungnahme KFS/PE 19b)

1. Vorbemerkungen

(1) Mit der Umsetzung der EU Audit Reform traten gesonderte Regelungen zur personenbezogenen Rotation für Unternehmen von öffentlichem Interesse (public interest entities, PIEs) in Kraft, die für diese Unternehmen die bisherigen Bestimmungen des § 271a UGB ersetzen. Die (durch das APRÄG 2016 geänderten) Bestimmungen des § 271a UGB zur personenbezogenen Rotation gelten somit seit dem Inkrafttreten des APRÄG 2016 nur noch für fünffach große Gesellschaften und wurden an die international üblichen Fristen angeglichen, indem die personenbezogene Rotationsfrist und die Cooling-off-Periode auf sieben bzw. drei Jahre ausgedehnt wurden.[1]

[1] Vgl. Abänderungsantrag zur RV, AA-156 25. GP.

(2) Die personenbezogene Rotation der Abschlussprüfer von PIEs ist nunmehr ausschließlich in Art. 17 Abs. 7 der Verordnung (EU) Nr. 537/2014 des Europäischen Parlaments und des Rates vom 16.4.2014 über spezifische Anforderungen an die Abschlussprüfung bei PIEs und zur Aufhebung des Beschlusses 2005/909/EG der Kommission, ABl. L 158 vom 27.5.2014, 77 (in der Folge als „EU-VO“ bezeichnet), geregelt; das darin enthaltene Mitgliedstaatenwahlrecht zur Verkürzung der Rotationsfrist wurde von Österreich nicht wahrgenommen. Verantwortliche Prüfungspartner haben demnach eine personenbezogene Rotationsfrist von sieben Jahren und eine Cooling-off-Periode von drei Jahren zu beachten, und für das an der Abschlussprüfung beteiligte Führungspersonal besteht die Verpflichtung zu einer zeitlich nicht spezifizierten graduellen Rotation.

(3) Gegenstand dieser Stellungnahme ist die Behandlung von ausgewählten Einzelfragen zu diesen beiden Vorschriften.[2]

[2] Aufgrund anderer Regelungen, denen sich ein Prüfungsbetrieb aufgrund von Netzwerkzugehörigkeit bzw. Vereinbarung unterwirft (insbesondere dem „Code of Ethics for Professional Accountants“ des International Ethics Standards Board for Accountants (IESBA Code of Ethics) der International Federation of Accountants (IFAC), Section 540), können sich zusätzliche Verpflichtungen ergeben, die nicht Gegenstand dieser Stellungnahme sind.

2. Rechtsgrundlagen

(4) Die unternehmensrechtlichen Vorschriften zur personenbezogenen Rotation bei Abschlussprüfungen von fünffach großen Gesellschaften lauten wie folgt:

„§ 271a. (1) Ein Wirtschaftsprüfer ist als Abschlussprüfer einer großen Gesellschaft, bei der das Fünffache eines der in Euro ausgedrückten Größenmerkmale einer großen Gesellschaft (§ 221 Abs. 3 erster Satz in Verbindung mit Abs. 4 bis 6) überschritten wird, neben den in § 271 Abs. 2 genannten Gründen ausgeschlossen, wenn er

...

4. einen Bestätigungsvermerk gemäß § 274 über die Prüfung des Jahresabschlusses der Gesellschaft bereits in sieben Fällen gezeichnet hat; dies gilt nicht nach einer Unterbrechung der Prüfungstätigkeit für zumindest drei aufeinander folgende Geschäftsjahre.

...

(3) Eine Wirtschaftsprüfungsgesellschaft ist von der Abschlussprüfung einer in Abs. 1 genannten Gesellschaft neben den in § 271 Abs. 4 genannten Gründen ausgeschlossen, wenn sie selbst, einer ihrer gesetzlichen Vertreter, ein Gesellschafter, ein mit ihr verbundenes Unternehmen oder eine von ihr bei der Prüfung beschäftigte Person nach Abs. 1 ausgeschlossen ist, oder einer ihrer Gesellschafter an einer ausgeschlossenen Gesellschaft beteiligt ist, oder jemand, der zumindest mittelbar an der Wirtschaftsprüfungsgesellschaft beteiligt ist, auch an einer ausgeschlossenen Gesellschaft mit mehr als fünf von Hundert zumindest mittelbar beteiligt ist. Abs. 1 Z 4 findet dabei mit der Maßgabe Anwendung, dass von der Prüfung der den Bestätigungsvermerk unterzeichnende Wirtschaftsprüfer nach Abs. 1 Z 4 ausgeschlossen wäre; dies gilt sinngemäß für eine für ihn tätige Person, die eine maßgeblich leitende Funktion bei der Prüfung ausübt.

(4) Die Abs. 1 bis 3 sind auf den Konzernabschlussprüfer sinngemäß anzuwenden. Ausgeschlossen sind darüber hinaus Personen, die gemäß Abs. 1 Z 4 von der Prüfung eines bedeutenden verbundenen Unternehmens ausgeschlossen sind, sowie Wirtschaftsprüfungsgesellschaften, die gemäß Abs. 3 in Verbindung mit Abs. 1 Z 4 von der Prüfung eines bedeutenden verbundenen Unternehmens ausgeschlossen sind.“

(5) Die EU-VO regelt in Art. 17 Abs. 7 Folgendes:

„Die für die Durchführung einer Abschlussprüfung verantwortlichen Prüfungspartner beenden ihre Teilnahme an der Abschlussprüfung des geprüften Unternehmens spätestens sieben Jahre nach dem Datum ihrer Bestellung. Sie können frühestens drei Jahre nach dieser Beendigung ihrer Teilnahme

wieder an der Abschlussprüfung des geprüften Unternehmens mitwirken.

Abweichend davon können die Mitgliedstaaten vorschreiben, dass die für die Durchführung einer Abschlussprüfung verantwortlichen Prüfungspartner ihre Teilnahme an der Abschlussprüfung des geprüften Unternehmens früher als sieben Jahre nach dem Datum ihrer Bestellung beenden.

Der Abschlussprüfer oder die Prüfungsgesellschaft führt ein angemessenes graduelles Rotationssystem für das an der Abschlussprüfung beteiligte Führungspersonal ein, das zumindest die als Abschlussprüfer geführten Personen erfasst. Diese graduelle Rotation erfolgt gestaffelt und betrifft einzelne Personen und nicht das gesamte Prüfungsteam. Sie steht in einem angemessenen Verhältnis zu Umfang und Komplexität der Tätigkeiten des Abschlussprüfers bzw. der Prüfungsgesellschaft.

Der Abschlussprüfer bzw. die Prüfungsgesellschaft muss in der Lage sein, der zuständigen Behörde gegenüber darzulegen, dass dieses System wirksam angewandt wird und dem Umfang und der Komplexität seiner bzw. ihrer Tätigkeiten angemessen ist."

Gemäß Art. 3 EU-VO ist zu beachten, dass sich die Definitionen der Begriffe „Abschlussprüfung", „Abschlussprüfer", „Prüfungsgesellschaft", „Unternehmen von öffentlichem Interesse" und „verantwortlicher Prüfungspartner" direkt aus Art. 2 AP-RL ergeben.

3. Vorschriften für fünffach große Gesellschaften

3.1. Welcher Personenkreis ist von der Rotationsverpflichtung betroffen bzw. wann tritt diese Verpflichtung ein?

(6) Gemäß § 271a Abs. 1 Z 4 UGB ist ausgeschlossen, wer als Wirtschaftsprüfer einen Bestätigungsvermerk bereits in sieben Fällen gezeichnet hat.

(7) Prüfungsgesellschaften haben gemäß § 17 Abs. 1 KSW-PRL 2017 die Verantwortung für die Durchführung eines Prüfungsauftrags einschließlich der Anleitung und Überwachung des Auftragsteams einem verantwortlichen Prüfer zu übertragen und dies zu dokumentieren sowie gemäß § 77 Abs. 9 WTBG 2017 diesen gegenüber dem Auftraggeber namhaft zu machen. Der verantwortliche Prüfer hat den Bestätigungsvermerk gemäß § 274 Abs. 7 Satz 2 UGB jedenfalls zu unterzeichnen und fällt somit stets unter die Verpflichtung zur Rotation. Wurde der Bestätigungsvermerk von zwei oder mehreren Wirtschaftsprüfern unterzeichnet, gilt die Rotationspflicht für sämtliche Unterzeichnenden.

(8) Bei Prüfungsgesellschaften sind neben dem unterzeichnenden Wirtschaftsprüfer auch für ihn tätige Personen, die eine maßgeblich leitende Funktion bei der Prüfung ausgeübt haben, von der Rotationspflicht umfasst. Dabei gilt Folgendes:

a) Die letztverantwortliche Entscheidung über das Prüfungsurteil ist immer durch den verantwortlichen Prüfer gemäß § 17 Abs. 1 KSW-PRL 2017 zu treffen (der sich gemäß § 17 Abs. 4 KSW-PRL 2017 auch an der Abschlussprüfung aktiv zu beteiligen hat).

b) Unbeschadet dieser Letztverantwortung kann bei der Organisation und Durchführung einer Abschlussprüfung der verantwortliche Prüfer bestimmte Aufgaben auch an andere Personen unter seiner Aufsicht delegieren.

3.2. Wer gilt als Person, die eine maßgeblich leitende Funktion ausgeübt hat?

(9) Die Übernahme einer maßgeblich leitenden Funktion im Sinne von Rz (8) ist dann anzunehmen, wenn der verantwortliche Prüfer andere Personen explizit oder faktisch dazu bestimmt hat, an wichtigen prüferischen Entscheidungen oder Beurteilungen zu maßgeblichen Sachverhalten im Rahmen der Prüfungsplanung und Prüfungsdurchführung sowie an der Beurteilung der Auswirkungen auf das Prüfungsurteil in qualitativ erheblichem Ausmaß mitzuwirken.[3] In der Regel wird es sich hierbei um Personen handeln, die hierarchisch unmittelbar nach dem verantwortlichen Wirtschaftsprüfer im Auftragsteam eingesetzt sind, sofern diese Personen, bezogen auf den konkreten Prüfungsauftrag, ausreichend erfahren und qualifiziert sind, um derartige wichtige Entscheidungen und Beurteilungen treffen und verantworten zu können. Nimmt hingegen der den Bestätigungsvermerk unterzeichnende Wirtschaftsprüfer diese Aufgaben selbst wahr, entfällt dieser Ausschlussgrund.[4, 5]

[3] Vgl. im Ergebnis g.A. Reiter in Chini/Reiter/Reiter, GesRÄG 2005 – A-QSG 112 f.; Gelter/Reiter in Bertl/Mandl, Handbuch zum RLG § 271a Rz 45 f.; Casey in Hirschler, Bilanzrecht § 271a Rz 50.

[4] Vgl. ErläutRV GesRÄG 2005, 927 BlgNR 22. GP 16.

[5] Eine geringe Stundenanzahl des verantwortlichen Prüfers kann ein Indiz dafür sein, dass eine andere Person in qualitativ erheblichem Ausmaß an wichtigen prüferischen Entscheidungen und Beurteilungen mitwirkt.

(10) Die Funktion als auftragsbegleitender Qualitätssicherer gemäß § 20 Abs. 3 KSW-PRL 2017 ebenso wie die Unterstützung im Rahmen von fachlichen Konsultationen (§ 18 KSW-PRL 2017) oder die Beiziehung als Experte (ISA 620.6(a)) führt zu keiner Rolle als Person in maßgeblich leitender Funktion.

3.3. Wie erfolgt die Zählung der Rotationsfrist?

(11) In die Zählung der Fälle einbezogen werden Geschäftsjahre des geprüften Unternehmens, d.h. auch Rumpfgeschäftsjahre, sodass die betroffene Person nicht notwendigerweise in den letzten sieben Kalenderjahren Abschlussprüfer gewesen sein muss.[6] Sollte in einzelnen Geschäftsjahren die betroffene Person nicht den Bestätigungsvermerk gezeichnet haben und auch nicht in maßgeblich leitender Funktion tätig gewesen sein, werden diese Geschäftsjahre nicht gezählt.

[6] Vgl. Bydlinski/Köll/Milla/Reichel, APRÄG 2016, 103.

(12) Zu betrachten bei der Zählung ist die betroffene Person, die den Bestätigungsvermerk ge-

zeichnet hat oder in maßgeblich leitender Funktion tätig war (d.h. Fälle, bei denen diese eventuell für unterschiedliche Prüfungsgesellschaften oder als Einzelprüfer entsprechend tätig war, sind ebenso zu zählen).

(13) Werden von einer Person über mehrere Jahre unterschiedliche der Rotationsverpflichtung unterliegende Funktionen wahrgenommen, sind die davon betroffenen Zeiträume zusammenzuzählen.

(14) Wurden von betroffenen Personen Funktionen in Geschäftsjahren vor der erstmaligen Verpflichtung zur Anwendung der Vorschriften zur personenbezogenen Rotation wahrgenommen (d.h. vor Eintritt der Rechtsfolgen als fünffach große Gesellschaft für das geprüfte Unternehmen), sind diese Perioden mitzuzählen.

3.4. Wann ergibt sich ein „Cooling-off" bzw. beginnt die Frist neu zu laufen?

(15) Die Zählung der Fälle bis zum Erreichen der erlaubten Höchstzahl wird unterbrochen bzw. beginnt neu, wenn die betroffene Person in drei aufeinanderfolgenden Geschäftsjahren nicht an der Abschlussprüfung mitgewirkt hat (sog. „Cooling-off"-Periode oder „Karenz"). Dabei ist zu beachten, dass Rumpfgeschäftsjahre ebenso zählen wie volle Geschäftsjahre, d.h. eine Cooling-off-Periode kann auch kürzer als drei Kalenderjahre sein.

3.5. Welche Tätigkeitsverbote bestehen während der „Cooling-off-Periode"?

(16) Innerhalb der Cooling-off-Periode darf der ausgeschlossene Prüfer weder Mitglied des Auftragsteams sein noch Kontakte mit dem geprüften Unternehmen im Rahmen der Prüfung wahrnehmen. Ausschließlich die Erteilung von Auskünften zu seiner bisherigen Tätigkeit ist zulässig. Es wird empfohlen, dass der ausgeschlossene Prüfer in der Cooling-off-Periode auch nicht die Aufgabe als auftragsbegleitender Qualitätssicherer (§ 20 KSW-PRL 2017) wahrnimmt.

3.5. Welche Tätigkeitsverbote bestehen während der „Cooling-off-Periode"?

(17) Gemäß § 271a Abs. 4 UGB sind die Bestimmungen für Abschlussprüfer von fünffach großen Gesellschaften sinngemäß auch auf Konzernabschlussprüfer anzuwenden, wobei die Größenmerkmale dafür im Konzernabschluss überschritten werden müssen.[7] Die Bestimmung ist daher auch dann anzuwenden, wenn zwar der Jahresabschluss der Muttergesellschaft die Größenkriterien des § 271a UGB nicht erfüllt, wohl aber der Konzernabschluss durch die konsolidierten Werte. § 271a UGB ist dann allerdings auch nur auf den Konzernabschlussprüfer und nicht auf den Prüfer des Jahresabschlusses der Muttergesellschaft anzuwenden.[8]

[7] Vgl. ErläutRV GesRÄG 2005, 927 BlgNR 22. GP 16.
[8] Vgl. Milla/Vcelouch-Kimeswenger/Weber, URÄG 2008 § 271a 102; Casey in Hirschler, Bilanzrecht § 271a Rz 58.

(18) Für eine Konzernabschlussprüfung sind somit gleichermaßen wie bei Jahresabschlussprüfungen die Personen von der personenbezogenen Rotation umfasst, die den Bestätigungsvermerk unterzeichnen oder eine maßgeblich leitende Funktion ausüben; ergänzend sind gemäß § 271a Abs. 4 Satz 2 UGB aber auch solche Personen von der Konzernabschlussprüfung ausgeschlossen, die gemäß Abs. 1 Z 4 oder Abs. 3 in Verbindung mit Abs. 1 Z 4 von der Prüfung eines bedeutenden verbundenen Unternehmens ausgeschlossen sind. Demzufolge sind Personen, die bei solchen Unternehmen in sieben Geschäftsjahren in rotationspflichtiger Funktion tätig waren, von der Konzernabschlussprüfung ausgeschlossen.[9]

[9] Diese Rotationsvorschriften gelten ausschließlich für die Beteiligung an der Konzernabschlussprüfung, nicht jedoch für die Abschlussprüfung eines (wenn auch bedeutenden) Tochterunternehmens; vgl. Gelter/Reiter in Bertl/Mandl, Handbuch zum RLG § 271a Rz 55; Völkl/Gedlicka/Hirschböck in Straube/Ratka/Rauter, UGB II/RLG3 § 271a (Stand 1.3.19, rdb.at) Rz 24 f.

(19) Als bedeutende verbundene Unternehmen sind das Mutter- und die Tochterunternehmen anzusehen,[10] sofern diese für die Vermögens-, Finanz- und Ertragslage des Konzerns von wesentlicher Bedeutung sind,[11] d.h. sich die Einbeziehung in den Konzernabschluss wesentlich auf die Konzernbilanzsumme, das Konzerneigenkapital oder den Konzernumsatz auswirkt.[12] Zusätzlich ist hinsichtlich der Einbeziehung von Geschäftsjahren der Abschlussprüfung bedeutender verbundener Unternehmen Folgendes zu beachten:

[10] Vgl. § 189a Z 8 UGB.
[11] Vgl. ErläutRV URÄG 2008, 467 BlgNR 23. GP 24.
[12] Zur Beurteilung der Bedeutung eines Unternehmens im Konzern wird in der Literatur oft eine Untergrenze von 20% vorgeschlagen (vgl. etwa Milla/Vcelouch-Kimeswenger/Weber, URÄG 2008 § 271a 102; Casey in Hirschler, Bilanzrecht § 271a Rz 65; Kroiss/Nowotny/Reiffenstuhl/Schima in iwp, Wirtschaftsprüfer-Jahrbuch 2009, 25; kritisch hingegen Gelter/Reiter in Bertl/Mandl, Handbuch zum RLG § 271a Rz 60 f.); im Einzelfall kann sich eine Bedeutsamkeit jedoch durchaus auch bei geringeren Prozentgrenzen ergeben.

- Für das Vorliegen eines bedeutenden verbundenen Unternehmens ist es nicht maßgeblich, ob dieses Unternehmen selbst als fünffach große Gesellschaft § 271a UGB unterliegt.[13]

[13] Vgl. Casey in Hirschler, Bilanzrecht § 271a Rz 65; Steinböck in Zib/Dellinger, UGB III/2 (2015) § 271a Rz 52.

- Der zusätzliche Ausschlussgrund bezieht sich nur auf Unternehmen, für die eine Abschlussprüfung nach österreichischen Vorschriften durchgeführt und ein Bestätigungsvermerk erteilt wurde.
- Für die Feststellung, ob auf Konzernebene ein Ausschlussgrund vorliegt, ist lediglich zu überprüfen, ob die betroffene Person bei einem bedeutenden verbundenen Unternehmen bereits sieben Geschäftsjahre in relevanter Position tätig war; bis zum Erreichen dieser Höchstzahl ist parallel eine Beteiligung an der Konzernabschlussprüfung über bis zu sieben Geschäftsjahre möglich.[14] Dabei ist der zusätzliche Ausschlussgrund für jedes bedeutende verbundene Unternehmen separat

zu beurteilen, d.h. Abschlussprüfungen von Geschäftsjahren für die Muttergesellschaft, Schwestergesellschaften und auf Konzernebene werden nicht zusammengezählt.[15]

[14] Vgl. Steinböck in Zib/Dellinger, UGB III/2 (2015) § 271a Rz 57.

[15] Vgl. Gelter/Reiter in Bertl/Mandl, Handbuch zum RLG § 271a Rz 63; Steinböck in Zib/Dellinger, UGB III/2 (2015) § 271a Rz 57; Casey in Hirschler, Bilanzrecht § 271a Rz 65.

- In die Zählung der Geschäftsjahre von Abschlussprüfungen bedeutender verbundener Unternehmen sind auch Geschäftsjahre vor der erstmaligen Durchführung der Konzernabschlussprüfung einzubeziehen („Rotationsvorlauf").
- Die Beurteilung der Bedeutsamkeit ist zu jedem Bilanzstichtag aufs Neue vorzunehmen; für die Erfüllung des Ausschlussgrundes muss die Bedeutsamkeit für den Konzern im gesamten Zeitraum (in unmittelbarer Folge) vorgelegen haben, nicht nur im Jahr der Beurteilung.[16]

[16] Vgl. Casey in Hirschler, Bilanzrecht § 271a Rz 65; Steinböck in Zib/Dellinger, UGB III/2 (2015) § 271a Rz 56.

- Ist eine Person von der Konzernabschlussprüfung aufgrund des Erreichens der siebenjährigen Frist ausgeschlossen, ist die Durchführung der Abschlussprüfung bei einem (bedeutenden oder unbedeutenden) verbundenen Unternehmen in der Folge zulässig. Auch der Wechsel zwischen Schwestergesellschaften ist davon nicht betroffen.[17]

[17] Vgl. etwa Gelter/Reiter in Bertl/Mandl, Handbuch zum RLG § 271a Rz 55; Steinböck in Zib/Dellinger, UGB III/2 (2015) § 271a Rz 58; Völkl/Gedlicka/Hirschböck in Straube/Ratka/ Rauter, UGB II/RLG3 § 271a (Stand 1.3.19, rdb.at) Rz 25.

- Da die Prüfung von Berichtspaketen von verbundenen Unternehmen nicht als Mitwirkung an der Konzernabschlussprüfung einzustufen ist, wird die Erfüllung der Cooling-off-Periode von drei Jahren in Bezug auf die Konzernabschlussprüfung dadurch grundsätzlich nicht behindert.[18] Es wird jedoch empfohlen, die Prüfung von Berichtspaketen von bedeutenden verbundenen Unternehmen während der Cooling-off-Periode zu unterlassen.

[18] Vgl. befürwortend wohl Casey in Hirschler, Bilanzrecht § 271a Rz 67; Steinböck in Zib/Dellinger, UGB III/2 (2015) § 271a Rz 53.

4. Vorschriften für Unternehmen von öffentlichem Interesse

4.1. Welcher Personenkreis ist von der Rotationsverpflichtung betroffen bzw. wann tritt diese Verpflichtung ein?

(20) Die EU-VO sieht gemäß Art. 17 Abs. 7 für die „verantwortlichen Prüfungspartner" (key audit partners) eine personenbezogene Rotationsfrist von sieben Jahren und anschließend eine Cooling-off-Periode von drei Jahren vor.

(21) Die Zeiträume sind nach dieser Vorschrift auf Basis von Geschäftsjahren und nicht kalendermäßig zu rechnen.[19] Sollten betroffene Personen ihre Prüfungstätigkeit zwischenzeitlich (aber nicht für eine volle Cooling-off-Periode) unterbrechen und wieder aufnehmen, ist der Lauf der Frist gehemmt, d.h. die Geschäftsjahre der Unterbrechung der Prüfungstätigkeit zählen nicht zur Rotationsfrist.

[19] Vgl. European Contact Group (ECG), European Union Audit Legislation – Frequently Asked Questions (FAQs) vom Februar 2018/Oktober 2019, www.8cld.eu, FAQ 3.12.

(22) Als verantwortliche Prüfungspartner sind gemäß Art. 2 Nr. 16 AP-RL für Jahresabschlussprüfungen die Personen anzusehen, die für die betroffene Abschlussprüfung gemäß § 17 Abs. 1 KSW-PRL 2017 verantwortlich sind oder die den Bestätigungsvermerk zusätzlich unterzeichnen. Im Rahmen von Konzernabschlussprüfungen sind zusätzlich verantwortliche Prüfer bedeutender Tochtergesellschaften als verantwortliche Prüfungspartner im Sinne dieser Bestimmung anzusehen.

(23) Darüber hinaus sieht die EU-VO in Art. 17 Abs. 7 die Verpflichtung vor, dass Abschlussprüfer bzw. Prüfungsgesellschaften für das sonst an der Abschlussprüfung beteiligte Führungspersonal ein graduelles Rotationssystem einrichten.

(24) Die Funktion als auftragsbegleitender Qualitätssicherer gemäß Art. 8 EU-VO ebenso wie die Unterstützung im Rahmen von fachlichen Konsultationen (§ 18 KSW-PRL 2017) oder die Beiziehung als Experte (ISA 620.6(a)) ist für die personenbezogene Rotation nach Art. 17 Abs. 7 EU-VO nicht maßgeblich.

(25) Zu betrachten bei der Zählung ist die betroffene Person, die den Bestätigungsvermerk gezeichnet hat oder als verantwortlicher Prüfungspartner tätig war (d.h. Fälle, bei denen diese eventuell für unterschiedliche Prüfungsgesellschaften oder als Einzelprüfer entsprechend tätig war, sind ebenso zu zählen).

(26) Werden von einer Person über mehrere Jahre unterschiedliche der Rotationsverpflichtung unterliegende Funktionen wahrgenommen, sind die davon betroffenen Zeiträume zusammenzuzählen.

(27) Wurden von betroffenen Personen Funktionen in Geschäftsjahren vor der erstmaligen Verpflichtung zur Anwendung der Vorschriften zur personenbezogenen Rotation wahrgenommen (d.h. vor der Qualifikation des geprüften Unternehmens als PIE), sind diese Perioden nicht mitzuzählen.

4.2. Was versteht man unter einem graduellen Rotationssystem?

(28) Das einzurichtende graduelle Rotationssystem unterliegt keinen spezifischen zeitlichen Vorgaben, hat in einem angemessenen Verhältnis zu Umfang und Komplexität der Tätigkeiten des Abschlussprüfers bzw. der Prüfungsgesellschaft zu stehen, kann eine gestaffelte Rotation vorsehen und betrifft nicht das gesamte Auftragsteam, sondern nur das Führungspersonal („most senior personnel") des Prüfungsteams.

(29) Die Mitwirkung an einer Abschlussprüfung als Führungspersonal ist dann anzunehmen, wenn die betreffende Person durch den verantwortlichen Prüfer explizit oder faktisch dazu bestimmt wurde, an wichtigen prüferischen Entscheidungen oder Beurteilungen zu maßgeblichen Sachverhalten im Rahmen der Prüfungsplanung und Prüfungsdurchführung sowie an der Beurteilung der Auswirkungen auf das Prüfungsurteil in qualitativ erheblichem Ausmaß mitzuwirken.

(30) Zumindest hat das System – gemäß ausdrücklicher Erwähnung in Art. 17 Abs. 7 EU-VO – Personen zu erfassen, die in der EU / im EWR als Abschlussprüfer zugelassen sind (d.h. in Österreich über eine Berufsbefugnis als Wirtschaftsprüfer gemäß § 3 WTBG 2017 oder als Revisor gemäß § 17a GenRevG verfügen und diese nicht ruhend gemeldet haben, z.B. gemäß § 85 WTBG 2017) und höchstrangig führend an der Abschlussprüfung beteiligt sind.

(31) Legt ein Abschlussprüfer bzw. eine Prüfungsgesellschaft spezifische zeitliche Vorgaben für die Rotation des an der Abschlussprüfung beteiligten Führungspersonals fest, kann dabei eine Orientierung an den Vorschriften für fünffach große Gesellschaften oder an jenen für verantwortliche Prüfungspartner erfolgen. In Anlehnung an internationale Vorschriften[20] können aus wichtigen Gründen, insbesondere zur Vermeidung eines gleichzeitigen Wechsels aller leitenden Personen oder in anderen bestimmten Fällen (z.B. kurzfristige Erkrankung des vorgesehenen Nachfolgers), in angemessener Weise Verlängerungen der Rotationsfrist vorgesehen werden. Außerdem hat das System möglichst darauf Rücksicht zu nehmen, dass das im Rahmen der Abschlussprüfung erworbene mandatsspezifische Wissen im Prüfungsteam erhalten bleibt.

[20] Vgl. IESBA Code of Ethics, Section 540.7.

4.3. Wann ergibt sich ein „Cooling-off“ bzw. was ist dabei zu beachten?

(32) Die in Art. 17 Abs. 7 EU-VO für verantwortliche Prüfungspartner vorgesehene Cool-ing-off-Periode beträgt drei volle Geschäftsjahre. Erst nach Ablauf einer ordnungsgemäß absolvierten Cooling-off-Periode darf der ursprüngliche verantwortliche Prüfungspartner wieder die Abschlüsse sieben aufeinanderfolgender Geschäftsjahre prüfen. Es wird empfohlen, dass der ausgeschlossene Prüfer in der Cooling-off-Periode auch nicht die Aufgabe als auftragsbegleitender Qualitätssicherer (§ 20 KSW-PRL 2017) wahrnimmt.

(33) Innerhalb der Cooling-off-Periode dürfen die ehemals verantwortlichen Prüfungspartner weder Mitglied des Auftragsteams sein noch Mandantenkontakte im Rahmen der Prüfung wahrnehmen. Ausschließlich die Erteilung von Auskünften zu ihrer bisherigen Tätigkeit ist zulässig.

4.4. Was ist bei Konzernabschlussprüfungen in diesem Zusammenhang zusätzlich zu beachten?

(34) Im Rahmen von Konzernabschlussprüfungen von PIEs besteht nicht nur für den verantwortlichen Prüfungspartner und das sonstige Führungspersonal eine Rotationsverpflichtung, sondern auch für die verantwortlichen Prüfungspartner bedeutender Tochtergesellschaften (vgl. Rz (22)). Hinsichtlich der Definition der Bedeutsamkeit von Tochtergesellschaften wird auf die Ausführungen zu den Regelungen des § 271a Abs. 4 Satz 2 UGB in Rz (19) verwiesen.

5. Anwendungszeitpunkt

(35) Diese Stellungnahme ist auf Abschlussprüfungen für Geschäftsjahre anzuwenden, die am oder nach dem 1. Juli 2020 beginnen.

2/3/20. IWP/PE 20

Stellungnahme des Instituts Österreichischer Wirtschaftsprüfer zur Verpflichtung des Abschlussprüfers gemäß § 275 Abs 1 UGB zur Weitergabe von Informationen an den nachfolgenden Abschlussprüfer

(verabschiedet in der Sitzung des Vorstandes im April 2010 als IWP/PE 20, zuletzt überarbeitet im Jänner 2017; von der Abschlussprüferaufsichtsbehörde genehmigt)

1. Gegenstand und Anwendungsbereich

1.1. Gegenstand

(1) Durch Änderungen in der Richtlinie 2014/56/EG vom 16. April 2014 wurde das Zugangsrecht gemäß Art 23 Abs 3 der Richtlinie 2006/43/EG (Abschlussprüfungs-Richtlinie) im Vergleich zur bisherigen Fassung erweitert und ist nun wie folgt geregelt:

„Wird ein Abschlussprüfer oder eine Prüfungsgesellschaft durch einen anderen Abschlussprüfer oder eine andere Prüfungsgesellschaft ersetzt, gewährt der frühere Abschlussprüfer bzw. die frühere Prüfungsgesellschaft dem neuen Abschlussprüfer bzw. der neuen Prüfungsgesellschaft Zugang zu allen relevanten Informationen über das geprüfte Unternehmen und über die zuletzt durchgeführte Abschlussprüfung dieses Unternehmens.“

(2) Aufgrund dieser neuen Regelung der EU-Richtlinie wurde durch das APRÄG 2016 (Abschlussprüfungsrechts-Änderungsgesetz 2016) § 275 Abs 1 letzter Satz UGB wie folgt geändert:

„§ 275. (1) (...) Der Abschlussprüfer hat dem nachfolgenden Abschlussprüfer auf schriftliches Verlangen Zugang zu den relevanten Informationen über das geprüfte Unternehmen und über die zuletzt durchgeführte Abschlussprüfung zu gewähren.“

(3) Für Abschlussprüfungen von Unternehmen von öffentlichem Interesse sind gemäß Art 18 der Verordnung (EU) Nr. 537/2014 vom 16. April 2014 (EU-VO) besondere Regelungen zur Erstellung eines Übergabeaktes für den nachfolgenden Abschlussprüfer vorgesehen:

„Wird ein Abschlussprüfer oder eine Prüfungsgesellschaft durch einen anderen Abschlussprüfer oder eine andere Prüfungsgesellschaft ersetzt, so muss dieser Abschlussprüfer bzw. diese Prüfungsgesellschaft die Anforderungen gemäß Artikel 23 Absatz 3 der Richtlinie 2006/43/EG erfüllen.

Vorbehaltlich des Artikels 15 gewährt der frühere Abschlussprüfer oder die frühere Prüfungsgesellschaft dem neuen Abschlussprüfer oder der neuen Prüfungsgesellschaft ferner Zugang zu den in Artikel 11 genannten zusätzlichen Berichten hinsichtlich früherer Jahre sowie zu jeglichen Informationen, die den zuständigen Behörden gemäß den Artikeln 12 und 13 übermittelt werden.

Der Abschlussprüfer oder die Prüfungsgesellschaft des früheren Abschlusses muss in der Lage sein, der zuständigen Behörde gegenüber darzulegen, dass diese Informationen dem neuen Abschlussprüfer bzw. der neuen Prüfungsgesellschaft zur Verfügung gestellt wurden.“

1.2. Anwendungsbereich

(4) Diese Stellungnahme gilt für alle gesetzlich vorgeschriebenen Prüfungen von Jahres- und Konzernabschlüssen. Im Fall eines Wechsels des Konzernabschlussprüfers hat dieser das Zugangsrecht sowohl gegenüber dem vormaligen Konzernabschlussprüfer als auch gegenüber Prüfern von Jahresabschlüssen von in den Konzern einbezogenen Unternehmen. Ebenso besteht das Zugangsrecht bei einer Verschmelzung gegenüber dem Abschlussprüfer der übertragenden und bei einer Spaltung gegenüber dem Abschlussprüfer der ab- oder aufspaltenden Gesellschaft.

(5) Auf freiwillige Prüfungen, die den gesetzlichen Prüfungen nach Art und Inhalt entsprechen, sind die Vorschriften gemäß § 275 Abs 1 letzter Satz UGB und Art 18 der EU- VO nicht anzuwenden.

2. Voraussetzungen für die Geltendmachung

(6) Das Zugangsrecht kann vom nachfolgenden Abschlussprüfer erst geltend gemacht werden, wenn er mit dem geprüften Unternehmen den Prüfungsvertrag gemäß § 270 Abs 1 UGB abgeschlossen hat.

(7) Der Anspruch auf Zugangsgewährung ist gegenüber dem vormaligen Abschlussprüfer in schriftlicher Form geltend zu machen.[1] Eine Pflicht zum aktiven Tätigwerden des bisherigen Abschlussprüfers besteht nicht.

[1] Vgl beispielsweise die Arbeitshilfe des iwp für ein Schreiben des nachfolgenden Abschlussprüfers an den vormaligen Abschlussprüfer zum Verlangen nach Zugangsgewährung.

3. Umfang des gesetzlichen Zugangsrechtes

(8) § 275 Abs 1 UGB idF APRÄG 2016 bzw Art 18 der EU-VO gewähren dem nachfolgenden Abschlussprüfer einen gesetzlichen Zugang zu den Informationen über das geprüfte Unternehmen und über die zuletzt durchgeführte Abschlussprüfung. Der Umfang der Informationen über das geprüfte Unternehmen, die der nachfolgende Abschlussprüfer vom vormaligen Abschlussprüfer verlangen kann, wird durch die Vorschriften nur insoweit definiert, als die Informationen relevant zu sein haben. Da eine nähere Beschreibung des Umfanges weder den Materialien zur österreichischen Vorschrift noch zu Art 23 Abs 3 der Abschluss-

prüfungs-Richtlinie zu entnehmen ist, handelt es sich um einen weitgehend unbestimmten Gesetzesbegriff. Durch die geänderte Fassung des § 275 Abs 1 UGB bzw Art 23 Abs 3 der Abschlussprüfungs-Richtlinie hat der nachfolgende Abschlussprüfer auch ein Zugangsrecht zu den Informationen über die zuletzt durchgeführte Abschlussprüfung.

(9) Das Zugangsrecht verfolgt nicht die Zielsetzung, dass der nachfolgende Abschlussprüfer dadurch die Prüfungshandlungen für die in seiner Verantwortung stehende Abschlussprüfung einschränken kann. Es dient der Sicherstellung der Qualität der Abschlussprüfung nach einem Wechsel des Abschlussprüfers, indem dem nachfolgenden Abschlussprüfer - ohne Einschränkungen seiner eigenen Verantwortung - gesetzlich die Möglichkeit gegeben wird, sich vom vormaligen Abschlussprüfer relevante Informationen über das geprüfte Unternehmen zu holen. Die Arbeitspapiere des Abschlussprüfers im Sinne von ISA 230 sind von dieser Bestimmung nicht erfasst, auch nicht nach den jüngsten Änderungen durch die Richtlinie 2014/56/EG vom 16. April 2014.[2]

[2] Vgl IDW; EU-Regulierung der Abschlussprüfung: IDW Positionspapier zu Inhalten und Zweifelsfragen der EU-Verordnung und der Abschlussprüferrichtlinie (Stand: 11.04.2016), Abschnitt 13.2.1, ähnlich ECG (European Contact Group), European Union Audit Legislation - Frequently Asked Questions (10 June 2016), FAQ 10.8. zu Art 23 Abs 3 der Abschlussprüfungs-Richtlinie.

(10) Das Zugangsrecht gegenüber dem vormaligen Abschlussprüfer räumt dem nachfolgenden Abschlussprüfer die Möglichkeit ein, sich von diesem Informationen zu beschaffen, entbindet ihn aber nicht von seiner Verpflichtung, sich dieses unter Inanspruchnahme seines Auskunftsrechtes gemäß § 272 UGB vorrangig unmittelbar vom geprüften Unternehmen zu beschaffen.

(11) Eine abschließende Aufzählung der Informationen, zu denen der vormalige Abschlussprüfer dem nachfolgenden Abschlussprüfer Zugang zu gewähren hat, ist nicht allgemein möglich und der konkrete Umfang ist im Einzelfall zu bestimmen. Im Regelfall werden zu den Feststellungen des vormaligen Abschlussprüfers die folgenden Informationen vom Zugangsrecht umfasst sein:[3]

[3] Vgl inhaltlich ebenso IDW; EU-Regulierung der Abschlussprüfung: IDW Positionspapier zu Inhalten und Zweifelsfragen der EU-Verordnung und der Abschlussprüferrichtlinie (Stand: 11.04.2016), Abschnitt 13.2.1.

a) Prüfungsbericht über das Ergebnis der letzten Abschlussprüfung[4]

[4] Berichte über eine etwaige Prüfung oder prüferische Durchsicht von Zwischenabschlüssen sind nicht davon umfasst.

b) Zusätzliche Informationen an die für die Überwachung verantwortlichen Personen zu den Ergebnissen der Abschlussprüfung (zB gemäß §§ 92 Abs 4a AktG, 30g Abs 4a GmbHG, Art 11 der EU-VO oder aufgrund ISA 260)

c) Informationen zu anlassbezogenen Berichtspflichten gemäß §§ 273 Abs 2 und 3 UGB, Art 7 bzw 12 der EU-VO oder ISA

d) Vollständigkeitserklärungen (einschließlich Zusammenstellung nicht korrigierter oder korrigierter[5] Prüfungsdifferenzen)

[5] Soweit vorhanden - nicht zwingend.

e) Informationen über andere gesetzlich vorgeschriebene Kommunikationen an Aufsichtsbehörden

f) Sonstige Informationen über wesentliche Sachverhalte der zuletzt durchgeführten Abschlussprüfung, unabhängig davon, ob diese formell (zB im Rahmen eines Management Letter) oder informell an das Unternehmen kommuniziert wurden

g) Transparenzbericht gemäß Art 13 der EU-VO.

(12) Die Gewährung eines „Zuganges“ zu den relevanten Informationen bedeutet, dass der nachfolgende Abschlussprüfer bloß das Recht hat, bei dem Vorgänger Einsicht in Unterlagen über das geprüfte Unternehmen zu nehmen. Es ist zu empfehlen, dass der vormalige Abschlussprüfer die relevanten Unterlagen zusammenstellt und dem nachfolgenden Abschlussprüfer in diese Einsicht gewährt. Der nachfolgende Abschlussprüfer sollte bei Gewährung eines Zuganges bestätigen, in welche Unterlagen er Einsicht genommen hat. Eine mündliche Auskunftspflicht des vormaligen Abschlussprüfers kann sich ergeben, wenn die Informationen nicht in schriftlicher Form vorliegen. Eine nachweisliche Übermittlung der relevanten Informationen ist alternativ zur Gewährung eines Zuganges zulässig. Abschlussprüfer von Unternehmen von öffentlichem Interesse müssen gemäß Art 18 der EU-VO in der Lage sein, der zuständigen Behörde gegenüber ggf darzulegen, dass die Informationen dem nachfolgenden Abschlussprüfer zur Verfügung gestellt wurden.

(13) Durch die Vorschriften des § 275 Abs 1 UGB bzw Art 18 der EU-VO wird die Verschwiegenheitspflicht des vormaligen Abschlussprüfers gegenüber dem nachfolgenden Abschlussprüfer aufgehoben. Soweit daher nicht mehr Informationen verlangt werden, als vom gesetzlichen Zugangsrecht umfasst sind, ist eine Zustimmung des vorangehenden Abschlussprüfers und eine Entbindung von der Verschwiegenheitspflicht durch das geprüfte Unternehmen nicht erforderlich.

4. Zusätzlicher Informationsbedarf

(14) Im Rahmen der erstmaligen Durchführung einer Abschlussprüfung kann sich für einen nachfolgenden Abschlussprüfer ein zusätzlicher Informationsbedarf ergeben, der über den Umfang des gesetzlichen Zugangsrechtes hinausgeht.

(15) Ein solcher zusätzlicher Informationsbedarf kann sich zB bei der Prüfung der Eröffnungsbilanz ergeben. Gemäß ISA 510.6(c)(i) kann der nachfolgende Abschlussprüfer möglicherweise durch eine Einsichtnahme in die Arbeitspapiere des vormaligen Abschlussprüfers diesbezüglich

ausreichende geeignete Prüfungsnachweise erlangen. Der vormalige Abschlussprüfer soll eine solche Einsichtnahme nicht grundlos verweigern.

(16) Da die gesamten Arbeitspapiere der letzten Abschlussprüfung des vorangehenden Abschlussprüfers nicht vom gesetzlichen Zugangsrecht des Folgeprüfers umfasst sind, geht das Verlangen nach Einsichtnahme in die gesamten Arbeitspapiere der letzten Abschlussprüfung des Vorprüfers über das gesetzliche Recht auf Einsichtnahme nach § 275 Abs 1 UGB hinaus.

(17) Sollten mehr Informationen vom vormaligen Abschlussprüfer verlangt werden, als vom gesetzlichen Zugangsrecht umfasst sind, erfordert dies die Zustimmung des vormaligen Abschlussprüfers, und es ist zulässig, die Zugangsgewährung vom Erhalt einer Einverständniserklärung des nachfolgenden Abschlussprüfers zu bestimmten Bedingungen (zB zur Vertraulichkeit der erlangten Informationen und zu einer Haftungsfreistellung) abhängig zu machen.[6] Darüber hinaus erfordert dies auch die Zustimmung und eine Entbindung von der Verschwiegenheitspflicht durch das geprüfte Unternehmen.[7]

[6] Vgl beispielsweise die Arbeitshilfe des iwp für ein Schreiben des vormaligen Abschlussprüfers an den nachfolgenden Abschlussprüfer zur Einverständniserklärung.

[7] Vgl beispielsweise die Arbeitshilfe des iwp für ein Schreiben des vormaligen Abschlussprüfers an das geprüfte Unternehmen zur Entbindung von der Verschwiegenheitspflicht.

5. Anwendungszeitpunkt

(18) Die vorliegende überarbeitete Fassung dieser Stellungnahme ist auf Abschlussprüfungen für Geschäftsjahre anzuwenden, die am oder nach dem 17. Juni 2016 beginnen.

2/3/21. KFS/PE 21

Fachgutachten
des Fachsenats für Unternehmensrecht und Revision
Zu ausgewählten Fragen bei der Tätigkeit als Stiftungsprüfer

(beschlossen in der Sitzung des Fachsenats für Unternehmensrecht und Revision am 29. Juni 2010 als Fachgutachten KFS/PE 21, zuletzt redaktionell überarbeitet im November 2017)

1. Vorbemerkungen und Anwendungsbereich

(1) Der österreichische Gesetzgeber hat die Vorschriften für Privatstiftungen in einem eigenen Gesetz, dem Privatstiftungsgesetz (PSG), geregelt. In diesem Gesetz sind auch Vorschriften hinsichtlich der Rechnungslegung und der Prüfung von Privatstiftungen enthalten. Obwohl der Gesetzgeber in einigen Bereichen auf die Vorschriften des UGB verweist, sind bestimmte Bereiche selbständig geregelt. Bei der Auslegung des PSG ist daher nicht zwangsläufig auf die entsprechenden Regelungen des UGB zurückzugreifen, sondern in erster Linie auf das PSG selbst und die dazu ergangenen Erläuternden Bemerkungen. Hinsichtlich der Prüfung können sich Fragen ergeben, die aus dem Gesetz nicht eindeutig ableitbar sind. Die Beantwortung dieser Fragen ist Ziel dieses Fachgutachtens; insbesondere gilt dies für die Besonderheit, dass der Stiftungsprüfer Organ der Privatstiftung ist.

(2) Dieses Fachgutachten ist anwendbar auf die Tätigkeit als Stiftungsprüfer nach dem PSG. Es wird ausdrücklich darauf hingewiesen, dass dieses Fachgutachten nur Fragen behandelt, die sich aus den Besonderheiten der Privatstiftung ergeben, und daneben bei der Prüfung alle anderen relevanten Fachgutachten, Richtlinien und Stellungnahmen sinngemäß zu beachten sind.

2. Auftragsannahme / -bestätigung

2.1. Auswahl und Beauftragung des Stiftungsprüfers

(3) Der Stiftungsprüfer ist vom Gericht oder, falls ein solcher eingerichtet ist, vom Aufsichtsrat zu bestellen. Diese Bestellung kann auf bestimmte oder unbestimmte Zeit erfolgen.

(4) Der Stiftungsprüfer ist gemäß § 14 Abs 1 PSG Organ der Privatstiftung. Die Funktion des Stiftungsprüfers ist somit untrennbar mit seiner Organstellung verbunden. Endet die Funktionsperiode als Stiftungsprüfer, ist damit auch die Organstellung beendet. Eine Privatstiftung kann nur einen Stiftungsprüfer haben. Wird ein neuer Stiftungsprüfer bestellt, bevor die Funktionsperiode des vorhandenen Stiftungsprüfers beendet ist, beginnt seine Stellung als Organ und Stiftungsprüfer demnach erst mit dem Ablauf der Funktionsperiode des Vorgängers.

(5) Der Stiftungsprüfer hat vor Annahme des Auftrags zu prüfen, ob Ausschlussgründe gemäß § 20 Abs 3 PSG vorliegen. Die im UGB enthaltenen Unabhängigkeitsregeln der §§ 271 und 271a kommen mangels eines Verweises des PSG für Privatstiftungen nicht zur Anwendung. Der Stiftungsprüfer hat neben den Regelungen gemäß § 20 Abs 3 PSG die berufsrechtlichen Vorschriften zur Unabhängigkeit (§ 77 WTBG 2017, § 14 der Allgemeinen Richtlinie über die Ausübung der Wirtschaftstreuhandberufe 2017 (WT-AARL 2017-KSW) und §§ 10, 11 und 25 der Verordnung zur Durchführung prüfender Tätigkeiten 2017 (KSW-PRL 2017)) zu beachten.

(6) Im Falle des Vorliegens von Ausschlussgründen ist das Gericht bzw der Aufsichtsrat umgehend zu informieren. In diesem Fall ist der Stiftungsprüfer von der Prüfung ausgeschlossen. Bei mehrjähriger Bestellung zum Stiftungsprüfer ist das Vorliegen von Ausschlussgründen regelmäßig zu prüfen, und im Falle des Eintretens von Ausschlussgründen sind ebenfalls das Gericht bzw der Aufsichtsrat sowie der Stiftungsvorstand umgehend zu informieren; der Auftrag ist zurückzulegen (siehe Abschnitt 6.2.1.). Keine Informationspflicht besteht gegenüber Beiräten, auch wenn diese aufsichtsratsähnliche Funktionen haben.

(7) Der Abschluss eines schriftlichen Vertrags über die Abschlussprüfung ist geboten. Sowohl im Fall der Bestellung durch den Aufsichtsrat als auch bei gerichtlicher Bestellung wird der Vertrag über die Abschlussprüfung mit der Stiftung, vertreten durch den Stiftungsvorstand, abgeschlossen. Bei mehrjährigen Bestellungen kann der Vertrag über die Abschlussprüfung auch für mehrere Jahre abgeschlossen werden. Treten jedoch Änderungen auf, so sind diese durch einen neuen Vertrag oder Ergänzungen zum bestehenden Vertrag festzuhalten.

2.2. Versicherungsschutz und Haftungsbeschränkung

(8) Vor Auftragsannahme, und bei mehrjähriger Bestellung regelmäßig, hat sich der Prüfer zu vergewissern, dass ein ausreichender Versicherungsschutz besteht. Da § 21 Abs 2 PSG für die Verantwortlichkeit und Haftung des Stiftungsprüfers auf § 275 UGB verweist, ist durch den darin enthaltenen Verweis auf die Größenklassen des § 221 UGB die sich daraus ergebende Haftungsbeschränkung maßgeblich.

3. Spezifische Prüfungshandlungen bei Privatstiftungen

3.1. Prüfungshandlungen betreffend Buchführung und Jahresabschluss

3.1.1. Buchführung

(9) Es ist zu prüfen, ob die Rechnungslegung gemäß § 18 PSG nach den unternehmensrechtlichen Grundsätzen erfolgt. Da eine Stiftung idR Einkünfte erzielt, die für steuerliche Zwecke nach dem Zufluss-Abfluss-Prinzip zu ermitteln sind, ist zu prüfen, ob eine den unternehmensrechtlichen Erfordernissen entsprechende Buchführung eingerichtet ist. Oft werden im Rahmen von Vermögensverwaltungsverträgen Aufzeichnungen von Banken oder von Hausverwaltern geführt. Diese Aufzeichnungen können als Nebenbücher betrachtet und zusammengefasst in die Buchhaltung der Stiftung übernommen werden. Diese Aufzeichnungen und deren Übernahme in das Rechnungswesen der Privatstiftung sind ebenfalls Gegenstand der Stiftungsprüfung.

(10) Es ist zu prüfen, ob die Stiftung über ein angemessenes rechnungslegungsbezogenes IKS – abhängig von der Größe der Stiftung und der Komplexität des Vermögens – verfügt.

3.1.2. Jahresabschluss und Stiftungsvermögen

(11) Die Vollständigkeit, die Bewertung und der Ausweis des gestifteten Vermögens und der Zuwendungen sind zu prüfen. Es ist zu prüfen, ob bei der Gliederung des Jahresabschlusses der Grundsatz der Klarheit zur Vermittlung eines möglichst getreuen Bildes der Vermögens-, Finanz- und Ertragslage eingehalten worden ist.

3.1.3. Steuerliche Aspekte

(12) In der AFRAC-Stellungnahme 25 (Abschnitt 2.8.) wird die Behandlung der Zwischenkörperschaftsteuer gemäß § 22 Abs 2 KStG behandelt. Daraus ergibt sich das Erfordernis der Prüfung der richtigen Berechnung der Zwischenkörperschaftsteuer durch eine Plausibilitätskontrolle der Steuerbemessungsgrundlage, der richtigen Führung des Evidenzkontos gemäß § 24 Abs 5 Z 5 KStG und der der Höhe nach richtigen und rechtzeitigen Abfuhr der Kapitalertragsteuer von Zuwendungen. Im Rahmen der Prüfung der richtigen Berechnung der Zwischenkörperschaftsteuer ist zu beachten, dass die Rechnungslegung gemäß § 18 PSG nach den im UGB enthaltenen Bestimmungen für Kapitalgesellschaften zu erfolgen hat, während die Ermittlung des steuerpflichtigen Einkommens nach den Sondervorschriften für Privatstiftungen gemäß § 13 KStG erfolgt.

(13) Zu prüfen ist, ob die Stiftungsurkunde und eine allfällige Zusatzurkunde dem Finanzamt gegenüber offengelegt sowie die Meldung gemäß § 5 PSG (Meldung zu den Begünstigten) durchgeführt worden sind. Weiters zu prüfen ist im Falle von Zu- oder Nachstiftungen die korrekte Berechnung, Meldung und Abfuhr der Stiftungseingangssteuer. Sofern die Stiftung steuerlich vertreten ist, kann auf die Angaben und Informationen des betrauten Steuerberaters zurückgegriffen werden. Der Steuerberaterbrief sollte insbesondere auf die vorerwähnten Sachverhalte eingehen.

3.1.4. Anhang

(14) Bei der Prüfung des Anhangs sind die stiftungsspezifischen Besonderheiten und Vorschriften des § 18 PSG zu beachten. Insbesondere ist der Anhang auf Richtigkeit und Vollständigkeit sowie auf die Erfüllung der Generalnorm des § 222 Abs 2 UGB zu prüfen.

3.2. Prüfungshandlungen betreffend den Lagebericht

(15) Der Stiftungsvorstand hat im Lagebericht auch auf die Erfüllung des Stiftungszwecks einzugehen (§ 18 zweiter Satz PSG). Zu prüfen ist daher, ob im Lagebericht auch auf die Erfüllung des Stiftungszwecks eingegangen und dargestellt wird, wie der Stiftungszweck im abgelaufenen Geschäftsjahr erfüllt worden ist und wie seine Erfüllung in Zukunft beabsichtigt ist. Im Rahmen der Einklangsprüfung muss der Stiftungsprüfer demgemäß prüfen, ob der Lagebericht mit dem Jahresabschluss auch hinsichtlich der Erfüllung des Stiftungszwecks in Einklang steht und ob der Lagebericht nicht hinsichtlich der Erfüllung des Stiftungszwecks eine falsche Vorstellung von der Lage der Privatstiftung erweckt. Weiters ist die Übereinstimmung der Angaben im Lagebericht zur Erfüllung des Stiftungszwecks mit den im Jahresabschluss ausgewiesenen Zuwendungen zu prüfen.

3.3. Prüfungshandlungen betreffend die Einhaltung gesetzlicher Vorschriften und der Stiftungserklärung[1]

[1] Wenn in der Folge von der Stiftungserklärung die Rede ist, sind damit Stiftungsurkunde und Stiftungszusatzurkunde erfasst.

3.3.1. Gesetzliche Vorschriften

(16) Jedenfalls ist die Einhaltung der Vorschriften des PSG zu prüfen. Dazu gehören:

(17) *Erfüllung des Stiftungszwecks:* Insbesondere ist zu prüfen, ob die von der Stiftung getätigten Zuwendungen ihrer Art und Höhe nach der Stiftungserklärung entsprechen und die Empfänger Begünstigte im Sinne der Stiftungserklärung sind. Konkrete in der Stiftungserklärung enthaltene Verpflichtungen zu Zuwendungen sind auf ihre Erfüllung zu prüfen. Es besteht keine Verpflichtung des Stiftungsprüfers, die Gebarung der Stiftung in Bezug auf wirtschaftliche, zweckmäßige und sparsame Verwaltung des Stiftungsvermögens zu prüfen. Wenn allerdings eine grobe Pflichtverletzung vorliegt oder eine Gefährdung des Stiftungszwecks eintritt (was auch bei einem gravierenden Verstoß gegen das Gebot der Sparsamkeit gegeben sein kann), hat der Stiftungsprüfer auf den Stiftungsvorstand einzuwirken, den Grund für die Beanstandung zu beseitigen. Wenn dies zu keinem Erfolg führt, ist der Stiftungsprüfer verpflichtet,

bei Gericht eine Sonderprüfung zu beantragen (§ 31 Abs 1 PSG).

(18) *Zuwendungssperre* (§ 17 Abs 2 zweiter Satz PSG): Nach dieser Bestimmung dürfen Leistungen an Begünstigte nur dann und insoweit vorgenommen werden, als dadurch Ansprüche von Gläubigern nicht geschmälert werden. Insbesondere bei aufzehrenden Stiftungen hat diese Bestimmung Relevanz.

(19) *Insichgeschäfte* (§ 17 Abs 5 PSG): Es ist zu prüfen, ob bei Insichgeschäften von Mitgliedern des Stiftungsvorstands die Voraussetzungen gemäß § 17 Abs 5 PSG eingehalten worden sind. Verfügt die Privatstiftung über einen Aufsichtsrat, so ist das Insichgeschäft vom Aufsichtsrat zu genehmigen. Dieser vertritt die Privatstiftung bei Rechtsgeschäften mit den Mitgliedern des Stiftungsvorstands. Das Prüfungserfordernis erstreckt sich in diesem Fall auf die Prüfung, ob sämtliche betroffenen Rechtsgeschäfte dem Aufsichtsrat vorgelegt und von diesem genehmigt worden sind. Ist ein Aufsichtsrat nicht eingerichtet, so ist die Genehmigung durch alle übrigen Mitglieder des Stiftungsvorstands zu erteilen und in der Folge dem Gericht zur Genehmigung vorzulegen.

(20) *Vergütung der Mitglieder des Stiftungsvorstands* (§ 19 PSG): Die rechtliche Zulässigkeit einer Vergütung an die Mitglieder des Stiftungsvorstands ist zu prüfen. Ist in der Stiftungserklärung die Vergütung ausreichend konkret festgelegt, ist es nicht erforderlich, die in Rz (19) angeführten Prüfungshandlungen durchzuführen. Fehlt eine derartige Festlegung, so ist die Vergütung bei Vorhandensein eines Aufsichtsrats durch diesen zu beschließen; ist ein Aufsichtsrat nicht eingerichtet, so ist die Vergütung vom Gericht festzulegen. Eine Überprüfung der Angemessenheit der Vergütung ist nicht erforderlich, da durch eine ausreichend konkrete Regelung in der Stiftungserklärung oder durch das für Insichgeschäfte vorgegebene Verfahren Missbräuche ohnedies hintangehalten werden. Wird in der Stiftungserklärung eine Aussage des Stiftungsprüfers im Prüfungsbericht über die Angemessenheit der Vergütung verlangt, ist es geboten, im Prüfungsergebnis eine derartige Feststellung zu treffen. Vorrangig wird bei der Beurteilung der Angemessenheit auf den Umfang und die Komplexität der Vorstandstätigkeit abzustellen sein.

3.3.2. Stiftungserklärung

(21) Stiftungserklärungen können direkt oder indirekt Veranlagungsrichtlinien, Bestimmungen für die Gewährung von Zuwendungen, Vorschriften über Rücklagenbildungen oder über den Erhalt des Stiftungsvermögens und ähnliche Regelungen vorsehen. Der Stiftungsvorstand ist gemäß § 17 Abs 1 PSG verpflichtet, die Bestimmungen der Stiftungserklärung einzuhalten; der Stiftungsprüfer hat deren Einhaltung zu prüfen.

(22) Wenn die Stiftungserklärung die Führung von zwei oder mehreren Rechnungskreisen für die jeweiligen Begünstigten bzw Begünstigtengruppen / -stämme vorsieht, sind diese im Rahmen der Prüfung der Erfüllung des Stiftungszwecks (Rz (17)) sowie des internen Kontrollsystems (Rz (10)) der Stiftung Gegenstand der Prüfung.

(23) Sieht die Stiftungserklärung vor, dass der Stiftungsvorstand den geprüften Jahresabschluss einem anderen Stiftungsorgan zur Feststellung (Genehmigung, Billigung) vorzulegen hat oder diese Feststellung selbst vorzunehmen hat, so ist die Einhaltung dieser Bestimmung Teil der Prüfung des Folgeabschlusses.

(24) Sieht die Stiftungserklärung über das Dargestellte hinausgehende Prüfungshandlungen vor (zB Wohlverhalten der Begünstigten, Gebarung des Stiftungsvorstands), so bedarf es dazu einer gesonderten Beauftragung.

3.4. Prüfungshandlungen betreffend Verhinderung von Geldwäsche und der Terrorismusfinanzierung

(25) Hinsichtlich der Vorschriften zur Verhinderung von Geldwäsche sind die Vorschriften der §§ 87 ff WTBG 2017 sowie die Regelungen der Richtlinie über die Geldwäscheprävention bei Ausübung von WT-Berufen 2017 (KSW-GWPRL 2017) zu beachten.

3.5. Prüfungshandlungen betreffend Konzernabschluss und Konzernlagebericht

(26) Die Beurteilung, ob ein Konzernabschluss und ein Konzernlagebericht aufzustellen sind, obliegt in erster Linie dem Stiftungsvorstand. Der Stiftungsprüfer hat diese Beurteilung zu prüfen. Werden aufgrund gesetzlicher Verpflichtungen ein Konzernabschluss und ein Konzernlagebericht aufgestellt, sind diese vom Stiftungsprüfer zu prüfen.

4. Berichterstattung

4.1. Rechtliche Grundlagen und Inhalt des Prüfungsberichts

4.1.1. Allgemeines

(27) Für den Prüfungsbericht gelten die Grundsätze und Regeln des KFS/PG 2. Der Prüfungsbericht muss daher den Grundsätzen der Unparteilichkeit, der Wahrheit, der Vollständigkeit und der Klarheit entsprechen.

(28) Um im Hinblick auf die möglichen rechtlichen Konsequenzen, die mit einer Qualifikation einer Privatstiftung als Unternehmen verbunden sein können, Missverständnisse zu vermeiden, ist auf eine korrekte Bezeichnung der Privatstiftung im Prüfungsbericht zu achten.

(29) Für den Bestätigungsvermerk sind die Vorschriften des KFS/PG 3 sinngemäß anzuwenden. Der Stiftungsprüfer ist gemäß § 21 Abs 1 PSG zur Prüfungsdurchführung innerhalb von drei Monaten ab Vorlage des Jahresabschlusses und des Lageberichts verpflichtet. Zwischen der Aufstellung dieser Unterlagen und dem Abschluss der materiellen Prüfung kann bei einer Privatstiftung daher ein zeitlicher Abstand sein. Das Datum des Bestätigungsvermerks liegt in diesen Fällen, ebenso wie das der Vollständigkeitserklärung, nach dem Datum der Unterzeichnung des Jahres-

abschlusses durch die gesetzlichen Vertreter. Es ist daher besonderes Augenmerk auf die Prüfung von Ereignissen zwischen der Aufstellung des Jahresabschlusses und dem Abschluss der materiellen Prüfung zu legen.

(30) Das PSG enthält für die Vorgangsweise bei einer Nachtragsprüfung weder eigene Vorschriften noch einen Verweis auf § 268 Abs 3 UGB. Zur Schließung dieser planwidrigen Regelungslücke ist daher die analoge Anwendung des § 268 Abs 3 UGB und der diesbezüglichen Vorschriften des KFS/PG 3 geboten.

4.1.2. Zusammenfassung des Prüfungsergebnisses

4.1.2.1. Feststellungen zu Buchführung, Jahresabschluss, Lagebericht, Konzernabschluss und Konzernlagebericht

(31) Im Bericht ist insbesondere festzuhalten, ob die Buchführung, der Jahresabschluss, der Lagebericht, der Konzernabschluss und der Konzernlagebericht den gesetzlichen Vorschriften und den ergänzenden Bestimmungen der Stiftungserklärung entsprechen. Wenn die Stiftungserklärung dazu eine gesonderte Berichterstattung vorsieht, ist beispielsweise darauf einzugehen, ob getrennte Rechnungskreise vom Stiftungsvorstand ordnungsgemäß geführt werden oder die Vorstandsbezüge angemessen sind.

(32) Im Bericht ist auch festzustellen, ob der Lagebericht mit dem Jahresabschluss in Einklang steht, und zwar auch hinsichtlich der Erfüllung des Stiftungszwecks. Dies gilt analog für Konzernlagebericht und Konzernabschluss.

4.1.2.2. Erteilte Auskünfte

(33) Gemäß § 273 Abs 1 zweiter Satz UGB ist im Prüfungsbericht ausdrücklich festzuhalten, ob die nach PSG und Stiftungserklärung auskunftspflichtigen Personen die verlangten Aufklärungen und Nachweise erbracht haben. Dabei ist auch auf den Erhalt einer schriftlichen Vollständigkeitserklärung einzugehen. Zu einer Vorlage für eine Vollständigkeitserklärung wird auf das gesonderte Muster einer Vollständigkeitserklärung für Prüfungen von Jahresabschlüssen von Privatstiftungen hingewiesen.

4.1.2.3. Nachteilige Veränderungen der Vermögens-, Finanz- und Ertragslage und wesentliche Verluste

(34) Verluste, die das Jahresergebnis nicht unwesentlich beeinflusst haben und / oder die Erreichung des Stiftungszwecks gefährden, sind im Prüfungsbericht anzuführen und zu erläutern.

4.2. Redepflicht

4.2.1. Redepflicht gemäß § 273 Abs 2 UGB

(35) Gemäß § 21 Abs 3 erster Satz PSG ist für die Berichterstattung des Stiftungsprüfers § 273 UGB sinngemäß anzuwenden. § 273 Abs 2 UGB ist somit uneingeschränkt anzuwenden.

(36) Der Berichterstattungspflicht ist jedenfalls bei schwerwiegenden Verstößen gegen die Stiftungserklärung nachzukommen, insbesondere bei solchen gegen Bestimmungen zur Erfüllung des Stiftungszwecks. Berichterstattungspflicht besteht auch bei Nichtaufstellung eines Konzernabschlusses und Konzernlageberichts trotz gesetzlicher Verpflichtung.

(37) Umstände, die zur Ausübung der Redepflicht nach § 273 Abs 2 UGB führen, können im Einzelfall auch Anlass für die Beantragung einer Sonderprüfung gemäß § 31 Abs 1 PSG bzw für einen Antrag gemäß § 27 Abs 2 PSG auf Abberufung eines Mitglieds oder mehrerer Mitglieder des Stiftungsvorstands geben.

4.2.2. Redepflicht gemäß § 273 Abs 3 UGB

(38) Der Verweis des § 21 Abs 3 erster Satz PSG bezieht sich auch auf § 273 Abs 3 UGB. Da nach dieser Bestimmung das Vorliegen eines Unternehmens Voraussetzung ist, betrifft sie nur unternehmerisch tätige Privatstiftungen. Demnach hat der Stiftungsprüfer bei unternehmerisch tätigen Privatstiftungen unverzüglich die Redepflicht auszuüben, wenn bei der Prüfung des Jahresabschlusses das Vorliegen der Voraussetzungen für die Vermutung eines Reorganisationsbedarfs festgestellt wird.

(39) Der Stiftungsprüfer muss sich im Einzelfall mit der Frage beschäftigen, ob eine unternehmerische Tätigkeit gegeben ist und ob daher die URG-Kennzahlen für die Vermutung eines Reorganisationsbedarfs anzuwenden sind. In einem ersten Schritt ist der Stiftungsvorstand gefordert, sich zur Frage der Unternehmereigenschaft zu erklären. Dem Stiftungsprüfer obliegt die Prüfung, ob die Angaben des Stiftungsvorstands zutreffend sind.

(40) Ist das Vorliegen der Unternehmereigenschaft nicht eindeutig zu verneinen, so sind die Kennzahlen zu berechnen; ergibt sich daraus die Vermutung des Vorliegens eines Reorganisationsbedarfs, so wird die Ausübung der Redepflicht gemäß § 273 Abs 3 UGB empfohlen.

4.3. Ausfertigung und Vorlage des Prüfungsberichts

(41) Der Prüfungsbericht ist den Mitgliedern der übrigen Organe (obligatorische und weitere Organe gemäß § 14 Abs 2 PSG) der Privatstiftung vorzulegen.

(42) Die Stiftungserklärung kann weitere Personen bestimmen, denen der Prüfungsbericht vorzulegen ist. Dies ist Aufgabe des Stiftungsvorstands, sofern die Stiftungserklärung nicht explizit die Vorlage durch den Stiftungsprüfer vorsieht.

(43) Personen bzw Stiftungsgremien, denen keine Organstellung zukommt, ist der Prüfungsbericht nicht zu übermitteln. Begünstigte und der Stifter haben – soweit ihnen keine sonstigen Funktionen zukommen – keine Organstellung in der Stiftung. Begünstigte können die Einsichtnahme ua in den Prüfungsbericht im Wege des Auskunftsanspruchs des § 30 Abs 1 PSG begehren.

5. Zusätzliche Pflichten / Aufgaben des Stiftungsprüfers im Vergleich zum Abschlussprüfer aufgrund der Organstellung

5.1. Allgemeines

(44) Aufgrund seiner Organstellung sind dem Stiftungsprüfer weiter gehende Befugnisse eingeräumt, insbesondere aber auch weiter gehende Pflichten auferlegt als dem Abschlussprüfer (einer Kapitalgesellschaft). Die fehlende Überwachung und Lenkung durch einen am Vermögen beteiligten wirtschaftlichen Eigentümer erfordert es, die vom Gesetzgeber zum Ausgleich vorgesehenen Instrumente der Kontrolle zur Vermeidung von Fehlentwicklungen und Missbräuchen streng auszulegen.

(45) Den Stiftungsprüfer trifft die Obliegenheit, im Rahmen des pflichtgemäßen Ermessens von seinen mit der Organstellung verbundenen besonderen Rechten Gebrauch zu machen. Daher trifft ihn die Pflicht, bei Vorliegen eines begründeten Verdachts von Unredlichkeiten oder grober Pflichtverletzungen auf den Stiftungsvorstand einzuwirken, den Grund für die Beanstandung zu beseitigen. Wenn dies zu keinem Erfolg führt, ist der Stiftungsprüfer verpflichtet, bei Gericht eine Sonderprüfung (§ 31 Abs 1 PSG) bzw die Abberufung eines Mitglieds oder mehrerer Mitglieder des Stiftungsvorstands (§ 27 Abs 2 PSG) zu beantragen (vgl Rz (46) ff).

5.2. Einzelfragen

5.2.1. Muss der Stiftungsprüfer bei von ihm festgestellten Unredlichkeiten oder groben Pflichtverletzungen, die Grundlage der Abberufung aller oder einzelner Mitglieder des Stiftungsvorstands sein können, das Gericht informieren und gegebenenfalls den Antrag stellen oder anregen, dass alle oder einzelne Mitglieder des Stiftungsvorstands wegen grober Pflichtverletzung abberufen werden?

(46) Wie der Stiftungsprüfer aufgrund seiner Organstellung iVm § 29 PSG verpflichtet ist, gemäß § 31 Abs 1 PSG bei Vorliegen bestimmter Umstände eine Sonderprüfung zu beantragen, ist er ebenso verpflichtet, bei groben Pflichtverletzungen der Mitglieder des Stiftungsvorstands gemäß § 27 Abs 2 PSG die Abberufung der dafür verantwortlichen Mitglieder bei Gericht zu beantragen – jedenfalls wenn auf seinen Hinweis auf Unredlichkeiten oder grobe Pflichtverletzungen vom Stiftungsvorstand oder anderen Kontrolleinrichtungen wie Aufsichtsrat und Beirat nicht entsprechend reagiert wird. Dabei ist zu beachten, dass die Entscheidung über die Abberufung von Mitgliedern des Stiftungsvorstands in der Stiftungserklärung auch an ein anderes Organ (va an den Aufsichtsrat) übertragen werden kann.

(47) Die Verschwiegenheitspflicht des Stiftungsprüfers ergibt sich einerseits aufgrund der berufsrechtlichen Verschwiegenheitspflicht des § 80 WTBG 2017 und andererseits in analoger Anwendung der Bestimmung des § 275 Abs 1 UGB. Von Gesetzes wegen (gemäß § 21 Abs 2 PSG) gilt diese Verschwiegenheitspflicht lediglich gegenüber den anderen Stiftungsorganen und den in der Stiftungserklärung mit Prüfungsaufgaben betrauten Personen nicht. Aus seiner Organstellung ergibt sich jedoch, dass der Stiftungsprüfer bei Wahrnehmungen im Bereich der „erweiterten Redepflicht" auch gegenüber dem Gericht (welches kein Organ der Privatstiftung ist) nicht zur Verschwiegenheit verpflichtet ist. Eine Verschwiegenheitspflicht gegenüber dem Gericht wäre mit der Kontrollfunktion des Stiftungsprüfers nicht zu vereinbaren.

5.2.2. Inwieweit hat der Stiftungsprüfer die Erfüllung des Stiftungszwecks in die Prüfung einzubeziehen?

(48) Der Stiftungsprüfer hat aufgrund seiner Organstellung zur Wahrung des Stiftungszwecks beizutragen. Um diese Aufgabe erfüllen zu können, muss die Erfüllung des Stiftungszwecks in die Prüfung einbezogen werden. Der Stiftungsprüfer hat insbesondere zu prüfen, ob die Stiftungserklärung hinsichtlich des Stiftungszwecks eingehalten worden ist, ob der Lagebericht mit dem Jahresabschluss auch hinsichtlich der Erfüllung des Stiftungszwecks in Einklang steht und ob der Lagebericht nicht hinsichtlich der Erfüllung des Stiftungszwecks eine falsche Vorstellung von der Lage der Privatstiftung erweckt.

(49) Wesentliche Feststellungen sind zunächst mit dem Stiftungsvorstand zu erörtern. Dem Stiftungsvorstand soll dies die Möglichkeit bieten, seine Beurteilung darzulegen. Die Ausübung der Redepflicht und gegebenenfalls die Einschaltung des Gerichts obliegen dem pflichtgemäßen Ermessen des Stiftungsprüfers.

(50) Aufgrund seiner aus der Organstellung ableitbaren besonderen Treuebindung ist der Stiftungsprüfer dann, wenn keine anderen Maßnahmen zur Verfügung stehen, verpflichtet, die Abberufung eines Stiftungsorgans oder die Einleitung einer Sonderprüfung zu betreiben, wenn die Erfüllung des Stiftungszwecks ansonsten gefährdet ist. Daher hat der Stiftungsprüfer bei der Wahrnehmung von Unredlichkeiten oder groben Verletzungen des Gesetzes oder der Stiftungserklärung bei Gericht eine Sonderprüfung (§ 31 Abs 1 PSG) bzw die Abberufung eines Mitglieds oder mehrerer Mitglieder des Stiftungsvorstands (§ 27 Abs 2 PSG) zu beantragen. Allerdings besteht keine Verpflichtung, auf der Sonderprüfung zu beharren, wenn dem Stiftungsprüfer gemäß § 31 Abs 3 PSG eine Sicherheitsleistung aufgetragen wird.

5.2.3. Ist der Stiftungsprüfer verpflichtet, die ordnungsgemäße Besetzung der Stiftungsorgane zu prüfen?

(51) Der Stiftungsprüfer muss dann, wenn nach der Stiftungserklärung seine Bestellung nur befristet erfolgt und falls der Stiftungsvorstand bzw gegebenenfalls der Aufsichtsrat säumig ist, auf eine Neu- oder Wiederbestellung hinwirken, uU durch Kontaktaufnahme mit dem Gericht. Dies gilt auch dann, wenn ein Bestellungsbeschluss des Gerichts abweichend von der Stiftungserklärung keine Befristung enthält.

(52) Stellt der Stiftungsprüfer im Zuge der Prüfungshandlungen fest, dass Funktionsperioden von Mitgliedern anderer Organe im geprüften Zeitraum abgelaufen sind oder beendet wurden, so hat er auf eine Neu- oder Wiederbestellung hinzuwirken, falls der Stiftungsvorstand bzw gegebenenfalls der Aufsichtsrat säumig ist, weil der Privatstiftung erhebliche Nachteile erwachsen können, wenn eine Organfunktion durch Zeitablauf unbemerkt endet. Dies gilt sinngemäß auch für Fälle des § 27 Abs 2 Z 2 PSG.

(53) Das PSG sieht eine Reihe von Unvereinbarkeiten für die Mitglieder des Stiftungsvorstands und des Aufsichtsrats vor (vgl §§ 15 Abs 2 bis 3a, 23 Abs 2 PSG). Die Rechtsprechung verlangt, dass darüber hinaus auch in aufsichtsratsähnlichen Beiräten die Begünstigten und deren Angehörige iS von § 15 Abs 2 PSG nicht die Mehrheit stellen dürfen. Ebenso sind Berater und Bevollmächtigte von Begünstigten uU von der Vorstandsfunktion ausgeschlossen. Es würde zu weit gehen, dem Stiftungsprüfer die Kontrolle von uU nicht leicht überschaubaren Verwandtschaftsverhältnissen oder von anderen Beziehungen aufzulasten. Vorrangig ist jeder, der eine Organfunktion übernimmt, selbst verpflichtet, zu prüfen, ob er von der Übernahme der Funktion ausgeschlossen ist oder nicht. Nur dann, wenn dem Stiftungsprüfer bekannt wird, dass zweifelsfrei eine Inkompatibilität vorliegt, hat er die Redepflicht auszuüben und gegebenenfalls das Gericht einzuschalten.

6. Beendigung des Mandats des Stiftungsprüfers

6.1. Allgemeines

(54) Regelungen über eine Amtsniederlegung durch den Stiftungsprüfer fehlen im PSG; eine dauerhafte Zwangsbindung ist aber weder im Interesse der Privatstiftung noch im Interesse einer ordnungsgemäßen Kontrolle gelegen. Auch Festlegungen (Obergrenzen) über die Funktionsperiode der Organe der Privatstiftung fehlen im PSG. Dem Stifter steht es frei, die Funktionsdauer festzulegen. Es können hierbei starre oder flexible Regelungen vorgesehen werden. An diese Anordnungen ist auch das Gericht gebunden. Ist in der Stiftungserklärung keine Funktionsdauer geregelt, steht es im Ermessen des Gerichts, ob eine zeitliche Befristung festgesetzt wird.

6.2. Einzelfragen

6.2.1. Beendigung wegen Wegfalls der Bestellungsvoraussetzungen

(55) Die Bestellung zum Stiftungsprüfer endet automatisch, wenn ein absolutes Bestellungshindernis (zB Unvereinbarkeit gemäß § 20 Abs 3 PSG) eintritt. Einer Abberufung bedarf es daher in einem solchen Fall nicht. Selbiges gilt, wenn der Stiftungsprüfer seine berufliche Qualifikation als Wirtschaftsprüfer (oder Wirtschaftsprüfungsgesellschaft) verliert, da darin ein unabdingbares Bestellungserfordernis zu sehen ist.

(56) Sobald dem Stiftungsprüfer Umstände bekannt werden, die zur Beendigung der Bestellung führen, hat er die Organe der Stiftung und das Gericht davon zu verständigen. Sofern die Zuständigkeit zur Bestellung bei einem Aufsichtsrat liegt, ist dieser zu verständigen.

6.2.2. Ende der Funktionsperiode

(57) Die Funktionsperiode des Stiftungsprüfers endet mit Zeitablauf, Abberufung oder Amtsniederlegung (Rücktritt).

6.2.3. Beendigung wegen Zeitablaufs

(58) Wird ein Stiftungsprüfer auf eine bestimmte Zeit bestellt, insbesondere weil die Stiftungsurkunde dies so vorsieht, hat er auf Basis der dazu ergangenen Beschlüsse der Firmenbuchgerichte im Einzelfall nach pflichtgemäßem Ermessen vorzugehen:

a) Sieht ein Beschluss vor, dass die Bestellung mit einem bestimmten Datum endet (zB „... wird bis zum 31.12.2014 zum Stiftungsprüfer bestellt“), endet die Funktion mit diesem Datum. Jahresabschlussprüfungen, die bis dahin nicht abgeschlossen sind, obliegen dem neuen Stiftungsprüfer.

b) Wird der Stiftungsprüfer zur Prüfung der Jahresabschlüsse einer bestimmten Periode bestellt („... wird zur Prüfung der Jahresabschlüsse der Jahre 2010 bis einschließlich 2014 bestellt“), endet die Funktion mit dem Abschluss der Prüfung des letzten Jahresabschlusses, also mit dem Datum des Prüfungsberichts.

c) In allen anderen Fällen wird bei Zweifeln empfohlen, eine Abklärung mit dem Firmenbuchgericht herbeizuführen.

6.2.4. Beendigung wegen Abberufung des Stiftungsprüfers

(59) Der Stiftungsprüfer kann vom Gericht auf Antrag eines dazu Legitimierten oder von Amts wegen des Amtes enthoben werden, wenn die Stiftungserklärung dies vorsieht oder ein wichtiger Grund vorliegt, insbesondere Umstände eintreten, die das Vertrauen in die Verlässlichkeit des Stiftungsprüfers erschüttern. Sieht dies die Stiftungserklärung vor, kann die Abberufung auch durch einen Aufsichtsrat erfolgen.

(60) Die Aufzählung der Abberufungsgründe in § 27 Abs 2 PSG ist nicht abschließend. Auch alle anderen wichtigen Umstände, wie etwa eine Interessenskollision, kommen daher als Abberufungsgründe in Frage. Pflichtverletzungen sind insbesondere ein Verstoß gegen das PSG, die Stiftungserklärung sowie sonstige Pflichten, deren Verletzung dem Wohle der Privatstiftung abträglich sein kann.

6.2.5. Beendigung wegen Amtsniederlegung / Rücktritt des Stiftungsprüfers

(61) Für die Frage, ob ein Stiftungsprüfer zum einseitigen Rücktritt von seiner Funktion berechtigt

ist und ob dieser Rücktritt wirksam erfolgt, sind folgende Konstellationen zu unterscheiden:

(62) Der Stiftungsprüfer wurde vom Gericht auf unbestimmte Zeit bestellt: Im Hinblick darauf, dass dem österreichischen Recht ewige Bindungen fremd sind, ist der Stiftungsprüfer zum einseitigen Rücktritt auch ohne Vorliegen eines wichtigen Grundes berechtigt. Aus seiner Organstellung ergibt sich, dass der Rücktritt nicht überraschend (zur Unzeit) erfolgen darf, sondern der Privatstiftung ausreichend Zeit einzuräumen ist, um für eine Nachfolge Sorge zu tragen. Im Allgemeinen ist hier eine Vorankündigung von sechs bis acht Wochen als ausreichend anzusehen. Ein sofortiger Rücktritt ist nur aus wichtigem Grund zulässig. Meinungsverschiedenheiten mit dem Stiftungsvorstand über die Rechnungslegung und die Berichterstattung im Lagebericht stellen keinen wichtigen Grund dar, weil es gerade der Zweck der unabhängigen Stiftungsprüfung ist, in solchen Situationen dem Stiftungsvorstand entgegenzuwirken. Als wichtiger Grund können beispielsweise tiefgreifende persönliche Zerwürfnisse in Betracht kommen. Der Rücktritt ist gegenüber dem Gericht zu erklären und dem Stiftungsvorstand zur Kenntnis zu bringen. Er wird mit Zugang beim Gericht wirksam.

(63) Der Stiftungsprüfer wurde vom Aufsichtsrat auf unbestimmte Zeit bestellt: Hier gilt das vorangehend Ausgeführte ebenfalls. Der Rücktritt ist hier gegenüber dem Aufsichtsrat zu erklären und wird mit Zugang wirksam. Sollte aus der Stiftungserklärung nicht klar hervorgehen, dass der Aufsichtsrat nach außen vom Vorsitzenden vertreten wird, so ist die Übermittlung der Rücktrittserklärung an alle Mitglieder des Aufsichtsrats nachweislich vorzunehmen. Eine Verständigung des Gerichts ist nicht erforderlich.

(64) Der Stiftungsprüfer wurde vom Gericht für eine zeitlich begrenzte Periode bestellt: Durch die Annahme der Bestellung hat der Stiftungsprüfer die Verpflichtung übernommen, für die festgelegte Periode die Funktion auszuüben. Dies gilt auch dann, wenn bei der Bestellung durch das Gericht keine zeitliche Beschränkung in den Bestellungsbeschluss aufgenommen worden ist, sich diese aber aus der Stiftungserklärung ergibt. Hier ist ein Rücktritt ohne wichtigen Grund ausgeschlossen, weil die Ausübung der Funktion bis zum Ende der Bestellungsperiode zumutbar ist. Der Rücktritt aus wichtigem Grund bleibt unbenommen.

(65) Der Stiftungsprüfer wurde vom Aufsichtsrat für eine zeitlich begrenzte Periode bestellt: Hier gilt dasselbe wie bei einer befristeten Bestellung auf Grundlage eines Bestellungsbeschlusses des Gerichts.

7. Anwendungszeitpunkt

(66) Dieses Fachgutachten gilt in der überarbeiteten Fassung für die Tätigkeit als Stiftungsprüfer ab 1. Jänner 2015. Eine frühere Anwendung wird empfohlen.

2/3/22. KFS/PE 22

**Fachgutachten
des Fachsenats für Unternehmensrecht und Revision
zur Prüfung von Vereinen**

(beschlossen in der Sitzung des Fachsenats für Unternehmensrecht und Revision am 9. Juli 2012 als Fachgutachten KFS/PE 22, zuletzt redaktionell überarbeitet im November 2017)

1. Vorbemerkungen und Anwendungsbereich

1.1. Vorbemerkungen

(1) Durch das Vereinsgesetz 2002 (VerG) wurden in Österreich erstmals gesetzliche Bestimmungen über die Rechnungslegung von Vereinen eingeführt. Gemäß § 21 Abs. 1 VerG hat das Leitungsorgan dafür zu sorgen, dass die Finanzlage des Vereins rechtzeitig und hinreichend erkennbar ist, und ein den Anforderungen des Vereins entsprechendes Rechnungswesen einzurichten, insbesondere für die laufende Aufzeichnung der Einnahmen und Ausgaben zu sorgen. Zum Ende des Rechnungsjahrs hat das Leitungsorgan innerhalb von fünf Monaten eine Einnahmen- und Ausgabenrechnung samt Vermögensübersicht zu erstellen.

(2) Gemäß § 21 Abs. 2 und 3 VerG haben die Rechnungsprüfer die Finanzgebarung des Vereins im Hinblick auf die Ordnungsmäßigkeit der Rechnungslegung und die statutengemäße Verwendung der Mittel innerhalb von vier Monaten ab Erstellung der Einnahmen- und Ausgabenrechnung zu prüfen und darüber zu berichten (vereinsrechtliche Rechnungsprüfung). Bei dieser Prüfung handelt es sich um eine sonstige Prüfung im Sinne des Fachgutachtens KFS/PG 13.

(3) Vereine, die in zwei aufeinander folgenden Rechnungsjahren gewöhnliche Einnahmen oder gewöhnliche Ausgaben von mehr als einer Million Euro aufweisen, unterliegen der Verpflichtung zu einer qualifizierten Rechnungslegung und müssen einen Jahresabschluss (Bilanz, Gewinn- und Verlustrechnung) aufstellen. Die näheren Bestimmungen dazu sind in § 22 Abs. 1 VerG enthalten.

(4) Bei Vereinen, deren gewöhnliche Einnahmen oder gewöhnliche Ausgaben in zwei aufeinander folgenden Rechnungsjahren jeweils höher als drei Millionen Euro waren oder deren jährliches Aufkommen an im Publikum gesammelten Spenden in diesem Zeitraum jeweils den Betrag von einer Million Euro überstieg, hat das Leitungsorgan gemäß § 22 Abs. 2 VerG einen um einen Anhang erweiterten Jahresabschluss aufzustellen und überdies für die Abschlussprüfung durch einen Abschlussprüfer zu sorgen. Diese Verpflichtungen entfallen, sobald diese Schwellenwerte in zwei aufeinander folgenden Rechnungsjahren nicht mehr überschritten werden. Für die Abschlussprüfung gelten die §§ 269 Abs. 1 und 272 bis 276 Unternehmensgesetzbuch (UGB) sinngemäß. Der Abschlussprüfer übernimmt die Aufgaben der Rechnungsprüfer.

(5) Für die Aufstellung des erweiterten Jahresabschlusses gelten die §§ 222 bis 234, 236 bis 240 und 242 Abs. 2 bis 4 UGB sinngemäß. Als Umsatzerlöse sind die Umsatzerlöse i.S.d. § 189a Z 5 UGB heranzuziehen. Das bedeutet, dass die Umsatzerlöse nicht mit den gewöhnlichen Einnahmen oder gewöhnlichen Ausgaben gleichzusetzen sind. Gemäß § 22 Abs. 2 VerG sind Mitgliedsbeiträge, öffentliche Subventionen, Spenden und sonstige Zuwendungen sowie Einkünfte aus wirtschaftlichen Tätigkeiten und die ihnen jeweils zugeordneten Aufwendungen im Anhang anzugeben.

(6) Das VerG verweist in wesentlichen Bereichen auf die Bestimmungen des UGB über die Rechnungslegung sowie die Grundsätze zur Durchführung von Abschlussprüfungen. Daneben werden einige rechnungslegungs- und prüfungsrelevante Bereiche im VerG selbständig geregelt. Bei der sinngemäßen Anwendung von Bestimmungen des UGB, die primär auf die Prüfung von Jahresabschlüssen von Kapitalgesellschaften abstellen, können sich Zweifelsfragen hinsichtlich der richtigen (rechtsformadäquaten) Anwendung bei Vereinen ergeben.

(7) Bei der Prüfung von Vereinen sind die übrigen Fachgutachten, Richtlinien, Stellungnahmen und Empfehlungen der Fachsenate der Kammer der Wirtschaftstreuhänder (KWT), des Instituts Österreichischer Wirtschaftsprüfer (iwp) und des Austrian Financial Reporting and Auditing Committee (AFRAC) anzuwenden. In dem vorliegenden Fachgutachten werden Besonderheiten bei der Prüfung von Vereinen sowie Zweifelsfragen im Sinne von Rz (6) behandelt.

1.2. Anwendungsbereich

(8) Dieses Fachgutachten ist auf die gemäß § 22 Abs. 2 VerG vorgeschriebenen Abschlussprüfungen von Vereinen anzuwenden.

(9) Es ist auch dann anzuwenden, wenn Prüfungen von Vereinen auf freiwilliger Grundlage in sinngemäßer Anwendung der in den §§ 268 ff. UGB dargelegten gesetzlichen Bestimmungen über Abschlussprüfungen durchgeführt werden und ein förmlicher Bestätigungsvermerk im Sinne des § 274 UGB erteilt wird. Eine solche freiwillige Prüfung kann für Vereine durchgeführt werden, deren Rechnungslegung gemäß § 21 Abs. 1 VerG (Einnahmen- und Ausgabenrechnung samt Vermögensübersicht) oder § 22 Abs. 1 VerG (Bilanz, Gewinn- und Verlustrechnung) erfolgt, und für Vereine, die freiwillig einen erweiterten Jahresabschluss i.S.v. § 22 Abs. 2 VerG aufstellen. Eine

Prüfung in einem dieser Fälle ist eine freiwillige Prüfung im Sinne der Abschnitte 2.1.2. und 2.2.2. dieses Fachgutachtens.

(10) Werden Berufsangehörige vom Leitungsorgan eines Vereins, der weder einer Abschlussprüfungspflicht gemäß § 22 Abs. 2 VerG unterliegt noch eine solche Prüfung freiwillig durchführen lässt, mit der Durchführung einer vereinsrechtlichen Rechnungsprüfung im Sinne von § 21 Abs. 2 und 3 VerG beauftragt, sind die Grundsätze zur Durchführung von vereinsrechtlichen Rechnungsprüfungen, wie sie im Abschnitt 4. dieses Fachgutachtens dargelegt sind, sinngemäß anzuwenden.

2. Auftragsannahme / -bestätigung

2.1. Bestellung

2.1.1. Allgemeines – Grundsätze

(11) Als Abschlussprüfer können gemäß § 22 Abs. 4 VerG Wirtschaftsprüfer oder Wirtschaftsprüfungsgesellschaften sowie Revisoren im Sinne des § 13 Genossenschaftsrevisionsgesetz 1997 (GenRevG) herangezogen werden.

(12) Die Auswahl (Bestellung) des Abschlussprüfers obliegt gemäß § 5 Abs. 5 VerG grundsätzlich der Mitgliederversammlung. Falls die Bestellung eines Abschlussprüfers vor der nächsten (ordentlichen) Mitgliederversammlung notwendig wird, ist es nicht erforderlich, dass eine außerordentliche Mitgliederversammlung einberufen wird; die Bestellung des Abschlussprüfers obliegt in diesem Fall gemäß § 5 Abs. 5 VerG einem allenfalls eingerichteten Aufsichtsorgan und bei Fehlen eines solchen dem Leitungsorgan.

(13) Mindestens ein Zehntel der Mitglieder kann gemäß § 5 Abs. 2 VerG vom Leitungsorgan die Einberufung einer Mitgliederversammlung verlangen. Dieses Verlangen kann auch dadurch ausgelöst werden, dass die Bestellung eines Abschlussprüfers durch die Vereinsorgane pflichtwidrig unterlassen wurde. Eine Bestellung des Abschlussprüfers durch eine externe Stelle (Gericht, Vereinsbehörde) ist nicht vorgesehen.

(14) Sofern die Statuten nichts anderes vorsehen, wird der Abschlussprüfer für ein Rechnungsjahr bestellt (§ 5 Abs. 5 VerG). Die Statuten können jedoch auch vorsehen, dass der Abschlussprüfer für mehrere Jahre bestellt wird; diese Vorgangsweise wird jedoch nicht empfohlen (siehe Rz (22)).

(15) Der Abschlussprüfer übernimmt gemäß § 22 Abs. 2 VerG bei gesetzlichen Pflichtprüfungen die Aufgaben der Rechnungsprüfer. Eine gesonderte Bestellung zum Rechnungsprüfer ist demnach nicht erforderlich. Im Hinblick auf den Wortlaut des § 21 Abs. 2 und 3 VerG hat die vereinsrechtliche Rechnungsprüfung (Prüfung der Finanzgebarung) neben der Prüfung der Ordnungsmäßigkeit der Rechnungslegung, die bereits durch die Abschlussprüfung umfasst ist, auch die Prüfung der statutengemäßen Verwendung der Mittel zu umfassen.

(16) Rechnungsprüfer und Abschlussprüfer müssen gemäß § 5 Abs. 5 VerG unabhängig und unbefangen sein (siehe dazu den Abschnitt 2.4. dieses Fachgutachtens). Sie dürfen keinem Organ des Vereins, ausgenommen die Mitgliederversammlung, angehören. Der Abschlussprüfer hat alle Umstände zu vermeiden, die den Anschein der Voreingenommenheit oder die Besorgnis der Befangenheit begründen könnten.

(17) Ein Schreiben gemäß § 270 Abs. 1a UGB ist bei der Bestellung zum Abschlussprüfer eines Vereins nicht vorgesehen. Dennoch ist es erforderlich, dass der zur Wahl vorgeschlagene Abschlussprüfer allfällige Ausschluss- oder Befangenheitsgründe im Vorhinein prüft, und zu empfehlen, die Ergebnisse der Prüfung (analog zu § 270 Abs. 1a UGB) schriftlich offenzulegen. Das Schreiben ist, sofern es kein Aufsichtsorgan gibt, an das Leitungsorgan zu richten und durch dieses der Mitgliederversammlung zur Kenntnis zu bringen.

2.1.2. Besonderheiten bei der freiwilligen Abschlussprüfung

(18) Besteht keine gesetzliche Verpflichtung zur Durchführung einer Abschlussprüfung, hat die Bestellung zum Abschlussprüfer – soweit in den Statuten nichts anderes vorgesehen ist – durch das Leitungsorgan zu erfolgen. Auch in diesen Fällen sind nur Wirtschaftsprüfer oder Wirtschaftsprüfungsgesellschaften sowie Revisoren im Sinne des § 13 GenRevG zur Bestellung geeignet.

(19) Soll der Abschlussprüfer bei freiwilligen Prüfungen auch die Aufgaben der Rechnungsprüfer übernehmen, ist dazu – mit Ausnahme der in Rz (12) genannten Fälle – die Mitgliederversammlung zu befassen. Diese hat darüber zu entscheiden, ob und inwieweit der Abschlussprüfer in diesem Fall die gesetzlich vorgeschriebenen Aufgaben der Rechnungsprüfer übernehmen soll. Rechnungsprüfer können auch juristische Personen sein. Sie müssen nicht Vereinsmitglieder sein. Die Rechnungsprüfer sind in der Regel durch die Mitgliederversammlung zu bestellen.

(20) Übernimmt der Abschlussprüfer im Rahmen einer freiwilligen Prüfung auch die Aufgaben der Rechnungsprüfer, kann nach Auffassung des Fachsenats die Bestellung weiterer Rechnungsprüfer unterbleiben, auch wenn dies im Gesetz nicht ausdrücklich geregelt ist. Dies gilt nicht, sofern sich aus den Statuten oder den Beschlüssen der Mitgliederversammlung ergibt, dass auch in solchen Fällen jedenfalls Rechnungsprüfer zu bestellen sind.

2.2. Prüfungsvertrag

2.2.1. Allgemeines – Grundsätze

(21) Der Abschluss eines schriftlichen Vertrags über die Durchführung der Abschlussprüfung (Prüfungsvertrag) ist im Interesse des Prüfers und des Auftraggebers geboten. Sehen die Statuten dies vor, kann der Abschlussprüfer auch für mehrere Rechnungsjahre bestellt und der Prüfungsvertrag für mehrere Jahre abgeschlossen werden. Mangels eines Verweises auf § 270 UGB können sowohl ein- als auch mehrjährige Prüfungsverträge einvernehmlich geändert und aufgelöst werden.

Jede Änderung eines Prüfungsvertrags bedarf der Schriftform.

(22) Aufgrund des Fehlens von ausdrücklichen Regelungen über die nicht einvernehmliche Auflösung von mehrjährigen Prüfungsverträgen können sich bei solchen Verträgen diesbezügliche Unsicherheiten ergeben. Daher ist es nach Auffassung des Fachsenats nicht zu empfehlen, mehrjährige Prüfungsverträge abzuschließen. Wird trotz dieser Bedenken ein solcher Vertrag abgeschlossen, wird empfohlen, im Prüfungsvertrag ausdrücklich auf die Anwendbarkeit des § 270 Abs. 6 UGB über die Kündigung durch den Abschlussprüfer aus wichtigem Grund hinzuweisen.

(23) Für die vereinsrechtliche Rechnungsprüfung ist entsprechend dem Fachgutachten KFS/PG 13 grundsätzlich ein gesondertes Auftragsbestätigungsschreiben erforderlich. Übernimmt der Abschlussprüfer gemäß § 22 Abs. 2 VerG jedoch zwingend auch die Aufgaben der Rechnungsprüfer, ist darauf im Rahmen des Prüfungsvertrags einzugehen.

2.2.2. Besonderheiten bei der freiwilligen Abschlussprüfung

(24) Bei Annahme eines Auftrags zur Durchführung einer freiwilligen Abschlussprüfung ist das Referenzmodell für die Rechnungslegung festzulegen und im Prüfungsvertrag festzuhalten. Ist der Verein zur Rechnungslegung gemäß § 21 VerG verpflichtet, können unter anderem KFS/RL 19 oder gegebenenfalls die in den Statuten festgelegten Regeln zur Rechnungslegung als Referenzmodell herangezogen werden. Bei Vereinen, die zur Rechnungslegung gemäß § 22 Abs. 1 VerG verpflichtet sind, stellen die entsprechenden Regeln des UGB das Referenzmodell dar.

(25) Soll im Falle einer solchen Prüfung der Abschlussprüfer auch die Aufgaben der Rechnungsprüfer übernehmen, ist dies ausdrücklich zu vereinbaren. Diesbezüglich wird auf Rz (23) verwiesen.

2.3. Haftung und Versicherungsschutz

(26) Vor der Annahme des Auftrags zur Durchführung der Abschlussprüfung hat sich der Abschlussprüfer zu vergewissern, dass ein ausreichender Versicherungsschutz besteht. Bei einem mehrjährigen Prüfungsvertrag hat sich der Prüfer jährlich vor Beginn der Prüfungstätigkeit darüber zu vergewissern, dass der ausreichende Versicherungsschutz gegeben ist.

(27) Aufgrund des Verweises in § 22 Abs. 2 VerG auf § 275 UGB sind für den Abschlussprüfer die Haftungshöchstgrenzen des § 275 Abs. 2 UGB anzuwenden. Da § 275 Abs. 2 UGB auf die Größenklassen nach § 221 UGB verweist, sind diese Haftungshöchstgrenzen entsprechend abgestuft und können daher bis zu zwölf Millionen Euro pro Prüfung betragen. Als Umsatzerlöse sind für diese Beurteilung die Umsatzerlöse i.S.d. § 189a Z 5 UGB heranzuziehen. Das bedeutet, dass die Umsatzerlöse nicht mit den gewöhnlichen Einnahmen oder gewöhnlichen Ausgaben gleichzusetzen sind.[1]

[1] Übersteigen die gewöhnlichen Einnahmen oder gewöhnlichen Ausgaben den Schwellenwert für die Umsatzerlöse des § 221 Abs. 2 UGB und übersteigt ein weiteres Kriterium des § 221 UGB den jeweiligen Schwellenwert des § 221 Abs. 2 UGB, wird eine entsprechende Anpassung der Versicherungsdeckung empfohlen.

(28) Für Rechnungsprüfer gelten gemäß § 24 Abs. 4 VerG die Haftungshöchstgrenzen des § 275 Abs. 2 UGB sinngemäß. Wenn der Abschlussprüfer kraft gesetzlicher Anordnung auch die Aufgaben der Rechnungsprüfer übernimmt, ist die jeweilige Haftungshöchstgrenze pro Prüfung nur einmal anzuwenden.

(29) Auf freiwillige Prüfungen kommen die Bestimmungen des § 275 Abs. 2 UGB über die Begrenzung der Haftung des Abschlussprüfers nicht zur Anwendung. Es wird daher empfohlen, eine entsprechende Haftungsbegrenzung im Prüfungsvertrag zu vereinbaren. Auf die Stellungnahme des Fachsenats zur Haftung für Fehler des Prüfers bei Prüfungen, die keine Pflichtprüfungen gemäß § 268 UGB sind, und bei Aufträgen zur Durchführung einer prüferischen Durchsicht (KFS/PE 13) wird hingewiesen.

2.4. Unabhängigkeit

(30) Wie bereits in Rz (16) dargelegt, müssen gemäß § 5 Abs. 5 VerG sowohl Rechnungsprüfer als auch Abschlussprüfer unabhängig und unbefangen sein. Obwohl das VerG auf die Unabhängigkeitsregeln der §§ 271, 271a, 271b und 271c UGB nicht ausdrücklich verweist, sind diese Bestimmungen bei der Auslegung der unbestimmten Rechtsbegriffe „unabhängig" und „unbefangen" analog anzuwenden. Zusätzlich sind die allgemeinen Unabhängigkeitsbestimmungen des Wirtschaftstreuhandberufsgesetzes 2017 (WTBG 2017), der Allgemeinen Richtlinie über die Ausübung der Wirtschaftstreuhandberufe 2017 (WT-AARL 2017-KSW) sowie der Verordnung zur Durchführung prüfender Tätigkeiten 2017 (KSW-PRL 2017) zu berücksichtigen.

(31) Der Abschlussprüfer hat vor Annahme des Auftrags zu prüfen, ob Ausschlussgründe oder Umstände vorliegen, die die Besorgnis der Befangenheit begründen könnten. Bei einem mehrjährigen Prüfungsvertrag hat sich der Prüfer jährlich vor Beginn der Prüfungstätigkeit darüber zu vergewissern, dass keine Ausschlussgründe oder Umstände vorliegen, die die Besorgnis der Befangenheit begründen könnten.

3. Vereine mit gesonderten Rechnungskreisen gemäß § 22 Abs. 3 VerG

(32) Wenn und soweit ein öffentlicher Subventionsgeber zu einer gleichwertigen Prüfung eines gesonderten Rechnungskreises verpflichtet ist, bleibt dieser von der Berechnung der Schwellenwerte (§ 22 Abs. 1 und 2 VerG) und von der Prüfung durch den Abschlussprüfer oder durch die Rechnungsprüfer bzw. von der Berichterstattung ausgenommen.

(33) Für die Berechnung der jeweiligen Haftungshöchstgrenzen des Abschlussprüfers gemäß § 275 Abs. 2 UGB ist daher davon auszugehen, dass ebenfalls nur die Größenmerkmale der von der Prüfung erfassten Rechnungskreise maßgeblich sind.

(34) Sollten Leistungsbeziehungen zwischen den gesonderten Rechnungskreisen bestehen, die einer Prüfung durch öffentliche Subventionsgeber unterzogen werden, sind diese im Rahmen der Abschlussprüfung zu prüfen.

(35) Um Meinungsverschiedenheiten zu den Informationspflichten des Leitungsorgans, zum Umfang der Abschlussprüfung, zur Berichterstattung sowie zum Umfang der Haftung des Abschlussprüfers im Zusammenhang mit gesonderten Rechnungskreisen zu vermeiden, sollten diese Punkte im Prüfungsvertrag klargestellt werden.

(36) Gemäß § 22 Abs. 3 VerG ist das Ergebnis der Prüfung durch den öffentlichen Subventionsgeber im Fall des § 22 Abs. 2 dem Abschlussprüfer, sonst den Rechnungsprüfern innerhalb von drei Monaten ab Aufstellung des Jahresabschlusses bzw. der Einnahmen- und Ausgabenrechnung mitzuteilen.

(37) Der Abschlussprüfer hat für jeden gesonderten Rechnungskreis zu prüfen, ob die Voraussetzungen des § 22 Abs. 3 VerG erfüllt sind.

4. Vereinsrechtliche Rechnungsprüfung

4.1. Allgemeines – Grundsätze

(38) Gemäß § 21 Abs. 1 VerG hat das Leitungsorgan dafür zu sorgen, dass die Finanzlage des Vereins rechtzeitig und hinreichend erkennbar ist, und ein den Anforderungen des Vereins entsprechendes Rechnungswesen einzurichten.

(39) Gemäß § 21 Abs. 2 VerG haben die Rechnungsprüfer innerhalb von vier Monaten ab Erstellung der Rechnungslegung die Finanzgebarung des Vereins im Hinblick auf die Ordnungsmäßigkeit der Rechnungslegung und die statutengemäße Verwendung der Mittel zu prüfen. Bei der Prüfung der statutengemäßen Verwendung der Mittel sind nicht die Kriterien für die Vergabe des Spendengütesiegels heranzuziehen. In der Richtlinie über die Erteilung des Spendengütesiegels ist vorgesehen, dass neben der Wirtschaftlichkeit und Sparsamkeit der Gebarung auch die Einhaltung verschiedener anderer Kriterien (z.B. Lauterkeit der Werbung) zu prüfen ist; die Prüfung der Einhaltung dieser Kriterien gehört nicht zu den Aufgaben der Rechnungsprüfer und daher auch nicht zu den Aufgaben des Abschlussprüfers des Vereins. Die vereinsrechtliche Rechnungsprüfung ist auch nicht deckungsgleich mit der umfangreicheren Gebarungsprüfung gemäß § 1 GenRevG oder einer Gebarungsprüfung nach öffentlichem Recht.

(40) Bei der vereinsrechtlichen Rechnungsprüfung handelt es sich um eine sonstige Prüfung. Die Regelungen des Fachgutachtens KFS/PG 13 sind bei vereinsrechtlichen Rechnungsprüfungen daher ergänzend anzuwenden.

4.2. Auftragsumfang, Wesentlichkeit und Auftragsrisiko

(41) Der Abschlussprüfer hat bei der Planung und Durchführung des Auftrags zur vereinsrechtlichen Rechnungsprüfung die Wesentlichkeit und die Risiken einer falschen Darstellung zu berücksichtigen. Die Wesentlichkeit und die Risiken einer falschen Darstellung sind vom Abschlussprüfer nach pflichtgemäßem Ermessen einzuschätzen. Die Risiken einer falschen Darstellung sind durch entsprechende Prüfungshandlungen auf ein akzeptables Maß herabzusetzen.

(42) Im Hinblick auf die Verpflichtung zur Abgabe einer positiven Zusicherung müssen die Risiken einer falschen Darstellung des Auftragsgegenstands durch den Abschlussprüfer auf ein akzeptables Maß herabgesetzt werden, um mit hinreichender Sicherheit ein positiv formuliertes Prüfungsurteil abgeben zu können. Aufgrund der Ausrichtung der Prüfung auf eine mit hinreichender Sicherheit formulierte Aussage, die im Wesentlichen auf Stichproben beruht, kann nicht ausgeschlossen werden, dass in der der Prüfung unterzogenen Finanzgebarung Verstöße unentdeckt bleiben.

(43) Festgestellte Mängel in der Finanzgebarung sind in der Berichterstattung zur vereinsrechtlichen Rechnungsprüfung aufzuzeigen. Die Einhaltung von Gebarungsgrundsätzen, die nicht Gegenstand dieser Prüfung sind, ist von der Berichterstattung nicht umfasst.

(44) Stellt der Abschlussprüfer im Rahmen der vereinsrechtlichen Rechnungsprüfung Tatsachen im Sinne von § 273 Abs. 2 UGB fest, hat er darüber aufgrund seiner Redepflicht als Abschlussprüfer unverzüglich zu berichten (siehe dazu den Abschnitt 6.2. dieses Fachgutachtens).

4.3. Zusicherung (Bestätigung)

(45) Aufgrund der gesetzlichen Anforderungen gemäß § 21 Abs. 3 VerG hat der Abschlussprüfer als Rechnungsprüfer im Rahmen seines Prüfungsurteils eine positiv formulierte Zusicherung zu machen.

(46) Falls aufgrund von wesentlichen Feststellungen ein uneingeschränktes Prüfungsurteil nicht möglich ist, hat der Abschlussprüfer die im Prüfungsurteil gegebene Zusicherung entsprechend zu modifizieren. Die konkrete Formulierung der Modifikation wird vom Abschlussprüfer bestimmt und liegt folglich in seinem pflichtgemäßen Ermessen.

4.4. Prüfung der Ordnungsmäßigkeit der Rechnungslegung

(47) Da die Prüfung der Finanzgebarung hinsichtlich der Ordnungsmäßigkeit der Rechnungslegung bereits von der Abschlussprüfung umfasst ist, ergeben sich für einen Abschlussprüfer, der die Aufgaben des Rechnungsprüfers übernimmt, diesbezüglich keine zusätzlichen Aufgaben.

4.5. Prüfung der statutengemäßen Verwendung der Mittel

(48) Die Prüfung der Finanzgebarung hinsicht-

lich der statutengemäßen Verwendung der Mittel stellt eine zusätzliche Aufgabe für den Abschlussprüfer dar.

(49) Statutengemäße Verwendung der Mittel bedeutet, dass der Vermögenseinsatz grundsätzlich ausschließlich im Rahmen des in den Statuten festgelegten Vereinszwecks erfolgt.

(50) Das Referenzmodell für die Prüfung der statutengemäßen Verwendung der Mittel stellen die Statuten des geprüften Vereins dar. Die Prüfungshandlungen sind nach diesen auszurichten.

(51) Bei der Prüfung der statutengemäßen Verwendung der Mittel ist in jedem Fall zu prüfen, ob die Verwendung der Mittel der Erfüllung des Vereinszwecks (§ 3 Abs. 2 Z 3 VerG), insbesondere der Finanzierung der für die Verwirklichung des Zwecks vorgesehenen Tätigkeiten (§ 3 Abs. 2 Z 4 VerG) dient. Eine Prüfung der Wirtschaftlichkeit oder Sparsamkeit der Gebarung ist erforderlich, wenn diese Gebarungsregeln in den Statuten enthalten sind. Dies schließt nicht aus, dass der Prüfer auch bei Fehlen einer besonderen Regelung in den Statuten offenkundige schwerwiegende Verstöße gegen eine wirtschaftliche Gebarung in seinem Bericht aufzuzeigen hat. Ein Verstoß gegen die Wirtschaftlichkeit der Gebarung kann auch vorliegen, wenn Sachvermögen, insbesondere Sachanlagen, zu unangemessen niedrigen Preisen veräußert wird.

(52) Wenn in den Statuten vorgeschrieben ist, dass vom Leitungsorgan ein Voranschlag zu erstellen ist, stellen auch wesentliche Abweichungen der in einem Rechnungsjahr angefallenen Ausgaben (Aufwendungen) von den im statutengemäß erstellten Voranschlag enthaltenen Ausgaben (Aufwendungen) eine nicht statutengemäße Verwendung der Vereinsmittel dar.

(53) Bei gemeinnützigen Vereinen ist auch zu prüfen, ob aufgrund der Gebarung des Vereins eine ernsthafte Gefährdung der Gemeinnützigkeit vorliegt.

4.6. Prüfung von ungewöhnlichen Einnahmen und Ausgaben und von Insichgeschäften

(54) Da gemäß § 21 Abs. 3 VerG im Prüfungsbericht auf ungewöhnliche Einnahmen oder Ausgaben, vor allem auf Insichgeschäfte, besonders einzugehen ist, sind sie auch gesondert zu prüfen.

(55) Insichgeschäfte sind gemäß § 6 Abs. 4 VerG im eigenen Namen oder für einen anderen geschlossene Geschäfte eines organschaftlichen Vertreters mit dem Verein. Sie bedürfen der Zustimmung eines anderen, zur Vertretung oder Geschäftsführung befugten Organwalters.

(56) Die Prüfung der Insichgeschäfte umfasst den Prozess der Genehmigung, die zivilrechtliche Ausgestaltung sowie eine mögliche unangemessene Ausgestaltung zu Lasten des Vereins.

(57) Hinsichtlich der Zulässigkeit von Insichgeschäften gelten grundsätzlich die allgemeinen zivilrechtlichen Grundsätze. Es kann allerdings sein, dass die Statuten konkrete Regelungen über die Zustimmung der organschaftlichen Vereinsvertreter zu Insichgeschäften vorsehen.

5. Vollständigkeitserklärung

(58) Der Abschlussprüfer hat von den vertretungsbefugten Mitgliedern des Leitungsorgans laut Vereinsregister zur Abschlussprüfung und zur vereinsrechtlichen Rechnungsprüfung eine schriftliche Vollständigkeitserklärung einzuholen.

(59) Muster für Vollständigkeitserklärungen für die Prüfung von Vereinen nach § 21 bzw. § 22 VerG sind den gesonderten Arbeitshilfen der KWT zu entnehmen.

6. Berichterstattung

6.1. Prüfungsbericht

6.1.1. Rechtliche Grundlagen und Inhalt

(60) Zu allgemeinen Grundsätzen zum Prüfungsbericht wird auf das Fachgutachten über Grundsätze ordnungsmäßiger Berichterstattung bei Abschlussprüfungen nach § 273 Abs. 1 UGB (KFS/PG 2) verwiesen.

(61) Um Missverständnisse zu vermeiden, ist auf eine korrekte Bezeichnung des Vereins im Prüfungsbericht zu achten.

6.1.2. Feststellungen zu Buchführung und Rechnungslegung

(62) Im Prüfungsbericht ist festzuhalten, ob die Buchführung und die Rechnungslegung den gesetzlichen Vorschriften und den ergänzenden Bestimmungen in den Statuten entsprechen.

(63) Bei freiwilligen Prüfungen ist im Prüfungsbericht festzuhalten, nach welchem Referenzmodell die Rechnungslegung aufgestellt wurde; erforderlichenfalls ist das Referenzmodell zu beschreiben.

6.1.3. Erteilte Auskünfte

(64) Gemäß § 273 Abs. 1 zweiter Satz UGB ist im Prüfungsbericht ausdrücklich festzuhalten, ob die nach VerG und Statuten auskunftspflichtigen Personen die verlangten Aufklärungen und Nachweise erbracht haben. Dabei ist auch auf den Erhalt einer schriftlichen Vollständigkeitserklärung einzugehen.

6.1.4. Nichterfüllbarkeit der Verpflichtungen des Vereins

(65) Stellt der Abschlussprüfer Tatsachen i.S.v. § 22 Abs. 5 VerG (Gefahr, dass der Verein seine Verpflichtungen nicht erfüllen kann) fest, hat er diese der Vereinsbehörde mitzuteilen. Zusätzlich sind diese Tatsachen im Prüfungsbericht anzuführen und zu erläutern.

6.1.5. Bericht über die vereinsrechtliche Rechnungsprüfung

(66) Über die vereinsrechtliche Rechnungsprüfung hat eine Berichterstattung gemäß dem Fachgutachten KFS/PG 13 zu erfolgen. Es wird empfohlen, diese Berichterstattung in den Prüfungsbericht zur Abschlussprüfung als gesonderten Bestandteil aufzunehmen.

(67) Die Berichterstattung beinhaltet eine als positive Aussage formulierte Zusicherung in Form eines Prüfungsurteils zur Finanzgebarung des Vereins im Hinblick auf die Ordnungsmäßigkeit der Rechnungslegung und die statutengemäße Verwendung der Mittel.

(68) Wurden Mängel in der Finanzgebarung oder Gefahren für den Bestand des Vereins festgestellt, sind diese im Rahmen der Berichterstattung aufzuzeigen. Auf ungewöhnliche Einnahmen oder Ausgaben sowie auf Insichgeschäfte ist jedenfalls gesondert einzugehen.

6.1.6. Ausfertigung und Vorlage

(69) Der Prüfungsbericht über die Abschlussprüfung und ggf. der gesonderte Bericht über die vereinsrechtliche Rechnungsprüfung sind sämtlichen Mitgliedern des Leitungsorgans und des Aufsichtsorgans und den Rechnungsprüfern des Vereins vorzulegen.

(70) Die Statuten können weitere Personen bestimmen, denen diese Berichte vorzulegen sind. Sofern die Statuten nicht ausdrücklich die Vorlage durch den Abschlussprüfer vorsehen, ist die Vorlage eine Aufgabe des Leitungsorgans des Vereins.

(71) Personen bzw. Vereinsgremien, denen keine Organstellung zukommt, sind der Prüfungsbericht und ggf. der gesonderte Bericht über die vereinsrechtliche Rechnungsprüfung grundsätzlich nicht zu übermitteln.

6.2. Redepflicht und Warnpflicht

(72) Bezüglich der Redepflicht des Abschlussprüfers gemäß § 273 Abs. 2 und 3 UGB bzw. dessen Warnpflicht an die Vereinsbehörde wird auf Abschnitt 7.2. der Stellungnahme zu ausgewählten Fragen zur Redepflicht des Abschlussprüfers gemäß § 273 Abs. 2 und 3 UGB (KFS/PE 18) verwiesen.

(73) Die Warnpflicht (Mitteilung) an die Vereinsbehörde gemäß § 22 Abs. 5 VerG ist an keine besonderen Formvorschriften gebunden.

(74) Für Rechnungsprüfer, die nicht Abschlussprüfer des Vereins sind, besteht bei Vorliegen von Tatsachen i.S.v. § 22 Abs. 5 VerG keine Pflicht zur Verständigung der Vereinsbehörde.

6.3. Verlangen auf Einberufung / Einberufung einer Mitgliederversammlung

(75) Stellen die Rechnungsprüfer fest, dass das Leitungsorgan beharrlich und auf schwerwiegende Weise gegen die ihm obliegenden Rechnungslegungspflichten verstößt, ohne dass zu erwarten ist, dass im Verein in absehbarer Zeit für wirksame Abhilfe gesorgt wird, so haben sie gemäß § 21 Abs. 5 VerG vom Leitungsorgan die Einberufung einer Mitgliederversammlung zu verlangen oder selbst eine Mitgliederversammlung einzuberufen.

7. Anwendungszeitpunkt

(76) Dieses Fachgutachten ist bei Prüfungen von Rechnungsjahren, die am 1. Jänner 2013 oder später beginnen, zu beachten. Eine frühere Anwendung wird empfohlen.

8. Änderung einer anderen Stellungnahme

(77) Mit diesem Fachgutachten werden die folgenden Fragen der Stellungnahme zu verschiedenen Fragen zur Rechnungslegung der Vereine (KFS/RL 19) aufgehoben:

- 1. a) Wie ist die statutengemäße Verwendung der Vereinsmittel zu prüfen?
  b) Sind dabei die Kriterien für die Vergabe des Spendengütesiegels heranzuziehen?
- 3. Kann
  a) eine Kritik an der Angemessenheit bestimmter Ausgaben oder
  b) das Unterbleiben einer solchen Kritik zu Schadenersatzansprüchen gegenüber dem Abschlussprüfer (vom Kritisierten oder von den Vereinsmitgliedern) führen?
- 5. Was ist eine gleichwertige Prüfung durch einen Subventionsgeber?
- 6. Was ist ein gesonderter Rechnungskreis?
- 15. Müssen Vereine, die einen Abschlussprüfer bestellt haben, daneben zwei Rechnungsprüfer bestellen?
- 16. Können die Aufgaben der Rechnungsprüfer auch von einem Organ des Vereins (dem Aufsichtsrat) wahrgenommen werden?
- 17. Wie soll der Bestätigungsvermerk bzw. der Bestätigungsbericht des Abschlussprüfers lauten?

2/3/23. KFS/PE 23

Stellungnahme
des Fachsenats für Unternehmensrecht und Revision
über die Durchführung von Prüfungen nach dem Kooperationsvertrag über die Vergabe eines Spendengütesiegels für Spenden sammelnde Non Profit Organisationen

(beschlossen in der Sitzung des Fachsenats für Unternehmensrecht und Revision am 9. Juli 2012 als Stellungnahme KFS/PE 23, zuletzt überarbeitet im April 2021)

1. Vorbemerkungen und Anwendungsbereich

1.1. Vorbemerkungen

1.1.1. Allgemeines – Grundsätze

(1) In dieser Stellungnahme legt der Fachsenat für Unternehmensrecht und Revision die Berufsauffassung dar, nach der Wirtschaftstreuhänder Aufträge zur Durchführung von Prüfungen nach dem Kooperationsvertrag über die Vergabe eines Spendengütesiegels für Spenden sammelnde Non Profit Organisationen (in der Folge kurz Spendengütesiegelprüfung oder SGS-Prüfung) abwickeln.

(2) Diese Stellungnahme enthält die Grundsätze für die berufliche Verantwortung des Wirtschaftstreuhänders sowie für Form und Inhalt des in diesem Zusammenhang zu erstellenden Berichts sowie die Dokumentationserfordernisse. Darüber hinaus verdeutlicht die Stellungnahme gegenüber der Öffentlichkeit Inhalt und Grenzen einer Spendengütesiegelprüfung.

(3) Diese Stellungnahme baut im Wesentlichen auf dem Fachgutachten über die Durchführung von sonstigen Prüfungen (KFS/PG 13) sowie auf dem International Standard on Assurance Engagements (ISAE) 3000 (Revised)[1] auf. Soweit einzelne Aussagen dieser Stellungnahme nicht entgegenstehen, sind die Regelungen des Fachgutachtens KFS/PG 13 anzuwenden.

[1] www.ifac.org; ISAE 3000 (Revised) – Assurance Engagements Other Than Audits or Reviews of Historical Financial Information

1.1.2. Ziel und Gegenstand der angeführten Prüfung

(4) Bei der Spendengütesiegelprüfung handelt es sich um eine sonstige Prüfung im Sinn des Fachgutachtens KFS/PG 13, und zwar um einen direkten Zusicherungsauftrag.

(5) Prüfungen zur Bestätigung der Einhaltung der Voraussetzungen für die Erlangung des österreichischen Spendengütesiegels sind auftragsgebundene Prüfungen mit dem Ziel, eine zusammenfassende Beurteilung darüber abzugeben, ob die Einhaltung dieser Bestimmungen gewährleistet ist.

(6) Diese Prüfungen stellen weder eine Abschlussprüfung noch eine sonstige gesetzliche Pflichtprüfung oder eine prüferische Durchsicht dar.

1.2. Anwendungsbereich

(7) Diese Stellungnahme ist auf Spendengütesiegelprüfungen anzuwenden.

2. Besonderheiten von Spendengütesiegelprüfungen

2.1. Auftragsannahme und Auftragsbedingungen

(8) Diese Prüfungen dürfen aufgrund der Regelungen im Kooperationsvertrag über die Vergabe eines Spendengütesiegels für Spenden sammelnde Non Profit Organisationen (NPOs) sowohl von Wirtschaftsprüfern als auch von Steuerberatern durchgeführt werden.

(9) Der beauftragte Wirtschaftstreuhänder hat vor Annahme eines Auftrags gewissenhaft zu prüfen, ob er diesen nach den berufsrechtlichen Bestimmungen annehmen darf und ob er die für die sachgerechte Durchführung der Prüfung erforderlichen Kenntnisse und Erfahrungen sowie personellen und technischen Ressourcen besitzt oder sich beschaffen kann.

(10) In diesem Zusammenhang hält der Fachsenat für Unternehmensrecht und Revision fest, dass insbesondere folgende Aspekte zu berücksichtigen sind:

a) Wirtschaftsprüfer, die Abschlussprüfer der Spenden sammelnden Non Profit Organisation sind, dürfen gleichzeitig auch die SGS-Prüfung durchführen.

b) Steuerberater, die Berater einer Spenden sammelnden Non Profit Organisation sind, dürfen die SGS-Prüfung dann durchführen, wenn sie selbst keine Buchhaltung oder Bilanzierung für diese Organisation durchführen und somit eine Selbstprüfung ausgeschlossen ist.

c) Vereinsorgane, ausgenommen Rechnungsprüfer, dürfen SGS-Prüfungen nicht durchführen.

d) Einfache Vereinsmitglieder dürfen – sofern die sonstigen Unvereinbarkeitsbestimmungen eingehalten werden – SGS-Prüfungen durchführen, sofern sie keinen maßgeblichen Einfluss auf die Führung des Vereins ausüben.

e) Für die Spendenverwendung verantwortliche Personen dürfen die SGS-Prüfungen nicht durchführen.

Die Bestimmungen des § 271 UGB gelten sinngemäß.

[2] Die angeführten Aussagen zur Befangenheit / Unvereinbarkeit spiegeln die Meinungsbildung im Berufsrechtsaus-

schuss der Kammer der Steuerberater und Wirtschaftsprüfer am 15.12.2009 wider.

(11) Bei der Auftragsannahme hat der beauftragte Wirtschaftstreuhänder die standardisierten Formulare, die als Beilagen II bis IV dem Kooperationsvertrag über die Vergabe eines Spendengütesiegels für Spenden sammelnde Non Profit Organisationen beigefügt sind, zu verwenden.

(12) Für diese Prüfungen ist ein Auftragsschreiben erforderlich. Es wird empfohlen, darin auch die Allgemeinen Auftragsbedingungen für Wirtschaftstreuhandberufe in der jeweils geltenden Fassung zu vereinbaren.

(13) Für die sonstigen Bestandteile des Auftragsschreibens wird auf das Fachgutachten KSF/PG 13 (Abschnitt 3.2. Auftragsbedingungen) verwiesen.

2.2. Kriterien

(14) Die Kriterien im Sinn des Fachgutachtens KSF/PG 13 stellt bei der SGS-Prüfung der Kooperationsvertrag über die Vergabe eines Spendengütesiegels für Spenden sammelnde Non Profit Organisationen in der jeweilig gültigen Fassung, insbesondere die darin enthaltenen Mindesterfordernisse, dar.

(15) Bei der Prüfung der Einhaltung des Kooperationsvertrags über die Vergabe eines Spendengütesiegels sind die in Beilage I zum Kooperationsvertrag definierten Kriterien der Standards für Non Profit Organisationen in den Bereichen Spendenmittelaufbringung und Spendenmittelverwendung bzw. -verwaltung als Kriterien anzusehen. Darin sind die Kriterien in der geltenden Fassung des Kooperationsvertrags (derzeit in Kraft stehende Fassung der Evaluierung 2020, gültig ab 01.03.2021, mit 35 Punkten – Ebene 3) angeführt, die im Rahmen der Überprüfung der Einhaltung abzuarbeiten sind. Dabei kann die Checkliste zum Kooperationsvertrag in der jeweils gültigen Fassung, herausgegeben von der Kammer der Steuerberater und Wirtschaftsprüfer (Arbeitsgruppe ÖSGS), herangezogen werden. Diese stellt jedoch nur eine Anleitung betreffend mögliche Prüfungshandlungen dar. Der Wirtschaftstreuhänder hat im Rahmen der eigenverantwortlichen Prüfungsplanung zu beurteilen, ob die Bearbeitung der darin angeführten Fragen ausreichende Prüfungshandlungen zur Bestätigung der Voraussetzungen darstellen. Die Durchführung der Prüfungshandlungen kann durch Verwendung der Checkliste in geeigneter Form dokumentiert werden.

(16) Zur Beurteilung der Ordnungsmäßigkeit der Rechnungslegung ist zu unterscheiden, ob eine Pflichtprüfung bzw. eine freiwillige Prüfung des Jahresabschlusses bzw. der Einnahmen- und Ausgabenrechnung samt Vermögensübersicht der Organisation vorliegt oder nicht. Sofern dazu ein uneingeschränktes Prüfungsurteil vorliegt, darf sich der beauftragte Wirtschaftstreuhänder darauf verlassen, dass die Ordnungsmäßigkeit des Rechnungslegungssystems gesichert ist. Zusätzlich ist jedoch darauf zu achten, dass die weitergehenden Bestimmungen des Kriterienkatalogs eingehalten werden.

2.3. Wesentlichkeit

(17) Der beauftragte Wirtschaftstreuhänder hat bei Planung und Durchführung des Auftrags die Wesentlichkeit und die Risiken einer falschen Darstellung des zugrunde zu legenden Sachverhalts zu berücksichtigen. Die Beurteilung der Wesentlichkeit unterliegt seinem pflichtgemäßen Ermessen.

2.4. Nachweise – Dokumentation

(18) Der beauftragte Wirtschaftstreuhänder hat bei der Einschätzung der Quantität, Qualität und Eignung von Nachweisen zur Stützung seiner zusammenfassenden Beurteilung pflichtgemäßes Ermessen auszuüben und eine kritische Grundhaltung einzunehmen.

(19) Der beauftragte Wirtschaftstreuhänder hat Nachweise über die geprüften Sachverhalte festzuhalten.

(20) Die Dokumentation hat zumindest Folgendes zu enthalten:

a) Auftragsschreiben
b) Nachweis der Planung (einschließlich etwaiger im Zuge der Auftragsdurchführung vorgenommener Änderungen an der allgemeinen Strategie und dem Prüfungsprogramm des beauftragten Wirtschaftstreuhänders)
c) Liste der durchgeführten Prüfungshandlungen und die erlangten Nachweise
d) bedeutsame Sachverhalte, die sich während der Prüfung ergeben haben, die dazu gezogenen Schlussfolgerungen und bedeutsame Beurteilungen im Zusammenhang mit diesen Schlussfolgerungen
e) Vollständigkeitserklärung (schriftliche Erklärung)

2.5. Vollständigkeitserklärung (schriftliche Erklärung)

(21) Der beauftragte Wirtschaftstreuhänder hat bei der Durchführung der angeführten Prüfungen eine geeignete schriftliche Erklärung (Vollständigkeitserklärung) von der verantwortlichen Partei einzuholen.

2.6. Berichterstattung

(22) Bei der Berichterstattung über die Prüfung der Einhaltung der Bestimmungen des Kooperationsvertrags über die Vergabe eines Spendengütesiegels kann sich der beauftragte Wirtschaftstreuhänder auf die als Beilage V dem Kooperationsvertrag beigefügte Bestätigung beschränken.

(23) Wenn es dienlich ist, kann auch eine separate Berichterstattung an die verantwortliche Partei erfolgen, in der auch weitere Empfehlungen übermittelt werden.

(24) Da im Anhang des Kooperationsvertrags über die Vergabe eines Spendengütesiegels für Spenden sammelnde Non Profit Organisationen die Bestätigung des Vorliegens der Voraussetzungen

für die Erlangung bzw. Beibehaltung des Spendengütesiegels vorgesehen ist, ist – im Unterschied zu den allgemeinen Ausführungen im Fachgutachten KFS/PG 13 – eine negative Zusicherung nicht möglich.

3. Anwendungszeitpunkt

(25) Die vorliegende überarbeitete Fassung dieser Stellungnahme ist auf SGS-Prüfungen, die nach dem 22. April 2021 vertraglich vereinbart werden, anzuwenden. Eine Anwendung der vorliegenden überarbeiteten Fassung dieser Stellungnahme auf SGS-Prüfungen, die vor dem oder am 22. April 2021 vertraglich vereinbart wurden, ist zulässig.

2/3/24. KFS/PE 24

**Stellungnahme
des Fachsenats für Unternehmensrecht und Revision
zur Durchführung von Prüfungen nach § 4a Abs 8 EStG zur Spendenabsetzbarkeit**

(beschlossen in der Sitzung des Fachsenats für Unternehmensrecht und Revision am 3. Dezember 2012 als Stellungnahme KFS/PE 24, zuletzt redaktionell überarbeitet im März 2020)

1. Vorbemerkungen und Anwendungsbereich

1.1. Vorbemerkungen

1.1.1. Allgemeines – Grundsätze

(1) In dieser Stellungnahme legt der Fachsenat für Unternehmensrecht und Revision die Berufsauffassung dar, wie Wirtschaftsprüfer Aufträge zur Durchführung von Prüfungen nach § 4a Abs. 8 Einkommensteuergesetz 1988 (EStG) bei den von dieser Bestimmung erfassten Körperschaften (in der Folge kurz § 4a EStG-Prüfungen) abzuwickeln haben.

(2) Diese Stellungnahme enthält die Grundsätze für die berufliche Verantwortung des Wirtschaftsprüfers sowie für Form und Inhalt des in diesem Zusammenhang zu erstellenden Berichts sowie der Dokumentationserfordernisse. Darüber hinaus verdeutlicht die Stellungnahme gegenüber der Öffentlichkeit Inhalt und Grenzen von § 4a EStG-Prüfungen.

(3) Diese Stellungnahme baut im Wesentlichen auf dem Fachgutachten zur Durchführung von sonstigen Prüfungen (KFS/PG 13) sowie auf dem International Standard on Assurance Engagements (ISAE) 3000 (Revised)[1] auf. Soweit nicht einzelne Aussagen dieser Stellungnahme entgegenstehen, sind die Regelungen von KFS/PG 13 ergänzend anzuwenden.

[1] www.ifac.org; ISAE 3000 (Revised) – Assurance Engagements Other than Audits or Reviews of Historical Financial Information

1.1.2. Ziel und Gegenstand der angeführten Prüfungen

(4) Bei den oben angeführten Prüfungen handelt es sich um sonstige Prüfungen im Sinn des Fachgutachtens KFS/PG 13, und zwar um direkte Zusicherungsaufträge.

(5) § 4a EStG-Prüfungen sind auftragsgebundene Prüfungen mit dem Ziel, eine zusammenfassende Beurteilung darüber abzugeben, ob die Einhaltung der Bestimmungen (siehe Rz (7)) gewährleistet ist.

(6) Diese Prüfungen stellen weder eine Abschlussprüfung noch eine sonstige gesetzliche Pflichtprüfung oder eine prüferische Durchsicht dar.

(7) § 4a EStG-Prüfungen beziehen sich einerseits auf das Vorliegen der Voraussetzungen der Z 1, 2 oder 3 des § 4a Abs. 8 EStG und andererseits auf die Einhaltung der von der zu prüfenden Körperschaft anzuwendenden Rechnungslegungsvorschriften. Sie müssen den Anforderungen der §§ 268 ff. Unternehmensgesetzbuch (UGB) entsprechen. Dies gilt auch für Vereine, die ihr Rechnungswesen gemäß § 21 Abs. 1 Vereinsgesetz 2002 (VerG) führen.

1.2. Anwendungsbereich

(8) Diese Stellungnahme ist auf § 4a EStG-Prüfungen anzuwenden.

2. Besonderheiten von § 4a EStG-Prüfungen

2.1. Auftragsannahme

(9) Diese Prüfungen sind wegen der eindeutigen Regelung in § 4a EStG Wirtschaftsprüfern vorbehalten. Sie können auch von einem anderen Wirtschaftsprüfer als dem Abschlussprüfer erbracht werden.

(10) Der beauftragte Wirtschaftsprüfer hat vor Annahme eines Auftrags gewissenhaft zu prüfen, ob er diesen bei Einhaltung der im Wirtschaftstreuhandberufsgesetz 2017 (WTBG 2017), in der Allgemeinen Richtlinie über die Ausübung der Wirtschaftstreuhandberufe 2017 (WT-AARL 2017-KSW) und in der Verordnung zur Durchführung prüfender Tätigkeiten 2017 (KSW-PRL 2017) geregelten Berufspflichten annehmen darf und ob er die für die sachgerechte Durchführung der Prüfung erforderlichen Kenntnisse und Erfahrungen sowie personellen und technischen Ressourcen besitzt oder sich beschaffen kann.

2.2. Unvereinbarkeit

(11) In diesem Zusammenhang hält der Fachsenat für Unternehmensrecht und Revision fest, dass insbesondere folgende Aspekte zu berücksichtigen sind:[2]

a) Wirtschaftsprüfer, die Abschlussprüfer oder Rechnungsprüfer der spendensammelnden Körperschaft sind, dürfen gleichzeitig auch die § 4a EStG-Prüfung durchführen.
b) Wirtschaftsprüfer, die gleichzeitig auch Berater einer spendensammelnden Körperschaft sind, dürfen die § 4a EStG-Prüfung durchführen, wenn sie selbst keine Buchhaltung oder Bilanzierung für diese Körperschaft durchführen und somit eine Selbstprüfung ausgeschlossen ist.
c) Wirtschaftsprüfer, die einfache Vereinsmitglieder sind, dürfen – sofern die sonstigen Unvereinbarkeitsbestimmungen eingehalten werden – die § 4a EStG-Prüfung durchführen.

d) Mitglieder von Vereinsorganen einschließlich statutarischer Organe (Beiräte) dürfen die § 4a EStG-Prüfung nicht durchführen.

e) Für die Spendenverwendung verantwortliche Personen dürfen die § 4a EStG-Prüfung nicht durchführen.

Die Bestimmungen des § 271 UGB gelten sinngemäß.

[2] Die angeführten Aussagen zur Befangenheit / Unvereinbarkeit spiegeln die Meinungsbildung im Berufsrechtsausschuss der Kammer der Wirtschaftstreuhänder am 15. Dezember 2009 wider.

2.3. Auftragsvereinbarung und -bedingungen

(12) Für diese Prüfungen ist ein Auftragsschreiben erforderlich. Es wird empfohlen, darin auch die Allgemeinen Auftragsbedingungen für Wirtschaftstreuhandberufe in der jeweils geltenden Fassung zu vereinbaren.

(13) Für die sonstigen Bestandteile des Auftragsschreibens wird auf das Fachgutachten KFS/PG 13 (Abschnitt 3.2. Auftragsbedingungen) verwiesen.

2.4. Kriterien

2.4.1. Einhaltung der anzuwendenden Rechnungslegungsvorschriften

(14) Die Kriterien im Sinn des Fachgutachtens KFS/PG 13 für diese Prüfung stellen die jeweils von der Körperschaft anzuwendenden Rechnungslegungsvorschriften dar; in Fällen, in denen eine Einnahmen- und Ausgabenrechnung samt Vermögensübersicht aufzustellen ist, sind die Kriterien im Auftragsschreiben (z.B. durch Verweis auf KFS/RL 19) zu definieren.

2.4.2. Vorliegen der Voraussetzungen gemäß § 4a Abs. 8 Z 1, 2 oder 3 EStG

(15) Die Kriterien im Sinn des Fachgutachtens KFS/PG 13 für diese Prüfung stellen die in § 4a Abs. 8 EStG definierten Voraussetzungen dar.

2.5. Prüfungsdurchführung

2.5.1. Einhaltung der anzuwendenden Rechnungslegungsvorschriften

(16) Zur Beurteilung der Einhaltung der anzuwendenden Rechnungslegungsvorschriften ist zu unterscheiden, ob eine Pflichtprüfung bzw. eine freiwillige Prüfung der Rechnungslegung der Körperschaft (nach den Anforderungen der §§ 268 ff. UGB) durchgeführt wurde:

a) Wurde eine Pflichtprüfung bzw. eine freiwillige Prüfung der Rechnungslegung der Körperschaft (z.B. in Form eines Jahresabschlusses bzw. einer Einnahmen- und Ausgabenrechnung samt Vermögensübersicht) bereits neben der § 4a EStG-Prüfung durchgeführt und ein uneingeschränktes Prüfungsurteil erteilt, darf sich der beauftragte Wirtschaftsprüfer, der die § 4a EStG-Prüfung durchführt, auf das Ergebnis dieser Prüfung verlassen. Dies gilt unabhängig davon, ob diese Prüfung vom § 4a EStG-Prüfer selbst oder einem anderen Wirtschaftsprüfer durchgeführt wurde.

b) Liegt kein Bestätigungsvermerk zur Rechnungslegung der Körperschaft vor, ist im Rahmen der § 4a EStG-Prüfung die Einhaltung der jeweils anzuwendenden Rechnungslegungsvorschriften entsprechend den Anforderungen der §§ 268 ff. UGB, d.h. unter Beachtung der in Österreich geltenden gesetzlichen Vorschriften und Grundsätze ordnungsmäßiger Abschlussprüfung, zu prüfen. Da in diesem Fall die Prüfung im Rahmen der § 4a EStG-Prüfung durchgeführt wird, genügt eine interne Dokumentation der Ergebnisse der Prüfung, und eine gesonderte Berichterstattung in Form eines Prüfungsberichts (§ 273 Abs. 1 UGB) oder Bestätigungsvermerks (§ 274 UGB) ist nicht erforderlich. Die Vorschriften zur Redepflicht des Abschlussprüfers (§ 273 Abs. 2 und 3 UGB) sind hingegen zu beachten.

(17) Ist das Prüfungsurteil gemäß § 274 Abs. 1 Z 3 UGB eingeschränkt oder negativ oder ist der Prüfer nicht in der Lage, ein Prüfungsurteil abzugeben (§ 274 Abs. 2 UGB), steht dies der Erteilung einer Bestätigung zur § 4a EStG-Prüfung entgegen; im Falle einer Einschränkung gemäß § 274 Abs. 1 Z 3 UGB ist dies unter Berücksichtigung der Umstände des Einzelfalls zu beurteilen.

2.5.2. Vorliegen der Voraussetzungen gemäß § 4a Abs. 8 Z 1, 2 oder 3 EStG

(18) Die Auswahl der Prüfungshandlungen zur Beurteilung des Vorliegens der Voraussetzungen gemäß § 4a Abs. 8 Z 1, 2 oder 3 EStG liegt im pflichtgemäßen Ermessen des Prüfers.

(19) Unabhängig von Besonderheiten in Einzelfällen kommen dafür generell folgende Prüfungshandlungen in Betracht:

a) Einsichtnahme in die Rechtsgrundlage (wie Satzung, Gesellschaftsvertrag) der Körperschaft für den geprüften Zeitraum

b) Einsichtnahme in die von der Körperschaft erstellte Aufgliederung der Verwaltungskosten und stichprobenweise Überprüfung, dass die darin enthaltenen mit der Verwendung der Spenden in Zusammenhang stehenden Verwaltungskosten der Körperschaft 10 % der Spendeneinnahmen nicht übersteigen

c) Einsichtnahme in jene Dokumente der Körperschaft, in denen sie die Organisationen und Zwecke, denen die gesammelten Spenden zukommen, veröffentlicht

d) kritische Würdigung der im Rahmen der Prüfung der Einhaltung der anzuwendenden Rechnungslegungsvorschriften gewonnenen Erkenntnisse im Hinblick auf Hinweise, dass die tatsächliche Geschäftsführung der Körperschaft den Vorgaben der Rechtsgrundlage nicht entspricht und die Körperschaft eine betriebliche Tätigkeit nicht nur in untergeordnetem Ausmaß entfaltet

2.6. Wesentlichkeit

(20) Der beauftragte Wirtschaftsprüfer hat bei Planung und Durchführung des Auftrags die Wesentlichkeit und die Risiken einer Fehlbeurteilung für den Auftragsgegenstand zu berücksichtigen. Die Beurteilung der Wesentlichkeit unterliegt seinem pflichtgemäßen Ermessen.

2.7. Nachweise – Dokumentation

(21) Der beauftragte Wirtschaftsprüfer hat bei der Einschätzung der Quantität, Qualität und Eignung von Nachweisen zur Stützung seiner zusammenfassenden Beurteilung pflichtgemäßes Ermessen auszuüben und eine kritische Grundhaltung einzunehmen.

(22) Der beauftragte Wirtschaftsprüfer hat Nachweise über die geprüften Sachverhalte festzuhalten.

(23) Die Dokumentation hat zumindest Folgendes zu enthalten:

a) Auftragsbestätigungsschreiben
b) Nachweis der Planung (einschließlich etwaiger im Zuge der Auftragsdurchführung vorgenommener Änderungen an der allgemeinen Strategie und dem Prüfungsprogramm des beauftragten Wirtschaftsprüfers)
c) Liste der durchgeführten Prüfungshandlungen und die erlangten Nachweise
d) bedeutsame Sachverhalte, die sich während der Prüfung ergeben haben, die dazu gezogenen Schlussfolgerungen und bedeutsame Beurteilungen im Zusammenhang mit diesen Schlussfolgerungen
e) Vollständigkeitserklärung (schriftliche Erklärung)

2.8. Vollständigkeitserklärung (schriftliche Erklärung)

(24) Der beauftragte Wirtschaftsprüfer hat bei der Durchführung der angeführten Prüfung eine schriftliche Vollständigkeitserklärung (schriftliche Erklärung) von der verantwortlichen Partei einzuholen.

(25) Muster für Vollständigkeitserklärungen für § 4a EStG-Prüfungen sind den Arbeitshilfen der Kammer der Steuerberater und Wirtschaftsprüfer (KSW) zu entnehmen.

2.9. Berichterstattung

(26) Bei der Berichterstattung über § 4a EStG-Prüfungen soll das von der KSW gemeinsam mit dem Bundesministerium für Finanzen (BMF) vereinbarte Muster verwendet werden.

(27) Da § 4a Abs. 8 EStG die Bestätigung des Vorliegens der Voraussetzungen der Z 1 bis 3 sowie der Einhaltung der anzuwendenden Rechnungslegungsvorschriften vorschreibt, ist eine negative Zusicherung nicht vorgesehen.

3. Anwendungszeitpunkt

(28) Die vorliegende überarbeitete Fassung dieser Stellungnahme ist auf § 4a EStG-Prüfungen, die nach dem 30. September 2020 vertraglich vereinbart werden, anzuwenden. Eine frühere Anwendung wird empfohlen.

2/3/25. KFS/PE 25

**Stellungnahme
des Fachsenats für Unternehmensrecht und Revision
Zu ausgewählten Fragen bei der Prüfung von Rechenschaftsberichten
nach dem Parteiengesetz 2012**

(beschlossen in der Sitzung des Fachsenats für Unternehmensrecht und Revision am 24. Juni 2015 als Stellungnahme KFS/PE 25, zuletzt überarbeitet im Juni 2019)

1. Vorbemerkungen und Anwendungsbereich

(1) Der österreichische Gesetzgeber hat die Vorschriften für die Rechenschaftspflicht der politischen Parteien im Parteiengesetz (PartG) 2012 (BGBl I Nr. 56/2012) geregelt. In diesem Gesetz sind auch Vorschriften hinsichtlich der Rechnungslegung und der Prüfung von Parteien enthalten. Diese Bestimmungen weichen zum Teil weit von den Vorschriften des UGB ab, sodass bei der Auslegung des PartG daher nicht zwangsläufig auf die vergleichbaren Regelungen des UGB zurückgegriffen werden kann, sondern in erster Linie auf die Erläuterungen zur Regierungsvorlage des PartG (1782 BlgNR 24. GP).

(2) Diese Stellungnahme ist anwendbar auf die Prüfung von Rechenschaftsberichten von Parteien nach dem PartG 2012.[1]

[1] Soweit im Folgenden die Abkürzung „PartG" ohne Angabe einer Jahreszahl verwendet wird, ist darunter das Parteiengesetz 2012 zu verstehen.

(3) Es wird ausdrücklich darauf hingewiesen, dass diese Stellungnahme nur Fragen behandelt, die sich aus den Besonderheiten der Parteien ergeben, und daneben bei der Prüfung alle anderen relevanten Fachgutachten, Richtlinien, Stellungnahmen und Empfehlungen der Fachsenate der Kammer der Steuerberater und Wirtschaftsprüfer (KSW), des Instituts Österreichischer Wirtschaftsprüfer (iwp) und des Austrian Financial Reporting and Auditing Committee (AFRAC) zu beachten sind.

2. Auftragsannahme / -bestätigung

2.1. Auswahl und Beauftragung der Prüfer des Rechenschaftsberichts

(4) Die Prüfer des Rechenschaftsberichts werden vom Rechnungshof aus einem Fünfervorschlag der jeweiligen politischen Partei bestellt (§ 5 Abs. 2 i.V.m. § 9 PartG). Die Bestellung erfolgt für die im Gesetz genannte Frist von höchstens fünf Jahren; im Falle einer Ergänzung, bei Ausfall eines Prüfers, ist auch ein kürzerer Bestellungszeitraum denkbar. Eine unmittelbar darauffolgende Wiederbestellung ist unzulässig.

(5) Die politische Partei hat einen Fünfervorschlag für die zu bestellenden Prüfer an den Rechnungshof zu übermitteln. Daraus bestellt der Rechnungshof zwei Wirtschaftsprüfer als Prüfer des Rechenschaftsberichts.

(6) Der Fünfervorschlag muss vergleichbare Prüfungsangebote der Wirtschaftsprüfer aufweisen. Ein Anbotschreiben für die Prüfung des Rechenschaftsberichts einer Partei ist als Anlage 1 dieser Stellungnahme beigefügt. In der Praxis hat sich herausgebildet, dass der einzelne Wirtschaftsprüfer für jeweils 50 % der ausgeschriebenen (Jahres-) Prüfungsleistung ein Anbot unterbreitet. Die Aufgabenverteilung selbst wird im Prüfungsvertrag (vgl. Rz (11)) mit der Partei vereinbart.

(7) Der Prüfer des Rechenschaftsberichts hat vor Annahme des Auftrags zu prüfen, ob Ausschlussgründe gemäß § 9 PartG vorliegen. Die Unabhängigkeitsregeln gemäß §§ 271 ff. UGB kommen mangels eines Verweises des PartG nicht zur Anwendung. Sehr wohl kommen jedoch die allgemeinen Unabhängigkeitsbestimmungen des WTBG 2017, der Allgemeinen Richtlinie über die Ausübung der Wirtschaftstreuhandberufe 2017 (WT-AARL 2017-KSW) und der Verordnung zur Durchführung prüfender Tätigkeiten 2017 (KSW-PRL 2017) zur Anwendung.

(8) Im Falle von neu hervorgekommenen Ausschlussgründen sind die Partei und der Rechnungshof umgehend zu informieren. In diesem Fall ist der Prüfer des Rechenschaftsberichts von der Prüfung ausgeschlossen. Bei einer Bestellung für mehrere Jahre ist das Vorliegen von Ausschlussgründen jährlich zu prüfen, und im Falle des Eintretens von Ausschlussgründen sind die Partei und der Rechnungshof umgehend zu informieren; der Auftrag ist zurückzulegen.

(9) In einer Stellungnahme[2] hat der Rechnungshof die Kriterien für die Ausschreibung und für die Auswahl der Wirtschaftsprüfer erörtert. Diese Kriterien gehen zum Teil über die gesetzlichen Erfordernisse hinaus, so unter anderem betreffend jede Spende des Wirtschaftsprüfers an eine Partei bzw. deren nahestehende Organisationen und die vom Rechnungshof gewünschte Bescheinigung nach dem Abschlussprüfer-Aufsichtsgesetz. Der Fachsenat ist der Ansicht, dass nur die im PartG enthaltenen Bestimmungen maßgebend sind.

[2] Kriterien für die Auswahl der Wirtschaftsprüfer vom Dezember 2017

(10) Auch wenn die Bestellung durch den Rechnungshof erfolgt, ist der Vertrag über die Prüfung des Rechenschaftsberichts mit der Partei, vertreten durch das Leitungsorgan, abzuschließen. Es wird empfohlen, den Vertrag über die Prüfung des Rechenschaftsberichts in schriftlicher Form abzuschließen. Der Vertrag kann über ein einzelnes Geschäftsjahr oder über die gesamte Prüfungsperiode abgeschlossen werden. Der Vertrag der

beiden Wirtschaftsprüfer mit der Partei begründet eine gemeinsame Prüfungstätigkeit (Joint Audit).

(11) Im Prüfungsvertrag ist die Arbeitsaufteilung zwischen den beiden bestellten Wirtschaftsprüfern festzulegen. Ergeben sich in der Aufteilung, im zeitlichen Ablauf der Prüfung oder in anderen Punkten Änderungen, so ist dieser Vertrag durch Änderungen bzw. Ergänzungen entsprechend zu adaptieren. Weitere Änderungen des Prüfungsvertrags können sein:

a) Änderung des verantwortlichen Wirtschaftsprüfers
b) Umfang und Art der Prüfungshandlungen
c) Honorarfragen
d) Änderungen der AAB

2.2. Versicherungsschutz und Haftungsbeschränkung

(12) Vor Auftragsannahme, und bei einer Bestellung für mehrere Jahre jeweils jährlich, hat sich der Prüfer zu vergewissern, dass ein ausreichender Versicherungsschutz besteht. Da das PartG hinsichtlich Verantwortlichkeit und Haftung des Prüfers des Rechenschaftsberichts nicht auf § 275 UGB verweist, kann die Haftung in Anlehnung an die Praxis bei einer freiwilligen Abschlussprüfung im Prüfungsvertrag mit einem Verweis auf § 275 Abs. 2 UGB gegenüber der Partei und auch gegenüber Dritten mit insgesamt 2 Millionen Euro begrenzt werden. Die Haftungsbeschränkung ist auch in den Prüfungsbericht aufzunehmen.

3. Spezifische Fragestellungen bei der Prüfung der Rechenschaftsberichte von Parteien nach dem PartG

3.1. Ziel und Zweck der Prüfung

(13) Beim Rechenschaftsbericht gemäß § 5 PartG handelt es sich – entsprechend den Definitionen im Rahmenkonzept KFS/PE 1 – um eine Finanzaufstellung, die gemäß Rz 9 i.V.m. Rz 13 des KFS/PG 1 nach den Vorgaben von ISA 805 (Revised) 2016 (Besondere Überlegungen bei Prüfungen von einzelnen Finanzaufstellungen und bestimmten Bestandteilen, Konten oder Posten einer Finanzaufstellung) zu prüfen ist. Die für die Aufstellung des Rechenschaftsberichts anzuwendenden Bestimmungen sind im besonderen Maße im PartG geregelt und darauf ausgerichtet, den spezifischen Informationsbedürfnissen des Rechnungshofes und der Öffentlichkeit gerecht zu werden. Dies ergibt sich daraus, dass die geforderten Angaben keine abschließende Überschussrechnung oder Ertragsrechnung darstellen (vgl. Kreditaufnahme und Kreditrückzahlung) und auch weder eine Kapitalveränderung noch ein Kapitalstand darzustellen ist.

(14) Die Prüfung nach dem PartG ist keine Gebarungsprüfung. Die Beurteilung der Sparsamkeit bzw. Wirtschaftlichkeit der Geschäftsführung der Partei ist nicht Gegenstand der Prüfung. Geprüft werden sowohl die rechnerische Richtigkeit des offenzulegenden Rechenschaftsberichts als auch die Einhaltung der sonstigen Bestimmungen des PartG, z.B. Spenden und Sponsoring sowie Beschränkung der Wahlwerbungsausgaben. Da die Prüfung der historischen Finanzinformation im Vordergrund steht, liegt keine sonstige Prüfung im Sinn von KFS/PG 13 vor.

(15) Aufgrund der Spezialnorm im PartG ist das Ergebnis der Prüfung abweichend zu den Bestimmungen des UGB zu formulieren. Gemäß § 8 Abs. 4 PartG ist im „Prüfungsvermerk" zu bestätigen, dass, wenn nach dem abschließenden Ergebnis der Prüfung keine Einwendungen zu erheben sind, *„nach pflichtgemäßer Prüfung auf Grund der Bücher der politischen Partei sowie der von den Leitungsorganen oder den vertretungsbefugten Personen erteilten Aufklärungen und Nachweise der Rechenschaftsbericht in dem geprüften Umfang den Vorschriften des PartG entspricht.*" Sind Einwendungen zu erheben, so hat der Prüfer in seinem Prüfungsvermerk die Bestätigung zu versagen oder einzuschränken (vgl. § 8 Abs. 4 PartG). Aufgrund der Systematik des PartG sind mit einem eingeschränkten oder nicht erteilten Prüfungsvermerk keine unmittelbaren Sanktionen verbunden. Der Rechnungshof ist gemäß § 10 PartG zur Nachkontrolle verpflichtet und kann bei Vorliegen konkreter Anhaltspunkte für Unregelmäßigkeiten und Unvollständigkeiten eine erläuternde Stellungnahme der geprüften Partei verlangen. Der Rechnungshof kann gemäß § 10 Abs. 4 PartG von der politischen Partei die Bestätigung der Richtigkeit ihrer Stellungnahme durch ihre Wirtschaftsprüfer verlangen.

(16) Die gesetzeskonforme Berichterstattung gemäß § 5 PartG erfordert, dass die Mittel zur Erfüllung des Parteizwecks und zur Finanzierung der Partei im Rechenschaftsbericht gemäß § 5 Abs. 4 und 5 PartG entsprechend dargestellt werden. Da die Wahlwerbungsausgaben im Rechenschaftsbericht enthalten sind, ist die Beschränkung der Wahlwerbungsausgaben gemäß § 4 Abs. 1 PartG Teil der Prüfung des Rechenschaftsberichts (siehe dazu auch Abschnitt 3.8.).

(17) In der Anlage 2 ist ein Muster des Berichts der unabhängigen Wirtschaftsprüfer zum Rechenschaftsbericht gemäß § 8 Abs. 4 PartG beigefügt.

(18) Zweck der Prüfung gemäß § 8 PartG ist das Erkennen von Verstößen gegen das PartG, wobei dem richtigen Ausweis der Einnahmen und Ausgaben im Rechenschaftsbericht gemäß § 5 Abs. 4 und 5 PartG zentrale Bedeutung zukommt. Der Fachsenat empfiehlt daher eine berufsübliche Prüfung aller Angaben im Rechenschaftsbericht. Aus organisatorischen und wirtschaftlichen Überlegungen ist diese Prüfung nach dem PartG in der Regel keine Vollprüfung, doch hat der Prüfer des Rechenschaftsberichts die Wesentlichkeit unter Berücksichtigung der Organisation und des internen Kontrollsystems der geprüften Partei entsprechend ISA 320.A3 festzulegen. Dementsprechend ist auch die „Bagatellgrenze" für Ausweisfehler im Rechenschaftsbericht – unter Bezugnahme auf die „Nichtaufgriffsgrenze" im Sinn von ISA 450.A3 und ISA 450.A24 und A25 für Einheiten des öffentlichen Sektors – anzusetzen.

(18a) Die Fortführung der Tätigkeit der Partei ist gemäß dem PartG nicht Gegenstand der Prüfung des Rechenschaftsberichts. Daher sind die in ISA 805 (Revised) 2016 enthaltenen Überlegungen zur Fortführung der Partei (going concern) nicht anzuwenden.

3.2. Aufbau des Rechenschaftsberichts

(19) Der Aufbau des Rechenschaftsberichts wird in § 5 PartG festgelegt. Der erste Berichtsteil betrifft allein die Bundesorganisation der Partei einschließlich der Gliederungen ohne eigene Rechtspersönlichkeit. Gemäß § 4 des Parteien-Förderungsgesetzes 2012 – PartFörG hat jede politische Partei, die Fördermittel nach diesem Gesetz erhält, im ersten Berichtsteil des Rechenschaftsberichts in einem eigenen Abschnitt die Verwendung der Fördermittel nachzuweisen. Dies kann mit einer Erklärung über die widmungsgemäße Verwendung der Fördermittel erfolgen. Der zweite Berichtsteil umfasst die Landes-, Bezirks- und Gemeindeorganisationen. Die Landesorganisationen sind entsprechend § 5 Abs. 4 PartG einzeln für jedes Bundesland aufzugliedern, während die Bezirks- und Gemeindeorganisationen oder ähnliche unter der Landesorganisation befindliche Einheiten je Bundesland in einer Summe darzustellen sind. Damit ist der zweite Berichtsteil zwangsläufig in zwei Abschnitte zu gliedern.

(19a) Nach der Entscheidung des Unabhängigen Parteien-Transparenz-Senats 610.002/0002-UPTS/2015, 22.10.2015 trifft die jeweilige Bundespartei eine Koordinationspflicht. Demnach hat die jeweilige Bundespartei die von den jeweiligen Parteiorganisationen erstellten Berichtsteile zusammenzustellen. Weiters hat sie die von den nahestehenden Organisationen, den Gliederungen mit eigener Rechtspersönlichkeit sowie den Abgeordneten und Wahlwerbern, die auf einem von der politischen Partei eingebrachten Wahlvorschlag kandidiert haben, zu übermittelnden Daten zu erfassen, zu verwerten und in die für die Anlagen nötige Form zu gießen.

(19b) Folgende Anlagen sind dem Rechenschaftsbericht beizuschließen:

- Liste der territorialen Gliederungen (§ 5 Abs. 1a PartG)
- Liste der Beteiligungsunternehmen (§ 5 Abs. 6 PartG)
- Spendenliste (§ 6 PartG)
- Sponsoringliste (§ 7 PartG)
- Inseratenliste (§ 7 PartG)

(20) Der Fachsenat empfiehlt, immer alle in § 5 Abs. 4 und 5 PartG genannten Kategorien anzuführen, auch bei Nullsalden. Die Kategorien „sonstige Erträge und Einnahmen“ und „sonstige Aufwandsarten“ sind die abschließenden Sammelposten. Wenn eine Gruppe von Einnahmen bzw. Ausgaben 5 % der gesamten Jahreseinnahmen bzw. ausgaben übersteigt, so ist diese Gruppe als eigene (neue) Kategorie gesondert anzuführen.

(21) Der Rechenschaftsbericht ist mit dem Jahresabschluss gemäß UGB nicht vergleichbar, da es sich nur um eine Finanzaufstellung ohne weitere Erläuterungen handelt. Einen Einblick in das Parteivermögen und in den aktuellen Stand der Finanzlage der Partei kann der Rechenschaftsbericht nicht vermitteln. Der Gesetzgeber wechselt im § 5 PartG zwischen den Bezeichnungen „Einnahmen“, „Erträge“, „Zahlungen“ sowie „Aufwand“, „Kosten“, „Ausgaben“, „Zahlungen“ und fügt die unsystematischen Posten „Aufnahme von Krediten“ bzw. „Kreditkosten und Kreditrückzahlungen“ ein, sodass die Form des Buchhaltungssystems und des Ausweisprinzips nicht zwingend ableitbar ist. Bei Vorliegen eines in Form der doppelten Buchhaltung geführten Rechenwerks ist eine Überleitung der Aufwands- bzw. Ertragsposten in eine Einnahmen-Ausgaben-Rechnung nicht erforderlich, sofern dies im Rechenschaftsbericht ausgewiesen wird.

(21a) Die Annahme, der Gesetzgeber hätte gerade beim Rechenschaftsbericht „nur“ eine Betrachtung nach Zahlungsflüssen Platz greifen lassen wollen, verbietet sich nach Auffassung des UPTS im Lichte der allen Bestimmungen des PartG zugrundeliegenden Transparenz- und Nachvollziehbarkeitsgedanken (aus der Entscheidung des Unabhängigen Parteien-Transparenz-Senats 610.006/0005-UPTS/2015, 04.11.2015).

3.3. Ausgabenbegriff des PartG

(22) Gemäß § 3 PartG können Gebietskörperschaften politischen Parteien für ihre Tätigkeit bei der Mitwirkung an der politischen Willensbildung Fördermittel zuwenden. (Rechtsgrundlage dafür sind u.a. das Parteien-Förderungsgesetz 2012 – PartFörG, das Klubfinanzierungsgesetz 1985 – KlubFG sowie die neun Landes-Parteienförderungs- bzw. -finanzierungsgesetze.) Auf das Spendenannahmeverbot in § 6 Abs. 6 Z 1 PartG gegenüber Klubs des Parlaments und der Landtage wird verwiesen.

(Im PartG 1975 wurden diesbezüglich noch die Ausgaben für Zwecke der Öffentlichkeitsarbeit angesprochen. Festgehalten wird, dass es sich in beiden Fällen um unbestimmte Gesetzesbegriffe handelt, die einer Auslegung bedürfen.)

(23) Zum PartG 1975 hat der Rechnungshof in einem Sonderbericht aus dem Jahr 2000 Kritik geübt (Zl 860.004/002-Pr/8/00) und eine Klarstellung des unbestimmten Gesetzesbegriffs durch den Gesetzgeber empfohlen. Der Rechnungshof schloss sich dabei der Literaturmeinung an und grenzte die Zwecke der Öffentlichkeitsarbeit vor allem vom innerparteilichen Verwaltungsaufwand ab. Das Bundesministerium für Finanzen hat ebenso diese Auffassung vertreten. Alle überprüften Parteien konnten sich aber der vom Rechnungshof vertretenen engen Auslegung nicht anschließen. Mit dem PartG erfolgte daher nun die Änderung der Begriffsdefinition von der „Öffentlichkeitsarbeit“ zur „umfassenden Beeinflussung der staatlichen Willensbildung“, sodass der innerparteiliche Verwaltungsaufwand nun auch vom Ausgabenbegriff des PartG erfasst erscheint. Dahinter steht die

Überlegung, dass die politische Tätigkeit vor dem Gang an die Öffentlichkeit intern zu diskutieren und vorzubereiten ist.

(24) Die Frage, ob der Ausgabenbegriff im PartG überhaupt noch Einschränkungen dem Grunde nach unterliegt, ist – mit nachfolgender Ausnahme (siehe Rz (25)) – zu verneinen, weil § 5 Abs. 1 PartG klar regelt, dass alle territorialen Gliederungen einzubeziehen sind, und § 5 Abs. 4 PartG bestimmt, dass Kreditrückzahlungen, Zahlungen an Unternehmensbeteiligungen und nahestehende Organisationen sowie generell sonstige Aufwandsarten erfasst sind.

(25) Lediglich unsittliche, unethische oder widmungsfremde sowie offenkundig strafrechtlich relevante[3] Ausgaben sind somit dem Grunde nach nicht anzuerkennen.

[3] „Strafrechtlich relevant" bezieht sich in diesem Zusammenhang allein auf die widmungsgemäße Verwendung der öffentlichen Fördermittel gemäß PartG und PartFörG und nicht auf andere Sachverhalte.

(26) Bei der Aufgliederung der Ausgaben in die einzelnen Kategorien des Rechenschaftsberichts ist Folgendes zu beachten: Ausgaben für Personal umfassen sämtliche Ausgaben für Mitarbeiter, die für die Partei tätig sind, daher neben Angestellten auch auf Honorarbasis arbeitende Mitarbeiter (Werkvertrag, Selbständige). Lohnnebenkosten sind hinzuzurechnen. Auch sind Überstunden bzw. Zeitausgleichstage zu berücksichtigen. Die Kategorie Büroaufwand betrifft die Aufwendungen für den laufenden Betrieb der Parteiinfrastruktur und umfasst Miete, Energie und Reinigungsaufwand, Reparaturen, Kosten für EDV und Kopierer, nicht aber geringwertige Wirtschaftsgüter. Diese Kategorie ist von der Sammelkategorie „Sonstiger Sachaufwand für Administration" abzugrenzen, die alle externen Kosten für Verwaltung, Leasing, Schulungskosten, Gebühren etc. umfasst. Rechts-, Prüfungs- und Beratungskosten sind in einer eigenen Kategorie auszuweisen.

(27) Es wird empfohlen, einen Abgleich der Salden der Bank- bzw. Geldverrechnungskonten (z.B. Cashpooling) per 1.1. und 31.12. vorzunehmen. Die Differenz ergibt den Zu- bzw. Abfluss an finanziellen Mitteln im jeweiligen Jahr im Sinn des § 5 Abs. 4 Z 13 bzw. § 5 Abs. 5 Z 9 PartG. Veränderungen von laufenden Verrechnungskonten wie z.B. Lieferanten, nahestehende Organisationen, Finanzamt etc. sind für die Beurteilung der Kreditaufnahme bzw. Kreditrückzahlung im Regelfall außer Ansatz zu lassen; Verrechnungssalden mit den Klubs einschließlich Landtagsklubs sind jedenfalls zu berücksichtigen.

3.4. Periodenabgrenzung

(28) Das Bundesministerium für Finanzen hat zum PartG 1975 die Meinung vertreten, dass politischen Parteien Förderungsmittel für ein bestimmtes Jahr zugewendet werden und eine periodenübergreifende Betrachtung nicht in Betracht kommt. Auch im § 3 PartG ist angeführt, dass die Gebietskörperschaften politischen Parteien jährlich Fördermittel zuwenden können.

(29) Nach Ansicht des Fachsenats sind die politischen Parteien aufgrund dieser Formulierung nicht verpflichtet, die Fördermittel im jeweiligen Jahr auch zur Gänze auszugeben. Denn der Gesetzgeber hätte einen derart drastischen Eingriff in die Gestaltungsmöglichkeiten wohl positiv-rechtlich geregelt, hat dies aber nicht getan. Auch die Tatsache, dass Kreditaufnahmen und -rückzahlungen als Einnahmen bzw. Ausgaben im § 5 Abs. 4 PartG definiert werden, spricht für eine periodenübergreifende Betrachtung bei der bestehenden Verwendungsverpflichtung der Fördermittel. Das PartG sieht keine Sanktionen für die nicht widmungsgemäße oder nicht periodenrein erfolgte Verwendung der Fördermittel vor. Lediglich eine fortgesetzte Nichtverwendung der Fördermittel wird möglicherweise nicht in Einklang mit den Bestimmungen des PartG zu bringen sein.

(29a) Dies gilt auch für den Fall des Ausscheidens aus einem Vertretungskörper; daher sind auch in Folgejahren die Rechenschaftsberichte einer Prüfung zu unterziehen. Rz (63) gilt sinngemäß.

3.5. Widmungsgemäße Verwendung

(30) Nach dem PartG ist die widmungsgemäße Verwendung der erhaltenen Mittel nicht mehr zu prüfen, es sei denn, der Prüfer stößt auf Ausgaben im Sinn der Rz (25). Der Prüfer des Rechenschaftsberichts muss nicht gezielt nach Missbräuchen suchen.

3.6. Territoriale Gliederung und nahestehende Organisationen

(31) Die territoriale Gliederung der Partei wird in § 1 Abs. 4 Z 3 PartG bei den Bestimmungen über die Satzung der Partei und bei der Berichterstattung im Rechenschaftsbericht gemäß § 5 Abs. 1 PartG erwähnt. Die territoriale Gliederung muss daher in der Satzung der Partei verankert sein. Das PartG meint bei territorialer Gliederung die Landes-, Bezirks- und Gemeindeorganisationen der Partei. Die strukturelle Form der Gliederung wird nicht vorgegeben, durch den Begriff der „Gliederung" sind aber alle Formen der Struktur der Partei zu erfassen.

(32) Gemäß § 4 Abs. 1 PartG haben politische Parteien ihre Satzung beim Bundesministerium für Inneres (BMI) zu hinterlegen. Mit der Hinterlegung der Satzung erlangt die politische Partei Rechtspersönlichkeit. Das BMI führt ein Register über alle in Österreich registrierten Parteien, welches im Internet verfügbar ist (http://www.bmi.gv.at/405/start.aspx). Der Prüfer des Rechenschaftsberichts hat den rechtlichen Status der Partei bzw. der Gliederungsorganisation zu überprüfen.

(33) Die Landesorganisationen können entweder Parteien mit eigenem Rechtsstatut oder ein territorialer Gliederungsteil der Bundesorganisation sein. Territoriale Gliederungen einer politischen Partei, die auch als eine eigene (weitere) politische Partei konstituiert sind, gehören vorrangig zum „Konso-

lidierungskreis" der Bundespartei und werden in den Rechenschaftsbericht der Bundespartei aufgenommen. Die territoriale Gliederungseinheit muss in diesem Fall daher keinen eigenen Rechenschaftsbericht aufstellen. Gliederungen einer politischen Partei mit eigener Rechtspersönlichkeit, die nicht zugleich auch eine territoriale Gliederung dieser Bundespartei sind (dies sind die Bünde), fallen nach der Entscheidung des Unabhängigen Parteien-Transparenz-Senats 610.006/0001- UPTS/2018, 6.12.2018 aus der Rechenschaftsberichterstattung der Bundespartei heraus.[4]

[4] Die weitere Spruchpraxis des UPTS ist zu beachten.

(34) Auf Gemeindeebene sind in der Praxis rechtsfähige oder nicht rechtsfähige Einheiten anzutreffen.

(35) Die Bundesorganisation hat die laufende Überwachung aller Gliederungen der Parteiorganisation zu gewährleisten und zu dokumentieren. Ein systematisches Berichts- und Meldewesen innerhalb der Parteiorganisation nach den jeweiligen internen Regeln und ein entsprechendes für die Prüfung des Rechenschaftsberichts (samt Anlagen) nach dem PartG ausreichendes Berichts- und Kontrollsystem sind einzurichten.

(36) Neben der territorialen Gliederung kann die Partei auch nach anderen Gesichtspunkten (z.B. nach bestimmten Berufsgruppen oder Lebensbereichen) gegliedert sein.

(37) Von der territorialen Gliederung ist die nahestehende Organisation zu unterscheiden. Für die Klassifikation einer Einheit als nahestehende Organisation müssen mehrere Kriterien erfüllt sein.

(38) Zunächst muss es sich um eine von der Partei getrennte Organisation in Form einer juristischen Person handeln. Der Begriff der Organisation ist umfassend zu verstehen und beinhaltet daher beispielsweise Vereine, Kapitalgesellschaften, Personengesellschaften und Genossenschaften.

(39) Weiters muss die Organisation die Partei durch aktive Hilfestellung, Förderung und Beratung im Rahmen der Satzung der Partei unterstützen. Ein einfacher Gleichklang der Interessen führt noch nicht zu einer nahestehenden Organisation.

(40) Wesentliches Merkmal ist die wechselseitige Entsendung von Mitgliedern in die Organe der anderen Organisation bzw. der Partei, die auch in den Satzungen der Organisation und / oder der Partei abgebildet ist. Zur Verhinderung von Umgehungen ist der Begriff umfassend zu verstehen, daher genügt allein das Recht der Mitwirkung auch ohne praktische Ausnützung seitens der nahestehenden Organisation. Wenn aber keine Entsendungsmöglichkeit besteht, sei es aufgrund fehlender satzungsmäßiger Grundlage oder sei es aufgrund eines Verzichts auf das Entsendungsrecht bzw. Untergangs des Entsendungsrechts aus sonstigen Gründen, liegt keine nahestehende Organisation vor. Wenn auf das Entsendungsrecht verzichtet wird bzw. das Entsendungsrecht aus sonstigen Gründen untergeht, erlischt das Entsendungsrecht auch dann, wenn die Statuten nicht (sofort) entsprechend angepasst werden.

(41) Bei mehrstufigen Organisationen ist für die Qualifikation als nahestehende Organisation das Bestehen eines Entsendungsrechts auf Bundes- oder Landesebene entscheidend; ein Verzicht auf das Entsendungsrecht auf Bundes- oder Landesebene wirkt diesfalls auch für die nachgeordneten Organisationseinheiten.

(42) Keine nahestehenden Organisationen sind die parlamentarischen Klubs im Nationalrat und Bundesrat sowie im Europäischen Parlament und die Klubs der Abgeordneten zu einem Landtag. Ebenso sind die Parteiakademien gemäß dem Bundesgesetz über die Förderung politischer Bildungsarbeit und Publizistik (Publizistikförderungsgesetz 1984 – PubFG) keine nahestehenden Organisationen und keine territoriale Gliederung.

3.7. Spendenbegriff und -erfassung

(43) Eine der wesentlichen Neuerungen im PartG betrifft die Spenden an Parteien. Erhaltene Spenden waren bisher zwar ebenfalls zusammengefasst zu Gruppen in einem Anhang zum Rechenschaftsbericht anzuführen und daher zu veröffentlichen, die Namen der Großspender waren aber nur dem Rechnungshof zu übermitteln.

(44) Das PartG sieht nun weitreichende Verbote für die Annahme von Spenden, Sanktionen für Verstöße dagegen und modifizierte Vorschriften für den Ausweis vor, denen zufolge nun auch die Namen und Anschriften der Spender (wenn sie über € 3.500,– spenden) in einer Anlage zum Rechenschaftsbericht anzuführen und damit zu veröffentlichen sind. Weiters gibt es nun auch ähnliche Vorschriften zu Einnahmen aus Sponsoring und Inseraten.

(45) Da vom Prüfer des Rechenschaftsberichts zu prüfen ist, ob der Rechenschaftsbericht den Vorschriften des PartG entspricht, ist nicht nur zu prüfen, ob Spenden gemäß § 6 Abs. 2 bis 4 PartG in der Anlage zum Rechenschaftsbericht richtig erfasst wurden und ob Spenden über € 50.000,– unverzüglich dem Rechnungshof gemeldet wurden, sondern auch, ob das Spendenannahmeverbot gemäß § 6 Abs. 6 PartG eingehalten wurde bzw. unzulässige Spenden unverzüglich, spätestens mit Einreichung des Rechenschaftsberichts, an den Rechnungshof weitergeleitet wurden.

(46) Die Vorschriften bezüglich der Spenden betreffen die Partei selbst und gemäß § 6 Abs. 9 PartG auch alle ihre Gliederungen (unabhängig davon, ob sie rechtlich selbständig sind oder nicht), alle Abgeordneten oder Wahlwerber, die auf einem von der Partei eingebrachten Wahlvorschlag kandidiert haben, und weiters nahestehende Organisationen.

(47) Die Partei muss daher den potentiellen Empfängerkreis definieren und ein internes Kontrollsystem einrichten, das einerseits die Annahme von unzulässigen Spenden verhindert bzw. die Weiterleitung an den Rechnungshof sicherstellt und andererseits die zentrale Sammlung der für die Angaben im Rechenschaftsbericht nötigen Informationen ermöglicht. In die Vollständigkeitserklärung

ist daher ein entsprechender Passus hinsichtlich des potentiellen Empfängerkreises aufzunehmen.

(48) Schwierigkeiten können sich dabei bei der Festlegung der nahestehenden Organisationen ergeben. Ob eine Organisation eine nahestehende ist, ist vom Prüfer anhand der Satzung der Partei und der Satzung der Organisation zu überprüfen, weil die Zusammenarbeit zwischen Partei und nahestehender Organisation (Mitwirkung an der Willensbildung insbesondere durch Entsendungen in Organe) gemäß § 2 Z 3 PartG in zumindest einer der beiden Satzungen festgelegt sein muss. Der Prüfer muss daher die Satzung der Partei auf diesbezügliche Anhaltspunkte durchgehen. Auch die von der Partei dem Rechnungshof zu übermittelnde Liste gemäß § 5 Abs. 6 PartG gibt Aufschluss darüber. Ein Ausforschen allfälliger von der Partei nicht genannter nahestehender Organisationen ist nicht Aufgabe des Prüfers, außer es gibt diesbezüglich konkrete Anhaltspunkte; diesen ist nachzugehen.

(49) Schwierigkeiten können auch bei der Beurteilung von lebenden Subventionen und/oder Sachspenden (z.B. Zurverfügungstellung von Mitarbeitern oder Übernahme von Aufwendungen, die durch die Partei veranlasst sind) auftreten. Die Bewertung von Sachspenden ist im Rahmen der Prüfung kritisch zu beurteilen. Von der Partei sollte eine Stellungnahme zur Abgrenzung zwischen Partei, Klub und Parteiakademie und zur sachgerechten Tragung der entsprechenden Aufwendungen durch die Partei eingeholt werden. Bei konkreten Anhaltspunkten für Zweifel sind die Sachverhalte vom Prüfer zu hinterfragen. Die Aufnahme einer entsprechenden Angabe in die Vollständigkeitserklärung wird empfohlen. Die Angaben der Partei sind mit der berufsüblichen Skepsis zu würdigen; insbesondere Berichte in den Medien können Hinweise auf konkrete Anhaltspunkte für falsche Angaben darstellen. Gezielte Prüfungshandlungen zur Aufwandszuordnung sind nicht durchzuführen, wenn keine Anhaltspunkte für falsche Angaben vorliegen.

(50) Bei Spenden an Abgeordnete und Wahlwerber wird das stichprobenweise Einholen von Bestätigungen empfohlen. Da sich bei Wahlwerbern, die im Zeitpunkt der Erstellung des Rechenschaftsberichts nicht mehr der Partei angehören oder bei ihr mitwirken, ein Problem ergeben kann, Bestätigungen zu erhalten, empfiehlt es sich, das interne Kontrollsystem der Partei darauf auszurichten, diese Bestätigungen zeitnah zur Wahl einzuholen. Die Prüfer des Rechenschaftsberichts haben daher das parteiinterne System der Spendenbestätigung zu prüfen und die Rücklaufquote einer Bestätigungsaktion zu würdigen. Der Umfang der Bestätigungsaktion liegt in der berufsüblichen Eigenverantwortung der Prüfer des Rechenschaftsberichts. Der Rücklauf soll an die Bundespartei erfolgen. Anlage 4 enthält ein Muster einer Vollständigkeitserklärung für Abgeordnete / Wahlwerber.

(51) Bei jeder Spende an die Partei, eine ihrer Gliederungen oder einen ihrer Wahlwerber sind Name und Anschrift des Spenders zentral bei den Erstellern des Rechenschaftsberichts zu erfassen; einerseits deshalb, weil gemäß § 6 Abs. 3 PartG die Spenden zusammengefasst nach vier Arten von Spendern (Gesamtsumme der Spenden von natürlichen Personen, die nicht im Firmenbuch eingetragen sind; Gesamtsumme der Spenden von im Firmenbuch eingetragenen natürlichen und juristischen Personen; Gesamtsumme der Spenden von Vereinen, die keine auf freiwilliger Mitgliedschaft beruhenden Berufs- und Wirtschaftsverbände sind; Gesamtsumme der Spenden von auf freiwilliger Mitgliedschaft beruhenden Berufs- und Wirtschaftsverbänden, von Anstalten, Stiftungen und Fonds) anzuführen sind, andererseits deshalb, weil Spenden über insgesamt € 3.500,– pro Jahr mit Namen und Anschrift anzuführen sind. Spenden an Bundes-, Landes- und Bezirksorganisationen sind gemäß § 6 Abs. 4 PartG zusammenzurechnen. Eine Parteigliederung allein kann daher nicht beurteilen, ob der Betrag von € 3.500,– überschritten wird.

(52) Spenden an Gliederungen der Partei mit eigener Rechtspersönlichkeit sind ebenfalls aufzunehmen, auch wenn diese einen eigenen Rechenschaftsbericht erstellen. Dies ergibt sich aus dem Zusammenhang von § 6 Abs. 2 Z 1 PartG mit § 5 Abs. 1 und auch § 6 Abs. 9 PartG.

(53) Für Einnahmen aus Sponsoring und Inseraten gilt hinsichtlich des zusammenzufassenden Empfängerkreises das Gleiche wie bei den Spenden. Einnahmen aus Sponsoring sind gemäß § 7 Abs. 1 PartG, wenn sie insgesamt in einem Kalenderjahr (Rechenschaftsjahr) den Betrag von € 12.000,– übersteigen, mit Namen und Anschrift des Sponsors anzuführen; Einnahmen aus Inseraten sind gemäß § 7 Abs. 2 PartG anzugeben, wenn sie im Einzelfall € 3.500,– übersteigen.

(54) Hinsichtlich der Spenden, Sponsoring- und Inserateneinnahmen ist das der Gliederung der Partei entsprechende interne Kontrollsystem zur Abgrenzung des Empfängerkreises und zur zentralen Zusammenführung der Daten der verschiedenen Parteigliederungen ein Prüfungsschwerpunkt.

(54a) Beteiligungsunternehmen sind mit der Firmenbezeichnung und der Firmenbuchnummer anzugeben. Sofern ein Beteiligungsunternehmen nur unterjährig besteht, sind die entsprechenden unterjährigen Angaben zu ergänzen.

3.8. Beschränkung der Wahlwerbungsausgaben

(55) Die zeitliche Abgrenzung der Ausgaben für Wahlwerbung ist ein wesentlicher Punkt in der Berichterstattung der Parteien. Aufgrund des in § 4 Abs. 2 PartG verwendeten Begriffs „Ausgaben" könnte auf den Zahlungszeitpunkt abgestellt werden. In den Erläuterungen und Kommentaren zu § 4 Abs. 1 PartG wird aber auf den Bezugszeitraum abgestellt, sodass der Aufwandscharakter im Vordergrund der Analyse stehen soll. So sind z.B. Inserate oder Plakatwände, die vor dem Stichtag gebucht und bezahlt wurden, aber zwischen Stichtag und Wahltag (z.B. 82 Tage gemäß Nationalrats-Wahlordnung (NRWO)) verwendet werden, zu den Ausgaben für Wahlwerbung zu zählen. Dagegen

sind Kosten der Konzeptionierung des Wahlkampfs und ähnliche Vorlaufkosten, wenn sie vor dem Stichtag anfallen, keine Wahlwerbungsausgaben.

(56) Der Begriff der Wahlwerbungsausgaben ist in § 2 Z 4 PartG definiert. Beispiele und Erläuterungen finden sich im § 4 PartG. Die Aufzählung ist nicht abschließend und dient als Maßstab für die Beurteilung, ob bestimmte Ausgabenarten in die Gruppe der Wahlwerbungsausgaben fallen.

(57) Der Begriff der Wahlwerbung ist vom Begriff des Wahlkampfs abzugrenzen, daher sind die Ausgaben für die Parteiorganisation und Kosten für interne Veranstaltungen der Partei nicht unter den Begriff der Wahlwerbung zu subsumieren. Veranstaltungen fehlen im Katalog des § 4 PartG, daher sind sie darauf zu untersuchen, ob sie Werbezwecken dienen oder als Teil der Funktionärsbetreuung als „Sowiesokosten" nicht zu den Wahlwerbungsausgaben gruppiert werden können.

(58) Zu den Wahlwerbungsausgaben sind die Kosten aller nach außen tretenden Medien und die auf die Wahlwerbung entfallenden Personalkosten zu zählen. Die Kosten der Agenturen sind zu erfassen, nicht jedoch Umfragen, da diese nicht in der demonstrativen Aufzählung des § 4 PartG enthalten sind.

(59) Ausgaben Dritter, die in keinem organisatorischen Zusammenhang mit der Partei stehen (z.B. Personenkomitees), sind vom Wortlaut des § 4 PartG nicht erfasst. Ausgaben der Partei an diese Personenkomitees oder Dritte zu Wahlwerbungszwecken fallen jedoch unter Z 12 und sind anzugeben.

(60) Wenn sich der Zeitraum zwischen Stichtag und Wahltag über zwei Kalenderjahre (über den 31.12. des Vorjahres hinaus) erstreckt, ist die Beschränkung der Wahlwerbungsausgaben gemäß § 4 Abs. 1 PartG dennoch nur einmal für die betreffende Wahl (Wahlen zum Nationalrat und zum Europäischen Parlament) anzuwenden. Die Berichterstattung hat diesfalls im Rechenschaftsbericht des Jahres, in dem der Wahltag liegt, zu erfolgen, wobei die Wahlwerbungsausgaben des Vorjahres zu berücksichtigen sind. Finden in einem Jahr mehrere Wahlen zu verschiedenen Vertretungskörpern statt, kommt die Beschränkung der Wahlwerbungsausgaben gemäß § 4 Abs. 1 PartG auf jede einzelne Wahl gesondert zur Anwendung.

(61) Der Prüfer des Rechenschaftsberichts hat grundsätzlich über die Prüfung der Wahlwerbungsausgaben gemäß den Anforderungen von § 4 Abs. 1 PartG zu berichten. Da der Nachweis hinsichtlich der Beschränkung der Wahlwerbungsausgaben gemäß § 5 Abs. 3 PartG Teil des Rechenschaftsberichts ist, ist keine gesonderte Stellungnahme notwendig.

(61a) In diesem Zusammenhang wird auf die Stellungnahme IWP/PE 20 (Stellungnahme des Instituts Österreichischer Wirtschaftsprüfer zur Verpflichtung des Abschlussprüfers gemäß § 275 Abs 1 UGB zur Weitergabe von Informationen an den nachfolgenden Abschlussprüfer) verwiesen.

3.9. Prüfungsbericht

(62) Der Prüfungsbericht gemäß § 8 Abs. 3 PartG hat auch kurze Ausführungen zu enthalten, ob die Anlagen zum Rechenschaftsbericht (§ 6 PartG Spenden und § 7 PartG Sponsoring, Inserate) vollständig und richtig sind.

3.10. Berichterstattung bei Prüfungshindernis

(63) Wenn die bestellten Prüfer des Rechenschaftsberichts einer Partei in ihrem Prüfungszeitraum auch nach Verstreichen der Nachfrist gemäß § 5 Abs. 7 PartG aufgrund von Prüfungshindernissen ihre Aufgabe nicht erfüllen können, so haben sie diesen Umstand dem Rechnungshof mitzuteilen.

4. Anwendungszeitpunkt

(64) Die vorliegende überarbeitete Fassung dieser Stellungnahme ist auf Prüfungen von Rechenschaftsberichten von politischen Parteien für Zeiträume anzuwenden, die zum 31. Dezember 2018 oder später enden. Eine Anwendung auf Prüfungen für frühere Zeiträume ist aus Gründen der Vergleichbarkeit und Einheitlichkeit nicht zulässig.

Anlage 1:
Muster eines Anbotschreibens zur Durchführung der Prüfung des Rechenschaftsberichts gemäß § 5 Abs. 2 Parteiengesetz 2012

An die Mitglieder des [Leitungsorgan, z.B. Parteivorstandes]
[Parteiname],
[Ort]
[Ort], [Datum]

Anbot zur Durchführung der Prüfung des Rechenschaftsberichts gemäß § 5 Abs. 2 Parteiengesetz 2012 (PartG)

Sehr geehrte NN!

Sie haben uns eingeladen, Ihnen für die Prüfung des Rechenschaftsberichts der [Parteiname], [Ort], für das Rechnungsjahr vom [Datum] bis zum [Datum] unsere Leistungen anzubieten und eine Honorarschätzung abzugeben. Wir kommen gerne dieser Einladung nach und möchten mit diesem Schreiben unser Verständnis der Bedingungen und Ziele unseres Auftrags sowie von Art und Umfang der von uns zu erbringenden Leistungen im Rahmen des Auftrags darlegen.

Gegenstand

Unsere Tätigkeit umfasst die Prüfung des Rechenschaftsberichts gemäß § 8 PartG. Die Prüfung des Rechenschaftsberichts hat sich darauf zu erstrecken, ob die Vorschriften des PartG eingehalten werden. Die Prüfung ist so anzulegen, dass rechnerische Unrichtigkeiten und Verstöße gegen dieses Gesetz bei gewissenhafter Berufsausübung erkannt werden.

Das Ergebnis der Prüfung ist in einem schriftlichen Prüfungsbericht niederzulegen, der dem Leitungsorgan der Partei zu übergeben ist. Der Rechenschaftsbericht wird von Ihnen an den Rechnungshof zur weiteren Überprüfung übermittelt.

Den Auftrag werden wir unter Beachtung der in Österreich geltenden gesetzlichen Vorschriften und unter Berücksichtigung von fachlichen Stellungnahmen zur Prüfung von Rechenschaftsberichten gemäß dem PartG (KFS/PE 25) durchführen und darauf in unserem Bericht hinweisen.

Sofern nach dem abschließenden Ergebnis der Prüfung keine Einwendungen zu erheben sind, werden wir mit unserem Prüfungsvermerk gemäß § 8 Abs. 4 PartG bestätigen, dass nach pflichtgemäßer Prüfung der Bücher bzw. Aufzeichnungen der politischen Partei sowie der von den Leitungsorganen oder den vertretungsbefugten Personen erteilten Aufklärungen und Nachweise der Rechenschaftsbericht in dem geprüften Umfang den Vorschriften des PartG entspricht.

Die Prüfung des Rechenschaftsberichts dient allein dazu, eine Beurteilung der Finanzgebarung der Partei im Hinblick auf die Ordnungsmäßigkeit der Rechnungslegung vorzunehmen, insoweit dies für die Einhaltung der Bestimmungen des PartG durch die Partei relevant ist. Die Auswahl der Prüfungshandlungen liegt im pflichtgemäßen Ermessen des Wirtschaftsprüfers unter Berücksichtigung der Einschätzung des Risikos eines Auftretens von rechnerischen Unrichtigkeiten und Verstößen gegen das PartG, sei es auf Grund von beabsichtigten oder unbeabsichtigten Fehlern. Bei der Vornahme dieser Risikoeinschätzung berücksichtigen wir das interne Kontrollsystem, soweit es für die Rechnungslegung der Partei von Bedeutung ist, um unter Berücksichtigung der Rahmenbedingungen geeignete Prüfungshandlungen festzulegen, nicht jedoch um ein Prüfungsurteil über die Wirksamkeit der internen Kontrollen der Partei abzugeben.

Bei der Prüfung werden wir uns vom Ausgabenbegriff des PartG leiten lassen, der neben Ausgaben für die Öffentlichkeitsarbeit auch Ausgaben für den innerparteilichen Verwaltungsaufwand umfasst. Lediglich unsittliche, unethische und völlig widmungsfremde Ausgaben sind dem Grunde nach nicht anzuerkennen.

Die gesetzeskonforme Berichterstattung gemäß § 5 PartG ist gegeben, wenn die Mittel zur Erfüllung des Parteizwecks und zur Finanzierung der Partei im Rechenschaftsbericht entsprechend aufgegliedert werden. Die Beurteilung der Sparsamkeit bzw. Wirtschaftlichkeit der Geschäftsführung der Partei ist nicht Gegenstand der Prüfung des Rechenschaftsberichts.

Eine Abschlussprüfung i.S.d. §§ 268 ff. UGB oder eine prüferische Durchsicht [des Jahresabschlusses/der Einnahmen-Ausgaben-Rechnung samt Vermögensübersicht] der Partei oder die Aufdeckung und Aufklärung strafrechtlicher Tatbestände, wie z.B. von Unterschlagungen oder sonstigen Untreuehandlungen und Ordnungswidrigkeiten, sind nicht Gegenstand der Prüfung des Rechenschaftsberichts.

Eckdaten

Folgende Eckdaten haben wir gemäß Ihren Auskünften unserer Kalkulation zu Grunde gelegt:

- Gesamtzahl der Gliederungen der Partei, die keine eigene Rechtspersönlichkeit besitzen

- Summe und Anzahl der vereinnahmten Spenden
- Summe und Anzahl der Spenden an nahestehende Organisationen, Abgeordnete und Wahlwerber
- Summe und Anzahl der Forderungen und Verbindlichkeiten an nahestehende Organisationen, Abgeordnete und Wahlwerber
- Standorte

Aufgrund dieser Eckdaten gehen wir davon aus, dass wir mit rd. X00 Prüfungsstunden alle relevanten Prüfungskriterien gemäß PartG erfüllen können.

Wir gehen weiters davon aus, dass wir bei der Prüfung des rechnungslegungsbezogenen internen Kontrollsystems keine wesentliche Schwachstellen oder Verbesserungsmöglichkeiten feststellen werden. Wir weisen darauf hin, dass wesentliche Mängel des internen Kontrollsystems zu einer Ausweitung des geplanten Prüfungsumfanges und damit zu einer anderen Zeit- und Kostenschätzung führen können.

Prüfungsplanung

Unsere Planung für die Prüfung des Rechenschaftsberichts sieht für die gesamte Partei wie folgt aus:

		Arbeitstage
a)	Prüfung der Struktur der Partei und des internen Kontrollsystems	
b)	Prüfung des Rechenschaftsberichts	
c)	Prüfung der Aufgliederung der Spenden gemäß § 6 PartG	
d)	Berichterstellung, Besprechung, Reisezeiten etc.	
e)	Abstimmungserfordernis mit dem zweiten Wirtschaftsprüfer	x,0
	Insgesamt	x,0

Prüfungszeitraum

Die Prüfung soll im … 20XX stattfinden.

Team, verantwortlicher Wirtschaftsprüfer, Arbeitsgemeinschaft

Die Durchführung der Prüfung wird unter der Leitung unseres Geschäftsführers NN als verantwortlicher Wirtschaftsprüfer stehen.

Die angeführten Prüfungsstunden werden im Ausmaß von X h vom Wirtschaftsprüfer sowie mit Y h von einem qualifizierten Assistenten / einer qualifizierten Assistentin erbracht werden. Als qualifizierten Assistenten / qualifizierte Assistentin für die Prüfung des Rechenschaftsberichts werden wir eine(n) langjährig im Prüfungsbetrieb tätige(n) Mitarbeiter(in) beiziehen.

Aufgrund der Bestimmungen im § 5 PartG wird der Rechenschaftsbericht einer Partei von zwei nicht durch Kanzleigemeinschaft verbundenen Wirtschaftsprüfern, welche vom Rechnungshof ausgewählt werden, geprüft. Wir erklären hiermit vorweg unser Einverständnis, dass wir die Prüfung des Rechenschaftsberichts in der Form einer Arbeitsgemeinschaft mit einem anderen vom Rechnungshof ausgewählten Berufskollegen durchführen werden. Im Anschluss an die Bestellung der beiden Wirtschaftsprüfer ist ein Prüfungsvertrag zwischen den Wirtschaftsprüfern und der Partei zu vereinbaren.

Honorar

Auf Grundlage der obigen Eckdaten bieten wir Ihnen die Prüfung des Rechenschaftsberichts Ihrer Partei für das Kalenderjahr [Jahr] zu einem Honorar von

EUR X.000,--

an. Dieses Honorar umfasst die gesamte Prüfung und leitet sich wie folgt ab:

	Stundenanzahl	Stundensatz	Honorar in EUR
WP	,0	---,00	,00
Assistent(in)	,0	---,00	,00
Andere Mitarbeiter	,0	---,00	0,00
	,0		x00,00

Dieses Honorar ist auf die beiden Wirtschaftsprüfer entsprechend ihrem Arbeitsanteil aufzuteilen.

Unabhängigkeit

Wir bestätigen unsere Unabhängigkeit, nämlich dass zwischen unserer Gesellschaft, unseren Geschäftsführern, insbesondere dem WP NN, sowie den Mitarbeitern unserer Gesellschaft einerseits und der Partei und ihren Gliederungen andererseits keine Beziehungen geschäftlicher, finanzieller oder persönlicher Art vorliegen, nach denen die Besorgnis der Befangenheit besteht (§ 9 Abs. 1 PartG).

Zum Nichtvorliegen einer Besorgnis der Befangenheit wird weiters bestätigt, dass in die Beurteilung

a) neben unserer Gesellschaft auch verbundene Unternehmen unserer Gesellschaft und WP-Gesellschaften, an denen die (mittelbaren) Gesellschafter unserer Gesellschaft mehrheitlich (mittelbar) beteiligt sind, einbezogen wurden und
b) auch die Umsätze aus der Jahres- und/oder Konzernabschlussprüfung, sonstigen Zusicherungsleistungen, Steuerberatung und sonstigen Nichtprüfungsleistungen, die irgendeine der unter a) angeführten WP-Gesellschaften mit der Partei oder einem ihr verbundenen Unternehmen im letzten Geschäftsjahr getätigt hat, sowie die Angemessenheit der für diese Leistungen vereinbarten Honorare einbezogen wurden.

Wir bestätigen weiters, dass weder bei unseren gesetzlichen Vertretern noch bei einem mit uns verbundenen Unternehmen oder dessen gesetzlichen Vertretern noch bei von uns beschäftigten Prüfern ein Ausschlussgrund gemäß § 9 Abs. 2 PartG vorliegt. Weiters halten wir fest, dass die WP GmbH als anbietender Wirtschaftsprüfer sowie insbesondere der für die Leitung der Prüfung als verantwortlicher WP genannte Geschäftsführer, NN, über die erforderlichen fachlichen Kenntnisse und die persönlichen und zeitlichen Ressourcen zur ordnungsgemäßen Durchführung der Prüfung des Rechenschaftsberichts verfügt.

Auftragsbedingungen und Haftung

Im Falle der Auftragserteilung gelten die von der Kammer der Steuerberater und Wirtschaftsprüfer herausgegebenen „Allgemeinen Auftragsbedingungen für Wirtschaftstreuhand-Berufe" (siehe Beilage AAB WT i.d.g.F.) soweit anwendbar als vereinbart.

Unsere Gesellschaft verfügt über eine mehrfach ausnutzbare Berufshaftpflichtversicherung mit ausreichender Deckung.

Für den gegenständlichen Auftrag ist unsere Verantwortlichkeit und Haftung analog zu § 275 Abs. 2 UGB (Haftungsregelungen bei der Abschlussprüfung einer kleinen oder mittelgroßen Gesellschaft) gegenüber der Partei und auch gegenüber Dritten mit insgesamt 2 Millionen Euro begrenzt.

Mit freundlichen Grüßen
WP GmbH

Beilage:
Allgemeine Auftragsbedingungen AAB WT i.d.g.F.

Anlage 2:
Muster für einen Bericht der unabhängigen Wirtschaftsprüfer zum Rechenschaftsbericht einer Partei

Bericht zum Rechenschaftsbericht
Prüfungsvermerk

Wir haben den beigefügten Rechenschaftsbericht der

NN Bundespartei,
Wien,
für das Kalenderjahr vom 1. Jänner [Jahr] bis zum 31. Dezember [Jahr] geprüft.

Nach pflichtgemäßer Prüfung auf Grund der Bücher der politischen Partei sowie der von den Leitungsorganen oder den vertretungsbefugten Personen erteilten Aufklärungen und Nachweise entspricht der Rechenschaftsbericht in dem geprüften Umfang den Vorschriften des Parteiengesetzes 2012 (PartG).

Grundlage für den Prüfungsvermerk

Wir haben unsere Prüfung des Rechenschaftsberichts in Übereinstimmung mit den österreichischen Grundsätzen ordnungsmäßiger Abschlussprüfung durchgeführt. Diese Grundsätze erfordern die Anwendung der International Standards on Auditing (ISA), im Speziellen ISA 805 (Revised) 2016. Unsere Verantwortlichkeiten nach diesen Grundsätzen und Standards sind im Abschnitt „Verantwortlichkeiten der Wirtschaftsprüfer für die Prüfung des Rechenschaftsberichts" weitergehend beschrieben.

Wir sind von der Partei unabhängig in Übereinstimmung mit den Bestimmungen des Parteiengesetzes und berufsrechtlichen Vorschriften, und wir haben unsere sonstigen beruflichen Pflichten in Übereinstimmung mit diesen Anforderungen erfüllt. Wir sind der Auffassung, dass die von uns erlangten Prüfungsnachweise ausreichend und geeignet sind, um als Grundlage für unseren Prüfungsvermerk zu dienen.

Hinweis zur Rechnungslegungsgrundlage

Ohne unseren Prüfungsvermerk zu modifizieren, weisen wir auf die §§ 5 bis 7 PartG hin, die die Rechnungslegungsgrundlage des Rechenschaftsberichts beschreiben. Der Rechenschaftsbericht umfasst die Aufstellung über die Einnahmen und Ausgaben (§ 5 Abs. 4 und 5 PartG) der Bundesorganisation und der ...... Landesorganisationen sowie die Angabe der Summe der Einnahmen und der Ausgaben der Bezirks- und Gemeindeorganisationen. Als Anlagen sind die Liste der territorialen Gliederungen (Landes-, Bezirks- und Gemeindeorganisationen, § 5 Abs. 1a PartG), die Liste der Beteiligungsunternehmen (§ 5 Abs. 6 PartG), die Spendenliste (§ 6 PartG), die Sponsoringliste (§ 7 PartG) und die Inseratenliste (§ 7 PartG) angeschlossen. Der Rechenschaftsbericht wurde aufgestellt, um entsprechend dem PartG öffentliche Rechenschaft über die Einnahmen und Ausgaben der politischen Partei und ihrer territorialen Gliederungen zu geben. Folglich ist der Rechenschaftsbericht möglicherweise für einen anderen Zweck nicht geeignet.

Verantwortlichkeiten des Leitungsorgans für den Rechenschaftsbericht

Das Leitungsorgan der Partei ist verantwortlich für die Aufstellung des Rechenschaftsberichts und dafür, dass dieser in Übereinstimmung mit den Vorschriften des PartG aufgestellt wird. Ferner ist das Leitungsorgan verantwortlich für die internen Kontrollen, die es als notwendig erachtet, um die Aufstellung eines Rechenschaftsberichts zu ermöglichen, der frei von wesentlichen – beabsichtigten oder unbeabsichtigten – falschen Darstellungen ist.

Das Leitungsorgan der Partei ist auch verantwortlich für die Überwachung des Rechnungslegungsprozesses der Partei.

Verantwortlichkeiten der Wirtschaftsprüfer für die Prüfung des Rechenschaftsberichts

Unsere Ziele sind, hinreichende Sicherheit darüber zu erlangen, ob der Rechenschaftsbericht als Ganzes frei von wesentlichen – beabsichtigten oder unbeabsichtigten – falschen Darstellungen ist, und einen Prüfungsvermerk zu erteilen. Hinreichende Sicherheit ist ein hohes Maß an Sicherheit, aber keine Garantie dafür, dass eine in Übereinstimmung mit den österreichischen Grundsätzen ordnungsmäßiger Abschlussprüfung, die die Anwendung der ISA erfordern, durchgeführte Prüfung eine wesentliche falsche Darstellung, falls eine solche vorliegt, stets aufdeckt. Falsche Darstellungen können aus dolosen Handlungen oder Irrtümern resultieren und werden als wesentlich angesehen, wenn von ihnen einzeln oder insgesamt vernünftigerweise erwartet werden könnte, dass sie die auf der Grundlage dieses Rechenschaftsberichts getroffenen Entscheidungen der Adressaten des Rechenschaftsberichts beeinflussen.

In Übereinstimmung mit den österreichischen Grundsätzen ordnungsmäßiger Abschlussprüfung, die die Anwendung der ISA erfordern, üben wir während der gesamten Prüfung pflichtgemäßes Ermessen aus und bewahren eine kritische Grundhaltung.

Darüber hinaus gilt:

- Wir identifizieren und beurteilen die Risiken wesentlicher beabsichtigter oder unbeabsichtigter – falscher Darstellungen im Rechenschaftsbericht, planen Prüfungshandlungen als Reaktion auf diese Risiken, führen sie durch und erlangen Prüfungsnachweise, die ausreichend und geeignet sind, um als Grundlage für unseren Prüfungsvermerk zu dienen. Das Risiko, dass aus dolosen Handlungen resultierende wesentliche falsche Darstellungen nicht aufgedeckt werden, ist höher als ein aus Irrtümern resultierendes, da dolose Handlungen betrügerisches Zusammenwirken, Fälschungen, beabsichtigte Unvollständigkeiten, irreführende Darstellungen oder das Außerkraftsetzen interner Kontrollen beinhalten können.
- Wir gewinnen ein Verständnis von dem für die Prüfung des Rechenschaftsberichts relevanten internen Kontrollsystem, um Prüfungshandlungen zu planen, die unter den gegebenen Umständen angemessen sind, jedoch nicht mit dem Ziel, ein Prüfungsurteil zur Wirksamkeit des internen Kontrollsystems der Partei abzugeben.
- Wir beurteilen die Angemessenheit der vom Leitungsorgan angewandten Rechnungslegungsmethoden sowie die Vertretbarkeit der vom Leitungsorgan gegebenenfalls näherungsweise ermittelten Werte im Rechenschaftsbericht und in den Anlagen.
- Wir beurteilen die Gesamtdarstellung, den Aufbau und die rechnerische Richtigkeit des Rechenschaftsberichts einschließlich der Anlagen sowie ob der Rechenschaftsbericht die zugrunde liegenden Geschäftsvorfälle und Ereignisse in einer Weise wiedergibt, dass ein möglichst getreues Bild erreicht wird.

Unsere Verantwortlichkeit und Haftung ist analog zu § 275 Abs. 2 UGB (Haftungsregelungen bei der Abschlussprüfung einer kleinen oder mittelgroßen Gesellschaft) gegenüber der Partei und auch gegenüber Dritten mit insgesamt 2 Millionen Euro begrenzt.

[Firmenmäßige Zeichnung; die verantwortlichen Wirtschaftsprüfer haben in jedem Fall zu unterschreiben.]

[Ort], [Datum]

Anlage 3:
Muster einer Vollständigkeitserklärung für Prüfungen des Rechenschaftsberichts gemäß § 5 Parteiengesetz 2012

Vollständigkeitserklärung

Ort, am ....

An
Anschrift der Prüfer des Rechenschaftsberichts

____
Parteiname und Anschrift

Rechenschaftsbericht gemäß § 5 Parteiengesetz 2012 (PartG) für das Kalenderjahr _______

Ihnen als beauftragte(m) Prüfer des Rechenschaftsberichts erklären wir als vertretungsbefugtes Organ der Partei Folgendes: [5]

[5] Nicht einschlägige Absätze bitte streichen.

A. Aufklärungen und Nachweise

Die Aufklärungen und Nachweise, die Sie gemäß § 8 Abs. 2 PartG verlangt haben, wurden Ihnen vollständig und nach bestem Wissen und Gewissen gegeben. Als Auskunftspersonen haben wir Ihnen die nachfolgend angeführten Personen benannt:

____

____

Diese Personen sind von uns angewiesen worden, Ihnen alle erforderlichen und alle gewünschten Auskünfte und Nachweise richtig und vollständig zu geben.

B. Einbezogene Organisationen

Für folgende politische Parteien, die als territoriale Gliederungen von unserem Rechenschaftsbericht erfasst sind, gilt ihre Rechenschaftspflicht als erfüllt:

____

____

____

____

C. Aufzeichnungen und Schriften, Rechnungswesen

1. Wir haben dafür Sorge getragen, dass Ihnen die vollständige und lückenlose Aufzeichnung und Auskünfte über die Einnahmen und Ausgaben und die Kassen- und Vermögensbestände aller Parteiorganisationen und ihrer territorialen Gliederungen, und zwar unabhängig davon, ob diese eigene Rechtspersönlichkeit besitzen oder selbst Parteien sind, zur Verfügung gestellt worden sind. Insbesondere haben wir Ihnen lückenlos die Namen jener Banken, mit denen die Partei während des Rechenschaftsjahres eine Bankverbindung hatte, sowie sämtliche während des Rechenschaftsjahres bestehenden Bankkonten der Partei Wir bestätigen weiters, auch jene Bankverbindungen und Bankkonten vollständig offengelegt zu haben, welche zwar nicht auf die Partei lauten, die jedoch der Partei zuzuordnen sind.
2. Alle Aufzeichnungen, Dokumentationen und Informationen über ungewöhnliche Angelegenheiten, von denen wir als Organmitglieder der Partei Kenntnis hatten, sowie alle sonstigen prüfungsrelevanten Informationen haben wir Ihnen zur Verfügung gestellt.
3. Wir haben Ihnen alle Protokolle über Versammlungen über Sitzungen von Organen der Bundesorganisation bzw. der territorialen Gliederungen zur Verfügung gestellt, die die Rechenschaftspflicht gemäß §§ 5 ff. PartG zum Inhalt hatten.
4. Durch ausreichende organisatorische Vorkehrungen und Kontrollen ist gewährleistet, dass die Aufzeichnungen zur Wahrung der Rechenschaftspflicht nur nach ordnungsmäßig dokumentierten Organisationsunterlagen, Programmen und Bedienungseingriffen durchgeführt werden. Dadurch ist weiters gewährleistet, dass die Aufzeichnungen über Einnahmen und Ausgaben laufend erfolgen und durch die Organe überwacht werden.

D. Rechenschaftsbericht

1. Der Rechenschaftsbericht teilt sich in zwei Berichtsteile, wobei im ersten Teil sämtliche Einnahmen und Ausgaben der Bundesorganisation und im zweiten Teil jene ihrer territorialen Gliederungen ausgewiesen Dem Rechenschaftsbericht ist eine Auflistung der Bezeichnungen jener territorialen Gliederungen (Landes-, Bezirks-, Gemeindeorganisationen) angeschlossen, welche im zweiten Teil des Berichts berücksichtigt werden.
2. Der Berichtsteil über die einzubeziehenden Bezirks- und Gemeindeorganisationen umfasst eine Gegenüberstellung der Gesamtsumme der Einnahmen und Ausgaben.
3. Der Nachweis bezüglich der Beschränkung der Wahlwerbungsausgaben ist im Rechenschaftsbericht in einem eigenen Abschnitt dargelegt. Folgende weitergehende landesgesetzliche Pflichten, welche Auswirkungen auf den Rechenschaftsbericht haben, wurden berücksichtigt:

   ____

   ____

   ____

4. Der Rechenschaftsbericht erfüllt die Anforderungen zum Ausweis der Einnahmenarten gemäß § 5 Abs. 4 PartG sowie zum Ausweis der Ausgabenarten gemäß § 5 Abs. 5 PartG.
5. Die dem Rechenschaftsbericht beigefügte Liste der Unternehmen, an denen die Partei und bzw. oder eine ihr nahestehende Organisation und bzw. oder eine Gliederung der Partei, die eine eigene Rechtspersönlichkeit besitzt, zumindest 5 % direkte oder 10 % indirekte Anteile oder Stimmrechte hält, ist vollständig und richtig.
6. Wir bestätigen, dass wir gemäß § 5 Abs. 7 PartG den vollständigen Rechenschaftsbericht des vorangegangenen Rechenschaftsjahres samt Spenden-, Sponsoring- und Inseratenlisten, Liste der Beteiligungsunternehmen und Angabe der Wahlwerbungsausgaben (§ 4 PartG) innerhalb der vorgegebenen Frist dem Rechnungshof übermittelt haben.
7. Wir bestätigen Ihnen, dass sämtliche Aufwendungen von der Partei selbst getragen wurden und die Partei keine Lebendsubventionen sowie Sachspenden von anderen Organisationen erhalten hat, welche nicht in die Liste gemäß § 5 Abs. 7 PartG aufgenommen wurden.
8. Wir bestätigen Ihnen, dass wir als politische Partei und auch alle Gliederungen unserer Partei, Abgeordnete, Wahlwerber, die auf einem von uns eingebrachten Wahlvorschlag kandidiert haben, sowie alle uns nahestehenden Organisationen die Bestimmungen von § 6 PartG zu Spendenannahmen im Rechenschaftsjahr eingehalten haben. Insbesondere wurden sämtliche diesbezüglichen Berichtspflichten (Ausweis in der Anlage zum Rechenschaftsbericht, Meldung Rechnungshof) und Spendenannahmeverbote vollständig eingehalten. Folgende unzulässige Spenden wurden gemäß § 6 Abs. 7 PartG an den Rechnungshof weitergeleitet:

   ____

   ____

   ____

9. Wir bestätigen Ihnen, dass wir als politische Partei und auch alle Gliederungen unserer Partei, Abgeordnete, Wahlwerber, die auf einem von uns eingebrachten Wahlvorschlag kandidiert haben, sowie alle uns nahestehenden Organisationen die Bestimmungen von § 7 PartG zu Einnahmen aus Sponsoring und Inseraten im Rechenschaftsjahr eingehalten haben. Insbesondere wurden sämtliche diesbezüglichen Berichtspflichten (Ausweis in der Anlage zum Rechenschaftsbericht) vollständig eingehalten.
10. Über ungewöhnliche Einnahmen und Ausgaben im Rechenschaftsjahr haben wir Sie gesondert informiert und Ihnen die hierzu erforderlichen Detailunterlagen übergeben.
11. Sofern eine Prüfung durch den Rechnungshof erfolgte, haben wir Ihnen das Ergebnis dieser Prüfung mitgeteilt. Wir haben Sie weiters über abgeschlossene und / oder anhängige Verfahren vor dem Unabhängigen Parteien-Transparenz-Senat informiert.
12. Die Partei ist rechtlicher bzw. wirtschaftlicher Eigentümer der berichteten Kassen- und Vermögensbestände.
13. Verpflichtungen der Partei und bzw. oder einer ihrer territorialen Gliederungen, die nicht im Rechenschaftsbericht enthalten sind, sind in Abschnitt G. angeführt. Fehlen derartige Angaben oder Vermerke, liegen keine derartigen Verpflichtungen zum Ende des Rechenschaftsjahres vor.
14. Wir bestätigen, dass wir Ihnen die finale Fassung des Rechenschaftsberichts im Sinn des PartG zur Verfügung gestellt haben.

E. Internes Kontrollsystem

1. Wir sind verantwortlich für die Ausgestaltung (Konzeption, Umsetzung, laufende Anpassung und Weiterentwicklung) eines angemessenen Internen Kontrollsystems. Störungen oder wesentliche

Mängel des Internen Kontrollsystems lagen und liegen auch zurzeit nicht vor / haben wir Ihnen vollständig mitgeteilt.

Unter dem Internen Kontrollsystem verstehen wir den Prozess, durch den

– die Wirksamkeit und Wirtschaftlichkeit der Tätigkeit (hiezu gehört auch der Schutz des Vermögens vor Verlusten durch Schäden und Malversationen),
– die Zuverlässigkeit der Finanzberichterstattung und
– die Einhaltung der für die Partei maßgeblichen gesetzlichen Vorschriften

überwacht und kontrolliert wird, um zu verhindern, dass das Erreichen der Ziele der Partei durch den Eintritt von Risiken beeinträchtigt wird.

2. Im Rahmen des Internen Kontrollsystems haben wir auch entsprechende organisatorische Maßnahmen eingeführt
   – zur Verhinderung bzw. Aufdeckung von Verstößen durch Mitarbeiter und
   – zur Sicherstellung, dass Geschäfte mit und zwischen nahestehenden Organisationen und Personen in den Büchern als solche festgehalten und entsprechend offengelegt werden.
3. Die Ergebnisse unserer Beurteilung von Risiken, dass der Rechenschaftsbericht wesentliche falsche Angaben aufgrund von Verstößen enthalten könnte, haben wir Ihnen mitgeteilt.
4. Wir haben Sie über alle uns bekannten oder von uns vermuteten Verstöße, die die Partei bzw. die territorialen Gliederungen betreffen, informiert, insbesondere solche, in welche
   • ein Organmitglied,
   • Mitarbeiter, denen eine bedeutende Rolle im Rahmen der laufenden Überwachung der Partei („interne Kontrolle“) zukommt, oder
   • andere Personen, deren Verstöße eine wesentliche Auswirkung auf die Rechenschaftspflicht haben können,

   involviert waren.

F. Vollständigkeit der Informationen

Wir bestätigen Ihnen, dass alle Angaben richtig und vollständig sind und Ihnen Einsicht in die zur Prüfung erforderlichen Unterlagen und Belege, insbesondere auch in die Unterlagen für die Zusammenstellung des Rechenschaftsberichts, die Bücher und Schriftstücke sowie die Kassen- und Vermögensbestände, gewährt wurde.

Wir bestätigen, dass Ihnen alle nahestehenden Organisationen genannt sowie die zugehörigen Satzungen zur Verfügung gestellt wurden.

Wir bestätigen, dass wir Ihnen alle Beteiligungsunternehmen genannt haben.

G. Zusätze und Bemerkungen

____

H. Entbindung von der Verschwiegenheit gegenüber dem Rechnungshof

Wir erklären uns damit einverstanden, dass Sie über die Ergebnisse Ihrer Prüfung an den Rechnungshof berichten bzw. entsprechend § 8 Abs. 5 PartG den Rechenschaftsbericht übermitteln.

Unterschriften des Leitungsorgans der Partei mit Angabe des Datums der Unterfertigung

Anlage 4:
Muster einer Vollständigkeitserklärung für Abgeordnete / Wahlwerber

Vollständigkeitserklärung

An
Anschrift der Bundespartei

____
Name und Anschrift des Abgeordneten / Wahlwerbers

Spenden-, Sponsoring- und Inseratenlisten gemäß § 5 Abs. 7 Parteiengesetz 2012 (PartG) für das Kalenderjahr ________

Als auf einem von der politischen Partei _________________________ eingebrachten Wahlvorschlag angeführter Abgeordneter / Wahlwerber[6] bestätige ich, ___________________________, (Vor- und Nachname) mit diesem Schreiben die Vollständigkeit und Korrektheit meiner Angaben an die Partei für die Spenden-, Sponsoring- und Inseratenlisten gemäß § 5 Abs. 7 PartG.

[6] Nicht Zutreffendes ist zu streichen.

Vorliegendes Schreiben wird an den Prüfer des Rechenschaftsberichts weitergeleitet und geprüft. Für allfällige Ergänzungsfragen stehe ich zur Verfügung.

Ich nehme zur Kenntnis, dass die von mir zur Verfügung gestellten Informationen in den Rechenschaftsbericht der Partei einschließlich Spenden-, Sponsoring- und Inseratenlisten einfließen und falsche Angaben zu einer Haftung führen können. Der Rechenschaftsbericht wird zur Prüfung an den Rechnungshof weitergeleitet werden.

Ort, Datum, Unterschrift

2/3/26. KFS/PE 26

Stellungnahme
des Fachsenats für Unternehmensrecht und Revision
zur Prüfung von Einrichtungen nach dem Bundes-Stiftungs- und Fondsgesetz 2015

(beschlossen in der Sitzung des Fachsenats für Unternehmensrecht und Revision am 18. Juni 2019 als Fachgutachten KFS/PE 26 (Neufassung der aufgehobenen Stellungnahme KFS/PE 26))

1. Vorbemerkungen, Grundsätze und Anwendungsbereich

1.1. Vorbemerkungen

(1) Durch das Bundes-Stiftungs- und Fondsgesetz 2015 (BStFG 2015) wurden die gesetzlichen Bestimmungen betreffend die Rechnungslegung und Prüfung von Stiftungen grundlegend überarbeitet. Gemäß § 20 Abs. 1 BStFG 2015 hat der Stiftungsvorstand dafür zu sorgen, dass die Finanzlage der Stiftung rechtzeitig und hinreichend erkennbar ist, und ein den Anforderungen der Stiftung entsprechendes Rechnungswesen einzurichten, insbesondere für die laufende Aufzeichnung der Einnahmen und Ausgaben zu sorgen. Zum Ende des Rechnungsjahrs hat der Stiftungsvorstand innerhalb von fünf Monaten eine Einnahmen- und Ausgabenrechnung samt Vermögensübersicht zu erstellen.

(2) Stiftungen, die in zwei aufeinander folgenden Rechnungsjahren gewöhnliche Ausgaben oder Ausschüttungen von mehr als einer Million Euro aufweisen, unterliegen ab dem folgenden Rechnungsjahr der Verpflichtung zu einer qualifizierten Rechnungslegung und müssen einen Jahresabschluss (Bilanz, Gewinn- und Verlustrechnung) aufstellen. Die näheren Bestimmungen dazu sind in § 20 Abs. 6 BStFG 2015 enthalten. Diese Verpflichtungen entfallen, sobald diese Schwellenwerte in zwei aufeinander folgenden Rechnungsjahren nicht mehr überschritten werden.

(3) Stiftungen, deren gewöhnliche Einnahmen oder gewöhnliche Ausgaben oder Ausschüttungen in zwei aufeinander folgenden Rechnungsjahren jeweils eine Million Euro übersteigen, haben gemäß § 19 Abs. 2 BStFG 2015 mindestens einen Stiftungsprüfer zu bestellen. Diese Verpflichtung entfällt, sobald diese Schwellenwerte in zwei aufeinander folgenden Rechnungsjahren nicht mehr überschritten werden.

(4) Gemäß § 20 Abs. 2 BStFG 2015 haben die Rechnungsprüfer oder der Stiftungsprüfer die Finanzgebarung der Stiftung im Hinblick auf die Ordnungsmäßigkeit der Rechnungslegung und die der Gründungserklärung entsprechende Verwendung der Mittel innerhalb von vier Monaten ab Erstellung der Einnahmen- und Ausgabenrechnung oder des Jahresabschlusses zu prüfen und darüber zu berichten.

(5) Das vorliegende Fachgutachten befasst sich mit den Bestimmungen der §§ 18, 19 und 20 BStFG 2015 und behandelt davon abgeleitet Anforderungen und Besonderheiten bei der Prüfung von Stiftungen sowie Zweifelsfragen im Zusammenhang mit der sinngemäßen Anwendung der Bestimmungen des UGB zur Abschlussprüfung.

(6) Bei der Prüfung von Stiftungen sind die übrigen Fachgutachten, Richtlinien, Stellungnahmen und Empfehlungen der Fachsenate der Kammer der Steuerberater und Wirtschaftsprüfer (KSW), des Instituts Österreichischer Wirtschaftsprüfer (iwp) und des Austrian Financial Reporting and Auditing Committee (AFRAC) anzuwenden.

1.2. Grundsätze und Anwendungsbereich

(7) Für die Stiftungsprüfung nach diesem Fachgutachten sind die Grundsätze ordnungsmäßiger Abschlussprüfung (vgl. KFS/PG 1) sinngemäß anzuwenden.

(8) Die Stiftungsprüfer (freiwillig oder verpflichtend) haben Organstellung und übernehmen die Tätigkeiten bzw. Aufgaben der Rechnungsprüfer.

(9) Dieses Fachgutachten ist auf die von § 19 Abs. 2 i.V.m. § 20 Abs. 2 BStFG 2015 vorgeschriebenen Prüfungen von Stiftungen anzuwenden. Weiters ist es auch dann anzuwenden, wenn Prüfungen von Stiftungen auf freiwilliger Grundlage durchgeführt werden und ein förmlicher Bestätigungsvermerk im Sinne des § 274 UGB erteilt werden soll. Eine solche freiwillige Prüfung kann für Stiftungen durchgeführt werden, deren Rechnungslegung gemäß § 20 Abs. 1 BStFG 2015 (Einnahmen- und Ausgabenrechnung samt Vermögensübersicht oder Jahresabschluss, der nicht den Anforderungen des § 20 Abs. 6 BStFG 2015 entspricht) erfolgt, und für Stiftungen, die freiwillig einen Jahresabschluss i.S.v. § 20 Abs. 6 BStFG 2015 aufstellen.

(10) Werden Berufsangehörige vom Stiftungsvorstand einer Stiftung, welche weder einer Stiftungsprüfungspflicht gemäß § 19 Abs. 2 i.V.m. § 20 Abs. 2 BStFG 2015 unterliegt noch eine solche Prüfung freiwillig durchführen lässt, mit der Durchführung einer Rechnungsprüfung im Sinne von § 20 Abs. 2 BStFG 2015 beauftragt, sind die Grundsätze zur Durchführung von Rechnungsprüfungen, wie sie im Abschnitt 4. dieses Fachgutachtens dargelegt sind, anzuwenden.

(11) Im Folgenden werden explizit nur Prüfungen von Stiftungen nach dem Bundes-Stiftungs- und Fondsgesetz 2015 behandelt und die dafür einschlägigen Gesetzesstellen zitiert. Dieses Fachgutachten gilt jedoch entsprechend auch für die Prüfung von Fonds nach dem Bundes-Stiftungs- und Fondsgesetz 2015.

2. Auftragsannahme / -bestätigung

2.1. Auswahl und Beauftragung

2.1.1. Allgemeines – Grundsätze

(12) Als Stiftungsprüfer können gemäß § 19 Abs. 5 BStFG 2015 Wirtschaftsprüfer oder Wirtschaftsprüfungsgesellschaften sowie Revisoren im Sinne des § 13 Genossenschaftsrevisionsgesetz 1997 (GenRevG 1997) herangezogen werden.

(13) Ist ein Aufsichtsorgan eingerichtet, bestellt dieses gemäß § 19 Abs. 3 BStFG 2015 den Stiftungsprüfer; ist kein Aufsichtsorgan eingerichtet, ist der Stiftungsprüfer zu Lebzeiten der Gründer von diesen und danach vom Stiftungskurator (§ 13 BStFG 2015) zu bestellen.

(14) Der Stiftungsprüfer hat vor Annahme des Auftrages zu prüfen, ob Ausschlussgründe gemäß § 19 Abs. 5 oder 6 BStFG 2015 oder Umstände vorliegen, die die Besorgnis der Befangenheit begründen könnten.

(15) Ein Schreiben gemäß § 270 Abs. 1a UGB ist bei der Bestellung zum Stiftungsprüfer einer Stiftung nicht vorgesehen. Dennoch ist es erforderlich, dass der zur Bestellung vorgeschlagene Stiftungsprüfer allfällige Ausschluss- oder Befangenheitsgründe im Vorhinein prüft, und zu empfehlen, die Ergebnisse dieser Prüfung (analog zu § 270 Abs. 1a UGB) schriftlich offenzulegen. Das Schreiben ist an die für die Bestellung des Stiftungsprüfers verantwortlichen Personen (d.h. an das Aufsichtsorgan; sofern es kein Aufsichtsorgan gibt, an die Gründer oder den Stiftungskurator) und jedenfalls an den Stiftungsvorstand zu richten.

2.1.2. Besonderheiten bei der freiwilligen Prüfung

(16) Besteht keine gesetzliche Verpflichtung zur Bestellung eines Stiftungsprüfers, bestellen die Gründer jedoch freiwillig gemäß § 19 Abs. 1 BStFG 2015 einen Stiftungsprüfer, so gelten für diesen dieselben Regelungen wie für den verpflichtenden Stiftungsprüfer; insbesondere ist auch der freiwillig bestellte Stiftungsprüfer Organ der Stiftung.

(17) Ist ein Stiftungsprüfer (freiwillig oder verpflichtend) bestellt, sind keine Rechnungsprüfer zu bestellen und hat der Stiftungsprüfer deren Tätigkeiten bzw. Aufgaben zu übernehmen, außer die Gründungserklärung regelt, dass auch in solchen Fällen (zusätzlich) Rechnungsprüfer zu bestellen sind.

(18) Besteht keine gesetzliche Verpflichtung zur Bestellung eines Stiftungsprüfers und ist auch nicht freiwillig ein Stiftungsprüfer bestellt, kann der Stiftungsvorstand – zusätzlich zu den Rechnungsprüfern – eine Abschlussprüfung beauftragen. Ein so beauftragter Abschlussprüfer ist nicht Organ der Stiftung und übernimmt auch nicht die Tätigkeiten bzw. Aufgaben der Rechnungsprüfer. Er hat lediglich eine Abschlussprüfung nach vereinbarten Grundsätzen durchzuführen und einen Prüfungsbericht zu erstatten.

2.2. Prüfungsvertrag

2.2.1. Allgemeines – Grundsätze

(19) Der Abschluss eines schriftlichen Vertrags über die Durchführung der Stiftungsprüfung (Prüfungsvertrag) ist gemäß ISA 210 geboten. Sieht die Gründungserklärung dies vor, kann der Stiftungsprüfer auch für mehrere Jahre bestellt und der Prüfungsvertrag für mehrere Jahre abgeschlossen werden. Mangels eines Verweises auf § 270 UGB können sowohl ein- als auch mehrjährige Prüfungsverträge einvernehmlich geändert und aufgelöst werden. Jede Änderung eines Prüfungsvertrags bedarf der Schriftform.

(20) Für die Rechnungsprüfung ist entsprechend dem Fachgutachten KFS/PG 13 (vgl. Rz (39)) ein Auftragsbestätigungsschreiben erforderlich. Die Aufgaben der Rechnungsprüfung sind bei Bestellung eines Stiftungsprüfers verpflichtender Bestandteil des Prüfungsvertrags.

2.2.2. Besonderheiten des Auftragsumfangs

(21) Erstellt die Stiftung nach § 20 Abs. 1 BStFG 2015 lediglich eine Einnahmen- und Ausgabenrechnung samt Vermögensübersicht oder einen Jahresabschluss, der nicht den Anforderungen des § 20 Abs. 6 BStFG 2015 entspricht, ist das maßgebende Regelwerk der Rechnungslegung i.S.v. ISA 200 vom Stiftungsvorstand festzulegen und im Prüfungsvertrag festzuhalten. Bei Stiftungen, die zur Rechnungslegung gemäß § 20 Abs. 6 BStFG 2015 verpflichtet sind, stellen die Vorschriften des BStFG 2015, die die sinngemäße Anwendung der Vorschriften des UGB vorsehen, und ggf. die Bestimmungen der Gründungserklärung das maßgebende Regelwerk der Rechnungslegung dar.

2.3. Haftung und Versicherungsschutz

(22) Vor der Annahme des Auftrags zur Durchführung der Stiftungsprüfung hat sich der Stiftungsprüfer zu vergewissern, dass ein ausreichender Versicherungsschutz besteht. Bei einem mehrjährigen Prüfungsvertrag hat sich der Prüfer jährlich darüber zu vergewissern, dass der ausreichende Versicherungsschutz gegeben ist.

(23) Auf Prüfungen von Stiftungen kommen die Bestimmungen des § 275 Abs. 2 UGB über die Begrenzung der Haftung des Abschlussprüfers nicht unmittelbar zur Anwendung. Daher wird empfohlen, eine entsprechende Haftungsbegrenzung im Prüfungsvertrag zu vereinbaren. Auf die Stellungnahme des Fachsenats zur Haftung für Fehler des Prüfers bei Prüfungen, die keine Pflichtprüfungen gemäß § 268 UGB sind (KFS/PE 13), wird hingewiesen.

2.4. Unabhängigkeit

(24) Sowohl Rechnungsprüfer als auch Stiftungsprüfer müssen unabhängig und unbefangen sein. Für Stiftungsprüfer wird im BStFG 2015 auf die Unabhängigkeitsregeln des § 271 UGB verwiesen. Die Unabhängigkeitsregeln der §§ 271a und 271b UGB kommen mangels eines Verweises des BStFG 2015 für Stiftungen nicht zur Anwendung.

(25) Die allgemeinen Unabhängigkeitsbestimmungen des Wirtschaftstreuhandberufsgesetzes 2017 (WTBG 2017) und der Allgemeinen Richtlinie über die Ausübung der Wirtschaftstreuhandberufe 2017 (WT-AARL 2017-KSW) sowie §§ 10, 11 und 25 der Verordnung zur Durchführung prüfender Tätigkeiten 2017 (KSW-PRL 2017) sind zu beachten.

(26) Der Stiftungsprüfer hat vor Annahme des Auftrags zu prüfen, ob Ausschlussgründe oder Umstände vorliegen, die die Besorgnis der Befangenheit begründen könnten. Bei einem mehrjährigen Prüfungsvertrag hat sich der Prüfer jährlich darüber zu vergewissern, dass keine Befangenheits- oder Ausschlussgründe vorliegen.

(27) Im Falle des Vorliegens von Ausschlussgründen ist der Stiftungsprüfer von der Prüfung ausgeschlossen und hat gegebenenfalls den Prüfungsauftrag zurückzulegen. In diesem Fall sind der Stiftungsvorstand bzw. das Aufsichtsorgan umgehend zu informieren. Keine Informationspflicht besteht gegenüber Beiräten, auch wenn diese aufsichtsorganähnliche Funktionen haben.

(28) Ausgeschlossen ist gemäß § 19 Abs. 6 BStFG 2015 darüber hinaus, wer einen Bestätigungsvermerk über die Prüfung des Jahresabschlusses der Stiftung bereits in fünf Fällen gezeichnet hat. Dies gilt nicht nach einer Unterbrechung der Prüfungstätigkeit für zumindest zwei aufeinander folgende Geschäftsjahre. Mangels gesonderter Übergangsbestimmungen ist diese Bestimmung mit 1. Jänner 2016 in Kraft getreten. Sie ist ausschließlich auf Bestätigungsvermerke zur Prüfung von Jahresabschlüssen gemäß § 20 BStFG 2015 anzuwenden.

3. Spezifische Prüfungshandlungen bei Stiftungen

3.1. Prüfungshandlungen betreffend Buchführung und Abschluss

(29) Gemäß § 20 Abs. 1 BStFG 2015 hat der Stiftungsvorstand dafür zu sorgen, dass die Finanzlage der Stiftung rechtzeitig und hinreichend erkennbar ist. Er hat ein den Anforderungen der Stiftung entsprechendes Rechnungswesen einzurichten und insbesondere für die laufende Aufzeichnung der Einnahmen und Ausgaben zu sorgen. Zum Ende des Rechnungsjahres hat der Stiftungsvorstand innerhalb von fünf Monaten eine Einnahmen- und Ausgabenrechnung samt Vermögensübersicht oder einen Jahresabschluss zu erstellen. Gemäß § 20 Abs. 2 BStFG 2015 haben die Rechnungsprüfer oder der Stiftungsprüfer die Finanzgebarung der Stiftung im Hinblick auf die Ordnungsmäßigkeit der Rechnungslegung und die der Gründungserklärung entsprechende Verwendung der Mittel innerhalb von vier Monaten ab Erstellung der Einnahmen- und Ausgabenrechnung oder des Jahresabschlusses zu prüfen. Der Stiftungsvorstand hat den Rechnungsprüfern oder dem Stiftungsprüfer die erforderlichen Unterlagen vorzulegen und die erforderlichen Auskünfte zu erteilen. Bei Erstellung einer Einnahmen- und Ausgabenrechnung mit Vermögensübersicht oder eines Jahresabschlusses nach § 20 Abs. 1 BStFG 2015 ist zu prüfen, ob sie dem vereinbarten maßgebenden Regelwerk der Rechnungslegung entsprechen. Wird ein Jahresabschluss nach § 20 Abs. 6 BStFG 2015 erstellt, ist zu prüfen, ob der Jahresabschluss in Übereinstimmung mit den Vorschriften des BStFG 2015 unter sinngemäßer Anwendung der Vorschriften des UGB und ggf. den Bestimmungen der Gründungserklärung aufgestellt wurde. Oft werden im Rahmen von Vermögensverwaltungsverträgen Aufzeichnungen von Banken oder von Hausverwaltern geführt. Diese Aufzeichnungen können als Nebenbücher betrachtet und zusammengefasst in die Buchhaltung der Stiftung übernommen werden. Diese Aufzeichnungen und deren Übernahme in das Rechnungswesen der Stiftung sind ebenfalls Gegenstand der Prüfung der Stiftung.

(30) Es ist zu prüfen, ob die Stiftung über ein angemessenes rechnungslegungsbezogenes IKS – abhängig von der Größe der Stiftung und der Komplexität des Vermögens – verfügt.

(31) Sofern die Stiftung steuerlich vertreten ist, ist abzuwägen, ob ein Steuerberaterbrief eingeholt werden soll.

(32) Wird ein Jahresabschluss aufgestellt, der einen Anhang umfasst, ist dieser auf Richtigkeit und Vollständigkeit sowie auf die Erfüllung der Generalnorm des § 222 Abs. 2 UGB zu prüfen.

3.2. Prüfungshandlungen betreffend den Lagebericht

(33) Wird ein Lagebericht aufgestellt, ist er im Sinne von § 269 Abs. 3 UGB darauf zu prüfen, ob er mit dem Jahresabschluss in Einklang steht und ob er nach den geltenden rechtlichen Anforderungen aufgestellt wurde.

(34) Ein gemäß § 20 Abs. 7 BStFG 2015 erstellter Tätigkeitsbericht ist nicht Gegenstand der Stiftungsprüfung. Eine Prüfung dieses Tätigkeitsberichts wäre gesondert zu vereinbaren; ggf. ist gesondert darüber zu berichten.

3.3. Prüfungshandlungen betreffend die Einhaltung gesetzlicher Vorschriften und der Gründungserklärung

3.3.1. Gesetzliche Vorschriften

(35) Jedenfalls ist die Einhaltung der Vorschriften des BStFG 2015 zur Rechnungslegung und Finanzgebarung zu prüfen.

(36) Der Stiftungsprüfer hat auch zu beurteilen, ob aufgrund der tatsächlichen Geschäftsführung bzw. Gebarung der Stiftung eine ernsthafte Gefährdung der Gemeinnützigkeit bzw. Mildtätigkeit im Sinne der §§ 34 ff. BAO vorliegt.

3.3.2. Gründungserklärung

(37) Gründungserklärungen können direkt oder indirekt Veranlagungsrichtlinien, Bestimmungen für die Gewährung von Zuwendungen, Vorschriften über Rücklagenbildungen oder über den Erhalt des Stiftungsvermögens und ähnliche

Regelungen vorsehen. Der Stiftungsvorstand ist gemäß § 17 Abs. 2 BStFG 2015 verpflichtet, die Bestimmungen der Gründungserklärung einzuhalten; der Stiftungsprüfer hat deren Einhaltung zu prüfen. Sieht die Gründungserklärung über das Dargestellte hinausgehende Prüfungshandlungen vor (z.B. eine Gebarungsprüfung), bedarf es dazu einer gesonderten Beauftragung.

3.4. Prüfungshandlungen betreffend Verhinderung von Geldwäsche und Terrorismusfinanzierung

(38) Hinsichtlich der Vorschriften zur Verhinderung von Geldwäsche und Terrorismusfinanzierung sind die Vorschriften der §§ 87 ff. WTBG 2017 sowie die Regelungen der Richtlinie über die Geldwäscheprävention bei Ausübung von WT-Berufen 2017 (KSW-GWPRL 2017) zu beachten.

4. Rechnungsprüfung

4.1. Allgemeines – Grundsätze

(39) Bei der Rechnungsprüfung handelt es sich um eine sonstige Prüfung. Die Regelungen des Fachgutachtens KFS/PG 13 sind bei der Rechnungsprüfung daher ergänzend zu diesem Fachgutachten anzuwenden.

4.2. Auftragsumfang, Wesentlichkeit und Auftragsrisiko

(40) Der Stiftungsprüfer hat bei der Planung und Durchführung des Auftrags zur Rechnungsprüfung die Wesentlichkeit und die Risiken einer falschen Darstellung zu berücksichtigen. Die Wesentlichkeit und die Risiken einer falschen Darstellung sind vom Stiftungsprüfer nach pflichtgemäßem Ermessen einzuschätzen.

(41) Im Hinblick auf die Verpflichtung zur Abgabe eines Prüfungsurteils müssen die Risiken einer falschen Darstellung des Auftragsgegenstands durch entsprechende Prüfungshandlungen des Stiftungsprüfers auf ein akzeptables Maß herabgesetzt werden, um mit hinreichender Sicherheit ein Prüfungsurteil abgeben zu können. Aufgrund der Ausrichtung der Prüfung auf eine mit hinreichender Sicherheit formulierte Aussage, die im Wesentlichen auf Stichproben beruht, kann nicht ausgeschlossen werden, dass in der der Prüfung unterzogenen Finanzgebarung Verstöße unentdeckt bleiben.

4.3. Bericht über die Rechnungsprüfung

(42) Über die Rechnungsprüfung hat eine Berichterstattung gemäß dem Fachgutachten KFS/PG 13 zu erfolgen.

(43) Auf den Erhalt einer schriftlichen Vollständigkeitserklärung ist einzugehen (siehe dazu Abschnitt 5. dieses Fachgutachtens).

(44) Die Berichterstattung beinhaltet eine als positive Aussage formulierte Zusicherung in Form eines Prüfungsurteils zur Finanzgebarung der Stiftung im Hinblick auf die Ordnungsmäßigkeit der Rechnungslegung und die der Gründungserklärung entsprechende Verwendung der Mittel.

(45) Wurden Mängel in der Finanzgebarung oder Gefahren für den Bestand der Stiftung festgestellt, sind diese im Bericht über die Rechnungsprüfung aufzuzeigen. Auf ungewöhnliche Einnahmen oder Ausgaben sowie auf Insichgeschäfte ist jedenfalls gesondert einzugehen.

(46) Stellt der Stiftungsprüfer im Rahmen der Rechnungsprüfung Tatsachen im Sinne von § 273 Abs. 2 UGB fest, hat er darüber aufgrund seiner Redepflicht gemäß § 18 Abs. 3 BStFG 2015 unverzüglich zu berichten (siehe dazu Abschnitt 6.2. dieses Fachgutachtens).

4.4. Prüfung der Ordnungsmäßigkeit der Rechnungslegung

(47) Da die Prüfung der Finanzgebarung hinsichtlich der Ordnungsmäßigkeit der Rechnungslegung bereits von der Stiftungsprüfung umfasst ist, ergeben sich für einen Stiftungsprüfer, der die Aufgaben des Rechnungsprüfers übernimmt, diesbezüglich keine zusätzlichen Aufgaben.

4.5. Prüfung der Verwendung der Mittel entsprechend der Gründungserklärung

(48) Die Prüfung der Finanzgebarung hinsichtlich der Verwendung der Mittel entsprechend der Gründungserklärung – insbesondere für den Kreis der Begünstigten (§ 7 Abs. 1 Z 17 BStFG 2015) – stellt eine zusätzliche Aufgabe für den Stiftungsprüfer dar. Das Referenzmodell ist die Gründungserklärung der geprüften Stiftung.

(49) Es besteht keine Verpflichtung des Stiftungsprüfers, die Gebarung der Stiftung in Bezug auf wirtschaftliche, zweckmäßige und sparsame Verwaltung des Stiftungsvermögens zu prüfen. Dies schließt nicht aus, dass der Prüfer offenkundige schwerwiegende Verstöße gegen eine ordnungsmäßige Gebarung in seinem Bericht aufzuzeigen hat.

(50) Es ist auch zu prüfen, ob aufgrund der Gebarung der Stiftung eine ernsthafte Gefährdung der Gemeinnützigkeit vorliegt.

4.6. Prüfung von ungewöhnlichen Einnahmen und Ausgaben und von Insichgeschäften

(51) Da gemäß § 20 Abs. 3 BStFG 2015 im Prüfungsbericht auf ungewöhnliche Einnahmen oder Ausgaben, vor allem auf Insichgeschäfte, besonders einzugehen ist, sind sie gesondert zu prüfen.

(52) Insichgeschäfte sind gemäß § 5 Abs. 5 BStFG 2015 im eigenen Namen oder für einen anderen geschlossene Geschäfte eines organschaftlichen Vertreters mit der Stiftung. Sie können gemäß dieser Gesetzesstelle, sofern es sich um Geschäfte untergeordneter Bedeutung handelt, mit Zustimmung eines anderen zur Vertretung oder Geschäftsführung befugten Organwalters geschlossen werden; für andere Insichgeschäfte ist die Zustimmung des Aufsichtsorgans, wenn kein Aufsichtsorgan bestellt ist, die Zustimmung des Stiftungsprüfers, wenn kein Stiftungsprüfer bestellt ist, die Zustimmung aller Rechnungsprüfer notwendig.

(53) Die Prüfung der Insichgeschäfte umfasst den Prozess der Genehmigung sowie eine mögliche unangemessene Ausgestaltung zu Lasten der Stiftung.

5. Vollständigkeitserklärung

(54) Der Stiftungsprüfer hat von den Mitgliedern des Vorstands laut Stiftungsregister zur Stiftungsprüfung und zur Rechnungsprüfung eine schriftliche Vollständigkeitserklärung einzuholen.

(55) Ein Muster für eine Vollständigkeitserklärung für die Prüfung von Einrichtungen nach dem Bundes-Stiftungs- und Fondsgesetz 2015 ist den gesonderten Arbeitshilfen der KSW zu entnehmen.

6. Berichterstattung

6.1. Prüfungsbericht

6.1.1. Rechtliche Grundlagen und Inhalt

(56) Aufgrund der sinngemäßen Anwendung der Grundsätze ordnungsmäßiger Abschlussprüfung (vgl. Rz (7)) ist für die Berichterstattung ein Prüfungsbericht gemäß § 273 Abs. 1 UGB zu erstellen. Zu allgemeinen Grundsätzen zum Prüfungsbericht wird auf das Fachgutachten über Grundsätze ordnungsmäßiger Berichterstattung bei Abschlussprüfungen nach § 273 Abs. 1 UGB (KFS/PG 2) verwiesen.

6.1.2. Feststellungen zu Buchführung und Rechnungslegung

(57) Im Prüfungsbericht ist festzuhalten, ob die Buchführung und die Rechnungslegung den gesetzlichen Vorschriften und den ergänzenden Bestimmungen in der Gründungserklärung entsprechen.

(58) Bei nicht nach den Vorschriften des UGB erstellten Rechnungsabschlüssen ist im Prüfungsbericht festzuhalten, nach welchem Referenzmodell die Rechnungslegung aufgestellt wurde; erforderlichenfalls ist das Referenzmodell zu beschreiben.

6.1.3. Erteilte Auskünfte

(59) Gemäß § 273 Abs. 1 zweiter Satz UGB ist im Prüfungsbericht ausdrücklich festzuhalten, ob der Stiftungsvorstand und ggf. weitere auskunftspflichtige Personen die verlangten Aufklärungen und Nachweise erbracht haben. Dabei ist auch auf den Erhalt einer schriftlichen Vollständigkeitserklärung einzugehen (siehe dazu Abschnitt 5. dieses Fachgutachtens).

6.1.4. Besondere Berichtspflichten

(60) Hat der Prüfer Tatsachen im Sinne des § 20 Abs. 5 BStFG 2015 festgestellt, ist dies im Prüfungsbericht anzuführen und unter Berücksichtigung der ergriffenen Maßnahmen zu erläutern.

6.1.5. Bericht über die Rechnungsprüfung

(61) Es wird empfohlen, diese Berichterstattung in den Prüfungsbericht zur Stiftungsprüfung als gesonderten Bestandteil aufzunehmen (siehe dazu Abschnitt 4.3. dieses Fachgutachtens).

6.1.6. Ausfertigung und Vorlage

(62) Der Prüfungsbericht über die Stiftungsprüfung ist sämtlichen Mitgliedern des Stiftungsvorstands und des Aufsichtsorgans der Stiftung vorzulegen.

(63) Die Gründungserklärung kann weitere Personen bestimmen, denen der Bericht vorzulegen ist. Sofern die Gründungserklärung nicht ausdrücklich die Vorlage durch den Stiftungsprüfer vorsieht, ist die Vorlage eine Aufgabe des Stiftungsvorstands.

(64) Personen bzw. Stiftungsgremien, denen keine Organstellung zukommt, sind der Prüfungsbericht und ggf. der gesonderte Bericht über die Rechnungsprüfung grundsätzlich (vgl. Rz (63)) nicht zu übermitteln.

6.2. Redepflicht und Meldepflicht

(65) Meldungen an die Stiftungsbehörde gemäß § 20 Abs. 5 BStFG 2015 sind an keine besonderen Formvorschriften gebunden. Zu weiteren Aspekten der Redepflicht gemäß § 273 Abs. 2 UGB wird auf die Stellungnahme KFS/PE 18 verwiesen.

7. Anwendungszeitpunkt

(66) Dieses Fachgutachten ist bei Prüfungen von Rechnungsjahren, die am 1. Jänner 2019 oder später beginnen, zu beachten. Eine frühere Anwendung wird empfohlen.

2/3/27. KFS/PE 27

Stellungnahme
des Fachsenats für Unternehmensrecht und Revision
zur verhältnismäßigen Durchführung von Abschlussprüfungen

(beschlossen in der Sitzung des Fachsenats für Unternehmensrecht und Revision am 26. November 2015 als Stellungnahme KFS/PE 27, zuletzt überarbeitet im Juni 2020; von der Abschlussprüferaufsichtsbehörde (APAB) genehmigt)

1. Vorbemerkungen

(1) Diese Stellungnahme des Fachsenats gibt die Überlegungen des Fachsenats zur Berücksichtigung von Größe, Komplexität und Risiko des Prüfungsgegenstandes im Rahmen der Prüfungsdurchführung wieder (so genannte verhältnismäßige Prüfungsdurchführung) und soll in erster Linie Abschlussprüfer bei der Durchführung von Abschlussprüfungen nach dem Fachgutachten KFS/PG 1 (Rz 4) unterstützen. Der Grundgedanke der verhältnismäßigen Prüfungsdurchführung ist sowohl auf Prüfungen im Sinne des Fachgutachtens KFS/PG 1 als auch auf Prüfungen nach ISA 800, ISA 805, ISA 810 anwendbar.

(2) Die Verhältnismäßigkeit bezieht sich auf die Abwicklung der Prüfungsaufträge (Annahme und Fortführung, Planung, Beurteilung der Risiken und Festlegung der Prüfungsstrategie, Antworten auf das Risiko und Sammlung von Prüfungsnachweisen, Finalisierung der Prüfung). Die vorliegende Stellungnahme soll dem Abschlussprüfer Hinweise und Anregungen zur verhältnismäßigen Prüfungsdurchführung an die Hand geben, ist ausdrücklich nur als Hilfestellung zu verstehen und stellt keine umfassende Anleitung zur Prüfungsdurchführung dar. Sie entbindet die Abschlussprüfer nicht von einer den jeweiligen Umständen entsprechenden Prüfungsdurchführung nach pflichtgemäßem Ermessen. Zudem erhebt diese Stellungnahme keinen Anspruch auf Vollständigkeit. Die ISA können weitere Ansatzpunkte für eine Verhältnismäßigkeit der Prüfungsdurchführung beinhalten, die im Folgenden möglicherweise nicht dargestellt sind.

(3) Ebenfalls unberührt bleibt die Verpflichtung des Abschlussprüfers, sich umfassend mit den ISA auseinanderzusetzen und ein angemessenes Verständnis aller ISA-Regelungen zu erlangen. Die ISA haben – unter Beachtung der Eigenverantwortlichkeit des Abschlussprüfers – vorrangige Geltungswirkung, die Ausführungen in dieser Stellungnahme geben lediglich ergänzende Hinweise.

2. Anwendungsbereich

(4) Nach ISA 200.A66 wird der Begriff „kleinere Einheit" wie folgt erklärt:

Zwecks der Bestimmung zusätzlicher Überlegungen für die Abschlussprüfungen von kleineren Einheiten bezieht sich der Begriff „kleinere Einheit" auf eine Einheit, die typischerweise qualitative Merkmale aufweist wie

a) *Konzentration von Eigentum und Management auf eine kleine Anzahl von Personen (häufig eine einzelne Person – Eigentümer der Einheit ist entweder eine natürliche Person oder ein anderes Unternehmen, unter der Voraussetzung, dass der Eigentümer die relevanten qualitativen Merkmale aufweist), und*

b) *eines oder mehrere der folgenden Merkmale:*
   - *überschaubare oder nicht komplexe Geschäftsvorfälle,*
   - *einfache Aufzeichnungen,*
   - *wenige Geschäftszweige und wenige Produkte innerhalb der Geschäftszweige,*
   - *wenige interne Kontrollen,*
   - *wenige Managementebenen mit Verantwortlichkeit für ein breites Spektrum von Kontrollen oder*
   - *wenige Mitarbeiter, von denen viele einen großen Aufgabenbereich haben.*

Diese qualitativen Merkmale sind nicht erschöpfend und gelten nicht ausschließlich für kleinere Einheiten, und kleinere Einheiten weisen nicht unbedingt alle diese Merkmale auf.

(5) Mit kleineren Einheiten im Sinne des ISA 200.A66 sind somit Unternehmen gemeint, die eine geringe Komplexität und bzw. oder ein geringes Risiko aufweisen. Eine geringe Größe kann daher nur implizit auf Grund der genannten Merkmale angenommen werden.

(6) Die Überlegungen zur verhältnismäßigen Prüfungsdurchführung sind grundsätzlich bei jeder Abschlussprüfung, unabhängig von Rechtsform oder Größe der Einheit, anzustellen. Art, Umfang und Dokumentation der Prüfungsdurchführung bestimmen sich in Abhängigkeit von Größe, Komplexität und Risiko des Prüfungsgegenstands.

(7) Die *Größe* einer Einheit als quantitatives Merkmal kann nicht das allein ausschlaggebende Kriterium zur Festlegung des Grades der Verhältnismäßigkeit der Prüfungsdurchführung sein. Die qualitativen Aspekte wie Komplexität und Risiko des Prüfungsgegenstandes sind ebenso zu beachten.

(8) Unter *Komplexität* wird in erster Linie die Kompliziertheit der bilanziellen Sachverhalte, abgeleitet aus der Komplexität der Geschäftstätigkeit, verstanden.

(9) Unter *Risiko* ist die Möglichkeit einer wesentlichen falschen Darstellung im zu prüfenden Abschluss zu verstehen. Dieses Risiko leitet sich unter anderem aus dem Risiko der Geschäftstätigkeit, der Komplexität der Geschäftsvorfälle und der Art der Buchführung des Mandanten ab.

(10) Der Abschlussprüfer hat nach seinem pflichtgemäßen Ermessen die Aspekte Größe, Komplexität und Risiko zu beurteilen und anhand einer sachgerechten Gewichtung den Grad der Verhältnismäßigkeit der Prüfungsdurchführung abzuleiten.

(11) Die Entscheidung über den daraus resultierenden Prüfungsumfang obliegt dem verantwortlichen Abschlussprüfer i.S.d. § 77 Abs. 9 WTBG 2017 nach seinem pflichtgemäßen Ermessen. Dabei sind die relevanten Faktoren für diese Entscheidung in ihrer Gesamtheit zu würdigen und zu dokumentieren.

3. Grundlegende Überlegungen bei der Anwendung der ISA

(12) Gemäß ISA 200.18–22 hat der Abschlussprüfer jede Anforderung eines ISA einzuhalten, sofern nicht unter den Umständen der Prüfung der gesamte ISA nicht relevant ist oder die Anforderung nicht relevant ist, weil sie bedingt ist und diese Bedingung nicht erfüllt ist.

3.1. Entscheidung über die Nicht-Anwendbarkeit eines ISA

(13) Folgende ISA können zur Gänze im Einzelfall nicht anwendbar sein:

ISA 510 – Eröffnungsbilanzwerte bei Erstprüfungsaufträgen

ISA 600 – Besondere Überlegungen zu Konzernabschlussprüfungen

ISA 610 (revised 2013) – Nutzung der Tätigkeit interner Revisoren

ISA 620 – Nutzung der Tätigkeit eines Sachverständigen des Abschlussprüfers

3.2. Einhaltung relevanter Anforderungen

(14) In Ausnahmefällen kann es der Abschlussprüfer nach seinem pflichtgemäßen Ermessen als notwendig erachten, von einer relevanten Anforderung in einem ISA abzuweichen. In solchen Fällen hat der Abschlussprüfer alternative Prüfungshandlungen durchzuführen, um den Zweck dieser Anforderung zu erreichen.

(15) Wenn bei alleiniger Beachtung der Anforderungen der ISA das Prüfungsziel nicht erreicht werden kann, sind darüber hinausgehende Prüfungshandlungen notwendig.

(16) Verhältnismäßige Prüfungsdurchführung bedeutet nicht, einschlägige ISA-Regelungen nicht zu beachten mit der Begründung, dass diese für einzelne Prüfungen der Einheit zu aufwendig seien.

3.3. Umsetzung allgemein gehaltener verhältnismäßiger Anforderungen in den ISA

(17) Die ISA enthalten eine Vielzahl von Aussagen zur Prüfungsdurchführung, in denen die Verhältnismäßigkeit der Prüfungsstandards in allgemeiner Form zum Ausdruck kommt, z.B.:

ISA 230 – Prüfungsdokumentation (Tz. A2): Form, Inhalt und Umfang der Prüfungsdokumentation hängen ab von Faktoren wie: Größe und Komplexität der Einheit, ...

ISA 300 – Planung einer Abschlussprüfung (Tz. A1): Art und Umfang von Planungsaktivitäten hängen ab von der Größe und Komplexität der Einheit, ...

ISA 500 – Prüfungsnachweise (Tz. 6): Der Abschlussprüfer hat die Prüfungshandlungen zu planen und durchzuführen, die unter den gegebenen Umständen sachgerecht sind, um ausreichende geeignete Prüfungsnachweise zu erlangen.

(18) Insbesondere Aussagen in den Standards, die „sachgerechte", „den Umständen entsprechende" oder „hinreichende" Anforderungen stellen, machen die Verhältnismäßigkeit der Regelungen deutlich. In diesen Fällen hat der Abschlussprüfer nach pflichtgemäßem Ermessen Art und Umfang der jeweiligen Prüfungshandlung festzulegen, d.h. eine Entscheidung über den Grad der Verhältnismäßigkeit zu treffen. Darüber hinaus sind viele Anforderungen in den ISA in allgemeiner Form gehalten, ohne konkrete Bedingungen an Art und Weise der Erfüllung zu stellen. In diesen Fällen liegt es ebenfalls im pflichtgemäßen Ermessen des Abschlussprüfers, die konkreten Maßnahmen zur Erfüllung einer ISA-Anforderung festzulegen.

3.4. Berücksichtigung von spezifischen Anwendungshinweisen und sonstigen Erläuterungen in den ISA („spezifische Überlegungen zu kleineren Einheiten")

(19) Einzelne ISA enthalten in den Anwendungshinweisen an verschiedenen Stellen „spezifische Überlegungen zu kleineren Einheiten" (siehe Rz (4)).

(20) Anlage 2 enthält eine Auflistung aller „spezifischen Überlegungen zu kleineren Einheiten“ aus den ISA.

4. Aspekte der verhältnismäßigen Prüfungsdurchführung im Rahmen einer Prüfung nach den ISA

4.1. Überblick

(21) Eine Prüfung nach den ISA besteht nach Berücksichtigung der übergreifenden Zielsetzungen (ISA 200, vgl. auch Abschnitt 3.) aus vier Phasen und zwei begleitend zu den Phasen und in jeder Phase zu berücksichtigenden Themenbereichen:

(22) Die vier Phasen sind:

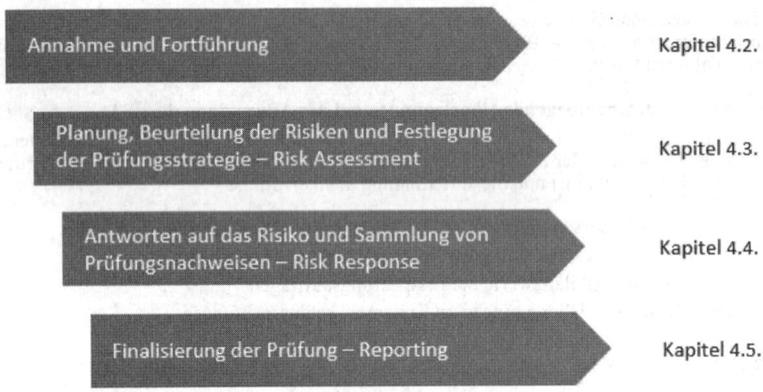

(23) Die zwei begleitenden Themenbereiche sind:

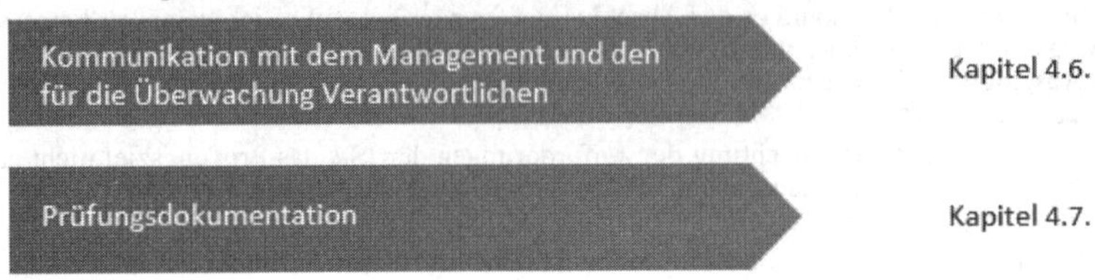

4.2. Annahme und Fortführung

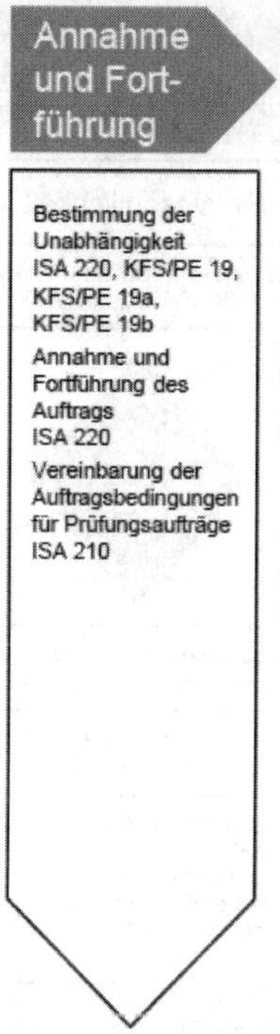

(24) Bezüglich der Annahme und der Fortführung eines Prüfungsauftrags gibt es keine spezifischen Überlegungen hinsichtlich Verhältnismäßigkeit. Die Bestimmungen des UGB (§ 270 ff.) sind vollinhaltlich anzuwenden; in den entsprechenden ISA finden sich keine Erleichterungsbestimmungen zu kleineren Einheiten.

4.3. Planung, Beurteilung der Risiken und Festlegung der Prüfungsstrategie

4.3.1. Verhältnismäßigkeitsüberlegungen im Rahmen der Wesentlichkeit

(25) Bezüglich der Bestimmung der Wesentlichkeit gibt es keine spezifischen Überlegungen hinsichtlich Verhältnismäßigkeit ausgenommen jene in Rz (26).

(26) Wenn der Gewinn vor Steuern aus laufender Geschäftstätigkeit als Bezugsgröße für die Festlegung der Wesentlichkeit als Ganzes herangezogen wird, kann es angebracht sein, diesen um eine mögliche Vergütung eines geschäftsführenden Eigentümers zu korrigieren (vgl. ISA 320.A9).

4.3.2. Verhältnismäßigkeitsüberlegungen im Rahmen der Festlegung der Prüfungsstrategie

(27) ISA 300 – Planung einer Abschlussprüfung enthält die Pflicht des Abschlussprüfers zur Prüfungsplanung. Die Art und der Umfang von Planungsaktivitäten hängen ab von der Größe, der Komplexität und dem Risiko der Einheit, von den bisherigen Erfahrungen mit dem Mandanten und sich eventuell ändernden Gegebenheiten während der laufenden Prüfung. Zur Planung einer Abschlussprüfung gehören die Entwicklung der Prüfungsstrategie und die daraus abgeleitete Entwicklung des Prüfungsprogramms.

(28) Die Entwicklung der Prüfungsstrategie für Prüfungen von kleinen Einheiten muss kein komplexer oder zeitaufwendiger Vorgang sein. Beispielsweise kann ein kurzes Memorandum, das bei Beendigung der vorherigen Prüfung anhand einer Durchsicht der Arbeitspapiere erstellt wurde und das die bei der soeben beendeten Prüfung identifizierten Fragen aufzeigt sowie im Berichtszeitraum anhand von Diskussionen mit dem Management aktualisiert wurde, als dokumentierte Prüfungsstrategie für den laufenden Prüfungsauftrag ausreichend sein (vgl. ISA 300.A11).

(29) Darüber hinaus müssen Art, zeitliche Einteilung und Umfang der Anleitung und Überwachung der Mitglieder des Prüfungsteams sowie die Durchsicht ihrer Arbeit geplant werden (ISA 300.11), was letztlich ebenfalls durch die Größe des Prüfungsteams beeinflusst wird. Bei kleinen Einheiten kann die gesamte Prüfung von einem sehr kleinen Prüfungsteam oder sogar dem Auftragsverantwortlichen allein durchgeführt werden. Die Koordination und Kommunikation im Prüfungsteam wird demnach durch die Größe des Prüfungsteams beeinflusst (vgl. ISA 300.A11).

4.3.3. Verhältnismäßigkeitsüberlegungen im Rahmen des risikoorientierten Prüfungsansatzes

(30) Die Prüfungshandlungen zur Risikobeurteilung durch analytische Prüfungshandlungen können

bei kleineren Einheiten vereinfachend durchgeführt werden. Zwischen- oder monatliche Berichterstattung wird oft nicht vorliegen, daher wird der Abschlussprüfer neben Befragungen vorläufige Entwürfe des Abschlusses der Einheit, wenn verfügbar, heranziehen (vgl. ISA 315.A17).

(31) Diskussionen im Prüfungsteam können rasch und einfach durchgeführt werden bzw. können bei Abschlussprüfungen, die durch den verantwortlichen Abschlussprüfer allein durchgeführt werden, zur Gänze entfallen.

(32) Erleichterte Gewinnung eines Verständnisses von der Einheit und ihrem Umfeld einschließlich des IKS:

Die Erlangung eines Verständnisses der Einheit, ihres Umfelds und ihrer rechnungslegungsbezogenen Kontrollen kann dem Abschlussprüfer umso leichter fallen, je länger er schon als Abschlussprüfer für die Einheit tätig ist. Den Umfang des erforderlichen Verständnisses legt der Abschlussprüfer nach pflichtgemäßem Ermessen fest. Der Abschlussprüfer kann zudem Informationen aus Vorjahren verwenden, die aus bisherigen Erfahrungen mit der Einheit oder aus Prüfungshandlungen vorangegangener Abschlussprüfungen resultieren. Dann hat er allerdings festzustellen, ob zwischenzeitliche Veränderungen stattgefunden haben, die sich auf die Relevanz der Informationen auswirken (ISA 315.9).

(33) Oftmals einfachere Gewinnung eines Verständnisses vom IKS bei kleineren Einheiten:

Die Ausgestaltung des IKS kann bei kleineren Einheiten mitunter sehr einfach sein (vgl. ISA 315. A49). So ist es denkbar, dass das Unternehmen einige wenige Kontrollen für wesentliche Sachverhalte auf Managementebene installiert hat, ohne dass insgesamt von einem System interner Kontrollen gesprochen werden kann. Die Gewinnung eines Verständnisses der internen Kontrollen ist in einem solchen Fall mit verhältnismäßig wenig Aufwand möglich.

(34) Fokussierung auf die für die Rechnungslegung relevanten Kontrollen:

Der Abschlussprüfer hat grundsätzlich ein Verständnis von den für die Rechnungslegung relevanten Kontrollen zu gewinnen (ISA 315.12), somit von jenen Kontrollaktivitäten der Einheit, die erforderlich sind, um die Risiken wesentlicher falscher Darstellungen auf Aussageebene zu beurteilen und um weitere Prüfungshandlungen als Reaktion auf die beurteilten Risiken planen zu können. Nicht erforderlich ist hingegen das Verstehen sämtlicher Kontrollaktivitäten für alle bedeutsamen Arten von Geschäftsvorfällen, Kontensalden und Abschlussangaben (vgl. ISA 315.20).

(35) Aspekte bezüglich der Komponenten des IKS:

Der Abschlussprüfer hat sich im Rahmen der Gewinnung eines Verständnisses des IKS mit sämtlichen der folgenden IKS-Komponenten zu beschäftigen, auch wenn sich diese Unterteilung nicht notwendigerweise in Aufbau und Implementierung des IKS bei der Einheit widerspiegelt. Vom Abschlussprüfer wird nicht verlangt, dass er anstelle der Einheit deren IKS umfassend und zur Gänze dokumentiert. Hingegen hat er bei kleineren Einheiten nach ISA 315.32 unter Berücksichtigung von ISA 230.8 ff. in Bezug auf das IKS zu dokumentieren:

a) besonders wichtige Elemente des erlangten Verständnisses für jede der fünf Komponenten des IKS und die Informationsquellen, aus denen das Verständnis erlangt wurde,
b) die identifizierten Risiken und damit verbundene Kontrollen, von denen der Abschlussprüfer ein Verständnis erlangt hat.

Kontrollumfeld:

Die Einstellung, das Bewusstsein und die Maßnahmen des Managements, welche maßgebend für das vorgefundene Kontrollumfeld sind, sind für das Verständnis des Abschlussprüfers vom Kontrollumfeld einer kleineren Einheit von besonderer Bedeutung, da bspw.

a) es in kleinen Einheiten möglicherweise keine unabhängigen für die Überwachung verantwortlichen Personen gibt oder die Überwachungsfunktion möglicherweise unmittelbar durch einen geschäftsführenden Eigentümer wahrgenommen wird;
b) Prüfungsnachweise für das Kontrollumfeld in kleineren Einheiten möglicherweise nicht in Dokumentform verfügbar sind, insbesondere bei Vorhandensein von informellen Kommunikationswegen zwischen Management und anderen Mitarbeitern;
c) die Ausgestaltung des Kontrollumfeldes auch Einfluss darauf haben kann, wie bedeutsam andere Kontrollen sind bzw. deren Fehlen ist (aktiv eingebundener Geschäftsführer kann Risiken aus fehlender Funktionstrennung in der Einheit mindern oder erhöhen).

Risikobeurteilungsprozess der Einheit:

In einer kleinen Einheit gibt es oft keinen festgelegten Risikobeurteilungsprozess. Wahrscheinlicher ist es, dass das Management Risiken durch unmittelbare persönliche Einbindung in das Geschäft identifiziert. Befragungen nach identifizierten Risiken und nach deren Handhabung sind trotzdem notwendig (vgl. ISA 315.A89).

Rechnungslegungsbezogene Informationssysteme, inklusive damit verbundener Geschäftsprozesse, sowie Kommunikation:

Die rechnungslegungsbezogenen Informationssysteme in kleinen Einheiten sind in der Regel weniger hoch entwickelt als in größeren Einheiten. Kleine Einheiten mit aktiv eingebundenem Management benötigen nicht notwendigerweise umfassende Ablaufbeschreibungen oder schriftlich fixierte Regelungen. Das Verständnis der Systeme und Prozesse der Einheit ist daher in diesen Fällen unkomplizierter und stärker von Befragungen abhängig als von einer Durchsicht der Dokumentation (vgl. ISA 315.A96).

Kontrollaktivitäten:

Der Formalisierungsgrad der Kontrollaktivitäten in kleineren Einheiten kann unterschiedlich sein. Unter Umständen sind bestimmte Arten von Kontrollaktivitäten bei kleineren Einheiten auf Grund von Kontrollen auf Managementebene nicht relevant. Beispielsweise kann durch einen Genehmigungsvorbehalt von Kundenkrediten oder Investitionen auf Managementebene eine starke Kontrolle über wichtige Kontensalden und Geschäftsvorfälle ausgeübt werden, wodurch die Notwendigkeit weitergehender Kontrollaktivitäten sich verringert oder ganz entfällt (vgl. ISA 315.A105). Hinzuweisen ist allerdings auf die erhöhte Gefahr durch das Außerkraftsetzen von Kontrollen durch das Management (Management-override) bei kleineren Einheiten.

Überwachung von Kontrollen:

Häufig wird die Überwachung von Kontrollen durch das Management durch dessen enge Einbindung in die Geschäftstätigkeit gewährleistet. Dadurch werden häufig bedeutsame Abweichungen von den Erwartungen und Unrichtigkeiten in den Finanzdaten identifiziert, die zu Abhilfemaßnahmen bei der Kontrolle führen (vgl. ISA 315.A112).

(36) Eine fehlende Dokumentation von Teilen des IKS oder des gesamten IKS bei der Einheit stellt nicht unbedingt ein Prüfungshemmnis dar, sofern der Abschlussprüfer in der Lage ist, auf andere Weise Aufbau und – soweit erforderlich – Funktion des IKS zu prüfen (vgl. u.a. ISA 315.A86, .A89). Der Abschlussprüfer hat zu beurteilen, ob das Fehlen einer Dokumentation unter den Umständen angemessen ist oder ob dies einen bedeutsamen Mangel im IKS der Einheit darstellt (ISA 315.17).

4.4. Antworten auf das Risiko und Sammlung von Prüfungsnachweisen

(37) Der Abschlussprüfer hat auf Abschluss- und Aussageebene angemessen durch Funktionsprüfungen und bzw. oder aussagebezogene Prüfungshandlungen auf die identifizierten wesentlichen Risiken wesentlicher falscher Darstellungen aufgrund von dolosen Handlungen oder Irrtümern zu reagieren.

4.4.1. Verhältnismäßigkeitsüberlegungen zu Funktionsprüfungen

(38) Funktionsprüfungen sind dann erforderlich, wenn sich der Abschlussprüfer auf die Wirksamkeit von Kontrollen für die Prüfungssicherheit verlassen will oder aussagebezogene Prüfungshandlungen allein keine ausreichenden geeigneten Prüfungsnachweise erbringen können. Funktionsprüfungen sind insbesondere sinnvoll für häufig wiederkehrende, automatisierte Routinetransaktionen, da mit relativ wenig Aufwand eine hohe Prüfungssicherheit erreicht werden kann, die nur durch eine große Anzahl aussagebezogener Prüfungshandlungen erreicht werden könnte (bzw. in manchen Fällen gar nicht). In diesem Fall wird als Prüfungsstrategie ein kombinierter Ansatz festgelegt, d.h. es werden Funktionsprüfungen durchgeführt und im Zuge der aussagebezogenen Prüfungshandlungen der Fokus auf aussagebezogene analytische Prüfungshandlungen gelegt.

(39) Funktionsprüfungen sind nicht bei jeder Abschlussprüfung zwingend erforderlich. Schätzt der Abschlussprüfer das Risiko wesentlicher falscher Darstellungen als gering ein oder sind Kontrollen zwar vorhanden, aber nicht angemessen, ist es denkbar, dass sich der Abschlussprüfer im weiteren Verlauf der Prüfungsdurchführung allein auf aussagebezogene Prüfungshandlungen verlässt, die dann aber gegebenenfalls in größerem Umfang durchzuführen sind. Ein weiterer Anwendungsfall ist dann gegeben, wenn es im Unternehmen nur wenige Kontrollaktivitäten gibt, die vom Abschlussprüfer identifiziert werden können oder deren Vorhandensein nur in begrenztem Umfang dokumentiert wurde (vgl. ISA 330.A18). In derartigen Fällen kann es für den Abschlussprüfer effizienter sein, weitere Prüfungshandlungen, hauptsächlich aussagebezogen, durchzuführen. Als Prüfungsstrategie wird in diesem Fall ein aussagebezogener Ansatz festgelegt.

4.4.2. Besonderheiten zur Verwendung von Aussagen (Assertions)

(40) Die auf Basis des risikoorientierten Prüfungsansatzes vorzunehmende Risikobeurteilung bestimmt Art, zeitliche Einteilung und Umfang der weiteren Prüfungsaktivitäten. Risikoarme Prüfgebiete können folglich weniger intensiv geprüft werden. Die in ISA 315.A129 angeführten Aussagen können bei Prüfungen von kleineren Einheiten wie folgt zusammengefasst werden:

Zusammengefasste Aussagen	Beschreibung
Vollständigkeit	Alles, was erfasst oder angegeben werden muss, wurde im Abschluss inkludiert. Es gibt keine nicht erfassten oder nicht angegebenen Vermögenswerte, Schulden, Geschäftsvorfälle oder Ereignisse. Es gibt keine fehlenden oder unvollständigen Anhangangaben
Vorhandensein	Alles, was im Abschluss erfasst oder angegeben wird, ist zum entsprechenden Zeitpunkt vorhanden. Vermögenswerte, Schulden, erfasste Geschäftsvorfälle und andere Sachverhalte, die im Anhang erfasst sind, sind vorhanden, haben stattgefunden und sind der Einheit zuzurechnen.
Genauigkeit und Bewertung	Vermögenswerte, Schulden und Eigenkapital sind mit angemessenen Beträgen im Abschluss erfasst (Weift). Jegliche Bewertungs- oder Zuordnungsanpassungen, die aufgrund ihrer Art oder Rechnungslegungsgrundsätzen notwendig waren, sind in angemessener Weise erfasst.
Darstellung	Vermögenswerte, Schulden, Geschäftsvorfälle und Ereignisse sind angemessen aggregiert oder disaggregiert und klar beschrieben, und die dazugehörigen Abschlussangaben sind relevant und verständlich.

Vgl. IFAC Guide to Using International Standards on Auditing in the Audits of Small- and Medium-Sized Entities, Volume 1 – Core Concepts, Third Edition, Exhibit 6.3-2.

4.4.3. Besonderheiten bei der Prüfung von geschätzten Werten in der Rechnungslegung

(41) In kleineren Einheiten ist der Prozess zur Ermittlung geschätzter Werte oftmals weniger kompliziert als in größeren Einheiten, weil die Geschäftstätigkeiten einfach sind oder die Schätzungen einen geringeren Grad an Schätzungsunsicherheit aufweisen. Unter diesen Gegebenheiten können die geschätzten Werte in geringerem Umfang Schätzungsunsicherheit, Komplexität, Subjektivität oder sonstigen inhärenten Risikofaktoren unterliegen. (vgl. ISA 540.A20–A22)

(42) Geschätzte Werte können außerhalb der Haupt- und Nebenbuchhaltung erzeugt werden, Kontrollen können begrenzt sein, und ein geschäftsführender Eigentümer kann bedeutsamen Einfluss auf deren Festlegung haben (vgl. ISA 540.A22).

(43) Bei kleineren Einheiten erfordern viele geschätzte Werte in der Rechnungslegung nicht die Anwendung besonderer Fähigkeiten oder Kenntnisse (vgl. ISA 540.A63).

(44) Es kann für den Abschlussprüfer praktischer sein, ausreichende geeignete Prüfungsnachweise durch die Beurteilung bis zum Datum des Bestätigungsvermerks eintretender Ereignisse zu erlangen, als sie durch andere Prüfungsvorgehensweisen zu erlangen (vgl. ISA 540.A84).

4.4.4. Besonderheiten bei der Prüfung von nahe stehenden Personen

(45) In kleineren Einheiten gibt es möglicherweise keine dokumentierten Prozesse, die sich mit Beziehungen zu und Transaktionen mit nahe stehenden Personen befassen. Ein geschäftsführender Eigentümer kann einige der aus Transaktionen mit nahe stehenden Personen resultierenden Risiken abschwächen oder diese Risiken durch aktive Einbindung in alle Hauptaspekte der Transaktionen erhöhen. Bei solchen Einheiten kann der Abschlussprüfer ein Verständnis von den Beziehungen zu und Transaktionen mit nahe stehenden Personen sowie von hierzu vorhandenen Kontrollen erlangen durch Befragungen des Managements in Kombination mit anderen Prüfungshandlungen (vgl. ISA 550.A20).

(46) Eine kleinere Einheit verfügt möglicherweise nicht über die gleichen Kontrollen auf verschiedenen Weisungs- und Genehmigungsebenen, die in einer größeren Einheit vorhanden sein können. Entsprechend kann sich der Abschlussprüfer bei der Prüfung einer kleineren Einheit zur Gültigkeit bedeutsamer Transaktionen mit nahe stehenden Personen außerhalb der gewöhnlichen Geschäftstätigkeit der Einheit weniger auf eine Autorisierung und Genehmigung verlassen. Stattdessen kann der Abschlussprüfer erwägen, andere Prüfungshandlungen durchzuführen, z.B. Einsichtnahme in relevante Dokumente, Einholung von Bestätigungen zu bestimmten Aspekten der Transaktionen mit relevanten Personen oder Beobachtung der Beteiligung des geschäftsführenden Eigentümers an den Transaktionen (vgl. ISA 550.A41).

4.4.5. Besonderheiten bei der Prüfung der Annahme der Fortführung der Unternehmenstätigkeit

(47) Oftmals nimmt das Management einer kleineren Einheit keine detaillierte Beurteilung der Fähigkeit zur Fortführung der Unternehmenstätigkeit vor, sondern verlässt sich stattdessen auf eingehende Kenntnisse über die Geschäftstätigkeit und auf erwartete Zukunftsaussichten. Gleichwohl hat der Abschlussprüfer die Fortführungsannahme des Managements zu beurteilen.

(48) Neben der Würdigung der Einjahresplanung als Grundlage der Fortführungsannahme kann es bei kleineren Einheiten angemessen sein, die mittel- und langfristige Finanzierung des Unternehmens mit dem Management zu diskutieren, sofern die Aussagen des Managements durch ausreichende schriftliche Nachweise untermauert werden können und nicht in Widerspruch zu dem Verständnis des Abschlussprüfers vom Unternehmen stehen (vgl. ISA 570.A12).

(49) Die laufende Unterstützung durch geschäftsführende Eigentümer ist häufig wichtig für die Fähigkeit von kleineren Einheiten zur Fortführung der Unternehmenstätigkeit (z.B. Darlehen des geschäftsführenden Eigentümers wird nachrangig gestellt oder Übernahme einer Bürgschaft durch den geschäftsführenden Eigentümer).

(50) In solchen Fällen kann der Abschlussprüfer geeignete, durch Dokumente belegte Nachweise über die Nachrangigkeit des Darlehens oder die Bürgschaft erlangen. Wenn eine kleinere Einheit von zusätzlicher Unterstützung durch den geschäftsführenden Eigentümer abhängig ist, kann der Abschlussprüfer dessen Fähigkeit zur Erfüllung der Verpflichtungen aus der Unterstützungsvereinbarung beurteilen. Darüber hinaus kann der Abschlussprüfer eine schriftliche Bestätigung der Bedingungen, die mit einer solchen Unterstützung verbunden sind, sowie der Absicht des geschäftsführenden Eigentümers anfordern (vgl. ISA 570.A13).

4.5. Finalisierung der Prüfung

(51) Bezüglich der Finalisierung der Prüfung gibt es keine spezifischen Überlegungen hinsichtlich der Verhältnismäßigkeit.

(52) Die abschließenden Prüfungshandlungen, insbesondere die analytischen Prüfungshandlungen, die zur Bildung einer Gesamtbeurteilung durchgeführt werden müssen, können denjenigen ähneln, die als Prüfungshandlungen zur Risikobeurteilung, d.h. auf sehr hohem Aggregationsniveau, angewandt wurden.

4.6. Kommunikation mit dem Management und den für die Überwachung Verantwortlichen

(53) Bei kleineren Einheiten sind in vielen Fällen Management und die für die Überwachung Verantwortlichen (geschäftsführende Eigentümer) ident, d.h. der Kommunikationsprozess und auch die Kommunikationsanforderungen müssen angepasst werden.

(54) Bei Prüfungen von kleineren Einheiten kann sich der Abschlussprüfer in einer weniger formalen Weise mit den für die Überwachung Verantwortlichen austauschen; davon unberührt bleibt die gesetzliche Redepflicht gemäß § 273 Abs. 2 und 3 UGB.

(55) Vor allem die Mitteilung über Mängel im IKS bedarf besonderer Überlegungen. Kontrollaktivitäten sind bei kleineren Einheiten wahrscheinlich weniger formal ausgestaltet. Andererseits kann aber die alleinige Berechtigung des Managements eine wirksame Kontrolle über wichtige Kontensalden und Geschäftsvorfälle bieten, wodurch sich die Notwendigkeit weitergehender Kontrollaktivitäten verringert oder ganz entfällt (vgl. ISA 265.A3).

(56) Die Funktionstrennung ist bei kleineren Einheiten häufig weniger ausgeprägt, da diese häufig weniger Mitarbeiter haben. Allerdings kann das Management in der Lage sein, einen höheren Grad an Überwachung auszuüben. Dem steht allerdings eine größere Möglichkeit der Außerkraftsetzung von Kontrollen durch das Management gegenüber.

4.7. Prüfungsdokumentation

(57) Bei der Prüfung von kleineren Einheiten ist die Prüfungsdokumentation im Allgemeinen we-

niger umfangreich als diejenige bei der Prüfung einer größeren Einheit (ISA 230.A16); dennoch muss die Dokumentation so erstellt werden, dass sie für einen erfahrenen Prüfer verständlich ist, da es sein kann, dass die Prüfungsdokumentation einer Durchsicht externer Parteien zu Aufsichts- oder anderen Zwecken unterliegt.

(58) Es kann sinnvoll sein, verschiedene Aspekte der Prüfung zusammen in einem einzigen Dokument aufzuzeichnen, unterlegt durch Querverweise auf unterstützende Arbeitspapiere. ISA 230. A17 benennt in diesem Zusammenhang das Verstehen der Einheit und ihres internen Kontrollsystems (IKS), die Prüfungsstrategie und den Prüfungsplan, die festgelegten Wesentlichkeitsgrenzen, beurteilte Risiken, bedeutsame Sachverhalte, die während der Prüfung festgestellt wurden, sowie gezogene Schlussfolgerungen.

(59) Bei Einheiten mit unkomplizierten Geschäftsvorfällen und einfachen rechnungslegungsbezogenen Prozessen kann die Dokumentation einfach und relativ kurz gehalten werden. In diesen Fällen muss nicht notwendigerweise das gesamte Verständnis des Abschlussprüfers von der Einheit und den hiermit zusammenhängenden Sachverhalten dokumentiert werden. Zu dokumentieren sind in jedem Falle aber die besonders wichtigen Bestandteile seines Verständnisses, auf die der Abschlussprüfer die Beurteilung der Risiken wesentlicher falscher Darstellungen gestützt hat (vgl. ISA 315.A153).

(60) Bei Folgeprüfungen können bestimmte Teile der Dokumentation übernommen werden, gegebenenfalls mit Aktualisierungen, die Veränderungen im Geschäft oder in Prozessen der Einheit widerspiegeln (vgl. ISA 315.A155).

(61) Gemäß ISA 230.9 muss aus der Dokumentation unter anderem erkennbar sein, von wem, wann und in welchem Umfang die Prüfungsdokumentation durchgesehen wurde. Allerdings bedeutet dies nicht, dass jedes einzelne Arbeitspapier diesbezüglich abgezeichnet werden muss (vgl. ISA 230.A13).

(62) Bei Ein-Personen-Prüfungen hat der Auftragsverantwortliche keine Sachverhalte zu dokumentieren, die nur für die Information oder Anweisung eines Prüfungsteams erforderlich sind oder um Nachweise für eine Durchsicht durch andere Teammitglieder bereitzustellen (vgl. ISA 230.A16).

5. Zusammenfassung

(63) Diese Stellungnahme verfolgt das Ziel, dem Berufsstand die Möglichkeiten und Grenzen aufzuzeigen, die Größe, Komplexität und Risiko des Prüfungsgegenstands auf die Durchführung, Kommunikation und Dokumentation der Prüfung haben.

(64) Die verhältnismäßige Anwendung aller relevanten ISA bei der Prüfung steht dabei im Vordergrund. Die Stellungnahme ist als Ergänzung zum Fachgutachten KFS/PG 1 zu sehen.

(65) Unberührt bleibt die Verpflichtung des Abschlussprüfers, sich umfassend mit den ISA auseinanderzusetzen und ein angemessenes Verständnis der ISA-Regelungen zu erlangen. Die ISA haben vorrangige Geltungswirkung, die Ausführungen in dieser Stellungnahme geben lediglich ergänzende Hinweise.

6. Anwendungszeitpunkt

(66) Die vorliegende überarbeitete Fassung dieser Stellungnahme ist auf die Prüfung von Abschlüssen für Geschäftsjahre anzuwenden, die am oder nach dem 31. Dezember 2020 enden.

Anlage 1: Übersicht zur Durchführung von Abschlussprüfungen

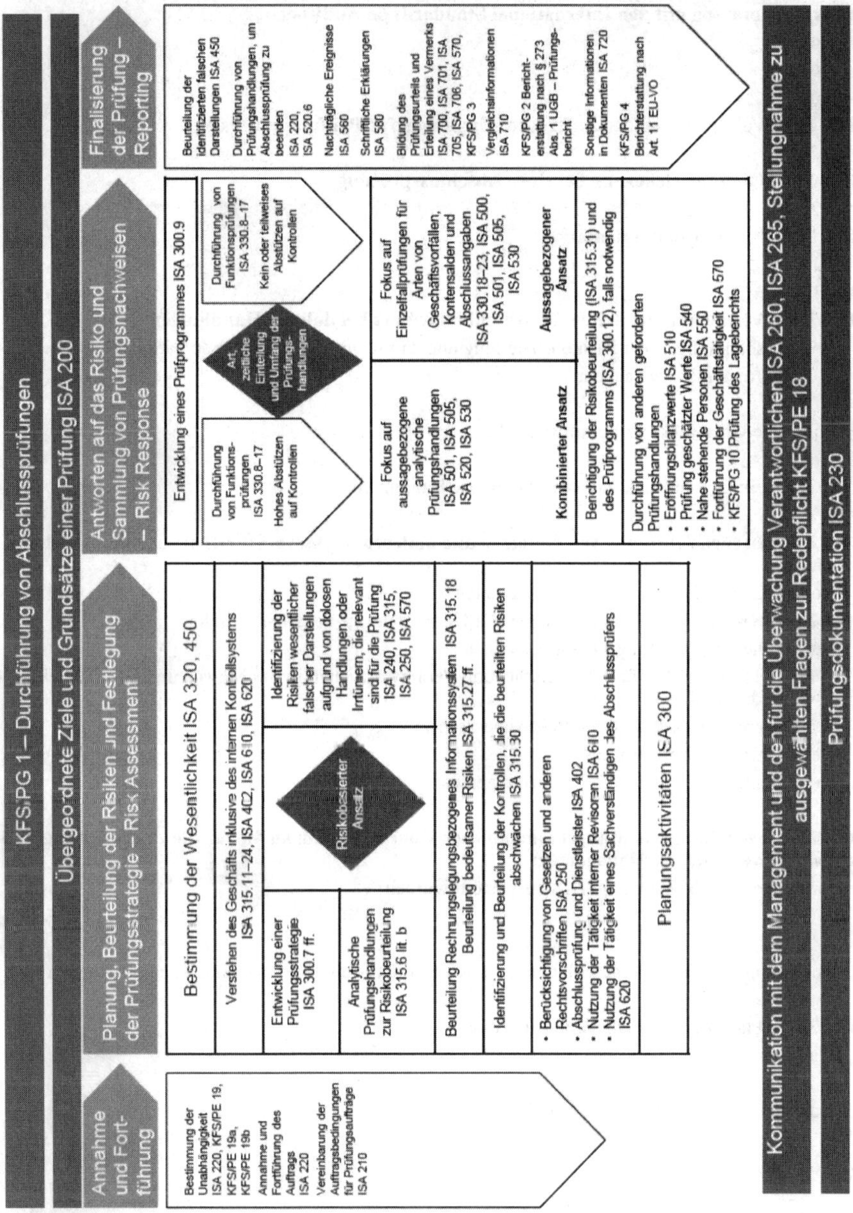

Anlage 2: Spezifische Überlegungen zu kleineren Einheiten

ISA 200 – Übergeordnete Ziele des unabhängigen Prüfers und Grundsätze einer Prüfung in Übereinstimmung mit den International Standards on Auditing

A66

A67

A68

ISA 210 – Vereinbarung der Auftragsbedingungen für Prüfungsaufträge

A21

ISA 220 – Qualitätssicherung bei einer Abschlussprüfung

A31

ISA 230 – Prüfungsdokumentation

A16

A17

ISA 240 – Verantwortlichkeiten des Abschlussprüfers bei dolosen Handlungen

Prüfungshandlungen zur Risikobeurteilung und damit zusammenhängende Tätigkeiten

– Befragungen des Managements

  A14

– Für die Überwachung Verantwortliche

  A22

– Beurteilung von Risikofaktoren für dolose Handlungen

  A28

ISA 250 – Berücksichtigung von Gesetzen und anderen Rechtsvorschriften bei einer Abschlussprüfung

Keine Besonderheiten für kleinere Einheiten

ISA 260 – Kommunikation mit den für die Überwachung Verantwortlichen

Die für die Überwachung Verantwortlichen

– Fälle, in denen alle für die Überwachung Verantwortlichen in das Management der Einheit eingebunden sind

  A8 Kommunikationsanforderungen anpassen |

Der Kommunikationsprozess

– Einrichtung des Kommunikationsprozesses

  A40

ISA 265 – Mitteilung von Mängeln im internen Kontrollsystem an die für die Überwachung Verantwortlichen und das Management

Entscheidung, ob Mängel im IKS festgestellt wurden

A3

A4

Mitteilung von bedeutsamen Mängeln im IKS an die für die Überwachung Verantwortlichen

A18

ISA 300 – Planung einer Abschlussprüfung

Planungsaktivitäten

A11

Anleitung, Überwachung und Durchsicht

A17

Dokumentation

A21

ISA 315 – Identifizierung und Beurteilung der Risiken wesentlicher falscher Darstellungen aus dem Verständnis von der Einheit und ihrem Umfeld

Prüfungshandlungen zur Risikobeurteilung und damit zusammenhängende Tätigkeiten

• Analytische Prüfungshandlungen

  A17

• Diskussion im Prüfungsteam

  A24

Das erforderliche Verständnis von der Einheit und ihrem Umfeld einschließlich ihres IKS

- Die Einheit und ihr Umfeld
  - Messung und Überwachung des wirtschaftlichen Erfolgs der Einheit
    A49
- Das IKS der Einheit
  - Zweck des IKS
    A53
  - Grenzen des IKS
    A57
    A58
- Komponenten des IKS
  - Das Kontrollumfeld
    A85
    A86
    A87
  - Der Risikobeurteilungsprozess der Einheit
    A89
  - Das rechnungslegungsbezogene Informationssystem einschließlich der damit verbundenen Geschäftsprozesse
    A96
  - Kommunikation
    A98
  - Kontrollaktivitäten
    A105
    A106
  - Überwachung von Kontrollen
    A112
- Prozess zur Identifizierung von Risiken wesentlicher falscher Darstellungen
  A136

ISA 320 – Wesentlichkeit bei der Planung und Durchführung einer Abschlussprüfung

A9

ISA 330 – Reaktionen des Abschlussprüfers auf beurteilte Risiken

Prüfungshandlungen als Reaktion auf die beurteilten Risiken wesentlicher falscher Darstellungen auf Aussageebene

A18

ISA 402 – Überlegungen bei der Abschlussprüfung von Einheiten, die Dienstleister in Anspruch nehmen

A5

ISA 450 – Beurteilung der während der Abschlussprüfung identifizierten falschen Darstellungen

Keine Besonderheiten für kleinere Einheiten

ISA 500 – Prüfungsnachweise

Keine Besonderheiten für kleinere Einheiten

ISA 501 – Prüfungsnachweise – Besondere Überlegungen zu ausgewählten Sachverhalten

Keine Besonderheiten für kleinere Einheiten

ISA 505 – Externe Bestätigungen

Keine Besonderheiten für kleinere Einheiten

ISA 510 – Eröffnungsbilanzwerte bei Erstprüfungsaufträgen

Keine Besonderheiten für kleinere Einheiten

ISA 520 – Analytische Prüfungshandlungen

Keine Besonderheiten für kleinere Einheiten

ISA 530 – Stichprobenprüfungen

Keine Besonderheiten für kleinere Einheiten

ISA 540 – Die Prüfung geschätzter Werte in der Rechnungslegung und damit zusammenhängender Abschlussangaben

Merkmale geschätzter Werte in der Rechnungslegung

– Skalierbarkeit

A7

Prüfungshandlungen zur Risikobeurteilung und damit zusammenhängende Tätigkeiten

– Skalierbarkeit

A20

A21

A22

– Besondere Fähigkeiten und Kenntnisse

A63

Identifizierung und Beurteilung der Risiken wesentlicher falscher Darstellungen

A67

Reaktionen auf die beurteilten Risiken wesentlicher falscher Darstellungen

– Skalierbarkeit

A84

ISA 550 – Nahe stehende Personen

Prüfungshandlungen zur Risikobeurteilung und damit zusammenhängende Tätigkeiten

– Verständnis von den Beziehungen zu und Transaktionen der Einheit mit nahe stehenden Personen

A20

Reaktionen auf die Risiken wesentlicher falscher Darstellungen

– Autorisierung und Genehmigung von bedeutsamen Transaktionen mit nahe stehenden Personen

A41

ISA 560 – Nachträgliche Ereignisse

Keine Besonderheiten für kleinere Einheiten

ISA 570 – Fortführung der Geschäftstätigkeit

Prüfungshandlungen zur Risikobeurteilung und damit zusammenhängende Tätigkeiten

– Ereignisse oder Gegebenheiten, die bedeutsame Zweifel an der Fähigkeit der Einheit zur Fortführung der Geschäftstätigkeit aufwerfen können

A5

A6

Auswertung der Beurteilung des Managements

A12

A13

ISA 580 – Schriftliche Erklärungen

Keine Besonderheiten für kleinere Einheiten

ISA 600 – Besondere Überlegungen zu Konzernabschlussprüfungen (einschließlich der Tätigkeit von Teilbereichsprüfern),

ISA 610 – Nutzung der Tätigkeit interner Revisoren und

ISA 620 – Nutzung der Tätigkeit eines Sachverständigen des Abschlussprüfers

sind für die Prüfung von kleineren Einheiten nicht relevant

ISA 700 – Bildung eines Prüfungsurteils und Erteilung eines Vermerks zum Abschluss

Keine Besonderheiten für kleinere Einheiten

ISA 701 – Mitteilung besonders wichtiger Prüfungssachverhalte im Vermerk des unabhängigen Abschlussprüfers

Keine Besonderheiten für kleinere Einheiten

ISA 705 – Modifizierungen des Prüfungsurteils im Vermerk des unabhängigen Abschlussprüfers

Keine Besonderheiten für kleinere Einheiten

ISA 706 – Absätze im Vermerk des unabhängigen Abschlussprüfers zur Hervorhebung eines Sachverhalts und zu sonstigen Sachverhalten

Keine Besonderheiten für kleinere Einheiten

ISA 710 – Vergleichsinformationen – Vergleichsangaben und Vergleichsabschlüsse

Keine Besonderheiten für kleinere Einheiten

ISA 720 – Verantwortlichkeiten des Abschlussprüfers im Zusammenhang mit sonstigen Informationen

Keine Besonderheiten für kleinere Einheiten

2/3/28. KFS/PE 28

Stellungnahme des Fachsenats für Unternehmensrecht und Revision zu ausgewählten Fragen bei der gesonderten Prüfung von nichtfinanziellen Erklärungen und nichtfinanziellen Berichten gemäß § 243b und § 267a UGB sowie von Nachhaltigkeitsberichten

(beschlossen in der Sitzung des Fachsenats für Unternehmensrecht und Revision am 26. September 2018 als Stellungnahme KFS/PE 28, überarbeitet im Juni 2020)

1. Vorbemerkungen und Anwendungsbereich

(1) Der österreichische Gesetzgeber hat in Umsetzung der Richtlinie 2014/95/EU[1] mit dem Nachhaltigkeits- und Diversitätsverbesserungsgesetz (NaDiVeG) mit § 243b und § 267a UGB neue Bestimmungen zur nichtfinanziellen Berichterstattung für bestimmte Unternehmen von öffentlichem Interesse festgelegt.

[1] Richtlinie vom 22.10.2014 zur Änderung der Richtlinie 2013/34/EU im Hinblick auf die Angabe nichtfinanzieller und die Diversität betreffender Informationen durch bestimmte große Unternehmen und Gruppen, ABl. Nr. L 330 vom 15.11.2014, S. 1.

(2) Die gesetzlich geforderte nichtfinanzielle Berichterstattung kann in Form einer nichtfinanziellen Erklärung im Lagebericht oder in einem gesonderten nichtfinanziellen Bericht erfolgen. In dieser Stellungnahme werden beide Berichtsformen als „nichtfinanzielle Berichterstattung“ zusammengefasst. Soweit Unternehmen auf freiwilliger Basis einen nichtfinanziellen Bericht erstellen, wird dieser oftmals als Nachhaltigkeitsbericht bezeichnet. Die folgenden Ausführungen gelten für dessen Prüfung sinngemäß.

(3) Gemäß § 269 Abs. 3 UGB ist Gegenstand der Abschlussprüfung auch, ob eine geforderte nichtfinanzielle Erklärung oder ein entsprechender gesonderter nichtfinanzieller Bericht aufgestellt worden sind. Der Abschlussprüfer hat gemäß § 273 Abs. 1 UGB im Prüfungsbericht festzustellen, ob die nichtfinanzielle Erklärung oder der gesonderte nichtfinanzielle Bericht aufgestellt worden sind. Eine materiell-inhaltliche Prüfung ist damit nicht verbunden. Zur Frage der Pflichten des Abschlussprüfers in Zusammenhang mit einer nichtfinanziellen Erklärung im Lagebericht wird auf Abschnitt 3.2.6. des Fachgutachtens KFS/PG 10 verwiesen.

(4) Der Prüfungsausschuss des Aufsichtsrats hat die nichtfinanzielle Erklärung im Lagebericht im Rahmen seiner Prüfung des Lageberichts gemäß § 92 Abs. 4a Z 4 lit. f AktG (§ 30g Abs. 4a Z 4 lit. f GmbHG) zu prüfen, die Prüfungspflicht des Gesamtaufsichtsrats ergibt sich unbeschadet dessen aus § 96 Abs. 1 AktG (§ 30k Abs. 1 GmbHG). Hinsichtlich eines allenfalls an Stelle der nichtfinanziellen Erklärung erstellten gesonderten nichtfinanziellen Berichts schreibt der Gesetzgeber in § 243b Abs. 6 UGB in Verbindung mit § 96 Abs. 1 AktG (§ 30k Abs. 1 GmbHG) eine Prüfungspflicht durch den Aufsichtsrat vor. Der Aufsichtsrat kann sich bei seiner Prüfungstätigkeit zur Durchführung einer materiellinhaltlichen Prüfung auch eines Sachverständigen (oftmals der Abschlussprüfer oder ein anderer Wirtschaftsprüfer) bedienen. In seinem Bericht an die Hauptversammlung (Generalversammlung) hat der Aufsichtsrat gemäß § 96 Abs. 2 AktG (§ 30k Abs. 2 GmbHG) auch mitzuteilen, welche Stelle den Lagebericht (und die darin enthaltene nichtfinanzielle Erklärung) sowie gegebenenfalls den gesonderten nichtfinanziellen Bericht geprüft hat und ob diese Prüfungen nach ihrem abschließenden Ergebnis zu wesentlichen Beanstandungen Anlass gegeben haben.

(5) Hinsichtlich einer freiwilligen materiell-inhaltlichen Prüfung der nichtfinanziellen Berichterstattung ergeben sich eine Reihe von Fragestellungen betreffend Umfang, Durchführung und Berichterstattung, die gesetzlich nicht geregelt sind. Ziel dieser Stellungnahme ist es, die wesentlichen dieser Fragen betreffend die Prüfung der nichtfinanziellen Berichterstattung zu beantworten.

(6) In den folgenden Ausführungen wird aus Gründen der Lesbarkeit nur auf § 243b UGB Bezug genommen. Die Ausführungen gelten für die nichtfinanzielle Berichterstattung nach § 267a UGB sinngemäß.

2. Definition des Auftrags

2.1. Mögliche Auftragsarten

(7) Die zusätzliche, freiwillige Prüfung der nichtfinanziellen Berichterstattung stellt eine sog. „sonstige Prüfung“ dar. Die fachlichen Grundlagen für die sonstige Prüfung bilden insbesondere das für diese Prüfung einschlägige Fachgutachten des Fachsenats für Unternehmensrecht und Revision der Kammer der Steuerberater und Wirtschaftsprüfer über die Durchführung von sonstigen Prüfungen (KFS/PG 13) sowie der International Standard on Assurance Engagements ISAE 3000 (Revised), Assurance Engagements Other than Audits or Reviews of Historical Financial Information. Im Auftragsschreiben ist anzuführen, welcher Standard der Prüfung zugrunde zu legen ist.

(8) Die gesonderte Prüfung der nichtfinanziellen Berichterstattung ist im Regelfall eine „sonstige Prüfung“ mit dem Ziel, ein Urteil darüber abzugeben, ob die nichtfinanzielle Berichterstattung mit dem durch die anzuwendenden Kriterien bereitgestellten Bezugsrahmen übereinstimmt. Die Anwendbarkeit der Kriterien ist von den jeweiligen Auftragsumständen abhängig und dementsprechend zu beurteilen. Das Ergebnis der Prüfung wird in Form einer „Zusicherung“ bestätigt. In diesem Zusammenhang soll die Zusicherung des Wirtschaftsprüfers den Berichtsadressaten einen

entsprechenden Grad an Vertrauen in die nichtfinanzielle Berichterstattung geben. Mit der Zusicherung trifft der beauftragte Wirtschaftsprüfer folglich die Aussage zur Übereinstimmung der nichtfinanziellen Berichterstattung mit dem durch die anzuwendenden Kriterien bereitgestellten Bezugsrahmen.

(9) Aufträge für sonstige Prüfungen unterscheiden sich nach dem Grad der vermittelten Prüfsicherheit: Aufträge zur Erlangung von hinreichender Sicherheit oder von begrenzter Sicherheit bzw. eine Kombination beider (vgl. dazu KFS/PG 13 Rz (35) ff.)

(10) Die Durchführung von „Vereinbarten Untersuchungshandlungen" als eigene Auftragsart (KFS/PG 14 bzw. ISRS 4400) i.Z.m. der nichtfinanziellen Berichterstattung ist denkbar, wenn diese mit dem Auftraggeber exakt vereinbart werden. Sie unterscheidet sich jedoch von der Auftragsart „Sonstige Prüfungen" dahingehend, dass keine Zusicherung im Hinblick auf den Auftragsgegenstand möglich ist. Die Berichterstattung erfolgt lediglich in Form von tatsächlichen Feststellungen. Diese Auftragsart ist insbesondere dann überlegenswert, wenn seitens des Auftraggebers Feststellungen nur für einzelne spezifische Inhalte der nichtfinanziellen Berichterstattung gewünscht werden. Die folgenden Ausführungen beziehen sich ausschließlich auf Aufträge für sonstige Prüfungen.

2.2. Auftragsgegenstand

(11) Der Auftragsgegenstand muss eindeutig identifizierbar und (gegebenenfalls) gegenüber nicht geprüften Angaben klar abgrenzbar sein.

(12) Es gibt mehrere Möglichkeiten zur Festlegung des Auftragsgegenstands für die Prüfung, z.B.:

- gesamte nichtfinanzielle Berichterstattung oder einzelne Teilbereiche (z.B. nach geografischen, inhaltlichen oder organisatorischen Merkmalen)
- einzelne Angaben/Aspekte oder Schlüsselkennzahlen (Key Performance Indicators, KPIs)
- Systeme oder Prozesse (z.B. Prozess der Erstellung der nichtfinanziellen Berichterstattung)

(13) Im Rahmen der Auftragsannahme kann es zu Ergänzungen und Klarstellungen hinsichtlich des Auftragsgegenstands kommen, z.B. inwieweit Prüfungshandlungen zu folgenden Bereichen Bestandteil des Auftrags sind:

- Vorjahreszahlen
- korrekte Übernahme (keine inhaltliche Prüfung) der Daten und Verweise aus dem Jahresabschluss/Konzernabschluss in die nichtfinanzielle Berichterstattung
- Daten aus externen Studien
- zukunftsbezogene Angaben
- Informationen und Angaben auf der Homepage
- weitere Verweise im Web

(14) Die in der nichtfinanziellen Berichterstattung enthaltenen Informationen müssen dazu geeignet sein, die Schlussfolgerungen in einer Zusicherung durch Einholung entsprechender Nachweise zu belegen. Insbesondere zukunftsgerichtete Angaben oder Einschätzungen künftiger Auswirkungen sind dafür zumeist nicht geeignet.

(15) Wenn sich der Auftragsgegenstand auf einzelne Abschnitte, Angaben oder KPIs beschränkt, muss klargestellt werden, dass sich die Zusicherung nur auf die geprüften Teile der nichtfinanziellen Berichterstattung bezieht.

(16) Die Gliederung und Verweistechnik der nichtfinanziellen Berichterstattung muss eine eindeutige und nachvollziehbare Definition des Auftragsgegenstands sowie die unveränderbare Verknüpfung mit der Zusicherung sicherstellen.

2.3. Beauftragung und Auftragsannahme

(17) Vor der Auftragsannahme hat der Wirtschaftsprüfer gewissenhaft zu prüfen, ob der Auftrag unter Beachtung der Berufsgrundsätze, insbesondere der Unabhängigkeitsbestimmungen, angenommen werden darf und ob er die für die sachgerechte Durchführung der Prüfung der nichtfinanziellen Berichterstattung erforderlichen Kenntnisse und Erfahrungen sowie personellen und technischen Ressourcen besitzt oder sich beschaffen kann.

(18) Der beauftragte Wirtschaftsprüfer sollte nur bei entsprechender Kenntnis der Umstände des Auftrags diesen annehmen und hat dabei zu erwägen:

a) Vorliegen von entsprechender fachlicher Eignung
b) Vorliegen folgender Voraussetzungen:
   - ausreichend konkretisierter Auftragsgegenstand
   - geeignete und für die Adressaten nachvollziehbare Kriterien
   - ausreichende Nachweise für getroffene Schlussfolgerungen
c) Art und Umfang der Berichterstattung

(19) Das Auftragsschreiben hat insbesondere auch den Auftragsgegenstand und die anzuwendenden Kriterien und den durch die anzuwendenden Kriterien bereitgestellten Bezugsrahmen sowie die angewendeten Prüfungsstandards zu enthalten, darüber hinaus sind die Mindestanforderungen gemäß KFS/PG 13 Rz (46) zu beachten.

(20) Auftraggeber für die Prüfung der nichtfinanziellen Berichterstattung ist das geprüfte Unternehmen selbst. Eine Beauftragung kann durch den Vorstand oder durch den Aufsichtsrat erfolgen.

3. Geeignete Kriterien für die Prüfung

(21) Kriterien bilden den Maßstab, gegen welchen der Auftragsgegenstand (subject matter) bzw. die Inhalte des Auftragsgegenstands (subject matter information) geprüft werden. Ein durch anzuwen-

dende Kriterien bereitgestellter Bezugsrahmen kann von der beauftragenden oder der verantwortlichen Partei, Branchenverbänden sowie sonstigen Gruppen aufgestellt oder entwickelt werden. Ergänzend wird auf die Ausführungen im Abschnitt 2.4.2. des KFS/PG 13 (Rz (15) ff.) verwiesen.

(22) Grundsätzlich kann angenommen werden, dass § 243b UGB als Bezugsrahmen geeignet ist; die besondere Anforderung dabei besteht jedoch in der Interpretation unbestimmter Gesetzesbegriffe.[2] In den Erläuterungen und Anwendungshinweisen zu dieser Rz wird anhand der in KFS/PG 13 Rz (18) genannten Anforderungen analysiert, ob die gesetzlichen Bestimmungen des § 243b UGB für den Fall, dass ausschließlich diese der Prüfung zugrunde gelegt werden, als durch die anzuwendenden Kriterien bereitgestellter Bezugsrahmen geeignet sind.

[2] Die Europäische Kommission hat mit den Leitlinien für die Berichterstattung über nichtfinanzielle Informationen (Methode zur Berichterstattung über nichtfinanzielle Informationen) (2017/C 215/01, ABl. Nr. C 215 vom 5.7.2017, S. 1) eine „Orientierungshilfe für die Berichterstattung" bereitgestellt.

(23) Die angewandten Kriterien müssen für die Berichtsadressaten zugänglich sein. Im Fall von vom Auftraggeber selbst definierten Kriterien („specifically designed criteria") kann diese Anforderung durch eine transparente Darstellung der Kriterien in der nichtfinanziellen Berichterstattung erfüllt werden. Sind die Kriterien nur für bestimmte Adressaten zugänglich, kann die Berichterstattung über die Zusicherungsleistung nur an diesen Adressatenkreis gerichtet werden.

(24) Gemäß § 243b Abs. 5 UGB ist ausdrücklich vorgesehen, dass sich die Gesellschaft bei der Erstellung der nichtfinanziellen Berichterstattung auf entsprechende Rahmenwerke stützen kann. Diese sind gegebenenfalls im Bericht zu nennen. Es liegt in der Verantwortung der Gesellschaft sicherzustellen, dass unter Berücksichtigung einzelner Rahmenwerke die Anforderungen nach Abs. 2 und Abs. 3 leg. cit. gesamthaft erfüllt sind.

(25) Voraussetzung für eine Prüfung der nichtfinanziellen Berichterstattung ist, dass die zugrunde gelegten Kriterien bzw. der durch die anzuwendenden Kriterien bereitgestellte Bezugsrahmen für Zwecke der Prüfung geeignet sind bzw. ist. Die Evaluierung des Vorliegens geeigneter Kriterien liegt in der Verantwortung des Prüfers. Eine Übersicht zur Unterstützung der Beurteilung verschiedener Rahmenwerke sowohl anhand der gesetzlichen Anforderungen als auch der Kriterien findet sich in den Erläuterungen und Anwendungshinweisen zu dieser Rz.

4. Prüfungsplanung und -durchführung

(26) Bei der Planung und Durchführung von Prüfungshandlungen müssen neben den allgemeinen Grundsätzen, Inhalten und Grenzen einer Prüfung insbesondere die Ergebnisse der Ermittlung von Wesentlichkeitsgrenzen sowie die Risiken einer Fehlbeurteilung des Auftragsgegenstands berücksichtigt werden. Ebenso sind Umfang und Art der Zusicherung in Abhängigkeit vom Auftrag zu berücksichtigen. Die Art und der Umfang der Prüfungshandlungen zur Erlangung einer begrenzten Sicherheit sind im Vergleich zu den Prüfungshandlungen zur Erlangung einer hinreichenden Sicherheit begrenzt, aber darauf ausgerichtet, ein Sicherheitsniveau zu erreichen, das nach pflichtgemäßem Ermessen des Prüfers aussagekräftig ist. Bei der Ausgestaltung der Prüfungshandlungen sind in Abhängigkeit vom vereinbarten Sicherheitsniveau folgende Mindestanforderungen einzuhalten:

Begrenzte Sicherheit	**Hinreichende Sicherheit**
Verständnis der Berichterstattungsprozesse durch Befragung von relevanten Mitarbeitern, Beobachtung und Einsichtnahme in ausgewählte Dokumentation.	Verständnis der Berichterstattungsprozesse **und Kontrollen** durch Befragung von relevanten Mitarbeitern, Beobachtung und Einsichtnahme in ausgewählte Dokumentation.
In der Regel keine Prüfung der Funktionsfähigkeit der internen Kontrollen erforderlich.	Prüfung der Funktionsfähigkeit der internen Kontrollen gegebenenfalls erforderlich.
Analyse und Beurteilung berichteter Angaben für jene Sachverhaltsinformationen, bei denen auf Basis der Risikobeurteilung ein erhöhtes Risiko besteht, dass sie wesentlich falsch dargestellt sind, und gegebenenfalls Durchführung von zusätzlichen Prüfungshandlungen (Nachvollziehen, Nachrechnen, Bestätigung von dritter Seite) zur Reduktion des Fehlerrisikos.	Prüfung berichteter Angaben durch Nachvollziehen, Nachrechnen und analytische Tätigkeiten sowie gegebenenfalls Bestätigung von dritter Seite.

(27) Unabhängig vom Grad der Zusicherung kommen beispielsweise folgende Prüfungshandlungen in Betracht:

- Erlangung eines Gesamtüberblicks zur Unternehmenstätigkeit sowie zur Aufbau- und Ablauforganisation
- kritische Würdigung der Wesentlichkeitsanalyse des Unternehmens unter Berücksichtigung der Anliegen externer Stakeholder
- Analyse der Risiken hinsichtlich der wesentlichen nichtfinanziellen Belange / Angaben
- Durchsicht der internen Richtlinien, Verfahrensanweisungen und Managementsysteme i.Z.m. nichtfinanziellen Belangen / Angaben
- Erlangung eines Überblicks über die verfolgten Konzepte einschließlich der angewandten Due Diligence-Prozesse sowie der Prozesse

zur Sicherstellung der realitätsgetreuen Darstellung im Bericht

- Durchführung von Interviews mit Unternehmensverantwortlichen
- Durchführung analytischer Prüfungshandlungen hinsichtlich der nichtfinanziellen Leistungsindikatoren
- Beurteilung, ob ein etwaig benütztes Rahmenwerk formal konform angewendet wurde
- soweit aufgrund der Risikobeurteilung und der Ergebnisse von analytischen Prüfungshandlungen erforderlich, zusätzliche Prüfungshandlungen vor Ort
- Beurteilung der Gesamtdarstellung der Angaben und nichtfinanziellen Informationen

(28) Als zusätzliche Prüfungshandlungen zur Erhöhung der Prüfsicherheit bei hinreichender Sicherheit kommen in Betracht:

- Prüfung der Prozesse und der internen Kontrollen insbesondere hinsichtlich Ausgestaltung, Einrichtung und Wirksamkeit
- Durchführung von Prüfungshandlungen an den für die nichtfinanzielle Berichterstattung wesentlichen Standorten (Site-Visits)
- Durchführung von Messungen bzw. eigener Erhebungen zur Prüfung der Verlässlichkeit und Richtigkeit der erhaltenen Daten

(29) Der Prüfer hat jedenfalls die gesamte nichtfinanzielle Berichterstattung zu lesen, um etwaige wesentliche Unstimmigkeiten der gesamten nichtfinanziellen Berichterstattung zu dem geprüften Teil der nichtfinanziellen Berichterstattung zu identifizieren. Wenn der Prüfer beim Lesen der gesamten nichtfinanziellen Berichterstattung eine wesentliche Unstimmigkeit mit dem geprüften Teil identifiziert oder von einer wesentlich falschen Darstellung von Tatsachen in der nichtfinanziellen Berichterstattung Kenntnis erlangt, hat der Prüfer den Sachverhalt mit dem Auftraggeber zu erörtern und geeignete Maßnahmen zu ergreifen.

5. Berichterstattung

(30) Ein zusammenfassender Bericht über die Prüfung der nichtfinanziellen Berichterstattung, der auch für die Veröffentlichung geeignet ist, hat zumindest die in KFS/PG 13 Rz (82) angeführten Bestandteile zu enthalten.

(31) Bei der Bezeichnung des Berichts ist auf bestehende Terminologien Rücksicht zu nehmen, d.h. Bezeichnungen, die für die Berichterstattung über Prüfungsleistungen betreffend finanzielle Informationen gängig sind, sind nicht zu verwenden. Darunter fallen insbesondere die Bezeichnung „Prüferische Durchsicht / Review“ sowie „Bestätigungsbericht“ und „Bestätigungsvermerk“. Aus der Bezeichnung des Prüfberichts muss klar ersichtlich sein, ob die gesamte nichtfinanzielle Berichterstattung oder nur bestimmte Abschnitte oder Kennzahlen geprüft wurden. Für die Prüfung der gesamten nichtfinanziellen Berichterstattung ist somit die Bezeichnung „Bericht über die unabhängige Prüfung der nichtfinanziellen Berichterstattung“ zu verwenden.

(32) Ein „Bericht über die unabhängige Prüfung der nichtfinanziellen Berichterstattung“ kann lediglich dann abgegeben werden, wenn die gesamte nichtfinanzielle Berichterstattung geprüft wurde; andernfalls ist eine den eingeschränkten Prüfungsumfang klar beschreibende Bezeichnung zu verwenden. In Abhängigkeit von der Festlegung des Auftragsgegenstands (vgl. Rz (12)) ist die Bezeichnung des Berichts (Überschrift) dahingehend anzupassen, dass

- bei Prüfung lediglich einzelner Angaben, Aspekte oder Schlüsselkennzahlen (KPIs) die Überschrift lautet: „Bericht über die unabhängige Prüfung ausgewählter Abschnitte / Kennzahlen der nichtfinanziellen Berichterstattung“,
- bei Prüfung lediglich des Prozesses der Erstellung der nichtfinanziellen Berichterstattung die Überschrift lautet: „Bericht über die unabhängige Prüfung des Prozesses [ausgewählter Prozesse] der Erstellung der nichtfinanziellen Berichterstattung“.

(33) Der Bericht ist an den Auftraggeber (sowie allenfalls von diesem im Auftrag benannte Berichtsadressaten) zu adressieren. Es wird empfohlen, den Bericht nicht an die Aktionäre zu adressieren.

(34) Im Prüfbericht ist explizit der Auftragsgegenstand zu beschreiben, d.h. ob die gesamte nichtfinanzielle Berichterstattung Gegenstand der Prüfung war oder auf welche Teile der nichtfinanziellen Berichterstattung sich die Prüfung bezog.

(35) Weiterhin ist die Art der Zusicherung (begrenzte / hinreichende Sicherheit) im Prüfbericht anzuführen. Im Fall einer Kombination unterschiedlicher Arten der Zusicherung in einem Auftrag ist eindeutig zu beschreiben, auf welche Teile des Berichts sich welche Art der Zusicherung bezieht.

(36) Die im Rahmen der Prüfung durchgeführten Prüfungshandlungen sind in abstrahierter Form im Prüfbericht anzugeben. Es wird empfohlen, im Rahmen der Prüfung besuchte Standorte anzugeben. Kommen unterschiedliche Arten der Zusicherung in einem Auftrag zur Anwendung, muss klar ersichtlich sein, welche Prüfungshandlungen in Zusammenhang mit welcher Art der Zusicherung durchgeführt wurden.

(37) Die abschließende Beurteilung fasst das Prüfergebnis für die entsprechende Art der Zusicherung zusammen. Analog zu den Ausführungen in Rz (35) und Rz (36) sind auch hier im Fall einer Kombination von begrenzter und hinreichender Sicherheit die abschließenden Beurteilungen eindeutig zu trennen (gegebenenfalls durch einen Absatz). Es darf bspw. nicht der Eindruck entstehen, dass der gesamte Bericht mit hinreichender Sicherheit geprüft wurde, wenn lediglich eine ausgewählte Kennzahl mit dieser Art der Zusicherung geprüft wurde. In diesem Fall wird empfohlen, die Beurteilung mit dem schwächeren Grad der Zusicherung

zur nichtfinanziellen Berichterstattung ans Ende des Abschnitts zu stellen.

(38) Hat der Prüfer einzelne Angaben im Bericht zu beanstanden, ist dies in der Beurteilung und im Ergebnis der Prüfung deutlich zum Ausdruck zu bringen; auf ISAE 3000 wird verwiesen.

(39) Es wird empfohlen, allfällige weitere Hinweise und Vorschläge zur Weiterentwicklung der nichtfinanziellen Berichterstattung in einem gesonderten, nur dem Auftraggeber zugänglichen Bericht darzulegen.

(40) Insoweit der Auftrag nach KFS/PG 14 durchgeführt wird (vgl. Rz (10)), erfolgt die Berichterstattung nach den Anforderungen von KFS/PG 14.

6. Anwendungszeitpunkt

(41) Die vorliegende überarbeitete Fassung dieser Stellungnahme ist auf die Prüfung von nichtfinanziellen Erklärungen und gesonderten nichtfinanziellen Berichten für Geschäftsjahre anzuwenden, die nach dem 31. Dezember 2019 beginnen.

Erläuterungen und Anwendungshinweise

Zu Rz (22):

Im Folgenden wird anhand der Merkmale lt. KFS/PG 13 bzw. ISAE 3000 analysiert, ob die gesetzlichen Bestimmungen des § 243b UGB für den Fall, dass ausschließlich die gesetzlichen Bestimmungen der Prüfung zugrunde gelegt werden, als durch die anzuwendenden Kriterien bereitgestellter Bezugsrahmen geeignet sind:

– Die Merkmale „Relevanz“ und „Vollständigkeit“ sind insbesondere in § 243b Abs. 2 UGB in Verbindung mit den Ausführungen in AFRAC 9 (Rz 151 bis 157) berücksichtigt und beziehen sich schwerpunktmäßig auf die Berichtsinhalte. Eine wichtige Ausprägung der Merkmale stellt beispielsweise die Wesentlichkeitsanalyse unter Berücksichtigung von Erwartungen relevanter Interessenträger dar.
– Die Merkmale „Neutralität“, „Verständlichkeit“ und „Verlässlichkeit“ sind insbesondere in § 243b Abs. 3 UGB in Verbindung mit den Ausführungen in AFRAC 9 (Rz 158 bis 168) berücksichtigt und beziehen sich schwerpunktmäßig auf die Berichtsqualität. Eine wichtige Ausprägung der Merkmale stellt beispielsweise die Vermeidung von verzerrenden Effekten durch die Festlegung interner, standardisierter Prozesse dar. Klar verständliche Definitionen, Erläuterungen und Beschreibungen (beispielsweise Kennzahlen-Definitionen von nichtfinanziellen Leistungsindikatoren) stellen konsistente Einschätzungen der Berichtsadressaten sicher.

Aus diesen Darstellungen resultiert, dass die Bestimmungen des § 243b UGB die anzuwendenden Kriterien für die Prüfung bei Erfüllung weiterer Voraussetzungen hinreichend determinieren, um als Bezugsrahmen geeignet zu sein. Dazu ist es jedoch notwendig, einzelne unbestimmte Gesetzesbegriffe des § 243b Abs. 2 und 3 UGB durch klarstellende Angaben und Beschreibungen zu konkretisieren, um der Forderung nach Sicherstellung eines jeweils unternehmensspezifischen Verständnisses zu entsprechen.

Zu Rz (25):

Im Folgenden werden die in den Erläuterungen zu § 243b Abs. 5 UGB genannten Rahmenwerke im Hinblick auf ihre Eignung als Bezugsrahmen untersucht, indem die im jeweiligen Rahmenwerk enthaltenen Kriterien im Hinblick auf die Merkmale gemäß KFS/PG 13 Rz (18) bzw. ISAE 3000.24 und A45 ff. analysiert werden. Folgende Rahmenwerke werden in den Erläuterungen genannt: GRI-Standards, EMAS, Global Compact der Vereinten Nationen, Leitprinzipien für Unternehmen und Menschenrechte: Umsetzung des Rahmenprogramms „Protect, Respect and Remedy“ der Vereinten Nationen, Leitlinien der Organisation für wirtschaftliche Zusammenarbeit und Entwicklung (OECD) für multinationale Unternehmen, ISO 26000 sowie die Trilaterale Grundsatzerklärung der Internationalen Arbeitsorganisation zu multinationalen Unternehmen und zur Sozialpolitik.

Die **GRI-Standards** behandeln alle in § 243b Abs. 2 UGB angeführten Belange. Es handelt sich um einen Reporting Standard, der Berichterstattungsgrundsätze zur Definition der Berichtsinhalte und der Berichtsqualität sowie allgemeine Angaben (inkl. Angaben zum Geschäftsmodell) und themenspezifische Angaben für die als wesentlich ermittelten Themen (inkl. Managementansatz und Leistungsindikatoren) enthält. Es werden verschiedene Anwendungsoptionen ermöglicht, von denen jedoch nur die Option „Umfassend“ auch die Berichterstattung zu Risiken erfordert.

Resümee: Im Hinblick auf die Eignung als Bezugsrahmen, der durch die anzuwendenden Kriterien hinreichend determiniert ist, kann aufgrund des Deckungsgrades der Berichterstattungsanforderungen mit den Anforderungen in § 243b UGB von Relevanz und Vollständigkeit der Kriterien ausgegangen werden, sofern die Anwendungsoption „Umfassend“ oder die Option „Kern“ mit Erweiterung um die Darstellung der Risiken[3] gewählt werden. Des Weiteren tragen die detaillierten Vorgaben zu den Indikatoren zu Verlässlichkeit und Verständlichkeit bei. Vollständigkeit, Verlässlichkeit und Neutralität (Balance) finden sich in den Berichterstattungsgrundsätzen wieder. Daher kann davon ausgegangen werden, dass die GRI-Standards einen geeigneten durch die anzuwendenden Kriterien determinierten Bezugsrahmen darstellen.

[3] Bestandteil der Disclosure 102-15 in GRI 102: General Disclosures 2016.

EMAS (Eco-Management and Audit Scheme)[4] behandelt ausschließliche Umweltbelange. Es handelt sich um ein standardisiertes Umweltmanagementsystem, das neben einer Reihe von Vorgaben wie Umweltprüfung (Analyse), Umweltprogramm, interne und externe Kontrolle und die Eintragung im EMAS-Register auch Berichterstattungsvorgaben enthält. Diese betreffen die Erstellung der

EMAS-Umwelterklärung, für welche spezifische Anforderungen (inkl. Organisation und Tätigkeiten, Umweltpolitik und Umweltmanagementsysteme, Umweltaspekte und Umweltleistung sowie Umweltziele) vorgegeben sind.

[4] Für konkrete Anforderungen an ein EMAS-Audit sind die Bestimmungen gemäß EMAS-VO (https://www.bmnt.gv.at/umwelt/betriebl_umweltschutz_uvp/emas/Rechtstexte/EMAS-Verordnung.html) betreffend die Zulassung von Umweltgutachter(organisatione)n zur Erteilung von Gültigkeitserklärungen zu Umwelterklärungen zu beachten.

Resümee: Als Bezugsrahmen, der durch die anzuwendenden Kriterien hinreichend determiniert ist, kann EMAS nur themenspezifisch herangezogen werden, da thematisch nur Umweltbelange abgedeckt sind und alle weiteren Belange lt. § 243b Abs. 2 UGB nicht behandelt werden. Eine Eignung für den Bereich der Umweltberichterstattung ist hiermit nicht ausgeschlossen, jedoch müssen dann für die übrigen Themenbereiche andere, nicht in EMAS enthaltene Kriterien zur Anwendung kommen.

Der **Global Compact der Vereinten Nationen** behandelt Arbeitnehmerbelange, Umweltbelange, Menschenrechte und Korruption. Es handelt sich um einen Pakt über zehn Prinzipien, zu dem sich Unternehmen bekennen können. Beinhaltet sind zwei Prinzipien zu Menschenrechten, vier zu Arbeitnehmerbelangen, drei zu Umwelt und eines zu Korruption, die Unternehmen in ihre Strategie, Prozesse und Vorgaben integrieren sollen. Umfasst sind auch Berichterstattungsvorgaben, die die jährliche Veröffentlichung einer „Communication on Progress" (COP) erfordern. Diese müssen eine Selbstverpflichtung (Commitment) der Geschäftsleitung zum UN Global Compact, die durchgeführten Aktivitäten zur Umsetzung der zehn Prinzipien und die Ergeb¬nisse enthalten.

Resümee: Von einer Eignung des UN Global Compact als Bezugsrahmen, der durch die anzuwendenden Kriterien hinreichend determiniert ist, kann nicht ausgegangen werden, da die Vorgaben wenig konkret sind und die Neutralität der Berichterstattung nicht durch verbindliche Berichterstattungsgrundsätze oder andere Anforderungen sichergestellt wird (d.h. z.B. das Berichten von ausschließlich positiven Aktivitäten und Ergebnissen ist nicht ausgeschlossen). Des Weiteren ist die Vollständigkeit der Kriterien nicht garantiert, da neben Arbeitnehmerbelangen keine sonstigen Sozialbelange betrachtet werden.

Die **Leitprinzipien für Unternehmen und Menschenrechte: Umsetzung des Rahmenprogramms „Protect, Respect and Remedy" der Vereinten Nationen** behandeln ausschließlich Menschenrechte. Es handelt sich um Leitprinzipien für Regierungen und Unternehmen, die für Unternehmen Vorgaben zu Policy, Due Diligence, Remediation und anderen kontextspezifischen Themen (Issues of Context) enthalten. Als Teil der Due Diligence-Vorgaben existieren allgemeine Empfehlungen zur Kommunikation, die jedoch nicht als Berichterstattungsvorgaben gesehen werden können.

Resümee: Da thematisch nur Menschenrechte aufgegriffen und keine ausreichend konkreten Berichtsvorgaben gemacht werden, sind die erforderlichen Merkmale der Kriterien nicht vollständig, und die Eignung als Bezugsrahmen ist durch die anzuwendenden Kriterien daher nicht gegeben.

Die **Leitlinien der Organisation für wirtschaftliche Zusammenarbeit und Entwicklung (OECD) für multinationale Unternehmen** behandeln alle in § 243b Abs. 2 UGB angeführten Belange. Des Weiteren werden die Themen Wissenschaft und Technologie sowie Wettbewerb und Besteuerung betrachtet. Es handelt sich um Empfehlungen an multinationale Unternehmen, die in oder von Teilnehmerstaaten aus operieren. Teil der Empfehlungen sind allgemeine Grundsätze (z.B. zu nachhaltiger Entwicklung generell, lokalem Kapazitätsaufbau und risikoabhängigen Due Diligence-Prüfungen), die Offenlegung von Informationen sowie themenspezifische Empfehlungen. Die von den Unternehmen offenzulegenden Informationen sollten Informationen zu (zusammengefasst) Finanzen und Corporate Governance, absehbaren Risikofaktoren und Beschäftigten sowie ergänzend dazu Informationen über unternehmerische Verhaltensregeln und diesbezüglich erzielte Ergebnisse, Systeme für Innenrevision und Risikomanagement und auch die jährliche Abschlussprüfung enthalten.

Resümee: Eine Eignung als Bezugsrahmen ist durch die anzuwendenden Kriterien nicht gegeben, da die Kriterien aufgrund fehlender Leistungsindikatoren nicht als vollständig zu erachten sind. Darüber hinaus werden keine ausreichend konkreten Berichtsvorgaben gemacht.

Die Norm **ISO 26000** behandelt alle in § 243b Abs. 2 UGB angeführten Belange. Es handelt sich jedoch im Gegensatz zu anderen ISO-Standards um kein zertifizierbares Management-System, sondern einen Leitfaden, der Hilfestellung und Empfehlungen zur gesellschaftlichen Verantwortung von Unternehmen liefert. Die konkretesten Vorgaben betreffen Grundsätze gesellschaftlicher Verantwortung, Handlungsempfehlungen zur organisationsweiten Integration gesellschaftlicher Verantwortung und Empfehlungen zur Kommunikation (Berichterstattung), beispielsweise in Bezug auf die Charakteristiken der Kommunikation (vollständig, verständlich usw.) sowie mögliche Formen und Inhalte (Ziele, Performance etc.).

Resümee: Als Bezugsrahmen ist die ISO 26000 nicht geeignet, da lediglich Empfehlungen für die Berichterstattung, aber keine tatsächlichen Vorgaben (Kriterien) vorhanden und somit weder Vollständigkeit noch Verlässlichkeit oder Neutralität gewährleistet sind. Des Weiteren ist ISO 26000 auch lt. eigenen Angaben (siehe Einleitung) zur Zertifizierung weder gedacht noch geeignet.

Die **Trilaterale Grundsatzerklärung der Internationalen Arbeitsorganisation zu multinationalen Unternehmen und zur Sozialpolitik** behandelt Arbeitnehmerbelange und Menschenrechte. Es handelt sich um eine Richtlinie für multinationale Unternehmen, Regierungen und Arbeitgeber- und Arbeitnehmerverbände, die eine Reihe von Grundsätzen zu allgemeinen Maßnahmen, Beschäftigung, Ausbildung, Arbeits- und Lebensbedingungen und Arbeitsbeziehungen enthält.

Resümee: Als Bezugsrahmen ist die Trilaterale Grundsatzerklärung ungeeignet, da nicht alle in § 243b Abs. 2 UGB geforderten Belange enthalten sind und keine Berichterstattungsvorgaben gemacht werden. Die Kriterien können somit nicht als vollständig erachtet werden.

Zu Rz (29):

Der Prüfer hat allfällige festgestellte Unstimmigkeiten mit dem Auftraggeber zu erörtern und gegebenenfalls eine Anpassung in den nicht geprüften Teilen dieser Berichterstattung anzuregen. Erfolgt keine Anpassung und handelt es sich nach Einschätzung des Prüfers um eine als wesentlich zu beurteilende Unstimmigkeit, kann der Prüfer nach pflichtgemäßem Ermessen einen diesbezüglichen hinweisenden Zusatz in den Bericht über die Prüfung aufnehmen.

2/3/29. KFS/PE 29

**Fachgutachten
des Fachsenats für Unternehmensrecht und Revision
über die Erstellung eines Gutachtens zum Steuerkontrollsystem gemäß §§ 153b Abs. 4 Z 4 und 153f Abs. 5 BAO**

(beschlossen vom Fachsenat für Unternehmensrecht und Revision am 5. Juni 2019 und vom Fachsenat für Steuerrecht am 4. Juni 2019 als Fachgutachten KFS/PE 29, überarbeitet im Jänner 2021)

1. Vorbemerkungen und Anwendungsbereich

1.1. Vorbemerkungen

(1) Mit Beginn des Jahres 2019 wurde für die Entrichtung von Steuern und Abgaben das verfahrensrechtliche Instrument der begleitenden Kontrolle gesetzlich verankert (§§ 153a bis 153g Bundesabgabenordnung – BAO). Die begleitende Kontrolle soll durch eine laufende Würdigung steuerlicher Sachverhalte und Fragestellungen in zumindest quartalsmäßig stattfindenden Sitzungen mit den Organen des zuständigen Finanzamts eine erhöhte Planungs- und Rechtssicherheit für die beteiligten Unternehmen bringen.

(2) Bei Unternehmen, die eine Teilnahme an diesem Verfahren beantragen und die notwendigen Voraussetzungen erfüllen, ersetzt die begleitende Kontrolle auf Grundlage eines durch den Unternehmer eingerichteten und durch einen Wirtschaftsprüfer oder Steuerberater begutachteten Steuerkontrollsystems (im Folgenden „SKS") in Verbindung mit einer erweiterten Offenlegungspflicht gegenüber den Organen des zuständigen Finanzamts die nachträgliche Außenprüfung gemäß § 147 Abs. 1 BAO.

(3) Der Bundesminister für Finanzen hat gemäß § 153b Abs. 7 BAO eine Verordnung über die Prüfung des Steuerkontrollsystems (SKS-Prüfungsverordnung – im Folgenden „SKS-PV") erlassen, in der die Grundelemente des SKS und die Systematik der Erstellung von Befund und Gutachten sowie die Mindestinhalte des Gutachtens durch Berufsangehörige geregelt sind.

(4) Die Erstellung eines solchen Gutachtens ist für Steuerberater eine sachverständige Tätigkeit gemäß § 2 Abs. 1 Z 6 WTBG 2017 sowie für Wirtschaftsprüfer eine solche gemäß § 3 Abs. 2 Z 7 WTBG 2017 und stellt weder eine Vertretung in Abgabenverfahren (§ 2 Abs. 1 Z 4 WTBG 2017) noch eine Prüfungsleistung mit Zusicherung dar.

(5) Dieses Fachgutachten legt die Berufsauffassung dar, welche Voraussetzungen im Hinblick auf Aufbau und Grundanforderungen an ein SKS vorliegen müssen, beschreibt die berufsübliche Vorgehensweise bei der Erstattung eines einschlägigen Gutachtens und gibt Rahmenbedingungen für das Auftragsverhältnis und die Unabhängigkeit des Gutachters vor.

1.2. Anwendungsbereich

(6) Das SKS umfasst die Summe aller Maßnahmen (Prozesse und Prozessschritte), die gewährleisten, dass die Besteuerungsgrundlagen für die jeweilige Abgabenart (§ 153e Abs. 1 BAO) in der richtigen Höhe ausgewiesen und die darauf entfallenden Steuern termingerecht und in der richtigen Höhe abgeführt werden (§ 153b Abs. 6 BAO). Das SKS hat den Erfordernissen des Unternehmens zu entsprechen und kann auch Teil eines umfassenderen innerbetrieblichen Kontrollsystems sein.

(7) Die vom System der begleitenden Kontrolle erfassten und damit in das SKS einzubeziehenden Abgabenarten sind Einkommen-, Körperschaft-, Umsatz-, Kapitalertrag- und Kfz-Steuer, NoVA sowie auch Elektrizitäts-, Kohle- und Erdgasabgabe, Energieabgabenvergütung, Werbeabgabe, die Kammerumlage gemäß § 122 Abs. 1 und 2 WKG, die Stabilitätsabgabe und die Forschungsprämie gemäß § 108c EStG (§ 153e Abs. 1 BAO). Jene Bereiche, die von der GPLA bzw. (ab 1. Jänner 2020) vom PLAB erfasst sind, sind nicht Bestandteil des Systems der begleitenden Kontrolle.

(8) Zum Zeitpunkt des Antrags auf die Teilnahme an der begleitenden Kontrolle hat das Unternehmen ein Gutachten eines Wirtschaftsprüfers oder Steuerberaters vorzulegen, mit dem nachzuweisen ist, dass ein den gesetzlichen Erfordernissen entsprechendes SKS eingerichtet ist (Erstprüfung des SKS gemäß § 2 Z 5 SKS-PV). Dieses Gutachten ist spätestens nach einem Zeitraum von drei Jahren oder im Fall von wesentlichen Veränderungen des SKS bereits vorher zu erneuern. Das neue Gutachten und alle weiteren müssen Aussagen über die Wirksamkeit des eingerichteten SKS enthalten (Folgeprüfung gemäß § 2 Z 6 SKS-PV).

(9) Unternehmen, die der begleitenden Kontrolle unterliegen, haben unaufgefordert all jene Umstände darzulegen, für die ein ernsthaftes Risiko einer abweichenden Beurteilung durch das Finanzamt besteht und die nicht unwesentliche Auswirkungen auf das steuerliche Ergebnis haben könnten (erweiterte Offenlegungspflicht). Der Finanzverwaltung stehen ab Rechtskraft des Bescheids nur noch eingeschränkte Möglichkeiten zur Durchführung einer Außenprüfung gemäß § 148 Abs. 3 BAO zur Verfügung (z.B. § 99 Abs. 2 FinStrG).

(10) Antragsteller können gemäß § 153b Abs. 1 BAO sowohl Unternehmer als auch Privatstiftungen sein; Antragsteller werden in diesem Fachgutachten auch als „Unternehmen" bezeichnet. Unter dem Begriff „betriebliche Anforderungen" sind in der Folge betriebliche Anforderungen für Unter-

nehmer und vergleichbare organisationsbezogene Anforderungen für Privatstiftungen gemeint.

2. Auftragsverhältnis

2.1. Allgemeines

(11) Ein Wirtschaftsprüfer oder Steuerberater (im Folgenden „Berufsangehöriger" oder „Gutachter" genannt) hat vor Annahme eines Auftrags zur Erstellung eines Gutachtens gewissenhaft zu prüfen, ob er diesen Auftrag bei Einhaltung der im WTBG 2017 und in der WT-AARL 2017-KSW geregelten Berufspflichten annehmen darf und ob er die für die sachgerechte Durchführung des Auftrags erforderlichen Kenntnisse und Erfahrungen sowie personellen und technischen Ressourcen besitzt oder sich beschaffen kann.

2.2. Auftragsvereinbarung und Haftungsbeschränkung

(12) Für die Erstellung eines Gutachtens zu einem SKS ist ein Auftragsbestätigungsschreiben erforderlich. Das Auftragsbestätigungsschreiben dokumentiert die zwischen dem beauftragten Berufsangehörigen und dem Auftraggeber abzuschließende Auftragsvereinbarung und hat die für den konkreten Auftrag erforderlichen Bestandteile zu beinhalten (vgl. Rz (14)).

(13) Es wird empfohlen, die Allgemeinen Auftragsbedingungen für Wirtschaftstreuhandberufe (AAB für WT-Berufe) i.d.g.F. zu vereinbaren. Auf die im Rahmen dieses Auftragsverhältnisses anzuwendenden Haftungsbestimmungen und insbesondere die Beschränkung der Haftung gemäß Punkt 7. Abs. 2 der AAB ist ausdrücklich hinzuweisen.

(14) Das Auftragsbestätigungsschreiben sollte zumindest folgende Punkte enthalten:

- Verantwortung des Auftraggebers für den Auftragsgegenstand
- Art und Umfang der Tätigkeit einschließlich einer Bezugnahme auf dieses Fach-gutachten
- ausdrücklicher Hinweis, dass der Berufsangehörige im Rahmen dieser Auftragsvereinbarung nicht damit beauftragt bzw. dazu bevollmächtigt wird, im Namen des Auftraggebers (Willens-)Erklärungen gegenüber Organen der Finanzverwaltung abzugeben (keine gewillkürte Vertretung im Sinne des § 83 BAO)
- Erfordernis eines uneingeschränkten Zugangs zu den für die Erstellung des Gutachtens erforderlichen Aufzeichnungen, Schriftstücken und sonstigen Informationen und der Bereitschaft des Auftraggebers, Auskünfte in dem erforderlichen Ausmaß vollständig zu erteilen
- Hinweis auf die Tatsache, dass selbst wesentliche Fehler, rechtswidrige Hand-lungen oder andere Unregelmäßigkeiten möglicherweise nicht entdeckt werden, weil deren Entdeckung nicht ausdrücklicher Gegenstand des Auftrags ist
- Hinweis, dass dem Auftrag subsidiär die AAB für WT-Berufe i.d.g.F. zugrunde lie-gen; sie sollten dem Auftragsbestätigungsschreiben beigelegt werden
- Form und Inhalt der Berichterstattung; insbesondere Hinweis, dass im Rahmen der Gutachtenstätigkeit abgegebene Empfehlungen und Hinweise zum SKS nicht Gegenstand des Gutachtens bzw. Inhalt des Gutachtensberichts sind, aber ggf. gesondert vorgelegt werden können
- ausdrückliche Vereinbarung, dass das Gutachten im Rahmen der Anforderungen des § 153b BAO (Antrag auf begleitende Kontrolle) sowie des § 153f BAO (Pflichten während der begleitenden Kontrolle) den Organen der Finanzverwaltung vorgelegt, nicht aber gegenüber anderen Dritten offengelegt werden darf
- Hinweis auf die Vereinbarung über das Honorar

(15) Der beauftragte Berufsangehörige hat vor der Fertigstellung des Gutachtensauftrags jede Änderung im Umfang des Auftrags zu beachten und gegebenenfalls eine Änderung des Auftragsbestätigungsschreibens herbeizuführen.

3. Unabhängigkeit des Gutachters

3.1. Einleitung

(16) Bei der Erstellung eines Gutachtens zum SKS handelt es sich nach der SKS-PV um eine sachverständige Tätigkeit eines Berufsangehörigen (vgl. Rz (4)). Bei derartigen Tätigkeiten sind die Unabhängigkeitsvoraussetzungen des § 77 Abs. 2 und 3 WTBG 2017 sowie der §§ 14 und 15 WT-AARL 2017-KSW zu beachten. Gutachter haben einen Sachverständigenauftrag abzulehnen, wenn Ausschließungsgründe oder Befangenheitsgründe vorliegen. Gutachter sind verpflichtet, vor dem Tätigwerden ihre Unabhängigkeit einschließlich allfälliger Gefährdungen ihrer Unabhängigkeit und allfällig ergriffener Schutzmaßnahmen zur Verminderung dieser Gefährdungen zu prüfen, zu beurteilen und zu dokumentieren.

(17) Der Gutachter hat bei Ausübung seiner Tätigkeit jede Bindung oder Handlung zu vermeiden, die seine berufliche Entscheidungsfreiheit und Unbefangenheit gefährdet oder gefährden könnte. Gutachter sind befangen, wenn Umstände vorliegen, die es nach objektiver Prüfung und Beurteilung rechtfertigen, die Unbefangenheit in Zweifel zu ziehen. Dabei genügt der Anschein der Voreingenommenheit oder die Besorgnis, dass bei Ausübung der Tätigkeit andere als rein sachliche Überlegungen eine Rolle spielen könnten (§ 14 WT-AARL 2017-KSW). Befangenheit kann etwa durch Beziehungen geschäftlicher, finanzieller oder persönlicher Art gegeben sein, wodurch eine Gefahr des Eigeninteresses, der Interessenvertretung, der Vertrautheit, der Einschüchterung etc. bestehen kann.

(18) Gutachter dürfen nicht tätig werden, wenn eine Interessenkollision gegeben ist (§ 15 Abs. 1 WT-AARL 2017-KSW). Zudem ist das Verbot

der Selbstprüfung zu beachten.[1] In diesem Zusammenhang ist insbesondere näher zu beurteilen, inwieweit sonstige Tätigkeiten des Gutachters für das beantragende Unternehmen (bzw. den Kontrollverbund) die Unabhängigkeit des Gutachters gefährden können.

[1] Vgl. Ausführungen in § 271 UGB; KFS/PE 19.

3.2. Grundsätze

(19) Die Unabhängigkeit des Gutachters sollte grundsätzlich bei folgenden Tätigkeiten i.S.d. § 2 WTBG für das beantragende Unternehmen (bzw. für den Kontrollverbund) nicht gefährdet sein, weil bei diesen Tätigkeiten die inhaltliche Verantwortung für den Ausweis der Besteuerungsgrundlagen und für die Abfuhr der Abgaben beim beantragenden Unternehmen (bzw. beim Kontrollverbund) bleibt:

– Beratung und Hilfestellung auf dem Gebiet des Abgabenrechts, der Rechnungslegung und des Bilanzwesens,
– Vertretung in Abgabe- und Abgabestrafverfahren und in Beihilfeangelegenheiten vor den Finanzbehörden, den übrigen Gebietskörperschaften und den Verwaltungsgerichten und
– die Erstattung von (anderen) Sachverständigengutachten.

(20) Daraus folgt, dass die Unabhängigkeit des Gutachters durch die Erstellung oder Einreichung von Steuererklärungen im Allgemeinen nicht gefährdet ist, sofern die Tätigkeiten des Gutachters i.Z.m. der Erstellung oder Einreichung der Steuererklärung keine Mitwirkung bei der Ermittlung der Besteuerungsgrundlagen darstellen, die ansonsten im Ergebnis zu einer verbotenen Selbstprüfung des SKS führen würde. Bei Durchführung der Folgeprüfung hat der Gutachter zusätzliche Überlegungen anzustellen, ob die Unabhängigkeitsvoraussetzung noch erfüllt ist, wenn die Erstellung oder Einreichung der Steuererklärung eine Kontrolle im SKS darstellt. Sollte diese Kontrolle eine wesentliche Schlüsselkontrolle darstellen, dann ist die Unabhängigkeitsvoraussetzung bei Durchführung der Folgeprüfung nicht erfüllt.

(21) Nach den vorherstehenden Grundsätzen gefährdet auch die Erstellung des Jahresabschlusses (Bilanzierungstätigkeiten) die Unabhängigkeit des Gutachters nicht, soweit hierbei im Wesentlichen nur Daten zusammengestellt werden und das Unternehmen (bzw. der Kontrollverbund) für diese Daten verantwortlich bleibt (*compilation*). Dagegen könnte die Unabhängigkeit des Gutachters gefährdet sein, wenn mit diesen Bilanzierungstätigkeiten wesentliche Auswirkungen auf Besteuerungsgrundlagen einhergehen (Verbot der Selbstprüfung).

(22) Die Führung der pagatorischen Buchhaltung (Geschäftsbuchhaltung) schadet im Regelfall der Unabhängigkeit des Gutachters, weil dabei Daten verarbeitet werden, die in die Besteuerungsgrundlagen einfließen.

(23) Die Konzeptionierung, Umsetzung und laufende Weiterentwicklung des SKS durch den Gutachter sowie eine maßgebende Unterstützung dabei schaden dessen Unabhängigkeit, weil dies einer Selbstprüfung gleichkommt.

(24) Im Laufe der Konzeptionierung, Umsetzung und Weiterentwicklung des SKS durch das Unternehmen kann der Gutachter eine projektbegleitende Befundaufnahme durchführen und Gestaltungs- und Umsetzungsmöglichkeiten sowie Entscheidungsvarianten zur Verbesserung festgestellter Mängel aufzeigen.

(25) Daraus folgt, dass die Unabhängigkeit des Gutachters gegeben ist, wenn potentielle Befangenheitsgründe nur Abgabenarten betreffen, die nicht vom Gutachten zum SKS umfasst sind. Demnach stellt die Erstellung der Lohn- und Gehaltsabrechnungen für das beantragende Unternehmen (bzw. den Kontrollverbund) keine Beeinträchtigung der Unabhängigkeit des Gutachters dar, weil diese nicht von der begleitenden Kontrolle umfasst sind (§ 153e Abs. 1 BAO). Wenn die Kontrollen zu diesen Abgaben freiwillig zum Gegenstand des Gutachtens gemacht werden, ist die Unabhängigkeit allerdings nicht mehr gegeben (Selbstprüfung).

(26) Der Umstand, dass der Gutachter die Abschlussprüfung gemäß §§ 268 ff. UGB durchführt, ist für Zwecke der Beurteilung der Unabhängigkeit des Gutachters ohne Belang. Die Erstellung eines SKS-Gutachtens fällt auch nicht unter die verbotenen Nichtprüfungsleistungen gemäß Art. 5 Abs. 1 Unterabs. 2 lit. a der Abschlussprüfungs-Verordnung (EU-VO 537/2014).

3.3. Zeitpunkt/Zeitraum

(27) Hinsichtlich der Erstprüfung ist die Unabhängigkeit des Gutachters bezogen auf den Zeitraum von der Konzeptionierung und Umsetzung des SKS bis zur Ausfertigung des Gutachtens zu beurteilen.

(28) Hinsichtlich der Folgeprüfung ist die Unabhängigkeit des Gutachters bezogen auf den Zeitraum von der letzten abgeschlossenen Erst- oder Folgeprüfung des SKS bis zur Ausfertigung des Gutachtens zu beurteilen.

4. Aufbau und Grundanforderungen eines Steuerkontrollsystems

4.1. Einleitung

(29) Das Steuerkontrollsystem (SKS) beinhaltet sämtliche geforderte Grundelemente gemäß §§ 4 bis 10 SKS-PV, wobei der Umfang der Beschreibung und die Detaillierung des jeweiligen Grundelements von den konkreten betrieblichen Anforderungen des Unternehmens abhängen. Der Zielsetzung des SKS folgend liegt der Schwerpunkt der Dokumentation eines SKS auf den Grundelementen „Beurteilung der steuerrelevanten Risiken" und „Steuerungs- und Kontrollmaßnahmen".

(30) Ein SKS baut in der Regel auf einem bereits vorhandenen rechnungslegungsbezogenen Kontrollsystem auf (§ 82 AktG oder § 22 Abs. 1 GmbHG). Aufgrund unterschiedlicher Zielsetzun-

gen dieser Kontrollsysteme können Ergänzungen oder Erweiterungen notwendig werden.

(31) Ein SKS kann auch Teil eines umfassenderen internen Kontrollsystems sein. Um die Mindestanforderungen der SKS-PV zu erfüllen, ist eine derartige Einbindung aber nicht zwingend.

4.2. Anwendungsbereich

(32) Das SKS i.S.d. SKS-PV ist grundsätzlich auf das Inland beschränkt. Aufgrund einer Tätigkeit im Ausland kann es aber notwendig sein, dass bestimmte ausländische Sachverhalte im SKS abgebildet werden.

(33) Sind aus Sicht des Unternehmens wesentliche Teile des SKS an einen oder mehrere externe Dienstleistungsorganisationen ausgelagert, so hat der Gutachter zu berücksichtigen, dass das zu begutachtende SKS auch jene Teile des Kontrollsystems des externen Dienstleisters, die in Zusammenhang mit den an ihn ausgelagerten Funktionen stehen, umfassen kann und sie in die Beurteilung miteinbezogen werden müssen.

(34) Ein Kontrollverbund kann grundsätzlich ein einheitliches SKS eingerichtet haben. Aufgrund des Umstands, dass betriebsbezogene Erfordernisse bei der Einrichtung eines SKS zu berücksichtigen sind, sind Anpassungen bei bestimmten Dokumenten des SKS möglich und sinnvoll (z.B. Risiko-Kontroll-Matrix). Für einen Kontrollverbund können eine einheitliche Steuerrichtlinie und verschiedene spartenspezifische Risiko-Kontroll-Matrizen erstellt werden.

4.3. Beschreibung des SKS

(35) Die schriftliche Dokumentation des SKS hat verständlich und nachvollziehbar zu sein. Die Angemessenheit der Dokumentation orientiert sich an der Aussagekraft des Gesamtbilds. Der Mindestinhalt der Beschreibung muss eine effektive Konzeptionsprüfung (vgl. Rz (102) ff.) gewährleisten. Falschangaben, Verallgemeinerungen sowie unausgewogene und verzerrte Darstellungen sind zu vermeiden.

(36) Der Umfang der Beschreibung des SKS richtet sich nach den betrieblichen Erfordernissen und ist insbesondere abhängig von der Komplexität der Prozesse. Weitere Einflussfaktoren sind z.B. die Größe des Unternehmens, die Branche, die Komplexität bzw. Standardisierbarkeit der Geschäftsvorfälle, der Grad der Internationalisierung sowie die Anzahl der Führungsebenen.

(37) Jedenfalls hat die Darstellung von Maßnahmen und Verantwortlichkeiten zu erfolgen. In welcher Form die Dokumentation der Prozesse erfolgt, richtet sich nach den konkreten betrieblichen Erfordernissen.

(38) Nicht alle Unterlagen, die im Rahmen der Einführung eines SKS erstellt wurden, gehören in die Dokumentation eines eingerichteten SKS als Teil des Gutachtens.

(39) Grundsätzlich besteht die Beschreibung des eingerichteten SKS aus folgenden Dokumenten:

- Steuerrichtlinie
- Prozessdokumentation
- Risiko-Kontroll-Matrix

(40) In der Steuerrichtlinie sind die Grundelemente und die Ziele des SKS zu beschreiben und Verantwortlichkeiten zu definieren.

(41) Die Steuerrichtlinie ist in der Regel ein gesondertes Dokument, dabei kann aber im Einzelnen hinsichtlich der erforderlichen Elemente auch auf verschiedene andere Dokumente (z.B. Prozessbeschreibungen) verwiesen werden.

(42) Der Umfang der Steuerrichtlinie ist von den betrieblichen Anforderungen abhängig, wie insbesondere Unternehmensgröße, -komplexität, Internationalität. Die Richtlinie hat aber jedenfalls die in § 11 der SKS-PV vorgesehenen Inhalte abzudecken.

4.4. Grundelemente des SKS

4.4.1. Überblick

(43) Das SKS besteht aus folgenden Grundelementen:

- Kontrollumfeld: Neben einem klaren Bekenntnis zur Steuerehrlichkeit sind in diesem Grundelement klare schriftliche organisatorische Vorkehrungen zur Einbindung der Steuerfunktion zu treffen.
- Ziele: Aus Sicht des Unternehmens soll ein SKS Haftungsrisiken und andere Risiken (z.B. finanzielle Risiken, Reputationsrisiken) für das Unternehmen und die einzelnen handelnden Personen reduzieren.
- Beurteilung der steuerrelevanten Risiken: Unter Beachtung der Zielsetzung des SKS und des daraus folgenden „Wesentlichkeitsgedankens" (vgl. Rz (54)) sind die Identifikation und die Bewertung wesentlicher steuerrelevanter Risiken vorzunehmen.
- Steuerungs- und Kontrollmaßnahmen: Diese Maßnahmen erfolgen auf Basis der beurteilten steuerrelevanten Risiken, sollen diesen angemessen begegnen und diese möglichst umfassend abdecken. Je höher das Gefahrenpotential eines bestimmten Risikos eingestuft wird, desto genauer ist auf die Wirksamkeit der dafür vorgesehenen Maßnahmen zu achten.
- Informations- und Kommunikationsmaßnahmen: Diese beziehen sich einerseits auf Daten, die für das Funktionieren des SKS notwendig sind, und andererseits auf die Schaffung eines angemessenen Kontrollbewusstseins der Mitarbeiterinnen und Mitarbeiter, deren Rolle und Bedeutung im jeweiligen Prozess bekannt sein muss.
- Sanktions- und Präventionsmaßnahmen: Diese beziehen sich einerseits auf allfällige individuelle Konsequenzen und andererseits auf die Erforschung der Ursachen für Regelverstöße, um daraus Verbesserungen für die Zukunft abzuleiten.

– Maßnahmen zur Überwachung und Verbesserung: Die Ergebnisse der Überwachungsmaßnahmen müssen mit dem Ziel der Verbesserung des SKS analysiert werden.

(44) Diese Grundelemente sind aufeinander abgestimmt, stehen miteinander in Wechselwirkungen und sind in die Geschäftsabläufe eingebunden. Der Detaillierungsgrad der Dokumentation der einzelnen Grundelemente hängt von den konkreten betrieblichen Anforderungen ab, die bei der Konzeption des SKS zu berücksichtigen sind.

4.4.2. Kontrollumfeld

(45) Das Kontrollumfeld ist geprägt durch die Grundeinstellungen, das Problembewusstsein und die Verhaltensweisen des Unternehmers oder der Personen, die die obersten Leitungsaufgaben ausüben (*tone at the top*).

(46) Unter Steuerehrlichkeit wird ein rechtskonformes Verhalten im Rahmen der gesetzlichen Verpflichtungen und Obliegenheiten verstanden. Die rechtlich zulässige Steueroptimierung mit dem Ziel der Minimierung von abgaben- und finanzstrafrechtlichen Risiken ist kein Verstoß gegen das Steuerehrlichkeitsgebot.

(47) Die Grenze der rechtlich zulässigen Gestaltungsmöglichkeiten ist im Falle von missbräuchlichen oder missbrauchsverdächtigen Gestaltungen gemäß § 22 BAO überschritten. Missbrauch liegt vor, wenn eine rechtliche Gestaltung oder eine Abfolge von rechtlichen Gestaltungen im Hinblick auf die wirtschaftliche Zielsetzung unangemessen ist (näher dazu § 22 Abs. 2 BAO).

(48) Es sind schriftliche organisatorische Vorkehrungen vorzusehen, in welchen Fällen und zu welchem Zeitpunkt die Steuerfunktion (intern oder der externe Steuerberater) einzubinden ist.

(49) Die Verantwortlichkeiten und Aufgaben der Steuerfunktion müssen klar zugewiesen sein (Ablauforganisation). Dazu ist es nicht notwendig, dass eine gesonderte Steuerabteilung eingerichtet ist. Werden einzelne Leistungen an einen externen Steuerberater ausgelagert, sind angemessene Maßnahmen zur Überwachung dieser Schnittstelle zu setzen. Werden bestimmte Leistungen von einem konzerninternen Shared Service Center bezogen, ist eine bloße Dokumentation der Schnittstelle und der damit verbundenen Kontrollen in der Regel nicht ausreichend.

(50) Es müssen die notwendigen Ressourcen zur Erfüllung der zugewiesenen Verantwortlichkeiten und Aufgaben der Steuerfunktion bereitgestellt werden (Aufbauorganisation). Dazu gehört auch die erforderliche Anzahl geeigneter Personen, die entsprechend ausgebildet sind und weitergebildet werden.

4.4.3. Ziele des SKS

(51) Die von den gesetzlichen Vertretern des Unternehmens festzulegenden Ziele des SKS müssen die in § 5 SKS-PV aufgezählten Vorgaben beinhalten. Das SKS soll daher gewährleisten, dass

– die Besteuerungsgrundlage für die jeweilige Abgabenart in der richtigen Höhe ausgewiesen und die darauf entfallenden Steuern termingerecht und in der richtigen Höhe abgeführt,
– die Risiken wesentlicher Verstöße gegen steuerliche Vorschriften rechtzeitig erkannt und
– solche Regelverstöße verhindert werden.

4.4.4. Beurteilung der steuerrelevanten Risiken

(52) Ein steuerrelevantes Risiko ist das Risiko eines wesentlichen Verstoßes gegen steuerrechtliche Vorschriften.

(53) Steuer-/Abgabenschulden und/oder eine damit zusammenhängende Strafe i.S.d. FinStrG entstehen regelmäßig auch außerhalb der Steuerabteilung (z.B. in den Abteilungen Einkauf, Vertrieb, IT, Marketing, Buchhaltung). Die steuerrelevanten Risiken können sich z.B. aus fehlerhaften internen Prozessen, fehlerhaften IT-Systemen, personell bedingten Fehlern oder unternehmensexternen Ereignissen ergeben. Steuerlich relevante Risiken sind gleichzeitig Bestandteil des gesamtheitlichen Unternehmensrisikos. Die Aufgabe des Steuerrisikomanagements ist die Identifikation, Analyse, Beurteilung und Steuerung von Fehlern und Unregelmäßigkeiten, welche der Erfüllung der steuerlichen Verpflichtungen, der Inanspruchnahme von Begünstigungen und der Vermeidung von finanzstrafrechtlichen Vergehen entgegenstehen.

(54) Gemäß § 5 Z 2 SKS-PV soll das SKS gewährleisten, dass „die Risiken wesentlicher Verstöße gegen steuerliche Vorschriften rechtzeitig erkannt" werden. Dementsprechend ist im Rahmen des SKS ausschließlich die Identifikation und Bewertung wesentlicher steuerrelevanter Risiken vorzunehmen.

(55) Eine allgemeingültige Definition der Wesentlichkeit für Zwecke des SKS ist weder den einschlägigen Bestimmungen der BAO noch der SKS-PV oder den erläuternden Materialien zu entnehmen. Die Festlegung des Maßstabs für die Beurteilung der Wesentlichkeit erfolgt individuell für das Unternehmen bzw. für den Kontrollverbund. Dies kann in Abstimmung mit der Finanzverwaltung erfolgen und ist in diesem Fall in die Dokumentation aufzunehmen.

(56) Die im SKS darzustellenden steuerrelevanten Risiken sind auf die unternehmensspezifischen Gegebenheiten und die SKS-Ziele auszurichten.

(57) Gemäß § 6 Abs. 2 SKS-PV hat in einem Zeitabstand von maximal drei Jahren eine umfassende Beurteilung der steuerrelevanten Risiken zu erfolgen. Der Unternehmer soll im Rahmen der Überwachung des SKS regelmäßig analysieren, ob sämtliche relevanten Anlassfälle untersucht wurden sowie ob die Steuerungs- und Kontrollmaßnahmen angemessen konzipiert und umgesetzt wurden. Der Unternehmer hat regelmäßig zu überprüfen, ob

– in den Vorperioden wesentliche Verstöße gegen steuerliche Vorschriften vorlagen und

– angemessene Maßnahmen zur Risikominimierung und zur Verbesserung des SKS analysiert und implementiert wurden.

(58) Gemäß § 6 Abs. 2 SKS-PV hat ferner eine anlassbezogene Beurteilung steuerrelevanter Risiken zu erfolgen, wenn zu erwarten ist, dass ein Sachverhalt ein wesentliches steuerrelevantes Risiko verursachen könnte (für mögliche Anlassfälle siehe im Detail die Erläuterungen und Anwendungshinweise zu Rz (63), zur Wesentlichkeit jene zu Rz (55)); in diesem Fall bezieht sich die Beurteilung nur auf den Anlassfall.

(59) Der Unternehmer hat seine Methodologie zur Risikoidentifikation, -analyse und -bewertung sowie entsprechende Maßnahmen zur Risikominimierung zu dokumentieren.

(60) Die Identifizierung, Analyse und Bewertung der steuerrelevanten Risiken erfolgt basierend auf einer systematischen Vorgehensweise, wobei die SKS-PV dafür kein konkretes Verfahren vorsieht. Nachfolgend wird eine mögliche Vorgehensweise dargestellt (für Details wird auf die Erläuterungen und Anwendungshinweise verwiesen):

1. Definition der Parameter für das Gefahrenpotential
2. Identifikation und Beschreibung der wesentlichen steuerrelevanten Risikofelder und Einzelrisiken
3. Beurteilung des Gefahrenpotentials (Risiko)
4. Überprüfung, ob bestehende Kontrollen das steuerrelevante Risiko hinreichend adressieren
5. Identifikation zusätzlicher Steuerungs- und Kontrollmaßnahmen
6. Dokumentation der steuerlich relevanten Prozesse
7. Dokumentation der steuerrelevanten Risiken
8. Regelmäßige Überprüfung der steuerrelevanten Risiken

(61) Die Dokumentation der beurteilten Risiken und der Steuerungs- und Kontrollmaßnahmen hat den Anforderungen des § 11 Abs. 1 Z 5 SKS-PV zu entsprechen. In der Praxis eignet sich dafür die Erstellung einer Risiko-Kontroll-Matrix. Ein Muster einer Risiko-Kontroll-Matrix ist in den Erläuterungen und Anwendungshinweisen zu finden.

(62) Das zu beurteilende Risiko stellt das Risikopotential dar, das ohne Berücksichtigung der bereits vorhandenen und wirksamen Maßnahmen vorhanden ist (Verhältnis von Schadenshöhe und Eintrittswahrscheinlichkeit ohne Steuerungs- und Kontrollmaßnahmen).

(63) Die SKS-PV listet in § 6 Abs. 5 beispielhaft Umstände auf, die für die Beurteilung der steuerrelevanten Risiken relevant sein können bzw. Anlassfälle darstellen können.

4.4.5. Steuerungs- und Kontrollmaßnahmen

(64) Ein wesentliches Element eines SKS sind die Steuerungs- und Kontrollmaßnahmen. Dabei handelt es sich um Regelwerke wie

– Verhaltenskodex (Steuerrichtlinie),
– Prozessbeschreibungen (die zweckmäßigerweise durch Ablaufdiagramme ergänzt werden),
– Kontrolldefinitionen und -beschreibungen sowie
– Handlungsanweisungen.

Diese Regelwerke sind auf die SKS-Ziele ausgerichtet und basieren auf der Beurteilung der steuerrelevanten Risiken.

(65) Steuerungsmaßnahmen sind im Vorhinein gesetzte Handlungen bzw. wirksame Regelwerke des Unternehmers, welche die Einhaltung des erwünschten Verhaltens begünstigen und die Nichteinhaltung erschweren. Kontrollmaßnahmen werden im Nachhinein gesetzt, decken unerwünschtes Verhalten auf und ermöglichen dadurch die Schadensbegrenzung bzw. -wiedergutmachung, die Sanktionierung des unerwünschten Verhaltens und die Anpassung der Prozessabläufe, um zukünftig unerwünschtes Verhalten zu erschweren oder zu verhindern.

(66) Die Steuerungs- und Kontrollmaßnahmen haben eine umfassende Abdeckung der oben dargestellten und beurteilten steuerrelevanten Risiken zu gewährleisten. Die Maßnahmen sind vom festgestellten Gefahrenpotential abhängig. Sie werden in der Regel in der Risiko-Kontroll-Matrix dargestellt. Die Steuerungs- und Kontrollmaßnahmen sind von Größe, Organisation und Geschäftstätigkeit des Unternehmens, dessen Internationalität und der Anzahl der involvierten Mitarbeiter abhängig, ebenso die Notwendigkeit und Intensität des Einsatzes IT-systemischer Maßnahmen.

(67) Die Steuerungs- und Kontrollmaßnahmen haben entweder fehlervermeidenden oder fehleraufdeckenden Charakter.

4.4.6. Informations- und Kommunikationsmaßnahmen

(68) Die Informations- und Kommunikationsmaßnahmen dienen der Zusammenstellung aller relevanten Informationen, erfordern ein aktives Bekenntnis zu regelkonformem Verhalten und regelmäßigen Informations- und Schulungsmaßnahmen.

(69) Als Kommunikationsmöglichkeiten kommen beispielsweise in Frage:

– mündliche Kommunikation verbunden mit anschließender angemessener Dokumentation
– Organisationshandbuch oder vergleichbare interne Anweisungen
– interne Unternehmensberichterstattung
– Schulungen

(70) Das aktive Bekenntnis zur Steuerehrlichkeit (§ 8 Z 2 SKS-PV), zur Unterstützung der Funktionsfähigkeit des SKS und generell zum regelkonformen Verhalten als Grundwert des Unternehmens bedeutet insbesondere, dass dieses von allen Ebenen des Unternehmens (insbesondere Vorstand/Geschäftsführung) mitgetragen wird und entsprechend kommuniziert wird.

(71) Informations- und Schulungsmaßnahmen (§ 8 Z 3 SKS-PV) dienen der Schaffung und Aufrechterhaltung der Kenntnisse der Mitarbeiter, damit diese auf dem jeweils aktuellen Stand gehalten werden und ihre Rolle und Bedeutung im jeweiligen Prozess und ihre Abhängigkeit von vor- und nachgelagerten Prozessen verdeutlicht werden.

4.4.7. Sanktions- und Präventionsmaßnahmen

(72) Im Zuge von dokumentierten Sanktions- und Präventionsmaßnahmen (§ 9 SKS-PV) hat der Unternehmer bei Feststellung von Regelverstößen in Bezug auf die Ziele des SKS die Prozessabläufe und Kontrollmaßnahmen zu analysieren und zu beurteilen, welche Verbesserungen vorzunehmen sind und wie solche Regelverstöße zukünftig vermieden werden können.

(73) Konsequenzen des Fehlverhaltens sollten eine angemessene Eskalation der Maßnahmen darstellen. Schulungsmaßnahmen sollten als erste Möglichkeit herangezogen werden, Verwarnungen erst in weiterer Folge unter Berücksichtigung der Ursache des Fehlers. Konsequenzen sollten insbesondere dazu dienen, zukünftiges Fehlverhalten zu verhindern, und nicht eine Bestrafung in den Vordergrund stellen.

4.4.8. Maßnahmen zur Überwachung und Verbesserung

(74) Die Überwachung der Wirksamkeit des SKS kann in die unternehmensinternen Prozesse integriert sein, durch eine prozessunabhängige Institution erfolgen (z.B. interne Revision) oder an unternehmensexterne Dienstleister ausgelagert werden. Eine prozessunabhängige Überwachung kann auch durch die Steuerabteilung oder durch einen bestimmten Personenkreis daraus erfolgen.

(75) Die Regelmäßigkeit der Überwachung sowie auch eine zeitnahe Mängelbehebung und Verbesserung sollten in Einklang mit den betrieblichen Erfordernissen bzw. anlassfallbezogen sichergestellt sein.

5. Systematik und Erstellung des Gutachtens

5.1. Gegenstand, Ziele und Umfang eines Gutachtens über das Steuerkontrollsystem

5.1.1. Gegenstand

(76) Gegenstand des nach diesem Fachgutachten durchgeführten Gutachtensauftrags ist das vom Unternehmen auf Grundlage einer Beurteilung aller steuerrelevanten Risiken eingerichtete SKS, wobei die Verantwortung für dessen angemessene Ausgestaltung in der Verantwortung der gesetzlichen Vertreter des Unternehmens liegt.

(77) Die gutachterliche Arbeit befasst sich mit der Konzeption, der Eignung, der Umsetzung und in weiterer Folge der Wirksamkeit des SKS, welches die Summe aller vom Unternehmen eingerichteten Maßnahmen im Sinne von Prozessen, Prozessschritten und Kontrollmaßnahmen umfasst (vgl. Abschnitt 4.).

(78) Die gutachterliche Arbeit ist nicht darauf ausgerichtet, einzelne Regelverstöße zu erkennen, und kann daher weder Sicherheit über die tatsächliche Einhaltung von steuerrechtlichen Vorschriften im Einzelfall vermitteln noch die von der Geschäftsführung gewählte Steuerstrategie beurteilen.

5.1.2. Ziele und Umfang

(79) Eine nach diesem Gutachten durchgeführte Prüfung des SKS kann eine Erstprüfung nach § 2 Z 5 SKS-PV (Angemessenheitsprüfung – Konzeptions- und Umsetzungsprüfung) oder eine Folgeprüfung nach § 2 Z 6 SKS-PV (enthält zusätzlich eine Prüfung der Wirksamkeit des eingerichteten Systems) sein.

(80) Bei der Konzeptionsprüfung ist zu beurteilen,

- ob das Unternehmen
  - eine sachgerechte Analyse aller wesentlichen steuerrelevanten Risiken überprüfbar durchgeführt hat und
  - die Prozesse, Prozessschritte sowie erforderlichen Kontrollmaßnahmen sachgerecht, vollständig und überprüfbar dokumentiert hat,
- ob die in der Beschreibung des SKS enthaltenen Aussagen zur Konzeption des SKS in allen wesentlichen Belangen angemessen dargestellt sind und
- ob die in der Beschreibung des SKS dargestellten Grundelemente des SKS geeignet sind, die Ziele des SKS zu erreichen.

(81) Im Zuge der Umsetzungsprüfung ist zu beurteilen,

- ob und zu welchem Zeitpunkt die Maßnahmen (Kontrollen) umgesetzt waren,
- ob das Unternehmen alle Vorkehrungen getroffen hat, um zu gewährleisten, dass
  - das SKS an geänderte Rahmenbedingungen angepasst und verbessert wird und
  - die Beschreibung des SKS (insbesondere Risikobeurteilung, Prozesse sowie Kontrollmaßnahmen) regelmäßig aktualisiert wird.

(82) Das Ziel der Wirksamkeitsprüfung ist eine Beurteilung, ob die in der SKS-Beschreibung dargestellten Grundsätze und Maßnahmen innerhalb des Zeitraums seit der letzten abgeschlossenen Begutachtung des SKS wirksam waren. Das ist gemäß § 13 Abs. 3 SKS-PV dann der Fall, wenn sich aufgrund der Prüfungshandlungen ergibt, dass mit hinreichender Sicherheit in der überwiegenden Anzahl der Fälle, jedenfalls aber in sämtlichen wesentlichen Fällen

1. die Besteuerungsgrundlage für die jeweilige Abgabenart in der richtigen Höhe ausgewiesen ist und die darauf entfallenden Steuern termingerecht und in der richtigen Höhe abgeführt worden sind,

2. die Risiken wesentlicher Verstöße gegen steuerliche Vorschriften rechtzeitig erkannt worden sind und
3. Vorgänge, die zu Regelverstößen hätten führen können, in der Regel rechtzeitig beendet worden sind oder
4. im Fall bereits eingetretener Regelverstöße zeitnah die zuständige Abgabenbehörde informiert worden ist.

(83) Die Wirksamkeitsprüfung bezieht sich auf den Zeitraum zwischen der Erstprüfung bzw. der letzten abgeschlossenen Wirksamkeitsprüfung des SKS und dem Zeitpunkt der aktuellen Begutachtung.

(84) Kommt der Unternehmer im Zuge seiner Risikoanalyse zu den in § 153e Abs. 1 BAO aufgeführten Abgabenarten zum Ergebnis, dass einzelne Prozesse kein oder ein geringes Risikopotential aufweisen, kann die Darstellung der entsprechenden Prozesse entfallen (§ 11 Abs. 2 SKS-PV). In diesem Fall beschränkt sich die Beurteilung hinsichtlich dieser Abgaben auf die Angemessenheit der Risikoanalyse des Unternehmens und deren Dokumentation.

(85) Der Unternehmer kann in Abstimmung mit der Abgabenbehörde unter Vorlage von anderen Nachweisen den Umfang der Wirksamkeitsprüfung festlegen (siehe § 13 Abs. 3 SKS-PV). Im Rahmen der Wirksamkeitsprüfung ist demnach nur zu beurteilen, ob die mit den Organen des zuständigen Finanzamts vereinbarten wesentlichen Schlüsselkontrollen durchgeführt und deren Durchführung dokumentiert wurden sowie allenfalls erforderliche Verbesserungsmaßnahmen ohne unnötigen Aufschub vollständig umgesetzt worden sind.

5.2. Auftragsplanung

(86) Der Gutachter hat die Prüfungshandlungen in sachlicher, personeller und zeitlicher Hinsicht so zu planen, dass sie in sachgerechter Weise durchgeführt werden können. Hierzu sind die Art, die zeitliche Einteilung und der Umfang der geplanten Prüfungshandlungen festzulegen, die erforderlich sind, um die in der SKS-PV festgelegten Prüfungsziele zu erreichen.

(87) Der Gutachter muss die geplanten Prüfungshandlungen in einem Prüfungsprogramm zusammenfassen, das die Prüfungsanweisungen zur sachlichen und zeitlichen Auftragsabwicklung für die Mitglieder des Begutachtungsteams enthält.

(88) Bei der Auswahl der Mitglieder des Begutachtungsteams ist darauf zu achten, dass ausreichende praktische Erfahrungen in Bezug auf Systemprüfungen sowie die notwendigen Branchen- und Rechtskenntnisse vorhanden sind. Erforderlichenfalls sind Spezialisten hinzuzuziehen.

(89) Bei der Planung seiner Prüfungshandlungen kann der Gutachter von einem vorhandenen und funktionierenden rechnungslegungsbezogenen internen Kontrollsystem (einschließlich IT-Buchführung) ausgehen, es sei denn es werden ihm Hinweise auf wesentliche Schwächen bekannt.

(90) Der Gutachter hat die Angemessenheit der Beurteilung der wesentlichen steuerrelevanten Risiken durch das Unternehmen zu würdigen (vgl. Abschnitt 4.4.4.) und seine Prüfungshandlungen entsprechend zu planen und auszuführen. Eine eigenständige Festlegung der Wesentlichkeit durch den Gutachter ist nicht notwendig.

(91) Im Falle, dass der Unternehmer mit der zuständigen Abgabenbehörde den Umfang der Wirksamkeitsprüfung eingegrenzt hat, ist dies in der Planung zu berücksichtigen.

(92) Bei der Bestimmung von Art und Umfang der Prüfungshandlungen hat der Gutachter das Risiko wesentlicher Fehler im eingerichteten SKS sowie in der SKS-Beschreibung im Hinblick auf die Prüfungsziele (vgl. Rz (79) und (82)) zu berücksichtigen. Diese Risiken können sowohl durch qualitative als auch durch quantitative Faktoren beeinflusst werden.

5.3. Durchführung der Befundaufnahme

5.3.1. Beurteilung der Grundelemente des SKS

(93) Bei der Beurteilung der Regelungen zum Kontrollumfeld (vgl. Abschnitt 4.4.2.) sind die Einstellungen und das Problembewusstsein der gesetzlichen Vertreter sowie die Aufbau- und Ablauforganisation (vgl. Rz (49) und (50)) zu beurteilen.

(94) Bei der Beurteilung der Ziele des SKS (vgl. Abschnitt 4.4.3.) hat der Gutachter insbesondere zu analysieren, ob die in § 5 SKS-PV definierten Anforderungen bei der Beurteilung der wesentlichen Risiken berücksichtigt wurden und ob bei einer Gesamtbetrachtung des zu prüfenden SKS die Erreichung der Ziele gewährleistet ist.

(95) Im Zusammenhang mit der Risikobeurteilung (vgl. Abschnitt 4.4.4.) hat der Gutachter ein Verständnis über die vom Unternehmen gewählte Vorgehensweise zur Identifikation, Analyse und Bewertung der steuerrelevanten Risiken zu erlangen, um nachzuvollziehen, wie das Unternehmen die Risikobeurteilungen vorgenommen hat und wie es über die Einführung von organisatorischen Regelungen zur Abwendung oder Begrenzung möglicher Auswirkungen dieser Risiken entscheidet.

(96) Ausgehend von der Risiko-Kontroll-Matrix hat der Gutachter eine Beurteilung der vom Unternehmen gesetzten Maßnahmen durchzuführen und festzustellen, ob diese geeignet sind, Risiken wesentlicher Regelverstöße rechtzeitig zu erkennen und diese zu verhindern, und angemessen implementiert sind. Der Gutachter erlangt im Allgemeinen Prüfungsnachweise zu diesen eingerichteten Steuerungs- und Kontrollmaßnahmen (vgl. Abschnitt 4.4.5.) auch im Rahmen der Beschäftigung mit den übrigen Grundelementen des SKS.

(97) Die Beurteilung der Regelungen zur Information und Kommunikation (vgl. Abschnitt 4.4.6.) umfasst die Einschätzung, ob alle notwendigen Informationen in Bezug auf das SKS erhoben, erfasst, verarbeitet und an die zuständigen Stellen kommuniziert werden. Darüber hinaus beurteilt

der Gutachter auch die Kommunikationsprozesse, die den zuständigen Mitarbeitern ein Verständnis von ihren Aufgaben und Verantwortlichkeiten im Rahmen der Erstellung der steuerlich relevanten Dokumente vermitteln.

(98) Bei der Beurteilung der Sanktions- und Präventionsmaßnahmen (vgl. Abschnitt 4.4.7.) muss sich der Gutachter ein Bild darüber verschaffen, ob die getroffenen Maßnahmen geeignet sind, zukünftige Verbesserungen zu erzielen bzw. Fehlverhalten zu vermeiden.

(99) Bei der Beurteilung der Regelungen zur Überwachung und Verbesserung (vgl. Abschnitt 4.4.8.) des SKS hat der Gutachter die Überwachungsmaßnahmen des Unternehmens wie z.B. das Monitoring der Prozesse durch die Steuerabteilung sowie ggf. die Überwachungsmaßnahmen der internen Revision zu würdigen.

(100) Die Beurteilung der einzelnen Grundelemente des SKS (Rz (93) – (99)) erfolgt insbesondere mittels Durchsicht von Regelwerken und dokumentierten Verhaltensgrundsätzen (z.B. Steuerrichtlinien), Befragungen, Beobachtungen und Nachvollziehen des gelebten Verhaltens. In diesem Zusammenhang ist nicht nur das formale Bestehen von Regelungen, sondern auch deren tatsächliche Umsetzung im Unternehmen von Bedeutung („gelebte Praxis“).

5.3.2. Erstprüfung

5.3.2.1. Prüfungshandlungen zur Identifikation und Beurteilung von Risiken wesentlicher Fehler in der SKS-Beschreibung

(101) Der Gutachter muss ein angemessenes Verständnis von dem in der SKS-Beschreibung dargestellten SKS erlangen. Hierzu gehört, dass sich der Gutachter u.a. durch Befragungen ein angemessenes Verständnis von den Verantwortlichkeiten sowie über die Prozesse zur Aufstellung der SKS-Beschreibung verschafft. Darüber hinaus hat der Gutachter die vorhandene Dokumentation zu lesen und zu analysieren, ob sich die Beschreibung mit dem erlangten eigenen Bild des SKS deckt.

5.3.2.2. Prüfungshandlungen zur Ausgestaltung des SKS (Konzeptionsprüfung)

(102) Bei der Bestimmung von Art und Umfang der Prüfungshandlungen sind die angewandten SKS-Grundsätze, die Beschreibung des SKS durch die gesetzlichen Vertreter und die der Begutachtung unterliegenden Teilbereiche des SKS zu berücksichtigen.

(103) Im Rahmen der Konzeptionsprüfung hat der Gutachter zu beurteilen, ob die in der SKS-Beschreibung dargestellten Grundsätze und Kontrollmaßnahmen in einer Weise ausgestaltet sind, dass sie geeignet sind, die SKS-Ziele zu erreichen.

(104) Zur Beurteilung der Eignung einer Kontrolle gehört die Einschätzung, ob sie einzeln oder in Kombination mit anderen in der Lage ist, wesentliche Fehler wirksam zu verhindern bzw. aufzudecken und zu korrigieren.

(105) Als Prüfungshandlungen zur Beurteilung der beschriebenen Konzeption kommen insb. folgende in Betracht:

- Befragung der gesetzlichen Vertreter, aber auch sachverständiger Mitarbeiter (z.B. Leiter der Steuerabteilung) z.B. zur Konzeption und Durchsetzung des SKS, zu bekannten Schwachstellen im SKS sowie zu festgestellten Fehlern, z.B. bei der Erstellung von Steuererklärungen
- Durchsicht von Organisationsunterlagen, wie Protokolle und Sitzungsberichte, Berichte der internen Revision, Handbücher und Verfahrensgrundsätze, sowie von vertraglichen Vereinbarungen mit Dritten (einschließlich Vereinbarungen über die Auslagerung von Dienstleistungen an Dritte)
- Durchsicht der Dokumentation über das SKS (z.B. Steuerrichtlinien, Organisationshandbuch, Prozessbeschreibungen, Risiko-Kontroll-Matrix, in denen Verantwortlichkeiten und Regelungen zum SKS enthalten sind)

5.3.2.3. Prüfungshandlungen zur Implementierung des SKS (Umsetzungsprüfung)

(106) Im Rahmen der Umsetzungsprüfung hat der Gutachter zu beurteilen, ob und zu welchem Zeitpunkt die Maßnahmen umgesetzt waren, ob ein Prozess eingerichtet wurde, der gewährleistet, dass das SKS an geänderte Rahmenbedingungen angepasst und verbessert wird und ob die Dokumentation dementsprechend regelmäßig aktualisiert wird.

(107) Der Gutachter hat durch eine Kombination von Befragungen mit anderen Prüfungshandlungen, einschließlich Einsichtnahme in Richtlinien und Dokumente (Berichte, Stellenbeschreibungen etc.), festzustellen, ob das SKS wie beschrieben zu einem bestimmten Zeitpunkt implementiert ist. Unter der Implementierung einer Kontrolle wird verstanden, dass diese tatsächlich besteht und vom Unternehmen angewendet wird. Eine unzureichende Implementierung von Kontrollen kann einen bedeutsamen Mangel des SKS darstellen.

(108) Befragungen alleine reichen für die Erzielung der erforderlichen Urteilssicherheit betreffend die Angemessenheit der Implementierung des SKS nicht aus. Sie können aber kombiniert mit einer oder mehreren zusätzlichen Prüfungshandlungen als Prüfungsnachweis verwertet werden.

(109) Prüfungshandlungen, die der Erlangung von Nachweisen über die Implementierung des SKS dienen, können umfassen:

- Befragung von gesetzlichen Vertretern, anderen Mitgliedern des Managements und Mitarbeitern
- Beobachtung der Anwendung von bestimmten Kontrollen
- Einsichtnahme in Dokumente und Berichte (z.B. Organisationshandbücher oder Richtlinien), in denen Verantwortlichkeiten und Maßnahmen zur Sicherstellung der „Tax

Compliance" geregelt sind, sowie entsprechende Anweisungen an die Mitarbeiter

- Durchsicht von Unterlagen, die durch das SKS generiert wurden (z.B. Dokumentation zu festgestellten Regelverstößen und Sanktionen bei festgestellten Regelverstößen)
- Nachvollziehen von Geschäftsvorfällen im SKS, wobei durch Beobachtung von Aktivitäten und Arbeitsabläufen (*Walkthrough*) die Konzeption der Kontrollmaßnahmen hinsichtlich deren Eignung zur Erreichung der SKS-Ziele beurteilt wird (*design effectiveness*)

(110) Um die Funktionsfähigkeit des SKS laufend sicherzustellen, hat das Unternehmen geeignete Regelprozesse (u.a. Informationsmaßnahmen) und Kontrollschritte einzurichten. Der Gutachter hat sich durch Befragung und Einsichtnahme davon zu überzeugen, dass das Monitoring und die laufende Verbesserung des SKS gewährleistet sind.

(111) Als Prüfungshandlungen in Zusammenhang mit der laufend bestehenden Eignung des eingerichteten SKS kommen u.a. Befragungen und Einsicht in die Dokumentation in Hinblick auf die eingerichteten Informations- und Kommunikationsmaßnahmen, die Sanktions- und Präventionsmaßnahmen und die in regelmäßigen Abständen durchzuführenden Maßnahmen zur Überwachung und Verbesserung (laufendes standardisiertes Monitoring und Qualitätskontrolle des Unternehmens) in Betracht.

5.3.3. Folgeprüfung

5.3.3.1. Umfang der Folgeprüfung

(112) Der Gutachter hat bei der Durchführung der Wirksamkeitsprüfung zu prüfen, ob das vom Unternehmen implementierte SKS nach wie vor geeignet ist, die festgelegten Ziele zu erreichen, und entsprechend implementiert ist und ob die angewandten Kontrollmaßnahmen über einen bestimmten Zeitraum wirksam waren.

(113) Die Wirksamkeitsprüfung betrifft die kontinuierliche Anwendung der im SKS verankerten Grundsätze und Maßnahmen in dem von der Prüfung abgedeckten Zeitraum und ist darauf ausgelegt, die Wirksamkeit von Kontrollen zur Verhinderung bzw. Aufdeckung und Korrektur wesentlicher Fehler zu beurteilen. Es wird geprüft, ob die Regelungen wie vorgesehen von den dafür bestimmten Personen beachtet bzw. durchgeführt wurden und diesen die für die Wahrnehmung der Aufgaben erforderlichen Hilfsmittel und Informationen zur Verfügung standen. Dazu ist auch erforderlich, dass geprüft wird, ob die Kontrolldurchführung angemessen dokumentiert wurde.

5.3.3.2. Prüfungshandlungen zur Wirksamkeit des SKS

(114) Bei der Festlegung der Prüfungshandlungen kann der Gutachter bei wiederkehrenden Aufträgen Ergebnisse früherer Gutachten verwerten. Dies gilt vor allem für die Beurteilung des Aufbaus des SKS, die sich bei einer Folgeprüfung vor allem auf Veränderungen des SKS zu erstrecken hat. Zur Beurteilung der Wirksamkeit des SKS im Begutachtungszeitraum wirken sich die Erkenntnisse aus früheren Begutachtungen im Wesentlichen auf die Risikoeinschätzung des Gutachters und den Umfang der Funktionsprüfungen aus. Prüfungsnachweise aus früheren Gutachten stellen aber für sich genommen keinen Nachweis zur Wirksamkeit des SKS im zu prüfenden Zeitraum dar.

(115) Beim Planen und Durchführen von Wirksamkeitsprüfungen muss der Gutachter andere Prüfungshandlungen in Kombination mit Befragungen durchführen, um Nachweise über die Wirksamkeit der Kontrollen zu erhalten. Befragungen alleine reichen nicht aus, um die Wirksamkeit von Kontrollen zu prüfen. In dieser Hinsicht kann die Prüfungssicherheit bei Befragungen in Kombination mit Inaugenschein-/Einsichtnahme oder Nachvollziehen höher sein als bei Befragungen in Kombination mit Beobachtungen, da eine Beobachtung nur für den Zeitpunkt aussagefähig ist, zu dem die Beobachtung stattfindet.

(116) Bei der Festlegung des Umfangs der Wirksamkeitsprüfung kann der Gutachter folgende Sachverhalte berücksichtigen:

- Häufigkeit der Kontrolle
- Länge des Zeitraums
- erwarteter Grad der Abweichung von einer Kontrolle
- Verlässlichkeit der Nachweise über die Wirksamkeit der Kontrolle

(117) Automatisierte Kontrollen können durch eine Prüfung der Wirksamkeit im System (*Test of One*) abgedeckt werden, sofern sichergestellt werden kann (z.B. durch Überprüfung von Änderungsprotokollen), dass sich im Begutachtungszeitraum keine Änderungen ergeben haben. Dies setzt einen funktionierenden Change-Management-Prozess voraus.

(118) Der Gutachter kann entscheiden, bestimmte Elemente aus einer Grundgesamtheit auszuwählen (selektive Untersuchung), um hierdurch Sicherheit im Zuge seiner Funktionstests zu gewinnen. Der Stichprobenumfang ist dadurch bestimmt, das Stichprobenrisiko auf ein vertretbar niedriges Maß zu reduzieren.

(119) Wenn bei den gezogenen Stichproben eine Abweichung oberhalb der vom Gutachter zu definierenden Toleranzschwelle aufgetreten ist, dann kann der Gutachter nur mit einer Erweiterung der Stichprobengröße oder mit zusätzlichen anderen Prüfungshandlungen eine positive Aussage mit ausreichender Sicherheit erlangen.

(120) Sofern Prüfungshandlungen zur Beurteilung der Wirksamkeit zu einem vorgezogenen Zeitpunkt durchgeführt werden, sind weitere Nachweise zur Beurteilung der Wirksamkeit bis zum Ende des zu begutachtenden Zeitraums einzuholen.

5.4. Auswertung der Ergebnisse und Feststellungen sowie Bildung des Urteils

(121) Der Gutachter muss würdigen, ob ausreichende und angemessene Prüfungsnachweise als

Grundlage für seine Beurteilung der Darstellungen in der SKS-Beschreibung über die Konzeption des SKS bzw. über die Angemessenheit, die Implementierung und im Falle einer Folgeprüfung die Wirksamkeit des von ihm begutachteten SKS erlangt wurden. Ist dies der Fall, hat der Gutachter die Prüfungsfeststellungen auszuwerten und auf dieser Grundlage eine gutachterliche Aussage abzugeben.

(122) Bestehen keine wesentlichen Beanstandungen, hat der Gutachter ein Gutachten gemäß § 14 SKS-PV schriftlich zu verfassen.

(123) Der Gutachter hat dem Auftraggeber unverzüglich alle Gründe mitzuteilen, die einer positiven Gutachtensaussage entgegenstehen (Aufklärungspflicht), und das Unternehmen aufzufordern, diese Mängel zu beheben. Das gleiche gilt für das Vorliegen eines Prüfungshemmnisses, das dazu führt, dass die Darstellungen in der SKS-Beschreibung in wesentlichen Teilen nicht beurteilt werden können.

(124) Sofern das Unternehmen dem Auftrag, die Mängel bzw. das Prüfungshemmnis zu beheben, nicht nachkommt, hat der Gutachter die Fortsetzung des Gutachtensauftrags zu überlegen. Eine Verpflichtung zur Ausfertigung eines negativen Gutachtens besteht nicht.

5.5. Ereignisse nach dem Begutachtungszeitpunkt/-raum

(125) Der Gutachter hat die Auswirkungen von Ereignissen nach dem Zeitpunkt/Zeitraum, auf den sich die Darstellungen in der SKS-Beschreibung beziehen, bis zum Datum seiner Berichterstattung zu würdigen. Der Gutachter ist nicht verpflichtet, Prüfungshandlungen nach dem Datum des Gutachtens durchzuführen.

(126) Falls dem Gutachter nach dem Datum der Berichterstattung über die SKS-Prüfung bis zur Übermittlung im FinanzOnline-Verfahren Sachverhalte bekannt werden, die auf Mängel oder wesentliche zwischenzeitliche Änderungen im SKS hindeuten, auf die in der SKS-Beschreibung nicht eingegangen wird oder bei denen es sich um Regelverstöße oder vermutete Regelverstöße handeln kann, hat er den Auftraggeber hierüber zu informieren. Der Gutachter hat in diesem Fall zu beurteilen, ob weitere Prüfungshandlungen vorzunehmen sind, um festzustellen, ob die betreffenden Sachverhalte eine Auswirkung auf sein Gutachten haben.

5.6. Vollständigkeitserklärung

(127) Der Gutachter hat vor Abschluss der Prüfung von den gesetzlichen Vertretern eine Vollständigkeitserklärung einzuholen, in der bestätigt wird, dass die SKS-Beschreibung vollständig und richtig ist und dem Gutachter, wie in den Auftragsbedingungen vereinbart, alle relevanten Erklärungen und Nachweise zur Angemessenheit, Implementierung und ggf. Wirksamkeit des SKS gegeben worden sind. Dazu gehört auch die Zusicherung, dass die gesetzlichen Vertreter dem Gutachter vollständig die folgenden ihnen bekannten Aspekte mitgeteilt haben:

- Mängel in Bezug auf die Angemessenheit des SKS
- Fälle, in denen die Regelungen des SKS nicht wie in der SKS-Beschreibung dargestellt durchgeführt wurden
- geplante bedeutsame Änderungen im SKS
- Ereignisse, die nach dem Begutachtungszeitraum, aber vor dem Datum des SKS-Gutachtens eingetreten sind und eine erhebliche Auswirkung auf die Aussagen in der SKS-Beschreibung haben können

(128) Die Vollständigkeitserklärung muss zeitnah zum Datum des Gutachtens datiert, darf aber nicht nach diesem datiert werden.

(129) Über die Einholung der Vollständigkeitserklärung hinaus kann es notwendig sein, weitere schriftliche Erklärungen einzuholen.

(130) Sofern sich einzelne Aspekte der Vollständigkeitserklärung oder weiterer schriftlicher Erklärungen auf Sachverhalte beziehen, die wesentlich für die in der SKS-Beschreibung dargestellten Aussagen sind, muss der Gutachter

- beurteilen, ob die von den gesetzlichen Vertretern abgegebenen Erklärungen nachvollziehbar und mit anderen erlangten Prüfungsnachweisen, einschließlich anderer mündlicher oder schriftlicher Erklärungen, konsistent sind, und
- abwägen, ob anzunehmen ist, dass die Personen, welche die schriftlichen Erklärungen abgeben, in Bezug auf die betreffenden Sachverhalte ausreichend informiert sind.

(131) Beziehen sich die Zweifel auf andere vom Gutachter angeforderte schriftliche Erklärungen, hat der Gutachter den Sachverhalt mit den Verantwortlichen zu erörtern, die Auswirkungen auf die Verlässlichkeit der bereits eingeholten Prüfungsnachweise zu würdigen und, sofern angebracht, weitere Maßnahmen zu ergreifen, einschließlich der Feststellung möglicher Auswirkungen auf die Aussage zum SKS.

5.7. Dokumentation

(132) Der Gutachter hat die zur Absicherung seiner gutachterlichen Aussage dienenden Prüfungsnachweise in den Arbeitspapieren zu dokumentieren. Durch die Arbeitspapiere wird nachgewiesen, dass das Gutachten in Übereinstimmung mit diesem Fachgutachten geplant und durchgeführt wurde. Die Auftragsdokumentation ist innerhalb eines angemessenen Zeitraums nach dem Datum des Gutachtens abzuschließen.

(133) Form und Inhalt der Dokumentation stehen im pflichtgemäßen Ermessen des Gutachters. Die Arbeitspapiere sind so anzulegen, dass sich ein erfahrener sachverständiger Dritter, der nicht mit der Prüfung befasst war, in angemessener Zeit ein Bild über die Abwicklung und die Ergebnisse der Prüfung machen kann.

(134) Die Dokumentation hat folgende Nachweise zu enthalten:

- Einhaltung der Berufspflichten
- Art, Zeitpunkte und Umfang der durchgeführten Prüfungshandlungen
  - zur Risikobeurteilung
  - zu Aussagen in der SKS-Beschreibung
  - im Rahmen der Angemessenheits- und der Wirksamkeitsprüfung
- Ergebnisse der Prüfungshandlungen und die erlangten Prüfungsnachweise
- anlässlich der Prüfung festgestellte Regelverstöße, die in diesem Zusammenhang vorgenommenen Prüfungshandlungen und Nachweise, in welcher Form das Unternehmen darauf reagiert hat
- Verwertung der Arbeiten von Spezialisten
- Auswertung der Prüfungsfeststellungen und Begründung der Aussage im Gutachten
- bedeutende Sachverhalte, die während der Prüfung aufgetreten sind, sowie daraus resultierende bedeutsame Schlussfolgerungen und Beurteilungen.

(135) Im Rahmen der Dokumentation von Art, Umfang und Zeitpunkten der Prüfungshandlungen hat der Gutachter festzuhalten,

- welche Prüfungsnachweise zur Angemessenheit und Wirksamkeit des SKS erlangt wurden,
- von wem die Prüfungshandlungen durchgeführt und wann sie abgeschlossen wurden,
- falls erfolgt, von wem und wann die Prüfungshandlungen kontrolliert wurden sowie das Ergebnis dieser Überprüfung und
- seine abschließende Beurteilung, dass die durchgeführten Prüfungshandlungen die gutachterlichen Aussagen ausreichend stützen.

5.8. Berichterstattung

(136) Die SKS-PV sieht im § 14 ein schriftlich zu verfassendes Gutachten vor. Dieses Gutachten wird auf der Grundlage des vom Unternehmen erteilten Auftrags erstellt und dient dem Unternehmen zur Unterstützung beim Nachweis gegenüber der Finanzverwaltung über die Angemessenheit bzw. die Wirksamkeit des SKS. Das Gutachten wird ausschließlich im Auftrag und im Interesse des Unternehmens erstellt und bildet keine Grundlage für ein allfälliges Vertrauen anderer Dritter auf dessen Inhalt. Ansprüche anderer Dritter können daher daraus nicht abgeleitet werden (siehe dazu Abschnitt 2.2.).

(137) Das Gutachten hat die in § 14 SKS-PV angeführten Punkte sowie ergänzende Klarstellungen zu enthalten und sollte wie folgt aufgebaut sein:

a) Überschrift, die klar zum Ausdruck bringt, dass es sich um ein Gutachten eines unabhängigen Wirtschaftsprüfers bzw. Steuerberaters handelt

b) Auftraggeber und Berichtsadressat(en)

c) Auftrag zur Gutachtenserstellung
   - Erst- oder Folgeprüfung
   - Hinweis, dass es sich um keine Prüfung mit einer Zusicherungsleistung (Prüfungsurteil) handelt, sondern um eine Begutachtung i.S.d. § 153b Abs. 4 Z 4 BAO
   - Angabe mit Hinweis auf dieses Fachgutachten, dass die Befundaufnahme auf Basis der berufsrechtlichen Grundsätze durchgeführt worden ist
   - Gültigkeit der Allgemeinen Auftragsbedingungen für Wirtschaftstreuhandberufe (AAB i.d.g.F.) auch gegenüber Dritten
   - *[falls anwendbar]* im Zuge der Wirksamkeitsprüfung vereinbarte Schwerpunkte bzw. die mit den Organen der Finanzverwaltung abgestimmten durch das Gutachten zu erfassenden Schlüsselkontrollen

d) Verantwortung der gesetzlichen Vertreter des Unternehmens für die Ausgestaltung und Wirksamkeit des SKS

e) Gegenstand, Art und Umfang der Befundaufnahme
   - Beschreibung der durchgeführten Prüfungshandlungen zur Risikobeurteilung, der Aufbau- und Funktionsprüfungen sowie weiterer Prüfungshandlungen
   - Hinweis, wenn Ergebnisse von Prüfungen durch die Organe der Finanzverwaltung, die interne Revision oder Abschlussprüfer berücksichtigt werden
   - Hinweis, welche Bereiche nicht geprüft worden sind und zu denen keine Aussagen getroffen werden (z.B. Rechnungswesen, generelle IT-Kontrollen, allgemeines Internes Kontrollsystem)

f) Aussagen des unabhängigen Gutachters – die Punkte gemäß § 14 Abs. 1 Z 3 bis 5 SKS-PV

g) Feststellungen

h) Datum des Gutachtens, Ort der Prüfung

i) firmenmäßige Unterfertigung durch den Wirtschaftsprüfer oder Steuerberater mit qualifizierter elektronischer Signatur oder einem qualifizierten elektronischen Siegel (vgl. § 153b Abs. 7 BAO)

Im Fall eines Ergänzungsgutachtens gemäß § 1 Abs. 4 SKS-PV ist eine Aussage in das Gutachten aufzunehmen, ob es einen Zusammenhang des SKS mit (dem) bereits bestehenden SKS des Kontrollverbunds gibt. Wenn ein derartiger Zusammenhang besteht, sollte dieser beschrieben werden. Wenn ein derartiger Zusammenhang nicht besteht, sollte dies im Gutachten erwähnt werden.

(138) Folgende Anlagen sind dem Gutachten beizulegen:

a) SKS-Beschreibung des Unternehmens (Steuerrichtlinie, Risiko-Kontroll-Matrix, Überblick über alle wesentlichen Prozesse)

a) Beschreibung Kontrollverbund gemäß § 153b Abs. 2 BAO

b) Allgemeine Auftragsbedingungen für Wirtschaftstreuhandberufe (AAB i.d.g.F.)

6. Anwendungszeitpunkt

(139) Dieses Fachgutachten ist auf die Erstellung von Gutachten anzuwenden, die Anträge zur Teilnahme an der begleitenden Kontrolle für Veranlagungsjahre ab dem 1. Jänner 2020 betreffen. Eine frühere Anwendung auf Gutachten, die Anträgen gemäß § 323 Abs. 55 Z 2 BAO beigelegt werden, ist zulässig.

Anlage 1: Muster eines Gutachtens zu einer Angemessenheitsprüfung i.S.d. SKS-PV

Gutachten des unabhängigen Wirtschaftsprüfers/Steuerberaters gemäß § 12 Abs. 1 SKS-PV über die Prüfung der Konzeption und Umsetzung des Steuerkontrollsystems für [*Unternehmer/Kontrollverbund*]

An [*den Unternehmer*]

A. Gutachtensauftrag

Mit Schreiben vom [*Datum*] hat uns [*der Unternehmer*] beauftragt, ein Gutachten über die Angemessenheit der Konzeption und die Umsetzung des in Anlage 1 beschriebenen Steuerkontrollsystems [*des Unternehmers/des Kontrollverbunds*] i.S.v. § 13 Abs. 1 und 2 der SKS-Prüfungsverordnung (SKS-PV) zu erstellen.

Ein Steuerkontrollsystem (im Folgenden kurz „SKS") umfasst die Summe aller Maßnahmen (Prozesse und Prozessschritte), die gewährleisten sollen, dass die Besteuerungsgrundlagen für die jeweilige Abgabenart (§ 153e Abs. 1 BAO) in der richtigen Höhe ausgewiesen und die darauf entfallenden Steuern termingerecht und in der richtigen Höhe abgeführt werden (§ 153b Abs. 6 BAO). Das SKS hat den Erfordernissen des Unternehmens zu entsprechen und kann auch Teil eines umfassenderen innerbetrieblichen Kontrollsystems sein.

Für die Durchführung des Auftrags und unsere Verantwortlichkeit sind, auch im Verhältnis zu Dritten, die diesem Bericht beigefügten Allgemeinen Auftragsbedingungen für Wirtschaftstreuhandberufe (AAB i.d.g.F., abrufbar auch über die Website der Kammer der Steuerberater und Wirtschaftsprüfer www.ksw.or.at) vereinbart. Meine/Unsere Haftung ist nach Maßgabe von Punkt 7. der vereinbarten AAB i.d.g.F. gegenüber der Gesellschaft begrenzt.

Wir erstatten dieses Gutachten auf der Grundlage des [*vom Unternehmer*] erteilten Auftrags. Das Gutachten dient dazu, [*den Unternehmer*] beim Nachweis für die Antragstellung zur Überführung in die begleitende Kontrolle zu unterstützen. Da unser Gutachten ausschließlich im Auftrag und im Interesse des Auftraggebers erstellt wird und zur Vorlage an die Organe der Finanzverwaltung bestimmt ist, bildet es keine Grundlage für ein allfälliges Vertrauen Dritter auf seinen Inhalt.

B. Verantwortung der gesetzlichen Vertreter

Die Verantwortung für das SKS einschließlich der Dokumentation des SKS und für die Inhalte der Beschreibung des SKS liegt bei den gesetzlichen Vertretern [*des Unternehmers/Kontrollverbunds*].

C. Befundaufnahme

Gegenstand unserer Befundaufnahme sind das im Unternehmen/Kontrollverbund eingerichtete SKS sowie die in der als Anlage 1 beigefügten SKS-Beschreibung enthaltenen Darstellungen.

Die Zielsetzung der Befundaufnahme als Systemprüfung liegt nicht im Erkennen von einzelnen Regelverstößen. Sie ist daher nicht darauf ausgerichtet, Prüfungssicherheit über die tatsächliche Einhaltung von Regeln zu erlangen.

Wir haben unsere Befundaufnahme auf der Grundlage der für Wirtschaftsprüfer und Steuerberater geltenden Berufspflichten unter Beachtung des Fachgutachtens KFS/PE 29 durchgeführt.

Hiernach haben wir die Befundaufnahme mit kritischer Grundhaltung so zu planen und durchzuführen, dass wir beurteilen können, ob die in der SKS-Beschreibung enthaltenen Aussagen über die Grundelemente und Maßnahmen des SKS in allen wesentlichen Belangen angemessen dargestellt sind, ob die dargestellten Grundelemente und Maßnahmen geeignet sind, sowohl Risiken wesentlicher Verstöße gegen [*Beschreibung der betreffenden Regeln bzw. des oder der abgegrenzten Teilbereiche(s)*] rechtzeitig zu erkennen als auch solche Regelverstöße zu verhindern, ob die Grundelemente und Maßnahmen zum [*Datum*] implementiert waren und gewährleisten, dass das SKS an geänderte Rahmenbedingungen angepasst und verbessert wird, sowie ob die Beschreibung der Grundelemente und der Maßnahmen zur Erreichung der Ziele des SKS regelmäßig aktualisiert wird.

Auftragsgemäß umfasste unsere Befundaufnahme nicht die Beurteilung der Wirksamkeit der in der SKS-Beschreibung des Unternehmens/des Kontrollverbunds dargestellten Grundsätze und Maßnahmen.

Die Auswahl der Prüfungshandlungen haben wir nach unserem pflichtgemäßen Ermessen vorgenommen. Im Rahmen unserer Befundaufnahme haben wir das rechtliche und wirtschaftliche Umfeld und die SKS-Anforderungen des Unternehmers/des Kontrollverbunds berücksichtigt. Wir haben die in der SKS-Beschreibung dargestellten Grundsätze und Maßnahmen sowie die uns vorgelegten Nachweise überwiegend auf der Basis von Stichproben beurteilt. Wir sind der Auffassung, dass unsere Befundaufnahme eine hinreichend sichere Grundlage für unsere Beurteilung bildet. Hinreichende Sicherheit bedeutet nicht absolute Sicherheit; auch bei sorgfältiger Befundaufnahme kann die Möglichkeit des Auftretens auch wesentlicher Regelverstöße unentdeckt bleiben.

Im Einzelnen haben wir folgende Prüfungshandlungen durchgeführt:

[*Darstellung einzelner Prüfungshandlungen auf Basis von § 14 Abs. 1 Z 1 SKS-PV – siehe Abschnitt 5.3.*]

[*Folgende Prüfungshandlungen können dabei in Betracht kommen:*

- Befragung der gesetzlichen Vertreter, aber auch sachverständiger Mitarbeiter zur Konzeption und Umsetzung des SKS, zu bekannten Schwachstellen im SKS sowie zu festgestellten Fehlern
- Einsicht in Organisationsunterlagen, wie Protokolle und Sitzungsberichte, Berichte der internen Revision, Handbücher und Verfahrensgrundsätze, sowie Durchsicht von vertraglichen Vereinbarungen mit Dritten (einschließlich Vereinbarungen über die Auslagerung von Dienstleistungen an Dritte)
- Einsicht in die Dokumentation über das SKS, in der Verantwortlichkeiten und Regelungen zum SKS enthalten sind
- Beobachtung von Aktivitäten und Arbeitsabläufen, die mit dem SKS in Verbindung stehen
- Nachvollziehen der implementierten Prozesse des SKS
- stichprobenweise Überprüfung der für das SKS relevanten und dokumentierten Kontrollen
- IT-gestützte Prüfungshandlungen wie Datenanalysen im Zusammenhang mit systemtechnisch abgebildeten Berechtigungs- und Freigabekonzepten
- …]

[*Bei Kontrollverbund:*

Allfällige zusätzliche Angaben gemäß § 15 Abs. 2 SKS-PV]

Wir haben die Befundaufnahme (mit Unterbrechungen) in der Zeit vom [*Datum*] bis zum [*Datum*] durchgeführt.

Alle von uns erbetenen Aufklärungen und Nachweise sind uns gegeben worden. Die gesetzlichen Vertreter haben uns die Vollständigkeit und Richtigkeit der SKS-Beschreibung und der uns erteilten Aufklärungen und Nachweise zur Konzeption des SKS sowie zu dessen Angemessenheit und Implementierung schriftlich bestätigt.

D. Gutachten

Nach unserer Beurteilung aufgrund der bei der Befundaufnahme gewonnenen Erkenntnisse

- sind die in der SKS-Beschreibung enthaltenen Aussagen über die Grundsätze und Maßnahmen des SKS den Erfordernissen des Unternehmers/Kontrollverbunds entsprechend in allen wesentlichen Belangen gemäß § 11 Abs. 2 SKS-PV angemessen dargestellt;
- sind die dargestellten Grundelemente, die zum [*Datum*] umgesetzt waren, geeignet, die Besteuerungsgrundlage für die jeweilige Abgabenart in der richtigen Höhe auszuweisen, die darauf entfallenden Steuern termingerecht und in der richtigen Höhe abzuführen, die Risiken wesentlicher Verstöße gegen steuerliche Vorschriften rechtzeitig zu erkennen und solche Regelverstöße zu verhindern;
- ist gewährleistet, dass das SKS laufend an geänderte Rahmenbedingungen angepasst und verbessert wird;
- ist gewährleistet, dass die Beurteilung der steuerrelevanten Risiken und die vorgesehenen Maßnahmen zur Erreichung der Ziele des SKS sowie die regelmäßig anfallenden steuerlich relevanten Prozesse überprüfbar dokumentiert sind und diese Dokumentation laufend aktualisiert wird.

Wenn sich die Rahmenbedingungen nicht wesentlich ändern, kann von einer Eignung des eingerichteten SKS für die folgenden drei Geschäftsjahre ausgegangen werden.

Hinzuweisen ist in diesem Zusammenhang darauf, dass auch ein wirksames SKS inhärenten Grenzen unterliegt, sodass möglicherweise auch wesentliche Regelverstöße auftreten können, ohne systemseitig verhindert oder aufgedeckt zu werden.

Die Erstellung des Gutachtens ist weder eine Abschlussprüfung bzw. prüferische Durchsicht von Abschlüssen noch eine Prüfung des internen Kontrollsystems und der generellen IT-Kontrollen. Gegenstand des Gutachtens sind ebenso weder die Aufdeckung und Aufklärung strafrechtlicher Tatbestände wie z.B. von Unterschlagungen oder sonstigen Untreuehandlungen und Ordnungswidrigkeiten noch die Beurteilung der Wirtschaftlichkeit und Wirksamkeit der bisherigen bzw. zukünftigen Geschäftsführung oder der Steuerehrlichkeit des Unternehmens.

Dieses Gutachten ist nur zur Vorlage an die Organe der Finanzverwaltung, also nicht zur Offenlegung gegenüber anderen Dritten bestimmt.

Eine Haftung für die Ausführungen in diesem Gutachten gegenüber Dritten ist ausgeschlossen.

[*Ort, Datum*]

Das Gutachten ist auf den Tag der Beendigung der Prüfung zu datieren.

[*Unterschrift*]
Name der Gutachterin bzw. des Gutachters (Wirtschaftsprüfer/Steuerberater)
Firmenmäßige Fertigung durch den Wirtschaftsprüfer oder Steuerberater mit qualifizierter elektronischer Signatur oder einem qualifizierten elektronischen Siegel (vgl. § 153b Abs. 7 BAO)

Anlagen:
1. SKS-Beschreibung
[2. Beschreibung Kontrollverbund]
3./2. Allgemeine Auftragsbedingungen

Anlage 2: Muster eines Gutachtens zu einer Wirksamkeitsprüfung i.S.d. SKS-PV

Gutachten des unabhängigen Wirtschaftsprüfers/Steuerberaters gemäß § 12 Abs. 2 SKS-PV über die Prüfung der Konzeption, Umsetzung und Wirksamkeit des Steuerkontrollsystems für

[*Unternehmer/Kontrollverbund*]

An [*den Unternehmer*]

A. Gutachtensauftrag

Mit Schreiben vom [*Datum*] hat uns [*der Unternehmer*] beauftragt, ein Gutachten über die Angemessenheit der Konzeption, die Umsetzung und die Wirksamkeit des in Anlage 1 beschriebenen Steuerkontrollsystems [*des Unternehmers/des Kontrollverbunds*] i.S.v. § 13 der SKS-Prüfungsverordnung (SKS-PV) zu erstellen.

Ein Steuerkontrollsystem (SKS) umfasst die Summe aller Maßnahmen (Prozesse und Prozessschritte), die gewährleisten sollen, dass die Besteuerungsgrundlagen für die jeweilige Abgabenart (§ 153e Abs. 1 BAO) in der richtigen Höhe ausgewiesen und die darauf entfallenden Steuern termingerecht und in der richtigen Höhe abgeführt werden (§ 153b Abs. 6 BAO). Das SKS hat den Erfordernissen des Unternehmens zu entsprechen und kann auch Teil eines umfassenderen innerbetrieblichen Kontrollsystems sein.

Für die Durchführung des Auftrags und unsere Verantwortlichkeit sind, auch im Verhältnis zu Dritten, die diesem Bericht beigefügten Allgemeinen Auftragsbedingungen für Wirtschaftstreuhandberufe (AAB i.d.g.F., abrufbar auch über die Website der Kammer der Steuerberater und Wirtschaftsprüfer www.ksw.or.at) vereinbart. Meine/Unsere Haftung ist nach Maßgabe von Punkt 7. der vereinbarten AAB i.d.g.F. gegenüber der Gesellschaft begrenzt.

Wir erstatten dieses Gutachten auf der Grundlage des [*vom Unternehmer*] erteilten Auftrags. Das Gutachten dient dazu, [*den Unternehmer*] beim Nachweis über die Wirksamkeit des SKS im Rahmen der begleitenden Kontrolle zu unterstützen. Da unser Gutachten ausschließlich im Auftrag und im Interesse des Auftraggebers erstellt wird und zur Vorlage an die Organe der Finanzverwaltung bestimmt ist, bildet es keine Grundlage für ein allfälliges Vertrauen Dritter auf seinen Inhalt.

B. Verantwortung der gesetzlichen Vertreter

Die Verantwortung für das SKS einschließlich der Dokumentation des SKS und für die Inhalte der Beschreibung des SKS liegt bei den gesetzlichen Vertretern [*des Unternehmers/Kontrollverbunds*].

C. Befundaufnahme

Gegenstand unserer Befundaufnahme sind die in der als Anlage 1 beigefügten SKS-Beschreibung enthaltenen Aussagen.

Die Zielsetzung der Befundaufnahme als Systemprüfung liegt nicht im Erkennen von einzelnen Regelverstößen und stellt daher weder eine materiell-rechtliche Beurteilung von steuerlichen Sachverhalten noch ein Aufdecken von abgabenrechtlich unrichtig gewürdigten Einzelsachverhalten dar. Sie ist daher nicht darauf ausgerichtet, Prüfungssicherheit über die tatsächliche Einhaltung von Regeln zu erlangen.

Das SKS ist angemessen bzw. geeignet, wenn mit hinreichender Sicherheit gewährleistet ist, dass die Anforderungen gemäß § 13 Abs. 1 und 2 SKS-PV erfüllt werden.

Die Wirksamkeit des SKS gemäß § 13 Abs. 3 SKS-PV ist dann gegeben, wenn die Grundelemente und Maßnahmen in den laufenden Geschäftsprozessen von den hiervon Betroffenen nach Maßgabe ihrer Verantwortlichkeit zur Kenntnis genommen und beachtet werden. Auch ein wirksames SKS unterliegt systemimmanenten Grenzen, sodass möglicherweise auch wesentliche Regelverstöße auftreten können, ohne systemseitig verhindert oder aufgedeckt zu werden.

Wir haben unsere Befundaufnahme auf der Grundlage der für Wirtschaftsprüfer und Steuerberater geltenden Berufspflichten unter Beachtung des Fachgutachtens KFS/PE 29 durchgeführt.

Hiernach haben wir die Befundaufnahme mit kritischer Grundhaltung so zu planen und durchzuführen, dass wir beurteilen können, ob die in der SKS-Beschreibung enthaltenen Aussagen über die Grundelemente und Maßnahmen des SKS in allen wesentlichen Belangen angemessen dargestellt sind, ob die dargestellten Grundelemente und Maßnahmen geeignet sind, sowohl Risiken wesentlicher Verstöße gegen [*Beschreibung der betreffenden Regeln bzw. des oder der abgegrenzten Teilbereiche(s)*] rechtzeitig zu erkennen als auch solche Regelverstöße zu verhindern, ob die Grundelemente und Maßnahmen zum [*Datum*] implementiert waren und gewährleisten, dass das SKS an geänderte Rahmenbedingungen angepasst und verbessert wird, ob die Beschreibung der Grundelemente und der Maßnahmen zur Erreichung der Ziele des SKS regelmäßig aktualisiert wird sowie ob diese Grundelemente und Maßnahmen während des Zeitraums vom [*Datum*] bis zum [*Datum*] wirksam waren.

Das Ziel der Wirksamkeitsprüfung ist es, zu beurteilen, ob die in der Beschreibung des SKS enthaltenen Grundelemente des SKS innerhalb des Zeitraums seit der letzten abgeschlossenen Prüfung des SKS wirksam waren. Das ist dann der Fall, wenn sich aufgrund der Prüfungshandlungen ergibt, dass gewährleistet ist, dass mit hinreichender Sicherheit in der überwiegenden Anzahl der Fälle, jedenfalls aber in sämtlichen wesentlichen Fällen die Besteuerungsgrundlage für die jeweilige Abgabenart in der richtigen Höhe ausgewiesen worden ist und die darauf entfallenden Steuern termingerecht und in der richtigen Höhe abgeführt worden sind, die Risiken wesentlicher Verstöße gegen steuerliche Vorschriften rechtzeitig erkannt worden sind und Vorgänge, die zu Regelverstößen hätten führen können, in der Regel rechtzeitig beendet worden sind oder im Fall bereits eingetretener Regelverstöße zeitnah die zuständige Abgabenbehörde informiert worden ist.

Der Umfang der Wirksamkeitsprüfung kann unter Berücksichtigung der vom Unternehmer der Abgabenbehörde vorgelegten anderen Nachweise festgelegt werden. Im Rahmen der Wirksamkeitsprüfung ist auch zu beurteilen, ob die seit der Erstellung des letzten Gutachtens mit den Organen des zuständigen Finanzamts (vgl. § 153f Abs. 4 BAO) vereinbarten wesentlichen Schlüsselkontrollen durchgeführt und allenfalls aufgetragene Verbesserungsmaßnahmen ohne unnötigen Aufschub und vollständig umgesetzt worden sind.

[*falls anwendbar*] Unter diesen Rahmenbedingungen haben wir folgende Prozesse und Schlüsselkontrollen beurteilt:

- …
- …

Die Auswahl der Prüfungshandlungen haben wir nach unserem pflichtgemäßen Ermessen vorgenommen. Im Rahmen unserer Befundaufnahme haben wir das rechtliche und wirtschaftliche Umfeld und die SKS-Anforderungen des Unternehmens/des Kontrollverbunds berücksichtigt. Wir haben die in der SKS-Beschreibung dargestellten Grundsätze und Maßnahmen sowie die uns vorgelegten Nachweise überwiegend auf der Basis von Stichproben beurteilt. Wir sind der Auffassung, dass unsere Befundaufnahme eine hinreichend sichere Grundlage für unsere Beurteilung bildet. Hinreichende Sicherheit bedeutet nicht absolute Sicherheit; auch bei sorgfältiger Befundaufnahme kann die Möglichkeit des Auftretens auch wesentlicher Regelverstöße unentdeckt bleiben.

Im Einzelnen haben wir folgende Prüfungshandlungen durchgeführt:

[*Darstellung einzelner Prüfungshandlungen auf Basis von § 14 Abs. 1 Z 1 SKS-PV – siehe Abschnitt 5.3.*]

[*Folgende Prüfungshandlungen können dabei in Betracht kommen*:

- Befragung der gesetzlichen Vertreter, aber auch sachverständiger Mitarbeiter zur Konzeption und Umsetzung des SKS, zu bekannten Schwachstellen im SKS sowie zu festgestellten Fehlern
- Einsicht in Organisationsunterlagen, wie Protokolle und Sitzungsberichte, Berichte der internen Revision, Handbücher und Verfahrensgrundsätze, sowie Durchsicht von vertraglichen Vereinbarungen mit Dritten (einschließlich Vereinbarungen über die Auslagerung von Dienstleistungen an Dritte)
- Einsicht in die Dokumentation über das SKS, in der Verantwortlichkeiten und Regelungen zum SKS enthalten sind
- Beobachtung von Aktivitäten und Arbeitsabläufen, die mit dem SKS in Verbindung stehen
- Nachvollziehen der implementierten Prozesse des SKS
- stichprobenweise Überprüfung der für das SKS relevanten und dokumentierten Kontrollen
- IT-gestützte Prüfungshandlungen wie Datenanalysen im Zusammenhang mit systemtechnisch abgebildeten Berechtigungs- und Freigabekonzepten
- …]

[*Bei Kontrollverbund:*

Angaben zu Funktionsweise, Aufgaben- und Risikoverteilung (im Sinne der Lesbarkeit für Details Verweis auf Anlage empfohlen) und Verantwortlichen, siehe § 15 Abs. 2 SKS-PV]

Wir haben die Befundaufnahme (mit Unterbrechungen) in der Zeit vom [*Datum*] bis zum [*Datum*] durchgeführt.

Alle von uns erbetenen Aufklärungen und Nachweise sind uns gegeben worden. Die gesetzlichen Vertreter haben uns die Vollständigkeit und Richtigkeit der SKS-Beschreibung und der uns erteilten Aufklärungen und Nachweise zur Konzeption des SKS sowie zu dessen Angemessenheit, Implementierung und Wirksamkeit schriftlich bestätigt.

D. Gutachten

Nach unserer Beurteilung aufgrund der bei der Befundaufnahme gewonnenen Erkenntnisse

- sind die in der SKS-Beschreibung enthaltenen Aussagen über die Grundsätze und Maßnahmen des SKS den Erfordernissen des Unternehmens/Kontrollverbunds entsprechend in allen wesentlichen Belangen gemäß § 11 Abs. 2 SKS-PV angemessen dargestellt;

- sind die dargestellten Grundelemente geeignet, die Besteuerungsgrundlage für die jeweilige Abgabenart in der richtigen Höhe auszuweisen, die darauf entfallenden Steuern termingerecht und in der richtigen Höhe abzuführen, die Risiken wesentlicher Verstöße gegen steuerliche Vorschriften rechtzeitig zu erkennen und solche Regelverstöße zu verhindern;
- ist gewährleistet, dass das SKS laufend an geänderte Rahmenbedingungen angepasst und verbessert wird;
- ist gewährleistet, dass die Beurteilung der steuerrelevanten Risiken und die vorgesehenen Maßnahmen zur Erreichung der Ziele des SKS sowie die regelmäßig anfallenden steuerlich relevanten Prozesse überprüfbar dokumentiert sind und diese Dokumentation laufend aktualisiert wird.

Die in der Beschreibung des SKS enthaltenen Grundelemente und Maßnahmen waren zum [*Datum*] implementiert und während des Zeitraums vom [*Datum*] bis zum [*Datum*] wirksam. [*alternativ*] Von den in der Beschreibung des SKS enthaltenen [*Prozesse und Schlüsselkontrollen anführen*] … waren zum …

Wenn sich die Rahmenbedingungen nicht wesentlich ändern, kann von einer Eignung des eingerichteten SKS für die folgenden drei Geschäftsjahre ausgegangen werden.

Hinzuweisen ist in diesem Zusammenhang darauf, dass auch ein wirksames SKS inhärenten Grenzen unterliegt, sodass möglicherweise auch wesentliche Regelverstöße auftreten können, ohne systemseitig verhindert oder aufgedeckt zu werden.

Die Erstellung des Gutachtens ist weder eine Abschlussprüfung bzw. prüferische Durchsicht von Abschlüssen noch eine Prüfung des internen Kontrollsystems und der generellen IT-Kontrollen. Gegenstand des Gutachtens sind ebenso weder die Aufdeckung und Aufklärung strafrechtlicher Tatbestände wie z.B. von Unterschlagungen oder sonstigen Untreuehandlungen und Ordnungswidrigkeiten noch die Beurteilung der Wirtschaftlichkeit und Wirksamkeit der bisherigen bzw. zukünftigen Geschäftsführung oder der Steuerehrlichkeit des Unternehmens.

Dieses Gutachten ist nur zur Vorlage an die Organe der Finanzverwaltung, also nicht zur Offenlegung gegenüber anderen Dritten bestimmt.

Eine Haftung für die Ausführungen in diesem Gutachten gegenüber Dritten ist ausgeschlossen.

[*Ort, Datum*]
Das Gutachten ist auf den Tag der Beendigung der Prüfung zu datieren.

[*Unterschrift*]
Name der Gutachterin bzw. des Gutachters (Wirtschaftsprüfer/Steuerberater)
Firmenmäßige Fertigung durch den Wirtschaftsprüfer oder Steuerberater mit qualifizierter elektronischer Signatur oder einem qualifizierten elektronischen Siegel (vgl. § 153b Abs. 7 BAO)

Anlagen:
1. SKS-Beschreibung
[2. Beschreibung Kontrollverbund]
3./2. Allgemeine Auftragsbedingungen

Anlage 3: Vollständigkeitserklärung

Ort, am ....

An
[*Anschrift des Auftragnehmers*]

Firmenstempel des Auftraggebers

Hinweis: Um die Vollständigkeit der erhaltenen Informationen möglichst sicherzustellen, ist die Vollständigkeitserklärung von allen gesetzlichen Vertretern zu unterzeichnen.

Gutachten zu einer [Angemessenheitsprüfung gemäß § 12 Abs. 1 SKS-PV/Wirksamkeitsprüfung gemäß § 12 Abs. 2 SKS-PV]

Wir haben Sie mit der Erstellung eines Gutachtens über eine [Angemessenheitsprüfung/Wirksamkeitsprüfung] gemäß [§ 12 Abs. 1 SKS-PV/§ 12 Abs. 2 SKS-PV] beauftragt. In diesem Zusammenhang erklären wir Folgendes:

1. Wir sind für die Einrichtung des Steuerkontrollsystems (SKS) im [Unternehmen/Kontrollverbund] verantwortlich.
2. Unsere Verantwortung beinhaltet die Gestaltung, Umsetzung, Dokumentation und Aufrechterhaltung eines SKS. Es ist unsere Verantwortung, das SKS in einer Weise einzurichten, dass es wesentliche steuerliche Fehler, seien sie beabsichtigt oder unbeabsichtigt, verhindert bzw. diese aufgedeckt werden können und dass es die Auswahl und Anwendung aller dafür geeigneten Kontrollen beinhaltet, die unter Berücksichtigung der gegebenen Rahmenbedingungen notwendig und angemessen erscheinen.
3. Wir haben Ihnen das gesamte für Ihre Zwecke erforderliche Datenmaterial zur Verfügung gestellt.
4. Die Ihnen übermittelte Steuerrichtlinie vom [Datum] ist von uns freigegeben und im [Unternehmen/Kontrollverbund] gültig.
5. Die Aufklärungen und Nachweise, um die Sie uns ersucht haben, wurden Ihnen vollständig und nach bestem Wissen gegeben. Als Auskunftspersonen, die angewiesen wurden, Ihnen alle gewünschten Auskünfte und Nachweise richtig und vollständig zu geben und für deren Auskünfte wir die Gewähr übernehmen, wurden Ihnen benannt:

   ____

   ____

6. Sie führen ausschließlich Prüfungshandlungen in Zusammenhang mit der mit uns vereinbarten Erstellung eines Gutachtens zur [Angemessenheitsprüfung/Wirksamkeitsprüfung] gemäß [§ 12 Abs. 1 SKS-PV/§ 12 Abs. 2 SKS-PV] durch. Daher kann nicht ausgeschlossen werden, dass nicht alle möglicherweise bestehenden signifikanten Fehler und Unregelmäßigkeiten einschließlich Betrug oder Unterschlagungen sowie sonstige Gesetzesverstöße aufgedeckt werden.
7. Ihre Berichterstattung erfolgt ausschließlich an uns; eine Weitergabe durch uns an [Abgabenbehörde, der der Bericht weitergegeben werden soll] gilt als vereinbart; eine Weitergabe an andere Dritte bedarf Ihrer gesonderten schriftlichen Zustimmung.
8. Wir haben Ihnen sämtliche Ereignisse bzw. Erkenntnisse, die bis zur Erstellung des Gutachtens eingetreten bzw. uns bekannt geworden sind und die sich wesentlich auf das SKS ausgewirkt haben, mitgeteilt.
9. Wir haben keine Kenntnis von Informationen oder Gegebenheiten, die nicht sachgerecht im SKS umgesetzt und in der Beschreibung des SKS abgebildet sind.
10. [Bei Wirksamkeitsprüfung:] Wir sind für die Wirksamkeit der in der Beschreibung des SKS enthaltenen Grundelemente des SKS im Zeitraum vom [Datum] bis zum [Datum] verantwortlich. Die mit den Organen der zuständigen Abgabenbehörde vereinbarten Abgabenarten und wesentlichen Schlüsselkontrollen beschränken sich auf folgende:
    - [Abgabenart und Schlüsselkontrolle]
    - xxx

11. [Bei Wirksamkeitsprüfung:] Wir gewährleisten, dass mit hinreichender Sicherheit in der überwiegenden Anzahl der Fälle, jedenfalls aber in sämtlichen wesentlichen Fällen
    - die Besteuerungsgrundlage für die jeweilige Abgabenart in der richtigen Höhe ausgewiesen ist;
    - die darauf entfallenden Steuern termingerecht und in der richtigen Höhe abgeführt worden sind;
    - die Risiken wesentlicher Verstöße gegen steuerliche Vorschriften rechtzeitig erkannt worden sind;
    - Vorgänge, die zu Regelverstößen hätten führen können, in der Regel rechtzeitig beendet worden sind;
    - [falls zutreffend: im Fall bereits eingetretener Regelverstöße zeitnah die zuständige Abgabenbehörde informiert worden ist].
12. [Weitere Erklärungen einfügen]

____

Unterschriften der gesetzlichen Vertreter mit Angabe des Datums der Unterfertigung

Erläuterungen und Anwendungshinweise

Zu Rz (7):

Jene Bereiche, die von der GPLA bzw. vom PLAB erfasst sind, sind nicht Bestandteil des Systems der begleitenden Kontrolle, können aber auf freiwilliger Basis in das SKS bzw. das SKS-Gutachten aufgenommen werden. Dies gilt ebenso für andere Bereiche, die nicht Bestandteil des Systems der begleitenden Kontrolle sind.

Zu Rz (17):

Schädliche Beziehungen liegen bspw. vor, wenn der Gutachter an dem beantragenden Unternehmen (bzw. einem Unternehmen des Kontrollverbunds) Anteile in einem wesentlichen Ausmaß hält, als Mitglied des Aufsichtsrats fungiert oder Mitglied des Stiftungsvorstands einer Stiftung ist, die wesentliche Anteile an dem beantragenden Unternehmen (bzw. einem Unternehmen des Kontrollverbunds) hält.

Zu Rz (19):

Unter die die Unabhängigkeit grundsätzlich nicht gefährdenden Steuerberatungsleistungen fällt u.a. auch die Umgründungsberatung.

Zu Rz (20):

Bei Erstellung von Steuererklärungen liegt eine Selbstprüfung u.a. vor, wenn der Steuerberater die für die Besteuerungsgrundlagen relevanten Daten selbst ermittelt (z.B. Berechnung von Rückstellungen, Ermittlung von Wertansätzen). Demgegenüber bleibt der Steuerberater unabhängig, wenn die Daten vom beantragenden Unternehmen übernommen werden („compilation") und die inhaltliche Verantwortung für die Richtigkeit der Daten beim jeweiligen Unternehmen bleibt.

Zu Rz (21):

Eine Erstellung des Abschlusses unter Anwendung des KFS/RL 26 ist grundsätzlich mit der Tätigkeit als Gutachter für das SKS vereinbar. Wenn allerdings im Rahmen der Bilanzierung maßgebende Bewertungen von Aktivposten und/oder Passivposten (z.B. Ermittlung von Rückstellungsbeträgen) vorgenommen werden, die die Besteuerungsgrundlagen wesentlich beeinflussen, ist die Unabhängigkeit des Gutachters gefährdet.

Zu Rz (24):

Eine unschädliche projektbegleitende Befundaufnahme beinhaltet in vielen Fällen das Aufzeigen von Gestaltungs- und Umsetzungsmöglichkeiten sowie Entscheidungsvarianten zur Verbesserung festgestellter Mängel (im Sinne des IDW PS 982 Tz A13 und des IDW-Praxishinweises 1/2016: Ausgestaltung und Prüfung eines Tax Compliance Management Systems gemäß IDW PS 980, im Folgenden „IDW-PH", Tz 66). Dies gilt für Erst- und Folgeprüfungen.

Zu Rz (26):

Aufgrund der strengen Unabhängigkeitsvorschriften erfüllt ein als Abschlussprüfer bestellter Wirtschaftsprüfer jedenfalls die Unabhängigkeitsanforderungen als Gutachter eines SKS.

Die VO (EU) Nr. 537/2014 (Abschlussprüfungs-Verordnung) definiert darüber hinaus für die Prüfung von Unternehmen von öffentlichem Interesse alle Leistungen, die nicht gesetzliche Abschlussprüfungen darstellen, als Nichtprüfungsleistungen. Dabei kann es bestimmte Nichtprüfungsleistungen, auch im Zusammenhang mit Steuerberatungsleistungen, geben, die gesetzlich vorgeschrieben sind (vgl. Art. 5 Abs. 1 Unterabs. 2 lit. a iv) bzw. v), sog. „erforderliche Nichtprüfungsleistungen") und daher auch von einem Abschlussprüfer eines Unternehmens von öffentlichem Interesse erbracht werden dürfen. Diese sind bspw.:

- Prüfung der Einhaltung der Vorschriften für Spendenabzugsfähigkeit (§ 4a EStG),
- Prüfung der Einhaltung der Vorschriften für die Geltendmachung der Forschungsprämie (§ 108c EStG).

Die Erstellung eines Gutachtens gemäß SKS-PV fällt ebenso unter diesen Tatbestand.

Zu Rz (27) und (28):

Es kommt zu einem Verlust der Unabhängigkeit für eine Folgeprüfung, wenn der Gutachter bei der laufenden Wartung des SKS während des Zeitraums, auf den sich die Prüfung bezieht, mitgewirkt hat. Die Unabhängigkeit ist wieder gegeben, sobald seit der Mitwirkung eine Begutachtung durch einen anderen Gutachter durchgeführt wurde.

Beispiel: Ein Steuerberater setzte das SKS für ein beantragendes Unternehmen um. Da der Steuerberater folglich die Erstprüfung nicht durchführen konnte (Verbot der Selbstprüfung), erfolgt die Erstprüfung durch einen anderen Gutachter. Der Steuerberater kann die Folgeprüfung durchführen, sofern die allgemeinen Voraussetzungen der Unabhängigkeit seit der Erstprüfung gewahrt werden (u.a. keine Mitwirkung an der laufenden Wartung des SKS und keine sonstigen die Unabhängigkeit gefährdenden Tätigkeiten für das Unternehmen).

Zu Rz (29):

Die in § 153b Abs. 6 BAO normierte Definition wird durch die SKS-PV in Abschnitt 2 näher konkretisiert. Die Verordnung lehnt sich dabei an deutsche Prüfungsstandards (IDW PS 982 - Grundsätze ordnungsmäßiger Prüfung des internen Kontrollsystems des internen und externen Berichtswesens und IDW PS 980 - Grundsätze ordnungsmäßiger Prüfung von Compliance Management Systemen) sowie an die Leitlinie ISO 19600 (Compliance-Management-Systeme-Leitlinien (ISO 19600:2014), ÖNORM ISO 19600: 2017 05 01, erstellt vom Project Committee ISO/PC 271, Compliance Management Systems der International Organization for Standardization (ISO)) an.

Die Grundelemente, die in §§ 4 bis 10 der SKS-PV beschrieben werden, überschneiden sich inhaltlich im Wesentlichen mit den im IDW-PH 1/2016 dargestellten Grundelementen.

Zu Rz (32):

Der Auslandsbezug kann verschiedene Ausprägungen aufweisen:

Die österreichische Gesellschaft ist Teil eines internationalen Konzerns: Die SKS-PV lehnt sich an international übliche Regelwerke (ISO 19600, IDW PS 982 und IDW PS 980) an. Das erleichtert die Anbindung an ein konzernweites Tax Compliance Management System.

Die österreichische Gesellschaft hat Tochtergesellschaften im Ausland: Alleine der Umstand von Beteiligungen an ausländischen Gesellschaften, die aus steuerlicher Sicht als eigenständige Steuersubjekte zu qualifizieren sind, führt zu keiner Einbeziehung dieser Tochtergesellschaften in das österreichische SKS. Werden die ausländischen Tochtergesellschaften dennoch in das österreichische SKS einbezogen, dann sind die ausländischen Tochtergesellschaften nicht Teil des Gutachtens i.S.d. SKS-PV. Wird eine ausländische Tochtergesellschaft allerdings als ausländisches Gruppenmitglied in die österreichische Steuergruppe i.S.d. § 9 KStG aufgenommen, dann sind Steuerungs- und Kontrollmaßnahmen für die Verrechnung ausländischer Verluste (z.B. Umrechnung) sowie deren Nachversteuerung im SKS vorzusehen.

Die österreichische Gesellschaft unterhält Betriebstätten im Ausland: Der erforderliche Umfang und die Intensität der Einbeziehung in das österreichische SKS hängen davon ab, ob das ausländische Ergebnis Teil der österreichischen Steuerbemessungsgrundlage ist (z.B. Doppelbesteuerungsabkommen mit Anrechnungsmethode, Auslandsverlustverwertung gemäß § 2 Abs. 8 EStG und die damit verbundene Nachversteuerung). Grundsätzlich ist ein Aufsetzen auf ein lokales ausländisches IKS möglich, aber nicht verpflichtend. Jedenfalls sind Kontrollen auf Ebene der österreichischen Gesellschaft vorzusehen, die sicherstellen, dass die ausländischen Ergebnisse, die Teil der österreichischen Steuerbemessungsgrundlage werden, nach österreichischen steuerlichen Vorschriften ermittelt wurden.

Bezug von Dienstleistungen aus dem Ausland: Der erforderliche Umfang und die Intensität der Einbeziehung in das österreichische SKS hängen davon ab, ob die Dienstleistungen von einem fremden Dritten bezogen werden. Werden bestimmte Leistungen z.B. von einem konzerninternen Shared Service Center (im Folgenden „SSC“) bezogen, erfolgt die Einbeziehung wie bei einem inländischem SSC, d.h. eine bloße Dokumentation der Schnittstelle und der damit verbundenen Kontrollen ist in der Regel nicht ausreichend. Dasselbe gilt auch für das Vorliegen eines ausländischen Lagers der österreichischen Gesellschaft.

Werden wesentliche Prozesse in einem ausländischen SSC abgewickelt, können Steuerungs- und Kontrollmaßnahmen des SSC Bestandteile des SKS i.S.d. SKS-PV sein. Ähnliches gilt auch für an externe Dienstleister ausgelagerte Prozesse (z.B. ausgelagerte Tax Compliance, ausgelagerte Buchführung und Bilanzierung, etc.). Dementsprechend hängen der erforderliche Umfang der Einbeziehung und der Kontrollen vom Umfang und der Wesentlichkeit der ausgelagerten Dienstleistungen ab.

Zu Rz (40):

Beispielsweise könnte eine Steuerrichtlinie folgende Inhalte abdecken:

1. Darstellung des Unternehmens bzw. des Kontrollverbunds
   (gegebenenfalls mit Bezugnahme auf Verrechnungspreisdokumentation)
   - 1.1. Aufbau- und Ablauforganisation
   - 1.2. Aufbau der Steuerfunktion
     - 1.2.1. Grundsätzliches zu Zuständigkeiten und Aufgabenverteilung
     - 1.2.2. Vertretungsregelungen
     - 1.2.3. (Konzern-)Steuerabteilung
     - 1.2.4. Ausländische Steuerverantwortliche
   - 1.3. Aufgaben der Steuerfunktion
   - 1.4. Organisationsprinzipien
   - 1.5. Führungsprinzipien
   - 1.6. Geschäftszweck einzelner Einheiten oder Unternehmen
   - 1.7. Rollen und Verantwortlichkeiten der Leitungsorgane sowie aller mit der Überwachung und Durchführung der Kontrollen betrauten Personen
2. Kontrollumfeld und Code of Conduct für Steuern
   - 2.1. Bekenntnis zur Steuerehrlichkeit
   - 2.2. Steuerstrategie
   - 2.3. Vorgegebene Verhaltensgrundsätze
   - 2.4. Für das SKS zur Verfügung stehende Ressourcen
3. Ziele des SKS
   - 3.1. Grundsätze und Ziele des SKS für das Unternehmen/den Kontrollverbund
   - 3.2. Geltungsbereich der Steuerrichtlinie
   - 3.3. Relevante Steuerarten
4. Risikobeurteilung: Prozess und Methodik zur Identifikation und Beurteilung der steuerrelevanten Risiken
5. Steuerungs- und Kontrollmaßnahmen
   - 5.1. Risiko-Kontroll-Matrix (Bezugnahme und Verweis)
   - 5.2. Vorgaben und Prozesse (Bezugnahme und Verweis)
     - 5.2.1. Prozessbeschreibungen und Kontrollschritte mit Bezugnahme auf die Risiko-Kontroll-Matrix
     - 5.2.2. Interne Regelwerke (z.B. Grundsätze, Maßnahmen, Kontrollen)
     - 5.2.3. Beschreibung der Kontrollen (Kontrolldurchführender, Kontrollaktivität, Kontrollfrequenz, Kontrollnachweis)
   - 5.3. Steuerliche Weiterbildung von Mitarbeitern (z.B. Schulungen)

5.4. Prozess der Verarbeitung von gesetzlichen Änderungen sowie Änderungen in Rechtsprechung und Richtlinien
5.5. Einbindung der Steuerfunktion/Berichtspflichten an Steuerfunktion
5.6. Beauftragung externer Berater
5.7. Schnittstellen zu anderen Abteilungen (z.B. Buchhaltung, Personal, Einkauf, Vertrieb, IT, Recht)
6. Informations- und Kommunikationsmaßnahmen
6.1. Regelmäßige Kommunikation
6.2. Regelmäßige Information und Schulungen
7. Sanktions- und Präventionsmaßnahmen
7.1. Korrekturmaßnahmen
7.2. Maßnahmen zur Verhinderung der Wiederholung von Fehlern
7.3. Individuelle Konsequenzen des Fehlverhaltens
8. Maßnahmen zur Überwachung und Verbesserung des SKS

Zu Rz (44):

Die konkrete Ausgestaltung des SKS hängt insbesondere ab (siehe auch IDW-PH 1/2016, Tz 24 f):

– vom Geltungsbereich des SKS,
– von den festgelegten Zielen des SKS,
– von der Größe des Unternehmens,
– von Art und Umfang der Geschäftstätigkeit des Unternehmens,
– von der Branche und den Betätigungsfeldern des Unternehmens,
– von nationaler oder internationaler Ausrichtung der Geschäftstätigkeit,
– von der Rechtsform des Unternehmens,
– von der Organisationsstruktur des Unternehmens,
– von der Kontinuität der personellen Zusammensetzung der Steuerfunktion (Fluktuation),
– von der Anteilseigner- bzw. Gesellschafterstruktur des Unternehmens,
– vom Kundenkreis des Unternehmens,
– vom Grad der Automatisation der Prozessabläufe,
– vom Grad der Delegation von Aufgaben auf Unternehmensexterne,
– vom Grad der arbeitsteiligen Bearbeitung und unternehmensinternen Delegation von Aufgaben.

Zu Rz (47):

Der Begriff „missbrauchsverdächtige Gestaltungen“ ist weder gesetzlich noch in der SKS-PV determiniert. Eine allgemein gültige Aussage zu diesem Begriffsinhalt ist daher nicht möglich. Beim Missbrauchsverdacht muss es sich um qualifizierte Sachverhalte handeln, die eine im Hinblick auf die wirtschaftliche Zielsetzung unangemessene Gestaltung sehr wahrscheinlich erscheinen lassen. Im Einzelfall kann z.B. eine Zwischenschaltung von ausländischen Körperschaften, die weder über Personal noch über Ausstattung, Vermögenswerte und Räumlichkeiten verfügen, eine missbrauchsverdächtige Gestaltung sein.

Zu Rz (55):

Die unternehmensindividuelle Wesentlichkeitsgrenze ist u.a. vom Risikoprofil des Unternehmens abhängig. Bei der Beurteilung des Risikoprofils des Unternehmens bzw. des Kontrollverbunds können u.a. die Kriterien gemäß den Erläuterungen zu Rz (44) berücksichtigt werden. Zudem können die nachfolgenden Gesichtspunkte in die Überlegung mit einbezogen werden:

– Nach dem Grundsatz der Wirtschaftlichkeit ist bei der Festlegung der Bezugsgröße(n) für die Bestimmung der Wesentlichkeit eine Abwägung der SKS-Ziele mit dem Implementierungs- und laufenden Überwachungsaufwand vorzunehmen.
– Vom Grundsatz der Wesentlichkeit bleibt die Inanspruchnahme steuerlicher Gestaltungsmöglichkeiten im Rahmen der gesetzlichen Möglichkeiten unberührt.
– Auch wenn ein Einzelrisiko für sich als unwesentlich angesehen werden kann, ist zu beachten, dass unwesentliche Risiken zusammen als wesentlich gelten können (z.B. betreffend die Umsatzsteuer).

Bei der Beurteilung der Wesentlichkeit aus Sicht der Finanzverwaltung ist zu beachten, dass gemäß den Erläuterungen zu § 153a BAO im Begutachtungsentwurf neben einer erhöhten Offenlegungspflicht auch eine funktionierende Selbstkontrolle mittels SKS dem Aufbau der Vertrauensbeziehung mit der Finanzbehörde dient.

Mögliche Parameter zur Festlegung der Wesentlichkeit der steuerrelevanten Risiken:

– Quantitative Beurteilung der Wesentlichkeit: Der zu beurteilende Risikobetrag wird zu einer oder mehreren Bezugsgrößen ins Verhältnis gesetzt.
– Qualitative Beurteilung der Wesentlichkeit: Mögliche Einflussfaktoren:
  • außerordentliche Sachverhalte
  • (wesentliche) Änderung der Steuergesetzgebung
  • fehlende Erfahrung des Unternehmens
  • Schaffung der Vertrauensbasis für die begleitende Kontrolle
  • mögliche Beendigung der begleitenden Kontrolle
  • Auswirkung auf die Reputation des Unternehmens bzw. des Kontrollverbunds
  • Komplexität der Geschäftsfälle
  • Frequenz/Transaktionshäufigkeit

Zu Rz (60) und (61):

Betreffend die Identifikation, Analyse und Bewertung der steuerrelevanten Risiken kann auf allgemeine Rahmenwerke, wie beispielsweise die nachfolgenden, zurückgegriffen werden:

– COSO Internal Control – Integrated Framework (2013) bzw. COSO Enterprise Risk Management Framework: Integrating with Strategy and Performance (2017)
– Compliance-Management-Systeme-Leitlinien (ISO 19600:2014)
– Risikomanagement-Leitlinien (ISO 31000:2018)

Beispielhafte Darstellung einer systematischen Vorgehensweise zur Identifikation, Analyse und Bewertung steuerrelevanter Risiken:

1. Definition der Parameter für das Gefahrenpotential
   - Definition der Parameter für das Gefahrenpotential in Bezug auf die Eintrittswahrscheinlichkeit und die betragliche Auswirkung. § 6 Abs. 4 SKS-PV sieht grundsätzlich eine Einstufung des Gefahrenpotentials in gering/mittel/hoch vor.
   - Der Unternehmer hat diese Parameter basierend auf seinen unternehmensspezifischen Anforderungen/seinem Risikoprofil zu spezifizieren.
2. Identifikation und Beschreibung der wesentlichen steuerrelevanten Risikofelder und Einzelrisiken
   - Risikofelder: Sie betreffen die für das Unternehmen relevanten Steuerarten; die Risikofelder können aber auch übergeordneten (z.B. Einhaltung von Aufbewahrungspflichten, Änderungen der Steuergesetzgebung, Schnittstellen zu anderen Unternehmensbereichen) oder speziellen Charakter haben (z.B. falsche Umsatzsteuerfindung im ERP, Verrechnungspreise, Abzugsteuern etc.).
   - Einzelrisiken: Diese werden aus den Risikofeldern abgeleitet, z.B. Nichtabzugsfähigkeit von Repräsentationsaufwendungen, verspätete Einreichung von UVAs, die Steuerabteilung erhält nicht die Information über eine wesentliche Änderung einer Konzernliefervereinbarung, ein ausländischer Dienstleister erbringt nicht den erforderlichen Nachweis zwecks Vermeidung des Einbehalts einer Abzugsteuer.

   Die Identifikation der steuerrelevanten Risiken kann durch Durchführung von Interviews oder Workshops sowie durch Analyse der bestehenden Dokumentationen der steuerlich relevanten Prozesse und Risiken erfolgen.
3. Beurteilung des Gefahrenpotentials (Risiko)
   - Der Unternehmer hat für jedes identifizierte wesentliche steuerrelevante Risiko das Gefahrenpotential in Bezug auf die Eintrittswahrscheinlichkeit und die betragliche Auswirkung zu beurteilen. Dies bezieht sich auf das Risiko i.S.e. unternehmensweiten Risikomanagements.

   Dabei sind folgende Risikovarianten besonders zu berücksichtigen:
   - Massensachverhalte, die im Unternehmen routinemäßig abgearbeitet werden. Große Fallzahlen können in Summe eine hohe betragliche Auswirkung haben, z.B. im Risikofeld Umsatzsteuer.
   - Einzelsachverhalte, die für sich beurteilt eine hohe betragliche Auswirkung haben oder betreffend die im Unternehmen wenig Erfahrung besteht, z.B. Betriebsstättenbegründung, Erschließung neuer Märkte, Abschluss wesentlicher Verkaufsverträge zu Anlagevermögen etc.
   - IT-Einsatz im Bereich Steuern: Daraus können sich weitere Risikofelder ergeben, wie z.B. die mangelhafte Verwaltung von Zugriffsrechten, Schnittstellenrisiken oder fehlende Updates von Umsatzsteuerkonditionstabellen bei Gesetzesänderungen.

   Die Identifikation, Analyse und Bewertung der steuerrelevanten Risiken bildet die Grundlage für die Identifikation angemessener Steuerungs- und Kontrollmaßnahmen.

   Dem „Wesentlichkeitsprinzip" der begleitenden Kontrolle folgend weist die SKS-PV darauf hin, dass die Darstellung von Prozessen, die kein oder ein geringes Risikopotential aufweisen, entfallen kann.
4. Überprüfung, ob bestehende Kontrollen das steuerrelevante Risiko hinreichend adressieren. Sofern das nicht zutrifft, sind die bestehenden Steuerungs- und Kontrollmaßnahmen zu adaptieren.
5. Identifikation zusätzlicher Steuerungs- und Kontrollmaßnahmen
   - Als Beispiel sei die Automatisierung von Kontrollen im Bereich der Umsatzsteuer genannt. Neben der angemessenen Abdeckung des identifizierten steuerrelevanten Risikos zielen die Steuerungs- und Kontrollmaßnahmen auf die Erreichung der SKS-Ziele ab.
6. Dokumentation der steuerlich relevanten Prozesse
   - Steuerlich relevante Prozesse, die wesentliche steuerrelevante Risiken auslösen, sind zu dokumentieren (z.B. schriftlich oder bildlich in Form von Flow-Charts). Die Dokumentation hat die zugehörigen Steuerungs- und Kontrollmaßnahmen zu enthalten.
7. Dokumentation der steuerrelevanten Risiken
   - Die Dokumentation der steuerrelevanten Risiken kann in einer Risiko-Kontroll-Matrix erfolgen.

- Die Risiko-Kontroll-Matrix hat die Mindestanforderungen des § 11 Abs. 1 Z 5 SKS-PV zu erfüllen.
- Sie kann tabellarisch dargestellt werden. Nachfolgend ist eine beispielhafte tabellarische Darstellung zu finden.

Gemäß § 11 Abs. 1 Z 5 SKS-PV hat die Beschreibung des SKS im Hinblick auf die Kontrollmaßnahmen jedenfalls zu enthalten:

- das konkrete Risiko bzw. das Kontrollziel
- Kontrollbeschreibung (Kontrolldurchführender, Kontrollaktivität, Automatisierungsgrad)
- Kontrollanlass bzw. die Kontrollfrequenz
- den Kontrollnachweis
- den Umgang mit aufgedeckten Fehlern

Beispielhafte Risiko-Kontroll-Matrix:

Risiko-Kontroll-Matrix															
		Risiko				Kontrolle									
No.	Prozess	Beschreibung Prozessrisiko	Bewertung			Kontroll-ziel	Kontrollbeschreibung	Automatisierungsgrad	Kontroll-frequenz	Kontroll-umfang	Präventiv/ Dedekitv	Kontrollnachweis	Follow-Up	Verantwortung / durchgeführt von	Datum der Erledigung / Kenn-zeichnung
			Eintritts-wahrschein-lichkeit (inkl. Begründung der Bewertung)	Auswirkung (inkl. Begründung der Bewertung)	Ergebnis der Bewertung (gering/ mittel/ hoch)										
	(1)	(2)	(3)	(4)	(5)	(6)	(7)	(8)	(9)	(10)	(11)	(12)	(13)	(14)	(15)

Erläuterungen zur beispielhaften Risiko-Kontroll-Matrix:

(1) Bezeichnung des steuerrelevanten Prozesses, Angabe des Prozessschritts.

(2) Verbale Beschreibung des steuerrelevanten Risikos inklusive wichtiger Details zum steuerrelevanten Risiko und Beispielszenarien. Angabe, ob der Prozess (a) kein bzw. ein geringes oder (b) ein darüber hinausgehendes Risikopotential aufweist.

(3) Beurteilung des Gefahrenpotentials (gering/mittel/hoch) des Risikos hinsichtlich der Eintrittswahrscheinlichkeit. Die Beurteilung ist verbal zu begründen.

(4) Beurteilung des Gefahrenpotentials (gering/mittel/hoch) des Risikos hinsichtlich der betraglichen Auswirkung. Die Beurteilung ist verbal zu begründen.

(5) Zusammenfassende Bewertung des steuerrelevanten Risikos (vor Berücksichtigung von Steuerungs- und Kontrollmaßnahmen).

(6) Das Kontrollziel wird aus dem Risiko abgeleitet.

(7) Beschreibung der Steuerungs- und Kontrollmaßnahmen und des Kontrollanlasses.

(8) Automatisierungsgrad: z.B. manuell, semi-automatisch, automatisch

(9) Kontrollfrequenz: z.B. permanent, täglich, wöchentlich, ereignis-gesteuert etc.

(10) Kontrollumfang: z.B. vollständige Kontrolle, Stichproben

(11) Kontrollart: Unterscheidung zwischen vorbeugenden Kontrollen (präventive) und aufdeckenden Kontrollen (detektive)

(12) Kontrollnachweis (Beschreibung, wie und wo der Kontrolldurchführende die Kontrolle zu dokumentieren hat)

(13) Umgang mit aufgedeckten Fehlern

(14) Verantwortlicher für die Durchführung der Kontrolle

(15) Datum der Kontrolldurchführung und Kennzeichnung durch den Kontrolldurchführenden

8. Regelmäßige Überprüfung der steuerrelevanten Risiken
   - Die Befassung mit den (nicht) identifizierten steuerrelevanten Risiken ist keine Einmalaktivität, sondern soll regelmäßig erfolgen. In diesem Zusammenhang ist auch zu prüfen, inwieweit die bestehende Dokumentation der Prozesse, die Risiko-Kontroll-Matrix sowie die allgemeine SKS-Dokumentation anzupassen sind. Zudem ist eine Person/sind Personen zu identifizieren, die für die regelmäßige bzw. anlassfallbezogene Überwachung der Durchführung der Risikoidentifikation, -analyse und -bewertung verantwortlich ist/sind.

Zu Rz (63):

Beispiele für Umstände, die für die Beurteilung der steuerrelevanten Risiken relevant sein können bzw. Anlassfälle darstellen können:

- wesentliche steuerliche Änderungen (z.B. Änderungen von Umsatzsteuersätzen, Abschreibungssätzen oder der steuerlichen Abzugsfähigkeit von bestimmten Aufwendungen, wie etwa Managergehälter)
- wesentliche Änderungen in anderen Rechtsgebieten (z.B. Änderung von Kollektivverträgen)
- wesentliche Änderungen im wirtschaftlichen Umfeld
- wesentliche Änderungen im Personalstand (z.B. Abbau von Mitarbeitern und damit verbundenes Outsourcing von Teilen der Finanz- und Steuerfunktion)
- wesentliche Änderungen bei den Systemen der Rechnungslegung
- Änderungen in der Struktur der Anteilsinhaber (z.B. verbunden mit einer Änderung der Steuerstrategie)
- Umstrukturierungen (z.B. Änderung von Zuständigkeiten im Konzern)
- überdurchschnittliches Unternehmenswachstum oder Unternehmensschrumpfung (z.B. nicht gleichermaßen mitwachsende Finanz- und Steuerabteilung zur Abdeckung der durch das Wachstum bzw. neue Geschäftsfelder entstehenden Anforderungen)
- Einführung neuer Technologien im Unternehmen (z.B. Umstieg auf SAP)
- neue oder atypische Geschäftsfelder oder Produkte bzw. der Wegfall von Geschäftsfeldern oder Produkten (z.B. Einstellung von Vertriebskanälen, Aufnahme digitaler Geschäftsmodelle, Onlineverkauf)
- Ausdehnung der Geschäftstätigkeit auf neue Märkte bzw. Rückzug aus bestehenden Märkten (z.B. verbunden mit einer Änderung der Supply Chain, Entstehen von Betriebsstätten und steuerlichen Pflichten in anderen Staaten)
- dolose Handlungen (deren Aufdeckung und Behebung dokumentiert das Funktionieren des SKS)

Zu Rz (65):

Die Abstufung der Intensität der Steuerungs- und Kontrollmaßnahmen ist abhängig von der festgestellten Risikoqualifizierung, der spezifischen Unternehmensorganisation und der Unternehmensgröße.

Beispielhaft könnte wie folgt differenziert werden:

- Niedriges Risiko: Festlegung von Grundsätzen, wie Richtlinien, Handbücher, Checklisten, Arbeitsanweisungen
- Mittleres Risiko: zusätzlich Festlegung von Maßnahmen, wie Schulungen, Trainings, Webinare, Kommunikation von Grundsätzen
- Hohes Risiko: zusätzlich Festlegung von Kontrollen, wie Vier-Augen-Prinzip, Stichproben, automatisierte Kontrollen

Zu Rz (66):

Hinsichtlich der Durchführung der Kontrollen ist auf die Risiko-Kontroll-Matrix abzustellen und genau zu regeln:

- Was?/Welche Kontrollschritte sind vorgesehen?
- Wie?/Wie sind die Kontrollen durchzuführen?
- Wer?/Wer ist für die Durchführung der Kontrollen zuständig?
- Wann?/Wann/in welchen zeitlichen Abständen sind die Kontrollen durchzuführen?

Zu Rz (67):

Zweck der fehlervermeidenden (präventiven) Maßnahmen ist die Verminderung der Eintrittswahrscheinlichkeit steuerrelevanter Risiken, indem falsche Daten von vornherein von der weiteren Verarbeitung ausgeschlossen werden.

Beispiele für fehlervermeidende Maßnahmen:

- Richtlinien
- fachliche Anweisungen zu steuerlichen Themen
- Checklisten (z.B. Vollständigkeit der Mehr-Weniger-Rechnung)
- Entscheidungsbäume (z.B. für Rechnungen über Bewirtung, umsatzsteuerliche Einordnungen)
- Schulungen und jährliches Schulungsprogramm
- Kommunikation von Rechtsänderungen
- Zuständigkeitsregeln
- Funktionstrennungen (z.B. Preparer, Reviewer)
- Vertretungsregelungen
- Unterschriftsregelungen
- Berechtigungskonzepte
- Anweisungen zu Dokumentation und deren Ablage
- Schnittstellen zu externen Dienstleistern und Beschreibung der an diese übertragenen Aufgaben
- Verfügbarkeit der Richtlinien und Organisationsanweisungen für Mitarbeiter
- Strukturierte Information für Neueintretende
- Übergabeprozesse bei Mitarbeiterwechsel

Zweck der fehleraufdeckenden (detektiven) Maßnahmen ist die Verminderung der betraglichen Auswirkung steuerrelevanten Risiken. Sie sind den einzelnen Prozessschritten unmittelbar nachgelagert und sichern die Richtigkeit und Vollständigkeit der Verarbeitungsergebnisse.

Beispiele für fehleraufdeckende Maßnahmen:

- prozessintegrierte Kontrollen
  - z.B. Vier-Augen-Prinzip oder in Systemen integrierte IT-Kontrollen
- systematische Auswertung von Daten auf Besonderheiten
  - z.B. Plausibilitätschecks

- Verprobungen
- Massendatenanalysen (etwa Umsatzsteueranalytics)

– IT-technische und organisatorische Kontrollen

- z.B. systemintegrierte Plausibilitätschecks

Zu Rz (76):

In Fällen des § 1 Abs. 4 SKS-PV (Ergänzungsgutachten) ist Gegenstand des Gutachtens

1. die Berücksichtigung des einzubeziehenden Unternehmers in einem bereits innerhalb des Kontrollverbunds eingerichteten SKS oder
2. das SKS des einzubeziehenden Unternehmers einschließlich einer Aussage über dessen Verhältnis zu dem oder den bereits bestehenden SKS des Kontrollverbunds.

Zu Rz (78):

Eine Systemprüfung stellt nicht auf das Erkennen von einzelnen Regelverstößen ab und kann daher weder eine materiell-rechtliche Beurteilung von steuerlichen Sachverhalten noch ein Aufdecken von abgabenrechtlich unrichtig gewürdigten Einzelsachverhalten bewirken.

Zu Rz (82):

Hinreichende Sicherheit liegt dann vor, wenn der Gutachter durch die vorgenommenen Prüfungshandlungen und erlangten Nachweise das Auftragsrisiko auf ein unter den Umständen des Auftrags vertretbar niedriges Maß reduziert hat.

Die bei der Wirksamkeitsprüfung zu erlangende hinreichende Sicherheit bedeutet nicht absolute Sicherheit: Auch ein ansonsten wirksames SKS unterliegt systemimmanenten Grenzen, sodass möglicherweise auch wesentliche Regelverstöße auftreten können, ohne systemseitig verhindert oder aufgedeckt zu werden. Diese systemimmanenten Grenzen ergeben sich u.a. aus menschlichen Fehlleistungen, Missbrauch oder Vernachlässigung der Verantwortung durch für bestimmte Maßnahmen verantwortliche Personen, der Umgehung oder Außerkraftsetzung von Kontrollen durch Zusammenarbeit zweier oder mehrerer Personen oder dem Verzicht des Managements auf bestimmte Maßnahmen, weil die Kosten dafür höher eingeschätzt werden als der erwartete Nutzen.

Zu Rz (89):

Die Anforderungen an ein funktionierendes auf IT-Basis eingerichtetes rechnungslegungsbezogenes internes Kontrollsystem sind im KFS/DV 1 festgehalten.

Dazu zählen:

– „IT-Kontrollumfeld“: Die IT muss auch durch angemessene Maßnahmen im Kontrollumfeld berücksichtigt werden. Derartige, in Abhängigkeit von der Größe und der Art des Unternehmens ausgestaltete Kontrollmaßnahmen sind Voraussetzung für eine ordnungsmäßige IT-Buchführung.

– „Generelle IT-Kontrollen“: Kontrollen bezüglich der ordnungsmäßigen Verwendung einer IT-Buchführung.

– „Anwendungskontrollen“: automatisierte Kontrollen in den Geschäftsprozessen selbst.

Insbesondere sind die § 82 AktG bzw. § 22 Abs. 1 GmbHG zu beachten.

Als Informationsquellen für den Gutachter können insbesondere Berichte des Abschlussprüfers (z.B. Management Letter, Art. 11-Bericht (KFS/PG 4) oder Ausübung der Redepflicht aufgrund von Mängeln im rechnungslegungsbezogenen IKS), Ergebnisse aus vergangenen Betriebsprüfungen oder Berichte der internen Revision dienen.

Zu Rz (92):

Die Bedeutsamkeit der relevanten Risiken einer Organisationseinheit kann sich nach quantitativen oder qualitativen Faktoren bemessen. Ausgangsbasis für die Beurteilung des Gutachters ist die vom Unternehmen selbst vorzunehmende Einschätzung. Quantitative Faktoren stellen insb. auf die wirtschaftliche Bedeutung der jeweiligen Einheit ab. Qualitative Faktoren beziehen sich z.B. auf die Art und/oder Höhe der jeweils für das SKS relevanten Risiken.

Beispiele für quantitative Faktoren sind:

– Anzahl der steuerrelevanten Transaktionen
– betraglicher Umfang der Abgabenverpflichtungen
– Anzahl der Betriebsstätten/Tochtergesellschaften

Beispiele für qualitative Faktoren sind:

– Komplexität des Geschäftsmodells
– Anzahl der mit einer steuerlich relevanten Transaktion befassten Organisationseinheiten und Häufigkeit ihrer Befassung
– Komplexität der rechtlichen Rahmenbedingungen

Zu Rz (108):

Sofern die erstmalige Durchführung beschriebener Kontrollen erst in einem Zeitraum nach Durchführung der Befundaufnahme vorgesehen ist (z.B. jährliche Kontrollen), kann auch eine Befragung oder eine Einsichtnahme in Arbeitsanweisungen o.ä. genügen.

Zu Rz (109):

Nachvollziehen bedeutet die unabhängige Durchführung von Verfahren oder Kontrollen, die ursprünglich als Teil des SKS des Unternehmens durchgeführt wurden. Im Rahmen eines *Walkthrough* (Prozessdurchlauf) folgt der Gutachter den tatsächlichen Transaktionen und Prozessschritten, einschließlich der IT-gestützten Prozessschritte. Der Gutachter sollte in der Regel zumindest einen *Walkthrough* für diejenigen Steuerungs- und Kontrollmaßnahmen durchführen, denen bei der Risikobeurteilung eine besondere Bedeutung zukommt.

Einsichtnahme umfasst die Untersuchung von internen oder externen Aufzeichnungen oder Dokumenten in Papier- oder elektronischer Form.

Beobachtung besteht darin, sich von anderen Personen durchgeführte Prozesse oder Verfahren anzusehen. Die Beobachtung liefert Nachweise über die Durchführung eines Prozesses oder Verfahrens, ist jedoch beschränkt auf den Zeitpunkt, an dem sie stattfindet.

Zu Rz (111):

Zu den Monitoring-Maßnahmen zählen unter anderem:

– Festlegung der Zuständigkeiten für die Überwachung
– Wahrnehmung notwendiger Schulungs- bzw. Fortbildungsmaßnahmen
– Bereitstellung von ausreichend erfahrenen Mitarbeitern für die Durchführung der Überwachungsmaßnahmen
– Festlegung eines Prozesses, der gewährleistet, dass geänderte Rahmenbedingungen (z.B. Gesetzesänderungen, Mitarbeiterfluktuation, neue Transaktionen, Änderungen im wirtschaftlichen Umfeld) rechtzeitig erkannt werden (z.B. durch Einrichtung eines Meldewesens) und das SKS entsprechend aktualisiert wird
– Untersuchung durch die interne Revision, falls vorhanden
– Erstellung von Berichten über die Ergebnisse der Überwachungsmaßnahmen und Auswertung dieser Berichte durch die zuständige Stelle (z.B. Steuerabteilung)

Zu Rz (115):

Bezüglich der in § 13 Abs. 3 SKS-PV angeführten Prüfungsziele können u.a. folgende Prüfungshandlungen vorzunehmen sein:

– Nachvollziehen von Kontrollaktivitäten („*Reperformance*“)
– Durchsicht von Nachweisen über die Einhaltung der Maßnahmen (z.B. Kommunikation eines Verhaltenskodex, Trainingsdokumentation, schriftliche Erklärungen der Mitarbeiter)
– Beobachtung der Durchführung von in der SKS-Beschreibung dargestellten Maßnahmen
– kritische Würdigung der für die entsprechende Abgabenart in der Risiko-Kontroll-Matrix festgelegten wesentlichen Kontrollen inklusive Einsichtnahme in deren Dokumentation
– Befragung von Mitarbeitern, z.B. ob wesentliche Verstöße gegen steuerliche Vorschriften rechtzeitig erkannt wurden und ob im Fall bereits eingetretener Regelverstöße zeitnah die Abgabenbehörde informiert wurde
– Einsichtnahme in Berichte der internen Revision, falls vorhanden

Zu Rz (118):

Für eine selektive Untersuchung stehen verschiedene Auswahlverfahren (bewusste Auswahl oder Zufallsauswahl) zur Verfügung.

Bei der bewussten Auswahl können u.a. Kriterien wie Risikobeurteilung, Betragshöhe oder Komplexität des zugrundeliegenden Geschäftsprozesses herangezogen werden. Nähere Erläuterungen zur Prüfung unter Anwendung von Stichproben enthält beispielsweise der ISA 530.

Eine Darstellung der durchgeführten Kontrollprüfungen sowie der Ergebnisse der Funktionstests könnte wie folgt aufgebaut sein:

	[Beschreibung der SKS-Steuerungs- und Kontrollmaßnahmen eines Unternehmers]				
	Angaben aus der Beschreibung des SKS			Angaben des Gutachters	
	Kontrollbeschreibung	Kontrollfrequenz	Kontrollart, -typ	Test-Beschreibung	Testergebnis (wirksam/nicht wirksam)
Kontrolle 1					
Kontrolle 2					
Kontrolle n					
	Ergänzende externe Kontrollen für Kontrollziel X: (falls vorhanden)				
	• Beschreibung Kontrolle 1 • Beschreibung Kontrolle 2 • Beschreibung Kontrolle n				

Erläuterungen zu den einzelnen Spalten der Tabelle

Frequenz

jährlich, halbjährlich, vierteljährlich, monatlich, wöchentlich, täglich, mehrmals täglich, anlassbezogen

Art/Typ

Art: automatische Kontrolle, manuelle Kontrolle, halbautomatisch (manuelle und automatische Komponenten)

Typ: fehlervermeidende/fehleraufdeckende Kontrolle

Testergebnis

– wirksam: Die vorgefundenen Vorkehrungen oder Kontrollmaßnahmen erfüllen die zu stellenden Anforderungen, werden angemessen durchgeführt und nachvollziehbar dokumentiert.
– nicht wirksam: Die Kontrollmaßnahmen erfüllen nicht die Anforderungen. In diesem Fall sind die Ergebnisse des Tests darzustellen.

Zu Rz (119):

Zur Bestimmung der Toleranzschwelle muss der Gutachter Kriterien wie die Art des Fehlers (z.B. formaler Fehler), Häufigkeit und Auswirkung sowie Überlegungen, ob ein systematischer Fehler vorliegen kann, mit in Betracht ziehen.

Zu Rz (137):

Ein Ergänzungsgutachten erfordert grundsätzlich eine Erstprüfung des SKS, d.h. umfasst die Konzeptions- und Umsetzungsprüfung. Übernimmt ein Unternehmen bei nachträglicher Einbeziehung in die begleitende Kontrolle das SKS des Kontrollverbunds, können Verweise auf das Gutachten zum Kontrollverbund ausreichend sein. Eine Aussage, ob und zu welchem Zeitpunkt die Maßnahmen (Kontrollen) umgesetzt wurden, ist jedenfalls erforderlich.

2/3/30. KFS/PE 30

Stellungnahme
des Fachsenats für Unternehmensrecht und Revision
zur Vorgehensweise bei der Prüfung der Vorkehrungen zur Einhaltung der Bestimmungen zur Verhinderung der Geldwäsche und der Terrorismusfinanzierung gemäß §§ 102 ff. WTBG 2017

(beschlossen vom Fachsenat für Unternehmensrecht und Revision am 8. Oktober 2019 als Stellungnahme KFS/PE 30)

1. Vorbemerkungen

(1) In Umsetzung der 4. Geldwäsche-Richtlinie kommt gemäß dem WTBG 2017 der Kammer der Steuerberater und Wirtschaftsprüfer nunmehr eine verpflichtende aktive Aufsichtsfunktion betreffend die Einhaltung der Bestimmungen über die Maßnahmen zur Verhinderung der Geldwäsche und der Terrorismusfinanzierung zu. Diese Aufsichtsfunktion sowie Prüfungen der Vorkehrungen zur Einhaltung dieser Bestimmungen bei Berufsberechtigten, welche die Kammer vornehmen kann, sind in den §§ 101 bis 105 WTBG 2017 geregelt.

(2) Alle Berufsberechtigten haben in Umsetzung der 4. Geldwäsche-Richtlinie gemäß §§ 88 ff. WTBG 2017 ein System einzurichten, welches geeignete Maßnahmen zur Verhinderung der Geldwäsche und der Terrorismusfinanzierung (im Folgenden „Geldwäschepräventionsmaßnahmen“, kurz „GWP-Maßnahmen“) vorsieht. Die von den Berufsberechtigten zu ergreifenden Maßnahmen hat die Kammer der Steuerberater und Wirtschaftsprüfer in einer Verordnung über die Richtlinie über die Geldwäscheprävention bei Ausübung von WT-Berufen (KSW-GWPRL 2017) geregelt.

(3) Gemäß § 101 WTBG 2017 obliegt die Aufsicht über die Einhaltung der Bestimmungen über die Maßnahmen zur Verhinderung der Geldwäsche und der Terrorismusfinanzierung der Kammer der Steuerberater und Wirtschaftsprüfer im Rahmen ihrer Aufgaben im eigenen Wirkungsbereich.

2. Anwendungsbereich

(4) Die Prüfung der Vorkehrungen zur Einhaltung der Bestimmungen zur Verhinderung der Geldwäsche und der Terrorismusfinanzierung (im Folgenden „Geldwäschepräventionsprüfung“, kurz „GWP-Prüfung“) hat durch von der Kammer bestellte Experten im Sinne des § 103 WTBG 2017 nach einem risikobasierten Ansatz zu erfolgen.

(5) Diese Stellungnahme legt die Berufsauffassung dar, nach der eine anlassunabhängige GWP-Prüfung gemäß § 102 Abs. 1 Z 1 WTBG 2017 zu erfolgen hat. Sie kann sinngemäß auch auf anlassbezogene Prüfungen im Sinne von § 102 Abs. 1 Z 2 WTBG 2017 angewendet werden.

(6) Berufsberechtigte, die im öffentlichen Register gemäß § 52 APAG eingetragen sind (als Abschlussprüfer registrierte Wirtschaftsprüfer), sind von einer Prüfung gemäß § 102 Abs. 1 Z 1 WTBG 2017 ausgenommen (§ 102 Abs. 4 WTBG 2017). Die GWP-Prüfung wird in solchen Fällen im Rahmen der Qualitätssicherungsprüfungen durchgeführt (vgl. KFS/PG 15, Rz (56)).

3. Durchführung einer Prüfung der Vorkehrungen zur Einhaltung der Bestimmungen zur Verhinderung der Geldwäsche und der Terrorismusfinanzierung („GWP-Prüfung“)

3.1. Ablauf

(7) Die GWP-Prüfung gliedert sich in zwei Teile: eine Prüfung der Angemessenheit und Wirksamkeit der innerorganisatorischen Maßnahmen und eine Prüfung der Angemessenheit und Wirksamkeit der auftraggeberbezogenen Maßnahmen. Die Prüfung hat anhand der in Anlage 1 und Anlage 2 enthaltenen Checklisten zu erfolgen.

(8) Dabei sind auch Prüfungshandlungen zur Überprüfung der Vollständigkeit der Grundgesamtheit der Aufträge, die der Berufsberechtigte abwickelt und die der GWP-Prüfung unterliegen, durchzuführen.

(9) Die Ergebnisse der GWP-Prüfung sind in einem Bericht zusammenzufassen (siehe Abschnitt 3.4.).

3.2. Auftragsvereinbarung

(10) Eine Nachschau im Betrieb eines Berufsberechtigten hat durch Experten gemäß § 103 WTBG 2017 (im Folgenden „Experten“) zu erfolgen. Diese Experten sind aus der Liste der Untersuchungskommissäre gemäß § 140 WTBG 2017 oder der Liste der Qualitätssicherungsprüfer gemäß § 26 Abs. 5 APAG zu entnehmen.

(11) Vor der Beauftragung eines Experten hat dieser der Kammer der Steuerberater und Wirtschaftsprüfer eine Erklärung über seine Unabhängigkeit im Sinne des § 102 Abs. 3 WTBG 2017 abzugeben.

(12) Die von der Kammer der Steuerberater und Wirtschaftsprüfer bestellten Experten haben mit dieser eine Auftragsvereinbarung zur Durchführung der GWP-Prüfung abzuschließen. Diese Auftragsvereinbarung hat zumindest folgende Punkte zu beinhalten:

– Art und Umfang der Tätigkeit unter Bezugnahme auf die gesetzlichen Bestimmungen und diese Stellungnahme
– Ausdrücklicher Hinweis, dass die Kammer der Steuerberater und Wirtschaftsprüfer letztendlich die Verantwortung für alle Maßnah-

men, die auf Basis des Berichtes des Experten getroffen werden, trägt

- Erfordernis der Kammer der Steuerberater und Wirtschaftsprüfer, den Berufsberechtigten anzuweisen:
  - o uneingeschränkten Zugang zu den für die Durchführung der GWP-Prüfung erforderlichen Aufzeichnungen, Schriftstücken und sonstigen Informationen zu gewähren,
  - o Auskünfte im erforderlichen Ausmaß vollständig zu erteilen
  - o sowie darüber dem Experten eine Vollständigkeitserklärung (siehe Anlage 3) abzugeben
- Hinweis, dass dem Auftrag subsidiär die AAB i.d.g.F. zugrunde liegen
- Form und Inhalt der Berichterstattung

3.3. Vorgehensweise

(13) Zur Vorbereitung der GWP-Prüfung hat der Experte Informationen über die vom Berufsberechtigten getroffenen GWP-Maßnahmen einzuholen. Der Experte hat die GWP-Prüfung mit einer kritischen Grundhaltung zu planen und durchzuführen.

(14) Der Experte hat ein Verständnis vom Betrieb des Berufsberechtigten und von dessen GWP-Maßnahmen zu erlangen, soweit dies für die Durchführung der GWP-Prüfung relevant ist. Das zu erlangende Verständnis von den GWP-Maßnahmen kann u.a. aus Befragungen des Geldwäschebeauftragten und im Wege einer Durchsicht vorhandener Unterlagen zu den GWP-Maßnahmen (z.B. Handbücher) gewonnen werden.

(15) Bei der Planung der GWP-Prüfung ist zu berücksichtigen, ob und in welchen Fällen ein Risiko besteht, dass Dienste des Berufsberechtigten für Zwecke der Geldwäsche oder der Terrorismusfinanzierung missbraucht werden. Die Risikoeinschätzung liegt im pflichtgemäßen Ermessen des Experten.

(16) Die Angemessenheit und Wirksamkeit der GWP-Maßnahmen ist anhand von Stichproben sowohl für die innerorganisatorischen Maßnahmen als auch für die auftraggeberbezogenen Sorgfaltspflichten (siehe §§ 90 ff. WTBG 2017) auf Basis ausgewählter Auftragsunterlagen zu prüfen.

(17) Bei der Stichprobenauswahl der Auftragsunterlagen ist risikoorientiert vorzugehen. Dabei sollten die vom Betrieb des Berufsberechtigten durchgeführte qualitative Risikobeurteilung berücksichtigt und Stichproben aus den Unterlagen betreffend neue Auftraggeber und betreffend bestehende Auftraggeber gezogen werden. Werden Abweichungen von den gesetzlichen Vorgaben festgestellt, ist nach pflichtgemäßem Ermessen der Stichprobenumfang zu erweitern.

3.4. Berichterstattung

(18) Das Ergebnis der GWP-Prüfung ist in einem Bericht mit einer abschließenden Beurteilung zusammenzufassen. Dieser Bericht ist der Kammer der Steuerberater und Wirtschaftsprüfer zu übermitteln.

(19) Vor Abgabe des Berichtes an die Kammer der Steuerberater und Wirtschaftsprüfer ist es im Regelfall zweckmäßig, den Berufsberechtigten zusammenfassend über alle Feststellungen zu informieren. Dies kann im Rahmen einer Schlussbesprechung erfolgen.

(20) Die abschließende Beurteilung gemäß § 102 Abs. 3 WTBG 2017 der GWP-Maßnahmen ergibt sich aus Anzahl und Einstufung der einzelnen Feststellungen. Die Feststellungen sind wie folgt einzustufen:

Abschließende Beurteilung	**Beschreibung**
Keine Feststellungen	Bei Durchführung der Prüfung wurden keine Feststellungen getroffen.
Angemessen mit Verbesserungsmöglichkeit	Die GWP-Maßnahmen werden dann mit „angemessen mit Verbesserungsmöglichkeit“ beurteilt, wenn die Feststellungen zu keinen Bedenken hinsichtlich der Angemessenheit und Wirksamkeit der GWP-Maßnahmen führten. Vorschläge zur Verbesserung sollen dem Betrieb des Berufsberechtigten die Möglichkeit aufzeigen, ein effizienteres oder effektiveres System der GWP-Maßnahmen zu erreichen.
Verbesserung erforderlich	Die GWP-Maßnahmen werden mit „Verbesserung erforderlich“ beurteilt, wenn die Feststellungen zu Bedenken hinsichtlich der Angemessenheit und Wirksamkeit einzelner GWP-Maßnahmen führten, die die Umsetzung weiterer oder die Verbesserung bestehender Maßnahmen und Vorkehrungen erforderlich machen.

Unzureichend

Die GWP-Maßnahmen werden mit „unzureichend“ beurteilt, wenn es sich um schwerwiegende, wiederholte und/oder systematische Feststellungen handelt, die zu erheblichen Bedenken hinsichtlich der Angemessenheit und Wirksamkeit der GWPMaßnahmen führten, insbesondere weil:

- wesentliche Anforderungen nicht erfüllt wurden und
- die Feststellungen erkennbar machen, dass das eingerichtete System der GWPMaßnahmen nicht in Übereinstimmung mit den gesetzlichen Bestimmungen steht.

(21) Das Ergebnis der Einstufung der Feststellungen kann zu folgenden abschließenden Beurteilungen führen:

Fall 1 (keine Feststellungen oder angemessen mit Verbesserungsmöglichkeit):

Die Prüfung der Vorkehrungen zur Einhaltung der Bestimmungen zur Verhinderung der Geldwäsche und der Terrorismusfinanzierung hat für den Betrieb und die im Betrieb aufliegenden Auftragsunterlagen keine Sachverhalte ergeben, wonach sie nicht im Einklang mit den gesetzlichen Anforderungen stehen.

[Optional: Die Nachschau hat folgende Verbesserungsmöglichkeiten ergeben:]

Fall 2 (Verbesserung erforderlich):

Mit Ausnahme von *[Aufzählung der mit „Verbesserung erforderlich“ eingestuften Feststellungen]* hat die Prüfung der Vorkehrungen zur Einhaltung der Bestimmungen zur Verhinderung der Geldwäsche und der Terrorismusfinanzierung für den Betrieb und die im Betrieb aufliegenden Auftragsunterlagen keine Sachverhalte ergeben, wonach sie nicht im Einklang mit den gesetzlichen Anforderungen stehen.

Fall 3 (Vorkehrungen im Betrieb unzureichend):

Die Prüfung der Vorkehrungen zur Einhaltung der Bestimmungen zur Verhinderung der Geldwäsche und der Terrorismusfinanzierung hat für den Betrieb und die im Betrieb aufliegenden Auftragsunterlagen folgende Sachverhalte ergeben, sodass sie **nicht** im Einklang mit den gesetzlichen Anforderungen stehen:

- *[Aufzählung der Feststellungen zu als unzureichend eingestuften Maßnahmen]*

(22) Dem Bericht sind die ausgefüllten Checklisten (vgl. Rz (7)) und eine Vollständigkeitserklärung des Berufsberechtigten hinsichtlich der im Betrieb zur Verfügung gestellten Unterlagen (vgl. Anlage 3) beizulegen.

Anlage 1:
Checkliste zur Prüfung der Angemessenheit und Wirksamkeit der innerorganisatorischen Maßnahmen zur Verhinderung der Geldwäsche und der Terrorismusfinanzierung

Checkliste zur Prüfung der Angemessenheit und Wirksamkeit der innerorganisatorischen Maßnahmen zur Verhinderung der Geldwäsche und der Terrorismusfinanzierung

Frage	ja/nein/n.a.	Referenz		Anmerkung	Feststellung
Überblick					
Verschaffen Sie sich ein Verständnis über die Verfahren und Regelungen im Zusammenhang mit der Verhinderung der Geldwäsche und Terrorismusfinanzierung.					
Angemessenheit					
1. Kanzleirisikoanalyse					
Wurde eine kanzleiinterne Risikoanlayse erstellt, unter Berücksichtigung von - Größe und Komplexität der Kanzlei - Dauer und Art der erbrachten Dienstleistung - Person des Auftraggebers und wirtschaftlichen Eigentümers - Auftraggeberstruktur - Regionen, in denen die Dienstleistungen erbracht werden?		§ 88 Abs. 2 und 3 WTBG 2017	KSW Geldwäsche-Handbuch S. 15 *)		
2. Angemessene und geeignete Strategien und Verfahren (z.B. Kanzleileitfaden oder Richtlinie zur Verhinderung der Geldwäsche und Terrorismusfinanzierung)					
a) Wurde ein Kanzleileitfaden erstellt, in dem alle zur Erfüllung der GWP-Pflichten verwendeten Strategien und Methoden, insbesondere - die Kanzleirisikoanalyse - die sonstigen Sorgfaltspflichten im Zusammenhang mit innerorganisatorischen Maßnahmen - die auftraggeberbezogenen Sorgfaltspflichten - die verwendeten kanzleiinternen Dokumente und Arbeitspapiere (Dokumentationssysteme) - die Aufbewahrungspflichten - die Regelungen zu Verdachtsmeldungen - das Kontroll- und Informationssystem zusammengefasst sind?			KSW Geldwäsche-Handbuch S. 15		
b) Wurde der Kanzleileitfaden nachweislich allen Mitarbeitern zur Kenntnis gebracht?			KSW Geldwäsche-Handbuch S. 15		
3. GWP-Unterlagen					
a) Wurden zur Einhaltung der GWP-Pflichten sowie deren Dokumentation entsprechende Arbeitsunterlagen entwickelt und den Mitarbeitern zur Verfügung gestellt?					
b) Enthalten die Arbeitsunterlagen/Checklisten, die zur Identifizierung der Auftraggeber eingesetzt werden, alle zur Erfüllung der Sorgfaltspflichten erforderlichen Punkte?			KSW Geldwäsche-Handbuch S. 85		
c) Enthalten die Arbeitsunterlagen/Checklisten, die zur Risikobeurteilung eingesetzt werden, alle zur Erfüllung der Sorgfaltspflichten erforderlichen Punkte?			KSW Geldwäsche-Handbuch S. 90		
d) Wurden die Arbeitsunterlagen/Checklisten nachweislich den Mitarbeitern zur Kenntnis gebracht?					
4. Geldwäschebeauftragter (GWB)					
a) Wurde ein gesetzlicher Vertreter als Beauftragter für Fragen der Geldwäsche und Terrorismusfinanzierung eingerichtet?		§ 99 Abs. 3 WTBG 2017	KSW Geldwäsche-Handbuch S. 16		
b) Verfügt der GWB über ausreichende Berufsqualifikationen, Kenntnisse und Erfahrungen (fachliche Qualifikation) und ist zuverlässig und integer (persönliche Zuverlässigkeit)?					
Falls der GWB nicht gesetzlicher Vertreter ist: Ist sichergestellt, dass - der GWB lediglich den gesetzlichen Vertretern gegenüber verantwortlich, diesen direkt berichtspflichtig und diesen direkt unterstellt ist? - dem GWB freier Zugang zu sämtlichen Informationen, Daten, Aufzeichnungen und Systemen, die im Zusammenhang mit Geldwäsche und Terrorismusfinanzierung stehen könnten, eingeräumt ist? - dem GWB ausreichende Befugnisse zur Durchsetzung der Einhaltung der Bestimmungen des WTBG eingeräumt sind?		§ 99 Abs. 2 WTBG 2017	KSW Geldwäsche-Handbuch S. 16		
5. Mitarbeiterbestimmungen					
a) Ist sichergestellt, dass Mitarbeiter bei Einstellung einer Überprüfung im Hinblick auf Geldwäsche und Terrorismusfinanzierung unterzogen werden?		§ 99 Abs. 1 Z 2 lit. a WTBG 2017	KSW Geldwäsche-Handbuch S. 17		
b) Ist sichergestellt, dass Mitarbeiter mit den Bestimmungen, die der Verhinderung und der Bekämpfung der Geldwäsche und Terrorismusfinanzierung dienen, nachweislich vertraut gemacht werden?		§ 99 Abs. 1 Z 2 lit. b WTBG 2017	KSW Geldwäsche-Handbuch S. 17		

Anlage 2:
Checkliste zur Prüfung der Angemessenheit und Wirksamkeit der auftraggeberbezogenen Maßnahmen zur Verhinderung der Geldwäsche und der Terrorismusfinanzierung

6. Schulung von Mitarbeitern					
Werden die Mitarbeiter in besonderen Fortbildungsprogrammen hinsichtlich der Bestimmungen, die der Verhinderung und der Bekämpfung der Geldwäsche und Terrorismusfinanzierung dienen, geschult?		§ 99 Abs. 1 Z 2 lit. c WTBG 2017	KSW Geldwäsche-Handbuch S. 18		
7. Hinweisgebersystem					
a) Hat der Berufsberechtigte ein unternehmensinternes Hinweisgebersystem eingeführt, welches einen ausreichenden Hinweisgeberschutz gewährleistet? *(Hinweis: Verpflichtend ist die Einrichtung eines unternehmensinternen Hinweisgebersystems, wenn der Berufsberechtigte 10 oder mehr Angestellte hat.)*		§ 100 Abs. 3 WTBG 2017 i.V.m. § 9 Abs. 2 KSW-GWPRL 2017	KSW Geldwäsche-Handbuch S. 18		
b) Wurden die Mitarbeiter über das Hinweisgebersystem bzw. die Vertrauensperson angemessen informiert?		§ 100 Abs. 3 WTBG 2017 i.V.m. § 9 Abs. 4 KSW-GWPRL 2017	KSW Geldwäsche-Handbuch S. 18		
Wirksamkeit					
8. Überprüfung von Mitarbeitern					
Überprüfen Sie anhand einer Stichprobe, ob für Neueintritte vor Einstellung eine Überprüfung im Hinblick auf Geldwäsche und Terrorismusfinanzierung erfolgte.					
9. Information von Mitarbeitern					
Überprüfen Sie anhand einer Stichprobe, ob Neueintritte mit den Bestimmungen, die der Verhinderung und der Bekämpfung der Geldwäsche und Terrorismusfinanzierung dienen, nachweislich vertraut gemacht wurden.					
10. Schulung von Mitarbeitern					
Nehmen Sie Einsicht in die Schulungsmaßnahmen des Berufsberechtigten hinsichtlich der Bestimmungen, die der Verhinderung und der Bekämpfung der Geldwäsche und Terrorismusfinanzierung dienen, und überprüfen Sie, wie der Berufsberechtigte gewährleistet hat, dass alle relevanten Mitarbeiter geschult wurden.					
11. Verdachtsmeldungen und Verbot der Informationsweitergabe					
Fordern Sie eine Liste der im Beobachtungszeitraum erfolgten Verdachtsmeldungen an und überprüfen Sie stichprobenartig, ob die vorgesehenen Regelungen und Verfahren eingehalten wurden.					
12. Hinweisgebersystem					
Fordern Sie eine Liste der im Beobachtungszeitraum erfolgten Hinweise an und überprüfen Sie, ob die vorgesehenen Regelungen und Verfahren (insbesondere angemessene Behandlung der Beschwerde) eingehalten wurden.					
13. Monitoring					
Hat der Geldwäschebeauftragte die Einhaltung der Sorgfaltspflichten bei Auftragsannahme und im Rahmen der laufenden Beobachtung der Geschäftsbeziehung in geeigneter Art und Weise überprüft?					
Gesamteinstufung					
Nehmen Sie eine Gesamteinschätzung vor:	Keine Feststellungen				

*) Die Seitenangaben beziehen sich auf die konsolidierte Version des KSW Geldwäsche-Handbuchs, welches am 14.8.2018 veröffentlicht wurde und unter diesem Link abrufbar ist: https://portal.ksw.or.at/filerdirect/ext/?id=9DC249DC3

Anlage 3:
Muster einer Vollständigkeitserklärung für die Durchführung der GWP-Prüfung gemäß § 102 WTBG 2017 des Betriebs des Berufsberechtigten

Vollständigkeitserklärung

[Ort], am ....

An
[Name des Experten]
[Straße]
[PLZ Ort]

____
Firmenstempel des Betriebs des Berufsberechtigten

Durchführung der GWP-Prüfung gemäß § 102 WTBG 2017 des Betriebs des Berufsberechtigten [Name]
Als Berufsberechtigter [alternativ: Mitglieder des Leistungsorgans des Betriebs, bestehend aus]

[Gesellschaft 1] [Gesellschaft 2]

[erkläre ich / erklären wir] nach bestem Wissen und Gewissen Folgendes:

1. Als Geldwäschebeauftragte[r] [meines / unseres] Betriebs wurde Ihnen benannt:

2. Die Aufklärungen und Nachweise, die Sie bei Durchführung der GWP-Prüfung verlangt haben bzw. die für die Beurteilung der Vorkehrungen zur Einhaltung der Bestimmungen zur Verhinderung der Geldwäsche und der Terrorismusfinanzierung meines / unseres Betriebs erforderlich sind, wurden Ihnen vollständig gegeben. Als Auskunftspersonen, die angewiesen wurden, Ihnen alle gewünschten Auskünfte und Nachweise richtig und vollständig zu geben und für deren Auskünfte [der / die] Unterfertigte[n] die Gewähr [übernimmt / übernehmen], wurden Ihnen benannt:

3. Die schriftlichen Regelungen und Richtlinien betreffend eingerichtete Vorkehrungen des Betriebs zur Einhaltung der Bestimmungen zur Verhinderung der Geldwäsche und der Terrorismusfinanzierung und die zu deren Verständnis erforderlichen Organisationsunterlagen sind Ihnen vollständig zur Verfügung gestellt worden.
4. [Ich bestätige / Wir bestätigen], dass Ihnen sämtliche im Überprüfungszeitraum vorliegenden Auftragsunterlagen bekannt gegeben und sämtliche Dokumentationen zu den von Ihnen in die Nachschau einbezogenen Auftragsunterlagen in nicht adaptierter Form zur Verfügung gestellt worden sind.

Unterschrift des Berufsberechtigten / der Mitglieder des Leistungsorgans mit Angabe des Datums der Unterfertigung

Anlage 4:
Muster für einen Bericht des Experten gemäß § 102 WTBG 2017

Bericht

[Name des überprüften Betriebs des Berufsberechtigten]

Bericht über die Durchführung der GWP-Prüfung gemäß § 102 WTBG 2017
Geschäftszahl: [GZ]

An die
Kammer der Steuerberater und Wirtschaftsprüfer
Schönbrunner Straße 222–228
1120 Wien

Bericht des Experten über die Durchführung der GWP-Prüfung gemäß § 102 WTBG 2017

1. Auftrag und Auftragsgegenstand

1.1. Auftragserteilung und -durchführung

Mit Schreiben vom [Datum] ([GZ]) der Kammer der Steuerberater und Wirtschaftsprüfer wurde ich als Experte gemäß § 103 Wirtschaftstreuhandberufsgesetz 2017 (WTBG 2017) mit einer Nachschau gemäß § 102 Abs. 2 Z 2 WTBG 2017 im Betrieb des Berufsberechtigten [Name des überprüften Betriebs des Berufsberechtigten, WT-Code] beauftragt.

[Ich bestätige / Wir bestätigen] gegenüber der Kammer der Steuerberater und Wirtschaftsprüfer, dass zwischen [mir / uns] und dem zu überprüfenden Berufsberechtigten keine Interessenkonflikte bestehen und insbesondere die für die Berufsausübung geltenden Unvereinbarkeitsregeln eingehalten werden sowie keine wechselseitige Nachschau vorliegt.

Die Nachschau erstreckte sich auf die Vorkehrungen zur Einhaltung der Bestimmungen zur Verhinderung der Geldwäsche und der Terrorismusfinanzierung nach §§ 87 ff. WTBG 2017 und der dazu ergangenen Verordnung der Kammer der Steuerberater und Wirtschaftsprüfer über die Richtlinie über die Geldwächeprävention bei Ausübung von WT-Berufen (KSW-GWPRL 2017) einschließlich einer stichprobenmäßigen Nachschau in Auftragsunterlagen.

Bei dieser Nachschau wird eine Prüfung der Vorkehrungen zur Einhaltung der Bestimmungen zur Verhinderung der Geldwäsche und der Terrorismusfinanzierung (im Folgenden „GWP-Prüfung") gemäß § 102 WTBG 2017 durchgeführt. Dabei wurde die Stellungnahme des Fachsenats für Unternehmensrecht und Revision der Kammer der Steuerberater und Wirtschaftsprüfer zur Vorgehensweise bei der Prüfung der Vorkehrungen zur Einhaltung der Bestimmungen zur Verhinderung der Geldwäsche und der Terrorismusfinanzierung gemäß §§ 102 ff. WTBG 2017 (KFS/PE 30) eingehalten.

[Ich erhielt / Wir erhielten] alle erforderlichen Auskünfte und Nachweise [vom / von der Geldwäschebeauftragten] des Berufsberechtigten und den [mir / uns] genannten Mitarbeitern des Berufsberechtigten. Eine [vom / von der Berufsberechtigten] unterfertigte Vollständigkeitserklärung [habe ich / haben wir] zu [meinen / unseren] Akten genommen. Eine Kopie dieser Vollständigkeitserklärung ist diesem Bericht als Anlage C beigefügt.

Für die Durchführung des Auftrags und unsere Verantwortlichkeit, auch gegenüber Dritten, sind die von der Kammer der Steuerberater und Wirtschaftsprüfer herausgegebenen Allgemeinen Auftragsbedingungen für Wirtschaftstreuhandberufe (AAB) in der jeweils gültigen Fassung maßgeblich, wo insbesondere unsere Verschwiegenheitspflicht und Haftung geregelt sind. Die Haftungsregelungen gemäß Pkt. I.7. AAB gelten ausdrücklich als vereinbart. Unsere Haftung ist für nachgewiesene Vermögensschäden aufgrund einer grob fahrlässigen Pflichtverletzung bei der Durchführung unserer Arbeiten mit dem Zehnfachen der Mindestversicherungssumme der Berufshaftpflichtversicherung gemäß § 11 WTBG 2017 in der jeweils geltenden Fassung begrenzt.

1.2. Prüfungszeitraum

Die GWP-Prüfung wurde vom [Datum] bis [Datum] in den Räumen des Berufsberechtigten durchgeführt und mit dem Datum dieses Berichtes abgeschlossen.

2. Abschließende Beurteilung

Nach meiner in Übereinstimmung mit den Bestimmungen des WTBG 2017 und den dazu ergangenen Verordnungen sowie der Stellungnahme KFS/PE 30 durchgeführten GWP-Prüfung komme ich zu folgender abschließender Beurteilung:

Fall 1 (keine Feststellungen oder angemessen mit Verbesserungsmöglichkeit):

Die Prüfung der Vorkehrungen zur Einhaltung der Bestimmungen zur Verhinderung der Geldwäsche und der Terrorismusfinanzierung hat für den Betrieb und die im Betrieb aufliegenden Auftragsunterlagen keine Sachverhalte ergeben, wonach sie nicht im Einklang mit den gesetzlichen Anforderungen stehen.

[Optional: Die Nachschau hat folgende Verbesserungsmöglichkeiten ergeben:]

Fall 2 (Verbesserung erforderlich):

Mit Ausnahme von [Aufzählung der mit „Verbesserung erforderlich" eingestuften Feststellungen] hat die Prüfung der Vorkehrungen zur Einhaltung der Bestimmungen zur Verhinderung der Geldwäsche und der Terrorismusfinanzierung für den Betrieb und die im Betrieb aufliegenden Auftragsunterlagen keine Sachverhalte ergeben, wonach sie nicht im Einklang mit den gesetzlichen Anforderungen stehen.

Fall 3 (Vorkehrungen im Betrieb unzureichend):

Die Prüfung der Vorkehrungen zur Einhaltung der Bestimmungen zur Verhinderung der Geldwäsche und der Terrorismusfinanzierung hat für den Betrieb und die im Betrieb aufliegenden Auftragsunterlagen folgende Sachverhalte ergeben, sodass sie **nicht** im Einklang mit den gesetzlichen Anforderungen stehen:

- [Aufzählung der Feststellungen zu als unzureichend eingestuften Maßnahmen]

[Ort], am [Datum]

[Name und Unterschrift des Experten]

Gleichlautende Kopie ergeht an den/die

[Name des überprüften Betriebs des Berufsberechtigten]

[Straße] [Hausnummer]

[PLZ] [Stadt]

ANLAGE A – Checkliste zur Prüfung der Angemessenheit und Wirksamkeit der innerorganisatorischen Maßnahmen zur Verhinderung der Geldwäsche und der Terrorismusfinanzierung

ANLAGE B – Checkliste zur Prüfung der Angemessenheit und Wirksamkeit der auftraggeberbezogenen Maßnahmen zur Verhinderung der Geldwäsche und der Terrorismusfinanzierung

ANLAGE C – Vollständigkeitserklärung

ANLAGE D – AAB in der jeweils geltenden Fassung

Erläuterungen und Anwendungshinweise

Zu Rz (2):

Eine Hilfestellung für die Einrichtung geeigneter Maßnahmen zur Erfüllung dieser gesetzlichen Pflichten ist im Handbuch für Geldwäsche- und Terrorismusfinanzierung-Compliance für Steuerberater und Wirtschaftsprüfer, Abschnitte 4 bis 7 zu finden.

Zu Rz (4):

Bei einem risikobasierten Ansatz im Sinne von § 102 Abs. 1 Z 1 WTBG 2017 orientiert sich die Häufigkeit und Intensität der Prüfungen am jeweiligen Risikoprofil der Berufsberechtigten sowie an bestehenden Risiken von Geldwäsche und Terrorismusfinanzierung in Österreich. Die GWP-Prüfung kann durch eine Bewertung der zur Verfügung gestellten Unterlagen sowie durch eine Nachschau im Betrieb des Berufsberechtigten erfolgen.

Zu Rz (12):

Gemäß § 102 Abs. 5 WTBG sind die Kosten für eine anlassunabhängige Prüfung im Sinne von § 102 Abs. 1 Z 1 WTBG 2017 durch die Kammer der Steuerberater und Wirtschaftsprüfer im Rahmen der Wahrnehmung ihrer Aufsichtsfunktion zu tragen. Diese Kosten können aber dem geprüften Berufsberechtigten ganz oder teilweise übertragen werden. Nähere Bestimmungen dazu hat die Geschäftsordnung zu treffen.

Zu Rz (13):

Der Experte hat die GWP-Prüfung so zu planen, dass die GWP-Prüfung wirksam durchgeführt werden kann. Unter kritischer Grundhaltung ist eine Einstellung zu verstehen, zu der eine hinterfragende Haltung und eine Aufmerksamkeit für Umstände, die auf mögliche falsche Informationen aufgrund von Irrtümern oder auf beabsichtigte falsche Informationen hindeuten können, gehören.

Zu Rz (15):

Pflichtgemäßes Ermessen stellt das Anwenden von Wissen aus relevanter Aus- und Fortbildung, Kenntnis und Erfahrung im Zusammenhang mit Prüfungs- und anderen beruflichen Standards dar, um fundierte Entscheidungen über die Vorgehensweise zu treffen, die unter den Umständen des Auftrags angemessen ist.

Zu Rz (17):

Der Stichprobenumfang kann beispielsweise wie folgt festgelegt werden:

Neue Auftraggeber (in den letzten 12 Monaten vor Beginn der GWP-Prüfung):

- Bis 100 – 2 bis 3 Stichproben
- Über 100 – 2% der Neuzugänge, max. 5 Stichproben

Bestehende Auftraggeber:

- Bis 200 – 2 bis 5 Stichproben
- Ab 200 – 5 Stichproben

2/3/31. KFS/PE 31

Stellungnahme
des Fachsenats für Unternehmensrecht und Revision
zu Einzelfragen im Zusammenhang mit der Datierung und (elektronischen) Unterfertigung von bestimmten Berichten und Unterlagen sowie deren Ausfertigung im Rahmen der Abschlussprüfung

(beschlossen in der Sitzung des Fachsenats für Unternehmensrecht und Revision am 4. Oktober 2021 als Stellungnahme KFS/PE 31)

1. Vorbemerkungen

(1) Die österreichischen Regelungen zur Vereinbarung und Durchführung einer Abschlussprüfung kennen an zahlreichen Stellen das Erfordernis der Schriftlichkeit (z.B. §§ 270 Abs. 1a, 273 Abs. 1, 274 Abs. 7 UGB). Darüber hinaus sind gemäß KFS/PG 1, Rz 13 bei der Durchführung von Abschlussprüfungen die International Standards on Auditing (ISA) anzuwenden, in denen ebenfalls Vorschriften für eine schriftliche Berichterstattung enthalten sind.

(2) Aufgrund der fortschreitenden Digitalisierung im Rahmen der Durchführung einer Abschlussprüfung, aber auch beim geprüften Unternehmen werden manuelle Unterschriften zunehmend durch elektronische Signaturen ersetzt und schriftlich auszufertigende Berichte oder andere Dokumente auf elektronischem Weg übermittelt.

(3) In diesem Zusammenhang legt § 4 Abs. 1 des Signatur- und Vertrauensdienstegesetzes (SVG) fest, dass eine qualifizierte elektronische Signatur (im Folgenden „qeS") das rechtliche Erfordernis der Schriftlichkeit im Sinne des § 886 ABGB erfüllt. Dabei entsteht eine Fülle von Fragestellungen, z.B. hinsichtlich der Zulässigkeit und Rechtssicherheit einer qeS und des Datums der Signierung.

(4) Zur Behandlung einzelner grundsätzlicher Fragestellungen im Zusammenhang mit dem Schriftformerfordernis zu einzelnen Vereinbarungen bzw. Erklärungen bei der Durchführung einer Abschlussprüfung wurde von der Kammer der Steuerberater und Wirtschaftsprüfer ein Rechtsgutachten[1] eingeholt, das ausgewählte Fragen i.d.Z. behandelt und als Unterstützung und Leitfaden für eine ordnungsgemäße Berufsübung dienen soll.

[1] Völkl, C., Unternehmensrechtliche Fragen der Abschlussprüfung im Zusammenhang mit der elektronischen Signatur, https://cloud.ksw.or.at/index.php/s/zSjFJoBJkKdMEjW.

(5) Um den Einstieg in die Thematik des Einsatzes von qeS im Kanzleibetrieb im Allgemeinen zu unterstützen, hat der Fachsenat für Informationstechnologie einen Katalog mit allgemeinen Fragen und Antworten[2] für die Kollegenschaft erstellt, auf den an dieser Stelle verwiesen werden soll. Die vorliegende Stellungnahme ergänzt diesen Fragen- und Antwortenkatalog des Fachsenats für Informationstechnologie.

[2] Fachsenat für Informationstechnologie, Einsatz digitaler Signaturen, Antworten auf häufig gestell-te Fragen des Berufsstandes, https://news.ksw.or.at/download/fachinformation/EcDVt5wcwouDjDWAixKz0Q||/.

(6) Ziel dieser Stellungnahme ist, auf Einzelfragen einzugehen, die sich bei der Durchführung von Abschlussprüfungen unter Berücksichtigung dieser neuen Anforderungen und Möglichkeiten ergeben. Auf Grundlagen, die durch das Rechtsgutachten bzw. den Fachsenat für Informationstechnologie behandelt werden, wird in dieser Stellungnahme aufgebaut, aber nicht nochmals näher eingegangen.

(7) Diese Stellungnahme bezieht sich nicht nur auf die Prüfung von Abschlüssen von Unternehmen, sondern auch auf die Prüfung von Abschlüssen von Vereinen, Stiftungen, anderen Körperschaften und sonstigen Institutionen (Rechtsträgern) sowie von nicht rechtlich abgegrenzten wirtschaftlichen Einheiten (vgl. KFS/PG 1, Rz 12). In den anschließenden Ausführungen wird daher vereinfachend von der Prüfung von Einheiten gesprochen.

2. Bestätigungsvermerk und Prüfungsbericht

1. Mit welchem Datum ist der Bestätigungsvermerk zu versehen?

(8) Das Datum des Bestätigungsvermerks ist jenes Datum, an dem der Abschlussprüfer ausreichende geeignete Prüfungsnachweise als Grundlage für das Prüfungsurteil erlangt hat.[3] Durch die abschließende Durchsicht der Prüfungsdokumentation gemäß ISA 220.17 ist sicherzustellen, dass diese Voraussetzungen zum im Bestätigungsvermerk angeführten Datum gegeben sind (Abschluss der Prüfungshandlungen).

[3] Vgl. KFS/PG 3, Rz 111 unter Bezugnahme auf ISA 700.49.

(9) Als Prüfungsnachweis in diesem Sinne – neben anderen Aufklärungen und Nachweisen[4] – sind auch die Ergebnisse aus der Erhebung der nachträglichen Ereignisse i.S.v. ISA 560.6 ff. bzw. die Vollständigkeitserklärung i.S.v. ISA 580.10 f. zu verstehen.

[4] Zu diesen Prüfungsnachweisen gehören auch Nachweise darüber, dass (a) alle Finanzaufstellun-gen, aus denen der Abschluss besteht, einschließlich der damit zusammenhängenden Angaben, aufgestellt worden sind und (b) die dazu anerkanntermaßen berechtigten Personen erklärt haben, dass sie die Verantwortung für diesen Abschluss übernehmen.

(10) Der Bestätigungsvermerk darf nicht früher datiert werden, als der Abschlussprüfer diese Nachweise erlangt hat.

2. Kann der Zeitpunkt der eigenhändigen Unterzeichnung oder einer qeS des Bestätigungsvermerks vom Datum des Bestätigungsvermerks abweichen?

(11) Gemäß § 274 Abs. 7 UGB ist der Bestätigungsvermerk vom Abschlussprüfer unter Angabe des Datums und des Ortes der Niederlassung des Abschlussprüfers zu unterzeichnen. Gemäß § 273 Abs. 4 Satz 1 UGB ist der Prüfungsbericht ebenfalls zu unterzeichnen. Gemäß KFS/PG 2 erfolgt dies in der Regel in der Praxis durch Unterzeichnung des in den Prüfungsbericht aufgenommenen Bestätigungsvermerks.

(12) Bestätigungsvermerke, die durch eine Gesellschaft erteilt werden, müssen gemäß § 57 WTBG 2017 die firmenmäßige Zeichnung durch Unterschrift von für die Gesellschaft zeichnungsberechtigten Wirtschaftsprüfern enthalten; der gemäß § 77 Abs. 9 WTBG 2017 für die Prüfung verantwortliche Wirtschaftsprüfer hat den Bestätigungsvermerk jedenfalls zu unterzeichnen. Der Unterschrift muss die Berufsbezeichnung „Wirtschaftsprüfer“[5] ohne Verwendung anderer Berufsbezeichnungen hinzugefügt werden.

[5] Gemäß § 73 Abs. 3 WTBG 2017 darf auch die weibliche Form „Wirtschaftsprüferin“ verwendet werden.

(13) Vom Datum des Bestätigungsvermerks zu unterscheiden ist das Datum, an dem der Abschlussprüfer die Willenserklärung abgibt, den Bestätigungsvermerk auszufertigen, und ihn daher tatsächlich unterschreibt. Diese Willenserklärung kann frühestens am gleichen Tag, aber auch einige Tage nach dem Datum des Bestätigungsvermerks abgegeben werden und wird im Falle einer qeS transparent. Die Abgabe der entsprechenden Willenserklärung durch eigenhändige Unterzeichnung oder Anbringung einer qeS hat zeitnah unter Berücksichtigung einer für die Berichtsabstimmung und den Unterschriftenlauf erforderlichen, angemessenen Zeitspanne zu erfolgen. Insofern können das Datum des Bestätigungsvermerks und das (technische) Anbringungsdatum der qeS zeitlich in einer für den Rechtsverkehr nachvollziehbaren Weise auseinanderfallen.[6]

[6] Vgl. etwa Burg, Th., Zivilrechtliche Aspekte der Digitalisierung von Prüfungsbericht und Bestäti-gungsvermerk, in: WP-Praxis 12/2018, 372.

3. Der Bestätigungsvermerk kann nicht binnen einer angemessenen Frist nach dem Datum des Bestätigungsvermerks unterzeichnet werden. Welche Möglichkeiten bestehen?

(14) In solchen Fällen ist das Datum des Bestätigungsvermerks zu verschieben, sodass eine angemessene Frist zwischen dem Datum des Bestätigungsvermerks und dem Datum der qeS in einer im Rechtsverkehr nachvollziehbaren Weise eingehalten werden kann. Gleiches gilt für den Prüfungsbericht gemäß § 273 UGB.

(15) Die Vollständigkeitserklärung muss in diesem Fall ebenso so zeitnah wie praktisch möglich vor dem (neuen) Datum des Bestätigungsvermerks unterfertigt worden sein und daher eingeholt worden sein.

(16) Ebenso sind Prüfungshandlungen betreffend nachträglicher Ereignisse entsprechend nachzuziehen.

4. Können das Datum des Abschlusses (Aufstellungsdatum), das Datum der Vollständigkeitserklärung und das Datum des Bestätigungsvermerks auseinanderfallen?

(17) Es ist nicht erforderlich, dass diese Zeitpunkte datumsgleich sind.

(18) Das Datum des Abschlusses dokumentiert die Willenserklärung der gesetzlichen Vertreter, den Abschluss aufgestellt zu haben. Das Datum der Vollständigkeitserklärung ist das Datum der Abgabe der damit im Zusammenhang stehenden Erklärung durch die gesetzlichen Vertreter an den Abschlussprüfer.

(19) Das Datum des Bestätigungsvermerks markiert den Zeitpunkt, an dem der Prüfer ausreichende geeignete Prüfungsnachweise als Grundlage für sein Prüfungsurteil und die Ausfertigung eines Bestätigungsvermerks erlangt hat (Abschluss der aussagebezogenen Prüfungshandlungen sowie der Funktionsprüfungen, vgl. insbesondere KFS/PG 1, Rz 37).

(20) Das Datum des Abschlusses und das Datum der Vollständigkeitserklärung dürfen nicht nach dem Datum des Bestätigungsvermerks liegen. Zudem müssen der unterschriebene Abschluss und die unterschriebene Vollständigkeitserklärung bis zum Datum des Bestätigungsvermerks beim Abschlussprüfer eingelangt sein.

5. Kann ein Abweichen zwischen dem Datum der qeS zum Bestätigungsvermerk und dem Datum des Bestätigungsvermerks dazu führen, dass dadurch eine Verlängerung der Periode für das Einholen von Informationen zu nachträglichen Ereignissen bewirkt wird?

(21) Nein, das Datum des Bestätigungsvermerks als jener Zeitpunkt, zu dem ausreichende geeignete Prüfungsnachweise für die Ausfertigung eines Prüfungsurteils vorliegen, ist relevant (vgl. ISA 560.6). Eine zeitlich nachgelagerte qeS löst keine Verlängerung dieser Periode aus. Datumsangabe und Zeitpunkt der Unterfertigung können auseinanderfallen. Das Anbringen eines qeS dokumentiert nur den Bindungswillen desjenigen, der eine schriftliche Erklärung abgibt bzw. übermittelt (vgl. Rz (13)).

6. Welche Anforderungen ergeben sich, wenn die geprüfte Einheit ein mit dem Aufstellungsdatum von Abschluss und Lagebericht identes Datum des Bestätigungsvermerks haben will?

(22) Die ordnungsgemäße Unterfertigung des Jahresabschlusses bzw. Lageberichts und der Vollständigkeitserklärung erfordert in der Regel mehrere Unterschriften, nämlich sämtlicher gesetzlicher Vertreter.

(23) Der Wunsch nach einem einheitlichen Datum aller Dokumente macht eine strikte Planung und disziplinierte Abläufe notwendig, damit sämtliche Dokumente entsprechend zeitgerecht unterschrieben und auch dem Abschlussprüfer übermittelt werden können. Andernfalls wird sich eine Abweichung des Datums des Bestätigungsvermerks zum Aufstellungsdatum ergeben.

7. Kann die qeS bereits vor dem Datum des Bestätigungsvermerks gesetzt werden?

(24) Nein. Das Datum des Bestätigungsvermerks steht für den Zeitpunkt der Beendigung der erforderlichen Prüfungshandlungen. Vor diesem Datum kann weder der Bestätigungsvermerk erteilt noch die qeS gesetzt werden.

8. Wenn der Bestätigungsvermerk am gleichen Tag wie die Vollständigkeitserklärung (und/oder der Abschluss bzw. Lagebericht) qualifiziert elektronisch signiert wird, muss dann auf die Uhrzeit des Erhalts dieser Unterlagen geachtet werden?

(25) Ja, das Datum sowie die Unterfertigung des Bestätigungsvermerks dürfen erst gesetzt werden, wenn der Abschlussprüfer die Vollständigkeitserklärung nachweislich erhalten hat.

9. Im Falle, dass zwei Unterzeichner erforderlich sind: Müssen beide Unterzeichner des Bestätigungsvermerks bzw. Prüfungsberichts die qeS am gleichen Tag setzen?

(26) Nein. Das Datum der Beendigung der Prüfung aufgrund des Vorliegens von ausreichenden geeigneten Prüfungsnachweisen ist durch das für beide Unterzeichner einheitliche, in Textform angegebene Datum des Bestätigungsvermerks dokumentiert.

(27) Die qeS markiert abweichend davon den Zeitpunkt, an dem die Willenserklärung zur Unterzeichnung abgegeben wird. Dies kann auch getrennt durch beide Unterzeichner erfolgen, solange beide Signaturen binnen angemessener Frist nach dem Datum des Bestätigungsvermerks erfolgen.

(28) Es wird jedoch empfohlen, den Zeitraum zwischen den beiden Signaturen möglichst gering zu halten.

10. Ist es zulässig, die auftragsbegleitende Qualitätssicherung nach dem Datum des Bestätigungsvermerks durchzuführen?

(29) Die auftragsbegleitende Qualitätssicherung muss gemäß ISA 220.19 (c) bis zum Datum des Bestätigungsvermerks erfolgt sein. Das gleiche gilt für alle anderen notwendigen Arbeiten, damit gemäß ISA 220.17 für die abschließende Durchsicht der Prüfungsdokumentation ausreichende geeignete Prüfungsnachweise zur Abstützung der gezogenen Schlussfolgerungen und für die Erteilung des Bestätigungsvermerks des Abschlussprüfers vorliegen.

3. Auslieferung von Berichten des Abschlussprüfers

11. Binnen welcher Fristen hat die Auslieferung des Prüfungsberichts samt Bestätigungsvermerk zu erfolgen?

(30) Gemäß § 273 Abs. 4 Satz 1 UGB hat der Abschlussprüfer seine Berichte den gesetzlichen Vertretern und, falls vorhanden, den Mitgliedern des Aufsichtsrats vorzulegen.

(31) Es ist zu empfehlen, diese Berichtsauslieferung möglichst zeitnah zum Datum des Bestätigungsvermerks bzw. Prüfungsberichts durchzuführen. Im Regelfall sollte die Auslieferung daher zeitlich unmittelbar nach tatsächlicher Unterfertigung des Bestätigungsvermerks erfolgen (vgl. weitere Einzelheiten in Abschnitt 8. von KFS/PG 2).

(32) Nach dem Datum des Bestätigungsvermerks ist der Abschlussprüfer grundsätzlich nicht verpflichtet, zum geprüften Abschluss und Lagebericht weitere Prüfungshandlungen vorzunehmen bzw. weitere Nachforschungen anzustellen (vgl. ISA 560.6); vielmehr liegt es in der Verantwortung der gesetzlichen Vertreter, den Abschlussprüfer ggf. über Ereignisse zu informieren, die den Abschluss und Lagebericht beeinflussen können und sich im Zeitraum zwischen dem Datum des Bestätigungsvermerks und der Vorlage des Prüfungsberichts (Auslieferung) ereignet haben.[7]

[7] Diese Informationspflicht der gesetzlichen Vertreter ist gemäß ISA 210.A24 in den Prüfungsver-trag aufzunehmen und erstreckt sich bis zur Herausgabe des Abschlusses (Veröffentlichung) (vgl. ISA 560.A12).

(33) Liegt zwischen dem Datum des Bestätigungsvermerks und der Auslieferung der Berichte jedoch ein nicht unbeachtlicher Zeitraum oder ist auch bei einem kürzeren Zeitraum das Eintreten wesentlicher Ereignisse zu erwarten, bestehen in Österreich zwar keine konkreten Vorschriften, in Anlehnung an andere berufliche Standards (z.B. IDW PS 203) ist es jedoch übliche Praxis, dass der Abschlussprüfer ggf. vor der Auslieferung des Bestätigungsvermerks mit den gesetzlichen Vertretern klärt, ob zwischenzeitliche Ereignisse und Entwicklungen eingetreten sind, die die Aussagen des Bestätigungsvermerks berühren.

(34) Sollte sich im Rahmen solcher Erhebungen ergeben, dass der Abschluss geändert wird, hat dies die Einholung eines neu datierten Abschlusses und Lageberichts sowie die Durchführung weiterer Prüfungshandlungen zur Folge, und es sind sowohl die Vollständigkeitserklärung neuerlich einzuholen als auch der Bestätigungsvermerk samt Datum entsprechend anzupassen.

12. Kann der Versand des Entwurfs zum Prüfungsbericht an die geprüfte Einheit ohne Datumsangabe zum Bestätigungsvermerk erfolgen?

(35) Ja. Mangels Kenntnis des Datums des tatsächlichen Erhalts der Vollständigkeitserklärung ist zu empfehlen, falls das vereinbart wurde, einen Berichtsentwurf ohne Angabe eines Datums (d.h. mit einem Platzhalter für das Datum) zu versenden. Diese Gestaltungsvariante ist auch international

zu beobachten und aufgrund der konkreten Anforderungen angemessen.

(36) Ob ein geplantes Datum für den Bestätigungsvermerk angegeben werden kann bzw. soll, ist eine Frage des Einzelfalls. Sollte ein geplantes Datum angegeben werden, ändert dies nichts an der Anforderung, ggf. abhängig vom Erhalt der letzten ausreichenden geeigneten Prüfungsnachweise das Datum anzupassen.

13. Ist es zulässig, den Prüfungsbericht qualifiziert elektronisch zu signieren und auszuliefern und anschließend noch redaktionelle Änderungen zu diesem oder den Beilagen vorzunehmen?

(37) Handelt es sich nicht nur um redaktionelle (schlichte Schreib- oder Druckfehler sowie bloße Ziffernstürze), sondern um inhaltliche Änderungen des Abschlusses der Einheit nach Vorlage des Prüfungsberichts (§ 273 Abs. 4 UGB), ist eine Nachtragsprüfung gemäß § 269 Abs. 4 UGB erforderlich.

(38) In jedem Fall, also auch bei rein redaktionellen Änderungen, wird bei einer qeS das Siegel der Datei gebrochen und ist eine elektronische Neusignierung erforderlich.

14. Ist es zulässig, dass der Abschluss bzw. Lagebericht ohne Unterschrift der gesetzlichen Vertreter dem Prüfungsbericht beigebunden wird?

(39) Ja, das ist zulässig. In solchen Fällen ist jedoch eine unterfertigte Fassung vom Abschlussprüfer zu seinen Akten zu nehmen (Urkundenexemplar).

(40) Da das Anbringen der qeS gemäß § 4 Abs. 1 SVG grundsätzlich einer eigenhändigen Unterschrift entspricht und die gleiche Rechtswirkung entfaltet, kann nach deren Anbringen bei Ausfertigungen ohne Unterschrift die Abkürzung „e.h." verwendet werden.

15. Kann der Abschlussprüfer mit der geprüften Einheit vereinbaren, wie die Ausfertigung des Bestätigungsvermerks bzw. Prüfungsberichts erfolgen soll?

(41) Gemäß § 273 Abs. 4 UGB hat der Abschlussprüfer den Prüfungsbericht den gesetzlichen Vertretern sowie den Mitgliedern des Aufsichtsrats vorzulegen.

(42) Die „Vorlage" (Übermittlung) kann gemäß KFS/PG 2 postalisch, per Boten oder elektronisch (in Form einer PDF-Datei – mit oder ohne qeS) erfolgen. Die konkrete Form der Vorlage sollte mit der geprüften Einheit im Vorhinein (bspw. im Rahmen des Prüfungsvertrags) vereinbart werden.

(43) Bei elektronischer Übermittlung des Prüfungsberichts ohne qeS ist jedenfalls eine entsprechende schriftliche Vereinbarung mit den gesetzlichen Vertretern sowie allenfalls den Mitgliedern des Aufsichtsrats erforderlich (vgl. KFS/PG 2, Rz 55).

16. Kann der geprüften Einheit auch ausschließlich ein elektronisches Exemplar des Prüfungsberichts zur Verfügung gestellt werden?

(44) Wurde eine entsprechende Vereinbarung getroffen, kann der geprüften Einheit anstelle eines eigenhändig unterzeichneten Papierexemplars des Prüfungsberichts oder einer mit einer qeS versiegelten Datei auch nur ein Scan von einem eigenhändig gezeichneten oder qualifiziert signierten Original übermittelt werden.

(45) Als Nachweis der Erstellung und Ausfertigung der gesetzlich erforderlichen Berichte hat der Abschlussprüfer in jedem Fall ein Original, sei es eigenhändig gezeichneter Bericht oder qualifiziert signierte Datei, in seinen Unterlagen aufzubewahren.

17. Kann der Abschlussprüfer der geprüften Einheit elektronische Kopien seines eigenhändig unterzeichneten Bestätigungsvermerks zur Verfügung stellen?

(46) Wünscht die geprüfte Einheit, den Bestätigungsvermerk und den Prüfungsbericht eigenhändig unterzeichnet in Papierform zu erhalten, können hiervon zusätzlich elektronische Kopien in Dateiform ohne qeS zur Verfügung gestellt werden. Mangels abweichender Vereinbarung sind diese elektronischen Kopien aber kein Ersatz für das eigenhändig unterzeichnete Original.

4. Nachträgliche Ereignisse und Einholung schriftlicher Erklärungen

18. Binnen welcher Fristen haben die Erhebungen zu nachträglichen Ereignissen zu erfolgen?

(47) Der Abschlussprüfer hat gemäß ISA 560.7 die Erhebung zu nachträglichen Ereignissen so durchzuführen, dass sie den Zeitraum vom Abschlussstichtag bis zum Datum des Bestätigungsvermerks abdecken oder diesem so nahe wie praktisch möglich kommen.

(48) Aufgrund der vergleichbaren Textierung ist davon auszugehen, dass in der Regel dieselbe Frist für die Erhebung von nachträglichen Ereignissen wie für die Einholung der Vollständigkeitserklärung gilt.

19. In welchem zeitlichen Rahmen kann die Vollständigkeitserklärung datiert und unterschrieben werden?

(49) Um Klarheit betreffend den Zeitpunkt der Abgabe der Erklärung durch die gesetzlichen Vertreter herzustellen, ist die Vollständigkeitserklärung unter Angabe des Datums zu unterfertigen. Das Datum der Vollständigkeitserklärung hat dabei gemäß ISA 580.14 so nahe wie praktisch durchführbar am Datum des Bestätigungsvermerks zu liegen, darf jedoch nicht nach diesem Datum liegen.

(50) Mit dieser Formulierung ist klargestellt, dass die Vollständigkeitserklärung nicht in jedem Fall am Tag des Bestätigungsvermerks einzuholen ist, sondern dies ggf. auch – soweit dies durch praktische Umstände gerechtfertigt werden kann – zeitlich etwas vorgelagert erfolgen kann.

(51) Welche zeitliche Differenz akzeptiert werden kann, hängt von den Umständen des Einzelfalls ab und liegt im prüferischen Ermessen des Abschlussprüfers.

(52) Die Vollständigkeitserklärung ist zeitlich erst mit oder nach Beschlussfassung zur Aufstel-

lung des Jahresabschlusses durch die gesetzlichen Vertreter zu unterschreiben. Somit reicht der zeitlich zulässige Rahmen zur Unterschrift und zum Erlangen der Vollständigkeitserklärung von der Aufstellung des Jahresabschlusses bis zum Datum der Erteilung des Bestätigungsvermerks.

20. Welche zeitlichen Anforderungen sind bei der Einholung der Vollständigkeitserklärung zu beachten?

(53) Im Regelfall sollten das Datum der Vollständigkeitserklärung und das Datum des Bestätigungsvermerks ident sein. Das Datum der Vollständigkeitserklärung kann jedoch auch – soweit dies nicht anders praktisch durchführbar ist – zeitlich vor dem Datum des Bestätigungsvermerks liegen.

(54) Da die Vollständigkeitserklärung zum Zeitpunkt des Datums des Bestätigungsvermerks beim Abschlussprüfer eingelangt sein muss (Posteingang/E-Mail-Empfang), ergibt sich durch die Übermittlung eine Zeitspanne zwischen Unterzeichnung der Vollständigkeitserklärung und Einlangen beim Abschlussprüfer bzw. Datum des Bestätigungsvermerks.

(55) Sind mehrere Unterschriften (z.B. drei gesetzliche Vertreter) erforderlich, dann können diese an unterschiedlichen Tagen angebracht werden. Eine Zeitspanne, innerhalb derer sich diese befinden müssen, ist nicht vorgesehen (i.d.R. innerhalb eines üblichen Unterschriftenlaufs).

(56) Ein Vordatieren der Vollständigkeitserklärung ist nicht zulässig.

21. Kann eine Vollständigkeitserklärung ohne Datum akzeptiert werden?

(57) Gemäß ISA 580.14 müssen aus einer Vollständigkeitserklärung für den Prüfer das Datum der Erklärung und das Geschäftsjahr des davon erfassten Abschlusses erkennbar sein.

(58) Um diese Anforderung zu erfüllen, haben die gesetzlichen Vertreter die Erklärung bei eigenhändiger Unterzeichnung unter Angabe des Datums der Unterfertigung zu unterzeichnen. Fehlt das Datum, ist eine neuerliche, datierte Erklärung einzuholen.

(59) Im Fall einer qeS ist das Datum der Signatur maßgeblich.

22. Muss die geprüfte Einheit alle Seiten der Vollständigkeitserklärung übermitteln, oder genügt die Seite/genügen die Seiten mit den Unterschriften?

(60) Dem Abschlussprüfer ist die gesamte Vollständigkeitserklärung (inklusive etwaiger Beilagen) zuzusenden.

23. Ist es zulässig, dass der Abschlussprüfer den unterfertigten Abschluss bzw. Lagebericht erst nach der Vollständigkeitserklärung erhält?

(61) Ja, das ist zulässig. Wichtig ist, dass die Datumsfolge passt, d.h. dass die Vollständigkeitserklärung nicht vor dem Abschluss bzw. Lagebericht datiert wurde.

(62) Zum Datum des Bestätigungsvermerks müssen sowohl der unterfertigte Abschluss bzw. Lagebericht als auch die unterfertigte Vollständigkeitserklärung beim Abschlussprüfer eingelangt sein.

24. Dürfen gescannte Versionen der Vollständigkeitserklärung bzw. des Abschlusses und Lageberichts der geprüften Einheit akzeptiert werden?

(63) Ja, elektronisch (via E-Mail) übermittelte gescannte Dokumente sind zulässig, wenn die gescannten Originaldokumente eigenhändig unterschrieben wurden.

25. Ist bezüglich der zeitlichen Abfolge von Vollständigkeitserklärung und Abfrage zu nachträglichen Ereignissen etwas zu beachten?

(64) Gemäß ISA 560.9 (Nachträgliche Ereignisse) hat der Abschlussprüfer vom Management und, soweit angebracht, von den für die Überwachung Verantwortlichen eine Vollständigkeitserklärung in Übereinstimmung mit ISA 580 (Schriftliche Erklärungen) darüber einzuholen, dass bei allen nachträglichen Ereignissen, die nach den maßgebenden Rechnungslegungsgrundsätzen Anpassungen oder Angaben im Abschluss erfordern, diese Anpassungen bzw. Angaben vorgenommen worden sind.

(65) Für die Erhebungen zu nachträglichen Ereignissen bzw. für die Einholung der Vollständigkeitserklärung bestehen daher Fristen, die hinsichtlich des Datums für den Bestätigungsvermerk zu beachten sind.

(66) Eine zwingende Abfolge dieser beiden Prüfungshandlungen ist durch die ISA nicht vorgegeben. Es ist jedoch zu beachten, dass gemäß ISA 580.14 das Datum der schriftlichen Erklärungen so nahe wie praktisch durchführbar am Datum des Bestätigungsvermerks des Abschlussprüfers zum Abschluss zu liegen hat, jedoch nicht nach diesem Datum liegen darf.

26. Ist es ein Problem, wenn zwischen der Unterfertigung des Abschlusses bzw. Lageberichts durch die gesetzlichen Vertreter (als Dokumentation der Aufstellung) große zeitliche Differenzen bestehen (z.B. wenn der Finanzvorstand zeitlich deutlich vor den anderen Vorstandsmitgliedern unterfertigt)?

(67) Nein. Als relevantes Datum für das weitere Vorgehen (insbesondere Übermittlung und Einlangen beim Abschlussprüfer) gilt jenes der Unterfertigung des letzten gesetzlichen Vertreters; sollten nachträgliche Ereignisse eingetreten sein, die den Abschluss bzw. Lagebericht beeinflussen würden, ist für deren Berücksichtigung im Abschluss jeder einzelne gesetzliche Vertreter gemeinsam mit den anderen Vertretern verantwortlich. Die Aufstellung des Abschlusses bzw. Lageberichts wird als eine Kernaufgabe der gesetzlichen Vertreter angesehen, die alle gemeinsam zu erfüllen haben.

(68) Daher ergeben sich aus diesem Umstand keine erhöhten Anforderungen für den Abschlussprüfer betreffend die Erhebung zu nachträglichen Ereignissen.

5. Datierung und Unterzeichnung von Abschluss und Lagebericht

27. Binnen welcher Frist sind der zu prüfende Abschluss und Lagebericht zu datieren bzw. zu unterfertigen?

(69) Die gesetzlichen Vertreter einer Kapitalgesellschaft haben gemäß § 222 Abs. 1 UGB in den ersten fünf Monaten nach Ablauf eines Geschäftsjahrs einen Jahres- bzw. ggf. Konzernabschluss und einen (Konzern-)Lagebericht aufzustellen.[8] Dieselbe Frist gilt für einen ggf. aufzustellenden Corporate Governance-Bericht und/oder Bericht über Zahlungen an staatliche Stellen sowie für die entsprechenden Berichte auf Konzernebene. Jahres- bzw. ggf. Konzernabschluss und (Konzern-) Lagebericht sind gemäß § 222 Abs. 1 UGB ebenso wie die anderen genannten Berichte von sämtlichen gesetzlichen Vertretern zu unterzeichnen.

[8] Vgl. dazu AFRAC 16, Rz 10; für Emittenten i.S.d. § 1 Z 8 BörseG 2018 verkürzt sich die Aufstel-lungsfrist, denn ein Emittent hat seinen Jahresfinanzbericht spätestens vier Monate nach Ablauf jedes Geschäftsjahrs zu veröffentlichen.

(70) Abhängig von einer allenfalls vorhandenen Geschäftsordnung ist der Tag der Aufstellung jener Tag, an dem die gesetzlichen Vertreter nachweislich den Beschluss über die Aufstellung des Abschlusses gefasst haben.[9]

[9] Vgl. AFRAC 16, Rz 11.

(71) Die Aufstellung des Jahresabschlusses wird spätestens durch die Unterzeichnung des Jahresabschlusses dokumentiert.9 Sofern kein gesonderter Beschluss des zuständigen Organs erfolgt ist, gilt der Jahresabschluss zum Datum der Unterzeichnung als aufgestellt.

(72) Gemäß ISA 560.6 endet die Durchführung von Prüfungshandlungen im Rahmen einer Abschlussprüfung mit dem Datum des Bestätigungsvermerks. Das Aufstellungsdatum für den Abschluss kann daher zeitlich nicht nach dem Datum des Bestätigungsvermerks liegen.

28. Können der Abschluss bzw. der Lagebericht qualifiziert elektronisch signiert werden bzw. können einzelne gesetzliche Vertreter qualifiziert elektronisch und andere eigenhändig signieren?

(73) Auch Abschlüsse bzw. Lageberichte können mittels qeS unterfertigt werden. Außerdem ist es zulässig, dass im Falle von mehreren Unterzeichnern (für Zwecke des Nachweises gegenüber dem Abschlussprüfer) getrennt elektronisch bzw. manuell signiert wird.

29. Ist es zulässig, dass bei Unterfertigung mittels qeS im Falle von mehreren gesetzlichen Vertretern z.B. ein gesetzlicher Vertreter bereits Abschluss bzw. Lagebericht und Vollständigkeitserklärung unterfertigt hat und ein anderer erst danach den Abschluss bzw. Lagebericht (und in weiterer Folge die Vollständigkeitserklärung) unterfertigt?

(74) Ja, das ist zulässig. Hinsichtlich der Datierung des Bestätigungsvermerks ist in diesen Fällen auf das Einlangen des datierten und unterzeichneten Jahresabschlusses und der Vollständigkeitserklärung Bedacht zu nehmen.

30. Ist es zulässig, dass Abschluss und Lagebericht von der geprüften Einheit in einem Dokument qualifiziert elektronisch signiert werden?

(75) Ja, dies ist zulässig.

6. Sonstige Fragen

31. Wie ist bei der Abfassung des Transparenzschreibens gemäß § 270 Abs. 1a UGB vorzugehen?

(76) Das in § 270 Abs. 1a UGB geregelte Transparenzschreiben ist schriftlich vorzulegen und an den Prüfungsausschuss, mangels eines solchen an den Aufsichtsrat bzw. an die Gesellschafter zu richten.

(77) Da gemäß § 4 Abs. 1 SVG eine qeS das rechtliche Erfordernis der Schriftlichkeit erfüllt und das Transparenzschreiben gemäß § 270 Abs. 1a UGB nicht unter eine Ausnahme gemäß § 4 Abs. 2 SVG fällt, ist eine Unterzeichnung auch mit qeS zulässig.

32. Wie ist die Vereinbarung eines Prüfungsvertrags gemäß § 270 Abs. 1 UGB zu dokumentieren?

(78) Der Abschluss des Prüfungsvertrags ist gesetzlich nicht an Formerfordernisse gebunden, jedoch sieht ISA 210.10 das Erfordernis der Schriftlichkeit vor. Demnach müssen die vereinbarten Bedingungen des Prüfungsauftrags in einem Auftragsbestätigungsschreiben oder in einer anderen geeigneten Form von schriftlicher Vereinbarung festgehalten werden.

(79) Zwar ist das Schriftlichkeitserfordernis gemäß ISA 210.10 nicht jenem des § 886 ABGB gleichzuhalten, jedoch wird aus Beweisgründen die Einhaltung der Schriftform gemäß § 886 ABGB empfohlen.

(80) Da gemäß § 4 Abs. 1 SVG eine qeS das rechtliche Erfordernis der Schriftlichkeit im Sinne des § 886 ABGB erfüllt und der Prüfungsvertrag gemäß § 270 Abs. 1 UGB nicht unter eine Ausnahme nach § 4 Abs. 2 SVG fällt, ist eine Unterzeichnung auch mit qeS zulässig.

33. Was ist hinsichtlich des Anbringens eines elektronischen Abbilds der Unterschrift des Unterzeichners zu beachten?

(81) Ein bloßes Abbild (z.B. eingescannte Unterschrift) der eigenhändigen Unterschrift ersetzt weder die eigenhändige Unterschrift noch eine qeS und ist für die Unterzeichnung eines Bestätigungsvermerks, eines Prüfungsberichts und anderer Dokumente, für die das Erfordernis der Schriftlichkeit gilt, daher nicht geeignet. Es ist in jedem Fall eine Unterfertigung mittels qeS oder eigenhändig erforderlich. Gleiches gilt für Unterschriften von Seiten der gesetzlichen Vertreter (Aufstellung des Jahresabschlusses gemäß § 222 Abs. 1 UGB und Vollständigkeitserklärung).

(82) Gleichwohl darf ein Abbild der eigenhändigen Unterschrift einer qeS hinzugefügt werden.

34. Dürfen Unterlagen der geprüften Einheit, die dem Schriftlichkeitserfordernis unterliegen, mit leicht erkennbar hineinkopierten Unterschriften (eFaksimile, elektronisches Abbild) akzeptiert werden, wenn z.B. die gesetzlichen Vertreter im E-Mail im Verteiler stehen oder das E-Mail persönlich an den Abschlussprüfer senden?

(83) Nein, es dürfen nur eigenhändige Unterschriften oder mittels qeS unterfertigte Unterlagen akzeptiert werden.

35. Wie ist der Artikel-11-Bericht im zeitlichen Gefüge zur Datierung und Ausfertigung des Prüfungsberichts zu berücksichtigen?

(84) Der Artikel-11-Bericht darf dem Prüfungsausschuss der geprüften Einheit nicht später als der Bestätigungsvermerk bzw. Prüfungsbericht vorgelegt werden. Das Datum des Artikel-11-Berichts kann vor dem Datum des Bestätigungsvermerks liegen, jedoch nicht später (vgl. KFS/PG 4, Rz 15).

(85) Anforderungen an die qeS sind daraus für den zusätzlichen Bericht zwar nicht unmittelbar abzuleiten, eine Unterfertigung zeitnah zum Prüfungsbericht/Bestätigungsvermerk ist jedoch zweckmäßig.

(86) Die rechtzeitige Vorlage des Artikel-11-Berichts ist durch eine entsprechende Auslieferung sicherzustellen.

36. Hat der Abschlussprüfer die Einhaltung der Formvorschriften für die und die Echtheit der Unterschriften zum Abschluss bzw. Lagebericht und auf der Vollständigkeitserklärung zu überprüfen?

(87) Der Abschlussprüfer muss im Rahmen seiner kritischen Grundhaltung die Einhaltung der Formerfordernisse für die Unterfertigung des Abschlusses und des Lageberichts prüfen. Dabei reicht es grundsätzlich aus, dass er das tatsächliche Vorhandensein einer Eigenhandunterschrift – z.B. statt eines bloßen Aufdrucks – und damit die Einhaltung der Formvorschrift kontrolliert.

(88) Ob die Unterschrift auch echt ist, kann der Abschlussprüfer dagegen regelmäßig nicht ohne Weiteres prüfen, denn die Einholung von Unterschriftenproben/Musterzeichnungen aus der Urkundensammlung des Firmenbuchs wird wohl nicht vom Abschlussprüfer verlangt werden müssen. Anders ist die Situation zu beurteilen, wenn Anhaltspunkte dafür vorliegen, dass die Unterschrift möglicherweise unecht ist, z.B. weil sie sich offensichtlich von früheren Unterschriften derselben Person unterscheidet.[10]

[10] Vgl. Völkl, Abschnitt 4.5., S. 34.

(89) Um die Zuordnung und Vollständigkeit der Unterschriften im Falle der eigenhändigen Unterschrift sicherstellen zu können, sollte weiters darauf geachtet werden, dass die Namen der gesetzlichen Vertreter auf der Unterschriftenseite angedruckt werden, sodass die unterzeichnenden Vertreter unter/über ihrem angedruckten Namen unterschreiben.

(90) Für Fälle der qeS ist deren Gültigkeit zu verifizieren.

37. Wie geht man bei der Unterzeichnung des Bestätigungsvermerks im Falle von zum Firmenbuch einzureichenden Unterlagen (sog. Urkunden- oder Einreichexemplar) vor?

(91) Gemäß § 277 Abs. 1 UGB haben die gesetzlichen Vertreter von Kapitalgesellschaften den Jahresabschluss und den Lagebericht mit dem Bestätigungsvermerk beim Firmenbuchgericht des Sitzes der Kapitalgesellschaft einzureichen. Hier ergeben sich für den Abschlussprüfer folgende Fallkonstellationen:

a) der Jahresabschluss und der Lagebericht werden eigenhändig unterschrieben
b) der Jahresabschluss und der Lagebericht werden mit qeS unterschrieben

(92) Im Fall a) werden der eigenhändig unterschriebene Jahresabschluss und Lagebericht sowie der Bestätigungsvermerk gemeinsam durch den Abschlussprüfer mit qeS unterschrieben. Es wird empfohlen, dass die Erstellung des Urkundenexemplars entweder gleichzeitig oder zumindest in zeitlicher Nähe mit der Unterzeichnung des Prüfungsberichts erfolgt.

(93) Im Fall b) ergibt sich, dass durch die Verknüpfung des Bestätigungsvermerks mit dem qualifiziert elektronisch unterschriebenen Jahresabschluss und Lagebericht das Siegel des Jahresabschlusses und des Lageberichts gebrochen wird. Hier wird folgende Möglichkeit empfohlen: Der Bestätigungsvermerk wird separat mit qeS unterschrieben, und danach werden der Bestätigungsvermerk und der unterschriebene Jahresabschluss und der unterschriebene Lagebericht in einem neuen Dokument nochmals zusammengeführt (sog. Portfolio-Lösung), das zur Sicherheit auch noch mit einer qeS versehen werden kann. Durch diese Vorgehensweise werden die Siegel der einzelnen Bestandteile des Urkundenexemplars nicht gebrochen.

7. Anwendungszeitpunkt

(94) Diese Stellungnahme ist auf die Prüfung von Abschlüssen für Geschäftsjahre anzuwenden, die nach dem 1. Jänner 2022 beginnen. Eine frühere Anwendung ist zulässig.

Anhang: Darstellung zur Illustration: Wann kann der Abschlussprüfer den Bestätigungsvermerk unterzeichnen?

Stellt man die behandelten fachlichen Regelungen zur richtigen Datierung bzw. Unterfertigung grafisch dar, zeigt sich folgendes Bild:

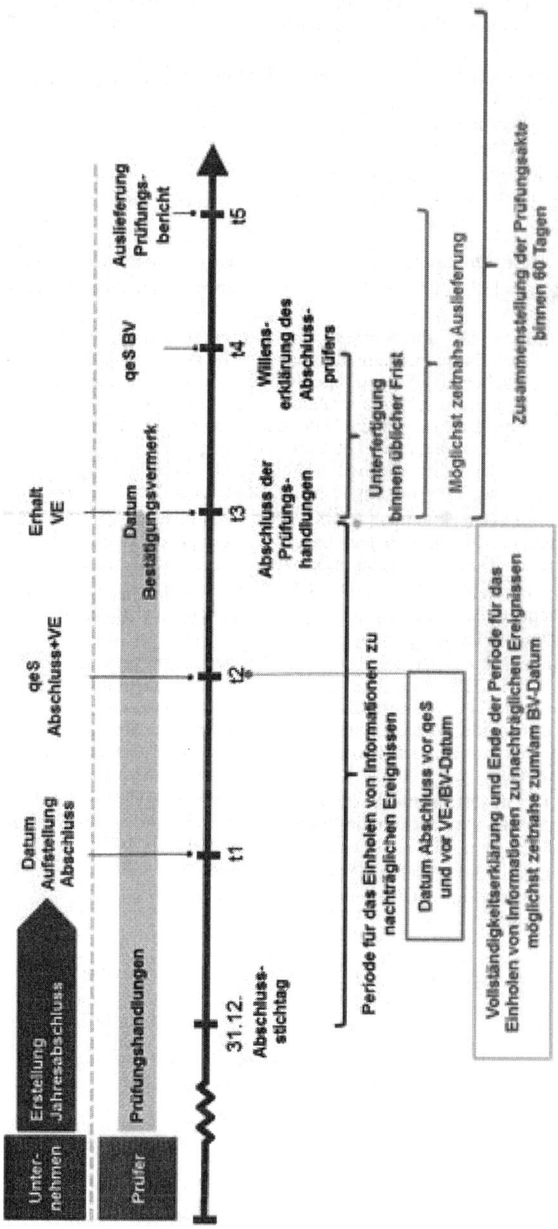

Erläuterungen:

- Die Geschäftsführung stellt im vorliegenden Beispielfall den Jahresabschluss per 31. Jänner fertig.
- Nach Vorlage der Vollständigkeitserklärung durch den Abschlussprüfer unterschreiben die zwei Geschäftsführer den Jahresabschluss und die Vollständigkeitserklärung zum Zeitpunkt t2 (Datum der letzten qualifizierten elektronischen Unterschrift der beiden Geschäftsführer).
- Der Abschlussprüfer führt bis zum Datum des Bestätigungsvermerks die erforderlichen Prüfungshandlungen zur Erhebung der Ereignisse nach dem Abschlussstichtag (nachträgliche Ereignisse) durch.
- Die Vollständigkeitserklärung und der Jahresabschluss werden dem Abschlussprüfer zum Zeitpunkt t3 übermittelt.
- Der Bestätigungsvermerk (bzw. Prüfungsbericht) des Abschlussprüfers kann frühestens zum Zeitpunkt t3 datiert werden.
- Unter Berücksichtigung der spezifischen Umstände wird der Bestätigungsvermerk (Prüfungsbericht) per t4 qualifiziert elektronisch signiert und zu t5 (z.B. am Folgetag) elektronisch via Mail ausgeliefert.

Glossar: Rechtsgrundlagen zu relevanten Zeitpunkten bzw. Datumsangaben

Abschlussstichtag (vgl. ISA 560.5a) – Das Datum des Endes des letzten im Abschluss dargestellten Zeitraums.

Datum der Genehmigung des Abschlusses (Aufstellungsdatum) (vgl. ISA 560.5b bzw. § 194 UGB / § 222 Abs. 1 UGB) – Das Datum, an dem alle Bestandteile des Abschlusses einschließlich der dazugehörigen Abschlussangaben erstellt sind und die dafür Verantwortlichen versichert haben, dass sie die Verantwortung für diesen Abschluss übernehmen. Gemäß AFRAC 16, Rz 11 wird die Aufstellung des Jahresabschlusses spätestens durch die Unterzeichnung des Jahresabschlusses gemäß § 194 oder gemäß § 222 Abs. 1 UGB dokumentiert. Die Unterfertigung ist aber nicht konstitutiv für die Aufstellung. Aufstellungsakt ist der entsprechende Beschluss des für die Aufstellung zuständigen Organs und daher die nachweisliche Beschlussfassung über die Aufstellung des Jahresabschlusses.

Datum der Vollständigkeitserklärung (vgl. ISA 580.14) – Erklärung sämtlicher gesetzlicher Vertreter, datiert so nahe wie praktisch durchführbar am Datum des Vermerks des Abschlussprüfers zum Abschluss, jedoch nicht nach diesem Datum, dass alle Informationen und Nachweise vollständig erbracht wurden.

Datum des Vermerks (vgl. ISA 700.49 und KFS/PG 3, Rz 111) – Das Datum des Bestätigungsvermerks ist das Datum, an dem der Abschlussprüfer ausreichende geeignete Prüfungsnachweise als Grundlage für das Prüfungsurteil erlangt hat.

Datum des Anbringens der qualifizierten elektronischen Signatur (vgl. § 274 Abs. 7 UGB) – Gemäß § 274 Abs. 7 Satz 1 UGB ist der Bestätigungsvermerk vom Abschlussprüfer unter Angabe des Datums und des Ortes der Niederlassung des Abschlussprüfers zu unterzeichnen. Wird zur Erfüllung dieses Schriftlichkeitserfordernisses die qualifizierte elektronische Signatur verwendet, ist das Datum des Anbringens der Zeitpunkt der tatsächlichen Unterschrift und kann demnach unterschiedlich zum Datum des Vermerks sein.

Datum der Auslieferung des Vermerks an die Einheit (vgl. ISA 560.A4) – Datum der Auslieferung des Vermerks des Abschlussprüfers an die Einheit. (entspricht: Vorlage des Prüfungsberichts gemäß § 273 Abs. 4 UGB)

Datum der Herausgabe des Abschlusses (Veröffentlichung) (vgl. ISA 560.5d) – Das Datum, an dem der Vermerk des Abschlussprüfers und der geprüfte Abschluss Dritten zur Verfügung gestellt werden. (vgl. Tz. A4–A5)

PE

2/3/32.

Fachliche Hinweise der Kammer der Steuerberater und Wirtschaftsprüfer zu den mit dem Ausbruch des Coronavirus (COVID-19) verbundenen Auswirkungen auf die Abschlussprüfung

(beschlossen vom Präsidium der Kammer der Steuerberater und Wirtschaftsprüfer am 3. April 2020)

1. Präambel

(1) Die vorliegenden Hinweise wurden kurzfristig von einer Ad-hoc-Arbeitsgruppe des Fachsenats für Unternehmensrecht und Revision erarbeitet. Eine Befassung des gesamten Fachsenats und die damit verbundenen Verfahren einer ordnungsgemäßen Beschlussfassung waren aufgrund der Dringlichkeit und der außergewöhnlichen Situation nicht möglich. Die Hinweise sind daher als Empfehlung einer Expertengruppe zum Wissenstand per 3. April 2020 zu verstehen, und stellen kein Fachgutachten des Fachsenats für Unternehmensrecht und Revision dar.

(2) Klarstellend wird darauf hingewiesen, dass die Hinweise für Abschlussprüfungen von Banken und Versicherungsunternehmen nur unter Beachtung allfälliger abweichender oder ergänzender aufsichtsrechtlicher Vorgaben anwendbar sind. Weiters ist zu beachten, dass die Ausführungen nur allgemeiner Art sein können und die Sachverhalte im Einzelfall und auf Basis der konkreten Fakten und Umstände zu beurteilen sind.

2. Einleitung

(3) Der Ausbruch der durch das Coronavirus verursachten Erkrankung Anfang 2020 wurde von der WHO zu einer gesundheitlichen Notlage von internationaler Tragweite erklärt, die erhebliche Auswirkungen auf die Bevölkerung, die Unternehmen und Märkte auf der ganzen Welt hat. Die von der österreichischen Bundesregierung getroffenen Maßnahmen zur Eindämmung des Coronavirus und seiner Folgen führten in der Folge zu verschiedenen Einschränkungen im Wirtschaftsverkehr (im Folgenden mit „COVID 19“ angesprochen).

(4) Damit im Zusammenhang stehende Fragen der Rechnungslegung hat das AFRAC in einer Fachinformation zu Auswirkungen der Ausbreitung des Coronavirus (COVID-19) auf die Unternehmensberichterstattung vom 1. April 2020 dargelegt.

(5) Für den Abschlussprüfer ergeben sich inhaltliche Fragen zu den Auswirkungen auf die Planung und Durchführung von bzw. die Berichterstattung zu (derzeit noch offenen) Abschlussprüfungen.

(6) Die nachfolgenden Ausführungen befassen sich mit verschiedenen Einzelfragen und sollen Hinweise zu prüferischen und praktisch-organisatorischen Fragestellungen geben.

3. Auswirkungen auf die Prüfung von Abschlüssen

(7) COVID-19 kann Konsequenzen für den Prozess der Abschlussprüfung einschließlich der Kommunikations- und Berichterstattungspflichten des Abschlussprüfers haben.

(8) Reise- und andere Einschränkungen stellen eine Herausforderung dar, ausreichende geeignete Prüfungsnachweise zu erlangen. In solchen Situationen ist es besonders wichtig, darauf zu achten, dass ein Bestätigungsvermerk nur erteilt werden darf, wenn die Prüfung abgeschlossen ist und ausreichende geeignete Prüfungsnachweise erlangt wurden. Der Abschlussprüfer hat daher

– ein unverändert hohes Niveau an Prüfungsqualität und Prüfungssicherheit sicherzustellen,
– gegebenenfalls alternative oder zusätzliche Prüfungshandlungen zu setzen und damit die Abschlussprüfung auch zeitlich zu verlängern,
– besondere Aufmerksamkeit der Prüfung der Annahme der Unternehmensfortführung (Going Concern Prämisse) zu widmen,
– die von den Unternehmen gemachten Angaben im Abschluss und Lagebericht kritisch zu würdigen und
– ggf. Überlegungen zu Modifikationen des Prüfungsurteils oder Ergänzungen zum Bestätigungsvermerk anzustellen.

Eine umfassende Kommunikation mit den gesetzlichen Vertretern und den für die Überwachung Verantwortlichen über COVID 19 und die konkreten Auswirkungen auf das geprüfte Unternehmen und den Ablauf der Abschlussprüfung ist zeitgerecht und angemessen zu führen.

3.1. Auswirkungen auf Kommunikationserfordernisse

(9) Um die Auswirkungen auf die Geschäftstätigkeit und damit gegebenenfalls auf den Abschluss sowie den Lagebericht beurteilen zu können, sollte der Abschlussprüfer mit den gesetzlichen Vertretern möglichst kurzfristig die Auswirkungen von COVID-19 auf das Unternehmen sowie die dazu von den gesetzlichen Vertretern getroffenen bzw. geplanten Maßnahmen erörtern (vgl. ISA 560.6).

(10) Dies gilt insbesondere auch dann, wenn COVID-19 erst nach dem Bilanzstichtag ausgebrochen sein sollte und der Abschluss noch nicht fertig aufgestellt bzw. geprüft sein sollte. Gerade aufgrund der unter Umständen hohen Ausbreitungsgeschwindigkeit des Virus sollten diese Beurteilung sowie diesbezügliche Prüfungshandlungen durch den Abschlussprüfer möglichst zeitnah zum Datum des

Bestätigungsvermerks erfolgen bzw. ggf. nochmals aktualisiert werden (vgl. ISA 560.7).

(11) Nach ISA 560.6 endet die Verpflichtung des Abschlussprüfers zur Berücksichtigung von Ereignissen nach dem Abschlussstichtag („nachträgliche Ereignisse“) frühestens mit dem Datum der Aufstellung des Abschlusses durch die gesetzlichen Vertreter, jedenfalls aber mit dem Datum des Bestätigungsvermerks und nicht mit dem Datum einer Genehmigung des Abschlusses durch den Aufsichtsrat oder die Hauptversammlung (vgl. ISA 560.7 und ISA 560.A7-A8). Hinsichtlich der AFRAC-Stellungnahme 16 „Wertaufhellung und Wertbegründung vor und nach Aufstellung von Jahres- und Konzernabschlüssen“, die sich ebenso mit Folgewirkungen von Ereignissen nach dem Abschlussstichtag befasst, ist klarstellend festzuhalten, dass diese Stellungnahme an die für die Aufstellung und die Feststellung des Abschlusses verantwortlichen Organe gerichtet ist und somit für den Abschlussprüfer keine über die Regelungen von ISA 560 hinausgehenden Verpflichtungen enthält (vgl. KFS/PG 1, Rz (37) f.).

(12) Sollten nach der Beurteilung des Abschlussprüfers aufgrund der Auswirkungen von COVID-19 der Bestand des geprüften Unternehmens gefährdet oder seine Entwicklung wesentlich beeinträchtigt sein, hat der Abschlussprüfer auf seine Verpflichtung zur unverzüglichen Berichterstattung zu achten (Ausübung der „Redepflicht“, vgl. § 273 Abs. 2 UGB und KFS/PE 18 sowie bei Unternehmen von öffentlichem Interesse (ähnliche, aber nicht so umfassende) besondere Berichtspflichten gemäß Art. 12 Abs. 1 lit. b EU-VO).

(13) Die Redepflicht beginnt frühestens mit Abschluss des Prüfungsvertrags und endet regelmäßig mit der Erteilung des Bestätigungsvermerks. Nach Erteilung des Bestätigungsvermerks besteht grundsätzlich keine Verpflichtung, weitere Prüfungshandlungen zu setzen. Zu einer unter Umständen gebotenen Ausübung der Redepflicht nach Erteilung des Bestätigungsvermerks wird auf Rz (44) verwiesen.

(14) Darüber hinaus ergeben sich je nach Bedeutsamkeit von COVID-19 für die Geschäftstätigkeit des Unternehmens Auswirkungen auf folgende zusätzliche Kommunikationspflichten für den Abschlussprüfer mit den für die Überwachung Verantwortlichen (z.B. Prüfungsausschuss, Aufsichtsrat) (vgl. ISA 260.15 ff.), die sich ggf. letztlich auch in einem zusätzlichen Prüfungsbericht gemäß Art. 11 EU-VO niederschlagen würden:

a) Änderungen zum geplanten Umfang und zur geplanten zeitlichen Einteilung der Abschlussprüfung (vgl. ISA 260.A11);
b) ggf. während der Abschlussprüfung aufgetretene schwerwiegende Probleme; (vgl. ISA 260.A18);
c) bedeutsame aus der Abschlussprüfung resultierende Sachverhalte, die mit den gesetzlichen Vertretern besprochen wurden oder Gegenstand des Schriftverkehrs mit den gesetzlichen Vertretern waren (vgl. ISA 260. A19);
d) Umstände, die die Form oder den Inhalt des Bestätigungsvermerks beeinflussen; sowie
e) ggf. sonstige aus der Abschlussprüfung resultierende Sachverhalte, die der Abschlussprüfer nach pflichtgemäßem Ermessen als bedeutsam für die Aufsicht über den Rechnungslegungsprozess erachtet (vgl. ISA 260. A20).

(15) Außerdem ergibt sich eine Verpflichtung zur Kommunikation, wenn Auswirkungen auf den Bestätigungsvermerk zu erwarten sind (vgl. ISA 705.23 bzw. .30 bzw. ISA 706.12) oder wenn COVID-19 bzw. deren Folgewirkungen ein Ereignis darstellt, das bedeutsame Zweifel an der Fähigkeit des Unternehmens zur Fortführung der Geschäftstätigkeit („Going-Concern-Prämisse“) aufwerfen kann (vgl. ISA 570.25) oder beispielsweise Beschränkungen des Zugangs zu Informationen für den Konzernprüfer entstehen lässt (ISA 600.49(d)).

3.2. Auswirkungen auf Prüfungshandlungen i.Z.m. der Fortführungsannahme

(16) Es ist die Pflicht des Abschlussprüfers, ausreichende geeignete Prüfungsnachweise über die Angemessenheit der Going Concern-Prämisse, die die gesetzlichen Vertreter bei der Aufstellung des Abschlusses zugrunde gelegt haben, zu erlangen und zu einem Schluss darüber zu kommen, ob eine wesentliche Unsicherheit über die Fähigkeit des Unternehmens zur Fortführung der Geschäftstätigkeit besteht (ISA 570.6). Nach dem Ausbruch von COVID-19 ist es somit die Aufgabe des Abschlussprüfers, die Auswirkungen auf die Geschäftstätigkeit und den möglichen Fortbestand der Unternehmen dahingehend zu würdigen.

(17) Falls die Auswirkungen auf das geprüfte Unternehmen erhebliche Zweifel an der Fähigkeit zur Fortführung der Geschäftstätigkeit aufwerfen können, muss der Abschlussprüfer durch zusätzliche Prüfungshandlungen ausreichende geeignete Prüfungsnachweise erlangen, um festzustellen, ob sich daraus wesentliche Unsicherheiten ergeben. Diese Prüfungshandlungen umfassen (vgl. ISA 570.16 (a) bis (e)):

(a) Aufforderung an die gesetzlichen Vertreter, seine Einschätzungen zur Fähigkeit des Unternehmens zur Fortführung der Geschäftstätigkeit unter Berücksichtigung der Auswirkungen von COVID-19 vorzunehmen bzw. zu aktualisieren;
(b) Beurteilung der Pläne der gesetzlichen Vertreter zu zukünftigen Maßnahmen im Zusammenhang mit deren Einschätzung hinsichtlich der Fortführung der Geschäftstätigkeit sowie eine Beurteilung, ob die Folgen dieser Pläne wahrscheinlich die Situation verbessern und ob die Pläne der gesetzlichen Vertreter unter den gegebenen Umständen durchführbar sind;
(c) Hat das Unternehmen eine Cashflow-Prognose bzw. Liquiditätsplanung aufgestellt und ist die Analyse der Prognose ein bedeutsamer

Faktor bei der Einschätzung der zukünftigen Folgen von Ereignissen oder Gegebenheiten im Rahmen der Beurteilung der Pläne der gesetzlichen Vertreter für zukünftige Maßnahmen:

(i) Beurteilung der Verlässlichkeit der zugrunde liegenden Daten, die zur Aufstellung der Prognose ermittelt wurden, und

(ii) Feststellung, ob die der Prognose zugrunde liegenden Annahmen ausreichend unterlegt sind;

(d) Abwägung, ob zusätzliche Tatsachen oder Informationen seit dem Datum, an dem die gesetzlichen Vertreter ihre Einschätzung zur Annahme der Unternehmensfortführung vorgenommen haben, verfügbar geworden sind;

(e) Anforderung schriftlicher Erklärungen von den gesetzlichen Vertretern zu deren Plänen für zukünftige Maßnahmen und zu der Durchführbarkeit dieser Pläne.

(18) Auf der Grundlage der erlangten Prüfungsnachweise muss der Abschlussprüfer entscheiden, ob nach seinem Ermessen aufgrund der Auswirkungen von COVID-19 eine wesentliche Unsicherheit im Zusammenhang mit Ereignissen oder Gegebenheiten besteht, die einzeln oder zusammen erhebliche Zweifel an der Fähigkeit des Unternehmens zur Fortführung der Geschäftstätigkeit aufwerfen können. Eine wesentliche Unsicherheit besteht, wenn ihre möglichen Auswirkungen und die Wahrscheinlichkeit ihres Eintretens so groß sind, dass nach der Beurteilung des Abschlussprüfers eine angemessene Angabe von Art und Auswirkungen der Unsicherheit im Abschluss notwendig ist, um eine sachgerechte Gesamtdarstellung im Sinne der Generalnorm (vgl. § 222 Abs. 2 UGB, IAS 1.15) zu gewährleisten (vgl. ISA 570.17).

3.3. Weitere Auswirkungen auf den Prüfungsprozess

(19) Für die Abschlussprüfung können sich durch COVID-19 verschiedene Schwierigkeiten in Bezug auf den Prüfungsprozess ergeben:

– Beschränkungen zum Erhalt von Informationen, die erforderlich sind, um Prüfungshandlungen durchzuführen, die erforderlichen Schlussfolgerungen zu ziehen und die Prüfungsarbeiten abzuschließen;
– Schwierigkeiten in der Kontaktaufnahme mit den gesetzlichen Vertretern, den für die Überwachung Verantwortlichen (Aufsichtsrat, Prüfungsausschuss) und anderen Personen, einschließlich der Rechtsabteilung oder von Experten;
– Einschränkungen im Zugang zu den Räumlichkeiten beim geprüften Unternehmen zur Durchführung von Prüfungshandlungen;
– Prüfungshandlungen liefern nicht die geplanten Nachweise und machen eine Änderung des Prüfungsansatzes erforderlich (z.B. drastische Reduktion und/oder erhebliche Verzögerungen der Antworten zu den Bankbestätigungen oder anderen Drittbestätigungen);
– Aufgrund des Umstands, dass für die Aufstellung des Abschlusses weniger Ressourcen als üblich zur Verfügung stehen, ergeben sich andere Einschätzungen zum Fehlerrisiko (insbesondere Risiken auf Jahresabschlussebene);
– Um auf die Fehlerrisiken zum Abschluss reagieren zu können, die sich aus dem Ausbruch von COVID-19 ergeben, sind alternative oder zusätzliche Prüfungshandlungen erforderlich;
– Die Anweisung und Überwachung der Mitglieder des Prüfungsteams gestaltet sich aufgrund der geänderten Rahmenbedingungen schwieriger und es ergeben sich Hindernisse zum Abschluss der Arbeiten;
– Kontrollen zum Rechnungslegungsprozess können aufgrund der Abwesenheit bzw. Krankheit des Personals beim geprüften Unternehmen oder den Vereinbarungen für einen Home-Office-Betrieb verändert worden oder nun potenziell ineffektiv sein;
– Hinsichtlich der Anweisung, Überwachung und ggf. der Durchsicht der Arbeiten der Teilbereichsprüfer im Rahmen von Konzernabschlussprüfungen sowie hinsichtlich des rechtzeitigen Abschlusses ihrer Arbeiten und Berichterstattung an den Konzernabschlussprüfer können sich Schwierigkeiten bzw. Verzögerungen ergeben.

3.3.1. Herausforderungen i.Z.m. Inventurbeobachtungen

(20) Falls die Vorräte für den Abschluss wesentlich sind, muss der Abschlussprüfer an der Inventur teilnehmen, es sein denn, dass dies praktisch nicht durchführbar ist (ISA 501.4(a) .6 und .7 sowie A12-14). Die in Rz (19) genannten Einschränkungen können auch die Durchführung der Inventurbeobachtung betreffen.

(21) In Fällen, in denen nachweislich eine Teilnahme praktisch nicht durchführbar ist, können alternative Prüfungshandlungen ausreichende geeignete Prüfungsnachweise über Vorhandensein und Beschaffenheit der Vorräte liefern (vgl. ISA 501.6-7). Die Festlegung dieser Prüfungshandlungen basiert auf einer aktualisierten Risikobeurteilung. Die notwendigen Überlegungen sind in Abstimmung mit den gesetzlichen Vertretern zu treffen und sind davon abhängig, ob die Inventur verschoben bzw. im Fall einer permanenten Inventur zwischenzeitig ausgesetzt wird oder ohne physische Beteiligung des Abschlussprüfers stattfindet.

(22) Im Fall einer permanenten Inventur oder nachgelagerten Stichtagsinventur (§ 192 Abs. 3 UGB) können, ein angemessenes Warenwirtschaftssystem und ausreichend effektive Kontrollen vorausgesetzt, zu einem späteren Zeitpunkt die Inventurbeobachtungen und die stichprobenartigen Testzählungen sowie angemessene zusätzliche Prüfungshandlungen zur Abstimmung des Bestands am Bilanzstichtag vorgenommen werden (z.B. Rückrechnungen, Prüfung von Um-

satzabgrenzungen, aussagebezogene analytische Prüfungshandlungen etc.).

(23) Findet die Stichtagsinventur ohne die Möglichkeit der physischen Teilnahme durch den Abschlussprüfer statt, so können die nachfolgenden Prüfungshandlungen überlegt werden:

– Einsichtnahme in die Dokumentation über den späteren Verkauf bestimmter Vorratsposten, die vor der Inventur erworben wurden;
– Teilnahme an der Inventur und Durchführung von Stichprobenzählungen mittels Live-Video-Übertragungen (mit gegebenenfalls erforderlicher Rückrechnung, falls diese nicht am Stichtag erfolgt), unter Berücksichtigung aller damit verbundenen Einschränkungen gegenüber einer Teilnahme durch persönliche Anwesenheit;
– Durchführung einer eigenen, nachgelagerten Bestandsprüfung (ggf. auch ohne Rücksichtnahme auf die in § 192 Abs. 3 Z 1 UGB vorgesehenen Frist) zu einem späteren Zeitpunkt (mit entsprechender Rückrechnung).

Dabei ist im Einzelfall zu beurteilen, ob dadurch ausreichende geeignete Prüfungsnachweise erlangt werden können.

(24) Kann der Abschlussprüfer auch durch alternative Prüfungshandlungen keine ausreichend geeigneten Prüfungsnachweise zu Vorhandensein und Beschaffenheit der Vorräte erlangen, muss in Übereinstimmung mit ISA 705 das Prüfungsurteil modifiziert werden (vgl. Rz (33)).

3.3.2. Schwierigkeiten bei der Durchführung und Fertigstellung von Prüfungshandlungen

(25) ISA 700.10 ff. listet die Voraussetzungen zur Erteilung des Prüfungsurteils auf. Unter anderem ist in Übereinstimmung mit ISA 330 die Schlussfolgerung darüber gefordert, ob ausreichende geeignete Prüfungsnachweise erlangt wurden. Kann der Abschlussprüfer aufgrund der Auswirkungen von COVID-19 dieses Erfordernis nicht erfüllen, kann es grundsätzlich auch angebracht sein, dass der Abschlussprüfer die Abschlussprüfung unterbricht und wartet, bis es ihm möglich ist, weitere Prüfungsnachweise zu erlangen und das Prüfungsurteil zu einem späteren Zeitpunkt, zu dem dann alle Voraussetzungen des ISA 700.10 ff. erfüllt sind, zu erteilen. Es ist in diesem Fall zu bedenken, dass sich dadurch die Periode der nachträglichen Ereignisse ebenfalls verlängert (vgl. ISA 560.6).

(26) Bei einem Prüferwechsel im Jahr 2020 hat der vorherige Abschlussprüfer gemäß § 275 Abs. 1 UGB und KFS/PE 20, Rz (9), dem nachfolgenden Abschlussprüfer auf schriftliches Verlagen Zugang zu den relevanten Informationen zu gewähren. Ist dies aufgrund der Auswirkungen von COVID-19 nicht in physischer Form möglich und auch eine zeitliche Verschiebung nicht angebracht, empfiehlt es sich, mit dem Folgeprüfer zu vereinbaren, dass ggf. eine Einsichtnahme in die Arbeitspapiere unter Einsatz moderner Medien (Video-Konferenz oder Live-Meetings) stattfindet.

3.3.3. Möglichkeit einer Off-site-Prüfung

(27) Grundsätzlich ist eine Prüfung ohne physische Anwesenheit des Prüfungsteams während der gesamten Prüfungsdurchführung („reine" Off-site-Prüfung) zulässig. Sie bedarf guter Vorbereitung und rechtzeitiger Abstimmung mit dem geprüften Unternehmen, um die technischen und organisatorischen Voraussetzungen zu schaffen. Bei besonders bedeutsamen Prüfungsnachweisen können eigene Vorkehrungen erforderlich sein; zur Inventurbeobachtung vgl. Rz (20) ff.

(28) Im Einzelfall können besonders bedeutsame Prüfungsnachweise vorliegen, die eine Überprüfung der Authentizität durch Einsichtnahme in die Quelldokumentation erforderlicher machen. Es ist zu beachten, dass auch beim Aufbau von Prüfungshandlungen auf elektronischen Unterlagen des Unternehmens die kritische Grundhaltung aufrecht erhalten bleibt. Gleiches gilt z.B. bei der Durchsicht hoch vertraulicher Dokumente, z.B. Vorstands- und Aufsichtsratsprotokolle, Vorstandsverträge, andere sensible Verträge etc., bei denen uns vom Unternehmen üblicherweise nur persönliche Einsicht gewährt wird. Dabei ist zu beachten, dass auch ohne persönliche Inaugenschein-/Einsichtnahme, Beobachtung etc. z.B. durch moderne technische Hilfsmittel ausreichende und geeignete Prüfungsnachweise erlangt werden können (vgl. Rz (23)).

3.3.4. Herausforderungen i.Z.m. Konzernabschlussprüfungen

(29) Für die Konzernabschlussprüfung können sich durch COVID-19 insbesondere folgende zusätzliche Herausforderungen hinsichtlich der Anweisung, Überwachung und ggf. der Durchsicht der Arbeiten der Teilbereichsprüfer ergeben:

– Aufgrund von COVID-19 besteht u.U. die Notwendigkeit, sich noch enger mit den Teilbereichsprüfern hinsichtlich der Auswirkungen auf die einzelnen Teilbereiche sowie den Konzern insgesamt abzustimmen. Es ist sicherzustellen, dass dem Konzernprüfungsteam die Auswirkungen von COVID-19 auf die Geschäftstätigkeit der betreffenden Teilbereiche mitgeteilt werden, soweit sie Bedeutung für den Konzernabschluss, den Konzernlagebericht und die Angaben zu Ereignissen nach dem Abschlussstichtag im Anhang haben (vgl. ISA 600.31 und ISA 600.38). Es kann sich anbieten, die Konzern-Prüfungsanweisungen diesbezüglich nachträglich zu ergänzen.
– Können geplante Vor-Ort-Termine („site visits") durch das Konzernprüfungsteam aufgrund von Reisebeschränkungen nicht wahrgenommen werden, sollte die stärkere Nutzung moderner technischer Hilfsmittel (z.B. Video-Konferenzen etc.) in Betracht gezogen werden (vgl. ISA 600.41).
– Im Fall von Personalengpässen auf Seiten von Teilbereichsprüfern ist u.U. in Erwägung zu ziehen, bestimmte Prüfungshandlungen durch das Konzernprüfungsteam zu übernehmen, soweit die erforderlichen Informationen zur

Erlangung von Prüfungsnachweisen zentral abrufbar sind (vgl. ISA 600.43).

4. Auswirkungen auf die Berichterstattung

4.1. Inhaltliche Auswirkungen auf den Bestätigungsvermerk

4.1.1. Modifikationen des Prüfungsurteils zum Abschluss bzw. des Urteils und der Erklärung zum Lagebericht

(30) Modifikationen zum Prüfungsurteil können sich ergeben, wenn die Darstellungen im Anhang nicht den gesetzlichen Anforderungen entsprechen (vgl. Rz (31)) oder Prüfungshemmnisse vorliegen (vgl Rz (33)).

(31) Eine Modifizierung aufgrund von Einwendungen hat dann zu erfolgen, wenn die nach Einschätzung des Abschlussprüfers erforderlichen Angaben im Anhang zu Ereignissen nach dem Abschlussstichtag nicht angemessen sind oder unterlassen werden und es sich dabei unter Berücksichtigung der Entscheidungsrelevanz für die Adressaten um eine wesentliche falsche Darstellung des Abschlusses handelt (vgl. KFS/PG 3, Rz (67) a) i.V.m. ISA 705.6).

(32) Eine Anpassung des Urteils und der Erklärung zum Lagebericht kann sich insbesondere ergeben, wenn nach der Beurteilung des Abschlussprüfers die Auswirkungen der aktuellen Entwicklungen auf die Risikoberichterstattung und die voraussichtliche Entwicklung des Unternehmens im Lagebericht darzustellen sind und die Darstellung unterlassen wird oder nicht angemessen ist (vgl. § 243 und § 267 UGB).

(33) Eine Modifizierung des Prüfungsurteils zum Abschluss aufgrund eines Prüfungshemmnisses hat dann zu erfolgen, wenn der Abschlussprüfer nicht in der Lage ist, ausreichende geeignete Prüfungsnachweise zu erlangen (vgl. KFS/PG 3, Rz (67) b) i.V.m. ISA 705.6).

(34) Bei Konzernabschlussprüfungen kommt eine Modifizierung des Prüfungsurteils aufgrund eines Prüfungshemmnisses auch in den Fällen in Betracht, in denen die für die Aufstellung und Prüfung des Konzernabschlusses erforderlichen Angaben von den in betroffenen Regionen ansässigen Tochterunternehmen (bzw. Geschäftsbereichen) nicht zeitnah zu erhalten sind.

4.1.2. Berücksichtigung wesentlicher Unsicherheiten in Bezug auf die Unternehmensfortführung

(35) Ergeben sich aufgrund der Auswirkungen von COVID-19 wesentliche Unsicherheiten in Bezug auf die Unternehmensfortführung, ist hierauf im Bestätigungsvermerk gesondert einzugehen (§ 274 Abs. 4 UGB). Im Bestätigungsvermerk ist ein Abschnitt mit der Überschrift „Wesentliche Unsicherheiten in Bezug auf die Unternehmensfortführung“, einzufügen (vgl. KFS/PG 3, Rz (28) ff. i.V.m. ISA 570.22, bezüglich des Lageberichts siehe KFS/PG 3, Rz (78) ff.). Falls eine wesentliche Unsicherheit im Abschluss nicht angemessen angegeben ist, hat der Abschlussprüfer das Prüfungsurteil diesbezüglich zu modifizieren (vgl. ISA 570.23, bezüglich des Lageberichts siehe KFS/PG 3, Rz (82) ff.).

(36) Im Extremfall hat COVID-19 eine so bedeutsame negative Auswirkung auf die Geschäftstätigkeit des zu prüfenden Unternehmens, dass die Going Concern-Prämisse nach der Beurteilung des Abschlussprüfers nicht mehr aufrechterhalten werden kann. Wenn der Abschluss in diesem Fall dennoch unter Anwendung der Going Concern-Prämisse aufgestellt wurde, hat der Abschlussprüfer ein negatives Prüfungsurteil in Übereinstimmung mit ISA 570 zu erteilen (vgl. ISA 570.21 und ISA 570.A26-A27, bezüglich des Lageberichts siehe KFS/PG 3, Rz (82) ff.).

4.1.3. Berücksichtigung eines besonders wichtigen Prüfungssachverhaltes

(37) Ist ein Abschlussprüfer zur Berichterstattung über besonders wichtige Prüfungssachverhalte nach ISA 701 bzw. Art. 10 EU-VO verpflichtet (vgl. KFS/PG 3 Rz (35) ff.), hat dieser zu beurteilen, ob die Auswirkungen aufgrund von COVID-19 im Einzelfall einen solchen Sachverhalt darstellen (z.B. aufgrund der Herausforderungen für das Konzernprüfungsteam, die sich durch die Reisebeschränkungen ergeben haben, erhebliche Änderungen in der Prüfungsdurchführung etc.). Auch können Prüffelder, die unter normalen Umständen keinen besonders wichtigen Prüfungssachverhalt darstellen, aufgrund der Auswirkungen von COVID-19 zu einem solchen werden (z.B. erschwerte Beschaffung geeigneter Prüfungsnachweise, erhöhte Schätzunsicherheiten etc.).

(38) Gemäß ISA 701.4(c) stellen wesentliche Unsicherheiten in Bezug auf die Unternehmensfortführung keinen besonders wichtigen Prüfungssachverhalt dar, sondern sind gesondert im Rahmen des ISA 570 zu berichten (vgl. KFS/PG 3, Rz (33)). Weiters ist in diesen Fällen bei Unternehmen von öffentlichem Interesse zu beachten, dass im Abschnitt zu den wesentlichen Unsicherheiten in Bezug auf die Unternehmensfortführung auch auf die Vorgehensweise bei der Prüfung und gegebenenfalls auf wichtige Feststellungen in Bezug auf dieses Risiko einzugehen ist (vgl. ISA 570.A30 und KFS/PG 3, Rz (34)).

4.1.4. Berücksichtigung einer Ergänzung zum Bestätigungsvermerk

(39) Unabhängig davon, ob sich aufgrund der Auswirkungen von COVID-19 wesentliche Unsicherheiten in Bezug auf die Unternehmensfortführung ergeben können, liegt es im Ermessen des Abschlussprüfers, auf besondere Umstände hinsichtlich der im Abschluss dargestellten oder angegebenen Sachverhalte aufmerksam zu machen (§ 274 Abs. 3 UBG bzw. ISA 706.8). Als Beispiel dazu wird gemäß ISA 706 eine größere Katastrophe genannt, die bedeutsame Auswirkungen auf die Vermögens- und Finanzlage des Unternehmens hatte oder weiterhin hatte, wie dies wohl im Einzelfall gegeben sein kann (ISA 706.A1). Dies kann

sich auch auf die in einem Abschluss angegebenen Ereignisse nach dem Bilanzstichtag oder erläuterten Risiken bei der Bilanzierung und Bewertung beziehen (vgl. ISA 706.A5).

(40) Die Aufnahme einer Ergänzung des Bestätigungsvermerks setzt entsprechend konkrete Angaben im Anhang des betroffenen Unternehmens voraus und es obliegt der Beurteilung im Einzelfall, ob eine solche Ergänzung nach dem Ermessen des Abschlussprüfers erforderlich ist. Keinesfalls sollte eine bloß allgemeine Ergänzung, welche nur auf mögliche Folgen von COVID-19 hinweist, in den Bestätigungsvermerk aufgenommen werden (vgl. Hinweis in ISA 706.A6)

4.1.5. Auswirkungen auf das Lesen und die Würdigung der sonstigen Informationen

(41) Neben der Würdigung der sonstigen Informationen (vgl. KFS/PG 3, Rz (93) ff.) auf eventuelle wesentlichen Unstimmigkeiten mit dem Abschluss (ISA 720.14(a)) und dem Lagebericht sowie mit den bei der Abschlussprüfung erlangten Kenntnissen des Abschlussprüfers (ISA 720.14(b)) hat der Abschlussprüfer beim Lesen der sonstigen Informationen darüber hinaus auch für Anzeichen aufmerksam zu bleiben, dass die sonstigen Informationen, auch soweit sie sich nicht direkt auf den Abschluss beziehen, nicht wesentlich falsch dargestellt erscheinen (ISA 720.15).

(42) Aufgrund der raschen Änderung der Verhältnisse unter COVID-19 hat daher der Abschlussprüfer auch darauf zu achten, dass vor allem sonstige Informationen, die erst nach dem Datum des Bestätigungsvermerks erstellt werden und nicht mit dem Abschluss (und dem Lagebericht) oder den bei der Abschlussprüfung erlangten Kenntnissen des Abschlussprüfers zusammenhängen, nicht wesentliche Unstimmigkeiten zu allgemein bekanntem Wissen zum Zeitpunkt ihrer Erstellung enthalten (ISA 720.A38).

4.1.6. Pflichten nach der Erteilung des Bestätigungsvermerks

(43) Nach dem Datum der Erteilung des Bestätigungsvermerks ist der Abschlussprüfer grundsätzlich nicht verpflichtet, zu dem geprüften Abschluss und ggf. Lagebericht weitere Prüfungshandlungen vorzunehmen (vgl. KFS/PG 3, Rz (57)). Die weiteren Entwicklungen von COVID-19 nach dem Datum der Erteilung des Bestätigungsvermerks führen nicht dazu, dass der Abschluss und/oder Lagebericht im Zeitpunkt der Erteilung des Bestätigungsvermerks als unzutreffend zu beurteilen gewesen wäre. Daher liegt darin auch kein Grund zum Widerruf des Bestätigungsvermerks.

(44) Erhält der Abschlussprüfer allerdings nach Erteilung des Bestätigungsvermerks und vor der Teilnahme an der Sitzung zur Prüfung bzw. Feststellung des Abschlusses durch den Aufsichtsrat Unterlagen und Informationen, die möglicherweise geeignet sind, die Redepflicht auszulösen, so hat er diesen nachzugehen und gegebenenfalls gegenüber den Adressaten die Redepflicht auszuüben (KFS/PE 18, Rz (26)). In Bezug auf COVID-19 ist somit in Fällen von Unternehmen, bei denen ein Aufsichtsrat eingerichtet ist, im Einzelfall zu prüfen, ob die Voraussetzungen dafür gegeben sind.

(45) Entscheiden die Unternehmensorgane, den Abschluss und/oder Lagebericht zu ändern, ist dieser im Wege der Nachtragsprüfung gemäß § 269 Abs. 4 UGB zu prüfen.

4.2. Formerfordernisse

(46) Die für den Wirtschaftsverkehr getroffenen Maßnahmen in Österreich und anderen Ländern führen auch zu praktischen Fragen im Zusammenhang mit der Fertigstellung und Auslieferung von Berichten. Dies betrifft u.a. auch notwendige Unterschriftenläufe zum geprüften Abschluss und Lagebericht bzw. die Berichtsausfertigung insgesamt. Dabei sind folgende Bestimmungen zu beachten:

- Die Vorlage von Prüfungsberichten bzw. Bestätigungsvermerken (§ 273 Abs. 4 UGB) ebenso anderen Berichterstattungen i.Z.m. der Abschlussprüfung kann gemäß KFS/PG 2, Rz (55), postalisch, per Boten oder – soweit vereinbart – auch nur auf elektronischem Weg erfolgen. Wenn entsprechende Vereinbarungen getroffen wurden, ist es für eine elektronische Übermittlung nicht erforderlich, dass die Berichte im Sinne der Verordnung (EU) Nr. 910/2014 mit einer elektronischen Signatur versehen werden. Eigenhändig unterfertigte Prüfungsberichte können für diese Zwecke in gescannter Fassung übermittelt werden.
- Das Gebot der schriftlichen Unterfertigung von Prüfungsberichten (§ 273 Abs. 1 UGB), von Schreiben im Zusammenhang mit der Ausübung der Redepflicht (§ 273 Abs. 2 UGB) und von Bestätigungsvermerken (§ 274 Abs. 7 und 8 UGB) kann abgesehen von einer eigenhändigen Unterfertigung auch durch Anbringen einer qualifizierten elektronischen Signatur im Sinne des § 4 Abs. 1 SVG erfüllt werden.
- Ist eine Übermittlung signierter Prüfungsberichte (bzw. Bestätigungsvermerke) nicht zeitgerecht möglich, kann das vom Abschlussprüfer erstellte Original selbst aufbewahrt werden, und die Exemplare für die Adressaten auch mit einem Zeichen „gez." oder „e.h." versehen ausgefertigt werden.
- Die Unterzeichnung des Abschlusses und Lageberichtes (§ 222 Abs. 1 bzw. § 244 Abs. 1 Satz 2 UGB) und der Vollständigkeitserklärung (KFS/PG 1, Rz (41)) hat durch sämtliche gesetzliche Vertreter zu erfolgen. Diesem Erfordernis kann auch durch elektronische Einholung der einzelnen Unterschriften, u.U. auch getrennt von mehreren Mitgliedern jeweils einzeln und ohne Anbringen einer qualifizierten elektronischen Signatur, entsprochen werden, sofern die Identifikation der betroffenen Personen und die Urschriftstreue sichergestellt sind.[1] Für die Vollständigkeitserklärung ist in diesem Zusammenhang die

Übermittlung des vollständigen Dokuments erforderlich.

[1] Soweit auch in anderen Bereichen ein Schriftlichkeitserfordernis gegeben ist bzw. als erforderlich angesehen wird (z.B. für den Prüfungsvertrag), gelten diese Aussagen sinngemäß.

Erläuterungen und Anwendungshinweise

Zu Rz (8):

Vergleiche dazu auch die Ausführungen in der Veröffentlichung des Committee of European Auditing Oversight Bodies (CEAOB 2020-008) „CEAOB emphasises the following areas that are of high importance in view of COVID-19 impact on audits of financial statements", 24. März 2020.

Zu Rz (17):

Hinsichtlich Punkt b) und c) der Aufzählung:

Als zukünftige Maßnahmen können im Rahmen der Pläne der gesetzlichen Vertreter auch die öffentlichen Stützungsmaßnahmen berücksichtigt werden, wenn und soweit die Kriterien dafür von den Unternehmen voraussichtlich erfüllt werden und die gesetzlichen Vertreter die ernsthafte Absicht haben, diese in Anspruch zu nehmen; vgl. im Detail näher AFRAC Fachinformation zu Auswirkungen der Ausbreitung des Coronavirus (COVID-19) auf die Unternehmensberichterstattung, April 2020, Rz 14).

Hinsichtlich Punkt e) der Aufzählung:

Zur Berücksichtigung der Anforderung gemäß ISA 570.16(e) ist folgende Erklärung gesondert einzuholen oder in die Vollständigkeitserklärung aufzunehmen: *„Wir haben Ihnen zur Beurteilung der Fähigkeit des Unternehmens zur Fortführung der Geschäftstätigkeit alle unsere Pläne für zukünftige Maßnahmen der Gesellschaft mitgeteilt. Wir bestätigen, dass die beabsichtigten Maßnahmen, auf denen unsere Beurteilung der Fähigkeit des Unternehmens zur Fortführung der Geschäftstätigkeit beruht, durchführbar sind."*

Zu Rz (19):

Schwierigkeitsgrad, Zeit oder damit verbundene Kosten an sich sind kein berechtigter Grund dafür, dass der Abschlussprüfer eine Prüfungshandlung unterlässt, für die es keine Alternative gibt, oder sich mit Prüfungsnachweisen zufrieden gibt, die weniger überzeugend sind.

Zu Rz (20):

Im Einzelfall können Quarantänebestimmungen, Betretungsverbote, Reisebeschränkungen und Gesundheitsgefährdungen eine Inventurbeobachtung praktisch undurchführbar machen. Dabei ist festzuhalten, dass das Bestehen von allgemeinen Schwierigkeiten für den Abschlussprüfer jedoch nicht ausreicht, um die Entscheidung des Abschlussprüfers zu stützen, dass die Teilnahme praktisch nicht durchführbar ist.

Zu Rz (21):

Die Durchführung geeigneter alternativer Prüfungshandlungen muss den gleichen Grad an Prüfsicherheit bringen, wie die Teilnahme an der Inventur. Dabei ist zunächst die vorgenommene Risikobeurteilung wesentlicher falscher Darstellungen aufgrund von dolosen Handlungen oder Irrtümern aufgrund der COVID-19 Situation zu aktualisieren. In diesem Zusammenhang sind beispielhaft folgende Risikofaktoren zu berücksichtigen:

– Besteht das Risiko, dass relevanten internen Kontrollen, die zuvor als effektiv beurteilt wurden, aufgrund von mangelndem Personal, einer Unmöglichkeit Tätigkeiten auszuführen oder fehlender Überwachung bzw. Aufsicht nunmehr ineffektiv sind?
– Haben sich die Warenbewegungen aufgrund geänderter Nachfrage signifikant erhöht oder reduziert?
– Ergibt sich aufgrund der Produktart ein erhöhtes Risiko einer Vermögensschädigung (Entwendung von Vermögenswerten)?

Zu Rz (23):

Ob einzelne oder in Kombination vorgenommene alternative Prüfungshandlungen ausreichende geeignete Prüfungsnachweise über Vorhandensein und Beschaffenheit der Vorräte liefern, ist durch den Abschlussprüfer in pflichtgemäßem Ermessen zu entscheiden.

So ist beispielsweise im Einzelfall zu beurteilen, ob eine Teilnahme via Video-Übertragung (Punkt b) eine geeignete Methode darstellt. Dabei ist die Art der Vorräte (z.B. verderbliche Güter, deren Beschaffenheit nicht über Videoübertragung beurteilbar sind oder kleine Gegenstände, die nur schwer per Video-Übertragung erkennbar sind) und die Möglichkeit der Standortverifizierung (Nachweis, dass die Videoübertragung tatsächlich vom richtigen Lager erfolgt) zu berücksichtigen. Des Weiteren ist es wichtig, sich im Vorfeld mit der Anordnung des Lagers vertraut zu machen, um gezielte Anweisungen an die Kameraführung geben zu können, z.B. um bestimmte Bestände oder Lagerorte näher in Augenschein zu nehmen oder ggf. auch Verpackungen öffnen lassen, um sich von der Existenz der Vorratsbestände überzeugen zu konnen. Zudem muss es möglich sein, einen generellen Eindruck über die Lagerführungen zu erlangen, sich davon überzeugen zu können, dass den Inventuranweisungen der gesetzlichen Vertreter Folge geleistet wird, und die Zählmethode und Durchführung auf ihre Angemessenheit beurteilen zu können. Analog zur physischen Inventurbeobachtungen ist eine entsprechende Dokumentation (z.B. Inventurprotokoll) in die Arbeitspapiere aufzunehmen. Die Ablage des Live-Videos ist in diesem Fall nicht erforderlich.

Ob durch die nachgelagerte Bestandsprüfung (Punkt c) ausreichend geeignete Prüfungsnachweise erlangt werden können, wird von folgenden Faktoren abhängen:

- Dauer der zwischenzeitlichen Geschäftsvorfälle
- Wirksamkeit der Kontrollen über das Warenwirtschaftssystem
- Warenumschlagshäufigkeit

- Verfügbarkeit geeigneter Unterlagen und Nachweise

Zu Rz (27):

Wenn die Mitarbeiter des Unternehmens von zuhause aus („remote“) arbeiten, kann dies in vielen Fällen bedeuten, dass sich die Ausgestaltung und die Wirksamkeit der internen Kontrollen auf unsere weitere Prüfungsdurchführung ändern können, da die Kontrollen entweder gar nicht mehr oder nicht mehr so funktionieren (wie vor dem „remote“ Arbeiten). Diese Änderung kann während der gesamten Prüfung Auswirkungen auf die Prüfungsdurchführung haben. Wenn die Prüfung der internen Kontrollen nicht für die gesamte Berichtsperiode abgedeckt wurde, sondern z.B. nur für die ersten neun Monate, müssen zum Jahresende zusätzliche Stichproben gezogen werden, um ausreichende und geeignete Prüfungsnachweise für die gesamte Berichtsperiode zu erlangen. Dies kann die Durchführung der Abschlussprüfung erschweren, da sich die Ausgestaltung und die Wirksamkeit der Kontrollen in der Zwischenzeit geändert haben können (z.B. der Kontrollinhaber arbeitet nun „remote“ oder ist gänzlich weggefallen). Dies kann weitreichende Änderungen der Prüfungsstrategie nach sich ziehen, die auch entsprechend zu dokumentieren sind.

Einen weiteren Bereich stellen die anwendungsunabhängigen IT-Kontrollen („IT General Controls“) dar, die neue IT-Risiken mit sich bringen können, wenn z.B. Remote-Zugriffsrechte an Mitarbeiter vergeben werden müssen, die bisher diese Rechte nicht hatten. Wenn dies nicht richtig implementiert ist, können diese geänderten Remote-Zugriffsrechte ein erhöhtes Risiko eines unautorisierten Zugriffs auf das System darstellen. Dies kann eine geänderte Risikoeinschätzung erfordern, die eine geänderte Prüfstrategie und einen geänderten Prüfungsplan inkl. einer neuerlichen Überprüfung unserer geplanten Verlässlichkeit der IT General Controls nach sich zieht.

Ein anderes potenzielles Risiko des Remote-Zugriffs könnte ein erhöhtes Fraud Risiko darstellen, v.a. im Bereich des Management Override of Controls (Außerkraftsetzung von Kontrollen durch das Management), da es ggf. weniger Überprüfungen (Genehmigungen) gibt und das 4-Augen-Prinzip nicht eingehalten wird.

Gemäß ISA 315.A75 (Revised) können folgende Prüfungshandlungen zur Risikobeurteilung durchgeführt werden, um Prüfungsnachweise über die Konzeption und Einrichtung relevanter Kontrollen zu erlangen:

- Befragung von Mitarbeitern des Unternehmens (dies können auch „remote“ durchgeführt werden)
- Beobachtung der Anwendung von bestimmten Kontrollen (dies ist u.U. „remote“ sehr schwer möglich)
- Einsichtnahme in Dokumente und Berichte (dies kann auch „remote“ durchgeführt werden, wobei hier jedenfalls die Echtheit der Dokumente und Berichte schwieriger überprüft werden kann (siehe auch Rz (28))
- Nachverfolgung von Geschäftsvorfällen im rechnungslegungsbezogenen Informationssystem (dies ist u.U. „remote“ schwer möglich)

Weiterhin gilt, dass eine Befragung allein nicht ausreicht.

Zu Rz (33):

Zu einem Beispiel wird auf Anlage 1 verwiesen.

Zu Rz (35):

Zu einem Beispiel wird auf Anlage 2 verwiesen.

Zu Rz (39):

Zu einem Beispiel wird auf Anlage 3 verwiesen.

Zu Rz (43):

Im Detail wird dazu auf die Ausführungen des AFRAC verwiesen; (vgl. dazu AFRAC Fachinformation zu Auswirkungen der Ausbreitung des Coronavirus (COVID-19) auf die Unternehmensberichterstattung, April 2020, Rz 24).

Anlage 1: Beispiel: Eingeschränktes Prüfungsurteil wegen eines Prüfungshemmnisses aufgrund der Nichtteilnahme an der Inventur wegen COVID-19 (kein Unternehmen von öffentlichem Interesse)

Der Bestätigungsvermerk ist in solchen Fällen wie folgt zu adaptieren (Änderungen durch Unterstreichung hervorgehoben):

Bericht zum Jahresabschluss

Eingeschränktes Prüfungsurteil

Wir haben den Jahresabschluss der ABC Gesellschaft, (Ort), bestehend aus der Bilanz zum (Datum), der Gewinn- und Verlustrechnung für das an diesem Stichtag endende Geschäftsjahr und dem Anhang, geprüft.

Nach unserer Beurteilung entspricht der beigefügte Jahresabschluss mit der möglichen Ausnahme des im Abschnitt „Grundlage für das eingeschränkte Prüfungsurteil" beschriebenen Sachverhalts, den gesetzlichen Vorschriften und vermittelt mit dieser möglichen Ausnahme ein möglichst getreues Bild der Vermögens- und Finanzlage zum (Datum) sowie der Ertragslage der Gesellschaft für das an diesem Stichtag endende Geschäftsjahr in Übereinstimmung mit den österreichischen unternehmensrechtlichen Vorschriften.

Grundlage für das eingeschränkte Prüfungsurteil

[Einfügung eines Einleitungsabsatzes zur Beschreibung der Einschränkung:]

Wir konnten wegen der Restriktionen von COVID-19 nicht an der am (Datum) stattgefundenen Inventur teilnehmen. Wir waren nicht in der Lage, uns auf andere Weise von den am (Datum) gehaltenen Vorratsmengen und deren Beschaffenheit zu überzeugen. Da die Vorräte am Ende der Periode sowohl in die Bestimmung der Vermögens- als auch der Ertragslage eingehen, waren wir nicht in der Lage festzustellen, ob Anpassungen des in der Gewinn- und Verlustrechnung des Geschäftsjahres ausgewiesenen (Gewinns/Verlusts) und des Eigenkapitals (Bilanzgewinns) notwendig gewesen sein könnten.

[Formulierung des Absatzes in „Grundlage für das eingeschränkte Prüfungsurteil" entsprechend dem standardmäßigen Text wie in Anlage 1 in KFS/PG 3, ausgenommen des letzten Satzes, der wie folgt zu formulieren ist:]

Wir sind der Auffassung, dass die von uns erlangten Prüfungsnachweise ausreichend und geeignet sind, um als Grundlage für unser eingeschränktes Prüfungsurteil zu dienen.

[restlicher Bericht zum Jahresabschluss und Bericht zum Lagebericht wie standardmäßiger Text wie in Anlage 1 in KFS/PG 3]

Bericht zum Lagebericht

[Ergänzungsvorschlag, falls es keine weiteren Auswirkungen auf den Lagebericht gibt]

[standardmäßiger Text wie in Anlage 1 in KFS/PG 3]

Urteil

Nach unserer Beurteilung ist der Lagebericht nach den geltenden rechtlichen Anforderungen aufgestellt worden und steht im Einklang mit dem mit einem eingeschränkten Prüfungsurteil versehenen Jahresabschluss.

Erklärung

Angesichts der bei der Prüfung des mit dem eingeschränkten Prüfungsurteil versehenen Jahresabschlusses gewonnenen Erkenntnisse […]

Anlage 2: Beispiel: Wesentliche Unsicherheiten in Bezug auf die Unternehmensfortführung (kein Unternehmen von öffentlichem Interesse)

Der Bestätigungsvermerk ist in solchen Fällen wie folgt zu adaptieren (Änderungen durch Unterstreichung hervorgehoben):

Bericht zum Jahresabschluss

Prüfungsurteil
[standardmäßiger Text wie in Anlage 1 in KFS/PG 3]
Grundlage für das Prüfungsurteil
[standardmäßiger Text wie in Anlage 1 in KFS/PG 3]
Wesentliche Unsicherheiten in Bezug auf die Unternehmensfortführung
Wir verweisen auf Angabe [X] im Anhang, die die Auswirkungen von COVID-19 auf die Fähigkeit zur Unternehmensfortführung angibt. [Abstrakte Beschreibung der Ursachen für die wesentlichen Unsicherheiten einfügen]. Die dort beschriebenen Umstände weisen auf eine wesentliche Unsicherheit in Bezug auf die Unternehmensfortführung hin. Unser Prüfungsurteil ist im Hinblick auf diesen Sachverhalt nicht modifiziert.
[restlicher Bericht zum Jahresabschluss wie standardmäßiger Text wie in Anlage 1 in KFS/PG 3]

Bericht zum Lagebericht
[Standard-Text siehe Anlage 1 KFS/PG 3, nach Erklärung sollte folgender oder anders formulierter Absatz eingefügt werden:]
Ergänzung
Hinsichtlich der wesentlichen Unsicherheiten in Bezug auf die Unternehmensfortführung verweisen wir auf Abschnitt [X] im Lagebericht, der die Analyse der Lage der Gesellschaft beschreibt. Weiters verweisen wir auf Abschnitt [X] im Lagebericht, der auf die voraussichtliche Entwicklung der Gesellschaft eingeht.

Anlage 3: Beispiel: Zusatz gemäß ISA 706 wegen der allgemeinen Unsicherheit in der Entwicklung des Unternehmens (kein Unternehmen von öffentlichem Interesse, kein KAM nach ISA 701 und keine wesentliche Unsicherheit nach ISA 570)

Der Bestätigungsvermerk ist in solchen Fällen wie folgt zu adaptieren (Änderungen durch Unterstreichung hervorgehoben):

Bericht zum Jahresabschluss

Prüfungsurteil

[standardmäßiger Text wie in Anlage 1 in KFS/PG 3]

Grundlage für das Prüfungsurteil

[standardmäßiger Text wie in Anlage 1 in KFS/PG 3]

Hervorhebung eines Sachverhalts – COVID-19

Wir verweisen auf die Angabe [X] im Anhang, in der die gesetzlichen Vertreter die Unsicherheiten bezüglich der möglichen Auswirkungen von COVID-19 auf die Entwicklung der Umsätze und der Liquidität [ggf. noch anzupassen bzw. zu ergänzen] sowie die getätigten und geplanten Maßnahmen zu deren Bewältigung beschreiben. Unser Prüfungsurteil ist im Hinblick auf diesen Sachverhalt nicht modifiziert.

[restlicher Bericht zum Jahresabschluss wie standardmäßiger Text wie in Anlage 1 in KFS/PG 3]

Bericht zum Lagebericht

[Es ist angebracht einen derartigen Hinweis auch im Lagebericht zu machen: Standard-Text siehe Anlage 1 KFS/PG 3, nach Erklärung kann folgender oder anders formulierter Absatz eingefügt werden:]

Ergänzung

Hinsichtlich der Unsicherheiten in Bezug auf die Auswirkungen von COVID-19 verweisen wir auf Abschnitt [X] im Lagebericht, der die Analyse der Lage der Gesellschaft beschreibt. Weiters verweisen wir auf Abschnitt [X] im Lagebericht, der auf die voraussichtliche Entwicklung der Gesellschaft eingeht.

*[**Hinweis:** Bei Verwendung einer derartigen Hervorhebung und Ergänzung ist es unbedingt notwendig auf die speziellen Umstände des Unternehmens, die im Anhang und Lagebericht beschrieben werden, einzugehen und nicht nur obige Textbausteine zu verwenden.]*

2/4. Betriebswirtschaft (BW)

2/4/1. KFS/BW 1

**Fachgutachten
des Fachsenats für Betriebswirtschaft
zur Unternehmensbewertung**

(beschlossen in der Sitzung des Fachsenats für Betriebswirtschaft und Organisation am 26. März 2014 als Neufassung des Fachgutachtens KFS/BW 1)
[englische Fassung über Website verfügbar]

1. Vorbemerkungen

(1) Der Fachsenat für Betriebswirtschaft und Organisation des Instituts für Betriebswirtschaft, Steuerrecht und Organisation der Kammer der Wirtschaftstreuhänder hat nach eingehenden Beratungen am 26. März 2014 das vorliegende Fachgutachten beschlossen, welches das Fachgutachten KFS/BW 1 vom 27. Februar 2006 ersetzt. Das vorliegende Fachgutachten ist auf Bewertungen anzuwenden, die nach dem 30. Juni 2014 erstattet werden. Eine frühere Anwendung ist zulässig.

(2) Dieses Fachgutachten legt vor dem Hintergrund der in Theorie, Praxis und Rechtsprechung entwickelten Standpunkte die Grundsätze dar, nach denen Wirtschaftstreuhänder Unternehmen bewerten. Dem Fachsenat war es ein Anliegen, die derzeit international gängigen Methoden sowie die Besonderheiten bei der Bewertung von kleinen und mittleren Unternehmen zu berücksichtigen.

(3) Der Fachsenat verweist darauf, dass es sich bei diesem Fachgutachten um allgemeine Grundsätze zur Ermittlung von Unternehmenswerten handelt. Diese Grundsätze können nur den Rahmen festlegen, in dem die fachgerechte Problemlösung im Einzelfall liegen muss. Die Auswahl und Anwendung einer bestimmten Methode sowie Abweichungen von den vorgegebenen Grundsätzen liegen in der alleinigen Entscheidung und Verantwortung des Wirtschaftstreuhänders.

(4) Fälle vertraglicher oder auftragsgemäßer Wertfeststellungen, die sich nach abweichenden vorgegebenen Regelungen richten, bleiben insoweit von diesem Fachgutachten unberührt.

(5) Die Arbeitsgruppe Unternehmensbewertung des Fachsenats für Betriebswirtschaft und Organisation gibt Empfehlungen zu Fragen der Unternehmensbewertung von allgemeiner Bedeutung ab.

2. Grundlagen

2.1. Bewertungsobjekt

(6) Bewertungsobjekt (Gegenstand der Unternehmensbewertung) ist ein Unternehmen. Unter einem Unternehmen wird eine als Gesamtheit zu betrachtende wirtschaftliche Einheit verstanden. In der Regel ist das ein rechtlich abgegrenztes Unternehmen, es kann aber auch ein Unternehmensverbund, eine Betriebsstätte, ein Teilbetrieb oder eine strategische Geschäftseinheit sein.

(7) Die wirtschaftliche Einheit muss selbständig geführt werden können, dh dass sie in ihren Beziehungen zum Beschaffungs- und Absatzmarkt und bei ihrer Leistungserstellung nicht der Eingliederung in einen anderen Betrieb bedarf. Teilbereiche der wirtschaftlichen Einheit (zB Beschaffung, Absatz, Forschung und Organisation), die für sich allein keine finanziellen Überschüsse erzielen, sind kein Bewertungsobjekt. Der Wert der wirtschaftlichen Einheit ergibt sich daher nicht aus dem Wert der einzelnen Faktoren, sondern aus dem Zusammenwirken aller Faktoren.

(8) Das Bewertungsobjekt umfasst auch das nicht betriebsnotwendige Vermögen.

2.2. Bewertungssubjekt

(9) Unternehmen sind immer aus der Sicht einer Partei oder mehrerer Parteien zu bewerten. Diese Parteien werden als Bewertungssubjekte bezeichnet.

2.3. Bewertungsverfahren

(10) Die im Folgenden beschriebenen Bewertungsverfahren gehen davon aus, dass der Unternehmenswert unter Zugrundelegung ausschließlich finanzieller Ziele zu bestimmen ist.

(11) Bei Diskontierungsverfahren ergibt sich der Unternehmenswert aus dem Barwert finanzieller Überschüsse, die aus der Fortführung des Unternehmens und aus der Veräußerung etwaigen nicht betriebsnotwendigen Vermögens erzielt werden. Die Berechnung des Barwerts erfolgt mit jenem Diskontierungssatz, der der Renditeforderung der Kapitalgeber entspricht. Zu den Diskontierungsverfahren zählen die Discounted Cash-Flow-Verfahren (siehe Rz (34) ff) und das Ertragswertverfahren (siehe Rz (48) ff).

(12) Bei Marktpreis-orientierten Verfahren (Multiplikatorverfahren) wird der Unternehmenswert als potentieller Marktpreis unter Anwendung von Multiplikatoren ermittelt, die aus Börsenkursen vergleichbarer Unternehmen oder Transaktionspreisen für vergleichbare Unternehmen abgeleitet werden oder Erfahrungssätzen entsprechen (siehe Rz (118) ff).

(13) Die Untergrenze für den Unternehmenswert bildet der Liquidationswert (siehe Rz (132) f), sofern der Liquidation nicht rechtliche oder tatsächliche Zwänge entgegenstehen.

2.4. Bewertungsanlässe

(14) Die Anlässe für Unternehmensbewertungen sind vielfältig. Bewertungen können aufgrund rechtlicher Vorschriften, aufgrund vertraglicher

Vereinbarungen oder aus sonstigen Gründen erfolgen. Als Beispiele seien genannt:

Erwerb und Veräußerung von Unternehmen und Unternehmensanteilen, Ein- und Austritt von Gesellschaftern in ein bzw aus einem Unternehmen, Umgründung (Verschmelzung, Umwandlung, Einbringung, Zusammenschluss, Realteilung und Spaltung), Abfindung, Börseneinführung, Privatisierung, Erbteilung, Feststellung von Pflichtteilsansprüchen, Enteignung, Kreditwürdigkeitsprüfung, Sanierung, wertorientierte Vergütung von Managern.

2.5. Bewertungszwecke und Funktionen des Wirtschaftstreuhänders

2.5.1. Bewertungszwecke

(15) Aus der Gesamtheit der in der Realität vorkommenden Bewertungsanlässe können für die Praxis des Wirtschaftstreuhänders folgende bedeutsame Zwecksetzungen abgeleitet werden:

a) Ermittlung eines objektivierten Unternehmenswerts
b) Ermittlung eines subjektiven Unternehmenswerts
c) Ermittlung eines Schiedswerts

2.5.2. Ermittlung eines objektivierten Unternehmenswerts

(16) Der objektivierte Unternehmenswert wird unter typisierenden Annahmen mit Hilfe eines Diskontierungsverfahrens ermittelt. Er repräsentiert jenen Unternehmenswert, der sich bei Fortführung des Unternehmens auf Basis des bestehenden Unternehmenskonzepts mit allen realistischen Zukunftserwartungen im Rahmen der Marktchancen und -risiken, der finanziellen Möglichkeiten des Unternehmens sowie der sonstigen Einflussfaktoren ergibt. Bestehen rechtliche Vorgaben für die Wertermittlung, richten sich der Blickwinkel der Bewertung sowie der Umfang der erforderlichen Typisierungen und Objektivierungen nach den für die Wertermittlung relevanten rechtlichen Regelungen.

(17) Die Plausibilität des auf Basis eines Diskontierungsverfahrens ermittelten Ergebnisses ist zu beurteilen. Dies kann ua durch Anwendung eines Multiplikatorverfahrens erfolgen. Notieren Anteile am zu bewertenden Unternehmen an einer Börse oder liegen für das zu bewertende Unternehmen Informationen über realisierte Transaktionspreise in zeitlicher Nähe zum Bewertungsstichtag vor, ist die Plausibilität des Bewertungsergebnisses durch eine Analyse dieser Börsenkurse oder Transaktionspreise zu beurteilen. Führt die Plausibilitätsbeurteilung zu wesentlichen Abweichungen vom Bewertungsergebnis auf Basis eines Diskontierungsverfahrens, sind die Abweichungen zu analysieren und die Plausibilität des Bewertungsergebnisses zu würdigen.

(18) Bei sehr kleinen Unternehmen kann der objektivierte Unternehmenswert vereinfachend durch die Anwendung eines Multiplikatorverfahrens auf Basis von Erfahrungssätzen ermittelt werden, wenn sich über die auf das Bewertungsobjekt anzuwendenden Erfahrungssätze eine feste allgemeine Verkehrsauffassung gebildet hat und die Anwendung dieser Erfahrungssätze nach der Einschätzung des Wirtschaftstreuhänders mit ausreichender Sicherheit eine verlässliche Grundlage der Wertermittlung darstellt. Als sehr kleine Unternehmen gelten solche, die die Buchführungsgrenze des § 189 Abs 1 Z 2 UGB nicht überschreiten.

2.5.3. Ermittlung eines subjektiven Unternehmenswerts

(19) Der subjektive Unternehmenswert ist ein Entscheidungswert und wird mit Hilfe eines Diskontierungsverfahrens ermittelt. In ihn fließen die subjektiven Vorstellungen und persönlichen Verhältnisse sowie sonstige Gegebenheiten (zB Synergieeffekte) des Bewertungssubjekts ein. Für einen potentiellen Käufer bzw Verkäufer soll dieser Wert die relevante Preisober- bzw Preisuntergrenze aufzeigen. Die Plausibilität des auf Basis eines Diskontierungsverfahrens ermittelten Ergebnisses ist unter sinngemäßer Anwendung der in Rz (17) festgelegten Grundsätze zu beurteilen. Rz (18) ist sinngemäß anzuwenden.

2.5.4. Ermittlung eines Schiedswerts

(20) Der Schiedswert wird in einer Konfliktsituation unter Berücksichtigung der unterschiedlichen Wertvorstellungen der Parteien ausschließlich nach sachlichen Gesichtspunkten festgestellt oder vorgeschlagen. Indem er die Investitionsalternativen und die persönlichen Verhältnisse der Bewertungssubjekte in angemessenem Umfang einbezieht, stellt der Schiedswert einen fairen und angemessenen Interessenausgleich zwischen den betroffenen Bewertungssubjekten dar.

2.5.5. Funktionen des Wirtschaftstreuhänders

(21) Der Wirtschaftstreuhänder kann in der Funktion eines neutralen Gutachters, eines Beraters einer Partei oder eines Schiedsgutachters/Vermittlers tätig werden.

3. Grundsätze der Ermittlung von Unternehmenswerten

3.1. Maßgeblichkeit des Bewertungszwecks

(22) Da mit einem Bewertungsanlass unterschiedliche Bewertungszwecke verbunden sein können, ist die Aufgabenstellung für die Unternehmensbewertung allein aus dem mit der Bewertung verbundenen Zweck abzuleiten. Dieser bestimmt die Vorgangsweise bei der Unternehmensbewertung, insbesondere die Auswahl des geeigneten Bewertungsverfahrens und die Annahmen hinsichtlich Planung und Diskontierung der künftigen finanziellen Überschüsse. Eine sachgerechte Unternehmenswertermittlung setzt daher voraus, dass im Rahmen der Auftragserteilung der Bewertungszweck und die Funktion, in der der Wirtschaftstreuhänder tätig wird, festgelegt werden.

3.2. Stichtagsprinzip

(23) Unternehmenswerte sind zeitpunktbezogen. Bewertungsstichtag ist jener Zeitpunkt, für den der Wert des Unternehmens festgestellt wird; er ergibt sich aus dem Auftrag oder aus vertraglichen oder rechtlichen Regelungen. Ab diesem Zeitpunkt sind die finanziellen Überschüsse in die Unternehmensbewertung einzubeziehen.

(24) Bei der Ermittlung eines Unternehmenswerts sind alle für die Wertermittlung beachtlichen Informationen, die bei angemessener Sorgfalt zum Bewertungsstichtag hätten erlangt werden können, zu berücksichtigen. Änderungen der wertbestimmenden Faktoren zwischen dem Bewertungsstichtag und dem Abschluss der Bewertung sind nur dann zu berücksichtigen, wenn ihre Wurzel vor dem Bewertungsstichtag liegt.

3.3. Betriebsnotwendiges Vermögen

(25) Das betriebsnotwendige Vermögen umfasst die Gesamtheit der immateriellen und materiellen Gegenstände sowie Schulden, die dem Unternehmen für seine Leistungserstellung notwendigerweise zur Verfügung stehen.

(26) Dem Substanzwert, verstanden als Rekonstruktionszeitwert (Vermögen abzüglich Schulden) des betriebsnotwendigen Vermögens, kommt bei der Ermittlung des Unternehmenswerts keine eigenständige Bedeutung zu.

3.4. Nicht betriebsnotwendiges Vermögen

(27) Nicht betriebsnotwendiges Vermögen sind jene Vermögensteile, die für die Fortführung des Bewertungsobjekts nicht notwendig sind (zB betrieblich nicht genutzte Grundstücke und Gebäude oder Überbestände an liquiden Mitteln).

(28) Die Bewertung des nicht betriebsnotwendigen Vermögens erfolgt grundsätzlich zum Barwert der daraus resultierenden künftigen finanziellen Überschüsse. Untergrenze ist der Liquidationswert.

3.5. Berücksichtigung von Transaktionskosten und transaktionsbedingten Ertragsteuerwirkungen

(29) Bei der Ermittlung eines objektivierten Unternehmenswerts hat eine Berücksichtigung von Transaktionskosten und transaktionsbedingten Ertragsteuerwirkungen grundsätzlich zu unterbleiben. Eine Berücksichtigung derartiger Faktoren ist nur dann geboten, wenn sich dies aus rechtlichen Vorgaben für den Bewertungsanlass oder aus dem Auftrag ergibt, etwa bei der Ermittlung eines subjektiven Unternehmenswerts.

(30) Transaktionskosten sind Kosten in Verbindung mit dem Kauf bzw Verkauf des Unternehmens, zB Verkehrsteuerbelastungen bei der Übernahme von Grundstücken. Zu den transaktionsbedingten Ertragsteuerwirkungen zählen insbesondere Ertragsteuerersparnisse aus einem erhöhten Abschreibungspotential aus aufgedeckten stillen Reserven und Firmenwertkomponenten bzw Ertragsteuerbelastungen aus einem Veräußerungsgewinn.

4. Bewertung mit Diskontierungsverfahren

4.1. Grundlagen

4.1.1. Anwendung des Ertragswert- oder eines DCF-Verfahrens

(31) Das Ertragswertverfahren und die DCF-Verfahren (Discounted Cash-Flow-Verfahren) beruhen insoweit auf der gleichen konzeptionellen Grundlage, als sie den Unternehmenswert als Barwert künftiger finanzieller Überschüsse ermitteln (Kapitalwertkalkül). Diese Verfahren werden als Diskontierungsverfahren bezeichnet. Sie eignen sich zur Bestimmung sowohl von objektivierten als auch von subjektiven Unternehmenswerten.

4.1.2. Brutto- und Nettoverfahren

(32) Bei den Bruttoverfahren (Entity-Ansatz) wird vorerst der Wert des Gesamtkapitals aus der Sicht der Eigen- und Fremdkapitalgeber bestimmt. Danach wird durch Abzug des Marktwerts des verzinslichen Fremdkapitals der Wert des Eigenkapitals ermittelt. Zu den Bruttoverfahren gehören das WACC-Verfahren (Weighted Average Cost of Capital-Verfahren) und das APV-Verfahren (Adjusted Present Value-Verfahren) als Varianten der DCF-Verfahren.

(33) Bei den Nettoverfahren wird der Wert des Eigenkapitals direkt durch Diskontierung der den Unternehmenseignern zufließenden künftigen finanziellen Überschüsse (Flows to Equity) ermittelt. Zu den Nettoverfahren gehören das Ertragswertverfahren und der Equity-Ansatz als Variante der DCF-Verfahren.

4.2. DCF-Verfahren

4.2.1. Grundsätzliches

(34) Bei Anwendung von DCF-Verfahren wird der Unternehmenswert durch Diskontierung von Cash-Flows ermittelt, die je nach Verfahren unterschiedlich definiert werden. DCF-Verfahren werden im Allgemeinen zur Bewertung von Kapitalgesellschaften herangezogen. Im Folgenden wird daher auf die Bewertung von Kapitalgesellschaften abgestellt. Dabei wird es in der Regel als zulässig erachtet, vereinfachend auf die Berücksichtigung der persönlichen Ertragsteuern sowohl bei den zu diskontierenden Cash-Flows als auch im Diskontierungssatz zu verzichten (vgl Rz (84)).

(35) Die Anwendung von DCF-Verfahren erfordert Informationen bzw Annahmen über die Renditeforderung der Eigenkapitalgeber (Eigenkapitalkosten) sowie über die Finanzierungspolitik des Bewertungsobjekts.

4.2.2. Bruttoverfahren (Entity-Ansatz)

4.2.2.1. Ermittlung der Free Cash-Flows

(36) Bei den Bruttoverfahren wird der Marktwert des Gesamtkapitals (Enterprise Value) durch Diskontierung von Free Cash-Flows ermittelt. Die Free Cash-Flows werden unter der Fiktion vollständiger Eigenfinanzierung berechnet. Aus einer integrierten Planungsrechnung, die explizite

Annahmen über die Entwicklung des verzinslichen Fremdkapitals enthält, lässt sich der Free Cash-Flow indirekt wie folgt errechnen:

	Unternehmensrechtliches Jahresergebnis
+	Fremdkapitalzinsen
-	Steuerersparnis aus der Absetzbarkeit der Fremdkapitalzinsen (Tax Shield)
=	Ergebnis vor Zinsen nach angepassten Ertragsteuern
+/-	Aufwendungen/Erträge aus Anlagenabgängen
+/-	Abschreibungen/Zuschreibungen
+/-	Bildung/Auflösung langfristiger Rückstellungen und sonstige zahlungsunwirksame Aufwendungen/Erträge
-/+	Erhöhung/Verminderung des Nettoumlaufvermögens (ohne kurzfristige verzinsliche Verbindlichkeiten)
-/+	Cash-Flow aus Investitionen/Desinvestitionen
=	Free Cash-Flow (FCF)

(37) Da die Free Cash-Flows unter der Fiktion vollständiger Eigenfinanzierung ermittelt werden, sind – ausgehend vom unternehmensrechtlichen Jahresergebnis – zunächst die Fremdkapitalzinsen hinzuzurechnen und die mit der steuerlichen Absetzbarkeit der Fremdkapitalzinsen verbundene Steuerersparnis (Tax Shield) abzuziehen.

4.2.2.2. WACC-Verfahren

(38) Beim WACC-Verfahren wird der Marktwert des Gesamtkapitals (Enterprise Value) durch Diskontierung der Free Cash-Flows mit dem WACC ermittelt. Der Marktwert des Eigenkapitals (Equity Value) ergibt sich, indem vom Marktwert des Gesamtkapitals der Marktwert des verzinslichen Fremdkapitals abgezogen wird.

(39) Der WACC ist ein gewichteter Mischzinssatz aus Eigenkapitalkosten (Renditeforderung der Eigenkapitalgeber) und Fremdkapitalkosten (Renditeforderung der Fremdkapitalgeber). Die Gewichtung erfolgt nach dem Verhältnis der Marktwerte von Eigen- und Fremdkapital. Die Fremdkapitalkosten sind um die Steuerersparnis aus der Fremdfinanzierung zu vermindern, weil diese Steuerersparnis im Free Cash-Flow nicht berücksichtigt wird. Zur Ermittlung der dem Verschuldungsgrad entsprechenden Eigenkapitalkosten wird auf die Ausführungen in Rz (107) verwiesen.

(40) Der Marktwert des verzinslichen Fremdkapitals entspricht bei marktkonformer Verzinsung in der Regel dem Nominalwert des Fremdkapitals. Wird das Fremdkapital niedriger oder höher verzinst, als es dem Marktzins entspricht, ergibt sich der Marktwert des Fremdkapitals aus den mit dem Marktzins diskontierten Zahlungen an die Fremdkapitalgeber.

(41) Werden die Free Cash-Flows auf der Grundlage einer integrierten Unternehmensplanung ermittelt, führt die Planung bzw Vorgabe der Fremdkapitalbestände in der Finanzplanung (autonome Finanzierungspolitik) in der Regel dazu, dass der Verschuldungsgrad in der Detailplanungsphase von Periode zu Periode schwankt, sodass sowohl der WACC im Zeitablauf nicht konstant bleibt als auch periodenspezifische Anpassungen der Eigenkapitalkosten bzw des Beta-Faktors (vgl Rz (103) ff) aufgrund des sich ändernden Kapitalstrukturrisikos notwendig werden.

(42) Eine vereinfachte Anwendung des WACC-Verfahrens besteht darin, eine im Zeitablauf konstante Kapitalstruktur (Zielkapitalstruktur) auf Basis von Marktwerten vorzugeben, sodass auch der WACC im Zeitablauf konstant bleibt. Mit der Annahme einer im Zeitablauf konstanten Kapitalstruktur wird implizit unterstellt, dass der Bestand an verzinslichem Fremdkapital bei einer Änderung des Marktwerts des Gesamtkapitals im Zeitablauf entsprechend angepasst wird (wertorientierte Finanzierungspolitik). Um die Plausibilität dieser Finanzierungspolitik beurteilen zu können, hat der Wirtschaftstreuhänder die im Zeitablauf implizit unterstellten Anpassungen der Bestände des verzinslichen Fremdkapitals sowie die aus dieser Finanzierungspolitik resultierenden Flows to Equity für die einzelnen Perioden zu ermitteln und in seinem Bericht offenzulegen. Die Plausibilität dieser Finanzierungspolitik ist auf dieser Grundlage durch den Wirtschaftstreuhänder zu beurteilen.

4.2.2.3. APV-Verfahren

(43) Nach dem APV-Konzept wird zunächst unter der Annahme vollständiger Eigenfinanzierung der Marktwert des (fiktiv) unverschuldeten Unternehmens ermittelt. Dazu werden die Free Cash-Flows mit den Eigenkapitalkosten des unverschuldeten Unternehmens diskontiert. Der Marktwert des unverschuldeten Unternehmens wird um die durch die Verschuldung bewirkten diskontierten Steuerersparnisse aus den Fremdkapitalzinsen (Tax Shields) erhöht. Die Summe aus Marktwert des unverschuldeten Unternehmens und Wertbeitrag der Tax Shields ergibt den Marktwert des Gesamtkapitals. Nach Abzug des Marktwerts des Fremdkapitals verbleibt der Marktwert des Eigenkapitals (Equity Value).

	Barwert der Free Cash-Flows bei Diskontierung mit $r(EK)_u$
+	Marktwert des nicht betriebsnotwendigen Vermögens
=	Marktwert des unverschuldeten Unternehmens
+	Marktwerterhöhung durch Fremdfinanzierung (Wertbeitrag der Tax Shields)
=	Marktwert des Gesamtkapitals des verschuldeten Unternehmens
–	Marktwert des verzinslichen Fremdkapitals
=	Marktwert des Eigenkapitals (Equity Value)

$r(EK)_u$ = Eigenkapitalkosten für das unverschuldete Unternehmen

(44) Die Marktwerterhöhung durch Fremdfinanzierung (Wertbeitrag der Tax Shields) wird durch Diskontierung der Steuerersparnisse aus der steuerlichen Abzugsfähigkeit der Fremdkapitalzinsen (Tax Shields) ermittelt. Zur Diskontierung der Tax Shields ist ein risikoadäquater Zinssatz zu verwenden. Die diesbezüglich getroffenen Annahmen sind im Bewertungsgutachten zu erläutern und zu begründen.

(45) Beim APV-Verfahren werden die Free Cash-Flows unabhängig von der Kapitalstruktur des zu bewertenden Unternehmens mit den Eigenkapitalkosten für das unverschuldete Unternehmen diskontiert, sodass das Erfordernis der Verwendung periodenspezifischer Diskontierungssätze entfällt. Allerdings müssen die Eigenkapitalkosten für das unverschuldete Unternehmen bekannt sein bzw mittels Anpassungsformeln aus den auf dem Markt erhobenen Eigenkapitalkosten für das verschuldete Unternehmen abgeleitet werden.

4.2.3. Equity-Ansatz

(46) Beim Equity-Ansatz werden die den Unternehmenseignern zufließenden finanziellen Überschüsse (Flows to Equity) mit den Eigenkapitalkosten für das verschuldete Unternehmen diskontiert.

(47) Ausgehend vom Free Cash-Flow lässt sich der Flow to Equity wie folgt ermitteln:

	Free Cash-Flow (FCF)
-	Fremdkapitalzinsen
+	Steuerersparnis aus der Absetzbarkeit der Fremdkapitalzinsen (Tax Shield)
+/-	Erhöhung/Verminderung des verzinslichen Fremdkapitals
=	Flow to Equity (FTE)

Der Flow to Equity entspricht den im Rahmen der integrierten Unternehmensplanung ermittelten Zahlungsströmen zwischen dem Bewertungsobjekt und den Eigenkapitalgebern.

4.3. Ertragswertverfahren

(48) Beim Ertragswertverfahren wird der Unternehmenswert durch Diskontierung der den Unternehmenseignern zufließenden finanziellen Überschüsse ermittelt.

(49) Bei identen Annahmen betreffend die finanziellen Überschüsse und die Ableitung der Renditeforderung der Eigenkapitalgeber entspricht das Ertragswertverfahren dem Equity-Ansatz der DCF-Verfahren.

(50) Anders als bei den DCF-Verfahren, bei denen die Renditeforderung der Eigenkapitalgeber stets kapitalmarktorientiert abgeleitet wird, kann der Diskontierungssatz beim Ertragswertverfahren auch auf Basis der individuellen Verhältnisse oder Vorgaben des Bewertungssubjekts festgelegt werden. Die Festlegung des Diskontierungssatzes auf Basis von individuellen Verhältnissen oder Vorgaben führt zur Ermittlung eines subjektiven Unternehmenswerts (siehe dazu Rz (113)).

4.4. Ermittlung der künftigen finanziellen Überschüsse

4.4.1. Planung der finanziellen Überschüsse

4.4.1.1. Überblick

(51) Die Planung der finanziellen Überschüsse stellt ein zentrales Element jeder Unternehmensbewertung dar. Sie erfordert eine umfangreiche Informationsbeschaffung und darauf aufbauende vergangenheits-, stichtags- und zukunftsorientierte Unternehmensanalysen und ist durch Plausibilitätsüberlegungen hinsichtlich ihrer Angemessenheit und Widerspruchsfreiheit zu überprüfen.

4.4.1.2. Informationsbeschaffung

(52) Grundsätzlich sind alle Informationen zu erheben, die für die Planung der finanziellen Überschüsse des Unternehmens von Bedeutung sind. Dazu gehören in erster Linie zukunftsbezogene unternehmens- und marktorientierte Informationen. Unternehmensbezogene Informationen sind insbesondere interne Plandaten sowie Analysen der Stärken und Schwächen des Unternehmens und der von diesem angebotenen Leistungen. Marktbezogene Informationen sind unter anderem Daten über die Entwicklung der Branche, der Konkurrenzsituation und der bearbeiteten Absatzmärkte, aber auch langfristige gesamtwirtschaftliche sowie länder- und branchenspezifische Trendprognosen.

(53) Vergangenheits- und stichtagsbezogene Informationen dienen als Orientierungsgrundlage für die Planung künftiger Entwicklungen und für die Vornahme von Plausibilitätskontrollen.

(54) Der Wirtschaftstreuhänder hat die Vollständigkeit und die Verlässlichkeit der verwendeten Planungsunterlagen zu beurteilen.

4.4.1.3. Vergangenheitsanalyse

(55) Die Vergangenheitsanalyse soll auf der Grundlage der Jahresabschlüsse, der Geldflussrechnungen sowie der internen Ergebnisrechnungen konkrete Anhaltspunkte für die Planung der Unternehmenserfolge liefern. Die Vergangenheitsdaten sind dabei um einmalige, aperiodische und außerordentliche Faktoren zu bereinigen bzw zu normalisieren. Erfolgsfaktoren der Vergangenheit sind insbesondere daraufhin zu analysieren, inwieweit sie auch künftig wirksam sein werden (siehe dazu auch Rz (147) f) und ob sie das nicht betriebsnotwendige Vermögen betreffen.

(56) Die unternehmensbezogenen Informationen sind um eine Analyse der Unternehmensumwelt in der (jüngeren) Vergangenheit zu ergänzen. Hierzu gehören die Entwicklung der Marktstellung des Unternehmens und sonstige Markt- und Umweltentwicklungen (zB Entwicklungen in politischer, rechtlicher, ökonomischer, technischer, ökologischer und sozialer Hinsicht).

4.4.1.4. Planung (Phasenmethode)

(57) Die künftigen finanziellen Überschüsse können nominell oder real, dh kaufkraftbereinigt, geplant werden. Der Anwendung der Nominalrechnung, bei der nominell geplante finanzielle Überschüsse mit nominellen Diskontierungssätzen abgezinst werden, wird in Theorie und Praxis der Vorzug gegeben.

(58) Die Unternehmensbewertung basiert grundsätzlich auf einer möglichst umfassenden von der Unternehmensleitung erstellten integrierten Planungsrechnung, die ihre Zusammenfassung in Plan-Bilanzen, Plan-Gewinn- und Verlustrechnungen und Finanzplänen findet. Die Planungsrechnung hat die prognostizierte leistungs- und finanzwirtschaftliche Entwicklung im Rahmen der erwarteten Markt- und Umweltbedingungen zu reflektieren. Unter Berücksichtigung der beschafften Informationen und der Erkenntnisse aus der vergangenheits- und stichtagsorientierten Unternehmensanalyse sind aus dieser Planungsrechnung die künftigen finanziellen Überschüsse abzuleiten. Thesaurierungen finanzieller Überschüsse des Unternehmens und deren Verwendung sind in der Planungsrechnung zu berücksichtigen.

(59) Die finanziellen Überschüsse des zu bewertenden Unternehmens werden in der Regel in mehreren Phasen geplant (Phasenmethode). Die Phasen können in Abhängigkeit von Größe, Struktur, Branche und Lebensdauer des zu bewertenden Unternehmens unterschiedlich lang sein. In den meisten Fällen wird die Planung in zwei bis drei Phasen vorgenommen.

(60) Die Detailplanungsphase, für die eine periodenspezifische Planung der finanziellen Überschüsse erfolgen kann, ist in Abhängigkeit von Größe, Struktur und Branche des Unternehmens häufig auf drei bis fünf Jahre begrenzt (Phase I).

(61) Die Detailplanungsphase ist um eine Grobplanungsphase (Phase II) zu ergänzen, wenn die Annahme, das Unternehmen gehe unmittelbar nach der Detailplanungsphase in einen Gleichgewichts- und Beharrungszustand über, nicht plausibel erscheint. Dies kann beispielsweise der Fall sein, wenn Investitionszyklen noch nicht abgeschlossen sind; auch längerfristige Produktlebenszyklen, überdurchschnittliche Wachstumsraten, Steuer- oder andere Sondereffekte können eine Grobplanungsphase erfordern.

(62) In der Regel kann sich die Planung der Grobplanungsphase auf die periodenspezifische Entwicklung der wesentlichen unternehmensspezifischen Werttreiber konzentrieren.

(63) Für die Zeit nach dem Planungshorizont können bei unterstellter unbegrenzter Lebensdauer des zu bewertenden Unternehmens lediglich globale bzw pauschale Annahmen getroffen werden. In der Regel wird hier auf Basis von Annahmen über das Ausschüttungsverhalten und das Rentabilitätsniveau eine Unternehmensentwicklung mit gleichbleibenden oder konstant wachsenden finanziellen Überschüssen unterstellt (Rentenphase bzw Phase III). Quellen des Wachstums der finanziellen Überschüsse können neben Preissteigerungen auch Kapazitätsausweitungen sein.

(64) Über die zu erwartende langfristige Entwicklung des Rentabilitätsniveaus des zu bewertenden Unternehmens in der Rentenphase sind unter Berücksichtigung der dafür relevanten Einflussfaktoren wie die Widerstandsfähigkeit des Unternehmens gegen den Abbau von Überrenditen (Konvergenzprozesse) geeignete Annahmen zu treffen. Dabei kann unterstellt werden, dass die Rendite (nach Unternehmenssteuern) aus der Wiederveranlagung thesaurierter Beträge langfristig den Kapitalkosten entspricht (Konvergenzannahme). Ist davon abweichend zu erwarten, dass die Rendite langfristig über den Kapitalkosten liegen wird, sind die dafür maßgeblichen Gründe anzugeben. Generell ist in der Rentenphase auf die Konsistenz der Annahmen zu Renditeerwartungen, Wachstumsrate und Thesaurierung zu achten.

(65) Wegen des oft starken Gewichts der Wertbeiträge der finanziellen Überschüsse in der Rentenphase kommt der kritischen Überprüfung der zugrunde liegenden Annahmen besondere Bedeutung zu. In diesem Zusammenhang kann es zweckmäßig sein, die integrierte Planungsrechnung über einen längeren Zeitraum fortzuschreiben, um die Auswirkungen insbesondere von Wachstums- und Thesaurierungsannahmen darzustellen und auf Konsistenz zu überprüfen.

(66) Die zu diskontierenden künftigen finanziellen Überschüsse sollen Erwartungswerte repräsentieren. Die Erwartungswerte können auch aus Szenarien abgeleitet werden, denen Eintritts-

wahrscheinlichkeiten zugeordnet werden. Der wahrscheinlichste Wert (Modalwert) der künftigen finanziellen Überschüsse kann vom Erwartungswert abweichen.

(67) Bei der Ermittlung der Erwartungswerte ist zu untersuchen, inwieweit das Unternehmen Insolvenzrisiken ausgesetzt ist. Die Berücksichtigung von bewertungsrelevanten Insolvenzrisiken kann durch den Ansatz von Insolvenzwahrscheinlichkeiten erfolgen, die ua aus Ratings abgeleitet werden können.

4.4.1.5. Plausibilitätsbeurteilung der Planung

(68) Die Planung der finanziellen Überschüsse ist auf ihre Plausibilität hin zu beurteilen. Dabei ist zwischen der Beurteilung der formellen und der materiellen Plausibilität zu differenzieren.

(69) Im Zuge der Beurteilung der formellen Plausibilität hat der Wirtschaftstreuhänder zunächst die Dokumentation der Planung sowie den Prozess zur Erstellung der Planung zu analysieren. Dabei ist insbesondere darauf einzugehen, zu welchem Zeitpunkt, zu welchem Zweck und von wem die Planung erstellt wurde, ob diese von einem Aufsichtsorgan genehmigt wurde und welche Verbindlichkeit sie hat. Ebenso ist zu berücksichtigen, ob die Planung anlassbezogen für Zwecke der Unternehmensbewertung oder im Rahmen eines standardisierten, beispielsweise jährlichen, Planungsprozesses erstellt wurde.

(70) Aus formeller Sicht ist weiters zu beurteilen, ob die Planung rechnerisch nachvollziehbar und richtig ist sowie den methodischen Anforderungen einer integrierten Planungsrechnung entspricht. Dabei ist insbesondere darauf einzugehen, ob die einzelnen Teilpläne (Plan-Bilanzen, Plan-Gewinn- und Verlustrechnungen und Finanzpläne sowie gegebenenfalls weitere Teilpläne wie bspw Absatzpläne, Personalpläne, Investitionspläne) vollständig und miteinander abgestimmt sind.

(71) Im Rahmen der Beurteilung der materiellen Plausibilität sind die der Planung zugrunde liegenden Annahmen kritisch zu würdigen. Dabei empfiehlt es sich, in einem ersten Schritt die wesentlichen wertbeeinflussenden Annahmen zu identifizieren. In einem weiteren Schritt sind die Nachweise bzw Argumente, die diese Annahmen untermauern, zu analysieren. Letztendlich ist zu beurteilen, ob die Planung schlüssig und widerspruchsfrei aus den getroffenen Annahmen abgeleitet wurde und alle Konsequenzen dieser Annahmen berücksichtigt wurden.

(72) Wesentliche Grundlagen für die Beurteilung der materiellen Plausibilität lassen sich aus der Vergangenheitsanalyse ableiten, die sich sowohl auf unternehmensbezogene Informationen als auch auf eine Analyse der Unternehmensumwelt in der (jüngeren) Vergangenheit erstreckt (vgl Rz (55) f). Der Wirtschaftstreuhänder hat zu analysieren, ob die Annahmen der Planung in Widerspruch zu den Ergebnissen der Vergangenheitsanalyse stehen. Für die Beurteilung der Verlässlichkeit der Planung der finanziellen Überschüsse kann auch ein Soll-Ist-Vergleich von in der Vergangenheit vom Unternehmen erstellten Planungsrechnungen dienlich sein.

(73) Die Einholung einer Vollständigkeitserklärung (vgl Rz (154)) entbindet den Wirtschaftstreuhänder nicht davon, sich selbst ein Urteil über die Plausibilität der Planung der finanziellen Überschüsse zu bilden.

4.4.1.6. Mangelhafte oder fehlende Planungsrechnung

(74) Stellt der Wirtschaftstreuhänder bei der Beurteilung der formellen Plausibilität (vgl Rz (69) f) Mängel fest, ist zunächst die Unternehmensleitung aufzufordern, die Planungsrechnung zu vervollständigen bzw zu überarbeiten. Eine Mitwirkung des Wirtschaftstreuhänders bei der Vervollständigung bzw Überarbeitung der Planungsrechnung ist zulässig, sofern sich diese ausschließlich auf die rechnerische Richtigkeit sowie auf die Methodik einer integrierten Planungsrechnung erstreckt.

(75) Stellt der Wirtschaftstreuhänder im Zuge der Beurteilung der materiellen Plausibilität (vgl Rz (71) f) Mängel fest, ist die Unternehmensleitung aufzufordern, die Planungsrechnung anzupassen. Wenn die aufgezeigten Mängel dadurch nicht beseitigt werden können, sind vom Wirtschaftstreuhänder entsprechende Anpassungen vorzunehmen. Die vom Wirtschaftstreuhänder vorgenommenen Anpassungen bzw eigenständig getroffenen Annahmen sind im Bewertungsgutachten explizit zu beschreiben. Der Wirtschaftstreuhänder hat auf die Mangelhaftigkeit der von der Unternehmensleitung erstellten Planungsrechnung und eine damit allenfalls verbundene eingeschränkte Verlässlichkeit des Bewertungsergebnisses im Bewertungsgutachten hinzuweisen.

(76) Liegt eine ausreichend dokumentierte Planungsrechnung nicht vor, ist die Unternehmensleitung zu veranlassen, unter Zugrundelegung ihrer Vorstellungen über die künftige Entwicklung des Unternehmens eine Erfolgs-, Finanz- und Bilanzplanung zu erstellen. Dabei sind neben den verfügbaren externen Informationen (zB Branchenanalysen, Marktstudien) als weitere Grundlage für die Planung der Zukunftserträge die im Rahmen einer Vergangenheitsanalyse festgestellten Entwicklungslinien zu beachten (siehe dazu Rz (55) f).

(77) Sofern von der Unternehmensleitung eine für Zwecke der Unternehmensbewertung geeignete Unternehmensplanung nicht zu erhalten ist, kann der Wirtschaftstreuhänder auf Basis der Vergangenheitsanalyse, der von ihm hierbei festgestellten Entwicklungslinien und der übrigen verfügbaren Informationen (siehe Rz (52) ff) eine Planung der finanziellen Überschüsse nach Maßgabe der unter Rz (58) definierten Anforderungen (integrierte Planungsrechnung) erstellen. Dabei sind die Ausführungen in den Rz (147) f zu beachten. Es empfiehlt sich, eine Szenarioanalyse durchzuführen. Die vom Wirtschaftstreuhänder eigenständig getroffenen Annahmen sind im Bewertungsgutachten explizit zu beschreiben. Der Wirtschaftstreuhänder hat auf das Fehlen einer Planungsrechnung und eine damit

allenfalls verbundene eingeschränkte Verlässlichkeit des Bewertungsergebnisses im Bewertungsgutachten hinzuweisen.

(78) Unsicherheiten, die ausschließlich auf Mängel der oder das Fehlen einer Planungsrechnung zurückzuführen sind, dürfen bei der Bewertung weder durch Abschläge von den zu diskontierenden finanziellen Überschüssen noch durch Zuschläge zum Diskontierungssatz berücksichtigt werden.

4.4.2. Finanzielle Überschüsse bei der Ermittlung eines objektivierten Unternehmenswerts

4.4.2.1. Unternehmenskonzept

(79) Es ist darauf zu achten, dass die Planungsrechnung mit den darin zum Ausdruck kommenden Erfolgs- und Finanzplanungen auf dem zum Bewertungsstichtag bestehenden Unternehmenskonzept aufbaut. Dies bedeutet, dass Maßnahmen, die zu strukturellen Veränderungen des Unternehmens führen sollen, nur dann berücksichtigt werden dürfen, wenn sie zu diesem Zeitpunkt bereits eingeleitet bzw hinreichend konkretisiert sind.

4.4.2.2. Finanzierungs- und Ausschüttungsannahmen

(80) In der Detailplanungsphase ist von der Ausschüttung derjenigen finanziellen Überschüsse auszugehen, die entsprechend der Planungsrechnung weder für Investitionen noch für Fremdkapitaltilgungen benötigt werden und unter Berücksichtigung rechtlicher Restriktionen zur Ausschüttung zur Verfügung stehen. In der Grobplanungs- und Rentenphase ist auf die Konsistenz der Annahmen zu Renditeerwartungen, Wachstum und Thesaurierung zu achten.

4.4.2.3. Managementfaktoren

(81) Im Rahmen der objektivierten Unternehmensbewertung ist grundsätzlich von einem unveränderten Management oder für den Fall des Wechsels des Managements von durchschnittlichen Managementleistungen auszugehen (typisierte Managementfaktoren).

(82) Soweit bei personenbezogenen Unternehmen die in der Person des Unternehmenseigners (der Unternehmenseigner) begründeten Erfolgsbeiträge in Zukunft nicht realisiert werden können, sind sie bei der Planung der finanziellen Überschüsse außer Acht zu lassen. Ebenso sind Einflüsse aus einem Unternehmensverbund oder aus sonstigen Beziehungen personeller oder familiärer Art zwischen Management und dritten Unternehmen, die bei einem Eigentümerwechsel nicht mit übergehen würden, zu eliminieren.

4.4.2.4. Berücksichtigung von Ertragsteuern

(83) Bei der Ermittlung der künftigen finanziellen Überschüsse sind grundsätzlich sowohl die Ertragsteuern des Unternehmens als auch die aufgrund des Eigentums am Unternehmen entstehenden Ertragsteuern der Unternehmenseigner (persönliche Ertragsteuern) zu berücksichtigen. Welche Ertragsteuern im Rahmen der Planung der finanziellen Überschüsse zu berücksichtigen sind, richtet sich nach den Verhältnissen zum Bewertungsstichtag, die sich aus der Rechtsform des Bewertungsobjekts in Verbindung mit der Rechtsform des Bewertungssubjekts ergeben. Rechtsformänderungen sind zu berücksichtigen, wenn diese Änderungen zum Bewertungsstichtag zu erwarten sind, insbesondere wenn bereits Maßnahmen getroffen wurden, um diese Änderungen herbeizuführen.

(84) Bei der Bewertung von Kapitalgesellschaften mindert die Körperschaftsteuer die finanziellen Überschüsse auf Unternehmensebene. Da bei der Bewertung von Kapitalgesellschaften in der Regel davon ausgegangen werden kann, dass eine Bewertung vor persönlichen Ertragsteuern annähernd zum gleichen Bewertungsergebnis führt wie eine Bewertung nach persönlichen Ertragsteuern, kann auf eine Berücksichtigung der persönlichen Ertragsteuern auf den Unternehmenseignern zufließende finanzielle Überschüsse vereinfachend verzichtet werden. In diesem Fall hat die Diskontierung mit den Kapitalkosten vor persönlichen Ertragsteuern zu erfolgen. Wird bei der Bewertung von Kapitalgesellschaften eine Auskehr von nicht betriebsnotwendigem Vermögen (etwa von Überbeständen an liquiden Mitteln) an die Gesellschafter unterstellt, kommt die vereinfachende Nichtberücksichtigung der persönlichen Ertragsteuern insoweit nicht in Betracht.

(85) Bei der Bewertung von Einzelunternehmen oder Personengesellschaften aus dem Blickwinkel natürlicher Personen sind die finanziellen Überschüsse grundsätzlich um die beim jeweiligen Bewertungssubjekt entstehende Ertragsteuerbelastung, die aus den steuerpflichtigen Einkünften aus dem zu bewertenden Unternehmen resultiert, zu kürzen.

(86) Bei Einzelunternehmen oder Personengesellschaften kann die Bewertung im Hinblick auf die Ertragsbesteuerung vereinfachend so vorgenommen werden, als läge eine Kapitalgesellschaft vor. Damit kann der Bewertung vereinfachend die für Kapitalgesellschaften geltende Ertragsbesteuerung zugrunde gelegt werden. In diesem Fall ist auch der vereinfachende Verzicht auf die Berücksichtigung der persönlichen Ertragsteuern (vgl Rz (84)) zulässig.

4.4.2.5. Synergieeffekte

(87) Unter Synergieeffekten versteht man die Veränderung der finanziellen Überschüsse, die durch den wirtschaftlichen Verbund zweier oder mehrerer Unternehmen entsteht und dazu führt, dass der Gesamtbetrag der finanziellen Überschüsse von der Summe der isoliert entstehenden Überschüsse abweicht.

(88) Soweit sich nicht aus rechtlichen Vorgaben für den konkreten Bewertungsanlass etwas anderes ergibt, sind bei der Ermittlung eines objektivierten Unternehmenswerts nur solche Synergieeffekte zu berücksichtigen, deren Realisierung zum Bewertungsstichtag bereits eingeleitet oder im

Unternehmenskonzept dokumentiert ist (realisierte Synergieeffekte). Nicht zu berücksichtigen sind hingegen solche Synergieeffekte, die sich nur bei Umsetzung der konkreten, den Bewertungsanlass bildenden Unternehmenskombination realisieren lassen (nicht realisierte Synergieeffekte).

4.4.3. Finanzielle Überschüsse bei der Ermittlung eines subjektiven Unternehmenswerts

4.4.3.1. Unternehmenskonzept

(89) Bei der Ermittlung eines subjektiven Unternehmenswerts (Entscheidungswerts) werden die bei der Ermittlung objektivierter Unternehmenswerte erforderlichen Typisierungen durch individuelle auftragsbezogene Konzepte bzw Annahmen ersetzt. Daher können auch geplante, aber zum Bewertungsstichtag noch nicht eingeleitete oder noch nicht im Unternehmenskonzept dokumentierte Maßnahmen strukturverändernder Art wie Erweiterungsinvestitionen, Desinvestitionen, Bereinigungen des Produktprogramms oder Veränderungen der strategischen Geschäftsfelder berücksichtigt werden.

4.4.3.2. Finanzierungs- und Ausschüttungsannahmen

(90) Die Annahmen über die künftige Finanzierungs- und Ausschüttungspolitik (Kapitalstruktur) sind auf Basis der Vorgaben bzw Vorstellungen des Bewertungssubjekts unter Beachtung rechtlicher Restriktionen (zB gesetzlicher oder vertraglicher Ausschüttungsbeschränkungen) zu treffen.

4.4.3.3. Managementfaktoren

(91) Aus der Sicht eines Käufers sind jene finanziellen Überschüsse anzusetzen, die mit dem geplanten Management erwartet werden können (individuelle Managementfaktoren).

(92) Die Preisuntergrenze eines potentiellen Verkäufers berücksichtigt nicht nur die übertragbare Ertragskraft des Bewertungsobjekts, sondern zB auch persönliche Managementfaktoren.

4.4.3.4. Berücksichtigung von Ertragsteuern

(93) Die Ertragsteuerbelastung der finanziellen Überschüsse ist nach Maßgabe der Rechtsform des Bewertungsobjekts unter Berücksichtigung der individuellen steuerlichen Verhältnisse (zB Steuersätze, steuerliche Verlustvorträge) des Bewertungssubjekts zu ermitteln. Rechtsformänderungen sind auf Basis der Vorgaben bzw Vorstellungen des Bewertungssubjekts zu berücksichtigen. Vereinfachungen (siehe zB Rz (84) und (86)) sind auftragsbezogen zulässig.

4.4.3.5. Synergieeffekte

(94) Noch nicht realisierte Synergieeffekte (vgl Rz (88)) können je nach der konkreten Situation des Bewertungssubjekts (Käufer bzw Verkäufer) einbezogen werden.

4.5. Diskontierung der künftigen finanziellen Überschüsse

4.5.1. Grundlagen

(95) Der Unternehmenswert ergibt sich bei Diskontierungsverfahren grundsätzlich aus der Diskontierung der künftigen finanziellen Überschüsse unter Verwendung eines dem angewendeten Bewertungsverfahren entsprechenden Diskontierungssatzes (siehe dazu Rz (31) ff).

(96) Wenn die Planung der künftigen finanziellen Überschüsse auf nomineller Grundlage beruht, sind diese mit einem nominellen Diskontierungssatz zu diskontieren (Nominalrechnung, vgl Rz (57)). Die nachfolgenden Aussagen beziehen sich auf die Ermittlung nomineller Diskontierungssätze.

(97) Bei unbegrenzter Lebensdauer entspricht der Unternehmenswert grundsätzlich dem Barwert der künftig den Unternehmenseignern für eine unbegrenzte Zeit zufließenden finanziellen Überschüsse.

(98) Ist eine begrenzte Dauer des Unternehmens zu unterstellen, ergibt sich der Unternehmenswert aus dem Barwert der künftigen finanziellen Überschüsse bis zur Beendigung des Unternehmens zuzüglich des Barwerts der finanziellen Überschüsse aus der Beendigung des Unternehmens (zB der Liquidation).

4.5.2. Renditeforderung der Eigenkapitalgeber bei Ermittlung eines objektivierten Unternehmenswerts

4.5.2.1. Berücksichtigung des Risikos

(99) Jede Investition in ein Unternehmen ist mit dem Risiko verbunden, dass künftige finanzielle Überschüsse nicht im erwarteten Umfang anfallen, dh sie können sowohl niedriger als auch höher ausfallen als erwartet.

(100) Das Risiko kann entweder in Form der Sicherheitsäquivalenzmethode durch einen Abschlag vom Erwartungswert der finanziellen Überschüsse oder in Form der Risikozuschlagsmethode durch einen Risikozuschlag zum risikolosen Zinssatz (Basiszinssatz) berücksichtigt werden. Da die Risikozuschlagsmethode national und international gebräuchlich ist, wird im Folgenden von ihrer Anwendung ausgegangen.

(101) Werden die Risikozuschläge aus Kapitalmarktdaten abgeleitet, spricht man von marktorientierten Risikozuschlägen bzw Risikoprämien. Sie werden in der Regel auf Grundlage des Capital Asset Pricing Model (CAPM) ermittelt. Risikoprämien nach dem CAPM enthalten nur eine Abgeltung für das systematische Risiko, weil unterstellt wird, dass das unsystematische Risiko durch vollständige Diversifikation des Investors eliminiert wird.

(102) Ein allfälliges Risiko aus einer vergleichsweise geringeren Mobilität der Veranlagung in das zu bewertende Unternehmen ist nur dann zu berücksichtigen, wenn von einer begrenzten Behaltedauer auszugehen ist.

4.5.2.2. Renditeforderung der Eigenkapitalgeber

(103) Der Diskontierungssatz nach dem CAPM setzt sich aus der risikolosen Verzinsung (Basiszinssatz) und dem marktorientierten Risikozuschlag in Form des Produkts aus Marktrisikoprämie und Beta-Faktor zusammen.

(104) Bei der Bestimmung des Basiszinssatzes ist von einer risikolosen Kapitalmarktanlage auszugehen. Der Basiszinssatz ist unter Berücksichtigung der Laufzeitäquivalenz zum zu bewertenden Unternehmen aus der zum Bewertungsstichtag gültigen Zinsstrukturkurve abzuleiten.

(105) Zur Höhe der Marktrisikoprämie wird auf die einschlägigen Empfehlungen der Arbeitsgruppe Unternehmensbewertung des Fachsenats für Betriebswirtschaft und Organisation verwiesen.

(106) Bei der Bewertung börsennotierter Unternehmen können unternehmensindividuelle Beta-Faktoren aus den Börsenkursen des zu bewertenden Unternehmens berechnet werden. Sie werden auch von Finanzdienstleistern erhoben bzw können einschlägigen Publikationen entnommen werden. Ist der unternehmensindividuelle Beta-Faktor nicht aussagekräftig, ist ein Beta-Faktor vergleichbarer Unternehmen heranzuziehen (Peer Group-Beta). Bei der Auswahl der Peer Group-Unternehmen ist auf die Vergleichbarkeit des Geschäftsrisikos zu achten (vgl Rz (126)). Bei der Bewertung nicht börsennotierter Unternehmen können vereinfachend Beta-Faktoren für vergleichbare Unternehmen (Peer Group-Beta) oder für Branchen herangezogen werden.

(107) Risikoprämien nach dem CAPM erfassen neben dem Geschäftsrisiko (Business Risk) auch das Kapitalstrukturrisiko (Financial Risk). Der Beta-Faktor für ein verschuldetes Unternehmen ist höher als jener für ein unverschuldetes Unternehmen, weil er auch das Kapitalstrukturrisiko berücksichtigt. Veränderungen in der Kapitalstruktur erfordern daher eine Anpassung der Risikoprämie. Zur Anpassung des Beta-Faktors an die Kapitalstruktur wurden Anpassungsformeln entwickelt. Diese Anpassungsformeln erfassen teilweise auch das Beta des Fremdkapitals (Debt Beta). Die Berücksichtigung des Debt Betas ist erforderlich, wenn die zum Basiszinssatz laufzeitäquivalenten Fremdkapitalkosten des Unternehmens wesentlich vom Basiszinssatz abweichen.

(108) Die Planung bzw Vorgabe der Fremdkapitalbestände in der Finanzplanung führt in der Regel dazu, dass sich die Kapitalstruktur in der Detailplanungsphase von Periode zu Periode verändert. Die daraus resultierende Veränderung des Kapitalstrukturrisikos erfordert eine periodenspezifische Anpassung der Eigenkapitalkosten (zu den Anpassungen der Eigenkapitalkosten bzw der Beta-Faktoren siehe Rz (107)). Verändert sich die Kapitalstruktur im Zeitablauf nur unwesentlich, kann auf eine periodenspezifische Anpassung der Eigenkapitalkosten verzichtet werden.

(109) Die auf Basis des CAPM ermittelten Renditeforderungen bzw Risikozuschläge sind Renditeforderungen bzw Risikozuschläge nach Körperschaftsteuer, jedoch vor persönlichen Ertragsteuern. Diese Renditeforderungen sind zur Diskontierung von finanziellen Überschüssen nach Körperschaftsteuer, jedoch vor persönlichen Ertragsteuern heranzuziehen. Eine solche Vorgangsweise kommt zum Tragen, wenn bei der Bewertung von Kapitalgesellschaften vereinfachend auf die Berücksichtigung persönlicher Ertragsteuern verzichtet wird (vgl Rz (84)).

(110) Werden der Wertermittlung finanzielle Überschüsse nach persönlichen Ertragsteuern zugrunde gelegt, hat die Diskontierung mit der Renditeforderung nach persönlichen Ertragsteuern zu erfolgen. In diesem Fall kann die Renditeforderung auf Basis des Tax-CAPM ermittelt werden. Das Tax-CAPM erweitert das Standard-CAPM um die persönlichen Ertragsteuern.

(111) Trotz seiner restriktiven Prämissen stellt das CAPM das bei der Ermittlung objektivierter Unternehmenswerte vorrangig anzuwendende Kapitalkostenkonzept dar. Ist jedoch nach den Umständen des konkreten Bewertungsanlasses davon auszugehen, dass eine davon abweichende Bestimmung der Eigenkapitalkosten vorzuziehen ist, können die Eigenkapitalkosten auch nach anderen üblichen und anerkannten Verfahren bestimmt werden.

(112) Der Wirtschaftstreuhänder hat die Auswahl seiner Vorgangsweise zur Bestimmung der Eigenkapitalkosten zu begründen, die auf dieser Grundlage ermittelten Eigenkapitalkosten nachvollziehbar abzuleiten und die dafür maßgeblichen Annahmen vollständig darzustellen.

4.5.3. Renditeforderung der Eigenkapitalgeber bei Ermittlung eines subjektiven Unternehmenswerts

(113) Bei der Ermittlung eines subjektiven Unternehmenswerts wird der Diskontierungssatz durch die individuellen Verhältnisse bzw Vorgaben des jeweiligen Bewertungssubjekts bestimmt. Als Diskontierungssatz können individuelle Renditevorgaben, die Renditeerwartung der besten Alternative oder aus Kapitalmarktdaten abgeleitete Renditen (siehe dazu Rz (103) ff) dienen.

4.5.4. Renditeforderung der Fremdkapitalgeber

(114) Die Renditeforderung der Fremdkapitalgeber kann eine Risikoprämie enthalten, der gegebenenfalls bei der Bestimmung der Renditeforderung der Eigenkapitalgeber durch Berücksichtigung eines Debt Betas Rechnung zu tragen ist (siehe Rz (107)).

4.5.5. Wachstum in der Rentenphase

(115) Kann im konkreten Bewertungsfall in der Rentenphase auf der Grundlage der getroffenen Annahmen über das Ausschüttungsverhalten und das Rentabilitätsniveau ein nachhaltiges Wachstum der den Unternehmenseignern zufließenden finanziellen Überschüsse angenommen werden, ist dies

in dieser Phase durch den Abzug der Wachstumsrate vom Diskontierungssatz zu berücksichtigen. Die weitere Abzinsung des Rentenbarwerts auf den Bewertungsstichtag hat hingegen mit dem Diskontierungssatz vor Abzug der Wachstumsrate zu erfolgen.

4.6. Anwendung unterschiedlicher Diskontierungsverfahren

(116) Bei der Anwendung der Diskontierungsverfahren sind geeignete Annahmen über die Finanzierungspolitik des Bewertungsobjekts (zB wertorientiert oder autonom, vgl Rz (41) f) sowie über den Risikogehalt der Steuerersparnisse aus der Abzugsfähigkeit der Fremdkapitalkosten (Tax Shields) zu treffen. Diese Annahmen sind im Bewertungsgutachten anzugeben und zu begründen.

(117) Bei identen Annahmen für die Bewertungsparameter, insbesondere betreffend die Finanzierung und den Risikogehalt der Tax Shields, sowie bei Verwendung geeigneter Formeln zur Anpassung des Beta-Faktors an die Kapitalstruktur sollte die Wahl des Diskontierungsverfahrens das Bewertungsergebnis nicht beeinflussen.

5. Plausibilitätsbeurteilung mit Multiplikatorverfahren

5.1. Konzept

(118) Multiplikatorverfahren ermitteln den Unternehmenswert als potentiellen Marktpreis durch Multiplikation des Multiplikators mit einer Bezugsgröße (Überschussgröße) als Referenzgröße. Das Ergebnis der Bewertung ist entweder der potentielle Marktpreis des Eigenkapitals oder der potentielle Marktpreis des Gesamtkapitals. Durch Abzug der Nettofinanzverbindlichkeiten (Net Debt) vom potentiellen Marktpreis des Gesamtkapitals erhält man den potentiellen Marktpreis des Eigenkapitals.

5.2. Auswahl der Bezugsgrößen

(119) Als Bezugsgrößen kommen insbesondere in Frage:

a) Umsatz
b) Gewinn vor Zinsen und Steuern (EBIT)
c) Gewinn vor Zinsen, Steuern und Abschreibungen (EBITDA)
d) Jahresüberschuss

(120) Bei der Auswahl der Bezugsgrößen sind deren unterschiedliche Vor- und Nachteile sowie branchenspezifische Besonderheiten zu berücksichtigen. Die parallele Anwendung mehrerer Bezugsgrößen wird empfohlen. Auf die Konsistenz der Ermittlung der Bezugsgrößen für das Bewertungsobjekt und die Peer Group-Unternehmen (vgl Rz (126)) ist zu achten.

(121) Die unterschiedlichen Bezugsgrößen führen entweder zum potentiellen Marktpreis des Gesamtkapitals oder zum potentiellen Marktpreis des Eigenkapitals:

Bezugsgröße	Ergebnis
Umsatz	potentieller Marktpreis des Gesamtkapitals
EBIT	potentieller Marktpreis des Gesamtkapitals
EBITDA	potentieller Marktpreis des Gesamtkapitals
Jahresüberschuss	potentieller Marktpreis des Eigenkapitals

(122) Da der Wert eines Unternehmens entscheidend durch seine Fähigkeit bestimmt wird, im operativen Geschäft Gewinne und Überrenditen über die Kapitalkosten zu erwirtschaften, wird für produzierende und dienstleistende Unternehmen die vorrangige Anwendung von Gesamtkapital-basierten Multiplikatoren, insbesondere mit den Bezugsgrößen EBIT und EBITDA, empfohlen. Bei Umsatzmultiplikatoren ist zu beachten, dass ihre Anwendung eine Umsatzrendite des Bewertungsobjekts unterstellt, die mit jener der Peer Group-Unternehmen vergleichbar ist.

(123) Die Bezugsgrößen können sich auf verschiedene Zeiträume beziehen. „Trailing Multiples“ verwenden historische Daten, während bei „Forward Multiples“ zukünftig erwartete Größen einbezogen werden.

(124) Die verwendeten Bezugsgrößen sollten als dauerhaft erzielbare Größen anzusehen sein, was Bereinigungen um Sondereffekte wie einmalige Erträge und Aufwendungen erfordert. Bei der Herleitung der Bezugsgrößen aus Vergangenheitsdaten sind die Rz (55) f sinngemäß anzuwenden. Durchgeführte Bereinigungen sind offenzulegen und zu begründen.

5.3. Ermittlung und Anwendung der Multiplikatoren

(125) Der Multiplikator ergibt sich grundsätzlich als Quotient aus dem Marktpreis des Eigenkapitals bzw dem Marktpreis des Gesamtkapitals eines vergleichbaren Unternehmens und der Bezugsgröße eines vergleichbaren Unternehmens. Diese Marktpreise werden aus der Marktkapitalisierung vergleichbarer börsennotierter Unternehmen (Börsenmultiplikatoren) oder aus Transaktionspreisen für vergleichbare Unternehmen (Transaktionsmultiplikatoren) gewonnen.

(126) Zur Ermittlung der Multiplikatoren ist in einem ersten Schritt eine Gruppe vergleichbarer Unternehmen (Peer Group) zu identifizieren. Diese Unternehmen sollten in ihren wesentlichen Eigenschaften mit dem zu bewertenden Unternehmen übereinstimmen. Als Auswahlkriterien dienen häufig Branche bzw Vergleichbarkeit des Geschäftsmodells, geografische Abdeckung, Profitabilität und Wachstum.

(127) Die Anzahl der Multiplikatoren aus den vergleichbaren Unternehmen (Peer Group) ergibt in der Regel eine Bandbreite, die zu einer Größe verdichtet werden kann. Dazu werden in der Regel

das arithmetische Mittel oder der Median herangezogen. Zu beachten ist, dass das arithmetische Mittel stark von Ausreißern beeinflusst wird, sodass vor seiner Berechnung eine Bereinigung um diese Ausreißer vorgenommen werden sollte.

(128) Kann eine Gruppe vergleichbarer Unternehmen nicht identifiziert werden, kann auf Branchen-Multiplikatoren abgestellt werden. Dabei ist zu beachten, dass diese Multiplikatoren bei Heterogenität der einbezogenen Unternehmen von nur geringer Aussagekraft sein können.

(129) Da die Anwendung von Börsenmultiplikatoren auf Marktpreisen für einzelne Aktien basiert, ist das Bewertungsergebnis als potentieller Marktpreis für einen fungiblen Minderheitsanteil am zu bewertenden Unternehmen zu interpretieren. Paketzuschläge oder Kontrollprämien sind darin nicht enthalten.

(130) Bei der Anwendung von Transaktionsmultiplikatoren ist zu untersuchen, ob diese auf Transaktionen betreffend Minderheits- oder Mehrheitsanteile beruhen. Transaktionsmultiplikatoren, die aus Transaktionen betreffend Mehrheitsanteile abgeleitet werden, führen zu potentiellen Marktpreisen für Mehrheitsanteile, die allfällige Kontrollprämien bereits beinhalten.

(131) Bei sehr kleinen Unternehmen können unter bestimmten Voraussetzungen Multiplikatoren in Form von Erfahrungssätzen zur Anwendung gelangen (vgl Rz (18)). In der Berichterstattung ist anzugeben, auf welcher Grundlage diese Erfahrungssätze gewonnen wurden.

6. Liquidationswert

(132) Übersteigt der Barwert der finanziellen Überschüsse, die sich bei Liquidation des gesamten Unternehmens ergeben, den Fortführungswert, bildet der Liquidationswert die Untergrenze für den Unternehmenswert. Bestehen jedoch rechtliche oder tatsächliche Zwänge zur Unternehmensfortführung, ist abweichend davon auf den Fortführungswert abzustellen.

(133) Der Liquidationswert ergibt sich als Barwert der finanziellen Überschüsse aus der Veräußerung der Vermögenswerte und der Bedeckung der Schulden unter Berücksichtigung der Liquidationskosten und der mit der Liquidation verbundenen Steuerwirkungen. Die Abhängigkeit des Liquidationswerts von der Zerschlagungsintensität und der Zerschlagungsgeschwindigkeit ist zu beachten.

7. Besonderheiten bei der Bewertung bestimmter Unternehmen

7.1. Wachstumsunternehmen

(134) Wachstumsunternehmen sind Unternehmen mit erwarteten überdurchschnittlichen Wachstumsraten der Umsätze. Sie sind insbesondere durch Produktinnovationen gekennzeichnet, die mit hohen Investitionen und Vorleistungen in Entwicklung, Produktion und Absatz, begleitet von wachsendem Kapitalbedarf, verbunden sind. Vielfach befinden sich derartige Unternehmen erfolgsmäßig zum Zeitpunkt der Bewertung in einer Verlustphase, sodass eine Vergangenheitsanalyse für Plausibilitätsüberlegungen im Hinblick auf die künftige Entwicklung des Unternehmens in der Regel nicht geeignet ist.

(135) Die Planung der finanziellen Überschüsse unterliegt in diesem Fall erheblichen Unsicherheiten, weshalb vor allem die nachhaltige Wettbewerbsfähigkeit des Produkt- und Leistungsprogramms, das Marktvolumen, die Ressourcenverfügbarkeit, die wachstumsbedingten Anpassungsmaßnahmen der internen Organisation und die Finanzierbarkeit des Unternehmenswachstums analysiert werden müssen. Besonderes Augenmerk ist auf die Risikoeinschätzung zu legen.

(136) Bei der Planung der finanziellen Überschüsse erscheint es sinnvoll, die Planung in mehreren Phasen (Anlaufphase, Phase mit überdurchschnittlichem Umsatz- und Ertragswachstum und Phase mit normalem Wachstum) vorzunehmen und Ergebnisbandbreiten abzuleiten (vgl Rz (59) ff). Die Durchführung von Szenarioanalysen unter Berücksichtigung von Insolvenzwahrscheinlichkeiten wird empfohlen.

7.2. Ertragsschwache Unternehmen

(137) Die Ertragsschwäche eines Unternehmens zeigt sich darin, dass seine Rentabilität nachhaltig geringer ist als die Kapitalkosten.

(138) Bei der Bewertung ertragsschwacher Unternehmen ist neben der Beurteilung von Fortführungskonzepten auch die Beurteilung von Zerschlagungskonzepten erforderlich. Führt das optimale Zerschlagungskonzept zu einem höheren Barwert finanzieller Überschüsse als das optimale Fortführungskonzept, entspricht der Unternehmenswert grundsätzlich dem Liquidationswert (vgl Rz (132) f). Erweist sich die Fortführung des Unternehmens aufgrund der zur Verbesserung der Ertragskraft geplanten Maßnahmen als vorteilhaft, hat der Wirtschaftstreuhänder diese Maßnahmen hinsichtlich ihrer Plausibilität und Realisierbarkeit kritisch zu beurteilen.

7.3. Unternehmen mit bedarfswirtschaftlichem Leistungsauftrag

(139) Unternehmen mit bedarfswirtschaftlichem Leistungsauftrag (Non-Profit-Unternehmen) erhalten diesen entweder vom Unternehmensträger (zB bestimmte kommunale Institutionen, Sozialwerke, Genossenschaften, gemeinnützige Vereine) oder von einem Subventionsgeber (zB Gemeinde, Land, Bund).

(140) In solchen Unternehmen hat das Kostendeckungsprinzip zwecks Sicherung der Leistungserstellung Vorrang vor einer (begrenzten) Gewinnerzielung. Da nicht-finanzielle Ziele dominieren, ist als Unternehmenswert nicht der Zukunftserfolgswert anzusetzen, sondern der Rekonstruktionszeitwert, wobei zu berücksichtigen ist, ob die Leistungserstellung allenfalls mit einer effizienteren Substanz oder Struktur erreicht werden kann. Wegen der Dominanz des Leistungserstellungszwecks kommt bei unzureichender Ertragskraft

eine Liquidation als Alternative zur Fortführung des Unternehmens nicht in Frage, es sei denn, die erforderliche Kostendeckung (einschließlich aller Zuschüsse) ist künftig nicht mehr gewährleistet.

7.4. Unternehmen mit negativen finanziellen Überschüssen

(141) Ergibt die Unternehmensplanung negative finanzielle Überschüsse, ist zunächst zu untersuchen, inwieweit diese durch Fremdkapitalaufnahmen oder Gewinnthesaurierungen ausgeglichen werden können bzw sollen. Sieht zB die Planung bei Kraftwerken, Abbau- oder Deponieunternehmen für die Nachsorgephase negative finanzielle Überschüsse vor, muss sie in der Regel dahingehend überarbeitet werden, dass dafür in der Aktivphase durch ausreichende Rückstellungsbildung und Einbehaltung finanzieller Mittel vorgesorgt wird.

(142) Weist eine nach Rz (141) adaptierte Planungsrechnung negative finanzielle Überschüsse aus, die durch entsprechende Einzahlungen der Unternehmenseigner zu bedecken sind, ist bei der Ermittlung subjektiver Unternehmenswerte der Diskontierungssatz für diese Einzahlungen durch Vornahme eines Risikoabschlags vom Basiszinssatz zu ermitteln. Bezieht man jedoch den Kapitalmarkt in die Bewertung ein, wie es für die Ermittlung des objektivierten Unternehmenswerts vorgesehen ist (vgl Rz (103) ff), dann ist davon auszugehen, dass sowohl für positive als auch für negative finanzielle Überschüsse in der Regel ein marktorientierter Risikozuschlag zum Basiszinssatz anzusetzen ist.

7.5. Kleine und mittlere Unternehmen

7.5.1. Kennzeichen

(143) Kennzeichen vieler kleiner und mittlerer Unternehmen (KMU) sind insbesondere ein begrenzter Kreis von Unternehmenseignern, Unternehmenseigner mit geschäftsführender Funktion, Mitarbeit von Familienmitgliedern des Unternehmenseigners (der Unternehmenseigner) im Unternehmen, keine eindeutige Abgrenzung zwischen Betriebs- und Privatvermögen, wenige Geschäftsbereiche, einfaches Rechnungswesen und einfache interne Kontrollen. Bei diesen Unternehmen resultieren daher Risiken insbesondere aus den unternehmerischen Fähigkeiten des Unternehmenseigners (der Unternehmenseigner), der Abhängigkeit von nur wenigen Produkten, Dienstleistungen oder Kunden, einer fehlenden bzw nicht dokumentierten Unternehmensplanung, einer ungenügenden Eigenkapitalausstattung und eingeschränkten Finanzierungsmöglichkeiten. Aufgrund dieser spezifischen Risikofaktoren hat der Wirtschaftstreuhänder besonderes Augenmerk auf die Abgrenzung des Bewertungsobjekts, die Bestimmung des Unternehmerlohns und die Zuverlässigkeit der vorhandenen Informationsquellen zu richten.

7.5.2. Abgrenzung des Bewertungsobjekts

(144) Bei personenbezogenen, von den Eigentümern dominierten Unternehmen ist bei der Abgrenzung des Bewertungsobjekts auf eine korrekte Trennung zwischen betrieblicher und privater Sphäre zu achten. Dabei kann zB die Heranziehung steuerlicher Sonderbilanzen für die Identifikation von nicht bilanziertem, aber betriebsnotwendigem Vermögen hilfreich sein. Werden wesentliche Bestandteile des Anlagevermögens (insbesondere Grundstücke und Patente) im Privatvermögen gehalten, müssen sie in das betriebsnotwendige Vermögen einbezogen oder anderweitig (zB durch den Ansatz von Miet-, Pacht- oder Lizenzzahlungen) berücksichtigt werden.

(145) Bei der Ermittlung eines objektivierten Unternehmenswerts sind typisierende Annahmen über die künftige Innen- und Außenfinanzierung bzw Kapitalstruktur zu treffen, wenn dafür kein dokumentiertes Unternehmenskonzept vorliegt. Im Fall der Beibringung von Sicherheiten aus dem Privatbereich von Unternehmenseignern sind in der Planung der finanziellen Überschüsse entweder entsprechende Aufwendungen für Avalprovisionen oder Fremdkapitalzinsen, die ohne diese Sicherheiten anfallen würden, anzusetzen.

7.5.3. Bestimmung des Unternehmerlohns

(146) Bei KMU sind die persönlichen Kenntnisse, Fähigkeiten und Beziehungen sowie das persönliche Engagement der Unternehmenseigner oft von herausragender Bedeutung für die Höhe der finanziellen Überschüsse. Es ist daher darauf zu achten, dass diese Erfolgsfaktoren durch einen angemessenen Unternehmerlohn berücksichtigt werden. Die Höhe des Unternehmerlohns wird nach den Aufwendungen bestimmt, die für eine Fremdgeschäftsführung anfallen würden. Soweit Familienangehörige des Unternehmenseigners (der Unternehmenseigner) oder andere nahestehende Personen im Unternehmen unentgeltlich tätig sind, ist ein angemessener Lohnaufwand anzusetzen.

7.5.4. Analyse der Ertragskraft auf Basis von Vergangenheitsdaten

(147) Bei der Bewertung von KMU ist im Vergleich zu großen Unternehmen die Zuverlässigkeit der vorhandenen Informationen stärker zu hinterfragen. Da Jahresabschlüsse dieser Unternehmen in der Regel nicht geprüft werden oder steuerlich ausgerichtet sind, muss sich der Wirtschaftstreuhänder im Rahmen der Feststellung der Ertragskraft durch eine Analyse der Vergangenheitsergebnisse von der Plausibilität der wesentlichen Basisdaten überzeugen. Dabei sind die Vergangenheitserfolge um außerordentliche Komponenten und einmalige Einflüsse, die sich künftig voraussichtlich nicht wiederholen werden, zu bereinigen. Zu beachten ist ferner, dass bei langen Investitionsintervallen die Gewinn- und Verlustrechnungen der nächstzurückliegenden Perioden die Ergebnisse möglicherweise nicht zutreffend widerspiegeln.

(148) Die bereinigten Vergangenheitserfolge sind weiters um die bei Durchführung der Unter-

nehmensbewertung bereits eingetretenen oder erkennbaren Veränderungen der für die Vergangenheit wirksam gewesenen Erfolgsfaktoren zu berichtigen. Derartige Veränderungen liegen insbesondere vor,

a) wenn sich das Leistungsprogramm oder die Kapazität des Unternehmens in der jüngeren Vergangenheit erheblich geändert hat oder solche Änderungen bereits in Durchführung oder beschlossen sind,
b) wenn die Erfolge der Vergangenheit durch Strukturänderungen negativ beeinflusst waren, das Unternehmen in der Zwischenzeit aber an die geänderten strukturellen Gegebenheiten angepasst wurde,
c) wenn in den Vergleichsjahren der Vergangenheit außerordentlich günstige oder ungünstige Konjunkturverhältnisse vorlagen und künftig mit Änderungen der Konjunkturlage gerechnet werden muss,
d) wenn sich die Wettbewerbsverhältnisse auf den Beschaffungs- oder Absatzmärkten gegenüber den Vergleichsjahren wesentlich verändert haben,
e) wenn damit gerechnet werden muss, dass wesentliche Änderungen bei den Führungskräften und im Mitarbeiterstab des Unternehmens eintreten werden, und
f) wenn in den Vergleichsjahren der Vergangenheit entweder besonders intensiv und mit konkreter Aussicht auf erfolgbringende Innovationen geforscht oder die Forschung vernachlässigt wurde.

8. Bewertung von Unternehmensanteilen

(149) Der objektivierte Wert eines Unternehmensanteils ergibt sich in der Regel aus der Multiplikation des objektivierten Gesamtwerts des Unternehmens mit dem jeweiligen Beteiligungsprozentsatz (indirekte Methode). Die Berücksichtigung von Minderheitsab- oder -zuschlägen ist unzulässig. Einer unterschiedlichen Ausstattung von Unternehmensanteilen mit Vermögensrechten (zB Vorzugsaktien) ist allerdings bei der Bewertung Rechnung zu tragen.

(150) Im Rahmen der Bewertung von Unternehmensanteilen börsennotierter Unternehmen ist zu beurteilen, inwieweit der Börsenkurs als Wertuntergrenze relevant ist.

(151) Die Ermittlung eines subjektiven Anteilswerts erfolgt unter Berücksichtigung der spezifischen Möglichkeiten des (potentiellen) Anteilseigners zur Einflussnahme auf das Unternehmen durch Abstellen auf die für den konkreten Anteilseigner erwarteten Nettoeinnahmen (direkte Methode). Die Anwendung der indirekten Methode ist insoweit problematisch, als in diesem Fall in der Regel subjektive Zu- und Abschläge zum bzw vom quotalen Wert vorzunehmen sind.

9. Dokumentation und Berichterstattung

9.1. Dokumentation des Auftrags

(152) Bei Beginn der Arbeiten zu einer Unternehmensbewertung soll der Wirtschaftstreuhänder einen schriftlichen Auftrag mit folgendem Mindestinhalt einholen:

Auftraggeber, Auftragnehmer, Auftragsbedingungen, Bewertungsobjekt, Bewertungssubjekt, Bewertungsanlass, Bewertungszweck, Funktion des Wirtschaftstreuhänders, Bewertungsstichtag, eventuelle Weitergabebeschränkungen für das Bewertungsgutachten, Hinweis auf die Einholung einer Vollständigkeitserklärung vor Ausfertigung des Bewertungsgutachtens.

9.2. Arbeitspapiere

(153) Bei der Ermittlung von Unternehmenswerten sind die berufsüblichen Grundsätze in Bezug auf die Anlage von Arbeitspapieren entsprechend anzuwenden. Die Arbeitspapiere dienen einerseits der Dokumentation des Umfangs der geleisteten Arbeiten und sollen andererseits einem sachverständigen Dritten den Nachvollzug der Bewertungsschritte und des Bewertungsergebnisses ermöglichen.

9.3. Vollständigkeitserklärung

(154) Der Wirtschaftstreuhänder hat vom Unternehmen (Bewertungsobjekt) eine Vollständigkeitserklärung (siehe dazu das in der Anlage beigeschlossene Muster) einzuholen. Darin ist auch zu erklären, dass die vorgelegten Plandaten den aktuellen Erwartungen der Unternehmensleitung entsprechen, plausibel abgeleitet sind und alle erkennbaren Chancen und Risiken berücksichtigen.

9.4. Bewertungsgutachten

(155) Das Bewertungsgutachten hat Aussagen zu folgenden Punkten zu enthalten:

a) Auftrag (siehe Rz (152)),
b) Beschreibung des Bewertungsobjekts, insbesondere in wirtschaftlicher, rechtlicher und steuerlicher Hinsicht,
c) erhaltene und verwendete Unterlagen (einschließlich Gutachten Dritter) sowie sonstige verwendete Informationen,
d) Entwicklung des Bewertungsobjekts in der Vergangenheit und Vergangenheitsanalyse,
e) Planungsrechnungen,
f) Plausibilitätsbeurteilung der Planung,
g) angewandte Bewertungsmethode und Begründung ihrer Anwendung,
h) Bewertungsschritte,
i) Darstellung und Bewertung des nicht betriebsnotwendigen Vermögens,
j) Bewertungsergebnis,
k) Plausibilitätsbeurteilung des Bewertungsergebnisses.

(156) Sofern vertrauliche Unternehmensdaten zu schützen sind, kann die Berichterstattung der-

gestalt erfolgen, dass das Bewertungsgutachten nur eine verbale Darstellung einschließlich des Bewertungsergebnisses enthält und in einem getrennten Anhang die geheimhaltungsbedürftigen Daten angeführt werden.

Anlage: Muster einer Vollständigkeitserklärung für Unternehmensbewertungen

Vollständigkeitserklärung

.... , den

An

(Firmenstempel) .... in

Betr.: Gutachten über den Unternehmenswert der/des

____zum_________________

Ich erkläre/Wir erklären als Vorstandsmitglied(er)/Geschäftsführer/geschäftsführende(r) Gesellschafter/Einzelunternehmer, dass alle Ihnen vorgelegten Unterlagen sowie die gegebenen Informationen zur Durchführung der Unternehmensbewertung vollständig sind und nach bestem Wissen und Gewissen richtig erteilt wurden. Dabei habe ich/haben wir außer meinen/unseren persönlichen Kenntnissen auch die Kenntnisse der übrigen Mitglieder des Geschäftsführungsorgans an Sie weitergegeben.

Insbesondere erkläre ich/erklären wir, dass

die Ihnen vorgelegte Unternehmensplanung mit Stand vom _______ für die Geschäftsjahre von _______ bis ______ sowie die Prämissen, auf denen sie basiert, und die Ihnen dazu gegebenen Informationen meinen/unseren aktuellen Erwartungen in Bezug auf die Entwicklung der zukünftigen Erträge und Aufwendungen sowie der zukünftigen Ein- und Auszahlungen des Bewertungsobjekts entsprechen. Diese Erwartungen sind nach unserer Einschätzung plausibel abgeleitet worden und berücksichtigen alle erkennbaren Umstände, Chancen und Risken.

Im Einzelnen versichere ich/versichern wir:

1. Die Ihnen mitgeteilten rechtlichen, steuerlichen und wirtschaftlichen Verhältnisse sind vollständig und richtig und spiegeln die wesentlichen Grundlagen des Bewertungsobjekts wider. Sie sind im Entwurf Ihres Bewertungsgutachtens vom _____________ zutreffend wiedergegeben.
2. Erkennbare Veränderungen im rechtlichen und wirtschaftlichen Umfeld des Bewertungsobjekts, die für die Ertragskraft bzw. für die Fähigkeit, Einzahlungsüberschüsse zu erwirtschaften, von Bedeutung, sowie geplante oder eingeleitete Maßnahmen, die für die künftige Entwicklung des Bewertungsobjektes bedeutsam sind,
   - ☐ lagen an dem maßgebenden Bewertungsstichtag und zur Zeit der Erstattung des Bewertungsgutachtens nicht vor.
   - ☐ sind in der Unternehmensplanung vollständig berücksichtigt.
   - ☐ haben wir Ihnen vollständig erläutert und schriftlich mitgeteilt (Anlage ________).
3. Die Ihnen vorgelegten Jahresabschlüsse/Konzernabschlüsse, Lageberichte/Konzernlageberichte sowie Zwischenberichte sind vollständig. Auf alle bedeutsamen Einflüsse, die nicht als wiederkehrend anzusehen sind, haben wir Sie schriftlich hingewiesen.
4. Interne oder externe Gutachten und Studien (z.B. zur Unternehmensstrategie) etc., die für die Bewertung des Unternehmens bedeutsam sein können,
   - ☐ sind uns nicht bekannt.
   - ☐ haben wir Ihnen vollständig erläutert und schriftlich mitgeteilt (Anlage ________).
5. Vermögensteile, die im Rahmen des bestehenden Unternehmenskonzepts als nicht betriebsnotwendig zu qualifizieren sind, sowie andere wesentliche ggf. gesondert zu bewertende Vermögensteile
   - ☐ sind uns nicht bekannt.
   - ☐ haben wir Ihnen vollständig erläutert und schriftlich mitgeteilt (Anlage ________).
6. Wesentliche Veränderungen der Zukunftserwartungen im Zeitraum zwischen der Erstellung der Unternehmensplanung und dem Zeitpunkt der Unterzeichnung dieser Erklärung
   - ☐ sind nicht eingetreten.
   - ☐ haben wir Ihnen vollständig erläutert und schriftlich mitgeteilt (Anlage ________).

Sollten solche Vorgänge bis zur Auslieferung der endgültigen Fassung Ihres Bewertungsgutachtens noch eintreten, so werden wir Sie unverzüglich hiervon unterrichten.

7. Zusätze und Bemerkungen

____

____

____

____

____

____

Unterschrift(en) des(r) Vorstands(mitglieder)/Geschäftsführer(s)/geschäftsführenden Gesellschafter(s)/Einzelunternehmers

* Zutreffendes bitte ankreuzen

Empfehlung der Arbeitsgruppe Unternehmensbewertung des Fachsenats für Betriebswirtschaft zur Frage der Berücksichtigung eines allfälligen Mobilitätsrisikos vom 27.11.2007 (KFS/BW 1 E 1)

Nach Tz 62 des Fachgutachtens KFS BW 1 ist ein allfälliges Risiko, das sich aus einer im Vergleich zur Alternativanlage geringeren Mobilität der Veranlagung in das zu bewertende Unternehmen ergibt, nur dann zu berücksichtigen, wenn von einer begrenzten Behaltedauer auszugehen ist. Die Arbeitsgruppe Unternehmensbewertung des Fachsenats für Betriebswirtschaft und Organisation gibt dazu folgende Empfehlung ab:

Unter Mobilität kann die Fähigkeit verstanden werden, ein Unternehmen bzw. einen Unternehmensanteil rasch und ohne hohe Kosten durch Geld substituieren zu können. Mobilität und Fungibilität sind in diesem Zusammenhang synonym verwendete Begriffe.

Mangelnde Mobilität kann beispielsweise bei nicht notierenden Anteilen an einer Aktiengesellschaft, bei GmbH-Anteilen, Anteilen an Personengesellschaften oder Einzelunternehmen konstatiert werden. Sie bringt zum Ausdruck, dass eine Veräußerung derartiger Unternehmen bzw. Unternehmensanteile im Vergleich zur Alternativanlage (z.B. Aktienportefeuille beim objektivierten Unternehmenswert) nur unter erschwerten Bedingungen – insbesondere durch erforderliche Vorlaufzeiten und höhere Veräußerungskosten – möglich ist.

Über die Frage, ob bzw. in welcher Form das Mobilitätsrisiko bei der Bewertung von Unternehmen zu berücksichtigen ist, herrscht weder in der Theorie noch in der Bewertungspraxis oder der Rechtsprechung Einigkeit. Es finden sich Vorschläge zur Behandlung mangelnder Mobilität, die von einem Zuschlag zum Kapitalisierungszinssatz über einen Abschlag vom Unternehmenswert bis hin zu einer expliziten Prognose des Verkaufszeitpunktes und Veräußerungsüberschusses bis zur Nichtberücksichtigung reichen.

Für Mobilitätszuschläge zum Kapitalisierungszinssatz fehlt die theoretische Basis. Zur Schätzung von Abschlägen vom Unternehmenswert stehen in Österreich (und auch in Deutschland) keine Marktdaten zur Verfügung. Hingegen sind in den USA Abschläge vom Unternehmenswert wegen mangelnder Mobilität sehr verbreitet und werden auf empirische Studien gestützt. Allerdings basieren diese Studien zum Teil auf sehr einschränkenden Annahmen und sind sowohl in Bezug auf ihre Methodik als auch hinsichtlich der Höhe der erhobenen Abschläge sehr unterschiedlich. Schließlich erscheinen auch die in den USA erhobenen Parameter nicht auf den österreichischen Kapitalmarkt übertragbar.

Die Arbeitsgruppe Unternehmensbewertung ist daher der Ansicht, dass bei der Ermittlung von **objektivierten** Unternehmenswerten im Hinblick auf die damit verbundenen Typisierungs- und Objektivierungserfordernisse im Fall unbegrenzter Behaltedauer aus dem Titel mangelnder Mobilität weder Zuschläge zum Kapitalisierungszinssatz noch Abschläge vom Unternehmenswert vorzunehmen sind, soweit sich nicht aus rechtlichen Vorgaben etwas anderes ergibt. Ist von begrenzter Behaltedauer auszugehen, sind explizite Prognosen über den voraussichtlichen Veräußerungs- oder Beendigungszeitpunkt und die Höhe des zu erwartenden Verkaufs- oder Liquidationsüberschusses in das Bewertungskalkül aufzunehmen.

Für die Ermittlung **subjektiver** Unternehmenswerte empfiehlt die Arbeitsgruppe Unternehmensbewertung im Fall unbegrenzter Behaltedauer auf eine Berücksichtigung des Mobilitätsrisikos im Hinblick auf die mit seiner Bestimmung verbundenen Probleme zu verzichten. Der Auftraggeber ist jedoch auf die mit der mangelnden Mobilität allenfalls verbundenen Risikofaktoren und deren Nichtberücksichtigung im Rahmen der Bewertung ausdrücklich hinzuweisen. Im Fall begrenzter Behaltedauer sind wiederum explizite Prognosen über den voraussichtlichen Veräußerungszeitpunkt und die Höhe des erwarteten Verkaufs- oder Liquidationsüberschusses in das Bewertungskalkül aufzunehmen.

Empfehlung der Arbeitsgruppe Unternehmensbewertung des Fachsenats für Betriebswirtschaft zu Fragen der Auswirkungen der Staatsschuldenkrise auf die Unternehmensbewertung vom 18.6.2012 (KFS/BW 1 E 2)

Die Arbeitsgruppe „Unternehmensbewertung" des Fachsenats für Betriebswirtschaft und Organisation hat sich in Ihrer Sitzung am 18.6.2012 mit Fragen der **Auswirkungen der Staatsschuldenkrise auf die Unternehmensbewertung** befasst und gibt dazu folgende **Empfehlung** ab:

Im Zuge der sich ab 2011 verschärfenden Staatsschuldenkrise ist eine signifikante Reduktion des nach der Empfehlung der Arbeitsgruppe berechneten Basiszinssatzes beobachtbar. So wiesen bspw. viele deutsche Bundesanleihen gegen Ende des Jahres 2011 eine negative Realverzinsung auf, da die aktuellen bzw. erwarteten Inflationsraten höher als die nominalen Renditen waren (vgl. *Zeidler/Tschöpel/Bertram: Kapitalkosten in Zeiten der Finanz- und Schuldenkrise, in: Corporate Finance biz 2/2012, S. 70 – 80*).

Auch wenn der Rückgang der Nominalrenditen für sich gesehen kein Grund wäre, diese nicht in das Unternehmensbewertungskalkül einfließen zu lassen, würde jedoch eine unreflektierte Übernahme dieses in jüngster Vergangenheit beobachtbaren Basiszinssatzes in ein Bewertungskalkül, ohne Berücksichtigung der Auswirkungen der aktuellen ökonomischen Situation auf die anderen Parameter des Kapitalisierungszinssatzes sowie auf die Unternehmensplanung, die Bewertungsergebnisse verzerren.

Aus historischen Daten abgeleitete Parameter spiegeln nur Vergangenheitsentwicklungen wider, in die (nur mit großem zeitlichen Abstand auftretende) Extremsituationen nicht hinreichend einfließen. Die Finanz- und Wirtschaftskrise der Jahre 2008/2009 sowie die ab 2011 zusätzlich einsetzende Schuldenkrise stellt nach Ansicht der Arbeitsgruppe eine Extremsituation dar, die nicht mit üblichen Konjunktur- bzw. Kapitalmarktschwankungen vergleichbar ist.

Der stichtagsbedingt gebotene Ansatz des aktuellen Basiszinssatzes im Bewertungskalkül muss bei der Bestimmung konsistenter Kapitalkosten somit einhergehen mit einer Veränderung der Risikoprämie, so sich in der Unternehmensplanung nicht nachhaltig deutlich verminderte (Real-)Renditeerwartungen widerspiegeln. Geht das Management in seiner Unternehmensplanung von nachhaltig deutlich verminderten (Real-)Renditeerwartungen aus, die aus Komplexitätsgründen auch vereinfachend durch eine sehr konservative Schätzung des Wachstumsabschlages in der Ewigen Rente angenähert werden können, so sind keine Anpassungen im Kapitalisierungszinssatz erforderlich.

Empfehlung der Arbeitsgruppe Unternehmensbewertung des Fachsenats für Betriebswirtschaft zur Berücksichtigung eines Debt Beta

Endfassung vom 21.5.2015

(KFS/BW 1 E 3)

1. Fachgutachten KFS/BW1

(1) Nach Rz 107 KFS/BW1 ist die Berücksichtigung eines Beta-Faktors für das Fremdkapital (Debt Beta) erforderlich, wenn die zum Basiszinssatz laufzeitäquivalenten Fremdkapitalkosten des Unternehmens wesentlich vom Basiszinssatz abweichen. Nach Rz 114 KFS/BW1 kann die Renditeforderung der Fremdkapitalgeber, die den Fremdkapitalkosten entspricht, eine Risikoprämie enthalten, der gegebenenfalls bei der Bestimmung der Renditeforderung der Eigenkapitalgeber durch Berücksichtigung eines Debt Beta Rechnung zu tragen ist. Nach Rz 117 KFS/BW1 sind zur Anpassung des Beta-Faktors an die Kapitalstruktur geeignete Anpassungsformeln zu verwenden, die gemäß Rz 107 KFS/BW1 teilweise auch ein Debt Beta berücksichtigen.

(2) Nach dem Fachgutachten KFS/BW1 ist zwischen den Begriffen „Fremdkapitalkosten" und „Fremdkapitalzinsen" zu differenzieren. Die Fremdkapitalkosten, die mit der Renditeerwartung bzw. Renditeforderung der Fremdkapitalgeber gleichzusetzen sind, sind für die Ermittlung der Diskontierungssätze – wie auch für die Ableitung des Debt Beta – relevant (vgl Rz 39, 107, 114 KFS/BW1). Die vertraglich vereinbarten Fremdkapitalzinsen sind bei der Ermittlung der bewertungsrelevanten finanziellen Überschüsse heranzuziehen (vgl Rz 36f, 47 KFS/BW1).

2. Anwendungsbereich

(3) Gegenstand dieser Empfehlung sind Beta-Faktoren für das Fremdkapital (Debt Beta). Das Debt Beta ist zunächst vom Beta-Faktor für das Eigenkapital (Equity Beta) zu differenzieren. Das Equity Beta wird in der Regel aus Börsenkursen von Aktien des zu bewertenden Unternehmens oder vergleichbarer Unternehmen (Peer Group) abgeleitet (vgl Rz 106 KFS/BW1). Für Finanztitel, die im Wesentlichen ein zu Aktien vergleichbares Risiko aufweisen (zB Genussrechte, Hybridkapital, Partizipationskapital, atypische stille Beteiligungen, sofern diese für Zwecke der Unternehmensbewertung als Eigenkapital zu qualifizieren sind), ist in der Regel das **Equity Beta** zur Ermittlung der Kapitalkosten heranzuziehen.

(4) Finanztitel, die nahezu keinem (weder systematischem noch unsystematischem) Risiko unterliegen (zB Staatsanleihen bester Bonität) und Finanztitel, bei denen die Kapitalgeber kein systematisches Risiko übernehmen (zB „klassische" Bankkredite von KMUs iSd Rz 14 dieser Empfehlung), weisen einen Beta Faktor von Null auf. In diesen Fällen entsprechen die Fremdkapitalkosten gemäß CAPM dem risikolosen Zinssatz, sodass die **Berücksichtigung eines Debt Beta**

nicht erforderlich ist. Auf die Anpassung der Bewertungsgleichungen, wie in Rz 15 bis 17 erläutert, ist jedoch hinzuweisen.

(5) Liegt der Risikograd eines Finanztitels zwischen Aktienkapital und „klassischen" Bankkrediten iSd Rz 14 dieser Empfehlung und ist somit weder das Equity Beta noch ein Debt Beta von Null anwendbar, ist zu prüfen, ob ein Debt Beta iSd folgenden Empfehlung anzuwenden ist.

(6) Die Anwendung des Debt Beta ist erforderlich, wenn davon auszugehen ist, dass die Nichtberücksichtigung einen wesentlichen Einfluss auf das Bewertungsergebnis hat. Es kann – sowohl beim unlevern als auch beim relevern – vereinfachend davon ausgegangen werden, dass die Nichtberücksichtigung bei einem Credit Spread (Differenz zwischen laufzeitäquivalenten Fremdkapitalzinsen und risikolosem Zinssatz) von weniger als 200 Basispunkten bzw. bei einem Debt Beta von kleiner als 0,1 in der Regel nur unwesentliche Auswirkungen auf das Bewertungsergebnis haben wird.

3. Definitionen

(7) Die **Fremdkapitalkosten** (r_{FK}), lassen sich – wie in der folgenden Formel gezeigt – anhand des Capital Asset Pricing Models (CAPM) definieren und beinhalten ausschließlich den risikolosen Zinssatz (i_r) sowie einen Zuschlag für die Kompensation des systematischen Risikos (Debt Beta b_{FK} multipliziert mit der Markrisikoprämie MRP).

$$r_{FK} = i_r + \beta_{FK} \cdot MRP$$

(8) Die **„vertraglich vereinbarten Fremdkapitalzinsen"** (i_{FK}) bestimmen sich als effektive Zinsbelastung im Sinne einer „Yield to Maturity" inklusive aller Nebenkosten.

(9) Der **Beta-Faktor für das Fremdkapital (Debt Beta)** zeigt, in welchem Ausmaß die Fremdkapitalgeber systematisches, d.h. nicht durch Diversifikation eliminierbares, Risiko iSd CAPM übernehmen. Die Ermittlung des Debt Betas erfolgt – analog zu jener des Equity Betas – unter Anwendung des CAPM. Das Debt Beta errechnet sich prinzipiell als Kovarianz der unsicheren Rendite des betrachteten Fremdkapitaltitels und der unsicheren Rendite des Marktportfolios [$Cov(r_j, r_m)$] dividiert durch die Varianz der unsicheren Rendite des Marktportfolios (s^2_m).

4. Empfehlung

(10) Da das Debt Beta zeigt, in welchem Ausmaß die Fremdkapitalgeber systematisches Risiko iSd CAPM übernehmen, sind für seine Ermittlung die **Fremdkapitalkosten gemäß CAPM** und nicht die vertraglich vereinbarten Fremdkapitalzinsen heranzuziehen. Je nach Form und Ausgestaltung des Fremdkapitals ist im Einzelfall zu beurteilen, ob die Annahme, dass systematisches Risiko auf die Fremdkapitalgeber überwälzt wird, gerechtfertigt ist. **Nur wenn die Fremdkapitalgeber tatsächlich Teile des systematischen Risikos übernehmen, ist der Ansatz eines Debt Beta von ungleich Null gerechtfertigt.** Die Berücksichtigung eines Debt Beta bei der Bestimmung der Renditeforderung der Eigenkapitalgeber führt – wie anhand der Anpassungsformel nach *Harris/Pringle* gezeigt – zu einer Verminderung des (Kapitalstruktur-) Risikos der Eigenkapitalgeber.

$$\beta_v = \beta_u + (\beta_u - \beta_{FK}) \cdot \frac{FK_{t-1}}{EK_{t-1}}$$

Verfügt ein Unternehmen über mehrere Fremdkapitaltitel, die ein unterschiedliches Risiko aufweisen (zB zum einen Teil ein Debt Beta von Null, zum anderen Teil ein Debt Beta größer Null) ist bei Anwendung der oben gezeigten Anpassungsformel ein nach Marktwerten der Fremdkapitaltitel gewichtetes Debt Beta heranzuziehen.

(11) Das Debt Beta lässt sich theoretisch sowohl direkt über eine lineare Regression von beobachtbaren Fremdkapitalrenditen gegenüber einem Vergleichsindex als auch indirekt aus Credit Spreads ableiten. Für die praktische Anwendung empfiehlt sich die **Anwendung der indirekten Methode**.

(12) Ausgangspunkt für die Ermittlung des Debt Beta anhand der indirekten Methode ist der **Credit Spread**, der als Differenz zwischen den laufzeitäquivalenten Fremdkapitalzinsen (i_{FK}) und dem risikolosen Zinssatz (i_r) definiert ist. Dieser Credit Spread ($i_{FK} - i_r$) beinhaltet Komponenten für die Kompensation des von den Fremdkapitalgebern zu tragenden systematischen und unsystematischen Risikos sowie andere Kosten (zB Liquiditäts- und Verwaltungskosten) und eine Gewinnmarge der Fremdkapitalgeber. Da sich das Debt Beta anhand der Fremdkapitalkosten und nicht der Fremdkapitalzinsen ermittelt, sind aus dem Credit Spread die Komponenten für die Kompensation des von den Fremdkapitalgebern zu tragenden unsystematischen Risikos sowie andere Kosten und die Gewinnmarge zu eliminieren. Der verbleibende Teil des Credit Spread, der nur mehr auf systematische Risiken iSd CAPM zurückzuführen ist, entspricht der Differenz zwischen den Fremdkapitalkosten und dem risikolosen Zinssatz ($r_{FK} - i_r$). Zur Abschätzung des Anteils der systematischen Risiken am Credit Spread wird auf die weiterführende Literatur verwiesen. Empirische Studien lassen auf einen Anteil des systematischen Risikos am gesamten Credit Spread in Höhe von 20% bis 40% schließen, wobei der Anteil im Einzelfall auch unter oder über dieser Bandbreite liegen kann. Dabei ist zu beachten, dass der Anteil des systematischen Risikos am Credit Spread zum einen vom Rating bzw der Insolvenzwahrscheinlichkeit sowie zum anderen von der konkreten Ausgestaltung des Fremdkapitaltitels abhängig ist. Je eigenkapitalnäher ein Fremdkapitaltitel ausgestaltet ist, desto höher ist idR auch der Anteil des systematischen Risikos am Credit Spread.

(13) Unter Anwendung des CAPM kann das Debt Beta (b_{FK}) wie folgt indirekt ermittelt werden:

$$\beta_{FK} = \frac{r_{FK} - i_r}{MRP}$$

(14) Finanziert sich ein Unternehmen durch **„klassische" Bankkredite**, die in der Regel weit-

gehend oder vollständig besichert sind und häufig bei Verschlechterung der wirtschaftlichen Lage eine Zinsanpassungsmöglichkeit vorsehen – wie dies zumeist bei kleineren und mittleren Unternehmen (KMU) der Fall ist –, so bestehen keine Bedenken, wenn ein Debt Beta von Null angenommen wird. Es wird somit unterstellt, dass die finanzierenden Kreditinstitute bei „klassischen" Bankkrediten kein systematisches Risiko übernehmen und die Fremdkapitalkosten nach dem CAPM dem risikolosen Zinssatz (Basiszinssatz) entsprechen.

(15) Bei Anwendung des **Adjusted Present Value (APV)-Verfahrens** in seiner klassischen Form wird implizit unterstellt, dass der vertraglich vereinbarte Fremdkapitalzins (i_{FK}) den Fremdkapitalkosten (r_{FK}) entspricht und somit der Credit Spread ausschließlich auf systematische Risiken zurückzuführen ist. Trifft diese Annahme nicht zu, etwa weil trotz Vorliegens eines Credit Spreads ein Debt Beta von Null unterstellt wird, ist die Bewertungsgleichung des APV-Verfahrens anzupassen. Die Summe aus Marktwert des unverschuldeten Unternehmens (EV^u) und Wertbeitrag der Tax Shields (WBTS) ist um einen Wertabschlag für nicht durch das CAPM erklärbare Komponenten im Credit Spread (Wertabschlag Credit Spread, WACS) zu kürzen. Zur Vorgehensweise in diesem Fall wird auf die weiterführende Literatur verwiesen.

(16) Wird beim **WACC-Verfahren** der WACC anhand der Fremdkapitalzinsen (i_{FK}) ermittelt, so ist unabhängig davon, ob ein Debt Beta von Null oder ungleich Null angenommen wird, keine Anpassung der bewertungsrelevanten Cash Flows erforderlich.

(17) Bei Anwendung des **Equity-Verfahrens** sind für die Ermittlung der Flows to Equity generell die Fremdkapitalzinsen (i_{FK}) zu berücksichtigen.

5. Weiterführende Literatur

Aders/Wagner, Kapitalkosten in der Bewertungspraxis: Zu hoch für die „New Economy" und zu niedrig für die „Old Economy", FinanzBetrieb 2004, 30.

Aschauer/Purtscher, Einführung in die Unternehmensbewertung (2011) 187.

Ballwieser, Unternehmensbewertung[4] (2013) 108.

Dörschell/Franken/Schulte, Der Kapitalisierungszinssatz in der Unternehmensbewertung[2] (2012) 291.

Drukarczyk/Schüler, Unternehmensbewertung[6] (2009) 228.

Enzinger/Pellet/Leitner, Debt Beta und Konsistenz der Bewertungsergebnisse, RWZ 2014/49, 211.

Enzinger/Pellet/Leitner, Der Wertabschlag Credit Spread (WACS) beim APV-Verfahren, BewertungsPraktiker 2014, 114.

IDW (Hrsg.), WP Handbuch 2014, Band II[14], A 129.

Koller/Goedhart/Wessels, Valuation (2010) 255.

Meitner/Streitferdt, Unternehmensbewertung (2011) 17.

Meitner/Streitferdt, Die Bestimmung des Betafaktors, in Peemöller (Hrsg.), Praxishandbuch der Unternehmensbewertung[6] (2015) 553.

Pratt/Grabowski, Cost of Capital[5] (2014) 218.

Mandl/Rabel, Unternehmensbewertung (1997) 299.

Schulte/Franken/Koelen/Lehmann, Konsequenzen einer (Nicht-)Berücksichtigung von Debt Beta in der Bewertungspraxis, BewertungsPraktiker 2010, 13.

Empfehlung der Arbeitsgruppe Unternehmensbewertung des Fachsenats für Betriebswirtschaft zur Grobplanungsphase und zur Rentenphase (Terminal Value)

Endfassung vom 4.11.2015 (KFS/BW 1 E 4)

1. Fachgutachten KFS/BW1

(1) Nach Rz 61 KFS/BW1 ist die Detailplanungsphase um eine Grobplanungsphase (Phase II) zu ergänzen, wenn die Annahme, das Unternehmen gehe unmittelbar nach der Detailplanungsphase in einen Gleichgewichts- und Beharrungszustand (eingeschwungener Zustand, steady state) über, nicht plausibel erscheint. Als mögliche Gründe für die Verwendung eines Drei-Phasen-Modells werden zum Ende der Detailplanungsphase noch nicht abgeschlossene Investitionszyklen, längerfristige Produktlebenszyklen, überdurchschnittliche Wachstumsraten, Steuer- oder andere Sondereffekte genannt. Nach Rz 62 KFS/BW1 kann sich die Planung in der Grobplanungsphase in der Regel auf die Entwicklung der wesentlichen unternehmensspezifischen Werttreiber konzentrieren.

(2) Nach Rz 63 KFS/BW1 werden für die Rentenphase (Phase III) in der Regel auf Basis pauschaler Annahmen über das Ausschüttungsverhalten und das Rentabilitätsniveau gleichbleibende oder konstant wachsende finanzielle Überschüsse unterstellt.

(3) Rz 64 KFS/BW1 fordert explizite Annahmen über die zu erwartende langfristige Entwicklung des Rentabilitätsniveaus des zu bewertenden Unternehmens in der Rentenphase, wobei Einflussfaktoren wie die Widerstandsfähigkeit des Unternehmens gegen den Abbau von Überrenditen (Konvergenzprozesse) zu berücksichtigen sind. Dabei kann unterstellt werden, dass die Rendite (nach Unternehmenssteuern) aus der Wiederveranlagung thesaurierter Beträge langfristig den Kapitalkosten entspricht. Ist davon abweichend zu erwarten, dass die Rendite langfristig über den Kapitalkosten liegen wird, sind die dafür maßgeblichen Gründe anzugeben. Generell ist in der Rentenphase auf die Konsistenz der für die Rentenphase getroffenen Annahmen zu Renditeerwartungen, Wachstumsrate und Thesaurierung zu achten.

(4) Wegen des oft starken Gewichts der Wertbeiträge der finanziellen Überschüsse in der Rentenphase kommt der kritischen Überprüfung der zugrunde liegenden Annahmen nach Rz 65 KFS/BW1 besondere Bedeutung zu.

2. Anwendungsbereich

(5) Gegenstand dieser Empfehlung sind Fragen der Grobplanungsphase und der Rentenphase bzw. der Ermittlung des Terminal Value. Sie sind insbesondere dann von Bedeutung, wenn im Rahmen der Bewertung von einer **unbegrenzten Lebensdauer** des zu bewertenden Unternehmens ausgegangen wird. Die Empfehlungen zur Grobplanungsphase sind auch in den Fällen einer begrenzten Lebensdauer des zu bewertenden Unternehmens, die über die Detailplanungsphase hinausgeht, zu beachten.

(6) Die Berücksichtigung einer Grobplanungsphase ist bei unbegrenzter Lebensdauer des Unternehmens nur erforderlich, wenn die Annahme, das Unternehmen gehe unmittelbar nach der Detailplanungsphase in einen Gleichgewichts- und Beharrungszustand über, nicht plausibel erscheint. Gegen das Vorliegen eines Gleichgewichts- und Beharrungszustands zum Ende der Detailplanungsphase können z.B. noch nicht abgeschlossene Investitionszyklen, längerfristige Produktlebenszyklen, überdurchschnittliche Wachstumsraten, Überrenditen, steuerliche Verlustvorträge oder andere Sondereffekte sprechen. Erscheint die Annahme eines Gleichgewichts- und Beharrungszustands zum Ende der Detailplanungsphase hingegen plausibel, ist die Berücksichtigung einer Grobplanungsphase nicht erforderlich.

3. Definitionen

(7) Durch eine **Grobplanungsphase** (Phase II) wird der Planungshorizont und damit der Zeitpunkt des Eintritts in die Rentenphase (Phase III) hinausgeschoben. Sie bietet die Möglichkeit, die Entwicklung einzelner wesentlicher Werttreiber (z.B. Umsatzwachstum, Margen, Renditen, Investitionen, Steuerwirkungen aus der Verwertung von Verlustvorträgen, Kapitalstruktur) über einen längeren Zeitraum periodenspezifisch zu modellieren, während die übrigen Bewertungsparameter pauschal fortgeschrieben werden. Die Abbildung der Grobplanungsphase erfolgt – wie jene der Detailplanungsphase (Phase I) – in Form einer integrierten Planungsrechnung.

(8) Ein Unternehmen befindet sich in einem **Gleichgewichts- und Beharrungszustand** im Sinne der Rz 61 KFS/BW1, wenn davon ausgegangen werden kann, dass die bewertungsrelevanten finanziellen Überschüsse in Zukunft konstant bleiben oder mit einer konstanten Wachstumsrate wachsen. Ein Gleichgewichts- und Beharrungszustand wird insbesondere ab jenem Zeitpunkt erreicht sein, ab dem für das zu bewertende Unternehmen im Zeitablauf annähernd konstante Renditen anzunehmen sind. Der Gleichgewichts- und Beharrungszustand wird auch als „Steady State“ oder „eingeschwungener Zustand“ bezeichnet.

(9) Der **Terminal Value** entspricht dem Barwert der für die Rentenphase erwarteten finanziellen Überschüsse. Er wird in der Regel auf Basis von Annahmen über das langfristige Rentabilitätsniveau und das Ausschüttungsverhalten ermittelt. In der Literatur wird der Terminal Value auch als „Continuing Value“, „Restwert“, „Endwert“ oder „Fortführungswert“ bezeichnet.

(10) Das **Rentabilitätsniveau** des zu bewertenden Unternehmens ist grundsätzlich anhand ökonomischer Renditen (z.B. interner Zinsfuß) zu messen. In der Praxis kann vereinfachend auf rechnungslegungsbasierte Kapitalrenditen nach Unternehmenssteuern (z.B. Return on Invested Capital im Entity Approach oder Return on Equity im Equity Approach, s. Tz 11 und 12) zurückgegriffen

werden. Als Messgröße für die Performance von Unternehmen kommen auch Residualgewinne (s. Tz 13) in Frage.

(11) Der **Return on Invested Capital** (ROIC) wird als Quotient zwischen dem operativen Gewinn nach adaptierten Steuern (Net Operating Profit Less Adjusted Taxes bzw. NOPLAT) und dem investierten Kapital (Invested Capital bzw. IC) ermittelt. Das investierte Kapital entspricht der Summe von Eigenkapital und verzinslichem Fremdkapital und wird ausgehend von den Buchwerten unter Berücksichtigung allfälliger Adaptierungen ermittelt.

$$ROIC = \frac{NOPLAT}{IC}$$

(12) Der **Return on Equity** (ROE) errechnet sich als Quotient aus dem Jahresüberschuss (JÜ) und dem bilanziellen Eigenkapital (EK).

$$ROE = \frac{JÜ}{EK}$$

(13) Der **Residualgewinn** entspricht dem Periodenerfolg abzüglich der Verzinsung des gebundenen Kapitals. Im Bruttoansatz kann der Brutto-Residualgewinn (RG^B) als Differenz zwischen dem NOPLAT und dem Produkt aus investiertem Kapital (IC) und gewogenen Kapitalkosten (WACC) ermittelt werden. Im Nettoansatz kann der Netto-Residualgewinn (RG^N) als Differenz zwischen dem Jahresüberschuss (JÜ) und dem Produkt aus bilanziellem Eigenkapital (EK) und den Eigenkapitalkosten (Cost of Equity bzw. COE) ermittelt werden.

$$RG^B = NOPLAT - WACC \times IC$$

$$RG^N = JÜ - COE \times EK$$

(14) Von **Überrendite** wird gesprochen, wenn die vom Unternehmen in einer Periode erwirtschaftete Kapitalrendite (nach Unternehmenssteuern) die (vergleichbaren) Kapitalkosten übersteigt. Bezeichnet $WACC_t$ die gewogenen Kapitalkosten in der Periode t und COE_t die Renditeforderung der Eigenkapitalgeber in der Periode t, gilt bei Vorliegen von Überrenditen im Entity Approach $ROIC_t > WACC_t$ bzw. im Equity Approach $ROE_t > COE_t$. Ausschlaggebend für die Fähigkeit eines Unternehmens, Überrenditen zu erwirtschaften, sind Wettbewerbsvorteile.

(15) Im Rahmen von **Konvergenzprozessen** wird unterstellt, dass Wettbewerbskräfte dazu führen, dass die aus Wettbewerbsvorteilen resultierenden Überrenditen im Laufe der Zeit kleiner werden bzw. sich langfristig überhaupt verflüchtigen. Konvergenzprozesse werden häufig für die Grobplanungsphase und für die Rentenphase unterstellt. Sie können durch unterschiedliche Annahmen über die Dauer, die Geschwindigkeit (i.d.R. linearer oder konvexer Verlauf) und Tiefe (vollständiger oder nur teilweiser Abbau der Überrendite) des Abbauprozesses charakterisiert sein.

(16) **Nettoinvestitionen** bezeichnen die Summe aus Investitionen in das Anlagevermögen, die über die Abschreibungen hinausgehen, und Erhöhungen des Netto-Umlaufvermögens.

4. Empfehlungen

4.1 Grobplanungsphase

(17) Bei unbegrenzter Lebensdauer des zu bewertenden Unternehmens bildet die Grobplanungsphase den Übergang von der Detailplanungsphase in die Rentenphase ab und soll dazu beitragen, dass die Annahme eines eingeschwungenen Zustands bei Eintritt in die Rentenphase plausibel erscheint. Ferner soll sie die Transparenz der Wertermittlung erhöhen, indem die unterstellte Entwicklung unternehmensspezifischer Werttreiber über den Detailplanungszeitraum hinaus nachvollziehbar wird.

(18) Die Länge der Grobplanungsphase ist im Einzelfall festzulegen und hängt von der unterstellten Entwicklung der wesentlichen Werttreiber (vgl. Tz 6) bzw dem für deren Einschwingen auf ein nachhaltiges Niveau anzunehmenden Zeitraum ab.

(19) Es erscheint zweckmäßig, bereits in der Grobplanungsphase die unterstellte Entwicklung des Rentabilitätsniveaus des zu bewertenden Unternehmens, gegebenenfalls unter Berücksichtigung von Konvergenzprozessen bzw. eines allfälligen Abbaus von Überrenditen bis zum Planungshorizont darzustellen. Der Abbau von Überrenditen während der Grobplanungsphase kann dabei auf ein langfristig erzielbares Renditeniveau in Höhe der Kapitalkosten oder ein davon abweichendes langfristiges Renditeniveau erfolgen.

(20) Bei Unternehmen mit verhältnismäßig geringem Kapitalbedarf (z.B. Dienstleistungsunternehmen) kommt Kapitalrenditen idR wenig Aussagekraft zu. Die Performance solcher Unternehmen kann anhand der Entwicklung von Residualgewinnen oder Umsatzrenditen (z.B. EBIT-Marge, EBITDA-Marge) beurteilt werden.

(21) Vor allem bei kleinen und mittelgroßen Unternehmen (KMU) ist darauf zu achten, inwieweit die Renditen des zu bewertenden Unternehmens auf personenbezogene Erfolgsfaktoren zurückzuführen sind. Nach Rz 82 KFS/BW1 sind in der Person des Unternehmenseigners begründete Erfolgsbeiträge bei der Ermittlung eines objektivierten Unternehmenswerts insoweit außer Acht zu lassen, als sie in Zukunft nicht realisiert werden können. Nur partiell oder temporär übertragbare Erfolgsfaktoren spiegeln sich bei KMU häufig im Vorhandensein bestimmter immaterieller Faktoren wider, die durch die prägende Tätigkeit eines oder mehrerer Eigentümer bedingt sind. Dies ist etwa der Fall, wenn der Eigentümer als (Haupt-)Leistungserbringer fungiert, dessen Leistung z.B. für den Vertrieb bzw. die Kundenbindung entscheidend ist, oder wenn er Träger bestimmten Wissens ist, aufgrund dessen neue Produkte und Verfahren entwickelt werden.

(22) Alternativ zu ihrer Integration in eine Grobplanungsphase kann der Wertbeitrag aus der Entwicklung einzelner, spezifischer Faktoren nach der Detailplanungsphase (z.B. Steuereffekte aus der Verwertung von Verlustvorträgen) auch im Rahmen

eines sog. Sonderwerts erfasst werden. Dabei wird die aus der Entwicklung des betreffenden Bewertungsparameters resultierende Veränderung der finanziellen Überschüsse außerhalb der Planungsrechnung dargestellt und gesondert diskontiert. Bei der Ermittlung von Sonderwerten ist darauf zu achten, dass alle Folgewirkungen erfasst und die zugrunde gelegten Annahmen in nachvollziehbarer Form offen gelegt werden.

4.2 Rentenphase (Terminal Value)

(23) Der Schätzung des zu erwartenden langfristigen Rentabilitätsniveaus des zu bewertenden Unternehmens in der Rentenphase geht in der Regel eine Analyse der erwarteten Entwicklung des Rentabilitätsniveaus bis zum Beginn der Rentenphase und der dafür maßgeblichen Einflussgrößen voraus. Diese Analyse basiert idealerweise auf den Ergebnissen der Vergangenheitsanalyse, dem Verständnis des Geschäftsmodells, der Markt- und Wettbewerbsanalyse und der daraus abgeleiteten strategischen Wettbewerbsposition des Unternehmens.

(24) Liegt die zu Beginn der Rentenphase erwirtschaftete Rendite über den Kapitalkosten und ist das Unternehmen nachhaltig in der Lage, Überrenditen zu erwirtschaften, sind die dafür maßgeblichen Gründe im Bewertungsgutachten anzugeben. Die Fähigkeit des zu bewertenden Unternehmens zur Erwirtschaftung nachhaltiger Überrenditen muss im Einzelfall beurteilt werden. Dabei können folgende Aspekte eine Rolle spielen:

- Abhängigkeit des Geschäftsmodells vom Kapitaleinsatz
- Intensität des Wettbewerbs,
- Existenz von nachhaltigen Wettbewerbsvorteilen (z.B. Marktstellung, Marktzutrittsbarrieren, immaterielle Faktoren wie Marken/Lizenzen/Patente, Einkaufsvorteile, Prozessvorteile, Größenvorteile, Standortvorteile, vorteilhafte Verträge, Produktionseffizienz, F&E und Verfahrens-Know-how, Vertriebsnetz)
- Geschwindigkeit von Veränderungen in der Branche
- Dauer und Verlauf der Anpassungsprozesse und Widerstandfähigkeit gegenüber dem Anpassungsdruck in der Vergangenheit
- Von Wettbewerbern und vergleichbaren Unternehmen erzielte Renditen

(25) Als branchenspezifische Einflussfaktoren auf das langfristige Rentabilitätsniveau und die Widerstandsfähigkeit gegen Konvergenzprozesse kommen strukturelle Einschränkungen der Wettbewerbskräfte (z.B. Markteintrittsbarrieren) in Frage. Ein hoher Konzentrationsgrad, hohe Marketingintensität und hohes Wachstum einer Branche wirken tendenziell positiv auf das langfristige Rentabilitätsniveau. Ein hoher Spezialisierungsgrad, eine hohe Bedeutung von Skaleneffekten und ein hoher Anteil von Endverbrauchern in einer Branche sprechen für eine höhere Widerstandsfähigkeit gegen Konvergenzprozesse.

(26) Als unternehmensspezifische Faktoren, die einen positiven Einfluss auf das langfristige Rentabilitätsniveau und die Widerstandsfähigkeit gegen Konvergenzprozesse entfalten, werden z.B. immaterielle Ressourcen (Marken, Technologie-Kompetenz, etc.), Wachstum, Unternehmensgröße, Grad der vertikalen Integration, Fokussierung (etwa hohe Konzentration des Gesamtumsatzes in wenigen Marktsegmenten) und Marktanteil angesehen. Einem hohen Exportanteil kann zwar ein positiver Einfluss auf das langfristige Rentabilitätsniveau zukommen, er kann jedoch negativ auf die Widerstandsfähigkeit gegen Konvergenzprozesse wirken. Eine hohe Marketingintensität kann hingegen negativ auf das langfristige Rentabilitätsniveau und positiv auf die Widerstandsfähigkeit gegen Konvergenzprozesse wirken.

(27) Liegt die zu Beginn der Rentenphase erwirtschaftete Rendite über den Kapitalkosten und ist zu erwarten, dass die Überrendite im Zeitablauf auf das Niveau der Kapitalkosten abschmilzt, kann von dem in Rz 64 KFS/BW1 für die Rentenphase beschriebenen Konvergenzprozess ausgegangen werden. Dieser Konvergenzprozess unterstellt, dass die Rendite (nach Unternehmenssteuern) der aus den thesaurierten Mitteln finanzierten Nettoinvestitionen nur noch den Kapitalkosten entspricht. Da der Kapitalwert von Investitionen, die eine Rendite (nach Unternehmenssteuern) genau in Höhe der Kapitalkosten erbringen, gleich Null ist, führt diese Annahme dazu, dass Nettoinvestitionen in der Rentenphase keine Erhöhung des Unternehmenswerts bewirken bzw. den Unternehmenswert unverändert lassen. Dies hat zur Folge, dass Wachstumsannahmen keine (positiven oder negativen) Wertbeiträge nach sich ziehen.

(28) Die in Rz 64 KFS/BW1 beschriebene Konvergenzprozess bezieht sich nur auf die Rendite auf die aus den thesaurierten Mitteln finanzierten Nettoinvestitionen, sodass die Frage, welche Rendite für das bereits zu Beginn der Rentenphase investierte Kapital zu erwarten ist, offen bleibt. Wird unterstellt, dass das zu Beginn der Rentenphase investierte Kapital weiterhin Überrenditen in konstanter Höhe erbringt, kann der Terminal Value mit Hilfe der sog. „Konvergenz-Formel" nach dem Value Driver-Modell ermittelt werden (s. Tz 32). Da hier gleichzeitig unterstellt wird, dass Nettoinvestitionen aus thesaurierten Mitteln nur eine Rendite in Höhe der Kapitalkosten erbringen, wird ein stetiges Abschmelzen der Überrenditen im Sinne einer Annäherung der Gesamtrendite an die Kapitalkosten über einen unendlichen Zeitraum angenommen.

(29) Um die Konsistenz der Annahmen zu Renditeerwartungen, Wachstumsrate und Thesaurierung in der Rentenphase zu gewährleisten, ist der Ermittlung des Terminal Value ein konsistentes Wachstumsmodell zugrunde zu legen. Dafür kommt u.a. das Value Driver-Modell von *Copeland/Koller/Murrin* in Frage. Dieses Modell stellt zwar auf kapitalintensive Unternehmen ab, ist aber grundsätzlich auch auf solche Dienstleistungsunter-

nehmen übertragbar, für die Thesaurierungsbedarf für Investitionen besteht.

(30) Nach dem Value Driver-Modell kann der Terminal Value zum Planungshorizont T (TV_T^{WACC}) im WACC-Verfahren nach folgender allgemeiner Formel ermittelt werden:[1]

$$TV_T^{WACC} = \frac{NOPLAT_{T+1} \cdot (1 - \frac{g}{RONIC})}{WACC - g} = \frac{FCF_{T+1}}{WACC - g}$$

[1] Dabei bezeichnen FCF_{T+1} den für die erste Periode der Rentenphase prognostizierten Free Cash-flow, WACC die gewogenen Kapitalkosten, g die jährliche Wachstumsrate (es gilt stets g < WACC), $NOPLAT_{T+1}$ den für die erste Periode der Rentenphase prognostizierten operativen Gewinn nach adaptierten Steuern und RONIC die erwartete Rendite auf die in der Rentenphase durchzuführenden Nettoinvestitionen (Return on New Invested Capital).

(31) Da das Wachstum bzw. die wachstumsbedingte Erhöhung der Aktiva in der Rentenphase zum Teil durch Gewinneinbehalte finanziert werden muss, ist der den Kapitalgebern zufließende Free Cash-flow stets niedriger als der jeweilige Periodengewinn nach Unternehmenssteuern. Eine Erhöhung der Wachstumsrate wirkt sich sowohl positiv als auch negativ auf die Höhe des Terminal Value aus: Positiv wirkt die Kürzung des Diskontierungssatzes, negativ wirkt die Kürzung des ausschüttbaren NOPLAT durch die Erhöhung der Thesaurierungsquote g/RONIC. Wachstum erbringt unter diesen Annahmen nur dann einen positiven Wertbeitrag, wenn die erwartete Rendite der Nettoinvestitionen in der Rentenphase die Kapitalkosten übersteigt.

(32) Entspricht aber – im Sinne des in Rz 64 KFS/BW1 beschriebenen Konvergenzprozesses – die erwartete Rendite auf die Nettoinvestitionen genau den Kapitalkosten, gilt also RONIC = WACC, liefert das Wachstum weder einen positiven noch einen negativen Wertbeitrag, sondern lässt den Terminal Value unverändert. Die Höhe der Wachstumsrate ist dann für den Terminal Value irrelevant. In diesem Fall kann der Terminal Value nach der folgenden Formel (sog. „Konvergenz-Formel") ermittelt werden:

$$TV_T^{WACC} = \frac{NOPLAT_{t+1}}{WACC}$$

(33) Bei Anwendung der Konvergenz-Formel wird unterstellt, dass das zu Beginn der Rentenphase investierte Kapital weiterhin Überrenditen in konstanter Höhe erwirtschaftet. Die Angemessenheit dieser Annahme ist im Einzelfall kritisch zu würdigen.

(34) Zu beachten ist, dass bei Zugrundelegung des in Rz 64 KFS/BW1 beschriebenen Konvergenzprozesses eine Kürzung des Nenners um die Wachstumsrate g nicht in Betracht kommt, da dies zur Unterschätzung von Thesaurierungserfordernissen und folglich zu einer Überschätzung des Terminal Value führen würde. Dies gilt unabhängig davon, ob ein rein inflationsbedingtes Wachstum oder ein sog. thesaurierungsbedingtes Wachstum unterstellt wird. Wird daher für die Rentenphase ausschließlich inflationsbedingtes Wachstum unterstellt, ist bei Anwendung der Konvergenz-Formel eine Kürzung des Nenners um die Inflationsrate nicht vorzunehmen.

(35) Im Equity Approach kann der Terminal Value zum Planungshorizont T (TV_T^E) nach dem Value Driver-Modell mit Hilfe folgender allgemeiner Formel ermittelt werden:[2]

$$TV_T^E = \frac{JÜ_{T+1} \cdot (1 - \frac{g}{RONE})}{COE - g} = \frac{FTE_{T+1}}{COE - g}$$

[2] Dabei bezeichnen FTE_{T+1} den für die erste Periode der Rentenphase prognostizierten Flow to Equity, COE die Eigenkapitalkosten, g die jährliche Wachstumsrate (es gilt stets g < COE), $JÜ_{T+1}$ den für die erste Periode der Rentenphase prognostizierten Gewinn nach Steuern und RONE die erwartete Eigenkapitalrendite auf die in der Rentenphase durchzuführenden Nettoinvestitionen (Return on New Equity).

(36) Wird der in Rz 64 KFS/BW1 beschriebene Konvergenzprozess unterstellt, entspricht die erwartete Eigenkapitalrendite auf die Nettoinvestitionen genau den Eigenkapitalkosten, es gilt also RONE = COE. In diesem Fall kann der Terminal Value im Equity Approach nach der folgenden Formel („Konvergenz-Formel") ermittelt werden:

$$TV_T^E = \frac{JÜ_{t+1}}{COE}$$

(37) Entspricht die zu Beginn der Rentenphase erwirtschaftete Rendite den Kapitalkosten, etwa weil ein vollständiger Abbau von Überrenditen bereits in der Grobplanungsphase angenommen wurde, und wird unterstellt, dass sich das langfristige Rentabilitätsniveau ebenfalls mit den Kapitalkosten deckt, entspricht der Terminal Value dem Buchwert des zu Beginn der Rentenphase investierten Kapitals (Entity Approach) bzw. dem Buchwert des Eigenkapitals zu Beginn der Rentenphase (Equity Approach).

(38) Liegt die zu Beginn der Rentenphase erwirtschaftete Rendite unter den Kapitalkosten, würde die Anwendung der Konvergenzformel gemäß Tz 35 gleichbedeutend mit der Annahme einer Renditeverbesserung während der Rentenphase sein. Die Plausibilität einer solchen Annahme ist im Einzelfall kritisch zu würdigen. Sollte keine Renditeverbesserung zu erwarten sein, empfiehlt es sich, die Liquidation als Alternative zur Fortführung des ertragsschwachen Unternehmens zu analysieren.

5. Weiterführende Literatur

Friedl/Schwetzler, Unternehmensbewertung bei Inflation und Wachstum, ZfB 2010, 417 ff.

Friedl/Schwetzler, Homogenitätsprinzip, Unternehmensbewertung und Erfolgsmessung, RWZ 2015, 161 ff.

Gordon, Dividends, Earnings and Stock Prices, Review of Economics and Statistics 1959, 99 ff.

Gordon/Shapiro, Capital Equipment Analysis: The Required Rate of Profit, Management Science 1956, 102 ff.

IDW Praxishinweis 1/2014: Hinweise der Bundessteuerberaterkammer zu den Besonderheiten bei der Ermittlung eines objektivierten Unternehmenswerts kleiner und mittelgroßer Unternehmen vom 13.3.2014, WPg 2014, 463 ff.

Knoll, Ewige Rente und Wachstum – the Final Cut?, RWZ 2014, 271 ff.

Koller/Goedhart/Wessels, Valuation – Measuring and Managing the Value of Companies, 6th ed., Hoboken 2015 (bis zur 3. Auflage veröffentlicht von *Copeland/Koller/Murrin*)

Kreyer, Strategieorientierte Restwertbestimmung in der Unternehmensbewertung, Wiesbaden 2009

Lobe, Unternehmensbewertung und Terminal Value, Frankfurt a.M. 2006

Meitner, Der Terminal Value in der Unternehmensbewertung, in Peemöller (Hrsg), Praxishandbuch der Unternehmensbewertung, 6. Aufl., Herne 2015, 647 ff.

Meitner/Streitferd, Unternehmensbewertung, Stuttgart 2011

Porter, Wettbewerbsstrategie: Methoden zur Analyse von Branchen und Konkurrenten, 3. Aufl., Frankfurt a.M. 1984

Purtscher/Sylle, Grobplanungsphase und Konvergenz – Anmerkungen für die Umsetzung in der Praxis, RWZ 2015, 178 ff.

Rabel, Der Terminal Value nach der Neufassung des Standards KFS BW1, RWZ 2014, 218 ff.

Stellbrink, Der Restwert in der Unternehmensbewertung, Düsseldorf 2005

Stewart, The Quest for Value, New York 1991

Weiler, Verbesserung der Prognosegüte bei der Unternehmensbewertung, Aachen 2005

Hinweise der Arbeitsgruppe Unternehmensbewertung des Fachsenats für Betriebswirtschaft zur Erstellung von vereinfachten Wertfindungen

beschlossen in der Sitzung vom 24. Jänner 2017

(KFS/BW 1 E 5)

1. Abgrenzung zum Fachgutachten Unternehmensbewertung KFS/BW 1

(1) Der Fachsenat für Betriebswirtschaft und Organisation des Instituts für Betriebswirtschaft, Steuerrecht und Organisation der Kammer der Wirtschaftstreuhänder hat am 26. März 2014 das Fachgutachten Unternehmensbewertung KFS/BW 1 beschlossen.

(2) Dieses Fachgutachten legt vor dem Hintergrund der in Theorie, Praxis und Rechtsprechung entwickelten Standpunkte die Grundsätze dar, nach denen Wirtschaftstreuhänder Unternehmen bewerten. Demnach wird der Unternehmenswert unter Zugrundelegung ausschließlich finanzieller Ziele durch Diskontierung der künftigen finanziellen Überschüsse, die aus der Fortführung des Unternehmens und aus der Veräußerung etwaigen nicht betriebsnotwendigen Vermögens erzielt werden, ermittelt. Zur Bestimmung der künftigen finanziellen Überschüsse muss eine integrierte Planungsrechnung vorliegen, die umfangreichen Analysen sowie einer Plausibilitätsbeurteilung zu unterziehen ist. Ferner sind umfangreiche bewertungsmethodische Vorgehensweisen zu beachten.

(3) In der Beratungspraxis werden häufig Wertfindungen nachgefragt, die den umfangreichen Anforderungen des Fachgutachtens nicht genügen müssen.

(4) Für Unternehmensbewertungen, die auf gesetzlicher Grundlage erstellt werden, wie insbesondere dem Gesellschafts-, Unternehmens-, Steuer- oder Erbrecht, ist i.d.R. das Fachgutachten Unternehmensbewertung KFS/BW 1 zu beachten, weshalb vereinfachte Wertfindungen für diese Bewertungsanlässe nicht geeignet sind.

(5) Hinsichtlich Beauftragung und Erstellung einer vereinfachten Wertfindung sind die folgenden Empfehlungen zu beachten.

2. Grundsätze für die Erstellung einer vereinfachten Wertfindung

(6) Zentrale Aufgabe des Erstellers einer vereinfachten Wertfindung ist die adäquate Anwendung von Bewertungsmethoden (Diskontierungs- und/oder Multiplikatorverfahren) unter Berücksichtigung von getroffenen Vereinfachungen und Annahmen.

(7) Die bei der vereinfachten Wertfindung getroffenen Vereinfachungen und Annahmen sowie Vorgaben des Auftraggebers sind im Bericht offenzulegen.

3. Dokumentation und Berichterstattung

(8) **Im Auftrag und im Bericht einer solchen vereinfachten Wertfindung ist explizit darauf hinzuweisen, dass die Wertfindung nicht allen Anforderungen des Fachgutachtens Unternehmensbewertung KFS/BW 1 genügt und deshalb das Ergebnis nicht jenem einer Bewertung gemäß Fachgutachten entsprechen muss.**

(9) Die wesentlichen Einschränkungen und Abweichungen (insbesondere hinsichtlich Untersuchungstiefe, Annahmen und Methoden) gegenüber einer Bewertung gemäß Fachgutachten Unternehmensbewertung KFS/BW 1 als auch auftragsbedingte Vorgaben sind im Bericht offenzulegen.

(10) Mindestinhalt des Berichts über eine vereinfachte Wertfindung:

a) Auftrag und Auftragsdurchführung
b) Wertfindungsanlass und -zweck
c) Wertfindungsstichtag
d) angewandte Wertfindungsmethode(n) und Wertfindungsvorgehen
e) Erstellungsdatum
f) Kurzdarstellung des Wertfindungsobjekts
g) Wertfindungsannahmen einschließlich Begründungen
h) Wertrechnungen
i) Wertfindungsergebnis

(11) Sofern auf zusätzliche wesentliche Beschreibungen im Bericht verzichtet wird, ist sicherzustellen, dass die Arbeitspapiere ausreichende Informationen und Unterlagen hierzu enthalten.

Empfehlung der Arbeitsgruppe Unternehmensbewertung des Fachsenats für Betriebswirtschaft zur Berücksichtigung des Insolvenzrisikos

vom 30.05.2017 (KFS/BW 1 E 6)

(1) Nach Rz 66 KFS/BW1 sollen die zu diskontierenden künftigen finanziellen Überschüsse Erwartungswerte repräsentieren. Die Erwartungswerte können auch aus Szenarien abgeleitet werden, denen Eintrittswahrscheinlichkeiten zugeordnet werden. Der wahrscheinlichste Wert (Modalwert) der künftigen finanziellen Überschüsse kann vom Erwartungswert abweichen.

(2) Nach Rz 67 KFS/BW1 ist bei der Ermittlung der Erwartungswerte der zu diskontierenden finanziellen Überschüsse zu untersuchen, inwieweit das Unternehmen Insolvenzrisiken ausgesetzt ist. Die Berücksichtigung bewertungsrelevanter Insolvenzrisiken kann nach Rz 67 KFS/BW1 durch den Ansatz von Insolvenzwahrscheinlichkeiten erfolgen, die u.a. aus Ratings abgeleitet werden können.

(3) Empirische Untersuchungen zeigen, dass Unternehmen trotz der in der Regel auf unbestimmte Dauer angelegten Geschäftstätigkeit generell einem – wenn auch häufig geringen – Insolvenzrisiko unterliegen. Die gesonderte Berücksichtigung des Insolvenzrisikos im Rahmen der Unternehmensbewertung ist nach Rz 67 KFS/BW1 nur erforderlich, wenn dieses Insolvenzrisiko bewertungsrelevant ist.

(4) Indizien für das Vorliegen eines bewertungsrelevanten Insolvenzrisikos sind:

- Vorliegen von Tatsachen, die den Bestand des Unternehmens gefährden oder seine Entwicklung wesentlich beeinträchtigen können (§ 273 Abs 2 UGB)
- Vorliegen der Voraussetzungen für die Vermutung eines Reorganisationsbedarfs im Sinne des § 22 Abs 1 Z 1 URG
- Einordnung des Unternehmens in eine Bonitätsstufe mit überdurchschnittlich hoher Ausfallwahrscheinlichkeit im Rahmen eines externen Ratings
- Wachstumsunternehmen im Sinne der Rz 134 KFS/BW1
- Vorliegen einer latenten oder akuten Krise im Sinne der Stellungnahme KFS/BW5, insbesondere in Verbindung mit Abhängigkeiten des Unternehmens von einzelnen Produkten, Kunden, Lieferanten, Schlüsselpersonen oder angewandten Technologien

(5) Das bewertungsrelevante Insolvenzrisiko ist im Rahmen der Unternehmensbewertung ausschließlich bei der Ableitung der Erwartungswerte der finanziellen Überschüsse zu berücksichtigen. Werden die Erwartungswerte der finanziellen Überschüsse unter Berücksichtigung des Insolvenzrisikos ermittelt, sind diese Erwartungswerte mit den nach den Rz 95 ff KFS/BW1 bestimmten Diskontierungssätzen zu diskontieren.

(6) Wird für die Rentenphase nach Rz 64 KFS/BW1 unterstellt, dass die Rendite (nach Unternehmenssteuern) aus der Wiederveranlagung thesaurierter Beträge langfristig den Kapitalkosten entspricht (Konvergenzannahme), ist davon auszugehen, dass die auf dieser Grundlage geplanten Erwartungswerte der finanziellen Überschüsse in der Rentenphase das Insolvenzrisiko bereits berücksichtigen.

(7) Liegt ein bewertungsrelevantes Insolvenzrisiko vor, kann die Ableitung der Erwartungswerte der finanziellen Überschüsse im Rahmen einer Szenarioanalyse oder mit Hilfe simulationsbasierter Verfahren (zB Monte Carlo-Simulation) erfolgen. Die Szenarioanalyse kann auch in der Form erfolgen, dass zunächst für die einzelnen Szenarien jeweils Unternehmenswerte ermittelt werden, die anschließend auf Basis der den Szenarien zugeordneten Eintrittswahrscheinlichkeiten zum Bewertungsergebnis verdichtet werden.

Weiterführende Literatur

Arbeitskreis Bewertung nicht börsennotierter Unternehmen des IACVA e. V., Bewertung nicht börsennotierter Unternehmen – Die Berücksichtigung von Insolvenzwahrscheinlichkeiten, in: BewP 2011, S. 12 – 22

Ernst/Schneider/Thielen, Unternehmensbewertungen erstellen und verstehen, 5. Aufl., München 2012

Friedrich, Unternehmensbewertung bei Insolvenzrisiko, Frankfurt a.M. 2015

Gleißner, Ermittlung eines objektivierten Unternehmenswerts von KMU – Anregungen unter besonderer Berücksichtigung von Rating und Insolvenzwahrscheinlichkeit, WPg 2015, S. 908 – 919

Knabe, Die Berücksichtigung von Insolvenzrisiken in der Unternehmensbewertung, Lohmar/Köln 2012

Empfehlung des Fachsenats für Betriebswirtschaft zu Basiszins und Marktrisikoprämie

(beschlossen in der Sitzung des Fachsenats für Betriebswirtschaft am 28. November 2017 als Empfehlung KFS/BW 1 E 7)

1. Vorbemerkung

(1) Der Fachsenat für Betriebswirtschaft gibt die Empfehlung zu Basiszins und Marktrisikoprämie aufgrund der Beratungen in der Arbeitsgruppe Unternehmensbewertung heraus.

2. Fachgutachten KFS/BW 1

(2) Nach Rz 104 KFS/BW 1 ist bei der Bestimmung des Basiszinssatzes von einer risikolosen Kapitalmarktanlage auszugehen und der Basiszinssatz unter Berücksichtigung der Laufzeitäquivalenz zum zu bewertenden Unternehmen aus der zum Bewertungsstichtag gültigen Zinsstrukturkurve abzuleiten. Zur Höhe der Marktrisikoprämie wird in Rz 105 KFS/BW 1 auf die einschlägigen Empfehlungen der Arbeitsgruppe Unternehmensbewertung verwiesen.

3. Empfehlung

(3) Die Arbeitsgruppe hält es für sachgerecht, entsprechend der bisherigen Vorgangsweise den Basiszinssatz zukunftsorientiert aus der Zinsstruktur deutscher Bundesanleihen mit Hilfe der Svensson-Formel abzuleiten. Diese Vorgangsweise führt grundsätzlich zu periodenspezifischen Basiszinssätzen, die in die Bestimmung der (periodenspezifischen) Eigenkapitalkosten einfließen. Bei unbegrenzter Lebensdauer des zu bewertenden Unternehmens erachtet die Arbeitsgruppe die vereinfachende Heranziehung der Spot Rate mit einer Laufzeit von 30 Jahren als Näherung für einen einheitlichen, im Zeitablauf konstanten Basiszinssatz weiterhin als zulässig. Dies gilt sowohl für die Detailplanungsphase als auch für die Grobplanungs- und Rentenphase. Auf die monatliche Veröffentlichung aus der Zinsstruktur deutscher Bundesanleihen abgeleiteter Spot Rates im Mitgliederbereich der Homepage der KWT (www.kwt.or.at) wird hingewiesen.

(4) Nach dem CAPM ist die Marktrisikoprämie zukunftsorientiert als erwartete Marktrisikoprämie zu bestimmen. Nach Ansicht der Arbeitsgruppe können Anhaltspunkte für die Höhe der erwarteten Marktrisikoprämie im derzeitigen Marktumfeld u.a. aus Erhebungen zu sog. impliziten Marktrisikoprämien bzw. impliziten Marktrenditen gewonnen werden. Implizite Marktrisikoprämien werden grundsätzlich stichtagsbezogen aus den Marktpreisen börsennotierter Unternehmen und den Markterwartungen (Analystenschätzungen) für zukünftige Gewinne abgeleitet. Die implizit erwartete Marktrisikoprämie wird dabei als Differenz zwischen der erwarteten (impliziten) Rendite eines Aktienportfolios (implizite Marktrendite) und dem Basiszins ermittelt.

(5) Die Arbeitsgruppe hält es für sachgerecht, sich derzeit bei der Festlegung der erwarteten Marktrisikoprämie (vor persönlichen Steuern) an einer Bandbreite für die erwartete nominelle Marktrendite von 7,5% bis 9,0% zu orientieren. Die erwartete Marktrisikoprämie ist auf dieser Grundlage in Abhängigkeit vom Basiszins stichtagsbezogen festzulegen, woraus in Zeiten niedriger Basiszinssätze entsprechend höhere Marktrisikoprämien resultieren (und umgekehrt).

Beispiel: Zum Bewertungsstichtag beläuft sich der Basiszins auf 1,35%. Aus der Differenz zwischen der erwarteten nominellen Marktrendite (Bandbreite von 7,5% bis 9,0%) und dem stichtagsbezogenen Basiszins von 1,35% resultiert eine stichtagsbezogene Bandbreite für die erwartete Marktrisikoprämie von 6,15% bis 7,65%. Orientiert sich der Bewerter am Mittelwert der Bandbreite, beträgt die Marktrisikoprämie 6,90%.

(6) Dem Wirtschaftstreuhänder steht es nach wie vor frei, im Hinblick auf seine eigenverantwortliche Beurteilung für den jeweiligen Einzelfall zusätzliche Überlegungen anzustellen.

(7) Diese Empfehlung ersetzt die Empfehlungen vom 18. Oktober 2006 zum Basiszinssatz und vom 4. Oktober 2012 zur Marktrisikoprämie.

4. Anwendungszeitpunkt

(8) Diese Empfehlung ist ab 1. Jänner 2018 wirksam; eine vorzeitige Anwendung wird empfohlen.

5. Weiterführende Literatur und empirische Erhebungen

Aders/Aschauer/Dollinger, Die implizite Marktrisikoprämie am österreichischen Kapitalmarkt, RWZ 2016, 195-202

Aschauer/Dollinger, Die Ermittlung von Eigenkapitalkosten durch die empirische Messung von impliziten Branchenrenditen – ein alternatives Kapitalkostenkonzept?, RWZ 2017, 120-125

Ballwieser/Friedrich, Peers, Marktrisikoprämie und Insolvenzrisiko: Einige Anmerkungen zu drei Problemen der Unternehmensbewertung, CF 2015, 449-457

Baumüller/Kroner, Bestimmung impliziter Marktrisikoprämien für den österreichischen Kapitalmarkt, RWZ 2014, 235-242.

Bassemir/Gebhardt/Ruffing, Zur Diskussion um die (Nicht-)Berücksichtigung der Finanz- und Schuldenkrisen bei der Ermittlung der Kapitalkosten, WPg 2012, 882-892

Berg/Heigermoser/Kaserer/Kittlauss/Willershausen, Schätzung erwarteter Marktrisikoprämien mittels impliziter Kapitalkosten, BewP 2017, 226-233.

Bertram/Castedello/Tschöpel, Überlegungen zur Marktrendite und zur Marktrisikoprämie, CF 2015, 468-473

Beumer, Implizite Marktrisikoprämien – Konsistente Ermittlung und Anwendung, CF 2015, 330-344.

Castedello/Schöniger, Kapitalkosten im Spannungsfeld zwischen Rendite und Risiko, CF 2016, 35-37

Deutsche Bundesbank, Bewertungsniveau am Aktienmarkt – Theoretische Grundlagen und Weiterentwicklung von Kennzahlen, Monatsbericht April 2016, 68. Jahrgang, Nr. 4

Duff & Phelps, Valuation Handbook, Chicago 2016

Fenebris GbR – Expertenzirkel Unternehmensbewertung, www.marktrisikoprämie.de

Gleißner, Der Mythos der Objektivierung bei der Bestimmung objektivierter Werte: Das Durcheinander von Zukunft und Vergangenheit, BewP 2012, 130-132

Gleißner, Die Marktrisikoprämie: stabil oder zeitabhängig?, WPg 2014, 258-264

Jäckel/Kaserer/Mühlhäuser, Analystenschätzungen und zeitvariable Marktrisikoprämien – Eine Betrachtung der europäischen Kapitalmärkte, WPg 2013, 365-383

Knoll/Kruschwitz/Löffler, Der Basiszins im Renditetief: The Big Bang, DB 2016, 2305-2307

Koller/Goedhart/Wessels, Valuation – Measuring and Managing the Value of Companies, 6th ed., Hoboken 2015 (bis zur 3. Auflage veröffentlicht von Copeland/Koller/Murrin)

McKinsey Global Institute, Diminishing Returns: Why Investors May Need to Lower Their Expectations, Mai 2016, www.mckinsey.com

Pratt/Grabowski, Cost of Capital: Applications and Examples, 5th Edition, Hoboken, New Jersey 2014

Ruiz de Vargas/Zollner, Einfluss der Finanzkrise auf Parameter der Unternehmensbewertung, BewP 2010, 2-12

ValueTrust/finexpert/JKU, DACH Capital Market Study – 30 June 2017, www.firmvaluation.center

Wagner/Mackenstedt/Schieszl/Lencker/Willershausen, Auswirkungen der Finanzmarktkrise auf die Ermittlung des Kapitalisierungszinssatzes in der Unternehmensbewertung, WPg 2013, 948-959.

Zeidler/Tschöpel/Bertram, Kapitalkosten in Zeiten der Finanz- und Schuldenkrise: Überlegungen zu empirischen Kapitalmarktparametern in Unternehmensbewertungskalkülen, CF 2012, 70-80

Empfehlung des Fachsenats für Betriebswirtschaft zum Liquidationswert als Wertuntergrenze

(beschlossen in der Sitzung des Fachsenats für Betriebswirtschaft am 16. Jänner 2019 als Empfehlung KFS/BW 1 E 8)

1. Allgemeines

1.1. Vorbemerkungen

(1) Der Fachsenat für Betriebswirtschaft gibt die Empfehlung zum Liquidationswert als Wertuntergrenze aufgrund der Beratungen in der Arbeitsgruppe Unternehmensbewertung heraus.

1.2. Der Liquidationswert im Fachgutachten KFS/BW 1

(2) Nach Rz (13) KFS/BW 1 (i.V.m. Rz (132)) bildet der Liquidationswert die Untergrenze für den Unternehmenswert. Auf einen niedrigeren Fortführungswert ist nur dann abzustellen, wenn der Liquidation rechtliche oder tatsächliche Zwänge entgegenstehen.

(3) Der Liquidationswert ergibt sich nach Rz (133) KFS/BW 1 als Barwert der finanziellen Überschüsse aus der Veräußerung der Vermögenswerte und der Bedeckung der Schulden unter Berücksichtigung der Liquidationskosten und der mit der Liquidation verbundenen Steuerwirkungen. Die Abhängigkeit des Liquidationswerts von der Zerschlagungsintensität und der Zerschlagungsgeschwindigkeit ist zu beachten.

(4) Der Liquidationswert ist nach Rz (98) KFS/BW 1 auch zur Ermittlung des Restwerts bei der Bewertung von Unternehmen mit begrenzter Bestandsdauer heranzuziehen. Der Unternehmenswert ergibt sich in diesen Fällen aus dem Barwert der künftigen finanziellen Überschüsse bis zur Beendigung des Unternehmens zuzüglich des Restwerts im Sinne eines Liquidationswerts als Barwert der finanziellen Überschüsse aus der Beendigung des Unternehmens.

1.3. Anwendungsbereich

(5) Diese Empfehlung ist bei der Ermittlung von Liquidationswerten als Wertuntergrenze im Rahmen der Ermittlung objektivierter und subjektiver Unternehmenswerte zu beachten.

(6) Auf die Ermittlung eines Liquidationswerts als Wertuntergrenze kann verzichtet werden, wenn keine Anhaltspunkte dafür bestehen, dass der Liquidationswert den nach einem Diskontierungsverfahren ermittelten Fortführungswert übersteigt. Vom Nichtvorliegen solcher Anhaltspunkte kann insbesondere ausgegangen werden, wenn der Fortführungswert das bilanzielle Eigenkapital zum Bewertungsstichtag übersteigt und aufgrund zu erwartender Liquidationskosten und mangels eines ausreichend positiven Saldos aus stillen Reserven und stillen Lasten im Liquidationsfall keine Anhaltspunkte dafür vorliegen, dass der Liquidationswert das bilanzielle Eigenkapital übersteigt. Liegt der Fortführungswert unter dem bilanziellen Eigenkapital zum Bewertungsstichtag, kann auf die detaillierte Ermittlung eines Liquidationswerts verzichtet werden, wenn sich aus einer überschlägigen Schätzung der im Liquidationsfall realisierbaren Werte mit hinreichender Sicherheit ergibt, dass der Liquidationswert unter dem Fortführungswert liegt.

(7) Wird auf die Ermittlung eines Liquidationswerts als Wertuntergrenze verzichtet, sind die dafür maßgeblichen Gründe im Bewertungsgutachten anzugeben.

(8) Ein Liquidationswert ist nicht zu ermitteln,

a) wenn das Unternehmen aus rechtlichen Gründen fortgeführt werden muss und sich diesem Zwang einseitig nicht entziehen kann;

b) wenn tatsächliche Zwänge zur Unternehmensfortführung vorliegen, was jedoch nur in Ausnahmefällen vorkommt (z.B. bei öffentlichem Druck zur Erhaltung von Arbeitsplätzen);

c) wenn es sich um ein Unternehmen mit bedarfswirtschaftlichem Leistungsauftrag handelt (vgl. Rz (139) KFS/BW 1).

(9) Bei der Ermittlung eines subjektiven Unternehmenswerts kann auftragsabhängig auf die Ermittlung eines Liquidationswerts verzichtet bzw. anhand abweichender Grundsätze vorgegangen werden.

(10) Die im Rahmen dieser Empfehlung erarbeiteten Grundsätze gelten sinngemäß für die Ermittlung von Liquidationswerten als Restwert bei begrenzter Lebensdauer des zu bewertenden Unternehmens.

(11) Bestehen rechtliche Vorgaben für die Wertermittlung, richten sich der Blickwinkel der Liquidationswertermittlung sowie der Umfang der erforderlichen Typisierungen und Objektivierungen nach den für die Wertermittlung relevanten rechtlichen Regelungen (vgl. Rz (16) KFS/BW 1).

1.4. Definitionen

(12) Liquidationskonzept: Das Liquidationskonzept umfasst die unternehmerischen Entscheidungen zur Abwicklung eines Unternehmens (einer Bewertungseinheit) in Bezug auf die Zerschlagungsgeschwindigkeit und die Zerschlagungsintensität, die dabei zu erwartenden Marktbedingungen und die Liquidationsplanung.

(13) Zerschlagungsintensität: Die Zerschlagungsintensität beschreibt den im Liquidationskonzept definierten Grad der Aufteilung bzw. Zusammenfassung des zu verwertenden Vermögens in Verwertungseinheiten.

(14) Zerschlagungsgeschwindigkeit: Die Zerschlagungsgeschwindigkeit beschreibt die im Liquidationskonzept festgelegte Abwicklungsdauer.

(15) Liquidationskosten: Es ist zwischen indirekten und direkten Liquidationskosten zu unterscheiden. Jene Kosten, die bei der Fortführung des Unternehmens nicht anfallen, sind als direkte Liquidationskosten zu klassifizieren. Darunter fallen insbesondere Kosten in Zusammenhang mit Arbeitsverträgen, Sozialpläne, Rekultivierungen, Entsorgungskosten und Abbruchkosten im Rah-

men einer Liquidation und Honorare von Sachverständigen. Indirekte Liquidationskosten sind jene Kosten, die durch die Publizität der geplanten Liquidation entstehen. Darunter fallen insbesondere höhere Beschaffungskosten und entgangene Umsätze aufgrund von Verhaltensänderungen von Lieferanten und Kunden.

2. Empfehlung

2.1. Wertkonzept

(16) Wie der Fortführungswert ist auch der Liquidationswert grundsätzlich als Barwert finanzieller Überschüsse zu bestimmen (Zahlungsstromorientierung). Abweichend von der Ermittlung eines Fortführungswerts ist der Ermittlung des Liquidationswerts die Prämisse der Abwicklung des Unternehmens im Sinne einer hypothetischen Gesamtliquidation des Unternehmens zugrunde zu legen.

(17) Aus der Abwicklungsprämisse folgt, dass im Rahmen der Ermittlung des Liquidationswerts von einer begrenzten Abwicklungsdauer auszugehen ist. Des Weiteren folgt daraus, dass das Unternehmen nicht mehr als Ganzes (Unternehmenseinheit) bewertet wird, sondern nach Maßgabe der festzulegenden Zerschlagungsintensität in (kleinere) Bewertungs- bzw. Verwertungseinheiten geteilt wird. Die fingierte Veräußerung dieser Verwertungseinheiten zieht den Wegfall von Synergieeffekten, die sich aus dem Zusammenwirken dieser Einheiten innerhalb des Unternehmens ergeben haben, nach sich.

2.2. Liquidationskonzept

(18) Der Ermittlung des Liquidationswerts ist ein Liquidationskonzept zugrunde zu legen. Dieses ist analog zum Unternehmenskonzept bei Gültigkeit der Fortführungsprämisse (Rz (79) KFS/BW 1) vom Management mit der Sorgfalt eines ordentlichen und gewissenhaften Geschäftsleiters unter Beachtung des Grundsatzes der bestmöglichen Verwertung des Unternehmensvermögens unter rein finanziellen Zielsetzungen zu erstellen. Dabei sind Verwertungsmaßnahmen nur insoweit zu berücksichtigen, als sie sich hinreichend konkretisieren lassen, um daraus belastbare Erwartungswerte ableiten zu können.

(19) Das Liquidationskonzept hat sich auf sämtliche Vermögenswerte sowie Verpflichtungen, einschließlich aller außerbilanziellen Vermögenswerte und Verpflichtungen, am Bewertungsstichtag zu erstrecken. Das entscheidende Kriterium für den Ansatz eines Vermögenswerts stellt allein dessen Verwertbarkeit dar.

(20) Das Liquidationskonzept legt sowohl den zeitlichen Rahmen der Liquidation (Zerschlagungsgeschwindigkeit) als auch den Grad der Teilung des Vermögens (Zerschlagungsintensität) fest. Beide Parameter beeinflussen den Liquidationswert.

(21) Bei der Festlegung der Zerschlagungsgeschwindigkeit ist zu beachten, dass eine Abwicklung unter Zeitdruck insoweit nachteilig sein kann, als sie zur Realisierung von bloßen „Schrottwerten“, zur Inkaufnahme von Auflösungskosten (z.B. Vorfälligkeitsentschädigungen) sowie zu grundsätzlich vermeidbaren Liquidationskosten führt. Eine länger andauernde, planmäßige Liquidation kann demgegenüber im Einzelfall zu höheren Verwertungserlösen und geringeren Liquidationskosten führen.

(22) Bei der Festlegung der Zerschlagungsintensität ist zu beurteilen, inwieweit eine Veräußerung von wirtschaftlichen Einheiten aus Teilen des Unternehmens als Gesamtheit (z.B. Teilbetriebe, Geschäftsbereiche) anstelle einer isolierten Veräußerung einzelner Vermögenswerte realisierbar erscheint. Anhaltspunkte dafür kann eine Analyse der Rentabilität der einzelnen Betriebsteile liefern. Mit abnehmender Zerschlagungsintensität sind in der Regel höhere Liquidationserlöse zu erwarten.

(23) Das Liquidationskonzept hat auf rechtliche Vorgaben für die Liquidation des Unternehmens Bedacht zu nehmen. Bei der Liquidation von Kapitalgesellschaften sind die im AktG und GmbHG verankerten Vorschriften zu berücksichtigen.

(24) Die Plausibilität des Liquidationskonzepts ist vom Berufsangehörigen zu beurteilen.

2.3. Liquidationsplanung

(25) Ausgangspunkt der Liquidationsplanung ist das Liquidationskonzept. In der Liquidationsplanung werden die finanziellen Auswirkungen der Liquidation quantitativ dargestellt. Analog zu den Anforderungen an die Planung finanzieller Überschüsse im Fortführungsfall ist bei einem mehrjährigen Liquidationszeitraum grundsätzlich eine integrierte Planungsrechnung aufzustellen, die den gesamten Abwicklungszeitraum umfasst. Um zu beurteilen, ob die Zahlungsfähigkeit des Unternehmens während des gesamten Abwicklungszeitraums aufrechterhalten werden kann, kann es erforderlich sein, Planungsperioden von weniger als einem Jahr vorzusehen.

(26) Bei einem kurzen Liquidationszeitraum oder einer geringen Komplexität der Unternehmensstruktur kann die vereinfachte Erstellung eines Status auf Basis von Liquidationswerten unter Berücksichtigung der zu erwartenden Liquidationskosten und Steuerwirkungen ausreichend sein.

(27) Für Zwecke der Liquidationsplanung kann der Abwicklungszeitraum grundsätzlich in eine Produktions- bzw. Leistungsauslaufphase, eine Verwertungsphase und eine Verteilungsphase eingeteilt werden.

(28) Die Liquidation des betriebsnotwendigen Vermögens beginnt in der Regel mit einer Auslaufphase, in der z.B. laufende Aufträge abgearbeitet oder Vorräte abgebaut werden. Bei der Planung dieser Phase sind die indirekten Liquidationskosten zu berücksichtigen.

(29) In der Verwertungsphase steht die Ermittlung der bei der Veräußerung der Vermögensgegenstände (Liquidationswertermittlung im engeren Sinne) zu erzielenden Erlöse im Vordergrund. In dieser Phase sind auch die direkten Liquidationskosten (u.U. auch Steuern) zu berücksichtigen. Bei

der Schätzung der Verwertungserlöse ist auf die Verwertbarkeit des zu veräußernden Vermögens sowie auf den Umstand Bedacht zu nehmen, dass sich das Unternehmen annahmegemäß in Abwicklung befindet.

(30) Soweit für einzeln zu verwertende Aktiva Marktpreise auf aktiven Märkten existieren, sind sie der Schätzung der Verwertungserlöse zugrunde zu legen. Allerdings ist dabei zu beurteilen, ob durch das liquidationsbedingte Zusatzangebot Marktpreise beeinflusst werden und Preisabschläge zu erwarten sind. In diesem Sinne ist etwa davon auszugehen, dass die Verwertung eines größeren Aktienpakets über die Börse ein Absinken des Börsenkurses nach sich ziehen wird. In Abhängigkeit von Größe und Liquidität des Aktienmarkts sind daher entsprechende Abschläge vom Börsenkurs zu berücksichtigen.

(31) Buchwerte sowie Bilanzierungsverbote sind für die Ermittlung des Liquidationswerts unbeachtlich. Demnach sind selbst geschaffene immaterielle Vermögensgegenstände des Anlagevermögens, wie z.B. Patentrechte, Markenrechte, Rezepte oder Kundenlisten, zu berücksichtigen.

(32) Im Rahmen der Liquidationsplanung sind auch jene Verpflichtungen bzw. Kosten anzusetzen, die erst durch die Liquidation des Unternehmens entstehen bzw. schlagend werden, wie z.B. Sozialplanverpflichtungen, Abfindungszahlungen, Abbruchkosten, Vorfälligkeitsentschädigungen oder Eventualverbindlichkeiten. Nicht zu berücksichtigen sind hingegen alle mit der Liquidation entfallenden Schulden, wie z.B. Aufwands- und Kulanzrückstellungen.

(33) Bei der Liquidation von Kapitalgesellschaften ist die auf den Abwicklungszeitraum entfallende Körperschaftsteuer in der Liquidationsplanung zu berücksichtigen. Die Berücksichtigung von persönlichen Ertragsteuern richtet sich bei der Bewertung von Personenunternehmen sowie von Kapitalgesellschaften danach, ob der Zweck der Bewertung in der Ermittlung eines Werts vor oder nach persönlichen Ertragsteuern liegt: Um eine Doppelberücksichtigung von persönlichen Ertragsteuern zu vermeiden, sind persönliche Ertragsteuern in der Liquidationsplanung dann nicht zu berücksichtigen, wenn der zu ermittelnde Liquidationswert nach dem Zweck der Bewertung einen Wert vor persönlichen Ertragsteuern repräsentieren soll. Dies ist etwa der Fall, wenn die Wertermittlung der Festlegung der angemessenen Barabfindung eines ausgeschlossenen Gesellschafters dient, da der ausgeschlossene Gesellschafter die Barabfindung selbst der persönlichen Ertragsbesteuerung zu unterziehen hat. Liegt der Zweck der Bewertung hingegen in der Ermittlung eines Werts nach persönlichen Ertragsteuern, sind diese Steuern in der Liquidationsplanung zu berücksichtigen.

(34) Die Plausibilität der Liquidationsplanung ist in sinngemäßer Anwendung der Rz (68) bis (73) KFS/BW 1 zu beurteilen.

2.4. Fehlendes Liquidationskonzept und/oder fehlende Liquidationsplanung

(35) Liegen ein ausreichend dokumentiertes Liquidationskonzept und/oder eine ausreichend dokumentierte Liquidationsplanung nicht vor, ist das Management aufzufordern, unter Zugrundelegung seiner Vorstellungen über die Konzeption und/oder Planung der Liquidation des Unternehmens ein Liquidationskonzept bzw. eine integrierte Planungsrechnung oder einen Liquidationsstatus zu erstellen.

(36) Sofern das Management ein für Zwecke der Liquidationswertermittlung geeignetes Liquidationskonzept und/oder eine dafür geeignete Liquidationsplanung nicht vorlegt, kann der Berufsangehörige das Liquidationskonzept und die Liquidationsplanung selbst erstellen. Die vom Berufsangehörigen eigenständig getroffenen und allenfalls vereinfachenden Annahmen sind im Bewertungsgutachten explizit zu beschreiben. Auf das Fehlen eines Liquidationskonzepts und/oder einer Liquidationsplanung seitens des Managements und eine damit allenfalls verbundene eingeschränkte Verlässlichkeit des Bewertungsergebnisses ist im Bewertungsgutachten hinzuweisen.

2.5. Berücksichtigung der Unsicherheit

(37) Die für den Liquidationsfall zu erwartenden finanziellen Überschüsse sind mit Unsicherheit behaftet. Nach Rz (100) KFS/BW 1 kann das Risiko entweder in Form der Sicherheitsäquivalenzmethode durch einen Abschlag vom Erwartungswert der finanziellen Überschüsse oder in Form der Risikozuschlagsmethode durch einen Risikozuschlag zum risikolosen Zinssatz (Basiszinssatz) berücksichtigt werden. Bei korrekter Anwendung führen beide Methoden zum selben Ergebnis.

(38) Bei Anwendung der Risikozuschlagsmethode ist zu beachten, dass eine marktgestützte Ermittlung von Risikozuschlägen auf Basis des CAPM für in Liquidation befindliche Unternehmen in der Praxis mit erheblichen Schwierigkeiten verbunden ist, da das aus den Geschäftsmodellen börsennotierter Unternehmen resultierende operative Risiko in der Regel nicht mit jenem eines zu liquidierenden Unternehmens vergleichbar ist. Nach Ansicht des Fachsenats kann daher die Anwendung der Sicherheitsäquivalenzmethode im Einzelfall zu bevorzugen sein. Auf dieser Grundlage können Sicherheitsäquivalente einzelner Zahlungsstromkomponenten mit unterschiedlichem Risikogehalt gebildet werden, wie etwa für Verwertungserlöse, Liquidationskosten und die Bezahlung von Schulden.

2.6. Diskontierung der finanziellen Überschüsse aus der Liquidation

(39) Erstreckt sich die Liquidation über einen Zeitraum von mehr als einem Jahr, sind die finanziellen Überschüsse aus der Liquidation mit einem risikoadäquaten Diskontierungssatz auf den Bewertungsstichtag abzuzinsen. Bei Anwendung der Sicherheitsäquivalenzmethode erfolgt die Ab-

zinsung mit dem laufzeitäquivalenten risikolosen Zinssatz.

2.7. Liquidationszuschussbedarf und negativer Liquidationswert

(40) Ergibt die Liquidationsplanung negative finanzielle Überschüsse, sind die Rz (141) f. KFS/BW 1 entsprechend anzuwenden.

(41) Reichen die aus der Verwertung des Vermögens zu erwartenden finanziellen Zuflüsse nicht aus, um sämtliche Schulden und Liquidationskosten einschließlich der mit der Liquidation verbundenen Steuerwirkungen zu bedecken, liegt auf Ebene des zu bewertenden Unternehmens eine finanzielle Unterdeckung im Liquidationsfall vor, die im Anwendungsbereich des § 67 und nach Maßgabe des § 67 Abs. 3 IO das Vorliegen einer rechnerischen Überschuldung nach sich ziehen kann.

(42) Aus der Perspektive der Unternehmenseigner führt eine finanzielle Unterdeckung im Liquidationsfall insoweit zu einem negativen Liquidationswert, als die Unternehmenseigner dafür aufgrund von gesetzlichen oder vertraglichen Haftungen, bestellten Sicherheiten aus dem Privatvermögen, noch ausstehenden Einlagen oder bestehenden Nachschussverpflichtungen aufkommen müssen.

3. Weiterführende Literatur

Aschauer/Purtscher, Einführung in die Unternehmensbewertung, Wien 2011

Bertl/Kasapovic/Patloch-Kofler, Der Liquidationswert als Bewertungsuntergrenze, in: RWZ 3/2018, S. 94–101

Bertl/Kasapovic/Patloch-Kofler, Sonderfragen der Liquidationswertermittlung, in: RWZ 7–8/2018, S. 275–282

Henselmann/Kniest, Unternehmensbewertung: Praxisfälle mit Lösungen, 5. Auflage, Herne 2015

Ihlau/Duscha, Liquidationswert, in: Peemöller (Hrsg.), Praxishandbuch der Unternehmensbewertung, 6. Auflage, Herne 2015, S. 807–830

Nadvornik/Sylle, Bewertung ertragsschwacher Unternehmen, in: Petersen/Zwirner (Hrsg.), Handbuch Unternehmensbewertung, 2. Auflage, Köln 2017, S. 1273–1289

Ruiz de Vargas/Zollner, Die Ermittlung des Liquidationswerts als objektiviertem [sic!] Unternehmenswert, in: BewertungsPraktiker 3/2015, S. 104–121

2/4/3. KFS/BW 3

**Fachgutachten
des Fachsenats für Betriebswirtschaft
betreffend die Empfehlung zur Ausgestaltung finanzieller Leistungsindikatoren im Lagebericht bzw. Konzernlagebericht**

(beschlossen in der Sitzung des Fachsenats für Betriebswirtschaft und Organisation am 27. November 2007 als Fachgutachten KFS/BW 3, überarbeitet im Jänner 2016)

1. Vorbemerkungen

(1) Die Lageberichterstattung gemäß §§ 243, 243a und 267 UGB erfuhr in den vergangenen Jahren im Zuge der Umsetzung der Fair Value-Richtlinie durch das Fair Value-Bewertungsgesetz (FVBG, 2003), im Zuge der Umsetzung der Modernisierungs-Richtlinie durch das Rechnungslegungsänderungsgesetz (ReLÄG) 2004 sowie durch das Rechnungslegungs-Änderungsgesetz (RÄG) 2014 weit reichende Änderungen und Ergänzungen. Eine wesentliche Neuerung stellte hierbei die Verpflichtung dar, im Lagebericht bzw. Konzernlagebericht im Rahmen der Analyse des Geschäftsverlaufs, einschließlich des Geschäftsergebnisses, und der Lage des Unternehmens bzw. Konzerns in Abhängigkeit von der Größe des Unternehmens bzw. Konzerns und von der Komplexität des Geschäftsbetriebs auch auf die für die jeweilige Geschäftstätigkeit wichtigsten finanziellen Leistungsindikatoren einzugehen und sie unter Bezugnahme auf die im Jahres- bzw. Konzernabschluss ausgewiesenen Beträge und Angaben zu erläutern.

(2) Der unbestimmte und der Betriebswirtschaftslehre unbekannte Begriff des finanziellen Leistungsindikators entstammt der deutschen Fassung der Modernisierungs-Richtlinie und resultiert aus einer Übersetzung des englischen Begriffs financial key performance indicator. Die Erläuternden Bemerkungen zur Regierungsvorlage des ReLÄG 2004 führen hierzu aus, dass „die gängigen Kennzahlen der finanzwirtschaftlichen und erfolgswirtschaftlichen Analyse (z.B. Erfolgskennzahlen insbesondere Rentabilitätskennzahlen, Kennzahlen der Vermögens- und Kapitalstruktur, Finanzierungskennzahlen) und die Kapitalflussrechnung (Geldflussrechnung)“ als finanzielle Leistungsindikatoren anzusehen sind.

(3) In Anlehnung an die Stellungnahme „Lageberichterstattung gemäß §§ 243, 243a und 267 UGB“ des AFRAC lassen sich finanzielle Leistungsindikatoren als wesentliche Erfolgsmaßstäbe eines Unternehmens, die eine effektive Messung von Entwicklung, Performance und Geschäftstätigkeit ermöglichen und quantifizierbar sind, definieren. Im Hinblick auf ihre Darstellung ist eine Orientierung an objektiven Kriterien erforderlich; ihre Nachvollziehbarkeit ist zu gewährleisten. Um ein möglichst getreues Bild der Vermögens-, Finanz- und Ertragslage vermitteln zu können, empfiehlt die Stellungnahme folgende Angabestruktur:

- Definition und Berechnung
- Erläuterung
- Datenquelle
- Quantitative Angaben (inklusive Vergleichszahlen für mindestens eine Periode)
- Angaben zu Änderungen bei der Berechnung der Zahlen gegenüber dem Vorjahr

(4) Die Stellungnahme des AFRAC wird vom Fachsenat für Betriebswirtschaft inhaltlich unterstützt. Sie bildet die Grundlage für das vorliegende Fachgutachten.

2. Angemessene finanzielle Leistungsindikatoren

(5) Im vorliegenden Fachgutachten werden – ohne Unterscheidung zwischen den Angaben im Lagebericht und im Konzernlagebericht – Kennzahlen und deren Berechnung näher ausgeführt, die für die Analyse der Geschäftstätigkeit in der Regel angemessen sind.

(6) In Abhängigkeit von der Branche und der Größe des Unternehmens bzw. Konzerns sowie der Komplexität der Geschäftstätigkeit kann es geboten sein, andere finanzielle Leistungsindikatoren darzustellen. Dies gilt insbesondere für Kreditinstitute und andere Finanzdienstleistungsunternehmen, Versicherungsunternehmen und Unternehmen ohne eigenen Geschäftsbetrieb.

(7) In den weiteren Ausführungen wird verkürzt lediglich vom Lagebericht und vom Unternehmen gesprochen; sie gelten jedoch auch für den Konzernlagebericht und für den Konzern.

(8) Als Leistungsindikatoren werden empfohlen:

a) **Kennzahlen zur Ertragslage**
   - Umsatzerlöse (Sales)
   - Ergebnis vor Zinsen und Steuern (Earnings before Interest and Tax – EBIT)
   - Umsatzrentabilität (Return on Sales – ROS)
   - Kapitalrentabilität
     - Eigenkapitalrentabilität (Return on Equity – ROE)
     - Gesamtkapitalrentabilität (Return on Investment – ROI)

b) **Kennzahlen zur Vermögens- und Finanzlage**
   - Nettoverschuldung (Net Debt)
   - Nettoumlaufvermögen (Working Capital)
   - Eigenkapitalquote (Equity Ratio)

– Nettoverschuldungsgrad (Gearing)

c) **Cash-flow-Kennzahlen**

(9) Zur Darstellung des Geschäftsverlaufs sind die Kennzahlen zumindest für das Geschäftsjahr und das Vorjahr anzugeben, wobei Änderungen gegenüber dem Vorjahr, die auf Änderungen der Berechnung oder wesentliche Änderungen der Unternehmensstruktur zurückzuführen sind, zu erläutern sind. Wenn sich die Unternehmensstruktur nicht wesentlich verändert hat, wird der Einblick in die Entwicklung des Unternehmens verbessert, wenn ausgewählte Kennzahlen für einen Zeitraum von drei bis fünf Jahren dargestellt werden.

3. Bezugnahme auf die im Jahres- bzw. Konzernabschluss ausgewiesenen Beträge und Angaben

(10) Grundsätzlich sind der Berechnung der finanziellen Leistungsindikatoren die Beträge und Angaben des Jahres- bzw. Konzernabschlusses zugrunde zu legen. Für Konzernabschlüsse nach § 245a UGB gelten die Verweise auf das UGB in den folgenden Abschnitten sinngemäß.

(11) Es ist zulässig, zum Zweck einer wesentlichen und betriebswirtschaftlich begründeten Verbesserung der Aussagefähigkeit finanzieller Leistungsindikatoren bei deren Berechnung Beträge heranzuziehen, die dem Jahres- bzw. Konzernabschluss einschließlich des Anhangs bzw. Konzernanhangs nicht unmittelbar entnommen werden können, wenn die Ableitung dieser Beträge aus den im Jahres- bzw. Konzernabschluss einschließlich des Anhangs bzw. Konzernanhangs angeführten Beträgen nachvollziehbar dargestellt wird.

4. Kennzahlen zur Ertragslage

4.1. Umsatzerlöse (Sales)

(12) Die Darstellung finanzieller Leistungsindikatoren umfasst auch die Erläuterung der Umsatzerlöse. Diese müssen im Lagebericht nicht erläutert werden, wenn das Bericht erstattende Unternehmen sie gemäß § 279 Z 2 UGB nicht offen legt.

4.2. Ergebnis vor Zinsen und Steuern (Earnings before Interest and Tax – EBIT)

(13) Das Ergebnis vor Zinsen und Steuern entspricht dem um den Zinsaufwand korrigierten Ergebnis vor Steuern.

Ergebnis vor Steuern
+ Zinsen und ähnliche Aufwendungen gemäß § 231 Abs. 2 Z 15 bzw. Abs. 3 Z 14 UGB
= Ergebnis vor Zinsen und Steuern

(14) Sind in der Gewinn- und Verlustrechnung gemäß § 237 Abs. 1 Z 4 UGB erläuterte Ertrags- oder Aufwandsposten von außerordentlicher Größenordnung oder außerordentlicher Bedeutung enthalten und bewirken diese Beträge eine wesentliche Verzerrung des Ergebnisses, die zukünftig nicht mehr eintreten wird, sind diese Beträge mit Hinweis auf § 237 Abs. 1 Z 4 UGB vom Ergebnis vor Zinsen und Steuern abzuziehen oder diesem zuzurechnen.

4.3. Umsatzrentabilität (Return on Sales – ROS)

(15) Die Umsatzrentabilität entspricht dem Verhältnis aus Ergebnis vor Zinsen und Steuern (vgl. Abschnitt 4.2.) und den Umsatzerlösen. Die Umsatzrentabilität kann daher wie folgt ermittelt werden:

$$\textbf{Umsatzrentabilität} = \frac{\text{Ergebnis vor Zinsen und Steuern}}{\text{Umsatzerlöse}}$$

(16) Die Angabe der Umsatzrentabilität kann unterbleiben, wenn von der Offenlegung der Umsatzerlöse gemäß § 279 Z 2 UGB abgesehen wird.

4.4. Kapitalrentabilität

(17) Grundsätzlich sollte die Basis der Kapitalrentabilitäten das Kapital zum Anfang des Geschäftsjahrs sein. Wird dadurch die Aussagekraft der Kennzahl eingeschränkt, ist eine entsprechende Durchschnittszahl zu ermitteln und zu erläutern.

4.4.1. Eigenkapitalrentabilität (Return on Equity – ROE)

(18) Die Eigenkapitalrentabilität ergibt sich aus dem Verhältnis des Ergebnisses vor Steuern zum Eigenkapital.

$$\textbf{Eigenkapitalrentabilität} = \frac{\text{Ergebnis vor Steuern}}{\text{Eigenkapital}}$$

4.4.2. Gesamtkapitalrentabilität (Return on Investment – ROI)

(19) Die Gesamtkapitalrentabilität ergibt sich aus dem Verhältnis des Ergebnisses vor Zinsen und Steuern (vgl. Abschnitt 4.2.) zum Gesamtkapital.

$$\textbf{Gesamtkapitalrentabilität} = \frac{\text{Ergebnis vor Zinsen und Steuern}}{\text{Gesamtkapital}}$$

5. Kennzahlen zur Vermögens- und Finanzlage

5.1. Nettoverschuldung (Net Debt)

(20) Die Nettoverschuldung ergibt sich als Saldo des verzinslichen Fremdkapitals und der flüssigen Mittel.

verzinsliches Fremdkapital
– flüssige Mittel
= Nettoverschuldung

(21) Das verzinsliche Fremdkapital setzt sich jedenfalls aus folgenden Posten zusammen:

a) Anleihen
b) Verbindlichkeiten gegenüber Kreditinstituten
c) Rückstellungen für Abfertigungen
d) Rückstellungen für Pensionen
e) Rückstellungen für Jubiläumsgelder

(22) Alle anderen Posten des Fremdkapitals sind auf ihre Zuordnung zum verzinslichen Fremdkapital zu untersuchen.

(23) Die flüssigen Mittel bestehen aus dem Bilanzposten „Kassenbestand, Schecks, Guthaben bei Kreditinstituten" (§ 224 Abs. 2 B IV UGB), aus den Wertpapieren des Umlaufvermögens, die jederzeit in Geld umgewandelt werden können und nur einem geringen Wertschwankungsrisiko unterliegen, sowie aus sonstigem Finanzvermögen, das in direktem Zusammenhang mit verzinslichem Fremdkapital steht.

5.2. Nettoumlaufvermögen (Working Capital)

(24) Das Nettoumlaufvermögen ergibt sich als Differenz des kurzfristigen Umlaufvermögens und des kurzfristigen Fremdkapitals.

(25) Das Umlaufvermögen ist um die langfristig gebundenen Bestandteile zu kürzen. Zu diesen zählen etwa Forderungen mit einer Restlaufzeit von mehr als einem Jahr. Sowohl in das kurzfristige Umlaufvermögen als auch in das kurzfristige Fremdkapital sind die kurzfristigen Rechnungsabgrenzungsposten einzubeziehen.

Umlaufvermögen
– langfristiges Umlaufvermögen
= kurzfristiges Umlaufvermögen
– kurzfristiges Fremdkapital
= Nettoumlaufvermögen

5.3. Eigenkapitalquote (Equity Ratio)

(26) Die Eigenkapitalquote stellt den Anteil des Eigenkapitals am Gesamtkapital dar.

$$\textbf{Eigenkapitalquote} = \frac{\text{Eigenkapital}}{\text{Gesamtkapital}}$$

5.4. Nettoverschuldungsgrad (Gearing)

(27) Der Nettoverschuldungsgrad entspricht dem Verhältnis der Nettoverschuldung (vgl. Abschnitt 5.1.) zum Eigenkapital.

$$\textbf{Nettoverschuldungsgrad} = \frac{\text{Nettoverschuldung}}{\text{Eigenkapital}}$$

6. Cash-flow-Kennzahlen

(28) Die Ausführungen dieses Abschnitts gelten nur für den Lagebericht, nicht für den Konzernlagebericht, weil die Geldflussrechnung Pflichtbestandteil des Konzernabschlusses ist (vgl. § 250 Abs. 1 UGB).

(29) Die Aufnahme einer vollständigen Geldflussrechnung (vgl. KFS/BW 2) in den Lagebericht wird empfohlen. Alternativ können entsprechend der AFRAC-Stellungnahme „Lageberichterstattung gemäß §§ 243, 243a und 267 UGB" Teilergebnisse der Geldflussrechnung oder daraus abgeleitete Cash-flow-Kennzahlen dargestellt werden. Diese müssen nachvollziehbar sein.

2/4/5. KFS/BW 5

**Stellungnahme
des Fachsenats für Betriebswirtschaft
Leitfaden zum Erkennen von Unternehmenskrisen**

(beschlossen in der Sitzung des Fachsenats für Betriebswirtschaft und Organisation am 24.03.2010 als Stellungnahme KFS/BW 5)

Präambel

Dieser Leitfaden ist eine Serviceleistung der KWT für ihre Mitglieder und wird zur Weitergabe an deren Mandanten empfohlen. Es handelt sich um eine Aufstellung der Kriterien, die krisenhafte Erscheinungen in Unternehmen indizieren. Der Leitfaden hilft, Unternehmenskrisen frühzeitig zu diagnostizieren. Er ist aber nicht verbindlich und kann eine professionelle und individuelle Beratung nicht ersetzen. Unternehmen, die diesen Leitfaden einsetzen, sollten daher im Bedarfsfall professionelle Berater beiziehen.

1. Begriff der Krise

(1) Eine Krise wird als Phase der Diskontinuität in der Entwicklung eines Unternehmens definiert, die eine **substanzielle Gefährdung des Unternehmensfortbestands** darstellt und durch die Unbestimmtheit ihres Ausgangs charakterisiert ist. Eine solche Gefährdung eines Unternehmens kann aufgrund außerordentlicher, nicht vorhersehbarer Ereignisse plötzlich, d.h. ohne erkennbare Warnsignale eintreten. Typischerweise durchlaufen Unternehmen in der Krise jedoch nacheinander verschiedene Eskalationsstufen. Wenngleich diese Entwicklung nicht immer gleichmäßig erfolgt und sich die einzelnen Phasen einer Krise regelmäßig überschneiden, lassen sich dennoch die folgenden Erscheinungsformen einer Krise grob voneinander abgrenzen.

2. Formen einer Krise

2.1. Potentielle Krise

(2) Strategieschwächen oder Strukturmängel stellen die erste Phase einer Unternehmenskrise dar. Es werden die (in der Regel langfristig wirkenden) Erfolgsfaktoren (Erfolgspotentiale) eines Unternehmens gestört, und die weitere Unternehmensentwicklung wird nachhaltig negativ beeinflusst.

2.2. Latente Krise

(3) Wird auf grundsätzliche Schwächen nicht rechtzeitig und angemessen reagiert, wirkt sich dies früher oder später auf die Ertragslage aus, und es folgt zwangsläufig eine Erfolgskrise. Das Unternehmen erleidet Verluste, die das Eigenkapital aufzehren. Es droht die latente Gefahr zukünftiger Überschuldung.

2.3. Akute Krise

(4) Ist die Liquidität infolge andauernder Verluste derart geschrumpft, dass eine konkrete Gefahr der Zahlungsunfähigkeit besteht, spricht man von einer Liquiditätskrise. Die Reaktionszeit zur Abwendung einer drohenden Insolvenz ist äußerst knapp – die Krise ist akut.

3. Krisensignale

3.1. Funktion von Krisensignalen

(5) Das rechtzeitige Erkennen von Krisensignalen bietet die Möglichkeit, der Entwicklung von Unternehmenskrisen frühzeitig entgegenzuwirken. Die anschließend für die drei Phasen von Krisensituationen angeführten Indikatoren liefern Hinweise, ob sich eine akute Krise bzw. ein Zusammenbruch des Unternehmens anbahnt. Für die Vollständigkeit der Indikatoren und ihre Aussagefähigkeit im Einzelfall kann keine Gewähr übernommen werden. Im Einzelfall ist für eine sichere Aussage eine Gesamtbetrachtung der wirtschaftlichen Lage des Unternehmens erforderlich, bei der neben den in dieser Ausarbeitung angeführten Indizien die Besonderheiten der Branche, die Unternehmensgröße, die Marktverhältnisse und die Wettbewerbssituation sowie ähnliche Einflussfaktoren berücksichtigt werden müssen.

3.2. Potentielle Krise

(6) Die folgenden Tabellen nennen je nach Unternehmensbereich Ursachen für eine erhöhte Krisenanfälligkeit, die zur Beurteilung eines Unternehmens und seiner Gefährdung hinterfragt werden sollten:

Unternehmensführung	nicht zutreffend	teils zutreffend	zutreffend
– Kein bzw. unzureichendes Risikomanagement			
– Starres Festhalten an früher erfolgreichen Konzepten			
– Ablehnen von Veränderungen			
– Patriarchalischer Führungsstil			
– Fehlende Nachfolgeregelung			
– Hohe Fluktuation des Managements			
– Mangel an Erfahrung und sonstiger Qualifikation der Führungskräfte			
– Mangelnde Delegation			
– Entscheidungsschwäche, notwendige Entscheidungen werden immer wieder verschoben			
– Nicht klar definierte Verantwortungsbereiche auf Geschäftsführungsebene (keine Geschäftsordnung vorhanden)			
– Überwiegen der Ressortinteressen bei Entscheidungen der Unternehmensführung			
– Zu schnelle Expansion			
– Persönliche Differenzen, Streit/anwaltliche Auseinandersetzungen auf Leitungs- und/oder Gesellschafterebene			
– Fehlende Standort-, Produkt- und Marktevaluierung			
– Fehlen einer langfristigen Unternehmensplanung, keine laufende Aktualisierung der Langzeitplanung durch detaillierte Jahrespläne			
– Keine Überprüfung der Realisierung der definierten Jahresziele (Soll-Ist-Vergleich)			

Organisation	nicht zutreffend	teils zutreffend	zutreffend
– Intransparente Struktur und Hierarchie (z.B. kein Organigramm)			
– Unklare Abgrenzung der Zuständigkeiten (z.B. fehlende Stellenbeschreibungen)			
– Abweichungen zwischen formaler und tatsächlich gelebter Struktur			
– Defizite der Informationssysteme und Kommunikationsmöglichkeiten (ausfallsanfällige IT-Systeme, fehlende Dokumentation)			
– Mangelhafte Kontrolle und Koordination			
– Nicht angemessenes internes Kontroll-/ Frühwarnsystem/ keine interne Revision			
– Defizite in der internen und/oder externen Unternehmenskommunikation			
– Fehlende organisatorische Anpassung an die aktuelle Entwicklung			
– Unklare, kosten- und zeitaufwendige Abläufe			
– Steuerliche und konstitutive Rechtsformnachteile			
– Unzureichende Projektplanung und mangelhaftes Projektmanagement			

Personal	nicht zutref-fend	teils zutref-fend	zutreffend
– Fehlende Personalplanung und -entwicklung			
– Mangelnde Motivation der Belegschaft, schlechtes Betriebsklima			
– Fachlich und führungsmäßig unzureichend qualifizierte Mitarbeiter			
– Abhängigkeit des Unternehmens von einzelnen Mitarbeitern (Spezialisten)			
– Konflikte mit Arbeitnehmern, Streik, Aussperrung, Sabotage			
– Unangemessene Vergütung			
– Scheu vor Belegschaftsabbau			
– Abbau unbequemer Mitarbeiter			
– Keine/nicht strukturierte Mitarbeiter-Fortbildung			
– Unsachgemäße Arbeitsbedingungen, mangelnde Arbeitssicherheit			
– Nicht dem jeweiligen Standard entsprechende Personalbetreuung und Sozialleistungen			
– Überwechseln von Spitzenkräften zur Konkurrenz			
– Einflussnahme Dritter auf die Mitarbeiterauswahl bzw. Stellenbesetzung			
– Branchenuntypisch hohe Fluktuation			
– Überalterung des Personals			
– Hohe Krankenstände			
– Fehlende Dienstverträge			

Forschung und Entwicklung (F+E)	nicht zutreffend	teils zutreffend	zutreffend
– Nicht angemessene/konzeptlose F+E, keine Innovationen			
– Kostenintensive F+E für Produkte, deren Erfolgsaussichten sehr unsicher sind			
– Fehlender Informationsaustausch zwischen F+E und den Funktionsbereichen Produktion und Vertrieb/Marketing			
– Fehlende Definition/Erfassung von F+E-Aufwendungen			
– Keine langfristige Planung von F+E-Aktivitäten			
– Fehlende Inanspruchnahme von möglichen F+E-Förderungen			

Beschaffung und Logistik	nicht zutreffend	teils zutreffend	zutreffend
– Unzureichende Anpassung der Logistik an die Unternehmensabläufe, ineffiziente Materialflüsse/Lagerwirtschaft			
– Schwächen in der Einkaufspolitik und in den Lieferantenbeziehungen			
– Abhängigkeit von bestimmten Lieferanten und Rohstoffquellen			
– Politische und Währungsrisiken bei Rohstoffimporten			
– Schwankungen der Preise für Rohstoffe, Zulieferteile oder Transporte			
– Keine Zuverlässigkeitsprüfung der Lieferanten			

–	Ausdehnung des Lieferantenkreises und Zunahme der Liefermängel			
–	Unverhältnismäßig hohe Kapazitäten des eigenen Fuhrparks			

Produktion und Produkte		**nicht zutreffend**	**teils zutreffend**	**zutreffend**
–	Fehlende Abstimmung zwischen Produktion und Vertrieb			
–	Zu geringe/große Diversifikation der Produktpalette			
–	Keine angemessene Qualitätssicherung			
–	Einsatz von veralteten/noch unerprobten Produktionstechniken			
–	Unwirtschaftliche Eigenfertigung statt Fremdbezugs			
–	Leerkapazitäten			
–	Steigende Umrüstungskosten			
–	Fertigungsengpässe			
–	Komplexe Produktionsprozesse			
–	Ausfallsensible Anlagen			
–	Zu erwartende Änderungen der produktions- oder produktrelevanten Gesetzgebung			
–	Hohe Substituierbarkeit der Produkte			
–	Unzeitgemäße Produkteigenschaften, zu hohe/niedrige Qualität			

Vertrieb und Marketing		**nicht zutreffend**	**teils zutreffend**	**zutreffend**
–	Fehlende Marketing-Strategie			
–	Abhängigkeit von wenigen Abnehmern			
–	Keine/mangelhafte Bonitätsprüfung der Kunden			
–	Exportabhängigkeit und Währungsrisiken			
–	Unkontrollierte Umsatzerhöhung oder Marktanteilsausweitung			
–	Planlose Hoch-/Niedrigpreispolitik			
–	Hohe Lagerdauer			
–	Lange Zahlungsziele			
–	Mangelhafte Planung des kurz-, mittel- und langfristigen Absatzes und von dessen Abstimmung mit der Vertriebspolitik			
–	Ineffiziente Vertriebsorganisation			
–	Mangelhafte Kundenorientierung und Kundenbetreuung			
–	Zunahme von Kundenbeschwerden			
–	Nicht nachvollziehbare Markteinschätzung, oberflächliche oder fehlende Marktforschung			
–	Niedrige Anteile von Stammkunden am Umsatz, keine langfristigen Lieferverträge			
–	Negatives/fehlendes Markenimage			
–	Zahlreiche Konkurrenten und/oder marktbeherrschender Konkurrent			
–	Hohe Produkthaftpflichtrisiken und unzureichender Versicherungsschutz zur Abdeckung dieser Risiken			

Finanzen und Controlling	nicht zutreffend	teils zutreffend	zutreffend
– Defizite im Informations- und Berichtswesen			
– Unzureichende Planungs- und Kontrollinstrumente			
– Keine bzw. unzureichende Investitionsplanung (-rechnung)			
– Defizite in Kostenrechnung und Kalkulation			
– Fehlende Erfolgsaufschlüsselung (Sparten, Produkte, Kunden, Filialen, Gebiete, Verkäufer, Vertriebswege)			
– Unzulängliche Liquiditätsüberwachung			
– Fehlen konsolidierter Abschlüsse			

3.3. Latente Krise

(7) Das Vorliegen einer Erfolgskrise kann in der Regel anhand folgender Krisensymptome überprüft werden:

Erträge	nicht zutreffend	teils zutreffend	zutreffend
– Nachfragerückgang			
– Preisverfall			
– Verlust von Marktanteilen			
– Verlust von wichtigen (Stamm-)Kunden			
– Sinkende EBIT-Marge			

Aufwände	nicht zutreffend	teils zutreffend	zutreffend
– Gemessen an Branchenkennzahlen abnehmende/schlechte Produktivität, z.B. Pro-Kopf-Umsatz			
– Auslastungsrückgang und hohe Fixkosten			
– Zunehmende Lagerdauer			
– Zunehmende Lieferverzögerungen			
– Zunehmende Fehler- und Ausschussquote			

Finanzierung	nicht zutreffend	teils zutreffend	zutreffend
– Komplexe Finanzierungsstruktur			
– Mangelnde Fristenkongruenz im Bereich der langfristigen Finanzierung			
– Hohe Verschuldung und hohe Zinsenbelastung			
– Steigendes Kreditvolumen ohne adäquate Investitionstätigkeit			
– Häufiger Wechsel der Bankverbindung			
– Neue Kredite nur zu schlechteren Konditionen erhältlich			
– Anfallen von Verzugszinsen und Mahnkosten			
– Fehlendes Ausnützen von Skonti			
– Risiken aus dem Einsatz von Derivaten			
– Hohe Forderungen und Verbindlichkeiten gegenüber verbundenen Unternehmen			

Bilanzpolitik	nicht zutreffend	teils zutreffend	zutreffend
– Änderung der Bilanzierungs- und/oder Bewertungsmethoden (z.B. Abschreibungen)			
– Reserven (Wertberichtigungen, Rückstellungen, Rücklagen) werden aufgelöst			
– Umgründungen unter Nutzung der Aufwertungsoption des § 202 Abs. 1 UGB			
– Verschiebung des Jahresabschluss-Stichtages			

3.4. Akute Krise

(8) Besteht eine akute Gefährdung der Unternehmensexistenz, kann dies vor allem anhand nachfolgender Anzeichen wahrgenommen werden:

Finanzierung	nicht zutreffend	teils zutreffend	zutreffend
– Kein oder negatives Eigenkapital			
– Fehlende Alternativfinanzierungsmöglichkeiten			
– Forderung nach höherer Besicherung			
– Kürzung des Kreditrahmens			
– Unerwarteter Kreditbedarf			
– Drohende Konventionalstrafen wegen Nichterfüllung von Kreditvereinbarungen			
– Drohende Kündigung/Fälligstellung von Krediten			

Working Capital-Management	nicht zutreffend	teils zutreffend	zutreffend
– Hohe Außenstandsdauer, langsames und ineffektives Mahnwesen und Inkasso			
– Verspätete/ineffiziente Rechnungslegung			
– Verzögerungen eigener Zahlungen			
– Verspätete Zahlungen außerhalb der vereinbarten Konditionen			
– Stundungen/Zahlungsaussetzungen liegen vor/werden verhandelt			
– Das Bankkonto wird häufiger überzogen			
– Häufige Mahnungen, Zahlungen müssen an (fremde) Rechtsanwälte und Inkassobüros geleistet werden			
– Lieferanten arbeiten nur noch gegen Barzahlung			
– Verändertes Bestellverhalten, Wechsel von Großabnahmen auf Kleinmengen			
– Kontopfändungen, Exekutionen, insb. wegen Steuerschulden und Sozialabgaben			
– Durchführung von „sale and lease back"-Geschäften			
– Einsatz des Umlaufvermögens zur Besicherung (Forderungszession, Sicherungsübereignung von Warenlagern)			

4. Erkennen von Krisensignalen

(9) Die im Abschnitt 3. angeführten, verbal formulierten Indizien ermöglichen allein meist noch keine sichere Prognose über das Vorliegen und die Entwicklung einer Unternehmenskrise. Zur Erlangung eines den tatsächlichen Verhältnissen entsprechenden Bildes der Unternehmenslage sind alle Informationsinstrumente, die der Unternehmensleitung zur Verfügung stehen, heranzuziehen.

(10) Für das rechtzeitige Erkennen von Erfolgs- und Liquiditätskrisen wesentlich ist vor allem die regelmäßige Analyse quantitativer Daten über die **Ertragslage** im Rahmen von Monats- und/oder Quar-

talsberichten. In diesen Berichten ist insbesondere die Entwicklung wichtiger Erfolgskennzahlen mit Vergleichswerten aus früheren Perioden und (soweit verfügbar) vergleichbarer anderer Unternehmen sowie mit Planwerten ersichtlich zu machen und kritisch zu kommentieren.

(11) Wichtige Kennzahlen für die Ertragslage sind:

- Periodenüberschuss bzw. Periodenfehlbetrag (absolut und in Prozenten des Umsatzes)
- Umsätze, variable Kosten und Deckungsbeiträge für das Gesamtunternehmen und die wichtigsten Geschäftsbereiche, Produktgruppen und Absatzmärkte, jeweils bereinigt um außerordentliche Faktoren
- Fixkosten und Break-even-Analysen, um zu erkennen, welche Umsätze und Deckungsbeiträge erforderlich sind, um ein ausgeglichenes Ergebnis zu erreichen
- Wichtige Aufwandsposten (insbesondere Material- und Fremdleistungsaufwand sowie Personalaufwand) in Prozenten des Umsatzes
- Wesentliche außerordentliche und periodenfremde Erträge und Aufwendungen
- Rentabilitätskennzahlen (Umsatz-, Gesamtkapital- und Eigenkapitalrentabilität)
- Informationen über die Entwicklung der Auftragsbestände

(12) Zur Feststellung der Entwicklung der **Vermögens- und Finanzlage** ist neben der aktuellen Liquiditätslage (statische Liquidität) und der geplanten Entwicklung der Liquidität in einem wenigstens einjährigen Vorschauzeitraum, jeweils in mehreren Liquiditätsgraden, auch die Finanzierungsstruktur des Unternehmens im Rahmen der regelmäßigen Berichte laufend zu beobachten. Dafür kommen monatliche bzw. vierteljährliche Bilanzen, Geldflussrechnungen und Eigenkapitalspiegel sowie insbesondere folgende Kennzahlen in Betracht:

- Anteil der Eigenmittel, der betriebsbedingten Verbindlichkeiten (einschließlich Rückstellungen) und der langfristigen und kurzfristigen Finanzschulden an der Netto-Bilanzsumme
- Entwicklung des Saldos aus Umlaufvermögen und betriebsbedingten Verbindlichkeiten (Working Capital)
- Deckung des Anlagevermögens durch Eigenmittel und durch langfristige Finanzschulden
- Geldfluss aus der laufenden Geschäftstätigkeit in Prozenten des Umsatzes
- Schuldentilgungsdauer in Jahren, getrennt nach Finanzschulden und betriebsbedingten Verbindlichkeiten
- Umschlagsdauer der Vorräte und der Forderungen aus Lieferungen und Leistungen (allenfalls getrennt nach verschiedenen Hauptgruppen dieser Vermögensgegenstände) sowie der Verbindlichkeiten aus Lieferungen und Leistungen

(13) Hinzu kommen etwaige vertraglich vereinbarte Kennzahlen im Rahmen sog. Covenants, deren Nichterfüllung wesentliche, nachteilige Auswirkungen auf die Unternehmenslage verursachen könnte.

(14) Auch nichtfinanzielle Kennzahlen (z.B. über die Fluktuation der Mitarbeiter) können wichtige Hinweise auf die Entwicklung einer Krisensituation liefern.

(15) Neben den Zahlen des Unternehmens ist bei der Beurteilung von Krisensignalen auch die Branchenentwicklung zu berücksichtigen.

5. Maßnahmen zur Krisenbewältigung

(16) Es ist nicht möglich, Standardlösungen zur Bewältigung von Krisen zu liefern. Grundvoraussetzung für ein erfolgreiches Krisenmanagement ist jedenfalls eine umfassende Analyse aller wesentlichen Informationen über das Unternehmen und das Erkennen der hauptsächlichen Ursachen für die Entstehung der Krise.

(17) Die Beseitigung von Symptomen einer potentiellen Krise (Strategieschwächen oder Strukturmängel) und von Erfolgsschwächen ist eine Aufgabe der Unternehmensleitung. Sie kann dabei von qualifizierten Beratern unterstützt werden. Erforderlichenfalls muss sie ausgetauscht werden.

(18) In die Bewältigung einer akuten Krise (Liquiditätsengpässe) müssen in der Regel auch die Kapitalgeber, mitunter auch Kunden, Lieferanten und Mitarbeiter eingebunden werden. Wichtig ist, dass bei allen am krisenbetroffenen Unternehmen interessierten Personen Vertrauen geschaffen wird, dass eine Sanierung des Unternehmens möglich ist.

(19) Ein empfehlenswerter Leitfaden zur Erstellung von Sanierungskonzepten ist der Standard: Anforderungen an die Erstellung von Sanierungskonzepten, des Instituts der Wirtschaftsprüfer in Deutschland (IDW S 6).

2/4/6. KFS/BW 6

Österreichischer Einheitskontenrahmen

(beschlossen vom Fachsenat für Betriebswirtschaft im Mai 2017)

A. Vorbemerkungen

Der österreichische Einheitskontenrahmen wurde erstmals 1947 vom Österreichischen Kuratorium für Wirtschaftlichkeit (ÖKW) entwickelt und wird seitdem in Österreich fast lückenlos verwendet. Nach einer ersten Überarbeitung im Jahr 1977 durch das Österreichische Zentrum für Wirtschaftlichkeit und Produktivität (ÖPWZ) machte es das Rechnungslegungsgesetz 1990 notwendig, dass der Einheitskontenrahmen grundsätzlich überarbeitet und umgestellt wurde. Diese Tätigkeit übernahm der Fachsenat für Betriebswirtschaft und Organisation der Kammer der Wirtschaftstreuhänder.

Aufgrund des Rechnungslegungs-Änderungsgesetzes 2014 erfolgte im Jahr 2016 eine weitere umfassende Überarbeitung.

Der österreichische Einheitskontenrahmen wird ab nun als Arbeit des Fachsenats für Betriebswirtschaft unter der Bezeichnung KFS/BW 6 – Österreichischer Einheitskontenrahmen veröffentlicht.

Wie bisher ist der Kontenrahmen ausschließlich für die Geschäftsbuchhaltung (Finanzbuchhaltung) bestimmt. Dem Gliederungsschema der Bilanz und der Gewinn- und Verlustrechnung folgend, ist der Kontenrahmen (Abschnitt B) wie folgt aufgebaut:

Klasse 0: Anlagevermögen

Klasse 1: Vorräte

Klasse 2: Sonstiges Umlaufvermögen, aktive Rechnungsabgrenzungsposten, aktive latente Steuern

Klasse 3: Rückstellungen, Verbindlichkeiten, passive Rechnungsabgrenzungsposten

Klasse 4: Betriebliche Erträge

Klasse 5: Materialaufwand und sonstige bezogene Herstellungsleistungen

Klasse 6: Personalaufwand

Klasse 7: Abschreibungen und sonstige betriebliche Aufwendungen

Klasse 8: Finanzerträge und Finanzaufwendungen, Steuern vom Einkommen und vom Ertrag, Rücklagenbewegung

Klasse 9: Eigenkapital, Einlagen unechter stiller Gesellschafter, Abschluss- und Evidenzkonten

Weiters ist der Kontenrahmen nach Kontengruppen (zweistellig) sowie Konten (dreistellig) gegliedert. Die Kontenklassen und Kontengruppen werden in der Anlage zum Kontenrahmen (Abschnitt D) dargestellt. Der auf Grundlage dieses Kontenrahmens einzurichtende Unternehmenskontenplan bzw. individuelle Kontenplan kann bei Bedarf auf vier und mehr Stellen erweitert werden.

Zu den einzelnen Kontengruppen bzw. Konten werden im Abschnitt C Erläuterungen gegeben, auf die in Zweifelsfällen zurückgegriffen werden kann. Es wird darauf hingewiesen, dass diese Erläuterungen keine Branchenbesonderheiten berücksichtigen.

B. Kontenrahmen

Kontenklasse 0: Anlagevermögen

01	**Immaterielle Vermögensgegenstände**
010	Konzessionen
011	Patentrechte und Lizenzen
012	Datenverarbeitungsprogramme
013	Marken, Warenzeichen und Musterschutzrechte, sonstige Urheberrechte
014	Pacht- und Mietrechte
015	Bezugs- und ähnliche Rechte
016	Geschäfts-/Firmenwert
017	Umgründungsmehrwert
018	Geleistete Anzahlungen auf immaterielle Vermögensgegenstände des Anlagevermögens
019	Kumulierte Abschreibungen zu immateriellen Vermögensgegenständen des Anlagevermögens
02 – 03	**Grundstücke, grundstücksgleiche Rechte und Bauten, einschließlich der Bauten auf fremdem Grund**
020	Unbebaute Grundstücke, soweit nicht landwirtschaftlich genutzt
021	Bebaute Grundstücke (Grundwert)
022	Landwirtschaftlich genutzte Grundstücke

023	Grundstücksgleiche Rechte
030	Betriebs- und Geschäftsgebäude auf eigenem Grund
031	Wohn- und Sozialgebäude auf eigenem Grund
032	Betriebs- und Geschäftsgebäude auf fremdem Grund
033	Wohn- und Sozialgebäude auf fremdem Grund
034	Grundstückseinrichtungen auf eigenem Grund
035	Grundstückseinrichtungen auf fremdem Grund
036	Bauliche Investitionen in fremden Betriebs- und Geschäftsgebäuden
037	Bauliche Investitionen in fremden Wohn- und Sozialgebäuden
039	Kumulierte Abschreibungen zu Grundstücken, grundstücksgleichen Rechten und Bauten einschließlich der Bauten auf fremdem Grund
04 – 05	**Technische Anlagen und Maschinen**
040 – 049	Maschinen und maschinelle Anlagen
050	Maschinenwerkzeuge
051	Allgemeine Werkzeuge und Handwerkzeuge
052	Vorrichtungen, Formen und Modelle
053	Andere Erzeugungshilfsmittel
054	Hebezeuge und Montageanlagen
055	Geringwertige Vermögensgegenstände, soweit im Erzeugungsprozess verwendet
056	Festwerte technische Anlagen und Maschinen
059	Kumulierte Abschreibungen zu technischen Anlagen und Maschinen
06	**Andere Anlagen, Betriebs- und Geschäftsausstattung**
060	Betriebs- und Geschäftsausstattung, soweit nicht gesondert angeführt
061	Andere Anlagen, soweit nicht gesondert angeführt
062	Büromaschinen, EDV-Anlagen
063	PKW und Kombis
064	LKW
065	Andere Beförderungsmittel
066	Gebinde
067	Geringwertige Vermögensgegenstände, soweit nicht im Erzeugungsprozess verwendet
068	Festwerte außer technische Anlagen und Maschinen
069	Kumulierte Abschreibungen zu anderen Anlagen, Betriebs- und Geschäftsausstattung
07	**Geleistete Anzahlungen und Anlagen in Bau**
070	Geleistete Anzahlungen auf Sachanlagen
071	Anlagen in Bau
079	Kumulierte Abschreibungen zu geleisteten Anzahlungen auf Sachanlagen und Anlagen in Bau
08 – 09	**Finanzanlagen**
080	Anteile an verbundenen Unternehmen außer an Mutterunternehmen
081	Beteiligungen an Gemeinschaftsunternehmen
082	Beteiligungen an assoziierten Unternehmen
083	Anteile an Mutterunternehmen
084	Sonstige Beteiligungen
085	Ausleihungen an verbundene Unternehmen
086	Ausleihungen an Unternehmen, mit denen ein Beteiligungsverhältnis besteht
087	Ausleihungen an Gesellschafter
088	Sonstige Ausleihungen
089	Sonstige Anteile an Kapitalgesellschaften ohne Beteiligungscharakter

090	Sonstige Anteile an Personengesellschaften ohne Beteiligungscharakter
091	Sonstige Genossenschaftsanteile ohne Beteiligungscharakter
092	Sonstige Anteile an Investmentfonds
093	Festverzinsliche Wertpapiere des Anlagevermögens
094 – 097	Sonstige Finanzanlagen, Wertrechte
098	Geleistete Anzahlungen auf Finanzanlagen
099	Kumulierte Abschreibungen zu Finanzanlagen
Kontenklasse 1: Vorräte	
100 – 109	Bezugsverrechnung für den Produktionsprozess/für Verwaltung und Vertrieb
110 – 119	Rohstoffe
120 – 129	Bezogene Teile
130 – 134	Hilfsstoffe
135 – 139	Betriebsstoffe
140 – 149	Unfertige Erzeugnisse
150 – 159	Fertige Erzeugnisse
160 – 169	Waren
170 – 179	Noch nicht abrechenbare Leistungen
180	Geleistete Anzahlungen auf Vorräte
190 – 199	Wertberichtigungen zu Vorräten
Kontenklasse 2: Sonstiges Umlaufvermögen, aktive Rechnungsabgrenzungsposten, aktive latente Steuern	
20 – 21	**Forderungen aus Lieferungen und Leistungen**
200	Forderungen aus Lieferungen und Leistungen Inland (0% USt, umsatzsteuerfrei)
201	Forderungen aus Lieferungen und Leistungen Inland (10% USt)
202	Forderungen aus Lieferungen und Leistungen Inland (20% USt)
203 – 207	Forderungen aus Lieferungen und Leistungen Inland (sonstiger USt-Satz)
208	Einzelwertberichtigungen zu Forderungen aus Lieferungen und Leistungen Inland
209	Pauschalwertberichtigungen zu Forderungen aus Lieferungen und Leistungen Inland
210 – 212	Forderungen aus Lieferungen und Leistungen Ausland (Euro)
213	Einzelwertberichtigungen zu Forderungen aus Lieferungen und Leistungen Ausland (Euro)
214	Pauschalwertberichtigungen zu Forderungen aus Lieferungen und Leistungen Ausland (Euro)
215 – 217	Forderungen aus Lieferungen und Leistungen sonstiges Ausland (Fremdwährungen)
218	Einzelwertberichtigungen zu Forderungen aus Lieferungen und Leistungen sonstiges Ausland (Fremdwährungen)
219	Pauschalwertberichtigungen zu Forderungen aus Lieferungen und Leistungen sonstiges Ausland (Fremdwährungen)
22	**Forderungen gegenüber verbundenen Unternehmen und Unternehmen, mit denen ein Beteiligungsverhältnis besteht**
220 – 221	Forderungen aus Lieferungen und Leistungen gegenüber verbundenen Unternehmen
222	Sonstige Forderungen gegenüber verbundenen Unternehmen
223	Einzelwertberichtigungen zu Forderungen gegenüber verbundenen Unternehmen
224	Pauschalwertberichtigungen zu Forderungen gegenüber verbundenen Unternehmen
225 – 226	Forderungen gegenüber Unternehmen, mit denen ein Beteiligungsverhältnis besteht
227	Einzelwertberichtigungen zu Forderungen gegenüber Unternehmen, mit denen ein Beteiligungsverhältnis besteht
228	Pauschalwertberichtigungen zu Forderungen gegenüber Unternehmen, mit denen ein Beteiligungsverhältnis besteht

23 – 24	**Sonstige Forderungen und Vermögensgegenstände**
230 – 245	Sonstige Forderungen und Vermögensgegenstände (z.B. Darlehensforderungen, soweit nicht Anlagevermögen, z.B. gegenüber Gesellschaftern oder Mitarbeiter(inne)n, Verrechnungskonto Gesellschafter, Forderungen gegenüber Mitgliedern (Verein), Forderungen gegenüber Organmitgliedern, sonstige Forderungen gegenüber Mitarbeiter(inne)n, Kostenvorschüsse, Kautionen, Depotzahlungen, Ansprüche aus Rückdeckungsversicherungen, soweit nicht Anlagevermögen, Ansprüche gegenüber Versicherungsunternehmen aus Schadenersätzen usw.)
246	Eingeforderte, aber noch nicht eingezahlte Einlagen
247	Einzelwertberichtigungen zu sonstigen Forderungen und Vermögensgegenständen
248	Pauschalwertberichtigungen zu sonstigen Forderungen und Vermögensgegenständen
249	Geleistete Anzahlungen (außer auf Anlagen und auf Vorräte)
25	**Forderungen aus der Abgabenverrechnung**
250 – 259	Forderungen aus der Abgabenverrechnung (Vorsteuer, noch nicht verrechenbare Vorsteuer, Vorsteuer aus innergemeinschaftlichen Erwerben, Einfuhrumsatzsteuer, Umsatzsteuer-Evidenzkonto für erhaltene Anzahlungen auf Bestellungen, aktivierte Körperschaftsteuer, aktivierte Kapitalertragsteuer usw.)
26	**Wertpapiere und Anteile**
260	Anteile an verbundenen Unternehmen außer an Mutterunternehmen
261	Anteile an Mutterunternehmen
262 – 264	Sonstige Anteile des Umlaufvermögens
265 – 267	Sonstige Wertpapiere des Umlaufvermögens
268	Besitzwechsel, soweit dem Unternehmen nicht die der Ausstellung zugrunde liegenden Forderungen zustehen
269	Wertberichtigungen zu Wertpapieren und Anteilen (des Umlaufvermögens)
27 – 28	**Kassenbestand, Schecks, Guthaben bei Kreditinstituten**
270 – 273	Kassenbestände in Euro
274	Postwertzeichen
275 – 277	Kassenbestände in Fremdwährungen
278	Schecks in Euro
279	Schecks in Fremdwährungen
280 – 288	Guthaben bei Kreditinstituten
289	Schwebende Geldbewegungen
29	**Aktive Rechnungsabgrenzungsposten, aktive latente Steuern**
290 – 292	Aktive Rechnungsabgrenzungsposten
293	Mietvorauszahlungen
294	Leasing-Vorauszahlungen
295	Disagio
298	Aktive latente Steuern
299	Eventualforderungen (Hilfskonto)

Kontenklasse 3: Rückstellungen, Verbindlichkeiten, passive Rechnungsabgrenzungsposten

30	**Rückstellungen**
300	Rückstellungen für Abfertigungen
301	Rückstellungen für Pensionen
302	Steuerrückstellungen
303	Rückstellungen für latente Steuern
304 – 309	Sonstige Rückstellungen
31	**Anleihen, Verbindlichkeiten gegenüber Kreditinstituten**
310 – 311	Anleihen (einschließlich konvertibler)
312 – 314	Verbindlichkeiten gegenüber Kreditinstituten (kurzfristig, z.B. Überziehungsrahmen)

315 – 319	Verbindlichkeiten gegenüber Kreditinstituten (langfristig, Darlehen oder Kredit)
32	**Erhaltene Anzahlungen auf Bestellungen**
320	Erhaltene Anzahlungen auf Bestellungen
329	Nicht von Vorräten absetzbare Anzahlungen
33	**Verbindlichkeiten aus Lieferungen und Leistungen, Verbindlichkeiten aus der Annahme gezogener und der Ausstellung eigener Wechsel**
330 – 335	Verbindlichkeiten aus Lieferungen und Leistungen Inland
336	Verbindlichkeiten aus Lieferungen und Leistungen Ausland (Euro)
337	Verbindlichkeiten aus Lieferungen und Leistungen sonstiges Ausland (Fremdwährungen)
338	Verbindlichkeiten aus der Annahme gezogener Wechsel und der Ausstellung eigener Wechsel
339	Verrechnungskonto Telebanking
34	**Verbindlichkeiten gegenüber verbundenen Unternehmen, gegenüber Unternehmen, mit denen ein Beteiligungsverhältnis besteht, und gegenüber Gesellschaftern**
340 – 342	Verbindlichkeiten aus Lieferungen und Leistungen gegenüber verbundenen Unternehmen, Verbindlichkeiten aus Lieferungen und Leistungen gegenüber Unternehmen, mit denen ein Beteiligungsverhältnis besteht
343 – 345	sonstige Verbindlichkeiten gegenüber verbundenen Unternehmen, sonstige Verbindlichkeiten gegenüber Unternehmen, mit denen ein Beteiligungsverhältnis besteht
346	Verbindlichkeiten gegenüber Gesellschaftern
347	Einlagen stiller Gesellschafter
35 – 38	**Sonstige Verbindlichkeiten**
350 – 359	Verbindlichkeiten aus Steuern (Umsatzsteuer, noch nicht geschuldete Umsatzsteuer, Umsatzsteuer aus innergemeinschaftlichen Erwerben, Umsatzsteuer-Zahllast, Verbindlichkeiten gegenüber Finanzamt, einbehaltene Kapitalertragsteuer, Verbindlichkeiten gegenüber Gemeinde/Stadtkasse usw.)
360 – 369	Verbindlichkeiten im Rahmen der sozialen Sicherheit (z.B. Verbindlichkeiten gegenüber Krankenkasse)
370 – 389	Übrige sonstige Verbindlichkeiten
39	**Passive Rechnungsabgrenzungsposten**
390 – 398	Passive Rechnungsabgrenzungsposten
399	Eventualverbindlichkeiten (Hilfskonto)

Kontenklasse 4: Betriebliche Erträge

40 – 44	**Umsatzerlöse und Erlösschmälerungen**
400 – 439	Umsatzerlöse (Untergliederung nach USt-Satz, Währung usw.)
440 – 449	Erlösschmälerungen (Untergliederung wie Umsatzerlöse)
45	**Bestandsveränderungen und aktivierte Eigenleistungen**
450 – 457	Veränderungen des Bestandes an fertigen und unfertigen Erzeugnissen sowie an noch nicht abrechenbaren Leistungen
458 – 459	Aktivierte Eigenleistungen
46 – 49	**Sonstige betriebliche Erträge**
460 – 462	Erlöse aus dem Abgang von Anlagevermögen, ausgenommen Finanzanlagen
463 – 465	Erträge aus dem Abgang von Anlagevermögen, ausgenommen Finanzanlagen (Abgänge mit Gewinn)
466 – 467	Erträge aus der Zuschreibung zum Anlagevermögen, ausgenommen Finanzanlagen
470 – 479	Erträge aus der Auflösung von Rückstellungen
480 – 499	Übrige sonstige betriebliche Erträge

Kontenklasse 5: Materialaufwand und sonstige bezogene Herstellungsleistungen

500 – 509	Wareneinsatz
510 – 519	Verbrauch von Rohstoffen
520 – 529	Verbrauch von bezogenen Teilen

530 – 539	Verbrauch von Hilfsstoffen
540 – 549	Verbrauch von Betriebsstoffen
550 – 559	Verbrauch von Werkzeugen und anderen Erzeugungshilfsmitteln
560 – 569	Betriebskosten
570 – 579	Bezogene Herstellungsleistungen
580	Skontoerträge auf Materialaufwand
581	Skontoerträge auf bezogene Herstellungsleistungen
586	Fremdwährungskursdifferenzen (soweit Kontenklasse 5 eindeutig zuordenbar)
590 – 599	Aufwandsstellenrechnung
Kontenklasse 6: Personalaufwand	
600 – 619	Löhne
620 – 639	Gehälter
640 – 641	Aufwendungen für Abfertigungen Arbeiter (gesetzliche/freiwillige)
642 – 643	Aufwendungen für Abfertigungen Angestellte (gesetzliche/freiwillige)
644	Aufwendungen für Betriebliche Vorsorgekassen
645 – 649	Aufwendungen für Altersversorgung
650 – 655	Gesetzlicher Sozialaufwand Arbeiter
656 – 659	Gesetzlicher Sozialaufwand Angestellte
660 – 665	Lohnabhängige Abgaben und Pflichtbeiträge
666 – 669	Gehaltsabhängige Abgaben und Pflichtbeiträge
670 – 689	Sonstige Sozialaufwendungen
690 – 699	Aufwandsstellenrechnung
Kontenklasse 7: Abschreibungen und sonstige betriebliche Aufwendungen	
70	**Abschreibungen**
700 – 705	Abschreibungen auf das Anlagevermögen, ausgenommen Finanzanlagen
706	Sofortabschreibung geringwertiger Vermögensgegenstände
707	Abschreibungen auf das Umlaufvermögen, soweit sie die im Unternehmen üblichen Abschreibungen übersteigen
709	Aufwandsstellenrechnung
71	**Sonstige Steuern**
710 – 714	Mit den Umsatzerlösen verbundene Steuern
715 – 718	Sonstige Steuern und mit Steuern in Zusammenhang stehende Aufwendungen
719	Aufwandsstellenrechnung
72	**Instandhaltung und Betriebskosten**
720 – 728	Instandhaltung und Betriebskosten, Reinigung durch Dritte, Entsorgung, Strom, Heizung, Gas, Energie
729	Aufwandsstellenrechnung
73	**Transport-, Reise- und Fahrtaufwand, Nachrichtenaufwand**
730 – 731	Transporte durch Dritte
732	Kfz-Aufwand (PKW und Kombis)
733	Kfz-Aufwand (LKW)
734 – 735	Reise- und Fahrtaufwand
736 – 737	Tag- und Nächtigungsgelder
738	Nachrichtenaufwand
739	Aufwandsstellenrechnung
74	**Miet-, Pacht-, Leasing- und Lizenzaufwand**
740 – 743	Miet- und Pachtaufwand
744 – 747	Leasingaufwand

748	Lizenzaufwand
749	Aufwandsstellenrechnung
75	**Aufwand für beigestelltes Personal, Provisionen an Dritte, Aufsichtsratsvergütungen, Geschäftsführerentgelte an Konzerngesellschaften/Komplementär-GmbH**
750 – 753	Aufwand für beigestelltes Personal
754 – 757	Provisionen an Dritte
758	Aufsichtsratsvergütungen, Geschäftsführerentgelte an Konzerngesellschaften/Komplementär-GmbH
759	Aufwandsstellenrechnung
76	**Büro- , Werbe- und Repräsentationsaufwand**
760	Büromaterial und Drucksorten
761 – 762	Druckerzeugnisse und Vervielfältigungen
763 – 764	Fachliteratur und Zeitungen
765 – 767	Werbung und Repräsentation
768	Spenden und Trinkgelder
769	Aufwandsstellenrechnung
77 – 78	**Versicherungen, übrige Aufwendungen**
770 – 774	Versicherungen
775 – 776	Beratung und Prüfung
777	Aus- und Fortbildung
778	Mitgliedsbeiträge
779	Spesen des Geldverkehrs
780 – 781	Forderungsverluste, Zuführung Wertberichtigungen zu Forderungen, sonstige Schadensfälle
782	Buchwert abgegangener Anlagen, ausgenommen Finanzanlagen
783	Verluste aus dem Abgang von Anlagevermögen, ausgenommen Finanzanlagen
784 – 787	Verschiedene betriebliche Aufwendungen
788	Skontoerträge auf sonstige betriebliche Aufwendungen
789	Aufwandsstellenrechnung
79	**Konten für das Umsatzkostenverfahren**
790	Aufwandsstellenrechnung
791 – 795	Aufwandsstellen der Herstellung
796	Herstellungskosten der zur Erzielung der Umsatzerlöse erbrachten Leistungen
797	Vertriebskosten
798	Verwaltungskosten
799	Sonstige betriebliche Aufwendungen

Kontenklasse 8: Finanzerträge und Finanzaufwendungen, Steuern vom Einkommen und vom Ertrag, Rücklagenbewegung

80 – 83	**Finanzerträge und Finanzaufwendungen**
800	Erträge aus Anteilen an verbundenen Unternehmen
801	Erträge aus Beteiligungen
802	Erträge aus anderen Wertpapieren des Anlagevermögens und Ausleihungen (verbundene Unternehmen)
803	Erträge aus anderen Wertpapieren des Anlagevermögens und Ausleihungen (andere)
804	Sonstige Zinsen und ähnliche Erträge aus verbundenen Unternehmen
805	Sonstige Zinsen und ähnliche Erträge (andere)
806	Erlöse aus dem Abgang von Anteilen an verbundenen Unternehmen
807	Erlöse aus dem Abgang von Beteiligungen
808	Erlöse aus dem Abgang von sonstigen Finanzanlagen
809	Erlöse aus dem Abgang von Wertpapieren des Umlaufvermögens

810	Buchwert abgegangener Anteile an verbundenen Unternehmen
811	Buchwert abgegangener Beteiligungen
812	Buchwert abgegangener sonstiger Finanzanlagen
813	Buchwert abgegangener Wertpapiere des Umlaufvermögens
814	Erträge aus dem Abgang von Finanzanlagen und Wertpapieren des Umlaufvermögens (Abgänge mit Gewinn)
815	Erträge aus der Zuschreibung zu Anteilen an verbundenen Unternehmen
816	Erträge aus der Zuschreibung zu Beteiligungen
817	Erträge aus der Zuschreibung zu sonstigen Finanzanlagen
818	Erträge aus der Zuschreibung zu Wertpapieren des Umlaufvermögens
819	Abschreibungen auf Anteile an verbundenen Unternehmen
820	Abschreibungen auf Beteiligungen
821	Verlustabdeckung für verbundene Unternehmen
822	Verlustabdeckung für Beteiligungsunternehmen
823 – 824	Andere Aufwendungen aus Anteilen an verbundenen Unternehmen
825 – 826	Andere Aufwendungen aus Beteiligungen
827	Abschreibungen auf sonstige Finanzanlagen und Wertpapiere des Umlaufvermögens
828 – 829	Andere Aufwendungen aus sonstigen Finanzanlagen und Wertpapieren des Umlaufvermögens
830	Zinsen und ähnliche Aufwendungen aus verbundenen Unternehmen
831 – 832	Zinsen und ähnliche Aufwendungen (andere)
833 – 834	Kursänderungen bei Fremdwährungsforderungen/-verbindlichkeiten
835	Nicht ausgenützte Lieferantenskonti
836	Gewinnüberrechnung verbundener Unternehmen aufgrund von Ergebnisabführungsverträgen
837	Verlustübernahme verbundener Unternehmen aufgrund von Ergebnisabführungsverträgen
84	**Steuern vom Einkommen und vom Ertrag**
840 – 849	Steuern vom Einkommen und vom Ertrag
85 – 89	**Rücklagenbewegung, Ergebnisüberrechnung**
850 – 859	Auflösung von Kapitalrücklagen
860 – 869	Auflösung von Gewinnrücklagen
870 – 889	Zuweisung zu Gewinnrücklagen
890	Gewinnabfuhr bzw. Verlustüberrechnung aus Ergebnisabführungsverträgen (eigene Ergebnisse)

Kontenklasse 9: Eigenkapital, Einlagen unechter stiller Gesellschafter, Abschluss- und Evidenzkonten

900 – 918	Gezeichnetes bzw. gewidmetes Kapital (Stammkapital, Grundkapital, ...) Vereinbarte/Bedungene Einlagen (bei Personengesellschaften)
919	Nicht eingeforderte ausstehende Einlagen; genehmigte und berechtigte Entnahmen von Gesellschaftern (bei Personengesellschaften)
920	Eigene Anteile
930 – 939	Kapitalrücklagen
940 – 949	Gewinnrücklagen
950 – 951	Rücklagen für Anteile an Mutterunternehmen und für eigene Anteile
960 – 969	Privat- und Verrechnungskonten (bei Einzelunternehmen und Personengesellschaften)
970 – 979	Einlagen und Verrechnungskonten unechter stiller Gesellschafter
980	Eröffnungsbilanz
988	Gewinn- und Verlustvortrag
989	Jahresergebnis laut Gewinn- und Verlustrechnung
990 – 999	Evidenzkonten

C. Erläuterungen zum Kontenrahmen

Kontenklasse 0: Anlagevermögen

Allgemeines

Kapitalgesellschaften und diesen gleichgestellte Gesellschaften müssen die Entwicklung des Anlagevermögens auf Basis von Anschaffungs-/Herstellungskosten (Anlagenspiegel zu Bruttowerten) darstellen. Für sie ist es daher zweckmäßig, für die Abschreibungen die indirekte Methode anzuwenden und dafür bei jeder Kontengruppe der Klasse 0 ein Konto für die kumulierten Abschreibungen einzurichten.

Aus Verschmelzungen, Umwandlungen, Einbringungen, Zusammenschlüssen, Realteilungen und Spaltungen entstandener Umgründungsmehrwert ist in der Klasse 0 gesondert zu erfassen.

01 Immaterielle Vermögensgegenstände

Erfasst werden dürfen nur entgeltlich erworbene Vermögensgegenstände. Zu den immateriellen Vermögensgegenständen gehört auch ein derivativer Geschäfts-(Firmen)wert.

02 – 03 Grundstücke, grundstücksgleiche Rechte und Bauten, einschließlich der Bauten auf fremdem Grund

Sozialgebäude dienen sozialen Zwecken der Arbeitnehmer. Hiezu gehören beispielsweise Gebäude für Erholungs- und Sportzwecke, Werksküchen und Werksspitäler. Sind derartige Sozialeinrichtungen in Betriebs- und Geschäftsgebäuden untergebracht, kann auf eine Trennung verzichtet werden.

Grundstückseinrichtungen, die nicht den Charakter von Gebäuden haben (z.B. Straßen, Plätze und andere Bodenbefestigungen, Einfriedungen), sind auf den Konten 034 und 035 zu erfassen. Zu den Wohngebäuden gehören Wohnstätten für Arbeitnehmer und an Betriebsfremde vermietete Wohnungen und Wohngebäude.

Zu den baulichen Investitionen in fremden Gebäuden gehören aktivierte Aufwendungen in gemieteten oder gepachteten Gebäuden.

07 Geleistete Anzahlungen und Anlagen in Bau

Aus Gründen der besseren Übersicht sind für geleistete Anzahlungen und für Anlagen in Bau getrennte Konten vorgesehen.

08 – 09 Finanzanlagen

080 – 084 Beteiligungen, Anteile an verbundenen Unternehmen einschließlich Anteilen an Mutterunternehmen

Beteiligungen sind Anteile an anderen Unternehmen (ungeachtet ihrer Rechtsform), die dazu bestimmt sind, dem eigenen Geschäftsbetrieb durch Herstellung einer dauernden Verbindung zu diesen Unternehmen zu dienen. Die Beteiligung als unbeschränkt haftender Gesellschafter an einer Personengesellschaft gilt stets als Beteiligung. Anteile an Gelegenheitsgesellschaften, z.B. im Baugewerbe, kommen nicht als Beteiligung in Frage. Eine Beteiligung wird vermutet, wenn der Anteil am Kapital 20% erreicht oder übersteigt.

Verbundene Unternehmen sind solche Unternehmen, die der Vollkonsolidierung unterliegen, unabhängig davon, ob die Aufstellung eines Konzernabschlusses unterbleibt oder das Tochterunternehmen in diesen nicht einbezogen wird.

Das Konto 083 umfasst zum Anlagevermögen gehörende Anteile, die ein Tochterunternehmen am Mutterunternehmen hält. In gleicher Höhe ist auf der Passivseite eine Rücklage gesondert auszuweisen. Je nach ihrer Zweckbestimmung können Anteile an Mutterunternehmen auf dem Konto 083 oder im Umlaufvermögen (Konto 261) ausgewiesen werden.

085 – 088 Ausleihungen

Forderungen mit einer Gesamtlaufzeit von mindestens fünf Jahren sind jedenfalls Ausleihungen. Bei Forderungen mit einer kürzeren Gesamtlaufzeit entscheidet deren Zweckbestimmung über die Erfassung in der Klasse 0 (Anlagevermögen) oder in der Klasse 2 (Umlaufvermögen).

089 – 092 Sonstige Anteile an Kapitalgesellschaften, Personengesellschaften, Genossenschaften und Investmentfonds

Hierunter sind jene Anteile zu erfassen, die weder Beteiligungscharakter haben noch verbundene Unternehmen betreffen.

Kontenklasse 1: Vorräte

140 – 159 Unfertige und fertige Erzeugnisse

Für unfertige und fertige Erzeugnisse werden in der Regel keine laufenden Bestandsfortschreibungen vorgenommen. Die Werte der Bestände werden jeweils zu den Abschlussstichtagen aufgrund der Bestandsaufnahmen auf den aktuellen Stand gebracht. Die Gegenbuchung erfolgt bei Anwendung des Gesamtkostenverfahrens auf den Konten 450 – 457 (Veränderungen des Bestandes an fertigen und unfertigen Erzeugnissen sowie an noch nicht abrechenbaren Leistungen) und bei Anwendung des Umsatzkostenverfahrens auf dem Konto 796 (Herstellungskosten der zur Erzielung der Umsatzerlöse erbrachten Leistungen).

170 – 179 Noch nicht abrechenbare Leistungen

Hier werden vor allem Auftragsleistungen der Bauwirtschaft und des Anlagenbaus sowie Dienstleistungen, wie etwa die Bearbeitung beigestellten Materials bzw. beigestellter Teile, noch nicht vollendete Werbe-, Architekten- und Generalunternehmerleistungen, erfasst, und zwar solange, bis die (Teil-)Leistung vertragsgemäß abrechenbar und damit ein Forderungsanspruch entstanden ist.

190 – 199 Wertberichtigungen zu Vorräten

In diesen Konten sind Einzel- und Pauschalwertberichtigungen zu den Vorräten zu verbuchen. Es kann sich als zweckmäßig erweisen, die Wertberichtigungen jeweils am Ende der einzelnen Vorrätegruppe zu erfassen.

Kontenklasse 2: Sonstiges Umlaufvermögen, aktive Rechnungsabgrenzungsposten, aktive latente Steuern

20 – 21 Forderungen aus Lieferungen und Leistungen

Die Konten der Forderungen aus Lieferungen und Leistungen sind in der Regel Sammelkonten der einzeln geführten Personenkonten.

Bei der Abgrenzung gegenüber den sonstigen Forderungen und Vermögensgegenständen (Konten 230 – 245) ist davon auszugehen, dass ein enger sachlicher Zusammenhang zwischen den Umsatzerlösen (Konten 400 – 439) und den Forderungen aus Lieferungen und Leistungen besteht.

Aus Evidenzgründen und im Hinblick auf eventuelle Anhangangaben wird empfohlen, Besitzwechsel, bei denen dem Unternehmen die der Ausstellung zugrunde liegende Forderung zusteht, gesondert in den Kontengruppen 20 – 21 zu erfassen. Für Besitzwechsel, bei denen dem Unternehmen nicht die der Ausstellung zugrunde liegende Forderung zusteht, ist Konto 268 vorgesehen.

22 Forderungen gegenüber verbundenen Unternehmen und Unternehmen, mit denen ein Beteiligungsverhältnis besteht

Zum Begriff Beteiligungen siehe die Erläuterungen zu den Konten 080 – 084.

23 – 24 Sonstige Forderungen und Vermögensgegenstände

Zu erfassen sind sämtliche nicht den Kontengruppen 20 – 22 zugeordnete Forderungen. Dazu gehören auch Forderungen aus sonstigen betrieblichen Erträgen (z.B. Versicherungsentschädigungen oder Verkauf von Anlagevermögen) und Antizipationen (Erträge, die erst nach dem Abschlussstichtag zahlungswirksam werden).

25 Forderungen aus der Abgabenverrechnung

– aus der Umsatzsteuerverrechnung

Auf diesen Konten werden alle (auch noch nicht verrechenbare) Vorsteuern erfasst. Für die einzelnen Vorsteuerarten (Inland, innergemeinschaftlicher Erwerb, Steuerlastumkehr, Einfuhrumsatzsteuer) werden zweckmäßigerweise eigene Konten angelegt.

Vorsteuern, die wegen des Zusammenhangs mit unecht steuerbefreiten Umsätzen teilweise nicht abziehbar sind, werden einfachheitshalber zunächst auf einem eigenen Konto in dieser Kontengruppe erfasst. Die abziehbaren Teile dieser Vorsteuern sind auf das Konto „Verrechenbare Vorsteuern", die nicht abziehbaren Teile auf die entsprechenden Bestands- bzw. Aufwandskonten zu übertragen.

– aus der sonstigen Verrechnung

In der Kontengruppe 25 sind die Quartalsvorauszahlungen für die Körperschaftsteuer zu erfassen. Im Zuge der Jahresabschlusserstellung ist der errechnete Steueraufwand gegenzubuchen. Ein Überschuss der Vorauszahlungen ist auf ein Forderungskonto, ein passiver Saldo auf ein Steuerrückstellungskonto (Konto 302) zu übertragen.

Die von einem Einzelunternehmer bzw. von Gesellschaftern einer Personengesellschaft geleisteten Einkommensteuer(voraus)zahlungen sind auf Privat- bzw. Verrechnungskonten (Konten 960 – 969) zu erfassen.

280 – 288 Guthaben bei Kreditinstituten

Die Untergliederung der Konten 280 - 288 ist nach unternehmensindividuellen Erfordernissen vorzunehmen. Saldodrehungen auf Guthabenskonten sind nicht in die Kontengruppe 31 umzubuchen. Kredite mit Kreditrahmen sind auch dann in der Kontengruppe 31 zu erfassen, wenn die Ausnützung des Kredites zwar nicht laufend, aber doch nicht nur ausnahmsweise erfolgt.

290 – 292 Aktive Rechnungsabgrenzungsposten

Aktive Rechnungsabgrenzungsposten sind Ausgaben vor dem Abschlussstichtag, soweit sie Aufwand für eine bestimmte Zeit nach diesem Tag sind.

Kontenklasse 3: Rückstellungen, Verbindlichkeiten, passive Rechnungsabgrenzungsposten

302 – 303 Steuerrückstellungen

Die Steuerrückstellungen sind nach Bedarf zu untergliedern. Eine sich gemäß § 198 Abs. 9 UGB ergebende Steuerbelastung ist als Rückstellung für passive latente Steuern gesondert zu erfassen (Konto 303).

304 – 309 Sonstige Rückstellungen

Die sonstigen Rückstellungen sind nach Bedarf zu untergliedern.

315 – 319 Verbindlichkeiten gegenüber Kreditinstituten (langfristig, Darlehen oder Kredit)

Es empfiehlt sich, langfristige Kredite gesondert zu erfassen. Gesamtlaufzeiten von mehr als fünf Jahren sind jedenfalls langfristig.

33 Verbindlichkeiten aus Lieferungen und Leistungen, Verbindlichkeiten aus der Annahme gezogener und der Ausstellung eigener Wechsel

Verbindlichkeiten aus der Lieferung von Anlagevermögen sollten gesondert erfasst werden. Wechselbürgschaften zählen zu den auszuweisenden Haftungsverhältnissen.

340 – 345 Verbindlichkeiten gegenüber verbundenen Unternehmen und gegenüber Unternehmen, mit denen ein Beteiligungsverhältnis besteht

Derartige Verbindlichkeiten sind gesondert zu erfassen. Es empfiehlt sich insbesondere für Kapitalgesellschaften, eine weitere Unterteilung nach dem Entstehungsgrund vorzunehmen, um die Angabeverpflichtungen erfüllen zu können.

350 – 359 Verbindlichkeiten aus Steuern

Hiezu gehören sämtliche Steuern und Abgaben, die Gebietskörperschaften geschuldet werden, wie z.B. Körperschaftsteuer und andere Ertragsteuern, Lohnsteuer, Umsatzsteuer, Kommunalsteuer, Gebühren und Verkehrsteuern, Zölle.

Die einzelnen Umsatzsteuerarten (z.B. für Inlandsumsätze, innergemeinschaftlichen Erwerb, Einfuhr aus Drittstaaten) werden zweckmäßigerweise auf eigenen Konten erfasst. Die Salden der verrechenbaren Vorsteuern und der errechneten Umsatzsteuer werden auf das in dieser Gruppe geführte Konto Umsatzsteuer-Zahllast übertragen.

Der Zahlungsverkehr mit dem Finanzamt (Zahlungen und Rückzahlungen) sowie sämtliche Gutschriften und Belastungen durch das Finanzamt werden auf dem Konto Finanzamt gebucht, dessen Saldo mit dem der Buchungsmitteilungen des Finanzamtes übereinstimmen muss.

360 – 369 Verbindlichkeiten im Rahmen der sozialen Sicherheit

Hierzu gehören insbesondere Verbindlichkeiten gegenüber Sozialversicherungsanstalten (Dienstnehmer- und Dienstgeberanteil), Arbeitsstiftungen und Pensions- und Unterstützungskassen sowie Verbindlichkeiten aus betrieblicher Altersversorgung und aus Gruppenversicherungen.

370 – 389 Übrige sonstige Verbindlichkeiten

Zu erfassen sind sämtliche nicht auf den Konten 310 – 369 gebuchten Verbindlichkeiten und Antizipationen.

Nach Beschlussfassung über die Gewinnausschüttung ist der hiefür vorgesehene Betrag vom Konto Bilanzgewinn auf ein Konto unter den übrigen sonstigen Verbindlichkeiten zu übertragen.

390 – 398 Passive Rechnungsabgrenzungsposten

Passive Rechnungsabgrenzungsposten sind Einnahmen vor dem Abschlussstichtag, soweit sie Ertrag für eine bestimmte Zeit nach diesem Tag sind.

In dieser Kontengruppe sind auch erhaltene Investitionszuschüsse, die weder als Anschaffungs- oder Herstellungskostenminderungen behandelt werden noch sofort ertragswirksam sind, zu erfassen und nach Maßgabe der Abschreibung des bezuschussten Anlagegegenstandes zugunsten der sonstigen betrieblichen Erträge (Kontengruppen 46 – 49) aufzulösen.

Kontenklasse 4: Betriebliche Erträge

400 – 449 Umsatzerlöse und Erlösschmälerungen

Umsatzerlöse sind Beträge, die sich aus dem Verkauf von Produkten und der Erbringung von Dienstleistungen nach Abzug von Erlösschmälerungen und der Umsatzsteuer sowie von sonstigen direkt mit dem Umsatz verbundenen Steuern ergeben. Folgende Erlöse, gleichgültig ob aus der gewöhnlichen Geschäftstätigkeit des Unternehmens oder nicht, werden zu den Umsatzerlösen gezählt: Erlöse, die die eigentliche Betriebsleistung des Unternehmens betreffen, Erlöse aus dem Verkauf von Schrott, Abfallprodukten und nicht mehr benötigten Roh-, Hilfs- und Betriebsstoffen, Erlöse aus dem Verkauf von Kuppelprodukten und Zwischenerzeugnissen, Erlöse aus der Vermietung und Verpachtung sowie aus Dienstleistungen (Service, Reparaturen), Patent- und Lizenzeinnahmen, Kantinen- und Küchenerlöse, Erträge aus der Beteiligung an Arbeitsgemeinschaften (z.B. Baugewerbe), Versicherungsentschädigungen für bereits verkaufte Waren und Gestionsgebühren. Erlöse aus dem Verkauf von Anlagevermögen sind nicht unter Umsatzerlösen auszuweisen, sondern (soweit es sich nicht um Finanzanlagen handelt) auf den Konten 460 – 462 zu erfassen.

Die Umsatzerlöse sind um die Erlösschmälerungen zu kürzen. Zu Erlösschmälerungen gehören insbesondere Skonti, Umsatzvergütungen, Mengenrabatte, nachträgliche Bonifikationen, Treueprämien, rückgewährte Entgelte für Retourwaren und Mängel sowie Preisdifferenzen.

Neben der Umsatzsteuer sind mit dem Umsatz direkt verbundene Steuern unmittelbar von diesem abzusetzen. Zu den mit dem Umsatz direkt verbundenen Steuern zählen Verkehr- und Verbrauchsteuern wie z.B. die Alkohol-, Bier-, Schaumwein-, Tabak- und Mineralölsteuer. Bei Verbrauchsteuern, bei denen die Steuerschuld durch die Fertigung des Produkts oder durch die Überführung des Produkts in den steuerrechtlichen freien Verkehr entsteht, weicht der Zeitpunkt des Umsatzakts regelmäßig vom Zeitpunkt der Entstehung der Steuerschuld ab. Da solche Steuern nicht den Absatzvorgang betreffen, sondern die Herstellung der Verkehrsfähigkeit des betroffenen Vermögensgegenstandes, sind sie in der Regel nicht von den Umsatzerlösen in Abzug zu bringen. Falls jedoch der Zeitpunkt der Entstehung der Steuerschuld regelmäßig mit der unternehmensrechtlichen Umsatzrealisierung zusammenfällt, sind Verbrauchsteuern von den Umsatzerlösen abzusetzen. Von den Umsatzerlösen abgesetzte Verkehr- und Verbrauchsteuern werden auf den Konten 710 – 714 erfasst (vgl. dort).

450 – 457 Veränderungen des Bestandes an fertigen und unfertigen Erzeugnissen sowie an noch nicht abrechenbaren Leistungen

Zu erfassen sind alle Bestandsveränderungen, ausgenommen Wertänderungen infolge unüblicher Abschreibungen.

458 – 459 Aktivierte Eigenleistungen

Zu erfassen sind aktivierte Eigenleistungen für selbsterstellte Anlagen.

460 – 462 Erlöse aus dem Abgang von Anlagevermögen, ausgenommen Finanzanlagen

Soweit aus dem Abgang von Anlagevermögen Erlöse erzielt werden, sind sie zunächst auf diesen Konten zu erfassen. Ist der Erlös höher als der auf dem Konto 782 erfasste Buchwert, ist er auf die Konten 463 – 465, im umgekehrten Fall auf das Konto 783 zu übertragen. Bei Abschluss sind die Konten demnach zur Gänze aufgelöst.

463 – 465 Erträge aus dem Abgang von Anlagevermögen, ausgenommen Finanzanlagen (Abgänge mit Gewinn)

Auf diesen Konten werden die Überträge einerseits von den Konten 460 – 462 und andererseits vom Konto 782 erfasst.

470 – 479 Erträge aus der Auflösung von Rückstellungen

Zu erfassen ist die Auflösung nicht verbrauchter Rückstellungen mit Ausnahme von Ertragsteuerrückstellungen. Die Auflösung von Ertragsteuerrückstellungen erfolgt in der Kontengruppe 84.

480 – 499 Übrige sonstige betriebliche Erträge

Zu erfassen sind sämtliche nicht auf den Konten 400 – 479 gebuchte Erträge. Dazu gehören insbesondere Zahlungseingänge aus in früheren Jahren ausgebuchten Forderungen, Fremdwährungskursgewinne, Erträge aus Schadenersatzleistungen, die

Ausbuchung unbezahlter und verjährter Verbindlichkeiten, Nachlässe eigener Schulden, Erträge aus der Herabsetzung von Pauschalwertberichtigungen, Rückvergütungen für in den Vorjahren zu hoch bezahlte Sozialabgaben, die Auflösung des Postens Investitionszuschüsse zum Anlagevermögen, soweit die Auflösung nicht über ein gesondertes Konto als Absetzung von den Abschreibungen erfolgt, sowie nicht rückzahlbare Aufwandszuschüsse. Ebenso sind Erträge von außerordentlicher Größenordnung, die nicht einer speziellen Ertragsart zurechenbar sind, auf diesen Konten zu erfassen.

Kontenklasse 5: Materialaufwand und sonstige bezogene Herstellungsleistungen

In der Kontenklasse 5 sind insbesondere solche Aufwendungen für Material und bezogene Leistungen zu erfassen, die dem Herstellungsbereich des Unternehmens zuordenbar sind. Aufwendungen für Material, die nicht dem Herstellungsbereich zuordenbar sind, aber mit den Umsatzerlösen in unmittelbarer Beziehung stehen, wie z.B. der Nahrungsmittelverbrauch der Werksküche, sind ebenfalls hier zu erfassen.

550 – 559 Verbrauch von Werkzeugen und anderen Erzeugungshilfsmitteln

Auf diesen Konten sind die nicht aktivierbaren Aufwendungen für Werkzeuge und andere Erzeugungshilfsmittel wie Verbrauchswerkzeuge, kundenauftragsbezogene Werkzeuge, Vorrichtungen und Formen zu erfassen. Aktivierbare Werkzeuge und andere Erzeugungshilfsmittel (einschließlich geringwertiger, die im Jahr der Anschaffung voll abgeschrieben werden) gehören in die Kontengruppe 04 – 05.

560 – 569 Betriebskosten

Soweit solche Aufwendungen nicht dem Herstellungsbereich zuordenbar sind, ist ihre Erfassung in der Kontengruppe 72 vorgesehen. Für die Zuordnung gilt die überwiegende Verwendung (z.B. Strom als Beleuchtungs- oder als Antriebsenergie).

Eine Trennung dieser Aufwendungen ist nicht vorgesehen.

570 – 579 Bezogene Herstellungsleistungen

Zu erfassen sind alle sonstigen bezogenen Herstellungsleistungen wie insbesondere Aufwendungen für Materialbearbeitung, Materialveredelung durch Dritte, andere Werkleistungen und Beistellung von Personal im Herstellungsbereich.

580 – 581 Skontoerträge auf Materialaufwand und auf bezogene Herstellungsleistungen

Da diese Skontoerträge im Jahresabschluss mit den zugehörigen Aufwendungen zu saldieren sind, empfiehlt sich eine kontenmäßige Trennung der Skontoerträge, die die Konten 500 – 569 betreffen, von jenen, die die Konten 570 – 579 betreffen.

Kontenklasse 6: Personalaufwand

600 – 619 Löhne

Zweckmäßigerweise werden die Grundlöhne (Fertigungslöhne, Hilfslöhne, Vergütungen an vorübergehend beschäftigte Arbeitskräfte), Zulagen an Lohnempfänger (Überstundenzuschläge, Urlaubsablösen, Schichtzulagen, Erschwerniszulagen, Prämien und Provisionen) sowie Nichtleistungslöhne (Urlaubslöhne, Feiertagslöhne, Krankenentgelte, sonstige Abwesenheitslöhne, Urlaubs- und Weihnachtsremunerationen und andere Sonderzahlungen) getrennt erfasst.

Das gleiche gilt für Zuwendungen anlässlich von Dienstnehmer- und Dienstgeberjubiläen, für freiwillige Fahrtkosten- und Verpflegungszuschüsse sowie für Sachbezugsleistungen wie freie oder verbilligte Werks- bzw. Dienstwohnungen.

620 – 639 Gehälter

Hier werden Grundgehälter, Mehrarbeitszuschläge, Urlaubsablösen, Prämien und Provisionen, 13. und 14. Gehalt und sonstige Sonderzahlungen erfasst. Das gleiche gilt für Jubiläumszuwendungen, freiwillige Fahrtkosten- und Verpflegungszuschüsse sowie Sachbezugsleistungen.

Nicht zu den Löhnen und Gehältern gehören Reisekostenersätze und Tag bzw. Nächtigungsgelder, die zum Ausgleich entstandener Aufwendungen des Dienstnehmers auf Dienstreisen bezahlt werden. Diese werden in der Kontengruppe 73 erfasst.

640 – 649 Aufwendungen für Abfertigungen, Aufwendungen für Betriebliche Vorsorgekassen, Aufwendungen für Altersversorgung

In diesen Konten werden sowohl Abfertigungs- und Pensionszahlungen als auch die Veränderungen der Abfertigungs- und Pensionsrückstellungen erfasst. Auch Beiträge an Pensionskassen und sonstige Beiträge für die Altersversorgung der Dienstnehmer finden in dieser Gruppe ihren Niederschlag.

650 – 659 Gesetzlicher Sozialaufwand für Arbeiter und Angestellte

Hier werden alle an die Sozialversicherungsträger abzuführenden Sozialaufwendungen (Arbeitgeberanteile) einschließlich des Beitrages nach dem Entgeltfortzahlungsgesetz und des Wohnbauförderungsbeitrages erfasst.

660 – 669 Lohn- und gehaltsabhängige Abgaben und Pflichtbeiträge

Auf diesen Konten werden alle sonstigen vom Entgelt abhängigen Abgaben und Pflichtbeiträge erfasst. Zu diesen gehören vor allem der Dienstgeberbeitrag zum Ausgleichsfonds für Familienbeihilfen, der Zuschlag zum Dienstgeberbeitrag, die Kommunalsteuer, die Wiener Dienstgeberabgabe (U-Bahn-Abgabe) sowie die Behindertenausgleichstaxe.

Lohnsteuerbeträge, die ausnahmsweise nicht von den Dienstnehmern einbehalten werden (z.B. Nachforderungen anlässlich von Lohnsteuerprüfungen, die nicht auf die Arbeitnehmer überwälzt werden können), sind auf den Konten 600 – 639 zu erfassen.

670 – 689 Sonstige Sozialaufwendungen

Zu diesen zählen freiwillige Sozialaufwendungen, die nicht dem einzelnen Arbeitnehmer als Entgeltsbestandteil zuzurechnen sind, wie Zuwendungen an den Betriebsratsfonds und an Unterstützungskassen (nicht Pensionskassen),

Aufwendungen für Betriebsausflüge, für Weihnachtsgeschenke an die Arbeitnehmer und für verschiedene Betriebsveranstaltungen zum Wohle der Belegschaft. Aufwendungen, die durch Sozialeinrichtungen verursacht werden, sind unter den entsprechenden Aufwandsarten zu erfassen. So werden beispielsweise der Materialverbrauch (Lebensmittelverbrauch) der Werksküche in der Klasse 5, die Personalaufwendungen des Küchenpersonals auf den Konten 600 – 689, die Abschreibungen von den Werksbücheneinrichtungen in der Kontengruppe 70 und die Instandhaltung der Küchenräumlichkeiten und -einrichtungen in der Kontengruppe 72 erfasst.

Kontenklasse 7: Abschreibungen und sonstige betriebliche Aufwendungen

70 Abschreibungen

Planmäßige und außerplanmäßige Abschreibungen sind jeweils getrennt zu erfassen.

710 – 714 Mit den Umsatzerlösen verbundene Steuern

Hier werden die mit den Umsatzerlösen verbundenen Verkehr- und Verbrauchsteuern erfasst. Soweit diese nicht in den Umsatzerlösen enthalten sind, sondern von diesen abgesetzt werden (vgl. die Erläuterungen zu den Konten 400 – 449), sind hier auch die mit den Umsatzerlösen direkt verbundenen Steuererträge zu verbuchen, d.h. mit den entsprechenden Steueraufwendungen zu saldieren.

715 – 718 Sonstige Steuern und mit Steuern in Zusammenhang stehende Aufwendungen

Hier werden jene Steuern erfasst, die weder zu den Steuern vom Einkommen und vom Ertrag (Kontengruppe 84) noch zu den entgeltabhängigen Abgaben (Konten 660 – 669) gehören und auch nicht als Anschaffungsnebenkosten zu aktivieren sind, nicht für Kraftfahrzeuge anfallen (Konten 732 – 733) und nicht mit den Umsatzerlösen verbunden sind (Konten 710 – 714). Es sind dies vor allem Gebühren nach dem Gebührengesetz und vermögensabhängige Steuern (z.B. Grundsteuer).

Hier zu erfassen sind auch Aufwendungen, die in Zusammenhang mit Steuern stehen. Dazu gehören vor allem abgabenrechtliche Nebenansprüche (z.B. Verspätungs- oder Säumniszuschläge).

Die von Werbeunternehmen in Rechnung gestellten Anzeigen- und Ankündigungsabgaben sind auf den Konten 765 – 767 zu erfassen.

Gebühren für direkte Gegenleistungen der öffentlichen Hand wie Müllabfuhr- und Kanalgebühren sind nicht unter den sonstigen Steuern zu erfassen.

72 Instandhaltung und Betriebskosten

Instandhaltungen durch Dritte sind, soweit zweckmäßig, nach Anlagengruppen (Gebäude, technische Anlagen, andere Anlagen usw.) zu gliedern. Entgelte für Müllabfuhr und Abwasserbeseitigung sind in dieser Kontengruppe zu erfassen. Stromaufwendungen, die nicht den Konten 560 – 569 zuzuordnen sind, werden hier erfasst (vgl. die Erläuterungen zu den Konten 560 – 569).

730 – 731 Transporte durch Dritte

Transporte durch Dritte für zwischenbetriebliche Frachten, Ausgangsfrachten sowie sonstige Transportaufwendungen gehören auf diese Konten.

Eingangsfrachten gehören grundsätzlich zu den aktivierungspflichtigen Anschaffungsnebenkosten und werden daher nicht hier erfasst.

732 – 733 Kfz-Aufwand

Soweit in einem Unternehmen der Kfz-Aufwand gesammelt nach einzelnen Kraftfahrzeugen erfasst wird, können solche Betriebsaufwandskonten in dieser Kontengruppe geführt werden. Auf diesen Konten werden dann neben den Instandhaltungsaufwendungen der Betriebsstoffverbrauch, Reparatur- und Servicekosten, Versicherungsprämien, Steuern, nicht aber die Kfz-Abschreibungen und Leasingaufwendungen erfasst.

734 – 737 Reise- und Fahrtaufwand, Tag- und Nächtigungsgelder

Diese können nach verschiedenen Kategorien (z.B. Auslands- und Inlandsreisen, Stadtfahrten) unterteilt werden.

Zum Reise- und Fahrtaufwand gehören neben den unmittelbar an die Beförderungsunternehmen bezahlten Aufwendungen auch Reise- und Fahrtkostenvergütungen, soweit sie Ersatz für tatsächliche Aufwendungen darstellen. Hierher gehören auch Kilometergelder.

Pauschalvergütungen in Form von Tag- und Nächtigungsgeldern können auf eigenen Konten (736 – 737) erfasst werden, wobei eine weitere Unterteilung (Taggelder, Nächtigungsgelder) möglich ist.

738 Nachrichtenaufwand

Hierher gehören Porto-, Telegramm-, Telefon-, Internet- und Telefaxaufwendungen. Wegen des wirtschaftlichen Zusammenhanges mit dem sonstigen Nachrichtenaufwand ist es zweckmäßiger, die Miete und Wartung von Telefonanlagen auf diesen Konten und nicht in der Kontengruppe 74 zu erfassen.

74 Miet-, Pacht-, Leasing- und Lizenzaufwand

Die Aufwendungen für die Beheizung, Beleuchtung und Reinigung gemieteter Räume sind nicht hier, sondern in den entsprechenden Kontengruppen zu erfassen.

750 – 758 Aufwand für beigestelltes Personal, Provisionen an Dritte, Aufsichtsratsvergütungen, Geschäftsführerentgelte an Konzerngesellschaften/Komplementär-GmbH

Beigestelltes Personal, das ausschließlich in der Fertigung beschäftigt wird, wird nicht hier, sondern auf den Konten 570 – 579 erfasst.

765 – 767 Werbung und Repräsentation

Zu den Werbeaufwendungen gehören auch die von den Werbeunternehmen in Rechnung gestellten Anzeigen- und Ankündigungsabgaben.

770 – 774 Versicherungen

Hier werden Aufwendungen für Güter- und Personenversicherungen erfasst.

Zu den Güterversicherungen gehören insbesondere die Feuer-, Maschinenbruch-, Betriebsunterbrechungs-, Haftpflicht-, Einbruchdiebstahl-, Kassenbotenberaubungs- und Veruntreuungsversicherungen. Transportversicherungen, soweit sie nicht Anschaffungsnebenkosten sind, und Kfz-Versicherungen, soweit sie nicht auf eigenen Betriebsaufwandskonten für Kfz gebucht werden, werden ebenfalls in dieser Gruppe erfasst.

Zu den Personenversicherungen gehören insbesondere Lebens- und Unfallversicherungen, bei denen im Versicherungsfall das Unternehmen begünstigt ist. Entsteht durch die Prämienzahlung ein Deckungskapital, ist dieses auf den Konten 094 – 097 zu erfassen. Die Erhöhung des Deckungskapitals wird auf den Konten 480 – 499 erfasst.

778 Mitgliedsbeiträge

Dazu gehören vor allem gesetzliche Pflichtbeiträge und freiwillige Beiträge zu Berufsorganisationen. Der Zuschlag zum Dienstgeberbeitrag zum Ausgleichsfonds für Familienbeihilfen ist mit diesem auf den Konten 660 – 669 zu erfassen.

779 Spesen des Geldverkehrs

Zu den Spesen des Geldverkehrs gehören insbesondere Überweisungsspesen und Kontoführungsgebühren (einschl. Depotgebühren und Akkreditivprovisionen), nicht dagegen Aufwendungen in Zusammenhang mit der Kreditgewährung (z.B. Kreditbereitstellungsprovisionen).

780 – 781 Forderungsverluste, Zuführung Wertberichtigungen zu Forderungen, sonstige Schadensfälle

Abschreibungen auf Gegenstände des Umlaufvermögens, soweit sie die im Unternehmen üblichen Abschreibungen überschreiten, sind auf dem Konto 707 zu erfassen.

782 Buchwert abgegangener Anlagen, ausgenommen Finanzanlagen

Die zunächst auf diesem Konto erfassten Buchwerte abgegangener Gegenstände des immateriellen und des Sachanlagevermögens sind bei Überschuss des jeweiligen Erlöses (der jeweiligen Vergütung) über den Buchwert auf die Konten 463 – 465 und bei Überschuss des Buchwertes über den jeweiligen Erlös (die jeweilige Vergütung) auf das Konto 783 umzubuchen.

783 Verluste aus dem Abgang von Anlagevermögen, ausgenommen Finanzanlagen

Auf diesem Konto werden einerseits die betreffenden Überträge von den Konten 460 – 462 und andererseits jene vom Konto 782 erfasst.

784 – 787 Verschiedene betriebliche Aufwendungen

Auf diesen Konten sind jene Aufwendungen zu erfassen, die keinem anderen Aufwandskonto zuordenbar sind.

788 Skontoerträge auf sonstige betriebliche Aufwendungen

Die auf dem Konto 788 erfassten Skontoerträge werden in der Gewinn- und Verlustrechnung mit dem Posten Sonstige betriebliche Aufwendungen verrechnet.

Kontenklasse 8: Finanzerträge und Finanzaufwendungen, Steuern vom Einkommen und vom Ertrag, Rücklagenbewegung

80 – 83 Finanzerträge und Finanzaufwendungen

Soweit sie sich auf verbundene Unternehmen beziehen, sind sie zweckmäßigerweise jeweils auf gesonderten Konten zu erfassen.

800 – 801 Erträge aus Anteilen an verbundenen Unternehmen, Erträge aus Beteiligungen

Zum GuV-Posten Erträge aus Beteiligungen gehören hauptsächlich Gewinnausschüttungen aus Beteiligungen an Kapitalgesellschaften, Gewinnanteile aus Beteiligungen an Personengesellschaften, auch erhaltene Abschlagszahlungen auf den Bilanzgewinn. Soweit es sich dabei um Erträge aus Anteilen an verbundenen Unternehmen handelt, sind sie auf dem Konto 800 zu verbuchen, ansonsten auf dem Konto 801. Gewinnüberrechnungen verbundener Unternehmen aus Ergebnisabführungsverträgen sind auf dem Konto 836 zu erfassen.

802 Erträge aus anderen Wertpapieren des Anlagevermögens und Ausleihungen (verbundene Unternehmen)

Diese betreffen Zinsenerträge aus Ausleihungen und festverzinslichen Wertpapieren des Anlagevermögens sowie Erträge aus Dividendenpapieren und Unternehmensanteilen, soweit deren Erträge nicht als Beteiligungserträge zu erfassen sind. Ebenso werden Zuschreibungen auf Zero-Bonds des Anlagevermögens und Erträge aus Genossenschaftsanteilen, die keine Beteiligungen verkörpern, auf diesen Konten erfasst. Das Gleiche gilt für die unter den Ausleihungen des Anlagevermögens ausgewiesenen unverzinslichen oder niedrig verzinslichen Forderungen.

803 Erträge aus anderen Wertpapieren des Anlagevermögens und Ausleihungen (andere)

Siehe die Erläuterungen zum Konto 802.

804 Sonstige Zinsen und ähnliche Erträge aus verbundenen Unternehmen

Auf diesen Konten werden alle Zinsen und ähnlichen Erträge aus Gegenständen des Umlaufvermögens erfasst. Hierzu gehören Zinsenerträge jeder Art aus Bankguthaben und gewährten Finanzdarlehen, soweit diese nicht zu den Ausleihungen des Finanzanlagevermögens gehören, Zinsenerträge aus Wertpapieren des Umlaufvermögens, weiterverrechnete Diskonte auf Kundenwechsel und den Kunden berechnete Verzugszinsen. Auch Erträge aus dem Agio gewährter Kredite sind hier zu erfassen.

805 Sonstige Zinsen und ähnliche Erträge (andere)

Siehe die Erläuterungen zum Konto 804.

806 – 809 Erlöse aus dem Abgang von Anteilen an verbundenen Unternehmen, von Beteiligungen, von sonstigen Finanzanlagen und von Wertpapieren des Umlaufvermögens

Soweit aus dem Abgang von Finanzanlagen und

Wertpapieren des Umlaufvermögens Erlöse erzielt werden, sind sie zunächst auf diesen Konten zu erfassen. Ist der Erlös höher als der auf den Konten 810 – 813 erfasste Buchwert, ist er auf das Konto 814 umzubuchen. Im umgekehrten Fall werden die Konten 819 (Anteile an verbundenen Unternehmen), 820 (sonstige Beteiligungen) bzw. 827 (sonstige Finanzanlagen und Wertpapiere des Umlaufvermögens) belastet (siehe die Erläuterungen zu den Konten 810 – 813). Bei Abschluss sind die Konten demnach zur Gänze aufgelöst.

810 – 813 Buchwerte abgegangener Anteile an verbundenen Unternehmen, abgegangener Beteiligungen, abgegangener sonstiger Finanzanlagen und abgegangener Wertpapiere des Umlaufvermögens

Der Buchwert abgegangener Finanzanlagen und Wertpapiere des Umlaufvermögens ist zunächst auf diesen Konten zu erfassen. Ist der Buchwert niedriger als der erzielte Erlös, ist er auf das Konto 814 Erträge aus dem Abgang von Finanzanlagen und Wertpapieren des Umlaufvermögens umzubuchen, im umgekehrten Fall auf die Konten 819 Abschreibungen auf Anteile an verbundenen Unternehmen, 820 Abschreibungen auf Beteiligungen bzw. 827 Abschreibungen auf sonstige Finanzanlagen und Wertpapiere des Umlaufvermögens. Bei Abschluss sind die Konten demnach zur Gänze aufgelöst.

814 Erträge aus dem Abgang von Finanzanlagen und Wertpapieren des Umlaufvermögens (Abgänge mit Gewinn)

Die Erträge aus dem Abgang von Finanzanlagen und Wertpapieren des Umlaufvermögens ergeben sich aus den Salden der hierher übertragenen Erlöse und Buchwerte.

815 – 818 Erträge aus der Zuschreibung zu Anteilen an verbundenen Unternehmen, zu Beteiligungen, zu sonstigen Finanzanlagen und zu Wertpapieren des Umlaufvermögens

Die auf diesen Konten zu erfassenden Erträge aus Zuschreibungen zu den Finanzanlagen und den Wertpapieren des Umlaufvermögens betreffen die Rückgängigmachung von (außerplanmäßigen) Abschreibungen.

819 Abschreibungen auf Anteile an verbundenen Unternehmen, 820 Abschreibungen auf Beteiligungen, 827 Abschreibungen auf sonstige Finanzanlagen und Wertpapiere des Umlaufvermögens

Hier ist die Abschreibung von Finanzanlagen und Wertpapieren des Umlaufvermögens zu erfassen. Dazu gehören auch allfällige Verluste aus dem Abgang solcher Vermögensgegenstände.

830 – 832 Zinsen und ähnliche Aufwendungen (verbundene Unternehmen und andere)

Dazu gehören Zinsen für Bankkredite, Darlehen, Hypothekarkredite, Zuzählungs- und Bereitstellungsprovisionen für Kredite bzw. Kreditrahmen, Überziehungsprovisionen, Frachtstundungsgebühren, Abschreibungen auf das aktivierte Disagio, Wechseldiskonte (sofern diesen kein verrechenbarer Diskontertrag gegenübersteht), Ausschüttungen auf Genussscheine (wenn nach den Genussscheinbedingungen der Fremdkapitalcharakter im Vordergrund steht), Gewinnanteile stiller Gesellschafter (wenn die Einlage Fremdkapitalcharakter hat), gesondert in Rechnung gestellte Zinsen auf Lieferantenkredite, die Zinsenkomponente bei Personalrückstellungen, wenn diese gesondert ausgewiesen wird, sowie die Zinsenkomponente bei Rückstellungen mit einer Laufzeit von mehr als einem Jahr.

835 Nicht ausgenützte Lieferantenskonti

Werden Anschaffungen oder Aufwendungen mit dem Kassapreis erfasst, wird der in den Fakturen enthaltene Skonto gesondert auf diesem Konto verbucht. Erfolgt die Bezahlung der Lieferantenrechnung in der Folge unter Abzug des Lieferantenskontos, wird dieser mit den auf diesem Konto verbuchten Lieferantenskontoaufwendungen saldiert. Der verbleibende Saldo auf dem Konto 835 wird in der GuV unter den Zinsen und ähnlichen Aufwendungen (830 – 832) ausgewiesen.

840 – 849 Steuern vom Einkommen und vom Ertrag

Auf diesen Konten dürfen grundsätzlich nur jene gewinnabhängigen Steuern verbucht werden, die das Unternehmen als Steuerschuldner zu entrichten hat. Bei Kapitalgesellschaften ist dies in erster Linie die Körperschaftsteuer. Für die Erfassung auf diesem Konto kommen auch ausländische Steuern, die mit inländischen Steuern vom Einkommen und vom Ertrag vergleichbar sind, wie z.B. nicht anrechenbare ausländische Quellensteuer, ausländische Körperschaftsteuer bei ausländischer Betriebsstätte oder doppelt ansässiger Körperschaft oder die deutsche Gewerbe(ertrag)steuer bei einer deutschen Betriebsstätte, in Frage. Mitglieder einer Unternehmensgruppe i.S.d. § 9 KStG haben hier die Steuerumlage an den Gruppenträger zu verbuchen. Der Gruppenträger ist abgabenrechtlicher Schuldner der Steuer auf das Gruppenergebnis und hat daher auch die Steuer auf die zugerechneten Ergebnisse der Gruppenmitglieder zu erfassen, ebenso die Steuerumlage von den Gruppenmitgliedern.

Steuernachzahlungen und -gutschriften, die Bildung und Auflösung nicht bestimmungsgemäß verwendeter Ertragsteuerrückstellungen sowie die Bildung und Auflösung latenter Steuern sind auch hier zu erfassen.

Steuern, die für Dritte abgeführt werden (z.B. Lohnsteuer der Dienstnehmer und KESt), sind nicht auf diesen Konten zu erfassen, weil die Steuerschuldnerschaft nicht beim Unternehmen liegt.

Nicht auf diesen Konten zu erfassen sind auch abgabenrechtliche Nebenansprüche wie z.B. Verspätungszuschläge, Beschwerde- und Anspruchszinsen. Derartige Nebenansprüche sind je nach ihrem inhaltlichen Charakter auf den Konten 715 – 718 (Sonstige Steuern und mit Steuern in Zusammenhang stehende Aufwendungen) oder auf den Konten 830 – 832 (Zinsen und ähnliche Aufwendungen) zu erfassen.

Außerordentliche Erträge und Aufwendungen (vormals Kontengruppe 84)

Alle früher im außerordentlichen Bereich ausgewiesenen Erträge und Aufwendungen sind nunmehr je nach ihrer Zugehörigkeit auf die einzelnen Ertrags- und Aufwandskonten aufzuteilen. Es wird empfohlen, innerhalb der jeweiligen Kontenklassen ein besonderes Konto für derartige Sonderfälle vorzubereiten, weil der Betrag und die Wesensart der einzelnen Ertrags- oder Aufwandsposten von außerordentlicher Größenordnung oder von außerordentlicher Bedeutung im Anhang angegeben werden müssen. Sollte eine Zuordnung der Erträge und Aufwendungen außerordentlicher Größenordnung oder außerordentlicher Bedeutung bei der Verbuchung (noch) nicht möglich sein, so sind die Beträge auf den Konten 480 – 499 (Übrige sonstige betriebliche Erträge) bzw. 784 – 787 (Verschiedene betriebliche Aufwendungen) zu erfassen.

Analog zu Erträgen und Aufwendungen von außerordentlicher Größenordnung oder von außerordentlicher Bedeutung wird eine gesonderte Erfassung von Geschäften mit nahe stehenden Unternehmen und Personen empfohlen, um die betreffende Angabepflicht (ab mittelgroßen Gesellschaften) erfüllen zu können.

850 – 869 Auflösung von Kapital- und Gewinnrücklagen

Auf diesen Konten wird die bilanzgewinnerhöhende (bilanzverlustvermindernde) Auflösung der auf den Konten 930 – 939 verbuchten Kapitalrücklagen und der auf den Konten 940 – 949 verbuchten Gewinnrücklagen erfasst.

870 – 889 Zuweisung zu Gewinnrücklagen

Hier ist der Teil des Jahresüberschusses, der auf eine Gewinnrücklage übertragen wird, zu erfassen. Falls für die Bildung der auf den Konten 950 – 951 ausgewiesenen Rücklagen für Anteile an Mutterunternehmen und für eigene Anteile das Jahresergebnis herangezogen wird, so ist hier die entsprechende Zuweisung zu erfassen.

Kontenklasse 9: Eigenkapital, Einlagen unechter stiller Gesellschafter, Abschluss- und Evidenzkonten

900 – 919 Gezeichnetes bzw. gewidmetes Kapital, nicht eingeforderte ausstehende Einlagen

In diesen Kontengruppen wird das jeweils dem Unternehmen gewidmete Kapital erfasst. Dazu gehören auch vereinbarte bzw. bedungene Einlagen bei Personengesellschaften.

Bei diesen Gesellschaften werden in diesen Kontengruppen auch ausstehende Einlagen der persönlich haftenden Gesellschafter, ausstehende Einlagen von Kommanditisten sowie Verlustanteile von persönlich haftenden Gesellschaftern und Kommanditisten erfasst. Gewinne von Kommanditisten, die nicht der Auffüllung oder Wiederauffüllung von Kommanditeinlagen dienen, sind auf den Konten 370 – 389 zu erfassen.

Nicht eingeforderte ausstehende Einlagen bei Kapitalgesellschaften werden auf das Konto 919 verbucht. Wird die ausstehende Einlage eingefordert, ist der eingeforderte Betrag auf das Konto 246 umzubuchen.

920 Eigene Anteile

Zu erfassen ist der Nennbetrag bzw. der rechnerische Wert der erworbenen eigenen Anteile. Das Konto ist hier eingereiht, weil eigene Anteile im Eigenkapital auszuweisen sind (als Abzugsposten). Ein Ausweis eigener Anteile im Anlage- bzw. Umlaufvermögen ist nicht erlaubt.

950 – 951 Rücklagen für Anteile an Mutterunternehmen und für eigene Anteile

Wenn Unternehmen Anteile an Mutterunternehmen oder eigene Anteile besitzen, müssen sie eine Rücklage für Anteile an Mutterunternehmen bzw. eine Rücklage für eigene Anteile bilden und zumindest erstere gesondert ausweisen. Die Höhe der Rücklage für Anteile an Mutterunternehmen entspricht dem Bilanzansatz der auf der Aktivseite ausgewiesenen Anteile an Mutterunternehmen. Die Höhe der Rücklage für eigene Anteile entspricht dem Nennbetrag bzw. dem rechnerischen Wert der erworbenen eigenen Anteile. Diese Rücklagen dürfen durch Umwidmung frei verfügbarer (nicht gebundener) Kapital- und Gewinnrücklagen gebildet werden, soweit diese einen Verlustvortrag übersteigen. Die Bildung der Rücklagen zu Lasten des Jahresergebnisses ist zulässig. Die Rücklagen bleiben bestehen, solange das Unternehmen Anteile an Mutterunternehmen bzw. eigene Anteile besitzt. Wenn die Anteile ausscheiden, ist die betreffende Rücklage zur Gänze aufzulösen, wobei die Auflösung der Rücklage durch eine Rückgliederung der entsprechenden Beträge in die nicht gebundenen Kapital- oder Gewinnrücklagen bzw. in das Jahresergebnis vorzunehmen ist.

970 – 979 Einlagen und Verrechnungskonten unechter stiller Gesellschafter

Diese Kontengruppe umfasst alle mit der stillen Einlage (atypische stille Gesellschaft) zusammenhängenden Konten wie gewidmete Einlagen, ausstehende Einlagen und Verlustverrechnungskonten.

Die Einlagenverrechnung kann analog zu Kommanditisten (vgl. die Konten 900 – 919) erfolgen. Gewinne von stillen Gesellschaftern, die nicht der Auffüllung von Einlagen dienen, sind auf den Konten 370 – 389 zu erfassen.

Erläuterungen zur Anwendung des Umsatzkostenverfahrens

Das Umsatzkostenverfahren unterscheidet sich vom Gesamtkostenverfahren in zwei wesentlichen Punkten:

Die betrieblichen Aufwendungen werden nach den Funktionsbereichen Herstellung, Vertrieb und Verwaltung sowie, soweit diesen nicht zurechenbar, nach sonstigen betrieblichen Aufwendungen aufgeschlüsselt.

Die Veränderung des Bestandes an fertigen und unfertigen Erzeugnissen sowie an noch nicht abrechenbaren Leistungen und die anderen aktivierten Eigenleistungen werden mit den Herstellungsaufwendungen der Periode saldiert, woraus sich die umsatzbezogenen Herstellungskosten ergeben.

Kontenmäßige Erfassung

Die Aufwendungen werden zunächst in gleicher Weise wie beim Gesamtkostenverfahren auf den jeweils vorgesehenen Konten der Klassen 5 bis 7 gebucht. Ihre bereichsweise Zuordnung erfolgt entweder unmittelbar anschließend an ihre Erstverbuchung aufgrund der entsprechend (zweifach) kontierten Aufwandsbelege oder summarisch am Periodenende (monatlich, quartalsweise, halb- oder ganzjährlich).

Die bereichsweise Erfassung der Aufwendungen erfolgt auf den Bereichskonten 791 – 799 im Soll und auf dem zu jedem Aufwandskonto zu führenden Parallelkonto im Haben. Anstelle der individuellen Parallelkonten kann in jeder Aufwandskontenklasse ein einziges Verrechnungskonto (Konten 590, 690 und 790) geführt werden.

Sind die Aufwendungen der Klassen 5 bis 7 am Jahresende vollständig verteilt, saldieren sich die Aufwandskonten und die Parallelkonten bzw. die klassenweisen Verrechnungskonten auf null.

Die in der Klasse 4 erfassten Bestandsveränderungen bei fertigen und unfertigen Erzeugnissen sowie bei noch nicht abrechenbaren Leistungen (Konten 450 – 457) und die anderen aktivierten Eigenleistungen (Konten 458 – 459) sind auf die entsprechenden Konten des Bereiches Herstellung (Konten 791 – 796) zu übertragen, soweit sie nicht bereits dort verbucht worden sind (vgl. die Erläuterungen zu den Konten 140 – 159). Wurden bei den Beständen an noch nicht abrechenbaren Leistungen auch anteilige Kosten der allgemeinen Verwaltung und des Vertriebes aktiviert, ist die Bestandsveränderung anteilsmäßig auf die Bereichskonten für Herstellung, Vertrieb und Verwaltung zu übertragen.

D. Anlage zum Kontenrahmen 2016

0 Anlagevermögen	1 Vorräte	2 Sonstiges Umlaufvermögen, aktive Rechnungsabgrenzungsposten, aktive latente Steuern	3 Rückstellungen, Verbindlichkeiten, passive Rechnungsabgrenzungsposten	4 Betriebliche Erträge	5 Materialaufwand und sonstige bezogene Herstellungsleistungen	6 Personalaufwand	7 Abschreibungen und sonstige betriebliche Aufwendungen	8 Finanzerträge und Finanzaufwendungen, Steuern vom Einkommen und vom Ertrag, Rücklagenbewegung	9 Eigenkapital, Einlagen unechter stiller Gesellschafter, Abschluss- und Evidenzkonten
01 Immaterielle Vermögensgegenstände	10 Bezugsverrechnung	20 21 Forderungen aus Lieferungen und Leistungen	30 Rückstellungen	40 41 42 43 44 Umsatzerlöse und Erlösschmälerungen	50 Wareneinsatz	60 61 Löhne	70 Abschreibungen	80 81 82 83 Finanzerträge und Finanzaufwendungen	90 91 Gezeichnetes bzw. gewidmetes Kapital, nicht eingeforderte ausstehende Einlagen
	11 Rohstoffe		31 Anleihen, Verbindlichkeiten gegenüber Kreditinstituten		51 Verbrauch von Rohstoffen		71 Sonstige Steuern		
02 03 Grundstücke, grundstücksgleiche Rechte und Bauten, einschließlich der Bauten auf fremdem Grund	12 Bezogene Teile	22 Forderungen gegenüber verbundenen Unternehmen und Unternehmen, mit denen ein Beteiligungsverhältnis besteht	32 Erhaltene Anzahlungen auf Bestellungen		52 Verbrauch von bezogenen Teilen	62 63 Gehälter	72 Instandhaltung und Betriebskosten		92 Eigene Anteile
	13 Hilfsstoffe, Betriebsstoffe	23 24 Sonstige Forderungen und Vermögensgegenstände	33 Verbindlichkeiten aus Lieferungen und Leistungen, Verbindlichkeiten aus der Annahme gezogener und der Ausstellung eigener Wechsel		53 Verbrauch von Hilfsstoffen		73 Transport-, Reise- und Fahrtaufwand, Nachrichtenaufwand		93 Kapitalrücklagen
04 05 Technische Anlagen und Maschinen	14 Unfertige Erzeugnisse		34 Verbindlichkeiten gegenüber verbundenen Unternehmen, gegenüber Unternehmen, mit denen ein Beteiligungsverhältnis besteht, und gegenüber Gesellschaftern		54 Verbrauch von Betriebsstoffen	64 Aufwendungen für Abfertigungen, Aufwendungen für Betriebliche Vorsorgekassen, Aufwendungen für Altersversorgung	74 Miet-, Pacht-, Leasing- und Lizenzaufwand	84 Steuern vom Einkommen und vom Ertrag	94 Gewinnrücklagen
	15 Fertige Erzeugnisse	25 Forderungen aus der Abgabenverrechnung	35 Verbindlichkeiten aus Steuern	45 Bestandsveränderungen und aktivierte Eigenleistungen	55 Verbrauch von Werkzeugen und anderen Erzeugungshilfsmitteln	65 Gesetzlicher Sozialaufwand für Arbeiter und Angestellte	75 Aufwand für beigestelltes Personal, Provisionen an Dritte, Aufsichtsratsvergütungen, Geschäftsführerentgelte an Konzerngesellschaften/Komplementär-GmbH	85 86 87 88 89 Rücklagenbewegung, Ergebnisüberrechnung	95 Rücklagen für Anteile an Mutterunternehmen und für eigene Anteile
06 Andere Anlagen, Betriebs- und Geschäftsausstattung	16 Waren	26 Wertpapiere und Anteile	36 Verbindlichkeiten im Rahmen der sozialen Sicherheit	46 47 48 49 Sonstige betriebliche Erträge	56 Betriebskosten	66 Lohn- und gehaltsabhängige Abgaben und Pflichtbeiträge	76 Büro-, Werbe- und Repräsentationsaufwand		96 Privat- und Verrechnungskonten (bei Einzelunternehmen und Personengesellschaften)
07 Geleistete Anzahlungen und Anlagen in Bau	17 Noch nicht abrechenbare Leistungen	27 28 Kassenbestand, Schecks, Guthaben bei Kreditinstituten	37 38 Übrige sonstige Verbindlichkeiten		57 Bezogene Herstellungsleistungen	67 68 Sonstige Sozialaufwendungen	77 78 Versicherungen, übrige Aufwendungen		97 Einlagen und Verrechnungskonten unechter stiller Gesellschafter
08 09 Finanzanlagen	18 Geleistete Anzahlungen				58 Skontoerträge auf Materialaufwand sowie auf bezogene Herstellungsleistungen, Fremdwährungskursdifferenzen				98 Eröffnungsbilanz, Gewinn- und Verlustvortrag, Jahresergebnis laut Gewinn- und Verlustrechnung
	19 Wertberichtigungen	29 Aktive Rechnungsabgrenzungsposten, aktive latente Steuern	39 Passive Rechnungsabgrenzungsposten		59 Aufwandsstellenrechnung	69 Aufwandsstellenrechnung	79 Konten für das Umsatzkostenverfahren		99 Evidenzkonten

2/4/7. KFS/BW 7

Fachgutachten
des Fachsenats für Betriebswirtschaft
zur Zahlungsunfähigkeit

(beschlossen in der Sitzung des Fachsenats für Betriebswirtschaft am 10. April 2019 als Fachgutachten KFS/BW 7, überarbeitet im Oktober 2021)

1. Vorbemerkungen, Gegenstand und Anwendungsbereich

(1) Wirtschaftstreuhänder sind entweder als Berater oder als Gutachter immer wieder mit Unternehmen und anderen Rechtsträgern in einer (sich abzeichnenden) Krisensituation konfrontiert. In diesem Zusammenhang kommt es oft darauf an, zu welchem Zeitpunkt ein Insolvenzeröffnungsgrund eintritt bzw. eingetreten ist. An erster Stelle zu nennen ist hier die Verpflichtung, „ohne schuldhaftes Zögern, spätestens aber sechzig Tage" nach diesem Zeitpunkt die Eröffnung des Insolvenzverfahrens zu beantragen (§ 69 Abs. 2 Satz 1 IO).[1] Weiters anzuführen sind die mit Insolvenzverfahren häufig verbundenen Anfechtungsverfahren (vgl. die §§ 27 ff., insbesondere die §§ 30 und 31 IO) und Strafverfahren (vgl. die §§ 158 ff. StGB), die Zahlungsverbote in den §§ 84 Abs. 3 Z 6 AktG und 25 Abs. 3 Z 2 GmbHG, Unsicherheiten betreffend die Zulässigkeit von Aufrechnungen (vgl. § 20 IO), § 43 Satz 2 AktG sowie der Krisenbegriff des § 2 Abs. 1 EKEG, der u. a. auf Insolvenzeröffnungsgründe Bezug nimmt.

[1] Gemäß § 69 Abs. 2a IO „verlängert sich die Frist des Abs. 2 auf 120 Tage", wenn der Insol-venzeröffnungsgrund „durch eine Naturkatastrophe (Hochwasser, Lawine, Schneedruck, Erd-rutsch, Bergsturz, Orkan, Erdbeben Epidemie, Pandemie oder ähnliche Katastrophe vergleich-ba-rer Tragweite)" eingetreten ist. Die Wörter „Epidemie, Pandemie" sind – ohne einen vorangehen-den Beistrich – mit Wirkung vom 22. März 2020 eingefügt worden.

(2) Das vorliegende Fachgutachten soll zum einheitlichen Umgang mit dem Insolvenzeröffnungsgrund Zahlungsunfähigkeit beitragen, vor allem durch eine systematische Aufbereitung der umfangreichen einschlägigen Rechtsprechung des OGH. Nur ausnahmsweise muss auf Entscheidungen von Oberlandesgerichten zurückgegriffen werden.

(3) Wegen des engen sachlichen Zusammenhangs geht dieses Fachgutachten auch auf die drohende Zahlungsunfähigkeit ein. Bei deren Vorliegen „kann" gemäß § 167 Abs. 2 IO ein Sanierungsverfahren auf Antrag des Schuldners eröffnet werden, der Schuldner kann aber auch die Einleitung eines Reorganisationsverfahrens nach dem URG oder die Einleitung eines Restrukturierungsverfahrens nach der ReO beantragen. Während § 6 Abs. 2 ReO die drohende Zahlungsunfähigkeit ausdrücklich als Antragsgrund nennt, wird sie im URG nicht unmittelbar angesprochen; auf das URG ist daher in der Folge nicht mehr einzugehen. Hinzuweisen ist auf die Gleichstellung des Restrukturierungsverfahrens mit dem Reorganisationsverfahren im Hinblick auf die Haftung nach § 22 Abs. 1 URG durch § 25 Abs. 2 ReO.

(4) Nicht Gegenstand des vorliegenden Fachgutachtens ist hingegen die Überschuldung. Diese bildet gemäß § 67 Abs. 1 IO bei juristischen Personen und Verlassenschaften sowie eingetragenen Personengesellschaften, bei denen kein unbeschränkt haftender Gesellschafter eine natürliche Person ist, einen zur Zahlungsunfähigkeit gleichrangigen weiteren Insolvenzeröffnungsgrund. Für die Prüfung, ob eine insolvenzrechtliche Überschuldung vorliegt, sind ein Vermögensstatus zu Liquidationswerten (rechnerische Überschuldungsprüfung) und/oder eine Fortbestehensprognose zu erstellen; zu dieser vgl. den Leitfaden Fortbestehensprognose, Gemeinsame Stellungnahme der KWT, der WKO und der KMU Forschung Austria, aus 2016. Das vorliegende Fachgutachten geht jedoch auf die Beziehungen ein, die zwischen den Insolvenzeröffnungsgründen Zahlungsunfähigkeit und Überschuldung bestehen (vgl. dazu die Abschnitte 4.5. und 4.6.).

(5) Wirtschaftstreuhändern wird empfohlen, bei ihrer Beratungs- und Gutachtertätigkeit im Zusammenhang mit den Insolvenzeröffnungsgründen Zahlungsunfähigkeit und drohende Zahlungsunfähigkeit auch dann gemäß diesem Fachgutachten vorzugehen, wenn sie im Einzelfall berufsrechtlich nicht dazu verpflichtet sind.

2. Der Begriff „Zahlungsunfähigkeit"

2.1. Charakterisierung

(6) Die Zahlungsunfähigkeit bildet den allgemeinen – rechtsformunabhängigen – Insolvenzeröffnungsgrund. § 66 IO trägt die Überschrift „Zahlungsunfähigkeit" und beginnt mit folgender Hauptaussage (Abs. 1): „Die Eröffnung des Insolvenzverfahrens setzt voraus, daß der Schuldner zahlungsunfähig ist."

(7) Dementsprechend hält der OGH fest: „Bei der Zahlungsunfähigkeit handelt es sich um einen Rechtsbegriff".[2] Wenngleich der OGH von vorgelagerten Tatfragen spricht, stellt er klar, dass das Vorliegen der Zahlungsunfähigkeit „eine Frage der rechtlichen Beurteilung ist".[3]

[2] OGH 29.11.1983, 7 Ob 744/83; ähnlich OGH 7.11.2002, 8 Ob 87/02f.

[3] OGH 29.11.1983, 7 Ob 744/83; ähnlich OGH 27.9.1990, 7 Ob 655/90; OGH 15.10.1992, 8 Ob 516/91; OGH 29.6.1993, 14 Os 61/93; OGH 11.3.1999, 12 Os 147/98; OGH 14.2.2001, 7 Ob 11/01w; OGH 16.12.2008, 8 Ob 133/08d.

2.2. Grundlegende Definition

(8) „Nach Rechtsprechung und Lehre liegt Zahlungsunfähigkeit iSd § 66 IO vor, wenn der Schuldner mangels bereiter Zahlungsmittel nicht in der Lage ist, seine fälligen Schulden zu bezahlen[,] und er sich die erforderlichen Zahlungsmittel voraussichtlich auch nicht alsbald verschaffen kann".[4]

[4] OGH 22.11.2011, 8 Ob 118/11b; ab dem Wort „vor" identisch mit OGH 19.1.2011, 3 Ob 99/10w, wo zu dieser Definition zahlreiche frühere Entscheidungen angeführt werden.

(9) Diese Definition stellt im ersten Teil auf eine Stichtagsbetrachtung ab und enthält mit dem zweiten Teil („... voraussichtlich ...") ein prognostisches Element. Die beiden Teile ergänzen einander: Wenn die Stichtagsbetrachtung (erster Teil) eine Liquiditätslücke ergibt, muss geprüft werden (zweiter Teil), „ob der objektive Zustand der Zahlungsunfähigkeit voraussichtlich einen Dauerzustand bildet oder dieser nur kurzfristiger Natur ist",[5] sodass von einer bloßen Zahlungsstockung auszugehen ist. „Zahlungsunfähigkeit ist dann nicht anzunehmen, wenn die Unfähigkeit, finanzielle Verbindlichkeiten zu befriedigen, in verhältnismäßig kurzer Zeit behoben werden kann".[6]

[5] OGH 22.11.2011, 8 Ob 118/11b, und OGH 25.11.2015, 8 Ob 117/15m.
[6] OGH 5.4.1989, 1 Ob 526/89.

(10) Praktisch anwendbar wird die grundlegende Definition der Zahlungsunfähigkeit erst durch die Auslegung ihrer einzelnen Komponenten. Zur Stichtagsbetrachtung vgl. die Abschnitte 6. und 2.3., zur Zahlungsstockung die Abschnitte 3.1. und 7.

2.3. Die Bedeutung des Begriffs „fällige Schulden" im Rahmen der Definition

(11) Mit den „fälligen Schulden" sind entsprechend dem Wortsinn die zum Beurteilungszeitpunkt bereits fälligen Schulden gemeint. Daraus folgt, dass im Rahmen der Stichtagsbetrachtung „erst künftig fällig werdende Schulden nicht zu berücksichtigen sind".[7] Für die Finanzplanung (vgl. dazu die Abschnitte 4.3. und 7.2.) sind diese Schulden hingegen nach Maßgabe des Planungszeitraums relevant.

[7] OGH 19.1.2011, 3 Ob 99/10w; verwiesen wird auf die sinngleiche Aussage (mit Argumenten) in OGH 28.6.1990, 8 Ob 624/88; vgl. weiters OGH 15.10.1992, 8 Ob 516/91.

(12) § 66 Abs. 3 Satz 1 IO stellt klar: „Zahlungsunfähigkeit setzt nicht voraus, daß Gläubiger andrängen." Dementsprechend stellt der OGH fest, dass es nur auf die Fälligkeit der Schulden ankommt, nicht auf ihre Eintreibung;[8] Verbindlichkeiten gegen andrängende und solche gegen abwartende Gläubiger sind in gleicher Weise zu berücksichtigen. Auch der Zeitpunkt der Einbuchung der Schulden ist irrelevant.

[8] Vgl. OGH 19.1.2011, 3 Ob 99/10w.

(13) Unter den „fälligen Schulden" sind grundsätzlich *alle* fälligen Schulden zu verstehen.[9] Der OGH vertritt allerdings die – freilich „nicht absolut für jeden Einzelfall gültige" – Auffassung, dass eine „Unterdeckung von etwa 5 % ... als bloße Zahlungsstockung und noch gegebene Zahlungsfähigkeit beurteilt werden" kann,[10] gelangt also zu folgender Definition für die Stichtagsbetrachtung: „Zahlungsunfähigkeit iSd § 66 KO liegt vor, wenn der Schuldner mehr als 5 % aller fälligen Schulden nicht begleichen kann; kann er 95 % oder mehr begleichen, darf ein Zahlungsempfänger von Zahlungsfähigkeit ausgehen."[11] Aus einer gesamthaften Betrachtung der diese Definition enthaltenden Entscheidung ergibt sich, dass die Schlussfolgerung auch für den Schuldner gilt; er kann – ungeachtet eventueller Schwierigkeiten, dies zu erkennen – nur entweder zahlungsfähig oder zahlungsunfähig sein. Gemäß der zitierten Definition ist ein Schuldner zahlungsfähig, solange das Ausmaß der fälligen Schulden, die er nicht termingerecht bezahlen kann, 5 % nicht überschreitet.

[9] Vgl. OGH 11.10.2012, 2 Ob 117/12p, wo das Wort „alle" durch Unterstreichen hervorgehoben wird, mit Verweis auf frühere Entscheidungen.
[10] OGH 19.1.2011, 3 Ob 99/10w; ebenso OGH 22.11.2011, 8 Ob 118/11b; OGH 11.10.2012, 2 Ob 117/12p; OGH 25.11.2015, 8 Ob 117/15m.
[11] OGH 19.1.2011, 3 Ob 99/10w (die IO hieß noch Konkursordnung).

(14) Die Fähigkeit, einzelne oder für das Weiterführen des Unternehmens wichtige Verbindlichkeiten zu begleichen, reicht zur Annahme der Zahlungsfähigkeit nicht aus; § 66 Abs. 3 Satz 2 IO stellt klar: „Der Umstand, daß der Schuldner Forderungen einzelner Gläubiger ganz oder teilweise befriedigt hat oder noch befriedigen kann, begründet für sich allein noch nicht die Annahme, daß er zahlungsfähig ist."

3. Mit der Zahlungsunfähigkeit in Zusammenhang stehende Begriffe

3.1. Der Begriff „Zahlungsstockung"

(15) Eine Zahlungsstockung „liegt vor, wenn der Schuldner „voraussichtlich" und „alsbald" seine fälligen Schulden zur Gänze bezahlen wird können."[12] Mit anderen Worten (vgl. den Abschnitt 2.2. zur grundlegenden Definition der Zahlungsunfähigkeit): Eine laut Stichtagsbetrachtung bestehende Liquiditätslücke kann voraussichtlich alsbald behoben werden.

[12] Ebenda.

(16) „Für die Beurteilung, ob Zahlungsstockung oder ein Dauerzustand vorliegt, ist die Gesamtsituation des Einzelfalles maßgebend."[13] Es geht um die „Tatfrage",[14] ob in „angemessener" Frist[15] eine Rückkehr zu pünktlicher Zahlungsweise begründet erwartet werden darf.

[13] OGH 11.11.1986, 2 Ob 532 und 533/86; ähnlich OGH 18.2.2005, 10 Ob 90/04i.
[14] OGH 19.1.2011, 3 Ob 99/10w.
[15] OGH 18.2.2005, 10 Ob 90/04i.

(17) Zur Abgrenzung der Zahlungsstockung von der (dauerhaften) Zahlungsunfähigkeit hat der OGH folgende Richtschnur entwickelt: Von einer bloßen Zahlungsstockung kann ausgegangen

werden, wenn entweder laut Stichtagsbetrachtung höchstens 5 % aller fälligen Schulden nicht bezahlt werden können oder – bei Überschreiten der 5 % – das baldige (Wieder-)Erreichen der vollen Zahlungsfähigkeit mit einem Finanzplan dokumentiert werden kann. Die sich im Fall des Überschreitens der 5 % ergebenden Einzelfragen werden im Abschnitt 7. erörtert.

3.2. Der Begriff „Zahlungseinstellung"

(18) Dieser Begriff ist insofern von Bedeutung, als ihn der Gesetzgeber mit der Zahlungsunfähigkeit verbindet. § 66 Abs. 2 IO lautet: „Zahlungsunfähigkeit ist insbesondere anzunehmen, wenn der Schuldner seine Zahlungen einstellt." Damit gilt bei Zahlungseinstellung die – widerlegbare – gesetzliche Vermutung, dass Zahlungsunfähigkeit eingetreten ist. Wer sich auf eine Zahlungseinstellung beruft, braucht die Zahlungsunfähigkeit nicht weiter zu belegen. Außerdem sieht § 69 Abs. 1 Satz 2 IO vor: „Die vom Schuldner an das Gericht erstattete Anzeige von der Zahlungseinstellung gilt als Antrag" auf Eröffnung des Insolvenzverfahrens.

(19) Die Zahlungseinstellung kann nicht nur vom Schuldner ausdrücklich oder konkludent erklärt, sondern auch aus Indizien geschlossen werden (vgl. zu diesen den Abschnitt 5.). Eine Zahlungseinstellung kann auch bei (noch) gegebener Zahlungsfähigkeit erfolgen, vor allem wenn eine Kapitalgesellschaft oder ein anderer § 67 IO unterliegender Rechtsträger (vgl. die Rz (4)) seine Überschuldung feststellt und seiner Verpflichtung zur Gläubigergleichbehandlung nachkommt.

(20) Die gesetzliche Vermutung der Zahlungsunfähigkeit kann im Einzelfall widerlegt werden. Einerseits kann eine bloße Zahlungsstockung vorliegen (vgl. dazu den Abschnitt 3.1.). Andererseits kann die Zahlungseinstellung auf Zahlungsunwilligkeit beruhen. Die Widerlegung der gesetzlichen Vermutung gelingt nur, wenn die Zahlungsfähigkeit bzw. das Vorliegen einer bloßen Zahlungsstockung belegt werden kann.

3.3. Der Begriff „drohende Zahlungsunfähigkeit"

(21) Eine drohende Zahlungsunfähigkeit liegt vor, wenn sich bei aktuell gegebener Zahlungsfähigkeit in einer Finanzplanung für einen zukünftigen Zeitpunkt Zahlungsunfähigkeit abzeichnet, die voraussichtlich nicht abgewendet werden kann.

(22) Drohende Zahlungsunfähigkeit und Zahlungsstockung können gleichzeitig vorliegen.[16] Die Finanzplanung (vgl. dazu die Abschnitte 4.3. und 7.2.) kann z. B. zeigen, dass eine aktuell bestehende Liquiditätslücke höchstwahrscheinlich binnen zwei Monaten behoben werden kann, sodass sie als Zahlungsstockung zu beurteilen ist, und zugleich aufzeigen, dass für die Bezahlung einer in acht Monaten fälligen hohen Kredittilgungsrate voraussichtlich nicht genügend finanzielle Mittel zur Verfügung stehen werden.

[16] Vgl. dazu die folgende Aussage des OGH: „Eine zwischenzeitliche, wenn auch nur vorübergehen-de wirtschaftliche Erholung des späteren Gemeinschuldners beseitigt … die Anfechtbarkeit der während des vorhergehenden Insolvenzstadiums vorgenommenen Rechtshandlung" (27.8.1998, 2 Ob 196/98g); ähnlich OGH 27.8.1999, 1 Ob 308/98w; OGH 23.11.2000, 6 Ob 110/00w.

4. Der Zusammenhang der Pflichten der Unternehmensleitung mit den Insolvenzeröffnungsgründen

4.1. Vorbemerkungen

(23) Der Begriff „Unternehmensleitung" wird im Interesse besserer Lesbarkeit verwendet. Er bezieht sich auf alle Arten von Unternehmen und anderen der IO unterliegenden Rechtsträgern, umfasst also Einzelunternehmer, geschäftsführende Gesellschafter von Personengesellschaften und gesetzliche Vertreter juristischer Personen, gegebenenfalls auch an deren Stelle tretende andere Verantwortliche iSd § 69 Abs. 3 und 3a IO.

(24) Auf Besonderheiten betreffend Unternehmen, für die branchenspezifische Vorschriften bestehen, wird nicht eingegangen.

4.2. Sorgfalt und Redlichkeit

(25) Unabhängig von der Größe und der Komplexität des Unternehmens und unabhängig davon, ob sich das Unternehmen in einer (sich abzeichnenden) Krisensituation befindet, muss die Unternehmensleitung mit angemessener Sorgfalt und redlich handeln. Hinzuweisen ist in diesem Zusammenhang auf die Bezugnahme auf „Grundsätze[n] ordentlichen Wirtschaftens" in § 159 Abs. 5 StGB, den Begriff „Sorgfalt eines ordentlichen Unternehmers" in § 347 UGB, den Begriff „Sorgfalt eines ordentlichen Geschäftsmannes" in § 25 Abs. 1 GmbHG und den Begriff „Sorgfalt eines ordentlichen und gewissenhaften Geschäftsleiters" in § 84 Abs. 1 AktG.

(26) Gerade im Zusammenhang mit der Zahlungs(un)fähigkeit wird die Redlichkeit vom OGH regelmäßig angesprochen. Ein Schuldner ist zahlungsfähig, wenn er in der Lage ist, „alle fälligen Schulden bei redlicher wirtschaftlicher Gebarung in angemessener Frist zu begleichen".[17] „Bei der Beurteilung … ist eine redliche wirtschaftliche Gebarung des Schuldners zugrunde zu legen";[18] demgemäß „hat eine Kreditmöglichkeit, von der ein redlicher Schuldner mangels Rückzahlungsfähigkeit nicht mehr Gebrauch machen würde, bei der Beurteilung der Zahlungsunfähigkeit außer Betracht zu bleiben".[19] „Der Eintritt der Zahlungsunfähigkeit wird nicht dadurch hinausgeschoben, daß es einem unredlichen Schuldner gelingt, sich durch Täuschung immer wieder Kreditmittel von neuen Gläubigern zu beschaffen, deren Rückzahlung ihm unter normalen wirtschaftlichen Verhältnissen nicht mehr möglich ist, mag er auch damit seinen laufenden Zahlungsverkehr aufrechterhalten können."[20] „Zahlungsunfähigkeit ist … auch dann anzunehmen, wenn es dem Gläubiger [gemeint: Schuldner] zwar gelingt, seine fälligen [gemeint: gegen ihn bestehenden] Forderungen gerade noch zu erfüllen, allerdings nur durch Eingehen neuer Schulden unter Vortäuschung seiner

Kreditwürdigkeit, ohne Aussicht auf Besserung seiner wirtschaftlichen Situation“.[21]

[17] OGH 18.11.2003, 14 Os 58/03, und OGH 22.10.2007, 1 Ob 134/07y; ähnlich OGH 13.2.1979, 13 Os 10/79; OGH 11.6.1980, 11 Os 63/80; OGH 8.11.1984, 13 Os 195/83; OGH 8.4.1986, 11 Os 206/85; OGH 9.9.1986, 10 Os 46/86; OGH 2.4.1987, 12 Os 143/86; OGH 8.11.1988, 11 Os 51/88; OGH 12.4.1989, 14 Os 164/88; OGH 6.2.1990, 14 Os 113/89; OGH 24.4.1990, 14 Os 154 und 155/89; OGH 1.6.1990, 11 Os 75 und 76/89; OGH 20.2.1991, 11 Os 87/90; OGH 10.7.1991, 13 Os 58/91; OGH 25.3.1992, 3 Ob 503/92; OGH 29.6.1993, 14 Os 61/93; OGH 18.9.1996, 13 Os 112/96; OGH 11.3.1999, 12 Os 147/98; OGH 27.1.2004, 14 Os 160/03; OGH 19.1.2011, 3 Ob 99/10w.

[18] OGH 19.11.1981, 4 Ob 547/81.

[19] OGH 26.1.2010, 14 Os 82/09d; ähnlich OGH 8.11.1988, 11 Os 51/88; OGH 14.5.1996, 14 Os 178/95.

[20] OGH 19.11.1981, 4 Ob 547/81; ähnlich OGH 8.11.1988, 11 Os 51/88; OGH 1.6.1990, 11 Os 75 und 76/89; OGH 27.9.1990, 7 Ob 655/90; OGH 15.10.1992, 8 Ob 516/91.

[21] OGH 11.11.1986, 2 Ob 532 und 533/86.

4.3. Verpflichtung zu geschäftlichen Aufzeichnungen, insbesondere zur (Finanz-) Planung

(27) Diese Verpflichtung der Unternehmensleitung folgt aus der Verpflichtung zu ordentlichem Wirtschaften (vgl. die Rz (25)). Ihr Ausmaß hängt von Umfang und Komplexität der Geschäftstätigkeit des Unternehmens sowie davon ab, ob sich das Unternehmen in einer (sich abzeichnenden) Krisensituation und – bejahendenfalls – in welchem Krisenstadium es sich befindet. Mindestanforderungen ergeben sich aus § 159 Abs. 5 Z 4 StGB, wonach kridaträchtig handelt, wer „Geschäftsbücher oder geschäftliche Aufzeichnungen zu führen unterlässt oder so führt, dass ein zeitnaher Überblick über seine wahre Vermögens-, Finanz- und Ertragslage erheblich erschwert wird, oder sonstige geeignete und erforderliche Kontrollmaßnahmen, die ihm einen solchen Überblick verschaffen, unterlässt“. Die Unternehmensleitung muss sich demnach laufend einen zeitnahen Überblick über die wirtschaftliche Lage des Unternehmens verschaffen, diese also laufend beobachten. Nur so ist sie in der Lage, gegebenenfalls ihrer Verpflichtung nachzukommen, rechtzeitig einen Insolvenzantrag zu stellen (vgl. die Rz (1)).

(28) Konkret normiert sind – in den §§ 189 ff. UGB – die Verpflichtungen zur Buchführung und zur Aufstellung von Jahresabschlüssen (auf die § 159 Abs. 5 Z 5 StGB Bezug nimmt), ergänzt durch die rechtsformspezifischen Verpflichtungen gemäß § 22 Abs. 1 GmbHG, § 82 AktG, §§ 39 Abs. 3 und 41 Abs. 1 SEG, § 22 Abs. 1 und 2 GenG, § 18 PSG, § 20 Abs. 1 und 6 BStFG 2015 sowie §§ 21 Abs. 1 und 22 Abs. 1 und 2 VerG. Für einen etwas kleineren Kreis von Rechtsformen sind auch unternehmensinterne Berichtspflichten gesetzlich geregelt; sie nehmen jeweils ausdrücklich auf eine „Vorschaurechnung“, also eine Planungsrechnung, Bezug (§ 28a GmbHG für Gesellschaften mit Aufsichtsrat, § 81 AktG, § 58 Abs. 1 SEG und § 22 Abs. 3 GenG).

(29) Die Planung erfolgt idealerweise als integrierte Erfolgs-, Vermögens- und Finanzplanung (Liquiditätsplanung). Soweit Unternehmen nicht ohnehin dazu verpflichtet sind, ist ihnen eine solche Planung zu empfehlen. Einer der Gründe dafür ist das möglichst frühzeitige Erkennen von Unternehmenskrisen; vgl. dazu den Leitfaden zum Erkennen von Unternehmenskrisen (KFS/BW 5), Rz 10 ff.

(30) Selbst wenn ein (Klein-)Unternehmen keine Planung betreibt, sollte es spätestens dann mit einer Finanzplanung beginnen, wenn sich Zweifel abzeichnen, alle Zahlungsverpflichtungen bei Fälligkeit erfüllen zu können.

(31) Die Finanzplanung muss alle zu erwartenden Zahlungsein- und -ausgänge umfassen. Wie genau deren Zuordnung zu Zeitabschnitten erfolgen muss, hängt davon ab, inwieweit die zu erwartenden Zahlungseingänge gemeinsam mit den bereits verfügbaren Zahlungsmitteln für die zu erwartenden Zahlungsausgänge ausreichen. Sinkt die Überdeckung kontinuierlich und droht eine Liquiditätslücke, kann es z. B. erforderlich sein, von einer quartalsgenauen zu einer monatsgenauen und weiter zu einer wochengenauen oder sogar geschäftstag- bzw. zahlungsdispositionstaggenauen Planung überzugehen. Bei der zeitlichen Zuordnung von zu erwartenden Zahlungseingängen ist zu berücksichtigen, inwieweit diese erst nach ihrer Fälligkeit erfolgen werden; für die zeitliche Zuordnung von zu erwartenden Zahlungsausgängen, die einen bestimmten Fälligkeitstermin aufweisen, ist jedoch – vorbehaltlich Stundungen – dieser Termin maßgebend. Auf die Erfassung der Fälligkeitstermine, etwa in Form einer Offene-Posten-Buchhaltung, ist deshalb besonderes Augenmerk zu richten.

4.4. Prüfung des Vorliegens des Insolvenzeröffnungsgrundes Zahlungsunfähigkeit

(32) Verfügt ein Unternehmen über eine Finanzplanung, wird das eventuelle Verlieren der Zahlungsfähigkeit schon vor seinem Eintreten erkannt, sodass rechtzeitig entsprechende Entscheidungen getroffen werden können (vgl. den Abschnitt 4.6. zur drohenden Zahlungsunfähigkeit).

(33) Auch wenn ein (Klein-)Unternehmen keine Finanzplanung betreibt, kann die Unternehmensleitung das Verlieren der vollen Zahlungsfähigkeit leicht erkennen. An jedem Geschäftstag, an dem Zahlungen fällig werden und/oder vorgenommen werden (sollen), zeigt sich, ob bzw. inwieweit die verfügbaren Zahlungsmittel zur Abdeckung der fälligen Zahlungsverpflichtungen ausreichen. Nur wenn sich die Unternehmensleitung nicht ausreichend um ihre Zahlungsverpflichtungen kümmert, kann Indizien (vgl. dazu den Abschnitt 5.) Bedeutung zukommen; eine Häufung von Mahnungen und/oder Exekutionen, Versäumungsurteile oder Insolvenzanträge können eine Warnfunktion erfüllen.

(34) An jenem Geschäftstag, an welchem nicht (mehr) alle fälligen Zahlungen geleistet werden können, muss die Unternehmensleitung entweder – wenn sie über eine Finanzplanung verfügt – prüfen, ob sie sich auf deren Grundlage auf eine Zahlungsstockung berufen kann, weil die im

Abschnitt 7. dargelegten Anforderungen erfüllt werden, oder einen Finanzstatus erstellen, um das genaue Verhältnis der „bereiten Zahlungsmittel" zu den „fälligen Schulden" im Sinne der Rechtsprechung des OGH zu ermitteln; die sich dabei ergebenden Einzelfragen werden im Abschnitt 6. erörtert. Betragen die „bereiten Zahlungsmittel" mindestens 95 % der „fälligen Schulden", kann die Unternehmensleitung vom Vorliegen einer Zahlungsstockung, also von weiterhin gegebener Zahlungsfähigkeit ausgehen.

(35) Liegt der angeführte Verhältniswert unter 95 %, muss die Unternehmensleitung prüfen, ob sie mit einem bereits vorhandenen oder neu aufgestellten Finanzplan, der den im Abschnitt 7. dargelegten Anforderungen entspricht, dokumentieren kann, dass (noch) nicht Zahlungsunfähigkeit, sondern bloß eine Zahlungsstockung vorliegt, die sie (noch) nicht zum Stellen eines Insolvenzantrags verpflichtet. Ist dies nicht möglich, tritt die Zahlungsunfähigkeit an jenem Geschäftstag ein, an dem der angeführte Verhältniswert 95 % unterschreitet, und die Unternehmensleitung muss ohne schuldhaftes Zögern, spätestens aber binnen sechzig Tagen die Eröffnung des Insolvenzverfahrens beantragen (vgl. die Rz (1)).

4.5. Zusammenhänge mit dem Insolvenzeröffnungsgrund Überschuldung und der Abschlussaufstellung

(36) Die Unternehmensleitung einer Kapitalgesellschaft oder eines anderen § 67 IO unterliegenden Rechtsträgers (vgl. die Rz (4)) muss auch den Insolvenzeröffnungsgrund Überschuldung beachten und deshalb Anlässe für eine insolvenzrechtliche Überschuldungsprüfung im Auge behalten. Sie hat daher zu bedenken, ob eine insolvenzrechtliche Überschuldungsprüfung angezeigt ist, wenn sie vom Vorliegen einer Zahlungsstockung ausgeht bzw. dies dokumentiert; darauf kann verzichtet werden, wenn die Gesellschaft bzw. der Rechtsträger offensichtlich nicht rechnerisch überschuldet ist. Eine insolvenzrechtliche Überschuldungsprüfung ist auch nicht erforderlich, wenn wegen gleichzeitig vorliegender drohender Zahlungsunfähigkeit die Eröffnung eines Sanierungsverfahrens oder die Einleitung eines Restrukturierungsverfahrens beantragt wird (vgl. den Abschnitt 4.6.) oder wenn Zahlungsunfähigkeit – der andere gleichrangige Insolvenzeröffnungsgrund – eingetreten ist; ist Zahlungsunfähigkeit eingetreten, kommt es auf eine Fortbestehensprognose nicht mehr an.[22]

[22] Vgl. OGH 23.2.1989, 7 Ob 526/89; OGH 26.4.2001, 6 Ob 37/01m; OGH 26.2.2002, 1 Ob 144/01k; OGH 9.5.2007, 7 Ob 84/07i; OGH 19.2.2015, 6 Ob 19/15k.

(37) Jedenfalls zu einer insolvenzrechtlichen Überschuldungsprüfung verpflichtet sind Kapitalgesellschaften, Personengesellschaften iSd § 189 Abs. 1 Z 2 UGB und andere Rechtsträger, die den Rechnungslegungsvorschriften für Kapitalgesellschaften unterliegen (vgl. die Rz (28)), wenn sich bei der Aufstellung eines Jahres- oder Zwischenabschlusses ein negatives Eigenkapital ergibt. Denn sie haben in diesem Fall gemäß § 225 Abs. 1 Satz 2 UGB im Anhang „zu erläutern, ob eine Überschuldung im Sinne des Insolvenzrechts vorliegt." Diese Angabepflicht gilt nicht für Kleinstkapitalgesellschaften iSd § 221 Abs. 1a UGB, die gemäß § 242 Abs. 1 Satz 1 UGB keinen Anhang aufzustellen brauchen.

(38) Unabhängig von der Rechtsform muss die Unternehmensleitung bei der Aufstellung jedes Jahres- oder Zwischenabschlusses prüfen, ob die Annahme der Unternehmensfortführung gerechtfertigt ist, ihr also keine tatsächlichen oder rechtlichen Gründe entgegenstehen; vgl. dazu das Fachgutachten zur Unternehmensfortführung gemäß § 201 Abs. 2 Z 2 UGB (KFS/RL 28).

4.6. Erkennbarkeit und Konsequenzen drohender Zahlungsunfähigkeit

(39) Eine drohende Zahlungsunfähigkeit kann erkannt werden

- im Zuge der Erstellung einer Fortbestehensprognose,
- wenn ein Unternehmen über eine Finanzplanung verfügt und
- ausnahmsweise ohne oder mit nur ganz rudimentärer Finanzplanung, etwa kurz oder eventuell länger vor dem Fälligwerden einer Verbindlichkeit, die den Betrag der bis dahin verfügbaren Mittel offensichtlich deutlich übersteigt (vgl. das Beispiel am Ende der Rz (22)).

(40) Bei drohender Zahlungsunfähigkeit müssen Kapitalgesellschaften und andere § 67 IO unterliegende Rechtsträger (vgl. die Rz (4)) eine insolvenzrechtliche Überschuldungsprüfung vornehmen bzw. die Fortbestehensprognose durch eine insolvenzrechtliche rechnerische Überschuldungsprüfung (Vermögensstatus zu Liquidationswerten) ergänzen. Fällt diese Prüfung positiv aus, besteht bei gegebener Zahlungsfähigkeit (noch) keine Insolvenzantragspflicht, wohl aber das Recht, die Eröffnung eines Sanierungsverfahrens oder die Einleitung eines Restrukturierungsverfahrens zu beantragen (vgl. die Rz (3)).

(41) Unabhängig von der Rechtsform und einer Überschuldungsprüfung muss die Unternehmensleitung bei drohender Zahlungsunfähigkeit zunächst beurteilen, ob es ihr durch das Ergreifen geeigneter Maßnahmen gelingen könnte, die Zahlungsfähigkeit aufrecht zu erhalten, sodass entsprechend der Definition dieses Begriffs (vgl. die Rz (21)) keine drohende Zahlungsunfähigkeit (mehr) vorliegt. Diese Verpflichtung ist in § 1 Abs. 3 ReO auch ausdrücklich festgehalten; nach dieser Bestimmung „hat die Unternehmensleitung" bei wahrscheinlicher Insolvenz, d. h. gemäß § 6 Abs. 2 ReO „insbesondere bei drohender Zahlungsunfähigkeit", „Schritte einzuleiten, um die Insolvenz abzuwenden und die Bestandfähigkeit sicherzustellen; dabei sind die Interessen der Gläubiger, der Anteilsinhaber und der sonstigen Interessenträger angemessen zu berücksichtigen." Fällt die angeführte Beurteilung negativ aus, muss die Unternehmensleitung entscheiden, ob sie vom

Recht Gebrauch machen möchte, die Eröffnung eines Sanierungsverfahrens oder die Einleitung eines Restrukturierungsverfahrens zu beantragen. Möchte sie das nicht, befindet sie sich in einer schwierigen Situation: Zwar besteht (bei aktuell gegebener Zahlungsfähigkeit und – bei Kapitalgesellschaften und anderen § 67 IO unterliegenden Rechtsträgern – positivem Ergebnis der insolvenzrechtlichen rechnerischen Überschuldungsprüfung) noch keine Insolvenzantragspflicht, wohl aber gemäß § 1 Abs. 3 ReO die Pflicht, Schritte zur Abwendung der Insolvenz einzuleiten. Schon die Verpflichtung zu sorgfältigem und redlichem Handeln (vgl. dazu den Abschnitt 4.2.), verbunden mit den Straftatbeständen der §§ 146 und 158 ff. StGB, schließt ein unreflektiertes Weiterwirtschaften bis zum Eintreten der Insolvenzantragspflicht (wegen Zahlungsunfähigkeit oder Überschuldung) aus. Um eine Schädigung von Gläubigern zu verhindern, dürfen sie nicht getäuscht werden, und die drohende Liquiditätslücke darf sich durch das Weiterwirtschaften nicht vergrößern; das vorhandene Nettovermögen darf nicht geschmälert oder zusätzlich belastet und es dürfen nur solche Verpflichtungen eingegangen werden, die vor dem Eintreten der Insolvenzantragspflicht erfüllt werden können und diese nicht auslösen. Können diese Grundsätze nicht eingehalten werden, muss die Eröffnung eines Sanierungsverfahrens oder die Einleitung eines Restrukturierungsverfahrens beantragt werden. Im Rahmen eines Restrukturierungsverfahrens kann eine Vollstreckungssperre bewilligt werden, während der gemäß § 24 Abs. 1 ReO die Insolvenzantragspflicht wegen Überschuldung ruht und gemäß § 24 Abs. 3 ReO „ein Insolvenzverfahren wegen Zahlungsunfähigkeit dann nicht zu eröffnen" ist, „wenn die Eröffnung unter Berücksichtigung der Umstände des Falles nicht im allgemeinen Interesse der Gläubiger ist", was „das Gericht im Restrukturierungsverfahren zu entscheiden" hat.

(42) Wenn ein (Klein-)Unternehmen keine Finanzplanung betreibt, kann – abgesehen von der am Ende der Rz (39) erwähnten Ausnahme – eine drohende Zahlungsunfähigkeit nicht erkannt werden. Wegen der dafür fehlenden Daten kann in diesem Fall das Recht, vor dem Eintreten der Insolvenzantragspflicht die Eröffnung eines Sanierungsverfahrens zu beantragen, nicht genützt werden. Die Einleitung eines Restrukturierungsverfahrens kann beantragt werden, wenn die Bestandsgefährdung anderweitig belegt werden kann, insbesondere durch Vorliegen der in § 6 Abs. 2 ReO angeführten Kennzahlenwerte, setzt aber gemäß § 7 Abs. 1 Z 2 ReO die Aufstellung eines Finanzplans „für die folgenden 90 Tage" spätestens in der vom Gericht gemäß § 7 Abs. 4 Satz 1 ReO gesetzten Frist „von höchstens 14 Tagen" voraus.

5. Ermittlung des Zeitpunkts des Eintretens der Zahlungsunfähigkeit in der Vergangenheit und durch Dritte

(43) Ist Zahlungsunfähigkeit eingetreten und muss der Zeitpunkt ihres Eintretens im Nachhinein ermittelt werden, ist das Vorgehen der Unternehmensleitung im Sinne des Abschnitts 4.4. – soweit möglich – nachzuvollziehen bzw. aus der Ex-ante-Sicht nachzubilden.

(44) Insoweit dafür keine oder keine ausreichenden Daten zur Verfügung stehen, muss auf Indizien zurückgegriffen werden. Dies gilt ebenso für Dritte, die überlegen, ob sie einen Insolvenzantrag stellen sollen, oder abschätzen müssen, ob sie von der Unternehmensleitung veranlasste Zahlungen (noch) annehmen dürfen; im Einzelfall kommt es auf den Umfang der Informationen an, die zur Verfügung stehen oder mit vertretbarem Aufwand verfügbar gemacht werden können (was z. B. einer Hausbank oder einem Sozialversicherungsträger – was der OGH oft festgestellt hat – in größerem Ausmaß möglich ist als einem von vielen Lieferanten). Alle Informationen sind gesamthaft zu betrachten.

(45) Indizien, die auf die Zahlungsunfähigkeit des Schuldners schließen lassen, obwohl (noch) keine Zahlungseinstellung vorliegt (vgl. dazu den Abschnitt 3.2.), sind etwa die Bezahlung immer nur der dringlichsten Verbindlichkeiten, die Nichteinhaltung von Zahlungszusagen, Bitten um Schuldnachlässe oder unübliche Ratenvereinbarungen sowie anhängige Insolvenzanträge. Exekutionen beurteilt der OGH in diesem Zusammenhang überwiegend zurückhaltend, d. h. nicht als (entscheidendes) Indiz für Zahlungsunfähigkeit.[23] § 19 Abs. 4 Satz 2 ReO normiert, allerdings nur im Zusammenhang mit der Bewilligung einer Vollstreckungssperre (die Zahlungsfähigkeit voraussetzt): „Zahlungsunfähigkeit wird vermutet, wenn zur Hereinbringung von Abgaben oder Sozialversicherungsbeiträgen Exekutionsverfahren gegen den Schuldner geführt werden, die weder eingestellt, aufgeschoben noch unter vollständiger Befriedigung des Gläubigers beendet sind."

[23] Vgl. OGH 26.1.1983, 3 Ob 539/82; OGH 29.11.1983, 7 Ob 744/83; OGH 15.10.1987, 6 Ob 701/86; OGH 19.7.1988, 1 Ob 632/88; OGH 20.2.1991, 11 Os 87/90; OGH 23.11.1995, 6 Ob 622/95; OGH 20.12.1995, 7 Ob 563/95; OGH 25.9.1997, 6 Ob 70/97f; OGH 13.7.2000, 8 Ob 19/00b; OGH 28.9.2000, 8 Ob 37/00z; OGH 12.6.2003, 8 Ob 1/03k; OGH 1.7.2003, 1 Ob 136/03m; OGH 25.11.2015, 8 Ob 117/15m. Vgl. aber OGH 4.5.1982, 5 Ob 586/82; OGH 8.5.1984, 4 Ob 559/83; OGH 26.6.1985, 3 Ob 577/85; OGH 3.12.1986, 1 Ob 655/86; OGH 13.9.1988, 4 Ob 570/88; OGH 30.11.1989, 7 Ob 662/89; OGH 19.12.1989, 2 Ob 143/89; OGH 10.7.1991, 13 Os 58/91; OGH 12.11.1996, 4 Ob 2328/96y; OGH 20.10.1999, 7 Ob 2/99s; OGH 13.6.2001, 7 Ob 58/01g; OGH 28.9.2006, 4 Ob 93/06i; OGH 28.6.2016, 8 Ob 57/16i.

(46) Hat der Schuldner erklärt, dass er seine Zahlungen einstellt, kommt Indizien kaum (noch) Bedeutung zu. Indizien, die darauf hindeuten, dass der Schuldner seine Zahlungen eingestellt hat, sind etwa eine Häufung ergebnisloser Exekutionen, die Nichtleistung nach Verurteilung in mehreren Verfahren, die Nichtzahlung wichtiger Verbindlichkeiten und fruchtlose Mahnungen. Hat der Schuldner seine Zahlungen eingestellt bzw. ist dies aus Indizien zu schließen, ist grundsätzlich seine Zahlungsunfähigkeit anzunehmen (vgl. den Abschnitt 3.2.).

6. Die Komponenten des Finanzstatus

6.1. Bereite Zahlungsmittel

(47) Das Vorliegen „parater Zahlungsmittel“[24] bzw. „bereiter Zahlungsmittel“[25] konkretisiert der OGH mit der Bezugnahme auf „liquide Zahlungsmittel (Bargeld, Buchgeld, offene Kreditlinien) … und (oder) leicht und kurzfristig verwertbares Vermögen“.[26]

[24] OGH 21.4.1965, 1 Ob 49/65; OGH 7.11.2002, 8 Ob 87/02f.

[25] Fast durchgehend verwendete Formulierung, etwa in OGH 21.2.2013, 9 Ob A138/12b.

[26] OGH 19.1.2011, 3 Ob 99/10w.

(48) Der Begriff „kurzfristig verwertbares Vermögen“ muss im Rahmen der Stichtagsbetrachtung eng interpretiert werden, weil sonst die bis zur Verwertung des Vermögens zusätzlich fällig werdenden Schulden in die Berechnung einbezogen werden müssten; damit würde die Stichtagsbetrachtung verlassen und ein Finanzplan aufgestellt (wie es bei einer 5 % übersteigenden Liquiditätslücke zur Dokumentation einer Zahlungsstockung erforderlich ist). Berücksichtigt werden können demnach (gedeckte) Schecks und Wechsel sowie kurzfristig veräußerbare Wertpapiere und Edelmetalle, nicht aber andere Wertpapiere, Forderungen,[27] Vorräte, Liegenschaften,[28] Schmuck, Kunstwerke oder erst zu verhandelnde Kreditrahmen.

[27] „Forderungen sind, selbst wenn sie bereits fällig sind und ihre Einbringlichkeit bejaht werden kann, in aller Regel nicht mit bereiten Zahlungsmitteln gleichzusetzen.“ (OLG Linz 7.6.2017, 2 R 77/17g, ZIK 2018/145) Diese Aussage entspricht der ständigen Rechtsprechung des OLG Wien; vgl. dessen unveröffentlichte Entscheidungen 6.7.2001, 28 R 79/01w (mit Verweis auf die Ent-scheidungen „28 R 132/97f, 28 R 20/00t u.a.“), 19.11.2003, 28 R 378/03v (mit Verweis auf die Entscheidungen „28 R 132/97f, 28 R 79/01w, 28 R 108/02m uva“), und 10.2.2004, 28 R 1/04d und 28 R 8/04h (mit Verweis auf die Entscheidung „28 R 132/97f uva“), sowie die Entscheidung 29.5.2012, 28 R 109/12y, wovon nur ein Leitsatz veröffentlicht worden ist (ZIK 2013/96), der nicht dieses Thema betrifft.

[28] Vgl. OGH 4.11.1975, 4 Ob 624/75; OGH 3.11.1987, 11 Os 11/87; OGH 8.11.1988, 11 Os 51/88; OGH 17.10.1991, 15 Os 5/91; OGH 18.9.1996, 13 Os 112/96; OGH 25.1.2019, 8 Ob 5/19x.

(49) Als bereite Zahlungsmittel können nur solche angesehen werden, die „leicht und kurzfristig“ verfügbar sind. Bankguthaben im Ausland, deren Transferierung wegen einzuholender Genehmigungen oder aus anderen Gründen nicht binnen weniger Geschäftstage oder bis auf weiteres überhaupt nicht möglich ist, scheiden daher ebenso aus wie z. B. verpfändete Wertpapiere, mögen sie auch an der Wiener Börse gehandelt werden.

(50) Nimmt das Unternehmen an einem Cash-Pooling-System teil, gehören daraus resultierende Forderungen nur dann zu den bereiten Zahlungsmitteln, wenn es darüber ebenso unmittelbar verfügen kann wie über eigene Bankguthaben oder offene Kreditlinien. Im Übrigen sind Forderungen und Verbindlichkeiten aus der Teilnahme an einem Cash-Pooling-System so wie alle anderen Forderungen und Verbindlichkeiten in die Finanzplanung einzubeziehen (vgl. dazu den Abschnitt 4.3.).

(51) Nur im Finanzplan berücksichtigt werden können auch Forderungen aus Ausstattungszusagen oder Patronatserklärungen, die dem Unternehmen das Zuführen erforderlicher Liquidität versprechen; wie bei allen anderen Forderungen ist auf Ausmaß und Termin ihrer Einbringlichkeit Bedacht zu nehmen. Nicht einbezogen werden dürfen solche Erklärungen, etwa gegenüber Gläubigern, wenn dem Unternehmen daraus kein Anspruch zusteht.

6.2. Fällige Schulden

(52) Bei der Zahlungsfähigkeitsprüfung geht es um Geldschulden („finanzielle Verbindlichkeiten“[29]). Zu erbringende Sachleistungen werden erst relevant, wenn sie wegen nicht vertragsgemäßer Erfüllung zu Geldschulden führen.

[29] OGH 5.4.1989, 1 Ob 526/89.

(53) Die Fälligkeit der meisten Verbindlichkeiten ergibt sich klar aus vertraglichen Vereinbarungen, gesetzlichen Bestimmungen, Bescheiden, gerichtlichen Entscheidungen oder Angaben des Gläubigers, vor allem im Rahmen der Rechnungslegung.

(54) Trotz Fälligkeit nicht zu berücksichtigen sind einerseits vom EKEG erfasste Verbindlichkeiten, soweit ihre Bezahlung gemäß den §§ 14 bis 16 EKEG nicht gefordert werden kann, und andererseits Verbindlichkeiten, für die ein Rangrücktritt, etwa im Sinne des § 67 Abs. 3 IO, oder ein Moratorium erklärt worden ist.

(55) Prozessverfangene und andere strittige Verbindlichkeiten sind im Rahmen der Aufstellung eines Finanzstatus nicht als fällig zu behandeln, wohl aber – ebenso wie aufschiebend bedingte Verbindlichkeiten – nach Maßgabe ihres erwarteten Fälligwerdens in die Finanzplanung einzubeziehen.

(56) Wird die Fälligkeit einvernehmlich verschoben – was in vielen Fällen auch mündlich geschehen kann – oder verzichtet der Gläubiger für eine bestimmte Zeit auf die Geltendmachung seiner Forderung, verschiebt sich der zu berücksichtigende Zahlungstermin entsprechend. Der OGH hält fest: „Eine vereinbarte Stundung wäre beachtlich“,[30] d. h. eine gestundete Verbindlichkeit ist bis zum Ablauf der Stundung nicht fällig.

[30] OGH 19.1.2011, 3 Ob 99/10w.

(57) Bei der Beurteilung der Frage, ob eine Stundung konkludent zustande kommt bzw. gekommen ist, etwa durch die Duldung einer Konto- oder Kreditrahmenüberziehung,[31] legt der OGH einen strengen Maßstab an, indem er auf § 863 ABGB verweist, nach dessen Abs. 1 die Erklärung „mit Überlegung aller Umstände keinen vernünftigen Grund, daran zu zweifeln, übrig lassen“ darf. Eine nicht genehmigte Kontoüberziehung ist deshalb grundsätzlich als fällige Schuld zu behandeln.

[31] Vgl. OGH 23.2.1989, 7 Ob 526/89.

(58) Der Umstand „einer branchenüblichen Toleranz verspäteter Zahlungen“ kann laut OGH „dahin Berücksichtigung finden …, dass solche Forderun-

gen als nach Handelsbrauch gestundet [gemeint wohl: angesehen werden] und die Zahlung in der branchenüblichen Weise als pünktliche Zahlungsweise qualifiziert wird.“[32] Es ist allerdings schwierig, sich auf solche Branchenusancen zu berufen, weil sie in aller Regel nicht dokumentiert sind und ihre Erhebung aufwendig ist. Sie können dann berücksichtigt werden, wenn darüber verlässliche Informationen entweder bereits vorliegen, z. B. in branchenbezogenen Veröffentlichungen oder Statistiken, oder im Einzelfall durch eigene Untersuchungen verfügbar gemacht werden; die Daten nur eines Unternehmens reichen dafür nicht aus.

[32] OGH 19.1.2011, 3 Ob 99/10w.

7. Einzelfragen zur Zahlungsstockung bei einer 5 % übersteigenden Liquiditätslücke

7.1. Maßgebender Beurteilungszeitpunkt

(59) „Ob nur Zahlungsstockung vorliegt, ist ex ante für den Zeitpunkt zu prüfen, zu dem der Schuldner nicht in der Lage ist, alle fälligen Schulden zu bezahlen. Zu diesem Zeitpunkt hat der Schuldner wegen seiner Konkursantragspflicht (§ 69 KO) selbst zu beurteilen, ob der objektive Zustand der Zahlungsunfähigkeit voraussichtlich ein Dauerzustand ist oder aber nur kurzfristiger Natur.“[33] Im Rückblick geht es um „die Lösung der Tatfrage …, ob der Schuldner begründet erwarten durfte, dass er zu einer pünktlichen Zahlungsweise zurückfinden wird können. … Der Nachweis der Zahlungsstockung gelingt nur, wenn eine ex ante-Prüfung ergibt, dass eine hohe Wahrscheinlichkeit dafür bestand, dass der Schuldner in einer kurzen, für die Beschaffung der erforderlichen Geldmittel erforderlichen Frist *alle* seine Schulden pünktlich zu zahlen in der Lage sein wird.“[34]

[33] Ebenda.
[34] Ebenda (Hervorhebung im Original durch Unterstreichen).

7.2. Anforderungen an den aufzustellenden Finanzplan

(60) Im „Zahlungsplan (Liquiditätsplan) … müssen detaillierte Angaben enthalten sein, weil nur so eine hohe Wahrscheinlichkeit dargelegt werden kann, dass im vorgesehenen Zeitraum solche Zahlungsmittel wieder zur Verfügung stehen, um *alle* fälligen Schulden wieder begleichen zu können.“[35] „Die Prognose über eine mögliche Behebung der Liquiditätsschwäche muss auf konkreten Aussichten, beispielsweise der Kapitalbeschaffung (durch Kreditaufnahme oder Hereinnahme eines Investors), der Hereinbringung von Außenständen, der Gewährung von Gesellschafterdarlehen, der kurzfristigen Verwertung leicht verwertbaren Vermögens uä beruhen.“[36]

[35] Ebenda (Hervorhebung im Original durch Unterstreichen); ebenso OGH 25.11.2015, 8 Ob 117/15m.
[36] OGH 19.1.2011, 3 Ob 99/10w.

(61) Der Finanzplan kann vielfältige (Restrukturierungs-)Maßnahmen und umfangreiche Verhandlungen erfordern, er muss aber schlüssig, realistisch und nachvollziehbar sein. Er darf keine unredliche Beschaffung von Zahlungsmitteln enthalten (vgl. die Rz (26)). Stundungen dürfen grundsätzlich nur berücksichtigt werden, wenn sie verbindlich vereinbart oder zweifelsfrei konkludent zustande gekommen (vgl. dazu die Rz (57)) sind; Ausnahmen von diesem Grundsatz sind zulässig, soweit eine begründete Berufung auf Branchenusancen möglich ist (vgl. die Rz (58)). Diese sind auch bei der Einschätzung der Forderungseingangstermine zu berücksichtigen. Im Übrigen gelten die allgemeinen Anforderungen an die Finanzplanung (vgl. dazu den Abschnitt 4.3., insbesondere die Rz (31)).

7.3. Fristen und Wahrscheinlichkeiten für die Wiederherstellung der vollen Zahlungsfähigkeit

(62) „In einfach gelagerten Fällen kann sich jedenfalls eine Kreditaufnahme in … drei Wochen … erreichen lassen, in komplexeren Fällen wird ein deutlich längerer Zeitraum von zwei oder drei Monaten erforderlich sein, dies etwa bei begründeter Aussicht auf Eintritt eines Investors oder beim Verkauf oder der Belastung von Liegenschaften.“[37] Die Frist zur Behebung der Zahlungsstockung „darf im sogenannten Durchschnittsfall (wenn Umschuldungen vorzunehmen sind; Vermögensobjekte verkauft werden sollen; Gesellschafterdarlehen vereinbart werden sollen ua) drei Monate nicht übersteigen. Eine noch längere Frist, höchstens aber etwa fünf Monate, setzt voraus, dass mit an Sicherheit grenzender Wahrscheinlichkeit mit der Beseitigung der Liquiditätsschwäche zu rechnen ist.“[38]

[37] Ebenda.
[38] Ebenda; ebenso OGH 25.11.2015, 8 Ob 117/15m.

(63) Da der OGH im Normalfall „eine hohe Wahrscheinlichkeit“ verlangt,[39] lässt sich schließen: Je länger der Zeitraum ist, der für die Wiederherstellung der vollen Zahlungsfähigkeit prognostiziert wird, desto höher muss die Wahrscheinlichkeit sein, dass dieses Ziel erreicht werden kann.

[39] Vgl. die Fußnoten 34 und 35.

7.4. Konsequenzen der Aufstellung eines Finanzplans zur Dokumentation einer bloßen Zahlungsstockung

(64) Die Einhaltung des aufgestellten Finanzplans muss laufend überwacht werden. Bei ungünstigen Abweichungen von diesem Plan sind zwei Fälle zu unterscheiden.

(65) Einerseits kann sich ergeben (Fall 1), dass sich der aufgestellte Finanzplan zwar nicht einhalten lässt, aber durch einen neuen Plan ersetzt werden kann, der den vom OGH formulierten Anforderungen (vgl. dazu die Abschnitte 7.2. und 7.3.) aus Ex-ante-Sicht (d. h. ausgehend vom ursprünglichen Beurteilungszeitpunkt, wobei für den seit diesem Zeitpunkt vergangenen Zeitraum die tatsächlichen Zahlen an die Stelle von Planzahlen treten) genügt. Beispiele:

- Ein wichtiger Lieferant, der bisher ein zweimonatiges Zahlungsziel gewährt hat, verlangt sofortige Zahlung, und diese Vorverlegung kann – soweit erforderlich – durch die Vereinbarung bisher nicht vorgesehener Stundungen mit anderen Gläubigern ausgeglichen werden.

- Die Verträge mit einem Investor sind rechtsverbindlich unterzeichnet, die Überweisung des zugesagten Betrags hängt aber von einer kartellrechtlichen Genehmigung ab, die nach Auskunft der beauftragten Rechtsanwälte mit an Sicherheit grenzender Wahrscheinlichkeit zu erwarten ist, aber erst nach Ablauf der Dreimonatsfrist, deren Einhaltung geplant war.

(66) Andererseits kann sich herausstellen (Fall 2), dass die Wiederherstellung der vollen Zahlungsfähigkeit äußerst unwahrscheinlich oder unmöglich geworden ist. Beispiele:

- Ein wichtiger Lieferant verweigert weitere Lieferungen, sodass die Produktion unterbrochen werden muss.
- Der einzige Investor, mit dem erfolgversprechend verhandelt worden ist, sagt kurz vor Ablauf der Frist, innerhalb welcher plangemäß die volle Zahlungsfähigkeit wiederhergestellt werden soll, endgültig ab.

(67) Im erstgenannten Fall (vgl. die Rz (65)) muss die Unternehmensleitung den neuen Plan umsetzen und seine Einhaltung laufend überwachen. Durch den neuen Plan beginnt keine neue Frist; es geht unverändert um das Vorliegen einer Zahlungsstockung zum ursprünglichen Zeitpunkt. Kommt es auch beim neuen Plan zu ungünstigen Abweichungen, muss wieder zwischen den zwei angeführten Fällen unterschieden werden. Es besteht keine Beschränkung der Anzahl zulässiger neuer Pläne; sie müssen aber den vom OGH formulierten Anforderungen (vgl. dazu die Abschnitte 7.2. und 7.3.) aus Ex-ante-Sicht (d. h. ausgehend vom ursprünglichen Beurteilungszeitpunkt, wobei für den seit diesem Zeitpunkt vergangenen Zeitraum die tatsächlichen Zahlen an die Stelle von Planzahlen treten) genügen und lösen keine neuen Fristen aus.

(68) Im zweitgenannten Fall (vgl. die Rz (66)) geht an jenem Geschäftstag, an dem sich herausstellt, dass weder der ursprüngliche Plan noch irgendein den Plananforderungen genügender neuer Plan umgesetzt werden kann, die Zahlungsstockung in Zahlungsunfähigkeit über, d. h. die Zahlungsunfähigkeit tritt an diesem Geschäftstag ein.

8. Anwendungszeitpunkt

(69) Die vorliegende Fassung dieses Fachgutachtens ist mit Veröffentlichung anwendbar.

Anhang: Erläuterungen und Anwendungshinweise

Zu Rz (1), (5) usw.:

Auf natürliche Personen bezogene Bezeichnungen, die nur in männlicher Form angeführt werden, gelten geschlechtsunabhängig für alle Personen in gleicher Weise.

Zu Rz (2):

Hinzuweisen ist auf die eingeschränkte Verwendbarkeit deutscher Quellen: Die relevante deutsche Rechtslage weicht trotz grundsätzlich gleicher Insolvenzeröffnungsgründe von der entsprechenden österreichischen Rechtslage ab, und der Bundesgerichtshof folgt in Bezug auf die Zahlungsunfähigkeit einer anderen Konzeption als der OGH und bedient sich dabei einer anderen Begriffswelt.

Zu Rz (4):

Bei einer im Zeitraum vom 1. März 2020 bis zum 30. Juni 2021 eingetretenen Überschuldung bestand gemäß § 9 Abs. 1 2. COVID-19-JuBG keine Verpflichtung, die Eröffnung eines Insolvenzverfahrens zu beantragen; bei Überschuldung „bei Ablauf des 30. Juni 2021“ war dieser Antrag hingegen gemäß § 9 Abs. 3 leg. cit. „ohne schuldhaftes Zögern, spätestens aber innerhalb von 60 Tagen nach Ablauf des 30. Juni 2021 oder 120 Tage nach Eintritt der Überschuldung, je nachdem welcher Zeitraum später endet“, zu stellen, wobei die Verpflichtung, „bei Eintritt der Zahlungsunfähigkeit die Eröffnung des Insolvenzverfahrens zu beantragen“, unberührt blieb.

Zu Rz (13):

Da ein Schuldner als zahlungsfähig gilt, solange das Ausmaß der fälligen Schulden, die er nicht termingerecht bezahlen kann, 5 % nicht überschreitet, spielt es keine Rolle, wie lange der Zustand andauert, dass er zwar nicht alle, aber doch immer mindestens 95 % der fälligen Schulden termingerecht begleichen kann.

Beispielsweise könnte sich folgender Ablauf ergeben:

	Fällige Schulden	Bereite Zahlungsmittel	Liquiditätslücke	
			absolut	in %
Stand nach den Gut- und Lastschriften am Geschäftstag 1	100	98	- 2	2,0 %
Geschäftstag 2:				
Bezahlung fälliger Schulden	- 98	- 98		
Zwischenstand	2	0	- 2	100,0 %*
Neu fällig gewordene Schulden	50			
Neu verfügbar gewordene Zahlungsmittel		50		
Endstand am Geschäftstag 2	52	50	- 2	3,8 %

Geschäftstag 3:				
Bezahlung fälliger Schulden	- 50	- 50		
Zwischenstand	2	0	- 2	100,0 %*
Neu fällig gewordene Schulden	40			
Neu verfügbar gewordene Zahlungsmittel		39		
Endstand am Geschäftstag 3	42	39	- 3	7,1 %**

* Der – Zahlungsunfähigkeit signalisierende – Zwischenstand ist irrelevant, wenn am gleichen Ge-schäftstag weitere Veränderungen der fälligen Schulden und/oder der bereiten Zahlungsmittel stattfinden, sei es im Rahmen des laufenden Geschäftsbetriebs oder unabhängig davon, etwa durch außerordentliche liquiditätsstärkende Maßnahmen.
** Da die Liquiditätslücke am Ende des Geschäftstags 3 den Grenzwert 5 % übersteigt, kann – im Gegensatz zu den beiden Vortagen – nicht mehr ohne weiteres von Zahlungsfähigkeit ausgegan-gen, sondern es muss ein Finanzplan aufgestellt werden (vgl. die Rz (17) und (35) sowie den Ab-schnitt 7.). Dies wäre nicht der Fall, wenn am Geschäftstag 3 höchstens 39 Schulden neu fällig geworden oder mindestens 40 Zahlungsmittel neu verfügbar geworden wären.

Zu Rz (21):

§ 6 Abs. 2 ReO definiert die „wahrscheinliche Insolvenz“, die gemäß dem vorangehenden Abs. 1 Voraussetzung für die Einleitung eines Restrukturierungsverfahrens ist, wie folgt, ohne das URG zu erwähnen: „Wahrscheinliche Insolvenz liegt vor, wenn der Bestand des Unternehmens des Schuldners ohne Restrukturierung gefährdet wäre, insbesondere bei drohender Zahlungsunfähigkeit; sie wird vermutet, wenn die Eigenmittelquote 8% unterschreitet und die fiktive Schuldentilgungsdauer 15 Jahre übersteigt.“ Nicht nur nach den Regeln der deutschen Sprache, sondern auch nach den zugehörigen ErlRV (950 BlgNR 27. GP) bezieht sich der zweite Halbsatz („sie …“) auf die wahrscheinliche Insolvenz. Selbst wenn er, obwohl er nicht mit „diese“ beginnt, auf die drohende Zahlungsunfähigkeit bezogen wird, handelt es sich um eine Spezialvorschrift zur Einleitung von Restrukturierungsverfahren und nicht um eine allgemein gültige Vermutung für das Vorliegen einer drohenden Zahlungsunfähigkeit mit Auswirkungen auf § 167 Abs. 2 IO.

Zu Rz (31):

Verfügt z. B. ein Unternehmen über Bankguthaben und/oder offene Kreditlinien (nicht ausgenützte Kreditrahmen) in mehrfacher Höhe der regelmäßig monatlich anfallenden Zahlungsein- und -ausgänge aus dem laufenden Geschäftsbetrieb und besteht keine Planungsverpflichtung, genügt es, die Finanzierung größerer Investitionen bzw. anderer größerer Auszahlungen zu planen. Dies gilt nicht mehr, wenn sich aus dem laufenden Geschäftsbetrieb ein Überhang der Zahlungsausgänge über die Zahlungseingänge ergibt, der nicht alsbald ausgeglichen wird, sondern stetig anwächst. Der zu wählende Planungszeitraum und die erforderliche zeitliche Genauigkeit der Finanzplanung hängen von der Höhe der sich ergebenden Liquiditätsüberdeckung ab. (Eine solche – und nicht eine Liquiditätslücke – sollte sich jedenfalls zeigen, wenn mit der Finanzplanung rechtzeitig begonnen wird.)

Zu Rz (41):

Die ErlRV zu § 1 Abs. 3 ReO halten fest: „Die sich bereits aus dem Unternehmens- und Gesellschaftsrecht ergebenden Verpflichtungen der Unternehmensleitung gelten auch für das Restrukturierungsverfahren. Durch § 1 Abs. 3 werden bereits bestehende gesellschaftsrechtliche Sorgfaltspflichten konkretisiert, ohne aber ein neues Haftungsregime einzuführen.“

Zu Rz (42):

Zu § 6 Abs. 2 ReO vgl. die Erläuterungen zu Rz (21).

Zu Rz (43):

Nachzuvollziehen ist das Vorgehen der Unternehmensleitung, wenn sie einschlägige Überlegungen schriftlich festgehalten, eine Finanzplanung betrieben, einen oder mehrere Finanzstatus erstellt und/oder eine Dokumentation zum Nachweis des Vorliegens einer bloßen Zahlungsstockung angefertigt hat. Dabei ist auf den Wissensstand der Unternehmensleitung zum jeweiligen Beurteilungszeitpunkt abzustellen (Ex-ante-Sicht).

Nachzubilden ist das Vorgehen der Unternehmensleitung, wenn sie ihre einschlägigen Pflichten vernachlässigt oder die entsprechenden Unterlagen einem Zugriff entzogen hat. Soweit es die Datenlage ermöglicht, sind Finanzpläne und/oder Finanzstatus für Geschäftstage zu erstellen, für die das Vorliegen einer Liquiditätslücke vermutet wird. Im Zweifel (wenn sich die Finanzplanung nicht rekonstruieren lässt) kann das Eintreten der Zahlungsunfähigkeit entsprechend der Rz (35) an jenem Geschäftstag angenommen werden, an dem der Verhältniswert 95 % unterschreitet.

Lässt die Datenlage nicht einmal die Erstellung von Finanzstatus zu, kann das Eintreten der Zahlungsunfähigkeit nur aufgrund von Indizien abgeschätzt werden, wie es Dritte mangels anderer Möglichkeiten regelmäßig tun müssen. Stets sind alle verfügbaren Informationen gesamthaft zu betrachten (vgl. den letzten Satz der Rz (44)).

Zu Rz (44):

Wenn die Rückzahlung nicht gefährdet ist, ist Dritten im Zweifel zu empfehlen, Zahlungen anzunehmen und für die eventuell oder wahrscheinlich bestehende Rückzahlungsverpflichtung Vorsorge zu treffen (Berücksichtigung in der Finanzplanung, Rückstellungsbildung).

Zu Rz (45):

Bei § 19 Abs. 4 Satz 2 ReO handelt es sich nach den zugehörigen ErlRV um eine „widerlegbare

Vermutung“ und nach der Gesetzessystematik um eine Spezialvorschrift zur Bewilligung einer Vollstreckungssperre, denn § 7 Abs. 3 ReO spricht davon, dass „sich aus den Exekutionsdaten die Zahlungsunfähigkeit offenkundig ergibt“, ohne auf diese Vermutung zu verweisen. Dies entspricht § 49a EO, der die Vollstreckungssperre bei offenkundiger Zahlungsunfähigkeit regelt, ohne den Begriff „offenkundig zahlungsunfähig“ (in den Abs. 1 und 2) genauer zu umschreiben.

Zu Rz (46):

Wenn die Zahlungsunfähigkeit aufgrund einer Zahlungseinstellung anzunehmen ist, erübrigen sich weitere Erhebungen zur Feststellung der Zahlungsunfähigkeit; es ist unerheblich, welches Ausmaß die Liquiditätslücke aufweist und ob sie sich in einem angemessenen Zeitraum hätte beheben lassen. Davon unberührt bleibt freilich die Möglichkeit, die gesetzliche Vermutung der Zahlungsunfähigkeit bei Zahlungseinstellung im Einzelfall zu widerlegen (vgl. die Rz (20)).

Zu Rz (51):

Zu Patronatserklärungen vgl. die Stellungnahme KFS/RL 24 zur Behandlung von Patronatserklärungen im Zusammenhang mit der unternehmensrechtlichen Rechnungslegung, die auch grundlegende Ausführungen zu Patronatserklärungen enthält.

Zu Rz (53):

Besitzt der Gläubiger das Recht zur Kündigung bzw. Fälligstellung, ist die Verbindlichkeit nicht fällig, solange er dieses Recht nicht ausgeübt hat. In die Finanzplanung ist eine solche Verbindlichkeit nach Maßgabe ihres erwarteten Fälligwerdens einzubeziehen.

Zu Rz (55):

Angesichts der Anforderungen an die Finanzplanung (vgl. die Rz (25) f. und (31)) kann das Bestreiten von Forderungen wider besseres Wissen deren Fälligkeit demnach nur kurz aufschieben.

Zu Rz (57):

Gerade wenn mit der problemlosen Verlängerung eines befristet eingeräumten Kreditrahmens gerechnet werden kann, gibt es keinen Grund, mit der Verlängerungsvereinbarung zuzuwarten. Die rechtzeitige Aufnahme entsprechender Verhandlungen ermöglicht auch die Lösung eventuell dabei auftretender Probleme und die Vorbereitung vielleicht geforderter zusätzlicher Unterlagen.

Zu Rz (60) f.:

Auch wenn der OGH schwerpunktmäßig außerordentliche liquiditätsstärkende Maßnahmen erwähnt (weitere Beispiele sind Sale-and-lease-back-Geschäfte, Factoring und Verkäufe von nicht betriebsnotwendigem Vermögen), sind die zu erwartenden Zahlungsein- und -ausgänge aus dem laufenden Geschäftsbetrieb einschließlich jener aus im Planungszeitraum neu entstehenden Verbindlichkeiten ebenso sorgfältig zu planen.

Zu Rz (63):

Diese Schlussfolgerung gilt unabhängig von den üblichen Zahlungszielen. Für Branchen, in denen längere Zahlungsziele üblich sind als in anderen, sind die Anforderungen nicht strenger. Längere Zahlungsziele erleichtern das Aufstellen von Finanzplänen, weil ein größerer Anteil der erwarteten Zahlungsein- bzw. -ausgänge auf bereits ausgeführten Lieferungen oder Leistungen beruht.

Zu Abschnitt 6.:

Beispiele für Finanzstatus zum Stichtag X

	Variante A	**Variante B**	**Variante C**
Bargeld und frei verfügbare Bankguthaben			
(Saldo nach Buchung der an diesem Tag anfallenden Gut- und Lastschriften aus dem laufenden Geschäftsbetrieb)	80	80	80
Kurzfristig verwertbares Vermögen	10	10	10
Sofort disponierbare offene Kreditlinien (bestehende unausgenützte Kreditrahmen)	13	8	3
Am Stichtag X fällige Geldschulden			
(soweit weder ein Rangrücktritt erklärt noch eine Stundung vereinbart worden ist u. ä.)	- 100	- 100	- 100
Saldo (Liquiditätsüberdeckung bzw. -lücke)	**3**	**- 2**	**- 7**

Schlussfolgerungen:

Variante A: Am Stichtag X liegt Zahlungsfähigkeit vor.

Variante B: Da die Liquiditätslücke (2 %) 5 % nicht überschreitet, ist von einer bloßen Zahlungsstockung auszugehen, also Zahlungsfähigkeit anzunehmen. Eine Finanzplanung ist für diese Feststellung nicht erforderlich.

Variante C: Da die Liquiditätslücke (7 %) 5 % übersteigt, kann nur dann Zahlungsfähigkeit angenommen werden, wenn eine bloße Zahlungsstockung mit einem aus Sicht des Stichtags X aufgestellten

Finanzplan, der den einschlägigen vom OGH formulierten Anforderungen (vgl. dazu die Abschnitte 7.2. und 7.3.) genügt, belegt werden kann; andernfalls liegt am Stichtag X Zahlungsunfähigkeit vor.

Zu Abschnitt 7.:

Beispiel für einen Finanzplan zur Variante C des vorigen Beispiels

Für die formale Gestaltung des Finanzplans bestehen keine Vorgaben. Das folgende Beispiel orientiert sich an der Anlage i) des in der Rz (4) angeführten Leitfadens.

	Erster Monat nach Stichtag X	Zweiter Monat nach Stichtag X	Dritter Monat nach Stichtag X
Liquiditätslücke am Stichtag X* /			
Saldo am Monatsanfang	- 7	- 4	- 11
Zu erwartende Zahlungseingänge			
- aus dem laufenden Geschäftsbetrieb** (Barverkäufe, Forderungseingänge)	150	150	150
- Zinsen und Beteiligungserträge	3	3	13
- aus Anlagenverkäufen	-	40	-
Zu erwartende Zahlungsausgänge			
- für den laufenden Geschäftsbetrieb*** (Löhne und Gehälter, Sozialabgaben, Material, Energie, Kommunikation, Versicherungen, Steuern usw.)	- 120	- 120	- 120
- Kreditraten und Zinsen	- 20	- 20	- 20
- für Investitionen	-	- 50	-
- Privatentnahmen	- 10	- 10	- 10
Saldo am Monatsende	**- 4**	**- 11**	**2**

* nach Bezahlung von 93 an diesem Tag fälliger Geldschulden unter Verwendung aller an diesem Tag verfügbaren Zahlungsmittel einschließlich sofortiger Veräußerung des kurzfristig verwertba-ren Vermögens

** angesetzt zum jeweils erwarteten Eingangszeitpunkt

*** angesetzt zum jeweiligen Fälligkeitstermin, ohne Berücksichtigung der von der Liquiditätslücke am Stichtag X erzwungenen Verzögerungen

Wenn dieser Finanzplan den in Rz (61) dargelegten Anforderungen genügt und seine Einhaltung mit hoher Wahrscheinlichkeit erwartet werden kann, bildet er eine geeignete Grundlage, um am Stichtag X Zahlungsfähigkeit anzunehmen. Dies gilt auch bei negativen Abweichungen, solange diese den Betrag von 2 nicht übersteigen. Bei höheren negativen Abweichungen als 2 muss der Plan adaptiert werden (vgl. die Rz (65) und (67)).

Zu Rz (69):

Die den Anlass für die Überarbeitung bildende ReO ist am 26. Juli 2021 veröffentlicht worden (Art. 1 RIRUG, BGBl. I Nr. 147) und rückwirkend am 17. Juli 2021 in Kraft getreten.

2/4/8.

LEITFADEN FORTBESTEHENSPROGNOSE

Gemeinsame Stellungnahme KWT, WKO, KMU-Forschung Austria

Wien, im März 2016

Vorwort

„Jedes Unternehmen braucht eine Fortbestehensprognose"

Nach Vorlage des Leitfadens im Jahr 2006 hat sich im Grundsätzlichen nichts verändert.

Auch die Judikatur des OGH hat keine Änderung erfahren, wenn man die beiden Entscheidungen aus 1986 (1 Ob 655/86) und 2015 (6 Ob 19/15k) vergleicht.

Auch die anderen Parameter haben sich gegenüber der Vorlage des Leitfadens 2006 nicht verändert, wie wohl natürlich Anpassungen und Modernisierungen vorzunehmen waren.

Sohin bleibt der Text meines Vorwortes für den Leitfaden 2006 unverändert und aktuell:

Bei der Frage der Insolvenz eines Unternehmens kommt neben der rechnerischen Überschuldung – d.h. dem Vorliegen eines Überhanges an Schulden über das Vermögen zu Liquidationswerten – der Frage der Fortbestehensfähigkeit des Unternehmens eine zentrale Bedeutung zu. Denn wenn die Fortbestehensfähigkeit des Unternehmens aufgrund einer negativen Fortbestehensprognose bei rechnerischer Überschuldung nicht angenommen werden kann, muss der Gang zum Insolvenzrichter angetreten werden.

Die vorliegende gemeinsame Stellungnahme zur Fortbestehensprognose soll in zweifacher Hinsicht ein praktikables Instrument für Unternehmer und deren Berater sein:

Zum einen findet sich für den Begriff der Fortbestehensprognose bislang keine Legaldefinition, sodass erhebliche Rechtsunsicherheit über Inhalt, Umfang und Ausgestaltung einer Fortbestehensprognose besteht. Hier soll die Stellungnahme entsprechende Anhaltspunkte bieten und so den Nachweis über die Erfüllung der gesetzlichen Pflichten eines ordentlichen Kaufmanns (Unternehmers) ermöglichen.

Zum anderen soll diese Unterlage auch Hilfestellung in der Prävention bieten, denn eine Insolvenz kann, wenn rechtzeitig gegengesteuert wird, idR abgewendet werden. Die Erfahrung aus der Insolvenzberatung zeigt, dass viele betroffene Unternehmer die Realität nicht (er)kennen oder verdrängen. Entgegen jeder wirtschaftlichen Vernunft sowie betriebswirtschaftlichen Auswertung und Bilanz wird die wirtschaftliche Lage schöngeredet. Um sich ein klares Bild über die tatsächliche Lage des Unternehmens zu machen und erkennen zu können, ob sich eine Krise abzeichnet, ist die rechtzeitige Ausrichtung des Rechnungswesens und der Planung gemäß den dargelegten Kriterien sinnvoll.

Es muss betont werden, dass jeder Unternehmer angehalten ist, sich über die Zukunft seines Unternehmens Gedanken zu machen und dies auch in geeigneter Weise darzustellen. Die vorliegend charakterisierte Fortbestehensprognose soll so als geeignetes Instrumentarium zur Insolvenzprophylaxe herangezogen werden.

Dr. Alfred Brogyányi

Vorsitzender der Arbeitsgruppe

Vorwort

Das Wirtschaftsrecht muss für Unternehmen in Krise mit Sanierungspotential optimale Rahmenbedingungen zur Sanierung und Krisenbewältigung bieten. Für die erfolgreiche Krisenbewältigung und Sanierung von Unternehmen ist entscheidend, dass möglichst frühzeitig die Krisensituation erkannt wird und entsprechende Sanierungsschritte gesetzt werden. Bereits das Planungs- und Rechnungswesen eines Unternehmens muss daher stark auf Krisenerkennung ausgerichtet sein, um möglichst zeitnahe Informationen für die Entwicklung und Zukunft eines Unternehmens zu liefern. Der vorliegende Leitfaden für die Fortbestehensprognose zeigt notwendige Eckpunkte der Unternehmensplanung auf und ist damit ein hervorragendes Instrument der Insolvenzprophylaxe.

Im Vorfeld einer Insolvenz besteht meist ein sehr starker Zeitdruck. Entscheidungen müssen daher unbedingt auf gesicherter Basis erfolgen. Es muss auch klar sein, wie eine Fortbestehensprognose zu erstellen ist. Genau diese Sicherheit soll die vorliegende Stellungnahme zur Fortbestehensprognose geben.

Es freut mich sehr, dass auf Initiative der Kammer der Wirtschaftstreuhänder dieses auch vom Gesetzgeber anerkannte Praxisinstrument – unter Berücksichtigung der Erfahrungen aus Praxis und Wissenschaft der vergangenen Jahre – überarbeitet wurde und aktualisiert zukünftig Unternehmen und Beratern zur Verfügung steht.

Dr. Christoph Leitl

Präsident der Wirtschaftskammer Österreich

Mitglieder des Arbeitskreises

Auf Initiative der Kammer der Wirtschaftstreuhänder wurde ein Arbeitskreis mit dem Ziel, die Fortbestehensprognose als Instrument zur Insolvenzprophylaxe weiterzuentwickeln und zu standardisieren, eingesetzt.

Im aktuellen **Arbeitskreis zur Aktualisierung des Leitfadens** wirkten Vertreter aus folgenden Institutionen mit:

Kammer der Wirtschaftstreuhänder:
- WP Mag. Dr. Alfred Brogyányi
- WP MMag. Alexander Enzinger, CVA
- WP Mag. Dr. Peter Hadl
- WP Mag. Bernhard Hudernik
- WP Mag. Dr. Stefan Kurz, CPA (US) CIA CVA
- WP Dkfm. Dr. iur. Heinz Manfreda
- WP Mag. Michael Thomas Nayer, CPA

Für die KWT:
- Mag. Bernhard Klingler, CTE, CTP
- MMag. Manfred Kvasnicka

Wirtschaftskammer Österreich:
- Dr. Bernhard Egger, LL.M.
- Dr. Artur Schuschnigg

KMU Forschung Austria:
- Mag. Peter Voithofer

Wissenschaft
- o. Univ.-Prof. Dr. Martin Karollus

weitere Mitglieder – vorwiegend aus dem Bankenbereich:
- Mag. Martin Buchegger, MBA (MBU Consulting)
- Mag. Johann Drobilitsch (UniCredit Bank Austria)
- Mag. Heinz Dieter Hämmerle (Erste Bank)
- Dr. Bernhard Koch (RB International)
- Mag. Gunter Negrin (UniCredit Bank Austria)
- MMag. Silvia Pirchmoser-Gulija (RB International)
- Mag. Claudia Spieler-Leonhartsberger (Erste Bank)
- Dr. Ralf Zeitlberger (Erste Group)

Die vorliegende „Stellungnahme Fortbestehensprognose (2016)“ ist das Ergebnis der unter der fachlichen Leitung Dr. Alfred Brogyányi und wissenschaftlichen Betreuung von o. Univ.-Prof. Dr. Martin Karollus erfolgten Beratungen des Arbeitskreises. Die Projektbetreuung erfolgte durch Mag. Anna Weber, Kammer der Wirtschaftstreuhänder.

Die erste „Stellungnahme Fortbestehensprognose (2006)“ war das Ergebnis der unter der fachlichen Leitung von Mag. Gerhard Grabner und wissenschaftlichen Betreuung von o. Univ.-Prof. Dr. Martin Karollus erfolgten Beratungen des Arbeitskreises. Die Projektbetreuung erfolgte durch Mag. Anna Weber, Kammer der Wirtschaftstreuhänder.

Im seinerzeitigen Arbeitskreis wirkten Vertreter aus folgenden Institutionen mit:

aus der Kammer der Wirtschaftstreuhänder:
- WP/StB Präsident Mag. Dr. Alfred Brogyanyi
- WP/StB o.Univ.-Prof. Dkfm. Dr. Anton Egger
- WP/StB Mag. Gerhard Grabner
- StB Mag. Thomas Jungreithmeir
- WP/StB Dkfm. Dr. iur. Heinz Manfreda
- WP/StB Dkfm. Herbert Wirth

aus der Wirtschaftskammer Österreich:
- Univ.-Doz. Dr. Hanspeter Hanreich
- Dr. Christoph Nauer
- Mag. Erhard Pollauf

aus der KMU Forschung Austria:
- Mag. Peter Voithofer

Wissenschaft:
- o.Univ.-Prof. Dr. Martin Karollus

weitere Mitglieder:
- Mag. Martin Buchegger (BA-CA)
- Mag. Thomas Gabriel (Contrast Management-Consulting)
- Dr. Bernhard Koch (RZB)
- Mag. Roman Schnait (Contrast Management-Consulting)
- Mag. Gerhard Schwab (BA-CA)
- Mag. Claudia Spieler-Leonhartsberger(Erste Bank)
- Mag. Dr. Georg Weissel (Erste Bank)

Inhaltsverzeichnis

V Anlage iii) Fachgutachten KFS/BW 2, Geldflussrechnung als Ergänzung des Jahresabschlusses und Bestandteil des Konzernabschlusses

I Abkürzungsverzeichnis

ABGB	Allgemeines bürgerliches Gesetzbuch
aF	alte Fassung
AktG	Aktiengesetz
BGBl	Bundesgesetzblatt
dBlgNR	der Beilagen zum Nationalrat
EBRV	Erläuternde Bemerkungen zur Regierungsvorlage
GenG	Genossenschaftsgesetz
GmbHG	Gesetz über Gesellschaften mit beschränkter Haftung
GP	Gesetzgebungsperiode
idF	in der Fassung
idR	in der Regel
IO	Insolvenzordnung (bis 30.6.2010: Konkursordnung)
IRÄG	Insolvenzrechtsänderungsgesetz
iS	im Sinne
iVm	in Verbindung mit
mwN	mit weiteren Nachweisen
OGH	Oberster Gerichtshof
PSG	Privatstiftungsgesetz
StGB	Strafgesetzbuch
UGB	Unternehmensgesetzbuch
URG	Unternehmensreorganisationsgesetz
VerG	Vereinsgesetz

II Vorbemerkung

Das Insolvenzrecht fordert bei dem Insolvenzgrund „Überschuldung"[1] eines Unternehmens eine dem Insolvenzantrag vorangehende Einschätzung der Überlebensfähigkeit. Nach dem zweistufigen Überschuldungsbegriff, wie ihn der OGH seit der Grundsatzentscheidung SZ 59/216[2] in ständiger Rechtsprechung – zuletzt OGH v. 19.2.2015 (6 Ob 19/15k) – vertritt, führt die rechnerische Überschuldung (das Vorliegen eines negativen Vermögensstatus zu Liquidationswerten) noch nicht zur insolvenzrechtlichen Überschuldung, wenn eine positive Fortbestehensprognose vorliegt. Mit dieser kann daher eine insolvenzrechtliche Überschuldung vermieden werden.

[1] Siehe dazu insbesondere § 67 IO. Der weitere Insolvenzgrund der Zahlungsunfähigkeit ist in § 66 IO geregelt.
[2] OGH 3.12.1986, 1 Ob 655/86, SZ 59/216.

Liegen die Voraussetzungen für die Eröffnung des Insolvenzverfahrens vor, so hat der Unternehmer (Schuldner) ohne schuldhaftes Zögern, spätestens aber innerhalb von 60 Tagen[3] die Insolvenzeröffnung zu beantragen (§ 69 Abs. 2 IO).

[3] Bei Naturkatastrophen verlängert sich diese Frist auf 120 Tage (§ 69 Abs. 2a IO).

Bei Kapitalgesellschaften und anderen juristischen Personen – sowohl des privaten als auch des öffentlichen Rechts – sowie bei verdeckten Kapitalgesellschaften (z.B. GmbH & Co KG) trifft diese Verpflichtung bei ansonsten drohender persönlicher Haftung[4] die Mitglieder des Vertretungsorgans, so etwa die Geschäftsführer einer GmbH oder die Vorstandsmitglieder einer AG (§ 69 Abs. 3 IO); bei „führungslosen Gesellschaften" (wenn eine inländische oder ausländische Kapitalgesellschaft keine organschaftlichen Vertreter hat), trifft die Verpflichtung zur Insolvenzantragstellung und damit auch die potenzielle Haftung den Gesellschafter, der mit einem Anteil von mehr als der Hälfte am Stammkapital beteiligt ist (§ 69 Abs. 3a IO).

[4] Die Insolvenzverschleppung führt sowohl zu einer Innenhaftung der Geschäftsführer bzw. Vorstandsmitglieder (§ 25 GmbHG, § 84 AktG) und allenfalls auch der Aufsichtsratsmitglieder (§ 33 GmbHG, § 99 AktG) gegenüber der Gesellschaft, wobei hier der aus der weiteren Fortführung des Unternehmens entstandene Schaden – die daraus resultierende weitere Vermögensverringerung – zu ersetzen ist (diese Haftung kann im Insolvenzverfahren über das Vermögen der Gesellschaft vom Insolvenzverwalter geltend gemacht werden), als auch zu einer Außenhaftung gegenüber den geschädigten Gläubigern (§ 1311 ABGB iVm § 69 IO). Strafrechtlich ist die Insolvenzverschleppung als solche – anders als in § 159 StGB aF – nicht mehr pönalisiert, nach dem nunmehrigen Tatbestand der grob fahrlässigen Beeinträchtigung von Gläubigerinteressen (§ 159 StGB idF der Kridastrafrechtsreform 2000, BGBl I 2000/58) müssen hingegen noch bestimmte – in § 159 Abs. 5 StGB taxativ aufgezählte – kridaträchtige Handlungen dazukommen.

Da eine insolvenzrechtliche Überschuldung nur dann gegeben ist, wenn keine positive Fortbestehensprognose vorliegt, hat die Fortbestehensprognose in der Praxis eine wesentliche Bedeutung erfahren! Die Etablierung eines adäquaten Standards, welcher sowohl eine nützliche Richtschnur in der Praxis darstellt als auch genügend Freiraum zur Berücksichtigung aller Besonderheiten der Unternehmen (z.B. Größe, Branche, Finanzierung) lässt, ist ein wesentliches Anliegen dieser Stellungnahme.

Diese Stellungnahme basiert auf der Notwendigkeit, ein zusätzliches praxisnahes Instrument für die Insolvenzprophylaxe zu schaffen. Auch wenn Österreich im internationalen Vergleich über ein modernes Insolvenzrecht verfügt und die Anzahl der eröffneten Unternehmensinsolvenzverfahren ebenso wie die der Nichteröffnungen mangels Kostendeckung zurückgedrängt werden konnte, zeigen sowohl eine Studie der Johannes Kepler Universität Linz[5] als auch eine Befragung von Experten, dass außergerichtliche Unternehmenssanierungen eine Reihe von Vorteilen für alle Beteiligten haben und das geeignetere Instrument für nachhaltige Unternehmenssanierungen darstellen. Ein mehr als ausreichender Beweggrund für die Arbeitsgruppe, im Rahmen des fachlich Möglichen, den mit der Veröffentlichung des Leitfadens in 2006 eingeschlagenen Weg weiter zu entwickeln und weiter zu verfolgen.

[5] *Stefan Mayr*, Die Bedeutung der außergerichtlichen Sanierung in der österreichischen Unternehmenspraxis. Ergebnisse einer empirischen Erhebung, SWK 2014, 1306 ff.

Die aus Literatur und Rechtsprechung entwickelten Maßstäbe zur Fortbestehensprognose sollen überdies dazu dienlich sein, für Unternehmen lebensbedrohende Situationen durch entsprechendes Planen, rechtzeitiges Erkennen und frühzeitiges Reagieren bei Planabweichungen zu minimieren bzw. zu vermeiden.

Diese Stellungnahme soll daher auch als Leitfaden für Unternehmer und Berater in solchen Krisensituationen von Unternehmen dienen. Für einen sorgfältigen Unternehmer bzw. ein sorgfältiges Geschäftsleitungsorgan soll das Wissen über den Fortbestand und die Zukunft seines Unternehmens eine Selbstverständlichkeit sein. Im Rahmen der Erstellung des Jahresabschlusses hat sich der Unternehmer jedenfalls jährlich die Frage über die Fortführung seines Unternehmens gem. § 201 Abs. 2 Z 2 UGB (Fortführungs- oder going concern-Prämisse) zu stellen.

Die in dieser Stellungnahme angeführten Eckpfeiler sollen das Unternehmen darauf hinweisen, welche Kriterien, spätestens bei der Beurteilung des Vorliegens eines Insolvenzgrundes, an eine Fortbestehensprognose zu stellen sind. Die rechtzeitige Ausrichtung des Rechnungswesens und der Planungsprozesse gemäß diesen Kriterien soll dem Unternehmen einerseits laufend Informationen über die Entwicklung des Unternehmens liefern und andererseits den Nachweis über die Erfüllung der gesetzlichen Pflichten eines sorgfältigen Unternehmers ermöglichen.

Für den Unternehmer (die Organmitglieder einer Gesellschaft bzw. den Mehrheitsgesellschafter bei "führungslosen" Gesellschaften) ist dies vor allem deshalb wichtig, um dem Vorwurf einer schuldhaften Verzögerung des Insolvenzantrages und einer daraus allenfalls abgeleiteten Insolvenzverschleppungshaftung begegnen zu können. Wichtig ist dies aber auch für Geschäftspartner des Unternehmers (z.B. Kreditgeber) vor dem Hintergrund der im Insolvenzfall drohenden Insolvenzanfechtung: Die Anfechtungstatbestände der §§ 30 und 31 IO setzen das Vorliegen eines Insolvenzgrundes bzw. – im Fall des § 31 IO – auch dessen Kenntnis oder fahrlässige Unkenntnis beim Geschäftspartner („Anfechtungsgegner") voraus, wobei es in den Fällen einer mittelbaren Nachteiligkeit gemäß § 31 IO idF des IRÄG 2010 auch darauf ankommt, ob ein aus der Sicht ex ante „nicht offensichtlich untaugliches Sanierungskonzept"[6] vorgelegen hat. Die fahrlässige Unkenntnis kann ausgeschlossen werden, wenn dem Geschäftspartner eine positive Fortbestehensprognose vorgelegt wurde.

[6] Siehe dazu auch noch unten 6.3.2.

Die Erstfassung der Stellungnahme aus dem Jahr 2006 hat eine sehr freundliche Anerkennung und Aufnahme in der Praxis, einschließlich einer Bezugnahme darauf durch den Gesetzgeber in den Gesetzesmaterialien zum IRÄG 2010[7] erfahren. Mit der vorliegenden Neufassung soll die Stellungnahme an die zwischenzeitlich eingetretenen gesetzlichen Entwicklungen angepasst werden; und es sollen auch neu gewonnene Erkenntnisse und neue Judikatur berücksichtigt werden.

[7] EBRV zum IRÄG 2010, 612 dBlgNR XXIV. GP, 14.

BW

1. Wer hat sich die Frage über das Fortbestehen eines Unternehmens zu stellen? Wer ist Adressat dieser Stellungnahme?

Das Unternehmensgesetzbuch (UGB) verpflichtet bestimmte Unternehmer Bücher zu führen (§ 189 UGB). Dies sind nach § 189 UGB idF des RÄG 2014[8] alle Kapitalgesellschaften (GmbH, AG, SE), alle eingetragenen Personengesellschaften, bei denen keine natürliche Person unbeschränkt haftet (wenn der Komplementär keine Kapitalgesellschaft ist, kommt es auch auf eine unternehmerische Tätigkeit an), sowie alle sonstigen – nicht freiberuflichen oder land- und forstwirtschaftlich tätigen – Unternehmer, welche die Umsatzgrenze von EUR 700.000,- überschreiten. Daneben bestehen noch besondere Rechnungslegungsvorschriften für bestimmte Rechtsträger[9].

[8] Rechnungslegungs-Änderungsgesetz, BGBl I 2015/22. Die neuen Regelungen sind mit 20. Juli 2015 in Kraft getreten und gelten für Geschäftsjahre, die nach dem 31. Dezember 2015 beginnen.

[9] Siehe etwa § 22 GenG für Genossenschaften, §§ 21 f VerG für Vereine und § 18 PSG für Privatstiftungen.

Im Rahmen der Erstellung des Jahresabschlusses gehört zu den grundlegenden Pflichten eines Unternehmers auch die Beurteilung der Fortführung des Unternehmens („going concern-Prämisse")[10].

[10] § 201 Abs. 2 Z 2 UGB. Siehe dazu auch noch unten 3.

Die Erstellung einer Fortbestehensprognose im insolvenzrechtlichen Sinn[11] ist für jene Rechtsträger von Bedeutung, die vom Anwendungsbereich des § 67 IO erfasst sind. Dies sind juristische Personen[12], eingetragene Personengesellschaften, bei denen kein persönlich haftender Gesellschafter eine natürliche Person ist[13], sowie Verlassenschaften.

[11] Im Gegensatz zu der soeben erwähnten, für die Rechnungslegung relevanten going concern- bzw. Fortführungs-Prämisse im Jahresabschluss. Daneben kann aber eine mit der insolvenzrechtlichen Fortbestehensprognose zumindest eng verwandte Fragestellung auch bei der Beurteilung der going concern-Präsmisse im Jahresabschluss (§ 202 Abs. 2 Z 2 UGB) auftreten. Siehe dazu auch noc unter 2.

[12] Darunter fallen nicht nur alle juristischen Personen des Privatrechts (wie etwa AG, GmbH, SE, Genossenschaft, Verein, Privatstiftung), sondern auch juristische Personen des öffentlichen Rechts, soweit sie überhaupt insolvenzfähig sind. Dies ist etwa auch bei Gemeinden der Fall.

[13] Wie etwa die GmbH & Co KG, aber auch etwa eine AG & Co KG, eine Verein & Co KG oder eine Limited & Co KG sowie eine OG, bei der kein Gesellschafter eine natürliche Person ist. Umgekehrt ist für doppelstöckige Konstruktionen, bei denen letztlich – über eine dazwischen geschaltete weitere Personengesellschaft – doch eine natürliche Person unbeschränkt persönlich haftet, eine Ausnahme (teleologische Reduktion) vorzunehmen. Auf eine unternehmerische Tätigkeit kommt es – anders

als zum Teil nach § 189 UGB für die Rechnungslegungspflicht – für den Überschuldungstatbestand nicht an.

Diese Rechtsträger werden daher als Adressaten der vorliegenden Stellungnahme angesehen.

2. Was ist eine Fortbestehensprognose?

Mit der Leitentscheidung SZ 59/216[14] führte der OGH unter anderem folgendes aus:

[14] OGH 3.12.1986, 1 Ob 655/86.

„Die Überschuldungsprüfung ist daher durch eine **Fortbestehensprognose** zu ergänzen, in deren Rahmen mit Hilfe sorgfältiger **Analysen von Verlustursachen**, eines **Finanzierungsplans** sowie der **Zukunftsaussichten** der Gesellschaft die **Wahrscheinlichkeit der künftigen Zahlungsunfähigkeit** und damit der Liquidation der Gesellschaft zu prüfen ist. … Die Auswirkungen **geplanter Sanierungsmaßnahmen** sind in diese Überlegungen einzubeziehen. Der Überschuldungstatbestand ist daher wesentlich ein Prognosetatbestand, der auf die Gefahr künftiger Illiquidität abstellt. … Eine insolvenzrechtlich bedeutsame Überschuldung liegt demnach nur vor, wenn die Fortbestehensprognose ungünstig, d.h. die Liquidation oder **Zahlungsunfähigkeit** wahrscheinlich und das … nach Liquidationswerten zu bewertende Vermögen zur Befriedigung der Gläubiger im Liquidationsfall unzureichend ist. Konkursreife besteht demnach auch bei rechnerischer Überschuldung, etwa zufolge des weitgehenden Verlustes des Eigenkapitals, nur dann, wenn sich eine positive Fortbestehensprognose nicht erstellen lässt.“

Auch in der aktuellen Entscheidung des OGH 6 Ob 19/15k[15] wurden diese Grundsätze aufrecht erhalten und wie folgt zusammengefasst:

[15] OGH 19.2.2015, 6 Ob 19/15k.

„4.1. Nach mittlerweile ständiger Rechtsprechung ist bei einer Kapitalgesellschaft die rein rechnerische Überschuldungsprüfung durch eine Fortbestehensprognose zu ergänzen, in deren Rahmen mit Hilfe sorgfältiger Analysen von Verlustursachen, eines Finanzierungsplans sowie der Zukunftsaussichten der Gesellschaft die Wahrscheinlichkeit der künftigen Zahlungsunfähigkeit der Gesellschaft zu prüfen ist. Geplante Sanierungsmaßnahmen sind in diese Überlegungen einzubeziehen (RIS-Justiz RS0064962). Der Überschuldungstatbestand ist auf jene Fälle zu reduzieren, in denen die Lebensfähigkeit der Gesellschaft unter Bedachtnahme auf eingeleitete Sanierungsmaßnahmen nicht hinreichend, dass [sic!] heißt mit überwiegender Wahrscheinlichkeit, gesichert ist, eine rechnerische Unterbilanz daher nicht durch eine geschätzte zukünftige positive Entwicklung ausgeglichen werden kann (RIS-Justiz RS0064962).

4.2. Der Fortbestehensprognose ist eine realistische Einschätzung der künftigen Erträge und Aufwendungen zu Grunde zu legen; aufgrund einer solchen realistischen Zukunftserwartung muss für eine positive Fortbestandsprognose die Zahlungsfähigkeit und Lebensfähigkeit des Unternehmens mit zumindest überwiegender Wahrscheinlichkeit anzunehmen sein (SZ 2002/26).

4.3. …

4.4. Mit Eintritt der Zahlungsunfähigkeit ist der insolvenzrechtlich relevante Sachverhalt jedenfalls verwirklicht, ohne dass es dann noch auf die Fortbestehensprognose ankäme (RIS-Justiz RS0064962 [T7]).“

Die Fortbestehensprognose ist ein Instrument der Überschuldungsprüfung.

Im Rahmen der modifizierten zweistufigen Überschuldungsprüfung[16] liegt somit trotz rechnerischer Überschuldung (Status zu Liquidationswerten) keine Überschuldung im Sinne des Insolvenzrechts vor, wenn eine positive Fortbestehensprognose gegeben ist. Status und Fortbestehensprognose stellen zwei voneinander getrennte Prüfungsschritte dar. Es genügt für das Nichtvorliegen der insolvenzrechtlichen Überschuldung und damit für das Nichteingreifen der Insolvenzantragspflicht, wenn einer der beiden Prüfungsschritte positiv ausfällt. Bei Vorliegen einer positiven Fortbestehensprognose ist es daher nach herrschender Auffassung nicht mehr erforderlich, den Status zu Liquidationswerten – unter Berücksichtigung von Liquidationsintensität und Liquidationszeitraum – zu erstellen.

[16] OGH 3.12.1986, 1 Ob 655/86.

Die Fortbestehensprognose stellt somit eine Möglichkeit dar, trotz rechnerischer Überschuldung die Erfüllung des insolvenzrechtlichen Überschuldungstatbestandes (mit allen daran geknüpften Rechtsfolgen) auszuschließen.

Gegenstand der Fortbestehensprognose ist die Beurteilung

- der künftigen Zahlungsfähigkeit des Unternehmens innerhalb des primären Planungszeitraums (Primärprognose)
- sowie der darüber hinaus gehenden Überlebensfähigkeit des Unternehmens (Sekundärprognose).

In diesem Sinne stellt auch die ständige Rechtsprechung darauf ab, dass für eine positive Fortbestehensprognose die künftige[17] **Zahlungsfähigkeit** und **Lebensfähigkeit** des Unternehmens mit zumindest überwiegender Wahrscheinlichkeit anzunehmen sein müsse.[18] Wenngleich der Begriff der „Sekundärprognose“ in der Judikatur bisher noch nicht explizit verwendet wurde, ist doch davon auszugehen, dass der OGH mit der „Lebensfähigkeit“ in der Sache genau dies meint.

[17] Bei einer bereits aktuell vorliegenden Zahlungsunfähigkeit ist damit jedenfalls auch die Fortbestehensprognose negativ (siehe dazu zuletzt wieder OGH 19.2.2015, 6 Ob 19/15k).

[18] Siehe dazu zuletzt OGH 19.2.2015, 6 Ob 19/15k.

Nicht erforderlich ist es hingegen nach der nunmehr übereinstimmenden Auffassung in der neueren Literatur[19], dass auch die vermögensmäßige Unterdeckung – sei es zu Liquidationswerten oder zu Buchwerten – innerhalb des primären oder des sekundären Planungszeitraums beseitigt werden müsse. Auch der OGH hat ein dahingehendes Erfordernis niemals aufgestellt. Den Ersatz dafür stellt vielmehr die auf die längerfristige Lebensfähigkeit abstellende Sekundärprognose dar.

Erst recht kommt es nicht darauf an, dass sich in einem Status zu Fortführungswerten zum gegenwärtigen Zeitpunkt ein zumindest ausgeglichener Vermögensstand nachweisen lässt.

Es muss daher gelten: „Die **künftige Zahlungs- und Lebensfähigkeit** eines Unternehmens stellen die beiden entscheidenden Kriterien für die Fortbestehensprognose dar.

Die Fortbestehensprognose hat im Ergebnis eine begründete Aussage darüber zu treffen, ob das Unternehmen in Zukunft mit überwiegender Wahrscheinlichkeit seine geschäftlichen Aktivitäten unter Einhaltung seiner Zahlungsverpflichtungen fortführen kann!“

Zur Feststellung der rechnerischen Überschuldung ist ein **Vermögensstatus zu Liquidationswerten** zu erstellen, d.h. Aktiva und Passiva werden zu Liquidationswerten – unter Einbeziehung der stillen Reserven und der stillen Lasten – angesetzt. Anzumerken ist, dass bei Vorliegen einer Rückstehungserklärung iS § 67 Abs. 3 IO diejenigen Verbindlichkeiten, bei denen eine qualifizierte Rückstehungserklärung vorliegt, nicht im Status zu berücksichtigen sind. Sofern nach dieser Berechnung die Aktiva die Passiva übersteigen (oder beide gleich hoch sind), liegt keine rechnerische Überschuldung vor.

[19] Siehe dazu nur Karollus/Huemer, Die Fortbestehensprognose im Rahmen der Überschuldungsprüfung, 2. Auflage (2006) 81 ff mwN.

3. Was hat die Erstellung des Jahresabschlusses mit der Fortbestehensprognose zu tun?

Jeder rechnungslegungspflichtige Unternehmer ist grundsätzlich verpflichtet, bei der Aufstellung eines Abschlusses eine Einschätzung vorzunehmen über die Fähigkeit des Unternehmens, den Geschäftsbetrieb fortzuführen (Fortführungsoder „going concern-Prämisse“)[20]. Diese Verpflichtung kann für profitable Unternehmen dahingehend abgeschwächt gelten, dass die Fortführung ohne eine detaillierte Analyse angenommen werden kann, wenn das Unternehmen in der Vergangenheit über einen rentablen Geschäftsbetrieb verfügt hat, eine ausreichende Eigenkapitalbasis gegeben ist, eine positive Vorschaurechnung vorliegt und auf Finanzquellen schnell zugegriffen werden kann.

[20] § 201 Abs. 2 Z 2 UGB.

Befindet sich das Unternehmen jedoch in einer nachhaltigen Verlustsituation und bzw. oder verfügt es über eine nur geringe Eigenkapitalausstattung, wird im Einzelfall zu entscheiden sein, ob eine weitergehende Dokumentation über die Aufrechterhaltung der „going concern-Prämisse“ notwendig ist.

Die grundsätzliche Bewertungsvorschrift, dass von der Fortführung des Unternehmens auszugehen ist, solange dem nicht tatsächliche oder rechtliche Gründe entgegenstehen, hat in der Praxis deshalb so viel Bedeutung erlangt, weil der Eintritt einer Insolvenz nach Beendigung der Erstellung des Jahresabschlusses die Frage aufwirft, ob nicht bereits bei Erstellung des Jahresabschlusses Gründe vorlagen, die einer Fortführungsannahme entgegenstanden. Besteht die Vermutung für das Vorliegen von Zahlungsunfähigkeit oder Überschuldung, hat der Geschäftsführer zu beurteilen, ob damit auch Gründe vorliegen, die der Fortführung des Unternehmens entgegenstehen. Trifft dies zu, ist eine Fortbestehensprognose im Rahmen einer **Überschuldungsprüfung zu erstellen.** Eine positive Fortbestehensprognose stellt in diesem Fall eine Vorbedingung für die „going concern-Prämisse“ im Rahmen der Bilanzierung eines Jahresabschlusses dar.

4. Wann ist die Frage nach der Fortbestehensprognose (spätestens) zu stellen?

Die Besonderheiten jedes einzelnen Unternehmens und die Anlässe, in denen ein Fortbestehen der Unternehmen zweifelhaft erscheinen kann, lassen keine erschöpfende Aufzählung von Situationen zu, in denen eine Fortbestehensprognose zu erstellen ist.

Mit der rechtzeitigen Erstellung einer (positiven) Fortbestehensprognose kann der Vorwurf der schuldhaften Verzögerung des Insolvenzantrages vermieden werden; die Organmitglieder können sich damit vor den bei einer Insolvenzverschleppung drohenden Haftungsgefahren schützen. Ebenso können sich damit Geschäftspartner des Unternehmens gegenüber der Gefahr einer Insolvenzanfechtung nach § 30 oder § 31 IO absichern. Bei Vorliegen einer positiven Fortbestehensprognose liegt entweder (wenn diese lege artis erstellt wurde) der Tatbestand der Überschuldung schon objektiv nicht vor; begründetes Vertrauen auf die Fortbestehensprognose kann aber zumindest einen (für die Insolvenzverschleppungshaftung sowie für die Anfechtung nach § 31 IO maßgeblichen) Verschuldensvorwurf ausschließen. Es liegt daher im Interesse der Organmitglieder, möglichst frühzeitig eine sorgfältige Prognose zu erstellen, bzw. im Interesse von Geschäftspartnern, auf die Erstellung einer derartigen Prognose hinzuwirken.[21]

[21] In der Praxis geht der Anstoß zur Erstellung einer Fortbestehensprognose oft von den Kreditgebern aus.

Das Fortbestehen eines Unternehmens erscheint in folgenden Fällen zweifelhaft, so dass die **Erstellung einer detaillierten Fortbestehensprognose geboten erscheint**:

- negatives Eigenkapital im (Entwurf des letzten) Jahresabschlusses
- Verlust des halben Nennkapitals, bei anhaltend negativen Erwartungen
- handfeste Krisensymptome, die eine weitere Verschlechterung der Unternehmenssituation erwarten lassen müssen und bei anhaltend negativen Ergebnissen zu einem Aufzehren des Eigenkapitals im nächsten Jahr führen

könnten oder die sonst eine Bestandsgefährdung implizieren.

Für das Vorliegen von Krisenindizien, die die Erstellung einer Fortbestehensprognose dringlich erscheinen lassen, können beispielhaft folgende Situationen/Ursachen angesehen werden:

Finanzielle Umstände (beispielhaft)

– in der Vergangenheit eingetretene oder für die Zukunft erwartete negative Ergebnisse aus der laufenden Geschäftstätigkeit; ungünstige finanzielle Schlüsselkennzahlen (u.a. URG-Kennzahlen[22])

[22] Die Bedeutung dieser Kennzahlen als Krisenindikator wird auch durch § 2 Abs. 1 Z 3 EKEG unterstrichen.

– Kredite zu festen Laufzeiten, die sich dem Fälligkeitsdatum nähern, ohne realistische Aussichten auf Verlängerung oder Rückzahlung
– Anzeichen für den Entzug finanzieller Unterstützung durch Lieferanten oder andere Gläubiger; Lieferantenkredite stehen nicht mehr zur Verfügung
– erhebliche Betriebsverluste oder erhebliche Wertminderungen bei betriebsnotwendigem Vermögen
– Häufung der Unfähigkeit, Zahlungen an Gläubiger sofort bei Fälligkeit zu leisten bzw. Darlehenskonditionen einzuhalten
– Unmöglichkeit, Finanzmittel für wichtige neue Produktentwicklungen oder andere wichtige Investitionen zu beschaffen
– Unfähigkeit, Kredite ohne Sicherheitenstellung von außen zu beschaffen
– angespannte finanzielle Situation im Konzernverbund oder bei Gesellschaftern

Betriebliche Umstände (beispielhaft)

– Ausscheiden von Führungskräften in Schlüsselpositionen ohne adäquaten Ersatz
– Verlust eines Hauptabsatzmarktes, Verlust von Hauptlieferanten oder wesentlichen Kunden bzw. Kündigung von bedeutenden Franchise-Verträgen
– gravierende Personalprobleme
– Engpässe bei der Beschaffung wichtiger Vorräte

Sonstige Umstände (beispielhaft)

– Verstöße gegen Eigenkapital- bzw. Eigenmittelvorschriften oder andere gesetzliche Regelungen, die für den Fortbestand des Unternehmens ausschlaggebend sind
– Anhängige Gerichts- oder Aufsichtsverfahren gegen das Unternehmen, bei deren negativem Ausgang die Erfüllung der Ansprüche offensichtlich unmöglich erscheint
– Änderungen in der Gesetzgebung oder Regierungspolitik, von denen für die Unternehmensfortführung bedrohende negative Folgen zu erwarten sind (z.B. Wegfall der Geschäftsgrundlage, vorhersehbarer dramatischer Umsatzrückgang oder Kostenausweitung)

Wird trotz Vorliegens dieser Krisenanzeichen die Erstellung einer Fortbestehensprognose nicht für notwendig erachtet, soll dies durch entsprechende Begründung dokumentiert werden; dies vor allem deshalb, weil die Last der Darlegung einer positiven Fortbestehensprognose für den Beginn der Insolvenzantragspflicht in einem Prozess wegen Insolvenzverschleppung bei der Geschäftsführung des Unternehmens liegt.[23]

[23] Dies rechtfertigt sich daraus, dass der Geschäftsführer für die Prognose verantwortlich ist („Nähe zum Beweis"). Etwas anderes wird hingegen dann gelten, wenn es für eine Insolvenzanfechtung (siehe dazu OGH 27.2.2002, 7 Ob 246/01d) oder für das EKEG auf das Vorliegen einer insolvenzrechtlichen Überschuldung ankommt: Hier hat also derjenige, der sich auf die insolvenzrechtliche Überschuldung beruft, beide Tatbestandsmerkmale (negativer Status und Nichtvorliegen einer positiven Prognose) zu behaupten und zu beweisen. In der Literatur sind diese Fragen freilich umstritten.

Betriebswirtschaftliche Fehlentwicklungen, die noch nicht zu einer Bestandsgefährdung führen (z.B. einer von drei Geschäftsbereichen des Unternehmens läuft schlecht, was aber durch die positiven Ergebnisse aus den beiden anderen Geschäftsbereichen kompensiert wird), werden hingegen noch keine Notwendigkeit für die Erstellung einer Fortbestehensprognose nach sich ziehen.[24]

[24] In einer ähnlichen Weise wird auch der Begriff des Reorganisationsbedarfs iSd § 1 URG abzugrenzen sein.

Ein Auftreten einzelner oder mehrerer der dargestellten Krisensymptome führt nicht automatisch zur Verpflichtung, eine Fortbestehensprognose erstellen zu müssen. Führen die identifizierten Krisensymptome jedoch zu ernsthaften Zweifeln an der zukünftigen Zahlungs- und Lebensfähigkeit des Unternehmens, ist die Erstellung einer Fortbestehensprognose unabdingbar.

5. Umfang der Fortbestehensprognose

Der **Umfang einer Fortbestehensprognose** hängt vor allem von den **Besonderheiten des jeweiligen Unternehmens** ab.

Die **Größe des Unternehmens (oder Unternehmensgruppe), die Anzahl der Mitarbeiter, die Summe des Betriebsvermögens sowie der erzielten Einnahmen und getätigten Ausgaben** haben einen starken Einfluss auf die Anzahl der Parameter, die bei einer solchen Prognose zu berücksichtigen sind.

Die Größenmerkmale des § 221 UGB können hier eine Richtschnur geben. Für nicht prüfungspflichtige Unternehmen wird der Umfang deutlich geringer sein als für größere Unternehmen. Die Erstellung einer Fortbestehensprognose sollte bei der Aufbereitung der Zahlen für die Zukunft zumindest in jenem Detaillierungsgrad erfolgen, der dem eingerichteten Rechnungswesen entspricht.

Dies gilt sowohl für die Aufgliederung der Erlöse und Aufwendungen als auch für die Einnahmen und Ausgaben. Die Unterteilung der Planzahlen der Fortbestehensprognose in Planungseinheiten (Monats- oder Quartalsplanzahlen) soll den Berichtsgewohnheiten des Unternehmens entsprechen, wobei auf saisonale Schwankungen der Unternehmensentwicklung zu achten ist.

Auch branchenspezifische Unterscheidungen können zu deutlich differenzierten Ergebnissen führen. Für Unternehmen mit ähnlich wiederkehrenden Erlösen und Aufwendungen wird der Umfang der Begründung der angenommenen Erwartungen generell geringer sein als für Unternehmen mit stark schwankenden Zahlungsströmen.

Die Bandbreite für den Umfang einer Fortbestehensprognose kann somit je nach Unternehmensgröße und unternehmensspezifischen Besonderheiten von einer Zusammenfassung über wenige Seiten mit kurzer Begründung bis zu einem umfangreichen Sachverständigengutachten reichen.

6. Wesentliche Bestandteile der Fortbestehensprognose

Die künftige Zahlungs- und Lebensfähigkeit eines Unternehmens stellen die beiden entscheidenden Kriterien für die Fortbestehensprognose dar.

Die Fortbestehensprognose hat im Ergebnis eine begründete Aussage darüber zu treffen, ob das Unternehmen in Zukunft mit überwiegender Wahrscheinlichkeit seine geschäftlichen Aktivitäten unter Einhaltung seiner Zahlungsverpflichtungen fortführen kann. Die Prognose ist auf der Grundlage geeigneter Planungsinstrumente unter verschiedenen Gesichtspunkten zu erstellen. Der Umfang einer Fortbestehensprognose hängt vor allem von der Größe und den Besonderheiten des jeweiligen Unternehmens ab.

Primärprognose

Als Primärprognose ist die **Aufrechterhaltung der Zahlungsfähigkeit** für die nähere Zukunft glaubhaft, d.h. mit überwiegender Wahrscheinlichkeit, nachzuweisen.

Sekundärprognose

Darüber hinaus ist an eine Fortbestehensprognose das Erfordernis der Erfüllung eines Sekundärzieles zu stellen. Es muss glaubhaft dargelegt werden können, dass durch die geplanten Maßnahmen **in der weiteren Zukunft ein „Turnaround" bzw. eine längerfristige positive Entwicklung erwartet und die Zahlungs- und Lebensfähigkeit aufrecht erhalten werden kann.** Falls dies für einen Zeitraum von zwei bis drei Jahren nicht erreicht werden kann, ist darzulegen, mit welchen anderen bzw. zusätzlichen Maßnahmen eine Befriedigung aller Gläubiger mit zumindest überwiegender Wahrscheinlichkeit anzunehmen ist. Dabei ist auf die besonderen Umstände des betreffenden Unternehmens einzugehen (z.B. das Vorhandensein von erst in etlichen Jahren endfälligen Krediten).

Da die **Fortbestehensprognose ein Gesamturteil über die Aufrechterhaltung der Zahlungs- und Lebensfähigkeit des Unternehmens in der Zukunft** darstellt, **sind beide Prognosebestandteile von gleicher Wichtigkeit**. Die beiden Prognosebestandteile unterscheiden sich vor allem hinsichtlich Zeithorizont sowie geforderter Planungsgenauigkeit.

6.1. Prognosezeitraum

Angesichts des Erfordernisses einer gewissen Nachhaltigkeit der vom Unternehmen anzustellenden Prognose stellt sich die Frage nach dem Prognosezeitraum. Der Betrachtungszeitraum für die Primärprognose betrifft dabei die nähere Zukunft. Das Vorliegen der positiven Voraussetzungen zur Erfüllung der Sekundärprognose hingegen wird anhand einer Entwicklung darzulegen sein, die einen längeren Zeitraum als eine Jahresplanung umfasst.

6.1.1. Primärprognose

Eine positive Beurteilung der Primärprognose wird nur dann möglich sein, wenn der Erhalt der Zahlungsfähigkeit überwiegend wahrscheinlich ist. Anhand eines Finanzplanes ist **die Aufrechterhaltung der Zahlungsfähigkeit glaubhaft zu dokumentieren**. Es ist daher im Rahmen der Erstellung der Fortbestehensprognose ein Finanzplan zu fordern, der idR einen Zeitraum von zwölf Monaten zu erfassen hat.[25]

[25] Den Verfassern des Leitfadens ist bewusst, dass der angegebene Zeitraum von der herrschenden Auffassung in der Literatur (Ende des nächstfolgenden Geschäftsjahres) abweicht. Durch die hier aufgestellten Anforderungen an die Sekundärprognose wird der weitere Zeitraum aber ohnedies angemessen abgedeckt.

Die Darlegung der Aufrechterhaltung der Zahlungsfähigkeit erscheint entsprechend seinem notwendigen Detaillierungsgrad und unter der Berücksichtigung der Tatsache, dass sich die Aussagefähigkeit und damit die Zuverlässigkeit einer jeden Prognose mit zunehmender Reichweite verringert, trotzdem für diesen Zeitraum geboten.

6.1.2. Sekundärprognose

Für die Sekundärprognose wird **üblicherweise ein längerer Zeitraum als ein Geschäftsjahr** notwendig sein.

Um glaubhaft darlegen zu können, dass durch die geplanten Maßnahmen die Zahlungsfähigkeit auch mittelfristig aufrecht erhalten werden kann, bedarf es eines längeren Prognosezeitraums.

Eine nachhaltige Trendwende der Ertragslage („Turnaround") sollte als Richtwert in spätestens zwei bis drei Geschäftsjahren erwartet werden, da die Planungsunsicherheit für darüber hinaus gehende Perioden als zu hoch angesehen werden muss.

Im Einzelfall kann jedoch auch ein deutlich längerer Prognosezeitraum maßgeblich sein; bei Unternehmen mit Schwerpunkten in gewissen Branchen wie z.B. Anlagenbau, Immobilienerrichtung bzw. Projektgeschäften oder bei Unternehmen in gewissen Situationen wie z.B. in der Aufbauphase.

6.2. Art und Umfang einer entsprechenden Begründung

6.2.1. Mindesterfordernisse an die Begründung

Die Fortbestehensprognose ist eine Aussage über

die zukünftige Lebensfähigkeit des Unternehmens. Dem Charakter einer Prognose entsprechend kann sich späterhin herausstellen, dass die tatsächliche von der prognostizierten Entwicklung abweicht.

Eine positive Fortbestehensprognose sollte daher so stichhaltig begründet und dokumentiert sein, dass sie – im Fall des Scheiterns des Unternehmens – in einer eventuell späteren gerichtlichen Überprüfung den rechtlichen Anforderungen standhält. Dabei kommt es nicht auf nachträgliche Erkenntnisse, sondern auf die **Sichtweise eines sorgfältig handelnden Geschäftsführers im Zeitpunkt der Erstellung der Fortbestehensprognose** an (ex-ante-Betrachtung).[26] Daher ist eine genaue Begründung und Dokumentation unerlässlich.

[26] Ebenso die EBRV zum IRÄG 2010, 612 dBlgNR XXIV. GP, 14: „Dabei schadet es nicht, wenn der Schuldner in der Folge (doch) insolvent wird, sich die positive Prognose also nicht erfüllt. Es kommt vielmehr ausschließlich auf die ex ante-Beurteilung der Fortbestehensprognose an."

Ein sorgfältiger Geschäftsführer hat aus den eben angeführten Gründen eine Dokumentation der (jeweiligen) Fortbestehensprognose anzufertigen, aus der sich mit einer entsprechenden Begründung die Urteilsfindung über den Fortbestand durch einen sachkundigen Dritten nachvollziehen lässt. Bloße Zahlenkolonnen ohne jegliche Begründung werden einer gerichtlichen Überprüfung nicht standhalten.

Nur so kann der Gefahr begegnet werden, dass in einem späteren Haftungsprozess ex post-Beurteilungen einfließen, aus denen dann auch das Nichtvorliegen einer positiven Fortbestehensprognose zum damaligen Zeitpunkt abgeleitet wird.

In der Fortbestehensprognose ist auch der Wahrscheinlichkeitsmaßstab zu begründen, der dieser Prognose zugrunde liegt. Grundsätzlich wird eine realistische Einschätzung der künftigen Ereignisse als Maßstab zu Grunde zu legen sein.[27] Für die Begründung der Beweisführung sind keine „mathematisch-naturwissenschaftlichen Systeme" notwendig. Die Beweisführung hat praxisnah und nachvollziehbar, jedoch widerspruchsfrei und vollständig, entsprechend der betriebswirtschaftlichen Praxis zu erfolgen. Optimistische bzw. pessimistische Einschätzungen können jedoch in Form von verschiedenen Szenarien in die Prognose Eingang finden; diese können aber nur als Hilfestellung für die Würdigung der Gesamtbeurteilung einer realistischen Prognose dienen.

[27] Siehe dazu auch OGH 19.2.2015, 6 Ob 19/15k: „Der Fortbestehensprognose ist eine realistische Einschätzung der künftigen Erträge und Aufwendungen zu Grunde zu legen; aufgrund einer solchen realistischen Zukunftserwartung muss für eine positive Fortbestandsprognose die Zahlungsfähigkeit und Lebensfähigkeit des Unternehmens mit zumindest überwiegender Wahrscheinlichkeit anzunehmen sein (SZ 2002/26). […] Die Fortbestehensprognose erfordert realistische Annahmen; bloßer Optimismus vermag eine entsprechend sorgfältige Analyse nicht zu ersetzen." Ähnlich für das Sanierungskonzept iSd § 31 IO auch die EBRV zum IRÄG 2010, 612 dBlgNR XXIV. GP, 14.

Für eine positive Fortbestehensprognose kommt es auf Basis realistischer Zukunftserwartungen darauf an, ob die **Zahlungs- und Lebensfähigkeit** des Unternehmens „mit zumindest überwiegender Wahrscheinlichkeit" anzunehmen ist.[28] Dabei ist der Ausdruck **„überwiegende Wahrscheinlichkeit"** so zu verstehen, dass die Wahrscheinlichkeit zum Prognosezeitpunkt mit **mehr als 50 %** anzunehmen ist.

[28] Diesen Grad an Wahrscheinlichkeit verlangt auch die ständige Rechtsprechung, siehe nur zuletzt OGH 19.2.2015, 6 Ob 19/15k.

Es sind daher neben der Darlegung der Aufrechterhaltung der Zahlungsfähigkeit auch jene Maßnahmen einschließlich deren Erfolgsaussichten darzustellen, die zu einer Verbesserung der Vermögens-, Finanz- und Ertragslage führen.

Die Fortbestehensprognose setzt in der Regel ein Sanierungskonzept voraus. Es kommt dabei auf die Einschätzung der Realisierbarkeit der Planungsparameter an. Insbesondere sind die Sanierungsschritte wie auch deren Ertrags- und Finanzbelastungen detailliert darzustellen und zu begründen. Diese müssen jedenfalls bedeckt werden, weil nur danach von einer betriebswirtschaftlich begründeten Fortführung eines Unternehmens nach der Fortbestehensprognose ausgegangen werden kann. Auch die Sicherheit der vom Verhalten der Gesellschafter und Gläubiger abhängigen Gesamtfinanzierung ist dabei einzuschätzen. Die Absicherung der künftigen Gesamtfinanzierung eines Unternehmens wird dabei nicht nur von den objektiven Grundlagen des Sanierungskonzeptes, sondern auch wesentlich von den beteiligten Personen (Mitarbeiter, Geschäftsführung, Eigentümer, sonstige Stakeholder) bestimmt.

Die Fortbestehensprognose ist grundsätzlich vom Geschäftsführer zu erstellen. Die Beiziehung eines externen Experten (z.B. Wirtschaftstreuhänder, Unternehmensberater oder Rechtsanwalt), der über einschlägige Erfahrungen verfügt, wird im Einzelfall von der wirtschaftlichen Situation, von der Größe des Unternehmens und von der Vertrauensbeziehung zu den Gläubigern abhängig sein. Aus Haftungsgründen – zur Erhöhung der Glaubwürdigkeit der Prognose in einem späteren Haftungsprozess – ist die Einschaltung eines qualifizierten externen Beraters empfehlenswert und vorteilhaft.

6.2.2. Notwendige Begründungsmerkmale für die Primärprognose

Künftige Zahlungsfähigkeit wird bei der Primärprognose dann anzunehmen sein, wenn sich mit überwiegender Wahrscheinlichkeit mit üblichen Dispositionen und entsprechenden Kapitalbeschaffungsmaßnahmen das finanzielle Gleichgewicht wahren lässt. Dazu wird es notwendig sein, einen entsprechenden **Finanzplan** zu erstellen (vergleiche Anlage i). Die erwartete Innenfinanzierung ist dabei ebenso wie die Außenfinanzierung zu berücksichtigen. Anhand einer **Darstellung der zu erwartenden operativen und investitiven Plan-Cash-Flows** wird es möglich sein, die zukünftig erwartete Innenfinanzierung darzulegen. Die Einbeziehung der Außenfinanzierung wird dabei von zugesagten Verpflichtungen Dritter oder gegenüber Dritten und etwaigen anderen Voraussetzungen abhängig sein, die im Einzelnen auf ihren wahrscheinlichen Eintritt hin überprüft werden müssen.

Die glaubhafte Darlegung der Zahlungsfähigkeit in der zeitlich näheren Zukunft (Primärprognose) wird in der Prognoserechnung eine mit Zahlen dokumentierte, detaillierte Begründung erfordern.

Schon bisher bestehende Finanzplanungen des Unternehmens sollen in der Würdigung Berücksichtigung finden, da die Beurteilung der Genauigkeit und Verlässlichkeit der aktuellen Finanzplanung anhand bisher tatsächlich eingetretener Entwicklungen erleichtert wird.

6.2.3. Notwendige Begründungsmerkmale für die Sekundärprognose

Der Fortbestand des Unternehmens muss überwiegend wahrscheinlich sein. Der Nachweis über **eine nachhaltige Aufrechterhaltung der Zahlungsfähigkeit durch Wiederherstellung der Ertragskraft** in einem überschaubaren zeitlichen Rahmen wird daher mittels plausibler und nachvollziehbarer Annahmen darzustellen sein. Zusätzlich zu detaillierten Zahlen-Darstellungen ist auch eine verbale Abschätzung von geplanten Entwicklungen und Trends wesentlich.

Eine prognostizierte nachhaltige Trendumkehr wird im Regelfall nur dann positiv beurteilt werden können, wenn in der vorgelegten Prognoserechnung eine Rückkehr zu positiven Ergebnissen der gewöhnlichen Geschäftstätigkeit (EGT) plausibel dargelegt wird.

In Einzelfällen, in denen eine Wiederherstellung einer positiven Ertragslage im Planungshorizont nicht möglich erscheint, wird zur Erlangung einer positiven Fortbestehensprognose eine begründete Darlegung erforderlich sein, warum auch über diesen Prognosezeitraum hinaus der Bestand des Unternehmens mit zumindest überwiegender Wahrscheinlichkeit gesichert erscheinen soll. Beispielhafte Gründe dafür könnten sein, dass die bestehenden Schulden zu den jeweiligen Fälligkeiten befriedigt oder gegebenenfalls verlängert oder ersetzt werden können oder zugesagte Finanzierungen zu bestimmten Zeitpunkten gegeben sein werden oder dass **Sicherstellungen von Eigentümern oder dritter Seite in ausreichender Höhe** gegeben sind, **um alle Gläubiger rechtzeitig zu befriedigen.** Der Frage der Werteinschätzung und Werthaltigkeit von (durch Eigentümer oder von dritter Seite gestellten) Sicherheiten kommt dabei in der Begründung eine besondere Bedeutung zu.

Die Begründung hat auch die in der Zukunft liegenden besonderen Faktoren (z.B. endfällige Kredite, Auslaufen von Einnahmequellen) zu berücksichtigen. Alle zum Prognoseerstellungszeitpunkt bereits absehbaren wesentlichen Veränderungen der Einnahmen- und Ausgabensituation sind in der Unternehmensplanung mit zu berücksichtigen.

6.3. Einbeziehung von Sanierungsmaßnahmen

6.3.1. Rechtsverbindliche Zusagen

Zur Überwindung der Krise gilt es, geeignete Sanierungsmaßnahmen zu entwickeln. Die **Sanierungsmaßnahmen** müssen **konkret geplant** sein und **verwirklichbar erscheinen**. Kosteneinsparungen müssen sich überzeugend ableiten lassen. Bei Erlös- bzw. Umsatzsteigerungen sind die Branchenentwicklung, die lokale und zeitliche Realisierbarkeit sowie das gesamte wirtschaftliche Umfeld zu beachten.

Die Einbeziehung von **Finanzierungsmaßnahmen der Gesellschafter oder außenstehender Dritter** (Zuschüsse, Kapitalerhöhungen, Forderungsnachlässe) in ein Sanierungskonzept ist oft notwendige Voraussetzung für eine positive Fortbestehensprognose. In der Regel wird dabei für Eigenkapitalmaßnahmen das **Vorliegen rechtsverbindlicher Zusagen** erforderlich sein.[29] Ausnahmefälle werden einer entsprechenden Begründung bedürfen. Solche Sonderfälle sind z.B. eine bereits in der Vergangenheit erfolgte laufende Unterstützung durch potente Eigentümer, aus der allenfalls auch auf die Fortsetzung der Hilfen in der Zukunft geschlossen werden kann[30], oder bereits begonnene konkrete Verhandlungen über die Aufnahme strategischer Partner oder Investoren, wobei hier der wahrscheinliche Abschlusserfolg solcher Verhandlungen glaubhaft gemacht werden muss. Potenzielle „Deal Breaker" sind entsprechend zu würdigen, ebenso wie auch bei bereits abgeschlossenen Verträgen eine Auseinandersetzung mit der Erfüllbarkeit von aufschiebenden Bedingungen (z.B. kartellrechtliche Genehmigung) zu erfolgen hat.

[29] Ebenso die EBRV zum IRÄG 2010, 612 dBlgNR XXIV GP, 14.

[30] Vgl zu einem derartigen Fall OGH 26.2.2002, 1 Ob 144/01k (Das Problem bestand hier allerdings darin, dass die englische Muttergesellschaft, die bisher immer die Hilfen geleistet hatte, selbst insolvent wurde, was aber möglicherweise für die Organe der Tochtergesellschaft zunächst nicht erkennbar war).

Soweit von einem Gesellschafter oder einem dritten Investor die künftige Zufuhr von Eigenkapital versprochen wird, ist auch die ausreichende Bonität des Verpflichteten zu beurteilen.

Für die neue/zusätzliche **Fremdkapitalzufuhr (Kreditaufnahme)** ist keine rechtsverbindliche Zusage zu verlangen[31], wenn aufgrund der Kreditwürdigkeit des Unternehmens mit überwiegender Wahrscheinlichkeit davon ausgegangen werden kann, dass der notwendige Kredit gewährt werden wird. Wenn die Kreditgewährung nur durch Gesellschaftersicherheiten bewirkt werden kann, werden dafür wieder im Regelfall rechtsverbindliche Zusagen erforderlich sein.

[31] Ausdrücklich offen gelassen wurde dies nun allerdings in OGH 19.2.2015, 6 Ob 19/15k, weil zunächst nicht einmal entsprechende positive Signale für eine Erlangung der für die Finanzierung erforderlichen Kreditgarantie vorgelegen waren, bzw. dann auch im Zeitpunkt der grundsätzlichen Zusage der Kreditgarantie keine tragfähigen Anhaltspunkte bestanden, ob überhaupt und

gegebenenfalls unter welchen Bedingungen die Bank überhaupt bereit gewesen wäre, der Gemeinschuldnerin eine weitere Kreditierung zu gewähren.

Bei **Sanierungshilfen seitens der Gläubiger (Stundung, Forderungsnachlass)** wird im Regelfall eine **rechtsverbindliche Zusage** erforderlich sein.[32] Allerdings kann es in einzelnen Fällen auch genügen, dass seitens der Finanzierungspartner grundsätzliche Verhandlungsbereitschaft besteht und aufgrund der Angemessenheit der erforderlichen Sanierungshilfe im Verhältnis zu anderen Maßnahmen mit einer rechtsverbindlichen Zusage der Finanzierungspartner gerechnet werden kann. Dies gilt allerdings nur dann, wenn aus der Summe dieser Maßnahmen eine mehr als 50%ige Wahrscheinlichkeit von zukünftigen rechtsverbindlichen Zusagen abgeleitet werden kann.

[32] Dazu, dass zumindest im Regelfall eine rechtsverbindliche Zusage erforderlich sein wird, siehe auch die EBRV zum IRÄG 2010, 612 dBlgNR XXIV. GP, 14.

Darüber hinaus könnte aus einer bereits hohen Annahmequote bei einem „stillen Ausgleich" auf die Wahrscheinlichkeit der Erlangung weiterer Zustimmungserklärungen geschlossen werden.[33]

[33] Zu berücksichtigen wäre dabei aber auch, dass vielleicht bereits alle relativ einfach zu überzeugenden Gläubiger ins Boot geholt wurden, während jene Gläubiger, die noch nicht zugestimmt haben, aus bestimmten Gründen besonders schwer oder gar nicht zu einer Zustimmung bewogen werden können.

Bei einem koordinierten „stillen Ausgleich" wäre überdies zu beachten, ob Gläubiger ihre Zusagen nur unter Bedingungen abgegeben haben (z.B. Erreichung einer bestimmten Gläubiger-Zustimmungsquote).

Soweit die rechtsverbindliche Zusage bestimmter Maßnahmen für eine positive Prognose erforderlich ist, der betreffende Gesellschafter, Investor oder Gläubiger aber seine Zusage nur bei Nachweis einer positiven Fortbestehensprognose abgeben will („Henne-Ei-Problem"), kann dem durch die Erstellung der Fortbestehensprognose unter einer entsprechenden Bedingung Rechnung getragen werden. Mit der rechtsverbindlichen Zusage wird dann die Bedingung erfüllt und damit die Fortbestehensprognose wirksam.

Sind bei einem Unternehmen noch keine konkreten Sanierungsschritte geplant, so wird ohne erkennbaren Turnaround die Fortbestehensprognose negativ ausfallen müssen, es sei denn, dass die Erstellung eines realistischen Sanierungskonzeptes kurzfristig noch möglich erscheint und auch in Angriff genommen wird. Ein solches Sanierungskonzept ist unmittelbar nach Erstellung zu würdigen.

6.3.2. Exkurs: Das „Sanierungskonzept" des § 31 IO

Mit dem IRÄG 2010 wurde klargestellt, dass ein der Anfechtung nach § 31 IO unterliegender vermögensrechtlicher „mittelbarer" Nachteil insbesondere dann vorliegt, wenn ein Sanierungskonzept offensichtlich untauglich war.[34] Umgekehrt bedeutet dies, dass ein Rechtsgeschäft nicht von der Nachteiligkeitsanfechtung des § 31 Abs. 1 Z 3 IO wegen eines mittelbar nachteiligen Rechtsgeschäfts[35] bedroht ist, wenn ein **„nicht offensichtlich untaugliches Sanierungskonzept"** vorliegt. Rechtsgeschäfte, die als erfolgsversprechende Sanierungsversuche abgeschlossen werden, sollen damit von der Anfechtung ausgenommen werden. Der Gesetzgeber bezweckte mit dieser Klarstellung ausdrücklich die Unterstützung außergerichtlicher Unternehmenssanierungen.

[34] Siehe dazu auch näher die EBRV zum IRÄG 2010, 612 dBlgNR XXIV. GP, 14 f.

[35] Die Anfechtung eines unmittelbar nachteiligen Rechtsgeschäftes (infolge unausgewogener Konditionen, z.B. eine Sache wird vom Gemeinschuldner zu günstig verkauft) bleibt dennoch möglich.

Tatsächlich beginnt eine außergerichtliche Unternehmenssanierung mit der Evaluierung, ob ein positiver Fortbestand überhaupt überwiegend wahrscheinlich prognostiziert werden kann.

Voraussetzung für die Chance, außergerichtliche Sanierungsbemühungen zu einem positiven Abschluss zu bringen, ist es, beteiligte Gläubiger – bereits in dieser Phase, d.h. vor Vorliegen einer positiven Fortbestehensprognose – davon zu überzeugen, bestehende Vereinbarungen insbesondere Lieferverträge, Versicherungen, Finanzierungen etc. aufrecht zu halten oder auszuweiten und trotz einer bestehenden Bonitätsverschlechterung von der außerordentlichen Kündigung abzusehen.

In dieser Phase kann dem Gläubiger nur ein vorläufiges Konzept vorgelegt werden, dessen Finalisierung im Einzelnen erst erfolgen muss oder das hinsichtlich der Sanierungshilfen noch keine rechtsverbindlichen Zusagen enthält.

Ist ein solches vorläufiges Konzept – bei Berücksichtigung des in der Anfangsphase der Sanierung vorhandenen Informationsdefizites – nicht offensichtlich untauglich, muss eine auf Ersatz eines allfälligen Quotenschadens abzielende Anfechtung nach § 31 IO auch dann mangels Vorhersehbarkeit solcher Nachteile ausgeschlossen sein, wenn die außergerichtliche Sanierung scheitert und in weiterer Folge ein Insolvenzverfahren eröffnet werden muss.

6.4. Sonderproblematik Unternehmensverbund

Grundsätzlich ist – neben einem Gesamtsanierungskonzept für den Unternehmensverbund – auch im Unternehmensverbund auf eine Einzelbetrachtung der involvierten Gesellschaften abzustellen, weil die Insolvenzgründe im Einzelnen zu beurteilen sind und daher auch die Fortbestehensprognose jeweils getrennt für jede einzelne Gesellschaft zu erstellen ist. Umgekehrt müssen dabei aber auch alle konzernbedingten Einflussfaktoren auf die einzelne Gesellschaft berücksichtigt werden. Dazu ist eine Analyse des Haftungs- und Finanzierungsverbundes im Unternehmensverbund sowie der wechselseitigen Abhängigkeitsverhältnisse und konzerninternen Leistungsbeziehungen vorzunehmen. Im Ergebnis sollte ein Gesamtsanierungskonzept für den Unternehmensverbund und eine

Ableitung der in diesem Konzept enthaltenen Maßnahmen/Effekte auf die Einzelgesellschaft erstellt werden, wobei eine Beurteilung auf Einzelgesellschaftsebene jedenfalls erforderlich ist.

7. Form und Aufbau der Fortbestehensprognose

Es empfiehlt sich, die Lebensfähigkeit des Unternehmens aus möglichst vielen Perspektiven zu untersuchen – unter anderem unter Berücksichtigung der erwarteten gesamtwirtschaftlichen Entwicklungen sowie der branchenspezifischen Entwicklungen – und diese in einer begründeten Gesamtaussage zusammenzufassen.

Eine Fortbestehensprognose wird demzufolge zum Nachweis der positiven Erfüllung der Primärprognose aus einem detaillierten Finanzplan bestehen, der Bestandteil einer integrierten Unternehmensplanung ist. Dabei wird ein strategisches Unternehmenskonzept mit daraus abgeleiteter Unternehmensstruktur unter Berücksichtigung der künftig erwarteten Geschäftstätigkeiten einschließlich der geplanten Investitionsprogramme und der geplanten Finanzierungsmaßnahmen zugrunde gelegt.

Eine Fortbestehensprognose ist als gesonderte Dokumentation zu erstellen und vom Geschäftsführer unter Beisetzung des Abschlussdatums dieser Prognose zu unterzeichnen.

Bedient sich der Geschäftsführer eines von ihm beauftragten externen Beraters, so ist das vom Berater erstellte Gutachten um eine vom Geschäftsführer zu unterzeichnende Klausel zu ergänzen, die zum Ausdruck bringt, dass auch dieser mit dem Prognoseurteil (und insbesondere auch mit den diesem Urteil zugrunde gelegten Prämissen) übereinstimmt.

Der Inhalt der Fortbestehensprognose sollte im Wesentlichen Folgendes umfassen:

1. Analyse des Unternehmensstatus und seines Umfelds

1.1. Darstellung des Unternehmens

1.2. Lagebeurteilung Umfeld und Markt

1.2.1. Gesamtwirtschaftliche Rahmenbedingungen und Branchenentwicklung

1.2.2. Wettbewerbsfähigkeit des Geschäftsmodells

1.3. Lagebeurteilung Unternehmenssituation

1.3.1. Qualität der vorliegenden Finanzinformationen

1.3.2. Historische Ertrags-, Finanz- und Vermögenslage

1.3.3. Analyse der Krisen- und Verlustursachen

1.3.4. Analyse der Werthaltigkeit der Aktiv-Seite sowie nicht bilanzierter Zahlungsverpflichtungen

2. Sanierungsmaßnahmen

2.1. Beschreibung des zukünftigen Geschäftsmodells

2.2. Erläuterungen und Quantifizierung der Maßnahmen und Planungsannahmen

2.3. Ermittlung und Beschreibung der Abdeckung des Finanzierungsbedarfs

2.4. Angaben zur Umsetzung und Kontrolle des Sanierungskonzeptes

3. Prognoserechnungen

3.1. Primärprognose: Kurzfristiger Finanzplan samt Erläuterungen und Prämissen

3.2. Sekundärprognose: Integrierte Planung für den Prognosezeitraum samt Erläuterungen und Prämissen

4. Zusammenfassung des Prognoseergebnisses

Im Folgenden wird der Inhalt der einzelnen Kapitel schlagwortartig beschrieben.

Die folgenden Erläuterungen der möglichen Inhalte einer Fortbestehensprognose sollen eine Orientierung für die üblicherweise erforderlichen Inhalte einer Fortbestehensprognose geben. Die konkreten Inhalte, der Umfang sowie die Analysetiefe sind im jeweiligen Einzelfall festzulegen.

1. Analyse des Unternehmensstatus und seines Umfelds

Zur Vorbereitung von Primär- und Sekundärprognose ist es erforderlich, das gegenständliche Unternehmen, seine Position im Markt und die erwarteten zukünftigen Entwicklungen in diesem Markt zu analysieren.

1.1. Darstellung des Unternehmens

Als Grundlage für das Verständnis der Unternehmenssituation dient eine übersichtliche Darstellung des Unternehmens. Diese Darstellung umfasst insbesondere Angaben zu den:

- rechtlichen und organisatorischen Verhältnissen
- finanzwirtschaftlichen Verhältnissen
- operativen Verhältnissen und
- personalwirtschaftlichen Verhältnissen

1.2. Lagebeurteilung Umfeld und Markt

1.2.1. Gesamtwirtschaftliche Rahmenbedingungen und Branchenentwicklung

Die wesentlichen externen Einflussfaktoren für die Geschäftstätigkeit bilden die gesamtwirtschaftliche Lage sowie das individuelle Branchenumfeld. Neben einer Analyse der Marktsituation des Unternehmens ist gegebenenfalls auch eine Analyse der Branche erforderlich.

Im Rahmen einer Branchenanalyse sollten diejenigen Faktoren identifiziert und bewertet werden, aus denen sich Chancen und Risiken für das Unternehmen und seine Wettbewerbsposition, wie z.B. Anzahl und Stärke der bestehenden Wettbewerber sowie neue Wettbewerber, aktuelle und potentielle Kunden und Lieferanten, Substitutionsprodukte oder neue Technologien, ergeben.

1.2.2. Wettbewerbsfähigkeit des Geschäftsmodells

Im Anschluss an die Analyse der externen Einflussfaktoren sollte das bestehende Geschäftsmodell des Unternehmens hinsichtlich seiner Wettbewerbsfähigkeit kritisch bewertet werden. Im Mittelpunkt sollten dabei die Kerngeschäfte bzw.

-produkte und deren aktuelle und zukünftig erwartete Rentabilität stehen.

1.3. Lagebeurteilung Unternehmenssituation

1.3.1. Qualität der vorliegenden Finanzinformationen

Die Qualität der vorliegenden Finanzinformationen muss beschrieben und analysiert werden. Sollten keine ausreichenden Daten vorliegen, muss darauf hingewiesen werden.

1.3.2. Historische Ertrags-, Finanz- und Vermögenslage

Zur Bewertung möglicher Restrukturierungsmaßnahmen gilt es zunächst die Ergebnis-, Finanz- und Vermögenslage des Unternehmens zu erfassen. Im Zentrum der Betrachtung stehen dabei unter anderem Umsätze und Kosten sowie die Deckungsbeiträge der einzelnen Produktgruppen und Geschäftsbereiche.

1.3.3. Analyse der Krisen- und Verlustursachen

Nach Erfassung der finanziellen Situation erfolgt eine erste Analyse der Verlustursachen. Diese ist im Wesentlichen zunächst zahlenbasiert, bildet aber eine notwendige Vorstufe für die detaillierte Analyse der Krisenursachen in einem nächsten Schritt. Die Analyse der Verlustursachen hilft, um eine erste Eingrenzung der Krisenursachen bzw. der relevanten Bereiche vornehmen zu können.

Für ein Sanierungskonzept und für die Fortbestehensprognose ist es von zentraler Bedeutung, die Ursachen der Unternehmenskrise zu bestimmen, um zielgerichtete Handlungsmöglichkeiten zu entwickeln. In der Analyse als kritisch identifizierte Bereiche sollten anschließend einer systematischen Ursachenanalyse unterzogen werden.

1.3.4. Analyse der Werthaltigkeit der Aktiv-Seite sowie nicht bilanzierter Zahlungsverpflichtungen

Zusätzlich zur Prüfung der Zahlungsflüsse sollte außerdem geprüft werden, ob zusätzliche Risiken aus der Bewertung verschiedener Bilanzpositionen resultieren. Gerade in Krisen, welche die gesamte Branche betreffen, kann es vorkommen, dass bestehende Wertansätze korrigiert werden müssen. Dabei kommen insbesondere die folgenden Positionen in Betracht:

- Forderungen: insbesondere in Zeiten allgemeiner wirtschaftlicher Schwäche
- Immaterielle Vermögenswerte (z.B. Markennamen)
- Lagerbestände
- Finanzielle Verpflichtungen, die nicht in der Bilanz ausgewiesen sind (Eventualverbindlichkeiten)
- Wertansätze von Beteiligungen

2. Sanierungsmaßnahmen

Sobald der aktuelle Status des Unternehmens und die Ursachen der Krise identifiziert sind, gilt es, geeignete Maßnahmen zur Überwindung der Krise darzustellen. Die Maßnahmen müssen die vorher identifizierten Krisenursachen angemessen berücksichtigen und in ihren finanziellen Auswirkungen dargestellt werden.

2.1. Beschreibung des zukünftigen Geschäftsmodells

Da die erforderlichen Maßnahmen in der Regel eine Neuausrichtung des Geschäftsmodells bedingen, ist dieses nachvollziehbar zu beschreiben.

Für den Fortbestand des Unternehmens ist es von wesentlicher Bedeutung, dass das Unternehmen sich im Marktumfeld behaupten kann. Für alle zentralen Unternehmensbereiche (z.B. Produktion, Beschaffung, Marketing und Vertrieb) sollten gegebenenfalls die Strukturen beschrieben werden, welche zur Umsetzung des zukünftigen Geschäftsmodells notwendig sind.

2.2. Erläuterungen und Quantifizierung der Maßnahmen und Planungsannahmen

Auf Basis der identifizierten Verlustursachen werden Maßnahmen zur Umsetzung des zukünftigen Geschäftsmodells dargestellt. Diese müssen gegebenenfalls auch – nach Beseitigung der Verlustursachen – die neuen Strukturen zeigen.

2.3. Ermittlung und Beschreibung der Abdeckung des Finanzierungsbedarfs

Auf Basis der Zielsituation des Unternehmens erfolgt die Erarbeitung eines detaillierten Finanzplans für den Zeitraum von idR zwölf Monaten (siehe dazu Abschnitt 3). Durch die Gegenüberstellung von Ein- und Auszahlungen lässt sich der notwendige Finanzierungsbedarf ermitteln. Die Kenntnis des notwendigen Finanzierungsbedarfs bildet die Grundlage für die Ableitung von Maßnahmen zur Sicherstellung der notwendigen Finanzierung. Dabei sind neben externen Finanzierungsquellen auch interne Möglichkeiten zur Erhöhung der Liquidität zu berücksichtigen.

Die dargestellten Finanzierungsmaßnahmen sind hinsichtlich ihrer Eignung zur Sicherstellung der Zahlungsfähigkeit des Unternehmens zu beurteilen. Einen beispielhaften Finanzplan zeigt die Anlage „Beispiel eines Finanzplans".

2.4. Angaben zur Umsetzung und Kontrolle des Sanierungskonzeptes

Hier geht es darum, die Sanierungsfähigkeit von der Sanierungswirksamkeit zu unterscheiden. Sanierungswirksamkeit wird durch laufende Kontrollen, monatlich, halbjährlich überprüft, während die Sanierungsfähigkeit am Anfang durch überwiegende Wahrscheinlichkeit begründet ist.

3. Prognoserechnungen

Auf Basis der in den vorhergehenden Abschnitten dargestellten Informationen erfolgt im Rahmen der Fortbestehungsprognose die Darstellung der Prognose über das Fortbestehen des Unternehmens.

Die Prognose erfolgt in Form eines zweistufigen Ansatzes, bei dem zunächst die Fortführung der Zahlungsfähigkeit für einen Zeitraum von idR zwölf Monaten dargestellt wird (Primärprognose) und anschließend auf die längerfristige Entwicklung zur Erreichung eines „Turnaround" in einen Zeitraum von zwei bis drei Jahren erweitert wird (Sekundärprognose).

Die verwendete Planung sollte um Kennzahlen ergänzt werden, welche die Aussagen zur Fortbestehensprognose unterstützen bzw. im zeitlichen Verlauf darstellen. Dazu gehören insbesondere Kennzahlen aus den Bereichen Liquidität, Ertrag und Vermögen.

3.1 Primärprognose: Kurzfristiger Finanzplan samt Erläuterungen und Prämissen

Darstellung der Finanzierung für einen Zeitraum von idR zwölf Monaten, unterstützt durch Darstellung der Zu- und Abflüsse.

3.2. Sekundärprognose: Integrierte Planung für den Prognosezeitraum samt Erläuterungen und Prämissen

Während die Primärprognose vorwiegend liquiditätsorientiert ist, erfolgt im Rahmen der Sekundärprognose eine detaillierte Betrachtung des Gesamtkonzepts, um die Wahrscheinlichkeit des „Turnaround" zu bewerten. Der dabei betrachtete Zeitraum soll nach Tunlichkeit zwei bis drei Jahre nicht überschreiten; allerdings ist auf Branchenspezifika abzustellen.

4. Zusammenfassung des Prognoseergebnisses

Als Ergebnis der Fortbestehensprognose ist in einer Gesamtbeurteilung zu würdigen, ob das Unternehmen vor dem Hintergrund der getroffenen Annahmen und der daraus abgeleiteten Auswirkungen auf die zukünftige Liquiditäts- und Ertragslage mit überwiegender Wahrscheinlichkeit in der Lage sein wird, seinen fälligen Zahlungsverpflichtungen nachzukommen und somit die Lebensfähigkeit aufrecht erhalten werden kann.

8. Was ist nach Erstellung der Fortbestehensprognose zu tun?

Wird eine Fortbestehensprognose positiv beurteilt, hat die Unternehmensführung dafür Sorge zu tragen, dass die sich aus der realen Geschäftsentwicklung ergebenden Daten mit den in der Prognose dargelegten Maßnahmen und Planungszielen verglichen werden. Die sich im Prognosezeitraum ergebenden Abweichungen sind laufend zu analysieren und deren Auswirkungen für den weiteren Geschäftsverlauf des Unternehmens zu interpretieren. Wenn sich dabei gravierende Abweichungen ergeben, die das Ergebnis der bisherigen Prognose in Frage stellen, wird die Erstellung einer neuen Prognose erforderlich sein.

Hat das Unternehmenskonzept bestimmte Maßnahmen enthalten, ist für deren Umsetzung laufend Sorge zu tragen.

In den Ausführungen zur Umsetzung und Kontrolle des Konzepts zur Unternehmensfortführung soll vor allem eine Aussage darüber getroffen werden, wann und in welcher Form eine Berichterstattung bzw. Dokumentation gegenüber welchen Partnern erfolgt.

III Anlage i) Beispiel eines Finanzplans

	Tage 1., 2., … 7.	Woche 1., 2., 3.	Monate 1., 2., 3.
I. Einzahlungen 1. Einzahlungen aus laufendem Geschäftsbetrieb 1.1. Barverkäufe 1.2. Leistungen auf Ziel 2. Einzahlungen aus Desinvestitionen 2.1. Anlagenverkäufe 2.2. Auflösung von Finanzinvestitionen 3. Einzahlungen aus Finanzerträgen 3.1. Zinserträge 3.2. Beteiligungserträge			
II. Auszahlungen 1. Auszahlungen für den laufenden Geschäftsbetrieb 1.1. Gehälter / Löhne 1.2. Roh-, Hilfs- und Betriebsstoffe 1.3. Steuern / Abgaben 1.4. ... 1.5. ... 2. Auszahlungen für Investitionen 2.1. Sachinvestitionen Ankäufe Vorauszahlungen Restzahlungen 2.2. Finanzinvestitionen 3. Auszahlungen im Rahmen des Finanzverkehrs 3.1. Kredittilgung 3.2. Akzepteinlösung 3.3. Eigenkapitalminderungen (z.B.: Privatentnahmen) 3.4. Zinsen			
III. Ermittlung der Über- bzw. Unterdeckung durch I. ./. II. + Zahlungsmittelbestand im Prüfungszeitpunkt			
IV. Ausgleichs- und Anpassungsmaßnahmen 1. Bei Unterdeckung (Einzahlungen) 1.1. Kreditaufnahme 1.2. Eigenkapitalerhöhung 1.3. Rückführung gewährter Darlehen 1.4. zusätzliche Desinvestition			

	2. Bei Überdeckung (Auszahlungen) 2.1. Kreditrückführung 2.2. Anlage in liquiden Mitteln			
V.	**Zahlungsmittelbestand am Periodenende unter Berücksichtigung der Ausgleichs- und Anpassungsmaßnahmen**			

IV Anlage ii) Bespiel Planung Sekundärprognose

A) Gewinn- und Verlustrechnung						
in T€	**Vvj**	**Vj**	**Ist**	**Planjahr 1**	**Planjahr 2**	**Planjahr 3**
Umsatzerlöse Bestandsveränderung Aktivierte Eigenleistungen						
BETRIEBSLEISTUNG						
Sonstige Erträge Materialaufwand/bez. Leistungen Personalaufwand Sonstiger Aufwand						
EBITDA						
Abschreibungen						
EBIT						
Finanzergebnis						
EBT						
Steuern vom Einkommen						
Jahresüberschuss/-fehlbetrag						
Rücklagenbewegung						
Jahresgewinn/-verlust						
Ergebnisvortrag Vorjahr						
Bilanzgewinn/-verlust						

B) Bilanz						
in T€	**Vvj**	**Vj**	**Ist**	**Planjahr 1**	**Planjahr 2**	**Planjahr 3**
Immaterielle Vermögensgegenstände Sachanlagen Finanzanlagen						
Anlagevermögen						
Vorräte Forderungen u sonstige Vermögensgegenstände Wertpapiere u Anteile Kassa, Guthaben bei Kreditinstituten						
Umlaufvermögen						
Rechnungsabgrenzung						
Aktive latente Steuern						
AKTIVA						
Nennkapital Kapitalrücklagen Gewinnrücklagen Jahresgewinn/-verlust Ergebnisvortrag Vorjahr						

Eigenkapital						
Abfertigungsrückstellungen Sonstige Rückstellungen						
Rückstellungen						
Verbindlichkeiten ggü Kreditinstituten						
Verbindlichkeiten aus Liefer- und Leistungen						
Sonstige Verbindlichkeiten						

C) Cash-Flow Statement

Hinsichtlich Cash-Flow-Statement wird auf das Fachgutachten der Kammer der Wirtschaftstreuhänder „Die Geldflussrechnung als Ergänzung des Jahresabschlusses und Bestandteil des Konzernabschlusses" (KFS/BW2) in der Anlage iii) verwiesen.

Das aktuelle Fachgutachten ist abrufbar unter: www.kwt.or.at/Service/Fachgutachten

Direkt:

http://www.kwt.or.at/PortalData/2/Resources/downloads/downloadcenter/fga/KFSBW2_190_12016_RF.pdf

V Anlage iii)

Fachgutachten
des Fachsenats für Betriebswirtschaft der Kammer der Wirtschaftstreuhänder
über die Geldflussrechnung als Ergänzung des Jahresabschlusses und Bestandteil des Konzernabschlusses

2/4/9.

Fachliche Hinweise der Kammer der Steuerberater und Wirtschaftsprüfer zu den Auswirkungen der Ausbreitung des Coronavirus (COVID-19) auf Unternehmensbewertungen

(beschlossen vom Präsidium der Kammer der Steuerberater und Wirtschaftsprüfer am 15. April 2020)

1. Präambel

(1) Die vorliegenden Hinweise wurden von der Arbeitsgruppe Unternehmensbewertung des Fachsenats für Betriebswirtschaft erarbeitet. Eine Befassung des gesamten Fachsenats und die damit verbundenen Verfahren einer ordnungsgemäßen Beschlussfassung waren aufgrund der Dringlichkeit und der außergewöhnlichen Situation nicht möglich. Die Hinweise sind daher als Ausarbeitung einer Expertengruppe zum Wissenstand per 15. April 2020 zu verstehen und stellen kein Fachgutachten und keine Empfehlung des Fachsenats für Betriebswirtschaft dar.

(2) Klarstellend wird darauf hingewiesen, dass die vorliegenden Hinweise nur allgemeiner Art sein können und die Sachverhalte im Einzelfall und auf Basis der konkreten Fakten und Umstände durch den Wirtschaftstreuhänder zu beurteilen sind.

2. Einleitung

(3) Der Ausbruch der durch das Coronavirus (SARS-CoV-2) ausgelösten Pandemie („COVID-19") hat weltweit zu bisher beispiellosen Auswirkungen auf das gesellschaftliche Leben geführt. Die von zahlreichen Staaten verfügten Einschränkungen des öffentlichen Lebens, die eine weitere Ausbreitung des Virus eindämmen sollen, konfrontieren ganze Wirtschaftszweige und damit zahlreiche Unternehmen mit grundlegend veränderten wirtschaftlichen Rahmenbedingungen. Die damit einhergehende große wirtschaftliche Unsicherheit hat sich u.a. in einem drastischen Einbruch von Börsenkursen und Börsenindices niedergeschlagen.

(4) Gegenstand dieser fachlichen Hinweise sind vor diesem Hintergrund Fragen zu den Auswirkungen von COVID-19 auf Unternehmensbewertungen.

3. Stichtagsprinzip

3.1. Allgemeines

(5) In Verbindung mit dem Stichtagsprinzip ist zunächst zu untersuchen, für welche Bewertungsstichtage Auswirkungen von COVID-19 in der Bewertung dem Grunde nach zu berücksichtigen sind. Dabei ist zu beachten, dass Unternehmenswerte nach KFS/BW 1 Rz (23) zeitpunktbezogen sind und stets für einen bestimmten Bewertungsstichtag festgestellt werden. Die Höhe des Unternehmenswerts hängt demnach entscheidend von den Verhältnissen am Bewertungsstichtag ab.

(6) In diesem Sinne sind nach KFS/BW 1 Rz (24) bei der Wertermittlung alle dafür beachtlichen Informationen zu berücksichtigen, die bei angemessener Sorgfalt zum Bewertungsstichtag hätten erlangt werden können. Nach KFS/BW 1 Rz (24) sind Änderungen der wertbestimmenden Faktoren, die zwischen dem Bewertungsstichtag und dem (späteren) Abschluss der Bewertung eintreten, nur dann zu berücksichtigen, wenn ihre Wurzel vor dem Bewertungsstichtag liegt. Nach Ansicht der Arbeitsgruppe reicht es für eine Berücksichtigung von Entwicklungen nach dem Bewertungsstichtag aber nicht aus, dass sich rückblickend eine irgendwie geartete Kausalkette bis vor den Stichtag zurückverfolgen lässt. Erst später eintretende Entwicklungen sind vielmehr nur dann zu berücksichtigen, wenn sie bereits zum Bewertungsstichtag in der Wurzel angelegt und bei angemessener Sorgfalt erkennbar waren. Erkennbarkeit ist gegeben, wenn es zumindest überwiegend wahrscheinlich erscheint, dass diese Entwicklungen bereits am Bewertungsstichtag erwartet wurden.

3.2. Bewertungsstichtage bis zum 31. Dezember 2019

(7) Für Bewertungsstichtage bis zum 31. Dezember 2019 waren die globalen Auswirkungen von COVID-19 nach Ansicht der Arbeitsgruppe noch nicht mit hinreichender Wahrscheinlichkeit zu erwarten. Mangels Erkennbarkeit der späteren globalen Ausbreitung des Coronavirus und der damit verbundenen Folgewirkungen scheidet eine Berücksichtigung dieser Entwicklungen bei Unternehmensbewertungen auf Stichtage bis zum 31. Dezember 2019 aufgrund des Stichtagsprinzips aus.

(8) Wird eine Bewertung auf einen Bewertungsstichtag bis zum 31. Dezember 2019 erst nach der Veröffentlichung dieses fachlichen Hinweises abgeschlossen, ist im Bericht darauf hinzuweisen, dass Auswirkungen von COVID-19 aufgrund des Stichtagsprinzips nicht berücksichtigt wurden.

3.3. Bewertungsstichtage nach dem 31. Dezember 2019

(9) Für Bewertungsstichtage nach dem 31. Dezember 2019 gilt grundsätzlich, dass die Erkennbarkeit der Auswirkungen von COVID-19 zum jeweiligen Stichtag länder- und einzelfallspezifisch zu beurteilen ist. Dabei ist auf das konkrete Geschäftsmodell und die räumlichen Aktivitäten des zu bewertenden Unternehmens Bedacht zu nehmen.

(10) Im Rahmen dieser Beurteilung sind u.a. Veröffentlichungen von (Gesundheits-)Behörden, Einschränkungen des öffentlichen Lebens und des Wirtschaftsverkehrs durch behördliche Auf-

lagen und deren konkrete Auswirkungen auf das zu bewertende Unternehmen sowie allgemeine wirtschaftliche Entwicklungen zu berücksichtigen. Dazu zählen insbesondere auch die mit der Ausbreitung von COVID-19 einhergehende Veränderung der Erwartungshaltung von Kapitalmarktteilnehmern und die erhöhte wirtschaftliche Unsicherheit, die zum weltweiten Einbruch der Börsenkurse ab dem 24. Februar 2020 beitrugen.

(11) Ist die Erkennbarkeit von wirtschaftlichen Auswirkungen von COVID-19 für einen nach dem 31. Dezember 2019 liegenden Bewertungsstichtag zu bejahen, sind die Auswirkungen auf die zukünftigen finanziellen Überschüsse des zu bewertenden Unternehmens grundsätzlich in jenem Umfang zu berücksichtigen, der sich auf Basis des zum Bewertungsstichtag bei angemessener Sorgfalt zu erlangenden Informationsstandes mit hinreichender Wahrscheinlichkeit erwarten ließ. Auf die für die Erkennbarkeit zum Stichtag maßgeblichen Umstände sowie auf den zum Bewertungsstichtag bei angemessener Sorgfalt zu erlangenden Informationsstand ist im Bericht einzugehen.

4. Finanzielle Überschüsse

(12) Sind Auswirkungen von COVID-19 nach Maßgabe des Stichtagsprinzips bei der Planung der finanziellen Überschüsse zu berücksichtigen, ist sowohl negativen als auch positiven Effekten von COVID-19 Rechnung zu tragen. Neben negativen Effekten wie etwa Umsatzausfällen und Ertragseinbrüchen sind daher auch etwaige staatliche Unterstützungen zur Kompensation von wirtschaftlichen Nachteilen einzubeziehen.

(13) Die Berücksichtigung von Folgewirkungen von COVID-19 für das zu bewertende Unternehmen ist vielfach mit einer erheblichen Erhöhung der Planungsunsicherheit verbunden. Dieser erhöhten Unsicherheit sollte im Sinne von KFS/BW 1 Rz (66) durch die Ableitung von Erwartungswerten für die finanziellen Überschüsse aus Szenarien, denen Eintrittswahrscheinlichkeiten zugeordnet werden, begegnet werden.

(14) Zur Abbildung der Folgen von COVID-19 in Planungsrechnungen kann zwischen den Auswirkungen einer kurz- bis mittelfristigen pandemischen Phase einschließlich einer nachfolgenden Erholungsphase und den langfristigen Folgewirkungen der Pandemie unterschieden werden.

(15) Die Dauer der pandemischen Phase ist derzeit nur schwer abschätzbar. Sollte auch das Ausmaß ihrer Effekte auf die finanziellen Überschüsse nur schwer einzuschätzen sein, sind dafür unterschiedliche Szenarien zu analysieren. Das Ausmaß, in dem die Pandemie zu Auswirkungen auf die Ertragslage führt, hängt in hohem Maße von der Branche und vom individuellen Geschäftsmodell des zu bewertenden Unternehmens ab. Die Dauer der kurz- bis mittelfristigen Effekte wird durch die Länge der unmittelbaren Bedrohung durch das Virus in den für das zu bewertende Unternehmen relevanten Märkten und die Dauer der darauf folgenden Erholungsphase bestimmt.

(16) Bei der Beurteilung der langfristigen Folgewirkungen der Pandemie ist für das konkrete Geschäftsmodell des zu bewertenden Unternehmens zu untersuchen, ob Anhaltspunkte dafür bestehen, dass sich die wirtschaftlichen Rahmenbedingungen nach der Krise von jenen vor der Krise unterscheiden werden. Dabei ist u.a. auf etwaige Veränderungen im Konsumverhalten, in der Kommunikation, in der Logistik oder in Bezug auf Beschaffungsketten Bedacht zu nehmen. Insbesondere ist zu analysieren, inwieweit disruptive Entwicklungen für Geschäftsfelder des zu bewertenden Unternehmens, die bereits vor der Krise eingesetzt haben, durch die Krise voraussichtlich verstärkt werden. Bei der Ermittlung objektivierter Unternehmenswerte ist zu beachten, dass nach KFS/BW 1 Rz (79) Maßnahmen, die zu strukturellen Veränderungen des Unternehmens führen sollen, nur dann berücksichtigt werden dürfen, wenn sie zum Bewertungsstichtag bereits eingeleitet bzw. hinreichend konkretisiert sind.

(17) Die Beurteilung der Plausibilität von Planungsrechnungen in Krisenzeiten stellt den Wirtschaftstreuhänder vor besondere Herausforderungen. Von zentraler Bedeutung ist dabei die Frage, ob der durch COVID-19 erhöhten Unsicherheit bei der Ableitung der Erwartungswerte der finanziellen Überschüsse in angemessener Form Rechnung getragen wurde. Erweist sich die Planungsrechnung insoweit als mangelhaft, hat der Wirtschaftstreuhänder nach Maßgabe der Regelungen in KFS/BW 1 Rz (75) bis (78) vorzugehen und erforderlichenfalls Anpassungen vorzunehmen. In diesem Zusammenhang ist zu beachten, dass nach KFS/BW 1 Rz (78) Unsicherheiten, die auf Mängel der Planungsrechnung zurückzuführen sind, weder durch pauschale Abschläge von den zu diskontierenden finanziellen Überschüssen noch durch Zuschläge zum Diskontierungssatz berücksichtigt werden dürfen.

5. Kapitalkosten

(18) Im Rahmen der Ermittlung der Kapitalkosten ist zu beurteilen, inwieweit sich die aufgrund von COVID-19 erhöhte Unsicherheit zum Bewertungsstichtag auch in erhöhten Renditeforderungen von Eigen- und Fremdkapitalgebern niedergeschlagen hat.

(19) Auf Aktienmärkten war zu beobachten, dass sich die impliziten Marktrenditen mit dem ab 24. Februar 2020 eingetretenen Kursverfall an den Börsen sprunghaft erhöht haben, anschließend aber bis Ende März 2020 deutlich gesunken sind und das Niveau vor dem Kursverfall nahezu wieder erreicht haben. Der kurzfristige Anstieg der impliziten Marktrenditen ist allerdings auch auf den Umstand zurückzuführen, dass die in die Berechnung einfließenden Ertragserwartungen von Analysten erst zeitlich verzögert an die veränderten Rahmenbedingungen angepasst werden. Für Zeiträume ab Ende März 2020 lassen sich daher aus dieser Entwicklung nach Ansicht der Arbeitsgruppe keine Anhaltspunkte für ein – gegenüber dem Niveau vor dem Beginn des Kursverfalls

– nachhaltig wesentlich erhöhtes Renditeniveau ableiten. Zu beachten ist allerdings, dass die Volatilitäten auf den Aktienmärkten aktuell noch immer deutlich über dem Vor-Krisen-Niveau liegen. Die Arbeitsgruppe hält es vor diesem Hintergrund für sachgerecht, sich bei der Festlegung der erwarteten Marktrisikoprämie (vor persönlichen Steuern) weiterhin an einer Bandbreite für die erwartete nominelle Marktrendite von 7,5% bis 9,0% gemäß der Empfehlung KFS/BW 1 E 7 zu orientieren.

(20) Bei der Schätzung zukünftiger Beta-Faktoren auf Basis historischer Daten ist zu beachten, dass der ab 24. Februar 2020 eingetretene Kursverfall an den Börsen häufig zu verzerrenden Effekten führen wird. Dem kann etwa durch eine Ausklammerung des betreffenden Zeitraums aus der Analyse oder durch die Ermittlung von rollierenden Beta-Faktoren über einen längeren Zeitraum begegnet werden. Zu beurteilen ist in diesem Zusammenhang, inwieweit die erhobenen Beta-Faktoren das zukünftige systematische Risiko des zu bewertenden Unternehmens in dem durch COVID-19 veränderten Umfeld angemessen widerspiegeln.

6. Multiplikatorverfahren

(21) Im Rahmen der Plausibilitätsbeurteilung mit Multiplikatorverfahren ist darauf zu achten, dass sich aufgrund von COVID-19 sowohl Auswirkungen auf die Höhe der ausgewählten Bezugsgrößen als auch auf die Höhe der heranzuziehenden Multiplikatoren ergeben können. Zu untersuchen ist insbesondere, inwieweit Multiplikatoren, die auf Basis von Datenmaterial aus der Zeit vor der Ausbreitung von COVID-19 erhoben wurden, noch als aussagekräftig eingestuft werden können.

Anhang: Erläuterungen und Anwendungshinweise

Zu Rz (3):

Zu den Einflussfaktoren, die in Krisensituationen auf Börsenkurse einwirken, wird auf den fachlichen Hinweis des Fachausschusses für Unternehmensbewertung und Betriebswirtschaft (FAUB) des deutschen Instituts der Wirtschaftsprüfer (IDW) zu den Auswirkungen der Ausbreitung des Coronavirus auf Unternehmensbewertungen vom 25. März 2020 verwiesen.

Zu Rz (7):

Am 31. Dezember 2019 war die Ausbreitung des Coronavirus (SARS-CoV-2) auf die Stadt Wuhan in China beschränkt und noch unklar, ob das Virus auch von Mensch zu Mensch übertragen wird. Substanzielle Informationen über die mit diesem Virus verbundenen Bedrohungen wurden erst in den darauf folgenden Wochen bekannt. Die hier vertretene Ansicht steht im Einklang mit den zu Fragen der Rechnungslegung zum Stichtag 31. Dezember 2019 ergangenen Fachinformationen des Austrian Financial Reporting and Auditing Committee (AFRAC-Fachinformation COVID-19, April 2020), des deutschen Instituts der Wirtschaftsprüfer (Fachlicher Hinweis des IDW zu den Auswirkungen der Ausbreitung des Coronavirus auf die Rechnungslegung zum Stichtag 31.12.2019 und deren Prüfung, 4. März 2020) und der Accountancy Europe (Coronavirus crisis: Implications on reporting and auditing, 20. März 2020), die den Ausbruch von COVID-19 aus bilanzrechtlicher Sicht als wertbegründendes Ereignis einstufen.

Zu Rz (8):

Wird der 31. Dezember 2019 nur als sog. „technischer" Bewertungsstichtag im Rahmen einer Bewertung herangezogen, die effektiv auf einen nach dem 31. Dezember 2019 liegenden Bewertungsstichtag vorgenommen wird, sind die Auswirkungen von COVID-19 auf Basis ihrer Erkennbarkeit zum effektiven Bewertungsstichtag nach Maßgabe der Rz (9) ff. zu berücksichtigen.

Zu Rz (10):

International sind u.a. folgende Ereignisse bedeutsam:

- 30. Jänner 2020: WHO ruft die internationale Gesundheitsnotlage aus
- 24. Februar 2020: Beginn des Kursverfalls an den internationalen Kapitalmärkten
- 8. März 2020: Als erster europäischer Staat führt Italien Ausgangsbeschränkungen in Norditalien ein
- 10. März 2020: Ganz Italien wird zur Sperrzone erklärt
- 11. März 2020: WHO erklärt das Vorliegen einer Pandemie
- Ab Mitte März 2020: Verhängung von Ausgangsbeschränkungen in zahlreichen Staaten, Einschränkungen des Flugverkehrs und Reisewarnungen
- Ab Ende März 2020: Korrektur der Konjunkturprognosen 2020 für die Staaten der Euro-Zone von positiv auf negativ (-2 bis -3%)
- 14. April 2020: IWF prognostiziert eine globale Rezession (weltweiter realer BIP-Verlust von 3%, in der Euro-Zone 7,5%)

In Österreich sind u.a. folgende Ereignisse bedeutsam:

- 10. März 2020: Bekanntgabe der ersten Einschränkungsmaßnahmen (u.a. für Veranstaltungen)
- 11. März 2020: Verbot von Veranstaltungen ab einer gewissen Teilnehmerzahl, Einreise aus Risikogebieten nur mit ärztlichem Attest
- 13. März 2020: Bekanntgabe der Beschränkung des öffentlichen Lebens auf ein Minimum ab dem 16. März 2020 (siehe dort)
- 14. März 2020: Ankündigung eines Corona-Krisenfonds in Höhe von EUR 4 Mrd.
- 16. März 2020: Ausgangsbeschränkungen mit wenigen Ausnahmen (z.B. berufliche Zwecke und notwendige Besorgungen), Schließung der nicht zur Grundversorgung nötigen Geschäfte, Veranstaltungsverbot
- 17. März 2020: Schließung aller Gastronomiebetriebe

- 18. März 2020: Aufstockung des staatlichen Hilfspakets auf EUR 38 Mrd.
- 20. März 2020: Verlängerung der Ausgangsbeschränkungen bis zum 13. April 2020
- 30. März 2020: Bekanntgabe des Verbots der touristischen Nutzung von Beherbergungsbetrieben
- 4. April 2020: Verbot der touristischen Nutzung von Beherbergungsbetrieben
- 6. April 2020: Verlängerung der Ausgangsbeschränkungen bis Ende April 2020, Bekanntgabe der schrittweisen Öffnung der Betriebe nach Ostern
- 9. April 2020: Höchste Reisewarnstufe für eine große Anzahl von Staaten
- 14. April 2020: Öffnung von Bau- und Gartenmärkten und kleinen Handelsbetrieben
- Geplant: Öffnung aller Geschäfte und Einkaufszentren ab 1. Mai 2020
- Geplant: Öffnung der Gastronomie und der Hotels Mitte bis Ende Mai 2020

Zu Rz (11):

Zu beachten ist, dass das bilanzrechtliche Wertaufhellungsprinzip für die Unternehmensbewertung keine Gültigkeit besitzt. Während im Jahresabschluss alle werterhellenden Umstände, die zwischen dem Bilanzstichtag und dem Tag der Aufstellung des Jahresabschlusses bekannt werden, zu berücksichtigen sind, gilt dies bei der Unternehmensbewertung nur für jene Entwicklungen nach dem Bewertungsstichtag, die bereits zum Bewertungsstichtag in der Wurzel angelegt und bei angemessener Sorgfalt erkennbar waren. Der Sorgfaltsmaßstab bezieht sich daher bei der Unternehmensbewertung auf die Berücksichtigung des zum Bewertungsstichtag verfügbaren Informationsstands, beim Jahresabschluss hingegen auch auf die Berücksichtigung aller werterhellenden Ereignisse im Zeitraum bis zu seiner Aufstellung.

Zu Rz (14):

Die in den Rz (59) ff. von KFS/BW 1 verankerten Grundsätze zur Planung der finanziellen Überschüsse in einer Detailplanungsphase, einer Grobplanungsphase und einer Rentenphase sind auch bei der Abbildung von Folgewirkungen von COVID-19 in Planungsrechnungen zu beachten.

Zu Rz (15) f.:

Zu denkmöglichen Verläufen der negativen Effekte der Pandemie wird auf den fachlichen Hinweis des Fachausschusses für Unternehmensbewertung und Betriebswirtschaft (FAUB) des deutschen Instituts der Wirtschaftsprüfer (IDW) zu den Auswirkungen der Ausbreitung des Coronavirus auf Unternehmensbewertungen vom 25. März 2020 verwiesen.

2/5. Datenverarbeitung (DV)

2/5/1. KFS/DV 1

**Fachgutachten
des Fachsenats für Datenverarbeitung
zur Ordnungsmäßigkeit von IT-Buchführungen**

(beschlossen in der Sitzung des Fachsenats für Datenverarbeitung am 23. März 2011 als Fachgutachten KFS/DV 1)

1. Einleitung

(1) Die Grundsätze ordnungsmäßiger Buchführung schreiben kein bestimmtes Buchführungsverfahren vor. Sie lassen jedes Verfahren – auch auf Informationstechnik (in der Folge „IT") gestützte Systeme – zu, wenn dieses die Anforderungen erfüllt, die durch die Grundsätze ordnungsmäßiger Buchführung an das Verfahren gestellt werden (vgl. § 190 Abs. 5 UGB).

(2) Dieses Fachgutachten konkretisiert die aus den gesetzlichen Bestimmungen resultierenden Anforderungen an die Buchführung mittels IT-gestützter Systeme und verdeutlicht die beim Einsatz von IT möglichen Risiken für die Einhaltung der Grundsätze ordnungsmäßiger Buchführung.

(3) Auf die Grundsätze ordnungsmäßiger Buchführung wird im UGB und in der BAO Bezug genommen. Die Ordnungsmäßigkeit der Buchführung nach dem Unternehmensrecht, die sich auf die Führung von Büchern und Aufzeichnungen erstreckt, ist Grundvoraussetzung für die Einhaltung des Abgabenrechts, wobei sich durch das Abgabenrecht zusätzliche Spezialanforderungen ergeben können. Soweit Bücher oder Aufzeichnungen außerhalb der Buchführungspflicht geführt werden müssen, die den Grundsätzen der Ordnungsmäßigkeit zu entsprechen haben, sind die folgenden Bestimmungen sinngemäß anzuwenden.

(4) Andere den Einsatz von IT betreffende Gesetze werden in diesem Fachgutachten nicht betrachtet, wenngleich die daraus resultierenden Anforderungen wesentlichen Einfluss auf die Ausgestaltung der IT-Buchführung haben können.

(5) Das vorliegende Fachgutachten behandelt allgemein gültige Fragestellungen unabhängig von Größe, Struktur und Branchenzugehörigkeit eines Unternehmens.

2. Verwendung von IT für die ordnungsmäßige Buchführung

(6) Der Unternehmer (Buchführungspflichtige) kann zur ordnungsmäßigen Buchführung und zur Aufbewahrung seiner Geschäftsbriefe Datenträger – somit IT-gestützte Systeme – benützen (§ 190 Abs. 5 UGB 1. Satz).

(7) Die Verwendung von IT für die ordnungsmäßige Buchführung kann von der Unterstützung einzelner manueller Tätigkeiten (z.B. mittels PC-Standardanwendung) bis zur Unterstützung mehrerer Geschäftsprozesse durch integrierte IT-Systeme reichen.

(8) IT-Systeme sind im Sinne dieses Fachgutachtens relevant (buchführungsrelevant), wenn sie dazu dienen, Daten über Geschäftsvorfälle oder betriebliche Aktivitäten im Rahmen der Buchführungspflicht (buchführungsrelevante Daten) zu verarbeiten. Der Begriff der Buchführung umfasst in diesem Zusammenhang:

a) das Hauptbuch
b) die Nebenbücher
c) Aufzeichnungen
d) vorgelagerte oder zuliefernde IT-Systeme, soweit diese buchführungsrelevante Daten erzeugen, weiterleiten oder verarbeiten
e) den Jahresabschluss
f) auf Konzernebene den Konzernabschluss

(9) Es gibt auch betrieblich genutzte IT-Systeme, die keine buchführungsrelevanten Daten erzeugen, weiterleiten oder verarbeiten und daher im Sinne dieses Fachgutachtens nicht buchführungsrelevant sind.

(10) Die Ordnungsmäßigkeitskriterien werden durch das Zusammenwirken von systemtechnischen und organisatorischen Maßnahmen erfüllt, wobei folgende Elemente angemessen zu berücksichtigen sind:

a) die Erfüllung der Ordnungsmäßigkeitskriterien durch entsprechende Funktionalität in der IT-Anwendung selbst
b) ein angemessenes internes Kontrollsystem (IKS) beim Einsatz der IT-Anwendung betreffend:
   – IT-Anwendung und IT-Infrastruktur (Hardware, Betriebssystem, Datenbank, Netzwerk etc.)
   – IT-Organisation
   – IT-Prozesse

3. Grundsätze ordnungsmäßiger IT-Buchführung

3.1. Überblick

(11) Die folgenden Grundsätze ordnungsmäßiger Buchführung sind auch bei Verwendung einer IT-Buchführung im Sinne des UGB zu beachten:

a) Pflicht zur Führung von Büchern und Aufzeichnungen (vgl. § 190 Abs. 1 UGB)
b) Nachvollziehbarkeit (vgl. § 190 Abs. 1 UGB)
c) Vollständigkeit (vgl. § 190 Abs. 3 UGB)
d) Richtigkeit (vgl. § 190 Abs. 3 UGB)
e) Zeitgerechtheit (vgl. § 190 Abs. 3 UGB)

f) Ordnung (vgl. § 190 Abs. 3 UGB)
g) Unveränderbarkeit (vgl. § 190 Abs. 4 UGB)
h) Inhaltsgleiche, vollständige und geordnete Wiedergabe (vgl. § 190 Abs. 5 UGB)

3.2. Pflicht zur Führung von Büchern und Aufzeichnungen

(12) Für die Ordnungsmäßigkeit der Führung von Büchern und der sonst erforderlichen Aufzeichnungen ist der Buchführungspflichtige verantwortlich. Im Rahmen dieser Verantwortlichkeit obliegt es ihm insbesondere auch, falls er sich zur Buchführung der IT bedient, dafür zu sorgen, dass die IT den Anforderungen an eine ordnungsmäßige Buchführung entspricht. Dazu zählen im Speziellen Bedachtnahme auf die Ordnungsmäßigkeitsanforderungen bei der Auswahl und Verwendung geeigneter IT-Anwendungen sowie deren ordnungsmäßiger Betrieb. Diese Verantwortlichkeit ist auch hinsichtlich eines Betriebs von IT-Anwendungen durch externe Dienstleister (Outsourcing) gegeben.

3.3. Nachvollziehbarkeit

(13) Die Buchführung (und somit auch die IT-Buchführung) muss so beschaffen sein, dass sie einem sachverständigen Dritten innerhalb angemessener Zeit einen Überblick über die erfassten Geschäftsvorfälle und über die Lage des Unternehmens vermitteln kann. Die einzelnen Geschäftsvorfälle müssen sich in ihrer Entstehung und Abwicklung verfolgen lassen (Belegfunktion); Summenbildungen müssen nachvollziehbar sein. Das Kriterium der Nachvollziehbarkeit kann über Verweise zwischen Datenbeständen innerhalb des IT-Systems (z.B. bei integrierten Systemen) erfüllt werden.

(14) Bei Verwendung einer IT-Buchführung ist für die Nachvollziehbarkeit der Entstehung und Abwicklung der Geschäftsvorfälle und das Verständnis der Buchführung eine geeignete Dokumentation (Verfahrensdokumentation) in übersichtlicher Form erforderlich (Details hierzu siehe Abschnitt 4.5. Dokumentation).

(15) Für die Einhaltung der Nachvollziehbarkeit können je nach Ablauf und Ausgestaltung einzelner Be- oder Verarbeitungsaktivitäten alle Systemebenen (Anwendung, Betriebssystem, Datenbank, Netzwerk etc.) relevant sein. Beispielsweise kann zur Nachvollziehbarkeit von Transaktionen im Rahmen einer Stapelverarbeitung eine Protokollierung relevanter Benutzer- und Systemaktivitäten erforderlich sein.

3.4. Vollständigkeit

(16) Der Grundsatz der Vollständigkeit der IT-Buchführung bedeutet, dass alle buchführungsrelevanten Geschäftsvorfälle lückenlos erfasst und dokumentiert werden müssen. Der Grundsatz der Vollständigkeit umfasst auch, dass ein und derselbe Geschäftsvorfall nicht mehrfach gebucht wird, z.B. dass an einer Schnittstelle zwischen Kassasystem und Hauptbuch Dateien nicht doppelt verarbeitet werden.

3.5. Richtigkeit

(17) Der Grundsatz der Richtigkeit besagt, dass die Geschäftsvorfälle in den Büchern den Tatsachen entsprechend und in Übereinstimmung mit den rechtlichen Vorschriften abgebildet werden müssen. Die IT-Buchführung muss daher in der Lage sein, Geschäftsvorfälle richtig zu verarbeiten. Dazu zählen beispielsweise die automatisierte Kontenfindung, Summenbildung oder Bewertungen.

3.6. Zeitgerechtheit

(18) Der Grundsatz der Zeitgerechtheit bedeutet, dass gesetzliche Buchungsfristen auch bei Nutzung einer IT-Buchführung eingehalten werden müssen und die zeitliche Reihenfolge der Buchungen nachvollziehbar ist. Geschäftsvorfälle sind zeitnah zu buchen. Das bedeutet, dass die tatsächliche Buchung in der IT-Buchführung jedenfalls innerhalb einer angemessenen Frist nach der Erfassung erfolgt. Diese Anforderung kann insbesondere bei der Verwendung von Schnittstellen zwischen IT-Systemen eine Rolle spielen. Die Zeitgerechtheit des technischen Buchungszeitpunktes (Buchung gilt als erfasst und technisch gebucht) richtet sich nach den betrieblichen Anforderungen; die Rahmenbedingungen werden durch das Unternehmens- und Abgabenrecht definiert. Durch das Buchführungssystem muss jedenfalls sichergestellt werden, dass die Buchungen der richtigen Periode zugewiesen werden.

3.7. Ordnung

(19) Die IT-Buchführung muss sicherstellen, dass Buchungen sowohl in zeitlicher (Journalfunktion) als auch in sachlicher Ordnung (Kontenfunktion) dargestellt werden können. Die logische Speicherung der Buchungssätze in der IT-Buchführung muss nicht nach einem bestimmten Ordnungskriterium erfolgen, sofern die IT-Buchführung Sortierfunktionen zur Verfügung stellt, mit deren Hilfe die erforderliche Ordnung jederzeit hergestellt werden kann.

3.8. Unveränderbarkeit

(20) Eine Buchung darf nicht in einer Weise verändert werden, dass der ursprüngliche Inhalt nicht mehr feststellbar ist. Daher sind spätere Veränderungen ausschließlich so vorzunehmen, dass sowohl der ursprüngliche Inhalt als auch die Tatsache, dass Veränderungen vorgenommen wurden, für einen sachverständigen Dritten in angemessener Zeit nachvollziehbar sind. Ab dem technischen Buchungszeitpunkt darf eine Buchung bei Verwendung der regulären Anwendungsfunktionalität nur mehr über eine Stornobuchung rückgängig gemacht werden. Änderungen vor dem technischen Buchungszeitpunkt sind hiervon nicht betroffen.

(21) Bei der Verwendung von IT-Buchführungen ist zu berücksichtigen, dass die Unveränderbarkeit und die Nachvollziehbarkeit allfälliger Änderungen nicht nur auf Ebene der IT-Anwendung, sondern auch auf anderen Ebenen (z.B. Datenbank) sicherzustellen sind. Rein mit technischen Mitteln ist das Kriterium der Unveränderbarkeit typischerweise

nicht umzusetzen, daher bedarf es in der Regel zusätzlicher organisatorischer Maßnahmen.

(22) Ferner hat dieser Grundsatz u.a. zur Folge, dass Änderungen in buchführungsrelevanten Einstellungen oder die Parametrisierung der Software und Änderungen von Stammdaten zu protokollieren sind.

3.9. Inhaltsgleiche, vollständige und geordnete Wiedergabe

(23) Die inhaltsgleiche, vollständige und geordnete Wiedergabe aller Geschäftsvorfälle muss bis zum Ablauf der gesetzlichen Aufbewahrungspflicht gewährleistet sein. Da regelmäßig Datenbestände im Rahmen von Datensicherungs- und Archivsystemen und nicht in den IT-Buchführungssystemen selbst aufbewahrt werden, erstrecken sich die Ordnungsmäßigkeitskriterien auch auf diese Datenbestände bzw. Systeme.

4. Funktionen zur Erfüllung der Grundsätze ordnungsmäßiger Buchführung

4.1. Grundsatz

(24) Für die Erfüllung der oben beschriebenen Grundsätze ordnungsmäßiger Buchführung ist die (gegebenenfalls systemtechnische) Umsetzung der folgenden Funktionen erforderlich.

4.2. Belegfunktion

(25) Die in § 190 Abs. 1 UGB geforderte Nachvollziehbarkeit der Buchführung verlangt, dass jeder einzelne Geschäftsvorfall von seinem Ursprung bis zur endgültigen Darstellung in den Büchern und umgekehrt nachverfolgt werden kann. Dies wird dadurch erfüllt, dass jede Buchung im Hauptbuch und ihre Veranlassung durch einen Beleg nachgewiesen wird (Belegfunktion).

(26) Bei Verwendung einer IT-Buchführung kann ein Beleg ausschließlich in elektronischer Form (entweder originär elektronisch oder digitalisierter Papierbeleg) vorliegen. Abhängig von der Art des Geschäftsvorfalls können die in der Buchung enthaltenen Informationen die Belegfunktion erfüllen.

(27) Ein Beleg muss spätestens zum Buchungszeitpunkt folgende Angaben enthalten:

a) hinreichende Erläuterung des Geschäftsvorfalls
b) zu buchender Betrag oder Mengen- und Wertangaben, aus denen sich der zu buchende Betrag ergibt
c) Zeitpunkt des Geschäftsvorfalls (Belegdatum)
d) Bestätigung (Autorisierung) des Geschäftsvorfalls durch den Buchführungspflichtigen oder eine von ihm autorisierte Person

(28) Bei Buchung des Geschäftsvorfalls sind folgende Angaben zu ergänzen:

a) Kontierung
b) Ordnungskriterium (Belegnummer)
c) Buchungsdatum (Kennzeichnung des Buchungszeitpunkts)

(29) Die Bestätigung (Autorisierung) der Buchung kann bei der Verwendung einer IT-Buchführung wie folgt stattfinden:

a) Im System erfasste Belege werden durch die Benutzeridentifikation des autorisierten Mitarbeiters in Verbindung mit einem entsprechend ausgestalteten Zugriffsberechtigungsverfahren bestätigt.
b) Bei automatischen Buchungen erfolgt die Autorisierung der Buchung durch die IT-Anwendung selbst. Die Regeln für die Generierung der automatischen Buchungen müssen eindeutig in der Verfahrensdokumentation festgelegt sein. Für die Anwendungen muss ein angemessenes IKS etabliert sein. Eine automatische Buchung kann auch durch einen externen Dritten ausgelöst werden (z.B. durch Online-Bestellungen von Kunden).

(30) Ein Geschäftsvorfall gilt als ordnungsgemäß gebucht, wenn zumindest die oben genannten Angaben manuell oder automatisch erfasst und autorisiert sind. Die zu einer Buchung führende Erfassung kann bereits in einem dem Buchführungssystem vorgelagerten System erfolgen (z.B. Materialwirtschaftssystem). Ab dem Buchungszeitpunkt müssen jedenfalls sämtliche Ordnungsmäßigkeitskriterien, insbesondere die Unveränderbarkeit, in allen buchführungsrelevanten IT-Systemen sichergestellt werden.

(31) Grundsätzlich ist die Ordnungsmäßigkeit der Buchführung durch die Belegfunktion erfüllt, sofern der Inhalt eines Belegs innerhalb der Aufbewahrungsfrist in lesbarer Form wiedergegeben werden kann. Soweit das Gesetz eine urschriftgetreue Wiedergabe der Belege vorschreibt, erfüllt die Wiedergabe lediglich ihres Inhalts nicht die Belegfunktion. Es sollen alle Eigenschaften des Ursprungsbelegs, denen Beweisfunktion zukommt, gespeichert und wiedergegeben werden können.

(32) Bei Einsatz einer IT-Buchführung kann der Beleg in Papierform durch systemtechnische Maßnahmen ersetzt werden. Typischerweise umfassen diese Maßnahmen:

a) kontrolliertes IT-Verfahren für die Verarbeitung von Belegen und Buchungen (inklusive Umsetzung der Autorisierung von Belegen mittels Zugriffsberechtigungsverfahren)
b) Dokumentation des Verarbeitungsverfahrens
c) Nachweis der Anwendung des Verarbeitungsverfahrens
d) elektronische Speicherung der Beleg- und Buchungsdaten

4.3. Journalfunktion

(33) Die Grundsätze ordnungsgemäßer Buchführung verlangen, dass alle Geschäftsvorfälle möglichst bald nach ihrer Entstehung vollständig und in zeitlicher Reihenfolge aufgezeichnet werden (Journalfunktion). Die Journalfunktion hat den Nachweis der tatsächlichen und zeitgerechten Verarbeitung der Geschäftsvorfälle zum Gegenstand.

(34) Im Journal sind – gegebenenfalls über eine entsprechende Verweistechnik – die Geschäftsvorfälle mit allen für die Erfüllung der Belegfunktion erforderlichen Angaben nachzuweisen.

(35) Bei der Verwendung von IT-Buchführungen ist die Journalfunktion erfüllt, wenn die Wiedergabe der Buchungen – unabhängig von der Art der Speicherung – in ihrer ursprünglichen Reihenfolge sichergestellt ist.

(36) Bei der Verwendung von Vorsystemen (der Buchführung vorgelagerte IT-Anwendungen) ist insbesondere darauf zu achten, dass die zeitliche Abweichung zwischen Erfassungs- und tatsächlichem Buchungsdatum nicht zu einem Verstoß gegen die Ordnungsmäßigkeit der Buchführung führt. Bei Übertragung von lediglich Summenbuchungen aus dem Vorsystem in die IT-Buchführung sollen vom Vorsystem jedenfalls die Ordnungsmäßigkeitskriterien eingehalten werden, damit die Journalfunktion erfüllt ist. Dazu ist neben der Dokumentation des Verarbeitungsverfahrens ein Kontroll- und Abstimmungsverfahren erforderlich, mit dem die Identität der in dem Vorsystem gespeicherten Buchungen mit den in Haupt- und Nebenbüchern vorhandenen Buchungen gewährleistet und nachgewiesen werden kann.

(37) Vor dem technischen Buchungszeitpunkt liegende, noch korrigierbare Erfassungen gelten nicht als Journale.

4.4. Kontenfunktion

(38) Die Kontenfunktion ist eine Grundlage der doppelten Buchführung und verlangt, dass alle Geschäftsvorfälle in sachlicher Ordnung auf Konten abgebildet werden.

(39) Zur Erfüllung der Kontenfunktion sind die Geschäftsvorfälle mit folgenden Angaben darzustellen:

Für jedes Konto:

Kontenbezeichnung

Für jede Buchung auf einem Konto:

a) Kennzeichnung der Buchungen (systematische Nachvollziehbarkeit)
b) Einzelbeträge, Summen und Salden nach Soll und Haben
c) Buchungsdatum
d) Belegdatum
e) Gegenkonto
f) Belegverweis
g) Buchungstext

(40) Bei Wiedergabe der Konten muss die Vollständigkeit der Buchungen je Konto nachweisbar sein (z.B. Seitennummer, Summenvorträge).

(41) Grundsätzlich ist die Verwendung von separaten IT-Anwendungen für Haupt- und Nebenbücher für die Sicherstellung der Kontenfunktion erlaubt, sofern die Ordnungsmäßigkeitskriterien erfüllt werden.

(42) Bei der Buchung verdichteter Zahlen muss ein Nachweis der in den verdichteten Zahlen enthaltenen Einzelposten möglich sein.

(43) In der Hauptbuchführung werden bei der Führung von Nebenbüchern in der Regel nur die Salden der Nebenbuchkonten geführt. Durch Kontroll- und Abstimmverfahren in Verbindung mit einer entsprechenden Verfahrensdokumentation muss daher der Nachweis der richtigen und vollständigen Übertragung der fortgeschriebenen Salden vom Nebenbuch in das Hauptbuch erbracht werden.

4.5. Dokumentation

(44) Zur Gewährleistung der Nachvollziehbarkeit der Buchführung durch einen sachverständigen Dritten (vgl. § 190 Abs. 1 UGB) ist bei Verwendung einer IT-Buchführung eine geeignete Dokumentation (Verfahrensdokumentation) in übersichtlicher Form erforderlich.

(45) Eine ordnungsgemäße Verfahrensdokumentation hat die Beschreibung aller zum Verständnis der Buchführung erforderlichen Verfahrensbestandteile zu umfassen. Dazu zählen die Anwenderdokumentation, die technische Systemdokumentation sowie die Betriebsdokumentation. Bei Einsatz von Standardsoftware ist die vom Produkthersteller gelieferte Dokumentation um die Beschreibung der unternehmensspezifischen Anpassungen zu ergänzen.

(46) Die Anwenderdokumentation muss alle Informationen enthalten, die für eine sachgerechte Bedienung einer IT-Anwendung erforderlich sind. Neben einer allgemeinen Beschreibung der durch die IT-Anwendung abgedeckten Aufgabenbereiche sowie einer Erläuterung der Beziehungen zwischen einzelnen Anwendungsmodulen sind Art und Bedeutung der verwendeten Eingabefelder, die programminterne Verarbeitung (insbesondere maschinelle Verarbeitungsregeln) und die Vorschriften zur Erstellung von Auswertungen anzugeben.

(47) Die technische Systemdokumentation enthält eine technische Darstellung der IT-Anwendung. Sie ist Grundlage für die Einrichtung eines sicheren und geordneten IT-Betriebs sowie für die Wartung der IT-Anwendung durch den Programmersteller. Art und Umfang der technischen Dokumentation sind abhängig von der Komplexität der IT-Anwendung. Die Dokumentationstechnik und die formale Gestaltung der technischen Dokumentation liegen im Ermessen des Programmerstellers. Die Dokumentation hat in einer Weise zur Verfügung gestellt zu werden, die einem sachverständigen Dritten den Nachvollzug der programminternen Verarbeitung, insbesondere der Verarbeitungsfunktionen und -regeln, in angemessener Zeit ohne Kenntnis der Programmiersprache erlaubt. Eine nur auf den Programm-Quellcode gestützte Dokumentation ist zur Sicherstellung der Nachvollziehbarkeit des Buchführungsverfahrens nicht ausreichend.

(48) Die technische Systemdokumentation hat für jede neue Programmversion insbesondere folgende Informationen zu enthalten:

a) Aufgabenstellung
b) Datenorganisation und Datenstrukturen (Datensatzaufbau bzw. Tabellenaufbau bei Datenbanken)
c) Verarbeitungsregeln (inklusive Steuerungsparameter, Tabelleneinstellungen) einschließlich automatische Kontrollen, Abstimmungsverfahren und Fehlerbehandlung
d) Datenausgabe
e) verfügbare Programme
f) Schlüsselverzeichnisse
g) Schnittstellen zu anderen Systemen (Inhalte der übertragenen Daten, Übertragungsrichtung, Auslöser etc.)

(49) Auch bei Änderung der Konfiguration (Customizing) ist die Systemdokumentation entsprechend zu aktualisieren.

(50) Die Betriebsdokumentation dient der Dokumentation der ordnungsgemäßen Anwendung des Verfahrens und behandelt u.a.:

a) Datensicherungsverfahren
b) Verarbeitungsnachweise (Verarbeitungs- und Abstimmprotokolle)
c) Auflistung der verfügbaren Programme mit Versionsnachweisen

4.6. Aufbewahrung

(51) Der Buchführungspflichtige hat seine Bücher, Inventare, Eröffnungsbilanzen, Jahresabschlüsse samt den Lageberichten, Konzernabschlüsse samt den Konzernlageberichten, empfangene Geschäftsbriefe, Abschriften der abgesendeten Geschäftsbriefe und Belege für Buchungen in den von ihm zu führenden Büchern (Buchungsbelege) nach Ablauf des Geschäftsjahres sieben Jahre lang geordnet aufzubewahren (vgl. § 212 Abs. 1 UGB).

(52) Bei Verwendung von IT-Buchführungen müssen die technischen Voraussetzungen für die Lesbarmachung dieser Aufzeichnungen innerhalb der gesetzlich geforderten Aufbewahrungsfristen gewährleistet sein. Die für die Nachvollziehbarkeit der Buchführung notwendige Verfahrensdokumentation fällt ebenso unter die gesetzlichen Aufbewahrungspflichten. Für abgabenrechtliche Zwecke müssen diese Aufzeichnungen auch in elektronischer Form zur Verfügung gestellt werden (vgl. § 132 Abs. 3 BAO), wenn sie elektronischen Ursprungs sind.

(53) Die zur Archivierung verwendete IT-Anwendung muss analog zur IT-Buchführung die Kriterien ordnungsmäßiger Buchführung erfüllen.

5. Internes Kontrollsystem

5.1. Überblick

(54) Die ordnungsmäßige IT-Buchführung verlangt die Etablierung eines angemessenen internen Kontrollsystems (IKS). Insbesondere sind hierbei die entsprechenden Regelungen des § 82 AktG bzw. § 22 Abs. 1 GmbHG sowie das Fachgutachten KFS/PG 1 „Durchführung von Abschlussprüfungen" zu beachten.

(55) Dazu zählen:

a) „IT-Kontrollumfeld": Die IT muss auch durch angemessene Maßnahmen im Kontrollumfeld berücksichtigt werden. Derartige, in Abhängigkeit von der Größe und der Art des Unternehmens ausgestaltete Kontrollmaßnahmen sind Voraussetzung für eine ordnungsmäßige IT-Buchführung.
b) „Generelle IT-Kontrollen": Kontrollen bezüglich der ordnungsmäßigen Verwendung einer IT-Buchführung.
c) „Anwendungskontrollen": automatisierte Kontrollen in den Geschäftsprozessen selbst.

(56) Bei der Ausgestaltung von Maßnahmen im Bereich des Kontrollumfeldes und der generellen IT-Kontrollen sind die IT-Anwendungen, die IT-Infrastruktur, die IT-Organisation und die IT-Prozesse zu berücksichtigen.

(57) In diesem Zusammenhang wird zwischen folgenden Kontrollen unterschieden:

a) manuelle Kontrollen
b) automatische Kontrollen
c) manuelle Kontrollen mit IT-Abhängigkeit

(58) Sowohl die Definition als auch die Durchführung von Kontrollen sind so zu dokumentieren, dass es einem sachverständigen Dritten möglich ist, innerhalb angemessener Zeit die Angemessenheit der Ausgestaltung der Kontrollen und die Wirksamkeit der Kontrolldurchführung nachzuvollziehen.

5.2. IT-Kontrollumfeld

(59) Maßnahmen im IT-Kontrollumfeld haben ein angemessenes Grundverständnis für den Einsatz von IT und daraus resultierende Risiken beim Buchführungspflichtigen und den Mitarbeitern sicherzustellen (u.a. durch Richtlinien). Des Weiteren muss sichergestellt sein, dass die Funktionalität der IT-Buchführung den Anforderungen der Geschäftsprozesse genügt.

(60) Eine angemessene Funktionstrennung sowohl innerhalb des IT-Bereichs (z.B. Entwicklung und IT-Betrieb) als auch zu anderen Abteilungen des Unternehmens muss sichergestellt sein. Ist eine solche Funktionstrennung aufgrund der Personalsituation nicht realisierbar, z.B. bei Personalidentität von Fach- und IT-Funktionen, sind durch den Buchführungspflichtigen zusätzlich kompensierende Kontrollmaßnahmen einzurichten.

5.3. Generelle IT-Kontrollen

5.3.1. Überblick

(61) Generelle IT-Kontrollen umfassen die Bereiche Beschaffung, Entwicklung und Pflege von Systemen, Zugriffsschutz und Betrieb. Sie müssen sowohl auf Anwendungsebene als auch auf Ebene

des Betriebssystems, der Datenbank und des Netzwerks ausreichend implementiert sein.

5.3.2. Beschaffung, Entwicklung und Pflege von Systemen

(62) Kontrollen in diesem Bereich haben sicherzustellen, dass die eingesetzten IT-Systeme die von den unterstützten Geschäftsprozessen geforderten Funktionalitäten bereitstellen. In diesem Zusammenhang ist grundsätzlich zwischen Kauf einer Standardsoftware, Softwarekauf mit kundenspezifischen Anpassungen und Individualentwicklung zu unterscheiden.

(63) Typische Kontrollbereiche umfassen:

a) Autorisierung der Anforderungen durch den Systemeigner (Fachbereich)
b) angemessene Entwicklungs- und Testverfahren und Dokumentation inklusive adäquater Einbeziehung der Anwender
c) Freigabe von Änderungen durch autorisierte Personen
d) angemessene Funktionstrennung

5.3.3. Zugriffsschutz

(64) Kontrollen im Bereich des Zugriffsschutzes haben zu gewährleisten, dass nur aufgrund ihrer Funktion berechtigte Personen Zugriff auf IT-Systeme und Unternehmensdaten erhalten. Dadurch soll sichergestellt sein, dass die in den Geschäftsprozessen etablierten Kontrollen hinsichtlich autorisierter Transaktionen und Funktionstrennung wirksam sind.

(65) Typische Kontrollbereiche umfassen:

a) Benutzerberechtigungsverwaltung (Neuanlage, Änderung, Deaktivierung von Benutzerkonten)
b) allgemeine Sicherheits- und Passworteinstellungen
c) Berechtigungskonzept einschließlich Berücksichtigung einer angemessenen Funktionstrennung
d) administrative Berechtigungen
e) Überwachung der Zugriffsschutzmaßnahmen
f) physischer Zugriffsschutz

5.3.4. Betrieb

(66) Kontrollen in diesem Bereich haben sicherzustellen, dass Fehler während des Betriebs von IT-Systemen rechtzeitig erkannt und behoben werden.

(67) Typische Kontrollbereiche umfassen:

a) Jobsteuerung und -überwachung
b) Datensicherung und -wiederherstellung, Notfallplanung
c) Problem- und Fehlerbehandlung

5.4. Anwendungskontrollen

(68) Zu den Anwendungskontrollen zählen insbesondere Eingabe-, Verarbeitungs- und Ausgabekontrollen.

a) Eingabekontrollen sind notwendig, um die vollständige und richtige Erfassung der Daten im IT-Buchführungssystem sicherzustellen. Sie reichen von feldbezogenen Kontrollen (z.B. Datumskontrollen, Muss-/Kann-Feldern) bis zu komplexen Kontrollstrukturen unter Verwendung von zusätzlichen Daten (z.B. bei der Kontrolle der Zulässigkeit bestimmter Soll-/Haben-Kontenkombinationen). Ferner können Eingabekontrollen die Zulässigkeit der Initiierung von Transaktionen gemäß dem im IT-System definierten Berechtigungskonzept sicherstellen.
b) Verarbeitungskontrollen sollen gewährleisten, dass die Daten den Verarbeitungsprozess vollständig und richtig durchlaufen. Ferner sollen mit Verarbeitungskontrollen Fehler im Ablauf erkannt und geeignete Korrekturmaßnahmen ausgelöst werden.
c) Ausgabekontrollen sollen die vollständige und richtige Erstellung und Verteilung von Verarbeitungsergebnissen sicherstellen. Dazu zählen z.B. die sachgerechte Aufbereitung von Auswertungen aus Datenbanken oder Schnittstellen für die Übergabe von Dateien an andere IT-Systeme.

5.5. Überwachung des IKS

(69) Der Buchführungspflichtige hat sich regelmäßig von der Wirksamkeit des IKS einschließlich jenes im Bereich der IT zu überzeugen. Dabei ist zu beurteilen, ob das IKS sowohl angemessen ausgestaltet ist als auch tatsächlich funktioniert. Allfällige festgestellte Mängel im IKS sind zeitgerecht zu beheben.

6. Datenmigration

(70) Sofern bei der Einführung oder bei einer wesentlichen Änderung eines IT-Buchführungssystems Daten aus dem abgelösten IT-System (Altdaten in Form von Stamm-, Bewegungs- und Steuerungsdaten) in ein neues IT-System übernommen werden (Datenmigration), sind die Vollständigkeit und Richtigkeit sowie die Nachvollziehbarkeit der Datenmigration sicherzustellen.

(71) Das kann typischerweise dadurch erfolgen, dass

a) die für die Übernahme extrahierten Altdaten aufbewahrt werden,
b) eine allfällige Veränderung der Daten (durch z.B. Konvertierung, Umschlüsselung, Überleitung) dokumentiert wird,
c) eine Beschreibung der einzelnen Arbeitsschritte, insbesondere der vorgesehenen Kontroll- und Abstimmtätigkeiten, sowie der zeitlichen Abfolge erstellt wird und
d) die tatsächliche Durchführung der Arbeitsschritte dokumentiert wird.

(72) Darüber hinaus sind die Pflichten gemäß Abschnitt 4.6. (Aufbewahrungspflichten) einzuhalten.

(73) Der Nachweis der vollständigen, richtigen und nachvollziehbaren Datenmigration kann beispielsweise durch eine sonstige Prüfung gemäß Fachgutachten KFS/PG 13 „Durchführung von sonstigen Prüfungen“ erbracht werden.

7. Outsourcing

(74) Sowohl bei vollständig als auch bei teilweise ausgelagerten Funktionen (z.B. Softwareentwicklung, Betrieb einzelner oder mehrerer Systemkomponenten, Serverhousing) müssen ebenfalls die Grundsätze ordnungsmäßiger Buchführung eingehalten werden. Dazu zählen sowohl die Funktionen zur Erfüllung der ordnungsmäßigen Buchführung als auch die Umsetzung eines angemessenen IKS.

(75) Outsourcing kann unternehmensintern (z.B. in Form eines Shared Service Centers) oder extern mittels eines Dienstleisters erfolgen. Der Buchführungspflichtige hat dafür zu sorgen und zu überwachen, dass der mit dem Outsourcing beauftragte Dienstleister diesen Anforderungen nachkommt. Für die Einhaltung dieser Verpflichtung kann ein Prüfbericht gemäß Richtlinie IWP/PE 14 „Prüfung bei ausgelagerten Funktionen“ unterstützend herangezogen werden.

Anhang: Begriffsbestimmungen

Informationstechnik (IT)	Informationstechnik (kurz IT) umfasst im vorliegenden Zusammenhang die Informations- und Datenverarbeitung sowie dafür benötigte Hard- und Software.
IT-System	Jegliche Art der Informations- und Datenverarbeitung, die sich der Informationstechnik bedient.
IT-Buchführung	Buchführung, die mit Hilfe von Informationstechnik abgewickelt wird.
IT-Infrastruktur	Die IT-Infrastruktur umfasst alle einschlägigen technischen Ressourcen und den IT-Betrieb. Zu den technischen Ressourcen zählen neben baulichen und räumlichen Einrichtungen eines Rechenzentrums bzw. eines Rechnerraums die Hardware, die Betriebssystemsoftware, die für den Aufbau von internen und externen Netzen erforderlichen Kommunikationseinrichtungen sowie technische Lösungen für die Abwicklung und Unterstützung des IT-Betriebs. Unter IT-Betrieb sind Regelungen und Maßnahmen im Zusammenhang mit dem Einsatz von IT-Anwendungen zu verstehen, die die Durchführung, Aufrechterhaltung und Sicherheit der Informationsverarbeitung gewährleisten.
IT-Anwendungen	IT-Anwendungen sind sowohl selbsterstellte Software als auch von Dritten bezogene Software, die als Individual- oder Standardsoftware für die IT-gestützte Abwicklung von Geschäftsprozessen herangezogen werden. Sie können entweder eigenständig oder im Verbund mit anderen Softwareprogrammen oder auch als integrierte Softwarelösung eingesetzt werden.
IKS (Internes Kontrollsystem)	Unter dem internen Kontrollsystem wird der von den mit der Unternehmensleitung und der Unternehmensüberwachung betrauten Personen und anderen Personen entworfene und ausgeführte Prozess verstanden, durch den – die Wirksamkeit und Wirtschaftlichkeit der betrieblichen Tätigkeit (hiezu gehört auch der Schutz des Vermögens vor Verlusten durch Schäden und Malversationen), – die Zuverlässigkeit der Finanzberichterstattung und – die Einhaltung der für das Unternehmen maßgeblichen gesetzlichen Vorschriften überwacht und kontrolliert wird, um zu verhindern, dass das Erreichen des Unternehmensziels durch den Eintritt geschäftlicher Risiken beeinträchtigt wird.
IT-Organisation	Durch die IT-Organisation sind die Verantwortlichkeiten und Kompetenzen im Zusammenhang mit dem Einsatz von IT im Unternehmen geregelt. Sie umfasst einerseits Regelungen für die Entwicklung, Einführung und Änderung eines IT-Systems sowie andererseits Regelungen für die Steuerung des Einsatzes eines IT-Systems.

Integriertes (IT-)System	Bei einem integrierten IT-System handelt es sich um ein Softwareprodukt, das aus mehreren Anwendungsprogrammen besteht, welche als Module zu einem einzigen Programm zusammengefasst sind. Derartige Systeme zeichnen sich üblicherweise durch umfangreiche Funktionalität bei gleichzeitig einheitlicher Bedienbarkeit der einzelnen Module aus.
Shared Service Center	Ein Shared Service Center beruht auf der Strategie, standardisierte Routinetätigkeiten an eine zentrale Servicestelle (Abteilung des Unternehmens) zu übergeben. Die verteilten Einheiten einer Organisation nutzen die vom Shared Service Center angebotenen Dienstleistungen (z.B. Kosten-, Personal- oder Reiseabrechnungen).
Programm-Quellcode	Der Programm-Quellcode (auch Quelltext oder Programmcode) eines Programms oder einer Software-Komponente beschreibt den Programmablauf in der Syntax der jeweiligen Programmiersprache. Darin wird festgehalten, wie sich das Programm dem Benutzer oder anderen Programmen gegenüber verhält, welche Daten eingegeben werden können, wie diese verarbeitet und schließlich wieder ausgegeben werden.
Customizing	Unter Customizing versteht man die individuelle Anpassung von Programmen an anwenderspezifische Belange.
Schnittstelle	Eine Schnittstelle ist ein definierter Übergang zwischen Datenübertragungseinrichtungen, Hardwarekomponenten oder logischen Softwareeinheiten oder zwischen Menschen und Computern.

2/5/2. KFS/DV 2

Fachgutachten
des Fachsenats für Datenverarbeitung
über die Prüfung der Informationstechnik im Rahmen der Abschlussprüfung
(Auf Prüfungen von Abschlüssen für Geschäftsjahre, die am oder nach dem 30. Juni 2017 enden, anzuwenden. Eine frühere Anwendung ist zulässig.)

(beschlossen in der Sitzung des Fachsenats für Datenverarbeitung am 23. Februar 2017 als Fachgutachten KFS/DV 2; von der Abschlussprüferaufsichtsbehörde (APAB) genehmigt)

1. Einleitung

1.1. Anwendungsbereich des Fachgutachtens

(1) Dieses Fachgutachten ersetzt das Fachgutachten KFS/DV 2 in der Fassung vom 22. Juni 2004. Der Fachsenat legt darin die Berufsauffassung dar, wie Abschlussprüfer – unbeschadet ihrer Eigenverantwortung – bei der Prüfung der Informationstechnik (IT) im Rahmen von Abschlussprüfungen vorzugehen haben. Aufgrund der großen Bedeutung der IT in zahlreichen, insbesondere in rechnungslegungsrelevanten Unternehmensbereichen, ist deren Prüfung ein wichtiger Bestandteil der Abschlussprüfungen.

(2) Dieses Fachgutachten konkretisiert das Fachgutachten zur Durchführung von Abschlussprüfungen KFS/PG 1 und die International Standards on Auditing / ISA 315 und 330 sowie die daraus resultierenden Anforderungen an die Abschlussprüfung bei Einsatz von IT durch das zu prüfende Unternehmen. Bezüglich der Anforderungen an die IT-gestützte Führung von Büchern wird auf § 190 UGB und das Fachgutachten zur Ordnungsmäßigkeit von IT-Buchführungen KFS/DV 1 verwiesen.

(3) Auf Besonderheiten und zusätzliche Anforderungen aufgrund von sondergesetzlichen Vorschriften (z.B. aufsichtsrechtliche Vorschriften des Bankwesengesetzes) wird in diesem Fachgutachten nicht eingegangen.

1.2. Ziel der Prüfung der IT und Einbindung in die Abschlussprüfung

(4) Setzt ein Unternehmen IT ein, bestehen die Ziele des Abschlussprüfers darin,

a) ein Verständnis darüber zu erlangen, inwiefern mittels dieser IT rechnungslegungsbezogene Informationen verarbeitet und/ oder rechnungslegungsrelevante Prozesse unterstützt werden und diese Teil des für den Abschlussprüfer relevanten internen Kontrollsystems sind (ISA 315, Rz 21; A103-A105) und dann

b) gegebenenfalls festzustellen, welche Risiken wesentlicher falscher Angaben in der Rechnungslegung daraus resultieren, um durch deren Beurteilung eine Grundlage für die Planung und Umsetzung von Reaktionen auf diese Risiken zu schaffen (ISA 315, Rz 3).

(5) Daneben ist es für den Abschlussprüfer von Relevanz

a) festzustellen, ob rechnungslegungsrelevante Systeme den gesetzlichen Anforderungen entsprechen, um die nach § 269 Abs. 1 und 3 UGB i.V.m. den in § 273 UGB geforderten Aussagen über die Gesetzmäßigkeit der Buchführung treffen zu können, sowie

b) festzustellen, ob die Darstellung der aus dem Einsatz der IT resultierenden Risiken im Lagebericht bzw. Konzernlagebericht, insbesondere hinsichtlich der Gefährdung des Fortbestands, zutreffend ist, um die geforderten Aussagen gemäß § 273 (Abs. 1 und 2) UGB treffen zu können.

2. Tätigkeiten des Abschlussprüfers bei der Prüfung der IT

2.1. Berücksichtigung der Prüfung der IT bei der Prüfungsplanung

(6) Die Planung hat zeitlich, sachlich und personell zu erfolgen und ist im Zuge der Prüfung bei Bedarf zu aktualisieren. Bei der personellen Planung ist – in Abhängigkeit von Art und Umfang der weiteren IT-bezogenen Prüfungshandlungen – auf die Einbindung von entsprechend qualifizierten Mitarbeitern (IT-Prüfern) oder geeigneten externen Experten (ISA 620, Rz 7) zu achten. Bei der zeitlichen Planung ist darauf zu achten, dass die IT-Prüfer frühzeitig in die Prüfung eingebunden werden und ausreichend Zeit für die Durchführung der Prüfungshandlungen zur Verfügung steht.

2.2. Gewinnung eines Überblicks über die IT des geprüften Unternehmens

(7) Im Hinblick auf die unter Abschnitt 1.2. angeführten Ziele hat sich der Abschlussprüfer einen Überblick über die IT und auf diese sich auswirkenden Elemente des internen Kontrollsystems zu verschaffen (ISA 315, Rz 18; A89-A93).

(8) Die Elemente des internen Kontrollsystems umfassen in diesem Zusammenhang:

a) das IT-Kontrollumfeld, die IT-Organisation inklusive gegebenenfalls vorhandener, prüfungsrelevanter Auslagerungen („Outsourcing")

b) den Risikobeurteilungsprozess hinsichtlich eingesetzter IT (ISA 315, Rz 15-16; A87)

c) die im Unternehmen eingesetzten, prüfungsrelevanten IT-Systeme und Anwendungen sowie die in diesen Anwendungen abgebildeten Informationsflüsse

d) diesbezügliche generelle IT-Kontrollen und Anwendungskontrollen

e) IT-bezogene Überwachungsmaßnahmen, wie z.B. jene der internen Revision

2.3. Identifikation der wesentlichen aus dem Einsatz und der Anwendung der IT resultierenden Risiken

(9) Der Abschlussprüfer hat auf Basis des gewonnen Überblicks die für die Prüfung relevanten Risiken festzustellen (ISA 315, Rz 5; A1-A5). Diese umfassen beispielsweise bezüglich:

a) wesentlicher falscher Angaben in der Rechnungslegung oder mangelnder Ordnungsmäßigkeit der Buchführung:
   - fehlerhafte oder unvollständige Datenverarbeitung (z.B. in Form von falschen Berechnungen oder erwarteter jedoch nicht vorhandener Funktionalität)
   - Dateninkonsistenz
   - unautorisierte Änderungen von Daten und Programmen
   - fehlende Nachvollziehbarkeit der Geschäftsfälle

b) der Gefährdung des Fortbestands des Unternehmens:
   - weitreichender Datenverlust
   - Nichtverfügbarkeit von geschäftskritischen IT-Systemen

(10) Im Hinblick auf die weiteren Prüfungshandlungen kann eine Zuordnung der Risiken zu den eingesetzten IT-Systemen und Anwendungen sinnvoll sein.

2.4. Identifikation der Maßnahmen des geprüften Unternehmens zur Adressierung der Risiken

(11) Die Unternehmen haben durch geeignete Kontrollen dafür zu sorgen, dass oben angeführte Risiken verhindert oder angemessen vermindert werden (ISA 315, Rz 12; A49-A72).

(12) Es wird dabei zwischen Anwendungskontrollen und generellen IT-Kontrollen unterschieden.

(13) Anwendungskontrollen sind jene, durch welche die Richtigkeit der Verarbeitungsergebnisse unmittelbar sichergestellt werden sollen. Dazu gehören jedenfalls Kontrollen, die im Source Code der Anwendungen enthalten sind, sowie durch Parameter gesteuerte Kontrollen. Anwendungskontrollen können wiederum in Eingabe-, Verarbeitungs- und Ausgabekontrollen untergliedert werden. Beispiele dazu sind in KFS/DV 1, Rz 68 angeführt (siehe auch ISA 315, A105).

(14) Generelle (manuell oder automatisiert ausgestaltete) IT-Kontrollen können den einzelnen IT-Prozessen zugeordnet werden (siehe KFS/DV 1, Rz 61 ff.), wie insbesondere:

a) der Beschaffung, Entwicklung und Pflege von Systemen;

b) dem Zugriffsschutz;

c) dem Betrieb.

(ISA 315, A104)

2.5. Vorgehensweise zur Festlegung und Prüfung der einzubeziehenden IT-Kontrollen

(15) Der Abschlussprüfer hat jene Anwendungskontrollen und generellen IT-Kontrollen zu identifizieren, die in Abhängigkeit der gewählten Prüfungsstrategie geeignet scheinen, ausreichende Prüfungssicherheit hinsichtlich der in Abschnitt 1.2. angeführten Prüfziele zu ermöglichen (ISA 315, Rz 14; A76-A86).

(16) Bei Vorhandensein hoch automatisierter rechnungslegungsrelevanter Prozesse, im Rahmen derer, mit geringer oder ohne manueller Interaktion, eine große Anzahl an Transaktionen verarbeitet werden (z.B. automatisch verbuchte Transaktionen der Warenwirtschaft, des Zahlungsverkehrs, des Online-Handels), ist regelmäßig zu erwarten, dass Anwendungskontrollen in die Prüfung einzubeziehen sind.

(17) Verwendet der Abschlussprüfer Auswertungen oder andere Informationen, die durch das geprüfte Unternehmen erzeugt werden (Information Produced by the Entity, „IPE"), als Prüfungsnachweise, dann hat er deren Verlässlichkeit (das heißt Vollständigkeit und Richtigkeit) zu beurteilen. Dies gilt gleichermaßen für jene IPE, die das Unternehmen selbst bei der Durchführung von Kontrollen verwendet, wenn sich der Abschlussprüfer auf eine solche Kontrolle verlassen will. Eine solche Beurteilung der Verlässlichkeit wird oft für die Erzeugung der Information relevante Anwendungskontrollen und für diese wesentliche generelle IT-Kontrollen umfassen (ISA 315, A70; ISA 500, Rz 9, 49-51).

(18) Die dauerhafte Wirksamkeit der Anwendungskontrollen hängt auch von der Wirksamkeit der generellen IT-Kontrollen ab, da diese sicherstellen, dass Anwendungskontrollen nicht umgangen, außer Kraft gesetzt oder unbeabsichtigt verändert werden. Daher sind solche generellen IT-Kontrollen zusätzlich in die Prüfung einzuplanen.

(19) Durch die Konsistenz der Verarbeitung, die IT-Systemen inhärent ist, ist ein zeitpunktbezogener Funktionstest („Test of Design and Implementation") – bei Vorhandensein wirksamer genereller IT-Kontrollen – regelmäßig ausreichend, um die Wirksamkeit von Anwendungskontrollen festzustellen (ISA 330, A31; ISA 315, A75).

(20) Bei Identifikation von unwirksamen allgemeinen IT-Kontrollen hat der Abschlussprüfer die Auswirkungen auf die dauerhafte Wirksamkeit sämtlicher betroffener, prüfungsrelevanter Anwendungskontrollen sowie auf die Verlässlichkeit von durch das Unternehmen erstellten, prüfungsrelevanten Informationen zu beurteilen.

(21) Bei unwirksamen allgemeinen IT-Kontrollen oder unwirksamen Anwendungskontrollen kann der Abschlussprüfer häufig Prüfsicherheit durch das Testen kompensierender Kontrollen,

andernfalls durch zusätzliche Prüfungshandlungen erlangen.

2.6. Outsourcing

(22) Die Beurteilung der Prüfungsrelevanz von und das Vorgehen des Abschlussprüfers bei prüfungsrelevanten Auslagerungen ist in ISA 402 beschrieben.

2/6. Banken (BA)

2/6/1. IWP/BA 1

**Richtlinie
des Instituts Österreichischer Wirtschaftsprüfer zur
Durchführung der Abschlussprüfung bei Kreditinstituten
(Bankprüfungsrichtlinie – BPR 2007)**

(Auf Prüfungen von Abschlüssen für Geschäftsjahre, die am oder nach dem 30. Juni 2016 enden, anzuwenden. Eine frühere Anwendung ist zulässig. Noch nicht an die geänderten Vorschriften des APRÄG 2016 angepasst. In Überarbeitung.)

(verabschiedet in der Sitzung des Vorstandes vom Dezember 2007 als Richtlinie IWP/BA 1; zuletzt überarbeitet im Juni 2014; von der Abschlussprüferaufsichtsbehörde genehmigt)

1. Vorbemerkungen

(1) Die nachfolgenden Ausführungen sind vor dem Hintergrund der anderen, nicht-branchenspezifischen Fachgutachten des Berufsstands zu verstehen. Insbesondere wird auf die Ausführungen des Fachgutachten KFS/PG 1 in der aktuellen Fassung über die Durchführung von Abschlussprüfungen verwiesen, in dem die allgemeinen Grundsätze über die Durchführung von Abschlussprüfungen dargestellt werden. Diese Richtlinie beschränkt sich daher auf die Besonderheiten bei der Abschlussprüfung von Kreditinstituten und ergänzt die anderen berufsständischen Fachgutachten und Richtlinien.

(2) Die Geschäftstätigkeit der Kreditinstitute ist durch folgende Merkmale geprägt:

- Das Vermögen der Kreditinstitute besteht vorwiegend aus unkörperlichen Vermögenswerten, die mittels elektronischer Systeme leicht transferiert werden können. Dies macht Kreditinstitute besonders anfällig für Fehler und Verstöße (vgl. ISA 240).
- Kreditinstitute unterscheiden sich in ihrer Finanzierungsstruktur deutlich von anderen Unternehmen. So stellen die jederzeitige Aufrechterhaltung der Liquidität und die fristenkonforme Aufnahme / Veranlagung von liquiden Mitteln unter Begrenzung des Zinsänderungsrisikos zentrale Aufgaben der Geschäftsleitung dar.
- Kreditinstitute setzen in besonderem und wachsendem Umfang innovative derivative Finanzinstrumente mit hohem Komplexitätsgrad ein.
- Der Anspruch an die Sorgfalt, die die Geschäftsleiter eines Kreditinstituts bei der Ausgestaltung und Überwachung des internen Kontrollsystems anzuwenden haben, ist im Vergleich zu anderen Unternehmen besonders hoch.
- Besondere Bedeutung kommt bei Kreditinstituten dem Einsatz von EDV-Systemen zu. Die Anzahl der Transaktionen, die ohne Einbindung von Mitarbeitern des Kreditinstituts direkt von den Kunden veranlasst werden können, ist im Vergleich zu anderen Unternehmen sehr groß.
- Die Tätigkeit der Kreditinstitute ist durch ein starkes regulatorisches Umfeld beeinflusst.

(3) Die folgende Richtlinie erstreckt sich nur auf jene **Fragen der Abschlußprüfung**, die bei Kreditinstituten aufgrund der Eigenart ihrer Geschäftstätigkeit spezifisch sind. Diese sind von der besonderen Bedeutung der Systemprüfung geprägt. Es werden jene wesentlichen Prüffelder dargestellt, die sich auf die typischen Tätigkeits- und Risikogebiete eines Kreditinstituts beziehen.

(4) Bei der Beurteilung der Risiken und der Durchführung der Prüfungshandlungen hat der Abschlussprüfer stets nach seiner berufsständisch vorgeschriebenen pflichtgemäßen Beurteilung zu handeln.

2. Gesetzliche Vorschriften zur Bankprüfung (Stand: 1. Oktober 2007)

(5) Die Aufgaben des Bankprüfers ergeben sich zunächst aus dem Verweis des § 43 Abs 1 BWG auf die unternehmensrechtlichen Bestimmungen über die Prüfung. Demnach sind auf die Jahresabschlüsse, die Konzernabschlüsse, die Lageberichte und Konzernlageberichte sowie deren Prüfung und Offenlegung, die Bestimmungen des dritten Buches des UGB, mit Ausnahme bestimmter in § 43 Abs 1 BWG angeführten Bestimmungen des UGB, anzuwenden. Ferner ergänzt § 60 Abs 1 BWG, dass der Jahresabschluss jedes Kreditinstitutes und der Konzernabschluss jeder Kreditinstitutsgruppe sowie jedes Kreditinstitutskonzerns unter Einbeziehung der Buchführung, des Lageberichtes und des Konzernlageberichtes, durch den Bankprüfer zu prüfen sind.

(6) Zusätzliche Bestimmungen für den Bankprüfer finden sich in § 63 Abs 4 BWG, wobei die Aufgaben gemäß § 63 Abs 4 Zif 2 bis 8 nicht von dieser Richtlinie umfasst sind.

(7) Die Ausführungen in dieser Richtlinie gelten sinngemäß auch für die Prüfung von Zweigstellen ausländischer Kreditinstitute.

(8) Der Bankprüfer hat ferner die in § 63 Abs 3 und 3 a geregelten Berichts- und Anzeigepflichten unbeschadet § 273 Abs 2 UGB zu beachten.

(9) Die besonderen Berichtspflichten des Bankprüfers sind in § 63 Abs 5 und 7 BWG geregelt.

3. Die besondere Rolle der Systemprüfung bei Kreditinstituten

3.1. Internes Kontrollsystem

(10) Der Prüfung des internen Kontrollsystems[1] ist bei der Abschlussprüfung von Kreditinstituten besonderes Augenmerk zu widmen. Dies ist durch die einleitend dargelegten Besonderheiten des Bankgeschäfts begründet. Dabei hat der Prüfer die Grundsätze ordnungsmäßiger Abschlussprüfung, wie sie in den Fachgutachten dargelegt sind, zu beachten und hat dabei risikoorientiert vorzugehen.

[1] Aus Sicht der **Abschlussprüfung** sind unter dem internen Kontrollsystem alle von der Geschäftsleitung eingeführten Regelungen zu verstehen, die auf die Umsetzungen von Entscheidungen der Unternehmensleitung zur Sicherung der Wirksamkeit und Wirtschaftlichkeit der Geschäftstätigkeit (hierzu gehört auch der Schutz des Vermögens einschließlich der Verhinderung und Aufdeckung von Vermögensschädigungen), zur Ordnungsmäßigkeit und Verlässlichkeit der internen und externen Rechnungslegung sowie zur Einhaltung der für das Unternehmen maßgeblichen rechtlichen Vorschriften gerichtet sind; *Göttgens/Wolfgarten*, Die Prüfung des IKS von Kreditinstituten im Rahmen der Abschlussprüfung (Teil 1); WPg 24/2005, S. 1366.
Aus Sicht des **Aufsichtsrechts** umfasst das interne Kontrollsystem die Gesamtheit der Strategien und Verfahren, die die Geschäftsleitung befähigen, die bankgeschäftlichen und bankbetrieblichen Risiken zu steuern, zu überwachen und zu begrenzen sowie die Summe der kreditinstitutseigenen Verfahren zur Bewertung der Eigenkapitalausstattung gemäß § 39a BWG (vgl. § 39 BWG).

(11) Die Grundsätze ordnungsmäßiger Abschlussprüfung sehen vor, dass der Prüfer im Rahmen seiner Prüfungsplanung eine Einschätzung der Gestaltung und Wirksamkeit des internen Kontrollsystems vornimmt. Dabei ist auch zu beachten, dass für Kreditinstitute noch weitere gesetzliche und regulatorische Anforderungen bestehen.[2]

[2] Als Beispiel seien die Vorschriften des § 39 Abs. 2 BWG angeführt, wonach Kreditinstitute die erforderlichen Verwaltungs-, Rechnungs- und Kontrollverfahren einzurichten haben, die sie in die Lage versetzen, Risiken zu erfassen, zu beurteilen, zu steuern und zu überwachen.

(12) Der Prüfer muss in der Planungsphase für alle wesentlichen **Prüffelder und die damit zusammenhängenden wesentlichen Geschäftsprozesse** verstehen, welchen jahresabschlussrelevanten Risiken das jeweilige Kreditinstitut in welchem Ausmaß[3] ausgesetzt ist, und wie das Kreditinstitut diese Risiken durch das Risikomanagement überwacht. Auf Basis einer Risikoerhebung hat der Prüfer das Risiko einer wesentlichen Fehldarstellung im Jahresabschluss in Bezug auf die einzelnen Posten der Bilanz und Gewinn- und Verlustrechnung zu beurteilen. Die Verantwortung für das Vorhandensein und die ordnungsmäßige Funktionsweise des internen Kontrollsystems liegt bei der Geschäftsleitung.

[3] So führt das Finanzdienstleistungsgeschäft zum größten Teil zu operationellen Risiken, während beim klassischen Kreditgeschäft neben dem operationelle Risiko auch hohe finanziellen Risiken bestehen. Im Investment Banking wiederum können je nach Geschäftsstrategie operationelle oder aber auch finanzielle Risiken in den Vordergrund treten.

(13) Der Prüfer hat die Wirksamkeit des internen Kontrollsystems für die Ordnungsmäßigkeit und Verlässlichkeit der Rechnungslegung einzuschätzen und nach pflichtgemäßem Ermessen festzulegen, inwieweit er sich auf die internen Kontrollen für Zwecke der Abschlussprüfung stützen kann. Im Massengeschäft von Kreditinstituten kann die Abschlussprüfung nur dann in wirtschaftlich und zeitlich vertretbarem Rahmen durchgeführt werden, wenn der Prüfer sich in wesentlichem Umfang auf als effektiv beurteilte interne Kontrollen stützt.

(14) Der Prüfer kann sich im Rahmen der Prüfungsplanung, insbesondere im Rahmen der Festlegung der Prüfungshandlungen zur Prüfung der internen Kontrollen, auf die Dokumentation des Unternehmens stützen.[4] Der Prüfer hat dabei die Wirksamkeit des internen Kontrollsystems kritisch zu würdigen. Der Prüfer hat sich durch angemessene Prüfungsnachweise vom Vorhandensein dieser Kontrollen zu überzeugen (z.B. durch Befragungen oder Beobachtungen).

[4] Eine ausreichende Dokumentation über das interne Kontrollsystem, die eine Einschätzung der Wirksamkeit und der ordnungsmäßigen Funktionsweise des IKS ermöglicht, ist Voraussetzung dafür, eine Prüfungsaussage über die Einhaltung der vom Kreditinstitut zu definierenden internen Kontrollen treffen zu können.

(15) Sofern der Prüfer aus der Prüfung des internen Kontrollsystems Prüfungssicherheit erlangen möchte, sind jedenfalls weitergehende Prüfungshandlungen zu setzen. Der Prüfer hat dabei nach pflichtgemäßem Ermessen Art und Umfang der Prüfungshandlungen festzusetzen.

(16) Wenn die Kontrolltests die Effektivität der festgestellten Kontrollen hinsichtlich bestimmter Prüfziele bestätigt, kann der Prüfer die materiellen Prüfungshandlungen, die sich auf die dadurch abgedeckten Prüfziele beziehen, einschränken. Der Prüfer hat dabei die im Rahmen von ISA 330 angeführten Umstände zu berücksichtigen. Insbesondere aber im Massengeschäft ist es denkbar, dass bei Vorliegen positiver Prüfungsergebnisse im Rahmen der Prüfung des internen Kontrollsystems die materiellen Prüfungshandlungen auf ein Minimum eingeschränkt werden.[5] Neben der Prüfung des IKS sind aber jedenfalls auch risikoadäquate materielle Prüfungshandlungen durchzuführen (vgl. ISA 500).

[5] Gemäß ISA 330.20 lit a) sind zumindest die Abstimmung des Postens des Rechnungsabschlusses mit den zugrunde liegenden bücherlichen Aufzeichnungen und die Überprüfung der im Zuge der Erstellung des Rechnungsabschlusses durchgeführten wesentlichen Abschlussbuchungen durchzuführen.

(17) Kreditinstitute sind verpflichtet, eine der Unternehmensgröße und -tätigkeit angemessene interne Revision einzurichten; bei der Festlegung der Prüfungsstrategie muss der Abschlussprüfer daher auch auf die Tätigkeit der internen Revision bedacht nehmen.

(18) Wenn der Abschlussprüfer plant, bestimmte Prüfungshandlungen der internen Revision zu verwenden, muss er durch eigene Prüfungshandlungen zu einem Urteil darüber gelangen, ob die Prüfungs-

handlungen der internen Revision für seine Zwecke angemessen sind. Dieser Beurteilung werden in der Regel folgende Erwägungen zugrunde liegen:

- Ob die Prüfungshandlungen von Personen mit ausreichender Qualifikation durchgeführt worden sind,
- ob die Nachvollziehbarkeit der Prüfungshandlungen gegeben ist und
- ob die Prüfungshandlungen eine geeignete Basis für die getroffenen Schlussfolgerungen darstellen.

(19) Bei Vorliegen von wesentlichen – für die Abschlussprüfung relevanten – **Prüfungsfeststellungen** der internen Revision hat der Prüfer eigenständige **Prüfungshandlungen** zu setzen.

3.2. IT-Prüfung

(20) Die Prüfung des Einsatzes von EDV im Bankgeschäft unterscheidet sich grundsätzlich nicht von denen bei der Prüfung anderer Unternehmen. Es sind daher die Fachgutachten, die sich mit der Ordnungsmäßigkeit von EDV-Buchführungen (KFS/DV 1) sowie der Prüfung bei Einsatz von Informationstechnik (KFS/DV 2) zu beachten.

(21) Bei Änderungen in der EDV eines Kreditinstitutes ist besonderes Augenmerk auf die Prüfung von Kontrollen in geänderten Prozessen („Change Management") und andere EDV-bezogene Prüfziele zu legen. Dies ist insbesondere dann der Fall, wenn ein Kreditinstitut seit mehreren Jahren ein Altsystem für Massentransaktionen einsetzt, ohne in der Zwischenzeit eingetretene Änderungen des Systems ausreichend dokumentiert und getestet zu haben. In diesem Fall wird es für ausreichend erachtet, den Status-Quo aufgrund der Erfahrungen der Vergangenheit sowie dem Ausbleiben von Fehlern als ordnungsgemäß einzustufen. Der Prüfer hat sich aber jedenfalls davon zu überzeugen, dass keine Anzeichen für Fehlfunktionen des Systems vorliegen und dass künftige Änderungen entsprechend den Anforderungen an eine ordnungsgemäße EDV-Buchführung durchgeführt werden.

(22) Bei Kreditinstituten ist die Nutzung von Dienstleistungsorganisationen im Zusammenhang mit ausgelagerten Geschäftsprozessen häufig anzutreffen. Dabei sind grundsätzlich **zwei Fälle** zu unterscheiden:

- Einerseits können Dienstleistungsorganisationen aufgrund bilateraler Verträge tätig werden. Dies ist vor allem bei der Nutzung von Rechenzentren der Fall. Dabei erbringt das externe Rechenzentrum als Auftragnehmer auf die Bedürfnisse des Kunden abgestimmte Dienstleistungen. In diesem Fall ist die Dienstleistungsorganisation insoweit, als sie Dienstleistungen erbringt, als Teil des Unternehmens anzusehen, Fehler des Dienstleisters sind dem Unternehmen zuzurechnen.[6] Die für das geprüfte Kreditinstitut rechnungslegungsrelevanten internen Kontrollen in der Dienstleistungsorganisation sind daher in die Prüfung einzubeziehen. Der Prüfer hat in der Planungsphase zu berücksichtigen, welche Bedeutung die Dienstleistungsorganisation für das interne Kontrollsystem und die Geschäftstätigkeit des Kreditinstituts hat, und/oder von welcher Bedeutung die potenziellen Auswirkungen von Fehlern oder der mangelhaften Kontrolle durch das Unternehmen für den Jahresabschluss sind.

  [6] Vgl. Schütz / Waldherr, Die Auslagerung bankgeschäftlicher Tätigkeiten aus bankaufsichtsrechtlicher Sicht (Outsourcing), ÖBA 2/2007, S. 138-145.

  Aufgrund der hohen Bedeutung des EDV-Einsatzes in Kreditinstituten werden in der Regel die internen Kontrollen über Kernsysteme, die in Dienstleistungsorganisationen betrieben werden, Gegenstand der Betrachtung im Rahmen der Abschussprüfung sein müssen. Liegt dem Abschlussprüfer ein aktueller Bestätigungsbericht über die Wirksamkeit des dienstleistungsbezogenen internen Kontrollsystems der Dienstleistungsorganisation vor (solche Prüfungen können beispielsweise nach ISA 402, SAS 70 oder IWP/PE 14 durchgeführt werden)[7], sind keine eigenen Prüfungshandlungen des Abschlussprüfers des Kreditinstituts in Bezug auf die internen Kontrollen der Dienstleistungsorganisation erforderlich. Dies gilt jedoch nur insoweit als nicht offensichtliche Zweifel darüber bestehen, dass die hinsichtlich der internen Kontrollen der Dienstleistungsorganisation durchgeführten Prüfungshandlungen geeignet sind, die Beurteilung des Risikos einer wesentlichen Fehldarstellung durch den Abschlussprüfer zu stützen.

  [7] Bei diesen Berichten ist auch zu kontrollieren, ob es sich um Typ A- oder B-Berichte handelt. Dabei handelt es sich bei Typ A Berichten um Berichte über die Angemessenheit der Konzeption des Rechnungslegungs- und internen Kontrollsystems der Dienstleistungsorganisation. Bei Typ B Berichten wird neben der Angemessenheit der Konzeption auch auf die Wirksamkeit des Rechnungslegungs- und internen Kontrollsystems der Dienstleistungsorganisation eingegangen (siehe ISA 402)

  Zu beachten ist, dass bei Verwendung einer Dienstleistungsorganisation bestimmte IT-Kontrollen der dortigen Systeme im Kreditinstitut selbst angesiedelt sein können und daher von einem Bestätigungsbericht über die Funktionsfähigkeit der internen Kontrollen der Dienstleistungsorganisation nicht abgedeckt sind.
- Anderseits bestehen nationale und internationale Dienstleistungsorganisationen, die aufgrund ihrer besonderen Bedeutung einer gesonderten Beaufsichtigung durch Nationalstaaten oder aufgrund internationaler Vereinbarungen unterliegen. Beispielsweise sind Wertpapier-Settlement Systeme, Zahlungsverkehrssysteme und ähnliche Einrichtungen genannt.[8] In diesen Fällen schließt sich ein Kreditinstitut einer solchen Dienstleistungsorganisation aufgrund standardisierter Verträge und Konventionen an und hat keinen Einfluss auf die Ordnungsmäßigkeit der IT-

BA

Organisation. Fehler dieser Dienstleistungsorganisationen sind dem Unternehmen nicht zuzurechnen. In diesem Fall kann der Prüfer sich darauf beschränken, die im Unternehmen angesiedelten Kontrollen zu prüfen.

[8] Beispieles sind TARGET / SEPA, die SWIFT-Organisation, und ähnliche Einrichtungen; in Österreich unterliegen Zahlungsverkehrs- und Wertpapiersettlement-Systeme der Beaufsichtigung durch die Oesterreichische Nationalbank aufgrund des Finalitätsgesetzes.

3.3. Risikomanagement

(23) Kreditinstitute sind gemäß § 39 Abs. 2 BWG gesetzlich verpflichtet, ein umfassendes Risikomanagementsystem einzurichten; dazu zählt auch die Einrichtung von Verfahren zur Sicherstellung einer angemessenen Eigenkapitalausstattung gemäß § 39a BWG.

(24) Das Risikomanagementsystem des Kreditinstitutes ist Teil seines internen Kontrollsystems, als solches jedoch nicht in seinem gesamten Umfang Gegenstand der Einschätzung der Wirksamkeit des internen Kontrollsystems durch den Abschlussprüfer im Rahmen der Prüfungsplanung, sondern nur, soweit ein Bezug zur Rechnungslegung besteht (vgl. ISA 315.18). Ein solcher Bezug wird in der Regel für die Abbildung vorhersehbarer Risiken und Verluste im Jahresabschluss bestehen, in Einzelfällen auch hinsichtlich der Prüfung der Fortbestandsprämisse.

(25) Soweit ein Kreditinstitut seiner Offenlegungspflicht über seine Organisationsstruktur, sein Risikomanagement und seine Risikokapitalsituation gemäß § 26 BWG durch eine Offenlegung im Jahresabschluss (§ 26 Abs. 1 BWG letzter Halbsatz) nachkommt, erstreckt sich die Prüfung darauf, ob die Beschreibung den gesetzlichen Vorschriften entspricht. Die Prüfung erstreckt sich nicht darauf, ob die Organisationsstruktur und das Risikomanagement wirksam und angemessen sind und ob die Angaben zur Risikokapitalsituation zutreffend sind. Dies ist durch eine Ergänzung des Bestätigungsvermerks zu verdeutlichen.

4. Wesentliche Prüffelder

4.1. Prüfung des Kreditgeschäftes und des Adressenausfallrisikos

4.1.1. Prüfungsgegenstand

(26) Mit dem Kreditgeschäft verbundene Risiken können maßgebliche Auswirkungen auf die wirtschaftliche Lage von Kreditinstituten haben. Im Jahresabschluss muss für Risiken aus dem Kreditgeschäft (Adressenausfallrisiko) adäquat Vorsorge getroffen werden und im Anhang und Lagebericht ist darüber zu berichten. Daher stellt die Prüfung des Adressenausfallrisikos und des Kreditgeschäftes in der Regel (idF kurz „Kreditprüfung“) einen wesentlichen Bestandteil der Prüfung des Jahresabschlusses eines Kreditinstitutes dar.

(27) Adressenausfallsrisiko ist das Risiko eines Verlustes oder entgangenen Gewinnes aufgrund des Ausfalls eines Vertragspartners. Dieses umfasst insbesondere die Risikoarten Kreditrisiko, Kontrahentenrisiko, Länderrisiko und Konzentrationsrisiko (das IDW bezieht darüber hinaus auch das Anteilseignerrisiko in das Adressenausfallrisiko ein).

(28) Kreditinstitute müssen für die Erfassung, Beurteilung, Steuerung und Überwachung ihrer Adressenausfallrisiken über Verwaltungs-, Rechnungs- und Kontrollverfahren verfügen, die der Art, dem Umfang und der Komplexität des Geschäftes angemessen sind. Das für das Kreditgeschäft geschaffene interne Kontrollsystem unterliegt auch operationalen Risiken, die das bestehende Adressenausfallrisiko vergrößern oder unabhängig vom Ausmaß des bestehenden Adressenausfallrisikos zu Verlusten führen können.

(29) Die Kreditprüfung umfasst vor allem die Prüfung und Beurteilung:

- der ordnungsmäßigen Organisation des Kreditgeschäftes
- der Angemessenheit und Wirksamkeit des internen Kontrollsystems für das Adressenausfallrisiko
- der Angemessenheit der Höhe der Vorsorgen für das Adressenausfallrisiko und der Darstellung in Jahresabschluss und Lagebericht

(30) In die Kreditprüfung sind alle Geschäftsarten einzubeziehen, aus denen Adressenausfallrisiken resultieren. Dabei sind auch Off-Balance Posten zu berücksichtigen.

(31) Der Abschlussprüfer muss sich einen umfassenden Einblick in das Kreditgeschäft, die damit zusammenhängenden Risiken einschließlich der Wechselwirkungen mit operationalen Risiken und in das interne Kontrollsystem verschaffen.

(32) Der Umfang der Kreditprüfung wird von Art und Umfang der Adressenausfallrisiken, den mit dem Kreditgeschäft verbundenen operationalen Risiken und von der Angemessenheit und Wirksamkeit des internen Kontrollsystems bestimmt.

4.1.2. Prüfungsplanung

(33) Eine wirtschaftliche Prüfung setzt eine zielorientierte Planung voraus, die laufend an die im Zuge der Prüfung gewonnenen Erkenntnisse anzupassen ist.

(34) Zu planen sind Aufbau- und Funktionsprüfungen für das interne Kontrollsystem, analytische Prüfungshandlungen und in angemessenem Umfang die Prüfung von Einzelfällen. Die Festlegung von Umfang und zeitlichem Ablauf der Prüfung von Einzelfällen ist von der Beurteilung des Adressenausfallrisikos, den mit dem Kreditgeschäft verbundenen operationalen Risiken und von der Angemessenheit und Wirksamkeit des internen Kontrollsystems abhängig.

(35) Für die Kreditprüfung kann ein vor dem Bilanzstichtag liegender **Stichtag** gewählt werden. Maßgeblich für die endgültige prüferische Beurteilung sind jedoch die Verhältnisse am Bilanzstichtag. Daher muss der Prüfer sich über **wesentliche** Veränderungen

- der Risikolage,
- der Organisation des Kreditgeschäftes,
- des internen Kontrollsystems sowie
- aller sonstigen für den Kreditbereich wesentlichen Vorgänge (z.B. die Veränderung des Risikoprofils des Kreditportfolios oder der Risikostruktur von bedeutenden Einzelengagements),

(36) die sich zwischen dem Stichtag, auf die sich die Kreditprüfung bezog und dem Bilanzstichtag ereignen, informieren, gegebenenfalls erforderliche Prüfungshandlungen setzen und in seinen Prüfungsurteilen berücksichtigen.

4.1.3. Prüfungsdurchführung

4.1.3.1. Systemprüfung (IKS)

(37) Die Systemprüfung des Kreditgeschäftes beginnt mit einer Prüfung der Organisation des Kreditgeschäftes und des internen Kontrollsystems. Ziel ist es zu erkennen, ob eine ordnungsgemäße Abwicklung des Kreditgeschäftes gewährleistet ist und ein gesamtbankübergreifendes System zur Identifikation, Erfassung, Bewertung sowie laufenden Überwachung und Steuerung des Adressenausfallrisikos besteht.

(38) Zu prüfen sind sowohl die im Kreditinstitut auf der Grundlage der Geschäftsorganisation implementierten **Bearbeitungsprozesse** (wie sie sich von der Beantragung des Kredites bis hin zur Rückzahlung oder Abwicklung ergeben) als auch die in diese Prozesse integrierten (jahresabschlussrelevanten) **internen Kontrollen**.

(39) Im Zuge dieser Prüfung wird die Berichts- und Reportingstruktur des Kreditinstitutes erhoben. Eine Analyse dieses Datenmaterials ermöglicht es dem Prüfer, einen Eindruck über die Struktur und Handhabung des Adressenausfallrisikos zu erlangen. Auch ermöglicht dies Rückschlüsse auf die Vorgehensweise der Bank bei der Bewertung von Kreditengagements und der mit diesen verbundenen Sicherheiten. Dabei sind auch die Ergebnisse von etwaigen mathematischen oder statistischen Verfahren (z.B. Credit-Value-at-Risk) zu berücksichtigen.

(40) Die Prüfung der Bearbeitungsprozesse und des IKS umfasst u.a. folgende Bereiche:

- Kreditrisikostrategie und Ziele des Unternehmens
- Organisationsunterlagen (z.B. Stellenbeschreibungen, Arbeitsanweisungen und Richtlinien, Prozessbeschreibungen)
- Kompetenzordnung für die Kreditgewährung und den Abschluss von Handelsgeschäften
- Bonitätsunterlagen, deren Auswertung und Bonitätsbeurteilung der Kreditnehmer
- Einsatz von Kreditderivaten
- Übertragung von Forderungsbeständen auf Zweckgesellschaften (z.B. durch Securitization)
- Kreditbearbeitung
- Kreditüberwachung
- Mahnwesen
- Bearbeitung von gefährdeten Krediten und von Abwicklungsengagements
- Verwaltung, Bewertung und Überwachung von Sicherheiten
- Art und Weise der Einbindung von Zweigstellen
- Würdigung der Ergebnisse der Innenrevision
- Einbindung der Adressenausfallrisiken in das gesamtinstitutsbezogene Überwachungssystem
- Organisation, Instrumente und Verfahren der Adressenausfallrisikosteuerung und -überwachung
- Verfahren zur Bildung von Risikovorsorgen

(41) Zu beurteilen ist sowohl die Angemessenheit der Regelungen und der entsprechenden internen Kontrollverfahren (Aufbauprüfung) als auch deren Wirksamkeit (Funktionsprüfung).

(42) Die Prüfung des internen Kontrollsystems liefert einen wesentlichen Beitrag zur effizienten Prüfung der Einzelengagements. Umgekehrt kann die Prüfung der einzelnen Engagements zu einer Änderung der Beurteilung der Wirksamkeit des IKS führen.

4.1.3.2. Einzelfallprüfung

i. Stichprobenauswahl

(43) Der **Umfang der Stichprobe** richtet sich nach dem Ergebnis der Prüfung der Organisation des Kreditgeschäftes und der Wirksamkeit der internen Kontrollen sowie der Wesentlichkeitsgrenze:

- Ist die Organisation des Kreditgeschäftes ordnungsgemäß und sind die internen Kontrollen funktionsfähig und wirksam und ergeben sich keine Hinweise darauf, dass Adressenausfallsrisiken nicht rechtzeitig erkannt oder falsch eingeschätzt werden, so kann der Umfang der Einzelfallprüfung eingeschränkt werden.
- Andernfalls ist eine umfassendere Stichprobe erforderlich, um die notwendige Prüfsicherheit zu erlangen.

(44) In Einzelfällen kann eine lückenlose Prüfung sinnvoll sein.

(45) Die Auswahl der Einzelengagements kann auf zwei Arten erfolgen:

- Zufallstichprobe: Verwendung eines anerkannten mathematisch-statistischen Zufallverfahrens
- Bewusste Auswahl: Auswahl der Einzelengagements nach Risikomerkmalen, wie z.B.:
  - Höhe des Engagements unter Berücksichtigung des Besicherungsstandes
  - Bonitätseinstufung und -veränderungen
  - Überfälligkeiten
  - Branchen
  - Kreditarten
  - Geografische Gesichtspunkte

(46) Eine Auswahl nach der Bonitätseinstufung durch das Kreditinstitut und eine Berücksichtigung des Besicherungsstandes bei der Auswahl der Einzelfälle setzt eine positive Beurteilung der jeweiligen Komponenten des IKS voraus.

ii. Bonitätseinschätzung/-einstufung

(47) Für die einzelfallbezogene Einschätzung des Kreditrisikos ist zum einen die **Wahrscheinlichkeit** maßgeblich, mit der der Kreditnehmer seinen Zahlungsverpflichtungen nicht mehr nachkommen kann, zum anderen in welcher **Höhe** nach Eintritt einer Leistungsstörung mit Zuflüssen (einschließlich solcher aus der Verwertung von Sicherheiten) gerechnet werden kann.[9]

[9] Bei der einzelfallbezogenen Einschätzung des Kreditrisikos darf nicht in jedem Fall auf die im Rahmen eines Internen Ratings für das Risikomangenemt festgestellten Ausfallwahrscheinlichkeiten und die angesetzen Rückflußquoten ausgegangen werden, da diese von einem nach Basel II ausgerichteten Portfoliogedanken getragen sind.

(48) Die Ausfallswahrscheinlichkeit kann vor allem anhand der wirtschaftlichen Verhältnisse des Kreditnehmers beurteilt werden. Bei dieser Analyse hat der Abschlussprüfer alle zur Verfügung stehenden Informationen zu berücksichtigen, die einen Einblick in die Vermögens-, Finanz- und Ertragslage des Kreditnehmers ermöglichen.

(49) Dabei kann er beispielsweise folgende Kennzahlen (wirtschaftliche Faktoren) und deren Entwicklung heranziehen:

- Finanzierungskennzahlen: Eigenkapitalquote, Fristenkongruenz
- Liquiditätskennzahlen: Cash Flow, Fiktive Schuldtilgungsdauer, Working Capital, Restlaufzeiten
- Investitionskennzahlen: Investitionsbedarf in nächster Zukunft, Abnutzungsgrad der Anlagen
- Rentabilitätskennzahlen: Umsatzrentabilität, Eigenkapitalrentabilität, Gesamtkapitalrentabilität

(50) In die Bonitätsbeurteilung fließen neben den wirtschaftlichen Faktoren („Hard Facts") auch qualitative Merkmale („Soft Facts" wie z.B. die Beurteilung der Unternehmensleitung, der Produkte, der Technik und die Marktstellung) ein.

(51) Bei privaten Kreditnehmern sind insbesondere Einkommens- und Vermögensverhältnisse und die Höhe der laufenden finanziellen Belastung relevant. Daneben geben das bisherige Zahlungsverhalten des Kreditnehmers, die Verwendung des Kredits sowie die Höhe der Gesamtverschuldung Hinweise für die Bonität und die Rückzahlungsfähigkeit.

(52) Der Prüfer muss die wirtschaftlichen Verhältnisse grundsätzlich eigenständig beurteilen.

iii. Bewertung der Sicherheiten

(53) Gegenstand der Prüfung der Sicherheiten sind sowohl der rechtliche und tatsächliche Bestand als auch deren Bewertung.

(54) Hinsichtlich des rechtlichen Bestandes ist zu prüfen, ob die Sicherheit rechtlich einwandfrei, d.h. mit gültigem Titel und Modus, begründet wurde und dem jeweiligen Kredit zugeordnet werden kann.

(55) Die Bewertungsmethode für Sicherheiten ist im Rahmen der Systemprüfung zu beurteilen. Die korrekte Umsetzung der Bewertungsmethode ist aber auch Gegenstand der Einzelfallprüfung. Die zur Beurteilung der Sicherheiten erforderlichen Prüfungshandlungen richten sich nach der Art des Sicherungsgegenstandes:

- Hängt die Werthaltigkeit der Sicherheit maßgeblich von den wirtschaftlichen Verhältnissen Dritter ab, wie dies z.B. bei einer Bürgschaft oder Forderungsabtretung der Fall ist, so gelten für diesen im wesentlichen dieselben Maßstäbe wie bei der Prüfung der wirtschaftlichen Verhältnisse des Kreditnehmers. Allfällige Korrelationen der Werthaltigkeit der Sicherheit mit den wirtschaftlichen Verhältnissen des Kreditnehmers sind zu berücksichtigen.
- Ist der Wert der Sicherheit nach dem Wert des Gegenstandes zu beurteilen, z.B. bei Hypothek, Pfandrecht oder Sicherungsübereignung, ist die Plausibilität der vom geprüften Kreditinstitut oder eines beauftragten Dritten vorgenommenen Schätzung des erwarteten Verwertungserlöses durch den Abschlussprüfer zu beurteilen. Für die Bewertung ist auf den erwarteten Verwertungserlös nach Abzug von Verwertungskosten abzustellen. Dies schließt eine Berücksichtigung des voraussichtlichen Verwertungszeitraumes und möglicher Marktwertschwankungen in diesem Zeitraum ein. Die Grundsätze für die Verwertung der Arbeit eines Sachverständigen sind gegebenenfalls anzuwenden.

(56) Je schlechter die wirtschaftlichen Verhältnisse des Kreditnehmers sind bzw. je weniger die vorliegenden Unterlagen eine abschließende Beurteilung seiner wirtschaftlichen Verhältnisse ermöglichen, desto größer ist die Bedeutung der Bewertung der Sicherheiten.

4.1.3.3. Beurteilung des Vorsorgebedarfes

(57) Führt die Beurteilung der Ausfallswahrscheinlichkeit unter Berücksichtigung werthaltiger Sicherheiten zur Annahme eines Verlusts, so ist eine Risikovorsorge zu bilden.

(58) Die Risikovorsorge ist dann angemessen und ausreichend, wenn sie die wahrscheinlichen Vermögenseinbußen des Kreditinstitutes zum Bilanzstichtag abdeckt.

(59) Das BWG erlaubt neben den aus den Bewertungsregeln des UGB und den GoB stammenden Risikovorsorgen die Unterbewertung bestimmter Aktiva bis zu 4% nach § 57 Abs 1 BWG und die Bildung eines Fonds für allgemeine Bankrisiken nach § 57 Abs 3 BWG. Eine Dotierung des Fonds für allgemeine Bankrisiken anstelle der Bildung von Wertberichtigungen, eine Zweckwidmung des

Fonds oder die Berücksichtigung der Unterbewertung bestimmter Aktiva für andere Aktivposten anstelle von Wertberichtigungen ist nicht zulässig.

4.2. Prüfung der Forderungen an und Verbindlichkeiten gegenüber Kreditinstituten

4.2.1. Prüfungsgegenstand und Definitionen

(60) Forderungen und Verbindlichkeiten gegenüber Kreditinstituten werden von Kreditinstituten primär zu Zwecken der Veranlagung und der Refinanzierung sowie zur Durchführung des Zahlungsverkehrs eingegangen.

(61) In die Prüfung der Forderungen gegenüber Kreditinstituten sind die ausfallsbezogenen und operationalen Risiken und die internen Kontrollen einzubeziehen.

(62) Zu den **Forderungen an Kreditinstituten** zählen gemäß § 51 Abs 3 BWG alle Arten von Forderungen aus Bankgeschäften an in- und ausländische Kreditinstitute ungeachtet ihrer Bezeichnung im Einzelfall. Dazu zählen insbesondere täglich fällige Guthaben und gebundene Gelder, Sollsalden auf Verrechnungskonten, Kredite, nicht zum Börsenhandel zugelassene Schuldverschreibungen und andere festverzinsliche Wertpapiere, Treuhandvermögen (soweit nicht von der Ermächtigung des § 48 Abs 1 letzter Satz BWG Gebrauch gemacht wird), Namensschuldverschreibungen und von Kreditinstituten angekaufte Wechsel (sofern nicht refinanzierungsfähig).

(63) Nicht zu den Forderungen an Kreditinstitute zählen:

- börsennotierte Schuldverschreibungen von Kreditinstituten
- in anderer Form verbriefte börsennotierte Forderungen gegenüber Kreditinstituten (vgl. Kapitel „Prüfung von Handelsgeschäften")
- Guthaben bei der Zentralnotenbank und bei Postgiroämtern[10]

[10] Auch bei der Prüfung dieses Postens sind die in diesem Abschnitt dargestellten Vorgehensweisen zu berücksichtigen.

(64) Zu den **Verbindlichkeiten gegenüber Kreditinstituten** zählen gemäß § 51 Abs 6 BWG alle Arten von Verbindlichkeiten aus Bankgeschäften des Kreditinstitutes gegenüber in- und ausländischen Kreditinstituten ungeachtet ihrer Bezeichnung im Einzelfall. Ausgenommen sind lediglich die in Form von Schuldverschreibungen oder in anderer Form verbrieften Verbindlichkeiten.

(65) Forderungen und Verbindlichkeiten, die nicht aus dem Bankgeschäft stammen (z.B. aus Grundstückserwerb, aus Lieferungen und Leistungen, etc), sind als sonstige Vermögensgegenstände oder sonstige Verbindlichkeiten auszuweisen.

(66) Die Prüfung der Forderungen an und Verbindlichkeiten gegenüber Kreditinstitute umfasst vor allem die Prüfung und Beurteilung:

- der ordnungsmäßigen Organisation im Zusammenhang mit Bankverbindungen,
- der Angemessenheit und Wirksamkeit des internen Kontrollsystems,
- der Angemessenheit der Höhe der Vorsorgen für Risiken,
- der Darstellung in Jahresabschluss und Lagebericht.

BA

4.2.2. Spezifische Risiken von Forderungen an und Verbindlichkeiten gegenüber Kreditinstituten

(67) Wesentliche Risiken von **Forderungen** an Kreditinstitute sind das Adressenausfallrisiko, das Fungibilitätsrisiko sowie das Marktrisiko (aus Wechselkursen oder Zinsen).

(68) Das wesentliche Risiko von **Verbindlichkeiten** gegenüber Kreditinstituten ist das **Marktrisiko**. Darüber hinaus ist das Konzentrationsrisiko zu beachten.

(69) Im Rahmen des Aktiv-Passiv-Managements werden Währungsrisiken, Zinsänderungsrisiken und Liquiditätsrisiken überwacht und gesteuert. Diese Risikosteuerungsmaßnahmen werden in der Regel von der Prüfung der Gesamtbanksteuerung und der Handelsgeschäfte erfasst (vgl. Kapitel „Prüfung von Handelsgeschäften").

4.2.3. Prüfungsplanung

(70) Zu planen sind Aufbau- und Funktionsprüfungen für das interne Kontrollsystem, analytische Prüfungshandlungen und in angemessenem Umfang die Prüfung von Einzelfällen. Die Festlegung von Umfang und zeitlichem Ablauf der Prüfung von Einzelfällen ist von der Beurteilung des operationalen Risikos und von der Angemessenheit und der Wirksamkeit des internen Kontrollsystems abhängig.

(71) Da sich die Forderungen und Verbindlichkeiten bei international tätigen Kreditinstituten oft aus vielen Einzelposten zusammensetzen und die Abläufe weitgehend standardisiert sind, wird sich zumeist ein **systemorientierter Prüfungsansatz** als zweckmäßig erweisen.

4.2.4. Prüfungsdurchführung

4.2.4.1. Systemprüfung (IKS)

(72) Hinsichtlich der Prüfung der Organisation im Zusammenhang mit den Forderungen an Kreditinstituten und des internen Kontrollsystems für Kreditrisiken wird auf die Ausführungen im Zusammenhang mit der Kreditprüfung verwiesen.

(73) Zu prüfen sind sowohl die im Kreditinstitut auf der Grundlage der Geschäftsorganisation implementierte **Aufbauorganisation** (Funktionstrennung zwischen Zahlungsverkehr, Geldhandel, Back Office, Überwachung und Risikomanagement) und die vorgesehenen **Bearbeitungsprozesse** (Antrags- und Genehmigungsverfahren, Limit- und Positionsüberwachung, zeitnahe, vollständige und richtige Datenerfassung, Umgang mit Kontrahentenbestätigungen, etc.) als auch die in diese Prozesse integrierten (jahresabschlussrelevanten) **internen Kontrollen**.

(74) Hinsichtlich der Organisation ist in der Regel zwischen Konten bei denen das geprüfte Institut die Kontoführung durchführt (Lorokonten) und Konten mit einer Kontoführung durch die Korrespondenzbank (Nostrokonten) zu unterscheiden.

(75) Im Zuge dieser Prüfung wird die Berichts- und Reportingstruktur des Kreditinstitutes erhoben. Eine Analyse dieses Datenmaterials ermöglicht es dem Prüfer, einen Eindruck über die Struktur und Handhabung des Adressenausfallsrisikos der Forderungen an Kreditinstitute zu erlangen. Auch ermöglicht dies Rückschlüsse auf die Vorgehensweise der Bank bei der Bewertung von Forderungen an Kreditinstitute bzw. mit diesen verbundenen Sicherheiten. Dabei sind auch die Ergebnisse von etwaigen mathematischen oder statistischen Verfahren (z.B. Credit-Value-at-Risk) zu berücksichtigen.

(76) Die Prüfung der Bearbeitungsprozesse und des IKS umfasst u.a. folgende Bereiche:

- die vom Kreditinstitut verfolgten Ziele und Strategien
- ausgegebene Anweisungen und Richtlinien, einschließlich der Organisationsunterlagen (z.B. Stellenbeschreibungen, Arbeitsanweisungen und Richtlinien, Prozessbeschreibungen)
- Kompetenzordnung hinsichtlich Vergabe von Kreditlinien und Krediten an Kreditinstitute und Überprüfung der Einhaltung von Limitvorgaben
- Organisation des Risikosteuerungs- und Überwachungssystems
- Verfahren zur Identifikation und Bewertung von Kreditrisiken
- Verwaltung, Bewertung und Überwachung von Sicherheiten
- Anwendung von vertraglichen Netting-Vereinbarungen
- Verfahren zur Bildung von Risikovorsorgen
- Angemessenheit der Geschäftsabwicklung und Kontenabstimmung vor allem bei Konten, die dem Zahlungsverkehr dienen
- Maßnahmen und Systeme, die eine periodengerechte Erfassung der Zinsverrechnungen sicherstellen
- Einhaltung von gesetzlichen und satzungsmäßigen Vorschriften,
- Qualifikation und Weiterbildung der Mitarbeiter
- Ausarbeitung und Handhabung von Analysen der Kreditinstitute mit denen Geschäftsbeziehungen bestehen
- Inhalt und Handhabung von Anträgen an und Protokollen von Leitungs- und Aufsichtsorganen
- Qualität der Verfahren bei der Überprüfung der Kontrahentenbestätigungen und bei Kontoabstimmung
- Würdigung der Ergebnisse der internen Revision.

(77) Zu beurteilen ist sowohl die Angemessenheit der Regelungen und der entsprechenden internen Kontrollverfahren (Aufbauprüfung) als auch deren Wirksamkeit (Funktionsprüfung).

(78) Im Rahmen der Prüfung des Internen Kontrollsystems können auch die Tätigkeiten der Innenrevision im Zusammenhang mit den Forderungen an und Verbindlichkeiten gegenüber Kreditinstitute und den Kontoabstimmungen berücksichtigt werden.

(79) Die Prüfung des internen Kontrollsystems liefert einen wesentlichen Beitrag zur effizienten Prüfung der Einzelfälle. Umgekehrt kann auch die Prüfung der Einzelfälle zu einer Änderung der Beurteilung der Wirksamkeit des IKS führen.

4.2.4.2. Einzelfallprüfung

(80) Hinsichtlich der Auswahl und des Umfangs der zu prüfenden Einzelfälle wird auf die Ausführungen zur Kreditprüfung verwiesen.

(81) Bei der Prüfung von täglich fälligen Guthaben, gebundenen Geldern und Verbindlichkeiten gegenüber Kreditinstituten können Kontoauszüge der Kontrahenten und eigene Auszüge die versandt und anerkannt wurden, herangezogen werden. Darüber hinaus dient der Schriftverkehr (insbesondere über gebundene Gelder) und bei Krediten die Kreditdokumentationen (samt Auszügen, Abschlussrechnungen und Schlussbestätigungen) der Erlangung von Prüfungsnachweisen.

(82) Ausleihungen und Einlagen von Kreditinstituten sind in der Regel durch Bestätigungen (**Saldenbestätigungen**) nachzuweisen, sofern nicht aufgrund anderer Prüfungshandlungen die Aussagen mit zumindest gleicher Sicherheit getroffen werden können.

(83) Im Zuge der Einholung von Saldenbestätigungen können auch Bestätigungen über **Haftungs- und Garantieverhältnisse**, die zugunsten des Kreditinstituts (z.B. als Sicherheit) oder vom Kreditinstitut für ein anderes Kreditinstitut abgegeben wurden, sowie für korrespondierte aber noch nicht beanspruchte **Kreditlinien**, eingeholt werden.

4.3. Prüfung des Zahlungsverkehrs

4.3.1. Definitionen

(84) Unter dem Geschäftsprozess Zahlungsverkehr werden alle Geldtransferleistungen sowie die Ausgabe und Verwaltung von Zahlungsmitteln zusammengefasst. Der Prozess beinhaltet großteils Massenabläufe, die EDV-unterstützt durchgeführt werden. Die Abwicklung des Zahlungsverkehrs birgt vor allem operationale Risiken.

4.3.2. Prüfungsdurchführung

4.3.2.1. Systemprüfung (IKS)

(85) Da die Abwicklung des Zahlungsverkehrs in der Regel EDV-unterstützt ist und die Übernahme der Bestände mittels automatischer Schnittstellen

erfolgt, kommt der Systemprüfung eine große Bedeutung zu. Im Rahmen dieser sind Prüfungshandlungen zu folgenden Kontrollen zweckmäßig:

- Laufende Überwachung, ob Bestätigungen von anderen Kreditinstituten oder von Kunden mit den gebuchten Transaktionen übereinstimmen
- Bearbeitung von Kundenreklamationen betreffend Saldenanerkenntnis von einer von der Kontoführung unabhängigen Stelle
- Laufende Abstimmung zwischen Haupt- und Nebenbuch
- Vorliegen einer Kompetenzregelung für die Genehmigung nicht standardisierter Zinssätze und regelmäßige Kontrolle deren Einhaltung.

(86) Anhand der Prozessanalysen und der Prüfung, ob vorgeschriebene Kontrollen auch durchgeführt werden, hat der Prüfer die Angemessenheit und Wirksamkeit der internen Kontrollen zu beurteilen. Weiters ist zu prüfen, ob die interne Revision ausreichende Prüfungshandlungen im Bereich Zahlungsverkehr vorgenommen hat. Sofern entsprechende Berichte der internen Revision vorliegen, können diese bei der Beurteilung der internen Kontrollen unterstützend herangezogen werden.

4.3.2.2. Einzelfallprüfung

(87) Auf Basis der im Rahmen der Systemprüfung gewonnenen Erkenntnisse hat der Prüfer das Ausmaß der Einzelfallprüfungen festzulegen.

4.4. Prüfung von Handelsgeschäften

4.4.1. Definitionen

(88) Handelsgeschäfte im Sinne dieser Richtlinie sind

- Geldmarkt-, Wertpapier- und Devisengeschäfte
- Geschäfte mit Derivativen oder Waren
- Geschäfte mit handelbaren Forderungen (z.B. Handel mit Schuldscheinen)

(89) die im eigenen Namen und für eigene Rechnung abgeschlossen werden.

(90) Handelsgeschäfte sind auch Vereinbarungen über Rückgabe- oder Rücknahmeverpflichtungen sowie Pensionsgeschäfte.

(91) Zu den Wertpapiergeschäften zählt auch die Wertpapierleihe, nicht aber die Emission von Wertpapieren.

4.4.2. Prüfungsgegenstand

(92) Die Prüfung des Handelsgeschäftes beinhaltet insbesondere die Prüfung und Beurteilung

- der ordnungsmäßigen Organisation der Handelsgeschäfte,
- der Angemessenheit und Wirksamkeit der internen Kontrollen für Handelsgeschäfte und
- der Behandlung der spezifischen Risiken des Handelsgeschäftes.

(93) Die spezifischen Risiken des Handelsgeschäftes umfassen in der Regel

- Adressenausfallsrisiko
- Marktpreisrisiko
- Liquiditätsrisiko
- Operationelle Risiken

(94) Bei der Planung der Prüfung des Handelsgeschäftes sind der strukturelle Risikogehalt des Portfolios und das Risikomanagement – auf Basis der vorgelegten Unterlagen und Befragungen des Managements – zu beurteilen. Bezüglich der Prüfung der spezifischen Risiken des Handelsgeschäfts verweisen wir auf die Ausführungen zur Prüfung des Risikomanagements.

(95) Die Grundzüge der Depotprüfung werden in einem eigenen Punkt erläutert.

4.4.3. Prüfungsdurchführung

4.4.3.1. Systemprüfung

(96) Im Rahmen der Systemprüfung ist insbesondere die Organisation der Handelsgeschäfte, Design und Implementierung von Kontrollen sowie die Effektivität dieser Kontrollen zu prüfen.

(97) Ziel der Prüfung der **Organisation** des Handelsgeschäfts ist es zu erkennen, ob durch die vorliegende Aufbau- und Ablauforganisation eine ordnungsgemäße Abwicklung gewährleistet ist und ein gesamtbankübergreifendes System zur Erfassung, Bewertung und laufenden Überwachung von Handelsgeschäften sowie zur Identifikation damit zusammenhängender Risiken besteht.

(98) Das Kreditinstitut hat sicherzustellen, dass alle Handelsgeschäfte auf der Grundlage von Organisationsrichtlinien durchgeführt werden. Vor Aufnahme von Geschäftsaktivitäten in neuen Produkten oder auf neuen Märkten (inklusive neuer Vertriebswege) hat das Kreditinstitut die korrekte organisatorische Abwicklung und die Abbildung in den relevanten Systemen (Front-/Mid-/Backoffice / Risikomanagementsystemen / Rechnungswesen) sicherzustellen (vgl. § 39 Abs. 2 BWG).

(99) Das Kreditinstitut hat Strategien, Bestandszuordnungen, Bewertungen, Buchungen sowie Bilanz- und GuV-Ausweis der einzelnen Produkte angemessen zu **dokumentieren**. Insbesondere bei strukturierten Produkten ist die korrekte Klassifizierung, Abbildung in den relevanten Systemen und Bewertung (gegebenenfalls durch Zerlegung) sicherzustellen.

4.4.3.2. Materielle Prüfungshandlungen

(100) Bei der Prüfung des Bestands an **Handelsgeschäften** hat der Abschlussprüfer die Wesentlichkeit der zu prüfenden Posten und das Ausmaß des damit verbundenen inhärenten Risikos und des Kontrollrisikos zu berücksichtigen.

(101) Auf Basis dieser Überlegungen hat der Prüfer eine geeignete Anzahl von Einzelgeschäften auszuwählen und insbesondere den Zeitpunkt der systemmäßigen Erfassung, die Qualität der Weiterverarbeitung, der Erfassung im Risiko-

managementsystem, die laufende unabhängige Bewertung und die richtige Abbildung im Jahresabschluss zu überprüfen.

(102) In Abhängigkeit von der Beurteilung des IKS wird der Abschlussprüfer abwägen, ob er die Einholung von **Saldenbestätigungen („deal confirmations“)** im Handelsbereich zur Bestands- und Konditionenprüfung für zielführend erachtet. Aufgrund des damit im Einzelfall verbundenen hohen Aufwands kann dann darauf verzichtet werden, wenn alternative Prüfungshandlungen zu Aussagen mit gleicher Sicherheit führen.

(103) Die Prüfung der Handelsgeschäfte umfasst neben der Prüfung der zutreffenden Abgrenzung der verschiedenen Bestände (Prüfziele: korrekter Ausweis in der Bilanz, insbesondere ob die Wertpapiere entsprechend den internen Kriterien zutreffend dem Handels- bzw. dem Bank- oder Anlagebuch zugeordnet werden) auch die sich daraus ergebenden Konsequenzen für die Bewertung (Prüfziel: korrekter Ausweis der Erfolgskomponenten in der Gewinn- und Verlustrechnung). Im Zuge der Prüfung der Bewertung hat der Abschlussprüfer die vom Kreditinstitut herangezogenen Kurse stichprobenweise zu überprüfen. Dabei sind insbesondere folgende Kriterien zu berücksichtigen:

- Kursherkunft
- Kursalter
- Kursplausibilität
- Dokumentation der vom Kreditinstitut selbst durchgeführten Bewertungen
- Liquidität des Titels

(104) Für den Fall, dass das Kreditinstitut die Bestände selbst bewertet, ist festzustellen, ob die eingesetzte Software nach allgemein anerkannten Algorithmen rechnet und dass aktuelle Marktdaten (z.B. Kurse, Zinsstrukturkurven, Volatilitäten) verwendet werden. Bei strukturierten Produkten und sonstigen Finanzinstrumenten, die nicht börsenotiert sind (zB OTC Produkte, ABS Strukturen, CDOs) sind die Grundlagen der Bewertung sowie die Bewertungsmethoden besonders kritisch zu hinterfragen.

(105) Im Zusammenhang mit Bewertung und Risikomanagement kommt **Hedge Geschäften** immer größere Bedeutung zu. Wesentlich bei der Prüfung ist die Feststellung der Wirksamkeit von Absicherungsmaßnahmen. Dabei ist festzustellen, ob die rechnungslegungsspezifischen Voraussetzungen für Hedge-Accounting vorliegen und die Dokumentationserfordernisse eingehalten werden.

(106) Darüber hinaus ist im Rahmen der Prüfung auch festzustellen, ob bei den im Bestand befindlichen Wertpapieren und Finanzinstrumenten neben Marktpreisrisiken auch Kreditrisiken bestehen und ob für diese gegebenenfalls ausreichend Wertberichtigungen bzw. Rückstellungen gebildet werden. Die Prüfung der Kreditwürdigkeit der Geschäftspartner richtet sich dabei idR nach deren Rating.

(107) Werden diese Prüfungshandlungen im Rahmen der Vorprüfung durchgeführt, so hat sich der Abschlussprüfer davon zu überzeugen, dass am Bilanzstichtag keine wesentlichen organisatorischen Änderungen vorgenommen wurden.

4.4.3.3. Grundzüge der Depotprüfung

(108) Aus dem Depotgesetz (DepG) ergeben sich folgende Prüfungsbereiche, für welche die Einhaltung der gesetzlichen Vorschriften überprüft und beurteilt werden soll:

a) das Wertpapierverwahrungsgeschäft (§§ 2 bis 12 DepG)

b) das Wertpapierkommissionsgeschäft (§§ 13 bis 22 DepG)

(109) Bei der Prüfung sind

- die Gesetz- und Ordnungsmäßigkeit der Geschäftsabwicklung,
- die Gesetz- und Ordnungsmäßigkeit der bücherlichen Aufzeichnungen,
- die Richtigkeit der Wertpapierbestände zu beurteilen bzw. festzustellen.

(110) Aus dem Prüfungsgegenstand ergibt sich, dass die Prüfung des Wertpapier- und Depotgeschäfts vorwiegend eine Systemprüfung darstellt, während materielle Prüfungshandlungen nur im Zusammenhang mit der Prüfung der Wertpapierbestände eine Rolle spielen.

(111) Gemäß ISA 315 hat der Abschlussprüfer sich mit dem System vertraut zu machen, dessen Wirksamkeit zu beurteilen und die tatsächliche Anwendung zu prüfen. Als Grundlage der Systemprüfung hat sich daher der Bankprüfer einen Überblick über Art und Umfang des Wertpapiergeschäfts der zu prüfenden Bank zu verschaffen (und die Organisationsstruktur der mit dem Wertpapiergeschäft befassten Abteilungen zu erfassen).

(112) Die Depotprüfung umfasst sowohl den Eigen- als auch den Fremdbesitz der verwahrten Wertpapiere. Prüfungsgrundlage ist die Depotbuchhaltung, die üblicherweise nach folgenden Kriterien ausgewertet werden kann:

- nach Lagerstellen (Lagerstellen-Verzeichnisse)
- nach Wertpapieren (Sachdepot)
- nach Kunden (Personendepot)

(113) Folgende allgemeine Grundsätze sind auch bei der Bestandsprüfung zu beachten:

- Systemprüfungen der internen Kontrolleinrichtungen
  - Feststellung, ob eine schriftliche Dokumentation in Form von Organisationsrichtlinien, Arbeitsanweisungen uä, nach denen das Wertpapiergeschäft durchzuführen ist, vorliegt
  - Feststellung betreffend Qualifikation und Weiterbildung der Mitarbeiter
  - Feststellung betreffend interner Kontrollen
  - Feststellungen über Tätigkeiten der internen Revision

- Umfang der Prüfungshandlungen auf Basis der bei der Systemprüfung gewonnenen Erkenntnisse

(114) Im Rahmen der Systemprüfung ist festzustellen,

- durch welche Maßnahmen das Kreditinstitut regelmäßige Abstimmungen des Sollbestandes mit dem Istbestand durchführt,
- ob ein ordnungsgemäßer Inventurplan vorliegt und
- ob dieser auch eingehalten wird.

(115) Der Abschlussprüfer hat sich stichprobenweise von der Übereinstimmung der durch körperliche Bestandsaufnahme und/oder durch Drittverwahrerbestätigungen nachgewiesenen Bestände mit den in den Lagerstellen-Verzeichnissen des Kreditinstitutes erfassten Beständen zu überzeugen. Eigenbesitz eines Kreditinstituts ist dabei in gleicher Weise wie der Besitz durch einen Kunden zu behandeln.

4.5. Prüfung der eigenen Emissionstätigkeit (Emissionsgeschäft)

4.5.1. Definitionen

(116) Das Emissionsgeschäft umfasst im Wesentlichen:

- Die Ausgabe von Pfandbriefen, Kommunalschuldverschreibungen und fundierten Bankschuldverschreibungen und die Veranlagung des Erlöses nach den hiefür geltenden besonderen Rechtsvorschriften (Wertpapieremissionsgeschäft)
- Die Ausgabe anderer festverzinslicher Wertpapiere zur Veranlagung des Erlöses in anderen Bankgeschäften (sonstiges Wertpapieremissionsgeschäft)
- Die Teilnahme an der Emission Dritter von Geldmarktinstrumenten, Termin- und Optionsgeschäften, equity swaps, Wertpapieren und daraus abgeleiteten Instrumenten (Loroemissionsgeschäft)

4.5.2. Prüfungsgegenstand

(117) Die Prüfung des Emissionsgeschäftes beinhaltet insbesondere die Prüfung und Beurteilung

- der Einhaltung von sondergesetzlichen Bestimmungen (z.B. betreffend Deckungsmasse und Verwendung der Mittel)
- der ordnungsmäßigen Organisation der Emissionsgeschäfte
- der Angemessenheit und Wirksamkeit des IKS für Emissionsgeschäfte.

4.5.3. Prüfungsdurchführung

(118) Ziel der Prüfung der Organisation der eigenen Emissionstätigkeit ist es zu erkennen, ob eine ordnungsgemäße Abwicklung und Buchung von Emissionen gewährleistet ist. Das Kreditinstitut hat sicherzustellen, dass die Emissionstätigkeit auf der Grundlage von Organisationsrichtlinien betrieben wird.

(119) Im Rahmen der Systemprüfung sind folgende Punkte zu beachten:

- Emissionsstrategie / -planung
- Emissionsprozess (legal due diligence)
- Schnittstellen Vertrieb – Handel – Risikomanagement – Buchhaltung (steuerliche Relevanz / Anhang- bzw. Notes-Informationen) – Meldewesen (Beachtung der BWG-Normen)
- Risikomanagement: ALM / Absicherungsaktivitäten

(120) Der Abschlussprüfer hat die Organisation und das IKS zu prüfen und die Berichte der internen Revision kritisch durchzusehen. Die Ergebnisse dieser Prüfungen sind bei der Planung der Einzelfallprüfungen zu berücksichtigen.

(121) Materielle Prüfungshandlungen betreffen u.a. die Zinsabgrenzungen, die Fremdwährungsbewertung und den korrekten Positionsausweis.

(122) Die Vollständigkeit der Position ist anhand von geeigneten Unterlagen nachzuweisen, beispielesweise Emissionsprospekte, Unterlagen der OeKB, Emissionsbuchhaltung.

4.6. Prüfung des Einlagengeschäftes

4.6.1. Definitionen

(123) Das Einlagengeschäft von Banken betrifft im Wesentlichen die Bilanzposten Verbindlichkeiten gegenüber Kreditinstituten und Kunden. Dabei handelt es sich um wesentliche Refinanzierungsposten der meisten Banken. Aufgrund des üblicherweise großen Volumens dieser beiden Bilanzposten und der Vielzahl von durchgeführten Transaktionen wird der Abschlussprüfer das Einlagengeschäft systemorientiert prüfen.

(124) Zu den wesentlichen Formen der Einlagen zählen:

- Verbindlichkeiten gegenüber Kreditinstituten
- Spareinlagen mit unterschiedlicher Laufzeit
- Sonstige Verbindlichkeiten gegenüber Kunden

(125) Diese Verbindlichkeiten werden zumeist noch nach Fristigkeit und Laufzeit in Kategorien eingeteilt, wobei insbesondere eine Trennung in „täglich fällig" und „mit vereinbarter Laufzeit oder Kündigungsfrist" vorgenommen wird.

4.6.2. Prüfungsdurchführung

(126) Die Prüfung der Bankverbindlichkeiten wird üblicherweise am Sitz der Bank vorgenommen, während die Prüfung der Kundenverbindlichkeiten hauptsächlich im Rahmen von Vor Ort-Prüfungen (Filialprüfung) durchgeführt wird.

4.6.2.1. Prüfung der Bankverbindlichkeiten

(127) Vgl. dazu die Ausführungen im Abschnitt 4.2.

4.6.2.2. Prüfung der Kundenverbindlichkeiten

(128) Bei der Prüfung der Kundenverbindlichkeiten wird üblicherweise in folgenden Schritten vorzugehen sein:

- Systemprüfung und analytische Prüfungshandlungen:
- Ablaufbeschreibung
- Prüfung der vorliegenden Dienstanweisungen
- Prüfung der vorliegenden Stellenbeschreibungen (Erfassung der Tätigkeiten der mit den Bankverbindlichkeiten befassten Mitarbeiter der Bank)
- Prüfung der Pouvoir-Ordnung
- Prüfung des IKS
- Analyse von Volumina, Zinsaufwendungen und Provisionen
- Prozess der Kundenreklamation

(129) Wesentliche Punkte der Systemprüfung sind:

- Verwaltung der Kundenkonten: Der Fokus der Prüfung der Kontenverwaltung liegt insbesondere auf der Handhabung der Identifikation des Kunden, der vollständigen, angemessenen und rechtlich einwandfreien Dokumentation für jedes Konto sowie des Genehmigungsprozesses hinsichtlich der Konditionen und Bedingungen. Dies umfasst auch die Dokumentation der Grundsätze und Verfahrensweisen der Verwaltung der Kundenkonten sowie deren regelmäßige Überprüfung und Aktualisierung.
- Berechnung der Zinsaufwendungen: Hier liegt wie bei der Behandlung der Provisionen und sonstigen Gebühren das Hauptaugenmerk auf der korrekten Berechnung und Buchung der Zinsen. Auch die Kompetenzen der einzelnen Mitarbeiter hinsichtlich der Konditionengestaltung sowie der Genehmigungsprozess für individuelle Zinssätze für Kunden ist zu begutachten.
- Berechnung der Provisionen: Die dem Kunden verrechneten Provisionen und Gebühren haben den Allgemeinen Geschäftsbedingen oder aber den entsprechenden individuellen Vereinbarungen mit dem Kunden zu entsprechen. Im Zuge der Prüfung ist insbesondere auf die korrekte Berechnung und den Genehmigungsprozess der von den AGB abweichenden Konditionen sowie die Kompetenzgestaltung der Mitarbeiter zu achten.
- Überwachung der Kundenkonten: Im Rahmen der Systemprüfung ist die regelmäßige Überwachung der Konten zu überprüfen. Dies ist insbesondere im Hinblick auf Konten mit besonderen Merkmalen wie ruhende oder eingefrorene Konten, Versandsperren, verpfändete Konten oder Mitarbeiterkonten zu sehen, deren Überwachung in Einklang mit den aufsichtsrechtlichen und internen Regelungen zu erfolgen hat. Hier ist u.a. darauf zu achten, dass diese Konten von berechtigten Personen genehmigt und aktualisierte Grundsätze und Vorgangsweisen hinsichtlich der Bearbeitung von Konten mit besonderen Merkmalen kommuniziert wurden sowie dass der Zugriff auf diese Konten nur einem kleinen Personenkreis zugänglich ist.

(130) Einzelfallprüfungen:

- Prüfung der Einhaltung der beschriebenen Abläufe
- Prüfung, ob die in den Prozess „Kundenverbindlichkeiten" eingebetteten Kontrollen wirksam sind
- Prüfung der Kontoführung (Eröffnungen, Änderungen, Schließungen, Verlust von Sparurkunden)
- Prüfung, ob nachgelagerte bzw. prozessunabhängige Kontrollen vorliegen
- Abstimmung der Hauptbuchkonten mit der Sparbuchverwaltung
- Prüfung von Konten mit besonderen Merkmalen (Verpfändung, Mündelgelder, etc.)
- Prüfung von Kundenreklamationen und deren Bearbeitung

(131) Im Rahmen einer Einzelfallprüfung sind insbesondere die mit dem Einlagengeschäft zusammenhängenden Prozesse zu überprüfen, wobei die Ordnungsmäßigkeit der Abwicklung anhand von einzelnen Testfällen zu verifizieren ist. Ergeben diese Testfälle keinen Anlass für Beanstandungen, so können weitere Prüfschritte unterbleiben.

(132) Die Verzinsung der Verbindlichkeiten ist von wesentlicher Bedeutung für Banken. Dies liegt darin begründet, dass es sich im Gegensatz zu Unternehmen in anderen Branchen bei beinahe allen Produkten, mit denen Banken handeln, um Geldtransaktionen handelt, die entsprechend verzinst werden. Daher stellt die Überprüfung der korrekten Berechnung der Zinsaufwendungen sowie die ordnungsgemäße Abgrenzung einen wesentlichen Bestandteil der Prüfung des Einlagengeschäfts dar.

(133) Ebenso ist die korrekte Bewertung der Verbindlichkeit zu begutachten. Die Durchsicht der Prüfberichte der Internen Revision liefert weitere wertvolle Informationen und sollte keinesfalls unterlassen werden.

(134) Hinsichtlich Ausweis und Bewertung ist das Einlagengeschäft üblicherweise eher unproblematisch, es ist jedoch darauf zu achten, dass die im Posten „Verbindlichkeiten gegenüber Kunden" ausgewiesenen Beträge auch die Voraussetzungen gemäß § 51 Abs. 7 bzw. § 31 Abs. 1 BWG erfüllen.

2/6/4. KFS/BA 4

Stellungnahme
des Fachsenats für Handelsrecht und Revision
zur Bewertung von Forderungen an Schuldner in Ländern mit schlechter Wirtschaftslage (Risikoländern) in den Jahresabschlüssen von Banken

(verabschiedet in der Sitzung des Fachsenats für Handelsrecht und Revision vom 23. Jänner 1991 als Stellungnahme KFS/BA 4)

1. Definition der Risikoländer

Risikoländer im Sinne dieser Stellungnahme sind Staaten, mit denen in der Vergangenheit Umschuldungsvereinbarungen über die bei Fälligkeit nicht bezahlten Verbindlichkeiten sowohl öffentlicher als auch privater Schuldner abgeschlossen oder Verhandlungen darüber geführt wurden bzw werden, sowie Staaten, die erklärt haben, daß die in ihrem Staat ansässigen Schuldner infolge der schlechten wirtschaftlichen Lage des Landes ihre Verbindlichkeiten bei Fälligkeit nicht erfüllen können oder diese tatsächlich nicht vereinbarungsgemäß erfüllen. Die Grundsätze dieser Stellungnahme können auch auf Forderungen an in Staaten mit angespannter Wirtschaftslage ansässige Schuldner angewendet werden, die – obwohl die Zinsen und Rückzahlungen in der Vergangenheit bei Fälligkeit geleistet wurden – nach den in Abschnitt 4, 1. Satz erwähnten Veröffentlichungen mit einem Abschlag gehandelt werden.

2. Verantwortung für die Erstellung des Jahresabschlusses

Die Bewertung der Forderungen an Schuldner in Risikoländern ist Teil der Erstellung des Jahresabschlusses und fällt daher in die Verantwortung des Vorstands. Der Bankprüfer hat unter Berücksichtigung aller maßgeblichen Umstände und der vom Vorstand gegebenen Begründungen in Eigenverantwortung zu entscheiden, ob die vom Vorstand vorgenommene Bewertung den Risiken in ausreichendem Maße Rechnung trägt und ob die Ungewißheit bezüglich der Einbringlichkeit des nach Abzug der gebildeten Wertberichtigungen verbleibenden Nettobetrags der Forderungen so groß ist, daß ein diesbezüglicher Hinweis in den Bestätigungsvermerk aufzunehmen ist. Der Aufsichtsrat hat schließlich zu entscheiden, ob er auf Grund der vom Vorstand gegebenen Begründungen und deren Würdigung durch den Bankprüfer dem vom Vorstand aufgestellten Jahresabschluß und der vom Vorstand vorgeschlagenen Ergebnisverwendung zustimmt.

3. Gesetzliche Grundlagen der Bewertung

Gemäß § 206 HGB sind die Gegenstände des Umlaufvermögens mit den Anschaffungs- oder Herstellungskosten, vermindert um Abschreibungen gemäß § 207, anzusetzen. Abschreibungen sind gemäß § 207 HGB vorzunehmen, um diese Gegenstände mit dem Wert anzusetzen, der sich aus einem niedrigeren Börsenkurs oder Marktpreis am Abschlußstichtag ergibt. Ist ein Börsenkurs oder Marktpreis nicht festzustellen und übersteigen die Anschaffungs- oder Herstellungskosten den Wert, der dem Vermögensgegenstand am Abschlußstichtag beizulegen ist, so ist der Vermögensgegenstand auf diesen Wert abzuschreiben.

Gegenstände des Anlagevermögens sind gemäß § 203 Abs 1 HGB mit den Anschaffungs- oder Herstellungskosten, vermindert um Abschreibungen gemäß § 204, anzusetzen. Gemäß § 204 Abs 2 HGB sind außerplanmäßige Abschreibungen auf den niedrigeren Wert, der den Gegenständen am Abschlußstichtag beizulegen ist, vorzunehmen, wenn die Wertminderungen voraussichtlich von Dauer sind.

In den **Bilanzen der Banken** ist eine Gliederung der Vermögensgegenstände in solche des Anlagevermögens und in solche des Umlaufvermögens nicht vorgesehen. Die Zuordnung zu einer dieser beiden Gruppen von Vermögensgegenständen ist für die Bewertung der Forderungen auf Grund von Kreditgewährungen (Ausleihungen) in der Regel nicht von Bedeutung. Der Wert, der den Ausleihungen am Abschlußstichtag beizulegen ist, hängt von der Beurteilung ihrer Einbringlichkeit ab; bei dieser Beurteilung sind alle Faktoren, die den Wert bestimmen, zu berücksichtigen.

4. Grundsätze der Bewertung der Forderungen an Schuldner in Risikoländern

Forderungen an Schuldner in Risikoländern werden seit mehreren Jahren **gehandelt**. Die Kurse, die diesen Transaktionen zugrunde gelegt werden, sind auf Grund des begrenzten Volumens der Transaktionen und der besonderen Interessen, die die Kontrahenten vielfach mit diesen Transaktionen verbinden, in der Regel nicht als Marktpreise im Sinne der Bewertungsvorschriften anzusehen und daher auch nicht der Bewertung dieser Forderungen zwingend zugrundezulegen. Mit Rücksicht auf die Ungewißheit, die auch bei sorgfältiger Abwägung aller die Einbringlichkeit der Forderungen berührenden Umstände verbleibt, bilden jedoch diese Kurstaxen einen für die Beurteilung der von der Bank vorgenommenen Bewertung nicht unmaßgeblichen Vergleichsmaßstab.

Eine **Abwertung** auf jenen Betrag, der bei einer Veräußerung der Forderungen am Abschlußstichtag erzielbar wäre (Kurstaxenwert), ist **zwingend geboten**, wenn nach dem Gesamtbild der Verhältnisse anzunehmen ist, daß damit der voraussichtlichen Einbringlichkeit der zu bewertenden Forderung

Rechnung getragen wird; dies wird unter anderem für Forderungen gelten, deren Veräußerung in nächster Zeit beabsichtigt ist.

Eine **Abwertung** auf den Kurstaxenwert ist **nur dann nicht zwingend geboten**, wenn der Vorstand durch Vorlage geeigneter Begründungen und Unterlagen glaubhaft macht, daß diesen Forderungen unter Berücksichtigung aller für die Beurteilung der Einbringlichkeit maßgeblichen Umstände ein höherer Wert zukommt und wenn feststeht, daß eine Veräußerung der betreffenden Forderungen zu einem unter dem Bilanzansatz liegenden Preis innerhalb des folgenden Geschäftsjahrs nicht beabsichtigt ist.

Die Annahme des Vorstands, daß (einzelnen) Forderungen ein höherer Wert als der Kurstaxenwert beizulegen ist, kann insbesondere durch die folgenden Umstände untermauert werden:

a) eine Analyse der wirtschaftlichen und politischen Lage und Entwicklung des Schuldnerlandes, aus der sich positive Entwicklungsaussichten für die Zukunft ableiten lassen,

b) die besonderen Gegebenheiten eines bestimmten Kreditengagements (Person des Schuldners, Kreditzweck, Sicherheiten, Laufzeit und ähnliche Umstände),

c) konkrete Pläne einer Verwertung der Forderungen, die bei realistischer Beurteilung einen höheren als den bei einer Veräußerung zu den Kurstaxen am Bilanzstichtag erzielbaren Verwertungserlös erwarten lassen.

Die Plausibilität der vom Vorstand vorgebrachten Argumente ist vom Prüfer kritisch und in eigener Verantwortung zu würdigen.

Wertberichtigungen, die sich auf Grund der **individuellen wirtschaftlichen Lage** eines **bestimmten Schuldners** in einem Risikoland als erforderlich erweisen, sind vor Anwendung der in den vorstehenden Abschnitten dargelegten Grundsätze zu bilden.

Eine Wertberichtigung oder Rückstellung ist nicht erforderlich, wenn es sich um Forderungen an Schuldner in Risikoländern aus **kurzfristigen Handelsfinanzierungen** oder ähnlicher laufender Geschäftstätigkeit handelt und derartige Forderungen bisher - trotz der nicht fristgerechten Abstattung der längerfristigen Ausleihungen an Schuldner in dem betreffenden Staat ordnungsgemäß abgewickelt wurden.

Eine von den vorstehenden Grundsätzen **abweichende Bewertung** kann auch für solche Forderungen an Schuldner in Risikoländern zulässig sein, deren Einbringlichkeit nicht von den wirtschaftlichen Problemen des unmittelbaren und mittelbaren öffentlichen Sektors und der Devisenknappheit des betreffenden Landes berührt wird.

Verschlechterungen der Verhältnisse in Schuldnerländern **nach dem Bilanzstichtag** sind daraufhin zu untersuchen, ob sie ihre Ursache vor oder nach dem Bilanzstichtag haben. Liegt die Ursache vor dem Bilanzstichtag und handelt es sich daher um Wertaufhellungen, sind sie in die Beurteilung der Angemessenheit der Wertansätze im Jahresabschluß miteinzubeziehen; haben sie dagegen ihre Ursache im Zeitraum nach dem Bilanzstichtag, müssen sie jedenfalls im Lagebericht des Vorstands erwähnt werden, wenn dadurch – zusammen mit der Ungewißheit hinsichtlich der Wertansätze für die Forderungen am Abschlußstichtag – bis zum Zeitpunkt der Fertigstellung des Jahresabschlusses die im Abschnitt 5 angeführten Grenzen für die Berichtspflicht überschritten werden.

Die Bewertung von Forderungen an Schuldner in Risikoländern, für die **keine Kurstaxen** veröffentlicht werden, ist aufgrund der verfügbaren Informationen über die Wirtschaftslage des betreffenden Landes zu beurteilen. Die Ausführungen in dieser Stellungnahme sind dabei sinngemäß anzuwenden.

5. Auswirkungen auf die Offenlegung durch den Vorstand und den Bestätigungsvermerk

Auch wenn der Bankprüfer bei kritischer Würdigung der Argumente für die vom Vorstand vorgenommene Bewertung der Forderungen zu der Auffassung gelangt, daß diese Argumente plausibel sind, wird die Erteilung eines uneingeschränkten Bestätigungsvermerks für den Jahresabschluß in der Regel nur dann zulässig sein, wenn sich der Unterschied zwischen dem Bilanzwert und dem Kurstaxenwert (Unterschiedsbetrag) in **vertretbaren Grenzen** hält. Dies deshalb, weil sich die vom Vorstand vorgebrachten Begründungen für einen höheren Wert der Forderungen in der Regel unbeschadet ihrer Plausibilität einer sicheren Beurteilung entziehen und daher in Höhe des Unterschiedsbetrages eine Ungewißheit bezüglich der Richtigkeit des Wertansatzes bestehen bleibt.

Wenn diese Ungewißheit die Grenze der Unwesentlichkeit übersteigt, wird zunächst eine **Offenlegung dieser Ungewißheit im Anhang** und in weiterer Folge ein **Zusatz zum Bestätigungsvermerk** oder eine **Einschränkung des Bestätigungsvermerks** erforderlich werden.

Bei der Entscheidung darüber, welches Ausmaß die Ungewißheit haben kann, daß sie vom Bankprüfer ohne Offenlegung im Anhang bzw ohne Ergänzung oder Einschränkung des Bestätigungsvermerks noch vertreten werden kann, wird insbesondere das Verhältnis des Unterschiedsbetrages zwischen dem Bilanzwert und dem Kurstaxenwert zu den nachstehenden Maßgrößen zu berücksichtigen sein:

- zum Nennwert der Forderungen
- zum Kurstaxenwert der Forderungen
- zum Haftkapital
- zum unversteuerten Jahresüberschuß aus der gewöhnlichen Geschäftstätigkeit

Ohne eine Offenlegung im Anhang werden in der Regel nur Unterschiedsbeträge toleriert werden können, die für die einzelne Forderung etwa 20% des Nennwerts, höchstens aber 50% des Kurstaxenwerts und für sämtliche Forderungen an Schuldner in Risikoländern etwa 15% des Nennwerts dieser Forderungen nicht übersteigen.

Bewertungsungewißheiten in den vorstehend genannten Grenzen werden im übrigen in der Regel nur dann ohne Offenlegung der Bewertung im Anhang toleriert werden können, wenn die Unterschiedsbeträge etwa 5% des Haftkapitals nicht übersteigen und überdies in einem angemessenen Verhältnis zur Ertragskraft des geprüften Unternehmens (ausgedrückt im unversteuerten Überschuß aus der gewöhnlichen Geschäftstätigkeit) stehen. Bei der Berechnung des Verhältnisses zum Haftkapital können neben den offen ausgewiesenen Eigenmitteln auch eindeutig erkennbare und vorsichtig bewertete stille Reserven, nach Abzug nicht bilanzierter Lasten (Nettobeträge der stillen Reserven im Sinne vom Abschnitt 5 der Richtlinie des Instituts österreichischer Wirtschaftsprüfer über die Aufgaben der Bankprüfer im Zusammenhang mit der Reservenmeldungsverordnung) berücksichtigt werden.

Eine **Ergänzung oder Einschränkung des Bestätigungsvermerks** wird sich in der Regel als notwendig erweisen, wenn die Bewertungsungewißheit für die Beurteilung der Vermögens-, Finanz- und Ertragslage des geprüften Unternehmens von wesentlicher Bedeutung ist. Dies wird in der Regel anzunehmen sein, wenn die Unterschiedsbeträge zwischen dem Bilanzwert und dem Kurstaxenwert etwa 25% des Nennwerts sämtlicher Forderungen an Schuldner in Risikoländern übersteigen, höchstens aber etwa 10% des Haftkapitals der Bank unter Berücksichtigung des Nettobetrags der stillen Reserven betragen. Auch bei der Entscheidung über die Erteilung des Bestätigungsvermerks ist der unversteuerte Überschuß aus der gewöhnlichen Geschäftstätigkeit als weitere gegebenenfalls einschränkende Beurteilungskomponente heranzuziehen.

Auch wenn keine Offenlegung im Anhang für notwendig erachtet wird, sind die Unterschiedsbeträge zwischen dem Bilanzwert und dem Kurstaxenwert jedenfalls in dem den **Aufsichtsratsmitgliedern** vorzulegenden **Prüfungsbericht** und im **bankaufsichtlichen Prüfungsbericht** anzugeben und zu erläutern, damit diese Aufsichtsorgane in die Lage versetzt werden, sich selbständig ein Bild über das Ausmaß der Bewertungsungewißheit zu machen.

Bestehen erhebliche Bewertungsungewißheiten, wird es zu den Aufgaben des Bankprüfers gehören, sowohl den Vorstand als auch den Aufsichtsrat darauf hinzuweisen, daß dieser Umstand bei der Erstellung des **Vorschlags über die Ergebnisverwendung** berücksichtigt werden müßte. Dies gilt insbesondere in Fällen, in denen die Bewertungsunsicherheit so groß ist, daß eine Offenlegung erforderlich ist.

Die Offenlegung im Anhang wird als ausreichend anzusehen sein, wenn der Vorstand darauf hinweist, daß der Wertansatz der Forderungen an Schuldner in Risikoländern aus **begründeten Erwägungen** (zB auf Grund der besonderen Wirtschaftsbeziehungen mit bestimmten Staaten) höher ist als der im Fall einer Veräußerung der Forderungen am Abschlußstichtag erzielbare Betrag.

2/6/6. IWP/BA 6

Richtlinie
des Instituts Österreichischer Wirtschaftsprüfer
zur Berichterstattung über die Beachtung von Bestimmungen des Wertpapieraufsichtsgesetzes (WAG) gemäß § 71 Abs 4 WAG 2018 bzw. gemäß § 72 Abs 4 WAG 2018

(verabschiedet in der Sitzung des Vorstandes vom 14.10.2008 als Richtlinie IWP/BA 6, zuletzt geändert im Dezember 2018)

1. Einleitung

(1) Das Ergebnis der Prüfung des Jahresabschlusses von inländischen Wertpapierfirmen (idF kurz: WPF) in dem in § 71 Abs 3 Z 2 WAG 2018 näher umschriebenen Umfang ist gemäß § 71 Abs 4 WAG 2018 in einer Anlage zum Prüfungsbericht gemäß § 273 UGB darzustellen. Das Ergebnis der Prüfung von Wertpapierdienstleistungsunternehmen (idF kurz: WPDLU) in dem in § 72 Abs 3 WAG 2018 näher umschriebenen Umfang ist gemäß § 72 Abs 4 WAG 2018 in einem gesonderten Prüfungsbericht aufzunehmen. Die Prüfung umfasst insbesondere die Beachtung der Bestimmungen der §§ 7 und 10 sowie des 2. Hauptstücks des WAG 2018 und des Titels II. (Art 3-13) sowie des Art. 26 der VO (EU) Nr. 600/2014, des Kapitels II und III. der VO (EU) 2017/565 und der §§ 4 bis 17, § 19 Abs 2, §§ 20 bis 24, § 29 und § 40 Abs 1 Finanzmarkt-Geldwäschegesetz (FM-GwG). Die Prüfung und die Berichterstattung darüber ist anhand der als Anlage 2 vorliegenden „Checkliste für die Durchführung der Prüfung gemäß § 71 Abs 3 Z 2 sowie § 72 Abs 3 WAG 2018“ durchzuführen. Diese Checkliste wurde mit der Finanzmarktaufsicht (FMA) abgestimmt.

Klargestellt ist, dass WPF und WPDLU neben den Bestimmungen des WAG 2018 auch ua. jene der VO (EU) 2017/565 einzuhalten haben. Die Compliance Funktion und die Interne Revision haben die Einhaltung der Bestimmungen der VO (EU) 2017/565 zu überwachen und darüber zu berichten.

(2) Die geänderte Fassung ist für Prüfungen von Geschäftsjahren anzuwenden, die nach dem 15. Juni 2018 enden.

(3) In diesem Zusammenhang sind grundsätzliche Fragen zum Umfang der Aufgaben des Prüfers im Hinblick auf aufsichtsrechtliche Sachverhalte und zur Qualität der in der Anlage zum Prüfungsbericht bzw. dem gesonderten Prüfungsbericht getroffenen Aussagen, auch vor dem Hintergrund der national und international anerkannten Grundsätze der Abschlussprüfung, aufgeworfen worden, die bislang nicht abschließend geklärt sind.

2. Grundsätze der Berichterstattung

(4) Gemäß International Framework for Assurance Engagements der IFAC, deren Mitglieder das Institut Österreichischer Wirtschaftsprüfer und Kammer der Steuerberater und Wirtschaftsprüfer sind, sind Berufsangehörige verpflichtet, Berichte über Tätigkeiten, die nicht mit einer Zusicherung verbunden sind, klar von der Berichterstattung im Zusammenhang mit Zusicherungsleistungen zu unterscheiden.

(5) Der Fragenkatalog der Checkliste (**Anlage 2**) enthält Aussagen, die einer Zusicherung nicht zugänglich sind:

– Einer Zusicherungsleistung ist nur eine Übereinstimmung mit einem klaren Bezugsrahmen zugänglich (International Framework for Assurance Engagements).
– Zahlreiche Fragen enthalten Begriffe, deren Auslegung im Ermessen der Aufsichtsbehörde stehen.
– Andere Fragen sind rein faktischer Natur, z.B. ob ein aufrechter Konzessionsbescheid vorliegt.

(6) Die Beurteilung der in der Checkliste angeführten Fragestellungen erfolgt alternativ nach folgenden Kriterien:

„ja“ wenn die der Prüfung zugrunde gelegten Unterlagen nach berufsüblichem Ermessen für die Beurteilung ausreichend sind und sich daraus ergibt, dass die Bestimmung beachtet bzw. ein entsprechendes Verfahren eingerichtet („Design and Implementation“) wurde.

„nein“ wenn ein erheblicher Verstoß gegen die zu prüfende Norm anhand der der Prüfung zugrunde gelegten Unterlagen unzweifelhaft ist; im Regelfall wird durch ein „nein“ die Berichtspflicht des Abschlussprüfers im Sinne des § 93 Abs 2 WAG 2018 ausgelöst.

„erläuterungsbedürftig“ wenn die Beachtung der zu prüfenden Norm bzw. die Einrichtung eines entsprechenden Verfahrens aus irgendeinem Grund mangel- oder zweifelhaft erscheint oder eine eindeutige Feststellung nicht getroffen werden kann oder wenn kurzfristig behebbare (oder mittlerweile behobene) Mängel vorliegen, aber kein erheblicher Verstoß, der zur Berichtspflicht gemäß § 93 Abs 2 WAG 2018 führt, vorliegt.

„keine Geschäftsfälle“, „nicht anwendbar“ wenn zu einem Prüffeld mangels Betätigung des Unternehmens in diesem Bereich keine Feststellungen zu treffen sind bzw. wenn die zu prüfende Norm auf das konkrete Unternehmen keine Anwendung findet.

(7) Daher wird in der Checkliste klar hervorgehoben, dass die Beantwortung einer Frage mit „ja“ keine Zusicherung, d.h. kein Prüfungsurteil iSd § 274 UGB darstellt. Die durchgeführten Prüfungshandlungen sind in einem verbalen Teil des

Prüfungsberichtes zu beschreiben. Die Anlage 1 enthält Muster (für WPF und WPDLU) für solche Beschreibungen, die bei Bedarf anzupassen sind.

(8) Negative und erläuterungsbedürftige Feststellungen sind gesondert darzustellen, zu erläutern und eindeutig der Nummer aus dem entsprechenden Prüffeld der Checkliste zuzuordnen bzw. es ist im Text auf die entsprechende Nummer der Checkliste zu verweisen.

3. Empfohlener Aufbau des Berichts

(9) Vorangestellt sei, dass der Bericht des Prüfers vor allem der Kommunikation mit der FMA dient und der Behörde über die Erläuterungen und die Beantwortung der Checkliste ein Bild über die vom Prüfer vorgefundenen Verhältnisse bei der WPF / dem WPDLU vermitteln soll.

(10) Gemäß § 71 Abs 4 WAG 2018 ist das Ergebnis der Prüfung iSd Abs 3 leg cit „in einer Anlage zum Prüfungsbericht über den Jahresabschluss darzustellen“. Diese Bestimmung bezieht sich auf die aufsichtsrechtlichen Prüfungshandlungen bei inländischen WPF.

(11) Der Bericht über die aufsichtsrechtlichen Prüfungshandlungen ist bei WPF Teil des Berichts über die Jahresabschlussprüfung. Es ist daher empfohlen, dass die aufsichtsrechtlichen Prüfungshandlungen gleichzeitig mit der Jahresabschlussprüfung abgeschlossen werden. Bei WPDLU handelt es sich um einen gesonderten Bericht.

(12) In Anlehnung an die in Anlage 2 beigefügte Checkliste wird folgender Aufbau für den aufsichtsrechtlichen Berichtsteil von inländischen WPF und WPDLU empfohlen:

1. Auftrag und Durchführung *(Anmerkung: inklusive Erläuterung der Prüfungshandlungen gemäß Anlage 1, inklusive Unterschrift; außerdem sollten auf Wunsch der FMA die Kontaktdaten des verantwortlichen Wirtschaftsprüfers [Telefon, email] angegeben werden)*
2. Rechtliche Verhältnisse (soweit nicht im Bericht über die Jahresabschlussprüfung enthalten)
3. Konzession, Eigenkapital und Anzeige-/Bewilligungspflichten
4. Art und Umfang der Wertpapierdienstleistungen
5. Organisationspflichten
   a. allgemeine organisatorische Anforderungen
   b. Compliance
   c. Zuständigkeiten der Geschäftsleitung
   d. Bearbeitung von Beschwerden
   e. Vergütungsgrundsätze und –praktiken
   f. Persönliche Geschäfte und relevante Personen
   g. Auslagerung und Heranziehung von vertraglich gebundenen Vermittlern (VGV) und Wertpapiervermittlern (WPV)
   h. Interessenkonflikte
   i. Risikomanagement
   j. Interne Revision
   k. Verpflichtung zum Führen von Aufzeichnungen
6. Wohlverhaltensregeln vor der Dienstleistungserbringung
   a. Handeln im besten Interesse des Kunden
   b. Informationspflichten
   c. Produktüberwachungspflichten
   d. Kundenkategorisierung
7. Wohlverhaltensregeln während der Dienstleistungserbringung
   a. Eignung und Angemessenheit von Wertpapierdienstleistungen
   b. Bestmögliche Durchführung von Dienstleistungen und Bearbeitung von Kundenaufträgen
8. Dokumentation nach der Dienstleistungserbringung
   a. Berichtspflichten
9. Bericht gemäß § 44 WAG 2018 (Schutz des Kundenvermögens, sofern anwendbar)
10. Stellungnahme zu Transparenz für Handelsplätze gemäß Titel II der VO (EU) 600/2014 MiFIR
11. Anwendbare Bestimmungen iZm dem Finanzmarkt-Geldwäschegesetz
12. Checkliste
13. Anlage: eventuell AAB (sofern nicht bereits bei Jahresabschlussprüfbericht beigelegt)

(13) Inländische WPF und WPDLU sind gemäß ihres Konzessionsumfangs nicht berechtigt, Dienstleistungen zu erbringen, die das Halten von fremden Geldern, Wertpapieren oder sonstigen Instrumenten von Kunden umfassen, daher sind die §§ 38 bis 41 und 43 bis 44 WAG 2018 für diese nicht relevant. Die Überprüfung hinsichtlich des „Haltens von Kundengeldern/Finanzinstrumenten“ ist aber bei Einhaltung der Konzessionsvoraussetzungen zwingend erforderlich.

(14) Der empfohlene Aufbau kann auch bei WPDLU eingehalten werden.

(15) Für Berichte von zu prüfenden Rechtsträgern aus Drittländern (§§ 21 bis 25 WAG 2018), die im Inland tätig werden, wird für Prüfungen nach § 23 Abs 3 WAG 2018 grundsätzlich der oben angeführte Aufbau - unter Berücksichtigung des abweichenden Prüfungsumfangs - empfohlen.

Anlage 1: Prüfung gemäß § 71 bzw. 72 WAG 2018

Zur Prüfung nach § 71 Abs 3 Z 2 WAG 2018 (bei WPDLU § 72 Abs 3 WAG 2018) haben wir folgende besondere Prüfungshandlungen gesetzt:

WPF: Die Berichterstattung in dieser Anlage zum Prüfungsbericht beruht auf sämtlichen im Rahmen unserer Jahresabschlussprüfung sowie den nachfolgend dargelegten Prüfungshandlungen gewonnenen Erkenntnissen und wurde unter Anwendung der berufsüblichen Grundsätze erstellt. Im Rahmen der Jahresabschlussprüfung haben wir im erforderlichen Ausmaß die Wirksamkeit des Internen Kontrollsystems kritisch gewürdigt. Dabei haben wir uns vom Vorhandensein entsprechender Kontrollen durch Befragungen, Beobachtungen, etc. überzeugt.

WPDLU:

Die Berichterstattung im gesonderten Prüfungsbericht beruht auf den im Rahmen unserer aufsichtsrechtlichen Prüfung gewonnenen Erkenntnissen und wurde unter Anwendung der berufsüblichen Grundsätze erstellt. Im Rahmen der aufsichtsrechtlichen Prüfung haben wir im erforderlichen Ausmaß die Wirksamkeit des Internen Kontrollsystems kritisch gewürdigt. Dabei haben wir uns vom Vorhandensein entsprechender Kontrollen durch Befragungen, Beobachtungen, etc. überzeugt.

I. Prüfungshandlungen zu dieser Anlage

- Wir haben uns anhand der Aufbauorganisation und durch Befragung der Geschäftsleitung erkundigt, ob durch Festlegung angemessener Strategien und Verfahren (insbesondere zu Aufbau- und Ablauforganisation, Interne Kontrollmechanismen, Zuständigkeiten der Geschäftsleitung und Vergütungsgrundsätzen) dafür gesorgt ist, dass den organisatorischen Anforderungen des WAG 2018 nachgekommen wird.
- Wir haben das Vorliegen von Dienstanweisungen, in denen die internen Abläufe zur Einhaltung wesentlicher, insbesondere aufsichtsrechtlicher Bestimmungen dokumentiert sind, überprüft. Dabei haben wir uns überzeugt, dass die Ausgestaltung dieser Dienstanweisungen die ausreichende Einhaltung der aufsichtsrechtlichen Bestimmungen vorsieht.
- Wir haben aus den Bereichen Compliance, Risikomanagement und interne Revision einzelne, nach Risikogesichtspunkten ausgewählte Berichte über die Prüfung der Einhaltung der für Wertpapierfirmen wesentlichen, insbesondere aufsichtsrechtlichen Bestimmungen im Berichtsjahr daraufhin durchgesehen, ob sie wesentliche Beanstandungen enthalten.
- Wir haben verantwortliche Personen aus den Bereichen Compliance, Risikomanagement, interne Revision (verantwortliche Mitarbeiter des WPDLU) befragt und/oder die entsprechenden Berichte eingesehen, ob
  a. die für Wertpapierfirmen (WPDLU) wesentlichen, insbesondere aufsichtsrechtlichen Bestimmungen eingehalten wurden,
  b. nach ihrer Kenntnis im Berichtsjahr wesentliche Verstöße erfolgten und
  c. die Einhaltung dieser Bestimmungen durch entsprechende Kontrollen sichergestellt ist.
- Die Ergebnisse wesentlicher Kontrollaktivitäten haben wir in Testfällen eingesehen und kritisch gewürdigt.
- Wir haben die Protokolle von Aufsichtsrats- und Geschäftsleitersitzungen daraufhin durchgesehen, ob diese Hinweise auf die Verletzung wesentlicher, insbesondere aufsichtsrechtlicher Bestimmungen enthalten.
- Wir haben den uns zur Verfügung gestellten Schriftverkehr mit den zuständigen Aufsichtsbehörden sowie die Anzeige-, Bewilligungs- und Veröffentlichungspflichten daraufhin durchgesehen, ob dieser Schriftverkehr Hinweise auf die Verletzung wesentlicher, insbesondere aufsichtsrechtlicher Bestimmungen enthält.
- Weiters haben wir uns den Konzessionsbescheid vorlegen lassen und mit der Unternehmensdatenbank auf der FMA-Homepage abgestimmt.
- Wir haben uns die Verfahren und Maßnahmen in Zusammenhang mit der Angemessenheits- und Eignungsprüfung durchgesehen und diesbezüglich testfallbezogen Kundenakte und Geschäftsfälle (der Kunden sowie der Wertpapierfirma (WPDLU) selbst) untersucht.
- Wir haben testfallbezogen neu abgeschlossene bzw. beendete Verträge mit vertraglich gebundenen Vermittlern (VGV) und Wertpapiervermittlern (WPV) mit den entsprechenden Meldungen an die FMA verglichen.
- Wir haben uns schriftliche Vereinbarungen bezüglich der Auslagerung wesentlicher betrieblicher Funktionen vorlegen lassen.
- Wir haben die Geschäftsleitung befragt, ob algorithmischer Handel betrieben wird und uns zutreffendenfalls vergewissert, dass Verfahren zur Einhaltung des § 27 WAG 2018 eingerichtet wurden.
- Wir haben die Geschäftsleitung befragt, ob der Rechtsträger seinen Kunden einen direkten elektronischen Zugang zu Börsenunternehmen bietet und uns zutreffendenfalls vergewissert, dass Verfahren zur Einhaltung des § 28 WAG 2018 eingerichtet wurden.
- Wir haben uns die Verfahren und Maßnahmen in Zusammenhang mit der Entwicklung von Finanzinstrumenten gemäß § 30 WAG 2018 durchgesehen und die entsprechenden Kontrollen durch die Geschäftsleitung und Compliance kritisch gewürdigt
- Wir haben uns die Verfahren und Maßnahmen in Zusammenhang mit den Produktüberwachungspflichten für Vertreiber gemäß § 31 WAG 2018 durchgesehen und die entsprechenden Kontrollen durch die Geschäftsleitung und Compliance kritisch gewürdigt.
- Wir haben die Verfahren zu Aufzeichnungen im Sinne des § 33 WAG 2018 kritisch gewürdigt.

- Wir haben untersucht, ob Verfahren zur Gewährung und Annahme von Vorteilen bei nicht unabhängiger Anlageberatung gemäß § 51 WAG 2018 eingerichtet sind.
- Wir haben untersucht, ob vereinnahmte Vorteile bei unabhängiger Anlageberatung sowie Portfolioverwaltung gemäß § 53 WAG 2018 an den Kunden weitergeleitet wurden.
- Wir haben die Geschäftsleitung zum Umgang mit Vorteilen in Zusammenhang mit Analysen im Sinne des § 54 WAG 2018 kritisch befragt.
- WPF: Wir haben zum Bilanzstichtag untersucht, ob zu diesem Stichtag die Eigenmittelerfordernisse erfüllt waren und ob Verfahren zur Überwachung der Eigenmittel eingerichtet sind.

  WPDLU: Wir haben zum Bilanzstichtag untersucht, ob zu diesem Stichtag die Eigenmittelerfordernisse erfüllt waren und ob Verfahren zur Überwachung der Eigenmittel eingerichtet sind. bzw. uns einen Versicherungsnachweis erbringen lassen.
- Wir haben einen aktuellen Nachweis (zB Firmenbuchauszug) über die Zugehörigkeit zu einer Entschädigungseinrichtung gemäß § 73 WAG 2018 zu unseren Akten genommen. (für WPDLU nicht relevant)
- Wir haben uns die gesetzlich vorgesehenen Leitlinien (z.B. bezüglich Interessenskonflikten, Best Execution) vorlegen lassen und kritisch durchgesehen.
- Wir haben die Geschäftsleitung hinsichtlich der Einhaltung der Sorgfaltspflichten befragt.
- Wir haben die Berichte des Geldwäschereibeauftragten an die Geschäftsleiter im Berichtsjahr daraufhin durchgesehen, ob diese Hinweise auf eine wesentliche Verletzung der anwendbaren Bestimmungen zur Bekämpfung von Geldwäscherei und Terrorismusfinanzierung enthalten.
- Wir haben die verantwortliche Person für Beschwerdemanagement hinsichtlich des Vorliegens von Kundenbeschwerden befragt und uns die Bearbeitung der Beschwerden erläutern lassen.
- Wir haben eine schriftliche Erklärung der Geschäftsleiter darüber eingeholt, dass alle wesentlichen, insbesondere aufsichtsrechtlichen gesetzlichen Bestimmungen eingehalten und uns alle diesbezüglichen Informationen und Dokumente zugänglich gemacht wurden.

II. Schlussbemerkung

WPF: Die Berichterstattung in dieser Anlage zum Prüfungsbericht beruht auf sämtlichen im Rahmen unserer Jahresabschlussprüfung sowie den beschriebenen Prüfungshandlungen gewonnenen Erkenntnissen.

WPDLU: Die Berichterstattung in diesem gesonderten Prüfungsbericht beruht auf sämtlichen im Rahmen der beschriebenen Prüfungshandlungen gewonnenen Erkenntnissen.

Entsprechend der internationaler Prüfungsgrundsätze (International Standards on Auditing, herausgegeben vom International Auditing and Assurance Standards Board (IAASB) der International Federation of Accountants (IFAC)) stellt die Beantwortung der Checkliste in der Anlage 2 keine Zusicherungsleistung dar. Wir geben kein Prüfungsurteil im Sinne des § 274 UGB hinsichtlich der in der Anlage zum Prüfungsbericht angeführten Fragestellungen ab. Die Anlage zum Prüfbericht samt der beantworteten Checkliste ist nicht vom Bestätigungsvermerk gemäß § 274 UGB umfasst. Trotz Anwendung der gebotenen Sorgfalt kann aufgrund von Art und Umfang der durchgeführten Prüfungshandlungen nicht ausgeschlossen werden, dass erhebliche Verstöße von aufsichtsrechtlichen Bestimmungen unentdeckt bleiben.

Für unsere Tätigkeit gilt die Haftungsbeschränkung des § 275 UGB. Die mit der geprüften Wertpapierfirma (dem WPDLU) vereinbarten Allgemeinen Auftragsbedingungen für Wirtschaftstreuhandberufe (AAB) finden Anwendung.

Datum, Unterschrift

Anlage 2: Checkliste für die Durchführung der Prüfung

Checkliste für die Durchführung der Prüfung gemäß § 71 Abs 4 sowie § 72 Abs 4 WAG 2018 für den Berichtszeitraum von xx. xxx 200x bis xx. xxx 200x				
Prüffelder	Ja*	Nein	Erläuterungs-bedürftig	Keine Geschäftsfälle, nicht anwendbar
** ein „Ja“ bedeutet keine Zusicherung bzw. kein Prüfungsurteil im Sinne des § 274 UGB*				
1. Für den Prüfungszeitraum lag ein aufrechter Konzessionsbescheid vor.	☐	☐	☐	☐
2. Es bestand eine aufrechte Berufshaftpflichtversicherung iSd § 3 Abs 6 WAG 2018 (für WPF) oder § 4 Abs 3 WAG 2018 (für WPDLU).	☐	☐	☐	☐
3. Die Eigenmittelbestimmungen wurden zum Bilanzstichtag eingehalten.	☐	☐	☐	☐
4. Die Anzeige- und Bewilligungspflichten der §§ 7 und 14 Abs 4, 18 und 20 WAG 2018 wurden beachtet.	☐	☐	☐	☐
5. Es wurden keine über den Umfang der erteilten Konzession hinausgehenden konzessionspflichtigen Wertpapierdienstleistungen festgestellt.	☐	☐	☐	☐
6. Es wurden keine Verletzungen der Auflagen des Konzessionsbescheides festgestellt.	☐	☐	☐	☐
7. § 27 WAG 2018 (algorithmischer Handel) wurde beachtet.	☐	☐	☐	☐
8. § 28 WAG 2018 (Nutzung des direkten elektronischen Zugangs) wurde beachtet.	☐	☐	☐	☐
9. § 29 WAG 2018 iVm Art 21 VO (EU) 2017/565 (organisatorische Anforderungen) wurde beachtet.	☐	☐	☐	☐
10. § 29 WAG 2018 iVm Art 22 VO (EU) 2017/565 (Compliance) wurde beachtet.	☐	☐	☐	☐
11. § 29 WAG 2018 iVm Art 25 VO (EU) 2017/565 (Zuständigkeiten der Geschäftsleitung) wurde beachtet.	☐	☐	☐	☐
12. Ein Verfahren zu § 29 WAG 2018 iVm Art 26 VO (EU) 2017/565 (Bearbeitung von Beschwerden) wurde eingerichtet.	☐	☐	☐	☐
13. Ein Verfahren zu § 29 WAG 2018 iVm Art 27 VO (EU) 2017/565 (Vergütungsgrundsätze und -praktiken) wurde eingerichtet.	☐	☐	☐	☐

14. Ein Verfahren zu § 29 WAG 2018 iVm Art 28 und 29 VO (EU) 2017/565 (persönliche Geschäfte und relevante Personen) wurde eingerichtet.	☐	☐	☐	☐
15. Ein Verfahren zu § 30 WAG 2018 (Produktüberwachungspflichten für Konzepteure) wurde eingerichtet.	☐	☐	☐	☐
16. Ein Verfahren zu § 31 WAG 2018 (Produktüberwachungspflichten für Vertreiber) wurde eingerichtet.	☐	☐	☐	☐
17. § 32 WAG 2018 iVm Art 23 VO (EU) 2017/565 (Risikomanagement) wurde beachtet.	☐	☐	☐	☐
18. § 32 WAG 2018 iVm Art 24 VO (EU) 2017/565 (Interne Revision) wurde beachtet.	☐	☐	☐	☐
19. § 33 WAG 2018 (Aufzeichnungspflichten) wurde beachtet.	☐	☐	☐	☐
20. § 34 WAG 2018 iVm Art 30 bis 32 VO (EU) 2017/565 (Auslagerung) wurde beachtet.	☐	☐	☐	☐
21. Ein Verfahren zur Heranziehung von vertraglich gebundenen Vermittlern (VGV) und Wertpapiervermittlern (WPV) gemäß §§ 36 und 37 WAG 2018 wurde eingerichtet.	☐	☐	☐	☐
22. Ein Verfahren zu §§ 45 und 46 WAG 2018 iVm Art 33 bis 35 VO (EU) 2017/565 (Umgang mit Interessenkonflikten) wurde eingerichtet.	☐	☐	☐	☐
23. § 47 WAG 2018 (Verpflichtung zum Handeln im besten Interesse des Kunden - Allgemeine Pflichten) wurde beachtet.	☐	☐	☐	☐
24. Ein Verfahren zu §§ 48 und 49 WAG 2018 (Informationen für Kunden) wurde eingerichtet.	☐	☐	☐	☐
25. Ein Verfahren zur Einhaltung des § 50 WAG 2018 (Pflichten bei unabhängiger Anlageberatung) wurde eingerichtet.	☐	☐	☐	☐
26. Ein Verfahren zur Einhaltung der §§ 51 und 52 WAG 2018 (Gewährung und Annahme von Vorteilen) wurde eingerichtet.	☐	☐	☐	☐
27. § 53 WAG 2018 (Gewährung und Annahme von Vorteilen bei unabhängiger Anlageberatung und Portfolioverwaltung) wurde beachtet.	☐	☐	☐	☐
28. § 54 WAG 2018 (Gewährung und Annahme von Vorteilen in Zusammenhang mit Analysen) wurde beachtet.	☐	☐	☐	☐

29. Ein Verfahren zur Einhaltung des § 55 WAG 2018 (Kenntnisse und Kompetenzen) wurden eingerichtet.	☐	☐	☐	☐
30. Ein Verfahren zur Einhaltung der §§ 56 (Eignung von Anlageberatungs- und Portfolioverwaltungsdienstleistungen) und 57 WAG 2018 (Angemessenheit von sonstigen Wertpapierdienstleistungen) wurde eingerichtet.	☐	☐	☐	☐
31. Ein Verfahren zu § 57 Abs 2 und 3 WAG 2018 (Warn- und Hinweispflicht) wurde eingerichtet.	☐	☐	☐	☐
32. Ein Verfahren zu § 58 WAG 2018 (Ausführung oder Annahme und Übermittlung von Kundenaufträgen) wurde eingerichtet.	☐	☐	☐	☐
33. Ein Verfahren zu § 59 WAG 2018 (Dokumentation der Rechte und Pflichten der Vertragsparteien) wurde eingerichtet.	☐	☐	☐	☐
34. Ein Verfahren zu § 60 WAG 2018 (Berichtspflichten gegenüber den Kunden) wurde eingerichtet.	☐	☐	☐	☐
35. Ein Verfahren zur Einhaltung der §§ 62 bis 64 WAG 2018 (Bestmögliche Durchführung von Dienstleistungen) wurde eingerichtet	☐	☐	☐	☐
36. Ein Verfahren zur Einhaltung des § 65 WAG 2018 (Bearbeitung von Kundenaufträgen) wurde eingerichtet.	☐	☐	☐	☐
37. Ein Verfahren zur Kundenkategorisierung im Sinne der §§ 66 und 67 WAG 2018 wurde eingerichtet.	☐	☐	☐	☐
38. Hinweise auf die Verletzung des § 69 WAG 2018 bzw. § 107 TKG lagen nicht vor.	☐	☐	☐	☐
39. Die Veröffentlichung des festgestellten Jahresabschlusses gemäß § 71 Abs 1 WAG 2018 iVm § 65 BWG ist erfolgt.	☐	☐	☐	☐
40. Es bestand die Zugehörigkeit zu einer Entschädigungseinrichtung (§ 73 WAG 2018).	☐	☐	☐	☐
41. Ein Verfahren zu § 73 Abs 6 bis 9 WAG 2018 (weitere Kundeninformationen) wurde eingerichtet.	☐	☐	☐	☐
42. § 7 WAG 2018 iVm § 39 Abs 1 BWG (Sorgfaltspflichten) wurde beachtet.	☐	☐	☐	☐
43. Ein Verfahren zur Einhaltung des Finanzmarkt-Geldwäschegesetzes (FM-GwG) wurde eingerichtet.	☐	☐	☐	☐

2/6/8. IWP/BA 8

Richtlinie
des Instituts österreichischer Wirtschaftsprüfer
über Toleranzgrenzen zu der Fehlerberichtigung durch die Depotbank bei der Errechnung des Anteilswertes eines Investmentfonds

(mit Beschluss des Vorstandes erlassen am 4. September 2007 als IWP/BA 08, der FMA zur Kenntnis gebracht am 10. September 2007, zuletzt redaktionell überarbeitet im Jänner 2016)

(1) Bei der täglichen Errechnung des Anteilswertes eines Investmentfonds durch dessen Depotbank kann es zu **Fehlern bei der Bewertung** einzelner Wertpapiere oder anderer Vermögenswerte kommen

(2) Solche Fehler sind nicht zu 100 % auszuschließen.

(3) Sie sind zu Unterscheiden von der Bewertung durch den Markt (mag diese auch noch so sprunghaft oder unplausibel erscheinen: der tatsächlich am Markt gezahlte Preis bleibt der objektiv „richtige" Wert um den Fonds zu bewerten). Nur wenn („09/11") der Markt nicht mehr funktioniert oder nicht stattfindet oder keine Informationen vorliegen sind statt des Marktpreises möglichst gute objektive Werte heranzuziehen. Liegen gute objektive Werte nicht vor (zu unsicher, zu alt, zu große Bandbreite, zu großer Teil des Fondsvermögens) so sind Aufstockungen und Rücklösungen um die Realisierung falscher Fondsbewertungen zu verhindern.

(4) Was dem Fonds gegenüber unwirksam ist, führt immer – wenn dennoch gebucht und daher bewertet wird – zu einem Fehler in der Fondsbewertung.

(5) Zinsen für zu hohe Kredite sind dem Fonds zu ersetzen.

(6) Fehler treten auch als **Abwicklungsfehler** auf (Split, Kupon, Dividende und andere „Kapitalmaßnahmen", falsche Kurse eingespielt, falsche Stammdaten verwendet, falsche Abgrenzungen von Erträgen oder Aufwendungen, usw.). Auch diese führen fallweise zu Fehlern in der Fondsbewertung.

(7) Neben der **Richtigstellung des Fehlers selbst, sobald dieser erkannt wird** (ob nach 48 Stunden oder 2 Monaten) stellt sich die Frage ob (und ab welchem Betrag), die damit als falsch erkannten Werte (z.B.: von 2 Tagen oder 2 Monaten) neu veröffentlicht werden müssen und die **Aufstockungen und Rücklösungen korrigiert** werden müssen.

(8) Die Notwendigkeit zu diesen Korrekturen ergibt sich aus der objektiv falschen Berechnung von Ausgabe- und/oder Rücknahmepreisen und der damit eingetretenen Schädigung bzw. Bereicherung von Anlegern denen ein falscher Preis abgerechnet wurde.

(9) Zur Richtigstellung des Fehlers selbst, sobald dieser erkannt wird:

- Gewinne aus dem Fonds gegenüber unwirksamen Transaktionen sind dem Fonds immer zu belassen.
- Verluste aus dem Fonds gegenüber unwirksamen Transaktionen sind dem Fonds immer zu ersetzen.

(10) Eine Korrektur kann nie unterbleiben gegenüber der Kapitalanlagegesellschaft, der Depotbank, weiteren Bankverbindungen oder Geschäftspartnern des Fonds oder gegenüber einem Dritten Manager, wenn/soweit diese durch einen Fehler begünstig wären.

(11) Zur Korrektur von Aufstockungen und Rücklösungen:

- Bereicherungen können jedenfalls unberichtigt bleiben, wenn der Gegenwert dem Fonds gut gebracht wird.

(12) Darüber hinaus sind in ganz Europa **Toleranzgrenzen** in zumindest informeller Übung. Für den besonders wichtigen Markt Luxemburg wurden diese von der Luxemburger Aufsicht kodifiziert.

(13) Europäische und österreichische Rechtsquellen regeln nur die Zuständigkeit für die richtige tägliche Bewertung aber keine Toleranzgrenzen. Dies ist nicht dahingehend zu verstehen, dass keine Fehler passieren dürfen oder ausnahmslos jeder Fehler zu Preiskorrekturen und Storno und Neuabrechnung der Aufstockungen und Rücklösungen führen muss. Dies ergibt sich aus der internationalen Praxis und den kodifizierten Regelungen in Luxemburg. Beispielsweise bilden gesetzlich Zahlungsmittel (EUR 0,01 also ein Euro-Cent pro Anteil als Untergrenze) eine Grenze der denkbaren Genauigkeit. Wichtiger und weiter sind aber die Grenzen der wirtschaftlichen Zumutbarkeit. Wenn durch Buchungszeilen den Kunden höhere Kosten als die umverteilten Beträge entstehen, wird man keinerlei Verständnis für die Korrektur erwarten dürfen. Darüber hinaus sind vor allem die unvermeidbaren Unschärfen nach Investitionstypen (Cash, Renten, Gemischt, Aktien, schwer bewertbare Vermögensgegenstände und emerging markets) Indikatoren dafür, welche Korrekturen vereinfachend und wirtschaftlich sinnvoll entfallen dürfen.

(14) Die langjährige Praxis in Österreich, internationale Vorbilder und die Diskussion mit Vertretern von Depotbanken und Kapitalanlagegesellschaften sowie Hinweise aus der FMA haben ergeben, dass ein Prüfer dann nicht pflichtwidrig handelt, wenn er dem gemeinsamen Wunsch der Depotbank und der Kapitalanlagegesellschaft folgend Fehlerkorrekturen **bis zu folgenden %-Sätzen des Fondsvermögens ohne Korrektur der**

Aufstockungen, Rücklösungen und Fondspreismeldungen akzeptiert:

- **Cashfonds (Geldmarktfonds): bis 0,2 % des Fondsvermögens**
- **Rentenfonds, Aktienfonds und gemischte Fonds: bis 0,5 % des Fondsvermögens**
- **Fonds in emerging markets oder mit Warnhinweis: bis 1,0 % des Fondsvermögens**

(15) Über den Vorgang der Korrektur ist eine Dokumentation zu erstellen, die einen einschlägig sachkundigen Dritten mit vertretbarem Aufwand in die Lage versetzt die Entscheidung nachzuvollziehen. Die Auswirkungen auf Anteilsgeschäfte in der nicht korrigierten Periode sind plausibel zu machen.

(16) Eine Information der FMA von der Anwendung der Toleranzgrenzen ist nicht erforderlich, wenn nicht im Einzelfall besondere Umstände (besondere Ursache, besonders gehäuftes Auftreten von Fehlern) dies geboten erscheinen lassen.

2/6/9. KFS/BA 9

Fachgutachten
des Fachsenats für Unternehmensrecht und Revision
zur Prüfung der Beachtung von für Kreditinstitute wesentlichen Rechtsvorschriften gemäß § 63 Abs. 4 ff. BWG und Berichterstattung darüber in einer Anlage zum Prüfungsbericht

(beschlossen in der Sitzung des Fachsenats für Unternehmensrecht und Revision am 25. November 2014 als Neufassung des Fachgutachtens KFS/BA 9; zuletzt überarbeitet im November 2019)

1. Vorbemerkungen und Anwendungsbereich

(1) Der Bankprüfer hat gemäß § 63 Abs. 4 erster Satz BWG die Gesetzmäßigkeit des Jahresabschlusses zu prüfen. Zum Prüfungsumfang des Bankprüfers zählt weiters die Prüfung i.S.d. § 63 Abs. 4 zweiter Satz und Abs. 4a BWG. Diese Bestimmungen determinieren die spezifischen Prüfungspflichten des Bankprüfers. Der Fachsenat für Unternehmensrecht und Revision legt in diesem Fachgutachten die Berufsauffassung dar, nach der Bankprüfer diese Prüfungspflichten (im Folgenden „aufsichtsrechtliche Prüfung“) erfüllen, und gibt Anleitung für die Berichterstattung in der Anlage zum Prüfungsbericht (bankaufsichtlicher Prüfungsbericht).

(2) Die fachlichen Grundlagen für die aufsichtsrechtliche Prüfung bilden insbesondere das für diese Prüfung einschlägige Fachgutachten des Fachsenats für Unternehmensrecht und Revision der Kammer der Steuerberater und Wirtschaftsprüfer über die Durchführung von sonstigen Prüfungen (KFS/PG 13) sowie der International Standard on Assurance Engagements ISAE 3000 (Revised), Assurance Engagements Other Than Audits or Reviews of Historical Financial Information.

(3) Gemäß § 63 Abs. 5 BWG bezieht sich die aufsichtsrechtliche Prüfung auf das Interne Kontrollsystem (im Folgenden „IKS“), das vom Kreditinstitut im Hinblick auf die in § 63 Abs. 4 Z 1 bis 12 BWG aufgezählten Bestimmungen eingerichtet wurde. Soweit Aspekte des IKS bereits im Rahmen der Jahres- bzw. Konzernabschlussprüfung behandelt wurden, werden die Ergebnisse in der aufsichtsrechtlichen Prüfung berücksichtigt. In diesem Fachgutachten werden daher nur jene Prüfungsaspekte behandelt, die über die bereits in den anderen Fachgutachten zur Prüfungsdurchführung abgedeckten Aspekte hinausgehen oder diese abändern.

(4) Die Jahres- und Konzernabschlussprüfung, das heißt jener Teil der Bankprüfung, der nicht in § 63 Abs. 4 zweiter Satz und Abs. 4a BWG geregelt ist, ist nicht Gegenstand dieses Fachgutachtens.

2. Zielsetzung der aufsichtsrechtlichen Prüfung

(5) Die aufsichtsrechtliche Prüfung ist eine Prüfung mit dem Ziel, ein Urteil darüber abzugeben, ob das Ist-Objekt mit dem Soll-Objekt (Referenzmodell) übereinstimmt. Das Ergebnis dieser Prüfung ist gemäß § 63 Abs. 5 BWG eine Zusicherung darüber.

(6) Im Zusammenhang mit § 63 Abs. 4 Z 1 bis 12 BWG soll die Zusicherung des Bankprüfers den Berichtsadressaten einen entsprechenden Grad an Vertrauen in die Existenz und die Angemessenheit des IKS geben. Mit dieser Zusicherung trifft der Bankprüfer eine Aussage zur Übereinstimmung des Ist-Objekts mit dem Soll-Objekt (Referenzmodell).

(7) Im Zusammenhang mit § 63 Abs. 4a BWG soll die Zusicherung des Bankprüfers den Berichtsadressaten einen entsprechenden Grad an Vertrauen in die Ordnungsmäßigkeit des Berichts gemäß Art. 113 Abs. 7 Buchstabe e der Verordnung (EU) Nr. 575/2013 und gegebenenfalls der konsolidierten Bilanz oder der erweiterten Zusammenfassungsrechnung gemäß Art. 49 Abs. 3 Buchstabe a Ziffer iv der Verordnung (EU) Nr. 575/2013 bei institutsbezogenen Sicherungssystemen (im Folgenden „IPS“), die Art. 49 Abs. 3 der Verordnung (EU) Nr. 575/2013 anwenden, bezogen auf das zugrunde gelegte Referenzmodell geben.

(8) Mit BGBl. I 59/2014 wurde § 63 BWG novelliert. In § 63 Abs. 4 BWG wurde laut den Erläuternden Bemerkungen (EB) der Umfang der Bankprüfung an die neuen regulatorischen Anforderungen, die durch die Verordnung (EU) Nr. 575/2013 sowie die Umsetzung der Richtlinie 2013/36/EU entstanden sind, angepasst, und die Prüffelder („Prüfmodule“) wurden neu strukturiert.

(9) Durch die Änderungen des § 63 Abs. 4 BWG in Verbindung mit den Änderungen in § 63 Abs. 5 BWG sollen lt. EB die folgenden zwei Zielsetzungen erreicht werden: einerseits eine Optimierung des Beitrags des Bankprüfers für die Aufsichtstätigkeit i.S.d. rechtzeitigen Erkennung wirtschaftlicher Fehlentwicklungen und andererseits das Hintanhalten überbordender Kosten für die beaufsichtigten Institute.

(10) Die Aussagen des Bankprüfers im Rahmen des bankaufsichtlichen Prüfungsberichts zu den Z 1 bis 12 des § 63 Abs. 4 BWG sowie zu § 63 Abs. 4a BWG sind jedenfalls mit einer Zusicherung zu versehen. Der Begriff „Zusicherung“ wird i.S.d. Fachgutachtens KFS/PG 13 bzw. des ISAE 3000 (Revised) verstanden. Die Prüfungsergebnisse zu den Prüfmodulen gemäß § 63 Abs. 4 Z 3 bis 12 BWG sind mit einer negativen, die Prüfungsergebnisse zu den Prüfmodulen gemäß § 63 Abs. 4 Z 1 und 2 und Abs. 4a BWG mit einer positiven Zusicherung zu verbinden.[1]

[1] Gemäß § 63 Abs. 5 vierter Satz BWG sind bei bestimmten Kreditinstituten, die sich in einem Kreditinstitute-Ver-

bund oder in einem IPS befinden, ausschließlich negative Zusicherungen vorgesehen.

(11) Die Ergebnisse der Prüfung sind in einer Anlage zum Prüfungsbericht über den Jahresabschluss darzustellen. Form und Gliederung dieser Anlage ist gemäß § 63 Abs. 5 siebter Satz BWG durch die Finanzmarktaufsichtsbehörde in einer Verordnung (APVO) näher festzulegen. Die folgenden Abschnitte 3. bis 7. beziehen sich auf den Teil II der Anlage zum Prüfungsbericht gemäß der AP-VO.

3. Gegenstand und Umfang der Prüfung gemäß § 63 Abs. 4 ff. BWG

3.1. Allgemeines – Prüfungen gemäß § 63 Abs. 4 zweiter Satz BWG

(12) Mit der Neufassung von § 63 Abs. 5 BWG wurden das Prüfungsobjekt und der Umfang der Prüfungshandlungen, die im Hinblick auf die Durchführung der Prüfung nach § 63 Abs. 4 zweiter Satz und Abs. 4a BWG erforderlich sind, näher determiniert. Die Berichterstattung zu den einzelnen zu prüfenden Bestimmungen bzw. „Prüfmodulen" unterliegt unterschiedlichen Anforderungen. Bei Prüfungen gemäß § 63 Abs. 4 Z 1 bis 12 BWG stellen die Organisationsstruktur und die Verwaltungs-, Rechnungs- und Kontrollverfahren, die von den Geschäftsleitern gemäß § 39 Abs. 2 BWG unter anderem im Hinblick auf die in § 63 Abs. 4 Z 1 bis 12 BWG angeführten Bestimmungen einzurichten sind, das Prüfobjekt dar. Im Hinblick auf § 63 Abs. 4a BWG ist das Rechenwerk selbst das Prüfobjekt.

(13) Ein Unternehmen sollte in allen Bereichen über ein dauernd funktionierendes IKS verfügen. Für Kreditinstitute ist die Einrichtung von Verwaltungs-, Rechnungs- und Kontrollverfahren für die Erfassung, Beurteilung, Steuerung und Überwachung der bankgeschäftlichen und bankbetrieblichen Risiken, die der Art, dem Umfang und der Komplexität der betriebenen Bankgeschäfte angemessen sind, in § 39 Abs. 2 BWG vorgeschrieben. Der Bankprüfer muss sich bereits im Rahmen der Abschlussprüfung mit dem IKS im Hinblick auf die finanzielle Berichterstattung befassen und dabei ein hinreichendes Verständnis des rechnungslegungsbezogenen IKS erlangen, um die Abschlussprüfung planen und eine wirkungsvolle Prüfungsstrategie entwickeln zu können. Für die aufsichtsrechtliche Prüfung müssen ergänzend auch jene Teile des IKS in die Prüfung einbezogen werden, die die Einhaltung der in § 63 Abs. 4 Z 1 bis 12 BWG genannten Normen sicherstellen sollen.

(14) Die Aufgabe des Bankprüfers besteht darin, zu beurteilen, ob im Kreditinstitut diesbezüglich ein angemessenes IKS eingerichtet ist. Die Beurteilung umfasst die Gestaltung (Design) und die Umsetzung (Implementation) der wesentlichen Prozesse, Aktivitäten und Kontrollen betreffend die in § 63 Abs. 4 Z 1 bis 12 BWG dargelegten Rechtsnormen. Der Prüfer muss sich dazu im Rahmen seiner Tätigkeit damit auseinandersetzen, ob das IKS im Hinblick auf die Prüfmodule und die gesetzlichen Bestimmungen zum Prüfungszeitpunkt wirksam ist. Daher hat der Prüfer einerseits das IKS im Hinblick auf das Risiko von aufsichtsrechtlichen Verstößen zu evaluieren und andererseits durch geeignete Nachweise zu erheben, ob mögliche Verstöße gegen aufsichtsrechtliche Bestimmungen vermieden bzw. entdeckt werden können.

(15) Die Prüfung der operativen Wirksamkeit (Operating Effectiveness) des diesbezüglichen IKS ist nicht Gegenstand der Beurteilung. Dies gilt auch für die Prüfmodule, für die eine positive Zusicherung abgegeben wird. Ebenso sind die Vollständigkeit der vom Unternehmen identifizierten Risiken und deren zutreffende Bewertung nicht von der Beurteilung durch den Bankprüfer umfasst.

(16) § 63 BWG regelt die Prüfung von inländischen Kreditinstituten und Zweigstellen aus Mitgliedstaaten. Daher bezieht sich die Anlage zum Prüfungsbericht regelmäßig auf (Mutter-)Kreditinstitute und Zweigstellen auf Einzelebene bzw. Zentralinstitute, nicht aber auf die Prüfung von deren (ausländischen) Tochterunternehmen (auch wenn sie konsolidiert werden) oder die Mitglieder eines IPS. Das IKS in Anlehnung an § 63 Abs. 4 Z 1 bis 12 BWG einzelner in einen (Teil-)Konzernabschluss einbezogener Unternehmen (Teilbereiche) ist somit nicht Prüfungsgegenstand.

3.2. Prüfungen gemäß § 63 Abs. 4a BWG

(17) Im Rahmen der Bankprüfung eines Kreditinstituts, welches die Funktion eines Zentralinstituts in einem IPS gemäß Art. 113 Abs. 7 der Verordnung (EU) Nr. 575/2013 erfüllt, hat der Bankprüfer zudem die erweiterten Prüfpflichten gemäß § 63 Abs. 4a BWG zu erfüllen. Die Prüfung durch den Bankprüfer hat in diesem Fall auch zu umfassen:

a) die konsolidierte Bilanz oder die erweiterte Zusammenfassungsrechnung gemäß Art. 49 Abs. 3 Buchstabe a Ziffer iv der Verordnung (EU) Nr. 575/2013 bei IPS, die Art. 49 Abs. 3 der Verordnung (EU) Nr. 575/2013 anwenden, und

b) den Bericht gemäß Art. 113 Abs. 7 Buchstabe e der Verordnung (EU) Nr. 575/2013.

(18) Der Bericht gemäß Art. 113 Abs. 7 Buchstabe e der Verordnung (EU) Nr. 575/2013 kann entweder in Form eines konsolidierten Berichts, der die Bilanz, die Gewinn- und Verlustrechnung, den Lagebericht und den Risikobericht über das IPS insgesamt umfasst, oder in Form eines Berichts, der eine aggregierte Bilanz, eine aggregierte Gewinn- und Verlustrechnung, den Lagebericht und den Risikobericht zum IPS insgesamt umfasst, erstellt werden.

(19) Wendet ein IPS Art. 49 Abs. 3 der Verordnung (EU) Nr. 575/2013 an, so hat es im Fall der Erstellung eines Berichts mit aggregierter Bilanz und aggregierter Gewinn- und Verlustrechnung eine erweiterte Zusammenfassungsrechnung („extended aggregated calculation") zu erstellen. Diese hat nach Vorgabe der zuständigen Behörden den Bestimmungen der Richtlinie 86/635/EWG, die

bestimmte Anpassungen der Richtlinie 83/349/EWG enthält, oder denen der Verordnung (EG) Nr. 1606/2002, die die konsolidierten Abschlüsse von Kreditinstitutsgruppen regelt, gleichwertig zu sein. Die Gleichwertigkeit der erweiterten Zusammenfassungsrechnung ist vom Bankprüfer zu prüfen.

(20) Die Aufgabe des Bankprüfers besteht darin, zu beurteilen, ob der Bericht gemäß Art. 113 Abs. 7 Buchstabe e der Verordnung (EU) Nr. 575/2013 und – bei IPS, die Art. 49 Abs. 3 der Verordnung (EU) Nr. 575/2013 anwenden – die konsolidierte Bilanz oder die erweiterte Zusammenfassungsrechnung gemäß Art. 49 Abs. 3 Buchstabe a Ziffer iv der Verordnung (EU) Nr. 575/2013 im Wesentlichen ordnungsgemäß erstellt wurden und den gesetzlichen Anforderungen bzw. dem zugrunde gelegten Referenzmodell in allen wesentlichen Belangen entsprechen. Falls ein IPS, welches Art. 49 Abs. 3 der Verordnung (EU) Nr. 575/2013 anwendet, eine erweiterte Zusammenfassungsrechnung erstellt, hat der Bankprüfer zu prüfen, ob diese den Bestimmungen der Richtlinie 86/635/EWG, die bestimmte Anpassungen der Richtlinie 83/349/EWG enthält, oder denen der Verordnung (EG) Nr. 1606/2002, die die konsolidierten Abschlüsse von Kreditinstitutsgruppen regelt, gleichwertig ist, wobei insbesondere zu bestätigen ist, dass die Mehrfachbelegung anerkennungsfähiger Eigenmittelbestandteile und jede etwaige unangemessene Bildung von Eigenmitteln zwischen den Mitgliedern des IPS bei der Berechnung beseitigt wurden.

(21) Die Prüfung gemäß § 63 Abs. 4a BWG ist weder eine Abschlussprüfung noch eine prüferische Durchsicht von Abschlüssen. Sie erstreckt sich nicht auf die im Bericht gemäß Art. 113 Abs. 7 Buchstabe e der Verordnung (EU) Nr. 575/2013 bzw. in der konsolidierten Bilanz oder der erweiterten Zusammenfassungsrechnung gemäß Art. 49 Abs. 3 Buchstabe a Ziffer iv der Verordnung (EU) Nr. 575/2013 zusammengefassten Abschlüsse der Mitgliedsinstitute des jeweiligen IPS. Der Bankprüfer bestätigt daher nicht, dass die Vollständigkeit und Richtigkeit der einbezogenen Abschlüsse mit hinreichender Sicherheit gewährleistet ist.

4. Gegenstand der Beurteilung (Ist-Objekt)

4.1. Prüfungen gemäß § 63 Abs. 4 zweiter Satz BWG

(22) Ist-Objekt ist das im Kreditinstitut zur Erfüllung der in § 63 Abs. 4 Z 1 bis 12 BWG angeführten Normen jeweils eingerichtete IKS.

(23) Die Geschäftsleiter des Kreditinstituts sind für die Gestaltung, Umsetzung und operative Wirksamkeit eines IKS, das die Einhaltung der in § 63 Abs. 4 Z 1 bis 12 BWG angeführten Bestimmungen sicherstellt, verantwortlich. Das IKS ist gemäß § 39 Abs. 2 dritter Satz BWG schriftlich und in nachvollziehbarer Weise zu dokumentieren. Die Anforderungen an die Ausgestaltung und Umsetzung des IKS hängen von der Größe, den Risiken und der Komplexität des Kreditinstituts ab. Bei kleineren bzw. nicht komplexen Kreditinstituten können weniger formale Mittel und einfachere Arbeitsabläufe für ein funktionsfähiges IKS ausreichen.

(24) Das für die Einhaltung der in § 63 Abs. 4 Z 1 bis 12 BWG angeführten Bestimmungen relevante IKS hat nachfolgende allgemeine Voraussetzungen zu erfüllen:

a) Es muss vorhanden und überprüfbar (d.h. dokumentiert) sein;
b) es muss den Risiken in Verbindung mit den in § 63 Abs. 4 Z 1 bis 12 BWG angeführten Bestimmungen angepasst sein;
c) es muss den relevanten Mitarbeitern bekannt sein;
d) es muss tatsächlich umgesetzt sein;
e) im Kreditinstitut muss ein Kontrollbewusstsein vorhanden sein.

(25) Ziel einer ordnungsgemäßen Dokumentation ist es, dass wesentliche Vorgänge für Dritte nachvollziehbar sind. Umfang und Detaillierungsgrad der Dokumentation müssen der Größe, den Risiken und der Komplexität des Kreditinstituts entsprechen. So kann auf Prozessebene eine Dokumentation der wesentlichen Risiken sowie des dafür eingerichteten IKS und der ihnen zuordenbaren Schlüsselkontrollen (Key Controls) inkl. der Dokumentation der Durchführung der Schlüsselkontrollen erwartet werden.

(26) Voraussetzung für die Durchführung der Beurteilung durch den Bankprüfer ist ein uneingeschränkter Zugang zu den dafür erforderlichen Aufzeichnungen, Schriftstücken und sonstigen Informationen sowie die Bereitschaft der Geschäftsleitung, Auskünfte in dem erforderlichen Umfang vollständig zu erteilen.

4.2. Prüfungen gemäß § 63 Abs. 4a BWG

(27) Ist-Objekt sind der Bericht gemäß Art. 113 Abs. 7 Buchstabe e der Verordnung (EU) Nr. 575/2013 und – bei IPS, die Art. 49 Abs. 3 der Verordnung (EU) Nr. 575/2013 anwenden – die konsolidierte Bilanz oder die erweiterte Zusammenfassungsrechnung gemäß Art. 49 Abs. 3 Buchstabe a Ziffer iv der Verordnung (EU) Nr. 575/2013, die vom IPS jeweils zum Abschlussstichtag aufgestellt werden.

(28) Die Vertreter des IPS sind für die ordnungsgemäße Erstellung des Berichts gemäß Art. 113 Abs. 7 Buchstabe e der Verordnung (EU) Nr. 575/2013 und – bei IPS, die Art. 49 Abs. 3 der Verordnung (EU) Nr. 575/2013 anwenden – der konsolidierten Bilanz oder der erweiterten Zusammenfassungsrechnung gemäß Art. 49 Abs. 3 Buchstabe a Ziffer iv der Verordnung (EU) Nr. 575/2013 sowie für die Gestaltung, Umsetzung und operative Wirksamkeit eines IKS, soweit dieses für die Erstellung des genannten Berichts und gegebenenfalls der genannten konsolidierten Bilanz oder erweiterten Zusammenfassungsrechnung von Bedeutung ist, verantwortlich.

(29) Dazu zählen auch die Erstellung einer adäquaten Dokumentation sowie die Einrichtung

interner Kontrollen. Die diesbezüglichen Ausführungen im Abschnitt 4.1. gelten entsprechend.

5. Referenzmodell (Soll-Objekt)

5.1. Prüfungen gemäß § 63 Abs. 4 zweiter Satz BWG

(30) Als Referenzmodell (Soll-Objekt) für das IKS, das im Kreditinstitut zur Erfüllung der in § 63 Abs. 4 Z 1 bis 12 BWG angeführten Normen vorzusehen ist, dienen allgemein anerkannte Grundsätze für ein ordnungsgemäßes IKS.[2]

[2] Sofern die Geschäftsleitung der unternehmensspezifischen Ausgestaltung des IKS kein allgemein verfügbares anerkanntes Referenzmodell zugrunde gelegt hat, muss der Prüfer sich davon überzeugen, dass das gewählte Referenzmodell die in Anhang 1 beschriebenen Anforderungen erfüllt.

(31) Ein IKS lässt sich in der Regel in folgende für die Funktionsfähigkeit notwendige Elemente unterteilen:[3]

[3] Die nachfolgend angeführten Elemente eines IKS orientieren sich am COSO-Framework. Sofern das IKS eines Kreditinstituts sich an einem anderen vergleichbaren Standard orientiert, ist dieser als Referenzmodell heranzuziehen.

a) Kontrollumfeld
b) Risikobeurteilungsprozess des Unternehmens
c) Relevante Informationssysteme, damit verbundene Geschäftsprozesse und Kommunikation
d) Kontrollaktivitäten
e) Überwachung der Kontrollen

(32) Allgemeine Grundsätze zu den einzelnen Elementen eines IKS sind in Anhang 1 aufgelistet.

5.2. Prüfungen gemäß § 63 Abs. 4a BWG

(33) Als Referenzmodell (Soll-Objekt) dienen die jeweils zugrunde gelegten nationalen oder internationalen Rechnungslegungsgrundsätze. Das Referenzmodell für die erweiterte Zusammenfassungsrechnung und die Aggregation ist vom IPS bereitzustellen; insbesondere sind Methoden und Vorgehensweisen zu beschreiben.

(34) Für einen konsolidierten Bericht gemäß Art. 113 Abs. 7 Buchstabe e der Verordnung (EU) Nr. 575/2013 sowie für eine konsolidierte Bilanz i.S.v. Art. 49 Abs. 3 Buchstabe a Ziffer iv der Verordnung (EU) Nr. 575/2013 sind somit die für die Konsolidierung und den Konzernabschluss bei Kreditinstitutsgruppen relevanten Vorschriften maßgeblich, soweit sie sich auf die Komponenten des genannten Berichts beziehen.

(35) Der Prüfer sollte eine Beschreibung des vom Unternehmen gewählten Referenzmodells in seinen Bericht aufnehmen.

6. Prüfungsdurchführung

6.1. Grundsatz

(36) Die Prüfung ist unter Berücksichtigung der Grundsätze der Wesentlichkeit,[4] des risikoorientierten Prüfungsvorgehens sowie der stichprobenbasierten Prüfung[5] so zu planen und durchzuführen, dass über jedes Prüfmodul ein Urteil mit einer hinreichenden (positive Zusicherung) bzw. begrenzten (negative Zusicherung) Sicherheit abgegeben werden kann.

[4] Im Rahmen der aufsichtsrechtlichen Prüfung ist die Wesentlichkeit vorwiegend nach qualitativen Kriterien zu beurteilen. Bei der Festlegung der Wesentlichkeit können aber auch quantitative Aspekte berücksichtigt werden, die sich nicht nur auf Jahresabschlussposten oder die Wesentlichkeit im Rahmen der Jahresabschlussprüfung insgesamt beziehen. Bei der Bewertung erhobener Prüfungsnachweise wird die Bestimmung der Wesentlichkeitsschwelle ggf. durch quantitative Faktoren wie z.B. Anzahl der von dem Sachverhalt betroffenen Personen bzw. Stellen oder Geldbeträge beeinflusst.

[5] Unter dem Begriff der stichprobenbasierten Prüfung wird eine testfallbasierte Prüfung (Auswahlstichprobe) und nicht ein Stichprobenverfahren im engeren Sinne verstanden, das einen Rückschluss auf die Grundgesamtheit ermöglichen soll.

6.2. Prüfungshandlungen zu § 63 Abs. 4 zweiter Satz BWG

(37) Für die Prüfung, ob im Kreditinstitut ein angemessenes IKS eingerichtet ist, stehen dem Bankprüfer grundsätzlich folgende Prüfungshandlungen zur Verfügung:

a) Dokumentenanalyse vorhandener Unterlagen
b) Befragung
c) Beobachtung
d) Überprüfung durch Re-Performance oder analytische Tätigkeiten
e) Durchgangstests (Walk Through Tests)

(38) Diese Prüfungshandlungen sind dazu geeignet, Nachweise zu Kontrollkomponenten auf Ebene des Unternehmensumfelds sowie der Prozesse zu erlangen. In Bezug auf das definierte Soll-Objekt sind für die einzelnen Elemente folgende Prüfungshandlungen zu empfehlen:

(39) *Kontrollumfeld*

Der Prüfer hat sich ein Verständnis vom Kontrollumfeld im Unternehmen zu verschaffen. In diesem Zusammenhang hat sich der Prüfer mit der Vermittlung und Durchsetzung von ethischen Werten, der Unabhängigkeit des Aufsichtsorgans von der Geschäftsleitung, der Qualifikation des Aufsichtsorgans sowie dessen Einbindung in den Kontrollprozess zu befassen.

(40) *Risikobeurteilungsprozess des Unternehmens*

Zur Gewinnung eines Überblicks über den Risikobeurteilungsprozess des Unternehmens hat der Prüfer zunächst die Einschätzung der Geschäftsleitung hinsichtlich wesentlicher Geschäftsrisiken sowie der Wahrscheinlichkeit für deren Eintritt zu evaluieren. Anschließend hat der Prüfer die Maßnahmen der Geschäftsleitung zur Behandlung dieser Geschäftsrisiken dahingehend zu beurteilen, ob die vorgenommenen Maßnahmen im Hinblick auf die Prüfmodule angemessen sind. Ist der Risikobeurteilungsprozess angemessen für die Komplexität und Größe der Organisation, dient er dem Bankprüfer als Basis für die Festlegung des Prüfungsvorgehens.

(41) *Relevante Informationssysteme, damit verbundene Geschäftsprozesse und Kommunikation*

Die Prüfung der Informationstechnik (im Folgenden „IT“) ist ein Teilbereich der Prüfung des IKS und damit ein integrierender Bestandteil einer Abschlussprüfung. Die Prüfung der IT liefert auch einen wichtigen Beitrag zum Verständnis des zu prüfenden Unternehmens. Dem Einsatz von EDV-Systemen kommt bei Kreditinstituten besondere Bedeutung zu. Die Anzahl der Transaktionen, die ohne Einbindung von Mitarbeitern des Kreditinstituts direkt von den Kunden veranlasst werden können, ist im Vergleich zu anderen Unternehmen sehr groß. Daher sind auch jene Informationssysteme, welche für die aufsichtsrechtlichen Anforderungen relevant sind, in die Planung der IT-bezogenen Prüfungshandlungen einzubeziehen.[6]

[6] Vgl. Richtlinie des Instituts Österreichischer Wirtschaftsprüfer zur Durchführung der Abschlussprüfung bei Kreditinstituten (verabschiedet in der Sitzung des Vorstandes vom 21.12.2007 als Richtlinie IWP/BA 1, zuletzt überarbeitet im Juni 2014), Abschnitt 3.2.

(42) *Kontrollaktivitäten*

Der Prüfer hat ein Verständnis der Kontrollmaßnahmen, welche sicherstellen, dass die Anordnungen der Führungskräfte umgesetzt werden, zu erlangen. Das Verständnis dient der Einschätzung des Risikos von wesentlichen Verstößen. Dabei können z.B. Ermächtigungen und Leistungskontrollen eingesehen werden. Für den IT-Bereich sind die anwendungsunabhängigen (General Controls) sowie für die Prüfmodule mit positiver Zusicherung auch die anwendungsabhängigen Kontrollen (Application Controls) zu beurteilen. Die physischen Kontrollen sowie die Funktionstrennung in Geschäftsprozessen sind dabei ebenfalls zu evaluieren.

(43) *Überwachung der Kontrollen*

Der Prüfer hat sich einen Überblick über jene Kontrollmaßnahmen zu verschaffen, welche sicherstellen sollen, dass die eingeführten und vorzunehmenden Kontrollen tatsächlich vollzogen werden. Dabei können auf der einen Seite prozessintegrierte Kontrollen wie z.B. organisatorische Sicherungsmaßnahmen sowie auf der anderen Seite prozessunabhängige Kontrollen wie z.B. durch die Interne Revision untersucht werden. Des Weiteren hat sich der Prüfer ein Urteil über die eingeleiteten Korrekturmaßnahmen zu bilden.

(44) Als Ausgangspunkt für die Beurteilung des IKS und die darauf gerichteten Prüfungshandlungen dienen vor allem folgende Unterlagen:

a) aktuelle Dienstanweisungen, Richtlinien und Prozessbeschreibungen
b) Prüfberichte der Internen Revision während des Geschäftsjahrs
c) Prüfberichte der Aufsichtsbehörden und externer Prüfer während des Geschäftsjahrs
d) Korrespondenz mit den Aufsichtsbehörden während des Geschäftsjahrs
e) Protokolle von Sitzungen der Geschäftsleitung, des Aufsichtsrats und sonstiger risikorelevanter Gremien

(45) Die Berichterstattung ist auf den jeweiligen Abschlussstichtag ausgerichtet. Die Wahl des Zeitpunkts der Prüfungshandlungen liegt im Ermessen des Bankprüfers. Es ist sicherzustellen, dass grundlegende Änderungen in der Ausgestaltung des IKS zwischen dem Prüfungszeitpunkt und dem Abschlussstichtag angemessen im Prüfungsergebnis berücksichtigt werden.

(46) Kontrollen auf Unternehmensebene (im Wesentlichen im Bereich des Kontrollumfelds und im Risikobeurteilungsprozess des Kreditinstituts) sind zumindest jährlich zu prüfen. Da sie auch im Zuge der Jahresabschlussprüfung zu prüfen und zu beurteilen sind, erfordern sie in der Regel keine zusätzlichen Tätigkeiten des Bankprüfers.

(47) Kontrollen auf Prozessebene sind regelmäßig zu prüfen. Unter Umständen muss eine Prüfung von Schlüsselkontrollen nicht jährlich erfolgen. Die Häufigkeit und Rotation der Prüfung einzelner Schlüsselkontrollen ist abhängig vom Risikoprofil des Kreditinstituts und von Änderungen im IKS. Der Bankprüfer hat sich jährlich zumindest zu vergewissern, ob sich Änderungen im Risikoprofil und im IKS ergeben haben. Darüber hinaus hat er alle wesentlichen Schlüsselkontrollen innerhalb einer von ihm in Abhängigkeit von der Risikoeinschätzung festgelegten Frequenz (in der Regel mindestens alle drei Jahre) zu prüfen.

(48) Bei Prüfgebieten im Zusammenhang mit den in § 63 Abs. 4 Z 1 bis 12 BWG angeführten Normen, für die eine auf eine positive Zusicherung gerichtete Beurteilung vorgesehen ist, sind wegen des höheren Zusicherungsgrades und der deshalb auf geringerem Niveau festzulegenden Wesentlichkeit im Regelfall andere und umfangreichere Prüfungshandlungen notwendig, als dies bei einer auf eine negative Zusicherung gerichteten Beurteilung erforderlich ist. Insbesondere sind bei den Prüfmodulen, für die eine negative Zusicherung vorgesehen ist, keine IT-bezogenen spezifischen Prüfungshandlungen erforderlich.

(49) Die AP-VO sieht für die einzelnen Prüfmodule, für die eine auf eine positive bzw. negative Zusicherung gerichtete Beurteilung erwartet wird, eine Beschreibung der vom Bankprüfer zu setzenden Prüfungshandlungen vor, die als Basis für die zu erteilende Zusicherung dienen sollen.

(50) Empfohlene Prüfungshandlungen sind in Anhang 2 aufgelistet.

6.3. Prüfungshandlungen zu § 63 Abs. 4a BWG

(51) Die empfohlenen Prüfungshandlungen zu § 63 Abs. 4a BWG sind in Anhang 2 angeführt.

7. Prüfungsergebnisse

7.1. Prüfungen gemäß § 63 Abs. 4 zweiter Satz BWG

(52) Eine positive Zusicherung soll folgendermaßen lauten:

„Nach meiner/unserer Beurteilung aufgrund der von mir/uns im Rahmen dieser Prüfung durchgeführten Tätigkeiten hat das Unternehmen ein in allen wesentlichen Belangen angemessenes Internes Kontrollsystem in Bezug auf [Prüfgebiet] eingerichtet."

(53) Eine negative Zusicherung soll folgendermaßen lauten:

„Aufgrund der von mir/uns im Rahmen dieser Prüfung durchgeführten Tätigkeiten in Bezug auf [Prüfgebiet] sind mir/uns keine Sachverhalte bekannt geworden, die mich/uns zu der Annahme veranlassen, dass das Unternehmen kein in allen wesentlichen Belangen angemessenes Internes Kontrollsystem in Bezug auf [Prüfgebiet] eingerichtet hat."

(54) Die Zusicherung kann auch dann ohne Modifikation gegeben werden, wenn einzelne Schwächen oder Verbesserungspotentiale vorliegen. Wenn der Bankprüfer im Rahmen seiner Beurteilung des IKS für ein Prüfmodul zum Ergebnis kommt, dass die Angemessenheit des eingerichteten IKS nur eingeschränkt oder nicht gegeben ist, hat er diesen Umstand in seiner Beurteilung zum Ausdruck zu bringen. Dies gilt insbesondere, wenn der Prüfer im Rahmen seiner Tätigkeit wesentliche Verstöße[7] gegen aufsichtsrechtliche Bestimmungen festgestellt hat. Eine Einschränkung ist auch dann in Erwägung zu ziehen, wenn die Angemessenheit des IKS bezogen auf das Prüfmodul grundsätzlich bestätigt werden kann, jedoch in einzelnen wesentlichen Bereichen kein IKS i.S.d. Soll-Objekts eingerichtet ist.

[7] Mängel, die nach Art und Umfang in ihren real eingetretenen sowie potentiellen Folgen für den Schutzzweck einer gegebenen Norm unbedeutend sind, stellen keine wesentlichen Verstöße dar (z.B. geringfügige Mängel im „Verbrauchergeschäft", wenn vom Kreditinstitut für diesen Bereich grundsätzlich ein die Einhaltung der gesetzlichen Bestimmungen gewährleistendes IKS eingerichtet ist und die vereinzelten geringfügigen Mängel vor Abschluss der Prüfung behoben worden sind bzw. wenn Grund zur Annahme besteht, dass die Mängel binnen längstens drei Monaten behoben werden. Wiederholte Gesetzesverletzungen, die auf systemische Mängel im IKS schließen lassen, sind jedenfalls wesentlich. Bei der Bewertung der Wesentlichkeit jedes festgestellten Verstoßes sind auch Kriterien, Umstände, Ursache und Wirkung des Verstoßes zu berücksichtigen.

(55) Unabhängig von der Beurteilung des IKS in Bezug auf das jeweilige Prüfmodul sind gemäß § 3 AP-VO Feststellungen in der Anlage zum Prüfungsbericht jeweils unter Angabe der einschlägigen Gesetzesreferenzen in den dafür gekennzeichneten Feldern darzustellen. Feststellungen sind unabhängig davon, ob die Mängel und Verletzungen von Vorschriften vor Abschluss der Prüfung behoben wurden, in den Bericht aufzunehmen.

(56) Dies gilt ebenso für die Darstellung wesentlicher Wahrnehmungen, sofern diese mit einschlägigen gesetzlichen Bestimmungen in Verbindung gebracht werden können. Sofern wesentliche Wahrnehmungen nicht einzelnen Gesetzesbestimmungen zugeordnet werden können, hat der Bankprüfer diese als ergänzende Erläuterung beim Prüfungsergebnis festzuhalten.

(57) Sofern einzelne Prüfmodule aufgrund von Ausnahmebestimmungen bzw. mangels Geschäftsfällen nicht zutreffen, ist dieser Umstand beim betroffenen Prüfmodul mit „nicht anwendbar", „keine Geschäftsfälle" oder einer gleichwertigen Kennzeichnung darzustellen und zu erläutern.

(58) Im Hinblick auf die jährliche Berichterstattung gemäß § 44 WAG 2018 zur Angemessenheit der Vorkehrungen zum Schutz des Kundenvermögens hat der Bankprüfer das Prüfungsergebnis nach der Zusicherung zu ergänzen. Der Wortlaut soll lauten:

„Aufgrund der von mir/uns im Rahmen dieser Prüfung durchgeführten Tätigkeiten in Bezug auf das 2. Hauptstück des WAG 2018, den Abschnitt 3 des Kapitels II sowie das Kapitel III der Delegierten Verordnung (EU) Nr. 2017/565, die Titel II, III und IV der Verordnung (EU) Nr. 600/2014 und den 3. und 4. Abschnitt des 1. Hauptstücks des BörseG 2018 sind mir/uns keine Sachverhalte bekannt geworden, die mich/uns zu der Annahme veranlassen, dass das Unternehmen kein in allen wesentlichen Belangen angemessenes Internes Kontrollsystem in Bezug auf das 2. Hauptstück des WAG 2018, den Abschnitt 3 des Kapitels II sowie das Kapitel III der Delegierten Verordnung (EU) Nr. 2017/565, die Titel II, III und IV der Verordnung (EU) Nr. 600/2014 und den 3. und 4. Abschnitt des 1. Hauptstücks des BörseG 2018, einschließlich der Vorkehrungen, welche gemäß den §§ 38 bis 43 WAG 2018 (Schutz der Finanzinstrumente und Gelder von Kunden, Hinterlegung von Kundenfinanzinstrumenten, Hinterlegung von Kundengeldern, Verwendung der Finanzinstrumente von Kunden, Unangemessene Verwendung von Finanzsicherheiten in Form der Vollrechtsübertragung, Regelungen im Bereich der Unternehmensführung zum Schutz der Vermögenswerte von Kunden) getroffen wurden, eingerichtet hat."

7.2. Prüfungen gemäß § 63 Abs. 4a BWG

(59) Eine positive Zusicherung soll folgendermaßen lauten:

„Nach meiner/unserer Beurteilung aufgrund der von mir/uns im Rahmen dieser Prüfung gewonnenen Erkenntnisse entspricht [entsprechen] der Bericht gemäß Art. 113 Abs. 7 Buchstabe e der Verordnung (EU) Nr. 575/2013 über das Geschäftsjahr vom [Beginn Geschäftsjahr] bis zum [Ende Geschäftsjahr] [und die konsolidierte Bilanz / die erweiterte Zusammenfassungsrechnung gemäß Art. 49 Abs. 3 Buchstabe a Ziffer iv der Verordnung (EU) Nr. 575/2013] zum Stichtag [Ende Geschäftsjahr] in allen wesentlichen Belangen den gesetzlichen Anforderungen bzw. dem zugrunde gelegten Referenzmodell."

8. Wahrnehmungen im Zusammenhang mit bemerkenswerten Krediten und mit der Beachtung sonstiger Vorschriften i.S.v. § 63 Abs. 4 Z 13 und 14 BWG

(60) Gemäß § 63 Abs. 5 fünfter Satz BWG hat der Bankprüfer über wesentliche Wahrnehmungen im Zuge seiner Tätigkeit zu Verstößen des Kreditinstituts hinsichtlich sonstiger relevanter Vorschriften i.S.v. § 63 Abs. 4 Z 14 BWG sowie hinsichtlich bemerkenswerter Kredite i.S.v. § 63 Abs. 4 Z 13 BWG zu berichten. Diese Informationspflicht besteht auch für Sachverhalte, die beim Bankprüfer keine Berichtspflicht gemäß § 63 Abs. 3 BWG auslösen.[8]

[8] Die EB zu § 63 Abs. 5 führen dazu aus: „Im Hinblick auf die Z 13 und 14 dieses Absatzes ist keine Zusicherung, sondern eine Berichterstattung von im Zuge der Tätigkeit des Bankprüfers getroffenen Wahrnehmungen über Verstöße des Kreditinstituts vorgesehen. Damit soll dem Prüfer die Möglichkeit gegeben werden, über die Darstellung der angeführten Feststellungen hinaus, auch sonstige Feststellungen und Wahrnehmungen, welche nach seinem pflichtgemäßen Ermessen für die Beaufsichtigung durch die Finanzmarktaufsicht relevant sein könnten, im Rahmen dieser Berichterstattung zu berichten."

(61) Die Berichterstattung über solche Wahrnehmungen erfolgt in Teil III der Anlage zum Prüfungsbericht gemäß der AP-VO. Sofern der Bankprüfer keine Wahrnehmungen gemacht hat, ist dies jeweils anzumerken.

9. Tätigkeiten zu den Teilen IV bis VII der Anlage zum Prüfungsbericht

(62) In den Teilen IV bis VII der Anlage zum Prüfungsbericht gemäß der AP-VO hat der Bankprüfer Daten wiederzugeben, die vom Kreditinstitut für statistische Zwecke bereitzustellen sind. § 63 Abs. 4 ff. BWG sehen im Hinblick auf diese Zahlenangaben keine Prüfungshandlungen vor. Der Prüfer muss daher zu diesen Daten keine Aussage treffen. Sofern der Prüfer im Rahmen seiner Tätigkeit Hinweise erhält, wonach diese Daten fehlerhaft sein könnten, hat er das Kreditinstitut darauf hinzuweisen und eine Korrektur zu veranlassen. Unterbleibt eine entsprechende Korrektur, so kann dies eine Wahrnehmung i.S.d. Abschnitts 8. darstellen.

10. Reservenmeldung

(63) In der Reservenmeldung gemäß § 70 Abs. 1 Z 1 BWG gibt der Bankprüfer derzeit Daten wieder, die vom Kreditinstitut für statistische Zwecke bereitzustellen sind. Der Prüfer muss zu diesen Daten keine Aussage treffen. Sofern der Prüfer im Rahmen seiner Tätigkeit Hinweise erhält, wonach diese Daten fehlerhaft sein könnten, hat er das Kreditinstitut darauf hinzuweisen und eine Korrektur zu veranlassen. Unterbleibt eine entsprechende Korrektur, so stellt dies eine Wahrnehmung i.S.d. Abschnitts 8. dar.

11. Berichterstattung

(64) Der Bankprüfer hat gemäß § 43 Abs. 1 BWG in Verbindung mit §§ 273, 274 UGB über das Ergebnis der Prüfung des Jahresabschlusses in Form eines Prüfungsberichts einschließlich eines Bestätigungsvermerks gemäß § 274 UGB und im Format der „Anlage zum Prüfungsbericht" über die Prüfung gemäß § 63 Abs. 4 zweiter Satz und Abs. 4a BWG zu berichten. Die Berichterstattung über die Jahresabschlussprüfung erfolgt in Würdigung der Gesamtaussage des Jahresabschlusses und beurteilt mit hinreichender Sicherheit die Darstellung der Vermögens-, Finanz- und Ertragslage des Kreditinstituts. Das Prüfungsurteil schließt auch Angaben im Anhang sowie Posten unter der Bilanz (z.B. anrechenbare Eigenmittel gemäß Teil 2 der Verordnung (EU) Nr. 575/2013 und Eigenmittelanforderungen gemäß Art. 92 der Verordnung (EU) Nr. 575/2013) ein, trifft aber keine gesonderte Aussage zu einzelnen Jahresabschlussposten.

(65) Die in § 63 Abs. 4 bis 5 BWG festgelegten Prüfungspflichten stellen eine Erweiterung des Umfangs der gesetzlichen Abschlussprüfung dar. Ungeachtet dessen werden im Bestätigungsvermerk gemäß § 274 UGB und in der Berichterstattung in der Anlage zum Prüfungsbericht voneinander unabhängige Beurteilungen abgegeben. Während der Bestätigungsvermerk einen gesetzlich definierten Inhalt hat, richtet sich der Inhalt der Berichterstattung in der Anlage zum Prüfungsbericht nach diesem Fachgutachten.

(66) Der Prüfer hat die durchgeführten Prüfungshandlungen, die die Grundlage für sein Prüfungsurteil bilden, in Teil II der Anlage zum Prüfungsbericht zu beschreiben. Empfehlungen dafür sind in den Anhängen 2 bis 5 für die einzelnen Prüfmodule aufgelistet.

(67) Über die gesetzlich normierte Berichterstattung im Rahmen der Anlage zum Prüfungsbericht hinaus ist – insbesondere bei Vorliegen von Schwächen und Mängeln im IKS – an die für die Überwachung verantwortlichen Aufsichtsgremien und die Geschäftsleitung über das Ergebnis der aufsichtsrechtlichen Prüfung zu berichten.

12. Self Assessment

(68) Das IKS für aufsichtsrechtliche Zwecke ist gemäß § 39 Abs. 2 BWG zu dokumentieren. Diese Dokumentation ist dem Prüfer zur Verfügung zu stellen. Allerdings kann aufgrund der Vielzahl neuer gesetzlicher Anforderungen im Zusammenhang mit der Verordnung (EU) Nr. 575/2013 und der Umsetzung der Richtlinie 2013/36/EU bzw. auch in weiterer Folge durch Veränderungen in der Aufbau- und Ablauforganisation der Reifegrad der zur Verfügung stehenden Dokumentation nicht ausreichend sein, um die Prüfungstätigkeit unmittelbar darauf stützen zu können. Zur Unterstützung der Vorbereitung auf die aufsichtsrechtliche Prüfung wird daher empfohlen, die Vorlage für das Self Assessment gemäß der Empfehlung des Fachsenats für Unternehmensrecht und Revision der Kammer der Steuerberater und Wirtschaftsprüfer zur Erklärung der Geschäftsleiter über die Einhaltung der aufsichtsrechtlichen Bestimmungen (KFS/BA 14) in der jeweils geltenden Fassung anzuwenden.

13. Vollständigkeitserklärung

(69) Der Bankprüfer sollte eine schriftliche Erklärung der Geschäftsleiter einholen, inwieweit alle wesentlichen gesetzlichen, insbesondere aufsichtsrechtlichen Bestimmungen eingehalten worden sind sowie dass ihm alle diesbezüglichen Informationen und Dokumente zugänglich gemacht und die in den Teilen IV bis VII der Anlage zum Prüfungsbericht verarbeiteten Angaben vollständig und richtig gemacht wurden.

(70) Im Rahmen der Aufklärungspflicht sind die Vertreter des IPS zu ersuchen, dem Bankprüfer durch eine Vollständigkeitserklärung die Offenlegung aller für die Durchführung der Prüfung erforderlichen Unterlagen und Daten zu bestätigen.

14. Erstmalige Anwendung

(71) Dieses Fachgutachten ersetzt das Fachgutachten zur Berichterstattung über die Beachtung von für Kreditinstitute wesentlichen Rechtsvorschriften, insbesondere des Bankwesengesetzes und des Wertpapieraufsichtsgesetzes, gemäß § 63 Abs. 5 BWG in einer Anlage zum Prüfungsbericht (KFS/BA 9) in der Fassung vom Dezember 2010 und war erstmals für die Erstellung der Anlage zum Prüfungsbericht im Zusammenhang mit der Abschlussprüfung von Geschäftsjahren, die am 31. Dezember 2014 enden, anzuwenden. Die vorliegende Fassung ist erstmals für die Erstellung der Anlage zum Prüfungsbericht im Zusammenhang mit der Abschlussprüfung von Geschäftsjahren, die am 31. Dezember 2019 enden, anzuwenden.

Anhang 1: Beschreibung des Referenzmodells (Soll-Objekts) zu § 63 Abs. 4 zweiter Satz BWG

Kontrollumfeld

Das Kontrollumfeld stellt den Rahmen eines wirksamen IKS dar und beeinflusst sowohl die Grundeinstellung einer Organisation hinsichtlich Risiko und Kontrollen als auch die Art und Weise, wie Kontrollen in die Arbeitsabläufe des Unternehmens eingebunden werden. Es beinhaltet die Risikophilosophie und das Risikobewusstsein der Organisation sowie Überwachungs- und Leitungsfunktionen der Geschäftsleitung.

Das Kontrollumfeld eines Unternehmens wird im Wesentlichen von den folgenden Elementen geprägt:

- Integrität und ethische Werte: Einwandfreie Integrität und ethische Werte, insbesondere auf den oberen Führungsebenen, sind entwickelt, werden verstanden und bilden die Verhaltensregel für das Durchführen der Geschäftsprozesse.
- Geschäftsleitung: Die Geschäftsleitung versteht und verfolgt ihre Überwachungsverantwortung in Bezug auf die Geschäftsprozesse und die entsprechende interne Überwachung.
- Führungsphilosophie und Geschäftsgebaren: Der Führungsstil und das Geschäftsgebaren der Führungskräfte unterstützen eine wirksame interne Überwachung der Geschäftsprozesse.
- Organisationsstruktur: Die Organisationsstruktur des Unternehmens fördert eine wirksame interne Überwachung der Geschäftsprozesse.
- Befähigung zur Finanzberichterstattung: Das Unternehmen beschäftigt Experten im Bereich der Geschäftsprozesse und der diesbezüglichen Überwachungsfunktionen.
- Entscheidungskompetenz und Verantwortlichkeit: Führungskräften und Mitarbeitern werden sachgerecht Verantwortlichkeit und Verantwortung zugeordnet, um eine wirksame Überwachung der Geschäftsprozesse zu ermöglichen.
- Personal: Personalvorschriften und -vorgehensweisen sind so gestaltet und umgesetzt, dass sie eine wirksame Überwachung der Geschäftsprozesse fördern.

Risikobeurteilungsprozess des Unternehmens

Der Risikobeurteilungsprozess des Unternehmens identifiziert jene Risiken, welche in das IKS einbezogen werden müssen. Hierbei werden die einzelnen Risiken im Hinblick auf ihre Auswirkungen und Eintrittswahrscheinlichkeiten untersucht und Maßnahmen definiert, um diese zu vermeiden bzw. zu verringern.

Relevante Informationssysteme, damit verbundene Geschäftsprozesse und Kommunikation

Dies beinhaltet all jene Informationssysteme, welche für die aufsichtsrechtlichen Anforderungen relevant sind. Es ist von wesentlicher Bedeutung, dass alle benötigten Informationen erkannt, erfasst und verarbeitet werden. Nur so wird es den Mitarbeitern ermöglicht, ihre Verantwortlichkeit zu übernehmen. Wirksame Kommunikation erfolgt hierbei abwärts, lateral und aufwärts in der Organisation.

Kontrollaktivitäten

Kontrollaktivitäten sind Vorschriften und Verfahren, welche sicherstellen sollen, dass Risikoreaktionen wirksam ausgeführt werden. Dadurch soll sichergestellt werden, dass jene Maßnahmen ergriffen werden, die notwendig sind, um Risiken entgegenzuwirken. Kontrollaktivitäten werden auf allen Ebenen einer Organisation und in sämtlichen Funktionen wahrgenommen. Unter anderem können die folgenden Kontrollaktivitäten durchgeführt werden:

- Autorisierung
- Leistungskontrolle
- Informationsverarbeitung
- physische Kontrolle
- Funktionentrennung/Vier-Augen-Prinzip

Im Zuge der Beurteilung von Kontrollaktivitäten durch die Geschäftsleitung wird analysiert, inwiefern einzelne Kontrollen oder Kombinationen von Kontrollen geeignet sind, Verstöße gegen aufsichtsrechtliche Bestimmungen zu vermeiden oder aufzudecken.

Die Geschäftsleitung muss auch in angemessener Art und Weise auf jene Risiken eingehen, welche im Zusammenhang mit der Nutzung von IT entstehen. Hierbei müssen IT-Kontrollen durchgeführt werden, welche sicherstellen, dass die Integrität und Sicherheit von Daten gewährleistet ist.

Überwachung der Kontrollen

Die Gesamtheit des unternehmensweiten Risikomanagements wird überwacht und, wenn erforderlich, angepasst. Somit soll sichergestellt werden, dass die Vorgaben des IKS eingehalten werden.

Die Überwachung wird von der Geschäftsleitung koordiniert. Sie kann hierbei auf verschiedene Mittel zurückgreifen, zum Beispiel können Kontrollen durch die Interne Revision oder andere Mitarbeiter überwacht werden.

Anhang 2: Berichterstattung über die Prüfungshandlungen in Teil II der Anlage zum Prüfungsbericht

0. Allgemeine und übergreifende Prüfungshandlungen

Für die Zwecke der Berichterstattung in der Anlage zum Prüfungsbericht haben wir in Übereinstimmung mit KFS/BA 9 die nachfolgend beschriebenen allgemeinen, übergreifenden Prüfungshandlungen gesetzt. Die sich daraus ergebenden Erkenntnisse wurden – soweit sie diesbezüglich relevant waren – im Rahmen der Prüfung der Prüfmodule berücksichtigt. Die nachfolgend beschriebenen Prüfungshandlungen werden daher bei den einzelnen Prüfmodulen nicht mehr gesondert angeführt.

Kontrollumfeld

Wir haben uns ein Verständnis vom Kontrollumfeld im Unternehmen verschafft. In diesem Zusammenhang haben wir uns mit der Vermittlung und Durchsetzung von ethischen Werten, der Unabhängigkeit des Aufsichtsorgans von der Geschäftsleitung, der Qualifikation des Aufsichtsorgans sowie dessen Einbindung in den Kontrollprozess befasst.

Wir haben den/das Unternehmensleitfaden/-leitbild des Kreditinstituts durchgesehen und Mitglieder der Geschäftsleitung sowie des Aufsichtsorgans befragt, ob Unternehmenskultur und -struktur geeignet sind, die im Unternehmensleitfaden/-leitbild enthaltenen ethischen Werte angemessen zu vermitteln und durchzusetzen.

Wir haben die Risikostrategie des Kreditinstituts eingeholt und kritisch daraufhin durchgesehen, ob sie im Einklang mit dem Unternehmensleitfaden/-leitbild steht und insbesondere, ob wesentliche Risiken identifiziert und welche Maßnahmen zur Steuerung und Begrenzung dieser Risiken daraus abgeleitet wurden.

Wir haben die Geschäftsleitung zu ihrer Risikoeinschätzung und der Angemessenheit der gesetzten Maßnahmen befragt.

Wir haben Protokolle von Sitzungen der Geschäftsleitung, des Aufsichtsrats und sonstiger risikorelevanter Gremien daraufhin durchgesehen, ob diese ausreichend über die Gestaltung des Internen Kontrollsystems informiert sind und Sachverhalte eingetreten sind bzw. Weisungen erteilt wurden, die auf ein Zuwiderhandeln gegen die definierten ethischen Werte hindeuten könnten.

Wir haben Meldungen an die Whistle Blowing-Stelle dahingehend durchgesehen, ob Sachverhalte eingetreten sind, die auf ein Zuwiderhandeln gegen die definierten ethischen Werte hindeuten könnten.

Wir haben überprüft, ob das Kreditinstitut einen Prozess zur Beurteilung der Eignung und Angemessenheit von Mitgliedern der Geschäftsleitung und des Aufsichtsorgans sowie der Inhaber von Schlüsselfunktionen definiert hat.

Wir haben die Organisationsstruktur des Kreditinstituts durch Durchsicht des Organigramms kritisch gewürdigt. Wir haben nachfolgende Unterlagen daraufhin durchgesehen, ob sie Hinweise auf die Verletzung von gesetzlichen Bestimmungen enthalten:

- Prüfberichte der Aufsichtsbehörden und externer Prüfer während des Geschäftsjahrs
- Korrespondenz mit den Aufsichtsbehörden während des Geschäftsjahrs
- Protokolle von Sitzungen der Geschäftsleitung, des Aufsichtsrats und sonstiger risikorelevanter Gremien

Risikobeurteilungsprozess des Unternehmens

Zur Gewinnung eines Überblicks über den Risikobeurteilungsprozess des Unternehmens haben wir zunächst die Einschätzung der Geschäftsleitung hinsichtlich wesentlicher und erkannter Geschäftsrisiken sowie der Wahrscheinlichkeit für deren Eintritt evaluiert. Darüber hinaus haben wir die Maßnahmen der Geschäftsleitung zur Behandlung dieser Geschäftsrisiken dahingehend beurteilt, ob die vorgenommenen Maßnahmen zweckmäßig sind. In dieser Beurteilung wurden auch die Feststellungen zu Risiken, welche im Zusammenhang mit der Beurteilung der Ordnungsmäßigkeit und Verlässlichkeit des Internen Kontrollsystems zur Einhaltung der relevanten aufsichtsrechtlichen Bestimmungen beurteilt wurden, berücksichtigt.

Relevante Informationssysteme, damit verbundene Geschäftsprozesse und Kommunikation

Wir haben die Risiken aus der Nutzung von Informationssystemen sowie deren Auswirkungen auf die Geschäftsprozesse in die Planung der IT-bezogenen Prüfungshandlungen einbezogen. Dabei haben wir die Bedeutung der IT für das Interne Kontrollsystem und die Einhaltung der aufsichtsrechtlichen Bestimmungen berücksichtigt.

Kontrollaktivitäten

Wir haben ein Verständnis der Kontrollmaßnahmen, welche sicherstellen, dass die Anordnungen der Führungskräfte umgesetzt werden, erlangt. Für den IT-Bereich haben wir das Vorhandensein von anwendungsunabhängigen (General Controls) sowie – soweit gesondert angeführt – anwendungsabhängigen Kontrollen (Application Controls) beurteilt. Die physischen Kontrollen sowie die

Funktionstrennung in Geschäftsprozessen haben wir dabei ebenfalls evaluiert.

Überwachung der Kontrollen

Wir haben uns über jene Kontrollmaßnahmen einen Überblick verschafft, welche sicherstellen sollen, dass die eingeführten und vorzunehmenden Kontrollen tatsächlich vollzogen werden. Dabei haben wir auf der einen Seite prozessintegrierte Kontrollen wie z.B. organisatorische Sicherungsmaßnahmen sowie auf der anderen Seite prozessunabhängige Kontrollen, wie z.B. durch die Interne Revision, erhoben. Des Weiteren haben wir uns ein Urteil über eingeleitete Korrekturmaßnahmen gebildet.

Zur Gewinnung von Prüfungsnachweisen zu den vorgenannten Elementen des relevanten Internen Kontrollsystems haben wir folgende konkrete Prüfungshandlungen gesetzt:

Wir haben anhand einer Übersicht einzelne, nach Risikogesichtspunkten ausgewählte Berichte der Internen Revision im Geschäftsjahr daraufhin durchgesehen, ob sie wesentliche Beanstandungen bzw. Hinweise auf die Verletzung von gesetzlichen Bestimmungen enthalten.

Wir haben die Mitglieder der Geschäftsleitung befragt, ob wesentliche Teilprozesse an Dritte ausgelagert wurden.

[*Sofern die Bestimmungen des § 25 BWG auf das Unternehmen nicht anzuwenden sind:*

Wir haben in diesem Zusammenhang abgeschlossene schriftliche Vereinbarungen zwischen dem Kreditinstitut und dem Dienstleistungsunternehmen eingeholt. Wir haben erhoben, welche Maßnahmen im Kreditinstitut zur Überwachung des Dienstleistungsunternehmens gesetzt wurden, und die vorliegende Dokumentation zur Beurteilung der Dienstleistungsqualität kritisch gewürdigt.]

Wir haben verantwortliche Mitarbeiter des Kreditinstituts kritisch befragt, ob

- die jeweiligen gesetzlichen Bestimmungen zum Prüfmodul eingehalten worden sind,
- die Einhaltung dieser Bestimmungen durch entsprechende interne Kontrollen sichergestellt ist und
- nach ihrer Kenntnis im Geschäftsjahr wesentliche Verstöße erfolgt sind.

Wir haben verantwortliche Mitarbeiter des Kreditinstituts kritisch befragt, ob in Bezug auf die jeweils relevanten Informationssysteme

- es Regelungen zu Verantwortlichkeiten bezüglich Systemen und Datenqualität in relevanten Prozessen gibt,
- es im Geschäftsjahr Änderungen oder Implementierungen in relevanten IT-Anwendungen oder Schnittstellen gegeben hat,
- es im Geschäftsjahr Änderungen in Bezug auf bestehende Datenflüsse und Eingriffsmöglichkeiten in diese bzw. von internen Kontrollen zur Sicherstellung einer angemessenen Datenqualität gegeben hat,
- es im Geschäftsjahr wesentliche Probleme in Folge von Systemausfällen, sicherheitsrelevanten Vorfällen oder der Datenqualität gegeben hat und
- ein Change Management-Prozess für Änderungen an Prozessen, Datenflüssen und Applikationen eingerichtet ist.

Falls es im Geschäftsjahr Änderungen oder Implementierungen in den relevanten IT-Anwendungen oder Schnittstellen gegeben hat, haben wir überprüft, ob ein Abnahmeprotokoll der involvierten Fachabteilung und der IT-Abteilung vorliegt.

Wir haben das Vorliegen von aktuellen Dienstanweisungen, Richtlinien und Prozessbeschreibungen, in denen die internen Abläufe zur Einhaltung der jeweiligen gesetzlichen Bestimmungen dokumentiert sind, überprüft und uns dabei überzeugt, ob die Ausgestaltung der internen Regelungen die ausreichende Einhaltung der gesetzlichen Bestimmungen vorsieht.

Wir haben eine schriftliche Erklärung der Geschäftsleitung / des Vorstandes darüber eingeholt, ob ein angemessenes Internes Kontrollsystem eingerichtet ist, inwieweit die in Teil II der Anlage zum Prüfungsbericht angeführten gesetzlichen Bestimmungen eingehalten worden sind und dass uns alle diesbezüglichen Informationen und Dokumente zugänglich gemacht wurden.

1. Konsolidierung und Freistellungsvorschriften (positive Zusicherung)[9]

[9] Der Text ist im Fall der Anwendung der Ausnahmebestimmung des § 63 Abs. 5 vierter Satz BWG anzupassen.

Für die auf eine positive Zusicherung gerichtete Beurteilung im Zusammenhang mit den Konsolidierungsvorschriften der §§ 30 und 30a BWG einschließlich der diesbezüglichen behördlichen Auflagen haben wir folgende spezifische Prüfungshandlungen gesetzt:

Zu § 30 BWG:

Wir haben die Prozesse zur ordnungsgemäßen Abgrenzung des aufsichtsrechtlichen Konsolidierungskreises (System der Beteiligungsverwaltung in Bezug auf Änderungen im aufsichtsrechtlichen Konsolidierungskreis und Kommunikationsfluss zu der für die Festlegung des aufsichtsrechtlichen Konsolidierungskreises zuständigen Stelle) erhoben.

Wir haben in diesem Zusammenhang insbesondere erhoben,

- ob die institutsspezifische Vorgangsweise für die Abgrenzung des aufsichtsrechtlichen Konsolidierungskreises schriftlich dokumentiert ist („Fachkonzept", „Konsolidierungshandbuch") und
- wie der Prozess vorsieht, dass alle relevanten Veränderungen von Kontrollverhältnissen die für die Festlegung des aufsichtsrechtlichen Konsolidierungskreises zuständige Stelle erreichen.

Wir haben die Gestaltung (Design) der wesentlichen internen Kontrollmaßnahmen im Zusammenhang mit dem Prozess zur ordnungsgemäßen Abgrenzung des aufsichtsrechtlichen Konsolidierungskreises mit dem Ziel der Einhaltung der Bestimmungen des § 30 BWG bzw. von Art. 18 und 19 der Verordnung (EU) Nr. 575/2013 erhoben und kritisch gewürdigt und die Umsetzung (Implementation) der wesentlichen Kontrollaktivitäten im Rahmen eines Walk Throughs überprüft.

Wir haben die Prüfberichte der Internen Revision und der Konzernrevision kritisch daraufhin durchgesehen, ob sie Hinweise auf die Verletzung der Bestimmungen zum aufsichtsrechtlichen Konsolidierungskreis enthalten.

Zu § 30a BWG:

Bankprüfer der Zentralorganisation:

Wir haben uns anhand der Dokumentation der Aufbauorganisation (Vertrag über die Begründung eines Kreditinstitute-Verbunds nach § 30a BWG, Bewilligung der FMA, Verbund-Organigramm, vertragliches oder statutarisches Weisungsrecht) und durch Befragung der Geschäftsleitung der Zentralorganisation erkundigt, wie die laufende Einhaltung der Voraussetzungen gemäß Art. 10 Abs. 1 der Verordnung (EU) Nr. 575/2013 und allfälliger bescheidmäßiger Auflagen überprüft wird.

Wir haben Mitglieder der Geschäftsleitung der Zentralorganisation zur Risikoeinschätzung und zur Angemessenheit (Proportionalität) der gesetzten Maßnahmen (Weisungen) in Bezug auf die Einhaltung der gesetzlichen Vorgaben des § 30a BWG befragt.

Wir haben verantwortliche Mitarbeiter der Zentralorganisation befragt, ob im Geschäftsjahr eine Anzeige gemäß § 30a Abs. 5 BWG gegenüber der FMA erstattet wurde.

Wir haben die Gestaltung (Design) der wesentlichen Maßnahmen (Weisungen) im Zusammenhang mit der Einhaltung der Bestimmungen des § 30a BWG unter Berücksichtigung von Art. 18 und 19 der Verordnung (EU) Nr. 575/2013 erhoben und kritisch gewürdigt und die Umsetzung (Implementation) der wesentlichen Kontrollaktivitäten im Rahmen eines Walk Throughs überprüft.

Wir haben verantwortliche Mitarbeiter der Zentralorganisation kritisch befragt, ob

- die Einhaltung dieser Bestimmungen durch entsprechende interne Kontrollen sichergestellt ist,
- die zugeordneten Kreditinstitute ihrer Informationspflicht nachgekommen sind,
- nach ihrer Kenntnis im Geschäftsjahr wesentliche Verstöße erfolgt sind bzw. individuelle Weisungen erteilt wurden und
- es im Geschäftsjahr wesentliche Probleme in der Datenqualität gegeben hat.

Wir haben nachfolgende Unterlagen kritisch daraufhin durchgesehen, ob sie Hinweise auf die Verletzung der Bestimmungen enthalten:

- Prüfberichte der Verbundrevision während des Geschäftsjahrs
- Prüfberichte der Aufsichtsbehörden während des Geschäftsjahrs
- Korrespondenz mit den Aufsichtsbehörden während des Geschäftsjahrs
- Protokolle von Sitzungen der Geschäftsleitung und des Aufsichtsrats oder sonstiger risikorelevanter Gremien

Bei Vorliegen von bemerkenswerten Sachverhalten in den Berichten der Verbundrevision an die Geschäftsleiter haben wir sie mit den verantwortlichen Mitarbeitern besprochen.

Bei zugeordneten Kreditinstituten, die aufgrund des aufsichtsrechtlichen Gewichts[10] bedeutsam für den Kreditinstitute-Verbund sind, haben wir die Anlage zum Prüfungsbericht des einbezogenen Unternehmens gewürdigt. Von den sonstigen zugeordneten Kreditinstituten haben wir nach pflichtgemäßem Ermessen eine Auswahl unter Berücksichtigung ihrer jeweiligen Wesentlichkeit für den Kreditinstitute-Verbund getroffen und die von der Auswahl betroffenen Anlagen zum Prüfungsbericht unter risikoorientierten Gesichtspunkten gewürdigt.

[10] Zugeordnete Kreditinstitute, welche nicht unter die Erleichterungsbestimmungen des § 63 Abs. 5 BWG für kleine nicht kapitalmarktorientierte Kreditinstitute fallen.

Bankprüfer der als nachgeordnete Institute bzw. angeschlossene Institute zugeordneten Kreditinstitute (außer Zentralinstitut):

Wir haben anhand der Aufbauorganisation (Organigramm und Stellenbeschreibungen) und durch Befragung der Geschäftsleitung des zugeordneten Kreditinstituts erhoben, ob die von der Zentralorganisation gesetzten Maßnahmen (Weisungen[11]) umgesetzt wurden.

[11] Die Ergebnisse der Prüfung der Umsetzung von vertraglichen oder statutarischen Weisungsrechten der Zentralorganisation, die sich auf die gesetzlichen Bestimmungen gemäß § 63 Abs. 4 Z 1 und 2 BWG beziehen, werden mit einer positiven Zusicherung versehen. Die Ergebnisse der Prüfung der Umsetzung jener Weisungsrechte, die sich auf § 63 Abs. 4 Z 3 bis 12 BWG beziehen, werden mit einer negativen Zusicherung verbunden. Bei kleinen nicht kapitalmarktorientierten nachgeordneten Kreditinstituten erfolgt die Darstellung der Prüfungsergebnisse über die Beachtung der generellen Weisungen gemäß § 63 Abs. 5 BWG ausschließlich in der Qualität einer negativen Zusicherung.

Wir haben Mitglieder der Geschäftsleitung zur Risikoeinschätzung und zur Angemessenheit der gesetzten Anordnungen in Bezug auf die Einhaltung der von der Zentralorganisation gesetzten Maßnahmen (Weisungen) befragt.

Wir haben das Vorliegen von aktuellen Dienstanweisungen, Richtlinien und Prozessbeschreibungen, in denen die internen Abläufe zur Einhaltung der von der Zentralorganisation gesetzten Maßnahmen (Weisungen) dokumentiert sind, überprüft und uns dabei überzeugt, ob die Ausgestaltung der internen Regelungen die hinreichende Umsetzung der Weisungen vorsieht.

Wir haben die Gestaltung (Design) der wesentlichen Maßnahmen (Weisungen) im Zusammenhang mit der Einhaltung der Bestimmungen des § 30a BWG unter Berücksichtigung von Art. 18 und 19 der Verordnung (EU) Nr. 575/2013 erhoben und kritisch gewürdigt und die Umsetzung (Implementation) der wesentlichen Kontrollaktivitäten im Rahmen eines Walk Throughs überprüft.

Wir haben verantwortliche Mitarbeiter des nachgeordneten Kreditinstituts kritisch befragt, ob

- die Einhaltung dieser Bestimmungen durch entsprechende interne Kontrollen sichergestellt ist,
- nach ihrer Kenntnis im Geschäftsjahr wesentliche Verstöße erfolgt sind bzw. ob individuelle Weisungen erteilt wurden und
- es im Geschäftsjahr wesentliche Probleme in der Datenqualität gegeben hat.

Wir haben nachfolgende Unterlagen kritisch daraufhin durchgesehen, ob sie Hinweise auf die Verletzung der Bestimmungen enthalten:

- Prüfberichte der Verbund- und der Internen Revision während des Geschäftsjahrs
- Prüfberichte der Aufsichtsbehörden während des Geschäftsjahrs
- Korrespondenz mit der Zentralorganisation und den Aufsichtsbehörden während des Geschäftsjahrs
- Protokolle von Sitzungen der Geschäftsleitung und des Aufsichtsrats oder sonstiger risikorelevanter Gremien

Bei Vorliegen von bemerkenswerten Sachverhalten in den Berichten der Verbund- oder der Internen Revision an die Geschäftsleiter haben wir sie mit den verantwortlichen Mitarbeitern besprochen.

Für die auf eine positive Zusicherung gerichtete Beurteilung im Zusammenhang mit den Freistellungsvorschriften der §§ 30b und 30c BWG einschließlich der diesbezüglichen behördlichen Auflagen haben wir folgende spezifische Prüfungshandlungen gesetzt:

Zu § 30b BWG:

Wir haben in diesem Zusammenhang insbesondere erhoben, ob und wie im Fall einer Freistellung von gruppenangehörigen Kreditinstituten und Wertpapierfirmen gemäß Art. 7 der Verordnung (EU) Nr. 575/2013 der Prozess auf Institutsebene vorsieht, dass der Wegfall einer oder mehrerer Voraussetzungen gemäß Art. 7 der Verordnung (EU) Nr. 575/2013 und die Nichteinhaltung von in Bescheiden festgelegten Auflagen und Bedingungen zur Sicherstellung dieser Voraussetzungen erkannt und angezeigt sowie ein Plan zur Behebung der Mängel erstellt und verfolgt wird.

Zu § 30c BWG:

Bankprüfer des Mutterinstituts bzw. Zentralinstituts:

Wir haben verantwortliche Mitarbeiter des Zentralinstituts befragt, wie die laufende Einhaltung der Voraussetzungen gemäß Art. 8 der Verordnung (EU) Nr. 575/2013 und allfälliger bescheidmäßiger Auflagen überprüft wird.

Wir haben verantwortliche Mitarbeiter des Zentralinstituts befragt, welche Maßnahmen ergriffen wurden, um die Liquiditätspositionen aller Mitgliedsinstitute der Liquiditäts(unter)gruppe kontinuierlich zu verfolgen und zu überwachen sowie ein ausreichend hohes Liquiditätsniveau aller Mitgliedsinstitute zu gewährleisten.

Wir haben den aktuellen Bericht zur Überprüfung der Einhaltung der Voraussetzungen gemäß Art. 8 der Verordnung (EU) Nr. 575/2013 und allfälliger bescheidmäßiger Auflagen und den aktuellen Bericht zur Überwachung der Liquiditätspositionen aller Mitgliedsinstitute der Liquiditäts(unter)gruppe eingesehen und kritisch gewürdigt.

Wir haben die Maßnahmen erhoben, welche im Zentralinstitut ergriffen wurden, um von sämtlichen Mitgliedsinstituten der Liquiditäts(unter)gruppe die erforderlichen Informationen und Daten vollständig, richtig und zeitgerecht zu erhalten, um die Liquiditätsanforderungen des Teils 6 der Verordnung (EU) Nr. 575/2013 auf konsolidierter Basis ordnungsgemäß berechnen und rechtzeitig melden zu können.

Wir haben verantwortliche Mitarbeiter des Zentralinstituts befragt, ob im Geschäftsjahr eine Anzeige gemäß § 30c Abs. 5 BWG erstattet und der FMA ein Plan zur Herstellung des gesetzmäßigen Zustandes vorgelegt wurde.

Bankprüfer der nachgeordneten Institute bzw. Mitglieder eines IPS (außer Zentralinstitut):

Wir haben verantwortliche Mitarbeiter des Kreditinstituts befragt, wie die laufende Einhaltung der Voraussetzungen gemäß Art. 8 der Verordnung (EU) Nr. 575/2013 und allfälliger bescheidmäßiger Auflagen überprüft wird. Wir haben insbesondere erhoben, ob ein Nachweis der Erfüllung der Liquiditätsanforderungen auf konsolidierter Basis vom Mutterkreditinstitut bzw. vom Zentralinstitut eingeholt wird.

2. Anforderungen an Zentralinstitute von institutsbezogenen Sicherungssystemen (positive Zusicherung)[12]

[12] Der Text ist im Fall der Anwendung der Ausnahmebestimmung des § 63 Abs. 5 vierter Satz BWG anzupassen.

Für die auf eine positive Zusicherung gerichtete Beurteilung im Zusammenhang mit der konsolidierten Bilanz oder erweiterten Zusammenfassungsrechnung gemäß Art. 49 Abs. 3 Buchstabe a Ziffer iv der Verordnung (EU) Nr. 575/2013 bei institutsbezogenen Sicherungssystemen, die Art. 49 Abs. 3 der Verordnung (EU) Nr. 575/2013 anwenden, haben wir folgende spezifische Prüfungshandlungen gesetzt:

Variante bei Erstellung einer konsolidierten Bilanz:

Wir haben die wesentlichen Prozesse im Zusammenhang mit der Konsolidierung der in die konsolidierte Bilanz gemäß Art. 49 Abs. 3 Buchstabe a Ziffer iv der Verordnung (EU) Nr. 575/2013 einbezogenen Gesellschaften bei institutsbezogenen Sicherungssystemen erhoben und kritisch gewürdigt. Darunter verstehen wir insbesondere die wesentlichen internen Abläufe zur Festlegung des Konsolidierungskreises, zur Erstellung der Summenbilanz, zur Währungsumrechnung, zur Kapital- und Schuldenkonsolidierung, zur Abgrenzung latenter Steuern und zur Behandlung etwaiger Firmenwerte und somit zur Erstellung der konsolidierten Bilanz nach den vom institutsbezogenen Sicherungssystem jeweils anzuwendenden [internationalen / nationalen] Rechnungslegungsgrundsätzen.

Wir haben die ordnungsgemäße Vornahme der Konsolidierungsbuchungen testfallbasiert geprüft. Wir haben wesentliche in die konsolidierte Bilanz einbezogene Einzelbilanzen bzw. Reporting Packages von Mitgliedsinstituten des institutsbezogenen Sicherungssystems durchgesehen und daraufhin analysiert, ob sie den zugrunde zu legenden [internationalen / nationalen] Rechnungslegungsgrundsätzen entsprechen. [Variante] Wir haben uns hinsichtlich einzelner in die Konsolidierung einbezogener Unternehmen auf die für die Durchsicht maßgeblichen Tätigkeiten und Ergebnisse anderer Prüfer gestützt. [Variante] Sofern Mitgliedsinstitute in einen nach vergleichbaren [internationalen / nationalen] Rechnungslegungsgrundsätzen aufgestellten Konzernabschluss des Zentralinstituts zum selben Stichtag einbezogen sind, so haben wir analytisch geprüft, ob die Reporting Packages (Jahresabschlüsse) dieser Mitgliedsinstitute mit den in den Konzernabschluss des Zentralinstituts einbezogenen Reporting Packages (Jahresabschlussen) vergleichbar sind.

Variante bei Erstellung einer erweiterten Zusammenfassungsrechnung:

Wir haben die wesentlichen Prozesse im Zusammenhang mit der Aggregation der in die erweiterte Zusammenfassungsrechnung gemäß Art. 49 Abs. 3 Buchstabe a Ziffer iv der Verordnung (EU) Nr. 575/2013 einbezogenen Gesellschaften erhoben und kritisch gewürdigt. Darunter verstehen wir insbesondere die wesentlichen internen Abläufe zur Ermittlung des Aggregationskreises und zur Erstellung der erweiterten Zusammenfassungsrechnung in Abhängigkeit von dem vom institutsbezogenen Sicherungssystem zugrunde gelegten und uns zur Verfügung gestellten Referenzmodell. [Beschreibung Referenzmodell] Wir haben die ordnungsgemäße Vornahme der Aggregationsbuchungen testfallbasiert geprüft.

Weiters haben wir das vom institutsbezogenen Sicherungssystem zugrunde gelegte und uns zur Verfügung gestellte Referenzmodell dahingehend einer Untersuchung unterzogen, ob es den Bestimmungen der Richtlinie 86/635/EWG, die bestimmte Anpassungen der Richtlinie 83/349/EWG enthält, oder denen der Verordnung (EG) Nr. 1606/2002, die die konsolidierten Abschlüsse von Kreditinstitutsgruppen regelt, gleichwertig ist, um insbesondere die Mehrfachbelegung anerkennungsfähiger Eigenmittelbestandteile und jede etwaige unangemessene Bildung von Eigenmitteln zwischen den Mitgliedern des institutsbezogenen Sicherungssystems bei der Berechnung zu beseitigen.

Wir haben die Einzelbilanzen wesentlicher in die erweiterte Zusammenfassungsrechnung einbezogener Mitgliedsinstitute des institutsbezogenen Sicherungssystems durchgesehen und daraufhin analysiert, ob sie den im zugrunde liegenden Referenzmodell definierten Rechnungslegungsgrundsätzen entsprechen. [Variante] Wir haben uns hinsichtlich einzelner in die erweiterte Zusammenfassungsrechnung einbezogener Unternehmen auf die für die Durchsicht maßgeblichen Tätigkeiten und Ergebnisse anderer Prüfer gestützt. [Variante] Sofern Mitgliedsinstitute in einen nach dem Referenzmodell vergleichbaren Rechnungslegungsgrundsätzen aufgestellten Konzernabschluss des Zentralinstituts zum selben Stichtag einbezogen sind, so haben wir analytisch geprüft, ob die Reporting Packages (Jahresabschlüsse) dieser Mitgliedsinstitute mit den in den Konzernabschluss des Zentralinstituts einbezogenen Reporting Packages (Jahresabschlüssen) vor Konsolidierungsbuchungen vergleichbar sind.

Für die auf eine positive Zusicherung gerichtete Beurteilung im Zusammenhang mit dem Bericht gemäß Art. 113 Abs. 7 Buchstabe e der Verordnung (EU) Nr. 575/2013 haben wir folgende spezifische Prüfungshandlungen gesetzt:

Variante bei Erstellung eines konsolidierten Berichts:

Wir haben die wesentlichen Prozesse im Zusammenhang mit der Konsolidierung der in den Bericht gemäß Art. 113 Abs. 7 Buchstabe e der Verordnung (EU) Nr. 575/2013 einbezogenen Gesellschaften erhoben und kritisch gewürdigt. Darunter verstehen wir insbesondere die wesentlichen internen Abläufe zur Festlegung des Konsolidierungskreises, zur Erstellung der Summenbilanz, zur Währungsumrechnung, zur Kapital-, Schulden-, Aufwands- und Ertragskonsolidierung sowie zur Zwischengewinneliminierung, zur Abgrenzung latenter Steuern und zur Behandlung etwaiger Firmenwerte und somit zur Erstellung der konsolidierten Bilanz, der konsolidierten Gewinn- und Verlustrechnung sowie des Risikoberichts und des Lageberichts nach den vom institutsbezogenen Sicherungssystem jeweils anzuwendenden [internationalen / nationalen] Rechnungslegungsgrundsätzen. [Beschreibung Referenzmodell Risikobericht] Wir haben die ordnungsgemäße Vornahme der Konsolidierungsbuchungen testfallbasiert geprüft.

Wir haben wesentliche in den Bericht einbezogene Jahresabschlüsse bzw. Reporting Packages von Mitgliedsinstituten durchgesehen und daraufhin analysiert, ob sie den zugrunde zu legenden [internationalen / nationalen] Rechnungslegungsgrundsätzen entsprechen. [Variante] Wir haben uns hinsichtlich einzelner in den Bericht einbezogener Unternehmen auf die für die Durchsicht maßgeblichen Tätigkeiten und Ergebnisse anderer Prüfer gestützt. [Variante] Sofern Mitgliedsinstitute in einen nach vergleichbaren [internationalen / nationalen] Rechnungslegungsgrundsätzen aufgestellten Konzernabschluss des Zentralinstituts zum selben Stichtag einbezogen sind, so haben wir analytisch geprüft, ob die Reporting Packages

(Jahresabschlüsse) dieser Mitgliedsinstitute mit den in den Konzernabschluss des Zentralinstituts einbezogenen Reporting Packages (Jahresabschlüssen) vergleichbar sind.

Wir haben den Lage- und den Risikobericht kritisch daraufhin durchgesehen, ob die Mindestinhalte entsprechend dem zugrunde gelegten Referenzmodell enthalten sind, ob sie plausibel sind und im Einklang mit der konsolidierten Bilanz und der konsolidierten Gewinn- und Verlustrechnung stehen.

Variante bei Erstellung eines aggregierten Berichts:

Wir haben die wesentlichen Prozesse im Zusammenhang mit der Aggregation der in den Bericht gemäß Art. 113 Abs. 7 Buchstabe e der Verordnung (EU) Nr. 575/2013 einbezogenen Gesellschaften erhoben und kritisch gewürdigt. Darunter verstehen wir insbesondere die wesentlichen internen Abläufe zur Ermittlung des Aggregationskreises und zur Erstellung der aggregierten Bilanz, der aggregierten Gewinn- und Verlustrechnung sowie des Risikoberichts und des Lageberichts in Abhängigkeit von dem vom institutsbezogenen Sicherungssystem zugrunde gelegten und uns zur Verfügung gestellten Referenzmodell. [Beschreibung Referenzmodell Aggregation, Lage- und Risikobericht] Wir haben die ordnungsgemäße Vornahme der Aggregationsbuchungen testfallbasiert geprüft.

Wir haben wesentliche in den Bericht einbezogene Jahresabschlüsse bzw. Reporting Packages der Mitgliedsinstitute durchgesehen und daraufhin analysiert, ob sie den im zugrunde liegenden Referenzmodell definierten Rechnungslegungsgrundsätzen entsprechen. [Variante] Wir haben uns hinsichtlich einzelner in den Bericht einbezogener Unternehmen auf die für die Durchsicht maßgeblichen Tätigkeiten und Ergebnisse anderer Prüfer gestützt. [Variante] Sofern Mitgliedsinstitute in einen nach dem Referenzmodell vergleichbaren Rechnungslegungsgrundsätzen aufgestellten Konzernabschluss des Zentralinstituts zum selben Stichtag einbezogen sind, so haben wir analytisch geprüft, ob die Reporting Packages (Jahresabschlüsse) dieser Mitgliedsinstitute mit den in den Konzernabschluss des Zentralinstituts einbezogenen Reporting Packages (Jahresabschlüssen) vor Konsolidierungsbuchungen vergleichbar sind.

Wir haben den Lage- und den Risikobericht kritisch daraufhin durchgesehen, ob die Mindestinhalte entsprechend dem zugrunde gelegten Referenzmodell enthalten sind, ob sie plausibel sind und im Einklang mit der aggregierten Bilanz und der aggregierten Gewinn- und Verlustrechnung stehen.

3. Eigenmittelanforderungen (positive Zusicherung)[13]

[13] Der Text ist im Fall der Anwendung der Ausnahmebestimmung des § 63 Abs. 5 vierter Satz BWG anzupassen.

Für die auf eine positive Zusicherung gerichtete Beurteilung im Zusammenhang mit den Eigenmittelanforderungen des Art. 92 der Verordnung (EU) Nr. 575/2013 haben wir folgende spezifische Prüfungshandlungen gesetzt:

Wir haben die wesentlichen Prozesse im Zusammenhang mit der ordnungsgemäßen Ermittlung der Eigenmittelanforderungen erhoben.

Wir haben die Gestaltung (Design) der wesentlichen internen Kontrollmaßnahmen zur Ermittlung, Verwaltung, Überwachung, Erfassung und Meldung der Eigenmittelanforderungen im Zusammenhang mit der ordnungsgemäßen Berechnung der Eigenmittel, der ordnungsgemäßen Berechnung des Gesamtrisikobetrags, der ordnungsgemäßen Berechnung der Kapitalquoten, der Zuordnung zu den Eigenmittelbestandteilen, der Anwendung der aufsichtsrechtlichen Korrektur- und Abzugsposten und der Berücksichtigung der Anrechnungsbegrenzungen erhoben und kritisch gewürdigt und die Umsetzung (Implementation) der wesentlichen Kontrollaktivitäten im Rahmen eines Walk Throughs überprüft.

Wir haben Beschreibungen aller wesentlichen automationsunterstützten Arbeitsschritte und Schnittstellen sowie eine Übersicht der verwendeten IT-Anwendungen samt anwendungsabhängigen IT-Kontrollen (inklusive Berechtigungskonzepten) in Bezug auf die Einhaltung der Bestimmungen im Zusammenhang mit der Ermittlung und Meldung der Eigenmittelanforderungen eingeholt und kritisch gewürdigt.

Wir haben erhoben, ob die Zulieferung der relevanten Daten an das Meldewesen – inklusive Daten von Gesellschaften, die vom aufsichtsrechtlichen Konsolidierungskreis umfasst sind – manuell oder automatisiert erfolgt, und die diesbezügliche Prozessbeschreibung kritisch gewürdigt.

Wir haben verantwortliche Mitarbeiter des Kreditinstituts kritisch befragt, ob

- die Bestimmungen des Art. 92 der Verordnung (EU) Nr. 575/2013 im Zusammenhang mit den Eigenmittelanforderungen eingehalten worden sind,
- die Einhaltung dieser Bestimmungen durch entsprechende interne Kontrollen sichergestellt ist und
- nach ihrer Kenntnis im Geschäftsjahr wesentliche Verstöße erfolgt sind.

Wir haben die Meldung über die Einhaltung der Eigenmittelanforderungen nach Art. 92 der Verordnung (EU) Nr. 575/2013 zum Abschlussstichtag durchgesehen und kritisch gewürdigt.

Ergänzende Prüfungshandlungen betreffend das Kreditrisiko:

Wir haben die wesentlichen Prozesse im Zusammenhang mit der ordnungsgemäßen Ermittlung der Eigenmittelanforderungen für das Kreditrisiko erhoben.

Wir haben die Gestaltung (Design) der wesentlichen internen Kontrollmaßnahmen im Zusammenhang mit der Zuordnung von Risikopositionen zu Forderungsklassen, der Risikogewichtung von Risikopositionen, der Anwendung von externen Bonitätsbeurteilungen, der Anwendung kreditrisikomindernder Techniken, der Ermittlung des risikogewichteten Positionswertes und der ordnungsgemäßen Meldung der Eigenmittelanforderungen für das Kreditrisiko erhoben und kritisch gewürdigt und die Umsetzung (Implementation) der wesentlichen Kontrollaktivitäten im Rahmen eines Walk Throughs überprüft.

Wir haben Beschreibungen aller wesentlichen automationsunterstützten Arbeitsschritte und Schnittstellen sowie eine Übersicht verwendeter IT-Anwendungen samt anwendungsabhängigen IT-Kontrollen (inklusive Berechtigungskonzepten) in Bezug auf die Einhaltung der Bestimmungen im Zusammenhang mit der Ermittlung und Meldung der Eigenmittelanforderungen für das Kreditrisiko eingeholt und kritisch gewürdigt.

Wir haben erhoben, ob die Zulieferung der relevanten Daten an das Meldewesen – inklusive Daten von Gesellschaften, die vom aufsichtsrechtlichen Konsolidierungskreis umfasst sind – manuell oder automatisiert erfolgt, und die diesbezügliche Prozessbeschreibung kritisch gewürdigt.

Wir haben verantwortliche Mitarbeiter des Kreditinstituts kritisch befragt, ob

- die Bestimmungen im Zusammenhang mit den Eigenmittelanforderungen für das Kreditrisiko eingehalten worden sind,
- die Einhaltung dieser Bestimmungen durch entsprechende interne Kontrollen sichergestellt ist und
- nach ihrer Kenntnis im Geschäftsjahr wesentliche Verstöße erfolgt sind.

Wir haben die Meldung über die Einhaltung der Eigenmittelanforderungen für das Kreditrisiko zum Abschlussstichtag durchgesehen und kritisch gewürdigt.

Ergänzende Prüfungshandlungen bei Anwendung des IRB-Ansatzes für das Kreditrisiko:

Wir haben die Gestaltung (Design) der wesentlichen internen Kontrollmaßnahmen im Hinblick auf die nachfolgend angeführten Anforderungen erhoben:

- Funktionstrennung zur Vermeidung von Interessenkonflikten, insbesondere betreffend die Kreditvergabe und Ratingentscheidungen sowie Modellentwicklung und Modellvalidierung;
- Einbindung der Geschäftsleiter oder anderer geeigneter Entscheidungsgremien in die Modellentwicklungen, das laufende Monitoring und die Entscheidung über Maßnahmen aufgrund der Ergebnisse der Modellvalidierung (Art. 189 der Verordnung (EU) Nr. 575/2013);
- Einrichtung einer unabhängigen Kreditüberwachungsstelle für das laufende Monitoring der Funktionsfähigkeit der Modelle (Art. 190 der Verordnung (EU) Nr. 575/2013);
- Einrichtung geeigneter Stellen, die die Einhaltung der gesetzlichen und bescheidmäßigen Anforderungen sicherstellen sollen (Anzeigen, Auflagenstatus, laufende Berichtspflichten an die Aufsichtsbehörden, Roll Out-Plan und Rating Map).

Wir haben im Rahmen eines Walk Throughs sowie durch geeignete Nachweise erhoben, ob der Kreditvergabeprozess und das Limitsystem im Einklang mit dem Ratingsystem stehen.

Wir haben durch Einsicht in die Dokumentation erhoben, ob ein Validierungskonzept vorliegt, das Einschätzungen zu Funktionsfähigkeit, Stabilität und Anwendung des Modells sowie Rückvergleiche der Modellergebnisse und Vergleiche mit externen Ratingeinschätzungen berücksichtigt, und ob dieses im Rahmen des aufsichtsrechtlichen Abnahmeprozesses positiv begutachtet wurde.

Wir haben die Berichterstattung an die Geschäftsleitung bzw. die verantwortlichen Mitarbeiter daraufhin durchgesehen, ob die Risikomerkmale und Ratinginformationen des Kreditportfolios in geeigneter Weise dargestellt wurden und damit die Einhaltung der gesetzlichen Berichtspflichten an die Aufsichtsbehörden ermöglicht wird.

Wir haben uns durch Einsicht in die Berichterstattung überzeugt,

- ob die laufenden Monitoringberichte auf eine bescheid- und richtlinienkonforme Verwendung der Modelle sowie den Status des Roll Out-Plans schließen lassen,
- ob die Validierungsberichte eventuelle Mängel und Verbesserungspotential aufzeigen und
- ob bei Vorliegen von Mängeln klare Maßnahmen vorgesehen sind und die Mängelbehebung binnen vereinbarter Frist angemessen überwacht wird.

Ergänzende Prüfungshandlungen bei Anwendung eines internen Modells für das Gegenparteiausfallrisiko:

Wir haben die Gestaltung (Design) der wesentlichen internen Kontrollmaßnahmen im Hinblick auf die Anforderungen an das CCR-Management, die Stresstests, die Integrität des Modellierungsprozesses, das Risikomanagement und die Validierung erhoben und kritisch gewürdigt und die Umsetzung (Implementation) der in diesem Zusammenhang wesentlichen Kontrollaktivitäten im Rahmen eines Walk Throughs überprüft.

Wir haben durch Einsicht in Dokumentationen erhoben, ob das Rahmenkonzept für das CCRManagement die Anforderungen gemäß Art. 286 der Verordnung (EU) Nr. 575/2013 umfasst.

Wir haben die Berichterstattung an die Geschäftsleitung bzw. die verantwortlichen Mitarbeiter eingesehen und im Hinblick auf die Erfüllung der Anforderungen von Art. 293 der Verordnung (EU) Nr. 575/2013 bezüglich der Beteiligung an der Risikoüberwachung kritisch gewürdigt.

Wir haben die Berichte der Internen Revision im Zusammenhang mit dem internen Modell für das Gegenparteiausfallrisiko eingesehen und insbesondere die Abdeckung der in Art. 293 der Verordnung (EU) Nr. 575/2013 genannten Prüffelder erhoben.

Ergänzende Prüfungshandlungen betreffend das Marktrisiko (Eigenmittelanforderungen für die Handelsbuchtätigkeit sowie das Fremdwährungsrisiko, das Abwicklungsrisiko und das Warenpositionsrisiko):

Wir haben die wesentlichen Prozesse im Zusammenhang mit der ordnungsgemäßen Ermittlung der Eigenmittelanforderungen für die Handelsbuchtätigkeit sowie für das Fremdwährungsrisiko, das Abwicklungsrisiko und das Warenpositionsrisiko erhoben.

Wir haben die Gestaltung (Design) der wesentlichen internen Kontrollmaßnahmen im Zusammenhang mit der Ermittlung der Positionswerte und zur ordnungsgemäßen Meldung zu den Eigenmittelanforderungen für die Handelsbuchtätigkeit sowie das Fremdwährungsrisiko, das Abwicklungsrisiko und das Warenpositionsrisiko erhoben und kritisch gewürdigt und die Umsetzung (Implementation) der wesentlichen Kontrollaktivitäten im Rahmen eines Walk Throughs überprüft.

Wir haben die wesentlichen Dokumentationen und Unterlagen zum Management Reporting durchgesehen und im Hinblick auf die Erfüllung der Anforderungen der Verordnung (EU) Nr. 575/2013 kritisch gewürdigt.

Wir haben erhoben, ob die Zulieferung der relevanten Daten an das Meldewesen – inklusive Daten von Gesellschaften, die vom aufsichtsrechtlichen Konsolidierungskreis umfasst sind – manuell oder automatisiert erfolgt, und die diesbezügliche Prozessbeschreibung kritisch gewürdigt.

Wir haben verantwortliche Mitarbeiter des Kreditinstituts kritisch befragt, ob

- die Bestimmungen im Zusammenhang mit den Eigenmittelanforderungen für die Handelsbuchtätigkeit sowie das Fremdwährungsrisiko, das Abwicklungsrisiko und das Warenpositionsrisiko eingehalten worden sind,
- die Einhaltung dieser Bestimmungen durch entsprechende interne Kontrollen sichergestellt ist und
- nach ihrer Kenntnis im Geschäftsjahr wesentliche Verstöße erfolgt sind.

Wir haben die Meldung über die Einhaltung der Eigenmittelanforderungen für die Handelsbuchtätigkeit sowie das Fremdwährungsrisiko, das Abwicklungsrisiko und das Warenpositionsrisiko zum Abschlussstichtag durchgesehen und kritisch gewürdigt.

Ergänzende Prüfungshandlungen bei Anwendung eines internen Modells für die Handelsbuchtätigkeit:

Wir haben die Gestaltung (Design) der wesentlichen internen Kontrollmaßnahmen im Hinblick auf die qualitativen Anforderungen (Art. 368 der Verordnung (EU) Nr. 575/2013) und die interne Validierung (Art. 369 der Verordnung (EU) Nr. 575/2013) erhoben und kritisch gewürdigt und die Umsetzung (Implementation) der wesentlichen Kontrollaktivitäten im Rahmen eines Walk Throughs überprüft.

Wir haben durch Einsicht in Dokumentationen erhoben, ob Validierungskonzepte und Stresstestkonzepte entsprechend diesen Anforderungen (Art. 368 und 369 der Verordnung (EU) Nr. 575/2013) vorliegen.

Wir haben die Berichterstattung an die Geschäftsleitung bzw. die verantwortlichen Mitarbeiter eingesehen und im Hinblick auf die Erfüllung der Anforderungen gemäß Art. 368 der Verordnung (EU) Nr. 575/2013 kritisch gewürdigt.

Wir haben die Berichte der Internen Revision im Zusammenhang mit dem internen Modell eingesehen und insbesondere die Abdeckung der in Art. 368 der Verordnung (EU) Nr. 575/2013 genannten Prüffelder erhoben.

Ergänzende Prüfungshandlungen betreffend das CVA-Risiko:

Wir haben die wesentlichen Prozesse im Zusammenhang mit der ordnungsgemäßen Ermittlung der Eigenmittelanforderungen für das CVA-Risiko erhoben.

Wir haben die Gestaltung (Design) der wesentlichen internen Kontrollmaßnahmen im Zusammenhang mit der Ermittlung der Positionswerte und zur ordnungsgemäßen Meldung zu den Eigenmittelanforderungen für das CVA-Risiko erhoben und kritisch gewürdigt und die Umsetzung (Implementation) der wesentlichen Kontrollaktivitäten im Rahmen eines Walk Throughs überprüft.

Wir haben erhoben, ob die Zulieferung der relevanten Daten an das Meldewesen – inklusive Daten von Gesellschaften, die vom aufsichtsrechtlichen Konsolidierungskreis umfasst sind – manuell oder automatisiert erfolgt, und die diesbezügliche Prozessbeschreibung kritisch gewürdigt.

Wir haben verantwortliche Mitarbeiter des Kreditinstituts kritisch befragt, ob

- die Bestimmungen im Zusammenhang mit den Eigenmittelanforderungen für das CVA-Risiko eingehalten worden sind,
- die Einhaltung dieser Bestimmungen durch entsprechende interne Kontrollen sichergestellt ist und
- nach ihrer Kenntnis im Geschäftsjahr wesentliche Verstöße erfolgt sind.

Wir haben die Meldung über die Einhaltung der Eigenmittelanforderungen für das CVA-Risiko zum Abschlussstichtag durchgesehen und kritisch gewürdigt.

Ergänzende Prüfungshandlungen betreffend das operationelle Risiko:

Wir haben die wesentlichen Prozesse im Zusammenhang mit der ordnungsgemäßen Ermittlung der erforderlichen Eigenmittel für das operationelle Risiko erhoben.

Wir haben die Gestaltung (Design) der wesentlichen internen Kontrollmaßnahmen im Hinblick auf die Bewertung und Steuerung des operationellen Risikos erhoben und kritisch gewürdigt und die Umsetzung (Implementation) der in diesem Zusammenhang wesentlichen Kontrollaktivitäten im Rahmen eines Walk Throughs überprüft.

Für Kreditinstitute, die das Mindesteigenmittelerfordernis für das operationelle Risiko nach dem Basisindikatoransatz (Art. 315 f. der Verordnung (EU) Nr. 575/2013) ermitteln:

Wir haben die Betriebserträge der letzten drei Jahre lt. der Meldung „Operationelles Risiko" gemäß Anhang I der Durchführungsverordnung (EU) Nr. 680/2014 zum Abschlussstichtag mit den geprüften Jahresabschlüssen für diese Zeiträume abgestimmt.

Für Kreditinstitute, die das Mindesteigenmittelerfordernis für das operationelle Risiko nach dem Standardansatz (Art. 317 ff. der Verordnung (EU) Nr. 575/2013) ermitteln:

Wir haben die nach Geschäftsbereichen aufgeteilten Betriebserträge der letzten drei Jahre lt. der Meldung „Operationelles Risiko" gemäß Anhang I der Durchführungsverordnung (EU) Nr. 680/2014 zum Abschlussstichtag mit der zugrunde liegenden Dokumentation des Kreditinstituts abgestimmt und die Plausibilität der Aufteilung der Betriebserträge auf die Geschäftsfelder untersucht.

Für Kreditinstitute, die das Mindesteigenmittelerfordernis für das operationelle Risiko nach einem fortgeschrittenen Messansatz (Art. 321 ff. der Verordnung (EU) Nr. 575/2013) ermitteln:

Wir haben den uns zur Verfügung gestellten aktuellen Bericht der Internen Revision über die Prozesse und Systeme für die Messung des operationellen Risikos gemäß Art. 321 Abs. 1 Buchstabe e der Verordnung (EU) Nr. 575/2013 kritisch daraufhin durchgesehen, ob Hinweise auf eine Nichterfüllung der qualitativen oder quantitativen Anforderungen an die Berechnung des Mindesteigenmittelerfordernisses nach einem fortgeschrittenen Messansatz gemäß Art. 321 ff. der Verordnung (EU) Nr. 575/2013 vorliegen.

Wir haben verantwortliche Mitarbeiter des Kreditinstituts kritisch befragt, ob im Geschäftsjahr das interne Modell unverändert zur Anwendung gelangte oder ob Änderungen des verwendeten internen Modells vorgenommen wurden. Da die Anwendung des Modells zur Messung des operationellen Risikos der Bewilligung und laufenden Überwachung durch die FMA unterliegt, haben wir die grundsätzliche Funktionsfähigkeit dieses Modells nicht überprüft.

Wir haben verantwortliche Mitarbeiter des Kreditinstituts kritisch befragt, ob

- die Bestimmungen für die Bewertung und Steuerung des operationellen Risikos eingehalten worden sind,
- die Einhaltung dieser Bestimmungen durch entsprechende interne Kontrollen sichergestellt ist,
- nach ihrer Kenntnis im Geschäftsjahr wesentliche Verstöße erfolgt sind,
- es im Geschäftsjahr Änderungen oder Implementierungen in relevanten IT-Anwendungen oder Schnittstellen gegeben hat und
- es im Geschäftsjahr wesentliche Probleme in der Datenqualität gegeben hat.

Wir haben nachfolgende Unterlagen kritisch daraufhin durchgesehen, ob sie Hinweise auf die Verletzung der Bestimmungen zum operationellen Risiko enthalten:

- Berichte an die Geschäftsleiter während des Geschäftsjahrs
- Prüfberichte der Internen Revision während des Geschäftsjahrs
- Prüfberichte der Aufsichtsbehörden während des Geschäftsjahrs
- Korrespondenz mit den Aufsichtsbehörden während des Geschäftsjahrs
- Protokolle von Sitzungen der Geschäftsleitung und des Aufsichtsrats oder sonstiger risikorelevanter Gremien

Bei Vorliegen von bemerkenswerten Sachverhalten in den Berichten an die Geschäftsleiter haben wir sie mit den verantwortlichen Mitarbeitern besprochen.

Ergänzende Prüfungshandlungen betreffend die Berechnung der Eigenmittel und Eigenmittelquoten:

Wir haben die wesentlichen Prozesse im Zusammenhang mit der ordnungsgemäßen Ermittlung der anrechenbaren Eigenmittel erhoben.

Wir haben die Gestaltung (Design) der wesentlichen internen Kontrollmaßnahmen im Zusammenhang mit der Zuordnung von Instrumenten zu den Eigenmittelbestandteilen, der Berücksichtigung von Anrechnungsbeschränkungen und Abzugsverpflichtungen einschließlich der Übergangsvorschriften und zur ordnungsgemäßen Meldung zu den Eigenmittelquoten erhoben und kritisch gewürdigt und die Umsetzung (Implementation) der wesentlichen Kontrollaktivitäten im Rahmen eines Walk Throughs überprüft.

Wir haben Beschreibungen aller wesentlichen automationsunterstützten Arbeitsschritte und Schnittstellen sowie eine Übersicht verwendeter IT-Anwendungen samt anwendungsabhängigen IT-Kontrollen (inklusive Berechtigungskonzepten) in Bezug auf die Einhaltung der Bestimmungen im Zusammenhang mit der Ermittlung und Meldung der Eigenmittelquoten eingeholt und kritisch gewürdigt.

Wir haben erhoben, ob die Zulieferung der relevanten Daten an das Meldewesen – inklusive Daten von Gesellschaften, die vom aufsichtsrechtlichen Konsolidierungskreis umfasst sind – manuell oder automatisiert erfolgt, und die diesbezügliche Prozessbeschreibung kritisch gewürdigt.

Wir haben verantwortliche Mitarbeiter des Kreditinstituts kritisch befragt, ob

- die Bestimmungen im Zusammenhang mit den Eigenmittelquoten eingehalten worden sind,
- die Einhaltung dieser Bestimmungen durch entsprechende interne Kontrollen sichergestellt ist und

- nach ihrer Kenntnis im Geschäftsjahr wesentliche Verstöße erfolgt sind.

Wir haben die Meldung über die Einhaltung der Eigenmittelquoten zum Abschlussstichtag durchgesehen und kritisch gewürdigt.

4. Großkredite (positive Zusicherung)[14]

[14] Der Text ist im Fall der Anwendung der Ausnahmebestimmung des § 63 Abs. 5 vierter Satz BWG anzupassen.

Für die auf eine positive Zusicherung gerichtete Beurteilung im Zusammenhang mit den Großkreditvorschriften des Art. 395 der Verordnung (EU) Nr. 575/2013 haben wir folgende spezifische Prüfungshandlungen gesetzt:

Wir haben die wesentlichen Prozesse im Zusammenhang mit der Begrenzung von Großkrediten erhoben.

Wir haben die Gestaltung (Design) der wesentlichen internen Kontrollmechanismen zur Ermittlung, Verwaltung, Überwachung, Erfassung und Meldung von Großkrediten im Zusammenhang mit der ordnungsgemäßen Berechnung der anrechenbaren Eigenmittel und des Risikopositionswertes, der Anwendung der anerkannten Kreditrisikominderungstechniken, der Berechnung der Obergrenzen für Großkredite, der Ermittlung des risikogewichteten Positionswertes und der ordnungsgemäßen Meldung sowie der Einbindung des Aufsichtsrats erhoben und kritisch gewürdigt und die Umsetzung (Implementation) der wesentlichen Kontrollaktivitäten im Rahmen eines Walk Throughs überprüft.

Wir haben erhoben, ob die Zulieferung der relevanten Daten an das Meldewesen – inklusive Daten von Gesellschaften, die vom aufsichtsrechtlichen Konsolidierungskreis umfasst sind – manuell oder automatisiert erfolgt, und die diesbezügliche Prozessbeschreibung kritisch gewürdigt.

Wir haben die Meldung über die Einhaltung der Begrenzung der Großkredite zum Abschlussstichtag durchgesehen und kritisch gewürdigt.

5. Liquidität (positive Zusicherung)[15]

[15] Der Text ist im Fall der Anwendung der Ausnahmebestimmung des § 63 Abs. 5 vierter Satz BWG anzupassen.

Für die auf eine positive Zusicherung gerichtete Beurteilung im Zusammenhang mit den Liquiditätsanforderungen der Art. 412 und 413 der Verordnung (EU) Nr. 575/2013 haben wir folgende spezifische Prüfungshandlungen gesetzt:

Wir haben die Aufbauorganisation und die wesentlichen Prozesse zur ordnungsgemäßen Ermittlung der Liquiditätszuflüsse und der Liquiditätsabflüsse und zur ordnungsgemäßen Ermittlung des Bestandes an liquiden Aktiva sowie die wesentlichen Prozesse zur ordnungsgemäßen Meldung im Zusammenhang mit den Liquiditätsanforderungen der Art. 412 und 413 der Verordnung (EU) Nr. 575/2013 (Mindestliquiditätsquote – Liquidity Coverage Ratio, strukturelle Liquiditätsquote – Net Stable Funding Ratio) erhoben.

Wir haben die Gestaltung (Design) der wesentlichen internen Kontrollmaßnahmen im Zusammenhang mit der Einhaltung der Bestimmungen zu den Liquiditätsanforderungen der Art. 412 und 413 der Verordnung (EU) Nr. 575/2013 erhoben und kritisch gewürdigt und die Umsetzung (Implementation) der wesentlichen Kontrollaktivitäten im Rahmen eines Walk Throughs überprüft.

Wir haben Beschreibungen aller wesentlichen automationsunterstützten Arbeitsschritte und Schnittstellen sowie eine Übersicht verwendeter wesentlicher IT-Anwendungen und wesentlicher Anwendungskontrollen, welche für die ordnungsgemäße Ermittlung der Liquiditätszuflüsse und der Liquiditätsabflüsse, für die ordnungsgemäße Ermittlung des Bestandes an liquiden Aktiva und für die ordnungsgemäße Meldung im Zusammenhang mit den Liquiditätsanforderungen der Art. 412 und 413 der Verordnung (EU) Nr. 575/2013 relevant sind, eingeholt und kritisch gewürdigt.

Wir haben erhoben, ob die Zulieferung der relevanten Daten an das Meldewesen – inklusive Daten von Gesellschaften, die vom aufsichtsrechtlichen Konsolidierungskreis umfasst sind – manuell oder automatisiert erfolgt, und die diesbezügliche Prozessbeschreibung kritisch gewürdigt.

Wir haben verantwortliche Mitarbeiter des Kreditinstituts kritisch befragt, ob

- die Bestimmungen der Art. 412 und 413 der Verordnung (EU) Nr. 575/2013 zu den Liquiditätsanforderungen eingehalten worden sind,
- die Einhaltung dieser Bestimmungen durch entsprechende interne Kontrollen sichergestellt ist und
- nach ihrer Kenntnis im Geschäftsjahr wesentliche Verstöße erfolgt sind.

Wir haben die Meldung über die Einhaltung der Liquiditätsanforderungen der Art. 412 und 413 der Verordnung (EU) Nr. 575/2013 zum Abschlussstichtag durchgesehen und kritisch gewürdigt.

Für die auf eine positive Zusicherung gerichtete Beurteilung im Zusammenhang mit den Vorschriften zum Liquiditätsverbund gemäß § 27a BWG haben wir folgende spezifische Prüfungshandlungen gesetzt:

Wir haben die vertraglichen bzw. statutarischen Regelungen zum Liquiditätsverbund kritisch daraufhin durchgesehen, ob sie den gesetzlichen Anforderungen entsprechen.

Wir haben die Gestaltung (Design) der internen Kontrollmaßnahmen zur Sicherstellung der ausreichenden Liquiditätsreservehaltung beim Zentralinstitut bzw. beim anderen vertraglich oder statutarisch dafür festgelegten Kreditinstitut erhoben und kritisch gewürdigt und die Umsetzung (Implementation) der wesentlichen Kontrollaktivitäten im Rahmen eines Walk Throughs überprüft.

Wir haben verantwortliche Mitarbeiter des Kreditinstituts kritisch befragt, ob eine ausreichende Liquiditätsreservehaltung beim Zentralinstitut bzw. beim anderen vertraglich oder statutarisch dafür festgelegten Kreditinstitut sichergestellt war und ob nach ihrer Kenntnis im Geschäftsjahr wesentliche Schwächen festgestellt wurden.

6. Sorgfaltspflichten (negative Zusicherung)

Für die auf eine negative Zusicherung gerichtete Beurteilung im Zusammenhang mit den Sorgfaltspflichten des § 39 BWG einschließlich der Vorgaben der Verordnung gemäß § 39 Abs. 4 BWG haben wir folgende spezifische Prüfungshandlungen gesetzt:

Wir haben das Vorliegen von schriftlich dokumentierten und kohärenten Risikostrategien und Limitsystemen sowie aktueller Grundsätze zur Erfassung, Steuerung und Überwachung der bankgeschäftlichen und bankbetrieblichen Risiken, insbesondere der in § 39 Abs. 2b BWG angeführten Risiken, sowie zu Vergütungspolitik und -praktiken überprüft.

Wir haben die Risikostrategien und Limitsysteme sowie die aktuellen Grundsätze zur Erfassung, Steuerung und Überwachung der bankgeschäftlichen und bankbetrieblichen Risiken unter Berücksichtigung von Art, Umfang und Komplexität der betriebenen Bankgeschäfte (Proportionalitätsgrundsatz) dahingehend kritisch gewürdigt, ob sie geeignet sind, die einzelnen Risikoarten des § 39 Abs. 2b BWG in Verbindung mit den Mindestanforderungen der Verordnung gemäß § 39 Abs. 4 BWG angemessen zu erfassen, zu beurteilen, zu steuern und zu überwachen.

Wir haben die verantwortlichen Mitarbeiter des Kreditinstituts kritisch befragt, ob die Verwaltungs-, Rechnungs- und Kontrollverfahren der Bank im Hinblick auf § 39 BWG der Art, dem Umfang und der Komplexität der betriebenen Bankgeschäfte angemessen sind und ob nach ihrer Kenntnis im Geschäftsjahr wesentliche Schwächen festgestellt wurden.

Wir haben die Organisationsstruktur des Kreditinstituts dahingehend kritisch gewürdigt, ob innerhalb des Geschäftsbetriebs angemessene aufbau- und ablauforganisatorische Abgrenzungen zur Vermeidung von Interessen- und Kompetenzkonflikten vorliegen.

Wir haben nachfolgende Unterlagen kritisch daraufhin durchgesehen, ob sie Hinweise auf die Verletzung der Bestimmungen des § 39 BWG enthalten:

- Prüfberichte der Internen Revision während des Geschäftsjahrs
- Prüfberichte der Aufsichtsbehörden und externer Prüfer während des Geschäftsjahrs
- Korrespondenz mit den Aufsichtsbehörden während des Geschäftsjahrs
- Protokolle von Sitzungen der Geschäftsleitung und des Aufsichtsrats oder sonstiger risikorelevanter Gremien

Wir haben Meldungen an die Whistle Blowing-Stelle dahingehend durchgesehen, ob Sachverhalte eingetreten sind, die auf ein Zuwiderhandeln gegen die Sorgfaltspflichten des § 39 BWG hindeuten könnten.

7. Sorgfaltspflichten zur Bekämpfung von Geldwäscherei und Terrorismusfinanzierung (negative Zusicherung)

Für die auf eine negative Zusicherung gerichtete Beurteilung im Zusammenhang mit den Sorgfaltspflichten zur Bekämpfung von Geldwäscherei und Terrorismusfinanzierung gemäß den §§ 4 bis 17, 19 Abs. 2, 20 bis 24, 29 und 40 Abs. 1 des Finanzmarkt-Geldwäschegesetzes (FM-GwG) sowie gemäß § 41 BWG haben wir folgende spezifische Prüfungshandlungen gesetzt:

Wir haben die Gestaltung (Design) der wesentlichen internen Kontrollmechanismen im Zusammenhang mit der Prävention gegen Geldwäscherei und Terrorismusfinanzierung erhoben und kritisch gewürdigt sowie die Umsetzung (Implementation) der wesentlichen Kontrollaktivitäten im Rahmen eines Walk Throughs überprüft.

Wir haben anhand der Aufbauorganisation (Organigramm, Stellenbeschreibungen) und durch Befragung der Mitglieder der Geschäftsleitung erhoben, ob die Anforderungen an die interne Organisation, die Verantwortlichkeiten und Kompetenzen der mit der Prävention gegen Geldwäscherei und Terrorismusfinanzierung betrauten Mitarbeiter i.S.d. § 23 Abs. 3 FM-GwG erfüllt sind (z.B. direkte Unterstellung unter die Geschäftsleiter, ausreichende Befugnisse, ausreichende personelle/technische Ressourcen).

Wir haben die Geschäftsleitung zur Risikoeinschätzung und zur Angemessenheit der gesetzten Maßnahmen in Bezug auf die Einhaltung der Vorkehrungen zur Prävention gegen Geldwäscherei und Terrorismusfinanzierung befragt.

Wir haben uns Nachweise (z.B. Anwesenheitslisten) über Schulungen von mit geldwäscherelevanten Belangen befassten Mitarbeitern des Unternehmens im Hinblick auf Prävention gegen Geldwäscherei und Terrorismusfinanzierung vorlegen lassen.

Wir haben die Risikoanalyse auf Unternehmensebene gemäß § 4 FM-GwG eingeholt und erhoben, ob im Rahmen der Ermittlung und Bewertung der potentiellen Risiken der Geldwäscherei und Terrorismusfinanzierung, welche in einem angemessenen Verhältnis zu Art und Größe des Unternehmens zu stehen hat, sämtliche relevante Risikofaktoren sowie die Ergebnisse der nationalen Risikoanalyse gemäß § 3 FM-GwG bzw. des Berichts der Europäischen Kommission über die Risiken der Geldwäscherei und Terrorismusfinanzierung im Binnenmarkt berücksichtigt wurden und welche Maßnahmen zur Steuerung und Begrenzung dieser Risiken daraus abgeleitet wurden.

Bei Verpflichteten i.S.d. § 24 FM-GwG:

Wir haben erhoben, ob die gruppenweit anzuwendenden Strategien und Verfahren im Zusammenhang mit der Prävention gegen Geldwäscherei und Terrorismusfinanzierung beim Verpflichteten schriftlich dokumentiert und eingerichtet wurden. Weiters haben wir im Zuge der Befragung der Mitglieder der Geschäftsleitung erhoben, ob die zur Überprüfung der Einhaltung gruppenweiter Strategien und Verfahren erforderlichen Verantwortlichkeiten und Kompetenzen des besonderen Beauftragten (§ 23 Abs. 2 FM-GwG) erfüllt sind.

Wir haben verantwortliche Mitarbeiter des Kreditinstituts kritisch befragt, ob

- die Bestimmungen zur Prävention gegen Geldwäscherei und Terrorismusfinanzierung eingehalten worden sind,
- die Einhaltung dieser Bestimmungen durch entsprechende interne Kontrollen sichergestellt ist,
- nach ihrer Kenntnis im Geschäftsjahr wesentliche Verstöße erfolgt sind,
- es im Geschäftsjahr Änderungen oder Implementierungen in relevanten IT-Anwendungen oder Schnittstellen gegeben hat und
- es im Geschäftsjahr wesentliche Probleme in der Datenqualität gegeben hat.

Wir haben nachfolgende Unterlagen kritisch daraufhin durchgesehen, ob sie Hinweise auf die Verletzung der Sorgfaltspflichten zur Bekämpfung von Geldwäscherei und Terrorismusfinanzierung enthalten:

- Berichte des Geldwäschereibeauftragten inklusive Verdachtsmeldungen während des Geschäftsjahrs und Korrespondenzen mit der Geldwäschemeldestelle
- Prüfberichte der Internen Revision während des Geschäftsjahrs
- Prüfberichte der Aufsichtsbehörden während des Geschäftsjahrs
- Korrespondenz mit den Aufsichtsbehörden während des Geschäftsjahrs
- Protokolle von Sitzungen der Geschäftsleitung und des Aufsichtsrats oder sonstiger risikorelevanter Gremien

Bei Vorliegen von bemerkenswerten Sachverhalten in den Berichten des Geldwäschereibeauftragten an die Geschäftsleiter haben wir sie mit dem Geldwäschereibeauftragten besprochen. Wir haben die diesbezüglichen Meldungen des Unternehmens an die zuständige Behörde durchgesehen.

7a. Auslagerung (negative Zusicherung)

Für die auf eine negative Zusicherung gerichtete Beurteilung im Zusammenhang mit den Anforderungen an Auslagerungen gemäß § 25 BWG in Verbindung mit der Anlage zu § 25 haben wir folgende spezifische Prüfungshandlungen gesetzt:

Wir haben uns die Aufzeichnungen zu den Auslagerungen sowie die Dienstanweisungen, Richtlinien und Prozessbeschreibungen, in denen die Definition einer wesentlichen und einer unwesentlichen Auslagerung dokumentiert ist, vorlegen lassen.

Wir haben die Ablauforganisation zu Abschluss und Aktualisierung der schriftlichen Vereinbarungen und zur Erhebung der Informationen im Zusammenhang mit wesentlichen bankbetrieblichen Aufgaben, welche an Dritte (Dienstleister) ausgelagert wurden, erhoben.

Wir haben die Gestaltung (Design) der wesentlichen internen Kontrollmaßnahmen im Zusammenhang mit der Auslagerung von wesentlichen bankbetrieblichen Aufgaben an Dritte (Dienstleister) (z.B. betreffend den Abschluss von Vereinbarungen, die Anzeigepflicht an die FMA, die Methoden zur Bewertung der Leistung des Dritten, die Überwachung erfolgter Auslagerungen sowie das Vorhandensein der erforderlichen Fachkenntnisse und die jederzeitige Verfügbarkeit der notwendigen Informationen) erhoben und kritisch gewürdigt sowie die Umsetzung (Implementation) der wesentlichen Kontrollaktivitäten im Rahmen eines Walk Throughs überprüft.

Wir haben verantwortliche Mitarbeiter des Kreditinstituts kritisch befragt, ob

- die Bestimmungen des § 25 BWG im Zusammenhang mit den Auslagerungen eingehalten worden sind,
- die Einhaltung dieser Bestimmungen durch entsprechende interne Kontrollen sichergestellt ist und
- nach ihrer Kenntnis im Geschäftsjahr wesentliche Verstöße erfolgt sind.

Wir haben nachfolgende Unterlagen kritisch daraufhin durchgesehen, ob sie Hinweise auf die Verletzung der Bestimmungen des § 25 BWG enthalten:

- Prüfberichte der Internen Revision während des Geschäftsjahrs
- Prüfberichte der Aufsichtsbehörden und externer Prüfer während des Geschäftsjahrs
- Korrespondenz mit den Aufsichtsbehörden während des Geschäftsjahrs
- Protokolle von Sitzungen der Geschäftsleitung und des Aufsichtsrats oder sonstiger risikorelevanter Gremien

Bei Vorliegen von bemerkenswerten Sachverhalten in den Berichten an die Geschäftsleiter haben wir sie mit den verantwortlichen Mitarbeitern besprochen.

8. Interne Kapitaladäquanz (negative Zusicherung)

Für die auf eine negative Zusicherung gerichtete Beurteilung im Zusammenhang mit den kreditinstitutseigenen Verfahren zur Bewertung der Eigenkapitalausstattung gemäß § 39a BWG haben wir folgende spezifische Prüfungshandlungen gesetzt:

Wir haben die Gestaltung (Design) der wesentlichen Prozesse hinsichtlich Kompetenzverteilung, Funktionstrennung und Vorhandensein einer Überwachungsfunktion erhoben und kritisch gewürdigt und die Umsetzung (Implementation) der in diesem Zusammenhang wesentlichen Kontrollaktivitäten im Rahmen eines Walk Throughs überprüft.

Wir haben verantwortliche Mitarbeiter des Kreditinstituts kritisch befragt, ob

- die Bestimmungen zur Bewertung der Eigenkapitalausstattung eingehalten worden sind,

- die Einhaltung dieser Bestimmungen durch entsprechende interne Kontrollen sichergestellt ist,
- nach ihrer Kenntnis im Geschäftsjahr wesentliche Verstöße erfolgt sind,
- es im Geschäftsjahr Änderungen oder Implementierungen in relevanten IT-Anwendungen oder Schnittstellen gegeben hat und
- es im Geschäftsjahr wesentliche Probleme in der Datenqualität gegeben hat.

Wir haben nachfolgende Unterlagen kritisch daraufhin durchgesehen, ob sie Hinweise auf die Verletzung der Bestimmungen zu ICAAP enthalten:

- Dokumente zu dem mit dem ICAAP in Zusammenhang stehenden internen Regelwerk (Policies, Rulebooks und Arbeitsanweisungen); diese haben wir auch hinsichtlich ihrer Angemessenheit und Verständlichkeit analysiert
- jährlicher Bericht über die Überprüfung der Zweckmäßigkeit und Anwendung der Strategien und Verfahren
- Prüfberichte der Internen Revision während des Geschäftsjahrs
- Prüfberichte der Aufsichtsbehörden während des Geschäftsjahrs
- Korrespondenz mit den Aufsichtsbehörden während des Geschäftsjahrs
- Protokolle von Sitzungen der Geschäftsleitung und des Aufsichtsrats oder sonstiger risikorelevanter Gremien

Bei Vorliegen von bemerkenswerten Sachverhalten in den Berichten an die Geschäftsleiter haben wir sie mit den verantwortlichen Mitarbeitern besprochen.

9. Interne Revision (negative Zusicherung)

Für die auf eine negative Zusicherung gerichtete Beurteilung im Zusammenhang mit den Vorschriften des § 42 BWG zur internen Revision haben wir folgende spezifische Prüfungshandlungen gesetzt:

Wir haben die organisatorische Einordnung der Internen Revision sowie die Kontrollverfahren, welche deren ausreichende qualitative und quantitative Ausstattung sowie die Einhaltung der Ausschließungsgründe sicherstellen, erhoben.

Wir haben die Organisationsrichtlinien betreffend die Interne Revision gelesen und sie auf Angemessenheit und Aktualität sowie hinsichtlich Abdeckung der gesetzlich geforderten Mindestinhalte gewürdigt.

Wir haben den Revisionsplan im Hinblick auf die Abdeckung der Geschäftstätigkeit und der gesetzlich geforderten Prüffelder durchgesehen.

Wir haben Umfang und Häufigkeit der Berichterstattung der Internen Revision an die Geschäftsleiter und den Vorsitzenden des Aufsichtsorgans durch Einsicht in die Berichterstattung überprüft.

Wir haben durch Einsichtnahme in Protokolle sowie Befragung der zuständigen Personen die Überwachung der Internen Revision durch die Geschäftsleiter und das Aufsichtsorgan überprüft.

10. Beteiligungen außerhalb des Finanzsektors (negative Zusicherung)

Für die auf eine negative Zusicherung gerichtete Beurteilung im Zusammenhang mit der Risikogewichtung und dem Verbot qualifizierter Beteiligungen außerhalb des Finanzsektors nach den Art. 89 bis 91 der Verordnung (EU) Nr. 575/2013 haben wir folgende spezifische Prüfungshandlungen gesetzt:

Wir haben die wesentlichen Prozesse zur Qualifizierung von und zur Einhaltung der aufsichtsrechtlichen Vorschriften zu qualifizierten Beteiligungen außerhalb des Finanzsektors i.S.d. Art. 89 der Verordnung (EU) Nr. 575/2013 erhoben.

Wir haben die Gestaltung (Design) der wesentlichen Prozesse hinsichtlich Kompetenzverteilung, Funktionstrennung und Vorhandensein einer Überwachungsfunktion in Bezug auf die Einhaltung der aufsichtsrechtlichen Vorschriften zu qualifizierten Beteiligungen außerhalb des Finanzsektors sowie deren ordnungsgemäße Erfassung im Meldewesen erhoben und kritisch gewürdigt und die Umsetzung (Implementation) der in diesem Zusammenhang wesentlichen Kontrollaktivitäten im Rahmen eines Walk Throughs überprüft.

Wir haben verantwortliche Mitarbeiter des Kreditinstituts kritisch befragt, ob

- die Bestimmungen bzw. Richtlinien/Arbeitsanweisungen zu qualifizierten Beteiligungen außerhalb des Finanzsektors eingehalten worden sind,
- die Einhaltung dieser Bestimmungen bzw. Richtlinien/Arbeitsanweisungen durch entsprechende interne Kontrollen sichergestellt ist,
- nach ihrer Kenntnis im Geschäftsjahr wesentliche Verstöße erfolgt sind und
- es im Geschäftsjahr zu Änderungen in der Qualifizierung bestehender Beteiligungen gekommen ist (z.B. durch Änderung des Unternehmensgegenstandes).

Für die auf eine negative Zusicherung gerichtete Beurteilung im Zusammenhang mit dem Kreditrisiko einer Verbriefungsposition nach Art. 405 der Verordnung (EU) Nr. 575/2013 haben wir folgende spezifische Prüfungshandlungen gesetzt:

Wir haben die Geschäftsleitung zur Risikoeinschätzung und zur Angemessenheit der gesetzten Maßnahmen in Bezug auf die Einhaltung der aufsichtsrechtlichen Vorschriften zum Kreditrisiko aus Verbriefungspositionen befragt.

Wir haben die Gestaltung (Design) der wesentlichen Prozesse hinsichtlich Kompetenzverteilung, Funktionstrennung und Vorhandensein einer Überwachungsfunktion in Bezug auf die Einhaltung der aufsichtsrechtlichen Vorschriften zum Kreditrisiko aus Verbriefungspositionen erhoben und kritisch gewürdigt und die Umsetzung

(Implementation) der in diesem Zusammenhang wesentlichen Kontrollaktivitäten im Rahmen eines Walk Throughs überprüft.

Wir haben verantwortliche Mitarbeiter des Kreditinstituts kritisch befragt, ob

- die Bestimmungen bzw. Richtlinien/Arbeitsanweisungen zum Kreditrisiko aus Verbriefungspositionen eingehalten worden sind,
- die Einhaltung dieser Bestimmungen bzw. Richtlinien/Arbeitsanweisungen durch entsprechende interne Kontrollen sichergestellt ist und
- nach ihrer Kenntnis im Geschäftsjahr wesentliche Verstöße erfolgt sind.

11. Indikatoren des Sanierungsplans (negative Zusicherung)

Für die auf eine negative Zusicherung gerichtete Beurteilung im Zusammenhang mit den im Sanierungsplan bestimmten Indikatoren gemäß § 10 Abs. 1 und 2 des Sanierungs- und Abwicklungsgesetzes (BaSAG) und der Anzeigepflicht gemäß § 10 Abs. 4 BaSAG haben wir folgende spezifische Prüfungshandlungen gesetzt:

Wir haben den Sanierungsplan hinsichtlich der gemäß § 10 Abs. 2 BaSAG definierten Indikatoren sowie das Ergebnis der Überprüfung der Indikatoren durch die FMA gemäß § 10 Abs. 1 BaSAG eingesehen.

Wir haben die Gestaltung (Design) der wesentlichen internen Kontrollmaßnahmen hinsichtlich Erkennung und Feststellung von Indikatoren des Sanierungsplans gemäß § 10 Abs. 1, 2 und 4 BaSAG erhoben und kritisch gewürdigt und die Umsetzung (Implementation) der wesentlichen Kontrollaktivitäten im Rahmen eines Walk Throughs überprüft.

Wir haben in die Berichte über die Überwachung der Indikatoren gemäß § 10 Abs. 2 BaSAG daraufhin Einsicht genommen, ob die Anforderungen eines Indikators erfüllt worden sind.

Darüber hinaus haben wir die Geschäftsleitung sowie die im Rahmen des Sanierungsplans mit der Überwachung betrauten Personen befragt, ob die Anforderungen eines Indikators erfüllt worden sind und ob dies gegebenenfalls unverzüglich der FMA angezeigt wurde.

12. Handelsbuch (negative Zusicherung)

Für die auf eine negative Zusicherung gerichtete Beurteilung im Zusammenhang mit der Zuordnung von Positionen zum Handelsbuch sowie etwaigen Umbuchungen gemäß den Kriterien für die Einbeziehung in das Handelsbuch haben wir folgende spezifische Prüfungshandlungen gesetzt:

Wir haben die Dokumentation der Strategien, Regeln und Verfahren für den Nachweis der Handelsabsicht betreffend Positionen oder Positionsgruppen im Handelsbuch dahingehend kritisch gewürdigt, ob die in Art. 104 Abs. 1 der Verordnung (EU) Nr. 575/2013 genannten Grundsätze und Verfahren beachtet wurden.

Wir haben die Gestaltung (Design) der wesentlichen internen Kontrollmaßnahmen im Zusammenhang mit der Zuordnung von Positionen zum Handelsbuch oder Bankbuch erhoben und kritisch gewürdigt und die Umsetzung (Implementation) der wesentlichen Kontrollaktivitäten im Rahmen eines Walk Throughs überprüft.

Wir haben verantwortliche Mitarbeiter des Kreditinstituts kritisch befragt, ob im Zusammenhang mit der Führung des Handelsbuchs

- die Grundsätze und Verfahren für die Zuordnung von Positionen oder Positionsgruppen zum Handelsbuch oder zum Bankbuch eingehalten wurden,
- es im Geschäftsjahr Umbuchungen von Positionen oder Positionsgruppen des Bankbuchs in das Handelsbuch gegeben hat,
- es im Geschäftsjahr Umbuchungen von Positionen oder Positionsgruppen des Handelsbuchs in das Bankbuch gegeben hat,
- es im Geschäftsjahr Änderungen oder Implementierungen in relevanten IT-Anwendungen oder Schnittstellen gegeben hat und
- es im Geschäftsjahr wesentliche Probleme in der Datenqualität gegeben hat.

Falls es im Geschäftsjahr Umbuchungen von Positionen gegeben hat, haben wir verantwortliche Mitarbeiter kritisch befragt, ob sie auf ein fehlerhaftes System oder Versagen der Kontrollen zurückzuführen waren.

Für die auf eine negative Zusicherung gerichtete Beurteilung im Zusammenhang mit Teil 3 Titel 1 Kapitel 3 der Verordnung (EU) Nr. 575/2013 haben wir folgende spezifische Prüfungshandlungen gesetzt:

Wir haben Beschreibungen aller wesentlichen Systeme, internen Regelungen und Kontrollen, die der Führung des Handelsbuchs i.S.d. Art. 104 der Verordnung (EU) Nr. 575/2013 sowie einer vorsichtigen Bewertung i.S.d. Art. 105 der Verordnung (EU) Nr. 575/2013 dienen, kritisch daraufhin gewürdigt, ob deren Ausgestaltung die Einhaltung der gesetzlichen Bestimmungen beachtet.

Wir haben die Berichte der Internen Revision über die Prüfung der Einhaltung der Grundsätze und Verfahren zur Führung eines Handelsbuchs daraufhin durchgesehen, ob sie wesentliche Beanstandungen enthalten.

Wir haben verantwortliche Mitarbeiter des Kreditinstituts kritisch befragt, ob im Zusammenhang mit der Führung des Handelsbuchs

- die Grundsätze und Verfahren zur Führung eines Handelsbuchs eingehalten wurden,
- die Grundsätze und Verfahren für eine vorsichtige Bewertung eingehalten wurden,
- es im Geschäftsjahr Änderungen oder Implementierungen in relevanten IT-Anwendungen oder Schnittstellen gegeben hat und
- es im Geschäftsjahr wesentliche Probleme in der Datenqualität gegeben hat.

13. Mindesteigenmittelerfordernis für das operationelle Risiko (negative Zusicherung)

Für die auf eine negative Zusicherung gerichtete Beurteilung im Zusammenhang mit der Einhaltung der Bedingungen gemäß Art. 320 der Verordnung (EU) Nr. 575/2013, soweit der Standardansatz Verwendung findet, haben wir folgende spezifische Prüfungshandlungen gesetzt:

Für Kreditinstitute, die das Mindesteigenmittelerfordernis für das operationelle Risiko nach dem Basisindikatoransatz gemäß Art. 315 f. der Verordnung (EU) Nr. 575/2013 oder nach einem fortgeschrittenen Messansatz gemäß Art. 321 ff. der Verordnung (EU) Nr. 575/2013 ermitteln:

Das Kreditinstitut ermittelt das Mindesteigenmittelerfordernis für das operationelle Risiko nach dem Basisindikatoransatz gemäß Art. 315 f. der Verordnung (EU) Nr. 575/2013 oder [Zutreffendes auswählen] nach einem fortgeschrittenen Messansatz gemäß Art. 321 ff. der Verordnung (EU) Nr. 575/2013. Daher waren zu diesem Prüfmodul keine Prüfungshandlungen zu setzen.

Für Kreditinstitute, die das Mindesteigenmittelerfordernis für das operationelle Risiko nach dem Standardansatz gemäß Art. 317 ff. der Verordnung (EU) Nr. 575/2013 ermitteln:

Wir haben die Dokumentation der vorgesehenen Prozesse zur Bewertung und Steuerung des operationellen Risikos durchgesehen und eine Einschätzung getroffen, ob diese Prozesse auf Basis der Dokumentation ausreichend nachvollziehbar und dem Grunde nach geeignet sind, das operationelle Risikoprofil des Kreditinstituts effektiv zu überwachen und zu steuern.

Wir haben überprüft, ob die in der Dokumentation vorgesehenen Prozesse insbesondere folgende Punkte umfassen:

- regelmäßige und anlassbezogene Analyse und Bewertung der operationellen Risiken,
- Erfassung und Kategorisierung von Verlustereignissen in einer Schadensfalldatenbank,
- Berücksichtigung der Ergebnisse einer Analyse der in der Schadensfalldatenbank erfassten Verlustereignisse bei der Analyse und Bewertung der operationellen Risiken,
- Einbindung der Bewertung und Steuerung des operationellen Risikos in die Risikomanagementprozesse des Kreditinstituts,
- regelmäßige und anlassbezogene Berichterstattung zum operationellen Risiko an die Geschäftsleitung sowie
- einen Eskalationsmechanismus, der sicherstellt, dass erkannte und berichtete operationelle Risiken entsprechend behandelt werden.

Wir haben folgende Dokumente daraufhin durchgesehen, ob sie in Übereinstimmung mit den in der Dokumentation vorgesehenen Prozessen zur Bewertung und Steuerung des operationellen Risikos stehen und/oder wesentliche Schwächen dieser Prozesse erkennen lassen:

- aktuelle Analyse der operationellen Risiken
- Schadensfalldatenbank
- Berichte über das operationelle Risiko an die Geschäftsleitung
- Berichte der Internen Revision über die Prüfung des Systems zur Bewertung und Steuerung des operationellen Risikos

Wir haben verantwortliche Mitarbeiter kritisch zur Umsetzung der in der Dokumentation vorgesehenen Prozesse zur Bewertung und Steuerung des operationellen Risikos danach befragt, ob diese Prozesse wie vorgesehen durchgeführt werden und ob wesentliche Schwächen dieser Prozesse erkennbar sind.

14. Wohlverhalten in Zusammenhang mit Wertpapiergeschäften (negative Zusicherung)

Für die auf eine negative Zusicherung gerichtete Beurteilung im Zusammenhang mit der Beachtung des 2. Hauptstücks des WAG 2018, des Abschnitts 3 des Kapitels II sowie des Kapitels III der Delegierten Verordnung (EU) Nr. 2017/565, der Titel II, III und IV der Verordnung (EU) Nr. 600/2014 und des 3. und 4. Abschnitts des 1. Hauptstücks des BörseG 2018 haben wir folgende spezifische Prüfungshandlungen gesetzt:

Wir haben die Gestaltung (Design) der wesentlichen internen Kontrollmaßnahmen im Zusammenhang mit der Meldung von Geschäften, dem Schutz des Kundenvermögens, dem Umgang mit Interessenkonflikten, der Verpflichtung zum Handeln im besten Interesse des Kunden, der Anlageberatung, der Eignung und Angemessenheit von Wertpapierdienstleistungen, den Informations- und Berichtspflichten, der bestmöglichen Durchführung von Dienstleistungen, der Bearbeitung von Kundenaufträgen sowie der Kundeneinstufung kritisch gewürdigt und die Umsetzung (Implementation) der wesentlichen Kontrollaktivitäten im Rahmen eines Walk Throughs überprüft.

Wir haben anhand der Aufbauorganisation (Organigramm, Stellenbeschreibungen und Ausbildungskonzept, Leitlinien) und durch Befragung der Mitglieder der Geschäftsleitung erhoben, ob die organisatorischen Anforderungen im Zusammenhang mit den Produktüberwachungspflichten, der Compliance, der Internen Revision, dem Risikomanagement, der Mitarbeiteraus- und -fortbildung, dem Schutz des Kundenvermögens und der Führung und Aufbewahrung von Aufzeichnungen in der erforderlichen Ausprägung erfüllt sind. Darüber hinaus haben wir anhand der Aufbauorganisation und durch Befragung der Mitglieder der Geschäftsleitung erhoben, ob die organisatorischen Anforderungen im Zusammenhang mit dem Betrieb eines algorithmischen Handels oder eines direkten elektronischen Zugangs in der erforderlichen Ausprägung erfüllt sind.

Wir haben das Vorliegen von schriftlich dokumentierten Verfahren und Regeln im Zusammenhang mit dem Betrieb eines multilateralen Handelssystems (MTF, OTF) sowie der Eigenschaft eines systematischen Internalisierers überprüft.

Sofern wesentliche betriebliche Aufgaben an Dienstleister ausgelagert sind oder vertraglich gebundene Vermittler bzw. Wertpapiervermittler herangezogen werden, haben wir die in diesem Zusammenhang festgelegten Verfahren erhoben.

Wir haben uns von der Angemessenheit der Vorkehrungen, welche gemäß den §§ 38 bis 43 WAG 2018 zum Schutz des Kundenvermögens getroffen wurden, überzeugt.

Wir haben verantwortliche Mitarbeiter des Kreditinstituts kritisch befragt, ob

- die Bestimmungen bzw. Richtlinien/Arbeitsanweisungen zum 2. Hauptstück des WAG 2018, zum Abschnitt 3 des Kapitels II sowie zum Kapitel III der Delegierten Verordnung (EU) Nr. 2017/565, zu den Titeln II, III und IV der Verordnung (EU) Nr. 600/2014 und zum 3. und 4. Abschnitt des 1. Hauptstücks des BörseG 2018 eingehalten worden sind,
- die Einhaltung dieser Bestimmungen durch entsprechende interne Kontrollen sichergestellt ist,
- nach ihrer Kenntnis im Geschäftsjahr wesentliche Verstöße erfolgt sind und
- es im Geschäftsjahr wesentliche Probleme in der Datenqualität gegeben hat.

Wir haben nachfolgende Unterlagen kritisch daraufhin durchgesehen, ob sie Hinweise auf die Verletzung der Bestimmungen des 2. Hauptstücks des WAG 2018, des Abschnitts 3 des Kapitels II sowie des Kapitels III der Delegierten Verordnung (EU) Nr. 2017/565, der Titel II, III und IV der Verordnung (EU) Nr. 600/2014 oder des 3. und 4. Abschnitts des 1. Hauptstücks des BörseG 2018 enthalten, und uns dabei auch von einer regelmäßigen Berichterstattung an die Geschäftsleitung und an das Aufsichtsorgan überzeugt:

- Berichte des Compliance-Beauftragten während des Geschäftsjahrs
- Berichte des Risikomanagements während des Geschäftsjahrs
- Prüfberichte der Internen Revision während des Geschäftsjahrs
- Prüfberichte der Aufsichtsbehörden während des Geschäftsjahrs
- Korrespondenz mit den Aufsichtsbehörden während des Geschäftsjahrs
- Protokolle von Sitzungen der Geschäftsleitung und des Aufsichtsrats oder sonstiger risikorelevanter Gremien

Bei Vorliegen von bemerkenswerten Sachverhalten in den Berichten an die Geschäftsleiter haben wir sie mit den verantwortlichen Mitarbeitern besprochen.

15. Erfordernis von Abzügen bei institutsbezogenen Sicherungssystemen (negative Zusicherung)

Für die auf eine negative Zusicherung gerichtete Beurteilung im Zusammenhang mit der Beachtung der Anforderungen gemäß Art. 49 Abs. 3 Buchstabe a Ziffer v der Verordnung (EU) Nr. 575/2013 haben wir folgende spezifische Prüfungshandlungen gesetzt:

Wir haben die vom Kreditinstitut ergriffenen Maßnahmen erhoben und kritisch gewürdigt, welche sicherstellen sollen, dass die erforderlichen Nachweise über die Einhaltung der Eigenmittelanforderungen gemäß Art. 92 der Verordnung (EU) Nr. 575/2013 auf konsolidierter Basis oder auf Basis der erweiterten Zusammenfassungsrechnung, die ordnungsgemäße Meldung der Einhaltung dieser Anforderungen gemäß Art. 99 der Verordnung (EU) Nr. 575/2013 und die Beseitigung einer Mehrfachbelegung möglicher Eigenmittelbestandteile regelmäßig eingeholt werden.

Wir haben die Gestaltung (Design) der wesentlichen internen Kontrollmaßnahmen im Zusammenhang mit dem Erfordernis von Abzügen bei institutsbezogenen Sicherungssystemen erhoben und kritisch gewürdigt und die Umsetzung (Implementation) der wesentlichen Kontrollaktivitäten im Rahmen eines Walk Throughs überprüft.

Wir haben verantwortliche Mitarbeiter des Kreditinstituts kritisch befragt, ob

- die Bestimmungen bzw. Richtlinien/Arbeitsanweisungen zum Erfordernis von Abzügen bei institutsbezogenen Sicherungssystemen eingehalten worden sind,
- die Einhaltung dieser Bestimmungen durch entsprechende interne Kontrollen sichergestellt ist,
- nach ihrer Kenntnis im Geschäftsjahr wesentliche Verstöße erfolgt sind und
- es im Geschäftsjahr wesentliche Probleme in der Datenqualität gegeben hat.

16. Nettingvereinbarungen (negative Zusicherung)

Für die auf eine negative Zusicherung gerichtete Beurteilung im Zusammenhang mit der Zulässigkeit und Richtigkeit von Nettingvereinbarungen sowie der Erfüllung der Voraussetzungen gemäß Art. 296 Abs. 3 der Verordnung (EU) Nr. 575/2013 haben wir folgende spezifische Prüfungshandlungen gesetzt:

Wir haben die vom Kreditinstitut eingerichteten und dokumentierten Verfahren, internen Regelungen, Prozessbeschreibungen und Kontrollen im Zusammenhang mit Nettingvereinbarungen kritisch daraufhin gewürdigt, ob deren Ausgestaltung für die Überprüfung der Rechtsgültigkeit und Durchsetzbarkeit von vertraglichen Nettingvereinbarungen i.S.d. Art. 297 Abs. 1 der Verordnung (EU) Nr. 575/2013 geeignet sind.

Wir haben anhand von geeigneten Nachweisen überprüft, ob der Nachweis zur Durchsetzbarkeit von Nettingvereinbarungen i.S.d. Art. 296 Abs. 2 Buchstabe b der Verordnung (EU) Nr. 575/2013 an die zuständige Behörde übermittelt wurde. Wir haben die entsprechende Korrespondenz mit der zuständigen Behörde daraufhin durchgesehen, ob sie wesentliche Beanstandungen enthält.

Wir haben die vom Kreditinstitut eingerichteten und dokumentierten Verfahren, internen Regelungen, Prozessbeschreibungen und Kontrollen im Zusammenhang mit produktübergreifenden Nettingvereinbarungen kritisch daraufhin gewürdigt, ob sie die zusätzlichen Anforderungen des Art. 296 Abs. 3 der Verordnung (EU) Nr. 575/2013 beachten.

Wir haben anhand von geeigneten Nachweisen überprüft, ob das Kreditinstitut alle vorgeschriebenen Unterlagen im Zusammenhang mit seinem vertraglichen Netting in seinen Akten i.S.d. Art. 297 Abs. 2 der Verordnung (EU) Nr. 575/2013 aufbewahrt.

Wir haben verantwortliche Mitarbeiter des Kreditinstituts kritisch befragt, ob im Zusammenhang mit der Anerkennung vertraglicher Nettingvereinbarungen die Mindestanforderungen und Verfahren für die Anerkennung von vertraglichen Nettingvereinbarungen eingehalten wurden.

17. Investmentfondsgesetz 2011 (InvFG 2011) (negative Zusicherung)

Text für Kreditinstitute, welche dem InvFG nicht unterliegen:

Das Kreditinstitut hat keine Konzession gemäß § 1 Abs. 1 Z 13 BWG und übt auch keine Depotbankfunktion i.S.d. InvFG aus. Die Bestimmungen des InvFG sind daher nicht anwendbar.

Text für Kreditinstitute, welche die Depotbankfunktion nach dem InvFG ausüben:

Für die auf eine negative Zusicherung gerichtete Beurteilung im Zusammenhang mit der Beachtung der §§ 8 bis 35, 39 bis 45, 66 bis 92 sowie 128 bis 138 InvFG 2011 haben wir folgende spezifische Prüfungshandlungen gesetzt:

Das Kreditinstitut übt die Funktion einer Depotbank nach dem InvFG aus.

Wir haben die Gestaltung (Design) der wesentlichen internen Kontrollmaßnahmen im Zusammenhang mit der Erfüllung der Bestimmungen der §§ 8 bis 35, 39 bis 45, 66 bis 92 sowie 128 bis 138 InvFG 2011, soweit sie für die Depotbank anwendbar sind, erhoben und kritisch gewürdigt und die Umsetzung (Implementation) der wesentlichen Kontrollaktivitäten im Rahmen eines Walk Throughs überprüft.

Wir haben verantwortliche Mitarbeiter des Kreditinstituts kritisch befragt, ob

- die für Depotbanken relevanten Bestimmungen des InvFG eingehalten worden sind,
- die Einhaltung dieser Bestimmungen durch entsprechende interne Kontrollen sichergestellt ist und
- nach ihrer Kenntnis im Geschäftsjahr wesentliche Verstöße erfolgt sind.

Wir haben uns das Vorliegen der Bewilligungsvoraussetzungen zur Übernahme der Depotbankfunktion anhand geeigneter Unterlagen nachweisen lassen.

Text für Kreditinstitute mit Konzession gemäß § 1 Abs. 1 Z 13 BWG (Verwaltungsgesellschaften):

Für Verwaltungsgesellschaften i.S.d. InvFG werden die Prüfung und die Berichterstattung in Anhang 3 geregelt.

18. Immobilien-Investmentfondsgesetz (ImmoInvFG) (negative Zusicherung)

Text für Kreditinstitute, welche dem ImmoInvFG nicht unterliegen:

Das Kreditinstitut hat keine Konzession gemäß § 1 Abs. 1 Z 13a BWG und übt auch keine Depotbankfunktion i.S.d. ImmoInvFG aus. Die Bestimmungen des ImmoInvFG sind daher nicht anwendbar.

Text für Kreditinstitute, welche die Depotbankfunktion nach dem ImmoInvFG ausüben:

Für die auf eine negative Zusicherung gerichtete Beurteilung im Zusammenhang mit der Beachtung der §§ 2 bis 9 sowie 21 bis 36 ImmoInvFG haben wir folgende spezifische Prüfungshandlungen gesetzt:

Das Kreditinstitut übt die Funktion einer Depotbank nach dem ImmoInvFG aus.

Wir haben die Gestaltung (Design) der wesentlichen internen Kontrollmaßnahmen im Zusammenhang mit der Erfüllung der Bestimmungen der §§ 2 bis 9 sowie 21 bis 36 ImmoInvFG, soweit sie für die Depotbank anwendbar sind, erhoben und kritisch gewürdigt und die Umsetzung (Implementation) der wesentlichen Kontrollaktivitäten im Rahmen eines Walk Throughs überprüft.

Wir haben verantwortliche Mitarbeiter des Kreditinstituts kritisch befragt, ob

- die für Depotbanken relevanten Bestimmungen des ImmoInvFG eingehalten worden sind,
- die Einhaltung dieser Bestimmungen durch entsprechende interne Kontrollen sichergestellt ist und
- nach ihrer Kenntnis im Geschäftsjahr wesentliche Verstöße erfolgt sind.

Wir haben uns das Vorliegen der Bewilligungsvoraussetzungen zur Übernahme der Depotbankfunktion anhand geeigneter Unterlagen nachweisen lassen.

Text für Kreditinstitute mit Konzession gemäß § 1 Abs. 1 Z 13a BWG (Kapitalanlagegesellschaften für Immobilien):

Für Kapitalanlagegesellschaften für Immobilen i.S.d. ImmoInvFG werden die Prüfung und die Berichterstattung in Anhang 4 geregelt.

19. Betriebliches Mitarbeiter- und Selbständigenvorsorgegesetz (BMSVG) (negative Zusicherung)

Text für Kreditinstitute, welche dem BMSVG nicht unterliegen:

Das Kreditinstitut hat keine Konzession gemäß § 1 Abs. 1 Z 21 BWG und übt auch keine Depotbankfunktion i.S.d. BMSVG aus. Die Bestimmungen des BMSVG sind daher nicht anwendbar.

Text für Kreditinstitute, welche die Depotbankfunktion nach dem BMSVG ausüben:

Für die auf eine negative Zusicherung gerichtete Beurteilung im Zusammenhang mit der Beachtung der §§ 18 bis 45a BMSVG haben wir folgende spezifische Prüfungshandlungen gesetzt:

Das Kreditinstitut übt die Funktion einer Depotbank nach dem BMSVG aus.

Wir haben die Gestaltung (Design) der wesentlichen internen Kontrollmaßnahmen im Zusammenhang mit der Erfüllung der Bestimmungen der §§ 18 bis 45a BMSVG, soweit sie für die Depotbank anwendbar sind, erhoben und kritisch gewürdigt und die Umsetzung (Implementation) der wesentlichen Kontrollaktivitäten im Rahmen eines Walk Throughs überprüft.

Wir haben verantwortliche Mitarbeiter des Kreditinstituts kritisch befragt, ob

- die für Depotbanken relevanten Bestimmungen des BMSVG eingehalten worden sind,
- die Einhaltung dieser Bestimmungen durch entsprechende interne Kontrollen sichergestellt ist und
- nach ihrer Kenntnis im Geschäftsjahr wesentliche Verstöße erfolgt sind.

Wir haben uns das Vorliegen der Bewilligungsvoraussetzungen zur Übernahme der Depotbankfunktion anhand geeigneter Unterlagen nachweisen lassen.

Text für Kreditinstitute mit Konzession gemäß § 1 Abs. 1 Z 21 BWG Betriebliche Vorsorgekassen):

Für Kreditinstitute, die dem BMSVG unterliegen, werden die Prüfung und die Berichterstattung im Einzelnen in Anhang 5 geregelt.

19a. Qualität der Zahlungsverpflichtungen gemäß § 7 Abs. 1 Z 13 Einlagensicherungs- und Anlegerentschädigungsgesetz (ESAEG) (negative Zusicherung)

Für die auf eine negative Zusicherung gerichtete Beurteilung im Zusammenhang mit der Qualität der Zahlungsverpflichtungen gemäß § 7 Abs. 1 Z 13 ESAEG haben wir folgende spezifische Prüfungshandlungen gesetzt:

Wir haben die Vereinbarung gemäß § 21 Abs. 3 ESAEG mit der Einlagensicherungseinrichtung eingeholt und kritisch durchgesehen.

Wir haben die Gestaltung (Design) der wesentlichen internen Kontrollmaßnahmen im Zusammenhang mit der Qualität der Zahlungsverpflichtungen gemäß § 7 Abs. 1 Z 13 ESAEG erhoben und kritisch gewürdigt und die Umsetzung (Implementation) der wesentlichen Kontrollaktivitäten im Rahmen eines Walk Throughs überprüft.

Wir haben verantwortliche Mitarbeiter des Kreditinstituts kritisch befragt, ob im Zusammenhang mit der Qualität der Zahlungsverpflichtungen gemäß § 7 Abs. 1 Z 13 ESAEG die Grundsätze und Verfahren zur Überwachung der Qualität der Zahlungsverpflichtungen gemäß § 7 Abs. 1 Z 13 ESAEG eingehalten worden sind.

Anhang 3: Berichterstattung über die Prüfungshandlungen in Teil II der Anlage zum Prüfungsbericht für Verwaltungsgesellschaften (Kreditinstitute mit Konzession gemäß § 1 Abs. 1 Z 13 BWG)

Bei der Berichterstattung über die Prüfungshandlungen für Verwaltungsgesellschaften sind folgende Abweichungen gegenüber dem Anhang 2 zu beachten:

1. Konsolidierung und Freistellungsvorschriften

An die Stelle der Texte in Anhang 2 „Zu § 30a BWG", „Zu § 30b BWG" sowie „Zu § 30c BWG" tritt folgender Text:

Gemäß § 10 Abs. 6 InvFG sind die §§ 30a, 30b und 30c BWG auf Verwaltungsgesellschaften nicht anwendbar.

2. Anforderungen an Zentralinstitute von institutsbezogenen Sicherungssystemen

An die Stelle des gesamten Textes in Anhang 2 tritt folgender Text:

Die Verwaltungsgesellschaft ist kein Zentralinstitut. Art. 49 und 113 der Verordnung (EU) Nr. 575/2013 sind daher nicht anwendbar.

3. Eigenmittelanforderungen

An die Stelle des gesamten Textes in Anhang 2 tritt folgender Text:

Gemäß § 10 Abs. 6 InvFG ist Art. 92 der Verordnung (EU) Nr. 575/2013 auf Verwaltungsgesellschaften nicht anwendbar.

5. Liquidität

An die Stelle des gesamten Textes in Anhang 2 tritt folgender Text:

Gemäß § 10 Abs. 6 InvFG sind Art. 412 und 413 der Verordnung (EU) Nr. 575/2013 und § 27a BWG auf Verwaltungsgesellschaften nicht anwendbar.

6. Sorgfaltspflichten

Vor den Text „Für die auf eine negative Zusicherung …" ist folgender Satz zu stellen:

Gemäß § 10 Abs. 6 InvFG sind § 39 Abs. 3 und 4 BWG auf Verwaltungsgesellschaften nicht anwendbar.

Im Text gemäß Anhang 2 ist im zweiten Absatz die Formulierung „in Verbindung mit den Mindestanforderungen der Verordnung gemäß § 39 Abs. 4 BWG" zu streichen.

7a. Auslagerung

An die Stelle des gesamten Textes in Anhang 2 tritt folgender Text:

Gemäß § 10 Abs. 6 InvFG ist § 25 BWG auf Verwaltungsgesellschaften nicht anwendbar.

BA

8. Interne Kapitaladäquanz

An die Stelle des gesamten Textes in Anhang 2 tritt folgender Text:

Gemäß § 10 Abs. 6 InvFG ist § 39a BWG auf Verwaltungsgesellschaften nicht anwendbar.

9. Interne Revision

An die Stelle des gesamten Textes in Anhang 2 tritt folgender Text:

Gemäß § 10 Abs. 6 InvFG ist § 42 BWG auf Verwaltungsgesellschaften nicht anwendbar.

10. Beteiligungen außerhalb des Finanzsektors

An die Stelle des Abschnitts in Anhang 2 „Für die auf eine negative Zusicherung gerichtete Beurteilung im Zusammenhang mit dem Kreditrisiko einer Verbriefungsposition nach Art. 405 der Verordnung (EU) Nr. 575/2013 haben wir folgende spezifische Prüfungshandlungen gesetzt“ tritt folgender Text:

Gemäß § 10 Abs. 6 InvFG ist Art. 405 der Verordnung (EU) Nr. 575/2013 auf Verwaltungsgesellschaften nicht anwendbar.

11. Indikatoren des Sanierungsplans

An die Stelle des gesamten Textes in Anhang 2 tritt folgender Text:

Verwaltungsgesellschaften sind keine CRR-Kreditinstitute. Gemäß § 1 Abs. 1 i.V.m. § 2 Z 23 BaSAG ist das Bundesgesetz über die Sanierung und Abwicklung von Banken (Sanierungs- und Abwicklungsgesetz – BaSAG) daher nicht anwendbar.

12. Handelsbuch

An die Stelle des gesamten Textes in Anhang 2 tritt folgender Text:

Gemäß § 10 Abs. 6 InvFG ist Teil 3 der Verordnung (EU) Nr. 575/2013 auf Verwaltungsgesellschaften nicht anwendbar.

13. Mindesteigenmittelerfordernis für das operationelle Risiko

An die Stelle des gesamten Textes in Anhang 2 tritt folgender Text:

Gemäß § 10 Abs. 6 InvFG ist Teil 3 der Verordnung (EU) Nr. 575/2013 auf Verwaltungsgesellschaften nicht anwendbar.

14. Wohlverhalten in Zusammenhang mit Wertpapiergeschäften

An die Stelle des gesamten Textes in Anhang 2 treten folgende Texte:

1) *Text für Verwaltungsgesellschaften, welche keine Konzession gemäß § 5 Abs. 2 Z 3 oder 4 InvFG (individuelle Portfolioverwaltung, Anlageberatung, ...) haben und*

a) *keine Anteile vertreiben, die nicht von ihnen selbst verwaltet werden:*

Die Verwaltungsgesellschaft hat keine Konzession zur individuellen Portfolioverwaltung und vertreibt keine Anteile, die nicht von ihr selbst verwaltet werden. Die Bestimmungen des WAG 2018 sind daher gemäß § 2 Abs. 1 Z 10 WAG 2018 nicht anwendbar.

b) *Anteile vertreiben, die nicht von ihnen selbst verwaltet werden:*

Gemäß § 10 Abs. 5 InvFG sind hinsichtlich des Vertriebs von Anteilen, die nicht von der Verwaltungsgesellschaft selbst verwaltet werden, vom 2. Hauptstück (Organisatorische Anforderungen) des WAG 2018 nur die §§ 47 bis 67 (Verpflichtung zum Handeln im besten Interesse des Kunden, Eignung und Angemessenheit von Wertpapierdienstleistungen, Berichtspflichten gegenüber den Kunden, Bestmögliche Durchführung von Dienstleistungen, Bearbeitung von Kundenaufträgen, Professionelle Kunden), 69 und 70 (Unerbetene Nachrichten und Haustürgeschäfte), von der Delegierten Verordnung (EU) Nr. 2017/565 nur die Art. 36 (Finanzanalysen und Marketingmitteilungen) und 44 bis 70 (Information von Kunden und potenziellen Kunden, Anlageberatung, Beurteilung der Eignung und Angemessenheit, Berichtspflichten gegenüber den Kunden, Bestmögliche Ausführung, Bearbeitung von Kundenaufträgen) sowie Art. 25 der Verordnung (EU) Nr. 600/2014 (Pflicht zum Führen von Aufzeichnungen) anwendbar.

2) *Text für Verwaltungsgesellschaften, welche über eine Konzession gemäß § 5 Abs. 2 Z 3 oder 4 InvFG (individuelle Portfolioverwaltung, Anlageberatung, ...) verfügen und*

a) *keine Anteile vertreiben, die nicht von ihnen selbst verwaltet werden:*

Gemäß § 2 Abs. 3 WAG 2018 in Verbindung mit § 10 Abs. 5 InvFG sind hinsichtlich der Erbringung der Dienstleistung der individuellen Portfolioverwaltung vom 2. Hauptstück (Organisatorische Anforderungen) des WAG 2018 nur die §§ 33 (Verpflichtung zum Führen von Aufzeichnungen), 38 bis 60 (Schutz des Kundenvermögens, Interessenkonflikte, Verpflichtung zum Handeln im besten Interesse des Kunden, Eignung und Angemessenheit von Wertpapierdienstleistungen, Berichtspflicht) und 62 Abs. 1 bis 3 (Bestmögliche Durchführung) sowie die in Art. 1 Abs. 1 der Delegierten Verordnung (EU) Nr. 2017/565 genannten Bestimmungen anwendbar.

b) *Anteile vertreiben, die nicht von ihnen selbst verwaltet werden:*

Gemäß § 2 Abs. 3 WAG 2018 in Verbindung mit § 10 Abs. 5 InvFG sind hinsichtlich der Erbringung der Dienstleistung der individuellen Portfolioverwaltung und des Vertriebs von Anteilen, die nicht von der Verwaltungsgesellschaft selbst verwaltet werden, vom 2. Hauptstück (Organisatorische Anforderungen) des WAG 2018 nur die §§ 33 (Verpflichtung zum Führen von Aufzeichnungen), 38 bis 67 (Schutz des Kundenvermögens, Interessenkonflikte, Verpflichtung zum Handeln im besten Interesse des Kunden, Eignung und Angemessenheit von Wertpapierdienstleistungen, Berichtspflichten gegenüber den Kunden, Bestmögliche Durchführung von Dienstleistungen, Bearbeitung von Kundenaufträgen, Professionelle Kunden), 69 und 70 (Unerbetene Nachrichten und Haustürgeschäfte), von der Delegierten Verordnung (EU) Nr. 2017/565 nur die in Art. 1 Abs. 1 genannten Bestimmungen und die Art. 36 (Finanzanalysen und Marketingmitteilungen) und 44 bis 70 (Information von Kunden und potenziellen Kunden, Anlageberatung, Beurteilung der Eignung und Angemessenheit, Berichtspflichten gegenüber den Kunden, Bestmögliche Ausführung, Bearbeitung von Kundenaufträgen) sowie Art. 25 der Verordnung (EU) Nr. 600/2014 (Pflicht zum Führen von Aufzeichnungen) anwendbar.

Gemeinsamer Text für Verwaltungsgesellschaften gemäß Punkt 1) b), 2) a) und b) (individuell anzupassen):

Für die auf eine negative Zusicherung gerichtete Beurteilung im Zusammenhang mit der Beachtung des 2. Hauptstücks des WAG 2018, des Abschnitts 3 des Kapitels II sowie des Kapitels III der Delegierten Verordnung (EU) Nr. 2017/565, der Titel II, III und IV der Verordnung (EU) Nr. 600/2014 und des 3. und 4. Abschnitts des 1. Hauptstücks des BörseG 2018 haben wir folgende spezifische Prüfungshandlungen gesetzt:

Wir haben die Gestaltung (Design) der wesentlichen internen Kontrollmaßnahmen im Zusammenhang mit der Meldung von Geschäften, dem Schutz des Kundenvermögens, dem Umgang mit Interessenkonflikten, der Verpflichtung zum Handeln im besten Interesse des Kunden, der Anlageberatung, der Eignung und Angemessenheit von Wertpapierdienstleistungen, den Informations- und Berichtspflichten, der bestmöglichen Durchführung von Dienstleistungen, der Bearbeitung von Kundenaufträgen sowie der Kundeneinstufung kritisch gewürdigt und die Umsetzung (Implementation) der wesentlichen Kontrollaktivitäten im Rahmen eines Walk Throughs überprüft.

Wir haben anhand der Aufbauorganisation (Organigramm, Stellenbeschreibungen und Ausbildungskonzept, Leitlinien) und durch Befragung der Mitglieder der Geschäftsleitung erhoben, ob die organisatorischen Anforderungen im Zusammenhang mit den Produktüberwachungspflichten, der Compliance, der Internen Revision, dem Risikomanagement, der Mitarbeiteraus- und -fortbildung, dem Schutz des Kundenvermögens und der Führung und Aufbewahrung von Aufzeichnungen in der erforderlichen Ausprägung erfüllt sind. Darüber hinaus haben wir anhand der Aufbauorganisation und durch Befragung der Mitglieder der Geschäftsleitung erhoben, ob die organisatorischen Anforderungen im Zusammenhang mit dem Betrieb eines algorithmischen Handels oder eines direkten elektronischen Zugangs in der erforderlichen Ausprägung erfüllt sind.

Wir haben das Vorliegen von schriftlich dokumentierten Verfahren und Regeln im Zusammenhang mit dem Betrieb eines multilateralen Handelssystems (MTF, OTF) sowie der Eigenschaft eines systematischen Internalisierers überprüft.

Sofern wesentliche betriebliche Aufgaben an Dienstleister ausgelagert sind, haben wir die in diesem Zusammenhang festgelegten Verfahren erhoben.

Wir haben uns von der Angemessenheit der Vorkehrungen, welche gemäß den §§ 38 bis 43 WAG 2018 zum Schutz des Kundenvermögens getroffen wurden, überzeugt.

Wir haben verantwortliche Mitarbeiter der Verwaltungsgesellschaft kritisch befragt, ob

- die Bestimmungen bzw. Richtlinien/Arbeitsanweisungen zum 2. Hauptstück des WAG 2018, zum Abschnitt 3 des Kapitels II sowie zum Kapitel III der Delegierten Verordnung (EU) Nr. 2017/565, zu den Titeln II, III und IV der Verordnung (EU) Nr. 600/2014 und zum 3. und 4. Abschnitt des 1. Hauptstücks des BörseG 2018 eingehalten worden sind,
- die Einhaltung dieser Bestimmungen durch entsprechende interne Kontrollen sichergestellt ist,
- nach ihrer Kenntnis im Geschäftsjahr wesentliche Verstöße erfolgt sind und
- es im Geschäftsjahr wesentliche Probleme in der Datenqualität gegeben hat.

Wir haben nachfolgende Unterlagen kritisch daraufhin durchgesehen, ob sie Hinweise auf die Verletzung der Bestimmungen des 2. Hauptstücks des WAG 2018, des Abschnitts 3 des Kapitels II sowie des Kapitels III der Delegierten Verordnung (EU) Nr. 2017/565, der Titel II, III und IV der Verordnung (EU) Nr. 600/2014 oder des 3. und 4. Abschnitts des 1. Hauptstücks des BörseG 2018 enthalten, und uns dabei auch von einer regelmäßigen Berichterstattung an die Geschäftsleitung und an das Aufsichtsorgan überzeugt:

- Berichte des Compliance-Beauftragten während des Geschäftsjahrs
- Berichte des Risikomanagements während des Geschäftsjahrs
- Prüfberichte der Internen Revision während des Geschäftsjahrs
- Prüfberichte der Aufsichtsbehörden während des Geschäftsjahrs
- Korrespondenz mit den Aufsichtsbehörden während des Geschäftsjahrs
- Protokolle von Sitzungen der Geschäftsleitung und des Aufsichtsrats oder sonstiger risikorelevanter Gremien

Bei Vorliegen von bemerkenswerten Sachverhalten in den Berichten an die Geschäftsleiter haben wir sie mit den verantwortlichen Mitarbeitern der Verwaltungsgesellschaft besprochen.

15. Erfordernis von Abzügen bei institutsbezogenen Sicherungssystemen

An die Stelle des gesamten Textes in Anhang 2 tritt folgender Text:

Die Verwaltungsgesellschaft ist kein Zentralinstitut und auch keinem Zentralinstitut angeschlossen. Art. 49 der Verordnung (EU) Nr. 575/2013 ist daher nicht anwendbar.

16. Nettingvereinbarungen

An die Stelle des gesamten Textes in Anhang 2 tritt folgender Text:

Gemäß § 10 Abs. 6 InvFG ist Teil 3 der Verordnung (EU) Nr. 575/2013 auf Verwaltungsgesellschaften nicht anwendbar.

17. Investmentfondsgesetz 2011 (InvFG 2011)

Für die auf eine negative Zusicherung gerichtete Beurteilung im Zusammenhang mit der Beachtung der §§ 8 bis 35, 39 bis 45, 66 bis 92 sowie 128 bis 138 InvFG 2011 haben wir folgende spezifische Prüfungshandlungen gesetzt:

Zu § 8 InvFG (Eigenmittel):

Wir haben die Gestaltung (Design) der wesentlichen internen Kontrollmaßnahmen zur Ermittlung, Verwaltung, Überwachung, Erfassung und Meldung der Eigenmittelanforderungen im Zusammenhang mit der ordnungsgemäßen Berechnung der Eigenmittel erhoben und kritisch gewürdigt und die Umsetzung (Implementation) der wesentlichen Kontrollaktivitäten im Rahmen eines Walk Throughs überprüft.

Wir haben Beschreibungen aller wesentlichen automationsunterstützten Arbeitsschritte und Schnittstellen sowie eine Übersicht der verwendeten IT-Anwendungen samt anwendungsabhängigen IT-Kontrollen (inklusive Berechtigungskonzepten) in Bezug auf die Einhaltung der Bestimmungen im Zusammenhang mit der Ermittlung und Meldung der Eigenmittel eingeholt und kritisch gewürdigt.

Wir haben erhoben, ob die Zulieferung der relevanten Daten an das Meldewesen manuell oder automatisiert erfolgt, und die diesbezügliche Prozessbeschreibung kritisch gewürdigt.

Wir haben verantwortliche Mitarbeiter der Verwaltungsgesellschaft kritisch befragt, ob

- die Bestimmungen im Zusammenhang mit den Eigenmittelanforderungen nach § 8 InvFG eingehalten worden sind,
- die Einhaltung dieser Bestimmungen durch entsprechende interne Kontrollen sichergestellt ist und
- nach ihrer Kenntnis im Geschäftsjahr wesentliche Verstöße erfolgt sind.

Wir haben die Meldung über die Einhaltung der Eigenmittelanforderungen nach § 8 InvFG zum Abschlussstichtag durchgesehen und kritisch gewürdigt.

Zu §§ 9 bis 26, 28 bis 35 sowie 128 bis 138 InvFG (Organisation, Compliance, Interne Revision, Risikomanagement, Persönliche Geschäfte, Aufzeichnungen, Anlegerbeschwerden, Interessenkonflikte, Pflicht, im besten Interesse der OGAW und ihrer Anteilsinhaber zu handeln, Übertragung von Aufgaben an Dritte, Werbung und Angebot von Anteilen, Prospekt und Informationen für die Anleger):

Wir haben die organisatorische Einordnung der Internen Revision sowie die Kontrollverfahren, welche deren ausreichende qualitative und quantitative Ausstattung sowie die Einhaltung der Ausschließungsgründe sicherstellen, erhoben.

BA

Wir haben die Organisationsrichtlinien betreffend die Interne Revision gelesen und sie auf Angemessenheit und Aktualität sowie hinsichtlich Abdeckung der gesetzlich geforderten Mindestinhalte gewürdigt.

Wir haben den Revisionsplan im Hinblick auf die Abdeckung der Geschäftstätigkeit und der gesetzlich geforderten Prüffelder durchgesehen.

Wir haben Umfang und Häufigkeit der Berichterstattung der Internen Revision an die Geschäftsleiter und den Vorsitzenden des Aufsichtsorgans durch Einsicht in die Berichterstattung überprüft.

Wir haben durch Einsichtnahme in Protokolle sowie Befragung der zuständigen Personen die Überwachung der Internen Revision durch die Geschäftsleiter und das Aufsichtsorgan überprüft.

Wir haben die organisatorische Einordnung des Risikomanagements sowie die Kontrollverfahren, welche dessen ausreichende qualitative und quantitative Ausstattung sowie die Einhaltung der Unabhängigkeitsbestimmungen sicherstellen, erhoben.

Wir haben die Organisationsrichtlinien betreffend das Risikomanagement gelesen und sie auf Angemessenheit und Aktualität sowie hinsichtlich Abdeckung der gesetzlich geforderten Mindestinhalte gewürdigt.

Wir haben Umfang und Häufigkeit der Berichterstattung des Risikomanagements an die Geschäftsleiter und das Aufsichtsorgan durch Einsicht in die Berichterstattung überprüft.

Wir haben durch Einsichtnahme in Protokolle sowie Befragung der zuständigen Personen die Überwachung des Risikomanagements durch die Geschäftsleiter und das Aufsichtsorgan überprüft.

Wir haben uns die im InvFG vorgesehenen Leitlinien (z.B. Persönliche Geschäfte, Aufzeichnungen, Anlegerbeschwerden, Umgang mit Interessenkonflikten, Pflicht, im besten Interesse der OGAW und ihrer Anteilsinhaber zu handeln, Werbung, Angebot von Anteilen und Informationen für die Anleger (Prospekt sowie Kundeninformationsdokument (KID)) etc.) vorlegen lassen und kritisch durchgesehen.

Wir haben die Gestaltung (Design) der wesentlichen internen Kontrollmaßnahmen im Zusammenhang mit der Einhaltung dieser Leitlinien erhoben und kritisch gewürdigt und die Umsetzung (Implementation) der wesentlichen Kontrollaktivitäten im Rahmen eines Walk Throughs überprüft.

Wir haben verantwortliche Mitarbeiter der Verwaltungsgesellschaft kritisch befragt, ob

- die im InvFG vorgesehenen Leitlinien eingehalten worden sind
- die Einhaltung dieser Bestimmungen durch entsprechende interne Kontrollen sichergestellt ist und

- nach ihrer Kenntnis im Geschäftsjahr wesentliche Verstöße erfolgt sind.

Wir haben nachfolgende Unterlagen kritisch daraufhin durchgesehen, ob sie Hinweise auf die Verletzung der §§ 9 bis 26, 28 bis 35 sowie 128 bis 138 InvFG enthalten, und uns dabei auch von einer regelmäßigen Berichterstattung an die Geschäftsleitung und an das Aufsichtsorgan überzeugt:

- Berichte des Compliance-Beauftragten während des Geschäftsjahrs
- Berichte des Risikomanagements während des Geschäftsjahrs
- Prüfberichte der Internen Revision während des Geschäftsjahrs
- Prüfberichte der Aufsichtsbehörden während des Geschäftsjahrs
- Korrespondenz mit den Aufsichtsbehörden während des Geschäftsjahrs
- Protokolle von Sitzungen der Geschäftsleitung und des Aufsichtsrats oder sonstiger risikorelevanter Gremien

Soweit aus den aufgelisteten Unterlagen bemerkenswerte Sachverhalte betreffend die Verletzung der §§ 9 bis 26, 28 bis 35 sowie 128 bis 138 InvFG erkennbar waren, haben wir sie mit den verantwortlichen Mitarbeitern der Verwaltungsgesellschaft besprochen.

Wir haben die Geschäftsleitung hinsichtlich des Vorliegens von Kundenbeschwerden befragt und uns die Bearbeitung der Beschwerden erläutern lassen.

Zu § 27 InvFG (individuelle Portfolioverwaltung):

Text für Verwaltungsgesellschaften, welche keine Konzession zur individuellen Portfolioverwaltung haben:

Die Verwaltungsgesellschaft hat keine Konzession zur individuellen Portfolioverwaltung. § 27 InvFG ist daher nicht anwendbar.

Text für Verwaltungsgesellschaften, welche über eine Konzession zur individuellen Portfolioverwaltung verfügen:

Wir haben die Leitlinien der Verwaltungsgesellschaft betreffend die Vermögensveranlagungen daraufhin kritisch durchgesehen und in Testfällen nachvollzogen, ob die Bestimmungen des § 27 InvFG (Zustimmung des Kunden bei der Veranlagung in eigenen Fondsanteilen) beachtet wurden.

Wir haben die Gestaltung (Design) der wesentlichen internen Kontrollmaßnahmen im Zusammenhang mit der Einhaltung der Bestimmungen des § 27 InvFG (Zustimmung des Kunden bei der Veranlagung in eigenen Fondsanteilen) erhoben und kritisch gewürdigt und die Umsetzung (Implementation) der wesentlichen Kontrollaktivitäten im Rahmen eines Walk Throughs überprüft.

Zu §§ 39 bis 45 sowie 66 bis 92 InvFG (Depotbank, Veranlagungsbestimmungen, Risikomanagement der OGAW):

Wir haben das Vorliegen und die Aktualität von internen Richtlinien und Dienstanweisungen, in denen die wesentlichen internen Abläufe zur Einhaltung der für OGAW geltenden Veranlagungsbestimmungen des InvFG und zur Messung und Überwachung der Risiken der von der Gesellschaft verwalteten OGAW sowie die Kontrollen der Einhaltung der Prozesse geregelt sind, überprüft und uns dabei überzeugt, ob die Ablaufbeschreibungen und internen Kontrollmechanismen der Art, dem Umfang und der Komplexität der Geschäftstätigkeit entsprechen.

Wir haben die Gestaltung (Design) der wesentlichen internen Kontrollmaßnahmen im Zusammenhang mit der Einhaltung der für OGAW geltenden Veranlagungsbestimmungen des InvFG und zur Messung und Überwachung der Risiken der von der Gesellschaft verwalteten OGAW erhoben und kritisch gewürdigt und die Umsetzung (Implementation) der wesentlichen Kontrollaktivitäten im Rahmen eines Walk Throughs überprüft.

Wir haben verantwortliche Mitarbeiter der Verwaltungsgesellschaft kritisch befragt, ob

- die für OGAW geltenden Veranlagungsbestimmungen des InvFG, die Risikomanagement-Grundsätze sowie die Bestimmungen betreffend die Depotbank[en] im Geschäftsjahr der Verwaltungsgesellschaft sowie im jeweiligen Rechnungsjahr der von der Gesellschaft verwalteten Sondervermögen eingehalten worden sind,
- die Einhaltung dieser Bestimmungen durch entsprechende interne Kontrollen sichergestellt ist und
- nach ihrer Kenntnis im Geschäftsjahr wesentliche Verstöße erfolgt sind.

Wir haben nachfolgende Unterlagen kritisch daraufhin durchgesehen, ob sie Hinweise auf die Verletzung der für OGAW geltenden Veranlagungsbestimmungen des InvFG, der Risikomanagement-Grundsätze oder der Bestimmungen betreffend die Depotbank[en] enthalten, und uns dabei auch von einer regelmäßigen Berichterstattung an die Geschäftsleitung und an das Aufsichtsorgan überzeugt:

- Debotbankvertrag/-verträge
- Berichte des Compliance-Beauftragten während des Geschäftsjahrs
- Berichte des Risikomanagements während des Geschäftsjahrs
- Prüfberichte der Internen Revision während des Geschäftsjahrs
- Prüfberichte der Aufsichtsbehörden während des Geschäftsjahrs
- Korrespondenz mit den Aufsichtsbehörden während des Geschäftsjahrs
- Protokolle von Sitzungen der Geschäftsleitung und des Aufsichtsrats oder sonstiger risikorelevanter Gremien

Soweit aus den aufgelisteten Unterlagen bemerkenswerte Sachverhalte betreffend die Verletzung der für OGAW geltenden Veranlagungsbestimmungen, der Risikomanagement-Grundsätze oder

der Bestimmungen betreffend die Depotbank[en] erkennbar waren, haben wir sie mit den verantwortlichen Mitarbeitern der Verwaltungsgesellschaft besprochen.

Die Ergebnisse wesentlicher Kontrollaktivitäten haben wir anlässlich der im Geschäftsjahr abgeschlossenen Prüfungen von Rechenschaftsberichten der von der Verwaltungsgesellschaft verwalteten Sondervermögen in Testfällen eingesehen und kritisch gewürdigt.

Wir haben sowohl bei der Prüfung der Verwaltungsgesellschaft als auch bei der Prüfung jedes einzelnen Rechenschaftsberichts der von der Verwaltungsgesellschaft verwalteten Sondervermögen eine schriftliche Erklärung der Geschäftsführung der Verwaltungsgesellschaft darüber eingeholt, inwieweit die für OGAW geltenden Veranlagungsbestimmungen des InvFG sowie die Risikomanagement-Grundsätze eingehalten sowie ob uns alle diesbezüglichen Informationen und Dokumente zugänglich gemacht wurden.

19a. Qualität der Zahlungsverpflichtungen gemäß § 7 Abs. 1 Z 13 ESAEG

An die Stelle des gesamten Textes in Anhang 2 tritt folgender Text:

Verwaltungsgesellschaften sind keine CRR-Kreditinstitute. Gemäß § 8 Abs. 1 ESAEG ist der 2. Teil (und somit § 7 Abs. 1 Z 13) des Bundesgesetzes über die Einlagensicherung und Anlegerentschädigung bei Kreditinstituten (Einlagensicherungs- und Anlegerentschädigungsgesetz – ESAEG) daher nicht anwendbar.

Anhang 4: Berichterstattung über die Prüfungshandlungen in Teil II der Anlage zum Prüfungsbericht für Kapitalanlagegesellschaften für Immobilien (Kreditinstitute mit Konzession gemäß § 1 Abs. 1 Z 13a BWG)

Bei der Berichterstattung über die Prüfungshandlungen für Kapitalanlagegesellschaften für Immobilien sind folgende Abweichungen gegenüber dem Anhang 2 zu beachten:

2. Anforderungen an Zentralinstitute von institutsbezogenen Sicherungssystemen

An die Stelle des gesamten Textes in Anhang 2 tritt folgender Text:

Die Kapitalanlagegesellschaft für Immobilien ist kein Zentralinstitut. Art. 49 und 113 der Verordnung (EU) Nr. 575/2013 sind daher nicht anwendbar.

3. Eigenmittelanforderungen

An die Stelle des gesamten Textes in Anhang 2 tritt folgender Text:

Gemäß § 3 Abs. 4a Z 1 BWG ist Art. 92 der Verordnung (EU) Nr. 575/2013 auf Kapitalanlagegesellschaften für Immobilien nicht anwendbar.

5. Liquidität

An die Stelle des gesamten Textes in Anhang 2 tritt folgender Text:

Gemäß § 3 Abs. 4a Z 1 BWG sind Art. 412 und 413 der Verordnung (EU) Nr. 575/2013 und § 27a BWG auf Kapitalanlagegesellschaften für Immobilien nicht anwendbar.

6. Sorgfaltspflichten

Vor den Text „Für die auf eine negative Zusicherung …“ ist folgender Satz zu stellen:

Gemäß § 3 Abs. 4a Z 1 BWG sind § 39 Abs. 3 und 4 BWG auf Kapitalanlagegesellschaften für Immobilien nicht anwendbar.

Im Text gemäß Anhang 2 ist im zweiten Absatz die Formulierung „in Verbindung mit den Mindestanforderungen der Verordnung gemäß § 39 Abs. 4 BWG“ zu streichen.

7a. Auslagerung

An die Stelle des gesamten Textes in Anhang 2 tritt folgender Text:

Gemäß § 3 Abs. 4a Z 1 BWG ist § 25 BWG auf Kapitalanlagegesellschaften für Immobilien nicht anwendbar.

8. Interne Kapitaladäquanz

An die Stelle des gesamten Textes in Anhang 2 tritt folgender Text:

Gemäß § 3 Abs. 4a Z 1 BWG ist § 39a BWG auf Kapitalanlagegesellschaften für Immobilien nicht anwendbar.

10. Beteiligungen außerhalb des Finanzsektors

An die Stelle des Abschnitts in Anhang 2 „Für die auf eine negative Zusicherung gerichtete Beurteilung im Zusammenhang mit dem Kreditrisiko einer Verbriefungsposition nach Art. 405 der Verordnung (EU) Nr. 575/2013 haben wir folgende spezifische Prüfungshandlungen gesetzt“ tritt folgender Text:

Gemäß § 3 Abs. 4a Z 1 BWG ist Art. 405 der Verordnung (EU) Nr. 575/2013 auf Kapitalanlagegesellschaften für Immobilien nicht anwendbar.

11. Indikatoren des Sanierungsplans

An die Stelle des gesamten Textes in Anhang 2 tritt folgender Text:

Kapitalanlagegesellschaften für Immobilien sind keine CRR-Kreditinstitute. Gemäß § 1 Abs. 1 i.V.m. § 2 Z 23 BaSAG ist das Bundesgesetz über die Sanierung und Abwicklung von Banken (Sanierungs- und Abwicklungsgesetz – BaSAG) daher nicht anwendbar.

12. Handelsbuch

An die Stelle des gesamten Textes in Anhang 2 tritt folgender Text:

Gemäß § 3 Abs. 4a Z 1 BWG ist Teil 3 der Verordnung (EU) Nr. 575/2013 auf Kapitalanlagegesellschaften für Immobilien nicht anwendbar.

13. Mindesteigenmittelerfordernis für das operationelle Risiko

An die Stelle des gesamten Textes in Anhang 2 tritt folgender Text:

Gemäß § 3 Abs. 4a Z 1 BWG ist Teil 3 der Verordnung (EU) Nr. 575/2013 auf Kapitalanlagegesellschaften für Immobilien nicht anwendbar.

14. Wohlverhalten in Zusammenhang mit Wertpapiergeschäften

An die Stelle des gesamten Textes in Anhang 2 tritt folgender Text:

Gemäß § 2 Abs. 1 Z 10 WAG 2018 ist das WAG 2018 auf Kapitalanlagegesellschaften für Immobilien nicht anwendbar.

15. Erfordernis von Abzügen bei institutsbezogenen Sicherungssystemen

An die Stelle des gesamten Textes in Anhang 2 tritt folgender Text:

Die Kapitalanlagegesellschaft für Immobilien ist kein Zentralinstitut und auch keinem Zentralinstitut angeschlossen. Art. 49 der Verordnung (EU) Nr. 575/2013 ist daher nicht anwendbar.

16. Nettingvereinbarungen

An die Stelle des gesamten Textes in Anhang 2 tritt folgender Text:

Gemäß § 3 Abs. 4a Z 1 BWG ist Teil 3 der Verordnung (EU) Nr. 575/2013 auf Kapitalanlagegesellschaften für Immobilien nicht anwendbar.

18. Immobilien-Investmentfondsgesetz (ImmoInvFG)

Für die auf eine negative Zusicherung gerichtete Beurteilung im Zusammenhang mit der Beachtung der §§ 2 bis 9 sowie 21 bis 36 ImmoInvFG haben wir folgende spezifische Prüfungshandlungen gesetzt:

Wir haben das Vorliegen und die Aktualität von internen Richtlinien und Dienstanweisungen, in denen die wesentlichen internen Abläufe zur Einhaltung der Veranlagungs- und Liquiditätsbestimmungen des ImmoInvFG, der Bestimmungen betreffend Grundstücksgesellschaften und der Bestimmungen betreffend die Auswahl und Bestellung der Sachverständigen gemäß § 29 Abs. 1 ImmoInvFG und zur Messung und Überwachung der Risiken der von der Gesellschaft verwalteten Sondervermögen sowie die Kontrollen der Einhaltung der Prozesse geregelt sind, überprüft und uns dabei überzeugt, ob die Ablaufbeschreibungen und internen Kontrollmechanismen der Art, dem Umfang und der Komplexität der Geschäftstätigkeit entsprechen.

Wir haben die Gestaltung (Design) der wesentlichen internen Kontrollmaßnahmen im Zusammenhang mit der Einhaltung der Veranlagungs- und Liquiditätsbestimmungen des ImmoInvFG, der Bestimmungen betreffend Grundstücksgesellschaften und der Bestimmungen betreffend die Auswahl und Bestellung der Sachverständigen gemäß § 29 Abs. 1 ImmoInvFG und zur Messung und Überwachung der Risiken der von der Gesellschaft verwalteten Sondervermögen erhoben und kritisch gewürdigt und die Umsetzung (Implementation) der wesentlichen Kontrollaktivitäten im Rahmen eines Walk Throughs überprüft.

Wir haben verantwortliche Mitarbeiter der Kapitalanlagegesellschaft für Immobilien kritisch befragt, ob

- die Veranlagungs- und Liquiditätsbestimmungen des ImmoInvFG, die Bestimmungen betreffend Grundstücksgesellschaften, die Bestimmungen betreffend die Auswahl und Bestellung der Sachverständigen gemäß § 29 Abs. 1 ImmoInvFG, die Risikomanagement-Grundsätze sowie die Bestimmungen betreffend die Depotbank im Geschäftsjahr der Kapitalanlagegesellschaft für Immobilien sowie im jeweiligen Rechnungsjahr der von der Gesellschaft verwalteten Sondervermögen eingehalten worden sind,
- die Einhaltung dieser Bestimmungen durch entsprechende interne Kontrollen sichergestellt ist und
- nach ihrer Kenntnis im Geschäftsjahr wesentliche Verstöße erfolgt sind.

Wir haben nachfolgende Unterlagen kritisch daraufhin durchgesehen, ob sie Hinweise auf die Verletzung der Veranlagungs- und Liquiditätsbestimmungen des ImmoInvFG, der Bestimmungen betreffend Grundstücksgesellschaften, der Bestimmungen betreffend die Auswahl und Bestellung der Sachverständigen gemäß § 29 Abs. 1 ImmoInvFG, der Risikomanagement-Grundsätze oder der Bestimmungen betreffend die Depotbank enthalten, und uns dabei auch von einer regelmäßigen Berichterstattung an die Geschäftsleitung und an das Aufsichtsorgan überzeugt:

- Depotbankvertrag/-verträge
- Berichte des Compliance-Beauftragten während des Geschäftsjahrs
- Berichte des Risikomanagements während des Geschäftsjahrs
- Prüfberichte der Internen Revision während des Geschäftsjahrs
- Prüfberichte der Aufsichtsbehörden während des Geschäftsjahrs
- Korrespondenz mit den Aufsichtsbehörden während des Geschäftsjahrs
- Protokolle von Sitzungen der Geschäftsleitung und des Aufsichtsrats oder sonstiger risikorelevanter Gremien

Soweit aus den aufgelisteten Unterlagen bemerkenswerte Sachverhalte betreffend die Verletzung der Veranlagungs- und Liquiditätsbestimmungen des ImmoInvFG, der Bestimmungen betreffend Grundstücksgesellschaften, der Bestimmungen betreffend die Auswahl und Bestellung der Sachverständigen gemäß § 29 Abs. 1 ImmoInvFG, der Risikomanagement-Grundsätze oder der Bestimmungen betreffend die Depotbank erkennbar waren, haben wir sie mit den verantwortlichen Mitarbeitern der Kapitalanlagegesellschaft für Immobilien besprochen.

Die Ergebnisse wesentlicher Kontrollaktivitäten haben wir anlässlich der im Geschäftsjahr abgeschlossenen Prüfungen von Rechenschaftsberichten der von der Kapitalanlagegesellschaft für Immobilien verwalteten Sondervermögen in Testfällen eingesehen und kritisch gewürdigt.

Wir haben sowohl bei der Prüfung der Kapitalanlagegesellschaft für Immobilien als auch bei der Prüfung jedes einzelnen Rechenschaftsberichts der von der Kapitalanlagegesellschaft für Immobilien verwalteten Sondervermögen eine schriftliche Erklärung der Geschäftsführung der Kapitalanlagegesellschaft für Immobilien darüber eingeholt, inwieweit die Veranlagungs- und Liquiditätsbestimmungen des ImmoInvFG, die Bestimmungen betreffend Grundstücksgesellschaften, die Bestimmungen betreffend die Auswahl und Bestellung der Sachverständigen gemäß § 29 Abs. 1 ImmoInvFG sowie die Risikomanagement-Grundsätze eingehalten sowie ob uns alle diesbezüglichen Informationen und Dokumente zugänglich gemacht wurden.

19a. Qualität der Zahlungsverpflichtungen gemäß § 7 Abs. 1 Z 13 ESAEG

An die Stelle des gesamten Textes in Anhang 2 tritt folgender Text:

Kapitalanlagegesellschaften für Immobilien sind keine CRR-Kreditinstitute. Gemäß § 8 Abs. 1 ESAEG ist der 2. Teil (und somit § 7 Abs. 1 Z 13) des Bundesgesetzes über die Einlagensicherung und Anlegerentschädigung bei Kreditinstituten (Einlagensicherungs- und Anlegerentschädigungsgesetz – ESAEG) daher nicht anwendbar.

Anhang 5: Berichterstattung über die Prüfungshandlungen in Teil II der Anlage zum Prüfungsbericht für Betriebliche Vorsorgekassen (Kreditinstitute mit Konzession gemäß § 1 Abs. 1 Z 21 BWG)

Bei der Berichterstattung über die Prüfungshandlungen für Betriebliche Vorsorgekassen (BVKassen) sind folgende Abweichungen gegenüber dem Anhang 2 zu beachten:

2. Anforderungen an Zentralinstitute von institutsbezogenen Sicherungssystemen

An die Stelle des gesamten Textes in Anhang 2 tritt folgender Text:

Die BV-Kasse ist kein Zentralinstitut. Art. 49 und 113 der Verordnung (EU) Nr. 575/2013 sind daher nicht anwendbar.

3. Eigenmittelanforderungen

An die Stelle des gesamten Textes in Anhang 2 tritt folgender Text:

Gemäß § 3 Abs. 7 lit. c) BWG ist Art. 92 der Verordnung (EU) Nr. 575/2013 auf BV-Kassen nicht anwendbar.

5. Liquidität

An die Stelle des gesamten Textes in Anhang 2 tritt folgender Text:

Gemäß § 3 Abs. 7 lit. c) BWG sind Art. 412 und 413 der Verordnung (EU) Nr. 575/2013 und § 27a BWG auf BV-Kassen nicht anwendbar.

7a. Auslagerung

An die Stelle des vierten Absatzes in Anhang 2 tritt folgender Text:

Wir haben verantwortliche Mitarbeiter der BV-Kasse kritisch befragt, ob

- die Bestimmungen des § 25 BWG im Zusammenhang mit den Auslagerungen eingehalten worden sind,
- die Einhaltung dieser Bestimmungen durch entsprechende interne Kontrollen sichergestellt ist und
- nach ihrer Kenntnis im Geschäftsjahr wesentliche Verstöße erfolgt sind.

8. Interne Kapitaladäquanz

An die Stelle des gesamten Textes in Anhang 2 tritt folgender Text:

Gemäß § 3 Abs. 7 lit. c) BWG ist § 39a BWG auf BV-Kassen nicht anwendbar.

10. Beteiligungen außerhalb des Finanzsektors

An die Stelle des gesamten Textes in Anhang 2 tritt folgender Text:

Gemäß § 3 Abs. 7 lit. c) BWG sind Art. 89 bis 91 und 405 der Verordnung (EU) Nr. 575/2013 auf BV-Kassen nicht anwendbar.

11. Indikatoren des Sanierungsplans

An die Stelle des gesamten Textes in Anhang 2 tritt folgender Text:

BV-Kassen sind keine CRR-Kreditinstitute. Gemäß § 1 Abs. 1 i.V.m. § 2 Z 23 BaSAG ist das Bundesgesetz über die Sanierung und Abwicklung von Banken (Sanierungs- und Abwicklungsgesetz – BaSAG) daher nicht anwendbar.

12. Handelsbuch

An die Stelle des gesamten Textes in Anhang 2 tritt folgender Text:

Gemäß § 3 Abs. 7 lit. c) BWG ist Teil 3 der Verordnung (EU) Nr. 575/2013 auf BV-Kassen nicht anwendbar.

13. Mindesteigenmittelerfordernis für das operationelle Risiko

An die Stelle des gesamten Textes in Anhang 2 tritt folgender Text:

Gemäß § 3 Abs. 7 lit. c) BWG ist Teil 3 der Verordnung (EU) Nr. 575/2013 auf BV-Kassen nicht anwendbar.

14. Wohlverhalten in Zusammenhang mit Wertpapiergeschäften

An die Stelle des gesamten Textes in Anhang 2 tritt folgender Text:

Gemäß § 2 Abs. 1 Z 11 WAG 2018 ist das WAG 2018 auf BV-Kassen nicht anwendbar.

15. Erfordernis von Abzügen bei institutsbezogenen Sicherungssystemen

An die Stelle des gesamten Textes in Anhang 2 tritt folgender Text:

Die BV-Kasse ist kein Zentralinstitut und auch keinem Zentralinstitut angeschlossen. Art. 49 der Verordnung (EU) Nr. 575/2013 ist daher nicht anwendbar.

16. Nettingvereinbarungen

An die Stelle des gesamten Textes in Anhang 2 tritt folgender Text:

Gemäß § 3 Abs. 7 lit. c) BWG ist Teil 3 der Verordnung (EU) Nr. 575/2013 auf BV-Kassen nicht anwendbar.

19. Betriebliches Mitarbeiter- und Selbständigenvorsorgegesetz (BMSVG)

Für die auf eine negative Zusicherung gerichtete Beurteilung im Zusammenhang mit der Beachtung der §§ 18 bis 45a BMSVG haben wir folgende spezifische Prüfungshandlungen gesetzt:

Zu § 20 BMSVG (Eigenmittel):

Wir haben die Gestaltung (Design) der wesentlichen internen Kontrollmaßnahmen zur Ermittlung, Verwaltung, Überwachung, Erfassung und Meldung der Eigenmittelanforderungen im Zusammenhang mit der ordnungsgemäßen Berechnung der Eigenmittel erhoben und kritisch gewürdigt und die Umsetzung (Implementation) der wesentlichen Kontrollaktivitäten im Rahmen eines Walk Throughs überprüft.

Wir haben Beschreibungen aller wesentlichen automationsunterstützten Arbeitsschritte und Schnittstellen sowie eine Übersicht der verwendeten IT-Anwendungen samt anwendungsabhängigen IT-Kontrollen (inklusive Berechtigungskonzepten) in Bezug auf die Einhaltung der Bestimmungen im Zusammenhang mit der Ermittlung und Meldung der Eigenmittel eingeholt und kritisch gewürdigt.

Wir haben erhoben, ob die Zulieferung der relevanten Daten an das Meldewesen manuell oder automatisiert erfolgt, und die diesbezügliche Prozessbeschreibung kritisch gewürdigt.

Wir haben verantwortliche Mitarbeiter der BV-Kasse kritisch befragt, ob

- die Bestimmungen im Zusammenhang mit den Eigenmittelanforderungen nach § 20 BMSVG eingehalten worden sind,
- die Einhaltung dieser Bestimmungen durch entsprechende interne Kontrollen sichergestellt ist und
- nach ihrer Kenntnis im Geschäftsjahr wesentliche Verstöße erfolgt sind.

Wir haben die Meldung über die Einhaltung der Eigenmittelanforderungen nach § 20 BMSVG zum Abschlussstichtag durchgesehen und kritisch gewürdigt.

Zu §§ 26 und 30 BMSVG (Veranlagungsvorschriften, Verrechenbarkeit von Kosten):

Wir haben das Vorliegen und die Aktualität von internen Richtlinien und Dienstanweisungen, in denen die wesentlichen internen Abläufe zur Einhaltung der Veranlagungsvorschriften des BMSVG und der Bestimmungen betreffend die Festlegung und Verrechenbarkeit von Verwaltungskosten sowie die Kontrollen der Einhaltung der Prozesse geregelt sind, überprüft und uns dabei überzeugt, ob die Ablaufbeschreibungen und internen Kontrollmechanismen der Art, dem Umfang und der Komplexität der Geschäftstätigkeit entsprechen.

Wir haben die Gestaltung (Design) der wesentlichen internen Kontrollmaßnahmen im Zusammenhang mit der Einhaltung der Veranlagungsvorschriften des BMSVG sowie der Bestimmungen betreffend die Festlegung und Verrechenbarkeit von Verwaltungskosten erhoben und kritisch gewürdigt und die Umsetzung (Implementation) der wesentlichen Kontrollaktivitäten im Rahmen eines Walk Throughs überprüft.

Wir haben verantwortliche Mitarbeiter der BV-Kasse kritisch befragt, ob

- die Veranlagungsvorschriften des BMSVG sowie die Bestimmungen betreffend die Festlegung und Verrechenbarkeit von Verwaltungskosten eingehalten worden sind,
- die Einhaltung dieser Bestimmungen durch entsprechende interne Kontrollen sichergestellt ist und
- nach ihrer Kenntnis im Geschäftsjahr wesentliche Verstöße erfolgt sind.

Wir haben nachfolgende Unterlagen kritisch daraufhin durchgesehen, ob sie Hinweise auf die Verletzung der Veranlagungsvorschriften des BMSVG sowie der Bestimmungen betreffend die Festlegung und Verrechenbarkeit von Verwaltungskosten enthalten, und uns dabei auch von einer regelmäßigen Berichterstattung an die Geschäftsleitung und an das Aufsichtsorgan überzeugt:

- Berichte des Compliance-Beauftragten während des Geschäftsjahrs
- Berichte des Risikomanagements während des Geschäftsjahrs
- Prüfberichte der Internen Revision während des Geschäftsjahrs
- Prüfberichte der Aufsichtsbehörden während des Geschäftsjahrs
- Korrespondenz mit den Aufsichtsbehörden während des Geschäftsjahrs

- Protokolle von Sitzungen der Geschäftsleitung und des Aufsichtsrats oder sonstiger risikorelevanter Gremien

Soweit aus den aufgelisteten Unterlagen bemerkenswerte Sachverhalte betreffend die Verletzung der Veranlagungsvorschriften des BMSVG oder der Bestimmungen betreffend die Festlegung und Verrechenbarkeit von Verwaltungskosten erkennbar waren, haben wir sie mit den verantwortlichen Mitarbeitern der BV-Kasse besprochen.

Die Ergebnisse wesentlicher Kontrollaktivitäten haben wir anlässlich der im Geschäftsjahr abgeschlossenen Prüfungen von Rechenschaftsberichten der von der BV-Kasse verwalteten Treuhandvermögen (Veranlagungsgemeinschaften) in Testfällen eingesehen und kritisch gewürdigt.

Wir haben eine schriftliche Erklärung der Geschäftsführung der BV-Kasse darüber eingeholt, inwieweit die Veranlagungsvorschriften des BMSVG sowie die Bestimmungen betreffend die Festlegung und Verrechenbarkeit von Verwaltungskosten eingehalten sowie ob uns alle diesbezüglichen Informationen und Dokumente zugänglich gemacht wurden.

Zu §§ 18, 19, 21 bis 25, 27 bis 29 und 31 bis 33 BMSVG (Organisation, Rahmenbedingungen):

Wir haben das Vorliegen und die Aktualität von internen Richtlinien und Dienstanweisungen, in denen die wesentlichen internen Abläufe zur Einhaltung der §§ 18, 19, 21 bis 25, 27 bis 29 und 31 bis 33 BMSVG sowie die Kontrollen der Einhaltung der Prozesse geregelt sind, überprüft und uns dabei überzeugt, ob die Ablaufbeschreibungen und internen Kontrollmechanismen der Art, dem Umfang und der Komplexität der Geschäftstätigkeit entsprechen.

Wir haben die Gestaltung (Design) der wesentlichen internen Kontrollmaßnahmen im Zusammenhang mit der Einhaltung der §§ 18, 19, 21 bis 25, 27 bis 29 und 31 bis 33 BMSVG erhoben und kritisch gewürdigt und die Umsetzung (Implementation) der wesentlichen Kontrollaktivitäten im Rahmen eines Walk Throughs überprüft.

Wir haben verantwortliche Mitarbeiter der BV-Kasse kritisch befragt, ob

- die §§ 18, 19, 21 bis 25, 27 bis 29 und 31 bis 33 BMSVG eingehalten worden sind,
- die Einhaltung dieser Bestimmungen durch entsprechende interne Kontrollen sichergestellt ist und
- nach ihrer Kenntnis im Geschäftsjahr wesentliche Verstöße erfolgt sind.

Wir haben nachfolgende Unterlagen kritisch daraufhin durchgesehen, ob sie Hinweise auf die Verletzung der §§ 18, 19, 21 bis 25, 27 bis 29 und 31 bis 33 BMSVG enthalten, und uns dabei auch von einer regelmäßigen Berichterstattung an die Geschäftsleitung und an das Aufsichtsorgan überzeugt:

- Berichte des Compliance-Beauftragten während des Geschäftsjahrs
- Berichte des Risikomanagements während des Geschäftsjahrs
- Prüfberichte der Internen Revision während des Geschäftsjahrs
- Prüfberichte der Aufsichtsbehörden während des Geschäftsjahrs
- Korrespondenz mit den Aufsichtsbehörden während des Geschäftsjahrs
- Protokolle von Sitzungen der Geschäftsleitung und des Aufsichtsrats oder sonstiger risikorelevanter Gremien

Soweit aus den aufgelisteten Unterlagen bemerkenswerte Sachverhalte betreffend die Verletzung der §§ 18, 19, 21 bis 25, 27 bis 29 und 31 bis 33 BMSVG erkennbar waren, haben wir sie mit den verantwortlichen Mitarbeitern der BV-Kasse besprochen.

Zu §§ 34 bis 45a BMSVG (Schutzbestimmungen und aufsichtsrechtliche Vorschriften):

Wir haben das Vorliegen und die Aktualität von internen Richtlinien und Dienstanweisungen, in denen die wesentlichen internen Abläufe zur Einhaltung der §§ 34 bis 45a BMSVG sowie die Kontrollen der Einhaltung der Prozesse geregelt sind, überprüft und uns dabei überzeugt, ob die Ablaufbeschreibungen und internen Kontrollmechanismen der Art, dem Umfang und der Komplexität der Geschäftstätigkeit entsprechen.

Wir haben die Gestaltung (Design) der wesentlichen internen Kontrollmaßnahmen im Zusammenhang mit der Einhaltung der §§ 34 bis 45a BMSVG erhoben und kritisch gewürdigt und die Umsetzung (Implementation) der wesentlichen Kontrollaktivitäten im Rahmen eines Walk Throughs überprüft.

Wir haben verantwortliche Mitarbeiter der BV-Kasse kritisch befragt, ob

- die §§ 34 bis 45a BMSVG eingehalten worden sind,
- die Einhaltung dieser Bestimmungen durch entsprechende interne Kontrollen sichergestellt ist und
- nach ihrer Kenntnis im Geschäftsjahr wesentliche Verstöße erfolgt sind.

Wir haben nachfolgende Unterlagen kritisch daraufhin durchgesehen, ob sie Hinweise auf die Verletzung der §§ 34 bis 45a BMSVG enthalten, und uns dabei auch von einer regelmäßigen Berichterstattung an die Geschäftsleitung und an das Aufsichtsorgan überzeugt:

- Berichte des Compliance-Beauftragten während des Geschäftsjahrs
- Berichte des Risikomanagements während des Geschäftsjahrs
- Prüfberichte der Internen Revision während des Geschäftsjahrs
- Prüfberichte der Aufsichtsbehörden während des Geschäftsjahrs
- Korrespondenz mit den Aufsichtsbehörden während des Geschäftsjahrs

- Protokolle von Sitzungen der Geschäftsleitung und des Aufsichtsrats oder sonstiger risikorelevanter Gremien

Soweit aus den aufgelisteten Unterlagen bemerkenswerte Sachverhalte betreffend die Verletzung der §§ 34 bis 45a BMSVG erkennbar waren, haben wir sie mit den verantwortlichen Mitarbeitern der BV-Kasse besprochen.

19a. Qualität der Zahlungsverpflichtungen gemäß § 7 Abs. 1 Z 13 ESAEG

An die Stelle des gesamten Textes in Anhang 2 tritt folgender Text:

BV-Kassen sind keine CRR-Kreditinstitute. Gemäß § 8 Abs. 1 ESAEG ist der 2. Teil (und somit § 7 Abs. 1 Z 13) des Bundesgesetzes über die Einlagensicherung und Anlegerentschädigung bei Kreditinstituten (Einlagensicherungs- und Anlegerentschädigungsgesetz – ESAEG) daher nicht anwendbar.

2/6/10. IWP/BA 10

Richtlinie
des Instituts Österreichischer Wirtschaftsprüfer
über die Grundsätze ordnungsgemäßer Berichterstattung im Rahmen der Prüfung eines Rechenschaftsberichtes einer Verwaltungsgesellschaft (Kapitalanlagegesellschaft für Immobilien) über ein(en) von ihr verwaltetes(n) Sondervermögen (Immobilienfonds)

(verabschiedet in der Sitzung des Vorstandes vom Mai 2008 als IWP/BA10, zuletzt redaktionell überarbeitet im Dezember 2015)

1. Vorbemerkungen

(1) Die Entwicklungen an den Kapitalmärkten wurden auch von einer rasanten Zunahme an Investmentfonds begleitet. In Österreich sind 2007 bereits über 2.250 inländische Investmentfonds zum Vertrieb zugelassen. Die das Sondervermögen (Immobilienfonds) verwaltende Verwaltungsgesellschaft (Kapitalanlagegesellschaft für Immobilien) hat für jedes Rechnungsjahr des Fonds einen Rechenschaftsbericht zu erstellen, welcher vom Abschluss/Bankprüfer zu prüfen ist. Sowohl die hohe Anzahl an durchzuführenden Prüfungen als auch die Besonderheiten des (Immobilien-) Investmentfondsgesetzes machen es notwendig, einzelne Bereiche der Berichterstattung ergänzend zu KFS/PG 2 näher zu erläutern bzw. differenziert darzustellen.

(2) Da der in dieser Richtlinie an die Wirtschaftsprüfer zu empfehlende Inhalt besondere Auswirkungen auf einen ganz bestimmten Adressatenkreis hat, wurde diese Richtlinie unter Mitwirkung von Vertretern der VÖIG sowie der FMA erarbeitet.

1. Allgemeine Grundsätze

(3) Für den Prüfungsbericht gelten die Grundsätze und Regeln des KFS/PG 2. Der Prüfungsbericht muss daher ebenso den Grundsätzen der Unparteilichkeit, der Wahrheit, der Vollständigkeit und der Klarheit entsprechen.

2. Rechtliche Grundlagen und Inhalt des Prüfungsberichtes

(4) Gemäß § 49 Abs 5 InvFG (resp § 13 Abs 3 ImmoInvFG) iVm § 273 Abs 1 UGB hat der Abschluss/Bankprüfer über das Ergebnis der Prüfung schriftlich zu berichten. Die Prüfung hat sich auch auf die Beachtung des (Immobilien-)Investmentfondsgesetzes und der Fondsbestimmungen zu erstrecken.

(5) Da darüber hinaus über den Inhalt des Prüfungsberichtes keine weiteren Erläuterungen zu finden sind, sind ebenso wie in KFS/PG2 die bezüglichen Erfordernisse aus dem vom Gesetzgeber dem Prüfungsbericht offenbar zugeordneten Zweck der Information der Berichtsempfänger und der darauf abgestimmten langjährigen Berufsübung abzuleiten.

(6) Der Bericht des Prüfers hat in der Regel folgende Bestandteile zu enthalten:

- Angabe der Auftragserteilung und Darstellung der Auftragsdurchführung;
- Darstellung der rechtlichen und wirtschaftlichen Verhältnisse des Sondervermögens(Immobilienfonds);
- Erläuterungen zum Rechenschaftsbericht;
- Zusammenfassung des Prüfungsergebnisses;
- Bestätigungsvermerk.

3. Erläuterungen zu den Bestandteilen des Prüfungsberichtes

3.1. Prüfungsvertrag und Auftragsdurchführung

(7) Die Angaben entsprechen den Ausführungen in KFS/PG 2.

3.2. Angaben über die rechtlichen und wirtschaftlichen Verhältnisse (fakultativ auch als Beilage möglich)

(8) Die Berichterstattung hat sich auf die rechtlichen Verhältnisse des einzelnen Sondervermögens(Immobilienfonds) zu erstrecken. Angaben über die rechtlichen Verhältnisse der Verwaltungsgesellschaft (Kapitalanlagegesellschaft für Immobilien) erscheinen nicht unbedingt notwendig; wahlweise kann auf die ausführlichen Angaben im Rechenschaftsbericht verwiesen werden.

(9) Bei den Erläuterungen zu den rechtlichen und wirtschaftlichen Verhältnissen hat zusätzlich zu den fondsspezifischen Angaben insbesondere über Änderungen der Fondsbestimmungen sowie über sonstige Tatbestände von Bedeutung berichtet zu werden; auf besondere Fondsspezifika (z.B. PKG-Fonds, Fonds der auf bestimmte Laufzeit errichtet wurde) soll hingewiesen werden.

3.3. Erläuterungen zum Rechenschaftsbericht

(10) Die Berichterstattung hat sich auf besonders zu vermerkende Tatsachen und Fakten des Sondervermögens(Immobilienfonds) sowie besondere Prüfungshandlungen zu erstrecken. Da der Rechenschaftsbericht der Verwaltungsgesellschaft (Kapitalanlagegesellschaft für Immobilien) in den Prüfungsbericht einzubinden ist, müssen Tatsachen, die bereits im Rechenschaftsbericht angeführt werden, im Prüfungsbericht nicht nochmals behandelt werden.

3.4. Zusammenfassung des Prüfungsergebnisses

(11) Da sich die Prüfung auch auf die Beachtung des (Immobilien-)Investmentfondsgesetzes und der Fondsbestimmungen zu erstrecken hat, ist auf diese Besonderheiten neben den allgemeinen Berichtspflichten besonders einzugehen. Es wird empfohlen, die Zusammenfassung des Prüfungsergebnisses wie folgt zu gliedern:

- Stellungnahme zur Gesetzmäßigkeit von Buchführung und Rechenschaftsbericht;
- Stellungnahme zu steuerlichen Angaben (entfällt bei Immobilienfonds)/sowie zu den Informationspflichten gegenüber Anlegern gemäß § 21 AIFMG;
- Erteilte Auskünfte;
- Stellungnahme zu Tatsachen gemäß § 154 Abs 1 und 2 InvFG und § 63 Abs 3 BWG;
- Stellungnahme zur Einhaltung der Veranlagungs- bzw. Fondsbestimmungen;
- Bericht über besondere Vorkommnisse und Sachverhalte.

3.4.1. Stellungnahme zur Gesetzmäßigkeit von Buchführung und Rechenschaftsbericht

(12) In einer kurzen Stellungnahme ist auszuführen, ob der Rechenschaftsbericht den gesetzlichen Vorschriften entspricht.

(13) Die Prüfung des Rechenschaftsberichtes durch den Abschluss/Bankprüfer (Bankprüfer der Kapitalanlagegesellschaft für Immobilien) hat sich auf die im Rechenschaftsbericht „enthaltenen Zahlenangaben“ zu beschränken. Die OGAW-Richtlinie (2009/65/EG) determiniert den Umfang der Prüfung des Rechenschaftsberichtes mit den „enthaltenen Zahlenangaben“ (in der englischen Fassung: „accounting information“), womit im Sinne einer richtlinienkonformen Auslegung die vom österreichischen Investmentfondsgesetz (und in analoger Anwendung auch vom Immobilien-Investmentfondsgesetz) angeordnete Prüfung des Rechenschaftsberichts einschränkend als Prüfung der Zahlenangaben zu interpretieren ist.

(14) Für Sondervermögen, die auch dem Alternative Investmentfonds Manager-Gesetz (AIFMG) unterliegen, ist § 20 Abs 3 AIFMG zu beachten, wonach die Prüfung die im Jahresbericht enthaltenen Zahlenangaben umfasst.

(15) Alle weiteren Angaben im Rechenschaftsbericht sind nach berufsüblichen Grundsätzen jedoch dahingehend zu hinterfragen, ob Sie im Zusammenhang mit den Zahlenangaben nicht eine verzerrende Darstellung der Fondsergebnisrechnung, der Entwicklung des Fondsvermögens sowie der Vermögensaufstellung geben.

3.4.2. Stellungnahme zu steuerlichen Angaben (entfällt bei Immobilienfonds)/sowie zu den Informationspflichten gegenüber Anlegern gemäß § 21 AIFMG

(16) Die Darstellung der steuerlichen Behandlung der Anteilscheine wird von der Verwaltungsgesellschaft als Serviceleistung für die Anleger des Fonds erstellt, ist jedoch kein gesetzlich geforderter Bestandteil des Rechenschaftsberichts. Gleiches gilt für etwaige Angaben gemäß § 21 AIFMG im Rechenschaftsbericht. Im Prüfbericht hat dazu eine Klarstellung in der Form zu erfolgen, dass die dem Rechenschaftsbericht angehängten steuerlichen Erläuterungen sowie etwaige Informationen gemäß § 21 AIFMG nicht Teil der Prüfung sind.

3.4.3. Erteilte Auskünfte

(17) Die Angaben entsprechen den Ausführungen in KFS/PG 2.

3.4.4. Stellungnahme zu Tatsachen gemäß § 154 Abs 1 und 2 InvFG und § 63 Abs 3 BWG

(18) Der Abschlussprüfer hat darüber zu berichten, ob er bei Wahrnehmung seiner Aufgaben berichtspflichtige Tatsachen gemäß § 154 Abs 1 und 2 InvFG festgestellt hat, insbesondere betreffend Verstöße der gesetzlichen Vertreter oder von Arbeitnehmern gegen Gesetz oder Fondsbestimmungen. Der Bankprüfer hat auch die zusätzlichen Berichtspflichten gemäß § 63 Abs 3 BWG zu beachten. Betreffend weiterer Ausführungen wird auf das Fachgutachten KFS/PG 2 verwiesen. Sollte ein unter Pkt 3.4.5. bzw. 3.4.6. dargestellter Sachverhalt so bedeutend sein, dass dieser zu einer Berichterstattung gemäß § 154 InvFG oder § 63 Abs 3 BWG führen sollte, wäre darauf separat hinzuweisen.

3.4.5. Stellungnahme zur Einhaltung der Veranlagungs- bzw. Fondsbestimmungen

(19) Da die Einhaltung der Veranlagungsbestimmungen des (Immobilien-)Investmentfondsgesetzes sowie der Fondsbestimmungen einen wesentlichen Schwerpunkt der Prüfung bildet, ist auf das Ergebnis der mittels Stichproben erfolgten Überprüfung einzugehen. Das Entstehen von Verletzungen der Veranlagungsbestimmungen kann entweder „passiv“ (Veränderungen der Kurse oder Rücklösungen von Anteilscheinen) oder „aktiv“ (durch Vornahme entsprechender Transaktionen, die von der Verwaltungsgesellschaft (Kapitalanlagegesellschaft für Immobilien)/Fondsmanagement gesteuert werden) entstehen.

(20) Über „Aktive Grenzverletzungen“, die bei der Prüfung festgestellt wurden, ist stets zu berichten. „Aktiv“ ist eine Verletzung dann, wenn sie durch ein aktives Tun oder bewusstes Unterlassen des Fondsmanagers zustandekam.

(21) Bei Vorliegen „Passiver Grenzverletzungen“ hat hingegen eine Berichterstattung nur dann zu erfolgen, wenn eine der folgenden Voraussetzungen erfüllt ist:

- Eine Sanierung der Grenzverletzung erfolgt nicht binnen angemessener Frist
- Eine nach Rücksprache mit dem Abschluss/Bankprüfer empfohlene umgehende Sanierung wird nicht vorgenommen.

(22) Ein Negativvermerk über Grenzverletzungen wird empfohlen, welcher sinngemäß lauten

sollte: „Im Zuge von Stichproben wurden keine berichtspflichtigen aktiven und passiven Grenzverletzungen festgestellt.“

3.4.6. Bericht über besondere Vorkommnisse und Sachverhalte

(23) Über besondere Vorkommnisse im Rechnungsjahr und besondere Sachverhalte das Sondervermögen (den Immobilienfonds) betreffend, auf die der Abschluss/Bankprüfer den Adressatenkreis des Prüfberichtes aufmerksam machen möchte, sollte einheitlich – falls erforderlich – unter diesem separat zu bezeichnenden Absatz berichtet werden.

(24) Einerseits bietet dies dem Abschluss/Bankprüfer die Möglichkeit, auf alle berichtenswerten Tatsachen, sowohl solche die zu einer Ergänzung bzw. einer Einschränkung des Bestätigungsvermerkes führen als auch solche, die den Bestätigungsvermerk nicht einschränken bzw. zu einer Ergänzung führen, hinzuweisen und andererseits wird so dem Leser die Möglichkeit geboten, bestimmte Informationen an immer derselben Stelle des Berichtes aufzufinden.

(25) Solche berichtenswerte besondere Vorkommnisse und Sachverhalte können u.a. sein:

- Besondere Transaktionen in Zusammenhang mit Aufstockungen und Rücklösungen von Fondsanteilscheinen sowie eine bevorstehende Beendigung der Verwaltung des Sondervermögens(Immobilienfonds)
- Aussetzungen der Fondspreisberechnung bzw. der Ausgabe und Rücknahme von Fondsanteilen.
- Besondere Aspekte bei Performance-Gebühren
- Darstellung besonderer Risikoaspekte
- Bericht über Fondszusammenlegungen
- Besonderheiten, die die Liquidität des Sondervermögens(Immobilienfonds) betreffen.

BA

3.5. Bestätigungsvermerk

(26) Der Bestätigungsvermerk oder der Vermerk über seine Versagung ist vom Abschlussprüfer unter Angabe des Datums und des Ortes zu unterzeichnen und in den Prüfungsbericht aufzunehmen (§ 274 Abs 7 und 8 UGB).

(27) Betreffend weiterer Ausführungen wird auf die Richtlinie IWP/PE 15 verwiesen.

4. Vorlage des Prüfungsberichtes

(28) Gemäß § 273 Abs 4 UGB hat der Abschluss/Bankprüfer seinen Bericht zu unterzeichnen und den gesetzlichen Vertretern sowie den Mitgliedern des Aufsichtsrates vorzulegen. Bezüglich Einzelheiten wird auf die Ausführungen in KFS/PG 2 verwiesen.

2/6/11. KFS/BA 11

Fachgutachten
des Fachsenats für Unternehmensrecht und Revision
zur Bestätigung des Bankprüfers an die Einlagensicherung der Banken und Bankiers GmbH

(beschlossen in der Sitzung des Fachsenats für Unternehmensrecht und Revision am 25.03.2009 als Fachgutachten KFS/BA 11, zuletzt redaktionell überarbeitet im September 2017)

1. Vorbemerkung

Die Einlagensicherung der Banken und Bankiers GmbH (im folgenden auch „Einlagensicherung") als Sicherungseinrichtung gemäß § 93 Abs. 1 BWG erhebt von ihren Mitgliedern einmal jährlich formularmäßig auf Basis des jeweils letzten Jahresabschlusses die für die Beitragsbemessung erforderlichen Daten, welche durch den Abschlussprüfer (Bankprüfer) zu bestätigen sind. Die Form dieser Bestätigung durch den Bankprüfer sowie die durchzuführenden Prüfungshandlungen sind nicht normiert. Das vorliegende Fachgutachten soll eine entsprechende Anleitung für die Berufsangehörigen bei der Durchführung der erforderlichen Prüfungshandlungen und der Formulierung der Bestätigung zur Verfügung stellen.

2. Gesetzliche und vertragliche Grundlagen

Gemäß § 61 Abs. 1 BWG trifft den Bankprüfer von Kreditinstituten, die dem Fachverband der Banken und Bankiers angehören, eine Pflicht zur Zusammenarbeit mit der Sicherungseinrichtung für Zwecke des Früherkennungssystems.

Die Sicherungseinrichtung des Fachverbands der Banken und Bankiers gemäß § 93 Abs. 1 BWG ist die Einlagensicherung der Banken und Bankiers GmbH. Kreditinstitute, die Mitglieder des Fachverbands der Banken und Bankiers sind und die sicherungspflichtige Einlagen entgegennehmen oder sicherungspflichtige Wertpapierdienstleistungen durchführen, sind Gesellschafter dieser GmbH.

Die Gesellschafter sind verpflichtet, der Geschäftsführung der Einlagensicherung einmal jährlich bis zum 31. März die Höhe der sicherungspflichtigen Verbindlichkeiten gegenüber Kunden und der Erträge aus dem Wertpapiergeschäft des Vorjahrs bekanntzugeben. Gemäß Gesellschaftsvertrag ist die Richtigkeit der Angaben vom Bankprüfer des Gesellschafters schriftlich zu bestätigen.

Aufgrund der Meldungen der Gesellschafter werden für jeden Gesellschafter die Einlagenquote[1] und die Provisionsertragsquote[2] ermittelt, durch die Geschäftsführung der Einlagensicherung der Banken und Bankiers GmbH festgestellt und jedem Gesellschafter zugestellt.

Die festgestellten Quoten sind für die folgenden Rechte und Pflichte maßgeblich:

- Die Einlagenquote ist für die Beiträge zur Finanzierung der Auszahlung von Einlagen in Sicherungsfällen maßgeblich.
- Die Provisionsertragsquote ist für die Beiträge zur Finanzierung der Auszahlung von Anlegerentschädigungen maßgeblich.
- Die Einlagenquote oder die Provisionsertragsquote sind für die Beiträge zur Finanzierung von Sanierungsmaßnahmen maßgeblich.
- Die Einlagenquote ist für die Beiträge zum Betriebsaufwand maßgeblich. Jeder Gesellschafter hat jedoch mindestens einen Betrag in der Höhe von EUR 2.000,-- jährlich zu tragen.

Bei Auszahlungen von Einlagen in Sicherungsfällen und von Anlegerentschädigungen ist die Deckelung der Beitragsleistungen gemäß § 93a BWG zu beachten.

3. Auftragsverhältnis

Zwischen der Einlagensicherung und dem Bankprüfer des jeweiligen Gesellschafters besteht kein Auftragsverhältnis, da sich die Verpflichtung, eine Bestätigung des Bankprüfers einzuholen, ausschließlich aus dem Gesellschaftsvertrag der Einlagensicherung ergibt. Daher ist eine Vereinbarung über die vom Bankprüfer in Bezug auf die Meldung an die Einlagensicherung durchzuführenden Tätigkeiten mit dem jeweiligen Gesellschafter der Einlagensicherung zu treffen.

Soweit sich die durchgeführten Tätigkeiten auf die unter Pkt. 4 dargestellten Handlungen beschränken, werden diese in der Funktion als Bankprüfer durchgeführt, so dass ein gesondertes Auftragsschreiben, das den Auftragsumfang und die Haftung regelt, nicht erforderlich ist. Empfohlen wird, in das Auftragsschreiben zur Abschlussprüfung den Passus „und die mit der Bankprüfung üblicherweise verbundenen Auskünfte und Bestätigungen" aufzunehmen.

Die Haftungshöchstgrenzen, welche für die Bankprüfung anzuwenden sind, umfassen auch die durchgeführten zusätzlichen Prüfungshandlungen zum Zwecke der Bestätigung des Meldeformblatts. Da diese zusätzlichen Prüfungshandlungen und

[1] Die Einlagenquote des Gesellschafters entspricht dem Anteil der gesicherten Einlagen des Gesellschafters an der Summe der gesicherten Einlagen aller Gesellschafter.

[2] Die Provisionsertragsquote des Gesellschafters entspricht dem Anteil der im Quartalsbericht IV des Gesellschafters ausgewiesenen Provisionserträge aus dem Wertpapiergeschäft (Positionsnummer 0030103) an der Summe dieser Provisionserträge aller Gesellschafter. Bei Kreditinstituten, die das Mitarbeitervorsorgegeschäft betreiben, sind für die Bemessung der Provisionsertragsquote an Stelle der Provisionserträge die gesamten Vergütungen für die Vermögensverwaltung gemäß § 26 Abs. 3 Z 2 BMVG zu Grunde zu legen.

die entsprechende Bestätigung in der Funktion des Bankprüfers erfolgen, ist im Haftungsfall insgesamt nur eine einmalige Inanspruchnahme möglich.

4. Prüfungshandlungen

Der Bankprüfer eines Kreditinstituts, das der Einlagensicherung angehört, nimmt aufgrund des ihm von diesem erteilten Auftrags, sofern nichts anderes vereinbart ist, folgende Prüfungshandlungen vor:

1. Überprüfung des in der Aufstellung als Ausgangsbasis dargestellten Betrags der Verbindlichkeiten gegenüber Kunden auf Übereinstimmung mit dem Jahresabschluss des Kreditinstituts.
2. Abstimmung der Erträge aus dem Wertpapiergeschäft mit den entsprechenden Zahlen der Buchhaltung des Kreditinstituts.
3. Überprüfung der rechnerischen Richtigkeit der im Meldeformblatt dargestellten Überleitung auf die tatsächlich gesicherten Verbindlichkeiten gegenüber Kunden.
4. Befragung der verantwortlichen Mitarbeiter des Kreditinstituts hinsichtlich der Vollständigkeit der verwendeten Basisdaten und der Angemessenheit der Systeme und der Rechenmethode für die Ermittlung der gesicherten Verbindlichkeiten.
5. Überprüfung anhand einzelner Testfälle, ob die Aufteilung zwischen sicherungsfähigen und nicht sicherungsfähigen Einlagen zutreffend erfolgt ist.

Da die Durchführung der zusätzlichen Prüfungshandlungen für die Bestätigung des Meldeformblatts auf der Prüfung des Jahresabschlusses des Kreditinstituts aufbaut und die Bestätigung Ausfluss der Tätigkeit als Bankprüfer ist, ist bei der Festlegung des Umfangs der zusätzlichen Prüfungshandlungen und bei der Beurteilung festgestellter Abweichungen auf die im Zuge der Bankprüfung festgelegten Wesentlichkeitsgrenzen Rücksicht zu nehmen.

5. Berichterstattung

Das diesem Fachgutachten als Anhang beigeschlossene Musterschreiben zur Bestätigung des Meldeformblatts orientiert sich an der international gebräuchlichen Berichterstattung für *„Agreed-Upon Procedures“*. Die Berichterstattung in dem Bestätigungsschreiben ist jedoch aufgrund der zugrunde gelegten Wesentlichkeitsgrenzen aus der Prüfung des Jahresabschlusses abweichend von internationalen Standards als negative Zusicherung (*negative assurance*) formuliert. Feststellungen über wesentliche Fehldarstellungen sind in das Bestätigungsschreiben aufzunehmen.

Das Bestätigungsschreiben sollte auch die Feststellung enthalten, dass die durchgeführten zusätzlichen Prüfungshandlungen (für sich gesehen) weder eine Abschlussprüfung noch eine prüferische Durchsicht in Übereinstimmung mit österreichischen Grundsätzen oder (für Prüfungshandlungen für Geschäftsjahre, die am oder nach dem 30. Juni 2016 enden: bzw.) mit den International Standards on Auditing (ISAs) oder den International Standards on Review Engagements (ISREs) darstellen.

Neben der Verwendungsbeschränkung (Weitergabe an Einlagensicherung und Oesterreichische Nationalbank) sollte das Bestätigungsschreiben einen Hinweis auf die in § 62a BWG festgelegten Haftungshöchstgrenzen enthalten.

Anhang

An
[zuständiger Vertreter der Unternehmensleitung der Bank]

Kursiv und/oder rot geschriebene Texte sind entsprechend anzupassen

(spätester Übergabetermin des bestätigten Meldeformblatts ist der 31. März 2016)

Durchführung vereinbarter Untersuchungshandlungen
Meldeformblatt zur Erhebung der erstattungsfähigen bzw. gedeckten Einlagen

In unserer Funktion als Bankprüfer wurden wir beauftragt, die im beigefügten Meldeformblatt zur Erhebung der erstattungsfähigen bzw. gedeckten Einlagen angeführten Beträge der **gedeckten Einlagen** sowie der **Erträge aus dem Wertpapiergeschäft** der *ABC Bank AG* zum *[Stichtag]* zu untersuchen. Dazu haben wir die untenstehend aufgelisteten vereinbarten Untersuchungshandlungen im Hinblick auf die der Einlagensicherung der Banken und Bankiers GmbH zu übermittelnde Bestätigung durchgeführt. Für die Erstellung des Meldeformblatts zur Erhebung der erstattungsfähigen bzw. gedeckten Einlagen ist die Unternehmensleitung der *ABC Bank AG* verantwortlich.

Unsere Tätigkeit wurde im Rahmen der Bankprüfung unter Beachtung der österreichischen berufsüblichen Grundsätze durchgeführt. Die durchgeführten vereinbarten Untersuchungshandlungen dienen ausschließlich dazu, unter Zugrundelegung der für die Abschlussprüfung angewendeten Wesentlichkeitsgrenzen (gemäß ISA 320) die Richtigkeit der Angaben in dem obgenannten Meldeformblatt vor Weiterleitung an die Einlagensicherung der Banken und Bankiers GmbH zu bestätigen, und werden wie folgt zusammengefasst:

1. Wir haben den in der Aufstellung als Ausgangsbasis dargestellten Betrag der Verbindlichkeiten gegenüber Kunden auf Übereinstimmung mit dem Passivposten im Meldewesen zum *[Stichtag]* der *ABC Bank AG* untersucht.
2. Wir haben die Erträge aus dem Wertpapiergeschäft mit den entsprechenden Zahlen der Buchhaltung der *ABC Bank AG* für das Geschäftsjahr vom [...] bis zum *[Stichtag]* abgestimmt.
3. Wir haben die rechnerische Richtigkeit der im Meldeformblatt dargestellten Überleitung auf die gedeckten Einlagen gegenüber Kunden überprüft.
4. Wir haben die verantwortlichen Mitarbeiter der Bank kritisch befragt, ob die verwendeten Basisdaten vollständig und die Systeme sowie die angewendete Rechenmethode für die Ermittlung der gedeckten Einlagen angemessen sind.
5. Wir haben in ausgewählten Testfällen untersucht, ob die Aufteilung zwischen erstattungsfähigen und nicht sicherungsfähigen Einlagen zutreffend erfolgt ist.

Wir haben bei Durchführung der unter Punkt 1. bis 5. beschriebenen Untersuchungshandlungen keine wesentlichen Fehler in Bezug auf die im beigefügten Meldeformblatt zur Erhebung der erstattungsfähigen bzw. gedeckten Einlagen (ergänzt um die Provisionserträge aus dem Wertpapiergeschäft) dargestellten Beträge der tatsächlich gesicherten Einlagen und der Erträge aus dem Wertpapiergeschäft der *ABC Bank AG* zum *[Stichtag]* festgestellt.

Da die oben genannten Untersuchungshandlungen (für sich gesehen) weder eine Abschlussprüfung noch eine prüferische Durchsicht in Übereinstimmung mit österreichischen Grundsätzen oder mit den International Standards on Auditing (ISA) oder den International Standards on Review Engagements (ISRE) darstellen, geben wir keine über die oben dargestellte Berichterstattung zu den durchgeführten Untersuchungshandlungen hinausgehende Zusicherung über die gedeckten Einlagen gegenüber Kunden oder die Erträge aus dem Wertpapiergeschäft zum *[Stichtag]* ab und verweisen auf den im Prüfungsbericht zum Jahresabschluss zum *[Stichtag]* der *ABC Bank AG* enthaltenen Bestätigungsvermerk.

Wenn wir zusätzliche bzw. andere Untersuchungshandlungen vorgenommen hätten, wären von uns möglicherweise andere Sachverhalte festgestellt worden, über die Ihnen dann berichtet worden wäre. Folglich machen wir auch keine Aussagen darüber, ob die von uns durchgeführten Tätigkeiten für Ihre Zwecke ausreichend sind. Dieses Schreiben bezieht sich nur auf die oben beschriebenen Konten und Posten bzw. außerbilanziellen Beträge und erstreckt sich nicht auf Abschlüsse der *ABC Bank AG*.

Dieses Schreiben ist für Zwecke der an die Einlagensicherung der Banken und Bankiers GmbH zu richtenden Bestätigung an die *ABC Bank AG* gerichtet und darf in keinem anderen Zusammenhang als der Weiterleitung an die Einlagensicherung der Banken und Bankiers GmbH und an die Oesterreichische Finanzmarktaufsicht verwendet werden.

Insbesondere sind eine Offenlegung dieses Schreibens gegenüber Dritten oder seine Verwendung in Verkaufsprospekten oder anderen gleichartigen öffentlichen Dokumenten oder Medien ausgeschlossen.

Dem Auftrag, in dessen Erfüllung wir vorstehend beschriebene Leistung für die *ABC Bank AG* erbracht haben, lagen die für die Durchführung der Bankprüfung geltenden „Allgemeinen Auftragsbedingungen für Wirtschaftstreuhandberufe (AAB)" zu Grunde. Die in § 62a BWG festgelegten Haftungshöchstgrenzen, welche für die Bankprüfung der *ABC Bank AG* anzuwenden sind, gelten auch gegenüber der Einlagensicherung der Banken und Bankiers GmbH für die oben beschriebenen und in unserer Funktion als Bankprüfer zusätzlich durchgeführten Untersuchungshandlungen und können nicht nochmals aufgrund dieses Schreibens in Anspruch genommen werden (insgesamt nur einmal ausnützbar).

Ort, am ………………

Bankprüfer

……………………………………… ………………………………………

Meldeformblatt zur Erhebung
der sicherungsfähigen Einlagen

Allgemeine Auftragsbedingungen für
Wirtschaftstreuhandberufe (AAB)

2/6/12. KFS/BA 12

Stellungnahme
des Fachsenats für Unternehmensrecht und Revision
zur Berichterstattung über das Ergebnis der Prüfung gemäß § 63 Abs. 6 in Verbindung mit § 44 Abs. 4 BWG (Zweigstellen)

(beschlossen in der Sitzung des Fachsenats für Unternehmensrecht und Revision am 25.3.2009 als Stellungnahme KFS/BA 12)

1. Rechtsgrundlagen

(1) Gemäß § 44 Abs. 4 BWG haben Zweigstellen von Kreditinstituten gemäß § 9 Abs. 1 BWG (Kreditinstitute aus Mitgliedstaaten des Europäischen Wirtschaftsraums) und Finanzinstituten gemäß § 11 Abs. 1 BWG (Finanzinstitute aus Mitgliedstaaten) und § 13 Abs. 1 BWG (Tochterunternehmen von Finanzinstituten aus Mitgliedstaaten) bestimmte Angaben „durch Bankprüfer" prüfen zu lassen.

(2) Diese Angaben umfassen:

1. Erträge und Aufwendungen der Zweigstelle aus den Posten 1, 3, 4, 6, 7, 8 und 18 der Anlage 2 zu § 43 BWG, Teil 2;
2. durchschnittlicher Personalstand der Zweigstelle;
3. der Zweigstelle zuzurechnende gesamte Aktiva und Gesamtbeträge der Aktivposten 2 bis 6, der Passivposten 1, 2 und 3 sowie der passivseitigen Posten 1 und 2 unter dem Strich der Anlage 2 zu § 43 BWG, Teil 1, sowie für die Aktivposten 2, 5 und 6 der genannten Anlage die Aufschlüsselung der Wertpapiere in Finanzanlagen und Nichtfinanzanlagen.

(3) § 63 Abs. 6 BWG enthält nähere Bestimmungen zu dieser Prüfung.

2. Darstellung des Prüfungsergebnisses

(4) Das Ergebnis dieser Prüfung ist in geeigneter Form zusammenzufassen. Die Anlage 1 enthält ein Muster für eine solche Zusammenfassung ohne wesentliche Feststellungen.

(5) § 274 UGB ist auf die Prüfung der Angaben von Zweigstellen gemäß § 44 Abs. 4 BWG nicht anwendbar. Die Bezeichnung der Zusammenfassung des Prüfungsergebnisses als „Bestätigungsvermerk" hat daher zu unterbleiben.

Anlage 1
Zusammenfassung des Prüfungsergebnisses

Wir haben die Angaben gemäß § 44 Abs. 4 BWG der ... *(ZNL)*, ... *(Ort)*, für das Geschäftsjahr vom ... *(Datum)* bis zum ... *(Datum)* geprüft. Die Buchführung für die Zweigstelle sowie die Aufstellung und der Inhalt dieser Angaben in Übereinstimmung mit den österreichischen unternehmens- und bankrechtlichen Vorschriften liegen in der Verantwortung der Geschäftsleiter. Unsere Verantwortung besteht in der Abgabe eines Prüfungsurteils zu diesen Angaben auf der Grundlage unserer Prüfung. Der Jahresabschluss der … *(KI)*, … *(Ort)*, war nicht Gegenstand unserer Prüfung.

Wir haben unsere Prüfung gemäß den in Österreich geltenden gesetzlichen Vorschriften und in entsprechender Anwendung der Grundsätze ordnungsmäßiger Abschlussprüfung durchgeführt. Dies erfordert, die Prüfung so zu planen und durchzuführen, dass ein hinreichend sicheres Urteil darüber abgegeben werden kann, ob die Angaben frei von wesentlichen Fehlern sind. Bei der Festlegung der Prüfungshandlungen werden die Kenntnisse über die Geschäftstätigkeit und über das wirtschaftliche und rechtliche Umfeld der Zweigstelle sowie die Erwartungen über mögliche Fehler berücksichtigt. Im Rahmen der Prüfung werden die Nachweise für Beträge und sonstige Angaben überwiegend auf Basis von Stichproben beurteilt. Die Prüfung umfasst ferner die Beurteilung der angewandten Rechnungslegungsgrundsätze und der von den Geschäftsleitern vorgenommenen wesentlichen Schätzungen. Wir sind der Auffassung, dass unsere Prüfung eine hinreichend sichere Grundlage für unser Prüfungsurteil darstellt.

Gemäß den bei der Prüfung gewonnenen Erkenntnissen entsprechen die Angaben nach unserer Beurteilung den gesetzlichen Vorschriften.

2/6/13. KFS/BA 13

**Fachgutachten
des Fachsenats für Unternehmensrecht und Revision
über Grundsätze ordnungsmäßiger Berichterstattung bei Abschlussprüfungen von Kreditinstituten nach § 273 Abs. 1 Unternehmensgesetzbuch in Verbindung mit § 60 Abs. 1 Bankwesengesetz**

(beschlossen in der Sitzung des Fachsenats für Unternehmensrecht und Revision am 9. Dezember 2009 als Fachgutachten KFS/BA 13; von der Abschlussprüferaufsichtsbehörde (APAB) genehmigt)

1. Vorbemerkungen und Anwendungsbereich

(1) Dieses Fachgutachten ergänzt das Fachgutachten KFS/PG 2 und regelt die besonderen Berichtspflichten bei Abschlussprüfungen von Kreditinstituten.

(2) In diesem Fachgutachten werden nur die ergänzenden Berichtsbestandteile erläutert. Für alle anderen Berichtsbestandteile wird auf das KFS/PG 2 verwiesen.

2. Allgemeine Berichtsgrundsätze

(3) Es wird auf die Ausführungen im Fachgutachten KFS/PG 2 verwiesen.

3. Rechtliche Grundlagen und Inhalt des Prüfungsberichtes

(4) Es wird auf die Ausführungen im Fachgutachten KFS/PG 2 verwiesen.

4. Abschnitte des Prüfungsberichtes bei Jahresabschlussprüfungen

4.1. Prüfungsvertrag und Auftragsdurchführung

(5) In diesem Abschnitt sollen über die Ausführungen entsprechend dem Fachgutachten KFS/PG 2 hinaus bankspezifische Besonderheiten (insbesondere Ergänzung der Prüfung und Berichterstattung gemäß aufsichtsrechtlichen Bestimmungen) dargestellt werden.

4.2. Zusammenfassende Kurzdarstellung der Gesamtsituation des Kreditinstituts

(6) In der Anlage zum Prüfungsbericht ist die „Gesamtsituation des Kreditinstituts (insbesondere [zu] Geschäftsentwicklung, Risikolage, Ertrags- und Vermögenslage)" darzustellen. Diese Darstellung kann auch im Prüfungsbericht gegeben werden.

In der Regel erfolgt die Darstellung der Vermögens- und der Ertragslage durch einen Vorjahresvergleich und die Erläuterung wesentlicher Veränderungen.

Zur Darstellung der Geschäftsentwicklung und der Risikolage ist zur Vermeidung von Wiederholungen auf den Anhang bzw. Lagebericht zu verweisen. Auf aussagekräftige Darstellungen im Anhang bzw. Lagebericht ist zu achten.

4.3. Aufgliederung und Erläuterung von Posten des Jahresabschlusses

(7) Es wird auf die Ausführungen im Fachgutachten KFS/PG 2 verwiesen.

4.4. Zusammenfassung des Prüfungsergebnisses

4.4.1. Feststellungen zur Gesetzmäßigkeit von Buchführung, Jahresabschluss und Lagebericht sowie zum Corporate Governance-Bericht

(8) Es wird auf die Ausführungen im Fachgutachten KFS/PG 2 verwiesen.

4.4.2. Erteilte Auskünfte

(9) Es wird auf die Ausführungen im Fachgutachten KFS/PG 2 verwiesen.

4.4.3. Nachteilige Veränderungen der Vermögens-, Finanz- und Ertragslage und wesentliche Verluste

(10) Es wird auf die Ausführungen im Fachgutachten KFS/PG 2 verwiesen.

4.4.4. Feststellungen zu Tatsachen nach § 63 Abs. 3 BWG

(11) Es wird auf die Ausführungen im Fachgutachten KFS/PG 2 verwiesen.

(12) Wurde eine Berichtspflicht gemäß § 63 Abs. 3 BWG ausgeübt, so ist dies nicht nur im Prüfungsbericht, sondern auch in der Anlage zum Prüfungsbericht zu erläutern.

4.5. Bestätigungsvermerk

(13) Es wird auf die Ausführungen im Fachgutachten KFS/PG 2 verwiesen. Der Bestätigungsvermerk ist im Abschnitt über die Verantwortung der gesetzlichen Vertreter für den Jahres- und Konzernabschluss bei der Beschreibung der anzuwendenden Rechnungslegungsvorschriften um einen Verweis auf die bankrechtlichen Vorschriften zu ergänzen.

5. Besonderheiten bei Konzernabschlussprüfungen

5.1. Grundsatz

(14) Es wird auf die Ausführungen im Fachgutachten KFS/PG 2 verwiesen.

5.2. Prüfungsvertrag und Auftragsdurchführung

(15) In diesem Abschnitt sollen über die Ausführungen entsprechend dem Fachgutachten KFS/PG 2 hinaus bankspezifische Besonderheiten (insbesondere Ergänzung der Prüfung und Berichterstattung gemäß aufsichtsrechtlichen Bestimmungen) dargestellt werden.

5.3. Aufgliederung und Erläuterung der Posten des Konzernabschlusses

(16) Es wird auf die Ausführungen im Fachgutachten KFS/PG 2 verwiesen.

5.4. Feststellung zum Corporate Governance-Bericht

(17) Es wird auf die Ausführungen im Fachgutachten KFS/PG 2 verwiesen.

5.5. Zusammenfassung des Prüfungsergebnisses

(18) Es wird auf die Ausführungen im Fachgutachten KFS/PG 2 verwiesen.

6. Freiwillige Berichtsausweitungen

(19) Es wird auf die Ausführungen im Fachgutachten KFS/PG 2 verwiesen.

7. Ausfertigung und Vorlage des Prüfungsberichtes

(20) Es wird auf die Ausführungen im Fachgutachten KFS/PG 2 verwiesen. Gemäß § 44 Abs. 1 BWG sind die Prüfungsberichte von den Kreditinstituten längstens innerhalb von sechs Monaten nach Abschluss des Geschäftsjahres der FMA und der OeNB vorzulegen. Gleiches gilt für die Vorlage an die Einlagensicherungseinrichtungen.

8. Anwendungszeitpunkt

(21) Dieses Fachgutachten ist auf Prüfungsberichte über Abschlussprüfungen von Jahres- und Konzernabschlüssen von Kreditinstituten für Geschäftsjahre, die am oder nach dem 31. Dezember 2009 enden, anzuwenden. Eine vorzeitige Anwendung ist zulässig.

2/6/14. KFS/BA 14

Empfehlung
des Fachsenats für Unternehmensrecht und Revision zur
Erklärung der Geschäftsleiter über die Einhaltung der aufsichtsrechtlichen Bestimmungen

(beschlossen vom Fachsenat für Unternehmensrecht und Revision am 21. Jänner 2010 als Empfehlung KFS/BA 14; zuletzt überarbeitet im November 2019)

Um den Bankprüfer in die Lage zu versetzen, die Anlage zum Prüfungsbericht gemäß § 63 Abs. 5 BWG in Übereinstimmung mit dem Fachgutachten KFS/BA 9 ordnungsgemäß und effizient zu bearbeiten, wird empfohlen, eine Erklärung der Geschäftsleiter über die Einhaltung der aufsichtsrechtlichen Bestimmungen einschließlich einer Selbsteinschätzung („Self Assessment") des Kreditinstituts zur AzPFragenbeantwortung einzuholen. Diesbezüglich wird auf die Beilagen verwiesen.

Diese Erklärung der Geschäftsleiter enthält auch eine Bestätigung darüber, dass die Beilage über die Selbsteinschätzung („Self Assessment") nach bestem Wissen und Gewissen ausgefüllt worden ist.

Dieser Erklärung sind die betragsmäßigen Angaben der Teile IV – VII der Anlage zum Prüfungsbericht sowie zur Reservenmeldung anzuschließen.

Zu diesem Zweck wird ein Arbeitsbehelf erstellt und den geprüften Kreditinstituten (auch in elektronischer Form) zur Verfügung gestellt.

Beilagen: Erklärung der Geschäftsleiter / Selbsteinschätzung („Self Assessment")

Erklärung der Geschäftsleiter über die Einhaltung der aufsichtsrechtlichen Bestimmungen

An
Prüfungsgesellschaft

____
Firmenstempel des Auftraggebers

Diese Erklärung wird in Verbindung mit Ihrer Prüfung der aufsichtsrechtlichen Bestimmungen der ……………………………………………… für das am 31. Dezember 20XX endende Geschäftsjahr abgegeben.

Wir bestätigen, dass wir für die Einhaltung der aufsichtsrechtlichen Bestimmungen verantwortlich sind. Im Rahmen von Kontrolltätigkeiten, durch die interne Revision oder anderwärtig aufgedeckte oder festgestellte Mängel wurden Ihnen im Rahmen des "Self Assessment" zur Kenntnis gebracht. Nach unserer Kenntnis sind im Berichtsjahr folgende wesentliche Verstöße gegen aufsichtsrechtliche Bestimmungen erfolgt (Verweis auf "Self Assessment" möglich):

____

Das Kreditinstitut hat darüber hinaus die für Kreditinstitute wesentlichen, besonderen aufsichtsrechtlichen Bestimmungen eingehalten.

Als Auskunftspersonen, die angewiesen wurden, Ihnen alle gewünschten Auskünfte und Nachweise richtig und vollständig zu geben, und für deren Auskünfte wir die Gewähr übernehmen, wurden Ihnen insbesondere benannt:

Risikomanagement: _______________________
Geldwäsche: _______________________
Compliance: _______________________
Meldewesen: _______________________
Rechnungswesen: _______________________
Innenrevision: _______________________
Internes Kontrollsystem: _______________________
Sonstige: _______________________

Die Einhaltung der aufsichtsrechtlichen Bestimmungen ist durch entsprechende Kontrollen sichergestellt, für deren Ausgestaltung und Einrichtung (Konzeption, Umsetzung, laufende Anpassung und Weiterentwicklung) und Wirksamkeit wir verantwortlich sind. Als Entscheidungsgrundlage für die Definition der Kontrollen liegen eine Risikoüberwachung/-analyse sowie entsprechende Prozessbeschreibungen vor, die der Art, dem Umfang und der Komplexität der betriebenen Bankgeschäfte entsprechen. Sowohl die Beurteilung von Risiken, als auch die Prozesse und dazugehörigen Kontrollen sind für einen Dritten nachvollziehbar dokumentiert.

Unter dem internen Kontrollsystem aus Sicht des Aufsichtsrechts verstehen wir die Organisationsstruktur sowie die Verwaltungs-, Rechnungs- und Kontrollverfahren, die wir im Hinblick auf die in § 63 Abs. 4 Z. 1-12 BWG angeführten Bestimmungen eingerichtet haben.

Wir bestätigen nach bestem Wissen und Gewissen, angemessene Erkundigungen durchgeführt zu haben, um in der Lage zu sein, die nachfolgenden Angaben zu machen und Erklärungen abzugeben. Aufklärungen und Nachweise, die für die Prüfung nach § 63 Abs. 4, 4a und 5 BWG erforderlich sind, wurden Ihnen vollständig gegeben. Die Ihnen zur Verfügung gestellten Angaben zu Teil IV bis VII der Anlage zum Prüfungsbericht sind vollständig und richtig.

Unterschriften der Geschäftsleiter mit Angabe des Datums der Unterfertigung

____

____

____

2/6/15. KFS/BA 15

Fachgutachten
des Fachsenats für Unternehmensrecht und Revision
zur Prüfung der Beachtung von für Sicherungseinrichtungen wesentlichen Rechtsvorschriften gemäß § 31 Abs. 5 dritter Satz ESAEG und Berichterstattung darüber in einer Anlage zum Prüfungsbericht

(beschlossen in der Sitzung des Fachsenats für Unternehmensrecht und Revision am 26. November 2015 als Fachgutachten KFS/BA 15)

1. Vorbemerkungen und Anwendungsbereich

(1) Der Abschlussprüfer einer Sicherungseinrichtung hat gemäß § 31 Abs. 5 zweiter Satz Einlagensicherungs- und Anlegerentschädigungsgesetz (ESAEG) den Jahresabschluss gemäß den §§ 268 bis 276 UGB zu prüfen. Zum Prüfungsumfang des Abschlussprüfers zählt gemäß § 31 Abs. 5 dritter Satz ESAEG auch die Beachtung der Finanzierungsanforderungen (3. Hauptstück) des ESAEG. Darüber hinaus hat der Abschlussprüfer gemäß § 32 Abs. 1 ESAEG die Gesetzmäßigkeit des Rechenschaftsberichts gemäß § 31 Abs. 1 ESAEG zu prüfen. Der Fachsenat für Unternehmensrecht und Revision legt in diesem Fachgutachten die Berufsauffassung dar, nach der Abschlussprüfer die Prüfungspflichten gemäß § 31 Abs. 5 dritter Satz ESAEG (im Folgenden „aufsichtsrechtliche Prüfung") erfüllen, und gibt Anleitung für die Berichterstattung in der Anlage zum Prüfungsbericht für Sicherungseinrichtungen (AzP EiSi).

(2) Die fachlichen Grundlagen für die aufsichtsrechtliche Prüfung bilden insbesondere das für diese Prüfung einschlägige Fachgutachten des Fachsenats für Unternehmensrecht und Revision der Kammer der Wirtschaftstreuhänder über die Durchführung von sonstigen Prüfungen (KFS/PG 13) sowie der International Standard on Assurance Engagements ISAE 3000 (Revised), Assurance Engagements Other Than Audits or Reviews of Historical Financial Information.

(3) Die Erläuternden Bemerkungen zur Regierungsvorlage des ESAEG halten zu § 32 ESAEG fest, dass die Prüfung des Rechenschaftsberichts den bereits bestehenden, artverwandten Bestimmungen des Pensionskassengesetzes und des Investmentfondsgesetzes folgt. Analog dazu ist die Prüfung des Rechenschaftsberichts eine Abschlussprüfung i.S.d. Fachgutachtens des Fachsenats für Unternehmensrecht und Revision zur Durchführung von Abschlussprüfungen (KFS/PG 1), wobei es sich um einen einheitlichen Prüfungsauftrag handelt.

(4) Gemäß den Erläuternden Bemerkungen zu § 31 ESAEG wurden die Bestimmungen größtenteils bereits bestehenden, artverwandten Bestimmungen insbesondere mit Bezug auf § 63 Abs. 5 BWG nachgebildet. Demnach bezieht sich die aufsichtsrechtliche Prüfung auf das Interne Kontrollsystem (im Folgenden „IKS"), das von der Sicherungseinrichtung im Hinblick auf die in § 31 Abs. 5 dritter Satz ESAEG angeführten Bestimmungen eingerichtet wurde. Soweit Aspekte des IKS bereits im Rahmen der Jahresabschlussprüfung bzw. der Prüfung des Rechenschaftsberichts behandelt wurden, werden die Ergebnisse in der aufsichtsrechtlichen Prüfung berücksichtigt. In diesem Fachgutachten werden daher nur jene Prüfungsaspekte behandelt, die über die bereits in den anderen Fachgutachten zur Prüfungsdurchführung abgedeckten Aspekte hinausgehen oder diese abändern.

(5) Die Jahresabschlussprüfung und die Prüfung des Rechenschaftsberichts, das heißt jene Teile des Prüfungsumfangs, die nicht von § 31 Abs. 5 dritter Satz ESAEG umfasst sind, sind nicht Gegenstand dieses Fachgutachtens.

2. Zielsetzung der aufsichtsrechtlichen Prüfung

(6) Die aufsichtsrechtliche Prüfung ist eine Prüfung mit dem Ziel, ein Urteil darüber abzugeben, ob das Ist-Objekt mit dem Soll-Objekt (Referenzmodell) übereinstimmt. Das Ergebnis dieser Prüfung ist gemäß § 31 Abs. 5 dritter Satz ESAEG eine Zusicherung darüber.

(7) Im Zusammenhang mit § 31 Abs. 5 dritter Satz ESAEG soll – analog zu § 63 Abs. 5 BWG – die Zusicherung des Abschlussprüfers den Berichtsadressaten einen entsprechenden Grad an Vertrauen in die Existenz und die Angemessenheit des IKS geben. Mit dieser Zusicherung trifft der Abschlussprüfer eine Aussage zur Übereinstimmung des Ist-Objekts mit dem Soll-Objekt (Referenzmodell).

(8) Die Aussagen des Abschlussprüfers im Rahmen des aufsichtsrechtlichen Prüfungsberichts zu § 31 Abs. 5 dritter Satz ESAEG sind jedenfalls mit einer Zusicherung zu versehen. Der Begriff „Zusicherung" wird im Sinne des Fachgutachtens KFS/PG 13 bzw. des ISAE 3000 (Revised) verstanden. Die Prüfungsergebnisse zur Prüfung gemäß § 31 Abs. 5 dritter Satz ESAEG sind mit einer negativen Zusicherung zu verbinden.

(9) Die Ergebnisse der Prüfung sind in einer Anlage zum Prüfungsbericht über den Jahresabschluss darzustellen. Form und Gliederung dieser Anlage sind gemäß § 31 Abs. 5 vierter Satz ESAEG durch die Finanzmarktaufsichtsbehörde in einer Verordnung für Sicherungseinrichtungen (AP-VO EiSi) näher festzulegen. Die folgenden Abschnitte 3. bis 6. beziehen sich auf die Anlage zum Prüfungsbericht gemäß der AP-VO EiSi.

(10) Gemäß den Erläuternden Bemerkungen zu § 31 ESAEG soll das Konzept des § 63 Abs. 5 BWG auch für die aufsichtsrechtliche Prüfung der Beachtung der Bestimmungen des 3. Hauptstücks des ESAEG übernommen werden. Daher gelten die Ausführungen des Fachgutachtens des Fachsenats für Unternehmensrecht und Revision zur Prüfung der Beachtung von für Kreditinstitute wesentlichen Rechtsvorschriften gemäß § 63 Abs. 4 ff. BWG und Berichterstattung darüber in einer Anlage zum Prüfungsbericht (KFS/BA 9) sinngemäß auch für die Prüfung gemäß § 31 Abs. 5 dritter Satz ESAEG. Dies gilt insbesondere für die Abschnitte 3. Gegenstand und Umfang der Prüfung, 4. Gegenstand der Beurteilung (Ist-Objekt), 5. Referenzmodell (Soll-Objekt) und 6. Prüfungsdurchführung. In diesem Fachgutachten werden daher nur mehr Besonderheiten der Prüfung nach § 31 Abs. 5 dritter Satz ESAEG angeführt.

3. Gegenstand und Umfang der Prüfung

(11) Gegenstand der Beurteilung ist das IKS, welches von der Sicherungseinrichtung im Hinblick auf die Einhaltung der aufsichtsrechtlichen Bestimmungen des 3. Hauptstücks des ESAEG eingerichtet wurde. Dies ergibt sich aus der Übernahme des Konzepts zur aufsichtsrechtlichen Prüfung, wie es bereits in § 63 Abs. 5 BWG umgesetzt wurde.

(12) Der Umfang der aufsichtsrechtlichen Prüfung umfasst die Finanzierungsanforderungen im Rahmen des 3. Hauptstücks des ESAEG. Diese sind im Wesentlichen in den Abschnitten 1 bis 3 des 3. Hauptstücks geregelt. Der 4. Abschnitt regelt die Anforderungen an die Abschlussprüfung und die Prüfung der Gesetzmäßigkeit des Rechenschaftsberichts sowie Melde- und Anzeigepflichten der Sicherungseinrichtung, die grundsätzlich nicht von der Prüfung umfasst sind. Wenn der Prüfer im Rahmen seiner Prüfungstätigkeit Feststellungen im Zusammenhang mit den Meldungen gemäß § 33 ESAEG oder den Anzeigepflichten gemäß § 34 ESAEG trifft, sind diese im Rahmen der AzP EiSi als sonstige Wahrnehmung zu berichten.

(13) Stellt der Abschlussprüfer fest, dass wesentliche Verstöße gegen Bestimmungen des 3. Hauptstücks ausschließlich den Rechenschaftsbericht betreffen bzw. im Zusammenhang mit den darin zu machenden Angaben stehen, hat er sie im Rahmen seiner Berichterstattung zum Rechenschaftsbericht zu würdigen. Sofern sie auch für die Berichterstattung nach § 31 Abs. 5 dritter Satz ESAEG relevant sind, sind sie nochmals gesondert zu berichten. Ein Verweis auf die Berichterstattung im Prüfungsbericht zum Rechenschaftsbericht ist zulässig.

4. Prüfungsergebnis

(14) Die negative Zusicherung soll folgendermaßen lauten:

„Aufgrund der von mir/uns im Rahmen dieser Prüfung durchgeführten Tätigkeiten in Bezug auf die Finanzierungsanforderungen an Sicherungseinrichtungen unter Beachtung des 3. Hauptstücks des ESAEG sind mir/uns keine Sachverhalte bekannt geworden, die mich/uns zu der Annahme veranlassen, dass die Sicherungseinrichtung kein in allen wesentlichen Belangen angemessenes Internes Kontrollsystem in Bezug auf die Finanzierungsanforderungen an Sicherungseinrichtungen unter Beachtung des 3. Hauptstücks des ESAEG eingerichtet hat.“

(15) Die Zusicherung kann auch dann ohne Modifikation gegeben werden, wenn einzelne Schwächen oder Verbesserungspotentiale vorliegen. Wenn der Abschlussprüfer im Rahmen seiner Beurteilung des IKS für die Beachtung des 3. Hauptstücks des ESAEG zum Ergebnis kommt, dass die Angemessenheit des eingerichteten IKS nur eingeschränkt oder nicht gegeben ist, hat er diesen Umstand in seiner Beurteilung zum Ausdruck zu bringen. Dies gilt insbesondere, wenn der Prüfer im Rahmen seiner Tätigkeit wesentliche Verstöße[1] gegen aufsichtsrechtliche Bestimmungen festgestellt hat. Eine Einschränkung ist auch dann in Erwägung zu ziehen, wenn die Angemessenheit des IKS für die Beachtung des 3. Hauptstücks des ESAEG grundsätzlich bestätigt werden kann, jedoch in einzelnen wesentlichen Bereichen kein IKS im Sinne des Soll-Objekts eingerichtet ist.

[1] Mängel, die nach Art und Umfang in ihren real eingetretenen sowie potentiellen Folgen für den Schutzzweck einer gegebenen Norm unbedeutend sind, stellen keine wesentlichen Verstöße dar. Wiederholte Gesetzesverletzungen, die auf systemische Mängel im IKS schließen lassen, sind jedenfalls wesentlich. Bei der Bewertung der Wesentlichkeit jedes festgestellten Verstoßes sind auch Kriterien, Umstände, Ursache und Wirkung des Verstoßes zu berücksichtigen.

(16) Unabhängig von der Beurteilung des IKS in Bezug auf die Beachtung des 3. Hauptstücks des ESAEG sind gemäß § 2 AP-VO EiSi Feststellungen in der Anlage zum Prüfungsbericht jeweils unter Angabe der einschlägigen Gesetzesreferenzen in den dafür gekennzeichneten Feldern darzustellen. Feststellungen sind unabhängig davon, ob die Mängel und Verletzungen von Vorschriften vor Abschluss der Prüfung behoben wurden, in den Bericht aufzunehmen.

(17) Dies gilt ebenso für die Darstellung wesentlicher Wahrnehmungen, sofern diese mit einschlägigen gesetzlichen Bestimmungen in Verbindung gebracht werden können. Sofern wesentliche Wahrnehmungen nicht einzelnen Gesetzesbestimmungen zugeordnet werden können, hat der Abschlussprüfer diese als ergänzende Erläuterung beim Prüfungsergebnis festzuhalten.

5. Berichterstattung

(18) Der Abschlussprüfer hat gemäß § 31 Abs. 5 ESAEG i.V.m. §§ 273, 274 UGB über das Ergebnis der Prüfung des Jahresabschlusses in Form eines Prüfungsberichts einschließlich eines Bestätigungsvermerks gemäß § 274 UGB und im Format der „Anlage zum Prüfungsbericht“ über die Prüfung gemäß § 31 Abs. 5 dritter Satz ESAEG zu berichten. Die Berichterstattung über die Jahresabschlussprüfung erfolgt in Würdigung der Gesamtaussage des Jahresabschlusses und beurteilt mit hinreichender Sicherheit die Darstellung der

Vermögens-, Finanz- und Ertragslage der Sicherungseinrichtung. Das Prüfungsurteil schließt auch Angaben im Anhang sowie Posten unter der Bilanz ein, trifft aber keine gesonderte Aussage zu einzelnen Jahresabschlussposten. Darüber hinaus hat der Abschlussprüfer gemäß § 32 Abs. 1 ESAEG über die Prüfung der Gesetzmäßigkeit des Rechenschaftsberichts in Form eines Prüfungsberichts einschließlich eines Vermerks in der Fassung des § 32 Abs. 1 ESAEG zu berichten. Diesbezüglich gelten die Ausführungen zum Jahresabschluss sinngemäß.

(19) Die in § 31 Abs. 5 dritter Satz ESAEG festgelegten Prüfungspflichten stellen eine Erweiterung des Umfangs der gesetzlichen Abschlussprüfung dar. Ungeachtet dessen werden im Bestätigungsvermerk gemäß § 274 UGB und in der Berichterstattung in der Anlage zum Prüfungsbericht voneinander unabhängige Beurteilungen abgegeben. Während der Bestätigungsvermerk einen gesetzlich definierten Inhalt hat, richtet sich der Inhalt der Berichterstattung in der Anlage zum Prüfungsbericht nach diesem Fachgutachten.

(20) Der Prüfer hat die durchgeführten Prüfungshandlungen, die die Grundlage für sein Prüfungsurteil bilden, in der Anlage zum Prüfungsbericht zu beschreiben. Empfehlungen dafür sind im Anhang aufgelistet.

(21) Über die gesetzlich normierte Berichterstattung im Rahmen der Anlage zum Prüfungsbericht hinaus ist – insbesondere bei Vorliegen von Schwächen und Mängeln im IKS – an die für die Überwachung verantwortlichen Aufsichtsgremien und die Geschäftsleitung über das Ergebnis der aufsichtsrechtlichen Prüfung zu berichten.

(22) Im Hinblick auf die Berichterstattung zur Zusammenfassenden Kurzdarstellung der Gesamtsituation der Sicherungseinrichtung ist ein Verweis auf den Prüfungsbericht über die Prüfung des Jahresabschlusses bzw. auf den Prüfungsbericht über die Prüfung des Rechenschaftsberichts zulässig.

6. Vollständigkeitserklärung

(23) Der Abschlussprüfer sollte eine schriftliche Erklärung der Geschäftsleiter einholen, inwieweit alle wesentlichen gesetzlichen, insbesondere aufsichtsrechtlichen Bestimmungen eingehalten worden sind sowie dass ihm alle diesbezüglichen Informationen und Dokumente zugänglich gemacht wurden.

(24) Im Rahmen der Aufklärungspflicht sind die Vertreter der Sicherungseinrichtung zu ersuchen, dem Abschlussprüfer durch eine Vollständigkeitserklärung die Offenlegung aller für die Durchführung der Prüfung erforderlichen Unterlagen und Daten zu bestätigen.

7. Erstmalige Anwendung

(25) Dieses Fachgutachten ist erstmals für die Erstellung der Anlage zum Prüfungsbericht für Sicherungseinrichtungen im Zusammenhang mit der Abschlussprüfung von Geschäftsjahren, die am 31. Dezember 2015 enden, anzuwenden.

Anhang: Berichterstattung über die Prüfungshandlungen in der Anlage zum Prüfungsbericht

Für die Zwecke der Berichterstattung in der Anlage zum Prüfungsbericht haben wir in Übereinstimmung mit KFS/BA 15 die nachfolgend beschriebenen Prüfungshandlungen gesetzt.

Kontrollumfeld

Wir haben uns ein Verständnis vom Kontrollumfeld im Unternehmen verschafft. In diesem Zusammenhang haben wir uns mit der Vermittlung und Durchsetzung von ethischen Werten, der Unabhängigkeit des Aufsichtsorgans von der Geschäftsleitung, der Qualifikation des Aufsichtsorgans sowie dessen Einbindung in den Kontrollprozess befasst.

Wir haben die schriftlichen Grundsätze der Sicherungseinrichtung durchgesehen und Mitglieder der Geschäftsleitung sowie des Aufsichtsorgans befragt, ob Unternehmenskultur und -struktur geeignet sind, die in den schriftlichen Grundsätzen enthaltenen ethischen Werte angemessen zu vermitteln und durchzusetzen.

Wir haben die Risikostrategie der Sicherungseinrichtung und des Einlagensicherungsfonds eingeholt und kritisch daraufhin durchgesehen, ob sie im Einklang mit den schriftlichen Grundsätzen steht und insbesondere, ob wesentliche Risiken identifiziert und welche Maßnahmen zur Steuerung und Begrenzung dieser Risiken daraus abgeleitet wurden.

Wir haben die Geschäftsleitung zu ihrer Risikoeinschätzung und der Angemessenheit der gesetzten Maßnahmen befragt.

Wir haben Protokolle von Sitzungen der Geschäftsleitung, des Aufsichtsorgans und sonstiger risikorelevanter Gremien daraufhin durchgesehen, ob diese ausreichend über die Gestaltung des Internen Kontrollsystems informiert sind und Sachverhalte eingetreten sind bzw. Weisungen erteilt wurden, die auf ein Zuwiderhandeln gegen die definierten ethischen Werte hindeuten könnten.

Wir haben die Organisationsstruktur der Sicherungseinrichtung durch Durchsicht des Organigramms kritisch gewürdigt. Wir haben nachfolgende Unterlagen daraufhin durchgesehen, ob sie Hinweise auf die Verletzung von gesetzlichen Bestimmungen enthalten:

- Prüfberichte der Aufsichtsbehörden und externer Prüfer während des Geschäftsjahrs
- Korrespondenz mit den Aufsichtsbehörden während des Geschäftsjahrs
- Protokolle von Sitzungen der Geschäftsleitung, des Aufsichtsorgans und sonstiger risikorelevanter Gremien

Risikobeurteilungsprozess der Sicherungseinrichtung und des Einlagensicherungsfonds

Zur Gewinnung eines Überblicks über den Risikobeurteilungsprozess der Sicherungseinrichtung und des Einlagensicherungsfonds haben wir zunächst die Einschätzung der Geschäftsleitung hinsichtlich wesentlicher und erkannter Risiken sowie der Wahrscheinlichkeit für deren Eintritt evaluiert. Darüber hinaus haben wir die Maßnahmen der Geschäftsleitung zur Behandlung dieser Risiken dahingehend beurteilt, ob die vorgenommenen Maßnahmen zweckmäßig sind. In dieser Beurteilung wurden auch die Feststellungen zu Risiken, welche im Zusammenhang mit der Beurteilung der Ordnungsmäßigkeit und Verlässlichkeit des Internen Kontrollsystems zur Einhaltung der relevanten aufsichtsrechtlichen Bestimmungen beurteilt wurden, berücksichtigt.

Relevante Informationssysteme, damit verbundene Geschäftsprozesse und Kommunikation

Wir haben die Risiken aus der Nutzung von Informationssystemen sowie deren Auswirkungen auf die Geschäftsprozesse in die Planung der IT-bezogenen Prüfungshandlungen einbezogen. Dabei haben wir die Bedeutung der IT für das Interne Kontrollsystem und die Einhaltung der aufsichtsrechtlichen Bestimmungen berücksichtigt.

Kontrollaktivitäten

Wir haben ein Verständnis der Kontrollmaßnahmen, welche sicherstellen, dass die Anordnungen der Führungskräfte umgesetzt werden, erlangt. Für den IT-Bereich haben wir das Vorhandensein von anwendungsunabhängigen Kontrollen (General Controls) beurteilt. Die physischen Kontrollen sowie die Funktionstrennung in Geschäftsprozessen haben wir dabei ebenfalls evaluiert.

Überwachung der Kontrollen

Wir haben uns über jene Kontrollmaßnahmen einen Überblick verschafft, welche sicherstellen sollen, dass die eingeführten und vorzunehmenden Kontrollen tatsächlich vollzogen werden. Dabei haben wir auf der einen Seite prozessintegrierte Kontrollen wie z.B. organisatorische Sicherungsmaßnahmen sowie auf der anderen Seite prozessunabhängige Kontrollen, wie z.B. durch die Interne Revision, sofern eine eingerichtet ist, erhoben. Des Weiteren haben wir uns ein Urteil über eingeleitete Korrekturmaßnahmen gebildet.

Zur Gewinnung von Prüfungsnachweisen zu den vorgenannten Elementen des relevanten Internen Kontrollsystems haben wir folgende konkrete Prüfungshandlungen gesetzt:

Wir haben, sofern vorhanden, anhand einer Übersicht einzelne, nach Risikogesichtspunkten ausgewählte Berichte der Geschäftsleitung und gegebenenfalls der Internen Revision im Geschäftsjahr daraufhin durchgesehen, ob sie wesentliche Beanstandungen bzw. Hinweise auf die Verletzung von gesetzlichen Bestimmungen enthalten.

Falls wesentliche Teilprozesse an Dritte ausgelagert wurden, haben wir in diesem Zusammenhang abgeschlossene schriftliche Vereinbarungen zwischen der Sicherungseinrichtung und dem Dienstleistungsunternehmen eingeholt. Wir haben erhoben, welche Maßnahmen in der Sicherungseinrichtung zur Überwachung des Dienstleistungsunternehmens gesetzt wurden, und die vorliegende Dokumentation zur Beurteilung der Dienstleistungsqualität kritisch gewürdigt.

Wir haben verantwortliche Mitarbeiter der Sicherungseinrichtung kritisch befragt, ob

- die gesetzlichen Bestimmungen des 3. Hauptstücks des ESAEG eingehalten worden sind,
- die Einhaltung dieser Bestimmungen durch entsprechende interne Kontrollen sichergestellt ist und
- nach ihrer Kenntnis im Geschäftsjahr wesentliche Verstöße erfolgt sind.

Wir haben verantwortliche Mitarbeiter der Sicherungseinrichtung kritisch befragt, ob in Bezug auf die jeweils relevanten Informationssysteme

- es Regelungen zu Verantwortlichkeiten bezüglich Systemen und Datenqualität in relevanten Prozessen gibt,
- es im Geschäftsjahr Änderungen oder Implementierungen in relevanten IT-Anwendungen oder Schnittstellen gegeben hat,
- es im Geschäftsjahr Änderungen in Bezug auf bestehende Datenflüsse und Eingriffsmöglichkeiten in diese bzw. von internen Kontrollen zur Sicherstellung einer angemessenen Datenqualität gegeben hat,
- es im Geschäftsjahr wesentliche Probleme in Folge von Systemausfällen, sicherheitsrelevanten Vorfällen oder der Datenqualität gegeben hat und
- ein Change Management-Prozess für Änderungen an Prozessen, Datenflüssen und Applikationen eingerichtet ist.

Falls es im Geschäftsjahr Änderungen oder Implementierungen in den relevanten IT-Anwendungen oder Schnittstellen gegeben hat, haben wir überprüft, ob ein Abnahmeprotokoll vorliegt.

Wir haben das Vorliegen von aktuellen Dienstanweisungen, Richtlinien und Prozessbeschreibungen, in denen die internen Abläufe zur Einhaltung des 3. Hauptstücks des ESAEG dokumentiert sind, überprüft und uns dabei überzeugt, ob die Ausgestaltung der internen Regelungen die ausreichende Einhaltung der gesetzlichen Bestimmungen vorsieht.

Wir haben die Gestaltung (Design) der wesentlichen internen Kontrollmaßnahmen hinsichtlich der Finanzierungsanforderungen unter Beachtung des 3. Hauptstücks des ESAEG erhoben und kritisch gewürdigt und die Umsetzung (Implementation) der wesentlichen Kontrollaktivitäten im Rahmen eines Walk Throughs überprüft.

Wir haben uns vom Vorliegen von Richtlinien zur Regelung der nachfolgenden Anforderungen des 3. Hauptstücks des ESAEG überzeugt und uns Nachweise über allfällige aufsichtsrechtliche Bewilligungen und Meldungen vorlegen lassen:

- die Vermeidung von Interessenkonflikten,
- die Dotierung und die Veranlagung des Einlagensicherungsfonds,
- die Aufbringung von Finanzmitteln und Vorschreibung von Beiträgen,
- die Verwendung von Finanzmitteln,

- das Risikomanagement und
- bei Inanspruchnahme von § 21 Abs. 3 ESAEG das Vorliegen von jährlich abgeschlossenen Vereinbarungen mit den Mitgliedsinstituten.

Wir haben nachfolgende Unterlagen kritisch daraufhin durchgesehen, ob sie Hinweise auf die Verletzung der Bestimmungen des 3. Hauptstücks des ESAEG enthalten, und uns dabei auch von einer regelmäßigen Berichterstattung an die Geschäftsleitung und das Aufsichtsorgan überzeugt:

- die Berichterstattung über die Angemessenheit der Dotierung des Einlagensicherungsfonds,
- die Berichterstattung über die Veranlagung des Einlagensicherungsfonds,
- bei Inanspruchnahme von § 21 Abs. 3 ESAEG die Berichterstattung über die Einhaltung der Vereinbarungen mit den Mitgliedsinstituten betreffend Zahlungsverpflichtungen gemäß § 7 Abs. 1 Z 13 ESAEG und
- gegebenenfalls weitere Berichte, die gemäß der Satzung erstattet werden müssen.

Wir haben eine schriftliche Erklärung der Geschäftsleitung darüber eingeholt, ob ein angemessenes Internes Kontrollsystem eingerichtet ist, inwieweit die in der Anlage zum Prüfungsbericht angeführten gesetzlichen Bestimmungen eingehalten worden sind und dass uns alle diesbezüglichen Informationen und Dokumente zugänglich gemacht wurden.

2/7. Versicherungsunternehmen (VU)

2/7/1. KFS/VU 1

**Fachgutachten
des Fachsenats für Unternehmensrecht und Revision
über die Aufsichtsrechtliche Prüfung (§ 263 VAG) und den Bericht darüber („aufsichtlicher Prüfungsbericht“ gemäß § 264 Abs. 1 VAG)**

(beschlossen in der Sitzung des Fachsenats für Unternehmensrecht und Revision am 18. März 2019 in Überarbeitung des mit Beschluss vom 28. November 2016 neu gefassten KFS/VU 1)

1. Anwendungsbereich

(1) Der Fachsenat für Unternehmensrecht und Revision legt in diesem Fachgutachten die Berufsauffassung dar, wie Abschlussprüfer **aufsichtsrechtliche Prüfungengemäß § 263 VAG** durchzuführen haben, und gibt Anleitung für die Berichterstattung darüber im Rahmen des **Berichts über die aufsichtsrechtliche Prüfung** („aufsichtlicher Prüfungsbericht“ gemäß § 264 Abs. 1 VAG[1]).

[1] Die FMA kann mit Zustimmung des BMF durch Verordnung besondere Vorschriften über den aufsichtlichen Prüfungsbericht erlassen. Sie hat von dieser Ermächtigung noch keinen Gebrauch gemacht.

(2) Der Abschlussprüfer von Versicherungs- und Rückversicherungsunternehmen (im Folgenden „Versicherungsunternehmen“) hat den Jahres- bzw. den Konzernabschluss von Versicherungsunternehmen zu prüfen (**Abschlussprüfung**) und über das Ergebnis der Prüfung schriftlich zu berichten. Der Prüfungsbericht betreffend den Jahres- bzw. Konzernabschluss hat das Ergebnis der Prüfung in einem Bestätigungsvermerk zusammenzufassen (§§ 273 und 274 UGB). Auf die Abschlussprüfung von Versicherungsunternehmen sind die allgemeinen Berufsgrundsätze für die Durchführung von Abschlussprüfungen (KFS/PG 1) und die Berichterstattung darüber (KFS/PG 2, KFS/PG 3) anzuwenden. Der Bestätigungsvermerk zum Jahres- bzw. Konzernabschluss umfasst daher nicht die im Bericht über die aufsichtsrechtliche Prüfung abzugebenden Prüfungsurteile (§ 264 Abs. 3 VAG).

2. Gegenstand und Umfang der aufsichtsrechtlichen Prüfungen (§ 263 VAG)

2.1. Prüfungsobjekte

(3) § 263 Abs. 1 VAG (Solo-Ebene) bzw. § 263 Abs. 2 VAG (Gruppen-Ebene) bestimmen die Prüfungsobjekte der aufsichtsrechtlichen Prüfung. Die Anforderungen an das Prüfungsurteil über die Prüfungsobjekte legt § 264 Abs. 3 VAG fest. Die folgende Tabelle gibt einen Überblick mit den relevanten Rechtsnormen, aus denen in der Folge die einzelnen Prüfungsobjekte abgeleitet werden (siehe Rz (4)):

Kurzbezeichnung	Rechtsnormen	Prüfungsurteil auf	
		Solo-Ebene	Gruppen-Ebene
Bei allen Versicherungsunternehmen:[2]			
Bericht über die Solvabilität und Finanzlage (SFCR)	§ 263 (1) Z 1 bzw. § 263 (2) Z 1 VAG	positiv	positiv
Funktionsfähigkeit von IKS, RM und IR	§ 263 (1) Z 2 bzw. § 263 (2) Z 2 VAG	negativ	negativ
Verhinderung der Geldwäscherei und Terrorismusfinanzierung	§ 263 (1) Z 3 VAG i.V.m. §§ 4 bis 17, 19 Abs. 2, 20 bis 24, 29 und 40 Abs. 1 FM-GwG	negativ	n.a.
Auswirkung gruppeninterner Transaktionen	§ 263 (1) Z 4 i.V.m. § 221 VAG	negativ	n.a.
Stille Nettoreserven	§ 263 (1) Z 6 i.V.m. § 149 (2) 2. Satz VAG	negativ	n.a.
Bescheide und Schreiben	§ 263 (1) Z 7 VAG	negativ	n.a.
Risikokonzentration	§ 263 (2) Z 3 VAG	n.a.	negativ
Bei kleinen Versicherungsunternehmen:			
Beachtung der Bestimmungen über Eigenmittelausstattung und Kapitalanlage	§ 263 (1) Z 8 i.V.m. §§ 88 bis 90 VAG	positiv	n.a.
Bei Finanzkonglomeraten:			
Auswirkung gruppeninterner Transaktionen	§ 263 (1) Z 5 lit. a VAG i.V.m. § 10 FKG	negativ	n.a.

IKS zu § 11 Abs. 4 FKG	§ 263 (1) Z 5 lit. b VAG i.V.m. § 11 (4) FKG	negativ	n.a.
Bereinigte Eigenmittelausstattung gemäß FKG	§ 263 (2) Z 4 lit. a VAG i.V.m. §§ 6 bis 8 FKG	n.a.	positiv
Risikokonzentration	§ 263 (2) Z 4 lit. b VAG i.V.m. § 9 FKG	n.a.	negativ
IKS und RM gemäß FKG	§ 263 (2) Z 4 lit. c VAG i.V.m. § 11 FKG	n.a.	negativ

[2] Bei kleinen Versicherungsunternehmen entfallen gemäß § 82 erster Satz VAG die Prüfung des SFCR (nicht aber jene eines Gruppen-SFCR) sowie die Prüfung der Auswirkung gruppeninterner Transaktionen und des IKS zu § 11 Abs. 4 FKG (§ 263 Abs. 1 Z 4 und 5 VAG).

„Auf Gruppen-Ebene“ bedeutet, dass der Abschlussprüfer bei der Prüfung des SFCR der Gruppe lediglich die Konsolidierung prüfen soll und keine Prüfung der Zahlen der in die Gruppe einbezogenen Unternehmen erfolgen soll; betreffend die Funktionsfähigkeit von IKS, RM und IR sollen gemäß § 263 Abs. 2 Z 2 VAG nur die Funktionen auf Ebene der Gruppe und nicht die Funktionen der in die Gruppe einbezogenen Unternehmen geprüft werden (vgl. EB zu § 263 VAG).

(4) Aus den vorhergehenden Ausführungen ergeben sich die folgenden **Prüfungsobjekte** :

- „ **SFCR** “: die Prüfung des **Berichts über die Solvabilität und Finanzlage** (sowohl auf Solo- als auch auf Gruppen-Ebene); hierbei sind insbesondere die Solvenzbilanz, die Rahmenbedingungen zur Berechnung der Solvenzkapitalanforderung, die Berechnung der Mindestkapitalanforderung und die Bestimmung, Einstufung und Anrechnung der Eigenmittelbestandteile (sowohl auf Solo- als auch auf Gruppen-Ebene) zu prüfen (§ 263 Abs. 1 Z 1 bzw. Abs. 2 Z 1 VAG)
- „Funktionsfähigkeit von **IKS, RM und IR** “: die Prüfung der Funktionsfähigkeit des **internen Kontrollsystems** , des **Risikomanagement-Systems** und der **Internen Revision** (jeweils sowohl auf Solo- als auch auf Gruppen-Ebene) unter Zugrundelegung der Vorschriften, die als Voraussetzung für ein wirksames Governance-System definiert sind (§ 263 Abs. 1 Z 2 bzw. Abs. 2 Z 2 VAG); für kleine Versicherungsunternehmen gelten § 85 Abs. 3 bis 6 VAG
- „Verhinderung der **Geldwäscherei und Terrorismusfinanzierung** “: die Prüfung der Funktionsfähigkeit der zur Einhaltung der §§ 4 bis 17, 19 Abs. 2, 20 bis 24, 29 und 40 Abs. 1 FM-GwG (Finanzmarkt-Geldwäschegesetz) eingerichteten Strategien, Verfahren und Kontrollen (§ 263 Abs. 1 Z 3 VAG)
- „ **Auswirkung gruppeninterner Transaktionen** “: die Auswirkung gruppeninterner Transaktionen gemäß § 221 VAG bzw. gemäß § 10 FKG auf die Solvabilität (§ 263 Abs. 1 Z 4 bzw. Z 5 lit. a VAG)
- „ **Risikokonzentration** “: auf Ebene der Gruppe die Prüfung der Beachtung des § 220 VAG bzw. § 9 FKG betreffend die Risikokonzentration (§ 263 Abs. 2 Z 3 bzw. Z 4 lit. b VAG)
- „ **IKS zu § 11 Abs. 4 FKG** “: die Funktionsfähigkeit der gemäß § 11 Abs. 4 FKG eingerichteten internen Kontrollmechanismen für die Vorlage von Informationen und Auskünften, die für die zusätzliche Beaufsichtigung von Belang sind (§ 263 Abs. 1 Z 5 lit. b VAG)
- „ **Bereinigte Eigenmittelausstattung gemäß FKG** “: auf Ebene der Gruppe die Prüfung der Beachtung der §§ 6 bis 8 FKG betreffend die bereinigte Eigenmittelausstattung (§ 263 Abs. 2 Z 4 lit. a VAG)
- „ **IKS und RM gemäß FKG** “: auf Ebene der Gruppe die Prüfung der Beachtung des § 11 FKG betreffend interne Kontrollmechanismen und Risikomanagement (§ 263 Abs. 2 Z 4 lit. c VAG)

(5) Für **alle Prüfungsobjekte mit Ausnahme des SFCR** umfasst die Prüfung die Organisationsstruktur und die Verwaltungs-, Rechnungs- und Kontrollverfahren, die im Hinblick auf die Beachtung der jeweiligen Bestimmungen eingerichtet und dokumentiert worden sind (§ 264 Abs. 2 zweiter Satz VAG).

(6) Die Prüfung des Vorliegens der gesetzlichen Voraussetzungen für die Bewertung und insbesondere der Höhe der im Unternehmen vorhandenen **stillen Nettoreserven** im Fall der Anwendung des § 149 Abs. 2 zweiter Satz VAG (§ 263 Abs. 1 Z 6 VAG) erfolgt bereits im Rahmen der Prüfung des Jahresabschlusses. Aufgrund der expliziten Erwähnung in § 263 Abs. 1 VAG hat die diesbezügliche Berichterstattung dennoch im Bericht über die aufsichtsrechtliche Prüfung zu erfolgen.

(7) Gemäß § 263 Abs. 3 VAG sind dem Abschlussprüfer sämtliche **Bescheide** und **Schreiben der FMA und** zusätzlich jene **Schreiben an die FMA** , die für eine sorgfältige Prüfung erforderlich sind, vorzulegen. Nach dem Verständnis des Fachsenats stellt die Prüfung der Organisationsstruktur und der Verwaltungs-, Rechnungs- und Kontrollverfahren, die im Hinblick auf die Beachtung von Bescheiden und Schreiben eingerichtet und dokumentiert worden sind, kein eigenständiges Prüfungsobjekt dar. „Der neu eingefügte Abs. 3 ist eine Erweiterung der in § 272 UGB vorgesehenen Pflichten und soll sicherstellen, dass der Abschlussprüfer über die Aufsichtsmaßnahmen der FMA umfassend informiert wird.“ (EB zu

§ 263 VAG) Die Verpflichtung zur Vorlage und die Verpflichtung des Abschlussprüfers zur Einsichtnahme in die Bescheide und Schreiben beschränkt sich auf solche Äußerungen der Aufsichtsbehörde, die sich auf ein (anderes) Prüfungsobjekt gemäß § 263 VAG beziehen und von der Aufsichtsbehörde unterfertigt sind.

(8) Bei **kleinen Versicherungsunternehmen** (§ 5 Z 3 VAG) hat der Abschlussprüfer die Beachtung der Bestimmungen über Eigenmittelausstattung und Kapitalanlage (§§ 88 bis 90 VAG) zu prüfen (§ 263 Abs. 1 Z 8 VAG). Das Ergebnis der Prüfung ist mit einer positiven Zusicherung zu versehen (§ 264 Abs. 3 erster Satz VAG). Daneben verlangt § 82 VAG die sinngemäße Anwendung von § 263 Abs. 1 Z 2, 3 und 6 bis 8 sowie Abs. 2 und des § 264 VAG.

(9) Für Zweigniederlassungen von **Drittland-Versicherungsunternehmen** (§ 5 Z 5 und 6 VAG) verlangt § 13 Abs. 3 VAG u.a. die sinngemäße Anwendung des 10. Hauptstückes (§§ 241 bis 266 VAG).

2.2. Anzuwendende Prüfungsstandards

(10) Die Prüfung des **SFCR bzw. Gruppen-SFCR** hat in sinngemäßer Anwendung der Bestimmungen über die Jahres- bzw. Konzernabschlussprüfung zu erfolgen (§ 264 Abs. 2 erster Satz VAG). Es sind demzufolge die dazu bestehenden Berufsgrundsätze über die Durchführung von Abschlussprüfungen (KFS/PG 1) sinngemäß anzuwenden.

(11) Für alle **weiteren Prüfungsobjekte** sind die Standards für die Durchführung von sonstigen Prüfungen (KFS/PG 13) anzuwenden.[3]

[3] Vgl. EB zu § 264 VAG. Die internationalen Grundsätze, auf denen KFS/PG 13 aufbaut, sind in ISAE 3000 (Revised) „Assurance Engagements Other than Audits or Reviews of Historical Financial Information" enthalten. Die Bestimmungen des ISAE 3000 legen die Grundsätze für die Durchführung von sonstigen Prüfungen aller Art fest und dienen somit der Auslegung von KFS/PG 13 bei seiner Anwendung auf die weiteren Prüfungsobjekte nach § 263 VAG.

2.3. Grundsatz der Wesentlichkeit bei der Prüfungsdurchführung

(12) Die Prüfung ist unter Berücksichtigung der Grundsätze der Wesentlichkeit, des risikoorientierten Prüfungsvorgehens sowie der stichprobenbasierten Prüfung[4] so zu planen und durchzuführen, dass über jedes Prüfungsobjekt das jeweils vorgesehene Urteil, d.h. mit hinreichender (positive Zusicherung) bzw. eingeschränkter (negative Zusicherung) Sicherheit, abgegeben werden kann.

[4] Unter dem Begriff der stichprobenbasierten Prüfung wird eine testfallbasierte Prüfung (Auswahlstichprobe) und nicht ein Stichprobenverfahren im engeren Sinne verstanden, das einen Rückschluss auf die Grundgesamtheit ermöglichen soll.

(13) Die Festlegung der Wesentlichkeit durch den Abschlussprüfer liegt in dessen pflicht-gemäßem Ermessen und wird von dessen Wahrnehmung der Informationsbedürfnis-se der Adressaten (Vorstand, Aufsichtsrat und Aufsichtsbehörde) beeinflusst. Die der aufsichtsrechtlichen Prüfung zugrundeliegenden Informationen sind als wesentlich anzusehen, wenn vernünftigerweise zu erwarten ist, dass ihre falsche Darstellung (einschließlich ihres Weglassens) im Einzelnen oder insgesamt die auf Basis dieser Informationen getroffenen wirtschaftlichen bzw. aufsichtlichen Entscheidungen der Adressaten beeinflusst.[5]

[5] Vgl. beispielsweise Art. 291 Delegierte Verordnung (EU) 2015/35, wonach die im SFCR zu veröffentlichenden Informationen jedenfalls dann als wesentlich zu betrachten sind, wenn fehlende oder fehlerhafte Angaben den Entscheidungsprozess oder das Urteil der Nutzer des Dokuments, einschließlich der Aufsichtsbehörden, beeinflussen könnten.

(14) Bei der Planung und Durchführung der aufsichtsrechtlichen Prüfung ist die Wesentlichkeit unter quantitativen und qualitativen Gesichtspunkten zu beurteilen, wobei quantitative Überlegungen primär für die Beurteilung des SFCR anwendbar sind.

(15) Abgeleitet aus der Vorgangsweise bei der Abschlussprüfung erfolgt die Festlegung der quantitativen Wesentlichkeit häufig als Prozentsatz auf eine geeignete Bezugsgröße und unter Beurteilung der konkreten Verhältnisse beim jeweiligen Versicherungsunternehmen.

(16) Als Bezugsgrößen für die Bestimmung der Wesentlichkeit können die Eigenmittel, das Solvenzerfordernis sowie die Gesamtsumme der Vermögenswerte oder der versicherungstechnischen Rückstellungen in der (Gruppen-)Solvenzbilanz herangezogen werden. Dabei sind sowohl die wirtschaftlichen Rahmenbedingungen als auch unternehmensspezifische Gegebenheiten (etwa: Art der Geschäftstätigkeit wie etwa Kompositversicherer, Spartenversicherer; Größe, Komplexität, Marktstellung) zu berücksichtigen. Die Festlegung der Wesentlichkeit hat somit für den jeweiligen Einzelfall zu erfolgen.

(17) Bei der Festlegung eines Prozentsatzes, der, angewendet auf die jeweils relevante Bezugsgröße, den Wesentlichkeitsmaßstab ergibt, sollte die aktuelle bzw. erwartete Bedeckung (Verhältnis der vorhandenen Eigenmittel zum Eigenmittelerfordernis) berücksichtigt werden. Eine strikte Festlegung der Wesentlichkeit nach Verhältniszahlen kann zu unsachgemäßen Ergebnissen führen. In diesen Fällen ist die mathematisch ermittelte Wesentlichkeitszahl durch den Abschlussprüfer anzupassen. Die diesbezüglichen Überlegungen sind zu begründen und in den Arbeitspapieren zu dokumentieren.

(18) Die Ermittlung der Eigenmittel und der Eigenmittelanforderungen ist vielfach von Schätzungen, Annahmen und Zukunftserwartungen beeinflusst, deren Eintreffen zum Zeitpunkt der Prüfung durch den Abschlussprüfer nicht beurteilt werden kann.

(19) Aufgrund dieser Unsicherheit ist davon auszugehen, dass die für die Prüfung des SFCR abgeleitete Wesentlichkeit über der für die Prüfung des Jahres- bzw. Konzernabschlusses verwendeten Größe liegt.

(20) Um die hohe Schwankungsbreite der Werte der (Gruppen-)Solvenzbilanz bei der Festlegung der Wesentlichkeit abzubilden, kann es sachgerecht sein, im Einzelfall

– eine Bandbreite von Prozentsätzen auf den Wert der Bezugsgröße festzulegen.[6] Im Fall stark schwankender Bemessungsgrundlagen können Durchschnittswerte (z.B. über die letzten drei Jahre) verwendet werden.

[6] In Anlehnung an ISA 540 „Auditing Accounting Estimates, Including Fair Value Accounting Estimates, and Related Disclosures“ sollte diese Bandbreite so gewählt werden, dass alle vernünftigen (reasonable) Ergebnisse berücksichtigt werden, jedoch nicht alle möglichen.

– unterschiedliche Wesentlichkeitsgrößen für einzelne Komponenten festzulegen, sodass Mischformen aus festen Prozentsätzen und Bandbreiten zur Anwendung kommen.

2.4. Prüfungsurteil

(21) Für die Prüfungsaussage des Abschlussprüfers kommen entsprechend den internationalen Prüfungsgrundsätzen folgende Arten der Sicherheit von Prüfungsaussagen in Betracht:

a) hinreichende Sicherheit („reasonable assurance“)[7] in der Form der Bestätigung mittels einer positiven Zusicherung wie z.B. bei der Abschlussprüfung („audit“)

[7] Vgl. ISA 200 „Overall Objectives of the Independent Auditor and the Conduct of an Audit in Accordance with International Standards on Auditing“, para. 13 (m), und ISAE 3000 (Revised) „Assurance Engagements Other than Audits or Reviews of Historical Financial Information“, para. 12 (a) (i) a.

b) eingeschränkte Sicherheit („limited assurance“)[8] in der Form der Bestätigung mittels einer negativen Zusicherung wie z.B. bei der prüferischen Durchsicht von Abschlüssen („review“)

[8] Vgl. ISAE 3000 (Revised) „Assurance Engagements Other than Audits or Reviews of Historical Financial Information“, para. 12 (a) (i) b.

(22) Eine positive Zusicherung bringt zum Ausdruck, dass das geprüfte Ist-Objekt nach der Beurteilung des Abschlussprüfers aufgrund der vorgenommenen Prüfungshandlungen dem Referenzmodell (Soll-Objekt) in allen wesentlichen Belangen entspricht. Eine Prüfungsaussage mit negativer Zusicherung besagt, dass dem Abschlussprüfer auf Grundlage der durchgeführten Tätigkeiten keine Sachverhalte bekannt geworden sind, die ihn zu der Annahme veranlassen, dass das Prüfungsobjekt (Ist-Objekt) nicht in allen wesentlichen Belangen dem Referenzmodell (Soll-Objekt) entspricht.[9] Der Grad an Zusicherung ist somit deutlich geringer als bei der Erteilung einer positiven Zusicherung.[10]

[9] Vgl. KFS/PG 13, Rz 25.

[10] Vgl. ISAE 3000 (Revised) „Assurance Engagements Other than Audits or Reviews of Historical Financial Information“, para. 12 (a) (i) b: „The nature, timing, and extent of procedures performed in a limited assurance engagement is limited compared with that necessary in a reasonable assurance engagement but is planned to obtain a level of assurance that is, in the practitioner's professional judgment, meaningful. To be meaningful, the level of assurance obtained by the practitioner is likely to enhance the intended users' confidence about the subject matter information to a degree that is clearly more than inconsequential.“

(23) In der Prüfungsaussage sind im Fall einer Modifikation zu jedem Prüfungsobjekt die Gründe, die zu einer Modifikation der Zusicherung geführt haben, zu erläutern. In der Prüfungsaussage ist auf alle anderen Umstände zu verweisen, auf die der Abschlussprüfer in besonderer Weise aufmerksam gemacht hat, ohne das Prüfungsurteil einzuschränken.

3. Prüfung des SFCR bzw. Gruppen-SFCR

3.1. Grundlagen

(24) Die Prüfung des SFCR bzw. Gruppen-SFCR hat in singgemäßer Anwendung der Vorschriften über die Prüfung des Jahres- bzw. Konzernabschlusses zu erfolgen. Wie bereits in Rz (3) dargelegt, hat die Prüfung des Gruppen-SFCR lediglich „auf Ebene der Gruppe“ zu erfolgen, was bedeutet, dass der Abschlussprüfer lediglich die Konsolidierung prüfen soll, aber keine Prüfung der Zahlen der in die Gruppe einbezogenen Unternehmen erfolgen soll (vgl. EB zu § 263 VAG).

(25) Wie bereits in Rz (4) dargelegt, sind insbesondere die Solvenzbilanz, die Rahmenbedingungen zur Berechnung der Solvenzkapitalanforderung (SCR), die Berechnung der Mindestkapitalanforderung (MCR) und die Bestimmung, Einstufung und Anrechnung der Eigenmittelbestandteile zu prüfen. Der Schwerpunkt der Prüfung hat daher auf diesen Bereichen zu liegen.

(26) Es liegt im Ermessen des Abschlussprüfers, in welchem Umfang er bei seiner Beurteilung unternehmensinterne Kontrollen einbezieht. Der Abschlussprüfer kann auf Ergebnisse der Jahres- bzw. Konzernabschlussprüfung zurückgreifen.

(27) Es liegt in der Verantwortung des Abschlussprüfers, Prüfungshandlungen durchzuführen, um ausreichende und angemessene Prüfungsnachweise zu erlangen, auf die er sein Urteil über den SFCR bzw. Gruppen-SFCR stützen kann.

(28) Der SFCR bzw. Gruppen-SFCR besteht aus sechs Teilen: [11]

[11] Vgl. Delegierte Verordnung (EU) 2015/35, Anhang XX.

- Zusammenfassung
- A. Geschäftstätigkeit und Geschäftsergebnis („Business and Performance“)
- B. Governance-System
- C. Risikoprofil
- D. Bewertung für Solvabilitätszwecke
- E. Kapitalmanagement

(29) Die durch § 263 Abs. 1 Z 1 und Abs. 2 Z 1 VAG besonders hervorgehobenen Teile des SFCR bzw. Gruppen-SFCR finden sich in den Abschnitten D. Bewertung für Solvabilitätszwecke und E. Kapitalmanagement. Sie enthalten einerseits quantitative Informationen über die Höhe der Eigenmittel und des Eigenmittelerfordernisses

(SCR und MCR), andererseits qualitative Beschreibungen über ihre Bewertung und die Unterschiede zur Bewertung im Jahres- bzw. Konzernabschluss.

(30) Soweit für Bestandteile des SFCR bzw. Gruppen-SFCR Genehmigungen der FMA vorliegen, ist die Beurteilung der Genehmigung dieser Bestandteile nicht Gegenstand der Prüfung. Der Abschlussprüfer setzt auf einer nachweislich gegebenen aufsichtlichen Genehmigung auf (z.B. (partielle) interne Modelle, Verwendung von unternehmensspezifischen Parametern, Übergangsregelungen, Volatilitätsanpassungen etc.). Aufgrund dieser Einschränkungen der Prüfung lässt sich aus einem positiven Prüfungsurteil nicht ableiten, dass das SCR den Anforderungen des § 175 Abs. 3 VAG entspricht.

(31) Da die Prüfungspflichten des § 263 VAG „neben der Prüfung des Jahresabschlusses" bestehen, ergibt sich, dass sich die Verpflichtung zur Prüfung des SFCR bzw. Gruppen-SFCR nur auf den jährlich zu erstellenden SFCR bzw. Gruppen-SFCR bezieht. Führen wesentliche unterjährige Veränderungen zu einer unterjährigen Berichtspflicht seitens des Versicherungsunternehmens, so ist ein unterjähriger SFCR bzw. Gruppen-SFCR nicht von den Prüfungspflichten gemäß § 263 VAG umfasst.

3.2. Referenzmodell (Soll-Objekt)

(32) Referenzmodell (Soll-Objekt) für den SFCR bzw. Gruppen SFCR sind die §§ 241 f. bzw. 245 VAG, die Art. 290 bis 299 (Solo-Ebene) bzw. 359 bis 361 (Gruppen-Ebene) Delegierte Verordnung (EU) 2015/35 und die Durchführungsverordnung (EU) 2015/2452.

3.3. Gegenstand der Beurteilung (Ist-Objekt)

(33) Ist-Objekt ist der von den gesetzlichen Vertretern des Versicherungsunternehmens erstellte SFCR, insbesondere die Solvenzbilanz, die Rahmenbedingungen zur Berechnung des SCR, die Berechnung des MCR und die Bestimmung, Einstufung und Anrechnung der Eigenmittelbestandteile.

(34) Der SFCR bzw. Gruppen-SFCR enthält quantitative und qualitative Informationen, die gegebenenfalls durch quantitative Vorlagen (quantitative reporting templates, im Folgenden „QRT") ergänzt werden.[12] Prüfungsobjekt ist der SFCR einschließlich der ergänzenden QRTs in seiner Gesamtheit, nicht jedoch die Richtigkeit jeder einzelnen Information beispielsweise innerhalb eines QRT.

[12] Vgl. Art. 290 Abs. 2 Delegierte Verordnung (EU) 2015/35.

(35) Die Verantwortung für die Aufstellung des SFCR bzw. Gruppen-SFCR liegt bei den gesetzlichen Vertretern des Versicherungsunternehmens. Diese sind auch verantwortlich für die internen Kontrollen, die sie als notwendig erachten, um die Aufstellung eines SFCR bzw. Gruppen-SCFR zu ermöglichen, der frei von wesentlichen – beabsichtigten oder unbeabsichtigten – fehlenden oder fehlerhaften Angaben ist.

3.4. Durchführung der Prüfung

3.4.1. Solo-Ebene

(36) In Bezug auf die Prüfung der Solvenzkapitalanforderung führt das Gesetz aus, dass insbesondere die Rahmenbedingungen zur Berechnung zu prüfen sind. Aus Sicht des Fachsenats zielt das vor allem auf die Prüfung der internen Kontrollen zur Sicherstellung der Richtigkeit der Berechnungen ab.

(37) Weiters hat der Abschlussprüfer die Vollständigkeit und Richtigkeit der Angaben im SFCR in Analogie zur Prüfung der Angaben im Anhang zum Jahresabschluss nach Maßgabe ihrer Wesentlichkeit zu prüfen.

(38) In Anwendung der konzeptionellen Grundlagen der Abschlussprüfung hat der Abschlussprüfer Planung und Durchführung der Prüfung des SFCR auf einer Analyse der mit der Prüfung verbundenen Risiken aufzubauen („risikoorientierter Prüfungsansatz"). Das Prüfungsrisiko besteht aus dem Risiko, dass der vorgelegte SFCR unter Beachtung des Grundsatzes der Wesentlichkeit fehlerhaft ist, und dem Risiko, dass der Prüfer wesentliche Fehler nicht entdeckt.

(39) Bei der Prüfung der Solvenzbilanz sind die Kapitalanlagen, die versicherungstechnischen Rückstellungen sowie die latenten Steuern im Regelfall wesentliche Prüfungsgebiete.

(40) Im Bereich der Kapitalanlagen kann sich der Abschlussprüfer im Regelfall auf die Ergebnisse aus der Prüfung des Jahresabschlusses, insbesondere auf die Zeitwerte im Anhang, stützen. Eigenständige Prüfungshandlungen zu Bestand und Eigentum der Kapitalanlagen sind im Regelfall nicht erforderlich.

(41) In Bezug auf die in der Solvenzbilanz angesetzten versicherungstechnischen Rückstellungen sind eigenständige Prüfungshandlungen zu setzen.

(42) Aufgrund der besonderen Bedeutung aktuarieller Systeme zur Bewertung der versicherungstechnischen Rückstellungen sind im Bereich des internen Kontrollsystems vor allem folgende Maßnahmen des Versicherungsunternehmens zu prüfen:

- Maßnahmen zur Sicherstellung der Datenqualität
- Kontrollen zur Sicherstellung der Vollständigkeit und Richtigkeit der bei der Berechnung verwendeten Daten
- Kontrollen zur Sicherstellung der Verwendung adäquater Annahmen
- Dokumentation der Bewertungsmethode und der Bewertungsergebnisse, ein-schließlich deren Plausibilisierung
- Art und Dokumentation der verwendeten IT-Systeme
- Erfahrung und Ausbildungsstand der Mitarbeiter

- Eignung der verwendeten Datenverarbeitungsprogramme

(43) Weiters sind, in Abhängigkeit vom Ergebnis der Würdigung des internen Kontrollsystems, ergebnisorientierte Prüfungshandlungen durchzuführen. Diese umfassen eine Beurteilung der versicherungsmathematischen Annahmen und der vom Versicherungsunternehmen verwendeten Parameter und die Beurteilung der Plausibilität des Gesamtergebnisses. Ob Kontrollrechnungen in Stichproben durchgeführt werden, liegt im pflichtgemäßen Ermessen des Abschlussprüfers.

(44) In Bezug auf die Prüfung der Solvenzkapitalanforderung ist zu untersuchen, wie das Versicherungsunternehmen sicherstellt, dass die zur Berechnung verwendeten Daten angemessen und richtig sind. Darüber hinaus ist zu beurteilen, ob die Solvenzkapitalanforderung anhand einer angemessen dokumentierten und geeigneten Software ermittelt wird. Der Abschlussprüfer hat sich weiters mit der Plausibilität des Gesamtergebnisses auseinanderzusetzen.

(45) Die Berechnung der Mindestkapitalanforderung und die Bestimmung, Einstufung und Anrechnung der Eigenmittelbestandteile sind ergebnisorientiert zu prüfen.

3.4.2. Gruppen-Ebene

(46) Auf Ebene der Gruppe soll der Abschlussprüfer nur die Konsolidierung der SFCR-Daten prüfen. Es soll keine Prüfung der Zahlen der in die Gruppe einbezogenen Unternehmen erfolgen (vgl. Rz (3) und (24)).

3.5. Prüfungsergebnis

(47) Wie bereits in Rz (3) dargelegt, ist die Berichterstattung über das Ergebnis der Prüfung des (Gruppen-)SFCR gemäß § 263 Abs. 1 Z 1 bzw. Abs. 2 Z 1 VAG mit einer positiven Zusicherung zu verbinden (§ 264 Abs. 3 erster Satz VAG):

„Nach unserer Beurteilung aufgrund der bei der Prüfung gewonnenen Erkenntnisse entspricht der Bericht über die Solvabilität und Finanzlage (der Gruppe) in allen wesentlichen Belangen den Vorschriften der §§ 241 und 242 VAG (des § 245 VAG), der Art. 290 bis 299 (der Art. 359 bis 361) Delegierte Verordnung (EU) 2015/35 und der Durchführungsverordnung (EU) 2015/2452 [sowie den von der FMA erteilten Genehmigungen]. (Bei der Prüfung des Berichts über die Solvabilität und Finanzlage der Gruppe wurde nur die Konsolidierung geprüft; es erfolgte keine Prüfung der Zahlen der in die Gruppe einbezogenen Unternehmen.)“

(48) Vor dem Prüfungsergebnis hat der Abschlussprüfer auf die Unsicherheiten i.Z.m. den Wertansätzen in der Solvenzbilanz gesondert hinzuweisen.

4. Weitere Prüfungen gemäß § 263 VAG

4.1. Grundlagen

(49) Wie bereits in Rz (5) dargelegt, umfassen die weiteren Prüfungen die **Organisationsstruktur und die Verwaltungs, Rechnungs- und Kontrollverfahren („IKS für aufsichtsrechtliche Zwecke“)** , die im Hinblick auf die Beachtung der jeweiligen Bestimmungen **eingerichtet und dokumentiert** worden sind.

(50) Das IKS für aufsichtsrechtliche Zwecke ist durch das Versicherungsunternehmen zu dokumentieren. Diese Dokumentation ist dem Abschlussprüfer zur Verfügung zu stellen. Voraussetzungen für die Durchführung der Beurteilung durch den Abschlussprüfer sind ein uneingeschränkter Zugang zu den dafür erforderlichen Aufzeichnungen, Schriftstücken und sonstigen Informationen sowie die Bereitschaft der gesetzlichen Vertreter, Auskünfte in dem erforderlichen Umfang vollständig zu erteilen.

4.2. Referenzmodell (Soll-Objekt)

(51) Bei dem in § 263 Abs. 1 Z 2 und Abs. 2 Z 2 genannten internen Kontrollsystem liegt der Schwerpunkt in der Regel auf den für aufsichtsrechtliche Zwecke besonders relevanten Prozessen wie dem Prämienprozess, dem Schadenprozess, dem Kapitalanlageprozess, dem Provisionsprozess und dem Produktentwicklungsprozess. Weitere Prozesse (beispielsweise Marketingprozess, Personalprozess, Investor Relations) sind nur ausnahmsweise bei Vorliegen besonderer Umstände im Einzelfall Prüfungsobjekt.

(52) Für die weiteren Prüfungsobjekte (außer dem SFCR) gelten die allgemeinen Grund-sätze für ein ordnungsgemäßes internes Kontrollsystem (etwa COSO), die allgemeinen Rechnungslegungsstandards, die weiterführenden Bestimmungen des VAG, die Vorgaben der Delegierten Verordnung (EU) 2015/35 und die Level III-Spezifikationen als Basis für die Prüfungstätigkeit des Abschlussprüfers.

(53) Für die Einrichtung, Ausgestaltung und Durchführung von Internen Revisionen bestehen allgemein gültige Grundsätze in den Leitlinien des Institute of Internal Auditors (IIA) (Internationale Grundlagen für die berufliche Praxis – IPPF).

(54) Bei der Prüfung der Beachtung der Vorschriften über die Eigenmittelausstattung und Kapitalanlage bei kleinen Versicherungsunternehmen gemäß § 263 Abs. 1 Z 8 sind die Bestimmungen der §§ 88 bis 90 VAG maßgeblich.

(55) Bei der Prüfung der Beachtung des FKG hinsichtlich der bereinigten Eigenmittelausstattung sind die §§ 6 bis 8 FKG maßgeblich.

4.3. Gegenstand der Beurteilung (Ist-Objekt)

(56) Wie bereits in den Rz (5) und (49) dargelegt, stellen die Organisationsstruktur (Aufbauorganisation) und die Verwaltungs-, Rechnungs- und Kontrollverfahren (Ablauforganisation), die von den gesetzlichen Vertretern im Hinblick auf die in § 263 VAG angeführten Bestimmungen **eingerichtet und dokumentiert** worden sind, das Prüfungsobjekt dar.

(57) Die Verantwortung für die Gestaltung, Umsetzung und operative Wirksamkeit eines internen

Kontrollsystems, eines Risikomanagements sowie einer Internen Revision, welche die Einhaltung der in § 263 VAG angeführten Bestimmungen sicherstellen, liegt bei den gesetzlichen Vertretern.

(58) Internes Kontrollsystem und Risikomanagement sind schriftlich und in nachvollziehbarer Weise zu dokumentieren. Die Anforderungen an die Ausgestaltung und Umsetzung des internen Kontrollsystems bzw. des Risikomanagements hängen von der Größe, den Risiken und der Komplexität des Versicherungsunternehmens ab. Bei kleineren bzw. nicht komplexen Versicherungsunternehmen können weniger formale Mittel und einfachere Arbeitsabläufe für ein funktionsfähiges internes Kontrollsystem ausreichen.

(59) Die Dokumentation des Risikomanagements muss über organisatorische Anforderungen (Strategie, Leitlinien, Verantwortlichkeiten etc.) hinausgehen. Die Dokumentation der operativen Risikomanagementtätigkeit muss etwa die Identifizierung, Bewertung, Maßnahmen der Abwehr von Risiken etc. umfassen. Deren Ergebnisse in der internen Risikoberichterstattung sowie die getroffenen Maßnahmen müssen nachvollziehbar erfasst werden.

(60) Ebenso muss das Versicherungsunternehmen über eine Interne Revision verfügen, deren Ausgestaltung und Tätigkeit das eingerichtete interne Kontrollsystem und das Risikomanagement wirksam überwacht. Die Ergebnisse der Tätigkeit der Internen Revision müssen angemessen dokumentiert sein, die Umsetzung der empfohlenen Maßnahmen muss einer systematischen Überprüfung unterliegen.

4.4. Durchführung der Prüfung

4.4.1. Allgemein

(61) Die Funktionsfähigkeit des internen Kontrollsystems, des Risikomanagement-Systems, der Internen Revision und der zur Einhaltung der §§ 4 bis 17, 19 Abs. 2, 20 bis 24, 29 und 40 Abs. 1 FM-GwG eingerichteten Strategien, Verfahren und Kontrollen sind insoweit zu prüfen, als die Prüfungsergebnisse für die aufsichtsrechtliche Beurteilung durch die Berichtsadressaten (FMA, Vorstand und Aufsichtsrat) von Bedeutung sind.

(62) Die Beurteilung der „**Funktionsfähigkeit**" erfordert die Beurteilung der Aufbau- und Ablauforganisation eines Versicherungsunternehmens dahingehend, ob diese nach Einschätzung des Abschlussprüfers geeignet sind, die an sie gestellten Anforderungen zu erfüllen (Eignungsprüfung – Design effectiveness). Eine Beurteilung, ob die eingerichteten Verfahren und Kontrollmaßnahmen wirksam sind, also die vorgesehenen Aufgaben tatsächlich erfüllen, ist nicht vorzunehmen. Dies ist Aufgabe der Internen Revision. Der Abschlussprüfer hat somit keine Prüfungshandlungen bezüglich der Wirksamkeit einzelner Kontrollschritte und bezüglich der Qualität der internen Berichterstattung vorzunehmen.

(63) Der Abschlussprüfer hat auch im Rahmen seiner Prüfung des Jahresabschlusses ein hinreichendes Verständnis für das rechnungslegungsrelevante interne Kontrollsystem zu erlangen, um die Abschlussprüfung planen und eine wirkungsvolle Prüfungsstrategie entwickeln zu können. Die Ergebnisse dieser Beurteilung sind in den Arbeitspapieren des Abschlussprüfers zur Abschlussprüfung festzuhalten. Einschlägige Prüfungshandlungen und deren Ergebnisse können auch für die aufsichtsrechtliche Prüfungstätigkeit herangezogen werden, soweit sie den Grundsätzen dieses Fachgutachtens entsprechen.

(64) Nur was vom Versicherungsunternehmen angemessen dokumentiert worden ist, kann im Rahmen der aufsichtsrechtlichen Prüfung geprüft werden. Im Fall einer fehlenden oder nicht ausreichenden Dokumentation hat der Abschlussprüfer sein Prüfungsurteil erforderlichenfalls entsprechend zu modifizieren (Prüfungshemmnis) und dies in seinem Bericht zu begründen.

(65) Die Art der für die aufsichtsrechtliche Prüfung vorzunehmenden Prüfungshandlungen kann sich angesichts des Erfordernisses einer Prüfungsaussage mit negativer Zusicherung großteils auf Einsichtnahme in Dokumente, Beobachtung und Befragung beschränken; tiefergehende Prüfungshandlungen (Nachvollziehen von Kontrollmaßnahmen) sind nicht erforderlich. Umfang und Häufigkeit von Prüfungshandlungen sind geringer als bei Prüfungen, die mit einer positiven Zusicherung abzuschließen sind.

(66) Wie bereits in Rz (7) dargelegt, ist die Beachtung der Bescheide der FMA und jener Schreiben der und an die FMA, die für eine sorgfältige Prüfung erforderlich sind, im Rahmen der einzelnen davon betroffenen Prüfungsobjekte zu würdigen. Dabei hat der Abschlussprüfer die gesetzlichen Vertreter des Versicherungsunternehmens zu den getroffenen Maßnahmen zu befragen. Es liegt im Ermessen des Abschlussprüfers, erforderlichenfalls weitere Erhebungen zu Maßnahmen aufgrund wesentlicher Bescheide der FMA vorzunehmen.

4.4.2. Solo Ebene

(67) Zur Prüfung der Auswirkung der gruppeninternen Transaktionen gemäß § 221 VAG auf die Solvabilität:

Im Rahmen seiner Prüfungstätigkeit hat der Abschlussprüfer jene im Versicherungsunternehmen eingerichteten Verfahren und Kontrollen, die für die ordnungsgemäße Meldung aller bedeutenden gruppeninternen Transaktionen an die FMA als die für die Gruppenaufsicht zuständige Behörde eingerichtet sind, zu beurteilen. Dabei sind die von der FMA festgelegten Wesentlichkeitsgrenzen und Berichtszyklen zu beachten. Da es sich um eine Verpflichtung auf Ebene des der Gruppenaufsicht durch die FMA unterliegenden Mutterunternehmens handelt, hat auch die Prüfungstätigkeit bzw. Berichterstattung auf Ebene des Mutterunternehmens zu erfolgen. Der Abschlussprüfer kann bei seiner Prüfungstätigkeit die im Rahmen der Konzernabschlussprüfung vorgenommenen Prüfungshandlungen und deren Ergebnisse insbesondere zur Konsolidierung (Aufwands- und

Ertrags- sowie Schuldenkonsolidierung), soweit diese für die aufsichtsrechtliche Prüfung von Relevanz sind, als Prüfungsnachweise verwenden.

Es wird empfohlen, die im Geschäftsjahr abgeschlossenen wesentlichen gruppeninternen Transaktionen (§ 5 Z 25 VAG), die dem Abschlussprüfer im Rahmen seiner Tätigkeit bekannt geworden sind, im Bericht über die aufsichtsrechtliche Prüfung anzuführen. Werden aus diesen Transaktionen wesentliche Auswirkungen auf die Solvabilität erwartet, sind diese qualitativ darzustellen.

(68) Auch für die Prüfung der Auswirkung der gruppeninternen Transaktionen gilt, dass sich der Abschlussprüfer – entsprechend der geforderten Prüfungsaussage – vorrangig auf Befragungen und Plausibilisierungen konzentrieren kann, wenn die Ergebnisse dieser Prüfungshandlungen keine weiterführenden Tätigkeiten erforderlich machen.

(69) Bei der Prüfungstätigkeit zur Beachtung des FKG hat der Abschlussprüfer seine Prüfungstätigkeit hinsichtlich der Auswirkung gruppeninterner Transaktionen gemäß § 10 FKG auf die Solvabilität sowie der Funktionsfähigkeit der gemäß § 11 Abs. 4 FKG eingerichteten internen Kontrollmechanismen für die Vorlage von Informationen und Auskünften, die für die zusätzliche Beaufsichtigung von Belang sind, nach denselben Grundsätzen wie für die anderen Prüfungsobjekte des § 263 Abs. 1 VAG durchzuführen.

(70) Die Prüfung der Einhaltung der § 88 bis 90 VAG bei kleinen Versicherungsunternehmen ist vorrangig durch eigene Berechnungen (anhand der Eigenmittelbestimmungen) und durch einzelfallorientierte Überprüfung der Einhaltung der Veranlagungsbestimmungen vorzunehmen.

4.4.3. Gruppen-Ebene

(71) Wie bereits in Rz (3) dargelegt, umfasst die Prüfung der Funktionsfähigkeit des internen Kontrollsystems, des Risikomanagement-Systems und der Internen Revision nur die Funktionen auf Ebene der Gruppe, nicht jedoch die Funktionen der in die Gruppe einbezogenen Unternehmen.

(72) Zur Prüfung der Risikokonzentration auf Gruppen-Ebene gemäß § 220 VAG:

Im Rahmen seiner Prüfungstätigkeit hat der Abschlussprüfer jene im Versicherungsunternehmen eingerichteten Verfahren und Kontrollen, die für die ordnungsgemäße Berichterstattung des Versicherungsunternehmens an die FMA eingerichtet sind, zu beurteilen. Dabei sind die von der FMA festgelegten Arten von Risikokonzentrationen, deren Schwellenwerte und Berichtszyklen zu beachten. Der Abschlussprüfer kann bei seiner Prüfungstätigkeit die im Rahmen der Konzernabschlussprüfung vorgenommenen Prüfungshandlungen und deren Ergebnisse, soweit diese für die aufsichtsrechtliche Prüfung von Relevanz sind, als Prüfungsnachweise verwenden.

(73) Bei der Prüfungstätigkeit zur Beachtung des FKG hat der Abschlussprüfer seine Prüfungstätigkeit hinsichtlich der §§ 6 bis 8 FKG (bereinigte Eigenmittelausstattung), § 9 FKG (Risikokonzentration) und § 11 FKG (interne Kontrollmechanismen und Risikomanagement) nach denselben Grundsätzen wie für die anderen Prüfungsobjekte des § 263 Abs. 2 VAG durchzuführen.

4.5. Prüfungsergebnisse

(74) Das Ergebnis der weiteren Prüfungen gemäß § 263 Abs. 1 Z 2 bis 7 sowie Abs. 2 Z 2, 3, 4 lit. b und 4 lit. c VAG ist in Form einer **negativen Zusicherung** zusammenzufassen:

„Aufgrund der von mir/uns im Rahmen dieser Prüfung durchgeführten Tätigkeiten sind mir/uns keine Sachverhalte bekannt geworden, die mich/uns zu der Annahme veranlassen, dass die Organisationsstruktur und die Verwaltungs-, Rechnungs- und Kontrollverfahren, die im Hinblick auf die Beachtung der [Prüfungsobjekt] eingerichtet und dokumentiert worden sind, nicht in allen wesentlichen Belangen funktionsfähig sind.“

(75) Das Ergebnis der weiteren Prüfung gemäß § 263 Abs. 1 Z 8 VAG ist in Form einer **positiven Zusicherung** zusammenzufassen:

„Nach unserer Beurteilung aufgrund der bei der Prüfung gewonnenen Erkenntnisse entsprechen die Eigenmittelausstattung und die Kapitalanlage in allen wesentlichen Belangen den Vorschriften der §§ 88 bis 90 VAG.“

(76) Auch das Ergebnis der weiteren Prüfung gemäß § 263 Abs. 2 Z 4 lit. a VAG ist eine **positive Zusicherung** :

„Nach unserer Beurteilung aufgrund der bei der Prüfung gewonnenen Erkenntnisse entspricht die bereinigte Eigenmittelausstattung in allen wesentlichen Belangen den Vorschriften der §§ 6 bis 8 FKG.“

(77) Die Zusicherung kann auch dann ohne Modifikation gegeben werden, wenn einzelne Schwächen oder Verbesserungspotentiale ohne wesentliche Beeinträchtigungen der aufsichtsrechtlichen Vorgaben vorliegen. Wenn der Abschlussprüfer im Rahmen seiner Beurteilung für ein Prüfungsobjekt allerdings zum Ergebnis kommt, dass die Funktionsfähigkeit nur eingeschränkt oder nicht gegeben ist, hat er diesen Umstand in seiner Beurteilung zum Ausdruck zu bringen. Dies gilt insbesondere, wenn der Abschlussprüfer im Rahmen seiner Tätigkeit wesentliche Verstöße gegen aufsichtsrechtliche Bestimmungen festgestellt hat.

(78) Mängel, die nach Art und Umfang in ihren real eingetretenen sowie potentiellen Folgen für den Schutzzweck einer gegebenen Norm unbedeutend sind, stellen keine wesentlichen Verstöße dar (z.B. wenn das Versicherungsunternehmen für den zu prüfenden Bereich grundsätzlich ein die Einhaltung der gesetzlichen Bestimmungen gewährleistendes IKS eingerichtet hat und die vereinzelten geringfügigen Mängel vor Abschluss der Prüfung behoben worden sind oder Grund zur Annahme besteht, dass die Mängel binnen längstens drei Monaten behoben werden). Wiederholte Gesetzesverletzungen, die auf systemische Mängel im IKS schließen lassen, sind jedenfalls wesentlich. Bei der Bewertung der Wesentlichkeit jedes festgestellten Verstoßes sind

auch Kriterien, Umstände, Ursache und Wirkung des Verstoßes zu berücksichtigen.

(79) Liegt keine Dokumentation der Organisationsstruktur und der Verwaltungs-, Rechnungs- und Kontrollverfahren, die im Hinblick auf die Einhaltung bestimmter zu prüfender Bestimmungen eingerichtet worden sind, vor, hat dies der Abschlussprüfer in seinem Prüfungsurteil zu berücksichtigen.

(80) Die Gründe, die zu einer Modifikation des Prüfungsurteils bzw. der Zusicherung geführt haben, sind für jedes Prüfungsobjekt zu erläutern. In der Prüfungsaussage ist auf alle anderen Umstände zu verweisen, auf die der Abschlussprüfer in besonderer Weise aufmerksam gemacht hat, ohne das Prüfungsurteil einzuschränken.

5. Berichterstattung

(81) Der **Bericht über die aufsichtsrechtliche Prüfung** sollte im Anschluss an eine Beschreibung von Prüfungsauftrag und Auftragsdurchführung sowie erteilten Auskünften eine Zusammenfassung der Prüfungsergebnisse enthalten. Diese sind gesondert je Prüfungsobjekt darzustellen, wobei wie folgt unterschieden werden sollte:

1. Prüfung des (Gruppen-) SFCR
2. Weitere Prüfungen gemäß § 263 VAG

Es wird empfohlen, die im Geschäftsjahr abgeschlossenen wesentlichen gruppeninternen Transaktionen (§ 5 Z 25 VAG), die dem Abschlussprüfer im Rahmen seiner Tätigkeit bekannt geworden sind, im Bericht über die aufsichtsrechtliche Prüfung anzuführen. Werden aus diesen Transaktionen wesentliche Auswirkungen auf die Solvabilität erwartet, sind diese qualitativ darzustellen.

(82) Bei der Berichterstattung sind die Grundsätze ordnungsmäßiger Berichterstattung bei Abschlussprüfungen (KFS/PG 2) bzw. bei sonstigen Prüfungen (KFS/PG 13) sinngemäß anzuwenden.

(83) Der an die FMA gerichtete Bericht über die aufsichtsrechtliche Prüfung ist dem Vorstand und den Mitgliedern des Aufsichtsrats vorzulegen und vom Versicherungsunternehmen an die FMA weiterzuleiten.

(84) Die Offenlegung des SFCR bzw. des Gruppen-SFCR hat gemäß der Delegierten Verordnung (EU) 2015/35 innerhalb von 14 Wochen bzw. 20 Wochen nach Ende des Geschäftsjahrs zu erfolgen,[13] wobei die Übergangsvorschriften des § 335 Abs. 6 und 8 VAG für die Erstellung und Offenlegung des SFCR bzw. des Gruppen-SFCR während eines Zeitraums von vier Jahren ab dem 1. Jänner 2016 in Anspruch genommen werden können.

[13] Vgl. Art. 300 Abs. 1 (Solo-Ebene) und 362 (Gruppen-Ebene) Delegierte Verordnung (EU) 2015/35.

(85) Die Offenlegung umfasst nicht die Zusicherung des Abschlussprüfers. Diese ist nicht an die Öffentlichkeit gerichtet.

(86) Hinsichtlich der Aufstellung und Offenlegung des Jahres-/Konzernabschlusses einerseits bzw. des (Gruppen-)SFCR andererseits existieren keine gesetzlichen Regelungen, die eine gleichzeitige Aufstellung und Veröffentlichung erfordern würden. Die einzuhaltenden Fristen sind ebenfalls voneinander unabhängig und unterschiedlich geregelt. Aus diesem Grund müssen auch der Bericht des Abschlussprüfers über die Prüfung des Jahres-/Konzernabschlusses sowie der Bericht über die aufsichtsrechtliche Prüfung nicht zum selben Datum aufgestellt bzw. vorgelegt werden.

6. Vollständigkeitserklärung

(87) Der Abschlussprüfer sollte eine schriftliche Erklärung der gesetzlichen Vertreter einholen, inwieweit alle wesentlichen aufsichtsrechtlichen Bestimmungen eingehalten worden sind sowie dass ihm alle diesbezüglichen Informationen und Dokumente zugänglich gemacht wurden.

7. Erstmalige Anwendung

(88) Die vorliegende Fassung dieses Fachgutachtens ersetzt jene vom 28. November 2016 und ist erstmals für die Erstellung der Anlage zum Prüfungsbericht im Zusammenhang mit der Abschlussprüfung von Geschäftsjahren, die am 31. Dezember 2019 enden, anzuwenden. Eine frühere Anwendung wird empfohlen.

Anlage: Bericht über die aufsichtsrechtliche Prüfung

An die **Finanzmarktaufsicht** (PDF via Incoming-Plattform)

Kopie: gesetzliche Vertreter und Mitglieder des Prüfungsausschusses bzw. Aufsichtsrats

Wir haben die aufsichtsrechtliche Prüfung zum 31. Dezember XXXX der

XXX [Gesellschaft],

Ort,

(im Folgenden kurz „Gesellschaft", „Unternehmen" oder „XXX" genannt)

abgeschlossen und erstatten über das Ergebnis dieser Prüfung den folgenden Bericht.

Wien, am

Prüfungsgesellschaft

Bericht über die aufsichtsrechtliche Prüfung

zum 31. Dezember XXXX

der

XXX [Gesellschaft],

Ort

(Aufsichtlicher Prüfungsbericht gemäß § 264 Abs. 1 VAG)

1. Prüfungsvertrag und Auftragsdurchführung

In der ordentlichen Hauptversammlung / Versammlung der Mitgliedervertreter/Delegiertenversammlung vom XX.XX.XXXX der XXX [Gesellschaft], Ort, wurden wir zum Abschlussprüfer für das Geschäftsjahr XXXX gewählt. Die Gesellschaft, vertreten durch den Aufsichtsrat, schloss mit uns einen Prüfungsvertrag über die Prüfung des Jahresabschlusses zum 31. Dezember XXXX unter Einbeziehung der Buchführung und des Lageberichts gemäß §§ 269 ff. UGB sowie über die aufsichtsrechtliche Prüfung gemäß § 263 VAG ab.

Gemäß § 263 VAG hat der Abschlussprüfer neben der Prüfung des Jahresabschlusses die in Abs. 1 [falls zutreffend] und 2 angeführten Prüfungen durchzuführen („aufsichtsrechtliche Prüfung") und über das Ergebnis der Prüfung im vorliegenden aufsichtlichen Prüfungsbericht (Anlage zum Prüfungsbericht über den Jahresabschluss) zu berichten. Bei der gegenständlichen Prüfung handelt es sich um eine **Pflichtprüfung**.

Bei unserer Prüfung haben wir die in Österreich geltenden **gesetzlichen Vorschriften** und die **berufsüblichen Grundsätze** ordnungsmäßiger Durchführung von aufsichtsrechtlichen Prüfungen (KFS/VU 1) beachtet. Diese Grundsätze erfordern die sinngemäße Anwendung der Prüfungsstandards für die Durchführung von Abschlussprüfungen auf die Prüfung des (Gruppen-)SFCR [kleine Versicherungsunternehmen müssen gemäß § 82 VAG keinen Solo-SFCR erstellen] und hinsichtlich der weiteren Prüfungen gemäß § 263 VAG die Anwendung der Grundsätze über die Durchführung von „sonstigen Prüfungen" (KFS/PG 13).

[Nur bei Prüfung eines kleinen Versicherungsunternehmens:]

Im Rahmen der **aufsichtsrechtlichen Prüfung** haben wir die Funktionsfähigkeit des internen Kontrollsystems, des Risikomanagement-Systems und der Internen Revision unter Bedachtnahme auf die Anforderungen gemäß § 85 VAG geprüft (§ 263 Abs. 1 Z 2 VAG).

[falls zutreffend] Wir haben die Funktionsfähigkeit der zur Einhaltung der §§ 4 bis 17, 19 Abs. 2, 20 bis 24, 29 und 40 Abs. 1 FM-GwG (Finanzmarkt-Geldwäschegesetz) eingerichteten Strategien, Verfahren und Kontrollen geprüft (§ 263 Abs. 1 Z 3 VAG).

Weiters haben wir die Prüfung der Beachtung der §§ 88 bis 90 VAG (Eigenmittelausstattung und Kapitalanlage) vorgenommen (§ 263 Abs. 1 Z 8 VAG).

[Normalfall: Prüfung nicht kleiner Versicherungsunternehmen:]

Die **aufsichtsrechtliche Prüfung gemäß § 263 Abs. 1 Z 1 VAG** erstreckt sich darauf, ein Urteil abzugeben, ob der Bericht über die Solvabilität und Finanzlage (SFCR), insbesondere die Solvenzbilanz, die Rahmenbedingungen zur Berechnung der Solvenzkapitalanforderung, die Berechnung der Mindestkapitalanforderung und die Bestimmung, Einstufung und Anrechnung der Eigenmittelbestandteile, im Einklang mit den rechtlichen Bestimmungen erstellt worden ist.

[falls zutreffend] Die **aufsichtsrechtliche Prüfung gemäß § 263 Abs. 2 Z 1 VAG auf Ebene der Gruppe** erstreckt sich darauf, ein Urteil abzugeben, ob der Bericht über die Solvabilität und Finanzlage (SFCR) der Gruppe, insbesondere die Solvenzbilanz der Gruppe, die Rahmenbedingungen zur Berechnung der Solvenzkapitalanforderung der Gruppe und die Bestimmung, Einstufung und Anrechnung der Eigenmittelbestandteile der Gruppe, im Einklang mit den rechtlichen Bestimmungen erstellt worden ist. Bei der Prüfung des Berichts über die Solvabilität und Finanzlage (SFCR) der Gruppe wurde nur die Konsolidierung geprüft; es erfolgte keine Prüfung der Zahlen der in die Gruppe einbezogenen Unternehmen.

Weiters haben wir folgende Prüfungen vorgenommen (im Folgenden **„Weitere Prüfungen gemäß § 263 VAG"**): [Unzutreffendes ist zu streichen]

- Funktionsfähigkeit des **internen Kontrollsystems, des Risikomanagement-Systems und der Internen Revision** (bzw. auf Ebene der Gruppe) unter Zugrundelegung der Vorschriften, die als Voraussetzung für ein wirksames Governance-System definiert sind (§ 263 Abs. 1 Z 2 bzw. Abs. 2 Z 2 VAG)
- Funktionsfähigkeit der zur Einhaltung der §§ 4 bis 17, 19 Abs. 2, 20 bis 24, 29 und 40 Abs. 1 FM-GwG eingerichteten Strategien, Verfahren und Kontrollen (§ 263 Abs. 1 Z 3 VAG)
- Auswirkung **gruppeninterner Transaktionen** gemäß § 221 VAG auf die Solvabilität (§ 263 Abs. 1 Z 4 VAG)
- Beachtung des § 220 VAG zur **Risikokonzentration** auf Ebene der Gruppe (§ 263 Abs. 2 Z 3 VAG)

[Für den Fall eines Finanzkonglomerats sind folgende Punkte zu ergänzen:]

- Auswirkung **gruppeninterner Transaktionen** gemäß § 10 FKG auf die Solvabilität (§ 263 Abs. 1 Z 5 lit. a VAG)
- Funktionsfähigkeit der gemäß § 11 Abs. 4 FKG eingerichteten **internen Kontrollmechanismen für die Vorlage von Informationen und Auskünften**, die für die zusätzliche Beaufsichtigung von Belang sind (§ 263 Abs. 1 Z 5 lit. b VAG)
- Beachtung der §§ 6 bis 8 FKG hinsichtlich der **bereinigten Eigenmittelausstattung** auf Ebene der Gruppe (§ 263 Abs. 2 Z 4 lit. a VAG)
- Beachtung des § 9 FKG zur **Risikokonzentration** auf Ebene der Gruppe (§ 263 Abs. 2 Z 4 lit. b VAG)
- Beachtung des § 11 FKG in Bezug auf **interne Kontrollmechanismen und Risikomanagement** auf Ebene der Gruppe (§ 263 Abs. 2 Z 4 lit. c VAG)

[falls zutreffend] Hinsichtlich der Prüfung der Funktionsfähigkeit des internen Kontrollsystems, des Risikomanagement-Systems und der Internen Revision auf Gruppenebene wurden nur die Funktionen auf Ebene der Gruppe und nicht die Funktionen der in die Gruppe einbezogenen Unternehmen geprüft. [zu ergänzen um Prüfungen auf Ebene der Gruppe gemäß FKG]

[falls zutreffend] Das Vorliegen der gesetzlichen Voraussetzungen für die Bewertung und insbesondere die Höhe der im Unternehmen vorhandenen stillen Nettoreserven im Fall der Anwendung des § 149 Abs. 2 zweiter Satz VAG (§ 263 Abs. 1 Z 6 VAG) wurde im Rahmen der Abschlussprüfung geprüft.

[Bei allen Prüfungen:]

Die Prüfung der Beachtung der gemäß § 263 Abs. 3 VAG übermittelten Bescheide und Schreiben (§ 263 Abs. 1 Z 7 VAG) erfolgte im Rahmen jener Prüfungsgebiete, auf die sich derartige uns bekannt gewordene Bescheide und Schreiben jeweils bezogen haben.

[Normalfall: Prüfung nicht kleiner Versicherungsunternehmen:]

Das Ergebnis der aufsichtsrechtlichen Prüfung des SFCR gemäß § 263 Abs. 1 Z 1 bzw. gemäß § 263 Abs. 2 Z 1 auf Ebene der Gruppe ist mit einer **positiven Zusicherung** zu versehen.

[falls zutreffend] Das Ergebnis der aufsichtsrechtlichen Prüfung der Beachtung der §§ 6 bis 8 FKG gemäß § 263 Abs. 2 Z 4 lit. a VAG ist mit einer **positiven Zusicherung** zu versehen.

[Nur bei Prüfung eines kleinen Versicherungsunternehmens:]

Das Ergebnis der aufsichtsrechtlichen Prüfung der Beachtung der §§ 80 bis 90 VAG (Eigenmittelausstattung und Kapitalanlage) gemäß § 263 Abs. 1 Z 8 VAG ist mit einer **positiven Zusicherung** zu versehen.

[Bei allen Prüfungen:]

Das Ergebnis der aufsichtsrechtlichen Prüfung der Funktionsfähigkeit des internen Kontrollsystems, des Risikomanagement-Systems und der Internen Revision unter Bedachtnahme auf die Anforderungen gemäß § 85 VAG (§ 263 Abs. 1 Z 2 VAG) [falls zutreffend] und der zur Einhaltung der §§ 4 bis 17, 19 Abs. 2, 20 bis 24, 29 und 40 Abs. 1 FM-GwG eingerichteten Strategien, Verfahren und Kontrollen (§ 263 Abs. 1 Z 3 VAG) ist mit einer **negativen Zusicherung** zu versehen.

Die negativ formulierte Prüfungsaussage für die Prüfungsobjekte im Rahmen der weiteren Prüfungen gemäß § 263 VAG besagt, dass dem Abschlussprüfer auf Grundlage der durchgeführten Tätigkeiten keine Sachverhalte bekannt geworden sind, die ihn zu der Annahme veranlassen, dass der Prüfungsgegenstand (Ist-Objekt) nicht in allen wesentlichen Belangen dem Referenzmodell (Soll-Objekt) entspricht (**„negative Zusicherung“**).

Eine absolute Sicherheit lässt sich bei keiner Prüfung erreichen, weil jedem internen Kontrollsystem die Möglichkeit von Fehlern immanent ist, die aufgrund der stichproben- bzw. testfallgestützten Prüfung nicht zwingend aufgedeckt werden.

Wir führten die Prüfung mit Unterbrechungen im **Zeitraum** von XXXX bis XXXX (Vorprüfung) sowie von XXXX bis XXXX (Hauptprüfung) überwiegend in den Räumen der Gesellschaft/am Sitz der Geschäftsführung/des Vorstands in .... durch. Die Prüfung wurde mit dem Datum dieses Berichtes materiell abgeschlossen.

Für die ordnungsgemäße Durchführung des Auftrages ist Frau/Herr XXXX [Engagement Partner], Wirtschaftsprüfer, verantwortlich.

Grundlage für unsere Prüfung ist der mit der Gesellschaft abgeschlossene Prüfungsvertrag, bei dem die von der Kammer der Steuerberater und Wirtschaftsprüfer herausgegebenen „Allgemeinen Auftragsbedingungen für Wirtschaftstreuhandberufe" einen integrierten Bestandteil bilden. Diese Auftragsbedingungen gelten nicht nur zwischen der Gesellschaft und dem Abschlussprüfer, sondern auch gegenüber Dritten. Bezüglich unserer Verantwortlichkeit und Haftung als Abschlussprüfer gegenüber der Gesellschaft und gegenüber Dritten kommt § 266 VAG zur Anwendung. Die in § 266 VAG festgelegten Haftungshöchstgrenzen, welche für die Abschlussprüfung der Gesellschaft anzuwenden sind, gelten auch für diesen Bericht und können nicht nochmals aufgrund dieses Schreibens in Anspruch genommen werden (insgesamt einmal ausnützbar).

Dieser aufsichtliche Prüfungsbericht sowie die darin enthaltenen Prüfungsergebnisse sind ausschließlich für die Gesellschaft und die FMA bestimmt und dürfen nicht ohne unsere Zustimmung veröffentlicht oder an Dritte weitergegeben und auch nicht von Dritten verwendet werden.

2. Erteilte Auskünfte

Die gesetzlichen Vertreter erbrachten die von uns verlangten Aufklärungen und Nachweise. Im Rahmen der Vorlagepflicht gemäß § 272 UGB haben Versicherungsunternehmen gemäß § 263 Abs. 3 VAG dem Abschlussprüfer alle gegenüber dem Unternehmen erlassenen Bescheide der FMA vorzulegen; überdies sind dem Abschlussprüfer alle Schreiben der FMA und an die FMA vorzulegen, sofern diese für eine sorgfältige Prüfung erforderlich sind.

Eine von den gesetzlichen Vertretern unterfertigte Vollständigkeitserklärung haben wir zu unseren Akten genommen.

3. Zusammenfassung der Prüfungsergebnisse

3.1. Prüfung des Berichts über die Solvabilität und Finanzlage (SFCR)

3.1.1. Durchführung der Prüfung

Als Abschlussprüfer der XXXX, XXX, haben wir den Bericht über die Solvabilität und Finanzlage zum 31. Dezember XXXX gemäß § 263 Abs. 1 Z 1 i.V.m. § 264 Abs. 1 und 2 VAG geprüft, insbesondere die Solvenzbilanz, die Rahmenbedingungen zur Berechnung der Solvenzkapitalanforderung, die Berechnung der Mindestkapitalanforderung und die Bestimmung, Einstufung und Anrechnung der Eigenmittelbestandteile.

Verantwortung der gesetzlichen Vertreter

Die gesetzlichen Vertreter sind verantwortlich für die Aufstellung des Berichts über die Solvabilität und Finanzlage in Übereinstimmung mit den §§ 241, 242 und 244 VAG, den Art. 290 bis 299 Delegierte Verordnung (EU) 2015/35 und der Durchführungsverordnung (EU) 2015/2452 [sowie unter Beachtung der von der FMA erteilten Genehmigungen].

Diese Verantwortung beinhaltet: Gestaltung, Umsetzung und Aufrechterhaltung eines internen Kontrollsystems, soweit dieses für die Aufstellung des Berichts über die Solvabilität und Finanzlage der Gesellschaft von Bedeutung ist, damit dieser frei von wesentlichen Fehldarstellungen ist, sei es aufgrund von beabsichtigten oder unbeabsichtigten Fehlern; die Auswahl und Anwendung geeigneter Bilanzierungs- und Bewertungsmethoden; die Vornahme von Schätzungen, die unter Berücksichtigung der gegebenen Rahmenbedingungen angemessen erscheinen.

[falls zutreffend] Genehmigungen der FMA

[Beschreibung aller Maßnahmen, die von der FMA bescheidmäßig genehmigt worden sind; z.B. unternehmensspezifische Parameter, (partielles) internes Modell, Übergangsmaßnahmen, Nichtveröffentlichung von Informationen gemäß § 242 VAG]

Unsere Prüfung umfasst nicht eine neuerliche Überprüfung, ob die für die Genehmigung durch die FMA erforderlichen Voraussetzungen vorliegen, insbesondere die Feststellung, ob das Risikoprofil der Gesellschaft von den der Berechnung der Standardformel zugrunde liegenden Annahmen abweicht bzw. ob das (partielle) interne Modell den Anforderungen gemäß §§ 182 bis 192 VAG entspricht.

Verantwortung des Abschlussprüfers

Unsere Verantwortung ist es, auf der Grundlage unserer Prüfung ein Urteil zu dem Bericht über die Solvabilität und Finanzlage abzugeben. Wir haben bei unserer Prüfung die berufsüblichen Grundsätze ordnungsmäßiger Durchführung von aufsichtsrechtlichen Prüfungen (KFS/VU 1) beachtet. Diese Grundsätze erfordern die sinngemäße Anwendung der Prüfungsstandards für die Durchführung von

Abschlussprüfungen auf die Prüfung des Berichts über die Solvabilität und Finanzlage. Nach diesen Grundsätzen haben wir die beruflichen Verhaltensanforderungen einzuhalten und die Prüfung so zu planen und durchzuführen, dass hinreichende Sicherheit darüber erlangt wird, ob der Bericht über die Solvabilität und Finanzlage frei von wesentlichen falschen Darstellungen ist.

Die Prüfung beinhaltet die Durchführung von Prüfungshandlungen zur Erlangung von Prüfungsnachweisen hinsichtlich der Beträge und sonstigen Angaben im Bericht über die Solvabilität und Finanzlage. Die Auswahl der Prüfungshandlungen liegt im pflichtgemäßen Ermessen des Abschlussprüfers unter Berücksichtigung seiner Einschätzung des Risikos eines Auftretens wesentlicher Fehldarstellungen, sei es aufgrund von beabsichtigten oder unbeabsichtigten Fehlern. Bei der Vornahme dieser Risikoeinschätzung berücksichtigt der Abschlussprüfer das interne Kontrollsystem, soweit es für die Aufstellung des Berichts über die Solvabilität und Finanzlage von Bedeutung ist, um unter Berücksichtigung der Rahmenbedingungen geeignete Prüfungshandlungen festzulegen, nicht jedoch um ein Prüfungsurteil über die Wirksamkeit der internen Kontrollen der Gesellschaft abzugeben.

Die Prüfung umfasst die Beurteilung, ob der Bericht über die Solvabilität und Finanzlage im Einklang mit §§ 241 und 242 VAG, den oben genannten Verordnungen sowie den Genehmigungen der FMA steht. Dies umfasst auch die Prüfung, ob die von den gesetzlichen Vertretern getroffenen Annahmen und die wesentlichen Schätzgrößen nachvollziehbar abgeleitet und plausibel sind, sowie eine Würdigung der Gesamtaussage des Berichts über die Solvabilität und Finanzlage.

Sonstige Anmerkungen

Die Solvenzbilanz ist zur Bestimmung der vorhandenen Eigenmittel zu erstellen und bildet die Ausgangsbasis für die Ermittlung der Solvenzkapitalanforderung. Die Wertansätze in der Solvenzbilanz basieren auf zahlreichen Annahmen über zukünftige Zahlungsströme, die naturgemäß mit Unsicherheiten behaftet sind. Es ist daher möglich, dass die zukünftigen Zahlungsströme von den der Solvenzbilanz zugrunde gelegten Zahlungsströmen wesentlich abweichen.

3.1.2. Prüfungsergebnis

Nach unserer Beurteilung aufgrund der bei der Prüfung gewonnenen Erkenntnisse entspricht der Bericht über die Solvabilität und Finanzlage in allen wesentlichen Belangen den Vorschriften der §§ 241 und 242 VAG, der Art. 290 bis 299 Delegierte Verordnung (EU) 2015/35 und der Durchführungsverordnung (EU) 2015/2452 [sowie den von der FMA erteilten Genehmigungen].

3.2. Prüfung des Berichts über die Solvabilität und Finanzlage (SFCR) der Gruppe

3.2.1. Durchführung der Prüfung

Als Abschlussprüfer der XXXX, XXX, haben wir den Bericht über die Solvabilität und Finanzlage der Gruppe zum 31. Dezember XXXX gemäß § 263 Abs. 2 Z 1 i.V.m. § 264 Abs. 1 und 2 VAG geprüft, insbesondere die Solvenzbilanz, die Rahmenbedingungen zur Berechnung der Solvenzkapitalanforderung und die Bestimmung, Einstufung und Anrechnung der Eigenmittelbestandteile, jeweils auf Ebene der Gruppe.

Verantwortung der gesetzlichen Vertreter

Die gesetzlichen Vertreter sind verantwortlich für die Aufstellung des Berichts über die Solvabilität und Finanzlage der Gruppe in Übereinstimmung mit § 245 VAG, den Art. 359 bis 361 Delegierte Verordnung (EU) 2015/35 und der Durchführungsverordnung (EU) 2015/2452 [sowie unter Beachtung der von der FMA erteilten Genehmigungen].

Diese Verantwortung beinhaltet: Gestaltung, Umsetzung und Aufrechterhaltung eines internen Kontrollsystems, soweit dieses für die Aufstellung des Berichts über die Solvabilität und Finanzlage der Gruppe von Bedeutung ist, damit dieser frei von wesentlichen Fehldarstellungen ist, sei es aufgrund von beabsichtigten oder unbeabsichtigten Fehlern; die Auswahl und Anwendung geeigneter Bilanzierungs- und Bewertungsmethoden; die Vornahme von Schätzungen, die unter Berücksichtigung der gegebenen Rahmenbedingungen angemessen erscheinen.

[falls zutreffend] Genehmigungen der FMA

[Beschreibung aller Maßnahmen, die von der FMA bescheidmäßig genehmigt worden sind; z.B. unternehmensspezifische Parameter, (partielles) internes Modell, Übergangsmaßnahmen, Nichtveröffentlichung von Informationen gemäß § 242 VAG]

Verantwortung des Abschlussprüfers

Unsere Verantwortung ist es, auf der Grundlage unserer Prüfung ein Urteil zu dem Bericht über die Solvabilität und Finanzlage der Gruppe abzugeben. Wir haben bei unserer Prüfung die berufsüblichen Grundsätze ordnungsmäßiger Durchführung von aufsichtsrechtlichen Prüfungen (KFS/VU 1) beachtet.

3.2.2. Prüfungsergebnis

Nach unserer Beurteilung aufgrund der bei der Prüfung gewonnenen Erkenntnisse entspricht der Bericht über die Solvabilität und Finanzlage der Gruppe in allen wesentlichen Belangen den Vorschriften des § 245 VAG, der Art. 359 bis 361 Delegierte Verordnung (EU) 2015/35 und der Durchführungsverordnung (EU) 2015/2452 [sowie den von der FMA erteilten Genehmigungen]. Bei der Prüfung des Berichts über die Solvabilität und Finanzlage der Gruppe wurde nur die Konsolidierung geprüft; es erfolgte keine Prüfung der Zahlen der in die Gruppe einbezogenen Unternehmen.

3.3. Weitere Prüfungen gemäß § 263 VAG

3.3.1. Verantwortung der gesetzlichen Vertreter

Die gesetzlichen Vertreter sind verantwortlich für die Beachtung der rechtlichen Bestimmungen, welche als Referenzmodell (Soll-Objekt) für die Prüfungsobjekte gemäß § 263 VAG dienen.

Diese Verantwortung umfasst auch die Dokumentation der Organisationsstruktur und der Verwaltungs-, Rechnungs- und Kontrollverfahren, die im Hinblick auf die Beachtung der jeweiligen Bestimmungen eingerichtet worden sind, um die Einhaltung dieser Bestimmungen angemessen zu gewährleisten.

3.3.2. Prüfung der Funktionsfähigkeit des internen Kontrollsystems, des Risikomanagement-Systems und der Internen Revision

3.3.2.1. Referenzmodell (Soll-Objekt)

Versicherungsunternehmen haben unter Zugrundelegung der Vorschriften, die als Voraussetzung für ein wirksames Governance-System in §§ 106 bis 109 VAG bzw. Art. 258 Delegierte Verordnung (EU) 2015/35 definiert sind, folgende Anforderungen zu erfüllen:

- Anforderungen an das **interne Kontrollsystem**, wie sie in § 117 VAG geregelt sind
- Anforderungen an das **Risikomanagement-System**, wie sie in §§ 110 bis 112 VAG geregelt sind
- Anforderungen an die **Interne Revision**, wie sie in § 119 VAG geregelt sind

Weiters sind für die einzelnen Bereiche die jeweils anwendbaren Bestimmungen in Kapitel IX Governance-System der Delegierten Verordnung (EU) 2015/35 zu beachten.

3.3.2.2. Zusammenfassung der durchgeführten Tätigkeiten

Wir haben unsere Verpflichtung gemäß § 263 Abs. 1 Z 2 i.V.m. § 264 Abs. 2 und 3 VAG durch die Durchführung der folgenden Tätigkeiten erfüllt:

Governance – Allgemeine Anforderungen

- Wir haben überprüft, ob eine Dokumentation des Gesamtkonzepts des Governance-Systems vorliegt.
- Wir haben überprüft, ob die Gesellschaft Regeln für die regelmäßige Überprüfung des Governance-Systems aufgestellt hat bzw. diese Überprüfung stattgefunden hat und die vorgesehenen Rückkoppelungsschleifen eingehalten worden sind.
- Wir haben überprüft, ob die Gesellschaft die eingerichtete Organisationsstruktur dokumentiert hat, und haben diese hinsichtlich der erforderlichen Trennung der Zuständigkeiten geprüft.
- Wir haben überprüft, ob es schriftliche Leitlinien zumindest zu folgenden Bereichen (§ 107 Abs. 3 VAG) gibt:
  - Risikomanagement
  - Interne Kontrolle
  - Interne Revision
  - Vergütung und
  - gegebenenfalls Auslagerung
- Wir haben überprüft, ob die Leitlinien vom Vorstand schriftlich genehmigt worden sind und ob die zumindest jährliche Überprüfung entsprechend schriftlich dokumentiert worden ist.
- Wir haben überprüft, ob die Vorkehrungen und Notfallpläne, um die Kontinuität und Ordnungsmäßigkeit der Tätigkeit der Gesellschaft zu gewährleisten, erstellt und dokumentiert worden sind.
- Wir haben überprüft, ob folgende Governance-Funktionen eingerichtet sind (§ 108 Abs. 1 VAG):
  - Risikomanagement-Funktion
  - Compliance-Funktion
  - Interne Revisions-Funktion
  - Versicherungsmathematische Funktion

- Wir haben die Auslagerungsverträge betreffend internes Kontrollsystem, Risikomanagement-System und Interne Revision [Unzutreffendes streichen] dahingehend durchgesehen, ob die Anforderungen gemäß § 109 Abs. 1 VAG vertraglich geregelt sind.
- Wir haben die von der Gesellschaft vorgelegte Übersicht betreffend ausgelagerte Funktionen und Tätigkeiten dahingehend durchgesehen, ob eine erforderliche Anzeige an bzw. Genehmigung durch die FMA erfolgt ist.

Internes Kontrollsystem

- Wir haben überprüft, ob eine Dokumentation des internen Kontrollsystems vorliegt, soweit dieses für aufsichtsrechtliche Zwecke besonders relevant ist.
- Wir haben überprüft, ob die vorgelegte Dokumentation des internen Kontrollsystems in allen wesentlichen Belangen vollständig und nachvollziehbar ist, insbesondere ob ein internes Kontrollsystem eingerichtet wurde, das zumindest Folgendes umfasst:
  - Verwaltungs- und Rechnungslegungsverfahren
  - einen internen Kontrollrahmen
  - ein Melde- und Berichtswesen auf allen Unternehmensebenen
  - eine Compliance-Funktion
- Wir haben die verantwortlichen Mitarbeiter befragt, ob das in der Dokumentation dargestellte interne Kontrollsystem tatsächlich eingerichtet ist.
- Weiters haben wir die Prüfungsberichte der Internen Revision nach Feststellungen zum internen Kontrollsystem durchgesehen.
- Wir haben neben diesen Unterlagen auch folgende Unterlagen darauf durchgesehen, ob sie Hinweise auf eine Verletzung von gesetzlichen Bestimmungen enthalten:
  - Prüfberichte der Aufsichtsbehörden während des Geschäftsjahrs
  - Korrespondenz mit den Aufsichtsbehörden während des Geschäftsjahrs
  - Sitzungsprotokolle

Risikomanagement

- Wir haben überprüft, ob eine Dokumentation des Risikomanagement-Systems vorliegt.
- Wir haben überprüft, ob die vorgelegte Dokumentation des Risikomanagement-Systems in allen wesentlichen Belangen vollständig und nachvollziehbar ist.
- Wir haben überprüft, ob die Vorgangsweise für die Erstellung des Berichts über die unternehmenseigene Risiko- und Solvabilitätsbeurteilung (im Folgenden: ORSA) in einer Leitlinie dokumentiert worden ist und der ORSA, dieser Leitlinie entsprechend, erstellt wurde, und haben seinen Inhalt kritisch gewürdigt; eine inhaltliche Prüfung oder eine Prüfung der Annahmen und Berechnungen haben wir nicht vorgenommen.
- Wir haben die verantwortlichen Mitarbeiter befragt, ob das in der Dokumentation dargestellte Risikomanagement-System tatsächlich eingerichtet ist.
- Weiters haben wir die Prüfungsberichte der Internen Revision nach Feststellungen zum Risikomanagement-System durchgesehen.
- Wir haben neben diesen Unterlagen auch folgende Unterlagen darauf durchgesehen, ob sie Hinweise auf eine Verletzung von gesetzlichen Bestimmungen enthalten:
  - Prüfberichte der Aufsichtsbehörden während des Geschäftsjahrs
  - Korrespondenz mit den Aufsichtsbehörden während des Geschäftsjahrs
  - Sitzungsprotokolle
- Wir haben die verantwortlichen Mitarbeiter der Risikomanagement-Funktion befragt, ob im Geschäftsjahr bemerkenswerte Sachverhalte vorlagen.

Interne Revision

- Wir haben überprüft, ob die organisatorische Einordnung der Internen Revision sowie die Kontrollverfahren, welche deren ausreichende qualitative und quantitative Ausstattung sowie die Einhaltung der Ausschließungsgründe sicherstellen, dokumentiert worden sind.
- Wir haben die Organisationsrichtlinien betreffend die Interne Revision gelesen und sie hinsichtlich Abdeckung der gesetzlich geforderten Mindestinhalte gewürdigt.
- Wir haben den Revisionsplan im Hinblick auf die Abdeckung der Geschäftstätigkeit und der gesetzlich geforderten Prüffelder überprüft.
- Wir haben Umfang und Häufigkeit der Berichterstattung an den Vorstand und den Vorsitzenden des Aufsichtsorgans durch Einsicht in die Berichterstattung überprüft.

3.3.2.3. Prüfungsergebnis

Aufgrund der von mir/uns im Rahmen dieser Prüfung durchgeführten Tätigkeiten sind mir/uns keine Sachverhalte bekannt geworden, die mich/uns zu der Annahme veranlassen, dass die Organisationsstruktur und die Verwaltungs-, Rechnungs- und Kontrollverfahren, die im Hinblick auf die Beachtung der Anforderungen an das interne Kontrollsystem, das Risikomanagement-System und die Interne Revision eingerichtet und dokumentiert worden sind, nicht in allen wesentlichen Belangen funktionsfähig sind.

3.3.3. Prüfung der Funktionsfähigkeit des internen Kontrollsystems, des Risikomanagement-Systems und der Internen Revision, jeweils auf Ebene der Gruppe

3.3.3.1. Referenzmodell (Soll-Objekt)

Die Anforderungen an die Governance auf Gruppenebene sind in den §§ 222 bis 225 VAG geregelt.

3.3.3.2. Zusammenfassung der durchgeführten Tätigkeiten

Wir haben unsere Verpflichtung gemäß § 263 Abs. 2 Z 2 i.V.m. § 264 Abs. 2 und 3 VAG durch die Durchführung der folgenden Tätigkeiten erfüllt:

- Wir haben die Dokumentation des Gesamtkonzepts des Governance-Systems im Hinblick auf die auf Gruppenebene einzurichtenden Funktionen und Maßnahmen kritisch gewürdigt.
- Wir haben überprüft, ob eine Dokumentation der Verfahren und Maßnahmen vorhanden ist, welche eingerichtet worden sind, um Risikomanagement-Systeme, interne Kontrollsysteme und das Berichtswesen in allen Unternehmen, die gemäß § 197 Abs. 1 Z 1 und 2 VAG in die Gruppenaufsicht einbezogen sind, konsistent umzusetzen, damit Systeme und Berichtswesen auf Ebene der Gruppe gesteuert werden können.
- Wir haben die Dokumentation jener Mechanismen in Bezug auf die Solvabilität überprüft, die es ermöglichen, alle wesentlichen Risiken zu erkennen und zu messen und diese angemessen mit Eigenmitteln zu unterlegen.
- Wir haben die Dokumentation zu Berichtswesen und Rechnungslegungsverfahren zur Überwachung und Steuerung von gruppeninternen Transaktionen und der Risikokonzentration kritisch gewürdigt.
- Wir haben überprüft, ob der Bericht über die unternehmenseigene Risiko- und Solvabilitätsbeurteilung der Gruppe (Gruppen-ORSA) der dafür dokumentierten Leitlinie entsprechend erstellt wurde, und haben seinen Inhalt kritisch gewürdigt; eine inhaltliche Prüfung oder ein Prüfung der Richtigkeit der Annahmen und Berechnungen haben wir nicht vorgenommen.

3.3.3.3. Prüfungsergebnis

Aufgrund der von mir/uns im Rahmen dieser Prüfung durchgeführten Tätigkeiten sind mir/uns keine Sachverhalte bekannt geworden, die mich/uns zu der Annahme veranlassen, dass die Organisationsstruktur und die Verwaltungs-, Rechnungs- und Kontrollverfahren, die im Hinblick auf die Beachtung der Anforderungen an das interne Kontrollsystem, das Risikomanagement-System und die Interne Revision jeweils auf Ebene der Gruppe eingerichtet und dokumentiert worden sind, nicht in allen wesentlichen Belangen funktionsfähig sind.

3.3.4. Prüfung der Funktionsfähigkeit der zur Einhaltung der §§ 4 bis 17, 19 Abs. 2, 20 bis 24, 29 und 40 Abs. 1 FM-GwG (Finanzmarkt-Geldwäschegesetz) eingerichteten Strategien, Verfahren und Kontrollen

3.3.4.1. Referenzmodell (Soll-Objekt)

Die Anforderungen an die Versicherungsunternehmen zur Verhinderung der Geldwäscherei und Terrorismusfinanzierung im Rahmen des Betriebs der Lebensversicherung sind in den §§ 4 bis 17, 19 Abs. 2, 20 bis 24, 29 und 40 Abs. 1 FM-GwG geregelt.

3.3.4.2. Zusammenfassung der durchgeführten Tätigkeiten

Wir haben unsere Verpflichtung gemäß § 263 Abs. 1 Z 3 i.V.m. § 264 Abs. 2 und 3 VAG durch die Durchführung der folgenden Tätigkeiten erfüllt:

- Wir haben die Dokumentation der Prozessabläufe und Kontrollen, die gewährleisten sollen, dass die Anforderungen zur Verhinderung der Geldwäscherei und Terrorismusfinanzierung eingehalten werden, hinsichtlich ihrer Gestaltung (Design) kritisch gewürdigt.
- Wir haben die Risikoanalyse gemäß § 4 FM-GwG des Versicherungsunternehmens eingeholt und kritisch durchgesehen.
- Wir haben die verantwortlichen Mitarbeiter befragt, ob die in der Dokumentation dargestellten Verfahren und Kontrollen, die gewährleisten sollen, dass die Anforderungen zur Verhinderung der Geldwäscherei und Terrorismusfinanzierung eingehalten werden, tatsächlich eingerichtet sind.

- Weiters haben wir die Prüfungsberichte der Internen Revision nach Feststellungen hinsichtlich der Einhaltung der §§ 4 bis 17, 19 Abs. 2, 20 bis 24, 29 und 40 Abs. 1 FM-GwG durchgesehen.
- Wir haben neben diesen Unterlagen auch folgende Unterlagen darauf durchgesehen, ob sie Hinweise auf eine Verletzung von gesetzlichen Bestimmungen enthalten:
  - Berichte des Geldwäschereibeauftragten inklusive Verdachtsmeldungen während des Geschäftsjahrs
  - Prüfberichte der Aufsichtsbehörden während des Geschäftsjahrs
  - Korrespondenz mit den Aufsichtsbehörden während des Geschäftsjahrs
  - Sitzungsprotokolle
- Wir haben den Geldwäschereibeauftragten danach befragt, ob im Geschäftsjahr bemerkenswerte Sachverhalte vorlagen.

3.3.4.3. Prüfungsergebnis

Aufgrund der von mir/uns im Rahmen dieser Prüfung durchgeführten Tätigkeiten sind mir/uns keine Sachverhalte bekannt geworden, die mich/uns zu der Annahme veranlassen, dass die Organisationsstruktur und die Verwaltungs-, Rechnungs- und Kontrollverfahren, die im Hinblick auf die Einhaltung der §§ 4 bis 17, 19 Abs. 2, 20 bis 24, 29 und 40 Abs. 1 FM-GwG (Finanzmarkt-Geldwäschegesetz) eingerichtet und dokumentiert worden sind, nicht in allen wesentlichen Belangen funktionsfähig sind.

3.3.5. Prüfung der Auswirkung gruppeninterner Transaktionen gemäß § 221 VAG auf die Solvabilität

[Bei Unternehmen, die nicht Teil einer Gruppe (§ 195 Abs. 1 Z 3 VAG) sind, entfällt dieser Berichtsteil.]

3.3.5.1. Referenzmodell (Soll-Objekt)

[Bei jenen Unternehmen, die gemäß § 221 VAG einer Verpflichtung zur Meldung bedeutender gruppeninterner Transaktionen an die FMA als die für die Gruppenaufsicht zuständige Behörde unterliegen:]

Die Anforderungen an die Versicherungsunternehmen in Bezug auf gruppeninterne Transaktionen sind in § 221 VAG geregelt. Die Bestimmungen des § 221 VAG beziehen sich auf die Verpflichtung zur Meldung gruppeninterner Transaktionen an die FMA als die für die Gruppenaufsicht zuständige Behörde.

[Bei allen Unternehmen, die Teil einer Gruppe (§ 195 Abs. 1 Z 3 VAG) sind, jedoch nicht meldepflichtig gemäß § 221 VAG:]

Das geprüfte Versicherungsunternehmen ist / nicht Mitglied einer Gruppe, deren Gruppenaufsicht durch die FMA wahrgenommen wird. / Mitglied einer Gruppe, deren Gruppenaufsicht durch die FMA wahrgenommen wird, jedoch nicht meldepflichtig gemäß § 221 VAG. / Folglich wurden keine Prüfungshandlungen in Bezug auf die Meldung gruppeninterner Transaktionen gemäß § 221 VAG gesetzt.

3.3.5.2. Zusammenfassung der durchgeführten Tätigkeiten

[Bei jenen Unternehmen, die gemäß § 221 VAG einer Verpflichtung zur Meldung bedeutender gruppeninterner Transaktionen an die FMA als die für die Gruppenaufsicht zuständige Behörde unterliegen:]

Wir haben unsere Verpflichtung gemäß § 263 Abs. 1 Z 4 i.V.m. § 264 Abs. 2 und 3 VAG durch die Durchführung der folgenden Tätigkeiten erfüllt:

- Wir haben überprüft, ob Leitlinien vorliegen und Verfahren eingerichtet sind, welche sicherstellen, dass alle bedeutenden gruppeninternen Transaktionen – unter Berücksichtigung der Vorgaben der FMA gemäß § 221 Abs. 2 VAG – an die FMA als die für die Gruppenaufsicht zuständige Behörde gemeldet werden.
- Wir haben überprüft, ob Leitlinien vorliegen und Verfahren eingerichtet sind, welche sicherstellen, dass außerordentlich bedeutende gruppeninterne Transaktionen unverzüglich an die FMA gemeldet werden.
- Wir haben die im abgelaufenen Geschäftsjahr ergangenen Meldungen der gruppeninternen Transaktionen an die FMA eingeholt und diese kritisch gewürdigt.
- Wir haben zuständige Mitarbeiter der Gesellschaft befragt, ob im Geschäftsjahr gruppeninterne Transaktionen zu marktunüblichen Konditionen erfolgt sind.
- Wir haben im Rahmen der Jahresabschlussprüfung ausgewählte Verträge sowie Protokolle der Sitzungen des Vorstands und des Aufsichtsrats bzw. Berichte der Internen Revision dahingehend kritisch durchgesehen, ob sie Hinweise auf gruppeninterne Transaktionen zu marktunüblichen Konditionen enthalten.

[Bei allen Unternehmen, die Teil einer Gruppe (§ 195 Abs. 1 Z 3 VAG) sind:]

Folgende wesentliche gruppeninterne Transaktionen gemäß § 5 Z 25 VAG, die im Geschäftsjahr abgeschlossen wurden, sind uns bekannt geworden:

……………

[Werden aus diesen Transaktionen wesentliche Auswirkungen auf die Solvabilität erwartet, sind diese qualitativ darzustellen:]

……..……..

3.3.5.3. Prüfungsergebnis

[Bei Unternehmen, die keiner Verpflichtung zur Meldung gruppeninterner Transaktionen an die FMA unterliegen, entfällt dieses Kapitel. Bei jenen Unternehmen, die gemäß § 221 VAG einer Verpflichtung zur Meldung bedeutender gruppeninterner Transaktionen an die FMA als die für die Gruppenaufsicht zuständige Behörde unterliegen:]

Aufgrund der von mir/uns im Rahmen dieser Prüfung durchgeführten Tätigkeiten sind mir/uns keine Sachverhalte bekannt geworden, die mich/uns zu der Annahme veranlassen, dass die Organisationsstruktur und die Verwaltungs-, Rechnungs- und Kontrollverfahren, die im Hinblick auf die Beachtung des § 221 VAG betreffend die Auswirkung gruppeninterner Transaktionen auf die Solvabilität eingerichtet und dokumentiert worden sind, nicht in allen wesentlichen Belangen funktionsfähig sind.

3.3.6. Prüfung des Vorliegens der gesetzlichen Voraussetzungen für die Bewertung und insbesondere der Höhe der im Unternehmen vorhandenen stillen Nettoreserven im Fall der Anwendung des § 149 Abs. 2 zweiter Satz VAG

3.3.6.1. Referenzmodell (Soll-Objekt)

Die Anforderungen für die Anwendung der Bewertung gemäß § 149 Abs. 2 zweiter Satz VAG sind in § 149 Abs. 2 zweiter Satz VAG geregelt.

3.3.6.2. Zusammenfassung der durchgeführten Tätigkeiten

Das Vorliegen der Voraussetzungen für die Bewertung und insbesondere die Höhe der im Unternehmen vorhandenen stillen Nettoreserven im Fall der Anwendung des § 149 Abs. 2 zweiter Satz VAG wurden im Rahmen der Jahresabschlussprüfung geprüft.

Wir haben unsere Verpflichtung gemäß § 263 Abs. 1 Z 6 i.V.m. § 264 Abs. 2 und 3 VAG durch die Durchführung der folgenden Tätigkeiten erfüllt:

- Wir haben unter Berücksichtigung der von uns im Rahmen der Jahresabschlussprüfung gesetzten Wesentlichkeitsgrenzen überprüft, ob eine nachvollziehbare Dokumentation zur Absicht und Fähigkeit zum Halten der betroffenen Kapitalanlagen vorliegt.
- Wir haben unter Berücksichtigung der von uns im Rahmen der Jahresabschlussprüfung gesetzten Wesentlichkeitsgrenzen überprüft, ob die Kriterien für eine voraussichtlich nicht dauernde Wertminderung erfüllt sind.
- Wir haben die Dokumentation der eingerichteten Prozesse und Kontrollen zur Ermittlung der stillen Reserven und Lasten hinsichtlich ihrer Gestaltung (Design) kritisch gewürdigt und unter Berücksichtigung der von uns im Rahmen der Jahresabschlussprüfung gesetzten Wesentlichkeitsgrenzen überprüft, ob die stillen Nettoreserven korrekt ermittelt wurden.
- Wir haben überprüft, dass der Gesamtbetrag der nicht vorgenommenen Abschreibungen 50 % der gesamten, sonst vorhandenen stillen Nettoreserven des Unternehmens in der betreffenden Bilanzabteilung nicht übersteigt.

3.3.6.3. Prüfungsergebnis

Aufgrund der von mir/uns im Rahmen der Abschlussprüfung durchgeführten Tätigkeiten sind mir/uns keine Sachverhalte bekannt geworden, die mich/uns zu der Annahme veranlassen, dass die Organisationsstruktur und die Verwaltungs-, Rechnungs- und Kontrollverfahren, die im Hinblick auf die Beachtung der Anforderungen an die Anwendung des § 149 Abs. 2 zweiter Satz VAG eingerichtet und dokumentiert worden sind, nicht in allen wesentlichen Belangen funktionsfähig sind.

3.3.7. Prüfung der Beachtung des § 220 VAG (Risikokonzentration) auf Ebene der Gruppe

3.3.7.1. Referenzmodell (Soll-Objekt)

Die Anforderungen an die Versicherungsunternehmen in Bezug auf Risikokonzentrationen sind in § 220 VAG geregelt.

3.3.7.2. Zusammenfassung der durchgeführten Tätigkeiten

Wir haben unsere Verpflichtung gemäß § 263 Abs. 2 Z 3 i.V.m. § 264 Abs. 2 und 3 VAG durch die Durchführung der folgenden Tätigkeiten erfüllt:

- Wir haben überprüft, ob Leitlinien vorliegen und Verfahren eingerichtet sind, welche sicherstellen, dass jede erhebliche Risikokonzentration auf Gruppenebene – unter Berücksichtigung

der Vorgaben der FMA gemäß § 220 Abs. 2 VAG – an die FMA als die für die Gruppenaufsicht zuständige Behörde gemeldet werden.
- Wir haben die Meldungen der erheblichen Risikokonzentrationen an die FMA für das Geschäftsjahr eingeholt und diese kritisch gewürdigt.

3.3.7.3. Prüfungsergebnis

Aufgrund der von mir/uns im Rahmen dieser Prüfung durchgeführten Tätigkeiten sind mir/uns keine Sachverhalte bekannt geworden, die mich/uns zu der Annahme veranlassen, dass die Organisationsstruktur und die Verwaltungs-, Rechnungs- und Kontrollverfahren, die im Hinblick auf die Beachtung des § 220 VAG (Risikokonzentration) eingerichtet und dokumentiert worden sind, nicht in allen wesentlichen Belangen funktionsfähig sind.

3.3.8. Prüfung der Auswirkung gruppeninterner Transaktionen gemäß § 10 FKG auf die Solvabilität

3.3.8.1. Referenzmodell (Soll-Objekt)

Die Anforderungen an beaufsichtigte Unternehmen in Bezug auf gruppeninterne Transaktionen sind in § 10 FKG geregelt.

3.3.8.2. Zusammenfassung der durchgeführten Tätigkeiten

Wir haben unsere Verpflichtung gemäß § 263 Abs. 1 Z 5 lit. a i.V.m. § 264 Abs. 2 und 3 VAG durch die Durchführung der folgenden Tätigkeiten erfüllt:
- Wir haben überprüft, ob Leitlinien vorliegen und Verfahren eingerichtet sind, welche sicherstellen, dass der FMA – entsprechend den von der FMA gemäß § 10 Abs. 3 FKG erlassenen Bescheiden – alle bedeutenden gruppeninternen Transaktionen der beaufsichtigten Unternehmen innerhalb eines Finanzkonglomerats regelmäßig, mindestens aber am Ende jedes Kalendervierteljahrs gemeldet und die erforderlichen Angaben vorgelegt werden.
- Wir haben die im abgelaufenen Geschäftsjahr ergangenen Meldungen der gruppeninternen Transaktionen an die FMA eingeholt und diese kritisch gewürdigt, insbesondere dahingehend, ob Begrenzungen oder Auflagen seitens der FMA eingehalten wurden.
- Wir haben zuständige Mitarbeiter der Gesellschaft befragt, ob im Geschäftsjahr gruppeninterne Transaktionen zu marktunüblichen Konditionen erfolgt sind.
- Wir haben im Rahmen der Jahresabschlussprüfung ausgewählte Verträge sowie Protokolle der Sitzungen des Vorstands und des Aufsichtsrats bzw. Berichte der Internen Revision dahingehend kritisch durchgesehen, ob sie Hinweise auf gruppeninterne Transaktionen zu marktunüblichen Konditionen enthalten.

3.3.8.3. Prüfungsergebnis

Aufgrund der von mir/uns im Rahmen dieser Prüfung durchgeführten Tätigkeiten sind mir/uns keine Sachverhalte bekannt geworden, die mich/uns zu der Annahme veranlassen, dass die Organisationsstruktur und die Verwaltungs-, Rechnungs- und Kontrollverfahren, die im Hinblick auf die Beachtung des § 10 FKG betreffend die Auswirkung gruppeninterner Transaktionen auf die Solvabilität eingerichtet und dokumentiert worden sind, nicht in allen wesentlichen Belangen funktionsfähig sind.

3.3.9. Prüfung der Funktionsfähigkeit der gemäß § 11 Abs. 4 FKG eingerichteten internen Kontrollmechanismen für die Vorlage von Informationen und Auskünften, die für die zusätzliche Beaufsichtigung von Belang sind

3.3.9.1. Referenzmodell (Soll-Objekt)

Die prüfungsgegenständlichen Anforderungen an beaufsichtigte Unternehmen sind in § 11 Abs. 4 FKG geregelt.

3.3.9.2. Zusammenfassung der durchgeführten Tätigkeiten

Wir haben unsere Verpflichtung gemäß § 263 Abs. 1 Z 5 lit. b i.V.m. § 264 Abs. 2 und 3 VAG durch die Durchführung der folgenden Tätigkeiten erfüllt:
- Wir haben überprüft, ob Leitlinien vorliegen und Kontrollverfahren eingerichtet sind, welche sicherstellen, dass alle Informationen und Auskünfte, die für die Durchführung der zusätzlichen Beaufsichtigung von Belang sind, verfügbar sind.

3.3.9.3. Prüfungsergebnis

Aufgrund der von mir/uns im Rahmen dieser Prüfung durchgeführten Tätigkeiten sind mir/uns keine Sachverhalte bekannt geworden, die mich/uns zu der Annahme veranlassen, dass die Organisationsstruktur und die Verwaltungs-, Rechnungs- und Kontrollverfahren, die im Hinblick auf die Beachtung des § 11 Abs. 4 FKG (interne Kontrollmechanismen für die Vorlage von Informationen und Auskünften, die für die zusätzliche Beaufsichtigung von Belang sind) eingerichtet und dokumentiert worden sind, nicht in allen wesentlichen Belangen funktionsfähig sind.

3.3.10. Prüfung der Beachtung der §§ 6 bis 8 FKG (bereinigte Eigenmittelausstattung) auf Ebene der Gruppe

3.3.10.1. Referenzmodell (Soll-Objekt)

Die Anforderungen an beaufsichtigte Unternehmen in Bezug auf die bereinigte Eigenmittelausstattung sind in den §§ 6 bis 8 FKG geregelt.

3.3.10.2. Zusammenfassung der durchgeführten Tätigkeiten

Wir haben unsere Verpflichtung gemäß § 263 Abs. 2 Z 4 lit. a i.V.m. § 264 Abs. 2 und 3 VAG durch die Durchführung der folgenden Tätigkeiten erfüllt:

- Wir haben überprüft, ob Leitlinien vorliegen und Verfahren eingerichtet sind, welche eine angemessene Eigenmittelausstattung gemäß §§ 6 bis 8 FKG sicherstellen.
- Wir haben überprüft, ob die verwendete Methode zur Berechnung der zusätzlichen Eigenmittelanforderung § 6 FKG entspricht.
- Wir haben die Vollständigkeit der in die Berechnung der auf Finanzkonglomeratsebene erforderlichen Eigenmittelausstattung einzubeziehenden Unternehmen überprüft.
- Wir haben unter Berücksichtigung der von uns gesetzten Wesentlichkeitsgrenzen die Berechnung der Eigenmittel überprüft.
- Wir haben auf Basis der organisatorischen Vorkehrungen überprüft, ob zum Abschlussstichtag Eigenmittel mindestens in der nach den §§ 7 und 8 FKG ermittelten Höhe vorhanden waren. Wir haben zuständige Mitarbeiter befragt, ob im Geschäftsjahr jederzeit ausreichende Eigenmittel vorhanden waren.

3.3.10.3. Prüfungsergebnis

Nach unserer Beurteilung aufgrund der bei der Prüfung gewonnenen Erkenntnisse entspricht die bereinigte Eigenmittelausstattung in allen wesentlichen Belangen den Vorschriften der §§ 6 bis 8 FKG.

3.3.11. Prüfung der Beachtung des § 9 FKG (Risikokonzentration)

3.3.11.1. Referenzmodell (Soll-Objekt)

Die Anforderungen an beaufsichtigte Unternehmen in Bezug auf Risikokonzentrationen sind in § 9 FKG geregelt.

3.3.11.2. Zusammenfassung der durchgeführten Tätigkeiten

Wir haben unsere Verpflichtung gemäß § 263 Abs. 2 Z 4 lit. b i.V.m. § 264 Abs. 2 und 3 VAG durch die Durchführung der folgenden Tätigkeiten erfüllt:

- Wir haben überprüft, ob Leitlinien vorliegen und Verfahren eingerichtet sind, welche sicherstellen, dass der FMA – entsprechend den von der FMA gemäß § 9 Abs. 3 FKG erlassenen Bescheiden – jede bedeutende Risikokonzentration auf Finanzkonglomeratsebene regelmäßig, mindestens aber am Ende jedes Kalendervierteljahrs gemeldet und die erforderlichen Angaben vorgelegt werden.
- Wir haben die Meldungen der bedeutenden Risikokonzentrationen an die FMA für das Geschäftsjahr eingeholt und diese kritisch gewürdigt.

3.3.11.3. Prüfungsergebnis

Aufgrund der von mir/uns im Rahmen dieser Prüfung durchgeführten Tätigkeiten sind mir/uns keine Sachverhalte bekannt geworden, die mich/uns zu der Annahme veranlassen, dass die Organisationsstruktur und die Verwaltungs-, Rechnungs- und Kontrollverfahren, die im Hinblick auf die Beachtung des § 9 FKG (Risikokonzentration) eingerichtet und dokumentiert worden sind, nicht in allen wesentlichen Belangen funktionsfähig sind.

3.3.12. Prüfung der Beachtung des § 11 FKG (interne Kontrollmechanismen und Risikomanagement)

3.3.12.1. Referenzmodell (Soll-Objekt)

Die Anforderungen an beaufsichtigte Unternehmen in Bezug auf interne Kontrollmechanismen und Risikomanagement sind in § 11 FKG geregelt.

3.3.12.2. Zusammenfassung der durchgeführten Tätigkeiten

Wir haben unsere Verpflichtung gemäß § 263 Abs. 2 Z 4 lit. c i.V.m. § 264 Abs. 2 und 3 VAG durch die Durchführung der folgenden Tätigkeiten erfüllt:

- Wir haben überprüft, ob die Strategien und Maßnahmen im Rahmen des Risikomanagements hinsichtlich aller eingegangenen Risiken durch die Geschäftsleitung auf Finanzkonglomeratsebene genehmigt und regelmäßig überprüft werden.
- Wir haben das Vorliegen von Leitlinien zur Eigenmittelausstattung überprüft und sie dahingehend kritisch gewürdigt, ob sie die Auswirkungen der Geschäftsstrategie auf das Risikoprofil und die gemäß §§ 6 bis 8 FKG ermittelten Eigenmittelanforderungen im Vorhinein berücksichtigen.
- Weiters haben wir das Vorliegen von Maßnahmen überprüft, welche gewährleisten, dass die in den beaufsichtigten Unternehmen des Finanzkonglomerats angewandten Systeme miteinander vereinbar sind, damit alle Risiken auf Finanzkonglomeratsebene quantifiziert, überwacht und kontrolliert werden können.
- Wir haben das Vorliegen von Vorkehrungen (sowie deren regelmäßige Überprüfung) überprüft, welche eingerichtet sind, damit im Bedarfsfall zu geeigneten Sanierungs- und Abwicklungsverfahren und -plänen Beiträge geleistet und solche Verfahren und Pläne entwickelt werden.
- Wir haben die verantwortlichen Mitarbeiter befragt, ob die in der Dokumentation dargestellten internen Kontrollmechanismen und das dargestellte Risikomanagement-System tatsächlich eingerichtet sind.
- Wir haben die Geschäftsleitung auf Finanzkonglomeratsebene befragt, ob im Geschäftsjahr bemerkenswerte Sachverhalte vorlagen.
- Wir haben das Vorliegen von Mechanismen in Bezug auf die Eigenmittelausstattung zur Ermittlung und Quantifizierung aller wesentlichen Risikoposten und auf die angemessene Unterlegung dieser Risiken mit Eigenmitteln geprüft.
- Wir haben die Unterlagen des Berichtswesens und des Rechnungswesens zur Ermittlung, Quantifizierung, Überwachung und Kontrolle gruppeninterner Transaktionen und der Risikokonzentration kritisch gewürdigt.

3.3.12.3. Prüfungsergebnis

Aufgrund der von mir/uns im Rahmen dieser Prüfung durchgeführten Tätigkeiten sind mir/uns keine Sachverhalte bekannt geworden, die mich/uns zu der Annahme veranlassen, dass die Organisationsstruktur und die Verwaltungs-, Rechnungs- und Kontrollverfahren, die im Hinblick auf die Beachtung des § 11 FKG (interne Kontrollmechanismen und Risikomanagement) eingerichtet und dokumentiert worden sind, nicht in allen wesentlichen Belangen funktionsfähig sind.

3.3.13. Prüfung der Beachtung der §§ 88 bis 90 VAG (Eigenmittelausstattung und Kapitalanlage) bei kleinen Versicherungsunternehmen

3.3.13.1. Referenzmodell (Soll-Objekt)

Die Anforderungen an kleine Versicherungsunternehmen in Bezug auf Eigenmittelausstattung und Kapitalanlage sind in den §§ 88 bis 90 VAG geregelt.

3.3.13.2. Zusammenfassung der durchgeführten Tätigkeiten

Wir haben unsere Verpflichtung gemäß § 263 Abs. 1 Z 8 i.V.m. § 264 Abs. 2 und 3 VAG durch die Durchführung der folgenden Tätigkeiten erfüllt:

- Wir haben überprüft, ob Leitlinien vorliegen und Verfahren eingerichtet sind, welche die Beachtung der §§ 88 und 89 VAG (Eigenmittelausstattung) und § 90 VAG (Kapitalanlage) sicherstellen.
- Wir haben – gegebenenfalls unter Würdigung der Ergebnisse der Prozessprüfung und der Kontrolltests – unter Berücksichtigung der von uns gesetzten Wesentlichkeitsgrenzen die Berechnung des Eigenmittelerfordernisses und der Eigenmittel zum Abschlussstichtag überprüft.
- Wir haben – gegebenenfalls unter Würdigung der Ergebnisse der Prozessprüfung und der Kontrolltests – überprüft, ob die gehaltenen Kapitalanlagen den Anforderungen des § 90 VAG entsprechen.

3.3.13.3. Prüfungsergebnis

Nach unserer Beurteilung aufgrund der bei der Prüfung gewonnenen Erkenntnisse entsprechen die Eigenmittelausstattung und die Kapitalanlage in allen wesentlichen Belangen den Vorschriften der §§ 88 bis 90 VAG.

4. Wahrnehmungen, die darauf hindeuten, dass die dauernde Erfüllbarkeit der Verpflichtungen aus den Versicherungsverträgen beeinträchtigt werden könnte (§ 264 Abs. 3 zweiter Satz VAG)

Im Rahmen unserer Tätigkeit ergaben sich keine / folgende Wahrnehmungen über Umstände, die darauf hindeuten, dass die dauernde Erfüllbarkeit der Verpflichtungen aus den Versicherungsverträgen beeinträchtigt werden könnte.

[ggf. Hinweis auf die Ausübung der Redepflicht]

5. Angaben gemäß § 264 Abs. 4 VAG

- Ausschluss von Unternehmen aus der Gruppenaufsicht gemäß § 198 Abs. 1 VAG,
- Durchführung einer Subgruppenaufsicht auf Ebene einer nationalen Teilgruppe gemäß § 199 VAG und
- Subgruppenaufsicht auf Ebene einer mehrere Mitgliedstaaten umfassenden Teilgruppe gemäß § 200 VAG

[individuell anzupassen]

3. Gesellschaftsrechtliche Vorschriften zur Rechnungslegung und Prüfung

3/1. Unternehmensgesetzbuch: §§ 105–285, 906 f.

Hinweis: In den Klammern finden sich Kurzbezeichnungen bzw -hinweise zu den einzelnen Novellen. Dabei wurden nur insoweit die offiziellen Abkürzungen alleine verwendet, als diese aussagekräftig sind oder überhaupt solche vorhanden sind.

DRGBl 1897 S 219 idF

1 DRGBl 1938 I S 1999 (Vierte VO z Einführung handelsrechtlicher Vorschriften im Lande Österreich)
2 BGBl 1990/475 (Rechnungslegungsgesetz – RLG)
3 BGBl 1991/10 (HaRÄG; Firmenbuchgesetz – FBG)
4 BGBl 1993/458 (GesRÄG 1993)
5 BGBl 1994/153 (IRÄG 1994)
6 BGBl 1996/304 (EU-GesRÄG)
7 BGBl I 1997/114 (IRÄG 1997)
8 BGBl I 1998/125 (1. Euro-JuBeG)
9 BGBl I 1998/158 (HaRÄG)
10 BGBl I 1999/187 (Aktienrückerwerbsgesetz – AreG)
11 BGBl I 2000/61 (HaRÄG)
12 BGBl I 2000/142 (BudgetBeglG 2001)
13 BGBl I 2001/41 (HaRÄG; Jahresabschlussübermittlung)
14 BGBl I 2001/42 (Aktienoptionengesetz – AOG)
15 BGBl I 2001/97 (Finanzmarktaufsichtsgesetz – FMAG)
16 BGBl I 2002/118 (Zinsenrechts-Änderungsgesetz – ZinsRÄG)
17 BGBl I 2003/71 (BudgetBeglG 2003)
18 BGBl I 2003/118 (Fair Value-Bewertungsgesetz – FVBG)
19 BGBl I 2004/14 (HaRÄG; Ä der Inkrafttretensbestimmungen)
20 BGBl I 2004/161 (Rechnungslegungsänderungsgesetz – ReLÄG 2004)
21 BGBl I 2005/59 (GesRÄG 2005)
22 BGBl I 2005/120 (HaRÄG; Umbenennung in UGB)
23 BGBl I 2006/75 (Übernahmerechts-Änderungsgesetz – ÜbRÄG 2006)
24 BGBl I 2006/103 (Publizitätsrichtlinie-Gesetz – PuG)
25 BGBl I 2007/72 (GesRÄG 2007)
26 BGBl I 2008/70 (URÄG 2008)
27 BGBl I 2009/71 (AktRÄG 2009)
28 BGBl I 2009/140 (RÄG 2010)
29 BGBl I 2010/29 (IRÄG 2010; Begriffsersetzungen)
30 BGBl I 2010/58 (IRÄ-BG)
31 BGBl I 2010/111 (BudgetbegleitG 2011)
32 BGBl I 2012/35 (2. StabG 2012)
33 BGBl I 2013/50 (ZVG)
34 BGBl I 2014/83
35 BGBl I 2015/22 (RÄG 2014)
36 BGBl I 2015/163 (AbgÄG 2015)
37 BGBl I 2016/43 (APRÄG 2016)
38 BGBl I 2017/20 (NaDiVeG)
39 BGBl I 2017/107
40 BGBl I 2018/17
41 BGBl I 2018/58 (ErwSchAG-Justiz)
42 BGBl I 2019/46 (Anti-Gold-Plating-Gesetz 2019)
43 BGBl I 2019/63 (AktRÄG 2019)
44 BGBl I 2021/86 (GREx)

GLIEDERUNG

Dritter Titel: Rechtsverhältnis der Gesellschafter zu Dritten

Vierter Titel: Auflösung der Gesellschaft und Ausscheiden von Gesellschaftern

Fünfter Titel: Liquidation der Gesellschaft

Sechster Titel: Zeitliche Begrenzung der Haftung

Zweiter Abschnitt: Kommanditgesellschaft

Dritter Abschnitt: Stille Gesellschaft

Drittes Buch: Rechnungslegung

Erster Abschnitt: Allgemeine Vorschriften

Erster Titel: Buchführung, Inventarerrichtung

STICHWORTVERZEICHNIS

„Bundesgesetz über besondere zivilrechtliche Vorschriften für Unternehmen (Unternehmensgesetzbuch – UGB)“

(BGBl I 2005/120)

Zweites Buch

Offene Gesellschaft, Kommanditgesellschaft und stille Gesellschaft

Hinweis: Gem § 907 UGB sind gewisse („bisher geltende") Bestimmungen des HGB auf bis 31. Dezember 2006 errichtete Gesellschaften (offene Handelsgesellschaften und Kommanditgesellschaften) uU weiter anzuwenden!

Erster Abschnitt

Offene Gesellschaft

Erster Titel

Errichtung der Gesellschaft

Begriff

§ 105. [1]Eine offene Gesellschaft ist eine unter eigener Firma geführte Gesellschaft, bei der die Gesellschafter gesamthandschaftlich verbunden sind und bei keinem der Gesellschafter die Haftung gegenüber den Gesellschaftsgläubigern beschränkt ist. [2]Die offene Gesellschaft ist rechtsfähig. [3]Sie kann jeden erlaubten Zweck einschließlich freiberuflicher und land- und forstwirtschaftlicher Tätigkeit haben. Ihr gehören mindestens zwei Gesellschafter an.

(BGBl I 2005/120)

Anmeldung zum Firmenbuch

§ 106. [1]Die Gesellschaft ist bei dem Gericht, in dessen Sprengel sie ihren Sitz hat, zur Eintragung in das Firmenbuch anzumelden. [2]Die Anmeldung hat die in § 3 Z 2 bis 4, 5, 7, 8 und 16, gegebenenfalls auch die in § 3 Z 6, 9, 11 und 15 und § 4 Z 2, 3, 5 und 7 FBG genannten Tatsachen zu enthalten.

(BGBl I 2005/120)

Anmeldeverpflichtete, Musterzeichnung

„**§ 107.**“ (1) Die Anmeldungen sind von sämtlichen Gesellschaftern zu bewirken.

(2) Die Gesellschafter, welche die Gesellschaft vertreten sollen, haben ihre Namensunterschrift zur Aufbewahrung bei Gericht zu zeichnen. *(BGBl 1991/10)*

(BGBl I 2005/120)

Anm: § 107 aF (nicht abgedruckt) wurde offensichtlich durch ein Redaktionsversehen zu BGBl I 2005/120 vergessen aufzuheben.

Zweiter Titel

Rechtsverhältnis der Gesellschafter untereinander

Gestaltungsfreiheit

§ 108. Die Rechtsverhältnisse der Gesellschafter untereinander richten sich nach dem Gesellschaftsvertrag; die Vorschriften der §§ 109 bis 122 finden nur insoweit Anwendung, als nicht durch den Gesellschaftsvertrag anderes bestimmt ist.

(BGBl I 2014/83)

Anm: siehe die Übergangsbestimmungen gem § 906 Abs 27 UGB.

Beteiligungsverhältnisse und Beiträge der Gesellschafter, Nachschüsse

§ 109. (1) [1]Soweit die Gesellschafter nichts anderes vereinbart haben, bestimmt sich ihre Beteiligung an der Gesellschaft nach dem Verhältnis des Wertes der vereinbarten Einlagen (Kapitalanteil). [2]Im Zweifel sind die Gesellschafter zu gleichen Teilen beteiligt.

(2) [1]Soweit nichts anderes vereinbart ist, sind die Gesellschafter im gleichen Ausmaß zur Mitwirkung an der Förderung des Gesellschaftszwecks verpflichtet. [2]Der Beitrag eines Gesellschafters kann sich auch auf die Leistung von Diensten beschränken (Arbeitsgesellschafter).

(3) Die Gesellschafter sind nicht verpflichtet, Nachschüsse zur vertraglich zugesagten Einlage zu leisten.

(4) [1]Auch ohne Vereinbarung im Gesellschaftsvertrag können die Gesellschafter mit Stimmenmehrheit die Leistung von Nachschüssen im Verhältnis ihrer Kapitalanteile beschließen, wenn die Fortführung der Gesellschaft sonst nicht möglich wäre. [2]Ein Gesellschafter, der dem Beschluss nicht zugestimmt hat und den Nachschuss nicht leistet, kann innerhalb angemessener Frist aus der Gesellschaft austreten oder aufgrund einer Klage der übrigen Gesellschafter vom Gericht ausgeschlossen werden. [3]Auf das Austrittsrecht kann im Vorhinein nicht verzichtet werden. [4]Für die Auseinandersetzung mit dem ausgetretenen oder ausgeschlossenen Gesellschafter und für die Ermittlung seiner Beteiligung an schwebenden Geschäften ist der Zeitpunkt der Beschlussfassung über die Nachschusspflicht maßgeblich.

(BGBl I 2014/83)

Anm: siehe die Übergangsbestimmungen gem § 906 Abs 27 UGB.

Ersatz für Aufwendungen und Verluste; Herausgabepflicht

§ 110. (1) Macht der Gesellschafter in den Gesellschaftsangelegenheiten Aufwendungen, die er den Umständen nach für erforderlich halten darf, oder erleidet er unmittelbar durch seine Geschäftsführung oder aus Gefahren, die mit ihr untrennbar verbunden sind, Verluste, so ist ihm die Gesellschaft zum Ersatz verpflichtet.

(2) Aufgewendetes Geld hat die Gesellschaft von der Zeit der Aufwendungen an zu verzinsen.

(3) Ein Gesellschafter kann für die Aufwendungen, die zur Erledigung der Gesellschaftsangelegenheiten nötig sind, von der Gesellschaft einen Vorschuss verlangen.

(4) Er hat alles, was er zur Führung der Geschäfte erhält und was er aus der Geschäftsführung erlangt, an die Gesellschaft herauszugeben.

(BGBl I 2005/120)

Verzinsungspflicht

§ 111. (1) Ein Gesellschafter, der seine Geldeinlage nicht zur rechten Zeit einzahlt oder eingenommenes Gesellschaftsgeld nicht zur rechten Zeit an die Gesellschaftskasse abliefert oder unbefugt Geld aus der Gesellschaftskasse für sich entnimmt, hat Zinsen von dem Tage an zu entrichten, an welchem die Zahlung oder die Ablieferung hätte geschehen sollen oder die Herausnahme des Geldes erfolgt ist.

(2) Die Geltendmachung eines weiteren Schadens ist nicht ausgeschlossen.

Mitwirkung, Interessenwahrung, Gleichbehandlung, Wettbewerbsverbot

§ 112. (1) [1]Die Gesellschafter haben unter Wahrung ihrer Rechte an der gesellschaftlichen Willensbildung und den zu treffenden Maßnahmen nach Kräften und mit gebotener Sorgfalt mitzuwirken, den Zweck und den Gegenstand der Gesellschaft redlich zu fördern und alles zu unterlassen, was den Gesellschaftsinteressen schadet. [2]Die Gesellschafter sind unter gleichen Voraussetzungen gleich zu behandeln. *(BGBl I 2014/83)*

„(2)" Ein Gesellschafter darf ohne Einwilligung der anderen Gesellschafter weder im Geschäftszweig der Gesellschaft Geschäfte machen noch an einer anderen gleichartigen Gesellschaft als unbeschränkt haftender Gesellschafter teilnehmen. *(BGBl I 2005/120; BGBl I 2014/83)*

„(3)"** Die Einwilligung zur Teilnahme an einer anderen Gesellschaft gilt als erteilt, wenn den übrigen Gesellschaftern bei Eingehung der Gesellschaft bekannt ist, daß der Gesellschafter an einer anderen Gesellschaft als „unbeschränkt"* haftender Gesellschafter teilnimmt und gleichwohl die Aufgabe dieser Beteiligung nicht ausdrücklich bedungen wird. *(*BGBl I 2005/120; **BGBl I 2014/83)*

Verletzung des Wettbewerbsverbots

§ 113. (1) Verletzt ein Gesellschafter die ihm nach „§ 112 Abs. 2" obliegende Verpflichtung, so kann die Gesellschaft Schadensersatz fordern; sie kann statt dessen von dem Gesellschafter verlangen, daß er die für eigene Rechnung gemachten Geschäfte als für Rechnung der Gesellschaft eingegangen gelten lasse und die aus Geschäften für fremde Rechnung bezogene Vergütung herausgebe oder seinen Anspruch auf die Vergütung abtrete. *(BGBl I 2014/83)*

(2) Über die Geltendmachung dieser Ansprüche beschließen die übrigen Gesellschafter.

(3) Die Ansprüche verjähren in drei Monaten von dem Zeitpunkte an, in welchem die übrigen Gesellschafter von dem Abschlusse des Geschäfts oder von der Teilnahme des Gesellschafters an der anderen Gesellschaft Kenntnis erlangen; sie verjähren ohne Rücksicht auf diese Kenntnis in fünf Jahren von ihrer Entstehung an.

(4) Das Recht der Gesellschafter, die Auflösung der Gesellschaft zu verlangen, wird durch diese Vorschriften nicht berührt.

Geschäftsführung

§ 114. (1) Zur Führung der Geschäfte der Gesellschaft sind alle Gesellschafter berechtigt und verpflichtet.

(2) Ist im Gesellschaftsvertrage die Geschäftsführung einem Gesellschafter oder mehreren Gesellschaftern übertragen, so sind die übrigen Gesellschafter von der Geschäftsführung ausgeschlossen.

(3) Ein geschäftsführender Gesellschafter ist verpflichtet, der Gesellschaft die erforderlichen Nachrichten zu geben, auf Verlangen über den Stand der Geschäfte Auskunft zu erteilen und Rechenschaft abzulegen. *(BGBl I 2005/120)*

(4) [1]Ein Gesellschafter darf im Zweifel die Führung der Geschäfte nicht einem Dritten übertragen. Ist die Übertragung gestattet, so hat er nur ein ihm bei der Übertragung zur Last fallendes Verschulden zu vertreten. [2]Das Verschulden eines Gehilfen hat er in gleichem Umfang zu vertreten wie eigenes Verschulden. *(BGBl I 2005/120)*

Geschäftsführung durch mehrere Gesellschafter; Weisungsgebundenheit

§ 115. (1) Steht die Geschäftsführung allen oder mehreren Gesellschaftern zu, so ist jeder von ihnen allein zu handeln berechtigt; widerspricht jedoch ein anderer geschäftsführender Gesellschafter der Vornahme einer Handlung, so muß diese unterbleiben.

(2) Ist im Gesellschaftsvertrage bestimmt, daß die Gesellschafter, denen die Geschäftsführung zusteht, nur zusammen handeln können, so bedarf es für jedes Geschäft der Zustimmung aller geschäftsführenden Gesellschafter, es sei denn, daß Gefahr im Verzug ist.

(3) [1]Ist ein Gesellschafter an die Weisungen der übrigen Gesellschafter gebunden, so kann er von den ihm erteilten Weisungen abweichen, wenn er den Umständen nach annehmen darf, dass die übrigen Gesellschafter bei Kenntnis der Sachlage die Abweichung billigen würden. [2]Er hat die Abweichung den übrigen Gesellschaftern anzuzeigen und ihre Entscheidung abzuwarten, wenn nicht Gefahr im Verzug ist. *(BGBl I 2005/120)*

Umfang der Geschäftsführungsbefugnis

§ 116. (1) Die Befugnis zur Geschäftsführung erstreckt sich auf alle Handlungen, die der gewöhnliche „Geschäftsbetrieb" der Gesellschaft mit sich bringt. *(BGBl I 2014/83)*

(2) Zur Vornahme von Handlungen, die darüber hinausgehen, ist „ein einstimmiger Beschluss aller" Gesellschafter erforderlich. *(BGBl I 2014/83)*

(3) [1]Zur Bestellung eines Prokuristen bedarf es der Zustimmung aller geschäftsführenden Gesellschafter, es sei denn, daß Gefahr im Verzug ist. [2]Der Widerruf der Prokura kann von jedem der zur Erteilung oder zur Mitwirkung bei der Erteilung befugten Gesellschafter erfolgen.

Entzug und Kündigung der Geschäftsführungsbefugnis

§ 117. (1) Die Befugnis zur Geschäftsführung kann einem Gesellschafter „aufgrund einer Klage aller" übrigen Gesellschafter durch gerichtliche Entscheidung entzogen werden, wenn ein wichtiger Grund vorliegt; ein solcher Grund ist insbesondere grobe Pflichtverletzung oder Unfähigkeit zur ordnungsmäßigen Geschäftsführung. *(BGBl I 2014/83)*

(2) [1]Ein Gesellschafter kann die Geschäftsführung kündigen, wenn ein wichtiger Grund vorliegt. [2]Auf dieses Recht kann nicht verzichtet werden.

(3) [1]Die Geschäftsführung darf nur in der Art gekündigt werden, dass die Gesellschafter für die Führung der Geschäfte anderweitig Vorsorge treffen können, es sei denn, dass ein wichtiger Grund für die unzeitige Kündigung vorliegt. [2]Kündigt der Gesellschafter ohne solchen Grund zur Unzeit, so hat er der Gesellschaft den daraus entstehenden Schaden zu ersetzen.

(BGBl I 2005/120)

Kontrollrecht der Gesellschafter

§ 118. (1) Ein Gesellschafter kann sich, auch wenn er von der Geschäftsführung ausgeschlossen ist, von den Angelegenheiten der Gesellschaft persönlich unterrichten, die Bücher und Schriften der Gesellschaft einsehen und sich aus ihnen einen Jahresabschluss oder, wenn nach den Vorschriften des Dritten Buches keine Pflicht zur Rechnungslegung besteht, eine sonstige Abrechnung anfertigen oder die Vorlage eines solchen Abschlusses oder einer solchen Abrechnung fordern. *(BGBl I 2005/120)*

(2) Eine Vereinbarung, durch die dieses Recht ausgeschlossen oder beschränkt wird, ist unwirksam. *(BGBl I 2014/83)*

Beschlussfassung

§ 119. (1) Gesellschafterbeschlüsse erfordern die Zustimmung aller zur Mitwirkung bei der Beschlussfassung berufenen Gesellschafter.

(2) [1]Hat nach dem Gesellschaftsvertrag die Mehrheit der Stimmen zu entscheiden, so bestimmt sie sich nach den abgegebenen gültigen Stimmen. [2]Das Stimmgewicht entspricht den Beteiligungsverhältnissen. [3]Sind nicht alle Gesellschafter am Kapital beteiligt, wird die Mehrheit nach Köpfen berechnet. [4]Arbeitsgesellschafter, denen der Gesellschaftsvertrag einen am Wert ihrer Arbeit orientierten Kapitalanteil zubilligt, gelten als am Kapital beteiligt.

(BGBl I 2014/83)

Anm: siehe die Übergangsbestimmungen gem § 906 Abs 27 UGB.

Gewinn und Verlust

§ 120. „" Am Schluß jedes Geschäftsjahrs wird auf Grund des Jahresabschlusses „oder, wenn nach den Vorschriften des Dritten Buches keine Pflicht zur Rechnungslegung besteht, nach den Ergebnissen einer sonstigen Abrechnung" der Gewinn oder der Verlust des Jahres ermittelt und für jeden Gesellschafter sein Anteil daran berechnet. *(BGBl 1990/475; BGBl I 2005/120)*

(2) *(aufgehoben, BGBl I 2005/120)*

Verteilung von Gewinn und Verlust

§ 121. (1) [1]Sofern alle Gesellschafter in gleichem Ausmaß zur Mitwirkung verpflichtet sind, wird der Gewinn und Verlust eines Geschäftsjahres den Gesellschaftern im Verhältnis ihrer Kapitalanteile zugewiesen (§ 109 Abs. 1). [2]Enthält der Gesellschaftsvertrag eine abweichende Bestimmung nur über den Anteil am Gewinn oder über den Anteil am Verlust, so gilt sie im Zweifel für Gewinn und Verlust.

(2) Sind die Gesellschafter nicht in gleichem Ausmaß zur Mitwirkung verpflichtet, so ist dies

bei der Zuweisung des Gewinns angemessen zu berücksichtigen.

(3) [1]Arbeitsgesellschaftern ohne Kapitalanteil ist ein den Umständen nach angemessener Betrag des Jahresgewinns zuzuweisen. [2]Der diesen Betrag übersteigende Teil des Jahresgewinns wird sodann den Gesellschaftern im Verhältnis ihrer Beteiligung zugewiesen.

(4) Die Gesellschafterstellung steht der Vereinbarung eines Entgelts für der Gesellschaft geleistete Dienste nicht entgegen.

(BGBl I 2014/83)

Anm: siehe die Übergangsbestimmungen gem § 906 Abs 27 UGB.

Gewinnausschüttung und Entnahmen

§ 122. (1) [1]Jeder Gesellschafter hat Anspruch auf Auszahlung seines Gewinnanteils. [2]Der Anspruch kann jedoch nicht geltend gemacht werden, soweit die Auszahlung zum offenbaren Schaden der Gesellschaft gereicht, die Gesellschafter ein anderes beschließen oder der Gesellschafter vereinbarungswidrig seine Einlage nicht geleistet hat.

(2) Im Übrigen ist ein Gesellschafter nicht befugt, ohne Einwilligung der anderen Gesellschafter Entnahmen zu tätigen.

(BGBl I 2005/120)

Dritter Titel
Rechtsverhältnis der Gesellschaft zu Dritten

Entstehung der Gesellschaft

§ 123. (1) Die offene Gesellschaft entsteht mit der Eintragung in das Firmenbuch.

(2) [1]Handeln Gesellschafter oder zur Vertretung der Gesellschaft bestellte Personen nach Errichtung, aber vor Entstehung der Gesellschaft in deren Namen, so werden alle Gesellschafter daraus berechtigt und verpflichtet. [2]Dies gilt auch dann, wenn ein handelnder Gesellschafter nicht, nicht allein oder nur beschränkt vertretungsbefugt ist, der Dritte den Mangel der Vertretungsmacht aber weder kannte noch kennen musste. [3]Die Gesellschaft tritt mit Eintragung in das Firmenbuch in die Rechtsverhältnisse ein.

(BGBl I 2005/120)

Gesamthandbindung der Gesellschafter

§ 124. (1) Soweit im Gesellschaftsvertrag nichts anderes bestimmt ist, kann ein Gesellschafter nicht ohne Zustimmung aller Gesellschafter über seinen Gesellschaftsanteil verfügen.

(2) Gegen eine Forderung, die zum Gesellschaftsvermögen gehört, kann der Schuldner nicht eine ihm gegen einen einzelnen Gesellschafter zustehende Forderung aufrechnen.

(3) [1]Die Ansprüche, die den Gesellschaftern aus dem Gesellschaftsverhältnis gegeneinander oder gegen die Gesellschaft zustehen, sind nicht übertragbar und nicht pfändbar. [2]Ausgenommen sind die einem Gesellschafter aus der Geschäftsführung zustehenden Ansprüche, soweit deren Befriedigung vor der Auseinandersetzung verlangt werden kann, sowie die Ansprüche auf einen Gewinnanteil oder auf das, was dem Gesellschafter bei der Auseinandersetzung zukommt.

(BGBl I 2005/120)

Vertretung der Gesellschaft

§ 125. (1) Zur Vertretung der Gesellschaft ist jeder Gesellschafter befugt (Einzelvertretung), wenn er nicht durch den Gesellschaftsvertrag davon ausgeschlossen ist.

(2) [1]Im Gesellschaftsvertrag kann bestimmt werden, dass alle oder mehrere Gesellschafter nur in Gemeinschaft zur Vertretung der Gesellschaft ermächtigt sein sollen (Gesamtvertretung). [2]Die zur Gesamtvertretung berechtigten Gesellschafter können einzelne von ihnen zur Vornahme bestimmter Geschäfte oder bestimmter Arten von Geschäften ermächtigen. [3]Ist der Gesellschaft gegenüber eine Willenserklärung abzugeben, so genügt jedenfalls die Abgabe gegenüber einem der zur Mitwirkung bei der Vertretung befugten Gesellschafter (passive Einzelvertretung).

(3) [1]Im Gesellschaftsvertrag kann bestimmt werden, dass die Gesellschafter, wenn nicht mehrere zusammen handeln, nur in Gemeinschaft mit einem Prokuristen zur Vertretung der Gesellschaft ermächtigt sein sollen (gemischte Gesamtvertretung). [2]Die Vorschriften des Abs. 2 zweiter und dritter Satz finden in diesem Fall entsprechende Anwendung.

(4) Der Ausschluss eines Gesellschafters von der Vertretung, die Anordnung einer Gesamtvertretung oder einer gemischten Gesamtvertretung sowie jede Änderung in der Vertretungsmacht eines Gesellschafters ist von sämtlichen Gesellschaftern zur Eintragung in das Firmenbuch anzumelden.

(BGBl I 2005/120)

Umfang der Vertretungsmacht

§ 126. (1) Die Vertretungsmacht der Gesellschafter erstreckt sich auf alle gerichtlichen und außergerichtlichen Geschäfte und Rechtshandlungen einschließlich der Veräußerung und Belastung von Grundstücken sowie der Erteilung und des Widerrufs einer Prokura.

(2) Eine Beschränkung des Umfanges der Vertretungsmacht ist Dritten gegenüber unwirksam; dies gilt insbesondere von der Beschrän-

kung, daß sich die Vertretung nur auf gewisse Geschäfte oder Arten von Geschäften erstrecken oder daß sie nur unter gewissen Umständen oder für eine gewisse Zeit oder an einzelnen Orten stattfinden soll.

(3) In betreff der Beschränkung auf den Betrieb einer von mehreren Niederlassungen der Gesellschaft finden die Vorschriften des § 50, Abs. 3, entsprechende Anwendung.

Entziehung der Vertretungsmacht

§ 127. Die Vertretungsmacht kann einem Gesellschafter „aufgrund einer Klage aller" übrigen Gesellschafter durch gerichtliche Entscheidung entzogen werden, wenn ein wichtiger Grund vorliegt; ein solcher Grund ist insbesondere grobe Pflichtverletzung oder Unfähigkeit zur ordnungsmäßigen Vertretung der Gesellschaft. *(BGBl I 2014/83)*

Unbeschränkte Haftung der Gesellschafter

§ 128. [1]Die Gesellschafter haften für die Verbindlichkeiten der Gesellschaft den Gläubigern als Gesamtschuldner „unbeschränkt". [2]Eine entgegenstehende Vereinbarung ist Dritten gegenüber unwirksam. *(BGBl I 2005/120)*

Einwendungen des Gesellschafters

§ 129. (1) Wird ein Gesellschafter wegen einer Verbindlichkeit der Gesellschaft in Anspruch genommen, so kann er Einwendungen, die nicht in seiner Person begründet sind, nur insoweit geltend machen, als sie von der Gesellschaft erhoben werden können.

(2) Der Gesellschafter kann die Befriedigung des Gläubigers verweigern, solange der Gesellschaft das Recht zusteht, das ihrer Verbindlichkeit zugrunde liegende Rechtsgeschäft anzufechten „oder ihre Verbindlichkeit durch Aufrechnung mit einer fälligen Forderung zu erfüllen". *(BGBl I 2014/83)*

(3) *(entfällt, BGBl I 2014/83)*

(4) Aus einem gegen die Gesellschaft gerichteten vollstreckbaren Schuldtitel findet die Zwangsvollstreckung gegen die Gesellschafter nicht statt.

Haftung des eintretenden Gesellschafters

§ 130. (1) Wer in eine bestehende Gesellschaft eintritt, haftet gleich den anderen Gesellschaftern nach Maßgabe der §§ 128, 129 für die vor seinem „Eintritt" begründeten Verbindlichkeiten der Gesellschaft, ohne Unterschied, ob die Firma „geändert wird" oder nicht. *(BGBl I 2005/120)*

(2) Eine entgegenstehende Vereinbarung ist Dritten gegenüber unwirksam.

Vierter Titel
Auflösung der Gesellschaft und Ausscheiden von Gesellschaftern

Auflösungsgründe

§ 131. Die offene „Gesellschaft" wird aufgelöst: *(BGBl I 2005/120)*

1. durch den Ablauf der Zeit, für welche sie eingegangen ist;

2. durch Beschluß der Gesellschafter;

3. durch die rechtskräftige Eröffnung des Konkursverfahrens über das Vermögen der Gesellschaft, durch die Abänderung der Bezeichnung Sanierungsverfahren in Konkursverfahren oder durch die rechtskräftige Nichteröffnung oder Aufhebung des Insolvenzverfahrens mangels kostendeckenden Vermögens; *(BGBl I 2015/22)*

4. durch den Tod eines Gesellschafters, „sofern sich aus dem Gesellschaftsvertrag nichts anderes ergibt"; *(BGBl I 2005/120)*

5. durch die rechtskräftige Eröffnung des Konkursverfahrens über das Vermögen eines Gesellschafters, durch die Abänderung der Bezeichnung Sanierungsverfahren in Konkursverfahren oder durch die rechtskräftige Nichteröffnung oder Aufhebung des Insolvenzverfahrens mangels kostendeckenden Vermögens; *(BGBl I 2015/22)*

6. durch Kündigung „oder" durch gerichtliche Entscheidung. *(BGBl I 2014/83)*

Kündigung eines Gesellschafters

§ 132. „(1)" Die Kündigung eines Gesellschafters kann, wenn die Gesellschaft für unbestimmte Zeit eingegangen ist, nur für den Schluß eines Geschäftsjahrs erfolgen; sie muß mindestens sechs Monate vor diesem Zeitpunkte stattfinden. *(BGBl I 2005/120)*

(2) Eine Vereinbarung, durch die das Kündigungsrecht ausgeschlossen oder in anderer Weise als durch angemessene Verlängerung der Kündigungsfrist erschwert wird, ist nichtig. *(BGBl I 2005/120)*

Auflösung durch gerichtliche Entscheidung

§ 133. (1) „Aufgrund der Klage" eines Gesellschafters kann die Auflösung der Gesellschaft vor dem Ablaufe der für ihre Dauer bestimmten Zeit oder bei einer für unbestimmte Zeit eingegangenen Gesellschaft ohne Kündigung durch gerichtliche Entscheidung ausgesprochen werden, wenn ein wichtiger Grund vorliegt. *(BGBl I 2014/83)*

(2) Ein solcher Grund ist insbesondere vorhanden, wenn ein anderer Gesellschafter eine ihm nach dem Gesellschaftsvertrag obliegende wesentliche Verpflichtung vorsätzlich oder aus grober Fahrlässigkeit verletzt oder wenn die Erfüllung einer solchen Verpflichtung unmöglich wird.

(3) Eine Vereinbarung, durch welche das Recht des Gesellschafters, die Auflösung der Gesellschaft zu verlangen, ausgeschlossen oder diesen Vorschriften zuwider beschränkt wird, ist nichtig.

Gesellschaft auf Lebenszeit, Befristung

§ 134. Eine Gesellschaft, die für die Lebenszeit eines Gesellschafters eingegangen ist oder nach dem Ablaufe der für ihre Dauer bestimmten Zeit stillschweigend fortgesetzt wird, steht im Sinne der Vorschriften der §§ 132, 133 einer für unbestimmte Zeit eingegangenen Gesellschaft gleich.

Kündigung durch den Privatgläubiger

§ 135. *(aufgehoben, BGBl I 2021/86)*

§ 136. *(aufgehoben samt Überschrift, BGBl I 2014/83)*

Auseinandersetzung mit dem ausscheidenden Gesellschafter

§ 137. (1) [1]Dem ausscheidenden Gesellschafter sind die Gegenstände, die er der Gesellschaft zur Benutzung überlassen hat, zurückzugeben. [2]Für einen durch Zufall abhanden gekommenen oder verschlechterten Gegenstand kann er keinen Ersatz verlangen.

(2) [1]Dem ausscheidenden Gesellschafter ist in Geld auszuzahlen, was er bei der Auseinandersetzung erhielte, wenn die Gesellschaft zur Zeit seines Ausscheidens aufgelöst worden wäre. [2]Der Wert des Gesellschaftsvermögens ist, soweit erforderlich, durch Schätzung zu ermitteln.

(3) [1]Der ausscheidende Gesellschafter ist von den Gesellschaftsschulden zu befreien, für die er den Gläubigern haftet. [2]Ist eine Schuld noch nicht fällig, so kann ihm die Gesellschaft Sicherheit leisten statt ihn zu befreien.

(4) Verbleibt dem ausscheidenden Gesellschafter eine Verbindlichkeit aus dem Gesellschaftsverhältnis, so ist er verpflichtet, einen Ausgleich in entsprechender Höhe an die Gesellschaft zu zahlen.

(BGBl I 2005/120)

Beteiligung des Ausscheidenden an schwebenden Geschäften

§ 138. (1) [1]Der ausgeschiedene Gesellschafter nimmt am Gewinn und am Verlust teil, der sich aus den zur Zeit seines Ausscheidens schwebenden Geschäften ergibt. [2]Die Gesellschaft ist berechtigt, diese Geschäfte so zu beenden, wie es ihr am vorteilhaftesten erscheint.

(2) Der ausgeschiedene Gesellschafter kann am Schluss jedes Geschäftsjahrs Rechenschaft über die inzwischen beendeten Geschäfte, Auszahlung des ihm gebührenden Betrages und Auskunft über den Stand der noch schwebenden Geschäfte verlangen.

(BGBl I 2005/120)

Fortsetzung mit den Erben

§ 139. (1) [1]Ist im Gesellschaftsvertrag bestimmt, dass im Fall des Todes eines Gesellschafters die Gesellschaft mit seinen Erben fortgesetzt werden soll, so besteht sie nach dem Tod dieses Gesellschafters mit seiner Verlassenschaft und nach deren Einantwortung mit den Erben fort. [2]Jeder Erbe kann sein Verbleiben in der Gesellschaft davon abhängig machen, dass ihm unter Belassung des bisherigen Gewinnanteils die Stellung eines Kommanditisten eingeräumt und der auf ihn fallende Teil der Einlage des Erblassers als seine Kommanditeinlage anerkannt wird. *(BGBl I 2005/120)*

(2) Nehmen die übrigen Gesellschafter einen dahingehenden Antrag des Erben nicht an, so ist dieser befugt, ohne Einhaltung einer Kündigungsfrist sein Ausscheiden aus der Gesellschaft zu erklären.

(3) [1]Die in Abs. 1 und 2 bezeichneten Rechte können von den Erben nur innerhalb einer Frist von drei Monaten nach der Einantwortung der Verlassenschaft geltend gemacht werden. [2]Ist ein Erbe nicht geschäftsfähig und ist für ihn kein gesetzlicher Vertreter bestellt, so läuft diese Frist erst ab der Bestellung eines solchen oder ab dem Eintritt der Geschäftsfähigkeit des Erben. *(BGBl I 2005/120)*

(4) Scheidet [innerhalb der Frist des Abs. 3] der Erbe aus der Gesellschaft aus oder wird [innerhalb der Frist] die Gesellschaft aufgelöst oder dem Erben die Stellung eines Kommanditisten eingeräumt, so haftet er für die bis dahin entstandenen Gesellschaftsschulden nur nach Maßgabe der die Haftung des Erben für die Nachlaßverbindlichkeiten betreffenden Vorschriften des bürgerlichen Rechtes.

(5) Der Gesellschaftsvertrag kann die Anwendung der Vorschriften der Abs. 1 bis 4 nicht ausschließen; es kann jedoch für den Fall, daß der Erbe sein Verbleiben in der Gesellschaft von der Einräumung der Stellung eines Kommanditisten abhängig macht, sein Gewinnanteil anders als der des Erblassers bestimmt werden.

Ausschluss statt Auflösung

§ 140. (1) [1]„Tritt in der Person eines Gesellschafters ein Umstand ein, der nach § 133 für jeden der übrigen Gesellschafter das Recht begründet, die Auflösung der Gesellschaft zu verlangen, so kann vom Gericht aufgrund einer Klage aller übrigen Gesellschafter anstatt der Auflösung der Gesellschaft der Ausschluss dieses Gesellschafters aus der Gesellschaft ausgesprochen werden.“[2]Der Ausschließungsklage steht nicht entgegen, dass nach der Ausschließung nur ein Gesellschafter verbleibt. *(BGBl I 2014/83)*

(2) Für die Auseinandersetzung zwischen der Gesellschaft oder dem allein verbleibenden Gesellschafter (Abs. 1 letzter Satz) und dem ausgeschlossenen Gesellschafter ist die Vermögenslage der Gesellschaft in dem Zeitpunkt maßgebend, in dem die Klage auf Ausschließung erhoben wird.

(BGBl I 2005/120)

Fortsetzungsbeschluss

§ 141. (1) [1]Die Gesellschafter können bei Auflösung der Gesellschaft, wenn sie nicht in Folge der Eröffnung des „Konkursverfahrens"* über das Vermögen der Gesellschaft eintritt (§ 144), deren Fortbestand beschließen. [2]In den Fällen des § 131 Z 4, 5 oder 6 erster Fall steht dieses Recht den verbleibenden Gesellschaftern zu. „[3]In diesen Fällen scheidet der Gesellschafter, in dessen Person der Auflösungsgrund eingetreten ist, infolge des Fortsetzungsbeschlusses aus der Gesellschaft aus."** *(*BGBl I 2010/58; **BGBl I 2014/83)*

(2) Im Fall der Kündigung „nach § 339 Abs. 1 EO"** scheidet der betreffende Gesellschafter mit dem Ende des Geschäftsjahrs aus der Gesellschaft aus „ , in den übrigen Fällen mit dem Wirksamwerden des Beschlusses."* *(*BGBl I 2014/83; **BGBl I 2021/86)*

(3) Im Fall der Eröffnung des „Konkursverfahrens" über das Vermögen eines Gesellschafters ist Abs. 1 mit der Maßgabe anzuwenden, dass eine Erklärung gegenüber dem Masseverwalter zu erfolgen hat und der „Schuldner" mit dem Zeitpunkt der Konkurseröffnung als aus der Gesellschaft ausgeschieden gilt. *(BGBl I 2010/58)*

(BGBl I 2005/120)

Übergang des Gesellschaftsvermögens

§ 142. (1) [1]Verbleibt nur noch ein Gesellschafter, so erlischt die Gesellschaft ohne Liquidation. [2]Das Gesellschaftsvermögen geht im Weg der Gesamtrechtsnachfolge auf diesen über.

(2) Der ausscheidende Gesellschafter ist in sinngemäßer Anwendung der §§ 137 und 138 abzufinden.

(BGBl I 2005/120)

Anmeldung von Auflösung und Ausscheiden

§ 143. (1) Die Auflösung der Gesellschaft ist, wenn sie nicht infolge der Eröffnung des „Konkursverfahrens" über das Vermögen der Gesellschaft eintritt, von sämtlichen Gesellschaftern zur Eintragung in das Firmenbuch anzumelden. *(BGBl I 2010/58)*

(2) Das gleiche gilt von dem Ausscheiden eines Gesellschafters aus der Gesellschaft.

(3) Ist anzunehmen, dass der Tod eines Gesellschafters die Auflösung oder das Ausscheiden zur Folge gehabt hat, so kann die Eintragung auch ohne Mitwirkung der Erben bei der Anmeldung erfolgen, soweit einer solchen Mitwirkung besondere Hindernisse entgegenstehen. *(BGBl I 2005/120)*

Fortsetzung nach Insolvenz der Gesellschaft

§ 144. (1) Ist die Gesellschaft durch die Eröffnung des Konkursverfahrens über ihr Vermögen aufgelöst, das Insolvenzverfahren aber durch Bestätigung eines Sanierungsplans (§ 152 IO) oder mit Einverständnis der Gläubiger (§ 123b IO) aufgehoben worden, so können die Gesellschafter die Fortsetzung der Gesellschaft beschließen. *(BGBl I 2010/58)*

(2) Die Fortsetzung ist von sämtlichen Gesellschaftern zur Eintragung in das Firmenbuch anzumelden.

Fünfter Titel

Liquidation der Gesellschaft

Notwendigkeit der Liquidation

§ 145. (1) Nach der Auflösung der Gesellschaft findet die Liquidation statt, sofern nicht eine andere Art der Auseinandersetzung von den Gesellschaftern vereinbart oder über das Vermögen der Gesellschaft „das Insolvenzverfahren" eröffnet ist. *(BGBl I 2010/58)*

(2) Ist die Gesellschaft durch Kündigung nach § 339 Abs. 1 EO oder durch die Eröffnung des Konkursverfahrens über das Vermögen eines Gesellschafters aufgelöst, so kann die Liquidation nur mit Zustimmung des Verwalters oder des Masseverwalters unterbleiben. *(BGBl I 2021/86)*

Bestellung der Liquidatoren

§ 146. (1) [1]Die Liquidation erfolgt, sofern sie nicht durch Beschluß der Gesellschafter oder durch den Gesellschaftsvertrag einzelnen Gesellschaftern oder anderen Personen übertragen ist, durch sämtliche Gesellschafter als Liquidatoren. [2]Mehrere Erben eines Gesellschafters haben einen gemeinsamen Vertreter zu bestellen.

(2) [1]Auf Antrag eines Beteiligten kann aus wichtigen Gründen die Ernennung von Liquidatoren durch das Gericht erfolgen, in dessen „Sprengel"* die Gesellschaft ihren Sitz hat; das Gericht kann in einem solchen Falle Personen zu Liquidatoren ernennen, die nicht zu den Gesellschaftern gehören. [2]Als Beteiligter gilt außer den Gesellschaftern im Falle des „§ 338 Abs. 1 EO auch der Verwalter,"** durch den die Kündigung

erfolgt ist. *(*BGBl I 2005/120; **BGBl I 2021/86)*

(3) Ist über das Vermögen eines Gesellschafters das Konkursverfahren eröffnet oder das Sanierungsverfahren eröffnet und dem Gesellschafter die Eigenverwaltung entzogen, so tritt der Insolvenzverwalter an die Stelle des Gesellschafters. *(BGBl I 2010/58)*

Abberufung von Liquidatoren

§ 147. Die Abberufung von Liquidatoren geschieht durch einstimmigen Beschluß der nach § 146, Abs. 2, 3, Beteiligten; sie kann auf Antrag eines Beteiligten aus wichtigen Gründen auch durch das Gericht erfolgen.

Anmeldung der Liquidatoren

§ 148. (1) [1]Die Liquidatoren sind von sämtlichen Gesellschaftern zur Eintragung in das Firmenbuch anzumelden. [2]Das gleiche gilt von jeder Änderung in den Personen der Liquidatoren oder in ihrer Vertretungsmacht. [3]„Im Fall des Todes eines Gesellschafters kann, wenn anzunehmen ist, dass die Anmeldung den Tatsachen entspricht, die Eintragung auch ohne Mitwirkung der Erben bei der Anmeldung erfolgen, soweit einer solchen Mitwirkung besondere Hindernisse entgegenstehen." *(BGBl I 2005/120)*

(2) Die Eintragung gerichtlich bestellter Liquidatoren sowie die Eintragung der gerichtlichen Abberufung von Liquidatoren geschieht von Amts wegen.

(3) Die Liquidatoren haben ihre Namensunterschrift zur Aufbewahrung bei Gericht zu zeichnen. *(BGBl 1991/10)*

Rechte und Pflichten der Liquidatoren; Auseinandersetzung

§ 149. (1) [1]Die Liquidatoren haben die laufenden Geschäfte zu beenden, die Forderungen einzuziehen, das übrige Vermögen in Geld umzusetzen und die Gläubiger zu befriedigen; zur Beendigung schwebender Geschäfte können sie auch neue Geschäfte eingehen. [2]Die Liquidatoren vertreten die Gesellschaft gerichtlich und außergerichtlich.

(2) [1]Den Gesellschaftern sind die Gegenstände, die sie der Gesellschaft zur Benutzung überlassen haben, zurückzugeben. [2]Für einen durch Zufall abhanden gekommenen oder verschlechterten Gegenstand können sie keinen Ersatz verlangen.

(BGBl I 2005/120)

Mehrere Liquidatoren

§ 150. (1) Sind mehrere Liquidatoren vorhanden, so können sie die zur Liquidation gehörenden Handlungen nur in Gemeinschaft vornehmen, sofern nicht bestimmt ist, daß sie einzeln handeln können; „ eine solche Bestimmung ist zur Eintragung in das Firmenbuch anzumelden." *(BGBl 1991/10)*

(2) [1]Durch die Vorschrift des Abs. 1 wird nicht ausgeschlossen, daß die Liquidatoren einzelne von ihnen zur Vornahme bestimmter Geschäfte oder bestimmter Arten von Geschäften ermächtigen. [2]Ist der Gesellschaft gegenüber eine Willenserklärung abzugeben, so findet die Vorschrift des § 125, Abs. 2, Satz 3, entsprechende Anwendung.

Unbeschränkbarkeit der Befugnisse

§ 151. Eine Beschränkung des Umfanges der Befugnisse der Liquidatoren ist Dritten gegenüber unwirksam.

Bindung an Weisungen

§ 152. Die Liquidatoren haben, auch wenn sie gerichtlich bestellt sind, den in Bezug auf die Geschäftsführung einstimmig beschlossenen Anordnungen der gemäß § 146 Abs. 2 und 3 Beteiligten Folge zu leisten.

(BGBl I 2005/120)

Unterschrift

§ 153. Die Liquidatoren haben ihre Unterschrift in der Weise abzugeben, daß sie der bisherigen, als Liquidationsfirma zu bezeichnenden Firma ihren Namen beifügen.

Liquidationsbilanz; Zuweisung des Liquidationsgewinnes oder -verlustes

§ 154. „(1)" Die Liquidatoren haben bei dem Beginne sowie bei der Beendigung der Liquidation eine Bilanz aufzustellen. *(BGBl I 2005/120)*

(2) Die Zuweisung eines Liquidationsgewinns oder -verlustes richtet sich nach der Beteiligung der Gesellschafter (§ 109). *(BGBl I 2005/120)*

Verteilung des Gesellschaftsvermögens; Ausgleich unter den Gesellschaftern

§ 155. (1) Das nach Berücksichtigung der Schulden verbleibende Vermögen der Gesellschaft ist von den Liquidatoren nach dem Verhältnis der Beteiligung der Gesellschafter unter Berücksichtigung ihrer Guthaben und Verbindlichkeiten aus dem Gesellschaftsverhältnis, wie sie sich aufgrund der Schlussbilanz ergeben, unter die Gesellschafter zu verteilen. *(BGBl I 2005/120)*

(2) [1]Das während der Liquidation entbehrliche Geld wird vorläufig verteilt. [2]Zur Deckung noch nicht fälliger oder streitiger Verbindlichkeiten sowie zur Sicherung der den Gesellschaftern bei der Schlußverteilung zukommenden Beträge ist das Erforderliche zurückzubehalten. [3]Die Vor-

schriften des § 122, Abs. 1, finden während der Liquidation keine Anwendung.

(3) Entsteht über die Verteilung des Gesellschaftsvermögens Streit unter den Gesellschaftern, so haben die Liquidatoren die Verteilung bis zur Entscheidung des Streites auszusetzen.

(4) [1]Reicht das Gesellschaftsvermögen zur Deckung der Guthaben von Gesellschaftern aus dem Gesellschaftsverhältnis nicht aus, so sind die übrigen Gesellschafter ihnen gegenüber verpflichtet, für den Betrag im Verhältnis ihrer Verbindlichkeiten aus dem Gesellschaftsverhältnis aufzukommen. [2]Kann von einem Gesellschafter der auf ihn entfallende Betrag nicht erlangt werden, so wird der Ausfall auf die übrigen Gesellschafter wie ein Verlust verteilt. *(BGBl I 2005/120)*

Rechtsverhältnis der bisherigen Gesellschafter untereinander

§ 156. Bis zur Beendigung der Liquidation kommen in bezug auf das Rechtsverhältnis der bisherigen Gesellschafter untereinander sowie der Gesellschaft zu Dritten die Vorschriften des zweiten und dritten Titels zur Anwendung, soweit sich nicht aus dem gegenwärtigen Titel oder aus dem Zwecke der Liquidation ein anderes ergibt.

Anmeldung des Erlöschens; Einsichtsrecht

§ 157. (1) Nach der Beendigung der Liquidation ist das Erlöschen der Firma von den Liquidatoren zur Eintragung in das Firmenbuch anzumelden.

(2) [1]Die Bücher und Papiere der aufgelösten Gesellschaft werden einem der Gesellschafter oder einem Dritten in Verwahrung gegeben. [2]Der Gesellschafter oder der Dritte wird in Ermangelung einer Verständigung durch das Gericht bestimmt, in dessen „Sprengel“ die Gesellschaft ihren Sitz hat. *(BGBl I 2005/120)*

(3) Die Gesellschafter und deren Erben behalten das Recht auf Einsicht und Benutzung der Bücher und Papiere.

Andere Art der Auseinandersetzung

§ 158. Vereinbaren die Gesellschafter statt der Liquidation eine andere Art der Auseinandersetzung, so finden, solange noch ungeteiltes Gesellschaftsvermögen vorhanden ist, im Verhältnis zu Dritten die für die Liquidation geltenden Vorschriften entsprechende Anwendung.

Sechster Titel

Zeitliche Begrenzung der Haftung

Ansprüche gegen einen Gesellschafter

§ 159. (1) Die Ansprüche gegen einen Gesellschafter aus Verbindlichkeiten der Gesellschaft verjähren in fünf Jahren nach der Auflösung der Gesellschaft „ “, sofern nicht der Anspruch gegen die Gesellschaft einer kürzeren Verjährung unterliegt. *(BGBl I 2005/120)*

(2) Die Verjährung beginnt mit dem Ende des Tages, an welchem die Auflösung der Gesellschaft „ “ in das Firmenbuch des für den Sitz der Gesellschaft zuständigen Gerichts eingetragen wird. *(BGBl I 2005/120)*

(3) Wird der Anspruch des Gläubigers gegen die Gesellschaft erst nach der Eintragung fällig, so beginnt die Verjährung mit dem Zeitpunkte der Fälligkeit.

(4) Die Unterbrechung der Verjährung gegenüber der aufgelösten Gesellschaft wirkt auch gegenüber den Gesellschaftern, die der Gesellschaft zur Zeit der Auflösung angehört haben. *(BGBl I 2005/120)*

Begrenzung der Haftung des ausscheidenden Gesellschafters, Frist

§ 160. (1) [1]Scheidet ein Gesellschafter aus der Gesellschaft aus, so haftet er für ihre bis dahin „begründeten“ Verbindlichkeiten nur, soweit sie vor Ablauf von fünf Jahren nach dem Ausscheiden fällig sind. [2]Ansprüche daraus verjähren innerhalb der für die jeweilige Verbindlichkeit geltenden Verjährungsfrist, längstens jedoch in drei Jahren. *(BGBl I 2014/83)*

(2) Die Frist beginnt mit dem Ende des Tages, an dem das Ausscheiden des Gesellschafters in das Firmenbuch eingetragen wird.

(3) [1]Werden Forderungen eines Gläubigers für Leistungen, die er noch vor Ausscheiden des Gesellschafters erbracht hat, erst nach Ablauf von fünf Jahren fällig, so ist der Gläubiger vom Ausscheiden des Gesellschafters zu verständigen. [2]Bei Vorliegen eines wichtigen Grundes kann der Gläubiger vom ausscheidenden Gesellschafter die Sicherstellung seiner Ansprüche verlangen; auf dieses Recht ist er in der Verständigung hinzuweisen. [3]Wird seinem Verlangen nicht entsprochen, so findet Abs. 1 keine Anwendung.

(4) [1]Wird ein Gesellschafter Kommanditist, so sind für die Begrenzung seiner Haftung für die im Zeitpunkt der Eintragung der Änderung in das Firmenbuch entstandenen Verbindlichkeiten die Abs. 1 bis 3 entsprechend anzuwenden. [2]Dies gilt auch, wenn er in der Gesellschaft oder einem ihr als Gesellschafter angehörenden Unternehmen geschäftsführend tätig wird. [3]Seine Haftung als Kommanditist bleibt unberührt.

(BGBl I 2005/120)

Zweiter Abschnitt
Kommanditgesellschaft

Begriff, Anwendung der Vorschriften über die offene Gesellschaft

§ 161. (1) Eine Kommanditgesellschaft ist eine unter eigener Firma geführte Gesellschaft, bei der die Haftung gegenüber den Gesellschaftsgläubigern bei einem Teil der Gesellschafter auf einen bestimmten Betrag (Haftsumme) beschränkt ist (Kommanditisten), beim anderen Teil dagegen unbeschränkt ist (Komplementäre).

(2) Soweit dieser Abschnitt nichts anderes bestimmt, finden auf die Kommanditgesellschaft die für die offene Gesellschaft geltenden Vorschriften Anwendung.

(BGBl I 2005/120)

Anmeldung zum Firmenbuch

§ 162. (1) Die Anmeldung hat die in § 3 Z 2 bis 4, 5, 7, 8 und 16 sowie in § 4 Z 6, gegebenenfalls auch die in § 3 Z 6, 9, 11 und 15 und in § 4 Z 2, 3, 5 und 7 FBG genannten Tatsachen zu enthalten. *(BGBl I 2005/120)*

(2) Sofern der Eintritt eines Kommanditisten unter der Bedingung der Eintragung in das Firmenbuch erfolgt, hat auch der Eintretende an der Anmeldung mitzuwirken. *(BGBl I 2005/120)*

(3) Diese Vorschriften finden im Falle des Eintritts eines Kommanditisten in eine bestehende „Personengesellschaft" und im Falle des Ausscheidens eines Kommanditisten aus einer Kommanditgesellschaft entsprechende Anwendung. *(BGBl I 2005/120)*

Rechtsverhältnis der Gesellschafter untereinander

§ 163. Für das Verhältnis der Gesellschafter untereinander gelten in Ermangelung abweichender Bestimmungen des Gesellschaftsvertrags die besonderen Vorschriften der §§ 164 bis 169.

Geschäftsführung

§ 164. [1]Die Kommanditisten sind von der Führung der Geschäfte der Gesellschaft ausgeschlossen; sie können einer Handlung der „unbeschränkt" haftenden Gesellschafter nicht widersprechen, es sei denn, daß die Handlung über den gewöhnlichen Betrieb des „Unternehmens" der Gesellschaft hinausgeht. [2]Die Vorschriften des § 116, Abs. 3, bleiben unberührt. *(BGBl I 2005/120)*

Wettbewerbsverbot

§ 165. Die „§ 112 Abs. 2 und 3 sowie § 113" finden auf die Kommanditisten keine Anwendung. *(BGBl I 2021/86)*

Kontrollrecht

§ 166. (1) Der Kommanditist ist berechtigt, die abschriftliche Mitteilung des Jahresabschlusses „oder, wenn nach den Vorschriften des Dritten Buches keine Pflicht zur Rechnungslegung besteht, einer sonstigen Abrechnung" zu verlangen und dessen Richtigkeit unter Einsicht der Bücher und Schriften zu prüfen. *(BGBl 1990/475; BGBl I 2005/120)*

(2) Die im § 118 dem von der Geschäftsführung ausgeschlossenen Gesellschafter eingeräumten weiteren Rechte stehen dem Kommanditisten nicht zu.

(3) Auf Antrag eines Kommanditisten kann das Gericht, wenn wichtige Gründe vorliegen, die Mitteilung einer Bilanz oder sonstiger Aufklärungen sowie die Vorlegung der Bücher und „Schriften" jederzeit anordnen. *(BGBl I 2005/120)*

Berechnung von Gewinn und Verlust

§ 167. [1]Soweit der Gesellschaftsvertrag nichts anderes vorsieht, ist den unbeschränkt haftenden Gesellschaftern zunächst ein ihrer Haftung angemessener Betrag des Jahresgewinns zuzuweisen. [2]Im Übrigen ist für den diesen Betrag übersteigenden Teil des Jahresgewinns sowie für den Verlust eines Geschäftsjahrs § 121 anzuwenden.

(BGBl I 2005/120)

Gewinnausschüttung

§ 168. (1) [1]Der Kommanditist kann die Auszahlung des Gewinnes nicht verlangen, soweit die bedungene Einlage nicht geleistet ist oder durch dem Kommanditisten zugewiesene Verluste oder die Auszahlung des Gewinnes unter den auf sie geleisteten Betrag gemindert würde. [2]Im Übrigen findet § 122 Anwendung.

(2) Der Kommanditist ist nicht verpflichtet, den bezogenen Gewinn wegen späterer Verluste zurückzuzahlen.

(BGBl I 2005/120)

Keine Teilnahme am Ausgleich unter den Gesellschaftern

§ 169. Soweit der Kommanditist die bedungene Einlage geleistet hat, sind § 137 Abs. 4 und § 155 Abs. 4 auf ihn nicht anzuwenden.

(BGBl I 2005/120)

Vertretung

§ 170. Der Kommanditist ist als solcher nicht befugt, die Gesellschaft zu vertreten.

(BGBl I 2005/120)

Haftung des Kommanditisten

§ 171. (1) [1]Der Kommanditist haftet den Gläubigern der Gesellschaft bis zur Höhe der im Firmenbuch eingetragenen Haftsumme unmittelbar; die Haftung ist ausgeschlossen, soweit die Einlage geleistet ist. [2]Auf Verlangen hat der Kommanditist den Gläubigern über die Höhe der geleisteten Einlage binnen angemessener Frist Auskunft zu geben.

(2) Ist über das Vermögen der Gesellschaft das Insolvenzverfahren eröffnet, so übt während dessen Dauer der Masse- oder Sanierungsverwalter das Recht der Gesellschaftsgläubiger nach Abs. 1 aus. *(BGBl I 2010/58)*

(BGBl I 2005/120)

Umfang der Haftung

§ 172. (1) Auf eine nicht eingetragene Erhöhung der aus dem Firmenbuch ersichtlichen Haftsumme können sich die Gläubiger nur berufen, wenn die Erhöhung in gehöriger Weise kundgemacht oder ihnen von der Gesellschaft mitgeteilt worden ist.

(2) Eine Vereinbarung der Gesellschafter, durch die einem Kommanditisten die Einlage erlassen oder gestundet wird, ist den Gläubigern gegenüber unwirksam.

(3) [1]Soweit die Einlage eines Kommanditisten zurückgezahlt wird, gilt sie den Gläubigern gegenüber als nicht geleistet. [2]Das Gleiche gilt, soweit ein Kommanditist Gewinnanteile entnimmt, obwohl frühere Verlustzuweisungen noch nicht durch spätere Gewinne ausgeglichen wurden. [3]Ein Kommanditist, der seine Einlage geleistet und in der Folge nicht zurückerhalten hat, haftet für Verringerungen der Einlage durch Nachfolger nicht.

(4) Was ein Kommanditist im guten Glauben als Gewinn bezieht, ist er in keinem Fall zurückzuzahlen verpflichtet.

(BGBl I 2005/120)

Haftung bei Eintritt als Kommanditist

§ 173. (1) Wer in eine bestehende „eingetragene Personengesellschaft" als Kommanditist eintritt, haftet nach Maßgabe der §§ 171, 172 für die vor seinem Eintritte begründeten Verbindlichkeiten der Gesellschaft, ohne Unterschied, ob die Firma „geändert wird" oder nicht. *(BGBl I 2005/120)*

(2) Eine entgegenstehende Vereinbarung ist Dritten gegenüber unwirksam.

Herabsetzung der Haftsumme

§ 174. Eine Herabsetzung der Haftsumme eines Kommanditisten ist, solange sie nicht in das Firmenbuch eingetragen ist, den Gläubigern gegenüber unwirksam; Gläubiger, deren Forderungen zur Zeit der Eintragung begründet waren, brauchen die Herabsetzung nicht gegen sich gelten zu lassen.

(BGBl I 2005/120)

Anmeldung der Änderung einer Haftsumme

§ 175. [1]Die Erhöhung sowie die Herabsetzung einer Haftsumme sind durch sämtliche Gesellschafter zur Eintragung in das Firmenbuch anzumelden. [2]§ 24 FBG ist nicht anzuwenden.

(BGBl I 2005/120)

Haftungsumfang vor Eintragung der Gesellschaft, bei Eintritt in diese

§ 176. (1) [1]Handeln Gesellschafter oder zur Vertretung der Gesellschaft bestellte Personen nach Errichtung, aber vor Entstehung der Gesellschaft in deren Namen, so haftet der Kommanditist für die in der Zeit bis zur Eintragung begründeten Verbindlichkeiten der Gesellschaft bis zur Höhe seiner Haftsumme. [2]Dies gilt auch dann, wenn ein handelnder Gesellschafter nicht, nicht allein oder nur beschränkt vertretungsbefugt ist, der Dritte den Mangel der Vertretungsmacht aber weder kannte noch kennen musste.

(2) [1]Tritt ein Kommanditist in eine bestehende Personengesellschaft ein, so findet Abs. 1 für die in der Zeit zwischen seinem Eintritt und seiner Eintragung in das Firmenbuch begründeten Verbindlichkeiten der Gesellschaft entsprechende Anwendung. [2]§ 171 Abs. 1 gilt sinngemäß.

(BGBl I 2005/120)

Tod des Kommanditisten

§ 177. Der Tod eines Kommanditisten hat die Auflösung der Gesellschaft nicht zur Folge.

Ausscheiden des einzigen Komplementärs

§ 178. [1]Würde der einzige Komplementär aufgrund einer Bestimmung des Gesellschaftsvertrags oder durch die Ausübung eines ihm im Gesellschaftsvertrag eingeräumten Kündigungsrechts aus der Gesellschaft ausscheiden, so tritt diese Rechtsfolge nur ein, wenn die verbleibenden Kommanditisten vereinbaren, dass sie die Gesellschaft fortsetzen und wenigstens einer von ihnen die Stellung eines Komplementärs übernimmt, oder wenn der einzige verbleibende Kommanditist erklärt, das Gesellschaftsvermögen im Weg der Gesamtrechtsnachfolge (§ 142) zu übernehmen. [2]Ansonsten ist die Gesellschaft stattdessen aufgelöst und wird unter Beteiligung des Komplementärs abgewickelt.

(BGBl I 2014/83)

Dritter Abschnitt
Stille Gesellschaft

Begriff und Wesen der stillen Gesellschaft

§ 179. (1) Wer sich als stiller Gesellschafter am Unternehmen oder Vermögen eines anderen mit einer Vermögenseinlage beteiligt, hat die Einlage so zu leisten, dass sie in das Vermögen des anderen übergeht.

(2) Aus den Geschäften, die im Betrieb des Unternehmens geschlossen werden oder das Vermögen betreffen, an dem die Beteiligung besteht, wird allein der Inhaber berechtigt und verpflichtet.

(BGBl I 2014/83)

Einlage des stillen Gesellschafters [;][1)]

[1)] Der „;" wurde vergessen aufzuheben (vgl BGBl I 2005/120).

§ 180. „" Zur Erhöhung der vereinbarten oder zur Ergänzung der durch Verlust verminderten Einlage ist der stille Gesellschafter nicht verpflichtet. *(BGBl I 2005/120)*

(2) *(aufgehoben, BGBl I 2005/120)*

(BGBl 1990/475)

Gewinn und Verlust

§ 181. (1) Ist der Anteil des stillen Gesellschafters am Gewinn und Verlust nicht bestimmt, so gilt ein den Umständen nach angemessener Anteil als bedungen.

(2) Im Gesellschaftsvertrag kann bestimmt werden, daß der stille Gesellschafter nicht am Verlust beteiligt sein soll; seine Beteiligung am Gewinn kann nicht ausgeschlossen werden.

(3) Ist im Gesellschaftsvertrag nur der Anteil am Gewinn oder am Verlust bestimmt, so gilt die Bestimmung im Zweifel für Gewinn und Verlust.

(BGBl 1990/475)

Gewinn- oder Verlustberechnung

§ 182. (1) Am Schluß jedes Geschäftsjahres ist der Gewinn oder Verlust zu berechnen und der auf den stillen Gesellschafter fallende Gewinn auszuzahlen.

(2) [1]Der stille Gesellschafter nimmt an dem Verlust nur bis zum Betrag seiner eingezahlten oder rückständigen Einlage teil. [2]Er ist nicht verpflichtet, den bezogenen Gewinn wegen späterer Verluste zurückzuzahlen; jedoch wird, solange seine Einlage durch Verlust vermindert ist, der jährliche Gewinn zur Deckung des Verlustes verwendet.

(3) Der Gewinn, der von dem stillen Gesellschafter nicht behoben wird, vermehrt dessen Einlage nicht, sofern nicht ein anderes vereinbart ist.

(BGBl 1990/475)

Kontrollrecht des stillen Gesellschafters

§ 183. (1) Der stille Gesellschafter ist berechtigt, die abschriftliche Mitteilung des Jahresabschlusses „oder, wenn nach den Vorschriften des Dritten Buches keine Pflicht zur Rechnungslegung besteht, einer sonstigen Abrechnung" zu verlangen und dessen Richtigkeit unter Einsicht der Bücher und Schriften zu prüfen. *(BGBl I 2005/120)*

(2) Die im § 118 dem von der Geschäftsführung ausgeschlossenen Gesellschafter eingeräumten weiteren Rechte stehen dem stillen Gesellschafter nicht zu.

(3) Auf Antrag des stillen Gesellschafters kann das Gericht, wenn wichtige Gründe vorliegen, die Mitteilung eines Status oder sonstiger Aufklärungen sowie die Vorlage der Bücher und Schriften jederzeit anordnen.

(BGBl 1990/475)

Kündigung der Gesellschaft; Tod des stillen Gesellschafters

§ 184. (1) [1]„Auf die Kündigung der Gesellschaft durch einen Gesellschafter oder nach § 339 Abs. 1 EO finden die Vorschriften der §§ 132 und 134 entsprechende Anwendung."[2] Wenn ein wichtiger Grund vorliegt, kann jeder Gesellschafter die Gesellschaft, mag sie auch auf bestimmte Zeit eingegangen sein, ohne Einhaltung einer Frist jederzeit kündigen. [3]Eine Vereinbarung, durch die dieses Kündigungsrecht ausgeschlossen oder beschränkt wird, ist nichtig. *(BGBl I 2021/86)*

(2) Durch den Tod des stillen Gesellschafters wird die Gesellschaft nicht aufgelöst.

(BGBl 1990/475)

Andere Auflösungsgründe

§ 185. (1) Wird der vereinbarte Zweck erreicht oder seine Erreichung unmöglich, so endet die stille Gesellschaft, auch wenn sie auf bestimmte Zeit eingegangen worden und diese Zeit noch nicht abgelaufen ist.

(2) [1]Die stille Gesellschaft wird ferner durch die Eröffnung des Konkursverfahrens über das Vermögen eines Gesellschafters und, wenn der Gesellschaftsvertrag nichts anderes bestimmt, durch den Tod des Inhabers des „Unternehmens"*

„oder Vermögens"*** aufgelöst. [2]„§ 136"* über die Fürsorgepflicht beim Tod oder Konkurs eines Gesellschafters ist sinngemäß anzuwenden. *(*BGBl I 2005/120; **BGBl I 2016/43)*

(BGBl 1990/475)

Auseinandersetzung

§ 186. (1) Nach der Auflösung der Gesellschaft hat sich der Inhaber des „Unternehmens"* „oder Vermögens"** mit dem stillen Gesellschafter auseinanderzusetzen und dessen Guthaben in Geld zu berichtigen. *(*BGBl I 2005/120; **BGBl I 2016/43)*

(2) [1]Die zur Zeit der Auflösung schwebenden Geschäfte werden von dem Inhaber des „Unternehmens"* „oder Vermögens"** abgewickelt. [2]Der stille Gesellschafter nimmt teil an dem Gewinn oder Verlust, der sich aus diesen Geschäften ergibt. *(*BGBl I 2005/120; **BGBl I 2016/43)*

(3) Er kann am Schluß jedes Geschäftsjahrs Rechenschaft über die inzwischen beendigten Geschäfte, Auszahlung des ihm gebührenden Betrags und Auskunft über den Stand der noch schwebenden Geschäfte verlangen.

(BGBl 1990/475)

Konkurs des Inhabers

§ 187. (1) Wird über das Vermögen des Inhabers des „Unternehmens"* „oder Vermögens"*** „das Konkursverfahren"** eröffnet, so kann der stille Gesellschafter wegen der Einlage, soweit sie den Betrag des auf ihn fallenden Anteils am Verlust übersteigt, seine Forderung als „Insolvenzgläubiger"** geltend machen. *(*BGBl I 2005/120; **BGBl I 2010/58; ***BGBl I 2016/43)*

(2) Ist die Einlage zum Zeitpunkt der Eröffnung des Konkursverfahrens noch nicht zur Gänze geleistet worden, so hat sie der stille Gesellschafter bis zu dem Betrag, welcher zur Deckung seines Anteils am Verlust erforderlich ist, zur Insolvenzmasse einzuzahlen. *(BGBl I 2010/58)*

(BGBl 1990/475)

Anfechtung im Insolvenzverfahren

§ 188. (1) [1]Ist auf Grund einer in dem letzten Jahr vor der Eröffnung „des Insolvenzverfahrens"** zwischen dem Inhaber des „Unternehmens"* „oder Vermögens"*** und dem stillen Gesellschafter getroffenen Vereinbarung diesem die Einlage ganz oder teilweise zurückgewährt oder sein Anteil an dem entstandenen Verlust ganz oder teilweise erlassen worden, so kann die Rückgewähr oder der Erlaß vom „Masse- oder Sanierungsverwalter"** angefochten werden. [2]Es begründet keinen Unterschied, ob die Rückgewähr oder der Erlaß unter Auflösung der Gesellschaft stattgefunden hat oder nicht. *(*BGBl I 2005/120; **BGBl I 2010/58; ***BGBl I 2016/43)*

(2) Die Anfechtung ist ausgeschlossen, wenn „das Insolvenzverfahren" in Umständen seinen Grund hat, die erst nach der Vereinbarung der Rückgewähr oder des Erlasses eingetreten sind. *(BGBl I 2010/58)*

(3) Die Vorschriften der „Insolvenzordnung" über die Geltendmachung der Anfechtung und deren Wirkung finden Anwendung. *(BGBl I 2010/29)*

(BGBl 1990/475)

Drittes Buch
Rechnungslegung

Erster Abschnitt
Allgemeine Vorschriften

Erster Titel
Buchführung, Inventarerrichtung

Anwendungsbereich

§ 189. (1) Soweit in der Folge nichts anderes bestimmt wird, ist das Dritte Buch anzuwenden auf:

1. Kapitalgesellschaften; *(BGBl I 2015/22)*

2. „eingetragene" Personengesellschaften, bei denen *(BGBl I 2016/43)*

a) alle unmittelbaren oder mittelbaren Gesellschafter mit ansonsten unbeschränkter Haftung tatsächlich nur beschränkt haftbar sind, weil sie entweder Kapitalgesellschaften im Sinn des Anhangs I der Richtlinie 2013/34/EU über den Jahresabschluss, den konsolidierten Abschluss und damit verbundene Berichte von Unternehmen bestimmter Rechtsformen und zur Änderung der Richtlinie 2006/43/EG des Europäischen Parlaments und des Rates und zur Aufhebung der Richtlinien 78/660/EWG und 83/349/EWG, ABl. Nr. L 182 vom 29. 6. 2013 S. 19 „, in der Fassung der Richtlinie 2014/102/EU des Rates vom 7. November 2014, ABl. Nr. L 334 vom 21. 11. 2014, S. 86" (im Folgenden: Bilanz-Richtlinie), sind oder Gesellschaften sind, die nicht dem Recht eines Mitgliedstaats der Europäischen Union oder eines Vertragsstaats des Abkommens über den Europäischen Wirtschaftsraum unterliegen, aber über eine Rechtsform verfügen, die einer in Anhang I der Richtlinie 2013/34/EU genannten vergleichbar ist; „als Kapitalgesellschaften im Sinn des Anhangs I der Bilanz-Richtlinie gelten auch solche, die mittels delegierter Rechtsakte der Kommission im Sinn des Art. 1 Abs. 2 dieser Richtlinie als solche erklärt werden;" oder *(BGBl I 2016/43)*

b) kein unbeschränkt haftender Gesellschafter eine natürliche Person oder eine Personengesellschaft mit einer natürlichen Person als unbeschränkt haftendem Gesellschafter ist oder bei

denen sich die Verbindung von Gesellschaften in dieser Art fortsetzt, und die unternehmerisch tätig sind; *(BGBl I 2016/43)*
(BGBl I 2015/22)

„3.“*** alle anderen mit Ausnahme der in Abs. 4 genannten Unternehmer, „die hinsichtlich der einzelnen einheitlichen Betriebe jeweils mehr als“* „700 000“** Euro Umsatzerlöse im Geschäftsjahr erzielen. *(*BGBl I 2006/103; **BGBl I 2009/140; ***BGBl I 2015/22)*

(2) Die Rechtsfolgen des Schwellenwertes („Abs. 1 Z 3“) treten ein: *(BGBl I 2015/22)*

1. ab dem zweitfolgenden Geschäftsjahr, wenn der Schwellenwert in zwei aufeinanderfolgenden Geschäftsjahren überschritten wird; sie entfallen ab dem folgenden Geschäftsjahr, wenn er in zwei aufeinanderfolgenden Geschäftsjahren nicht mehr überschritten wird;

2. „jedoch schon ab dem folgenden Geschäftsjahr, wenn der Schwellenwert um mindestens 300 000 Euro überschritten wird“** oder wenn bei Gesamt- oder bei Einzelrechtsnachfolge in den Betrieb oder Teilbetrieb eines Unternehmens der Rechtsvorgänger zur Rechnungslegung verpflichtet war, es sei denn, dass der Schwellenwert für den übernommenen Betrieb oder Teilbetrieb in den letzten zwei aufeinanderfolgenden Geschäftsjahren nicht erreicht wurde; sie entfallen ab dem folgenden Geschäftsjahr, wenn er bei Aufgabe eines „Teilbetriebs“* um mindestens die Hälfte unterschritten wird. *(*BGBl I 2006/103; **BGBl I 2009/140)*

(3) Rechnungslegungsrechtliche Sonderbestimmungen gehen der Anwendung dieses Gesetzes vor.

(4) Das Dritte Buch ist nicht anzuwenden auf Angehörige der freien Berufe, Land- und Forstwirte sowie Unternehmer, deren Einkünfte im Sinne des § 2 Abs. 4 Z 2 EStG 1988 im Überschuss der Einnahmen über die Werbungskosten liegen, auch wenn ihre Tätigkeit im Rahmen einer eingetragenen Personengesellschaft ausgeübt wird, es sei denn, dass es sich um eine Personengesellschaft im Sinn des „Abs. 1 Z 2“ handelt. *(BGBl I 2015/22)*

(BGBl I 2005/120)

Begriffsbestimmungen

§ 189a. Für das Dritte Buch gelten folgende Begriffsbestimmungen:

1. Unternehmen von öffentlichem Interesse:

a) Unternehmen, deren übertragbare Wertpapiere zum Handel an einem geregelten Markt eines Mitgliedstaats der Europäischen Union oder eines Vertragsstaats des Abkommens über den Europäischen Wirtschaftsraum im Sinn des Art. 4 Abs. 1 Nr. 21 der Richtlinie 2014/65/EU über Märkte für Finanzinstrumente sowie zur Änderung der Richtlinien 2002/92/EG und 2011/61/EU, ABl. Nr. L 173 vom 12. 6. 2014 S. 349, zugelassen sind;

b) Kapitalgesellschaften, die Kreditinstitute im Sinn des Art. 4 Abs. 1 Nr. 1 der Verordnung (EU) Nr. 575/2013 über Aufsichtsanforderungen an Kreditinstitute und Wertpapierfirmen und zur Änderung der Verordnung (EU) Nr. 646/2012, ABl. Nr. L 176 vom 27. 6. 2013 S. 1 – mit Ausnahme der in Artikel 2 Abs. 5 der Richtlinie 2013/36/EU über den Zugang zur Tätigkeit von Kreditinstituten und die Beaufsichtigung von Kreditinstituten und Wertpapierfirmen, zur Änderung der Richtlinie 2002/87/EG und zur Aufhebung der Richtlinien 2006/48/EG und 2006/49/EG, ABl. Nr. L 176 vom 27. 6. 2013 S. 338, genannten Kreditinstitute – sind;

c) Kapitalgesellschaften, die Versicherungsunternehmen im Sinn des Art. 2 Abs. 1 der Richtlinie 91/674/EWG über den Jahresabschluss und den konsolidierten Abschluss von Versicherungsunternehmen, ABl. Nr. L 374 vom 31. 12. 1991 S. 7, sind oder

d) Unternehmen, die ungeachtet ihrer Rechtsform in einem Bundesgesetz unter Verweis auf diese Bestimmung als solche bezeichnet werden;

2. Beteiligung: Anteile an einem anderen Unternehmen, die dazu bestimmt sind, dem eigenen Geschäftsbetrieb durch Herstellung einer dauernden Verbindung zu diesem Unternehmen zu dienen; dabei ist es gleichgültig, ob die Anteile in Wertpapieren verbrieft sind oder nicht; es wird eine Beteiligung an einem anderen Unternehmen vermutet, wenn der Anteil am Kapital 20% beträgt oder darüber liegt; § 244 Abs. 4 und 5 über die Berechnung der Anteile ist anzuwenden; die Beteiligung als unbeschränkt haftender Gesellschafter an einer Personengesellschaft gilt stets als Beteiligung;

3. beizulegender Wert: der Betrag, den ein Erwerber des gesamten Unternehmens im Rahmen des Gesamtkaufpreises für den betreffenden Vermögensgegenstand oder die betreffende Schuld ansetzen würde; dabei ist davon auszugehen, dass der Erwerber das Unternehmen fortführt;

4. beizulegender Zeitwert: der Börsenkurs oder Marktpreis; im Fall von Finanzinstrumenten, deren Marktpreis sich als Ganzes nicht ohne weiteres ermitteln lässt, der aus den Marktpreisen der einzelnen Bestandteile des Finanzinstruments oder dem Marktpreis für ein gleichartiges Finanzinstrument abgeleitete Wert; falls sich bei Finanzinstrumenten ein verlässlicher Markt nicht ohne weiteres ermitteln lässt, der mit Hilfe allgemein anerkannter Bewertungsmodelle und -methoden bestimmte Wert, sofern diese Modelle und Methoden eine angemessene Annäherung an den Marktpreis gewährleisten; *(BGBl I 2019/46)*

5. Umsatzerlöse: die Beträge, die sich aus dem Verkauf von Produkten und der Erbringung von

Dienstleistungen nach Abzug von Erlösschmälerungen und der Umsatzsteuer sowie von sonstigen direkt mit dem Umsatz verbundenen Steuern ergeben;

6. Mutterunternehmen: ein Unternehmen, das ein oder mehrere Tochterunternehmen im Sinn des § 244 beherrscht;

7. Tochterunternehmen: ein Unternehmen, das von einem Mutterunternehmen im Sinn des § 244 unmittelbar oder mittelbar beherrscht wird;

8. verbundene Unternehmen: zwei oder mehrere Unternehmen innerhalb einer Gruppe, wobei eine Gruppe das Mutterunternehmen und alle Tochterunternehmen bilden;

9. assoziiertes Unternehmen: ein Unternehmen, an dem ein anderes Unternehmen eine Beteiligung hält und dessen Geschäfts- und Finanzpolitik durch das andere Unternehmen maßgeblich beeinflusst wird; es wird vermutet, dass ein Unternehmen einen maßgeblichen Einfluss auf ein anderes Unternehmen ausübt, sofern jenes Unternehmen 20% oder mehr der Stimmrechte der Aktionäre oder Gesellschafter dieses Unternehmens besitzt;

10. [1]wesentlich: der Status von Informationen, wenn vernünftigerweise zu erwarten ist, dass ihre Auslassung oder fehlerhafte Angabe Entscheidungen beeinflusst, die Nutzer auf der Grundlage des Jahres- oder Konzernabschlusses treffen. [2]Die Wesentlichkeit ist von der Größe oder der spezifischen Eigenschaft des Postens oder der Fehlerhaftigkeit der Angabe abhängig. [3]Selbst wenn ein einzelner Posten für sich genommen als unwesentlich angesehen werden kann, können mehrere unwesentliche gleichartige Posten zusammen als wesentlich gelten;

11. Investmentunternehmen:

a) Unternehmen, deren einziger Zweck darin besteht, ihre Mittel in Wertpapieren oder Immobilien verschiedener Art oder in anderen Werten anzulegen mit dem einzigen Ziel, das Risiko der Investitionen zu verteilen und ihre Aktionäre oder Gesellschafter an dem Gewinn aus der Verwaltung ihres Vermögens zu beteiligen;

b) Unternehmen, die mit Unternehmen nach lit. a mit festem Kapital verbunden sind, sofern der einzige Zweck dieser verbundenen Unternehmen darin besteht, voll eingezahlte Anteile, die von den Unternehmen nach lit. a ausgegeben worden sind, zu erwerben, unbeschadet des Artikels 22 Absatz 1 Buchstabe h der Richtlinie 2012/30/EU zur Koordinierung der Schutzbestimmungen, die in den Mitgliedstaaten den Gesellschaften im Sinne des Artikels 54 Absatz 2 des Vertrages über die Arbeitsweise der Europäischen Union im Interesse der Gesellschafter sowie Dritter für die Gründung der Aktiengesellschaft sowie für die Erhaltung und Änderung ihres Kapitals vorgeschrieben sind, um diese Bestimmungen gleichwertig zu gestalten, ABl. Nr. L 315 vom 14. 11. 2012 S. 74;

12. Beteiligungsgesellschaft: Unternehmen, deren einziger Zweck darin besteht, Beteiligungen an anderen Unternehmen zu erwerben sowie die Verwaltung und Verwertung dieser Beteiligungen wahrzunehmen, ohne dass sie unmittelbar oder mittelbar in die Verwaltung dieser Unternehmen eingreifen, unbeschadet der Rechte, die ihnen in ihrer Eigenschaft als Anteilsinhaber zustehen.

(BGBl I 2015/22)

Führung der Bücher

§ 190. (1) [1]Der Unternehmer hat Bücher zu führen und in diesen seine unternehmensbezogenen Geschäfte und die Lage seines Vermögens nach den Grundsätzen ordnungsmäßiger Buchführung ersichtlich zu machen. [2]Die Buchführung muss so beschaffen sein, dass sie einem sachverständigen Dritten innerhalb angemessener Zeit einen Überblick über die Geschäftsvorfälle und über die Lage des Unternehmens vermitteln kann. [3]Die Geschäftsvorfälle müssen sich in ihrer Entstehung und Abwicklung verfolgen lassen.

(2) [1]Bei der Führung der Bücher und bei den sonst erforderlichen Aufzeichnungen hat sich der Unternehmer einer lebenden Sprache zu bedienen. [2]Werden Abkürzungen, Zahlen, Buchstaben oder Symbole verwendet, so muss im Einzelfall deren Bedeutung eindeutig festliegen.

(3) Die Eintragungen in Büchern und die sonst erforderlichen Aufzeichnungen müssen vollständig, richtig, zeitgerecht und geordnet vorgenommen werden.

(4) [1]Eine Eintragung oder eine Aufzeichnung darf nicht in einer Weise verändert werden, dass der ursprüngliche Inhalt nicht mehr feststellbar ist. [2]Auch darf durch eine Veränderung keine Ungewissheit darüber entstehen, ob eine Eintragung oder Aufzeichnung ursprünglich oder zu einem späteren Zeitpunkt gemacht wurde.

(5) [1]Der Unternehmer kann zur ordnungsmäßigen Buchführung und zur Aufbewahrung seiner Geschäftsbriefe (§ 212 Abs. 1) Datenträger benützen. [2]Hierbei muss die inhaltsgleiche, vollständige und geordnete, hinsichtlich der in § 212 Abs. 1 genannten Schriftstücke auch die urschriftgetreue Wiedergabe bis zum Ablauf der gesetzlichen Aufbewahrungsfristen jederzeit gewährleistet sein. [3]Werden solche Schriftstücke auf elektronischem Weg übertragen, so muss ihre Lesbarkeit in geeigneter Form gesichert sein. [4]Soweit die Schriftstücke nur auf Datenträgern vorliegen, entfällt das Erfordernis der urschriftgetreuen Wiedergabe.

(BGBl I 2005/120)

Inventar

§ 191. (1) Der „Unternehmer“ hat zu Beginn seines „Unternehmens“ die diesem gewidmeten

Vermögensgegenstände und Schulden genau zu verzeichnen und deren Wert anzugeben (Inventar). *(BGBl I 2005/120)*

(2) Er hat für den Schluß eines jeden Geschäftsjahrs ein solches Inventar aufzustellen.

(BGBl 1990/475)

Inventurverfahren

§ 192. (1) Die Vermögensgegenstände sind im Regelfall im Weg einer körperlichen Bestandsaufnahme zu erfassen.

(2) Bei der Inventur für den Schluß eines Geschäftsjahrs bedarf es einer körperlichen Bestandsaufnahme der Vermögensgegenstände für diesen Zeitpunkt nicht, soweit durch Anwendung eines den Grundsätzen ordnungsmäßiger Buchführung entsprechenden anderen Verfahrens gesichert ist, daß der Bestand der Vermögensgegenstände nach Art, Menge und Wert auch ohne die körperliche Bestandsaufnahme für diesen Zeitpunkt festgestellt werden kann.

(3) In dem Inventar für den Schluß eines Geschäftsjahrs müssen Vermögensgegenstände nicht verzeichnet werden, wenn

1. der „Unternehmer" ihren Bestand auf Grund einer körperlichen Bestandsaufnahme oder auf Grund eines gemäß Abs. 2 zulässigen anderen Verfahrens nach Art, Menge und Wert in einem besonderen Inventar verzeichnet hat, das für einen Tag innerhalb der letzten drei Monate vor oder der „ersten beiden" Monate nach dem Schluß des Geschäftsjahrs aufgestellt ist, und *(BGBl I 2005/120)*

2. auf Grund des besonderen Inventars durch Anwendung eines den Grundsätzen ordnungsmäßiger Buchführung entsprechenden Fortschreibungs- oder Rückrechnungsverfahrens gesichert ist, daß der am Schluß des Geschäftsjahrs vorhandene Bestand der Vermögensgegenstände für diesen Zeitpunkt ordnungsgemäß bewertet werden kann.

(4) [1]Bei der Inventur darf der Bestand von Vermögensgegenständen nach Art, Menge und Wert auch mit Hilfe anerkannter mathematisch-statistischer Methoden auf Grund von Stichproben ermittelt werden. [2]Das Verfahren muß den Grundsätzen ordnungsmäßiger Buchführung entsprechen. [3]Der Aussagewert des auf diese Weise aufgestellten Inventars muß dem Aussagewert eines auf Grund einer körperlichen Bestandsaufnahme aufgestellten Inventars gleichkommen.

(BGBl 1990/475)

ZWEITER TITEL
Eröffnungsbilanz, Jahresabschluß

Pflicht zur Aufstellung

§ 193. (1) Der „Unternehmer" hat zu Beginn seines „Unternehmens" eine Eröffnungsbilanz nach den Grundsätzen ordnungsmäßiger Buchführung aufzustellen. *(BGBl I 2005/120)*

(2) Er hat sodann für den Schluß eines jeden Geschäftsjahrs in den ersten neun Monaten des Geschäftsjahrs für das vorangegangene Geschäftsjahr einen Jahresabschluß aufzustellen.

(3) Die Dauer des Geschäftsjahrs darf zwölf Monate nicht überschreiten.

(4) Der Jahresabschluß besteht aus der Bilanz und der Gewinn- und Verlustrechnung; er ist in „Euro" und in deutscher Sprache unbeschadet der volksgruppenrechtlichen Bestimmungen in der jeweils geltenden Fassung aufzustellen. *(BGBl I 1998/125)*

(BGBl 1990/475)

Unterzeichnung

§ 194. [1]Der Jahresabschluß ist vom „Unternehmer" unter Beisetzung des Datums zu unterzeichnen. [2]Sind mehrere „unbeschränkt" haftende Gesellschafter vorhanden, so haben sie alle zu unterzeichnen. *(BGBl I 2005/120)*

(BGBl 1990/475)

Inhalt des Jahresabschlusses

§ 195. [1]Der Jahresabschluß hat den Grundsätzen ordnungsmäßiger Buchführung zu entsprechen. [2]Er ist klar und übersichtlich aufzustellen. [3]Er hat dem „Unternehmer" ein möglichst getreues Bild der Vermögens- und Ertragslage des Unternehmens zu vermitteln. *(BGBl I 2005/120)*

(BGBl 1990/475)

Vollständigkeit, Verrechnungsverbot

§ 196. (1) Der Jahresabschluß hat sämtliche Vermögensgegenstände, Rückstellungen, Verbindlichkeiten, Rechnungsabgrenzungsposten, Aufwendungen und Erträge zu enthalten, soweit gesetzlich nichts anderes bestimmt ist.

(2) Posten der Aktivseite dürfen nicht mit Posten der Passivseite, Aufwendungen dürfen nicht mit Erträgen, Grundstücksrechte nicht mit Grundstückslasten verrechnet werden.

(BGBl 1990/475)

Wirtschaftlicher Gehalt

§ 196a. „" Die Posten des Jahresabschlusses sind unter Berücksichtigung des wirtschaftlichen Gehalts der betreffenden Geschäftsvorfälle oder

der betreffenden Vereinbarungen zu bilanzieren und darzustellen. *(BGBl I 2019/46)*

(2) *(entfällt, BGBl I 2019/46)*

(BGBl I 2015/22)

Bilanzierungsverbote

§ 197. (1) Aufwendungen für die Gründung des Unternehmens und für die Beschaffung des Eigenkapitals dürfen nicht als Aktivposten in die Bilanz eingestellt werden.

(2) Für immaterielle Gegenstände des Anlagevermögens, die nicht entgeltlich erworben wurden, darf ein Aktivposten nicht angesetzt werden.

(BGBl 1990/475)

Inhalt der Bilanz

§ 198. (1) In der Bilanz sind das Anlage- und das Umlaufvermögen, das Eigenkapital, „ “ die Rückstellungen, die Verbindlichkeiten sowie die Rechnungsabgrenzungsposten gesondert auszuweisen und unter Bedachtnahme auf die Grundsätze des § 195 aufzugliedern. *(BGBl I 2015/22)*

(2) Als Anlagevermögen sind die Gegenstände auszuweisen, die bestimmt sind, dauernd dem Geschäftsbetrieb zu dienen.

(3) *(aufgehoben, BGBl I 2009/140)*

(4) Als Umlaufvermögen sind die Gegenstände auszuweisen, die nicht bestimmt sind, dauernd dem Geschäftsbetrieb zu dienen.

(5) Als Rechnungsabgrenzungsposten sind auf der Aktivseite Ausgaben vor dem Abschlußstichtag auszuweisen, soweit sie Aufwand für eine bestimmte Zeit nach diesem Tag sind.

(6) Als Rechnungsabgrenzungsposten sind auf der Passivseite Einnahmen vor dem Abschlußstichtag auszuweisen, soweit sie Ertrag für eine bestimmte Zeit nach diesem Tag sind.

(7) [1]„Ist der Rückzahlungsbetrag einer Verbindlichkeit zum Zeitpunkt ihrer Begründung höher als der Ausgabebetrag, so ist der Unterschiedsbetrag in den Rechnungsabgrenzungsposten auf der Aktivseite aufzunehmen und gesondert auszuweisen.“** „ “*[2]Der eingesetzte Betrag ist durch planmäßige jährliche Abschreibung zu tilgen. *(*BGBl 1996/304; **BGBl I 2015/22)*

(8) Für Rückstellungen gilt folgendes:

1. Rückstellungen sind für ungewisse Verbindlichkeiten und für drohende Verluste aus schwebenden Geschäften zu bilden, die am Abschlußstichtag wahrscheinlich oder sicher, aber hinsichtlich ihrer Höhe oder „des Zeitpunkts“ ihres Eintritts unbestimmt sind. *(BGBl I 2005/120)*

2. [1]Rückstellungen dürfen außerdem für ihrer Eigenart nach genau umschriebene, dem Geschäftsjahr oder einem früheren Geschäftsjahr zuzuordnende Aufwendungen gebildet werden, die am Abschlußstichtag wahrscheinlich oder sicher, aber hinsichtlich ihrer Höhe oder „des Zeitpunkts“ ihres Eintritts unbestimmt sind. [2]Derartige Rückstellungen sind zu bilden, soweit dies den Grundsätzen ordnungsmäßiger Buchführung entspricht. *(BGBl I 2005/120)*

3. [1]Andere Rückstellungen als die gesetzlich vorgesehenen dürfen nicht gebildet werden. [2]Eine Verpflichtung zur Rückstellungsbildung besteht nicht, soweit es sich um „nicht wesentliche Beträge“ handelt. *(BGBl I 2015/22)*

4. Rückstellungen sind insbesondere zu bilden für

a) Anwartschaften auf Abfertigungen,

b) laufende Pensionen und Anwartschaften auf Pensionen,

c) Kulanzen, nicht konsumierten Urlaub, Jubiläumsgelder, Heimfallasten und Produkthaftungsrisken „ , “ *(BGBl I 2003/71)*

d) auf Gesetz oder Verordnung beruhende Verpflichtungen zur Rücknahme und Verwertung von Erzeugnissen. *(BGBl I 2003/71)*

(BGBl 1996/304)

(9) [1]Bestehen zwischen den unternehmensrechtlichen und den steuerrechtlichen Wertansätzen von Vermögensgegenständen, Rückstellungen, Verbindlichkeiten und Rechnungsabgrenzungsposten Differenzen, die sich in späteren Geschäftsjahren voraussichtlich abbauen, so ist bei einer sich daraus insgesamt ergebenden Steuerbelastung diese als Rückstellung für passive latente Steuern in der Bilanz anzusetzen. [2]Sollte sich eine Steuerentlastung ergeben, so haben mittelgroße und große Gesellschaften im Sinn des § 189 Abs. 1 Z 1 und 2 lit. a diese als aktive latente Steuern (§ 224 Abs. 2 D) in der Bilanz anzusetzen; kleine Gesellschaften im Sinn des § 189 Abs. 1 Z 1 und 2 dürfen dies nur tun, soweit sie die unverrechneten Be- und Entlastungen im Anhang aufschlüsseln. [3]Für künftige steuerliche Ansprüche aus steuerlichen Verlustvorträgen können aktive latente Steuern in dem Ausmaß angesetzt werden, in dem ausreichende passive latente Steuern vorhanden sind oder soweit überzeugende substantielle Hinweise vorliegen, dass ein ausreichendes zu versteuerndes Ergebnis in Zukunft zur Verfügung stehen wird; diesfalls sind in die Angabe nach § 238 Abs. 1 Z 3 auch die substantiellen Hinweise, die den Ansatz rechtfertigen, aufzunehmen. *(BGBl I 2015/22)*

(10) [1]Die Bewertung der Differenzen nach Abs. 9 ergibt sich aus der Höhe der voraussichtlichen Steuerbe- und -entlastung nachfolgender Geschäftsjahre; der Betrag ist nicht abzuzinsen. [2]Eine Saldierung aktiver latenter Steuern mit passiven latenten Steuern ist nicht vorzunehmen, soweit eine Aufrechnung der tatsächlichen Steuererstattungsansprüche mit den tatsächlichen Steuerschulden rechtlich nicht möglich ist. [3]Latente Steuern sind nicht zu berücksichtigen, soweit sie entstehen

1. aus dem erstmaligen Ansatz eines Geschäfts(Firmen)werts; oder

2. aus dem erstmaligen Ansatz eines Vermögenswerts oder einer Schuld bei einem Geschäftsvorfall, der

a) keine Umgründung im Sinn des § 202 Abs. 2 oder Übernahme im Sinn des § 203 Abs. 5 ist, und

b) zum Zeitpunkt des Geschäftsvorfalls weder das bilanzielle Ergebnis vor Steuern noch das zu versteuernde Ergebnis (den steuerlichen Verlust) beeinflusst;

3. in Verbindung mit Anteilen an Tochterunternehmen, assoziierten Unternehmen oder Gemeinschaftsunternehmen im Sinn des § 262 Abs. 1, wenn das Mutterunternehmen in der Lage ist, den zeitlichen Verlauf der Auflösung der temporären Differenzen zu steuern, und es wahrscheinlich ist, dass sich die temporäre Differenz in absehbarer Zeit nicht auflösen wird.

[4]Die ausgewiesenen Posten sind aufzulösen, soweit die Steuerbe- oder -entlastung eintritt oder mit ihr nicht mehr zu rechnen ist. [5]Der Aufwand oder Ertrag aus der Veränderung bilanzierter latenter Steuern ist in der Gewinn- und Verlustrechnung gesondert unter dem Posten „Steuern vom Einkommen und vom Ertrag“ auszuweisen. *(BGBl I 2015/22)*

(BGBl 1990/475)

Haftungsverhältnisse

§ 199. Unter der Bilanz sind Verbindlichkeiten aus der Begebung und Übertragung von Wechseln, Bürgschaften, Garantien sowie sonstigen vertraglichen Haftungsverhältnissen, soweit sie nicht auf der Passivseite auszuweisen sind, zu vermerken, auch wenn ihnen gleichwertige Rückgriffsforderungen gegenüberstehen.

(BGBl 1996/304)

Inhalt der Gewinn- und Verlustrechnung

§ 200. [1]In der Gewinn- und Verlustrechnung sind die Erträge und Aufwendungen unter Bedachtnahme auf die Grundsätze des § 195 aufzugliedern. [2]Der Jahresüberschuß (Jahresfehlbetrag) und der Bilanzgewinn (Bilanzverlust) sind gesondert auszuweisen.

(BGBl 1990/475)

DRITTER TITEL

Ansatz und Bewertung

Allgemeine Grundsätze

§ 201. (1) Die Bewertung hat den Grundsätzen ordnungsmäßiger Buchführung zu entsprechen.

(2) Insbesondere gilt folgendes:

1. Die auf den vorhergehenden Jahresabschluß angewendeten „Bilanzierungs- und Bewertungsmethoden“ sind beizubehalten. *(BGBl I 2015/22)*

2. Bei der Bewertung ist von der Fortführung des Unternehmens auszugehen, solange dem nicht tatsächliche oder rechtliche Gründe entgegenstehen.

3. Die Vermögensgegenstände und Schulden sind zum Abschlußstichtag einzeln zu bewerten.

4. Der Grundsatz der Vorsicht ist einzuhalten, insbesondere sind

a) nur die am Abschlußstichtag verwirklichten Gewinne auszuweisen,

b) erkennbare Risken und drohende Verluste, die in dem Geschäftsjahr oder einem früheren Geschäftsjahr entstanden sind, zu berücksichtigen, selbst wenn die Umstände erst zwischen dem Abschlußstichtag und dem Tag der Aufstellung des Jahresabschlusses bekannt geworden sind,

c) Wertminderungen unabhängig davon zu berücksichtigen, ob das Geschäftsjahr mit einem Gewinn oder einem Verlust abschließt.

5. Aufwendungen und Erträge des Geschäftsjahrs sind unabhängig vom Zeitpunkt der entsprechenden Zahlungen im Jahresabschluß zu berücksichtigen.

6. Die Eröffnungsbilanz des Geschäftsjahrs muß mit der Schlußbilanz des vorhergehenden Geschäftsjahrs übereinstimmen.

7. [1]Ist die Bestimmung eines Wertes nur auf Basis von Schätzungen möglich, so müssen diese auf einer umsichtigen Beurteilung beruhen. [2]Liegen statistisch ermittelbare Erfahrungswerte aus gleich gelagerten Sachverhalten vor, so sind diese zu berücksichtigen. *(BGBl I 2015/22)*

„ “ *(BGBl I 2015/22)*

(3) [1]Ein Abweichen von diesen Grundsätzen ist nur bei Vorliegen besonderer Umstände und unter Beachtung der in § 195 dritter Satz beschriebenen Zielsetzung, bei Gesellschaften im Sinn des § 189 Abs. 1 Z 1 und 2 nur unter Beachtung der in § 222 Abs. 2 erster Satz umschriebenen Zielsetzung zulässig. [2]Die angeführten Gesellschaften haben die Abweichung im Anhang anzugeben, zu begründen und ihren Einfluss auf die Vermögens-, Finanz- und Ertragslage des Unternehmens darzulegen. *(BGBl I 2015/22)*

(BGBl 1996/304)

Bewertung von Einlagen und Zuwendungen sowie Entnahmen

§ 202. (1) [1]Einlagen und Zuwendungen sowie Entnahmen sind mit dem Wert anzusetzen, der ihnen im Zeitpunkt ihrer Leistung beizulegen ist, soweit sich nicht aus der Nutzungsmöglichkeit im Unternehmen ein geringerer Wert ergibt. [2]„Werden Betriebe oder Teilbetriebe eingelegt oder zugewendet, so gilt § 203 Abs. 5 sinngemäß.“ *(BGBl 1993/458)*

(2) [1]Bei Umgründungen (Verschmelzungen, Umwandlungen, Einbringungen, Zusammenschlüssen, Realteilungen und Spaltungen) gilt folgendes:

1. [1]Abweichend von Abs. 1 dürfen die Buchwerte aus dem letzten Jahresabschluß oder einer Zwischenbilanz, die nach den auf den letzten Jahresabschluß angewandten Bilanzierungs- und Bewertungsmethoden zu erstellen ist, fortgeführt werden. [2]Der Stichtag der zugrundegelegten Bilanz darf höchstens neun Monate vor der Anmeldung zum Firmenbuch liegen; ist eine Anmeldung zum Firmenbuch nicht vorgesehen, so ist der Tag des Abschlusses der zugrundeliegenden Vereinbarung maßgeblich. [3]War der Rechtsvorgänger (der Übertragende) zur Führung von Büchern nicht verpflichtet, dürfen die steuerrechtlichen Werte angesetzt werden.

2. Übersteigt der Gesamtbetrag der Gegenleistung die fortgeführten Werte nach Z 1, so darf der Unterschiedsbetrag unter die Posten des Anlagevermögens aufgenommen werden; der Gesamtbetrag der Gegenleistung ergibt sich aus dem „“ Gesamtausgabebetrag der neuen Anteile, dem Buchwert eigener oder untergehender Anteile und den baren Zuzahlungen. *(BGBl I 1998/125)*

3. [1]Jener Teil des Unterschiedsbetrags, der den Aktiven und Passiven des übertragenen Vermögens zugeordnet werden kann, ist als Umgründungsmehrwert gesondert auszuweisen; auf diesen Wert sind die für Vermögensgegenstände und Schulden geltenden Bestimmungen anzuwenden. [2]Ein danach verbleibender Restbetrag darf als Firmenwert angesetzt werden.
(BGBl 1993/458)

(BGBl 1990/475)

Wertansätze für Gegenstände des Anlagevermögens; Anschaffungs- und Herstellungskosten

§ 203. (1) Gegenstände des Anlagevermögens sind mit den Anschaffungs- oder Herstellungskosten, vermindert um Abschreibungen gemäß § 204, anzusetzen.

(2) [1]Anschaffungskosten sind die Aufwendungen, die geleistet werden, um einen Vermögensgegenstand zu erwerben und ihn in einen betriebsbereiten Zustand zu versetzen, soweit sie dem Vermögensgegenstand einzeln zugeordnet werden können. [2]Zu den Anschaffungskosten gehören auch die Nebenkosten sowie die nachträglichen Anschaffungskosten. [3]Anschaffungspreisminderungen sind abzusetzen.

(3) [1]Herstellungskosten sind die Aufwendungen, die für die Herstellung eines Vermögensgegenstandes, seine Erweiterung oder für eine über seinen ursprünglichen Zustand hinausgehende wesentliche Verbesserung entstehen. [2] „Bei der Berechnung der Herstellungskosten sind auch angemessene Teile dem einzelnen Erzeugnis nur mittelbar zurechenbarer fixer und variabler Gemeinkosten in dem Ausmaß, wie sie auf den Zeitraum der Herstellung entfallen, einzurechnen.“ [3]Sind die Gemeinkosten durch offenbare Unterbeschäftigung überhöht, so dürfen nur die einer durchschnittlichen Beschäftigung entsprechenden Teile dieser Kosten eingerechnet werden. [4]Aufwendungen für Sozialeinrichtungen des Betriebes, für freiwillige Sozialleistungen, für betriebliche Altersversorgung und Abfertigungen dürfen eingerechnet werden. [5]Kosten der allgemeinen Verwaltung und des Vertriebes dürfen nicht in die Herstellungskosten einbezogen werden. *(BGBl I 2015/22)*

(4) [1]Zinsen für Fremdkapital, das zur Finanzierung der Herstellung von Gegenständen des Anlage- oder des Umlaufvermögens verwendet wird, dürfen im Rahmen der Herstellungskosten angesetzt werden, soweit sie auf den Zeitraum der Herstellung entfallen. [2]Die Anwendung dieses Wahlrechts ist im Anhang anzugeben; mittelgroße und große Gesellschaften (§ 221 Abs. 2 und 3) haben außerdem im Anhang den insgesamt nach dieser Bestimmung im Geschäftsjahr aktivierten Betrag anzugeben. *(BGBl I 2015/22)*

(5) [1]Als Geschäfts(Firmen)wert ist der Unterschiedsbetrag anzusetzen, um den die Gegenleistung für die Übernahme eines Betriebes die Werte der einzelnen Vermögensgegenstände abzüglich der Schulden im Zeitpunkt der Übernahme übersteigt. [2]Die Abschreibung des Geschäfts(Firmen)werts ist planmäßig auf die Geschäftsjahre, in denen er voraussichtlich genutzt wird, zu verteilen. „[3]In Fällen, in denen die Nutzungsdauer des Geschäfts(Firmen)werts nicht verlässlich geschätzt werden kann, ist der Geschäfts(Firmen)wert über 10 Jahre gleichmäßig verteilt abzuschreiben. [4]Im Anhang ist der Zeitraum zu erläutern, über den der Geschäfts(Firmen)wert abgeschrieben wird.“ *(BGBl I 2009/140; BGBl I 2015/22)*

(BGBl 1990/475)

Abschreibungen im Anlagevermögen

§ 204. (1) [1]Die Anschaffungs- oder Herstellungskosten sind bei den Gegenständen des Anlagevermögens, deren Nutzung zeitlich begrenzt ist, um planmäßige Abschreibungen zu vermindern. [2]Der Plan muß die Anschaffungs- oder Herstellungskosten auf die Geschäftsjahre verteilen, in denen der Vermögensgegenstand voraussichtlich wirtschaftlich genutzt werden kann.

(1a) Anschaffungs- oder Herstellungskosten geringwertiger Vermögensgegenstände des abnutzbaren Anlagevermögens dürfen im Jahr ihrer Anschaffung oder Herstellung voll abgeschrieben werden. *(BGBl I 2015/22)*

(2) [1]„Gegenstände des Anlagevermögens sind bei voraussichtlich dauernder Wertminderung ohne Rücksicht darauf, ob ihre Nutzung zeitlich begrenzt ist, außerplanmäßig auf den niedrigeren am Abschlussstichtag beizulegenden Wert abzuschreiben „ “**“*. [2]Bei Finanzanlagen dürfen solche Abschreibungen auch vorgenommen werden, wenn die Wertminderung voraussichtlich nicht von Dauer ist. *(BGBl 1996/304; *BGBl I 2015/22; **BGBl I 2019/46)*

(3) *(aufgehoben, BGBl 1996/304)*

(BGBl 1990/475)

§ 205. *(entfällt samt Überschrift, BGBl I 2015/22)*

Wertansätze für Gegenstände des Umlaufvermögens

§ 206. (1) Gegenstände des Umlaufvermögens sind mit den Anschaffungs- oder Herstellungskosten, vermindert um Abschreibungen gemäß § 207, anzusetzen.

(2) Auf die Feststellung der Anschaffungs- und Herstellungskosten ist § 203 Abs. 2 bis 4 sinngemäß anzuwenden.

(3) [1]Führt in Ausnahmefällen das Verbot der Einbeziehung von Kosten der allgemeinen Verwaltung und des Vertriebs (§ 203 Abs. 3 letzter Satz) dazu, dass ein möglichst getreues Bild der Vermögens-, Finanz- und Ertragslage auch mit zusätzlichen Anhangangaben (§ 222 Abs. 2) nicht vermittelt werden kann, so können bei Aufträgen, deren Ausführung sich über mehr als zwölf Monate erstreckt, angemessene Teile der Verwaltungs- und Vertriebskosten angesetzt werden, falls eine verlässliche Kostenrechnung vorliegt und soweit aus der weiteren Auftragsabwicklung keine Verluste drohen. [2]Die Anwendung dieser Bestimmung ist im Anhang anzugeben und zu begründen und ihr Einfluss auf die Vermögens-, Finanz- und Ertragslage der Gesellschaft darzulegen; gleichzeitig ist der insgesamt über die Herstellungskosten hinaus angesetzte Betrag anzugeben. *(BGBl I 2015/22)*

(BGBl 1990/475)

Abschreibungen auf Gegenstände des Umlaufvermögens

§ 207. [1]Bei Gegenständen des Umlaufvermögens sind Abschreibungen vorzunehmen, um sie mit dem Wert anzusetzen, der sich aus dem niedrigeren Börsenkurs oder Marktpreis am Abschlussstichtag ergibt. [2]Ist ein Börsenkurs oder Marktpreis nicht festzustellen und übersteigen die Anschaffungs- oder Herstellungskosten den beizulegenden Wert, so ist der Vermögensgegenstand auf diesen Wert abzuschreiben.

(BGBl I 2019/46)

Wertaufholung

§ 208. (1) Wird bei einem Vermögensgegenstand eine Abschreibung gemäß § 204 Abs. 2 oder § 207 vorgenommen und stellt sich in einem späteren Geschäftsjahr heraus, daß die Gründe dafür nicht mehr bestehen, so ist der Betrag dieser Abschreibung im Umfang der Werterhöhung unter Berücksichtigung der Abschreibungen, die inzwischen vorzunehmen gewesen wären, zuzuschreiben.

(2) Abs. 1 gilt nicht bei Abschreibungen des Geschäfts(Firmen)werts. *(BGBl I 2015/22)*

(3) *(entfällt, BGBl I 2015/22)*

(BGBl 1996/304)

Bewertungsvereinfachungsverfahren

§ 209. (1) [1]Gegenstände des Sachanlagevermögens sowie Roh-, Hilfs- und Betriebsstoffe können, wenn sie regelmäßig ersetzt werden und ihr Gesamtwert „nicht wesentlich“ ist, mit einem gleichbleibenden Wert angesetzt werden, sofern ihr Bestand voraussichtlich in seiner Größe, seinem Wert und seiner Zusammensetzung nur geringen Veränderungen unterliegt. [2]Jedoch ist mindestens alle fünf Jahre eine Bestandsaufnahme durchzuführen. [3]Ergibt sich dabei eine wesentliche Änderung des mengenmäßigen Bestandes, so ist insoweit der Wert anzupassen. *(BGBl I 2015/22)*

(2) [1]Gleichartige Gegenstände des Finanzanlage- und des Vorratsvermögens, Wertpapiere (Wertrechte) sowie andere gleichartige oder annähernd gleichwertige bewegliche Vermögensgegenstände können jeweils zu einer Gruppe zusammengefaßt und mit dem gewogenen Durchschnittswert angesetzt werden. [2]Soweit es den Grundsätzen ordnungsmäßiger Buchführung entspricht, kann für den Wertansatz gleichartiger Vermögensgegenstände des Vorratsvermögens unterstellt werden, daß die zuerst oder zuletzt angeschafften oder hergestellten Vermögensgegenstände zuerst oder in einer sonstigen bestimmten Folge verbraucht oder veräußert worden sind.

(BGBl 1990/475)

§ 210. *(aufgehoben samt Überschrift, BGBl I 2009/140)*

Wertansätze von Passivposten

§ 211. (1) [1]Verbindlichkeiten sind zu ihrem Erfüllungsbetrag, Rentenverpflichtungen zum Barwert der zukünftigen Auszahlungen anzusetzen. [2]Rückstellungen sind mit dem Erfüllungsbetrag anzusetzen, der bestmöglich zu schätzen ist. [3]Rückstellungen für „Pensionen“ oder vergleichbare langfristig fällige Verpflichtungen sind mit dem sich nach versicherungsmathematischen Grundsätzen ergebenden Betrag anzusetzen.[4]„Für

Rückstellungen für Abfertigungsverpflichtungen, Jubiläumsgeldzusagen oder vergleichbare langfristig fällige Verpflichtungen kann der Betrag auch durch eine finanzmathematische Berechnung ermittelt werden, sofern dagegen im Einzelfall keine erheblichen Bedenken bestehen.“ *(BGBl I 2019/46)*

(2) [1]Rückstellungen mit einer Restlaufzeit von mehr als einem Jahr sind mit einem marktüblichen Zinssatz abzuzinsen. [2]Bei Rückstellungen für Abfertigungsverpflichtungen, Pensionen, Jubiläumsgeldzusagen oder vergleichbare langfristig fällige Verpflichtungen kann ein durchschnittlicher Marktzinssatz angewendet werden, der sich bei einer angenommenen Restlaufzeit von 15 Jahren ergibt, sofern dagegen im Einzelfall keine erheblichen Bedenken bestehen.

(BGBl I 2015/22)

VIERTER TITEL

Aufbewahrung und Vorlage von Unterlagen

Aufbewahrungspflicht, Aufbewahrungsfrist

§ 212. (1) Der „Unternehmer“* hat seine „Bücher“*, Inventare, Eröffnungsbilanzen, Jahresabschlüsse samt den Lageberichten, Konzernabschlüsse samt den Konzernlageberichten, empfangene „Geschäftsbriefe“*, Abschriften der abgesendeten „Geschäftsbriefe“* und Belege für Buchungen in den von ihm gemäß „§ 190“** zu führenden Büchern (Buchungsbelege) sieben Jahre lang geordnet aufzubewahren; darüber hinaus noch solange, als sie für ein anhängiges gerichtliches oder behördliches Verfahren, in dem der „Unternehmer“* Parteistellung hat, von Bedeutung sind. *(*BGBl I 2005/120; **BGBl I 2015/22)*

(2) Die Frist läuft vom Schluß des Kalenderjahrs an, für das die letzte „Bucheintragung“ vorgenommen, das Inventar aufgestellt, die Eröffnungsbilanz und der Jahresabschluß festgestellt, der Konzernabschluß aufgestellt oder der „Geschäftsbrief“ empfangen oder abgesendet worden ist. *(BGBl I 2005/120)*

(BGBl 1990/475)

Vorlage im Rechtsstreit

§ 213. (1) Im Laufe eines Rechtsstreits kann das Gericht auf Antrag oder von Amts wegen die Vorlage der „Bücher“ einer Partei anordnen. *(BGBl I 2005/120)*

(2) Die Vorschriften der Zivilprozeßordnung über die Verpflichtung des Prozeßgegners zur Vorlage von Urkunden bleiben unberührt.

(BGBl 1990/475)

Auszug bei Vorlage im Rechtsstreit

§ 214. [1]Werden in einem Rechtsstreit „Bücher“ vorgelegt, so ist in sie, soweit sie den Streitpunkt betreffen, unter Zuziehung der Parteien Einsicht zu nehmen und geeignetenfalls ein Auszug davon anzufertigen. [2]Der übrige Inhalt der Bücher ist dem Gericht insoweit offenzulegen, als es zur Prüfung ihrer ordnungsmäßigen Führung notwendig ist. *(BGBl I 2005/120)*

(BGBl 1990/475)

Vorlage bei Vermögensauseinandersetzungen

§ 215. Bei Vermögensauseinandersetzungen, insbesondere in Erbschafts-, Gütergemeinschafts- und Gesellschaftsteilungssachen, darf das Gericht die Vorlage der „Bücher“ zur Kenntnisnahme von ihrem ganzen Inhalt anordnen. *(BGBl I 2005/120)*

(BGBl 1990/475)

Vorlage von Unterlagen auf Datenträgern

§ 216. Wer Eintragungen oder Aufbewahrungen in der Form des „§ 190 Abs. 5“ vorgenommen hat, muß, soweit er zur Einsichtgewährung verpflichtet ist, auf seine Kosten innerhalb angemessener Frist diejenigen Hilfsmittel zur Verfügung stellen, die notwendig sind, um die Unterlagen lesbar zu machen, und, soweit erforderlich, die benötigte Anzahl ohne Hilfsmittel lesbarer, dauerhafter Wiedergaben beibringen. *(BGBl I 2015/22)*

(BGBl 1990/475)

§§ 217 bis 220. *(Diese Paragraphen sind derzeit nicht belegt. Fortsetzung mit § 221.)*

ZWEITER ABSCHNITT

Ergänzende Vorschriften für Kapitalgesellschaften

ERSTER TITEL

Größenklassen

Umschreibung

§ 221. (1) Kleine Kapitalgesellschaften sind solche, die mindestens zwei der drei nachstehenden Merkmale nicht überschreiten:

1. „5 Millionen“ Euro Bilanzsumme; *(BGBl I 2008/70; BGBl I 2015/22)*

2. „10 Millionen“ Euro Umsatzerlöse in den zwölf Monaten vor dem Abschlussstichtag; *(BGBl I 2008/70; BGBl I 2015/22)*

3. im Jahresdurchschnitt 50 Arbeitnehmer.

(1a) Kleinstkapitalgesellschaften sind kleine Kapitalgesellschaften, die keine Investmentunternehmen oder Beteiligungsgesellschaften sind und mindestens zwei der drei nachstehenden Merkmale nicht überschreiten:

1. 350.000 Euro Bilanzsumme;

2. 700.000 Euro Umsatzerlöse in den zwölf Monaten vor dem Abschlussstichtag;

3. im Jahresdurchschnitt 10 Arbeitnehmer. *(BGBl I 2015/22)*

(2) Mittelgroße Kapitalgesellschaften sind solche, die mindestens zwei der drei in Abs. 1 bezeichneten Merkmale überschreiten und mindestens zwei der drei nachstehenden Merkmale nicht überschreiten:

1. „20 Millionen" Euro Bilanzsumme; *(BGBl I 2008/70; BGBl I 2015/22)*

2. „40 Millionen" Euro Umsatzerlöse in den zwölf Monaten vor dem Abschlussstichtag; *(BGBl I 2008/70; BGBl I 2015/22)*

3. im Jahresdurchschnitt 250 Arbeitnehmer.

(3) [1]Große Kapitalgesellschaften sind solche, die mindestens zwei der drei in Abs. 2 bezeichneten Merkmale überschreiten. [2]„Ein Unternehmen von öffentlichem Interesse (§ 189a Z 1) gilt stets als große Kapitalgesellschaft." *(BGBl I 2004/161; BGBl I 2015/22)*

(4) [1]Die Rechtsfolgen der Größenmerkmale (Abs. 1 bis Abs. 3 erster Satz) treten ab dem folgenden Geschäftsjahr ein, wenn diese Merkmale an den Abschlussstichtagen von zwei aufeinanderfolgenden Geschäftsjahren überschritten beziehungsweise nicht mehr überschritten werden. [2]Im Falle der Neugründung und Umgründung (Verschmelzung, Umwandlung, Einbringung, Zusammenschluss, Realteilung oder Spaltung) außer bei einer rechtsformwechselnden Umwandlung treten die Rechtsfolgen bereits ein, wenn die Größenmerkmale am ersten Abschlussstichtag nach der Neugründung oder Umgründung vorliegen; dies gilt auch bei der Aufgabe eines Betriebes oder eines Teilbetriebes, wenn die Größenmerkmale um mindestens die Hälfte unterschritten werden. *(BGBl I 2015/22)*

(4a) Aktiengesellschaften, die Mutterunternehmen (§ 189a Z 6) sind, haben die Schwellenwerte nach den Abs. 1 bis 2 auf konsolidierter oder aggregierter Basis zu berechnen. *(BGBl I 2015/22)*

(5) [1]Eine Personengesellschaft im Sinn des § 189 Abs. 1 Z 2 unterliegt hinsichtlich der in den §§ 222 bis 227, § 229 Abs. 1 bis 3, „§§ 231 bis 243c" und §§ 268 bis 285 geregelten Tatbestände den der Rechtsform ihres unbeschränkt haftenden Gesellschafters entsprechenden Rechtsvorschriften; ist dieser keine Kapitalgesellschaft, so gelten die Vorschriften für Gesellschaften mit beschränkter Haftung. „[2]Dies gilt bei Unternehmen von öffentlichem Interesse im Sinn des § 189a Z 1 lit. a und d auch für die Einrichtung eines Aufsichtsrates sowie eines Prüfungsausschusses. [3]Die Einordnung in die Größenklassen nach Abs. 1 bis 4a, 6 und 7 erfolgt nach den maßgeblichen Kennzahlen der Personengesellschaft selbst." *(BGBl I 2015/22; BGBl I 2016/43)*

(6) Der Durchschnitt der Arbeitnehmeranzahl bestimmt sich nach der Arbeitnehmeranzahl an den jeweiligen Monatsletzten innerhalb des Geschäftsjahrs.

(7) Der Bundesminister für Justiz wird ermächtigt, in Umsetzung von Rechtsvorschriften der Europäischen Union durch Verordnung an Stelle der in „Abs. 1 bis 2" angeführten Merkmale andere Zahlen festzusetzen. *(BGBl I 2004/161; BGBl I 2015/22)*

(BGBl 1996/304)

ZWEITER TITEL

Allgemeine Vorschriften über den Jahresabschluss, den Lagebericht sowie den Corporate Governance-Bericht und den Bericht über Zahlungen an staatliche Stellen

Inhalt des Jahresabschlusses

§ 222. (1) [1]Die gesetzlichen Vertreter einer Kapitalgesellschaft haben in den ersten fünf Monaten des Geschäftsjahrs für das vorangegangene Geschäftsjahr den um den Anhang erweiterten Jahresabschluss, einen Lagebericht sowie gegebenenfalls „ " einen Corporate Governance-Bericht „und einen Bericht über Zahlungen an staatliche Stellen" aufzustellen und den Mitgliedern des Aufsichtsrats vorzulegen. [2]Der Jahresabschluss, der Lagebericht sowie der Corporate Governance-Bericht „und der Bericht über Zahlungen an staatliche Stellen" sind von sämtlichen gesetzlichen Vertretern zu unterzeichnen. *(BGBl I 2008/70; BGBl I 2015/22)*

(2) [1]Der Jahresabschluß hat ein möglichst getreues Bild der Vermögens-, Finanz- und Ertragslage des Unternehmens zu vermitteln. [2]Wenn dies aus besonderen Umständen nicht gelingt, sind im Anhang die erforderlichen zusätzlichen Angaben zu machen.

(3) [1]Führt in Ausnahmefällen die Anwendung einer in diesem Bundesgesetz festgelegten Rechnungslegungsvorschrift dazu, dass ein möglichst getreues Bild der Vermögens-, Finanz- und Ertragslage des Unternehmens auch mit zusätzlichen Angaben nach Abs. 2 nicht vermittelt werden kann, so kann durch Verordnung angeordnet werden, dass die betreffende Bestimmung insoweit nicht anzuwenden ist, als dies erforderlich ist, um ein möglichst getreues Bild der Vermögens-, Finanz- und Ertragslage des Unternehmens zu vermitteln. [2]Eine solche Verordnung ist vom Bundesminister für Justiz im Einvernehmen mit dem Bundesminister für Finanzen zu erlassen; sie hat die Ausnahmefälle zu definieren und vorzugeben, in welcher Art und welchem Ausmaß von der Bestimmung abgewichen werden muss,

sowie die erforderlichen Anhangangaben zu regeln. *(BGBl I 2015/22)*

(BGBl 1990/475)

Allgemeine Grundsätze für die Gliederung

§ 223. (1) [1]Die einmal gewählte Form der Darstellung, insbesondere die Gliederung der aufeinanderfolgenden Bilanzen und Gewinn- und Verlustrechnungen, ist beizubehalten. [2]Ein Abweichen von diesem Grundsatz ist nur unter Beachtung der im § 222 Abs. 2 umschriebenen Zielsetzung zulässig. [3]Die Abweichungen sind im Anhang anzugeben und zu begründen.

(2) [1]Im Jahresabschluß ist zu jedem Posten der entsprechende Betrag des vorangegangenen Geschäftsjahrs zumindest „in vollen 1 000 Euro“ anzugeben; dies gilt auch für die gesondert anzumerkenden Posten. [2]Sind die Beträge nicht vergleichbar, so ist dies im Anhang anzugeben und zu erläutern. [3]Wird der Vorjahresbetrag angepaßt, so ist auch dies im Anhang anzugeben und zu erläutern. *(BGBl I 2001/41)*

(3) [1]Betreibt eine Gesellschaft mehrere Geschäftszweige und bedingt dies die Gliederung des Jahresabschlusses nach verschiedenen Gliederungsvorschriften, so hat die Gesellschaft den Jahresabschluß nach der für den wirtschaftlich bedeutendsten Geschäftszweig vorgeschriebenen Gliederung aufzustellen und nach der für seine anderen Geschäftszweige jeweils vorgeschriebenen Gliederung zu ergänzen „,.“[2]„Gesellschaften, die nicht klein sind, haben die Ergänzung im Anhang anzugeben und zu begründen.“ *(BGBl I 2015/22)*

(4) [1]Eine weitere Untergliederung der Posten ist zulässig; dabei ist jedoch die vorgeschriebene Gliederung zu beachten. [2]Zusätzliche Posten „und Zwischensummen“ dürfen hinzugefügt werden, wenn ihr Inhalt nicht von einem vorgeschriebenen Posten gedeckt wird. [3]Die Aufnahme weiterer zusätzlicher Posten ist geboten, soweit es zur Erreichung der im § 222 Abs. 2 umschriebenen Zielsetzung erforderlich ist. [4]Die Postenbezeichnungen sind auf die tatsächlichen Inhalte zu verkürzen. *(BGBl I 2015/22)*

(5) Fällt ein Vermögensgegenstand oder eine Verbindlichkeit unter mehrere Posten der Bilanz, so ist die Zugehörigkeit auch zu anderen Posten bei dem Posten, unter dem der Ausweis erfolgt ist, zu vermerken oder im Anhang anzugeben, wenn dies zur Aufstellung eines klaren und übersichtlichen Jahresabschlusses erforderlich ist.

(6) Die mit arabischen Zahlen versehenen Posten der Bilanz und die mit Buchstaben gekennzeichneten Posten der Gewinn- und Verlustrechnung können zusammengefaßt werden, wenn

1. sie einen Betrag enthalten, der für die Vermittlung eines möglichst getreuen Bildes der Vermögens-, Finanz- und Ertragslage der Gesellschaft nicht wesentlich ist, oder

2. dadurch die Klarheit der Darstellung verbessert wird; in diesem Fall müssen die zusammengefaßten Posten jedoch im Anhang ausgewiesen werden.

(BGBl 1996/304)

(7) Ein Posten der Bilanz oder der Gewinn- und Verlustrechnung, der keinen Betrag ausweist, braucht nicht angeführt zu werden, es sei denn, daß im vorangegangenen Geschäftsjahr unter diesem Posten ein Betrag ausgewiesen wurde.

(8) [1]Gliederung und Bezeichnung der mit arabischen Zahlen versehenen Posten der Bilanz und der Gewinn- und Verlustrechnung sind zu ändern, wenn dies wegen Besonderheiten der Kapitalgesellschaft zur Aufstellung eines klaren und übersichtlichen Jahresabschlusses erforderlich ist. [2]Der Bundesminister für Justiz kann im Einvernehmen mit dem in seinem Wirkungsbereich berührten Bundesminister verbindliche Formblätter durch Verordnung festlegen.

(BGBl 1990/475)

DRITTER TITEL
Bilanz

Gliederung

§ 224. (1) In der Bilanz sind, unbeschadet einer weiteren Gliederung, die in den Abs. 2 und 3 angeführten Posten gesondert und in der vorgeschriebenen Reihenfolge auszuweisen.

(2) Aktivseite:

A. Anlagevermögen:

I. Immaterielle Vermögensgegenstände:

1. Konzessionen, gewerbliche Schutzrechte und ähnliche Rechte und Vorteile sowie daraus abgeleitete Lizenzen;

2. Geschäfts(Firmen)wert;

3. geleistete Anzahlungen;

II. Sachanlagen:

1. Grundstücke, grundstücksgleiche Rechte und Bauten, einschließlich der Bauten auf fremdem Grund;

2. technische Anlagen und Maschinen;

3. andere Anlagen, Betriebs- und Geschäftsausstattung;

4. geleistete Anzahlungen und Anlagen in Bau;

III. Finanzanlagen:

1. Anteile an verbundenen Unternehmen;

2. Ausleihungen an verbundene Unternehmen;

3. Beteiligungen;

4. Ausleihungen an Unternehmen, mit denen ein Beteiligungsverhältnis besteht;

5. Wertpapiere (Wertrechte) des Anlagevermögens;

6. sonstige Ausleihungen.

B. Umlaufvermögen:
I. Vorräte:

1. Roh-, Hilfs- und Betriebsstoffe;

2. unfertige Erzeugnisse;

3. fertige Erzeugnisse und Waren;

4. noch nicht abrechenbare Leistungen;

5. geleistete Anzahlungen;

II. Forderungen und sonstige Vermögensgegenstände:

1. Forderungen aus Lieferungen und Leistungen;

2. Forderungen gegenüber verbundenen Unternehmen;

3. Forderungen gegenüber Untenehmen, mit denen ein Beteiligungsverhältnis besteht;

4. sonstige Forderungen und Vermögensgegenstände;

III. Wertpapiere und Anteile:

1. Anteile an verbundenen Unternehmen;

2. sonstige Wertpapiere und Anteile;

IV. Kassenbestand, Schecks, Guthaben bei Kreditinstituten.
C. Rechnungsabgrenzungsposten.
„D. Aktive latente Steuern."
(BGBl 1996/304; BGBl I 2015/22)

(3) Passivseite:
A. Eigenkapital:
I. „eingefordertes"** Nennkapital (Grund-, Stammkapital);
II. Kapitalrücklagen:

1. gebundene;

2. nicht gebundene;

III. Gewinnrücklagen:

1. gesetzliche Rücklage;

2. satzungsmäßige Rücklagen;

3. andere Rücklagen (freie Rücklagen);

IV. Bilanzgewinn (Bilanzverlust), davon Gewinnvortrag/Verlustvortrag.
„"*

„B."* Rückstellungen:

1. Rückstellungen für Abfertigungen;

2. Rückstellungen für Pensionen;

3. Steuerrückstellungen;

4. sonstige Rückstellungen.

„C."* Verbindlichkeiten:

1. Anleihen, davon konvertibel;

2. Verbindlichkeiten gegenüber Kreditinstituten;

3. erhaltene Anzahlungen auf Bestellungen;

4. Verbindlichkeiten aus Lieferungen und Leistungen;

5. Verbindlichkeiten aus der Annahme gezogener Wechsel und der Ausstellung eigener Wechsel;

6. Verbindlichkeiten gegenüber verbundenen Unternehmen;

7. Verbindlichkeiten gegenüber Unternehmen, mit denen ein Beteiligungsverhältnis besteht;

8. sonstige Verbindlichkeiten, davon aus Steuern, davon im Rahmen der sozialen Sicherheit.

„D."* Rechnungsabgrenzungsposten.
*(BGBl 1996/304; *BGBl I 2015/22; **BGBl I 2016/43)*

(BGBl 1990/475)

Vorschriften zu einzelnen Posten der Bilanz

§ 225. (1) [1]„Ist das Eigenkapital durch Verluste aufgebraucht, so lautet dieser Posten „negatives Eigenkapital"."[2]Im Anhang ist zu erläutern, ob eine Überschuldung im Sinne des Insolvenzrechts vorliegt. *(BGBl 1996/304)*

(2) „ "[1]Forderungen und Verbindlichkeiten gegenüber verbundenen Unternehmen und gegenüber Unternehmen, mit denen ein Beteiligungsverhältnis besteht, sind in der Regel als solche jeweils gesondert auszuweisen. [2]Werden sie unter anderen Posten ausgewiesen, so ist dies zu vermerken. *(BGBl 1996/304)*

(3) [1]Der Betrag der Forderungen mit einer Restlaufzeit von mehr als einem Jahr ist bei jedem gesondert ausgewiesenen Posten in der Bilanz anzumerken. [2]Sind unter dem Posten „sonstige Forderungen und Vermögensgegenstände" Erträge enthalten, die erst nach dem Abschlussstichtag zahlungswirksam werden, so haben Gesellschaften, die nicht klein sind, diese Beträge im Anhang zu erläutern, wenn diese Information wesentlich ist. *(BGBl I 2015/22)*

(4) Wechsel dürfen als Wertpapiere nur ausgewiesen werden, wenn dem Unternehmen nicht die der Ausstellung zugrunde liegende Forderung zusteht; anderenfalls „haben Gesellschaften, die nicht klein sind," bei Forderungen die wechselmäßige Verbriefung im Anhang anzugeben. *(BGBl I 2015/22)*

(5) [1]Anteile an Mutterunternehmen sind je nach ihrer Zweckbestimmung im Anlagevermögen oder im Umlaufvermögen in einem gesonderten Posten "Anteile an Mutterunternehmen" auszuweisen. [2]In gleicher Höhe ist auf der Passivseite eine Rücklage gesondert auszuweisen. [3]Diese Rücklage darf durch Umwidmung frei verfügbarer Kapital- und Gewinnrücklagen gebildet werden, soweit diese einen Verlustvortrag übersteigen. [4]Sie ist insoweit aufzulösen, als diese Anteile aus dem Vermögen ausscheiden oder für sie ein

niedrigerer Betrag angesetzt wird. *(BGBl I 2015/22)*

(6) [1]Der Betrag der Verbindlichkeiten mit einer Restlaufzeit von bis zu einem Jahr und der Betrag der Verbindlichkeiten mit einer Restlaufzeit von mehr als einem Jahr sind bei den Posten C 1 bis 8 jeweils gesondert und für diese Posten insgesamt anzugeben. [2]Erhaltene Anzahlungen auf Bestellungen sind, soweit Anzahlungen auf Vorräte nicht von einzelnen Posten der Vorräte offen abgesetzt werden, unter den Verbindlichkeiten gesondert auszuweisen. [3]Sind unter dem Posten „sonstige Verbindlichkeiten" Aufwendungen enthalten, die erst nach dem Abschlussstichtag zahlungswirksam werden, so haben Gesellschaften, die nicht klein sind, diese Beträge im Anhang zu erläutern, wenn diese Information wesentlich ist. *(BGBl I 2015/22)*

(7) Gesellschaften, die nicht klein sind, haben bei Grundstücken den Grundwert in der Bilanz anzumerken oder im Anhang anzugeben. *(BGBl I 2015/22)*

(BGBl 1990/475)

Entwicklung des Anlagevermögens, Pauschalwertberichtigung

§ 226. (1) [1]Im Anhang ist die Entwicklung der einzelnen Posten des Anlagevermögens darzustellen. [2]Dabei sind für die verschiedenen Posten des Anlagevermögens jeweils gesondert anzugeben:

1. die Anschaffungs- oder Herstellungskosten zum Beginn und Ende des Geschäftsjahrs;

2. die Zu- und Abgänge sowie Umbuchungen im Laufe des Geschäftsjahrs;

3. die kumulierten Abschreibungen zu Beginn und Ende des Geschäftsjahrs;

4. die Ab- und Zuschreibungen des Geschäftsjahrs;

5. die Bewegungen in Abschreibungen im Zusammenhang mit Zu- und Abgängen sowie Umbuchungen im Laufe des Geschäftsjahrs und

6. der im Laufe des Geschäftsjahrs aktivierte Betrag, wenn Zinsen gemäß § 203 Abs. 4 aktiviert werden.

(BGBl I 2015/22)

(2) *(entfällt, BGBl I 2015/22)*

(3) Werden Vermögensgegenstände des Anlagevermögens im Hinblick auf ihre Geringwertigkeit im Jahre ihrer Anschaffung oder Herstellung vollständig abgeschrieben „ ", dann dürfen diese Vermögensgegenstände als Abgang behandelt werden. *(BGBl I 2015/22)*

(4) [1]Ein Geschäfts(Firmen)wert ist in die Darstellung der Entwicklung des Anlagevermögens aufzunehmen. [2]Ein voll abgeschriebener Geschäfts(Firmen)wert ist als Abgang zu behandeln.

(5) [1]„Gesellschaften, die nicht klein sind, haben den Betrag einer Pauschalwertberichtigung zu Forderungen für den entsprechenden Posten der Bilanz im Anhang anzugeben." [2]Einzelwertberichtigungen zum Umlaufvermögen sind vom entsprechenden Aktivposten abzusetzen. *(BGBl I 2015/22)*

(BGBl 1990/475)

Ausleihungen

§ 227. [1]Forderungen mit einer Laufzeit von mindestens fünf Jahren sind jedenfalls als Ausleihungen auszuweisen. [2]„Gesellschaften, die nicht klein sind, haben Ausleihungen mit einer Restlaufzeit bis zu einem Jahr im Anhang anzugeben." *(BGBl I 2015/22)*

(BGBl 1990/475)

§ 228. *(entfällt samt Überschrift, BGBl I 2015/22)*

Eigenkapital

§ 229. (1) „[1]Beim eingeforderten Nennkapital sind auch der Betrag der übernommenen Einlagen („Nennkapital") und das einbezahlte Nennkapital anzugeben." [2]Gesellschaften, die eine Gründungsprivilegierung in Anspruch nehmen (§ 10b GmbHG), haben zusätzlich jenen Betrag auszuweisen, den die Gesellschafter nach § 10b Abs. 4 GmbHG nicht zu leisten verpflichtet sind. [3]Der eingeforderte, aber noch nicht eingezahlte Betrag ist unter den Forderungen gesondert auszuweisen und entsprechend zu bezeichnen. *(BGBl I 2015/22; BGBl I 2016/43)*

(1a) [1]Der Nennbetrag oder, falls ein solcher nicht vorhanden ist, der rechnerische Wert von erworbenen eigenen Anteilen ist „offen vom Nennkapital abzuziehen". [2]Der Unterschiedsbetrag zwischen dem Nennbetrag oder dem rechnerischen Wert dieser Anteile und ihren Anschaffungskosten ist mit den nicht gebundenen Kapitalrücklagen und den freien Gewinnrücklagen (§ 224 Abs. 3 A II Z 2 und III Z 3) zu verrechnen. [3]Aufwendungen, die Anschaffungsnebenkosten sind, sind Aufwand des Geschäftsjahrs. [4]In die gebundenen Rücklagen ist ein Betrag einzustellen, der dem Nennbetrag beziehungsweise dem rechnerischen Wert der erworbenen eigenen Anteile entspricht. [5]§ 192 Abs. 5 AktG ist anzuwenden. *(BGBl I 2015/22; BGBl I 2016/43)*

(1b) [1]Nach der Veräußerung der eigenen Anteile entfällt der „Abzug" nach Abs. 1a erster Satz. [2]Ein den Nennbetrag oder den rechnerischen Wert übersteigender Differenzbetrag aus dem Veräußerungserlös ist bis zur Höhe des mit den frei verfügbaren Rücklagen nach Abs. 1a zweiter Satz verrechneten Betrags in die jeweiligen Rücklagen einzustellen. [3]Ein darüber hinausgehender Differenzbetrag ist in die Kapitalrücklage gemäß

Abs. 2 Z 1 einzustellen. [4]Die Nebenkosten der Veräußerung sind Aufwand des Geschäftsjahrs. [5]Die Rücklage nach Abs. 1a vierter Satz ist aufzulösen. *(BGBl I 2015/22; BGBl I 2016/43)*

(2) Als Kapitalrücklage sind auszuweisen:

1. der Betrag, der bei der ersten oder einer späteren Ausgabe von Anteilen für einen höheren Betrag als den Nennbetrag „oder den dem anteiligen Betrag des Grundkapitals entsprechenden Betrag" über diesen hinaus erzielt wird; *(BGBl I 1998/125)*

2. der Betrag, der bei der Ausgabe von Schuldverschreibungen für Wandlungsrechte und Optionsrechte zum Erwerb von Anteilen erzielt wird;

3. der Betrag von Zuzahlungen, die Gesellschafter gegen Gewährung eines Vorzugs für ihre Anteile leisten;

4. die Beträge, die bei der Kapitalherabsetzung gemäß den §§ 185, 192 Abs. 5 AktG und § 59 GmbHG zu binden sind; *(BGBl I 1997/114)*

5. der Betrag von sonstigen Zuzahlungen, die durch gesellschaftsrechtliche Verbindungen veranlaßt sind. *(BGBl 1996/304)*

(3) Als Gewinnrücklagen dürfen nur Beträge ausgewiesen werden, die im Geschäftsjahr oder in einem früheren Geschäftsjahr aus dem Jahresüberschuß „ " gebildet worden sind. *(BGBl 1996/304; BGBl I 2015/22)*

(4) Aktiengesellschaften und große Gesellschaften mit beschränkter Haftung (§ 221 Abs. 3) haben „gemäß den folgenden Abs. 5 bis 7" gebundene Rücklagen auszuweisen, die aus der gebundenen Kapitalrücklage und der gesetzlichen Rücklage bestehen. *(BGBl I 2009/71; BGBl I 2015/22)*

(5) [1]In die gebundene Kapitalrücklage sind die in Abs. 2 Z 1 bis 4 genannten Beträge einzustellen. [2]Der Gesamtbetrag der gebundenen Teile der Kapitalrücklage ist in dieser gesondert auszuweisen. *(BGBl I 2009/71)*

(6) In die gesetzliche Rücklage ist ein Betrag einzustellen, der mindestens dem zwanzigsten Teil des um einen Verlustvortrag geminderten Jahresüberschusses „ " entspricht, bis der Betrag der gebundenen Rücklagen insgesamt den zehnten oder den in der Satzung bestimmten höheren Teil des Nennkapitals erreicht hat. *(BGBl I 2009/71; BGBl I 2015/22)*

(7) [1]Die gebundenen Rücklagen dürfen nur zum Ausgleich eines ansonsten auszuweisenden Bilanzverlustes aufgelöst werden. [2]Der Verwendung der gesetzlichen Rücklage steht nicht entgegen, dass freie, zum Ausgleich von Wertminderungen und zur Deckung von sonstigen Verlusten bestimmte Rücklagen vorhanden sind. *(BGBl I 2009/71)*

(BGBl 1990/475)

§ 230. *(entfällt samt Überschrift, BGBl I 2015/22)*

VIERTER TITEL

Gewinn- und Verlustrechnung

Gliederung

§ 231. (1) [1]Die Gewinn- und Verlustrechnung ist in Staffelform nach dem Gesamtkostenverfahren oder dem Umsatzkostenverfahren aufzustellen. [2]In ihr sind unbeschadet einer weiteren Gliederung die nachstehend bezeichneten Posten in der angegebenen Reihenfolge gesondert auszuweisen, sofern nicht eine abweichende Gliederung vorgeschrieben ist.

(2) Bei Anwendung des Gesamtkostenverfahrens sind auszuweisen:

1. Umsatzerlöse;

2. Veränderung des Bestands an fertigen und unfertigen Erzeugnissen sowie an noch nicht abrechenbaren Leistungen; *(BGBl 1996/304)*

3. andere aktivierte Eigenleistungen; *(BGBl 1996/304)*

4. sonstige betriebliche Erträge „ , wobei Gesellschaften, die nicht klein sind, folgende Beträge aufgliedern müssen":

a) Erträge aus dem Abgang vom und der Zuschreibung zum Anlagevermögen mit Ausnahme der Finanzanlagen; *(BGBl 1996/304)*

b) Erträge aus der Auflösung von Rückstellungen,

c) übrige;
(BGBl I 2015/22)

5. Aufwendungen für Material und sonstige bezogene Herstellungsleistungen:

a) Materialaufwand,

b) Aufwendungen für bezogene Leistungen;
(BGBl 1996/304)

6. Personalaufwand:

a) Löhne und Gehälter, wobei Gesellschaften, die nicht klein sind, Löhne und Gehälter getrennt voneinander ausweisen müssen;

b) soziale Aufwendungen, davon Aufwendungen für Altersversorgung, wobei Gesellschaften, die nicht klein sind, folgende Beträge zusätzlich gesondert ausweisen müssen:

aa) Aufwendungen für Abfertigungen und Leistungen an betriebliche Mitarbeitervorsorgekassen;

bb) Aufwendungen für gesetzlich vorgeschriebene Sozialabgaben sowie vom Entgelt abhängige Abgaben und Pflichtbeiträge;
(BGBl I 2015/22)

7. Abschreibungen:

a) auf immaterielle Gegenstände des Anlagevermögens und Sachanlagen „ “, *(BGBl I 2009/140)*

b) auf Gegenstände des Umlaufvermögens, soweit diese die im Unternehmen üblichen Abschreibungen überschreiten;
(BGBl 1996/304)

8. sonstige betriebliche Aufwendungen, wobei Gesellschaften, die nicht klein sind, Steuern, soweit sie nicht unter Z 18 fallen, gesondert ausweisen müssen; *(BGBl I 2015/22)*

9. Zwischensumme aus Z 1 bis 8;

10. Erträge aus Beteiligungen,
davon aus verbundenen Unternehmen;
(BGBl 1996/304)

11. Erträge aus anderen Wertpapieren und Ausleihungen des Finanzanlagevermögens, davon aus verbundenen Unternehmen; *(BGBl 1996/304)*

12. sonstige Zinsen und ähnliche Erträge,
davon aus verbundenen Unternehmen;
(BGBl 1996/304)

13. Erträge aus dem Abgang von und der Zuschreibung zu Finanzanlagen und Wertpapieren des Umlaufvermögens; *(BGBl 1996/304)*

14. „Aufwendungen aus Finanzanlagen und aus Wertpapieren des Umlaufvermögens, davon haben Gesellschaften, die nicht klein sind, gesondert auszuweisen:“

a) Abschreibungen

b) Aufwendungen aus verbundenen Unternehmen;
(BGBl 1996/304; BGBl I 2015/22)

15. Zinsen und ähnliche Aufwendungen, davon betreffend verbundene Unternehmen;

16. Zwischensumme aus Z 10 bis 15;

17. Ergebnis vor Steuern (Zwischensumme aus Z 9 und Z 16); *(BGBl I 2015/22)*

18. Steuern vom Einkommen und vom Ertrag; *(BGBl I 2015/22)*

19. Ergebnis nach Steuern; *(BGBl I 2015/22)*

20. sonstige Steuern, soweit nicht unter den Posten 1 bis 19 enthalten; *(BGBl I 2015/22)*

21. Jahresüberschuss/Jahresfehlbetrag; *(BGBl I 2015/22)*

22. Auflösung von Kapitalrücklagen; *(BGBl I 2015/22)*

23. Auflösung von Gewinnrücklagen; *(BGBl I 2015/22)*

24. Zuweisung zu Gewinnrücklagen; *(BGBl I 2015/22)*

25. Gewinnvortrag/Verlustvortrag aus dem Vorjahr; *(BGBl I 2015/22)*

26. Bilanzgewinn (Bilanzverlust). *(BGBl I 2015/22)*

27. bis 29. *(entfällt, BGBl I 2015/22)*

(3) Bei Anwendung des Umsatzkostenverfahrens sind auszuweisen:

1. Umsatzerlöse;

2. Herstellungskosten der zur Erzielung der Umsatzerlöse erbrachten Leistungen;

3. Bruttoergebnis vom Umsatz;

4. Vertriebskosten; *(BGBl I 2015/22)*

5. allgemeine Verwaltungskosten; *(BGBl I 2015/22)*

6. sonstige betriebliche Erträge, wobei Gesellschaften, die nicht klein sind, folgende Beträge aufgliedern müssen:

a) Erträge aus dem Abgang vom und der Zuschreibung zum Anlagevermögen mit Ausnahme der Finanzanlagen,

b) Erträge aus der Auflösung von Rückstellungen,

c) übrige;
(BGBl I 2015/22)

7. sonstige betriebliche Aufwendungen;

8. Zwischensumme aus Z 1 bis 7;

9. Erträge aus Beteiligungen,
davon aus verbundenen Unternehmen;
(BGBl 1996/304)

10. Erträge aus anderen Wertpapieren und Ausleihungen des Finanzanlagevermögens,
davon aus verbundenen Unternehmen;
(BGBl 1996/304)

11. sonstige Zinsen und ähnliche Erträge,
davon aus verbundenen Unternehmen;
(BGBl 1996/304)

12. Erträge aus dem Abgang von und der Zuschreibung zu Finanzanlagen und Wertpapieren des Umlaufvermögens; *(BGBl 1996/304)*

13. „Aufwendungen aus Finanzanlagen und aus Wertpapieren des Umlaufvermögens, davon haben Gesellschaften, die nicht klein sind, gesondert auszuweisen:“

a) Abschreibungen

b) Aufwendungen aus verbundenen Unternehmen;
(BGBl 1996/304; BGBl I 2015/22)

14. Zinsen und ähnliche Aufwendungen, davon betreffend verbundene Unternehmen;

15. Zwischensumme aus Z 9 bis 14;

16. Ergebnis vor Steuern (Zwischensumme aus Z 8 und Z 15); *(BGBl I 2015/22)*

17. Steuern vom Einkommen und vom Ertrag; *(BGBl I 2015/22)*

18. Ergebnis nach Steuern; *(BGBl I 2015/22)*

19. sonstige Steuern, soweit nicht unter den Posten 1 bis 18 enthalten; *(BGBl I 2015/22)*

20. Jahresüberschuss/Jahresfehlbetrag; *(BGBl I 2015/22)*

21. Auflösung von Kapitalrücklagen; *(BGBl I 2015/22)*

22. Auflösung von Gewinnrücklagen; *(BGBl I 2015/22)*

23. Zuweisung zu Gewinnrücklagen; *(BGBl I 2015/22)*

24. Gewinnvortrag/Verlustvortrag aus dem Vorjahr; *(BGBl I 2015/22)*

25. Bilanzgewinn (Bilanzverlust). *(BGBl I 2015/22)*

26. bis 28. *(entfällt, BGBl I 2015/22)*

(4) Die Bildung von Zwischensummen (mit Ausnahme jener nach Abs. 2 Z 19 beziehungsweise Abs. 3 Z 18) darf bei kleinen Gesellschaften unterbleiben. *(BGBl I 2015/22)*

(5) [1]Alternativ zum Ausweis in der Gewinn- und Verlustrechnung können Veränderungen der Kapital- und Gewinnrücklagen auch im Anhang ausgewiesen werden. [2]In diesem Fall endet die Gewinn- und Verlustrechnung mit dem Posten „Jahresüberschuss/Jahresfehlbetrag". *(BGBl I 2015/22)*

(BGBl 1990/475)

Vorschriften zu einzelnen Posten der Gewinn- und Verlustrechnung

§ 232. (1) *(entfällt, BGBl I 2015/22)*

(2) Als Bestandsveränderungen sind außer Änderungen der Menge auch solche des Wertes zu berücksichtigen „." *(BGBl I 2015/22)*

(3) Ist die Gesellschaft vertraglich verpflichtet, ihren Gewinn oder Verlust ganz oder teilweise an andere Personen zu überrechnen, so ist der überrechnete Betrag unter entsprechender Bezeichnung „vor dem Posten"* gemäß „§ 231 Abs. 2 Z 25 oder § 231 Abs. 3 Z 24"** gesondert auszuweisen. *(*BGBl 1996/304; **BGBl I 2015/22)*

(4) *(entfällt, BGBl I 2015/22)*

(5) Außerplanmäßige Abschreibungen gemäß § 204 Abs. 2 sind gesondert auszuweisen.

(BGBl 1990/475)

§ 233. *(entfällt samt Überschrift, BGBl I 2015/22)*

Steuern

§ 234. [1]Im Posten „Steuern vom Einkommen und vom Ertrag" sind die Beträge auszuweisen, die das Unternehmen als Steuerschuldner vom Einkommen und Ertrag zu entrichten hat. [2]„Gesellschaften, die nicht klein sind, haben Erträge aus Steuergutschriften und aus der Auflösung von nicht bestimmungsgemäß verwendeten Steuerrückstellungen gesondert auszuweisen, soweit sie wesentlich (§ 189a Z 10) sind." *(BGBl I 2015/22)*

(BGBl 1990/475)

Beschränkung der Ausschüttung

§ 235. (1) [1]Gewinne dürfen nicht ausgeschüttet werden, soweit sie durch Umgründungen unter Ansatz des beizulegenden Wertes entstanden sind und

1. aus der Auflösung von Kapitalrücklagen stammen,

2. nicht als Kapitalrücklage ausgewiesen werden können, oder

3. der beizulegende Wert für eine Gegenleistung angesetzt wurde.

[2]Dies gilt sinngemäß für einen Übergang des Gesellschaftsvermögens gemäß § 142. [3]Die ausschüttungsgesperrten Beträge vermindern sich insoweit, als der Unterschiedsbetrag zwischen Buchwert und dem höheren beizulegenden Wert in der Folge insbesondere durch planmäßige oder außerplanmäßige Abschreibungen gemäß den §§ 204 und 207 oder durch Buchwertabgänge vermindert wird. [4]Dies gilt unabhängig von der Auflösung einer zugrunde liegenden Kapitalrücklage. *(BGBl I 2015/163)*

(2) Bei Aktivierung latenter Steuern gemäß § 198 Abs. 9 dürfen außerdem Gewinne nur ausgeschüttet werden, soweit die danach verbleibenden jederzeit auflösbaren Rücklagen zuzüglich eines Gewinnvortrags und abzüglich eines Verlustvortrags dem aktivierten Betrag mindestens entsprechen.

(BGBl I 2015/22)

FÜNFTER TITEL

Anhang und Lagebericht

Erläuterung der Bilanz und der Gewinn- und Verlustrechnung

Erläuterung der Bilanz und der Gewinn- und Verlustrechnung

§ 236. [1]Im Anhang sind die Bilanz und die Gewinn- und Verlustrechnung sowie die darauf angewandten Bilanzierungs- und Bewertungsmethoden so zu erläutern, dass ein möglichst getreues Bild der Vermögens-, Finanz- und Ertragslage des Unternehmens vermittelt wird. [2]Eine kleine Gesellschaft braucht keine über die Anforderungen in diesem Bundesgesetz hinausgehenden Anhangangaben zu machen, soweit auf sie keine Rechnungslegungsvorschriften für Unternehmen bestimmter Rechtsformen anwendbar sind, die auf Rechtsakten der Europäischen Union beruhen. [3]Die Anhangangaben sind in der Reihenfolge der Darstellung der Posten in der Bilanz und in der Gewinn- und Verlustrechnung zu machen.

(BGBl I 2015/22)

Inhalt des für alle Gesellschaften geltenden Anhangs

§ 237. (1) Jede Gesellschaft hat im Anhang zusätzlich zu den aufgrund anderer Bestimmungen in diesem Bundesgesetz vorgesehenen Angaben folgende Angaben zu machen:

1. die Bilanzierungs- und Bewertungsmethoden; diese umfassen insbesondere die Bewertungsgrundlagen für die verschiedenen Posten, eine Angabe zur Übereinstimmung dieser Bilanzierungs- und Bewertungsmethoden mit dem Konzept der Unternehmensfortführung und wesentliche Änderungen der Bilanzierungs- und Bewertungsmethoden; diese Angaben enthalten auch die Grundlagen für die Umrechnung in Euro, soweit den Posten Beträge zugrunde liegen, die auf eine andere Währung lauten oder ursprünglich gelautet haben;

2. an Stelle des Vermerks unter der Bilanz der Gesamtbetrag der Haftungsverhältnisse (§ 199) sowie sonstiger wesentlicher finanzieller Verpflichtungen, die nicht auf der Passivseite auszuweisen sind, auch wenn ihnen gleichwertige Rückgriffsforderungen gegenüberstehen, sowie Art und Form jeder gewährten dinglichen Sicherheit; etwaige Pensionsverpflichtungen und Verpflichtungen gegenüber verbundenen oder assoziierten Unternehmen sind gesondert zu vermerken;

3. [1]die Beträge der den Mitgliedern des Vorstands und des Aufsichtsrats gewährten Vorschüsse und Kredite unter Angabe der Zinsen, der wesentlichen Bedingungen und der gegebenenfalls zurückgezahlten oder erlassenen Beträge sowie die zugunsten dieser Personen eingegangenen Haftungsverhältnisse. [2]Diese Angaben sind zusammengefasst für jede dieser Personengruppen zu machen;

4. der Betrag und die Wesensart der einzelnen Ertrags- oder Aufwandsposten von außerordentlicher Größenordnung oder von außerordentlicher Bedeutung;

5. der Gesamtbetrag der Verbindlichkeiten mit einer Restlaufzeit von mehr als fünf Jahren sowie der Gesamtbetrag der Verbindlichkeiten, für die dingliche Sicherheiten bestellt sind, unter Angabe von Art und Form der Sicherheit;

6. die durchschnittliche Zahl der Arbeitnehmer während des Geschäftsjahrs;

7. Name und Sitz des Mutterunternehmens der Gesellschaft, das den Konzernabschluss für den kleinsten Kreis von Unternehmen aufstellt.

(2) Kleine Aktiengesellschaften haben zusätzlich die Angabe nach § 238 Abs. 1 Z 11 im Anhang zu machen.

(BGBl I 2015/22)

§ 237a. *(aufgehoben samt Überschrift, BGBl I 2015/22)*

Anhangangaben für mittelgroße und große Gesellschaften

§ 238. (1) Mittelgroße und große Gesellschaften haben im Anhang zusätzlich anzugeben:

1. für jede Kategorie derivativer Finanzinstrumente:

a) Art und Umfang der Finanzinstrumente,

b) den beizulegenden Zeitwert der betreffenden Finanzinstrumente, soweit sich dieser gemäß § 189a Z 4 verlässlich ermitteln lässt, unter Angabe der angewandten Bewertungsmethode sowie eines gegebenenfalls vorhandenen Buchwertes und des Bilanzpostens, in welchem der Buchwert erfasst ist;

2. für zum Finanzanlagevermögen gehörende Finanzinstrumente, die über ihrem beizulegenden Zeitwert ausgewiesen werden, wenn eine außerplanmäßige Abschreibung gemäß § 204 Abs. 2 zweiter Satz unterblieben ist:

a) den Buchwert und den beizulegenden Zeitwert der einzelnen Vermögensgegenstände oder angemessener Gruppierungen sowie

b) die Gründe für das Unterlassen einer Abschreibung gemäß § 204 Abs. 2 und jene Anhaltspunkte, die darauf hindeuten, dass die Wertminderung voraussichtlich nicht von Dauer ist;

3. auf welchen Differenzen oder steuerlichen Verlustvorträgen die latenten Steuern beruhen und mit welchen Steuersätzen die Bewertung erfolgt ist; weiters sind die im Laufe des Geschäftsjahrs erfolgten Bewegungen der latenten Steuersalden anzugeben;

4. Name und Sitz anderer Unternehmen, an denen die Gesellschaft oder für deren Rechnung eine andere Person eine Beteiligung (§ 189a Z 2) hält; außerdem sind die Höhe des Anteils am Kapital, das Eigenkapital und das Ergebnis des letzten Geschäftsjahrs dieser Unternehmen anzugeben, für das ein Jahresabschluss vorliegt;

5. das Bestehen von Genussscheinen, Genussrechten, Wandelschuldverschreibungen, Optionsscheinen, Optionen, Besserungsscheinen oder vergleichbaren Wertpapieren oder Rechten, unter Angabe der Zahl und der Rechte, die sie verbriefen;

6. Name, Sitz und Rechtsform der Unternehmen, deren unbeschränkt haftender Gesellschafter die Gesellschaft ist;

7. Name und Sitz des Mutterunternehmens der Gesellschaft, das den Konzernabschluss für den größten Kreis von Unternehmen aufstellt;

8. im Fall der Offenlegung der von den Mutterunternehmen „nach Z 7“ und § 237 Abs. 1 Z 7 aufgestellten Konzernabschlüsse die Orte, wo diese erhältlich sind; *(BGBl I 2016/43)*

9. den Vorschlag zur Verwendung des Ergebnisses oder gegebenenfalls die Verwendung des Ergebnisses;

10. Art, Zweck und finanzielle Auswirkungen der nicht in der Bilanz enthaltenen und auch nicht gemäß § 237 Abs. 1 Z 2 anzugebenden Geschäfte, sofern die Risiken und Vorteile, die aus solchen Geschäften entstehen, wesentlich sind und die Offenlegung derartiger Risiken und Vorteile für die Beurteilung der Finanzlage der Gesellschaft notwendig ist;

11. Art und finanzielle Auswirkungen wesentlicher Ereignisse nach dem Abschlussstichtag, die weder in der Gewinn- und Verlustrechnung noch in der Bilanz berücksichtigt sind;

12. [1]Geschäfte der Gesellschaft mit nahe stehenden Unternehmen und Personen im Sinn der gemäß der Verordnung (EG) Nr. 1606/2002 des Europäischen Parlaments und des Rates vom 19. Juli 2002 betreffend die Anwendung internationaler Rechnungslegungsstandards, ABl. Nr. L 2002/243, S. 1, übernommenen internationalen Rechnungslegungsstandards, einschließlich Angaben zu deren Wertumfang, zu der Art der Beziehung mit den nahe stehenden Unternehmen und Personen sowie weiterer Angaben zu den Geschäften, die für die Beurteilung der Finanzlage der Gesellschaft notwendig sind, sofern diese Geschäfte wesentlich und unter marktunüblichen Bedingungen abgeschlossen worden sind. [2]Angaben über Einzelgeschäfte können nach Geschäftsarten zusammengefasst werden, sofern für die Beurteilung der Auswirkungen dieser Geschäfte auf die Finanzlage der Gesellschaft keine getrennten Angaben benötigt werden. [3]Geschäfte zwischen verbundenen Unternehmen sind ausgenommen, wenn die an den Geschäften beteiligten Tochterunternehmen unmittelbar oder mittelbar in hundertprozentigem Anteilsbesitz ihres Mutterunternehmens stehen;

13. bei Anwendung des Umsatzkostenverfahrens (§ 231 Abs. 3) die Aufwendungen des Geschäftsjahrs für Material und sonstige bezogene Herstellungsleistungen, gegliedert gemäß § 231 Abs. 2 Z 5, und den Personalaufwand des Geschäftsjahrs, gegliedert gemäß § 231 Abs. 2 Z 6;

14. die Aufgliederung der nach § 237 Abs. 1 Z 2 anzugebenden Haftungsverhältnisse und Erläuterungen dazu; überdies sind wesentliche Verpflichtungen aus der Nutzung von in der Bilanz nicht ausgewiesenen Sachanlagen (§ 224 Abs. 2 A II) gesondert anzugeben, wobei der Betrag der Verpflichtungen des folgenden Geschäftsjahrs und der Gesamtbetrag der folgenden fünf Jahre anzugeben ist;

15. Rückstellungen, die in der Bilanz nicht gesondert ausgewiesen werden, wenn sie einen erheblichen Umfang haben; diese Rückstellungen sind zu erläutern;

16. den in der Bilanz nicht gesondert ausgewiesenen Betrag der Einlagen von stillen Gesellschaftern;

17. bei der Anwendung einer Bewertungsmethode gemäß § 209 Abs. 2 die Unterschiedsbeträge für die jeweilige Gruppe, wenn die Bewertung im Vergleich zu einer Bewertung auf der Grundlage des letzten vor dem Abschlussstichtag bekannten Börsenkurses oder Marktpreises einen wesentlichen Unterschied aufweist;

18. [1]die auf das Geschäftsjahr entfallenden Aufwendungen für den Abschlussprüfer, aufgeschlüsselt nach den Aufwendungen für die Prüfung des Jahresabschlusses, für andere Bestätigungsleistungen, für Steuerberatungsleistungen und für sonstige Leistungen. [2]Diese Angabe kann unterbleiben, wenn das Unternehmen in einen Konzernabschluss einbezogen und eine derartige Information darin enthalten ist;

19. in der Bilanz ausgewiesene immaterielle Vermögensgegenstände, die von einem verbundenen Unternehmen oder von einem Gesellschafter mit einer Beteiligung (§ 189a Z 2) erworben wurden;

20. die Beziehungen zu verbundenen Unternehmen; hiebei ist auch über Verträge zu berichten, die die Gesellschaft verpflichten, ihren Gewinn oder Verlust ganz oder teilweise an andere Personen zu überrechnen oder einen solchen von anderen Personen zu übernehmen;

21. die im § 231 Abs. 2 Z 10 und Abs. 3 Z 9 enthaltenen Erträge sowie die im § 231 Abs. 2 Z 14 und Abs. 3 Z 13 enthaltenen Aufwendungen aus Gewinngemeinschaften.

(2) [1]Als derivative Finanzinstrumente im Sinn des Abs. 1 Z 1 gelten auch Verträge über den Erwerb oder die Veräußerung von Waren, bei denen jede der Vertragsparteien zur Abgeltung in bar oder durch ein anderes Finanzinstrument berechtigt ist, es sei denn, der Vertrag wurde geschlossen, um einen für den Erwerb, die Veräußerung oder den eigenen Gebrauch erwarteten Bedarf abzusichern, sofern diese Zweckwidmung von Anfang an bestand und nach wie vor besteht und der Vertrag mit der Lieferung der Ware als erfüllt gilt. [2]Bei der Anwendung allgemein anerkannter Bewertungsmodelle und -methoden (§ 189a Z 4) sind die zentralen Annahmen anzugeben, die jeweils der Bestimmung des beizulegenden Zeitwertes zugrunde gelegt wurden.

(3) Mittelgroße Gesellschaften dürfen die Angaben gemäß Abs. 1 Z 12 auf diejenigen Geschäfte beschränken, die mit ihren Gesellschaftern, die eine Beteiligung (§ 189a Z 2) halten, mit Unternehmen, an denen die Gesellschaft selbst beteiligt ist, oder mit den Mitgliedern des Vorstands oder des Aufsichtsrats geschlossen werden.

(BGBl I 2015/22)

Pflichtangaben über Organe und Arbeitnehmer

§ 239. (1) „Der Anhang von mittelgroßen und großen Gesellschaften hat über Organe und Arbeitnehmer insbesondere anzuführen:“ *(BGBl I 2015/22)*

1. die Aufgliederung der durchschnittlichen Zahl der Arbeitnehmer während des Geschäftsjahrs nach Arbeitern und Angestellten; *(BGBl I 2015/22)*

2. die im Posten § 231 Abs. 2 Z 6 lit. b sublit. aa oder in der entsprechenden Angabe gemäß § 238 Abs. 1 Z 13 enthaltenen Aufwendungen für Abfertigungen oder einen Hinweis, dass der Betrag nur mehr aus Leistungen an betriebliche Mitarbeitervorsorgekassen besteht; *(BGBl I 2015/22)*

3. die Aufwendungen für Abfertigungen und Pensionen, getrennt nach solchen für Vorstandsmitglieder und leitende Angestellte gemäß § 80 Abs. 1 AktG 1965 und für andere Arbeitnehmer;

4. die Bezüge der Mitglieder des Vorstands, des Aufsichtsrats oder ähnlicher Einrichtungen gesondert für jede Personengruppe, und zwar:

a) die für die Tätigkeit im Geschäftsjahr gewährten Gesamtbezüge (Gehälter, Gewinnbeteiligungen, Aufwandsentschädigungen, Versicherungsentgelte, Provisionen und Nebenleistungen jeder Art). In die Gesamtbezüge sind auch Bezüge einzurechnen, die nicht ausgezahlt, sondern in Ansprüche anderer Art umgewandelt oder zur Erhöhung anderer Ansprüche verwendet werden. Erhalten Mitglieder des Vorstands von verbundenen Unternehmen für ihre Tätigkeit für das Unternehmen oder für ihre Tätigkeit als gesetzliche Vertreter oder Angestellte des verbundenen Unternehmens Bezüge, so sind diese Bezüge gesondert anzugeben;

b) die Gesamtbezüge (Abfindungen, Ruhegehälter, Hinterbliebenenbezüge und Leistungen verwandter Art) der früheren Mitglieder der bezeichneten Organe und ihrer Hinterbliebenen; lit. a ist entsprechend anzuwenden;

5. a) Anzahl und Aufteilung der insgesamt und der im Geschäftsjahr eingeräumten Optionen auf Arbeitnehmer und leitende Angestellte sowie auf die namentlich anzuführenden Organmitglieder; anzugeben sind die jeweils beziehbare Anzahl an Aktien sowie der Ausübungspreis oder die Grundlagen oder die Formel seiner Berechnung, die Laufzeit sowie zeitliche Ausübungsfenster, die Übertragbarkeit der Optionen, eine allfällige Behaltefrist für bezogene Aktien und die Art der Bedienung der Optionen;

b) Anzahl, Aufteilung und Ausübungspreis der im Geschäftsjahr ausgeübten Optionen auf Arbeitnehmer und leitende Angestellte sowie auf die namentlich anzuführenden Organmitglieder;

c) bei „Gesellschaften nach § 189a Z 1 lit. a“ überdies den jeweiligen Schätzwert (allenfalls Bandbreite des Schätzwerts) der eingeräumten Optionen zum Bilanzstichtag sowie den Wert der im Geschäftsjahr ausgeübten Optionen zum Zeitpunkt der Ausübung. *(BGBl I 2015/22)* *(BGBl I 2001/42)*

(2) [1]Im Anhang „einer großen oder mittelgroßen Gesellschaft“ sind alle im Geschäftsjahr tätigen Mitglieder des Vorstands und des Aufsichtsrats, auch wenn sie im Geschäftsjahr oder später ausgeschieden sind, mit dem Familiennamen und mindestens einem ausgeschriebenen Vornamen anzugeben. [2]Der Vorsitzende des Aufsichtsrats, seine Stellvertreter und ein etwaiger Vorsitzender des Vorstands sind als solche zu bezeichnen. *(BGBl I 2015/22)*

(BGBl 1990/475)

Anhangangaben für große Gesellschaften

§ 240. [1]Große Gesellschaften haben im Anhang zusätzlich die Aufgliederung der Umsatzerlöse nach Tätigkeitsbereichen sowie nach geographisch bestimmten Märkten anzugeben, soweit sich, unter Berücksichtigung der Organisation des Verkaufs von Erzeugnissen und der Erbringung von Dienstleistungen, die Tätigkeitsbereiche und geographisch bestimmten Märkte untereinander erheblich unterscheiden. [2]Die Umsatzerlöse brauchen jedoch nicht aufgegliedert zu werden, soweit die Aufgliederung nach vernünftiger unternehmerischer Beurteilung geeignet ist, dem Unternehmen einen erheblichen Nachteil zuzufügen; die Anwendung dieser Ausnahmeregelung ist im Anhang zu erwähnen.

(BGBl I 2015/22)

Pflichtangaben bei Aktiengesellschaften

§ 241. Im Anhang von großen oder mittelgroßen Aktiengesellschaften sind auch Angaben zu machen über

1. den auf jede Aktiengattung entfallenden Betrag des Grundkapitals, bei Nennbetragsaktien die Nennbeträge und die Zahl der Aktien jedes Nennbetrags, bei Stückaktien deren Zahl sowie, wenn mehrere Gattungen bestehen, die Zahl der Aktien jeder Gattung;

2. den Bestand und den Zugang an Aktien, die ein Aktionär für Rechnung der Gesellschaft oder eines verbundenen Unternehmens oder ein verbundenes Unternehmen als Gründer oder Zeichner oder in Ausübung eines bei einer bedingten Kapitalerhöhung eingeräumten Umtausch- oder Bezugsrechts übernommen hat; sind solche Aktien im Geschäftsjahr verwertet worden, so ist auch über die Verwertung unter Angabe des Erlöses und der Verwendung des Erlöses zu berichten;

3. Aktien, die aus einer bedingten Kapitalerhöhung oder einem genehmigten Kapital im Geschäftsjahr gezeichnet wurden;

4. das genehmigte Kapital;

5. den Betrag des unter den Verbindlichkeiten ausgewiesenen nachrangigen Kapitals;

6. das Bestehen einer wechselseitigen Beteiligung (§ 189a Z 2) unter Angabe des beteiligten Unternehmens.

(BGBl I 2015/22)

Unterlassen von Angaben

§ 242. (1) [1]Kleinstkapitalgesellschaften brauchen keinen Anhang aufzustellen, wenn sie die nach § 237 Abs. 1 Z 2 und 3 geforderten Angaben unter der Bilanz machen. [2]Bei Kleinstkapitalgesellschaften wird davon ausgegangen, dass der nach den Bestimmungen dieses Bundesgesetzes erstellte Jahresabschluss ein möglichst getreues Bild der Vermögens-, Finanz- und Ertragslage gemäß § 222 Abs. 2 vermittelt, weshalb § 222 Abs. 2 zweiter Satz und § 222 Abs. 3 keine Anwendung finden.

(2) Bei allen anderen Kapitalgesellschaften können die Angaben gemäß § 238 Abs. 1 Z 4 unterbleiben, soweit sie

1. nicht wesentlich (§ 189a Z 10) sind oder

2. nach vernünftiger unternehmerischer Beurteilung geeignet sind, dem Unternehmen oder dem anderen Unternehmen einen erheblichen Nachteil zuzufügen, wobei in diesem Fall die Anwendung dieser Ausnahmeregelung im Anhang erwähnt werden muss.

Die Angabe des Eigenkapitals und des Jahresergebnisses kann unterbleiben, wenn das Unternehmen, über das gemäß „§ 238 Abs. 1 Z 4" zu berichten ist, seinen Jahresabschluss nicht offenzulegen hat und es von der berichtenden Gesellschaft nicht beherrscht wird. *(BGBl I 2016/43)*

(3) [1]Bei der Berichterstattung gemäß § 238 Abs. 1 Z 20 brauchen Einzelheiten nicht angegeben zu werden, soweit die Angaben nach vernünftiger unternehmerischer Beurteilung geeignet sind, dem Unternehmen oder einem verbundenen Unternehmen einen erheblichen Nachteil zuzufügen. [2]Die Anwendung der Ausnahmeregelung ist im Anhang anzugeben.

(4) Betreffen die Aufschlüsselungen gemäß § 239 Abs. 1 Z 3 und 4 weniger als drei Personen, so dürfen sie „bei Gesellschaften, die nicht zur Aufstellung eines Coporate Governance-Berichts nach § 243c verpflichtet sind," unterbleiben. *(BGBl I 2019/63)*

(BGBl I 2015/22)

Lagebericht

§ 243. (1) Im Lagebericht sind der Geschäftsverlauf, einschließlich des Geschäftsergebnisses, und die Lage des Unternehmens so darzustellen, dass ein möglichst getreues Bild der Vermögens-, Finanz- und Ertragslage vermittelt wird, und die wesentlichen Risiken und Ungewissheiten, denen das Unternehmen ausgesetzt ist, zu beschreiben.

(2) [1]Der Lagebericht hat eine ausgewogene und umfassende, dem Umfang und der Komplexität der Geschäftstätigkeit angemessene Analyse des Geschäftsverlaufs, einschließlich des Geschäftsergebnisses, und der Lage des Unternehmens zu enthalten. [2]Abhängig von der Größe des Unternehmens und von der Komplexität des Geschäftsbetriebs hat die Analyse auf die für die jeweilige Geschäftstätigkeit wichtigsten finanziellen Leistungsindikatoren einzugehen und sie unter Bezugnahme auf die im Jahresabschluss ausgewiesenen Beträge und Angaben zu erläutern.

(3) Der Lagebericht hat auch einzugehen auf

1. die voraussichtliche Entwicklung des Unternehmens;

2. Tätigkeiten im Bereich Forschung und Entwicklung;

3. [1]den Bestand an eigenen Anteilen der Gesellschaft, die sie, ein verbundenes Unternehmen oder eine andere Person für Rechnung der Gesellschaft oder eines verbundenen Unternehmens erworben oder als Pfand genommen hat; dabei sind die Zahl dieser Anteile, der auf sie entfallende Betrag des Grundkapitals sowie ihr Anteil am Grundkapital, für erworbene Anteile ferner der Zeitpunkt des Erwerbs und die Gründe für den Erwerb anzugeben. [2]Sind solche Anteile im Geschäftsjahr erworben oder veräußert worden, so ist auch über den Erwerb oder die Veräußerung unter Angabe der Zahl dieser Anteile, des auf sie entfallenden Betrags des Grundkapitals, des Anteils am Grundkapital und des Erwerbs- oder Veräußerungspreises sowie über die Verwendung des Erlöses zu berichten;

4. bestehende Zweigniederlassungen der Gesellschaft;

5. die Verwendung von Finanzinstrumenten, sofern dies für die Beurteilung der Vermögens-, Finanz- und Ertragslage wesentlich ist; diesfalls sind anzugeben

a) die Risikomanagementziele und -methoden, einschließlich der Methoden zur Absicherung aller wichtigen Arten geplanter Transaktionen, die im Rahmen der Bilanzierung von Sicherungsgeschäften angewandt werden, und

b) bestehende Preisänderungs-, Ausfall-, Liquiditäts- und Cashflow-Risiken.
(BGBl I 2015/22)

(4) Kleine Gesellschaften mit beschränkter Haftung (§ 221 Abs. 1) brauchen den Lagebericht nicht aufzustellen.

(5) Für große Kapitalgesellschaften „, die nicht der Pflicht nach § 243b unterliegen," umfasst die Analyse nach Abs. 2 letzter Satz auch die wichtigsten nichtfinanziellen Leistungsindikatoren, einschließlich Informationen über Umwelt- und Arbeitnehmerbelange. Abs. 3 bleibt unberührt. *(BGBl I 2017/20)*

(BGBl I 2004/161)

§ 243a. „(1)"* „Eine Aktiengesellschaft, deren Aktien zum Handel auf einem geregelten Markt im Sinn des „§ 1 Z 2 Börsegesetz 2018 – BörseG 2018, BGBl. I Nr. 107/2017,"** zugelassen sind oder die ausschließlich andere Wertpapiere als Aktien auf einem solchen Markt emittiert und deren Aktien mit Wissen der Gesellschaft über ein multilaterales Handelssystem im Sinn des „§ 1 Z 24 Wertpapieraufsichtsgesetz 2018 – WAG 2018, BGBl. I Nr. 107/2017,"** gehandelt werden, hat im Lagebericht überdies anzugeben:"* *(*BGBl I 2008/70; **BGBl I 2017/107)*

1. die Zusammensetzung des Kapitals einschließlich der Aktien, die nicht auf einem geregelten Markt im Sinne des „§ 1 Z 2 Börsegesetz 2018 – BörseG 2018, BGBl. I Nr. 107/2017," gehandelt werden, sowie gegebenenfalls die Angabe der verschiedenen Aktiengattungen und zu jeder Aktiengattung die Angabe der mit dieser Gattung verbundenen Rechte und Pflichten sowie des Anteils dieser Gattung am Gesellschaftskapital; *(BGBl I 2017/107)*

2. alle Beschränkungen, die Stimmrechte oder die Übertragung von Aktien betreffen, auch wenn sie in Vereinbarungen zwischen Gesellschaftern enthalten sind, soweit sie dem Vorstand der Gesellschaft bekannt sind;

3. direkte oder indirekte Beteiligungen am Kapital, die zumindest 10 vom Hundert betragen;

4. die Inhaber von Aktien mit besonderen Kontrollrechten und eine Beschreibung dieser Rechte;

5. die Art der Stimmrechtskontrolle bei einer Kapitalbeteiligung der Arbeitnehmer, wenn sie das Stimmrecht nicht unmittelbar ausüben;

6. die sich nicht unmittelbar aus dem Gesetz ergebenden Bestimmungen über die Ernennung und Abberufung der Mitglieder des Vorstands und des Aufsichtsrats und über die Änderung der Satzung der Gesellschaft;

7. die sich nicht unmittelbar aus dem Gesetz ergebenden Befugnisse der Mitglieder des Vorstands, insbesondere hinsichtlich der Möglichkeit, Aktien auszugeben oder zurückzukaufen;

8. alle bedeutenden Vereinbarungen, an denen die Gesellschaft beteiligt ist und die bei einem Kontrollwechsel in der Gesellschaft infolge eines Übernahmeangebots wirksam werden, sich ändern oder enden, sowie ihre Wirkungen; ausgenommen hiervon sind Vereinbarungen, deren Bekanntmachung der Gesellschaft erheblich schaden würde, es sei denn, die Gesellschaft ist zur Bekanntgabe derartiger Informationen aufgrund anderer Rechtsvorschriften ausdrücklich verpflichtet;

9. Bestand und wesentlicher Inhalt von Entschädigungsvereinbarungen zwischen der Gesellschaft und ihren Vorstands- und Aufsichtsratsmitgliedern oder Arbeitnehmern für den Fall eines öffentlichen Übernahmeangebots.
*(*BGBl I 2008/70)*

(2) Eine „Gesellschaft nach § 189a Z 1 lit. a" hat im Lagebericht darüber hinaus die wichtigsten Merkmale des internen Kontroll- und des Risikomanagementsystems im Hinblick auf den Rechnungslegungsprozess zu beschreiben. *(BGBl I 2008/70; BGBl I 2015/22)*

(BGBl I 2006/75)

Nichtfinanzielle Erklärung, nichtfinanzieller Bericht

§ 243b. (1) Große Kapitalgesellschaften, die Unternehmen von öffentlichem Interesse sind und an den Abschlussstichtagen das Kriterium erfüllen, im Jahresdurchschnitt (§ 221 Abs. 6) mehr als 500 Arbeitnehmer zu beschäftigen, haben in den Lagebericht an Stelle der Angaben nach § 243 Abs. 5 eine nichtfinanzielle Erklärung aufzunehmen.

(2) [1]Die nichtfinanzielle Erklärung hat diejenigen Angaben zu enthalten, die für das Verständnis des Geschäftsverlaufs, des Geschäftsergebnisses, der Lage der Gesellschaft sowie der Auswirkungen ihrer Tätigkeit erforderlich sind und sich mindestens auf Umwelt-, Sozial- und Arbeitnehmerbelange, auf die Achtung der Menschenrechte und auf die Bekämpfung von Korruption und Bestechung beziehen. [2]Die Analyse hat die nichtfinanziellen Leistungsindikatoren unter Bezugnahme auf die im Jahresabschluss ausgewiesenen Beträge und Angaben zu erläutern.

(3) [1]Die Angaben nach Abs. 2 haben zu umfassen:

1. eine kurze Beschreibung des Geschäftsmodells der Gesellschaft;

2. eine Beschreibung der von der Gesellschaft in Bezug auf die in Abs. 2 genannten Belange verfolgten Konzepte;

3. die Ergebnisse dieser Konzepte;

4. die angewandten Due-Diligence-Prozesse;

5. die wesentlichen Risiken, die wahrscheinlich negative Auswirkungen auf diese Belange haben werden, und die Handhabung dieser Risiken durch die Gesellschaft, und zwar

a) soweit sie aus der eigenen Geschäftstätigkeit der Gesellschaft entstehen und,

b) wenn dies relevant und verhältnismäßig ist, soweit sie aus ihren Geschäftsbeziehungen, ihren Erzeugnissen oder ihren Dienstleistungen entstehen;

6. die wichtigsten nichtfinanziellen Leistungsindikatoren, die für die konkrete Geschäftstätigkeit von Bedeutung sind.

[2]Verfolgt die Gesellschaft in Bezug auf einen oder mehrere der in Abs. 2 genannten Belange kein Konzept, hat die nichtfinanzielle Erklärung eine klare Begründung hiefür zu enthalten.

(4) [1]In Ausnahmefällen können Informationen über künftige Entwicklungen oder Belange, über die Verhandlungen geführt werden, weggelassen werden, soweit

1. eine solche Angabe nach vernünftiger unternehmerischer Beurteilung geeignet ist, der Geschäftslage der Gesellschaft ernsthaft zu schaden, und

2. eine solche Nichtaufnahme ein den tatsächlichen Verhältnissen entsprechendes Verständnis des Geschäftsverlaufs, des Geschäftsergebnisses, der Lage der Gesellschaft sowie der Auswirkungen ihrer Tätigkeit nicht verhindert.

(5) [1]Die Gesellschaft kann sich bei der Erstellung der nichtfinanziellen Erklärung auf nationale, unionsbasierte oder internationale Rahmenwerke stützen; wenn sie hiervon Gebrauch macht, hat sie anzugeben, auf welche Rahmenwerke sie sich stützt. [2]Bei der Anwendung solcher Rahmenwerke ist sicherzustellen, dass die Anforderungen nach Abs. 2 und Abs. 3 erfüllt sind.

(6) [1]Eine Gesellschaft ist von der Pflicht zur Erstellung einer nichtfinanziellen Erklärung im Lagebericht befreit, wenn sie einen gesonderten nichtfinanziellen Bericht erstellt, der zumindest die Anforderungen nach Abs. 2 bis Abs. 5 erfüllt. [2]Dieser ist von den gesetzlichen Vertretern aufzustellen, von sämtlichen gesetzlichen Vertretern zu unterzeichnen, den Mitgliedern des Aufsichtsrats vorzulegen, von diesem zu prüfen und gemeinsam mit dem Lagebericht nach § 277 offenzulegen.

(7) Eine Gesellschaft ist auch dann von der Pflicht zur Erstellung einer nichtfinanziellen Erklärung befreit, wenn sie und ihre Tochterunternehmen in den Konzernlagebericht oder gesonderten konsolidierten nichtfinanziellen Bericht eines Mutterunternehmens mit Sitz in einem Mitgliedstaat der Europäischen Union oder einem Vertragsstaat des Abkommens über den Europäischen Wirtschaftsraum einbezogen sind, der nach den Anforderungen der Bilanz-Richtlinie erstellt und offengelegt wurde, und wenn sie im Anhang des Jahresabschlusses angibt, bei welchem Unternehmen sie in den Konzernlagebericht oder gesonderten konsolidierten nichtfinanziellen Bericht einbezogen ist und wo dieser erhältlich ist.

(BGBl I 2017/20)

Corporate Governance-Bericht

„**§ 243c.**“ (1) Eine Aktiengesellschaft, deren Aktien zum Handel auf einem geregelten Markt im Sinn des § 1 Z 2 BörseG 2018 zugelassen sind oder die ausschließlich andere Wertpapiere als Aktien auf einem solchen Markt emittiert und deren Aktien mit Wissen der Gesellschaft über ein multilaterales Handelssystem im Sinn des § 1 Z 24 WAG 2018 gehandelt werden, hat einen Corporate Governance-Bericht aufzustellen, der zumindest die folgenden Angaben enthält:

1. die Nennung eines in Österreich oder am jeweiligen Börseplatz allgemein anerkannten Corporate Governance Kodex;

2. die Angabe, wo dieser öffentlich zugänglich ist;

3. soweit sie von diesem abweicht, eine Erklärung, in welchen Punkten und aus welchen Gründen diese Abweichung erfolgt;

4. wenn sie beschließt, keinem Kodex im Sinn der Z 1 zu entsprechen, eine Begründung hiefür. *(BGBl I 2018/17)*

(2) In diesem Bericht sind anzugeben:

1. die Zusammensetzung und die Arbeitsweise des Vorstands und des Aufsichtsrats sowie seiner Ausschüsse;

2. welche Maßnahmen zur Förderung von Frauen im Vorstand, im Aufsichtsrat und in leitenden Stellungen (§ 80 AktG) der Gesellschaft gesetzt wurden „;“ *(BGBl I 2012/35)*

„3.“ soweit es sich auch ohne Anwendung des § 221 Abs. 3 zweiter Satz um eine große Aktiengesellschaft handelt, eine Beschreibung des Diversitätskonzepts, das im Zusammenhang mit der Besetzung des Vorstands und des Aufsichtsrats der Gesellschaft in Bezug auf Aspekte wie Alter, Geschlecht, Bildungs- und Berufshintergrund verfolgt wird, der Ziele dieses Diversitätskonzepts sowie der Art und Weise der Umsetzung dieses Konzepts und der Ergebnisse im Berichtszeitraum; wird kein derartiges Konzept angewendet, so ist dies zu begründen „.“ *(BGBl I 2017/20; BGBl I 2019/63)*
(BGBl I 2009/71)

(BGBl I 2008/70; BGBl I 2017/20)

Bericht über Zahlungen an staatliche Stellen

„**§ 243d.**“ (1) [1]Große Gesellschaften und Unternehmen von öffentlichem Interesse, die in der mineralgewinnenden Industrie oder auf dem Gebiet des Holzeinschlags in Primärwäldern tätig sind, haben jährlich einen Bericht über Zahlungen an staatliche Stellen zu erstellen. [2]Gesellschaften, bei denen die Zahlungen an staatliche Stellen im konsolidierten Bericht eines Mutterunternehmens mit Sitz in einem Mitgliedstaat der Europäischen Union oder einem Vertragsstaat des Abkommens über den Europäischen Wirtschaftsraum enthalten sind, der nach den Anforderungen des Art. 44 der Bilanz-Richtlinie erstellt und offengelegt wurde, sind davon befreit, wenn sie im Anhang des Jahresabschlusses angeben, bei welchem Unternehmen sie in den konsolidierten Bericht einbezogen sind und wo dieser erhältlich ist.

(2) [1]Als Tätigkeit in der mineralgewinnenden Industrie ist eine Tätigkeit auf dem Gebiet der Exploration, Prospektion, Entdeckung, Weiterentwicklung und Gewinnung von Mineralien, Erdöl- oder Erdgasvorkommen oder anderen Stoffen in den Wirtschaftszweigen zu verstehen, die in Abschnitt B Abteilungen 05 bis 08 von Anhang I der Verordnung (EG) Nr. 1893/2006 des Europäischen Parlaments und des Rates vom 20. Dezember 2006 zur Aufstellung der statistischen Systematik der Wirtschaftszweige NACE Revision 2 und zur Änderung der Verordnung (EWG) Nr. 3037/90 des Rates sowie einiger Verordnungen der EG über bestimmte Bereiche der Statistik, ABl. Nr. L 393 vom 30. 12. 2006 S. 1, aufgeführt sind. [2]Primärwälder sind natürlich regenerierte Wälder mit einheimischen Arten, in denen es keine deutlich sichtbaren Anzeichen für menschliche Eingriffe gibt und die ökologischen Prozesse nicht wesentlich gestört sind.

(3) [1]Im Bericht sind Geld- und Sachleistungen auszuweisen, die für die Tätigkeit in der mineralgewinnenden Industrie oder auf dem Gebiet des Holzeinschlags in Primärwäldern an eine staatliche Stelle je Geschäftsjahr geleistet werden. [2]Staatliche Stellen sind nationale, regionale oder lokale staatliche Behörden oder von solchen kontrollierte Abteilungen, Agenturen oder im Sinn des § 244 beherrschte Unternehmen. [3]Es ist der Gesamtwert der Leistungen im Geschäftsjahr je staatlicher Stelle anzugeben und zusätzlich aufzugliedern, welcher Gesamtbetrag jeweils entfällt auf

1. Produktionszahlungsansprüche,

2. Steuern, die auf die Erträge, die Produktion oder die Gewinne von Unternehmen erhoben werden, ausgenommen Steuern, die auf den Verbrauch erhoben werden (wie etwa Umsatzsteuern), Lohnsteuern oder vom Umsatz abhängige Steuern,

3. Nutzungsentgelte,

4. Dividenden,

5. Unterzeichnungs-, Entdeckungs- und Produktionsboni,

6. Lizenz-, Miet- und Zugangsgebühren sowie sonstige Gegenleistungen für Lizenzen und/oder Konzessionen und

7. Beiträge für die Verbesserung der Infrastruktur.

(4) [1]Wenn die Leistungen für ein bestimmtes Projekt gewidmet sind, ist anzugeben, welcher Teil der gemäß Abs. 3 anzugebenden Beträge auf das Projekt entfällt. [2]Zusätzlich ist der Gesamtwert der Leistungen für das Projekt anzugeben. [3]Als Projekt ist die Gesamtheit der operativen Tätigkeiten anzusehen, die sich nach einer einzigen Vereinbarung oder nach mehreren inhaltlich miteinander verbundenen Vereinbarungen richten, welche die Grundlage für die Leistungen nach Abs. 3 bildet oder bilden.

(5) [1]Leistungen, deren Gegenwert im Geschäftsjahr unter 100.000 Euro liegt, müssen nicht ausgewiesen werden. [2]Im Falle einer bestehenden Vereinbarung über regelmäßige Leistungen ist auf den Gesamtbetrag der verbundenen regelmäßigen Leistungen im Berichtszeitraum abzustellen. [3]Wenn bei einer Aufgliederung nach Art der Leistung und nach Projekten einzelne Leistungen wegen Unterschreitens der Grenze von 100.000 Euro nicht ausgewiesen werden, sodass die Summe der aufgegliederten Einzelleistungen den anzugebenden Gesamtbetrag nicht erreicht, so ist gesondert auf die Inanspruchnahme dieser Erleichterung hinzuweisen. [4]Hat eine zur Erstellung eines Berichts verpflichtete Gesellschaft in einem Berichtszeitraum an keine staatliche Stelle berichtspflichtige Zahlungen geleistet, so hat sie im Bericht nur anzugeben, dass eine Geschäftstätigkeit in der mineralgewinnenden Industrie oder auf dem Gebiet des Holzeinschlags in Primärwäldern ausgeübt wurde, ohne dass berichtspflichtige Zahlungen geleistet wurden.

(6) [1]Bei der Angabe der Leistungen wird auf den Inhalt der betreffenden Zahlung oder Tätigkeit und nicht auf deren Form Bezug genommen. [2]Zahlungen und Tätigkeiten dürfen nicht künstlich mit dem Ziel aufgeteilt oder zusammengefasst werden, die Anwendung dieser Bestimmung zu umgehen. [3]Soweit Sachleistungen erbracht werden, sind ihr Wert und, wenn möglich, ihr Umfang anzugeben. [4]Ergänzende Erläuterungen sind beizufügen, um darzulegen, wie ihr Wert festgelegt worden ist.

(7) Ist eine staatliche Stelle stimmberechtigter Anteilsinhaber der Gesellschaft, so müssen gezahlte Dividenden oder Gewinnanteile nur berücksichtigt werden, wenn sie

1. nicht unter denselben Bedingungen wie an andere Anteilsinhaber mit vergleichbaren Anteilen gleicher Gattung gezahlt wurden oder

2. anstelle von Produktionsrechten oder Nutzungsentgelten gezahlt wurden.

(8) [1]Unternehmen, die einen Bericht nach gleichwertigen Berichtspflichten eines Drittlands erstellen und gemäß § 277 offenlegen, sind von der Erstellung eines Berichts nach Abs. 1 ausgenommen. [2]Ob die Berichtspflichten eines Drittlands gleichwertig sind, ist nach den aufgrund des Art. 47 der Bilanz-Richtlinie ergangenen Durchführungsrechtsakten zu beurteilen.

(BGBl I 2015/22; BGBl I 2017/20)

DRITTER ABSCHNITT
Konzernabschluss, Konzernlagebericht, konsolidierter Corporate Governance-Bericht und konsolidierter Bericht über Zahlungen an staatliche Stellen

ERSTER TITEL
Anwendungsbereich

Pflicht zur Aufstellung

§ 244. (1) [1]Stehen Unternehmen unter der einheitlichen Leitung einer Kapitalgesellschaft (Mutterunternehmen) mit Sitz im Inland, so haben die gesetzlichen Vertreter des Mutterunternehmens einen Konzernabschluss, einen Konzernlagebericht sowie gegebenenfalls einen konsolidierten Corporate Governance-Bericht „ “ aufzustellen sowie dem Aufsichtsrat und der Hauptversammlung (Generalversammlung) des Mutterunternehmens innerhalb der für die Vorlage des Jahresabschlusses geltenden Fristen vorzulegen. [2]Der Konzernabschluss, der Konzernlagebericht sowie der konsolidierte Corporate Governance-Bericht „ “ sind von sämtlichen gesetzlichen Vertretern zu unterzeichnen und der Haupt- oder Generalversammlung zusammen mit dem Jahresabschluss des Mutterunternehmens vorzulegen. [3]Soweit in den folgenden Bestimmungen der Konzernlagebericht erwähnt wird, erfasst dieser Begriff gegebenenfalls auch den konsolidierten Corporate Governance-Bericht. *(BGBl I 2015/22; BGBl I 2017/20)*

(2) Eine Kapitalgesellschaft mit Sitz im Inland ist stets zur Aufstellung eines Konzernabschlusses und eines Konzernlageberichtes verpflichtet (Mutterunternehmen), wenn ihr bei einem Unternehmen (Tochterunternehmen)

1. die Mehrheit der Stimmrechte der Gesellschafter zusteht,

2. das Recht zusteht, die Mehrheit der Mitglieder des Verwaltungs-, Leitungs- oder Aufsichtsorgans zu bestellen oder abzuberufen, und sie gleichzeitig Gesellschafter ist oder

3. das Recht zusteht, einen beherrschenden Einfluß auszuüben, oder

4. auf Grund eines Vertrages mit einem oder mehreren Gesellschaftern des Tochterunternehmens das Recht zur Entscheidung zusteht, wie Stimmrechte der Gesellschafter, soweit sie mit ihren eigenen Stimmrechten zur Erreichung der Mehrheit aller Stimmen erforderlich sind, bei Bestellung oder Abberufung der Mehrheit der Mitglieder des Leitungs- oder eines Aufsichtsorgans auszuüben sind.
(BGBl 1996/304)

(3) Eine Personengesellschaft im Sinn des § 189 Abs. 1 Z 2 unterliegt hinsichtlich der in den §§ 244 bis 267b geregelten Tatbestände den der Rechtsform ihres unbeschränkt haftenden Gesellschafters entsprechenden Rechtsvorschriften; ist dieser keine Kapitalgesellschaft, so gelten die Vorschriften für Gesellschaften mit beschränkter Haftung. *(BGBl I 2015/22)*

(4) [1]Als Rechte, die einem Mutterunternehmen zustehen, gelten auch die Rechte eines anderen Tochterunternehmens oder von Personen, die für Rechnung des Mutterunternehmens oder eines anderen Tochterunternehmens handeln. [2]Abzuziehen sind die Rechte, die mit Anteilen verbunden sind, die

1. vom Mutterunternehmen oder einem Tochterunternehmen für Rechnung einer anderen Person gehalten werden oder

2. als Sicherheit gehalten werden, sofern diese Rechte nach Weisung des Sicherungsgebers oder, wenn ein Kreditinstitut die Anteile als Sicherheit für eine Kreditgewährung hält, im Interesse des Sicherungsgebers ausgeübt werden.
(BGBl I 2015/22)

(5) Bei Ermittlung der Mehrheit der Stimmrechte sind von der Zahl aller Stimmrechte die Stimmrechte aus eigenen Anteilen abzuziehen, die dem Tochterunternehmen selbst, einem seiner Tochterunternehmen oder einer anderen Person für Rechnung dieser Unternehmen gehören.

(6) *(entfällt, BGBl I 2015/22)*

(7) [1]Bei Meinungsverschiedenheiten über das Vorliegen einer Verpflichtung zur Aufstellung „des Konzernabschlusses, des Konzernlageberichts und des konsolidierten Berichts über Zahlungen an staatliche Stellen“** entscheidet der für den Sitz des Unternehmens zuständige, zur Ausübung der Gerichtsbarkeit in Handelssachen berufene Gerichtshof erster Instanz im Verfahren außer Streitsachen. [2]Vom Mutter- als auch vom Tochterunternehmen sind antragsberechtigt: jedes Vorstands- und Aufsichtsratsmitglied, der Abschlußprüfer und eine Minderheit, deren Anteile den zwanzigsten Teil des Nennkapitals oder den „anteiligen Betrag von 700 000 Euro“* erreichen. [3]„Diese Regelung gilt sinngemäß für Personengesellschaften im Sinn des § 189 Abs. 1 Z 2.“**.
(BGBl I 1998/125; ** BGBl I 2016/43)*

(BGBl 1990/475)

Befreiende Konzernabschlüsse und Konzernlageberichte

§ 245. (1) Ein Mutterunternehmen (§ 189a Z 6), das österreichischem Recht unterliegt, braucht bei Erfüllung der Voraussetzungen des Abs. 2 keinen Teilkonzernabschluss samt Konzernlagebericht aufzustellen (befreites Unternehmen), wenn es in den Konzernabschluss eines übergeordneten Mutterunternehmens (befreiender Konzernabschluss) einbezogen ist und

1. das übergeordnete Mutterunternehmen dem Recht eines Mitgliedstaats der Europäischen

Union oder eines Vertragsstaats des Abkommens über den Europäischen Wirtschaftsraum unterliegt und entweder

a) sämtliche Anteile am befreiten Unternehmen besitzt oder

b) mindestens 90% der Anteile am befreiten Unternehmen besitzt und die anderen Anteilsinhaber der Befreiung zugestimmt haben oder

c) weder der Aufsichtsrat noch eine qualifizierte Minderheit, deren Anteile 10% des Nennkapitals oder den anteiligen Betrag von 1 400 000 Euro erreichen, spätestens sechs Monate vor dem Ablauf des Konzerngeschäftsjahrs die Aufstellung des Teilkonzernabschlusses verlangen oder

2. das übergeordnete Mutterunternehmen nicht dem Recht eines Mitgliedstaats der Europäischen Union oder eines Vertragsstaats des Abkommens über den Europäischen Wirtschaftsraum unterliegt und weder der Aufsichtsrat noch eine qualifizierte Minderheit, deren Anteile 5% des Nennkapitals oder den anteiligen Betrag von 700 000 Euro erreichen, spätestens sechs Monate vor dem Ablauf des Konzerngeschäftsjahres die Aufstellung des Teilkonzernabschlusses verlangen.

(2) Der Konzernabschluss und der Konzernlagebericht des übergeordneten Mutterunternehmens haben nur befreiende Wirkung nach Abs. 1, wenn alle nachstehenden Voraussetzungen erfüllt sind:

1. das befreite Unternehmen sowie alle seine Tochterunternehmen sind unbeschadet des § 249 in den befreienden Konzernabschluss einbezogen;

2. Konzernabschluss und Konzernlagebericht wurden nach dem für das übergeordnete Mutterunternehmen maßgeblichen Recht im Einklang mit der Bilanz-Richtlinie oder nach den gemäß der Verordnung (EG) Nr. 1606/2002 angenommenen internationalen Rechnungslegungsstandards aufgestellt; im Fall des Abs. 1 Z 2 reicht es aus, wenn Konzernabschluss und Konzernlagebericht den nach der Bilanz-Richlinie erstellten Unterlagen oder internationalen Rechnungslegungsstandards, die gemäß der Verordnung (EG) Nr. 1569/2007 der Kommission über die Einrichtung eines Mechanismus zur Festlegung der Gleichwertigkeit der von Drittstaatemittenten angewandten Rechnungslegungsgrundsätze gemäß den Richtlinien 2003/71/EG und 2004/109/EG ABl. Nr. L 340 vom 22. 12. 2007 S. 66, festgelegt wurden, gleichwertig sind;

3. der befreiende Konzernabschluss eines übergeordneten Mutterunternehmens nach Abs. 1 Z 2 wurde von einem nach dem anzuwendenden Recht zugelassenen Abschlussprüfer geprüft;

4. der Anhang des Jahresabschlusses des befreiten Unternehmens enthält Angaben über den Namen und den Sitz des übergeordneten Mutterunternehmens, das den befreienden Konzernabschluss aufstellt, sowie einen Hinweis auf die Befreiung von der Verpflichtung, einen Konzernabschluss und einen Konzernlagebericht aufzustellen;

5. der befreiende Konzernabschluss und der Konzernlagebericht des übergeordneten Mutterunternehmens werden unverzüglich in deutscher Sprache oder in einer in internationalen Finanzkreisen gebräuchlichen Sprache beim Firmenbuchgericht offengelegt (§ 280 Abs. 2) und dem Aufsichtsrat sowie der nächsten ordentlichen Hauptversammlung (Generalversammlung) vorgelegt.

(3) Die Befreiung nach Abs. 1 darf nicht in Anspruch genommen werden, wenn das befreite Unternehmen eine Gesellschaft im Sinn des § 189a Abs. 1 lit. a ist.

(BGBl I 2015/22)

Konzernabschlüsse nach international anerkannten Rechnungslegungsgrundsätzen

§ 245a. (1) Ein Mutterunternehmen, das nach Art. 4 der Verordnung (EG) Nr. 1606/2002 betreffend die Anwendung internationaler Rechnungslegungsstandards dazu verpflichtet ist, den Konzernabschluss nach den internationalen Rechnungslegungsstandards aufzustellen, die nach Art. 3 der Verordnung übernommen wurden, hat dabei § 193 Abs. 4 zweiter Halbsatz und § 194 „sowie von den Vorschriften des zweiten bis neunten Titels § 247 Abs. 3, § 265 Abs. 2 bis 4, „§ 267, § 267a und § 267b“** anzuwenden; der Konzernanhang ist außerdem um die Angaben nach § 237 Abs. 1 Z 6 in Verbindung mit § 266 Z 4, § 237 Abs. 1 Z 3 und § 239 Abs. 1 Z 4 in Verbindung mit § 266 Z 2 sowie § 238 Abs. 1 Z 10 und Z 18 zu ergänzen“*. *(BGBl I 2008/70; *BGBl I 2015/22; **BGBl I 2019/46)*

(2) Ein Mutterunternehmen, das nicht unter Abs. 1 fällt, kann den Konzernabschluss nach den Rechnungslegungsvorschriften in Abs. 1 aufstellen.

(3) Ein Mutterunternehmen, das einen Konzernabschluss nach den in Abs. 1 bezeichneten Rechnungslegungsstandards aufstellt, hat bei der Offenlegung ausdrücklich darauf hinzuweisen, dass es sich um einen nach den in Abs. 1 bezeichneten Rechnungslegungsstandards aufgestellten Konzernabschluss und Konzernlagebericht handelt.

(BGBl I 2004/161)

Größenabhängige Befreiungen

§ 246. (1) Ein Mutterunternehmen ist von der Pflicht, einen Konzernabschluß und einen Konzernlagebericht aufzustellen, befreit, wenn

1. am Abschlußstichtag seines Jahresabschlusses und am vorhergehenden Abschlußstichtag mindestens zwei der drei nachstehenden Merkmale zutreffen:

a) Die Bilanzsummen in den Bilanzen des Mutterunternehmens und der Tochterunternehmen, die in den Konzernabschluß einzubeziehen wären, übersteigen insgesamt nicht „ „24“** Millionen Euro“*. *(*BGBl I 2000/61; **BGBl I 2015/22)*

b) Die Umsatzerlöse des Mutterunternehmens und der Tochterunternehmen, die in den Konzernabschluß einzubeziehen wären, übersteigen in den zwölf Monaten vor dem Abschlußstichtag insgesamt nicht „ „48“** Millionen Euro“*. *(*BGBl I 2000/61; **BGBl I 2015/22)*

c) Das Mutterunternehmen und die Tochterunternehmen, die in den Konzernabschluß einzubeziehen wären, haben in den zwölf Monaten vor dem Abschlußstichtag im Jahresdurchschnitt nicht mehr als „250 Arbeitnehmer“ beschäftigt; oder *(BGBl I 2000/61)*

2. am Abschlußstichtag eines von ihm aufzustellenden Konzernabschlusses und am vorhergehenden Abschlußstichtag mindestens zwei der drei nachstehenden Merkmale zutreffen:

a) Die Bilanzsumme übersteigt nicht „ „20“** Millionen Euro“*. *(*BGBl I 2000/61; **BGBl I 2015/22)*

b) Die Umsatzerlöse in den zwölf Monaten vor dem Abschlußstichtag übersteigen nicht „ „40“** Millionen Euro“*. *(*BGBl I 2000/61; **BGBl I 2015/22)*

c) Das Mutterunternehmen und die in den Konzernabschluß einbezogenen Tochterunternehmen haben in den zwölf Monaten vor dem Abschlußstichtag im Jahresdurchschnitt nicht mehr als „250 Arbeitnehmer“ beschäftigt. *(BGBl I 2000/61)*

(2) Die Rechtsfolgen der Merkmale gemäß Abs. 1 Z 1 und 2 treten, wenn diese Merkmale an den Abschlußstichtagen von zwei aufeinanderfolgenden Geschäftsjahren zutreffen, ab dem folgenden Geschäftsjahr ein.

(3) Abs. 1 ist nicht anzuwenden, wenn eines der verbundenen Unternehmen ein Unternehmen von öffentlichem Interesse (§ 189a Z 1) ist. *(BGBl I 2015/22)*

(4) § 221 Abs. 7 gilt sinngemäß für die in Abs. 1 Z 1 und 2 angeführten Merkmale. *(BGBl 1996/304)*

(BGBl 1990/475)

ZWEITER TITEL

Umfang der einzubeziehenden Unternehmen (Konsolidierungskreis)

Einzubeziehende Unternehmen, Vorlage- und Auskunftspflichten

§ 247. (1) In den Konzernabschluß sind das Mutterunternehmen und alle Tochterunternehmen ohne Rücksicht auf den Sitz der Tochterunternehmen einzubeziehen, sofern die Einbeziehung nicht „gemäß § 249“ unterbleibt. *(BGBl I 2004/161)*

(2) [1]Hat sich die Zusammensetzung der in den Konzernabschluß einbezogenen Unternehmen im Laufe des Geschäftsjahrs wesentlich geändert, so sind in den Konzernabschluß Angaben aufzunehmen, die es ermöglichen, die aufeinanderfolgenden Konzernabschlüsse sinnvoll zu vergleichen. [2]Dieser Verpflichtung kann auch dadurch entsprochen werden, daß die entsprechenden Beträge des vorhergehenden Konzernabschlusses an die Änderung angepaßt werden.

(3) [1]Die Tochterunternehmen haben dem Mutterunternehmen ihre Jahresabschlüsse, Lageberichte, Konzernabschlüsse, Konzernlageberichte und, wenn eine Prüfung des Jahresabschlusses oder des Konzernabschlusses stattgefunden hat, die Prüfungsberichte sowie, wenn ein Zwischenabschluß aufzustellen ist, einen auf den Stichtag des Konzernabschlusses aufgestellten Abschluß unverzüglich einzureichen. [2]Das Mutterunternehmen kann von jedem Tochterunternehmen alle Aufklärungen und Nachweise verlangen, welche die Aufstellung des Konzernabschlusses und des Konzernlageberichts erfordert.

(BGBl 1990/475)

Verbot der Einbeziehung

§ 248. *(aufgehoben, BGBl I 2004/161)*

Verzicht auf die Einbeziehung

§ 249. (1) Ein Tochterunternehmen braucht in den Konzernabschluss nicht einbezogen zu werden, wenn

1. die für die Aufstellung des Konzernabschlusses erforderlichen Angaben nicht ohne unverhältnismäßige Verzögerungen oder ohne unverhältnismäßig hohe Kosten zu erhalten sind, wobei auf die Größe des Unternehmens Bedacht zu nehmen ist; oder

2. die Anteile an dem Tochterunternehmen ausschließlich zum Zwecke ihrer Weiterveräußerung gehalten werden; oder

3. erhebliche und andauernde Beschränkungen die Ausübung der Rechte des Mutterunternehmens in Bezug auf das Vermögen oder die Geschäftsführung dieses Unternehmens nachhaltig beeinträchtigen.

(2) [1]Wenn die Einbeziehung eines Tochterunternehmens nicht wesentlich ist, braucht es nicht in den Konzernabschluss einbezogen zu werden. [2]Trifft dies auf mehrere Tochterunternehmen zu, so sind sie dann in den Konzernabschluss einzubeziehen, wenn sie zusammen wesentlich sind. [3]Für ein Mutterunternehmen, das ausschließlich Tochterunternehmen hat, deren Einbeziehung entweder für sich und zusammengenommen nicht wesentlich ist oder die aufgrund von Abs. 1 nicht

einbezogen zu werden brauchen, entfällt die Pflicht zur Aufstellung eines Konzernabschlusses und eines Konzernlageberichts.

(3) Der Ausschluss der in Abs. 1 bezeichneten Unternehmen ist im Konzernanhang, falls kein Konzernabschluss aufzustellen ist, im Anhang des Jahresabschlusses der Muttergesellschaft anzugeben und zu begründen.

(BGBl I 2015/22)

DRITTER TITEL

Inhalt und Form des Konzernabschlusses

Inhalt

§ 250. (1) [1]Der Konzernabschluss besteht aus der Konzernbilanz, der Konzern-Gewinn- und Verlustrechnung, dem Konzernanhang, der Konzernkapitalflussrechnung und einer Darstellung der Komponenten des Eigenkapitals und ihrer Entwicklung. [2]Er kann um die Segmentberichterstattung erweitert werden. *(BGBl I 2004/161)*

(2) [1]Der Konzernabschluß hat den Grundsätzen ordnungsmäßiger Buchführung zu entsprechen. [2]Er ist klar und übersichtlich aufzustellen. [3]Er hat ein möglichst getreues Bild der Vermögens-, Finanz- und Ertragslage des Konzerns zu vermitteln. [4]Wenn dies aus besonderen Umständen nicht gelingt, sind im Konzernanhang die erforderlichen zusätzlichen Angaben zu machen.

(3) [1]Im Konzernabschluß ist die Vermögens-, Finanz- und Ertragslage der einbezogenen Unternehmen so darzustellen, als ob diese Unternehmen insgesamt ein einziges Unternehmen wären. [2]Die auf den vorhergehenden Konzernabschluß angewandten Zusammenfassungs(Konsolidierungs)methoden sind beizubehalten. [3]„Ein Abweichen von diesem Grundsatz ist nur bei Vorliegen besonderer Umstände und unter Beachtung der in Abs. 2 dritter Satz umschriebenen Zielsetzung zulässig; im Konzernanhang ist die Abweichung anzugeben, zu begründen und ihr Einfluss auf die Vermögens-, Finanz- und Ertragslage des Konzerns darzulegen.“ *(BGBl I 2015/22)*

(BGBl 1990/475)

Anzuwendende Vorschriften; Erleichterungen

§ 251. (1) Auf den Konzernabschluß sind, soweit seine Eigenart keine Abweichung bedingt oder in den folgenden Vorschriften nichts anderes bestimmt ist, „§ 193 Abs. 3 und 4 zweiter Halbsatz, §§ 194 bis 211, §§ 223 bis 227, § 229 Abs. 1 bis 3, §§ 231 bis 234 und §§ 237 bis 241“ über den Jahresabschluß und die für die Rechtsform und den Geschäftszweig der in den Konzernabschluß einbezogenen Unternehmen mit dem Sitz im Geltungsbereich dieses Gesetzes geltenden Vorschriften entsprechend anzuwenden. *(BGBl I 2015/22)*

(2) In der Gliederung der Konzernbilanz dürfen die Vorräte in einem Posten zusammengefasst werden, wenn die Aufgliederung nicht wesentlich ist. *(BGBl I 2015/22)*

(3) [1]Der Konzernanhang und der Anhang des Jahresabschlusses des Mutterunternehmens dürfen zusammengefaßt werden. [2]In diesem Falle müssen der Konzernabschluß und der Jahresabschluß des Mutterunternehmens gemeinsam offengelegt und dürfen auch die Prüfungsberichte und die Bestätigungsvermerke zusammengefaßt werden.

(BGBl 1990/475)

Stichtag für die Aufstellung

§ 252. (1) Der Konzernabschluß ist auf den Stichtag des Jahresabschlusses des Mutterunternehmens oder auf den hievon abweichenden Stichtag der Jahresabschlüsse der bedeutendsten oder der Mehrzahl der in den Konzernabschluß einbezogenen Unternehmen aufzustellen; die Abweichung vom Abschlußstichtag des Mutterunternehmens ist im Konzernanhang anzugeben und zu begründen.

(2) [1]Die Jahresabschlüsse der in den Konzernabschluß einbezogenen Unternehmen sollen auf den Stichtag des Konzernabschlusses aufgestellt werden. [2]Liegt der Abschlußstichtag eines Unternehmens um mehr als drei Monate vor „oder nach“ dem Stichtag des Konzernabschlusses, so ist dieses Unternehmen auf Grund eines auf den Stichtag und den Zeitraum des Konzernabschlusses aufgestellten Zwischenabschlusses in den Konzernabschluß einzubeziehen. *(BGBl 1996/304; BGBl I 2015/22)*

(3) Wird bei abweichenden Abschlußstichtagen ein Unternehmen nicht auf der Grundlage eines auf den Stichtag und den Zeitraum des Konzernabschlusses aufgestellten Zwischenabschlusses einbezogen, so sind Vorgänge von besonderer Bedeutung für die Vermögens-, Finanz- und Ertragslage eines in den Konzernabschluß einbezogenen Unternehmens, die zwischen dem Abschlußstichtag dieses Unternehmens und dem Abschlußstichtag des Konzernabschlusses eingetreten sind, in der Konzernbilanz und der Konzern-Gewinn- und Verlustrechnung zu berücksichtigen oder im Konzernanhang anzugeben. *(BGBl 1996/304)*

(BGBl 1990/475)

VIERTER TITEL

Vollständige Zusammenfassung der Jahresabschlüsse verbundener Unternehmen (Vollkonsolidierung)

Grundsätze, Vollständigkeitsgebot

§ 253. (1) [1]In dem Konzernabschluß ist der Jahresabschluß des Mutterunternehmens mit den Jahresabschlüssen der Tochterunternehmen zusammenzufassen. [2]An die Stelle der dem Mutterunternehmen gehörenden Anteile an den einbezogenen Tochterunternehmen treten die Vermögensgegenstände, „ “ Rückstellungen, Verbindlichkeiten und Rechnungsabgrenzungsposten der Tochterunternehmen, soweit sie nach dem Recht des Mutterunternehmens bilanzierbar sind und die Eigenart des Konzernabschlusses keine Abweichungen bedingt oder in den folgenden Vorschriften nichts anderes bestimmt ist. *(BGBl I 2015/22)*

(2) [1]Die Vermögensgegenstände, „ “* „aktiven latenten Steuern,“** Rückstellungen, Verbindlichkeiten und Rechnungsabgrenzungsposten sowie die Erträge und Aufwendungen der in den Konzernabschluß einbezogenen Unternehmen sind unabhängig von ihrer Berücksichtigung in den Jahresabschlüssen dieser Unternehmen vollständig aufzunehmen, soweit nach dem Recht des Mutterunternehmens nicht ein Bilanzierungsverbot oder ein Bilanzierungswahlrecht besteht. [2]Nach dem Recht des Mutterunternehmens zulässige Bilanzierungswahlrechte dürfen im Konzernabschluß unabhängig von ihrer Ausübung in den Jahresabschlüssen der in den Konzernabschluß einbezogenen Unternehmen ausgeübt werden. *(*BGBl I 2015/22; **BGBl I 2016/43)*

(3) *(entfällt, BGBl I 2015/22)*

(BGBl 1990/475)

Zusammenfassung von Eigenkapital und Beteiligungen (Kapitalkonsolidierung)

§ 254. (1) [1]Der Wertansatz der dem Mutterunternehmen gehörenden Anteile an einem in den Konzernabschluss einbezogenen Tochterunternehmen wird mit dem auf diese Anteile entfallenden Betrag des Eigenkapitals des Tochterunternehmens verrechnet. [2]Das Eigenkapital ist mit dem Betrag anzusetzen, der dem beizulegenden Zeitwert der in den Konzernabschluss aufzunehmenden Vermögensgegenstände, Rückstellungen, Verbindlichkeiten und Rechnungsabgrenzungsposten zu dem für die Verrechnung gemäß Abs. 2 gewählten Zeitpunkt entspricht. [3]Das anteilige Eigenkapital darf nicht mit einem Betrag angesetzt werden, der die Anschaffungskosten des Mutterunternehmens für die Anteile an dem einbezogenen Tochterunternehmen überschreitet. [4]Wenn die Anschaffungskosten den Buchwert des anteiligen Eigenkapitals unterschreiten, so ist der Buchwert anzusetzen. *(BGBl I 2015/22)*

(2) [1]Die Verrechnung gemäß Abs. 1 wird auf der Grundlage der Wertansätze zum Zeitpunkt des Erwerbs der Anteile oder der erstmaligen Einbeziehung des Tochterunternehmens in den Konzernabschluß oder, beim Erwerb der Anteile zu verschiedenen Zeitpunkten, zu dem Zeitpunkt, zu dem das Unternehmen Tochterunternehmen geworden ist, durchgeführt. [2]Der gewählte Zeitpunkt ist im Konzernanhang anzugeben.

(3) [1]„Ein bei der Verrechnung entstehender Unterschiedsbetrag ist in der Konzernbilanz, wenn er auf der Aktivseite entsteht, als Geschäfts(Firmen)wert und, wenn er auf der Passivseite entsteht, als Unterschiedsbetrag aus der Zusammenfassung von Eigenkapital und Beteiligungen (Kapitalkonsolidierung) auszuweisen.“ [2]Dieser Posten und wesentliche Änderungen gegenüber dem Vorjahr sind im Anhang zu erläutern. [3]Werden Unterschiedsbeträge der Aktivseite mit solchen der Passivseite verrechnet, so sind die verrechneten Beträge im Anhang anzugeben. *(BGBl I 2015/22)*

(4) Anteile an dem Mutterunternehmen, die diesem oder einem in den Konzernabschluß einbezogenen Tochterunternehmen gehören, sind in der Konzernbilanz als eigene Anteile „zu behandeln“. *(BGBl I 2016/43)*

(BGBl 1990/475)

Zusammenfassung von Forderungen und Schulden verbundener Unternehmen (Schuldenkonsolidierung)

§ 255. (1) Ausleihungen und andere Forderungen, Rückstellungen und Verbindlichkeiten aus Beziehungen zwischen den in den Konzernabschluß einbezogenen Unternehmen sowie entsprechende Rechnungsabgrenzungsposten sind wegzulassen.

(2) Abs. 1 braucht nicht angewendet zu werden, soweit die wegzulassenden Beträge nicht wesentlich (§ 189a Z 10) sind. *(BGBl I 2015/22)*

(BGBl 1990/475)

Behandlung der Zwischenergebnisse

§ 256. (1) In den Konzernabschluß zu übernehmende Vermögensgegenstände, die ganz oder teilweise auf Lieferungen oder Leistungen zwischen in den Konzernabschluß einbezogenen Unternehmen beruhen, sind in der Konzernbilanz mit dem Betrag anzusetzen, zu dem sie in der auf den Stichtag des Konzernabschlusses aufgestellten Bilanz dieses Unternehmens anzusetzen wären, wenn die in den Konzernabschluß einbezogenen Unternehmen auch rechtlich ein einziges Unternehmen bildeten.

(2) Abs. 1 braucht nicht angewendet zu werden, soweit die Behandlung der Zwischenergebnisse nicht wesentlich (§ 189a Z 10) ist. *(BGBl I 2015/22)*

(BGBl 1990/475)

Zusammenfassung von Aufwendungen und Erträgen verbundener Unternehmen (Aufwands- und Ertragskonsolidierung)

§ 257. (1) In der Konzern-Gewinn- und Verlustrechnung sind

1. bei den Umsatzerlösen die Erlöse aus Lieferungen und Leistungen zwischen den in den Konzernabschluß einbezogenen Unternehmen mit den auf sie entfallenden Aufwendungen zu verrechnen, soweit sie nicht als Erhöhung des Bestands an fertigen und unfertigen Erzeugnissen oder als andere „aktivierte" Eigenleistungen auszuweisen sind, *(BGBl 1996/304)*

2. andere Erträge aus Lieferungen und Leistungen zwischen den in den Konzernabschluß einbezogenen Unternehmen mit den auf sie entfallenden Aufwendungen zu verrechnen, soweit sie nicht als andere „aktivierte" Eigenleistungen auszuweisen sind. *(BGBl 1996/304)*

(2) Aufwendungen und Erträge brauchen nicht gemäß Abs. 1 weggelassen zu werden, soweit die wegzulassenden Beträge nicht wesentlich (§ 189a Z 10) sind. *(BGBl I 2015/22)*

(BGBl 1990/475)

Steuerabgrenzung

§ 258. [1]Führen Maßnahmen, die nach den Vorschriften des dritten Abschnitts durchgeführt worden sind, zu Differenzen zwischen den unternehmensrechtlichen und den steuerrechtlichen Wertansätzen der Vermögensgegenstände, Schulden oder Rechnungsabgrenzungsposten und bauen sich diese Differenzen in späteren Geschäftsjahren voraussichtlich wieder ab, so ist eine sich insgesamt ergebende Steuerbelastung als Rückstellung für passive latente Steuern und eine sich insgesamt ergebende Steuerentlastung als aktive latente Steuern in der Konzernbilanz anzusetzen. [2]Differenzen aus dem erstmaligen Ansatz eines nach § 254 Abs. 3 verbleibenden Unterschiedsbetrages bleiben unberücksichtigt. [3]Unberücksichtigt bleiben auch Differenzen, die sich zwischen dem steuerrechtlichen Wertansatz einer Beteiligung an einem Tochterunternehmen, einem assoziierten Unternehmen oder einem Gemeinschaftsunternehmen im Sinn des § 262 Abs. 1 und dem unternehmensrechtlichen Wertansatz des im Konzernabschluss angesetzten Nettovermögens ergeben, wenn das Mutterunternehmen in der Lage ist, den zeitlichen Verlauf der Auflösung der temporären Differenzen zu steuern, und es wahrscheinlich ist, dass sich die temporäre Differenz in absehbarer Zeit nicht auflösen wird. [4]Eine Saldierung ist nicht vorzunehmen, soweit eine Aufrechnung der tatsächlichen Steuererstattungsansprüche mit den tatsächlichen Steuerschulden rechtlich nicht möglich ist. [5]§ 198 Abs. 10 ist entsprechend anzuwenden. [6]Die Posten dürfen mit den Posten nach § 198 Abs. 9 zusammengefasst werden. [7]Die Steuerabgrenzung braucht nicht vorgenommen zu werden, soweit sie nicht wesentlich ist.

(BGBl I 2015/22)

Anteile anderer Gesellschafter

§ 259. (1) In der Konzernbilanz ist für die nicht dem Mutterunternehmen oder einem einbezogenen Tochterunternehmen gehörenden Anteile an den in den Konzernabschluss einbezogenen Tochterunternehmen ein Ausgleichsposten für die Anteile der anderen Gesellschafter in Höhe ihres Anteils am nach den Vorschriften des „§ 254 Abs. 1" ermittelten Eigenkapital unter dem Posten „nicht beherrschende Anteile" innerhalb des Eigenkapitals gesondert auszuweisen. *(BGBl I 2015/22; BGBl I 2016/43)*

(2) In der Konzern-Gewinn- und Verlustrechnung ist der im Jahresergebnis enthaltene, anderen Gesellschaftern zustehende Gewinn und der auf sie entfallende Verlust nach dem Posten „Jahresüberschuß/Jahresfehlbetrag" unter entsprechender Bezeichnung gesondert auszuweisen.

(BGBl 1990/475)

FÜNFTER TITEL

Bewertungsvorschriften

Einheitliche Bewertung

§ 260. (1) [1]Die in den Konzernabschluß gemäß § 253 Abs. 2 übernommenen Vermögensgegenstände und Schulden der in den Konzernabschluß einbezogenen Unternehmen sind nach den auf den Jahresabschluß des Mutterunternehmens anwendbaren Bewertungsmethoden einheitlich zu bewerten; zulässige Bewertungswahlrechte können im Konzernabschluß unabhängig von ihrer Ausübung in den Jahresabschlüssen der in den Konzernabschluß einbezogenen Unternehmen ausgeübt werden. [2]Abweichungen von den auf den Jahresabschluß des Mutterunternehmens angewandten Bewertungsmethoden sind im Konzernanhang anzugeben und zu begründen.

(2) [1]Sind in den Konzernabschluß aufzunehmende Vermögensgegenstände oder Schulden des Mutterunternehmens oder der Tochterunternehmen in den Jahresabschlüssen dieser Unternehmen nach Methoden bewertet worden, die sich von denen unterscheiden, die auf den Konzernabschluß anzuwenden sind oder die von den gesetzlichen Vertretern des Mutterunternehmens in Ausübung von Bewertungswahlrechten auf den Konzernabschluß angewendet werden, so sind die abweichend bewerteten Vermögensgegenstände oder Schulden nach den auf den Konzernabschluß angewandten Bewertungsmethoden neu zu bewerten und mit den neuen Wertansätzen in den Konzernabschluß zu übernehmen. [2]Wertansätze, die auf Sondervorschriften für Banken oder Versicherungsunternehmen beruhen, sind beizubehalten; auf die Anwendung dieser Ausnahme ist im Konzernanhang hinzuweisen. [3]„Eine einheitliche Bewertung nach dem ersten Satz braucht nicht vorgenommen zu werden, soweit ihre Aus-

wirkungen nicht wesentlich (§ 189a Z 10) sind. [4]Darüber hinaus ist ein Abweichen bei Vorliegen besonderer Umstände und unter Beachtung der in § 250 Abs. 2 dritter Satz umschriebenen Zielsetzung zulässig; im Konzernanhang ist die Abweichung anzugeben, zu begründen und ihr Einfluss auf die Vermögens-, Finanz- und Ertragslage des Konzerns darzulegen.“ *(BGBl I 2015/22)*

(3) *(aufgehoben, BGBl I 2004/161)*

(BGBl 1990/475)

Behandlung des Unterschiedsbetrags

§ 261. (1) Die Abschreibung eines nach § 254 Abs. 3 auszuweisenden Geschäfts(Firmen)werts richtet sich nach § 203 Abs. 5. *(BGBl I 2015/22)*

(2) Ein gemäß § 254 Abs. 3 auf der Passivseite auszuweisender Unterschiedsbetrag darf ergebniswirksam aufgelöst werden, soweit

1. eine zum Zeitpunkt des Erwerbs der Anteile oder der erstmaligen Zusammenfassung der Jahresabschlüsse verbundener Unternehmen (Konsolidierung) erwartete ungünstige Entwicklung der künftigen Ertragslage des Unternehmens eingetreten ist oder zu diesem Zeitpunkt erwartete Aufwendungen zu berücksichtigen sind oder

2. am Abschlußstichtag feststeht, daß er einem verwirklichten Gewinn entspricht „.“ *(BGBl I 2015/22)*

(BGBl 1990/475)

SECHSTER TITEL

Anteilmäßige Zusammenfassung der Jahresabschlüsse verbundener Unternehmen (anteilmäßige Konsolidierung)

Begriff

§ 262. (1) Führt ein in einen Konzernabschluß einbezogenes Mutter- oder Tochterunternehmen ein anderes Unternehmen gemeinsam mit einem oder mehreren nicht in den Konzernabschluß einbezogenen Unternehmen, so darf das andere Unternehmen in den Konzernabschluß entsprechend den Anteilen am Kapital einbezogen werden, die dem Mutter- oder dem Tochterunternehmen gehören.

(2) Auf die anteilmäßige Zusammenfassung der Jahresabschlüsse verbundener Unternehmen (anteilmäßige Konsolidierung) sind die §§ 250 bis 258, 260 und 261 entsprechend anzuwenden.

(BGBl 1990/475)

SIEBENTER TITEL

Assoziierte Unternehmen

Befreiung

§ 263. (1) Die Beteiligung an einem assoziierten Unternehmen ist in der Konzernbilanz unter einem besonderen Posten mit entsprechender Bezeichnung auszuweisen. *(BGBl I 2015/22)*

(2) Auf eine Beteiligung an einem „assoziierten Unternehmen“ brauchen Abs. 1 und § 264 nicht angewendet zu werden, wenn die Beteiligung „nicht wesentlich (§ 189a Z 10)“ ist. *(BGBl I 2015/22)*

(BGBl 1990/475)

Wertansatz der Beteiligung und Behandlung des Unterschiedsbetrags

§ 264. (1) [1]Eine Beteiligung an einem assoziierten Unternehmen ist in der Konzernbilanz beim erstmaligen Ansatz mit dem Buchwert gemäß den §§ 198 bis 242 anzusetzen. [2]Der Unterschiedsbetrag zwischen dem Buchwert und dem anteiligen Eigenkapital des assoziierten Unternehmens ist bei erstmaliger Anwendung in der Konzernbilanz oder im Konzernanhang gesondert auszuweisen. *(BGBl I 2015/22)*

(2) [1]Der Unterschiedsbetrag gemäß Abs. 1 zweiter Satz ist den Wertansätzen von Vermögensgegenständen und Schulden des assoziierten Unternehmens insoweit zuzuordnen, als deren beizulegender Zeitwert höher oder niedriger ist als ihr Buchwert. [2]Der nach dem ersten Satz zugeordnete Unterschiedsbetrag ist entsprechend der Behandlung der Wertansätze dieser Vermögensgegenstände und Schulden im Jahresabschluss des assoziierten Unternehmens im Konzernabschluss fortzuführen, abzuschreiben oder aufzulösen. [3]Auf einen nach Zuordnung nach dem ersten Satz verbleibenden Unterschiedsbetrag ist § 261 entsprechend anzuwenden. *(BGBl I 2015/22)*

(3) [1]Der Wertansatz der Beteiligung und die Unterschiedsbeträge werden auf der Grundlage der Wertansätze zum Zeitpunkt des Erwerbs der Anteile oder der erstmaligen Einbeziehung des „assoziierten Unternehmens“ in den Konzernabschluß oder beim Erwerb der Anteile zu verschiedenen Zeitpunkten zu dem Zeitpunkt, zu dem das Unternehmen „assoziiertes Unternehmen“ geworden ist, ermittelt. [2]Der gewählte Zeitpunkt ist im Konzernanhang anzugeben. *(BGBl I 2015/22)*

(4) [1]Der gemäß Abs. 1 ermittelte Wertansatz einer Beteiligung ist in den Folgejahren um den Betrag der Eigenkapitalveränderungen, die den dem Mutterunternehmen gehörenden Anteilen am Kapital des „assoziierten Unternehmens“ entsprechen, zu erhöhen oder zu vermindern; auf die Beteiligung entfallende Gewinnausschüttungen sind abzusetzen. [2]In der Konzern-Gewinn-

und Verlustrechnung ist das auf „Beteiligungen an assoziierten Unternehmen" entfallende Ergebnis unter einem gesonderten Posten auszuweisen. *(BGBl I 2015/22)*

(5) [1]Wendet das „assoziierte Unternehmen" in seinem Jahresabschluß vom Konzernabschluß abweichende Bewertungsmethoden an, so können abweichend bewertete Vermögensgegenstände oder Schulden für die Zwecke der Abs. 1 bis 4 nach den auf den Konzernabschluß angewandten Bewertungsmethoden bewertet werden. [2]Wird die Bewertung nicht angepaßt, so ist dies im Konzernanhang anzugeben. [3]§ 256 über die Behandlung der Zwischenergebnisse ist entsprechend anzuwenden, soweit die für die Beurteilung maßgeblichen Sachverhalte bekannt oder zugänglich sind. [4]Die Zwischenergebnisse dürfen auch anteilig entsprechend den dem Mutterunternehmen gehörenden Anteilen am Kapital des „assoziierten Unternehmens" weggelassen werden. *(BGBl I 2015/22)*

(6) [1]Es ist jeweils der letzte Jahresabschluß des „assoziierten Unternehmens" zu Grunde zu legen. [2]Stellt das „assoziierte Unternehmen" einen Konzernabschluß auf, so ist von diesem und nicht vom Jahresabschluß des „assoziierten Unternehmens" auszugehen. *(BGBl I 2015/22)*

(BGBl 1990/475)

ACHTER TITEL

Konzernanhang

Erläuterung der Konzernbilanz und der Konzern-Gewinn- und Verlustrechnung, Angaben zum Beteiligungsbesitz

§ 265. (1) [1]Im Konzernanhang sind die Konzernbilanz und die Konzern-Gewinn- und Verlustrechnung sowie die darauf angewandten Bilanzierungs- und Bewertungsmethoden so zu erläutern, daß ein möglichst getreues Bild der Vermögens-, Finanz- und Ertragslage des Konzerns vermittelt wird. [2]Insbesondere sind „anstelle der Angabe nach § 237 Abs. 1 Z 1" anzugeben: *(BGBl I 2015/22)*

1. die auf die Posten der Konzernbilanz und der Konzern-Gewinn- und Verlustrechnung angewandten Bilanzierungs- und Bewertungsmethoden;

2. die Grundlagen für die Umrechnung in „Euro", sofern der Konzernabschluß Posten enthält, denen Beträge zugrunde liegen, die auf fremde Währung lauten oder ursprünglich auf fremde Währung lauteten; *(BGBl I 1998/125)*

3. Änderungen der Bilanzierungs-, Bewertungs- und Zusammenfassungs(Konsolidierungs)methoden; diese sind zu begründen und ihr Einfluß auf die Vermögens-, Finanz- und Ertragslage des Konzerns ist gesondert darzustellen.

(2) Im Konzernanhang sind ferner „anstelle der Angabe nach § 238 Abs. 1 Z 4" anzugeben: *(BGBl I 2015/22)*

1. [1]Name und Sitz der in den Konzernabschluß einbezogenen Unternehmen, der Anteil am Kapital der Tochterunternehmen, der dem Mutterunternehmen und den in den Konzernabschluß einbezogenen Tochterunternehmen gehört oder für Rechnung dieser Unternehmen von einer anderen Person gehalten wird, sowie der zur Einbeziehung in den Konzernabschluß verpflichtende Sachverhalt, sofern die Einbeziehung nicht auf einer der Kapitalbeteiligung entsprechenden Mehrheit der Stimmrechte beruht. [2]Diese Angaben sind auch für Tochterunternehmen zu machen, die „gemäß § 249" nicht einbezogen worden sind; *(BGBl I 2004/161)*

2. [1]Name und Sitz der „assoziierten Unternehmen", der Anteil am Kapital der „assoziierten Unternehmen", der dem Mutterunternehmen und den in den Konzernabschluß einbezogenen Tochterunternehmen gehört oder für Rechnung dieser Unternehmen von einer anderen Person gehalten wird. [2]Die Anwendung des § 263 Abs. 2 ist jeweils anzugeben und zu begründen; *(BGBl I 2015/22)*

3. Name und Sitz der Unternehmen, die gemäß § 262 nur anteilmäßig in den Konzernabschluß einbezogen worden sind, der Tatbestand, aus dem sich die Anwendung dieser Vorschrift ergibt, so wie der Anteil am Kapital dieser Unternehmen, der dem Mutterunternehmen und den in den Konzernabschluß einbezogenen Tochterunternehmen gehört oder für Rechnung dieser Unternehmen von einer anderen Person gehalten wird;

4. [1]„Name und Sitz anderer als der unter den Z 1 bis 3 bezeichneten Unternehmen, bei denen das Mutterunternehmen, ein Tochterunternehmen oder für Rechnung eines dieser Unternehmen eine andere Person „eine Beteiligung (§ 189a Z 2)"** besitzt, unter Angabe des Anteils am Kapital sowie der Höhe des Eigenkapitals und des Ergebnisses des letzten Geschäftsjahrs, für das ein Abschluß aufgestellt worden ist."*[2]Diese Angaben brauchen nicht gemacht zu werden, wenn sie „nicht wesentlich (§ 189a Z 10)"** sind. [3]Das Eigenkapital und das Ergebnis brauchen nicht angegeben zu werden, wenn das in Anteilsbesitz stehende Unternehmen seinen Jahresabschluß nicht offenzulegen hat und das Mutterunternehmen, das Tochterunternehmen oder die andere Person weniger als die Hälfte der Anteile an diesem Unternehmen besitzt. *(*BGBl 1996/304; **BGBl I 2015/22)*

(3) [1]Die in Abs. 2 verlangten Angaben können insoweit unterlassen werden, soweit die Angaben nach vernünftiger „unternehmerischer" Beurteilung geeignet sind, dem Mutterunternehmen, einem Tochterunternehmen oder einem anderen in Abs. 2 bezeichneten Unternehmen einen erhebli-

chen Nachteil zuzufügen. [2]Die Anwendung der Ausnahmeregelung ist im Konzernanhang anzugeben. *(BGBl I 2005/120)*

(4) [1]Die Angaben gemäß Abs. 2 dürfen statt im Anhang auch in einer Aufstellung des Anteilsbesitzes gesondert gemacht werden. [2]Die Aufstellung ist Bestandteil des Anhangs. [3]Auf die besondere Aufstellung des Anteilsbesitzes und den Ort ihrer Hinterlegung ist im Anhang hinzuweisen.

(BGBl 1990/475)

Weitere Angaben

§ 266. Bei den Angaben, die gemäß § 251 Abs. 1 in Verbindung mit den §§ 237 bis 240 zu machen sind, gelten folgende Besonderheiten:

1. die Angabe nach § 238 Abs. 1 Z 9 hat sich auf das Ergebnis des Mutterunternehmens zu beziehen; *(BGBl I 2016/43)*

2. [1]bei den Angaben nach § 237 Abs. 1 Z 3 und nach § 239 Abs. 1 Z 4 ist nur die Höhe der Beträge anzugeben, die das Mutterunternehmen und seine Tochterunternehmen den Mitgliedern des Vorstands, des Aufsichtsrats oder ähnlicher Einrichtungen des Mutterunternehmens gewährt haben. [2]„§ 239 Abs. 1 Z 4 lit. a dritter Satz" bleibt unberücksichtigt. [3]§ 242 Abs. 4 ist sinngemäß anzuwenden. [4]Außer den Bezügen für das Geschäftsjahr sind die weiteren Bezüge anzugeben, die im Geschäftsjahr gewährt, bisher aber in keinem Konzernabschluss angegeben worden sind; *(BGBl I 2016/43)*

3. bei der Angabe nach § 237 Abs. 1 Z 5 ist auf Verbindlichkeiten Bedacht zu nehmen, für die von den in den Konzernabschluss einbezogenen Unternehmen dingliche Sicherheiten bestellt sind;

4. bei den Angaben nach § 237 Abs. 1 Z 6 und § 239 Abs. 1 Z 1 und 3 ist auf die Beschäftigten der in den Konzernabschluss einbezogenen Unternehmen Bezug zu nehmen; die durchschnittliche Zahl der Arbeitnehmer von gemäß § 262 nur anteilig einbezogenen Unternehmen ist gesondert anzugeben;

5. bei der Angabe von Geschäften von in den Konzernabschluss einbezogenen Unternehmen und mit nahe stehenden Unternehmen und Personen (§ 238 Abs. 1 Z 12) werden Geschäfte, die bei der Konsolidierung weggelassen werden, nicht berücksichtigt; § 238 Abs. 3 ist nicht anzuwenden;

6. die Angaben nach § 238 Abs. 1 Z 15 bis 17 und 19 bis 21, § 239 Abs. 1 Z 2 und Z 5 und § 241 Z 2, 4, 5 und 6 können unterbleiben.

(BGBl I 2015/22)

NEUNTER TITEL

Konzernlagebericht, konsolidierter Corporate Governance-Bericht

Konzernlagebericht

§ 267. (1) Im Konzernlagebericht sind der Geschäftsverlauf, einschließlich des Geschäftsergebnisses, und die Lage des Konzerns so darzustellen, dass ein möglichst getreues Bild der Vermögens-, Finanz- und Ertragslage vermittelt wird, und die wesentlichen Risiken und Ungewissheiten, denen der Konzern ausgesetzt ist, zu beschreiben.

(2) [1]Der Konzernlagebericht hat eine ausgewogene und umfassende, dem Umfang und der Komplexität der Geschäftstätigkeit angemessene Analyse des Geschäftsverlaufs, einschließlich des Geschäftsergebnisses, und der Lage des Konzerns zu enthalten. [2]Abhängig von der Größe des Konzerns und von der Komplexität des Geschäftsbetriebs der einbezogenen Unternehmen hat die Analyse auf die für die jeweilige Geschäftstätigkeit wichtigsten finanziellen und nichtfinanziellen Leistungsindikatoren, einschließlich Informationen über Umwelt- und Arbeitnehmerbelange, einzugehen und sie unter Bezugnahme auf die im Konzernabschluss ausgewiesenen Beträge und Angaben zu erläutern.

(3) Der Konzernlagebericht hat auch einzugehen auf

1. die voraussichtliche Entwicklung des Konzerns;

2. Tätigkeiten des Konzerns im Bereich Forschung und Entwicklung;

3. [1]den Bestand an Aktien an dem Mutterunternehmen, die das Mutterunternehmen oder ein Tochterunternehmen oder eine andere Person für Rechnung eines dieser Unternehmen erworben oder als Pfand genommen hat; dabei sind die Zahl dieser Aktien, der auf sie entfallende Betrag des Grundkapitals sowie ihr Anteil am Grundkapital anzugeben. [2]Sind solche Aktien im Geschäftsjahr erworben oder veräußert worden, so ist auch über den Erwerb oder die Veräußerung unter Angabe der Zahl dieser Aktien, des auf sie entfallenden Betrags des Grundkapitals, des Anteils am Grundkapital und des Erwerbs- oder Veräußerungspreises sowie über die Verwendung des Erlöses zu berichten;

4. für das Verständnis der Lage der in den Konzernabschluss einbezogenen Unternehmen wesentliche Zweigniederlassungen des Mutterunternehmens und der Tochterunternehmen;

5. die Verwendung von Finanzinstrumenten, sofern dies für die Beurteilung der Vermögens-, Finanz- und Ertragslage wesentlich (§ 189a Z 10) ist; diesfalls sind anzugeben

a) die Risikomanagementziele und -methoden, einschließlich der Methoden zur Absicherung aller wichtigen Arten geplanter Transaktionen, die im Rahmen der Bilanzierung von Sicherungsgeschäften angewandt werden, und

b) bestehende Preisänderungs-, Ausfall-, Liquiditäts- und Cashflow-Risiken.
(BGBl I 2015/22)

(3a) Bei einem Mutterunternehmen, dessen Aktien zum Handel auf einem geregelten Markt im Sinn des § 1 Z 2 BörseG 2018 zugelassen sind oder das ausschließlich andere Wertpapiere als Aktien auf einem solchen Markt emittiert und dessen Aktien mit Wissen der Gesellschaft über ein multilaterales Handelssystem im Sinne des § 1 Z 24 WAG 2018 gehandelt werden, hat der Konzernlagebericht auch die Angaben nach § 243a Abs. 1 zu enthalten. *(BGBl I 2017/107)*

(3b) Bei einem „Mutterunternehmen nach § 189a Z 1 lit. a" hat der Konzernlagebericht auch die Angaben nach § 243a Abs. 2 zu enthalten. Diese haben sich auf das interne Kontroll- und das Risikomanagementsystem des Konzerns im Zusammenhang mit der Aufstellung des Konzernabschlusses zu beziehen. *(BGBl I 2008/70; BGBl I 2015/22)*

(4) § 251 Abs. 3 über die Zusammenfassung von Konzernanhang und Anhang ist entsprechend anzuwenden.

(BGBl I 2004/161)

Konsolidierte nichtfinanzielle Erklärung, konsolidierter nichtfinanzieller Bericht

§ 267a. (1) Unternehmen von öffentlichem Interesse, die Mutterunternehmen sind und an den Abschlussstichtagen das Kriterium erfüllen, im Jahresdurchschnitt (§ 221 Abs. 6) auf konsolidierter Basis mehr als 500 Arbeitnehmer zu beschäftigen, haben, wenn sie nicht von der Aufstellung eines Konzernabschlusses nach § 246 Abs. 1 befreit sind, in den Konzernlagebericht an Stelle der Analyse der nichtfinanziellen Leistungsindikatoren nach § 267 Abs. 2 eine konsolidierte nichtfinanzielle Erklärung aufzunehmen.

(2) [1]Die konsolidierte nichtfinanzielle Erklärung hat diejenigen Angaben zu enthalten, die für das Verständnis des Geschäftsverlaufs, des Geschäftsergebnisses, der Lage des Konzerns sowie der Auswirkungen seiner Tätigkeit erforderlich sind und sich mindestens auf Umwelt-, Sozial- und Arbeitnehmerbelange, auf die Achtung der Menschenrechte und auf die Bekämpfung von Korruption und Bestechung beziehen. [2]Die Analyse hat die nichtfinanziellen Leistungsindikatoren unter Bezugnahme auf die im Konzernabschluss ausgewiesenen Beträge und Angaben zu erläutern.

(3) [1]Die Angaben nach Abs. 2 haben zu umfassen:

1. eine kurze Beschreibung des Geschäftsmodells des Konzerns;

2. eine Beschreibung der vom Konzern in Bezug auf diese Belange verfolgten Konzepte;

3. die Ergebnisse dieser Konzepte;

4. die angewandten Due-Diligence-Prozesse;

5. die wesentlichen Risiken, die wahrscheinlich negative Auswirkungen auf diese Belange haben werden, und die Handhabung dieser Risiken durch den Konzern, und zwar

a) soweit sie aus der eigenen Geschäftstätigkeit des Konzerns entstehen und,

b) wenn dies relevant und verhältnismäßig ist, soweit sie aus seinen Geschäftsbeziehungen, seinen Erzeugnissen oder seinen Dienstleistungen entstehen;

6. die wichtigsten nichtfinanziellen Leistungsindikatoren, die für die konkrete Geschäftstätigkeit von Bedeutung sind.

[2]Verfolgt der Konzern in Bezug auf einen oder mehrere dieser Belange kein Konzept, hat die konsolidierte nichtfinanzielle Erklärung eine klare und begründete Erläuterung zu enthalten, warum dies der Fall ist.

(4) In Ausnahmefällen können Informationen über künftige Entwicklungen oder Belange, über die Verhandlungen geführt werden, weggelassen werden, soweit

1. eine solche Angabe nach vernünftiger unternehmerischer Beurteilung geeignet ist, der Geschäftslage des Konzerns ernsthaft zu schaden, und

2. eine solche Nichtaufnahme ein den tatsächlichen Verhältnissen entsprechendes Verständnis des Geschäftsverlaufs, des Geschäftsergebnisses, der Lage des Konzerns sowie der Auswirkungen seiner Tätigkeit nicht verhindert.

(5) [1]Das Mutterunternehmen kann sich bei der Erstellung der konsolidierten nichtfinanziellen Erklärung auf nationale, unionsbasierte oder internationale Rahmenwerke stützen; wenn es hiervon Gebrauch macht, hat es anzugeben, auf welche Rahmenwerke es sich stützt. [2]Bei der Anwendung solcher Rahmenwerke ist sicherzustellen, dass die Anforderungen nach Abs. 2 und Abs. 3 erfüllt sind.

(6) [1]Die konsolidierte nichtfinanzielle Erklärung kann als gesonderter konsolidierter nichtfinanzieller Bericht erstellt werden. [2]Der gesonderte konsolidierte nichtfinanzielle Bericht ist von den gesetzlichen Vertretern aufzustellen, von sämtlichen gesetzlichen Vertretern zu unterzeichnen, dem Aufsichtsrat vorzulegen und von diesem zu prüfen, sowie gemeinsam mit dem konsolidierten Lagebericht nach § 280 offenzulegen.

(7) [1]Ein Mutterunternehmen (§ 189a Z 6), das österreichischem Recht unterliegt, ist von der Verpflichtung zur Aufstellung einer konsolidierten nichtfinanziellen Erklärung befreit, wenn dieses Mutterunternehmen (befreites Unterneh-

men) und seine Tochterunternehmen in den Konzernlagebericht oder gesonderten konsolidierten nichtfinanziellen Bericht eines anderen Unternehmens einbezogen sind, der im Einklang mit der Bilanz-Richtlinie aufgestellt wurde. [2]Ist das Mutterunternehmen zwar nach § 245 von der Aufstellung eines Teilkonzernabschlusses und Teilkonzernlageberichts befreit, nicht aber von der konsolidierten nichtfinanziellen Erklärung, hat es einen gesonderten konsolidierten nichtfinanziellen Bericht nach Abs. 6 aufzustellen.

(BGBl I 2017/20)

Konsolidierter Corporate-Governance Bericht

§ 267b. [1]Ein Mutterunternehmen, dessen Aktien zum Handel auf einem geregelten Markt im Sinn des § 1 Z 2 BörseG 2018 zugelassen sind oder das ausschließlich andere Wertpapiere als Aktien auf einem solchen Markt emittiert und dessen Aktien mit Wissen des Unternehmens über ein multilaterales Handelssystem im Sinn des § 1 Z 24 WAG 2018 gehandelt werden, hat einen konsolidierten Corporate Governance-Bericht aufzustellen, der die in § 243c vorgeschriebenen Angaben enthält, wobei die erforderlichen Anpassungen vorzunehmen sind, um die Lage der insgesamt in die Konsolidierung einbezogenen Unternehmen bewerten zu können. [2]§ 251 Abs. 3 ist entsprechend anzuwenden.

(BGBl I 2017/107)

ZEHNTER TITEL

Konsolidierter Bericht über Zahlungen an staatliche Stellen

„**§ 267c.**" (1) [1]Die gesetzlichen Vertreter eines großen (§ 221 Abs. 3) Mutterunternehmens (§ 189a Z 6) haben, wenn es selbst oder eines seiner Tochterunternehmen in der mineralgewinnenden Industrie oder auf dem Gebiet des Holzeinschlags in Primärwäldern tätig ist, auch wenn die Aufstellung des Konzernabschlusses im Einzelfall wegen der Anwendung des § 249 unterbleibt, jährlich einen konsolidierten Bericht über Zahlungen an staatliche Stellen nach den Vorgaben des „§ 243d" aufzustellen und dem Aufsichtsrat und der Hauptversammlung (Generalversammlung) des Mutterunternehmens innerhalb der für die Vorlage des Jahresabschlusses geltenden Fristen vorzulegen. [2]Der konsolidierte Bericht ist von sämtlichen gesetzlichen Vertretern zu unterzeichnen und der Hauptversammlung zusammen mit dem Jahresabschluss des Mutterunternehmens vorzulegen. [3]Er hat sich nur auf Leistungen zu erstrecken, die sich aus der Geschäftstätigkeit in der mineralgewinnenden Industrie oder auf dem Gebiet des Holzeinschlags in Primärwäldern ergeben. *(BGBl I 2017/20)*

(2) [1]Von der Erstellung eines konsolidierten Berichts über Zahlungen an staatliche Stellen sind Mutterunternehmen befreit, die gemäß § 246 von der Aufstellung eines Konzernabschlusses befreit sind oder Tochterunternehmen eines Unternehmens sind, das dem Recht eines anderen Mitgliedstaats der Europäischen Union oder eines Vertragsstaat des Abkommens über den Europäischen Wirtschaftsraum unterliegt. [2]Von der Einbeziehung eines Tochterunternehmens in den konsolidierten Bericht über Zahlungen an staatliche Stellen kann unter den Voraussetzungen des § 249 Abs. 1 abgesehen werden, wenn das Tochterunternehmen aus diesen Gründen auch nicht in den Konzernabschluss einbezogen wird. [3]Schließlich sind Mutterunternehmen befreit, die einen konsolidierten Bericht nach gleichwertigen Berichtspflichten eines Drittlands erstellen und gemäß § 277 offenlegen. [4]Ob die Berichtspflichten eines Drittlands gleichwertig sind, ist nach den aufgrund des Art. 47 der Bilanz-Richtlinie ergangenen Durchführungsrechtsakten zu beurteilen.

(BGBl I 2015/22; BGBl I 2017/20)

VIERTER ABSCHNITT

Vorschriften über die Prüfung, Offenlegung, Veröffentlichung und Zwangsstrafen

ERSTER TITEL

Abschlußprüfung

Pflicht zur Abschlußprüfung

§ 268. (1) [1]Der Jahresabschluß und der Lagebericht von Kapitalgesellschaften sind durch einen Abschlußprüfer zu prüfen. [2]Dies gilt nicht für kleine Gesellschaften mit beschränkter Haftung (§ 221 Abs. 1), sofern diese nicht auf Grund gesetzlicher Vorschriften einen Aufsichtsrat haben müssen. [3]Hat die erforderliche Prüfung nicht stattgefunden, so kann der Jahresabschluß nicht festgestellt werden. [4]„Umstände, die in einem Verfahren nach § 270 Abs. 3 „ "** geltend gemacht werden können, hindern die Gültigkeit der Prüfung nur, wenn ein solches Verfahren zur Bestellung eines anderen Abschlussprüfers geführt hat."* *(BGBl 1996/304; *BGBl I 2005/59; **BGBl I 2005/120)*

(2) Der Konzernabschluß und der Konzernlagebericht von Gesellschaften sind durch einen Abschlußprüfer zu prüfen, bevor sie dem Aufsichtsrat der Muttergesellschaft vorgelegt werden.

(3) *(entfällt, BGBl I 2015/22)*

(4) Abschlussprüfer (Konzernabschlussprüfer) können Wirtschaftsprüfer oder Wirtschaftsprüfungsgesellschaften sein. *(BGBl I 2008/70)*

(BGBl 1990/475)

Gegenstand und Umfang der Prüfung

§ 269. (1) [1]Die Prüfung des Jahresabschlusses und des Konzernabschlusses hat sich darauf zu erstrecken, ob die gesetzlichen Vorschriften und ergänzende Bestimmungen des Gesellschaftsvertrags oder der Satzung beachtet worden sind. [2]In die Prüfung des Jahresabschlusses ist die Buchführung einzubeziehen.

(1a) Für die Abschlussprüfung von Gesellschaften von öffentlichem Interesse im Sinn des § 189a Z 1 lit. a und lit. d gelten die Bestimmungen des Ersten Titels des Vierten Abschnitts, soweit nicht die Verordnung (EU) Nr. 537/2014 über spezifische Anforderungen an die Abschlussprüfung bei Unternehmen von öffentlichem Interesse und zur Aufhebung des Beschlusses 2005/909/EG, ABl. Nr. L 158 vom 27.05.2014 S. 77, in der Fassung der Berichtigung ABl. Nr. L 170 vom 11.06.2014 S. 66, anzuwenden ist. *(BGBl I 2016/43)*

(2) [1]„Der Abschlussprüfer des Konzernabschlusses trägt die volle Verantwortung für den Bestätigungsvermerk zum Konzernabschluss sowie gegebenenfalls für den zusätzlichen Bericht an den Prüfungsausschuss gemäß Art. 11 der Verordnung (EU) Nr. 537/2014.“ [2]Er hat auch die im Konzernabschluss zusammengefassten Jahresabschlüsse daraufhin zu prüfen, ob sie den Grundsätzen ordnungsmäßiger Buchführung entsprechen und ob die für die Übernahme in den Konzernabschluss maßgeblichen Vorschriften beachtet worden sind. [3]Wenn in den Konzernabschluss einbezogene Unternehmen von anderen Abschlussprüfern geprüft werden, hat der Konzernabschlussprüfer deren Tätigkeit in geeigneter Weise zu überwachen, soweit dies für die Prüfung des Konzernabschlusses maßgeblich ist. *(BGBl I 2016/43)*

(3) [1]Der Lagebericht und der Konzernlagebericht von Kapitalgesellschaften sind darauf zu prüfen, ob der Lagebericht mit dem Jahresabschluss und der Konzernlagebericht mit dem Konzernabschluss in Einklang stehen und ob der Lagebericht und Konzernlagebericht nach den geltenden rechtlichen Anforderungen aufgestellt wurden. [2]Gegenstand der Abschlussprüfung ist auch, ob „eine nach § 243b oder § 267a erforderliche nichtfinanzielle Erklärung oder ein solcher Bericht und ob ein nach § 243c oder § 267b erforderlicher Corporate Governance-Bericht aufgestellt worden sind“. *(BGBl I 2017/20)*

(4) [1]Werden der Jahresabschluss, der Konzernabschluss, der Lagebericht oder der Konzernlagebericht nach Vorlage des Prüfungsberichts geändert, so ist die Änderung dem Abschlussprüfer bekanntzugeben, der sie mit ihren Auswirkungen zu prüfen hat. [2]Über das Ergebnis der Prüfung ist zu berichten; der Bestätigungsvermerk ist gemäß § 274 entsprechend zu ergänzen und erforderlichenfalls zu ändern.

(5) Die Abschlussprüfung umfasst keine Zusicherung des künftigen Fortbestands der geprüften Gesellschaft oder der Wirtschaftlichkeit oder Wirksamkeit der bisherigen oder zukünftigen Geschäftsführung. *(BGBl I 2016/43)*

(BGBl I 2015/22)

Internationale Prüfungsstandards

§ 269a. Wenn und soweit die Europäische Kommission internationale Prüfungsstandards übernommen hat, sind Abschlussprüfungen und Konzernabschlussprüfungen unter Beachtung dieser Grundsätze durchzuführen.

(BGBl I 2008/70)

Bestellung und Abberufung des Abschlußprüfers

§ 270. (1) [1]Der Abschlussprüfer des Jahresabschlusses wird von den Gesellschaftern gewählt; den Abschlussprüfer des Konzernabschlusses wählen die Gesellschafter des Mutterunternehmens. [2]Wenn ein Aufsichtsrat besteht, hat dieser einen Vorschlag für die Wahl des Abschlussprüfers zu erstatten. „[3]Eine Vereinbarung, die die Wahlmöglichkeiten auf bestimmte Kategorien oder Listen von Abschlussprüfern beschränkt, ist nichtig.“ [4]Die Aufsichtsratsmitglieder sind zur Teilnahme an der Hauptversammlung (Generalversammlung), die über die Bestellung des Abschlussprüfers zu entscheiden hat, einzuladen. [5]Der Abschlussprüfer soll jeweils vor Ablauf des Geschäftsjahrs gewählt werden, auf das sich seine Prüfungstätigkeit erstreckt. [6]Der Aufsichtsrat hat unverzüglich nach der Wahl mit dem gewählten Prüfer den Vertrag über die Durchführung der Abschlussprüfung abzuschließen und das Entgelt zu vereinbaren. [7]Falls kein Aufsichtsrat besteht, wird die Gesellschaft durch ihre gesetzlichen Vertreter vertreten. [8]Das Entgelt hat in einem angemessenen Verhältnis zu den Aufgaben des Prüfers und dem voraussichtlichen Umfang der Prüfung zu stehen. [9]Der Prüfungsvertrag und die Höhe des vereinbarten Entgelts dürfen an keinerlei Voraussetzungen oder Bedingungen geknüpft werden und nicht davon abhängen, ob der Prüfer neben der Prüfungstätigkeit zusätzliche Leistungen für die geprüfte Gesellschaft erbringt. *(BGBl I 2008/70; BGBl I 2016/43)*

(1a) [1]Ein Wirtschaftsprüfer oder eine Wirtschaftsprüfungsgesellschaft, der oder die in einen Wahlvorschlag aufgenommen werden soll, hat vor Erstattung dieses Wahlvorschlags durch den Aufsichtsrat beziehungsweise vor der Wahl durch die Gesellschafter eine nach Leistungskategorien gegliederte Aufstellung über das für das vorangegangene Geschäftsjahr von der Gesellschaft erhaltene Entgelt vorzulegen und über seine (ihre) Einbeziehung in „das durch das Abschlussprüfer-Aufsichtsgesetz [(BGBl I Nr. 43/2016)][*)] eingerichtete System der externen Qualitätssicherung und die aufrechte Registrierung“ zu berichten.

[2]Darüber hinaus hat er (sie) alle Umstände darzulegen und zu dokumentieren, die seine (ihre) Befangenheit oder Ausgeschlossenheit begründen könnten sowie jene Schutzmaßnahmen, die getroffen worden sind, um eine unabhängige und unbefangene Prüfung sicherzustellen. [3]Sofern aufgrund gesetzlicher Verpflichtung ein Prüfungsausschuss besteht, ist diesem schriftlich zu berichten. *(BGBl I 2008/70; BGBl I 2016/43)*

(2) [1]Als Abschlußprüfer des Konzernabschlusses gilt, wenn kein anderer Prüfer bestellt wird, der Prüfer als bestellt, der für die Prüfung des in den Konzernabschluß einbezogenen Jahresabschlusses des Mutterunternehmens bestellt worden ist, wenn er die Voraussetzungen gemäß „§ 268 Abs. 4" erfüllt. [2]Erfolgt die Einbeziehung auf Grund eines Zwischenabschlusses, so gilt, wenn kein anderer Prüfer bestellt wird, der Prüfer als bestellt, der für die Prüfung des letzten vor dem Konzernabschlußstichtag aufgestellten Jahresabschlusses des Mutterunternehmens bestellt worden ist. *(BGBl I 2008/70)*

(3) [1]Auf Antrag der gesetzlichen Vertreter, des Aufsichtsrats „, von Gesellschaftern, deren Anteile zusammen fünf Prozent der Stimmrechte oder des Nennkapitals"*** oder den anteiligen Betrag von 350 000 Euro erreichen „, oder der Abschlussprüferaufsichtsbehörde"***, hat der zur Ausübung der Gerichtsbarkeit in Handelssachen berufene Gerichtshof erster Instanz im Verfahren außer Streitsachen nach Anhörung der Beteiligten und des gewählten Prüfers einen anderen Abschlussprüfer zu bestellen, wenn dies aus einem in der Person des gewählten Prüfers liegenden wichtigen Grund geboten erscheint, insbesondere wenn ein Ausschlussgrund „ "* vorliegt oder sonst die Besorgnis einer Befangenheit besteht. [2]Der Antrag ist binnen einem Monat nach dem Tag der Wahl des Abschlussprüfers zu stellen; Gesellschafter können den Antrag nur stellen, wenn sie gegen die Wahl des Abschlussprüfers bei der Beschlussfassung Widerspruch erklärt haben. [3]Wird ein Ausschluss- oder Befangenheitsgrund erst nach der Wahl bekannt oder tritt er erst nach der Wahl ein, ist der Antrag binnen einem Monat nach dem Tag zu stellen, an dem der Antragsberechtigte Kenntnis davon erlangt hat oder ohne grobe Fahrlässigkeit hätte erlangen können. [4]Stellen Aktionäre den Antrag, so haben sie glaubhaft zu machen, dass sie seit mindestens drei Monaten vor dem Tag der Hauptversammlung Inhaber der Aktien sind. [5]Zur Glaubhaftmachung genügt eine eidesstättige Erklärung vor einem Notar. [6]Unterliegt die Gesellschaft einer staatlichen Aufsicht, so kann auch die Aufsichtsbehörde den Antrag stellen. [7]Der Antrag kann nach Erteilung des Bestätigungsvermerks, im Fall einer Nachtragsprüfung nach „§ 269 Abs. 4"** nach Ergänzung des Bestätigungsvermerks, nicht mehr gestellt werden. [8]Wegen eines Verstoßes gegen „§§ 271 Abs. 1 bis 5, 271a oder 271b"* kann weder eine Nichtigkeits- noch eine Anfechtungsklage erhoben werden. *(BGBl I 2005/59, ab 1. 1. 2006, siehe § 906 Abs. 13; *BGBl I 2008/70; **BGBl I 2015/22; ***BGBl I 2016/43)*

(4) [1]Ist der Abschlußprüfer bis zum Ablauf des Geschäftsjahrs nicht gewählt worden, so hat der für den Sitz des Mutterunternehmens zuständige, zur Ausübung der Gerichtsbarkeit in Handelssachen berufene Gerichtshof erster Instanz im Verfahren außer Streitsachen auf Antrag der gesetzlichen Vertreter, mindestens zweier Mitglieder des Aufsichtsrats oder eines Gesellschafters den Abschlußprüfer zu bestellen. [2]Gleiches gilt, wenn ein gewählter Abschlußprüfer „den Abschluss des Prüfungsvertrags" abgelehnt hat, weggefallen ist oder am rechtzeitigen Abschluß der Prüfung verhindert ist und ein anderer Abschlußprüfer nicht gewählt worden ist. [3]Die gesetzlichen Vertreter sind verpflichtet, den Antrag zu stellen. [4]Die Bestellung des Abschlußprüfers ist unanfechtbar. *(BGBl I 2008/70)*

(5) [1]Der vom Gericht bestellte Abschlußprüfer hat Anspruch auf Ersatz der notwendigen baren Auslagen und auf angemessene Entlohnung für seine Tätigkeit. [2] „ " *(BGBl I 2005/59)*

(6) [1]Der Abschlußprüfer kann „den Prüfungsvertrag" nur aus wichtigem Grund kündigen. [2]Als wichtiger Grund ist es nicht anzusehen, wenn Meinungsverschiedenheiten zwischen Gesellschaft und Abschlußprüfer bestehen. [3]Die Kündigung bedarf der Schriftform und ist zu begründen. [4]Der Abschlußprüfer hat über das Ergebnis seiner bisherigen Prüfung zu berichten. [5]§ 273 ist entsprechend anzuwenden. „[6]Die zu prüfende Gesellschaft kann den Prüfungsvertrag nicht kündigen. [7]Liegt auf Seiten des Prüfers ein wichtiger Grund vor, der seine Abberufung rechtfertigt, so ist Abs. 3 entsprechend anzuwenden." *(BGBl I 2008/70)*

(7) [1]„Kündigt der Abschlussprüfer den Prüfungsvertrag gemäß Abs. 6 oder wird dieser aus anderen Gründen beendet, so ist ein Abschlussprüfer von den Gesellschaftern unverzüglich zu wählen." [2]Der bisherige Abschlußprüfer hat seinen Bericht unverzüglich dem Vorstand und den Mitgliedern des Aufsichtsrats vorzulegen. *(BGBl I 2016/43)*

(BGBl 1990/475)

---

*) *Richtig: BGBl I 43/2016*

Höchstlaufzeit der fortlaufenden Bestellung bei Gesellschaften von öffentlichem Interesse

§ 270a. Sofern bei Gesellschaften im Sinn des § 189a Z 1 lit. a und lit. d die fortlaufende Bestellung des Abschlussprüfers erstmalig für ein Geschäftsjahr erfolgt ist, das zwischen dem 17. Juni 2003 und dem 15. Juni 2014 begonnen hat, so verlängert sich die Höchstlaufzeit seiner fortlaufenden Bestellung gemäß Art. 17 Abs. 1 Unterabs. 2 der Verordnung (EU) Nr. 537/2014,

1. auf 20 Jahre, wenn der Wahl für das erste nach dem 16. Juni 2016 beginnende zu prüfende Geschäftsjahr, mit dem die Höchstlaufzeit des Art. 17 Abs. 1 Unterabs. 2 der Verordnung (EU) Nr. 537/2014 überschritten ist, ein im Einklang mit Art. 16 Abs. 2 bis 5 dieser Verordnung durchgeführtes öffentliches Ausschreibungsverfahren vorausgeht;

2. auf 24 Jahre, wenn ab dem ersten nach dem 16. Juni 2016 beginnenden zu prüfenden Geschäftsjahr, mit welchem die Höchstlaufzeit des Art. 17 Abs. 1 Unterabs. 2 der Verordnung (EU) Nr. 537/2014 überschritten ist, mehrere Abschlussprüfer gemeinsam bestellt werden.

(BGBl I 2016/43)

Befangenheit und Ausgeschlossenheit

§ 271. (1) Ein Wirtschaftsprüfer darf die Abschlussprüfung nicht durchführen, wenn „während des zu prüfenden Geschäftsjahres oder bis zur Abgabe des Bestätigungsvermerks“ Gründe, insbesondere Beziehungen geschäftlicher, finanzieller oder persönlicher Art, vorliegen, nach denen die Besorgnis der Befangenheit besteht. *(BGBl I 2016/43)*

(2) Ein Wirtschaftsprüfer ist als Abschlussprüfer ausgeschlossen, wenn er „während des zu prüfenden Geschäftsjahres oder bis zur Abgabe des Bestätigungsvermerks“ *(BGBl I 2016/43)*

1. Anteile an der zu prüfenden Gesellschaft oder an einem Unternehmen besitzt, das mit dieser Gesellschaft verbunden ist oder an dieser mindestens 20 von Hundert der Anteile besitzt, oder auf Erwerb, Verwaltung und Veräußerung derartiger Anteile maßgeblichen Einfluss hat;

2. gesetzlicher Vertreter oder Mitglied des Aufsichtsrats oder Arbeitnehmer der zu prüfenden Gesellschaft oder eines Unternehmens ist, das mit dieser Gesellschaft verbunden ist oder an dieser mindestens 20 von Hundert der Anteile besitzt, oder diese Tatbestände innerhalb von 24 Monaten vor dem Beginn des zu prüfenden Geschäftsjahrs erfüllt hat;

3. über keine „Registrierung gemäß § 52 APAG“ verfügt; *(BGBl I 2016/43)*

4. bei der zu prüfenden Gesellschaft oder für die zu prüfende Gesellschaft „ “ *(BGBl I 2016/43)*

a) bei der Führung der Bücher oder der Aufstellung des zu prüfenden Jahresabschlusses über die Prüfungstätigkeit hinaus mitgewirkt hat,

b) bei der internen Revision mitgewirkt hat,

c) Managementaufgaben übernommen hat oder in das Treffen von Entscheidungen, insbesondere über die Auswahl der gesetzlichen Vertreter oder der im Bereich der Rechnungslegung leitenden Angestellten, einbezogen war,

d) Bewertungsleistungen oder versicherungsmathematische Dienstleistungen erbracht hat, die sich auf den zu prüfenden Jahresabschluss nicht nur unwesentlich auswirken;

5. gesetzlicher Vertreter, Mitglied des Aufsichtsrats oder Gesellschafter einer juristischen Person oder einer Personengesellschaft, Arbeitnehmer einer natürlichen oder juristischen Person oder einer Personengesellschaft ist, sofern die natürliche oder juristische Person, die Personengesellschaft oder einer ihrer Gesellschafter gemäß Z 4 nicht Abschlussprüfer der zu prüfenden Gesellschaft sein darf;

6. bei der Prüfung eine Person beschäftigt, die gemäß Z 1, 2, 4 oder 5 nicht Abschlussprüfer sein darf;

7. in den letzten fünf Jahren jeweils mindestens 30 von Hundert der Gesamteinnahmen aus seiner beruflichen Tätigkeit aus der Prüfung und Beratung der zu prüfenden Gesellschaft oder von mit dieser verbundenen Unternehmen oder von Unternehmen, an denen die zu prüfende Gesellschaft mindestens 20 von Hundert der Anteile besitzt, bezogen hat, wenn dies auch im laufenden Geschäftsjahr zu erwarten ist.

(3) Ein Wirtschaftsprüfer ist als Abschlussprüfer ferner ausgeschlossen, wenn er seinen Beruf zusammen mit einer gemäß Abs. 2 Z 1, 2, 4, 5, 6 oder 7 ausgeschlossenen Person ausübt oder gemeinsam mit dieser im Rahmen gemeinsamer Berufsausübung die Voraussetzung des Abs. 2 Z 7 erfüllt.

(4) [1]Eine Wirtschaftsprüfungsgesellschaft gilt bei der Abschlussprüfung als befangen, wenn der den Bestätigungsvermerk unterzeichnende Wirtschaftsprüfer oder eine für ihn tätige Person, die eine maßgeblich leitende Funktion bei der Prüfung ausübt, nach Abs. 1 befangen ist. [2]Eine Wirtschaftsprüfungsgesellschaft ist von der Abschlussprüfung ausgeschlossen, wenn sie selbst, einer ihrer gesetzlichen Vertreter, ein Gesellschafter, ein mit ihr verbundenes Unternehmen oder eine von ihr bei der Prüfung beschäftigte Person nach Abs. 2 Z 1, 2, 4, 5, 6 oder 7 ausgeschlossen ist, oder einer ihrer Gesellschafter an einer ausgeschlossenen Gesellschaft beteiligt ist, oder jemand, der zumindest mittelbar an der Wirtschaftsprüfungsgesellschaft beteiligt ist, auch an einer ausgeschlossenen Gesellschaft mit mehr als fünf von Hundert zumindest mittelbar beteiligt ist. [3]Eine Wirtschaftsprüfungsgesellschaft ist ferner ausgeschlossen, wenn sie über keine „Registrierung gemäß § 52 APAG“ verfügt. *(BGBl I 2016/43)*

(5) Die Abs. 1 bis 4 sind auf den Konzernabschlussprüfer sinngemäß anzuwenden.

(6) [1]Weiß der Abschlussprüfer, dass er ausgeschlossen oder befangen ist, so gebührt ihm für dennoch erbrachte Leistungen kein Entgelt. [2]Dies gilt auch, wenn er seine Ausgeschlossenheit er-

kennen hätte müssen oder wenn er grob fahrlässig seine Befangenheit nicht erkannt hat.

(BGBl I 2008/70)

Ausschlussgründe bei fünffach großen Gesellschaften und Gesellschaften von öffentlichem Interesse

§ 271a. (1) „Ein Wirtschaftsprüfer ist als Abschlussprüfer „ “*** einer großen Gesellschaft, bei der das Fünffache eines der in Euro ausgedrückten Größenmerkmale einer großen Gesellschaft (§ 221 Abs. 3 erster Satz in Verbindung mit Abs. 4 bis 6) überschritten wird, neben den in § 271 Abs. 2 genannten Gründen ausgeschlossen, wenn er“* *(BGBl I 2005/120; *BGBl I 2008/70; **BGBl I 2016/43)*

1. in den letzten fünf Jahren jeweils mindestens 15 von Hundert der Gesamteinnahmen aus seiner beruflichen Tätigkeit aus der Prüfung und Beratung der zu prüfenden Gesellschaft oder „von mit dieser verbundenen Unternehmen“ oder von Unternehmen, an denen die zu prüfende Gesellschaft mindestens 20 von Hundert der Anteile besitzt, bezogen hat „ , wenn“ dies auch im laufenden Geschäftsjahr zu erwarten ist; *(BGBl I 2008/70)*

2. in dem zu prüfenden Geschäftsjahr über die Prüfungstätigkeit hinaus für die zu prüfende Gesellschaft Rechts- oder Steuerberatungsleistungen erbracht hat, die über das Aufzeigen von Gestaltungsalternativen hinausgehen und die sich auf den Jahresabschluss nicht nur unwesentlich auswirken;

3. in dem zu prüfenden Geschäftsjahr für die zu prüfende Gesellschaft bei der Entwicklung, Installation und Einführung von Rechnungslegungsinformationssystemen mitgewirkt hat;

4. einen Bestätigungsvermerk gemäß § 274 über die Prüfung des Jahresabschlusses der Gesellschaft bereits in sieben Fällen gezeichnet hat; dies gilt nicht nach einer Unterbrechung der Prüfungstätigkeit für zumindest drei aufeinander folgende Geschäftsjahre. *(BGBl I 2016/43)*

(2) Ein Wirtschaftsprüfer ist als Abschlussprüfer einer in Abs. 1 genannten Gesellschaft neben den in § 271 Abs. 2 und 3 genannten Gründen ferner ausgeschlossen, wenn er seinen Beruf zusammen mit einer gemäß Abs. 1 Z 2 oder 3 ausgeschlossenen Person ausübt oder gemeinsam mit dieser im Rahmen gemeinsamer Berufsausübung die Voraussetzung des Abs. 1 Z 1 erfüllt. *(BGBl I 2008/70)*

(3) [1]Eine Wirtschaftsprüfungsgesellschaft ist von der Abschlussprüfung einer in Abs. 1 genannten Gesellschaft neben den in § 271 Abs. 4 genannten Gründen ausgeschlossen, wenn sie selbst, einer ihrer gesetzlichen Vertreter, ein Gesellschafter, ein mit ihr verbundenes Unternehmen oder eine von ihr bei der Prüfung beschäftigte Person nach Abs. 1 ausgeschlossen ist, oder einer ihrer Gesellschafter an einer ausgeschlossenen Gesellschaft beteiligt ist, oder jemand, der zumindest mittelbar an der Wirtschaftsprüfungsgesellschaft beteiligt ist, auch an einer ausgeschlossenen Gesellschaft mit mehr als fünf von Hundert zumindest mittelbar beteiligt ist. [2]Abs. 1 Z 4 findet dabei mit der Maßgabe Anwendung, dass von der Prüfung der den Bestätigungsvermerk unterzeichnende Wirtschaftsprüfer nach Abs. 1 Z 4 ausgeschlossen wäre; dies gilt sinngemäß für eine für ihn tätige Person, die eine maßgeblich leitende Funktion bei der Prüfung ausübt. *(BGBl I 2008/70)*

(4) [1]Die Abs. 1 bis 3 sind auf den Konzernabschlussprüfer sinngemäß anzuwenden. „[2]Ausgeschlossen sind darüber hinaus Personen, die gemäß Abs. 1 Z 4 von der Prüfung eines bedeutenden verbundenen Unternehmens ausgeschlossen sind, sowie Wirtschaftsprüfungsgesellschaften, die gemäß Abs. 3 in Verbindung mit Abs. 1 Z 4 von der Prüfung eines bedeutenden verbundenen Unternehmens ausgeschlossen sind.“ *(BGBl I 2008/70)*

(5) Abweichend von Abs. 1 bis 4 ist ein Wirtschaftsprüfer oder eine Wirtschaftsprüfungsgesellschaft als Abschlussprüfer einer Gesellschaft von öffentlichem Interesse nach den in § 271 Abs. 2 genannten Gründen ausgeschlossen, sofern sich nicht aus der Verordnung (EU) Nr. 537/2014 oder den Abs. 6 und Abs. 7 anderes ergibt. *(BGBl I 2016/43)*

(6) Abweichend von Art. 5 Abs. 1 Unterabs. 2 der Verordnung (EU) Nr. 537/2014 darf der Abschlussprüfer in Gesellschaften im Sinn des § 189a Z 1 lit. a und lit. d Steuerberatungsleistungen gemäß Art. 5 Abs. 1 Unterabs. 2 lit. a (i) und (iv) bis (vii) Verordnung (EU) Nr. 537/2014 oder Bewertungsleistungen gemäß Art. 5 Abs. 1 Unterabs. 2 lit. f Verordnung (EU) Nr. 537/2014 erbringen, wenn

1. diese Leistungen in dem Geschäftsjahr, für dessen Schluss der zu prüfende Jahresabschluss aufzustellen ist, einzeln oder zusammen keine direkten oder nur unwesentliche Auswirkungen auf die geprüften Abschlüsse haben,

2. der Prüfungsausschuss diese Leistungen unter Bedachtnahme auf die Unabhängigkeit des Abschlussprüfers und die angewendeten Schutzmaßnahmen genehmigt und

3. der Abschlussprüfer die Auswirkungen dieser Leistungen auf den zu prüfenden Jahresabschluss im zusätzlichen Bericht an den Prüfungsausschuss darstellt und erläutert.

(BGBl I 2016/43)

(7) [1]Die Abschlussprüferaufsichtsbehörde kann den Abschlussprüfer einer Gesellschaft im Sinn des § 189a Z 1 lit. a und lit. d auf dessen Antrag ausnahmsweise und unter Bedachtnahme auf seine weiter bestehende Unabhängigkeit von den Anforderungen des Art. 4 Abs. 2 Unterabs. 1 der Verordnung (EU) Nr. 537/2014 für höchstens

zwei Geschäftsjahre ausnehmen. [2]Der weitere Zeitraum gemäß Art. 4 Abs. 3 Unterabs. 2 der Verordnung (EU) Nr. 537/2014 darf ein Jahr nicht überschreiten. *(BGBl I 2016/43)*

(BGBl I 2005/59)

Befangenheit und Ausgeschlossenheit im Netzwerk

§ 271b. (1) Ein Netzwerk liegt vor, wenn Personen bei ihrer Berufsausübung zur Verfolgung gemeinsamer wirtschaftlicher Interessen für eine gewisse Dauer zusammenwirken.

(2) [1]Ein Abschlussprüfer ist befangen, wenn bei einem Mitglied seines Netzwerks die Voraussetzungen des § 271 Abs. 1, Abs. 2 Z 1, 2, 5 oder 6, oder des § 271a Abs. 1 Z 3 vorliegen, sofern nicht durch Schutzmaßnahmen sichergestellt ist, dass das Netzwerkmitglied auf das Ergebnis der Abschlussprüfung keinen Einfluss nehmen kann. [2]Er ist ausgeschlossen, wenn bei einem Mitglied seines Netzwerks die Voraussetzungen des § 271 Abs. 2 Z 4 oder des § 271a Abs. 1 Z 2 vorliegen. [3]Ist das Netzwerkmitglied keine natürliche Person, so sind § 271 Abs. 4 zweiter Satz und § 271a Abs. 3 sinngemäß anzuwenden.

(3) Abs. 2 ist auf den Konzernabschlussprüfer sinngemäß anzuwenden.

(BGBl I 2008/70)

Befristetes Tätigkeitsverbot

§ 271c. (1) Der Abschlussprüfer, der Konzernabschlussprüfer, der Abschlussprüfer eines bedeutenden verbundenen Unternehmens und der den jeweiligen Bestätigungsvermerk unterzeichnende Wirtschaftsprüfer dürfen innerhalb eines Jahres, in einer Gesellschaft von öffentlichem Interesse im Sinn des § 189a Z 1 lit. a und lit. d sowie in einer großen Gesellschaft mit den Merkmalen des § 271a Abs. 1 innerhalb von zwei Jahren nach Zeichnung des Bestätigungsvermerks weder eine Organfunktion noch eine leitende Stellung (§ 80 AktG) einnehmen. *(BGBl I 2016/43)*

(1a) Mitarbeiter und Mitgesellschafter eines Abschlussprüfers sowie alle anderen natürlichen Personen, deren Leistungen der Abschlussprüfer in Anspruch nehmen oder kontrollieren kann, dürfen dann, wenn sie selbst zugelassene Abschlussprüfer sind, innerhalb eines Jahres nach ihrer unmittelbaren Beteiligung an der Abschlussprüfung einer Gesellschaft weder eine Organfunktion noch eine leitende Stellung (§ 80 AktG) in dieser Gesellschaft einnehmen. *(BGBl I 2016/43)*

(2) Wenn eine der in Abs. 1 „und Abs. 1a" genannten Personen eine Organfunktion einnimmt, gilt sie als nicht bestellt. Ihr gebührt für dennoch erbrachte Leistungen kein Entgelt; das gilt auch für die Einnahme einer leitenden Stellung. *(BGBl I 2016/43)*

(BGBl I 2008/70)

Vorlagepflicht, Auskunftsrecht

§ 272. (1) [1]Die gesetzlichen Vertreter der Gesellschaft haben dem Abschlußprüfer den Jahresabschluß und den Lagebericht unverzüglich nach der Aufstellung vorzulegen. [2]Sie haben ihm zu gestatten, die Bücher und Schriften der Gesellschaft sowie die Vermögensgegenstände und Schulden zu prüfen.

(2) [1]Der Abschlußprüfer kann von den gesetzlichen Vertretern alle Aufklärungen und Nachweise verlangen, die er für eine sorgfältige Prüfung als notwendig ansieht. [2]Er hat diese Rechte sowie die gemäß Abs. 1 auch schon vor Aufstellung des Jahresabschlusses. [3]Soweit er es für eine sorgfältige Prüfung als notwendig ansieht, hat der Abschlußprüfer diese Rechte auch gegenüber Mutter- und Tochterunternehmen.

(3) [1]Die gesetzlichen Vertreter einer Gesellschaft, die einen Konzernabschluß aufzustellen hat, haben dem Abschlußprüfer des Konzernabschlusses den Konzernabschluß, den Konzernlagebericht, die Jahresabschlüsse, Lageberichte und, wenn eine Prüfung stattgefunden hat, die Prüfungsberichte des Mutterunternehmens und der Tochterunternehmen vorzulegen. [2]Der Abschlußprüfer hat die Rechte gemäß Abs. 1 und Abs. 2 bei dem Mutterunternehmen und den Tochterunternehmen, die Rechte gemäß Abs. 2 auch gegenüber den Abschlußprüfern des Mutterunternehmens und der Tochterunternehmen.

(4) Ist die Kapitalgesellschaft als Tochterunternehmen in den Konzernabschluss eines Mutterunternehmens einbezogen, das seinen Sitz nicht in einem Mitgliedstaat der Europäischen Union oder in einem anderen Vertragsstaat des Abkommens über den Europäischen Wirtschaftsraum hat, so kann der Prüfer nach Abs. 2 zur Verfügung gestellte Unterlagen an den Abschlussprüfer des Konzernabschlusses weitergeben, soweit diese für die Prüfung des Konzernabschlusses des Mutterunternehmens erforderlich sind. *(BGBl I 2016/43)*

(BGBl 1990/475)

Prüfungsbericht

§ 273. (1) [1]Der Abschlussprüfer hat über das Ergebnis der Prüfung schriftlich zu berichten. [2]Im Bericht ist insbesondere festzustellen, ob die Buchführung, der Jahresabschluss, der Lagebericht, der Konzernabschluss und der Konzernlagebericht den gesetzlichen Vorschriften entsprechen „und die nichtfinanzielle Erklärung oder der gesonderte nichtfinanzielle Bericht (§ 243b), der Corporate Governance-Bericht (§ 243c), die konsolidierte nichtfinanzielle Erklärung oder der gesonderte konsolidierte nichtfinanzielle Bericht (§ 267a) und der konsolidierte Corporate-Governance Bericht (§ 267b)“** aufgestellt worden sind“* sowie ob die gesetzlichen Vertreter die verlangten Aufklärungen und Nachweise erbracht haben. [3]Im Prüfungsbericht zum Konzernabschluss ist auch festzustellen, ob die für die Übernahme in den Konzernabschluss maßgeblichen Vorschriften beachtet worden sind. [4]Die Posten des Jahresabschlusses sind aufzugliedern und zu erläutern. [5]Nachteilige Veränderungen der Vermögens-, Finanz- und Ertragslage gegenüber dem Vorjahr und Verluste, die das Jahresergebnis nicht unwesentlich beeinflusst haben, sind anzuführen und zu erläutern. [6]Werden Tatsachen nach Abs. 2 und 3 nicht festgestellt, so ist dies im Bericht ausdrücklich festzuhalten. *(*BGBl I 2016/43; **BGBl I 2017/20)*

(2) [1]Stellt der Abschlussprüfer bei Wahrnehmung seiner Aufgaben Tatsachen fest, die den Bestand des geprüften Unternehmens oder Konzerns gefährden oder seine Entwicklung wesentlich beeinträchtigen können oder die schwerwiegende Verstöße der gesetzlichen Vertreter oder von Arbeitnehmern gegen Gesetz, Gesellschaftsvertrag oder Satzung erkennen lassen, so hat er darüber unverzüglich zu berichten. [2]Darüber hinaus hat er unverzüglich über wesentliche Schwächen bei der internen Kontrolle des Rechnungslegungsprozesses zu berichten.

(3) Der Abschlussprüfer hat auch unverzüglich zu berichten, wenn bei der Prüfung des Jahresabschlusses das Vorliegen der Voraussetzungen für die Vermutung eines Reorganisationsbedarfs (§ 22 Abs. 1 Z 1 URG) festgestellt wird; im Bericht sind in diesem Fall die Eigenmittelquote (§ 23 URG) und die fiktive Schuldentilgungsdauer (§ 24 URG) anzugeben.

(4) [1]Der Abschlussprüfer hat diese Berichte zu unterzeichnen und den gesetzlichen Vertretern sowie den Mitgliedern des Aufsichtsrats vorzulegen. [2]Ist bei einem unbeschränkt haftenden Gesellschafter einer unternehmerisch tätigen eingetragenen Personengesellschaft im Sinn des § 221 Abs. 5 ein Aufsichtsrat eingerichtet, so hat der Abschlussprüfer den Bericht hinsichtlich der Personengesellschaft auch den Mitgliedern dieses Aufsichtsrats vorzulegen.

(BGBl I 2008/70)

Bestätigungsvermerk

§ 274. (1) [1]Der Abschlussprüfer hat das Ergebnis seiner Prüfung in einem Bestätigungsvermerk zusammenzufassen. [2]Der Bestätigungsvermerk umfasst

1. eine Einleitung, die zumindest das Unternehmen angibt, dessen Jahresabschluss beziehungsweise Konzernabschluss Gegenstand der Abschlussprüfung ist, weiters den Abschlussstichtag und den Abschlusszeitraum sowie die Rechnungslegungsgrundsätze, nach denen der Abschluss aufgestellt wurde,

2. eine Beschreibung der Art und des Umfanges der Abschlussprüfung, die zumindest Angaben über die Prüfungsgrundsätze enthält, nach denen die Abschlussprüfung durchgeführt wurde, sowie

3. ein Prüfungsurteil, das entweder ein uneingeschränktes, ein eingeschränktes oder ein negatives ist und zweifelsfrei Auskunft darüber gibt, ob nach Auffassung des Abschlussprüfers der Jahresabschluss oder Konzernabschluss den gesetzlichen Vorschriften entspricht und unter Beachtung der maßgeblichen Rechnungslegungsgrundsätzen ein möglichst getreues Bild der Vermögens-, Finanz- und Ertragslage des Unternehmens oder des Konzerns vermittelt.

(2) Ist der Abschlussprüfer nicht in der Lage, ein Prüfungsurteil abzugeben, so hat er dies im Bestätigungsvermerk anzugeben.

(3) Im Bestätigungsvermerk ist auf alle anderen Umstände zu verweisen, auf die der Abschlussprüfer in besonderer Weise aufmerksam gemacht hat, ohne das Prüfungsurteil einzuschränken.

(4) Der Bestätigungsvermerk muss eine Erklärung zu etwaigen wesentlichen Unsicherheiten in Verbindung mit den Ereignissen oder Gegebenheiten enthalten, die erhebliche Zweifel an der Fähigkeit des Unternehmens zur Fortführung der Unternehmenstätigkeit aufwerfen können.

(5) Der Bestätigungsvermerk umfasst ferner

1. ein Urteil darüber, ob der Lagebericht oder Konzernlagebericht

a) mit dem Jahresabschluss beziehungsweise Konzernabschluss des betreffenden Geschäftsjahres in Einklang steht,

b) nach den geltenden rechtlichen Anforderungen aufgestellt wurde und

c) gegebenenfalls zutreffende Angaben nach § 243a enthält sowie

2. eine Erklärung, ob angesichts der bei der Prüfung gewonnenen Erkenntnisse und des gewonnenen Verständnisses über das Unternehmen und sein Umfeld wesentliche fehlerhafte Angaben im Lagebericht beziehungsweise Konzernlagebericht festgestellt wurden, wobei auf die Art dieser fehlerhaften Angaben einzugehen ist.

(6) [1]Wurde die Abschlussprüfung von mehr als einem Abschlussprüfer durchgeführt, so haben sie sich auf die Ergebnisse der Abschlussprüfung zu einigen und einen gemeinsamen Bestätigungsvermerk und ein gemeinsames Prüfungsurteil zu erteilen. [2]Bei Uneinigkeit hat jeder Abschlussprüfer ein eigenes Urteil in einem gesonderten Absatz des Bestätigungsvermerks abzugeben und die Gründe für die Uneinigkeit darzulegen.

(7) [1]Der Bestätigungsvermerk ist vom Abschlussprüfer unter Angabe des Datums und des Ortes der Niederlassung zu unterzeichnen. [2]Wird eine Abschlussprüfung von einer Prüfungsgesellschaft durchgeführt, so ist der Bestätigungsvermerk zumindest vom verantwortlichen Abschlussprüfer zu unterzeichnen. [3]Sind mehr als ein Abschlussprüfer gleichzeitig beauftragt worden, so ist der Bestätigungsvermerk von allen verantwortlichen Abschlussprüfern zu unterzeichnen, welche die Abschlussprüfung durchgeführt haben.

(8) [1]Der Bestätigungsvermerk ist schriftlich zu verfassen und hat die Ergebnisse der Prüfung deutlich und in übersichtlicher Form darzustellen. [2]Der Bestätigungsvermerk ist auch in den Prüfungsbericht (§ 273) aufzunehmen.

(BGBl I 2015/22)

Verantwortlichkeit des Abschlußprüfers

§ 275. (1) [1]Der Abschlussprüfer, seine Gehilfen und die bei der Prüfung mitwirkenden gesetzlichen Vertreter einer Prüfungsgesellschaft sind zur Verschwiegenheit verpflichtet. [2]Sie dürfen nicht unbefugt Geschäfts- und Betriebsgeheimnisse verwerten, die sie bei ihrer Tätigkeit erfahren haben. [3]Wer vorsätzlich oder fahrlässig seine Pflichten verletzt, ist der Gesellschaft und, wenn ein verbundenes Unternehmen geschädigt worden ist, auch diesem zum Ersatz des daraus entstehenden Schadens verpflichtet. [4]Mehrere Personen haften als Gesamtschuldner. [5]„Der Abschlussprüfer hat dem nachfolgenden Abschlussprüfer auf schriftliches Verlangen Zugang zu den relevanten Informationen über das geprüfte Unternehmen „und über die zuletzt durchgeführte Abschlussprüfung"** zu gewähren."* *(BGBl I 2001/97; *BGBl I 2009/71; **BGBl I 2016/43)*

(2) [1]Der Abschlussprüfer ist zur gewissenhaften und unparteiischen Prüfung verpflichtet. [2]Verletzt er vorsätzlich oder fahrlässig diese Pflicht, so ist er der Gesellschaft und, wenn ein verbundenes Unternehmen geschädigt worden ist, auch diesem zum Ersatz des daraus entstehenden Schadens verpflichtet. [3]Mehrere Abschlussprüfer haften als Gesamtschuldner. [4]Die Ersatzpflicht ist bei Fahrlässigkeit bei der Prüfung einer kleinen oder mittelgroßen Gesellschaft (§ 221 Abs. 2) mit zwei Millionen Euro, bei Prüfung einer großen Gesellschaft (§ 221 Abs. 3) mit vier Millionen Euro, „bei Prüfung einer großen Gesellschaft, bei der"* das Fünffache eines der in Euro ausgedrückten Größenmerkmale einer großen Gesellschaft überschritten wird, mit acht Millionen Euro und „bei Prüfung einer großen Gesellschaft, bei der"* das Zehnfache eines der in Euro ausgedrückten Größenmerkmale einer großen Gesellschaft überschritten wird, mit zwölf Millionen Euro beschränkt; § 221 Abs. 4 bis 6 gilt sinngemäß. [5]Diese Beschränkungen für eine Prüfung gelten auch, wenn an ihr mehrere Abschlussprüfer beteiligt gewesen oder mehrere zum Ersatz verpflichtende Handlungen begangen worden sind, und ohne Rücksicht darauf, ob andere Beteiligte vorsätzlich gehandelt haben. „[7]Sie gelten jedoch nicht für den Abschlussprüfer, der in Kenntnis oder in grob fahrlässiger Unkenntnis seiner Befangenheit oder Ausgeschlossenheit gehandelt hat."** *(BGBl I 2005/59; *BGBl I 2005/120; **BGBl I 2008/70)*

(3) Die Verpflichtung zur Verschwiegenheit besteht, wenn eine Prüfungsgesellschaft Abschlußprüfer ist, auch gegenüber dem Aufsichtsrat der Prüfungsgesellschaft und dessen Mitgliedern.

(4) Die Ersatzpflicht nach diesen Vorschriften kann durch Vertrag weder ausgeschlossen noch beschränkt werden.

(5) Die Ansprüche aus diesen Vorschriften verjähren in fünf Jahren.

(BGBl 1990/475)

Meinungsverschiedenheiten zwischen Gesellschaft und Abschlußprüfer

§ 276. Bei Meinungsverschiedenheiten zwischen dem Abschlußprüfer und der Gesellschaft über die Auslegung und Anwendung von gesetzlichen Vorschriften sowie von Bestimmungen des Gesellschaftsvertrags oder der Satzung über den Jahresabschluß, Lagebericht, Konzernabschluß oder Konzernlagebericht entscheidet auf Antrag des Abschlußprüfers oder der gesetzlichen Vertreter der Gesellschaft ausschließlich der für den Sitz des Unternehmens zuständige, zur Ausübung der Gerichtsbarkeit in Handelssachen berufene Gerichtshof erster Instanz im Verfahren außer Streitsachen.

(BGBl 1990/475)

ZWEITER TITEL

Offenlegung, Veröffentlichung und Vervielfältigung, Prüfung durch das Registergericht

Offenlegung

§ 277. (1) [1]Die gesetzlichen Vertreter von Kapitalgesellschaften haben den Jahresabschluss und den Lagebericht sowie gegebenenfalls „den gesonderten nichtfinanziellen Bericht," den Corporate Governance-Bericht und den Bericht über Zahlungen an staatliche Stellen nach seiner Behandlung in der Hauptversammlung (Generalversammlung), jedoch spätestens neun Monate nach dem Bilanzstichtag, mit dem Bestätigungsvermerk beim Firmenbuchgericht des Sitzes der Kapitalgesellschaft einzureichen; innerhalb derselben Frist sind der Bericht des Aufsichtsrats und der Beschluss über die Verwendung des Ergebnisses einzureichen. [2]Werden zur Wahrung dieser Frist der Jahresabschluss und der Lagebericht sowie gegebenenfalls „der gesonderte nichtfinanzielle

Bericht,“ der Corporate Governance-Bericht und der Bericht über Zahlungen an staatliche Stellen ohne die anderen Unterlagen eingereicht, so sind der Bericht des Aufsichtsrats nach seinem Vorliegen, die Beschlüsse nach der Beschlussfassung und der Vermerk nach der Erteilung unverzüglich einzureichen. [3]Wird der Jahresabschluss bei nachträglicher Prüfung oder Feststellung geändert, so ist auch diese Änderung einzureichen. *(BGBl I 2015/22; BGBl I 2017/20)*

(2) [1]Der Vorstand einer großen Aktiengesellschaft (§ 221 Abs. 3) hat die Veröffentlichung des Jahresabschlusses unmittelbar nach seiner Behandlung in der Hauptversammlung, jedoch spätestens neun Monate nach dem Bilanzstichtag, mit dem Bestätigungsvermerk „ “** im „Amtsblatt zur Wiener Zeitung“* zu veranlassen. [2]Der Nachweis über die Veranlassung dieser Veröffentlichung ist gleichzeitig mit den in Abs. 1 bezeichneten Unterlagen beim Firmenbuchgericht einzureichen. [3]Bei der Veröffentlichung ist das Firmenbuchgericht und die Firmenbuchnummer anzugeben. [4]Dies gilt auch für allfällige Änderungen (Abs. 1 letzter Satz). *(*BGBl I 2001/41; **BGBl I 2015/22)*

(3) In der Offenlegung und der Veröffentlichung können alle Posten in vollen 1 000 Euro angegeben werden, nach Maßgabe der Wesentlichkeit (§ 189a Z 10) auch in größeren Einheiten. *(BGBl I 2015/22)*

(4) Die gesetzlichen Vertreter von Kapitalgesellschaften haben spätestens mit den Einreichungen gemäß Abs. 1 und 2 oder auf dem Jahresabschluss selbst anzugeben, in welche der Größenklassen des § 221 Abs. 1 bis 3 die Gesellschaft unter Bedachtnahme auf § 221 Abs. 4 im betreffenden Geschäftsjahr einzuordnen ist „und gegebenenfalls, dass die Gesellschaft die Kriterien der § 243b Abs. 1 oder § 243c Abs. 1 erfüllt“. *(BGBl I 2001/41; BGBl I 2017/20)*

„(5)“ Sonstige Veröffentlichungs- und Informationspflichten bleiben unberührt. *(BGBl I 2006/103)*

(6) [1]„Die Unterlagen nach Abs. 1 sind elektronisch einzureichen, in die Urkundensammlung des Firmenbuchs aufzunehmen und gemäß §§ 33 f. FBG öffentlich zugänglich zu machen.“ [2]Überschreiten die Umsatzerlöse in den zwölf Monaten vor dem Abschlussstichtag des einzureichenden Jahresabschlusses nicht 70 000 Euro, kann der Jahresabschluss auch in Papierform eingereicht werden. [3]Die Umsatzerlöse sind gleichzeitig mit der Einreichung bekannt zu geben. [4]In Papierform eingereichte Jahresabschlüsse müssen für die Aufnahme in die Datenbank des Firmenbuchs geeignet sein. [5]Der Bundesminister für Justiz kann durch Verordnung nähere Bestimmungen über die äußere Form der Jahresabschlüsse festlegen. *(BGBl I 2006/103; BGBl I 2015/22)*

(7) Nach der Aufnahme der Jahresabschlüsse in die Datenbank des Firmenbuchs hat sie das Gericht in elektronischer Form der Wirtschaftskammer Österreich, der Österreichischen Bundesarbeitskammer und der Präsidentenkonferenz der Landwirtschaftskammern Österreichs (Landwirtschaftskammer Österreich – LKÖ) zur Verfügung zu stellen; dies gilt jedoch nicht für die Jahresabschlüsse von kleinen Gesellschaften mit beschränkter Haftung (§ 221 Abs. 1). *(BGBl I 2006/103)*

(8) [1]Die Oesterreichische Nationalbank ist berechtigt, von der BundesrechenzentrumGmbH die elektronische Übermittlung elektronisch eingereichter Jahresabschlüsse gegen kostendeckendes Entgelt zu verlangen, soweit sie diese Daten zur Erfüllung der ihr gesetzlich oder gemeinschaftsrechtlich zugewiesenen Aufgaben benötigt. [2]Sie ist weiters berechtigt, die Daten an die Bundesanstalt Statistik Österreich weiterzugeben, soweit diese die Daten zur Erfüllung der ihr gesetzlich oder gemeinschaftsrechtlich zugewiesenen Aufgaben benötigt. *(BGBl I 2001/41)*

(BGBl 1996/304)

Offenlegung für kleine Gesellschaften mit beschränkter Haftung

§ 278. (1) [1]Auf kleine Gesellschaften mit beschränkter Haftung (§ 221 Abs. 1) ist § 277 mit der Maßgabe anzuwenden, dass die gesetzlichen Vertreter nur die Bilanz und den Anhang, bei Kleinstkapitalgesellschaften nur die Bilanz „ohne die Angaben nach § 242 Abs. 1 erster Satz“, einzureichen haben. [2]Die offenzulegende Bilanz braucht nur die in § 224 Abs. 2 und 3 mit Buchstaben und römischen Zahlen versehenen Posten zu enthalten, wobei beim Posten nach § 224 Abs. 2 B II alle zusammengefassten Forderungen mit einer Restlaufzeit von mehr als einem Jahr und beim Posten nach § 224 Abs. 3 C alle zusammengefassten Verbindlichkeiten mit einer Restlaufzeit von mehr als einem Jahr gesondert anzugeben sind; die Angaben nach § 229 Abs. 1 erster bis dritter Satz sind zu machen. [3]Ist die Gesellschaft gemäß § 268 Abs. 1 prüfungspflichtig, so ist auch der Bestätigungsvermerk einzureichen. *(BGBl I 2015/22; BGBl I 2019/46)*

(2) Der Bundesminister für Justiz hat durch Verordnung ein Formblatt festzulegen, dessen Verwendung zur Erfüllung der Verpflichtung gemäß Abs. 1 ausreichend ist.

(BGBl 1996/304)

Offenlegung für kleine und mittelgroße Aktiengesellschaften und mittelgroße Gesellschaften mit beschränkter Haftung

§ 279. Für die Offenlegung kleiner und mittelgroßer Aktiengesellschaften (§ 221 Abs. 1 und

Abs. 2) und mittelgroßer Gesellschaften mit beschränkter Haftung (§ 221 Abs. 2) gilt Folgendes:

1. [1]Die offenzulegende Bilanz braucht nur die in § 224 Abs. 2 und 3 mit Buchstaben und römischen Zahlen bezeichneten, zusätzlich jedoch die folgenden Posten zu enthalten: auf der Aktivseite die Posten A I 2, A II 1, 2, 3 und 4, A III 1, 2, 3 und 4, B II 2 und 3, B III 1, auf der Passivseite die Posten B 1 und 2 und C 1, 2, 6 und 7. [2]Forderungen mit einer Restlaufzeit von mehr als einem Jahr sind bei den Posten nach § 224 Abs. 2 B II 2 und 3 gesondert auszuweisen, ebenso Verbindlichkeiten mit einer Restlaufzeit von mehr als einem Jahr bei den Posten nach § 224 Abs. 3 C 1, 2, 6 und 7. [3]Die Angaben nach § 229 sind zu machen.

2. Die Posten des § 231 Abs. 2 Z 1 bis 3 und 5 und Abs. 3 Z 1 bis 3 dürfen zu einem Posten unter der Bezeichnung „Rohergebnis“ zusammengefasst werden.

(BGBl I 2015/22)

Offenlegung des Konzernabschlusses

§ 280. (1) „[1]Die gesetzlichen Vertreter einer Gesellschaft, die einen Konzernabschluss aufzustellen hat, haben den Konzernabschluss und den Konzernlagebericht sowie gegebenenfalls „den gesonderten konsolidierten nichtfinanziellen Bericht,“** den konsolidierten Corporate Governance-Bericht und den konsolidierten Bericht über Zahlungen an staatliche Stellen mit dem Bestätigungsvermerk gleichzeitig mit dem Jahresabschluss beim Firmenbuchgericht des Sitzes der Gesellschaft einzureichen. [2]§ 277 Abs. 3 und Abs. 6 erster Satz gelten sinngemäß.“* [3]§ 277 Abs. 2 ist für die Veröffentlichung des Konzernabschlusses sinngemäß anzuwenden, wenn ein Tochterunternehmen eine große Aktiengesellschaft mit Sitz im Inland ist. *(BGBl 1996/304; *BGBl I 2015/22; **BGBl I 2017/20)*

(2) Ist ein Tochterunternehmen in einen ausländischen Konzernabschluß mit befreiender Wirkung gemäß § 245 Abs. 1 einbezogen, so hat es diesen in deutscher Sprache „oder in einer in internationalen Finanzkreisen gebräuchlichen Sprache“ bei dem zuständigen „Firmenbuchgericht“ zu hinterlegen; das gleiche gilt, falls eine große Kapitalgesellschaft in einen ausländischen Konzernabschluß einbezogen ist. *(BGBl I 2015/22)*

(3) und (4) *(aufgehoben, BGBl 1996/304)*

(BGBl 1990/475)

Offenlegung der Zweigniederlassungen ausländischer Kapitalgesellschaften

§ 280a. Bei Zweigniederlassungen von ausländischen Kapitalgesellschaften haben die Vertreter der Zweigniederlassung die Unterlagen der Rechnungslegung, die nach dem für die Hauptniederlassung der Gesellschaft maßgeblichen Recht erstellt, geprüft und offengelegt worden sind, gemäß den §§ 277, 281 und 282 in deutscher Sprache offenzulegen.

(BGBl 1996/304)

UGB §§ 105 ff.

Form und Inhalt der Unterlagen bei der Offenlegung, Veröffentlichung und Vervielfältigung

§ 281. (1) [1]Bei der vollständigen oder teilweisen Offenlegung des Jahresabschlusses und des Konzernabschlusses und bei der Veröffentlichung oder Vervielfältigung in anderer Form auf Grund des Gesellschaftsvertrags oder der Satzung sind der Jahresabschluß und der Konzernabschluß so wiederzugeben, daß sie den für ihre Aufstellung maßgeblichen Vorschriften entsprechen; sie haben in diesem Rahmen vollständig und richtig zu sein. „ “*[2]Wurde der Jahresabschluß oder der Konzernabschluß auf Grund gesetzlicher Vorschriften durch einen Abschlußprüfer geprüft, so ist jeweils der vollständige Wortlaut des Bestätigungsvermerks „ “** wiederzugeben; wird der Jahresabschluß wegen der Inanspruchnahme von Erleichterungen nur teilweise offengelegt und bezieht sich der Bestätigungsvermerk auf den vollständigen Jahresabschluß, so ist hierauf hinzuweisen. *(*BGBl I 2006/103; **BGBl I 2015/22)*

(2) [1]Werden der Jahresabschluß oder der Konzernabschluß in Veröffentlichungen und Vervielfältigungen, die nicht durch Gesetz, Gesellschaftsvertrag oder Satzung vorgeschrieben sind, nicht in der gemäß Abs. 1 vorgeschriebenen Form wiedergegeben, so ist jeweils in einer Überschrift darauf hinzuweisen, daß es sich nicht um eine der gesetzlichen Form entsprechende Veröffentlichung handelt. [2]Ein Bestätigungsvermerk darf nicht beigefügt werden. [3]„Im Fall einer verpflichtenden Abschlussprüfung ist jedoch über den Inhalt des Bestätigungsvermerks zu dem in gesetzlicher Form erstellten Jahresabschluss oder Konzernabschluss einschließlich der Angaben nach § 274 Abs. 3 zu berichten.“ [4]Ferner ist anzugeben, bei welchem Firmenbuch und in welcher Nummer des Bekanntmachungsblattes die Offenlegung erfolgt oder daß die Offenlegung noch nicht erfolgt ist. *(BGBl I 2015/22)*

(3) In den Dokumenten, die den Jahresabschluss und den Konzernabschluss enthalten, sind die in § 14 Abs. 1 erster Satz vorgeschriebenen Informationen anzugeben. *(BGBl I 2015/22)*

(BGBl 1990/475)

DRITTER TITEL
Prüfungspflicht und Zwangsstrafen

Prüfungspflicht des Registergerichts

§ 282. (1) Das Gericht hat zu prüfen, ob die gemäß §§ 277 bis 281 offenzulegenden Unterlagen vollzählig zum Firmenbuch eingereicht und ob, soweit Veröffentlichungen vorgeschrieben sind, diese veranlaßt worden sind. *(BGBl 1996/304)*

(2) [1]Gibt die Prüfung gemäß Abs. 1 Anlaß zu der Annahme, daß von der Größe der Gesellschaft abhängige Vorschriften nicht hätten in Anspruch genommen werden dürfen, so kann das Gericht zu seiner Unterrichtung von der Gesellschaft innerhalb einer angemessenen Frist die Mitteilung der Bilanzsumme, der Umsatzerlöse gemäß „§ 189a Z 5“** und der durchschnittlichen Zahl der Arbeitnehmer gemäß „§ 221 Abs. 6“* verlangen. [2]Unterläßt die Gesellschaft die fristgemäße Mitteilung, so gelten die Vorschriften als zu Unrecht in Anspruch genommen. *(*BGBl 1996/304; **BGBl I 2016/43)*

(2a) [1]Das Gericht kann eine Gesellschaft zu folgenden Erklärungen auffordern:

1. ob sie oder eines ihrer Tochterunternehmen im Sinn des § 243d Abs. 2 in der mineralgewinnenden Industrie oder auf dem Gebiet des Holzeinschlages in Primärwäldern tätig ist;

2. ob ihre übertragbaren Wertpapiere zum Handel an einem geregelten Markt im Sinne des § 189a Z 1 lit. a zugelassen sind.

[2]Die Aufforderung ist zu begründen. [3]Zur Abgabe einer Erklärung ist eine angemessene Frist zu setzen. [4]Gibt die Gesellschaft innerhalb der Frist keine Erklärung ab, so wird vermutet, dass die Gesellschaft bei Unterlassen einer Erklärung nach Z 1 in den Anwendungsbereich des § 243d beziehungsweise des § 267c und bei Unterlassen einer Erklärung nach Z 2 in den Anwendungsbereich des § 243b beziehungsweise des § 267a fällt. *(BGBl I 2017/20)*

(3) [1]Ist eine gebotene Veröffentlichung unterblieben, so hat das Gericht diese Tatsache ohne Durchführung eines Verbesserungsverfahrens auf Kosten der Gesellschaft bekanntzumachen, wenn dies ein Gesellschafter, Gläubiger, Betriebsrat (Zentralbetriebsrat) oder eine gesetzliche Interessenvertretung beantragt. [2]Die Antragsberechtigung ist glaubhaft zu machen. [3]Ein späterer Wegfall der Antragsberechtigung ist unschädlich. [4]Der Antrag kann nicht zurückgenommen werden. *(BGBl 1996/304)*

(BGBl 1994/153)

Zwangsstrafen

§ 283. (1) [1]Die gesetzlichen Vertreter der Gesellschaft sind, unbeschadet der allgemeinen unternehmensrechtlichen Vorschriften, zur zeitgerechten Befolgung der §§ 277 und 280 vom Gericht durch Zwangsstrafen von 700 Euro bis 3 600 Euro, bei Kleinstkapitalgesellschaften (§ 221 Abs. 1a) von 350 Euro bis 1 800 Euro anzuhalten. [2]Die Zwangsstrafe ist nach Ablauf der Offenlegungsfrist zu verhängen. [3]Sie ist wiederholt zu verhängen, soweit die genannten Organe ihren Pflichten nach je weiteren zwei Monaten noch nicht nachgekommen sind. [4]Eine Gesellschaft ist als Kleinstkapitalgesellschaft im Sinn dieser Bestimmung anzusehen, wenn sie die gesetzlichen Vertreter zuletzt in plausibler Weise als solche eingestuft haben (§ 277 Abs. 4), es sei denn, es liegen Hinweise vor, dass die Schwellenwerte mittlerweile überschritten wurden. [5]Ansonsten wird eine Kleinstkapitalgesellschaft nur über rechtzeitigen Einwand der Partei als solche behandelt, wobei § 282 Abs. 2 anzuwenden ist. *(BGBl I 2015/22)*

(2) [1]Ist die Offenlegung nach Abs. 1 nicht bis zum letzten Tag der Offenlegungsfrist erfolgt, so ist – sofern die Offenlegung nicht bis zum Tag vor Erlassung der Zwangsstrafverfügung bei Gericht eingelangt ist – ohne vorausgehendes Verfahren durch Strafverfügung eine Zwangsstrafe von 700 Euro „, bei Kleinstkapitalgesellschaften (§ 221 Abs. 1a) von 350 Euro“ zu verhängen. [2]Von der Verhängung einer Zwangsstrafverfügung kann abgesehen werden, wenn das in Abs. 1 genannte Organ offenkundig durch ein unvorhergesehenes oder unabwendbares Ereignis an der fristgerechten Offenlegung gehindert war. [3]In diesem Fall kann – soweit bis dahin noch keine Offenlegung erfolgt ist – mit der Verhängung der Zwangsstrafverfügung bis zum Ablauf von vier Wochen nach Wegfall des Hindernisses, welches der Offenlegung entgegenstand, zugewartet werden. [4]Zwangsstrafverfügungen sind wie Klagen zuzustellen. [5]Gegen die Zwangsstrafverfügung kann das jeweilige Organ binnen 14 Tagen Einspruch erheben, andernfalls erwächst die Zwangsstrafverfügung in Rechtskraft. [6]Im Einspruch sind die Gründe für die Nichtbefolgung der in Abs. 1 genannten Pflichten anzuführen. [7]Gegen die Versäumung der Einspruchsfrist kann Wiedereinsetzung in den vorigen Stand bewilligt werden (§ 21 AußStrG). [8]Ist der Einspruch verspätet oder fehlt ihm jegliche Begründung, so ist er mit Beschluss zurückzuweisen. *(BGBl I 2015/22)*

(3) [1]Mit der rechtzeitigen Erhebung des begründeten Einspruchs tritt die Zwangsstrafverfügung außer Kraft. [2]Über die Verhängung der Zwangsstrafe ist im ordentlichen Verfahren mit Beschluss zu entscheiden. [3]Ist nicht mit Einstellung des Zwangsstrafverfahrens vorzugehen, so kann – ohne vorherige Androhung – eine Zwangsstrafe von 700 Euro bis 3 600 Euro „, bei Kleinstkapitalgesellschaften (§ 221 Abs. 1a) von 350 Euro bis 1 800 Euro“ verhängt werden. [4]Gegen die Verhängung einer Zwangsstrafe im ordentlichen

Verfahren steht dem jeweiligen Organ ein Rechtsmittel zu (§§ 45 ff. AußStrG). *(BGBl I 2015/22)*

(4) [1]Ist die Offenlegung innerhalb von zwei Monaten nach Ablauf des letzten Tages der Offenlegungsfrist noch immer nicht erfolgt, so ist durch Strafverfügung eine weitere Zwangsstrafe von 700 Euro „, bei Kleinstkapitalgesellschaften (§ 221 Abs. 1a) von 350 Euro“ zu verhängen. [2]Das Gleiche gilt bei Unterbleiben der Offenlegung für jeweils weitere zwei Monate; wird gegen eine solche Zwangsstrafverfügung Einspruch erhoben, so ist der Beschluss über die verhängte Zwangsstrafe zu veröffentlichen. „Zwischen dem Tag der Erlassung einer Zwangsstrafverfügung nach diesem Absatz und dem Tag der Erlassung einer vorangegangenen Zwangsstrafverfügung, die denselben Adressaten und denselben Bilanzstichtag betrifft, müssen mindestens sechs Wochen liegen.“ *(BGBl I 2015/22)*

(5) [1]Richtet sich die Zwangsstrafverfügung gemäß Abs. 4 gegen ein in Abs. 1 genanntes Organ einer mittelgroßen (§ 221 Abs. 2) Kapitalgesellschaft, so erhöhen sich die damit zu verhängenden Zwangsstrafen sowie die in Abs. 1 und 3 angedrohten Zwangsstrafen im ordentlichen Verfahren jeweils auf das Dreifache. [2]Wird das Zwangsstrafenverfahren gegen ein in Abs. 1 genanntes Organ einer großen (§ 221 Abs. 3) Kapitalgesellschaft geführt, so erhöhen sich diese Beträge jeweils auf das Sechsfache. [3]Als Grundlage für die Größenklasse kann der zuletzt vorgelegte Jahresabschluss herangezogen werden.

(6) Die Zwangsstrafen sind auch dann zu vollstrecken, wenn die Bestraften ihrer Pflicht nachkommen oder deren Erfüllung unmöglich geworden ist.

(7) [1]Die den gesetzlichen Vertretern in den „§§ 277 und 280“ auferlegten Pflichten treffen auch die Gesellschaft. [2]Kommt die Gesellschaft diesen Pflichten durch ihre Organe nicht nach, so ist gleichzeitig auch mit der Verhängung von Zwangsstrafen unter sinngemäßer Anwendung der Abs. 1 bis 6 auch gegen die Gesellschaft vorzugehen. *(BGBl I 2015/22)*

(BGBl I 2010/111)

§ 284. [1]Die gesetzlichen Vertreter der Gesellschaft und die Gesellschaft selbst sind, unbeschadet der allgemeinen unternehmensrechtlichen Vorschriften, zur Befolgung der §§ 222 Abs. 1, 244, 245, 247, 270, 272, 281 und 283, die Aufsichtsratsmitglieder zur Befolgung des § 270 und im Fall einer inländischen Zweigniederlassung einer ausländischen Kapitalgesellschaft die für diese im Inland vertretungsbefugten Personen zur Befolgung des § 280a vom Gericht durch Zwangsstrafen bis zu 3 600 Euro anzuhalten. [2]§ 24 Abs. 2 bis 5 FBG ist anzuwenden.

(BGBl I 2015/22)

Ausnahmen, Stundung und Nachlass

§ 285. (1) [1]Während der Dauer eines Insolvenzverfahrens mit Ausnahme eines Sanierungsverfahrens mit Eigenverwaltung sind keine Zwangsstrafverfügungen nach § 283 zu erlassen. [2]Rechte von Gesellschaftern und Dritten, die Offenlegung einzufordern, bleiben unberührt.

(2) [1]Auf Antrag des Adressaten einer Zwangsstrafe kann das Firmenbuchgericht den Zeitpunkt der Entrichtung einer Zwangsstrafe auch über mehr als sechs Monate hinausschieben (Stundung) oder die Entrichtung in Raten bewilligen, wenn die sofortige oder die sofortige volle Entrichtung der Strafe für den Antragsteller mit besonderer Härte verbunden wäre und die Einbringlichkeit der Zwangsstrafe durch den Aufschub nicht gefährdet wird. [2]Die Entrichtung in Raten darf nur mit der Maßgabe gestattet werden, dass alle noch aushaftenden Teilbeträge sofort fällig werden, wenn der Zahlungspflichtige mit mindestens zwei Raten in Verzug ist.

(3) Auf Antrag des Adressaten einer Zwangsstrafe kann das Firmenbuchgericht bis zur vollständigen Entrichtung eine Zwangsstrafe ganz oder teilweise nachlassen, wenn alle folgenden Voraussetzungen vorliegen:

1. die Einbringung ist für den Antragsteller mit besonderer Härte verbunden,

2. alle Offenlegungspflichten sind inzwischen erfüllt oder ihre Erfüllung ist für den Antragsteller nicht mehr möglich,

3. dem Antragsteller oder seinen vertretungsbefugten Organen ist nur ein geringes Verschulden an dem Verstoß zur Last zu legen, und

4. es bedarf der Einbringung nicht oder nicht in voller Höhe, um den Adressaten oder andere Unternehmen zur künftigen zeitgerechten Offenlegung anzuhalten.

(BGBl I 2015/22)

Inkrafttreten

§ 906. (1) § 17 Abs. 2 in der Fassung des Bundesgesetzes BGBl. I Nr. 158/1998 tritt mit 1. Jänner 1999 in Kraft. *(BGBl I 1998/158)*

(2) Die durch das Bundesgesetz BGBl. I Nr. 61/2000 geänderten Schwellenwerte des § 221 Abs. 1 und 2 und des § 246 Abs. 1 sind erstmals auf Geschäftsjahre anzuwenden, die nach dem 31. Dezember 1999 beginnen. *(BGBl I 2000/61)*

(3) Die §§ 10, 15 Abs. 2, 32 Abs. 1, 162 und 283 Abs. 2 in der Fassung des Bundesgesetzes BGBl. I Nr. 142/2000 treten mit 1. Jänner 2002 in Kraft. *(BGBl I 2000/142)*

(4) § 223 Abs. 2 sowie § 277 Abs. 3, 4, 7 und 8 in der Fassung des Bundesgesetzes BGBl. I Nr. 41/2001 treten mit 1. Mai 2001 in Kraft. Werden Einreichungen gemäß §§ 277 bis 281 für Geschäftsjahre, die spätestens am 31. Dezember

2002 enden, im Weg des elektronischen Rechtsverkehrs vorgenommen, so verlängert sich die Frist des § 277 Abs. 1 auf zwölf Monate. *(BGBl I 2001/41)*

(5) § 239 Abs. 1 Z 5 in der Fassung des Bundesgesetzes BGBl. I Nr. 42/2001 tritt am 1. Mai 2001 in Kraft und ist auf danach endende Geschäftsjahre anzuwenden. *(BGBl I 2001/42)*

(6) [1]§ 271 Abs. 2 Z 9 und Abs. 4 Z 2 sowie § 275 Abs. 1 und 2 in der Fassung des Bundesgesetzes BGBl. I Nr. 97/2001 treten am 1. Jänner 2002 in Kraft. [2]§ 271 Abs. 2 Z 9 und Abs. 4 Z 2 ist auf Prüfungen von Geschäftsjahren anzuwenden, die nach dem 31. Dezember 2005 beginnen und § 275 Abs. 1 und Abs. 2 auf Prüfungen von Geschäftsjahren, die nach dem 31. Dezember 2001 beginnen. [3]Auf die Prüfung von Geschäftsjahren, die nicht erst nach dem 31. Dezember 2005 beginnen, ist § 275 Abs. 2 mit der Maßgabe anzuwenden, dass im vierten Satz der Betrag von zwei Millionen Euro durch den Betrag von einer Million Euro zu ersetzen ist. [4]Sofern in den Bestimmungen über andere Prüfungen auf § 275 verwiesen wird, ist § 275 Abs. 1 und 2 in der Fassung des BGBl. I Nr. 97/2001 anzuwenden, wenn der Prüfungsbericht nach dem 31. Dezember 2002 erstattet wird; für Berichte, die bis zum 31. Dezember 2006 erstattet werden, gilt dies mit der Maßgabe, dass im vierten Satz des Abs. 2 der Betrag von zwei Millionen Euro durch den Betrag von einer Million Euro zu ersetzen ist. *(BGBl I 2004/14)*

(7) § 352 und die Aufhebung des § 353 in der Fassung des Bundesgesetzes BGBl. I Nr. 118/2002 treten mit 1. August 2002 in Kraft. *(BGBl I 2002/118)*

(8) [1]Rückstellungen im Sinne von § 198 Abs. 8 Z 4 lit. d für Verpflichtungen zur Rücknahme und Verwertungen von Altfahrzeugen gemäß § 5 der auf Grund von § 14 Abs. 1 des Abfallwirtschaftsgesetzes 2002, BGBl. I Nr. 102/2002, erlassenen Altfahrzeugeverordnung vom 6. November 2002, BGBl. II Nr. 407/2002, sind erstmals im Jahresabschluss für das nach dem 5. November 2002 endende Geschäftsjahr zu bilden. [2]Soweit sich diese Verpflichtungen auf Fahrzeuge beziehen, die vor dem 1. Juli 2002 in Verkehr gebracht wurden, darf der Unterschiedsbetrag zwischen der nach § 198 Abs. 8 Z 4 lit. d anzusetzenden Rückstellung und dem Betrag, der sich bei Ansammlung der Rückstellung in gleichmäßig bemessenen Jahresraten ergibt, als gesonderter Aktivposten, der in der Bilanz unter der Bezeichnung „Abgrenzungsposten gemäß § 906 Abs. 8 HGB“ vor dem Anlagevermögen auszuweisen ist, in die Bilanz aufgenommen werden. [3]Dabei ist ein Ansammlungszeitraum zugrundezulegen, der mit dem nach dem 5. November 2002 endenden Geschäftsjahr beginnt und mit dem letzten vor dem 1. Jänner 2007 endenden Geschäftsjahr endet. [4]Durch den Ansatz des Aktivpostens darf der ausschüttbare Gewinn nicht erhöht werden. *(BGBl I 2003/71)*

(9) [1]§ 454 in der Fassung des Bundesgesetzes BGBl. I Nr. 71/2003 ist auf Investitionen anzuwenden, zu denen der gebundene Unternehmer zur Durchführung des Vertriebsbindungsvertrags nach In-Kraft-Treten dieser Bestimmung verpflichtet wird. [2]Bereits bestehende Ansprüche bleiben unberührt. *(BGBl I 2003/71)*

(10) Die §§ 237a, 242 Abs. 2, 243 Abs. 2 Z 5, 266 Z 9 und 10, 267 Abs. 2 Z 4 in der Fassung des Bundesgesetzes BGBl. I Nr. 118/2003 treten am 1. Jänner 2004 in Kraft und sind auf Geschäftsjahre anzuwenden, die nach dem 31. Dezember 2003 beginnen. *(BGBl I 2003/118)*

(11) [1]Die §§ 221 Abs. 1 bis 3 und 7, 228 Abs. 3, 243, 245 Abs. 5, 245a, 246 Abs. 1 und 3, 247 Abs. 1, 250 Abs. 1, 265 Abs. 2 Z 1, 267 und 274 in der Fassung des Bundesgesetzes BGBl. I Nr. 161/2004 treten mit 1. Jänner 2005 in Kraft. Sie sind für Geschäftsjahre anzuwenden, die nach dem 31. Dezember 2004 beginnen. [2]Für den Eintritt der Rechtsfolgen der §§ 221 Abs. 1 und 2, sowie 246 Abs. 1 sind die geänderten Größenmerkmale auch für Beobachtungszeiträume nach §§ 221 Abs. 4 und 246 Abs. 2 anzuwenden, die vor diesem Zeitpunkt liegen. [3]Die §§ 248 und 260 Abs. 3 treten mit 1. Jänner 2005 außer Kraft. *(BGBl I 2004/161)*

(12) [1]Art. 4 der Verordnung (EG) Nr. 1606/2002 betreffend die Anwendung internationaler Rechnungslegungsstandards, Abl. Nr. L 243 vom 11.9.2002 S.1, muss von Unternehmen, von denen lediglich Schuldtitel zum Handel an einem geregelten Markt im Sinne des „§ 1 Abs. 2 BörseG“** zugelassen sind, erst für Geschäftsjahre angewendet werden, die nach dem 31. Dezember 2006 beginnen. [2]Dasselbe gilt für Unternehmen, deren Wertpapiere zum öffentlichen Handel in einem Nichtmitgliedstaat der EU zugelassen sind und die zu diesem Zweck seit einem Geschäftsjahr, das vor dem 11. September 2002 begonnen hat, international anerkannte Rechnungslegungsstandards anwenden. [3]In diesen Fällen ist § 245a HGB in der Fassung des Bundesgesetzes BGBl. I Nr. 49/1999 weiterhin anwendbar. [4]„In dieser Fassung ist § 245a auch auf nicht zu einem Konzernabschluss nach international anerkannten Rechnungslegungsgrundsätzen verpflichtete Mutterunternehmen bis zu Geschäftsjahren, die nach dem 31. Dezember 2006 beginnen, weiterhin anwendbar.“* *(BGBl I 2004/161; *BGBl I 2005/59; **BGBl I 2007/72)*

(13) [1]§ 268 Abs. 1, § 270 Abs. 1, 3 und 5, § 271, § 271a und § 275 Abs. 2 in der Fassung des Bundesgesetzes BGBl. I Nr. 59/2005 treten mit 1. Jänner 2006 in Kraft und sind auf die Bestellung zur Prüfung und auf die Prüfung von Geschäftsjahren anzuwenden, die nach dem

31. Dezember 2005 beginnen. [2]Sofern in Bestimmungen über andere Prüfungen auf § 275 verwiesen wird, ist § 275 in der Fassung des BGBl. I Nr. 59/2005 anzuwenden, wenn der Prüfungsbericht nach dem 31. Dezember 2005 erstattet wird. [3]§ 271 Abs. 2 Z 3 ist in Fällen, in denen ein Gesellschafter weniger als 20 von Hundert der Stimmrechte an einer Prüfungsgesellschaft besitzt, erst auf die Bestellung zur Prüfung von Geschäftsjahren anzuwenden, die nach dem 31. Dezember 2007 beginnen. *(BGBl I 2005/59)*

(14) [1]Die §§ 1 bis 24, 28 bis 40, 48 bis 58, 105 bis 180, 185 bis 195, 198, 205, 207, 211 bis 215, 221, 225, 228, 229, 237, 241, 244, 265, 266, 268, 273, 283, 343 bis 349, 351 bis 357, 363 bis 365, 367 bis 374, 376 bis 379, 381, 383 bis 405, 407 bis 414, 416 bis 439, 440 bis 450, 486a, 739a und 793 in der Fassung des Handelsrechts-Änderungsgesetzes, BGBl. I Nr. 120/2005, treten mit 1. Jänner 2007 in Kraft. [2]Die §§ 25 bis 27, 32a, 358 bis 362, 366, 375, 380, 382, 406, 415, 451 bis 453, 489 bis 510 und 679 bis 699 treten mit Ablauf des 31. Dezember 2006 außer Kraft. [3]Soweit im folgenden nichts anderes bestimmt ist, sind auf Sachverhalte, die sich vor diesem Zeitpunkt ereignet haben, die bisher geltenden Bestimmungen weiter anzuwenden. [4]Die §§ 270 Abs. 3, 271a Abs. 1 und 275 Abs. 2 in der Fassung des Handelsrechts-Änderungsgesetzes, BGBl. I Nr. 120/2005, treten mit 1. Jänner 2006 in Kraft. *(BGBl I 2005/120)*

(15) § 243a und § 267 Abs. 3a treten mit 20. Mai 2006 in Kraft und sind auf Jahresabschlüsse (Konzernabschlüsse) für Geschäftsjahre anzuwenden, die nach dem 31. Dezember 2005 beginnen. *(BGBl I 2006/75)*

(16) [1]§ 32 und § 189 Abs. 1 Z 2 und Abs. 2 Z 2 in der Fassung des Bundesgesetzes BGBl. I Nr. 103/2006 treten am 1. Jänner 2007 in Kraft. [2]§§ 277, 281 und 283 in der Fassung des Bundesgesetzes BGBl. I Nr. 103/2006 treten am 1. Juli 2006 in Kraft; § 277 Abs. 6 erster bis dritter Satz in der Fassung des Bundesgesetzes BGBl. I Nr. 103/2006 gilt erstmals für Einreichungen für Geschäftsjahre, die am 31. Dezember 2007 enden. *(BGBl I 2006/103)*

(17) §§ 221, 243a, 245, 246, 267 und 906 Abs. 12 in der Fassung des Bundesgesetzes BGBl. I Nr. 72/2007 treten am 15. Dezember 2007 in Kraft. *(BGBl I 2007/72)*

(18) [1]Die §§ 38, 221, 222, 237, 242, 243a, 243b, 245a, 246, 266, 267, 268, 269, 269a, 270, 271, 271a, 271b, 271c, 273, 274, 275, 277 und 451 in der Fassung des Bundesgesetzes BGBl. I Nr. 70/2008 treten mit 1. Juni 2008 in Kraft. [2]§ 38 Abs. 5a ist auf Unternehmensübergänge aufgrund eines nach dem 31. Mai 2008 vereinbarten oder beendeten Pacht-, Leih-, Fruchtnießungsvertrags und Vertrags über das Recht des Gebrauchs anzuwenden. [3]Auf davor aufgrund des Abschlusses oder der Beendigung eines Pacht-, Leih-, Fruchtnießungsvertrags und Vertrags über das Recht des Gebrauchs erfolgte Unternehmensübergänge sind die bisher geltenden Bestimmungen weiter anzuwenden. [4]§§ 221 Abs. 1 und 2 sowie 246 Abs. 1 sind auf Geschäftsjahre anzuwenden, die nach dem 31. Dezember 2007 beginnen. [5]Für den Eintritt der Rechtsfolgen der §§ 221 Abs. 1 und 2, sowie 246 Abs. 1 sind die geänderten Größenmerkmale auch für Beobachtungszeiträume nach §§ 221 Abs. 4 und 246 Abs. 2 anzuwenden, die vor diesem Zeitpunkt liegen. [6]Die §§ 222, 237, 242, 243a, 243b, 245a, 266, 267 und 277 sind auf Geschäftsjahre anzuwenden, die nach dem 31. Dezember 2008 beginnen. [7]„Die §§ 268, 269, 269a, 270, 271, 271a, 271b, 273, 274 und 275 sind auf die Bestellung zur Prüfung und auf die Prüfung von Geschäftsjahren anzuwenden, die nach dem 31. Dezember 2008 beginnen; § 271 Abs. 2 Z 3 und Abs. 4 letzter Satz ist abweichend davon auf Abschlussprüfer, die sich nach § 4 Abs. 2 AQSG in einem Abstand von jeweils sechs Jahren einer externen Qualitätsprüfung unterziehen müssen, für die Bestellung zum Abschlussprüfer für Geschäftsjahre anzuwenden, die nach dem 31. Dezember 2011 beginnen; dies gilt auch dann, wenn solche Abschlussprüfer erstmals zum Abschlussprüfer eines Unternehmens im Sinn von § 4 Abs. 1 Z 1 A-QSG bestellt werden.“ [8]Die §§ 271c und 451 sind auf nach dem 31. Mai 2008 geschlossene Verträge anzuwenden. Auf davor geschlossene Verträge sind die bisher geltenden Bestimmungen weiter anzuwenden. *(BGBl I 2008/70; BGBl I 2009/71)*

(19) Die §§ 229 Abs. 4 bis 7, 243b Abs. 2, 244 Abs. 1 und 275 Abs. 1 in der Fassung des Aktienrechts-Änderungsgesetzes 2009, BGBl. I Nr. 71/2009, treten mit 1. August 2009 in Kraft. § 243b Abs. 2 ist auf Geschäftsjahre anzuwenden, die nach dem 31. Dezember 2009 beginnen. *(BGBl I 2009/71)*

(20) § 189 Abs. 1 Z 2 und Abs. 2 Z 2 in der Fassung des Bundesgesetzes BGBl. I Nr. 140/2009 treten mit 1. Jänner 2010 in Kraft und sind in dieser Fassung auf Jahresabschlüsse für Geschäftsjahre anzuwenden, die nach dem 31. Dezember 2009 beginnen. Für den Eintritt und den Entfall der Rechtsfolgen des § 189 Abs. 1 Z 2 sind die geänderten Werte auch für Beobachtungszeiträume nach § 189 Abs. 2 anzuwenden, die vor diesem Zeitpunkt liegen. *(BGBl I 2009/140)*

(21) Die §§ 198 Abs. 3, 203 Abs. 5, 207, 210, 226 Abs. 1 und 2, 231 Abs. 2 Z 7 lit. a, 249 Abs. 2 und 261 Abs. 1 in der Fassung des Bundesgesetzes BGBl. I Nr. 140/2009 treten mit 1. Jänner 2010 in Kraft und sind auf Jahresabschlüsse (Konzernabschlüsse) für Geschäftsjahre anzuwenden, die nach dem 31. Dezember 2009 beginnen. Für Aktivposten nach § 198 Abs. 3, die in Geschäftsjahren, die vor dem 1. Jänner 2010 begon-

nen haben, ausgewiesen worden sind, sind die §§ 198 Abs. 3, 210, 226 Abs. 1 und 2 und 231 Abs. 2 Z 7 lit. a in der bis dahin geltenden Fassung weiter anzuwenden. *(BGBl I 2009/140)*

„(22)" Die §§ 34 Abs. 1 und Abs. 5, 38 Abs. 5, 131 Z 3 und 5, 136 Abs. 2, 141 Abs.[1)] und 3, 143 Abs. 1, 144 Abs. 1, 145 Abs. 1 und 2, 146 Abs. 3, 171 Abs. 2, 187 Abs. 1 und 2, die Überschrift vor § 188, § 188 Abs. 1 und 2 sowie §§ 370 Abs. 1, 888 und 889 Abs. 1 in der Fassung des Bundesgesetzes BGBl. I Nr. 58/2010 treten mit 1. August 2010 in Kraft. § 144 Abs. 1 in der Fassung des Bundesgesetzes BGBl. I Nr. 58/2010 ist anzuwenden, wenn das Insolvenzverfahren nach dem 30. Juni 2010 eröffnet oder wieder aufgenommen (§ 158 Abs. 2 IO) wurde. *(BGBl I 2010/58; BGBl I 2010/111)*

(23) [1]§ 283 in der Fassung des Budgetbegleitgesetzes 2011, BGBl. I Nr. 111/2010, tritt mit 1. Jänner 2011 in Kraft. [2]§ 283 in der Fassung des genannten Bundesgesetzes ist auf Verstöße gegen die in § 283 Abs. 1 genannten Pflichten anzuwenden, die nach dem 1. Jänner 2011 gesetzt werden oder fortdauern. [3]Hat die Offenlegungsfrist vor dem 1. März 2011 geendet und ist die Offenlegung nicht bis zum 28. Februar 2011 erfolgt, so ist mit einer Zwangsstrafverfügung nach § 283 Abs. 2 in der Fassung des Budgetbegleitgesetzes 2011 gegen das offenlegungspflichtige Organ sowie die Gesellschaft vorzugehen. [4]Erst bei Unterbleiben der Offenlegung für jeweils weitere zwei Monate nach dem 28. Februar 2011 kommen die Bestimmungen des § 283 Abs. 4 und 5 jeweils in der Fassung des genannten Bundesgesetzes zur Anwendung. [5]In Ansehung von Säumnissen der jeweiligen Organe vor dem 1. Jänner 2011 ist § 283 in der bis dahin geltenden Fassung anzuwenden. *(BGBl I 2010/111)*

(24) § 241 Abs. 4 und § 243b Abs. 2 Z 2 und 3 in der Fassung des 2. Stabilitätsgesetzes 2012, BGBl. I Nr. 35/2012, treten mit 1. Juli 2012 in Kraft und sind auf Geschäftsjahre anzuwenden, die nach dem 31. Dezember 2011 begonnen haben. *(BGBl I 2012/35)*

(25) § 5 und der Achte Abschnitt des Vierten Buches mit den §§ 455 bis 460 jeweils in der Fassung des Zahlungsverzugsgesetzes, BGBl. I Nr. 50/2013, die Änderung der Abschnittsbezeichnung vor § 454 durch dieses Bundesgesetz sowie die Aufhebung des § 352 durch dieses Bundesgesetz treten mit 16. März 2013 in Kraft. Die genannten Bestimmungen sind in der Fassung des Zahlungsverzugsgesetzes auf Verträge anzuwenden, die ab dem 16. März 2013 geschlossen werden. Auf Verträge, die vor dem 16. März 2013 geschlossen wurden, sind die bisherigen Bestimmungen weiter anzuwenden. *(BGBl I 2013/50)*

(26) [1]§ 38 Abs. 1, § 39, § 108, § 109, § 112, § 113 Abs. 1, § 116 Abs. 1 und 2, § 117 Abs. 1, § 118 Abs. 2, § 119, § 121, § 127, § 129 Abs. 2, § 131 Z 3 und Z 6, § 133 Abs. 1, § 135, § 140 Abs. 1, § 141 Abs. 1 und Abs. 2, § 160 Abs. 1, § 178, § 179 und § 454 Abs. 1 in der Fassung des GesbR-Reformgesetzes, BGBl. I Nr. 83/2014, treten mit 1. Jänner 2015 in Kraft. [2]§ 129 Abs. 3 und § 136 treten mit Ablauf des 31. Dezember 2014 außer Kraft. [3]Soweit im Folgenden nichts anderes bestimmt ist, sind auf Sachverhalte, die sich vor dem 1. Jänner 2015 ereignet haben, die Bestimmungen in ihrer Fassung vor dem GesbR-Reformgesetz weiter anzuwenden. *(BGBl I 2014/83)*

(27) [1]Unbeschadet des Vorrangs gesellschaftsvertraglicher Vereinbarungen (§ 108) gelten § 109, § 119 und § 121 in der Fassung des GesbR-Reformgesetzes, BGBl. I Nr. 83/2014, ab 1. Juli 2016 für Gesellschaften, die vor dem 1. Jänner 2015 errichtet wurden, wenn bis zum Ablauf des 30. Juni 2016 keiner der Gesellschafter gegenüber den übrigen Gesellschaftern erklärt, die Anwendung des zuvor geltenden Rechts beibehalten zu wollen. [2]Ab 1. Jänner 2022 gelten die § 109, § 119 und § 121 in der Fassung des GesbR-Reformgesetzes, BGBl. I Nr. 83/2014, unbeschadet des Vorrangs gesellschaftsvertraglicher Vereinbarungen (§ 108) jedenfalls auch für Gesellschaften, die vor dem 1. Jänner 2015 errichtet wurden. *(BGBl I 2014/83)*

(28) [1]§ 189 Abs. 1, 2 und 4, § 189a, § 196a, § 198 Abs. 1 und 7 bis 10, § 201 Abs. 2 und 3, § 203 Abs. 3 bis 5, § 204 Abs. 1a und 2, § 206 Abs. 3, § 207, § 208 Abs. 2, § 209 Abs. 1, § 211, § 212 Abs. 1, § 216, § 221 Abs. 1 bis 5 und 7, § 222 Abs. 1 und 3, § 223 Abs. 3 und 4, § 224 Abs. 2 und 3, § 225 Abs. 3 bis 7, § 226 Abs. 1, 3 und 5, § 227, § 229 Abs. 1 bis 1b, 3, 4 und 6, § 231 Abs. 2 bis 5, § 232 Abs. 2 und 3, §§ 234 bis 238, § 239 Abs. 1 und 2, § 240 bis 242, § 243 Abs. 3, § 243a Abs. 2, § 243c, § 244 Abs. 1, 3, 4 und 7, § 245, § 245a Abs. 1, § 246 Abs. 1 und 3, § 249, § 250 Abs. 3, § 251 Abs. 1 und 2, § 253 Abs. 1 und 2, § 254 Abs. 1 und 3, § 255 Abs. 2, § 256 Abs. 2, § 257 Abs. 2, § 258, § 259 Abs. 1, § 260 Abs. 2, § 261 Abs. 1 und 2, § 263 Abs. 1 und 2, § 264, § 265 Abs. 1 und 2, § 266, § 267 Abs. 3 und 3b, § 267a, § 267b, § 269, § 270 Abs. 3, § 274, § 277 Abs. 1 bis 3 und 6, § 278 Abs. 1, § 279, § 280, § 281, § 282 Abs. 2a, § 283, § 284 und § 285 in der Fassung des Bundesgesetz[es][2)] BGBl. I Nr. 22/2015 treten mit 20. Juli 2015 in Kraft. [2]Sie sind, soweit im Folgenden nichts Abweichendes angeordnet wird, erstmalig auf Unterlagen der Rechnungslegung für Geschäftsjahre anzuwenden, die nach dem 31. Dezember 2015 beginnen. [3]§ 205, § 208 Abs. 3, § 226 Abs. 2, § 228, § 230, § 232 Abs. 1 und 4, § 233, § 244 Abs. 6, § 253 Abs. 3 und § 268 Abs. 3 treten mit 20. Juli 2015 außer Kraft. [4]Auf Unterlagen der Rechnungslegung für Geschäftsjahre, die vor dem 1. Jänner 2016 begonnen haben, sind die Bestimmungen in der Fassung vor

dem Bundesgesetzes BGBl. I Nr. 22/2015 weiterhin anzuwenden. [5]Unternehmen nach § 243c oder § 267b können einen Bericht oder einen konsolidierten Bericht über Zahlungen an staatliche Stellen bereits für jene Geschäftsjahre erstellen, die nach dem 31. Dezember 2014 beginnen; in diesem Fall wenden sie § 243c oder § 267b in der Fassung des Bundesgesetzes BGBl. I Nr. 28/2015 an. *(BGBl I 2015/22)*

(29) Für den Eintritt der Rechtsfolgen des § 221 Abs. 1, 1a und 2 sowie des § 246 Abs. 1 sind die geänderten Größenmerkmale auch für Beobachtungszeiträume nach § 221 Abs. 4 und § 246 Abs. 2 anzuwenden, die vor dem 1. Jänner 2016 liegen. *(BGBl I 2015/22)*

(30) [1]Wurde ein Disagio nach § 198 Abs. 7 in der Fassung vor dem Bundesgesetz BGBl. I Nr. 22/2015 nicht als aktiver Rechnungsabgrenzungsposten bilanziert, so unterbleibt die Bildung eines aktiven Rechnungsabgrenzungsposten für diese Verbindlichkeit, bis diese nicht mehr ausgewiesen wird. [2]§ 203 Abs. 3 findet erstmals auf Herstellungsvorgänge Anwendung, die in Geschäftsjahren begonnen wurden, die nach dem 31. Dezember 2015 beginnen. [3]Auf Herstellungsvorgänge, die vor dem 1. Jänner 2016 begonnen wurden, ist § 203 Abs. 3 in der bisherigen Fassung anzuwenden. [4]§ 203 Abs. 5 und § 261 Abs. 1 in der Fassung des Bundesgesetzes BGBl. I Nr. 22/2015 sind nur auf Geschäfts(Firmen)werte anzuwenden, die nach dem 31. Dezember 2015 gebildet werden. [5]Auf Geschäfts(Firmen)werte, die vor dem 1. Jänner 2016 gebildet wurden, sind diese Bestimmungen in der bisherigen Fassung anzuwenden. *(BGBl I 2015/22)*

(31) Unversteuerte Rücklagen, die nach § 205 in der Fassung vor dem Bundesgesetz BGBl. I Nr. 22/2015 gebildet wurden, sind, soweit die darin enthaltenen passiven latenten Steuern nicht den Rückstellungen zuzuführen sind, im Geschäftsjahr, das nach dem 31. Dezember 2015 beginnt, unmittelbar in die Gewinnrücklagen einzustellen. *(BGBl I 2015/22)*

(32) [1]Ist bei einem Vermögensgegenstand eine Abschreibung gemäß § 204 Abs. 2 oder § 207 vorgenommen worden und wurde von der Zuschreibung aufgrund des § 208 Abs. 2 in der Fassung vor dem Bundesgesetz BGBl. I Nr. 22/2015 bisher abgesehen, so ist, wenn die Gründe für die Abschreibung nicht mehr bestehen, im Geschäftsjahr, das nach dem 31. Dezember 2015 beginnt, eine Zuschreibung vorzunehmen. [2]Wird nach § 124b Z 270 des Einkommensteuergesetzes 1988 steuerlich eine Zuschreibungsrücklage gebildet, kann der in dieser Rücklage erfasste Betrag in der Bilanz unter den passiven Rechnungsabgrenzungsposten gesondert ausgewiesen und entsprechend den Vorgaben des § 124b Z 270 des Einkommensteuergesetzes 1988 aufgelöst werden. *(BGBl I 2015/22)*

(33) [1]Soweit auf Grund der geänderten Bewertung von langfristigen Verpflichtungen, die die Bildung einer Rückstellung erforderlich machen, und auf Grund des Ansatzes von latenten Steuern aus der erstmaligen Anwendung des § 198 Abs. 9 und 10 und § 258 in der Fassung des Bundesgesetzes BGBl. I Nr. 22/2015 eine Zuführung zu den Rückstellungen erforderlich ist, ist dieser Betrag, beginnend mit dem Jahr der Zuführung, über längstens fünf Jahre gleichmäßig verteilt nachzuholen. „[2]Der Unterschiedsbetrag ermittelt sich als Differenzbetrag zwischen dem bei der erstmaligen Anwendung zu Beginn des Geschäftsjahres sich ergebenden Betrag und dem im vorausgegangenen Abschluss ausgewiesenen Betrag.“ [3]Es ist zulässig, die gebotene Rückstellung in Abschlüssen für Geschäftsjahre, die nach dem 31. Dezember 2015 beginnen, voll in die Bilanz einzustellen. [4]In diesem Fall kann in der Bilanz unter den aktiven Rechnungsabgrenzungsposten der sich gegenüber der nach dem ersten Satz gebotenen Rückstellung in den einzelnen Jahren ergebende Unterschiedsbetrag gesondert ausgewiesen werden. „[5]Latente Steuern aus der erstmaligen Anwendung des § 198 Abs. 10 Z 2 und § 254 in Verbindung mit § 258 sind nicht über die Gewinn- und Verlustrechnung nachzuerfassen.“ *(BGBl I 2015/22; BGBl I 2016/43)*

(34) [1]Soweit die erstmalige Anwendung des § 211 in der Fassung des Bundesgesetzes BGBl. I Nr. 22/2015 eine Auflösung der Rückstellungen erforderlich macht oder auf Grund der erstmaligen Anwendung des § 198 Abs. 9 und 10 und § 258 in der Fassung des Bundesgesetzes BGBl. I Nr. 22/2015 der Ansatz aktiver latenter Steuern erforderlich ist, ist dieser Betrag, beginnend mit dem Jahr der erstmaligen Anwendung dieser Bestimmungen, über längstens fünf Jahre gleichmäßig zu verteilen. „[2]Der Unterschiedsbetrag ermittelt sich als Differenzbetrag zwischen dem bei der erstmaligen Anwendung zu Beginn des Geschäftsjahres sich ergebenden Betrag und dem im vorausgangenen Abschluss ausgewiesenen Betrag.“ [3]Es ist zulässig, den gebotenen Betrag in Abschlüssen für Geschäftsjahre, die nach dem 31. Dezember 2015 beginnen, in vollem Umfang zu bilanzieren. [4]In diesem Fall kann eine Verteilung über längstens fünf Jahre erfolgen, indem der Unterschiedsbetrag zwischen dem vollen Umfang des Betrags und dem nach dem ersten Satz zumindest zu berücksichtigenden Betrag unter den passiven Rechnungsabgrenzungsposten gesondert ausgewiesen wird. „[5]Latente Steuern aus der erstmaligen Anwendung des § 254 in Verbindung mit § 258 sind nicht über die Gewinn- und Verlustrechnung nachzuerfassen.“ *(BGBl I 2015/22; BGBl I 2016/43)*

(35) [1]Gesellschaften, die in Konzernabschlüssen für Geschäftsjahre, die vor dem 1. Jänner 2016 begonnen haben, die Kapitalkonsolidierung nach § 254 Abs. 1 Z 1 in der Fassung vor dem

Bundesgesetz BGBl. I Nr. 22/2015 durchgeführt haben, können diese Methode beibehalten; diesfalls ist § 254 Abs. 1, 2 und 3 in der bisherigen Fassung weiterhin anzuwenden. [2]Der Wechsel auf die Konsolidierungsmethode nach § 254 Abs. 1 in der Fassung des Bundesgesetzes BGBl. I Nr. 22/2015 ist im Sinn des § 250 Abs. 3 dritter Satz gerechtfertigt; die Auswirkungen auf die Vermögens-, Finanz- und Ertragslage sind im Konzernanhang darzustellen. *(BGBl I 2015/22)*

(36) [1]Ändern sich bei der erstmaligen Anwendung der Bestimmungen nach dem Bundesgesetz BGBl. I Nr. 22/2015 die bisherige Form der Darstellung oder die bisher angewandten Bewertungsmethoden, so sind § 201 Abs. 2 Z 1 und § 223 Abs. 1 bei der erstmaligen Aufstellung eine Jahres- oder Konzernabschlusses nach den geänderten Vorschriften nicht anzuwenden. [2]Sind bei der erstmaligen Anwendung der Bestimmungen nach dem Bundesgesetz BGBl. I Nr. 22/2015 im Vergleich „zum Jahresabschluss des Vorjahres" Angaben einem anderen Posten zuzuordnen als bisher, so sind die Vorjahresbeträge (§ 223 Abs. 2) so zu berechnen, als wären die Bestimmungen nach der neuen Rechtslage schon im Vorjahr angewandt worden „, soweit das im Einzelfall zur Herstellung der im § 222 Abs. 2 genannten Zielsetzung erforderlich und praktikabel ist." [3]Soweit die Beträge nicht vergleichbar sind, sind die entsprechenden Anhangangaben zu machen. *(BGBl I 2015/22; BGBl I 2016/43)*

(37) [1]§§ 283, 284 und 285 sind auf Verstöße gegen die in § 283 Abs. 1 und § 284 genannten Pflichten anzuwenden, die nach dem 19. Juli 2015 gesetzt werden oder fortdauern. [2]Anträge auf Stundung und Nachlass können ab dem 20. Juli 2015 bei allen Zwangsstrafen gestellt werden; auf bereits anhängige Anträge auf Stundung und Nachlass ist § 285 in der Fassung des Bundesgesetzes BGBl. I Nr. 22/2015 sinngemäß anzuwenden. *(BGBl I 2015/22)*

(38) [1]§ 269, § 270 Abs. 3 und § 274 sind in der Fassung des Bundesgesetzes BGBl. I Nr. 22/2015 auf die Abschlussprüfung von Geschäftsjahren anzuwenden, die nach dem 31. Dezember 2015 beginnen. [2]§ 268 Abs. 3 tritt mit 20. Juli 2015 außer Kraft; auf die Abschlussprüfung von Geschäftsjahren, die vor dem 1. Jänner 2016 begonnen haben, sind die Bestimmungen in der Fassung vor dem Bundesgesetzes BGBl. I Nr. 22/2015 weiterhin anzuwenden. *(BGBl I 2015/22)*

(39) Durch die §§ 189 Abs. 1 Z 1 und 2, 189a, 195 Abs. 2, 196, 198, 201, 203 bis 211, 221 bis 227, 231 bis 269, 274 und 277 bis 284 in der Fassung des Bundesgesetzes BGBl. I Nr. 22/2015 wird die Richtlinie 2013/34/EU über den Jahresabschluss, den konsolidierten Abschluss und damit verbundene Berichte von Unternehmen bestimmter Rechtsformen und zur Änderung der Richtlinie 2006/43/EG des Europäischen Parlaments und des Rates und zur Aufhebung der Richtlinien 78/660/EWG und 83/349/EWG, ABl. Nr. L 182 vom 29.06.2013 S. 19, zuletzt geändert durch die Richtlinie 2014/102/EU, ABl. Nr. L 334 vom 21.11.2014 S. 86, umgesetzt. *(BGBl I 2016/43)*

„(40)" § 131 in der Fassung des Bundesgesetzes BGBl. I Nr. 22/2015 tritt mit 1. Jänner 2015 in Kraft. *(BGBl I 2015/22; BGBl I 2016/43)*

„(41)" § 235 Abs. 1 in der Fassung des Bundesgesetzes BGBl. I Nr. 163/2015 tritt mit 1. Jänner 2016 in Kraft. § 235 Abs. 1 Z 2 und 3 in der Fassung des Bundesgesetzes BGBl. I Nr. 163/2015 sind auf nach dem 31. Mai 2015 beschlossene Umgründungsvorgänge anzuwenden und gelten für Ausschüttungsbeschlüsse nach dem 31. Dezember 2015. § 235 Abs. 1 in der Fassung des Bundesgesetzes BGBl. I Nr. 163/2015 ist auf nach dem 31. Mai 2015 stattfindende Übergänge des Gesellschaftsvermögens gemäß § 142 anzuwenden und gilt für Ausschüttungsbeschlüsse nach dem 31. Dezember 2015. *(BGBl I 2015/163; BGBl I 2016/43)*

(42) § 189 Abs. 1 Z 2, § 221 Abs. 5, § 224 Abs. 3, § 229 Abs. 1 bis 1b, § 238 Abs. 1 Z 8, § 242 Abs. 2, § 244 Abs. 7, § 253 Abs. 2, § 254 Abs. 4, § 259 Abs. 1, § 266 Z 1 und 2, § 282 Abs. 2 und § 906 Abs. 33, 34 und 36 in der Fassung des Bundesgesetzes BGBl. I Nr. 43/2016 treten mit 20. Juli 2015 in Kraft; die Anwendbarkeit richtet sich nach Abs. 28. *(BGBl I 2016/43)*

(43) § 269 Abs. 1a, Abs. 2 und Abs. 5, § 270 Abs. 1, Abs. 1a, Abs. 3 und Abs 7, § 270a, § 271 Abs. 1 und Abs. 2 mit Ausnahme der Z 3, § 271a Abs. 1 erster Satz und Abs. 5 bis 7, § 271c, § 272 Abs. 4, § 273 Abs. 1 und § 275 Abs. 1 in der Fassung des Bundesgesetzes BGBl. I Nr. 43/2016 treten mit 17. Juni 2016 in Kraft. § 271 Abs. 2 Z 3 und Abs. 4 in der Fassung des Bundesgesetzes BGBl. I Nr. 43/2016 treten mit 1. Oktober 2016 in Kraft. §§ 269 Abs. 2, 271c und 275 Abs. 1 sind erstmals auf die Abschlussprüfung von Geschäftsjahren anzuwenden, die nach dem 16. Juni 2016 beginnen. § 271a Abs. 1 Z 4 in der Fassung des Bundesgesetzes BGBl. I 43/2016 ist erstmals auf die Abschlussprüfung von Geschäftsjahren anzuwenden, die nach dem 16. Juni 2016 beginnen; wurde vor dessen Anwendbarkeit die Prüfungstätigkeit für zumindest zwei Geschäftsjahre unterbrochen, so ist diese Unterbrechung einer dreijährigen gleichzuhalten. *(BGBl I 2016/43)*

(44) § 242 Abs. 4, § 243 Abs. 5, § 243b, § 243c, § 243d, § 244, § 267a, § 267b, § 267c, § 269 Abs. 3, § 273 Abs. 1, § 277 Abs. 1 und Abs. 4, § 280 Abs. 1 und § 282 Abs. 2a in der Fassung des Bundesgesetzes BGBl. I Nr. 20/2017 treten mit 6. Dezember 2016 in Kraft. Sie sind erstmalig auf Unterlagen der Rechnungslegung für Geschäftsjahre anzuwenden, die nach dem 31. Dezember 2016 beginnen. *(BGBl I 2017/20)*

(45) Durch § 243b, § 243c, § 267a, § 267b, § 269 Abs. 3, § 273 Abs. 1, § 277 Abs. 1 und 4, § 280 Abs. 1 und § 282 Abs. 2a in der Fassung des Bundesgesetzes BGBl. I Nr. 20/2017 wird die Richtlinie 2014/95/EU zur Änderung der Richtlinie 2013/34/EU im Hinblick auf die Angabe nichtfinanzieller und die Diversität betreffender Informationen durch bestimmte große Unternehmen und Gruppen, ABl. Nr. L 330 vom 22.10.2014, S. 1, umgesetzt. *(BGBl I 2017/20)*

(46) § 243a Abs. 1, § 243c Abs. 1, § 267 Abs. 3a und § 267b in der Fassung des Bundesgesetzes BGBl. I Nr. 107/2017 treten mit 3. Jänner 2018 in Kraft. *(BGBl I 2017/107)*

(47) § 243c Abs. 1 in der Fassung des Bundesgesetzes BGBl. I Nr. 17/2018 tritt mit 3. Jänner 2018 in Kraft. *(BGBl I 2018/17)*

(48) § 32 in der Fassung des Bundesgesetzes BGBl. I Nr. 58/2018, tritt mit 1. August 2018 in Kraft. *(BGBl I 2018/58)*

(49) § 196a samt Überschrift, § 211 Abs. 1 und § 278 Abs. 1 in der Fassung des Bundesgesetzes BGBl. I Nr. 46/2019 treten mit 1. Juli 2019 in Kraft. Sie sind erstmalig auf Unterlagen der Rechnungslegung für Geschäftsjahre anzuwenden, die nach dem 31. Dezember 2018 beginnen. *(BGBl I 2021/86)*

(50) § 242 Abs. 4 und § 243c Abs. 2 in der Fassung des Aktienrechts-Änderungsgesetzes 2019, BGBl. I Nr. 63/2019, treten mit 10. Juni 2019 in Kraft. Die Angaben zu den Gesamtbezügen der einzelnen Vorstandsmitglieder und zu den Grundsätzen der Vergütungspolitik können erstmals im Corporate Governance-Bericht über jenes Geschäftsjahr unterbleiben, das nach dem 10. Juni 2019 beginnt. *(BGBl I 2021/86)*

(51) § 31 Abs. 3, § 141 Abs. 2, § 145 Abs. 2, § 146 Abs. 2, 165 und § 184 Abs. 1 in der Fassung der Gesamtreform des Exekutionsrechts – GREx, BGBl. I Nr. 86/2021 treten mit 1. Juli 2021 in Kraft. § 135 tritt mit Ablauf des 30. Juni 2021 außer Kraft. *(BGBl I 2021/86)*

---

1) Gemeint ist hier wohl Abs „1"!
2) Redaktionelles Versehen.

Übergangsbestimmungen zum Handelsrechts-Änderungsgesetz[1)]

1) 2005

§ 907. (1) Kaufleute im Sinne des Ersten Abschnitts des Ersten Buches des HGB gelten mit In-Kraft-Treten des Handelsrechts-Änderungsgesetzes, BGBl. I Nr. 120/2005, als Unternehmer im Sinne von § 1 in der Fassung dieses Gesetzes.

(2) [1]Vor dem 1. Jänner 2007 entstandene offene Handelsgesellschaften, offene Erwerbsgesellschaften und Kommanditerwerbsgesellschaften gelten unbeschadet der Abs. 8 bis 14 mit 1. Jänner 2007 als offene Gesellschaften bzw. Kommanditgesellschaften. [2]Sofern ihr Gegenstand auf eine unternehmerische Tätigkeit gerichtet ist, gelten sie ab diesem Zeitpunkt als Unternehmer im Sinne von § 1 in der Fassung des Handelsrechts-Änderungsgesetzes, BGBl. I Nr. 120/2005.

(3) [1]Vordrucke von Geschäftspapieren und Bestellscheinen sowie Webseiten haben bei Kapitalgesellschaften spätestens ab 1. Jänner 2007, bei anderen Unternehmern spätestens ab 1. Jänner 2010 den Bestimmungen des § 14 in der Fassung des Handelsrechts-Änderungsgesetzes, BGBl. I Nr. 120/2005, zu entsprechen. [2]Bis dahin finden ansonsten die bisher geltenden Bestimmungen Anwendung.

(4) Vor dem 1. Jänner 2007 in das Firmenbuch eingetragene Firmen können mit folgender Maßgabe weitergeführt werden:

1. Eingetragene Einzelunternehmer haben spätestens ab dem 1. Jänner 2010 im Geschäftsverkehr ihrer Firma den in § 19 Abs. 1 Z 1 in der Fassung des Handelsrechts-Änderungsgesetzes, BGBl. I Nr. 120/2005, bezeichneten Rechtsformzusatz beizufügen und die Änderung bis zu diesem Zeitpunkt zur Eintragung ins Firmenbuch anzumelden.

2. [1]Eingetragene Personengesellschaften haben spätestens ab dem 1. Jänner 2010 im Geschäftsverkehr ihrer Firma die in § 19 Abs. 1 Z 2 und 3 in der Fassung des Handelsrechts-Änderungsgesetzes, BGBl. I Nr. 120/2005, bezeichneten Rechtsformzusätze beizufügen und die Änderung bis zu diesem Zeitpunkt zur Eintragung im Firmenbuch anzumelden. [2]Eine offene Handelsgesellschaft, die zum Zeitpunkt des In-Kraft-Tretens des Handelsrechts-Änderungsgesetzes, BGBl. I Nr. 120/2005, den Rechtsformzusatz „OHG" in ihrer Firma führt, kann diesen beibehalten.

3. [1]Auf Anmeldungen zur Eintragung in das Firmenbuch, die ausschließlich die Aufnahme der nach den § 19 Abs. 1 Z 1 bis 3 in der Fassung des Handelsrechts-Änderungsgesetzes, BGBl. I Nr. 120/2005, vorgeschriebenen Rechtsformzusätze in eine Firma zum Gegenstand haben, ist § 11 FBG anzuwenden. [2]Solche Anmeldungen sowie Firmenbucheintragungen, die auf Grund dieser Anmeldungen vorgenommen werden, sind von den Gerichtsgebühren befreit, wenn die Anmeldung vor dem 1. Jänner 2010 beim Firmenbuchgericht eingelangt ist. [3]Wird in der Eingabe, die die Anmeldung enthält, darüber hinaus noch die Vornahme weiterer Eintragungen begehrt, so ist für die Eingabe die Eingabengebühr nach Tarifpost 10 Z I lit. a GGG und sind für diese Eintragungen die Eintragungsgebühren nach Tarifpost 10 Z I lit. b oder c GGG zu entrichten; hingegen ist auch in diesen Fällen die Aufnahme des Rechtsformzusatzes in die Firma von der Eintragungsgebühr nach Tarifpost 10 Z I lit. b Z 1 GGG befreit.

4. Entspricht der Unternehmer der genannten Verpflichtung nicht, werden ab dem 1. Jänner 2010 keine weiteren Eintragungen in das Firmenbuch vorgenommen.

5. Bestehende Personengesellschaften, die nicht im Firmenbuch eingetragen sind, sind bis zum 1. Jänner 2010 unter Berücksichtigung von § 19 Abs. 1 Z 2 zur Eintragung in das Firmenbuch anzumelden.

6. In der Eintragung ist auf die Anpassung an die Bestimmungen dieses Bundesgesetzes hinzuweisen.

(5) Für neu einzutragende Firmenwortlaute gilt:

1. Ein zur Eintragung in das Firmenbuch angemeldeter Firmenwortlaut, der nicht den Bestimmungen der §§ 18 ff. in der Fassung des Handelsrechts-Änderungsgesetzes, BGBl. I Nr. 120/2005, entspricht, kann nach In-Kraft-Treten dieses Bundesgesetzes nicht mehr in das Firmenbuch eingetragen werden.

2. Ein vor In-Kraft-Treten des Handelsrechts-Änderungsgesetzes, BGBl. I Nr. 120/2005, zur Eintragung in das Firmenbuch angemeldeter Firmenwortlaut, der bereits den damit geänderten Bestimmungen der §§ 18 ff. entspricht, kann nach In-Kraft-Treten dieses Bundesgesetzes in das Firmenbuch eingetragen werden.

(6) Die §§ 38 und 39 in der Fassung des Handelsrechts-Änderungsgesetzes, BGBl. I Nr. 120/2005, sind auf nach dem 31. Dezember 2006 vereinbarte Unternehmensübergänge anzuwenden.

(7) § 40 in der Fassung des Handelsrechts-Änderungsgesetzes, BGBl. I Nr. 120/2005, ist auf die Fortführung eines Unternehmens durch den Erben anzuwenden, wenn der Erbanfall nach dem 31. Dezember 2006 liegt.

(8) Sofern in der Folge nichts anderes bestimmt wird, sind die Bestimmungen des Zweiten Buches in der Fassung des Handelsrechts-Änderungsgesetzes, BGBl. I Nr. 120/2005, auch auf Gesellschaften anzuwenden, die vor dem 1. Jänner 2007 errichtet wurden.

(9) [1]§ 123 in der Fassung des Handelsrechts-Änderungsgesetzes, BGBl. I Nr. 120/2005, ist auf nach dem 31. Dezember 2006 errichtete Personengesellschaften anzuwenden. [2]Sofern unter den Gesellschaftern nichts anderes vereinbart wurde, gilt dies auch für die §§ 109, 119, 120, 121 Abs. 1 und 2, 122 Abs. 1, 124 Abs. 1, 137 Abs. 4, 141 Abs. 1 erster Satz, 154 Abs. 2, 155 Abs. 1 und 4 sowie 167 bis 169. [3]Auf vor diesem Zeitpunkt errichtete Gesellschaften sind die bisher geltenden Bestimmungen weiter anzuwenden.

(10) [1]§ 136 Abs. 1 in der Fassung des Handelsrechts-Änderungsgesetzes, BGBl. I Nr. 120/2005, ist auf die einstweilige Fortführung von Geschäften anzuwenden, wenn die Gesellschaft nach dem 31. Dezember 2006 durch den Tod eines Gesellschafters aufgelöst würde. [2]Liegt der Tod des Gesellschafters vor diesem Zeitpunkt, so ist die bisher geltende Bestimmung weiter anzuwenden.

(11) § 139 Abs. 3 in der Fassung des Handelsrechts-Änderungsgesetzes, BGBl. I Nr. 120/2005, ist auch auf Erben anzuwenden, denen die Verlassenschaft innerhalb von drei Monaten vor dem 1. Jänner 2007 eingeantwortet wurde. Wurde die Verlassenschaft vor diesem Zeitpunkt eingeantwortet, so ist die bisher geltende Bestimmung weiter anzuwenden.

(12) [1]§ 149 in der Fassung des Handelsrechts-Änderungsgesetzes, BGBl. I Nr. 120/2005 ist auf Liquidatoren anzuwenden, die nach dem 31. Dezember 2006 bestellt werden. [2]Auf vor diesem Zeitpunkt bestellte Liquidatoren ist die bisher geltende Bestimmung weiter anzuwenden.

(13) [1]§ 160 in der Fassung des Handelsrechts-Änderungsgesetzes, BGBl. I Nr. 120/2005, ist auf vor dem 1. Jänner 2007 entstandene Verbindlichkeiten anzuwenden, wenn das Ausscheiden eines Gesellschafters oder sein Wechsel in die Rechtsstellung eines Kommanditisten nach diesem Zeitpunkt vereinbart wurde. [2]Auf vor diesem Zeitpunkt getroffene Vereinbarungen über das Ausscheiden eines Gesellschafters oder einen Wechsel in die Rechtsstellung eines Kommanditisten sind die bisher geltenden Bestimmungen weiter anzuwenden.

(14) [1]§ 176 in der Fassung des Handelsrechts-Änderungsgesetzes, BGBl. I Nr. 120/2005, ist auf nach dem 31. Dezember 2006 errichtete Kommanditgesellschaften anzuwenden. [2]Für die Haftung eines Kommanditisten einer vor diesem Zeitpunkt errichteten Kommanditgesellschaft ist die bisher geltende Bestimmung weiter anzuwenden.

(15) § 178 in der Fassung des Handelsrechts-Änderungsgesetzes, BGBl. I Nr. 120/2005, ist auf nach dem 31. Dezember 2006 vorgenommene rechtsgeschäftliche Handlungen im Namen einer unternehmerisch tätigen Gesellschaft bürgerlichen Rechts anzuwenden.

(16) [1]Für Unternehmer, die vor dem 1. Jänner 2007 nicht zur Rechnungslegung verpflichtet waren, sind ab diesem Stichtag die Beobachtungszeiträume des § 189 Abs. 2 für den Eintritt der Rechtsfolgen des § 189 Abs. 1 Z 2 maßgeblich. [2]Für Unternehmer, die vor dem 1. Jänner 2007 rechnungslegungspflichtig waren, sind für den Eintritt und den Entfall der Rechtsfolgen des § 189 Abs. 1 Z 2 auch Beobachtungszeiträume maßgeblich, die vor dem 1. Jänner 2007 liegen. [3]Für die Beurteilung der Rechnungslegungspflicht vor dem 1. Jänner 2007 sind im Zweifel die Umsatzgrenzen des § 125 Abs. 1 lit. a BAO in der bis 31. Dezember 2006 anzuwendenden Fassung heranzuziehen. *(BGBl I 2006/103)*

(17) [1]Vor dem 1. Jänner 2007 eingetragene Erwerbsgesellschaften und Kommanditerwerbsgesellschaften, bei denen kein unbeschränkt haf-

tender Gesellschafter eine natürliche Person ist, sind erstmals für Geschäftsjahre gemäß § 189 Abs. 1 Z 1 rechnungslegungspflichtig, die nach dem 31. Dezember 2007 beginnen. [2]Zugleich beginnen die Beobachtungszeiträume gemäß § 221 Abs. 4 Z 1 und § 246 Abs. 2. *(BGBl I 2006/103)*

(18) Die mit dem Handelsrechts-Änderungsgesetz, BGBl. I Nr. 120/2005, geänderten Bestimmungen des Vierten Buches (§§ 343 bis 450) sind auf nach dem 31. Dezember 2006 abgeschlossene Rechtsgeschäfte anzuwenden.

(19) Auf vor dem 1. Jänner 2007 errichtete Reedereien sowie vereinbarte Verbodmungen sind die bisher geltenden Bestimmungen weiter anzuwenden.

(BGBl I 2005/120)

3/1a. Befreiungsverordnung

Verordnung über befreiende Konzernabschlüsse und Konzernlageberichte (Befreiungsverordnung), BGBl 1994/997

Verordnung des Bundesministers für Justiz über befreiende Konzernabschlüsse und Konzernlageberichte (Befreiungsverordnung)

Auf Grund des § 245 Abs. 4 des Handelsgesetzbuches wird verordnet:

§ 1. (1) Der Konzernabschluß und Konzernlagebericht eines Mutterunternehmens mit Sitz in einem Mitgliedstaat der Europäischen Union oder des Europäischen Wirtschaftsraumes sind nach § 245 Abs. 1 HGB gleichwertig, wenn sie

1. alle gemäß § 247 Abs. 1 HGB zu erfassenden Tochterunternehmen einbeziehen und
2. nach den Vorschriften dieses Mitgliedstaates aufgestellt und geprüft wurden, vorausgesetzt, dieser Mitgliedstaat hat die Siebente Richtlinie des Rates vom 13. Juni 1983 über den konsolidierten Abschluß (83/349/EWG = ABl. Nr. L 193, 1 ff.) und die Achte Richtlinie des Rates vom 10. April 1984 über die Zulassung der mit der Pflichtprüfung der Rechnungsunterlagen beauftragten Personen (84/253/EWG = ABl. Nr. L 126, 20 ff.) umgesetzt.

(2) Der Bundesminister für Justiz macht diese Mitgliedstaaten durch Kundmachung im Bundesgesetzblatt bekannt. Mit Stichtag 1. Dezember 1994 sind dies folgende Staaten:

Belgien, Dänemark, Deutschland, Griechenland, Spanien, Frankreich, Irland, Italien, Luxemburg, Niederlande, Portugal, Vereinigtes Königreich Großbritannien und Nordirland.

§ 2. Der Konzernabschluß und Konzernlagebericht eines Mutterunternehmens mit Sitz in einem Staat, der die Voraussetzungen des § 1 nicht erfüllt, sind nach § 245 Abs. 1 HGB gleichwertig, wenn sie

1. alle gemäß § 247 Abs. 1 HGB zu erfassenden Tochterunternehmen einbeziehen,
2. entsprechend den Anforderungen der Siebenten Richtlinie des Rates vom 13. Juni 1983 über den konsolidierten Abschluß (83/349/EWG = ABl. Nr. L 193, 1 ff.) erstellt worden sind und
3. von einem in Übereinstimmung mit den Vorschriften der Achten Richtlinie des Rates vom 10. April 1984 über die Zulassung der mit der Pflichtprüfung der Rechnungsunterlagen beauftragten Personen (84/253/EWG = ABl. Nr. L 126, 20 ff.) zugelassenen Abschlußprüfer geprüft worden sind oder der Abschlußprüfer zumindest eine den Anforderungen dieser Richtlinie gleichwertige Befähigung hat und der Konzernabschluß in einer den Anforderungen des Handelsgesetzbuches entsprechenden Weise geprüft worden ist.

§ 3. Ein gleichwertiger Abschluß nach §§ 1 bis 2 dieser Verordnung hat nur dann befreiende Wirkung, wenn

1. der Anhang des Jahresabschlusses des zu befreienden Unternehmens Angaben über den Namen und Sitz des Mutterunternehmens, das den befreiende Konzernabschluß aufstellt, sowie den Hinweis, auf die Befreiung von der Verpflichtung, einen Konzernabschluß und einen Konzernlagebericht aufzustellen, enthält und
2. der ausländische Konzernabschluß unverzüglich in deutscher Sprache beim Firmenbuchgericht hinterlegt (§ 280 Abs. 2 HGB) und dem Aufsichtsrat sowie der nächsten ordentlichen Hauptversammlung (Generalversammlung) vorgelegt worden ist.

§ 4. Diese Verordnung ist erstmals auf Geschäftsjahre anzuwenden, die nach dem 31. Dezember 1993 beginnen.

3/1b. UGB-Formblatt-V

UGB-Formblatt-V, BGBl II 2008/316 idF BGBl II 2015/412

Verordnung der Bundesministerin für Justiz, mit der die Verordnung über die Verwendung von Formblättern für die offenzulegende Bilanz und den offenzulegenden Anhang von kleinen Gesellschaften mit beschränkter Haftung (UGB-Formblatt-V) erlassen sowie die Verordnung über den elektronischen Rechtsverkehr (ERV 2006) geändert werden

Aufgrund des § 278 Abs. 2 des Unternehmensgesetzbuchs, dRGBl. 219/1897, zuletzt geändert durch das Bundesgesetz BGBl. I Nr. 22/2015, wird verordnet:

§ 1. (1) Für die Offenlegung der Bilanz und des Anhangs einer kleinen Gesellschaft mit beschränkter Haftung in Papierform genügt die Verwendung der Formblätter Anlagen 1 und 2, für die Offenlegung der Bilanz einer Kleinstkapitalgesellschaft in der Rechtsform einer Gesellschaft mit beschränkter Haftung in Papierform genügt die Verwendung des Formblattes Anlage 1.

(2) Für die Offenlegung folgender Unterlagen von Personengesellschaften im Sinne des § 189 Abs. 1 Z 2 UGB, für die im Sinne des § 221 Abs. 5 UGB die Vorschriften einer Gesellschaft mit beschränkter Haftung gelten, in Papierform genügt die Verwendung folgender Formblätter:

1. Offenlegung der Bilanz und des Anhangs einer kleinen Personengesellschaft (§ 221 Abs. 1 UGB): die Verwendung der Formblätter Anlage 2 und 3,
2. Offenlegung der Bilanz einer Kleinstgesellschaft (§ 221 Abs. 1a UGB) in der Rechtsform einer Personengesellschaft: die Verwendung des Formblattes Anlage 3.

(3) Enthält die Bilanz zur Erreichung der in § 222 Abs. 2 UGB angeordneten Zielsetzung (Vermittlung eines möglichst getreuen Bilds der Vermögens-, Finanz- und Ertragslage) weitere Posten, so sind die Formblätter Anlage 1 beziehungsweise Anlage 3 und – soweit erforderlich – das Formblatt Anlage 2 zu ergänzen.

(4) Für die Offenlegung der Bilanz und des Anhangs der Gesellschaften gemäß Abs. 1 und 2 in elektronischer Form gelten die Bestimmungen der ERV 2006.

§ 2. Die Offenlegung der Bilanz und des Anhangs von Gesellschaften gemäß § 1 Abs. 1 und 2, deren Umsatzerlöse gemäß § 277 Abs. 6 UGB 70 000 Euro nicht übersteigen, darf auch ohne Verwendung der Formblätter nach den Anlagen 1 bis 3 in Papierform vorgenommen werden, sofern sichergestellt ist, dass deren Inhalt in derselben Gliederung oder in der Gliederung gemäß § 9 Abs. 3 ERV 2006 enthalten und entweder gedruckt, maschinenschriftlich oder sonst maschinell hergestellt ist.

§ 3. (1) Diese Verordnung tritt mit 1. November 2008 in Kraft. Mit dem Inkrafttreten dieser Verordnung tritt die Verordnung des Bundesministers für Justiz über die Verwendung von Formblättern für die offenzulegende Bilanz und den offenzulegenden Anhang von kleinen Gesellschaften mit beschränkter Haftung (3. Formblatt-V), BGBl. II Nr. 197/2001, außer Kraft. Die nach dieser Verordnung ausgegebenen Formblätter Form 2 und 3 dürfen jedoch weiter verwendet werden.

(2) Die Anlagen 1 und 3 in der Fassung der Verordnung BGBl. II Nr. 9/2009 treten mit 1. Februar 2009 in Kraft. Die nach der Stammfassung der UGB-Formblatt-V ausgegebenen Formblätter „UGBForm 2“ und „UGBForm 4“ dürfen aufbrauchend weiter verwendet werden.

(3) Die Anlagen 2 und 3 in der Fassung der Verordnung BGBl. II Nr. 320/2013 treten mit 1. November 2013 in Kraft. Die entsprechenden Anlagen nach der bisherigen Fassung der Verordnung können für die Einreichung der Jahresabschlüsse für jene Geschäftsjahre weiter verwendet werden, die vor dem 1. Jänner 2013 begonnen haben.

(4) Die Offenlegung mittels Online-Formularen in elektronischer Form (§ 9 Abs. 3 ERV 2006) hat ab dem 1. Jänner 2014 in Form der Anlagen 2 und 3 in der Fassung der Verordnung BGBl. II Nr. 320/2013 zu erfolgen.

(5) § 1 Abs. 1 und 2 und die Anlagen in der Fassung der Verordnung BGBl. II Nr. ##/2015 treten mit 1. Jänner 2016 in Kraft und sind für die Einreichung der Jahresabschlüsse für jene Geschäftsjahre anzuwenden, die nach dem 31. Dezember 2015 beginnen. Die entsprechenden Anlagen nach der bisherigen Fassung der Verordnung sind für die Einreichung der Jahresabschlüsse für jene Geschäftsjahre weiter zu verwenden, die vor dem 1. Jänner 2016 begonnen haben. Die Offenlegung mittels Online-Formularen in elektronischer Form (§ 9 Abs. 3 ERV 2006) hat für Jahresabschlüsse für Geschäftsjahre, die nach dem 31. Dezember 2015 beginnen, in Form der Anlagen in der Fassung der Verordnung BGBl. II Nr. 412/2015 zu erfolgen.

Anlage 1

Offenzulegender Auszug aus der Bilanz der kleinen GmbH[1)]

Firmenbuchnummer	Firmenbuchgericht	Beginn und Ende des Geschäftsjahrs
Firma:		
Unterzeichner/in(nen) des Jahresabschlusses:		

Aktiva			Passiva		
	Geschäftsjahr[2)]	vorangegangenes Geschäftsjahr[2)]		Geschäftsjahr[2)]	vorangegangenes Geschäftsjahr[2)]
A. Anlagevermögen			**A. Eigenkapital/Negatives Eigenkapital**[3)]		
I. Immaterielle Vermögensgegenstände			I. eingefordertes Stammkapital:		
II. Sachanlagen			Stammkapital		
III. Finanzanlagen			abzüglich nach § 10b Abs. 4 GmbHG derzeit nicht einforderbare Einlagen[4)]		
B. Umlaufvermögen			abzüglich sonstige nicht eingeforderte ausstehende Einlagen		
I. Vorräte			davon eingezahlt		
II. Forderungen und sonstige Vermögensgegenstände			II. Kapitalrücklagen		
davon mit einer Restlaufzeit von mehr als einem Jahr			III. Gewinnrücklagen		
III. Wertpapiere und Anteile			IV. Bilanzgewinn (Bilanzverlust),		
IV. Kassenbestand, Schecks, Guthaben bei Kreditinstituten			davon Gewinnvortrag/Verlustvortrag		
			B. Rückstellungen		
			C. Verbindlichkeiten		
C. Rechnungsabgrenzungsposten			davon mit einer Restlaufzeit von mehr als einem Jahr		
D. Aktive latente Steuern[5)]			**D. Rechnungsabgrenzungsposten**		
[6)]			[6)]		
Bilanzsumme			**Bilanzsumme**		

Die Richtigkeit dieses Auszugs wird bestätigt:[7)]

1) **Achtung:** Besteht nach § 268 UGB Prüfungspflicht, so ist auch der Bestätigungsvermerk offenzulegen.
2) Angabe in vollen 1.000 Euro ausreichend (§§ 223 Abs. 2 und 277 Abs. 3 UGB).
3) Nicht Zutreffendes streichen.
4) Nur bei aufrechter Gründungsprivilegierung.
5) Dieser Posten ist nur fakultativ zu bilden; wenn er aber gebildet wird, so sind die unverrechneten Steuerbe- und entlastungen im Anhang aufzuschlüsseln.
6) Dieses Feld dient der Einfügung weiterer Posten (§ 1 Abs. 3 UGB-Formblatt-V). Dabei ist anzugeben, an welcher Stelle die Posten einzufügen sind; diese können auch gleich an dieser Stelle eingefügt werden.
7) Unterschrift der gesetzlichen Vertreter/innen in vertretungsbefugter Anzahl. Anzugeben sind auch Ort und Datum der Unterschrift.

Anlage 2
Offenzulegender Anhang[1])[2])

Firmenbuchnummer	Firmenbuchgericht	Beginn und Ende des Geschäftsjahres

Firmenwortlaut:	
Die Umsatzerlöse in den zwölf Monaten vor dem Abschlussstichtag des einzureichenden Jahresabschlusses übersteigen nicht 70 000 Euro.: Ja[3]) ☐	

1. Angabe, wenn die einmal gewählte Form der Darstellung, insbesondere die Gliederung der Bilanz, nicht beibehalten wurde (§ 223 Abs. 1 UGB):
   – Begründung dafür:
2. Angabe und Erläuterung, wenn Vorjahresbeträge nicht vergleichbar sind oder der Vorjahresbetrag angepasst wurde (§ 223 Abs. 2 UGB):
3. Zugehörigkeit eines Postens der Bilanz auch zu (einem) anderen Posten, falls dies zur Aufstellung eines klaren und übersichtlichen Jahresabschlusses erforderlich ist (§ 223 Abs. 5 UGB):
4. Bei Ausweis eines „negativen Eigenkapitals“: Erläuterung, ob eine Überschuldung im Sinn des Insolvenzrechts vorliegt (§ 225 Abs. 1 UGB):
5. Angabe von Bilanzierungs- und Bewertungsmethoden (§ 237 Abs. 1 Z 1 UGB):
   – Bewertungsgrundlagen für die verschiedenen Posten:
   – Angabe zur Übereinstimmung der Bilanzierungs- und Bewertungsmethoden mit dem Konzept der Unternehmensfortführung:
   – wesentliche Änderungen der Bilanzierungs- und Bewertungsmethoden:
   – Begründung dafür (§ 201 Abs. 3 UGB):
   – Einfluss auf die Vermögens-, Finanz- und Ertragslage:
   – Grundlagen für die Umrechnung von Posten, die auf fremde Währung lauten, in Euro:
6. Erläuterung des Zeitraums, über den der Geschäfts(Firmen)wert abgeschrieben wird (§ 203 Abs. 5 UGB):
7. Angabe, ob Zinsen für Fremdkapital im Sinn des § 203 Abs. 4 UGB aktiviert wurden:
8. Angabe, ob Verwaltungs- und Vertriebskosten im Sinn des § 206 Abs. 3 UGB aktiviert wurden:
   – Begründung dafür:
   – Einfluss auf die Vermögens-, Finanz- und Ertragslage:
   – Betrag, der insgesamt über die Herstellungskosten hinausgeht:
9. Gesamtbetrag der Haftungsverhältnisse und sonstiger wesentlicher finanzieller Verpflichtungen, die nicht auf der Passivseite auszuweisen sind (§ 237 Abs. 1 Z 2 UGB):
   – davon Pensionsverpflichtungen:
   – davon Verpflichtungen gegenüber verbundenen oder assoziierten Unternehmen:
   – Art und Form jeder gewährten dinglichen Sicherheit:
10. Vorschüsse, Kredite und eingegangene Haftungsverhältnisse (§ 237 Abs. 1 Z 3 UGB) an bzw. für
    a) Geschäftsführer/innen
       – Betrag der Vorschüsse/Kredite:
       – Zinsen dafür:
       – wesentliche Bedingungen:
       – im Geschäftsjahr zurückgezahlte/erlassene Beträge:
       – zugunsten der Geschäftsführer/innen eingegangene Haftungsverhältnisse:
    b) Aufsichtsratsmitglieder
       – Betrag der Vorschüsse/Kredite:
       – Zinsen dafür:
       – wesentliche Bedingungen:
       – im Geschäftsjahr zurückgezahlte/erlassene Beträge:
       – zugunsten der Aufsichtsratsmitglieder eingegangene Haftungsverhältnisse:

11. Betrag und Wesensart der einzelnen Ertrags- oder Aufwandsposten von außerordentlicher Größenordnung oder von außerordentlicher Bedeutung (§ 237 Abs. 1 Z 4 UGB):
12. Jeweils zusammengefasst für alle Posten der Verbindlichkeiten (§ 237 Abs. 1 Z 5 UGB)
    – Gesamtbetrag der Verbindlichkeiten mit einer Restlaufzeit von mehr als fünf Jahren:
    – Gesamtbetrag der Verbindlichkeiten, für die dingliche Sicherheiten bestellt sind:
    – Art und Form dieser Sicherheiten:
13. Durchschnittliche Zahl der Arbeitnehmer/innen während des Geschäftsjahrs (§ 237 Abs. 1 Z 6 UGB):
14. Name und Sitz des Mutterunternehmens der Gesellschaft, das den Konzernabschluss für den kleinsten Kreis von Unternehmen aufstellt (§ 237 Abs. 1 Z 7 UGB):
15. Darstellung der Entwicklung der Posten des Anlagevermögens (Anlagenspiegel, § 226 Abs. 1 UGB): (gegebenenfalls als Beilage anschließen)
16. Falls aktive latente Steuern gebildet werden: unverrechnete Be- und Entlastungen (§ 198 Abs. 9 UGB):
17. Zusätzlich erforderliche Angaben zur Vermittlung eines möglichst getreuen Bildes der Vermögens-, Finanz- und Ertragslage des Unternehmens (§§ 222 Abs. 2 und 236 erster Satz UGB; zu den zur Darstellung des Eigenkapitals bei einer Personengesellschaft im Sinn des § 189 Abs. 1 Z 2 UGB notwendigen Angaben siehe Punkt 18):
18. Zur Darstellung des Eigenkapitals erforderliche Informationen für Personengesellschaften im Sinne des § 189 Abs. 1 Z 2 UGB:
    – ob es einen reinen Arbeitsgesellschafter gibt und die damit verbundenen Vereinbarungen hinsichtlich der Teilnahme am Ergebnis sowie Abgeltung:
    – die Haftsumme der Kommanditisten, wenn sie nicht mit der bedungenen Einlage übereinstimmt:
    – ein im Posten V. der Gliederung ausgewiesener Verlust und dessen Aufteilung auf die einzelnen Gesellschafter:

Unterschrift der gesetzlichen Vertreter/innen in vertretungsbefugter Anzahl	...., am ....

[1]) Achtung:
a) Besteht nach § 268 UGB Prüfungspflicht, so ist auch der Bestätigungsvermerk offenzulegen.
b) Reicht der Platz für die Angaben nicht aus, so ist eine Beilage anzuschließen.

[2]) Das Nichtanführen eines Punktes dieses Anhangs gilt als Erklärung, dass die entsprechenden Angaben für die Gesellschaft nicht zutreffen.

[3]) Der Jahresabschluss kann daher gemäß § 277 Abs. 6 UGB in Papierform eingereicht werden.

Anlage 3

Offenzulegender Auszug aus der Bilanz der kleinen GmbH & Co KG und sonstiger kleiner kapitalistischer Personengesellschaften (§ 189 Abs. 1 Z 2 UGB)[1)]

Firmenbuchnummer	Firmenbuchgericht	Beginn und Ende des Geschäftsjahrs

Firma:
Unterzeichner/in(nen) des Jahresabschlusses:

Aktiva			Passiva		
	Geschäftsjahr[2)]	vorangegangenes Geschäftsjahr[2)]		Geschäftsjahr[2)]	vorangegangenes Geschäftsjahr[2)]
A. Anlagevermögen			**A. Eigenkapital / Negatives Eigenkapital[3)]**		
I. Immaterielle Vermögensgegenstände			I. Eingefordertes Komplementärkapital / eingeforderte Einlage (OG)[3) 4) 5)]		
II. Sachanlagen			II. Kommanditkapital[4) 5)]		
III. Finanzanlagen			III. Kapitalrücklagen		
B. Umlaufvermögen			IV. Gewinnrücklagen		
I. Vorräte			V. Den Gesellschaftern zuzurechnender Gewinn / Verlust		
II. Forderungen und sonstige Vermögensgegenstände			davon Gewinnvortrag/Verlustvortrag		
davon mit einer Restlaufzeit von mehr als einem Jahr			**B. Rückstellungen**		
III. Wertpapiere und Anteile			**C. Verbindlichkeiten**		
IV. Kassenbestand, Schecks, Guthaben bei Kreditinstituten			davon mit einer Restlaufzeit von mehr als einem Jahr		
C. Rechnungsabgrenzungsposten			**D. Rechnungsabgrenzungsposten**		
6)			6)		
Bilanzsumme			**Bilanzsumme**		

Die Richtigkeit dieses Auszugs wird bestätigt:[7)]

1) **Achtung:** Besteht nach § 268 UGB Prüfungspflicht, so ist auch der Bestätigungsvermerk offenzulegen.
2) Angabe in vollen 1.000 Euro ausreichend (§§ 223 Abs. 2 und 277 Abs. 3 UGB).
3) Nicht Zutreffendes streichen.
4) Bei offenen Gesellschaften ist die vereinbarte Einlage in Pkt. I anzugeben, Pkt. II ist zu streichen.
5) Gegebenenfalls nach Abzug der nicht eingeforderten ausstehenden Einlagen.
6) Dieses Feld dient der Einfügung weiterer Posten (§ 1 Abs. 3 UGB-Formblatt-V). Dabei ist anzugeben, an welcher Stelle die Posten einzufügen sind; diese können auch gleich an dieser Stelle eingefügt werden.
7) Unterschrift der gesetzlichen Vertreter/innen in vertretungsbefugter Anzahl. Anzugeben sind auch Ort und Datum der Unterschrift.

3/1c. Override-Verordnung

Verordnung über die Nichtanwendung einer Rechnungslegungsvorschrift des Unternehmensgesetzbuches (Override-Verordnung), BGBl II 2018/283

Verordnung des Bundesministers für Verfassung, Reformen, Deregulierung und Justiz über die Nichtanwendung einer Rechnungslegungsvorschrift des Unternehmensgesetzbuches (Override-Verordnung)

Aufgrund des § 222 Abs. 3 des Unternehmensgesetzbuches (UGB), dRGBl. S 219/1897, zuletzt geändert durch das Bundesgesetz BGBl. I Nr. 58/2018, wird im Einvernehmen mit dem Bundesminister für Finanzen verordnet:

Anwendungsbereich

§ 1. Diese Verordnung ist auf alle Rechtsträger anzuwenden, die die Bestimmungen des zweiten Abschnitts des dritten Buchs des UGB anwenden.

Nichtanwendung einer Rechnungslegungsvorschrift

§ 2. (1) Werden die den anerkannten Regeln der Versicherungsmathematik entsprechenden biometrischen Rechnungsgrundlagen geändert und ist dadurch eine Zuführung zu oder eine Auflösung von Pensionsrückstellungen, Abfertigungsrückstellungen oder Rückstellungen für die Verpflichtung zu einer Zuwendung anläßlich eines Dienstjubiläums notwendig, so ist der Unterschiedsbetrag, wenn durch die sofortige Zuführung oder Auflösung des gesamten Betrages das möglichst getreue Bild der Vermögens-, Finanz- und Ertragslage auch mit zusätzlichen Angaben nach § 222 Abs. 2 UGB nicht vermittelt werden kann, beginnend mit dem Geschäftsjahr der Änderung gleichmäßig auf längstens fünf Jahre zu verteilen. Der Unterschiedsbetrag errechnet sich aus der Differenz zwischen dem nach den bisherigen Rechnungsgrundlagen errechneten Rückstellungsbetrag und dem Rückstellungsbetrag auf der Grundlage der geänderten Rechnungsgrundlagen.

(2) Anstelle der Verteilung nach Abs. 1 kann die gebotene Rückstellung voll in die Bilanz eingestellt und unter den aktiven Rechnungsabgrenzungsposten der sich gegenüber der nach Abs. 1 gebotenen Rückstellung in den einzelnen Jahren ergebende Unterschiedsbetrag gesondert ausgewiesen werden.

Ausschüttungssperre

§ 3. Bei einer Verteilung nach § 2 dürfen Gewinne nur ausgeschüttet werden, soweit, zusätzlich zu den Regelungen des § 235 Abs. 2 UGB, die danach verbleibenden jederzeit auflösbaren Rücklagen zuzüglich eines Gewinnvortrags und abzüglich eines Verlustvortrags folgendem Betrag mindestens entsprechen:

1. bei Verteilung nach § 2 Abs. 1 dem gesamten Unterschiedsbetrag abzüglich des bereits in der Rückstellung berücksichtigten Betrags;
2. bei Anwendung des § 2 Abs. 2 dem in die aktiven Rechnungsabgrenzungsposten eingestellten Betrag.

Anhangangabe

§ 4. Im Anhang ist anzugeben, für welchen Betrag und welchen Verteilungszeitraum von der in § 2 genannten Verteilung Gebrauch gemacht wurde.

Inkrafttreten

§ 5. (1) Diese Verordnung tritt mit 20. November 2018 in Kraft.

(2) Diese Verordnung ist anwendbar auf Jahresabschlüsse von Geschäftsjahren, die nach dem 31. Dezember 2017 enden, sofern der Jahresabschluss am Tag nach der Verlautbarung im Bundesgesetzblatt noch nicht aufgestellt wurde.

3/2. Sonderrechnungslegungsgesetz

Bundesgesetz über Sonderrechnungslegungsvorschriften für Unternehmen, die zu einer getrennten Buchführung verpflichtet sind (Sonderrechnungslegungsgesetz – SRLG), BGBl I 2007/14

Bundesgesetz über Sonderrechnungslegungsvorschriften für Unternehmen, die zu einer getrennten Buchführung verpflichtet sind (Sonderrechnungslegungsgesetz – SRLG)

Ziel

§ 1. Ziel dieses Bundesgesetzes ist es, die Transparenz der finanziellen Beziehungen zwischen Stellen der öffentlichen Hand und Unternehmen, die unter dieses Bundesgesetz fallen sowie die finanzielle Transparenz innerhalb dieser Unternehmen zu gewährleisten und dadurch Wettbewerbsverzerrungen in Form von Quersubventionierungen verfolgen zu können.

Geltungsbereich

§ 2. Dieses Bundesgesetz gilt für

1. öffentliche Unternehmen und
2. private Unternehmen,
   a) denen zur Ausübung bestimmter Tätigkeiten besondere oder ausschließliche Rechte im Sinne von § 4 Z 3 und 4 gewährt werden, oder
   b) die mit Dienstleistungen von allgemeinem wirtschaftlichem Interesse im Sinne von § 4 Z 5 betraut sind,

   und die hierfür öffentliche Leistungen in unterschiedlicher Form (einschließlich staatliche Beihilfen, Abgeltungen und Ausgleichszahlungen) erhalten, die nicht für einen angemessenen Zeitraum im Rahmen eines offenen, transparenten und nicht diskriminierenden Verfahrens festgesetzt wurden.

Ausnahmen vom Geltungsbereich

§ 3. (1) Dieses Bundesgesetz gilt nicht für private Unternehmen, die neben den Tätigkeiten im Sinne des § 2 Z 2 keine weiteren Geschäftstätigkeiten ausüben.

(2) Dieses Bundesgesetz gilt weder für öffentliche noch private Unternehmen,

1. deren Tätigkeit nach Art und Umfang nicht geeignet ist, den Handel zwischen den Mitgliedstaaten der Europäischen Union merklich zu beeinträchtigen, oder
2. die in den letzten beiden abgeschlossenen Geschäftsjahren Umsatzerlöse im Sinne des § 232 Abs. 1 Unternehmensgesetzbuch, dRGBl. S. 219/1897, in der jeweils geltenden Fassung, von jeweils weniger als 40 Millionen Euro erzielt haben. Bei Kreditinstituten tritt an die Stelle der Umsatzerlöse eine Bilanzsumme von 800 Millionen Euro.

Begriffsbestimmungen

§ 4. Im Sinne dieses Bundesgesetzes sind

1. Stellen der öffentlichen Hand:
   a) der Bund, die Länder, die Gemeinden und andere gesetzlich eingerichtete Selbstverwaltungskörperschaften,
   b) Einrichtungen, die
      – zu dem besonderen Zweck gegründet wurden, im Allgemeininteresse liegende Aufgaben zu erfüllen und
      – überwiegend von Stellen der öffentlichen Hand gemäß lit. a, anderen Einrichtungen gemäß lit. b oder Verbänden gemäß lit. c finanziert werden oder die hinsichtlich ihrer Leitung der Aufsicht durch diese unterliegen oder deren Verwaltungs-, Leitungs- oder Aufsichtsorgan mehrheitlich aus Mitgliedern besteht, die von Stellen der öffentlichen Hand gemäß lit. a, anderen Einrichtungen gemäß lit. b oder Verbänden gemäß lit. c ernannt worden sind,
   c) Verbände, die sich überwiegend aus zwei oder mehreren Stellen der öffentlichen Hand gemäß lit. a oder b zusammensetzen;
2. öffentliches Unternehmen: jedes Unternehmen, auf das die öffentliche Hand aufgrund Eigentums, finanzieller Beteiligung, Satzung oder sonstiger Bestimmungen, die die Tätigkeit des Unternehmens regeln, mittel- oder unmittelbar einen beherrschenden Einfluss ausüben kann, indem es
   a) die Mehrheit des gezeichneten Kapitals des Unternehmens besitzt oder
   b) über die Mehrheit der mit den Anteilen des Unternehmens verbundenen Stimmrechte verfügt oder
   c) mehr als die Hälfte der Mitglieder des Verwaltungs-, Leistungs- oder Aufsichtsorgans des Unternehmens bestellen kann;
3. ausschließliche Rechte: Rechte zur Ausübung einer Dienstleistung oder sonstigen Tätigkeit in einem bestimmten Gebiet, die durch Rechts- oder Verwaltungsvorschriften einem einzigen Unternehmen vorbehalten sind;
4. besondere Rechte:
   a) Rechte zur Ausübung einer Dienstleistung oder sonstigen Tätigkeit in einem

bestimmten Gebiet, die durch Rechts- oder Verwaltungsvorschriften

- einer auf zwei oder mehr begrenzten Anzahl von Unternehmen vorbehalten sind, ohne dass die zahlenmäßige Begrenzung oder die Auswahl der berechtigten Unternehmen auf objektiven, angemessenen und nicht diskriminierenden Kriterien beruht, oder
- mehreren konkurrierenden Unternehmen nach anderen als solchen Kriterien eingeräumt werden, um eine Leistung zu erbringen oder eine Tätigkeit zu betreiben, oder

b) Vorteile, die einem oder mehreren Unternehmen nach anderen als solchen Kriterien durch Rechts- oder Verwaltungsvorschriften eingeräumt werden und die Fähigkeit anderer Unternehmen, die gleiche Tätigkeit in demselben Gebiet unter im Wesentlichen gleichen Bedingungen zu leisten, wesentlich beeinträchtigen;

5. Dienstleistungen von allgemeinem wirtschaftlichen Interesse:

   marktbezogene, wirtschaftliche Tätigkeiten, die im Interesse der Allgemeinheit erbracht und mit besonderen Gemeinwohlverpflichtungen verbunden werden.

Kontenführung

§ 5. (1) Die Unternehmen sind verpflichtet, intern getrennte Konten zur Erfassung der Kosten und Erlöse einerseits für alle Geschäftsbereiche im Sinne des § 2 und andererseits für jeden weiteren Geschäftsbereich zu führen. Alle Kosten und Erlöse sind den jeweiligen Bereichen nach objektiv gerechtfertigten und einheitlich angewandten Kostenrechnungsgrundsätzen korrekt zuzuordnen. Die zugrunde gelegten Kostenrechnungsgrundsätze müssen eindeutig bestimmt sein.

(2) Die Kontenführung muss so beschaffen sein, dass sie einem sachverständigen Dritten innerhalb angemessener Zeit einen Überblick über die Geschäftsvorfälle und über die Lage des Unternehmens vermitteln kann. Die Geschäftsvorfälle müssen sich in ihrer Entstehung und Abwicklung verfolgen lassen und Aufschluss über Herkunft und Verwendung öffentlicher Mittel geben.

(3) Die Kontenführung von öffentlichen Unternehmen mit nur einer Geschäftstätigkeit muss den in Abs. 2 genannten Kriterien entsprechen.

Aufbewahrungspflichten

§ 6. Die Unternehmen haben die Konten und sonstigen Aufzeichnungen nach § 5 Abs. 1 sieben Jahre geordnet aufzubewahren. Die Aufbewahrungsfrist beginnt mit dem Ende des Geschäftsjahres, auf das sich die Angaben beziehen.

Auskunftsverlangen und Unterlagenvorlage

§ 7. (1) Die Stelle der öffentlichen Hand, die die öffentliche Leistung gewährt hat, hat Auskunftsverlangen der Europäischen Kommission im Sinne des Art. 5 Abs. 3 der Richtlinie der Kommission über die Transparenz der finanziellen Beziehungen zwischen den Mitgliedstaaten und den öffentlichen Unternehmen sowie über die finanzielle Transparenz innerhalb bestimmter Unternehmen 80/723/EWG, ABl. Nr. L 195 vom 29.07.1980 S. 35, zuletzt geändert durch die Richtlinie 2005/81/EG, ABl. Nr. L 312 vom 29.11.2005 S. 47, im Wege des Bundesministeriums für Wirtschaft und Arbeit entgegenzunehmen und zu beantworten.

(2) Soweit es zur Beantwortung eines Auskunftsverlangens der Europäischen Kommission erforderlich ist, ist die Stelle der öffentlichen Hand gemäß Abs. 1 befugt

1. von den Unternehmen die Erteilung von Auskünften anzufordern,
2. geschäftliche Unterlagen einzusehen und zu prüfen oder durch geeignete Sachverständige einsehen und prüfen zu lassen, Kopien und Abschriften aus diesen Unterlagen anzufertigen sowie
3. vor Ort alle für die Durchführung von Ermittlungshandlungen erforderlichen Auskünfte zu verlangen.

(3) Das Unternehmen ist verpflichtet, die verlangten Auskünfte (Abs. 2 Z 1 und 3) binnen drei Wochen ab Einlangen des Auskunftsbegehrens beim Unternehmen zu erteilen, die geschäftlichen Unterlagen vorzulegen und ihre Prüfung sowie das Anfertigen von Kopien und Abschriften aus diesen Unterlagen (Abs. 2 Z 2) zu ermöglichen.

(4) Sofern eine zuständige Stelle der öffentlichen Hand im Sinne von § 7 Abs. 1 nicht existiert, erfolgt die Einholung der Auskünfte beim betreffenden Unternehmen direkt durch das Bundesministerium für Wirtschaft und Arbeit.

§ 8. Rechnungs-, Buchführungs-, Aufzeichnungs-, Aufbewahrungs-, Vorlage- und Auskunftspflichten nach anderen Vorschriften bleiben unberührt.

Vollziehung

§ 9. Mit der Vollziehung dieses Bundesgesetzes sind betraut:

1. hinsichtlich des § 7 Abs. 1 der Bundesminister für Wirtschaft und Arbeit im Einvernehmen mit dem jeweils sachlich zuständigen Bundesminister,
2. hinsichtlich des § 7 Abs. 4 der Bundesminister für Wirtschaft und Arbeit
3. im Übrigen der jeweils sachlich zuständige Bundesminister.

In-Kraft-Treten

§ 10. Getrennte Konten zur Erfassung der Kosten und Erlöse verschiedener Geschäftsbereiche (§ 5) sind erstmals in dem Geschäftsjahr zu führen, das nach dem In-Kraft-Treten dieses Bundesgesetzes beginnt.

Umsetzungshinweis

§ 11. Durch dieses Bundesgesetz wird die Richtlinie 80/723/EWG über die Transparenz der finanziellen Beziehungen zwischen den Mitgliedstaaten und den öffentlichen Unternehmen, ABl. Nr. L195 vom 29.07.1980 S. 35, zuletzt geändert durch die Richtlinie 2005/81/EG zur Änderung der Richtlinie 80/723/EWG über die Transparenz der finanziellen Beziehungen zwischen den Mitgliedstaaten und den öffentlichen Unternehmen sowie über die finanzielle Transparenz innerhalb bestimmter Unternehmen, ABl. Nr. L 312 vom 29.11.2005 S. 47, umgesetzt.

3/3. Rechnungslegungs-Kontrollgesetz

Bundesgesetz über die Einrichtung eines Prüfverfahrens für die Finanzberichterstattung von Unternehmen, deren Wertpapiere zum Handel an einem geregelten Markt zugelassen sind (Rechnungslegungs-Kontrollgesetz – RL-KG), BGBl I 2013/21 idF

1 BGBl I 2015/I 98 **2** BGBl I 2015/150 **3** BGBl I 2016/118
4 BGBl I 2017/107 **5** BGBl I 2018/37 **6** BGBl I 2019/62

Bundesgesetz über die Einrichtung eines Prüfverfahrens für die Finanzberichterstattung von Unternehmen, deren Wertpapiere zum Handel an einem geregelten Markt zugelassen sind (Rechnungslegungs-Kontrollgesetz – RL-KG)

1. Abschnitt
Kontrollbehörde

FMA

§ 1. (1) Die FMA ist Kontrollbehörde für die Einhaltung von Rechnungslegungsvorschriften durch Unternehmen, deren Herkunftsmitgliedstaat gemäß § 1 Z 14 Börsegesetz 2018 – BörseG 2018, BGBl. Nr.107/2017, Österreich ist. Sie hat nach Maßgabe des öffentlichen Interesses an der Richtigkeit der Finanzberichterstattung eine Prüfung der Rechnungslegung eines Unternehmens selbst vorzunehmen oder durch die Prüfstelle gemäß § 3 Abs. 3 anzuordnen. Der Prüfungsumfang für die Prüfstelle ist in der Prüfungsanordnung festzulegen.

(BGBl I 2017/107)

(2) Die FMA hat einen jährlichen Prüfplan für Prüfungen gemäß § 2 Abs. 1 Z 2 zu erstellen. Sie hat jährliche Prüfungsschwerpunkte festzulegen und diese zu veröffentlichen. Die Prüfstelle hat der FMA hierfür Vorschläge zu erstatten.

(3) Die FMA hat die Vollziehung dieses Bundesgesetzes in der Geschäftsordnung gemäß § 6 FMABG zu berücksichtigen.

Prüfungsgegenstand

§ 2. (1) Die FMA hat zu prüfen, ob die Jahresabschlüsse, Lageberichte, Konzernabschlüsse und Konzernlageberichte sowie die sonstigen vorgeschriebenen Informationen gemäß § 1 Z 22 BörseG 2018 von Unternehmen den nationalen und internationalen Rechnungslegungsvorschriften entsprechen. Sie wird tätig

1. bei konkreten Anhaltspunkten für einen Verstoß gegen die Rechnungslegungsvorschriften nach Maßgabe des öffentlichen Interesses;
2. ohne besonderen Anlass.

Die FMA kann sich bei der Durchführung ihrer Aufgaben geeigneter dritter Personen bedienen.

(BGBl I 2017/107)

(2) Eine Prüfung hat nur dann den Jahresabschluss zu umfassen, sofern vom Unternehmen kein Konzernabschluss erstellt wurde. Sie umfasst lediglich zuletzt festgestellte Jahres- und Konzernabschlüsse sowie die Halbjahresfinanzberichte des vergangenen und laufenden Geschäftsjahres. Sie bezieht sich nicht auf den Bestätigungsvermerk des Abschlussprüfers. Eine Prüfung hat zu unterbleiben, wenn ein Verfahren gemäß § 201 des Aktiengesetzes – AktG, BGBl. Nr. 98/1965, oder gemäß § 163a des Strafgesetzbuches – StGB, BGBl. Nr. 60/1974, anhängig ist oder die Prüfung den Gegenstand einer Sonderprüfung gemäß den §§ 130 ff AktG berühren würde.

(BGBl I 2015/150)

Prüfungstätigkeit, sofern eine Prüfstelle besteht

§ 3. (1) Die FMA hat, sofern ein Verein als Prüfstelle gemäß § 8 Abs. 1 anerkannt ist, dann Prüfungen selbst durchzuführen und an sich zu ziehen, wenn

1. ihr die Prüfstelle berichtet, dass ein Unternehmen seine Mitwirkung bei einer Prüfung verweigert oder mit dem Ergebnis der Prüfung nicht einverstanden ist, oder
2. wesentliche Zweifel an der Richtigkeit des Prüfungsergebnisses der Prüfstelle oder an der ordnungsgemäßen Durchführung der Prüfung durch die Prüfstelle bestehen oder
3 die Prüfungsdurchführung durch die FMA unter Berücksichtigung des öffentlichen Interesses an der Richtigkeit der Rechnungslegung unter Wahrung der in § 18 Abs. 1 AVG genannten Grundsätze in Einzelfällen geboten ist.

(2) Die Beschränkungen hinsichtlich des Prüfungsgegenstandes in § 2 Abs. 2 gelten auch für diese Prüfungstätigkeit der FMA. In den Fällen von Abs. 1 Z 1 und 2 können jedoch auch früher festgestellte Jahres- und Konzernabschlüsse sowie sonstige Informationen vom Prüfungsumfang umfasst sein, sofern diese den Prüfungsgegenstand der Prüfstelle gebildet haben oder hätten.

(3) Bei der Durchführung der Prüfung kann sich die FMA der Prüfstelle sowie anderer geeigneter Einrichtungen und Personen bedienen. Auf Verlangen der FMA hat die Prüfstelle das Ergebnis und die Durchführung der Prüfung zu erläutern und einen Prüfbericht vorzulegen.

(4) Sofern keine Prüfstelle gemäß § 8 besteht, hat die FMA die in § 2 Abs. 1 genannten Prüfungen jedenfalls selbst durchzuführen, wobei sie sich zu deren Durchführung geeigneter dritter Personen bedienen kann.

Mitwirkungspflicht von Unternehmen und Abschlussprüfern

§ 4. (1) Das Unternehmen, die Mitglieder seiner Organe, seine Beschäftigten, seine in den Konzernabschluss einzubeziehenden Unternehmen sowie seine Abschlussprüfer haben der FMA und den Personen, derer sich die FMA bei der Durchführung ihrer Aufgaben bedient, auf Verlangen Auskünfte zu erteilen und Unterlagen vorzulegen, soweit dies zur Prüfung erforderlich ist. Die Auskunftspflicht der Abschlussprüfer beschränkt sich auf Tatsachen, die ihnen im Rahmen der Abschlussprüfung bekannt geworden sind.

(2) Die Auskunftspflicht gemäß Abs. 1 gilt nicht, wenn sich die genannten Personen damit selbst oder einen Angehörigen gemäß § 36a AVG der Gefahr einer strafrechtlichen Verfolgung aussetzen würden. Die FMA hat den Verpflichteten über sein Recht zur Aussageverweigerung (§ 157 StPO) Entschlagungsrecht zu belehren. Die Vorlagepflicht bleibt davon unberührt.

(3) Die zur Auskunft und Vorlage von Unterlagen nach Abs. 1 Verpflichteten haben den Bediensteten der FMA oder den von ihr beauftragten Personen, soweit dies zur Wahrnehmung ihrer Aufgaben erforderlich ist, während der üblichen Arbeitszeit das Betreten ihrer Grundstücke und Geschäftsräume zu gestatten.

Ergebnis der Prüfung

§ 5. (1) Ergibt die Prüfung durch die FMA, dass die Rechnungslegung fehlerhaft ist, so hat die FMA den Fehler mit Bescheid festzustellen.

(2) Die FMA kann nach Maßgabe des öffentlichen Interesses an der Richtigkeit der Finanzberichterstattung bescheidmäßig anordnen, dass das Unternehmen den von der FMA oder den von der Prüfstelle im Einvernehmen mit dem Unternehmen festgestellten Fehler samt den wesentlichen Teilen der Begründung der Feststellung gemäß § 8 Abs. 3 Z 3 oder 4 des Kapitalmarktgesetzes 2019 – KMG 2019 oder in elektronischer Form auf der Internetseite des geregelten Marktes unverzüglich bekannt zu machen hat. Auf Antrag des Unternehmens kann die FMA von einer Anordnung nach dem ersten Satz absehen, wenn die Veröffentlichung geeignet ist, den berechtigten Interessen des Unternehmens zu schaden.

(BGBl I 2019/62)

(3) Ergibt die Prüfung durch die FMA keine Beanstandungen, so teilt die FMA dies dem Unternehmen mit.

Anzeigepflicht

§ 6. (1) Die FMA hat Tatsachen, die auf das Vorliegen einer Berufspflichtverletzung durch den Abschlussprüfer schließen lassen, der Kammer der Wirtschaftstreuhänder zu berichten. Tatsachen, die auf das Vorliegen eines Verstoßes gegen börserechtliche Vorschriften schließen lassen, hat sie von Amts wegen wahrzunehmen und dem Börseunternehmen mitzuteilen. Die FMA hat bei begründetem Verdacht des Vorliegens von wesentlichen Mängeln bei den Qualitätssicherungsmaßnahmen eines Abschlussprüfers dies dem Arbeitsausschuss für externe Qualitätsprüfungen mitzuteilen. Dieser hat der FMA sowie der Qualitätskontrollbehörde binnen vier Wochen mitzuteilen, ob und wann eine Sonderprüfung nach § 16 Abs. 2 Z 3 Abschlussprüfungs-Qualitätssicherungsgesetz – A-QSG, BGBl. I Nr. 84/2005, durchgeführt wird. In Bezug auf Tatsachen, die den Verdacht einer Straftat im Zusammenhang mit der Rechnungslegung eines Unternehmens begründen, kann eine Anzeige im Sinne des § 78 StPO insbesondere unterbleiben, wenn und so lange ein Prüfverfahren durch die Prüfstelle oder die FMA anhängig und kein schwerwiegender Schaden für das Unternehmen oder seine Gläubiger zu befürchten ist; die Bekanntmachung festgestellter Fehler gemäß § 5 Abs. 2 gilt für Zwecke des Absehens von der Anzeige jedenfalls als schadensbereinigende Maßnahme gemäß § 78 Abs. 2 Z 2 StPO.

(2) Ergibt sich der FMA bei Ausübung ihrer Tätigkeit gemäß diesem Bundesgesetz der Verdacht, dass eine Transaktion der Geldwäscherei oder der Terrorismusfinanzierung dient, so hat sie die Geldwäschemeldestelle (§ 4 Abs. 2 des Bundeskriminalamt-Gesetzes – BKA-G, BGBl. I Nr. 22/2002) hievon unverzüglich in Kenntnis zu setzen.

(BGBl I 2016/118)

Datenschutz und Internationale Zusammenarbeit

§ 7. (1) Der FMA obliegt die Zusammenarbeit mit den Stellen im Ausland, die zuständig sind für die Untersuchung möglicher Verstöße gegen Rechnungslegungsvorschriften von Unternehmen, deren Wertpapiere an einem geregelten Markt oder an einer anerkannten Wertpapierbörse eines Drittlandes zugelassen sind. Im Rahmen dieser Zusammenarbeit kann ein gegenseitiger Informations- und Datenaustausch erfolgen, soweit er sich auf das für die Zusammenarbeit notwendige Maß beschränkt und dadurch weder das Bankgeheimnis (§ 38 BWG) noch die abgabenrechtliche Geheimhaltungspflicht (§ 48a BAO) verletzt werden. Die Erteilung von Auskünften an eine Behörde in einem Drittland ist im Übrigen nur dann gestattet, wenn die Voraussetzungen gemäß Kapitel V der Verordnung (EU) 2016/679 zum Schutz natürlicher Personen bei der Verarbeitung personenbezogener Daten, zum freien Datenverkehr und zur Aufhebung der Richtlinie 95/46/EG (Datenschutz-Grundverordnung), ABl. Nr. L 119 vom 04.05.2016 S. 1 erfüllt sind.

(BGBl I 2018/37)

(2) Die FMA kann mit den zuständigen Stellen von Mitgliedstaaten der Europäischen Union oder von Vertragsstaaten des Abkommens über den Europäischen Wirtschaftsraum zusammenarbeiten, um eine einheitliche Durchsetzung internationaler Rechnungslegungsvorschriften grenzüberschreitend gewährleisten zu können. Dazu kann sie diesen Stellen auch den Wortlaut von Entscheidungen zur Verfügung stellen, die sie oder die Prüfstelle in Einzelfällen getroffen haben. Der Wortlaut der

Entscheidungen darf nur in anonymisierter Form zur Verfügung gestellt werden.

(3) Die FMA hat die Prüfstelle über die internationale Zusammenarbeit der FMA gemäß den Abs. 1 und 2 zu informieren. Die Prüfstelle ihrerseits ist zur Unterstützung der FMA bei der internationalen Zusammenarbeit verpflichtet.

2. Abschnitt
Prüfstelle

Rechtsform, Anerkennung und Prüfungsgegenstand

§ 8. (1) Der Bundesminister für Finanzen kann nach Anhörung des Bundesministers für Justiz durch Bescheid einen unabhängigen, nicht auf Gewinn gerichteten Verein auf dessen Antrag als Prüfstelle für die Einhaltung von Rechnungslegungsvorschriften durch Unternehmen, deren Herkunftsland gemäß § 1 Z 14 BörseG 2018 Österreich ist, anerkennen. Ein solcher Verein hat den Namen „Österreichische Prüfstelle für Rechnungslegung" zu führen und darf in Ausübung seiner Tätigkeit an keine Weisungen gebunden sein.

(BGBl I 2017/107)

(2) Ein Verein darf nur dann als Prüfstelle anerkannt werden, wenn die Statuten dieses Vereins eine ausreichende Gewähr für eine sachverständige, unabhängige und vertrauliche Erfüllung der Aufgaben des Vereins bieten und geeignete organisatorische Vorkehrungen für die Prüfungstätigkeit in einer Verfahrensordnung festgelegt sind. Jede Änderung der Statuten oder der Verfahrensordnung ist vom Bundesminister für Finanzen nach Anhörung des Bundesministers für Justiz zu genehmigen. Die bescheidmäßige Anerkennung kann auf eine Dauer von fünf Jahren befristet werden; eine wiederholte Anerkennung ist zulässig.

(3) An der Durchführung der Prüfung dürfen Personen nicht mitwirken, bei denen Gründe, insbesondere Beziehungen geschäftlicher, finanzieller oder persönlicher Art, vorliegen, nach denen die Besorgnis der Befangenheit besteht. Von der Mitwirkung jedenfalls ausgeschlossen sind Personen, bei denen einer der in § 271 Abs. 2 Z 1, 2, 4, 5 oder 7 des Unternehmensgesetzbuchs – UGB, BGBl. I Nr. 120/2005, genannten Umstände in den letzten drei Jahren vorgelegen ist.

(4) Die Prüfstelle hat die FMA von der Durchführung von Prüfungen gemäß § 2 Abs. 1 Z 1 zu informieren.

(5) Die FMA kann Richtlinien über die Prüftätigkeit durch die Prüfstelle erlassen, nach der diese vorzugehen hat. Die Prüfstelle hat der FMA hierfür Vorschläge zu erstatten.

Verhältnis der Prüfstelle zu Unternehmen

§ 9. (1) Wenn das Unternehmen bei einer Prüfung durch die Prüfstelle mitwirkt, sind die gesetzlichen Vertreter des Unternehmens und die sonstigen Personen, deren sich die gesetzlichen Vertreter bei der Mitwirkung bedienen, verpflichtet, der Prüfstelle richtige und vollständige Auskünfte zu erteilen und richtige und vollständige Unterlagen vorzulegen, es sei denn, die genannten Personen würden sich oder einen Angehörigen gemäß § 36a AVG damit der Gefahr einer strafgerichtlichen Verfolgung aussetzen. Die Prüfstelle hat den Verpflichteten über sein Verweigerungsrecht zu belehren. Die Vorlagepflicht bleibt davon unberührt.

(2) Die Prüfstelle hat dem Unternehmen das Ergebnis der Prüfung mitzuteilen. Ergibt die Prüfung, dass die Rechnungslegung fehlerhaft ist, so hat sie ihre Entscheidung zu begründen und dem Unternehmen unter Bestimmung einer angemessenen Frist Gelegenheit zur Äußerung zu geben, ob es mit dem Ergebnis der Prüfstelle einverstanden ist.

Anzeige-, Mitteilungspflichten und Haftung der Prüfstelle

§ 10. (1) Die Prüfstelle hat der FMA zu berichten über:

1. die Weigerung des betroffenen Unternehmens, an einer Prüfung mitzuwirken,
2. das Ergebnis der Prüfung und darüber, ob sich das Unternehmen mit dem Prüfungsergebnis einverstanden erklärt hat.

(2) Die Beschäftigten der Prüfstelle sind zur gewissenhaften und unparteiischen Prüfung verpflichtet. Die Prüfstelle und ihre Beschäftigten sind im öffentlichen Interesse einer verlässlichen und einheitlichen Finanzberichterstattung auf dem Kapitalmarkt tätig.

(3) Die Prüfstelle hat Tatsachen, die den Verdacht einer Straftat im Zusammenhang mit der Rechnungslegung eines Unternehmens begründen, der FMA zu berichten. Tatsachen, die den Verdacht auf das Vorliegen einer Berufspflichtverletzung durch den Abschlussprüfer begründen, hat sie der Kammer der Wirtschaftstreuhänder zu berichten.

(4) Für die von der Prüfstelle zugefügten Schäden haftet der Bund nach den Bestimmungen des Amtshaftungsgesetzes – AHG, BGBl. Nr. 20/1949. Schäden im Sinne dieser Bestimmung sind solche, die Rechtsträgern unmittelbar zugefügt wurden, die der Prüftätigkeit der Prüfstelle nach diesem Bundesgesetz unterliegen. Die Prüfstelle sowie deren Bedienstete und Organe haften dem Geschädigten nicht.

(5) Hat der Bund einem Geschädigten den Schaden gemäß Abs. 4 ersetzt, so kann er von den Organen oder Bediensteten der Prüfstelle Rückersatz nach den Bestimmungen des AHG begehren.

(6) Die Prüfstelle hat den Bund im Amtshaftungs- und Rückersatzverfahren nach den Abs. 4 und 5 in jeder zweckdienlichen Weise zu unterstützen. Sie hat insbesondere alle Informationen und Unterlagen, die das Amtshaftungs- oder Rückersatzverfahren betreffen, zur Verfügung zu stellen sowie dafür zu sorgen, dass der Bund das Wissen und die Kenntnisse der Organe und Bediensteten der Prüfstelle über die verfahrensgegenständlichen Prüftätigkeiten in Anspruch nehmen kann.

Verschwiegenheitspflicht

§ 11. (1) Beschäftigte der Prüfstelle dürfen die ihnen bei ihrer Tätigkeit bekannt gewordenen Tatsachen und Erkenntnisse, deren Geheimhaltung im Interesse eines nach diesem Gesetz Verpflichteten oder eines Dritten liegt, insbesondere Geschäfts- und Betriebsgeheimnisse sowie personenbezogene Daten, nicht unbefugt offenbaren oder verwerten, auch wenn sie nicht mehr im Dienst sind oder ihre Tätigkeit beendet ist. Dies gilt nicht im Fall von gesetzlichen Mitteilungspflichten. Mitteilungen zur Erfüllung der Verpflichtung nach § 10 stellen keine unbefugte Offenbarung oder Verwertung dar.

Finanzierung der Prüfstelle

§ 12. (1) Die Prüfstelle hat über die erforderlichen Finanzierungsmittel für jedes folgende Kalenderjahr einen Wirtschaftsplan zu erstellen, der vom Bundesminister für Finanzen zu genehmigen ist. Die voraussichtlichen Kosten für das Folgejahr werden von den einzelnen Unternehmen mittels eines Fixbetrages von 7 500 Euro pro Kalenderjahr sowie durch Mitgliedsbeiträge der Vereinsmitglieder in der Höhe von 10 000 Euro je Vereinsmitglied pro Kalenderjahr vorfinanziert. Ein allfällig verbleibender Restbetrag ist den Unternehmen gemäß ihrer Börsekapitalisierung von der Prüfstelle anteilsmäßig zu verrechnen.

(2) Die Prüfstelle gilt unabhängig von ihren tatsächlichen Einnahmen und Ausgaben als Verein gemäß § 22 Abs. 2 Vereinsgesetz 2002 – VerG, BGBl. I Nr. 66/2002.

Sanktionen

§ 13. (1) Wer vorsätzlich entgegen § 4 der FMA oder entgegen § 9 der Prüfstelle eine Auskunft nicht richtig oder nicht vollständig erteilt oder eine Unterlage nicht richtig oder nicht vollständig vorlegt, begeht eine Verwaltungsübertretung und ist von der FMA mit einer Geldstrafe bis zu 100 000 Euro zu bestrafen.

(2) Die von der FMA gemäß diesem Bundesgesetz verhängten Geldstrafen fließen dem Bund zu.

3. Abschnitt
Übergangs- und Schlussbestimmungen

Sprachliche Gleichbehandlung

§ 14. Soweit in diesem Bundesgesetz personenbezogene Bezeichnungen nur in männlicher Form angeführt sind, beziehen sie sich auf Frauen und Männer in gleicher Weise. Bei der Anwendung auf bestimmte Personen ist die jeweils geschlechtsspezifische Form zu verwenden.

Verweise und Verordnungen

§ 15. (1) Soweit in diesem Bundesgesetz auf andere Bundesgesetze verwiesen wird, sind diese, wenn nichts anderes angeordnet ist, in ihrer jeweils geltenden Fassung anzuwenden.

Übergangsbestimmung

§ 16. Die Bestimmungen dieses Gesetzes finden erstmals auf Abschlüsse und sonstige vorgeschriebene Informationen jenes Geschäftsjahres Anwendung, das nach dem 30. Dezember 2013 endet. Maßnahmen zur organisatorischen Einrichtung und Finanzierung der Prüfstelle können ab Kundmachung des Bundesgesetzes BGBl. I Nr. 21/2013 getroffen werden.

In-Kraft-Treten

§ 17. (1) Dieses Bundesgesetz tritt mit 1. Juli 2013 in Kraft.

(BGBl I 2015/98)

(2) § 1 Abs. 1 erster Satz in der Fassung des Bundesgesetzes BGBl. I Nr. 98/2015 tritt mit 26. November 2015 in Kraft.

(BGBl I 2015/98)

(3) § 6 Abs. 2 in der Fassung des Bundesgesetzes BGBl. I Nr. 118/2016 tritt mit 1. Jänner 2017 in Kraft.

(BGBl I 2016/118)

(4) § 1 Abs. 1, § 2 Abs. 1 und § 8 Abs. 1 in der Fassung des Bundesgesetzes BGBl. I Nr. 107/2017 treten mit 3. Jänner 2018 in Kraft.

(BGBl I 2017/107)

(5) § 5 Abs. 2 in der Fassung des Bundesgesetzes BGBl. I Nr. 62/2019 tritt mit 21. Juli 2019 in Kraft.

(BGBl I 2019/62)

Vollziehung

§ 18. Mit der Vollziehung dieses Bundesgesetzes ist

1. hinsichtlich des § 8 Abs. 1 und 2 sowie des § 12 der Bundesminister für Finanzen im Einvernehmen mit dem Bundesminister für Justiz,
2. hinsichtlich der übrigen Bestimmungen der Bundesminister für Finanzen betraut.

Evaluierung

§ 19. Der Bundesminister für Finanzen hat das Rechnungslegungs-Kontrollgesetz spätestens bis zum 31. Dezember 2015 zu evaluieren.

3/4. GmbH-Gesetz

RGBl 1906/58 idF

1 RGBl 1906 S 699 (DFB)
2 StGBl 1920/299
3 BGBl 1921/401
4 BGBl 1921/577
5 BGBl 1923/281
6 BGBl 1924/246
7 DRGBl 1938 I S 982 (GBlÖ 1938/390)
8 DRGBl 1938 I S 988 (GBlÖ 1938/389)
9 DRGBl 1938 I S 1999 (GBlÖ 1939/86)
10 StGBl 1945/231
11 BGBl 1954/190
12 BGBl 1964/196
13 BGBl 1974/82
14 BGBl 1974/422
15 BGBl 1980/320
16 BGBl 1980/545
17 BGBl 1982/371
18 BGBl 1990/475
19 BGBl 1991/10
20 BGBl 1994/153
21 BGBl 1996/304
22 BGBl I 1997/106
23 BGBl I 1997/114
24 BGBl I 1998/125
25 BGBl I 2000/142
26 BGBl I 2001/97
27 BGBl I 2001/98
28 BGBl I 2004/161 (ReLÄG 2004)
29 BGBl I 2005/59 (GesRÄG 2005)
30 BGBl I 2005/120 (HaRÄG)
31 BGBl I 2006/103 (PuG)
32 BGBl I 2007/72 (GesRÄG 2007)
33 BGBl I 2008/70 (URÄG 2008)
34 BGBl I 2009/135 (EPG)
35 BGBl I 2010/58 (IRÄ-BG)
36 BGBl I 2010/111 (BudgetbegleitG 2011)
37 BGBl I 2011/53 (GesRÄG 2011)
38 BGBl I 2013/109 (GesRÄG 2013)
39 BGBl I 2014/13 (AbgÄG 2014)
40 BGBl I 2015/22 (RÄG 2014)
41 BGBl I 2015/112 (Strafrechtsänderungsgesetz 2015)
42 BGBl I 2016/43 (APRÄG 2016)
43 BGBl I 2017/20 (NaDiVeG)
44 BGBl I 2017/40 (Deregulierungsgesetz 2017)
45 BGBl I 2017/104 (GFMA-G)
46 BGBl I 2018/71 (Elektronische Notariatsform-Gründungsgesetz – ENG)
47 BGBl I 2020/157
48 BGBl I 2021/86 (GREx)

GLIEDERUNG

STICHWORTVERZEICHNIS

(Das Stichwortverzeichnis bezieht sich nur auf Paragraphen des GmbHG; Verweisungen auf andere Gesetze – inbesondere das AktG und das UGB – sind in eckiger Klammer beigefügt)

H

GmbHG

Gesetz vom 6. März 1906 über Gesellschaften mit beschränkter Haftung

I. Hauptstück
Organisatorische Bestimmungen

Erster Abschnitt
Errichtung der Gesellschaft

§ 1. (1) Gesellschaften mit beschränkter Haftung können nach Maßgabe der Bestimmungen dieses Gesetzes zu jedem gesetzlich zulässigen Zweck durch eine oder mehrere Personen errichtet werden. *(BGBl 1996/304)*

(2) Von dem Betriebe von Versicherungsgeschäften sowie von der Tätigkeit als politische Vereine sind solche Gesellschaften jedoch ausgeschlossen.

§ 2. (1) [1]Vor der Eintragung in das Firmenbuch besteht die Gesellschaft als solche nicht. [2]Wird vorher im Namen der Gesellschaft gehandelt, so haften die Handelnden persönlich zur ungeteilten Hand (Gesamtschuldner).

(2) Übernimmt die Gesellschaft eine vor ihrer Eintragung in ihrem Namen eingegangene Verpflichtung durch Vertrag mit dem Schuldner in der Weise, daß sie an die Stelle des bisherigen Schuldners tritt, so bedarf es zur Wirksamkeit der Schuldübernahme der Zustimmung des Gläubigers nicht, wenn die Schuldübernahme binnen drei Monaten nach der Eintragung der Gesellschaft vereinbart und dem Gläubiger von der Gesellschaft oder dem Schuldner mitgeteilt wird.

(3) Verpflichtungen aus Vereinbarungen über Sacheinlagen können nicht übernommen werden.

(BGBl 1980/320)

§ 3. (1) Die Eintragung einer Gesellschaft mit beschränkter Haftung in das Firmenbuch hat zur Voraussetzung:

1. den Abschluß des Gesellschaftsvertrages;
2. die Bestellung der Geschäftsführer (des Vorstandes).

(2) [1]Wird die Gesellschaft nur durch eine Person errichtet, so wird der Gesellschaftsvertrag durch die Erklärung über die Errichtung der Gesellschaft ersetzt. [2]Auf diese Erklärung sind die Vorschriften über den Gesellschaftsvertrag sinngemäß anzuwenden. *(BGBl 1996/304)*

§ 4. (1) Der Gesellschaftsvertrag muß bestimmen:

1. die Firma und den Sitz der Gesellschaft,
2. den Gegenstand des Unternehmens,
3. die Höhe des Stammkapitals,
4. den Betrag der von jedem Gesellschafter auf das Stammkapital zu leistenden Einlage (Stammeinlage).

(2) Bestimmungen, die den Vorschriften dieses Gesetzes widersprechen, dürfen im Gesellschaftsvertrage nicht getroffen werden und haben keine rechtliche Wirkung.

(3) [1]„Der Gesellschaftsvertrag bedarf der Form eines Notariatsakts, wobei dieser auch elektronisch unter Nutzung einer elektronischen Kommunikationsmöglichkeit (§ 69b NO) errichtet werden kann.“[2]Die Unterzeichnung durch Bevollmächtigte setzt eine besondere, auf dieses einzelne Geschäft ausgestellte beglaubigte Vollmacht voraus, die dem Vertrage anzuschließen ist. *(BGBl I 2018/71)*

GmbHG

§ 5. (1) Die Firma der Gesellschaft muss, auch wenn sie nach § 22 UGB oder nach anderen gesetzlichen Vorschriften fortgeführt wird, die Bezeichnung „Gesellschaft mit beschränkter Haftung“ enthalten; die Bezeichnung kann abgekürzt werden.

(2) [1]Als Sitz der Gesellschaft ist der Ort zu bestimmen, an dem die Gesellschaft einen Betrieb hat, an dem sich die Geschäftsleitung befindet oder an dem die Verwaltung geführt wird. [2]Von dieser Vorschrift darf aus wichtigem Grund abgewichen werden.

(3) und (4) *(aufgehoben, BGBl I 2005/120)*

(BGBl I 2005/120)

§ 6. (1) [1]Stammkapital und Stammeinlage müssen auf einen in Euro bestimmten Nennbetrag lauten. [2]Das Stammkapital muß mindestens „35 000“ Euro erreichen und besteht aus den Stammeinlagen der einzelnen Gesellschafter, deren jede mindestens 70 Euro betragen muß. *(BGBl I 1998/125; BGBl I 2014/13)*

(2) Der Betrag der Stammeinlage kann für die einzelnen Gesellschafter verschieden bestimmt werden.

(3) Kein Gesellschafter darf bei Errichtung der Gesellschaft mehrere Stammeinlagen übernehmen.

(4) Soll einem Gesellschafter die Vergütung für Vermögensgegenstände, die von der Gesellschaft übernommen werden, auf die Stammeinlage angerechnet oder sollen einem Gesellschafter besondere Begünstigungen eingeräumt werden, so sind die Person des Gesellschafters, der Gegenstand der Übernahme, der Geldwert, wofür die Vermögensgegenstände übernommen werden, und die besonders eingeräumten Begünstigungen im Gesellschaftsvertrage im einzelnen genau und vollständig festzusetzen.

§ 6a. (1) Mindestens die Hälfte des Stammkapitals muß durch bar zu leistende Stammeinlagen voll aufgebracht werden, sofern diese nicht gemäß Abs. 2 bis 4 niedriger sind. *(BGBl 1980/320)*

(2) [1]Wird eine Gesellschaft zum ausschließlichen Zwecke der Fortführung eines seit mindestens fünf Jahren bestehenden Unternehmens errichtet und sollen ihr nur der letzte Inhaber (Mitinhaber) des Unternehmens, dessen Ehegatte und Kinder (Stief-, Wahl- und Schwiegerkinder) als Gesellschafter angehören, so findet die Bestimmung des Absatzes 1 nur für denjenigen Teil des Stammkapitals Anwendung, der in anderer Weise als durch die Anrechnung des Unternehmens auf die Stammeinlagen der bezeichneten Gesellschafter aufgebracht wird. [2]Wird die Gesellschaft zu dem angeführten Zwecke erst nach dem Tode des Inhabers (Mitinhabers) errichtet, so stehen den bezeichneten nahen Angehörigen sonstige zum Nachlaß des bisherigen Inhabers (Mitinhabers) berufene Personen gleich.

(3) Die Bestimmungen des Absatzes 2 finden unter den dort angegebenen Voraussetzungen sinngemäß Anwendung, wenn eine Gesellschaft zum ausschließlichen Zwecke der Fortführung zweier oder mehrerer Unternehmen errichtet wird.

(4) Soweit nach dem Gesellschaftsvertrag Stammeinlagen nicht bar zu leisten sind und den aktienrechtlichen Vorschriften über die Gründung mit Sacheinlagen entsprochen wird, ist Abs. 1 nicht anzuwenden; in diesem Fall sind die §§ 20, 24 bis 27, 29 Abs. 2 und 4, §§ 39 bis 44 sowie § 25 Abs. 4 „und 5 Aktiengesetz 1965" sinngemäß anzuwenden. *(BGBl 1990/475; BGBl I 2008/70, zum Inkrafttreten siehe § 127 Abs 8)*

(BGBl 1924/246)

Anmerkung zu § 6a: Die „für Ehegatten, Ehesachen oder in Eheangelegenheiten maßgebenden Bestimmungen in der jeweils geltenden Fassung sind auf eingetragene Partner, Partnersachen oder Partnerangelegenheiten sinngemäß anzuwenden" (§ 43 Abs 1 EPG, BGBl I 2009/135, ab 1. 1. 2010).

§ 7. (1) Eine Belohnung für die Gründung der Gesellschaft oder deren Vorbereitung darf einem Gesellschafter aus dem Stammkapitale nicht gewährt werden; insbesondere ist deren Anrechnung auf die Stammeinlage unzulässig.

(2) Ersatz der Kosten der Errichtung der Gesellschaft kann nur innerhalb des für die Gründungskosten im Gesellschaftsvertrage festgesetzten Höchstbetrages begehrt werden.

(3) *(aufgehoben, BGBl 1980/320)*

§ 8. (1) Wenn ein oder mehrere Gesellschafter sich neben den Stammeinlagen zu wiederkehrenden, nicht in Geld bestehenden, aber einen Vermögenswert darstellenden Leistungen verpflichten, so sind Umfang und Voraussetzung dieser Leistung sowie für den Fall des Verzuges allenfalls festgesetzte Konventionalstrafen, dann die Grundlagen für die Bemessung einer von der Gesellschaft für die Leistungen zu gewährenden Vergütung im Gesellschaftsvertrage genau zu bestimmen.

(2) Daselbst ist auch festzusetzen, daß die Übertragung von Geschäftsanteilen der Zustimmung der Gesellschaft bedarf.

§ 9. (1) Die Eintragung der Gesellschaft in das Firmenbuch kann nur auf Grund einer Anmeldung erfolgen, die von sämtlichen Geschäftsführern unterzeichnet ist.

(2) Der Anmeldung sind beizuschließen:

1. der Gesellschaftsvertrag in notarieller Ausfertigung;

2. die Urkunden über die Bestellung der Geschäftsführer und gegebenenfalls des Aufsichtsrats in beglaubigter Form.

(BGBl I 2006/103)

(3) Zugleich mit der Anmeldung haben die Geschäftsführer ihre Unterschrift vor dem Firmenbuchgerichte zu zeichnen oder die Zeichnung in beglaubigter Form vorzulegen.

Vereinfachte Gründung

§ 9a. (1) Eine Gesellschaft kann nach Maßgabe der Abs. 2 bis 8 vereinfacht gegründet werden, wenn es sich um eine Gesellschaft gemäß § 3 Abs. 2 handelt, deren einziger Gesellschafter eine natürliche Person und zugleich einziger Geschäftsführer ist, und wenn ein Kreditinstitut die in Abs. 6 und 7 genannten Leistungen erbringt.

(2) Das Stammkapital beträgt 35 000 Euro; darauf sind, sofern nicht die Gründungsprivilegierung gemäß § 10b in Anspruch genommen wird, 17 500 Euro bar einzuzahlen. Wird die Gründungsprivilegierung in Anspruch genommen, so beträgt die gründungsprivilegierte Stammeinlage 10 000 Euro; darauf sind 5 000 Euro bar einzuzahlen.

(3) Die Erklärung über die Errichtung der Gesellschaft beschränkt sich auf den Mindestinhalt des § 4 Abs. 1 und die Bestellung des Geschäftsführers sowie gegebenenfalls auf Regelungen über den Ersatz der Gründungskosten (§ 7 Abs. 2) bis zu einem Höchstbetrag von 500 Euro, über die Gründungsprivilegierung (§ 10b) und über die Verteilung des Bilanzgewinns, wenn sie einer besonderen Beschlussfassung von Jahr zu Jahr vorbehalten wird (§ 35 Abs. 1 Z 1).

(4) Die Erklärung über die Errichtung der Gesellschaft bedarf abweichend von § 4 Abs. 3 nicht der Form eines Notariatsakts, sondern hat in elektronischer Form auf eine Weise zu erfolgen, bei der die Identität des Gesellschafters zweifelsfrei festgestellt werden kann. Der Bundesminister für Justiz hat den Inhalt der Errichtungserklärung sowie die technischen Details der bei der Abgabe

der Erklärung einzuhaltenden Vorgangsweise durch Verordnung näher zu regeln.

(5) Die Anmeldung der Gesellschaft zur Eintragung im Firmenbuch bedarf abweichend von § 11 Abs. 1 UGB nicht der beglaubigten Form, sondern hat in elektronischer Form auf eine Weise zu erfolgen, bei der die Identität des Gesellschafters zweifelsfrei festgestellt werden kann. Der Bundesminister für Justiz hat den Inhalt der Anmeldung zum Firmenbuch sowie die technischen Details der bei der Anmeldung einzuhaltenden Vorgangsweise durch Verordnung näher zu regeln.

(6) Das Kreditinstitut gemäß § 10 Abs. 2 hat anlässlich der Einzahlung der bar zu leistenden Stammeinlage auf ein neu eröffnetes Konto des zukünftigen Gesellschafters und Geschäftsführers dessen Identität durch persönliche Vorlage seines amtlichen Lichtbildausweises festzustellen und zu überprüfen (§ 6 FM-GwG). Dies gilt auch dann, wenn der Gesellschafter und Geschäftsführer bereits Kunde des Kreditinstituts ist. Der Gesellschafter und Geschäftsführer hat überdies abweichend von § 9 Abs. 3 seine Unterschrift vor dem Kreditinstitut zu zeichnen (Musterzeichnung).

(7) Das Kreditinstitut hat nach Einholung einer entsprechenden Entbindung vom Bankgeheimnis (§ 38 Abs. 2 Z 5 BWG) die Bankbestätigung, eine Kopie des Lichtbildausweises des zukünftigen Gesellschafters und Geschäftsführers sowie die Musterzeichnung auf elektronischem Weg direkt an das Firmenbuch zu übermitteln. Der Bundesminister für Justiz hat die technischen Details der bei dieser Übermittlung einzuhaltenden Vorgangsweise durch Verordnung näher zu regeln.

(8) Die gemäß Abs. 4, 5 und 7 übermittelten Dokumente gelten als Originalurkunden.

(BGBl I 2017/40)

§ 10. (1) [1]Auf jede bar zu leistende Stammeinlage muß mindestens ein Viertel, jedenfalls aber ein Betrag von „70 Euro“* eingezahlt sein; soweit auf eine Stammeinlage weniger als „70 Euro“* bar zu leisten sind, muß die Bareinlage voll eingezahlt sein. [2]Auf die bar zu leistenden Einlagen müssen mindestens insgesamt „17 500“** Euro eingezahlt sein; sind sie gemäß § 6a Abs. 2 bis 4 niedriger, müssen sie bar voll eingezahlt sein. [3]Insofern auf eine Stammeinlage nach dem Gesellschaftsvertrag die Vergütung für übernommene Vermögensgegenstände angerechnet werden soll, muß die Leistung sofort im vollen Umfang bewirkt werden. *(BGBl 1980/320; *BGBl I 1998/125; **BGBl I 2014/13)*

(2) [1]Der vor der Anmeldung der Gesellschaft eingeforderte Betrag kann nur in gesetzlichen Zahlungsmitteln oder durch Gutschrift bei einem Kreditinstitut im Inland oder der Österreichischen Postsparkasse auf ein Konto der Gesellschaft oder der Geschäftsführer zur deren freien Verfügung „oder auf ein Anderkonto des beurkundenden Notars als Treuhänder zur Verfügung des Treuhänders und Weiterleitung an die Gesellschaft nach Eintragung derselben“ eingezahlt werden. [2]Forderungen der Geschäftsführer aus diesen Einzahlungen gegen Kreditinstitute und die Österreichische Postsparkasse gelten als Forderungen der Gesellschaft. *(BGBl 1980/320; BGBl I 2017/40)*

(3) [1]In der Anmeldung ist die Erklärung abzugeben, daß die bar zu leistenden Stammeinlagen in dem „eingeforderten“** Betrag bar eingezahlt sind und daß die eingezahlten Beträge sowie die Vermögensgegenstände, die nach dem Gesellschaftsvertrag nicht bar auf die Stammeinlagen zu leisten sind, sich in der freien Verfügung der Geschäftsführer „oder des Treuhänders gemäß Abs. 2“*** befinden. [2]Es ist nachzuweisen, daß die Geschäftsführer in der Verfügung über den eingezahlten Betrag nicht, namentlich nicht durch Gegenforderungen, beschränkt sind. [3]„Der Nachweis der Einzahlung der in bar zu leistenden Einlagen ist jedenfalls durch Vorlage einer schriftlichen Bestätigung eines Kreditinstituts „oder des Notars als Treuhänder“*** zu führen; für die Richtigkeit der Bestätigung ist das Kreditinstitut „oder der Notar als Treuhänder“*** der Gesellschaft verantwortlich.“* [4]Sind von dem eingezahlten Betrag Abgaben, Gebühren und Kosten bezahlt worden, so ist dies nach Art und Höhe der Beträge nachzuweisen. *(BGBl 1980/320, *BGBl 1994/153; **BGBl I 2006/103; ***BGBl I 2017/40)*

(4) Für einen durch falsche Angaben verursachten Schaden haften die Geschäftsführer der Gesellschaft persönlich zur ungeteilten Hand.

(5) Diese Ersatzansprüche verjähren in fünf Jahren von der Eintragung der Gesellschaft an.

(6) Vergleiche und Verzichtleistungen hinsichtlich solcher Ansprüche haben keine rechtliche Wirkung, soweit der Ersatz zur Befriedigung der Gläubiger erforderlich ist.

§ 10a. (1) Erreicht der Wert einer Sacheinlage im Zeitpunkt der Anmeldung der Gesellschaft zur Eintragung in das Firmenbuch nicht den Betrag der dafür übernommenen Stammeinlage, so hat der Gesellschafter in Höhe des Fehlbetrags eine Einlage in Geld zu leisten.

(2) Der Anspruch der Gesellschaft verjährt in fünf Jahren seit der Eintragung der Gesellschaft in das Firmenbuch.

(BGBl 1994/153)

Gründungsprivilegierung

§ 10b. (1) Im Gesellschaftsvertrag, nicht jedoch durch eine Abänderung des Gesellschaftsvertrags (§ 49), kann vorgesehen werden, dass die Gesell-

GmbHG

schaft die Gründungsprivilegierung nach Maßgabe der folgenden Absätze in Anspruch nimmt.

(2) [1]Im Gesellschaftsvertrag ist für jeden Gesellschafter auch die Höhe seiner gründungsprivilegierten Stammeinlage festzusetzen, die nicht höher als die jeweils übernommene Stammeinlage sein darf. [2]Die Summe der gründungsprivilegierten Stammeinlagen muss mindestens 10 000 Euro betragen.

(3) [1]Auf die gründungsprivilegierten Stammeinlagen müssen abweichend von § 10 Abs. 1 insgesamt mindestens 5 000 Euro bar eingezahlt werden. [2]Sacheinlagen sind ausgeschlossen.

(4) [1]Während aufrechter Gründungsprivilegierung sind die Gesellschafter abweichend von § 63 Abs. 1 nur insoweit zu weiteren Einzahlungen auf die von ihnen übernommenen Stammeinlagen verpflichtet, als die bereits geleisteten Einzahlungen hinter den gründungsprivilegierten Stammeinlagen zurückbleiben. [2]Dies gilt auch für den Fall, dass während aufrechter Gründungsprivilegierung ein Insolvenzverfahren über das Vermögen der Gesellschaft eröffnet wird.

(5) [1]Die Gründungsprivilegierung gemäß Abs. 2 bis 4 kann durch eine Änderung des Gesellschaftsvertrags beendet werden, wobei vor Anmeldung der Änderung zum Firmenbuch (§ 51) die Mindesteinzahlungserfordernisse nach § 10 Abs. 1 zu erfüllen sind. [2]Ansonsten endet die Gründungsprivilegierung spätestens zehn Jahre nach der Eintragung der Gesellschaft im Firmenbuch. [3]Die Eintragungen betreffend die Gründungsprivilegierung im Firmenbuch (§ 5 Z 2a und 6 FBG) können erst entfallen, wenn zuvor die Mindesteinzahlungserfordernisse nach § 10 Abs. 1 erfüllt wurden.

(BGBl I 2014/13)

Anm: § 127 Abs. 13 bis 18 beachten!

§ 11. [1]Die Eintragung der Gesellschaft wird durch Eintragung des Gesellschaftsvertrags in das Firmenbuch vorgenommen. [2]Bei der Eintragung sind die Firma, der Sitz sowie die für Zustellungen maßgebliche Geschäftsanschrift der Gesellschaft, der Tag des Abschlusses des Gesellschaftsvertrags, die Höhe des Stammkapitals, Name und Geburtsdatum der Gesellschafter, gegebenenfalls die Firmenbuchnummer, die Höhe ihrer Stammeinlagen und der darauf geleisteten Einzahlungen, Name und Geburtsdatum des Vorsitzenden, seines Stellvertreters und der übrigen Mitglieder des Aufsichtsrats, allfällige Bestimmungen des Gesellschaftsvertrags über die Zeitdauer der Gesellschaft sowie Name und Geburtsdatum der Geschäftsführer anzugeben. [3]Ferner ist einzutragen, welche Vertretungsbefugnis die Geschäftsführer haben. „[4]Gegebenenfalls sind auch die Inanspruchnahme der Gründungsprivilegierung nach § 10b und die Höhe der für die einzelnen Gesellschafter festgesetzten gründungsprivilegierten Stammeinlagen einzutragen.“ *(BGBl I 2014/13)*

(BGBl 1991/10)

§ 12. [1]Für die Veröffentlichung der Eintragung gilt § 10 UGB mit der Maßgabe, dass die Bekanntmachung im Amtsblatt zur Wiener Zeitung unterbleibt. [2]In die Veröffentlichung sind gegebenenfalls auch folgende Bestimmungen des Gesellschaftsvertrags aufzunehmen:

1. Bestimmungen über die Art, in der die von der Gesellschaft ausgehenden Bekanntmachungen zu veröffentlichen sind;

2. die in § 6 Abs. 4 bezeichneten Bestimmungen.

(BGBl I 2013/109)

§§ 13 und 14. *(aufgehoben, BGBl 1980/320)*

Zweiter Abschnitt
Die gesellschaftlichen Organe

1. Titel
Die Geschäftsführer (Der Vorstand)

§ 15. (1) [1]Die Gesellschaft muß einen oder mehrere Geschäftsführer haben. [2]Zu Geschäftsführern können nur physische, handlungsfähige Personen bestellt werden. [3]Die Bestellung erfolgt durch Beschluß der Gesellschafter. [4]Werden Gesellschafter zu Geschäftsführern bestellt, so kann dies auch im Gesellschaftsvertrage geschehen, jedoch nur für die Dauer ihres Gesellschaftsverhältnisses.

(2) Wenn im Gesellschaftsvertrage sämtliche Gesellschafter zu Geschäftsführern bestellt sind, so gelten nur die der Gesellschaft bei Festsetzung dieser Bestimmung angehörenden Personen als die bestellten Geschäftsführer.

(3) Im Gesellschaftsvertrag kann die Bestellung von Geschäftsführern durch den Bund, ein Land oder durch eine andere öffentlichrechtliche Körperschaft vorbehalten werden. *(BGBl 1980/320)*

§ 15a. (1) Soweit die zur Vertretung der Gesellschaft erforderlichen Geschäftsführer fehlen, hat sie in dringenden Fällen das Gericht auf Antrag eines Beteiligten für die Zeit bis zur Behebung des Mangels zu bestellen.

(2) Dies gilt auch, wenn kein Geschäftsführer seinen gewöhnlichen Aufenthalt im Inland hat.

(3) Der Beschluss über die Bestellung des Geschäftsführers ist mit dessen Zustimmung sowie, sofern im Beschluss nichts anderes angeordnet ist, mit Zustellung an den Geschäftsführer wirksam. *(BGBl I 2004/161)*

(BGBl 1980/320)

§ 16. (1) Die Bestellung zum Geschäftsführer kann unbeschadet der Entschädigungsansprüche aus bestehenden Verträgen durch Beschluß der Gesellschafter jederzeit widerrufen werden.

(2) [1]Ein Geschäftsführer kann aus einem wichtigen Grund durch gerichtliche Entscheidung abberufen werden. [2]Ist er zugleich Gesellschafter, so sind die „§§ 117 Abs. 1 und 127 UGB" sinngemäß anzuwenden. [3]Sonst können jene Gesellschafter, die nicht für die Abberufung des Geschäftsführers gestimmt haben, auf Zustimmung geklagt werden. [4]Dem Geschäftsführer ist gerichtlich der Streit zu verkünden. [5]Das Gericht kann zur Sicherung des Anspruchs auf Abberufung aus wichtigem Grund dem Geschäftsführer die weitere Geschäftsführung und Vertretung der Gesellschaft durch einstweilige Verfügung untersagen, wenn ein der Gesellschaft drohender unwiederbringlicher Nachteil glaubhaft gemacht wird. *(BGBl I 1997/114; BGBl I 2005/120)*

(3) [1]Wenn die Bestellung der Geschäftsführer im Gesellschaftsvertrag erfolgt ist, kann die Zulässigkeit des Widerrufes auf wichtige Gründe beschränkt werden. [2]In diesem Fall ist der Widerruf der Bestellung wirksam, solange nicht über seine Unwirksamkeit, insbesondere auch über das Vorliegen eines wichtigen Grundes rechtskräftig entschieden ist (§§ 41, 42 und 44).

(4) Die Bestimmungen der vorhergehenden Absätze finden keine Anwendung auf Geschäftsführer, die gemäß einer Festsetzung des Gesellschaftsvertrages vom Bund, einem Land oder einer anderen öffentlichrechtlichen Körperschaft bestellt worden sind.

(BGBl 1980/320)

Rücktritt der Geschäftsführer

§ 16a. (1) Geschäftsführer können unbeschadet der Entschädigungsansprüche der Gesellschaft ihnen gegenüber aus bestehenden Verträgen ihren Rücktritt erklären; liegt ein wichtiger Grund hiefür vor, kann der Rücktritt mit sofortiger Wirkung erklärt werden, sonst wird der Rücktritt erst nach Ablauf von 14 Tagen wirksam.

(2) [1]Der Rücktritt ist gegenüber der Generalversammlung, wenn dies in der Tagesordnung angekündigt wurde, oder gegenüber allen Gesellschaftern zu erklären. [2]Hievon sind allfällige Mitgeschäftsführer und, wenn ein Aufsichtsrat besteht, dessen Vorsitzender zu verständigen.

(BGBl I 1997/114)

§ 17. (1) [1]Die jeweiligen Geschäftsführer und das Erlöschen oder eine Änderung ihrer Vertretungsbefugnis sind ohne Verzug zum Firmenbuch anzumelden. [2]Der Anmeldung ist der Nachweis der Bestellung oder der Änderung in beglaubigter Form beizufügen. [3]Zugleich haben neue Geschäftsführer ihre Unterschrift vor dem Gerichte zu zeichnen oder die Zeichnung in beglaubigter Form vorzulegen.

(2) Das Erlöschen der Vertretungsbefugnis kann auch vom abberufenen oder zurückgetretenen Geschäftsführer unter Bescheinigung der Abberufung oder des Zugangs der Rücktrittserklärung zur Eintragung in das Firmenbuch angemeldet werden. *(BGBl I 1997/114)*

(3) Ist eine Person als Geschäftsführer eingetragen oder bekanntgemacht, so kann ein Mangel ihrer Bestellung einem Dritten nur entgegengehalten werden, wenn der Mangel diesem bekannt war. *(BGBl 1991/10)*

GmbHG

§ 18. (1) Die Gesellschaft wird durch die Geschäftsführer gerichtlich und außergerichtlich vertreten.

(2) [1]Zu Willenserklärungen, insbesondere zur Zeichnung der Geschäftsführer für die Gesellschaft bedarf es der Mitwirkung sämtlicher Geschäftsführer, wenn im Gesellschaftsvertrage nicht etwas anderes bestimmt ist. [2]Die Zeichnung geschieht in der Weise, daß die Zeichnenden zu der Firma der Gesellschaft ihre Unterschrift hinzufügen.

(3) Der Gesellschaftsvertrag kann, wenn mehrere Geschäftsführer vorhanden sind, zur Vertretung der Gesellschaft auch einen Geschäftsführer in Gemeinschaft mit einem Prokuristen, der zur Mitzeichnung der Firma berechtigt ist „(§ 48 Abs. 2 UGB)", berufen. *(BGBl I 2005/120)*

(4) Die Abgabe einer Erklärung und die Behändigung von Vorladungen und anderen Zustellungen an die Gesellschaft geschieht mit rechtlicher Wirkung an jede Person, die zu zeichnen oder mitzuzeichnen befugt ist.

(5) [1]Über Rechtsgeschäfte, die der einzige Gesellschafter sowohl im eigenen Namen als auch im Namen der Gesellschaft abschließt, ist unverzüglich eine Urkunde zu errichten. [2]Dabei ist vorzusorgen, daß nachträgliche Änderungen des Inhaltes und Zweifel über den Zeitpunkt des Abschlusses ausgeschlossen sind; die Bestellung eines Kurators ist nicht erforderlich. *(BGBl 1996/304)*

(6) Eine Urkunde muß nicht errichtet werden, wenn das Geschäft zum gewöhnlichen Geschäftsbetrieb gehört und zu geschäftsüblichen Bedingungen abgeschlossen wird. *(BGBl 1996/304)*

§ 19. Die Gesellschaft wird durch die von den Geschäftsführern in ihrem Namen geschlossenen Rechtsgeschäfte berechtigt und verpflichtet; es ist gleichgültig, ob das Geschäft ausdrücklich im Namen der Gesellschaft geschlossen worden ist oder ob die Umstände ergeben, daß es nach dem Willen der Beteiligten für die Gesellschaft geschlossen werden sollte.

§ 20. (1) Die Geschäftsführer sind der Gesellschaft gegenüber verpflichtet, alle Beschränkungen einzuhalten, die in dem Gesellschaftsvertrage, durch Beschluß der Gesellschafter oder in einer für die Geschäftsführer verbindlichen Anordnung des Aufsichtsrates für den Umfang ihrer Befugnis, die Gesellschaft zu vertreten, festgesetzt sind.

(2) [1]Gegen dritte Personen hat eine Beschränkung der Vertretungsbefugnis jedoch keine rechtliche Wirkung. [2]Dies gilt insbesondere für den Fall, daß die Vertretung sich nur auf gewisse Geschäfte oder Arten von Geschäften erstrecken oder nur unter gewissen Umständen oder für eine gewisse Zeit oder an einzelnen Orten stattfinden soll, oder daß die Zustimmung der Gesellschafter, des Aufsichtsrates oder eines anderen Organes der Gesellschaft für einzelne Geschäfte gefordert wird.

§ 21. (1) Sind mehrere Geschäftsführer vorhanden, so darf, wenn im Gesellschaftsvertrage nicht etwas anderes bestimmt ist, keiner allein die zur Geschäftsführung gehörenden Handlungen vornehmen, es sei denn, daß Gefahr im Verzug ist.

(2) Ist nach dem Gesellschaftsvertrage jeder Geschäftsführer für sich allein zur Geschäftsführung berufen, so muß, wenn einer unter ihnen gegen die Vornahme einer zur Geschäftsführung gehörenden Handlung Widerspruch erhebt, dieselbe unterbleiben, es sei denn, daß der Gesellschaftsvertrag etwas anderes bestimmt.

§ 22. (1) Die Geschäftsführer haben dafür zu sorgen, daß ein Rechnungswesen und ein internes Kontrollsystem geführt werden, die den Anforderungen des Unternehmens entsprechen. *(BGBl I 1997/114)*

(2) [1]Jedem Gesellschafter sind ohne Verzug nach Aufstellung des Jahresabschlusses samt Lagebericht und des Konzernabschlusses samt Konzernlagebericht Abschriften zuzusenden. [2]Er kann innerhalb von vierzehn Tagen vor der zur Prüfung des Jahresabschlusses berufenen Versammlung der Gesellschafter oder vor Ablauf der für die schriftliche Abstimmung festgesetzten Frist in die Bücher und Schriften der Gesellschaft Einsicht nehmen. [3]Eine Bestimmung, daß den Gesellschaftern das Einsichtsrecht nicht zustehe, oder daß es innerhalb einer kürzeren Frist auszuüben oder sonstigen Beschränkungen unterworfen sei, darf in den Gesellschaftsvertrag nur aufgenommen werden, wenn ein Aufsichtsrat zu bestellen ist.

(3) Ist das Einsichtsrecht der Gesellschafter „gemäß Abs. 2" ausgeschlossen, die hiefür bestehende gesetzliche Frist verkürzt oder sonstigen Beschränkungen unterworfen worden, so sind der Lagebericht, der Vorschlag der Geschäftsführer für die Gewinnverteilung, der Prüfungsbericht und der Konzernprüfungsbericht jedem Gesellschafter unverzüglich zuzusenden. *(BGBl 1996/304)*

(BGBl 1990/475)

§ 23. Auf große Gesellschaften (§ 221 „UGB"*) sind „§ 229 Abs. 4 bis 7 UGB und § 260 AktG"** sinngemäß anzuwenden. *(*BGBl I 2005/120; **BGBl I 2013/109)*

(BGBl 1990/475)

§ 24. (1) Die Geschäftsführer dürfen ohne Einwilligung der Gesellschaft weder Geschäfte in deren Geschäftszweige für eigene oder fremde Rechnung machen, noch bei einer Gesellschaft des gleichen Geschäftszweiges als persönlich haftende Gesellschafter sich beteiligen oder eine Stelle im Vorstande oder Aufsichtsrate oder als Geschäftsführer bekleiden.

(2) [1]Die Einwilligung kann hinsichtlich der zu Geschäftsführern bestellten Gesellschafter im Gesellschaftsvertrage allgemein ausgesprochen sein. [2]Sie ist außerdem schon dann anzunehmen, wenn bei Bestellung eines Gesellschafters zum Geschäftsführer den übrigen Gesellschaftern eine solche Tätigkeit oder Teilnahme desselben bekannt war und gleichwohl deren Aufgebung nicht ausdrücklich bedungen wurde. [3]Die Einwilligung ist jederzeit widerruflich.

(3) [1]Die Bestellung von Geschäftsführern, die das im ersten Absatze ausgesprochene Verbot übertreten, kann ohne Verpflichtung zur Leistung einer Entschädigung widerrufen werden. [2]Die Gesellschaft kann überdies Schadenersatz fordern oder statt dessen verlangen, daß die für Rechnung des Geschäftsführers gemachten Geschäfte als für ihre Rechnung geschlossen angesehen werden. [3]Bezüglich der für fremde Rechnung geschlossenen Geschäfte kann sie die Herausgabe der hiefür bezogenen Vergütung oder Abtretung des Anspruches auf die Vergütung begehren.

(4) Die vorstehend bezeichneten Rechte der Gesellschaft erlöschen in drei Monaten von dem Tage, an dem sämtliche Mitglieder des Aufsichtsrates oder, wenn kein Aufsichtsrat besteht, die übrigen Geschäftsführer von der sie begründenden Tatsache Kenntnis erlangt haben, jedenfalls aber in fünf Jahren von ihrem Entstehen an.

Auskunftspflicht der Geschäftsführer

§ 24a. Geschäftsführer sind der Gesellschaft gegenüber für die Dauer von fünf Jahren nach Beendigung ihrer Organstellung verpflichtet, im Rahmen des Zumutbaren Auskunft über die Geschäfte und Vermögenswerte der Gesellschaft aller Art zu geben.

(BGBl I 1997/114)

§ 25. (1) Die Geschäftsführer sind der Gesellschaft gegenüber verpflichtet, bei ihrer Geschäftsführung die Sorgfalt eines ordentlichen Geschäftsmannes anzuwenden.

(1a) Ein Geschäftsführer handelt jedenfalls im Einklang mit der Sorgfalt eines ordentlichen Geschäftsmannes, wenn er sich bei einer unternehmerischen Entscheidung nicht von sachfremden Interessen leiten lässt und auf der Grundlage angemessener Information annehmen darf, zum Wohle der Gesellschaft zu handeln. *(BGBl I 2015/112)*

(2) Geschäftsführer, die ihre Obliegenheiten verletzen, haften der Gesellschaft zur ungeteilten Hand für den daraus entstandenen Schaden.

(3) Insbesondere sind sie zum Ersatze verpflichtet, wenn

1. gegen die Vorschriften dieses Gesetzes oder des Gesellschaftsvertrages Gesellschaftsvermögen verteilt wird, namentlich Stammeinlagen oder Nachschüsse an Gesellschafter gänzlich oder teilweise zurückgegeben, Zinsen oder Gewinnanteile ausgezahlt, für die Gesellschaft eigene Geschäftsanteile erworben, zum Pfande genommen oder eingezogen werden;

2. nach dem Zeitpunkte, in dem sie die Eröffnung des „Insolvenzverfahrens“ zu begehren verpflichtet waren, Zahlungen geleistet werden. *(BGBl I 2010/58)*

(4) Ein Geschäftsführer haftet der Gesellschaft auch für den ihr aus einem Rechtsgeschäfte erwachsenen Schaden, das er mit ihr im eigenen oder fremden Namen abgeschlossen hat, ohne vorher die Zustimmung des Aufsichtsrates oder, wenn kein Aufsichtsrat besteht, sämtlicher übriger Geschäftsführer erwirkt zu haben.

(5) Soweit der Ersatz zur Befriedigung der Gläubiger erforderlich ist, wird die Verpflichtung der Geschäftsführer dadurch nicht aufgehoben, daß sie in Befolgung eines Beschlusses der Gesellschafter gehandelt haben.

(6) Die Ersatzansprüche verjähren in fünf Jahren.

(7) Auf diese Ersatzansprüche finden die Bestimmungen des § 10, Absatz 6, Anwendung.

§ 26. (1) [1]Sobald der Gesellschaft der Übergang eines Geschäftsanteils, die Änderung des Namens, der für Zustellungen maßgeblichen Anschrift, einer Stammeinlage oder der geleisteten Einzahlungen eines Gesellschafters nachgewiesen wird, haben die Geschäftsführer in der zur Vertretung notwendigen Anzahl diese Tatsachen unverzüglich zum Firmenbuch anzumelden. [2]Weiters haben sie jede Änderung der für Zustellungen an die Gesellschaft maßgeblichen Anschrift unverzüglich anzumelden.

(2) [1]Die Geschäftsführer haften für einen Schaden zur ungeteilten Hand, der durch schuldhaft falsche Angaben nach Abs. 1 oder eine schuldhaft verzögerte Einreichung dieser Angaben verursacht wurde; für die falsche oder verzögerte Angabe der für Zustellungen maßgeblichen Anschrift eines Gesellschafters jedoch nur bei grobem Verschulden. [2]Ersatzansprüche der Gesellschaft verjähren in fünf Jahren ab Anmeldung der Angaben nach Abs. 1 zum Firmenbuch, Ersatzansprüche Dritter nach den allgemeinen Verjährungsregeln.

(BGBl 1991/10)

§ 27. Die für die Geschäftsführer gegebenen Vorschriften gelten auch für die Stellvertreter der Geschäftsführer.

§ 28. (1) [1]Der Betrieb von Geschäften der Gesellschaft sowie die Vertretung der Gesellschaft in diesem Geschäftsbetriebe kann auch einzelnen Geschäftsführern und sonstigen Bevollmächtigten oder Beamten der Gesellschaft zugewiesen werden. [2]In diesem Falle bestimmt sich ihre Befugnis nach der ihnen erteilten Vollmacht; sie erstreckt sich im Zweifel auf alle Rechtshandlungen, welche die Ausführung derartiger Geschäfte gewöhnlich mit sich bringt.

(2) Wenn der Gesellschaftsvertrag nichts anderes bestimmt, kann die Bestellung eines Prokuristen nur durch sämtliche Geschäftsführer, der Widerruf der Prokura durch jeden Geschäftsführer erfolgen.

Bericht an den Aufsichtsrat

§ 28a. (1) [1]Die Geschäftsführer haben dem Aufsichtsrat mindestens einmal jährlich über grundsätzliche Fragen der künftigen Geschäftspolitik des Unternehmens zu berichten sowie die künftige Entwicklung der Vermögens-, Finanz- und Ertragslage anhand einer Vorschaurechnung darzustellen (Jahresbericht). [2]Die Geschäftsführer haben weiters dem Aufsichtsrat regelmäßig, mindestens vierteljährlich, über den Gang der Geschäfte und die Lage des Unternehmens im Vergleich zur Vorschaurechnung unter Berücksichtigung der künftigen Entwicklung zu berichten (Quartalsbericht). [3]Bei wichtigem Anlaß ist dem Vorsitzenden des Aufsichtsrats unverzüglich zu berichten; ferner ist über Umstände, die für die Rentabilität oder Liquidität der Gesellschaft von erheblicher Bedeutung sind, dem Aufsichtsrat unverzüglich zu berichten (Sonderbericht).

(2) [1]Der Jahresbericht und die Quartalsberichte sind schriftlich zu erstatten und auf Verlangen des Aufsichtsrats mündlich zu erläutern; sie sind jedem Aufsichtsratsmitglied auszuhändigen. [2]Die Sonderberichte sind schriftlich oder mündlich zu erstatten.

(BGBl I 1997/114)

2. Titel
Der Aufsichtsrat

§ 29. (1) Ein Aufsichtsrat muß bestellt werden, wenn

1. das Stammkapital „70 000 Euro“ und die Anzahl der Gesellschafter fünfzig übersteigen, oder *(BGBl 1980/320; BGBl I 1998/125)*

2. die Anzahl der Arbeitnehmer im Durchschnitt dreihundert übersteigt, oder

3. die Gesellschaft Aktiengesellschaften, aufsichtsratspflichtige Gesellschaften mit beschränkter Haftung oder Gesellschaften mit beschränkter Haftung im Sinn des Abs. 2 Z. 1 einheitlich leitet (§ 15 Abs. 1 Aktiengesetz 1965) oder auf Grund einer unmittelbaren Beteiligung von mehr als 50 Prozent beherrscht und in beiden Fällen die Anzahl der Arbeitnehmer jener Gesellschaft und dieser Gesellschaften zusammen im Durchschnitt dreihundert übersteigt, oder

4. die Gesellschaft persönlich haftender Gesellschafter einer Kommanditgesellschaft ist und die Anzahl der Arbeitnehmer in ihrem Unternehmen und im Unternehmen der Kommanditgesellschaft im Durchschnitt zusammen dreihundert übersteigt „ , oder“ *(BGBl I 2007/72)*

5. aufgrund des VIII. Teils des Arbeitsverfassungsgesetzes die Organe zur Vertretung der Arbeitnehmer einer aus einer grenzüberschreitenden Verschmelzung hervorgehenden Gesellschaft das Recht haben, einen Teil der Mitglieder des Aufsichtsrates zu wählen oder zu bestellen oder deren Bestellung zu empfehlen oder abzulehnen „, oder“ *(BGBl I 2007/72; BGBl I 2016/43)*

6. die Gesellschaft die Merkmale des § 189a Z 1 lit. a oder lit. d UGB hat. *(BGBl I 2016/43)*

(2) Keine Pflicht zur Bestellung eines Aufsichtsrats besteht

1. im Fall des Abs. 1 Z. 2, wenn die Gesellschaft unter einheitlicher Leitung einer aufsichtsratspflichtigen Kapitalgesellschaft steht oder von einer solchen auf Grund einer unmittelbaren Beteiligung von mehr als 50 Prozent beherrscht wird und in beiden Fällen die Anzahl der Arbeitnehmer der Gesellschaft im Durchschnitt fünfhundert nicht übersteigt, oder

2. im Fall des Abs. 1 Z. 4, wenn neben der Gesellschaft eine natürliche Person, die von der Vertretung der Kommanditgesellschaft nicht ausgeschlossen ist, persönlich haftender Gesellschafter der Kommanditgesellschaft ist.

(3) Der jeweilige Durchschnitt der Arbeitnehmeranzahl (Abs. 1 und 2) bestimmt sich nach den Arbeitnehmeranzahlen an den jeweiligen Monatsletzten innerhalb des vorangegangenen Kalenderjahrs.

(4) [1]Die Geschäftsführer haben in den Fällen des Abs. 1 Z. 2 bis 4 nach Maßgabe der folgenden Bestimmungen jeweils zum 1. Jänner den Durchschnitt der Arbeitnehmeranzahl der im vorangegangenen Jahr beschäftigten Arbeitnehmer festzustellen. [2]„Übersteigt die Durchschnittszahl dreihundert bzw. fünfhundert, so haben sie dies dem Gericht unverzüglich mitzuteilen;“ die nächste Feststellung der Arbeitnehmeranzahl ist jeweils drei Jahre nach dem im ersten Satz genannten Stichtag zum 1. Jänner durchzuführen. [3]Eine Änderung der Arbeitnehmeranzahl innerhalb der jeweiligen drei Jahre ist auf die Notwendigkeit des Vorhandenseins eines Aufsichtsrats ohne Einfluß. [4]Wird bei einer der Feststellungen ermittelt, daß die Durchschnittszahl dreihundert bzw. fünfhundert nicht übersteigt, so ist die nächste Feststellung jeweils zum 1. Jänner der folgenden Jahre bis zur Feststellung der Überschreitung der Zahlen dreihundert bzw. fünfhundert zu wiederholen. *(BGBl 1991/10)*

(5) Im Fall des Abs. 1 Z. 3 haben die vertretungsbefugten Organe der dort genannten Gesellschaften den Geschäftsführern der Gesellschaft auf deren Verlangen die für die Feststellung (Abs. 4) erforderlichen Auskünfte rechtzeitig zu erteilen.

(6) In anderen als in den im Abs. 1 genannten Fällen kann die Bestellung eines Aufsichtsrats im Gesellschaftsvertrag festgesetzt werden.

(BGBl 1974/82)

§ 30. [1]Der Aufsichtsrat besteht aus drei Mitgliedern. [2]Es können auch mehr Mitglieder bestellt werden, soweit dies nicht einer Regelung der Mitgliederzahl im Gesellschaftsvertrag widerspricht. [3]„§ 86 Abs. 7 bis 9 AktG ist sinngemäß anzuwenden.“ *(BGBl I 2017/104)*

(BGBl 1980/320)

§ 30a. (1) Die Mitglieder des Aufsichtsrats müssen natürliche Personen sein.

(2) Mitglied des Aufsichtsrats kann nicht sein, wer

1. bereits in zehn Kapitalgesellschaften Aufsichtsratsmitglied ist, wobei die Tätigkeit als Vorsitzender doppelt auf diese Höchstzahl anzurechnen ist,

2. gesetzlicher Vertreter eines Tochterunternehmens („§ 189a Z 7 UGB“) der Gesellschaft ist oder *(BGBl I 2015/22)*

3. gesetzlicher Vertreter einer anderen Kapitalgesellschaft ist, deren Aufsichtsrat ein Geschäftsführer der Gesellschaft angehört, es sei denn, eine der Gesellschaften ist mit der anderen konzernmäßig verbunden oder an ihr unternehmerisch beteiligt („§ 189a Z 2 UGB“). *(BGBl I 2015/22)*

(3) Auf die Höchstzahlen nach Abs. 2 Z 1 sind bis zu zehn Sitze in Aufsichtsräten, in die das Mitglied gewählt oder entsandt ist, um die wirtschaftlichen Interessen des Bundes, eines Landes, eines Gemeindeverbandes, einer Gemeinde oder

eines mit der Gesellschaft konzernmäßig verbundenen oder an ihr unternehmerisch beteiligten Unternehmens („§ 189a Z 2 UGB“) zu wahren, nicht anzurechnen. *(BGBl I 2015/22)*

(4) Der Tätigkeit als Aufsichtsratsmitglied ist die Tätigkeit als Verwaltungsratsmitglied (§§ 38 ff SEG) gleichzuhalten.

(5) Hat eine Person bereits so viele oder mehr Sitze in Aufsichtsräten inne, als gesetzlich zulässig ist, so kann sie in den Aufsichtsrat einer Gesellschaft erst berufen werden, sobald hiedurch die gesetzliche Höchstzahl nicht mehr überschritten wird.

(BGBl I 2005/59, ab 1. 1. 2006. § 30a ist nur auf nach dem 1. 1. 2006 gewählte oder entsandte Aufsichtsräte anzuwenden.)

§ 30b. (1) [1]Die Aufsichtsratsmitglieder werden durch Gesellschafterbeschluß gewählt. [2]Falls wenigstens drei Aufsichtsratsmitglieder von derselben Generalversammlung zu wählen sind, kann von einem Drittel des in der Generalversammlung vertretenen Stammkapitals verlangt werden, daß die Wahl für jedes zu bestellende Mitglied des Aufsichtsrats abgesondert erfolge. [3]Ergibt sich vor der Wahl des letzten zu bestellenden Mitglieds, daß wenigstens der dritte Teil aller abgegebenen Stimmen bei allen vorangegangenen Wahlen zugunsten derselben Person, aber ohne Erfolg abgegeben worden ist, so muß diese Person ohne weitere Abstimmung als für die letzte Stelle gewählt erklärt werden. [4]Diese Vorschrift findet auf Wahlen von Mitgliedern des Aufsichtsrats solange keine Anwendung, als sich im Aufsichtsrat ein Mitglied befindet, welches auf die vorbezeichnete Art durch die Minderheit gewählt wurde.

(1a) Vor der Wahl haben die vorgeschlagenen Personen den Gesellschaftern ihre fachliche Qualifikation, ihre beruflichen oder vergleichbare Funktionen sowie alle Umstände darzulegen, die die Besorgnis einer Befangenheit begründen könnten. *(BGBl I 2005/59, ab 1. 1. 2006)*

(2) Kein Aufsichtsratsmitglied kann für längere Zeit als bis zum Gesellschafterbeschluß gewählt werden, der über die Entlastung für das vierte Geschäftsjahr nach der Wahl beschließt; hiebei wird das Geschäftsjahr, in dem das Aufsichtsratsmitglied gewählt wurde, nicht mitgerechnet.

(3) [1]Die Bestellung zum Aufsichtsratsmitglied kann vor Ablauf der Funktionsperiode durch Gesellschafterbeschluß widerrufen werden. [2]Der Beschluß bedarf einer Mehrheit, die mindestens drei Viertel der abgegebenen Stimmen umfaßt. [3]Der Gesellschaftsvertrag kann diese Mehrheit durch eine andere ersetzen und noch andere Erfordernisse aufstellen.

(4) [1]Die Bestellung des ersten Aufsichtsrats bei Errichtung der Gesellschaft gilt bis zum Gesellschafterbeschluß, der nach Ablauf eines Jahres seit der Eintragung der Gesellschaft in das Firmenbuch zur Beschlußfassung über die Entlastung stattfindet. [2]Sie kann vorher durch Gesellschafterbeschluß mit einfacher Stimmenmehrheit widerrufen werden.

(5) Das Gericht hat auf Antrag einer Minderheit, deren Anteile zusammen den zehnten Teil des Stammkapitals erreichen, ein Aufsichtsratsmitglied abzuberufen, wenn hiefür ein wichtiger Grund vorliegt. *(BGBl I 1997/114)*

(BGBl 1980/320)

§ 30c. (1) Der Gesellschaftsvertrag kann bestimmten Gesellschaftern oder den jeweiligen Inhabern bestimmter Geschäftsanteile das Recht einräumen, Mitglieder in den Aufsichtsrat zu entsenden.

(2) Das Entsendungsrecht kann nur den Inhabern solcher Geschäftsanteile eingeräumt werden, deren Übertragung an die Zustimmung der Gesellschaft gebunden ist.

(3) Die entsandten Aufsichtsratsmitglieder können von den Entsendungsberechtigten jederzeit abberufen und durch andere ersetzt werden.

„(4)“ Sind die im Gesellschaftsvertrag bestimmten Voraussetzungen des Entsendungsrechts weggefallen, so kann durch Gesellschafterbeschluß das entsandte Mitglied mit einfacher Stimmenmehrheit abberufen werden. *(BGBl I 1997/114)*

(BGBl 1980/320)

§ 30d. (1) [1]Gehört dem Aufsichtsrat länger als drei Monate weniger als die zur Beschlußfähigkeit nötige Zahl von Mitgliedern an, so hat ihn das Gericht auf Antrag der Geschäftsführer, eines Aufsichtsratsmitglieds oder eines Gesellschafters auf diese Zahl zu ergänzen. [2]Die Geschäftsführer sind verpflichtet, den Antrag zu stellen.

(2) Wenn ein Aufsichtsrat nach Gesetz oder Gesellschaftsvertrag bestellt werden muß, hat das Gericht die Bestellung gemäß Abs. 1 von Amts wegen vorzunehmen.

(3) Das Gericht hat die von ihm bestellten Mitglieder abzuberufen, wenn die Voraussetzungen weggefallen sind.

(BGBl 1980/320)

§ 30e. (1) [1]Die Aufsichtsratsmitglieder können nicht zugleich Geschäftsführer oder dauernd Vertreter von Geschäftsführern der Gesellschaft oder ihrer Tochterunternehmen („§ 189a Z 7 UGB“) sein. [2]Sie können auch nicht als Angestellte die Geschäfte der Gesellschaft führen. *(BGBl I 2005/59, ab 1. 1. 2006; BGBl I 2015/22)*

(2) [1]Nur für einen im voraus begrenzten Zeitraum können durch Gesellschafterbeschluß ein-

zelne Aufsichtsratsmitglieder zu Vertretern von behinderten Geschäftsführern bestellt werden. [2]In dieser Zeit dürfen sie keine Tätigkeit als Aufsichtsratsmitglied ausüben. [3]Das Wettbewerbsverbot für Geschäftsführer gilt für sie nicht.

(BGBl 1980/320)

§ 30f. (1) Die Geschäftsführer haben jede Neubestellung und Abberufung von Aufsichtsratsmitgliedern unverzüglich „mit Angabe deren Namen und Geburtsdatum" zur Eintragung in das Firmenbuch anzumelden. *(BGBl I 2006/103)*

(2) § 26 Abs. 2 gilt sinngemäß.

(BGBl 1991/10)

§ 30g. (1) [1]Aus der Mitte des Aufsichtsrats sind ein Vorsitzender und mindestens ein Stellvertreter zu bestellen. [2]Die Geschäftsführer haben zum Firmenbuch anzumelden, wer gewählt ist.

(2) Über die Verhandlungen und Beschlüsse des Aufsichtsrats ist eine Niederschrift anzufertigen, die der Vorsitzende oder sein Stellvertreter zu unterzeichnen hat.

(3) [1]Beschlußfassungen durch schriftliche Stimmabgabe sind nur zulässig, wenn kein Mitglied diesem Verfahren widerspricht. [2]„Dasselbe gilt für fernmündliche oder andere vergleichbare Formen der Beschlussfassung des Aufsichtsrats und seiner Ausschüsse." *(BGBl I 2005/59, ab 1. 1. 2006)*

(4) [1]Der Aufsichtsrat kann aus seiner Mitte einen oder mehrere Ausschüsse bestellen, namentlich zu dem Zweck, seine Verhandlungen und Beschlüsse vorzubereiten oder die Ausführung seiner Beschlüsse zu überwachen. „ " [2]Die gemäß § 110 Abs. 4 des Arbeitsverfassungsgesetzes, BGBl. Nr. 22/1974, in den Aufsichtsrat entsandten Mitglieder des Betriebsrats haben Anspruch darauf, daß in jedem Ausschuß des Aufsichtsrats mindestens ein von ihnen namhaft gemachtes Mitglied Sitz und Stimme hat; dies gilt nicht für Sitzungen und Abstimmungen, die die Beziehungen zwischen der Gesellschaft und den Geschäftsführern betreffen. *(BGBl I 2005/59, ab 1. 1. 2006)*

(4a) [1]In Gesellschaften im Sinn des § 189a Z 1 lit. a und lit. d UGB sowie in aufsichtsratspflichtigen (§ 29) großen Gesellschaften, bei denen das Fünffache eines der in Euro ausgedrückten Größenmerkmale einer großen Gesellschaft (§ 221 Abs. 3 erster Satz in Verbindung mit Abs. 4 bis 6 UGB) überschritten wird (fünffach große Gesellschaften), ist ein Prüfungsausschuss nach folgenden Bestimmungen zu bestellen:

1. [1]Dem Prüfungsausschuss muss eine Person angehören, die über den Anforderungen des Unternehmens entsprechende Kenntnisse und praktische Erfahrung im Finanz- und Rechnungswesen und in der Berichterstattung verfügt (Finanzexperte). [2]Vorsitzender des Prüfungsausschusses oder Finanzexperte darf nicht sein, wer in den letzten drei Jahren Vorstandsmitglied, leitender Angestellter (§ 80 AktG) oder Abschlussprüfer der Gesellschaft war, den Bestätigungsvermerk unterfertigt hat oder aus anderen Gründen nicht unabhängig oder unbefangen ist. [3]Die Ausschussmitglieder müssen in ihrer Gesamtheit mit dem Sektor, in dem das geprüfte Unternehmen tätig ist, vertraut sein. [4]Der Prüfungsausschuss hat zumindest zwei Sitzungen im Geschäftsjahr abzuhalten.

2. [1]Der Abschlussprüfer hat spätestens mit dem Bestätigungsvermerk einen zusätzlichen Bericht an den Prüfungsausschuss nach Art. 11 der Verordnung (EU) Nr. 537/2014 über spezifische Anforderungen an die Abschlussprüfung bei Unternehmen von öffentlichem Interesse und zur Aufhebung des Beschlusses 2005/909/EG, ABl. Nr. L 158 vom 27.5.2014, S. 77, in der Fassung der Berichtigung ABl. Nr. L 170 vom 11.6.2014, S. 66 zu erstatten. [2]Der Abschlussprüfer ist den Sitzungen des Prüfungsausschusses, die sich mit der Vorbereitung der Feststellung des Jahresabschlusses (Konzernabschlusses) und dessen Prüfung beschäftigen, beizuziehen und hat über die Abschlussprüfung zu berichten.

3. [1]In Gesellschaften, an denen ein Mutterunternehmen unmittelbar oder mittelbar mehr als 75 Prozent der Anteile hält, muss kein Prüfungsausschuss bestellt werden, sofern im Mutterunternehmen ein solcher oder ein gleichwertiges Gremium dessen Aufgaben und sonstige Pflichten auf Konzernebene erfüllt. [2]In diesem Fall ist der zusätzliche Bericht (Z 2 erster Satz) dem Prüfungsausschuss oder dem sonstigen Gremium des Mutterunternehmens sowie zugleich dem Aufsichtsrat des Tochterunternehmens zu erstatten. [3]Die Bestellung eines Prüfungsausschusses kann bei fünffach großen Gesellschaften auch unterbleiben, wenn der Aufsichtsrat aus nicht mehr als vier Mitgliedern besteht, wie ein Prüfungsausschuss zusammengesetzt ist und dessen Aufgaben und sonstige Pflichten wahrnimmt; der zusätzliche Bericht ist diesfalls dem Aufsichtsrat zu erstatten.

4. Zu den Aufgaben des Prüfungsausschusses gehören:

a) die Überwachung des Rechnungslegungsprozesses sowie die Erteilung von Empfehlungen oder Vorschlägen zur Gewährleistung seiner Zuverlässigkeit;

b) die Überwachung der Wirksamkeit des internen Kontrollsystems, gegebenenfalls des internen Revisionssystems, und des Risikomanagementsystems der Gesellschaft;

c) die Überwachung der Abschlussprüfung und der Konzernabschlussprüfung unter Einbeziehung von Erkenntnissen und Schlussfolgerungen in Berichten, die von der Abschlussprüferaufsichtsbehörde nach § 4 Abs. 2 Z 12 APAG veröffentlicht werden;

d) die Prüfung und Überwachung der Unabhängigkeit des Abschlussprüfers (Konzernabschlussprüfers), insbesondere im Hinblick auf die für die geprüfte Gesellschaft erbrachten zusätzlichen Leistungen; bei Gesellschaften im Sinn des § 189a Z 1 lit. a und lit. d UGB gelten Art. 5 der Verordnung (EU) Nr. 537/2014 und § 271a Abs. 6 UGB;

e) die Erstattung des Berichts über das Ergebnis der Abschlussprüfung an den Aufsichtsrat und die Darlegung, wie die Abschlussprüfung zur Zuverlässigkeit der Finanzberichterstattung beigetragen hat, sowie die Rolle des Prüfungsausschusses dabei;

f) die Prüfung des Jahresabschlusses und die Vorbereitung seiner Feststellung, die Prüfung des Vorschlags für die Gewinnverteilung und des Lageberichts sowie die Erstattung des Berichts über die Prüfungsergebnisse an den Aufsichtsrat;

g) gegebenenfalls die Prüfung des Konzernabschlusses und des Konzernlageberichts sowie die Erstattung des Berichts über die Prüfungsergebnisse an den Aufsichtsrat;

h) die Durchführung des Verfahrens zur Auswahl des Abschlussprüfers (Konzernabschlussprüfers) unter Bedachtnahme auf die Angemessenheit des Honorars sowie die Empfehlung für seine Bestellung an den Aufsichtsrat. Bei Gesellschaften im Sinn des § 189a Z 1 lit. a und lit. d UGB gilt Art. 16 der Verordnung (EU) Nr. 537/2014. *(BGBl I 2016/43)*

(5) [1]Der Aufsichtsrat oder sein Ausschuß ist nur dann beschlußfähig, wenn an der Sitzung mindestens drei Mitglieder teilnehmen. [2]Der Gesellschaftsvertrag kann eine höhere Zahl festsetzen. [3]Die Beschlußfähigkeit eines Ausschusses, dem weniger als drei Aufsichtsratsmitglieder angehören, ist bei Anwesenheit seiner sämtlichen Mitglieder gegeben. [4]„Die schriftliche, fernmündliche oder eine andere vergleichbare Form der Stimmabgabe einzelner Aufsichtsratsmitglieder ist zulässig, wenn der Gesellschaftsvertrag oder der Aufsichtsrat dies vorsieht." *(BGBl I 2005/59, ab 1. 1. 2006)*

(BGBl 1980/320)

§ 30h. (1) [1]An den Sitzungen des Aufsichtsrats und seiner Ausschüsse dürfen Personen, die weder dem Aufsichtsrat angehören noch Geschäftsführer sind, nicht teilnehmen. [2]Sachverständige und Auskunftspersonen können zur Beratung über einzelne Gegenstände zugezogen werden. [3]„Den Sitzungen, die sich mit der Prüfung des Jahresabschlusses (Konzernabschlusses), des Vorschlags für die Gewinnverteilung und des Lageberichts beschäftigen, ist jedenfalls der Abschlussprüfer (Konzernabschlussprüfer) zuzuziehen." *(BGBl I 2005/59, ab 1. 1. 2006)*

(2) Aufsichtsratsmitglieder, die dem Ausschuß nicht angehören, können an den Ausschußsitzungen teilnehmen, wenn der Gesellschaftsvertrag oder der Vorsitzende des Aufsichtsrats nichts anderes bestimmt.

(3) [1]Der Gesellschaftsvertrag kann zulassen, daß an den Sitzungen des Aufsichtsrats und seiner Ausschüsse Personen, die dem Aufsichtsrat nicht angehören, an Stelle von Aufsichtsratsmitgliedern teilnehmen können, wenn sie von diesen hiezu schriftlich ermächtigt sind. [2]Sie können auch schriftliche Stimmabgaben der Aufsichtsratsmitglieder überreichen.

(BGBl 1980/320)

§ 30i. (1) [1]Jedes Aufsichtsratsmitglied oder die Geschäftsführer können unter Angabe des Zwecks und der Gründe verlangen, daß der Vorsitzende des Aufsichtsrats unverzüglich den Aufsichtsrat einberuft. [2]Die Sitzung muß binnen zwei Wochen nach der Einberufung stattfinden.

GmbHG

(2) Wird einem von mindestens zwei Aufsichtsratsmitgliedern oder von den Geschäftsführern geäußerten Verlangen nicht entsprochen, so können die Antragsteller unter Mitteilung des Sachverhalts selbst den Aufsichtsrat einberufen.

(3) [1]„Der Aufsichtsrat muß mindestens „viermal"** im Geschäftsjahr eine Sitzung abhalten."* [2]„Die Sitzungen haben vierteljährlich stattzufinden."** *(*BGBl 1982/371; **BGBl I 1997/114)*

(BGBl 1980/320)

§ 30j. (1) Der Aufsichtsrat hat die Geschäftsführung zu überwachen.

(2) [1]Der Aufsichtsrat kann von den Geschäftsführern jederzeit einen Bericht über die Angelegenheiten der Gesellschaft einschließlich ihrer Beziehungen zu einem Konzernunternehmen verlangen. [2]„Auch ein einzelnes Mitglied kann einen Bericht, jedoch nur an den Aufsichtsrat als solchen, verlangen; lehnen die Geschäftsführer die Berichterstattung ab, so kann der Bericht nur dann verlangt werden, wenn ein anderes Aufsichtsratsmitglied das Verlangen unterstützt. [3]Der Vorsitzende des Aufsichtsrats kann einen Bericht auch ohne Unterstützung eines anderen Aufsichtsratsmitglieds verlangen." *(BGBl I 1997/114)*

(3) Der Aufsichtsrat kann die Bücher und Schriften der Gesellschaft sowie die Vermögensgegenstände, namentlich die Gesellschaftskasse und die Bestände an Wertpapieren und Waren, einsehen und prüfen, er kann damit auch einzelne Mitglieder oder für bestimmte Aufgaben besondere Sachverständige beauftragen.

(4) Der Aufsichtsrat hat eine Generalversammlung einzuberufen, wenn das Wohl der Gesellschaft es erfordert.

(5) [1]Folgende Geschäfte sollen jedoch nur mit Zustimmung des Aufsichtsrats vorgenommen werden:

1. der Erwerb und die Veräußerung von Beteiligungen („§ 189a Z 2 UGB“) sowie der Erwerb, die Veräußerung und die Stillegung von Unternehmen und Betrieben; *(BGBl 1990/475; BGBl I 2015/22)*

2. der Erwerb, die Veräußerung und die Belastung von Liegenschaften, soweit dies nicht zum gewöhnlichen Geschäftsbetrieb gehört; *(BGBl I 2008/70)*

3. die Errichtung und die Schließung von Zweigniederlassungen;

4. Investitionen, die bestimmte Anschaffungskosten im einzelnen und insgesamt in einem Geschäftsjahr übersteigen;

5. die Aufnahme von Anleihen, Darlehen und Krediten, die einen bestimmten Betrag im einzelnen und insgesamt in einem Geschäftsjahr übersteigen;

6. die Gewährung von Darlehen und Krediten, soweit sie nicht zum gewöhnlichen Geschäftsbetrieb gehört;

7. die Aufnahme und Aufgabe von Geschäftszweigen und Produktionsarten;

8. die Festlegung allgemeiner Grundsätze der Geschäftspolitik;

9. die Festlegung von Grundsätzen über die Gewährung von Gewinn- oder Umsatzbeteiligungen und Pensionszusagen an Geschäftsführer und leitende Angestellte im Sinne des § 80 Abs. 1 des Aktiengesetzes 1965 „ ;“ *(BGBl I 2005/59)*

10. der Abschluss von Verträgen mit Mitgliedern des Aufsichtsrats, durch die sich diese außerhalb ihrer Tätigkeit im Aufsichtsrat gegenüber der Gesellschaft oder einem Tochterunternehmen („§ 189a Z 7 UGB“**) zu einer Leistung gegen ein nicht bloß geringfügiges Entgelt verpflichten. [1]Dies gilt auch für Verträge mit Unternehmen, an denen ein Aufsichtsratsmitglied ein erhebliches wirtschaftliches Interesse hat „ ;“* *(BGBl I 2005/59, ab 1. 1. 2006; *BGBl I 2008/70; **BGBl I 2015/22)*

11. die Übernahme einer leitenden Stellung (§ 80 Aktiengesetz 1965) in der Gesellschaft innerhalb von zwei Jahren nach Zeichnung des Bestätigungsvermerks durch den Abschlussprüfer, durch den Konzernabschlussprüfer, durch den Abschlussprüfer eines bedeutenden verbundenen Unternehmens oder durch den den jeweiligen Bestätigungsvermerk unterzeichnenden Wirtschaftsprüfer sowie eine für ihn tätige Person, die eine maßgeblich leitende Funktion bei der Prüfung ausgeübt hat, soweit dies nicht gemäß § 271c UGB untersagt ist. *(BGBl I 2008/70, zum Inkrafttreten siehe § 127 Abs 8)*

[3]Zu den in den Z 1 und 2 genannten Geschäften kann der Gesellschaftsvertrag Betragsgrenzen festsetzen, zu den in den Z 4, 5 und 6 genannten Geschäften hat er Betragsgrenzen festzusetzen. [4]Der Gesellschaftsvertrag oder der Aufsichtsrat kann auch anordnen, daß bestimmte Arten von Geschäften nur mit Zustimmung des Aufsichtsrats vorgenommen werden sollen. *(BGBl 1982/371)*

(6) [1]Die Aufsichtsratsmitglieder können ihre Obliegenheiten nicht durch andere ausüben lassen. [2]Der Gesellschaftsvertrag kann aber zulassen, daß ein Aufsichtsratsmitglied ein anderes schriftlich mit seiner Vertretung bei einer einzelnen Sitzung betraut; ein so vertretenes Mitglied ist bei der Feststellung der Beschlußfähigkeit einer Sitzung nicht mitzuzählen. [3]Das Recht, den Vorsitz zu führen, kann nicht übertragen werden.

(BGBl 1980/320)

§ 30k. (1) Der Aufsichtsrat hat die Unterlagen gemäß § 222 Abs. 1 UGB, gegebenenfalls einen Vorschlag für die Gewinnverwendung sowie einen allfälligen gesonderten nichtfinanziellen Bericht, zu prüfen und der Generalversammlung darüber zu berichten. *(BGBl I 2017/20)*

(2) In dem Bericht hat der Aufsichtsrat mitzuteilen, in welcher Art und in welchem Umfang er die Geschäftsführung der Gesellschaft während des Geschäftsjahrs geprüft hat, welche Stelle den Jahresabschluß „und den Lagebericht sowie gegebenenfalls den gesonderten nichtfinanziellen Bericht, den Corporate Governance-Bericht und den Bericht über Zahlungen an staatliche Stellen“ geprüft hat und ob diese Prüfungen nach ihrem abschließenden Ergebnis zu wesentlichen Beanstandungen Anlaß gegeben haben. *(BGBl I 2017/20)*

(3) Abs. 1 und 2 gelten sinngemäß auch für die Vorlage und Prüfung des Konzernabschlusses und des Konzernlageberichts sowie gegebenenfalls des gesonderten konsolidierten nichtfinanziellen Berichts, des konsolidierten Corporate Governance-Berichts und des konsolidierten Berichts über Zahlungen an staatliche Stellen. *(BGBl I 2017/20)*

(BGBl 1980/320)

§ 30l. (1) Der Aufsichtsrat ist befugt, die Gesellschaft bei der Vornahme von Rechtsgeschäften mit den Geschäftsführern zu vertreten und gegen diese durch Gesellschafterbeschluß beschlossenen Rechtsstreitigkeiten zu führen.

(2) Der Aufsichtsrat hat gegen die Geschäftsführer die von den Gesellschaftern beschlossenen Rechtsstreitigkeiten zu führen, wenn die Gesellschafter nicht besondere Vertreter gewählt haben.

(3) Der Aufsichtsrat kann, wenn die Verantwortlichkeit eines seiner Mitglieder in Frage kommt, ohne Gesellschafterbeschluß und selbst gegen den Beschluß der Gesellschafter die Geschäftsführer klagen.

(4) Weitere Obliegenheiten können dem Aufsichtsrat durch den Gesellschaftsvertrag oder durch Gesellschafterbeschluß übertragen werden.

(BGBl 1980/320)

§ 31. (1) [1]Den Aufsichtsratsmitgliedern kann für ihre Tätigkeit eine mit ihren Aufgaben und mit der Lage der Gesellschaft in Einklang stehende Vergütung gewährt werden. [2]Ist die Vergütung im Gesellschaftsvertrag festgesetzt, so kann eine Änderung, durch die die Vergütung herabgesetzt wird, durch Gesellschafterbeschluß mit einfacher Stimmenmehrheit beschlossen werden. *(BGBl 1980/320)*

(2) [1]Den Mitgliedern des ersten Aufsichtsrats kann nur durch Gesellschafterbeschluß eine Vergütung für ihre Tätigkeit bewilligt werden. [2]Der Beschluß kann erst gefaßt werden, sobald über die Entlastung des ersten Aufsichtsrats ein Gesellschafterbeschluß gefaßt wird. *(BGBl 1980/320)*

(3) *(aufgehoben, BGBl 1990/475)*

§ 31 gilt nicht für Arbeitnehmervertreter: § 110 Abs. 3 und 4 ArbVG.

§ 32. Über die gemäß § 25 Abs. 4 zwischen der Gesellschaft und Geschäftsführern geschlossenen Geschäfte hat der Aufsichtsrat jeweils der nächsten Generalversammlung zu berichten.

(BGBl 1980/320)

§ 33. (1) Die in den § 25 und 27 hinsichtlich der Geschäftsführer getroffenen Anordnungen finden auch auf den Aufsichtsrat Anwendung.

(2) Sind die Mitglieder des Aufsichtsrates zugleich mit Geschäftsführern zum Ersatze eines Schadens verpflichtet, „so haften sie mit diesem zur ungeteilten Hand“. *(RGBl 1906 S 699 (DFB))*

3. Titel

Die Generalversammlung

§ 34. (1) Die durch das Gesetz oder den Gesellschaftsvertrag den Gesellschaftern vorbehaltenen Beschlüsse werden in der Generalversammlung gefaßt, es sei denn, daß sämtliche Gesellschafter sich im einzelnen Falle schriftlich mit der zu treffenden Bestimmung oder doch mit der Abstimmung im schriftlichen Wege einverstanden erklären.

(2) Bei der Abstimmung im schriftlichen Wege wird die nach dem Gesetze oder dem Gesellschaftsvertrage zu einer Beschlußfassung der Generalversammlung erforderliche Mehrheit nicht nach der Zahl der abgegebenen, sondern nach der Gesamtzahl der allen Gesellschaftern zustehenden Stimmen berechnet.

§ 35. (1) [1]Der Beschlußfassung der Gesellschafter unterliegen nebst den in diesem Gesetze an anderen Stellen bezeichneten Gegenständen:

1. die Prüfung und Feststellung des Jahresabschlusses, die Verteilung des Bilanzgewinns, falls letzterer im Gesellschaftsvertrag einer besonderen Beschlußfassung von Jahr zu Jahr vorbehalten ist, und die Entlastung der Geschäftsführer sowie des etwa bestehenden Aufsichtsrats; diese Beschlüsse sind in den ersten acht Monaten jedes Geschäftsjahrs für das abgelaufene Geschäftsjahr zu fassen; „ “ *(BGBl 1990/475; BGBl 1994/153)*

2. die Einforderung von Einzahlungen auf die Stammeinlagen;

3. die Rückzahlung von Nachschüssen;

4. die Entscheidung, ob Prokura oder Handelsvollmacht zum gesamten Geschäftsbetriebe erteilt werden darf;

5. die Maßregeln zur Prüfung und Überwachung der Geschäftsführung;

6. die Geltendmachung der Ersatzansprüche, die der Gesellschaft aus der Errichtung oder Geschäftsführung gegen die Geschäftsführer, deren Stellvertreter oder den Aufsichtsrat zustehen, sowie die Bestellung eines Vertreters zur Prozeßführung, wenn die Gesellschaft weder durch die Geschäftsführer noch durch den Aufsichtsrat vertreten werden kann;

7. der Abschluß von Verträgen, durch welche die Gesellschaft vorhandene oder herzustellende, dauernd zu ihrem Geschäftsbetriebe bestimmte Anlagen oder unbewegliche Gegenstände für eine den Betrag des fünften Teiles des Stammkapitals übersteigende Vergütung erwerben soll, sowie die Abänderung solcher Verträge zu Lasten der Gesellschaft, sofern es sich nicht um den Erwerb von Liegenschaften im Wege der Zwangsversteigerung handelt. [2]Dieser Beschluß kann nur mit einer Mehrheit von drei Vierteilen der abgegebenen Stimmen gefaßt werden.

(2) [1]Die Gegenstände, die der Beschlußfassung durch die Gesellschafter unterliegen sollen, können im Gesellschaftsvertrag vermehrt oder verringert werden. [2]Jedoch muß über die in Abs. 1 Z 1, 3 und 6 bezeichneten Gegenstände immer, über den in Abs. 1 Z 7 bezeichneten Gegenstand jedenfalls in den ersten zwei Jahren nach der Eintragung der Gesellschaft ein Beschluß der Gesellschafter eingeholt werden. „ “ *(BGBl 1980/320; BGBl 1996/304)*

§ 36. (1) [1]Die Versammlung hat am Sitz der Gesellschaft stattzufinden, wenn im Gesellschaftsvertrag nichts anderes bestimmt ist. [2]Sie wird durch die Geschäftsführer einberufen, soweit nicht nach dem Gesetz oder dem Gesellschaftsvertrag auch andere Personen dazu befugt sind.

(2) [1]Die Versammlung ist, soweit nicht eine Beschlussfassung außerhalb derselben zulässig

ist, mindestens jährlich einmal und außer den im Gesetz oder im Gesellschaftsvertrag ausdrücklich bestimmten Fällen immer dann einzuberufen, wenn es das Interesse der Gesellschaft erfordert. [2]Dies hat insbesondere ohne Verzug dann zu geschehen wenn sich ergibt, dass die Hälfte des Stammkapitals verloren gegangen ist oder die Eigenmittelquote (§ 23 URG) weniger als acht vom Hundert und die fiktive Schuldentilgungsdauer (§ 24 URG) mehr als 15 Jahre beträgt. [3]In diesen Fällen haben die Geschäftsführer die von der Versammlung gefassten Beschlüsse dem Firmenbuchgericht mitzuteilen.

(BGBl I 2013/109)

§ 37. (1) Die Versammlung muß auch dann ohne Verzug berufen werden, wenn Gesellschafter, deren Stammeinlagen den zehnten Teil oder den im Gesellschaftsvertrage hiefür bestimmten geringeren Teil des Stammkapitals erreichen, die Berufung schriftlich unter Angabe des Zweckes verlangen.

(2) [1]Wird dem Verlangen von den zur Berufung der Versammlung befugten Organen nicht innerhalb vierzehn Tagen nach der Aufforderung entsprochen oder sind solche Organe nicht vorhanden, so können die Berechtigten unter Mitteilung des Sachverhaltes die Berufung selbst bewirken. [2]Die Versammlung beschließt in diesem Falle darüber, ob die mit der Einberufung verbundenen Kosten von der Gesellschaft zu tragen sind.

§ 38. (1) [1]Die Berufung der Versammlung ist in der durch den Gesellschaftsvertrag bestimmten Form zu veröffentlichen, in Ermanglung einer solchen Festsetzung den einzelnen Gesellschaftern mittels rekommandierten Schreibens bekanntzugeben. [2]Zwischen dem Tage der letzten Verlautbarung oder der Aufgabe der Sendung zur Post und dem Tage der Versammlung muß mindestens der Zeitraum von sieben Tagen liegen.

(2) [1]Der Zweck der Versammlung (Tagesordnung) ist bei der Berufung möglichst bestimmt zu bezeichnen. [2]Bei beabsichtigten Änderungen des Gesellschaftsvertrages ist deren wesentlicher Inhalt anzugeben.

(3) Gesellschafter, deren Stammeinlagen den zehnten Teil oder den im Gesellschaftsvertrage hiefür bestimmten geringeren Teil des Stammkapitals erreichen, haben das Recht, in einer von ihnen unterzeichneten Eingabe unter Anführung der Gründe zu verlangen, daß Gegenstände in die kundzumachende Tagesordnung der nächsten Generalversammlung aufgenommen werden, wenn sie dieses Begehren spätestens am dritten Tage nach dem im Absatze 1 bezeichneten Zeitpunkte geltend machen.

(4) [1]Ist die Versammlung nicht ordnungsgemäß berufen oder ein Gegenstand zur Beschlußfassung gestellt, dessen Verhandlung nicht wenigstens drei Tage vor der Versammlung in der für die Berufung vorgeschriebenen Weise angekündigt wurde, so können Beschlüsse nur gefaßt werden, wenn sämtliche Gesellschafter anwesend oder vertreten sind. [2]Diese Voraussetzungen sind jedoch nicht erforderlich für den in einer Versammlung beantragten Beschluß auf Berufung einer neuerlichen Versammlung.

(5) Zur Stellung von Anträgen und zu Verhandlungen ohne Beschlußfassung bedarf es der Ankündigung nicht.

(6) Zur Beschlußfähigkeit der Versammlung ist, insofern das Gesetz oder der Gesellschaftsvertrag nichts anderes bestimmt, erforderlich, daß wenigstens der zehnte Teil des Stammkapitals vertreten ist.

(7) Im Falle der Beschlußunfähigkeit einer Versammlung ist unter Hinweis auf deren Beschlußunfähigkeit eine zweite Versammlung zu berufen, die auf die Verhandlung der Gegenstände der früheren Versammlung beschränkt und, wenn der Gesellschaftsvertrag nichts anderes bestimmt, ohne Rücksicht auf die Höhe des vertretenen Stammkapitals beschlußfähig ist.

§ 39. (1) Die Beschlußfassung der Gesellschafter erfolgt, soweit das Gesetz oder der Gesellschaftsvertrag nichts anderes bestimmt, durch einfache Mehrheit der abgegebenen Stimmen.

(2) [1]„Je „zehn Euro"** einer übernommenen Stammeinlage gewähren eine Stimme, wobei Bruchteile unter „zehn Euro"** nicht gezählt werden."* [2]Im Gesellschaftsvertrage können andere Bestimmungen getroffen werden; jedem Gesellschafter muß aber mindestens eine Stimme zustehen. *(*DRGBl 1938 I S 982; **BGBl I 1998/125)*

(3) [1]Die Ausübung des Stimmrechtes durch einen Bevollmächtigten ist zulässig. [2]Doch bedarf es hiezu einer schriftlichen, auf die Ausübung dieses Rechtes lautenden Vollmacht. [3]Die gesetzlichen und statutarischen Vertreter nicht handlungsfähiger und juristischer Personen müssen zur Ausübung des Stimmrechtes zugelassen werden und bedürfen hiezu keiner Vollmacht.

(4) [1]Wer durch die Beschlußfassung von einer Verpflichtung befreit, oder wem ein Vorteil zugewendet werden soll, hat hiebei weder im eigenen noch im fremden Namen das Stimmrecht. [2]Das Gleiche gilt von der Beschlußfassung, welche die Vornahme eines Rechtsgeschäftes mit einem Gesellschafter oder die Einleitung oder Erledigung eines Rechtsstreites zwischen ihm und der Gesellschaft betrifft.

(5) Wenn ein Gesellschafter selbst zum Geschäftsführer oder Aufsichtsrat oder Liquidator bestellt oder als solcher abberufen werden soll, so ist er bei der Beschlußfassung in der Ausübung seines Stimmrechtes nicht beschränkt.

§ 40. (1) [1]Die Beschlüsse der Generalversammlung sind unverzüglich nach der Beschlußfassung in eine Niederschrift aufzunehmen. [2]Diese Niederschriften sowie die auf schriftlichem Weg gefaßten Beschlüsse der Gesellschafter sind geordnet aufzubewahren. [3]Jeder Gesellschafter kann darin während der Geschäftsstunden Einsicht nehmen.

(2) Jedem Gesellschafter ist ohne Verzug nach Abhaltung der Generalversammlung oder nach einer auf schriftlichem Wege erfolgten Abstimmung eine Kopie der gefaßten Beschlüsse unter Angabe des Tages der Aufnahme derselben in die Niederschrift mittels eingeschriebenen Briefes zuzusenden.

(BGBl 1996/304)

§ 41. (1) Die Nichtigerklärung eines Beschlusses der Gesellschafter kann mittels Klage verlangt werden:

1. wenn der Beschluß nach diesem Gesetze oder dem Gesellschaftsvertrage als nicht zu Stande gekommen anzusehen ist;

2. wenn der Beschluß durch seinen Inhalt zwingende Vorschriften des Gesetzes verletzt oder, ohne daß bei der Beschlußfassung die Vorschriften über die Abänderung des Gesellschaftsvertrages eingehalten worden wären, mit letzterem in Widerspruch steht.

(2) [1]Klageberechtigt ist jeder Gesellschafter, der in der Versammlung der Gesellschafter erschienen ist und gegen den Beschluß Widerspruch zu Protokoll gegeben hat, sowie jeder nicht erschienene Gesellschafter, der zu der Versammlung unberechtigterweise nicht zugelassen oder durch Mängel in der Berufung der Versammlung am Erscheinen gehindert worden ist. [2]Wurde ein Beschluß durch Abstimmung im schriftlichen Wege gefaßt, so ist jeder Gesellschafter klageberechtigt, der seine Stimme gegen den Beschluß abgegeben hat oder bei dieser Abstimmung übergangen worden ist.

(3) Außerdem sind die Geschäftsführer, der Aufsichtsrat und, wenn der Beschluß eine Maßregel zum Gegenstande hat, durch deren Ausführung die Geschäftsführer oder die Mitglieder des Aufsichtsrates ersatzpflichtig oder strafbar würden, auch jeder einzelne Geschäftsführer und jedes Mitglied des Aufsichtsrates klageberechtigt.

(4) Die Klage muß binnen einem Monat vom Tag der Absendung der Kopie gemäß § 40 Abs. 2 erhoben werden. *(BGBl 1996/304)*

§ 42. (1) [1]Die Klage auf Nichtigerklärung eines Beschlusses der Gesellschafter ist gegen die Gesellschaft zu richten. [2]Die Gesellschaft wird durch die Geschäftsführer, wenn jedoch Geschäftsführer selbst klagen, durch den Aufsichtsrat vertreten. [3]Wenn sowohl Geschäftsführer als auch Mitglieder des Aufsichtsrates klagen oder wenn kein Aufsichtsrat besteht und ein anderer Vertreter der Gesellschaft nicht vorhanden ist, hat das Gericht einen Kurator zu ernennen.

(2) Zuständig für die Klage ist ausschließlich der zur Ausübung der Handelsgerichtsbarkeit zuständige Gerichtshof des Sitzes der Gesellschaft.

(3) [1]Das Gericht kann auf Antrag anordnen, daß der Kläger wegen des der Gesellschaft drohenden Nachteiles eine von dem Gerichte nach freiem Ermessen zu bestimmende Sicherheit zu leisten habe. [2]Hiebei finden hinsichtlich der Festsetzung einer Frist zum Erlage, der eidlichen Bekräftigung der Unfähigkeit zum Erlage und der Folgen des Nichterlages die Vorschriften der Zivilprozeßordnung über die Sicherheitsleistung für Prozeßkosten Anwendung.

(4) Das Gericht kann die Ausführung des angefochtenen Beschlusses durch einstweilige Verfügung (§ 384 u. f. der Exekutionsordnung) aufschieben, wenn ein der Gesellschaft drohender unwiderbringlicher Nachteil glaubhaft gemacht wird.

(5) Jeder Gesellschafter kann dem Rechtsstreite auf seine Kosten als Nebenintervenient beitreten.

(6) Das die Nichtigkeit erklärende Urteil wirkt für und gegen sämtliche Gesellschafter.

(7) Für einen durch ungegründete Anfechtung des Beschlusses der Gesellschaft entstehenden Schaden haften ihr die Kläger, denen böse Absicht oder grobe Fahrlässigkeit zur Last fallen, persönlich zur ungeteilten Hand.

§ 43. *(aufgehoben, DRGBl 1938 I S 1999)*

§ 44. (1) Ist die Nichtigkeit eines in das Firmenbuch eingetragenen Beschlusses der Gesellschaft durch Urteil oder Beschluß rechtskräftig ausgesprochen, so hat das Gericht die für nichtig erklärte Eintragung von Amts wegen zu löschen und seinen Ausspruch „ “ zu veröffentlichen. *(BGBl I 2000/142)*

(2) Hatte der Beschluß eine Abänderung des Gesellschaftsvertrags zum Inhalt, so ist mit dem Urteil der vollständige Wortlaut des Gesellschaftsvertrags, wie er sich unter Berücksichtigung des Urteils und aller bisherigen Gesellschaftsvertragsänderungen ergibt, mit der Beurkundung eines Notars über diese Tatsache zum Firmenbuch einzureichen. *(BGBl 1991/10)*

4. Titel

Minderheitsrechte

§ 45. (1) [1]„Ist durch Beschluß der Gesellschafter ein Antrag auf Bestellung von sachverständigen Revisoren zur Prüfung des letzten Jahresabschlusses abgelehnt worden, so kann auf Antrag von Gesellschaftern, deren Stammeinlagen den zehnten Teil des Stammkapitals oder den Nennbetrag von „700 000 Euro“** erreichen, das Handelsgericht des Sitzes der Gesellschaft einen oder mehrere Revisoren bestellen.“* [2]Dem Antrage ist nur stattzugeben, wenn glaubhaft gemacht wird, daß Unredlichkeiten oder grobe Verletzungen des Gesetzes oder des Gesellschaftsvertrages stattgefunden haben. *(*BGBl 1990/475; **BGBl I 1998/125)*

(2) Die betreffenden Gesellschafter können während der Dauer der Revision ihre Geschäftsanteile ohne Zustimmung der Gesellschaft nicht veräußern.

(3) [1]Das in Absatz 1 erwähnte Gericht hat je nach Lage des Falles einen oder mehrere Revisoren zu bestellen. [2]Sie sind aus Listen zu wählen, deren Feststellung dem Verordnungswege vorbehalten bleibt.

(4) Die Geschäftsführer und der Aufsichtsrat sind vor der Bestellung der Revisoren zu hören.

(5) Die Bestellung der Revisoren kann auf Verlangen von einer nach freiem Ermessen des Gerichtes zu bestimmenden Sicherheitsleistung abhängig gemacht werden (§ 42, Absatz 3).

(6) Die Revisoren haben vor Antritt ihres Amtes den Eid zu leisten, daß sie die ihnen obliegenden Pflichten getreu erfüllen und insbesondere die bei der Revision etwa zu ihrer Kenntnis gelangten Geschäfts- und Betriebsverhältnisse gegenüber jedermann geheimhalten wollen.

§ 46. (1) [1]„Die Revisoren haben das Recht, in die Bücher, Schriften, Rechnungsbelege und Inventare einzusehen, von den Geschäftsführern, den Mitgliedern des Aufsichtsrates und jedem mit der Rechnungsführung betrauten Angestellten der Gesellschaft Auskünfte und Erläuterungen zur Feststellung der Richtigkeit des letzten Jahresabschlusses abzuverlangen und den Bestand der Gesellschaftskassa sowie die Bestände an Effekten, Schulddokumenten und Waren zu untersuchen.“ [2]Die verlangten Aufklärungen und Auskünfte müssen von den dazu Aufgeforderten ohne Verzug genau und wahrheitsgemäß gegeben werden. [3]Der Aufsichtsrat ist der Revision beizuziehen. [4]Das Gericht kann nach seinem Ermessen die Zuziehung eines oder mehrerer der Gesuchsteller zur Vornahme der Revision gestatten. *(BGBl 1990/475)*

(2) Die Entlohnung der Revisoren wird von dem Handelsgerichte bestimmt; sie dürfen keine andere wie immer geartete Vergütung annehmen.

§ 47. (1) Der Bericht über das Ergebnis der Prüfung, in dem angegeben ist, ob alle Wünsche der Revisoren in Beziehung auf die Vornahme der Revision erfüllt worden sind, und ob der letzte Jahresabschluß ein möglichst getreues Bild der Vermögens-, Finanz- und Ertragslage des Unternehmens vermittelt, ist von den Revisoren unverzüglich den Geschäftsführern und dem Aufsichtsrat vorzulegen. *(BGBl 1990/475)*

(2) Die Antragsteller haben das Recht, im Geschäftslokale in den Bericht der Revisoren Einsicht zu nehmen.

(3) [1]Die Geschäftsführer und der Aufsichtsrat sind verpflichtet, bei der Berufung der nächsten Generalversammlung den Bericht der Revisoren zur Beschlußfassung anzumelden. [2]In der Versammlung muß der Revisionsbericht vollinhaltlich verlesen werden. [3]Die Geschäftsführer und der Aufsichtsrat müssen sich über das Resultat der Revision und über die zur Abstellung der etwa entdeckten Gesetzwidrigkeiten oder Übelstände eingeleiteten Schritte erklären. [4]Außerdem liegt es dem Aufsichtsrate ob, der Generalversammlung über die der Gesellschaft etwa zustehenden Ersatzansprüche Bericht zu erstatten. [5]Ergibt sich aus dem Berichte der Revisoren, daß eine grobe Verletzung des Gesetzes oder des Gesellschaftsvertrages stattgefunden habe, so muß die Generalversammlung unverzüglich einberufen werden.

(4) Das Gericht entscheidet, wenn eine andere Einigung unter den Beteiligten nicht erfolgt, je nach den Ergebnissen der Revision, ob die Kosten der Untersuchung von dem Gesuchsteller oder von der Gesellschaft zu tragen oder verhältnismäßig zu verteilen sind.

(5) Erweist sich der Antrag auf Revision nach dem Ergebnisse der Revision als unbegründet, so sind die Antragsteller, denen eine böse Absicht oder grobe Fahrlässigkeit zur Last fällt, für den der Gesellschaft durch den Antrag entstandenen Schaden persönlich zur ungeteilten Hand verhaftet.

§ 48. (1) Die der Gesellschaft gegen die Gesellschafter, Geschäftsführer und Mitglieder des Aufsichtsrats zustehenden Ansprüche können auch von Gesellschaftern, deren Stammeinlagen den zehnten Teil des Stammkapitals oder den Nennbetrag von „700 000 Euro“ oder den im Gesellschaftsvertrag festgesetzten geringeren Betrag erreichen, geltend gemacht werden, wenn die Verfolgung dieser Ansprüche für die Gesellschaft durch Beschluß der Gesellschafter abgelehnt oder wenn ein darauf abzielender Antrag, obwohl er rechtzeitig (§ 38 Abs. 3) bei den Geschäftsführern angemeldet war, nicht zur Beschlußfassung gebracht worden ist. *(BGBl I 1997/114; BGBl I 1998/125)*

(2) Die Klage muß binnen eines Jahres von dem Tag der erfolgten oder vereitelten Beschlußfassung erhoben werden. *(BGBl I 1997/114)*

(3) Während der Dauer des Rechtsstreites ist eine Veräußerung der den Klägern gehörigen Geschäftsanteile ohne Zustimmung der Gesellschaft unstatthaft.

(4) Dem Beklagten ist auf Antrag wegen der ihm drohenden Nachteile von den Klägern eine nach freiem Ermessen des Gerichtes zu bestimmende Sicherheit zu leisten (§ 42, Absatz 3).

(5) [1]Erweist sich die Klage als unbegründet und fällt dem Kläger bei Anstellung der Klage eine böse Absicht oder grobe Fahrlässigkeit zur Last, so hat er dem Beklagten den Schaden zu ersetzen. [2]Mehrere Kläger haften zur ungeteilten Hand.

Dritter Abschnitt

Abänderungen des Gesellschaftsvertrages

1. Titel

Allgemeine Bestimmungen

§ 49. (1) [1]Eine Abänderung des Gesellschaftsvertrages kann nur durch Beschluß der Gesellschafter erfolgen. [2]Der Beschluß muß notariell beurkundet werden.

(2) Die Abänderung hat keine rechtliche Wirkung, bevor sie in das Firmenbuch eingetragen ist.

(3) und (4) *(aufgehoben, BGBl 1980/320)*

§ 50. (1) [1]Abänderungen des Gesellschaftsvertrages können nur mit einer Mehrheit von drei Vierteilen der abgegebenen Stimmen beschlossen werden. [2]Die Abänderung kann im Gesellschaftsvertrage an weitere Erfordernisse geknüpft sein.

(2) Die Bestimmung, daß ein Aufsichtsrat zu bestellen sei, und die Herabsetzung der den Geschäftsführern oder den Mitgliedern des Aufsichtsrates nach dem Gesellschaftsvertrage zukommenden Entlohnung kann mit einfacher Stimmenmehrheit beschlossen werden.

(3) Eine Abänderung des im Gesellschaftsvertrage bezeichneten Gegenstandes des Unternehmens bedarf eines einstimmigen Beschlusses, wenn im Gesellschaftsvertrage nichts anderes festgesetzt ist.

(4) Eine Vermehrung der den Gesellschaftern nach dem Vertrage obliegenden Leistungen oder eine Verkürzung der einzelnen Gesellschaftern durch den Vertrag eingeräumten Rechte kann nur unter Zustimmung sämtlicher von der Vermehrung oder Verkürzung betroffenen Gesellschafter beschlossen werden.

(5) Dies gilt insbesondere von Beschlüssen, durch welche Bestimmungen über das Maß, in dem Einzahlungen auf die Stammeinlagen zu leisten sind, in den Gesellschaftsvertrag aufgenommen oder die darüber in dem Gesellschaftsvertrage enthaltenen Bestimmungen abgeändert werden sollen.

§ 51. (1) [1]„Jede Abänderung des Gesellschaftsvertrages ist von sämtlichen Geschäftsführern zum Firmenbuch anzumelden. [2]Der Anmeldung ist der notariell beurkundete Abänderungsbeschluß mit dem Nachweis des gültigen Zustandekommens anzuschließen.“* [3]„Der Anmeldung ist weiters der vollständige Wortlaut des Gesellschaftsvertrags beizufügen; er muß mit der Beurkundung eines Notars versehen sein, daß die geänderten Bestimmungen des Gesellschaftsvertrags mit dem Beschluß über die Änderung des Gesellschaftsvertrags und die unveränderten Bestimmungen mit dem zuletzt zum Firmenbuch eingereichten vollständigen Wortlaut des Gesellschaftsvertrags übereinstimmen.“** *(*BGBl 1980/320; **BGBl 1991/10)*

GmbHG

(2) Auf die Anmeldung finden die § 11 und 12 mit der Maßgabe sinngemäß Anwendung, dass auch die Bekanntmachung im Amtsblatt zur Wiener Zeitung erforderlich ist. *(BGBl I 2013/109)*

(3) Die Veröffentlichung von Beschlüssen, die eine Änderung der in früheren Bekanntmachungen verlautbarten Bestimmungen nicht enthalten, hat zu entfallen.

2. Titel

Erhöhung des Stammkapitals

§ 52. (1) Die Erhöhung des Stammkapitals setzt einen Beschluß auf Abänderung des Gesellschaftsvertrages voraus.

(2) Zur Übernahme der neuen Stammeinlagen können von der Gesellschaft die bisherigen Gesellschafter oder andere Personen zugelassen werden.

(3) Mangels einer anderweitigen Festsetzung im Gesellschaftsvertrage oder Erhöhungsbeschlusse steht den bisherigen Gesellschaftern binnen vier Wochen vom Tage der Beschlußfassung an ein Vorrecht zur Übernahme der neuen Stammeinlagen nach Verhältnis der bisherigen zu.

(4) Die Übernahmserklärung bedarf der „Form eines Notariatsakts“. *(BGBl I 2013/109)*

(5) [1]In der Übernahmserklärung dritter Personen muß der Beitritt zur Gesellschaft nach Maßgabe des Gesellschaftsvertrages beurkundet werden. [2]Ferner sind in der Erklärung außer dem Betrage der Stammeinlage auch die sonstigen Leistungen, zu denen der Übernehmer nach dem Gesellschaftsvertrage verpflichtet sein soll, anzugeben.

(6) Die §§ 6, 6a, 10 und 10a sind auf die Erhöhung des Stammkapitals sinngemäß anzuwenden; bei Kapitalerhöhungen mit Sacheinlagen kann der Beschluß nur gefaßt werden, wenn die Einbringung von Sacheinlagen ausdrücklich und fristgemäß angekündigt worden ist. *(BGBl I 1997/114)*

§ 53. (1) Der Beschluß auf Erhöhung des Stammkapitals ist zum Firmenbuch anzumelden, sobald das erhöhte Stammkapital durch Übernahme der Stammeinlagen gedeckt und deren Einzahlung erfolgt ist.

(2) Der Anmeldung sind die Übernahmserklärungen in notarieller Ausfertigung oder in beglaubigter Abschrift beizuschließen. *(BGBl I 2006/103)*

3. Titel

Herabsetzung des Stammkapitals

§ 54. (1) [1]Die Herabsetzung des Stammkapitals kann nur auf Grund eines Beschlusses auf Abänderung des Gesellschaftsvertrages und nach Durchführung des in diesem Gesetze bestimmten Aufgebotsverfahrens erfolgen. [2]Der Beschluß muß den Umfang und den Zweck der Herabsetzung des Stammkapitals bestimmt bezeichnen und die Art der Durchführung festsetzen.

(2) Als Herabsetzung des Stammkapitals gilt jede Verminderung der im Gesellschaftsvertrage bestimmten Höhe des Stammkapitals, mag diese durch eine Rückzahlung von Stammeinlagen an die Gesellschafter, durch eine Herabsetzung des Nennbetrages der Stammeinlagen oder durch die gänzliche oder teilweise Befreiung der Gesellschafter und ihrer haftungspflichtigen Vormänner von der Verpflichtung zur Volleinzahlung der Stammeinlagen erfolgen.

(3) [1]Eine Herabsetzung des Stammkapitals unter „35 000"**Euro ist unzulässig. [2]Erfolgt die Herabsetzung durch Zurückzahlung von Stammeinlagen oder durch Befreiung von der Volleinzahlung, so darf der verbleibende Betrag jeder Stammeinlage nicht unter „70 Euro"* herabgesetzt werden. *(BGBl 1980/320; *BGBl I 1998/125; **BGBl I 2014/13)*

(4) [1]Das Stammkapital kann jedoch unter den nach § 6 Abs. 1 zulässigen Mindestnennbetrag herabgesetzt werden, wenn dieser durch eine zugleich mit der Herabsetzung des Stammkapitals beschlossene Erhöhung des Stammkapitals, bei der Sacheinlagen nicht bedungen sind, wieder erreicht wird. [2]§ 181 Abs. 2 AktG gilt sinngemäß. *(BGBl I 1997/114)*

§ 55. (1) [1]Die beabsichtigte Herabsetzung des Stammkapitals ist von sämtlichen Geschäftsführern zum Firmenbuch anzumelden. [2]Das Handelsgericht hat unter sinngemäßer Anwendung des § 11, Abs. 1, über die Eintragung zu beschließen.

(2) [1]„Die Geschäftsführer haben unverzüglich, nachdem sie von der Eintragung benachrichtigt worden sind, die beabsichtigte Herabsetzung des Stammkapitals in den Bekanntmachungsblättern zu veröffentlichen." [2]Hiebei ist bekanntzugeben, daß die Gesellschaft allen Gläubigern, deren Forderungen am Tage der letzten Veröffentlichung dieser Mitteilung bestehen, auf Verlangen Befriedigung oder Sicherstellung zu leisten bereit sei, und daß Gläubiger, die sich nicht binnen drei Monaten von dem bezeichneten Tage an bei der Gesellschaft melden, als der beabsichtigten Herabsetzung des Stammkapitals zustimmend erachtet würden. [3]Bekannten Gläubigern ist diese Mitteilung unmittelbar zu machen. *(BGBl 1980/320)*

§ 56. (1) Die durch Herabsetzung des Stammkapitals bewirkte Abänderung des Gesellschaftsvertrages kann erst nach Ablauf der für die Anmeldung der Gläubiger bestimmten Frist zum Firmenbuch angemeldet werden.

(2) Der Anmeldung sind beizuschließen:

1. der Nachweis, daß die in § 55, Absatz 2, vorgeschriebene Veröffentlichung erfolgt ist;

2. der Nachweis, daß die Gläubiger, die sich gemeldet haben, befriedigt oder sichergestellt sind;

3. die Erklärung, daß sämtlichen bekannten Gläubigern die Mitteilung im Sinne des § 55, Absatz 2, gemacht worden ist und daß sich andere als die befriedigten oder sichergestellten Gläubiger innerhalb der Frist nicht gemeldet haben „." *(BGBl I 2006/103)*

4. *(aufgehoben, BGBl I 2006/103)*

(3) Ist der Nachweis der Befriedigung oder Sicherstellung von Gläubigern oder die Erklärung über das Ergebnis des Aufgebotsverfahrens falsch, so haften sämtliche Geschäftsführer den Gläubigern, betreffs deren eine falsche Angabe gemacht wurde, für den ihnen dadurch verursachten Schaden zur ungeteilten Hand bis zu dem Betrage, für den aus dem Gesellschaftsvermögen Befriedigung nicht erlangt werden konnte.

(4) Den Geschäftsführer, der beweist, daß er die Unrichtigkeit des Nachweises oder der Erklärung ungeachtet der Anwendung der Sorgfalt eines ordentlichen Geschäftsmannes nicht gekannt habe, trifft diese Haftung nicht.

§ 57. (1) Zahlungen an die Gesellschafter auf Grund der Herabsetzung des Stammkapitals sind erst nach Eintragung der betreffenden Abänderung des Gesellschaftsvertrages in das Firmenbuch zulässig.

(2) In dem gleichen Zeitpunkte erlangt auch eine durch die Herabsetzung bezweckte Befreiung von der Verpflichtung zur Leistung der Einzahlungen auf nicht voll eingezahlte Stammeinlagen Wirksamkeit.

§ 58. [1]Bei Gesellschaften, bei denen die Vermögenssubstanz durch den Geschäftsbetrieb naturgemäß ganz oder größtenteils aufgezehrt werden muß, oder bei denen das Vermögen aus zeitlich beschränkten Rechten besteht, kann die Zurückzahlung von Stammeinlagen im ganzen oder in Teilbeträgen ohne Durchführung des Aufgebotsverfahrens und ohne Rücksicht auf die Höhe des übrig bleibenden Stammkapitals im Gesellschaftsvertrage vorbehalten werden, wenn diese Zurückzahlung nach vollständiger Einzahlung der Stammeinlage und nur aus dem im jeweiligen Bilanzjahr erzielten oder den in den Vorjahren reservierten Reinerträgnissen erfolgt. [2]Ein den zurückgezahlten Stammeinlagen gleichkommender Betrag muß in der Bilanz als Passivpost aufgeführt werden. [3]Art und Voraussetzungen der Zurückzahlung müssen im Gesellschaftsvertrage genau bestimmt werden. [4]„Im Fall einer teilweisen Zurückzahlung darf eine Stammeinlage nicht unter „70 Euro"** herabgesetzt werden."* *(*BGBl 1980/320; **BGBl I 1998/125)*

§ 59. (1) [1]Eine Herabsetzung des Stammkapitals, die dazu dienen soll, einen sonst auszuweisenden Bilanzverlust zu decken und allenfalls Beträge in die gebundene Kapitalrücklage einzustellen, kann in vereinfachter Form vorgenommen werden. [2]Im Beschluß ist festzusetzen, daß die Herabsetzung zu diesen Zwecken stattfindet. [3]Dieser Beschluß kann nur auf Grund eines Beschlusses auf Abänderung des Gesellschaftsvertrags erfolgen. [4]Die Herabsetzung des Stammkapitals ist von sämtlichen Geschäftsführern zum Firmenbuch anzumelden. [5]Das Gericht hat unter sinngemäßer Anwendung des § 11 über die Eintragung zu beschließen. [6]Die §§ 183 und 185 bis 188 AktG gelten sinngemäß. [7]Bei Anwendung des § 187 Abs. 2 AktG ist jedoch den bekannten Gläubigern eine unmittelbare Mitteilung zu machen.

(2) [1]Die Beträge, die aus der Auflösung der Rücklagen und aus der Kapitalherabsetzung gewonnen werden, dürfen nicht zu Zahlungen an die Gesellschafter und nicht dazu verwendet werden, die Gesellschafter von der Verpflichtung zur Leistung von Einlagen zu befreien. [2]Diese Beträge dürfen nur zur Abdeckung eines sonst auszuweisenden Bilanzverlustes und allenfalls zur Einstellung von Beträgen in die gebundene Kapitalrücklage verwendet werden; dies ist nur zulässig, soweit die Einstellung im Beschluß als Zweck der Herabsetzung angegeben ist.

(BGBl I 1997/114)

§ 60. (1) [1]Wird die vereinfachte Kapitalherabsetzung gemäß § 59 in sinngemäßer Anwendung des § 188 AktG und zugleich mit der Herabsetzung des Stammkapitals eine Erhöhung des Stammkapitals beschlossen, so kann auch die Kapitalerhöhung in dem Jahresabschluß als vollzogen berücksichtigt werden. [2]Die Beschlußfassung ist nur zulässig, wenn die neuen Stammeinlagen übernommen, keine Sacheinlagen bedungen sind und wenn auf jede erhöhte Stammeinlage die Mindestzahlung gemäß § 10 Abs. 1 geleistet ist. [3]Die Zahlung kann auch auf ein Bankkonto des Übernehmers geleistet werden, wenn sich die Bank für die Dauer der Verbindlichkeit der Übernahmserklärung unwiderruflich verpflichtet, den eingezahlten Betrag (samt Zinsen) bei Nachweis der Eintragung der Kapitalerhöhung zur freien Verfügung der Gesellschaft zu stellen; über dieses Guthaben kann der Übernehmer vor Ablauf der Frist des Abs. 2 nicht verfügen. [4]Davon ausgenommen sind Verfügungen des Übernehmers zur Deckung von Abgaben, Gebühren und Kosten der Kapitalerhöhung. [5]Das Guthaben ist nicht pfändbar. [6]Der Nachweis der Übernahme der erhöhten Stammeinlagen und der Einzahlung ist dem Notar zu erbringen, der den Beschluß über die Erhöhung des Stammkapitals beurkundet. [7]Hat der Übernehmer erklärt, daß die Übernahmserklärung unverbindlich wird, wenn die Erhöhung des Stammkapitals nicht bis zu einem bestimmten Zeitpunkt eingetragen worden ist, so kann dieser Zeitpunkt frühestens für den sechzigsten Tag nach der Übernahmserklärung festgesetzt werden.

(2) [1]Sämtliche Beschlüsse sind unwirksam, wenn die Beschlüsse über die Herabsetzung des Stammkapitals und über die Erhöhung des Stammkapitals nicht binnen drei Monaten nach der Beschlußfassung in das Firmenbuch eingetragen worden sind; der Lauf der Frist ist gehemmt, solange eine Klage gemäß § 41 anhängig ist oder eine zur Herabsetzung des Stammkapitals oder dessen Erhöhung beantragte behördliche oder gerichtliche Genehmigung noch nicht erteilt ist. [2]Die Beschlüsse über die Herabsetzung und Erhöhung des Stammkapitals sind gemeinsam in das Firmenbuch einzutragen.

(3) Die §§ 190 und 191 AktG sind sinngemäß anzuwenden.

(BGBl I 1997/114)

II. Hauptstück

Rechtsverhältnisse der Gesellschaft und der Gesellschafter

Erster Abschnitt

Rechtsverhältnisse der Gesellschaft

§ 61. (1) Die Gesellschaft mit beschränkter Haftung als solche hat selbständig ihre Rechte und Pflichten; sie kann Eigentum und andere dingliche Rechte an Grundstücken erwerben, vor Gericht klagen und geklagt werden.

(2) Für die Verbindlichkeiten der Gesellschaft haftet ihren Gläubigern nur das Gesellschaftsvermögen.

(3) *(aufgehoben, BGBl I 2005/120)*

§ 62. *(aufgehoben, BGBl 1980/320)*

Zweiter Abschnitt
Die Stammeinlagen

§ 63. (1) Jeder Gesellschafter ist verpflichtet, die von ihm übernommene Stammeinlage in voller Höhe nach Maßgabe des Gesellschaftsvertrages und der von den Gesellschaftern gültig gefaßten Beschlüsse einzuzahlen.

(2) Soweit durch den Gesellschaftsvertrag oder durch einen gültig gefaßten Abänderungsbeschluß nichts anderes bestimmt ist, sind die Einzahlungen auf die Stammeinlagen von sämtlichen Gesellschaftern nach Verhältnis ihrer in Barem zu leistenden Stammeinlagen zu machen.

(3) [1]Die Erfüllung dieser Zahlungspflicht kann einzelnen Gesellschaftern weder erlassen noch gestundet werden. [2]Durch Kompensation mit einer Forderung an die Gesellschaft kann ihr nicht genügt werden.

(4) Ebensowenig findet an dem Gegenstande einer nicht in Geld zu leistenden Einlage wegen Forderungen, die sich nicht auf den Gegenstand beziehen, ein Zurückbehaltungsrecht statt.

(5) Eine Leistung auf die Stammeinlage, die nicht in barem Gelde besteht, oder die durch Aufrechnung einer für die Überlassung von Vermögensgegenständen zu gewährenden Vergütung bewirkt wird, befreit den Gesellschafter von seiner Verpflichtung zur Zahlung der Stammeinlage nur insoweit, als sie in Ausführung einer im Gesellschaftsvertrage getroffenen Vereinbarung geschieht.

(6) Vorbehalte und Einschränkungen bei der Übernahme oder Zahlung von Stammeinlagen sind wirkungslos.

§ 64. (1) Jede Einforderung weiterer Einzahlungen nicht voll eingezahlter Stammeinlagen ist unter Angabe des eingeforderten Betrages von sämtlichen Geschäftsführern zum Firmenbuch anzumelden und vom Handelsgerichte zu veröffentlichen.

(2) [1]Für einen durch Unterlassung der Anmeldung oder durch falsche Angaben verursachten Schaden haften die Geschäftsführer dem dadurch Beschädigten persönlich zur ungeteilten Hand. [2]Diese Ersatzansprüche verjähren in fünf Jahren von dem Tage, an dem die beschädigte Partei von der Einforderung Kenntnis erhalten hat.

§ 65. (1) [1]Ein Gesellschafter, der die auf die Stammeinlage geforderten Einzahlungen nicht rechtzeitig leistet, ist unbeschadet einer weiteren Ersatzpflicht zur Zahlung von Verzugszinsen verpflichtet. [2]Im Gesellschaftsvertrage können für den Fall des Verzuges Konventionalstrafen festgesetzt werden.

(2) Enthält der Gesellschaftsvertrag keine besonderen Vorschriften darüber, wie die Aufforderung zur Einzahlung zu geschehen hat, so genügt es, wenn die Aufforderung durch ein mit der Geschäftsführung betrautes Organ mittels rekommandierten Schreibens erfolgt ist.

§ 66. (1) [1]Erfolgt die Einzahlung nicht rechtzeitig, so kann die Gesellschaft den säumigen Gesellschaftern unter Bestimmung einer Nachfrist für die Einzahlung den Ausschluß aus der Gesellschaft mittels rekommandierten Schreibens androhen. [2]Die Nachfrist ist mindestens mit einem Monate vom Empfange der Aufforderung an zu bemessen. [3]Einzelne säumige Gesellschafter von der Androhung des Ausschlusses auszunehmen ist unzulässig.

(2) [1]Nach fruchtlosem Ablaufe der Nachfrist sind die säumigen Gesellschafter durch die Geschäftsführer als ausgeschlossen zu erklären und hievon abermals mittels rekommandierten Schreibens zu benachrichtigen. [2]Mit der Erklärung der Ausschließung ist der Verlust sämtlicher Rechte aus dem Geschäftsanteile, namentlich aller hierauf geleisteten Einzahlungen, verbunden.

§ 67. (1) Für den von dem ausgeschlossenen Gesellschafter nicht bezahlten Betrag der Stammeinlagen samt Verzugszinsen haften der Gesellschaft alle seine Vormänner, die innerhalb der letzten fünf Jahre vor Erlassung der Einzahlungsaufforderung (§ 64) als Gesellschafter im Firmenbuch (§§ 9, 26) verzeichnet waren. *(BGBl 1991/10)*

(2) [1]Ein früherer Rechtsvorgänger haftet nur, soweit die Zahlung von dessen Rechtsnachfolger nicht zu erlangen ist. [2]Dies ist bis zum Beweise des Gegenteiles anzunehmen, wenn letzterer innerhalb eines Monates, nachdem er zur Zahlung aufgefordert und der Rechtsvorgänger hievon benachrichtigt worden war, keine Zahlung geleistet hat. [3]Aufforderung und Benachrichtigung haben mittels rekommandierten Schreibens zu erfolgen.

(3) Der Rechtsvorgänger erwirbt gegen Zahlung des geschuldeten Betrages den Geschäftsanteil des ausgeschlossenen Gesellschafters.

§ 68. (1) Ist die Zahlung des rückständigen Betrages von Rechtsvorgängern nicht zu erlangen oder sind keine Rechtsvorgänger vorhanden, so kann die Gesellschaft den Geschäftsanteil verkaufen.

(2) [1]Innerhalb eines Monates kann der Verkauf aus freier Hand zu einem Preise vorgenommen werden, der den Bilanzwert des Geschäftsanteiles mindestens erreicht. [2]Nach Ablauf der einmonatlichen Frist kann die Gesellschaft den Geschäftsanteil nur im Wege öffentlicher Versteigerung verkaufen lassen.

(3) Die Versteigerung ist durch ein hiezu befugtes Organ, durch einen Handelsmäkler oder durch das Gericht zu bewirken. *(BGBl 1990/475)*

(4) [1]Der Zuschlag erlangt erst Wirksamkeit, wenn die Gesellschaft der Übertragung des Geschäftsanteils an den Ersteher zustimmt. [2]Diese Zustimmung gilt als erteilt, wenn der Ersteher nicht binnen acht Tagen nach der Versteigerung von der Verweigerung der Zustimmung benachrichtigt worden ist.

(5) [1]Übersteigt der Erlös den geschuldeten Betrag, so ist der Überschuß zunächst auf den noch unberichtigten Teil der Stammeinlage in Anrechnung zu bringen. [2]Um diesen Betrag vermindert sich die Haftung des ausgeschlossenen Gesellschafters. [3]Ein weiter gehender Überschuß fließt dem ausgeschlossenen Gesellschafter zu.

§ 69. (1) Der säumige Gesellschafter bleibt ungeachtet seines Ausschlusses für den rückständigen Betrag vor allen übrigen verhaftet.

(2) Ebenso wird durch den Ausschluß die Haftung des säumigen Gesellschafters für weitere Einzahlungen nicht berührt.

§ 70. (1) Soweit eine Stammeinlage weder von den Zahlungspflichtigen eingebracht werden kann, noch durch Verkauf des Geschäftsanteiles gedeckt wird, haben die übrigen Gesellschafter den Fehlbetrag nach Verhältnis ihrer Stammeinlagen aufzubringen.

(2) Beiträge, die von einzelnen Gesellschaftern nicht zu erlangen sind, werden nach dem bezeichneten Verhältnisse auf die übrigen verteilt.

(3) [1]Falls der Geschäftsanteil nicht verkauft worden ist, erwerben die Gesellschafter im Verhältnisse ihrer Beitragsleistung einen Anspruch auf den diesem Geschäftsanteile zufallenden Gewinn und Liquidationserlös. [2]Wenn nachträglich der Verkauf stattfindet, sind aus dem Erlöse den Gesellschaftern die von ihnen geleisteten Beiträge zurückzuerstatten, ein allfälliger Überschuß ist nach Vorschrift des § 68, Absatz 5, zu verwenden.

§ 71. Die in den § 67 bis 70 bezeichneten Verpflichtungen können weder ganz noch teilweise erlassen werden.

Dritter Abschnitt

Nachschüsse

§ 72. (1) Im Gesellschaftsvertrage kann bestimmt werden, daß die Gesellschafter über den Betrag der Stammeinlagen hinaus die Einforderung von weiteren Einzahlungen (Nachschüssen) beschließen können.

(2) Die Nachschußpflicht muß auf einen nach Verhältnis der Stammeinlagen bestimmten Betrag beschränkt werden; ohne diese Beschränkung ist eine die Nachschußpflicht festsetzende Bestimmung des Gesellschaftsvertrages wirkungslos.

(3) Die Einzahlung der Nachschüsse ist von sämtlichen Gesellschaftern nach Verhältnis ihrer Stammeinlagen zu leisten.

§ 73. (1) Ist ein Gesellschafter mit der Einzahlung eines eingeforderten Nachschusses säumig, so finden, wenn nicht gleichzeitig mit der Festsetzung der Nachschußpflicht im Gesellschaftsvertrage eine andere Bestimmung getroffen worden ist, die für die Einzahlung von Stammeinlagen geltenden Vorschriften (§§ 66 bis 69) Anwendung.

(2) Ein Rechtsvorgänger haftet nur bis zu dem Betrage, auf den die Nachschußpflicht zur Zeit der Anmeldung seines Austrittes im Gesellschaftsvertrage beschränkt war.

§ 74. (1) Eingezahlte Nachschüsse können, soweit sie nicht zur Deckung eines bilanzmäßigen Verlustes am Stammkapital erforderlich sind, an die Gesellschafter zurückgezahlt werden.

(2) Die Rückzahlung kann nur an sämtliche Gesellschafter nach Verhältnis ihrer Stammeinlagen und nicht vor Ablauf von drei Monaten erfolgen, nachdem der Rückzahlungsbeschluß in der im § 55 bestimmten Art veröffentlicht worden ist.

(3) Ist im Gesellschaftsvertrage bestimmt, daß die Einforderung von Nachschüssen schon vor vollständiger Einzahlung der Stammeinlagen zulässig ist, so kann die Zurückzahlung solcher Nachschüsse vor der Volleinzahlung des Stammkapitals nicht erfolgen.

(4) Rückzahlungen, die ohne Beobachtung dieser Vorschriften erfolgt sind, machen den Empfänger, die mit der Geschäftsführung betrauten Organe und die übrigen Gesellschafter nach Maßgabe der Bestimmungen der § 25 und 83 haftbar.

(5) Zurückgezahlte Nachschüsse kommen bei der Bestimmung der im Gesellschaftsvertrage festgesetzten Grenze der Nachschußpflicht nicht in Anrechnung.

(6) In der Bilanz muß den in die Aktiven aufgenommenen Nachschußansprüchen ein gleicher Kapitalsbetrag in den Passiven gegenübergestellt werden.

Vierter Abschnitt

Die Geschäftsanteile

§ 75. (1) Der Geschäftsanteil jedes Gesellschafters bestimmt sich mangels anderweitiger Festsetzung im Gesellschaftsvertrage nach der Höhe der von ihm übernommenen Stammeinlage.

(2) [1]Jedem Gesellschafter steht nur ein Geschäftsanteil zu. [2]Übernimmt ein Gesellschafter

nach Errichtung der Gesellschaft eine weitere Stammeinlage, so wird sein bisheriger Geschäftsanteil in dem der erhöhten Stammeinlage entsprechenden Verhältnisse erhöht.

(3) [1]Wenn den Gesellschaftern über ihre Beteiligung Urkunden ausgestellt werden, so ist die Übertragung einer solchen Urkunde durch Indossament wirkungslos. [2]Auch dürfen solche Urkunden nicht auf Inhaber lauten.

(4) Die Ausstellung von Dividendenscheinen, von deren Einlieferung die Auszahlung des jährlichen Gewinnes abhängig gemacht wird, ist verboten und wirkungslos.

§ 76. (1) Die Geschäftsanteile sind übertragbar und vererblich.

(2) [1]Zur Übertragung von Geschäftsanteilen mittels Rechtsgeschäftes unter Lebenden bedarf es eines Notariatsaktes. [2]Der gleichen Form bedürfen Vereinbarungen über die Verpflichtung eines Gesellschafters zur künftigen Abtretung eines Geschäftsanteiles. [3]Im Gesellschaftsvertrage kann die Übertragung von weiteren Voraussetzungen, insbesondere von der Zustimmung der Gesellschaft abhängig gemacht werden. *(BGBl 1980/320)*

(3) [1]Die Übertragungsbefugnis schließt auch die Befugnis zur vertragsmäßigen Verpfändung in sich. [2]Zu letzterer ist ein Notariatsakt nicht erforderlich.

(4) *(aufgehoben, BGBl I 2021/86)*

§ 77. [1]Wenn der Gesellschaftsvertrag bestimmt, daß die Zustimmung der Gesellschaft zur Übertragung des Geschäftsanteiles notwendig ist, so kann, falls diese Zustimmung versagt wird, dem betreffenden Gesellschafter, wenn er die Stammeinlage vollständig eingezahlt hat, von dem Handelsgerichte des Sitzes der Gesellschaft die Übertragung des Geschäftsanteiles gestattet werden, wenn ausreichende Gründe für die Verweigerung der Zustimmung nicht vorliegen und wenn die Übertragung ohne Schädigung der Gesellschaft, der übrigen Gesellschafter und der Gläubiger erfolgen kann. [2]Das Gericht hat vor der Entscheidung die Geschäftsführer zu hören. [3]Auch wenn das Gericht die Zustimmung zur Übertragung erteilt hat, kann diese Übertragung dennoch nicht wirksam stattfinden, wenn die Gesellschaft innerhalb eines Monats nach Rechtskraft der Entscheidung dem betreffenden Gesellschafter mittels rekommandierten Schreibens mitteilt, daß sie die Übertragung des betreffenden Geschäftsanteiles zu den gleichen Bedingungen an einen anderen von ihr bezeichneten Erwerber gestatte.

§ 78. (1) Im Verhältnis zur Gesellschaft gilt nur derjenige als Gesellschafter, der im Firmenbuch als solcher aufscheint. *(BGBl 1991/10)*

(2) Für die zur Zeit der Anmeldung des Überganges eines Geschäftsanteiles auf diesen rückständigen Leistungen ist der Erwerber zur ungeteilten Hand mit dem Rechtsvorgänger verhaftet.

(3) Die Ansprüche der Gesellschaft wider den Rechtsvorgänger erlöschen binnen fünf Jahren vom Tage der Anmeldung des Erwerbers.

§ 79. (1) [1]Die Teilung eines Geschäftsanteiles ist, den Fall der Vererbung ausgenommen, nur zulässig, wenn im Gesellschaftsvertrage den Gesellschaftern die Abtretung von Teilen eines Geschäftsanteiles gestattet ist. [2]Dabei kann die Zustimmung der Gesellschaft zur Abtretung von Teilen überhaupt oder doch zur Abtretung an Personen, die der Gesellschaft nicht schon als Gesellschafter angehören, vorbehalten werden.

(2) Im Gesellschaftsvertrage kann auch die Zustimmung der Gesellschaft zur Teilung von Geschäftsanteilen verstorbener Gesellschafter unter deren Erben vorbehalten werden.

(3) Die Zustimmung der Gesellschaft bedarf der schriftlichen Form; sie muß die Person des Erwerbers und den Betrag der Stammeinlage bezeichnen, der von dem Erwerber übernommen wird.

(4) Die Vorschriften des § 78, ferner jene über den Mindestbetrag einer Stammeinlage und über die Mindesteinzahlung darauf finden auch bei der Teilung von Geschäftsanteilen Anwendung.

(5) *(aufgehoben, BGBl 1980/320)*

§ 80. (1) [1]Gehört ein Geschäftsanteil mehreren Mitberechtigten, so können sie ihre Rechte daraus nur gemeinschaftlich ausüben. [2]Für Leistungen, die auf den Geschäftsanteil zu bewirken sind, haften sie zur ungeteilten Hand.

(2) Rechtshandlungen, die von der Gesellschaft gegenüber dem Inhaber des Geschäftsanteiles vorzunehmen sind, geschehen, wenn nicht der Gesellschaft ein gemeinsamer Vertreter bekanntgegeben worden ist, mit rechtlicher Wirkung gegenüber jedem der Mitberechtigten.

§ 81. [1]Der Erwerb und die Pfandnahme eigener Geschäftsanteile durch die Gesellschaft ist verboten und wirkungslos. [2]Zulässig ist der Erwerb im Exekutionswege zur Hereinbringung eigener Forderungen der Gesellschaft. [3]„Auf den unentgeltlichen Erwerb eigener Anteile, auf den Erwerb eigener Anteile im Weg der Gesamtrechtsnachfolge und auf den Erwerb eigener Anteile zur Entschädigung von Minderheitsgesellschaftern sind die entsprechenden, für den Erwerb eigener Aktien geltenden Vorschriften sinngemäß anzuwenden.“ *(BGBl I 2007/72)*

§ 82. (1) Die Gesellschafter können ihre Stammeinlage nicht zurückfordern; sie haben, so lange die Gesellschaft besteht, nur Anspruch auf den nach dem Jahresabschluß als Überschuß der Aktiven über die Passiven sich ergebenden Bilanzgewinn, soweit dieser nicht aus dem Gesellschaftsvertrag oder durch einen Beschluß der Gesellschafter von der Verteilung ausgeschlossen ist. *(BGBl 1990/475)*

(2) Die Verteilung des Bilanzgewinns erfolgt in Ermangelung besonderer Bestimmungen des Gesellschaftsvertrages nach Verhältnis der eingezahlten Stammeinlagen. *(BGBl 1990/475)*

(3) Zinsen von bestimmter Höhe dürfen für die Gesellschafter weder bedungen noch ausbezahlt werden.

(4) Für wiederkehrende Leistungen, zu denen die Gesellschafter nach dem Gesellschaftsvertrage neben den Stammeinlagen verpflichtet sind (§ 8), darf nach Maßgabe der im Gesellschaftsvertrage festgesetzten Bemessungsgrundsätze eine den Wert dieser Leistungen nicht übersteigende Vergütung ohne Rücksicht darauf bezahlt werden, ob der „Jahresabschluß" einen Reingewinn ergibt. *(BGBl 1980/320)*

(5) Wird den Geschäftsführern oder dem Aufsichtsrate in der Zeit zwischen dem Schlusse des Geschäftsjahres und der Beschlußfassung der Gesellschafter über den „Jahresabschluß" bekannt, daß der Vermögensstand der Gesellschaft durch eingetretene Verluste oder Wertverminderungen erheblich und voraussichtlich nicht bloß vorübergehend geschmälert worden ist, so ist der nach der Bilanz sich ergebende Gewinn in einem der erlittenen Schmälerung des Vermögens entsprechenden Betrage von der Verteilung ausgeschlossen und auf Rechnung des laufenden Geschäftsjahres zu übertragen. *(BGBl 1980/320)*

§ 83. (1) [1]Gesellschafter, zu deren Gunsten gegen die Vorschriften dieses Gesetzes, gegen die Bestimmungen des Gesellschaftsvertrages oder entgegen einem Gesellschaftsbeschlusse Zahlungen von der Gesellschaft geleistet worden sind, sind der Gesellschaft zum Rückersatze verpflichtet. [2]Was ein Gesellschafter in gutem Glauben als Gewinnanteil bezogen hat, kann er jedoch in keinem Falle zurückzuzahlen verhalten werden.

(2) Ist die Erstattung weder von dem Empfänger noch von den Geschäftsführern zu erlangen, so haften, insoweit durch die Zahlung das Stammkapital vermindert ist, für den Abgang am Stammkapitale die Gesellschafter nach Verhältnis ihrer Stammeinlagen.

(3) Beiträge, die von einzelnen Gesellschaftern nicht zu erlangen sind, werden nach dem bezeichneten Verhältnisse auf die übrigen verteilt.

(4) Zahlungen, die auf Grund der vorstehenden Bestimmungen zu leisten sind, können den Verpflichteten weder ganz noch teilweise erlassen werden.

(5) Die Ansprüche der Gesellschaft verjähren in fünf Jahren, sofern sie nicht beweist, daß der Ersatzpflichtige die Widerrechtlichkeit der Zahlung kannte.

III. Hauptstück
Auflösung

Erster Abschnitt
Auflösung

§ 84. (1) Die Gesellschaft mit beschränkter Haftung wird aufgelöst:

1. durch Ablauf der im Gesellschaftsvertrage bestimmten Zeit;

2. durch Beschluß der Gesellschafter, welcher der notariellen Beurkundung bedarf;

3. durch Beschluß auf Fusion mit einer Aktiengesellschaft oder einer anderen Gesellschaft mit beschränkter Haftung (§ 96);

4. durch die Eröffnung des Konkursverfahrens oder mit der Rechtskraft eines Beschlusses, durch den das Insolvenzverfahren mangels kostendeckenden Vermögens nicht eröffnet oder aufgehoben wird; *(BGBl I 2010/58)*

5. durch Verfügung der Verwaltungsbehörde;

6. durch Beschluß des Handelsgerichtes.

(2) Im Gesellschaftsvertrage können weitere Auflösungsgründe festgesetzt sein.

(3) *(aufgehoben, BGBl 1980/320)*

§ 85. *(aufgehoben, BGBl 1982/371)*

§ 86. (1) Die Auflösung einer Gesellschaft mit beschränkter Haftung kann von der Verwaltungsbehörde verfügt werden:

1. wenn die Gesellschaft die durch die Bestimmungen dieses Gesetzes (§ 1 Abs. 2) gezogenen Grenzen ihres Wirkungskreises überschreitet;

2. wenn die Geschäftsführer im Betrieb des gesellschaftlichen Unternehmens sich einer gerichtlich strafbaren Handlung schuldig machen und nach der Art der begangenen strafbaren Handlung im Zusammenhalt mit dem Charakter des gesellschaftlichen Unternehmens von dem weiteren Betrieb desselben Mißbrauch zu besorgen wäre.

(2) Die Auflösung zu verfügen ist berufen:

1. wenn es sich um den Betrieb von Versicherungsgeschäften handelt, der Bundesminister für Finanzen;

2. bei anderen Gesellschaften der für den Sitz der Gesellschaft zuständige Landeshauptmann.

(3) Gegen die Entscheidung des Landeshauptmannes kann binnen zwei Wochen die Berufung

an den Bundesminister für Inneres ergriffen werden.

(4) § 6 Abs. 4 des Bankwesengesetzes, BGBl. Nr. 532/1993[1)], bleibt unberührt.

(BGBl 1980/320)

[1)] Früher § 6 Abs 3 KWG; vgl § 105 (2) BWG, BGBl 1993/532.

§ 87. *(aufgehoben, DRGBl 1938 I S 1999)*

§ 88. (1) [1]Die Auflösung der Gesellschaft durch Zeitablauf oder Beschluß der Gesellschafter muß durch die Geschäftsführer sofort zum Firmenbuch angemeldet werden. [2]Die von der Verwaltungsbehörde rechtskräftig verfügte Auflösung ist dem Handelsgerichte von Amts wegen mitzuteilen.

(2) Das Gericht hat die Auflösung in allen Fällen, und zwar wenn sie durch gerichtliches Erkenntnis rechtskräftig ausgesprochen, oder wenn sie durch Konkurseröffnung erfolgt ist, von Amts wegen ungesäumt unter Ersichtlichmachung der Art der Auflösung in das Firmenbuch einzutragen.

(3) [1]Kommen die Geschäftsführer einer an sie ergangenen Aufforderung des Gerichtes zur Erstattung der ihnen obliegenden Anmeldung der Auflösung nicht nach, so ist die Aufforderung unter Bestimmung einer Frist mit dem Beisatze zu wiederholen, daß nach Ablauf der Frist die Auflösung unter gleichzeitiger Ernennung der Liquidatoren durch das Gericht von Amts wegen eingetragen würde. [2]Vor Eintragung der Auflösung und Ernennung der Liquidatoren hat das Gericht die Geschäftsführer und nach Ermessen auch einen oder mehrere der mit der Geschäftsführung nicht betrauten Gesellschafter zu vernehmen.

Zweiter Abschnitt

Liquidation

§ 89. (1) Der Auflösung der Gesellschaft hat, wenn das Gesetz nichts anderes bestimmt, die Liquidation zu folgen.

(2) [1]Als Liquidatoren treten die Geschäftsführer ein, wenn nicht durch den Gesellschaftsvertrag oder einen Beschluß der Gesellschafter eine oder mehrere andere Personen dazu bestellt werden. [2]„Doch kann das Handelsgericht auch außer dem Falle des § 88 Abs. 3 auf Antrag des Aufsichtsrates oder auf Antrag von Gesellschaftern, deren Stammeinlagen den zehnten Teil des Stammkapitals oder den Nennbetrag von „700 000 Euro"** oder eine im Gesellschaftsvertrag festgelegte geringere Höhe erreichen, aus wichtigen Gründen neben diesen oder an deren Stelle andere Liquidatoren ernennen."* *(*BGBl 1990/475; **BGBl I 1998/125)*

(3) Gerichtlich ernannte Liquidatoren können aus wichtigen Gründen durch das Gericht, Liquidatoren, die nicht von dem Gerichte ernannt sind, durch Beschluß der Gesellschafter, und unter den Voraussetzungen des Absatzes 2 auch durch das Gericht jederzeit abberufen werden.

(4) [1]Die ersten Liquidatoren sowie ihre Vertretungsbefugnis „ ", jeder Wechsel der Liquidatoren und jede Änderung ihrer Vertretungsbefugnis sind durch die Liquidatoren zur Eintragung in das Firmenbuch anzumelden. [2]Der Anmeldung sind die Urkunden über die Bestellung oder Abberufung sowie über die Vertretungsbefugnis in Urschrift oder öffentlich beglaubigter Abschrift für das Gericht des Sitzes der Gesellschaft beizufügen. [3]Die Eintragung der gerichtlichen Ernennung oder Abberufung von Liquidatoren in das Firmenbuch erfolgt von Amts wegen. *(BGBl 1991/10; BGBl I 2006/103)*

(5) Das in § 24 für die Geschäftsführer ausgesprochene Verbot findet auf die Liquidatoren keine Anwendung.

§ 90. (1) Bei der Liquidation kommen die Vorschriften der §§ 149, 150 Abs. 1 und 153 UGB zur Anwendung. *(BGBl I 2005/120)*

(2) Die Liquidatoren haben, selbst wenn sie von dem Gerichte ernannt sind, bei der Geschäftsführung den von den Gesellschaftern gefaßten Beschlüssen Folge zu leisten.

(3) [1]Die Ausschreibung weiterer Einzahlungen auf nicht voll eingezahlte Stammeinlagen ist nach Auflösung der Gesellschaft nur insoweit zulässig, als es zur Befriedigung der Gläubiger erforderlich erscheint. [2]Die Einzahlungen sind stets nach Verhältnis der bis zur Auflösung geleisteten Einzahlungen zu fordern.

(4) Die Verwertung des Gesellschaftsvermögens durch Veräußerung des Vermögens als Ganzes kann nur auf Grund eines mit einer Mehrheit von drei Vierteilen der abgegebenen Stimmen gefaßten Beschlusses der Gesellschafter erfolgen.

§ 91. (1) [1]„Die Liquidatoren haben für den Beginn der Liquidation eine Bilanz (Eröffnungsbilanz) und weiterhin für den Schluß jedes Geschäftsjahres einen Jahresabschluß und einen Lagebericht aufzustellen. [2]§ 211 Abs. 1 letzter Halbsatz und Abs. 2 bis 5 des Aktiengesetzes 1965 sind sinngemäß anzuwenden." [3]Die Liquidatoren haben ferner die Auflösung der Gesellschaft in den Bekanntmachungsblättern zu veröffentlichen und dabei die Gläubiger der Gesellschaft aufzufordern, sich bei ihnen zu melden. [4]Bekannte Gläubiger sind hiezu unmittelbar aufzufordern. *(BGBl 1980/320; BGBl 1990/475)*

(2) [1]Die bei Auflösung der Gesellschaft vorhandenen und die während der Liquidation eingehen-

den Gelder sind zur Befriedigung der Gläubiger zu verwenden. [2]Nicht erhobene Schuldbeträge sowie die Beträge für noch nicht fällige oder streitige Forderungen sind zurückzubehalten. [3]Gleiches gilt von schwebenden Verbindlichkeiten.

(3) [1]Das nach Berichtigung und Sicherstellung der Schulden verbleibende Vermögen dürfen die Liquidatoren nicht vor Ablauf von drei Monaten seit dem Tage der Veröffentlichung der durch Abs. 1 vorgeschriebenen Aufforderung an die Gläubiger unter die Gesellschafter verteilen. [2]Die Verteilung hat in Ermangelung besonderer Bestimmungen des Gesellschaftsvertrages nach dem Verhältnisse der eingezahlten Stammeinlagen zu erfolgen.

(4) Die von Gläubigern oder Gesellschaftern nicht behobenen Beträge sind vor Beendigung der Liquidation zu Gericht zu erlegen.

§ 92. (1) Insoweit die vorstehenden Paragraphen nicht abweichende Anordnungen enthalten, haben alle in diesem Gesetze hinsichtlich der Geschäftsführer getroffenen Bestimmungen sinngemäß auch in Bezug auf die Liquidatoren Anwendung zu finden.

(2) Auch hinsichtlich der Rechtsverhältnisse der Gesellschafter untereinander und gegenüber der Gesellschaft, sowie der Gesellschaft zu dritten Personen, dann der Rechte und Pflichten und der Verantwortlichkeit des Aufsichtsrates kommen die hierüber in diesem Gesetze getroffenen Anordnungen ungeachtet der Auflösung der Gesellschaft bis zur Beendigung der Liquidation zur Anwendung, soweit sich aus den Bestimmungen dieses Abschnittes und dem Zwecke der Liquidation nicht etwas anderes ergibt.

§ 93. (1) Nach Beendigung der Liquidation haben die Liquidatoren unter Nachweisung der durch Beschluß der Gesellschafter erwirkten Entlastung bei dem Handelsgerichte um die Löschung der Liquidationsfirma anzusuchen.

(2) *(aufgehoben, BGBl I 2000/142)*

(3) [1]„Die Bücher und Schriften der aufgelösten Gesellschaft sind einem der Gesellschafter oder einem Dritten auf die Dauer von sieben Jahren nach dem Schluß des Kalenderjahres, in dem die Liquidation beendet wurde, zur Aufbewahrung zu übergeben.“ [2]Die Person des Verwahrers wird in Ermanglung einer Bestimmung des Gesellschaftsvertrages oder eines Beschlusses der Gesellschafter durch das Handelsgericht bestimmt. *(BGBl 1990/475)*

(4) [1]„Die Gesellschafter und deren Rechtsnachfolger behalten das Recht auf Einsicht und Benützung der Bücher und Schriften.“ [2]Gläubiger der Gesellschaft können von dem Gerichte zur Einsicht ermächtigt werden. *(BGBl 1990/475)*

(5) Stellt sich nachträglich noch weiteres, der Verteilung unterliegendes Vermögen heraus, so hat das Handelsgericht der Hauptniederlassung auf Antrag eines Beteiligten die bisherigen Liquidatoren wieder zu berufen oder andere Liquidatoren zu ernennen.

§ 94. (1) Die Bestimmungen über die Liquidation gelangen auch dann zur Anwendung, wenn die Auflösung durch Verfügung der Verwaltungsbehörde oder Beschluß des Handelsgerichtes erfolgt.

(2) [1]Wurde jedoch in der Verfügung der Verwaltungsbehörde angeordnet, daß die Gesellschaftsorgane sofort ihre Tätigkeit einzustellen haben, so sind die Liquidatoren ausschließlich von dem Handelsgerichte zu ernennen. [2]Zugleich hat das Gericht, und zwar selbst dann, wenn die Bestellung eines Aufsichtsrates im Gesellschaftsvertrage nicht vorgesehen ist, einen Aufsichtsrat zu ernennen, dem die durch das Gesetz dem Aufsichtsrate und der Beschlußfassung der Gesellschafter zugewiesenen Aufgaben zufallen.

(3) Die Einstellung der Tätigkeit der gesellschaftlichen Organe mit der im zweiten Absatze bezeichneten Wirkung kann von der zur Auflösung zuständigen Verwaltungsbehörde auch gegenüber einer aus anderen Gründen aufgelösten Gesellschaft verfügt werden, wenn einer der in § 86 angeführten Fälle eintritt.

§ 95. (1) Die Liquidation unterbleibt, wenn der Bund, ein Land oder eine Gemeinde alle Geschäftsanteile einer Gesellschaft mit beschränkter Haftung zwecks Auflösung der Gesellschaft erworben hat oder das Vermögen einer aufgelösten Gesellschaft als Ganzes einschließlich der Schulden durch Vertrag übernimmt und erklärt, in sämtliche Verpflichtungen der Gesellschaft einzutreten, auf die Durchführung der Liquidation zu verzichten und im Fall der Übernahme durch Vertrag auch die Befriedigung der Gesellschafter zu bewirken. *(BGBl 1980/320)*

(2) Der Anmeldung der Auflösung ist eine mit allen gesetzmäßigen Erfordernissen ihrer Gültigkeit versehene Erklärung über die im Sinne des ersten Absatzes übernommenen Verpflichtungen, der Anmeldung der vertragsmäßigen Übernahme überdies der Vertrag und der ihn genehmigende Beschluß der Gesellschafter anzuschließen.

(3) [1]Zugleich mit der Eintragung ist die Firma zu löschen. [2]Der Übergang des Vermögens der Gesellschaft und der Schulden ist als im Zeitpunkte der Eintragung bewirkt anzusehen.

Dritter Abschnitt
Verschmelzung

Begriff der Verschmelzung

§ 96. (1) [1]Gesellschaften mit beschränkter Haftung können unter Ausschluß der Abwicklung verschmolzen werden. [2]Die Verschmelzung kann erfolgen

1. durch Übertragung des Vermögens einer Gesellschaft oder mehrerer Gesellschaften (übertragende Gesellschaften) im Wege der Gesamtrechtsnachfolge auf eine andere bestehende Gesellschaft (übernehmende Gesellschaft) gegen Gewährung von Geschäftsanteilen dieser Gesellschaft (Verschmelzung durch Aufnahme) oder

2. durch Übertragung der Vermögen zweier oder mehrerer Gesellschaften (übertragende Gesellschaften) jeweils im Wege der Gesamtrechtsnachfolge auf eine von ihnen dadurch gegründete neue Gesellschaft gegen Gewährung von Geschäftsanteilen dieser Gesellschaft (Verschmelzung durch Neugründung).

(2) Soweit im folgenden nichts Abweichendes bestimmt wird, sind die §§ 220 bis 233 AktG sinngemäß anzuwenden.

(BGBl 1996/304)

Vorbereitung der Verschmelzung

§ 97. (1) [1]Unbeschadet von § 100 sind die gemäß § 221a Abs. 2 AktG erforderlichen Unterlagen den Gesellschaftern zu übersenden. [2]Zwischen dem Tag der Aufgabe der Sendung zur Post und der Beschlußfassung muß mindestens ein Zeitraum von 14 Tagen liegen. [3]Die Einreichung der Unterlagen bei dem Gericht und die Veröffentlichung eines Hinweises darauf sowie die Auflegung zur Einsicht sind nicht erforderlich.

(2) [1]Die Geschäftsführer haben jedem Gesellschafter auf Verlangen ab dem Zeitpunkt der Einberufung jederzeit Auskunft auch über alle für die Verschmelzung wesentlichen Angelegenheiten der anderen Gesellschaft zu geben. [2]In der Einberufung ist auf dieses Recht ausdrücklich hinzuweisen.

(BGBl 1996/304)

Beschluß der Gesellschafter

§ 98. [1]Der Beschluß der Gesellschafter über die Verschmelzung bedarf einer Mehrheit von drei Vierteln der abgegebenen Stimmen. [2]Er kann im Gesellschaftsvertrag an weitere Erfordernisse geknüpft sein. [3]Der Beschluß bedarf der notariellen Beurkundung.

(BGBl 1996/304)

Besondere Zustimmungserfordernisse

§ 99. (1) Werden bei der übertragenden Gesellschaft durch die Verschmelzung die einzelnen Gesellschaftern durch den Gesellschaftsvertrag eingeräumten Rechte, insbesondere Rechte in der Geschäftsführung der Gesellschaft oder bei der Bestellung der Geschäftsführer oder des Aufsichtsrats beeinträchtigt, so bedarf der Verschmelzungsbeschluß der übertragenden Gesellschaft der Zustimmung dieses Gesellschafters, es sei denn, daß die übernehmende oder neu gegründete Gesellschaft gleichwertige Rechte gewährt.

(2) Sieht der Gesellschaftsvertrag einer beteiligten Gesellschaft ein Zustimmungsrecht bei der Übertragung von Geschäftsanteilen vor, so bedarf der Verschmelzungsbeschluß der Zustimmung dieses Gesellschafters; § 77 erster und zweiter Satz ist sinngemäß anwendbar.

(3) Sieht der Gesellschaftsvertrag einer beteiligten Gesellschaft für einzelne Beschlußgegenstände, die nach dem Gesetz nur einer Mehrheit von drei Viertel der abgegebenen Stimmen oder einer geringeren Mehrheit bedürfen, eine darüber hinausgehende Beschlußmehrheit vor, so bedarf auch der Verschmelzungsbeschluß dieser Gesellschaft derselben Mehrheit, es sei denn, daß im Gesellschaftsvertrag der übernehmenden oder der neu gegründeten Gesellschaft durch entsprechende Anhebung der Mehrheitserfordernisse für dieselben Beschlußgegenstände die Rechte der Minderheit gewahrt werden.

(4) Sind die Geschäftsanteile der übertragenden Gesellschaft frei übertragbar und macht der Gesellschaftsvertrag der übernehmenden oder neu gegründeten Gesellschaft die Übertragung von bestimmten Voraussetzungen, insbesondere von der Zustimmung der Gesellschaft, abhängig, so bedarf der Verschmelzungsbeschluß der Zustimmung aller Gesellschafter der übertragenden Gesellschaft.

(5) Sind bei einer beteiligten Gesellschaft die Einzahlungen auf die bar zu leistenden Stammeinlagen noch nicht vollständig geleistet, so bedarf der Verschmelzungsbeschluß der Zustimmung aller Gesellschafter der übrigen Gesellschaften.

(6) [1]Ist nach den vorhergehenden Vorschriften die Zustimmung eines Gesellschafters erforderlich, so kann diese auch außerhalb der Generalversammlung erteilt werden. [2]In diesem Fall muß sie gerichtlich oder notariell beglaubigt unterfertigt sein und der übernehmenden Gesellschaft spätestens innerhalb einer Frist von drei Monaten nach der Beschlußfassung zugehen; der Verschmelzungsvertrag ist in die Zustimmungserklärung aufzunehmen oder dieser als Anlage beizufügen.

(BGBl 1996/304)

Bericht der Geschäftsführer, Prüfung der Verschmelzung

§ 100. (1) Der Bericht der Geschäftsführer gemäß § 220a AktG und gegebenenfalls die Prüfung durch den Aufsichtsrat gemäß § 220c AktG sind nicht erforderlich, wenn alle Gesellschafter schriftlich oder in der Niederschrift zur Generalversammlung darauf verzichten. *(BGBl I 2011/53)*

(2) [1]Der Verschmelzungsvertrag oder sein Entwurf ist auf Verlangen eines ihrer Gesellschafter gemäß § 220b AktG zu prüfen. [2]Ist kein Aufsichtsrat bestellt, so bestellt das Gericht den Prüfer auf Antrag der Geschäftsführer. [3]Die Kosten trägt die Gesellschaft. [4]Wurde dem Verlangen eines Gesellschafters auf Prüfung der Verschmelzung nicht entsprochen, so hat er dies anläßlich der Beschlußfassung zur Niederschrift zu erklären. [5]Dies gilt auch als Widerspruch gegen den Verschmelzungsbeschluß.

(BGBl 1996/304)

Erhöhung des Stammkapitals

§ 101. Erhöht die übernehmende Gesellschaft zur Durchführung der Verschmelzung das Stammkapital, so entfällt die Übernahmserklärung; § 52 Abs. 2 bis 5 und § 53 Abs. 2 Z 1 sind nicht anwendbar.

(BGBl 1996/304)

V. Hauptstück

Behörden und Verfahren

§ 102. Über Angelegenheiten, die in diesem Gesetz dem Gericht zugewiesen sind, verhandelt und entscheidet, sofern es sich nicht um bürgerliche Rechtsstreitigkeiten handelt, die dem Prozeßgericht zugewiesen sind, der für den Sitz der Gesellschaft zuständige, zur Ausübung der Gerichtsbarkeit in Handelssachen berufene Gerichtshof erster Instanz im Verfahren außer Streitsachen.

(BGBl 1980/320)

§ 103. *(aufgehoben, BGBl 1980/320)*

§ 104. Der Bundesminister für Finanzen kann auch bei Gesellschaften mit beschränkter Haftung in den Fällen, in denen sonst kein Staatskommissär und Stellvertreter gemäß § 76 Abs. 1 bis 3 Bankwesengesetz[1)] zu bestellen ist, diese Aufsichtsorgane bestellen, wenn dies zur Ausübung des Aufsichtsrechtes des Bundesministers für Finanzen nach dem Bankwesengesetz erforderlich ist.

(BGBl 1980/320)

1) Früher § 26 Abs 1 KWG; vgl § 105 (2) BWG, BGBl 1980/320

§§ 105 und 106. *(aufgehoben, BGBl 1980/320)*

VI. Hauptstück

Ausländische Gesellschaften

Zweigniederlassungen von Gesellschaften mit beschränkter Haftung mit Sitz im Ausland

§ 107. (1) Liegt der Sitz einer Gesellschaft mit beschränkter Haftung im Ausland, so ist die Gesellschaft durch die Geschäftsführer zur Eintragung in das Firmenbuch anzumelden, wenn sie eine inländische Zweigniederlassung hat.

(2) [1]Gesellschaften, deren Personalstatut nicht das Recht eines Mitgliedstaats der Europäischen Union oder eines Vertragsstaats des Abkommens über die Schaffung eines Europäischen Wirtschaftsraumes, BGBl. Nr. 909/1993, ist, haben für den gesamten Geschäftsbetrieb der Zweigniederlassung mindestens eine Person zu bestellen, die zur ständigen gerichtlichen und außergerichtlichen Vertretung der Gesellschaft befugt ist und ihren gewöhnlichen Aufenthalt im Inland hat; eine Beschränkung des Umfangs ihrer Vertretungsmacht ist Dritten gegenüber unwirksam. [2]Die Vertretungsbefugnis kann jedoch an mehrere Personen gemeinschaftlich erteilt werden (Gesamtvertretung). [3]Gesellschaften, deren Personalstatut das Recht eines Mitgliedstaats der Europäischen Union oder des Europäischen Wirtschaftsraums ist, können einen solchen ständigen Vertreter bestellen.

(3) Die Geschäftsführer der Gesellschaft haben ihre Namensunterschrift zur Aufbewahrung beim Gericht zu zeichnen; wird ein ständiger Vertreter gemäß Abs. 2 bestellt, so hat auch dieser seine Namensunterschrift zur Aufbewahrung beim Gericht zu zeichnen.

(4) [1]Für die Anmeldung gilt „§ 12 Abs. 2 UGB“. [2]Der Anmeldung sind „ “ der Gesellschaftsvertrag in der geltenden Fassung in öffentlich beglaubigter Abschrift und, sofern der Gesellschaftsvertrag nicht in deutscher Sprache erstellt ist, eine beglaubigte Übersetzung in deutscher Sprache beizufügen. *(BGBl I 2005/120)*

(5) [1]In das Firmenbuch einzutragen sind neben den in „§ 12 Abs. 3 UGB“ geforderten auch die Angaben gemäß § 11 und gemäß § 3 und § 5 FBG mit Ausnahme der Angaben über die Gesellschafter, die von ihnen übernommenen Stammeinlagen und die hierauf geleisteten Einzahlungen sowie der Angaben über die Aufsichtsratsmitglieder. [2]Ist gemäß Abs. 2 ein ständiger Vertreter bestellt, so sind der Name, das Geburtsdatum und die für Zustellungen maßgebliche inländische Geschäftsanschrift dieses Vertreters sowie der Beginn und die Art (Einzel- oder Gesamtvertretung) seiner Vertretungsbefugnis einzutragen. *(BGBl I 2005/120)*

(6) [1]Die Eröffnung oder die Abweisung eines Insolvenz- oder ähnlichen Verfahrens über das Vermögen der Gesellschaft sowie Änderungen des Gesellschaftsvertrags sind zur Eintragung in das Firmenbuch anzumelden. [2]Für die Anmeldung der Änderung des Gesellschaftsvertrags gilt § 51 Abs. 1 und 2 sinngemäß, soweit nicht das ausländische Recht Abweichungen notwendig macht.

(7) [1]Für Anmeldungen zur Eintragung in das Firmenbuch, ausgenommen die Anmeldung gemäß Abs. 1, ist neben den Geschäftsführern auch der Vertreter gemäß Abs. 2 befugt. [2]Im übrigen gilt „§ 12 Abs. 4 UGB". *(BGBl I 2005/120)*

(BGBl 1996/304)

§§ 108 bis 111. *(aufgehoben, BGBl 1996/304)*

§ 112. Die für das Inland bestellte Vertretung hat über die inländischen Geschäfte gesondert Bücher zu führen.

(BGBl 1990/475)

Auflösung der Niederlassung

§ 113. (1) Die Auflösung der inländischen Zweigniederlassung einer ausländischen Gesellschaft kann in sinngemäßer Anwendung des § 86 erfolgen.

(2) Die Abwicklung der Geschäfte der inländischen Zweigniederlassung hat unter sinngemäßer Anwendung der Bestimmungen über die Abwicklung von Gesellschaften mit beschränkter Haftung zu erfolgen.

(BGBl 1996/304)

§ 114. Der § 102 ist auf ausländische Gesellschaften sinngemäß anzuwenden. „ " *(BGBl 1996/304)*

(BGBl 1980/320)

VII. Hauptstück

Konzerne

§ 115. (1) Sind rechtlich selbständige Unternehmen zu wirtschaftlichen Zwecken unter einheitlicher Leitung zusammengefaßt, so bilden sie einen Konzern; die einzelnen Unternehmen sind Konzernunternehmen.

(2) Steht ein rechtlich selbständiges Unternehmen auf Grund von Beteiligungen oder sonst unmittelbar oder mittelbar unter dem beherrschenden Einfluß eines anderen Unternehmens, so gelten das herrschende und das abhängige Unternehmen zusammen als Konzern und einzeln als Konzernunternehmen.

(BGBl 1980/320)

§§ 116 bis 120. *(aufgehoben, BGBl 1980/320)*

VIII. Hauptstück

Strafbestimmungen, Schlußbestimmung

§ 121. *(aufgehoben, BGBl 1990/475)*

§ 122. *(aufgehoben, BGBl I 2015/112)*

§§ 123 und 124. *(aufgehoben, BGBl 1990/475)*

§ 125. [1]Die Geschäftsführer oder die Liquidatoren, im Falle einer inländischen Zweigniederlassung die für diese im Inland vertretungsbefugten Personen, sind, unbeschadet der allgemeinen „unternehmensrechtlichen"** Vorschriften, zur Befolgung der §§ 30d, 30j Abs. 2 und 3, 91 Abs. 1 erster Satz und 93 Abs. 3 dieses Bundesgesetzes „ "***** vom Gericht durch Zwangsstrafen bis zu „3 600 Euro"* anzuhalten. [2]„ „§ 24 Abs. 2 bis 5 FBG"**** ist anzuwenden."*** *(*BGBl I 2001/98; **BGBl I 2005/120; ***BGBl I 2006/103; ****BGBl I 2010/111; *****BGBl I 2015/22)*

(BGBl 1991/10)

§ 125 GmbHG wurde durch BGBl I 2005/120 zum 1. 1. 2007 geändert. Durch das PuG, BGBl I 2006/103, wurde der letzte Satz abermals novelliert, diesmal zum 1. 7. 2006. Offensichtlich wollte der Gesetzgeber die 2005 beschlossene - aber noch nicht geltende - Fassung abermals ändern, weshalb die Fassung gem. BGBl I 2006/103 als materiell letztgültige angenommen werden darf.

§ 126. *(aufgehoben, BGBl 1974/422)*

§ 127. (1) Mit dem Vollzuge dieses Gesetzes, das drei Monate nach seiner Kundmachung in Wirksamkeit tritt, und mit der Erlassung der zu dessen Durchführung erforderlichen Vorschriften sind Mein Justizminister und Meine Minister des Inneren, der Finanzen, des Handels, der Eisenbahnen und des Ackerbaues beauftragt.

(2) § 44 Abs. 1 in der Fassung des Bundesgesetzes BGBl. I Nr. 142/2000 und der durch dieses Bundesgesetz angeordnete Entfall des § 93 Abs. 2 treten mit 1. Jänner 2002 in Kraft. *(BGBl I 2000/142)*

(3) § 122 in der Fassung des Bundesgesetzes BGBl. I Nr. 97/2001 tritt mit 1. Jänner 2002 in Kraft. *(BGBl I 2001/97)*

(4) [1]§ 30a, § 30b Abs. 1a, § 30e Abs. 1, § 30g Abs. 3, 4, 4a und 5, § 30h Abs. 1, § 30j Abs. 5 Z 10 und § 30k Abs. 1 in der Fassung des Bundesgesetzes BGBl. I Nr. 59/2005 treten mit 1. Jänner 2006 in Kraft. [2]§ 30a ist nur auf nach diesem

Zeitpunkt gewählte oder entsandte Aufsichtsräte anzuwenden. [3]§ 30k Abs. 1 gilt für den Konzernabschluss und den Konzernlagebericht von Geschäftsjahren, die nach dem 31. Dezember 2005 beginnen. *(BGBl I 2005/59)*

(5) [1]§ 5, § 6a Abs. 4, § 16 Abs. 2, § 18 Abs. 3, § 23, § 30a Abs. 2 und 3, § 30e Abs. 1, § 30j Abs. 5 Z 1 und 10, § 90 Abs. 1, § 107 Abs. 4, 5 und 7, § 122 Abs. 1 Z 4 und § 125 in der Fassung des Handelsrechts-Änderungsgesetzes, BGBl. I Nr. 120/2005, treten mit 1. Jänner 2007 in Kraft. [2]§ 61 Abs. 3 tritt mit Ablauf des 31. Dezember 2006 außer Kraft. *(BGBl I 2005/120)*

(6) §§ 9, 10, 30f, 53, 56, 89, 122 und 125 in der Fassung des Bundesgesetzes, BGBl. I Nr. 103/2006, treten mit 1. Juli 2006 in Kraft. *(BGBl I 2006/103)*

(7) §§ 29 und 81 in der Fassung des Bundesgesetzes BGBl. I Nr. 72/2007 treten mit 15. Dezember 2007 in Kraft. *(BGBl I 2007/72)*

(8) [1]Die §§ 6a, 30g und 30j in der Fassung des Bundesgesetzes BGBl. I Nr. 70/2008 treten mit 1. Juni 2008 in Kraft. [2]§ 6a Abs. 4 ist anzuwenden, wenn die Bestellung zum Prüfer nach dem 31. Mai 2008 erfolgt. [3]§ 30g Abs. 4a ist auf Geschäftsjahre anzuwenden, die nach dem 31. Dezember 2008 beginnen; bis dorthin ist § 30g Abs. 4a in der bisher geltenden Fassung anzuwenden. [4]§ 30j Abs. 5 Z 11 ist auf Verträge anzuwenden, die nach dem 31. Mai 2008 geschlossen werden. *(BGBl I 2008/70)*

(9) Die §§ 25 Abs. 3 Z 2 und 84 Abs. 1 Z 4 in der Fassung des Bundesgesetzes BGBl. I Nr. 58/2010 treten mit 1. August 2010 in Kraft. *(BGBl I 2010/58)*

(10) § 125 in der Fassung des Budgetbegleitgesetzes 2011, BGBl. I Nr. 111/2010, ist auf Verstöße gegen die in § 125 genannten Pflichten anzuwenden, die nach dem 1. Jänner 2011 gesetzt werden. *(BGBl I 2010/111)*

(11) § 100 Abs. 1 in der Fassung des Gesellschaftsrechts-Änderungsgesetzes 2011, BGBl. I Nr. 53/2011, tritt mit 1. August 2011 in Kraft. Auf Verschmelzungen, bei denen vor diesem Zeitpunkt die Übersendung der Unterlagen (§ 97 Abs. 1) erfolgte oder ein Verzicht darauf wirksam wurde, sind die bis dahin geltenden Bestimmungen weiter anzuwenden. *(BGBl I 2011/53)*

(12) § 4 Abs. 3, § 6 Abs. 1, § 10 Abs. 1, § 12, § 36, § 51 Abs. 2, § 52 Abs. 4 und § 54 Abs. 3 in der Fassung des Gesellschaftsrechts-Änderungsgesetzes 2013, BGBl. I Nr. 109/2013, treten mit 1. Juli 2013 in Kraft. *(BGBl I 2013/109)*

(13) § 6 Abs. 1, § 10 Abs. 1, § 10b, § 11 und § 54 Abs. 3 in der Fassung des Bundesgesetzes BGBl. I Nr. 13/2014 treten mit 1. März 2014 in Kraft. *(BGBl I 2014/13)*

(14) Auf Gesellschaften, die vor dem 1. März 2014 zur Eintragung in das Firmenbuch angemeldet wurden (§ 9 Abs. 1), sind § 6 Abs. 1 und § 10 Abs. 1 in der Fassung des GesRÄG 2013, BGBl. I Nr. 109/2013, weiter anzuwenden. *(BGBl I 2014/13)*

(15) Auf Gesellschaften, die vor dem 1. März 2014 eine beabsichtigte Herabsetzung des Stammkapitals zum Firmenbuch angemeldet haben (§ 55 Abs. 1), ist § 54 Abs. 3 in der Fassung des GesRÄG 2013, BGBl. I Nr. 109/2013, weiter anzuwenden. *(BGBl I 2014/13)*

(16) Gesellschaften, deren Stammkapital 35 000 Euro nicht erreicht, haben bis längstens 1. März 2024 eine Kapitalerhöhung auf diesen oder einen höheren Betrag durchzuführen. *(BGBl I 2014/13)*

(17) Bei Gesellschaften, deren Stammkapital 35 000 Euro nicht erreicht, ist eine Kapitalerhöhung auf diesen oder einen höheren Betrag von der Eintragungsgebühr gemäß TP 10 Z I lit. b Z 4 GGG befreit. *(BGBl I 2014/13)*

(18) [1]§ 30a Abs. 2 und 3, § 30e Abs. 1, § 30j Abs. 5 und § 125 in der Fassung des Bundesgesetzes BGBl. I Nr. 22/2015 treten mit 20. Juli 2015 in Kraft und sind erstmalig auf Geschäftsjahre anzuwenden, die nach dem 31. Dezember 2015 beginnen. Auf Geschäftsjahre, die vor dem 1. Jänner 2016 begonnen haben, sind die Bestimmungen in der Fassung vor dem Bundesgesetzes BGBl. I Nr. 22/2015 weiterhin anzuwenden. § 125 in der Fassung des Bundesgesetzes BGBl. I Nr 22/2015 ist auf Verstöße gegen die in § 125 genannten Pflichten anzuwenden, die nach dem 19. Juli 2015 gesetzt werden oder fortdauern." *(BGBl I 2015/22)*

(19) § 25 in der Fassung des Bundesgesetzes BGB. I Nr. 112/2015 tritt mit 1. Jänner 2016 in Kraft; § 122 tritt mit Ablauf des 31. Dezember 2015 außer Kraft. *(BGBl I 2015/112)*

(20) § 29 Abs. 1 und § 30g Abs. 4a in der Fassung des Bundesgesetzes BGBl. I Nr. 43/2016 treten mit 17. Juni 2016 in Kraft; der zusätzliche Bericht (Z 2 erster Satz) ist erstmals über die Prüfung von Geschäftsjahren zu erstellen, die nach dem 16. Juni 2016 beginnen. *(BGBl I 2016/43)*

(21) § 30k in der Fassung des Bundesgesetzes BGBl. I Nr. 20/2017 tritt mit 6. Dezember 2016 in Kraft und ist erstmalig auf Unterlagen für Geschäftsjahre anzuwenden, die nach dem 31. Dezember 2016 beginnen. *(BGBl I 2017/20)*

(22) § 9a sowie § 10 Abs. 2 und 3 in der Fassung des Deregulierungsgesetzes 2017, BGBl. I Nr. 40/2017, treten mit 1. Jänner 2018 in Kraft und sind auf Gesellschaften anzuwenden, die nach dem 31. Dezember 2017 zur Eintragung in das Firmenbuch angemeldet werden. Die Verordnungen nach § 9a Abs. 4, 5 und 7 dürfen bereits vor dem 1. Jänner 2018 erlassen, jedoch frühestens mit diesem Tag in Kraft gesetzt werden. *(BGBl I 2017/40)*

(23) *(entfällt, BGBl I 2020/157)*

(24) § 30 dritter Satz in der Fassung des Bundesgesetzes BGBl. I Nr. 104/2017 tritt mit 1. Jänner 2018 in Kraft und ist auf Wahlen und Entsendungen in den Aufsichtsrat anzuwenden, die nach dem 31. Dezember 2017 erfolgen. Bestehende Aufsichtsratsmandate bleiben davon unberührt; das Mindestanteilsgebot ist bei einem Nachrücken von vor dem 1. Jänner 2018 gewählten oder entsandten Ersatzmitgliedern zu beachten. *(BGBl I 2017/104)*

(25) § 4 Abs. 3 in der Fassung des Elektronische Notariatsform-Gründungsgesetzes, BGBl. I Nr. 71/2018, tritt mit 1. Jänner 2019 in Kraft. *(BGBl I 2018/71)*

(26) § 76 Abs. 4 in der Fassung vor der Gesamtreform des Exekutionsrechts – GREx, BGBl. I Nr. 86/2021 tritt mit Ablauf des 30. Juni 2021 außer Kraft. *(BGBl I 2021/86)*

3/5. Aktiengesetz

BGBl 1965/98 idF

1 BGBl 1966/70
2 BGBl 1974/422
3 BGBl 1976/91
4 BGBl 1979/139
5 BGBl 1980/545
6 BGBl 1982/371
7 BGBl 1989/654
8 BGBl 1990/475
9 BGBl 1990/608 (VfGH)
10 BGBl 1991/10
11 BGBl 1991/68
12 BGBl 1991/625
13 BGBl 1993/458
14 BGBl 1994/153
15 BGBl 1996/304
16 BGBl I 1997/106
17 BGBl I 1997/114
18 BGBl I 1998/11
19 BGBl I 1998/125
20 BGBl I 1999/187
21 BGBl I 2001/42
22 BGBl I 2001/97
23 BGBl I 2001/98
24 BGBl I 2002/118
25 BGBl I 2003/112
26 BGBl I 2004/67
27 BGBl I 2004/161 (ReLAG 2004)
28 BGBl I 2005/59 (GesRÄG 2005)
29 BGBl I 2005/120 (HaRÄG)
30 BGBl I 2006/103 (PuG)
31 BGBl I 2007/72 (GesRÄG 2007)
32 BGBl I 2008/70 (URÄG 2008)
33 BGBl I 2009/71 (AktRÄG 2009)
34 BGBl I 2010/29 (IRÄG 2010; Begriffsersetzungen)
35 BGBl I 2010/58 (IRÄ-BG)
36 BGBl I 2010/111 (BudgetbegleitG 2011)
37 BGBl I 2011/53 (GesRÄG 2011)
38 BGBl I 2011/98 (VfGH)
39 BGBl I 2012/35 (2. StabG 2012)
40 BGBl I 2014/40 (BudgetbegleitG 2014)
41 BGBl I 2015/22 (RÄG 2014)
42 BGBl I 2015/69
43 BGBl I 2015/112
44 BGBl I 2016/43 (APRÄG 2016)
45 BGBl I 2017/20 (NaDiVeG)
46 BGBl I 2017/104 (GFMA-G)
47 BGBl I 2017/105 (MitarbeiterBetStG 2017)
48 BGBl I 2017/107
49 BGBl I 2018/76
50 BGBl I 2019/63 (AktRÄG 2019)
51 BGBl I 2021/86 (GREx)

GLIEDERUNG

STICHWORTVERZEICHNIS

(Das Stichwortverzeichnis bezieht sich nur auf Paragraphen des AktG)

L

M

N

AktG

O

P

R

AktG

W

Z

„Bundesgesetz über Aktiengesellschaften (Aktiengesetz – AktG)“

(BGBl I 2009/71)

Erster Teil

Allgemeine Vorschriften

Begriff der Aktiengesellschaft

§ 1. Die Aktiengesellschaft ist eine Gesellschaft mit eigener Rechtspersönlichkeit, deren Gesellschafter mit Einlagen auf das in Aktien zerlegte Grundkapital beteiligt sind, ohne persönlich für die Verbindlichkeiten der Gesellschaft zu haften.

Gründer

§ 2. (1) Die Aktionäre, die den Gesellschaftsvertrag (die Satzung) festgestellt haben, sind die Gründer der Gesellschaft. „ “ *(BGBl I 2009/71)*

(2) An der Feststellung der Satzung müssen sich eine oder mehrere Personen beteiligen, die Aktien übernehmen. *(BGBl I 2004/67)*

Börsenotierung

§ 3. [1]Eine Aktiengesellschaft ist börsenotiert, wenn Aktien der Gesellschaft zum Handel an einer anerkannten Börse „gemäß Art. 4 Abs. 1 Nummer 72 der Verordnung (EU) Nr. 575/2013 über Aufsichtsanforderungen an Kreditinstitute und Wertpapierfirmen und zur Änderung der Verordnung (EU) Nr. 646/2012, ABl. Nr. L 176 vom 27.06.2013 S. 1, zuletzt geändert durch die Delegierte Verordnung (EU) 2015/62, ABl. Nr. L 11 vom 17.01.2015 S. 37, oder einem gleichwertigen Markt mit Sitz in einem Drittland“* zugelassen sind. [2]„Die Satzung kann vorsehen, dass eine solche Börsenotierung besteht oder beabsichtigt ist.“** *(*BGBl I 2015/69; **BGBl I 2017/107)*

(BGBl I 2009/71)

Firma

§ 4. Die Firma der Aktiengesellschaft muss, auch wenn sie nach § 22 UGB oder nach anderen gesetzlichen Vorschriften fortgeführt wird, die Bezeichnung „Aktiengesellschaft“ enthalten; die Bezeichnung kann abgekürzt werden.

(BGBl I 2005/120)

Sitz

§ 5. [1]Als Sitz der Aktiengesellschaft ist der Ort, wo die Gesellschaft einen Betrieb hat, oder der Ort zu bestimmen, wo sich die Geschäftsleitung befindet oder die Verwaltung geführt wird. [2]Von dieser Vorschrift darf aus wichtigem Grund abgewichen werden.

Grundkapital

§ 6. [1]Das Grundkapital wird in Aktien zerlegt. [2]Es hat auf einen in Euro bestimmten Nennbetrag zu lauten.

(BGBl I 1998/125)

Mindestnennbetrag des Grundkapitals

§ 7. Der Mindestnennbetrag des Grundkapitals ist 70 000 Euro.

(BGBl I 1998/125)

Art und Mindestbeträge der Aktien

§ 8. (1) [1]Aktien können entweder als Nennbetragsaktien oder als Stückaktien begründet werden. [2]Beide Aktienarten dürfen in der Gesellschaft nicht nebeneinander bestehen.

(2) [1]Nennbetragsaktien müssen auf mindestens einen Euro oder auf ein Vielfaches davon lauten. [2]Der Anteil am Grundkapital bestimmt sich nach dem Verhältnis des Nennbetrags zum Grundkapital.

(3) [1]Stückaktien haben keinen Nennbetrag. [2]Jede Stückaktie ist am Grundkapital in gleichem Umfang beteiligt. [3]Der Anteil bestimmt sich nach der Zahl der ausgegebenen Aktien. [4]Der auf eine einzelne Aktie entfallende anteilige Betrag des Grundkapitals muß mindestens einen Euro betragen.

(4) [1]Nennbetragsaktien über einen anderen Nennbetrag (Abs. 2) und Stückaktien über einen geringeren anteiligen Betrag (Abs. 3) sind nichtig. [2]Für den Schaden aus der Ausgabe sind die Ausgeber den Besitzern als Gesamtschuldner verantwortlich.

(5) Die Aktien sind unteilbar.

(6) *(aufgehoben, BGBl I 2011/53)*

(BGBl I 1998/125)

Ausgabebetrag der Aktien

„**§ 8a.**“ (1) Für einen geringeren Betrag als den Nennbetrag oder den auf die einzelne Stückaktie entfallenden anteiligen Betrag des Grundkapitals dürfen Aktien nicht ausgegeben werden. *(BGBl I 1998/125)*

(2) Für einen höheren Betrag ist die Ausgabe zulässig.

(BGBl I 2011/53)

Namensaktien

§ 9. (1) Aktien müssen außer in den Fällen des § 10 Abs. 1 auf Namen lauten.

(2) Wenn Namensaktien vor der vollen Leistung des Ausgabebetrags ausgegeben werden, ist der Betrag der Teilleistungen in der Aktie anzugeben.

(3) [1]In der Satzung kann der Anspruch des Aktionärs auf Verbriefung seines Anteils ausgeschlossen oder eingeschränkt werden. [2]Eine diesbezügliche Satzungsänderung bedarf außer den Mehrheitserfordernissen gemäß § 146 auch der Zustimmung jedes Aktionärs, dem nicht zumindest ein Anspruch auf Verbriefung seines Anteils in einer Sammelurkunde verbleibt, es sei denn, die betreffenden Aktien sind börsenotiert im Sinn des § 3.

(BGBl I 2011/53)

Inhaberaktien

§ 10. (1) Aktien können auf Inhaber lauten, wenn

1. die Gesellschaft börsenotiert im Sinn des § 3 ist,

2. Aktien der Gesellschaft mit deren Wissen über ein multilaterales Handelssystem (MTF) im Sinn des § 1 Z 24 WAG 2018 gehandelt werden, oder

3. die Satzung der Gesellschaft vorsieht, dass eine Börsenotierung (Z 1) oder ein Handel über ein multilaterales Handelssystem (Z 2) beabsichtigt ist.

(2) Inhaberaktien dürfen erst nach der vollen Leistung des Ausgabebetrags ausgegeben werden. Sie sind in einer, gegebenenfalls in mehreren Sammelurkunden zu verbriefen und bei einer Wertpapiersammelbank nach § 1 Abs. 3 Depotgesetz zu hinterlegen.

(3) Vor der Zulassung zum Börsehandel beziehungsweise vor der Einbeziehung in ein multilaterales Handelssystem sowie nach Ablauf eines Jahres nach deren Beendigung sind auf Inhaberaktien die Vorschriften über Namensaktien sinngemäß anzuwenden.

(4) Die Satzung kann bestimmen, dass auf Verlangen eines Aktionärs seine Inhaberaktien in Namensaktien und in den Fällen des Abs. 1 seine Namensaktien in Inhaberaktien umzuwandeln sind.

(BGBl I 2018/76)

Nachweis der Aktionärseigenschaft bei Inhaberaktien

§ 10a. (1) [1]„Bei Inhaberaktien ist der Anteilsbesitz durch eine Bestätigung des depotführenden Kreditinstituts mit Sitz in einem Mitgliedstaat des Europäischen Wirtschaftsraums oder in einem Vollmitgliedstaat der OECD nachzuweisen (Depotbestätigung).“ [2]In der Satzung oder in der Einberufung können weitere geeignete Personen oder Stellen festgelegt werden, deren Depotbestätigungen von der Gesellschaft entgegengenommen werden. *(BGBl I 2011/53)*

(2) [1]Die Depotbestätigung hat folgende Angaben zu enthalten:

1. den Aussteller durch Angabe von Name (Firma) und Anschrift oder eines im Verkehr zwischen Kreditinstituten gebräuchlichen Codes;

2. den Aktionär durch Angabe von Name (Firma) und Anschrift, bei natürlichen Personen zusätzlich das Geburtsdatum, bei juristischen Personen gegebenenfalls das Register und die Nummer, unter der die juristische Person in ihrem Herkunftsstaat geführt wird;

3. die Nummer des Depots, andernfalls eine sonstige Bezeichnung;

4. die Anzahl und gegebenenfalls den Nennbetrag der Aktien des Aktionärs sowie bei mehreren Aktiengattungen die Bezeichnung der Gattung oder die international gebräuchliche Wertpapierkennnummer;

5. den Zeitpunkt oder den Zeitraum, auf den sich die Depotbestätigung bezieht.

[2]Soll durch die Depotbestätigung der Nachweis der gegenwärtigen Eigenschaft als Aktionär geführt werden, so darf sie zum Zeitpunkt der Vorlage bei der Gesellschaft nicht älter als sieben Tage sein. [3]Die Satzung kann diesen Zeitraum verkürzen, wenn sie vorsieht, dass die Gesellschaft oder eine von ihr benannte Stelle Depotbestätigungen über ein international verbreitetes, besonders gesichertes Kommunikationsnetz der Kreditinstitute entgegennimmt, dessen Teilnehmer eindeutig identifiziert werden können.

(3) [1]Die Depotbestätigung bedarf der Schriftform, sofern die Satzung nicht die Textform genügen lässt. [2]Eine börsenotierte Gesellschaft muss Depotbestätigungen jedenfalls über ein international verbreitetes, besonders gesichertes Kommunikationsnetz der Kreditinstitute entgegennehmen, dessen Teilnehmer eindeutig identifiziert werden können.

(4) [1]Die Gesellschaft muss Depotbestätigungen in deutscher Sprache und, wenn sie börsenotiert ist, auch in englischer Sprache entgegennehmen. [2]In der Satzung oder in der Einberufung können weitere Sprachen vorgesehen werden.

(BGBl I 2009/71)

Aktien besonderer Gattung

§ 11. Einzelne Gattungen von Aktien können verschiedene Rechte haben, namentlich bei der Verteilung des Gewinns und des Gesellschaftsvermögens.

Stimmrecht

§ 12. (1) [1]Jede Aktie gewährt das Stimmrecht. [2]Das Stimmrecht wird nach dem Verhältnis der Aktiennennbeträge, bei Stückaktien nach deren Zahl ausgeübt. [3]Ein Aktionär kann für verschiedene Aktien unterschiedlich abstimmen.

(2) Für den Fall, dass ein Aktionär mehrere Aktien besitzt, kann die Satzung das Stimmrecht

durch Festsetzung eines Höchstbetrags oder von Abstufungen beschränken.

(3) Mehrstimmrechtsaktien sind unzulässig.

(BGBl I 2009/71)

Vorzugsaktien ohne Stimmrecht

§ 12a. (1) [1]Für Aktien, die mit einem nachzuzahlenden Vorzug bei der Verteilung des Gewinns ausgestattet sind, kann das Stimmrecht ausgeschlossen werden (Vorzugsaktien ohne Stimmrecht). [2]Mit Ausnahme des Stimmrechts gewähren solche Vorzugsaktien die jedem Aktionär aus der Aktie zustehenden Rechte.

(2) [1]Vorzugsaktien ohne Stimmrecht dürfen nur bis zu einem Drittel des Grundkapitals ausgegeben werden. [2]Wird der Vorzugsbetrag bei der Verteilung des Gewinns in einem Jahr nicht oder nicht vollständig gezahlt und der Rückstand im darauffolgenden Jahr nicht neben dem vollen Vorzug dieses Jahres nachgezahlt, so haben die Vorzugsaktionäre das Stimmrecht so lange, bis die Rückstände nachgezahlt sind.

(BGBl I 2009/71)

Formvorschriften, Begriffsbestimmungen

§ 13. (1) [1]Zur Unterzeichnung von Aktienurkunden „ “ genügt eine vervielfältigte Unterschrift. [2]Die Gültigkeit der Unterzeichnung kann von der Beachtung einer besonderen Form abhängig gemacht werden. [3]Die Formvorschrift muss in der Urkunde enthalten sein. *(BGBl I 2011/53)*

(2) Ist durch dieses Bundesgesetz für Erklärungen die Textform vorgeschrieben, so muss die Erklärung in einer Urkunde oder auf eine andere zur dauerhaften Wiedergabe in Schriftzeichen geeignete Weise abgegeben, die Person des Erklärenden genannt und der Abschluss der Erklärung durch Nachbildung der Namensunterschrift oder anders erkennbar gemacht werden.

(3) Ist durch dieses Bundesgesetz für Erklärungen die Schriftform vorgeschrieben, so genügt eine Erklärung in Textform (Abs. 2), die über ein international verbreitetes, besonders gesichertes Kommunikationsnetz der Kreditinstitute übermittelt wird, dessen Teilnehmer eindeutig identifiziert werden können.

(4) Steht nach diesem Bundesgesetz für Erklärungen an die Gesellschaft ein elektronischer Kommunikationsweg offen, so ist die Erklärung der Gesellschaft zugegangen, sobald sie im Machtbereich der Gesellschaft eingelangt ist.

(5) [1]„Ist durch dieses Bundesgesetz vorgeschrieben, dass Informationen auf der Internetseite der Gesellschaft zugänglich gemacht werden, so müssen diese Informationen einfach auffindbar sein und gelesen sowie als Dokument gespeichert und ausgedruckt werden können.“ [2]Bei einer nicht börsenotierten Gesellschaft genügt es, wenn die Unterlagen nur für ihre Aktionäre zugänglich sind. *(BGBl I 2011/53)*

(6) Der Samstag ist kein Werktag im Sinn dieses Bundesgesetzes.

(BGBl I 2009/71)

Gericht

§ 14. Über Angelegenheiten, die in diesem Bundesgesetz dem Gericht zugewiesen sind, verhandelt und entscheidet, sofern es sich nicht um bürgerliche Rechtsstreitigkeiten handelt, die dem Prozeßgericht zugewiesen sind, der für den Sitz der Gesellschaft zuständige, zur Ausübung der Gerichtsbarkeit in Handelssachen berufene Gerichtshof erster Instanz im Verfahren außer Streitsachen.

Wesen des Konzerns und des Konzernunternehmens

§ 15. (1) Sind rechtlich selbständige Unternehmen zu wirtschaftlichen Zwecken unter einheitlicher Leitung zusammengefaßt, so bilden sie einen Konzern; die einzelnen Unternehmen sind Konzernunternehmen.

(2) Steht ein rechtlich selbständiges Unternehmen auf Grund von Beteiligungen oder sonst unmittelbar oder mittelbar unter dem beherrschenden Einfluß eines anderen Unternehmens, so gelten das herrschende und das abhängige Unternehmen zusammen als Konzern und einzeln als Konzernunternehmen.

Zweiter Teil

Gründung der Gesellschaft

Feststellung der Satzung

§ 16. (1) [1]Die Satzung muß „in Form eines Notariatsakts“ festgestellt werden. [2]Bevollmächtigte bedürfen einer öffentlich beglaubigten Vollmacht. *(BGBl I 2009/71)*

(2) In der Urkunde sind die Namen der Gründer, „bei Nennbetragsaktien der Nennbetrag, bei Stückaktien die Zahl“, der Ausgabebetrag und, wenn mehrere Gattungen bestehen, die Gattung der Aktien anzugeben, die jeder Beteiligte übernimmt. *(BGBl 1996/304; BGBl I 1998/125)*

Inhalt der Satzung

§ 17. Die Satzung muß bestimmen:

1. die Firma und den Sitz der Gesellschaft;

2. den Gegenstand des Unternehmens;

3. die Höhe des Grundkapitals, weiters ob Inhaber- oder Namensaktien „ausgegeben“ werden; *(BGBl 1996/304; BGBl I 2009/71)*

4. ob das Grundkapital in Nennbetragsaktien oder Stückaktien zerlegt ist, bei Nennbetragsakti-

en die Nennbeträge der einzelnen Aktien, bei Stückaktien deren Zahl und, wenn mehrere Gattungen bestehen, die Gattung der einzelnen Aktien; *(BGBl I 1998/125)*

5. die Art der Zusammensetzung des Vorstands (Zahl der Vorstandsmitglieder);

6. die Form der Veröffentlichungen der Gesellschaft.

Veröffentlichungen der Gesellschaft

§ 18. [1]Bestimmt das Gesetz oder die Satzung, daß eine Veröffentlichung der Gesellschaft zu erfolgen hat, so ist sie in der „Wiener Zeitung" einzurücken. [2]„Daneben kann die Satzung auch andere Blätter oder elektronische Informationsmedien als Bekanntmachungsblätter bezeichnen." *(BGBl I 2004/67)*

Sondervorteile. Gründungsaufwand

§ 19. (1) Jeder einem einzelnen Aktionär oder einem Dritten eingeräumte besondere Vorteil muß in der Satzung unter Bezeichnung des Berechtigten festgesetzt werden. *(BGBl 1996/304)*

(2) Von dieser Festsetzung gesondert ist in der Satzung der Gesamtaufwand festzusetzen, der zu Lasten der Gesellschaft an Aktionäre oder an andere Personen als Entschädigung oder als Belohnung für die Gründung oder ihre Vorbereitung gewährt wird.

(3) [1]Ohne diese Festsetzung sind solche Abkommen und die Rechtshandlungen zu ihrer Ausführung der Gesellschaft gegenüber unwirksam. [2]Nach Eintragung der Gesellschaft in das Firmenbuch kann die Unwirksamkeit nicht durch Satzungsänderung geheilt werden.

Sacheinlagen. Sachübernahmen

§ 20. (1) Sollen Aktionäre Einlagen machen, die nicht durch Einzahlung des „ " Ausgabebetrags der Aktien zu leisten sind (Sacheinlagen), oder soll die Gesellschaft vorhandene oder herzustellende Anlagen oder sonstige Vermögensgegenstände übernehmen (Sachübernahmen), so müssen in der Satzung festgesetzt werden der Gegenstand der Sacheinlage oder der Sachübernahme, die Person, von der die Gesellschaft den Gegenstand erwirbt, und „bei Nennbetragsaktien der Nennbetrag, bei Stückaktien die Zahl" der bei der Sacheinlage zu gewährenden Aktien oder die bei der Sachübernahme zu gewährende Vergütung. *(BGBl I 1998/125)*

(2) [1]Sacheinlagen oder Sachübernahmen können nur Vermögensgegenstände sein, deren wirtschaftlicher Wert feststellbar ist. [2]Verpflichtungen zu Dienstleistungen können nicht Sacheinlagen oder Sachübernahmen sein. *(BGBl 1996/304)*

(3) [1]„Ohne eine Festsetzung gemäß Abs. 1"* sind Vereinbarungen über Sacheinlagen und Sachübernahmen und die Rechtshandlungen zu ihrer Ausführung der Gesellschaft gegenüber unwirksam. [2]Ist die Gesellschaft eingetragen, so wird die Gültigkeit der Satzung durch diese Unwirksamkeit nicht berührt. [3]Bei unwirksamer Vereinbarung einer Sacheinlage bleibt der Aktionär verpflichtet, den „ "** Ausgabebetrag der Aktie einzuzahlen. [4]Nach Eintragung der Gesellschaft in das Firmenbuch kann die Unwirksamkeit nicht durch Satzungsänderung geheilt werden. *(*BGBl 1996/304; **BGBl I 1998/125)*

Errichtung der Gesellschaft

§ 21. Mit der Übernahme aller Aktien durch die Gründer ist die Gesellschaft errichtet.

Nachträgliche Aktienübernahme durch die Gründer

§ 22. [1]Übernehmen die Gründer Aktien, die sie bei der Feststellung der Satzung noch nicht übernommen haben, so bedarf es notarieller Beurkundung. [2]In der Urkunde sind „bei Nennbetragsaktien der Nennbetrag, bei Stückaktien die Zahl", der Ausgabebetrag und, wenn mehrere Gattungen bestehen, die Gattung der von jedem Beteiligten übernommenen Aktien anzugeben. *(BGBl I 1998/125)*

Erster Aufsichtsrat und Vorstand

§ 23. (1) [1]Die Gründer haben den ersten Aufsichtsrat der Gesellschaft und die Abschlußprüfer für den ersten Jahresabschluß zu bestellen. [2]Die Bestellung bedarf notarieller Beurkundung.

(2) Der Aufsichtsrat bestellt den ersten Vorstand.

Gründungsbericht

§ 24. (1) Die Gründer haben einen schriftlichen Bericht über den Hergang der Gründung zu erstatten (Gründungsbericht).

(2) [1]Im Gründungsbericht sind die wesentlichen Umstände darzulegen, von denen die Angemessenheit der für eingelegte oder übernommene Gegenstände gewährten Leistungen abhängt. [2]Dabei sind anzugeben die vorausgegangenen Rechtsgeschäfte, die auf den Erwerb durch die Gesellschaft hingezielt haben, ferner die Anschaffungs- und Herstellungskosten aus den letzten beiden Jahren und im Fall des Übergangs eines Unternehmens auf die Gesellschaft der Betriebsertrag aus den letzten beiden Geschäftsjahren.

(3) Im Gründungsbericht ist ferner anzugeben, ob und in welchem Umfang bei der Gründung für Rechnung eines Mitglieds des Vorstands oder des Aufsichtsrats Aktien übernommen sind und ob und in welcher Weise ein Mitglied des Vorstands oder des Aufsichtsrats sich einen besonderen Vorteil oder für die Gründung oder ihre Vorberei-

tung eine Entschädigung oder Belohnung ausbedungen hat.

Gründungsprüfung. Allgemeines

§ 25. (1) Die Mitglieder des Vorstands und des Aufsichtsrats haben den Hergang der Gründung zu prüfen.

(2) Außerdem hat eine Prüfung des Hergangs der Gründung durch einen oder mehrere Prüfer (Gründungsprüfer) stattzufinden, wenn

„1." ein Mitglied des Vorstands oder des Aufsichtsrats sich einen besonderen Vorteil oder für die Gründung oder ihre Vorbereitung eine Entschädigung oder Belohnung ausbedungen hat oder *(BGBl I 2004/67)*

„2." eine Gründung mit Sacheinlagen oder Sachübernahmen (§ 20) vorliegt. *(BGBl I 2004/67)*

(3) Die Gründungsprüfer bestellt das Gericht.

(4) Als Gründungsprüfer dürfen nur Wirtschaftsprüfer oder Wirtschaftsprüfungsgesellschaften bestellt werden. *(BGBl I 2008/70)*

(5) [1]Mitglieder des Vorstands und des Aufsichtsrats sowie Angestellte der Gesellschaft dürfen nicht als Gründungsprüfer bestellt werden; gleiches gilt für Personen und Prüfungsgesellschaften, auf deren Geschäftsführung die Gründer oder Personen, für deren Rechnung die Gründer Aktien übernommen haben, oder die Gesellschaft maßgebenden Einfluß haben. [2]„Im übrigen „gelten die §§ 271 und 271a UGB"** sinngemäß."* *(*BGBl 1990/475; **BGBl I 2008/70, die Änderung ist anzuwenden, wenn die Bestellung nach dem 31. 5. 2008 erfolgt; vgl § 262 Abs 14!)*

Umfang der Gründungsprüfung

§ 26. (1) Die Prüfung durch die Mitglieder des Vorstands und des Aufsichtsrats sowie die Prüfung durch die Gründungsprüfer haben sich namentlich darauf zu erstrecken:

1. ob die Angaben der Gründer über die Übernahme der Aktien, über die Einlagen auf das Grundkapital und über die in den §§ 19 und 20 vorgesehenen Festsetzungen richtig und vollständig sind;

2. ob der Wert der Sacheinlagen oder Sachübernahmen den Ausgabebetrag der dafür zu gewährenden Aktien oder den Wert der dafür zu gewährenden Leistungen erreicht. *(BGBl 1996/304)*

(2) [1]Über jede Prüfung ist unter Darlegung dieser Umstände schriftlich zu berichten. [2]„In dem Bericht sind der Gegenstand jeder Sacheinlage oder Sachübernahme zu beschreiben und die Bewertungsmethoden für die Ermittlung gemäß Abs. 1 Z 2 zu nennen." *(BGBl 1996/304)*

(3) [1]Je ein Stück des Berichts der Gründungsprüfer ist dem Gericht und dem Vorstand einzureichen. [2]Jedermann kann den Bericht beim Gericht einsehen.

Meinungsverschiedenheiten zwischen Gründern und Gründungsprüfern. Auslagen und Entlohnung der Gründungsprüfer

§ 27. (1) [1]Die Gründer sind verpflichtet, den Prüfern alle für die sorgfältige Erfüllung ihrer Prüfungspflicht erforderlichen Aufklärungen und Nachweise zu geben. [2]Bei Meinungsverschiedenheiten zwischen den Gründern und den Gründungsprüfern über den Umfang der von den Gründern zu gewährenden Aufklärungen und Nachweise entscheidet das Gericht; die Entscheidung ist unanfechtbar. [3]Solange sich die Gründer weigern, der Entscheidung nachzukommen, wird der Prüfungsbericht nicht erstattet.

(2) [1]Die Gründungsprüfer haben Anspruch auf Ersatz der notwendigen baren Auslagen und auf angemessene Entlohnung für ihre Mühewaltung. [2]Diese Beträge bestimmt das Gericht „ "; gegen die Bestimmung kann Rekurs ergriffen werden, gegen die Entscheidung des Gerichts zweiter Instanz ist der Rekurs ausgeschlossen. *(BGBl I 2011/53)*

Anmeldung der Gesellschaft

§ 28. (1) Die Gesellschaft ist beim Gericht von sämtlichen Gründern und Mitgliedern des Vorstands und des Aufsichtsrats zur Eintragung in das Firmenbuch anzumelden.

(2) Die Anmeldung darf erst erfolgen, wenn

1. auf jede Aktie, soweit nicht Sacheinlagen vereinbart sind, der eingeforderte Betrag ordnungsgemäß eingezahlt worden ist (§ 49 Abs. 3) und, soweit er nicht bereits zur Bezahlung der bei der Gründung angefallenen Abgaben, Gebühren und Kosten verwendet wurde, endgültig zur freien Verfügung des Vorstands steht; und

2. Vermögensgegenstände, die nach der Satzung als Sacheinlagen zu leisten sind, zur freien Verfügung des Vorstands stehen.
(BGBl 1996/304)

Leistung der Einlagen

§ 28a. (1) Der eingeforderte Betrag muß mindestens ein Viertel des geringsten Ausgabebetrags und bei Ausgabe der Aktien für einen höheren als diesen auch den Mehrbetrag umfassen. *(BGBl I 1998/125)*

(2) [1]Sacheinlagen müssen sofort in vollem Umfang bewirkt werden. [2]Der Wert muß den Ausgabebetrag der Aktien erreichen.

(BGBl 1996/304)

Inhalt der Anmeldung

§ 29. (1) [1]In der Anmeldung ist die Erklärung abzugeben, daß die Voraussetzungen des „§ 28 Abs. 2 und des § 28a"** erfüllt sind; dabei sind der Betrag, zu dem die Aktien ausgegeben werden, und der darauf eingezahlte Betrag anzugeben. [2]Es ist nachzuweisen, daß der Vorstand in der Verfügung über den eingezahlten Betrag nicht, namentlich nicht durch Gegenforderungen, beschränkt ist. [3]„Dieser Nachweis ist stets durch Vorlage einer schriftlichen Bestätigung eines Kreditinstituts zu führen; für die Richtigkeit der Bestätigung ist das Kreditinstitut der Gesellschaft verantwortlich."*** [4]Sind von dem eingezahlten Betrag Abgaben, Gebühren und Kosten bezahlt worden, so ist dies nach Art und Höhe der Beträge nachzuweisen. [5]„In der Anmeldung sind ferner das Geburtsdatum und die Vertretungsbefugnis der Vorstandsmitglieder anzugeben."* *(*BGBl 1991/10; **BGBl 1996/304; ***BGBl I 2004/67)*

(2) Der Anmeldung sind beizufügen:

1. die Satzung und die Urkunden gemäß § 16 Abs. 2 und § 22;

2. im Fall der §§ 19 und 20 die Verträge, die den Festsetzungen zugrunde liegen oder zu ihrer Ausführung geschlossen sind, und eine Berechnung des der Gesellschaft zur Last fallenden Gründungsaufwands; in der Berechnung sind die Vergütungen nach Art und Höhe und die Empfänger einzeln anzuführen;

3. die Urkunden über die Bestellung des Vorstands und des Aufsichtsrats; *(BGBl I 2006/103)*

4. der Gründungsbericht und die Prüfungsberichte der Mitglieder des Vorstands und des Aufsichtsrats sowie der Gründungsprüfer nebst ihren urkundlichen Unterlagen;

5. wenn es für den Gegenstand des Unternehmens der behördlichen Genehmigung bedarf, die Genehmigungsurkunde. *(BGBl 1990/475)*

(3) Die Vorstandsmitglieder haben ihre Namensunterschrift zur Aufbewahrung beim Gericht zu zeichnen.

(4) Die Dokumente sind in Urschrift, Ausfertigung oder öffentlich beglaubigter Abschrift einzureichen und in die Urkundensammlung (§ 12 FBG) aufzunehmen. *(BGBl I 2009/71)*

§ 30. *(aufgehoben, BGBl I 2009/71)*

Prüfung durch das Gericht

§ 31. (1) Das Gericht hat zu prüfen, ob die Gesellschaft ordnungsgemäß errichtet und angemeldet ist. Ist dies nicht der Fall, so hat es die Eintragung abzulehnen.

(2) [1]Das Gericht hat die Eintragung auch abzulehnen, wenn die Gründungsprüfer erklären oder wenn es offensichtlich ist, daß der Gründungsbericht oder der Prüfungsbericht der Mitglieder des Vorstands und des Aufsichtsrats unrichtig oder unvollständig ist oder den gesetzlichen Vorschriften nicht entspricht; gleiches gilt, wenn die Gründungsprüfer erklären oder wenn es offensichtlich ist, daß der Wert der Sacheinlagen oder Sachübernahmen nicht unwesentlich hinter dem Ausgabebetrag der dafür zu gewährenden Aktien oder dem Wert der dafür zu gewährenden Leistungen zurückbleibt. [2]Das Gericht hat den Beteiligten vorher Gelegenheit zu geben, den Beanstandungen abzuhelfen. *(BGBl 1996/304)*

Inhalt der Eintragung

§ 32. (1) [1]Bei der Eintragung der Gesellschaft sind die Firma, der Sitz sowie die für Zustellungen maßgebliche Geschäftsanschrift der Gesellschaft, der Tag der Feststellung der Satzung, Name und Geburtsdatum des Vorsitzenden, seiner Stellvertreter und der übrigen Mitglieder des Aufsichtsrats, die Höhe des Grundkapitals sowie Name und Geburtsdatum der Vorstandsmitglieder anzugeben. [2]Ferner ist einzutragen, welche Vertretungsbefugnis die Vorstandsmitglieder haben. *(BGBl 1991/10)*

(2) Enthält die Satzung Bestimmungen über die Zeitdauer der Gesellschaft „ " oder über das genehmigte Kapital, so sind auch diese Bestimmungen einzutragen. *(BGBl 1991/10)*

Veröffentlichung der Eintragung. Veröffentlichung der Eröffnungsbilanz

§ 33. (1) In die Veröffentlichung der Eintragung, für die im übrigen die allgemeinen „unternehmensrechtlichen" Vorschriften gelten, sind auch aufzunehmen: *(BGBl I 2009/71)*

1. die sonstigen in „§ 10 Abs. 4" , § 17 Z 1 und Z 3 bis 6, § 18 zweiter Satz, §§ 19 und 20 vorgesehenen Festsetzungen; *(BGBl 1991/10; BGBl I 2011/53)*

2. der Ausgabebetrag der Aktien;

3. der Name und das Geburtsdatum der Gründer und die Angabe, ob sie die sämtlichen Aktien übernommen haben; *(BGBl 1991/10)*

4. *(aufgehoben, BGBl 1991/10)*

(2) Zugleich ist zu veröffentlichen, daß die mit der Anmeldung eingereichten Schriftstücke, namentlich die Prüfungsberichte der Mitglieder des Vorstands und des Aufsichtsrats sowie der Gründungsprüfer, beim Gericht eingesehen werden können.

(3) [1]Liegt eine Gründung mit Sacheinlagen oder Sachübernahmen (§ 20) vor, so hat der Vorstand unverzüglich nach der Eintragung der Gesellschaft die Eröffnungsbilanz, für die im übrigen die allgemeinen „unternehmensrechtlichen"** Vorschriften gelten, auf den Tag der Errichtung der Gesellschaft „(§ 21)"** aufzustellen, nach ihrer Bestätigung durch die Prüfer (§ 25

Abs. 2 bis 5) dem Aufsichtsrat vorzulegen und innerhalb von drei Monaten nach der Eintragung der Gesellschaft „gemäß § 18“** zu veröffentlichen. [2]Die Veröffentlichung ist zum Firmenbuch einzureichen. Wird ein Unternehmen (Betrieb) auf Grund einer auf einen höchstens „neun“* Monate vor der Errichtung der Gesellschaft liegenden Stichtag aufgestellten Bilanz als Sacheinlage eingebracht, so kann die Eröffnungsbilanz auf diesen Stichtag aufgestellt werden. [3]Für die zu veröffentlichende Eröffnungsbilanz gelten im übrigen die Vorschriften für den Jahresabschluß sinngemäß. *(*BGBl 1993/458; **BGBl I 2009/71)*

Handeln im Namen der Gesellschaft vor der Eintragung. Verbotene Aktienausgabe

§ 34. (1) [1]Vor der Eintragung in das Firmenbuch besteht die Aktiengesellschaft als solche nicht. [2]Wird vorher im Namen der Gesellschaft gehandelt, so haften die Handelnden persönlich zur ungeteilten Hand (Gesamtschuldner).

(2) Übernimmt die Gesellschaft eine vor ihrer Eintragung in ihrem Namen eingegangene Verpflichtung durch Vertrag mit dem Schuldner in der Weise, daß sie an die Stelle des bisherigen Schuldners tritt, so bedarf es zur Wirksamkeit der Schuldübernahme der Zustimmung des Gläubigers nicht, wenn die Schuldübernahme binnen drei Monaten nach der Eintragung der Gesellschaft vereinbart und dem Gläubiger von der Gesellschaft oder dem Schuldner mitgeteilt wird.

(3) Verpflichtungen aus Vereinbarungen über Sacheinlagen und Sachübernahmen können nicht übernommen werden.

(4) [1]Anteilsrechte dürfen vor der Eintragung der Gesellschaft nicht übertragen, Aktien „ “ dürfen vorher nicht ausgegeben werden. [2]Die vorher ausgegebenen Aktien „ “ sind nichtig; für den Schaden aus der Ausgabe sind die Ausgeber den Besitzern als Gesamtschuldner verantwortlich. *(BGBl I 2011/53)*

Einpersonen-Gesellschaft

§ 35. (1) Ist an der Feststellung der Satzung nur eine Person beteiligt, so sind mit der Anmeldung der Gesellschaft zur Eintragung in das Firmenbuch auch der Umstand, dass alle Aktien an der Aktiengesellschaft einem Aktionär gehören, sein Name sowie gegebenenfalls sein Geburtsdatum bzw. seine Firmenbuchnummer anzumelden.

(2) [1]Erwirbt nach Eintragung der Gesellschaft ein Aktionär alle Aktien, die nicht der Gesellschaft selbst gehören, so hat er diesen Umstand sowie die weiteren Angaben nach Abs. 1 dem Vorstand der Gesellschaft mitzuteilen. [2]Der Vorstand hat diese Angaben unverzüglich zur Eintragung im Firmenbuch anzumelden.

(3) [1]Erwirbt eine weitere Person Aktien an einer Gesellschaft, die als Einpersonen-Gesellschaft im Firmenbuch eingetragen ist, so haben der bisherige Alleinaktionär oder seine Rechtsnachfolger hievon den Vorstand zu unterrichten. [2]Der Vorstand hat die Löschung der Eintragung der Eigenschaft als Einpersonen-Gesellschaft unverzüglich beim Gericht anzumelden.

(BGBl I 2004/67)

§ 36. *(aufgehoben, BGBl 1991/10)*

§ 37. *(aufgehoben, BGBl 1996/304)*

§ 38. *(aufgehoben, BGBl 1991/10)*

AktG

Verantwortlichkeit der Gründer

§ 39. (1) [1]Die Gründer sind der Gesellschaft als Gesamtschuldner verantwortlich für die Richtigkeit und Vollständigkeit der Angaben, die zum Zwecke der Gründung der Gesellschaft über Übernahme der Aktien, Einzahlung auf die Aktien, Verwendung eingezahlter Beträge, Sondervorteile, Gründungsaufwand, Sacheinlagen und Sachübernahmen gemacht worden sind; sie sind ferner dafür verantwortlich, daß eine zur Annahme von Einzahlungen auf das Grundkapital bestimmte Stelle (§ 49 Abs. 3) hiezu geeignet ist, namentlich die eingezahlten Beträge zur freien Verfügung des Vorstands stehen. [2]Sie haben, unbeschadet der Verpflichtung zum Ersatz des sonst entstehenden Schadens, fehlende Einzahlungen zu leisten und eine Vergütung, die nicht unter dem Gründungsaufwand aufgenommen ist, zu ersetzen.

(2) Wird die Gesellschaft von Gründern durch Einlagen, Sachübernahmen oder Gründungsaufwand vorsätzlich oder aus grober Fahrlässigkeit geschädigt, so sind ihr alle Gründer als Gesamtschuldner zum Ersatz verpflichtet.

(3) Von diesen Verpflichtungen ist ein Gründer befreit, wenn er die die Ersatzpflicht begründenden Tatsachen weder kannte noch bei Anwendung der Sorgfalt eines ordentlichen Geschäftsmanns kennen mußte.

(4) Entsteht durch Zahlungsunfähigkeit eines Aktionärs der Gesellschaft ein Ausfall, so sind ihr zum Ersatz als Gesamtschuldner die Gründer verpflichtet, die die Beteiligung des Aktionärs in Kenntnis seiner Zahlungsunfähigkeit angenommen haben.

(5) [1]Neben den Gründern sind in gleicher Weise Personen verantwortlich, für deren Rechnung die Gründer Aktien übernommen haben. [2]Sie können sich auf ihre eigene Unkenntnis nicht wegen solcher Umstände berufen, die ein für ihre Rechnung handelnder Gründer kannte oder kennen mußte.

Verantwortlichkeit anderer Personen neben den Gründern

§ 40. Als Gesamtschuldner mit den Gründern und den Personen, für deren Rechnung die Gründer Aktien übernommen haben, ist der Gesellschaft zum Schadenersatz verpflichtet:

1. wer bei Empfang einer vorschriftswidrig in den Gründungsaufwand nicht aufgenommenen Vergütung wußte oder den Umständen nach annehmen mußte, daß die Verheimlichung beabsichtigt oder erfolgt war, oder wer zur Verheimlichung wissentlich mitgewirkt hat,

2. wer im Fall einer vorsätzlichen oder grobfahrlässigen Schädigung der Gesellschaft durch Einlagen oder Sachübernahmen an der Schädigung wissentlich mitgewirkt hat,

3. wer vor Eintragung der Gesellschaft in das Firmenbuch oder in den ersten zwei Jahren nach der Eintragung die Aktien öffentlich ankündigt, um sie in den Verkehr einzuführen, wenn er die Unrichtigkeit oder Unvollständigkeit der Angaben, die zum Zwecke der Gründung der Gesellschaft gemacht worden sind (§ 39 Abs. 1), oder die Schädigung der Gesellschaft durch Einlagen oder Sachübernahmen kannte oder bei Anwendung der Sorgfalt eines ordentlichen Geschäftsmanns kennen mußte.

Verantwortlichkeit des Vorstands und des Aufsichtsrats

§ 41. Mitglieder des Vorstands und des Aufsichtsrats, die bei der Gründung ihre Sorgfaltspflicht außer acht lassen, sind der Gesellschaft für den ihr daraus entstehenden Schaden als Gesamtschuldner verantwortlich; sie sind dafür verantwortlich, daß eine zur Annahme von Einzahlungen auf die Aktien bestimmte Stelle (§ 49 Abs. 3) hiezu geeignet ist, namentlich die eingezahlten Beträge zur freien Verfügung des Vorstands stehen.

Verantwortlichkeit der Gründungsprüfer

§ 42. Für die Ersatzpflicht des Grüdungsprüfers gilt § 275 Abs. 1 bis 4 „UGB“ sinngemäß. *(BGBl I 2005/120)*

(BGBl I 2001/97)

Verzicht und Vergleich

§ 43. [1]Die Gesellschaft kann auf Ersatzansprüche gegen die Gründer, die neben diesen haftenden Personen und gegen die Mitglieder des Vorstands und des Aufsichtsrats (§§ 39 bis 41) erst nach fünf Jahren seit der Eintragung der Gesellschaft in das Firmenbuch und nur dann verzichten oder sich darüber vergleichen, wenn die Hauptversammlung zustimmt und nicht eine Minderheit, deren Anteile „zwanzig vom Hundert“* des Grundkapitals erreichen, widerspricht. [2]„Die zeitliche Beschränkung gilt nicht, wenn der Ersatzpflichtige zahlungsunfähig oder überschuldet ist und sich zur Überwindung der Zahlungsunfähigkeit oder Überschuldung mit seinen Gläubigern vergleicht.“** *(*BGBl I 2009/71; **BGBl I 2010/58)*

Verjährung der Ersatzansprüche

§ 44. Ersatzansprüche der Gesellschaft nach den §§ 39 bis 42 verjähren in fünf Jahren seit der Eintragung der Gesellschaft in das Firmenbuch.

Nachgründung

§ 45. (1) [1]Verträge der Gesellschaft, nach denen sie von einem Gründer vorhandene oder herzustellende Anlagen oder sonstige Vermögensgegenstände für eine Vergütung von mindestens „zehn vom Hundert“* des Grundkapitals erwerben soll, bedürfen zu ihrer Wirksamkeit der Zustimmung der Hauptversammlung und der Eintragung in das Firmenbuch, wenn sie in den ersten zwei Jahren seit der Eintragung der Gesellschaft in das Firmenbuch geschlossen werden; ohne die Zustimmung der Hauptversammlung oder die Eintragung im Firmenbuch sind auch die Rechtshandlungen zu ihrer Ausführung rechtsunwirksam. [2]Den Gründern sind Personen, für deren Rechnung die Gründer Aktien übernommen haben, Personen, zu denen ein Gründer ein Naheverhältnis hat, das der Beziehung zwischen Mutterunternehmen und Tochterunternehmen („§ 189a Z 7 UGB“**) entspricht, sowie nahe Angehörige eines Gründers „(§ 32 Insolvenzordnung)“*** gleichgestellt. *(BGBl 1996/304; *BGBl I 2009/71; **BGBl I 2015/22; ***BGBl I 2021/86)*

(2) [1]Vor der Beschlußfassung der Hauptversammlung hat der Aufsichtsrat den Vertrag zu prüfen und einen schriftlichen Bericht zu erstatten (Nachgründungsbericht). [2]Für den Nachgründungsbericht gilt sinngemäß § 24 Abs. 2 und 3 über den Gründungsbericht.

(3) [1]Außerdem hat vor der Beschlußfassung eine Prüfung durch einen oder mehrere Gründungsprüfer stattzufinden. [2]§ 25 Abs. 3 bis 5, §§ 26, 27 über die Gründungsprüfung gelten sinngemäß.

(4) [1]Der Beschluß der Hauptversammlung bedarf einer Mehrheit, die mindestens drei Viertel des bei der Beschlußfassung vertretenen Grundkapitals umfaßt; wird der Vertrag im ersten Jahr nach der Eintragung der Gesellschaft in das Firmenbuch geschlossen, so müssen außerdem die Anteile der zustimmenden Mehrheit mindestens ein Viertel des gesamten Grundkapitals erreichen. [2]Die Satzung kann diese Mehrheit durch eine größere Kapitalmehrheit ersetzen und noch andere Erfordernisse aufstellen.

Eintragung der Nachgründung

§ 46. (1) Nach Zustimmung der Hauptversammlung hat der Vorstand den Vertrag in Urschrift, Ausfertigung oder öffentlich beglaubigter Abschrift mit dem Nachgründungsbericht und dem Bericht der Gründungsprüfer nebst den urkundlichen Grundlagen zur Eintragung in das Firmenbuch einzureichen.

(2) [1]Bestehen gegen die Eintragung Bedenken, weil die Gründungsprüfer erklären oder weil es offensichtlich ist, daß der Nachgründungsbericht unrichtig oder unvollständig ist oder den gesetzlichen Vorschriften nicht entspricht, so hat das Gericht die Eintragung abzulehnen; gleiches gilt, wenn die Gründungsprüfer erklären oder wenn es offensichtlich ist, daß der Wert der zu erwerbenden Vermögensgegenstände nicht unwesentlich hinter dem Wert der dafür zu gewährenden Leistungen zurückbleibt. [2]Das Gericht hat der Gesellschaft vorher Gelegenheit zu geben, den Beanstandungen abzuhelfen. *(BGBl 1996/304)*

(3) [1]Bei der Eintragung genügt die Bezugnahme auf die eingereichten Urkunden. [2]In die Bekanntmachung der Eintragung sind aufzunehmen der Tag des Vertragsabschlusses und der Zustimmung der Hauptversammlung sowie der zu erwerbende Vermögensgegenstand, die Person, von der die Gesellschaft ihn erwirbt, und die zu gewährende Vergütung.

(4) Vorstehende Bestimmungen (§ 45, § 46 Abs. 1 bis 3) gelten nicht, wenn der Erwerb der Vermögensgegenstände den Gegenstand des Unternehmens bildet oder wenn sie in der Zwangsvollstreckung erworben werden.

(5) Die Wirksamkeit eines Vertrags nach § 45 Abs. 1 wird, gleichviel ob er vor oder nach Ablauf von zwei Jahren seit der Eintragung der Gesellschaft in das Firmenbuch geschlossen ist, nicht dadurch ausgeschlossen, daß eine Vereinbarung der Gründer über denselben Gegenstand nach „§ 20 Abs. 3“ der Gesellschaft gegenüber unwirksam ist. *(BGBl 1996/304)*

Ersatzansprüche bei der Nachgründung

§ 47. [1]Für die Nachgründung gelten die §§ 39, 40, 42 bis 44 über die Ersatzansprüche der Gesellschaft. [2]An die Stelle der Gründer treten die Mitglieder des Vorstands und des Aufsichtsrats; sie haben die Sorgfalt eines ordentlichen und gewissenhaften Geschäftsleiters anzuwenden.

Dritter Teil

Rechtsverhältnisse der Gesellschaft und der Gesellschafter

Gleichbehandlung der Aktionäre

§ 47a. Aktionäre sind unter gleichen Voraussetzungen gleich zu behandeln.

(BGBl 1996/304)

Haftung für die Verbindlichkeiten der Aktiengesellschaft

§ 48. Für die Verbindlichkeiten der Aktiengesellschaft haftet den Gläubigern nur das Gesellschaftsvermögen.

Hauptverpflichtung der Aktionäre

§ 49. (1) Die Verpflichtung der Aktionäre zur Leistung der Einlagen wird durch den „ “ Ausgabebetrag der Aktien begrenzt. *(BGBl I 1998/125)*

(2) Soweit nicht in der Satzung Sacheinlagen bedungen sind, haben die Aktionäre den „ “ Ausgabebetrag der Aktien einzuzahlen. *(BGBl I 1998/125)*

(3) [1]Der vor der Anmeldung der Gesellschaft eingeforderte Betrag „(§ 28 Abs. 2 Z 1 und § 28a. Abs. 1)“* kann nur in gesetzlichen Zahlungsmitteln oder durch Gutschrift auf ein Bankkonto im Inland „ “** der Gesellschaft oder des Vorstands zu seiner freien Verfügung eingezahlt werden. [2]Forderungen des Vorstands aus diesen Einzahlungen gegen Kreditinstitute „ “** gelten als Forderungen der Gesellschaft. *(*BGBl 1996/304; **BGBl I 2009/71)*

Nebenverpflichtungen der Aktionäre

§ 50. (1) [1]Ist die Übertragung der Aktien an die Zustimmung der Gesellschaft gebunden, so kann die Satzung Aktionären die Verpflichtung auferlegen, neben den Einlagen auf das Grundkapital wiederkehrende, nicht in Geld bestehende Leistungen zu erbringen. [2]Die Verpflichtung und der Umfang der Leistungen sind in den Aktien „ “ anzugeben. *(BGBl I 2011/53)*

(2) Die Satzung kann Vertragsstrafen festsetzen für den Fall, daß die Verpflichtung nicht oder nicht gehörig erfüllt wird.

Keine Zeichnung eigener Aktien; Aktienübernahme für Rechnung der Gesellschaft oder durch ein Tochterunternehmen

§ 51. (1) Die Gesellschaft darf keine eigenen Aktien zeichnen.

(2) [1]Ein Tochterunternehmen („§ 189a Z 7 UGB“) darf als Gründer oder Zeichner oder in Ausübung eines Bezugsrechts gemäß § 165 eine

Aktie der Gesellschaft nicht übernehmen. [2]Die Wirksamkeit einer solchen Übernahme wird durch einen Verstoß gegen diese Vorschrift nicht berührt. *(BGBl I 2015/22)*

(3) [1]Wer als Gründer oder Zeichner oder in Ausübung eines Bezugsrechts gemäß § 165 eine Aktie für Rechnung der Gesellschaft oder eines Tochterunternehmens („§ 189a Z 7 UGB") übernommen hat, kann sich nicht darauf berufen, daß er die Aktie nicht für eigene Rechnung übernommen hat. [2]Er haftet ohne Rücksicht auf Vereinbarungen mit der Gesellschaft oder dem Tochterunternehmen („§ 189a Z 7 UGB") auf die volle Einlage. [3]Bevor er die Aktie für eigene Rechnung übernommen hat, stehen ihm keine Rechte aus der Aktie zu. *(BGBl I 2015/22)*

(BGBl 1996/304)

Keine Rückgewähr der Einlagen

§ 52. [1]Den Aktionären dürfen die Einlagen nicht zurückgewährt werden; sie haben, solange die Gesellschaft besteht, nur Anspruch auf den „Bilanzgewinn", der sich aus der Jahresbilanz ergibt, soweit er nicht nach Gesetz oder Satzung von der Verteilung ausgeschlossen ist. [2]Als Rückgewähr von Einlagen gilt nicht die Zahlung des Erwerbspreises beim zulässigen Erwerb eigener Aktien (§§ 65, 66). *(BGBl 1996/304)*

Gewinnbeteiligung der Aktionäre

§ 53. (1) Die Anteile der Aktionäre am Gewinn bestimmen sich nach ihren Anteilen am Grundkapital. *(BGBl I 1998/125)*

(2) [1]Sind die Einlagen auf das Grundkapital nicht auf alle Aktien in demselben Verhältnis geleistet, so erhalten die Aktionäre aus dem verteilbaren Gewinn vorweg einen Betrag von vier vom Hundert der geleisteten Einlagen; reicht der Gewinn dazu nicht aus, so bestimmt sich der Betrag nach einem entsprechend niedrigeren Satz. [2]Einlagen, die im Lauf des Geschäftsjahres geleistet wurden, werden nach dem Verhältnis der Zeit berücksichtigt, die seit der Leistung verstrichen ist.

(3) Die Satzung kann eine andere Art der Gewinnverteilung bestimmen.

Keine Verzinsung der Einlagen

§ 54. Unter die Aktionäre darf nur der aus der Jahresbilanz sich ergebende „Bilanzgewinn" verteilt werden; Zinsen dürfen ihnen weder zugesagt noch ausgezahlt werden.

(2) *(aufgehoben, BGBl 1996/304)*

(BGBl 1996/304)

Abschlagszahlung auf den Bilanzgewinn

§ 54a. Der Vorstand kann mit Zustimmung des Aufsichtsrates nach Ablauf der Hälfte des Geschäftsjahres an die Aktionäre einen Abschlag auf den voraussichtlichen Bilanzgewinn bis zur Hälfte der durchschnittlichen Jahresdividende der letzten drei Jahre zahlen, soweit diese Abschlagszahlungen in dem auf Grund einer Zwischenbilanz festgestellten Ergebnis des abgelaufenen Geschäftshalbjahres zuzüglich eines allfälligen Gewinnvortrags und abzüglich eines allfälligen Verlustvortrags Deckung finden und ausschüttungsfähige Rücklagen in der Höhe der ausgezahlten Beträge bestehen bleiben.

(BGBl 1996/304)

Vergütung von Nebenleistungen

§ 55. Für wiederkehrende Leistungen, zu denen die Aktionäre nach der Satzung neben den Einlagen auf das Grundkapital verpflichtet sind, darf eine den Wert der Leistungen nicht übersteigende Vergütung ohne Rücksicht darauf gezahlt werden, ob die Jahresbilanz einen „Bilanzgewinn" ergibt. *(BGBl 1996/304)*

Haftung der Aktionäre beim Empfang verbotener Zahlungen

§ 56. (1) [1]Die Aktionäre haften den Gläubigern für die Verbindlichkeiten der Gesellschaft, soweit sie entgegen den Vorschriften dieses Bundesgesetzes Zahlungen von der Gesellschaft empfangen haben. [2]Dies gilt nicht, soweit sie Beträge in gutem Glauben als Gewinnanteile „ " bezogen haben. *(BGBl I 2004/67)*

(2) Ist über das Vermögen der Gesellschaft das Insolvenzverfahren eröffnet, so übt während dessen Dauer der Masse- oder Sanierungsverwalter das Recht der Gesellschaftsgläubiger gegen die Aktionäre (Abs. 1) aus. *(BGBl I 2010/58)*

(3) Die Gesellschaft kann Beträge nicht zurückfordern, die Aktionäre in gutem Glauben als Gewinnanteile „ " bezogen haben. *(BGBl I 2004/67)*

(4) Die Ansprüche nach diesen Vorschriften verjähren in fünf Jahren seit dem Empfang der Zahlung.

Folgen nicht rechtzeitiger Einzahlung

§ 57. (1) [1]Die Aktionäre haben die Einlagen nach Aufforderung durch den Vorstand einzuzahlen. [2]Die Aufforderung ist, wenn die Satzung nichts anderes bestimmt, gemäß § 18 zu veröffentlichen. *(BGBl I 2009/71)*

(2) [1]Aktionäre, die den eingeforderten Betrag nicht rechtzeitig einzahlen, haben ihn vom Eintritt der Fälligkeit an „ " zu verzinsen. [2]Weitere Schadenersatzansprüche sind nicht ausgeschlossen. *(BGBl I 2002/118)*

(3) Für den Fall nicht rechtzeitiger Einzahlung kann die Satzung Vertragsstrafen festsetzen.

Ausschluß säumiger Aktionäre

§ 58. (1) Aktionären, die den eingeforderten Betrag nicht rechtzeitig einzahlen, kann eine Nachfrist mit der Androhung gesetzt werden, daß sie nach Fristablauf ihrer Aktien und der geleisteten Einzahlungen für verlustig erklärt werden.

(2) [1]Die Nachfrist muß dreimal „gemäß § 18" veröffentlicht werden; die erste Veröffentlichung muß mindestens drei Monate, die letzte mindestens einen Monat vor Fristablauf ergehen. [2]Ist die Übertragung der Aktien an die Zustimmung der Gesellschaft gebunden, so genügt an Stelle der Veröffentlichungen die einmalige Einzelaufforderung an die säumigen Aktionäre; dabei muß eine Nachfrist gewährt werden, die mindestens einen Monat seit dem Empfang der Aufforderung beträgt. *(BGBl I 2009/71)*

(3) Aktionäre, die den eingeforderten Betrag trotzdem nicht zahlen, werden durch Veröffentlichung „gemäß § 18" ihrer Aktien und der geleisteten Einzahlungen zugunsten der Gesellschaft für verlustig erklärt. *(BGBl I 2009/71)*

(4) [1]An Stelle der alten Urkunden werden neue ausgegeben; diese haben außer den geleisteten Teilzahlungen den rückständigen Betrag anzugeben. [2]Für den Ausfall der Gesellschaft an diesem Betrag oder an den später eingeforderten Beträgen haftet ihr der ausgeschlossene Aktionär.

Zahlungspflicht der Vormänner

§ 59. (1) [1]Jeder im Aktienbuch verzeichnete Vormann des ausgeschlossenen Aktionärs ist der Gesellschaft zur Zahlung des rückständigen Betrags verpflichtet, soweit dieser von seinen Nachmännern nicht zu erlangen ist. [2]Von der Zahlungsaufforderung an einen früheren Aktionär hat die Gesellschaft seinen unmittelbaren Vormann zu benachrichtigen. [3]Es wird vermutet, daß die Zahlung nicht zu erlangen ist, wenn sie nicht innerhalb eines Monats seit der Zahlungsaufforderung und der Benachrichtigung des Vormanns eingegangen ist. [4]Gegen Zahlung des rückständigen Betrags wird die neue Urkunde ausgehändigt.

(2) Jeder Vormann ist nur zur Zahlung der Beträge verpflichtet, die binnen zwei Jahren eingefordert werden; die Frist beginnt mit dem Tag, an dem die Übertragung der Aktie zum Aktienbuch der Gesellschaft angemeldet wird.

(3) [1]Ist die Zahlung des rückständigen Betrags von Vormännern nicht zu erlangen, so hat die Gesellschaft die Aktie zum Börsenpreis durch Vermittlung eines Börsesensals und beim Fehlen eines Börsenpreises durch öffentliche Versteigerung zu verkaufen. [2]Im übrigen gilt § 179 Abs. 3 sinngemäß.

Keine Befreiung der Aktionäre von ihren Leistungspflichten

§ 60. Die Aktionäre und ihre Vormänner können von ihren Leistungspflichten nach den §§ 49 und 59 nicht befreit werden, sie können gegen diese Pflichten eine Forderung an die Gesellschaft nicht aufrechnen.

Eintragung von Namensaktien im Aktienbuch

§ 61. (1) Alle Aktien, die nach Gesetz oder Satzung Namensaktien sind, sind mit folgenden Angaben in das Aktienbuch der Gesellschaft einzutragen:

1. Name (Firma) und für die Zustellung maßgebliche Anschrift des Aktionärs, bei natürlichen Personen das Geburtsdatum, bei juristischen Personen gegebenenfalls das Register und die Nummer, unter der die juristische Person in ihrem Herkunftsstaat geführt wird;

2. Stückzahl oder Aktiennummer, bei Nennbetragsaktien der Betrag;

3. bei einer nicht börsenotierten Gesellschaft eine vom Aktionär bekanntzugebende, auf diesen lautende Kontoverbindung bei einem Kreditinstitut im Sinn des § 10a Abs. 1, auf das sämtliche Zahlungen zu leisten sind;

4. wenn die Aktien einer anderen als der im Aktienbuch eingetragenen Person gehören, die Angaben nach Z 1 und Z 2 auch über diese andere Person, sofern der Aktionär kein Kreditinstitut im Sinn des § 10a Abs. 1 ist.

(BGBl I 2011/53)

(2) [1]Im Verhältnis zur Gesellschaft gilt als Aktionär nur, wer als solcher im Aktienbuch eingetragen ist. [2]„Ein im Aktienbuch eingetragenes Kreditinstitut, dem die Aktien nicht gehören (Abs. 1 Z 4), benötigt zur Ausübung des Stimmrechts eine in Textform erteilte Ermächtigung der Person, der die Aktien gehören." [3]Das Fehlen einer Ermächtigung lässt die Gültigkeit der Stimmabgabe unberührt. *(BGBl I 2011/53)*

(3) Geht die Namensaktie auf einen anderen über, so erfolgen Löschung und Neueintragung im Aktienbuch auf Mitteilung und Nachweis.

(4) [1]Wurde jemand nach Ansicht der Gesellschaft zu Unrecht als Aktionär in das Aktienbuch eingetragen, so kann die Gesellschaft die Eintragung nur löschen, wenn sie vorher die Beteiligten von der beabsichtigten Löschung nachweislich benachrichtigt und ihnen eine angemessene Frist zur Erhebung eines Widerspruchs gesetzt hat. [2]Widerspricht ein Beteiligter innerhalb der Frist, so hat die Löschung zu unterbleiben.

(5) Dividendenansprüche aus Namensaktien, für die niemand als Aktionär im Aktienbuch eingetragen ist, verfallen mit Ablauf des Geschäftsjahres, in dem der betreffende Gewinnverwen-

dungsbeschluss gefasst wurde. *(BGBl I 2014/40, ab 1. 10. 2014)*

(BGBl I 2009/71)

Übertragung von Namensaktien, Vinkulierung

§ 62. (1) [1]Namensaktien können durch Indossament übertragen werden. [2]Für die Form des Indossaments, den Rechtsausweis des Inhabers und seine Verpflichtung zur Herausgabe gelten die Art. 12, 13 und 16 des Wechselgesetzes 1955, BGBl. Nr. 49, sinngemäß. [3]Bei der Anmeldung zur Eintragung des Erwerbers in das Aktienbuch ist der Gesellschaft die Aktienurkunde vorzulegen. [4]Die Gesellschaft hat die Ordnungsmäßigkeit der Reihe der Indossamente und der Abtretungserklärungen, nicht aber die Unterschriften zu prüfen. *(BGBl I 2009/71)*

„(2)“ [1]Die Satzung kann die Übertragung von Namensaktien an die Zustimmung der Gesellschaft binden. [2]Die Zustimmung gibt der Vorstand, wenn die Satzung nichts anderes bestimmt. [3]Die Zustimmung darf nur aus wichtigem Grund verweigert werden. *(BGBl I 2009/71)*

„(3)“ [1]Ist nach der Satzung die Zustimmung der Gesellschaft zur Übertragung der Aktien notwendig, so ist, falls die Zustimmung versagt wird, dem Aktionär bei Nachweis der Einzahlung des auf die Einlage eingeforderten Betrags vom Gericht die Übertragung der Aktie zu gestatten, wenn kein wichtiger Grund für die Verweigerung der Zustimmung vorliegt und die Übertragung ohne Schädigung der Gesellschaft, der übrigen Aktionäre und der Gläubiger erfolgen kann. [2]Das Gericht hat vor der Entscheidung den Vorstand zu hören. [3]Ungeachtet der erteilten Zustimmung des Gerichts zur Übertragung kann diese dennoch nicht wirksam stattfinden, wenn die Gesellschaft innerhalb eines Monats nach Rechtskraft der Entscheidung dem Aktionär durch eingeschriebenen Brief mitteilt, daß sie die Übertragung der Aktie zu den gleichen Bedingungen an einen anderen von ihr bezeichneten Erwerber gestatte. *(BGBl I 2009/71)*

(4) *(aufgehoben, BGBl I 2021/86)*

(5) *(aufgehoben, BGBl I 2011/53)*

Rechtsgemeinschaft an einer Aktie

§ 63. (1) Steht eine Aktie mehreren Berechtigten zu, so können sie die Rechte aus der Aktie nur durch einen gemeinschaftlichen Vertreter ausüben.

(2) Für die Leistungen auf die Aktie haften sie als Gesamtschuldner.

(3) [1]Hat die Gesellschaft eine Willenserklärung dem Aktionär gegenüber abzugeben, so genügt, wenn die Berechtigten keinen gemeinschaftlichen Vertreter haben, die Abgabe der Erklärung gegenüber einem Berechtigten. [2]Dies gilt gegenüber mehreren erbserklärten Erben nur dann, wenn ihnen die Besorgung und Verwaltung der Verlassenschaft überlassen wurde.

Berechnung der Aktienbesitzzeit

§ 64. [1]Ist die Ausübung von Rechten aus der Aktie davon abhängig, daß der Aktionär während eines bestimmten Zeitraums Inhaber der Aktie gewesen ist, so steht dem Eigentum ein Anspruch auf Übereignung gegen ein Kreditinstitut gleich. [2]Die Eigentumszeit eines Rechtsvorgängers wird dem Aktionär zugerechnet, wenn er die Aktie unentgeltlich von seinem Treuhänder, als Gesamtrechtsnachfolger, bei Auseinandersetzung einer Gemeinschaft oder im Zug einer durch die Versicherungsaufsichtsbehörde genehmigten Vermögensübertragung erworben hat.

Erwerb eigener Aktien

§ 65. (1) [1]Die Gesellschaft darf eigene Aktien nur erwerben,

1. wenn es zur Abwendung eines schweren, unmittelbar bevorstehenden Schadens notwendig ist;

2. wenn der Erwerb unentgeltlich oder in Ausführung einer Einkaufskommission durch ein Kreditinstitut erfolgt;

3. durch Gesamtrechtsnachfolge;

4. auf Grund einer höchstens „30“ Monate geltenden Ermächtigung der Hauptversammlung, wenn die Aktien Arbeitnehmern, leitenden Angestellten und Mitgliedern des Vorstands oder Aufsichtsrats der Gesellschaft oder eines mit ihr verbundenen Unternehmens zum Erwerb angeboten werden sollen; *(BGBl I 2001/42; BGBl I 2007/72)*

5. zur Entschädigung von Minderheitsaktionären, soweit dies gesetzlich vorgesehen ist;

6. auf Grund eines Beschlusses der Hauptversammlung zur Einziehung nach den Vorschriften über die Herabsetzung des Grundkapitals;

7. wenn sie ein Kreditinstitut ist, auf Grund einer Genehmigung der Hauptversammlung zum Zweck des Wertpapierhandels; der Beschluß über die Genehmigung muß bestimmen, daß der Handelsbestand der zu diesem Zweck zu erwerbenden Aktien fünf von Hundert des Grundkapitals am Ende jeden Tages nicht übersteigen darf und muß den niedrigsten und den höchsten Gegenwert festlegen; die Ermächtigung darf höchstens „30“ Monate gelten; *(BGBl I 2007/72)*

8. auf Grund einer höchstens 30 Monate geltenden Ermächtigung der Hauptversammlung, wenn die betreffenden Aktien börsenotiert im Sinn des § 3 sind. [1]Der Handel in eigenen Aktien ist als Zweck des Erwerbs ausgeschlossen. [2]Die Hauptversammlung kann den Vorstand auch ermächtigen, die eigenen Aktien ohne weiteren Hauptver-

sammlungsbeschluss einzuziehen. *(BGBl I 2009/71)*

9. *(aufgehoben, BGBl I 2001/42)*

(1a) [1]Der Beschluss der Hauptversammlung nach Abs. 1 Z 4 und Z 8 hat den Anteil der zu erwerbenden Aktien am Grundkapital, die Geltungsdauer der Ermächtigung sowie den niedrigsten und den höchsten Gegenwert festzulegen. [2]Börsenotierte Gesellschaften „ “ haben einen Beschluss gemäß Abs. 1 Z 4, 6 und 8 sowie unmittelbar vor der Durchführung das darauf beruhende Rückkaufprogramm, insbesondere dessen Dauer, „gemäß § 18“ zu veröffentlichen; dasselbe gilt sinngemäß für die Veräußerung eigener Aktien mit Ausnahme von Veräußerungen nach Abs. 1 Z 7. *(BGBl I 2001/42; BGBl I 2009/71)*

(1b) [1]Auf Erwerb und Veräußerung eigener Aktien ist § 47a anzuwenden; Erwerb und Veräußerung über die Börse oder durch ein öffentliches Angebot genügen diesem Erfordernis. [2]Die Hauptversammlung kann eine andere Art der Veräußerung beschließen; § 153 Abs. 3 und 4 ist in diesem Fall sinngemäß anzuwenden. [3]Die Hauptversammlung kann den Vorstand zu einer anderen Art der Veräußerung auch ermächtigen; diesfalls sind die §§ 169 bis 171 sinngemäß anzuwenden. [4]Keiner Beschlussfassung der Hauptversammlung bedarf die Veräußerung eigener Aktien zur Bedienung von Aktienoptionen des in Abs. 1 Z 4 genannten Personenkreises. *(BGBl I 2001/42)*

(2) [1]„Der mit den von der Gesellschaft gemäß „Abs. 1 Z 1, 4, 7 und 8“** erworbenen Aktien verbundene Anteil am Grundkapital darf zusammen mit den anderen eigenen Aktien, welche die Gesellschaft bereits erworben hat und noch besitzt, zehn von Hundert des Grundkapitals nicht übersteigen.“* [2]In den Fällen des „Abs. 1 Z 1, 4, 5, 7 und 8“** ist der Erwerb ferner nur zulässig, wenn die Gesellschaft „den Abzug vom Nennkapital und die Bildung der Rücklage gemäß § 229 Abs. 1a UGB vornehmen“*** kann, ohne daß das Nettoaktivvermögen das Grundkapital und eine nach Gesetz oder Satzung gebundene Rücklage unterschreitet. [3]In den Fällen des „Abs. 1 Z 1, 2, 4, 5, 7 und 8“** ist der Erwerb überdies nur zulässig, wenn auf die Aktien der „ “* Ausgabebetrag voll geleistet ist. *(*BGBl I 1998/125; **BGBl I 2001/42; ***BGBl I 2015/22)*

(3) Der Vorstand hat die Hauptversammlung über den Bestand an eigenen Aktien, über die Gründe, den Zweck und die Art des Erwerbs und der Veräußerung eigener Aktien, über deren Zahl, bei Nennbetragsaktien über deren Nennbetrag, bei Stückaktien über deren anteiligen Betrag des Grundkapitals sowie jeweils über den auf die Aktien entfallenden Anteil am Grundkapital und über den Gegenwert der Aktien oder des Veräußerungspreises sowie über die Verwendung des Erlöses zu unterrichten. *(BGBl I 2001/42)*

(4) [1]Die Wirksamkeit des Erwerbs eigener Aktien wird durch einen Verstoß gegen „Abs. 1, 1a, 1b oder 2“ nicht berührt. [2]Ein schuldrechtliches Geschäft über den Erwerb eigener Aktien ist rechtsunwirksam, soweit der Erwerb gegen „Abs. 1, 1a, 1b oder 2“ verstößt. *(BGBl I 2001/42)*

(5) [1]Aus eigenen Aktien stehen der Gesellschaft keine Rechte zu. [2]Ein Tochterunternehmen („§ 189a Z 7 UGB“) oder ein anderer, dem Aktien für Rechnung der Gesellschaft oder eines Tochterunternehmens („§ 189a Z 7 UGB“) gehören, kann aus diesen Aktien das Stimmrecht und das Bezugsrecht nicht ausüben. *(BGBl I 2015/22)*

(BGBl 1996/304)

Veräußerung und Einziehung eigener Aktien

AktG

§ 65a. (1) Hat die Gesellschaft eigene Aktien entgegen § 65 Abs. 1, 1a, 1b oder 2 erworben, so müssen sie innerhalb eines Jahres nach ihrem Erwerb veräußert werden. *(BGBl I 2001/42)*

(2) Entfallen auf die zulässigerweise erworbenen Aktien mehr als zehn von Hundert des Grundkapitals, so ist der übersteigende Anteil innerhalb von drei Jahren nach dem Erwerb zu veräußern. *(BGBl I 1998/125)*

(3) Sind eigene Aktien innerhalb der in Abs. 1 und 2 vorgesehenen Fristen nicht veräußert worden, so sind sie gemäß § 192 einzuziehen.

(BGBl 1996/304)

Inpfandnahme eigener Aktien

§ 65b. (1) [1]Dem Erwerb eigener Aktien steht es gleich, wenn eigene Aktien als Pfand genommen werden. [2]Jedoch darf ein Kreditinstitut im Rahmen des gewöhnlichen Betriebs eigene Aktien bis zu dem in § 65 Abs. 2 erster Satz bestimmten „Anteil am Grundkapital“ als Pfand nehmen. *(BGBl I 1998/125)*

(2) [1]Ein Verstoß gegen Abs. 1 macht die Verpfändung eigener Aktien nicht rechtsunwirksam. [2]Das schuldrechtliche Geschäft über die Verpfändung ist rechtsunwirksam, soweit die Verpfändung gegen Abs. 1 verstößt.

(BGBl 1996/304)

Erwerb eigener Aktien durch Dritte

§ 66. (1) [1]Ein Tochterunternehmen („§ 189a Z 7 UGB“**) darf an Aktien der Gesellschaft nur nach den vorstehenden Vorschriften Eigentum oder Pfandrecht erwerben. [2]Gleiches gilt für den Erwerb und die Inpfandnahme durch einen anderen, der im eigenen Namen, jedoch für Rechnung der Gesellschaft oder eines Tochterunternehmens handelt. [3]Bei der Berechnung des „Anteils am Grundkapital“* gemäß § 65 Abs. 2 erster Satz und § 65a Abs. 2 gelten diese Aktien als Aktien der Gesellschaft. [4]Im übrigen gelten § 65 Abs. 3

und 4 sowie §§ 65a, 65b und 66a sinngemäß. *(*BGBl I 1998/125; **BGBl I 2015/22)*

(2) [1]Ein Rechtsgeschäft zwischen der Gesellschaft oder einem Tochterunternehmen („§ 189a Z 7 UGB“**) und einem anderen, das auf den Erwerb eigener Aktien auf Rechnung der Gesellschaft oder des Tochterunternehmens („§ 189a Z 7 UGB“**) gerichtet ist, ist rechtsunwirksam, soweit dadurch gegen Abs. 1 sowie „§ 65 Abs. 1, 1a, 1b oder 2“* verstoßen wird. [2]Dies gilt auch für Rechtsgeschäfte mit einem Dritten, die auf Rechnung der Gesellschaft oder des Tochterunternehmens gehen und durch Inpfandnahme eigener Aktien besichert werden sollen. [3]§ 65b gilt sinngemäß. *(*BGBl I 2001/42; **BGBl I 2015/22)*

(BGBl 1996/304)

Finanzierung des Erwerbs von Aktien der Gesellschaft

§ 66a. [1]Ein Rechtsgeschäft, das die Gewährung eines Vorschusses oder eines Darlehens oder die Leistung einer Sicherheit durch die Gesellschaft an einen anderen zum Zweck des Erwerbs von Aktien dieser Gesellschaft oder eines Mutterunternehmens („§ 189a Z 6 UGB“*) zum Gegenstand hat, ist unzulässig. [2]„Dies gilt nicht für Rechtsgeschäfte im Rahmen des gewöhnlichen Betriebs von Kreditinstituten sowie für die Gewährung eines Vorschusses oder eines Darlehens oder für die Leistung einer Sicherheit zum Zweck des Erwerbs von Aktien durch oder für Arbeitnehmer der Gesellschaft oder eines mit ihr verbundenen Unternehmens.“** [3]Diese Rechtsgeschäfte sind jedoch unzulässig, wenn bei einem Erwerb der Aktien durch die Gesellschaft diese „den Abzug vom Nennkapital und die Bildung der Rücklage gemäß § 229 Abs. 1a UGB nicht vornehmen“* könnte, ohne daß das Nettoaktivvermögen das Grundkapital und eine nach Gesetz oder Satzung gebundene Rücklage unterschreiten würde. [4]Die Rechtswirksamkeit des Geschäfts wird davon nicht berührt. *(*BGBl I 2015/22; **BGBl I 2017/105)*

(BGBl 1996/304)

Kraftloserklärung von Aktien durch die Gesellschaft

§ 67. (1) [1]Ist der Inhalt von Aktienurkunden durch eine Veränderung der rechtlichen Verhältnisse unrichtig geworden, so kann die Gesellschaft die Aktien, die trotz Aufforderung nicht zur Berichtigung oder zum Umtausch bei ihr eingereicht sind, mit Genehmigung des Gerichts für kraftlos erklären. [2]Beruht die Unrichtigkeit auf einer Änderung des Nennbetrags der Aktien, so können sie nur dann für kraftlos erklärt werden, wenn der Nennbetrag zur Herabsetzung des Grundkapitals herabgesetzt ist. [3]Namensaktien können nicht deshalb für kraftlos erklärt werden, weil die Bezeichnung des Aktionärs unrichtig geworden ist. [4]Das Gericht hat die Genehmigung zu erteilen, wenn die Kraftloserklärung den gesetzlichen Vorschriften entspricht.

(2) [1]Die Aufforderung zur Einreichung der Aktien hat die Kraftloserklärung anzudrohen und auf die Genehmigung des Gerichts hinzuweisen. [2]Die Kraftloserklärung kann nur erfolgen, wenn die Aufforderung nach § 58 Abs. 2 veröffentlicht worden ist. [3]Sie geschieht durch Veröffentlichung „gemäß § 18“. *(BGBl I 2009/71)*

(3) [1]„Soweit der Anspruch des Aktionärs auf Verbriefung seines Anteils nicht durch Gesetz oder Satzung ausgeschlossen ist, sind anstelle der für kraftlos erklärten Aktien neue Aktien auszugeben und dem Berechtigten auszuhändigen oder, wenn ein Recht zur Hinterlegung besteht, zu hinterlegen.“ [2]Die Aushändigung oder Hinterlegung ist dem Gericht anzuzeigen. *(BGBl I 2011/53)*

(4) Soweit zur Herabsetzung des Grundkapitals Aktien zusammengelegt werden, gilt § 179.

Neue Urkunden an Stelle beschädigter oder verunstalteter Aktien

§ 68. [1]Ist eine Aktie „ “ infolge einer Beschädigung oder einer Verunstaltung zum Umlauf nicht mehr geeignet, so kann der Berechtigte, wenn der wesentliche Inhalt und die Unterscheidungsmerkmale der Urkunde noch mit Sicherheit erkennbar sind, von der Gesellschaft die Erteilung einer neuen Urkunde gegen Aushändigung der alten verlangen. [2]Die Kosten hat er zu tragen und vorzuschießen. *(BGBl I 2011/53)*

Neue Gewinnanteilscheine

§ 69. [1]Neue Gewinnanteilscheine dürfen an den Inhaber des Erneuerungsscheins nicht ausgegeben werden, wenn der Besitzer der Aktie „ “ der Ausgabe widerspricht. [2]In diesem Fall sind die Scheine dem Besitzer der Aktie „ “ auszuhändigen, wenn er die Hauptturkunde vorlegt. *(BGBl I 2011/53)*

Vierter Teil

Verfassung der Aktiengesellschaft

Erster Abschnitt

Vorstand

Leitung der Aktiengesellschaft

§ 70. (1) Der Vorstand hat unter eigener Verantwortung die Gesellschaft so zu leiten, wie das Wohl des Unternehmens unter Berücksichtigung der Interessen der Aktionäre und der Arbeitnehmer sowie des öffentlichen Interesses es erfordert.

(2) [1]Der Vorstand kann aus einer oder mehreren Personen bestehen. [2]Ist ein Vorstandsmitglied

zum Vorsitzenden des Vorstands ernannt, so gibt, wenn die Satzung nichts anderes bestimmt, seine Stimme bei Stimmengleichheit den Ausschlag.

Vertretung der Aktiengesellschaft

§ 71. (1) Die Aktiengesellschaft wird durch den Vorstand gerichtlich und außergerichtlich vertreten.

(2) [1]Besteht der Vorstand aus mehreren Personen, so sind, wenn die Satzung nichts anderes bestimmt, sämtliche Vorstandsmitglieder nur gemeinschaftlich zur Abgabe von Willenserklärungen und zur Zeichnung für die Gesellschaft befugt. [2]Der Vorstand kann einzelne Vorstandsmitglieder zur Vornahme bestimmter Geschäfte oder bestimmter Arten von Geschäften ermächtigen. [3]Ist eine Willenserklärung der Gesellschaft gegenüber abzugeben, so genügt die Abgabe gegenüber einem Vorstandsmitglied.

(3) [1]Die Satzung kann, wenn der Vorstand aus mehreren Personen besteht, auch bestimmen, daß einzelne von diesen allein oder in Gemeinschaft mit einem Prokuristen zur Vertretung der Gesellschaft befugt sind; es muß aber in jedem Fall die Möglichkeit bestehen, daß die Gesellschaft vom Vorstand auch ohne die Mitwirkung eines Prokuristen vertreten werden kann. [2]Gleiches kann der Aufsichtsrat bestimmen, wenn die Satzung ihn hiezu ermächtigt hat. [3]Abs. 2 Satz 2 und 3 gilt in diesen Fällen sinngemäß.

Zeichnung des Vorstands

§ 72. Der Vorstand hat in der Weise zu zeichnen, daß die Zeichnenden zu der Firma der Gesellschaft oder zu der Benennung des Vorstands ihre Namensunterschrift hinzufügen.

Änderung des Vorstands und der Vertretungsbefugnis seiner Mitglieder

§ 73. (1) Jede Änderung des Vorstands oder der Vertretungsbefugnis eines Vorstandsmitglieds „“ hat der Vorstand zur Eintragung in das Firmenbuch anzumelden. *(BGBl 1991/10)*

(2) Der Anmeldung sind die Urkunden über die Änderung oder Anordnung in Urschrift oder öffentlich beglaubigter Abschrift für das Gericht des Sitzes der Gesellschaft beizufügen.

(3) Die neuen Vorstandsmitglieder haben ihre Unterschrift zur Aufbewahrung beim Gericht zu zeichnen.

(4) Ist eine Person als Vorstandsmitglied eingetragen oder bekanntgemacht, so kann ein Mangel ihrer Bestellung einem Dritten nur entgegengehalten werden, wenn der Mangel diesem bekannt war. *(BGBl 1991/10)*

Beschränkung der Vertretungsbefugnis

§ 74. (1) Der Vorstand ist der Gesellschaft gegenüber verpflichtet, die Beschränkungen einzuhalten, die die Satzung oder der Aufsichtsrat für den Umfang seiner Vertretungsbefugnis festgesetzt hat oder die sich aus einem Beschluß der Hauptversammlung nach § 103 ergeben.

(2) Dritten gegenüber ist eine Beschränkung der Vertretungsbefugnis des Vorstands unwirksam.

Bestellung und Abberufung des Vorstands

§ 75. (1) [1]Vorstandsmitglieder bestellt der Aufsichtsrat auf höchstens fünf Jahre. [2]Wenn die Bestellung eines Vorstandsmitglieds auf eine bestimmte längere Zeit, auf unbestimmte Zeit oder ohne Zeitangabe erfolgt, ist sie fünf Jahre wirksam. [3]Eine wiederholte Bestellung ist zulässig; sie bedarf jedoch zu ihrer Wirksamkeit der schriftlichen Bestätigung durch den Vorsitzenden des Aufsichtsrats. [4]Diese Vorschriften gelten sinngemäß für den Anstellungsvertrag.

(2) Eine juristische Person oder eine Personengesellschaft („offene Gesellschaft“, Kommanditgesellschaft) kann nicht zum Vorstandsmitglied bestellt werden. *(BGBl I 2005/120)*

(3) Werden mehrere Personen zu Vorstandsmitgliedern bestellt, so kann der Aufsichtsrat ein Mitglied zum Vorsitzenden des Vorstands ernennen.

(4) [1]Der Aufsichtsrat kann die Bestellung zum Vorstandsmitglied und die Ernennung zum Vorsitzenden des Vorstands widerrufen, wenn ein wichtiger Grund vorliegt. [2]Ein solcher Grund ist namentlich grobe Pflichtverletzung, Unfähigkeit zur ordnungsgemäßen Geschäftsführung oder Entziehung des Vertrauens durch die Hauptversammlung, es sei denn, daß das Vertrauen aus offenbar unsachlichen Gründen entzogen worden ist. [3]Dies gilt auch für den vom ersten Aufsichtsrat bestellten Vorstand. [4]Der Widerruf ist wirksam, solange nicht über seine Unwirksamkeit rechtskräftig entschieden ist. [5]Ansprüche aus dem Anstellungsvertrag werden hiedurch nicht berührt.

Bestellung durch das Gericht

§ 76. „(1)“ Soweit die zur Vertretung der Gesellschaft erforderlichen Vorstandsmitglieder fehlen, hat sie in dringenden Fällen das Gericht auf Antrag eines Beteiligten für die Zeit bis zur Behebung des Mangels zu bestellen. *(BGBl I 2004/161)*

(2) Der Beschluss über die Bestellung des Vorstandsmitglieds ist mit dessen Zustimmung sowie, sofern im Beschluss nichts anderes angeordnet ist, mit Zustellung an das Vorstandsmitglied wirksam. *(BGBl I 2004/161)*

§ 77. *(entfällt samt Überschrift, BGBl I 2019/63)*

Grundsätze für die Bezüge der Vorstandsmitglieder

§ 78. (1) [1]Der Aufsichtsrat hat dafür zu sorgen, dass die Gesamtbezüge der Vorstandsmitglieder (Gehälter, Gewinnbeteiligungen, Aufwandsentschädigungen, Versicherungsentgelte, Provisionen, anreizorientierte Vergütungszusagen und Nebenleistungen jeder Art) in einem angemessenen Verhältnis zu den Aufgaben und Leistungen des einzelnen Vorstandsmitglieds, zur Lage der Gesellschaft und zu der üblichen Vergütung stehen und langfristige Verhaltensanreize zur nachhaltigen Unternehmensentwicklung setzen. [2]Dies gilt sinngemäß für Ruhegehälter, Hinterbliebenenbezüge und Leistungen verwandter Art. *(BGBl I 2012/35)*

(2) Wird über das Vermögen der Gesellschaft das Insolvenzverfahren eröffnet und der Anstellungsvertrag eines Vorstandsmitglieds gemäß § 25 IO aufgelöst, so kann dieses Ersatz für den ihm durch die Aufhebung des Dienstverhältnisses entstehenden Schaden nur für zwei Jahre seit dem Ablauf des Dienstverhältnisses verlangen. *(BGBl I 2010/58)*

Grundsätze für die Bezüge der Vorstandsmitglieder in börsenotierten Gesellschaften

§ 78a. (1) In einer börsenotierten Gesellschaft hat der Aufsichtsrat Grundsätze für die Vergütung der Mitglieder des Vorstands aufzustellen (Vergütungspolitik).

(2) [1]Die Vergütungspolitik hat die Geschäftsstrategie und die langfristige Entwicklung der Gesellschaft zu fördern und zu erläutern, wie sie das tut. [2]Sie muss klar und verständlich sein und die verschiedenen festen und variablen Vergütungsbestandteile, die Mitgliedern des Vorstands gewährt werden können, einschließlich sämtlicher Boni und anderer Vorteile in jeglicher Form, unter Angabe ihres jeweiligen relativen Anteils, beschreiben.

(3) In der Vergütungspolitik ist zu erläutern, wie die Vergütungs- und Beschäftigungsbedingungen der Arbeitnehmer der Gesellschaft bei der Festlegung der Vergütungspolitik berücksichtigt worden sind.

(4) [1]Gewährt die Gesellschaft variable Vergütungsbestandteile, so sind in der Vergütungspolitik die dafür maßgeblichen Kriterien klar und umfassend festzulegen. [2]Dabei sind die finanziellen und die nichtfinanziellen Leistungskriterien anzugeben, einschließlich etwaiger Kriterien im Zusammenhang mit der sozialen Verantwortung der Gesellschaft. [3]Die Vergütungspolitik hat weiters zu erläutern, inwiefern diese Kriterien die Ziele gemäß Abs. 2 fördern und mit welchen Methoden die Erfüllung der Kriterien festgestellt werden soll. [4]Sie hat Informationen zu etwaigen Wartefristen sowie zur Möglichkeit der Gesellschaft zu enthalten, variable Vergütungsbestandteile zurückzufordern.

(5) Gewährt die Gesellschaft eine aktienbezogene Vergütung, so hat die Vergütungspolitik Warte- und Behaltefristen zu präzisieren und zu erläutern, inwiefern die aktienbezogene Vergütung die Ziele gemäß Abs. 2 fördert.

(6) In der Vergütungspolitik sind die Laufzeit der Verträge der Mitglieder des Vorstands, die maßgeblichen Kündigungsfristen, die Hauptmerkmale von Zusatzpensionssystemen und Vorruhestandsprogrammen sowie die Bedingungen für die Beendigung und die dabei zu leistenden Zahlungen anzugeben.

(7) [1]In der Vergütungspolitik ist das Verfahren zu erläutern, wie diese Politik festgelegt, überprüft und umgesetzt wird, weiters wie sie Interessenkonflikte vermeidet oder mit ihnen umgeht. [2]Gegebenenfalls ist die Rolle des Vergütungsausschusses oder anderer betroffener Ausschüsse zu beschreiben.

(8) [1]Unter außergewöhnlichen Umständen kann die Gesellschaft vorübergehend von ihrer Vergütungspolitik abweichen, sofern diese die Vorgehensweise für eine solche Abweichung beschreibt und diejenigen Teile festlegt, von denen abgewichen werden darf. [2]Als außergewöhnliche Umstände gelten nur Situationen, in denen die Abweichung von der Vergütungspolitik für die langfristige Entwicklung der Gesellschaft oder die Sicherstellung ihrer Rentabilität notwendig ist.

(9) In jeder überprüften Vergütungspolitik sind sämtliche wesentlichen Änderungen zu beschreiben und zu erläutern; dabei ist darauf einzugehen, wie die Abstimmungen und Ansichten der Aktionäre zur Vergütungspolitik und den Vergütungsberichten seit der letzten Abstimmung über die Vergütungspolitik in der Hauptversammlung berücksichtigt wurden.

(BGBl I 2019/63)

Abstimmung über die Vergütungspolitik und Veröffentlichung

§ 78b. (1) [1]Die Vergütungspolitik ist der Hauptversammlung mindestens in jedem vierten Geschäftsjahr sowie bei jeder wesentlichen Änderung zur Abstimmung vorzulegen. [2]Die Abstimmung hat empfehlenden Charakter. [3]Der Beschluss ist nicht anfechtbar.

(2) [1]Die Gesellschaft darf die Mitglieder des Vorstands nur entsprechend einer Vergütungspolitik entlohnen, die der Hauptversammlung zur Abstimmung vorgelegt wurde. [2]Lehnt die Hauptversammlung die vorgeschlagene Vergütungspolitik ab, so hat die Gesellschaft in der darauffol-

genden Hauptversammlung eine überprüfte Vergütungspolitik vorzulegen.

(3) Die Vergütungspolitik ist nach der Abstimmung in der Hauptversammlung zusammen mit dem Datum und dem Ergebnis der Abstimmung spätestens am zweiten Werktag nach der Hauptversammlung auf der im Firmenbuch eingetragenen Internetseite der Gesellschaft zu veröffentlichen und hat dort mindestens für die Dauer ihrer Gültigkeit kostenfrei zugänglich zu bleiben.

(BGBl I 2019/63)

Erstellung eines Vergütungsberichts für die Bezüge der Vorstandsmitglieder in börsenotierten Gesellschaften

§ 78c. (1) [1]In einer börsenotierten Gesellschaft haben der Vorstand und der Aufsichtsrat einen klaren und verständlichen Vergütungsbericht zu erstellen. [2]Dieser hat einen umfassenden Überblick über die im Lauf des letzten Geschäftsjahrs den aktuellen und ehemaligen Mitgliedern des Vorstands im Rahmen der Vergütungspolitik (§ 78a) gewährten oder geschuldeten Vergütung einschließlich sämtlicher Vorteile in jeglicher Form zu bieten.

(2) Der Vergütungsbericht hat gegebenenfalls die folgenden Informationen über die Vergütung der einzelnen Mitglieder des Vorstands zu enthalten:

1. Die Gesamtvergütung, aufgeschlüsselt nach Bestandteilen, den relativen Anteil von festen und variablen Vergütungsbestandteilen sowie eine Erläuterung, wie die Gesamtvergütung der Vergütungspolitik entspricht, einschließlich von Angaben dazu, wie die Gesamtvergütung die langfristige Leistung der Gesellschaft fördert und wie die Leistungskriterien angewendet wurden;

2. die jährliche Veränderung der Gesamtvergütung, des wirtschaftlichen Erfolgs der Gesellschaft und der durchschnittlichen Entlohnung der sonstigen Beschäftigten der Gesellschaft auf Vollzeitäquivalenzbasis, zumindest für die letzten fünf Geschäftsjahre und in einer Weise, die einen Vergleich ermöglicht;

3. jegliche Vergütung von verbundenen Unternehmen (§ 189a Z 8 UGB);

4. die Anzahl der gewährten oder angebotenen Aktien und Aktienoptionen und die wichtigsten Bedingungen für die Ausübung der Rechte, einschließlich des Ausübungspreises, des Ausübungsdatums und etwaiger Änderungen dieser Bedingungen;

5. Informationen dazu, ob und wie von der Möglichkeit Gebrauch gemacht wurde, variable Vergütungsbestandteile zurückzufordern;

6. Informationen zu etwaigen Abweichungen von dem Verfahren zur Umsetzung der Vergütungspolitik nach § 78a Abs. 2 bis 7 und zu etwaigen Abweichungen, die gemäß § 78a Abs. 8 praktiziert wurden, einschließlich einer Erläuterung der Art der außergewöhnlichen Umstände, und die Angabe der konkreten Teile, von denen abgewichen wurde.

(3) In den Vergütungsbericht dürfen keine besonderen Kategorien von personenbezogenen Daten einzelner Mitglieder des Vorstands im Sinn des Art. 9 Abs. 1 der Verordnung (EU) 2016/679 zum Schutz natürlicher Personen bei der Verarbeitung personenbezogener Daten, zum freien Datenverkehr und zur Aufhebung der Richtlinie 95/46/EG (Datenschutz-Grundverordnung), ABl. Nr. L 119 vom 27.4.2016 S. 1, oder personenbezogene Daten aufgenommen werden, die sich auf die Familiensituation einzelner Mitglieder des Vorstands beziehen.

(4) [1]Die Gesellschaft hat die personenbezogenen Daten von Mitgliedern des Vorstands, die in den Vergütungsbericht aufgenommen wurden, zu dem Zweck, die Transparenz in Bezug auf die Vergütung zu erhöhen, zu verarbeiten. [2]Unbeschadet längerer, in einem sektorspezifischen Rechtsakt der Europäischen Union festgelegter Fristen darf die Gesellschaft die personenbezogenen Daten von Mitgliedern des Vorstands, die in den Vergütungsbericht aufgenommen wurden, nach zehn Jahren ab der Veröffentlichung des Vergütungsberichts nicht mehr öffentlich zugänglich machen.

(BGBl I 2019/63)

Recht auf Abstimmung über den Vergütungsbericht

§ 78d. (1) [1]Der Vergütungsbericht für das letzte Geschäftsjahr ist der Hauptversammlung zur Abstimmung vorzulegen. [2]Die Abstimmung hat empfehlenden Charakter. [3]Der Beschluss ist nicht anfechtbar. [4]Die Gesellschaft hat im darauffolgenden Vergütungsbericht darzulegen, wie dem Abstimmungsergebnis in der letzten Hauptversammlung Rechnung getragen wurde.

(2) [1]In kleinen und mittleren Unternehmen im Sinne des § 221 Abs. 1 und 2 UGB kann der Vergütungsbericht des letzten Geschäftsjahrs auch nur als eigener Tagesordnungspunkt zur Erörterung in der Hauptversammlung vorgelegt werden. [2]Die Gesellschaft hat im darauffolgenden Vergütungsbericht darzulegen, wie der Erörterung in der letzten Hauptversammlung Rechnung getragen wurde.

(BGBl I 2019/63)

Veröffentlichung des Vergütungsberichts

§ 78e. (1) [1]Der Vorstand hat den Vergütungsbericht nach der Hauptversammlung auf der im Firmenbuch eingetragenen Internetseite der Gesellschaft kostenfrei zehn Jahre lang öffentlich

AktG

zugänglich zu machen. [2]Der Vorstand kann entscheiden, dass der Bericht noch länger zugänglich bleibt, sofern er nicht mehr die personenbezogenen Daten von Mitgliedern des Vorstands und des Aufsichtsrats enthält.

(2) Der Abschlussprüfer hat zu überprüfen, ob der Vorstand die geforderten Informationen zur Verfügung gestellt hat.

(3) Der Vergütungsbericht ist nicht zum Firmenbuch einzureichen.

(BGBl I 2019/63)

Wettbewerbsverbot

§ 79. (1) [1]Die Vorstandsmitglieder dürfen ohne Einwilligung des Aufsichtsrats weder ein Unternehmen betreiben, noch Aufsichtsratsmandate in Unternehmen annehmen, die mit der Gesellschaft nicht konzernmäßig verbunden sind oder an denen die Gesellschaft nicht unternehmerisch beteiligt („§ 189a Z 2 UGB") ist, noch im Geschäftszweig der Gesellschaft für eigene oder fremde Rechnung Geschäfte machen. [2]Sie dürfen sich auch nicht an einer anderen unternehmerisch tätigen Gesellschaft als persönlich haftende Gesellschafter beteiligen. *(BGBl I 2005/59; BGBl I 2015/22)*

(2) Verstößt ein Vorstandsmitglied gegen dieses Verbot, so kann die Gesellschaft Schadenersatz fordern, sie kann statt dessen von dem Mitglied verlangen, daß es die für eigene Rechnung gemachten Geschäfte als für Rechnung der Gesellschaft eingegangen gelten lasse und die aus Geschäften für fremde Rechnung bezogene Vergütung herausgebe oder seinen Anspruch auf die Vergütung abtrete.

(3) Die Ansprüche der Gesellschaft verjähren in drei Monaten seit dem Zeitpunkt, in dem die übrigen Mitglieder des Vorstands und des Aufsichtsrats von der zum Schadenersatz verpflichtenden Handlung Kenntnis erlangen; sie verjähren ohne Rücksicht auf diese Kenntnis in fünf Jahren seit ihrer Entstehung.

Kreditgewährung an Vorstandsmitglieder

§ 80. (1) [1]Vorstandsmitgliedern und leitenden Angestellten der Gesellschaft darf Kredit nur mit ausdrücklicher Zustimmung des Aufsichtsrats gewährt werden. [2]Leitende Angestellte sind die Geschäftsführer und Betriebsleiter, die zur selbständigen Einstellung oder Entlassung der übrigen im Betrieb oder in der Betriebsabteilung Beschäftigten berechtigt sind oder denen Prokura oder Generalvollmacht erteilt ist. [3]Ebenso dürfen Kredite an gesetzliche Vertreter oder leitende Angestellte eines abhängigen oder herrschenden Unternehmens nur mit ausdrücklicher Zustimmung des Aufsichtsrats des herrschenden Unternehmens gewährt werden. [4]Die Zustimmung kann für gewisse Kreditgeschäfte oder Arten von Kreditgeschäften im voraus, jedoch nicht für länger als drei Monate erteilt werden. [5]Der Zustimmungsbeschluß hat auch die Verzinsung und Rückzahlung des Kredits zu regeln. [6]Der Gewährung eines Kredits steht die Gestattung einer Entnahme gleich, die über die dem Entnehmer zustehende Vergütung hinausgeht, namentlich auch die Gestattung der Entnahme von Vorschüssen auf Vergütungen.

(2) Kredite, die ein Monatsgehalt nicht übersteigen, fallen nicht unter Abs. 1.

(3) Diese Vorschriften gelten auch für Kredite an den Ehegatten oder an ein minderjähriges Kind eines Vorstandsmitglieds oder anderen gesetzlichen Vertreters oder eines leitenden Angestellten; sie gelten ferner für Kredite an einen Dritten, der für Rechnung einer Person handelt, an die nur mit Zustimmung des Aufsichtsrats Kredit gewährt werden darf.

(4) Wird entgegen Abs. 1 bis 3 Kredit gewährt, so ist der Kredit ohne Rücksicht auf entgegenstehende Vereinbarungen sofort zurückzuzahlen, wenn nicht der Aufsichtsrat nachträglich zustimmt.

Bericht an den Aufsichtsrat

§ 81. (1) [1]Der Vorstand hat dem Aufsichtsrat mindestens einmal jährlich über grundsätzliche Fragen der künftigen Geschäftspolitik des Unternehmens zu berichten sowie die künftige Entwicklung der Vermögens-, Finanz- und Ertragslage anhand einer Vorschaurechnung darzustellen (Jahresbericht). [2]Der Vorstand hat weiters dem Aufsichtsrat regelmäßig, mindestens vierteljährlich, über den Gang der Geschäfte und die Lage des Unternehmens im Vergleich zur Vorschaurechnung unter Berücksichtigung der künftigen Entwicklung zu berichten (Quartalsbericht). [3]Bei wichtigem Anlaß ist dem Vorsitzenden des Aufsichtsrats unverzüglich zu berichten; ferner ist über Umstände, die für die Rentabilität oder Liquidität der Gesellschaft von erheblicher Bedeutung sind, dem Aufsichtsrat unverzüglich zu berichten (Sonderbericht).

(2) [1]Der Jahresbericht und die Quartalsberichte sind schriftlich zu erstatten und auf Verlangen des Aufsichtsrats mündlich zu erläutern; sie sind jedem Aufsichtsratsmitglied auszuhändigen. [2]Die Sonderberichte sind schriftlich oder mündlich zu erstatten.

(BGBl I 1997/114)

Rechnungswesen

§ 82. Der Vorstand hat dafür zu sorgen, daß ein Rechnungswesen und ein internes Kontrollsystem geführt werden, die den Anforderungen des Unternehmens entsprechen.

(BGBl I 1997/114)

Vorstandspflichten bei Verlust

§ 83. Ergibt sich bei Aufstellung der Jahresbilanz oder einer Zwischenbilanz oder ist anzunehmen, daß ein Verlust in der Höhe des halben Grundkapitals besteht, so hat der Vorstand unverzüglich die Hauptversammlung einzuberufen und dieser davon Anzeige zu machen.

(2) *(aufgehoben, BGBl 1982/371)*

Sorgfaltspflicht und Verantwortlichkeit der Vorstandsmitglieder

§ 84. (1) [1]Die Vorstandsmitglieder haben bei ihrer Geschäftsführung die Sorgfalt eines ordentlichen und gewissenhaften Geschäftsleiters anzuwenden. [2]Über vertrauliche Angaben haben sie Stillschweigen zu bewahren.

(1a) Ein Vorstandsmitglied handelt jedenfalls im Einklang mit der Sorgfalt eines ordentlichen und gewissenhaften Geschäftsleiters, wenn er sich bei einer unternehmerischen Entscheidung nicht von sachfremden Interessen leiten lässt und auf der Grundlage angemessener Information annehmen darf, zum Wohle der Gesellschaft zu handeln. *(BGBl I 2015/112)*

(2) [1]Vorstandsmitglieder, die ihre Obliegenheiten verletzen, sind der Gesellschaft zum Ersatz des daraus entstehenden Schadens als Gesamtschuldner verpflichtet. [2]Sie können sich von der Schadenersatzpflicht durch den Gegenbeweis befreien, daß sie die Sorgfalt eines ordentlichen und gewissenhaften Geschäftsleiters angewendet haben.

(3) Die Vorstandsmitglieder sind namentlich zum Ersatz verpflichtet, wenn entgegen diesem Bundesgesetz

1. Einlagen an die Aktionäre zurückgewährt,

2. den Aktionären Zinsen oder Gewinnanteile gezahlt,

3. eigene Aktien der Gesellschaft oder einer anderen Gesellschaft gezeichnet, erworben, als Pfand genommen oder eingezogen werden,

4. Aktien vor der vollen Leistung des „ “ Ausgabebetrags ausgegeben werden, *(BGBl I 1998/125)*

5. Gesellschaftsvermögen verteilt wird,

6. Zahlungen geleistet werden, nachdem die Zahlungsunfähigkeit der Gesellschaft eingetreten ist oder sich ihre Überschuldung ergeben hat; dies gilt nicht von Zahlungen, die auch nach diesem Zeitpunkt mit der Sorgfalt eines ordentlichen und gewissenhaften Geschäftsleiters vereinbar sind,

7. Kredit gewährt wird,

8. bei der bedingten Kapitalerhöhung außerhalb des festgesetzten Zwecks oder vor der vollen Leistung des Gegenwerts Bezugsaktien ausgegeben werden.

(4) [1]Der Gesellschaft gegenüber tritt die Ersatzpflicht nicht ein, wenn die Handlung auf einem gesetzmäßigen Beschluß der Hauptversammlung beruht. [2]Dadurch, daß der Aufsichtsrat die Handlung gebilligt hat, wird die Ersatzpflicht nicht ausgeschlossen. [3]Die Gesellschaft kann erst nach fünf Jahren seit der Entstehung des Anspruchs und nur dann auf Ersatzansprüche verzichten oder sich darüber vergleichen, wenn die Hauptversammlung zustimmt und nicht eine Minderheit, deren Anteile „zwanzig vom Hundert“* des Grundkapitals erreichen, widerspricht. [4]„Die zeitliche Beschränkung gilt nicht, wenn der Ersatzpflichtige zahlungsunfähig oder überschuldet ist und sich zur Überwindung der Zahlungsunfähigkeit oder Überschuldung mit seinen Gläubigern vergleicht.“** *(*BGBl I 2009/71; **BGBl I 2010/58)*

(5) [1]Der Ersatzanspruch der Gesellschaft kann auch von den Gläubigern der Gesellschaft geltend gemacht werden, soweit sie von dieser keine Befriedigung erlangen können. [2]Dies gilt jedoch in anderen Fällen als denen des Abs. 3 nur dann, wenn die Vorstandsmitglieder die Sorgfalt eines ordentlichen und gewissenhaften Geschäftsleiters gröblich verletzt haben; Abs. 2 Satz 2 gilt sinngemäß. [3]Den Gläubigern gegenüber wird die Ersatzpflicht weder durch einen Verzicht oder Vergleich der Gesellschaft noch dadurch aufgehoben, daß die Handlung auf einem Beschluß der Hauptversammlung beruht oder der Aufsichtsrat die Handlung gebilligt hat. [4]„Ist über das Vermögen der Gesellschaft das Insolvenzverfahren eröffnet, so übt während dessen Dauer der Masse- oder Sanierungsverwalter das Recht der Gläubiger gegen die Vorstandsmitglieder aus.“ *(BGBl I 2010/58)*

(6) Die Ansprüche aus diesen Vorschriften verjähren in fünf Jahren.

Stellvertreter von Vorstandsmitgliedern

§ 85. Die Vorschriften für die Vorstandsmitglieder gelten auch für ihre Stellvertreter.

Zweiter Abschnitt

Aufsichtsrat

Zusammensetzung des Aufsichtsrats

§ 86. (1) [1]Der Aufsichtsrat besteht aus drei natürlichen Personen. [2]Die Satzung kann eine höhere Zahl, höchstens jedoch 20, festsetzen.

(2) Mitglied des Aufsichtsrats kann nicht sein, wer

1. bereits in zehn Kapitalgesellschaften Aufsichtsratsmitglied ist, wobei die Tätigkeit als Vorsitzender doppelt auf diese Höchstzahl anzurechnen ist,

2. gesetzlicher Vertreter eines Tochterunternehmens („§ 189a Z 7 UGB“) der Gesellschaft ist oder *(BGBl I 2015/22)*

3. gesetzlicher Vertreter einer anderen Kapitalgesellschaft ist, deren Aufsichtsrat ein Vorstandsmitglied der Gesellschaft angehört, es sei denn, eine der Gesellschaften ist mit der anderen konzernmäßig verbunden oder an ihr unternehmerisch beteiligt („§ 189a Z 2 UGB“). *(BGBl I 2015/22)*

(3) Auf die Höchstzahlen nach Abs. 2 Z 1 sind bis zu zehn Sitze in Aufsichtsräten, in die das Mitglied gewählt oder entsandt ist, um die wirtschaftlichen Interessen des Bundes, eines Landes, eines Gemeindeverbandes, einer Gemeinde oder eines mit der Gesellschaft konzernmäßig verbundenen oder an ihr unternehmerisch beteiligten Unternehmens („§ 189a Z 2 UGB“) zu wahren, nicht anzurechnen. *(BGBl I 2015/22)*

(4) [1]Mitglied des Aufsichtsrats einer börsenotierten Gesellschaft kann nicht sein, wer

1. bereits in acht börsenotierten Gesellschaften Aufsichtsratsmitglied ist, wobei die Tätigkeit als Vorsitzender doppelt auf diese Höchstzahl anzurechnen ist, oder

2. in den letzten zwei Jahren Vorstandsmitglied dieser Gesellschaft war, es sei denn, seine Wahl erfolgt auf Vorschlag von Aktionären, die mehr als 25 vom Hundert der Stimmrechte an der Gesellschaft halten. [2]Dem Aufsichtsrat darf jedoch nicht mehr als ein ehemaliges Vorstandsmitglied angehören, für das die zweijährige Frist noch nicht abgelaufen ist.
(BGBl I 2012/35)

(5) Der Tätigkeit als Aufsichtsratsmitglied ist die Tätigkeit als Verwaltungsratsmitglied (§§ 38 ff SEG) gleichzuhalten.

(6) Hat eine Person bereits so viele oder mehr Sitze in Aufsichtsräten inne, als gesetzlich zulässig ist, so kann sie in den Aufsichtsrat einer Gesellschaft erst berufen werden, sobald hiedurch die gesetzliche Höchstzahl nicht mehr überschritten wird.

(7) In börsenotierten Gesellschaften sowie in Gesellschaften, in denen dauernd mehr als 1 000 Arbeitnehmer beschäftigt sind, besteht der Aufsichtsrat zu mindestens 30 Prozent aus Frauen und zu mindestens 30 Prozent aus Männern, sofern der Aufsichtsrat aus mindestens sechs Mitgliedern (Kapitalvertretern) und die Belegschaft zu mindestens 20 Prozent aus Arbeitnehmerinnen beziehungsweise Arbeitnehmern besteht. Es ist auf volle Personenzahlen zu runden; aufzurunden ist, wenn der errechnete Mindestanteil eine Dezimalstelle von zumindest fünf aufweist. *(BGBl I 2017/104)*

(8) Eine Wahl der Mitglieder des Aufsichtsrates durch die Hauptversammlung und eine Entsendung in den Aufsichtsrat unter Verstoß gegen das Mindestanteilsgebot des Abs. 7 ist nichtig. Wird eine Wahl aus anderen Gründen für nichtig erklärt, so verstoßen zwischenzeitlich erfolgte Wahlen insoweit nicht gegen das Mindestanteilsgebot. *(BGBl I 2017/104)*

(9) Der Mindestanteil ist vom Aufsichtsrat insgesamt zu erfüllen. Widerspricht die Mehrheit der gemäß diesem Bundesgesetz oder der Satzung bestellten Aufsichtsratsmitglieder (Kapitalvertreter) oder die Mehrheit der gemäß § 110 ArbVG entsandten Aufsichtsratsmitglieder (Arbeitnehmervertreter) spätestens sechs Wochen vor einer Wahl oder Entsendung der Gesamterfüllung gegenüber dem Aufsichtsratsvorsitzenden, so ist der Mindestanteil für diese Wahl oder Entsendung von den Kapitalvertretern und den Arbeitnehmervertretern getrennt zu erfüllen. Die Kapitalvertreter und die Arbeitnehmervertreter können für einen bestimmten Zeitraum einen Verzicht auf das Widerspruchsrecht vereinbaren oder jeweils erklären, einen Widerspruch aufrecht zu erhalten; dies ist jeweils dem Aufsichtsratsvorsitzenden mitzuteilen. *(BGBl I 2017/104)*

(BGBl I 2005/59)

Wahl und Abberufung

§ 87. (1) [1]Die Aufsichtsratsmitglieder werden von der Hauptversammlung gewählt. [2]Wenn ein Aktionär oder der Aufsichtsrat beantragt, die Mitgliederzahl im Rahmen der durch die Satzung gezogenen Grenzen zu erhöhen oder zu verringern, ist darüber vor der Wahl abzustimmen; im Übrigen bleibt § 119 Abs. 3 unberührt. *(BGBl I 2009/71)*

(2) Vor der Wahl haben die vorgeschlagenen Personen der Hauptversammlung ihre fachliche Qualifikation, ihre beruflichen oder vergleichbare Funktionen sowie alle Umstände darzulegen, die die Besorgnis einer Befangenheit begründen könnten. *(BGBl I 2009/71)*

(2a) [1]Bei der Wahl von Aufsichtsratsmitgliedern hat die Hauptversammlung auf die fachliche und persönliche Qualifikation der Mitglieder sowie auf eine im Hinblick auf die Struktur und das Geschäftsfeld der Gesellschaft fachlich ausgewogene Zusammensetzung des Aufsichtsrats zu achten. [2]Weiters sind Aspekte der Diversität des Aufsichtsrats im Hinblick auf die Vertretung beider Geschlechter und die Altersstruktur sowie bei börsenotierten Gesellschaften auch im Hinblick auf die Internationalität der Mitglieder angemessen zu berücksichtigen. [3]Es ist auch darauf zu achten, dass niemand zum Aufsichtsratsmitglied gewählt wird, der rechtskräftig wegen einer gerichtlich strafbaren Handlung verurteilt worden ist, die seine berufliche Zuverlässigkeit in Frage stellt. *(BGBl I 2012/35)*

(3) [1]Wenn dieselbe Hauptversammlung zwei oder mehr Aufsichtsratsmitglieder zu wählen hat, muss über jede zu besetzende Stelle gesondert

abgestimmt werden. [2]Eine Reihung oder Zuordnung der zur Wahl vorgeschlagenen Personen zu den einzelnen Stellen durch denjenigen, der sie vorschlägt, ist zu beachten. [3]Bei einer nicht börsenotierten Gesellschaft ist eine Verbindung zu einem einheitlichen Abstimmungsvorgang zulässig, wenn sich kein Aktionär dagegen ausspricht. *(BGBl I 2009/71)*

(4) [1]Wenn dieselbe Hauptversammlung wenigstens drei Aufsichtsratsmitglieder zu wählen hat und sich vor der Abstimmung über die letzte zu besetzende Stelle ergibt, dass wenigstens ein Drittel aller abgegebenen Stimmen bei allen vorangegangenen Wahlen zugunsten derselben Person, aber ohne Erfolg abgegeben wurde, muss diese Person ohne weitere Abstimmung als für die letzte Stelle gewählt erklärt werden, sofern sie auch für diese Stelle kandidiert. [2]Diese Bestimmung ist so lange nicht anzuwenden, als sich im Aufsichtsrat ein Mitglied befindet, das auf diese Art durch die Minderheit gewählt wurde. *(BGBl I 2009/71)*

(5) Von den Bestimmungen der Abs. 3 und 4 kann die Satzung nur abweichen, indem sie für die Wahl von Mitgliedern des Aufsichtsrats durch die Hauptversammlung eine Verhältniswahl vorsieht. *(BGBl I 2009/71)*

(6) Bei einer börsenotierten Gesellschaft müssen Vorschläge zur Wahl von Aufsichtsratsmitgliedern samt den Erklärungen gemäß Abs. 2 für jede vorgeschlagene Person spätestens am fünften Werktag vor der Hauptversammlung auf der „im Firmenbuch eingetragenen“ Internetseite der Gesellschaft zugänglich gemacht werden, widrigenfalls die betreffende Person nicht in die Abstimmung einbezogen werden darf. *(BGBl I 2009/71; BGBl I 2011/53)*

„(7)“ Kein Aufsichtsratsmitglied kann für längere Zeit als bis zur Beendigung der Hauptversammlung gewählt werden, die über die Entlastung für das vierte Geschäftsjahr nach der Wahl beschließt; hiebei wird das Geschäftsjahr, in dem das Aufsichtsratsmitglied gewählt wurde, nicht mitgerechnet. *(BGBl I 2009/71)*

„(8)“ [1]Die Bestellung zum Aufsichtsratsmitglied kann vor Ablauf der Funktionsperiode von der Hauptversammlung widerrufen werden. [2]Der Beschluß bedarf einer Mehrheit, die mindestens drei Viertel der abgegebenen Stimmen umfaßt. [3]Die Satzung kann diese Mehrheit durch eine andere ersetzen und noch andere Erfordernisse aufstellen. *(BGBl I 2009/71)*

„(9)“ [1]Die Bestellung des ersten Aufsichtsrats gilt bis zur Beendigung der ersten Hauptversammlung, die nach Ablauf eines Jahres seit der Eintragung der Gesellschaft in das Firmenbuch zur Beschlußfassung über die Entlastung stattfindet. [2]Sie kann vorher von der Hauptversammlung mit einfacher Stimmenmehrheit widerrufen werden. *(BGBl I 2009/71)*

„(10)“ Das Gericht hat auf Antrag einer Minderheit, deren Anteile zusammen „zehn vom Hundert“ des Grundkapitals erreichen, ein Aufsichtsratsmitglied abzuberufen, wenn hiefür ein wichtiger Grund vorliegt. *(BGBl I 2005/59; BGBl I 2009/71)*

Entsendung von Mitgliedern in den Aufsichtsrat

§ 88. (1) [1]Die Satzung kann bestimmten Aktionären oder den jeweiligen Inhabern bestimmter Aktien das Recht einräumen, Mitglieder in den Aufsichtsrat zu entsenden. [2]Die Gesamtzahl der entsandten Mitglieder darf ein Drittel aller Aufsichtsratsmitglieder nicht übersteigen. [3]„In „nicht börsenotierten Gesellschaften“** darf die Gesamtzahl der entsandten Mitglieder die Hälfte aller Aufsichtsratsmitglieder nicht übersteigen.“* *(*BGBl I 2004/67; **BGBl I 2009/71)*

(2) Das Entsendungsrecht kann nur den Inhabern solcher Aktien eingeräumt werden, die auf Namen lauten und deren Übertragung an die Zustimmung der Gesellschaft gebunden ist.

(3) Die Aktien, deren Inhabern das Entsendungsrecht zusteht, gelten nicht als eine besondere Gattung.

(4) [1]Die entsandten Aufsichtsratsmitglieder können von den Entsendungsberechtigten jederzeit abberufen und durch andere ersetzt werden. [2]Liegt in der Person eines entsandten Mitglieds ein wichtiger Grund vor, so hat das Gericht auf Antrag einer Minderheit, deren Anteile zusammen „zehn vom Hundert“ des Grundkapitals erreichen, das Mitglied abzuberufen. *(BGBl I 2009/71)*

(5) Sind die in der Satzung bestimmten Voraussetzungen des Entsendungsrechts weggefallen, so kann die Hauptversammlung das entsandte Mitglied mit einfacher Stimmenmehrheit abberufen.

AktG

Bestellung durch das Gericht

§ 89. (1) [1]Gehört dem Aufsichtsrat länger als drei Monate weniger als die zur Beschlußfähigkeit nötige Zahl von Mitgliedern an, so hat ihn das Gericht auf Antrag des Vorstands, eines Aufsichtsratsmitglieds oder eines Aktionärs auf diese Zahl zu ergänzen. [2]Der Vorstand ist verpflichtet, den Antrag zu stellen.

(2) Das Gericht hat die von ihm bestellten Mitglieder abzuberufen, wenn die Voraussetzungen weggefallen sind.

Unvereinbarkeit der Zugehörigkeit zum Vorstand und zum Aufsichtsrat

§ 90. (1) [1]Die Aufsichtsratsmitglieder können nicht zugleich Vorstandsmitglieder oder dauernd Vertreter von Vorstandsmitgliedern der Gesellschaft oder ihrer Tochterunternehmen („§ 189a

Z 7 UGB“) sein. [2]Sie können auch nicht als Angestellte die Geschäfte der Gesellschaft führen. *(BGBl I 2005/59; BGBl I 2015/22)*

(2) [1]Nur für einen im voraus begrenzten Zeitraum kann der Aufsichtsrat einzelne seiner Mitglieder zu Vertretern von behinderten Vorstandsmitgliedern bestellen. [2]In dieser Zeit dürfen sie keine Tätigkeit als Aufsichtsratsmitglied ausüben. [3]Das Wettbewerbsverbot des § 79 gilt für sie nicht.

Veröffentlichung der Änderungen im Aufsichtsrat

§ 91. Der Vorstand hat jeden Wechsel der Aufsichtsratsmitglieder unverzüglich zur Eintragung in das Firmenbuch anzumelden.

(BGBl 1991/10)

Innere Ordnung des Aufsichtsrats

§ 92. (1) [1]Der Aufsichtsrat hat nach näherer Bestimmung der Satzung aus seiner Mitte einen Vorsitzenden und mindestens einen Stellvertreter zu wählen. [2]Der Vorstand hat zum Firmenbuch anzumelden, wer gewählt ist.

(1a) Ein Mitglied des Aufsichtsrats einer börsenotierten Gesellschaft, das in den letzten zwei Jahren Vorstandsmitglied dieser Gesellschaft war, kann nicht zum Vorsitzenden des Aufsichtsrats gewählt werden. *(BGBl I 2012/35)*

(2) Über die Verhandlungen und Beschlüsse des Aufsichtsrats ist eine Niederschrift anzufertigen, die der Vorsitzende oder sein Stellvertreter zu unterzeichnen hat.

(3) [1]Beschlußfassungen durch schriftliche Stimmabgabe sind nur zulässig, wenn kein Mitglied diesem Verfahren widerspricht. [2]„Dasselbe gilt für fernmündliche oder andere vergleichbare Formen der Beschlussfassung des Aufsichtsrats und seiner Ausschüsse.“ *(BGBl I 2004/67)*

(4) [1]Der Aufsichtsrat kann aus seiner Mitte einen oder mehrere Ausschüsse bestellen, namentlich zu dem Zweck, seine Verhandlungen und Beschlüsse vorzubereiten oder die Ausführung seiner Beschlüsse zu überwachen. „ “*** [2]Die gemäß „§ 110 ArbVG, BGBl. Nr. 22/1974, in der jeweils geltenden Fassung, in den Aufsichtsrat entsandten“* Mitglieder des Betriebsrats haben Anspruch darauf, daß in jedem Ausschuß des Aufsichtsrats mindestens ein von ihnen namhaft gemachtes Mitglied Sitz und Stimme hat; „dies gilt nicht für Sitzungen und Abstimmungen, die die Beziehungen zwischen der Gesellschaft und Mitgliedern des Vorstands betreffen, ausgenommen Beschlüsse auf Bestellung oder Widerruf der Bestellung eines Vorstandsmitglieds sowie auf Einräumung von Optionen auf Aktien der Gesellschaft.“** *(*BGBl I 1997/114; **BGBl I 2001/42; ***BGBl I 2005/59)*

(4a) In Gesellschaften im Sinn des § 189a Z 1 lit. a und lit. d UGB sowie in großen Gesellschaften, bei denen das Fünffache eines der in Euro ausgedrückten Größenmerkmale einer großen Gesellschaft (§ 221 Abs. 3 erster Satz in Verbindung mit Abs. 4 bis 6 UGB) überschritten wird (fünffach große Gesellschaften), ist ein Prüfungsausschuss nach folgenden Bestimmungen zu bestellen:

1. [1]Dem Prüfungsausschuss muss eine Person angehören, die über den Anforderungen des Unternehmens entsprechende Kenntnisse und praktische Erfahrung im Finanz- und Rechnungswesen und in der Berichterstattung verfügt (Finanzexperte). [2]Vorsitzender des Prüfungsausschusses oder Finanzexperte darf nicht sein, wer in den letzten drei Jahren Vorstandsmitglied, leitender Angestellter (§ 80) oder Abschlussprüfer der Gesellschaft war, den Bestätigungsvermerk unterfertigt hat oder aus anderen Gründen nicht unabhängig oder unbefangen ist. [3]Die Ausschussmitglieder müssen in ihrer Gesamtheit mit dem Sektor, in dem das geprüfte Unternehmen tätig ist, vertraut sein. [4]Der Prüfungsausschuss hat zumindest zwei Sitzungen im Geschäftsjahr abzuhalten.

2. [1]Der Abschlussprüfer hat spätestens mit dem Bestätigungsvermerk einen zusätzlichen Bericht an den Prüfungsausschuss nach Art. 11 der Verordnung (EU) Nr. 537/2014 über spezifische Anforderungen an die Abschlussprüfung bei Unternehmen von öffentlichem Interesse und zur Aufhebung des Beschlusses 2005/909/EG, ABl. Nr. L 158 vom 27.5.2014, S. 77, in der Fassung der Berichtigung ABl. Nr. L 170 vom 11.6.2014, S. 66, zu erstatten. [2]Der Abschlussprüfer ist den Sitzungen des Prüfungsausschusses, die sich mit der Vorbereitung der Feststellung des Jahresabschlusses (Konzernabschlusses) und dessen Prüfung beschäftigen, beizuziehen und hat über die Abschlussprüfung zu berichten.

3. [1]In Gesellschaften, an denen ein Mutterunternehmen unmittelbar oder mittelbar mehr als 75 Prozent der Anteile hält, muss kein Prüfungsausschuss bestellt werden, sofern im Mutterunternehmen ein solcher oder ein gleichwertiges Gremium dessen Aufgaben und sonstige Pflichten auf Konzernebene erfüllt. [2]In diesem Fall ist der zusätzliche Bericht (Z 2 erster Satz) dem Prüfungsausschuss oder dem sonstigen Gremium des Mutterunternehmens sowie zugleich dem Aufsichtsrat des Tochterunternehmens zu erstatten. [3]Die Bestellung eines Prüfungsausschusses kann bei fünffach großen Gesellschaften auch unterbleiben, wenn der Aufsichtsrat aus nicht mehr als vier Mitgliedern besteht, wie ein Prüfungsausschuss zusammengesetzt ist und dessen Aufgaben und sonstige Pflichten wahrnimmt; der zusätzliche Bericht ist diesfalls dem Aufsichtsrat zu erstatten.

4. [1]Zu den Aufgaben des Prüfungsausschusses gehören:

a) die Überwachung des Rechnungslegungsprozesses sowie die Erteilung von Empfehlungen oder Vorschlägen zur Gewährleistung seiner Zuverlässigkeit;

b) die Überwachung der Wirksamkeit des internen Kontrollsystems, gegebenenfalls des internen Revisionssystems, und des Risikomanagementsystems der Gesellschaft;

c) die Überwachung der Abschlussprüfung und der Konzernabschlussprüfung unter Einbeziehung von Erkenntnissen und Schlussfolgerungen in Berichten, die von der Abschlussprüferaufsichtsbehörde nach § 4 Abs. 2 Z 12 APAG veröffentlicht werden;

d) die Prüfung und Überwachung der Unabhängigkeit des Abschlussprüfers (Konzernabschlussprüfers), insbesondere im Hinblick auf die für die geprüfte Gesellschaft erbrachten zusätzlichen Leistungen; bei Gesellschaften im Sinn des § 189a Z 1 lit. a und lit. d UGB gelten Art. 5 der Verordnung (EU) Nr. 537/2014 und § 271a Abs. 6 UGB;

e) die Erstattung des Berichts über das Ergebnis der Abschlussprüfung an den Aufsichtsrat und die Darlegung, wie die Abschlussprüfung zur Zuverlässigkeit der Finanzberichterstattung beigetragen hat, sowie die Rolle des Prüfungsausschusses dabei;

f) die Prüfung des Jahresabschlusses und die Vorbereitung seiner Feststellung, die Prüfung des Vorschlags für die Gewinnverteilung, des Lageberichts und gegebenenfalls des Corporate Governance-Berichts sowie die Erstattung des Berichts über die Prüfungsergebnisse an den Aufsichtsrat;

g) gegebenenfalls die Prüfung des Konzernabschlusses und des Konzernlageberichts, des konsolidierten Corporate Governance-Berichts sowie die Erstattung des Berichts über die Prüfungsergebnisse an den Aufsichtsrat;

h) die Durchführung des Verfahrens zur Auswahl des Abschlussprüfers (Konzernabschlussprüfers) unter Bedachtnahme auf die Angemessenheit des Honorars sowie die Empfehlung für seine Bestellung an den Aufsichtsrat. [2]Bei Gesellschaften im Sinn des § 189a Z 1 lit. a und lit. d UGB gilt Art. 16 der Verordnung (EU) Nr. 537/2014. *(BGBl I 2016/43)*

(5) [1]Der Aufsichtsrat oder sein Ausschuß ist nur dann beschlußfähig, wenn an der Sitzung mindestens drei Mitglieder teilnehmen „(§ 95 Abs. 7 Satz 2 zweiter Halbsatz)“*. [2]Die Satzung kann eine höhere Zahl festsetzen. [3]Die Beschlußfähigkeit eines Ausschusses, dem weniger als drei Aufsichtsratsmitglieder angehören, ist bei Anwesenheit seiner sämtlichen Mitglieder gegeben. [4]„Die schriftliche, fernmündliche oder eine andere vergleichbare Form der Stimmabgabe einzelner Aufsichtsratsmitglieder ist zulässig, wenn die Satzung oder der Aufsichtsrat dies vorsieht.“** *(*BGBl I 2001/42; **BGBl I 2004/67)*

Teilnahme an Sitzungen des Aufsichtsrats und seiner Ausschüsse

§ 93. (1) [1]An den Sitzungen des Aufsichtsrats und seiner Ausschüsse dürfen Personen, die weder dem Aufsichtsrat noch dem Vorstand angehören, nicht teilnehmen. [2]Sachverständige und Auskunftspersonen können zur Beratung über einzelne Gegenstände zugezogen werden.[3]„Den Sitzungen, die sich mit der Feststellung des Jahresabschlusses und deren Vorbereitung sowie mit der Prüfung des Jahresabschlusses (Konzernabschlusses) beschäftigen, ist jedenfalls der Abschlussprüfer (Konzernabschlussprüfer) zuzuziehen.“ *(BGBl I 2005/59)*

(2) Aufsichtsratsmitglieder, die dem Ausschuß nicht angehören, können an den Ausschußsitzungen teilnehmen, wenn die Satzung oder der Vorsitzende des Aufsichtsrats nichts anderes bestimmt.

(3) [1]Die Satzung kann zulassen, daß an den Sitzungen des Aufsichtsrats und seiner Ausschüsse Personen, die dem Aufsichtsrat nicht angehören, an Stelle von Aufsichtsratsmitgliedern teilnehmen können, wenn sie von diesen hiezu schriftlich ermächtigt sind. [2]Sie können auch schriftliche Stimmabgaben der Aufsichtsratsmitglieder überreichen.

(4) Abweichende gesetzliche Vorschriften bleiben unberührt.

Einberufung des Aufsichtsrats

§ 94. (1) [1]Jedes Aufsichtsratsmitglied oder der Vorstand kann unter Angabe des Zwecks und der Gründe verlangen, daß der Vorsitzende des Aufsichtsrats unverzüglich den Aufsichtsrat einberuft. [2]Die Sitzung muß binnen zwei Wochen nach der Einberufung stattfinden.

(2) Wird einem von mindestens zwei Aufsichtsratsmitgliedern oder vom Vorstand geäußerten Verlangen nicht entsprochen, so können die Antragsteller unter Mitteilung des Sachverhalts selbst den Aufsichtsrat einberufen.

(3) [1]Der Aufsichtsrat muß mindestens „viermal“ im Geschäftsjahr eine Sitzung abhalten. [2]„Die Sitzungen haben vierteljährlich stattzufinden.“ *(BGBl 1982/371; BGBl I 1997/114)*

Aufgaben und Rechte des Aufsichtsrats

§ 95. (1) Der Aufsichtsrat hat die Geschäftsführung zu überwachen.

(2) [1]Der Aufsichtsrat kann vom Vorstand jederzeit einen Bericht über die Angelegenheiten der Gesellschaft einschließlich ihrer Beziehungen zu einem Konzernunternehmen verlangen. [2]„Auch ein einzelnes Mitglied kann einen Bericht, jedoch nur an den Aufsichtsrat als solchen, verlangen; lehnt der Vorstand die Berichterstattung ab, so kann der Bericht nur dann verlangt werden, wenn

ein anderes Aufsichtsratsmitglied das Verlangen unterstützt. [3]Der Vorsitzende des Aufsichtsrats kann einen Bericht auch ohne Unterstützung eines anderen Aufsichtsratsmitglieds verlangen.“ *(BGBl I 1997/114)*

(3) Der Aufsichtsrat kann die Bücher und Schriften der Gesellschaft sowie die Vermögensgegenstände, namentlich die Gesellschaftskasse und die Bestände an Wertpapieren und Waren, einsehen und prüfen, er kann damit auch einzelne Mitglieder oder für bestimmte Aufgaben besondere Sachverständige beauftragen.

(4) Der Aufsichtsrat hat eine Hauptversammlung einzuberufen, wenn das Wohl der Gesellschaft es erfordert.

(5) [1]Maßnahmen der Geschäftsführung können dem Aufsichtsrat nicht übertragen werden. [2]Folgende Geschäfte sollen jedoch nur mit Zustimmung des Aufsichtsrats vorgenommen werden:

1. der Erwerb und die Veräußerung von Beteiligungen („§ 189a Z 2 UGB“) sowie der Erwerb, die Veräußerung und die Stillegung von Unternehmen und Betrieben; *(BGBl 1990/475; BGBl I 2015/22)*

2. der Erwerb, die Veräußerung und die Belastung von Liegenschaften, soweit dies nicht zum gewöhnlichen Geschäftsbetrieb gehört; *(BGBl I 2008/70)*

3. die Errichtung und die Schließung von Zweigniederlassungen;

4. Investitionen, die bestimmte Anschaffungskosten im einzelnen und insgesamt in einem Geschäftsjahr übersteigen;

5. die Aufnahme von Anleihen, Darlehen und Krediten, die einen bestimmten Betrag im einzelnen und insgesamt in einem Geschäftsjahr übersteigen;

6. die Gewährung von Darlehen und Krediten, soweit sie nicht zum gewöhnlichen Geschäftsbetrieb gehört;

7. die Aufnahme und Aufgabe von Geschäftszweigen und Produktionsarten;

8. die Festlegung allgemeiner Grundsätze der Geschäftspolitik;

9. die Festlegung von Grundsätzen über die Gewährung von Gewinn- oder Umsatzbeteiligungen und Pensionszusagen an leitende Angestellte im Sinne des § 80 Abs. 1;

10. die Einräumung von Optionen auf Aktien der Gesellschaft an Arbeitnehmer und leitende Angestellte der Gesellschaft oder eines mit ihr verbundenen Unternehmens sowie an Mitglieder des Vorstands und des Aufsichtsrats von verbundenen Unternehmen; *(BGBl I 2001/42)*

11. die Erteilung der Prokura „ ;“ *(BGBl I 2005/59)*

12. der Abschluss von Verträgen mit Mitgliedern des Aufsichtsrats, durch die sich diese außerhalb ihrer Tätigkeit im Aufsichtsrat gegenüber der Gesellschaft oder einem Tochterunternehmen („§ 189a Z 7 UGB“**) zu einer Leistung gegen ein nicht bloß geringfügiges Entgelt verpflichten. [2]Dies gilt auch für Verträge mit Unternehmen, an denen ein Aufsichtsratsmitglied ein erhebliches wirtschaftliches Interesse hat „ ;“* *(BGBl I 2005/59; *BGBl I 2008/70; **BGBl I 2015/22)*

13. die Übernahme einer leitenden Stellung (§ 80) in der Gesellschaft innerhalb von zwei Jahren nach Zeichnung des Bestätigungsvermerks durch den Abschlussprüfer, durch den Konzernabschlussprüfer, durch den Abschlussprüfer eines bedeutenden verbundenen Unternehmens oder durch den den jeweiligen Bestätigungsvermerk unterzeichnenden Wirtschaftsprüfer sowie eine für ihn tätige Person, die eine maßgeblich leitende Funktion bei der Prüfung ausgeübt hat, soweit dies nicht gemäß § 271c UGB untersagt ist „ ;“ *(BGBl I 2008/70, vgl § 262 Abs 14; BGBl I 2009/71)*

14. Maßnahmen, mit denen der Vorstand von einer ihm gemäß § 102 Abs. 3 oder 4 erteilten Ermächtigung Gebrauch macht „;“ *(BGBl I 2009/71; BGBl I 2017/107)*

15. der Antrag auf Zulassung von Aktien der Gesellschaft zum Handel an einer anerkannten Börse im Sinn des § 3 sowie der Antrag auf Widerruf einer solchen Zulassung *(BGBl I 2017/107)*

[4]Zu den in den Z 1 und 2 genannten Geschäften kann die Satzung oder der Aufsichtsrat Betragsgrenzen festsetzen, zu den in den Z 4, 5 und 6 genannten Geschäften haben die Satzung oder der Aufsichtsrat eine Betragsgrenze festzusetzen. [5]Die Satzung oder der Aufsichtsrat kann auch anordnen, daß bestimmte Arten von Geschäften nur mit Zustimmung des Aufsichtsrats vorgenommen werden sollen. *(BGBl 1982/371)*

(6) Sollen Optionen, die mit eigenen Aktien oder mit Aktien von dritten nicht unter § 66 fallenden Personen bedient werden, Arbeitnehmern oder leitenden Angestellten der Gesellschaft oder eines mit ihr verbundenen Unternehmens eingeräumt werden, so hat der Vorstand, sollen sie Vorstandsmitgliedern der Gesellschaft oder eines verbundenen Unternehmens eingeräumt werden, so hat der Aufsichtsrat spätestens zwei Wochen vor Zustandekommen des Aufsichtsratsbeschlusses einen Bericht gemäß § 159 Abs. 2 Z 3 zu veröffentlichen. *(BGBl I 2001/42)*

(7) [1]Die Aufsichtsratsmitglieder können ihre Obliegenheiten nicht durch andere ausüben lassen. [2]Die Satzung kann aber zulassen, daß ein Aufsichtsratsmitglied ein anderes schriftlich mit seiner Vertretung bei einer einzelnen Sitzung betraut; ein so vertretenes Mitglied ist bei der Feststellung der Beschlußfähigkeit einer Sitzung (§ 92 Abs. 5) nicht mitzuzählen. [3]Das Recht, den Vorsitz zu führen, kann nicht übertragen werden.

Geschäfte mit nahestehenden Unternehmen und Personen

§ 95a. (1) In einer börsenotierten Gesellschaft bedarf ein wesentliches Geschäft mit nahestehenden Unternehmen oder Personen (nahestehenden Rechtsträgern) der Zustimmung des Aufsichtsrats (Abs. 4) sowie gegebenenfalls der öffentlichen Bekanntmachung (Abs. 5), sofern es sich nicht um einen der nach Abs. 6 oder 7 ausgenommenen Fälle handelt.

(2) Der Begriff „nahestehende Unternehmen und Personen (nahestehende Rechtsträger)“ hat dieselbe Bedeutung wie nach den internationalen Rechnungslegungsstandards, die gemäß der Verordnung (EG) Nr. 1606/2002 betreffend die Anwendung internationaler Rechnungslegungsstandards, ABl. Nr. L 243 vom 11.9.2002 S. 1, übernommen wurden.

(3) [1]Ein Geschäft ist wesentlich, wenn sein Wert fünf Prozent der Bilanzsumme der Gesellschaft übersteigt. [2]Dabei ist für das jeweilige Geschäftsjahr die Bilanzsumme aus jenem Jahresabschluss maßgeblich, welcher der ordentlichen Hauptversammlung des vorangegangenen Geschäftsjahres vorzulegen war (§ 104 Abs. 1). [3]Bei einem Mutterunternehmen, das einen Konzernabschluss zu erstellen hat, tritt an die Stelle der Bilanzsumme die Summe der entsprechenden Vermögenswerte im Konzernabschluss. [4]Werden innerhalb eines Geschäftsjahres mit demselben nahestehenden Rechtsträger mehrere Geschäfte geschlossen, die bei isolierter Betrachtung nicht wesentlich wären, so sind ihre Werte zusammenzurechnen.

(4) [1]An der Abstimmung über die Erteilung der Zustimmung des Aufsichtsrats dürfen jene Mitglieder, die in Bezug auf das Geschäft als nahestehende Personen anzusehen sind, nicht teilnehmen. [2]Die Vorbereitung der Entscheidung des Aufsichtsrats und die Überwachung ihrer Ausführung können einem Ausschuss übertragen werden.

(5) [1]Übersteigt der Wert eines Geschäfts im Sinn des Abs. 1 zehn Prozent der Bilanzsumme gemäß Abs. 3, so hat es der Vorstand spätestens zum Zeitpunkt seines Abschlusses auf die in § 107 Abs. 3 vorgesehene Weise öffentlich bekannt zu machen. [2]Die Bekanntmachung muss jedenfalls die Namen der nahestehenden Rechtsträger, das Datum des Geschäfts sowie den Hinweis enthalten, dass nähere Informationen über das Geschäft auf der im Firmenbuch eingetragenen Internetseite der Gesellschaft verfügbar sind. [3]Diese Informationen umfassen zumindest die Art des Verhältnisses zu den nahestehenden Rechtsträgern, deren Namen, das Datum und den Wert des Geschäfts sowie alle weiteren für die Beurteilung notwendigen Angaben, ob das Geschäft aus Sicht der Gesellschaft und aller Aktionäre, die keine nahestehenden Rechtsträger sind, angemessen und vernünftig ist. [4]Die Informationen müssen bis zum Ende des Geschäftsjahres, das nach dem Abschluss des betreffenden Geschäfts zu laufen beginnt, auf der Internetseite der Gesellschaft zugänglich sein.

(6) [1]Ein im gewöhnlichen Geschäftsbetrieb und zu marktüblichen Bedingungen geschlossenes Geschäft im Sinn des Abs. 1 bedarf weder der Zustimmung des Aufsichtsrats nach Abs. 4 noch der öffentlichen Bekanntmachung nach Abs. 5. [2]Der Aufsichtsrat hat ein internes Verfahren festzulegen, in dem regelmäßig zu bewerten ist, ob diese Voraussetzungen erfüllt sind. [3]An dieser Bewertung dürfen die nahestehenden Rechtsträger nicht teilnehmen.

(7) Soweit die Satzung nichts Anderes bestimmt, bedürfen auch die folgenden Geschäfte im Sinn des Abs. 1 keiner Zustimmung des Aufsichtsrats nach Abs. 4 und keiner öffentlichen Bekanntmachung nach Abs. 5:

1. Geschäfte zwischen der Gesellschaft

a) und einem inländischen Tochterunternehmen;

b) und einem ausländischen Tochterunternehmen, sofern es sich um ein hundertprozentiges Tochterunternehmen oder um ein Tochterunternehmen handelt, an dem kein anderer der Gesellschaft nahestehender Rechtsträger beteiligt ist;

c) und einem ausländischen Tochterunternehmen, an dem ein anderer der Gesellschaft nahestehender Rechtsträger beteiligt ist, sofern im ausländischen Recht Vorschriften zum angemessenen Schutz der Interessen der Gesellschaft, des Tochterunternehmens und ihrer Aktionäre, die keine nahestehenden Rechtsträger sind, bei derartigen Geschäften vorgesehen sind;

2. Geschäfte, die einer Zustimmung oder Ermächtigung der Hauptversammlung bedürfen, insbesondere nach diesem Bundesgesetz, nach dem EU-Verschmelzungsgesetz, nach dem Gesellschafterausschlussgesetz, nach dem SE-Gesetz, nach dem Spaltungsgesetz, nach dem Übernahmegesetz oder nach dem Umwandlungsgesetz;

3. Geschäfte betreffend die Vergütung der Mitglieder des Vorstands oder des Aufsichtsrats, die entsprechend der Vergütungspolitik der Gesellschaft (§§ 78a, 78b und 98a) gewährt oder geschuldet werden;

4. Geschäfte von CRR-Kreditinstituten gemäß § 1a Abs. 1 Z 1 BWG auf der Grundlage von Maßnahmen der zuständigen Aufsichts- oder Abwicklungsbehörde, welche dem Schutz der Stabilität des CRR-Kreditinstituts dienen;

5. Geschäfte, die allen Aktionären unter den gleichen Bedingungen angeboten werden und bei denen die Gleichbehandlung aller Aktionäre und der Schutz der Interessen der Gesellschaft gewährleistet sind.

(8) Die Gesellschaft muss auch wesentliche Geschäfte (Abs. 3) zwischen ihr nahestehenden

Rechtsträgern und ihren Tochterunternehmen öffentlich bekannt machen (Abs. 5), sofern es sich nicht um einen der nach Abs. 6 oder 7 ausgenommenen Fälle handelt.

(9) Sonstige gesetzliche Zustimmungspflichten des Aufsichtsrats bleiben unberührt.

(BGBl I 2019/63)

Bericht an die Hauptversammlung

§ 96. (1) [1]Der Vorstand hat dem Aufsichtsrat die Unterlagen gemäß § 222 Abs. 1 UGB „, gegebenenfalls einen Vorschlag für die Gewinnverwendung sowie einen allfälligen gesonderten nichtfinanziellen Bericht" vorzulegen. [2]Der Aufsichtsrat hat diese Unterlagen innerhalb von zwei Monaten nach Vorlage zu prüfen, sich gegenüber dem Vorstand darüber zu erklären und einen Bericht an die Hauptversammlung zu erstatten. *(BGBl I 2009/71; BGBl I 2017/20)*

(2) In dem Bericht hat der Aufsichtsrat mitzuteilen, in welcher Art und in welchem Umfang er die Geschäftsführung der Gesellschaft während des Geschäftsjahrs geprüft hat, welche Stelle den Jahresabschluß und den „Lagebericht"* „sowie gegebenenfalls „den gesonderten nichtfinanziellen Bericht,"**** den Corporate Governance-Bericht"** „und den Bericht über Zahlungen an staatliche Stellen"*** geprüft hat und ob diese Prüfungen nach ihrem abschließenden Ergebnis zu wesentlichen Beanstandungen Anlaß gegeben haben. *(*BGBl 1996/304; **BGBl I 2008/70, die Änderung gilt für Geschäftsjahre, die nach dem 31. 12. 2008 beginnen (!), siehe § 262 Abs 14; ***BGBl I 2015/22; ****BGBl I 2017/20)*

(3) Abs. 1 und 2 gelten sinngemäß auch für die „Vorlage und"* Prüfung des Konzernabschlusses und des Konzernlageberichts „sowie gegebenenfalls „des gesonderten konsolidierten nichtfinanziellen Berichts,"*** des konsolidierten Corporate Governance-Berichts und des konsolidierten Berichts über Zahlungen an staatliche Stellen"**. *(BGBl I 2005/59; *BGBl I 2009/71; **BGBl I 2015/22; ***BGBl I 2017/20)*

(4) Billigt der Aufsichtsrat den Jahresabschluss, so ist dieser festgestellt, wenn sich nicht Vorstand und Aufsichtsrat für eine Feststellung durch die Hauptversammlung entscheiden. *(BGBl I 2009/71)*

Vertretung der Gesellschaft

§ 97. (1) Der Aufsichtsrat ist befugt, die Gesellschaft bei der Vornahme von Rechtsgeschäften mit den Vorstandsmitgliedern zu vertreten und gegen diese die von der Hauptversammlung beschlossenen Rechtsstreitigkeiten zu führen.

(2) Der Aufsichtsrat kann, wenn die Verantwortlichkeit eines seiner Mitglieder in Frage kommt, ohne und selbst gegen den Beschluß der Hauptversammlung gegen die Vorstandsmitglieder klagen.

Vergütung der Aufsichtsratsmitglieder

§ 98. (1) [1]Den Aufsichtsratsmitgliedern kann für ihre Tätigkeit eine mit ihren Aufgaben und mit der Lage der Gesellschaft in Einklang stehende Vergütung gewährt werden. [2]Ist die Vergütung in der Satzung festgesetzt, so kann eine Satzungsänderung, durch die die Vergütung herabgesetzt wird, von der Hauptversammlung mit einfacher Stimmenmehrheit beschlossen werden.

(2) [1]Den Mitgliedern des ersten Aufsichtsrats kann nur die Hauptversammlung eine Vergütung für ihre Tätigkeit bewilligen. [2]Der Beschluß kann erst in der Hauptversammlung gefaßt werden, die über die Entlastung des ersten Aufsichtsrats beschließt.

(3) Sollen mit eigenen Aktien oder mit Aktien von dritten nicht unter § 66 fallenden Personen zu bedienende Optionen Aufsichtsratsmitgliedern der Gesellschaft oder eines verbundenen Unternehmens eingeräumt werden, so hat der Vorstand der Hauptversammlung einen Bericht gemäß § 159 Abs. 2 Z 3 zu erstatten und offenzulegen. *(BGBl I 2001/42)*

Grundsätze für die Bezüge der Aufsichtsratsmitglieder in börsenotierten Gesellschaften

§ 98a. In einer börsenotierten Gesellschaft sind die Vergütungspolitik und der Vergütungsbericht auch hinsichtlich der Vergütung der Mitglieder des Aufsichtsrats zu erstellen; dabei sind die §§ 78a bis 78e sinngemäß anzuwenden.

(BGBl I 2019/63)

Sorgfaltspflicht und Verantwortlichkeit der Aufsichtsratsmitglieder

§ 99. Für die Sorgfaltspflicht und Verantwortlichkeit der Aufsichtsratsmitglieder gilt § 84 über die Sorgfaltspflicht und Verantwortlichkeit der Vorstandsmitglieder sinngemäß.

Dritter Abschnitt

Gemeinsame Vorschriften für die Mitglieder des Vorstands und des Aufsichtsrats

Handeln zum Schaden der Gesellschaft zwecks Erlangung gesellschaftsfremder Vorteile

§ 100. (1) Wer zu dem Zwecke, für sich oder einen anderen gesellschaftsfremde Sondervorteile zu erlangen, vorsätzlich unter Ausnutzung seines Einflusses auf die Gesellschaft ein Mitglied des Vorstands oder des Aufsichtsrats dazu bestimmt, zum Schaden der Gesellschaft oder ihrer Aktionäre zu handeln, ist zum Ersatz des daraus entstehenden Schadens verpflichtet.

(2) [1]Neben ihm haften als Gesamtschuldner die Mitglieder des Vorstands und des Aufsichtsrats, wenn sie unter Verletzung ihrer Pflichten (§§ 84, 99) gehandelt haben. [2]Sollte der gesellschaftsfremde Sondervorteil für einen anderen erreicht werden, so haftet auch dieser als Gesamtschuldner, wenn er die Beeinflussung vorsätzlich veranlaßt hat.

(3) Die Ersatzpflicht tritt nicht ein, wenn der Einfluß benutzt wird, um einen Vorteil zu erlangen, der schutzwürdigen Interessen dient.

(4) Für die Aufhebung der Ersatzpflicht gegenüber der Gesellschaft gilt sinngemäß § 84 Abs. 4 Satz 3 und 4.

Ersatzansprüche der Gläubiger

§ 101. (1) [1]Die Ersatzpflicht besteht auch gegenüber den Gläubigern der Gesellschaft, soweit sie von dieser keine Befriedigung erlangen können. [2]Den Gläubigern gegenüber wird die Ersatzpflicht durch einen Verzicht oder Vergleich der Gesellschaft nicht aufgehoben. [3]„Ist über das Vermögen der Gesellschaft das Insolvenzverfahren eröffnet, so übt während dessen Dauer der Masse- oder Sanierungsverwalter das Recht der Gläubiger aus.“ *(BGBl I 2010/58)*

(2) Die Ansprüche aus den Vorschriften dieses Abschnittes verjähren in fünf Jahren.

(3) Die Vorschriften dieses Abschnittes gelten nicht, wenn gesellschaftsfremde Sondervorteile durch Stimmrechtsausübung verfolgt werden.

VIERTER ABSCHNITT
Hauptversammlung

Erster Unterabschnitt
Allgemeines

Funktion der Hauptversammlung, Formen der Teilnahme

§ 102. (1) Die Hauptversammlung dient der gemeinschaftlichen Willensbildung der Aktionäre in den Angelegenheiten der Gesellschaft.

(2) [1]Die Hauptversammlung muss an einem Ort im Inland stattfinden, den die Satzung bestimmt. [2]Wenn die Satzung nichts anderes bestimmt, findet die Hauptversammlung am Sitz der Gesellschaft statt oder am Sitz einer inländischen Börse, an der die Aktien der Gesellschaft notiert sind.

(3) [1]Die Satzung kann vorsehen oder den Vorstand ermächtigen vorzusehen, dass die Aktionäre an der Hauptversammlung im Weg elektronischer Kommunikation teilnehmen und auf diese Weise einzelne oder alle Rechte ausüben können. [2]Den Aktionären können insbesondere eine oder mehrere der nachstehend angeführten Formen der Teilnahme angeboten werden:

1. Teilnahme an einer zeitgleich mit der Hauptversammlung an einem anderen Ort im Inland oder Ausland stattfindenden Versammlung, die entsprechend den Vorschriften für die Hauptversammlung einberufen und durchgeführt wird und für die gesamte Dauer der Hauptversammlung mit dieser durch eine optische und akustische Zweiweg-Verbindung in Echtzeit verbunden ist (Satellitenversammlung);

2. Teilnahme an der Hauptversammlung während ihrer gesamten Dauer von jedem Ort aus mittels einer akustischen und allenfalls auch optischen Zweiweg-Verbindung in Echtzeit, die es den Aktionären ermöglicht, dem Verlauf der Verhandlungen zu folgen und sich, sofern ihnen der Vorsitzende das Wort erteilt, selbst an die Hauptversammlung zu wenden (Fernteilnahme);

3. Abgabe der Stimme auf elektronischem Weg von jedem Ort aus (Fernabstimmung; § 126).

AktG

(4) [1]Die Satzung kann auch vorsehen oder den Vorstand ermächtigen vorzusehen, dass die Hauptversammlung für die nicht anwesenden Aktionäre akustisch und allenfalls auch optisch in Echtzeit übertragen wird (Übertragung der Hauptversammlung). [2]Bei einer börsenotierten Gesellschaft kann auch die öffentliche Übertragung vorgesehen werden.

(5) [1]Ist bei einer Satellitenversammlung (Abs. 3 Z 1) die Kommunikation zwischen den Versammlungsorten gestört, so hat der Vorsitzende die Hauptversammlung für die Dauer der Störung zu unterbrechen. [2]In allen anderen Fällen der elektronischen Teilnahme gemäß Abs. 3 sowie bei einer Übertragung gemäß Abs. 4 kann ein Aktionär aus einer Störung der Kommunikation nur dann einen Anspruch gegen die Gesellschaft ableiten, wenn diese ein Verschulden trifft.

(6) Die Satzung kann vorsehen, dass die Aktionäre durch die Abstimmung per Brief gemäß § 127 an der Hauptversammlung teilnehmen können.

(BGBl I 2009/71)

Zuständigkeit der Hauptversammlung

§ 103. (1) Die Hauptversammlung beschließt in den im Gesetz oder in der Satzung ausdrücklich bestimmten Fällen.

(2) Über Fragen der Geschäftsführung kann die Hauptversammlung nur entscheiden, wenn dies der Vorstand oder, sofern es sich um ein gemäß § 95 Abs. 5 seiner Zustimmung vorbehaltenes Geschäft handelt, der Aufsichtsrat verlangt.

(BGBl I 2009/71)

Ordentliche Hauptversammlung

§ 104. (1) Der Vorstand hat jährlich eine Hauptversammlung einzuberufen, die in den ersten acht Monaten des Geschäftsjahrs stattzufinden hat (ordentliche Hauptversammlung), und ihr den Jahresabschluss samt Lagebericht und allfälligem Corporate Governance-Bericht, den allfälligen Konzernabschluss samt Konzernlagebericht, „gegebenenfalls" den Vorschlag für die Gewinnverwendung und den vom Aufsichtsrat erstatteten Bericht (§ 96) vorzulegen. *(BGBl I 2017/20)*

(2) [1]Die Tagesordnung der ordentlichen Hauptversammlung hat zu enthalten:

1. die Vorlage der Unterlagen gemäß Abs. 1 und allenfalls die Feststellung des Jahresabschlusses (Abs. 3);

2. die Beschlussfassung über die Verwendung des Bilanzgewinns, wenn im Jahresabschluss ein solcher ausgewiesen ist (Gewinnverwendung, Abs. 4);

3. die Beschlussfassung über die Entlastung der Mitglieder des Vorstands und der Mitglieder des Aufsichtsrats.

[2]Die Verhandlung über diese Gegenstände ist unter einem durchzuführen. [3]Der Abschlussprüfer ist den Verhandlungen zuzuziehen. [4]Die Verhandlung ist zu vertagen, wenn dies die Hauptversammlung mit einfacher Stimmenmehrheit beschließt oder eine Minderheit verlangt, deren Anteile zusammen zehn vom Hundert des Grundkapitals erreichen. [5]Das Verlangen der Minderheit ist nur beachtlich, wenn sie bestimmte Posten des Jahresabschlusses bemängelt. [6]Wurde die Verhandlung bereits vertagt, so kann keine neuerliche Vertagung verlangt werden.

(2a) Die Tagesordnung der ordentlichen Hauptversammlung einer börsenotierten Gesellschaft hat zusätzlich zu enthalten:

1. die Beschlussfassung über die Vergütungspolitik, wenn eine solche der Hauptversammlung vorzulegen ist;

2. die Beschlussfassung über den Vergütungsbericht.
(BGBl I 2019/63)

(3) Die Hauptversammlung stellt den Jahresabschluss fest, wenn der Aufsichtsrat den Jahresabschluss nicht gebilligt hat oder sich Vorstand und Aufsichtsrat für eine Feststellung durch die Hauptversammlung entschieden haben.

(4) [1]Bei der Beschlussfassung über die Verwendung des Bilanzgewinns ist die Hauptversammlung an den vom Vorstand mit Billigung des Aufsichtsrats festgestellten Jahresabschluss gebunden. [2]Sie kann jedoch den Bilanzgewinn ganz oder teilweise von der Verteilung ausschließen, soweit sie auf Grund der Satzung hiezu ermächtigt ist. [3]Die Änderungen des Jahresabschlusses, die hierdurch nötig werden, hat der Vorstand vorzunehmen.

(BGBl I 2009/71)

Zweiter Unterabschnitt

Vorbereitung der Hauptversammlung

Einberufung

§ 105. (1) [1]Die Hauptversammlung wird durch den Vorstand einberufen. [2]Personen, die in das Firmenbuch als Vorstand eingetragen sind, gelten als befugt. [3]Das auf Gesetz oder Satzung beruhende Recht anderer Personen, die Hauptversammlung einzuberufen, bleibt unberührt.

(2) [1]Wenn die Einberufung nicht vom Vorstand ausgeht, ist dieser zur notwendigen Mitwirkung an der ordnungsgemäßen Einberufung und Vorbereitung der Hauptversammlung verpflichtet. [2]Im Gesetz oder in der Satzung nicht vorgesehene „Personen, Stellen, Kommunikationswege oder" Sprachen für die Entgegennahme von Anmeldungen, Depotbestätigungen oder Hinterlegungsbestätigungen dürfen in die Einberufung nur mit Zustimmung des Vorstands aufgenommen werden. *(BGBl I 2011/53)*

(3) [1]Die Hauptversammlung ist einzuberufen, wenn Aktionäre, deren Anteile zusammen fünf vom Hundert des Grundkapitals erreichen, die Einberufung schriftlich unter Vorlage der Tagesordnung und eines Beschlussvorschlags zu jedem Tagesordnungspunkt verlangen; das Verlangen ist zu begründen. [2]Die Satzung kann das Recht, die Einberufung der Hauptversammlung zu verlangen, an eine weniger strenge Form oder an den Besitz eines geringeren Anteils am Grundkapital knüpfen. [3]Die Antragsteller müssen seit mindestens drei Monaten vor Antragstellung Inhaber der Aktien sein und die Aktien bis zur Entscheidung über den Antrag halten.

(4) [1]Wird dem Verlangen nicht entsprochen, so hat das Gericht die Antragsteller zu ermächtigen, die Hauptversammlung einzuberufen. [2]Zugleich kann das Gericht den Vorsitzenden der Versammlung bestimmen und Festlegungen gemäß Abs. 2 zweiter Satz treffen. [3]Auf die Ermächtigung muss in der Einberufung hingewiesen werden.

(5) Nehmen alle Aktionäre „einer nicht börsenotierten Gesellschaft" selbst oder durch Vertreter an der Hauptversammlung teil, so kann die Versammlung Beschlüsse ohne Einhaltung der Bestimmungen dieses Unterabschnitts fassen, wenn kein Aktionär der Beschlussfassung widerspricht. *(BGBl I 2011/53)*

(6) Die Kosten der Hauptversammlung und ihrer Vorbereitung trägt die Gesellschaft.

(BGBl I 2009/71)

Inhalt der Einberufung

§ 106. Die Einberufung hat zu enthalten:

1. die Firma der Gesellschaft sowie die Angabe von Tag, Beginnzeit und Ort der Hauptversammlung;

2. gegebenenfalls

a) die Angabe von Tag, Beginnzeit und Ort der Satellitenversammlung (§ 102 Abs. 3 Z 1);

b) Angaben zur Übertragung der Hauptversammlung (§ 102 Abs. 4);

3. die vorgeschlagene Tagesordnung; falls ein Gegenstand der Tagesordnung nach Gesetz oder Satzung eine gesonderte Abstimmung der Aktionäre einer oder mehrerer Gattungen von Aktien erfordert, auch die ausdrückliche Ankündigung der gesonderten Abstimmung;

4. Angaben über die Möglichkeiten der Aktionäre, gemäß § 108 Abs. 3 bis 5 in die Unterlagen Einsicht zu nehmen und sich diese zu verschaffen, gegebenenfalls die Adresse der Internetseite, auf der diese Unterlagen zugänglich sind;

5. bei einer börsenotierten Gesellschaft einen Hinweis auf die Rechte der Aktionäre nach den §§ 109, 110 und 118 sowie die Angabe der Zeitpunkte, bis zu denen diese Rechte ausgeübt werden können; weitergehende Information über diese Rechte sind in der Einberufung nur erforderlich, wenn diese Informationen nicht auf der Internetseite der Gesellschaft zugänglich sind und die Einberufung keinen entsprechenden Hinweis enthält; ein allenfalls erforderlicher Nachweis der Aktionärseigenschaft (§ 10a) ist zu erläutern;

6. gegebenenfalls den Nachweisstichtag (§ 111 Abs. 1) und den Hinweis, dass zur Teilnahme an der Hauptversammlung nur berechtigt ist, wer an diesem Stichtag Aktionär ist;

7. die Voraussetzungen für die Teilnahme an der Hauptversammlung,

a) jedenfalls die Angabe, an welcher Adresse, in welcher Form und bis zu welchem Zeitpunkt der Gesellschaft Depotbestätigungen, andere Nachweise oder Anmeldungen nach den §§ 111 oder 112 zugehen müssen;

b) gegebenenfalls eine Darstellung der Verfahren zur Fernteilnahme (§ 102 Abs. 3 Z 2), zur Fernabstimmung (§ 126) oder zur Abstimmung per Brief (§ 127); die Einberufung kann sich auf die Angabe eines allfälligen gesonderten Anmeldeerfordernisses gemäß § 111 Abs. 4 und des Zeitpunkts, bis zu dem die Stimmen elektronisch registriert sein oder bei der Gesellschaft einlangen müssen, beschränken, sofern sie einen Hinweis enthält, dass ausführliche Informationen darüber auf der Internetseite der Gesellschaft zugänglich sind;

8. Angaben über die Möglichkeit zur Bestellung eines Vertreters (§ 113) und das dabei einzuhaltende Verfahren (§ 114), gegebenenfalls die zu verwendenden Formulare und bei einer börsenotierten Gesellschaft die elektronischen Kommunikationswege für die Übermittlung von Vollmachten;

9. bei einer börsenotierten Gesellschaft die Gesamtzahl der Aktien und der Stimmrechte zum Zeitpunkt der Einberufung; falls das Kapital der Gesellschaft in mehrere Aktiengattungen eingeteilt ist, auch die gesonderte Angabe für jede Aktiengattung.

(BGBl I 2009/71)

Bekanntmachung, Frist

§ 107. (1) Die Einberufung ist spätestens am 28. Tag vor einer ordentlichen Hauptversammlung (§ 104), ansonsten spätestens am 21. Tag vor der Hauptversammlung bekannt zu machen, sofern die Satzung keine längeren Fristen vorsieht.

(2) [1]Die Bekanntmachung der Einberufung hat durch Veröffentlichung gemäß § 18 zu erfolgen. [2]Sind die Aktionäre der Gesellschaft namentlich bekannt, so kann die Hauptversammlung stattdessen mit eingeschriebenem Brief an die der Gesellschaft bekannt gegebene Adresse jedes Aktionärs einberufen werden, wenn dies in der Satzung nicht ausgeschlossen ist; der Tag der Absendung gilt als Tag der Bekanntmachung. [3]Ein Aktionär kann der Gesellschaft stattdessen eine elektronische Postadresse bekannt geben und in die Mitteilung der Einberufung auf diesem Weg einwilligen.

(3) [1]Eine börsenotierte Gesellschaft hat die Einberufung auch in einer Form bekannt zu machen, die in nicht diskriminierender Weise einen schnellen Zugang zu ihr gewährleistet. [2]Die Gesellschaft muss sich dafür zumindest eines Mediums bedienen, bei dem davon auszugehen ist, dass es die Informationen in der gesamten Europäischen Union öffentlich verbreitet. [3]Diese Erfordernisse gelten jedenfalls als erfüllt, wenn die Gesellschaft die Einberufung in derselben Weise bekannt macht, wie sie für eine vorgeschriebene Information gemäß „§ 123 Abs. 4 BörseG 2018“** vorgesehen ist. [4]Diese Verpflichtung gilt nicht für eine börsenotierte Gesellschaft, die ausschließlich „Namensaktien“* ausgegeben hat und die Einberufung gemäß Abs. 2 zweiter oder dritter Satz vornimmt. *(*BGBl I 2011/53; **BGBl I 2017/107)*

(4) Wenn die Einberufung nicht vom Vorstand oder vom Aufsichtsrat ausgeht, ist sie auch der Gesellschaft zur Kenntnis zu bringen.

(BGBl I 2009/71)

Bereitstellung von Informationen

§ 108. (1) [1]„Der Vorstand und der Aufsichtsrat haben zu jedem Punkt der Tagesordnung, über den die Hauptversammlung beschließen soll, Vorschläge zur Beschlussfassung zu machen; zu

Wahlen in den Aufsichtsrat, zur Beschlussfassung über die Vergütungspolitik sowie zur Bestellung von Abschluss- und Sonderprüfern hat nur der Aufsichtsrat Vorschläge zu machen.“**[2]„Dabei ist auf § 86 Abs. 7 und Abs. 9 sowie auf § 87 Abs. 2a Bedacht zu nehmen.“*[3]Diese Verpflichtung entfällt, wenn die Hauptversammlung gemäß § 105 Abs. 3 oder Abs. 4 einberufen oder ein Punkt gemäß § 109 auf die Tagesordnung gesetzt wird. *(*BGBl I 2017/104; **BGBl I 2019/63)*

(2) [1]In jedem Wahlvorschlag für den Aufsichtsrat ist auch anzugeben, aus wie vielen Mitgliedern sich der Aufsichtsrat bisher zusammengesetzt hat und wie viele Mitglieder nunmehr zu wählen wären, um diese Zahl wieder zu erreichen. [2]„In Gesellschaften, auf die § 86 Abs. 7 anzuwenden ist, ist zusätzlich anzugeben, wie viele der Sitze im Aufsichtsrat mindestens jeweils von Frauen und Männern besetzt sein müssen, um das Mindestanteilsgebot gemäß § 86 Abs. 7 zu erfüllen und ob ein Widerspruch gemäß § 86 Abs. 9 erhoben wurde.“[3]Jedem Vorschlag zur Wahl eines Aufsichtsratsmitglieds ist die Erklärung der vorgeschlagenen Person gemäß § 87 Abs. 2 anzuschließen. *(BGBl I 2017/104)*

(3) Die Gesellschaft hat an ihrem Sitz ab dem 21. Tag vor der Hauptversammlung folgende Unterlagen zur Einsicht der Aktionäre aufzulegen „oder auf ihrer im Firmenbuch eingetragenen Internetseite zugänglich zu machen“: *(BGBl I 2011/53)*

1. die Beschlussvorschläge gemäß Abs. 1, gegebenenfalls mit den Erklärungen gemäß § 87 Abs. 2, sowie jede sonstige für die Aktionäre bestimmte Erläuterung oder Begründung zu einem Punkt der Tagesordnung;

2. im Fall der ordentlichen Hauptversammlung (§ 104) den Jahresabschluss mit dem Lagebericht und gegebenenfalls dem Corporate Governance-Bericht, den Konzernabschluss mit dem Konzernlagebericht, den Vorschlag für die Gewinnverwendung sowie den Bericht des Aufsichtsrats (§ 96);

3. wenn die Hauptversammlung über die Zustimmung zu einem Vertrag beschließen soll, den Entwurf des Vertrags oder dessen wesentlichen Inhalt;

4. alle sonstigen Berichte und Unterlagen, die der Hauptversammlung vorzulegen sind.

(4) [1]Eine börsenotierte Gesellschaft hat ab dem 21. Tag vor der Hauptversammlung folgende Informationen auf ihrer „im Firmenbuch eingetragenen“ Internetseite zugänglich zu machen: *(BGBl I 2011/53)*

1. die Einberufung gemäß § 106;

2. die Unterlagen gemäß Abs. 3;

3. die Formulare für die Erteilung und den Widerruf einer Vollmacht (§ 114) sowie gegebenenfalls für die Fernabstimmung (§ 126) und die Abstimmung per Brief (§ 127) „;“ *(BGBl I 2019/63)*

4. die Vergütungspolitik sowie den Vergütungsbericht. *(BGBl I 2019/63)*

[2]Diese Informationen müssen bis zum Ablauf eines Monats nach der Hauptversammlung durchgehend auf der Internetseite zugänglich sein.

(5) [1]Eine nicht börsenotierte Gesellschaft hat jedem Aktionär auf Verlangen unverzüglich und kostenlos eine Abschrift der in Abs. 3 genannten Unterlagen zu erteilen; jeder Aktionär kann auch verlangen, dass ihm die Einberufung und eine Abschrift der Unterlagen gemäß Abs. 3 spätestens am 21. Tag vor der Hauptversammlung durch eingeschriebenen Brief oder im Weg der elektronischen Post an die der Gesellschaft bekannt gegebene Adresse übersendet werden. [2]Diese Verpflichtungen entfallen, wenn die Gesellschaft diese Unterlagen auf ihrer im Firmenbuch eingetragenen Internetseite zugänglich macht. [3]Für die Dauer des Zugänglichmachens gilt Abs. 4 sinngemäß. *(BGBl I 2011/53)*

(BGBl I 2009/71)

Beantragung von Tagesordnungspunkten

§ 109. (1) [1]Aktionäre, deren Anteile zusammen fünf vom Hundert des Grundkapitals erreichen, können schriftlich verlangen, dass Punkte auf die Tagesordnung der nächsten Hauptversammlung gesetzt und bekannt gemacht werden. [2]Jedem Tagesordnungspunkt muss ein Beschlussvorschlag samt Begründung beiliegen. [3]Die Satzung kann dieses Recht an eine weniger strenge Form oder an den Besitz eines geringeren Anteils am Grundkapital knüpfen. [4]Die Antragsteller müssen seit mindestens drei Monaten vor Antragstellung Inhaber der Aktien sein.

(2) [1]Ein Verlangen gemäß Abs. 1 ist beachtlich, wenn es der Gesellschaft spätestens am 21. Tag vor einer ordentlichen Hauptversammlung (§ 104), ansonsten spätestens am 19. Tag vor der Hauptversammlung zugeht. [2]Wenn ein solches Verlangen nicht so rechtzeitig bei der Gesellschaft einlangt, dass es in die ursprüngliche Tagesordnung aufgenommen werden kann, genügt es, wenn die ergänzte Tagesordnung spätestens am 14. Tag vor der Hauptversammlung in derselben Weise bekannt gemacht wird wie die ursprüngliche Tagesordnung. [3]Eine börsenotierte Gesellschaft hat die Bekanntmachung gemäß § 107 Abs. 3 jedoch spätestens am zweiten Werktag nach dem im ersten Satz bezeichneten Fristende vorzunehmen und die ergänzte Tagesordnung samt Begründung ab diesem Tag auf ihrer „im Firmenbuch eingetragenen“ Internetseite zugänglich zu machen. [4]Im Übrigen gilt § 108 Abs. 3 bis 5 sinngemäß. *(BGBl I 2011/53)*

(BGBl I 2009/71)

Beschlussvorschläge von Aktionären

§ 110. (1) [1]In einer börsenotierten Gesellschaft können Aktionäre, deren Anteile zusammen eins vom Hundert des Grundkapitals erreichen, der Gesellschaft zu jedem Punkt der Tagesordnung in Textform Vorschläge zur Beschlussfassung übermitteln und verlangen, dass diese Vorschläge zusammen mit den Namen der betreffenden Aktionäre, der anzuschließenden Begründung und einer allfälligen Stellungnahme des Vorstands oder des Aufsichtsrats auf der „im Firmenbuch eingetragenen" Internetseite der Gesellschaft zugänglich gemacht werden. [2]Die Satzung kann dieses Recht an den Besitz eines geringeren Anteils am Grundkapital knüpfen. [3]Das Verlangen ist beachtlich, wenn es der Gesellschaft spätestens am siebenten Werktag vor der Hauptversammlung zugeht. [4]Die Gesellschaft muss dem Verlangen spätestens am zweiten Werktag nach Zugang entsprechen, sofern nicht ein Fall des Abs. 4 vorliegt. [5]§ 108 Abs. 4 letzter Satz gilt sinngemäß. *(BGBl I 2011/53)*

(2) [1]Bei einem Vorschlag zur Wahl eines Aufsichtsratsmitglieds tritt an die Stelle der Begründung die Erklärung der vorgeschlagenen Person gemäß § 87 Abs. 2. „[2]In Gesellschaften, auf die § 86 Abs. 7 anzuwenden ist, hat die Gesellschaft zusätzlich anzugeben, wie viele der Sitze im Aufsichtsrat mindestens jeweils von Frauen und Männern besetzt sein müssen, um das Mindestanteilsgebot gemäß § 86 Abs. 7 zu erfüllen und ob ein Widerspruch gemäß § 86 Abs. 9 erhoben wurde." *(BGBl I 2017/104)*

(3) [1]Die Gesellschaft muss für die Übermittlung von Beschlussvorschlägen von Aktionären zumindest einen elektronischen Kommunikationsweg eröffnen, für den nur solche formalen Anforderungen vorgesehen werden dürfen, die für die Identifizierbarkeit der Aktionäre und die Feststellung des Inhalts des Beschlussvorschlags notwendig und angemessen sind. [2]Sofern die Satzung keinen anderen solchen Kommunikationsweg vorsieht, ist jedenfalls die Übermittlung von Beschlussvorschlägen per Telefax zulässig.

(4) [1]Ein Beschlussvorschlag muss nicht auf der Internetseite zugänglich gemacht werden, wenn

1. er keine Begründung enthält oder die Erklärung nach § 87 Abs. 2 fehlt,

2. er zu einem gesetz- oder satzungswidrigen Beschluss der Hauptversammlung führen würde,

3. ein auf denselben Sachverhalt gestützter gleichsinniger Vorschlag bereits gemäß Abs. 1 zugänglich gemacht wurde,

4. er den objektiven Tatbestand der üblen Nachrede (§ 111 StGB) oder der Beleidigung (§ 115 StGB) erfüllt oder sich der Vorstand durch das Zugänglichmachen strafbar machen würde, oder

5. die Aktionäre zu erkennen geben, dass sie an der Hauptversammlung nicht teilnehmen und sich nicht vertreten lassen werden.

[2]Die Begründung muss nicht zugänglich gemacht werden, wenn sie insgesamt mehr als 5 000 Schriftzeichen umfasst oder soweit sie einen Tatbestand im Sinn der Z 4 erfüllt. [3]Übermitteln mehrere Aktionäre Beschlussvorschläge zu demselben Punkt der Tagesordnung, so kann der Vorstand die Vorschläge und ihre Begründungen zusammenfassen.

(5) [1]Die Satzung einer nicht börsenotierten Gesellschaft kann bestimmen, dass Beschlussvorschläge von Aktionären vor der Hauptversammlung bekannt gemacht werden. [2]Soweit keine abweichenden Bestimmungen getroffen werden, gelten dafür die Abs. 1 bis 4 sinngemäß.

(6) Die Gesellschaft haftet nicht für Schäden, die allein aus der Tatsache der Bekanntmachung von Beschlussvorschlägen von Aktionären entstehen.

(BGBl I 2009/71)

Dritter Unterabschnitt

Teilnahmeberechtigung und Vertretung

Teilnahmeberechtigung bei einer börsenotierten Gesellschaft

§ 111. (1) [1]Die Berechtigung zur Teilnahme an der Hauptversammlung einer börsenotierten Gesellschaft und zur Ausübung der Aktionärsrechte, die im Rahmen der Hauptversammlung geltend zu machen sind, richtet sich bei Inhaberaktien nach dem Anteilsbesitz, bei Namensaktien nach der Eintragung im Aktienbuch jeweils am Ende des zehnten Tages vor dem Tag der Hauptversammlung (Nachweisstichtag). [2]Abweichend davon kann eine Gesellschaft, die nach ihrer Satzung ausschließlich Namensaktien ausgibt, in der Satzung vorsehen, dass der Stand des Aktienbuchs am Beginn des Tages der Hauptversammlung maßgeblich ist.

(2) Bei depotverwahrten Inhaberaktien genügt für den Nachweis des Anteilsbesitzes am Nachweisstichtag eine Depotbestätigung gemäß § 10a, die der Gesellschaft spätestens am dritten Werktag vor der Hauptversammlung unter der in der Einberufung hierfür mitgeteilten Adresse zugehen muss, wenn nicht in der Einberufung ein späterer Zeitpunkt festgelegt wird. „ " *(BGBl I 2011/53)*

(3) [1]Bei Namensaktien kann in der Einberufung festgelegt werden, dass nur solche Aktionäre zur Teilnahme an der Hauptversammlung berechtigt sind, deren Anmeldung in Textform der Gesellschaft spätestens am dritten Werktag vor der Versammlung unter der in der Einberufung hierfür mitgeteilten Adresse zugeht, wenn nicht in der Einberufung ein späterer Zeitpunkt festgelegt

wird. [2]§ 10a Abs. 4 und § 114 Abs. 2 gelten sinngemäß.

(4) Für die elektronische Teilnahme (§ 102 Abs. 3) oder die Abstimmung per Brief (§ 127) kann in der Satzung oder, soweit die Satzung dazu ermächtigt, in der Einberufung eine gesonderte Anmeldung verlangt werden, wobei für das Ende der Anmeldefrist auch ein früherer Zeitpunkt festgelegt werden kann; im Übrigen gilt Abs. 3 sinngemäß.

(5) Die vorstehenden Absätze gelten sinngemäß für Gesellschaften im Sinn des § 10 Abs. 1 Z 2, soweit deren Satzung nichts anderes bestimmt. *(BGBl I 2018/76)*

(BGBl I 2009/71)

Teilnahmeberechtigung bei einer nicht börsenotierten Gesellschaft

§ 112. (1) Die Berechtigung zur Teilnahme an der Hauptversammlung einer nicht börsenotierten Gesellschaft und zur Ausübung der Aktionärsrechte, die im Rahmen der Hauptversammlung geltend zu machen sind, richtet sich „ “ nach der Eintragung im Aktienbuch „ “ zu Beginn der Versammlung, sofern nicht die Satzung den Nachweisstichtag gemäß § 111 Abs. 1 erster Satz für maßgeblich erklärt. *(BGBl I 2011/53)*

(2) *(aufgehoben, BGBl I 2011/53)*

(3) Mangels abweichender Regelung in der Satzung müssen Aktionäre zur Hauptversammlung zugelassen werden, deren Anmeldung der Gesellschaft spätestens am dritten Werktag vor der Versammlung zugeht.

(4) § 111 Abs. 4 gilt sinngemäß.

(BGBl I 2009/71)

Vertretung durch Bevollmächtigte

§ 113. (1) [1]Jeder Aktionär, der zur Teilnahme an der Hauptversammlung berechtigt ist, hat das Recht, eine natürliche oder juristische Person zum Vertreter zu bestellen. [2]Der Vertreter nimmt im Namen des Aktionärs an der Hauptversammlung teil und hat dieselben Rechte wie der Aktionär, den er vertritt. [3]Er kann diese Rechte mittels jeder von der Gesellschaft angebotenen Form der Teilnahme ausüben.

(2) Eine börsenotierte Gesellschaft darf für Personen, die zu Vertretern bestellt werden können, weder besondere Anforderungen vorsehen noch ihre Anzahl beschränken.

(3) In einer börsenotierten Gesellschaft darf die Gesellschaft selbst oder ein Mitglied des Vorstands oder des Aufsichtsrats das Stimmrecht als Bevollmächtigter nur ausüben, soweit der Aktionär eine ausdrückliche Weisung zu den einzelnen Tagesordnungspunkten erteilt hat.

(BGBl I 2009/71)

Erteilung und Widerruf der Vollmacht

§ 114. (1) [1]Die Vollmacht muss einer bestimmten Person schriftlich erteilt werden, sofern die Satzung nicht die Textform genügen lässt. [2]Bei einer börsenotierten Gesellschaft ist die Textform jedenfalls ausreichend. [3]Die Vollmacht muss der Gesellschaft übermittelt und von dieser aufbewahrt oder nachprüfbar festgehalten werden. [4]Hat der Aktionär seinem depotführenden Kreditinstitut (§ 10a) Vollmacht erteilt, so genügt es, wenn dieses zusätzlich zur Depotbestätigung die Erklärung abgibt, dass ihm Vollmacht erteilt wurde; § 10a Abs. 3 gilt sinngemäß.

(2) [1]Eine börsenotierte Gesellschaft muss für die Übermittlung von Vollmachten zumindest einen elektronischen Kommunikationsweg eröffnen, für den nur solche formalen Anforderungen vorgesehen werden dürfen, die für die Identifizierbarkeit des Aktionärs und die Feststellung des Inhalts der Vollmacht notwendig und angemessen sind. [2]Sofern die Satzung keinen anderen solchen Kommunikationsweg vorsieht, ist jedenfalls die Übermittlung von Vollmachten per Telefax zulässig.

(3) Die zwingende Verwendung eines bestimmten Formulars für die Erteilung einer Vollmacht kann in der Einberufung nur verfügt werden, wenn dieses Formular auf der „im Firmenbuch eingetragenen“ Internetseite der Gesellschaft zugänglich gemacht wird und auch die Erteilung einer beschränkten Vollmacht ermöglicht. *(BGBl I 2011/53)*

(4) Abs. 1 bis 3 gelten sinngemäß für den Widerruf der Vollmacht.

(BGBl I 2009/71)

Ausschluss anderer Formen der Stimmrechtsübertragung

§ 115. Niemand kann das Stimmrecht aus Aktien ausüben, die ihm nicht gehören, wenn er nicht vom Aktionär bevollmächtigt ist; § 61 Abs. 2 bleibt unberührt.

(BGBl I 2009/71)

Vierter Unterabschnitt

Innere Ordnung der Versammlung

Vorsitz, Teilnahme von Vorstand und Aufsichtsrat

§ 116. (1) Den Vorsitz in der Hauptversammlung führt der Vorsitzende des Aufsichtsrats oder sein Stellvertreter; fehlen diese, so hat zunächst der Notar (§ 120 Abs. 1) die Versammlung bis zur Wahl eines Vorsitzenden zu leiten.

(2) [1]Die Mitglieder des Vorstands und des Aufsichtsrats haben in der Hauptversammlung tunlichst anwesend zu sein. [2]Die Satzung kann

auch eine Zuschaltung von Mitgliedern des Vorstands oder des Aufsichtsrats über eine optische und akustische Zweiweg-Verbindung gestatten.

(BGBl I 2009/71)

Verzeichnis der anwesenden Teilnehmer

§ 117. [1]In der Hauptversammlung einschließlich einer allfälligen Satellitenversammlung ist ein Verzeichnis der anwesenden oder vertretenen Aktionäre und der Vertreter der Aktionäre, jeweils unter Angabe von Name (Firma) und Wohnort (Sitz), sowie bei Nennbetragsaktien des Betrags, bei Stückaktien der Zahl der von jedem vertretenen Aktien unter Angabe ihrer Gattung aufzustellen. [2]Das Verzeichnis ist vor der ersten Abstimmung in der Hauptversammlung und einer allfälligen Satellitenversammlung aufzulegen.

(BGBl I 2009/71)

Auskunftsrecht

§ 118. (1) [1]Jedem Aktionär ist auf Verlangen in der Hauptversammlung Auskunft über Angelegenheiten der Gesellschaft zu geben, soweit sie zur sachgemäßen Beurteilung eines Tagesordnungspunkts erforderlich ist. [2]Die Auskunftspflicht erstreckt sich auch auf die rechtlichen und geschäftlichen Beziehungen der Gesellschaft zu einem verbundenen Unternehmen. [3]Werden in der Hauptversammlung eines Mutterunternehmens („§ 189a Z 6 UGB“) der Konzernabschluss und der Konzernlagebericht vorgelegt, so erstreckt sich die Auskunftspflicht auch auf die Lage des Konzerns sowie der in den Konzernabschluss einbezogenen Unternehmen. *(BGBl I 2015/22)*

(2) Die Auskunft hat den Grundsätzen einer gewissenhaften und getreuen Rechenschaft zu entsprechen.

(3) Die Auskunft darf verweigert werden, soweit

1. sie nach vernünftiger unternehmerischer Beurteilung geeignet ist, dem Unternehmen oder einem verbundenen Unternehmen einen erheblichen Nachteil zuzufügen, oder

2. ihre Erteilung strafbar wäre.

(4) [1]Die Auskunft darf auch verweigert werden, soweit sie auf der „im Firmenbuch eingetragenen“ Internetseite der Gesellschaft in Form von Frage und Antwort über mindestens sieben Tage vor Beginn der Hauptversammlung durchgehend zugänglich war; § 108 Abs. 4 letzter Satz gilt sinngemäß. [2]Auf den Grund der Auskunftsverweigerung ist hinzuweisen. *(BGBl I 2011/53)*

(BGBl I 2009/71)

Anträge in der Hauptversammlung

§ 119. (1) [1]Jeder Aktionär, der Vorstand und der Aufsichtsrat sind berechtigt, in der Hauptversammlung zu jedem Punkt der Tagesordnung Anträge zu stellen. [2]Über einen Gegenstand der Verhandlung, der nicht ordnungsgemäß als Tagesordnungspunkt bekannt gemacht wurde, darf kein Beschluss gefasst werden. [3]Zur Beschlussfassung über den in der Versammlung gestellten Antrag auf Einberufung einer Hauptversammlung und zu Verhandlungen ohne Beschlussfassung bedarf es keiner Bekanntmachung.

(2) Soweit die Satzung nicht anderes bestimmt, ist über einen Beschlussvorschlag, der gemäß § 110 Abs. 1 bekannt gemacht wurde, nur dann abzustimmen, wenn er in der Versammlung als Antrag wiederholt wird.

(3) [1]„Liegen zu einem Punkt der Tagesordnung mehrere Anträge vor, so ist zunächst über Anträge abzustimmen, zu denen bereits vor Beginn der Hauptversammlung Stimmen im Weg der Fernabstimmung oder per Brief abgegeben wurden.“ [2]Im Übrigen bestimmt mangels einer Regelung in der Satzung der Vorsitzende die Reihenfolge der Abstimmung. *(BGBl I 2011/53)*

(BGBl I 2009/71)

AktG

Niederschrift

§ 120. (1) Jeder Beschluss der Hauptversammlung bedarf zu seiner Gültigkeit der Beurkundung durch eine über die Verhandlung von einem Notar aufgenommene Niederschrift (§ 87 NO).

(2) Die Niederschrift ist gemäß der Notariatsordnung abzufassen; es sind insbesondere der Ort und der Tag der Verhandlung, der Name des Notars sowie die Art und das Ergebnis der Abstimmung und die Feststellung des Vorsitzenden über die Beschlussfassung anzugeben.

(3) Der Niederschrift sind anzuschließen:

1. das Verzeichnis der Teilnehmer (§ 117);

2. ein Verzeichnis derjenigen Personen, die im Weg der Fernabstimmung (§ 126) oder der Abstimmung per Brief (§ 127) an der Willensbildung mitgewirkt haben;

3. die Belege über die ordnungsgemäße Einberufung; diese können auch unter Angabe ihres Inhalts in der Niederschrift angeführt werden.

(4) Unverzüglich nach der Versammlung hat der Vorstand eine öffentlich beglaubigte Abschrift der Niederschrift zum Firmenbuch einzureichen.

(BGBl I 2009/71)

Fünfter Unterabschnitt
Abstimmung

Beschlussfähigkeit, Beschlussmehrheit

§ 121. (1) Die Hauptversammlung ist, sofern Gesetz oder Satzung nichts anderes bestimmen, beschlussfähig, wenn zumindest ein Aktionär oder sein Vertreter an ihr stimmberechtigt teilnimmt oder im Weg der Fernabstimmung oder per Brief abgestimmt hat.

(2) [1]Die Beschlüsse der Hauptversammlung bedürfen der Mehrheit der abgegebenen Stimmen (einfache Stimmenmehrheit), soweit nicht Gesetz oder Satzung eine größere Mehrheit oder noch andere Erfordernisse vorschreiben. [2]Für Wahlen kann die Satzung andere Bestimmungen treffen.

(BGBl I 2009/71)

Verfahren

§ 122. [1]Die Form der Ausübung des Stimmrechts und das Verfahren zur Stimmenauszählung richten sich nach der Satzung. [2]Mangels einer solchen Regelung bestimmt sie der Vorsitzende.

(BGBl I 2009/71)

Stimmrecht bei teileingezahlten Aktien

§ 123. (1) Das Stimmrecht beginnt mit der vollständigen Leistung der Einlage.

(2) [1]Die Satzung kann bestimmen, dass das Stimmrecht beginnt, wenn auf die Aktie die gesetzliche oder höhere satzungsmäßige Mindesteinlage geleistet ist. [2]In diesem Fall gewährt die Leistung der Mindesteinlage eine Stimme, bei höheren Einlagen richtet sich das Stimmenverhältnis nach der Höhe der geleisteten Einlagen.

(3) Bestimmt die Satzung nicht, dass das Stimmrecht vor der vollständigen Leistung der Einlage beginnt, und ist noch auf keine Aktie die volle Einlage geleistet, so richtet sich das Stimmenverhältnis nach der Höhe der geleisteten Einlagen; wenn die Satzung nichts anderes bestimmt, gewährt die Leistung der gesetzlichen Mindesteinlage eine Stimme.

(4) Bruchteile von Stimmen werden in den Fällen der Abs. 2 und 3 nur berücksichtigt, soweit ihre Zusammenzählung für den stimmberechtigten Aktionär volle Stimmen ergibt.

(5) Die Satzung kann Bestimmungen gemäß Abs. 2 und 3 nicht für einzelne Aktiengattungen treffen.

(BGBl I 2009/71)

Ruhen des Stimmrechts bei Verstoß gegen Meldepflichten

§ 124. Die Satzung kann vorsehen, dass das Stimmrecht eines Aktionärs ganz oder teilweise ruht, wenn er gegen gesetzliche oder in Börseregeln vorgesehene Meldepflichten über das Ausmaß seines Anteilsbesitzes verstoßen hat.

(BGBl I 2009/71)

Ausschluss des Stimmrechts bei Interessenkonflikten

§ 125. [1]Niemand kann für sich oder für einen anderen das Stimmrecht ausüben, wenn darüber Beschluss gefasst wird, ob er zu entlasten oder von einer Verbindlichkeit zu befreien ist oder ob die Gesellschaft gegen ihn einen Anspruch geltend machen soll. [2]Für Aktien, aus denen ein Aktionär gemäß dem ersten Satz das Stimmrecht nicht ausüben kann, kann das Stimmrecht auch nicht durch einen anderen ausgeübt werden.

(BGBl I 2009/71)

Fernabstimmung

§ 126. (1) [1]Bei der Fernabstimmung übermitteln die Aktionäre ihre Stimmen von jedem beliebigen Ort aus auf elektronischem Weg an die Gesellschaft. [2]Je nach dem von der Gesellschaft angebotenen Verfahren können die Aktionäre ihre Stimmen vor der Hauptversammlung bis zu einem festgesetzten Zeitpunkt, vor und während der Hauptversammlung oder auch nur während der Hauptversammlung bis zu jenem Zeitpunkt abgeben, an dem die persönlich anwesenden Teilnehmer abstimmen. [3]Falls das Verfahren dies zulässt, können Aktionäre unter denselben Voraussetzungen ihre Stimmabgabe widerrufen und allenfalls erneut abstimmen. [4]Die Satzung oder der dazu ermächtigte Vorstand hat auch zu regeln, auf welche Weise Aktionäre Widerspruch erheben können.

(2) [1]Für jeden Aktionär sind der Zeitpunkt, zu dem seine Stimmabgabe oder deren Widerruf bei der Gesellschaft einlangt, und die in § 117 erster Satz angeführten Angaben zu registrieren. [2]Dem Aktionär ist eine Empfangsbestätigung zu erteilen.

(3) Vor der Abstimmung in der Hauptversammlung ist sicherzustellen, dass das Stimmverhalten bei der Fernabstimmung dem Vorstand und dem Aufsichtsrat sowie den übrigen Aktionären nicht bekannt wird.

(4) [1]„Wenn der Aktionär nach dem Verfahren zur Stimmabgabe ein Formular oder eine Eingabemaske zu verwenden hat, ist vorzusorgen, dass die Aktionäre zu jedem angekündigten Beschlussvorschlag abstimmen können.“ [2]Abgegebene Stimmen sind nichtig, wenn der Beschluss in der Hauptversammlung mit einem anderen Inhalt gefasst wird als im Formular oder in der Eingabemaske vorgesehen. *(BGBl I 2011/53)*

(BGBl I 2009/71)

Abstimmung per Brief

§ 127. (1) [1]Bei der Abstimmung per Brief übermitteln die Aktionäre ihre Stimmen schriftlich (§ 886 ABGB) an die Gesellschaft. [2]Die Aktionäre haben sich dafür eines von der Gesellschaft zur Verfügung zu stellenden Formulars

(Stimmzettel) zu bedienen. [3]Die Satzung hat die Einzelheiten des Verfahrens zu regeln. [4]Sie muss in jedem Fall eine Bestimmung darüber treffen, bis zu welchem Zeitpunkt vor der Hauptversammlung die Stimmen bei der Gesellschaft einlangen müssen, ob eine bereits abgegebene Stimme bis zu einem angegebenen Zeitpunkt widerrufen oder geändert werden kann und auf welche Weise Aktionäre Widerspruch erheben können.

(2) [1]Zusammen mit dem Stimmzettel haben die Aktionäre der Gesellschaft die Angaben nach § 117 erster Satz zu übersenden. [2]Der Zeitpunkt des Einlangens ist auf dem Stimmzettel oder dem Umschlag zu vermerken.

(3) Vor der Abstimmung in der Hauptversammlung ist sicherzustellen, dass das Stimmverhalten bei der Abstimmung per Brief dem Vorstand und dem Aufsichtsrat sowie den übrigen Aktionären nicht bekannt wird.

(4) [1]„Das Formular muss so gestaltet sein, dass die Aktionäre zu jedem angekündigten Beschlussvorschlag abstimmen können." [2]Abgegebene Stimmen sind nichtig, wenn der Beschluss in der Hauptversammlung mit einem anderen Inhalt gefasst wird als im Formular vorgesehen. *(BGBl I 2011/53)*

(BGBl I 2009/71)

Abstimmungsergebnis, Beschluss

§ 128. (1) Nach jeder Abstimmung verkündet der Vorsitzende

1. die Zahl der Aktien, für die gültige Stimmen abgegeben wurden,

2. den Anteil des durch diese Stimmen vertretenen Grundkapitals,

3. die Gesamtzahl der abgegebenen gültigen Stimmen,

4. die Zahl der für einen Beschlussantrag oder für jeden Wahlkandidaten abgegebenen Stimmen sowie der Gegenstimmen

und stellt den Inhalt des gefassten Beschlusses fest.

(2) [1]Eine börsenotierte Gesellschaft muss die in der Hauptversammlung gefassten Beschlüsse und die Angaben gemäß Abs. 1 Z 1 bis 4 spätestens am zweiten Werktag nach der Versammlung auf ihrer „im Firmenbuch eingetragenen" Internetseite zugänglich machen. [2]§ 108 Abs. 4 letzter Satz gilt sinngemäß. *(BGBl I 2011/53)*

(3) [1]Bei einer nicht börsenotierten Gesellschaft kann jeder Aktionär verlangen, dass ihm die gefassten Beschlüsse und die Angaben gemäß Abs. 1 Z 1 bis 4 innerhalb von 15 Tagen nach der Hauptversammlung durch eingeschriebenen Brief oder im Weg der elektronischen Post an die der Gesellschaft bekannt gegebene Adresse übersendet werden. [2]Diese Verpflichtung entfällt, wenn die Gesellschaft diese Angaben auf ihrer im Firmenbuch eingetragenen Internetseite zugänglich macht. [3]Die Dauer des Zugänglichmachens richtet sich nach Abs. 2. *(BGBl I 2011/53)*

(4) [1]Die Satzung einer börsenotierten Gesellschaft kann vorsehen, dass das individuelle Stimmverhalten der Aktionäre veröffentlicht wird. [2]„Ist dies nicht der Fall, so kann jeder Aktionär innerhalb von 14 Tagen nach der Abstimmung von der Gesellschaft eine Bestätigung über die korrekte Erfassung und Zählung der von ihm abgegebenen Stimmen verlangen." *(BGBl I 2019/63)*

(5) [1]Wird den Aktionären ein in der Hauptversammlung zu fassender Beschluss in einer anderen als der deutschen Sprache vorgelegt, so ist jedenfalls auch eine deutsche Sprachfassung vorzulegen; für die Beurteilung von Inhalt und Gültigkeit des Beschlusses ist stets die deutsche Sprachfassung maßgeblich. [2]Gleiches gilt für Bekanntmachungen, Berichte oder sonstige Unterlagen der Gesellschaft, soweit die Gültigkeit eines Beschlusses von deren Inhalt abhängt.

(BGBl I 2009/71)

Sonderbeschluss über die Aufhebung oder Beschränkung des Vorzugs

§ 129. (1) Ein Beschluss, durch den bei Vorzugsaktien ohne Stimmrecht (§ 12a) der Vorzug aufgehoben oder beschränkt wird, bedarf zu seiner Wirksamkeit der Zustimmung der Vorzugsaktionäre.

(2) [1]Ein Beschluss über die Ausgabe neuer Aktien mit vorhergehenden oder gleichstehenden Rechten bedarf gleichfalls der Zustimmung der Vorzugsaktionäre. [2]Der Zustimmung bei Ausgabe neuer Aktien mit gleichstehenden Rechten bedarf es nicht, wenn die Ausgabe bei Einräumung des Vorzugs oder, falls das Stimmrecht später ausgeschlossen ist, bei der Ausschließung ausdrücklich vorbehalten worden ist. [3]Das Recht der Vorzugsaktionäre auf den Bezug solcher Aktien ist unentziehbar.

(3) [1]Über die Zustimmung haben die Vorzugsaktionäre in einer gesonderten Versammlung Beschluss zu fassen. [2]Für die Vorbereitung der Versammlung, die Teilnahme an ihr, die innere Ordnung und die Abstimmung der Aktionäre sowie die Anfechtbarkeit und Nichtigkeit der Beschlüsse gelten die Vorschriften über die Hauptversammlung (§§ 102, 105 bis 128) und die Anfechtbarkeit und Nichtigkeit von Hauptversammlungsbeschlüssen (§§ 195 bis 201) sinngemäß. [3]Die Veröffentlichung über die Einberufung der Versammlung darf nicht mit einer Veröffentlichung über die Einberufung einer Hauptversammlung verbunden werden. [4]Der Beschluss der Vorzugsaktionäre bedarf einer Mehrheit, die mindestens drei Viertel der abgegebenen Stimmen umfasst.

(4) Ist der Vorzug aufgehoben, so gewähren die Aktien das Stimmrecht.

(BGBl I 2009/71)

Sechster Unterabschnitt

Sonderprüfung

Bestellung der Sonderprüfer

§ 130. (1) [1]Zur Prüfung von Vorgängen bei der Gründung oder der Geschäftsführung, namentlich auch bei Maßnahmen der Kapitalbeschaffung und Kapitalherabsetzung, kann die Hauptversammlung mit einfacher Stimmenmehrheit Prüfer (Sonderprüfung) bestellen. [2]Bei der Beschlussfassung kann ein Mitglied des Vorstands oder des Aufsichtsrats weder für sich noch für einen anderen mitstimmen, wenn die Prüfung sich auf Vorgänge erstrecken soll, die mit der Entlastung eines Mitglieds des Vorstands oder des Aufsichtsrats oder der Einleitung eines Rechtsstreits zwischen der Gesellschaft und einem Mitglied des Vorstands oder des Aufsichtsrats zusammenhängen. [3]Für ein Mitglied des Vorstands oder des Aufsichtsrats, das gemäß dem zweiten Satz nicht mitstimmen kann, kann das Stimmrecht auch nicht durch einen anderen ausgeübt werden.

(2) [1]Lehnt die Hauptversammlung einen Antrag auf Bestellung von Sonderprüfern zur Prüfung eines Vorgangs bei der Gründung oder eines nicht über zwei Jahre zurückliegenden Vorgangs bei der Geschäftsführung ab, so hat das Gericht auf Antrag von Aktionären, deren Anteile zusammen zehn vom Hundert des Grundkapitals erreichen, Sonderprüfer zu bestellen. [2]Dem Antrag ist jedoch nur dann stattzugeben, wenn Verdachtsgründe beigebracht werden, dass bei dem Vorgang Unredlichkeiten oder grobe Verletzungen des Gesetzes oder der Satzung vorgekommen sind. [3]Die Antragsteller müssen seit mindestens drei Monaten vor dem Tag der Hauptversammlung Inhaber der Aktien sein und die Aktien bis zur Entscheidung über den Antrag halten.

(3) [1]Hat die Hauptversammlung Sonderprüfer bestellt, so hat das Gericht auf Antrag von Aktionären, deren Anteile zusammen zehn vom Hundert des Grundkapitals erreichen, einen anderen Sonderprüfer zu bestellen, wenn dies aus einem in der Person des bestellten Sonderprüfers liegenden Grund geboten erscheint, insbesondere, wenn der bestellte Sonderprüfer nicht die für den Gegenstand der Sonderprüfung erforderlichen Kenntnisse hat, seine Befangenheit zu besorgen ist oder Bedenken gegen seine Zuverlässigkeit bestehen. [2]Der Antrag ist binnen zwei Wochen seit dem Tag der Hauptversammlung zu stellen.

(4) [1]Das Gericht hat auch den Aufsichtsrat und im Fall des Abs. 3 den von der Hauptversammlung bestellten Sonderprüfer zu hören. [2]Die Bestellung kann im Fall des Abs. 2 auf Verlangen von einer angemessenen Sicherheitsleistung abhängig gemacht werden, wenn glaubhaft gemacht wird, dass der Gesellschaft auf Grund des § 133 Abs. 4 zweiter Satz oder von anderen Vorschriften des bürgerlichen Rechts gegen die Antragsteller oder einzelne von ihnen ein Ersatzanspruch zusteht oder erwachsen kann.

(BGBl I 2009/71)

Auswahl der Sonderprüfer

§ 131. (1) Das Gericht darf als Sonderprüfer nur Wirtschaftsprüfer oder Wirtschaftsprüfungsgesellschaften bestellen.

(2) [1]Mitglieder des Vorstands und des Aufsichtsrats sowie Angestellte der Gesellschaft dürfen als Sonderprüfer weder gewählt noch bestellt werden; gleiches gilt für Mitglieder des Vorstands oder des Aufsichtsrats sowie Angestellte einer anderen Gesellschaft, die von der zu prüfenden Gesellschaft abhängig ist oder sie beherrscht, sowie für Personen, auf deren Geschäftsführung eine dieser Gesellschaften maßgebenden Einfluss hat. [2]Im Übrigen gelten die §§ 271 und 271a UGB sinngemäß.

(BGBl I 2009/71)

Verantwortlichkeit der Sonderprüfer

§ 132. § 275 UGB über die Verantwortlichkeit des Abschlussprüfers gilt sinngemäß.

(BGBl I 2009/71)

Rechte der Sonderprüfer, Prüfungsbericht

§ 133. (1) Der Vorstand hat den Sonderprüfern zu gestatten, die Bücher und Schriften der Gesellschaft sowie die Vermögensgegenstände, namentlich die Gesellschaftskasse und die Bestände an Wertpapieren und Waren, zu prüfen.

(2) Die Sonderprüfer können von den Mitgliedern des Vorstands und des Aufsichtsrats alle für die sorgfältige Prüfung der Vorgänge erforderlichen Aufklärungen und Nachweise verlangen.

(3) [1]Die Sonderprüfer haben über das Ergebnis der Prüfung schriftlich zu berichten. [2]Im Bericht hat die Aufnahme von Tatsachen zu unterbleiben, deren Angabe nach vernünftiger unternehmerischer Beurteilung geeignet ist, dem Unternehmen oder einem verbundenen Unternehmen einen erheblichen Nachteil zuzufügen. [3]Der Bericht ist unverzüglich dem Vorstand und dem Aufsichtsrat vorzulegen und zum Firmenbuch einzureichen. [4]Der Vorstand hat den Bericht bei der Einberufung der nächsten Hauptversammlung als Gegenstand der Beschlussfassung anzukündigen.

(4) [1]Bestellt das Gericht Sonderprüfer, so trägt die Gesellschaft die Kosten der Prüfung. [2]Gibt das Gericht dem Antrag auf Bestellung von Prüfern nicht statt oder war der Antrag nach dem

Ergebnis der Prüfung unbegründet, so haften die Aktionäre, denen Vorsatz oder grobe Fahrlässigkeit zur Last fällt, für den der Gesellschaft durch den Antrag entstehenden Schaden zur ungeteilten Hand.

(BGBl I 2009/71)

Siebenter Unterabschnitt

Geltendmachung von Ersatzansprüchen

Verpflichtung zur Geltendmachung

§ 134. (1) [1]Die Ansprüche der Gesellschaft gegen Aktionäre, gegen die nach den §§ 39 bis 41 und § 47 verpflichteten Personen aus der Gründung oder gegen die Mitglieder des Vorstands oder des Aufsichtsrats aus der Geschäftsführung müssen geltend gemacht werden, wenn es die Hauptversammlung mit einfacher Stimmenmehrheit beschließt. [2]Das gleiche gilt, wenn es eine Minderheit verlangt, deren Anteile zusammen zehn vom Hundert des Grundkapitals erreichen, und wenn die von ihr behaupteten Ansprüche nicht offenkundig unbegründet sind. [3]Wurden im Prüfungsbericht (§ 26 Abs. 2, § 45 Abs. 2, § 133 Abs. 3; § 273 UGB) Tatsachen festgestellt, aus denen sich Ersatzansprüche gegen Aktionäre, gegen die nach den §§ 39, 40 Abs. 1 Z 1 und 2 sowie § 47 verpflichteten Personen oder gegen Mitglieder des Vorstands oder des Aufsichtsrats ergeben, so genugt eine Minderheit, deren Anteile zusammen fünf vom Hundert des Grundkapitals erreichen.

(2) [1]Zur Führung des Rechtsstreits kann die Hauptversammlung besondere Vertreter bestellen. [2]Verlangt die Minderheit die Geltendmachung des Anspruchs und ist der von ihr behauptete Anspruch nicht offenkundig unbegründet, so hat das Gericht die von ihr bezeichneten Personen, wenn deren Bestellung kein wichtiger Grund entgegensteht, als Vertreter der Gesellschaft zur Führung des Rechtsstreits zu bestellen. [3]Im Übrigen richtet sich die Vertretung der Gesellschaft nach § 97, und zwar auch dann, wenn die Minderheit die Geltendmachung des Anspruchs verlangt hat.

(BGBl I 2009/71)

Geltendmachung

§ 135. (1) [1]Der Anspruch kann nur binnen sechs Monaten seit dem Tag der Hauptversammlung geltend gemacht werden. [2]Der Klage ist die in der Hauptversammlung aufgenommene Niederschrift, soweit sie die Geltendmachung des Anspruchs betrifft, in öffentlich beglaubigter Abschrift beizufügen.

(2) Die Minderheit muss seit mindestens drei Monaten vor dem Tag der Hauptversammlung über Anteile im Ausmaß von zehn vom Hundert, im Fall des § 134 Abs. 1 dritter Satz im Ausmaß von fünf vom Hundert, des Grundkapitals verfügen und die Aktien bis zur Erledigung des Rechtsstreits halten.

(3) [1]Macht der Beklagte glaubhaft, dass ihm auf Grund des Abs. 5 oder anderer Vorschriften des bürgerlichen Rechts gegen die die Minderheit bildenden Aktionäre oder einzelne von ihnen ein Ersatzanspruch zusteht oder erwachsen kann, so hat das Prozessgericht anzuordnen, dass die Minderheit ihm angemessene Sicherheit leiste. [2]Die Vorschriften der Zivilprozessordnung über die Festsetzung einer Frist zur Sicherheitsleistung und über die Folgen der Versäumung der Frist sind sinngemäß anzuwenden.

(4) Die Minderheit ist der Gesellschaft gegenüber verpflichtet, die Kosten des Rechtsstreits zu tragen, die der Gesellschaft zur Last fallen.

AktG

(5) Für den Schaden, der dem Beklagten durch eine unbegründete Klage entsteht, haften die Aktionäre, denen Vorsatz oder grobe Fahrlässigkeit zur Last fällt, zur ungeteilten Hand.

(BGBl I 2009/71)

Verzicht und Vergleich

§ 136. Die Gesellschaft kann auf einen Anspruch, dessen Geltendmachung die Minderheit gemäß § 134 Abs. 1 verlangt hat, nur verzichten oder sich darüber vergleichen, wenn von den die Minderheit bildenden Aktionären so viele zustimmen, dass die Aktien der übrigen nicht mehr zehn vom Hundert des Grundkapitals, im Fall des § 134 Abs. 1 dritter Satz fünf vom Hundert des Grundkapitals, erreichen.

(BGBl I 2009/71)

§§ 137 bis 144. *(aufgehoben, BGBl 1990/475)*

Fünfter Teil

(aufgehoben, BGBl I 2009/71)

Sechster Teil

Satzungsänderung. Maßnahmen der Kapitalbeschaffung und Kapitalherabsetzung

Erster Abschnitt

Satzungsänderung

Allgemeines

§ 145. (1) [1]Jede Satzungsänderung bedarf eines Beschlusses der Hauptversammlung. [2]„Die Befugnis zu Änderungen, die nur die Fassung betreffen, kann durch die Satzung oder durch einen Beschluss der Hauptversammlung dem Aufsichtsrat übertragen werden.“ *(BGBl I 2009/71)*

(2) *(aufgehoben, BGBl I 2009/71)*

(3) Die rechtswirksam getroffenen Festsetzungen über Sondervorteile, Gründungsaufwand, Sacheinlagen und Sachübernahmen (§§ 19, 20) können erst nach Ablauf der Verjährungsfrist des § 44 geändert werden.

Beschluß der Hauptversammlung

§ 146. (1) [1]Der Beschluß der Hauptversammlung bedarf einer Mehrheit, die mindestens drei Viertel des bei der Beschlußfassung vertretenen Grundkapitals umfaßt. [2]Die Satzung kann diese Mehrheit durch eine andere Kapitalmehrheit, für eine Änderung des Gegenstandes des Unternehmens jedoch nur durch eine größere Kapitalmehrheit ersetzen. [3]Sie kann noch andere Erfordernisse aufstellen.

(2) Soll das bisherige Verhältnis mehrerer Gattungen von Aktien (§ 11) zum Nachteil einer Gattung geändert werden, so bedarf der Beschluß der Hauptversammlung zu seiner Wirksamkeit eines in gesonderter Abstimmung gefaßten Beschlusses der benachteiligten Aktionäre; für diesen gilt Abs. 1. „ “ *(BGBl I 2009/71)*

Begründung von Nebenverpflichtungen

§ 147. Ein Beschluß, der Aktionären Nebenverpflichtungen (§ 50) auferlegt, bedarf zu seiner Wirksamkeit der Zustimmung aller betroffenen Aktionäre.

Eintragung der Satzungsänderung

§ 148. (1) [1]Der Vorstand hat die Satzungsänderung zur Eintragung in das Firmenbuch anzumelden. [2]Der Anmeldung ist der vollständige Wortlaut der Satzung beizufügen; er muß mit der Beurkundung eines Notars versehen sein, daß die geänderten Bestimmungen der Satzung mit dem Beschluß über die Satzungsänderung und die unveränderten Bestimmungen mit dem zuletzt zum Firmenbuch eingereichten vollständigen Wortlaut der Satzung übereinstimmen. [3]Bedarf die Satzungsänderung behördlicher Genehmigung, so ist der Anmeldung die Genehmigungsurkunde beizufügen. *(BGBl 1991/10)*

(2) [1]Soweit nicht die Änderung Angaben nach § 32 betrifft, genügt bei der Eintragung die Bezugnahme auf die beim Gericht eingereichten Urkunden. [2]Betrifft eine Änderung Bestimmungen, die ihrem Inhalt nach zu veröffentlichen sind, so ist auch die Änderung ihrem Inhalt nach zu veröffentlichen.

(2a) [1]Eine Satzungsänderung, die zur Beendigung einer Börsenotierung der Gesellschaft im Inland führt, darf erst zur Eintragung angemeldet werden, nachdem unter Hinweis auf die geplante Satzungsänderung innerhalb der letzten sechs Monate vor der Anmeldung oder unter Hinweis auf den gefassten Beschluss der Hauptversammlung (§ 146) eine Angebotsunterlage nach dem 5. Teil des ÜbG veröffentlicht wurde. [2]Ein solches Angebot ist jedoch dann nicht erforderlich, wenn die Zulassung und der Handel der Beteiligungspapiere an zumindest einem geregelten Markt in einem EWR-Vertragsstaat weiterhin gewährleistet sind, an dem für einen Widerruf der Zulassung zum Handel an diesem Markt mit § 38 Abs. 6 bis 8 BörseG 2018 gleichwertige Voraussetzungen gelten. *(BGBl I 2017/107)*

(3) Die Änderung hat keine Wirkung, bevor sie in das Firmenbuch des Sitzes der Gesellschaft eingetragen worden ist.

Zweiter Abschnitt
Maßnahmen der Kapitalbeschaffung

Erster Unterabschnitt
Kapitalerhöhung

Voraussetzungen

§ 149. (1) [1]Eine Erhöhung des Grundkapitals durch Ausgabe neuer Aktien kann nur mit einer Mehrheit beschlossen werden, die mindestens drei Viertel des bei der Beschlußfassung vertretenen Grundkapitals umfaßt. [2]Die Satzung kann diese Mehrheit durch eine andere Kapitalmehrheit ersetzen und noch andere Erfordernisse aufstellen. [3]„Bei Gesellschaften mit Stückaktien muß sich die Gesamtzahl der Aktien im Verhältnis des Erhöhungsbetrags zum bisherigen Grundkapital vergrößern.“ *(BGBl I 1998/125)*

(2) Sind mehrere Gattungen von „stimmberechtigten“ Aktien „ “ vorhanden, so bedarf der Beschluß der Hauptversammlung zu seiner Wirksamkeit eines in gesonderter Abstimmung gefaßten Beschlusses der Aktionäre jeder Gattung; für diesen gilt Abs. 1. „ “ *(BGBl I 2009/71)*

(3) Sollen die neuen Aktien für einen höheren Betrag als den „geringsten Ausgabebetrag“ ausgegeben werden, so ist der Mindestbetrag, unter dem sie nicht ausgegeben werden sollen, im Beschluß über die Erhöhung des Grundkapitals festzusetzen. *(BGBl I 1998/125)*

(4) [1]Das Grundkapital darf nicht erhöht werden, solange noch ausstehende Einlagen auf das bisherige Grundkapital geleistet werden können. [2]Für Versicherungsgesellschaften kann die Satzung etwas anderes bestimmen. [3]Stehen Einlagen in verhältnismäßig unerheblichem Umfang aus, so hindert dies die Erhöhung des Grundkapitals nicht.

Kapitalerhöhung mit Sacheinlagen

§ 150. (1) [1]Wird eine Sacheinlage (§ 20 Abs. 2) gemacht, so müssen ihr Gegenstand, die Person, von der die Gesellschaft den Gegenstand erwirbt, sowie der „bei Nennbetragsaktien der Nennbetrag, bei Stückaktien die Zahl“* und der Ausgabebetrag der bei der Sacheinlage zu gewährenden Aktien im Beschluß über die Erhöhung des Grundkapitals festgesetzt werden. [2]Der Beschluß kann nur gefaßt werden, wenn die Einbringung von Sacheinlagen „in der Tagesordnung ausdrücklich"** angekündigt worden ist. *(BGBl 1996/304; *BGBl I 1998/125; **BGBl I 2009/71)*

(2) [1]Ohne diese Festsetzung sind Vereinbarungen über Sacheinlagen und die Rechtshandlungen zu ihrer Ausführung der Gesellschaft gegenüber unwirksam. [2]Ist die Durchführung der Erhöhung des Grundkapitals eingetragen, so wird ihre Gültigkeit durch diese Unwirksamkeit nicht berührt. [3]Der Aktionär bleibt verpflichtet, den „ " Ausgabebetrag der Aktien einzuzahlen. [4]Die Unwirksamkeit kann durch Satzungsänderung nicht geheilt werden, nachdem die Durchführung der Erhöhung des Grundkapitals in das Firmenbuch eingetragen worden ist. *(BGBl I 1998/125)*

(3) [1]Bei Kapitalerhöhungen mit Sacheinlagen hat eine Prüfung durch einen oder mehrere Prüfer stattzufinden. [2]§ 25 Abs. 3 bis 5, §§ 26, 27, 42 und 44 gelten sinngemäß. *(BGBl 1996/304)*

Anmeldung und Prüfung des Beschlusses

§ 151. (1) [1]Der Vorstand und der Vorsitzende des Aufsichtsrats oder dessen Stellvertreter haben den Beschluß über die Erhöhung des Grundkapitals zur Eintragung in das Firmenbuch anzumelden. [2]„Der Bericht über die Prüfung der Sacheinlagen (§ 150 Abs. 3) ist der Anmeldung beizufügen." *(BGBl 1996/304)*

(2) In der Anmeldung ist anzugeben, welche Einlagen auf das bisherige Grundkapital rückständig sind und warum sie nicht geleistet werden können.

(3) [1]Das Gericht hat die Eintragung abzulehnen, wenn die Prüfer erklären oder wenn es offensichtlich ist, daß der Wert der Sacheinlagen nicht unwesentlich hinter dem Ausgabebetrag der dafür zu gewährenden Aktien zurückbleibt. [2]Das Gericht hat den Beteiligten vorher Gelegenheit zu geben, den Beanstandungen abzuhelfen. *(BGBl 1996/304)*

Zeichnung der neuen Aktien

§ 152. (1) [1]Die Zeichnung der neuen Aktien geschieht durch schriftliche Erklärung (Zeichnungsschein), aus der die Beteiligung nach der „Zahl und bei Nennbetragsaktien dem Nennbetrag sowie", wenn mehrere Gattungen ausgegeben werden, der Gattung der Aktien hervorgehen muß. [2]Der Zeichnungsschein ist doppelt auszustellen; er hat zu enthalten:

1. den Tag, an dem die Erhöhung des Grundkapitals beschlossen ist;

2. den Ausgabebetrag der Aktien, den Betrag der festgesetzten Einzahlungen sowie den Umfang von Nebenverpflichtungen;

3. die im Fall der Kapitalerhöhung mit Sacheinlagen vorgesehenen Festsetzungen und, wenn mehrere Gattungen ausgegeben werden, den „auf jede Aktiengattung entfallenden Betrag des Grundkapitals"; *(BGBl I 1998/125)*

4. den Zeitpunkt, an dem die Zeichnung unverbindlich wird, wenn nicht bis dahin die Durchführung der Erhöhung des Grundkapitals eingetragen worden ist.

(BGBl I 1998/125)

(2) Zeichnungsscheine, die diese Angaben nicht vollständig oder die außer dem Vorbehalt im Abs. 1 Z. 4 Beschränkungen der Verpflichtung des Zeichners enthalten, sind nichtig.

(3) Ist die Durchführung der Erhöhung des Grundkapitals eingetragen, so kann sich der Zeichner auf die Nichtigkeit oder Unverbindlichkeit des Zeichnungsscheins nicht berufen, wenn er auf Grund des Zeichnungsscheins als Aktionär Rechte ausgeübt oder Verpflichtungen erfüllt hat.

(4) Jede nicht im Zeichnungsschein enthaltene Beschränkung ist der Gesellschaft gegenüber unwirksam.

Bezugsrecht

§ 153. (1) [1]Jedem Aktionär muß auf sein Verlangen ein seinem Anteil an dem bisherigen Grundkapital entsprechender Teil der neuen Aktien zugeteilt werden. [2]„Für die Ausübung des Bezugsrechts ist eine Frist von mindestens zwei Wochen zu bestimmen." *(BGBl 1996/304)*

(2) Der Vorstand hat den Ausgabebetrag und zugleich eine nach Abs. 1 bestimmte Frist „gemäß § 18" zu veröffentlichen. *(BGBl I 2009/71)*

(3) [1]Das Bezugsrecht kann ganz oder teilweise nur im Beschluß über die Erhöhung des Grundkapitals ausgeschlossen werden. [2]In diesem Fall bedarf der Beschluß neben den in Gesetz oder Satzung für die Kapitalerhöhung aufgestellten Erfordernissen einer Mehrheit, die mindestens drei Viertel des bei der Beschlußfassung vertretenen Grundkapitals umfaßt. [3]Die Satzung kann diese Mehrheit durch eine größere Kapitalmehrheit ersetzen und noch andere Erfordernisse aufstellen.

(4) [1]Ein Beschluß, durch den das Bezugsrecht ganz oder teilweise ausgeschlossen wird, kann nur gefaßt werden, wenn diese Ausschließung „in der Tagesordnung ausdrücklich"*** angekündigt worden ist. [2]„Der Vorstand hat der Hauptversammlung einen schriftlichen Bericht über den Grund für den teilweisen oder vollständigen Ausschluß des Bezugsrechts vorzulegen; in dem Bericht ist der vorgeschlagene Ausgabebetrag zu begründen."* [3]„Sollen die neuen Aktien zur Bedienung von Aktienoptionen an Arbeitnehmer, leitende Angestellte und Mitglieder des Vorstands oder des Aufsichtsrats der Gesellschaft oder eines mit ihr verbundenen Unternehmens verwendet wer-

den, so hat der Bericht § 159 Abs. 2 Z 3 zu entsprechen.“** *(*BGBl 1996/304; **BGBl I 2001/42; ***BGBl I 2009/71)*

(5) Die vorrangige Ausgabe von Aktien an Arbeitnehmer, leitende Angestellte und Mitglieder des Vorstands oder des Aufsichtsrats der Gesellschaft oder eines mit ihr verbundenen Unternehmens stellt einen ausreichenden Grund für den Ausschluss des Bezugsrechts dar. *(BGBl I 2001/42)*

(6) [1]Als Ausschluß des Bezugsrechts ist es nicht anzusehen, wenn nach dem Beschluß über die Kapitalerhöhung die neuen Aktien von einem Kreditinstitut mit der Verpflichtung übernommen werden sollen, sie den Aktionären zum Bezug anzubieten. [2]Der Vorstand hat das mittelbare Bezugsangebot unter Angabe des für die Aktien zu leistenden Entgelts und einer für die Annahme gesetzten Frist „gemäß § 18“ bekanntzumachen. *(BGBl 1996/304; BGBl I 2009/71)*

Zusicherungen von Rechten auf den Bezug neuer Aktien

§ 154. (1) Rechte auf den Bezug neuer Aktien können nur unter Vorbehalt des Bezugsrechts der Aktionäre (§ 153) zugesichert werden.

(2) Zusicherungen vor dem Beschluß über die Erhöhung des Grundkapitals sind der Gesellschaft gegenüber unwirksam.

Anmeldung und Eintragung der Durchführung

§ 155. (1) Der Vorstand und der Vorsitzende des Aufsichtsrats oder dessen Stellvertreter haben die Durchführung der Erhöhung des Grundkapitals zur Eintragung in das Firmenbuch anzumelden.

(2) Für die Anmeldung gelten sinngemäß „§ 28 Abs. 2, § 28a“ und § 29 Abs. 1. Durch Gutschrift auf ein Konto des Vorstands (§ 49 Abs. 3) kann die Einzahlung nicht geleistet werden. *(BGBl 1996/304)*

(3) Der Anmeldung sind beizufügen:

1. die Doppelstücke der Zeichnungsscheine und ein vom Vorstand unterschriebenes Verzeichnis der Zeichner, das die auf jeden entfallenden Aktien und die auf sie geleisteten Einzahlungen angibt;

2. im Fall der Kapitalerhöhung mit Sacheinlagen die Verträge, die den Festsetzungen nach § 150 zugrunde liegen oder zu ihrer Ausführung geschlossen worden sind;

3. eine Berechnung der Kosten, die für die Gesellschaft durch die Ausgabe der neuen Aktien entstehen werden;

4. wenn die Erhöhung des Grundkapitals der behördlichen Genehmigung bedarf, die Genehmigungsurkunde.

(4) Anmeldung und Eintragung der Durchführung der Erhöhung des Grundkapitals können mit Anmeldung und Eintragung des Beschlusses über die Erhöhung verbunden werden.

(5) Die Dokumente sind in Urschrift, Ausfertigung oder öffentlich beglaubigter Abschrift einzureichen und in die Urkundensammlung (§ 12 FBG) aufzunehmen. *(BGBl I 2009/71)*

Wirksamwerden der Kapitalerhöhung

§ 156. Mit der Eintragung der Durchführung der Erhöhung des Grundkapitals ist das Grundkapital erhöht.

Veröffentlichung der Eintragung

§ 157. [1]In die Veröffentlichung der Eintragung der Durchführung der Erhöhung des Grundkapitals sind außer deren Inhalt der Ausgabebetrag der Aktien, die bei einer Kapitalerhöhung mit Sacheinlagen vorgesehenen Festsetzungen und ein Hinweis auf den Bericht über die Prüfung von Sacheinlagen (§ 150 Abs. 3) aufzunehmen. [2]Bei der Veröffentlichung dieser Festsetzungen genügt die Bezugnahme auf die beim Gericht eingereichten Urkunden.

(BGBl 1996/304)

Verbotene Ausgabe von Aktien

§ 158. [1]Die neuen Anteilsrechte können vor Eintragung der Durchführung der Erhöhung des Grundkapitals nicht übertragen, neue Aktien „ “ können vorher nicht ausgegeben werden. [2]Die vorher ausgegebenen neuen Aktien „ “ sind nichtig; für den Schaden aus der Ausgabe sind die Ausgeber den Besitzern als Gesamtschuldner verantwortlich. *(BGBl I 2011/53)*

Zweiter Unterabschnitt
Bedingte Kapitalerhöhung

Voraussetzungen

§ 159. (1) [1]Die Hauptversammlung kann eine Erhöhung des Grundkapitals beschließen, die nur so weit durchgeführt werden soll, als von einem unentziehbaren Umtausch- oder Bezugsrecht Gebrauch gemacht wird, das die Gesellschaft auf die neuen Aktien (Bezugsaktien) einräumt (bedingte Kapitalerhöhung).

(2) [1]Die bedingte Kapitalerhöhung darf nur zu folgenden Zwecken beschlossen werden:

1. zur Gewährung von Umtausch- oder Bezugsrechten an Gläubiger von Wandelschuldverschreibungen;

2. zur Vorbereitung des Zusammenschlusses mehrerer Unternehmungen;

3. zur Einräumung von Aktienoptionen an Arbeitnehmer, leitende Angestellte und Mitglieder

des Vorstands und Aufsichtsrats der Gesellschaft oder eines mit ihr verbundenen Unternehmens. [2]Der Vorstand hat der Hauptversammlung einen schriftlichen Bericht zu erstatten, der zumindest folgende Punkte enthalten muss: die der Gestaltung der Aktienoptionen zugrunde liegenden Grundsätze und Leistungsanreize; Anzahl und Aufteilung der einzuräumenden und bereits eingeräumten Optionen auf Arbeitnehmer, leitende Angestellte und auf die einzelnen Organmitglieder unter Angabe der jeweils beziehbaren Anzahl an Aktien; die wesentlichen Bedingungen der Aktienoptionsverträge, insbesondere Ausübungspreis oder die Grundlagen oder die Formel seiner Berechnung; Laufzeit sowie zeitliche Ausübungsfenster, Übertragbarkeit der Optionen und allfällige Behaltefrist für bezogene Aktien. [3]Im Fall der Gewährung von Aktienoptionen an Vorstandsmitglieder erstattet der Aufsichtsrat den Bericht. „ " *(BGBl I 2009/71)*
(BGBl I 2001/42)

(3) [1]Zu einer bedingten Kapitalerhöhung für die Einräumung von Aktienoptionen an Arbeitnehmer, leitende Angestellte und Mitglieder des Vorstands kann die Hauptversammlung den Vorstand bis zu einem bestimmten Nennbetrag auch ermächtigen; die Entscheidung des Vorstands bedarf der Zustimmung des Aufsichtsrats. [2]Der Vorstand hat einen Bericht gemäß Abs. 2 Z 3 spätestens zwei Wochen vor Zustandekommen des Aufsichtratsbeschlusses zu veröffentlichen. [3]Die Ermächtigung kann höchstens für fünf Jahre erteilt werden. *(BGBl I 2001/42)*

(4) [1]Der Nennbetrag des bedingten Kapitals darf insgesamt die Hälfte, der Nennbetrag eines nach Abs. 2 Z 3 beschlossenen Kapitals dabei „zehn vom Hundert" des zur Zeit des Beschlusses über die bedingte Kapitalerhöhung vorhandenen Grundkapitals nicht übersteigen. [2]Bei Gesellschaften mit Stückaktien muss sich die Gesamtzahl der Aktien im Verhältnis des Erhöhungsbetrages zum bisherigen Grundkapital vergrößern. *(BGBl I 2001/42; BGBl I 2009/71)*

(5) Das Gesamtausmaß der auf Grund von Optionen der Arbeitnehmer, der leitenden Angestellten und der Vorstands- und Aufsichtsratsmitglieder der Gesellschaft oder eines verbundenen Unternehmens beziehbaren Aktien der Gesellschaft darf „zwanzig vom Hundert" des vorhandenen Grundkapitals nicht übersteigen. *(BGBl I 2001/42; BGBl I 2009/71)*

(6) Ein dem Beschluß über die bedingte Kapitalerhöhung entgegenstehender Beschluß der Hauptversammlung ist nichtig.

(7) Die folgenden Vorschriften über das Bezugsrecht gelten sinngemäß für das Umtauschrecht.

Erfordernisse des Beschlusses

§ 160. (1) [1]Der Beschluß über die bedingte Kapitalerhöhung bedarf einer Mehrheit, die mindestens drei Viertel des bei der Beschlußfassung vertretenen Grundkapitals umfaßt; die Satzung kann diese Mehrheit durch eine größere Kapitalmehrheit ersetzen und noch andere Erfordernisse aufstellen. [2]§ 149 Abs. 2 und § 154 Abs. 2 gelten sinngemäß.

(2) Im Beschluß müssen auch festgestellt werden:

1. der Zweck der bedingten Kapitalerhöhung,
2. der Kreis der Bezugsberechtigten,
3. der Ausgabebetrag oder die Grundlagen, wonach dieser Betrag errechnet wird.

AktG

Bedingte Kapitalerhöhung mit Sacheinlagen

§ 161. (1) [1]Wird eine Sacheinlage (§ 20 Abs. 2) gemacht, so müssen ihr Gegenstand, die Person, von der die Gesellschaft den Gegenstand erwirbt sowie „bei Nennbetragsaktien der Nennbetrag, bei Stückaktien die Zahl und jeweils"* und der Ausgabebetrag der bei der Sacheinlage zu gewährenden Aktien im Beschluß über die Erhöhung des Grundkapitals festgesetzt werden. [2]Als Sacheinlage gilt nicht die Hingabe von Schuldverschreibungen im Umtausch gegen Bezugsaktien. [3]Der Beschluß kann nur gefaßt werden, wenn die Einbringung von Sacheinlagen „in der Tagesordnung ausdrücklich"** angekündigt worden ist. *(BGBl 1996/304; *BGBl I 1998/125; **BGBl I 2009/71)*

(2) [1]Ohne diese Festsetzung sind Vereinbarungen über Sacheinlagen und die Rechtshandlungen zu ihrer Ausführung der Gesellschaft gegenüber unwirksam. [2]Sind die Bezugsaktien ausgegeben, so wird die Gültigkeit der bedingten Kapitalerhöhung durch diese Unwirksamkeit nicht berührt. [3]Der Aktionär bleibt verpflichtet, den „ " Ausgabebetrag der Bezugsaktien einzuzahlen. [4]Die Unwirksamkeit kann durch Satzungsänderung nicht geheilt werden, nachdem die Bezugsaktien ausgegeben worden sind. *(BGBl I 1998/125)*

(3) [1]Bei Kapitalerhöhungen mit Sacheinlagen hat eine Prüfung durch einen oder mehrere Prüfer stattzufinden. [2]§ 25 Abs. 3 bis 5 sowie §§ 26, 27, 42 und 44 gelten sinngemäß. *(BGBl 1996/304)*

Anmeldung und Prüfung des Beschlusses

§ 162. (1) Der Vorstand und der Vorsitzende des Aufsichtsrats oder dessen Stellvertreter haben den Beschluß über die bedingte Kapitalerhöhung zur Eintragung in das Firmenbuch anzumelden.

(2) Der Anmeldung sind beizufügen:

1. im Fall der bedingten Kapitalerhöhung mit Sacheinlagen die Verträge, die den Festsetzungen gemäß § 161 zugrunde liegen oder zu ihrer Aus-

führung geschlossen worden sind, und der Bericht über die Prüfung von Sacheinlagen (§ 161 Abs. 3); *(BGBl 1996/304)*

2. eine Berechnung der Kosten, die für die Gesellschaft durch die Ausgabe der Bezugsaktien entstehen werden;

3. wenn die Kapitalerhöhung der behördlichen Genehmigung bedarf, die Genehmigungsurkunde.

(3) [1]Das Gericht hat die Eintragung abzulehnen, wenn die Prüfer erklären oder wenn es offensichtlich ist, daß der Wert der Sacheinlagen nicht unwesentlich hinter dem Ausgabebetrag der dafür zu gewährenden Aktien zurückbleibt. [2]Das Gericht hat den Beteiligten vorher Gelegenheit zu geben, den Beanstandungen abzuhelfen. *(BGBl 1996/304)*

(4) Die Dokumente sind in Urschrift, Ausfertigung oder öffentlich beglaubigter Abschrift einzureichen und in die Urkundensammlung (§ 12 FBG) aufzunehmen. *(BGBl I 2009/71)*

Veröffentlichung der Eintragung

§ 163. [1]In die Veröffentlichung der Eintragung des Beschlusses über die bedingte Kapitalerhöhung sind außer deren Inhalt die Angaben im § 160 Abs. 2, die im § 161 für den Fall der Einbringung von Sacheinlagen vorgesehenen Festsetzungen und ein Hinweis auf den Bericht über die Prüfung von Sacheinlagen (§ 161 Abs. 3) aufzunehmen. [2]Für die Festsetzungen gemäß § 161 genügt die Bezugnahme auf die beim Gericht eingereichten Urkunden.

(BGBl 1996/304)

Verbotene Aktienausgabe

§ 164. [1]Die Bezugsaktien dürfen nicht vor Eintragung des Beschlusses über die bedingte Kapitalerhöhung ausgegeben werden. [2]Ein Anspruch des Bezugsberechtigten entsteht vor diesem Zeitpunkt nicht. [3]Die vorher ausgegebenen Bezugsaktien sind nichtig; für den Schaden aus der Ausgabe sind die Ausgeber den Besitzern als Gesamtschuldner verantwortlich.

Bezugserklärung

§ 165. (1) [1]Das Bezugsrecht wird durch schriftliche Erklärung ausgeübt. [2]Die Erklärung (Bezugserklärung) ist doppelt auszustellen; sie hat die Beteiligung nach der „Zahl und bei Nennbetragsaktien auch dem Nennbetrag“ und, wenn mehrere Gattungen ausgegeben werden, der Gattung der Aktien sowie die Feststellungen nach § 160 Abs. 2, § 161 und den Tag anzugeben, an dem der Beschluß über die bedingte Kapitalerhöhung gefaßt ist. *(BGBl I 1998/125)*

(2) [1]Die Bezugserklärung hat die gleiche Wirkung wie die Abgabe einer Zeichnungserklärung. [2]Bezugserklärungen, deren Inhalt nicht dem Abs. 1 entspricht oder die Beschränkungen der Verpflichtung des Erklärenden enthalten, sind nichtig.

(3) Werden Bezugsaktien ungeachtet der Nichtigkeit einer Bezugserklärung ausgegeben, so kann sich der Erklärende auf die Nichtigkeit nicht berufen, wenn er auf Grund der Bezugserklärung als Aktionär Rechte ausgeübt oder Verpflichtungen erfüllt hat.

(4) Jede nicht in der Bezugserklärung enthaltene Beschränkung ist der Gesellschaft gegenüber unwirksam.

Ausgabe der Bezugsaktien

§ 166. (1) Der Vorstand darf die Bezugsaktien nur in Erfüllung des im Beschluß über die bedingte Kapitalerhöhung festgesetzten Zwecks und nicht vor der vollen Leistung des Gegenwerts ausgeben, der sich aus dem Beschluß ergibt.

(2) [1]Die Ausgabe gegen Wandelschuldverschreibungen darf nur geschehen, wenn der Unterschied zwischen dem Ausgabebetrag der zum Umtausch eingereichten Schuldverschreibungen und dem höheren „geringsten Ausgabebetrag“** der für sie zu gewährenden Bezugsaktien gedeckt ist aus dem „Bilanzgewinn“*, einer freien Rücklage oder durch Zuzahlung des Umtauschberechtigten. [2]Dies gilt nicht, wenn der Gesamtbetrag, zu dem die Schuldverschreibungen ausgegeben sind, „den geringsten Ausgabebetrag der Bezugsaktien insgesamt erreicht oder übersteigt“**. *(*BGBl 1996/304; **BGBl I 1998/125)*

Wirksamwerden der bedingten Kapitalerhöhung

§ 167. Mit der Ausgabe der Bezugsaktien ist das Grundkapital erhöht.

Anmeldung der Ausgabe von Bezugsaktien

§ 168. (1) Der Vorstand hat spätestens innerhalb eines Monats nach Ablauf des Geschäftsjahrs zur Eintragung in das Firmenbuch anzumelden, in welchem Umfang im abgelaufenen Geschäftsjahr Bezugsaktien ausgegeben worden sind.

(2) Der Anmeldung sind die Doppelstücke der Bezugserklärungen und ein vom Vorstand unterschriebenes Verzeichnis der Personen, die das Bezugsrecht ausgeübt haben, beizufügen; das Verzeichnis hat die auf jeden Aktionär entfallenden Aktien und die auf sie gemachten Einlagen anzugeben.

(3) In der Anmeldung hat der Vorstand die Erklärung abzugeben, daß die Bezugsaktien nur in Erfüllung des im Beschluß über die bedingte Kapitalerhöhung festgestellten Zwecks und nicht vor der vollen Leistung des Gegenwerts ausgegeben worden sind, der sich aus dem Beschluß ergibt.

(4) Die eingereichten Schriftstücke werden beim Gericht in Urschrift, Ausfertigung oder öffentlich beglaubigter Abschrift aufbewahrt.

Dritter Unterabschnitt
Genehmigtes Kapital

Voraussetzungen

§ 169. (1) Die Satzung kann den Vorstand für höchstens fünf Jahre nach Eintragung der Gesellschaft ermächtigen, das Grundkapital bis zu einem bestimmten Nennbetrag durch Ausgabe neuer Aktien gegen Einlagen zu erhöhen (genehmigtes Kapital).

(2) [1]Die Ermächtigung kann auch durch Satzungsänderung für höchstens fünf Jahre nach Eintragung der Satzungsänderung erteilt werden. [2]Der Beschluß der Hauptversammlung bedarf einer Mehrheit, die mindestens drei Viertel des bei der Beschlußfassung vertretenen Grundkapitals umfaßt; die Satzung kann diese Mehrheit durch eine größere Kapitalmehrheit ersetzen und noch andere Erfordernisse aufstellen. [3]§ 149 Abs. 2 gilt sinngemäß.

(3) [1]Der Nennbetrag des genehmigten Kapitals darf nicht höher sein als die Hälfte des zur Zeit der Ermächtigung vorhandenen Grundkapitals. [2]Die neuen Aktien dürfen nur mit Zustimmung des Aufsichtsrats ausgegeben werden. [3]„Bei Gesellschaften mit Stückaktien muß sich die Gesamtzahl der Aktien im Verhältnis des Erhöhungsbetrags zum bisherigen Grundkapital vergrößern." *(BGBl I 1998/125)*

Ausgabe der neuen Aktien

§ 170. (1) Für die Ausgabe der neuen Aktien gelten sinngemäß, soweit sich aus den folgenden Bestimmungen nichts anderes ergibt, die §§ 152 bis 158 über die Kapitalerhöhung; an die Stelle des Beschlusses über die Erhöhung des Grundkapitals tritt die Ermächtigung der Satzung zur Ausgabe neuer Aktien. *(BGBl 1996/304)*

(2) [1]Die Ermächtigung kann vorsehen, daß der Vorstand über den Ausschluß des Bezugsrechts entscheidet. [2]Wird eine Ermächtigung, die dies vorsieht, durch Satzungsänderung erteilt, so gilt § 153 Abs. 4 sinngemäß. *(BGBl 1996/304)*

(3) [1]Die neuen Aktien dürfen nicht ausgegeben werden, solange noch ausstehende Einlagen auf das bisherige Grundkapital geleistet werden können. [2]Für Versicherungsgesellschaften kann die Satzung etwas anderes bestimmen. [3]Stehen Einlagen in verhältnismäßig unerheblichem Umfang aus, so hindert dies die Ausgabe der neuen Aktien nicht. [4]In der ersten Anmeldung der Durchführung der Erhöhung des Grundkapitals ist anzugeben, welche Einlagen auf das bisherige Grundkapital rückständig sind und warum sie nicht geleistet werden können.

Bedingungen der Aktienausgabe

§ 171. (1) [1]Über den Inhalt der Aktienrechte und die Bedingungen der Aktienausgabe entscheidet der Vorstand, soweit die Ermächtigung keine Bestimmungen enthält. [2]Der Vorstand darf die Entscheidung nur mit Zustimmung des Aufsichtsrats treffen; gleiches gilt für die Entscheidung des Vorstands gemäß § 170 Abs. 2 über den Ausschluß des Bezugsrechts; „der Vorstand hat hierüber in sinngemäßer Anwendung von § 153 Abs. 4 zweiter Satz spätestens zwei Wochen vor Zustandekommen des Aufsichtratsbeschlusses einen Bericht zu veröffentlichen; wird das genehmigte Kapital zur Bedienung von Aktienoptionen verwendet, so hat der Bericht auch die Angaben gemäß § 159 Abs. 2 Z 3 zu enthalten." *(BGBl 1996/304; BGBl I 2001/42)*

(2) Sind Vorzugsaktien ohne Stimmrecht vorhanden, so können Aktien mit vorhergehenden oder gleichstehenden Rechten nur ausgegeben werden, wenn die Ermächtigung dies vorsieht.

Ausgabe gegen Sacheinlagen

§ 172. (1) Gegen Sacheinlagen (§ 20 Abs. 2) dürfen Aktien nur ausgegeben werden, wenn die Ermächtigung dies vorsieht. *(BGBl 1996/304)*

(2) [1]Der Gegenstand der Sacheinlage, die Person, von der die Gesellschaft den Gegenstand erwirbt, sowie „bei Nennbetragsaktien der Nennbetrag, bei Stückaktien die Zahl und jeweils" der Ausgabebetrag der bei der Sacheinlage zu gewährenden Aktien sind, wenn sie nicht in der Ermächtigung festgesetzt sind, vom Vorstand festzusetzen und in den Zeichnungsschein aufzunehmen. [2]Der Vorstand darf die Entscheidung nur mit Zustimmung des Aufsichtsrats treffen. *(BGBl 1996/304; BGBl I 1998/125)*

(3) [1]Bei Kapitalerhöhungen mit Sacheinlagen hat eine Prüfung durch einen oder mehrere Prüfer stattzufinden. [2]§ 25 Abs. 3 bis 5, §§ 26, 27, 42 und 44 gelten sinngemäß. [3]Das Gericht hat die Eintragung abzulehnen, wenn die Prüfer erklären oder wenn es offensichtlich ist, daß der Wert der Sacheinlagen nicht unwesentlich hinter dem Ausgabebetrag der dafür zu gewährenden Aktien zurückbleibt. [4]Das Gericht hat den Beteiligten vorher Gelegenheit zu geben, den Beanstandungen abzuhelfen. *(BGBl 1996/304)*

(4) [1]Ohne die vorgeschriebene Festsetzung sind Vereinbarungen über Sacheinlagen und die Rechtshandlungen zu ihrer Ausführung der Gesellschaft gegenüber unwirksam. [2]Gleiches gilt, wenn die Festsetzung des Vorstands nicht in den Zeichnungsschein aufgenommen ist. [3]Ist die Durchführung der Erhöhung des Grundkapitals eingetragen, so wird ihre Gültigkeit durch diese Unwirksamkeit nicht berührt. [4]Der Aktionär bleibt verpflichtet, den „ " Ausgabebetrag der Aktien einzuzahlen. [5]Die Unwirksamkeit kann durch

Satzungsänderung nicht geheilt werden, nachdem die Durchführung der Erhöhung des Grundkapitals in das Firmenbuch eingetragen worden ist. *(BGBl I 1998/125)*

Vereinbarungen über Sacheinlagen vor Eintragung der Gesellschaft

§ 173. [1]Sind vor Eintragung der Gesellschaft Vereinbarungen getroffen worden, wonach auf das genehmigte Kapital eine Sacheinlage zu leisten ist, so muß die Satzung die im Fall der Ausgabe gegen Sacheinlagen bezeichneten Festsetzungen enthalten. [2]Dabei gelten sinngemäß „§ 20 Abs. 3“ , §§ 24 bis 27, § 29 Abs. 2 Z. 2, 4 und 5, § 42 über die Gründung der Gesellschaft; an die Stelle der Gründer tritt der Vorstand und an die Stelle der Anmeldung und Eintragung der Gesellschaft die Anmeldung und Eintragung der Durchführung der Erhöhung des Grundkapitals. *(BGBl 1996/304)*

Vierter Unterabschnitt

§ 174. Wandelschuldverschreibungen. Gewinnschuldverschreibungen

(1) [1]Die Ausgabe von Schuldverschreibungen, bei denen den Gläubigern ein Umtausch- oder Bezugsrecht auf Aktien eingeräumt wird (Wandelschuldverschreibungen), oder von Schuldverschreibungen, bei denen die Rechte der Gläubiger mit Gewinnanteilen von Aktionären in Verbindung gebracht werden (Gewinnschuldverschreibungen), ist nur auf Grund eines Beschlusses der Hauptversammlung zulässig. [2]Der Beschluß bedarf einer Mehrheit, die mindestens drei Viertel des bei der Beschlußfassung vertretenen Grundkapitals umfaßt. [3]Die Satzung kann diese Mehrheit durch eine andere Kapitalmehrheit ersetzen und noch andere Erfordernisse aufstellen. [4]§ 149 Abs. 2 gilt sinngemäß.

(2) [1]Eine Ermächtigung des Vorstands zur Ausgabe von Wandelschuldverschreibungen kann höchstens für fünf Jahre erteilt werden. [2]Der Vorstand und der Vorsitzende des Aufsichtsrats oder dessen Stellvertreter haben den Beschluß über die Ausgabe der Wandelschuldverschreibungen, der Vorstand überdies spätestens innerhalb eines Monats nach Ablauf des Geschäftsjahres eine Erklärung darüber bei dem zuständigen Gericht zu hinterlegen, in welchem Umfang im abgelaufenen Geschäftsjahr Wandelschuldverschreibungen ausgegeben worden sind. [3]Ein Hinweis auf den Beschluß und die Erklärung sind zu veröffentlichen. *(BGBl 1996/304)*

(3) Abs. 1 gilt sinngemäß für die Gewährung von Genußrechten.

(4) Auf Wandelschuldverschreibungen, Gewinnschuldverschreibungen und Genußrechte haben die Aktionäre ein Bezugsrecht; § 153 gilt sinngemäß.

Dritter Abschnitt

Maßnahmen der Kapitalherabsetzung

Erster Unterabschnitt

Ordentliche Kapitalherabsetzung

Voraussetzungen

§ 175. (1) [1]Eine Herabsetzung des Grundkapitals kann nur mit einer Mehrheit beschlossen werden, die mindestens drei Viertel des bei der Beschlußfassung vertretenen Grundkapitals umfaßt. [2]Die Satzung kann diese Mehrheit durch eine größere Kapitalmehrheit ersetzen und noch andere Erfordernisse aufstellen.

(2) Sind mehrere Gattungen von „stimmberechtigten“ Aktien „ “ vorhanden, so bedarf der Beschluß der Hauptversammlung zu seiner Wirksamkeit eines in gesonderter Abstimmung gefaßten Beschlusses der Aktionäre jeder Gattung; für diesen gilt Abs. 1. „ “ *(BGBl I 2009/71)*

(3) In dem Beschluß ist festzusetzen, zu welchem Zweck die Herabsetzung stattfindet, namentlich ob Teile des Grundkapitals zurückgezahlt werden sollen.

(4) [1]Die Herabsetzung des Grundkapitals erfordert bei Gesellschaften mit Nennbetragsaktien die Herabsetzung des Nennbetrags der Aktien. [2]Soweit der auf die einzelne Aktie entfallende anteilige Betrag des herabgesetzten Grundkapitals den Mindestbetrag nach § 8 Abs. 2 oder Abs. 3 unterschreiten würde, erfolgt die Herabsetzung durch Zusammenlegung der Aktien. [3]Der Beschluß muß die Art der Herabsetzung angeben. *(BGBl I 1998/125)*

Anmeldung des Beschlusses

§ 176. Der Vorstand und der Vorsitzende des Aufsichtsrats oder dessen Stellvertreter haben den Beschluß über die Herabsetzung des Grundkapitals zur Eintragung in das Firmenbuch anzumelden.

Wirksamwerden der Kapitalherabsetzung

§ 177. Mit der Eintragung des Beschlusses über die Herabsetzung des Grundkapitals ist das Grundkapital herabgesetzt.

Gläubigerschutz

§ 178. (1) [1]Den Gläubigern, deren Forderungen begründet worden sind, bevor die Eintragung des Beschlusses bekanntgemacht worden ist, muß, wenn sie sich binnen sechs Monaten nach der Bekanntmachung zu diesem Zweck melden, Sicherheit geleistet werden, soweit sie nicht Befriedigung verlangen können. [2]Die Gläubiger sind in der Bekanntmachung der Eintragung auf dieses Recht hinzuweisen. [3]Das Recht, Sicherheitsleistung zu verlangen, steht solchen Gläubigern nicht zu, die „im Insolvenzverfahren“ ein Recht auf vorzugsweise Befriedigung aus einer nach gesetzlicher Vorschrift zu ihrem Schutz errichteten und staatlich überwachten Deckungsmasse haben. *(BGBl I 2010/58)*

(2) [1]Zahlungen an die Aktionäre dürfen auf Grund der Herabsetzung des Grundkapitals erst geleistet werden, nachdem seit der Bekanntmachung der Eintragung sechs Monate verstrichen sind und nachdem den Gläubigern, die sich rechtzeitig gemeldet haben, Befriedigung oder Sicherheit gewährt worden ist. [2]Auch eine Befreiung der Aktionäre von der Verpflichtung zur Leistung von Einlagen wird nicht vor dem bezeichneten Zeitpunkt und nicht vor Befriedigung oder Sicherstellung der Gläubiger wirksam, die sich rechtzeitig gemeldet haben.

(3) Das Recht der Gläubiger, Sicherheitsleistung zu verlangen, ist unabhängig davon, ob Zahlungen an die Aktionäre auf Grund der Herabsetzung des Grundkapitals geleistet werden.

Kraftloserklärung von Aktien

§ 179. (1) [1]Sollen zur Ausführung der Herabsetzung des Grundkapitals Aktien durch Umtausch, Abstempelung oder durch ein ähnliches Verfahren zusammengelegt werden, so kann die Gesellschaft die Aktien für kraftlos erklären, die trotz Aufforderung nicht bei ihr eingereicht worden sind. [2]Gleiches gilt für eingereichte Aktien, welche die zum Ersatz durch neue Aktien nötige Zahl nicht erreichen und der Gesellschaft nicht zur Verwertung für Rechnung der Beteiligten zur Verfügung gestellt sind.

(2) [1]Die Aufforderung zur Einreichung der Aktien hat die Kraftloserklärung anzudrohen. [2]Die Kraftloserklärung kann nur erfolgen, wenn die Aufforderung nach § 58 Abs. 2 veröffentlicht worden ist. [3]Sie geschieht durch Veröffentlichung „gemäß § 18“. *(BGBl I 2009/71)*

(3) [1]Die an Stelle der für kraftlos erklärten Aktien auszugebenden neuen Aktien hat die Gesellschaft unverzüglich für Rechnung der Beteiligten zum Börsenpreis durch Vermittlung eines Börsesensals und beim Fehlen eines Börsenpreises durch öffentliche Versteigerung zu verkaufen. [2]Ist von der Versteigerung am Sitz der Gesellschaft kein angemessener Erfolg zu erwarten, so sind die Aktien zwecks Erzielung eines höheren Erlöses an einen anderen Ort zur Versteigerung zu übersenden. [3]Zeit, Ort und Gegenstand der Versteigerung sind zu veröffentlichen. [4]Die Beteiligten sind besonders zu benachrichtigen; die Benachrichtigung kann unterbleiben, wenn sie untunlich ist. [5]Veröffentlichung und Benachrichtigung müssen mindestens vierzehn Tage vor der Versteigerung ergehen. [6]Der Erlös ist den Beteiligten auszuzahlen oder, wenn ein Recht zur Hinterlegung besteht, zu hinterlegen.

Anmeldung der Durchführung

§ 180. (1) Der Vorstand und der Vorsitzende des Aufsichtsrats oder dessen Stellvertreter haben die Durchführung der Herabsetzung des Grundkapitals zur Eintragung in das Firmenbuch anzumelden.

(2) Anmeldung und Eintragung der Durchführung der Herabsetzung des Grundkapitals können mit Anmeldung und Eintragung des Beschlusses über die Herabsetzung verbunden werden.

Herabsetzung unter den Mindestnennbetrag

§ 181. (1) Das Grundkapital kann unter den nach § 7 zulässigen Mindestnennbetrag herabgesetzt werden, wenn dieser durch eine zugleich mit der Kapitalherabsetzung beschlossene Kapitalerhöhung, bei der Sacheinlagen nicht bedungen sind, wieder erreicht wird.

(2) [1]Die Beschlüsse sind nichtig, wenn sie und die Durchführung der Erhöhung nicht binnen sechs Monaten nach der Beschlußfassung in das Firmenbuch eingetragen worden sind; der Lauf der Frist ist gehemmt, solange eine Anfechtungs- oder Nichtigkeitsklage anhängig ist oder eine zur Kapitalherabsetzung oder Kapitalerhöhung beantragte behördliche Genehmigung noch nicht erteilt ist. [2]Die Beschlüsse und die Durchführung der Erhöhung des Grundkapitals sind gemeinsam in das Firmenbuch einzutragen.

Zweiter Unterabschnitt
Vereinfachte Kapitalherabsetzung

Voraussetzungen

§ 182. (1) [1]Eine Herabsetzung des Grundkapitals, die dazu dienen soll, einen sonst auszuweisenden Bilanzverlust zu decken und allenfalls Beträge in die gebundene Kapitalrücklage einzustellen, kann in vereinfachter Form vorgenommen werden. [2]Im Beschluß ist festzusetzen, daß die Herabsetzung zu diesen Zwecken stattfindet. *(BGBl I 1997/114)*

(2) [1]§ 175 Abs. 1, 2 und 4, §§ 176, 177, 179 bis 181 über die ordentliche Kapitalherabsetzung gelten sinngemäß. [2]Daneben gelten die Vorschriften dieses Unterabschnitts.

Auflösung von Rücklagen

§ 183. Die vereinfachte Kapitalherabsetzung ist nur zulässig, nachdem der zehn vom Hundert des nach der Herabsetzung verbleibenden Grundkapitals übersteigende Teil der gebundenen Rücklagen „(§ 229 UGB)“ und alle nicht gebundenen Kapitalrücklagen sowie alle satzungsmäßigen und andere Gewinnrücklagen vorweg aufgelöst sind. *(BGBl I 2009/71)*

(BGBl I 1997/114)

Verbot von Zahlungen an die Aktionäre

§ 184. [1]Die Beträge, die aus der Auflösung der Rücklagen und aus der Kapitalherabsetzung gewonnen werden, dürfen nicht zu Zahlungen an die Aktionäre und nicht dazu verwendet werden, die Aktionäre von der Verpflichtung zur Leistung von Einlagen zu befreien. [2]„Diese Beträge dürfen nur zur Abdeckung eines sonst auszuweisenden Bilanzverlustes und allenfalls zur Einstellung von Beträgen in die gebundene Kapitalrücklage verwendet werden; dies ist nur zulässig, soweit die Einstellung im Beschluß als Zweck der Herabsetzung angegeben ist.“ *(BGBl I 1997/114)*

Einstellung von Beträgen in die gebundene Kapitalrücklage bei zu hoch angenommenen Verlusten

§ 185. Ergibt sich bei Aufstellung des Jahresabschlusses für das Geschäftsjahr, in dem der Beschluß über die Kapitalherabsetzung gefaßt wurde, oder für eines der beiden folgenden Geschäftsjahre, daß die Verluste in der bei der Beschlußfassung angenommenen Höhe tatsächlich nicht eingetreten oder ausgeglichen waren, so ist der Unterschiedsbetrag in die gebundene Kapitalrücklage einzustellen.

(BGBl I 1997/114)

Beschränkung der Einstellung von Beträgen in die gebundenen Rücklagen

§ 186. [1]Die Beträge, die aus der Auflösung der Rücklagen und aus der Kapitalherabsetzung gewonnen werden, dürfen in die gebundenen Rücklagen nur eingestellt werden, soweit diese zehn vom Hundert des Grundkapitals nicht übersteigen; als Grundkapital gilt dabei der Nennbetrag, der sich durch die Herabsetzung ergibt, mindestens aber der nach § 7 zulässige Mindestnennbetrag. [2]Bei der Bemessung der zulässigen Höhe bleiben Beträge, die nach der Beschlußfassung über die Kapitalherabsetzung nach § 229 Abs. 2 Z 2 bis 4 „UGB“ in die gebundenen Rücklagen einzustellen sind, auch dann außer Betracht, wenn ihre Zahlung auf einem Beschluß beruht, der zugleich mit dem Beschluß über die Kapitalherabsetzung gefaßt wird. *(BGBl I 2005/120)*

(BGBl 1990/475)

Gewinnausschüttung. Gläubigerschutz

§ 187. (1) Gewinn darf nicht ausgeschüttet werden, bevor die gebundenen Rücklagen zehn vom Hundert des Grundkapitals erreicht haben; als Grundkapital gilt dabei der Nennbetrag, der sich durch die Herabsetzung ergibt, mindestens aber der nach § 7 zulässige Mindestnennbetrag. *(BGBl 1990/475)*

(2) [1]Die Zahlung eines Gewinnanteils von mehr als vier vom Hundert des Grundkapitals ist erst für ein Geschäftsjahr zulässig, das später als zwei Jahre nach der Beschlußfassung über die Kapitalherabsetzung beginnt. [2]Dies gilt nicht, wenn die Gläubiger, deren Forderungen vor der Veröffentlichung der Eintragung des Beschlusses begründet worden waren, befriedigt oder sichergestellt sind, soweit sie sich binnen sechs Monaten nach der Veröffentlichung des Jahresabschlusses, auf Grund dessen die Gewinnverteilung beschlossen ist, zu diesem Zweck gemeldet haben; einer Sicherstellung von Gläubigern bedarf es nicht, denen „im Insolvenzverfahren“*** ein Recht auf vorzugsweise Befriedigung aus einer nach gesetzlicher Vorschrift zu ihrem Schutz errichteten und staatlich überwachten Deckungsmasse zusteht. [3]„Die Gläubiger sind in der Veröffentlichung des Jahresabschlusses oder in einer gesonderten Bekanntmachung „gemäß § 18“** auf das Recht, Befriedigung oder Sicherstellung zu verlangen, hinzuweisen.“* *(*BGBl I 1997/114; **BGBl I 2009/71; ***BGBl I 2010/58)*

(3) Die Beträge, die aus der Auflösung von Rücklagen und aus der Kapitalherabsetzung gewonnen sind, dürfen auch nach diesen Vorschriften nicht als Gewinn ausgeschüttet werden.

Rückwirkung der Kapitalherabsetzung

§ 188. (1) Im Jahresabschluß für das letzte vor der Beschlußfassung über die Kapitalherabsetzung abgelaufene Geschäftsjahr können Grundkapital und Rücklagen in der Höhe ausgewiesen werden, wie sie nach der Kapitalherabsetzung bestehen sollen.

(2) [1]In diesem Fall stellt die Hauptversammlung den Jahresabschluss fest. [2]Der Beschluss über die Feststellung des Jahresabschlusses ist zugleich mit dem Beschluss über die Kapitalherabsetzung zu fassen. *(BGBl I 2009/71)*

(3) Die Beschlüsse sind nichtig, wenn der Beschluß über die Kapitalherabsetzung nicht binnen drei Monaten nach der Beschlußfassung in das Firmenbuch eingetragen worden ist; der Lauf der Frist ist gehemmt, solange eine Anfechtungs- oder Nichtigkeitsklage anhängig ist oder eine zur Kapitalherabsetzung beantragte behördliche Genehmigung noch nicht erteilt ist.

Rückwirkung der Kapitalherabsetzung bei gleichzeitiger Kapitalerhöhung

§ 189. (1) [1]Wird im Fall des § 188 zugleich mit der Kapitalherabsetzung eine Erhöhung des Grundkapitals beschlossen, so kann auch die Kapitalerhöhung in dem Jahresabschluß als vollzogen berücksichtigt werden. [2]Die Beschlußfassung ist nur zulässig, wenn die neuen Aktien gezeichnet, keine Sacheinlagen bedungen sind und wenn auf jede Aktie die Einzahlung geleistet ist, die nach § 155 Abs. 2 zur Zeit der Anmeldung der Durchführung der Kapitalerhöhung bewirkt sein muß. [3]„Die Zahlung kann auch auf ein Bankkonto des Zeichners geleistet werden, wenn sich die Bank für die Dauer der Verbindlichkeit der Zeichnung (§ 152 Abs. 1 Z 4) unwiderruflich verpflichtet, den eingezahlten Betrag (samt Zinsen) bei Nachweis der Eintragung der Kapitalerhöhung zur freien Verfügung der Gesellschaft zu stellen; über dieses Guthaben kann der Zeichner vor Ablauf der Frist des Abs. 2 nicht verfügen. [4]Davon ausgenommen sind Verfügungen des Zeichners zur Deckung von Abgaben, Gebühren und Kosten der Kapitalerhöhung. [5]Das Guthaben ist nicht pfändbar.“ [6]Der Nachweis der Zeichnung und der Einzahlung ist dem Notar zu erbringen, der den Beschluß über die Erhöhung des Grundkapitals beurkundet. [7]„Der Zeitpunkt, mit dem der Zeichnungsschein unverbindlich wird (§ 152 Abs. 1 Z 4), darf frühestens für den sechzigsten Tag nach der Zeichnung festgesetzt werden.“ *(BGBl I 1997/114)*

(2) [1]Sämtliche Beschlüsse sind nichtig, wenn die Beschlüsse über die Kapitalherabsetzung und die Kapitalerhöhung und die Durchführung der Erhöhung nicht binnen drei Monaten nach der Beschlußfassung in das Firmenbuch eingetragen worden sind; der Lauf der Frist ist gehemmt, solange eine Anfechtungs- oder Nichtigkeitsklage anhängig ist oder eine zur Kapitalherabsetzung oder Kapitalerhöhung beantragte behördliche Genehmigung noch nicht erteilt ist. [2]Die Beschlüsse und die Durchführung der Erhöhung des Grundkapitals sind gemeinsam in das Firmenbuch einzutragen.

Gewinn- und Verlustrechnung

§ 190. In den Fällen der §§ 188, 189 sind in der Gewinn- und Verlustrechnung die aus der Kapitalherabsetzung gewonnenen Beträge und allfällige Zuweisungen zu gebundenen Kapitalrücklagen gesondert auszuweisen.

(BGBl I 1997/114)

Veröffentlichung

§ 191. Die Veröffentlichung des Jahresabschlusses nach „§ 277„UGB“**“* darf im Fall des § 188 erst nach Eintragung des Beschlusses über die Kapitalherabsetzung, im Fall des § 189 erst ergehen, nachdem die Beschlüsse über die Kapitalherabsetzung und Kapitalerhöhung und die Durchführung der Kapitalerhöhung eingetragen worden sind. *(*BGBl 1996/304; **BGBl I 2005/120)*

Dritter Unterabschnitt
Kapitalherabsetzung durch Einziehung von Aktien

Voraussetzungen

§ 192. (1) [1]Aktien können zwangsweise oder nach Erwerb durch die Gesellschaft eingezogen werden. [2]Eine Zwangseinziehung ist nur zulässig, wenn sie in der ursprünglichen Satzung oder durch eine Satzungsänderung vor Übernahme oder Zeichnung der Aktien angeordnet oder gestattet war.

(2) [1]Bei der Einziehung sind die Vorschriften über die ordentliche Kapitalherabsetzung zu befolgen. [2]In der Satzung oder in dem Beschluß der Hauptversammlung sind die Voraussetzungen für eine Zwangseinziehung und die Einzelheiten ihrer Durchführung festzulegen. [3]Für die Zahlung des Entgelts, das Aktionären bei einer Zwangseinziehung oder bei einem Erwerb von Aktien zum Zweck der Einziehung gewährt wird, und für die Befreiung dieser Aktionäre von der Verpflichtung zur Leistung von Einlagen gilt § 178 Abs. 2 sinngemäß. *(BGBl 1996/304)*

(3) Die Vorschriften über die ordentliche Kapitalherabsetzung brauchen nicht befolgt werden, wenn Aktien, auf die der „ “ Ausgabebetrag voll geleistet ist,

1. der Gesellschaft unentgeltlich zur Verfügung gestellt oder

2. zu Lasten des aus der Jahresbilanz sich ergebenden Bilanzgewinns, einer freien Rücklage oder einer Rücklage gemäß § 225 Abs. 5 zweiter Satz „oder § 229 Abs. 1a vierter Satz“** „UGB“* eingezogen werden. *(BGBl I 1999/187; *BGBl I 2005/120; **BGBl I 2015/22)*
(BGBl I 1998/125)

(4) [1]Auch in den Fällen des Abs. 3 Z 1 und 2 kann die Kapitalherabsetzung durch Einziehung nur von der Hauptversammlung beschlossen werden. [2]Für den Beschluß genügt die einfache Stimmenmehrheit; die Satzung kann diese Mehrheit durch eine größere ersetzen und noch andere Erfordernisse aufstellen. [3]Im Beschluß ist der Zweck der Kapitalherabsetzung festzusetzen. [4]Der Vorstand und der Vorsitzende des Aufsichtsrats oder dessen Stellvertreter haben den Beschluß zur Eintragung in das Firmenbuch anzumelden.

(5) In den Fällen des Abs. 3 Z 1 und 2 ist in die gebundenen Rücklagen ein Betrag einzustellen, der dem „auf die eingezogenen Aktien entfallenden Betrag entspricht“. *(BGBl 1990/475; BGBl I 1998/125)*

(6) [1]Soweit es sich um eine durch die Satzung angeordnete Zwangseinziehung handelt, bedarf es eines Beschlusses der Hauptversammlung nicht. [2]In diesem Fall tritt für die Anwendung der Vorschriften über die ordentliche Kapitalherabset-

zung an die Stelle des Hauptversammlungsbeschlusses die Entscheidung des Vorstands über die Einziehung.

Wirksamwerden der Einziehung

§ 193. [1]Mit der Eintragung des Beschlusses oder, wenn die Einziehung nachfolgt, mit der Einziehung ist das Grundkapital um den „auf die eingezogenen Aktien entfallenden Betrag“ herabgesetzt. [2]Handelt es sich um eine durch die Satzung angeordnete Zwangseinziehung, so ist, wenn die Hauptversammlung nicht über die Kapitalherabsetzung beschließt, das Grundkapital mit der Zwangseinziehung herabgesetzt. [3]Zur Einziehung bedarf es einer auf Vernichtung der Rechte aus bestimmten Aktien gerichteten Handlung der Gesellschaft. *(BGBl I 1998/125)*

Anmeldung der Durchführung

§ 194. (1) [1]Der Vorstand und der Vorsitzende des Aufsichtsrats oder dessen Stellvertreter haben die Durchführung der Herabsetzung des Grundkapitals zur Eintragung in das Firmenbuch anzumelden. [2]Dies gilt auch dann, wenn es sich um eine durch die Satzung angeordnete Zwangseinziehung handelt.

(2) Anmeldung und Eintragung der Durchführung der Herabsetzung können mit Anmeldung und Eintragung des Beschlusses über die Herabsetzung verbunden werden.

Siebenter Teil

Anfechtbarkeit und Nichtigkeit der Hauptversammlungsbeschlüsse und der vom Vorstand festgestellten Jahresabschlüsse

Erster Abschnitt

Anfechtbarkeit

Anfechtungsgründe

§ 195. (1) Ein Beschluß der Hauptversammlung kann wegen Verletzung des Gesetzes oder der Satzung durch Klage angefochten werden (Anfechtungsklage).

(1a) Bei einer Verletzung der Bestimmungen des § 87 Abs. 1 zweiter Satz, Abs. 3, 4 und 6 können alle in derselben Hauptversammlung gefassten Beschlüsse über die Wahl von Aufsichtsratsmitgliedern angefochten werden. *(BGBl I 2009/71)*

(2) Die Anfechtung kann auch darauf gestützt werden, daß ein Aktionär mit der Stimmrechtsausübung vorsätzlich für sich oder einen Dritten gesellschaftsfremde Sondervorteile zum Schaden der Gesellschaft oder ihrer Aktionäre zu erlangen suchte und der Beschluß geeignet ist, diesem Zweck zu dienen. § 100 Abs. 3 gilt sinngemäß.

(3) Stellt die Hauptversammlung den Jahresabschluß fest, so kann eine Anfechtung auf eine Verletzung der Vorschriften über die Gliederung des Jahresabschlusses nicht gestützt werden, wenn Klarheit und Übersichtlichkeit des Jahresabschlusses nur unwesentlich beeinträchtigt sind.

(4) [1]Wegen unrichtiger, unvollständiger oder verweigerter Erteilung von Informationen kann nur angefochten werden, wenn ein objektiv urteilender Aktionär die Erteilung der Information als wesentliche Voraussetzung für die sachgerechte Wahrnehmung seiner Teilnahme- und Mitgliedschaftsrechte angesehen hätte. [2]Auf unrichtige, unvollständige oder unzureichende Informationen in der Hauptversammlung über die Ermittlung, Höhe oder Angemessenheit des Umtauschverhältnisses (einschließlich barer Zuzahlungen), der Barabfindung oder einer sonstigen Kompensation kann eine Anfechtungsklage nicht gestützt werden, wenn für deren Überprüfung ein besonderes gerichtliches Verfahren vorgesehen ist. *(BGBl I 2009/71)*

Anfechtungsbefugnis

§ 196. (1) Zur Anfechtung ist befugt:

1. jeder an der Hauptversammlung teilnehmende Aktionär, der gegen den Beschluss Widerspruch zur Niederschrift erklärt hat; *(BGBl I 2009/71)*

1a. jeder Aktionär, dem die Möglichkeit zur Erklärung eines Widerspruchs rechtswidrig vorenthalten wurde; *(BGBl I 2009/71)*

2. jeder andere gemäß § 111 Abs. 1 oder § 112 Abs. 1 teilnahmeberechtigte Aktionär, wenn

a) er zur Teilnahme an der Hauptversammlung zu Unrecht nicht zugelassen wurde,

b) die Versammlung nicht gehörig einberufen wurde oder

c) der Gegenstand der Beschlussfassung nicht gehörig angekündigt wurde;
(BGBl I 2009/71)

3. im Fall des § 195 Abs. 2 jeder Aktionär;

4. der Vorstand;

5. jedes Mitglied des Vorstands und des Aufsichtsrats, wenn sich die Mitglieder des Vorstands und des Aufsichtsrats durch die Ausführung des Beschlusses strafbar oder ersatzpflichtig machen würden.

(2) Aktionäre sind zu einer Anfechtung, die darauf gestützt wird, daß durch den Beschluß Abschreibungen, Wertberichtigungen, Rücklagen oder Rückstellungen über das nach Gesetz oder Satzung statthafte Maß hinaus vorgenommen seien, nur befugt, wenn ihre Anteile zusammen „fünf vom Hundert“ des Grundkapitals erreichen. *(BGBl I 2009/71)*

Anfechtungsklage

§ 197. (1) Zur Entscheidung über die Anfechtungsklage ist der für den Sitz der Gesellschaft zuständige, zur Ausübung der Gerichtsbarkeit in Handelssachen berufene Gerichtshof erster Instanz ausschließlich zuständig.

(2) [1]Die Klage kann nur innerhalb eines Monats nach der Beschlußfassung erhoben werden. [2]Sie ist gegen die Gesellschaft zu richten. [3]Die Gesellschaft wird durch Vorstand und Aufsichtsrat und, wenn der Vorstand klagt, durch den Aufsichtsrat vertreten.

(3) [1]„Die Klagebeantwortung soll nicht vor Ablauf der Monatsfrist des Abs. 2 aufgetragen werden." [2]Mehrere Anfechtungsprozesse sind zur gemeinsamen Verhandlung und Entscheidung zu verbinden. *(BGBl I 2007/72)*

(4) [1]Macht die Gesellschaft glaubhaft, daß ihr auf Grund des § 198 Abs. 2 oder anderer Vorschriften gegen den klagenden Aktionär ein Ersatzanspruch zusteht oder erwachsen kann, so hat das Prozeßgericht auf ihren Antrag anzuordnen, daß der klagende Aktionär der Gesellschaft angemessene Sicherheit leiste. [2]Die Vorschriften der Zivilprozeßordnung über die Festsetzung einer Frist zur Sicherheitsleistung und über die Folgen der Versäumung der Frist sind sinngemäß anzuwenden.

(5) Der Vorstand hat die Erhebung der Klage „"* unverzüglich „gemäß § 18"** zu veröffentlichen. *(*BGBl I 2007/72; **BGBl I 2009/71)*

(6) [1]Das Prozeßgericht hat auf Antrag einer Partei den Wert des Streitgegenstandes nach den gesamten im einzelnen Fall gegebenen Verhältnissen unter Berücksichtigung des Interesses der Gesellschaft an der Aufrechterhaltung des angefochtenen Beschlusses festzusetzen; das Prozeßgericht ist an den vom Kläger in der Klage angegebenen Wert hiebei nicht gebunden. [2]Der Antrag kann bis zum Schluß der Verhandlung (§ 193 Zivilprozeßordnung) gestellt werden; gegen den den Wert des Streitgegenstandes festsetzenden Beschluß ist in jedem Fall der Rekurs zulässig.

Urteilswirkung

§ 198. (1) [1]Soweit der Beschluß durch Urteil für nichtig erklärt ist, wirkt das Urteil für und gegen alle Aktionäre sowie die Mitglieder des Vorstands und des Aufsichtsrats, auch wenn sie nicht Partei sind. [2]Der Vorstand hat das Urteil unverzüglich zum Firmenbuch einzureichen. [3]War der Beschluß in das Firmenbuch eingetragen, so ist auch das Urteil einzutragen; die Eintragung des Urteils ist in gleicher Weise wie die des Beschlusses zu veröffentlichen. [4]„Hatte der Beschluß eine Satzungsänderung zum Inhalt, so ist mit dem Urteil der vollständige Wortlaut der Satzung, wie er sich unter Berücksichtigung des Urteils und aller bisherigen Satzungsänderungen ergibt, mit der Beurkundung eines Notars über diese Tatsache zum Firmenbuch einzureichen." *(BGBl 1991/10)*

(2) Für einen Schaden aus unbegründeter Anfechtung sind der Gesellschaft die Kläger, denen Vorsatz oder grobe Fahrlässigkeit zur Last fällt, als Gesamtschuldner verantwortlich.

Zweiter Abschnitt

Nichtigkeit

Nichtigkeitsgründe

§ 199. (1) „Ein Beschluß der Hauptversammlung ist außer in den Fällen des „§ 159 Abs. 6"**, § 181 Abs. 2, § 188 Abs. 3 und § 189 Abs. 2 dieses Bundesgesetzes sowie des § 268 Abs. 1 „UGB"*** nur dann nichtig,"* wenn

1. die Hauptversammlung entgegen § 105 Abs. 1, § 106 Z 1 oder § 107 Abs. 2 einberufen wurde, sofern nicht ein Fall des § 105 Abs. 5 vorliegt, *(BGBl I 2009/71)*

2. er nicht gemäß § 120 Abs. 1 und 2 beurkundet wurde, *(BGBl I 2009/71)*

3. er mit dem Wesen der Aktiengesellschaft unvereinbar ist oder durch seinen Inhalt Vorschriften verletzt, die ausschließlich oder überwiegend zum Schutz der Gläubiger der Gesellschaft oder sonst im öffentlichen Interesse gegeben sind,

4. er durch seinen Inhalt gegen die guten Sitten verstößt.

*(*BGBl 1990/475; **BGBl I 2001/42; ***BGBl I 2005/120)*

(2) Die Nichtigkeit eines Hauptversammlungsbeschlusses auf Grund eines über eine Anfechtungsklage (§ 197) ergangenen Urteils oder eines gerichtlichen Beschlusses auf Löschung im öffentlichen Interesse wegen Verletzung zwingender gesetzlicher Vorschriften wird durch Abs. 1 nicht berührt.

Heilung der Nichtigkeit

§ 200. (1) Die Nichtigkeit eines Hauptversammlungsbeschlusses, der entgegen „§ 120 Abs. 1 und 2" nicht oder nicht gehörig beurkundet worden ist, kann nicht mehr geltend gemacht werden, wenn der Beschluß in das Firmenbuch eingetragen ist. *(BGBl I 2009/71)*

(2) [1]Ist ein Hauptversammlungsbeschluß nach § 199 Abs. 1 Z 1, 3 oder 4 nichtig, so kann die Nichtigkeit nicht mehr geltend gemacht werden, wenn der Beschluß in das Firmenbuch eingetragen worden ist und seitdem drei Jahre verstrichen sind. [2]Eine Löschung des Beschlusses von Amts wegen im öffentlichen Interesse wegen Verletzung zwingender gesetzlicher Vorschriften (§ 199 Abs. 2) wird durch den Zeitablauf nicht ausgeschlossen.

AktG

(3) Ist ein Hauptversammlungsbeschluss wegen Verstoßes gegen § 107 Abs. 2 zweiter oder dritter Satz gemäß § 199 Abs. 1 Z 1 nichtig, so kann die Nichtigkeit nicht mehr geltend gemacht werden, wenn der nicht geladene Aktionär den Beschluss genehmigt. *(BGBl I 2009/71)*

Nichtigkeitsklage

§ 201. (1) [1]Erhebt ein Aktionär, der Vorstand oder ein Mitglied des Vorstands oder des Aufsichtsrats Klage auf Feststellung der Nichtigkeit eines Hauptversammlungsbeschlusses gegen die Gesellschaft, so gelten § 197 Abs. 1, Abs. 2 Sätze 2 und 3, Abs. 4 bis 6, § 198 sinngemäß. [2]Die Nichtigkeit kann auch durch Einrede geltend gemacht werden.

(2) [1]Mehrere Nichtigkeitsprozesse sind zur gemeinsamen Verhandlung und Entscheidung zu verbinden. [2]Nichtigkeits- und Anfechtungsprozesse können verbunden werden.

Nichtigkeit des vom Vorstand festgestellten Jahresabschlusses

§ 202. (1) Ein vom Vorstand mit Billigung des Aufsichtsrats festgestellter Jahresabschluß ist nur dann nichtig, wenn

1. der Vorstand oder der Aufsichtsrat bei seiner Feststellung nicht ordnungsgemäß mitgewirkt haben,

2. er mit dem Wesen der Aktiengesellschaft unvereinbar ist oder durch seinen Inhalt Vorschriften verletzt, die ausschließlich oder überwiegend zum Schutz der Gläubiger der Gesellschaft oder sonst im öffentlichen Interesse gegeben sind,

3. er durch seinen Inhalt gegen die guten Sitten verstößt,

4. keine Prüfung gemäß § 268 „UGB" stattgefunden hat. *(BGBl I 2005/120)*
(BGBl 1990/475)

(2) Ist ein Jahresabschluß nach Abs. 1 Z 1 nichtig, so kann die Nichtigkeit nicht mehr geltend gemacht werden, wenn die Veröffentlichung des Jahresabschlusses zum Firmenbuch des Sitzes der Gesellschaft eingereicht ist und seitdem sechs Monate verstrichen sind.

(3) Für die Klage auf Feststellung der Nichtigkeit eines Jahresabschlusses gegen die Gesellschaft gilt § 201 sinngemäß.

Achter Teil
Auflösung und Nichtigkeit der Gesellschaft

Erster Abschnitt
Auflösung

Erster Unterabschnitt
Auflösungsgründe und Anmeldung

Auflösungsgründe

§ 203. (1) [1]Die Aktiengesellschaft wird aufgelöst:

1. durch Ablauf der in der Satzung bestimmten Zeit;

2. durch Beschluß der Hauptversammlung; dieser bedarf einer Mehrheit, die mindestens drei Viertel des bei der Beschlußfassung vertretenen Grundkapitals umfaßt. [2]Die Satzung kann diese Mehrheit durch eine größere Kapitalmehrheit ersetzen und noch andere Erfordernisse aufstellen;

3. durch die Eröffnung „des Konkursverfahrens" über das Vermögen der Gesellschaft; *(BGBl I 2010/58)*

4. mit der Rechtskraft des Beschlusses, durch den das Insolvenzverfahren mangels kostendeckenden Vermögens nicht eröffnet oder aufgehoben wird. *(BGBl I 2010/58)*

(2) Dieser Abschnitt gilt auch, wenn die Aktiengesellschaft aus anderen Gründen aufgelöst wird.

Anmeldung und Eintragung der Auflösung

§ 204. [1]Der Vorstand hat die Auflösung der Gesellschaft zur Eintragung in das Firmenbuch anzumelden. [2]„Die Eröffnung des Konkursverfahrens und die Nichteröffnung oder Aufhebung des Insolvenzverfahrens mangels kostendeckenden Vermögens (§ 203 Abs. 1 Z 3 und 4) hat das Gericht von Amts wegen einzutragen." *(BGBl I 2010/58)*

Zweiter Unterabschnitt
Abwicklung

Notwendigkeit der Abwicklung

§ 205. (1) Nach der Auflösung der Gesellschaft findet die Abwicklung statt, wenn nicht über das Vermögen der Gesellschaft „das Insolvenzverfahren" eröffnet worden ist. *(BGBl I 2010/58)*

(2) Bis zum Schluß der Abwicklung sind die Vorschriften der vorausgehenden Teile anzuwenden, soweit sich aus diesem Unterabschnitt oder aus dem Zweck der Abwicklung nichts anderes ergibt.

Abwickler

§ 206. (1) [1]Die Abwicklung besorgen die Vorstandsmitglieder als Abwickler, wenn nicht die Satzung oder ein Beschluß der Hauptversammlung andere Personen bestellt. [2]Auch eine juristische Person kann zum Abwickler bestellt werden.

(2) [1]Auf Antrag des Aufsichtsrats oder einer Minderheit von Aktionären, deren Anteile zusammen „fünf vom Hundert" des Grundkapitals erreichen, hat das Gericht aus wichtigem Grund die Abwickler zu bestellen und abzuberufen. [2]Die Aktionäre haben glaubhaft zu machen, daß sie seit mindestens drei Monaten Inhaber der Aktien sind; zur Glaubhaftmachung genügt eine eidesstättige Versicherung vor einem Notar. [3]Abwickler, die nicht vom Gericht bestellt sind, kann die Hauptversammlung jederzeit abberufen. [4]Ansprüche aus dem Anstellungsvertrag werden hiedurch nicht berührt. *(BGBl I 2009/71)*

Anmeldung der Abwickler

§ 207. (1) [1]Die ersten Abwickler hat der Vorstand, jeden Wechsel der Abwickler haben diese zur Eintragung in das Firmenbuch anzumelden. [2]Ist bei der Bestellung der Abwickler eine Bestimmung über ihre Vertretungsbefugnis getroffen, so ist auch diese Bestimmung anzumelden.

(2) Der Anmeldung sind die Urkunden über die Bestellung oder Abberufung sowie über die Vertretungsbefugnis in Urschrift oder öffentlich beglaubigter Abschrift für das Gericht des Sitzes der Gesellschaft beizufügen.

(3) Die Bestellung oder Abberufung von Abwicklern durch das Gericht wird von Amts wegen eingetragen.

(4) Die Abwickler haben ihre Unterschrift zur Aufbewahrung beim Gericht zu zeichnen.

(5) Ist eine Person als Abwickler eingetragen oder bekanntgemacht, so kann ein Mangel ihrer Bestellung einem Dritten nur entgegengehalten werden, wenn der Mangel diesem bekannt war. *(BGBl 1991/10)*

Aufruf der Gläubiger

§ 208. [1]Die Abwickler haben unter Hinweis auf die Auflösung der Gesellschaft die Gläubiger der Gesellschaft aufzufordern, ihre Ansprüche anzumelden. [2]Die Aufforderung ist dreimal „gemäß § 18" zu veröffentlichen. *(BGBl I 2009/71)*

Pflichten der Abwickler

§ 209. (1) Die Abwickler haben die laufenden Geschäfte zu beenden, die Forderungen einzuziehen, das übrige Vermögen in Geld umzusetzen und die Gläubiger zu befriedigen; um schwebende Geschäfte zu beenden, können sie auch neue eingehen.

(2) Im übrigen haben die Abwickler innerhalb ihres Geschäftskreises die Rechte und Pflichten des Vorstands; sie unterliegen wie dieser der Überwachung durch den Aufsichtsrat.

(3) Das Wettbewerbsverbot des § 79 gilt für sie nicht.

Vertretung der aufgelösten Gesellschaft durch die Abwickler

§ 210. (1) Die Abwickler vertreten „ " die Gesellschaft gerichtlich und außergerichtlich. *(BGBl I 2006/103)*

(2) [1]Sind mehrere Abwickler bestellt, so sind, wenn in der Satzung oder bei ihrer Bestellung nichts anderes bestimmt ist, sämtliche Abwickler nur gemeinschaftlich zur Abgabe von Willenserklärungen und zur Zeichnung für die Gesellschaft befugt. [2]In der Satzung oder bei der Bestellung kann auch bestimmt werden, daß einzelne Abwickler allein zur Vertretung der Gesellschaft befugt sein sollen; gleiches kann der Aufsichtsrat bestimmen, wenn die Satzung oder ein Beschluß der Hauptversammlung ihn hiezu ermächtigt hat. [3]Die Abwickler können durch Beschluß einzelne von ihnen zur Vornahme bestimmter Geschäfte oder bestimmter Arten von Geschäften ermächtigen. [4]Ist eine Willenserklärung der Gesellschaft gegenüber abzugeben, so genügt die Abgabe gegenüber einem Abwickler.

(3) Die Abwickler haben in der Weise zu zeichnen, daß sie der Firma einen die Abwicklung andeutenden Zusatz und ihre Namensunterschrift hinzufügen.

(4) Dritten gegenüber ist eine Beschränkung der Vertretungsbefugnis der Abwickler unwirksam.

(5) [1]Prokuristen können nicht bestellt werden. Bestehende Prokuren erlöschen und gelten als Handlungsvollmachten. [2]Das Erlöschen der Prokuren ist zum Firmenbuch anzumelden.

Eröffnungsbilanz, Jahresabschluss, Lagebericht und Corporate Governance-Bericht

§ 211. (1) Die Abwickler haben für den Beginn der Abwicklung eine Bilanz (Eröffnungsbilanz) und weiterhin für den Schluß jedes Jahres einen Jahresabschluß und einen „Lagebericht"* „sowie gegebenenfalls einen Corporate Governance-Bericht"** aufzustellen; das bisherige Geschäftsjahr der Gesellschaft kann beibehalten werden. *(*BGBl 1996/304; **BGBl I 2008/70, die Änderung gilt für Geschäftsjahre, die nach dem 31. 12. 2008 beginnen (!), siehe § 262 Abs 14)*

(2) [1]Die Hauptversammlung beschließt über die Eröffnungsbilanz, den Jahresabschluß und über die Entlastung der Abwickler und des Aufsichtsrats. [2]„Für den Jahresabschluß und den La-

gebericht gelten sinngemäß die „§§ 96 Abs. 1 und 104 Abs. 1 bis 3 dieses Bundesgesetzes sowie“** die „§§ 222, 236 bis 243b, 277 bis 279 und 281 UGB“***.“* *(BGBl 1982/371; *BGBl 1990/475; **BGBl I 2009/71; ***BGBl I 2015/22)*

(3) [1]Die §§ 201 bis 211 über die Wertansätze in der Jahresbilanz sowie die §§ 224 bis 230 über die Gliederung und die §§ 269 bis 276 über die Prüfung des Jahresabschlusses des „UGB“** gelten nicht. [2]Das Gericht hat jedoch auf Antrag von Aktionären, deren Anteile zusammen „fünf vom Hundert“*** des Grundkapitals oder den „anteiligen Betrag von 350 000 Euro“* erreichen, aus wichtigem Grund eine Prüfung des Jahresabschlusses anzuordnen; in diesem Fall gelten die §§ 269 bis 276 „UGB“** sinngemäß. *(BGBl 1990/475; *BGBl I 1998/125; **BGBl I 2005/120; ***BGBl I 2009/71)*

(4) „ “* Die Vorschriften des „Unternehmensgesetzbuches“** über die „Bücher“** sind anzuwenden. *(*BGBl 1990/475; **BGBl I 2005/120)*

(5) Die Vorschriften für den Jahresabschluß gelten sinngemäß für die Eröffnungsbilanz.

Verteilung des Vermögens

§ 212. (1) Das nach der Berichtigung der Schulden verbleibende Vermögen der Gesellschaft wird unter die Aktionäre verteilt.

(2) Die Verteilung geschieht nach „den Anteilen am Grundkapital“, wenn nicht mehrere Gattungen von Aktien mit verschiedenen Rechten bei der Verteilung des Gesellschaftsvermögens vorhanden sind. *(BGBl I 1998/125)*

(3) [1]Sind die Einlagen nicht auf alle Aktien in demselben Verhältnis geleistet, so werden die auf das Grundkapital geleisteten Einlagen erstattet und ein Überschuß nach „den Anteilen am Grundkapital“ verteilt. [2]Reicht das Vermögen zur Erstattung der Einlagen nicht aus, so haben die Aktionäre den Verlust nach „ihren Anteilen am Grundkapital“ zu tragen; die noch ausstehenden Einlagen sind, soweit nötig, einzuziehen. *(BGBl I 1998/125)*

Gläubigerschutz

§ 213. (1) Das Vermögen darf nur verteilt werden, wenn ein Jahr seit dem Tag verstrichen ist, an dem der Aufruf der Gläubiger (§ 208) zum drittenmal veröffentlicht worden ist.

(2) Meldet sich ein bekannter Gläubiger nicht, so ist der geschuldete Betrag für ihn zu hinterlegen, wenn ein Recht zur Hinterlegung besteht.

(3) Kann eine Verbindlichkeit zurzeit nicht berichtigt werden oder ist sie streitig, so darf das Vermögen nur verteilt werden, wenn dem Gläubiger Sicherheit geleistet ist.

Schluß der Abwicklung

§ 214. (1) [1]Ist die Abwicklung beendet und die Schlußrechnung gelegt, so haben die Abwickler den Schluß der Abwicklung zum Firmenbuch anzumelden. [2]Der Schluß der Abwicklung ist einzutragen, die Gesellschaft ist zu löschen.

(2) Die Bücher und Schriften der Gesellschaft sind an einem vom Gericht bestimmten sicheren Ort zur Aufbewahrung auf sieben Jahre zu hinterlegen.

(3) Das Gericht hat auf Antrag eines Aktionärs oder eines Gläubigers diesem aus wichtigem Grund die Einsicht der Bücher und Schriften zu gestatten.

(4) Stellt sich nachträglich heraus, daß weitere Abwicklungsmaßnahmen nötig sind, so hat auf Antrag eines Beteiligten das Gericht die bisherigen Abwickler neu zu bestellen oder andere Abwickler zu berufen.

Fortsetzung einer aufgelösten Gesellschaft

§ 215. (1) [1]Ist eine Aktiengesellschaft durch Zeitablauf oder durch Beschluß der Hauptversammlung aufgelöst worden, so kann die Hauptversammlung, solange noch nicht mit der Verteilung des Vermögens unter die Aktionäre begonnen ist, die Fortsetzung der Gesellschaft beschließen. [2]Der Beschluß bedarf einer Mehrheit, die mindestens drei Viertel des bei der Beschlußfassung vertretenen Grundkapitals umfaßt; die Satzung kann diese Mehrheit durch eine größere Kapitalmehrheit ersetzen und noch andere Erfordernisse aufstellen.

(2) Gleiches gilt, wenn die Gesellschaft durch die Eröffnung des Konkursverfahrens aufgelöst, das Konkursverfahren aber durch Bestätigung eines Sanierungsplans (§ 152 IO) oder mit Einverständnis der Gläubiger (§ 123b IO) aufgehoben worden ist. *(BGBl I 2010/58)*

(3) Die Abwickler haben die Fortsetzung der Gesellschaft zur Eintragung in das Firmenbuch anzumelden; sie haben bei der Anmeldung nachzuweisen, daß noch nicht mit der Verteilung des Vermögens der Gesellschaft unter die Aktionäre begonnen worden ist.

(4) Der Fortsetzungsbeschluß hat keine Wirkung, bevor er in das Firmenbuch des Sitzes der Gesellschaft eingetragen worden ist.

Zweiter Abschnitt

Nichtigkeit der Gesellschaft

Klage auf Nichtigerklärung

§ 216. (1) [1]Jeder Aktionär und jedes Mitglied des Vorstands und des Aufsichtsrats kann darauf klagen, daß die Gesellschaft für nichtig erklärt werde, wenn

1. die Satzung keine Bestimmungen über die Firma der Gesellschaft, die Höhe des Grundkapitals oder den Gegenstand des Unternehmens enthält,

2. der in der Satzung umschriebene oder tatsächlich verfolgte Gegenstand des Unternehmens rechtswidrig oder sittenwidrig ist.

[2]Auf andere Gründe kann die Klage nicht gestützt werden. *(BGBl 1996/304)*

(2) Ist der Mangel nach § 217 heilbar, so kann die Klage erst erhoben werden, nachdem ein Klageberechtigter die Gesellschaft aufgefordert hat, den Mangel zu beseitigen, und sie binnen drei Monaten dieser Aufforderung nicht nachgekommen ist.

(3) [1]Die Klage kann nur binnen einem Jahr nach Eintragung der Gesellschaft erhoben werden. [2]Eine Löschung der Gesellschaft von Amts wegen aus einem Grund, aus dem nach Abs. 1 und 2 die Klage auf Nichtigkeit erhoben werden könnte, oder aus dem Grund des Mangels eines Vermögens wird durch den Zeitablauf nicht ausgeschlossen.

(4) [1]Für die Klage gelten § 197 Abs. 1, Abs. 2 Satz 2 und 3, Abs. 3 bis 6, § 198 Abs. 1 Satz 1, Abs. 2, § 201 Abs. 2 sinngemäß; der Vorstand hat eine Abschrift der Klage und des rechtskräftigen Urteils zum Firmenbuch einzureichen. [2]„Die Nichtigkeit der Gesellschaft auf Grund rechtskräftigen Urteils ist einzutragen.“ *(BGBl 1991/10)*

Heilung der Nichtigkeit

§ 217. Ein Mangel, der die Bestimmungen über die Firma der Gesellschaft oder den Gegenstand des Unternehmens betrifft, kann unter Beachtung der Vorschriften über Satzungsänderungen geheilt werden.

(BGBl 1996/304)

Wirkung der Eintragung der Nichtigkeit

§ 218. (1) Ist die Nichtigkeit einer Gesellschaft auf Grund rechtskräftigen Urteils oder einer Entscheidung des Registergerichts in das Firmenbuch eingetragen, so findet die Abwicklung nach den Vorschriften über die Abwicklung bei Auflösung statt.

(2) Die Wirksamkeit der im Namen der Gesellschaft vorgenommenen Rechtsgeschäfte wird durch die Nichtigkeit nicht berührt.

(3) Die Gesellschafter haben die bedungenen Einlagen zu leisten, soweit es zur Erfüllung der eingegangenen Verbindlichkeiten nötig ist.

Neunter Teil
Verschmelzung

Erster Abschnitt
Verschmelzung von Aktiengesellschaften

Begriff der Verschmelzung

§ 219. [1]Aktiengesellschaften können unter Ausschluß der Abwicklung verschmolzen werden. [2]Die Verschmelzung kann erfolgen

1. durch Übertragung des Vermögens einer Gesellschaft oder mehrerer Gesellschaften (übertragende Gesellschaften) im Weg der Gesamtrechtsnachfolge auf eine andere bestehende Gesellschaft (übernehmende Gesellschaft) gegen Gewährung von Aktien dieser Gesellschaft (Verschmelzung durch Aufnahme), oder

2. durch Übertragung der Vermögen zweier oder mehrerer Gesellschaften (übertragende Gesellschaften) im Weg der Gesamtrechtsnachfolge auf eine von ihnen dadurch gegründete neue Gesellschaft gegen Gewährung von Aktien dieser Gesellschaft (Verschmelzung durch Neugründung).

(BGBl 1996/304)

Erster Unterabschnitt
Verschmelzung durch Aufnahme

Vorbereitung der Verschmelzung

§ 220. (1) Die Vorstände der an der Verschmelzung beteiligten Gesellschaften haben einen Verschmelzungsvertrag abzuschließen oder einen schriftlichen Entwurf aufzustellen.

(2) Der Vertrag oder dessen Entwurf muß mindestens folgenden Inhalt haben:

1. die Firma und den Sitz der an der Verschmelzung beteiligten Gesellschaften;

2. die Vereinbarung über die Übertragung des Vermögens jeder übertragenden Gesellschaft im Weg der Gesamtrechtsnachfolge;

3. das Umtauschverhältnis der Aktien, gegebenenfalls die Höhe der baren Zuzahlungen und weiters die Einzelheiten für die Gewährung von Aktien der übernehmenden Gesellschaft; werden keine Aktien gewährt (§ 224), sind die Gründe hiefür anzugeben;

4. den Zeitpunkt, von dem an diese Aktien einen Anspruch auf einen Anteil am Bilanzgewinn gewähren, sowie alle Besonderheiten in bezug auf diesen Anspruch;

5. den Stichtag, von dem an die Handlungen der übertragenden Gesellschaften als für Rechnung der übernehmenden Gesellschaft vorgenommen gelten (Verschmelzungsstichtag);

AktG

6. die Rechte, welche die übernehmende Gesellschaft einzelnen Aktionären sowie den Inhabern von Vorzugsaktien, Schuldverschreibungen und Genußrechten gewährt, oder die für diese Personen vorgesehenen Maßnahmen;

7. jeden besonderen Vorteil, der einem Mitglied des Vorstands oder des Aufsichtsrats, einem Abschlußprüfer der an der Verschmelzung beteiligten Gesellschaften oder einem Verschmelzungsprüfer gewährt wird.

(3) [1]Jede übertragende Gesellschaft hat auf den Verschmelzungsstichtag eine Schlußbilanz aufzustellen. [2]Für sie gelten die Vorschriften des „UGB" über den Jahresabschluß und dessen Prüfung sinngemäß; sie braucht nicht veröffentlicht zu werden. [3]Die Schlußbilanzen müssen auf einen höchstens neun Monate vor der Anmeldung der Verschmelzung liegenden Stichtag aufgestellt werden. *(BGBl I 2005/120)*

(BGBl 1996/304)

Verschmelzungsbericht

§ 220a. [1]Die Vorstände jeder der an der Verschmelzung beteiligten Gesellschaften haben einen ausführlichen schriftlichen Bericht zu erstatten, in dem die voraussichtlichen Folgen der Verschmelzung, der Verschmelzungsvertrag oder dessen Entwurf und insbesondere das Umtauschverhältnis der Aktien, gegebenenfalls die Höhe der baren Zuzahlungen sowie die Maßnahmen gemäß § 226 Abs. 3 rechtlich und wirtschaftlich erläutert und begründet werden. [2]Auf besondere Schwierigkeiten bei der Bewertung der Unternehmen ist hinzuweisen. [3]„§ 118 Abs. 3" ist sinngemäß anzuwenden. *(BGBl I 2009/71)*

(BGBl 1996/304)

Prüfung der Verschmelzung

§ 220b. (1) Der Verschmelzungsvertrag oder dessen Entwurf ist für jede der an der Verschmelzung beteiligten Gesellschaften durch einen Verschmelzungsprüfer zu prüfen.

(2) [1]Der Verschmelzungsprüfer wird für jede der beteiligten Gesellschaften vom Aufsichtsrat bestellt. [2]Die Prüfung durch einen gemeinsamen Prüfer für alle beteiligten Gesellschaften ist zulässig, wenn dieser Prüfer auf gemeinsamen Antrag der Aufsichtsräte durch das Gericht, in dessen Sprengel die übernehmende Gesellschaft ihren Sitz hat, bestellt wird. [3]In diesem Fall gilt § 270 Abs. 5 „UGB" sinngemäß. *(BGBl I 2005/120)*

(3) [1]Für die Auswahl, das Auskunftsrecht und die Verantwortlichkeit des Verschmelzungsprüfers gelten die „§§ 268 Abs. 4, 271, 271a, 272 und 275 UGB" sinngemäß. [2]Das Auskunftsrecht besteht gegenüber allen an der Verschmelzung beteiligten Gesellschaften. [3]Die Haftung besteht gegenüber den an der Verschmelzung beteiligten Gesellschaften und deren Aktionären. *(BGBl I 2008/70, die Änderung ist anzuwenden, wenn die Bestellung nach dem 31. 5. 2008 erfolgt; vgl § 262 Abs 14!)*

(4) [1]Der Verschmelzungsprüfer hat über das Ergebnis der Prüfung schriftlich zu berichten. [2]Der Prüfungsbericht kann auch gemeinsam für die beteiligten Gesellschaften erstattet werden. [3]Er ist mit einer Erklärung darüber abzuschließen, ob das vorgeschlagene Umtauschverhältnis der Aktien und gegebenenfalls die Höhe der baren Zuzahlungen angemessen ist. [4]Dabei ist insbesondere anzugeben,

1. nach welchen Methoden das vorgeschlagene Umtauschverhältnis ermittelt worden ist;

2. aus welchen Gründen die Anwendung dieser Methoden angemessen ist;

3. welches Umtauschverhältnis sich bei der Anwendung verschiedener Methoden, sofern mehrere angewendet worden sind, jeweils ergeben würde; zugleich ist dazu Stellung zu nehmen, welche Gewichtung diesen Methoden bei der Bestimmung des Umtauschverhältnisses beigemessen wurde, und darauf hinzuweisen, ob und welche besonderen Schwierigkeiten bei der Bewertung aufgetreten sind.

[5]Die Verschmelzungsprüfer haben ihren Prüfungsbericht den Vorständen und den Mitgliedern der Aufsichtsräte der beteiligten Gesellschaften vorzulegen.

(5) Besteht in sinngemäßer Anwendung von „§ 133 Abs. 3" ein Geheimhaltungsinteresse, so hat der Verschmelzungsprüfer auch eine darauf Bedacht nehmende Fassung vorzulegen, die zur Einsicht der Aktionäre bestimmt ist (§ 221a Abs. 2 Z 5). *(BGBl I 2009/71)*

(BGBl 1996/304)

Prüfung durch den Aufsichtsrat

§ 220c. [1]Die Aufsichtsräte der an der Verschmelzung beteiligten Gesellschaften haben die beabsichtigte Verschmelzung auf der Grundlage des Verschmelzungsberichts und des Prüfungsberichts zu prüfen und darüber einen schriftlichen Bericht zu erstatten; § 118 Abs. 3 ist sinngemäß anzuwenden. [2]Die Prüfung durch den Aufsichtsrat der übernehmenden Gesellschaft kann entfallen, wenn für den Erwerb von Unternehmen gemäß § 95 Abs. 5 Z 1 eine Betragsgrenze festgesetzt wurde und der Buchwert der übertragenden Gesellschaft diese Betragsgrenze nicht überschreitet.

(BGBl I 2011/53)

Beschlüsse der Hauptversammlung

§ 221. (1) Der Verschmelzungsvertrag wird nur wirksam, wenn die Hauptversammlung jeder Gesellschaft ihm zustimmt.

(2) [1]Der Beschluß der Hauptversammlung bedarf einer Mehrheit, die mindestens drei Viertel des bei der Beschlußfassung vertretenen Grundkapitals umfaßt. [2]Die Satzung kann eine größere Kapitalmehrheit und weitere Erfordernisse bestimmen.

(3) Sind mehrere Gattungen von stimmberechtigten Aktien vorhanden, so bedarf der Beschluss der Hauptversammlung zu seiner Wirksamkeit eines in gesonderter Abstimmung gefassten Beschlusses der Aktionäre jeder Gattung; für diesen gilt Abs. 2. *(BGBl I 2009/71)*

(4) Der Verschmelzungsvertrag (dessen Entwurf) ist in die Niederschrift über den Beschluß aufzunehmen oder dieser als Anlage beizufügen.

(BGBl 1996/304)

Vorbereitung und Durchführung der Hauptversammlung

§ 221a. (1) [1]Die Vorstände der beteiligten Gesellschaften haben mindestens einen Monat vor dem Tag der Hauptversammlung, die über die Zustimmung zur Verschmelzung beschließen soll, den Verschmelzungsvertrag oder dessen Entwurf nach Prüfung durch den jeweiligen Aufsichtsrat bei den Gerichten, in deren Sprengel die beteiligten Gesellschaften ihren Sitz haben, einzureichen und einen Hinweis auf diese Einreichung „gemäß § 18"* zu veröffentlichen. [2]In dieser Veröffentlichung sind die Aktionäre auf ihre Rechte gemäß Abs. 2 „ "** hinzuweisen. *(*BGBl I 2009/71; **BGBl I 2011/53)*

(1a) [1]Die Einreichung des Verschmelzungsvertrags oder dessen Entwurfs bei Gericht und die Veröffentlichung des Hinweises auf die Einreichung gemäß Abs. 1 sind nicht erforderlich, wenn die Gesellschaft den Verschmelzungsvertrag oder dessen Entwurf sowie den Hinweis gemäß Abs. 1 zweiter Satz spätestens einen Monat vor der Hauptversammlung, die über die Zustimmung zur Verschmelzung beschließen soll, in elektronischer Form in der Ediktsdatei (§ 89j GOG) veröffentlicht. [2]Die Bundesministerin für Justiz kann die technischen Details der Vorgangsweise bei der Veröffentlichung durch Verordnung regeln. *(BGBl I 2011/53)*

(2) Bei jeder der beteiligten Gesellschaften sind mindestens während eines Monats vor dem Tag der Hauptversammlung, die über die Zustimmung zur Verschmelzung beschließen soll, „gemäß § 108 Abs. 3 bis 5 bereit zu stellen": *(BGBl I 2009/71)*

1. der Verschmelzungsvertrag oder dessen Entwurf (§ 220 Abs. 1 und 2);

2. die Jahresabschlüsse und die Lageberichte „sowie gegebenenfalls die Corporate Governance-Berichte" der an der Verschmelzung beteiligten Gesellschaften für die letzten drei Geschäftsjahre, weiters die Schlußbilanz (§ 220 Abs. 3), wenn der Verschmelzungsstichtag vom Stichtag des letzten Jahresabschlusses abweicht und die Schlußbilanz bereits in geprüfter Form vorliegt; *(BGBl I 2008/70, die Änderung gilt für Geschäftsjahre, die nach dem 31. 12. 2008 beginnen (!), siehe § 262 Abs 14)*

3. falls sich der letzte Jahresabschluß auf ein Geschäftsjahr bezieht, das mehr als sechs Monate vor dem Abschluß des Verschmelzungsvertrages oder der Aufstellung des Entwurfs abgelaufen ist, eine Bilanz auf einen Stichtag, der nicht vor dem ersten Tag des dritten Monats liegt, welcher dem Monat des Abschlusses oder der Aufstellung vorausgeht (Zwischenbilanz);

4. die Verschmelzungsberichte (§ 220a);

5. die Prüfungsberichte (§ 220b);

6. die Berichte der Aufsichtsräte (§ 220c).

(3) [1]Die Zwischenbilanz (Abs. 2 Z 3) ist nach den Vorschriften aufzustellen, die auf die letzte Jahresbilanz der Gesellschaft angewendet worden sind. [2]Eine körperliche Bestandsaufnahme ist nicht erforderlich. [3]Die Wertansätze der letzten Jahresbilanz dürfen übernommen werden. [4]Abschreibungen, Wertberichtigungen und Rückstellungen sowie wesentliche, aus den Büchern nicht ersichtliche Veränderungen der wirklichen Werte von Vermögensgegenständen bis zum Stichtag der Zwischenbilanz sind jedoch zu berücksichtigen.

(4) [1]Die Zwischenbilanz (Abs. 2 Z 3) muss nicht aufgestellt werden, wenn die Gesellschaft seit dem letzten Jahresabschluss einen Halbjahresfinanzbericht nach „§§ 125 und 126 BörseG 2018" oder nach den vom Aufnahmemitgliedstaat gemäß Art. 5 der Transparenz-Richtlinie 2004/109/EG erlassenen Vorschriften veröffentlicht hat. [2]In diesem Fall tritt der Halbjahresfinanzbericht bei der Vorbereitung der Hauptversammlung an die Stelle der Zwischenbilanz. *(BGBl I 2011/53; BGBl I 2017/107)*

(5) [1]In der Hauptversammlung sind die in Abs. 2 bezeichneten Unterlagen aufzulegen. [2]Der Vorstand hat den Verschmelzungsvertrag oder dessen Entwurf zu Beginn der Verhandlung mündlich zu erläutern. [3]Der Vorstand hat die Aktionäre vor der Beschlussfassung über jede wesentliche Veränderung der Vermögens- oder Ertragslage einer der an der Verschmelzung beteiligten Gesellschaften, die zwischen der Aufstellung des Verschmelzungsvertrags oder dessen Entwurf und dem Zeitpunkt der Beschlussfassung eingetreten ist, zu unterrichten; dies gilt insbesondere, wenn die Veränderung ein anderes Umtauschverhältnis rechtfertigen würde. [4]Zu diesem Zweck hat der Vorstand der Gesellschaft, bei der es zu einer solchen Veränderung der Vermögens- oder Ertragslage gekommen ist, den Vorstand der anderen beteiligten Gesellschaft(en) darüber unverzüglich zu unterrichten. *(BGBl I 2011/53)*

(6) [1]Jedem Aktionär ist auf Verlangen in der Hauptversammlung Auskunft auch über alle für die Verschmelzung wesentlichen Angelegenheiten der anderen beteiligten Gesellschaften zu geben. [2]„§ 118 Abs. 3" ist sinngemäß anzuwenden. *(BGBl I 2009/71)*

(BGBl 1996/304)

Notarielle Beurkundung des Verschmelzungsvertrags

§ 222. Der Verschmelzungsvertrag bedarf der notariellen Beurkundung.

(BGBl 1996/304)

Erhöhung des Grundkapitals zur Durchführung der Verschmelzung

§ 223. (1) [1]Erhöht die übernehmende Gesellschaft zur Durchführung der Verschmelzung das Grundkapital, so sind § 149 Abs. 4, § 151 Abs. 2, §§ 152, 153, § 154 Abs. 1 sowie § 155 Abs. 2 und Abs. 3 Z 1 nicht anzuwenden; dies gilt auch dann, wenn das Grundkapital durch Ausgabe neuer Aktien auf Grund der Ermächtigung gemäß § 169 erhöht wird. [2]In diesem Fall ist außerdem § 170 Abs. 3 nicht anzuwenden.

(2) [1]„Im Fall einer Kapitalerhöhung nach Abs. 1 hat bei der übernehmenden Gesellschaft eine Prüfung durch einen oder mehrere Prüfer stattzufinden;" § 25 Abs. 3 bis 5, §§ 26, 27, 42 und 44 gelten sinngemäß. [2]Der Prüfer kann gleichzeitig Verschmelzungsprüfer sein. *(BGBl I 2011/53)*

(BGBl 1996/304)

Unterbleiben der Gewährung von Aktien

§ 224. (1) Die übernehmende Gesellschaft darf keine Aktien gewähren, soweit

1. sie Aktien der übertragenden Gesellschaft besitzt;

2. eine übertragende Gesellschaft eigene Aktien besitzt.

(2) Die übernehmende Gesellschaft darf von der Gewährung von Aktien absehen, soweit

1. die Gesellschafter sowohl an der übernehmenden als auch an der übertragenden Gesellschaft im gleichen Verhältnis unmittelbar oder mittelbar beteiligt sind, es sei denn, daß dies dem Verbot der Rückgewähr der Einlagen oder der Befreiung von Einlageverpflichtungen widerspricht;

2. Gesellschafter der übertragenden Gesellschaft auf die Gewährung von Aktien verzichten.

(3) Sofern die übertragende Gesellschaft Aktien an der übernehmenden Gesellschaft besitzt, sind diese, soweit erforderlich, zur Abfindung der Gesellschafter der übertragenden Gesellschaft zu verwenden.

(4) Dem Besitz durch eine Gesellschaft stellt der Besitz durch einen im eigenen Namen, jedoch für Rechnung dieser Gesellschaft handelnden Dritten gleich.

(5) Leistet die übernehmende Gesellschaft bare Zuzahlungen, so dürfen diese „zehn vom Hundert"** des „auf die gewährten Aktien der übernehmenden Gesellschaft entfallenden anteiligen Betrages ihres Grundkapitals"* nicht übersteigen. *(*BGBl I 1998/125; **BGBl I 2009/71)*

(BGBl 1996/304)

Anmeldung der Verschmelzung

§ 225. (1) [1]Der Vorstand jeder Gesellschaft hat die Verschmelzung zur Eintragung beim Gericht, in dessen Sprengel seine Gesellschaft ihren Sitz hat, anzumelden. [2]Der Anmeldung der übernehmenden Gesellschaft sind in Urschrift, Ausfertigung oder beglaubigter Abschrift beizufügen:

1. der Verschmelzungsvertrag;

2. die Niederschriften der Verschmelzungsbeschlüsse;

3. wenn die Verschmelzung einer behördlichen Genehmigung bedarf, die Genehmigungsurkunde;

4. die Verschmelzungsberichte (§ 220a);

5. die Prüfungsberichte (§ 220b);

6. die Schlußbilanz der übertragenden Gesellschaft (§ 220 Abs. 3);

7. den Nachweis der Veröffentlichung gemäß § 221a Abs. 1 „oder 1a", es sei denn, daß bei den Hauptversammlungen alle Aktionäre erschienen oder vertreten waren und der Beschlußfassung nicht widersprochen haben. *(BGBl I 2011/53)*

(2) [1]Weiters sind dem Gericht, in dessen Sprengel die übernehmende Gesellschaft ihren Sitz hat, eine Erklärung des Vorstands jeder beteiligten Gesellschaft vorzulegen, daß eine Klage auf Anfechtung oder Feststellung der Nichtigkeit des Verschmelzungsbeschlusses innerhalb eines Monats nach der Beschlußfassung nicht erhoben oder zurückgezogen worden ist oder daß alle Aktionäre durch notariell beurkundete Erklärung auf eine solche Klage verzichtet haben. [2]Können diese Erklärungen nicht vorgelegt werden, so hat das Gericht gemäß § 19 FBG vorzugehen. [3]Verzichtet der Vorstand der übernehmenden Gesellschaft gemäß § 231 Abs. 1 auf die Einholung der Zustimmung der Hauptversammlung, so hat er überdies eine Erklärung abzugeben, daß die Aktionäre der übernehmenden Gesellschaft von ihrem Recht gemäß § 231 Abs. 3, die Einberufung einer Hauptversammlung zu verlangen, nicht Gebrauch gemacht oder auf dieses Recht schriftlich verzichtet haben.

(2a) [1]Ist die übertragende Gesellschaft im Inland börsenotiert, so darf die Verschmelzung erst zur Eintragung angemeldet werden, nachdem unter Hinweis auf die geplante Verschmelzung innerhalb der letzten sechs Monate vor der Anmeldung oder unter Hinweis auf die gefassten Verschmelzungsbeschlüsse eine Angebotsunterlage nach dem 5. Teil des ÜbG veröffentlicht wurde. [2]Ein solches Angebot ist jedoch dann nicht erforderlich, wenn für die zu gewährenden Beteiligungspapiere der übernehmenden Gesellschaft die Zulassung und der Handel an zumindest einem geregelten Markt in einem EWR-Vertragsstaat gewährleistet sind, an dem für einen Widerruf der Zulassung zum Handel an diesem Markt mit § 38 Abs. 6 bis 8 BörseG 2018 gleichwertige Voraussetzungen gelten. *(BGBl I 2017/107)*

(3) [1]Wenn die übertragende und die übernehmende Gesellschaft ihren Sitz nicht im selben Sprengel haben, hat das Gericht, in dessen Sprengel die übertragende Gesellschaft ihren Sitz hat, die Beendigung seiner Zuständigkeit auszusprechen und dies dem Gericht, in dessen Sprengel die übernehmende Gesellschaft ihren Sitz hat, mitzuteilen. [2]Weiters hat es diesem Gericht von Amts wegen die bei ihm aufbewahrten Urkunden und sonstigen Schriftstücke zu übersenden.

(BGBl 1996/304)

Eintragung der Verschmelzung

§ 225a. (1) [1]Das Gericht, in dessen Sprengel die übernehmende Gesellschaft ihren Sitz hat, hat die Verschmelzung bei allen beteiligten Gesellschaften gleichzeitig einzutragen; wird zur Durchführung der Verschmelzung das Grundkapital erhöht, so ist gleichzeitig mit der Verschmelzung der Beschluß über die Erhöhung des Grundkapitals sowie die Durchführung der Erhöhung des Grundkapitals einzutragen. [2]In den Eintragungen sind die Firmen aller übrigen beteiligten Gesellschaften unter Hinweis auf ihre Firmenbuchnummern anzugeben.

(2) [1]Die übertragende Gesellschaft hat einen Treuhänder für den Empfang der zu gewährenden Aktienurkunden und der allfälligen baren Zuzahlungen zu bestellen. [2]Die Verschmelzung darf erst eingetragen werden, wenn der Treuhänder dem Gericht, in dessen Sprengel die übernehmende Gesellschaft ihren Sitz hat, angezeigt hat, daß er im Besitz der Aktienurkunden und der allfälligen baren Zuzahlungen ist. [3]Die §§ 158 und 164 stehen der Ausgabe der Aktienurkunden an den Treuhändern nicht entgegen.

(3) Mit der Eintragung der Verschmelzung bei der übernehmenden Gesellschaft treten folgende Rechtswirkungen ein:

1. [1]Das Vermögen der übertragenden Gesellschaft geht einschließlich der Schulden auf die übernehmende Gesellschaft über. [2]Treffen bei einer Verschmelzung aus gegenseitigen Verträgen, die zur Zeit der Verschmelzung von keiner Seite vollständig erfüllt sind, Abnahme-, Lieferungs- oder ähnliche Verpflichtungen zusammen, die miteinander unvereinbar sind oder die beide zu erfüllen eine schwere Unbilligkeit für die übernehmende Gesellschaft bedeuten würde, so bestimmt sich der Umfang der Verpflichtungen nach Billigkeit unter Würdigung der vertraglichen Rechte aller Beteiligten.

2. [1]Die übertragende Gesellschaft erlischt. [2]Einer besonderen Löschung der übertragenden Gesellschaft bedarf es nicht.

3. Die Aktionäre der übertragenden Gesellschaft werden Aktionäre der übernehmenden Gesellschaft, soweit sich aus § 224 nichts anderes ergibt.

4. Der Mangel der notariellen Beurkundung des Verschmelzungsvertrags wird geheilt.

(4) Für den Umtausch der Aktien der übertragenden Gesellschaft gilt § 67, bei Zusammenlegung von Aktien § 179 über die Kraftloserklärung von Aktien sinngemäß; einer Genehmigung des Gerichts bedarf es nicht.

(BGBl 1996/304)

Ausschluß von Anfechtungsklagen

§ 225b. Die Anfechtung des Beschlusses, durch den die Hauptversammlung einer beteiligten Gesellschaft dem Verschmelzungsvertrag zugestimmt hat, kann nicht darauf gestützt werden, daß das Umtauschverhältnis oder die allfälligen baren Zuzahlungen nicht angemessen festgelegt sind oder daß die in den Verschmelzungsberichten (§ 220a), den Prüfungsberichten (§ 220b) oder den Berichten der Aufsichtsräte (§ 220c) enthaltenen Erläuterungen des Umtauschverhältnisses oder der baren Zuzahlungen den gesetzlichen Bestimmungen nicht entsprechen.

(BGBl 1996/304)

Gerichtliche Überprüfung des Umtauschverhältnisses, Antragsberechtigte

§ 225c. (1) Ist das Umtauschverhältnis oder sind die allfälligen baren Zuzahlungen nicht angemessen festgelegt, so hat jeder Aktionär einer der beteiligten Gesellschaften einen Anspruch gegen die übernehmende Gesellschaft auf Ausgleich durch bare Zuzahlungen.

(2) Im Fall des Abs. 1 kann ein Antrag bei Gericht gestellt werden, daß das Umtauschverhältnis überprüft wird und die übernehmende Gesellschaft einen Ausgleich durch bare Zuzahlungen zu leisten hat.

(3) Antragsberechtigt sind nur Aktionäre, die

1. a) vom Zeitpunkt der Beschlußfassung der Hauptversammlung der übertragenden Gesellschaft bis zur Antragstellung Aktionäre waren und

b) nicht auf Zuzahlungen und zusätzliche Aktien gemäß § 225d verzichtet haben „ “. *(BGBl I 2011/98)*

(4) Die Voraussetzung gemäß Abs. 3 Z 1 lit. a ist glaubhaft zu machen.

(BGBl 1996/304)

Verzicht

§ 225d. [1]Die Aktionäre können auf ihren Ausgleichsanspruch verzichten. [2]Ein solcher Verzicht ist nur wirksam, wenn er schriftlich oder zur Niederschrift in der Hauptversammlung erklärt worden ist; er wirkt auch gegen Erwerber dieser Aktien.

(BGBl 1996/304)

Verfahren

§ 225e. (1) Soweit nichts anderes bestimmt ist, entscheidet das Gericht nach den allgemeinen Bestimmungen des Außerstreitgesetzes, ausgenommen dessen §§ 72 bis 77 über das Abänderungsverfahren. *(BGBl I 2003/112)*

(2) [1]Ein Antrag gemäß § 225c Abs. 2 kann binnen eines Monats gestellt werden; die Frist beginnt mit dem Tag zu laufen, an dem die Eintragung der Verschmelzung gemäß § 10 „UGB“* als bekanntgemacht gilt. [2]Das Gericht hat den Antrag in den Bekanntmachungsblättern „(§ 18)“** der beteiligten Gesellschaften bekanntzumachen. [3]Aktionäre, die die Voraussetzungen gemäß § 225c Abs. 3 Z 1 erfüllen, können binnen eines weiteren Monats nach dieser Bekanntmachung eigene Anträge gemäß § 225c Abs. 2 stellen; nach Ablauf dieser Frist sind Anträge weiterer Aktionäre unzulässig; darauf ist in der Bekanntmachung hinzuweisen. *(*BGBl I 2005/120; **BGBl I 2009/71)*

(3) [1]Anträge gemäß § 225c Abs. 2 sind gegen die übernehmende Gesellschaft zu richten. [2]Diese kann ihrerseits im gerichtlichen Verfahren erster Instanz den Antrag stellen, sie zu ermächtigen, an Stelle von baren Zuzahlungen zusätzliche Aktien zu leisten.

(4) [1]Gegen eine Entscheidung über einen Antrag gemäß § 225c Abs. 2 steht nur der übernehmenden Gesellschaft, jedem Antragsteller und jedem gemeinsamen Vertreter (§ 225f) der Rekurs zu. [2]Das Rechtsmittel der Vorstellung ist ausgeschlossen. [3]Die Rekursfrist beträgt vier Wochen. [4]Erhobene Rekurse sind den anderen Parteien zuzustellen; sie können binnen vier Wochen nach der Zustellung des Rekurses eine Rekursbeantwortung einbringen.

(BGBl 1996/304)

Gemeinsamer Vertreter

§ 225f. (1) Zur Wahrung der Rechte der Aktionäre jeder an der Verschmelzung beteiligten Gesellschaft, die keinen Antrag gestellt und auf ihre Ansprüche nicht verzichtet haben, ist von Amts wegen je ein gemeinsamer Vertreter zu bestellen.

(2) [1]Ein gemeinsamer Vertreter hat die Stellung eines gesetzlichen Vertreters; bei Wahrnehmung der Interessen der Aktionäre hat er nach eigenem pflichtgemäßen Ermessen vorzugehen; dies gilt insbesondere auch für seine Entscheidung, ob er einem Vergleich zustimmt, das Verfahren nach Rücknahme sämtlicher Anträge antragstellender Aktionäre weiterführt (Abs. 6) oder ein Rechtsmittel einbringt. [2]Für Fehler bei diesen Entscheidungen haftet der gemeinsame Vertreter nur bei Vorsatz oder grober Fahrlässigkeit.

(3) [1]Als gemeinsame Vertreter dürfen nur Rechtsanwälte, Notare sowie Wirtschaftsprüfer „ “ bestellt werden. [2]§ 270 Abs. 6 erster Satz sowie „§§ 271 und 271a UGB“ sind sinngemäß anzuwenden. *(BGBl I 2008/70, die Änderung ist anzuwenden, wenn die Bestellung nach dem 31. 5. 2008 erfolgt; vgl § 262 Abs 14!)*

(4) Die Bestellung eines gemeinsamen Vertreters für die Aktionäre einer beteiligten Gesellschaft hat zu unterbleiben, wenn alle antragsberechtigten Aktionäre dieser Gesellschaft (§ 225c Abs. 3 Z 1), die keinen Antrag gestellt haben, auf die Bestellung eines gemeinsamen Vertreters schriftlich oder durch Erklärung zur Niederschrift in der Hauptversammlung verzichtet haben.

(5) [1]Der gemeinsame Vertreter hat bei Beendigung seiner Tätigkeit Anspruch auf Ersatz der notwendigen Barauslagen sowie auf Belohnung für seine Mühewaltung. [2]Diese Beträge hat das Gericht unter Bedachtnahme auf die jeweils in Betracht kommende Honorarordnung zu bestimmen; sie sind Teil der Verfahrenskosten (§ 225l Abs. 1). [3]Das Gericht kann der übernehmenden Gesellschaft auf Verlangen des gemeinsamen Vertreters die Zahlung von Vorschüssen auftragen. [4]„Diese Ansprüche bestehen auch für die Tätigkeit im Schlichtungsverfahren“ *(BGBl I 2019/63)*

(6) Der gemeinsame Vertreter hat das Verfahren nach Rücknahme sämtlicher Anträge von Aktionären weiterzuführen, soweit nach seiner pflichtgemäßen Beurteilung ein Erfolg seines Antrags zu erwarten ist.

(BGBl 1996/304)

Gremium zur Überprüfung des Umtauschverhältnisses

§ 225g. (1) [1]Das Gericht kann mit dem Verfahren auf unbestimmte Zeit innehalten und das Gremium damit beauftragen, auf eine gütliche Beilegung des Streits durch Herbeiführung eines

Vergleichs hinzuwirken. [2]Nach Ablauf eines Jahres ab Zustellung des Beschlusses auf Innehalten kann jede Partei die Fortsetzung des Verfahrens verlangen. [3]In diese Frist ist die Zeit von der Bestellung eines Sachverständigen durch das Gremium (Abs. 6 erster Satz) bis zur Vorlage des Gutachtens nicht einzurechnen. *(BGBl I 2019/63)*

(2) Das Gremium hat sich aus einem Vorsitzenden und zwei Beisitzern gemäß § 225m Abs. 2 Z 2 zusammenzusetzen; wenn an der Verschmelzung „eine börsenotierte Gesellschaft" beteiligt ist, so haben dem Gremium je ein weiterer Beisitzer gemäß § 225m Abs. 2 Z 3 lit. a und b anzugehören. *(BGBl I 2009/71)*

(3) Die Geschäftsführung für das Gremium und dessen Kanzleigeschäfte obliegen der FMA. *(BGBl I 2004/67)*

(4) Der Vorsitzende leitet die Sitzungen des Gremiums und hat dieses unverzüglich einzuberufen, wenn das Gericht einen Beschluss gemäß Abs. 1 erster Satz übermittelt hat. *(BGBl I 2019/63)*

(5) [1]Das Gremium ist beschlußfähig, wenn alle gemäß Abs. 2 erforderlichen Mitglieder anwesend sind; bei vorhersehbarer Verhinderung eines Mitglieds hat der Vorsitzende oder dessen Stellvertreter für die Ladung eines Ersatzmitglieds zu sorgen. [2]Die Beschlußfassung des Gremiums erfordert mehr als die Hälfte sämtlicher Stimmen; eine Stimmenthaltung ist unzulässig.

(6) [1]Das Gremium kann ihm nicht angehörige Sachverständige beauftragen, Befunde aufzunehmen bzw. Gutachten zu erstatten; die Kosten dieser Sachverständigen sind Kosten des Verfahrens (§ 225l Abs. 1). [2]Sobald das Gremium zur Ansicht gelangt, dass eine gütliche Einigung nicht erzielt werden kann, insbesondere weil die Parteien nicht ausreichend mitwirken, hat es dies dem Gericht und den Parteien mitzuteilen. [3]In diesem Fall oder wenn eine Partei nach Fristablauf die Fortsetzung des gerichtlichen Verfahrens verlangt hat das Gremium dem Gericht innerhalb von drei Monaten einen Bericht zu erstatten, in dem die wesentlichen strittigen Fragen dargestellt werden, und ein von ihm eingeholtes Gutachten zu übermitteln. [4]Gelangt das Gericht im fortgesetzten Verfahren zur Ansicht, dass sich die Vergleichsaussichten wesentlich erhöht haben oder sind alle Parteien damit einverstanden, so kann eine neuerliche Beauftragung des Gremiums im Sinn des Abs. 1 erfolgen. *(BGBl I 2019/63)*

(7) [1]Das Gremium ist befugt, von allen an der Verschmelzung beteiligten Gesellschaften Auskünfte zu verlangen; § 272 „UGB" gilt sinngemäß. [2]Die Auskunftspflicht gilt auch gegenüber einem vom Gremium beauftragten Sachverständigen. *(BGBl I 2005/120)*

(BGBl 1996/304)

Streitschlichtung durch das Gremium

§ 225h. (1) [1]Kommt vor dem Gremium ein Vergleich zustande, so ist er in Vollschrift aufzunehmen und von den Mitgliedern des Gremiums sowie den Parteien oder deren Vertretern zu unterfertigen. [2]Ein Vergleich beendet das Schlichtungsverfahren. *(BGBl I 2019/63)*

(2) [1]Die Urschrift eines Vergleichs gemäß Abs. 1 ist unverzüglich dem Gericht zur Genehmigung zu übermitteln. [2]Die Genehmigung ist zu erteilen, wenn die Voraussetzungen gemäß Abs. 1 zweiter Satz eingehalten worden sind. [3]Ein genehmigter Vergleich ist einem vor Gericht abgeschlossenen Vergleich gleichzuhalten. [4]Das Gericht hat die erforderlichen Vergleichsausfertigungen herzustellen und diese an die Parteien zuzustellen.

(BGBl 1996/304)

AktG

Wirksamkeit von Entscheidungen und Vergleichen

§ 225i. (1) [1]Eine Entscheidung über einen Antrag gemäß § 225c Abs. 2 oder ein in einem solchen Verfahren vor Gericht abgeschlossener oder gemäß § 225h Abs. 2 gerichtlich genehmigter Vergleich wirken für und gegen die übernehmende Gesellschaft und alle Aktionäre der beteiligten Gesellschaften. [2]Die Entscheidung wird erst mit dem Eintritt ihrer Rechtskraft wirksam. [3]„Für jede Aktie ist den Aktionären die gleiche Zuzahlung oder die gleiche Zahl zusätzlicher Aktien zu gewähren, auch wenn sie oder der gemeinsame Vertreter nur eine geringere Zuzahlung begehrt haben." *(BGBl I 2019/63)*

(2) Der Abs. 1 gilt nicht für Aktionäre, die auf diese Ansprüche verzichtet haben.

(3) [1]Das Gericht hat in der Entscheidung oder im Beschluss, mit dem der Vergleich genehmigt wird, den Gesamtwert der Zuzahlungen oder der Aktien, die an Stelle der Zuzahlungen an die Aktionäre zu leisten sind, festzuhalten. [2]Dieser Gesamtwert ist Maßstab für den Ersatz der Kosten rechtsfreundlicher Vertretung. *(BGBl I 2019/63)*

(BGBl 1996/304)

Verzinsung barer Zuzahlungen, Ausgabe zusätzlicher Aktien

§ 225j. (1) Zugesprochene oder auf Grund eines Vergleichs zustehende bare Zuzahlungen sind ab dem der Eintragung der Verschmelzung folgenden Tag mit jährlich zwei von Hundert über dem zu diesem Zeitpunkt geltenden „Basiszinssatz" zu verzinsen. *(BGBl I 2001/98)*

(2) [1]Ist die übernehmende Gesellschaft gemäß § 225e Abs. 3 ermächtigt worden, an Stelle von baren Zuzahlungen zusätzliche Aktien zu leisten, so sind hiefür vorhandene eigene Aktien zu verwenden. [2]Reichen diese nicht aus, so kann die

Gesellschaft neue Aktien ausgeben; diese Aktien stehen ausschließlich den nach der gerichtlichen Entscheidung anspruchsberechtigten Aktionären zu; die Leistung von Einlagen entfällt. [3]Die Ausgabe der neuen Aktien ist nur zulässig, soweit deren „geringster Ausgabebetrag" in freien Rücklagen oder einem Gewinnvortrag Deckung findet oder das erhöhte Grundkapital und die gebundenen Rücklagen durch den Wert des Nettoaktivvermögens gedeckt sind. [4]Im letzteren Fall hat eine Prüfung in sinngemäßer Anwendung von § 25 Abs. 3 bis 5, §§ 26, 27, 42 und 44 stattzufinden. [5]Im übrigen ist § 223 Abs. 1 sinngemäß anzuwenden. *(BGBl I 1998/125)*

(BGBl 1996/304)

Bekanntmachungen

§ 225k. „** Der Vorstand der übernehmenden Gesellschaft hat die rechtskräftige Entscheidung über einen Antrag gemäß § 225c Abs. 2 ohne Gründe oder einen in einem solchen Verfahren vor Gericht abgeschlossenen oder gemäß § 225h Abs. 2 gerichtlich genehmigten Vergleich unverzüglich in den Bekanntmachungsblättern „(§ 18)"* aller an der Verschmelzung beteiligten Gesellschaften bekanntzumachen. *(*BGBl I 2009/71; **BGBl I 2019/63)*

(BGBl 1996/304)

Kosten

§ 225l. (1) [1]„Die Kosten des gerichtlichen Verfahrens und der Streitschlichtung vor dem Gremium, einschließlich der Kosten der gemeinsamen Vertreter, trägt zunächst die übernehmende Gesellschaft."[2]Sie sind jedoch insoweit den antragstellenden Aktionären ganz oder zum Teil nach Billigkeit aufzuerlegen, als diese überhaupt oder ab einem bestimmten Zeitpunkt voraussehen konnten, daß sie einen nicht zweckentsprechenden Verfahrensaufwand verursachen. *(BGBl I 2019/63)*

(2) [1]Die Kosten rechtsfreundlicher Vertretung vor Gericht und vor dem Gremium hat jede Seite zunächst selbst zu tragen. [2]Sie sind jedoch insoweit der übernehmenden Gesellschaft ganz oder zum Teil nach Billigkeit aufzuerlegen, als beträchtliche Abweichungen vom angemessenen Umtauschverhältnis festgestellt wurden, wobei für den Ersatz der Kosten einer anwaltlichen Vertretung vor dem Gremium die Bestimmungen des RATG sinngemäß anzuwenden sind. [3]Der jeweils auf die einzelnen Parteien entfallende Teil des Gesamtwerts gemäß § 225i Abs. 3, jedenfalls aber der Betrag nach § 14 lit. a RATG, ist Grundlage für den Kostenersatz. *(BGBl I 2019/63)*

(3) Entsprechen die in den Verschmelzungsberichten (§ 220a), den Prüfungsberichten (§ 220b) oder den Berichten der Aufsichtsräte (§ 220c) enthaltenen Erläuterungen des Umtauschverhältnisses oder der baren Zuzahlungen nicht den gesetzlichen Bestimmungen, so ist ein Antrag gemäß § 225c Abs. 2 jedenfalls als zur zweckentsprechenden Rechtsverfolgung gestellt anzusehen (Abs. 1) und hat die übernehmende Gesellschaft überdies die Kosten der rechtsfreundlichen Vertretung der antragstellenden Aktionäre bis zu jenem Zeitpunkt zur Gänze zu tragen, ab dem diese voraussehen konnten, daß sie einen nicht zweckentsprechenden Verfahrensaufwand verursachen.

(BGBl 1996/304)

Bestellung, Verschwiegenheitspflicht und Vergütungsansprüche der Mitglieder des Gremiums

§ 225m. (1) Zu Mitgliedern des Gremiums dürfen nur Personen bestellt werden, die das 75. Lebensjahr noch nicht vollendet haben und die Voraussetzungen für das Wahlrecht zum Nationalrat erfüllen.

(2) Der Bundesminister für Justiz hat zu bestellen:

1. den Vorsitzenden und zumindest einen Stellvertreter, die Richter des Ruhestands sein müssen;

2. nach Einholung eines Vorschlags des Präsidiums der Kammer der Wirtschaftstreuhänder zwei Beisitzer und eine ausreichende Anzahl von Ersatzmitgliedern, die die Befugnisse eines Wirtschaftsprüfers und Steuerberaters haben oder diese Befugnisse höchstens zehn Jahre vor ihrer Ernennung durch Verzicht gemäß „§ 110 WTBG 2017" verloren haben müssen; *(BGBl I 2019/63)*

3. für den Fall der Beteiligung von „börsenotierten Gesellschaften" an der Verschmelzung: *(BGBl I 2009/71)*

a) nach Einholung eines Vorschlags der Bundesarbeitskammer einen weiteren Beisitzer und zumindest ein Ersatzmitglied,

b) nach Einholung eines Vorschlags der Wirtschaftskammer Österreich einen weiteren Beisitzer und zumindest ein Ersatzmitglied.

(3) [1]Die Mitglieder des Gremiums werden für eine einheitliche Funktionsperiode von fünf Jahren bestellt; ihre Wiederbestellung ist zulässig. [2]Die Funktionsperiode von Mitgliedern, die innerhalb der einheitlichen Funktionsperiode bestellt worden sind, endet mit deren Ablauf.

(4) Der Bundesminister für Justiz hat ein Gremiumsmitglied seiner Funktion zu entheben, wenn die Voraussetzungen für seine Bestellung gemäß Abs. 1 nicht mehr gegeben sind; statt des enthobenen Gremiumsmitglieds ist ein anderes Mitglied zu bestellen.

(5) Die Mitglieder des Gremiums sind zur Verschwiegenheit verpflichtet und bei Ausübung ihrer Tätigkeit an keine Weisungen gebunden;

alle ihnen aus ihrer Tätigkeit im Rahmen des Gremiums bekanntgewordenen Tatsachen dürfen sie nur zur Erfüllung ihrer Aufgaben verwerten.

(6) [1]Für jede angefangene halbe Stunde einer Sitzung des Gremiums haben der Vorsitzende und der Berichterstatter einen Anspruch auf eine Vergütung im Betrag von 160 Euro, die übrigen Mitglieder des Gremiums einen solchen im Betrag von 80 Euro. [2]„Für die Erstattung eines Berichts gemäß § 225g Abs. 6 steht den Mitgliedern des Gremiums überdies ein Betrag von insgesamt 2500 Euro, im Fall der Beteiligung einer börsenotierten Gesellschaft von insgesamt 4000 Euro zu; der Vorsitzende hat einen Vorschlag für die Verteilung dieses Betrags auf einzelne oder alle Mitglieder entsprechend ihrem individuellen Zeitaufwand für die Vorbereitung des Berichts zu erstatten.“[3]Die Vergütungen für das Gremium bilden Verfahrenskosten im Sinn des § 225l Abs. 1. *(BGBl I 2010/58; BGBl I 2019/63)*

(BGBl 1996/304)

Gläubigerschutz

§ 226. (1) [1]Den Gläubigern der beteiligten Gesellschaften ist, wenn sie sich binnen sechs Monaten nach der Veröffentlichung der Eintragung der Verschmelzung zu diesem Zwecke melden, Sicherheit zu leisten, soweit sie nicht Befriedigung verlangen können; dieses Recht steht den Gläubigern jedoch nur zu, wenn sie glaubhaft machen, daß durch die Verschmelzung die Erfüllung ihrer Forderung gefährdet wird. [2]Die Gläubiger sind in der Veröffentlichung der Eintragung auf dieses Recht hinzuweisen.

(2) Das Recht, Sicherheitsleistung zu verlangen, steht solchen Gläubigern nicht zu, die „im Insolvenzverfahren“ ein Recht auf vorzugsweise Befriedigung aus einer nach gesetzlicher Vorschrift zu ihrem Schutz errichteten und behördlich überwachten Deckungsmasse haben. *(BGBl I 2010/58)*

(3) Den Inhabern von Schuldverschreibungen und Genußrechten sind gleichwertige Rechte zu gewähren oder die Änderung der Rechte oder das Recht selbst angemessen abzugelten.

(BGBl 1996/304)

Schadenersatzpflicht der Verwaltungsträger der übertragenden Gesellschaft

§ 227. (1) [1]Die Mitglieder des Vorstands und des Aufsichtsrats der übertragenden Gesellschaft sind als Gesamtschuldner zum Ersatz des Schadens verpflichtet, den diese Gesellschaft, ihre Aktionäre und ihre Gläubiger durch die Verschmelzung erleiden. [2]Sie können sich von der Schadenersatzpflicht durch den Gegenbeweis befreien, daß sie ihre Sorgfaltspflicht beobachtet haben; § 84 Abs. 4 erster Satz gilt nicht.

(2) [1]Für diese Ansprüche sowie weitere Ansprüche, die sich für und gegen die übertragende Gesellschaft nach den allgemeinen Vorschriften auf Grund der Verschmelzung ergeben, gilt die übertragende Gesellschaft als fortbestehend. [2]Forderungen und Schulden vereinigen sich insoweit durch die Verschmelzung nicht.

(3) Die Ansprüche aus Abs. 1 verjähren in fünf Jahren seit dem Tage, an dem die Eintragung der Verschmelzung in das Firmenbuch gemäß § 10 „UGB“ als bekanntgemacht gilt. *(BGBl I 2005/120)*

(BGBl 1996/304)

Durchführung des Schadenersatzanspruchs

§ 228. (1) [1]Die Ansprüche gemäß § 227 Abs. 1 und 2 können nur durch einen besonderen Vertreter geltend gemacht werden. [2]Das Gericht des Sitzes der übertragenden Gesellschaft hat einen Vertreter auf Antrag eines Aktionärs oder eines Gläubigers dieser Gesellschaft zu bestellen. [3]Antragsberechtigt sind nur Aktionäre, die auch gemäß § 225c Abs. 3 Z 2 antragsberechtigt wären. [4]Gläubiger sind nur antragsberechtigt, wenn sie von der übernehmenden Gesellschaft keine Befriedigung oder Sicherstellung erlangen können.

(2) [1]Der Vertreter hat unter Hinweis auf den Zweck seiner Bestellung die Aktionäre und die Gläubiger der übertragenden Gesellschaft aufzufordern, die Ansprüche gemäß § 227 Abs. 1 und 2 innerhalb einer angemessenen Frist, die mindestens einen Monat zu betragen hat, anzumelden. [2]Die Aufforderung ist „gemäß § 18“ zu veröffentlichen. *(BGBl I 2009/71)*

(3) [1]Den Betrag, der aus der Geltendmachung der Ansprüche der übertragenden Gesellschaft erzielt wird, hat der Vertreter zur Befriedigung der Gläubiger der übertragenden Gesellschaft zu verwenden, soweit diese nicht durch die übernehmende Gesellschaft befriedigt oder sichergestellt sind. [2]Der Rest wird unter die Aktionäre verteilt; für die Verteilung gilt § 212 Abs. 2 und 3 sinngemäß. [3]Gläubiger und Aktionäre, die sich nicht fristgemäß gemeldet haben, werden bei der Verteilung nicht berücksichtigt.

(4) [1]Der besondere Vertreter hat Anspruch auf Ersatz der notwendigen baren Auslagen sowie auf Belohnung für seine Mühewaltung. [2]Diese Beträge bestimmt das Gericht. [3]Es bestimmt nach den gesamten Verhältnissen des einzelnen Falls, in welchem Umfang die Auslagen und die Entlohnung von beteiligten Aktionären und Gläubigern zu tragen sind.

(BGBl 1996/304)

Schadenersatzpflicht für Verwaltungsträger der übernehmenden Gesellschaft

§ 229. Ansprüche auf Schadenersatz, die sich auf Grund der Verschmelzung gegen ein Mitglied des Vorstands oder des Aufsichtsrats der übernehmenden Gesellschaft ergeben, verjähren in fünf Jahren seit dem Tag, an dem die Eintragung der Verschmelzung in das Firmenbuch gemäß § 10 „UGB" als bekanntgemacht gilt. *(BGBl I 2005/120)*

(BGBl 1996/304)

Anfechtung des Verschmelzungsbeschlusses der übertragenden Gesellschaft

§ 230. (1) Nach der Eintragung der Verschmelzung in das Firmenbuch ist eine Anfechtung des Verschmelzungsbeschlusses der übertragenden Gesellschaft gegen die übernehmende Gesellschaft zu richten.

(2) [1]Mängel der Verschmelzung lassen die Wirkungen der Eintragung gemäß § 225a Abs. 3 unberührt. [2]Das auf Anfechtung oder Feststellung der Nichtigkeit eines Verschmelzungsbeschlusses gerichtete Begehren kann ohne Vorliegen der Voraussetzungen des § 235 ZPO auf den Ersatz des Schadens, der dem Kläger aus der auf dem Beschluß beruhenden Eintragung der Verschmelzung im Firmenbuch entstanden ist, abgeändert oder auf Ersatz der Prozeßkosten eingeschränkt werden.

(BGBl 1996/304)

Vereinfachte Verschmelzung

§ 231. (1) Die Zustimmung der Hauptversammlung der übernehmenden Gesellschaft (§ 221) zur Aufnahme der übertragenden Gesellschaft ist nicht erforderlich,

1. wenn sich wenigstens neun Zehntel des Grundkapitals der übertragenden Gesellschaft in der Hand der übernehmenden Gesellschaft befinden, wobei eigene Aktien der übertragenden Gesellschaft oder andere Aktien, die einem anderen für Rechnung der Gesellschaft gehören, vom Grundkapital abzusetzen sind oder

2. wenn „die"* zu gewährenden Aktien „zehn vom Hundert"** des Grundkapitals der übernehmenden Gesellschaft nicht „übersteigen"*; wird zur Durchführung der Verschmelzung das Grundkapitel der übernehmenden Gesellschaft erhöht, so ist der Berechnung das erhöhte Grundkapital zugrunde zu legen. *(*BGBl I 1998/125; **BGBl I 2009/71)*

(2) Verzichtet der Vorstand der übernehmenden Gesellschaft gemäß Abs. 1 auf die Einholung der Zustimmung der Hauptversammlung, so ist für die gemäß § 221a Abs. 1 und 2 bei der übernehmenden Gesellschaft erforderlichen Offenlegungen der Tag maßgebend, für den die Hauptversammlung der übertragenden Gesellschaft einberufen wird.

(3) [1]Aktionäre der übernehmenden Gesellschaft, deren Anteile zusammen „fünf vom Hundert" des Grundkapitals dieser Gesellschaft erreichen, können bis zum Ablauf eines Monats nach der Beschlußfassung der Hauptversammlung der übertragenden Gesellschaft die Einberufung einer Hauptversammlung verlangen, in der über die Zustimmung zu der Verschmelzung beschlossen wird. [2]Die Satzung kann das Recht, die Einberufung der Hauptversammlung zu verlangen, an den Besitz eines geringeren Anteils am Grundkapital knüpfen. [3]In der Veröffentlichung gemäß § 221a Abs. 1 sind die Aktionäre auf dieses Recht hinzuweisen. *(BGBl I 2009/71)*

(BGBl 1996/304)

Vereinfachte Verschmelzung bei Aufnahme durch den Alleingesellschafter oder bei Verzicht aller Aktionäre

§ 232. (1) [1]Befinden sich alle Aktien einer übertragenden Gesellschaft direkt oder indirekt in der Hand der übernehmenden Gesellschaft, so sind die Angaben über den Umtausch der Aktien (§ 220 Abs. 2 Z 3 und 4), die Verschmelzungsberichte der Vorstände (§§ 220a und 221a Abs. 2 Z 4), die Prüfung der Verschmelzung durch die Verschmelzungsprüfer (§§ 220b und 221a Abs. 2 Z 5) und die Prüfung sowie Berichterstattung durch die Aufsichtsräte (§§ 220c und 221a Abs. 2 Z 6) nicht erforderlich, soweit sie nur die Aufnahme dieser Gesellschaft betreffen. [2]In Bezug auf eine solche Verschmelzung besteht keine Haftung der Mitglieder des Vorstands und des Aufsichtsrats der übertragenden Gesellschaft sowie des Verschmelzungsprüfers gegenüber dieser Gesellschaft und ihrem Aktionär. *(BGBl I 2011/53)*

(1a) [1]Bei einer Verschmelzung im Sinn des Abs. 1 ist die Zustimmung der Hauptversammlung der übertragenden Gesellschaft (§ 221) nicht erforderlich. [2]Findet weder in der übertragenden noch in der übernehmenden Gesellschaft eine Hauptversammlung zur Beschlussfassung über den Verschmelzungsvertrag statt, so darf die Eintragung der Verschmelzung gemäß § 225a erst erfolgen, wenn seit der Veröffentlichung oder Bereitstellung nach § 221a Abs. 1, 1a und 2 ein Monat vergangen ist; für den Beginn der Frist nach § 231 Abs. 3 ist der Tag maßgebend, an dem die Unterlagen gemäß § 221a Abs. 2 bereit gestellt werden, im Fall eines Verzichts gemäß Abs. 2 der Tag, an dem der Verzicht wirksam wurde. *(BGBl I 2011/53)*

(2) Die „§§ 220a bis 220c" und § 221a Abs. 1 bis 3 sind nicht anzuwenden, wenn sämtliche Aktionäre aller beteiligten Gesellschaften schriftlich oder in der Niederschrift zur Hauptver-

sammlung auf die Einhaltung dieser Bestimmungen verzichten. *(BGBl I 2011/53)*

(3) [1]Sofern keine Prüfung durch den Aufsichtsrat (§ 220c) erfolgen soll, hat der Vorstand den Aufsichtsrat unverzüglich über die geplante Verschmelzung zu informieren. [2]Gehören dem Aufsichtsrat gemäß § 110 ArbVG entsandte Mitglieder an, so hat der Vorstand gegebenenfalls auch darüber zu informieren, welche Auswirkungen für die Arbeitnehmer (betreffend Arbeitsplätze, Beschäftigungsbedingungen und Standorte) die Verschmelzung voraussichtlich haben wird. *(BGBl I 2011/53)*

(BGBl 1996/304)

Zweiter Unterabschnitt

Verschmelzung durch Neugründung

§ 233. (1) [1]Bei der Verschmelzung von Aktiengesellschaften durch Gründung einer neuen Aktiengesellschaft gelten sinngemäß §§ 220 bis 222, 224 Abs. 1 Z 2, Abs. 2, 4 und 5 sowie „§§ 225 bis 228, 230 und 232 Abs. 2“. [2]Jede der sich vereinigenden Gesellschaften gilt als übertragende und die neue Gesellschaft als übernehmende. *(BGBl I 2011/53)*

(2) [1]Die Satzung der neuen Gesellschaft ist Bestandteil des Verschmelzungsvertrags. [2]Die Bestellung des ersten Aufsichtsrats und des Abschlußprüfers für den ersten Jahresabschluß der neuen Gesellschaft bedarf der Zustimmung der Hauptversammlungen der sich vereinigenden Gesellschaften.

(3) [1]Für die Gründung der neuen Gesellschaft gelten die Gründungsvorschriften der §§ 17, 21 bis 23, 32 und § 34 Abs. 1 sinngemäß. [2]Den Gründern stehen die übertragenden Gesellschaften gleich. [3]Festsetzungen über Sondervorteile, Gründungsaufwand, Sacheinlagen und Sachübernahmen, die in den Satzungen der sich vereinigenden Gesellschaften enthalten waren, sind in die Satzung der neuen Gesellschaft zu übernehmen; § 145 Abs. 3 über die Änderung dieser Festsetzungen bleibt unberührt. „[4]Bei der neuen Gesellschaft hat eine Prüfung durch einen oder mehrere Prüfer stattzufinden; § 25 Abs. 3 bis 5 sowie die §§ 26, 27, 42 und 44 gelten sinngemäß. [5]Der Prüfer kann gleichzeitig Verschmelzungsprüfer sein.“ *(BGBl I 2011/53)*

(4) [1]Der Vorstand jeder Gesellschaft hat die Verschmelzung zur Eintragung beim Gericht, in dessen Sprengel seine Gesellschaft ihren Sitz hat, anzumelden. [2]Die neue Gesellschaft ist vom neuen Vorstand bei dem Gericht, in dessen Sprengel diese ihren Sitz hat, zur Eintragung in das Firmenbuch anzumelden. [3]Der Anmeldung sind neben den in § 225 Abs. 1 bezeichneten die für die Anmeldung bei der Gründung erforderlichen Unterlagen, soweit sich aus diesem Abschnitt nichts anderes ergibt, beizuschließen.

(5) Zugleich mit der Verschmelzung ist die neue Gesellschaft einzutragen.

(6) In die Veröffentlichung der Eintragung der neuen Gesellschaft sind außer deren Inhalt (§ 33 Abs. 1) die Bestimmungen des Verschmelzungsvertrags über die Zahl und, wenn mehrere Gattungen bestehen, die Gattung der Aktien, die die neue Gesellschaft den Aktionären der übertragenden Gesellschaft gewährt, und über die Art und den Zeitraum der Zuteilung dieser Aktien aufzunehmen.

(BGBl 1996/304)

Zweiter Abschnitt

Rechtsformübergreifende Verschmelzung[1)]

Verschmelzung einer Gesellschaft mit beschränkter Haftung mit einer Aktiengesellschaft[1)]

[1)] Überschriften idF BGBl I 2007/72

§ 234. (1) Eine Gesellschaft mit beschränkter Haftung kann mit einer Aktiengesellschaft durch Übertragung des Vermögens der Gesellschaft im Weg der Gesamtrechtsnachfolge an die Aktiengesellschaft gegen Gewährung von Aktien dieser Gesellschaft verschmolzen werden.

(2) [1]Soweit sich aus den nachfolgenden Bestimmungen nichts anderes ergibt, gelten die §§ 220 bis 233 sinngemäß. [2]An die Stelle des Vorstands und der Hauptversammlung der übertragenden Aktiengesellschaft treten die Geschäftsführer und die Generalversammlung der Gesellschaft mit beschränkter Haftung.

(3) Die §§ 97 bis 100 GmbHG sind auf die übertragende Gesellschaft mit beschränkter Haftung anzuwenden.

(4) Wird bei der übernehmenden Aktiengesellschaft auf Grund der Verschmelzung das Grundkapital erhöht oder eine Verschmelzung durch Neugründung vorgenommen, so ist eine Prüfung gemäß § 223 Abs. 2 jedenfalls dann vorzunehmen, wenn für die übertragende Gesellschaft nach den Vorschriften des „UGB“ eine Abschlußprüfung nicht vorgeschrieben war. *(BGBl I 2005/120)*

(BGBl 1996/304)

Verschmelzung einer Aktiengesellschaft mit einer Gesellschaft mit beschränkter Haftung

§ 234a. (1) Eine Aktiengesellschaft kann mit einer Gesellschaft mit beschränkter Haftung durch Übertragung des Vermögens der Aktiengesellschaft im Weg der Gesamtrechtsnachfolge auf die Gesellschaft mit beschränkter Haftung gegen Gewährung von Geschäftsanteilen verschmolzen werden.

(2) [1]Soweit sich aus den nachfolgenden Bestimmungen nichts anderes ergibt, gelten die §§ 220

bis 233 nach Maßgabe des § 96 Abs. 2 GmbHG und § 240 sinngemäß. [2]An die Stelle der Geschäftsführer und der Generalversammlung der übertragenden Gesellschaft mit beschränkter Haftung treten der Vorstand und die Hauptversammlung der Aktiengesellschaft.

(3) Die §§ 220 ff sind auf die übertragende Aktiengesellschaft anzuwenden.

(BGBl I 2007/72)

Barabfindung bei rechtsformübergreifender Verschmelzung

§ 234b. (1) [1]Wenn eine übertragende Gesellschaft eine andere Rechtsform als die übernehmende oder neue Gesellschaft hat, hat der Verschmelzungsvertrag oder dessen Entwurf auch die Bedingungen der Barabfindung zu enthalten, die einem Anteilsinhaber dieser übertragenden Gesellschaft von der übernehmenden bzw. neuen Gesellschaft oder einem Dritten angeboten wird. [2]Diese Angaben sind nicht erforderlich, wenn alle Gesellschafter der übertragenden Gesellschaft schriftlich in einer gesonderten Erklärung darauf verzichten. [3]Die Erklärung eines Dritten, eine Barabfindung anzubieten, muss gerichtlich oder notariell beglaubigt unterfertigt sein.

(2) [1]Im Rahmen der Prüfung der Verschmelzung ist auch die Angemessenheit der Bedingungen der Barabfindung zu prüfen. [2]Der Prüfungsbericht hat auch dazu eine Erklärung abzugeben, ob die Bedingungen des Barabfindungsangebots angemessen sind, und dabei insbesondere anzugeben,

1. nach welchen Methoden das vorgeschlagene Barabfindungsangebot ermittelt worden ist;

2. aus welchen Gründen die Anwendung dieser Methoden angemessen ist;

3. welches Ergebnis sich bei der Anwendung verschiedener Methoden, sofern mehrere angewendet worden sind, jeweils ergeben würde;

4. zugleich ist dazu Stellung zu nehmen, welche Gewichtung diesen Methoden beigemessen wurde, und darauf hinzuweisen, ob und welche besonderen Schwierigkeiten bei der Bewertung aufgetreten sind.

[3]Die Prüfung der Angemessenheit der Barabfindung ist nicht erforderlich, wenn sich alle Anteile der Gesellschaft in der Hand eines Gesellschafters befinden oder sämtliche Gesellschafter schriftlich oder in der Niederschrift zur Gesellschafterversammlung auf ihr Recht auf Barabfindung verzichten.

(3) [1]Jedem Anteilsinhaber einer übertragenden Gesellschaft, der gegen den Verschmelzungsbeschluss Widerspruch zur Niederschrift erklärt hat, steht gegenüber der übernehmenden oder neuen Gesellschaft oder dem Dritten, der die Barabfindung angeboten hat, das Recht auf angemessene Barabfindung gegen Hingabe seiner Anteile zu, wenn er vom Zeitpunkt der Beschlussfassung der Gesellschafterversammlung bis zur Geltendmachung des Rechts Gesellschafter war. [2]Das Angebot kann nur binnen zwei Monaten nach dem Tag angenommen werden, an dem die Eintragung der Verschmelzung gemäß § 10 UGB als bekanntgemacht gilt. [3]Die Zahlung ist binnen zwei Monaten ab Zugang der Annahmeerklärung fällig und verjährt in drei Jahren. [4]Der Erwerber hat die Kosten der Übertragung zu tragen. [5]Für die Erfüllung der angebotenen Barabfindung einschließlich der Übertragungskosten ist den Abfindungsberechtigten Sicherheit zu leisten.

(4) [1]Im Gesellschaftsvertrag einer Gesellschaft mit beschränkter Haftung kann das Recht auf angemessene Barabfindung ausgeschlossen oder eingeschränkt werden. [2]Durch eine Änderung des Gesellschaftsvertrags kann das Recht ausgeschlossen oder eingeschränkt werden, wenn alle Gesellschafter der Änderung zustimmen.

(5) [1]Eine Klage auf Anfechtung des Verschmelzungsbeschlusses der übertragenden Gesellschaft kann nicht darauf gestützt werden, dass die angebotene Barabfindung nicht angemessen festgelegt ist oder dass die in den Verschmelzungsberichten, den Prüfungsberichten oder in den Berichten der Aufsichtsräte enthaltenen Erläuterungen des Barabfindungsangebots den gesetzlichen Bestimmungen nicht entsprechen. [2]Anteilsinhaber, die das Barabfindungsangebot angenommen haben, können bei Gericht den Antrag stellen, dass die angebotene Barabfindung überprüft und eine höhere Barabfindung festgelegt wird; sie haben glaubhaft zu machen, dass sie vom Zeitpunkt der Beschlussfassung der Gesellschafterversammlung der übertragenden Gesellschaft bis zur Antragstellung Anteilsinhaber waren. [3]Für das Verfahren auf gerichtliche Überprüfung gelten die §§ 225d bis 225m, ausgenommen § 225e Abs. 3 zweiter Satz und § 225j Abs. 2, sinngemäß. [4]Wird die gerichtliche Überprüfung der angebotenen Barabfindung begehrt, so endet die Frist für die Annahme des Barabfindungsangebots einen Monat nach dem Tag der letzten Bekanntmachung gemäß § 225k Abs. 1.

(BGBl I 2007/72)

Zehnter Teil

Vermögensübertragung. Gewinngemeinschaft

Vermögensübertragung auf eine Gebietskörperschaft

§ 235. (1) Eine Aktiengesellschaft kann ihr Vermögen im Weg der Gesamtrechtsnachfolge unter Ausschluß der Abwicklung auf den Bund, ein Bundesland oder eine Gemeinde übertragen.

(2) [1]Der Vorstand der übertragenden Gesellschaft hat mit der beteiligten Gebietskörperschaft

einen Übertragungsvertrag abzuschließen oder einen schriftlichen Entwurf aufzustellen. 2Für dessen Inhalt gilt § 220 Abs. 2 sinngemäß mit der Maßgabe, daß an die Stelle der Gewährung von Aktien der übernehmenden Gesellschaft und allfälliger barer Zuzahlungen das Entgelt für die Aktionäre der übertragenden Gesellschaft tritt.

(3) 1Für die übertragende Gesellschaft gelten § 220 Abs. 3, §§ 220a bis 221a, § 225 Abs. 1 zweiter Satz und Abs. 2 erster und zweiter Satz, § 225a Abs. 1 zweiter Satz und §§ 227, 228 sinngemäß. 2Die Vermögensübertragung ist vom Vorstand der übertragenden Gesellschaft zur Eintragung bei dem Gericht, in dessen Sprengel die übertragende Gesellschaft ihren Sitz hat, anzumelden.

(4) 1Mit der Eintragung der Vermögensübertragung bei der übertragenden Gesellschaft treten die Rechtswirkungen gemäß § 225a Abs. 3 Z 1, 2 und 4 ein. 2Im übrigen gelten § 222, §§ 225b bis 226, ausgenommen § 225e Abs. 3 zweiter Satz, § 230 sowie § 232 sinngemäß. 3An die Stelle der übernehmenden Gesellschaft tritt die beteiligte Gebietskörperschaft.

(BGBl 1996/304)

Vermögensübertragung auf einen Versicherungsverein auf Gegenseitigkeit

§ 236. (1) Eine Aktiengesellschaft, die den Betrieb von Versicherungsgeschäften zum Gegenstand hat, kann ihr Vermögen als Ganzes unter Ausschluß der Abwicklung auf einen Versicherungsverein auf Gegenseitigkeit übertragen.

(2) 1Für die Vermögensübertragung gelten, soweit sich aus den folgenden Vorschriften nichts anderes ergibt §§ 220 bis 222, § 225 Abs. 1, Abs. 2 erster und zweiter Satz und Abs. 3, § 225a Abs. 1 und Abs. 3 Z 1, 2 und 4, §§ 225b bis 230, ausgenommen § 225e Abs. 3 zweiter Satz, sowie § 232 sinngemäß. 2An die Stelle der übernehmenden Gesellschaft tritt der übernehmende Versicherungsverein auf Gegenseitigkeit, der kein kleiner Versicherungsverein sein darf. 3An die Stelle der Hauptversammlung tritt das oberste Organ des Versicherungsvereins. 4An die Stelle des Umtauschverhältnisses und allfälliger barer Zuzahlungen tritt das Entgelt für die Aktionäre der übertragenden Gesellschaft. *(BGBl 1996/304)*

(3) 1Der Beschluß der obersten Vertretung des Versicherungsvereins auf Gegenseitigkeit bedarf einer Mehrheit, die mindestens drei Viertel der abgegebenen Stimmen umfaßt. 2Die Satzung kann diese Mehrheit durch eine größere ersetzen und noch andere Erfordernisse aufstellen.

(4) 1Die übertragende Gesellschaft hat einen Treuhänder für den Empfang des Entgelts zu bestellen. 2Die Vermögensübertragung darf erst eingetragen werden, wenn der Treuhänder dem Gericht anzeigt, daß er im Besitz des Entgelts ist.

(5) Der die Vermögensübertragung genehmigende Bescheid der Versicherungsaufsichtsbehörde ist zum Firmenbuch einzureichen.

Vermögensübertragung in anderer Weise

§ 237. (1) 1„Eine Übertragung des ganzen Gesellschaftsvermögens einer Aktiengesellschaft, die nicht unter den neunten Teil dieses Gesetzes und die §§ 235 und 236 fällt, ist nur auf Grund eines Beschlusses der Hauptversammlung zulässig.“ 2Der Beschluß bedarf einer Mehrheit, die mindestens drei Viertel des bei der Beschlußfassung vertretenen Grundkapitals umfaßt; die Satzung kann diese Mehrheit durch eine größere Kapitalmehrheit ersetzen und noch andere Erfordernisse aufstellen. *(BGBl 1993/458)*

(2) Der Vertrag, durch den sich die Gesellschaft zur Vermögensübertragung verpflichtet, bedarf der notariellen Beurkundung.

(3) 1Wird aus Anlaß der Übertragung des Gesellschaftsvermögens die Auflösung der Gesellschaft beschlossen, so gelten die §§ 205 bis 214; die Abwickler sind zu den Geschäften und Rechtshandlungen befugt, die die Ausführung der beschlossenen Maßregel mit sich bringt. 2Der Anmeldung der Auflösung der Gesellschaft ist der Vertrag in Ausfertigung oder öffentlich beglaubigter Abschrift beizufügen.

Gewinngemeinschaft

§ 238. (1) Ein Vertrag, durch den sich eine Aktiengesellschaft verpflichtet, an eine andere Person ihren Gewinn ganz oder teilweise abzuführen, bedarf zu seiner Wirksamkeit der Zustimmung der Hauptversammlung, wenn die Gesellschaft nach diesem Vertrag allein oder in Zusammenhang mit anderen Verträgen mehr als drei Viertel ihres gesamten Gewinns abzuführen hat.

(2) Der Zustimmung der Hauptversammlung bedarf auch ein Vertrag, durch den eine Aktiengesellschaft einem anderen den Betrieb ihres Unternehmens verpachtet oder sonst überläßt oder in dem sie ihr Unternehmen für Rechnung eines anderen zu führen übernimmt.

(3) 1Die Beschlüsse bedürfen einer Mehrheit, die mindestens drei Viertel des bei der Beschlußfassung vertretenen Grundkapitals umfaßt. 2Die Satzung kann diese Mehrheit durch eine größere Kapitalmehrheit ersetzen und noch andere Erfordernisse aufstellen.

Elfter Teil
Umwandlung

Erster Abschnitt
Umwandlung einer Aktiengesellschaft in eine Gesellschaft mit beschränkter Haftung

Voraussetzungen

§ 239. (1) Eine Aktiengesellschaft kann durch Beschluß der Hauptversammlung in eine Gesellschaft mit beschränkter Haftung umgewandelt werden.

(2) [1]Der Beschluß bedarf einer Mehrheit, die mindestens drei Viertel des bei der Beschlußfassung vertretenen Grundkapitals umfaßt. [2]Die Satzung kann diese Mehrheit durch eine größere Kapitalmehrheit ersetzen und noch andere Erfordernisse aufstellen.

(3) Im Beschluß sind die Firma und die weiteren zur Durchführung der Umwandlung nötigen Satzungsänderungen festzusetzen.

(4) [1]Der Nennbetrag der Geschäftsanteile kann abweichend von dem Betrag festgesetzt werden, der auf die Aktien als anteiliger Betrag des Grundkapitals entfällt. [2]Der abweichenden Festsetzung muß jeder Aktionär zustimmen, der durch sie gehindert wird, sich mit seinem gesamten Anteil zu beteiligen. *(BGBl I 1998/125)*

Anmeldung des Umwandlungsbeschlusses

§ 240. (1) [1]Zugleich mit dem Umwandlungsbeschluss sind die Geschäftsführer und die Gesellschafter zur Eintragung in das Firmenbuch anzumelden. [2]Soweit Aktionäre unbekannt sind, ist dies unter Bezeichnung der Aktienurkunde und des auf die Aktie entfallenden Geschäftsanteils anzugeben. *(BGBl I 2006/103)*

(2) [1]Der Anmeldung ist die Bilanz beizufügen, die der Umwandlung zugrunde gelegt ist. [2]„„§ 220 Abs. 3“** gilt sinngemäß.“* *(*BGBl 1993/458; **BGBl 1996/304)*

(3) Ist die übertragende Aktiengesellschaft im Inland börsenotiert, so darf die Umwandlung erst zur Eintragung angemeldet werden, nachdem unter Hinweis auf die geplante Umwandlung innerhalb der letzten sechs Monate vor der Anmeldung oder unter Hinweis auf den gefassten Umwandlungsbeschluss eine Angebotsunterlage nach dem 5. Teil des ÜbG veröffentlicht wurde. *(BGBl I 2017/107)*

Wirkung der Eintragung

§ 241. [1]Von der Eintragung der Umwandlung an besteht die Gesellschaft als Gesellschaft mit beschränkter Haftung weiter. [2]Das Grundkapital ist zum Stammkapital, die Aktien sind zu Geschäftsanteilen geworden, die an einer Aktie bestehenden Rechte Dritter bestehen an dem Geschäftsanteil weiter, der an ihre Stelle tritt. [3]Sieht der Gesellschaftsvertrag einen Aufsichtsrat vor, so bleiben die Mitglieder des bisherigen Aufsichtsrats als Mitglieder des neuen Aufsichtsrats im Amt, wenn die Hauptversammlung nichts anderes beschließt.

Umtausch der Aktien

§ 242. Für den Umtausch der Aktien gegen Geschäftsanteile gilt § 67, bei Zusammenlegung von Aktien § 179 über die Kraftloserklärung von Aktien sinngemäß; einer Genehmigung des Gerichts bedarf es nicht.

Gläubigerschutz

§ 243. [1]Den Gläubigern der Gesellschaft, deren Forderungen vor der Veröffentlichung der Eintragung der Umwandlung in das Firmenbuch begründet sind, ist, wenn sie sich binnen sechs Monaten nach der Veröffentlichung der Eintragung zu diesem Zwecke melden, Sicherheit zu leisten, soweit sie nicht Befriedigung verlangen können. [2]Die Gläubiger sind in der Veröffentlichung auf dieses Recht hinzuweisen.

Barabfindung widersprechender Aktionäre

§ 244. (1) Jedem Aktionär, der gegen die Umwandlung Widerspruch zur Niederschrift erklärt hat, steht gegenüber der Gesellschaft oder einem Dritten, der die Barabfindung angeboten hat, das Recht auf angemessene Barabfindung gegen Hingabe seiner Geschäftsanteile zu.

(2) Der Vorstand hat der Hauptversammlung einen schriftlichen Bericht vorzulegen, in dem die Höhe der den Aktionären angebotenen Barabfindung begründet wird. *(BGBl I 2009/71)*

(3) [1]Die Angemessenheit der Bedingungen der Barabfindung ist durch einen sachverständigen Prüfer zu prüfen. [2]„Der Vorstand hat den Prüfungsbericht der Hauptversammlung vorzulegen.“ *(BGBl I 2009/71)*

(4) Im übrigen gilt § 234b sinngemäß.

(BGBl I 2007/72)

Zweiter Abschnitt
Umwandlung einer Gesellschaft mit beschränkter Haftung in eine Aktiengesellschaft

Voraussetzungen

§ 245. (1) Eine Gesellschaft mit beschränkter Haftung kann durch Beschluß der Generalversammlung in eine Aktiengesellschaft umgewandelt werden.

(2) [1]„Die Vorschriften des Gesetzes über Gesellschaften mit beschränkter Haftung über Abän-

derungen des Gesellschaftsvertrages sind anzuwenden. [2]Weiters ist dessen § 99 über besondere Zustimmungserfordernisse bei Verschmelzungen sinngemäß anzuwenden.“ [3]Sind Gesellschaftern außer der Leistung von Kapitaleinlagen noch andere Verpflichtungen gegenüber der Gesellschaft auferlegt und können diese Verpflichtungen wegen der einschränkenden Bestimmung des § 50 bei der Umwandlung nicht aufrechterhalten werden, so bedarf der Umwandlungsbeschluß zu seiner Wirksamkeit der Zustimmung dieser Gesellschafter. *(BGBl 1996/304)*

(3) Im Beschluß sind die Firma, die Art der Zusammensetzung des Vorstands und des Aufsichtsrats und die weiteren zur Durchführung der Umwandlung nötigen Abänderungen des Gesellschaftsvertrags festzusetzen.

Durchführung der Umwandlung

§ 246. (1) Die Gesellschafter, die für die Umwandlung gestimmt haben, sind in der Niederschrift namentlich anzuführen.

(2) [1]Die Gesellschafter haben den ersten Aufsichtsrat zu bestellen; die Bestellung bedarf notarieller Beurkundung. [2]Wenn ein Aufsichtsrat schon für die Gesellschaft mit beschränkter Haftung bestand, können sie seine Mitglieder im Amt bestätigen.

(3) Die Geschäftsführer haben eine Bilanz aufzustellen, § 220 Abs. 3 gilt sinngemäß. *(BGBl 1996/304)*

Gründungsprüfung und Verantwortlichkeit der Gesellschafter

§ 247. (1) Für die Umwandlung gelten, soweit sich aus den folgenden Vorschriften nichts anderes ergibt, die §§ 19, 20, 24 bis 27, §§ 31, 39 bis 47 sinngemäß; den Gründern stehen gleich die Gesellschafter, die für die Umwandlung gestimmt haben.

(2) Im Bericht nach § 24 sind der Geschäftsverlauf und die Lage der Gesellschaft mit beschränkter Haftung darzulegen und die Bilanz des § 246 Abs. 3 zu erläutern.

(3) [1]Die Prüfung durch einen oder mehrere besondere Prüfer nach § 25 Abs. 2 hat in jedem Fall stattzufinden. [2]Sie hat sich namentlich darauf zu erstrecken, ob die Bilanz den gesetzlichen Vorschriften entsprechend aufgestellt ist.

(4) Die Frist von zwei Jahren nach § 45 Abs. 1 wird von der Eintragung der Umwandlung in das Firmenbuch gerechnet.

Anmeldung des Umwandlungsbeschlusses

§ 248. (1) [1]Zugleich mit dem Umwandlungsbeschluß sind die Vorstandsmitglieder zur Eintragung in das Firmenbuch anzumelden. [2]Eine Ausfertigung oder öffentlich beglaubigte Abschrift der Urkunden über die Bestellung des Vorstands und des Aufsichtsrats ist beizufügen. [3]Der Anmeldung sind ferner die Prüfungsberichte der Mitglieder des Vorstands und des Aufsichtsrats sowie der Prüfer nebst ihren urkundlichen Grundlagen beizufügen.

(2) Der Anmeldung ist die Bilanz des § 246 Abs. 3 beizufügen.

Inhalt der Veröffentlichung der Eintragung

§ 249. In die Veröffentlichung der Eintragung der Umwandlung sind ihr Inhalt und die Mitteilung nach dem sinngemäß anzuwendenden § 33 Abs. 2 aufzunehmen.

(BGBl 1991/10)

Wirkung der Eintragung

§ 250. [1]Von der Eintragung der Umwandlung an besteht die Gesellschaft als Aktiengesellschaft weiter. [2]Das Stammkapital ist zum Grundkapital, die Geschäftsanteile sind zu Aktien geworden; die an einem Geschäftsanteil bestehenden Rechte Dritter bestehen an der Aktie weiter, die an seine Stelle tritt.

Veröffentlichung der Bilanz

§ 251. Unverzüglich nach der Eintragung hat der Vorstand die gemäß § 246 Abs. 3 aufzustellende Bilanz gemäß § 18 zu veröffentlichen.

(BGBl I 2009/71)

Umtausch der Geschäftsanteile

§ 252. Für den Umtausch der Geschäftsanteile gegen Aktien gilt § 67, bei Zusammenlegung von Geschäftsanteilen § 179 über die Kraftloserklärung von Aktien sinngemäß; einer Genehmigung des Gerichts bedarf es nicht.

Barabfindung widersprechender Gesellschafter

§ 253. [1]Jedem Gesellschafter, der gegen die Umwandlung Widerspruch zur Niederschrift erklärt hat, steht gegenüber der Gesellschaft oder einem Dritten, der die Barabfindung angeboten hat, das Recht auf angemessene Barabfindung gegen Hingabe seiner Aktien zu. [2]§ 244 Abs. 2 und 3 und § 234b gelten mit der Maßgabe sinngemäß, dass der Prüfungsbericht den Gesellschaftern zu übersenden ist. [3]Zwischen dem Tag der Aufgabe der Sendung zur Post und der Beschlussfassung muss mindestens ein Zeitraum von 14 Tagen liegen.

(BGBl I 2007/72)

Zwölfter Teil
Inländische Zweigniederlassungen ausländischer Aktiengesellschaften

§ 254. (1) Liegt der Sitz einer Aktiengesellschaft im Ausland, so ist die Gesellschaft durch den Vorstand zur Eintragung in das Firmenbuch anzumelden, wenn sie eine inländische Zweigniederlassung hat.

(2) [1]Gesellschaften, deren Personalstatut (§ 10 des IPR-Gesetzes, BGBl. Nr. 304/1978) nicht das Recht eines Mitgliedstaats der Europäischen Union oder eines Vertragsstaats des Abkommens über die Schaffung eines Europäischen Wirtschaftsraumes, BGBl. Nr. 909/1993, ist, haben für den gesamten Geschäftsbetrieb der Zweigniederlassung mindestens eine Person zu bestellen, die zur ständigen gerichtlichen und außergerichtlichen Vertretung der Gesellschaft befugt ist und ihren gewöhnlichen Aufenthalt im Inland hat; eine Beschränkung des Umfangs ihrer Vertretungsmacht ist Dritten gegenüber unwirksam. [2]Die Vertretungsbefugnis kann jedoch an mehrere Personen gemeinschaftlich erteilt werden (Gesamtvertretung). [3]Gesellschaften, deren Personalstatut das Recht eines Mitgliedstaats der Europäischen Union oder des Europäischen Wirtschaftsraums ist, können einen solchen ständigen Vertreter bestellen.

(3) Die Vorstandsmitglieder der Gesellschaft haben ihre Namensunterschrift zur Aufbewahrung beim Gericht zu zeichnen; wird ein ständiger Vertreter gemäß Abs. 2 bestellt, so hat auch dieser seine Namensunterschrift zur Aufbewahrung beim Gericht zu zeichnen.

(4) [1]Für die Anmeldung gilt „§ 12 Abs. 2 UGB“*. [2]In die Anmeldung sind überdies die in „§ 10 Abs. 4“** , §§ 17, 18 zweiter Satz vorgesehenen Festsetzungen aufzunehmen. [3]Der Anmeldung sind „ “* die Satzung in der geltenden Fassung in öffentlich beglaubigter Abschrift und, sofern die Satzung nicht in deutscher Sprache erstellt ist, eine beglaubigte Übersetzung in deutscher Sprache beizufügen. *(*BGBl I 2005/120; **BGBl I 2011/53)*

(5) [1]In das Firmenbuch einzutragen sind neben den in „§ 12 Abs. 3 UGB“ geforderten auch die Angaben gemäß § 32 und gemäß §§ 3 und 5 FBG mit Ausnahme der Angaben über die Aufsichtsratsmitglieder. [2]Ist gemäß Abs. 2 ein ständiger Vertreter bestellt, so sind der Name, das Geburtsdatum und die für Zustellungen maßgebliche inländische Geschäftsanschrift dieses Vertreters sowie der Beginn und die Art (Einzel- oder Gesamtvertretung) seiner Vertretungsbefugnis einzutragen. *(BGBl I 2005/120)*

(6) [1]Die Eröffnung oder die Abweisung eines Insolvenz- oder ähnlichen Verfahrens über das Vermögen der Gesellschaft sowie Änderungen der Satzung sind zur Eintragung in das Firmenbuch anzumelden. [2]Für die Anmeldung der Satzungsänderung gilt § 148 Abs. 1 und 2 sinngemäß, soweit nicht das ausländische Recht Abweichungen notwendig macht.

(7) [1]Für Anmeldungen zur Eintragung in das Firmenbuch, ausgenommen die Anmeldung gemäß Abs. 1, ist neben dem Vorstand auch der ständige Vertreter gemäß Abs. 2 befugt. [2]Im übrigen gilt „§ 12 Abs. 4 UGB“. *(BGBl I 2005/120)*

(8) Die Abwicklung der Geschäfte der inländischen Zweigniederlassung hat unter sinngemäßer Anwendung der Bestimmungen über die Abwicklung von Aktiengesellschaften zu erfolgen.

(BGBl 1996/304)

Dreizehnter Teil
Strafvorschriften

Strafbestimmung

§ 255. *(aufgehoben, BGBl I 2015/112)*

§ 256. *(aufgehoben, BGBl 1990/475)*

§ 257. *(aufgehoben, BGBl 1974/422)*

Zwangsstrafen

§ 258.[*)] (1) Die Vorstandsmitglieder oder die Abwickler, im Falle einer inländischen Zweigniederlassung die für diese im Inland vertretungsbefugten Personen, sind, unbeschadet der allgemeinen unternehmensrechtlichen Vorschriften, zur Befolgung der §§ 33 Abs. 3, 61 Abs. 1, 65a Abs. 3, 78e Abs. 1, 81, 89 Abs. 1, 95 Abs. 2 und 3, 95a Abs. 5, 96 Abs. 1 und 3, 104 Abs. 1, 2, 2a und 4, 105 Abs. 2, 108 Abs. 3 bis 5, 110 Abs. 1, 118 Abs. 1, 128 Abs. 2, 133 Abs. 1 bis 3, 174 Abs. 2, 197 Abs. 5, 207 Abs. 1, 211 Abs. 1 und 2, 214 Abs. 2, 225k Abs. 1 dieses Bundesgesetzes vom Gericht durch Zwangsstrafen bis zu 3 600 Euro anzuhalten. § 24 Abs. 2 bis 5 FBG ist anzuwenden. *(BGBl I 2019/63)*

(2) Die Anmeldungen zum Firmenbuch nach den §§ 28, 45, 46, 148 Abs. 1, §§ 151, 155, 162, 176, 192 Abs. 4, §§ 215, 225 Abs. 1 erster Satz, § 233 Abs. 5, §§ 240, 248 werden nicht erzwungen. *(BGBl I 2006/103)*

*) *Anm: Aufgrund der Unübersichtlichkeit infolge der zahlreichen Novellen wird bei § 258 AktG auf einen BGBl-Ausweis verzichtet und lediglich jenes BGBl angeführt, durch das die letzte Änderung angewiesen wurde.*

Vierzehnter Teil
Sonderbestimmungen für öffentliche Verkehrsunternehmungen, Unternehmungen des Post- und Fernmeldewesens und gemeinnützige Bauvereinigungen

Öffentliche Verkehrsunternehmungen, Unternehmungen des Post- und Fernmeldewesens

§ 259. (1) Für Jahresabschlüsse von Aktiengesellschaften, bei denen die Erwerbung oder Ausübung einer eisenbahnrechtlichen Konzession zum Gegenstand des Unternehmens gehört oder die Unternehmungen auf dem Gebiet der Schiffahrt betreiben, gelten, wenn diese Geschäftszweige den Hauptbetrieb darstellen, unbeschadet einer weiteren Gliederung die §§ 222 bis 243 „UGB" insoweit, als nicht der Bundesminister für Justiz im Einvernehmen mit dem in seinem Wirkungsbereich berührten Bundesminister verbindliche Formblätter festlegt; die §§ 201 bis 211 „UGB" gelten sinngemäß. *(BGBl I 2005/120)*

(2) [1]Bei Aktiengesellschaften, bei denen die Erwerbung oder Ausübung einer eisenbahnrechtlichen Konzession zum Gegenstand des Unternehmens gehört, kann, wenn dieser Geschäftszweig den Hauptbetrieb darstellt, die Hauptversammlung beschließen, daß die aktienrechtliche Abschlußprüfung durch die aufsichtsbehördliche Prüfung des Jahresabschlusses ersetzt wird. [2]Ein solcher Beschluß setzt voraus, daß die eisenbahnrechtliche Aufsichtsbehörde einer solchen Übernahme der aktienrechtlichen Abschlußprüfung jeweils zugestimmt hat. [3]Die Prüfung durch die Aufsichtsbehörde hat sinngemäß nach Maßgabe der §§ 269, 272, 273 und 274 „UGB" zu erfolgen. [4]Diese Bestimmungen sind auch auf Aktiengesellschaften, für die das Bundesministerium für öffentliche Wirtschaft und Verkehr hinsichtlich des Post- und Fernmeldewesens Aufsichtsbehörde ist, anzuwenden. *(BGBl I 2005/120)*

(3) [1]An den Versammlungen und Sitzungen der Organe von im Abs. 1 genannten Aktiengesellschaften können Vertreter der Aufsichtsbehörde teilnehmen. [2]Sie überwachen die Einhaltung der Rechtsvorschriften und der sich aus den Genehmigungen und der Satzung ergebenden Verpflichtungen. [3]Für die im Abs. 2 genannten Aktiengesellschaften gilt § 13 des Eisenbahngesetzes 1957.

(4) *(aufgehoben, BGBl I 2001/98)*

(BGBl 1990/475)

Gemeinnützige Bauvereinigungen

§ 260. Für Aktiengesellschaften, die auf Grund der hiefür geltenden gesetzlichen Bestimmungen als gemeinnützige Bauvereinigungen anerkannt sind, gelten die §§ 201 bis 211, 260, 274 und 275 „UGB" sinngemäß, die §§ 268 bis 273 und 276 „UGB" gelten nicht. *(BGBl I 2005/120)*

(BGBl 1991/68)

§ 261. *(aufgehoben, BGBl 1990/475)*

Fünfzehnter Teil
Übergangs- und Schlußbestimmungen

ERSTER ABSCHNITT
Inkrafttreten

§ 262. (1) Dieses Bundesgesetz tritt am 1. Jänner 1966 nach Maßgabe der folgenden Bestimmungen in Kraft.

AktG

(2) [1]Soweit die Satzung einer Aktiengesellschaft den Bestimmungen dieses Bundesgesetzes nicht entspricht, ist die Anpassung der Satzung zu beschließen und bis zum 31. Dezember 1966 zum Firmenbuch einzureichen. [2]Für den Beschluß genügt die einfache Mehrheit des bei der Beschlußfassung vertretenen Grundkapitals; § 145 Abs. 1 Satz 2 bleibt unberührt. „ " *(BGBl I 2001/98)*

(3) und (4) *(aufgehoben, BGBl I 2001/98)*

(5) § 65 Abs. 1 Z 4 bis 8, Abs. 1a, 1b, Abs. 2 bis 4, § 65a Abs. 1, § 66 Abs. 2, § 92 Abs. 4 und 5, § 95 Abs. 5 Z 10 und Z 11, Abs. 6 und 7, § 98 Abs. 3, § 153 Abs. 4 und 5, § 159 Abs. 2 bis 7, § 171 Abs. 1 und § 199 Abs. 1 in der Fassung des Bundesgesetzes BGBl. I Nr. 42/2001 treten mit 1. Mai 2001 in Kraft. *(BGBl I 2001/42)*

(6) Sollen auf Grund bereits erteilter Ermächtigungen zum Rückkauf eigener Aktien nach dem 31. Dezember 2001 Optionen an Arbeitnehmer, leitende Angestellte und Organmitglieder eingeräumt werden, so sind die §§ 95 und 98 in der Fassung dieses Bundesgesetzes zu beachten. *(BGBl I 2001/42)*

(7) § 42 und § 255 in der Fassung des Bundesgesetzes BGBl. I Nr. 97/2001 treten am 1. Jänner 2002 in Kraft; § 42 ist auf Gründungsprüfungen anzuwenden, über die der Bericht nach dem 31. Dezember 2002 erstattet wird. *(BGBl I 2001/97)*

(8) § 57 Abs. 2 in der Fassung des Bundesgesetzes BGBl. I Nr. 118/2002 tritt mit 1. August 2002 in Kraft. *(BGBl I 2002/118)*

(9) § 2 Abs. 2, § 18, § 25 Abs. 2, § 29 Abs. 1, § 35, § 56 Abs. 1 und 3, § 88 Abs. 1, § 92 Abs. 3 und 5, § 102 Abs. 3, § 105 Abs. 2, § 108 Abs. 1, § 225g Abs. 3 und § 225m Abs. 6 in der Fassung des Bundesgesetzes BGBl. I Nr. 67/2004 treten am 8. Oktober 2004 in Kraft. *(BGBl I 2004/67)*

(10) [1]§ 79 Abs. 1, § 86, § 87 Abs. 1a und 5, § 90 Abs. 1, § 92 Abs. 4 und 4a, § 93 Abs. 1, § 95 Abs. 5 Z 12, § 96 Abs. 3, § 125 Abs. 1 und § 127 Abs. 3 in der Fassung des Bundesgesetzes BGBl.

I Nr. 59/2005 treten mit 1. Jänner 2006 in Kraft. [2]§ 86 ist nur auf nach diesem Zeitpunkt gewählte oder entsandte Aufsichtsratsmitglieder anzuwenden. [3]§ 92 Abs. 4a ist anzuwenden, sobald nach dem 1. Jänner 2006 ein Aufsichtsratsmitglied gewählt wird. [4]Für die Zeit bis zu dieser Wahl ist § 92 Abs. 4 in der bis zum 31. Dezember 2005 geltenden Fassung anzuwenden. [5]§ 93 Abs. 1, § 96 Abs. 3, § 125 Abs. 1 und § 127 Abs. 3 gelten für den Konzernabschluss und den Konzernlagebericht von Geschäftsjahren, die nach dem 31. Dezember 2005 beginnen. *(BGBl I 2005/59)*

(11) [1]§ 4, § 25 Abs. 5, § 42, § 45 Abs. 1, § 51 Abs. 2 und 3, § 65 Abs. 2 und 5, § 66 Abs. 1 und 2, § 66a, § 75 Abs. 2, § 79 Abs. 1, § 86 Abs. 2 Z 2 und 3 und Abs. 3, § 90 Abs. 1, § 95 Abs. 5 Z 1 und 12, § 112 Abs. 3, § 114 Abs. 6, § 119 Abs. 2, § 120, § 121 Abs. 3, § 122 Abs. 1, § 127 Abs. 1, § 130 Abs. 2, § 186, § 191, § 192 Abs. 3 Z 2, § 199 Abs. 1, § 202 Abs. 1 Z 4, § 211 Abs. 2, 3 und 4, § 220 Abs. 3, § 220b Abs. 2 und 3, § 225e Abs. 2, § 225f Abs. 3, § 225g Abs. 7, § 227 Abs. 3, § 229, § 233 Abs. 3, § 234 Abs. 4, § 254 Abs. 4, 5 und 7, § 255 Abs. 1 Z 4, § 258 Abs. 1, § 259 Abs. 1 und 2 sowie § 260 in der Fassung des Handelsrechts-Änderungsgesetzes, BGBl. I Nr. 120/2005, treten mit 1. Jänner 2007 in Kraft. [2]§ 3 tritt mit Ablauf des 31. Dezember 2006 außer Kraft. *(BGBl I 2005/120)*

(12) §§ 29, 210, 258 und 240 in der Fassung des Bundesgesetzes, BGBl. I Nr. 103/2006, treten mit 1. Juli 2006 in Kraft. *(BGBl I 2006/103)*

(13) [1]§§ 65, 102, 197, 225g, 225m, 234, 234a, 234b, 244, 253 in der Fassung des Bundesgesetzes BGBl. I Nr. 72/2007 treten mit 15. Dezember 2007 in Kraft. [2]§§ 234a und 234b in der Fassung des Bundesgesetzes BGBl. I Nr. 72/2007 sind auf Verschmelzungen anzuwenden, bei denen der Verschmelzungsbeschluss in der übertragenden Gesellschaft nach dem 15. Dezember 2007 gefasst wurde. [3]Für Änderungen des Gesellschaftsvertrags, mit denen das Recht auf angemessene Barabfindung ausgeschlossen oder eingeschränkt wird (§ 234b Abs. 4, § 253), gelten bis 31. Dezember 2008 die Beschlusserfordernisse für die Verschmelzung beziehungsweise die Umwandlung. [4]§§ 244, 253 in der Fassung des Bundesgesetzes BGBl. I Nr. 72/2007 sind auf Umwandlungen anzuwenden, bei denen der Umwandlungsbeschluss nach dem 15. Dezember 2007 gefasst wurde. *(BGBl I 2007/72)*

(14) [1]Die §§ 25, 92, 95, 96, 119, 125, 127, 211, 220b, 221a und 225f in der Fassung des Bundesgesetzes BGBl. I Nr. 70/2008 treten mit 1. Juni 2008 in Kraft. [2]§ 92 Abs. 4a ist auf Geschäftsjahre anzuwenden, die nach dem 31. Dezember 2008 beginnen; bis dorthin ist § 92 Abs. 4a in der bisher geltenden Fassung anzuwenden. [3]§ 95 Abs. 5 Z 13 ist auf Verträge anzuwenden, die nach dem 31. Mai 2008 geschlossen werden. [4]Die §§ 96 Abs. 1 und 2, 127 Abs. 1 und 2, 211 Abs. 1, 221a Abs. 2 Z 2 gelten für Geschäftsjahre, die nach dem 31. Dezember 2008 beginnen. [5]Die §§ 25 Abs. 5, 220b Abs. 3 und 225f Abs. 3 sind anzuwenden, wenn die Bestellung nach dem 31. Mai 2008 erfolgt. *(BGBl I 2008/70)*

(15) [1]§ 2 Abs. 1, § 3, § 10 Abs. 6, § 10a, § 12, § 12a, § 13, § 16 Abs. 1, § 17, § 29 Abs. 4, § 33 Abs. 1 und 3, § 43, § 45 Abs. 1, § 49 Abs. 3, § 57 Abs. 1, § 58 Abs. 2 und 3, § 61, § 62, § 65 Abs. 1, § 67 Abs. 2 und 3, § 84 Abs. 4, § 86 Abs. 4, § 87, § 88 Abs. 1 und 4, § 92 Abs. 4, § 95 Abs. 5, § 96 Abs. 1, 3 und 4, §§ 102 bis 136, § 145 Abs. 1 und 2, § 146 Abs. 2, § 149 Abs. 2, § 150 Abs. 1, § 153 Abs. 2, 4 und 6, § 155 Abs. 5, § 159 Abs. 2, 4 und 5, § 161 Abs. 1, § 162 Abs. 4, § 175 Abs. 2, § 179 Abs. 2, § 183, § 187 Abs. 2, § 188 Abs. 2, § 195 Abs. 1a und 4, § 196 Abs. 1 und 2, § 197 Abs. 5, § 199 Abs. 1, § 200 Abs. 1 und 3, § 206 Abs. 2, § 208, § 211 Abs. 2 und 3, § 220a, § 220b Abs. 5, § 220c, § 221 Abs. 3, § 221a Abs. 1, 2 und 6, § 224 Abs. 5, § 225c Abs. 3, § 225e Abs. 2, § 225g Abs. 2, § 225k Abs. 1, § 225m Abs. 2, § 228 Abs. 2, § 231 Abs. 1 und 3, § 244 Abs. 2 und 3, § 251 und § 258 Abs. 1 in der Fassung des Aktienrechts-Änderungsgesetzes 2009, BGBl. I Nr. 71/2009, treten mit 1. August 2009 in Kraft. [2]§ 30, § 221a Abs. 4, § 265, § 267, § 269, § 270 und § 272 treten mit Ablauf des 31. Juli 2009 außer Kraft. [3]Verweise in anderen Bundesgesetzen auf § 130 in der Fassung vor dem Inkrafttreten des Bundesgesetzes BGBl. I Nr. 71/2009 gelten als Verweise auf § 229 Abs. 4 bis 7 UGB. *(BGBl I 2009/71)*

(16) Abweichend von Abs. 15 sind auf Hauptversammlungen, die vor dem 1. August 2009 einberufen werden, nicht § 3, § 10a, § 87, § 96 Abs. 1, 3 und 4, §§ 102 bis 136, § 150 Abs. 1, § 153 Abs. 4, § 159 Abs. 2 und 5, § 161 Abs. 1, § 183, § 188 Abs. 2, § 195 Abs. 1a und 4, § 196 Abs. 1 und 2, § 199 Abs. 1, § 200 Abs. 1 und 3, § 211 Abs. 2, § 220a, § 220b Abs. 5, § 220c, § 221a Abs. 2 und 6, § 225g Abs. 2, § 225m Abs. 2, und § 244 Abs. 2 und 3 in der Fassung des Aktienrechts-Änderungsgesetzes 2009, BGBl. I Nr. 71/2009, sondern die bisher für Hauptversammlungen geltenden Bestimmungen weiter anzuwenden. *(BGBl I 2009/71)*

(17) Bis 31. Juli 2010 kann der Aufsichtsrat Änderungen der Satzung, die nur die Fassung betreffen, auch ohne Ermächtigung durch die Satzung oder die Hauptversammlung (§ 145 Abs. 1 zweiter Satz) vornehmen, soweit dies zur Anpassung der Satzung an das Aktienrechts-Änderungsgesetz 2009, BGBl. I Nr. 71/2009, erforderlich ist. *(BGBl I 2009/71)*

(18) Beschlüsse, mit denen die Satzung an das Aktienrechts-Änderungsgesetz 2009, BGBl. I Nr. 71/2009, angepasst wird, dürfen bereits vor dessen Inkrafttreten zur Eintragung in das Firmen-

buch angemeldet werden; sie dürfen jedoch nicht vor diesem Zeitpunkt wirksam werden. *(BGBl I 2009/71)*

(19) [1]Bis 31. Dezember 2016 kann in der Einberufung der Hauptversammlung festgelegt werden, dass die Gesellschaft Depotbestätigungen und Erklärungen gemäß § 114 Abs. 1 vierter Satz auch per Telefax entgegennimmt. [2]Eine solche Festlegung, die auch unabhängig von der Einberufung einer Hauptversammlung getroffen werden kann, gilt für den Zeitraum bis zur Einberufung der nächsten Hauptversammlung, sofern sie durchgehend auf der „im Firmenbuch eingetragenen" Internetseite der Gesellschaft zugänglich ist. *(BGBl I 2009/71; BGBl I 2011/53)*

(20) [1]Bis 31. Dezember „2013" kann in der Einberufung der Hauptversammlung einer börsenotierten Gesellschaft festgelegt werden, dass die Gesellschaft Depotbestätigungen und Erklärungen gemäß § 114 Abs. 1 vierter Satz entgegen § 10a Abs. 3 zweiter Satz nicht über ein international verbreitetes, besonders gesichertes Kommunikationsnetz der Kreditinstitute entgegennimmt, dessen Teilnehmer eindeutig identifiziert werden können, sofern sie dafür einen anderen elektronischen Kommunikationsweg eröffnet. [2]Eine solche Festlegung, die auch unabhängig von der Einberufung einer Hauptversammlung getroffen werden kann, gilt für den Zeitraum bis zur Einberufung der nächsten Hauptversammlung, sofern sie durchgehend auf der „im Firmenbuch eingetragenen" Internetseite der Gesellschaft zugänglich ist. *(BGBl I 2009/71; BGBl I 2011/53)*

(21) [1]Die §§ 43, 56 Abs. 2, 78 Abs. 2, 84 Abs. 4 und 5, 101 Abs. 1, 178 Abs. 1, 187 Abs. 2, 203 Abs. 1 Z 3 und 4, 204, 205 Abs. 1, 215 Abs. 2, 225m Abs. 6 und 226 Abs. 2 in der Fassung des Bundesgesetzes BGBl. I Nr. 58/2010 treten mit 1. August 2010 in Kraft. [2]§ 215 Abs. 2 in der Fassung des Bundesgesetzes BGBl. I Nr. 58/2010 ist anzuwenden, wenn das Insolvenzverfahren nach dem 30. Juni 2010 eröffnet oder wieder aufgenommen (§ 158 Abs. 2 IO) wurde. [3]§ 225m Abs. 6 in der Fassung des Bundesgesetzes BGBl. I Nr. 58/2010 ist, mit Ausnahme des vorletzten Satzes, auf Verfahren anzuwenden, in denen der Antrag auf Überprüfung des Umtauschverhältnisses nach dem 31. Juli 2010 bei Gericht eingelangt ist. [4]§ 225m Abs. 6 vorletzter Satz in der Fassung des Bundesgesetzes BGBl. I Nr. 58/2010 ist anzuwenden, wenn das Gutachten gemäß § 225g Abs. 1 nach dem 31. Juli 2010 erstattet wurde. *(BGBl I 2010/58)*

(22) § 258 in der Fassung des Budgetbegleitgesetzes 2011, BGBl. I Nr. 111/2010, ist auf Verstöße gegen die in § 258 Abs. 1 genannten Pflichten anzuwenden, die nach dem 1. Jänner 2011 gesetzt werden. *(BGBl I 2010/111)*

(23) [1]§ 8a, § 9, § 10, § 13 Abs. 1 und 5, § 27 Abs. 2, § 33 Abs. 1, § 34 Abs. 4, § 50 Abs. 1, § 61 Abs. 1 und 2, § 67 Abs. 3, § 68, § 69, § 87 Abs. 6, § 105 Abs. 2 und 5, § 107 Abs. 3, § 108 Abs. 3 und 4, § 109 Abs. 2, § 110 Abs. 1, § 114 Abs. 3, § 118 Abs. 4, § 119 Abs. 3, § 126 Abs. 4, § 127 Abs. 4, § 128 Abs. 2, § 158, § 220c, § 221a Abs. 1, 1a, 4 und 5, § 223 Abs. 2, § 225 Abs. 1, § 232 Abs. 1, 1a, 2 und 3, § 233 Abs. 1 und 3, § 254 Abs. 4 sowie § 262 Abs. 19 und 20 in der Fassung des Gesellschaftsrechts-Änderungsgesetzes 2011, BGBl. I Nr. 53/2011, treten mit 1. August 2011 in Kraft. [2]§ 10a Abs. 1, § 108 Abs. 5, § 111 Abs. 2, § 112 Abs. 1 und § 128 Abs. 3 in der Fassung des Gesellschaftsrechts-Änderungsgesetzes 2011 treten mit 1. Jänner 2014 in Kraft. [3]§ 8 Abs. 6, § 61 Abs. 5 und § 62 Abs. 5 treten mit Ablauf des 31. Juli 2011 außer Kraft. [4]§ 112 Abs. 2 tritt mit Ablauf des 31. Dezember 2013 außer Kraft. *(BGBl I 2011/53)*

(24) [1]Auf Hauptversammlungen, deren Einberufung vor dem 1. August 2011 bekannt gemacht wurde, sowie auf Verschmelzungen, bei denen vor diesem Zeitpunkt die Bereitstellung der Unterlagen (§ 221a Abs. 2) erfolgte oder ein Verzicht darauf wirksam wurde, sind die bis dahin geltenden Bestimmungen weiter anzuwenden. [2]Soweit börsenotierte Gesellschaften zur Bekanntmachung von Informationen auf ihrer Internetseite verpflichtet sind, können sie dieser Verpflichtung bis 31. Juli 2012 auch ohne Eintragung ihrer Internetseite im Firmenbuch gemäß § 5 Z 4b FBG entsprechen. *(BGBl I 2011/53)*

(25) Regelungen in der Satzung über die Ausgabe von Inhaberaktien, die vor dem 1. August 2011 beschlossen und vor dem 31. Dezember 2011 zur Eintragung in das Firmenbuch angemeldet wurden, berechtigen bis zum 31. Dezember 2013 auch dann zur Ausgabe von Inhaberaktien, wenn die Voraussetzungen des § 10 Abs. 1 in der Fassung des Gesellschaftsrechts-Änderungsgesetzes 2011 nicht erfüllt sind. *(BGBl I 2011/53)*

(26) Die nach § 61 Abs. 1 Z 3 und 4 in der Fassung des Gesellschaftsrechts-Änderungsgesetzes 2011 erforderlichen zusätzlichen Angaben sind bis 1. Jänner 2013 im Aktienbuch einzutragen. *(BGBl I 2011/53)*

(27) [1]Am 1. August 2011 bestehende Aktiengesellschaften haben ihre Satzung bis zum 31. Dezember 2013 an die §§ 9 und 10 in der Fassung des Gesellschaftsrechts-Änderungsgesetzes 2011 anzupassen. [2]Dazu haben der Vorstand und der Aufsichtsrat für eine vor diesem Zeitpunkt stattfindende Hauptversammlung eine entsprechende Satzungsänderung vorzuschlagen; dies gilt sinngemäß für eine innerhalb eines Jahres stattfindende Hauptversammlung im Fall des Verlustes der Börsenotierung (§ 10 Abs. 3). *(BGBl I 2011/53)*

(28) [1]Ab 1. Jänner 2014 sind Gesellschaften mit Inhaberaktien zur Befolgung des § 10 Abs. 2 zweiter und dritter Satz verpflichtet. [2]Ab diesem Zeitpunkt gelten auf Inhaber lautende Aktien, die

die Voraussetzungen des § 10 Abs. 1 und 2 nicht erfüllen, sowie Zwischenscheine als Namensaktien; auf Verlangen eines Aktionärs hat ihm die Gesellschaft im Austausch gegen seine Inhaberaktie oder seinen Zwischenschein eine Namensaktie auszustellen. *(BGBl I 2011/53)*

(29) Soweit ausgegebene Inhaberaktien sowie Zwischenscheine aufgrund des Gesellschaftsrechts-Änderungsgesetzes 2011 oder wegen dieses Gesetzes beschlossener Änderungen der Satzung unzulässig geworden sind, können diese gemäß § 67 für kraftlos erklärt werden. *(BGBl I 2011/53)*

(30) *(entfällt, BGBl I 2018/76)*

(31) [1]§ 78 Abs. 1, § 86 Abs. 4, § 87 Abs. 2a und § 92 Abs. 1a in der Fassung des 2. Stabilitätsgesetzes 2012, BGBl. I Nr. 35/2012, treten mit 1. Juli 2012 in Kraft. [2]Sie sind auf den Abschluss von Vergütungsvereinbarungen mit Vorstandsmitgliedern sowie auf die Wahl von Aufsichtsratsmitgliedern nach dem 31. August 2012 anzuwenden. *(BGBl I 2012/35)*

(32) [1]§ 61 Abs. 5 und § 258 Abs. 1 in der Fassung des Budgetbegleitgesetzes 2014, BGBl. I Nr. 40/2014, treten mit 1. Oktober 2014 in Kraft. [2]§ 61 Abs. 5 ist auf Dividendenansprüche aus Gewinnverwendungsbeschlüssen anzuwenden, die nach dem 30. September 2014 gefasst werden. [3]§ 258 Abs. 1 in der nunmehrigen Fassung ist auf Sachverhalte anzuwenden, die sich nach dem 30. September 2014 ereignen. *(BGBl I 2014/40)*

(33) Ausgegebene Urkunden über Inhaberaktien oder Zwischenscheine, die aufgrund des Gesellschaftsrechts-Änderungsgesetzes 2011, BGBl. I Nr. 53/2011, oder wegen des genannten Bundesgesetzes beschlossener Änderungen der Satzung unzulässig geworden sind, gelten mit Ablauf des 30. September 2014 als gemäß § 67 für kraftlos erklärt. *(BGBl I 2014/40)*

(34) [1]§ 45 Abs. 1, § 51 Abs. 2 und 3, § 65 Abs. 2 und 5, § 66 Abs. 1 und 2, § 66a, § 79, § 86 Abs. 2 und 3, § 90 Abs. 1, § 95 Abs. 5, § 96 Abs. 2 und 3, § 118 Abs. 1, § 192 Abs. 3, § 211 Abs. 2 und § 258 Abs. 1 in der Fassung des Bundesgesetzes BGBl. I Nr. 22/2015 treten mit 20. Juli 2015 in Kraft und sind erstmalig auf Geschäftsjahre anzuwenden, die nach dem 31. Dezember 2015 beginnen. [2]Auf Geschäftsjahre, die vor dem 1. Jänner 2016 begonnen haben, sind die Bestimmungen in der Fassung vor dem Bundesgesetzes BGBl. I Nr. 22/2015 weiterhin anzuwenden. § 258 Abs. 1 ist auf Verstöße gegen die in § 258 Abs. 1 genannten Pflichten anzuwenden, die nach dem 19. Juli 2015 gesetzt werden oder fortdauern. *(BGBl I 2015/22)*

(35) § 84 in der Fassung des Bundesgesetzes BGBl. I Nr. 112/2015 tritt mit 1. Jänner 2016 in Kraft; § 255 tritt mit Ablauf des 31. Dezember 2015 außer Kraft. *(BGBl I 2015/112)*

(36) § 92 Abs. 4a in der Fassung des Bundesgesetzes BGBl. I Nr. 43/2016 tritt mit 17. Juni 2016 in Kraft; der zusätzliche Bericht (Z 2 erster Satz) ist erstmals über die Prüfung von Geschäftsjahren zu erstellen, die nach dem 16. Juni 2016 beginnen. *(BGBl I 2016/43)*

(37) § 6 Abs. 1 bis 3 und § 104 Abs. 1 in der Fassung des Bundesgesetzes BGBl. I Nr. 20/2017 treten mit 6. Dezember 2016 in Kraft und sind erstmalig auf Unterlagen für Geschäftsjahre anzuwenden, die nach dem 31. Dezember 2016 beginnen. *(BGBl I 2017/20)*

(38) § 86 Abs. 7 bis 9, § 108 Abs. 1 und 2 sowie § 110 Abs. 2 in der Fassung des Bundesgesetzes BGBl. I Nr. 104/2017 treten mit 1. Jänner 2018 in Kraft. § 86 Abs. 7 bis 9 ist auf Wahlen und Entsendungen in den Aufsichtsrat anzuwenden, die nach dem 31. Dezember 2017 erfolgen. Bestehende Aufsichtsratsmandate bleiben davon unberührt; das Mindestanteilsgebot ist bei einem Nachrücken von vor dem 1. Jänner 2018 gewählten oder entsandten Ersatzmitgliedern zu beachten. *(BGBl I 2017/104)*

(38) § 66a in der Fassung des Bundesgesetzes BGBl. I Nr. 105/2017 tritt mit 1. Jänner 2018 in Kraft.[1)] *(BGBl I 2017/105)*

[1)] Anm: Abs 38 wurde irrtümlich doppelt vergeben.

(39) § 3, § 95 Abs. 5, § 107 Abs. 3, § 148 Abs. 2a, § 221a Abs. 4, § 225 Abs. 2a und § 240 Abs. 3 in der Fassung des Bundesgesetzes BGBl. I Nr. 107/2017 treten mit 3. Jänner 2018 in Kraft. *(BGBl I 2017/107)*

(40) § 10 und § 111 Abs. 5 in der Fassung des Bundesgesetzes BGBl. I Nr. 76/2018 treten mit 1. Jänner 2019 in Kraft. § 262 Abs. 30 tritt mit Ablauf des 31. Dezember 2018 außer Kraft. *(BGBl I 2018/76)*

(41) [1]§ 77 tritt mit Ablauf des 9. Juni 2019 außer Kraft. [2]Die §§ 78a bis 78e, § 95a, § 98a, § 104 Abs. 2a, § 108 Abs. 1 und 4 sowie § 128 Abs. 4 in der Fassung des Aktienrechts-Änderungsgesetzes 2019, BGBl. I Nr. 63/2019, treten mit 10. Juni 2019 in Kraft. [3]Die Vergütungspolitik gemäß §§ 78a und 78b ist erstmals der ordentlichen Hauptversammlung in dem Geschäftsjahr vorzulegen, das nach diesem Zeitpunkt zu laufen beginnt. [4]Der Vergütungsbericht gemäß §§ 78c bis 78e ist erstmals der ordentlichen Hauptversammlung im darauf folgenden Geschäftsjahr vorzulegen. [5]§ 95a ist auf Geschäfte mit nahestehenden Rechtsträgern anzuwenden, die nach dem 31. Juli 2019 abgeschlossen werden. [6]§ 128 Abs. 4 in der Fassung dieses Bundesgesetzes ist auf Hauptversammlungen anzuwenden, deren Einberufung nach dem 9. Juni 2019 bekannt gemacht wurde. [7]§ 258 Abs. 1 in der Fassung des Aktienrechts-Änderungsgesetzes 2019, BGBl. I Nr. 63/2019, tritt mit dem auf die Kundmachung dieses Bundesgesetzes folgenden Tag in Kraft. *(BGBl I 2019/63)*

(42) [1]§ 225f Abs. 5, § 225g Abs. 1, 4 und 6, § 225h Abs. 1, § 225i Abs. 1 und 3, § 225k, § 225l Abs. 1 und 2 und § 225m Abs. 2 Z 2 und Abs. 6

in der Fassung des Aktienrechts-Änderungsgesetzes 2019, BGBl. I Nr. 63/2019, treten mit 1. August 2019 in Kraft und sind auf Verfahren anzuwenden, in denen das Gericht den Beschluss gemäß § 225g Abs. 1 in der Fassung dieses Bundesgesetzes nach dem 31. Juli 2019 fasst. [2]Auf Verfahren, in denen das Gremium zur Überprüfung des Umtauschverhältnisses vor dem 1. August 2019 mit der Erstattung eines Gutachtens beauftragt wurde, sind die bisher geltenden Bestimmungen weiter anzuwenden. *(BGBl I 2019/63)*

(43) § 45 Abs. 1 in der Fassung der Gesamtreform des Exekutionsrechts – GREx, BGBl. I Nr. 86/2021 tritt mit 1. Juli 2021 in Kraft. § 62 Abs. 4 in der Fassung vor der der Gesamtreform des Exekutionsrechts – GREx, BGBl. I Nr. 86/2021 tritt mit Ablauf des 30. Juni 2021 außer Kraft. *(BGBl I 2021/86)*

§§ 263 und 264. *(aufgehoben, BGBl I 2001/98)*

§ 265. *(aufgehoben, BGBl I 2009/71)*

Zweiter Abschnitt

Frühere Berechtigungen

Sitz

§ 266. „ “ Ein bei Inkrafttreten dieses Bundesgesetzes im Firmenbuch eingetragener Sitz einer Aktiengesellschaft kann beibehalten werden, auch wenn er den Vorschriften des § 5 nicht entspricht. *(BGBl 1996/304)*

§ 267. *(aufgehoben, BGBl I 2009/71)*

Höchstzahl der Aufsichtsratsmitglieder

§ 268. Von der Vorschrift des § 86 Abs. 1 ausgenommen sind Aktiengesellschaften, insoweit sie nach den bisherigen Bestimmungen berechtigt waren, in ihrer Satzung eine höhere Zahl der Aufsichtsratsmitglieder festzusetzen.

§ 269. *(aufgehoben, BGBl I 2009/71)*

Dritter Abschnitt

Andere Rechtsvorschriften

§ 270. *(aufgehoben, BGBl I 2009/71)*

Verweisung in anderen bundesgesetzlichen Vorschriften

§ 271. [1]Soweit in anderen bundesgesetzlichen Vorschriften auf Bestimmungen verwiesen ist, die durch dieses Bundesgesetz abgeändert oder aufgehoben werden, erhält die Verweisung ihren Inhalt aus den entsprechenden Bestimmungen dieses Bundesgesetzes. [2]Für Ordnungsstrafen nach dem Aktiengesetz festgesetzte Bestimmungen gelten sinngemäß für die Zwangsstrafen (§ 258).

§ 272. *(aufgehoben, BGBl I 2009/71)*

Vierter Abschnitt

Vollziehung

§ 273. Mit der Vollziehung dieses Bundesgesetzes ist, soweit in ihm nichts anderes bestimmt ist, das Bundesministerium für Justiz betraut.

Anlage 1:

(aufgehoben, BGBl 1990/475)

Anlage 2:

(aufgehoben, BGBl 1991/68)

3/6. Spaltungsgesetz

Bundesgesetz über die Spaltung von Kapitalgesellschaften (SpaltG), BGBl 1996/304 idF

1 BGBl I 1998/125 **2** BGBl I 2005/75 (VfGH) **3** BGBl I 2006/75 (ÜbRÄG 2006) **4** BGBl I 2008/70 (URÄG 2008) **5** BGBl I 2009/71 (AktRÄG 2009) **6** BGBl I 2010/58 (IRÄ-BG) **7** BGBl I 2011/53 (GesRÄG 2011) **8** BGBl I 2015/112 (SRÄG 2015) **9** BGBl I 2017/107

GLIEDERUNG

STICHWORTVERZEICHNIS

SpaltG

Bundesgesetz über die Spaltung von Kapitalgesellschaften (SpaltG)

Der Nationalrat hat beschlossen:

1. Teil: Begriff der Spaltung

§ 1. (1) Eine Kapitalgesellschaft kann ihr Vermögen nach diesem Bundesgesetz spalten.

(2) Die Spaltung ist möglich

1. unter Beendigung ohne Abwicklung der übertragenden Gesellschaft durch gleichzeitige Übertragung aller ihrer Vermögensteile (Vermögensgegenstände, Schulden und Rechtsverhältnisse) im Weg der Gesamtrechtsnachfolge auf andere dadurch gegründete neue Kapitalgesellschaften (Aufspaltung zur Neugründung) oder auf übernehmende Kapitalgesellschaften (Aufspaltung zur Aufnahme) oder
2. unter Fortbestand der übertragenden Gesellschaft durch Übertragung eines oder mehrerer Vermögensteile dieser Gesellschaft im Weg der Gesamtrechtsnachfolge auf eine oder mehrere dadurch gegründete neue Kapitalgesellschaften (Abspaltung zur Neugründung) oder auf übernehmende Kapitalgesellschaften (Abspaltung zur Aufnahme)

gegen Gewährung von Anteilen (Aktien oder Geschäftsanteilen) der neuen oder übernehmenden Kapitalgesellschaften an die Anteilsinhaber der übertragenden Gesellschaft.

(3) Die gleichzeitige Übertragung auf neue und übernehmende Kapitalgesellschaften ist zulässig.

2. Teil: Spaltung zur Neugründung

Spaltungsplan

§ 2. (1) Der Vorstand (der Vorstand einer Aktiengesellschaft, die Geschäftsführer einer Gesellschaft mit beschränkter Haftung) der übertragenden Gesellschaft hat einen Spaltungsplan aufzustellen.

Dieser muß jedenfalls enthalten:

1. die Firma und den Sitz der übertragenden Gesellschaft und die vorgesehenen Satzungen (Gesellschaftsverträge) der an der Spaltung beteiligten Gesellschaften;
2. die Erklärung über die Übertragung der Vermögensteile der übertragenden Gesellschaft jeweils im Wege der Gesamtrechtsnachfolge gegen Gewährung von Anteilen an den neuen Gesellschaften;
3. das Umtauschverhältnis der Anteile und deren Aufteilung auf die Anteilsinhaber sowie gegebenenfalls die Höhe einer baren Zuzahlung der beteiligten Gesellschaften, die zehn von Hundert des auf die gewährten Anteile entfallenden anteiligen Betrages des Grundkapitals nicht übersteigen darf, sowie von Zuzahlungen Dritter, die unbeschränkt zulässig sind;

4. die Einzelheiten der Herabsetzung des Nennbetrages bei Nennbetragsaktien oder der Zusammenlegung von Anteilen an der übertragenden Gesellschaft, wenn diese ihr Nennkapital gemäß § 3 herabsetzt;
5. die Einzelheiten für die Gewährung von Anteilen an den neuen Gesellschaften;
6. den Zeitpunkt, von dem an die Anteile einen Anspruch auf einen Anteil am Bilanzgewinn gewähren, sowie alle Besonderheiten in bezug auf diesen Anspruch;
7. den Stichtag, von dem an die Handlungen der übertragenden Gesellschaft als für Rechnung der neuen Gesellschaften vorgenommen gelten (Spaltungsstichtag);
8. die Rechte, die die neuen Gesellschaften einzelnen Anteilsinhabern sowie den Inhabern besonderer Rechte, wie Anteilen ohne Stimmrecht, Vorzugsaktien, Mehrstimmrechtsanteilen, Gewinnschuldverschreibungen und Genußrechten, gewähren, und gegebenenfalls die für diese Personen vorgesehenen Maßnahmen;
9. jeden besonderen Vorteil, der einem Mitglied des Vorstands oder eines Aufsichtsorgans der an der Spaltung beteiligten Gesellschaften oder einem Abschluß-, Gründungs- oder Spaltungsprüfer gewährt wird;
10. die genaue Beschreibung und Zuordnung der Vermögensteile, die an jede der übernehmenden Gesellschaften übertragen werden; dabei kann auf Urkunden, wie Bilanzen, insbesondere gemäß Z 12, und Inventare, Bezug genommen werden, soweit deren Inhalt eine Zuordnung des einzelnen Vermögensteiles ermöglicht;
11. eine Regelung über die Zuordnung von Vermögensteilen, die sonst auf Grund des Spaltungsplans keiner der an der Spaltung beteiligten Gesellschaften zugeordnet werden können;
12. die Schlußbilanz der übertragenden Gesellschaft, weiters Eröffnungsbilanzen der neuen Gesellschaften und bei der Abspaltung eine Spaltungsbilanz, die das der übertragenden Gesellschaft verbleibende Vermögen ausweist;
13. bei einer nicht verhältniswahrenden Spaltung (§ 8 Abs. 3) und einer rechtsformübergreifenden Spaltung (§ 11) die Bedingungen der von einer beteiligten Gesellschaft oder einem Dritten angebotenen Barabfindung; diese Regelung kann entfallen, wenn alle Gesellschafter der übertragenden Gesellschaft schriftlich in einer gesonderten Erklärung darauf verzichten.

(2) Die übertragende Gesellschaft hat auf den Spaltungsstichtag eine Schlußbilanz aufzustellen. Für sie gelten die Vorschriften des UGB über den Jahresabschluß und dessen Prüfung sinngemäß; sie braucht nicht veröffentlicht zu werden. Die Schlußbilanz muß auf einen höchstens neun Monate vor der Anmeldung der Spaltung liegenden Stichtag aufgestellt werden.

(3) Die Erklärungen eines Dritten, Zuzahlungen gemäß Abs. 1 Z 3 oder eine Barabfindung gemäß Abs. 1 Z 13 anzubieten, müssen gerichtlich oder notariell beglaubigt unterfertigt sein.

Kapitalerhaltung, Anwendung des Gründungsrechts, Haftung der Organe

§ 3. (1) Die Summe der Nennkapitalien der an der Spaltung beteiligten Gesellschaften muß mindestens die Höhe des Nennkapitals der übertragenden Gesellschaft vor der Spaltung erreichen, die Summe der gebundenen Rücklagen der an der Spaltung beteiligten Gesellschaften mindestens die Höhe der gebundenen Rücklagen der übertragenden Gesellschaft vor der Spaltung. Gebundene Rücklagen dürfen auf die neuen Gesellschaften übertragen werden. Für solche Rücklagen gilt auch bei kleinen Gesellschaften mit beschränkter Haftung § 229 Abs. 7 UGB.

(2) Bei der Abspaltung darf das Nennkapital der übertragenden Gesellschaft ohne Einhaltung der Vorschriften über die Kapitalherabsetzung herabgesetzt werden. Werden die Vorschriften über die ordentliche Kapitalherabsetzung eingehalten, so darf insoweit von Abs. 1 erster Satz abgewichen werden.

(3) Auf die neuen Gesellschaften sind die für deren Rechtsform geltenden Gründungsvorschriften anzuwenden, soweit sich aus diesem Bundesgesetz nichts anderes ergibt. Als Gründer ist die übertragende Gesellschaft anzusehen.

(4) Der Hergang der Gründung der neuen Gesellschaften ist einer Prüfung zu unterziehen; ebenso ist zu prüfen, ob der tatsächliche Wert des verbliebenen Nettoaktivvermögens der übertragenden Gesellschaft wenigstens der Höhe ihres Nennkapitals zuzüglich gebundener Rücklagen nach Durchführung der Spaltung entspricht. Die aktienrechtlichen Bestimmungen über die Gründungsprüfung sind sinngemäß anzuwenden. Der Prüfer kann gleichzeitig Spaltungsprüfer sein. Der Gründungsbericht gemäß § 24 AktG entfällt.

(5) Die Mitglieder des Vorstands und des Aufsichtsrats der übertragenden Gesellschaft haften den beteiligten Gesellschaften in sinngemäßer Anwendung des § 41 AktG. Weiters haften sie den Anteilsinhabern für den Ersatz des Schadens, den diese durch die Spaltung erleiden; sie können sich von der Schadenersatzpflicht durch den Gegenbeweis befreien, daß sie ihre Sorgfaltspflicht beobachtet haben. Anspruchsberechtigt sind die Anteilsinhaber, die die Voraussetzungen gemäß § 225c Abs. 3 Z 2 erfüllen. Die Ansprüche verjähren in fünf Jahren seit dem Tage, an dem die Eintragung der Spaltung in das Firmenbuch gemäß § 10 UGB als bekanntgemacht gilt.

Spaltungsbericht

§ 4. (1) Der Vorstand der übertragenden Gesellschaft hat einen schriftlichen Bericht zu erstatten, in dem die Spaltung, der Spaltungsplan im einzelnen und insbesondere das Umtauschverhältnis der Anteile (einschließlich allfälliger barer Zuzahlungen) sowie deren Aufteilung auf die Anteilsinhaber und die Maßnahmen gemäß § 15 Abs. 5 rechtlich und wirtschaftlich ausführlich erläutert und begründet werden. Auf besondere Schwierigkeiten bei der Bewertung der Unternehmen und auf die gemäß § 3 Abs. 4 zu erstellenden Gründungsprüfungsberichte ist hinzuweisen; weiters sind die Gerichte anzuführen, bei welchen die Gründungsprüfungsberichte gemäß § 14 Abs. 1 einzureichen sein werden. § 118 Abs. 3 AktG ist sinngemäß anzuwenden.

(2) Der Bericht des Vorstands ist nicht erforderlich, wenn alle Anteilsinhaber schriftlich oder in der Niederschrift zur Hauptversammlung (Generalversammlung) darauf verzichten.

Prüfung der Spaltung

§ 5. (1) Der Spaltungsplan ist durch einen Spaltungsprüfer zu prüfen.

(2) Der Spaltungsprüfer wird vom Aufsichtsrat, wenn kein Aufsichtsrat bestellt ist, vom Vorstand der übertragenden Gesellschaft bestellt.

(3) Für die Auswahl, das Auskunftsrecht und die Verantwortlichkeit des Spaltungsprüfers gelten die §§ 268 Abs. 4, 271, 271a, 272 und 275 UGB sinngemäß. Die Haftung besteht gegenüber den an der Spaltung beteiligten Gesellschaften und deren Anteilsinhabern.

(4) Der Spaltungsprüfer hat über das Ergebnis der Prüfung schriftlich zu berichten. Bei einer nicht verhältniswahrenden Spaltung ist der Bericht mit einer Erklärung darüber abzuschließen, ob das vorgeschlagene Umtauschverhältnis der Anteile und gegebenenfalls die Höhe der baren Zuzahlungen und deren Aufteilung auf die Anteilsinhaber sowie das Barabfindungsangebot angemessen sind. Dabei ist insbesondere anzugeben:

1. nach welchen Methoden das vorgeschlagene Umtauschverhältnis der Anteile, deren Aufteilung auf die Anteilsinhaber sowie das Barabfindungsangebot ermittelt worden sind;
2. aus welchen Gründen die Anwendung dieser Methoden angemessen ist;
3. welches Umtauschverhältnis und welche Verteilung auf die Anteilsinhaber sich bei der Anwendung verschiedener Methoden, sofern mehrere angewendet worden sind, jeweils ergeben würde; zugleich ist dazu Stellung zu nehmen, welche Gewichtung diesen Methoden beigemessen wurde und darauf hinzuweisen, ob und welche besonderen Schwierigkeiten bei der Bewertung aufgetreten sind.

Der Spaltungsprüfer hat den Prüfungsbericht dem Vorstand und den Mitgliedern des Aufsichtsrats vorzulegen.

(5) Besteht in sinngemäßer Anwendung von § 133 Abs. 3 zweiter Satz AktG ein Geheimhaltungsinteresse, so hat der Spaltungsprüfer auch eine darauf Bedacht nehmende Fassung vorzulegen, die zur Einsicht der Anteilsinhaber bestimmt ist.

(6) Die Spaltungsprüfung ist nicht erforderlich, wenn alle Anteilsinhaber schriftlich oder in der Niederschrift zur Hauptversammlung (Generalversammlung) darauf verzichten.

Prüfung durch den Aufsichtsrat

§ 6. (1) Der Aufsichtsrat der übertragenden Gesellschaft hat die beabsichtigte Spaltung auf der Grundlage des Spaltungsprüfer zu prüfen und darüber einen schriftlichen Bericht zu erstatten; § 118 Abs. 3 AktG ist sinngemäß anzuwenden.

(2) Die Prüfung durch den Aufsichtsrat der übertragenden Gesellschaft ist nicht erforderlich, wenn alle Anteilsinhaber schriftlich in einer gesonderten Erklärung darauf verzichten. In diesem Fall hat der Vorstand den Aufsichtsrat unverzüglich über die geplante Spaltung zu informieren. Gehören dem Aufsichtsrat gemäß § 110 ArbVG entsandte Mitglieder an, so hat der Vorstand gegebenenfalls auch darüber zu informieren, welche Auswirkungen für die Arbeitnehmer (betreffend Arbeitsplätze, Beschäftigungsbedingungen und Standorte) die Spaltung voraussichtlich haben wird.

Vorbereitung der Beschlußfassung

§ 7. (1) Der Vorstand der übertragenden Gesellschaften hat mindestens einen Monat vor dem Tag der Beschlußfassung durch die Anteilsinhaber den Spaltungsplan nach Prüfung durch den Aufsichtsrat bei dem Gericht, in dessen Sprengel die übertragende Gesellschaft ihren Sitz hat, einzureichen und einen Hinweis auf diese Einreichung gemäß § 18 AktG zu veröffentlichen. In dieser Veröffentlichung sind die Anteilsinhaber, die Gläubiger und der Betriebsrat auf ihre Rechte gemäß Abs. 2, 4 und 5 hinzuweisen.

(1a) Die Einreichung des Spaltungsplans bei Gericht und die Veröffentlichung des Hinweises auf die Einreichung gemäß Abs. 1 sind nicht erforderlich, wenn die Gesellschaft den Spaltungsplan sowie den Hinweis gemäß Abs. 1 zweiter Satz spätestens einen Monat vor dem Tag der Beschlussfassung durch die Anteilsinhaber in elektronischer Form in der Ediktsdatei (§ 89j GOG) veröffentlicht. Die Bundesministerin für Justiz kann die technischen Details der Vorgangsweise bei der Veröffentlichung durch Verordnung regeln.

(2) Mindestens während eines Monats vor dem Tag der Hauptversammlung, die über die Zustimmung zur Spaltung beschließen soll, sind gemäß § 108 Abs. 3 bis 5 AktG bereit zu stellen:

1. der Spaltungsplan;
2. die Jahresabschlüsse und die Lageberichte der übertragenden Gesellschaft für die letzten drei Geschäftsjahre, weiters die Schlußbilanz, wenn der Spaltungsstichtag vom Stichtag des letzten Jahresabschlusses abweicht und die Schlußbilanz – gegebenenfalls in geprüfter Form – bereits vorliegt:
3. falls sich der letzte Jahresabschluß auf ein Geschäftsjahr bezieht, das mehr als sechs

Monate vor der Aufstellung des Spaltungsplans abgelaufen ist, eine Bilanz auf einen Stichtag, der nicht vor dem ersten Tag des dritten Monats liegt, welcher dem Monat der Aufstellung vorausgeht (Zwischenbilanz);

4. der Spaltungsbericht;
5. der Prüfungsbericht;
6. der Bericht des Aufsichtsrats.

(3) Die Zwischenbilanz (Abs. 2 Z 3) ist nach den Vorschriften aufzustellen, die auf die letzte Jahresbilanz der Gesellschaft angewendet worden sind. Eine körperliche Bestandsaufnahme ist nicht erforderlich. Die Wertansätze der letzten Jahresbilanz dürfen übernommen werden. Abschreibungen, Wertberichtigungen und Rückstellungen sowie wesentliche, aus den Büchern nicht ersichtliche Veränderungen der wirklichen Werte von Vermögensgegenständen bis zum Stichtag der Zwischenbilanz sind jedoch zu berücksichtigen.

(3a) Die Zwischenbilanz (Abs. 2 Z 3) muss nicht aufgestellt werden, wenn die Gesellschaft seit dem letzten Jahresabschluss einen Halbjahresfinanzbericht nach §§ 125 und 126 Börsegesetz 2018 – BörseG 2018, BGBl. I Nr. 107/2017, oder nach den vom Aufnahmemitgliedstaat gemäß Art. 5 der Transparenz-Richtlinie 2004/109/EG erlassenen Vorschriften veröffentlicht hat. In diesem Fall tritt der Halbjahresfinanzbericht bei der Vorbereitung der Hauptversammlung an die Stelle der Zwischenbilanz.

(BGBl I 2017/107)

(4) Den Gesellschaftern einer Gesellschaft mit beschränkter Haftung sind die in Abs. 2 bezeichneten Unterlagen zu übersenden. Zwischen dem Tag der Aufgabe der Sendung zur Post und der Beschlußfassung muß mindestens ein Zeitraum von 14 Tagen liegen.

(5) Werden die in Abs. 2 bezeichneten Unterlagen nicht auf der Internetseite der Gesellschaft allgemein zugänglich gemacht, so ist den Gläubigern und dem Betriebsrat auf Verlangen unverzüglich und kostenlos eine Abschrift der in Abs. 2 Z 1 bis 3 bezeichneten Unterlagen zu erteilen.

(6) In der Hauptversammlung (Generalversammlung) sind die in Abs. 2 bezeichneten Unterlagen aufzulegen. Der Vorstand hat den Spaltungsplan zu Beginn der Verhandlung mündlich zu erläutern. Der Vorstand hat die Anteilsinhaber vor der Beschlußfassung über jede wesentliche Veränderung der Vermögens- oder Ertragslage der Gesellschaft, die zwischen der Aufstellung des Spaltungsplans und dem Zeitpunkt der Beschlußfassung eingetreten ist, zu unterrichten; dies gilt insbesondere, wenn die Veränderung ein anderes Umtauschverhältnis oder eine andere Aufteilung der Anteile rechtfertigen würde.

Spaltungsbeschluß

§ 8. (1) Die Spaltung bedarf eines Beschlusses der Anteilsinhaber, der bei einer Aktiengesellschaft mit einer Mehrheit von drei Vierteln des bei der Beschlußfassung vertretenen Grundkapitals, bei einer Gesellschaft mit beschränkter Haftung von drei Vierteln der abgegebenen Stimmen zu fassen ist. die Satzung (der Gesellschaftsvertrag) kann eine größere Mehrheit und weitere Erfordernisse bestimmen.

(2) Sind bei einer Aktiengesellschaft mehrere Gattungen von stimmberechtigten Aktien vorhanden, so bedarf der Beschluss der Hauptversammlung zu seiner Wirksamkeit eines in gesonderter Abstimmung gefassten Beschlusses der Aktionäre jeder Gattung; für diesen gilt Abs. 1.

(3) Werden die Anteile der neuen Gesellschaften den Anteilsinhabern der übertragenden Gesellschaft nicht in dem Verhältnis zugeteilt, das ihrer Beteiligung an der übertragenden Gesellschaft entspricht (nicht verhältniswahrende Spaltung), so bedarf der Beschluss überdies einer Mehrheit von neun Zehnteln des gesamten Nennkapitals. Abweichend davon bedarf der Beschluss der Zustimmung aller Gesellschafter, wenn

1. die Anteile an einer oder mehreren beteiligten Gesellschaften ausschließlich oder überwiegend Gesellschaftern zugewiesen werden, die insgesamt über Anteile von nicht mehr als einem Zehntel des Nennkapitals der übertragenden Gesellschaft verfügen, oder
2. einer oder mehreren beteiligten Gesellschaften, an denen die in Z 1 genannten Gesellschafter beteiligt sind, überwiegend Wertpapiere, flüssige Mittel (§ 224 Abs. 2 B IV UGB) oder andere nicht betrieblich genutzte Vermögensgegenstände zugeordnet werden.

Werden die dazu erforderlichen Stimmen nicht in der Gesellschafterversammlung abgegeben, so wird der Beschluss nur wirksam, wenn der übertragenden Gesellschaft innerhalb von drei Monaten Zustimmungserklärungen von Anteilsinhabern, die gegen den Beschluss gestimmt haben oder an der Abstimmung nicht beteiligt waren, im jeweils erforderlichen Ausmaß zugehen.

(4) Der Spaltungsbeschluß ist notariell zu beurkunden, die Zustimmungserklärungen müssen gerichtlich oder notariell beglaubigt unterfertigt sein. Der beschlossene Spaltungsplan ist in die Niederschrift über den Beschluß und in die Zustimmungserklärungen aufzunehmen oder diesen als Anlage beizufügen.

Barabfindungsangebot bei nicht verhältniswahrender Spaltung: Ausschluß von Anfechtungsklagen

§ 9. (1) Jeder Anteilsinhaber, der einer nicht verhältniswahrenden Spaltung nicht zugestimmt hat, hat Anspruch auf angemessene Barabfindung seiner Anteile (§ 2 Abs. 1 Z 13), wenn er vom Zeitpunkt der Beschlussfassung der Gesellschafterversammlung bis zur Geltendmachung des Rechts Gesellschafter war. Dieser Anspruch steht einem Anteilsinhaber nicht zu, wenn er an allen beteiligten Gesellschaften im gleichen Verhältnis wie an der übertragenden Gesellschaft beteiligt ist. Bei Gesellschaften mit beschränkter Haftung sind an Stelle von § 81 GmbHG die für den Erwerb eigener Aktien für die Entschädigung von Minderheitsaktionären geltenden Vorschriften sinngemäß anzuwenden. Das Angebot kann nur binnen zwei Monaten nach dem Tag angenommen werden, an dem die Eintragung der Spaltung gemäß § 10 UGB als bekanntgemacht gilt. Die Zahlung ist binnen zwei Monaten ab Zugang der Annahmeerklärung fällig und verjährt in drei Jahren. Der Erwerber hat die Kosten der Übertragung zu tragen. Die beteiligten Gesellschaften haften als Gesamtschuldner. Für die Erfüllung der angebotenen Barabfindung einschließlich der Übertragungskosten ist den Abfindungsberechtigten Sicherheit zu leisten.

(2) Eine Klage auf Anfechtung des Spaltungsbeschlusses kann nicht darauf gestützt werden, dass das Umtauschverhältnis der Anteile (einschließlich allfälliger Zuzahlungen), deren Aufteilung auf die Anteilsinhaber oder die angebotene Barabfindung nicht angemessen festgelegt ist, oder dass die im Spaltungsbericht, im Prüfungsbericht des Spaltungsprüfers oder im Bericht des Aufsichtsrats enthaltenen Erläuterungen des Umtauschverhältnisses der Anteile (einschließlich allfälliger Zuzahlungen), deren Aufteilung auf die Anteilsinhaber oder des Barabfindungsangebots den gesetzlichen Bestimmungen nicht entsprechen. Anteilsinhaber, die das Angebot nach Abs. 1 angenommen haben, können bei Gericht den Antrag stellen, dass die angebotene Barabfindung überprüft und eine höhere Barabfindung festgelegt wird; sie haben glaubhaft zu machen, dass sie vom Zeitpunkt der Beschlussfassung der Gesellschafterversammlung der übertragenden Gesellschaft bis zur Antragstellung Anteilsinhaber waren. Für das Verfahren auf gerichtliche Überprüfung gelten die §§ 225d bis 225m, ausgenommen § 225e Abs. 3 zweiter Satz und § 225j Abs. 2 AktG, sinngemäß. Wird die gerichtliche Überprüfung der angebotenen Barabfindung begehrt, so endet die Frist für die Annahme des Barabfindungsangebots einen Monat nach dem Tag der letzten Bekanntmachung gemäß § 225k Abs. 1 AktG.

Besondere Zustimmungserfordernisse

§ 10. (1) Werden durch die Spaltung Rechte beeinträchtigt, die in der Satzung (dem Gesellschaftsvertrag) einem einzelnen Anteilsinhaber oder einzelnen Anteilinhabern insbesondere bei der Geschäftsführung der Gesellschaft, bei der Bestellung von Geschäftsführern oder des Aufsichtsrats oder bei der Übertragung von Geschäftsanteilen eingeräumt sind, so bedarf auch der Spaltungsbeschluß der Zustimmung dieses Anteilsinhabers (dieser Anteilsinhaber), es sei denn, daß die Satzung (der Gesellschaftsvertrag) der beteiligten Gesellschaften im Spaltungsplan gleichwertige Rechte festlegen.

(2) Sieht die Satzung (der Gesellschaftsvertrag) für einzelne Beschlußgegenstände eine Beschlußmehrheit über die Mehrheit von drei Vierteln des bei der Beschlußfassung vertretenen Nennkapitals oder der abgegebenen Stimmen vor, so bedarf auch der Spaltungsbeschluß dieser Mehrheit, es sei denn, daß in der Satzung (im Gesellschaftsvertrag) der beteiligten Gesellschaften durch entsprechende Gestaltung der Beschlußmehrheiten die Rechte der Minderheit gewahrt werden.

(3) Sind die Aktien (Geschäftsanteile) der übertragenden Gesellschaft frei übertragbar und macht die Satzung (der Gesellschaftsvertrag) einer neuen Gesellschaft die Übertragung von bestimmten Voraussetzungen, insbesondere von der Zustimmung der Gesellschaft abhängig, so bedarf der Spaltungsbeschluß der Zustimmung aller Gesellschafter der übertragenden Gesellschaft.

(4) Ist nach den vorhergehenden Vorschriften die Zustimmung eines Gesellschafters erforderlich, so kann diese auch außerhalb der Hauptversammlung (Generalversammlung) erteilt werden. In diesem Fall muß sie gerichtlich oder notariell beglaubigt unterfertigt sein und der übertragenden Gesellschaft spätestens innerhalb einer Frist von drei Monaten nach der Beschlußfassung zugehen; der Spaltungsplan ist in die Zustimmungserklärung aufzunehmen oder dieser als Anlage beizufügen.

Barabfindungsangebot bei rechtsformübergreifender Spaltung

§ 11. (1) Hat die neue Gesellschaft eine andere Rechtsform als die übertragende Gesellschaft (rechtsformübergreifende Spaltung), so steht jedem Anteilsinhaber, der gegen den Spaltungsbeschuß Widerspruch zur Niederschrift erklärt hat, das Recht auf angemessene Barabfindung seiner Anteile zu (§ 2 Abs. 1 Z 13). § 9 ist sinngemäß anwendbar; das Antragsrecht gemäß § 9 Abs. 2 steht nur denjenigen Anteilsinhabern zu, die gegen den Spaltungsbeschluss Widerspruch zur Niederschrift erklärt haben.

(2) Bei einer Spaltung im Sinn des Abs. 1 ist eine Prüfung durch einen Spaltungsprüfer (§§ 5 und 7 Abs. 2 Z 5) auch dann erforderlich, wenn es sich um eine verhältniswahrende Spaltung (§ 16a) handelt.

Anmeldung

§ 12. (1) Sämtliche Mitglieder des Vorstands der übertragenden Gesellschaft und sämtliche Mitglieder der Vorstände aller neuen Gesellschaften haben die Spaltung und die Errichtung der neuen Gesellschaften zur Eintragung bei dem Gericht am Sitz der übertragenden Gesellschaft anzumelden. Der Anmeldung sind so viele Ausfertigungen (einschließlich der Beilagen) anzuschließen, wie neue Gesellschaften entstehen.

(2) Weiters ist dem Gericht eine Erklärung des Vorstands der übertragenden Gesellschaft vorzulegen, daß eine Klage auf Anfechtung oder Feststellung der Nichtigkeit des Spaltungsbeschlusses innerhalb eines Monats nach der Beschlußfassung nicht erhoben oder zurückgezogen worden ist oder daß alle Anteilsinhaber durch notariell beurkundete Erklärung auf eine solche Klage verzichtet haben. Können diese Erklärungen nicht vorgelegt werden, so hat das Gericht gemäß § 19 FBG vorzugehen.

(3) Ist die übertragende Gesellschaft im Inland börsenotiert und führt die Spaltung zu einer Beendigung der Börsenotierung oder hat sie mit

einer Beendigung der Börsenotierung vergleichbare Auswirkungen, so darf die Spaltung erst zur Eintragung angemeldet werden, nachdem unter Hinweis auf die geplante Spaltung innerhalb der letzten sechs Monate vor der Anmeldung oder unter Hinweis auf den gefassten Spaltungsbeschluss eine Angebotsunterlage nach dem 5. Teil des ÜbG veröffentlicht wurde. Ein solches Angebot ist jedoch dann nicht erforderlich, wenn bei einer Spaltung zur Aufnahme für die zu gewährenden Beteiligungspapiere der übernehmenden Gesellschaft die Zulassung und der Handel an zumindest einem geregelten Markt in einem EWR-Vertragsstaat gewährleistet sind, an dem für einen Widerruf der Zulassung zum Handel an diesem Markt mit § 38 Abs. 6 bis 8 BörseG 2018 gleichwertige Voraussetzungen gelten.

(BGBl I 2017/107)

Beilage zur Anmeldung

§ 13. Der Anmeldung sind in Urschrift, Ausfertigung oder beglaubigter Abschrift beizufügen:

1. die Niederschrift des Spaltungsbeschlusses samt Spaltungsplan;
2. die allenfalls erforderlichen Zustimmungserklärungen einzelner Anteilsinhaber;
3. den Spaltungsbericht gemäß § 4 und den Prüfungsbericht gemäß § 5;
4. die nach den Gründungsvorschriften für die Eintragung der neuen Gesellschaften erforderlichen weiteren Urkunden;
5. die Genehmigung, falls die Spaltung einer behördlichen Genehmigung bedarf;
6. der Nachweis der Veröffentlichung der beabsichtigten Spaltung gemäß § 7 Abs. 1 oder 1a;
7. die Erklärungen gemäß § 2 Abs. 3;
8. der Nachweis der Sicherheit gemäß §§ 9 und 11.

Eintragung und ihre Rechtswirkungen

§ 14. (1) Die Spaltung und die neuen Gesellschaften sind im Firmenbuch gleichzeitig einzutragen. Das Gericht, in dessen Sprengel die übertragende Gesellschaft ihren Sitz hat, hat zu prüfen, ob im Hinblick auf den satzungsmäßigen Sitz der neuen Gesellschaften § 30 UGB beachtet ist. Unter Hinweis auf die Firmenbuchnummer der übertragenden Gesellschaft ist einzutragen, daß die neuen Gesellschaften aus einer Spaltung hervorgegangen sind. Die Eintragung der neuen Gesellschaft ist dem Gericht in dessen Sprengel die neue Gesellschaft ihren Sitz hat, mitzuteilen. Der Mitteilung sind auch der Akt und die Urkunden der neuen Gesellschaft beizufügen. Die Beendigung der Zuständigkeit für die Ersteintragung (§ 120 Abs. 6 JN) ist vom Gericht, in dessen Sprengel die neue Gesellschaft ihren Sitz hat, einzutragen.

(2) Mit der Eintragung der Spaltung in das Firmenbuch treten folgende Rechtswirkungen ein:

1. Die Vermögensteile der übertragenden Gesellschaft gehen entsprechend der im Spaltungsplan vorgesehenen Zuordnung jeweils im Wege der Gesamtrechtsnachfolge auf die neue Gesellschaft oder die neuen Gesellschaften über.
2. Bei der Aufspaltung erlischt die übertragende Gesellschaft; bei der Abspaltung werden die im Spaltungsplan vorgesehenen Änderungen der Satzung (des Gesellschaftsvertrags) der übertragenden Gesellschaft wirksam. Darauf ist in der Eintragung hinzuweisen.
3. Die Anteile an den beteiligten Gesellschaften werden entsprechend dem Spaltungsplan erworben. Rechte Dritter an den Anteilen der übertragenden Gesellschaft bestehen an den an ihre Stelle tretenden Anteile und an allfälligen baren Zuzahlungen weiter.
4. Der Mangel der notariellen Beurkundung des Spaltungsbeschlusses wird geheilt.

(3) Mängel der Spaltung lassen die Wirkungen der Eintragung gemäß Abs. 2 unberührt. Nach der Eintragung der Spaltung in das Firmenbuch ist eine Anfechtung des Spaltungsbeschlusses der übertragenden Gesellschaft gegen die neuen Gesellschaften zu richten, bei der Abspaltung gegen alle beteiligten Gesellschaften. Das auf Anfechtung oder Feststellung der Nichtigkeit eines Spaltungsbeschlusses gerichtete Begehren kann ohne Vorliegen der Voraussetzungen des § 235 ZPO auf den Ersatz des Schadens, der dem Kläger aus der auf dem Beschluß beruhenden Eintragung der Spaltung ins Firmenbuch entstanden ist, abgeändert oder auf Ersatz der Prozeßkosten eingeschränkt werden.

SpaltG

(4) Solange einem Schuldner nicht bekannt wird, welcher der an der Spaltung beteiligten Gesellschaften die Forderung zugeordnet ist, kann er mit schuldbefreiender Wirkung an jede von ihnen bezahlen oder sich sonst mit jeder von ihnen abfinden.

(5) Solange einem Gläubiger nicht bekannt wird, welcher der an der Spaltung beteiligten Gesellschaften die Verbindlichkeit zugeordnet ist, kann er Erklärungen, die diese Verbindlichkeit betreffen, gegenüber jeder von ihnen abgeben.

(6) Für den Umtausch der Aktien der übertragenden Gesellschaft gilt § 67 AktG, bei Zusammenlegung von Aktien § 179 AktG über die Kraftloserklärung von Aktien sinngemäß; einer Genehmigung des Gerichts bedarf es nicht.

Schutz der Gläubiger

§ 15. (1) Für die bis zur Eintragung der Spaltung begründeten Verbindlichkeiten der übertragenden Gesellschaft, einschließlich Verbindlichkeiten aus späterer nicht gehöriger Erfüllung und aus späterer Rückabwicklung, haften neben der Gesellschaft, der die Verbindlichkeit nach dem Spaltungsplan zugeordnet wird, die übrigen an der Spaltung beteiligten Gesellschaften bis zur Höhe des ihnen jeweils zugeordneten Nettoaktivvermögens (Wert der der haftenden Gesellschaft zugeordneten aktiven Vermögensteile abzüglich Wert der ihr zugeordneten Verbindlichkeiten) als Gesamtschulder. Jede haftende Gesellschaft wird insoweit frei, als sie Schulden für andere Gesellschaften berichtigt hat. Keine Haftung besteht für solche Verbindlichkeiten, für die nach den folgenden Absätzen Sicherheit geleistet wurde.

(2) Den Gläubigern der übertragenden Gesellschaften ist von den beteiligten Gesellschaften Sicherheit zu leisten, soweit sie nicht Befriedigung verlangen können, wenn sie sich binnen sechs Monaten nach der Veröffentlichung der Eintragung der Spaltung zu diesem Zweck melden; dieses Recht steht den Gläubigern jedoch nur zu, wenn sie glaubhaft machen, dass durch die Spaltung die Erfüllung ihrer Forderung gefährdet wird. Die Gläubiger sind in der Veröffentlichung der Eintragung auf dieses Recht hinzuweisen.

(3) Wird innerhalb der in Abs. 2 genannten Frist eine Sicherheitsleistung gerichtlich verlangt, so haften ab diesem Zeitpunkt alle beteiligten Gesellschaften für die Forderung betraglich unbeschränkt als Gesamtschuldner, bis entweder die Sicherheit geleistet oder die Klage rechtskräftig abgewiesen wird.

(4) Das Recht, Sicherheitsleistung zu verlangen, steht solchen Gläubigern nicht zu, die im Insolvenzverfahren ein Recht auf vorzugsweise Befriedigung aus einer nach gesetzlicher Vorschrift zu ihrem Schutz errichteten und behördlich überwachten Deckungsmasse haben.

(5) Den Inhabern von Schuldverschreibungen und Genußrechten sind gleichwertige Rechte zu gewähren oder die Änderung der Rechte oder als Recht selbst angemessen abzugelten.

Auskunftserteilung

§ 16. (1) Wer durch die Spaltung in seinen rechtlichen Interessen betroffen wird, kann von jeder an der Spaltung beteiligten Gesellschaft die Erteilung von Auskünften über die Zuordnung von Vermögensteilen verlangen.

(2) Über diesen Anspruch entscheidet das Gericht im außerstreitigen Verfahren; die Glaubhaftmachung des rechtlichen Interesses genügt. Das Gericht kann die Vorlage der Handelsbücher sowie die Einsichtnahme durch die Partei oder durch einen zu beruflichen Verschwiegenheit verpflichteten Sachverständigen anordnen. Das Gericht kann auch anordnen, daß der zu Auskunft Verpflichtete einen Eid dahin zu leisten hat, daß die Auskunft richtig und vollständig ist.

Verhältniswahrende Spaltung

§ 16a. (1) Wenn die Anteilsinhaber an der übertragenden Gesellschaft und an den neuen Gesellschaften im selben Verhältnis beteiligt sein sollen (verhältniswahrende Spaltung), sind der Spaltungsbericht des Vorstands (§§ 4 und 7 Abs. 2 Z 4), die Prüfung der Spaltung durch einen Spaltungsprüfer (§§ 5 und 7 Abs. 2 Z 5), die Prüfung sowie Berichterstattung durch den Aufsichtsrat (§§ 6 und 7 Abs. 2 Z 6) und die Erstellung einer Zwischenbilanz (§ 7 Abs. 2 Z 3 und Abs. 3) nicht erforderlich.

(2) Sofern keine Berichterstattung durch den Aufsichtsrat (§ 6) erfolgen soll, ist § 6 Abs. 2 zweiter und dritter Satz sinngemäß anzuwenden.

3. Teil:
Spaltung zur Aufnahme

§ 17. Auf die Spaltung zur Aufnahme sind die Vorschriften der §§ 2 bis 16 sinngemäß anzuwenden, soweit im folgenden nichts anderes bestimmt wird:

1. An die Stelle des Spaltungsplans (§ 2) tritt der Spaltungs- und Übernahmsvertrag, der von den Vorständen der übertragenden und der übernehmenden Gesellschaft bis zur Anmeldung zum Firmenbuch in notariell beurkundeter Form abzuschließen ist;
2. an die Stelle der neuen Gesellschaft tritt die übernehmende Gesellschaft;
3. bei einer Aufspaltung zur Aufnahme und bei einer Abspaltung zur Aufnahme, bei der das Nennkapital der übertragenden Gesellschaft herabgesetzt wird, darf die Spaltung erst eingetragen werden, nachdem die Vorschriften über die ordentliche Kapitalherabsetzung eingehalten worden sind;

3a. wird bei der übernehmenden Gesellschaft zur Durchführung der Spaltung zur Aufnahme das Nennkapital erhöht, so hat eine Prüfung durch einen oder mehrere Prüfer stattzufinden; § 25 Abs. 3 bis 5 sowie die §§ 26, 27, 42 und 44 gelten sinngemäß. Der Prüfer kann gleichzeitig Spaltungsprüfer sein;

4. jene Gläubiger der übertragenden Gesellschaft, deren Forderungen einer übernehmenden Gesellschaft zugewiesen werden, haben zusätzlich zu den Rechten gemäß § 15 Anspruch auf Sicherheitsleistung in sinngemäßer Anwendung von § 226 AktG;
5. im übrigen gelten für die übernehmende Gesellschaft die Vorschriften über die Verschmelzung durch Aufnahme sinngemäß, an die Stelle des Verschmelzungsberichts tritt der Spaltungsbericht, an die Stelle der Verschmelzungsprüfung die Spaltungsprüfung. Bei Beteiligung einer Aktiengesellschaft bedarf der Verzicht auf den Spaltungsbericht (§ 4 Abs. 2) und die Spaltungsprüfung (§ 5 Abs. 6) der Zustimmung sämtlicher Anteilsinhaber aller beteiligten Gesellschaften. § 221a Abs. 5 AktG dritter Satz gilt auch für den Vorstand (Geschäftsführer) der übertragenden Gesellschaft;
6. sämtliche Mitglieder des Vorstands der übertragenden Gesellschaft und der Vorstand der übernehmenden Gesellschaft haben die Spaltung zur Aufnahme zur Eintragung beim Gericht, in dessen Sprengel ihre Gesellschaft den Sitz hat, anzumelden. Die erforderlichen Unterlagen sind der Anmeldung der übertragenden Gesellschaft beizufügen. Wird zur Durchführung der Spaltung zur Aufnahme das Nennkapital erhöht, so sind die hiefür erforderliche Anmeldungen zur Eintragung in das Firmenbuch mit der Anmeldung der Spaltung gemäß § 12 zu verbinden;
7. befinden sich alle Anteile der übertragenden Gesellschaft direkt oder indirekt in der Hand

der übernehmenden Gesellschaft(en), so bedarf die Spaltung nicht der Beschlussfassung durch die Anteilsinhaber der übertragenden Gesellschaft. Findet auch in der übernehmenden Gesellschaft keine Beschlussfassung über die Spaltung zur Aufnahme statt, so darf die Eintragung der Spaltung gemäß § 14 erst erfolgen, wenn bei Aktiengesellschaften seit der Veröffentlichung oder Bereitstellung nach § 7 Abs. 1, 1a und 2 ein Monat, bei Gesellschaften mit beschränkter Haftung seit Übersendung der Unterlagen nach § 7 Abs. 4 14 Tage vergangen sind.

4. Teil: Strafbestimmung

§ 18. (aufgehoben)

(BGBl I 2015/112)

5. Teil: In-Kraft-Treten

§ 19. (1) § 8 Abs. 3, § 9 Abs. 1 und 2 und § 11 in der Fassung des Übernahmerechts-Änderungsgesetzes 2006, BGBl. I Nr. 75/2006, treten mit 20. Mai 2006 in Kraft und sind auf Spaltungen anzuwenden, bei denen der Spaltungsbeschluss (§ 8) nach diesem Zeitpunkt gefasst wurde. Auf Spaltungen, bei denen der Spaltungsbeschluss vor diesem Zeitpunkt gefasst wurde, ist das Spaltungsgesetz in der vor In-Kraft-Treten des Übernahmerechts-Änderungsgesetzes 2006, BGBl. I Nr. 75/2006, geltenden Fassung weiter anzuwenden.

(2) § 5 in der Fassung des Bundesgesetzes BGBl. I Nr. 70/2008 tritt mit 1. Juni 2008 in Kraft und ist auf die Bestellung von Prüfern nach dem 31. Mai 2008 anzuwenden.

(3) Die §§ 3 Abs. 1, 4 Abs. 1, 5 Abs. 5, 6 Abs. 1 und 7 Abs. 1, 2 und 5 und § 8 Abs. 2 in der Fassung des Aktienrechts-Änderungsgesetzes 2009, BGBl. I Nr. 71/2009, treten mit 1. August 2009 in Kraft und sind auf Spaltungen anzuwenden, wenn die Gesellschafterversammlung nach dem 31. Juli 2009 einberufen wird oder wenn bei einer Gesellschaft mit beschränkter Haftung die zur Beschlussfassung notwendigen Unterlagen nach dem 31. Juli 2009 an die Gesellschafter übersendet werden. Auf Spaltungen, bei denen vor diesem Zeitpunkt die Gesellschafterversammlung einberufen wurde oder die Unterlagen an die Gesellschafter übersendet wurden, sind die bisher geltenden Bestimmungen weiter anzuwenden.

(4) § 15 Abs. 4 in der Fassung des Bundesgesetzes BGBl. I Nr. 58/2010 tritt mit 1. August 2010 in Kraft.

(5) § 3 Abs. 4, § 4 Abs. 1, § 6 Abs. 2, § 7 Abs. 1a, 3a und 6, § 11, § 13, § 15 Abs. 2 und 3, § 16a und § 17 in der Fassung des Gesellschaftsrechts-Änderungsgesetzes 2011, BGBl. I Nr. 53/2011, treten mit 1. August 2011 in Kraft. Auf Spaltungen, bei denen vor diesem Zeitpunkt die Bereitstellung oder Übersendung der Unterlagen (§ 7 Abs. 2 und 4) erfolgte, sind die bis dahin geltenden Bestimmungen weiter anzuwenden.

(6) § 18 tritt mit Ablauf des 31. Dezember 2015 außer Kraft.

(BGBl I 2015/112)

(7) § 7 Abs. 3a und § 12 Abs. 3 in der Fassung des Bundesgesetzes BGBl. I Nr. 107/2017 treten mit 3. Jänner 2018 in Kraft.

(BGBl I 2017/107)

3/2. Umwandlungsgesetz

Bundesgesetz über die Umwandlung von Handelsgesellschaften (UmwG), BGBl 1996/304 idF

1 BGBl I 2005/120 (HaRÄG) **2** BGBl I 2006/75 (ÜbRÄG 2006) **3** BGBl I 2007/72 (GesRÄG 2007)
4 BGBl I 2009/71 (AktRÄG 2009)

GLIEDERUNG

Bundesgesetz über die Umwandlung von Handelsgesellschaften (UmwG)

Der Nationalrat hat beschlossen:

Begriff der Umwandlung

§ 1. Kapitalgesellschaften können nach Maßgabe der folgenden Bestimmungen unter Ausschluß der Abwicklung durch Übertragung des Unternehmens im Weg der Gesamtrechtsnachfolge auf einen Gesellschafter oder in eine offene Gesellschaft oder Kommanditgesellschaft (Nachfolgerechtsträger) umgewandelt werden.

Umwandlung durch Übertragung des Unternehmens auf den Hauptgesellschafter

§ 2. (1) Die Hauptversammlung (Generalversammlung) der Kapitalgesellschaft kann die Umwandlung durch Übertragung des Unternehmens auf den Hauptgesellschafter beschließen, wenn ihm Anteilsrechte an mindestens neun Zehnteln des Grundkapitals (Stammkapitals) gehören und er für die Umwandlung stimmt, es sei denn, dass der Hauptgesellschafter eine Aktiengesellschaft, eine Gesellschaft mit beschränkter Haftung oder sonst eine Kapitalgesellschaft im Sinn des § 1 Abs. 2 EU-Verschmelzungsgesetz mit Sitz in einem Mitgliedstaat im Sinn des § 1 Abs. 3 EU-Verschmelzungsgesetz ist. Hiebei werden eigene Aktien der Kapitalgesellschaft den Gesellschaftern nach dem Verhältnis ihrer Anteilsrechte zugerechnet.

(2) Mit der Eintragung der Umwandlung bei der übertragenden Gesellschaft treten folgende Rechtswirkungen ein:

1. Das Vermögen der Kapitalgesellschaft geht einschließlich der Schulden auf den Hauptgesellschafter über. Treffen aus gegenseitigen Verträgen, die zur Zeit der Umwandlung von keiner Seite vollständig erfüllt sind, Abnahme-, Lieferungs- oder ähnliche Verpflichtungen zusammen, die miteinander unvereinbar sind oder die beide zu erfüllen eine schwere Unbilligkeit für den Hauptgesellschafter bedeuten würde, so bestimmt sich der Umfang der Verpflichtungen nach Billigkeit unter Würdigung der vertraglichen Rechte aller Beteiligten.
2. Die Kapitalgesellschaft erlischt, einer besonderen Löschung bedarf es nicht.
3. Der Hauptgesellschafter hat den anderen Gesellschaftern und den Berechtigten aus von der Gesellschaft eingeräumten Rechten zum Bezug von Anteilen (Umtausch-, Bezugs-, Optionsrechte oder ähnliche Rechte) eine angemessene Barabfindung zu gewähren. Der Tag der Beschlussfassung durch die Gesellschafterversammlung gilt als Stichtag für die Feststellung der Angemessenheit. Werden Sonderrechte entzogen, so ist dies bei der Festlegung der Abfindung zu berücksichtigen. Die Barabfindung ist zwei Monate nach dem Tag fällig, an dem die Eintragung der Umwandlung gemäß § 10 UGB als bekannt gemacht gilt; der Anspruch verjährt innerhalb von drei Jahren. Die Barabfindung ist ab dem der Beschlussfassung durch die Gesellschafterversammlung folgenden Tag bis zur Fälligkeit mit jährlich zwei Prozentpunkten über dem jeweils geltenden Basiszinssatz zu verzinsen. Die Kosten der Durchführung des Ausschlusses, insbesondere der Auszahlung der Barabfindung trägt der Hauptgesellschafter.
4. Der Mangel der notariellen Beurkundung des Umwandlungsbeschlusses wird durch die Eintragung in das Firmenbuch geheilt.

(3) Im Übrigen sind auf die übertragende Kapitalgesellschaft, soweit in diesem Bundesgesetz nichts anderes bestimmt wird, die Vorschriften über die Verschmelzung durch Aufnahme (§§ 220 bis 221a, § 225a Abs. 2, §§ 225b bis 225m AktG – ausgenommen § 225c Abs. 3 und 4, § 225e Abs. 3

zweiter Satz und § 225j –, §§ 226 bis 232 AktG, §§ 97, 98 und 100 GmbHG) nach Maßgabe der folgenden Bestimmungen sinngemäß anzuwenden:

1. (aufgehoben)
2. An die Stelle des Verschmelzungsvertrags tritt der Umwandlungsvertrag, der zwischen der Kapitalgesellschaft und dem Hauptgesellschafter abzuschließen ist, an die Stelle des Verschmelzungsberichts der Umwandlungsbericht, den der Vorstand (die Geschäftsführung) der umzuwandelnden Kapitalgesellschaft gemeinsam mit dem Hauptgesellschafter aufzustellen hat, an die Stelle des Umtauschverhältnisses die Höhe der baren Abfindung für die Anteilsrechte.
3. Im Umwandlungsbericht ist insbesondere die Angemessenheit der Barabfindung zu erläutern und zu begründen; auf besondere Schwierigkeiten bei der Bewertung des Unternehmens ist hinzuweisen. Es ist weiters darauf hinzuweisen, dass jedem Minderheitsgesellschafter ein Anspruch auf eine angemessene Abfindung gemäß Abs. 2 Z 3 zusteht, weiters darauf, dass die Gesellschafter, auch wenn sie dem Beschluss zustimmen, bei dem Gericht, in dessen Sprengel die Kapitalgesellschaft ihren Sitz hat, innerhalb einer Frist von einem Monat nach dem Tag, an dem die Eintragung des Beschlusses gemäß § 10 UGB als bekannt gemacht gilt, einen Antrag auf Überprüfung der Barabfindung stellen können.
4. Der Umwandlungsprüfer (§ 220b AktG) wird auf gemeinsamen Antrag des Aufsichtsrats der Kapitalgesellschaft und des Hauptgesellschafters vom Gericht ausgewählt und bestellt. Er hat insbesondere die Angemessenheit der Barabfindung zu überprüfen. Das Auskunftsrecht des Prüfers besteht auch gegenüber dem Hauptgesellschafter.
5. Neben den Unterlagen gemäß § 221a Abs. 2 AktG sind auch allfällige Gutachten, auf denen die Beurteilung der Angemessenheit beruht, vorzulegen; § 118 Abs. 3 AktG ist sinngemäß anzuwenden.
6. Jedem Gesellschafter ist auf Verlangen in der Gesellschafterversammlung auch über alle für den Ausschluss wesentlichen Angelegenheiten des Hauptgesellschafters Auskunft zu geben. § 118 Abs. 3 AktG ist sinngemäß anzuwenden. Bei der GmbH besteht dieses Recht auch außerhalb der Gesellschafterversammlung; in der Einberufung ist auf dieses Recht ausdrücklich hinzuweisen.
7. Der Hauptgesellschafter hat einen Treuhänder zu bestellen; § 2 Abs. 3 und § 3 Abs. 10 GesAusG gelten sinngemäß.

(4) Der Umwandlungsbeschluß ist notariell zu beurkunden.

Anmeldung und Eintragung der Umwandlung

§ 3. (1) Der Vorstand (die Geschäftsführung) der Kapitalgesellschaft und der Hauptgesellschafter haben die Umwandlung zur Eintragung in das Firmenbuch beim Gericht, in dessen Sprengel die Kapitalgesellschaft ihren Sitz hat, anzumelden. Der Anmeldung sind in Urschrift, Ausfertigung oder beglaubigter Abschrift beizufügen:

1. der Umwandlungsvertrag;
2. die Niederschrift des Umwandlungsbeschlusses;
3. wenn die Umwandlung einer behördlichen Genehmigung bedarf, die Genehmigungsurkunde;
4. der Umwandlungsbericht;
5. der Prüfungsbericht;
6. die Schlussbilanz der umzuwandelnden Kapitalgesellschaft;
7. die Erklärung des Vorstands der umzuwandelnden Kapitalgesellschaft, dass eine Klage auf Anfechtung oder Feststellung der Nichtigkeit des Umwandlungsbeschlusses innerhalb eines Monats nach der Beschlussfassung nicht erhoben oder zurückgenommen wurde oder dass alle Anteilsinhaber durch notariell beurkundete Erklärung auf eine solche Klage verzichtet haben;
8. eine Erklärung des Treuhänders, dass er im Besitz der Gesamtsumme der Barabfindungen oder einer entsprechenden Bankgarantie für den voraussichtlichen Zeitpunkt der Auszahlung ist (§ 2 Abs. 3 Z 7).

Kann die Erklärung gemäß Z 7 nicht vorgelegt werden, so hat das Gericht gemäß § 19 FBG vorzugehen.

(2) Ist der Hauptgesellschafter nicht im Firmenbuch eingetragen, aber als Nachfolgerechtsträger hiezu verpflichtet, so sind der Anmeldung der Umwandlung alle hiefür erforderlichen Unterlagen anzuschließen. Wenn die umzuwandelnde Kapitalgesellschaft und der Nachfolgerechtsträger ihren Sitz nicht im selben Gerichtssprengel haben, hat das Gericht, in dessen Sprengel die umzuwandelnde Kapitalgesellschaft ihren Sitz hat, gleichzeitig mit der Umwandlung und der Eintragung des Nachfolgerechtsträgers die Beendigung seiner Zuständigkeit auszusprechen und dies dem Gericht, in dessen Sprengel der Nachfolgerechtsträger seinen Sitz hat, mitzuteilen. Weiters hat es diesem Gericht die bei ihm aufbewahrten Urkunden und sonstigen Schriftstücke zu übersenden.

Firmenfortführung

§ 4. Führt der Hauptgesellschafter das von der umzuwandelnden Kapitalgesellschaft betriebene Unternehmen weiter, kann er die bisherige Firma unter den Voraussetzungen des § 22 UGB fortführen.

Umwandlung unter gleichzeitiger Errichtung einer eingetragenen Personengesellschaft

§ 5. (1) Die Hauptversammlung (Generalversammlung) einer Kapitalgesellschaft kann die Errichtung einer offenen Gesellschaft oder einer Kommanditgesellschaft und zugleich die Übertragung des Vermögens der Kapitalgesellschaft auf die offene Gesellschaft oder Kommanditgesellschaft beschließen. An dieser Personengesellschaft müssen Personen, deren Anteilsrechte zumindest neun Zehntel des Grundkapitals (Stammkapitals) der Kapitalgesellschaft umfassen, beteiligt sein; die übrigen Gesellschafter haben einen Anspruch auf Abfindung. Neue Gesellschafter dürfen höchstens im Umfang von einem Zehntel der Anteilsrechte am Grundkapital (Stammkapital) hinzutreten.

(2) Der Umwandlungsbeschluss bedarf der Zustimmung von neun Zehnteln des gesamten Grundkapitals (Stammkapitals), wenn ein Gesellschafter diese Anteile hält; § 1 Abs. 3 GesAusG gilt sinngemäß. Ansonsten bedarf der Umwandlungsbeschluss der Zustimmung aller Gesellschafter. Die Zustimmung kann auch außerhalb der Hauptversammlung (Generalversammlung) durch Erklärung innerhalb dreier Monate ab Beschlussfassung erfolgen; solche Erklärungen müssen gerichtlich oder notariell beglaubigt unterfertigt sein.

(3) Im Umwandlungsbeschluß gemäß Abs. 1 sind auch die Namen der Gesellschafter, das Ausmaß ihrer Beteiligung, die Firma, die Rechtsform und der Sitz der Personengesellschaft festzusetzen.

(4) Der Vorstand (die Geschäftsführung) der umzuwandelnden Kapitalgesellschaft und die Gesellschafter der zu errichtenden Personengesellschaft haben die Umwandlung sowie die Errichtung der Personengesellschaft zur Eintragung bei dem Gericht, in dessen Sprengel die umzuwandelnde Kapitalgesellschaft ihren Sitz hat, anzumelden; hiebei sind die Vorschriften über die Anmeldung und Eintragung von Personengesellschaften zu beachten.

(5) Die §§ 2 bis 4 sind sinngemäß anzuwenden. Die Personengesellschaft entsteht mit der Eintragung des Umwandlungsbeschlusses im Firmenbuch.

In-Kraft-Treten

§ 6. (1) § 1, § 2, § 4 und § 5 Abs. 1 in der Fassung des Handelsrechts-Änderungsgesetzes, BGBl. I Nr. 120/2005, treten mit 1. Jänner 2007 in Kraft. § 4 ist in dieser Fassung auf Umwandlungen anzuwenden, die nach dem 31. Dezember 2006 zur Eintragung in das Firmenbuch angemeldet werden.

(2) § 2 Abs. 2 und 3, § 3 Abs. 1 sowie § 5 Abs. 1, 2 und 5 in der Fassung des Übernahmerechts-Änderungsgesetzes 2006, BGBl. I Nr. 75/2006, treten mit 20. Mai 2006 in Kraft und sind auf Umwandlungen anzuwenden, bei denen der Umwandlungsbeschluss nach diesem Zeitpunkt gefasst wurde. Auf Umwandlungen, bei denen der Umwandlungsbeschluss vor diesem Zeitpunkt gefasst wurde, ist das Umwandlungsgesetz in der vor In-Kraft-Treten des Übernahmerechts-Änderungsgesetzes 2006, BGBl. I Nr. 75/2006, geltenden Fassung weiter anzuwenden.

(3) § 2 in der Fassung des Bundesgesetzes BGBl. I Nr. 72/2007 ist auf Umwandlungen anzuwenden, die nach dem 1. Dezember 2007 zum Firmenbuch angemeldet werden.

(4) § 2 Abs. 3 und § 3 Abs. 1 in der Fassung des Aktienrechts-Änderungsgesetzes 2009, BGBl. I Nr. 71/2009, treten mit 1. August 2009 in Kraft. § 2 Abs. 3 ist auf Umwandlungen anzuwenden, bei denen die Gesellschafterversammlung nach dem 31. Juli 2009 einberufen wird. Auf Umwandlungen, bei denen die Gesellschafterversammlung vor diesem Zeitpunkt einberufen wurde, ist § 2 Abs. 3 in der bisher geltenden Fassung weiter anzuwenden. § 3 Abs. 1 ist auf Umwandlungen anzuwenden, bei denen der Umwandlungsbeschluss nach dem 31. Juli 2009 gefasst wird. Auf vor diesem Zeitpunkt beschlossene Umwandlungen ist § 3 Abs. 1 in der bisher geltenden Fassung weiter anzuwenden.

3/8. Privatstiftungsgesetz

BGBl 1993/694 idF

1 BGBl I 2001/98
2 BGBl I 2005/120 (HaRÄG)
3 BGBl I 2009/75 (FamRÄG 2009)
4 BGBl I 2009/135 (EPG)
5 BGBl I 2010/58 (IRÄ-BG)
6 BGBl I 2010/111 (BudgetbegleitG 2011)
7 BGBl I 2015/112 (Strafrechtsänderungsgesetz 2015)
8 BGBl I 2019/104 (Finanz-Organisationsreformgesetz)

GLIEDERUNG

STICHWORTVERZEICHNIS

PSG

Bundesgesetz über Privatstiftungen und Änderungen des Firmenbuchgesetzes, des Rechtspflegergesetzes, des Gerichtsgebührengesetzes, des Einkommensteuergesetzes, des Körperschaftsteuergesetzes, des Erbschafts- und Schenkungssteuergesetzes und der Bundesabgabenordnung (Privatstiftungsgesetz – PSG)

Der Nationalrat hat beschlossen:

Artikel I

Privatstiftungsgesetz

Begriff

§ 1. (1) Die Privatstiftung im Sinn dieses Bundesgesetzes ist ein Rechtsträger, dem vom Stifter ein Vermögen gewidmet ist, um durch dessen Nutzung, Verwaltung und Verwertung der Erfüllung eines erlaubten, vom Stifter bestimmten Zwecks zu dienen; sie genießt Rechtspersönlichkeit und muß ihren Sitz im Inland haben.

(2) Eine Privatstiftung darf nicht

1. eine gewerbsmäßige Tätigkeit, die über eine bloße Nebentätigkeit hinausgeht, ausüben;

2. die Geschäftsführung einer Handelsgesellschaft übernehmen;

3. „unbeschränkt haftender Gesellschafter einer eingetragenen Personengesellschaft“ sein. *(BGBl I 2005/120)*

Name

§ 2. Der Name einer Privatstiftung hat sich von allen im Firmenbuch eingetragenen Privatstiftungen deutlich zu unterscheiden; er darf nicht irreführend sein und muß das Wort „Privatstiftung“ ohne Abkürzung enthalten.

Stifter, Zustiftung

§ 3. (1) [1]Stifter einer Privatstiftung können eine oder mehrere natürliche oder juristische Personen sein. [2]Eine Privatstiftung von Todes wegen kann nur einen Stifter haben.

(2) Hat eine Privatstiftung mehrere Stifter, so können die dem Stifter zustehenden oder vorbehaltenen Rechte nur von allen Stiftern gemeinsam ausgeübt werden, es sei denn, die Stiftungsurkunde sieht etwas anderes vor.

(3) Rechte des Stifters, die Privatstiftung zu gestalten, gehen nicht auf die Rechtsnachfolger über.

(4) Wer einer Privatstiftung nach ihrer Entstehung Vermögen widmet (Zustiftung), erlangt dadurch nicht die Stellung eines Stifters.

Stiftungsvermögen

§ 4. Der Privatstiftung muß ein Vermögen im Wert von mindestens „70 000 Euro“ gewidmet werden. *(BGBl I 2001/98)*

Begünstigter

§ 5. [1]Begünstigter ist der in der Stiftungserklärung als solcher Bezeichnete. [2]Ist der Begünstigte in der Stiftungserklärung nicht bezeichnet, so ist Begünstigter, wer von der vom Stifter dazu berufenen Stelle (§ 9 Abs. 1 Z 3), sonst vom Stiftungsvorstand als solcher festgestellt worden ist.[3]„Der Stiftungsvorstand hat den in diesem Sinne festgestellten Begünstigten „dem Finanzamt für Großbetriebe“** unverzüglich elektronisch mitzuteilen.“* *(*BGBl I 2010/111; **BGBl I 2019/104)*

Letztbegünstigter

§ 6. Letztbegünstigter ist derjenige, dem ein nach Abwicklung der Privatstiftung verbleibendes Vermögen zukommen soll.

Errichtung und Entstehung einer Privatstiftung

§ 7. (1) Die Privatstiftung wird durch eine Stiftungserklärung errichtet; sie entsteht mit der Eintragung in das Firmenbuch.

(2) Für Handlungen im Namen der Privatstiftung vor der Eintragung in das Firmenbuch haften die Handelnden zur ungeteilten Hand.

Privatstiftung von Todes wegen

§ 8. (1) Die Privatstiftung von Todes wegen wird durch letztwillige Stiftungserklärung errichtet.

(2) Liegt eine solche Stiftungserklärung vor, so ist der gegebenenfalls bestellte erste Stiftungsvorstand im Verlassenschaftsverfahren zu verständigen.

(3) Ist die Eintragung der Privatstiftung in das Firmenbuch nicht in angemessener Frist zu erwarten, so ist auf Antrag oder von Amts wegen vom Gericht ein Stiftungskurator zu bestellen; dieser hat

1. für das Entstehen der Privatstiftung Sorge zu tragen und erforderlichenfalls den ersten Stiftungsvorstand sowie den ersten Aufsichtsrat zu bestellen;

2. bis zur Bestellung des Stiftungsvorstands den Anspruch aus der Stiftungserklärung geltend zu machen und das gewidmete Vermögen zu verwalten.

(4) Der Stiftungskurator ist vom Gericht zu entheben, sobald die Privatstiftung entstanden oder wenn ihre Entstehung unmöglich ist.

(5) [1]Der Stiftungskurator hat Anspruch auf Ersatz seiner Barauslagen und auf angemessene Entlohnung seiner Mühewaltung. [2]Diese Beträge bestimmt das Gericht. [3]Gegen die Bestimmung kann Rekurs ergriffen werden, gegen die Entscheidung des Gerichts zweiter Instanz ist der Rekurs ausgeschlossen. [4]Der Anspruch besteht gegen die Privatstiftung und, wenn diese nicht entstanden ist, gegen den Rechtsnachfolger des Stifters.

Stiftungserklärung

§ 9. (1) Die Stiftungserklärung hat jedenfalls zu enthalten:

1. die Widmung des Vermögens;

2. den Stiftungszweck;

3. die Bezeichnung des Begünstigten oder die Angabe einer Stelle, die den Begünstigten festzustellen hat; dies gilt nicht, soweit der Stiftungszweck auf Begünstigung der Allgemeinheit gerichtet ist;

4. den Namen und den Sitz der Privatstiftung;

5. den Namen sowie die für Zustellungen maßgebliche Anschrift des Stifters, bei natürlichen Personen das Geburtsdatum, bei Rechtsträgern, die im Firmenbuch eingetragen sind, die Firmenbuchnummer;

6. die Angabe, ob die Privatstiftung auf bestimmte oder unbestimmte Zeit errichtet wird.

(2) Die Stiftungserklärung kann darüber hinaus insbesondere enthalten:

1. Regelungen über die Bestellung, Abberufung, Funktionsdauer und Vertretungsbefugnis des Stiftungsvorstands;

2. Regelungen über die Bestellung, Abberufung und Funktionsdauer des Stiftungsprüfers;

3. Regelungen über die Bestimmung des Gründungsprüfers;

4. die Einrichtung eines Aufsichtsrats oder weiterer Organe zur Wahrung des Stiftungszwecks (§ 14 Abs. 2) und die Benennung von Personen, denen besondere Aufgaben zukommen;

5. im Fall der notwendigen oder sonst vorgesehenen Bestellung eines Aufsichtsrats Regelungen über dessen Bestellung, Abberufung und Funktionsdauer;

6. Regelungen über die Änderung der Stiftungserklärung;

7. die Angabe, daß eine Stiftungszusatzurkunde errichtet ist oder werden kann;

8. den Vorbehalt des Widerrufs der Privatstiftung (§ 34);

9. Regelungen über Vergütungen der Stiftungsorgane;

10. die nähere Bestimmung des Begünstigten oder weiterer Begünstigter;

11. die Festlegung eines Mindestvermögensstandes, der durch Zuwendungen an Begünstigte nicht geschmälert werden darf;

12. die Bestimmung eines Letztbegünstigten;

13. Regelungen über die innere Ordnung von kollegialen Stiftungsorganen;

14. die Widmung und Angabe eines weiteren, das Mindestvermögen (§ 4) übersteigenden Stiftungsvermögens.

Stiftungsurkunde, Stiftungszusatzurkunde

§ 10. (1) Die Stiftungserklärung ist zu beurkunden (Stiftungsurkunde, Stiftungszusatzurkunde).

(2) [1]Enthält die Stiftungsurkunde die Angabe, daß eine Stiftungszusatzurkunde errichtet ist oder werden kann (§ 9 Abs. 2 Z 6), so können über § 9 Abs. 1 hinausgehende Regelungen, ausgenommen eine Regelung gemäß § 9 Abs. 2 Z 1 bis 8, in einer Zusatzurkunde beurkundet werden. [2]Die Stiftungszusatzurkunde ist dem Firmenbuchgericht nicht vorzulegen.

PSG

Gründungsprüfung

§ 11. (1) Wird das Mindestvermögen nicht in Geld inländischer Währung aufgebracht, so ist zu prüfen, ob das gewidmete Vermögen den Wert des Mindestvermögens erreicht.

(2) [1]Der Gründungsprüfer ist vom Gericht zu bestellen. [2]§ 20 Abs. 2 und 3 gilt sinngemäß.

(3) [1]Der Prüfungsbericht ist dem Stifter und dem Stiftungsvorstand vorzulegen. [2]Über Meinungsverschiedenheiten zwischen dem Gründungsprüfer und dem Stiftungsvorstand entscheidet auf Antrag des Stiftungsvorstands oder des Gründungsprüfers das Gericht.

(4) [1]Der Gründungsprüfer hat Anspruch auf Ersatz seiner Barauslagen und auf angemessene Entlohnung seiner Mühewaltung. [2]Im übrigen ist § 27 Abs. 2 Aktiengesetz 1965 anzuwenden. [3]Der Anspruch besteht gegen die Privatstiftung und, wenn diese nicht entstanden ist, gegen den Stifter.

Anmeldung zum Firmenbuch

§ 12. (1) Die Privatstiftung ist vom ersten Stiftungsvorstand zur Eintragung in das Firmenbuch anzumelden.

(2) Mit der Anmeldung zur Eintragung sind vorzulegen:

1. die Stiftungsurkunde in öffentlich beglaubigter Abschrift;

2. die öffentlich beglaubigte Erklärung sämtlicher Mitglieder des Stiftungsvorstands, daß sich das Stiftungsvermögen in ihrer freien Verfügung befindet;

3. hinsichtlich des gewidmeten Geldbetrages die Bestätigung eines Kreditinstituts mit Sitz im

Inland oder der Österreichischen Postsparkasse, daß der Geldbetrag auf ein Konto der Privatstiftung oder des Stiftungsvorstands eingezahlt ist und zu dessen freien Verfügung steht;

4. der Prüfungsbericht des Gründungsprüfers, wenn das Mindestvermögen nicht in Geld inländischer Währung aufgebracht ist.

Eintragung in das Firmenbuch

§ 13. (1) Privatstiftungen sind in das Firmenbuch einzutragen.

(2) Örtlich zuständig ist jenes Gericht (§ 120 Abs. 1 Z 1 JN), in dessen Sprengel die Privatstiftung ihren Sitz hat.

(3) [1]§ 3 FBG ist sinngemäß anzuwenden. [2]Darüber hinaus sind einzutragen:

1. kurze Angabe des Stiftungszwecks;

2. das Datum der Stiftungsurkunde und jede Änderung dieser Urkunde;

3. gegebenenfalls das Datum einer Stiftungszusatzurkunde sowie das Datum einer Änderung;

4. gegebenenfalls Name und Geburtsdatum des Vorsitzenden, seiner Stellvertreter und der übrigen Mitglieder des Aufsichtsrats.

(4) [1]Der Tod eines Stifters nach Abgabe der Stiftungserklärung hindert die Eintragung nicht. [2]In diesem Fall ist § 8 Abs. 3 bis 5 entsprechend anzuwenden.

Organe der Privatstiftung

§ 14. (1) Organe der Privatstiftung sind der Stiftungsvorstand, der Stiftungsprüfer und gegebenenfalls der Aufsichtsrat.

(2) Die Stifter können weitere Organe zur Wahrung des Stiftungszwecks vorsehen.

(3) Kommt einem Organ gemäß Abs. 2 das Recht zu, den Stiftungsvorstand oder eines seiner Mitglieder abzuberufen, so ist für derartige Entscheidungen eine Mehrheit von mindestens drei Viertel der abgegebenen Stimmen erforderlich; hat das Organ weniger als vier Mitglieder, so ist Stimmeneinhelligkeit erforderlich. *(BGBl I 2010/111)*

(4) Soll in einem solchen Fall der Stiftungsvorstand oder eines seiner Mitglieder aus anderen als den in § 27 Abs. 2 Z 1 bis 3 angeführten Gründen abberufen werden, so darf Begünstigten, deren Angehörigen (§ 15 Abs. 2) und Personen, die von Begünstigten oder deren Angehörigen mit der Wahrnehmung ihrer Interessen im Organ nach Abs. 2 beauftragt wurden, bei dieser Entscheidung insgesamt nicht die Mehrheit der Stimmen zustehen. *(BGBl I 2010/111)*

Stiftungsvorstand

§ 15. (1) Der Stiftungsvorstand muss aus wenigstens drei Mitgliedern bestehen; zwei Mitglieder müssen ihren gewöhnlichen Aufenthalt in einem Mitgliedstaat der Europäischen Union oder in einem Vertragsstaat des Abkommens über die Schaffung eines Europäischen Wirtschaftsraumes, BGBl. Nr. 909/1993, haben. *(BGBl I 2001/98)*

(2) Ein Begünstigter, dessen „Ehegatte, dessen Lebensgefährte“ sowie Personen, die mit dem Begünstigten in gerader Linie oder bis zum dritten Grad der Seitenlinie verwandt sind, sowie juristische Personen können nicht Mitglieder des Stiftungsvorstands sein. *(BGBl I 2010/111)*

(3) Ist ein Begünstigter eine juristische Person, an der eine natürliche Person im Sinn des § 244 Abs. 2 UGB beteiligt ist, so können diese natürliche Person, deren Ehegatte, deren Lebensgefährte sowie Personen, die mit der natürlichen Person in gerader Linie oder bis zum dritten Grad der Seitenlinie verwandt sind, nicht Mitglieder des Stiftungsvorstandes sein. *(BGBl I 2009/75, ab 1. 1. 2010)*

(3a) Abs. 2 und Abs. 3 sind auch auf Personen anzuwenden, die von Begünstigten, deren Angehörigen (Abs. 2) oder in Abs. 3 genannten ausgeschlossenen Personen mit der Wahrnehmung ihrer Interessen im Stiftungsvorstand beauftragt wurden. *(BGBl I 2010/111)*

(4) Der erste Stiftungsvorstand wird vom Stifter oder vom Stiftungskurator (§ 8 Abs. 3 Z 1) bestellt.

(5) [1]Die jeweiligen Mitglieder des Stiftungsvorstands und ihre Vertretungsbefugnis sowie das Erlöschen oder eine Änderung ihrer Vertretungsbefugnis sind ohne Verzug zur Eintragung in das Firmenbuch anzumelden. [2]Der Anmeldung ist der Nachweis der Bestellung oder der Änderung in öffentlich beglaubigter Form beizufügen. [3]Zugleich haben die Mitglieder des Stiftungsvorstands ihre öffentlich beglaubigte Musterzeichnung vorzulegen.

Anmerkung zu § 15: Die „für Ehegatten, Ehesachen oder in Eheangelegenheiten maßgebenden Bestimmungen in der jeweils geltenden Fassung sind auf eingetragene Partner, Partnersachen oder Partnerangelegenheiten sinngemäß anzuwenden“ (§ 43 Abs 1 EPG, BGBl I 2009/135, ab 1. 1. 2010).

Zeichnung

§ 16. Die Mitglieder des Stiftungsvorstands haben in der Weise zu zeichnen, daß sie dem Namen der Privatstiftung ihre Unterschrift beifügen.

Aufgaben des Stiftungsvorstands, Vertretung der Privatstiftung

§ 17. (1) [1]Der Stiftungsvorstand verwaltet und vertritt die Privatstiftung und sorgt für die Erfüllung des Stiftungszwecks. [2]Er ist verpflichtet, dabei die Bestimmungen der Stiftungserklärung einzuhalten.

(2) [1]Jedes Mitglied des Stiftungsvorstands hat seine Aufgaben sparsam und mit der Sorgfalt eines gewissenhaften Geschäftsleiters zu erfüllen. [2]Der Stiftungsvorstand darf Leistungen an Begünstigte zur Erfüllung des Stiftungszwecks nur dann und soweit vornehmen, wenn dadurch Ansprüche von Gläubigern der Privatstiftung nicht geschmälert werden.

(3) [1]Wenn die Stiftungserklärung nichts anderes bestimmt, so sind sämtliche Mitglieder des Stiftungsvorstands nur gemeinschaftlich zur Abgabe von Willenserklärungen und zur Zeichnung für die Privatstiftung befugt. [2]Der Stiftungsvorstand kann einzelne Mitglieder des Stiftungsvorstands zur Vornahme bestimmter Geschäfte oder bestimmter Arten von Geschäften ermächtigen. [3]Ist eine Willenserklärung der Privatstiftung gegenüber abzugeben, so genügt die Abgabe gegenüber einem Mitglied des Stiftungsvorstands.

(4) Sitzungen des Stiftungsvorstands können in angemessener Frist vom Vorsitzenden, seinem Stellvertreter oder von zwei Dritteln der Mitglieder des Stiftungsvorstands einberufen werden.

(5) Wenn die Privatstiftung keinen Aufsichtsrat hat, bedürfen Rechtsgeschäfte der Privatstiftung mit einem Mitglied des Stiftungsvorstands der Genehmigung aller übrigen Mitglieder des Stiftungsvorstands und des Gerichts.

Rechnungslegung

§ 18. [1]Der Stiftungsvorstand hat die Bücher der Privatstiftung zu führen; hiebei sind die §§ 189 bis 216, 222 bis 226 Abs. 1, 226 Abs. 3 bis 234 und 236 bis 239 UGB, der § 243 UGB über den Lagebericht sowie die §§ 244 bis 267 UGB über den Konzernabschluß und den Konzernlagebericht sinngemäß anzuwenden. [2]Im Lagebericht ist auch auf die Erfüllung des Stiftungszwecks einzugehen.

Vergütung der Mitglieder des Stiftungsvorstands

§ 19. (1) Soweit in der Stiftungserklärung nichts anderes vorgesehen ist, ist den Mitgliedern des Stiftungsvorstands für ihre Tätigkeit eine mit ihren Aufgaben und mit der Lage der Privatstiftung in Einklang stehende Vergütung zu gewähren.

(2) Die Höhe der Vergütung ist, soweit in der Stiftungserklärung nichts anderes vorgesehen ist, auf Antrag eines Stiftungsorgans oder eines Organmitglieds vom Gericht zu bestimmen.

Stiftungsprüfer

§ 20. (1) Der Stiftungsprüfer ist vom Gericht, gegebenenfalls vom Aufsichtsrat zu bestellen.

(2) Zum Stiftungsprüfer dürfen nur Beeidete Wirtschaftsprüfer und Steuerberater oder Wirtschaftsprüfungs- und Steuerberatungsgesellschaften oder Beeidete Buchprüfer und Steuerberater oder Buchprüfungs- und Steuerberatungsgesellschaften bestellt werden.

(3) Der Stiftungsprüfer darf weder Begünstigter noch Mitglied eines anderen Stiftungsorgans, noch Arbeitnehmer der Privatstiftung, noch in einem Unternehmen beschäftigt sein, auf das die Privatstiftung maßgeblichen Einfluß nehmen kann, noch eine dieser Stellungen in den letzten drei Jahren innegehabt haben, noch zusammen mit einer ausgeschlossenen Person seinen Beruf ausüben, noch ein naher Angehöriger (§ 15 Abs. 2) einer ausgeschlossenen Person sein.

(4) Für die Vergütung des Stiftungsprüfers gilt § 270 Abs. 5 UGB sinngemäß.

Prüfung

§ 21. (1) [1]Der Stiftungsprüfer hat den Jahresabschluß einschließlich der Buchführung und den Lagebericht innerhalb von drei Monaten ab Vorlage zu prüfen. [2]Hinsichtlich Gegenstand und Umfang der Prüfung gilt § 269 Abs. 1 UGB, hinsichtlich des Auskunftsrechts § 272 UGB sinngemäß.

(2) [1]Den Stiftungsprüfer trifft keine Verschwiegenheitspflicht gegenüber anderen Stiftungsorganen und gegenüber den in der Stiftungserklärung mit Prüfungsaufgaben betrauten Personen. [2]Für die Verantwortlichkeit des Stiftungsprüfers gilt § 275 UGB sinngemäß.

(3) [1]Die §§ 273 und 274 UGB über den Prüfungsbericht und den Bestätigungsvermerk sind sinngemäß anzuwenden. [2]Der Prüfungsbericht ist den übrigen Organen der Privatstiftung vorzulegen.

(4) Bei Meinungsverschiedenheiten zwischen dem Stiftungsprüfer und anderen Stiftungsorganen über die Auslegung und Anwendung von gesetzlichen Vorschriften sowie der Stiftungserklärung entscheidet auf Antrag eines Stiftungsorgans das Gericht.

Aufsichtsrat

§ 22. (1) Ein Aufsichtsrat ist zu bestellen, wenn

1. die Anzahl der Arbeitnehmer der Privatstiftung dreihundert übersteigt oder

2. die Privatstiftung inländische Kapitalgesellschaften oder inländische Genossenschaften einheitlich leitet (§ 15 Abs. 1 Aktiengesetz 1965) oder auf Grund einer unmittelbaren Beteiligung von mehr als 50 Prozent beherrscht und in beiden Fällen die Anzahl der Arbeitnehmer dieser Gesellschaften beziehungsweise Genossenschaften im Durchschnitt dreihundert übersteigt und sich die Tätigkeit der Privatstiftung nicht nur auf die Verwaltung von Unternehmensanteilen der beherrschten Unternehmen beschränkt.

(2) Der jeweilige Durchschnitt der Arbeitnehmeranzahl bestimmt sich nach den Arbeitnehmeranzahlen an den jeweiligen Monatsletzten innerhalb des vorangegangenen Kalenderjahres.

(3) [1]Der Stiftungsvorstand hat im Fall des Abs. 1 nach Maßgabe der folgenden Bestimmungen jeweils zum 1. Jänner den Durchschnitt der Arbeitnehmeranzahl der im vorangegangenen Jahr beschäftigten Arbeitnehmer festzustellen. Übersteigt die Durchschnittszahl dreihundert, so hat er dies dem Gericht mitzuteilen; die nächste Feststellung der Arbeitnehmeranzahl ist jeweils drei Jahre nach dem im ersten Satz genannten Stichtag zum 1. Jänner durchzuführen. [2]Eine Änderung der Arbeitnehmeranzahl innerhalb der jeweiligen drei Jahre ist auf die Notwendigkeit des Vorhandenseins eines Aufsichtsrats ohne Einfluß. [3]Wird bei einer der Feststellungen ermittelt, daß die Durchschnittszahl dreihundert nicht übersteigt, so ist die nächste Feststellung jeweils zum 1. Jänner der folgenden Jahre bis zur Feststellung der Überschreitung der Zahl dreihundert zu wiederholen. [4]Die vertretungsbefugten Organe der in Abs. 1 Z 2 genannten Gesellschaften bzw. Genossenschaften haben dem Stiftungsvorstand auf dessen Verlangen die für die Feststellung erforderlichen Auskünfte rechtzeitig zu erteilen.

(4) § 110 ArbVG gilt für Privatstiftungen sinngemäß wie für Gesellschaften mit beschränkter Haftung.

Zusammensetzung des Aufsichtsrats

§ 23. (1) Der Aufsichtsrat muß aus mindestens drei natürlichen Personen bestehen.

(2) [1]Die Mitglieder des Aufsichtsrats und deren Angehörige (§ 15 Abs. 2) dürfen nicht zugleich dem Stiftungsvorstand angehören oder Stiftungsprüfer sein. Begünstigte oder deren Angehörige (§ 15 Abs. 2) dürfen nicht die Mehrheit der Aufsichtsratmitglieder stellen.[2]„Dasselbe gilt auch für Personen, die von Begünstigten oder deren Angehörigen (§ 15 Abs. 2) mit der Wahrnehmung ihrer Interessen im Aufsichtsrat beauftragt wurden.“ *(BGBl I 2010/111)*

(3) Mitglied des Aufsichtsrats kann nicht sein, wer in zehn Privatstiftungen Mitglied des Aufsichtsrats oder eines vergleichbaren Organs ist.

Bestellung und Abberufung des Aufsichtsrats

§ 24. (1) Der Aufsichtsrat wird vom Gericht bestellt, der erste Aufsichtsrat bei Errichtung der Privatstiftung vom Stifter oder vom Stiftungskurator (§ 8 Abs. 3 Z 1).

(2) Das Gericht hat den Aufsichtsrat abzuberufen, wenn die Privatstiftung nicht mehr aufsichtsratspflichtig ist.

(3) Jedes Mitglied des Aufsichtsrats kann sein Amt unter Einhaltung einer mindestens vierwöchigen Frist auch ohne wichtigen Grund mit schriftlicher Anzeige an die Privatstiftung und das Gericht zurücklegen.

Aufgaben des Aufsichtsrats Vertretung der Privatstiftung

§ 25. (1) [1]Der Aufsichtsrat hat die Geschäftsführung und die Gebarung der Privatstiftung zu überwachen. [2]Für das Auskunfts- und Einsichtsrecht des Aufsichtsrats gilt § 95 Abs. 2 und 3, für die Zustimmung zu bestimmten Geschäften der Privatstiftung § 95 Abs. 5 Z 1, 2, 4 bis 6 Aktiengesetz 1965 sinngemäß.

(2) Der Aufgabenbereich des nach § 22 Abs. 1 Z 2 bestellten Aufsichtsrats ist auf Angelegenheiten der einheitlichen Leitung oder unmittelbaren Beherrschung inländischer Kapitalgesellschaften beziehungsweise inländischer Genossenschaften beschränkt.

(3) Der Aufsichtsrat vertritt die Privatstiftung bei der Vornahme von Rechtsgeschäften mit den Vorstandsmitgliedern.

(4) Die Stiftungserklärung kann den Zuständigkeitsbereich des Aufsichtsrats nach Abs. 1 bis 3 erweitern.

(5) Für die Einberufung des nach § 22 Abs. 1 bestellten Aufsichtsrats gilt § 94 Aktiengesetz 1965.

Vergütung der Mitglieder des Aufsichtsrats

§ 26. (1) Soweit in der Stiftungserklärung nichts anderes vorgesehen ist, ist den Mitgliedern des Aufsichtsrats für ihre Tätigkeit eine mit ihren Aufgaben und mit der Lage der Privatstiftung in Einklang stehende Vergütung zu gewähren.

(2) Die Höhe der Vergütung ist vom Gericht auf Antrag eines Stiftungsorgans oder eines Organmitglieds zu bestimmen.

Gerichtliche Bestellung und Abberufung von Stiftungsorganen und deren Mitgliedern

§ 27. (1) Soweit die nach Gesetz oder Stiftungserklärung vorgeschriebenen Mitglieder von Stiftungsorganen fehlen, hat sie das Gericht auf Antrag oder von Amts wegen zu bestellen.

(2) [1]Das Gericht hat ein Mitglied eines Stiftungsorgans auf Antrag oder von Amts wegen abzuberufen, wenn dies die Stiftungserklärung vorsieht oder sonst ein wichtiger Grund vorliegt. [2]Als wichtiger Grund gilt insbesondere

1. eine grobe Pflichtverletzung,

2. die Unfähigkeit zur ordnungsgemäßen Erfüllung der Aufgaben,

3. die Eröffnung eines Insolvenzverfahrens über das Vermögen des Mitglieds, die Abweisung eines solchen Insolvenzverfahrens mangels kostendeckenden Vermögens sowie die mehrfache erfolglose Exekution in dessen Vermögen.

Innere Ordnung von Stiftungsorganen

§ 28. Ein Stiftungsorgan, das aus mindestens drei Mitgliedern besteht,

1. wählt aus seiner Mitte einen Vorsitzenden und wenigstens einen Stellvertreter;

2. faßt, wenn die Stiftungserklärung nichts anderes vorsieht, unbeschadet „des § 14 Abs. 3 und" des § 35 Abs. 2 die Beschlüsse mit einfacher Mehrheit der Stimmen aller Mitglieder, wobei bei Stimmengleichheit die Stimme des Vorsitzenden den Ausschlag gibt; *(BGBl I 2010/111)*

3. kann Beschlüsse schriftlich fassen, wenn kein Mitglied widerspricht.

Haftung der Mitglieder von Stiftungsorganen

§ 29. Unbeschadet des § 21 Abs. 2 letzter Satz über die Haftung des Stiftungsprüfers haftet der Privatstiftung jedes Mitglied eines Stiftungsorgans für den aus seiner schuldhaften Pflichtverletzung entstandenen Schaden.

Auskunftsanspruch des Begünstigten

§ 30. (1) Ein Begünstigter kann von der Privatstiftung die Erteilung von Auskünften über die Erfüllung des Stiftungszwecks sowie die Einsichtnahme in den Jahresabschluß, den Lagebericht, den Prüfungsbericht, die Bücher, in die Stiftungsurkunde und in die Stiftungszusatzurkunde verlangen.

(2) [1]Kommt die Privatstiftung diesem Verlangen in angemessener Frist nicht nach, so kann das Gericht auf Antrag des Begünstigten die Einsicht, gegebenenfalls durch einen Buchsachverständigen, anordnen. [2]Für das Verfahren gelten die §§ 385 bis 389 ZPO sinngemäß.

Sonderprüfung

§ 31. (1) Jedes Stiftungsorgan und jedes seiner Mitglieder kann zur Wahrung des Stiftungszwecks bei Gericht die Anordnung einer Sonderprüfung beantragen.

(2) Das Gericht hat die Sonderprüfung anzuordnen, wenn glaubhaft gemacht wird, daß Unredlichkeiten oder grobe Verletzungen des Gesetzes oder der Stiftungserklärung vorgekommen sind.

(3) [1]Die Bestellung eines Sonderprüfers kann auf Antrag von einer angemessenen Sicherheitsleistung abhängig gemacht werden. [2]Auf Antrag entscheidet das Gericht je nach den Ergebnissen der Sonderprüfung, ob die Kosten vom Antragsteller oder von der Privatstiftung zu tragen oder verhältnismäßig aufzuteilen sind. [3]Erweist sich der Antrag nach dem Ergebnis der Sonderprüfung als unbegründet und trifft die Antragsteller Vorsatz oder grobe Fahrlässigkeit, so haften sie der Privatstiftung für den aus der Sonderprüfung entstehenden Schaden als Gesamtschuldner.

(4) Im übrigen gelten für die Sonderprüfung und die Bestellung des Sonderprüfers § 20 Abs. 2 und 3 und § 21 Abs. 2. Hinsichtlich des Auskunftsrechts gilt § 272 UGB sinngemäß.

(5) Das Gericht hat auf Grund der Ergebnisse der Sonderprüfung festzustellen, ob die behaupteten Unredlichkeiten oder groben Verletzungen des Gesetzes oder der Stiftungserklärung vorgekommen sind, und für die erforderlichen Maßnahmen zur Wahrung des Stiftungszwecks Sorge zu tragen.

Angaben in Geschäftsbriefen und Bestellscheinen

§ 32. Für die Privatstiftung gilt § 14 UGB mit der Maßgabe, daß auch die für Zustellungen maßgebliche Anschrift der Privatstiftung und der Stiftungsvorstand anzugeben sind.

Änderung der Stiftungserklärung

§ 33. (1) [1]Vor dem Entstehen einer Privatstiftung kann die Stiftungserklärung vom Stifter widerrufen oder abgeändert werden; wenn einer von mehreren Stiftern weggefallen ist, kann die Stiftungserklärung nicht widerrufen und nur unter Wahrung des Stiftungszwecks geändert werden. [2]Ist der einzige oder letzte Stifter weggefallen, so kann der Stiftungsvorstand unter Wahrung des Stiftungszwecks Änderungen zur Berücksichtigung mittlerweile hervorgekommener Eintragungshindernisse und geänderter Verhältnisse vornehmen.

(2) [1]Nach dem Entstehen einer Privatstiftung kann die Stiftungserklärung vom Stifter nur geändert werden, wenn er sich Änderungen vorbehalten hat. [2]Ist eine Änderung wegen Wegfalls eines Stifters, mangels Einigkeit bei mehreren Stiftern oder deswegen nicht möglich, weil Änderungen nicht vorbehalten sind, so kann der Stiftungsvorstand unter Wahrung des Stiftungszwecks Änderungen der Stiftungserklärung zur Anpassung an

geänderte Verhältnisse vornehmen. [3]Die Änderung bedarf der Genehmigung des Gerichts.

(3) [1]Der Stiftungsvorstand hat die Änderung der Stiftungsurkunde unter Anschluß einer öffentlich beglaubigten Abschrift des Änderungsbeschlusses und die Tatsache der Änderung der Stiftungszusatzurkunde zur Eintragung in das Firmenbuch anzumelden. [2]Die Änderung wird mit der Eintragung in das Firmenbuch wirksam.

Widerruf der Privatstiftung

§ 34. [1]Eine Privatstiftung kann vom Stifter nur dann widerrufen werden, wenn er sich den Widerruf in der Stiftungserklärung vorbehalten hat. [2]Einem Stifter, der eine juristische Person ist, kann ein Widerruf nicht vorbehalten werden.

Auflösung

§ 35. (1) Die Privatstiftung wird aufgelöst, sobald

1. die in der Stiftungserklärung vorgesehene Dauer abgelaufen ist;

2. über das Vermögen der Privatstiftung das Konkursverfahren eröffnet worden ist; *(BGBl I 2010/58)*

3. der Beschluss über die Nichteröffnung eines Insolvenzverfahrens mangels kostendeckenden Vermögens Rechtskraft erlangt hat; *(BGBl I 2010/58)*

4. der Stiftungsvorstand einen einstimmigen Auflösungsbeschluß gefaßt hat;

5. das Gericht die Auflösung beschlossen hat.

(2) Der Stiftungsvorstand hat einen einstimmigen Auflösungsbeschluß zu fassen, sobald

1. ihm ein zulässiger Widerruf des Stifters zugegangen ist;

2. der Stiftungszweck erreicht oder nicht mehr erreichbar ist;

3. eine nicht gemeinnützige Privatstiftung, deren überwiegender Zweck die Versorgung von natürlichen Personen ist, 100 Jahre gedauert hat, es sei denn, daß alle Letztbegünstigten einstimmig beschließen, die Privatstiftung für einen weiteren Zeitraum, längstens jedoch jeweils für 100 Jahre, fortzusetzen;

4. andere in der Stiftungserklärung dafür genannte Gründe gegeben sind.

(3) [1]Kommt ein Beschluß nach Abs. 2 trotz Vorliegens eines Auflösungsgrundes nicht zustande, so kann jedes Mitglied eines Stiftungsorgans, jeder Begünstigte oder Letztbegünstigte, jeder Stifter und jede in der Stiftungserklärung dazu ermächtigte Person die Auflösung durch das Gericht beantragen. [2]Das Gericht hat die Privatstiftung überdies aufzulösen, wenn sie gegen § 1 Abs. 2 verstößt und innerhalb angemessener Frist einer rechtskräftigen Unterlassungsanordnung nicht nachgekommen ist.

(4) Hat der Stiftungsvorstand einen einstimmigen Auflösungsbeschluß gefaßt, obwohl ein Auflösungsgrund nicht vorliegt, so kann jede der in Abs. 3 genannten Personen beim Gericht die Aufhebung des Beschlusses beantragen.

(5) [1]In den Fällen des Abs. 1 Z 1 und 4 hat der Stiftungsvorstand die Auflösung der Privatstiftung zur Eintragung in das Firmenbuch anzumelden. [2]Die Auflösung ist mit der Eintragung wirksam.

(6) [1]Ist die Privatstiftung auf Grund eines Gerichtsbeschlusses aufgelöst, so hat das Gericht das Firmenbuchgericht zu benachrichtigen. [2]Die Auflösung ist von Amts wegen in das Firmenbuch einzutragen.

Abwicklung

§ 36. (1) [1]Der Stiftungsvorstand hat die Gläubiger der Privatstiftung unter Hinweis auf die Auflösung aufzufordern, ihre Ansprüche spätestens innerhalb eines Monats nach Veröffentlichung der Aufforderung anzumelden. [2]Diese Aufforderung an die Gläubiger ist ohne Verzug im „Amtsblatt zur Wiener Zeitung“ zu veröffentlichen.

(2) [1]§ 213 Aktiengesetz 1965 über den Gläubigerschutz ist anzuwenden. [2]Das verbleibende Vermögen der aufgelösten Privatstiftung ist dem Letztbegünstigten zu übertragen.

(3) Ist kein Letztbegünstigter vorhanden oder will der Letztbegünstigte das verbleibende Vermögen nicht übernehmen und ergibt sich aus der Stiftungserklärung sonst keine Regelung, so fällt das verbleibende Vermögen der Republik Österreich anheim.

(4) Wird die Privatstiftung zufolge Widerrufs aufgelöst und ist in der Stiftungserklärung nichts anderes vorgesehen, so ist der Stifter Letztbegünstigter.

(5) Soweit in der Stiftungserklärung nichts anderes vorgesehen ist, teilen mehrere Letztbegünstigte zu gleichen Teilen.

Löschung

§ 37. (1) [1]Ist die Abwicklung beendet und darüber Schlußrechnung gelegt, so hat der Stiftungsvorstand den Schluß der Abwicklung zur Eintragung in das Firmenbuch anzumelden. [2]Der Schluß der Abwicklung ist einzutragen und die Privatstiftung zu löschen.

(2) Die Bücher und Schriften der Privatstiftung sind an einem vom Gericht bestimmten sicheren Ort zur Aufbewahrung auf sieben Jahre zu hinterlegen.

(3) Stellt sich nachträglich heraus, daß weitere Abwicklungsmaßnahmen nötig sind, so hat das

Gericht hiefür den bisherigen Stiftungsvorstand oder einen Abwickler zu bestellen.

Umwandlung

§ 38. (1) Stiftungen, die nach dem Bundes-Stiftungs- und Fondsgesetz errichtet sind, können in Privatstiftungen umgewandelt werden. Auf Grund eines Umwandlungsbeschlusses, der jedenfalls die Angaben gemäß § 9 Abs. 1 zu enthalten hat, haben die Stiftungsorgane eine Stiftungserklärung abzugeben und den ersten Stiftungsvorstand, gegebenenfalls den ersten Aufsichtsrat zu bestellen.

(2) [1]Mit dem Antrag auf Genehmigung der Umwandlung sind der Stiftungsbehörde die Stiftungserklärung und der Stiftungsvorstand bekanntzugeben. [2]Die Stiftungsbehörde hat den Umwandlungsbeschluß zu genehmigen, wenn nicht wichtige Gründe gegen eine Umwandlung sprechen. [3]Bei der Entscheidung ist darauf Bedacht zu nehmen, daß nach dem Inhalt der Stiftungserklärung dem Willen des Stifters und dem Zweck der Stiftung Rechnung getragen wird.

(3) Mit der Anmeldung zur Eintragung der Privatstiftung in das Firmenbuch (§ 12) hat der Stiftungsvorstand den rechtskräftigen Bescheid über die Genehmigung der Umwandlung und einen Prüfungsbericht im Sinn des § 11 vorzulegen.

(4) [1]Mit der Eintragung im Firmenbuch besteht die Stiftung als Privatstiftung weiter. [2]Der Beschluß über die Eintragung im Firmenbuch ist der Stiftungsbehörde zur Eintragung in das Register über Stiftungen und Fonds zuzustellen.

Formerfordernis

§ 39. (1) Stiftungserklärungen, deren Änderung durch den Stifter und Erklärungen des Stifters, die auf das Bestehen der Stiftung Einfluß haben, bedürfen der Beurkundung durch Notariatsakt, letztwillige Stiftungserklärungen (§ 8 Abs. 1) außerdem der Form einer letztwilligen Anordnung.

(2) Beschlüsse von Stiftungsorganen, die zu Eintragungen im Firmenbuch führen, sind von einem Notar in einer Niederschrift zu beurkunden.

(3) Der Anmeldung einer Änderung der Stiftungsurkunde zur Eintragung in das Firmenbuch ist der vollständige Wortlaut der geänderten Stiftungsurkunde beizufügen; er muß mit der Beurkundung eines Notars versehen sein, daß die geänderten Bestimmungen der Stiftungsurkunde mit dem Beschluß über ihre Änderung und die unveränderten Bestimmungen mit dem zuletzt zum Firmenbuch eingereichten vollständigen Wortlaut der Stiftungsurkunde übereinstimmen.

Gericht, Verfahren

§ 40. Über Angelegenheiten, die in diesem Bundesgesetz dem Gericht zugewiesen sind, verhandelt und entscheidet, sofern es sich nicht um Angelegenheiten handelt, die dem Prozeßgericht zugewiesen sind, der für den Sitz der Privatstiftung zuständige, zur Ausübung der Gerichtsbarkeit in Handelssachen berufene Gerichtshof erster Instanz im Verfahren außer Streitsachen.

Strafbestimmung

§ 41. *(aufgehoben, BGBl I 2015/112)*

§ 42. [1]Wer die Mitteilungspflicht nach § 5 oder nach Art. XI Abs. 1b nicht oder nicht vollständig erfüllt, begeht eine Verwaltungsübertretung und ist mit Geldstrafe bis zu 20 000 Euro je verschwiegenem oder nicht vollständig mitgeteiltem Begünstigten zu bestrafen. [2]Eine Verwaltungsübertretung liegt nicht vor, wenn die Tat den Tatbestand einer gerichtlich strafbaren Handlung bildet oder nach anderen Verwaltungsstrafbestimmungen mit strengerer Strafe bedroht ist.

(BGBl I 2010/111)

PSG

Artikel II
Änderungen des Firmenbuchgesetzes

Das Firmenbuchgesetz, BGBl. Nr. 10/1991, zuletzt geändert durch das Bundesgesetz BGBl. Nr. 458/1993, wird wie folgt geändert:

(eingearbeitet)

Artikel III – VII

(Änderungen von weiteren Gesetzen; in diesem Band nicht abgedruckt)

Artikel VIII. Steuerliche Sondervorschriften für Privatstiftungen

(1) Zuwendungen von inländischem Vermögen an eine Privatstiftung sind von der Erbschafts- und Schenkungssteuer und der Grunderwerbsteuer befreit, wenn

1. das zugewendete Vermögen am 1. Mai 1993 nachweislich einer Stiftung, einer Anstalt, einem Trust oder einer vergleichbaren Vermögensmasse des ausländischen Rechts zuzurechnen war und

2. die Privatstiftung bis zum 31. Dezember 1995 nach § 13 des Privatstiftungsgesetzes zum Firmenbuch angemeldet wird.

(2) Zum inländischen Vermögen im Sinne des Abs. 1 gehören:

1. das inländische land- und forstwirtschaftliche Vermögen;

2. das inländische Betriebsvermögen;

3. das inländische Grundvermögen;

4. Nutzungsrechte an unter Z 1 bis 3 fallendem Vermögen;

5. Rechte, deren Übertragung an eine Eintragung in inländische Bücher geknüpft ist;

6. Forderungen, deren Schuldner Wohnsitz, gewöhnlichen Aufenthalt, Sitz oder Geschäftsleitung im Inland hat;

7. Beteiligungen an Körperschaften (§ 1 des Körperschaftsteuergesetzes 1988), die im Inland Sitz oder Geschäftsleitung haben;

8. Beteiligungen an Körperschaften (§ 1 des Körperschaftsteuergesetzes 1988), die im Inland weder Sitz noch Geschäftsleitung haben und

a) deren Vermögen nachweislich zu mindestens 75% aus Vermögen im Sinne der Z 1 bis 7 besteht, oder

b) die unmittelbar oder mittelbar an einer Körperschaft beteiligt sind, deren Vermögen nachweislich zu mindestens 75% aus Vermögen im Sinne der Z 1 bis 7 besteht.

Artikel IX. Änderung der Bundesabgabenordnung

Die Bundesabgabenordnung, BGBl. Nr. 194/1961, zuletzt geändert durch das Bundesgesetz BGBl. Nr. 257/1993, wird wie folgt geändert:

(nicht abgedruckt)

Artikel X. Verweisungen

Soweit in diesem Bundesgesetz auf Bestimmungen anderer Bundesgesetze verwiesen wird, sind diese in der jeweils geltenden Fassung anzuwenden.

Artikel XI. Inkrafttreten, Vollziehungsklausel

(1) Dieses Bundesgesetz tritt mit 1. September 1993 in Kraft, Art. V Z 10 jedoch bereits mit 1. Juli.

(1a) § 1 Abs. 2 Z 3 und § 15 Abs. 3 in der Fassung des Handelsrechts-Änderungsgesetzes, BGBl. I Nr. 120/2005, treten mit 1. Jänner 2007 in Kraft. *(BGBl I 2005/120)*

(1b) [1]§ 5 und § 42 in der Fassung des Budgetbegleitgesetzes 2011, BGBl. I Nr. 111/2010, treten mit 1. April 2011 in Kraft. [2]Die Namen aller zum 31. März 2011 bestehenden oder nach § 5 festgestellten Begünstigten sind dem für die Erhebung der Körperschaftsteuer der Privatstiftung zuständigen Finanzamt bis zum 30. Juni 2011 elektronisch mitzuteilen. *(BGBl I 2010/111)*

(1c) § 41 tritt mit Ablauf des 31. Dezember 2015 außer Kraft. *(BGBl I 2015/112)*

(1d) § 5 in der Fassung des Bundesgesetzes BGBl. I Nr. 104/2019 tritt mit 1. Juli 2020 in Kraft. *(BGBl I 2019/104)*

(2) Mit der Vollziehung der Art. V bis VIII dieses Bundesgesetzes ist der Bundesminister für Finanzen, hinsichtlich des Art. IX der Bundesminister für Finanzen im Einvernehmen mit dem Bundesminister für Justiz, hinsichtlich des Art. IV der Bundesminister für Justiz im Einvernehmen mit dem Bundesminister für Finanzen, hinsichtlich des Art. I § 38 der Bundesminister für Inneres im Einvernehmen mit dem Bundesminister für Justiz, hinsichtlich des Art. I § 22 Abs. 4 der [Bundesminister für Arbeit und Soziales][1)] im Einvernehmen mit dem Bundesminister für Justiz, hinsichtlich des Art. X die jeweils betroffenen Bundesminister und im übrigen der Bundesminister für Justiz betraut.

[1)] Jetzt: Bundesminister für Wissenschaft, Forschung und Wirtschaft

3/9. Bundes-Stiftungs- und Fondsgesetz 2015

BGBl I 2015/160 idF

1 BGBl I 2016/120
2 BGBl I 2018/32
3 BGBl I 2019/104 (FORG)

Bundesgesetz über die Regelung des Bundes-Stiftungs- und Fondswesens (Bundes-Stiftungs- und Fondsgesetz 2015 – BStFG 2015)

Inhaltsverzeichnis

1. Abschnitt
Allgemeine Bestimmungen

Anwendungsbereich

§ 1. (1) Dieses Bundesgesetz findet auf Stiftungen und Fonds Anwendung, deren Vermögen durch privatrechtlichen Widmungsakt zur Erfüllung gemeinnütziger oder mildtätiger Aufgaben bestimmt ist, sofern sie nach ihren Zwecken über den Interessenbereich eines Bundeslandes hinausgehen und nicht schon vor dem 1. Oktober 1925 von den Ländern autonom verwaltet wurden.

(2) Auf Stiftungen und Fonds für Zwecke einer gesetzlich anerkannten Kirche oder Religionsgesellschaft finden die Bestimmungen dieses Bundesgesetzes nur dann Anwendung, wenn diese Stiftungen oder Fonds zu ihrer Errichtung, Abänderung, Auflösung oder Verwaltung nach den für diese gesetzlich anerkannte Kirche oder Religionsgesellschaft geltenden Bestimmungen der staatlichen Genehmigung bedürfen oder der staatlichen Aufsicht unterliegen.

Begriff der Stiftung und des Fonds

§ 2. (1) [1]Stiftungen im Sinne dieses Bundesgesetzes sind durch eine Anordnung des Gründers

BStFG

dauernd gewidmete Vermögen mit Rechtspersönlichkeit, deren Erträgnisse der Erfüllung gemeinnütziger oder mildtätiger Zwecke (Abs. 3 und 4) dienen. [2]Vorbehaltlich eines Ausschlusses in der Gründungserklärung (§ 7 Abs. 2 Z 7) schadet die Verwendung des Vermögens im Sinne des Stiftungszweckes der Eigenschaft als Stiftung nicht, wenn sichergestellt ist, dass das verbleibende Vermögen 50.000 Euro zu keiner Zeit unterschreitet.

(2) Fonds im Sinne dieses Bundesgesetzes sind durch eine Anordnung des Gründers nicht auf Dauer gewidmete Vermögen mit Rechtspersönlichkeit, die der Erfüllung gemeinnütziger oder mildtätiger Zwecke (Abs. 3 und 4) dienen.

(3) Gemeinnützig im Sinne dieses Bundesgesetzes sind solche Zwecke, durch deren Erfüllung die Allgemeinheit im Sinne des § 35 Abs. 2 der Bundesabgabenordnung (BAO), BGBl. Nr. 194/1961, gefördert wird.

(4) Mildtätig (humanitär, wohltätig) im Sinne dieses Bundesgesetzes sind solche Zwecke, die darauf gerichtet sind, hilfsbedürftige Personen zu unterstützen (§ 37 BAO).

Name

§ 3. Der Name der Stiftung oder des Fonds hat sich von allen im Stiftungs- und Fondsregister eingetragenen Stiftungen und Fonds deutlich zu unterscheiden; er darf nicht irreführend sein und muss das Wort „Stiftung" oder „Fonds" ohne Abkürzung enthalten.

Gründer

§ 4. (1) [1]Gründer können eine oder mehrere natürliche oder juristische Personen sein. [2]Eine Stiftung von Todes wegen oder ein Fonds von Todes wegen kann nur eine natürliche Person als Gründer haben.

(2) Hat eine Stiftung oder ein Fonds mehrere Gründer, so können die dem Gründer zustehenden oder vorbehaltenen Rechte nur von allen Gründern gemeinsam oder deren Rechtsnachfolgern ausgeübt werden, es sei denn, die Gründungserklärung sieht etwas anderes vor.

Geschäftsführung und Vertretung

§ 5. (1) [1]Mit der Führung der Geschäfte darf nur eine natürliche Person betraut werden, die der Bestellung zugestimmt hat. [2]Ausgeschlossen sind Personen, die nicht vertrauenswürdig sind. [3]Die mit der Geschäftsführung betrauten Personen haben ihre Aufgaben sparsam und mit der Sorgfalt gewissenhafter Geschäftsleiter zu erfüllen.

(2) [1]Sieht die Gründungserklärung nicht anderes vor, so ist Gesamtgeschäftsführung anzunehmen. [2]Hiefür genügt im Zweifel einfache Stimmenmehrheit.

(3) [1]Sieht die Gründungserklärung nicht anderes vor, so ist auch Gesamtvertretung anzunehmen. [2]Zur passiven Vertretung der Stiftung oder des Fonds sind die Organwalter allein befugt.

(4) [1]Die organschaftliche Vertretungsbefugnis ist, von der Frage der Gesamt- oder Einzelvertretung abgesehen, Dritten gegenüber unbeschränkbar. [2]In der Gründungserklärung vorgesehene Beschränkungen wirken nur im Innenverhältnis.

(5) [1]Im eigenen Namen oder für einen anderen geschlossene Geschäfte eines organschaftlichen Vertreters mit der Stiftung oder dem Fonds (Insichgeschäfte) können, sofern es sich um Geschäfte untergeordneter Bedeutung handelt, mit Zustimmung eines anderen zur Vertretung oder Geschäftsführung befugten Organwalters geschlossen werden. [2]Für andere Insichgeschäfte ist

1. die Zustimmung des Aufsichtsorgans,

2. wenn kein Aufsichtsorgan bestellt ist, die Zustimmung des Stiftungs- oder Fondsprüfers, und

3. wenn kein Stiftungs- oder „Fondsprüfer" bestellt ist, die Zustimmung aller Rechnungsprüfer notwendig. *(BGBl I 2016/120)*

2. Abschnitt
Errichtung und Entstehung

Voraussetzungen für die Errichtung und Entstehung

§ 6. (1) Zur Errichtung einer Stiftung oder eines Fonds ist die Erklärung des Gründers, durch Zweckwidmung eines bestimmten Vermögens eine Stiftung oder einen Fonds errichten zu wollen (Gründungserklärung), erforderlich.

(2) [1]Eine Stiftung oder ein Fonds entsteht als Rechtsperson mit der Eintragung in das Stiftungs- und Fondsregister. [2]Für Handlungen im Namen der Stiftung oder des Fonds vor Eintragung in das Stiftungs- und Fondsregister haften die Handelnden zu ungeteilter Hand.

Gründungserklärung

§ 7. (1) Die Gründungserklärung stellt die Satzung der Stiftung oder des Fonds dar und hat jedenfalls zu enthalten:

1. den Namen und den Sitz der Stiftung oder des Fonds,

2. die Adresse sowie die für die Zustellung maßgebliche Anschrift,

3. den ausschließlich und unmittelbar zu verfolgenden Zweck,

4. den Ausschluss der Gewinnerzielungsabsicht,

5. die Widmung des Vermögens sowie den Ausschluss von Vermögenszuwendungen an den Gründer oder ihm oder der Stiftung oder dem Fonds nahestehende Personen oder ebensolche Einrichtungen, sofern diese nicht gemäß § 4a oder § 4b EStG 1988 begünstigt sind,

6. den Namen sowie die für Zustellungen maßgebliche Anschrift des Gründers, bei natürlichen Personen das Geburtsdatum, bei juristischen Personen, wenn vorhanden, die Firmenbuchnummer oder die ZVR-Zahl,

7. eine Liste der Vorstandsmitglieder unter Angabe

a) der Funktion,

b) des Namens,

c) des Geburtsdatums,

d) des Geburtsortes sowie

e) der für Zustellungen maßgeblichen Anschrift

für jedes Mitglied des Stiftungs- und Fondsvorstandes (§ 17),

8. Regelungen über die Neubestellung, Abberufung, Funktionsdauer und Vertretungsbefugnis des Vorstands (§ 17),

9. sofern Rechnungsprüfer bestellt werden, eine Liste der Rechnungsprüfer unter Angabe

a) der Funktion,

b) des Namens,

c) bei natürlichen Personen des Geburtsdatums, bei juristischen Personen, wenn vorhanden, der Firmenbuchnummer oder der ZVR-Zahl,

d) bei natürlichen Personen des Geburtsortes, bei juristischen Personen, wenn vorhanden, des Sitzes sowie

e) der für Zustellungen maßgeblichen Anschrift

für jeden Rechnungsprüfer (§ 18),

10. Regelungen über die Bestimmung, Neubestellung, Abberufung und Funktionsdauer der Rechnungsprüfer (§ 18),

11. sofern Stiftungs- oder Fondsprüfer bestellt werden, eine Liste der Stiftungs- oder Fondsprüfer unter Angabe

a) der Funktion,

b) des Namens,

c) bei natürlichen Personen des Geburtsdatums, bei juristischen Personen, wenn vorhanden, der Firmenbuchnummer oder der ZVR-Zahl,

d) bei natürlichen Personen des Geburtsortes, bei juristischen Personen, wenn vorhanden, des Sitzes sowie

e) der für Zustellungen maßgeblichen Anschrift

für jeden Stiftungs- oder Fondsprüfer (§ 19),

12. Regelungen über die Bestellung, Abberufung und Funktionsdauer der Stiftungs- oder Fondsprüfer (§ 19),

13. sofern ein Aufsichtsorgan eingerichtet wird, eine Liste der Mitglieder des Aufsichtsorgans unter Angabe

a) der Funktion,

b) des Namens,

c) des Geburtsdatums,

d) des Geburtsortes sowie

e) der für Zustellungen maßgeblichen Anschrift

für jedes Mitglied des Aufsichtsorgans (§ 21),

14. Regelungen über die Bestellung, Abberufung und Funktionsdauer des Aufsichtsorgans (§ 21),

15. Bestimmungen über die Abwicklung und Verfügungen über das verbleibende Vermögen im Falle der Auflösung oder des Wegfalles des gemeinnützigen oder mildtätigen Zweckes,

16. Bestimmungen über die Entschädigung des Stiftungs- oder Fondsvorstands sowie

17. den Kreis der Begünstigten.

(2) Die Gründungserklärung kann darüber hinaus insbesondere enthalten:

1. die Einrichtung weiterer zur Verwaltung und Vertretung befugter Organe zur Wahrung des Zwecks und die Benennung von Personen, denen besondere Aufgaben zukommen,

2. Bestimmungen über die Dauer des Fonds,

3. Regelungen über die Änderung der Gründungserklärung,

4. Regelungen über die innere Ordnung von kollegialen Stiftungs- und Fondsorganen,

5. über Abs. 1 Z 16 hinaus Bestimmungen über die Befugnisse sowie über die allfällige Zuerkennung von Entschädigungen an die Verwaltungs- und Vertretungsorgane der Stiftung oder des Fonds,

6. Bestimmungen über die rechtmäßige Möglichkeit einer Umwandlung von Stiftungen in Fonds,

7. den Ausschluss der Verwendung des Vermögens gemäß § 2 Abs. 1 zweiter Satz sowie

8. Regelungen über den Rechtsnachfolger „des Gründers". *(BGBl I 2016/120)*

Zulässigkeit der Errichtung

§ 8. (1) Die Errichtung einer Stiftung oder eines Fonds ist zulässig, wenn

1. die Gründungserklärung dem § 7 entspricht,

2. der Zweck gemeinnützig oder mildtätig ist,

3. das Vermögen mindestens 50.000 Euro beträgt, in vollem Umfang, sofort und unbelastet zur Verfügung steht und bei Stiftungen zur dauernden Erfüllung des Zweckes dient,

4. das Vermögen bei Auflösung oder Wegfall des gemeinnützigen oder mildtätigen Zweckes, ausschließlich für gemeinnützige oder mildtätige

Zwecke im Sinne der Bundesabgabenordnung verwendet werden darf und

5. das der Stiftung gewidmete Vermögen in einer dem § 446 des Allgemeinen Sozialversicherungsgesetzes, BGBl. Nr. 189/1955, entsprechenden Art und Weise angelegt wird, sofern der Gründer nichts anderes bestimmt hat.

(2) Bei Sacheinlagen ist durch Vorlage einer Bestätigung eines Wirtschaftsprüfers, einer Wirtschaftsprüfungsgesellschaft oder eines Revisors im Sinne des § 13 des Genossenschaftsrevisionsgesetzes 1997, BGBl. I Nr. 127/1997, nachzuweisen, dass den Anforderungen des Abs. 1 Z 3 entsprochen wird.

Anzeige der Errichtung

§ 9. (1) Die Errichtung einer Stiftung oder eines Fonds ist vom Gründer dem Finanzamt „für Großbetriebe" durch Vorlage einer dem § 7 entsprechenden Gründungserklärung sowie der Bestätigung gemäß § 8 Abs. 2 anzuzeigen. *(BGBl I 2019/104)*

(2) [1]Das Finanzamt „für Großbetriebe" hat die Gründungserklärung dahingehend zu prüfen, ob diese den Anforderungen des § 41 BAO entspricht. [2]Dies ist vom Finanzamt „für Großbetriebe" innerhalb von sechs Wochen nach Erfüllung aller durch das Finanzamt aufgetragenen Verbesserungsaufträge durch den Gründer bescheidmäßig festzustellen. [3]Der Stiftungs- und Fondsbehörde ist eine Abschrift des stattgebenden Feststellungsbescheides samt Gründungserklärung und Bestätigung gemäß § 8 Abs. 2 zu übermitteln. *(BGBl I 2019/104)*

(3) [1]Entspricht die Gründungserklärung nicht den Anforderungen des § 41 BAO, hat das Finanzamt „für Großbetriebe" dies mit Bescheid festzustellen. [2]Der Bescheid ist der Stiftungs- und Fondsbehörde zur Kenntnis zu bringen. *(BGBl I 2019/104)*

(4) Für das Feststellungsverfahren gemäß Abs. 2 und 3 sind die Bestimmungen der BAO anzuwenden.

Erklärung, dass die Errichtung nicht gestattet ist

§ 10. (1) Die Stiftungs- und Fondsbehörde hat innerhalb von sechs Wochen nach Nichterfüllung allfälliger durch die Stiftungs- und Fondsbehörde aufgetragener Verbesserungsaufträge durch Bescheid zu erklären, dass die Errichtung nicht gestattet ist, wenn

1. Zweck, Name oder Organisation der Stiftung oder des Fonds gesetzwidrig wären oder

2. der Nachweis gemäß § 8 Abs. 2, dass allfällige Sacheinlagen den Anforderungen an das Vermögen gemäß § 8 Abs. 1 Z 3 entsprechen, nicht erbracht wird.

(2) [1]Die Stiftungs- und Fondsbehörde hat in jenen Fällen, in welchen die Errichtung nach Abs. 1 gestattet ist, dem Stiftungs- und Fondsregister eine Erklärung über die Entstehung der Stiftung oder des Fonds einschließlich der gemäß § 22 Abs. 2 notwendigen Angaben zu übermitteln. [2]Die Daten sind in das Stiftungs- und Fondsregister einzutragen.

(3) Im Verfahren über die Zulässigkeit der Errichtung kommt der Finanzprokuratur Parteistellung zu.

Änderung der Gründungserklärung

§ 11. (1) [1]Die §§ 1 bis 10 gelten sinngemäß auch für Änderungen der Gründungserklärung. [2]Ein Registerauszug ist nur dann zu übermitteln, wenn sich durch die Gründungserklärung der Registerstand geändert hat.

(2) Eine Änderung des Zwecks ist nur dann zulässig, wenn

1. dies in der Gründungserklärung vorgesehen ist oder

2. der ursprüngliche Gründungszweck nicht mehr erfüllt werden kann, wobei der Gründerwille nicht außer Acht gelassen werden darf.

(3) Die Stiftung oder der Fonds hat bei einer Änderung der Gründungserklärung alle seine organschaftlichen Vertreter unter Angabe der Funktion, des Namens, des Geburtsdatums, des Geburtsorts und der für Zustellungen maßgeblichen Anschrift sowie des Beginns und des Endes der Vertretungsbefugnis jeweils binnen vier Wochen nach der Bestellung der Stiftungs- und Fondsbehörde bekannt zu geben.

(4) [1]Besteht die Änderung der Gründungserklärung lediglich in der Änderung der Person, des Namens oder der Adresse eines Vorstandsmitgliedes, eines Rechnungsprüfers, eines Stiftungs- und Fondsprüfers oder eines Mitgliedes des Aufsichtsorganes oder in der Änderung der für die Zustellung maßgeblichen Anschrift, hat die Stiftung oder der Fonds diesen Umstand binnen vier Wochen nach der Änderung der Stiftungs- und Fondsbehörde abweichend von Abs. 1 bekannt zu geben. [2]Die Mitteilung gilt als Anhang der Gründungserklärung. *(BGBl I 2016/120)*

(5) [1]Die Stiftungs- und Fondsbehörde hat Änderungen der Gründungserklärungen dem Stiftungs- und Fondsregister mitzuteilen. [2]Diese sind in das Stiftungs- und Fondsregister einzutragen.

Errichtung von Todes wegen

§ 12. (1) [1]Eine Stiftung oder ein Fonds von Todes wegen wird durch letztwillige Gründungserklärung errichtet, die den Formvorschriften einer letztwilligen Verfügung zu entsprechen hat. [2]Abweichend von § 7 reicht es für eine letztwillige Gründungserklärung aus, wenn ein bestimmtes oder bestimmbares Vermögen für einen gemeinnützigen oder mildtätigen Zweck im Sinne des § 2 Abs. 3 oder 4 gewidmet wurde.

(2) [1]Bei Stiftungen oder Fonds von Todes wegen hat das Verlassenschaftsgericht die Finanzprokuratur von der letztwilligen Verfügung zu verständigen. [2]Dieser obliegen die Abgabe der Erbantrittserklärung oder die Erklärung über die Annahme des Vermächtnisses zugunsten der letztwillig bedachten Stiftung oder des letztwillig bedachten Fonds sowie die Vertretung der Stiftung oder des Fonds bis zur Bestellung des Stiftungs- oder Fondskurators. [3]Der Finanzprokuratur kommt überdies im Verfahren über die Zulässigkeit der Errichtung Parteistellung zu. *(BGBl I 2016/120)*

(3) Unter Berücksichtigung der letztwilligen Gründungserklärung ist ein Stiftungs- oder Fondskurator von der Stiftungsbehörde zu bestellen, der

1. für die allenfalls erforderliche Erstellung einer Satzung zur Erfüllung der Voraussetzungen des § 7 und die Registrierung der Stiftung oder des Fonds Sorge zu tragen,

2. erforderlichenfalls den ersten Vorstand und das erste Prüfungsorgan zu bestellen sowie

3. bis zur Bestellung des Stiftungs- oder Fondsvorstands die Stiftung oder den Fonds nach außen zu vertreten und das gewidmete Vermögen zu verwalten hat.

(BGBl I 2016/120)

(4) *(entfällt, BGBl I 2016/120)*

Behördliche Bestellung eines Stiftungs- oder Fondskurators

§ 13. (1) Ein Stiftungs- oder Fondskurator ist umgehend auf Antrag oder von Amts wegen zu bestellen, wenn

1. die zur Vertretung der Stiftung oder des Fonds erforderlichen Vorstandsmitglieder fehlen und nach den in der Gründungserklärung vorgesehenen Regelungen nicht nachbestellt werden können oder

2. die Voraussetzungen des § 5 Abs. 1 erster und zweiter Satz nicht mehr erfüllt sind oder

3. die Bestellung von Rechnungsprüfern gemäß § 18 Abs. 2 Z 2 oder Stiftungs- oder Fondsprüfern gemäß § 19 Abs. 3 Z 2 erforderlich und kein Aufsichtsorgan eingerichtet ist, ausschließlich für die Bestellung der jeweiligen Prüfer oder

4. die Bestellung eines Aufsichtsorgans gemäß § 21 Abs. 2 erforderlich ist und nach den in der Gründungserklärung vorgesehenen Regelungen nicht bestellt oder nachbestellt werden kann.

(2) § 12 Abs. 3 letzter Satz gilt sinngemäß.

Behörden und Verfahren

§ 14. (1) Stiftungs- und Fondsbehörde im Sinne dieses Bundesgesetzes ist der Landeshauptmann.

(2) Der Landeshauptmann kann, wenn dies im Interesse der Einfachheit, Zweckmäßigkeit oder Sparsamkeit der Verwaltung gelegen ist, die Bezirksverwaltungsbehörden mit Verordnung ermächtigen, alle oder bestimmte Fälle zu entscheiden.

(3) [1]Für Stiftungen und Fonds, die nach ihren Satzungen von einem Bundesministerium zu verwalten sind, obliegen die Aufgaben der Stiftungs- und Fondsbehörde dem nach dem Stiftungs- und Fondszweck zuständigen Bundesminister. [2]Das gleiche gilt für Stiftungen und Fonds, die nach ihren Satzungen von Personen (Personengemeinschaften) zu verwalten sind, die hierzu vom Bundespräsidenten, von der Bundesregierung oder von einem Bundesminister bestellt werden.

(4) [1]Über Beschwerden gegen Bescheide der Stiftungs- und Fondsbehörde entscheidet das Landesverwaltungsgericht. [2]Über Beschwerden gegen Bescheide gemäß § 9 Abs. 2 und 3 entscheidet das Bundesfinanzgericht.

(5) Die örtliche Zuständigkeit richtet sich, sofern nichts anderes bestimmt ist, nach dem in der Gründungserklärung angegebenen Sitz.

Staatliche Aufsicht über Stiftungen und Fonds

§ 15. (1) Die Stiftungen und Fonds unterliegen nach Maßgabe dieses Bundesgesetzes der Aufsicht der Stiftungs- und Fondsbehörde.

(2) Organwalter der Stiftungs- und Fondsbehörde, die mit der staatlichen Aufsicht über eine Stiftung oder eines Fonds betraut sind, dürfen nicht zum Stiftungs- oder Fondsvorstand oder als Prüfer der Stiftung oder des Fonds bestellt werden.

3. Abschnitt
Organe

Allgemeines

§ 16. Organe der Stiftung oder des Fonds sind insbesondere:

1. der Stiftungs- oder Fondsvorstand (§ 17),
2. die Rechnungsprüfer (§ 18),
3. der Stiftungs- oder Fondsprüfer (§ 19) und
4. das Aufsichtsorgan (§ 21).

Stiftungs- oder Fondsvorstand

§ 17. (1) [1]Der Stiftungs- oder Fondsvorstand muss aus mindestens zwei Personen bestehen. [2]Zu seinen Mitgliedern dürfen nur natürliche Personen bestellt werden.

(2) [1]Der Stiftungs- oder Fondsvorstand verwaltet und vertritt die Stiftung oder den Fonds und sorgt für die Erfüllung des Stiftungs- oder Fondszwecks. [2]Er ist verpflichtet, dabei die Bestimmungen der Stiftungs- oder Fondserklärung einzuhalten.

(3) Dem Stiftungs- oder Fondsvorstand obliegt die Beschlussfassung in allen Angelegenheiten, die nicht ausdrücklich einem anderen Organ der Stiftung oder des Fonds vorbehalten sind.

Rechnungsprüfer

§ 18. (1) Wenn

1. weder ein Stiftungs- oder Fondsprüfer gemäß § 19 Abs. 2 zu bestellen ist noch

2. Stiftungs- oder Fondsprüfer gemäß § 19 Abs. 1 bestellt wird,

sind mindestens zwei „fachlich geeignete" Rechnungsprüfer zu bestellen. *(BGBl I 2016/120)*

(2) [1]Ist ein Aufsichtsorgan eingerichtet, bestellt dieses die Rechnungsprüfer. [2]Ist kein Aufsichtsorgan eingerichtet, sind die Rechnungsprüfer

1. zu Lebzeiten der Gründer von diesen und

2. danach vom Stiftungs- oder Fondskurator (§ 13)

zu bestellen.

(3) [1]Die Rechnungsprüfer unterliegen einer Berichtspflicht im Sinne des § 273 Abs. 2 des Unternehmensgesetzbuches (UGB), dRGBl. S 219/1897. [2]Sie müssen unabhängig sein und dürfen keinem anderen Organ angehören, dessen Tätigkeit Gegenstand der Aufsicht ist.

Stiftungs- oder Fondsprüfer

§ 19. (1) Die Gründer können einen Stiftungs- oder Fondsprüfer bestellen.

(2) Stiftungen und Fonds, deren gewöhnliche Einnahmen oder gewöhnliche Ausgaben oder Ausschüttungen jährlich 1 Million Euro in zwei aufeinanderfolgenden Jahren übersteigen, haben mindestens einen Stiftungs- oder Fondsprüfer zu bestellen.

(3) Ist ein Aufsichtsorgan eingerichtet, bestellt dieses den Stiftungs- oder Fondsprüfer. Ist kein Aufsichtsorgan eingerichtet, ist der Stiftungs- oder Fondsprüfer

1. zu Lebzeiten der Gründer von diesen und

2. danach vom Stiftungs- oder Fondskurator (§ 13)

zu bestellen.

(4) Im Falle des Abs. 3 Z 2 darf der Stiftungs- oder Fondsvorstand einen Dreiervorschlag erstatten, aus dem der Stiftungs- oder Fondsprüfer zu bestellen ist.

(5) [1]Zum Stiftungs- oder Fondsprüfer dürfen nur

1. Wirtschaftsprüfer oder

2. Wirtschaftsprüfungsgesellschaften oder

3. Revisoren im Sinne des § 13 des Genossenschaftsrevisionsgesetzes 1997, BGBl. I Nr. 127/1997,

bestellt werden, bei denen keine Befangenheit oder Ausgeschlossenheit im Sinne des § 271 UGB vorliegt. [2]Die Stiftungs- oder Fondsprüfer unterliegen einer Berichtspflicht im Sinne des § 273 Abs. 2 UGB.

(6) [1]Als Stiftungs- oder Fondsprüfer ausgeschlossen ist, wer einen Bestätigungsvermerk gemäß § 20 über die Prüfung des Jahresabschlusses der Stiftung oder des Fonds bereits in fünf Fällen gezeichnet hat. [2]Dies gilt nicht nach einer Unterbrechung der Prüfungstätigkeit für zumindest zwei aufeinander folgende Geschäftsjahre.

Rechnungslegung und Kontrolltätigkeit

§ 20. (1) [1]Der Stiftungs- oder Fondsvorstand hat dafür zu sorgen, dass die Finanzlage der Stiftung oder des Fonds rechtzeitig und hinreichend erkennbar ist. [2]Er hat ein den Anforderungen der Stiftung oder des Fonds entsprechendes Rechnungswesen einzurichten und insbesondere für die laufende Aufzeichnung der Einnahmen und Ausgaben zu sorgen. [3]Zum Ende des Rechnungsjahres hat der Stiftungs- oder Fondsvorstand innerhalb von fünf Monaten eine Einnahmen- und Ausgabenrechnung „samt Vermögensübersicht" oder einen Jahresabschluss „ " zu erstellen. *(BGBl I 2016/120)*

(2) [1]Die Rechnungsprüfer oder der Stiftungs- oder Fondsprüfer haben die Finanzgebarung der Stiftung oder des Fonds im Hinblick auf die Ordnungsmäßigkeit der Rechnungslegung und die der Gründungserklärung entsprechende Verwendung der Mittel innerhalb von vier Monaten ab Erstellung der Einnahmen- und Ausgabenrechnung oder des Jahresabschlusses zu prüfen. [2]Der Stiftungs- oder Fondsvorstand hat den Rechnungsprüfern oder dem Stiftungs- oder Fondsprüfer die erforderlichen Unterlagen vorzulegen und die erforderlichen Auskünfte zu erteilen.

(3) [1]Der Prüfungsbericht hat die Ordnungsmäßigkeit der Rechnungslegung und die der Gründungserklärung entsprechende Verwendung der Mittel zu bestätigen oder festgestellte Gebarungsmängel oder Gefahren für den Bestand der Stiftung oder des Fonds aufzuzeigen. [2]Auf ungewöhnliche Einnahmen oder Ausgaben, vor allem auf Insichgeschäfte (§ 5 Abs. 5), ist besonders einzugehen.[3]„Für den Bestätigungsvermerk ist § 274 UGB sinngemäß anzuwenden." *(BGBl I 2016/120)*

(4) [1]Die Rechnungsprüfer oder der Stiftungs- oder Fondsprüfer haben den Prüfbericht nach Erstellung unverzüglich an den Stiftungs- oder Fondsvorstand sowie an das Aufsichtsorgan zu

übermitteln. [2]Der Stiftungs- oder Fondsvorstand hat die von den Rechnungsprüfern oder vom Stiftungs- oder Fondsprüfer aufgezeigten Gebarungsmängel zu beseitigen und Maßnahmen gegen aufgezeigte Gefahren zu treffen. [3]Das Aufsichtsorgan hat die Umsetzung zu überwachen.

(5) [1]Bei groben Pflichtverletzungen haben die Rechnungsprüfer oder der Stiftungs- oder Fondsprüfer das Aufsichtsorgan zu informieren und dem Stiftungs- oder Fondsvorstand aufzutragen, binnen sechs Monaten ab Benachrichtigung die aufgezeigten Mängel zu beseitigen. [2]Wird dem nicht entsprochen, haben die Rechnungsprüfer oder der Stiftungs- oder Fondsprüfer dies der Stiftungs- und Fondsbehörde mitzuteilen.[3]„Diese hat den Stiftungs- oder Fondsvorstand abzuberufen und das allenfalls bestellte Aufsichtsorgan, oder, wenn ein solches nicht besteht, den Gründer, oder in Ermangelung eines solchen, den gemäß § 13 zu bestellenden Kurator mit der Neubestellung zu beauftragen.“[4]Einem Rechtsmittel gegen die Abberufung kommt keine aufschiebende Wirkung zu. *(BGBl I 2016/120)*

(6) [1]Der Stiftungs- oder Fondsvorstand von Stiftungen oder Fonds, bei denen die gewöhnlichen Ausgaben oder die Ausschüttungen jährlich in zwei aufeinander folgenden Rechnungsjahren jeweils höher als 1 Million Euro sind, hat ab dem folgenden Rechnungsjahr an Stelle der Einnahmen- und Ausgabenrechnung einen Jahresabschluss (Bilanz, Gewinn- und Verlustrechnung) aufzustellen. [2]Die §§ 190 bis 216, 222 bis 226 Abs. 1, 226 Abs. 3 bis 234, 236 bis 239 Abs. 1 und 2 sowie § 243 UGB sind sinngemäß anzuwenden. [3]Die Verpflichtung zur Aufstellung eines Jahresabschlusses entfällt, sobald der Schwellenwert in zwei aufeinander folgenden Rechnungsjahren nicht mehr überschritten wird.

(7) Der Stiftungs- oder Fondsvorstand hat die Einnahmen- und Ausgabenrechnung „samt Vermögensübersicht“ oder den Jahresabschluss „ “, den Prüfbericht sowie einen Tätigkeitsbericht bis spätestens neun Monate nach Abschluss des Rechnungsjahres der Stiftungs- und Fondsbehörde zu übermitteln. *(BGBl I 2016/120)*

(8) Die Einnahmen- und Ausgabenrechnung oder der Jahresabschluss sind zudem dem Stiftungs- und Fondsregister zu übermitteln.

Aufsichtsorgan

§ 21. (1) Die Gründer können in der Gründungserklärung (§ 7 Abs. 2 Z 1) vorsehen, dass ein Aufsichtsorgan zu bestellen ist.

(2) Die Gründer haben jedenfalls ein Aufsichtsorgan zu bestellen, wenn

1. die Ausschüttungen der Stiftung oder des Fonds bei Tätigkeiten, die nicht unmittelbar im Sinne des § 40 BAO sind („nicht operative Tätigkeiten“), in zwei aufeinanderfolgenden Jahren jährlich 10 Millionen Euro übersteigen oder

2. die gewöhnlichen Einnahmen oder gewöhnlichen Ausgaben der Stiftung oder des Fonds bei Tätigkeiten, die unmittelbar im Sinne des § 40 BAO sind („operative Tätigkeiten“), in zwei aufeinanderfolgenden Jahren jährlich 10 Millionen Euro übersteigen und mehr als 40 Arbeitnehmer beschäftigt werden oder

3. die Stiftung oder der Fonds

a) Aktiengesellschaften oder Gesellschaften mit beschränkter Haftung im Sinne des § 244 Abs. 1 UGB einheitlich leitet (Abs. 3) und

b) die Zahl der Arbeitnehmer (Abs. 4) der Stiftung oder des Fonds sowie der jeweiligen Tochtergesellschaften zusammen in Summe 300 übersteigt.

(3) Einheitliche Leitung im Sinne des Abs. 2 Z 3 lit. a ist jedenfalls dann gegeben, wenn der Stiftung oder dem Fonds das Recht zusteht,

1. die Mehrheit der Stimmrechte bei einem Unternehmen (Tochterunternehmen) auszuüben oder

2. die Mehrheit der Mitglieder des Verwaltungs-, Leitungs-, oder Aufsichtsorgans zu bestellen bzw. abzuberufen oder

3. einen beherrschenden Einfluss auszuüben.

(4) [1]Die Arbeitnehmerzahlen gemäß Abs. 2 Z 3 lit. b bestimmen sich nach den Arbeitnehmerzahlen der Stiftung oder des Fonds sowie der jeweiligen Tochtergesellschaften an den jeweiligen Monatsletzten innerhalb des vorangegangenen Rechnungsjahres. [2]Der Stiftungs- oder Fondsvorstand hat jeweils zum Jahresletzten die Durchschnittsanzahl festzustellen und dem Stiftungs- oder Fondsprüfer mitzuteilen.

(5) Wenn die Gründer ihrer Verpflichtung gemäß Abs. 2 nicht innerhalb von sechs Monaten nachkommen, ist das Aufsichtsorgan vom gemäß § 13 zu bestellenden Stiftungs- oder Fondskurator zu bestellen.

(6) [1]Das Aufsichtsorgan muss aus mindestens drei natürlichen Personen bestehen, die nicht dem Stiftungs- oder Fondsvorstand (§ 17) angehören dürfen. [2]Das Aufsichtsorgan kann mit Mehrheitsbeschluss über die Aufnahme oder Abwahl neuer Mitglieder entscheiden, wenn seitens des Gründers keine andere Regelung getroffen wurde.

(7) Der Stiftungs- oder Fondsvorstand kann das Aufsichtsorgan abberufen, wenn

1. die Voraussetzungen des Abs. 2 nicht mehr erfüllt sind und

2. das Aufsichtsorgan nicht verpflichtend in der Gründungserklärung gemäß § 7 Abs. 2 Z 1 vorgesehen ist.

(8) Dem Stiftungs- und Fondsregister sind zur Eintragung in das Stiftungs- und Fondsregister mitzuteilen:

1. die Einrichtung des Aufsichtsorgans,

2. die Mitglieder des Aufsichtsorgans samt Vertretungsbefugnis,

3. das Erlöschen oder die Änderung von Vertretungsbefugnissen gemäß Z 2 sowie

4. die Abberufung des Aufsichtsorgans.

(9) Die Aufgaben des Aufsichtsorgans sind insbesondere:

1. die Kontrolle der Geschäftsführung und der Gebarung,

2. die Überwachung der Einhaltung der Satzung der Stiftung oder des Fonds,

3. die Überwachung der Umsetzung des Prüfberichtes gemäß § 20 Abs. 4,

4. die Bestellung der Rechnungsprüfer gemäß § 18 Abs. 2,

5. die Bestellung des Stiftungs- oder Fondsprüfers gemäß § 19 Abs. 3,

6. die Unterstützung des Stiftungs- oder Fondsprüfers bei der Überwachung der Beseitigung von Mängeln gemäß § 20 Abs. 5, insbesondere durch Überwachung des Stiftungs- oder Fondsvorstandes,

7. die Entscheidung über die Aufnahme oder Abwahl von Mitgliedern, wenn seitens des Gründers keine andere Regelung getroffen wurde,

8. die Bestellung des Stiftungs- oder Fondsvorstands, sofern die Gründungserklärung nicht anderes vorsieht,

9. die Vertretung der Stiftung oder des Fonds gegenüber dem Stiftungs- oder Fondsvorstand,

10. die Zustimmung zu anderen Insichgeschäften im Sinne des § 5 Abs. 5,

11. die Zustimmung zu weiteren, zustimmungspflichtigen Geschäften (Abs. 10),

12. Mitteilung an das Stiftungs- oder Fondsregister gemäß Abs. 8,

13. die Beschlussfassung über die Geschäftsordnung gemäß Abs. 11 sowie

14. sonstige durch die Gründungserklärung übertragene Aufgaben, die nicht der Geschäftsführung zuzurechnen sind.

(10) [1]Für das Auskunfts- und Einsichtsrecht des Aufsichtsorgans gilt § 95 Abs. 2 und 3 des Aktiengesetzes 1965 sinngemäß. [2]Die Gründungserklärung kann den Zuständigkeitsbereich des Aufsichtsorgans um Aufgaben, die nicht der Geschäftsführung zuzurechnen sind, erweitern.

(11) [1]Das Aufsichtsorgan hat mindestens halbjährlich eine Sitzung abzuhalten. [2]Nähere Regelungen über Einberufung, Beschlussfassung, Vertretung und Sitzungsablauf sind in einer Geschäftsordnung zu treffen, sofern die Gründer keine abweichende Regelung gemäß § 7 Abs. 2 Z 4 getroffen haben.

(12) § 110 des Arbeitsverfassungsgesetzes (ArbVG), BGBl. Nr. 22/1974, sowie § 25 Abs. 2 des Privatstiftungsgesetzes, wenn ein Aufsichtsorgan ausschließlich gemäß Abs. 2 Z 3 einzurichten ist, gelten für Stiftungen und Fonds sinngemäß, wobei die Arbeitnehmervertreter bei Beschlüssen, die die besondere Zweckbestimmung im Sinne des § 132 Abs. 1 ArbVG betreffen, nicht stimmberechtigt sind.

4. Abschnitt
Stiftungs- und Fondsregister

Führung und Inhalt

§ 22. (1) [1]Der Bundesminister für Inneres hat für alle Stiftungen und Fonds, die den Bestimmungen dieses Bundesgesetzes unterliegen, ein Stiftungs- und Fondsregister zu führen und Auskünfte über die im Stiftungs- und Fondsregister enthaltenen Angaben zu erteilen. [2]Gegen Nachweis der Identität kann jedermann in das Stiftungs- und Fondsregister Einsicht nehmen sowie Abschriften und Auszüge von den Eintragungen und Urkunden verlangen. [3]Der Bundesminister für Inneres hat den aktuellen Stand des Namens, des Sitzes und der Adresse der Stiftung oder des Fonds sowie die Namen der Vertretungsorgane in einem elektronischen, öffentlichen Verzeichnis einsehbar zu machen.

(2) Das Stiftungs- und Fondsregister hat zu enthalten:

1. den Namen, den Sitz und die Adresse der Stiftung oder des Fonds,

2. Angaben über den Zweck der Stiftung oder des Fonds,

3. den Kreis der Begünstigten,

4. die Namen und Adressen der Vertretungsorgane der Stiftung oder des Fonds,

5. die Gründungserklärung sowie allfällige Änderungen der Gründungserklärung,

6. Angaben zur Umwandlung oder Auflösung der Stiftung oder des Fonds sowie

7. die Einnahmen- und Ausgabenrechnung oder den Jahresabschluss.

(2a) Von einer Auskunft gemäß Abs. 1 sind personenbezogene Daten „dritter Personen“, die nach Abs. 2 Z 7 verarbeitet werden, auszunehmen. *(BGBl I 2016/120; BGBl I 2018/32)*

(3) Der Bundesminister für Inneres ist ermächtigt, zur Erfüllung seiner Aufgaben nach diesem Bundesgesetz die von ihm im Register gespeicherten Daten zu „verarbeiten“. *(BGBl I 2018/32)*

Eintragung, Aufbewahrung und Verständigungspflichten

§ 23. (1) [1]In das Stiftungs- und Fondsregister sind die Entstehung einer Stiftung oder eines Fonds sowie unter einer laufenden Nummer jeweils das Datum und die Geschäftszahl der Bescheide oder der Erklärungen einzutragen, mit dem die im Abs. 3 angeführten Verfügungen der Stiftungs- und Fondsbehörde erfolgten. [2]Bei einer Eintragung, die durch eine spätere Eintragung ihre Bedeutung verloren hat, ist dies deutlich erkennbar zu machen. [3]In Auszüge (Abschriften) aus dem Stiftungs- und Fondsregister sind solche Eintragungen nur aufzunehmen, soweit dies beantragt oder nach den Umständen erforderlich ist.

(2) Das Stiftungs- und Fondsregister ist dauernd aufzubewahren.

(3) [1]Die für Stiftungen und Fonds gemäß § 14 zuständigen Stiftungs- und Fondsbehörden haben alle Angaben, die in das Stiftungs- und Fondsregister aufzunehmen sind, dem Bundesminister für Inneres zu übermitteln „, der diese Informationen in das Stiftungs- und Fondsregister einzutragen hat". [2]Von der erfolgten Eintragung in das Stiftungs- und Fondsregister sind die Stiftungs- und Fondsbehörden sowie die Stiftungen und Fonds zu verständigen. *(BGBl I 2016/120)*

5. Abschnitt

Beendigung

Ende der Rechtspersönlichkeit

§ 24. [1]Die Rechtspersönlichkeit einer Stiftung oder eines Fonds endet mit der Eintragung der Auflösung oder Umwandlung im Stiftungs- und Fondsregister. [2]Ist eine Abwicklung erforderlich, verliert die Stiftung oder der Fonds die Rechtsfähigkeit jedoch erst mit Eintragung der Beendigung der Abwicklung.

Umwandlung von Stiftungen in Fonds

§ 25. (1) Stiftungen sind in Fonds umzuwandeln, wenn ihre Erträgnisse zur dauernden Erfüllung des Stiftungszweckes nicht mehr ausreichen, aber durch die Verwendung des Vermögens der Stiftung die Erfüllung des Stiftungszweckes durch mindestens fünf Jahre gewährleistet ist, sofern dem Gründerwillen nichts anderes entspricht.

(2) [1]Die Umwandlung einer Stiftung in einen Fonds hat durch Änderung der Gründungserklärung zu erfolgen. [2]Auf diese Änderung der Gründungserklärung ist § 11 sinngemäß anzuwenden.

(3) Über die in Abs. 1 genannten Fälle hinaus kann eine Umwandlung nach den in der Gründungserklärung vorgesehenen Voraussetzungen (§ 7 Abs. 2 Z 6) erfolgen.

(4) [1]Umwandlungen nach Abs. 1 sind dem Stiftungs- und Fondsregister zur Kenntnis zu bringen und in dieses einzutragen. [2]Mit der Eintragung in das Stiftungs- und Fondsregister besteht die Stiftung als Fonds nach diesem Bundesgesetz weiter.

Umwandlung in Stiftungen nach diesem Bundesgesetz

§ 26. (1) [1]Stiftungen, die nach dem Privatstiftungsgesetz, BGBl. Nr. 694/1993, errichtet sind, können in Stiftungen nach diesem Bundesgesetz umgewandelt werden, wenn diesen, aufgrund des Vorliegens der Voraussetzungen nach den §§ 34 ff BAO, abgabenrechtliche Begünstigungen zukommen. [2]Auf Grund eines Umwandlungsbeschlusses, der jedenfalls die Angaben gemäß § 7 Abs. 1 zu enthalten hat, haben die Stiftungsorgane eine Gründungserklärung abzugeben und den ersten Stiftungsvorstand zu bestellen.

(2) § 9 ist sinngemäß mit der Maßgabe anzuwenden, dass

1. auch zu überprüfen ist, ob die Voraussetzung des Abs. 1 erster Satz gegeben ist und

2. die Frist des § 9 Abs. 2 nicht gilt.

(3) [1]Der Stiftungsbehörde sind die Gründungserklärung und der Stiftungsvorstand bekanntzugeben. [2]Die Stiftungsbehörde kann erklären, dass die Umwandlung nicht gestattet ist. [3]Bei der Entscheidung ist darauf Bedacht zu nehmen, dass nach dem Inhalt der Gründungserklärung dem Zweck der Stiftung Rechnung getragen wird. § 10 gilt sinngemäß.

(4) [1]Umwandlungen nach Abs. 1 sind dem Stiftungs- und Fondsregister zur Kenntnis zu bringen und in dieses einzutragen. [2]Mit der Eintragung in das Stiftungs- und Fondsregister besteht die Stiftung als Stiftung nach diesem Bundesgesetz weiter.

Auflösung

§ 27. (1) Stiftungen und Fonds sind auf Antrag aufzulösen, wenn

1. die in der Gründungserklärung vorgesehene Dauer bei Fonds abgelaufen ist oder

2. der Stiftungs- oder Fondszweck nicht mehr erreicht werden kann oder

3. der Gründer die Gründung widerruft oder

4. das Vermögen bei Stiftungen 50.000 Euro unterschritten hat und kostendeckend im Sinne des § 71 Abs. 2 der Insolvenzordnung, RGBl. Nr. 337/1914, ist.

(2) Der Stiftungs- oder Fondsvorstand hat das Vorliegen einer Voraussetzung nach Abs. 1 sowie die Beendigung der Abwicklung der Stiftungs- und Fondsbehörde mitzuteilen.

(3) Darüber hinaus hat die Stiftungs- und Fondsbehörde die Stiftung oder den Fonds aufzulösen, wenn

1. die Tätigkeit der Stiftung oder des Fonds Strafgesetzen zuwiderläuft oder

2. der Stiftungs- oder Fondszweck nicht mehr gemeinnützig oder mildtätig ist oder seine Erfüllung unmöglich geworden ist oder

3. den Vorgaben des § 28 nicht entsprochen wird.

(4) Im Verfahren zur Auflösung der Stiftung oder des Fonds kommt der Finanzprokuratur Parteistellung zu.

(5) Abgesehen von jenen Fällen, in denen bereits ein Insolvenzverfahren über das Stiftungsvermögen eröffnet wurde, hat die Abwicklung nach den in der Gründungserklärung für den Fall der Auflösung oder des Wegfalles des gemeinnützigen oder mildtätigen Zweckes vorgesehenen Verfügungen über das verbleibende Vermögen zu erfolgen.

(6) Die Auflösung ist dem Stiftungs- und Fondsregister mitzuteilen und in dieses einzutragen.

(7) [1]Der Stiftungs- oder Fondsvorstand hat die Gläubiger der Stiftung oder des Fonds unter Hinweis auf die Auflösung aufzufordern, ihre Ansprüche spätestens innerhalb eines Monats nach Veröffentlichung der Aufforderung anzumelden. [2]Diese Aufforderung an die Gläubiger ist ohne Verzug im „Amtsblatt zur Wiener Zeitung" zu veröffentlichen. § 213 des Aktiengesetzes 1965 über den Gläubigerschutz ist anzuwenden. [3]Das verbleibende Vermögen der aufgelösten Stiftung oder des aufgelösten Fonds ist dem Letztbegünstigten zu übertragen und in Ermangelung eines solchen für vergleichbare Zwecke heranzuziehen. [4]Soweit in der Gründungserklärung nichts anderes vorgesehen ist, teilen mehrere Letztbegünstigte zu gleichen Teilen.

6. Abschnitt

Übergangs- und Schlussbestimmungen

Übergangsbestimmung

§ 28. (1) [1]Stiftungen oder Fonds mit eigener Rechtspersönlichkeit, die

1. den Voraussetzungen des § 1 Abs. 1 entsprechen,

2. in den Anwendungsbereich dieses Bundesgesetzes fallen und

3. vor Inkrafttreten dieses Bundesgesetzes errichtet wurden,

gelten als Stiftungen oder Fonds im Sinne dieses Bundesgesetzes. [2]Auf solche Stiftungen und Fonds ist § 9 nicht anzuwenden.

(2) [1]Sofern Satzungen von Stiftungen und Fonds den Erfordernissen einer Gründungserklärung (§ 7) widersprechen, sind diese binnen 24 Monaten ab Inkrafttreten dieses Bundesgesetzes abzuändern und danach der Stiftungs- und Fondsbehörde „zu übermitteln"**. [2]§ 10 gilt sinngemäß. [3]Für zum Zeitpunkt des Inkrafttretens dieses Bundesgesetzes anhängige Verfahren sowie für „anhängige Verfahren über die Errichtung von"* Stiftungen oder Fonds von Todes wegen, die bereits vor Inkrafttreten dieses Bundesgesetzes letztwillig angeordnet wurden, gelten die Bestimmungen des Bundes-Stiftungs- und Fondsgesetzes, BGBl. Nr. 11/1975, in der Fassung des Verwaltungsgerichtsbarkeits-Anpassungsgesetzes-Inneres, BGBl. I Nr. 161/2013. *(*BGBl I 2016/120; **BGBl I 2018/32)*

(3) A[1]uf bestehende Stiftungen oder Fonds, die Zwecken einer gesetzlich anerkannten Kirche oder Religionsgemeinschaft dienen und von Organen einer gesetzlich anerkannten Kirche oder Religionsgemeinschaft verwaltet werden, sind die Bestimmungen dieses Bundesgesetzes nicht anzuwenden. [2]Ob es sich um solche Stiftungen oder Fonds handelt, ist auf Antrag der zuständigen kirchlichen Oberbehörde oder des Verwaltungsorgans dieser Stiftung oder dieses Fonds vom Bundeskanzler mit Bescheid festzustellen.

Vollziehung

§ 29. Mit der Vollziehung dieses Bundesgesetzes sind betraut:

1. hinsichtlich Stiftungen und Fonds nach § 14 Abs. 3 der nach dem Stiftungs- und Fondszweck zuständige Bundesminister,

2. hinsichtlich der §§ 5, 16 bis 19, 20 Abs. 1 bis 4 und 6, 21 Abs. 1 bis 7 und 9 bis 12 sowie 27 Abs. 7 der Bundesminister für Justiz,

3. hinsichtlich der §§ 20 Abs. 5 sowie 21 Abs. 8 der Bundesminister für Inneres im Einvernehmen mit dem Bundesminister für Justiz,

4. hinsichtlich der §§ 2 Abs. 3 und 4, 8 Abs. 1 Z 5, § 9 Abs. 1, Abs. 2 erster und zweiter Satz, Abs. 3 und 4 der Bundesminister für Finanzen,

5. hinsichtlich des § 9 Abs. 2 dritter Satz der Bundesminister für Finanzen im Einvernehmen mit dem Bundesminister für Inneres,

6. hinsichtlich des § 28 Abs. 3 der Bundeskanzler sowie

7. darüber hinaus der Bundesminister für Inneres.

Verweisungen

§ 30. (1) Verweisungen in diesem Bundesgesetz auf andere Bundesgesetze sind als Verweisungen auf die jeweils geltende Fassung zu verstehen, insoweit nicht ausdrücklich anderes bestimmt ist.

(2) Sofern in anderen Bundesgesetzen auf Bestimmungen des Bundes-Stiftungs- und Fondsgesetzes, BGBl. Nr. 11/1975, verwiesen wird, treten

an deren Stelle die entsprechenden Bestimmungen dieses Bundesgesetzes.

Sprachliche Gleichbehandlung

§ 31. [1]Soweit in diesem Bundesgesetz auf natürliche Personen bezogene Bezeichnungen nur in männlicher Form angeführt sind, beziehen sie sich auf Frauen und Männer in gleicher Weise. [2]Bei der Anwendung der Bezeichnung auf bestimmte natürliche Personen ist die jeweils geschlechtsspezifische Form zu verwenden.

Inkrafttreten

§ 32. (1) [1]Dieses Bundesgesetz tritt mit 1. Jänner 2016 in Kraft; zeitgleich tritt das Bundes-Stiftungs- und Fondsgesetz, BGBl. Nr. 11/1975, außer Kraft. [2]Auf die Fälle des § 28 Abs. 2 „dritter Satz" ist das Bundes-Stiftungs- und Fondsgesetz, BGBl. Nr. 11/1975, in der Fassung des Verwaltungsgerichtsbarkeits-Anpassungsgesetzes-Inneres, BGBl. I Nr. 161/2013, weiterhin anzuwenden. *(BGBl I 2016/120)*

(2) Verordnungen aufgrund dieses Bundesgesetzes in seiner jeweiligen Fassung können bereits von dem Tag an erlassen werden, der der Kundmachung des jeweiligen Bundesgesetzes folgt; sie treten jedoch frühestens gleichzeitig mit diesem Bundesgesetz in Kraft.

(3) § 5 Abs. 5 Z 3, § 7 Abs. 2 Z 8, § 11 Abs. 4, § 12 Abs. 2 und 3, § 18 Abs. 1, § 20 Abs. 1, 3, 5 und 7, § 22 Abs. 2a, § 23 Abs. 3, § 28 Abs. 2 sowie § 32 Abs. 1 in der Fassung des Bundesgesetzes BGBl. I Nr. 120/2016 treten mit 1. Jänner 2017 in Kraft, gleichzeitig tritt § 12 Abs. 4 außer Kraft. *(BGBl I 2016/120)*

(4) § 22 Abs. 2a und 3 sowie § 28 Abs. 2 in der Fassung des Materien-Datenschutz-Anpassungsgesetzes 2018, BGBl. I Nr. 32/2018, treten mit 25. Mai 2018 in Kraft. *(BGBl I 2018/32)*

(5) § 9 Abs. 1 bis 3 in der Fassung des Bundesgesetzes BGBl. I Nr. 104/2019 tritt mit 1. Juli 2020 in Kraft. *(BGBl I 2019/104)*

3/10. Vereinsgesetz 2002

BGBl I 2002/66 idF

1 BGBl I 2004/10
2 BGBl I 2005/124
3 BGBl I 2008/45
4 BGBl I 2010/58 (IRÄ-BG)
5 BGBl I 2010/111 (BudgetbegleitG 2011)
6 BGBl I 2011/137 (VerGNov 2011)
7 BGBl I 2012/50 (SNG)
8 BGBl I 2013/161 (VwGAnpG-Inneres)
9 BGBl I 2015/22 (RÄG 2014)
10 BGBl I 2018/32 (Materien-Datenschutz-Anpassungsgesetz 2018)

STICHWORTVERZEICHNIS

Bundesgesetz über Vereine (Vereinsgesetz 2002 – VerG)

Der Nationalrat hat beschlossen:

Inhaltsverzeichnis

1. Abschnitt

Allgemeine Bestimmungen

Verein

§ 1. (1) [1]Ein Verein im Sinne dieses Bundesgesetzes ist ein freiwilliger, auf Dauer angelegter, auf Grund von Statuten organisierter Zusammenschluss mindestens zweier Personen zur Verfolgung eines bestimmten, gemeinsamen, ideellen Zwecks. [2]Der Verein genießt Rechtspersönlichkeit (§ 2 Abs. 1).

(2) [1]Ein Verein darf nicht auf Gewinn berechnet sein. [2]Das Vereinsvermögen darf nur im Sinne des Vereinszwecks verwendet werden.

(3) Dieses Bundesgesetz gilt nicht für solche Zusammenschlüsse, die nach anderen gesetzlichen Vorschriften in anderer Rechtsform gebildet werden müssen oder auf Grund freier Rechtsformwahl nach anderen gesetzlichen Vorschriften gebildet werden.

(4) [1]Ein Zweigverein ist ein seinem Hauptverein statutarisch untergeordneter Verein, der die

Ziele des übergeordneten Hauptvereins mitträgt. [2]Eine Zweigstelle (Sektion) ist eine rechtlich unselbständige, aber weitgehend selbständig geführte, organisatorische Teileinheit eines Vereins.

(5) [1]Ein Verband ist ein Verein, in dem sich in der Regel Vereine zur Verfolgung gemeinsamer Interessen zusammenschließen. [2]Ein Dachverband ist ein Verein zur Verfolgung gemeinsamer Interessen von Verbänden.

Gründung des Vereins

§ 2. (1) [1]Die Gründung eines Vereins umfasst seine Errichtung und seine Entstehung. [2]Der Verein wird durch die Vereinbarung von Statuten (Gründungsvereinbarung) errichtet. [3]Er entsteht als Rechtsperson mit Ablauf der Frist gemäß § 13 Abs. 1 oder mit früherer Erlassung eines Bescheids gemäß § 13 Abs. 2.

(2) [1]Die ersten organschaftlichen Vertreter des errichteten Vereins können vor oder nach der Entstehung des Vereins bestellt werden. [2]Erfolgt die Bestellung erst nach der Entstehung des Vereins, so vertreten die Gründer bis zur Bestellung der organschaftlichen Vertreter gemeinsam den entstandenen Verein.

(3) [1]Hat ein Verein nicht innerhalb eines Jahres ab seiner Entstehung organschaftliche Vertreter bestellt, so ist er von der Vereinsbehörde aufzulösen. [2]Die Frist ist von der Vereinsbehörde auf Antrag der Gründer zu verlängern, wenn diese glaubhaft machen, dass sie durch ein unvorhergesehenes oder unabwendbares Ereignis ohne ihr Verschulden verhindert waren, die Frist einzuhalten.

(4) Für Handlungen im Namen des Vereins vor seiner Entstehung haften die Handelnden persönlich zur ungeteilten Hand (Gesamtschuldner). Rechte und Pflichten, die im Namen des Vereins vor seiner Entstehung von den Gründern oder von bereits bestellten organschaftlichen Vertretern begründet wurden, werden mit der Entstehung des Vereins für diesen wirksam, ohne dass es einer Genehmigung durch Vereinsorgane oder Gläubiger bedarf.

Statuten

§ 3. (1) Die Gestaltung der Vereinsorganisation steht den Gründern und den zur späteren Beschlussfassung über Statutenänderungen berufenen Vereinsorganen im Rahmen der Gesetze frei.

(2) Die Statuten müssen jedenfalls enthalten:

1. den Vereinsnamen,

2. den Vereinssitz,

3. eine klare und umfassende Umschreibung des Vereinszwecks,

4. die für die Verwirklichung des Zwecks vorgesehenen Tätigkeiten und die Art der Aufbringung finanzieller Mittel,

5. Bestimmungen über den Erwerb und die Beendigung der Mitgliedschaft,

6. die Rechte und Pflichten der Vereinsmitglieder,

7. die Organe des Vereins und ihre Aufgaben, insbesondere eine klare und umfassende Angabe, wer die Geschäfte des Vereins führt und wer den Verein nach außen vertritt,

8. die Art der Bestellung der Vereinsorgane und die Dauer ihrer Funktionsperiode,

9. die Erfordernisse für gültige Beschlussfassungen durch die Vereinsorgane,

10. die Art der Schlichtung von Streitigkeiten aus dem Vereinsverhältnis,

11. Bestimmungen über die freiwillige Auflösung des Vereins und die Verwertung des Vereinsvermögens im Fall einer solchen Auflösung.

(3) Das Leitungsorgan eines Vereins ist verpflichtet, jedem Vereinsmitglied auf Verlangen die Statuten auszufolgen.

Name, Sitz

§ 4. (1) Der Name des Vereins muss einen Schluss auf den Vereinszweck zulassen und darf nicht irreführend sein. Verwechslungen mit anderen bestehenden Vereinen, Einrichtungen oder Rechtsformen müssen ausgeschlossen sein.

(2) [1]Der Sitz des Vereins muss im Inland liegen. [2]Als Sitz ist der Ort zu bestimmen, an dem der Verein seine tatsächliche Hauptverwaltung hat.

Organe, Prüfer

§ 5. (1) Die Statuten haben jedenfalls Organe zur gemeinsamen Willensbildung der Vereinsmitglieder (Mitgliederversammlung) sowie zur Führung der Vereinsgeschäfte und zur Vertretung des Vereins nach außen (Leitungsorgan) vorzusehen.

(2) [1]„Die Mitgliederversammlung ist zumindest alle fünf Jahre einzuberufen.“[2]Der gemeinsame Wille der Mitglieder kann auch im Rahmen eines Repräsentationsorgans (Delegiertenversammlung) gebildet werden. [3]Mindestens ein Zehntel der Mitglieder kann vom Leitungsorgan die Einberufung einer Mitgliederversammlung verlangen. *(BGBl I 2011/137)*

(3) [1]Das Leitungsorgan muss aus mindestens zwei Personen bestehen. [2]Zu seinen Mitgliedern dürfen nur natürliche Personen bestellt werden. [3]Mit der Geschäftsführung und der Vertretung können auch mehrere beziehungsweise verschiedene Vereinsorgane betraut sein. [4]Innerhalb eines Vereinsorgans können die Geschäfte und Vertretungsaufgaben auch aufgeteilt werden.

(4) [1]Sehen die Statuten ein Aufsichtsorgan vor, so muss dieses aus mindestens drei natürlichen Personen bestehen. [2]Seine Bestellung obliegt der Mitgliederversammlung. [3]Die Mitglieder eines Aufsichtsorgans müssen unabhängig und unbefangen sein. [4]Sie dürfen keinem Organ mit Ausnahme der Mitgliederversammlung angehören, dessen Tätigkeit Gegenstand der Aufsicht ist. [5]Sehen die Statuten eines Vereins, der zwei Jahre lang im Durchschnitt mehr als dreihundert Arbeitnehmer hat, ein Aufsichtsorgan vor, so müssen ihm zu einem Drittel Arbeitnehmer angehören. [6]Der jeweilige Durchschnitt bestimmt sich nach den Arbeitnehmerzahlen an den jeweiligen Monatsletzten innerhalb des vorangegangenen Rechnungsjahrs. [7]Das Leitungsorgan hat jeweils zum Jahresletzten die Durchschnittsanzahl festzustellen und dem Aufsichtsorgan mitzuteilen. [8]Im Übrigen sind die §§ 110 und 132 ArbVG sinngemäß anzuwenden.

(5) [1]Jeder Verein hat mindestens zwei Rechnungsprüfer zu bestellen, ein großer Verein im Sinne des § 22 Abs. 2 einen Abschlussprüfer. [2]Rechnungsprüfer wie Abschlussprüfer müssen unabhängig und unbefangen sein, Abs. 4 vierter Satz gilt sinngemäß. [3]Sofern die Statuten nicht anderes vorsehen, wird der Abschlussprüfer für ein Rechnungsjahr bestellt. [4]Die Auswahl der Rechnungsprüfer und des Abschlussprüfers obliegt der Mitgliederversammlung. [5]Ist eine Bestellung noch vor der nächsten Mitgliederversammlung notwendig, so hat das Aufsichtsorgan, fehlt ein solches, das Leitungsorgan den oder die Prüfer auszuwählen.

Geschäftsführung, Vertretung

§ 6. (1) Sehen die Statuten nicht anderes vor, so ist Gesamtgeschäftsführung anzunehmen. Hiefür genügt im Zweifel einfache Stimmenmehrheit.

(2) Sehen die Statuten nicht anderes vor, so ist auch Gesamtvertretung anzunehmen. Zur passiven Vertretung des Vereins sind die Organwalter allein befugt.

(3) Die organschaftliche Vertretungsbefugnis ist, von der Frage der Gesamt- oder Einzelvertretung abgesehen, Dritten gegenüber unbeschränkbar. In den Statuten vorgesehene Beschränkungen wirken nur im Innenverhältnis.

(4) Im eigenen Namen oder für einen anderen geschlossene Geschäfte eines organschaftlichen Vertreters mit dem Verein (Insichgeschäfte) bedürfen der Zustimmung eines anderen, zur Vertretung oder Geschäftsführung befugten Organwalters.

Nichtigkeit und Anfechtbarkeit von Vereinsbeschlüssen

§ 7. [1]Beschlüsse von Vereinsorganen sind nichtig, wenn dies Inhalt und Zweck eines verletzten Gesetzes oder die guten Sitten gebieten. [2]Andere gesetz- oder statutenwidrige Beschlüsse bleiben gültig, sofern sie nicht binnen eines Jahres ab Beschlussfassung gerichtlich angefochten werden. [3]Jedes von einem Vereinsbeschluss betroffene Vereinsmitglied ist zur Anfechtung berechtigt.

Streitschlichtung

§ 8. (1) [1]Die Statuten haben vorzusehen, dass Streitigkeiten aus dem Vereinsverhältnis vor einer Schlichtungseinrichtung auszutragen sind. [2]Sofern das Verfahren vor der Schlichtungseinrichtung nicht früher beendet ist, steht für Rechtsstreitigkeiten nach Ablauf von sechs Monaten ab Anrufung der Schlichtungseinrichtung der ordentliche Rechtsweg offen. [3]Die Anrufung des ordentlichen Gerichts kann nur insofern ausgeschlossen werden, als ein Schiedsgericht nach den §§ 577 ff ZPO eingerichtet wird.

(2) [1]Die Statuten haben die Zusammensetzung und die Art der Bestellung der Mitglieder der Schlichtungseinrichtung unter Bedachtnahme auf deren Unbefangenheit zu regeln. [2]Den Streitparteien ist beiderseitiges Gehör zu gewähren.

Vereinsbehörden, Verfahren

§ 9. (1) Vereinsbehörde im Sinne dieses Bundesgesetzes ist „ "** die Bezirksverwaltungsbehörde, im „Gebiet einer Gemeinde, für das die Landespolizeidirektion zugleich Sicherheitsbehörde erster Instanz ist, die Landespolizeidirektion"*. *(*BGBl I 2012/50; **BGBl I 2013/161)*

(2) Über „Beschwerden" gegen Bescheide nach diesem Bundesgesetz entscheidet „das Landesverwaltungsgericht". *(BGBl I 2013/161)*

(3) Die örtliche Zuständigkeit richtet sich, sofern nicht anderes bestimmt ist (§ 19 Abs. 2), nach dem in den Statuten angegebenen Vereinssitz.

Vereinsversammlungen

§ 10. Für Versammlungen, die von einem Verein abgehalten werden, gilt das Versammlungsgesetz 1953, BGBl. Nr. 98/1953, mit der Maßgabe, dass die Mitglieder des Vereins als geladene Gäste gemäß § 2 Abs. 1 dieses Gesetzes anzusehen sind.

2. Abschnitt
Entstehung des Vereins

Anzeige der Vereinserrichtung

§ 11. [1]Die Errichtung eines Vereins (§ 2 Abs. 1) ist der Vereinsbehörde von den Gründern oder den bereits bestellten organschaftlichen Vertretern unter Angabe ihres Namens, ihres Geburtsdatums, ihres Geburtsorts und ihrer für Zustellungen maßgeblichen Anschrift („§ 2 Z 4" Zustellgesetz, BGBl. Nr. 200/1982) mit einem Exemplar der vereinbarten Statuten schriftlich anzuzeigen. [2]Bereits bestellte organschaftliche Vertreter haben zudem ihre Funktion und den Zeitpunkt ihrer Bestellung anzugeben. [3]Sofern bereits vorhanden, ist auch die für Zustellungen maßgebliche Anschrift des Vereins bekannt zu geben. *(BGBl I 2013/161)*

Erklärung, dass die Vereinsgründung nicht gestattet ist

§ 12. (1) Die Vereinsbehörde hat bei Vorliegen der Voraussetzungen des Art. 11 Abs. 2 der Europäischen Konvention zum Schutze der Menschenrechte und Grundfreiheiten, BGBl. Nr. 210/1958, mit Bescheid zu erklären, dass die Gründung eines Vereins nicht gestattet wird, wenn der Verein nach seinem Zweck, seinem Namen oder seiner Organisation gesetzwidrig wäre.

(2) Eine Erklärung gemäß Abs. 1 muss ohne unnötigen Aufschub, spätestens aber binnen vier Wochen nach Einlangen der Errichtungsanzeige bei der zuständigen Vereinsbehörde schriftlich und unter Angabe der Gründe erfolgen.

(3) Ergibt eine erste Prüfung der vorgelegten Statuten Anhaltspunkte dafür, dass der Verein nach seinem Zweck, seinem Namen oder seiner Organisation gesetzwidrig sein könnte, so kann die Vereinsbehörde, wenn dies zur Prüfung dieser Fragen im Interesse eines ordnungsgemäßen Ermittlungsverfahrens notwendig ist, die in Abs. 2 angeführte Frist mit Bescheid auf längstens sechs Wochen verlängern.

(4) [1]Ein Bescheid gemäß Abs. 3 muss ohne unnötigen Aufschub schriftlich und unter Angabe der Gründe erlassen werden. [2]„Einer gegen einen solchen Bescheid erhobenen Beschwerde kommt keine aufschiebende Wirkung zu." *(BGBl I 2013/161)*

(5) Ein Bescheid gemäß Abs. 1 gilt hinsichtlich der in Abs. 2 angeführten und allenfalls gemäß Abs. 3 verlängerten Frist auch dann als rechtzeitig erlassen, wenn seine Zustellung innerhalb dieser Frist an der in der Errichtungsanzeige angegebenen Abgabestelle versucht worden ist.

Einladung zur Aufnahme der Vereinstätigkeit

§ 13. (1) [1]Ergeht binnen vier, im Fall einer Verlängerung gemäß § 12 Abs. 3 binnen längstens sechs Wochen nach Einlangen der Errichtungsanzeige keine Erklärung gemäß § 12 Abs. 1, so gilt das Schweigen der Vereinsbehörde als Einladung zur Aufnahme der Vereinstätigkeit. [2]Der mit Fristablauf entstandene Verein (§ 2 Abs. 1) kann seine Tätigkeit beginnen. [3]Die Vereinsbehörde hat den Anzeigern eine unbeglaubigte Abschrift der Statuten und einen Auszug aus dem Vereinsregister zu übermitteln.

(2) [1]Schon vor Fristablauf kann an die Anzeiger mit Bescheid eine ausdrückliche Einladung zur Aufnahme der Vereinstätigkeit ergehen, sobald die Vereinsbehörde zu einer Erklärung gemäß § 12 Abs. 1 keinen Anlass sieht. [2]Der Einladung ist eine unbeglaubigte Abschrift der Statuten und ein Auszug aus dem Vereinsregister anzuschließen.[3] „ " *(BGBl I 2013/161)*

Änderung der Statuten, der organschaftlichen Vertreter und der Vereinsanschrift

§ 14. (1) [1]Die §§ 1 bis 13 gelten sinngemäß auch für Statutenänderungen. [2]Ein Vereinsregisterauszug ist nur dann zu übermitteln, wenn sich durch die Statutenänderung der Registerstand geändert hat.

(2) Der Verein hat alle seine organschaftlichen Vertreter unter Angabe ihrer statutengemäßen Funktion, ihres Namens, ihres Geburtsdatums, ihres Geburtsorts und ihrer für Zustellungen maßgeblichen Anschrift sowie des Beginns ihrer Vertretungsbefugnis jeweils binnen vier Wochen nach ihrer Bestellung der Vereinsbehörde bekannt zu geben.

(3) Der Verein hat der Vereinsbehörde auch jede Änderung seiner für Zustellungen maßgeblichen Anschrift binnen vier Wochen mitzuteilen.

3. Abschnitt
Vereinsregister und Datenverarbeitung

Verarbeitung besonderer Kategorien personenbezogener Daten

§ 15. Personenbezogene Daten gemäß § 16 Abs. 1 dürfen die Vereinsbehörden im Interesse der Offenlegung der für den Rechtsverkehr bedeutsamen Tatsachen sowie im Interesse der Ausschließlichkeit der Vereinsnamen (§ 4 Abs. 1) auch dann verarbeiten, wenn es sich im Hinblick auf den aus seinem Namen erschließbaren Zweck eines Vereins (§ 4 Abs. 1) um besondere Kategorien personenbezogener Daten im Sinne des Art. 9 der Verordnung (EU) 2016/679 zum Schutz natürlicher Personen bei der Verarbeitung personenbezogener Daten, zum freien Datenverkehr und zur Aufhebung der Richtlinie 95/46/EG (Datenschutz-Grundverordnung), ABl. Nr. L 119 vom 4.5.2016 S. 1, (im Folgenden: DSGVO) handelt.

(BGBl I 2018/32)

Lokales Vereinsregister

§ 16. (1) „Die Vereinsbehörden haben für die in ihrem örtlichen Wirkungsbereich ansässigen Vereine zur Erfüllung ihrer gesetzlich übertragenen Aufgaben folgende Vereinsdaten in einem Register zu verarbeiten:“ *(BGBl I 2013/161; BGBl I 2018/32)*

1. den Namen der örtlich zuständigen Vereinsbehörde „ “; *(BGBl I 2013/161)*

2. den Namen des Vereins;

3. die ZVR-Zahl des Vereins gemäß „§ 18 Abs. 2“; *(BGBl I 2018/32)*

4. das Datum des Entstehens des Vereins;

5. den Sitz und die für Zustellungen maßgebliche Anschrift des Vereins;

6. die statutenmäßige Regelung der Vertretung des Vereins;

7. die Funktion und den Namen der organschaftlichen Vertreter des Vereins, bis zu ihrer ersten Bekanntgabe den Namen der die Errichtung des Vereins anzeigenden Gründer;

8. das Geburtsdatum, den Geburtsort und die für Zustellungen maßgebliche Anschrift der organschaftlichen Vertreter des Vereins, bis zu ihrer ersten Bekanntgabe das Geburtsdatum, den Geburtsort und die für Zustellungen maßgebliche Anschrift der die Errichtung des Vereins anzeigenden Gründer;

9. die für den Bereich des Vereinswesens erstellte verwaltungsbereichsspezifische Personenkennzeichnung der organschaftlichen Vertreter des Vereins, bis zu ihrer ersten Bekanntgabe die Personenkennzeichnung der die Errichtung des Vereins anzeigenden Gründer;

10. den Beginn der Vertretungsbefugnis der organschaftlichen Vertreter des Vereins und die statutenmäßige Dauer ihrer Funktionsperiode;

11. die Mitteilung des Abschlussprüfers im Sinne des § 22 Abs. 5 erster Satz;

12. die freiwillige Auflösung und die rechtskräftige behördliche Auflösung des Vereins;

13. die Abwicklung oder Nachabwicklung sowie den Namen des Abwicklers und den Beginn seiner Vertretungsbefugnis;

14. das Geburtsdatum, den Geburtsort und die für Zustellungen maßgebliche Anschrift des Abwicklers;

15. die für den Bereich des Vereinswesens erstellte verwaltungsbereichsspezifische Personenkennzeichnung des Abwicklers;

16. die Beendigung der Abwicklung oder Nachabwicklung;

17. das Bestehen einer Auskunftssperre.

(2) [1]Die Vereinsbehörde hat ihr bekannt gewordene Änderungen eingetragener Tatsachen gemäß Abs. 1 im Register entsprechend ersichtlich zu machen, im Fall der Unzulässigkeit hat sie die betreffende Eintragung zu löschen. [2]Ersetzte oder gelöschte Eintragungen werden dadurch zu historischen Eintragungen. [3]Mit der Eintragung einer Vereinsauflösung gemäß Abs. 1 Z 12, im Fall einer Abwicklung mit der Eintragung ihrer Beendigung gemäß Abs. 1 Z 16, endet die Rechtspersönlichkeit des Vereins (§ 27) und werden alle eingetragenen Tatsachen zu historischen Eintragungen. [4]Historische Eintragungen sind zu kennzeichnen, sie müssen lesbar und abfragbar bleiben.

(3) Nach Ablauf von zehn Jahren ab dem Ende der Rechtsfähigkeit eines Vereins hat die Vereinsbehörde alle im Vereinsregister verarbeiteten Daten endgültig zu löschen.

(4) Schreibfehler oder diesen gleichzuhaltende, offenbar auf einem Versehen oder offenbar ausschließlich auf technisch mangelhaftem Betrieb einer automationsunterstützten Datenverarbeitungsanlage beruhende Unrichtigkeiten einer Eintragung sind „ “ von Amts wegen zu berichtigen. *(BGBl I 2018/32)*

(5) [1]Bei den „Landespolizeidirektionen“* geführte „Datenverarbeitungen“** dürfen solange weitergeführt werden, bis das Zentrale Vereinsregister seinen Betrieb aufnimmt. [2]Die „Landespolizeidirektionen“* sind ermächtigt, bei „Inkrafttreten“** dieses Bundesgesetzes verarbeitete Registerdaten im Sinne des Abs. 1 an die Vereinsbehörden erster Instanz – soweit technisch möglich und sinnvoll – zu übermitteln. [3]Die Vereinsbehörden erster Instanz sind ermächtigt, ihnen übermittelte Daten für Zwecke ihres Lokalen Vereinsregisters zu „verarbeiten“**. *(*BGBl I 2012/50; **BGBl I 2018/32)*

(6) Protokolldaten über tatsächlich durchgeführte Verarbeitungsvorgänge, wie insbesondere Änderungen, Abfragen und Übermittlungen, sind drei Jahre lang aufzubewahren. *(BGBl I 2018/32)*

Erteilung von Auskünften aus dem Lokalen Vereinsregister

§ 17. (1) Die Vereinsbehörden haben auf Verlangen aus dem Lokalen Vereinsregister jedermann über die in § 16 Abs. 1 Z 1 bis 7, 10 bis 13 und 16 angeführten Daten eines nach

1. seiner ZVR-Zahl (§ 18 Abs. 2) oder

2. seinem Namen oder

3. Namensbestandteilen, allenfalls ergänzt mit dem Vereinssitz,

eindeutig bestimmbaren Vereins (Einzelabfrage) Auskunft zu erteilen, soweit nicht auf Grund einer

Auskunftssperre gegenüber Dritten gemäß Abs. 6 vorzugehen ist. *(BGBl I 2018/32)*

(2) [1]Auskunft über die in § 16 Abs. 1 Z 8 und 14 angeführten Daten sowie über historische Daten (§ 16 Abs. 2) eines Vereins ist jedermann, soweit nicht auf Grund einer Auskunftssperre gegenüber Dritten gemäß Abs. 6 vorzugehen ist, nur auf ausdrückliches Verlangen und nur bei Glaubhaftmachung eines berechtigten Interesses, an Private überdies nur bei Nachweis ihrer Identität zu erteilen. [2]Dem Verein selbst ist auf sein Verlangen jedenfalls Auskunft zu erteilen; „ “ die Bestimmungen der §§ 17 und 17a AVG über die Akteneinsicht bleiben unberührt. *(BGBl I 2018/32)*

(3) [1]Die Auskunft ergeht mündlich oder in Form eines Vereinsregisterauszugs. [2]Scheint der gesuchte Verein im Vereinsregister nicht auf, so hat die Antwort zu lauten: „Es liegen über den gesuchten Verein keine Daten für eine Vereinsregisterauskunft vor“.

(4) [1]Jeder im Vereinsregister eingetragene Verein kann im Fall einer außergewöhnlichen Gefährdung, insbesondere bei Vorliegen „besonderer Kategorien personenbezogener Daten“ (§ 15) bei der Vereinsbehörde beantragen, dass Auskünfte über ihn nicht erteilt werden (Auskunftssperre). [2]Dem Antrag ist stattzugeben, soweit ein schutzwürdiges Interesse glaubhaft gemacht wird. [3]Die Auskunftssperre kann für die Dauer von höchstens zwei Jahren verfügt oder verlängert werden. *(BGBl I 2018/32)*

(5) Die Auskunftssperre ist zu widerrufen, sobald sich herausstellt, dass

1. sich der Antragsteller durch die Auskunftssperre rechtlichen Verpflichtungen entziehen will oder

2. der Grund für die Verfügung der Auskunftssperre weggefallen ist.

(6) [1]Soweit eine Auskunftssperre besteht, hat die Antwort zu lauten: „Es liegen über den gesuchten Verein keine Daten für eine Vereinsregisterauskunft vor.“ [2]Eine Auskunft gemäß Abs. 1 oder 2 ist dennoch zu erteilen, wenn der Auskunftswerber eine rechtliche Verpflichtung des Betroffenen geltend machen kann. [3]In einem solchen Fall hat die Vereinsbehörde vor Erteilung der Auskunft den Betroffenen zu verständigen und ihm Gelegenheit zu einer Äußerung zu geben.

(7) Auskünfte aus Statuten sind durch Einsichtgewährung oder nach Maßgabe der technisch-organisatorischen Möglichkeiten und gegen Kostenersatz durch Herstellung von Ablichtungen oder Ausdrucken zu erteilen.

(8) [1]Wer eine Auskunft einholt „,“ darf darauf vertrauen, dass sie richtig ist, es sei denn, er kennt die Unrichtigkeit oder muss sie kennen. [2]Liegt die Ursache einer unrichtigen Auskunft auf Seite des Vereins, so haftet bei Vorliegen der sonstigen Voraussetzungen ausschließlich der Verein für den entstandenen Vertrauensschaden. *(BGBl I 2018/32)*

(9) [1]Auskünfte, die sich auf die Registerdaten aller oder mehrerer gemeinsamer Kriterien beziehen (Sammelabfrage), sind unzulässig. [2]Sofern die Behörden das Register automationsunterstützt führen, darf nicht vorgesehen werden, dass die Gesamtmenge der gespeicherten Daten nach anderen als den in § 17 Abs. 1 genannten Auswahlkriterien geordnet werden kann. [3]Insbesondere darf die Auswählbarkeit der Vereinsdaten aus der Gesamtmenge nach dem Namen einer physischen Person nicht vorgesehen werden. *(BGBl I 2008/45)*

Zentrales Vereinsregister

§ 18. (1) Die Vereinsbehörden sind als gemeinsam Verantwortliche gemäß Art. 4 Z 7 in Verbindung mit Art. 26 Abs. 1 DSGVO ermächtigt, die für die Wahrnehmung der ihnen nach diesem Bundesgesetz übertragenen Aufgaben erforderlichen personenbezogenen Daten gemeinsam in der Art zu verarbeiten, dass jeder Verantwortliche auch auf jene Daten in der Datenverarbeitung Zugriff hat, die dieser von den anderen Verantwortlichen zur Verfügung gestellt wurden (Zentrales Vereinsregister – ZVR). Die Vereinsbehörden haben dem Bundesminister für Inneres für die Zwecke der Führung des Zentralen Vereinsregisters unverzüglich ihre Vereinsdaten gemäß § 16 Abs. 1 im Wege der Datenfernübertragung zu übermitteln.

(1a) Die Erfüllung von Informations-, Auskunfts-, Berichtigungs-, Löschungs- und sonstigen Pflichten nach den Bestimmungen der DSGVO gegenüber dem Betroffenen obliegt jedem Verantwortlichen hinsichtlich jener Daten, die im Zusammenhang mit den von ihm geführten Verfahren oder den von ihm gesetzten Maßnahmen verarbeitet werden. Nimmt ein Betroffener unter Nachweis seiner Identität ein Recht nach der DSGVO gegenüber einem gemäß dem ersten Satz unzuständigen Verantwortlichen wahr, ist er an den zuständigen Verantwortlichen zu verweisen.

(1b) Der Bundesminister für Inneres übt die Funktion des Auftragsverarbeiters gemäß Art. 4 Z 8 in Verbindung mit Art. 28 Abs. 1 DSGVO aus. Er ist in dieser Funktion verpflichtet, die Datenschutzpflichten gemäß Art. 28 Abs. 3 lit. a bis h DSGVO wahrzunehmen. Zudem ist er berechtigt, weitere Auftragsverarbeiter in Anspruch zu nehmen.

(2) Der Bundesminister für Inneres hat zur Sicherung der Unverwechselbarkeit der erfassten Vereine bei Führung des ZVR für die Vereinsbehörden jedem Verein eine fortlaufende Vereinsregisterzahl (ZVR-Zahl) beizugeben, die keine Informationen über den betroffenen Verein enthält.

VerG

Die ZVR-Zahl ist der zuständigen Vereinsbehörde zu melden. Die ZVR-Zahl ist von den Vereinen im Rechtsverkehr nach außen zu führen.

(3) Die Protokollierungsregelungen des § 16 Abs. 6 finden auch auf das Zentrale Vereinsregister Anwendung.

(4) Hinsichtlich der Verarbeitung personenbezogener Daten nach diesem Bundesgesetz besteht kein Widerspruchsrecht gemäß Art. 21 DSGVO sowie kein Recht auf Einschränkung der Verarbeitung gemäß Art. 18 DSGVO. Darüber sind die Betroffenen in geeigneter Weise zu informieren. *(BGBl I 2018/32)*

Erteilung von Auskünften aus dem Zentralen Vereinsregister

§ 19. (1) Für die Erteilung von Auskünften aus dem Zentralen Vereinsregister gilt § 17 sinngemäß, wobei diese – abweichend von § 9 Abs. 3 – unabhängig vom Sitz eines Vereins von jeder Vereinsbehörde zu erteilen sind. *(BGBl I 2018/32)*

(2) Der Bundesminister für Inneres ist ermächtigt, Organen von Gebietskörperschaften auf Verlangen sowie Körperschaften öffentlichen Rechts auf deren Antrag eine Abfrage im Zentralen Vereinsregister in der Weise zu eröffnen, dass sie, soweit dies zur Besorgung einer gesetzlich übertragenen Aufgabe erforderlich ist, die dort verarbeiteten Daten – ausgenommen jene nach § 16 Abs. 1 Z 9 und 15 – eines eindeutig nach seiner ZVR-Zahl (§ 18 Abs. 2) oder seinem Namen oder Namensbestandteilen, allenfalls ergänzt mit dem Vereinssitz, bestimmbaren Vereins im Datenfernverkehr ermitteln können. *(BGBl I 2018/32)*

(3) Unbeschadet der Bestimmungen des Abs. 2 ist der Bundesminister für Inneres ermächtigt, jedermann die gebührenfreie Abfrage der im ZVR verarbeiteten Daten gemäß § 16 Abs. 1 Z 1 bis 7, 10 bis 13 und 16 eines nach § 17 Abs. 1 Z 1 bis 3 eindeutig bestimmbaren Vereins, für den keine Auskunftssperre gemäß § 17 Abs. 4 besteht, im Weg des Datenfernverkehrs zu eröffnen (Online-Einzelabfrage). *(BGBl I 2018/32)*

(4) Der Zeitpunkt der Aufnahme des Echtbetriebs des Zentralen Vereinsregisters sowie Näheres über die Vorgangsweise bei dem in Abs. 1 bis 3 vorgesehenen „Verarbeiten" von Daten im Hinblick auf die für die jeweilige „Datenverarbeitung" notwendigen Datensicherheitsmaßnahmen, sind vom Bundesminister für Inneres durch Verordnung festzulegen, wobei für das „Verarbeiten" von Daten gemäß Abs. 1a und 2 insbesondere vorzusehen ist, dass seitens des Empfängers sichergestellt wird, dass

1. in seinem Bereich ausdrücklich festgelegt wird, wer unter welchen Voraussetzungen eine Abfrage durchführen darf,

2. abfrageberechtigte Mitarbeiter über ihre nach Datenschutzvorschriften bestehenden Pflichten belehrt werden,

3. entsprechende Regelungen über die Abfrageberechtigungen und den Schutz vor Einsicht und „Verarbeiten" der Vereinsdaten durch Unbefugte getroffen werden, *(BGBl I 2018/32)*

4. durch technische oder programmgesteuerte Vorkehrungen Maßnahmen gegen unbefugte Abfragen ergriffen werden,

5. Aufzeichnungen geführt werden, damit tatsächlich durchgeführte „Verarbeitungsvorgänge" im Hinblick auf ihre Zulässigkeit im notwendigen Ausmaß nachvollzogen werden können, *(BGBl I 2018/32)*

6. Maßnahmen zum Schutz vor unberechtigtem Zutritt zu Räumlichkeiten, von denen aus Abfragen durchgeführt werden können, ergriffen werden und

7. eine Dokumentation über die gemäß Z 1 bis 6 getroffenen Maßnahmen geführt wird. *(BGBl I 2018/32)*

(5) Eine auf Antrag eröffnete Abfrageberechtigung im Zentralen Vereinsregister ist vom Bundesminister für Inneres zu unterbinden, wenn

1. die Voraussetzungen, unter denen die Abfrageberechtigung erteilt wurde, nicht mehr vorliegen,

1a. die damit ermittelten Daten zu anderen Zwecken als zur Erfüllung eines gesetzlichen Auftrages „verarbeitet" werden, *(BGBl I 2018/32)*

2. schutzwürdige Geheimhaltungsinteressen Betroffener von Auskünften verletzt wurden,

3. gegen Datensicherheitsmaßnahmen gemäß Abs. 4 Z 1 bis 7 verstoßen wurde oder

4. ausdrücklich auf sie verzichtet wird.

„Einer gegen einen solchen Bescheid erhobenen Beschwerde kommt keine aufschiebende Wirkung zu." *(BGBl I 2013/161)*

„(6)"* [1]Nach Maßgabe der technischen Möglichkeiten können Änderungen im ZVR, die sonst auf Grund von Mitteilungen gemäß § 14 Abs. 2 und 3 vorgenommen werden, durch einen vom Verein der Behörde namhaft gemachten organschaftlichen Vertreter unter Verwendung der Bürgerkarte (E-GovG, BGBl. I Nr. 10/2004) für die Behörde vorgenommen werden. [2]Auf diese Weise durchgeführte Änderungen sind unverzüglich den lokalen Vereinsregistern „zu übermitteln"**. *(BGBl I 2010/111; *BGBl I 2011/137; **BGBl I 2018/32)*

(7) Der Österreichischen Nationalbank sind gegen Ersatz der dafür anfallenden Kosten die Daten aus dem Zentralen Vereinsregister zur Erfüllung ihrer gesetzlich oder unionsrechtlich übertragenen Aufgaben nach Maßgabe der tech-

nischen Möglichkeiten im Datenfernverkehr zu übermitteln. *(BGBl I 2018/32)*

(BGBl I 2004/10)

4. Abschnitt
Vereinsgebarung

Informationspflicht

§ 20. [1]Das Leitungsorgan ist verpflichtet, in der Mitgliederversammlung die Mitglieder über die Tätigkeit und die finanzielle Gebarung des Vereins zu informieren. [2]Wenn mindestens ein Zehntel der Mitglieder dies unter Angabe von Gründen verlangt, hat das Leitungsorgan eine solche Information den betreffenden Mitgliedern auch sonst binnen vier Wochen zu geben.

Rechnungslegung

§ 21. (1) [1]Das Leitungsorgan hat dafür zu sorgen, dass die Finanzlage des Vereins rechtzeitig und hinreichend erkennbar ist. [2]Es hat ein den Anforderungen des Vereins entsprechendes Rechnungswesen einzurichten, insbesondere für die laufende Aufzeichnung der Einnahmen und Ausgaben zu sorgen. [3]Zum Ende des Rechnungsjahrs hat das Leitungsorgan innerhalb von fünf Monaten eine Einnahmen- und Ausgabenrechnung samt Vermögensübersicht zu erstellen. [4]Das Rechnungsjahr muss nicht mit dem Kalenderjahr übereinstimmen, es darf zwölf Monate nicht überschreiten.

(2) [1]Die Rechnungsprüfer haben die Finanzgebarung des Vereins im Hinblick auf die Ordnungsmäßigkeit der Rechnungslegung und die statutengemäße Verwendung der Mittel innerhalb von vier Monaten ab Erstellung der Einnahmen- und Ausgabenrechnung zu prüfen. [2]Das Leitungsorgan hat den Rechnungsprüfern die erforderlichen Unterlagen vorzulegen und die erforderlichen Auskünfte zu erteilen.

(3) [1]Der Prüfungsbericht hat die Ordnungsmäßigkeit der Rechnungslegung und die statutengemäße Verwendung der Mittel zu bestätigen oder festgestellte Gebarungsmängel oder Gefahren für den Bestand des Vereins aufzuzeigen. [2]Auf ungewöhnliche Einnahmen oder Ausgaben, vor allem auf Insichgeschäfte (§ 6 Abs. 4), ist besonders einzugehen.

(4) [1]Die Rechnungsprüfer haben dem Leitungsorgan und einem allenfalls bestehenden Aufsichtsorgan zu berichten. [2]Die zuständigen Vereinsorgane haben die von den Rechnungsprüfern aufgezeigten Gebarungsmängel zu beseitigen und Maßnahmen gegen aufgezeigte Gefahren zu treffen. [3]Das Leitungsorgan hat die Mitglieder über die geprüfte Einnahmen- und Ausgabenrechnung zu informieren. [4]Geschieht dies in der Mitgliederversammlung, sind die Rechnungsprüfer einzubinden.

(5) [1]Stellen die Rechnungsprüfer fest, dass das Leitungsorgan beharrlich und auf schwerwiegende Weise gegen die ihm obliegenden Rechnungslegungspflichten verstößt, ohne dass zu erwarten ist, dass im Verein in absehbarer Zeit für wirksame Abhilfe gesorgt wird, so haben sie vom Leitungsorgan die Einberufung einer Mitgliederversammlung zu verlangen. [2]Sie können auch selbst eine Mitgliederversammlung einberufen.

Qualifizierte Rechnungslegung für große Vereine

§ 22. (1) [1]Das Leitungsorgan eines Vereins, dessen gewöhnliche Einnahmen oder gewöhnliche Ausgaben in zwei aufeinander folgenden Rechnungsjahren jeweils höher als eine Million Euro waren, hat ab dem folgenden Rechnungsjahr an Stelle der Einnahmen- und Ausgabenrechnung einen Jahresabschluss (Bilanz, Gewinn- und Verlustrechnung) aufzustellen. [2]§ 21 und die §§ „190“ bis 193 Abs. 1 und 193 Abs. 3 bis 216 „UGB“ sind sinngemäß anzuwenden. [3]Die Verpflichtung zur Aufstellung eines Jahresabschlusses entfällt, sobald der Schwellenwert in zwei aufeinander folgenden Rechnungsjahren nicht mehr überschritten wird. *(BGBl I 2005/124)*

(2) [1]Das Leitungsorgan eines Vereins, dessen gewöhnliche Einnahmen oder gewöhnliche Ausgaben in zwei aufeinander folgenden Rechnungsjahren jeweils höher als 3 Millionen Euro waren oder dessen jährliches Aufkommen an im Publikum gesammelten Spenden in diesem Zeitraum jeweils den Betrag von einer Million Euro überstieg, hat einen erweiterten Jahresabschluss (Bilanz, Gewinn- und Verlustrechnung, Anhang) aufzustellen und überdies für die Abschlussprüfung durch einen Abschlussprüfer gemäß Abs. 4 zu sorgen. [2]Dabei sind zusätzlich die „§§ 222 bis 234, 236 bis 240, 242 Abs. 2 bis 4, 269 Abs. 1 und 272 bis 276 UGB“ sinngemäß anzuwenden. [3]Im Anhang sind jedenfalls Mitgliedsbeiträge, öffentliche Subventionen, Spenden und sonstige Zuwendungen sowie Einkünfte aus wirtschaftlichen Tätigkeiten und die ihnen jeweils zugeordneten Aufwendungen auszuweisen. [4]Der Abschlussprüfer übernimmt die Aufgaben der Rechnungsprüfer. [5]Diese Verpflichtungen entfallen, sobald die im ersten Satz genannten Schwellenwerte in zwei aufeinander folgenden Rechnungsjahren nicht mehr überschritten werden. *(BGBl I 2015/22)*

(3) [1]Wenn und soweit ein öffentlicher Subventionsgeber zu einer gleichwertigen Prüfung verpflichtet ist, bleibt ein hievon erfasster Rechnungskreis von der Berechnung der Schwellenwerte gemäß Abs. 1 und 2 und von der Prüfung durch den Abschlussprüfer oder durch die Rechnungsprüfer ausgenommen. [2]Auf einen solchen Rech-

VerG

nungskreis sind die Rechnungslegungsbestimmungen entsprechend dem darin erreichten Schwellenwert anzuwenden. [3]Das Ergebnis der Prüfung durch den öffentlichen Subventionsgeber ist im Fall des Abs. 2 dem Abschlussprüfer, sonst den Rechnungsprüfern innerhalb von drei Monaten ab Aufstellung des Jahresabschlusses beziehungsweise ab Erstellung der Einnahmen- und Ausgabenrechnung mitzuteilen.

(4) Als Abschlussprüfer können Wirtschaftsprüfer oder Wirtschaftsprüfungsgesellschaften sowie Revisoren im Sinne des § 13 Genossenschaftsrevisionsgesetz 1997, BGBl. I Nr. 127/1997, herangezogen werden. *(BGBl I 2011/137)*

(5) [1]Stellt der Abschlussprüfer bei seiner Prüfung Tatsachen fest, die erkennen lassen, dass der Verein seine bestehenden Verpflichtungen nicht erfüllen kann, oder die erwarten lassen, dass der Verein in Zukunft zur Erfüllung seiner Verpflichtungen nicht in der Lage sein wird, so hat er dies der Vereinsbehörde mitzuteilen. Die Vereinsbehörde hat diesen Umstand im Vereinsregister ersichtlich zu machen. [2]Die Eintragung ist wieder zu löschen, wenn der Abschlussprüfer mitteilt, dass die ihr zu Grunde liegenden Tatsachen nicht mehr bestehen. [3]Die Eintragung ist in einer Weise zu löschen, dass sie – abweichend von § 16 Abs. 2 – nicht weiter abfragbar ist.

5. Abschnitt
Haftung

Haftung für Verbindlichkeiten des Vereins

§ 23. [1]Für Verbindlichkeiten des Vereins haftet der Verein mit seinem Vermögen. [2]Organwalter und Vereinsmitglieder haften persönlich nur dann, wenn sich dies aus anderen gesetzlichen Vorschriften oder auf Grund persönlicher rechtsgeschäftlicher Verpflichtung ergibt.

Haftung von Organwaltern und Rechnungsprüfern

§ 24. (1) [1]Verletzt ein Mitglied eines Vereinsorgans unter Missachtung der Sorgfalt eines ordentlichen und gewissenhaften Organwalters seine gesetzlichen oder statutarischen Pflichten oder rechtmäßige Beschlüsse eines zuständigen Vereinsorgans, so haftet es dem Verein für den daraus entstandenen Schaden nach den §§ 1293 ff ABGB; dies gilt sinngemäß auch für Rechnungsprüfer.[2]„Ist der Organwalter oder der Rechnungsprüfer unentgeltlich tätig, so haftet er nur bei Vorsatz oder grober Fahrlässigkeit, wenn nicht anderes vereinbart oder in den Statuten festgelegt ist.“[3]Vereinsmitglieder sind in ihrer Eigenschaft als Teilnehmer der Mitgliederversammlung keine Organwalter. *(BGBl I 2011/137)*

(2) Organwalter können insbesondere schadenersatzpflichtig werden, wenn sie schuldhaft

1. Vereinsvermögen zweckwidrig verwendet,
2. Vereinsvorhaben ohne ausreichende finanzielle Sicherung in Angriff genommen,
3. ihre Verpflichtungen betreffend das Finanz- und Rechnungswesen des Vereins missachtet,
4. die Eröffnung des Insolvenzverfahrens über das Vereinsvermögen nicht rechtzeitig beantragt, *(BGBl I 2010/58)*
5. im Fall der Auflösung des Vereins dessen Abwicklung behindert oder vereitelt oder
6. ein Verhalten, das Schadenersatzpflichten des Vereins gegenüber Vereinsmitgliedern oder Dritten ausgelöst hat, gesetzt

haben.

(3) [1]Die Ersatzpflicht tritt nicht ein, wenn die Handlung auf einem seinem Inhalt nach gesetzmäßigen und ordnungsgemäß zustande gekommenen Beschluss eines zur Entscheidung statutengemäß zuständigen Vereinsorgans beruht. [2]Die Ersatzpflicht entfällt jedoch nicht, wenn der Organwalter dieses Vereinsorgan irregeführt hat.

(4) Für Rechnungsprüfer gelten die Haftungshöchstgrenzen des § 275 Abs. 2 „UGB“ sinngemäß. *(BGBl I 2005/124)*

(5) [1]Ist ein unentgeltlich tätiger Organwalter oder Rechnungsprüfer einem Dritten zum Ersatz eines in Wahrnehmung seiner Pflichten verursachten Schadens verpflichtet, so kann er vom Verein die Befreiung von der Verbindlichkeit verlangen. [2]Das gilt nicht, wenn er den Schaden vorsätzlich oder grob fahrlässig verursacht hat oder wenn anderes vereinbart oder in den Statuten festgelegt ist. *(BGBl I 2011/137)*

(6) Unterlässt es der Organwalter oder Rechnungsprüfer, dem Verein den Streit zu verkünden, so verliert er zwar nicht das Recht auf die Befreiung von der Verbindlichkeit gegen den Verein, doch kann ihm der Verein alle gegen den Dritten unausgeführt gebliebenen Einwendungen entgegensetzen und sich dadurch insoweit von seiner Verpflichtung befreien, als erkannt wird, dass diese Einwendungen eine andere Entscheidung gegen den Dritten veranlasst hätten, wenn von ihnen gehörig Gebrauch gemacht worden wäre. *(BGBl I 2011/137)*

(7) Eine von einem Verein abgeschlossene Haftpflichtversicherung hat auch den in Abs. 5 genannten Anspruch eines Organwalters oder Rechnungsprüfers gegen den Verein zu decken. *(BGBl I 2011/137)*

Geltendmachung von Ersatzansprüchen des Vereins

§ 25. (1) [1]Zur Geltendmachung von Ersatzansprüchen des Vereins gegen einen Organwalter kann die Mitgliederversammlung einen Sondervertreter bestellen. [2]Dazu kann die Mitgliederversammlung jedenfalls auch von einem allfälligen Aufsichtsorgan einberufen werden.

(2) [1]Für den Fall, dass die Mitgliederversammlung die Bestellung eines Sondervertreters ablehnt oder mit dieser Frage nicht befasst wird, können Ersatzansprüche von mindestens einem Zehntel aller Mitglieder geltend gemacht werden. [2]Diese bestellen für den Verein einen Sondervertreter, der mit der Geltendmachung der Ersatzansprüche betraut wird.

(3) Dringt im Fall des Abs. 2 der Verein mit den erhobenen Ansprüchen nicht oder nicht zur Gänze durch, so tragen die betreffenden Mitglieder die aus der Rechtsverfolgung erwachsenden Kosten nach außen zur ungeteilten Hand (Gesamtschuldner) und im Innenverhältnis, sofern nicht anderes vereinbart ist, zu gleichen Teilen.

Verzicht auf Ersatzansprüche durch den Verein

§ 26. [1]Ein Verzicht auf oder ein Vergleich über Ersatzansprüche des Vereins gegen Organwalter oder Prüfer ist Gläubigern des Vereins gegenüber unwirksam.[2]„Anderes gilt nur, wenn der Ersatzpflichtige zahlungsunfähig oder überschuldet ist und sich zur Überwindung der Zahlungsunfähigkeit oder Überschuldung mit seinen Gläubigern vergleicht.“ *(BGBl I 2010/58)*

6. Abschnitt

Beendigung des Vereins

Ende der Rechtspersönlichkeit

§ 27. Die Rechtspersönlichkeit eines Vereins endet mit der Eintragung seiner Auflösung im Vereinsregister; ist eine Abwicklung erforderlich, verliert er seine Rechtsfähigkeit jedoch erst mit Eintragung ihrer Beendigung.

Freiwillige Auflösung

§ 28. (1) Die Statuten bestimmen, unter welchen Voraussetzungen sich ein Verein selbst auflösen kann und was in diesem Fall mit dem Vereinsvermögen zu geschehen hat.

(2) Der Verein hat der Vereinsbehörde das Datum der freiwilligen Auflösung und, falls Vermögen vorhanden ist, das Erfordernis der Abwicklung sowie den Namen, das Geburtsdatum, den Geburtsort und die für Zustellungen maßgebliche Anschrift sowie den Beginn der Vertretungsbefugnis eines allenfalls bestellten Abwicklers binnen vier Wochen nach der Auflösung mitzuteilen.

(3) [1]Ist eine Abwicklung nicht erforderlich, so müssen die Eintragung der freiwilligen Auflösung im Vereinsregister und die anderen, zu diesem Zeitpunkt aktuell gewesenen Registerdaten – abweichend von § 17 Abs. 2 – noch ein Jahr nach Eintragung der Auflösung allgemein abfragbar bleiben (§ 17 Abs. 1). [2]Bis zur Betriebsaufnahme des Zentralen Vereinsregisters ist die freiwillige Auflösung überdies vom Verein binnen vier Wochen nach der Auflösung in einer für amtliche Verlautbarungen bestimmten Zeitung zu veröffentlichen.

Behördliche Auflösung

§ 29. (1) Jeder Verein kann unbeschadet des Falls nach § 2 Abs. 3 bei Vorliegen der Voraussetzungen des Art. 11 Abs. 2 der Europäischen Konvention zum Schutze der Menschenrechte und Grundfreiheiten, BGBl. Nr. 210/1958, mit Bescheid aufgelöst werden, wenn er gegen Strafgesetze verstößt, seinen statutenmäßigen Wirkungskreis überschreitet oder überhaupt den Bedingungen seines rechtlichen Bestands nicht mehr entspricht.

(2) [1]Ist eine Abwicklung nicht erforderlich, so müssen die Eintragung der rechtskräftigen behördlichen Auflösung im Vereinsregister und die anderen, zu diesem Zeitpunkt aktuell gewesenen Registerdaten – abweichend von § 17 Abs. 2 – noch ein Jahr nach Eintragung der Auflösung allgemein abfragbar bleiben (§ 17 Abs. 1). [2]Bis zur Betriebsaufnahme des Zentralen Vereinsregisters ist die behördliche Auflösung überdies von der Vereinsbehörde unverzüglich in einer für amtliche Verlautbarungen bestimmten Zeitung zu veröffentlichen.

(3) Bei Vorhandensein eines Vereinsvermögens hat die Vereinsbehörde die angemessenen gesetzmäßigen Vorkehrungen zu dessen Sicherung zu treffen.

(4) [1]Schließlich hat die Vereinsbehörde bei Vorhandensein eines Vereinsvermögens dieses abzuwickeln. [2]Wenn dies aus Gründen möglichster Sparsamkeit, Raschheit, Einfachheit oder Zweckmäßigkeit, insbesondere im berechtigten Interesse Dritter, erforderlich ist, hat sie einen von ihr verschiedenen Abwickler zu bestellen.

Abwicklung, Nachabwicklung

§ 30. (1) [1]Der aufgelöste Verein wird durch den Abwickler vertreten. In Erfüllung seiner Aufgabe stehen ihm alle nach den Statuten des aufgelösten Vereins den Vereinsorganen zukommenden Rechte zu. [2]Ein von der Vereinsbehörde bestellter Abwickler ist dabei an ihm erteilte Weisungen gebunden.

(2) [1]Der Abwickler hat das Vereinsvermögen zu verwalten und zu verwerten. [2]Er hat die noch laufenden Geschäfte zu beenden, Forderungen des Vereins einzuziehen und Gläubiger des Ve-

VerG

reins zu befriedigen. [3]Das verbleibende Vermögen ist, soweit dies möglich und erlaubt ist, dem in den Statuten bestimmten Zweck oder verwandten Zwecken, sonst Zwecken der Sozialhilfe zuzuführen. [4]An die Vereinsmitglieder darf im Fall der freiwilligen Auflösung eines Vereins verbleibendes Vermögen auf Grund einer entsprechenden Bestimmung in den Statuten soweit verteilt werden, als es den Wert der von den Mitgliedern geleisteten Einlagen nicht übersteigt.

(3) Ein von der Vereinsbehörde bestellter Abwickler hat auf sein Verlangen einen nach Maßgabe des vorhandenen Vereinsvermögens vorrangig zu befriedigenden Anspruch auf Ersatz seiner notwendigen Barauslagen und auf angemessene Vergütung seiner Tätigkeit.

(4) Die im Zug einer Abwicklung nach behördlicher Vereinsauflösung von der Vereinsbehörde oder von einem von ihr bestellten Abwickler vorgenommenen unentgeltlichen Vermögensübertragungen sind von den bundesrechtlich geregelten Abgaben befreit.

(5) [1]Der Abwickler hat die Beendigung der Abwicklung der Vereinsbehörde unverzüglich mitzuteilen. [2]Die Funktion eines behördlich bestellten Abwicklers endet mit seiner Enthebung durch die Vereinsbehörde. [3]Die Eintragung der Beendigung der Abwicklung im Vereinsregister und die anderen, zu diesem Zeitpunkt aktuell gewesenen Registerdaten müssen – abweichend von § 17 Abs. 2 – noch ein Jahr nach Eintragung der Auflösung allgemein abfragbar bleiben (§ 17 Abs. 1).

(6) [1]Stellt sich nach Beendigung des Vereins (§ 27) heraus, dass (noch weitere) Abwicklungsmaßnahmen erforderlich sind, so ist gemäß §§ 29 Abs. 3 und 4 sowie 30 Abs. 1 bis 5 vorzugehen. [2]Für die Zeit der Nachabwicklung lebt der Verein vorübergehend wieder auf. [3]Die entsprechenden Eintragungen im Vereinsregister sind vorzunehmen; für die Eintragung der Beendigung der Nachabwicklung gilt Abs. 5 letzter Satz sinngemäß.

7. Abschnitt

Straf-, Übergangs- und Schlussbestimmungen

Strafbestimmung

§ 31. Wer

1. die Errichtung eines Vereins vor Aufnahme einer über die Vereinbarung von Statuten und die allfällige Bestellung der ersten organschaftlichen Vertreter hinausgehenden Vereinstätigkeit nicht gemäß § 11 Abs. 1 anzeigt oder

2. trotz Erklärung der Vereinsbehörde gemäß § 12 Abs. 1 eine Vereinstätigkeit ausübt oder auf der Grundlage geänderter Statuten fortsetzt (§ 14 Abs. 1) oder

3. nach rechtskräftiger Auflösung des Vereins die Vereinstätigkeit fortsetzt oder

4. als zur Vertretung des Vereins berufener Organwalter

a) die Anzeige einer Statutenänderung unterlässt (§ 14 Abs. 1) oder

b) die organschaftlichen Vertreter des Vereins oder die Vereinsanschrift nicht gemäß § 14 Abs. 2 und 3 bekannt gibt oder

c) die freiwillige Auflösung des Vereins nicht gemäß § 28 Abs. 2 anzeigt oder die Veröffentlichung unterlässt (§ 28 Abs. 3) oder

d) die Mitteilung der Beendigung der Abwicklung nach freiwilliger Auflösung des Vereins unterlässt (§ 30 Abs. 5 in Verbindung mit § 28 Abs. 2) oder

e) die ZVR-Zahl nicht gemäß § 18 Abs. 2 letzter Satz führt oder *(BGBl I 2018/32)*

5. als Abwickler die Mitteilung der Beendigung der Abwicklung nach freiwilliger Auflösung des Vereins unterlässt (§ 30 Abs. 5)

begeht – wenn die Tat nicht von den Strafgerichten zu verfolgen ist – eine Verwaltungsübertretung und ist von der Bezirksverwaltungsbehörde, im „Gebiet einer Gemeinde, für das die Landespolizeidirektion zugleich Sicherheitsbehörde erster Instanz ist, von der Landespolizeidirektion", mit Geldstrafe bis zu 218 Euro, im Wiederholungsfall mit Geldstrafe bis zu 726 Euro zu bestrafen. *(BGBl I 2012/50)*

Verweisungen

§ 32. (1) Soweit in diesem Bundesgesetz auf Bestimmungen anderer Bundesgesetze verwiesen wird, sind diese in ihrer jeweils geltenden Fassung anzuwenden.

(2) Soweit in anderen Bundesgesetzen und Verordnungen auf Bestimmungen verwiesen ist, die durch dieses Bundesgesetz geändert oder aufgehoben werden, erhält die Verweisung ihren Inhalt aus den entsprechenden Bestimmungen dieses Bundesgesetzes.

In-Kraft-Treten, Außer-Kraft-Treten und Übergangsbestimmungen

§ 33. (1) Dieses Bundesgesetz tritt mit 1. Juli 2002 in Kraft, gleichzeitig tritt das Vereinsgesetz 1951, BGBl. Nr. 233/1951, außer Kraft.

(2) Zum Zeitpunkt des In-Kraft-Tretens dieses Bundesgesetzes anhängige Verfahren sind nach den Bestimmungen des Vereinsgesetzes 1951 zu Ende zu führen.

(3) Vereinsstatuten der zu diesem Zeitpunkt bestehenden Vereine sind – soweit erforderlich – bis spätestens 30. Juni 2006 an die Bestimmungen dieses Bundesgesetzes anzupassen.

(4) [1]Die Bestimmungen über die Rechnungslegung (§ 21) und über die qualifizierte Rechnungslegung für große Vereine (§ 22) sind erstmalig auf Rechnungsjahre anzuwenden, die nach dem 31. Dezember 2002 beginnen. [2]Die Rechtsfolgen der Größenmerkmale gemäß § 22 Abs. 1 und 2 treten ein, wenn diese Merkmale an den beiden dem 1. Jänner 2005 vorangehenden Abschlussstichtagen zutreffen; hat ein Verein ein vom Kalenderjahr abweichendes Rechnungsjahr (§ 21 Abs. 1 letzter Satz), entsprechend später.

(5) § 19 in der Fassung des Artikels 6 des Bundesgesetzes BGBl. I Nr. 10/2004 tritt mit 1. März 2004 in Kraft. Die §§ 18 Abs. 3 und 31 Z 4 lit. e in der Fassung des Artikels 6 des Bundesgesetzes BGBl. I Nr. 10/2004 treten drei Monate nach dem durch Verordnung des Bundesministers für Inneres gemäß § 19 Abs. 4 festzulegenden Zeitpunkt der Aufnahme des Echtbetriebes des Zentralen Vereinsregisters in Kraft. *(BGBl I 2004/10)*

(6) § 22 Abs. 1 und 2 und § 24 Abs. 4 in der Fassung des „Bundesgesetzes BGBl. I Nr. 124/2005“ treten mit 1. Jänner 2007 in Kraft. *(BGBl I 2005/124; BGBl I 2011/137)*

(7) [1]Die §§ 17 Abs. 1 und 9, 18 Abs. 4 und 19 Abs. 1 und 3 in der Fassung des Bundesgesetzes BGBl. I Nr. 45/2008 treten mit 1. Juli 2008 in Kraft. [2]§ 19 Abs. 1 in der Fassung des Bundesgesetzes BGBl. I Nr. 124/2005 tritt mit Ablauf des 30. Juni 2008 außer Kraft. *(BGBl I 2008/45)*

(8) Die §§ 24 Abs. 2 und 26 in der Fassung des Bundesgesetzes BGBl. I Nr. 58/2010 treten mit 1. August 2010 in Kraft. *(BGBl I 2010/58)*

(9) § 19 Abs. 5 in der Fassung des Budgetbegleitgesetzes 2011, BGBl. I Nr. 111/2010, tritt mit 1. Jänner 2011 in Kraft. *(BGBl I 2010/111)*

(10) [1]§ 5 Abs. 2, § 19 Abs. 2, § 22 Abs. 4 und § 24 samt Überschrift in der Fassung der Vereinsgesetz-Novelle 2011, BGBl. I Nr. 137/2011, treten mit 1. Jänner 2012 in Kraft. [2]Die Bestimmungen des § 24 Abs. 1, 5 und 6 in der Fassung dieses Bundesgesetzes sind auf Handlungen und Unterlassungen anzuwenden, die nach dem 31. Dezember 2011 gesetzt werden. [3]§ 24 Abs. 7 in dieser Fassung ist anzuwenden, wenn die Haftpflichtversicherung nach dem 31. Dezember 2011 abgeschlossen wird. *(BGBl I 2011/137)*

(11) § 9 Abs. 1 und 2, § 16 Abs. 5 und § 31 in der Fassung des Bundesgesetzes BGBl. I Nr. 50/2012 treten mit 1. September 2012 in Kraft. *(BGBl I 2012/50)*

(12) § 11 in der Fassung des Bundesgesetzes BGBl. I Nr. 161/2013 tritt mit Ablauf des Monats der Kundmachung dieses Bundesgesetzes in Kraft. § 9 Abs. 1 und 2, § 12 Abs. 4, § 16 Abs. 1, § 17 Abs. 1, § 18 Abs. 2 und 3 sowie § 19 Abs. 1 und 5 in der Fassung des Bundesgesetzes BGBl. I Nr. 161/2013 treten mit 1. Jänner 2014 in Kraft; gleichzeitig tritt § 13 Abs. 2 letzter Satz außer Kraft. *(BGBl I 2013/161)*

(13) [1]§ 22 Abs. 2 in der Fassung des Bundesgesetzes BGBl. I Nr. 22/2015 tritt mit 20. Juli 2015 in Kraft und ist erstmalig auf Geschäftsjahre anzuwenden, die nach dem 31. Dezember 2015 beginnen. [2]Auf Geschäftsjahre, die vor dem 1. Jänner 2016 begonnen haben, ist § 22 in der Fassung vor dem Bundesgesetzes BGBl. I Nr. 22/2015 weiterhin anzuwenden. *(BGBl I 2015/22)*

(14) [1]Die Überschrift zum 3. Abschnitt samt Eintrag im Inhaltsverzeichnis, § 15 samt Überschrift und Eintrag im Inhaltsverzeichnis, § 16 Abs. 1 sowie 4 bis 6, die Überschrift zu § 17 samt Eintrag im Inhaltsverzeichnis, § 17 Abs. 1, 2, 4 und 8, § 18 samt Überschrift, § 19 samt Überschrift und Eintrag im Inhaltsverzeichnis sowie § 31 Z 4 lit. e in der Fassung des Materien-Datenschutz- Anpassungsgesetzes 2018, BGBl. I Nr. 32/2018, treten mit 25. Mai 2018 in Kraft. *(BGBl I 2018/32)*

Vollziehung

§ 34. Mit der Vollziehung dieses Bundesgesetzes sind hinsichtlich §§ 9 und 10, § 14 Abs. 2 und 3, §§ 15 bis 17 Abs. 7, § 17 Abs. 9, §§ 18 und 19, § 29, § 30 Abs. 5, § 31 der Bundesminister für Inneres, hinsichtlich § 2 Abs. 4, §§ 6 und 7, §§ 23 bis 26 der Bundesminister für Justiz, hinsichtlich § 30 Abs. 4 der Bundesminister für Inneres und der Bundesminister für Finanzen, hinsichtlich aller übrigen Bestimmungen der Bundesminister für Inneres und der Bundesminister für Justiz betraut.

3/11. Österreichischer Corporate Governance-Kodex

Fassung Jänner 2021

Vorwort

Am 1.10.2002 wurde der Österreichische Corporate Governance Kodex (ÖCGK) erstmals der Öffentlichkeit präsentiert und damit den österreichischen börsenotierten Unternehmen ein freiwilliges Regelwerk für gute Unternehmensführung und Unternehmenskontrolle zur Verfügung gestellt. Seit mehr als einem Jahrzehnt wird das österreichische Aktien- und Kapitalmarktrecht durch Regeln der Selbstregulierung auf Basis des *Comply or Explain*-Prinzips ergänzt. Der Österreichische Corporate Governance Kodex hat viele positive Veränderungen bewirkt und das Vertrauen der internationalen und nationalen Investoren gestärkt. Er stellt den Maßstab für gute Unternehmensführung und Unternehmenskontrolle am österreichischen Kapitalmarkt dar und ist zu einem unverzichtbaren und wirksamen Bestandteil des österreichischen Corporate Governance Systems geworden.

Ein wesentliches Kennzeichen des ÖCGK ist die rasche Anpassung an nationale und internationale Entwicklungen. Es ist ständige gute Praxis des Österreichischen Arbeitskreises für Corporate Governance, dass Überarbeitungen des Kodex transparent unter Einbindung aller involvierten Interessengruppen erfolgen. Besonderer Dank gebührt den Kapitalmarktteilnehmern und Institutionen, die durch ihre Stellungnahmen aktiv am Diskussionsprozess teilgenommen haben. Ebenso soll hier auch den Mitgliedern des Österreichischen Arbeitskreises für Corporate Governance, die mit großem Engagement an der Weiterentwicklung des österreichischen Corporate Governance Systems mitarbeiten, gedankt werden.

Hauptinhalte der Kodexrevision 2015 sind die Umsetzung der Empfehlung der EU-Kommission vom 9.4.2014 zur Qualität der Berichterstattung über die Unternehmensführung („Comply or Explain") und die Berücksichtigung der neuen AFRAC-Stellungnahme zur Aufstellung und Prüfung eines Corporate Governance-Berichts gemäß § 243c UGB. Damit erfüllt der österreichische Kodex seinen Anspruch, immer den modernsten europäischen Standards zu entsprechen. Durch die neuen Leitlinien für die Erklärung und Begründung einer Abweichung vom Kodex wird das Grundprinzip des Kodex *Comply or Explain* noch stärker in den Mittelpunkt gerückt. Dieser für die Selbstregulierung fundamentale Grundsatz gibt dem Unternehmen die notwendige Flexibilität, unternehmensspezifische Besonderheiten zu berücksichtigen und stellt gleichzeitig die erforderliche Transparenz. für die Anleger sicher. Ausdrücklich zu betonen ist in diesem Zusammenhang, dass sich auch alle jene Unternehmen kodexkonform verhalten, die zwar nicht alle Regeln einhalten, aber klar, präzise und umfassend erklären, warum eine Abweichung erfolgt. Mit der neuen Empfehlung für die Gliederung des Corporate Governance Berichts und der Hinaufstufung der freiwilligen externen Evaluierung zu einer C-Regel werden die Informationsqualität weiter verbessert und fundierte Anlageentscheidungen erleichtert.

In der Fassung Jänner 2021 wurde im Wesentlichen die Anpassung von Regeln an gesetzliche Änderungen vorgenommen. Der überarbeitete Kodex wird weiterhin maßgeblich nachhaltige Unternehmensführung und Transparenz fördern und das Vertrauen der Anleger in die börsenotierten Unternehmen erhöhen.

Dr. Wolfgang Nolz

Vorsitzender des Österreichischen Arbeitskreises für Corporate Governance

Inhalt

Präambel

Mit dem Österreichischen Corporate Governance Kodex wird österreichischen Aktiengesellschaften ein Ordnungsrahmen für die Leitung und Überwachung des Unternehmens zur Verfügung gestellt. Dieser enthält die international üblichen Standards für gute Unternehmensführung, aber auch die in diesem Zusammenhang bedeutsamen Regelungen des österreichischen Aktienrechts. Grundsätzliches zum österreichischen Aktienrecht wird im Anhang 4 im Überblick dargestellt.

Der Kodex verfolgt das Ziel einer verantwortlichen, auf nachhaltige und langfristige Wertschaffung ausgerichteten Leitung und Kontrolle von Gesellschaften und Konzernen. Mit dieser Zielsetzung ist den Interessen aller, deren Wohlergehen mit dem Erfolg des Unternehmens verbunden ist, am besten gedient.

Mit dem Kodex wird ein hohes Maß an Transparenz für alle Stakeholder des Unternehmens erreicht.

Dieser Kodex richtet sich vorrangig an österreichische börsennotierte Aktiengesellschaften einschließlich in Österreich eingetragener börsenotierter Europäischer Aktiengesellschaften. Falls in Österreich eingetragene Europäische Aktiengesellschaften ein monistisches System (Verwaltungsrat) eingeführt haben, sind die C- und R-Regeln des Kodex betreffend Vorstand sinngemäß auf die geschäftsführenden Direktoren und die C- und R-Regeln betreffend Aufsichtsrat sinngemäß auf den Verwaltungsrat anzuwenden.

Es wird empfohlen, dass sich auch nicht börsenotierte Aktiengesellschaften an den Regeln des Kodex orientieren, soweit die Regeln auf diese anwendbar sind.

Grundlage des Kodex sind die Vorschriften des österreichischen Aktien-, Börse- und Kapitalmarktrechts, die EU-Empfehlungen zu den Aufgaben der Aufsichtsratsmitglieder und zu der Vergütung von Direktoren sowie in ihren Grundsätzen die OECD-Richtlinien für Corporate Governance.

Geltung erlangt der Österreichische Corporate Governance Kodex durch freiwillige Selbstverpflichtung der Unternehmen.

Alle österreichischen börsennotierten Gesellschaften sind daher aufgerufen, sich durch eine öffentliche Erklärung zur Beachtung des Kodex zu verpflichten. Eine Verpflichtungserklärung zum Österreichischen Corporate Governance Kodex ist für österreichische Gesellschaften eine Aufnahmevoraussetzung für den Prime Market der Wiener Börse.

Gesellschaften, die dem Gesellschaftsrecht eines anderen EUMitgliedstaates oder EWR-Mitgliedstaates unterliegen und an der Wiener Börse notieren, sind aufgerufen, sich zur Beachtung eines in diesem Wirtschaftsraum anerkannten Corporate Governance Kodex zu verpflichten und die Verpflichtung samt Verweis auf den eingehaltenen Kodex (link) auf der Website der Gesellschaft zu veröffentlichen. Gesellschaften, die dem Gesellschaftsrecht eines Nicht-EU-Mitgliedstaates oder Nicht-EWR-Mitgliedstaates unterliegen und an der Wiener Börse notieren, sind aufgerufen, sich zur Beachtung des Österreichischen Corporate Governance Kodex zu verpflichten. Nicht zwingend anwendbare L-Regeln des Kodex sind dabei als C-Regeln zu interpretieren.

Im Interesse größtmöglicher Transparenz sind alle an der Wiener Börse notierten ausländischen Gesellschaften aufgerufen, die Bestimmungen des für sie geltenden Gesellschaftsrechts zumindest hinsichtlich der im Anhang 3 angeführten Regelungen auf ihrer Website zu veröffentlichen und laufend zu aktualisieren.

Unternehmen tragen Verantwortung gegenüber der Gesellschaft. Es wird daher auch empfohlen, entsprechende geeignete freiwillige Maßnahmen und Initiativen etwa zur Vereinbarkeit von Beruf und Familie umzusetzen.

Der Kodex wird in der Regel einmal jährlich vor dem Hintergrund nationaler und internationaler Entwicklungen überprüft und bei Bedarf angepasst.

Der Kodex wird in die englische Sprache übersetzt, in Zweifelsfragen ist jedoch die Fassung in deutscher Sprache maßgeblich.

Erläuterungen zum Kodex

Der Kodex enthält außer wichtigen gesetzlichen Vorgaben international übliche Vorschriften, deren Nichteinhaltung erklärt und begründet werden muss. Darüber hinaus enthält er Regeln, die über diese Anforderungen hinausgehen und freiwillig angewendet werden sollten.

Der Kodex umfasst folgende Regelkategorien:

1. Legal Requirement (L):	Regel beruht auf zwingenden Rechtsvorschriften[1]
2. Comply or Explain (C):	Regel soll eingehalten werden; eine Abweichung muss erklärt und begründet werden, um ein kodexkonformes Verhalten zu erreichen. Leitlinien für die Erklärung und Begründung einer Abweichung sind im Anhang 2b enthalten.
3. Recommendation (R):	Regel mit Empfehlungscharakter; Nichteinhaltung ist weder offenzulegen noch zu begründen

In Regeln, die nicht nur die börsennotierte Gesellschaft selbst, sondern auch ihre Konzernunternehmen betreffen, wird der Begriff "Unternehmen" statt "Gesellschaft" verwendet. Sonderregelungen für Banken und Versicherungen bleiben vom Kodex unberührt. Die Regeln des Kodex erfordern nicht die Offenlegung von Betriebs- und Geschäftsgeheimnissen.

Sämtliche Personenbezeichnungen sind geschlechtsneutral zu verstehen.

[1] Bestimmte gesetzliche Regelungen gelten nur für Unternehmen, die an der österreichischen Börse notieren. Für nichtbörsennotierte Aktiengesellschaften sind diese als

C-Regeln zu interpretieren. Die Textierung der L-Regeln folgt nicht unbedingt vollständig der jeweiligen gesetzlichen Vorschrift, sondern passt diese an die Terminologie des Kodex an. Eine Änderung der Interpretation der gesetzlichen Vorschriften ist dadurch nicht beabsichtigt.

II. Aktionäre und Hauptversammlung

1. (L) Alle Aktionäre sind unter gleichen Voraussetzungen gleich zu behandeln. Das Gebot zur Gleichbehandlung gilt in besonderer Weise gegenüber institutionellen Anlegern einerseits und Privatanlegern andererseits.

2. (C) Für die Ausgestaltung der Aktie gilt das Prinzip "one share – one vote".

3. (L) Die Annahme oder Ablehnung von Übernahmeangeboten ist die alleinige Entscheidung jedes einzelnen Aktionärs. Vorstand und Aufsichtsrat sind angehalten, die Chancen und Risiken der Angebote für die Adressaten des Angebots ausgewogen darzulegen.

Der Preis eines Pflichtangebots oder eines freiwilligen Angebots zur Kontrollerlangung gemäß Übernahmegesetz darf die höchste vom Bieter oder von einem gemeinsam mit ihm vorgehenden Rechtsträger innerhalb der letzten zwölf Monate vor Anzeige des Angebots in Geld gewährte oder vereinbarte Gegenleistung für dieses Beteiligungspapier der Zielgesellschaft nicht unterschreiten.

Der Preis muss weiters mindestens dem durchschnittlichen nach den jeweiligen Handelsvolumina gewichteten Börsenkurs des jeweiligen Beteiligungspapiers während der letzten sechs Monate vor demjenigen Tag entsprechen, an dem die Absicht, ein Angebot abzugeben, bekannt gemacht wurde.

4. (L) Die Einberufung der Hauptversammlung ist spätestens am 28. Tag vor der ordentlichen Hauptversammlung, ansonsten spätestens am 21. Tag vor der Hauptversammlung durch Veröffentlichung bekannt zu machen, sofern die Satzung keine längeren Fristen vorsieht. Die Einberufung und die vom Aktiengesetz vorgeschriebenen Informationen sind ab dem 21. Tag vor der Hauptversammlung auf der Website der Gesellschaft zugänglich zu machen.

5. (L) Vorschläge zur Wahl von Aufsichtsratsmitgliedern samt den Erklärungen gemäß Aktiengesetz sind spätestens am 5. Werktag vor der Hauptversammlung auf der Website der Gesellschaft zu veröffentlichen, widrigenfalls die betreffende Person nicht in die Abstimmung einbezogen werden darf.

6. (L) Die in der Hauptversammlung gefassten Beschlüsse und die gemäß Aktiengesetz geforderten Angaben sind spätestens am 2. Werktag nach der Hauptversammlung auf der Website der Gesellschaft zu veröffentlichen.

7. (R) Die Gesellschaft unterstützt die Aktionäre bei der Teilnahme an der Hauptversammlung und der Ausübung ihrer Rechte bestmöglich. Dazu zählen vor allem die örtliche und zeitliche Planung der Hauptversammlung, die Gestaltung der Voraussetzungen für die Teilnahme und die Ausübung des Stimmrechts sowie des Rede- und Auskunftsrechts.

8. (L) Die Hauptversammlung kann den Vorstand für eine Periode von höchstens dreißig Monaten zum Rückkauf eigener Aktien bis höchstens 10 % des Grundkapitals in den gesetzlich vorgesehenen Fällen ermächtigen. Der Beschluss und unmittelbar vor der Durchführung die Ausübung dieser Rückkaufsermächtigung sind zu veröffentlichen.

III. Zusammenwirken von Aufsichtsrat und Vorstand

9. (L) Der Vorstand informiert den Aufsichtsrat regelmäßig, zeitnah und umfassend über alle relevanten Fragen der Geschäftsentwicklung, einschließlich der Risikolage und des Risikomanagements der Gesellschaft und wesentlicher Konzernunternehmen. Bei wichtigem Anlass hat der Vorstand dem Vorsitzenden des Aufsichtsrats unverzüglich zu berichten; ferner ist über Umstände, die für die Rentabilität oder Liquidität der Gesellschaft von erheblicher Bedeutung sind, dem Aufsichtsrat unverzüglich zu berichten (Sonderbericht). Die ausreichende Informationsversorgung des Aufsichtsrats ist gemeinsame Aufgabe von Vorstand und Aufsichtsrat. Dabei unterliegen alle Organmitglieder und deren involvierte Mitarbeiter einer strengen Vertraulichkeitspflicht.

10. (C) Eine den Grundsätzen guter Corporate Governance folgende Unternehmensführung findet im Rahmen offener Diskussionen zwischen Vorstand und Aufsichtsrat und innerhalb dieser Organe statt.

11. (L) Der Vorstand stimmt die strategische Ausrichtung des Unternehmens mit dem Aufsichtsrat ab und erörtert mit ihm in regelmäßigen Abständen den Stand der Strategieumsetzung.

12. (C) Unterlagen für Aufsichtsratssitzungen sind im Regelfall mindestens eine Woche vor der jeweiligen Sitzung zur Verfügung zu stellen.

IV. Vorstand

Kompetenzen und Verantwortung des Vorstands

13. (L) Der Vorstand hat unter eigener Verantwortung die Gesellschaft so zu leiten, wie das Wohl des Unternehmens unter Berücksichtigung der Interessen der Aktionäre und der Arbeitnehmer sowie des öffentlichen Interesses es erfordert.

14. (L) Grundlegende Entscheidungen obliegen dem Gesamtvorstand. Dazu zählen insbesondere die Konkretisierung der Ziele des Unternehmens und die Festlegung der Unternehmensstrategie. Bei signifikanten Abweichungen von Planwerten informiert der Vorstand unverzüglich den Aufsichtsrat.

15. (L) Der Vorstand ist für die Umsetzung seiner Beschlüsse verantwortlich. Der Vorstand

trifft geeignete Vorkehrungen zur Sicherstellung der Einhaltung der für das Unternehmen relevanten Gesetze.

16. (C) Der Vorstand besteht aus mehreren Personen, wobei der Vorstand einen Vorsitzenden hat. In der Geschäftsordnung sind die Geschäftsverteilung und die Zusammenarbeit des Vorstands geregelt. Namen, Geburtsjahr, Datum der Erstbestellung und Ende der laufenden Funktionsperiode der Mitglieder des Vorstands sowie die Kompetenzverteilung im Vorstand sind im Corporate Governance Bericht zu veröffentlichen. Darüber hinaus sind Aufsichtsratsmandate oder vergleichbare Funktionen von Mitgliedern des Vorstands in anderen in- und ausländischen Gesellschaften, außer diese sind in den Konzernabschluss einbezogen, im Corporate Governance Bericht anzuführen.

17. (C) Der Vorstand hat Kommunikationsaufgaben, die das Erscheinungsbild des Unternehmens für die Stakeholder wesentlich prägen, umfassend wahrzunehmen. Dabei kann der Vorstand von den entsprechenden Abteilungen unterstützt werden.

18. (C) In Abhängigkeit von der Größe des Unternehmens ist eine interne Revision als eigene Stabstelle des Vorstands einzurichten oder an eine geeignete Institution auszulagern. Über Revisionsplan und wesentliche Ergebnisse ist dem Prüfungsausschuss zumindest einmal jährlich zu berichten.

18a. (C) Der Vorstand berichtet dem Aufsichtsrat mindestens einmal jährlich über die Vorkehrungen zur Bekämpfung von Korruption im Unternehmen.

Regeln für Interessenkonflikte und Eigengeschäfte

19. (L) Personen, die Führungsaufgaben innerhalb einer Gesellschaft wahrnehmen, sowie in enger Beziehung zu ihnen stehende Personen melden der Gesellschaft und der Finanzmarktaufsicht ihre Eigengeschäfte[2] unverzüglich und spätestens drei Geschäftstage nach dem Datum des Geschäfts.

[2] Eigengeschäfte mit Anteilen oder Schuldtiteln dieser Gesellschaft oder damit verbundenen Derivaten oder anderen damit verbundenen Finanzinstrumenten. Dies gilt für Geschäfte, die getätigt werden, nachdem innerhalb eines Kalenderjahrs ein Gesamtvolumen von 5.000 EUR erreicht worden ist. Der Schwellenwert errechnet sich aus der Addition aller genannten Geschäfte ohne Netting.

20. (L) Die Gesellschaft oder alle in ihrem Auftrag oder für ihre Rechnung handelnden Personen sind verpflichtet, eine Liste aller Personen aufzustellen, die Zugang zu Insiderinformationen haben.

21. (entfallen)

22. (L) Der Vorstand fasst seine Beschlüsse frei von Eigeninteressen und Interessen bestimmender Aktionäre, sachkundig und unter Beachtung aller relevanten Rechtsvorschriften.

23. (L) Vorstandsmitglieder müssen wesentliche persönliche Interessen an Transaktionen der Gesellschaft und deren Konzernunternehmen sowie sonstige Interessenkonflikte dem Aufsichtsrat gegenüber offen legen. Sie haben außerdem die anderen Vorstandsmitglieder unverzüglich darüber zu informieren.

24. (L) Alle Geschäfte zwischen der Gesellschaft bzw. Konzernunternehmen und Vorstandsmitgliedern sowie ihnen nahestehenden Personen oder Unternehmen müssen den branchenüblichen Standards entsprechen. Derartige Geschäfte und deren Konditionen müssen im Voraus durch den Aufsichtsrat genehmigt werden, ausgenommen Geschäfte des täglichen Lebens.

25. (L) Vorstandsmitglieder dürfen ohne Einwilligung des Aufsichtsrats weder ein Unternehmen betreiben noch Aufsichtsratsmandate in anderen Unternehmen annehmen, außer die Unternehmen sind mit der Gesellschaft konzernmäßig verbunden oder die Gesellschaft ist an diesen unternehmerisch beteiligt[3]. Ebenso dürfen Vorstandsmitglieder ohne Einwilligung des Aufsichtsrats weder im Geschäftszweig der Gesellschaft für eigene oder fremde Rechnung Geschäfte tätigen noch dürfen sie an anderen unternehmerisch tätigen Gesellschaften als persönlich haftende Gesellschafter beteiligt sein.

[3] § 189a Z 2 UGB

26. (C) Vorstandsmitglieder dürfen insgesamt nicht mehr als 4 Aufsichtsratsmandate (Vorsitz zählt doppelt) in konzernexternen Aktiengesellschaften ausüben. Unternehmen, die in den Konzernabschluss einbezogen werden oder an denen eine unternehmerische Beteiligung besteht, gelten nicht als konzernexterne Aktiengesellschaften.

Nebentätigkeiten von leitenden Angestellten, insbesondere die Übernahme von Organfunktionen in anderen Unternehmen bedürfen der Genehmigung des Vorstands, außer die Unternehmen sind mit der Gesellschaft konzernmäßig verbunden oder die Gesellschaft hält eine unternehmerische Beteiligung an ihnen. Das für Vorstandsmitglieder und leitende Angestellte gesetzlich geltende Wettbewerbsverbot wird nicht aufgehoben.

Vergütung des Vorstands

26a. (L) Der Aufsichtsrat hat dafür zu sorgen, dass die Gesamtbezüge der Vorstandsmitglieder (Gehälter, Gewinnbeteiligungen, Aufwandsentschädigungen, Versicherungsentgelte, Provisionen, anreizorientierte Vergütungszusagen und Nebenleistungen jeder Art) in einem angemessenen Verhältnis zu den Aufgaben und Leistungen des einzelnen Vorstandsmitglieds, zur Lage der Gesellschaft und zu der üblichen Vergütung stehen und langfristige Verhaltensanreize zur nachhaltigen Unternehmensentwicklung setzen. Dies gilt sinngemäß für Ruhegehälter, Hinterbliebenenbezüge und Leistungen verwandter Art.

26b. (L) Der Aufsichtsrat hat Grundsätze für die Vergütung der Mitglieder des Vorstands aufzustellen (Vergütungspolitik).

Die Vergütungspolitik hat die Geschäftsstrategie und die langfristige Entwicklung der Gesellschaft zu fördern und zu erläutern, wie sie das tut. Sie muss klar und verständlich sein

und die verschiedenen festen und variablen Vergütungsbestandteile, einschließlich sämtlicher Boni und anderer Vorteile in jeglicher Form, unter Angabe ihres jeweiligen relativen Anteils, beschreiben.

In der Vergütungspolitik ist zu erläutern, wie die Vergütungsund Beschäftigungsbedingungen der Arbeitnehmer der Gesellschaft bei der Festlegung der Vergütungspolitik berücksichtigt worden sind.

Die maßgeblichen Kriterien für variable Vergütungsbestandteile sind in der Vergütungspolitik klar und umfassend festzulegen und die finanziellen und nichtfinanziellen Leistungskriterien anzugeben. Es ist weiters zu erläutern, inwiefern diese Kriterien die langfristige Entwicklung der Gesellschaft fördern und mit welchen Methoden die Erfüllung der Kriterien festgestellt werden soll. Sie hat Informationen zu etwaigen Wartefristen sowie zur Möglichkeit der Gesellschaft zu enthalten, variable Vergütungsbestandteile zurückzufordern.

Gewährt die Gesellschaft eine aktienbezogene Vergütung, so hat die Vergütungspolitik Warte- und Behaltefristen zu präzisieren und zu erläutern, inwiefern die aktienbezogene Vergütung die langfristige Entwicklung der Gesellschaft fördert.

In der Vergütungspolitik sind die Laufzeit der Verträge der Mitglieder des Vorstands, die maßgeblichen Kündigungsfristen, die Hauptmerkmale von Zusatzpensionssystemen und Vorruhestandsprogrammen sowie die Bedingungen für die Beendigung und die dabei zu leistenden Zahlungen anzugeben.

Es ist das Verfahren zu erläutern, wie diese Politik festgelegt, überprüft und umgesetzt wird.

Unter außergewöhnlichen Umständen kann die Gesellschaft vorübergehend von ihrer Vergütungspolitik abweichen. In jeder überprüften Vergütungspolitik sind sämtliche wesentlichen Änderungen zu beschreiben und zu erläutern.

Die Vergütungspolitik ist der Hauptversammlung mindestens in jedem vierten Geschäftsjahr sowie bei jeder wesentlichen Änderung zur Abstimmung vorzulegen. Die Abstimmung hat empfehlenden Charakter. Der Beschluss ist nicht anfechtbar.

Die Vergütungspolitik ist nach der Abstimmung in der Hauptversammlung zusammen mit dem Ergebnis der Abstimmung spätestens am zweiten Werktag nach der Hauptversammlung auf der Internetseite der Gesellschaft zu veröffentlichen und hat dort mindestens für die Dauer ihrer Gültigkeit kostenfrei zugänglich zu bleiben.[4]

[4] Gekürzte Wiedergabe von §§ 78a und 78b AktG. Die Vergütungspolitik ist erstmalig der ordentlichen Hauptversammlung in dem Geschäftsjahr vorzulegen, das nach dem 10. Juni 2019 beginnt.

27. (C) Bei Abschluss von Vorstandsverträgen wird zusätzlich auf die Einhaltung folgender Grundsätze geachtet:

Die Vergütung enthält fixe und variable Bestandteile. Die variablen Vergütungsteile knüpfen insbesondere an nachhaltige, langfristige und mehrjährige Leistungskriterien an, beziehen auch nicht-finanzielle Kriterien mit ein und dürfen nicht zum Eingehen unangemessener Risiken verleiten. Für variable Vergütungskomponenten sind messbare Leistungskriterien sowie betragliche oder als Prozentsätze der fixen Vergütungsteile bestimmte Höchstgrenzen im Voraus festzulegen. Es ist vorzusehen, dass die Gesellschaft variable Vergütungskomponenten zurückfordern kann, wenn sich herausstellt, dass diese auf der Grundlage von offenkundig falschen Daten ausgezahlt wurden.

27a. (C) Bei Abschluss von Vorstandsverträgen ist darauf zu achten, dass Abfindungszahlungen bei vorzeitiger Beendigung der Vorstandstätigkeit ohne wichtigen Grund mehr als zwei Jahresgesamtvergütungen nicht überschreiten und nicht mehr als die Restlaufzeit des Anstellungsvertrages abgelten. Bei vorzeitiger Beendigung des Vorstandsvertrages aus einem vom Vorstandsmitglied zu vertretenden wichtigen Grund ist keine Abfindung zu zahlen.

Aus Anlass der vorzeitigen Beendigung der Vorstandstätigkeit getroffene Vereinbarungen über Abfindungszahlungen berücksichtigen die Umstände des Ausscheidens des betreffenden Vorstandsmitglieds und die wirtschaftliche Lage des Unternehmens.

28. (C) Wird für Vorstandsmitglieder ein Stock Option Programm oder ein Programm für die begünstigte Übertragung von Aktien vorgeschlagen, haben diese an vorher festgelegte, messbare, langfristige und nachhaltige Kriterien anzuknüpfen. Eine nachträgliche Änderung der Kriterien ist ausgeschlossen. Auf die Dauer eines solchen Programmes, längstens aber bis zur Beendigung der Vorstandstätigkeit ist ein angemessener Eigenanteil an Aktien des Unternehmens zu halten.

Bei Stock Option Programmen ist eine Wartefrist von mindestens 3 Jahren vorzusehen.

Für Aktienübertragungsprogramme ist eine Warte- und/oder eine Behaltefrist von insgesamt mindestens 3 Jahren festzulegen. Über Stock Option Programme und Aktienübertragungsprogramme für Vorstandsmitglieder und deren Änderung beschließt die Hauptversammlung.

28a. (R) Die Grundsätze der C-Regeln 27 und 28 sind auch bei der Einführung neuer Vergütungssysteme für leitende Angestellte entsprechend anzuwenden.

29. (L) Die Anzahl und Aufteilung der eingeräumten Optionen, deren Ausübungspreis sowie der jeweilige Schätzwert zum Zeitpunkt der Einräumung und Ausübung sind im Geschäftsbericht darzustellen[5]**.**

[5] Hierbei handelt es sich um eine kurz gefasste Wiedergabe von § 239 Abs 1 Z 5 UGB. Für die genaue Umsetzung wird auf diese Bestimmung verwiesen.

Die im Geschäftsjahr gewährten Gesamtbezüge des Vorstands sind im Anhang zum Jahresabschluss auszuweisen.

29a. (L) Vorstand und Aufsichtsrat haben einen klaren und verständlichen Vergütungsbericht zu erstellen. Dieser hat einen umfassenden Überblick über die im Lauf des letzten Geschäftsjahrs den aktuellen und ehemaligen Mitgliedern des Vorstands im Rahmen der Vergütungspolitik gewährten oder geschuldeten Vergütung einschließlich sämtlicher Vorteile in jeglicher Form zu bieten.

Der Vergütungsbericht hat gegebenenfalls die folgenden Informationen zu enthalten:

- **Die Gesamtvergütung, aufgeschlüsselt nach Bestandteilen, den relativen Anteil von festen und variablen Vergütungsbestandteilen sowie eine Erläuterung, wie die Gesamtvergütung der Vergütungspolitik entspricht, einschließlich von Angaben dazu, wie die Gesamtvergütung die langfristige Leistung der Gesellschaft fördert und wie die Leistungskriterien angewendet wurden;**
- **die jährliche Veränderung der Gesamtvergütung, des wirtschaftlichen Erfolgs der Gesellschaft und der durchschnittlichen Entlohnung der sonstigen Beschäftigten der Gesellschaft auf Vollzeitäquivalenzbasis, zumindest für die letzten fünf Geschäftsjahre und in einer Weise, die einen Vergleich ermöglicht;**
- **jegliche Vergütung von verbundenen Unternehmen;**
- **die Anzahl der gewährten oder angebotenen Aktien und Aktienoptionen und die wichtigsten Bedingungen für die Ausübung der Rechte, einschließlich des Ausübungspreises, des Ausübungsdatums und etwaiger Änderungen dieser Bedingungen;**
- **Informationen dazu, ob und wie von der Möglichkeit Gebrauch gemacht wurde, variable Vergütungsbestandteile zurückzufordern;**
- **Informationen zu etwaigen Abweichungen von dem Verfahren zur Umsetzung der Vergütungspolitik.**

Der Vergütungsbericht für das letzte Geschäftsjahr ist der Hauptversammlung zur Abstimmung vorzulegen. Die Abstimmung hat empfehlenden Charakter. Der Beschluss ist nicht anfechtbar. Die Gesellschaft hat im darauffolgenden Vergütungsbericht darzulegen, wie dem Abstimmungsergebnis in der letzten Hauptversammlung Rechnung getragen wurde. Der Vergütungsbericht ist auf der Internetseite der Gesellschaft kostenfrei zehn Jahre lang öffentlich zugänglich zu machen.[6]

[6] Gekürzte Wiedergabe von §§ 78c, 78d und 78e AktG. Die Vergütungspolitik ist erstmalig der ordentlichen Hauptversammlung in dem Geschäftsjahr vorzulegen, das nach dem 9. Juni 2019 beginnt. Der Vergütungsbericht ist erstmalig der ordentlichen Hauptversammlung im darauffolgenden Geschäftsjahr vorzulegen. Leitlinien für die Erstellung des Vergütungsberichts sind in der AFRAC Stellungnahme 37 enthalten, siehe www.afrac.at

30. (entfallen)

31. (entfallen)

V. Aufsichtsrat

Kompetenzen und Verantwortung des Aufsichtsrats

32. (L) Der Aufsichtsrat überwacht den Vorstand und unterstützt diesen bei der Leitung des Unternehmens, insbesondere bei Entscheidungen von grundlegender Bedeutung.

33. (L) Der Aufsichtsrat bestellt die Mitglieder des Vorstands und beruft sie ab.

34. (L) Der Aufsichtsrat gibt sich eine Geschäftsordnung und legt darin die Informations- und Berichtspflichten des Vorstands, auch für Tochtergesellschaften, fest, sofern diese Pflichten nicht bereits in der Satzung oder der Geschäftsordnung für den Vorstand geregelt sind.

Die Geschäftsordnung legt weiters die Einrichtung von Ausschüssen und deren Entscheidungsbefugnisse fest. Die Anzahl und die Art der eingerichteten Ausschüsse sowie deren Entscheidungsbefugnisse werden im Corporate Governance Bericht veröffentlicht.

35. (L) Der Aufsichtsrat hat unter Wahrung des Aktiengesetzes den Katalog zustimmungspflichtiger Geschäfte zu konkretisieren und nach der Größe des Unternehmens passende Betragsgrenzen festzulegen; dies gilt auch für wesentliche konzernrelevante Geschäfte von Tochtergesellschaften.

36. (C) Die gesetzliche Regelung, wonach der Aufsichtsrat mindestens einmal in jedem Vierteljahr zusammenzutreten hat, stellt ein Mindesterfordernis dar. Zusätzlich sind im erforderlichen Ausmaß weitere Sitzungen abzuhalten. Bei Bedarf können Tagesordnungspunkte im Aufsichtsrat und seinen Ausschüssen ohne Teilnahme der Vorstandsmitglieder abgehandelt werden.

Die Anzahl der Sitzungen des Aufsichtsrats ist im Corporate Governance Bericht offen zu legen.

Der Aufsichtsrat befasst sich jährlich mit der Effizienz seiner Tätigkeit, insbesondere mit seiner Organisation und Arbeitsweise (Selbstevaluierung).

37. (C) Der Aufsichtsratsvorsitzende bereitet die Aufsichtsratssitzungen vor. Er hält insbesondere mit dem Vorstandsvorsitzenden regelmäßig Kontakt und diskutiert mit ihm die Strategie, die Geschäftsentwicklung und das Risikomanagement des Unternehmens.

Die Bestellung des Vorstands

38. (C) Der Aufsichtsrat hat abhängig von der Unternehmensausrichtung und der Unternehmenslage ein Anforderungsprofil zu definieren und darauf bezogen, auf der Grundlage eines definierten Besetzungsverfahrens, die Vorstandsmitglieder zu bestellen.

Der Aufsichtsrat hat zu berücksichtigen, dass kein Vorstandsmitglied rechtskräftig wegen eines Delikts gerichtlich verurteilt ist, das seine berufliche Zuverlässigkeit als Vorstand in Frage stellt. Darüber hinaus hat der Aufsichtsrat auf eine Nachfolgeplanung Bedacht zu nehmen.

Ausschüsse

39. (C) Der Aufsichtsrat bildet abhängig von den spezifischen Gegebenheiten des Unternehmens und der Anzahl seiner Mitglieder fachlich qualifizierte Ausschüsse. Diese dienen der Steigerung der Effizienz der Aufsichtsratsarbeit und der Behandlung komplexer Sachverhalte. Es bleibt dem Aufsichtsrat jedoch unbenommen, Angelegenheiten der Ausschüsse im gesamten Aufsichtsrat zu behandeln. Jeder Ausschussvorsitzende berichtet regelmäßig an den Aufsichtsrat über die Arbeit des Ausschusses. Der Aufsichtsrat hat Vorsorge zu treffen, dass ein Ausschuss zur Entscheidung in dringenden Fällen befugt ist.

Die Mehrheit der Ausschussmitglieder erfüllt die Kriterien für die Unabhängigkeit gemäß C-Regel 53.

Im Corporate Governance Bericht sind Namen der Ausschussmitglieder und die Vorsitzenden anzuführen. Im Corporate Governance Bericht ist die Anzahl der Sitzungen der Ausschüsse offen zu legen und auf die Tätigkeit der Ausschüsse einzugehen.

40. (L) Es ist ein Prüfungsausschuss einzurichten. Diesem muss eine Person angehören, die über den Anforderungen des Unternehmens entsprechende Kenntnisse und praktische Erfahrung im Finanz- und Rechnungswesen und in der Berichterstattung verfügt (Finanzexperte). Vorsitzender des Prüfungsausschusses oder Finanzexperte darf nicht sein, wer in den letzten drei Jahren Vorstandsmitglied oder leitender Angestellter oder Abschlussprüfer der Gesellschaft war oder den Bestätigungsvermerk unterfertigt hat oder aus anderen Gründen nicht unabhängig und unbefangen ist.

Der Prüfungsausschuss ist insbesondere für die Überwachung des Rechnungslegungsprozesses, der Wirksamkeit des internen Kontroll- und Risikomanagementsystems, der Unabhängigkeit und der Tätigkeit des Abschlussprüfers sowie für die Genehmigung von Nicht-Prüfungsleistungen zuständig.

41. (C) Der Aufsichtsrat richtet einen Nominierungsausschuss ein. Bei einem Aufsichtsrat mit nicht mehr als 6 Mitgliedern (einschließlich Arbeitnehmervertretern) kann diese Funktion vom gesamten Aufsichtsrat wahrgenommen werden.

Der Nominierungsausschuss unterbreitet dem Aufsichtsrat Vorschläge zur Besetzung frei werdender Mandate im Vorstand und befasst sich mit Fragen der Nachfolgeplanung.

42. (C) Der Nominierungsausschuss oder der gesamte Aufsichtsrat unterbreitet der Hauptversammlung Vorschläge zur Besetzung frei werdender Mandate im Aufsichtsrat. Dabei ist die L-Regel 52 zu beachten.

43. (C) Der Aufsichtsrat richtet einen Vergütungsausschuss ein, dem der Aufsichtsratsvorsitzende angehört.

Der Vergütungsausschuss[7] befasst sich mit dem Inhalt von Anstellungsverträgen mit Vorstandsmitgliedern, sorgt für die Umsetzung der C-Regeln 27, 27a und 28 und überprüft die Vergütungspolitik für Vorstandsmitglieder in regelmäßigen Abständen. Mindestens ein Mitglied des Vergütungsausschusses verfügt über Kenntnisse und Erfahrung im Bereich der Vergütungspolitik. Wenn der Vergütungsausschuss einen Berater in Anspruch nimmt, ist sicherzustellen, dass dieser nicht gleichzeitig den Vorstand in Vergütungsfragen berät. Bei einem Aufsichtsrat mit nicht mehr als 6 Mitgliedern (einschließlich Arbeitnehmervertretern) kann die Funktion des Vergütungsausschusses vom gesamten Aufsichtsrat wahrgenommen werden. Der Vergütungsausschuss kann mit dem Nominierungsausschuss ident sein.

[7] Die Mitbestimmung der Arbeitnehmervertreter gilt für alle Ausschüsse des Aufsichtsrats, außer für Ausschüsse, die die Beziehungen zwischen der Gesellschaft und Vorstandsmitgliedern behandeln (siehe L-Regel 59).

Regeln für Interessenkonflikte und Eigengeschäfte

44. (L) Aufsichtsratsmitglieder können nicht zugleich Vorstandsmitglieder oder dauernd Vertreter von Vorstandsmitgliedern der Gesellschaft oder ihrer Tochterunternehmen[8] sein. Sie können auch nicht als Angestellte die Geschäfte der Gesellschaft führen. Mitglied des Aufsichtsrats kann nicht sein, wer gesetzlicher Vertreter einer anderen Kapitalgesellschaft ist, deren Aufsichtsrat ein Vorstandsmitglied der Gesellschaft angehört, es sei denn, eine der Gesellschaften ist mit der anderen konzernmäßig verbunden oder an ihr unternehmerisch beteiligt. Aufsichtsratsmitglieder dürfen bei ihren Entscheidungen keine eigenen Interessen oder die ihnen nahe stehender Personen oder nahe stehender Unternehmen verfolgen, die im Widerspruch zu den Interessen des Unternehmens stehen, oder Geschäftschancen, die dem Unternehmen zustehen, an sich ziehen.

[8] § 189a Z 8 UGB

Vor der Wahl haben die für den Aufsichtsrat vorgeschlagenen Personen der Hauptversammlung ihre fachliche Qualifikation, ihre beruflichen oder vergleichbaren Funktionen sowie alle Umstände darzulegen, welche die Besorgnis einer Befangenheit begründen könnten.

45. (C) Aufsichtsratsmitglieder dürfen keine Organfunktionen in anderen Gesellschaften wahrnehmen, die zum Unternehmen in Wettbewerb stehen.

46. (C) Geraten Aufsichtsratsmitglieder in Interessenkonflikte, haben sie dies unverzüglich dem Vorsitzenden des Aufsichtsrats offen zu legen. Gerät der Vorsitzende in Interessenkonflikte, hat er dies unverzüglich seinem Stellvertreter offen zu legen.

47. (C) Die Gewährung von Krediten des Unternehmens an Aufsichtsratsmitglieder ist außerhalb der gewöhnlichen Geschäftstätigkeit des Unternehmens untersagt.

48. (L) Der Abschluss von Verträgen mit Mitgliedern des Aufsichtsrats, durch die sich diese außerhalb ihrer Tätigkeit im Aufsichtsrat gegenüber der Gesellschaft oder einem Tochterunternehmen zu einer Leistung gegen ein nicht bloß geringfügiges Entgelt verpflichten, bedarf der Zustimmung des Aufsichtsrats. Dies gilt auch für Verträge mit Unternehmen, an denen ein Aufsichtsratsmitglied ein erhebliches wirtschaftliches Interesse hat.

49. (C) Die Gesellschaft veröffentlicht im Corporate Governance Bericht Gegenstand und Entgelt von gemäß L-Regel 48 zustimmungspflichtigen Verträgen. Eine Zusammenfassung gleichartiger Verträge ist zulässig.

Vergütung des Aufsichtsrats

50. (L) Die Vergütung der Aufsichtsratsmitglieder wird von der Hauptversammlung oder in der Satzung festgelegt und trägt der Verantwortung und dem Tätigkeitsumfang sowie der wirtschaftlichen Lage des Unternehmens Rechnung.

Hinsichtlich der Vergütung der Aufsichtsratsmitglieder sind eine Vergütungspolitik und ein Vergütungsbericht unter sinngemäßer Anwendung der Regeln für den Vorstand aufzustellen.

51. (C) Es werden grundsätzlich keine Stock Option Pläne für Aufsichtsratsmitglieder vorgesehen. Werden ausnahmsweise Stock Option Pläne gewährt, sind diese in allen Einzelheiten von der Hauptversammlung zu beschließen.

Qualifikation, Zusammensetzung und Unabhängigkeit des Aufsichtsrats

52. (L) Bei der Wahl von Aufsichtsratsmitgliedern hat die Hauptversammlung auf die fachliche und persönliche Qualifikation der Mitglieder sowie auf eine im Hinblick auf die Struktur und das Geschäftsfeld der Gesellschaft fachlich ausgewogene Zusammensetzung des Aufsichtsrats zu achten. Weiters sind Aspekte der Diversität des Aufsichtsrats im Hinblick auf die Vertretung beider Geschlechter und die Altersstruktur sowie bei börsenotierten Gesellschaften auch im Hinblick auf die Internationalität der Mitglieder angemessen zu berücksichtigen.

Der Aufsichtsrat besteht zu mindestens 30 Prozent aus Frauen und zu mindestens 30 Prozent aus Männern, sofern der Aufsichtsrat aus mindestens sechs Mitgliedern (Kapitalvertretern) und die Belegschaft zu mindestens 20 Prozent aus Arbeitnehmerinnen beziehungsweise Arbeitnehmern besteht.

Es ist auch darauf zu achten, dass niemand zum Aufsichtsratsmitglied gewählt wird, der rechtskräftig wegen einer gerichtlich strafbaren Handlung verurteilt worden ist, die seine berufliche Zuverlässigkeit in Frage stellt.

52a. (C) Die Anzahl der Mitglieder des Aufsichtsrats (ohne Arbeitnehmervertreter) beträgt höchstens zehn. Jedes neue Mitglied des Aufsichtsrats hat sich angemessen über Aufbau und Aktivitäten des Unternehmens sowie über die Aufgaben und Verantwortlichkeiten von Aufsichtsräten zu informieren.

53. (C) Die Mehrheit der von der Hauptversammlung gewählten oder von Aktionären aufgrund der Satzung entsandten Mitglieder des Aufsichtsrats ist von der Gesellschaft und deren Vorstand unabhängig.

Ein Aufsichtsratsmitglied ist als unabhängig anzusehen, wenn es in keiner geschäftlichen oder persönlichen Beziehung zu der Gesellschaft oder deren Vorstand steht, die einen materiellen Interessenkonflikt begründet und daher geeignet ist, das Verhalten des Mitglieds zu beeinflussen.

Der Aufsichtsrat legt auf der Grundlage dieser Generalklausel die Kriterien der Unabhängigkeit fest und veröffentlicht diese im Corporate Governance Bericht. Als weitere Orientierung dienen die in Anhang 1 angeführten Leitlinien für die Unabhängigkeit. Gemäß den festgelegten Kriterien hat jedes Mitglied des Aufsichtsrats in eigener Verantwortung dem Aufsichtsrat zu erklären, ob es unabhängig ist. Im Corporate Governance Bericht ist darzustellen, welche Mitglieder nach dieser Beurteilung als unabhängig anzusehen sind.

54. (C) Bei Gesellschaften mit einem Streubesitz von mehr als 20% gehört den von der Hauptversammlung gewählten oder von Aktionären aufgrund der Satzung entsandten Mitgliedern des Aufsichtsrats mindestens ein gemäß C-Regel 53 unabhängiges Mitglied an, das nicht Anteilseigner mit einer Beteiligung von mehr als 10 % ist oder dessen Interessen vertritt.

Bei Gesellschaften mit einem Streubesitz von mehr als 50% gehören mindestens zwei Mitglieder dem Aufsichtsrat an, die diese Kriterien erfüllen.

Im Corporate Governance Bericht ist darzustellen, welche Mitglieder des Aufsichtsrats diese Kriterien erfüllen.

55. (L) Mitglied des Aufsichtsrats einer börsenotierten Gesellschaft kann nicht sein, wer in den letzten zwei Jahren Vorstandsmitglied dieser Gesellschaft war, es sei denn, seine Wahl erfolgt auf Vorschlag von Aktionären, die mehr als 25 vom Hundert der Stimmrechte an der Gesellschaft halten. Dem Aufsichtsrat darf jedoch nicht mehr als ein ehemaliges Vorstandsmitglied angehören, für das die zweijährige Frist noch nicht abgelaufen ist. Ein Mitglied des Aufsichtsrats einer börsenotierten Gesellschaft, das in den letzten zwei Jahren Vorstandsmitglied dieser Gesellschaft war, kann nicht zum Vorsitzenden des Aufsichtsrats gewählt werden.

56. (L) Aufsichtsratsmitglieder haben insgesamt nicht mehr als 8 Aufsichtsratsmandate

(Vorsitz zählt doppelt) in börsennotierten Gesellschaften.

57. (C) Aufsichtsratsmitglieder, die dem Vorstand einer börsenotierten Gesellschaft angehören, dürfen insgesamt nicht mehr als 4 Aufsichtsratsmandate (Vorsitz zählt doppelt) in konzernexternen Aktiengesellschaften wahrnehmen.

Unternehmen, die in den Konzernabschluss einbezogen werden oder an denen eine unternehmerische Beteiligung besteht, gelten nicht als konzernexterne Aktiengesellschaften.

58. (C) Im Corporate Governance Bericht sind der Vorsitzende und stellvertretende Vorsitzende sowie Name, Geburtsjahr, das Jahr der Erstbestellung jedes Aufsichtsratsmitglieds und das Ende der laufenden Funktionsperiode anzugeben.

Darüber hinaus sind für jedes Aufsichtsratsmitglied auch andere Aufsichtsratsmandate oder vergleichbare Funktionen in in- und ausländischen börsenotierten Gesellschaften im Corporate Governance Bericht anzuführen.

Falls ein Mitglied des Aufsichtsrats in einem Geschäftsjahr an mehr als der Hälfte der Sitzungen des Aufsichtsrats nicht persönlich teilnimmt, ist dies in den Corporate Governance Bericht aufzunehmen.

Mitbestimmung

59. (L) Die Mitbestimmung der Arbeitnehmer im Aufsichtsrat ist neben der betrieblichen Mitbestimmung durch Einrichtung eines Betriebsrats ein gesetzlich geregelter Teil des österreichischen Corporate Governance Systems. Die Arbeitnehmervertretung ist berechtigt, in den Aufsichtsrat einer Aktiengesellschaft für je zwei von der Hauptversammlung gewählte Aufsichtsratsmitglieder ein Mitglied aus ihren Reihen (nicht aber von außen aus der Gewerkschaft) zu entsenden (Drittelparität).

Bei ungerader Zahl der Aktionärsvertreter wird zugunsten der Arbeitnehmervertreter aufgestockt. Die Drittelparität gilt auch für alle Ausschüsse des Aufsichtsrats, außer für Sitzungen und Abstimmungen, welche die Beziehungen zwischen der Gesellschaft und Vorstandsmitgliedern betreffen, ausgenommen Beschlüsse auf Bestellung oder Widerruf der Bestellung eines Vorstandsmitglieds sowie auf Einräumung von Optionen auf Aktien der Gesellschaft.

Die Arbeitnehmervertreter üben ihre Funktion ehrenamtlich aus und können nur vom Betriebsrat (Zentralbetriebsrat), das aber jederzeit, abberufen werden.

Die Rechte und Pflichten der Arbeitnehmervertreter sind dieselben wie die der Kapitalvertreter; dies gilt insbesondere für die Informations- und Überwachungsrechte, die Sorgfaltspflicht, die Pflicht zur Verschwiegenheit und eine allfällige Haftung bei Pflichtverletzung. Bei persönlichen Interessenkollisionen haben sich die Arbeitnehmervertreter, wie auch Kapitalvertreter, der Stimme zu enthalten.

VI. Transparenz und Prüfung

Transparenz der Corporate Governance

60. (L) Die Gesellschaft hat einen Corporate Governance Bericht aufzustellen, der zumindest folgende Angaben enthält[9]:

[9] Ein Mutterunternehmen hat einen konsolidierten Corporate Governance Bericht aufzustellen. Im Anhang 2a des Kodex wird eine Grundstruktur für den Aufbau des Corporate Governance Berichts empfohlen.

- **die Nennung eines in Österreich oder am jeweiligen Börseplatz allgemein anerkannten Corporate Governance Kodex;**
- **die Angabe, wo dieser öffentlich zugänglich ist;**
- **soweit sie von den Comply or Explain-Regeln des Kodex abweicht, eine Erklärung, in welchen Punkten und aus welchen Gründen diese Abweichung erfolgt[10];**

[10] Im Anhang 2b sind Leitlinien für die Erklärung und Begründung von Abweichungen von C-Regeln des Kodex enthalten.

- **wenn sie beschließt, keinem Kodex zu entsprechen, eine Begründung hiefür;**
- **die Zusammensetzung und die Arbeitsweise des Vorstands und des Aufsichtsrats sowie seiner Ausschüsse;**
- **die Maßnahmen, die zur Förderung von Frauen im Vorstand, im Aufsichtsrat und in leitenden Stellen gesetzt wurden.**
- **das Diversitätskonzept.**

Der Aufsichtsrat hat den Corporate Governance Bericht innerhalb von zwei Monaten nach Vorlage zu prüfen, sich gegenüber dem Vorstand darüber zu erklären und einen Bericht an die Hauptversammlung zu erstatten.

61. (C) Die Verpflichtung zur Beachtung des Österreichischen Corporate Governance Kodex (Bekenntnis zum Kodex) ist in den Corporate Governance Bericht aufzunehmen. Der Corporate Governance Bericht ist auf der Website der Gesellschaft zu veröffentlichen. Diese Website ist im Lagebericht anzugeben. Jeder Aktionär ist berechtigt, in der Hauptversammlung Auskünfte zum Corporate Governance Bericht zu verlangen.

Für die Berichterstattung über die Umsetzung und Einhaltung der Corporate Governance-Grundsätze im Unternehmen ist der Vorstand verantwortlich.

Für die Einhaltung der Corporate Governance-Grundsätze und die Begründung von Abweichungen ist jenes Organ verantwortlich, welches Adressat der jeweiligen Regelung ist.

62. (C) Die Einhaltung der C-Regeln des Kodex hat die Gesellschaft regelmäßig, mindestens alle drei Jahre durch eine externe Institution evaluieren zu lassen11 und über das Ergebnis im Corporate Governance Bericht zu berichten.

[11] Als Hilfestellung für die freiwillige externe Evaluierung hat der Österreichische Arbeitskreis für Corporate Governance einen Fragebogen entwickelt. Veröffentlicht auf www.corporate-governance.at

Rechnungslegung und Publizität

63. (L) Die Gesellschaft veröffentlicht spätestens 2 Handelstage nach dem Erhalt entsprechender Informationen Veränderungen in der Aktionärsstruktur, wenn als Folge des Erwerbes oder der Veräußerung von Aktien der Anteil einzelner Aktionäre an den Stimmrechten 4 vH, 5 vH, 10 vH, 15 vH, 20 vH, 25 vH, 30 vH, 35 vH, 40 vH, 45 vH, 50 vH, 75 vH oder 90 vH erreicht, übersteigt oder unterschreitet.

64. (C) Die Gesellschaft legt, soweit ihr das bekannt ist, die aktuelle Aktionärsstruktur, differenziert nach geographischer Herkunft und Investortyp, Kreuzbeteiligungen, das Bestehen von Syndikatsverträgen, Stimmrechtsbeschränkungen, Namensaktien und damit verbundene Rechte und Beschränkungen auf der Website der Gesellschaft offen. Aktuelle Stimmrechtsänderungen (gemäß L-Regel 63) werden umgehend auch auf der Website der Gesellschaft bekannt gegeben. Die Satzung der Gesellschaft wird auf der Website der Gesellschaft veröffentlicht.

65. (L) Die Gesellschaft erstellt den Konzernabschluss und den im Halbjahresfinanzbericht enthaltenen verkürzten Konzernzwischenbericht nach den International Financial Reporting Standards (IFRS), wie sie von der EU übernommen wurden.

Jahresfinanzberichte sind spätestens vier Monate, Halbjahresfinanzberichte spätestens drei Monate nach Ende der Berichtsperiode zu veröffentlichen und müssen mindestens zehn Jahre lang öffentlich zugänglich bleiben.

66. (L) Sofern die Gesellschaft eine große Kapitalgesellschaft mit im Jahresdurchschnitt mehr als 500 Arbeitnehmern ist, ist entweder in den Lagebericht eine nichtfinanzielle Erklärung aufzunehmen oder ein gesonderter nichtfinanzieller Bericht vorzulegen. In diese Berichterstattung sind alle Angaben aufzunehmen, die für das Verständnis des Geschäftsverlaufs, des Geschäftsergebnisses, der Lage der Gesellschaft sowie der Auswirkung ihrer Tätigkeit erforderlich sind.

Diese Angaben beziehen sich zumindest auf Umwelt-, Sozial- und Arbeitnehmerbelange, die Achtung der Menschenrechte und die Bekämpfung von Korruption und Bestechung und haben eine Beschreibung der verfolgten Konzepte, eine Darstellung der wesentlichen Risiken, die aus der eigenen Geschäftstätigkeit und, wenn dies relevant und verhältnismäßig ist, auch aus den Geschäftsbeziehungen, Erzeugnissen oder Dienstleistungen entstehen, zu enthalten.

Die Gesellschaft kann sich bei dieser Berichterstattung auf nationale, unionsbasierte oder internationale Rahmenwerke stützen.[12]

[12] Gem. Art 8 Abs 1 iVm Art 9 und 27 Abs 2 der Verordnung (EU) 2020/852 über die Einrichtung eines Rahmens zur Erleichterung nachhaltiger Investitionen hat diese Berichterstattung ab 2021 auch Angaben zu Umweltzielen wie zB Klimaschutz, Anpassung an den Klimawandel und ab 2022 nachhaltige Nutzung der Ressourcen, Übergang zur Kreislaufwirtschaft, Vermeidung/Verminderung der Umweltverschmutzung sowie Schutz/Wiederherstellung der Biodiversität und der Ökosysteme zu enthalten.

67. (C) Das Unternehmen etabliert über die gesetzlichen Mindesterfordernisse hinaus eine externe Kommunikation, die insbesondere durch die Nutzung der Website der Gesellschaft die Informationsbedürfnisse zeitnah und ausreichend deckt. Dabei stellt die Gesellschaft sämtliche neuen Tatsachen, die sie Finanzanalysten und vergleichbaren Adressaten mitteilt, zeitgleich allen Aktionären zur Verfügung.

68. (C) Die Gesellschaft veröffentlicht Jahresfinanzberichte, Halbjahresfinanzberichte und alle anderen Zwischenberichte in deutscher und englischer Sprache und macht diese auf der Website der Gesellschaft verfügbar[13]. Falls der Jahresfinanzbericht einen Konzernabschluss enthält, braucht der im Jahresfinanzbericht enthaltene unternehmensrechtliche Jahresabschluss lediglich in deutscher Sprache veröffentlicht und verfügbar gemacht werden[14].

[13] Die Sprach- und Drittlandsregelung gemäß § 85 BörseG bleibt davon unberührt.

[14] Die Sprach- und Drittlandsregelung gemäß § 85 BörseG bleibt davon unberührt.

69. (L) Die Gesellschaft legt im Konzernlagebericht eine angemessene Analyse des Geschäftsverlaufes vor und beschreibt darin ihre wesentlichen Risiken und Ungewissheiten sowie die wichtigsten Merkmale des internen Kontrollsystems und des Risikomanagementsystems im Hinblick auf den Rechnungslegungsprozess. Beschäftigt die Gesellschaft auf konzernaler Basis mehr als 500 Arbeitnehmer, ist eine nichtfinanzielle Erklärung in den Konzernlagebericht aufzunehmen.[15]

[15] Alternativ kann die Gesellschaft einen nicht-finanzellen Bericht aufstellen. Beschäftigt die Gesellschaft selbst mehr als 500 Arbeitnehmer, muss sie in ihren Lagebericht eine nicht-finanzielle Erklärung aufnehmen, falls sie nicht eine konsolidierte nicht-finanzielle Erklärung oder einen nicht-finanziellen Bericht aufstellt.

70. (C) Die Gesellschaft beschreibt im Konzernlagebericht die wesentlichen eingesetzten Risikomanagement-Instrumente in Bezug auf nichtfinanzielle Risiken.

Investor Relations/Internet

71. (L) Die Gesellschaft hat Insider-Informationen, die sie unmittelbar betreffen, sowie erhebliche Veränderungen dieser Informationen unverzüglich der Öffentlichkeit bekannt zu geben (Ad-Hoc Publizität). Die Gesellschaft hat alle Insider-Informationen, die sie der Öffentlichkeit bekannt geben muss, während eines Zeitraums von mindestens fünf Jahren auf ihrer Website anzuzeigen. Die Gesellschaft kann auf eigene Verantwortung die Bekanntgabe von Insider-Informationen aufschieben, wenn die unverzügliche Offenlegung geeignet wäre, ihre berechtigten Interessen zu beeinträchtigen. Der Aufschub ist nur insofern zulässig, als dieser nicht geeignet ist, die Öffentlichkeit

irrezuführen, und der Emittent in der Lage ist, die Geheimhaltung dieser Informationen sicherzustellen.

Der Aufschub der Veröffentlichung einer Insider-Information ist der Finanzmarktaufsicht nach Wegfall der Gründe offenzulegen.

72. (C) Die Gesellschaft bestimmt eine Ansprechperson für Investor Relations und veröffentlicht deren Namen und Kontaktmöglichkeit auf der Website der Gesellschaft.

73. (C) Der Vorstand hat erfolgte Meldungen über Director's Dealings[16] unverzüglich auf der Website der Gesellschaft bekannt zu geben und diese Informationen haben dort für mindestens drei Monate zu verbleiben. Die Bekanntgabe kann auch durch Verweis auf die entsprechende Website der Finanzmarktaufsicht erfolgen.

[16] Siehe L-Regel 19.

74. (C) Ein Unternehmenskalender wird mindestens zwei Monate vor Beginn des neuen Geschäftsjahres mit allen für Investoren und andere Stakeholder relevanten Terminen, wie z.B. Veröffentlichung von Geschäfts- und Quartalsberichten, Hauptversammlungen, Ex-Dividenden-Tag, Dividenden-Zahltag und Investor Relations-Aktivitäten auf der Website der Gesellschaft veröffentlicht.

75. (R) Die Gesellschaft hält regelmäßig, bei entsprechendem Bedarf auch quartalsweise, Conference Calls oder ähnliche Informationsveranstaltungen für Analysten und Investoren ab. Dabei sind zumindest die verwendeten Informationsunterlagen (Präsentationen) über die Website der Gesellschaft dem Publikum zugänglich zu machen. Andere kapitalmarktrelevante Veranstaltungen, wie Hauptversammlungen, sind, soweit wirtschaftlich vertretbar, als Audio- und/oder Videoübertragung auf der Website der Gesellschaft zugänglich zu machen.

76. (R) Die Gesellschaft macht alle Finanzinformationen zum Unternehmen, die auch auf anderem Wege veröffentlicht wurden (z.B. gedruckte Berichte, Presseaussendungen, Ad-hoc-Meldungen), auf ihrer Website zeitgleich verfügbar. Falls zusätzliche Informationen nur über Internet verfügbar gemacht werden, muss dies gesondert vermerkt werden. Werden nur Auszüge veröffentlichter Dokumente auf die Website gestellt, muss dies ebenfalls vermerkt werden und auf die Bezugsquelle des vollständigen Dokuments verwiesen werden. Die Dokumente weisen das Datum auf, an dem sie ins Internet gestellt wurden.

Abschlussprüfung

77. **(C)** Im Vertrag über die Durchführung der (Konzern-)Abschlussprüfung hat der Aufsichtsrat festzulegen, dass diese nach internationalen Prüfungsgrundsätzen (ISAs)[17] zu erfolgen hat.

[17] Gem. Fachgutachten KFS/PG 1 sind bei Abschlussprüfungen für Geschäftsjahre, die am oder nach dem 15. Dezember 2016 enden und die nach österreichischen Grundsätzen zu erfolgen haben, die International Standards on Auditing (ISA) des International Auditing and Assurance Standards Board (IAASB) der International Federation of Accountants (IFAC), einschließlich der jeweiligen Anwendungshinweise und sonstigen Erläuterungen, anzuwenden.

78. (L) Die Unabhängigkeit des (Konzern-) Abschlussprüfers ist essentiell für eine gewissenhafte und unparteiische Prüfung, insbesondere dürfen keine Ausschluss- oder Befangenheitsgründe vorliegen.

Die im Konzern wesentlich verantwortlichen Abschlussprüfer dürfen innerhalb von zwei Jahren nach Zeichnung des Bestätigungsvermerks weder eine Organfunktion noch eine leitende Stellung in der Gesellschaft einnehmen.

79. (L) Der (Konzern-)Abschlussprüfer hat den Vorsitzenden des Aufsichtsrats und den Vorsitzenden des Prüfungsausschusses unverzüglich über alle Umstände zu informieren, die seine Ausgeschlossenheit oder Befangenheit begründen könnten. Über Schutzmaßnahmen, die getroffen worden sind, um eine unabhängige und unbefangene Prüfung sicherzustellen, ist dem Prüfungsausschuss zu berichten.

80. (L) Ein Wirtschaftsprüfer oder eine Wirtschaftsprüfungsgesellschaft, der oder die in einen Wahlvorschlag aufgenommen werden soll, hat vor Erstattung dieses Wahlvorschlags durch den Aufsichtsrat beziehungsweise vor der Wahl durch die Gesellschafter einen schriftlichen Bericht über folgende Punkte vorzulegen:

- **aufrechte Eintragung in das öffentliche Register gemäß Abschlussprüfer-Aufsichtsgesetz als Nachweis über die Einbeziehung in ein gesetzliches Qualitätssicherungssystem;**
- **Nichtvorliegen von Ausschlussgründen;**
- **Darlegung aller Umstände, die die Besorgnis einer Befangenheit begründen könnten sowie jene Schutzmaßnahmen, die getroffen worden sind, um eine unabhängige Prüfung sicherzustellen;**
- **eine nach Leistungskategorien gegliederte Aufstellung über das für das vorangegangene Geschäftsjahr von der Gesellschaft erhaltene Entgelt.**

81. (L) Der Aufsichtsrat hat unverzüglich nach der Wahl mit dem gewählten (Konzern-) Abschlussprüfer den Vertrag über die Durchführung der Abschlussprüfung abzuschließen und das Entgelt zu vereinbaren. Das Entgelt hat in einem angemessenen Verhältnis zu den Aufgaben des (Konzern-)Abschlussprüfers und dem voraussichtlichen Umfang der Prüfung zu stehen. Der Prüfungsvertrag und die Höhe des vereinbarten Entgelts dürfen an keinerlei Voraussetzungen oder Bedingungen geknüpft werden und nicht davon abhängen, ob der (Konzern-) Abschlussprüfer neben der Prüfungstätigkeit zusätzliche Leistungen für die geprüfte Gesellschaft erbringt.

81a. (C) Der Vorsitzende des Prüfungsausschusses hat den (Konzern-)Abschlussprüfer zusätzlich zu den im Gesetz vorgesehenen Fällen zu einer weiteren Sitzung einzuladen. In dieser Sitzung ist auch festzulegen, wie die wechselseitige Kommunikation zwischen (Konzern-)Abschlussprüfer und dem Prüfungsausschuss zu erfolgen hat. Im Rahmen dieser Sitzungen hat es auch die Gelegenheit zu geben, dass ein Austausch zwischen dem Prüfungsausschuss und dem (Konzern-) Abschlussprüfer ohne Beisein des Vorstandes stattfinden kann. Bei Bedarf lädt der Vorsitzende des Prüfungsausschusses den (Konzern-) Abschlussprüfer zu weiteren Sitzungen des Prüfungsausschusses ein.

82. (L) Der Aufsichtsrat und der Prüfungsausschuss werden über das Ergebnis der (Konzern-) Abschlussprüfung in Form der vorgeschriebenen Prüfungsberichte und der Ausübung der Redepflicht des (Konzern-)Abschlussprüfers informiert.

82a. (C) Der Vorstand hat dem Aufsichtsrat nach Abschluss der Konzernabschlussprüfung eine Aufstellung vorzulegen, aus der die gesamten Aufwendungen für die Prüfungen in sämtlichen Konzerngesellschaften ersichtlich sind, und zwar gesondert nach Aufwendungen für den Konzernabschlussprüfer, für Mitglieder des Netzwerks, dem der Konzernabschlussprüfer angehört, und für andere im Konzern tätige Abschlussprüfer.

83. (C) Darüber hinaus hat der Abschlussprüfer auf Grundlage der vorgelegten Dokumente und der zur Verfügung gestellten Unterlagen die Funktionsfähigkeit des Risikomanagements zu beurteilen und dem Vorstand zu berichten. Dieser Bericht ist ebenfalls dem Vorsitzenden des Aufsichtsrats zur Kenntnis zu bringen. Dieser hat Sorge zu tragen, dass der Bericht im Prüfungsausschuss behandelt wird und im Aufsichtsrat darüber berichtet wird.

Anhang 1

Leitlinien für die Unabhängigkeit

Ein Aufsichtsratsmitglied ist als unabhängig anzusehen, wenn es in keiner geschäftlichen oder persönlichen Beziehung zu der Gesellschaft oder deren Vorstand steht, die einen materiellen Interessenkonflikt begründet und daher geeignet ist, das Verhalten des Mitglieds zu beeinflussen.

Der Aufsichtsrat soll sich bei der Festlegung der Kriterien für die Beurteilung der Unabhängigkeit eines Aufsichtsratsmitglieds auch an folgenden Leitlinien orientieren:

- Das Aufsichtsratsmitglied soll in den vergangenen fünf Jahren nicht Mitglied des Vorstands oder leitender Angestellter der Gesellschaft oder eines Tochterunternehmens der Gesellschaft gewesen sein.
- Das Aufsichtsratsmitglied soll zu der Gesellschaft oder einem Tochterunternehmen der Gesellschaft kein Geschäftsverhältnis in einem für das Aufsichtsratsmitglied bedeutenden Umfang unterhalten oder im letzten Jahr unterhalten haben. Dies gilt auch für Geschäftsverhältnisse mit Unternehmen, an denen das Aufsichtsratsmitglied ein erhebliches wirtschaftliches Interesse hat, jedoch nicht für die Wahrnehmung von Organfunktionen im Konzern. Die Genehmigung einzelner Geschäfte durch den Aufsichtsrat gemäß L-Regel 48 führt nicht automatisch zur Qualifikation als nicht unabhängig.
- Das Aufsichtsratsmitglied soll in den letzten drei Jahren nicht Abschlussprüfer der Gesellschaft oder Beteiligter oder Angestellter der prüfenden Prüfungsgesellschaft gewesen sein.
- Das Aufsichtsratsmitglied soll nicht Vorstandsmitglied in einer anderen Gesellschaft sein, in der ein Vorstandsmitglied der Gesellschaft Aufsichtsratsmitglied ist.
- Das Aufsichtsratsmitglied soll nicht länger als 15 Jahre dem Aufsichtsrat angehören. Dies gilt nicht für Aufsichtsratsmitglieder, die Anteilseigner mit einer unternehmerischen Beteiligung sind oder die Interessen eines solchen Anteilseigners vertreten.
- Das Aufsichtsratsmitglied soll kein enger Familienangehöriger (direkte Nachkommen, Ehegatten, Lebensgefährten, Eltern, Onkeln, Tanten, Geschwister, Nichten, Neffen) eines Vorstandsmitglieds oder von Personen sein, die sich in einer in den vorstehenden Punkten beschriebenen Position befinden.

Anhang 2a

Aufstellung des Corporate Governance-Berichts

Für den Aufbau des Corporate Governance Berichts wird folgende Grundstruktur empfohlen (entspricht der Empfehlung des AFRA-CAustrian Financial Reporting und Auditing Committee)[18]:

[18] Siehe AFRAC-Stellungnahme 22 Corporate Governance Bericht, www.afrac.at.

1. Bekenntnis zum Corporate Governance Kodex
2. Zusammensetzung der Organe
3. Angaben zur Arbeitsweise von Vorstand und Aufsichtsrat
4. Maßnahmen zur Förderung von Frauen
5. Beschreibung des Diversitätskonzepts
6. Allfälliger Bericht über eine externe Evaluierung
7. Veränderungen nach dem Abschlussstichtag

In den nachfolgenden Abschnitten wird dargestellt, welche konkreten Angaben zu den einzelnen hier angeführten Gliederungspunkten erforderlich sind, wobei die Inhalte sich einerseits aus dem Gesetz (§ 243c UGB) und andererseits aus den C-Regeln (Comply or Explain) des ÖCGK ergeben.

1. Bekenntnis zum Kodex

Dieser Abschnitt des Corporate Governance-Berichts hat folgende Angaben zu enthalten (§ 243c Abs. 1 UGB):

- Bekenntnis zum ÖCGK und Angabe, wo dieser öffentlich zugänglich ist.

- Angabe, von welchen C-Regeln des ÖCGK die Gesellschaft abweicht. Jede Abweichung muss erklärt und begründet werden, um ein kodexkonformes Verhalten zu erreichen (Siehe Anhang 2b).

2. Zusammensetzung der Organe

Hinsichtlich der Mitglieder des Vorstands hat der Corporate Governance-Bericht folgende Angaben zu enthalten (vgl. auch § 243c Abs. 2 Z 1 UGB):

- Name, Geburtsjahr sowie Datum der Erstbestellung und des Endes der laufenden Funktionsperiode jedes Vorstandsmitglieds sowie Angabe des Vorsitzenden des Vorstands und gegebenenfalls seines Stellvertreters (C-Regel 16);
- Aufsichtsratsmandate oder vergleichbare Funktionen in anderen in- und ausländischen, nicht in den Konzernabschluss einbezogenen Gesellschaften für jedes Vorstandsmitglied (C-Regel 16);

Hinsichtlich der Mitglieder des Aufsichtsrats sind folgende Angaben in den Corporate Governance-Bericht aufzunehmen:

- Name, Geburtsjahr sowie Datum der Erstbestellung und des Endes der laufenden Funktionsperiode jedes Aufsichtsratsmitglieds (C-Regel 58);
- Vorsitzender und stellvertretende Vorsitzende (C-Regel 58);
- Mitgliedschaft in den Ausschüssen des Aufsichtsrats unter Angabe des Vorsitzes (§ 243c Abs. 2 Z 1 UGB);
- Aufsichtsratsmandate oder vergleichbare Funktionen in anderen in- und ausländischen börsenotierten Gesellschaften für jedes Aufsichtsratsmitglied (C-Regel 58);
- gegebenenfalls Gegenstand und Entgelt von gemäß § 95 Abs. 5 Z 12 AktG zustimmungspflichtigen Verträgen (C-Regel 49).

In Bezug auf die Unabhängigkeit der Mitglieder des Aufsichtsrats sind zumindest nachfolgende Angaben im Corporate Governance-Bericht anzuführen:

- Darstellung der vom Aufsichtsrat festgelegten Kriterien für die Unabhängigkeit (C-Regel 53);
- Darstellung, welche Mitglieder als unabhängig anzusehen sind; eine Darstellung, welche Mitglieder als nicht unabhängig anzusehen sind, ist ebenfalls ausreichend (C-Regel 53);
- Darstellung, welche der unabhängigen Mitglieder des Aufsichtsrats nicht Anteilseigner mit einer Beteiligung von mehr als 10 % sind oder die Interessen eines solchen Anteilseigners vertreten (C-Regel 54).

Handelt es sich bei der Gesellschaft um eine Europäische Aktiengesellschaft, die dem Verwaltungsratssystem folgt, so sind die für die Mitglieder des Vorstands vorgesehenen Angaben für die geschäftsführenden Direktoren zu machen und die für die Mitglieder des Aufsichtsrats vorgesehenen Angaben für die Mitglieder des Verwaltungsrats.

3. Angaben zur Arbeitsweise von Vorstand und Aufsichtsrat

Gemäß § 243c Abs. 2 Z 1 UGB ist im Corporate Governance-Bericht die Arbeitsweise des Vorstands anzugeben. Gemäß C-Regel 16 hat diese Angabe zumindest die Kompetenzverteilung im Vorstand zu enthalten. Darüber hinaus können beispielsweise Geschäfte und Maßnahmen, die über § 95 Abs. 5 AktG hinausgehen und zu welchen der Vorstand nach der Satzung oder der Geschäftsordnung die Zustimmung des Aufsichtsrats einzuholen hat, angegeben werden.

Weiters erfordert § 243c Abs. 2 Z 1 UGB die Angabe der Arbeitsweise des Aufsichtsrats sowie seiner Ausschüsse und somit zumindest folgende Angaben:

- Anzahl und Art der Ausschüsse des Aufsichtsrats und deren Entscheidungsbefugnisse (C-Regel 34);
- Anzahl der Sitzungen des Aufsichtsrats im Geschäftsjahr und Bericht über die Schwerpunkte seiner Tätigkeit (C-Regel 36);
- Anzahl der Sitzungen der Ausschüsse im Geschäftsjahr und Bericht über ihre Tätigkeit (C-Regel 39);
- Vermerk, falls Mitglieder des Aufsichtsrats im Geschäftsjahr an mehr als der Hälfte der Sitzungen des Aufsichtsrats nicht persönlich teilgenommen haben (C-Regel 58).

4. Maßnahmen zur Förderung von Frauen

Hinsichtlich der Förderung von Frauen hat der Corporate Governance-Bericht gemäß § 243c Abs. 2 Z 2 UGB zumindest folgende Angaben zu enthalten:

- Angabe des Frauenanteils im Vorstand, im Aufsichtsrat und in leitenden Stellungen (§ 80 AktG) im Unternehmen;
- Beschreibung der im Unternehmen bestehenden und im Berichtsjahr getroffenen Maßnahmen zur Förderung von Frauen im Vorstand, im Aufsichtsrat und in leitenden Stellungen der Gesellschaft.

5. Beschreibung des Diversitätskonzepts

- Die Verpflichtung zur Beschreibung des Diversitätskonzepts betrifft nur Aktiengesellschaften, die zur Erstellung eines Corporate-Governance-Berichts verpflichtet sind und als große Aktiengesellschaften qualifiziert werden. Unternehmen von öffentlichem Interesse gem. § 189a Z 1 UGB, sind - sofern sie nicht gleichzeitig auch große Aktiengesellschaften sind - von dieser Verpflichtung nicht betroffen.
- Die betroffenen Unternehmen haben im Corporate Governance-Bericht das im Unternehmen bestehende Diversitätskonzept zu beschreiben, das bei der Besetzung von Vorstand und Aufsichtsrat in Bezug auf Kriterien wie Alter, Geschlecht und Bildungs- und Be-

rufshintergrund verfolgt wird. Weiters müssen die Ziele und die Art und Weise der Umsetzung dieses Diversitätskonzepts und die Ergebnisse im Berichtszeitraum dargestellt werden. Gibt es in einem berichtspflichtigen Unternehmen ein solches Diversitätskonzept nicht, so ist dies zu begründen.

6. Allfälliger Bericht über eine externe Evaluierung

- Falls im Sinne der C-Regel 62 die Einhaltung der C-Regeln des Kodex durch eine externe Institution evaluiert wurde, ist über das Ergebnis zu berichten.

7. Veränderungen nach dem Abschlussstichtag

- Es wird empfohlen, Veränderungen von berichtspflichtigen Sachverhalten, die sich zwischen dem Abschlussstichtag und dem Zeitpunkt der Aufstellung des Corporate Governance-Berichts ergeben, im Corporate Governance-Bericht darzustellen, falls sie wesentlich sind.

Anhang 2b

Leitlinien für die Erklärung und Begründung einer Abweichung vom Kodex

Die Gesellschaft soll angeben, von welchen C-Regeln des Kodex sie abgewichen ist und für jede Abweichung

(a) erläutern, in welcher Weise sie abgewichen ist;

(b) die Gründe für die Abweichung darlegen;

(c) beschreiben, auf welchem Wege die Entscheidung für eine Abweichung innerhalb des Unternehmens getroffen wurde;

(d) falls die Abweichung zeitlich befristet ist, erläutern, wann das Unternehmen die betreffende Regel einzuhalten beabsichtigt;

(e) falls anwendbar, die anstelle der regelkonformen Vorgehensweise gewählte Maßnahme beschreiben und erläutern, wie diese Maßnahme zur Erreichung des eigentlichen Ziels der betreffenden Regel oder des Kodex insgesamt beiträgt, oder präzisieren, wie diese Maßnahme zu einer guten Unternehmensführung beiträgt.

Die oben genannten Angaben sollen hinreichend klar, präzise und umfassend sein, damit die Aktionäre, Anleger und sonstigen Beteiligten beurteilen können, welche Konsequenzen sich aus der Abweichung von einer bestimmten Regel ergeben.

Dabei sollte auch auf die spezifischen Merkmale und Gegebenheiten der Gesellschaft eingegangen werden, wie Größe, Unternehmens- oder Beteiligungsstruktur oder sonstige relevante Charakteristika.

Die Begründungen für Abweichungen sollten im Corporate Governance-Bericht gut erkennbar präsentiert werden, damit sie für Aktionäre, Anleger und sonstige Beteiligte leicht zu finden sind.

Anhang 3

Im Interesse größtmöglicher Transparenz sind alle an der Wiener Börse notierten ausländischen Gesellschaften aufgerufen, die Bestimmungen des für sie geltenden Gesellschaftsrechts zumindest hinsichtlich der nachstehend angeführten Regelungen auf ihrer Website zu veröffentlichen und laufend zu aktualisieren.

Keine Zeichnung eigener Aktien

Die Gesellschaft darf keine eigenen Aktien zeichnen.

Ein Tochterunternehmen darf als Gründer oder Zeichner oder in Ausübung eines Bezugsrechts eine Aktie der Gesellschaft nicht übernehmen. Die Wirksamkeit einer solchen Übernahme wird durch einen Verstoß gegen diese Vorschrift nicht berührt.

Wer als Gründer oder Zeichner oder in Ausübung eines Bezugsrechts eine Aktie für Rechnung der Gesellschaft oder eines Tochterunternehmens übernommen hat, kann sich nicht darauf berufen, dass er die Aktie nicht für eigene Rechnung übernommen hat. Er haftet ohne Rücksicht auf Vereinbarungen mit der Gesellschaft oder dem Tochterunternehmen auf die volle Einlage. Bevor er die Aktie für eigene Rechnung übernommen hat, stehen ihm keine Rechte aus der Aktie zu.

Keine Rückgewähr der Einlagen

Den Aktionären dürfen die Einlagen nicht zurückgewährt werden; sie haben, solange die Gesellschaft besteht, nur Anspruch auf den Bilanzgewinn, der sich aus der Jahresbilanz ergibt, soweit er nicht nach Gesetz oder Satzung von der Verteilung ausgeschlossen ist. Als Rückgewähr von Einlagen gilt nicht die Zahlung des Erwerbspreises beim zulässigen Erwerb eigener Aktien.

Gewinnbeteiligung der Aktionäre

Die Anteile der Aktionäre am Gewinn bestimmen sich nach ihren Anteilen am Grundkapital.

Sind die Einlagen auf das Grundkapital nicht auf alle Aktien in demselben Verhältnis geleistet, so erhalten die Aktionäre aus dem verteilbaren Gewinn vorweg einen Betrag von vier vom Hundert der geleisteten Einlagen; reicht der Gewinn dazu nicht aus, so bestimmt sich der Betrag nach einem entsprechend niedrigeren Satz. Einlagen, die im Lauf des Geschäftsjahres geleistet wurden, werden nach dem Verhältnis der Zeit berücksichtigt, die seit der Leistung verstrichen ist.

Die Satzung kann eine andere Art der Gewinnverteilung bestimmen.

Satzungsänderung

Jede Satzungsänderung bedarf eines Beschlusses der Hauptversammlung. Die Befugnis zu Änderungen, die nur die Fassung betreffen, kann die Hauptversammlung dem Aufsichtsrat übertragen.

Der Beschluss kann nur gefasst werden, wenn die beabsichtigte Satzungsänderung nach ihrem wesentlichen Inhalt ausdrücklich und fristgemäß angekündigt worden ist.

Die rechtswirksam getroffenen Festsetzungen über Sondervorteile, Gründungsaufwand, Sacheinlagen und Sachübernahmen können erst nach Ablauf der Verjährungsfrist geändert werden.

Der Beschluss der Hauptversammlung bedarf einer Mehrheit, die mindestens drei Viertel des bei der Beschlussfassung vertretenen Grundkapitals umfasst. Die Satzung kann diese Mehrheit durch eine andere Kapitalmehrheit, für eine Änderung des Gegenstandes des Unternehmens jedoch nur durch eine größere Kapitalmehrheit ersetzen. Sie kann noch andere Erfordernisse aufstellen.

Soll das bisherige Verhältnis mehrerer Gattungen von Aktien zum Nachteil einer Gattung geändert werden, so bedarf der Beschluss der Hauptversammlung zu seiner Wirksamkeit eines in gesonderter Abstimmung gefassten Beschlusses der benachteiligten Aktionäre; für diesen gelten Satz 1 und 2 des vorigen Absatzes. Die benachteiligten Aktionäre können den Beschluss nur fassen, wenn die gesonderte Abstimmung ausdrücklich und fristgemäß angekündigt worden ist.

Ausschluss des Bezugsrechts

Im Falle einer Kapitalerhöhung muss jedem Aktionär auf sein Verlangen ein seinem Anteil an dem bisherigen Grundkapital entsprechender Teil der neuen Aktien zugeteilt werden.

Das Bezugsrecht kann ganz oder teilweise nur im Beschluss über die Erhöhung des Grundkapitals ausgeschlossen werden. In diesem Fall bedarf der Beschluss neben den in Gesetz oder Satzung für die Kapitalerhöhung aufgestellten Erfordernissen einer Mehrheit, die mindestens drei Viertel des bei der Beschlussfassung vertretenen Grundkapitals umfasst. Die Satzung kann diese Mehrheit durch eine größere Kapitalmehrheit ersetzen und noch andere Erfordernisse aufstellen.

Erwerb eigener Aktien

Der Emittent hat die nach nationalem Recht geltende Regelung betreffend Erwerb eigener Aktien offen zu legen. Insbesondere ist Folgendes anzugeben:

- zu welchen Zwecken dürfen eigene Aktien erworben werden,
- die maximale Höhe des nach nationalem Recht zulässigen Anteils am Grundkapital beim Erwerb eigener Aktien,
- Regelungen betreffend die Dauer des Rückkaufprogramms,
- die erforderlichen Beschlüsse, einschließlich der nach nationalem Recht zuständigen Organe und der Höhe der notwendigen Mehrheitserfordernisse der erforderlichen Beschlüsse,
- die mit dem Erwerb eigener Aktien einhergehenden Pflichtveröffentlichungen.

Dasselbe gilt sinngemäß für die Veräußerung eigener Aktien.

Anhang 4

Kurzübersicht zum österreichischen Aktienrecht

In der Folge wird eine kurze und auf die für die Governance wesentlichen Punkte ausgerichtete Übersicht zu den Bestimmungen des österreichischen Aktiengesetzes geboten.[19] Damit soll das Verständnis des Kodex erleichtert werden. Diese Darstellung ist für die Beantwortung von Rechtsfragen nicht geeignet. Seit Oktober 2004 gilt in Österreich die Verordnung über die Europäische Aktiengesellschaft. Seither besteht die Möglichkeit, mit gewissen Einschränkungen auch das one-tierSystem (Verwaltungsrat) über entsprechende Satzungsregelungen einzuführen. Da der Kodex auf diese Besonderheit nicht eingeht, wird diese Option nicht weiter dargestellt. Im Wesentlichen sind bei der börsennotierten Europäischen Aktiengesellschaft die für den Vorstand geltenden Regeln auf die geschäftsführenden Direktoren und die für den Aufsichtsrat geltenden Regeln auf den Verwaltungsrat anzuwenden.

[19] Stand Dezember 2020

Das AktRÄG 2009 und das GesRÄG 2011 sowie das AktRÄG 2019 haben die Unterschiede zwischen börsenotierter und „privater“ Aktiengesellschaft erweitert. Dies betrifft insbesondere die Einberufung und Teilnahme an der Hauptversammlung sowie die Verpflichtung, dass die nur mehr bei einer börsenotierten Gesellschaft zugelassen Inhaberaktien über Wertpapierdepots gehalten werden dürfen. Erlaubt sind Inhaberaktien nunmehr auch für Gesellschaften, deren Aktien mit deren Wisssen über ein mulilaterales Handelssystem gehandelt werden. Inhaberaktien, die noch in Urkundenform direkt vom Aktionär gehalten werden, mussten spätestens bis Ende 2013 in ein Wertpapiergirokonto eingereiht werden. Damit wurde eine Forderung der Financial Action Task Force umgesetzt, anonyme Wertpapiertransaktionen wegen der Gefahr der Geldwäsche zu unterbinden. Namensaktien sind bei börsenotierten Gesellschaften weiterhin zulässig, es sind aber die Angaben im Aktienbuch zu erweitern (wie insbesondere Treuhandverhältnisse). Die Tatsache der Börsenotierung ist nunmehr im Firmenbuch ebenso wie die Internetseite der Gesellschaft einzutragen. In der Folge werden die für die börsenotierte Gesellschaft wesentlichen Regelungen dargestellt. Das mit Beginn 2018 in Kraft tretende BörseG 2018 hat den bisherigen amtlichen Handel und geregelten Freiverkehr in dem Segment des geregelten Marktes zusammengefasst. Die Vorgaben der Marktmissbrauchsverordnung (EU) Nr. 596/2014 sind aber auch von Gesellschaften zu beachten, deren Aktien über ein multilaterales Handelssystem gehandelt werden.

Organisation der AG

Die Organisation der Aktiengesellschaft beruht auf drei Organen, nämlich Hauptversammlung, Aufsichtsrat und Vorstand, die nach dem Prinzip der Gewaltentrennung eingerichtet sind. Die Hauptversammlung wählt den Aufsichtsrat auf höchstens fünf Jahre, kann ihn aber mit qualifizierter Mehrheit (die durch die Satzung auf die einfache Mehrheit herabgesetzt werden kann) vorzeitig abberufen. Über Antrag einer Minderheit von 10 % kann das Gericht aus wichtigem Grund von der Hauptversammlung gewählte sowie von Aktionären entsandte Mitglieder vorzeitig abberufen. Der Aufsichtsrat wählt auf höchstens fünf Jahre den Vorstand; eine vorzeitige Abberufung des Vorstands ist nur aus wichtigem Grund (Pflichtverletzung, Misstrauensvotum der Hauptversammlung) durch den Aufsichtsrat möglich. Der Vorstand leitet die Gesellschaft unter eigener Verantwortung, unterliegt also weder Weisungen der Hauptversammlung noch des Aufsichtsrats. Gewisse, im Gesetz aufgezählte wichtige Geschäfte unterliegen der vorangehenden Zustimmung des Aufsichtsrats; dafür können entweder in der Satzung oder in der Geschäftsordnung Betragsgrenzen festgelegt werden. Ebenso kann der Vorstand von sich aus oder im Falle genehmigungspflichtiger Geschäfte der Aufsichtsrat eine Entscheidung der Hauptversammlung zur Genehmigung vorlegen, was üblicherweise nur bei ganz grundlegenden Umstrukturierungen (etwa Veräußerung wesentlicher Teilbereiche oder Beteiligungen) geschieht. Nach der Lehre besteht bei sogenannten Strukturentscheidungen, wie etwa Verkauf oder Ausgliederung prägender Teile des Unternehmens eine „ungeschriebene" Zuständigkeit der Hauptversammlung. Durch das AktRÄG 2019 wurde bestimmt, dass wesentliche Geschäfte mit nahestehenden Personen ab einem Wert von mehr als 10% der Bilanzsumme bekanntzumachen sind.

Aktionäre, Hauptversammlung

Für die Aktionäre gilt das Gebot der Gleichbehandlung, soweit nicht sachlich gerechtfertigte Unterschiede bestehen, wie etwa in gewissen Fällen bei Konzernbeziehungen. Die Aktionärsrechte werden in der Hauptversammlung ausgeübt; zumindest einmal im Jahr (spätestens im achten Monat nach Ende des vorangegangenen Geschäftsjahres) hat eine ordentliche Hauptversammlung stattzufinden. Das Börserecht verlangt die Offenlegung des Jahresfinanzberichts spätestens vier Monate nach Ablauf des Geschäftsjahres. Die ordentliche Hauptversammlung der meisten Gesellschaften findet im vierten bis sechsten Monat nach Ablauf des Geschäftsjahres statt.

Es kann aber jederzeit eine außerordentliche Hauptversammlung von Vorstand, Aufsichtsrat oder einer Minderheit von 5 % der Aktien einberufen werden.

Die Einberufung der ordentlichen Hauptversammlung ist spätestens am 28. Tag vor dem Hauptversammlungstermin zu veröffentlichen, die für eine außerordentliche Hauptversammlung spätestens am 21. Tag vorher. Die Einberufung ist nicht nur in der Wiener Zeitung zu veröffentlichen, sondern auch über ein für Kapitalmarktmeldungen geeignetes Medium (wie Reuters, Bloomberg) zu verbreiten. Die FMA kann durch eine Verordnung vorgeben, welches Informationssystem geeignet ist. Weiters sind Informationen über die Hauptversammlung auf der im Firmenbuch eingetragenen Internetseite der Gesellschaft zu veröffentlichen. Spätestens am 21. Tag vor der Hauptversammlung sind auch die Beschlussvorschläge von Vorstand und/oder Aufsichtsrat bei der Gesellschaft aufzulegen. Eine Minderheit von 5% hat das Recht auf die Ergänzung der Tagesordnung einer bereits einberufenen Hauptversammlung. Das Verlangen muss der Gesellschaft bei einer ordentlichen Hauptversammlung spätestens am 21. Tag, bei einer außerordentlichen Hauptversammlung spätestens am 19. Tag vor der Versammlung zugehen. Die Beschlussvorschläge und die wesentlichen Informationen und Unterlagen für die Hauptversammlung sind außerdem am 21. Tag vor der Hauptversammlung auf der Internetseite der Gesellschaft den Aktionären zugänglich zu machen. Die Teilnahmeberechtigung an der Hauptversammlung ergibt sich bei Inhaberaktien aus der Aktionärseigenschaft am Ende des 10. Tages vor dem Tag der Hauptversammlung (Nachweisstichtag), welche durch eine Bestätigung der Depotbank nachzuweisen ist. Die Anmeldung zur Teilnahme und die Depotbestätigung müssen der Gesellschaft spätestens am dritten Werktag vor der Hauptversammlung zugehen. Für die Gestaltung der Depotbestätigung genügt ein Dokument im Textformat; es ist ein Dokument auszustellen, welches die im AktG vorgegebenen Mindestangaben enthält, wobei auch eine Bestätigung in englischer Sprache ausreichend ist. Für die Übermittlung der Depotbestätigung ist die Versendung über SWIFT vorgesehen. Die Satzung kann die Übersendung eines eingescannten Dokuments per E-Mail zulassen. Jeder Aktionär kann sich auf Grund einer schriftlichen Vollmacht vertreten lassen. Für die Erteilung der Vollmacht genügt bei Fehlen einer Satzungsregelung die Übersendung durch Telefax oder E-Mail. Im Falle der Bevollmächtigung der Depotbank ist eine Bestätigung der Bank, dass dieser Vollmacht erteilt worden ist, ausreichend. Die anonyme Teilnahme über einen Legitimationsaktionär („Fremdbesitz") ist nicht zulässig.

Mit Umsetzung der Aktionärsrechte-Richtlinie sind die Teilnahmemöglichkeiten der Aktionäre wesentlich gestärkt worden. Anstelle der „klassischen" Präsenzhauptversammlung kann die Satzung vorsehen, dass die Hauptversammlung zeitgleich an mehreren Orten im Inland oder Ausland abgehalten wird (Satellitenversammlung) oder dass Aktionäre über eine akustische, gegebenenfalls auch optische Zweiweg-Verbindung teilnehmen und auch die Stimme elektronisch abgeben können. Neben der elektronischen Fernabstimmung kann die Satzung auch die Abstimmung per Brief zulassen. Wenn die Satzung eine Form der Fernteilnahme nicht vorschreibt, sondern diese Möglichkeiten bloß eröffnet, so entscheidet über die Form der Teilnahme der Vorstand mit der Zustimmung des Aufsichtsrates. Über die Durchführung der unterschiedlichen Teilnahmeformen ist in der Einladung zur Hauptversammlung detailliert zu informieren. Bis 30.6.2021 sind auch ohne Regelung in der Satzung virtuelle Hauptversammlungen nach den Vorgaben der gesellschaftsrechtlichen Covid-Gesetzgebung zulässig.

Eine Minderheit von 1 % hat das Recht, dass von ihr erstattete Beschlussvorschläge auf der Internetseite der Gesellschaft zugänglich gemacht werden. Dies schließt es aber nicht aus, dass in der Hauptversammlung selbst zu den vorgesehenen Tagesordnungspunkten Gegenanträge gestellt werden. Nur bei Wahlen in den Aufsichtsrat müssen die Wahlvorschläge spätestens am fünften Tag vor der Hauptversammlung auf der Internetseite der Gesellschaft zugänglich sein. In der Hauptversammlung haben die Aktionäre das Recht, zu allen Tagesordnungspunkten Fragen und Anträge zu stellen. Anträge können nur bei Deckung durch einen Punkt der Tagesordnung gestellt werden. Zum Tagesordnungspunkt der Entlastung von Vorstand und Aufsichtsrat kann die Abstimmung über eine Sonderprüfung beantragt werden.

Die unberechtigte Verweigerung der Beantwortung oder eine unzureichende Antwort kann zur Anfechtbarkeit des Beschlusses führen.

Die Hauptversammlung beschließt grundsätzlich mit einfacher Mehrheit der gültig abgegebenen Stimmen. Mehrstimmrechtsaktien sind gesetzlich verboten. Es besteht die Möglichkeit sogenannter stimmrechtsloser Vorzugsaktien, bei denen das Stimmrecht ruht, solange die Vorzugsdividende vollständig (inklusive allfälliger Nachzahlungen) geleistet wird. Bei Eingriffen in das Vorzugsrecht ist eine Sonderabstimmung der Vorzugsaktionäre vorgeschrieben. Weiters kann die Satzung Höchststimmrechte vorsehen, wonach ein Aktionär unabhängig von der Höhe seines Aktienbesitzes mit seinem Stimmrecht auf einen bestimmten in der Satzung festgelegten Prozentsatz begrenzt ist. In den letzten Jahren ist aber deutlich die Tendenz festzustellen, zum Prinzip "one share - one vote" überzugehen.

In der ordentlichen Hauptversammlung berichtet der Vorstand über die Lage des Unternehmens und beantragt die vom Aufsichtsrat genehmigte Gewinnverteilung. Die Aktionäre sind bei dem Gewinnausschüttungsbeschluss an den Bilanzgewinn gebunden, sodass letztlich über die Dividendenpolitik Vorstand und Aufsichtsrat die Entscheidung haben. Die Satzung kann lediglich vorsehen, dass die Hauptversammlung einen Teil des Bilanzgewinns auf neue Rechnung vorträgt. Weiters ist die Entlastung von Vorstand und Aufsichtsrat Gegenstand der ordentlichen Hauptversammlung, wobei der Entlastungsbeschluss nur eine Vertrauenskundgebung ist und nicht von einer allfälligen Haftung befreit. Die Hauptversammlung wählt die Mitglieder des Aufsichtsrats und den Abschlussprüfer. Als Aufsichtsrat können nur solche Personen gewählt werden, bei denen der Wahlvorschlag sowie die dazugehörenden Informationen und Erklärungen spätestens am fünften Werktag vor der Hauptversammlung auf der Internetseite der Gesellschaft zugänglich gemacht worden sind. Die Hauptversammlung beschließt über Satzungsänderungen (grundsätzlich Dreiviertelmehrheit) und Umgründungsmaßnahmen (wie Verschmelzung, Spaltung, auch hier grundsätzlich Dreiviertelmehrheit).

Aufsichtsrat

Die Zahl der Aufsichtsratsmitglieder wird durch die Satzung festgelegt; der Aufsichtsrat muss aus zumindest drei Mitgliedern (ohne Arbeitnehmervertreter) bestehen; die Satzung kann eine Höchstzahl, aber auch einen Rahmen festlegen. Zusätzlich ist die Arbeitnehmervertretung (Konzernvertretung) berechtigt (aber nicht verpflichtet), für je zwei Aktionärsvertreter einen Arbeitnehmervertreter in den Aufsichtsrat zu entsenden. Im Übrigen besteht für den Aufsichtsrat (außerhalb der Mitbestimmungsrechte der Arbeitnehmervertretung) ein Verbot, dass Mitglieder des Vorstands oder Arbeitnehmer dem Aufsichtsrat als Aktionärsvertreter angehören. Vorstandsmitglieder können erst nach einer cooling off Periode von zwei Jahren in den Aufsichtsrat wechseln, außer die Wahl wird von 25 % der Aktionäre unterstützt. Seit 2018 sieht das Gleichstellungsgesetz von Frauen und Männern im Aufsichtsrat vor, dass der Aufsichtsrat zumindest zu 30 % aus Frauen bestehen muss, außer der Aufsichtsrat besteht aus weniger als sechs Kapitalvertretern oder der Frauenanteil an der Belegschaft der Gesellschaft beträgt weniger als 20 %. Die Quote von 30 % bezieht sich auf den gesamten Aufsichtsrat (einschließlich Arbeitnehmervertreter) außer die Bank der Kapitalvertreter oder der Arbeitnehmervertreter bewirkt durch einen Widerspruch, dass auf die beiden Gruppen gesondert abzustellen ist. Wird die Regelung verletzt, so ist die Bestellung nichtig.

Sofern die Satzung nicht eine Verhältniswahl vorsieht, ist über jedes Aufsichtsratsmitglied einzeln abzustimmen. Wenn zumindest drei Mitglieder zu wählen sind, kann eine Minderheit von 1 % die Wahl von Gegenkandidaten beantragen. Wenn ein Gegenkandidat bei jeder Abstimmung (bis auf die letzte) zumindest ein Drittel aller abgegebenen Stimmen erhält, so ist er auf die letzte Stelle gewählt.

Zur Sicherung der Transparenz der Eignung und Unabhängigkeit von Aufsichtsratsmitgliedern ist vor der Wahl darzulegen, welche fachlichen Qualifikationen bestehen und welche beruflichen Tätigkeiten ausgeübt worden sind, ferner sind alle Umstände darzulegen, die eine Besorgnis von Befangenheit begründen könnten.

Die Entscheidungen im Aufsichtsrat erfolgen mit einfacher Mehrheit, wobei den Arbeitnehmervertretern keine Sonderstellung zukommt.

Eine wichtige Rolle spielt der Aufsichtsratsvorsitzende, der für die Organisation des Aufsichtsrats, die Sitzungsvorbereitung und das Zusammenspiel mit dem Vorstand verantwortlich ist. Weiters leitet er grundsätzlich die Hauptversammlung.

Der Aufsichtsrat hat regelmäßig (zumindest viermal im Jahr) zu tagen. Es sind ihm eine Jahresvorschaurechnung und Quartalsberichte sowie insbesondere in sich abzeichnenden Krisen Sonderberichte vorzulegen. Der Aufsichtsrat kann jederzeit selbst umfassende Prüfungshandlungen vornehmen oder durch Sachverständige durchführen lassen. Der Aufsichtsrat entscheidet über die Genehmigung des Jahresabschlusses und damit auch mittelbar über die Höhe der Dividendenausschüttung. Ebenso hat der Aufsichtsrat den Konzernabschluss zu prüfen und zu genehmigen. Der Aufsichtsrat kann seinen Sitzungen Sachverständige beiziehen.

Der Abschluss von Verträgen der Gesellschaft oder auch von Tochterunternehmen mit Mitgliedern des Aufsichtsrats, durch die diese außerhalb der Aufsichtsratstätigkeit für die Gesellschaft bzw. den Konzern tätig werden und an denen sie eine erhebliches wirtschaftliches Interesse haben, ist vom Aufsichtsrat zu genehmigen. Die Genehmigungspflicht gilt auch für Verträge mit Unternehmen, an denen das Aufsichtsratsmitglied ein erhebliches wirtschaftliches Interesse hat.

Börsenotierte Kapitalgesellschaften müssen einen Prüfungsausschuss des Aufsichtsrates einsetzen, dem ein Finanzexperte angehört.

Dieser Ausschuss ist insbesondere mit der Prüfung und Vorbereitung der Feststellung des Jahresabschlusses im Gesamtaufsichtsrat sowie mit der Erstellung des Vorschlages für die Bestellung des Abschlussprüfers zu befassen. Der Abschlussprüfer hat dem Prüfungsausschuss einen gesonderten Bericht über seine Tätigkeit und deren wesentliche Ergebnisse zu übermitteln. Der Vorsitzende des Prüfungsausschusses sowie der Finanzexperte sollen unabhängig sein und dürfen in den letzten drei Jahren nicht Mitglied des Vorstands oder leitender Angestellter oder Abschlussprüfer der Gesellschaft gewesen sein oder den Bestätigungsvermerk unterfertigt haben.

Der Prüfungsausschuss muss zumindest zwei Sitzungen im Geschäftsjahr abhalten. Der Abschlussprüfer ist den Sitzungen zuzuziehen, die sich mit der Vorbereitung der Feststellung des Jahresabschlusses und dessen Prüfung beschäftigen. Zu den Aufgaben des Prüfungsausschusses gehören unter anderem die Überwachung des Rechnungslegungsprozesses, die Überwachung der Wirksamkeit des internen Kontrollsystems, gegebenenfalls des internen Revisions- und Risikomanagementsystems sowie des Prozesses der Abschluss- und Konzernprüfung. Der Ausschuss hat die Unabhängigkeit des Abschlussprüfers zu überwachen; die Übernahme von Nichtprüfungsleistungen durch den Abschlussprüfer ist von ihm zu genehmigen, soweit diese erlaubt sind. Er hat das Verfahren zu Auswahl des Abschlussprüfers durchzuführen. Im Falle eines Prüferwechsels hat er dafür Sorge zu tragen, dass die Hauptversammlung zwischen zwei Prüfern auswählen kann. Die Aufgabe des Ausschusses besteht darin, darauf zu achten, dass die entsprechenden Prozesse in der Gesellschaft und deren Tochtergesellschaften aus konzernaler Sicht ordnungsgemäß eingerichtet sind. Weiters gehört die Prüfung des nicht finanziellen Berichts sowie des Corporate Governance-Berichts zu den Aufgaben dieses Ausschusses.

Vorstand

Der Aufsichtsrat entscheidet autonom über die Wahl und damit auch Auswahl des Vorstands sowie die Etablierung eines Vorstandsvorsitzenden. Ist ein solcher eingesetzt, so gibt bei Fehlen einer abweichenden Satzungsregelung bei Vorstandsentscheidungen seine Stimme bei Gleichheit der Stimmen den Ausschlag. Ein Arbeitsdirektor (wie im deutschen Recht) ist nicht vorgesehen.

Der Vorstand ist ein Kollegialorgan, sodass eine Gesamtverantwortung für die Führung der Geschäfte gilt. Es ist eine Abstufung der Verantwortung möglich und üblich, indem eine Ressortverteilung (zumeist vom Aufsichtsrat festgelegt) in der Geschäftsordnung vorgesehen wird. Bei einer Ressortverteilung trägt das ressortzuständige Mitglied die primäre Verantwortung für seinen Aufgabenbereich, die anderen Vorstandsmitglieder bleiben aber zur laufenden Beobachtung und zum Aufgreifen von allfälligen Mängeln im Fremdressort verpflichtet. Für wesentliche Maßnahmen, wie typischerweise für alle Geschäftsvorfälle, die dem Aufsichtsrat zur Genehmigung vorzulegen sind, wird eine zwingende und unteilbare Gesamtverantwortung angenommen.

Vergütungspolitik, Vergütung

In Umsetzung der zweiten Aktionärsrechte-Richtlinie ist vorgesehen, dass der Aufsichtsrat eine Vergütungspolitik für den Vorstand und Aufsichtsrat zu beschließen und der Hauptversammlung zur Beschlussfassung vorzulegen hat. Der Beschluss der Versammmlung hat nur empfehlenden Charakter. Diese Vorlage hat alle vier Jahre zu erfolgen, soferne nicht eine Änderung eintreten soll. Die den Organen gewährte Vergütung muss sich im Rahmen der Vergütungspolitik halten. Die Vergütungspolitik ist auf der Internetseite der Gesellschaft zu veröffentlichen und muss für die Dauer ihrer Geltung zugänglich sein.

Ebenso ist in Umsetzung der Richtlinie ein Vergütungsbericht von Vorstand und Aufsichtsrat gemeinsam zu beschließen. Darin ist die im Geschäftsjahr gewährte und geschuldete Vergütung darzustellen. Dies hat jährlich zu erfolgen. Dieser Bericht ist der Hauptversammlung jedes Jahr zur Beschlussfassung vorzulegen; auch diese hat empfehlenden Charakter. Der Bericht ist auf der Internetseite der Gesellschaft zehn Jahre lang zugänglich zu halten. Der dazu bisher für den Corporate Governamce Bericht vorgesehene Teil entfällt.

Nichtfinanzieller Bericht

Große börsenotierte Gesellschaften, die im Jahresdurchschnitt mehr als 500 Arbeitnehmer beschäftigen, müssen im Lagebericht bzw. Konzernlagebericht eine nichtfinanzielle Erklärung aufnehmen. Die Angaben müssen sich insbesondere auf Umwelt-, Sozial- und Arbeitnehmerbelange, die Achtung der Menschenrechte und die Bekämpfung von Korruption und Kontrolle beziehen. An Stelle der Aufnahme in den Lagebericht kann auch ein eigener nichtfinanzieller Bericht erstellt werden. Dieser ist wie der Lagebericht zu veröffentlichen. Der Aufsichtsrat hat den Bericht zu prüfen.

Kapitalerhöhung, Bezugsrecht

Bei Kapitalerhöhungen und Ausgabe von Rechten auf junge Aktien (Optionsanleihen, Wandelanleihen) sowie Gewinnschuldverschreibungen besteht ein Bezugsrecht, das die Hauptversammlung nur mit Dreiviertelmehrheit ausschließen kann, wenn dies sachlich gerechtfertigt ist (wie z.B. bei Sacheinlagen).

Dieser Beschluss ist gesondert anzukündigen und bedarf einer schriftlichen Begründung des Vorstands, die auch dem Firmenbuchgericht vorzulegen ist.

Der Vorstand kann ermächtigt werden, in einem gewissen Rahmen das Aktienkapital mit Genehmigung des Aufsichtsrats ohne vorangehende Beschlussfassung in der Hauptversammlung zu erhöhen ("genehmigtes Kapital"). Dies gilt auch für die Ausgabe von Wandelschuldverschreibungen. Die Ermächtigung hat eine Dauer von höchstens fünf Jahren, kann aber immer wieder von der Hauptversammlung erneuert werden. Auch hier sind für den Ausschluss des Bezugsrechtes besondere Berichterstattungspflichten vorgesehen. Eine sachliche Rechtfertigung für einen Bezugsrechtsausschluss wird vermutet, wenn die jungen Aktien für Arbeitnehmer, leitende Angestellte oder Organmitglieder der Gesellschaft im Rahmen von Stock Option-Programmen bestimmt sind. Ebenso besteht die Möglichkeit, dass ausschließlich für die Ausgabe an diesen Personenkreis Optionsrechte auf junge Aktien auf Grundlage einer vorangehenden Ermächtigung der Hauptversammlung eingeräumt werden. Dafür bestehen umfassende Berichtspflichten des Vorstands.

Aktienrückkauf

Der Erwerb eigener Aktien unterliegt wesentlichen Restriktionen. Bei börsennotierten Gesellschaften ist es zulässig, dass die Hauptversammlung den Vorstand generell für eine Periode von 30 Monaten zum Rückkauf eigener Aktien bis höchstens 10 % ermächtigt. Bei der Ausübung dieser Rückkaufsermächtigung bestehen umfassende Publizitätspflichten, insbesondere nach den Bestimmungen des Börsegesetzes.

Kapitalmarkt

Das österreichische Kapitalmarktrecht hat die EU-rechtlichen Vorgaben zum Verbot des Insiderhandels, zur Verhinderung der Marktmanipulation sowie zur Ad-hoc-Meldepflicht und der Meldung von Transaktionen, die Führungskräfte oder ihnen nahe stehende Personen oder Einrichtungen in Aktien der Gesellschaft tätigen, umgesetzt. Die Vorschriften der EU-Marktmissbrauchsverordnung gelten unmittelbar. Dazu gehört auch die Erstellung und Veröffentlichung des Corporate Governance-Berichts. Weiters gilt für öffentliche Angebote von Aktienemissionen und Derivaten das Prospektregime der EU, gemäß der EUProspektverordnung 2017/1129. Zuständig für die Billigung des Prospektes ist die Finanzmarktaufsicht (FMA).

Delisting

Das BörseG2018 regelt nunmehr für Aktien und Gewinn- sowie Wandelschuldverschreibungen, die im geregelten Markt der Wiener Börse notieren, ein Verfahren zum Delisting. Dieser Vorgang erfordert ein Verlangen das von 75 % der Aktionäre unterstützt wird, sowie ein Übernahmeangebot, das zusätzlich zu den für das Pflichtangebot maßgeblichen Mindestpreisvorschriften als Untergrenze den gewichteten Durchschnittskurs der letzten fünf Handelstage vor Bekanntmachung des beabsichtigten Delistings zu enthalten hat. Die Kontrolle der Preisbildung obliegt der Übernahmekommission.

Für Gesellschaften mit Sitz in der EU/EWR, die an der Wiener Börse notieren, besteht weiters in Umsetzung der Übernahmerichtlinie die Verpflichtung zu einem Übernahmeangebot, wenn ein Kontrollwechsel eintritt. Dieser wird ab einem direkten oder indirekten (aktiven) Erwerb einer Beteiligung von 30 % (alleine oder mit einem gemeinsam vorgehenden Rechtsträger) vermutet. Bei einer Beteiligung von mehr als 26%, die noch kein Pflichtangebot auslöst, besteht eine Meldepflicht bei der Übernahmekommission und es kommt zum Ruhen der über die gesicherte Sperrminorität von 26% hinausgehenden Stimmrechte. Das mit einem Kontrollwechsel verbundene Pflichtangebot ist zwingend ein Barangebot und hat zumindest dem gewichteten durchschnittlichen Börsekurs der letzten sechs Monate oder dem vom Kontrollerwerber innerhalb der letzten zwölf Monate bezahlten Höchstpreis, falls dieser Betrag höher sein sollte, zu entsprechen.

Für den Übernahmefall gilt ein strenges Verhinderungsverbot und Objektivitätsgebot für Vorstand und Aufsichtsrat. Das Übernahmeverfahren wird von der Übernahmekommission, einer weisungsfreien Behörde, begleitet und überwacht. Ein Pflichtangebot ist auch vorgesehen, wenn ein Aktionär mit einer Beteiligung im Bereich zwischen 30 und 50 % in einem Jahr 2 % oder mehr zukauft ("creeping in"). Nähere Informationen finden sich auf der Website der Übernahmekommission (www.takeover.at). Teile des Übernahmerechtes sind auch für freiwillige öffentliche Kaufangebote anzuwenden, auch wenn damit kein Kontrollwechsel verbunden ist. Erreicht der Bieter 90%, so kann er die verbleibenden Aktionäre zum Angebotspreis ausschließen und deren Aktien übernehmen.

Konzern, Umgründungen

Das österreichische Aktienrecht kennt zwar den Begriff des Konzerns, aber anders als das deutsche Aktienrecht enthält es keine geschlossene Regelung des Konzerns. Insbesondere führt eine Konzernbildung zu keiner automatischen Haftung der Muttergesellschaft für den Konzern. Ebenso ist mit der Konzernbildung nicht automatisch die Verpflichtung zu einem Abfindungsangebot an die außen stehenden Aktionäre verbunden, außer es greift das Übernahmegesetz ein. Die bloße Präsenzmehrheit eines mit zB 25% beteiligten „Kernaktionärs" löst noch keine Angebotspflicht nach dem Übernahmegesetz aus. Bei Verschmelzungen oder Unternehmensspaltungen bestehen besondere Aktionärsrechte, insbesondere besteht die Möglichkeit für jeden Aktionär, eine gerichtliche Überprüfung der Angemessenheit des Umtauschverhältnisses oder einer Barabfindung zu veranlassen. Bei nicht verhältniswahrenden Spaltungen hat jeder Gesellschafter, der nicht zugestimmt hat, das Recht zum Austritt. Auf Antrag des austretenden Aktionärs ist der Abfindungspreis in einem besonders geregelten gerichtlichen Verfahren zu überprüfen. Eine Nachbesserung kommt allen betroffenen Aktionären zugute.

Das Gesellschafterausschlussgesetz 2006 ermöglicht einem 90%igen Aktionär („Hauptgesellschafter") die verbleibende Minderheit gegen eine angemessene Barabfindung auszuschließen. Auch hier unterliegt aber die Barabfindung der gerichtlichen Kontrolle, wobei jeder Betroffene das Überprüfungsverfahren einleiten kann (unabhängig von einem Widerspruch in der Hauptversammlung). Andere früher mögliche Ausschlusstechniken sind nicht mehr einsetzbar.

3/12. Unternehmensreorganisationsgesetz

Bundesgesetz über die Reorganisation von Unternehmen (Unternehmensreorganisationsgesetz – URG), BGBl I 1997/114 idF

1 BGBl I 2001/98 **2** BGBl I 2003/92 **3** BGBl I 2005/120
4 BGBl I 2010/58 **5** BGBl I 2016/43

GLIEDERUNG:

Bundesgesetz über die Reorganisation von Unternehmen (Unternehmensreorganisationsgesetz – URG)

1. Abschnitt
Anwendungsbereich

Unternehmensreorganisation

§ 1. (1) Bedarf ein Unternehmen der Reorganisation, so kann der Unternehmer, sofern er nicht insolvent ist, die Einleitung eines Reorganisationsverfahrens beantragen.

(2) Reorganisation ist eine nach betriebswirtschaftlichen Grundsätzen durchgeführte Maßnahme zur Verbesserung der Vermögens-, Finanz- und Ertragslage eines im Bestand gefährdeten Unternehmens, die dessen nachhaltige Weiterführung ermöglicht.

(3) Reorganisationsbedarf ist insbesondere bei einer vorausschauend feststellbaren wesentlichen und nachhaltigen Verschlechterung der Eigenmittelquote anzunehmen.

Ausnahmen

§ 2. Dieses Bundesgesetz ist auf Kreditinstitute, Pensionskassen, Versicherungsunternehmen, Wertpapierunternehmen und Finanzinstitute wie insbesondere Leasinggesellschaften nicht anzuwenden.

2. Abschnitt
Reorganisationsverfahren

Zuständigkeit

§ 3. Für das Reorganisationsverfahren ist der Gerichtshof erster Instanz zuständig, in dessen Sprengel das Unternehmen betrieben wird, für den Bereich des Landesgerichts für Zivilrechtssachen Wien das Handelsgericht Wien.

Antrag

§ 4. (1) Der Unternehmer hat im Antrag auf Einleitung des Reorganisationsverfahrens zu erklären, daß er nicht insolvent ist und das Unternehmen der Reorganisation bedarf.

(2) Der Unternehmer hat durch Urkunden, etwa

die Jahresabschlüsse für die letzten drei Jahre, andere Unterlagen des Rechnungswesens oder das Gutachten eines Wirtschaftsfachmanns, glaubhaft zu machen, daß das Unternehmen der Reorganisation bedarf.

(3) Der Unternehmer kann dem Antrag auch den Reorganisationsplan beilegen.

Einleitung des Verfahrens

§ 5. (1) Hat der Unternehmer den Reorganisationsbedarf glaubhaft gemacht und ist er nicht offenkundig insolvent, so hat das Gericht das Reorganisationsverfahren einzuleiten. Zugleich hat das Gericht nach Anhörung des Unternehmers, aber ohne an dessen Vorschläge gebunden zu sein, einen Reorganisationsprüfer zu bestellen und zur Deckung dessen Ansprüche (§ 15) dem Unternehmer den Erlag eines Kostenvorschusses aufzutragen.

(2) Hat der Unternehmer dem Antrag nicht auch einen Reorganisationsplan beigelegt, so hat ihm das Gericht dessen Vorlage binnen 60 Tagen aufzutragen. Das Gericht kann diese Frist auf begründeten Antrag des Unternehmers um längstens 30 Tage verlängern; gegen die Abweisung dieses Antrags ist kein Rechtsmittel zulässig.

(3) Der Beschluß auf Einleitung des Reorganisationsverfahrens ist dem Unternehmer und dem Reorganisationsprüfer zuzustellen. Die Einleitung des Verfahrens ist nicht öffentlich bekanntzumachen.

Inhalt des Reorganisationsplans

§ 6. Im Reorganisationsplan sind die Ursachen des Reorganisationsbedarfs sowie jene Maßnahmen, die zur Verbesserung der Vermögens-, Finanz- und Ertragslage geplant sind, und deren Erfolgsaussichten darzustellen. Insbesondere hat sich der Reorganisationsplan mit einem allenfalls erforderlichen Reorganisationskredit und den Auswirkungen der geplanten Maßnahmen auf die Arbeitnehmer des Unternehmens auseinanderzusetzen sowie die für die Durchführung der Reorganisation vorgesehene Frist (Reorganisationszeitraum), die tunlichst zwei Jahre nicht übersteigen soll, anzugeben.

Vorlage des Reorganisationsplans

§ 7. Der Unternehmer hat den Reorganisationsplan fristgerecht dem Gericht und dem Reorganisationsprüfer vorzulegen. Dabei hat er die Zustimmung der in den Reorganisationsplan einbezogenen Personen zu den sie jeweils betreffenden Maßnahmen nachzuweisen. Im Zweifel ist anzunehmen, daß diese Zustimmung unter der Bedingung der Aufhebung des Verfahrens (§ 12) erteilt worden ist.

Auswahl des Reorganisationsprüfers

§ 8. (1) Zum Reorganisationsprüfer ist eine unbescholtene, verläßliche und geschäftskundige Person zu bestellen. Sie muß ausreichende Fachkenntnisse des Wirtschaftsrechts oder der Betriebswirtschaft haben oder eine erfahrene Persönlichkeit des Wirtschaftslebens sein.

(2) Der Reorganisationsprüfer darf kein naher Angehöriger (§ 32 KO) des Unternehmers sein. Er muß von diesem und von den Gläubigern unabhängig und darf kein Konkurrent des Unternehmers sein.

(3) Zum Reorganisationsprüfer kann auch eine juristische Person bestellt werden. Sie hat dem Gericht bekanntzugeben, wer sie bei der Besorgung der Aufgaben des Reorganisationsprüfers vertritt.

Enthebung des Reorganisationsprüfers

§ 9. Das Gericht kann den Reorganisationsprüfer von Amts wegen oder auf Antrag aus wichtigen Gründen entheben.

Aufgaben des Reorganisationsprüfers

§ 10. (1) Der Reorganisationsprüfer hat sich unverzüglich über die Vermögens-, Finanz- und Ertragslage des Unternehmens sowie über alle sonstigen für die geplante Reorganisation maßgebenden Umstände zu informieren. Er hat längstens innerhalb von 30 Tagen ab seiner Bestellung dem Gericht zu berichten, ob der Unternehmer insolvent ist.

(2) Der Reorganisationsprüfer hat auch in jedem weiterem Stadium des Verfahrens zu beobachten, ob Insolvenz eintritt. Nimmt er wahr, daß der Unternehmer insolvent ist, so hat er dies unverzüglich dem Gericht, dem Unternehmer, den ihm bekannten Vertragspartnern von Überbrückungsmaßnahmen sowie allen in den Reorganisationsplan einbezogenen Personen mitzuteilen.

(3) Der Reorganisationsprüfer hat innerhalb von 30 Tagen nach Erhalt des Reorganisationsplans dem Gericht ein Gutachten über die Zweckmäßigkeit der geplanten Reorganisationsmaßnahmen und deren Erfolgsaussichten vorzulegen. Je eine Ausfertigung des Gutachtens hat er dem Unternehmer und allen in den Reorganisationsplan einbezogenen Personen zu übersenden.

Auskunftspflicht des Unternehmers

§ 11. Der Unternehmer ist verpflichtet, dem Reorganisationsprüfer alle zur Wahrnehmung seiner Aufgaben erforderlichen Auskünfte zu erteilen und ihm Einsicht in sämtliche hiefür erforderlichen Unterlagen zu gewähren.

Aufhebung des Verfahrens

§ 12. (1) Das Gericht hat das Reorganisationsverfahren aufzuheben, wenn der Reorganisationsprüfer in seinem Gutachten zu dem Ergebnis gelangt, daß der Reorganisationsplan zweckmäßig ist und gute Aussichten auf dessen Verwirklichung bestehen.

(2) Der Beschluß ist dem Unternehmer zuzustellen. Je eine Ausfertigung ist den in den Reorganisationsplan einbezogenen Personen zu übersenden.

Einstellung des Verfahrens

§ 13. (1) Das Gericht hat das Reorganisationsverfahren einzustellen, wenn

1. der Unternehmer insolvent ist oder
2. der Unternehmer den Reorganisationsplan nicht rechtzeitig vorlegt oder
3. der Unternehmer den Kostenvorschuß für die Ansprüche des Reorganisationsprüfers nicht rechtzeitig erlegt oder
4. der Unternehmer seine Mitwirkungspflichten verletzt oder
5. der Reorganisationsprüfer in seinem Gutachten nicht zu dem Ergebnis gelangt, daß der Reorganisationsplan zweckmäßig ist und gute Aussichten auf dessen Verwirklichung bestehen.

(2) Der Beschluß ist dem Unternehmer zuzustellen. Je eine Ausfertigung ist den in den Reorganisationsplan einbezogenen Personen zu übersenden.

(3) Vor Fassung des Beschlusses nach Abs. 1 Z 1 ist der Unternehmer anzuhören. Der Beschluss hat eine Belehrung über die Pflicht des Unternehmers nach § 69 Abs. 2 IO sowie über die Eröffnung eines Sanierungsverfahrens bei rechtzeitiger Vorlage eines Sanierungsplans zu enthalten. Je eine Ausfertigung des Beschlusses ist samt dem Bericht des Reorganisationsprüfers auch den bevorrechteten Gläubigerschutzverbänden zu übersenden.

Durchführung des Reorganisationsplans

§ 14. (1) Der Unternehmer hat während des Reorganisationszeitraums den in den Reorganisationsplan einbezogenen Personen halbjährlich über die Lage des Unternehmens und den Stand der Reorganisation sowie unverzüglich dann zu berichten, wenn sich die für die Durchführung des Reorganisationsplans maßgeblichen Umstände ändern.

(2) Hat nach dem Reorganisationsplan der Reorganisationsprüfer die Durchführung der Reorganisation zu überwachen, so obliegt diesem die Berichtspflicht. In diesem Fall hat der Reorganisationsprüfer auch zu beobachten, ob der Unternehmer insolvent wird, und gegebenenfalls den Eintritt der Insolvenz dem Unternehmer, den ihm bekannten Vertragspartnern von Überbrückungsmaßnahmen, allen in den Reorganisationsplan einbezogenen Personen sowie den bevorrechteten Gläubigerschutzverbänden mitzuteilen.

Ansprüche des Reorganisationsprüfers

§ 15. (1) Der Reorganisationsprüfer hat an den Unternehmer Anspruch auf Ersatz seiner Auslagen und auf Entlohnung für seine Mühewaltung. Er hat diese Ansprüche mit der Vorlage des Gutachtens (§ 10 Abs. 3) und, wenn er die Durchführung des Reorganisationsplans überwacht, für diese Tätigkeit nach jeweils drei Monaten beim Gericht anzumelden.

(2) Nimmt der Reorganisationsprüfer wahr, daß seine Ansprüche die Höhe des erlegten Kostenvorschusses voraussichtlich erheblich übersteigen werden, so hat er das Gericht hierauf unverzüglich hinzuweisen. Das Gericht hat hierauf dem Unternehmer den ergänzenden Erlag eines Kostenvorschusses aufzutragen.

(3) Das Gericht hat über die Ansprüche des Reorganisationsprüfers nach Anhörung des Unternehmers zu entscheiden. Soweit die Ansprüche nicht durch den Kostenvorschuß gedeckt sind, hat das Gericht durch einen vollstreckbaren Beschluß dem Unternehmer die Zahlung an den Reorganisationsprüfer aufzutragen. Vereinbarungen des Reorganisationsprüfers mit dem Unternehmer oder den in den Reorganisationsplan einbezogenen Personen über die Höhe der Ansprüche sind ungültig.

(4) Hat der Reorganisationsprüfer aus seinem Verschulden das Gutachten nicht fristgerecht vorgelegt oder so mangelhaft abgefaßt, daß eine Ergänzung erforderlich ist, oder ist er nicht seiner Pflicht nach Abs. 2 nachgekommen, so kann das Gericht die Entlohnung unter Bedachtnahme auf das den Reorganisationsprüfer treffende Verschulden und das Ausmaß der Verzögerung mindern.

Anspruch der bevorrechteten Gläubigerschutzverbände

§ 16. Die bevorrechteten Gläubigerschutzverbände haben an den Unternehmer Anspruch auf Ersatz ihrer Auslagen, die sie für die Vorbereitung des Reorganisationsplans zum Vorteil aller Gläubiger aufgewendet haben, wenn sie vom Unternehmer zu diesem Zweck beigezogen worden sind. Sie haben diesen Anspruch innerhalb von vier Monaten nach Einleitung des Reorganisationsverfahrens beim Gericht anzumelden. Dieses hat über den Anspruch der bevorrechteten Gläubigerschutzverbände nach Anhörung des Unternehmers zu entscheiden. Es hat durch einen vollstreckbaren Beschluß dem Unternehmer die Zahlung an die bevorrechteten Gläubigerschutzverbände aufzutragen.

Anwendung der Konkursordnung und der Zivilprozeßordnung

§ 17. Soweit in diesem Bundesgesetz nichts anderes angeordnet ist, sind auf das Verfahren die allgemeinen Verfahrensbestimmungen der Konkursordnung, ausgenommen § 253 Abs. 3 Satz 5, sowie die Zivilprozeßordnung sinngemäß anzuwenden.

3. Abschnitt
Wirkungen des Verfahrens

Anfechtungsfristen

§ 18. Die für die Anfechtung nach der Konkursordnung vom Tag der „Eröffnung des Insolvenzverfahrens“ zu berechnenden Fristen werden um die Dauer des Reorganisationsverfahrens verlängert, wenn es während der Anfechtungsfrist eingestellt worden ist.

Verträge

§ 19. Die Vereinbarung eines Rücktrittsrechts, der Vertragsauflösung oder der Fälligkeit eines zugezählten Kredits für den Fall der Einleitung eines Reorganisationsverfahrens ist unzulässig.

Anfechtbarkeit von Überbrückungs- und Reorganisationsmaßnahmen

§ 20. (1) Überbrückungsmaßnahmen sind Rechtshandlungen während des Verfahrens zur Aufrechterhaltung des gewöhnlichen Geschäftsbetriebs, Reorganisationsmaßnahmen Rechtshandlungen, die im Reorganisationsplan, auf Grund dessen das Verfahren aufgehoben worden ist, beschrieben sind und während des Verfahrens, binnen 30 Tagen nach dessen Aufhebung oder danach, solange ein Reorganisationsprüfer bestellt ist, vorgenommen werden.

(2) Überbrückungsmaßnahmen, denen der Reorganisationsprüfer zugestimmt hat, und Reorganisationsmaßnahmen können nach §§ 28, 30 und 31 KO nur auf Grund von Umständen angefochten werden, die dem Reorganisationsprüfer nicht bekannt gewesen sind. Die Anfechtung setzt überdies voraus, daß der Anfechtungsgegner die Benachteiligung eines anderen Gläubigers bzw. seine Begünstigung und die entsprechende Absicht des Schuldners bzw. die Zahlungsunfähigkeit gekannt hat. Gleiches gilt für Befriedigungen und Sicherstellungen von Forderungen aus den genannten Maßnahmen, solange ein Reorganisationsprüfer bestellt war.

(3) Überbrückungsmaßnahmen, die für die ersten 30 Tage nach Einleitung des Verfahrens ohne Zustimmung des Reorganisationsprüfers vorgenommen werden, können nicht deshalb nach der Konkursordnung angefochten werden, weil der Anfechtungsgegner die Zahlungsunfähigkeit kennen mußte. Gleiches gilt für Befriedigungen und Sicherstellungen von Forderungen aus diesen Maßnahmen, solange ein Reorganisationsprüfer bestellt war.

Eigenkapitalersetzende Gesellschafterleistungen

§ 21. Reorganisationsmaßnahmen unterliegen nicht den Bestimmungen des Eigenkapitalersatzrechts.

4. Abschnitt
Haftungsbestimmungen

Voraussetzungen der Haftung

§ 22. (1) Wird über das Vermögen einer prüfpflichtigen juristischen Person, die ein Unternehmen betreibt, ein Insolvenzverfahren eröffnet, so haften die Mitglieder des vertretungsbefugten Organs gegenüber der juristischen Person zur ungeteilten Hand, jedoch je Person nur bis zu 100 000 Euro, für die durch die Insolvenzmasse nicht gedeckten Verbindlichkeiten, wenn sie innerhalb der letzten zwei Jahre vor dem Antrag auf Eröffnung eines Insolvenzverfahrens

1. einen Bericht des Abschlußprüfers erhalten haben, wonach die Eigenmittelquote (§ 23) weniger als 8% und die fiktive Schuldentilgungsdauer (§ 24) mehr als 15 Jahre beträgt (Vermutung des Reorganisationsbedarfs), und nicht unverzüglich ein Reorganisationsverfahren beantragt oder nicht gehörig fortgesetzt haben oder
2. einen Jahresabschluß nicht oder nicht rechtzeitig aufgestellt oder nicht unverzüglich den Abschlußprüfer mit dessen Prüfung beauftragt haben.

(2) Abs. 1 gilt auch für unternehmerisch tätige eingetragene Personengesellschaften, bei denen kein persönlich haftender Gesellschafter mit Vertretungsbefugnis eine natürliche Person ist. Es haften die Mitglieder des vertretungsbefugten Organs des persönlich haftenden Gesellschafters mit Vertretungsbefugnis.

(3) Die Haftung besteht bei einem Gesamtvertretungsorgan nur für jene Mitglieder, die die Einleitung eines Reorganisationsverfahrens abgelehnt haben.

(4) Sonstige Schadenersatzansprüche nach anderen Gesetzen bleiben unberührt.

Eigenmittelquote

§ 23. Eigenmittelquote im Sinne dieses Gesetzes ist der Prozentsatz, der sich aus dem Verhältnis zwischen dem Eigenkapital (§ 224 Abs. 3 A UGB) einerseits sowie den Posten des Gesamtkapitals (§ 224 Abs. 3 UGB), vermindert um die nach § 225 Abs. 6 UGB von den Vorräten absetzbaren Anzahlungen andererseits, ergibt.

idF BGBl I Nr. 43/2016

URG

Fiktive Schuldentilgungsdauer

§ 24. (1) Zur Errechnung der fiktiven Schuldentilgungsdauer sind die in der Bilanz ausgewiesenen Rückstellungen (§ 224 Abs. 3 B UGB) und Verbindlichkeiten (§ 224 Abs. 3 C UGB), vermindert um die im Unternehmen verfügbaren Aktiva nach § 224 Abs. 2 B III Z 2 und B IV UGB und die nach § 225 Abs. 6 UGB von den Vorräten absetzbaren Anzahlungen, durch den Mittelüberschuss zu dividieren.

(2) Zur Ermittlung des Mittelüberschusses sind

1. vom Jahresüberschuss/-fehlbetrag die Abschreibungen auf das Anlagevermögen und Verluste aus dem Abgang von Anlagevermögen hinzuzuzählen und die Zuschreibungen zum Anlagevermögen und Gewinne aus dem Abgang von Anlagevermögen abzuziehen und
2. die Veränderung der langfristigen Rückstellungen zu berücksichtigen.

idF BGBl I Nr. 43/2016

Haftung des Aufsichtsrats und der Gesellschafterversammlung

§ 25. Hat ein Mitglied des vertretungsbefugten Organs die Einleitung des Reorganisationsverfahrens vorgeschlagen, aber nicht die dafür notwendige Zustimmung des Aufsichtsrats bzw. der Gesellschafterversammlung erhalten oder wurde ihm wirksam die Weisung erteilt, das Verfahren nicht einzuleiten, so haftet es nicht. In diesem Fall haften die Mitglieder des Organs, die gegen die Einleitung gestimmt oder die die Weisung erteilt haben, zur ungeteilten Hand nach § 22 Abs. 1 in dem sich aus dieser Bestimmung ergebenden Gesamtumfang, jedoch je Person nur bis zu 100 000 Euro.

Nichteintritt der Haftung

§ 26. (1) Die Haftung tritt nicht ein, wenn die Mitglieder des vertretungsbefugten Organs unverzüglich nach Erhalt des Berichtes des Abschlußprüfers über das Vorliegen der Voraussetzungen für die Vermutung eines Reorganisationsbedarfs (§ 22 Abs. 1 Z 1) ein Gutachten eines Wirtschaftstreuhänders, der zur Prüfung des Jahresabschlusses der juristischen Person befugt ist, eingeholt haben und dieses einen Reorganisationsbedarf verneint hat.

(2) Das Gutachten des Wirtschaftstreuhänders hat insbesondere darauf einzugehen,

1. ob die Fortbestandsprognose positiv ist,
2. ob der Bestand des Unternehmens gefährdet ist,
3. auf Grund welcher Umstände trotz Vorliegens der Kennzahlen nach § 22 Abs. 1 Z 1 kein Reorganisationsbedarf besteht,
4. ob stille Reserven vorhanden sind und
5. ob gesellschaftsrechtliche Beschlüsse, wie über eine Kapitalerhöhung, gefaßt worden sind oder ein Verlustabdeckungsvertrag abgeschlossen worden ist.

(3) Die Haftung tritt weiters nicht ein, wenn innerhalb der Zweijahresfrist des § 22 Abs. 1 der mit der Prüfung eines weiteren Jahresabschlusses beauftragte Abschlußprüfer keinen weiteren Bericht über das Vorliegen der Voraussetzungen für die Vermutung eines Reorganisationsbedarfs erstattet.

Entfall der Haftung

§ 27. Die Haftung entfällt, wenn bewiesen wird, daß die Insolvenz aus anderen Gründen als wegen der Unterlassung der Reorganisation eingetreten ist.

Geltendmachung der Haftung

§ 28. (1) Der Anspruch nach § 22 und nach § 25 kann nur vom Masse- oder Sanierungsverwalter für die Insolvenzmasse geltend gemacht werden.

(2) Die juristische Person kann auf den Anspruch nicht verzichten. Gegen den Anspruch kann nicht mit Forderungen an die juristische Person aufgerechnet werden.

5. Abschnitt
Schlußbestimmungen

Verweisungen

§ 29. Soweit in diesem Bundesgesetz auf Bestimmungen anderer Bundesgesetze verwiesen wird, sind diese in ihrer jeweils geltenden Fassung anzuwenden.

Inkrafttreten

§ 30. (1) Dieses Bundesgesetz tritt mit 1. Oktober 1997 in Kraft.

(2) § 22 Abs. 2, § 23 und § 24 Abs. 1 in der Fassung des Handelsrechts-Änderungsgesetzes, BGBl. I Nr. 120/2005, treten mit 1. Jänner 2007 in Kraft.

(3) Die §§ 2, 13 Abs. 3, 17, 18, 20 Abs. 2, 22 Abs. 1 und 28 Abs. 1 in der Fassung des Bundesgesetzes BGBl. I Nr. 58/2010 treten mit 1. August 2010 in Kraft.

(4) §§ 23 und 24 in der Fassung des Bundesgesetzes BGBl. I Nr. 43/2016 treten mit 20. Juli 2015 in Kraft und sind auf Jahresabschlüsse für Geschäftsjahre anzuwenden, die nach dem 31. Dezember 2015 beginnen.

Abs. 4 eingefügt durch BGBl I Nr. 43/2016

Vollziehung

§ 31. Mit der Vollziehung dieses Bundesgesetzes ist der Bundesminister für Justiz betraut.

Artikel VI
In-Kraft-Tretens- und Übergangsbestimmungen
(Anm.: Zu § 21, BGBl. I Nr. 114/1997)

(1) Art. II bis V treten mit 1. Jänner 2004 in Kraft.

(2) bis (6) (Anm.: betrifft andere Rechtsvorschriften)

(7) § 21 URG in der Fassung des Art. IV ist auf Reorganisationsverfahren anzuwenden, die nach dem 31. Dezember 2003 eingeleitet werden.

Artikel 96
In-Kraft-Treten, Übergangsbestimmungen
(Anm.: Zu § 22, BGBl. I Nr. 114/1997)

1. Die Bestimmungen dieses Abschnitts treten – soweit im Folgenden nichts anderes bestimmt ist – mit 1. Jänner 2002 in Kraft.

2.–27. (Anm.: betrifft andere Rechtsvorschriften)

28. Der Art. 86 (Unternehmensreorganisationsgesetz) ist auf Verhalten der Mitglieder des vertretungsbefugten Organs anzuwenden, die nach dem 31. Dezember 2001 gesetzt worden sind.

29. und 30. (Anm.: betrifft andere Rechtsvorschriften)

3/13. Genossenschaftsrevisionsgesetz 1997

BGBl I 1997/127 (= Art I Genossenschaftsrevisionsrechtsänderungsgesetz 1997) idF

1 BGBl I 2000/136
2 BGBl I 2002/108
3 BGBl I 2004/67
4 BGBl I 2005/59 (GesRÄG 2005)
5 BGBl I 2005/120 (HaRÄG)
6 BGBl I 2008/70 (URÄG 2008)
7 BGBl I 2009/71 (AktRÄG 2009)
8 BGBl I 2015/22 (RÄG 2014)
9 BGBl I 2016/43 (APRÄG 2016)
10 BGBl I 2017/80
11 BGBl I 2018/69
12 BGBl I 2021/26

GLIEDERUNG

STICHWORTVERZEICHNIS

Bundesgesetz über die Revision von Erwerbs- und Wirtschaftsgenossenschaften (Genossenschaftsrevisionsgesetz 1997 – GenRevG 1997)

Erster Abschnitt

Revision

Pflicht zur Revision

§ 1. (1) Genossenschaften sind durch einen unabhängigen und weisungsfreien Revisor mindestens in jedem zweiten Geschäftsjahr auf die Rechtmäßigkeit, Ordnungsmäßigkeit und Zweckmäßigkeit ihrer Einrichtungen, ihrer Rechnungslegung und ihrer Geschäftsführung, insbesondere auf die Erfüllung des Förderungsauftrags und die Wirtschaftlichkeit, sowie auf Zweckmäßigkeit, Stand und Entwicklung ihrer Vermögens-, Finanz- und Ertragslage zu prüfen. Bei Genossenschaften, die mindestens zwei der in § 221 Abs. 1 „UGB“ bezeichneten Merkmale überschreiten, und bei Genossenschaften, die nach § 24 des Gesetzes über Erwerbs- und Wirtschaftsgenossenschaften, RGBl. Nr. 70/1873, einen Aufsichtsrat zu bestellen haben, ist die Revision in jedem Geschäftsjahr durchzuführen. *(BGBl I 2005/120)*

(2) Stehen Unternehmen unter der einheitlichen Leitung einer Genossenschaft (Mutterunternehmen) mit Sitz im Inland „ “** , so hat sich die Revision auch auf diese Unternehmen zu erstrecken. Dasselbe gilt, wenn der Genossenschaft bei einem Unternehmen die Rechte nach § 244 Abs. 2 „UGB“* zustehen. Ist das Tochterunternehmen durch einen Abschlußprüfer zu prüfen, so hat sich die Revision auf die Gebarung der Tochter einschließlich ihrer Förderungsleistung für die Mitglieder des Mutterunternehmens zu beschränken. *(*BGBl I 2005/120; **BGBl I 2015/22)*

Bestellung und Enthebung des Revisors

§ 2. (1) Der Revisor einer Genossenschaft, die einem anerkannten Revisionsverband angehört, wird durch den Revisionsverband bestellt. Wird die Durchführung der Revision nicht spätestens 27 Monate oder, wenn die Genossenschaft zur jährlichen Revision verpflichtet ist (§ 1 Abs. 1 letzter Satz), 15 Monate nach Abschluß der letzten Revision zum Firmenbuch angemeldet, so hat das Gericht den Revisionsverband zur Bekanntgabe der Gründe der Verzögerung aufzufordern und ihm eine angemessene Nachfrist zur Durchführung der Revision zu setzen. Wird die Durchführung der Revision auch nach Ablauf dieser Nachfrist nicht zum Firmenbuch angemeldet, so hat das Gericht den Revisor von Amts wegen zu bestellen und dies der für die Anerkennung zuständigen Behörde mitzuteilen.

(2) Gehört die Genossenschaft keinem Revisionsverband an, so hat das Gericht auf Antrag der Genossenschaft den Revisor zu bestellen. Beantragt die Genossenschaft nicht spätestens 18 Monate oder, wenn die Genossenschaft zur jährlichen Revision verpflichtet ist (§ 1 Abs. 1 letzter Satz), sechs Monate nach Abschluß der letzten Revision die Bestellung eines Revisors, so hat das Gericht den Revisor von Amts wegen zu bestellen.

(3) Auf Antrag der Genossenschaft oder von Amts wegen hat das Gericht nach Anhörung der Beteiligten und des bestellten Revisors einen anderen Revisor zu bestellen, wenn dies aus einem in der Person des bestellten Revisors liegenden wichtigen Grund geboten erscheint, insbesondere wenn Besorgnis der Befangenheit besteht. Bei Genossenschaften, die gemäß § 22 Abs. 7 des Gesetzes über Erwerbs- und Wirtschaftsgenossenschaften abschlussprüfungspflichtig sind, kann der Antrag auch von Mitgliedern der Genossenschaft, die den zwanzigsten Teil der Stimmrechte oder des Gesamtnennbetrags der Geschäftsanteile auf sich vereinigen, sowie von der Abschlussprüferaufsichtsbehörde gestellt werden. Der Antrag ist binnen zwei Wochen ab der Bekanntgabe der Person des Revisors zu stellen. Wird ein wichtiger Grund erst nach der Bestellung bekannt oder tritt er erst danach ein, ist der Antrag binnen zwei Wochen nach dem Tag zu stellen, an dem die Antragsberechtigten Kenntnis davon erlangt haben oder ohne grobe Fahrlässigkeit hätten erlangen können. *(BGBl I 2016/43)*

(4) Der Revisor kann seine Enthebung bei Gericht aus wichtigem Grund beantragen. Meinungsverschiedenheiten zwischen Genossenschaft und Revisor (§ 11) sind nicht als wichtiger Grund anzusehen. Der Revisor hat über das Ergebnis seiner bisherigen Prüfung zu berichten.

(5) Der Antrag, einen vom einem Revisionsverband bestellten Revisor gemäß den Abs. 3 oder 4 zu entheben, kann erst gestellt werden, wenn die Genossenschaft beziehungsweise der Revisor den Revisionsverband um die Bestellung eines anderen Revisors ersucht hat und der Revisionsverband dieses Ersuchen abgelehnt oder nicht binnen drei Wochen hierüber entschieden hat. Im Fall des Abs. 3 ist dieses Ersuchen binnen zwei Wochen ab der Bekanntgabe des Revisors zu stellen. Der Antrag bei Gericht ist binnen zwei Wochen ab Kenntnis der Entscheidung des Revisionsverbands oder ab dem Ablauf der für diese Entscheidung offenen Frist zu stellen. Im Verfahren ist dem Revisionsverband Gelegenheit zu geben, einen anderen Revisor zu bestellen oder dem Gericht für den Fall, daß dem Antrag auf Enthebung stattgegeben wird, andere Revisoren namhaft zu machen. Soweit gegen die namhaft gemachten Revisoren keine Bedenken im Sinn des Abs. 3 bestehen, ist der Revisor aus deren Kreis zu bestellen.

Auswahl des Revisors

§ 3. (1) Als Revisor darf bestellt werden:

1. bei nicht abschlussprüfungspflichtigen Genossenschaften ein in die Liste gemäß § 17a Abs. 2 eingetragener Revisor und

2. bei abschlussprüfungspflichtigen und nicht abschlussprüfungspflichtigen Genossenschaften außerdem

a) ein in die Liste gemäß § 17a Abs. 2 eingetragener Revisor, der entweder über eine aufrechte Bescheinigung gemäß § 35 oder § 36 des Abschlussprüfer-Aufsichtsgesetzes (APAG), BGBl. I Nr. 83/2016, oder an seiner Stelle der Prüfungsbetrieb des Revisionsverbandes darüber verfügt, er für den Revisionsverband tätig wird und ihm dieser die Methode der Qualitätssicherung vorgibt, oder

b) ein Wirtschaftsprüfer, der entweder über eine aufrechte Bescheinigung gemäß § 35 oder § 36 APAG oder an seiner Stelle der Prüfungsbetrieb des Revisionsverbandes darüber verfügt, er für den Revisionsverband tätig wird und ihm dieser die Methode der Qualitätssicherung vorgibt, oder

c) eine Wirtschaftsprüfungsgesellschaft, die über eine aufrechte Bescheinigung gemäß § 35 oder § 36 APAG verfügt.
(BGBl I 2021/26)

(2) Gesetzliche Vertreter, Mitglieder des Aufsichtsrats, Arbeitnehmer oder Mitglieder der zu prüfenden Genossenschaft sowie sonstige Personen, bei denen „die Besorgnis der Befangenheit besteht oder ein Ausschlussgrund vorliegt", dürfen nicht als Revisoren bestellt werden. Ein Revisor hat derartige Umstände dem Vorstand des Revisionsverbands, der ihn bestellt hat, oder dem Gericht, das ihn bestellt hat, unverzüglich bekanntzugeben. *(BGBl I 2008/70)*

(3) Die bloße Mitgliedschaft in einem Revisionsverband bewirkt keine Befangenheit oder Ausgeschlossenheit des von diesem Revisionsverband bestellten Revisors bei der Durchführung einer Revision, einer Abschlussprüfung oder einer Bankprüfung. Die Befangenheit oder Ausgeschlossenheit eines Organmitglieds oder Mitarbeiters eines Revisionsverbands kann nicht den Schluss begründen, dass auch eine andere Person, die bei diesem Revisionsverband oder einem anderen unter derselben Bezeichnung agierenden Revisionsverband angestellt oder von diesem Revisionsverband bestellt worden ist, befangen oder ausgeschlossen wäre, es sei denn, dass der Mitarbeiter oder das Organmitglied auf das Ergebnis der Prüfung Einfluss nehmen kann. „Die Revisionsverbände haben Vorkehrungen zu treffen, um sicherzustellen, dass die Revisoren und Personen, die möglicherweise in der Lage wären, Einfluss auf Abschlussprüfungen zu nehmen, die Grundsätze der Unabhängigkeit einhalten." *(BGBl I 2008/70; BGBl I 2016/43)*

Durchführung der Revision

§ 4. (1) Der Revisor hat das Recht, die Bücher und Schriften der Genossenschaft sowie die Vermögensgegenstände und Schulden zu prüfen; zu diesem Zweck sind ihm alle Aufklärungen und Nachweise zu geben, die er für eine sorgfältige Revision benötigt. Er kann insbesondere alle Geschäfts- und Betriebsräume der Genossenschaft betreten und sämtliche Bestände prüfen, alle Unterlagen einschließlich Datenträger einsehen und Ablichtungen herstellen, von Mitgliedern des Vorstands und Aufsichtsrats, Beschäftigten sowie sonstigen Beauftragten der Genossenschaft Aufklärungen, in Einzelfällen von Mitgliedern, Gläubigern oder Schuldnern Auskünfte mündlich oder schriftlich einholen und zur Feststellung wichtiger Umstände jederzeit ein Protokoll aufnehmen. Soweit es für eine sorgfältige Revision erforderlich ist, hat der Revisor diese Rechte auch gegenüber Unternehmen im Sinn des § 1 Abs. 2.

(2) Der Revisor hat dem Vorstand der Genossenschaft den Beginn der Revision spätestens mit deren Beginn anzuzeigen. Der Vorstand hat den Vorsitzenden des Aufsichtsrats, wenn ein solcher besteht, vom Beginn der Revision unverzüglich zu unterrichten und auf dessen Verlangen oder auf Verlangen des Revisors den Aufsichtsrat der Revision zuzuziehen.

(3) Stellt der Revisor bei Wahrnehmung seiner Aufgaben Tatsachen fest, die den Bestand der geprüften Genossenschaft oder eines Unternehmens im Sinn des § 1 Abs. 2 gefährden oder ihre Entwicklung wesentlich beeinträchtigen können oder die schwerwiegende Verstöße des Vorstands oder des Aufsichtsrats gegen Gesetz oder Genossenschaftsvertrag erkennen lassen, so hat er darüber unverzüglich dem Vorstand und dem Aufsichtsrat, wenn ein solcher besteht, zu berichten. Er hat auch unverzüglich zu berichten, wenn er die Voraussetzungen für die Vermutung eines Reorganisationsbedarfs (§ 22 Abs. 1 Z 1 URG) feststellt; im Bericht sind die Eigenmittelquote (§ 23 URG) und die fiktive Schuldentilgungsdauer (§ 24 URG) anzugeben. Der Revisor hat den gesetzlichen Vertretern eines Tochterunternehmens im Sinn des § 1 Abs. 2 mitzuteilen, daß er den Organen der geprüften Genossenschaft von der Bestandsgefährdung oder Entwicklungsbeeinträchtigung des Unternehmens berichtet hat. „Der Vorstand der geprüften Genossenschaft hat bei Vorliegen einer Bestandsgefährdung unverzüglich eine Generalversammlung einzuberufen und dieser davon Anzeige zu machen, es sei denn, dass die Bestandsgefährdung ein Unternehmen im Sinn des § 1 Abs. 2 betrifft und eine Gefahr für die Genossenschaft nicht besteht." Wenn der Revisionsbericht nicht rechtzeitig vor der Generalversammlung fertiggestellt werden kann, hat der Revisor einen schriftlichen Zwischenbericht über die festgestellten Tatsachen zu erstellen; für den

Zwischenbericht gelten § 5 Abs. 2, § 6 Abs. 3 und 4 sinngemäß. *(BGBl I 2009/71)*

(4) Vor Abschluß der Revision hat der Revisor dem Vorstand der Genossenschaft über das voraussichtliche Ergebnis der Revision mündlich zu berichten (Prüfungsabschlußsitzung). Der Vorstand hat den Vorsitzenden des Aufsichtsrats, wenn ein solcher besteht, von der Prüfungsabschlußsitzung unverzüglich zu unterrichten und auf dessen Verlangen oder auf Verlangen des Revisors den Aufsichtsrat der Sitzung zuzuziehen. Von der Prüfungsabschlußsitzung kann abgesehen werden, wenn keine Mängel von Belang festgestellt wurden.

Revisionsbericht

§ 5. (1) Der Revisor hat über das Ergebnis der Revision schriftlich zu berichten. Im Bericht sind insbesondere das Ergebnis der Prüfung der Einrichtungen, der Rechnungslegung und der Geschäftsführung der Genossenschaft auf ihre Rechtmäßigkeit, Ordnungsmäßigkeit und Zweckmäßigkeit, insbesondere auf die Erfüllung des Förderungsauftrags und die Wirtschaftlichkeit, darzulegen, die für die Beurteilung der Geschäftsführung der Genossenschaft wesentlichen Umstände festzuhalten und Veränderungen der Vermögens-, Finanz- und Ertragslage der Genossenschaft gegenüber dem letzten Prüfungszeitraum sowie deren Zweckmäßigkeit anzuführen und zu erläutern. Werden Mängel von Belang oder Tatsachen nach § 4 Abs. 3 festgestellt, so sind diese einschließlich allfälliger zwischenzeitlicher Abhilfemaßnahmen und den Stellungnahmen in der Prüfungsabschlußsitzung (§ 4 Abs. 4) im Bericht ausdrücklich festzuhalten. Im Bericht ist ferner die Zeit des Beginns und der Beendigung der Revision anzugeben.

(2) Der Revisor hat eine zur Information der Mitglieder geeignete Kurzfassung des Revisionsberichts für die Generalversammlung zu erstellen, in die jedenfalls alle Mängel von Belang und Feststellungen gemäß § 4 Abs. 3 aufzunehmen sind. Feststellungen, deren Bekanntgabe nach vernünftiger „unternehmerischer“ Beurteilung geeignet ist, der Genossenschaft einen erheblichen Nachteil zuzufügen, müssen in die Kurzfassung nicht aufgenommen werden, wenn dadurch das getreue Bild von der Gesamtlage der Genossenschaft nicht beeinträchtigt wird. *(BGBl I 2005/120)*

(3) Der Revisor hat den Bericht und dessen Kurzfassung zu unterzeichnen und dem Vorstand und den Mitgliedern des Aufsichtsrats der Genossenschaft, wenn ein solcher besteht, vorzulegen.

(4) Wurde der Revisor von einem Revisionsverband bestellt, so hat der Revisor den von ihm unterfertigten Bericht und dessen Kurzfassung dem Vorstand des Revisionsverbands vorzulegen. Dieser hat den Bericht zu prüfen, das Ergebnis seiner Prüfung dem Bericht beizufügen, den Revisionsbericht, dessen Kurzfassung und das Ergebnis seiner Prüfung dem Vorstand und dem Aufsichtsrat der Genossenschaft vorzulegen.

(5) Die Genossenschaft hat die Durchführung der Revision und die Zeit, während welcher sie vorgenommen wurde, zur Eintragung in das Firmenbuch anzumelden.

Behandlung des Revisionsberichts

§ 6. (1) Der Vorstand der Genossenschaft hat nach Empfang des Revisionsberichts, wenn ein Aufsichtsrat besteht, in gemeinsamer Sitzung mit diesem unverzüglich über den Bericht zu beraten, die erforderlichen Beschlüsse zu fassen und bei der Einberufung der nächsten Generalversammlung die Behandlung des Revisionsberichts als Gegenstand der Beschlußfassung anzukündigen.

(2) Von der Einberufung der Generalversammlung sind der Revisor und der Revisionsverband unter Anschluß der Tagesordnung unverzüglich zu verständigen. Der Revisor und der Revisionsverband sind berechtigt, an der Generalversammlung beratend teilzunehmen.

(3) Mit der Einberufung der Generalversammlung ist den Genossenschaftern bekanntzugeben, daß die Kurzfassung des Revisionsberichts zur Einsicht während der gewöhnlichen Geschäftsstunden bei der Genossenschaft aufliegt. Jedem Genossenschafter ist auf Verlangen eine Abschrift der Kurzfassung des Revisionsberichts zu erteilen.

(4) In der Generalversammlung sind die Kurzfassung des Revisionsberichts und die Stellungnahme des Revisionsverbands zu verlesen. Im Anschluß daran hat sich der Aufsichtsrat oder, wenn ein solcher nicht besteht, der Vorstand über das Ergebnis der Revision zu erklären.

Einberufung einer außerordentlichen Generalversammlung durch den Revisor

§ 7. „“ Wenn die Beschlußfassung über den Revisionsbericht verzögert wird, die Generalversammlung bei der Beschlußfassung unzulänglich über wesentliche Feststellungen oder Beanstandungen im Revisionsbericht unterrichtet war oder der Vorstand nicht unverzüglich eine Generalversammlung „zur Anzeige einer festgestellten Bestandsgefährdung (§ 4 Abs. 3 vierter Satz)“ einberuft, so hat das Gericht auf Antrag des Revisors oder des Revisionsverbands den Revisor zu ermächtigen, eine außerordentliche Generalversammlung der Genossenschaft auf deren Kosten einzuberufen, und zu bestimmen, über welche Gegenstände zwecks Beseitigung festgestellter Mängel verhandelt und beschlossen werden soll. Zugleich hat das Gericht den Vorsitzenden der Versammlung zu bestimmen. Auf die Ermächtigung muß bei der Einberufung hingewiesen werden. *(BGBl I 2009/71)*

Mängelbehebung

§ 8. (1) Die Genossenschaft hat geeignete Maßnahmen zur Behebung der im Revisionsbericht angeführten Mängel einzuleiten und dem Revisor hierüber sowie auf sein Verlangen über die Behebung von im einzelnen bezeichneten Mängeln innerhalb einer von ihm angemessen zu bestimmenden Frist Bericht zu erstatten.

(2) Wird dem Revisor nicht unverzüglich die Einleitung geeigneter Maßnahmen beziehungsweise nicht fristgerecht die Behebung von Mängeln nachgewiesen, die den Bestand der geprüften Genossenschaft gefährden oder ihre Entwicklung wesentlich beeinträchtigen können oder die schwerwiegende Verstöße der gesetzlichen Vertreter gegen Gesetz oder Genossenschaftsvertrag bedeuten, so hat der Revisor selbst oder, wenn er durch einen Revisionsverband bestellt wurde, im Weg des Revisionsverbands der Genossenschaft eine angemessene Nachfrist zur Behebung oder zur Einleitung geeigneter Maßnahmen zur Behebung zu setzen und nach deren fruchtlosem Ablauf einen Bericht über die Mängel zum Firmenbuch einzureichen.

(3) Der Revisor oder, wenn der Revisor durch einen Revisionsverband bestellt wurde, der Revisionsverband hat überdies dem Gericht binnen der Nachfrist nicht abgestellte Mängel anzuzeigen, die ein Einschreiten des Gerichts gemäß den §§ 87 bis 89 des Gesetzes über Erwerbs- und Wirtschaftsgenossenschaften begründen könnten.

Revisionskosten

§ 9. (1) Ist die geprüfte Genossenschaft Mitglied eines Revisionsverbands, so hat sie die auf Grundlage des Verbandsstatuts festgesetzten Revisionskosten zu bezahlen. Die Revisionskosten müssen angemessen sein.

(2) Der vom Gericht bestellte Revisor hat Anspruch auf Ersatz der notwendigen baren Auslagen und auf angemessene Entlohnung für seine Tätigkeit. Diese von der geprüften Genossenschaft zu entrichtenden Beträge bestimmt das Gericht „ “. *(BGBl I 2009/71)*

(3) Die Kosten der Revision dürfen nicht von der Erbringung zusätzlicher Leistungen für das geprüfte Unternehmen beeinflusst oder bestimmt sein und an keinerlei Bedingungen geknüpft werden. *(BGBl I 2016/43)*

Verantwortlichkeit des Revisors und des Revisionsverbands

§ 10. (1) Der Revisor, der Revisionsverband und ihre Gehilfen sowie die bei der Revision mitwirkenden gesetzlichen Vertreter des Revisionsverbands oder einer Prüfungsgesellschaft sind zur Verschwiegenheit verpflichtet. Sie dürfen nicht unbefugt Geschäfts- und Betriebsgeheimnisse verwerten, die sie bei ihrer Tätigkeit erfahren haben. Ist eine Prüfungsgesellschaft Revisor, so besteht die Verpflichtung zur Verschwiegenheit auch gegenüber dem Aufsichtsrat der Prüfungsgesellschaft und dessen Mitgliedern. Wer vorsätzlich oder fahrlässig seine Pflichten verletzt, ist der Genossenschaft und, wenn ein Unternehmen im Sinne des § 1 Abs. 2 geschädigt worden ist, auch diesem zum Ersatz des daraus entstehenden Schadens verpflichtet. Mehrere Personen haften als Gesamtschuldner.

(2) Der Revisor ist zur gewissenhaften und unparteiischen Revision verpflichtet. Verletzt er vorsätzlich oder fahrlässig diese Pflicht, so ist er der Genossenschaft und, wenn ein Unternehmen im Sinne des § 1 Abs. 2 geschädigt worden ist, auch diesem zum Ersatz des daraus entstandenen Schadens verpflichtet. Mehrere Revisoren haften als Gesamtschuldner. Die Ersatzpflicht aus der Revision abschlussprüfungspflichtiger Genossenschaften (§ 22 Abs. 6 GenG) richtet sich nach § 275 Abs. 2 „UGB“**, bei der Revision anderer Genossenschaften ist sie mit 350 000 Euro „bei Fahrlässigkeit“* beschränkt. Diese Beschränkungen gelten auch, wenn an der Revision mehrere Revisoren beteiligt waren, mehrere zum Ersatz verpflichtende Handlungen begangen wurden oder durch diese Handlungen auch Pflichten gemäß § 275 Abs. 2 „UGB“** verletzt wurden, und ohne Rücksicht darauf „ , ob andere Beteiligte vorsätzlich gehandelt haben.“* Ergibt sich die Haftung des Revisors auch aus seiner Tätigkeit als Bankprüfer, so bestimmt sich die Beschränkung der Ersatzpflicht nach § 62a BWG. *(*BGBl I 2005/59; **BGBl I 2005/120)*

(3) Für Ersatzansprüche gegen einen Revisor aus der Revision (Abs. 2), der Abschlussprüfung (§ 275 Abs. 2 „UGB“) und der Bankprüfung haftet der Revisionsverband als Ausfallsbürge. Auch soweit der Revisionsverband aus der Verletzung ihn selbst treffender Pflichten haftet, gilt für ihn die jeweilige Beschränkung dieser Ersatzansprüche. *(BGBl I 2005/120)*

(4) Wenn Ersatzansprüche gegen einen Revisor gemäß Abs. 3 nicht durch einen Revisionsverband ausreichend sichergestellt sind, hat der Revisor seine Bestellung abzulehnen, es sei denn, dass diese Ersatzansprüche sowohl dem Grunde als auch der Höhe nach im Deckungsumfang einer anderen Vermögensschaden-Haftpflichtversicherung enthalten sind. *(BGBl I 2021/26)*

(5) Die Ersatzpflicht kann durch Vertrag weder ausgeschlossen noch beschränkt werden. Sie verjährt in fünf Jahren ab Schadenseintritt.

(BGBl I 2002/108)

Meinungsverschiedenheiten zwischen Genossenschaft und Revisor oder Revisionsverband

§ 11. Bei Meinungsverschiedenheiten zwischen dem Revisor oder dem Revisionsverband und der Genossenschaft oder einem Unternehmen im Sinn des § 1 Abs. 2 über die Auslegung und Anwendung von gesetzlichen Vorschriften sowie von Bestimmungen des Verbandsstatuts oder des Genossenschaftsvertrags über die Revision entscheidet auf Antrag des Revisors, des Revisionsverbands, der gesetzlichen Vertreter der Genossenschaft oder der gesetzlichen Vertreter des Unternehmens im Sinn des § 1 Abs. 2 das Gericht.

Zwangsstrafen

§ 12. (1) Die Vorstandsmitglieder, die Aufsichtsratsmitglieder oder die Abwickler sind zur Befolgung der §§ 4 und 6 vom Gericht durch Zwangsstrafen bis zu „3 500 Euro" anzuhalten. *(BGBl I 2000/136)*

(2) Kommen die Vorstandsmitglieder, die Aufsichtsratsmitglieder oder die Abwickler ihrer im Abs. 1 erwähnten Pflicht nicht innerhalb von zwei Monaten nach Rechtskraft des Beschlusses über die Verhängung der Zwangsstrafe nach, so ist eine weitere Zwangsstrafe bis zu „3 500 Euro" zu verhängen. Eine wiederholte Verhängung von Zwangsstrafen ist zulässig. *(BGBl I 2000/136)*

Zweiter Abschnitt
Zulassung als Revisor

Voraussetzungen

§ 13. (1) Allgemeine Voraussetzungen für die Zulassung als Revisor sind

1. die volle Handlungsfähigkeit,

2. die Hochschulreife,

3. die besondere Vertrauenswürdigkeit und

4. geordnete wirtschaftliche Verhältnisse.

(2) Weitere Voraussetzung für die Zulassung als Revisor ist die erfolgreich abgelegte Fachprüfung und eine zumindest dreijährige praktische Tätigkeit bei einem Revisionsverband oder bei einem Wirtschaftsprüfer oder einer Wirtschaftsprüfungsgesellschaft. *(BGBl I 2021/26)*

(3) Von der praktischen Tätigkeit gemäß Abs. 2 müssen mindestens zwei Jahre auf eine hauptberufliche, Abschlussprüfungen umfassende Tätigkeit entfallen. *(BGBl I 2021/26)*

(4) Auf die Dauer der Tätigkeit gemäß Abs. 2 sind anzurechnen:

1. andere zulässige praktische Tätigkeiten, welche die für den Beruf des Revisors erforderlichen qualifizierten Kenntnisse vermitteln, im Höchstausmaß von einem Jahr,

2. Tätigkeiten als Revisionsassistent in der Prüfungsstelle des Sparkassen-Prüfungsverbandes im Höchstausmaß von einem Jahr,

3. die Tätigkeit als zeichnungsberechtigter Prüfer der Prüfungsstelle des Sparkassen-Prüfungsverbandes im Höchstausmaß von einem Jahr und

4. eine mit den in Z 1 angeführten Tätigkeiten vergleichbare Tätigkeit im Ausland im Höchstausmaß von einem Jahr.

(BGBl I 2008/70)

Besondere Vertrauenswürdigkeit

§ 13a. Die besondere Vertrauenswürdigkeit liegt dann nicht vor, wenn der Revisionsanwärter rechtskräftig verurteilt oder bestraft worden ist

1. a) von einem Gericht wegen einer mit Vorsatz begangenen strafbaren Handlung zu einer mehr als einjährigen Freiheitsstrafe oder

b) von einem Gericht wegen einer mit Bereicherungsvorsatz begangenen strafbaren Handlung oder

c) von einem Gericht wegen eines Finanzvergehens oder

d) von einer Finanzstrafbehörde wegen eines vorsätzlichen Finanzvergehens mit Ausnahme einer Finanzordnungswidrigkeit und

2. diese Verurteilung oder Bestrafung noch nicht getilgt ist oder solange die Beschränkung der Auskunft gemäß § 6 Abs. 2 oder Abs. 3 des Tilgungsgesetzes 1972, BGBl. Nr. 68, noch nicht eingetreten ist.

(BGBl I 2008/70)

Geordnete wirtschaftliche Verhältnisse

§ 13b. Geordnete wirtschaftliche Verhältnisse liegen dann nicht vor, wenn

1. über das Vermögen des Revisionsanwärters der Konkurs innerhalb der letzten zehn Jahre rechtskräftig eröffnet worden ist, sofern nicht der Konkurs nach einem Zwangsausgleich aufgehoben worden ist, oder

2. über das Vermögen des Revisionsanwärters innerhalb der letzten zehn Jahre zweimal rechtskräftig ein Ausgleichsverfahren eröffnet worden ist und mittlerweile nicht sämtliche diesem Verfahren zugrunde liegenden Verbindlichkeiten nachgelassen oder beglichen worden sind oder

3. gegen den Revisionsanwärter innerhalb der letzten zehn Jahre ein Antrag auf Konkurseröffnung gestellt, der Antrag aber mangels eines voraussichtlich hinreichenden Vermögens abgewiesen und die Zahlungsunfähigkeit nicht beseitigt worden ist.

(BGBl I 2008/70)

Zulassung zur Fachprüfung

§ 14. Die Vereinigung österreichischer Revisionsverbände hat einen Revisionsanwärter, der die Voraussetzungen nach § 13 Abs. 1 erfüllt und eine mindestens 18 monatige praktische Tätigkeit gemäß § 13 Abs. 2 und 4 nachweist, auf dessen Antrag zur Fachprüfung zum Genossenschaftsrevisor zuzulassen und davon sowie vom Prüfungstermin den Revisionsanwärter und gegebenenfalls den Revisionsverband, bei dem dieser angestellt ist, schriftlich zu informieren.

(BGBl I 2021/26)

Verfall von Teilprüfungen

§ 14a. (1) Bereits bestandene Teilprüfungen im Rahmen der Fachprüfung für Genossenschaftsrevisoren verfallen sieben Jahre nach der Zulassung zum Prüfungsverfahren.

(2) Mit dem Verfall gemäß Abs. 1 gelten sowohl die erteilte Zulassung zur Fachprüfung als auch die Prüfungsgebühren für verfallen.

(BGBl I 2021/26)

Prüfungskommission

§ 15. (1) Für die Abhaltung der Prüfung hat die Vereinigung Österreichischer Revisionsverbände eine Prüfungskommission zu bestellen.

(2) Die Funktionsdauer dieser Kommission beträgt fünf Jahre. Als Kommissionsmitglieder können Revisoren, Wirtschaftsprüfer und Hochschullehrer derjenigen Fächer bestellt werden, die als Sachgebiete in § 16 aufgezählt sind. Für ihre Prüfungstätigkeit erhalten die Mitglieder eine Entschädigung.

(3) Die Prüfungskommission besteht aus einem Vorsitzenden und mindestens zwei Prüfungskommissären. Für jedes Kommissionsmitglied ist mindestens ein Stellvertreter mit denselben fachlichen Voraussetzungen und auf dieselbe Art und Weise wie die ordentlichen Mitglieder zu bestellen.

(4) Zur Beschlussfähigkeit der Kommission ist die Anwesenheit aller Mitglieder erforderlich. Die Mitglieder können sich von ihren Stellvertretern vertreten lassen.

(BGBl I 2008/70)

Inhalt und Ablauf der Prüfung

§ 16. (1) Die Fachprüfung zum Genossenschaftsrevisor umfasst alle im folgenden genannten Sachgebiete, besteht aus einem schriftlichen und mündlichen Teil und dient der Feststellung, ob der Prüfungskandidat eine theoretische Ausbildung auf dem Niveau eines Universitätsabschlusses erhalten hat. Die Prüfung hat überdies die Fähigkeit des Prüfungskandidaten zur praktischen Anwendung der erforderlichen theoretischen Kenntnisse bei der Revision und der Abschlussprüfung zu gewährleisten.

(2) Die Prüfung der theoretischen Kenntnisse muss unter besonderer Beachtung des Genossenschafts- und Revisionsrechts folgende Sachgebiete umfassen:

1. Theorie und Grundsätze des allgemeinen Rechnungswesens,

a) Vorschriften und Grundsätze für die Aufstellung des Jahresabschlusses und des konsolidierten Abschlusses sowie Bewertung und Erfolgsermittlung,

b) betriebliches Rechnungswesen und Kostenrechnung,

c) internationale Rechnungslegungsstandards,

d) wirtschaftliches Prüfungswesen,

e) Analyse des Jahresabschlusses,

f) internationale Prüfungsgrundsätze,

g) Gebarungsprüfung,

h) Risikomanagement und interne Kontrolle und

i) gesetzliche und standesrechtliche Vorschriften für Abschlussprüfung und Abschlussprüfer, Berufsgrundsätze und Unabhängigkeit und

2. soweit die Rechnungsprüfung und die Revision davon berührt werden,

a) Gesellschaftsrecht und Corporate Governance,

b) Insolvenzrecht,

c) Steuerrecht,

d) Bürgerliches Recht und Unternehmensrecht,

e) Arbeitsrecht und Sozialversicherungsrecht,

f) Informationssysteme und Informatik,

g) Betriebswirtschaft,

h) Volkswirtschaft und Finanzwissenschaft,

i) Mathematik und Statistik,

j) wesentliche Grundzüge der betrieblichen Finanzverwaltung und

k) Bankrecht und gemeinnütziges Wohnungsrecht.

(3) Die schriftliche Prüfung besteht aus vier Klausurarbeiten, von denen sich eine schwerpunktmäßig mit der Rechnungslegung, eine mit der Pflichtprüfung von Jahresabschlüssen und Konzernabschlüssen von Genossenschaften und Kapitalgesellschaften, eine mit Betriebswirtschaftslehre und eine mit Rechtslehre zu befassen hat. Die Prüfungsfragen für jede Klausurarbeit sind so zu stellen, dass diese vom Prüfungskandidaten in drei Stunden ausgearbeitet werden können. Die jeweilige Klausurarbeit ist nach dreieinhalb Stunden zu beenden.

(4) Über die bestandene Prüfung ist dem Prüfungskandidaten ein Zeugnis auszustellen, das

von allen Kommissionsmitgliedern zu unterfertigen ist.

(5) Die Prüfungskandidaten haben für jeden Prüfungsabschnitt (Klausurarbeit, mündliche Prüfung, Wiederholung von mündlichen Teilprüfungen, Mündliche Ergänzungsprüfung für Wirtschaftsprüfer) eine vom Vorstand der Vereinigung Österreichischer Revisionsverbände per Beschluss festzusetzende Prüfungsgebühr zu bezahlen, die höchstens die Hälfte der im Zusammenhang mit dieser Prüfung pro Kandidat anteilig anfallenden Kosten ausmachen darf. Die andere Hälfte ist von den Mitgliedern der VÖR nach dem Verhältnis der von ihnen in den letzten drei Jahren vor der konkreten Prüfung entsandten Prüfungskandidaten zu bezahlen.

(6) Wenn der Prüfungswerber nachweist, dass die Entrichtung der Prüfungsgebühr in der nach Abs. 5 festgesetzten Höhe für ihn wegen seiner Einkommensverhältnisse, insbesondere unter Berücksichtigung allfälliger Sorgepflichten und des Fehlens einer Kostenübernahmezusage seines Revisionsverbandes, eine erhebliche wirtschaftliche Härte darstellt, dann ist über seinen Antrag die Prüfungsgebühr vom Vorstand der Vereinigung Österreichischer Revisionsverbände entsprechend den Einkommensverhältnissen und Sorgepflichten des Prüfungswerbers und gegebenenfalls unter Berücksichtigung der Gründe für das Fehlen einer Kostenübernahmezusage des entsendenden Revisionsverbandes zu ermäßigen. Die Prüfungsgebühr ist in diesem Fall mit mindestens zwei Fünftel des nach Abs. 5 festgesetzten Betrages festzusetzen. Die Differenz zum ursprünglich nach Abs. 5 festgesetzten Betrag ist von den Mitgliedern der VÖR unter sinngemäßer Anwendung des Abs. 5 Satz 2 zu bezahlen.

(BGBl I 2021/26)

Prüfungsverordnung

§ 17. (1) Die Vereinigung Österreichischer Revisionsverbände hat die Einzelheiten des Prüfungsverfahrens mit Verordnung zu regeln.

(2) Diese Verordnung hat insbesondere Bestimmungen über die Pflicht der Mitglieder der Prüfungskommissionen zur Gewährleistung eines unparteiischen und sachgerechten Prüfungsverfahrens, über die Durchführung und die Dauer der schriftlichen und mündlichen Prüfung, über die den Prüfungsverlauf darlegende Niederschrift sowie über die Höhe der Entschädigung für die Mitglieder der Prüfungskommissionen und der von den Prüfungskandidaten der Vereinigung Österreichischer Revisionsverbände zu entrichtenden Prüfungsgebühren zu enthalten. Die Verordnung kann auch vorsehen, dass die Prüfungskandidaten für die Zulassung zur Prüfung die Teilnahme an theoretischen Ausbildungsveranstaltungen zur Gebarungsprüfung (einschließlich Prüfung des genossenschaftlichen Förderungsauftrags und unter besonderer Berücksichtigung des Genossenschaftsrechts und des Genossenschaftsrevisionsrechts) im Ausmaß von höchstens 40 Lehreinheiten zu jeweils 50 Minuten nachweisen müssen, sofern solche Ausbildungsveranstaltungen im Bedarfsfall, mindestens aber alle zwei Jahre, angeboten werden.

(3) Die Prüfungsverordnung ist nach Zustimmung des in einer bei der Vereinigung Österreichischer Revisionsverbände und bei sämtlichen Revisionsverbänden während der Bürozeiten zur Einsicht aufliegenden Druckschrift und im Internet auf der Website der Vereinigung österreichischer Revisionsverbände kundzumachen. Die im Internet kundgemachten Inhalte müssen jederzeit ohne Identitätsnachweis und gebührenfrei zugänglich sein und in ihrer kundgemachten Form vollständig und auf Dauer ermittelt werden können.

(BGBl I 2008/70)

Zulassung als Revisor

§ 17a. (1) Die Vereinigung österreichischer Revisionsverbände hat einen Revisionsanwärter, der die Fachprüfung zum Genossenschaftsrevisor erfolgreich abgelegt hat und die Voraussetzungen gemäß § 13 Abs. 1 erfüllt, auf dessen Antrag als Revisor zuzulassen und in die Liste gemäß Abs. 2 einzutragen.

(2) Die Vereinigung österreichischer Revisionsverbände hat unter Aufsicht des [Bundesministers für Wirtschaft und Arbeit] eine öffentlich zugängliche Liste der zugelassenen Revisoren zu führen.

(3) In die Liste sind der Name und das Geburtsdatum des Revisors, die Anschrift seines Arbeitsplatzes, das Datum der Zulassung und, wenn er bei einem Revisionsverband angestellt ist, Name und Anschrift dieses Revisionsverbands einzutragen. Änderungen dieser Daten sind der Vereinigung österreichischer Revisionsverbände zur amtswegigen Richtigstellung der Liste unverzüglich bekannt zu geben.

(BGBl I 2008/70)

Berufsgrundsätze

§ 17b. (1) Die Vereinigung Österreichischer Revisionsverbände hat mit Verordnung Berufsgrundsätze aufzustellen, die zumindest die Funktion der Revisoren für das öffentliche Interesse, ihre Integrität und Unparteilichkeit, ihre Weiterbildungsverpflichtung sowie ihre Fachkompetenz und Sorgfalt zum Gegenstand haben.

(2) Diese Verordnung ist nach Zustimmung des [Bundesministers für Wirtschaft und Arbeit] in einer bei der Vereinigung Österreichischer Revisionsverbände und bei sämtlichen Revisionsverbänden während der Bürozeiten zur Einsicht aufliegenden Druckschrift und im Internet auf der

Website der Vereinigung österreichischer Revisionsverbände kundzumachen. Die im Internet kundgemachten Inhalte müssen jederzeit ohne Identitätsnachweis und gebührenfrei zugänglich sein und in ihrer kundgemachten Form vollständig und auf Dauer ermittelt werden können.

(BGBl I 2008/70)

§ 17c. Die Vereinigung Österreichischer Revisionsverbände hat mit Verordnung Regeln zur internen Organisation des Prüfbetriebs von Revisionsverbänden gemäß internationalen Standards und europarechtlichen Vorgaben zu erlassen. Für diese Verordnung gilt § 17b Abs. 2 entsprechend.

(BGBl I 2017/80)

Widerruf der Zulassung

§ 18. (1) Die Vereinigung österreichischer Revisionsverbände „ " hat die Zulassung zum Revisor auf Antrag des Revisors oder, wenn Umstände eintreten, derentwegen die ordnungsgemäße Erfüllung seiner Aufgaben nicht mehr gewährleistet ist, von Amts wegen zu widerrufen und den Revisor aus der Liste der zugelassenen Revisoren zu streichen; die Revisionsverbände haben die Vereinigung österreichischer Revisionsverbände von derartigen Umständen unverzüglich in Kenntnis zu setzen. *(BGBl I 2008/70)*

(2) Eingetragene Revisoren, die keinem Revisionsverband angehören, haben der Vereinigung österreichischer Revisionsverbände in jedem dritten Kalenderjahr nach ihrem Ausscheiden aus einem Revisionsverband unaufgefordert zu bescheinigen, dass sie in den letzten drei Jahren einer facheinschlägigen Tätigkeit in einem Umfang nachgegangen sind, der das Fortbestehen ihrer fachlichen Befähigung sichert. Unterbleibt diese Bescheinigung, so erlischt die Zulassung zum Revisor und die Person ist aus der Liste der zugelassenen Revisoren zu streichen. Bei einem Antrag auf Wiedereintragung ist zu bescheinigen, dass die ordnungsgemäße Erfüllung der Aufgaben eines Revisors durch den Antragsteller nach wie vor gewährleistet ist.

(BGBl I 2005/59)

Niederlassung

§ 18a. (1) Staatsangehörige eines anderen Mitgliedstaates der EU oder eines anderen Vertragsstaates des Abkommens über den Europäischen Wirtschaftsraum oder der Schweizerischen Eidgenossenschaft sind nach Maßgabe des Abs. 2 berechtigt, sich auf dem Gebiet der Republik Österreich zur Ausübung des Berufes Revisor niederzulassen.

(2) Voraussetzungen für die Niederlassung gemäß Abs. 1 sind:

1. die Staatsangehörigkeit eines anderen Mitgliedstaates der EU oder eines anderen Vertragsstaates des Abkommens über den Europäischen Wirtschaftsraum oder der Schweizerischen Eidgenossenschaft,

2. die aufrechte Berechtigung, in ihrem Herkunftsmitgliedstaat den Beruf Revisor befugt auszuüben,

3. das Vorliegen der allgemeinen Voraussetzungen gemäß § 13 Abs. 1,

4. das Vorliegen einer gleichwertigen Berufsqualifikation und

5. die Zulassung durch die Vereinigung Österreichischer Revisionsverbände.

(3) Dem Antrag auf Zulassung sind anzuschließen:

1. ein Identitätsnachweis,

2. der Nachweis der Staatsangehörigkeit,

3. der Berufsqualifikationsnachweis, der zur Aufnahme des Berufes Revisor im Herkunftsmitgliedsstaat berechtigt, und

4. Bescheinigungen der zuständigen Behörden des Herkunftsmitgliedstaates über das Vorliegen der besonderen Vertrauenswürdigkeit und der geordneten wirtschaftlichen Verhältnisse sowie das Nichtvorliegen von schwerwiegendem standeswidrigem Verhalten. Diese Bescheinigungen dürfen bei ihrer Vorlage nicht älter als drei Monate sein.

(4) Die Zulassung hat zu erfolgen, wenn die allgemeinen Voraussetzungen für die Zulassung vorliegen und die geltend gemachte Berufsqualifikation dem des angestrebten Berufes Revisor gleichwertig ist. Die fachliche Befähigung ist durch die Vorlage entsprechender Nachweise zu bescheinigen. Diesen Ausbildungsnachweisen ist jeder Ausbildungsnachweis oder jede Gesamtheit von Berufsqualifikationsnachweisen, die von einer zuständigen Behörde in einem Mitgliedstaat ausgestellt wurden, gleichgestellt, sofern sie eine in der Gemeinschaft erworbene Ausbildung abschließen und von diesem Mitgliedstaat als gleichwertig anerkannt werden und in Bezug auf die Aufnahme oder Ausübung des Berufes Revisor dieselben Rechte verleihen oder auf die Ausübung dieses Berufes vorbereiten.

(5) Eine mangelnde Gleichwertigkeit der geltend gemachten Berufsqualifikation ist durch die Absolvierung einer Eignungsprüfung auszugleichen. Unter einer Eignungsprüfung sind Prüfungen im Sinn der Art. 14 und 44 der Richtlinie 2006/43/EG über Abschlussprüfungen von Jahresabschlüssen und konsolidierten Abschlüssen vom 17. Mai 2006, ABl. Nr. L 157 S. 87, zu verstehen.

(6) Die Gegenstände der Eignungsprüfung für Revisoren sind:

– Berufsgrundsätze und Unabhängigkeit und,

– soweit die Rechnungsprüfung und die Revision davon berührt werden, - Gesellschaftsrecht,
– Insolvenzrecht,
– Steuerrecht,
– Bürgerliches Recht und Unternehmensrecht sowie
– Arbeitsrecht und Sozialversicherungsrecht.

(7) Die Eignungsprüfung ist mündlich abzulegen. Für das Prüfungsverfahren gelten die Bestimmungen der §§ 15 bis 17 über mündliche Prüfungen.

(BGBl I 2008/70)

Dritter Abschnitt
Revisionsverbände

Anerkennung als Revisionsverband

§ 19. (1) Ein Verein oder eine Genossenschaft, deren Zweck nach ihrem Statut die Revision der ihr angehörigen Genossenschaften ist (Revisionsverband), ist als berechtigt anzuerkennen, für die diesem Verband angehörigen Genossenschaften Revisoren zu bestellen, wenn

1. der Verband nach dem Inhalt des Verbandsstatuts und in Hinblick auf seine Mitglieder Gewähr für die Erfüllung der von ihm zu übernehmenden Aufgaben bietet,

2. er glaubhaft macht, daß er unter Berücksichtigung der Anzahl, der wirtschaftlichen Tätigkeit und der Unternehmensgröße seiner Mitglieder wirtschaftlich und organisatorisch zur Erfüllung seiner Aufgaben in der Lage ist „." *(BGBl I 2002/108)*

3. *(aufgehoben, BGBl I 2002/108)*

(2) Das Verbandsstatut hat

1. den örtlichen und sachlichen Wirkungsbereich sowie Bestimmungen über die Bestellung der Revisoren sowie die Durchführung der Revisionen zu enthalten;

2. die Voraussetzungen für die Aufnahme in den Revisionsverband und den Ausschluß aus diesem festzulegen und dabei Genossenschaften, die nach ihrem Sitz und dem Gegenstand ihres Unternehmens in seinen örtlichen und sachlichen Wirkungsbereich fallen, Anspruch auf Aufnahme und Verbleib zur Durchführung der Pflichtrevision einzuräumen, wenn deren Aufnahme und Verbleib keine wichtigen Gründe entgegenstehen; und

3. sicherzustellen, daß die durch den Verband bestellten Revisoren in Fragen der Revision unabhängig und weisungsfrei sind.

(3) Der Revisionsverband kann neben der Revision die gemeinsame Wahrnehmung der Interessen seiner Mitglieder sowie deren Beratung und Betreuung bezwecken; er ist dabei auch zur Übernahme der geschäftsmäßigen Vertretung seiner Mitglieder vor Abgabenbehörden befugt. Andere Zwecke darf er nicht verfolgen. *(BGBl I 2004/67)*

(4) Die für die Anerkennung zuständige Behörde kann die Anerkennung von der Erfüllung von Auflagen abhängig machen.

(5) Das Dienstverhältnis eines Revisors, der Angestellter eines anerkannten Revisionsverbands im Sinn des Angestelltengesetzes, BGBl. Nr. 292/1921 in der jeweils gültigen Fassung ist, kann vom Verband nur aus wichtigem Grund gekündigt werden. Unbeschadet des Rechts zur vorzeitigen Entlassung gemäß § 27 Angestelltengesetz sind als wichtige Gründe, die den Verband zur Auflösung des Dienstverhältnisses berechtigen, insbesondere anzusehen:

1. mangelnde Aktivität zur beruflichen Weiterbildung,

2. grobe und nachhaltige Vernachlässigung der dienstrechtlichen Pflichten als Revisor,

3. Nichteinhaltung von Berufsgrundsätzen,

4. Wegfall der Zulassungsvoraussetzungen,

5. nachhaltige Nichteinhaltung von Qualitätssicherungsmaßnahmen nach § 2 Abs. 2 A-QSG,

6. Verwirklichung von in seiner Person begründeten Umständen, durch die der Revisor von der Vornahme von Revisionen, Abschlussprüfungen und/oder Bankprüfungen nicht nur im Verhältnis zu einem einzelnen Mitglied des Revisionsverbands, sondern zu sämtlichen Mitgliedern oder einer ganzen Gruppe von Mitgliedern gesetzlich ausgeschlossen ist.

7. der Eintritt einer Änderung des Arbeitsumfangs oder der Organisation der Revisionstätigkeit und

8. der Anspruch auf eine gesetzliche Alterspension.

(BGBl I 2008/70)

Umwandlung von Revisionsverbänden

§ 19a. (1) Ein Revisionsverband in der Rechtsform eines Vereins kann in eine Genossenschaft umgewandelt werden.

(2) Eine der Voraussetzungen einer Umwandlung ist ein Umwandlungsbeschluss der Mitgliederversammlung. Der Umwandlungsbeschluss bedarf, sofern die Statuten keine höheren Anforderungen stellen, einer für eine freiwillige Auflösung des bisherigen Vereins erforderlichen Mehrheit. Im Umwandlungsbeschluss sind die Firma und die weiteren zur Durchführung der Umwandlung erforderlichen Änderungen der Statuten festzusetzen.

(3) Die von der Mitgliederversammlung beschlossene Umwandlung bedarf der Zustimmung der für die Anerkennung zuständigen Behörde.

Die Behörde kann die Zustimmung zur Umwandlung von der Erfüllung von Auflagen abhängig machen.

(4) Der Betrag der den bisherigen Vereinsmitgliedern pro Kopf zuzuschreibenden Geschäftsanteile darf weder das auf diese entfallende anteilige Eigenkapital des bisherigen Vereins, noch die Summe der von diesen geleisteten Einlagen überschreiten.

(5) Die Umwandlung wird mit der Eintragung des Revisionsverbandes als Genossenschaft in das Firmenbuch wirksam. Bei der Anmeldung der Genossenschaft zur Eintragung in das Firmenbuch sind vorzulegen:

1. eine Bestätigung des Abschlussprüfers oder der Rechnungsprüfer des Vereins, wonach die Voraussetzungen gemäß Abs. 4 nach Maßgabe des letzten Rechnungsabschlusses erfüllt sind, und

2. die Zustimmung der für die Anerkennung zuständigen Behörde gemäß Abs. 3.

(6) Der Eintragungsbeschluss ist auch der zuständigen Vereinsbehörde zuzustellen. Mit der Eintragung des Revisionsverbandes als Genossenschaft gilt der Verein als freiwillig aufgelöst. Einer entsprechenden Eintragung im Vereinsregister kommt deklarative Wirkung zu.

(7) Der Vorstand des Revisionsverbandes hat die Mitglieder von der erfolgten Eintragung unverzüglich zu unterrichten. Vereinsmitglieder, die dem Umwandlungsbeschluss nicht zugestimmt haben, sind berechtigt, innerhalb von sechs Monaten ab Eintragung des Revisionsverbandes in das Firmenbuch ihren Austritt aus dem Revisionsverband zu erklären. Ihre Mitgliedschaft zu dem Revisionsverband gilt mit dem Zeitpunkt der Eintragung des Revisionsverbandes als Genossenschaft in das Firmenbuch als beendet; dies ist bei der Eintragung des Ausscheidens in das Register der Mitglieder der Genossenschaft zu vermerken.

(8) Wenn ein Revisionsverband, der als Spitzenverband seinerseits keinem Revisionsverband angehört, dies spätestens bei der Anmeldung der Umwandlung zur Eintragung in das Firmenbuch beantragt, gilt er als gemäß § 26 Abs. 1 lit. c von der Verbandspflicht befreit, ohne dass es auf die Voraussetzungen einer Befreiung ankäme. § 26 Abs. 2 gilt entsprechend.

(BGBl I 2018/69)

Revisionsverband und zuständige Behörde

§ 20. (1) Änderungen des Verbandsstatuts, welche die in § 19 Abs. 2 und 3 angeführten Gegenstände betreffen, bedürfen der Zustimmung der für die Anerkennung zuständigen Behörde.

(2) Die Revisionsverbände haben Änderungen der Anzahl, der wirtschaftlichen Tätigkeit und der Unternehmensgröße ihrer Mitglieder, die ihre wirtschaftliche und organisatorische Fähigkeit zur Erfüllung ihrer Aufgaben beeinträchtigen können, unverzüglich der für die Anerkennung zuständigen Behörde mitzuteilen.

(3) Die für die Anerkennung zuständige Behörde ist berechtigt, die Revisionsverbände darauf zu prüfen, ob sie ihre Aufgaben erfüllen; sie kann sie durch Auflagen zur Erfüllung ihrer Aufgaben anhalten. Werden der Behörde Umstände bekannt, die erhebliche Bedenken an der ordnungsgemäßen Erfüllung der Aufgaben eines Revisionsverbands begründen, so ist die Behörde zu einer Prüfung des Revisionsverbands verpflichtet.

Anmeldung der Zugehörigkeit zu einem Revisionsverband zum Firmenbuch

§ 21. Der Revisionsverband hat die Aufnahme und das Ausscheiden einer Genossenschaft unverzüglich zur Eintragung in das Firmenbuch anzumelden.

Entzug der Anerkennung

§ 22. Die für die Anerkennung zuständige Behörde kann dem Verband das Recht, für die ihm angehörigen Genossenschaften Revisoren zu bestellen, entziehen,

1. wenn der Verband seinen Pflichten bezüglich der Revision nicht genügt;

2. wenn es infolge einer Veränderung der Anzahl, der wirtschaftlichen Tätigkeit und der Unternehmensgröße der dem Verband angehörigen Genossenschaften ausgeschlossen erscheint, daß der Verband wirtschaftlich und organisatorisch zur Erfüllung seiner Aufgaben in der Lage ist;

3. wenn der Verband seine Tätigkeit auf andere als die im Statut bezeichneten Gegenstände ausdehnt;

4. wenn der Verband Auflagen der für die Anerkennung zuständigen Behörde nicht erfüllt.

Zuständige Behörden

§ 23. (1) Für die Anerkennung der Berechtigung von Revisionsverbänden, für die ihnen angehörigen Genossenschaften Revisoren zu bestellen, ist der [Bundesminister für Wirtschaft und Arbeit] zuständig. Bezweckt der Revisionsverband nach seinem Statut die Bestellung von Revisoren für Kredit- oder Finanzinstitute, so ist im Einvernehmen mit dem Bundesminister für Finanzen vorzugehen.

(2) Soweit der Vereinigung österreichischer Revisionsverbände in diesem Gesetz behördliche Aufgaben übertragen werden (§§ 14, 15, 17, 17a, 17b, 18 und 18a), unterliegt sie der Aufsicht und Weisungsbefugnis des [Bundesministers für Wirtschaft und Arbeit]. „ “ *(BGBl I 2008/70; BGBl I 2015/22)*

(3) Anerkannte Revisionsverbände haben Anspruch auf Aufnahme in den Verein „Vereinigung österreichischer Revisionsverbände“.

(4) Die Tätigkeit der jeweils zuständigen Behörde betreffend die Zulassung zum Revisor und deren Widerruf sowie die Anerkennung als Revisionsverband und deren Entzug erfolgt nur im öffentlichen Interesse.

(BGBl I 2005/59)

Vierter Abschnitt
Verbandszugehörigkeit

Verbandszugehörigkeit als Voraussetzung der Eintragung einer Genossenschaft

§ 24. (1) Die Eintragung einer Erwerbs- und Wirtschaftsgenossenschaft in das Firmenbuch darf vom Gericht nur bewilligt werden, wenn ihr für den Fall der Eintragung die Aufnahme in einen anerkannten Revisionsverband, in dessen örtlichen und sachlichen Wirkungsbereich die Genossenschaft nach ihrem Sitz und dem Gegenstand ihres Unternehmens fällt, zugesichert worden ist.

(2) Der Nachweis der Zusicherung der Aufnahme in einen Revisionsverband ist durch eine schriftliche Erklärung des Revisionsverbands zu erbringen.

Aufnahmeansuchen an den Revisionsverband

§ 25. (1) Die zu gründende Genossenschaft hat dem Aufnahmeansuchen an den Revisionsverband den Genossenschaftsvertrag anzuschließen und darzulegen, daß nach einer begründeten Wirtschaftlichkeitsprognose sowie auf Grund der persönlichen Verhältnisse der Mitglieder des ersten Vorstands oder, wenn ein solcher noch nicht gewählt worden ist, der Gründer zu erwarten ist, daß die Genossenschaft ihren im Genossenschaftsvertrag vorgesehenen Förderungsauftrag dauerhaft erfüllt.

(2) Der Revisionsverband hat über das Aufnahmeansuchen binnen acht Wochen schriftlich zu entscheiden; eine Ablehnung des Ansuchens ist zu begründen. Das Ansuchen darf nicht deshalb abgelehnt werden, weil sich die zu gründende Genossenschaft weigert, einem anderen, die Vertretung ihrer Interessen oder die Förderung ihrer Mitglieder bezweckenden Verband oder einer sonstigen derartigen Einrichtung beizutreten, sofern es sich nicht um eine gesetzlich gebotene Einrichtung handelt.

Befreiung von der Verbandspflicht

§ 26. (1) Das Gericht hat eine zu gründende Genossenschaft oder eine aus einem Revisionsverband ausgeschiedene Genossenschaft auf deren Antrag von der Verbandspflicht zu befreien, wenn

1. a) ein zuständiger Revisionsverband (§ 24 Abs. 1) das ausreichend begründete (§ 25 Abs. 1) Aufnahmeansuchen der Genossenschaft abgelehnt hat,

b) über dieses nicht binnen acht Wochen nach dessen Einlangen entschieden hat,

c) ein für die Genossenschaft zuständiger Revisionsverband (§ 24 Abs. 1) nicht besteht oder

d) die Genossenschaft aus einem Revisionsverband ausgeschlossen wurde oder sie aus einem Revisionsverband aus wichtigen Gründen ausgetreten ist und neben dem Revisionsverband, aus dem sie ausgeschieden ist, kein für sie zuständiger Revisionsverband (§ 24 Abs. 1) besteht und

2. nach einer begründeten Wirtschaftlichkeitsprognose sowie auf Grund der persönlichen Verhältnisse der Mitglieder des Vorstands oder, wenn ein solcher noch nicht gewählt worden ist, der Gründer zu erwarten ist, daß die Genossenschaft ihren im Genossenschaftsvertrag vorgesehenen Förderungsauftrag dauerhaft erfüllt.

(2) Das Gericht hat die Befreiung von der Verbandspflicht von Amts wegen in das Firmenbuch einzutragen. Die Eintragung der Befreiung einer zu gründenden Genossenschaft ist gleichzeitig mit der Eintragung der Genossenschaft in das Firmenbuch vorzunehmen.

(3) Die Eintragung einer den Gegenstand des Unternehmens betreffenden Änderung des Genossenschaftsvertrags einer Genossenschaft, die von der Verbandspflicht befreit ist, in das Firmenbuch darf vom Gericht nur bewilligt werden, wenn ihr für den Fall der Eintragung der Änderung des Genossenschaftsvertrags die Aufnahme in einen für den geänderten Genossenschaftsvertrag zuständigen Revisionsverband zugesichert worden ist (§ 24) oder wenn die Genossenschaft in sinngemäßer Anwendung des Abs. 1 die Befreiung von der Verbandspflicht auch für den geänderten Genossenschaftsvertrag erwirkt hat.

(4) Scheidet ein Kreditinstitut aus seinem bisherigen Revisionsverband aus, so bleibt der zuletzt bestellte Revisor so lange weiter Bankprüfer gemäß § 60 BWG, bis es zur Bestellung eines neuen Bankprüfers kommt. *(BGBl I 2018/69)*

Änderungen des Genossenschaftsvertrags

§ 27. (1) Die Eintragung einer den Gegenstand des Unternehmens betreffenden Änderung des Genossenschaftsvertrags einer Genossenschaft, die einem Revisionsverband angehört, in das Firmenbuch darf vom Gericht nur bewilligt werden, wenn der Revisionsverband schriftlich seine Zustimmung zur Änderung des Genossenschaftsvertrags erklärt hat.

(2) Für das Ansuchen um diese Zustimmung und die Befreiung von der Zustimmung gelten §§ 25 und 26 sinngemäß.

Auflösung einer Genossenschaft nach Ausscheiden aus einem Revisionsverband

§ 28. (1) Scheidet eine Genossenschaft aus einem Revisionsverband aus, so hat sie dem Gericht ehestens nachzuweisen, daß sie in einen zuständigen Revisionsverband aufgenommen ist, oder den Antrag auf Befreiung von der Verbandspflicht (§ 26) zu stellen.

(2) Erfüllt die Genossenschaft die Voraussetzungen gemäß Abs. 1 nicht binnen sechs Monaten nach Einlangen der Anmeldung des Ausscheidens aus dem Revisionsverband zum Firmenbuch (§ 21) oder wird der Antrag der Genossenschaft, sie von der Verbandspflicht zu befreien, abgewiesen, so bewirkt dies die Auflösung der Genossenschaft. Der Eintritt dieser Rechtsfolge ist vom Gericht mit Beschluß festzustellen; im Beschluß ist der Tag anzugeben, an dem die Rechtsfolge eingetreten ist.

Wirkungen der Anerkennung als Revisionsverband und des Entzugs der Anerkennung auf Mitgliedsgenossenschaften

§ 29. Die Genossenschaften, die einem Revisionsverband vor dessen Anerkennung angehören, gelten mit der Zustellung der Entscheidung über die Anerkennung des Revisionsverbands an diesen als in diesen im Sinn des § 24 aufgenommen; wird einem Revisionsverband die Anerkennung entzogen, gelten die dem Verband angehörigen Genossenschaften mit dem Tag der Zustellung dieser Entscheidung an den Revisionsverband als aus diesem im Sinn des § 28 ausgeschieden; die Genossenschaften sind durch die Behörde (§ 23) vom Entzug der Anerkennung zu verständigen.

Fünfter Abschnitt

Gemeinsame Bestimmungen

Gericht und Verfahren

§ 30. Über Angelegenheiten, die in diesem Gesetz dem Gericht zugewiesen sind, verhandelt und entscheidet, sofern es sich nicht um bürgerliche Rechtsstreitigkeiten handelt, die dem Prozeßgericht zugewiesen sind, der für den Sitz der Genossenschaft zuständige, zur Ausübung der Gerichtsbarkeit in Handelssachen berufene Gerichtshof erster Instanz im Verfahren außer Streitsachen.

Verweisungen

§ 31. (1) Soweit in diesem Bundesgesetz auf Bestimmungen anderer Bundesgesetze verwiesen wird, sind diese in ihrer jeweils geltenden Fassung anzuwenden.

(2) Soweit in anderen Bundesgesetzen und Verordnungen auf Bestimmungen verwiesen ist, die mit dem Inkrafttreten dieses Bundesgesetzes aufgehoben oder geändert werden, erhält die Verweisung ihren Inhalt aus den entsprechenden Bestimmungen dieses Bundesgesetzes.

In-Kraft-Treten und Übergangsbestimmungen

§ 32. „(1)" § 10 Abs. 2 und § 12 in der Fassung des Bundesgesetzes BGBl. I Nr. 136/2000 treten mit 1. Jänner 2002 in Kraft. *(BGBl I 2000/136; BGBl I 2002/108)*

(2) § 10 Abs. 1 und 2 in der Fassung des BGBl. I Nr. 108/2002 ist auf die Revision von Geschäftsjahren anzuwenden, die nach dem 31. Dezember 2001 beginnen. *(BGBl I 2002/108)*

(3) § 10 Abs. 2, § 13, § 17 Abs. 1, § 18 und § 23 in der Fassung des Bundesgesetzes BGBl. I Nr. 59/2005 treten mit 1. Jänner 2006 in Kraft. Auf vor diesem Tag gestellte Anträge auf Zulassung als Revisor oder auf Anerkennung der Berechtigung von Revisionsverbänden, für die ihnen angehörigen Genossenschaften Revisoren zu bestellen, ist § 13 bzw. § 23 in der am 31. Dezember 2005 geltenden Fassung weiter anzuwenden. § 10 Abs. 2 in der Fassung des BGBl. I Nr. 59/2005 ist auf die Revision von Geschäftsjahren anzuwenden, die nach dem 31. Dezember 2005 beginnen. *(BGBl I 2005/59)*

GenRevG

(4) Der Bundesminister für Jusitz hat der Vereinigung österreichischer Revisionsverbände (§ 23 Abs. 2) alle zur Weiterführung der Revisorenliste (§ 13 Abs. 2 und 3) notwendigen Informationen zur Verfügung zu stellen. *(BGBl I 2005/59)*

(5) Die §§ 3, 13, 13a, 13b, 14, 15, 17, 17a, 17b, 18a, 19 und 23 in der Fassung des Bundesgesetzes BGBl. I Nr. 70/2008 treten mit 1. Juni 2008 in Kraft. § 3 Abs. 2 und 3 ist auf die Bestellung von Revisoren und auf die Prüfung von Geschäftsjahren anzuwenden, die nach dem 31. Dezember 2008 beginnen. *(BGBl I 2008/70)*

(6) Die im Zeitpunkt des Inkrafttretens des Bundesgesetzes BGBl. I Nr. 70/2008 in Geltung stehende Verordnung des Bundesministers für Justiz über die Prüfungsordnung von Genossenschaftsrevisoren (GenRevPO), BGBl. II Nr. 122/1998, gilt nach Inkrafttreten dieses Bundesgesetzes als bundesgesetzliche Regelung. Sie tritt mit der Neuerlassung durch die Vereinigung österreichischer Revisionsverbände, spätestens jedoch mit Ablauf des 31. Dezember 2008, außer Kraft. *(BGBl I 2008/70)*

(7) Die im Zeitpunkt des Inkrafttretens des Bundesgesetzes BGBl. I Nr. 70/2008 anhängigen Verfahren auf Zulassung als Revisor sind nach der bis zum 31. Mai 2008 geltenden Rechtslage zu Ende zu führen. *(BGBl I 2008/70)*

(8) Zum Zeitpunkt des Inkrafttretens des Bundesgesetzes BGBl. I Nr. 70/2008 eingetragene Revisoren bleiben weiterhin zugelassen. Die Zulassung ist nur bei Wegfall einer allgemeinen Voraussetzung gemäß § 13 zu widerrufen. *(BGBl I 2008/70)*

(9) Die im Zeitpunkt des Inkrafttretens des Bundesgesetzes BGBl. I Nr. 70/2008 bestehenden Prüfungsausschüsse, die nach der bis zum 31. Mai 2008 geltenden Rechtslage bestellt worden sind, bleiben für die vorgesehene Funktionsdauer bestehen. *(BGBl I 2008/70)*

(10) § 4 Abs. 3 und § 7 Abs. 1 in der Fassung des Aktienrechts-Änderungsgesetzes 2009, BGBl. I Nr. 71/2009, treten mit 1. August 2009 in Kraft. *(BGBl I 2009/71)*

(11) § 1 Abs. 2 in der Fassung des Bundesgesetzes BGBl. I Nr. 22/2015 tritt mit 20. Juli 2015 in Kraft und ist erstmalig auf Geschäftsjahre anzuwenden, die nach dem 31. Dezember 2015 beginnen. Auf Geschäftsjahre, die vor dem 1. Jänner 2016 begonnen haben, ist § 1 Abs. 2 in der Fassung vor dem Bundesgesetzes BGBl. I Nr. 22/2015 weiterhin anzuwenden. *(BGBl I 2015/22)*

(12) § 2 Abs. 3, § 3 Abs. 3 und § 9 Abs. 3 in der Fassung des Bundesgesetzes BGBl. I Nr. 43/2016 treten mit 17. Juni 2016 in Kraft. *(BGBl I 2016/43)*

(13) § 19a und § 26 Abs. 4 in der Fassung des Bundesgesetzes BGBl. I Nr. 69/2018 treten mit 1. Jänner 2019 in Kraft. *(BGBl I 2018/69)*

(14) § 3 Abs. 1, § 10 Abs. 4, § 13 Abs. 2 und 3, § 14, § 14a samt Überschrift und § 16 in der Fassung des Bundesgesetzes BGBl. I Nr. 26/2021 treten mit 1. Jänner 2021 in Kraft. Eine vor Inkrafttreten dieser Novelle erfolgte Zulassung zur Fachprüfung gilt danach als Zulassung zur neu geregelten Fachprüfung. Teilprüfungen die vor Inkrafttreten dieser Novelle erfolgreich abgelegt wurden, sind als Teilprüfungen nach dem neuen Recht entsprechend anzurechnen, wobei insbesondere eine vor Inkrafttreten erfolgreich abgelegte schriftliche Klausurarbeit aus Rechnungslegung und Pflichtprüfung von Jahresabschlüssen nach Inkrafttreten sowohl als erfolgreich abgelegte Klausur aus Rechnungslegung als auch als erfolgreich abgelegte Klausur aus Pflichtprüfung von Jahresabschlüssen gilt. Vor Inkrafttreten dieses Bundesgesetzes bestandene Teilprüfungen verfallen zehn Jahre nach der Zulassung zum Prüfungsverfahren. *(BGBl I 2021/26)*

BGBl I 1997/127

Artikel V
Schluß- und Übergangsbestimmungen

Inkrafttreten

§ 1. Dieses Bundesgesetz tritt mit 1. Jänner 1998 in Kraft.

Anpassung der Verbandsstatuten der Revisionsverbände

§ 2. (1) Die Revisionsverbände, denen gemäß § 2 des Gesetzes betreffend die Revision der Erwerbs- und Wirtschaftsgenossenschaften und anderer Vereine, RGBl. Nr. 133/1903, im Zeitpunkt des Inkrafttretens dieses Bundesgesetzes die Berechtigung zuerkannt ist, für die ihnen angehörigen Genossenschaften und Vereine den Revisor zu bestellen, haben spätestens zwei Jahre nach Inkrafttreten dieses Bundesgesetzes ihre Verbandsstatuten an Art. I § 19 dieses Bundesgesetzes anzupassen und der zuständigen Behörde (Art. I § 23) vorzulegen.

(2) Ein Revisionsverband, der im Zeitpunkt des Inkrafttretens dieses Bundesgesetzes zumindest ein Jahr lang die Unterhaltung von Geschäftsbeziehungen im Interesse seiner Mitglieder zum Zweck gehabt hat, kann diesen Zweck beibehalten, sofern dadurch nicht die Wahrnehmung der Aufgaben der Revision (Art. I § 1 Abs. 1) beeinträchtigt wird.

(3) Revisionsverbänden, die ein den Bestimmungen dieses Bundesgesetzes entsprechendes Verbandsstatut nicht rechtzeitig vorlegen, ist eine Nachfrist von sechs Monaten mit der Androhung zu setzen, daß ihnen nach fruchtlosem Ablauf der Nachfrist die Anerkennung entzogen wird. Die Anerkennung darf nur wegen solcher Mängel entzogen werden, die im Beschluß, mit dem die Nachfrist gesetzt wurde, bezeichnet worden sind. Revisionsverbänden, deren innerhalb der Nachfrist vorgelegtes Verbandsstatut nicht den Bestimmungen dieses Bundesgesetzes entspricht oder deren, wenn auch an dieses Bundesgesetz angepaßtes Verbandsstatut nicht innerhalb der Nachfrist vorgelegt wird, ist durch die Behörde die Anerkennung zu entziehen.

Revision durch die Landesregierung und andere Einrichtungen

§ 3. Den gemäß § 14 des Gesetzes betreffend die Revision der Erwerbs- und Wirtschaftsgenossenschaften und anderer Vereine, RGBl. Nr. 133/1903, und den gemäß § 1 Abs. 3 und 4 des Bundesgesetzes, womit Vorschriften für Erwerbs- und Wirtschaftsgenossenschaften erlassen werden, BGBl. 1934 II 195 idF BGBl. Nr. 386/1936, zuständigen Einrichtungen kommen die Rechte und Pflichten eines Revisionsverbands gemäß den Bestimmungen dieses Gesetzes zu, wenn sie im Zeitpunkt des Inkrafttretens dieses Gesetzes ihre Revisionsbefugnis zumindest ein Jahr lang tatsächlich in Anspruch genommen haben. Auf die Revision durch diese Einrichtungen ist Art. I dieses Bundesgesetzes unter Bedachtnahme auf die organisationsrechtlichen Besonderheiten dieser Einrichtungen sinngemäß anzuwenden.

Zulassung nach bisherigen Bestimmungen bestellter Revisoren, Eintragung in die Liste der zugelassenen Revisoren

§ 4. (1) Personen, die gemäß den bis zum Inkrafttreten dieses Bundesgesetzes geltenden Bestimmungen als Revisoren bestellt wurden, gelten als zugelassene Revisoren im Sinn des Art. I § 13 dieses Bundesgesetzes.

(2) Die Revisionsverbände, die Landesregierungen, die Landwirtschaftskammern und der Bürgermeister von Wien haben die von ihnen im Sinn des Abs. 1 als Revisoren bestellten Personen dem Bundesministerium für Justiz zur amtswegigen Eintragung in die Liste nach Art. I § 13 Abs. 2 dieses Bundesgesetzes binnen sechs Wochen nach Inkrafttreten dieses Bundesgesetzes bekanntzugeben.

(3) Art. I § 13 Abs. 2 und 3 sind ab 1. Juli 1998 anzuwenden.

(4) Bis 30. Juni 1998 darf auch ein im Sinn des Abs. 1 oder des Art. I § 13 Abs. 1 zugelassener Revisor als Revisor bestellt werden.

Von der Verbandspflicht befreite Genossenschaften

§ 5. Auf Genossenschaften, die durch Entscheidung der Behörde gemäß § 2 Abs. 2 des Bundesgesetzes, womit Vorschriften für Erwerbs- und Wirtschaftsgenossenschaften erlassen werden, BGBl. 1934 II 195, oder unmittelbar auf Grund des Gesetzes von der Verbandspflicht befreit sind, ist Art. I § 26 Abs. 3 anzuwenden.

Anhängige Verfahren und in Gang befindliche Revisionen

§ 6. (1) Verfahren, die die Erteilung der Berechtigung, den Revisor zu bestellen, oder den Entzug dieses Rechts, die Befreiung von der Verbandspflicht, die Nachsicht von der Vorlage der Zustimmungserklärung des Revisionsverbands zu einer Änderung des Genossenschaftsvertrags, die Auflösung einer Genossenschaft nach Ausscheiden aus einem Revisionsverband oder die Bestellung eines Revisors betreffen und vor dem Zeitpunkt des Inkrafttretens dieses Gesetzes anhängig geworden sind, sind von den bisher zuständigen Behörden und Gerichten nach den bisher in Geltung gestandenen Vorschriften durchzuführen.

(2) Dasselbe gilt für im Zeitpunkt des Inkrafttretens dieses Bundesgesetzes in Gang befindliche Revisionen einschließlich der Verfahren nach §§ 9, 10 Abs. 2, § 11 des Gesetzes betreffend die Revision der Erwerbs- und Wirtschaftsgenossenschaften und anderer Vereine, RGBl. Nr. 133/1903, und nach §§ 22 bis 26 der Verordnung des Justizministeriums und des Ministeriums des Inneren im Einvernehmen mit dem Handelsministerium, womit Durchführungsvorschriften zum Gesetz, betreffend die Revision der Erwerbs- und Wirtschaftsgenossenschaften und anderer Vereine, erlassen werden, RGBl. Nr. 134/1903. Auch in diesen Fällen sind aber die Durchführung der Revision und die Zeit, während welcher sie vorgenommen wurde, zur Eintragung in das Firmenbuch anzumelden.

Anwendung der Rechnungslegungsvorschriften

§ 7. § 22 Abs. 2 bis 5 und § 27a des Gesetzes über Erwerbs- und Wirtschaftsgenossenschaften in der Fassung dieses Bundesgesetzes sind erstmalig auf das nach dem 31. Dezember 1997 beginnende Geschäftsjahr anzuwenden. Die neuen Vorschriften können auch schon auf ein früheres Geschäftsjahr angewendet werden, jedoch nur insgesamt.

Eintritt der Rechtsfolgen der Größenmerkmale gemäß § 221 und § 246 HGB

§ 8. Die Rechtsfolgen der Größenmerkmale gemäß § 221 und § 246 HGB treten ein, wenn diese Merkmale an den beiden dem 31. Dezember 1997 vorangehenden Abschlußstichtagen zutreffen.

Umstellung auf jährliche Revision

§ 9. Genossenschaften, die gemäß Art. I § 1 Abs. 1 letzter Satz in Verbindung mit Art. V § 8 dieses Bundesgesetzes zur jährlichen Revision verpflichtet sind, sind beginnend mit dem dem Inkrafttreten dieses Bundesgesetzes folgenden Geschäftsjahr jährlich zu prüfen.

Übergangsbestimmung zu Art. IV dieses Bundesgesetzes

§ 10. § 31a GGG ist für die in Artikel IV Z 4 dieses Bundesgesetzes zahlenmäßig angeführten Beträge mit der Maßgabe anzuwenden, daß Ausgangsgrundlage für die Neufestsetzung der in dieser Gesetzesstelle angeführten Gebühren die für August 1994 verlautbarte Indexzahl des vom Österreichischen Statistischen Zentralamt veröffentlichten Verbraucherpreisindex 1986 ist.

Andere Rechtsvorschriften

§ 11. (1) Die in anderen Rechtsvorschriften, wie insbesondere im BWG, BGBl. Nr. 532/1993 Art. I, und im WGG, BGBl. Nr. 139/1979, enthaltenen Bestimmungen betreffend die Revision und Rechnungslegung von Genossenschaften und anderen Unternehmen bleiben unberührt.

(2) Artikel XII Abs. 12 des Insolvenzrechtsänderungsgesetzes 1997, BGBl. I Nr. 114/1997, hat zu lauten:

„Art. VIII Z 1 bis 6 (§ 2 Z 1 lit. f, § 6b Abs. 1 und 4, § 22, Tarifpost 5 und Tarifpost 6 lit. a bis c GGG) und Z 8 (Anmerkung 6a zu Tarifpost 15 GGG) ist auf alle Schriften und Amtshandlungen anzuwenden, bei denen der Anspruch auf die Gebühr nach dem 30. September 1997 begründet wird. Art. VIII Z 7 (Tarifpost 10 GGG) ist anzuwenden, wenn der Antrag auf Vornahme der Amtshandlung nach dem 30. September 1997 beim Firmenbuchgericht eingelangt ist. Rechtsmittel in Firmenbuchsachen unterliegen nicht der Eingabengebühr nach Tarifpost 10 I lit. a GGG in der Fassung des Art. VIII Z 7, wenn die angefochtene Entscheidung auf Grund eines vor dem 1. Oktober 1997 beim Firmenbuchgericht eingebrachten Antrags ergangen ist."

Aufgehobene Vorschriften

§ 12. Mit dem Inkrafttreten dieses Bundesgesetzes treten folgende Vorschriften außer Kraft:

1. das Gesetz betreffend die Revision der Erwerbs- und Wirtschaftsgenossenschaften und anderer Vereine, RGBl. Nr. 133/1903;
2. die Verordnung des Justizministeriums und des Ministeriums des Inneren im Einvernehmen mit dem Handelsministerium, womit Durchführungsvorschriften zum Gesetz, betreffend die Revision der Erwerbs- und Wirtschaftsgenossenschaften und anderer Vereine, erlassen werden, RGBl. Nr. 134/1903;
3. das Bundesgesetz, womit Vorschriften für Erwerbs- und Wirtschaftsgenossenschaften erlassen werden, BGBl. 1934 II 195;
4. das Bundesgesetz, womit die Genossenschaftsnovelle 1934 ergänzt wird, BGBl. Nr. 386/1936.

Vollziehung

§ 13. Mit der Vollziehung dieses Bundesgesetzes ist hinsichtlich des Artikels I §§ 1 bis 18 sowie 21 und §§ 24 bis 30 und der Artikel II und III der Bundesminister für Justiz, hinsichtlich der Artikel I §§ 19, 20, 22 und 23 der Bundesminister für Justiz im Einvernehmen mit dem Bundesminister für Finanzen beziehungsweise dem Bundesminister für wirtschaftliche Angelegenheiten und hinsichtlich des Art. IV sowie Art. V § 11 Abs. 2 der Bundesminister für Justiz im Einvernehmen mit dem Bundesminister für Finanzen betraut.

Artikel XI
Hinweis auf Umsetzung

§ 1. Durch dieses Bundesgesetz werden die Richtlinie 2006/43/EG des Europäischen Parlaments und des Rates vom 17.5.2006 über Abschlussprüfungen von Jahresabschlüssen und konsolidierten Abschlüssen, zur Änderung der Richtlinien 78/660/EWG und 83/349/EWG des Rates und zur Aufhebung der Richtlinie 48/253/EWG des Rates, ABl. Nr. L 157 S. 87 vom 9.6.2006, sowie die Richtlinie 2006/46/EG des Europäischen Parlaments und des Rates vom 14.6.2006 zur Änderung der Richtlinien des Rats 78/660/EWG über den Jahresabschluss von Gesellschaften bestimmter Rechtsformen, 83/349/EWG über den konsolidierten Abschluss, 86/635/EWG über den Jahresabschluss und den konsolidierten Abschluss von Banken und anderen Finanzinstituten und 91/674/EWG über den Jahresabschluss und den konsolidierten Abschluss von Versicherungsunternehmen, ABl. Nr. L 224 S. 1 vom 16.8.2006, umgesetzt.

Artikel 11
Schlussbestimmungen

§ 2. Mit diesem Bundesgesetz wird die Richtlinie 2007/36/EG des Europäischen Parlaments und des Rates vom 11. Juli 2007 über die Ausübung bestimmter Rechte von Aktionären in börsenotierten Gesellschaften, ABl. Nr. L 184 vom 14.7.2007, S. 17, umgesetzt.

3/14. Wirtschaftliche Eigentümer Registergesetz – WiEReG

BGBl I 2017/136 (Art 2) idF

1 BGBl I 2017/150
2 BGBl I 2018/37
3 BGBl I 2018/62
4 BGBl I 2019/62
5 BGBl I 2019/104 (FORG)
6 BGBl I 2020/23 (3. COVID-19-Gesetz)
7 BGBl I 2021/25
8 BGBl I 2021/148

Bundesgesetz über die Einrichtung eines Registers der wirtschaftlichen Eigentümer von Gesellschaften, anderen juristischen Personen und Trusts (Wirtschaftliche Eigentümer Registergesetz – WiEReG)

Inhaltsverzeichnis

Anwendungsbereich

§ 1. (1) Dieses Bundesgesetz ist auf die in Abs. 2 genannten Rechtsträger anzuwenden.

(2) Rechtsträger im Sinne dieses Bundesgesetzes sind die folgenden Gesellschaften und sonstigen juristischen Personen mit Sitz im Inland „, Trusts und trustähnliche Vereinbarungen nach Maßgabe von Z 17 und 18 sowie meldepflichtige ausländische Rechtsträger nach Maßgabe von Z 19“: *(BGBl I 2021/25)*

1. offene Gesellschaften;

2. Kommanditgesellschaften;

3. Aktiengesellschaften;

4. Gesellschaften mit beschränkter Haftung;

5. Erwerbs- und Wirtschaftsgenossenschaften;

6. Versicherungsvereine auf Gegenseitigkeit;

7. kleine Versicherungsvereine;

8. Sparkassen;

9. Europäische wirtschaftliche Interessensvereinigungen;

10. Europäische Gesellschaften (SE);

11. Europäische Genossenschaften (SCE);

12. Privatstiftungen gemäß § 1 PSG;

13. sonstige Rechtsträger, deren Eintragung im Firmenbuch gemäß § 2 Z 13 FBG vorgesehen ist;

14. Vereine gemäß § 1 VerG;

15. Stiftungen und Fonds gemäß § 1 BStFG 2015;

16. aufgrund eines Landesgesetzes eingerichtete Stiftungen und Fonds, sofern die Anwendung dieses Bundesgesetzes landesgesetzlich vorgesehen ist;

17. [1]Trusts gemäß Abs. 3, wenn sie vom Inland aus verwaltet werden, oder falls sich die Verwaltung nicht im Inland oder in einem anderen Mitgliedstaat befindet, wenn der Trustee im Namen des Trusts im Inland eine Geschäftsbeziehung aufnimmt „oder sich verpflichten, Eigentum an einem im Inland gelegenen Grundstück zu erwer-

WiEReG

ben“. [2]Eine Verwaltung im Inland liegt insbesondere dann vor, wenn der Trustee seinen Wohnsitz bzw. Sitz im Inland hat; *(BGBl I 2019/62; BGBl I 2021/25)*

18. [1]trustähnliche Vereinbarungen; das sind andere Vereinbarungen, wie beispielsweise fiducie, bestimmte Arten von Treuhand oder fideicomisio, sofern diese in Funktion oder Struktur mit einem Trust vergleichbar sind und vom Inland aus verwaltet werden, oder falls sich die Verwaltung nicht im Inland oder in einem anderen Mitgliedstaat befindet, wenn die mit einem Trustee vergleichbare Person im Namen der trustähnlichen Vereinbarung im Inland eine Geschäftsbeziehung aufnimmt „oder sich verpflichten, Eigentum an einem im Inland gelegenen Grundstück zu erwerben“. [2]Eine Verwaltung im Inland liegt insbesondere dann vor, wenn der mit einem Trustee vergleichbare Gewalthaber (Treuhänder) seinen Wohnsitz bzw. Sitz im Inland hat. *(BGBl I 2019/62; BGBl I 2021/25)*

19. Meldepflichtige ausländische Rechtsträger; das sind Gesellschaften, Stiftungen und vergleichbare juristische Personen, deren Sitz sich nicht im Inland oder einem anderen Mitgliedstaat befindet, sofern sie sich verpflichten, Eigentum an einem im Inland gelegenen Grundstück zu erwerben. *(BGBl I 2021/25)*

„Ein Mitgliedstaat im Sinne dieses Bundesgesetzes ist ein Mitgliedstaat der Europäischen Union oder ein anderer Vertragsstaat des Abkommens über den Europäischen Wirtschaftsraum, BGBl. Nr. 909/1993 in der Fassung des Anpassungsprotokolls BGBl. Nr. 910/1993 (EWR). Ein Erwerb des Eigentums an einem im Inland gelegenen Grundstück im Sinne dieses Bundesgesetzes ist ein Erwerbsvorgang gemäß § 1 Abs. 1 und 2 GrEStG 1987. Nach dem Erwerb des Eigentums an einem im Inland gelegenen Grundstück unterliegen meldepflichtige ausländische Rechtsträger sowie Trusts und trustähnliche Vereinbarungen, deren Verwaltung sich nicht im Inland oder in einem anderen Mitgliedstaat befindet, diesem Bundesgesetz, solange sich dieses Grundstück in deren Vermögen befindet oder sie dieses Grundstück auf eigene Rechnung verwerten können.“ *(BGBl I 2021/25)*

(3) Ein Trust im Sinne dieses Bundesgesetzes ist die von einer Person (dem Settlor/Trustor) durch Rechtsgeschäft unter Lebenden oder durch letztwillige Verfügung geschaffene Rechtsbeziehung, bei der Vermögen zugunsten eines Begünstigten oder für einen bestimmten Zweck der Aufsicht eines Trustees unterstellt wird, wobei der Trust selbst auch rechtsfähig sein kann. Ein Trust hat folgende Eigenschaften:

1. Das Vermögen des Trusts stellt ein getrenntes Sondervermögen dar und ist nicht Bestandteil des persönlichen Vermögens des Trustees;

2. die Rechte in Bezug auf das Vermögen des Trusts lauten auf den Namen des Trustees oder auf den einer anderen Person in Vertretung des Trustees;

3. der Trustee hat die Befugnis und die Verpflichtung, über die er Rechenschaft abzulegen hat, das Vermögen in Übereinstimmung mit den Trustbestimmungen und den ihm durch das Recht auferlegten besonderen Verpflichtungen zu verwalten, zu verwenden oder darüber zu verfügen.

Die Tatsache, dass sich der Settlor/Trustor bestimmte Rechte und Befugnisse vorbehält oder dass der Trustee selbst Rechte als Begünstigter hat, steht dem Bestehen eines Trusts nicht notwendigerweise entgegen.

(4) [1]Der Bundesminister für Finanzen hat mit Verordnung die Merkmale von trustähnlichen Vereinbarungen, die nach inländischem Recht eingerichtet werden können, zu beschreiben, damit festgestellt werden kann, welche Rechtsvereinbarungen in ihrer Struktur oder Funktion mit Trusts vergleichbar sind. [2]Der Bundesminister für Finanzen hat die Kategorien, eine Beschreibung der Merkmale, die Namen und allenfalls die Rechtsgrundlage der in § 1 Abs. 2 Z 17 und 18 genannten Trusts und trustähnlichen Vereinbarungen, sofern diese nach inländischem Recht eingerichtet werden können, jährlich an die Europäische Kommission zu übermitteln. *(BGBl I 2019/62)*

Definition des wirtschaftlichen Eigentümers

§ 2. [1]Wirtschaftlicher Eigentümer sind alle natürlichen Personen, in deren Eigentum oder unter deren Kontrolle ein Rechtsträger letztlich steht, hierzu gehört zumindest folgender Personenkreis:

1. bei Gesellschaften, insbesondere bei Rechtsträgern gemäß § 1 Abs. 2 Z 1 bis 11, 13 und 14:

a) alle natürlichen Personen, die direkt oder indirekt einen ausreichenden Anteil von Aktien oder Stimmrechten (einschließlich in Form von Inhaberaktien) halten, ausreichend an der Gesellschaft beteiligt sind (einschließlich in Form eines Geschäfts- oder Kapitalanteils) oder die Kontrolle auf die „ “ Gesellschaft ausüben: *(BGBl I 2018/37)*

aa) Direkter wirtschaftlicher Eigentümer: wenn eine natürliche Person einen Anteil von Aktien oder Stimmrechten von mehr als 25 vH oder eine Beteiligung von mehr als 25 vH an der Gesellschaft hält oder eine natürliche Person oder mehrere natürliche Personen gemeinsam direkt Kontrolle auf die Gesellschaft ausüben, so ist diese natürliche Person oder sind diese natürliche Personen direkte wirtschaftliche Eigentümer. *(BGBl I 2018/37)*

bb) [1]„Indirekter wirtschaftlicher Eigentümer: wenn ein Rechtsträger einen Anteil von Aktien oder Stimmrechten von mehr als 25 vH oder eine Beteiligung von mehr als 25 vH an der Gesellschaft hält und eine natürliche Person oder mehrere natürliche Personen gemeinsam direkt oder indirekt Kontrolle auf diesen Rechtsträger ausübt, so ist diese natürliche Person oder sind diese natürliche Personen indirekte wirtschaftliche Eigentümer der Gesellschaft.“

[2]Wenn mehrere Rechtsträger, die von derselben natürlichen Person oder denselben natürlichen Personen direkt oder indirekt kontrolliert werden, insgesamt einen „Anteil von Aktien oder Stimmrechten von mehr als 25 vH“ oder eine Beteiligung von mehr als 25 vH an der Gesellschaft halten, so ist diese natürliche Person oder sind diese natürlichen Personen wirtschaftliche Eigentümer.

[3]Ein von der oder den vorgenannten natürlichen Personen „direkt gehaltener Anteil an Aktien oder Stimmrechten“ oder eine direkt gehaltene Beteiligung ist jeweils hinzuzurechnen.

[4]Oberste Rechtsträger sind jene Rechtsträger in einer Beteiligungskette, die von indirekten wirtschaftlichen Eigentümern direkt kontrolliert werden sowie jene Rechtsträger an denen indirekte wirtschaftliche Eigentümer „direkt Aktien, Stimmrechte oder eine Beteiligung halten“, wenn diese zusammen mit dem oder den vorgenannten Rechtsträger(n) das wirtschaftliche Eigentum begründen. [5]Wenn der wirtschaftliche Eigentümer eine Funktion gemäß Z 2 oder Z 3 ausübt, dann ist der betreffende Rechtsträger stets oberster Rechtsträger.

[6]Der Begriff Rechtsträger im Sinne dieser Ziffer umfasst auch vergleichbare Rechtsträger im Sinne des § 1 mit Sitz in einem anderen Mitgliedstaat oder in einem Drittland.
(BGBl I 2018/37)

[7]Kontrolle liegt bei einem Aktienanteil von 50 vH zuzüglich einer Aktie oder einer Beteiligung von mehr als 50 vH, direkt oder indirekt gehalten, vor. [8]Weiters ist Kontrolle auch bei Vorliegen der Kriterien gemäß § 244 Abs. 2 UGB oder bei Ausübung einer Funktion gemäß Z 2 oder Z 3 bei einem obersten Rechtsträger gegeben „oder wenn die Gesellschaft auf andere Weise letztlich kontrolliert wird.“[9]Im Übrigen begründet ein Treugeber oder eine vergleichbare Person Kontrolle durch ein Treuhandschaftsverhältnis oder ein vergleichbares Rechtsverhältnis. *(BGBl I 2018/37)*

b) die natürlichen Personen, die der obersten Führungsebene der Gesellschaft angehören, wenn nach Ausschöpfung aller Möglichkeiten und sofern keine Verdachtsmomente vorliegen, keine Person nach lit. a ermittelt werden kann. Für die nachfolgend genannten Gesellschaften gilt:

aa) bei offenen Gesellschaften und Kommanditgesellschaften mit ausschließlich natürlichen Personen als Gesellschaftern gelten die geschäftsführenden Gesellschafter als wirtschaftliche Eigentümer, sofern keine Anhaltspunkte vorliegen, dass die Gesellschaft direkt oder indirekt unter der Kontrolle einer oder mehrerer anderer natürlichen Personen steht.

bb) bei Erwerbs- und Wirtschaftsgenossenschaften gelten die Mitglieder der obersten Führungsebene (Vorstand) als wirtschaftlicher Eigentümer oder, sofern auch Geschäftsleiter eingetragen sind, nur die Geschäftsleiter als wirtschaftliche Eigentümer. *(BGBl I 2018/37)*

cc) bei eigentümerlosen Gesellschaften gelten die natürlichen Personen, die der obersten Führungsebene angehören als wirtschaftliche Eigentümer, sofern keine Anhaltspunkte vorliegen, dass die Gesellschaft direkt oder indirekt unter der Kontrolle einer oder mehrerer anderer natürlichen Personen steht.

2. bei Trusts, insbesondere bei Rechtsträgern gemäß § 1 Abs. 2 Z 17:

a) der/die Settlor/Trustor(en); *(BGBl I 2019/62)*

b) der/die Trustee(s);

c) der/die Protektor(en), sofern vorhanden; *(BGBl I 2019/62)*

d) die Begünstigten oder sofern die Einzelpersonen, die Begünstigte des Trusts sind, noch bestimmt werden müssen die Gruppe von Personen, in deren Interesse der Trust errichtet oder betrieben wird (Begünstigtenkreis); erhalten Personen aus dieser Gruppe Zuwendungen von dem Trust, deren Wert 2 000 Euro in einem Kalenderjahr übersteigt, dann gelten sie in dem betreffenden Kalenderjahr als Begünstigte;

e) jede sonstige natürliche Person, die den Trust auf andere Weise letztlich kontrolliert.

3. bei Stiftungen, vergleichbaren juristischen Personen und trustähnlichen Rechtsvereinbarungen gemäß § 1 Abs. 2 Z 18, die natürlichen Personen, die gleichwertige oder ähnliche wie die unter Z 2 genannten Funktionen bekleiden; dies betrifft bei

a) Privatstiftungen (§ 1 Abs. 2 Z 12):

aa) die Stifter;

bb) die Begünstigten, die Gruppe von Personen, aus der aufgrund einer gesonderten Feststellung (§ 5 PSG) die Begünstigten ausgewählt werden (Begünstigtenkreis) erhalten Personen aus dieser Gruppe Zuwendungen der Privatstiftung, deren Wert 2 000 Euro in einem Kalenderjahr übersteigt, dann gelten sie in dem betreffenden Kalenderjahr als Begünstigte oder bei Privatstiftungen gemäß § 66 VAG 2016, Sparkassenstiftungen gemäß § 27a SpG, Unternehmenszweckförderungsstiftungen gemäß § 4d Abs. 1 EStG 1988, Arbeitnehmerförderungsstiftungen gemäß § 4d Abs. 2 EStG 1988 und Belegschafts- und Mitarbeiterbeteiligungsstiftungen gemäß § 4d Abs. 3 und 4 EStG 1988 stets den Begünstigtenkreis;

cc) die Mitglieder des Stiftungsvorstands;

dd) sowie jede sonstige natürliche Person, die die Privatstiftung auf andere Weise letztlich kontrolliert.

b) bei Stiftungen und Fonds (§ 1 Abs. 2 Z 15 und 16):

aa) die Gründer;

bb) die Mitglieder des Stiftungs- oder Fondsvorstands;

cc) den Begünstigtenkreis;

dd) sowie jede sonstige natürliche Person, die die Stiftung oder den Fonds auf andere Weise letztlich kontrolliert.

Sorgfaltspflichten der Rechtsträger in Bezug auf ihre wirtschaftlichen Eigentümer

§ 3. (1) [1]Die Rechtsträger haben die Identität ihres wirtschaftlichen Eigentümers festzustellen und angemessene Maßnahmen zur Überprüfung seiner Identität zu ergreifen, so dass sie davon überzeugt sind zu wissen, wer ihr wirtschaftlicher Eigentümer ist; dies schließt die Ergreifung angemessener Maßnahmen mit ein, um die Eigentums- und Kontrollstruktur zu verstehen. [2]Zudem haben sie den Verpflichteten (§ 9 Abs. 1), wenn diese Sorgfaltspflichten gegenüber Kunden anwenden, zusätzlich zu den Informationen über ihren rechtlichen Eigentümer auch beweiskräftige Unterlagen zu ihren wirtschaftlichen Eigentümern vorzulegen.

(2) [1]Die Rechtsträger haben Kopien der Dokumente und Informationen, die für die Erfüllung der Sorgfaltspflichten gemäß Abs. 1 erforderlich sind, bis mindestens fünf Jahre nach dem Ende des wirtschaftlichen Eigentums der natürlichen Person aufzubewahren. „[2]Durch die Übermittlung eines vollständigen Compliance-Packages für einen Rechtsträger gilt diese Verpflichtung als erfüllt.“ *(BGBl I 2019/62)*

(3) Die Rechtsträger haben die Sorgfaltspflichten gemäß Abs. 1 zumindest jährlich durchzuführen und dabei angemessene, präzise und aktuelle Informationen über die wirtschaftlichen Eigentümer, einschließlich genauer Angaben zum wirtschaftlichen Interesse, einzuholen und zu prüfen, ob die an das Register gemeldeten wirtschaftlichen Eigentümer noch aktuell sind. *(BGBl I 2019/62)*

(4) „[1]Bei Trusts und trustähnlichen Vereinbarungen treffen die Rechte und Pflichten gemäß diesem Bundesgesetz den Trustee (§ 2 Z 2 lit. b) oder eine mit dem Trustee vergleichbare Person. [2]Dieser oder diese haben gegenüber Verpflichteten, wenn diese Sorgfaltspflichten gegenüber ihren Kunden anwenden, ihren Status offenzulegen und die Angaben über die wirtschaftlichen Eigentümer des Trust oder der trustähnlichen Vereinbarung zeitnah bei Aufnahme einer Geschäftsbeziehung oder bei Durchführung einer gelegentlichen Transaktion oberhalb der Schwellenwerte zu übermitteln. [3]Sie haben weiters dafür zu sorgen, dass der Trust oder die trustähnliche Vereinbarung in das Ergänzungsregister für sonstige Betroffene eingetragen ist und gegebenenfalls einen Antrag auf Eintragung in das Ergänzungsregister für sonstige Betroffene zu stellen. [4]Für diesen Antrag gilt folgendes:“

1. [1]Als rechtsgültige Bezeichnung des Trusts bzw. der trustähnlichen Vereinbarung gilt die von den Parteien vertraglich festgelegte Bezeichnung. [2]In Ermangelung einer solchen ist der Vor- und Nachname des Settlors unter Nachstellung der Bezeichnung „Trust” zu verwenden. [3]Bei trustähnlichen Vereinbarungen ist der Vor- und Nachname der mit dem Settlor vergleichbaren Person (Treugeber) unter Nachstellung der Bezeichnung „trustähnliche Vereinbarung” zu verwenden;

2. Die Angabe über die Rechts- oder Organisationsform lautet entweder „Trust” oder „trustähnliche Vereinbarung”;

3. Als Anschrift und Sitz ist der Ort von dem aus der Trust oder die trustähnliche Vereinbarung verwaltet wird anzugeben;

4. Als Angabe über den Bestandszeitraum, ist der Zeitpunkt anzugeben ab dem der Trust oder die trustähnliche Vereinbarung rechtswirksam geworden ist.
(BGBl I 2019/62)

(5) [1]Die Verpflichtung zur Eintragung im Ergänzungsregister und zur Meldung der wirtschaftlichen Eigentümer gemäß § 5 entfällt, wenn ein Trust oder eine trustähnliche Vereinbarung, der auch von einem anderen Mitgliedstaat aus verwaltet wird, in einem Register gemäß Art. 31 der Richtlinie (EU) 2015/849 eines anderen Mitgliedstaates eingetragen ist. [2]Dies gilt ebenso bei Trusts oder trustähnlichen Vereinbarungen, bei denen sich die Verwaltung nicht im Inland oder in einem anderen Mitgliedstaat befindet, wenn dieser oder diese in einem Register gemäß Art. 31 der Richtlinie (EU) 2015/849 eines anderen Mitgliedstaates eingetragen ist und für diesen oder diese im Inland keine Liegenschaften erworben wurden. [3]Nach Nachweis der Registrierung kann die Eintragung des Trusts oder der trustähnlichen Vereinbarung im Ergänzungsregister beendet werden. *(BGBl I 2019/62)*

(6) Die meldepflichtigen ausländischen Rechtsträger haben gegenüber Verpflichteten, wenn diese Sorgfaltspflichten gegenüber ihren Kunden anwenden, ihren Status offenzulegen und die Angaben über die wirtschaftlichen Eigentümer zeitnah bei Aufnahme einer Geschäftsbeziehung oder bei Durchführung einer gelegentlichen Transaktion oberhalb der Schwellenwerte zu übermitteln. Die meldepflichtigen ausländischen Rechtsträger haben einen Antrag auf Eintragung des meldepflichtigen ausländischen Rechtsträgers

in das Ergänzungsregister für sonstige Betroffene zu stellen. Für diesen Antrag gilt Folgendes:

1. Die Angabe über die Rechts- oder Organisationsform lautet „meldepflichtiger ausländischer Rechtsträger;

2. als Sitz ist der Sitz des meldepflichtigen ausländischen Rechtsträgers einzutragen und als Zustelladresse ist die inländische Zustelladresse des berufsmäßigen Parteienvertreters anzugeben, der mit der Wahrnehmung der Sorgfaltspflichten beauftragt wurde;

3. als Angabe über den Bestandszeitraum ist der Zeitpunkt der Antragstellung anzugeben. *(BGBl I 2021/25)*

(7) Meldepflichtige ausländische Rechtsträger sowie Trusts und trustähnliche Vereinbarungen, deren Verwaltung sich nicht im Inland oder in einem anderen Mitgliedstaat befindet, haben einen berufsmäßigen Parteienvertreter mit Sitz im Inland, der auch Zustellungsbevollmächtigter sein muss, mit der Wahrnehmung der Sorgfaltspflichten gemäß diesem Bundesgesetz zu beauftragen. *(BGBl I 2021/25)*

(8) Vor der Beurkundung oder Aufnahme einer Notariatsurkunde zum Zwecke des Erwerbs eines im Inland gelegenen Grundstücks haben meldepflichtige ausländische Rechtsträger sowie Trusts und trustähnliche Vereinbarungen, deren Verwaltung sich nicht im Inland oder in einem anderen Mitgliedstaat befindet, dem Notar vor der Beurkundung beweiskräftige Unterlagen zu ihren wirtschaftlichen Eigentümern vorzulegen und die Meldung der wirtschaftlichen Eigentümer gemäß § 5 nachzuweisen. Der Nachweis der Meldung kann auch dadurch erfolgen, dass der beurkundende Notar selbst einen Auszug gemäß § 9 einholt. *(BGBl I 2021/25)*

Pflichten der rechtlichen und wirtschaftlichen Eigentümer

§ 4. Eigentümer und wirtschaftliche Eigentümer von Rechtsträgern „(einschließlich wirtschaftliche Eigentümer aufgrund von Anteilen an Aktien und Inhaberaktien, Stimmrechten, Beteiligungen oder anderen Formen von Kontrolle)“ haben diesen alle für die Erfüllung der Sorgfaltspflichten (§ 3) erforderlichen Dokumente und Informationen zur Verfügung zu stellen. *(BGBl I 2019/62)*

Meldung der Daten durch die Rechtsträger

§ 5. (1) Die Rechtsträger haben die folgenden Daten über ihre wirtschaftlichen Eigentümer an die Bundesanstalt Statistik Österreich als „Auftragsverarbeiterin“* der Registerbehörde zu melden:

1. bei direkten wirtschaftlichen Eigentümern:

a) Vor- und Zuname;

b) sofern diese über keinen Wohnsitz im Inland verfügen, die Nummer und die Art des amtlichen Lichtbildausweises;

c) Geburtsdatum und Geburtsort;

d) Staatsangehörigkeit;

e) Wohnsitz;

Wenn ein wirtschaftlicher Eigentümer verstorben ist, ist dies anzugeben; Diesfalls entfallen die Angaben gemäß lit. b bis e.

2. bei indirekten wirtschaftlichen Eigentümern:

a) die Informationen gemäß Z 1 über den indirekten wirtschaftlichen Eigentümer;

b) sofern es sich bei einem obersten Rechtsträger um einen Rechtsträger gemäß § 1 handelt, die Stammzahl sowie den Anteil an Aktien, Stimmrechten oder die Beteiligung des wirtschaftlichen Eigentümers am obersten Rechtsträger;

c) sofern es sich bei einem obersten Rechtsträger um einen mit § 1 vergleichbaren Rechtsträger mit Sitz in einem anderen Mitgliedstaat oder einem Drittland handelt, den Namen und den Sitz des Rechtsträgers, die Rechtsform, die der Stammzahl und dem Stammregister entsprechenden Identifikatoren sowie den Anteil an Aktien, Stimmrechten oder die Beteiligung des wirtschaftlichen Eigentümers am obersten Rechtsträger.

Indirekte wirtschaftliche Eigentümer sind nicht zu melden, wenn deren wirtschaftliches Eigentum durch einen obersten Rechtsträger gemäß § 2 Z 2 und 3 begründet wird, der selbst als Rechtsträger im Register eingetragen ist.

3. die Art und den Umfang des wirtschaftlichen Interesses für jeden wirtschaftlichen Eigentümer durch die Angabe

a) im Fall des § 2 Z 1 lit. a ob der Rechtsträger im Eigentum des wirtschaftlichen Eigentümers steht (unter Angabe des Anteils an Aktien oder der Beteiligung) oder der wirtschaftliche Eigentümer Stimmrechte hält (unter Angabe des Anteils) oder auf andere Weise unter der Kontrolle des wirtschaftlichen Eigentümers steht „(unter Angabe des Anteils auf den Kontrolle ausgeübt wird, sofern sich dieser ermitteln lässt, und unter Angabe, ob ein relevantes Treuhandschaftsverhältnis vorliegt und ob der wirtschaftliche Eigentümer Treuhänder oder Treugeber ist)“; *(BGBl I 2019/62)*

b) im Fall des § 2 Z 1 lit. b ob der wirtschaftliche Eigentümer der Führungsebene des Rechtsträgers angehört „und ob kein wirtschaftlicher Eigentümer vorhanden ist oder ob nach Ausschöpfung aller Möglichkeiten die wirtschaftlichen Eigentümer nicht festgestellt und überprüft werden konnten;“ *(BGBl I 2019/62)*

c) im Fall des § 2 Z 2 welche der unter § 2 Z 2 lit. a bis d spezifizierte Funktion der wirtschaftliche Eigentümer ausübt oder ob der wirtschaftliche

Eigentümer eine andere Form der Kontrolle gemäß § 2 Z 2 lit. e ausübt.

d) im Fall des § 2 Z 3 welche der unter § 2 Z 3 lit. a sublit. aa bis cc oder lit. b sublit. aa bis cc spezifizierte Funktion der wirtschaftliche Eigentümer bei Privatstiftungen oder Stiftungen und Fonds gemäß § 1 Abs. 2 Z 15 und 16 ausübt oder ob der wirtschaftliche Eigentümer eine andere Form der Kontrolle gemäß § 2 Z 3 lit. a sublit. dd oder lit. b sublit. dd ausübt.

e) in allen übrigen Fällen, dass das wirtschaftliche Eigentum auf sonstige Weise hergestellt wird.

4. bei Meldungen durch einen berufsmäßigen Parteienvertreter (§ 9 Abs. 1 Z 6 bis 10) die Angabe,

a) ob die wirtschaftlichen Eigentümer durch den berufsmäßigen Parteienvertreter gemäß den Anforderungen dieses Bundesgesetzes festgestellt und überprüft wurden,

b) [1]ob ein Compliance-Package (§ 5a) übermittelt wird und bejahendenfalls, ob dessen Inhalt von allen Verpflichteten oder nur auf Anfrage eingesehen werden kann (eingeschränktes Compliance-Package). [2]Im Falle eines eingeschränkten Compliance-Packages, gegebenenfalls ob bestimmten Verpflichteten Einsicht gewährt werden soll. [3]Bei eingeschränkten Compliance- Packages ist anzugeben, ob der berechtigte Parteienvertreter oder der Rechtsträger oder beide Freigaben erteilen können;

c) die Angabe einer E-Mailadresse des berufsmäßigen Parteienvertreters und allenfalls des Rechtsträgers, sofern ein Compliance-Package übermittelt wird; Die Angabe einer E-Mailadresse des Rechtsträgers ist im Falle eines eingeschränkten Compliance-Packages verpflichtend, wenn der Rechtsträger selbst Freigaben erteilen soll; und

d) die Angabe ob an die angegebene E-Mailadresse des berufsmäßigen Parteienvertreters oder des Rechtsträgers Rückfragen im Zusammenhang mit einer Meldung oder einem Compliance-Package im elektronischen Wege übermittelt werden dürfen.
(BGBl I 2019/62)

„[4]Der Rechtsträger hat die Daten binnen vier Wochen nach der erstmaligen Eintragung in das jeweilige Stammregister oder bei Trusts und trustähnlichen Vereinbarungen nach der Begründung der Verwaltung im Inland zu übermitteln. [5]Änderungen der Angaben sind binnen vier Wochen nach Kenntnis der Änderung zu übermitteln.“** „[6]Bei Daten des Rechtsträgers selbst, die im jeweiligen Stammregister eingetragen sind, ist jedenfalls Kenntnis ab deren Eintragung im jeweiligen Stammregister anzunehmen. [7]Entfalten Umstände bereits vor Eintragung in das Stammregister eine Wirkung auf die wirtschaftlichen Eigentümer eines Rechtsträgers, so ist für den Beginn der Meldefrist auf den Beginn der Wirksamkeit abzustellen. [8]Bei Vorliegen einer Meldebefreiung gemäß § 6 entfällt die Verpflichtung zur Meldung der Änderungen, wenn die Eintragung im jeweiligen Stammregister binnen vier Wochen beantragt wird. [9]Rechtsträger, die nicht gemäß § 6 von der Meldepflicht befreit sind, haben binnen vier Wochen nach der Fälligkeit der jährlichen Überprüfung gemäß § 3 Abs. 3, die bei der Überprüfung festgestellten Änderungen zu melden oder die gemeldeten Daten zu bestätigen.“** *(*BGBl I 2018/37; **BGBl I 2019/62)*

(2) [1]Die Meldung der in Abs. 1 genannten Daten hat von den Rechtsträgern im elektronischen Wege über das Unternehmensserviceportal (§ 1 USPG) an die Bundesanstalt Statistik Österreich als „Auftragsverarbeiterin“ der Registerbehörde zu erfolgen. [2]Eine Übermittlung der Daten durch berufsmäßige Parteienvertreter gemäß § 5 Abs. 1 Z 2 USPG ist zulässig. [3]Es dürfen nur Geräte zum Einsatz kommen, die über ein nach Maßgabe des jeweiligen Standes der Technik anerkanntes Protokoll kommunizieren. [4]Bei natürlichen Personen ohne Wohnsitz im Inland hat der Rechtsträger eine Kopie des unter Abs. 1 Z 1 lit. b angegebenen amtlichen Lichtbildausweises im elektronischen Wege über das Unternehmensserviceportal an die Registerbehörde zu übermitteln. *(BGBl I 2018/37)*

(3) [1]Zum Zwecke der eindeutigen Identifikation von wirtschaftlichen Eigentümern „, von jenen natürlichen Personen, die für die Zwecke der automatisationsunterstützt erstellten Darstellung gemäß § 9 Abs. 5 Z 1 benötigt werden, und von vertretungsbefugten natürlichen Personen der Rechtsträger“** hat die Bundesanstalt Statistik Österreich über das Stammzahlenregister automatisationsunterstützt das „ “* bereichsspezifische Personenkennzeichen des Bereichs „Steuern und Abgaben – SA” zu ermitteln. [2]„Die Registerbehörde und die Bundesanstalt Statistik Österreich haben die im Zentralen Melderegister verarbeiteten Daten abzufragen, um die Daten über die wirtschaftlichen Eigentümer zu übernehmen, zu ergänzen und aktuell zu halten und können zu diesem Zweck auch das Ergänzungsregister für natürliche Personen abfragen.“* [3]Der Bundesminister für Inneres ist ermächtigt, der Bundesanstalt Statistik Österreich auf deren Verlangen zum Zweck der Ergänzung und der Überprüfung der Daten der wirtschaftlichen Eigentümer eine Abfrage gemäß § 16a Abs. 4 MeldeG auf das Zentrale Melderegister zu eröffnen. [4]Danach ist der Änderungsdienst gemäß § 16c MeldeG zu verwenden. [5]Zum Zwecke der eindeutigen Identifikation von obersten Rechtsträgern mit Sitz im Inland hat die Bundesanstalt Statistik Österreich deren Daten mit dem Stammzahlenregister automationsunterstützt abzugleichen. [6]Wenn kein automationsunterstützter Abgleich im Hinblick auf die vorgenannten Rechtsträger möglich ist, dann dürfen diese nicht gemeldet werden. [7]Insoweit einzelne,

der in Abs. 1 genannten Daten durch die Bundesanstalt Statistik Österreich automatisationsunterstützt ergänzt werden, ist keine Meldung der betreffenden Daten durch den Rechtsträger erforderlich. *(*BGBl I 2017/150; **BGBl I 2018/37)*

(4) [1]Jeder Rechtsträger ist berechtigt über das Unternehmensserviceportal Einsicht in die über ihn im Register erfassten Daten zu nehmen. [2]Die Einsicht ist im Wege einer Information über den Registerstand zu gewähren, die alle Elemente des Auszuges gemäß § 9 Abs. 4 enthält.

(5) [1]Wenn bei Rechtsträgern gemäß § 1 Abs. 2 Z 1, 2, 3, 4, 9, 10, 11 und 13 die wirtschaftlichen Eigentümer gemäß § 2 Z 1 lit. b festgestellt wurden, ist nur zu melden, dass die natürlichen Personen, die der obersten Führungsebene des Rechtsträgers angehören, als wirtschaftliche Eigentümer festgestellt wurden. [2]Die Bundesanstalt Statistik Österreich hat diese aus dem Firmenbuch zu übernehmen und laufend aktuell zu halten. „[3]Wenn die natürlichen Personen, die der obersten Führungsebene angehören nicht mehr im Firmenbuch eingetragen sind, so hat die Bundesanstalt Statistik Österreich die Meldung gemäß § 5 Abs. 5 WiEReG zu beenden.“ *(BGBl I 2018/37; BGBl I 2019/62)*

(6) [1]Wenn für einen Rechtsträger noch keine Meldung von einem berufsmäßigen Parteienvertreter abgegeben wurde, so kann jeder berufsmäßige Parteienvertreter unter Berufung auf die ihm erteilte Vollmacht eine Meldung gemäß diesem Paragraphen abgeben. [2]Nach Abgabe einer Meldung von einem berufsmäßigen Parteienvertreter für einen Rechtsträger, kann ein anderer berufsmäßiger Parteienvertreter für diesen Rechtsträger nur dann eine Meldung abgeben, wenn dieser im elektronischen Wege der Registerbehörde unter Berufung auf die erteile Vollmacht den Wechsel der Berechtigung zur Abgabe einer Meldung anzeigt. [3]Die Registerbehörde hat den Rechtsträger über den Wechsel der Berechtigung zu informieren und darauf hinzuweisen, dass der Wechsel binnen zwei Wochen ab deren Beantragung im Register eingetragen wird, sofern kein Widerspruch des Rechtsträgers innerhalb dieser Frist bei der Registerbörde eingeht. [4]Nach Ablauf der Frist endet die Möglichkeit zur Meldung für den ursprünglich vertretungsbefugten Parteienvertreter und Meldungen können nur von dem berufsmäßigen Parteienvertreter eingebracht werden, der zuletzt den Wechsel der Berechtigung angezeigt hat. [5]Die Registerbehörde kann auf Antrag des Rechtsträgers den Wechsel der Berechtigung schon vor Ablauf der zweiwöchigen Frist eintragen, wenn dies zur Wahrung der Meldefrist erforderlich ist. *(BGBl I 2019/62)*

(7) Gegen berufsmäßige Parteienvertreter oder deren Beschäftigte, die wirtschaftliche Eigentümer gemäß § 9 Abs. 4 Z 7a festgestellt, überprüft und gemeldet oder ein Compliance-Package gemäß § 9 Abs. 5a übermittelt haben, können Dritte daraus Schadenersatzansprüche nur dann erheben, wenn die berufsmäßigen Parteienvertreter oder deren Beschäftigte vorsätzlich oder krass grob fahrlässig gegen ihre Sorgfaltspflichten nach diesem Bundesgesetz verstoßen haben. *(BGBl I 2019/62)*

Übermittlung der Dokumentation über die Anwendung der Sorgfaltspflichten zur Feststellung und Überprüfung der Identität von wirtschaftlichen Eigentümern (Compliance-Package)

§ 5a. (1) [1]Ein berufsmäßiger Parteienvertreter kann, wenn er die wirtschaftlichen Eigentümer eines Rechtsträgers gemäß den Anforderungen dieses Bundesgesetzes festgestellt und überprüft hat, alle für die Feststellung und Überprüfung der Identität der wirtschaftlichen Eigentümer erforderlichen Informationen, Daten und Dokumente im elektronischen Wege über das Unternehmensserviceportal an die Registerbehörde übermitteln (Compliance-Package). [2]Hiebei sind jedenfalls die folgenden Informationen, Daten und Dokumente im elektronischen Wege über das Unternehmensserviceportal an die Registerbehörde zu übermitteln:

1. ein Organigramm, aus dem sich die relevante Eigentums- und Kontrollstruktur ergibt, bei Rechtsträgern gemäß § 1 Abs. 2 Z 1 bis 4, 9 und 10;

2. für den meldenden Rechtsträger selbst,

a) bei offenen Gesellschaften, Kommanditgesellschaften und Europäischen wirtschaftlichen Interessensvereinigungen der Gesellschaftsvertrag bzw. das Gründungsdokument oder ein anderer Nachweis über die Beteiligungsverhältnisse;

b) bei Aktiengesellschaften und Europäischen Gesellschaften (SE) ein Nachweis über für das wirtschaftliche Eigentum relevante Anteilsrechte und Aktien sowie die Satzung, soweit sich aus dieser abweichende Stimmrechte oder Kontrollverhältnisse ergeben;

c) bei Gesellschaften mit beschränkter Haftung der Gesellschaftsvertrag, soweit sich aus diesem von den Beteiligungsverhältnissen abweichende Stimmrechte oder Kontrollverhältnisse ergeben;

d) bei Privatstiftungen gemäß § 1 PSG die Stiftungsurkunde sowie die Stiftungszusatzurkunde und alle weiteren Nachweise, die für die Feststellung und Überprüfung aller Begünstigten der Privatstiftung gemäß diesem Bundesgesetz notwendig sind;

e) bei Stiftungen und Fonds gemäß § 1 BStFG 2015 und bei aufgrund eines Landesgesetzes eingerichteten Stiftungen und Fonds die Stiftungsurkunde, Gründungserklärung oder ein vergleichbarer Nachweis;

WiEReG

f) bei Trusts und trustähnlichen Vereinbarungen die Trusturkunde, sonstige Dokumente, aus denen sich Begünstigte des Trusts ergeben, und alle weiteren Nachweise, die für die Feststellung und Überprüfung aller Begünstigten des Trusts oder der trustähnlichen Vereinbarung gemäß diesem Bundesgesetz notwendig sind;

g) Nachweise und Erklärungen, aufgrund derer sich allfällige, für die Stellung als wirtschaftlicher Eigentümer gemäß diesem Bundesgesetz relevante Treuhandschaften ergeben;

h) sonstige Nachweise und Dokumente, die für die Feststellung und Überprüfung der wirtschaftlichen Eigentümer des Rechtsträgers erforderlich sind; solche sind insbesondere dann erforderlich, wenn relevante Stimmrechte vorliegen, die von der jeweiligen Beteiligung oder dem Anteil von Aktien abweichen oder wenn andere Kontrollverhältnisse vorliegen, die für die Feststellung und Überprüfung der wirtschaftlichen Eigentümer relevant sind und diese nicht bereits von lit. a bis g erfasst sind.

3. [1]für relevante inländische übergeordnete Rechtsträger sind die in Z 2 lit. a bis h genannten Dokumente zu übermitteln. [2]Sofern Dokumente zu übermitteln sind, ist die Stammzahl des übergeordneten inländischen Rechtsträgers anzugeben. [3]Wenn für einen „übergeordneten Rechtsträger" mit Sitz im Inland ein gültiges Compliance-Package im Register im Zeitpunkt der Meldung gespeichert ist, entfällt die Verpflichtung zur Übermittlung der Dokumente für diesen „übergeordneten Rechtsträger" gemäß dieser Ziffer, wenn die Stammzahl „dieses übergeordneten Rechtsträgers" und der Umstand gemeldet wird, dass auf dieses Compliance-Package verwiesen wird. [4]In diesem Fall ist nur der Umstand, dass auf dieses Compliance-Package verwiesen wird, Bestandteil der Meldung. *(BGBl I 2021/25)*

4. für ausländische übergeordnete Rechtsträger, die für das wirtschaftliche Eigentum am Rechtsträger relevant sind, die Angabe des Namens, der Stammzahl, der Rechtsform und des Sitzlandes sowie jene am Sitz des übergeordneten Rechtsträgers gemäß dem landesüblichen Rechtsstandard verfügbaren

a) Nachweise, die für die Überprüfung der Existenz einer juristischen Person im Sitzland vorgesehen sind;

b) Nachweise, die zum Zwecke der Überprüfung der Eigentumsverhältnisse im Sitzland vorgesehen sind;

c) Gesellschaftsverträge, Statuten und dergleichen, soweit sich von lit. b abweichende Stimmrechte oder Kontrollverhältnisse ergeben;

d) Nachweise und Erklärungen, aufgrund derer sich allfällige, für die Stellung als wirtschaftlicher Eigentümer gemäß diesem Bundesgesetz relevante Treuhandschaften ergeben und die für die Feststellung und Überprüfung dieser wirtschaftlichen Eigentümer notwendig sind; dies unabhängig von den aufgrund der landesüblichen Rechtsstandards verfügbaren Nachweisen;

e) sonstige Nachweise und Dokumente, die für die Feststellung und Überprüfung der wirtschaftlichen Eigentümer des Rechtsträgers erforderlich sind; solche Nachweise sind insbesondere dann erforderlich, wenn relevante Stimmrechte vorliegen, die von der jeweiligen Beteiligung oder dem Anteil an Aktien abweichen oder wenn andere Kontrollverhältnisse vorliegen, die für die Feststellung und Überprüfung der wirtschaftlichen Eigentümer relevant sind und nicht bereits gemäß lit. a bis d übermittelt werden.

[1]Wenn für einen Rechtsträger mit Sitz im Inland, der sich auf der letzten inländischen Ebene einer Eigentums- oder Kontrollkette befindet, ein gültiges Compliance-Package gespeichert wurde, entfällt die Verpflichtung zur Übermittlung der Dokumente gemäß dieser Ziffer für jene relevanten Rechtsträger mit Sitz im Ausland, deren Dokumente in diesem Compliance-Package enthalten sind, wenn die Stammzahl dieses Rechtsträgers und der Umstand gemeldet wird, dass auf dieses Compliance-Package verwiesen wird. [2]In diesem Fall ist nur der Umstand, dass auf dieses Compliance-Package verwiesen wird, Bestandteil der Meldung.

(2) [1]Soweit es sich bei den Dokumenten um Urkunden handelt, muss es sich um beweiskräftige Urkunden handeln, die gemäß dem am Sitz der juristischen Personen landesüblichen Rechtsstandard verfügbar sind. [2]Befindet sich der Sitz eines relevanten übergeordneten ausländischen Rechtsträgers im Zeitpunkt der Übermittlung des Compliance-Packages in einem Drittland mit hohem Risiko (§ 2 Z 16 FM-GwG) oder bestehen Zweifel an der Echtheit einer Urkunde, dann müssen die betreffenden Urkunden dem berufsmäßigen Parteienvertreter im Original oder in einer beglaubigten Kopie vorliegen. [3]Nach erfolgter Prüfung sind Kopien der vorgelegten Originaldokumente anzufertigen, mit dem Vermerk „Original vorgelegt am:" unter Angabe des Datums und einem Hinweis auf einen nachvollziehbar erkennbaren Vermerkersteller zu erstellen und an das Register zu übermitteln. [4]Originaldokumente können an den Rechtsträger retourniert werden. [5]Sofern Dokumente nicht in deutscher oder englischer Sprache abgefasst sind, so sind zusätzlich zum Originaldokument beglaubigte Übersetzungen des Dokuments oder jedenfalls der relevanten Teile in deutscher oder englischer Sprache zu übermitteln.

(3) [1]Bestehen berechtigte Gründe gegen eine Übermittlung einer Urkunde an das Register, so kann anstelle der Übermittlung der Urkunde, ein vollständiger Aktenvermerk an das Register übermittelt werden, wenn der berufsmäßige Parteienvertreter, der die wirtschaftlichen Eigentümer

des Rechtsträgers festgestellt und überprüft hat oder ein Dritter gemäß Art. 2 Abs. 1 Z 3 lit. a und b der Richtlinie (EU) 2015/849 mit Sitz im Inland oder einem Mitgliedstaat oder nach Maßgabe des § 13 Abs. 4 FM-GwG mit Sitz in einem Drittland, Einsicht in die Urkunde genommen und diesen Aktenvermerk angefertigt hat. [2]Ein vollständiger Aktenvermerk hat Folgendes zu enthalten:

1. Datum und Ort der Einsichtnahme,

2. Vorname, Nachname, Geburtsdatum und Unterschrift der die Einsicht vornehmenden Person,

3. genaue Bezeichnung des eingesehenen Dokumentes und von wem das Dokument in welcher Funktion errichtet oder ausgestellt und unterzeichnet wurde,

4. eine Beschreibung des Inhalts des Dokumentes und eine Zusammenfassung aller für das wirtschaftliche Eigentum am Rechtsträger relevanten Teile des Dokumentes.

Die Übermittlung von Aktenvermerken anstelle von Dokumenten ist nicht zulässig, wenn sich der Sitz des Ausstellers des Dokumentes, der Sitz einer der Vertragsparteien, die das Dokument errichtet haben, oder der Sitz des Rechtsträges, den das Dokument betrifft, in einem Drittland mit hohem Risiko (§ 2 Z 16 FM-GwG) befindet.

(4) [1]Die Dokumente müssen im Zeitpunkt der Übermittlung an das Register aktuell sein. [2]Auszüge aus ausländischen Handels-, Gesellschafts- oder Trustregistern und die Bestätigung der Geschäftsführung des Rechtsträgers gemäß Abs. 1 Z 2 lit. i dürfen bei Meldungen und Änderungsmeldungen nicht älter als 6 Wochen sein. [3]Ältere Dokumente dürfen nur in begründeten Ausnahmefällen gemeinsam mit den Gründen dafür übermittelt werden.

(5) [1]Vor der Übermittlung, Änderung oder Ergänzung eines Compliance-Packages hat der berufsmäßige Parteienvertreter eine firmenmäßig gezeichnete Bestätigung der Geschäftsführung des Rechtsträgers einzuholen, in der diese bestätigt, dass alle zur Feststellung und Überprüfung der wirtschaftlichen Eigentümer erforderlichen Dokumente dem berufsmäßigen Parteienvertreter vorliegen, aktuell sind und in dem zu übermittelnden Compliance-Package enthalten sind und keine von der Meldung abweichenden Stimmrechte, Kontroll- oder Treuhandschaftsbeziehungen bestehen. [2]Der berufsmäßige Parteienvertreter hat in der Meldung den Erhalt dieser Bestätigung zu bestätigen. „[3]Keine Bestätigung der Geschäftsführung des Rechtsträgers ist erforderlich, wenn bei einer Ergänzung eines Compliance-Package keine Änderung der relevanten inländischen oder ausländischen übergeordneten Rechtsträger und keine Änderung bei den zu übermittelnden Dokumenten vorgenommen wird.“ *(BGBl I 2021/25)*

(6) [1]Die übermittelten Informationen, Daten und Dokumente sind für die Zwecke der Verhinderung der Geldwäscherei und der Terrorismusfinanzierung zu speichern und sind fünf Jahre nach dem Zeitpunkt, bei dem diese mit einem Compliance-Package übermittelt wurden, zu löschen. [2]Das Compliance-Package ist für die Dauer von zwölf Monaten nach der letzten Meldung, bei der ein Compliance-Package gemäß Abs. 1 oder Abs. 7 übermittelt wurde, gültig.

(7) [1]Der gemäß § 5 Abs. 6 berechtigte berufsmäßige Parteienvertreter kann eine Änderungsmeldung zu einem bestehenden Compliance-Package übermitteln, durch die die Gültigkeit des Compliance- Package um weitere zwölf Monate verlängert wird. [2]Bei dieser Meldung hat der berufsmäßige Parteienvertreter die Vollständigkeit des Compliance-Packages gemäß Abs. 1 und die Aktualität aller Dokumente gemäß Abs. 4 zu überprüfen und zu bestätigen.

(8) [1]Der gemäß § 5 Abs. 6 berechtigte berufsmäßige Parteienvertreter kann eine Ergänzung zu einem bestehenden gültigen Compliance-Package übermitteln, „bei der relevante inländische und ausländische übergeordnete Rechtsträger hinzufügt, entfernt oder deren Daten geändert werden können, übermittelte Dokumente gelöscht, neue Dokumente hinzugefügt oder die über Dokumente gespeicherten Daten geändert werden können,“ das Compliance-Package eingeschränkt oder die Einschränkung aufgehoben werden kann, die E-Mailadresse des berufsmäßigen Parteienvertreters und des Rechtsträgers geändert werden können, festgelegt werden kann, ob der berufsmäßige Parteienvertreter und/oder der Rechtsträger Freigaben erteilen oder Rückfragen beantworten können und festgelegt werden kann, welchen Verpflichteten in ein eingeschränktes Compliance-Package Einsicht gewährt werden soll, ohne dass jedoch Änderungen bei den gemeldeten wirtschaftlichen Eigentümern vorgenommen werden können. [2]Bei jeder Ergänzung hat der berufsmäßige Parteienvertreter die Aktualität der zusätzlich übermittelten Dokumente zu prüfen und zu bestätigen. [3]Die Dauer der Gültigkeit des Compliance-Package gemäß Abs. 6 ändert sich durch die Übermittlung einer Ergänzung nicht. *(BGBl I 2021/25)*

(9) Der berufsmäßige Parteienvertreter hat bei der Übermittlung der Dokumente im Rahmen des Compliance-Packages an das Register zu erklären, dass der Rechtsträger gegenüber ihm bestätigt hat, dass die erforderlichen Einwilligungserklärungen, die den Anforderungen des Art. 7 der Verordnung (EU) 2016/679 entsprechen, und die Freigabe zur Übermittlung des Compliance-Packages vorliegen.

(BGBl I 2019/62)

Befreiung von der Meldepflicht

§ 6. (1) [1]Offene Gesellschaften gemäß § 1 Abs. 2 Z 1 und Kommanditgesellschaften gemäß § 1 Abs. 2 Z 2 sind von der Meldung gemäß § 5 befreit, wenn alle Gesellschafter natürliche Personen sind. [2]Sind weniger als vier Gesellschafter im Firmenbuch eingetragen, dann sind diese als wirtschaftliche Eigentümer von der Bundesanstalt Statistik Österreich zu übernehmen. [3]Wenn vier oder mehr Gesellschafter im Firmenbuch eingetragen sind, dann sind die im Firmenbuch eingetragenen geschäftsführenden Gesellschafter von der Bundesanstalt Statistik Österreich als wirtschaftliche Eigentümer zu übernehmen. [4]Wenn eine andere natürliche Person wirtschaftlicher Eigentümer gemäß § 2 der offenen Gesellschaft oder der Kommanditgesellschaft ist, dann hat die offene Gesellschaft oder die Kommanditgesellschaft eine Meldung gemäß § 5 Abs. 1 vorzunehmen. *(BGBl I 2018/37)*

(2) [1]Gesellschaften mit beschränkter Haftung gemäß § 1 Abs. 2 Z 4 sind von der Meldung gemäß § 5 befreit, wenn alle Gesellschafter natürliche Personen sind. [2]Diesfalls sind die im Firmenbuch eingetragenen Gesellschafter von der Bundesanstalt Statistik Österreich als wirtschaftliche Eigentümer zu übernehmen, wenn diese eine Beteiligung von mehr als 25 vH halten. [3]Hält kein Gesellschafter eine Beteiligung von mehr als 25 vH, so sind die im Firmenbuch eingetragenen Geschäftsführer von der Bundesanstalt Statistik Österreich als wirtschaftliche Eigentümer zu übernehmen. [4]Wenn eine andere natürliche Person wirtschaftlicher Eigentümer gemäß § 2 der Gesellschaft mit beschränkter Haftung ist, dann hat die Gesellschaft mit beschränkter Haftung eine Meldung gemäß § 5 Abs. 1 vorzunehmen. *(BGBl I 2018/37)*

(3) [1]Erwerbs- und Wirtschaftsgenossenschaften gemäß § 1 Abs. 2 Z 5 sind von der Meldung gemäß § 5 befreit. [2]Diesfalls sind die im Firmenbuch eingetragenen Mitglieder des Vorstands oder, sofern auch Geschäftsleiter eingetragen sind, nur die Geschäftsleiter von der Bundesanstalt Statistik Österreich als wirtschaftliche Eigentümer zu übernehmen. [3]Wenn eine andere natürliche Person wirtschaftlicher Eigentümer gemäß § 2 der Erwerbs- und Wirtschaftsgenossenschaft ist, dann hat die Erwerbs- und Wirtschaftsgenossenschaft eine Meldung gemäß § 5 Abs. 1 vorzunehmen. *(BGBl I 2018/37)*

(4) [1]Versicherungsvereine auf Gegenseitigkeit gemäß § 1 Abs. 2 Z 6, kleine Versicherungsvereine gemäß § 1 Abs. 2 Z 7 und Sparkassen gemäß § 1 Abs. 2 Z 8 sind von der Meldung gemäß § 5 befreit. [2]Diesfalls sind die im Firmenbuch oder im Ergänzungsregister für sonstige Betroffene eingetragenen Mitglieder des Vorstands von der Bundesanstalt Statistik Österreich als wirtschaftliche Eigentümer zu übernehmen. [3]Wenn eine andere natürliche Person direkt oder indirekt Kontrolle „auf die vorgenannten Gesellschaften" ausübt, dann hat diese Gesellschaft eine Meldung gemäß § 5 Abs. 1 vorzunehmen. *(BGBl I 2018/37)*

(5) [1]Vereine gemäß § 1 Abs. 2 Z 14 sind von der Meldung gemäß § 5 befreit. [2]Diesfalls sind die im Vereinsregister eingetragenen organschaftlichen Vertreter des Vereins von der Bundesanstalt Statistik Österreich als wirtschaftliche Eigentümer zu übernehmen. [3]Wenn eine andere natürliche Person direkt oder indirekt Kontrolle „auf den Verein" ausübt, dann hat der Verein eine Meldung gemäß § 5 Abs. 1 vorzunehmen. *(BGBl I 2018/37)*

(6) [1]Wenn ein Rechtsträger eine Meldung gemäß den vorgenannten Absätzen vornimmt oder auf die Meldebefreiung verzichtet, dann hat keine Übernahme der Daten durch die Bundesanstalt Statistik Österreich für diesen Rechtsträger zu erfolgen. [2]Wenn die Voraussetzungen für die Befreiung in späterer Folge wieder zutreffen, kann der Rechtsträger dies im elektronischen Weg über das Unternehmensserviceportal an die Bundesanstalt Statistik Österreich als Auftragsverarbeiterin der Registerbehörde melden. *(BGBl I 2018/37)*

(7) Die Bundesanstalt Statistik Österreich hat die gemäß diesem Paragraph übernommenen Daten laufend aktuell zu halten.

Führung des Registers der wirtschaftlichen Eigentümer

§ 7. (1) [1]Die Registerbehörde hat zum Zweck der Verhinderung der Nutzung des Finanzsystems für Zwecke der Geldwäscherei und der Terrorismusfinanzierung ein Register der wirtschaftlichen Eigentümer (Register) als regelmäßig ergänzte, zeitlich geschichtete Datensammlung zu führen und sich hiefür der in „Abs. 5"** genannten „gesetzlichen Auftragsverarbeiterinnen sowie allfälliger Sub-Auftragsverarbeiter"** zu bedienen. [2]Dieses Register hat die in § 5 und dieser Bestimmung genannten Daten unter Verwendung des „ "* bereichsspezifischen Personenkennzeichens des Bereichs „Steuern und Abgaben – SA" sowie die Daten betreffend der Rechtsträger gemäß § 25 Abs. 1 Z 1 bis 5 und 7 des Bundesstatistikgesetzes 2000 zu enthalten. *(*BGBl I 2017/150; **BGBl I 2018/37)*

(2) [1]Der Bundesanstalt Statistik Österreich als „Auftragsverarbeiterin"* der Registerbehörde sind zur Aufnahme in das Register die Daten gemäß § 25 Abs. 1 Z 1 bis 5 des Bundesstatistikgesetzes 2000 sowie die Daten zur Kapitalbeteiligung an Rechtsträgern und deren Änderungen (Berichtigungen, Löschungen) betreffend

1. die im Firmenbuch eingetragenen Rechtsträger gemäß § 1 Abs. 2 Z 1 bis 13,

2. die im Vereinsregister eingetragenen Rechtsträger gemäß § 1 Abs. 2 Z 14,

3. die im Stiftungs- und Fondsregistern eingetragenen Rechtsträger gemäß § 1 Abs. 2 Z 15 und

4. die in aufgrund eines Landesgesetzes eingerichteten Registern eingetragenen Rechtsträger gemäß § 1 Abs. 2 Z 16

von den jeweils zuständigen Behörden in den Fällen gemäß Z 1 bis 3 unverzüglich auf elektronischem Wege nach Kenntnisnahme über eine von der Bundesanstalt definierte Schnittstelle unentgeltlich zu übermitteln. [2]Im Falle der Z 4 gilt dies unter der Maßgabe, dass eine unentgeltliche Übermittlung auf elektronischem Wege über eine von der Bundesanstalt definierte Schnittstelle landesgesetzlich vorgesehen wird. [3]Die organschaftlichen Vertreter der Vereine (§ 16 Abs. 1 Z 7 und 8 VerG) sind mit dem verschlüsselten bereichsspezifischen Personenkennzeichen des Bereichs „Steuern und Abgaben – SA" zu übermitteln. [4]Die zur Führung des jeweiligen Registers zuständigen Behörden haben die Stammzahlenregisterbehörde im elektronischen Wege zu ersuchen, die in das Register gemäß Z 3 und 4 einzutragenden Rechtsträger in das Ergänzungsregister für sonstige Betroffene einzutragen, sofern diese noch nicht eingetragen sind. [5]Die Bundesanstalt Statistik Österreich hat zu jedem Rechtsträger die gemäß § 25 Abs. 1 Z 1, 2, 4 und 5 des Bundesstatistikgesetzes 2000 im Unternehmensregister gespeicherten Daten in das Register zu übernehmen. [6]Darunter fallen auch die „mit der Rechtsform „Trust", „trustähnliche Vereinbarung" und „meldepflichtiger ausländischer Rechtsträger""** im Ergänzungsregister für sonstige Betroffene gespeicherten Rechtsträger. [7]Insoweit eine Übernahme der Daten möglich ist, entfällt die Verpflichtung zur gesonderten Übermittlung der Daten durch die jeweils zuständigen Behörden. [8]§ 25 Abs. 3 bis 5 des Bundesstatistikgesetzes 2000 ist sinngemäß anzuwenden. *(*BGBl I 2018/37; **BGBl I 2021/25)*

(3) Die Bundesanstalt Statistik Österreich hat geeignete Maßnahmen zu treffen, dass die Daten über einen wirtschaftlichen Eigentümer einer Gesellschaft nach Ablauf von „zehn" Jahren ab dem Ende seines wirtschaftlichen Eigentums an dieser Gesellschaft „und die Daten eines Rechtsträgers nach Ablauf von zehn Jahren nach der Beendigung des Rechtsträgers im Register der wirtschaftlichen Eigentümer" nicht mehr zugänglich sind. *(BGBl I 2019/62)*

(4) Die Daten über die wirtschaftlichen Eigentümer sind an die Bundesanstalt Statistik Österreich zu übermitteln, die diese Daten für statistische Zwecke verarbeiten darf.

(5) [1]Die Registerbehörde ist datenschutzrechtlicher „Verantwortlicher" für das Register. [2]Die Bundesanstalt Statistik Österreich und die Bundesrechenzentrum Gesellschaft mit beschränkter Haftung (Bundesrechenzentrum GmbH) sind für das Register gesetzliche „Auftragsverarbeiterinnen", sofern nicht ausdrücklich etwas anderes bestimmt ist. *(BGBl I 2018/37)*

Beauftragung der Bundesrechenzentrum GmbH und der Bundesanstalt Statistik Österreich

§ 8. [1]Der Bundesminister für Finanzen hat die Bundesanstalt Statistik Österreich und die Bundesrechenzentrum GmbH mit der Errichtung, inklusive der Herstellung der erforderlichen Anbindungen, dem Betrieb und der Weiterentwicklung des Registers zu beauftragen. [2]Die Kooperation zwischen Bundesanstalt Statistik Österreich und der Bundesrechenzentrum GmbH hat in Abstimmung mit dem Bundesminister für Finanzen zu erfolgen. [3]Die Leistungen der Bundesanstalt Statistik Österreich sind gemäß § 32 des Bundesstatistikgesetzes 2000 und die Leistungen der Bundesrechenzentrum GmbH sind gemäß § 5 BRZ GmbH zu erbringen.

Einsicht der Verpflichteten in das Register

§ 9. (1) Die nachfolgend Genannten gelten als Verpflichtete im Sinne dieses Bundesgesetzes und sind nach Maßgabe des Abs. 2 zur Einsicht in das Register berechtigt:

1. Kreditinstitute gemäß § 2 Z 1 FM-GwG, Abbaugesellschaften gemäß § 162 BaSAG, Abbaueinheiten die gemäß § 2 GSA gegründet wurden, Abbaueinheiten gemäß § 83 BaSAG und Versicherungsunternehmen gemäß § 2 Z 2 lit. b FM-GwG; *(BGBl I 2018/37)*

2. Kredit- und Finanzinstitute gemäß § 2 Z 1 und Z 2 FM-GwG, die der Aufsicht der FMA gemäß § 25 Abs. 1 FM-GwG unterliegen, soweit diese nicht unter Z 1 erfasst sind;

3. Finanzinstitute gemäß § 2 Z 2 FM-GwG, die nicht der Aufsicht der FMA gemäß § 25 Abs. 1 FM-GwG unterliegen;

4. Bundeskonzessionäre gemäß § 14 und § 21 GSpG;

5. Bewilligte für Glücksspielautomaten und Wettunternehmer, die aufgrund einer landesgesetzlichen Bewilligung eingerichtet sind, nach Maßgabe landesrechtlicher Vorschriften;

6. Rechtsanwälte;

7. Notare;

8. Wirtschaftsprüfer gemäß § 1 Abs. 1 Z 1 WTBG 2017;

9. Steuerberater gemäß § 1 Abs. 1 Z 2 WTBG 2017;

10. Bilanzbuchhalter, Buchhalter und Personalverrechner gemäß § 1 BiBuG 2014;

11. Handelsgewerbetreibende gemäß § 365m1 Abs. 2 Z 1 lit. a und b GewO 1994 und Gewerbetreibende gemäß § 365m1 Abs. 2 Z 1 lit. c GewO 1994; *(BGBl I 2021/25)*

12. Immobilienmakler gemäß § 365m1 Abs. 2 Z 2 GewO 1994;

13. Unternehmensberater gemäß § 365m1 Abs. 2 Z 3 GewO 1994;

14. Versicherungsvermittler gemäß § 365m1 Abs. 2 Z 4 GewO 1994;

15. die Österreichische Bundesfinanzierungsagentur „;“ *(BGBl I 2019/62)*

16. Dienstleister in Bezug auf virtuelle Währungen gemäß § 2 Z 22 FM-GwG. *(BGBl I 2019/62)*

(2) [1]Verpflichtete dürfen nur im Rahmen der Anwendung der Sorgfaltspflichten zur Verhinderung der Geldwäscherei und Terrorismusfinanzierung gegenüber ihren Kunden Einsicht in das Register nehmen. [2]Darüber hinaus dürfen Verpflichtete gemäß Abs. 1 Z 6 bis 10 Einsicht für die Zwecke der Beratung ihrer Mandanten „und genossenschaftliche Revisionsverbände für die Zwecke der Beratung ihrer Mitglieder jeweils“** im Hinblick auf die Feststellung, Überprüfung und Meldung der wirtschaftlichen Eigentümer ihrer Mandanten nehmen „und für die Zwecke der Beratung von wirtschaftlichen Eigentümern im Hinblick auf die Stellung von Anträgen gemäß „§ 10a und § 14 Abs. 7“***.“* *(*BGBl I 2018/62; **BGBl I 2019/62; ***BGBl I 2021/25)*

(3) [1]Die Einsicht in das Register hat über das Unternehmensserviceportal zu erfolgen und ist durch einen mit einer Amtssignatur der Registerbehörde versehenen Auszug gemäß Abs. 4 oder einen erweiterten Auszug gemäß Abs. 5 zu gewährleisten. [2]Suchbegriffe dürfen nur konkrete Rechtsträger oder konkrete natürliche Personen sein. [3]Eine Suche nach einer natürlichen Person ist nur für Verpflichtete gemäß § 9 Abs. 1 Z 1, 4 und 6 bis 10 zulässig. [4]Zudem ist es erforderlich, dass die natürliche Person neben ihrem Namen durch die Eingabe eines oder mehrerer zusätzlicher Identifikatoren eindeutig bestimmt werden kann. [5]Sämtliche Zugangsdaten sind geheim zu halten. [6]Seitens der Verpflichteten ist sicherzustellen, dass unbefugte Dritte keinen Zugriff auf die Zugangsdaten und etwaige erforderliche Hilfsmittel haben. [7]Die Einsicht in die gemäß § 5 Abs. 2 übermittelten Dokumente „und das zu einem Rechtsträger gespeicherte gültige Compliance-Package“** ist über das Unternehmensserviceportal zu gewährleisten. [8]Sofern dies beantragt wird, sind in einen einfachen oder erweiterten Auszug auch historische Daten gemäß „Abs. 4 Z 1 bis 4, 5 lit. a bis d, f und g, 6 lit. a bis d, f bis h, 7 und 8 sowie Abs. 5 Z 2“** aufzunehmen. „[9]Für die Zwecke dieses Absatzes kann auch ein Webservice des Unternehmensserviceportals verwendet werden.“** *(*BGBl I 2017/150; **BGBl I 2019/62)*

(4) [1]Die Verpflichteten können über das Unternehmensserviceportal einen mit einer Amtssignatur der Registerbehörde versehenen Auszug aus dem Register anfordern, der ihnen im Wege einer automatisationsunterstützen Datenübertragung über das Unternehmensserviceportal zur Verfügung gestellt wird. [2]Dieser Auszug enthält die folgenden Angaben:

1. Name des Rechtsträgers und Adressmerkmale;

2. Stammzahl und Stammregister des Rechtsträgers;

3. Rechtsform und eine Information über den Bestandszeitraum des Rechtsträgers;

4. ÖNACE-Code für Haupttätigkeiten des Rechtsträgers, soweit dieser gemäß § 21 des Bundesstatistikgesetzes 2000 festgestellt wurde;

5. die folgenden Informationen über direkte wirtschaftliche Eigentümer:

a) Vor- und Zuname;

b) Geburtsdatum;

c) Staatsangehörigkeit;

d) Geburtsort

e) Wohnsitz;

f) Art und Umfang des wirtschaftlichen Interesses;

g) soweit verfügbar, die Angabe, dass ein wirtschaftlicher Eigentümer verstorben ist;

6. die folgenden Informationen über alle indirekten wirtschaftlichen Eigentümer:

a) Vor- und Zuname;

b) Geburtsdatum;

c) Staatsangehörigkeit;

d) Geburtsort;

e) Wohnsitz;

f) die Angaben gemäß Z 1 bis 4 über die jeweiligen obersten Rechtsträger, soweit verfügbar;

g) Art und Umfang des wirtschaftlichen Interesses;

h) soweit verfügbar, die Angabe, dass ein wirtschaftlicher Eigentümer verstorben ist;

7. den Zeitpunkt der letzten Meldung und die Angabe, ob eine Befreiung von der Meldepflicht gemäß § 6 zur Anwendung gelangt;

7a. die Angabe, ob die wirtschaftlichen Eigentümer durch einen berufsmäßigen Parteienvertreter festgestellt und überprüft wurden; *(BGBl I 2019/62)*

7b. die Angabe, ob ein gültiges Compliance-Package für den Rechtsträger eingesehen werden kann; *(BGBl I 2019/62)*

7c. wenn die wirtschaftlichen Eigentümer gemäß § 2 Z 1 lit. b festgestellt wurden, die Angabe, ob nach Ausschöpfung aller Möglichkeiten die wirtschaftlichen Eigentümer nicht festgestellt und überprüft werden konnten; *(BGBl I 2019/62)*

8. den Umstand, dass ein aufrechter Vermerk gemäß § 11 Abs. 4 und § 13 Abs. 3 vorliegt;

9. die Angabe, ob und aus welcher Quelle die Daten von der Bundesanstalt Statistik Österreich übernommen wurden und bei den gemeldeten Daten den Hinweis, dass es sich um Daten handelt, die vom Rechtsträger gemeldet wurden;

10. den Hinweis, dass keine Gewähr für die Richtigkeit und Vollständigkeit der Daten übernommen werden kann.

[3]Bei Vorliegen einer Auskunftssperre gemäß VerG enthält der Auszug anstelle der Angaben gemäß Z 1, 2, 5 und 6 nur den Namen des Vereins, die Stammzahl und die Angabe, dass sich der Sitz des Vereins im Inland befindet, sowie den Hinweis, dass eine Auskunftssperre vorliegt. [4]Dies gilt nicht für Verpflichtete gemäß „gemäß Abs. 1 Z 1, 2 und 7“. „[5]Bei Begünstigten von Rechtsträgern gemäß § 1 Abs. 2 Z 12, 17 und 18 und vergleichbaren Rechtsträgern mit Sitz in einem anderen Mitgliedstaat oder in einem Drittland, die oberste Rechtsträger sind, hat der Auszug, außer bei Verpflichteten gemäß Abs. 1 Z 1, 2 und 7, anstelle der Wohnsitze der direkten und indirekten wirtschaftlichen Eigentümer gemäß Z 5 lit. e und Z 6 lit. e nur das Wohnsitzland zu enthalten.“[6]Bei diesen hat der Auszug anstelle der Wohnsitze der direkten und indirekten wirtschaftlichen Eigentümer gemäß Z 5 lit. e und Z 6 lit. e nur das Wohnsitzland sowie den Hinweis, dass eine Auskunftssperre vorliegt, zu enthalten. [7]Wenn nach natürlichen Personen gesucht wird, die wirtschaftliche Eigentümer eines Vereins sind, für den eine Auskunftssperre besteht, darf dieser Verein nicht in der Trefferliste angezeigt werden. [8]Bei Vorliegen einer Auskunftssperre gemäß MeldeG enthält der Auszug anstelle der Angaben gemäß Z 5 lit. e und Z 6 lit. e nur die Angabe, dass sich der Wohnsitz im Inland befindet, sowie den Hinweis, dass eine Auskunftssperre vorliegt. *(BGBl I 2018/37)*

(5) [1]Die Verpflichteten können über das Unternehmensserviceportal einen mit einer Amtssignatur der Registerbehörde versehenen erweiterten Auszug aus dem Register anfordern, der ihnen im Wege einer automatisationsunterstützen Datenübertragung über das Unternehmensserviceportal zur Verfügung gestellt wird. [2]Dieser Auszug enthält über die in Abs. 4 genannten Angaben hinaus die folgenden Angaben:

1. eine auf Basis der Eintragungen im Register automationsunterstützt generierte Darstellung aller bekannten Beteiligungsebenen, sofern diese für die Ermittlung des wirtschaftlichen Eigentümers relevant sind und über die jeweiligen Rechtsträger Daten im Register verfügbar sind; sofern keine ausreichenden Daten zu einzelnen Ebenen vorhanden sind, ist darauf hinzuweisen, dass keine Daten verfügbar sind; die Darstellung ist auf 20 Ebenen zu beschränken;

2. die Angabe der Daten gemäß Abs. 4 Z 5 lit. a bis d und g zu den vertretungsbefugten Personen des Rechtsträgers, soweit diese im Register gespeichert sind und zu den errechneten wirtschaftlichen Eigentümern und die Angabe der Daten gemäß Abs. 4 Z 6 lit. f zu den errechneten obersten Rechtsträgern; *(BGBl I 2019/62)*

3. die Angabe, ob und aus welcher Quelle die Daten von der Bundesanstalt Statistik Österreich übernommen wurden und den Hinweis, dass es sich um eine automatisationsunterstütze Darstellung handelt;

4. die Angabe, ob es sich um einen vollständigen erweiterten Auszug handelt; dies ist dann der Fall, wenn alle Daten vollständig vorhanden sind, die gemeldeten Daten mit den automationsunterstützt generierten Daten übereinstimmen und kein aufrechter Vermerk vorliegt;

5. den Hinweis, dass keine Gewähr für die Richtigkeit der Daten übernommen werden kann.

(5a) [1]Wird ein erweiterter Auszug aus dem Register angefordert, kann der Verpflichtete in ein hochgeladenes Compliance-Package Einsicht nehmen und die darin gespeicherten Dokumente herunterladen. [2]Wenn in dem Compliance-Package auf ein anderes Compliance-Package verwiesen wird, dann kann auch für den Rechtsträger auf den verwiesen wird, ein erweiterter Auszug angefordert werden und in dessen Compliance-Package Einsicht genommen werden. [3]Wenn das Compliance-Package oder ein verwiesenes Compliance-Package nur auf Anfrage zur Verfügung gestellt wurde, und dem Verpflichteten dieses nicht bereits bei der Meldung freigegeben wurde, kann der Verpflichtete die Freigabe des betreffenden Compliance-Packages über das Unternehmensserviceportal unter Angabe von Gründen und einer E-Mailadresse anfragen. [4]Diesfalls ist der Rechtsträger und/oder der berechtigte berufsmäßige Parteienvertreter über das Unternehmensserviceportal im elektronischen Weg über die Anfrage unter Angabe des Namens und der Stammzahl des anfragenden Verpflichteten sowie der Gründe für die Anfrage zu informieren. [5]Der Rechtsträger selbst und/oder der berufsmäßige Parteienvertreter können sodann das Compliance-Package binnen zwei Wochen für den anfragenden Verpflichteten für die Dauer von vier Wochen freigeben. [6]Erfolgt keine Freigabe binnen zwei Wochen, wird die Anfrage automatisch abgelehnt. [7]Der anfragende Verpflichtete ist im elektronischen Weg über eine Freigabe oder eine Ablehnung seiner Anfrage zu informieren. [8]Die im Compliance-Package enthaltenen Dokumente darf der Verpflichtete im Rahmen der Anwendung der Sorgfaltspflichten zur Verhinderung der Geldwäscherei und Terrorismusfinanzierung verwenden. [9]Der Rechtsträger selbst und/oder der berufsmäßige Parteienvertreter können die erteilte Freigabe für ein Compliance-Package innerhalb der vierwöchigen Frist widerrufen. [10]Diesfalls ist der anfragende Verpflichtete im elektronischen Weg zu informieren. *(BGBl I 2019/62)*

(5b) Wenn in der Meldung von einem berufsmäßigen Parteienvertreter gemäß § 5 Abs. 1 Z 4 angegeben wurde, dass Rückfragen im Zusammenhang mit einer Meldung oder einem Compliance-Package an den berufsmäßigen Parteienvertreter und/oder den Rechtsträger übermittelt werden dürfen, dann ist dem Verpflichteten bei der Einsicht in das Register über das Unternehmensserviceportal die Möglichkeit einer Kontaktaufnahme im elektronischen Weg einzuräumen. *(BGBl I 2019/62)*

(6) [1]Sofern Daten zur genauen Feststellung der Einstufung der Verpflichteten gemäß Abs. 1 Z 1 bis 10 und 12 bis 14 nicht aus dem Unternehmensregister übermittelt werden können oder bereits dem Unternehmensserviceportal zur Verfügung stehen, haben die Aufsichtsbehörden, die für die in Abs. 1 Z 1 bis 4 und 6 bis 14 genannten Verpflichteten zuständig sind, den Namen und die Stammzahl der ihrer Aufsicht unterliegenden Verpflichteten auf elektronischem Wege, soweit möglich über eine Schnittstelle oder über eine Online-Applikation, unentgeltlich an die Registerbehörde zu übermitteln. [2]Änderungen bei den für die Teilnahme erforderlichen Daten sind tunlichst innerhalb einer Woche ab der Änderung zu übermitteln. [3]Ein Verpflichteter gemäß Abs. 1 Z 1 bis 10 und 12 bis 14 kann bei der für ihn zuständigen Aufsichtsbehörde eine Einsichtsberechtigung beantragen, sofern diese nicht bereits automatisationsunterstützt eingeräumt wurde. [4]Die Aufsichtsbehörde hat bei Gewährung der Einsichtsberechtigung den Namen und die Stammzahl des betreffenden Verpflichteten auf elektronischem Wege, soweit möglich über eine Schnittstelle oder über eine Online-Applikation, der Registerbehörde zu übermitteln. [5]Dieser Absatz ist nach Maßgabe landesrechtlicher Vorschriften auch auf die Aufsichtsbehörden anzuwenden, die für die in Abs. 1 Z 5 genannten Verpflichteten zuständig sind.

(7) [1]Handelsgewerbetreibende können gegenüber der zuständigen Gewerbebehörde erklären, dass sie den Vorschriften der GewO zur Verhinderung der Geldwäscherei und Terrorismusfinanzierung unterliegen und eine Einsichtsberechtigung in das Register beantragen. [2]Finanzinstitute gemäß § 2 Z 2 lit. a FM-GwG, die gemäß § 25 Abs. 1 FM-GwG nicht der Aufsicht der FMA unterliegen, können bei der zuständigen Gewerbebehörde eine Einsichtsberechtigung in das Register beantragen. [3]Die Gewerbebehörde hat bei Gewährung der Einsichtsberechtigung den Namen und die Stammzahl der betreffenden Verpflichteten auf elektronischem Wege, soweit möglich über eine Schnittstelle oder über eine Online-Applikation, der Registerbehörde zu übermitteln.

(8) Die Bundesanstalt Statistik Österreich hat in geeigneter Weise Daten über Verwendungsvorgänge, wie insbesondere Abfragen, Vermerke und Änderungen aufzuzeichnen, sodass die Einhaltung der Bestimmungen dieses Bundesgesetzes sowie der datenschutzrechtlichen Vorschriften überprüft werden kann.

(9) Die Bundesanstalt Statistik Österreich hat täglich über eine Schnittstelle die Stammzahlen jener Rechtsträger zum Abruf bereitzustellen, bei denen Folgendes zutrifft (Änderungsdienst):

1. eine Meldung gemäß § 5 Abs. 1, Abs. 5 oder § 6 wurde eingetragen,

2. eine Meldung gemäß § 5 Abs. 1, Abs. 5 oder § 6 wurde eingetragen, die zu einer Veränderung der in Abs. 4 Z 5 lit. a, f oder g sowie in Z 6 lit. a, f, g oder h gespeicherten Daten führt, *(BGBl I 2021/25)*

3. eine Meldung gemäß § 5 Abs. 1 oder Abs. 5 oder eine Ergänzung eines Compliance-Packages gemäß § 5a Abs. 8 wurde eingetragen, die zu einer Änderung der Daten gemäß § 5a Abs. 1 Z 1 bis 4 führt, *(BGBl I 2021/25)*

4. bei einem Rechtsträger, der eine Meldung gemäß § 5 abgegeben hat, ist diese Meldung in vier Wochen länger als ein Jahr aufrecht (Eintritt der jährlichen Meldepflicht) oder eine Meldung wurde gemäß § 5 Abs. 5 letzter Satz beendet oder ein Rechtsträger, der von der Meldepflicht gemäß § 6 befreit ist, fällt nicht mehr unter den Anwendungsbereich von § 6. *(BGBl I 2021/25)*
(BGBl I 2019/62)

Öffentliche Einsicht

§ 10. [1]Im elektronischen Wege kann von jedermann ein mit einer Amtssignatur der Registerbehörde versehener öffentlicher Auszug aus dem Register angefordert werden. [2]Dieser Auszug enthält folgende Angaben:

1. die Angaben gemäß § 9 Abs. 4 Z 1 bis 3 über den Rechtsträger und gemäß § 9 Abs. 4 Z 5 lit. a bis c über direkte wirtschaftliche Eigentümer und die Angaben gemäß § 9 Abs. 4 Z 6 lit. a bis c über indirekte wirtschaftliche Eigentümer sowie jeweils das Wohnsitzland und

2. im Hinblick auf Art und Umfang des wirtschaftlichen Interesses die Angabe, ob dieses durch

a) eine Kapitalbeteiligung begründet wird, wenn ein Fall des § 2 Z 1 lit. a aufgrund des Vorliegens von Eigentum gegeben ist,

b) die Zugehörigkeit zur Führungsebene begründet wird, wenn ein Fall des § 2 Z 1 lit. b vorliegt,

c) die Ausübung einer Funktion vermittelt wird, wenn ein Fall des § 2 Z 2 lit. a bis d, des § 2 Z 3 lit. a sublit. aa bis cc oder des § 2 Z 3 lit. b sublit. aa bis cc vorliegt oder

d) Kontrolle vermittelt wird, wenn ein Fall des § 2 Z 1 lit. a aufgrund des Vorliegens von Kontrolle gegeben ist, ein Fall des § 2 Z 2 lit. e, des

§ 2 Z 3 lit. a sublit. dd oder des § 2 Z 3 lit. b sublit. dd vorliegt.

(BGBl I 2019/62)

Einschränkung der Einsicht bei Vorliegen von außergewöhnlichen Umständen

§ 10a. (1) [1]Auf schriftlichen Antrag eines wirtschaftlichen Eigentümers hat die Registerbehörde zu entscheiden, dass Daten über diesen wirtschaftlichen Eigentümer in Auszügen aus dem Register für Verpflichtete gemäß § 9 Abs. 1 Z 3 bis 6 und 8 bis 15 nicht angezeigt werden, wenn dieser nachweist, dass der Einsichtnahme unter Berücksichtigung aller Umstände des Einzelfalls überwiegende, schutzwürdige Interessen des wirtschaftlichen Eigentümers entgegenstehen (Einschränkung der Einsicht). Im Antrag sind die Rechtsträger zu bezeichnen, bei denen die Einsicht eingeschränkt werden soll. [2]Die Einschränkung der Einsicht bewirkt, dass in Auszügen aus dem Register für die beantragten Rechtsträger die Daten über den wirtschaftlichen Eigentümer nicht angezeigt werden und stattdessen auf die Einschränkung der Einsicht gemäß diesem Paragrafen hingewiesen wird.

(2) Überwiegende, schutzwürdige Interessen des wirtschaftlichen Eigentümers liegen vor, wenn Tatsachen die Annahme rechtfertigen, dass die Einsichtnahme den wirtschaftlichen Eigentümer dem unverhältnismäßigen Risiko aussetzen würde, Opfer einer der folgenden Straftaten zu werden:

1. eines Betrugs gemäß § 146 bis 148 StGB,

2. einer erpresserischen Entführung gemäß § 102 StGB oder einer Erpressung gemäß § 144 und § 145 StGB,

3. einer strafbaren Handlung gegen Leib oder Leben gemäß § 75, § 76 und § 83 bis § 87 StGB oder

4. einer Nötigung gemäß § 105 und § 106 StGB, einer gefährlichen Drohung gemäß § 107 StGB oder einer beharrliche Verfolgung gemäß § 107a StGB.

[1]Überwiegende schutzwürdige Interessen des wirtschaftlichen Eigentümers liegen jedenfalls dann vor, wenn der wirtschaftliche Eigentümer minderjährig oder geschäftsunfähig ist. [2]Ein Risiko ist als unverhältnismäßig anzusehen, wenn die Eintrittswahrscheinlichkeit einer Straftat gegen den wirtschaftlichen Eigentümer aufgrund von Tatsachen deutlich höher erscheint, als bei durchschnittlichen wirtschaftlichen Eigentümern in vergleichbarer Position, insbesondere weil in der Vergangenheit bereits Straftaten gegen den wirtschaftlichen Eigentümer oder nahe Angehörige verübt oder angedroht wurden, oder weil aus sonstigen Umständen eine besondere Gefährdungslage hervorgeht. [3]Der bloße Umstand, dass das wirtschaftliche Eigentum bekannt wird, stellt im Allgemeinen keine unverhältnismäßige Gefahr dar. [4]Schutzwürdige Interessen des wirtschaftlichen Eigentümers liegen nicht vor, wenn sich die Daten bereits aus anderen öffentlichen Registern ergeben.

(3) [1]Die Registerbehörde hat binnen 14 Tagen ab Einlangen des Antrages zu verfügen, dass Daten über diesen wirtschaftlichen Eigentümer in Auszügen aus dem Register für die genannten Rechtsträger nicht angezeigt werden, es sei denn der Antrag ist offenkundig unbegründet. [2]Binnen zwölf Monaten ab Einlangen des Antrages hat die Registerbehörde diesen bescheidmäßig unter eingehender Berücksichtigung aller Umstände des Einzelfalls zu erledigen. [3]Dem Antrag auf Einschränkung der Einsicht kann ganz oder teilweise, insbesondere im Hinblick auf die Rechtsträger, für welche die Einsicht auf die Daten eines wirtschaftlichen Eigentümers eingeschränkt wird, entsprochen werden. [4]Über Beschwerden gegen Entscheidungen der Registerbehörde erkennt das Bundesverwaltungsgericht.

(4) [1]Die Einschränkung der Einsicht wird für die Dauer von fünf Jahren gewährt. Bei minderjährigen wirtschaftlichen Eigentümern wird sie bis zur Erreichung der Volljährigkeit gewährt. [2]Wenn die Voraussetzungen der Einschränkung der Einsicht vor Ablauf dieser Frist wegfallen, so hat der wirtschaftliche Eigentümer dies der Registerbehörde schriftlich anzuzeigen. [3]Eine Verlängerung der Einschränkung der Einsicht ist zulässig, wenn der wirtschaftliche Eigentümer der Registerbehörde nachweist, dass weiterhin außergewöhnliche überwiegend schutzwürdige Interessen des wirtschaftlichen Eigentümers einer Einsicht entgegenstehen.

(5) [1]Wenn ein Verpflichteter nach einem wirtschaftlichen Eigentümer sucht, für den die Einsicht bei einem oder mehreren Rechtsträgern eingeschränkt wurde, so ist anstelle der Daten des Rechtsträgers der Hinweis anzuzeigen, dass die Einsicht gemäß dieser Bestimmung eingeschränkt wurde. [2]Dies gilt nicht für Verpflichtete gemäß § 9 Abs. 1 Z 1, 2 und 7.

(6) Wenn eine neue Meldung zu einer Änderung eines Datensatzes über einen wirtschaftlichen Eigentümer führt, für den die Einsicht eingeschränkt wurde, dann gilt auch für den geänderten Datensatz die Einschränkung der Einsicht, sofern der betreffende wirtschaftliche Eigentümer durch ein bereichsspezifisches Personenkennzeichen des Bereichs „Steuern und Abgaben – SA" eindeutig identifiziert ist.

(7) Die Registerbehörde hat auf der Homepage des Bundesministeriums für Finanzen jährlich statistische Daten über die Anzahl der gewährten Ausnahmen und in genereller Form deren Begründungen zu veröffentlichen und diese der Europäischen Kommission vorzulegen.

(BGBl I 2018/62)

Sorgfaltspflichten der Verpflichteten gegenüber Kunden

§ 11. (1) [1]Verpflichtete dürfen sich bei der Anwendung ihrer Sorgfaltspflichten gegenüber Kunden nicht ausschließlich auf die im Register enthaltenen Angaben über die wirtschaftlichen Eigentümer eines Rechtsträgers verlassen, sondern haben bei der Erfüllung ihrer Sorgfaltspflichten nach einem risikobasierten Ansatz vorzugehen. „[4]Der Auszug aus dem Register gemäß § 9 Abs. 4 und gemäß § 10 kann zur Feststellung der wirtschaftlichen Eigentümer, nicht aber zur Überprüfung der wirtschaftlichen Eigentümer herangezogen werden. [5]Vor Begründung einer Geschäftsbeziehung mit einem Trust oder einer trustähnlichen Vereinbarung und im Zuge der Anwendung der Sorgfaltspflichten gegenüber bestehenden Kunden auf risikoorientierter Grundlage haben sich die Verpflichteten nachweislich zu vergewissern, dass der Trust bzw. die trustähnliche Vereinbarung im Register eingetragen ist. „[6]Vor der Beurkundung oder Aufnahme einer Notariatsurkunde zum Zwecke eines Erwerbs eines im Inland gelegenen Grundstücks durch meldepflichtige ausländische Rechtsträger sowie Trusts und trustähnliche Vereinbarungen, deren Verwaltung sich nicht im Inland oder in einem anderen Mitgliedstaat befindet, hat sich der Notar zu vergewissern, dass diese ihre wirtschaftlichen Eigentümer gemäß § 5 gemeldet haben.“**“* *(*BGBl I 2019/62; **BGBl I 2021/25)*

(2) [1]Die Überprüfung der Identität des wirtschaftlichen Eigentümers kann auf Basis eines vollständigen erweiterten Auszuges aus dem Register gemäß § 9 Abs. 5 erfolgen, sofern keine Faktoren für ein erhöhtes Risiko vorliegen und sich der Verpflichtete durch Rückfrage bei seinem Kunden vergewissert hat, dass keine von dem erweiterten Auszug abweichenden Kontrollverhältnisse oder Treuhandbeziehungen bestehen und er daher überzeugt ist zu wissen, wer der wirtschaftliche Eigentümer ist. [2]In allen übrigen Fällen ist auf risikobasierter Grundlage zu beurteilen, welche zusätzlichen Maßnahmen zur Überprüfung der Identität des wirtschaftlichen Eigentümers zu setzen sind.

(2a) Ein Verpflichteter kann die wirtschaftlichen Eigentümer eines Kunden auf Basis eines erweiterten Auszuges feststellen und im Rahmen der Überprüfung der Identität des wirtschaftlichen Eigentümers auf die in einem vollständigen und gültigen Compliance-Package enthaltenen Dokumente und Nachweise zurückgreifen, sofern ihm aufgrund der risikoorientierten Anwendung der Sorgfaltspflichten keine Anhaltspunkte vorliegen, die ihn an der Richtigkeit der Meldung oder der Echtheit, Aktualität, Richtigkeit und Vollständigkeit der im Compliance-Package enthaltenen Dokumente und Nachweise zweifeln lassen. *(BGBl I 2019/62)*

(3) [1]Stellt ein Verpflichteter bei Anwendung seiner Sorgfaltspflichten gegenüber Kunden fest, dass für einen Kunden, der ein Rechtsträger im Sinne dieses Bundesgesetzes ist, die im Register eingetragenen wirtschaftlichen Eigentümer nicht jenen entsprechen, die er im Rahmen seiner Sorgfaltspflichten gegenüber Kunden festgestellt hat und ist er überzeugt zu wissen, dass die im Register eingetragenen Daten über die wirtschaftlichen Eigentümer unrichtig oder unvollständig sind, dann hat er im elektronischen Weg über das Unternehmensserviceportal einen Vermerk zu setzen und die Gründe für die Setzung des Vermerkes in standardisierter Form zu übermitteln. [2]Die Verpflichtung zur Setzung eines Vermerkes entfällt, wenn der Verpflichtete seinen Kunden auf die unrichtige oder unvollständige Eintragung hinweist und dieser binnen angemessener Frist eine Berichtigung vornimmt. [3]Wenn ein Sachverhalt vorliegt, der mittels Verdachtsmeldung an die Geldwäschemeldestelle zu melden ist, dann dürfen die Verpflichteten keinen Vermerk setzen und haben stattdessen die Geldwäschemeldestelle darauf hinzuweisen, dass die Setzung eines Vermerkes aufgrund der Verdachtsmeldung unterblieben ist. *(BGBl I 2019/62)*

(4) [1]Wenn ein Verpflichteter gemäß Abs. 3 gemeldet hat, dass der eingetragene wirtschaftliche Eigentümer nicht verifiziert werden konnte, dann hat die Bundesanstalt Statistik Österreich unter Angabe des Datums im Register zu vermerken, dass die Eintragung nicht verifiziert werden konnte. [2]Verpflichtete haben bei Vorliegen eines Vermerkes bei der Feststellung und Überprüfung der Identität des wirtschaftlichen Eigentümers zusätzliche angemessene Maßnahmen zu setzen, sodass sie überzeugt sind zu wissen, wer der wirtschaftliche Eigentümer ist. [3]Eine Einstufung des Kunden in eine höhere Risikokategorie ist alleine aufgrund dieses Vermerkes nicht erforderlich.

(5) [1]Die Bundesanstalt Statistik Österreich als Auftragsverarbeiterin der Registerbehörde hat das Unternehmensserviceportal im elektronischen Weg von dem Umstand, dass ein Vermerk gesetzt wurde, und den in standardisierter Form gemeldeten Gründen zu verständigen. [2]Der Rechtsträger ist von der Registerbehörde über das Unternehmensserviceportal über den Umstand, dass ein Vermerk gesetzt wurde, unter Angabe der Gründe zu informieren. [3]Wenn der Rechtsträger eine neuerliche Meldung gemäß § 5 vornimmt, ist der Vermerk von der Bundesanstalt Statistik Österreich zu beenden. [4]Der Verpflichtete, der den Vermerk gesetzt hat, ist auf elektronischem Wege über das Unternehmensserviceportal von der Meldung des Rechtsträgers zu verständigen. [5]Wenn die Setzung eines Vermerkes rechtswidrig war, dann ist dieser auf Antrag von der Registerbehörde zu löschen. *(BGBl I 2019/62)*

(6) [1]Die Verpflichteten haben Aufzeichnungen über die getroffenen Maßnahmen zur Ermittlung des wirtschaftlichen Eigentümers zu führen.

(7) Schadenersatzansprüche können aus dem Umstand, dass Verpflichtete bzw. deren Beschäftigte in fahrlässiger Unkenntnis, dass der Verdacht im Hinblick auf die Unrichtigkeit oder Unvollständigkeit einer Eintragung im Register falsch war, einen Vermerk gesetzt haben, nicht erhoben werden.

(8) „Abs. 1 bis 7 sind“ nicht auf Bewilligte für Glücksspielautomaten und Wettunternehmer, die aufgrund einer landesgesetzlichen Bewilligung eingerichtet sind, anzuwenden. *(BGBl I 2019/62)*

Behördliche Einsicht in das Register

§ 12. (1) Die folgenden Behörden sind zu einer Einsicht in das Register berechtigt:

1. die Registerbehörde im Rahmen der ihr nach diesem Bundesgesetz zustehenden Befugnisse;

2. die Geldwäschemeldestelle (§ 4 Abs. 2 BKA-G) im Rahmen der ihr nach dem BKA-G zustehenden Befugnisse;

3. die folgenden Aufsichtsbehörden im Rahmen ihrer Aufgaben zur Verhinderung der Nutzung des Finanzsystems zum Zwecke der Geldwäscherei und Terrorismusfinanzierung:

a) die FMA im Rahmen der Aufsicht über Kredit und Finanzinstitute gemäß § 25 FM-GwG;

b) der Bundesminister für Finanzen im Rahmen der Aufsicht über Bundeskonzessionäre gemäß § 14 und § 21 GSpG;

c) die zuständigen Landesbehörden im Rahmen der Aufsicht über Landesbewilligte für Glücksspielautomaten und Wettunternehmer gemäß § 9 Abs. 1 Z 5 nach Maßgabe landesrechtlicher Vorschriften;

d) die Rechtsanwaltskammer im Rahmen der Aufsicht über Rechtsanwälte;

e) die Notariatskammer im Rahmen der Aufsicht über Notare;

f) die Kammer der Wirtschaftstreuhänder im Rahmen der Aufsicht über Wirtschaftsprüfer und Steuerberater;

g) der Präsident der Wirtschaftskammer Österreich im Rahmen der Aufsicht über Bilanzbuchhalter, Buchhalter und Personalverrechner gemäß § 1 BiBuG 2014;

h) die Bezirksverwaltungsbehörden im Rahmen der Aufsicht über Finanzinstitute gemäß § 9 Abs. 1 Z 3, Handelsgewerbetreibende einschließlich Versteigerer, soweit sie Zahlungen von mindestens 10 000 Euro in bar annehmen gemäß § 365m1 Abs. 2 Z 1 GewO, Immobilienmakler gemäß § 365m1 Abs. 2 Z 2 GewO, Unternehmensberater gemäß § 365m1 Abs. 2 Z 3 GewO, Versicherungsvermittler gemäß § 365m1 Abs. 2 Z 4 GewO;

4. die Bezirksverwaltungsbehörden für die Zwecke der Einleitung und Führung von Verwaltungsstrafverfahren;

5. die Strafverfolgungsbehörden, die Staatsanwaltschaften und Gerichte für strafrechtliche Zwecke;

6. die Finanzstrafbehörden und das Bundesfinanzgericht für finanzstrafrechtliche Zwecke;

7. die Abgabenbehörden des Bundes und das Bundesfinanzgericht für abgabenrechtliche Zwecke, wenn dies im Interesse der Abgabenerhebung zweckmäßig und angemessen ist;

8. die Oesterreichische Nationalbank für die Zwecke der Wahrnehmung ihrer Aufgaben gemäß § 8 SanktG und § 5 des Devisengesetzes 2004;

9. der Bundesminister für Inneres für die Zwecke der Wahrnehmung seiner Aufgaben gemäß § 8 SanktG;

10. die Sicherheitsbehörden für Zwecke der Sicherheitspolizei.

(2) [1]Die Einsicht gemäß Abs. 1 hat im elektronischen Wege zu erfolgen. § 9 Abs. 2, 4, 5 und 8 sind sinngemäß anzuwenden. [2]Eine Einsicht gemäß Abs. 1 ist für jeden Stichtag möglich, zu dem Daten im Register erfasst sind. [3]Sofern dies beantragt wird, sind in einen einfachen oder erweiterten Auszug auch historische Daten gemäß § 9 Abs. 4 Z 1 bis 4, 5 lit. a bis d bis g, 6 lit. a bis d, f bis h, 7 und 8 sowie Abs. 5 Z 2 aufzunehmen. [4]Zudem kann auch beantragt werden, dass auch alle Rechtsträger angezeigt werden, bei dem ein bestimmter Rechtsträger als oberster Rechtsträger gemeldet wurde. [5]§ 9 Abs. 4 Schlussteil ist nur auf Behörden gemäß Abs. 1 Z 3 lit. d bis g sinngemäß anzuwenden.

(3) [1]Die Registerbehörde, die Geldwäschemeldestelle und die Kriminalpolizei, die Staatsanwaltschaften und die Gerichte für strafrechtliche Zwecke können durch Eingabe eines oder mehrere Identifikatoren einer natürlichen Person alle Rechtsträger suchen, bei denen diese Person als wirtschaftlicher Eigentümer gemeldet wurde und einen Auszug anfordern, der sämtliche in dem Register über diese Person gespeicherten Daten enthält. [2]Dieser Auszug wird mit einer Amtssignatur der Registerbehörde versehen. *(BGBl I 2019/62)*

(4) Die Registerbehörde, die Geldwäschemeldestelle und die Kriminalpolizei, die Staatsanwaltschaften und die Gerichte für strafrechtliche Zwecke dürfen zu einem gemeldeten obersten Rechtsträger alle Rechtsträger suchen, bei denen dieser oberste Rechtsträger gemeldet wurde. *(BGBl I 2019/62)*

(5) Die in Abs. 1 genannten Behörden haben im Wege der Amtshilfe Auszüge gemäß § 10 an die zuständigen Behörden und zentralen Melde-

stellen der anderen Mitgliedstaaten zu übermitteln. *(BGBl I 2019/62)*

(6) Die Registerbehörde darf in gemäß § 5a übermittelte Compliance-Packages Einsicht nehmen. Andere Behörden gemäß Abs. 1 dürfen nur dann in Compliance-Packages Einsicht nehmen, wenn diese nicht eingeschränkt sind. *(BGBl I 2019/62)*

(7) [1]Der Geldwäschemeldestelle und dem Bundesamt für Verfassungsschutz und Terrorismusbekämpfung (§ 1 Abs. 3 PStSG) darf von der Registerbehörde für die Zwecke der Verhinderung der Geldwäscherei und Terrorismusfinanzierung Einsicht über ein Anzeigetool auf bestimmte Daten der Risikoanalyse gemäß § 14 Abs. 3 Z 1 gewährt werden und ein Webservice für die Einbindung des Register eingerichtet werden. [2]Der Registerbehörde steht es frei, hinsichtlich der Ausgestaltung der Risikoanalyse und dem Webservice mit der Geldwäschemeldestelle und dem Bundesamt für Verfassungsschutz und Terrorismusbekämpfung zusammenzuarbeiten. Aufwände, die mit der Ausgestaltung und Durchführung der Risikoanalysen, dem Anzeigetool und dem Webservice zusammenhängen, sind nach einem zu vereinbarenden Schlüssel von der Geldwäschemeldestelle und dem Bundesamt für Verfassungsschutz und Terrorismusbekämpfung mitzutragen. *(BGBl I 2019/62)*

Fassung ab 1. 12. 2021 (BGBl I 2021/148):

(7) [1]Der Geldwäschemeldestelle und „der Direktion Staatsschutz und Nachrichtendienst" (§ 1 Abs. 3 „SNG") darf von der Registerbehörde für die Zwecke der Verhinderung der Geldwäscherei und Terrorismusfinanzierung Einsicht über ein Anzeigetool auf bestimmte Daten der Risikoanalyse gemäß § 14 Abs. 3 Z 1 gewährt werden und ein Webservice für die Einbindung des Register eingerichtet werden. [2]Der Registerbehörde steht es frei, hinsichtlich der Ausgestaltung der Risikoanalyse und dem Webservice mit der Geldwäschemeldestelle und „der Direktion Staatsschutz und Nachrichtendienst" zusammenzuarbeiten. Aufwände, die mit der Ausgestaltung und Durchführung der Risikoanalysen, dem Anzeigetool und dem Webservice zusammenhängen, sind nach einem zu vereinbarenden Schlüssel von der Geldwäschemeldestelle und „der Direktion Staatsschutz und Nachrichtendienst" mitzutragen. *(BGBl I 2019/62; BGBl I 2021/148)*

Behördliche Meldung des wirtschaftlichen Eigentümers und behördlicher Vermerk

§ 13. (1) [1]„Wenn die Registerbehörde zu der Überzeugung gelangt, dass die Daten über die wirtschaftlichen Eigentümer eines Rechtsträgers unrichtig sind und ist die Registerbehörde überzeugt zu wissen, wer der oder die wirtschaftlichen Eigentümer eines Rechtsträgers sind, oder welche Daten einer Meldung zu berichtigen sind, dann kann sie im elektronischen Wege eine Meldung unter sinngemäßer Anwendung des § 5 Abs. 1 und 4 vornehmen."[2]Die Bundesanstalt Statistik Österreich hat die behördlich gemeldeten Daten über den wirtschaftlichen Eigentümer mit dem Vermerk zu übernehmen, dass es sich um eine behördliche Meldung des wirtschaftlichen Eigentümers gemäß § 13 Abs. 1 handelt. *(BGBl I 2019/62)*

(2) „ "[1]Der Rechtsträger ist von der Registerbehörde über das Unternehmensserviceportal von der behördlichen Meldung zu verständigen. [2]Diese Verständigung hat den Hinweis zu enthalten, dass es sich um keine rechtswirksame Feststellung handelt und der Rechtsträger jederzeit eine Meldung gemäß § 5 Abs. 1 vornehmen kann. *(BGBl I 2019/62)*

(3) „[2]Wenn eine der in § 12 Abs. 1 genannten Behörden im Zuge ihrer Tätigkeit zu der Überzeugung gelangt, dass die Daten über die wirtschaftlichen Eigentümer eines Rechtsträgers unrichtig sind, dann kann sie im elektronischen Weg einen Vermerk setzen und hat die Gründe für die Setzung des Vermerkes in standardisierter Form zu übermitteln." „[3]Die Registerbehörde kann die Gründe für die Setzung eines Vermerkes auch in der Schriftform anführen."[4]Die Bundesanstalt Statistik Österreich hat unter Angabe des Datums im Register anzumerken, dass die Eintragung nicht verifiziert werden konnte. [5]Verpflichtete haben bei Vorliegen eines Vermerkes bei der Feststellung und Überprüfung der Identität des wirtschaftlichen Eigentümers zusätzliche geeignete Maßnahmen zu setzen, sodass sie überzeugt sind zu wissen, wer der wirtschaftliche Eigentümer ist. [6]Eine Einstufung des Kunden in eine höhere Risikokategorie ist alleine aufgrund dieses Vermerkes nicht erforderlich. *(BGBl I 2019/62)*

(4) [1]Die Bundesanstalt Statistik Österreich als Auftragsverarbeiterin der Registerbehörde hat das Unternehmensserviceportal im elektronischen Wege von dem Umstand, dass ein Vermerk gesetzt wurde und über die standardisierten Gründe sowie bei Vermerken der Registerbehörde auch über die Gründe in Schriftform zu verständigen. [2]Der Rechtsträger ist von der Registerbehörde über das Unternehmensserviceportal über den Umstand, dass ein Vermerk gesetzt wurde unter Angabe der standardisierten Gründe und der Gründe in Schriftform zu informieren. [3]Wenn der Rechtsträger eine neuerliche Meldung gemäß § 5 vornimmt, dann ist der Vermerk von der Bundesanstalt Statistik Österreich zu beenden. [4]Wenn die Setzung eines Vermerkes rechtswidrig war, dann ist dieser auf Antrag von der Registerbehörde zu löschen. *(BGBl I 2019/62)*

Behördliche Aufsicht

§ 14. (1) Die Registerbehörde ist der Bundesminister für Finanzen.

(2) [1]Die Registerbehörde ist berechtigt im Rahmen der Führung des Registers Daten zu verarbeiten und Analysen zur Gewährleistung der Richtigkeit und Vollständigkeit der Daten sowie zur Einhaltung der Bestimmungen dieses Bundesgesetzes und der Verhinderung der Geldwäscherei und Terrorismusfinanzierung vorzunehmen und darf zu diesen Zwecken auch die im Register gespeicherten Daten mit anderen öffentlich verfügbaren Datenquellen abgleichen. [2]Zu diesen Zwecken hat die Bundesanstalt Statistik Österreich nach Maßgabe der technischen Möglichkeiten der Registerbehörde Analysen und Auswertungen zu allen im Register gespeicherten Merkmalen zur Verfügung zu stellen. *(BGBl I 2019/62)*

(3) Die Registerbehörde hat für die Zwecke der Gewährleistung, dass die im Register gespeicherten Daten angemessen, präzise und aktuell sind, die folgenden Maßnahmen zu treffen:

1. automatisationsunterstützte Analyse der Meldungen mit dem Zweck diese in Risikokategorien einzustufen und potentiell unrichtige Meldungen zu identifizieren,

2. stichprobenartige Überprüfung von eingehenden Meldungen auf Basis der Risikoanalyse gemäß Z 1 und ergänzend nach einer zufälligen Auswahl,

3. laufendes Monitoring der eingehenden Vermerke und stichprobenartige Überprüfung von jenen Rechtsträgern, die einen Vermerk nicht binnen sechs Wochen durch eine neue Meldung ersetzen,

4. anlassfallbezogene und prospektive Durchführung von Analysen gemäß Abs. 2.

(BGBl I 2019/62)

(4) Die Registerbehörde kann von Rechtsträgern, und deren rechtlichen und wirtschaftlichen Eigentümern jederzeit Auskünfte über die für die Beurteilung des wirtschaftlichen Eigentums an dem betreffenden Rechtsträger erforderlichen Sachverhalte und die Vorlage entsprechender Urkunden und anderer schriftlicher Unterlagen verlangen. *(BGBl I 2019/62)*

(5) Für die Vollstreckung eines Bescheides der Registerbehörde tritt an die Stelle des in § 5 Abs. 3 VVG angeführten Betrages bei juristischen Personen der Betrag von 30 000 Euro und bei natürlichen Personen der Betrag von 15 000 Euro. *(BGBl I 2019/62)*

„(6)“* [1]Die Verhängung von Zwangsstrafen gemäß § 16 sowie deren Einhebung, Sicherung und Einbringung obliegt „dem Finanzamt Österreich“**. „ “*** *(*BGBl I 2019/62; **BGBl I 2019/104)*

„(7)“ [1]Wenn eine betroffene Person gemäß Art. 16 oder 17 Verordnung (EU) 2016/679 eine Berichtigung oder Löschung von personenbezogenen Daten verlangt, dann hat die Registerbehörde die personenbezogenen Daten bei Vorliegen der Voraussetzungen des Art. 16 zu berichtigen und bei Vorliegen der Voraussetzungen des Art. 17 zu löschen. [2]Es ist ein Hinweis aufzunehmen, wenn Daten gemäß Art. 16 Verordnung (EU) 2016/679 berichtigt oder gemäß Art. 17 Verordnung (EU) 2016/679 gelöscht wurden. [3]Wenn eine betroffene Person zusätzlich eine Einschränkung der Verarbeitung gemäß Art. 18 Verordnung (EU) 2016/679 verlangt, dann hat die Registerbehörde die Einschränkung der Verarbeitung im Register anzumerken, wenn die Voraussetzungen des Art. 18 Abs. 1 Verordnung (EU) 2016/679 vorliegen. [4]Die Einschränkung der Verarbeitung bewirkt, dass in Auszügen aus dem Register die betroffenen personenbezogenen Daten nicht angezeigt werden und auf die Einschränkung der Verarbeitung gemäß Art. 18 Verordnung (EU) 2016/679 hingewiesen wird. [5]Die Registerbehörde hat den betroffenen Rechtsträger über eine Berichtigung, Löschung und Einschränkung der Verarbeitung zu informieren und einen Vermerk gemäß § 13 Abs. 3 zu setzen. *(BGBl I 2018/37; BGBl I 2019/62)*

„(8)“ [1]Die Registerbehörde hat Meldungen „,“ Vermerke „und Logdateien, die Zugriffe auf das Register aufzeichnen“ für zehn Jahre in elektronischer Form aufzubewahren. „[2]Logdateien, die aus technischen Gründen geführt werden, sind für die Dauer von einem Jahr aufzubewahren.“ *(BGBl I 2019/62, ab 10. 1. 2020)*

„(9)“ [1]Die Registerbehörde kann mit Bescheid feststellen, dass keine Berechtigung zur Einsicht gemäß § 9 besteht oder sie kann einen Verpflichteten mit Bescheid von der Einsicht gemäß § 9 auf bestimmte oder unbestimmte Dauer ausschließen, wenn dieser das Register unrechtmäßig oder missbräuchlich nutzt oder genützt hat. [2]Einem Rechtsmittel gegen solche Bescheide kommt keine aufschiebende Wirkung zu. [3]Zwölf Monate nach Rechtskraft eines Bescheides, mit dem ein Verpflichteter von der Einsicht gemäß § 9 ausgeschlossen wurde, hat die Registerbehörde dem Verpflichteten auf Antrag wieder Einsicht in das Register zu gewähren, wenn zu erwarten ist, dass das unrechtmäßige oder missbräuchliche Verhalten nicht wiederholt werden wird. „[4]Über Beschwerden gegen Entscheidungen der Registerbehörde gemäß dieser Bestimmung erkennt das Bundesverwaltungsgericht.“ *(BGBl I 2018/37; BGBl I 2019/62, ab 10. 1. 2020)*

(10) Die Registerbehörde hat Statistiken über die Nutzung des Registers, die Effektivität des Registers und über die angedrohten und festgesetzten Zwangsstrafen gemäß § 16 und die verhängten Strafen wegen Finanzvergehen gemäß § 15 zu führen. *(BGBl I 2019/62)*

Strafbestimmungen

§ 15. (1) Eines Finanzvergehens macht sich schuldig, wer

1. eine unrichtige oder unvollständige Meldung (§ 5) abgibt und dadurch wirtschaftliche Eigentümer nicht offenlegt,

2. seiner Meldepflicht (§ 5) trotz zweimaliger Aufforderung nicht nachkommt,

3. bei Wegfall einer Meldebefreiung nach § 6 keine, eine unrichtige oder eine unvollständige Meldung abgibt,

3. bei Wegfall einer Meldebefreiung nach § 6 oder in den Fällen des § 3 Abs. 8 vor der Beurkundung oder Aufnahme einer Notariatsurkunde zum Zwecke des Erwerbs eines im Inland gelegenen Grundstücks keine, eine unrichtige oder eine unvollständige Meldung abgibt und dadurch wirtschaftliche Eigentümer nicht offenlegt, *(BGBl I 2021/25)*

4. Änderungen der Angaben über die wirtschaftlichen Eigentümer nicht binnen vier Wochen nach Kenntnis der Änderung übermittelt (§ 5 Abs. 1), „ “ *(BGBl I 2021/25)*

5. seinen Status als Trustee nicht gemäß § 3 Abs. 4 offenlegt und die Angaben über die wirtschaftlichen Eigentümer des Trusts oder der trustähnlichen Vereinbarung nicht gemäß § 3 Abs. 4 übermittelt „ , oder“ *(BGBl I 2021/25)*

6. seinen Status als meldepflichtiger ausländischer Rechtsträger nicht gemäß § 3 Abs. 6 offenlegt und die Angaben über die wirtschaftlichen Eigentümer des meldepflichtigen ausländischen Rechtsträgers nicht gemäß § 3 Abs. 6 übermittelt *(BGBl I 2021/25)*

und ist bei vorsätzlicher Begehung mit einer Geldstrafe bis zu 200 000 Euro zu bestrafen. Wer die Tat grob fahrlässig begeht, ist mit einer Geldstrafe bis zu 100 000 Euro zu bestrafen.

(2) Wer unter Verletzung von § 3 Abs. 2 die für die Erfüllung der Sorgfaltspflichten gemäß § 3 Abs. 1 erforderlichen Kopien der Dokumente und Informationen nicht bis mindestens fünf Jahre nach dem Ende des wirtschaftlichen Eigentums der natürlichen Person aufbewahrt, macht sich eines Finanzvergehens schuldig, und ist bei vorsätzlicher Begehung mit einer Geldstrafe bis zu 75 000 Euro zu bestrafen. Wer die Tat grob fahrlässig begeht, ist mit einer Geldstrafe bis zu 25 000 Euro zu bestrafen.

(3) Wer, ohne den Tatbestand des Abs. 1 zu erfüllen, im Zuge der Übermittlung eines Compliance-Packages vorsätzlich falsche oder verfälschte Dokumente an das Register übermittelt, macht sich eines Finanzvergehens schuldig, und ist mit einer Geldstrafe bis zu 75 000 Euro zu bestrafen. *(BGBl I 2019/62)*

(4) Einer Finanzordnungswidrigkeit macht sich schuldig, wer vorsätzlich, ohne den Tatbestand der Abs. 1 oder 3 zu erfüllen, eine unrichtige oder unvollständige Meldung abgibt, und ist mit einer Geldstrafe von bis zu 25 000 Euro zu bestrafen. *(BGBl I 2019/62)*

(5) Einer Finanzordnungswidrigkeit macht sich schuldig, wer vorsätzlich, ohne den Tatbestand der Abs. 1 oder 3 zu erfüllen, bei der Übermittlung eines Compliance-Packages erforderliche Dokumente (§ 5a Abs. 1) nicht übermittelt oder sonstige Pflichten nach § 5a nicht erfüllt, und ist mit einer Geldstrafe bis zu 10 000 Euro zu bestrafen. *(BGBl I 2019/62)*

(6) Eines Finanzvergehens macht sich schuldig, wer vorsätzlich Datensätze, die mit einer Auskunftssperre oder einer Einschränkung der Einsicht (§ 10a) gekennzeichnet sind, oder wer vorsätzlich Auszüge, in denen solche Datensätze enthalten sind, an Dritte weitergibt, und ist mit einer Geldstrafe bis zu 50 000 Euro zu bestrafen. *(BGBl I 2019/62)*

(7) Die Finanzvergehen nach Abs. 1 bis 6 hat das Gericht niemals zu ahnden.

(8) Ergibt sich innerhalb des dienstlichen Wirkungsbereiches der Registerbehörde der begründete Verdacht auf das Vorliegen eines Finanzvergehens oder einer Finanzordnungswidrigkeit nach Abs. 1 bis 6, hat die Registerbehörde die gemäß § 58 FinStrG zuständige Finanzstrafbehörde hiervon zu verständigen.

(BGBl I 2019/62)

Zwangsstrafen

§ 16. (1) [1]Wird die Meldung gemäß § 5 nicht „ “** erstattet, kann „das Finanzamt Österreich“*** deren Vornahme durch Verhängung einer Zwangsstrafe gemäß § 111 BAO erzwingen. „[2]Die Androhung der Zwangsstrafe ist mit Setzung einer Frist von „sechs Wochen“** vorzunehmen.“* *(*BGBl I 2018/37; **BGBl I 2019/62; ***BGBl I 2019/104)*

(2) Zwangsstrafen gemäß Abs. 1 gelten als Abgaben im Sinne des § 213 Abs. 2 BAO.

Nutzungsentgelte

§ 17. (1) Der Bundesminister für Finanzen hat für die Nutzung des Registers mit Verordnung ein Nutzungsentgelt für die folgenden Nutzungsarten des Registers vorzusehen:

1. Einsicht „ “ gemäß § 10; *(BGBl I 2019/62)*

2. Einsicht der Verpflichteten mittels einfacher Auszüge gemäß § 9 Abs. 4;

3. Einsicht der Verpflichteten mittels erweiterter Auszüge gemäß § 9 Abs. 5;

3a. Einsicht der Verpflichteten mittels erweiterter Auszüge gemäß § 9 Abs. 5 unter gleichzeitiger Einsicht in ein Compliance-Package gemäß § 9 Abs. 5a; *(BGBl I 2019/62)*

4. [1]Einsicht der Verpflichteten unter Verrechnung eines jährlichen pauschalen Nutzungsentgeltes. [2]Das jährliche pauschale Nutzungsentgelt berechtigt zu einfachen Auszügen gemäß § 9 Abs. 4 „, erweiterten Auszügen gemäß § 9 Abs. 5 und erweiterten Auszügen gemäß § 9 Abs. 5 unter gleichzeitiger Einsicht in ein Compliance-Package gemäß § 9 Abs. 5a“ sowie zur Vornahme von Meldungen als Parteienvertreter für Rechtsträger. [3]Ein bereits entrichtetes jährliches Nutzungsentgelt kann nicht rückerstattet werden. [4]Das pauschale Nutzungsentgelt kann entsprechend der erwarteten Nutzung des Registers festgelegt werden. *(BGBl I 2019/62)*

(2) [1]Die Registerbehörde hat das Nutzungsentgelt vor der Nutzung des Registers im Wege eines elektronischen Zahlungsverfahrens zu verrechnen. [2]Wenn Verpflichtete bereits die Einsicht gemäß Abs. 1 Z 4 nutzen, so hat die Registerbehörde im elektronischen Wege über das Unternehmensserviceportal diese vier Wochen vor Beginn des neuen Nutzungszeitraumes zur Zahlung des Nutzungsentgeltes für den folgenden Nutzungszeitraum aufzufordern. [3]Sollte der Verpflichtete bis zum Beginn des neuen Nutzungszeitraums keine Zahlung durchführen, so endet die Nutzung gemäß Abs. 1 Z 4 mit dem Ende des Nutzungszeitraums.

(3) [1]Das Nutzungsentgelt ist von der Bundesrechenzentrum GmbH für die Registerbehörde zu vereinnahmen und laufend auf einem für diesen Zweck eingerichteten Konto gutzuschreiben. [2]Hierbei ist die Bundesrechenzentrum GmbH lediglich eine Zahlstelle. [3]Die vereinnahmten Nutzungsentgelte sind monatlich bis zum 15. des folgenden Kalendermonats in voller Höhe an den Bundesminister für Finanzen abzuführen. [4]Gleichzeitig sind der Bundesrechenzentrum GmbH die Betriebs- und die Weiterentwicklungskosten des Registers gemäß § 8 zu ersetzen.

(4) [1]Die Nutzungsentgelte gemäß Abs. 1 dürfen nicht über die dadurch verursachten Verwaltungskosten hinausgehen. [2]Verwaltungskosten sind:

1. sämtliche Aufwendungen für die Errichtung des Registers,

2. sämtliche Aufwendungen für den Betrieb des Registers,

3. ein Zuschlag von 50 vH von Z 2 für die behördliche Aufsicht und

4. Aufwendungen für zukünftige Weiterentwicklungen des Registers, wenn diese schon hinreichend feststehen und innerhalb der nächsten drei Jahre eintreten.

[3]Der Bundesminister für Finanzen hat jährlich zu prüfen, ob die Summe der vereinnahmten Nutzungsentgelte geringer als die Summe der Verwaltungskosten ist. [4]Maßgeblich hiefür sind jeweils die letzten zehn Kalenderjahre, beginnend mit dem Kalenderjahr 2016. [5]Wenn die Summe der vereinnahmten Nutzungsentgelte die Summe der Verwaltungskosten übersteigt, dann hat der Bundesminister für Finanzen die Nutzungsentgelte im nächsten Kalenderjahr entsprechend herabzusetzen. [6]Der Bundesminister für Finanzen kann die Nutzungsentgelte erhöhen, wenn nicht zu erwarten ist, dass die Summe der vereinnahmten Nutzungsentgelte die Verwaltungskosten im nächsten Kalenderjahr übersteigt.

(5) Der Bundesminister für Finanzen kann mit Verordnung die technischen Vorkehrungen für die gemäß der Richtlinie (EU) 2015/849 vorgesehene Vernetzung der Register auf europäischer Ebene treffen und zusätzliche technische Möglichkeiten für die Einsicht in das Register vorsehen und hiefür ein gesondertes Nutzungsentgelt festlegen.

Übergangsvorschriften

§ 18. (1) Die Rechtsträger haben die Meldungen gemäß § 5 Abs. 1 erstmalig bis zum 1. Juni 2018 zu erstatten.

(2) Die Möglichkeiten zur Einsicht gemäß § 9, § 10 und § 12 sind ab dem 2. Mai 2018 bereitzustellen.

(3) Die Fristen zur Meldung der Daten gemäß § 5 Abs. 1 sowie die Frist zur Androhung und Verhängung einer Zwangsstrafe gemäß § 16 Abs. 1 werden jeweils unterbrochen, wenn die Fristen mit Ablauf des 16. März 2020 noch nicht abgelaufen waren oder der Beginn des Fristenlaufs in die Zeit von 16. März 2020 bis zum Ablauf des 30. April 2020 fällt. Die genannten Fristen beginnen mit 1. Mai 2020 neu zu laufen. *(BGBl I 2020/23, außer Kraft mit 31.12.2020)*

(4) Der Bundesminister für Finanzen wird ermächtigt, durch Verordnung bis längstens 31. Dezember 2020

1. die in Abs. 3 angeordnete allgemeine Unterbrechung von Fristen zu verlängern oder weitere allgemeine Ausnahmen von der Unterbrechung vorzusehen, soweit dies zur Verhütung und Bekämpfung der Verbreitung von COVID-19 erforderlich ist;

2. weitere Bestimmungen vorzusehen, die den Einfluss der Maßnahmen, die zur Verhinderung der Verbreitung von COVID-19 getroffen werden, auf den Lauf von Fristen und die Einhaltung von Terminen für anhängige oder noch anhängig zu machende ordentliche Rechtsmittelverfahren regeln. Er kann betreffend das ordentliche Rechtsmittelverfahren insbesondere die Unterbrechung, die Hemmung, die Verlängerung oder die Verkürzung von Fristen anordnen, Säumnisfolgen bei Nichteinhaltung von Terminen ausschließen sowie bestimmen, ob und auf welche Weise verfahrensrechtliche Rechtsnachteile, die durch die Versäumung von Fristen oder Terminen eintreten können, hintangehalten und bereits eingetretene wieder beseitigt werden. Dabei sind die Interessen

an der Fortsetzung dieser Verfahren, insbesondere die Abwehr eines erheblichen und unwiederbringlichen Schadens von den Verfahrensparteien, einerseits und das Interesse der Allgemeinheit an der Verhütung und Bekämpfung der Verbreitung von COVID-19 sowie am Schutz der Aufrechterhaltung eines geordneten Verwaltungsbetriebes andererseits gegeneinander abzuwägen. *(BGBl I 2020/23, außer Kraft mit 31.12.2020)*

Inkrafttreten

§ 19. „(1)“ Dieses Bundesgesetz tritt mit Ausnahme der § 1 und § 2 am 15. Jänner 2018 in Kraft. § 1 und § 2 treten mit dem der Kundmachung folgenden Tag in Kraft. *(BGBl I 2017/150)*

(2) [1]§ 5 Abs. 3 und § 7 in der Fassung des Bundesgesetzes BGBl. I Nr. 150/2017 treten mit dem der Kundmachung folgenden Tag in Kraft. [2]§ 9 Abs. 3 und § 10 Abs. 2 in der Fassung des Bundesgesetzes BGBl. I Nr. 150/2017 treten mit 15. Jänner 2018 in Kraft. *(BGBl I 2017/150)*

(3) [1]§ 2 Z 1, § 5 Abs. 3, § 6 Abs. 1 bis 6, § 9 Abs. 1 Z 1, § 12 Abs. 3, § 14 Abs. 3, § 15 Abs. 3 bis 5, § 16 Abs. 1 und § 20 Abs. 1 in der Fassung des Bundesgesetzes BGBl. I Nr. 37/2018 treten mit 1. August 2018 in Kraft. [2]§ 5 Abs. 5 tritt mit 1. Oktober 2018 in Kraft. Für alle von § 5 Abs. 5 erfassten Rechtsträger, die wirtschaftliche Eigentümer gemäß § 2 Z 1 lit. b vor diesem Stichtag gemeldet haben, sind mit diesem Stichtag die natürlichen Personen, die der obersten Führungsebene des Rechtsträgers angehören, von der Bundesanstalt Statistik Österreich aus dem Firmenbuch zu übernehmen und laufend aktuell zu halten. *(BGBl I 2018/37)*

(4) [1]Die §§ 9 Abs. 2, 10a, 15 Abs. 4 und 20 Abs. 1 sowie die Änderung des Inhaltsverzeichnisses in der Fassung des Bundesgesetzes BGBl. I Nr. 62/2018 treten mit 1. Oktober 2018 in Kraft. *(BGBl I 2018/62)*

(5) [1]§ 1 Abs. 2 Z 17 und 18 und Abs. 4, § 2 Z 2 lit. a und c, § 3 Abs. 3 bis 5, § 4, § 5 Abs. 1 Z 3 lit. a und b sowie Abs. 1 Schlussteil, § 5 Abs. 5, § 7 Abs. 3, § 9 Abs. 1 Z 15 und 16, Abs. 2, 3, 5 Z 2 und Abs. 9, § 10, § 11 Abs. 1, 3, 5 und 8, § 12 Abs. 3 bis 5 und 7, § 13 Abs. 1 bis 4, § 14, § 15 Abs. 1, 2, 4, 6 bis 8, § 16 Abs. 1, § 17 Abs. 1 Z 1 und § 20 Abs. 2 Z 2 sowie die Änderungen des Inhaltsverzeichnis zu § 10 treten in der Fassung des BGBl. Nr. 62/2019 mit 10. Jänner 2020 in Kraft. [2]§ 3 Abs. 2, § 5 Abs. 1 Z 4 und Abs. 7, § 5a samt Überschrift, § 9 Abs. 4 Z 7a bis 7c, § 9 Abs. 5a und 5b, § 11 Abs. 2a, § 12 Abs. 6, § 15 Abs. 3 und 5, § 17 Abs. 1 Z 3a und 4 sowie die Änderung des Inhaltsverzeichnis zu § 5a in der Fassung des BGBl. I Nr. 62/2019 treten mit 10. November 2020 in Kraft. [3]§ 5 Abs. 6 tritt mit 10. März 2021 in Kraft. [4]Die Änderungen in § 5 Abs. 1 Z 3 lit. a und b sind auf Meldungen anzuwenden, die nach dem 10. Jänner 2020 übermittelt werden. *(BGBl I 2019/62)*

(6) § 14 Abs. 6 und § 16 Abs. 1, jeweils in der Fassung des Bundesgesetzes BGBl. I Nr. 104/2019, treten mit 1. Juli 2020 in Kraft. *(BGBl I 2019/104)*

„(7)“ § 18 Abs. 3 und 4 in der Fassung des Bundesgesetzes BGBl. I Nr. 23/2020 treten mit Ablauf des Tages der Kundmachung des genannten Bundesgesetzes in Kraft und mit Ablauf des 31. Dezember 2020 außer Kraft. *(BGBl I 2020/23; BGBl I 2021/25)*

(8) § 1 Abs. 2 Einleitungssatz, § 1 Abs. 2 Z 17 bis 19, § 1 Abs. 2 Schlussteil, § 3 Abs. 6 bis 8, § 5a Abs. 1 Z 3, § 5a Abs. 5 und 8, § 7 Abs. 2, § 9 Abs. 1 Z 11, § 9 Abs. 2, § 9 Abs. 9, § 11 Abs. 1, § 15 Abs. 1 Z 3 und 6 und § 20 Abs. 1 Z 25 in der Fassung des Bundesgesetzes BGBl. I Nr. 25/2021 treten am 1. April 2021 in Kraft. Dieses Bundesgesetz in der Fassung des Bundesgesetzes BGBl. I Nr. 25/2021 ist auf meldepflichtige ausländische Rechtsträger sowie Trusts und trustähnliche Vereinbarungen anzuwenden, deren Verwaltung sich nicht im Inland oder in einem anderen Mitgliedstaat befindet, die sich nach dem 1. April 2021 verpflichtet haben, Eigentum an einem im Inland gelegenen Grundstück zu erwerben. *(BGBl I 2021/25)*

Verweisungen

§ 20. (1) Soweit in diesem Bundesgesetz auf folgende Gesetze verwiesen wird, sind diese, wenn nicht Anderes angeordnet ist, in ihrer jeweils geltenden Fassung anzuwenden:

1. Unternehmensgesetzbuch, dRGBl. S 219/1897;

2. Bundesabgabenordnung (BAO), BGBl. Nr. 194/1961;

3. Sparkassengesetz (SpG), BGBl. Nr. 64/1979;

4. Einkommensteuergesetz 1988 (EStG 1988), BGBl. Nr. 400/1988;

5. Glücksspielgesetz (GSpG), BGBl. Nr. 620/1989;

6. Firmenbuchgesetz (FBG), BGBl. Nr. 10/1991;

7. Meldegesetz 1991 (MeldeG), BGBl. Nr. 9/1992;

8. Gewerbeordnung 1994 (GewO), BGBl. Nr. 194/1994;

9. Bundesgesetz über die Bundesrechenzentrum GmbH (BRZ GmbH), BGBl. Nr. 757/1996;

10. Wirtschaftstreuhandberufsgesetz 2017 (WTBG 2017), BGBl. I Nr. 137/2017;

11. Bundesgesetz über die Bundesstatistik (Bundesstatistikgesetz 2000), BGBl I Nr. 163/1999;

12. Bundeskriminalamt-Gesetz (BKA-G), BGBl. I Nr. 22/2002;

13. Vereinsgesetz 2002 (VerG), BGBl. I Nr. 66/2002;

14. Devisengesetz 2004, BGBl. I Nr. 123/2003;

15. Unternehmensserviceportalgesetz (USPG), BGBl. I Nr. 52/2009;

16. Sanktionengesetz 2010 (SanktG), BGBl. I Nr. 36/2010;

17. Bilanzbuchhaltungsgesetz 2014 (BiBuG 2014), BGBl. I Nr. 191/2013;

18. Versicherungsaufsichtsgesetz 2016 (VAG 2016), BGBl. I Nr. 34/2015;

19. Gemeinsamer Meldestandard-Gesetz (GMSG), BGBl. I Nr. 116/2015;

20. Bundes-Stiftungs- und Fondsgesetz 2015 (BStFG 2015), BGBl. I Nr. 160/2015;

21. Finanzmarkt-Geldwäschegesetz (FM-GwG), BGBl. I Nr. 118/2016 „;" *(BGBl I 2018/37)*

22. Bundesgesetz zur Schaffung einer Abbaueinheit (GSA), BGBl. I Nr. 51/2014; *(BGBl I 2018/37)*

23. Bundesgesetz über die Sanierung und Abwicklung von Banken (Sanierungs- und Abwicklungsgesetz – BaSAG), BGBl. I Nr. 98/2014 „;" *(BGBl I 2018/37; BGBl I 2018/62)*

24. Strafgesetzbuch (StGB), BGBl. Nr. 60/1974 „;" *(BGBl I 2018/62; BGBl I 2021/25)*

25. Grunderwerbsteuergesetz 1987 (GrEStG 1987), BGBl. Nr. 309/1987. *(BGBl I 2021/25)*

(2) Soweit in diesem Bundesgesetz auf Richtlinien der Europäischen Union verwiesen wird, sind diese, wenn nicht Anderes angeordnet ist, in der nachfolgend genannten Fassung anzuwenden:

1. Richtlinie 2013/34/EU über den Jahresabschluss, den konsolidierten Abschluss und damit verbundene Berichte von Unternehmen bestimmter Rechtsformen und zur Änderung der Richtlinie 2006/43/EG und zur Aufhebung der Richtlinien 78/660/EWG und 83/349/EWG, ABl. Nr. L 182 vom 29.06.2013 S.19, zuletzt geändert durch die Richtlinie 2014/102/EU, ABl. Nr. L 334 vom 21.11.2014 S. 86;

2. Richtlinie (EU) 2015/849 zur Verhinderung der Nutzung des Finanzsystems zum Zwecke der Geldwäsche und der Terrorismusfinanzierung, zur Änderung der Verordnung (EU) Nr. 648/2012 des Europäischen Parlaments und des Rates und zur Aufhebung der Richtlinie 2005/60/EG des Europäischen Parlaments und des Rates und der Richtlinie 2006/70/EG der Kommission, ABl. Nr. L 141 vom 05.06.2015 S. 73, zuletzt geändert durch die Richtlinie (EU) 2018/843 vom 30. Mai 2018. *(BGBl I 2019/62)*

(3) Soweit in diesem Bundesgesetz auf Verordnungen der Europäischen Union Bezug genommen wird, sind diese, wenn nicht Anderes angeordnet ist, in der nachfolgend genannten Fassung maßgeblich:

1. Verordnung (EU) 2016/679 zum Schutz natürlicher Personen bei der Verarbeitung personenbezogener Daten, zum freien Datenverkehr und zur Aufhebung der Richtlinie 95/46/EG (Datenschutz-Grundverordnung), ABl. Nr. L 119 vom 04.05.2016 S. 1.
(BGBl I 2018/37)

Sprachliche Gleichbehandlung

§ 21. [1]Soweit in diesem Bundesgesetz personenbezogene Bezeichnungen nur in männlicher Form angeführt sind, beziehen sie sich auf Frauen und Männer in gleicher Weise. [2]Bei der Anwendung auf bestimmte Personen ist die jeweils geschlechtsspezifische Form zu verwenden.

Vollzugsklausel

§ 22. Mit der Vollziehung dieses Bundesgesetzes ist der Bundesminister für Finanzen betraut.

3/15. Eigenkapitalersatz-Gesetz

Art I BGBl I 2003/92 (GIRÄG 2003) idF

1 BGBl I 2010/29 (IRÄG 2010; Begriffsersetzungen) **2** BGBl I 2010/58 (IRÄ-BG)

GLIEDERUNG

Bundesgesetz über Eigenkapital ersetzende Gesellschafterleistungen (Eigenkapitalersatz-Gesetz – EKEG)

Grundtatbestand

§ 1. Ein Kredit, den eine Gesellschafterin oder ein Gesellschafter der Gesellschaft in der Krise gewährt, ist Eigenkapital ersetzend.

Krise

§ 2. (1) Die Gesellschaft befindet sich in der Krise, wenn sie

1. zahlungsunfähig (§ 66 „IO“) oder *(BGBl I 2010/29)*

2. überschuldet (§ 67 „IO“) ist oder wenn *(BGBl I 2010/29)*

3. die Eigenmittelquote (§ 23 URG) der Gesellschaft weniger als 8% und die fiktive Schuldentilgungsdauer (§ 24 URG) mehr als 15 Jahre betragen, es sei denn, die Gesellschaft bedarf nicht der Reorganisation.

(2) Im Fall des Abs. 1 Z 3 ist ein Kredit nur dann Eigenkapital ersetzend, wenn im Zeitpunkt der Gewährung

1. aus dem zuletzt aufgestellten Jahresabschluss ersichtlich ist, dass die Eigenmittelquote weniger als 8% und die fiktive Schuldentilgungsdauer mehr als 15 Jahre betragen, oder

2. dies aus einem rechtzeitig aufgestellten Jahresabschluss ersichtlich wäre oder

3. der Kreditgeber weiß oder es für ihn offensichtlich ist, dass ein Jahres- oder Zwischenabschluss dies aufzeigen würde.

(3) Bei Gesellschaften, die besonderen gesetzlichen Eigenmittelerfordernissen unterliegen, tritt an die Stelle der in Abs. 1 Z 3 genannten Kennzahlen die Nichteinhaltung der jeweiligen Eigenmittelerfordernisse. Abs. 2 ist nicht anzuwenden.

Kreditgewährung

§ 3. (1) Ein Kredit im Sinne des § 1 liegt nicht vor, wenn

1. ein Geldkredit für nicht mehr als 60 Tage oder

2. ein Waren- oder sonstiger Kredit für nicht mehr als sechs Monate zur Verfügung gestellt wird oder

3. ein vor der Krise gewährter Kredit verlängert oder dessen Rückzahlung gestundet wird.

(2) Die Frist nach Abs. 1 Z 2 verlängert sich, wenn der Gesellschafter nachweist, dass für seine Leistung die Einräumung längerer Zahlungsziele branchenüblich ist.

(3) Wird der Gesellschaft eine Sache zum Gebrauch überlassen oder ihr eine Dienstleistung erbracht, so kann eine Kreditgewährung nur das Entgelt betreffen, nicht aber in der Nutzungsüber-

lassung oder der Erbringung der Dienstleistung selbst liegen.

Erfasste Gesellschaften

§ 4. Gesellschaften im Sinne des § 1 sind

1. Kapitalgesellschaften,

2. Genossenschaften mit beschränkter Haftung sowie

3. Personengesellschaften, bei denen kein unbeschränkt haftender Gesellschafter eine natürliche Person ist.

Erfasste Gesellschafter

§ 5. (1) Gesellschafter im Sinne des § 1 ist, wer

1. an einer Gesellschaft kontrollierend oder

2. mit einem Anteil von zumindest 25% beteiligt ist, und zwar bei einer Kapitalgesellschaft am Nennkapital, bei einer Genossenschaft mit beschränkter Haftung am Geschäftsanteilskapital und bei einer Personengesellschaft am Gesellschaftsvermögen, oder

3. wie ein Gesellschafter, dem die Mehrheit der Stimmrechte zusteht, einen beherrschenden Einfluss auf eine Gesellschaft ausübt, selbst wenn er an dieser nicht beteiligt ist; kreditvertragstypische Informations- und Einflussrechte und Sicherheiten bleiben hiebei außer Betracht.

(2) Eine Beteiligung ist kontrollierend, wenn

1. dem Gesellschafter die Mehrheit der Stimmrechte zusteht oder

2. dem Gesellschafter das Recht zusteht, die Mehrheit der Mitglieder des Leitungs- oder Aufsichtsorgans zu bestellen oder abzuberufen, oder

3. er das Sonderrecht hat, selbst Mitglied des Leitungsorgans zu sein, oder

4. dem Gesellschafter auf Grund eines Vertrages mit einem oder mehreren Gesellschaftern das Recht zur Entscheidung zusteht, wie Stimmrechte der Gesellschafter, soweit sie mit seinen eigenen Stimmrechten zur Erreichung der Mehrheit aller Stimmen erforderlich sind, bei Bestellung oder Abberufung der Mehrheit der Mitglieder des Leitungs- oder Aufsichtsorgans auszuüben sind, oder

5. sie dem Gesellschafter ermöglicht, einen beherrschenden Einfluss auszuüben; dies wird vermutet, wenn ein Gesellschafter zumindest 25% der Stimmrechte innehat und kein anderer eine zumindest gleichwertige Stimmrechtsmacht hat.

Abgestimmtes Verhalten

§ 6. Werden Kredite auf Grund abgestimmten Verhaltens durch mehrere Gesellschafter oder durch einen Gesellschafter auf Grund Absprache mit anderen gewährt, so werden die Kredit gebenden Gesellschafter erfasst, wenn sie und die an der Absprache beteiligten Gesellschafter zusammen im Ausmaß des § 5 beteiligt sind. Eine Absprache oder ein abgestimmtes Verhalten wird vermutet, wenn die Gesellschafter zueinander nahe Angehörige im Sinne des § 32 „IO“ sind oder im Konzernverhältnis im Sinne des § 9 Abs. 1 stehen. *(BGBl I 2010/29)*

Treuhandschaft

§ 7. (1) Hält ein Gesellschafter einen Gesellschaftsanteil als Treuhänder für einen Dritten als Treugeber, so gilt der Treugeber als Gesellschafter im Sinne des § 1. Daneben gilt auch der Treuhänder als Gesellschafter, es sei denn, die Treuhandschaft wurde schriftlich im Kreditvertrag der Gesellschaft gegenüber offen gelegt.

(2) Gewährt ein Dritter als Treuhänder für einen Gesellschafter der Gesellschaft einen Kredit, so werden die Gesellschafterstellung des Treugebers und dessen Kenntnis der Krise dem Treuhänder zugerechnet.

(3) Gewährt ein Gesellschafter als Treuhänder für einen Dritten der Gesellschaft einen Kredit, so ist dieser nicht Eigenkapital ersetzend, soweit die Treuhandschaft im Kreditvertrag schriftlich der Gesellschaft gegenüber offen gelegt wurde.

Verbundene Unternehmen

§ 8. Als Gesellschafter im Sinne des § 1 gilt weiters der Kreditgeber, wenn er

1. Anteilsrechte oder sonstige Rechte an einem anderen Rechtsträger als der Kredit nehmenden Gesellschaft hat, die mittelbar einen beherrschenden Einfluss auf diese ermöglichen (mittelbar kontrollierende Beteiligung), oder

2. mittelbar an der Kredit nehmenden Gesellschaft mit einem Anteil von zumindest 33% beteiligt ist oder

3. unmittelbar oder mittelbar an einer Gesellschaft kontrollierend beteiligt ist, die mit zumindest 25% im Sinne des § 5 Abs. 1 an der Kredit nehmenden Gesellschaft beteiligt ist.

Konzern

§ 9. (1) Ist der Kreditgeber mit anderen rechtlich selbständigen Unternehmen zu wirtschaftlichen Zwecken unter einheitlicher Leitung oder kontrollierender Beteiligung zusammengefasst (Konzern), so gilt der Kreditgeber auch dann als erfasster Gesellschafter, wenn er nicht an der Kredit nehmenden Gesellschaft beteiligt ist, er jedoch den Kredit auf Weisung eines anderen Konzernmitglieds gewährt, das

1. am Kreditgeber unmittelbar oder mittelbar kontrollierend beteiligt ist und

2. erfasster Gesellschafter des Kreditnehmers ist.

Der Kreditgeber hat, wenn der Kredit Eigenkapital ersetzend ist, einen Anspruch auf Erstattung der Kreditsumme gegen dieses Konzernmitglied. Dieses tritt mit der Erstattung in die Rechtsposition des Kreditgebers ein. Der Anspruch auf Erstattung verjährt in fünf Jahren ab Kreditgewährung.

(2) Gleiches gilt, wenn an der Kredit gebenden und der Kredit nehmenden Gesellschaft jeweils die selbe Person oder Personengruppe im Sinne des Abs. 1 beteiligt ist.

Stille Gesellschaft

§ 10. (1) Beteiligt sich ein erfasster Gesellschafter in einem Zeitpunkt, in dem eine Kreditgewährung Eigenkapital ersetzend wäre, zusätzlich als stiller Gesellschafter, so wird seine stille Einlage einem Kredit gleich gehalten.

(2) Ein stiller Gesellschafter ist einem erfassten Gesellschafter gleichgestellt, wenn der Inhaber des Handelsgewerbes eine Gesellschaft im Sinne des § 4 ist und der stille Gesellschafter

1. mit zumindest 25% schuldrechtlich am Unternehmenswert beteiligt ist und ihm zumindest einem Kommanditisten vergleichbare Mitbestimmungsrechte zustehen oder

2. einen beherrschenden Einfluss ausübt. Für die Einlage gilt Abs. 1 entsprechend.

Kommanditgesellschaft

§ 11. Ein Kredit, den ein Kommanditist einer Personengesellschaft, bei der kein unbeschränkt haftender Gesellschafter eine natürliche Person ist, der Komplementärgesellschaft gewährt, steht einem der Personengesellschaft gewährten Kredit gleich.

Nicht zu berücksichtigende Beteiligungen

§ 12. Beteiligungen, die im Rahmen

1. des Beteiligungsfondsgesetzes,

2. des Investmentfondsgesetzes,

3. des Pensionskassengesetzes,

4. des Betrieblichen Mitarbeitervorsorgegesetzes oder

5. des Mittelstandsfinanzierungsgeschäfts nach § 6b KStG gehalten werden, bleiben außer Betracht.

Anteilserwerb zur Sanierung

§ 13. Erwirbt jemand an einer in der Krise befindlichen Gesellschaft eine Beteiligung zum Zweck der Überwindung der Krise, so sind die im Rahmen eines Sanierungskonzepts zu diesem Zweck neu gewährten Kredite nicht Eigenkapital ersetzend.

Rückzahlungssperre

§ 14. (1) „Der Gesellschafter kann einen Eigenkapital ersetzenden Kredit samt den darauf entfallenden Zinsen nicht zurückfordern, solange die Gesellschaft nicht saniert ist und, wenn das Insolvenzverfahren nach einem bestätigten Sanierungsplan aufgehoben ist, soweit der Rückzahlungsanspruch die Sanierungsplanquote übersteigt; die Gesellschaft ist nicht saniert, solange sie zahlungsunfähig oder überschuldet ist oder Reorganisationsbedarf besteht oder einer dieser Umstände durch Rückzahlung des Eigenkapital ersetzenden Kredits eintreten würde." Dennoch geleistete Zahlungen hat der Gesellschafter der Gesellschaft rückzuerstatten. Dasselbe gilt, wenn sich der Gesellschafter durch Aufrechnung, Pfandverwertung oder in anderer Weise Befriedigung verschafft. *(BGBl I 2010/58)*

(2) Im Rahmen eines Kontokorrentverhältnisses besteht der Rückerstattungsanspruch der Gesellschaft nur in Höhe des Differenzbetrags zwischen dem aushaftenden Kreditsaldo und dem höchsten Tagessaldo während der Dauer der Rückzahlungssperre, zuzüglich der geleisteten Zinsen, soweit sie in diesem Saldo nicht aufscheinen.

(3) Der Rückerstattungsanspruch der Gesellschaft verjährt in fünf Jahren ab Zahlung oder sonstiger Befriedigung, wenn sie nicht beweist, dass der Ersatzpflichtige die Widerrechtlichkeit der Zahlung kannte.

Eigenkapital ersetzende Gesellschaftersicherheiten

§ 15. (1) Bürgt ein Gesellschafter in einem Zeitpunkt, in dem eine Kreditgewährung Eigenkapital ersetzend wäre, für die Rückzahlung des Kredits eines Dritten, bestellt er ein Pfand oder leistet er eine vergleichbare Sicherheit, so kann sich der Dritte bis zur Sanierung der Gesellschaft trotz entgegenstehender Vereinbarung wegen der Rückzahlung des Kredits aus der Sicherheit befriedigen, ohne zuerst gegen die Gesellschaft vorgehen zu müssen. „Bezahlt der Gesellschafter die fremde Schuld, so kann er gegen die Gesellschaft nicht Regress nehmen, solange diese nicht saniert ist und, wenn das Insolvenzverfahren nach einem bestätigten Sanierungsplan aufgehoben ist, soweit der Regressanspruch die Sanierungsplanquote übersteigt." Dennoch geleistete Zahlungen oder eine anderweitig erlangte Befriedigung hat der Gesellschafter an die Gesellschaft rückzuerstatten. Der Rückerstattungsanspruch der Gesellschaft verjährt in fünf Jahren ab Zahlung oder sonstiger Befriedigung, wenn sie nicht beweist, dass der Ersatzpflichtige die Widerrechtlichkeit der Zahlung kannte. *(BGBl I 2010/58)*

(2) Fordert der Dritte von der Gesellschaft die Rückzahlung des Kredits, so kann die Gesell-

schaft vor ihrer Sanierung vom Gesellschafter Zahlung an den Dritten verlangen, soweit die von ihm geleistete Sicherheit reicht.

(3) Ist die Sicherheit dadurch frei geworden, dass die Gesellschaft den Kredit zurückgezahlt hat, so kann sie vom sicherungsgebenden Gesellschafter Erstattung verlangen. Der Gesellschafter wird jedoch von seiner Verpflichtung frei, wenn er die Gegenstände, die dem Dritten als Sicherheit gedient haben, der Gesellschaft zu ihrer Befriedigung zur Verfügung stellt. Der Anspruch auf Erstattung verjährt in fünf Jahren ab Kreditrückzahlung.

§ 16. Vor der Sanierung der Gesellschaft kann der Dritte die Rückzahlung des vom Gesellschafter besicherten Kredits von der Gesellschaft nur insoweit verlangen, als er bei der Inanspruchnahme der Sicherheit einen Ausfall erlitten hat oder hätte, wenn

1. er die Krise im Zeitpunkt der Gewährung des Kredits kannte oder

2. nach dem veröffentlichten oder dem ihm sonst bei Kreditgewährung bekannten Jahres- oder Zwischenabschluss die Eigenmittelquote weniger als 8% und die fiktive Schuldentilgungsdauer mehr als 15 Jahre betragen haben.

Verweisungen

§ 17. Soweit in diesem Bundesgesetz auf Bestimmungen anderer Bundesgesetze verwiesen wird, sind diese in ihrer jeweils geltenden Fassung anzuwenden.

In-Kraft-Treten

§ 18. „(1)“ Dieses Bundesgesetz tritt mit 1. Jänner 2004 in Kraft. Es ist auf Sachverhalte anzuwenden, die nach dem 31. Dezember 2003 verwirklicht werden. *(BGBl I 2010/58)*

(2) Die §§ 14 Abs. 1 und 15 Abs. 1 in der Fassung des Bundesgesetzes BGBl. I Nr. 58/2010 treten mit 1. August 2010 in Kraft. *(BGBl I 2010/58)*

Vollziehung

§ 19. Mit der Vollziehung dieses Bundesgesetzes ist der Bundesminister für Justiz betraut.

4. Berufsrechtliche Vorschriften zur Rechnungslegung und Prüfung

4/1. Wirtschaftstreuhandberufsgesetz 2017

Wirtschaftstreuhandberufsgesetz, BGBl I 2017/137 idF

1 BGBl I 2018/32 **2** BGBl I 2019/46 **3** BGBl I 2019/104
4 BGBl I 2020/32 **5** BGBl I 2020/67 **6** BGBl I 2020/141
7 BGBl I 2021/139

GLIEDERUNG

Bundesgesetz über die Wirtschaftstreuhandberufe (Wirtschaftstreuhandberufsgesetz 2017 – WTBG 2017)

Der Nationalrat hat beschlossen:

1. Teil
Berufsrecht

1. Hauptstück
Wirtschaftstreuhandberufe – Berechtigungsumfang

Wirtschaftstreuhandberufe

§ 1. (1) Wirtschaftstreuhandberufe sind folgende Berufe:

1. Wirtschaftsprüfer und
2. Steuerberater.

(2) Die Wirtschaftstreuhandberufe sind freie Berufe.

Berechtigungsumfang – Steuerberater

§ 2. (1) Den zur selbständigen Ausübung des Wirtschaftstreuhandberufes Steuerberater Berechtigten ist es vorbehalten, folgende Tätigkeiten auszuüben:

1. die Beratung und Hilfeleistung auf dem Gebiet des Abgabenrechts und der Rechnungslegung,
2. die pagatorische Buchhaltung (Geschäftsbuchhaltung) einschließlich der Lohnverrechnung sowie die kalkulatorische Buchhaltung (Kalkulation),
3. die Beratung auf dem Gebiet des Bilanzwesens und der Abschluss unternehmerischer Bücher,
4. die Vertretung in Abgabe- und Abgabestrafverfahren für Bundes-, Landes- und Gemeindeabgaben und in Beihilfeangelegenheiten vor den Finanzbehörden, dem Amt für Betrugsbekämpfung, den übrigen Gebietskörperschaften und den Verwaltungsgerichten sowie bei allen Amtshandlungen, die von Organen des Amtes für Betrugsbekämpfung im Rahmen der ihnen übertragenen finanzpolizeilichen Aufgaben und Befugnisse (§ 3 Z 2 lit. e des Bundesgesetzes über die Schaffung eines Amtes für Betrugsbekämpfung) gesetzt werden, davon ausgenommen Maßnahmen im Dienste der Strafrechtspflege gemäß § 6 des Sozialbetrugsbekämpfungsgesetzes, BGBl. I Nr. 113/2015, sowie die Vertretung in Angelegenheiten des COVID-19-Förderungsprüfungsgesetzes (CFPG), BGBl. I Nr. 44/2020, *(BGBl I 2019/104, BGBl I 2020/67)*
5. die Durchführung von Prüfungsaufgaben, die nicht die Erteilung eines förmlichen Bestätigungsvermerkes, das sind Prüfungsaufgaben ohne Zusicherungsleistung eines unabhängigen Prüfers, erfordern, und eine diesbezügliche schriftliche Berichterstattung und
6. die Erstattung von Sachverständigengutachten auf den Gebieten des Buchführungs- und Bilanzwesens, des Abgabenrechts und auf jenen Gebieten, zu deren fachmännischer Beurteilung Kenntnisse des Rechnungswesens oder der Betriebswirtschaftslehre erforderlich sind.

(2) Die zur selbständigen Ausübung des Wirtschaftstreuhandberufes Steuerberater Berechtigten sind weiters berechtigt, folgende Tätigkeiten auszuüben:

1. sämtliche Beratungsleistungen im Zusammenhang ihres Berechtigungsumfanges gemäß Abs. 1,
2. sämtliche Beratungsleistungen und Tätigkeiten im Zusammenhang mit dem betrieblichen Rechnungswesen und die Beratung betreffend Einrichtung und Organisation des internen Kontrollsystems,
3. die Beratung und Vertretung in Beitrags-, Versicherungs- und Leistungsangelegenheiten der Sozialversicherungen, einschließlich der Vertretung vor den Verwaltungsgerichten,
4. die Sanierungsberatung, insbesondere die Erstellung von Sanierungsgutachten, Organisation von Sanierungsplänen, Begutachtung von Sanierungsplänen und die begleitende Kontrolle bei der Durchführung von Sanierungsplänen,
5. die Beratung und Vertretung vor gesetzlich anerkannten Kirchen und Religionsgemeinschaften in Beitragsangelegenheiten,
6. die Vertretung in Angelegenheiten der Kammerumlagen gegenüber den gesetzlichen Interessenvertretungen,
7. die Übernahme von Treuhandaufgaben und die Verwaltung von Vermögenschaften mit Ausnahme der Verwaltung von Gebäuden,
8. die Beratung in arbeitstechnischen Fragen,
9. die Beratung und Vertretung in Abgaben- und Abgabenstrafverfahren sowie in Angelegenheiten der Z 3 vor dem Verwaltungsgerichtshof, wobei sie in diesem Verfahren Schriftsätze gemäß § 24 Abs. 2 und Anträge gemäß § 30 Abs. 2 des Verwaltungsgerichtshofgesetzes 1985, BGBl. Nr. 10/1985, auch mit ihrer Unterschrift versehen dürfen,
10. die Tätigkeit als Mediator, wenn sie in die Liste der Mediatoren nach dem Zivilrechts-Mediations-Gesetz (ZivMediatG), BGBl. I Nr. 29/2003, eingetragen sind.

(3) Die zur selbständigen Ausübung des Wirtschaftstreuhandberufes Steuerberater Berechtigten sind weiters berechtigt, folgende Tätigkeiten, soweit diese mit den für den gleichen Auftraggeber durchzuführenden wirtschaftstreuhänderischen Arbeiten unmittelbar zusammenhängen, auszuüben:

1. die Beratung in Rechtsangelegenheiten sowie die Errichtung einfacher und standardisierter, formularmäßig gestalteter Verträge betreffend Arbeitsverhältnisse jeglicher Art,
2. die Beratung und Vertretung in allen Verwaltungsverfahren, in Verwaltungsstrafverfahren jedoch nur wegen Verletzung arbeits- und sozialrechtlicher Verpflichtungen, bei den Einrichtungen des Arbeitsmarktservice, der Berufsorganisationen, der Landesfremdenverkehrsverbände und bei anderen in Wirtschaftsangelegenheiten zuständigen Behörden und Ämtern, einschließlich der Vertretung vor den Verwaltungsgerichten sowie Gerichten in Angelegenheiten des § 11 des Firmenbuchgesetzes, BGBl. Nr. 10/1991, beschränkt auf die Anmeldungen, die die für Zustellungen maßgebliche Geschäftsanschrift sowie die Adresse der Internetseite betreffen, sowie bezüglich der Veröffentlichung von Jahresabschlüssen und der Abgabe von Drittschuldnererklärungen für Auftraggeber, und
3. die Beratung und Vertretung in Angelegenheiten des Registers der wirtschaftlichen Eigentümer einschließlich der Meldung des wirtschaftlichen Eigentümers auf der Basis der Angaben ihrer Mandanten und der Feststellung und Überprüfung des wirtschaftlichen Eigentümers im Auftrag ihrer Mandanten.

Berechtigungsumfang – Wirtschaftsprüfer

§ 3. (1) Den zur selbständigen Ausübung des Wirtschaftstreuhandberufes Wirtschaftsprüfer Berechtigten ist die Ausübung jener wirtschaftstreuhänderischen Arbeiten vorbehalten, die eine Zusicherungsleistung eines unabhängigen Prüfers erfordern, insbesondere jene, auf die in anderen Gesetzen mit der ausdrücklichen Bestimmung hingewiesen wird, dass sie nur von Wirtschaftsprüfern gültig ausgeführt werden können.

(2) Die zur selbständigen Ausübung des Wirtschaftstreuhandberufes Wirtschaftsprüfer Berechtigten sind weiters berechtigt, folgende Tätigkeiten auszuüben:

1. die gesetzlich vorgeschriebene und jede auf öffentlichem oder privatem Auftrag beruhende Prüfung der Buchführung, der Rechnungsabschlüsse, der Kostenrechnung, der Kalkulation und der kaufmännischen Gebarung von Unternehmen, die mit oder ohne der Erteilung eines förmlichen Bestätigungsvermerkes verbunden ist,
2. die pagatorische Buchhaltung (Geschäftsbuchhaltung) einschließlich der Lohnverrechnung sowie die kalkulatorische Buchhaltung (Kalkulation), einschließlich der Beratung auf diesen Gebieten,
3. die Beratung und Hilfeleistung auf dem Gebiet der Rechnungslegung und des Bilanzwesens und der Abschluss unternehmerischer Bücher,
4. sämtliche Beratungsleistungen und Tätigkeiten im Zusammenhang mit dem betrieblichen Rechnungswesen und die Beratung betreffend Einrichtung und Organisation des internen Kontrollsystems,
5. die Sanierungsberatung, insbesondere die Erstellung von Sanierungsgutachten, Organisation von Sanierungsplänen, Prüfung von Sanierungsplänen und die begleitende Kontrolle bei der Durchführung von Sanierungsplänen,
6. die Beratung und Vertretung ihrer Auftraggeber in Devisensachen mit Ausschluss der Vertretung vor ordentlichen Gerichten,
7. die Erstattung von Sachverständigengutachten auf den Gebieten des Buchführungs- und Bi-

lanzwesens und auf jenen Gebieten, zu deren fachmännischer Beurteilung Kenntnisse des Rechnungswesens oder der Betriebswirtschaftslehre erforderlich sind,

8. die Ausübung jener wirtschaftstreuhänderischen Arbeiten, auf die in anderen Gesetzen mit der ausdrücklichen Bestimmung hingewiesen wird, dass sie nur von Buchprüfern oder Wirtschaftsprüfern gültig ausgeführt werden können,
9. die Übernahme von Treuhandaufgaben und die Verwaltung von Vermögenschaften mit Ausnahme der Verwaltung von Gebäuden,
10. die Beratung in arbeitstechnischen Fragen und
11. die Tätigkeit als Mediator, wenn sie in die Liste der Mediatoren nach dem Zivilrechts-Mediations-Gesetz (ZivMediatG), BGBl. I Nr. 29/2003, eingetragen sind.

(3) Die zur selbständigen Ausübung des Wirtschaftstreuhandberufes Wirtschaftsprüfer Berechtigten sind weiters berechtigt, folgende Tätigkeiten, soweit diese mit den für den gleichen Auftraggeber durchzuführenden wirtschaftstreuhänderischen Arbeiten unmittelbar zusammenhängen, auszuüben:

1. die Beratung in Rechtsangelegenheiten sowie die Errichtung einfacher und standardisierter, formularmäßig gestalteter Verträge betreffend Arbeitsverhältnisse jeglicher Art und
2. die Vertretung vor Behörden und Körperschaften öffentlichen Rechts einschließlich der Vertretung vor den Verwaltungsgerichten sowie Gerichten in Angelegenheiten des § 11 des Firmenbuchgesetzes, BGBl. Nr. 10/1991, beschränkt auf die Anmeldungen, die die für Zustellungen maßgebliche Geschäftsanschrift sowie die Adresse der Internetseite betreffen, und bezüglich der Veröffentlichung von Jahresabschlüssen und der Abgabe von Drittschuldnererklärungen für Auftraggeber.

Berechtigungsumfang – Sonstiges

§ 4. (1) Durch dieses Bundesgesetz werden die Befugnisse nicht berührt:

1. der Rechtsanwälte,
2. der Patentanwälte,
3. der Notare,
4. der Behörden und der Körperschaften des öffentlichen Rechts, soweit sie im Rahmen ihres Aufgabenbereiches Hilfe oder Beistand in Steuersachen leisten,
5. der Revisionsverbände der Erwerbs- und Wirtschaftsgenossenschaften und der Prüfungsstelle des Sparkassen-Prüfungsverbandes hinsichtlich der ihnen zugewiesenen Prüfungs- und Beratungsaufgaben und der in § 2 Abs. 1 Z 1 und 3 angeführten Tätigkeiten,
6. der Gewerbetreibenden,
7. der Ziviltechniker,
8. der gesetzlichen Berufsvertretungen, ihren Mitgliedern Hilfe und Beistand auf dem Gebiet des verwaltungsbehördlichen Finanzstrafverfahrens zu leisten und
9. der Ausübenden von Bilanzbuchhaltungsberufen.

(2) Das Recht der Gerichte und Verwaltungsbehörden, zur Erstattung von Gutachten ständig oder im Einzelfall für das Buch- und Rechnungsfach beeidete Sachverständige oder Inventurkommissäre heranzuziehen, die nicht Berufsberechtigte im Sinne dieses Bundesgesetzes sind, bleibt unberührt, doch erlangen diese Personen durch eine solche Heranziehung keine Befugnis, eine wirtschaftstreuhänderische Tätigkeit im Auftrag anderer Auftraggeber durchzuführen.

Öffentliche Bestellung – Anerkennung

§ 5. (1) Wirtschaftstreuhandberufe dürfen selbständig durch Berufsberechtigte, das sind entweder natürliche Personen oder Gesellschaften, ausgeübt werden.

(2) Eine natürliche Person ist berufsberechtigt und somit zur selbständigen Ausübung eines Wirtschaftstreuhandberufes berechtigt, nachdem sie durch die Kammer der Wirtschaftstreuhänder öffentlich bestellt wurde.

(3) Eine Gesellschaft ist berufsberechtigt und somit zur selbständigen Ausübung eines Wirtschaftstreuhandberufes berechtigt, nachdem sie durch die Kammer der Wirtschaftstreuhänder anerkannt wurde.

Dienstleistungen

§ 6. (1) Staatsangehörige eines Mitgliedstaates der EU oder eines Vertragsstaates des Abkommens über den Europäischen Wirtschaftsraum (EWR) oder Staatsangehörige der Schweiz, die in einem Mitgliedstaat der EU oder in einem Vertragsstaat des EWR oder in der Schweiz niedergelassen sind und dort den Beruf eines selbständigen, freiberuflichen Wirtschaftstreuhänders auf einem bestimmten diesem Bundesgesetz entsprechenden Fachgebiet gemäß § 2 und § 3 befugt ausüben, sind berechtigt, nach Maßgabe des Abs. 2, vorübergehend und gelegentlich Dienstleistungen auf diesem Fachgebiet zu erbringen.

(2) Die Voraussetzungen für die Erbringung von vorübergehenden und gelegentlichen Dienstleistungen gemäß Abs. 1 sind:

1. die Staatsangehörigkeit eines Mitgliedstaates der EU oder eines Vertragsstaates des Abkommens über den Europäischen Wirtschaftsraum oder der Schweiz,
2. eine Niederlassung in einem anderen Mitgliedstaat der EU oder in einem Vertragsstaat des Europäischen Wirtschaftsraumes oder in der Schweiz,
3. die aufrechte Berechtigung, im Niederlassungsstaat Tätigkeiten auszuüben, die den Berechtigungsumfängen der Wirtschaftstreuhandberufe gemäß § 2 und § 3 zuzuordnen

sind, und sofern der Beruf im Niederlassungsstaat nicht reglementiert ist, eine mindestens einjährige Berufsausübung während der vorangehenden zehn Jahre im Niederlassungsstaat, und
4. eine aufrechte Vermögensschaden-Haftpflichtversicherung im Sinne des § 11 in Verbindung mit § 77 Abs. 1.

(3) Die Dienstleistungen gemäß Abs. 1 sind unter der Berufsbezeichnung des Niederlassungsstaates des Dienstleisters zu erbringen. Die Berufsbezeichnung ist in der Amtssprache des Niederlassungsstaates so zu führen, dass keine Verwechslungen mit den in diesem Bundesgesetz angeführten Berufsbezeichnungen möglich sind.

(4) Der Dienstleister ist verpflichtet, den Dienstleistungsempfänger spätestens bei Vertragsabschluss nachweislich zu informieren über:
1. das Register, in dem er eingetragen ist, sowie die Nummer der Eintragung oder gleichwertige, der Identifikation dienende Angaben aus diesem Register,
2. Namen und Anschrift der zuständigen Aufsichtsbehörde,
3. die Berufskammern oder vergleichbare Organisationen, denen der Dienstleister angehört,
4. die Berufsbezeichnung oder seinen Berufsqualifikationsnachweis,
5. die Umsatzsteueridentifikationsnummer und
6. Einzelheiten zu seinem Versicherungsschutz in Bezug auf die Vermögensschaden-Haftpflichtversicherung.

(5) Abs. 1 bis 4 gilt nicht für die Erbringung von Dienstleistungen bezüglich Abschlussprüfungen gemäß Art. 2 Z 1 der Richtlinie 2006/43/EG über Abschlussprüfungen von Jahresabschlüssen und konsolidierten Abschlüssen, zur Änderung der Richtlinien 78/660/EWG und 83/349/EWG und zur Aufhebung der Richtlinie 84/253/EWG (im Folgenden: Abschlussprüfungs-RL), ABl. Nr. L 157 vom 09.06.2006 S. 87, zuletzt geändert durch die Richtlinie 2014/56/EU, ABl. Nr. L 158 vom 27.05.2014 S. 196.

Niederlassung

§ 7. (1) Staatsangehörige eines Mitgliedstaates der EU oder eines Vertragsstaates des Abkommens über den Europäischen Wirtschaftsraum oder der Schweiz sind nach Maßgabe des Abs. 2 berechtigt, sich auf dem Gebiet der Republik Österreich zur Ausübung eines Wirtschaftstreuhandberufes niederzulassen.

(2) Voraussetzungen für die Niederlassung gemäß Abs. 1 sind:
1. die Staatsangehörigkeit eines Mitgliedstaates der EU oder eines Vertragsstaates des Abkommens über den Europäischen Wirtschaftsraum oder der Schweiz,
2. die aufrechte Berechtigung in ihrem Herkunftsmitgliedstaat einen Wirtschaftstreuhandberuf auszuüben,
3. das Vorliegen der allgemeinen Voraussetzungen gemäß § 8 Abs. 1,
4. das Vorliegen einer gleichwertigen Berufsqualifikation und
5. die öffentliche Bestellung durch die Kammer der Wirtschaftstreuhänder.

(3) Dem Antrag auf öffentliche Bestellung sind anzuschließen:
1. ein Identitätsnachweis,
2. der Nachweis der Staatsangehörigkeit,
3. der Berufsqualifikationsnachweis, der zur Aufnahme eines Wirtschaftstreuhandberufes berechtigt, und
4. Bescheinigungen der zuständigen Behörden des Herkunftsmitgliedstaates über das Vorliegen der besonderen Vertrauenswürdigkeit, der geordneten wirtschaftlichen Verhältnisse und das Nichtvorliegen schwerwiegender standeswidriger Verhalten. Diese Bescheinigungen dürfen bei ihrer Vorlage nicht älter als drei Monate sein.

(4) Die öffentliche Bestellung hat zu erfolgen, wenn die allgemeinen Voraussetzungen für die öffentliche Bestellung vorliegen und die geltend gemachte Berufsqualifikation dem des angestrebten Wirtschaftstreuhandberufes gleichwertig ist. Die fachliche Befähigung ist nachzuweisen durch die Vorlage eines Nachweises im Sinne des Art. 11 lit. e der Richtlinie 2005/36/EG über die Anerkennung von Berufsqualifikationen (im Folgenden: Berufsqualifikationsanerkennungs-RL), ABl. Nr. L 255 vom 30.09.2005 S. 22, zuletzt geändert durch die Richtlinie 2013/55/EU, ABl. Nr. L 354 vom 28.12.2013 S. 132, in der Fassung der Berichtigung ABl. Nr. L 095 vom 9.4.2016 S. 20. Diesen Ausbildungsnachweisen ist jeder Ausbildungsnachweis oder jede Gesamtheit von Berufsqualifikationsnachweisen, die von einer zuständigen Behörde in einem Mitgliedstaat ausgestellt wurden, gleichgestellt, sofern sie eine in der Union erworbene Ausbildung abschließen und von diesem Mitgliedstaat als gleichwertig anerkannt werden und in Bezug auf die Aufnahme oder Ausübung eines Wirtschaftstreuhandberufes dieselben Rechte verleihen oder auf die Ausübung dieser Berufe vorbereiten.

(5) Vor der Gleichhaltung unter der Bedingung einer Eignungsprüfung ist im Sinne des Art. 14 Abs. 5 der Berufsqualifikationsanerkennungs-RL nach dem Grundsatz der Verhältnismäßigkeit zu prüfen, ob die vom Niederlassungswerber während seiner Berufserfahrung oder durch lebenslanges Lernen erworbenen Kenntnisse die wesentlichen Unterschiede gemäß Art. 14 Abs. 4 der Berufsqualifikationsanerkennungs-RL ganz oder teilweise abdecken. Die Gleichwertigkeit der Befähigungs- oder Ausbildungsnachweise ist nicht gegeben, wenn
1. die bisherige Ausbildung sich hinsichtlich der beruflichen Tätigkeit auf Fächer bezieht, die sich wesentlich von denen unterscheiden, die durch den Ausbildungsnachweis abgedeckt

werden, der nach diesem Bundesgesetz vorgeschrieben ist, oder

2. die Tätigkeiten eine oder mehrere berufliche Tätigkeiten umfassen, die im Herkunftsmitgliedstaat des Niederlassungswerbers nicht Bestandteil des entsprechenden reglementierten Berufs sind, und wenn dieser Unterschied in einer besonderen Ausbildung besteht, die nach diesem Bundesgesetz vorgeschrieben wird und sich auf Fächer bezieht, die sich wesentlich von denen unterscheiden, die von dem Befähigungs- oder Ausbildungsnachweis abgedeckt werden, den der Niederlassungswerber vorlegt.

(6) Die mangelnde Gleichwertigkeit der geltend gemachten Berufsqualifikation ist durch die Absolvierung einer Eignungsprüfung auszugleichen. Unter einer Eignungsprüfung sind Prüfungen im Sinne des Art. 3 Abs. 1 lit. h der Berufsqualifikationsanerkennungs-RL zu verstehen.

(7) Die Eignungsprüfung für Steuerberater umfasst folgende Sachgebiete im Sinne des Art. 3 Abs. 1 lit. h Berufsqualifikationsanerkennungs-RL:

1. die schriftliche Ausarbeitung von zwei Klausurarbeiten gemäß § 22 Abs. 4 und 5 in Verbindung mit § 22 Abs. 7 und 8 und
2. die mündliche Beantwortung von Prüfungsfragen aus den Fachgebieten gemäß § 23 Abs. 1 in Verbindung mit § 22 Abs. 4 und 5 und § 23 Abs. 2.

(8) Die Eignungsprüfung für Wirtschaftsprüfer umfasst folgende Sachgebiete im Sinne des Art. 3 Abs. 1 lit. h Berufsqualifikationsanerkennungs-RL:

1. die schriftliche Ausarbeitung von zwei Klausurarbeiten gemäß § 22 Abs. 4 und 6 in Verbindung mit § 22 Abs. 7 und 8 und
2. die mündliche Beantwortung von Prüfungsfragen aus den Fachgebieten gemäß § 23 Abs. 1 in Verbindung mit § 22 Abs. 4 und 6 und § 23 Abs. 3.

(9) Für das Prüfungsverfahren betreffend die Ablegung von Eignungsprüfungen gelten die Bestimmungen der §§ 14 bis 20 und §§ 24 bis 39.

(10) Die Kammer der Wirtschaftstreuhänder hat dem Niederlassungswerber binnen eines Monats den Empfang der Unterlagen mitzuteilen und ihm gegebenenfalls einen Verbesserungsauftrag zu erteilen. Die Kammer der Wirtschaftstreuhänder ist verpflichtet, über den Antrag ohne unnötigen Aufschub, spätestens aber drei Monate nach Einreichung der vollständigen Unterlagen des Niederlassungswerbers zu entscheiden.

(11) Die Kammer der Wirtschaftstreuhänder hat auf entsprechenden Antrag im Einzelfall Personen, die in einem anderen EWR-Vertragsstaat oder der Schweizerischen Eidgenossenschaft einen Qualifikationsnachweis für eine berufliche Tätigkeit im Rahmen der Wirtschaftstreuhandberufe erworben haben und in diesem Staat ohne Einschränkung zur Ausübung der beruflichen Tätigkeit qualifiziert sind unter Berücksichtigung, ob diese berufliche Tätigkeit im anderen EWR-Vertragsstaat oder der Schweizerischen Eidgenossenschaft eigenständig ausgeübt werden kann, einen partiellen Zugang zur entsprechenden beruflichen Tätigkeit im Rahmen der Wirtschaftstreuhandberufe zu gewähren, wenn

1. die Unterschiede zwischen der rechtmäßig ausgeübten Berufstätigkeit im Herkunftsmitgliedstaat und dem reglementierten Beruf nach diesem Bundesgesetz so groß sind, dass die Anwendung von Ausgleichsmaßnahmen der Anforderung an den Antragsteller gleichkäme, das vollständige Ausbildungsprogramm in Österreich zu durchlaufen, um Zugang zum gesamten reglementierten Beruf nach diesem Bundesgesetz in Österreich zu erlangen,
2. die von der erworbenen Qualifikation umfassten Tätigkeiten sich objektiv von anderen unter den reglementierten Beruf nach diesem Bundesgesetz fallenden Tätigkeiten trennen lassen und
3. dem partiellen Zugang keine zwingenden Gründe des Allgemeininteresses entgegenstehen.

(12) Personen, denen gemäß Abs. 11 ein partieller Zugang gewährt wurde, haben

1. ihren Beruf unter der Berufsbezeichnung ihres Herkunftsmitgliedstaats sowie erforderlichenfalls zusätzlich unter der im Anerkennungsbescheid festgelegten deutschsprachigen Bezeichnung auszuüben und
2. die Empfänger der Dienstleistung eindeutig über den Umfang ihrer beruflichen Tätigkeit zu informieren.

(13) Für Familienangehörige von Staatsangehörigen eines Mitgliedstaates der EU oder eines Vertragsstaates des Abkommens über den Europäischen Wirtschaftsraum oder der Schweiz, die das Recht auf Aufenthalt oder das Recht auf Daueraufenthalt in einem Mitgliedstaat genießen, gilt Abs. 1 bis 12 ungeachtet ihrer Staatsangehörigkeit.

(14) Im Sinne des Abs. 13 bezeichnet der Ausdruck „Familienangehöriger"

1. den Ehegatten,
2. den Lebenspartner, mit dem der Unionsbürger auf der Grundlage der Rechtsvorschriften eines Mitgliedstaats eine eingetragene Partnerschaft eingegangen ist, sofern nach den Rechtsvorschriften des Aufnahmemitgliedstaats die eingetragene Partnerschaft der Ehe gleichgestellt ist und die in den einschlägigen Rechtsvorschriften des Aufnahmemitgliedstaats vorgesehenen Bedingungen erfüllt sind,
3. die Verwandten in gerader absteigender Linie des Unionsbürgers und des Ehegatten oder des Lebenspartners gemäß Z 2, die das 21. Lebensjahr noch nicht vollendet haben oder denen von diesen Unterhalt gewährt wird und
4. die Verwandten in gerader aufsteigender Linie des Unionsbürgers und des Ehegatten oder des Lebenspartners gemäß Z 2, denen von diesem Unterhalt gewährt wird.

2. Hauptstück
Natürliche Personen

1. Abschnitt
Allgemeines

Voraussetzungen

§ 8. (1) Allgemeine Voraussetzungen für die öffentliche Bestellung sind:

1. die volle Handlungsfähigkeit,
2. die besondere Vertrauenswürdigkeit,
3. geordnete wirtschaftliche Verhältnisse,
4. eine aufrechte Vermögensschaden-Haftpflichtversicherung und
5. ein Berufssitz.

(2) Weitere Voraussetzungen für die öffentliche Bestellung als

1. Steuerberater sind die erfolgreich abgelegte Fachprüfung für Steuerberater und eine zumindest dreijährige Praxiszeit als Berufsanwärter, davon eine mindestens zwei Jahre umfassende hauptberufliche steuerberatende Tätigkeit in Österreich und
2. Wirtschaftsprüfer sind ein erfolgreich absolviertes facheinschlägiges Hochschulstudium oder ein facheinschlägiges Fachhochschulstudium mit einem Arbeitsaufwand von zumindest 180 ECTS-Anrechnungspunkten, die erfolgreich abgelegte Fachprüfung für Wirtschaftsprüfer und eine zumindest dreijährige Praxiszeit als Berufsanwärter, davon eine mindestens zwei Jahre umfassende hauptberufliche wirtschaftsprüfende Tätigkeiten in einem Mitgliedstaat der EU oder einem Vertragsstaat des Abkommens über den Europäischen Wirtschaftsraum. Insgesamt ist eine Ausbildung gemäß Art. 6 und 10 der Abschlussprüfungs-RL nachzuweisen.

(3) Ein Berufsberechtigter ist von der Aufrechterhaltung der Vermögensschaden-Haftpflichtversicherung befreit, wenn er den Wirtschaftstreuhandberuf ausschließlich in einem Dienstverhältnis bei einem anderen Wirtschaftstreuhänder ausübt.

(4) Ein Berufsberechtigter ist von der Aufrechterhaltung eines Berufssitzes befreit,

1. wenn er den Wirtschaftstreuhandberuf ausschließlich in einem Dienstverhältnis ausübt oder
2. während des Ruhens seiner Befugnis.

Besondere Vertrauenswürdigkeit

§ 9. Die besondere Vertrauenswürdigkeit liegt dann nicht vor, wenn der Berufswerber rechtskräftig verurteilt oder bestraft worden ist

1. a) von einem Gericht wegen einer mit Vorsatz begangenen strafbaren Handlung zu einer mehr als dreimonatigen Freiheitsstrafe oder
   b) von einem Gericht wegen einer mit Bereicherungsvorsatz begangenen strafbaren Handlung oder
   c) von einem Gericht wegen eines Finanzvergehens oder
   d) von einer Finanzstrafbehörde wegen eines vorsätzlichen Finanzvergehens mit Ausnahme einer Finanzordnungswidrigkeit und
2. diese Verurteilung oder Bestrafung noch nicht getilgt ist oder solange die Beschränkung der Auskunft gemäß § 6 Abs. 2 oder Abs. 3 des Tilgungsgesetzes 1972, BGBl. Nr. 68, noch nicht eingetreten ist.

Geordnete wirtschaftliche Verhältnisse

§ 10. (1) Geordnete wirtschaftliche Verhältnisse liegen dann nicht vor, wenn

1. über das Vermögen des Berufswerbers ein Insolvenzverfahren anhängig oder innerhalb der letzten zehn Jahre rechtskräftig eröffnet worden ist, sofern dieses nicht durch Bestätigung eines Sanierungsplanes mit einer Quote von zumindest 20% oder eines Zahlungsplanes aufgehoben worden ist, oder
2. über das Vermögen des Berufswerbers innerhalb der letzten zehn Jahre zweimal rechtskräftig ein Sanierungsverfahren eröffnet worden ist und mittlerweile nicht sämtliche diesen Verfahren zugrundeliegenden Verbindlichkeiten nachgelassen oder beglichen worden sind, oder
3. gegen den Berufswerber innerhalb der letzten zehn Jahre ein Insolvenzverfahren mangels kostendeckenden Vermögens nicht eröffnet oder aufgehoben worden ist und die Überschuldung nicht beseitigt wurde.

(2) Eine allfällige Beseitigung der Überschuldung gemäß Abs. 1 Z 3 ist durch die Vorlage eines Vermögensverzeichnisses im Sinne des § 100a der Insolvenzordnung, RGBl. Nr. 337/1914, nachzuweisen.

Vermögensschaden-Haftpflichtversicherung

§ 11. (1) Berufsberechtigte sind verpflichtet, für Schäden aus ihrer Tätigkeit eine Vermögensschaden-Haftpflichtversicherung bei einem zum Betrieb nach den Bestimmungen des Versicherungsaufsichtsgesetzes 2016, BGBl. I Nr. 34/2015, berechtigten Versicherer abzuschließen und für die gesamte Dauer des Bestehens ihrer Berufsberechtigung aufrechtzuerhalten.

(2) Die Versicherungspflicht gilt nicht für Tätigkeiten, wenn und insoweit für diese Tätigkeiten ein anderer Berufsberechtigter mit einer Vermögensschaden-Haftpflichtversicherung dem betreffenden Klienten gegenüber kraft gesetzlicher Schadenersatzbestimmung haftet und in dieser Versicherung die Haftung der betreffenden schadenstiftenden Person oder Gesellschaft für denselben Versicherungsfall mitgedeckt ist.

(3) Die Versicherungssumme dieser Versicherung darf nicht geringer sein als 72 673 Euro für jeden einzelnen Versicherungsfall. Bei Vereinbarung einer betragsmäßigen Obergrenze für alle

Versicherungsfälle eines Jahres und für allenfalls vereinbarte Selbstbehalte gilt § 158c des Versicherungsvertragsgesetzes, BGBl. Nr. 2/1959.

(4) Ist der Versicherungspflichtige Versicherter in einer Versicherung für fremde Rechnung, wird nur dann der Versicherungspflicht entsprochen, wenn nur er über die seinen Versicherungsschutz betreffenden Rechte aus dem Versicherungsvertrag verfügen kann und ihm für jeden Versicherungsfall zumindest die gesetzliche Mindestversicherungssumme zur Verfügung steht. Deckungsausschlussgründe, die nicht in seiner Person gelegen sind, können in diesem Fall nicht eingewendet werden.

(5) Die Versicherer sind verpflichtet, der Kammer der Wirtschaftstreuhänder unaufgefordert und umgehend jeden Umstand zu melden, der eine Beendigung oder Einschränkung des Versicherungsschutzes oder eine Abweichung von der ursprünglichen Versicherungsbestätigung bedeutet oder bedeuten kann, und auf Verlangen der Kammer der Wirtschaftstreuhänder über solche Umstände Auskunft zu erteilen.

Berufssitz

§ 12. (1) Berufsberechtigte sind verpflichtet, einen in einem Mitgliedstaat der EU oder einem Vertragsstaat des Abkommens über den Europäischen Wirtschaftsraum gelegenen Berufssitz zu haben.

(2) Unter einem Berufssitz ist bei einem selbständig ausübenden Berufsberechtigten eine feste Einrichtung zu verstehen, welche durch ihre personelle, sachliche und funktionelle Ausstattung die Erfüllung der an einen Berufsberechtigten gestellten fachlichen Anforderungen gewährleistet.

2. Abschnitt
Prüfungen – Zulassung

Zulassungsvoraussetzungen – Fachprüfung

§ 13. (1) Zur Fachprüfung ist zuzulassen, wer ein facheinschlägiges Hochschulstudium oder ein facheinschlägiges Fachhochschulstudium mit einem Arbeitsaufwand von zumindest 180 ECTS-Anrechnungspunkten erfolgreich absolviert hat und

1. mindestens eineinhalb Jahre als Berufsanwärter bei einem Berufsberechtigten oder
2. mindestens eineinhalb Jahre bei einem anerkannten Revisionsverband, der die steuerliche Beratung und die Vertretung von Verbandsmitgliedern vor Abgabenbehörden wahrnimmt, als Revisionsanwärter bei einem Revisionsverband der Erwerbs- und Wirtschaftsgenossenschaften oder als Revisionsassistent oder zeichnungsberechtigter Prüfer der Prüfungsstelle des Sparkassen-Prüfungsverbandes tätig war oder
3. die Fachprüfung zum Genossenschaftsrevisor erfolgreich abgelegt hat.

(2) Zur Fachprüfung ist ebenfalls zuzulassen, wer

1. nach der öffentlichen Bestellung zum Bilanzbuchhalter den Beruf Bilanzbuchhalter mindestens dreieinhalb Jahre hauptberuflich selbständig oder unselbständig ausgeübt hat oder
2. über eine Berufsberechtigung nach diesem Bundesgesetz verfügt.

(3) Tätigkeiten gemäß Abs. 1 Z 1 und 2 und Abs. 2 Z 1, welche die bei Wirtschaftstreuhändern festgesetzte Arbeitszeit nicht erreichen, sind nur verhältnismäßig anzurechnen.

(4) Die Kammer der Wirtschaftstreuhänder hat durch Verordnung festzusetzen, welche Hochschulstudien und Fachhochschulstudien den Voraussetzungen des Abs. 1 entsprechen. Unter facheinschlägigen Hochschulstudien und Fachhochschulstudien sind jene zu verstehen, welche die für die Ausübung des Berufes Steuerberater oder Wirtschaftsprüfer erforderlichen grundlegenden Kenntnisse vermitteln.

Antragstellung

§ 14. (1) Personen, die zu einer Fachprüfung anzutreten beabsichtigen, haben einen Antrag auf Zulassung zu stellen.

(2) Dem Antrag auf Zulassung sind anzuschließen:

1. ein Identitätsnachweis,
2. die erforderlichen Belege zum Nachweis der Erfüllung der Voraussetzungen für die Zulassung,
3. der Nachweis über die Entrichtung der Prüfungsgebühr.

(3) Der Antrag auf Zulassung ist bei der Kammer der Wirtschaftstreuhänder schriftlich einzubringen.

(4) Der Antrag auf Zulassung ist in deutscher Sprache zu stellen. Die gemäß Abs. 2 anzuschließenden Urkunden und Belege sind, sofern sie nicht in deutscher Sprache abgefasst sind, in beglaubigter Übersetzung eines gerichtlich beeideten Übersetzers vorzulegen.

Entscheidung über die Antragstellung

§ 15. Über den Antrag auf Zulassung zu einer Fachprüfung hat die Kammer der Wirtschaftstreuhänder mit Bescheid zu entscheiden.

Nichtigkeit

§ 16. Bescheide, mit denen die Zulassung zu einer Fachprüfung erteilt wurde, sind nichtig und vom Bundesminister für Wissenschaft, Forschung und Wirtschaft gemäß § 68 Abs. 4 Z 4 des Allgemeinen Verwaltungsverfahrensgesetzes 1991 (AVG), BGBl. Nr. 51, für nichtig zu erklären, wenn eine der gesetzlichen Zulassungsvoraussetzungen gefehlt hat und weiterhin fehlt.

Einladung zum ersten Prüfungsteil

§ 17. (1) Die Kammer der Wirtschaftstreuhänder hat dem Bewerber nach Zulassung zur Fachprüfung die nächsten stattfindenden Prüfungstermine und Prüfungsorte bekannt zu geben.

(BGBl I 2020/67)

(2) Der Prüfungsausschuss hat bis zum 30.6. eines Jahres die Termine der jeweiligen schriftlichen Prüfungsteile und die jeweiligen Prüfungsorte (Landesstellen) für das nächstfolgende Kalenderjahr festzulegen. Die Prüfungstermine und Prüfungsorte sind auf der Website der Kammer der Wirtschaftstreuhänder zu verlautbaren.

Prüfungsantritt – Rücktritt

§ 18. (1) Der Prüfungskandidat muss seinen Antritt zu einer Klausurarbeit so rechtzeitig bekanntgeben, dass das Schreiben spätestens einen Monat vor dem jeweiligen Klausurarbeitstermin bei der Kammer der Wirtschaftstreuhänder einlangt. Dabei hat der Prüfungskandidat bekannt zu geben, zu welchem Termin und an welchem Ort er antreten will. Sodann ist der Prüfungskandidat zu diesem Prüfungstermin einzuladen.

(2) Der Prüfungskandidat muss sich unter Angabe des Prüfungsortes schriftlich zur Ablegung der mündlichen Prüfung bereit erklären und ist sodann zum nächstmöglichen Prüfungstermin einzuladen.

(3) Der Prüfungskandidat kann jederzeit ohne Angabe von Gründen von einem Prüfungsteil zurücktreten. Zwischen dem Einlangen der schriftlichen Rücktrittserklärung und dem Prüfungstermin müssen drei Arbeitstage liegen. Ein Rücktritt danach ist nur aus zwingenden Gründen möglich. Das Vorliegen zwingender Verhinderungsgründe ist durch den Prüfungskandidaten binnen zwei Wochen nach dem Prüfungstermin oder unverzüglich nach dem Wegfall des Verhinderungsgrundes durch geeignete Belege nachzuweisen.

(4) Tritt der Prüfungskandidat später als drei Arbeitstage vor dem Prüfungstermin ohne zwingenden Grund oder während eines Prüfungsteiles zurück, so gilt der betreffende Prüfungsteil als nicht bestanden.

Prüfungsgebühr

§ 19. (1) Die Prüfungskandidaten haben als Kostenbeitrag zur Durchführung der Prüfung eine Prüfungsgebühr zu bezahlen. Bei Festsetzung der Höhe der Prüfungsgebühren ist insbesondere auf den besonderen Verwaltungsaufwand einschließlich einer anteilsmäßigen angemessenen Entschädigung der Mitglieder der Prüfungskommission und auf die wirtschaftlichen Verhältnisse des Prüfungskandidaten Bedacht zu nehmen.

(2) Die Höhe der Prüfungsgebühr ist in der Prüfungsordnung festzusetzen.

Verfall von Teilprüfungen

§ 20. (1) Bereits bestandene Teilprüfungen im Rahmen der Fachprüfung für Steuerberater und für Wirtschaftsprüfer verfallen sieben Jahre nach der Zulassung zum Prüfungsverfahren, sofern der Prüfungskandidat bis zu diesem Zeitpunkt keinen mündlichen Prüfungsteil der Fachprüfung erfolgreich absolviert hat.

(2) Mit dem Verfall gemäß Abs. 1 gelten sowohl die erteilte Zulassung zur Fachprüfung als auch die Prüfungsgebühren für verfallen.

3. Abschnitt
Prüfungen – Steuerberater und Wirtschaftsprüfer

Fachprüfungen

§ 21. (1) Die Fachprüfung für Steuerberater besteht aus

1. dem schriftlichen Prüfungsteil gemäß § 22 Abs. 2,
2. dem schriftlichen Prüfungsteil gemäß § 22 Abs. 3,
3. dem schriftlichen Prüfungsteil gemäß § 22 Abs. 4,
4. dem schriftlichen Prüfungsteil gemäß § 22 Abs. 5 und
5. dem mündlichen Prüfungsteil gemäß § 23 Abs. 1 und 2.

(2) Die Fachprüfung Wirtschaftsprüfer besteht aus

1. dem schriftlichen Prüfungsteil gemäß § 22 Abs. 2,
2. dem schriftlichen Prüfungsteil gemäß § 22 Abs. 3,
3. dem schriftlichen Prüfungsteil gemäß § 22 Abs. 4,
4. dem schriftlichen Prüfungsteil gemäß § 22 Abs. 6 und
5. dem mündlichen Prüfungsteil gemäß § 23 Abs. 1 und 3.

Schriftlicher Prüfungsteil

§ 22. (1) Der schriftliche Prüfungsteil der Fachprüfungen für Steuerberater und Wirtschaftsprüfer hat die Ausarbeitung von jeweils vier Klausurarbeiten zu umfassen.

(2) Eine Klausurarbeit hat die Ausarbeitung von Prüfungsfragen aus dem Fachgebiet Betriebswirtschaftslehre zu umfassen, soweit es für die Ausübung eines Wirtschaftstreuhandberufes relevant ist.

(3) Eine Klausurarbeit hat die Ausarbeitung von Prüfungsfragen aus dem Fachgebiet Rechnungslegung und externe Finanzberichterstattung zu umfassen.

(4) Eine Klausurarbeit hat die Ausarbeitung von Prüfungsfragen aus dem Fachgebiet Rechtslehre zu umfassen, soweit es für die Ausübung eines Wirtschaftstreuhandberufes relevant ist.

(5) Eine Klausurarbeit der Fachprüfung Steuerberater hat weiters die Ausarbeitung von Prüfungsfragen aus dem Fachgebiet materielles Abgabenrecht und Finanzstrafrecht einschließlich der zugehörigen Verfahrensrechte zu umfassen.

(6) Eine Klausurarbeit der Fachprüfung Wirtschaftsprüfer hat weiters die Ausarbeitung von Prüfungsfragen aus dem Fachgebiet Abschlussprüfung zu umfassen.

(7) Die Prüfungsfragen der Klausurarbeit gemäß Abs. 5 und Abs. 6 sind so zu stellen, dass diese vom Bewerber in sechs Stunden ausgearbeitet werden können. Die jeweilige Klausurarbeit ist nach sieben

Stunden zu beenden. Die Klausurarbeiten gemäß Abs. 5 und Abs. 6 können in jeweils zwei Teilen erfolgen, sofern dies durch die Prüfungsordnung gemäß § 39 vorgesehen ist.

(8) Die Prüfungsfragen der Klausurarbeiten gemäß Abs. 2 bis Abs. 4 sind so zu stellen, dass diese vom Bewerber insgesamt in neun Stunden ausgearbeitet werden können. Die jeweilige Ausarbeitungsdauer sowie die Dauer, nach der eine Klausur zu beenden ist, sind in der Prüfungsordnung gemäß § 39 festzulegen.

(9) Die nähere Ausgestaltung der schriftlichen Prüfungsteile hat in der Prüfungsordnung gemäß § 39 zu erfolgen.

Mündlicher Prüfungsteil

§ 23. (1) Der mündliche Prüfungsteil der Fachprüfungen Steuerberater und Wirtschaftsprüfer hat die Beantwortung von Prüfungsfragen aus den Fachgebieten gemäß § 22 Abs. 2 bis Abs. 4 zu umfassen.

(2) Der mündliche Prüfungsteil der Fachprüfung Steuerberater hat weiters die Beantwortung von Prüfungsfragen aus dem Fachgebiet gemäß § 22 Abs. 5 sowie Qualitätssicherung, Risikomanagement und Berufsrecht der Wirtschaftstreuhänder, insbesondere im Hinblick auf die Tätigkeit als Steuerberater zu umfassen.

(3) Der mündliche Prüfungsteil der Fachprüfung Wirtschaftsprüfer hat weiters die Beantwortung von Prüfungsfragen aus dem Fachgebiet gemäß § 22 Abs. 6 sowie insbesondere die folgenden Fachgebiete zu umfassen:

1. Grundzüge der Volkswirtschaftslehre und Finanzwissenschaft, soweit sie für die Abschlussprüfung relevant sind,
2. Grundzüge des Bank-, Versicherungs-, Wertpapierrechts (einschließlich des Börserechts) und Devisenrechts, soweit sie für die Abschlussprüfung relevant sind,
3. Qualitätssicherung, Risikomanagement und Berufsrecht der Wirtschaftstreuhänder, insbesondere in Hinblick auf die Tätigkeit als Wirtschaftsprüfer,
4. Prüfung der EDV-Anwendung in der Rechnungslegung,
5. Prüfung mit technischen Hilfsmitteln und Anwendung von Prüfungssoftware,
6. Grundzüge der Mathematik und Statistik, soweit sie für die Abschlussprüfung relevant sind,
7. Grundzüge der Sonderrechnungslegungsvorschriften,
8. besondere Kenntnisse der Kapitalgesellschaften, der Genossenschaften, der Stiftungen und Corporate Governance und
9. Abgabenrecht, soweit für die Abschlussprüfung relevant, und insbesondere ausreichende Kenntnisse der für die Abschlussprüfung relevanten Rechts- und Verwaltungsvorschriften.

(4) Die nähere Ausgestaltung der mündlichen Prüfungsteile hat in der Prüfungsordnung gemäß § 39 zu erfolgen.

4. Abschnitt
Prüfungsausschuss

Allgemeines

§ 24. (1) Bei der Kammer der Wirtschaftstreuhänder ist ein Prüfungsausschuss für die Abhaltung der Fachprüfungen für Steuerberater und für Wirtschaftsprüfer einzurichten.

(2) Die Funktionsdauer des Prüfungsausschusses hat fünf Jahre zu betragen.

Prüfungsausschuss – Zusammensetzung

§ 25. (1) Der Prüfungsausschuss für die Abhaltung von Fachprüfungen hat sich zusammenzusetzen aus:

1. einem Vorsitzenden für die Fachprüfung Steuerberater und einem Vorsitzenden für die Fachprüfung Wirtschaftsprüfer,
2. der erforderlichen Zahl von jeweiligen Stellvertretern und
3. der erforderlichen Zahl von Prüfungskommissären.

(2) Bei der Bestellung der Stellvertreter und der Prüfungskommissäre ist auf eine bedarfsgerechte Gewährleistung der Abhaltung der mündlichen Prüfungsteile bei den Landesstellen der Kammer der Wirtschaftstreuhänder Bedacht zu nehmen.

(3) Die Vorsitzenden des Prüfungsausschusses sowie deren Stellvertreter sind nach Anhörung der Kammer der Wirtschaftstreuhänder vom Bundesminister für Wissenschaft, Forschung und Wirtschaft zu bestellen.

(BGBl I 2020/67)

(4) Zumindest zwei Drittel der Prüfungskommissäre sind auf Grund eines Vorschlags der Kammer der Wirtschaftstreuhänder, nach Möglichkeit bis zu einem Drittel ist auf Vorschlag des Bundesministers für Finanzen im Einvernehmen mit der Kammer der Wirtschaftstreuhänder vom Bundesminister für Wissenschaft, Forschung und Wirtschaft zu bestellen. Der Vorschlag hat eine Zuteilung des jeweiligen Prüfungskommissars zu mindestens einem Fachgebiet der §§ 22 Abs. 2 bis 6 und 23 Abs. 2 und 3 zu enthalten. Eine Zuteilung zu mehreren Fachgebieten ist zulässig.

(5) Die Prüfungskommissäre sind zu entnehmen dem Kreis

1. der Berufsangehörigen,
2. der Finanzbediensteten,
3. der Mitglieder des Bundesfinanzgerichtes,
4. der Bediensteten der Finanzmarktaufsicht und der Oesterreichischen Nationalbank,
5. der Hochschullehrer für einschlägige Fächer und
6. anderer hervorragender Fachleute des betreffenden Wissensgebietes.

(6) Für die Abhaltung des mündlichen Prüfungsteiles der Fachprüfungen bei der jeweiligen Landesstelle der Kammer der Wirtschaftstreuhänder sind nach Bedarf Prüfungskommissionen zu bilden. Vorsitzender einer Prüfungskommission hat jeweils der Vorsitzende des Prüfungsausschusses oder einer seiner Stellvertreter zu sein. Nähere Bestimmungen über die Bildung der Prüfungskommissionen hat die Prüfungsordnung zu treffen.

(7) Die Prüfungskommissionen für die Abhaltung der Fachprüfungen sind beschlussfähig, wenn anwesend sind:

1. der Vorsitzende einer Prüfungskommission gemäß Abs. 6 und
2. bei Abhaltung der mündlichen Fachprüfung für Steuerberater und Wirtschaftsprüfer jeweils mindestens zwei Prüfungskommissäre.

Unabhängigkeit

§ 26. Die Prüfungsausschüsse und die Mitglieder der Prüfungsausschüsse sind in Angelegenheiten des Prüfungswesens unabhängig und an keinen Auftrag gebunden.

Zurücklegung – Enthebung

§ 27. Aus wichtigen Gründen können Mitglieder von Prüfungsausschüssen ihre Funktion vorzeitig zurücklegen oder ihrer Funktion enthoben werden.

Entschädigung

§ 28. (1) Die Mitglieder der Prüfungsausschüsse haben für ihre Prüfungstätigkeiten angemessene Entschädigungen zu erhalten.

(2) Die Höhe der Entschädigung der in Abs. 1 aufgezählten Anspruchsberechtigten ist in einer dem jeweiligen Prüfungsumfang und dem Zeitaufwand angemessenen Höhe von der Kammer der Wirtschaftstreuhänder festzusetzen.

Kanzleigeschäfte

§ 29. (1) Die Kanzleigeschäfte der Prüfungsausschüsse hat das Kammeramt der Kammer der Wirtschaftstreuhänder zu führen.

(2) Die mit dem Prüfungswesen befassten Bediensteten der Kammer der Wirtschaftstreuhänder sind in diesen Angelegenheiten ausschließlich an die Weisungen der Prüfungsausschüsse und der Mitglieder der Prüfungsausschüsse gebunden.

5. Abschnitt
Prüfungsverlauf – Prüfungsbeurteilungen

Sprache – Auswertung – Öffentlichkeit

§ 30. (1) Die Prüfungen sind in deutscher Sprache abzulegen.

(2) Bei der Auswertung der schriftlichen Klausurarbeiten dürfen die Namen der Bewerber weder ersichtlich sein noch den Prüfungskommissären bekannt gegeben werden.

(3) Die mündlichen Prüfungen sind öffentlich.

Klausurarbeit

§ 31. (1) Die Vorsitzenden des Prüfungsausschusses haben zur Beurteilung einer Klausurarbeit gemäß § 22 Abs. 2, 3 und 4 zwei Mitglieder des Prüfungsausschusses zu bestimmen. Zur Beurteilung einer Klausurarbeit gemäß § 22 Abs. 5 hat der Vorsitzende für die Fachprüfung Steuerberater zwei Mitglieder seines Prüfungsausschusses aus dem Kreis der der Fachprüfung Steuerberater zugeteilten Prüfungskommissäre zu bestimmen. Zur Beurteilung einer Klausurarbeit gemäß § 22 Abs. 6 hat der Vorsitzende für die Fachprüfung Wirtschaftsprüfer zwei Mitglieder seines Prüfungsausschusses aus dem Kreis der für die Fachprüfung Wirtschaftsprüfer zugeteilten Prüfungskommissäre zu bestimmen.

(2) Diese beiden Mitglieder haben jeweils unabhängig voneinander die Arbeit entweder mit „bestanden" oder „nicht bestanden" zu beurteilen.

(3) Die Klausurarbeit gilt dann insgesamt als bestanden, wenn beide Mitglieder des Prüfungsausschusses die Arbeit mit „bestanden" beurteilt haben. Beurteilen beide Mitglieder des Prüfungsausschusses die Arbeit mit „nicht bestanden", so gilt sie insgesamt als nicht bestanden.

(4) Beurteilt ein Mitglied des Prüfungsausschusses die Arbeit mit „bestanden" und das andere Mitglied mit „nicht bestanden", so haben die Vorsitzenden des Prüfungsausschusses zur Beurteilung der Arbeit ein anderes Mitglied des Prüfungsausschusses entsprechend Abs. 1 zu bestimmen. Dieses Mitglied hat unabhängig von den beiden ersten Mitgliedern die Arbeit entweder mit „bestanden" oder mit „nicht bestanden" zu beurteilen. Beurteilt dieses Mitglied die Arbeit mit „nicht bestanden", so gilt sie insgesamt als nicht bestanden. Beurteilt dieses Mitglied die Arbeit mit „bestanden", so gilt sie insgesamt als bestanden.

(5) Jede Beurteilung einer Klausurarbeit ist zu begründen. Den Prüfungskandidaten sind jene Mitglieder des Prüfungsausschusses, die Klausurarbeiten beurteilt haben, nicht bekannt zu geben. Den Prüfungskandidaten ist auf Verlangen Einsicht in ihre beurteilten Klausurarbeiten zu gewähren.

(6) Die Beschlüsse der Prüfungsausschüsse sind unanfechtbar.

Reihenfolge der Prüfungen

§ 32. (1) Bei den Fachprüfungen hat der Prüfungskandidat zuerst den schriftlichen Prüfungsteil positiv abzulegen. Sodann ist er berechtigt, zum mündlichen Prüfungsteil anzutreten.

(2) Der Prüfungskandidat ist berechtigt, zum mündlichen Prüfungsteil der Fachprüfung für Steuerberater gemäß § 23 Abs. 1 und 2 anzutreten, wenn er die schriftlichen Prüfungsteile gemäß § 22 Abs. 2, 3, 4 und 5 erfolgreich absolviert hat.

(3) Der Prüfungskandidat ist berechtigt, zum mündlichen Prüfungsteil der Fachprüfung für Wirtschaftsprüfer gemäß § 23 Abs. 1 und 3 anzutreten, wenn er die schriftlichen Prüfungsteile gemäß § 22 Abs. 2, 3, 4 und 6 erfolgreich absolviert hat.

Wiederholungen – Klausurarbeit

§ 33. (1) Wird eine Klausurarbeit mit insgesamt „nicht bestanden“ beurteilt, so ist der Prüfungskandidat berechtigt, diese zu wiederholen.

(2) Für Wiederholungen hat der Prüfungsausschuss eine Frist festzusetzen, nach deren Ablauf die nicht bestandene Klausurarbeit wiederholt werden kann. Diese Frist darf ein Jahr nicht übersteigen. Bei Setzung der Frist sind das Klausurarbeitsergebnis sowie der nächstgelegene Prüfungstermin zu berücksichtigen.

Mündlicher Prüfungsteil – Beurteilung

§ 34. (1) Der Prüfungsausschuss hat die einzelnen Prüfungsfächer des mündlichen Prüfungsteiles einer Fachprüfung entweder mit „bestanden“ oder mit „nicht bestanden“ zu beurteilen.

(2) Bei Stimmengleichheit entscheidet die Stimme des Vorsitzenden.

(3) Die Beschlüsse der Prüfungsausschüsse sind unanfechtbar.

(4) Der mündliche Prüfungsteil einer Fachprüfung gilt als insgesamt bestanden, wenn sämtliche Prüfungsfächer des mündlichen Prüfungsteiles mit „bestanden“ beurteilt worden sind. Der mündliche Prüfungsteil einer Fachprüfung gilt als insgesamt nicht bestanden, wenn auch nur ein Prüfungsfach des mündlichen Prüfungsteiles mit „nicht bestanden“ beurteilt worden ist.

Niederschrift

§ 35. Über den Verlauf der Prüfung ist eine von sämtlichen Mitgliedern des Prüfungsausschusses zu unterzeichnende Niederschrift aufzunehmen.

Wiederholungen – Mündlicher Prüfungsteil

§ 36. (1) Beurteilt der Prüfungsausschuss den Erfolg der mündlichen Prüfung in einzelnen Prüfungsfächern mit „nicht bestanden“, so ist der Prüfungskandidat berechtigt, den mündlichen Prüfungsteil zu wiederholen.

(2) Für Wiederholungen hat der Prüfungsausschuss eine Frist festzusetzen, nach deren Ablauf der mündliche Prüfungsteil wiederholt werden kann. Diese Frist darf ein Jahr nicht übersteigen. Bei Setzung der Frist ist das Prüfungsergebnis zu berücksichtigen.

(3) Die Wiederholung des mündlichen Prüfungsteiles hat nur die nicht bestandenen Prüfungsfächer zu umfassen.

Prüfungsergebnis – Verkündung

§ 37. Die Prüfungsergebnisse des mündlichen Prüfungsteiles sind dem Prüfungskandidaten vom Vorsitzenden in Anwesenheit der Mitglieder des Prüfungsausschusses im unmittelbaren Anschluss an die Prüfung zu verkünden.

Prüfungszeugnisse – Bestätigungen

§ 38. (1) Dem Prüfungskandidaten ist ein Prüfungszeugnis auszustellen, wenn er den mündlichen Prüfungsteil insgesamt bestanden hat. Dieses Prüfungszeugnis ist vom Vorsitzenden und allen Prüfungskommissären zu unterzeichnen.

(2) Dem Prüfungskandidaten ist eine Bestätigung über die bestandenen Prüfungsfächer auszustellen, wenn er nur einzelne Prüfungsfächer des mündlichen Prüfungsteiles bestanden hat. Diese Bestätigung ist vom Vorsitzenden und allen Prüfungskommissären zu unterzeichnen.

(3) Dem Prüfungskandidaten, dem eine Bestätigung gemäß Abs. 2 ausgestellt wurde, ist ein Prüfungszeugnis dann auszustellen, wenn er sämtliche Prüfungsfächer des mündlichen Prüfungsteiles bestanden hat. Dieses Prüfungszeugnis ist vom Vorsitzenden und allen Prüfungskommissären des zuletzt tätig gewordenen Prüfungsausschusses zu unterzeichnen.

Prüfungsordnung

§ 39. (1) Die Kammer der Wirtschaftstreuhänder hat durch Verordnung eine Prüfungsordnung zu erlassen.

(2) Die Prüfungsordnung hat Bestimmungen über die nähere Ausgestaltung der Fachprüfungen zu enthalten, insbesondere über

1. die Pflichten der Mitglieder der Prüfungsausschüsse, um unparteiische und sachgerechte Prüfungen zu gewährleisten,
2. die Ausarbeitung der Prüfungsthemen, insbesondere die nähere Ausgestaltung der Prüfungsteile, wobei auf die dem betreffenden Prüfungsfach und -gebiet zuzuordnende Tätigkeit des Prüfungskandidaten Bedacht zu nehmen ist,
3. die Durchführung der Klausurarbeiten,
4. die Veröffentlichung von Klausurarbeiten,
5. die Durchführung der mündlichen Prüfungen und ihre Dauer,
6. die Leitung der Sitzungen bei mündlichen Prüfungen,
7. das auszustellende Prüfungszeugnis und
8. die Rechte und Pflichten der mit dem Prüfungsverfahren befassten Mitarbeiter der Kammer der Wirtschaftstreuhänder.

(3) Bei der Ausgestaltung der Prüfungsteile gemäß Abs. 2 Z 2 ist zu gewährleisten, dass die Fachprüfung Wirtschaftsprüfer zumindest die in Art. 8 der Abschlussprüfungs-RL aufgezählten Gegenstände umfasst.

6. Abschnitt
Berufsanwärter

Voraussetzungen

§ 40. (1) Berufsanwärter müssen

1. die Reife- oder Studienberechtigungsprüfung erfolgreich abgelegt haben und
2. zulässige fachliche Tätigkeiten im Ausmaß von zumindest der Hälfte der in Wirtschaftstreuhandbetrieben kollektivvertraglich festgelegten Normalarbeitszeit bei Wirtschaftstreuhändern ausüben.

(2) Unter fachlichen Tätigkeiten gemäß Abs. 1 Z 2 sind Tätigkeiten zu verstehen, die geeignet sind, die Erfahrungen und Kenntnisse zu vermitteln, die zur selbständigen Ausübung eines Wirtschaftstreuhandberufes erforderlich sind.

(3) Der erfolgreichen Reife- oder Studienberechtigungsprüfung ist eine Zulassung zu einem Fachhochschulstudium gleichzuhalten.

Anmeldung

§ 41. (1) Berufsanwärter haben sich bei der Kammer der Wirtschaftstreuhänder schriftlich anzumelden.

(2) Der Anmeldung sind in Kopie anzuschließen:

1. ein Identitätsnachweis und Urkunden über den Hauptwohnsitz,
2. die Urkunden zum Nachweis der Erfüllung der Voraussetzungen des § 40 Abs. 1 Z 1 und
3. eine Bestätigung des arbeitgebenden Wirtschaftstreuhänders über Art und Ausmaß der Tätigkeiten gemäß § 40 Abs. 1 Z 2.

(3) Berufsanwärter sind verpflichtet, der Kammer der Wirtschaftstreuhänder binnen einem Monat schriftlich sämtliche Änderungen, welche die Voraussetzungen für die Eigenschaft als Berufsanwärter betreffen, insbesondere Änderungen des Ausmaßes der Beschäftigung oder die Beendigung des Dienstverhältnisses bei einem Wirtschaftstreuhänder, unverzüglich mitzuteilen.

Anmeldung – Bescheid

§ 42. Die Kammer der Wirtschaftstreuhänder hat auf Grund der Anmeldung mit Bescheid festzustellen, ob und ab welchem Zeitpunkt die Eigenschaft als Berufsanwärter gegeben ist. Frühester Zeitpunkt ist jener der erfolgten Anmeldung als Berufsanwärter.

7. Abschnitt
Bestellungsverfahren

Antrag auf öffentliche Bestellung

§ 43. Natürliche Personen, die einen Wirtschaftstreuhandberuf selbständig auszuüben beabsichtigen, haben einen schriftlichen Antrag auf öffentliche Bestellung bei der Kammer der Wirtschaftstreuhänder einzubringen. Diesem Antrag sind die Belege zum Nachweis der Erfüllung der Voraussetzungen für die öffentliche Bestellung anzuschließen.

Gleichhaltung von Praxiszeiten

§ 44. (1) Der Praxiszeit gemäß § 8 Abs. 2 Z 1 ist gleichzuhalten:

1. eine zumindest dreijährige hauptberufliche und steuerberatende Tätigkeit bei einem anerkannten Revisionsverband, der die steuerliche Beratung und Vertretung von Verbandsmitgliedern vor Abgabenbehörden wahrnimmt oder
2. eine zumindest fünfjährige selbständige oder unselbständige Ausübung des Berufes Bilanzbuchhalter nach öffentlicher Bestellung zum Bilanzbuchhalter oder
3. eine zumindest fünfjährige selbständige oder unselbständige Ausübung des Berufes Wirtschaftsprüfer nach öffentlicher Bestellung zum Wirtschaftsprüfer.

(2) Der Praxiszeit gemäß § 8 Abs. 2 Z 2 ist gleichzuhalten:

1. eine zumindest dreijährige hauptberufliche Tätigkeit als Revisionsanwärter bei einem Revisionsverband der Erwerbs- und Wirtschaftsgenossenschaften oder
2. eine zumindest dreijährige hauptberufliche Tätigkeit als Revisionsassistent oder zeichnungsberechtigter Prüfer der Prüfungsstelle des Sparkassen-Prüfungsverbandes.

(3) Tätigkeiten gemäß Abs. 1 und 2, welche die bei Wirtschaftstreuhändern festgesetzte Arbeitszeit nicht erreichen, sind nur verhältnismäßig anzurechnen.

(4) Auf die Dauer der Tätigkeit gemäß Abs. 1 Z 2 sind zulässige hauptberufliche Tätigkeiten im Rechnungswesen im Höchstausmaß von zwei Jahren anzurechnen. Tätigkeiten, welche die für Angestellte in Wirtschaftstreuhandkanzleien festgesetzte Arbeitszeit nicht erreichen, sind nur verhältnismäßig anzurechnen.

Anrechnungszeiten

§ 45. (1) Auf die Dauer der Tätigkeit als Berufsanwärter gemäß § 8 Abs. 2 Z 1 sind anzurechnen:

1. zulässige praktische Tätigkeiten, welche die für den Beruf des Steuerberaters erforderlichen qualifizierten Kenntnisse vermitteln, im Höchstmaß von einem Jahr,
2. Tätigkeiten als Rechtsanwaltsanwärter oder Notariatskandidat oder im rechtskundigen Dienst in der Finanzprokuratur oder als Patentanwaltsanwärter im Höchstausmaß von einem Jahr und
3. eine mit den in Z 1 und 2 angeführten Tätigkeiten vergleichbare Tätigkeit im Ausland im Höchstausmaß von einem Jahr.

(2) Auf die Dauer der Tätigkeit als Berufsanwärter gemäß § 8 Abs. 2 Z 2 sind anzurechnen:

1. zulässige praktische Tätigkeiten, welche die für den Beruf des Wirtschaftsprüfers erforderlichen qualifizierten Kenntnisse vermitteln, im Höchstausmaß von einem Jahr,
2. Tätigkeiten als Revisionsassistent in der Prüfungsstelle des Sparkassen-Prüfungsverbandes im Höchstausmaß von einem Jahr,
3. die Tätigkeit als zeichnungsberechtigter Prüfer der Prüfungsstelle des Sparkassen-Prüfungsverbandes im Höchstausmaß von einem Jahr und
4. eine mit den in Z 1 angeführten Tätigkeiten vergleichbare Tätigkeit im Ausland im Höchstausmaß von einem Jahr.

(3) Zeiten gemäß Abs. 1 sind auf die Tätigkeit als Berufsanwärter insgesamt nur bis zum Höchstaus-

maß von eineinhalb Jahren anzurechnen. Bereits einmal angerechnete Tätigkeiten können kein weiteres Mal angerechnet werden.

(4) Anrechnungszeiten, die mit der Tätigkeit als Berufsanwärter bei Wirtschaftstreuhändern zusammenfallen, sind nicht zusätzlich zu berücksichtigen.

(5) Tätigkeiten, welche die für Angestellte in Wirtschaftstreuhandkanzleien festgesetzte Arbeitszeit nicht erreichen, sind nur verhältnismäßig anzurechnen.

(6) Anrechnungen gemäß Abs. 2 sind nur insoweit zulässig, als eine praktische Ausbildung gemäß Art. 10 der Abschlussprüfungs-RL gewährleistet ist.

(7) Auf die Dauer der Tätigkeit gemäß § 44 Abs. 1 Z 2 sind zulässige hauptberufliche Tätigkeiten im Rechnungswesen im Höchstausmaß von zwei Jahren anzurechnen. Tätigkeiten, welche die für Angestellte in Wirtschaftstreuhandkanzleien festgesetzte Arbeitszeit nicht erreichen, sind nur verhältnismäßig anzurechnen.

Anspruch auf öffentliche Bestellung

§ 46. (1) Natürliche Personen, welche die Voraussetzungen für die öffentliche Bestellung erfüllen, haben Anspruch auf öffentliche Bestellung.

(2) Vor der öffentlichen Bestellung darf ein Wirtschaftstreuhandberuf nicht selbständig ausgeübt werden.

(3) Sind bei natürlichen Personen seit Ablegung der Fachprüfung mehr als sieben Jahre vergangen, so hat die Kammer der Wirtschaftstreuhänder die öffentliche Bestellung von der neuerlichen Ablegung des mündlichen Prüfungsteiles abhängig zu machen, wenn der Bestellungswerber in dieser Zeit nicht überwiegend facheinschlägig gearbeitet hat und in den beiden vorangegangenen Kalenderjahren keine § 71 Abs. 3 entsprechende Fortbildung nachgewiesen werden kann.

(4) Ist bei einer natürlichen Person die Berufsberechtigung erloschen und wird die öffentliche Bestellung neuerlich beantragt, so ist neben den allgemeinen Bestellungsvoraussetzungen auch die Erfüllung der Fortbildungsverpflichtung gemäß § 71 Abs. 3 in den beiden vorangegangenen Kalenderjahren Voraussetzung. Die Kammer der Wirtschaftstreuhänder hat die öffentliche Bestellung von der neuerlichen Ablegung des mündlichen Prüfungsteiles abhängig zu machen, wenn seit dem Erlöschen der Berufsberechtigung mehr als sieben Jahre vergangen sind und der Bestellungswerber in diesem Zeitraum nicht überwiegend facheinschlägig tätig war. Ein dem Erlöschen der Berufsberechtigung unmittelbar vorausgehendes Ruhen der Befugnis ist diesem Zeitraum hinzuzurechnen.

(BGBl I 2020/67)

Öffentliche Bestellung – Eintragung

§ 47. (1) Die Kammer der Wirtschaftstreuhänder hat über die öffentliche Bestellung eine Urkunde auszustellen.

(2) Die Urkunde über die öffentliche Bestellung für die Ausübung des Wirtschaftstreuhandberufes Steuerberater ist erst nach Ablegung des Gelöbnisses auszuhändigen.

(3) Die Urkunde über die öffentliche Bestellung für die Ausübung des Wirtschaftstreuhandberufes Wirtschaftsprüfer ist erst nach Ablegung des Eides auszuhändigen.

(4) Berufsberechtigte sind von Amts wegen in die Liste der Wirtschaftstreuhänder einzutragen.

Beeidigung – Gelöbnis

§ 48. (1) Beeidigungen und Gelöbnisse sind vom Bundesminister für Wissenschaft, Forschung und Wirtschaft oder von einem von ihm bestellten Vertreter vorzunehmen.

(2) Die Eidesformel lautet: „Ich schwöre, dass ich die Gesetze der Republik Österreich stets treu und unverbrüchlich befolgen, die Aufgaben und Pflichten eines Wirtschaftsprüfers gewissenhaft erfüllen, meine Verschwiegenheitspflicht einhalten und die von mir verlangten Gutachten gewissenhaft und unparteiisch erstatten werde.“

Die Einfügung einer religiösen Bekräftigung ist zulässig.

(3) Die Gelöbnisformel hat sinngemäß der Eidesformel gemäß Abs. 2 zu entsprechen.

Versagung der öffentlichen Bestellung

§ 49. (1) Die öffentliche Bestellung ist zu versagen, wenn eine der Bestellungsvoraussetzungen nicht erfüllt ist.

(2) Über die Versagung der öffentlichen Bestellung hat die Kammer der Wirtschaftstreuhänder einen schriftlichen Bescheid zu erlassen.

Nichtigkeit

§ 50. Öffentliche Bestellungen sind nichtig und vom Bundesminister für Wissenschaft, Forschung und Wirtschaft gemäß § 68 Abs. 4 Z 4 AVG für nichtig zu erklären, wenn zum Zeitpunkt der Aushändigung der Bestellungsurkunde eine der Bestellungsvoraussetzungen nicht erfüllt war und weiterhin nicht erfüllt ist.

3. Hauptstück
Gesellschaften

1. Abschnitt
Wirtschaftstreuhandgesellschaften

Voraussetzungen

§ 51. Allgemeine Voraussetzungen für die Anerkennung einer Gesellschaft, die Wirtschaftstreuhandberufe und damit vereinbare Tätigkeiten auszuüben beabsichtigt, sind:

1. das Vorliegen einer Gesellschaftsform gemäß § 54,
2. ein schriftlich abgeschlossener Gesellschaftsvertrag,
3. eine Firma gemäß § 55,
4. Gesellschafter oder Aktionäre gemäß § 56,

5. ein allfälliger Aufsichtsrat gemäß § 58,
6. eine abgeschlossene Vermögensschaden-Haftpflichtversicherung gemäß § 11,
7. geordnete wirtschaftliche Verhältnisse gemäß § 10,
8. eine Geschäftsführung und Vertretung nach außen gemäß § 52 und
9. eine Aufteilung der Gesellschaftsanteile und der Stimmrechte gemäß § 53.

Geschäftsführung und Vertretung nach außen

§ 52. (1) Die Geschäftsführung und die Vertretung nach außen hat durch Berufsberechtigte, die zur selbständigen Ausübung ihrer Berufsbefugnis berechtigt sind, zu erfolgen.

(2) Die Geschäftsführung und die Vertretung nach außen hat mehrheitlich durch Berufsberechtigte, die zur selbständigen Ausübung der Berufsbefugnis der entsprechenden Berufsgruppe berechtigt sind, zu erfolgen, wobei die Vertretung der Gesellschaft durch Berufsberechtigte, die zur selbständigen Ausübung der Berufsbefugnis der entsprechenden Berufsgruppe berechtigt sind, einzeln oder kollektiv auch ohne Mitwirkung anderer gewährleistet sein muss. Sind nur zwei Geschäftsführer vorhanden, ist es ausreichend, wenn einer von diesen zur selbständigen Ausübung der entsprechenden Berufsbefugnis berechtigt ist.

(3) Prokuristen müssen zur selbständigen Ausübung ihrer Berufsbefugnis berechtigt sein, können aber zur Vertretung nach außen unabhängig von ihrer Berufsbefugnis und Anzahl bevollmächtigt werden.

(4) Bei Wirtschaftsprüfungsgesellschaften hat die Geschäftsführung und die Vertretung nach außen mehrheitlich durch Berufsberechtigte, die gemäß § 57 berechtigt sind, einen Bestätigungsvermerk zu unterschreiben, zu erfolgen.

(5) Sind bei Personengesellschaften oder Kapitalgesellschaften nur zwei Gesellschafter vorhanden, so genügt es bei Ausübung des Wirtschaftstreuhandberufes Steuerberater und des Wirtschaftstreuhandberufes Wirtschaftsprüfer, wenn einer von diesen ein Berufsberechtigter der entsprechenden Berufsgruppe ist, über eine mehrheitliche Beteiligung verfügt und selbständig vertretungsberechtigt ist. Bei gleichzeitiger Ausübung sowohl des Wirtschaftstreuhandberufes Steuerberater als auch des Wirtschaftstreuhandberufes Wirtschaftsprüfer haben die Gesellschafter gleichberechtigt und jeweils selbständig vertretungsberechtigt zu sein.

(6) Abschlussprüfer und Prüfungsgesellschaften gemäß Art. 2 Z 2 und 3 der Abschlussprüfungs-RL, die in einem anderen Mitgliedstaat der EU oder eines Vertragsstaates des EWR oder der Schweizerischen Eidgenossenschaft zugelassen sind, sind bezüglich Gesellschaftsbildungen Berufsberechtigten, die den Wirtschaftstreuhandberuf Wirtschaftsprüfer ausüben, nach Maßgabe des § 56 gleichgestellt.

Aufteilung der Gesellschaftsanteile und Stimmrechte

§ 53. (1) Voraussetzung für die Ausübung des Wirtschaftstreuhandberufes

1. Steuerberater ist
   a) bei Personengesellschaften eine Aufteilung der Kapitalanteile und Stimmrechte, die einen mehrheitlichen und maßgebenden Einfluss von Steuerberatern gewährleisten, und
   b) bei Kapitalgesellschaften eine Aufteilung des Grund- oder Stammkapitals und der Stimmrechte, die einen mehrheitlichen und maßgebenden Einfluss von Steuerberatern gewährleisten, und
2. Wirtschaftsprüfer ist
   a) bei Personengesellschaften sowohl eine Aufteilung der Kapitalanteile als auch der Stimmrechte, die einen mehrheitlichen und maßgebenden Einfluss von Wirtschaftsprüfern gewährleisten, und
   b) bei Kapitalgesellschaften sowohl eine Aufteilung des Grund- oder Stammkapitals als auch der Stimmrechte, die einen mehrheitlichen und maßgebenden Einfluss von Wirtschaftsprüfern gewährleisten.

(2) Voraussetzung für die gleichzeitige Ausübung sowohl des Wirtschaftstreuhandberufes Steuerberater als auch des Wirtschaftstreuhandberufes Wirtschaftsprüfer ist eine Aufteilung der Kapitalanteile oder des Grund- oder Stammkapitals und der Stimmrechte, die jedenfalls eine Gleichberechtigung der jeweiligen Berufsberechtigten gewährleistet. Sind nur zwei Gesellschafter vorhanden, so genügt es, wenn einer von diesen über beide Berufsberechtigungen verfügt, gleichberechtigt an der Gesellschaft beteiligt und selbständig vertretungsberechtigt ist. Eine Gleichberechtigung der Beteiligungen ist dann gegeben, wenn Personen, die über die Berufsberechtigung Steuerberater oder Wirtschaftsprüfer verfügen, jeweils zusammen über die Hälfte der Anteile und der Stimmrechte verfügen.

Gesellschaftsformen

§ 54. Die Ausübung eines Wirtschaftstreuhandberufes ist durch Personen- und Kapitalgesellschaften des Unternehmensrechts, die in das Firmenbuch eingetragen werden können, zulässig.

Firma

§ 55. (1) Die Firma hat die Bezeichnung des ausgeübten Wirtschaftstreuhandberufs zu enthalten.

(2) Erklärt eine Gesellschaft das Ruhen der Berufsbefugnis, ist das Anführen der Bezeichnung eines Wirtschaftstreuhandberufes nicht zulässig, wenn die Gesellschaft während des Ruhens über andere aufrechte Berechtigungen verfügt.

Gesellschafter

§ 56. (1) Gesellschafter dürfen nur sein:

1. berufsberechtigte natürliche Personen,
2. Ehegatten, Kinder und eingetragene Partner von an der Gesellschaft beteiligten Berufsberechtigten,
3. Gesellschaften, die berechtigt sind, einen Wirtschaftstreuhandberuf auszuüben,
4. von einem oder mehreren Gesellschaftern nach dem Privatstiftungsgesetz, BGBl. Nr. 694/1993, errichtete Privatstiftungen, deren ausschließlicher Stiftungszweck die Unterstützung der in den Z 1 und 2 genannten Personen ist und deren Stiftungsvorstand ausschließlich Berufsberechtigte angehören,
5. nach ausländischem Recht Berufsberechtigte, wenn ihre Kapitalanteile am Gesellschaftsvermögen und ihre Stimmrechte ein Viertel nicht übersteigen, sofern zwischen Österreich und dem Staat, in dem die Berufsberechtigung erlangt wurde, Reziprozität gegeben ist und eine ähnliche Ausbildung nachgewiesen wird und die Geschäftsführung und die Vertretung nach außen mehrheitlich durch in Österreich Berufsberechtigte erfolgt, und
6. bei Wirtschaftsprüfungsgesellschaften, Abschlussprüfer und Prüfungsgesellschaften gemäß Art. 2 Z 2 und 3 der Abschlussprüfungs-RL, die in einem anderen Mitgliedstaat der EU oder eines Vertragsstaates des EWR oder der Schweizerischen Eidgenossenschaft zugelassen sind, wenn ihre Kapitalanteile am Gesellschaftsvermögen und ihre Stimmrechte drei Viertel nicht übersteigen.

(2) Unter Kindern sind alle Deszendenten, Schwieger-, Stief- und Adoptivkinder zu verstehen.

(3) Sämtliche Gesellschafter unterliegen den Bestimmungen dieses Bundesgesetzes.

(4) Gesellschafter gemäß Abs. 1 Z 2 müssen besitzen:

1. einen in einem EU- oder EWR-Mitgliedstaat gelegenen Hauptwohnsitz,
2. die besondere Vertrauenswürdigkeit gemäß § 9 und
3. geordnete wirtschaftliche Verhältnisse gemäß § 10.

(5) Alle Gesellschafter müssen ihre Rechte im eigenen Namen und auf eigene Rechnung innehaben. Die treuhänderische Ausübung von Gesellschaftsrechten, partiarische Darlehen und ähnliche Vertragsverhältnisse sind unzulässig. Stille Beteiligungen sind nur durch den im Abs. 1 umschriebenen Personenkreis zulässig und der Kammer der Wirtschaftstreuhänder unverzüglich zu melden.

(6) Bei Aktiengesellschaften haben die Aktien auf Namen zu lauten. Die Übertragung von Namensaktien ist nur mit Zustimmung der Gesellschaft zulässig.

(7) Das Erlöschen der Berufsberechtigung eines Gesellschafters während der Dauer der Zugehörigkeit zur Gesellschaft bewirkt den Widerruf der Anerkennung der letzteren, wenn der ehemalige Berufsberechtigte nicht innerhalb von sechs Monaten aus der Gesellschaft ausscheidet. Diese Rechtsfolge tritt jedoch nicht ein, wenn das Erlöschen ausschließlich dadurch erfolgt, dass der ehemalige Berufsberechtigte auf seine Berufsberechtigung verzichtet hat, um in den Genuss einer ihm wegen seines Alters oder wegen seiner Berufsunfähigkeit zustehenden Pension aus der gesetzlichen Sozialversicherung zu gelangen.

(8) Stirbt ein Berufsberechtigter, so ist sein Ehegatte bis zu seiner allfälligen Wiederverehelichung oder Begründung einer eingetragenen Partnerschaft, sind seine Kinder bis zur Vollendung ihres 35. Lebensjahres und sein eingetragener Partner bis zu einer allfälligen Verehelichung oder Begründung einer neuerlichen eingetragenen Partnerschaft berechtigt, in seine Stellung als Gesellschafter einzutreten, sofern sie seinen Gesellschaftsanteil von Todes wegen erworben haben. Der Ehegatte, die Kinder und der eingetragene Partner haben zu den angeführten Zeitpunkten aus der Gesellschaft auszuscheiden, wenn sie bis dahin nicht bereits selbst berufsberechtigt sind.

(9) Jede Veränderung in der Geschäftsführung, in der Zusammensetzung der Gesellschafter und der Gesellschaftsanteile, bei der Verteilung der Stimmrechte und der Verlegung des Sitzes ist der Kammer der Wirtschaftstreuhänder binnen einem Monat anzuzeigen.

(10) Sämtliche Berechtigungen nach diesem Bundesgesetz, ausgenommen Berechtigungen gemäß § 3 Abs. 1 und Abs. 2 Z 1 bis 4, ruhen, wenn entweder die Kapitalanteile am Gesellschaftsvermögen oder die Stimmrechte von Abschlussprüfern und Prüfungsgesellschaften gemäß Art. 2 Z 2 und 3 der Abschlussprüfungs-RL, die in einem anderen Mitgliedstaat der EU oder eines Vertragsstaates des EWR oder der Schweizerischen Eidgenossenschaft zugelassen sind, ein Viertel übersteigen. Über diese Rechtsfolge hat die Kammer der Wirtschaftstreuhänder die betroffene Gesellschaft schriftlich und nachweislich zu informieren. Das Ruhen tritt mit Ablauf einer einmonatigen Frist nach erfolgter Zustellung der Information durch die Kammer der Wirtschaftstreuhänder ein.

Förmlicher Bestätigungsvermerk

§ 57. Förmliche Bestätigungsvermerke, die durch eine Gesellschaft erteilt werden, müssen die firmenmäßige Zeichnung durch Unterschrift von in der Gesellschaft tätigen, im Firmenbuch zur Vertretung nach außen eingetragenen und nach diesem Bundesgesetz zur Ausübung des Wirtschaftstreuhandberufes Wirtschaftsprüfer Berechtigten, die zur Erteilung des betreffenden Bestätigungsvermerkes persönlich befugt sind, enthalten. Der gemäß § 77 Abs. 9 für die Prüfung verantwortliche Berufsberechtigte hat den Bestätigungsvermerk jedenfalls zu unterschreiben.

Aufsichtsrat

§ 58. (1) Aufsichtsratsmitglieder müssen besitzen:

1. einen in einem EU- oder EWR-Mitgliedstaat gelegenen Hauptwohnsitz,
2. die besondere Vertrauenswürdigkeit gemäß § 9 und
3. geordnete wirtschaftliche Verhältnisse gemäß § 10.

(2) Aufsichtsratsmitglieder unterliegen der Verpflichtung zur Verschwiegenheit.

2. Abschnitt
Interdisziplinäre Zusammenarbeit

Voraussetzungen

§ 59. (1) Allgemeine Voraussetzungen für die Anerkennung einer Gesellschaft, der andere als in § 56 Abs. 1 aufgezählte Gesellschafter angehören und die neben der Ausübung eines Wirtschaftstreuhandberufes andere Tätigkeiten auszuüben beabsichtigt, sind:

1. die berufsrechtliche Bestellung oder Anerkennung zur befugten Ausübung anderer zulässiger beruflicher Tätigkeiten gemäß § 60,
2. das Vorliegen einer Gesellschaftsform gemäß § 61,
3. ein schriftlich abgeschlossener Gesellschaftsvertrag,
4. eine Firma gemäß § 62,
5. Gesellschafter gemäß § 63,
6. eine abgeschlossene Vermögensschaden-Haftpflichtversicherung gemäß § 11 und
7. geordnete wirtschaftliche Verhältnisse gemäß § 10.

(2) Weitere Voraussetzungen für die Anerkennung einer Gesellschaft, die neben der Ausübung eines Wirtschaftstreuhandberufes andere Tätigkeiten auszuüben beabsichtigt, sind:

1. Bei Ausübung des Wirtschaftstreuhandberufes Steuerberater
   a) eine Aufteilung der Kapitalanteile oder des Grund- oder Stammkapitals und der Stimmrechte und
   b) eine Geschäftsführung und eine Vertretung,

   die zumindest eine Gleichberechtigung der Berufsberechtigten, welche den Wirtschaftstreuhandberuf Steuerberater ausüben, mit jenen der anderen Berufe gemäß § 60 gewährleistet,
2. bei Ausübung des Wirtschaftstreuhandberufes Wirtschaftsprüfer
   a) eine Aufteilung der Kapitalanteile oder des Grund- oder Stammkapitals und der Stimmrechte und
   b) eine Geschäftsführung und eine Vertretung,

   die zumindest eine Gleichberechtigung der Berufsberechtigten, welche den Wirtschaftstreuhandberuf Wirtschaftsprüfer ausüben, mit jenen der anderen Berufe gemäß § 60 gewährleistet,
3. bei gleichzeitiger Ausübung der Wirtschaftstreuhandberufe Steuerberater und Wirtschaftsprüfer
   a) eine Aufteilung der Kapitalanteile oder des Grund- oder Stammkapitals und der Stimmrechte, sodass Personen, die über die Berufsberechtigung Steuerberater oder Wirtschaftsprüfer verfügen, jeweils zusammen über jeweils zumindest 25% der Anteile und der Stimmrechte verfügen, wobei diese wiederum gleichberechtigt zueinander beteiligt sein müssen und
   b) eine Geschäftsführung und eine Vertretung durch Berufsberechtigte, die zur selbständigen Ausübung der Berufsbefugnis der entsprechenden Berufsgruppen berechtigt sind, einzeln oder kollektiv auch ohne Mitwirkung anderer.

(3) Die Vertretung der Gesellschaft in Angelegenheiten des Berechtigungsumfanges der Wirtschaftstreuhänder durch Angehörige von Berufen gemäß § 60 Abs. 1 ist unzulässig, soweit die betreffende Tätigkeit nicht auch von der Berechtigung des jeweiligen Berufsangehörigen umfasst ist. In allen Fällen des Abs. 1 gilt § 52 Abs. 2 entsprechend.

Andere berufliche Tätigkeiten

§ 60. (1) Gesellschaften, die einen Wirtschaftstreuhandberuf auszuüben beabsichtigen, sind auch berechtigt, Tätigkeiten anderer freier Berufe, der Bilanzbuchhalter und der Gewerbe der Unternehmensberater und der Ingenieurbüros (Beratende Ingenieure) auszuüben, wenn und insoweit dies nach den betreffenden inländischen berufsrechtlichen Vorschriften zulässig ist. Diese haben zumindest jenen Anforderungen zu entsprechen, welche die inländischen berufsrechtlichen Vorschriften von Ausübenden von Wirtschaftstreuhandberufen vorsehen.

(2) Der Bundesminister für Wissenschaft, Forschung und Wirtschaft hat im Einvernehmen mit den jeweils zuständigen Bundesministern durch Verordnung festzustellen, in welchen Fällen die Voraussetzungen gemäß Abs. 1 vorliegen.

Gesellschaftsformen

§ 61. Die Ausübung eines Wirtschaftstreuhandberufes und der in § 60 Abs. 1 aufgezählten Tätigkeiten ist durch Personen- und Kapitalgesellschaften des Unternehmensrechts, die in das Firmenbuch eingetragen werden können, zulässig.

Firma

§ 62. Die Firma hat einen Hinweis auf den ausgeübten Wirtschaftstreuhandberuf zu enthalten.

Gesellschafter

§ 63. (1) Gesellschafter dürfen nur folgende Personen sein:

1. berufsberechtigte natürliche Personen,
2. Gesellschaften, die berechtigt sind, einen Wirtschaftstreuhandberuf auszuüben,
3. natürliche Personen, die eine andere berufliche Tätigkeit gemäß § 60 Abs. 1 selbständig ausüben,
4. Gesellschaften, die eine andere berufliche Tätigkeit gemäß § 60 Abs. 1 ausüben, und
5. nach ausländischem Recht zu einer anderen beruflichen Tätigkeit gemäß § 60 Abs. 1 Befugte, wenn ihr Kapitalanteil am Gesellschaftsvermögen und ihre Stimmrechte ein Viertel nicht übersteigen.

(2) Gesellschafter müssen besitzen:

1. einen in einem EU- oder EWR-Mitgliedstaat gelegenen Hauptwohnsitz,
2. die besondere Vertrauenswürdigkeit gemäß § 9 und
3. geordnete wirtschaftliche Verhältnisse gemäß § 10.

(3) Auf Gesellschafter gemäß Abs. 1 Z 1 ist § 56 Abs. 5 anzuwenden.

(4) Für alle Gesellschafter gilt § 56 Abs. 7. In Hinblick auf von Berufsberechtigten gehaltene Gesellschaftsanteile gilt § 56 Abs. 8.

Sonstige Bestimmungen

§ 64. Gesellschaften im Sinne dieses Abschnittes

1. unterliegen den jeweiligen inländischen berufsrechtlichen Vorschriften entsprechend ihrer berufsrechtlichen Anerkennungen,
2. sind jeweils Mitglied jener gesetzlich berufenen Vertretung, denen sie aufgrund ihrer berufsrechtlichen Anerkennungen angehören, und
3. dürfen keine Mandanten vertreten, deren Interessen durch Ausübung der Berufsbefugnis und anderer beruflicher Tätigkeiten der Gesellschaft und der Gesellschafter einander widerstreiten.

3. Abschnitt
Anerkennungsverfahren

Antrag auf Anerkennung

§ 65. Gesellschaften, die einen Wirtschaftstreuhandberuf auszuüben beabsichtigen, haben einen schriftlichen Antrag auf Anerkennung unter Beibringung der erforderlichen Belege zum Nachweis der Erfüllung der Voraussetzungen für die Anerkennung zu stellen.

Anspruch auf Anerkennung

§ 66. (1) Gesellschaften, welche die Voraussetzungen für die Anerkennung erfüllen, haben Anspruch auf Anerkennung.

(2) Vor Anerkennung darf ein Wirtschaftstreuhandberuf nicht ausgeübt werden.

(3) Gründet eine berufsberechtigte natürliche Person oder eine Gesellschaft, die zur Ausübung eines Wirtschaftstreuhandberufes berechtigt ist, einen Betrieb oder Teilbetrieb durch eine im 1. Hauptstück des 1. Teils des Umgründungssteuergesetzes, BGBl. Nr. 699/1991, bezeichnete Umgründung in eine Wirtschaftstreuhandgesellschaft um, so hat die Anerkennung rückwirkend mit dem Tag der Eintragung in das Firmenbuch zu erfolgen, wenn die Gesellschaft an diesem Tag die Anerkennungsvoraussetzungen erfüllt.

(BGBl I 2020/67)

Anerkennung

§ 67. (1) Die Kammer der Wirtschaftstreuhänder hat über die Anerkennung eine Urkunde auszustellen.

(2) Voraussetzung für die Anerkennung von Gesellschaften gemäß dem 3. Hauptstück, 2. Abschnitt, ist die Herstellung des Einvernehmens mit der jeweils zuständigen Behörde.

Versagung der Anerkennung

§ 68. Die Kammer der Wirtschaftstreuhänder hat die Anerkennung mit Bescheid zu versagen, wenn eine der Anerkennungsvoraussetzungen nicht erfüllt ist.

Nichtigkeit

§ 69. Anerkennungen sind nichtig und vom Bundesminister für Digitalisierung und Wirtschaftsstandort, bei Gesellschaften gemäß dem 3. Hauptstück, 2. Abschnitt, im Einvernehmen mit den jeweils zuständigen Bundesministern, gemäß § 68 Abs. 4 Z 4 AVG für nichtig zu erklären, wenn im Zeitpunkt der Anerkennung eine der Anerkennungsvoraussetzungen nicht erfüllt war und weiterhin nicht erfüllt ist.

(BGBl I 2020/67)

Eintragung – Verlautbarung

§ 70. Anerkannte Gesellschaften sind von Amts wegen in die Liste der Wirtschaftstreuhänder einzutragen.

(BGBl I 2020/67)

4. Hauptstück
Rechte und Pflichten

1. Abschnitt
Allgemeine Bestimmungen

Allgemeines

§ 71. (1) Berufsberechtigte sind verpflichtet, ihren Beruf gewissenhaft, sorgfältig, eigenverantwortlich und unabhängig und unter Beachtung der in diesem Hauptstück und der in den Richtlinien gemäß § 72 enthaltenen Bestimmungen auszuüben.

(2) Wird ein Berufsberechtigter als Mediator tätig, so hat er auch dabei die ihn als Berufsberechtigten treffenden Berufspflichten einzuhalten. Besondere Regelungen für Mediatoren nach anderen Rechtsvorschriften werden dadurch nicht berührt.

(3) Berufsberechtigte natürliche Personen sind verpflichtet, ihre beruflichen Kenntnisse auf dem neuesten Stand zu halten. Sie sind verpflichtet,

sich jeweils innerhalb eines Zeitraumes von drei Jahren im Ausmaß von 120 Stunden fortzubilden. Pro Kalenderjahr hat das Ausmaß der Fortbildung zumindest 30 Stunden zu betragen. Die in einem Kalenderjahr absolvierten Fortbildungsmaßnahmen sind der Kammer der Wirtschaftstreuhänder bis spätestens 31. März des Folgejahres schriftlich bekannt zu geben.

Ausübungsrichtlinien

§ 72. (1) Die Kammer der Wirtschaftstreuhänder hat durch Verordnungen Richtlinien für die Ausübung der Wirtschaftstreuhandberufe zu erlassen.

(2) Diese Richtlinien haben insbesondere zu regeln:

1. das standesgemäße Verhalten im Geschäftsverkehr mit Auftraggebern,
2. das standesgemäße Verhalten gegenüber anderen Berufsberechtigten, Berufsanwärtern und Personen anderer Berufe, die durch die Ausübung des Wirtschaftstreuhandberufes berührt werden,
3. die nähere Ausgestaltung betreffend die Verpflichtung zu einer kritische Grundhaltung gemäß § 77 Abs. 7,
4. die nähere Ausgestaltung betreffend die Verpflichtung zur Gewährleistung der Unabhängigkeit bei der Durchführung von Prüfungs- oder Sachverständigenaufträgen gemäß § 77 Abs. 2,
5. die Kontrolle der Pflichten von Berufsberechtigten,
6. angemessene Vorkehrungen zum Schutz der Berufsberechtigten vor einer Ausnutzung durch die organisierte Kriminalität und einer Verwicklung in diese,
7. die nähere Ausgestaltung der Sorgfaltspflichten im Hinblick auf Geldwäsche und Terrorismusfinanzierung,
8. die Erstellung von Risikoprofilen betreffend Geschäftsbeziehungen im Hinblick auf Geldwäsche und Terrorismusfinanzierung,
9. Anleitungen über erweiterte Sorgfaltspflichten für risikoreiche Geschäfte im Hinblick auf Geldwäsche und Terrorismusfinanzierung,
10. die nähere Ausgestaltung von Fortbildungsmaßnahmen zur Erfüllung der Fortbildungsverpflichtung sowie nähere Bestimmungen zur Meldung von Fortbildungsmaßnahmen sowie deren Überprüfung durch die Kammer der Wirtschaftstreuhänder und
11. die interne Organisation von Prüfbetrieben gemäß internationalen Standards und europarechtlichen Vorgaben.

Berufsbezeichnungen

§ 73. (1) Natürliche Personen, die zur selbständigen Ausübung eines Wirtschaftstreuhandberufes berechtigt sind, sind verpflichtet, sich zu bezeichnen bei Ausübung des Wirtschaftstreuhandberufes

1. Steuerberater als „Steuerberater" und
2. Wirtschaftsprüfer als „Wirtschaftsprüfer".

(2) Natürliche Personen gemäß § 1 sind Wirtschaftstreuhänder im Sinne dieses Bundesgesetzes und berechtigt, neben der Berufsbezeichnung gemäß Abs. 1 auch die Bezeichnung „Wirtschaftstreuhänder" zu führen.

(3) Weibliche Berufsberechtigte sind berechtigt, die in Abs. 1 und 2 genannten Berufsbezeichnungen in ihrer weiblichen Form zu führen.

(4) Berufsberechtigte, welche eine andere vereinbarte berufliche Tätigkeit befugt ausüben, sind berechtigt, neben der Berufsbezeichnung gemäß Abs. 1 bis 3 auch auf diese hinzuweisen.

Zweigstellen

§ 74. (1) Berufsberechtigte sind berechtigt, ihren Beruf von ihrem Berufssitz aus im gesamten Bundesgebiet auszuüben.

(2) Berufsberechtigte sind berechtigt, Zweigstellen zu errichten. Voraussetzung für die Errichtung einer Zweigstelle ist die Übertragung der Leitung der Zweigstelle an eine Person mit aufrechter Berufsbefugnis nach diesem Bundesgesetz, welche für die in der Zweigstelle ausgeübten Tätigkeiten erforderlich ist. Ein Berufsberechtigter darf höchstens vier Zweigstellenleitungen übernehmen und ausüben.

(3) Die Errichtung einer Zweigstelle ist der Kammer der Wirtschaftstreuhänder unverzüglich zu melden. Der Meldung sind die erforderlichen Urkunden zum Nachweis der Erfüllung der Voraussetzung gemäß Abs. 2 anzuschließen.

(4) Die Kammer der Wirtschaftstreuhänder hat die Errichtung einer Zweigstelle binnen vier Wochen nach erfolgter Meldung mit Bescheid zu untersagen, wenn die Voraussetzung gemäß Abs. 2 nicht erfüllt ist.

(5) Die Ausübung wirtschaftstreuhänderischer Tätigkeiten in einer Zweigstelle ist von der Kammer der Wirtschaftstreuhänder mit Bescheid zu untersagen, wenn die Voraussetzung gemäß Abs. 2 weggefallen ist.

Ausgelagerte Abteilungen

§ 75. (1) Ausgelagerte Abteilungen sind vom Berufssitz eines Berufsberechtigten räumlich getrennte Organisationseinheiten, die

1. im Zusammenhang mit den am Berufssitz des Berufsberechtigten bestehenden Organisationseinheiten organisatorisch und funktionell eine Einheit bilden,
2. sich in unmittelbarer Nähe des Berufssitzes befinden und
3. vom Berufssitz aus einer fachlichen Kontrolle unterstehen.

(2) Ausgelagerte Abteilungen haben einen für die Allgemeinheit sichtbaren Hinweis auf ihre Eigenschaft als ausgelagerte Abteilung und auf den Berufssitz zu enthalten.

Schlichtungsverfahren

§ 76. (1) Berufsberechtigte und Fortführungsberechtigte sind verpflichtet, dem Schlichtungsausschuss vor Beschreiten des Rechtsweges zur Schlichtung vorzulegen:

1. berufsspezifische Streitigkeiten untereinander,
2. berufsspezifische Streitigkeiten mit Berufsanwärtern und
3. Streitigkeiten im Zusammenhang mit Tätigkeiten in der Standesvertretung.

(2) Als berufsspezifisch gelten Streitigkeiten, wenn sie in unmittelbarem Zusammenhang mit der Berufsausübung stehen. Nicht zur Schlichtung vorzulegen sind Angelegenheiten der Arbeitsgerichtsbarkeit, soweit diese nicht unmittelbar in Zusammenhang mit der wirtschaftstreuhänderischen Berufsausübung stehen.

(3) Ein Schlichtungsausschuss ist am Sitz jeder Landesstelle einzurichten. Der Schlichtungsausschuss hat seine Tätigkeit in aus drei Mitgliedern bestehenden Senaten auszuüben. Haben die Streitteile ihren Berufssitz, in Ermangelung eines solchen den Hauptwohnsitz, in verschiedenen Bundesländern, so ist der zuerst angerufene Schlichtungsausschuss zuständig.

(4) Die Senate der Schlichtungsausschüsse haben jedenfalls innerhalb von drei Monaten nach Vorlage einer Streitigkeit das Schlichtungsverfahren zu beenden.

(5) Das Beschreiten des Rechtsweges in Streitigkeiten gemäß Abs. 1 ist unzulässig, wenn

1. der Rechtsweg vor Vorlage der Streitigkeit an den Schlichtungsausschuss beschritten wird oder
2. der Rechtsweg vor Beendigung des Schlichtungsverfahrens beschritten wird.

(6) Während ein Schlichtungsausschuss mit einer Rechtssache befasst ist, sind sämtliche Verjährungs- und Verwirkungsfristen materiell-rechtlicher und prozessualer Art gehemmt. Nach Beendigung des Schlichtungsverfahrens beginnen sämtliche Fristen wieder zu laufen.

(7) Die Kammer der Wirtschaftstreuhänder hat eine Schlichtungsordnung zu erlassen. Die Schlichtungsordnung hat unter Einhaltung allgemeiner Verfahrensgrundsätze nähere Vorschriften über das Schlichtungsverfahren zu enthalten.

Aufträge und Bevollmächtigung

§ 77. (1) Berufsberechtigte sind verpflichtet, die Übernahme eines Auftrages abzulehnen, der sie bei Ausübung ihrer Tätigkeit an Weisungen fachlicher Art des Auftraggebers binden würde. Die Annahme von Aufträgen durch Berufsberechtigte, die sowohl dem Grunde als auch der Höhe nach im Deckungsumfang ihrer Vermögensschaden-Haftpflichtversicherung nicht enthalten sind, ist unzulässig. Die Kammer der Wirtschaftstreuhänder ist berechtigt, alle oder bestimmte Deckungsumfänge der Vermögensschaden-Haftpflichtversicherungen des Berufsberechtigten zu prüfen und das Ergebnis der Abschlussprüferaufsichtsbehörde (im Folgenden: APAB) mitzuteilen. Bei hinreichenden Bedenken oder im Fall eines Auskunftsersuchens der APAB hat die Kammer der Wirtschaftstreuhänder eine solche Prüfung ohne unnötigen Verzug durchzuführen. Der Berufsberechtigte hat der Kammer der Wirtschaftstreuhänder alle für die Prüfung erforderlichen Informationen und Unterlagen zur Verfügung zu stellen.

(2) Wirtschaftsprüfer und Wirtschaftsprüfungsgesellschaften, die Abschlussprüfungen durchführen, sind verpflichtet, Prüfungs- oder Sachverständigenaufträge abzulehnen, wenn Ausschließungsgründe oder Befangenheitsgründe gemäß § 19 oder § 20 JN vorliegen. Wirtschaftsprüfer und Wirtschaftsprüfungsgesellschaften, die Abschlussprüfungen durchführen, haben einen bereits übernommenen Prüfungs- oder Sachverständigenauftrag zurückzulegen, wenn Ausschließungsgründe oder Befangenheitsgründe gemäß § 19 oder § 20 JN nachträglich bekannt werden oder nachträglich eintreten, sofern diese nicht unverzüglich, spätestens jedoch innerhalb von drei Monaten, beseitigt sind. Wirtschaftsprüfer und Wirtschaftsprüfungsgesellschaften, die Abschlussprüfungen durchführen, haben zu gewährleisten, dass ihre Unabhängigkeit bei der Durchführung von Prüfungs- oder Sachverständigenaufträgen nicht beeinträchtigt wird. Wirtschaftsprüfer und Wirtschaftsprüfungsgesellschaften, die Abschlussprüfungen durchführen, sind verpflichtet, alle angemessenen Maßnahmen zu ergreifen, um ihre Unabhängigkeit bei der Durchführung von Prüfungs- oder Sachverständigenaufträgen zu gewährleisten.

(3) Berufsberechtigte sind verpflichtet, vor der Annahme oder der Fortsetzung eines Prüfungs- oder Sachverständigenauftrages zu prüfen, zu beurteilen und zu dokumentieren:

1. alle Umstände betreffend ihre Unabhängigkeit einschließlich allfälliger Gefährdungen ihrer Unabhängigkeit und allfällig ergriffener Schutzmaßnahmen zur Verminderung dieser Gefährdungen und
2. die Verfügbarkeit über kompetente Mitarbeiter, die Zeit und die Ressourcen, die zu einer angemessenen Durchführung des Prüfungs- oder Sachverständigenauftrages erforderlich sind.

(4) Wirtschaftstreuhänder dürfen eine Vertretungsvollmacht nur annehmen, wenn nicht ein anderer Wirtschaftstreuhänder zur Vertretung bevollmächtigt ist. Abweichend von § 1022 des Allgemeinen bürgerlichen Gesetzbuches (ABGB), JGS Nr. 946/1811, wird die erteilte Vollmacht durch den Tod des Gewalthabers nicht aufgehoben, es sei denn dies wird ausdrücklich vereinbart. Eine einem Wirtschaftstreuhänder erteilte Vollmacht gilt als eine dem Fortbetrieb erteilte.

(5) Berufsberechtigte sind berechtigt, einen bereits übernommenen Auftrag zurückzulegen, wenn ein wichtiger Grund vorliegt. Wichtige Gründe sind insbesondere

1. die sich nachträglich ergebende Unerfüllbarkeit des Auftrages oder
2. die Verhinderung durch eine Krankheit oder
3. die sich nachträglich ergebende Feststellung, dass der Auftraggeber bewusst unrichtige oder unvollständige Unterlagen zur Verfügung gestellt hat.

(6) Berufsberechtigte sind berechtigt, die ihnen erteilten Auskünfte und übergebenen Unterlagen des Auftraggebers, insbesondere Zahlenangaben, als richtig und vollständig anzusehen. Prüfungsaufträge und andere Aufträge, die zur Unparteilichkeit und Unabhängigkeit verpflichten, dürfen nur nach gewissenhafter Erhebung des Zutreffens der zu bestätigenden Tatsachen und Umstände ausgeführt werden.

(7) Wirtschaftsprüfer und Wirtschaftsprüfungsgesellschaften, die Abschlussprüfungen durchführen, haben bei Durchführung von Abschlussprüfungen eine kritische Grundhaltung gemäß Art. 21 Abs. 2 der Abschlussprüfungs-RL einzunehmen und während der gesamten Prüfung beizubehalten. Wirtschaftsprüfer und Wirtschaftsprüfungsgesellschaften, die Abschlussprüfungen durchführen, sind ungeachtet ihrer bisherigen Erfahrungen verpflichtet, die Möglichkeit in Betracht zu ziehen, dass es aufgrund von Sachverhalten oder Verhaltensweisen, die auf Unregelmäßigkeiten wie Betrug oder Irrtümer hinweisen, zu einer wesentlichen falschen Darstellung gekommen sein könnte. Wirtschaftsprüfer und Wirtschaftsprüfungsgesellschaften, die Abschlussprüfungen durchführen, sind zu einer kritischen Grundhaltung insbesondere verpflichtet bei der Beurteilung

1. von Prüfungsnachweisen und
2. von Schätzungen in Bezug auf Zeitwertangaben, auf Wertminderungen von Vermögenswerten, auf Rückstellungen und auf künftige Cashflows.

(8) Berufsberechtigte sind verpflichtet, die übernommenen Angelegenheiten, Aufgaben, Vertretungen und Verteidigungen gesetzmäßig zu führen und die Rechte des Auftraggebers gegen jedermann mit Treue und Nachdruck zu verfolgen. Sie sind im Rahmen ihrer Aufträge befugt, alle ihren Auftraggebern zur Verfügung stehenden gesetzmäßigen Angriffs- und Verteidigungsmittel zu gebrauchen.

(9) Gesellschaften, die einen Wirtschaftstreuhandberuf ausüben, haben für jeden von ihnen übernommenen Auftrag mindestens eine natürliche Person, welche die für die Erledigung entsprechende Berufsberechtigung besitzt, zu bestimmen. Der Name des für die Erledigung bestimmten Berufsberechtigten ist dem Auftraggeber schriftlich bekanntzugeben.

(10) Personen, die für einen Berufsberechtigten in welchem Rechtsverhältnis auch immer tätig sind, dürfen während, innerhalb und anlässlich der Beendigung dieser Tätigkeit nur mit Zustimmung des Berufsberechtigten

1. Aufträge oder Bevollmächtigungen von dessen Klienten selbst übernehmen oder
2. dessen Klienten anderen Berufsberechtigten zuführen.

(11) Beruft sich ein Berufsberechtigter im beruflichen Verkehr auf die ihm erteilte Bevollmächtigung, so ersetzt diese Berufung den urkundlichen Nachweis.

(12) Vereinbarungen in Allgemeinen Geschäftsbedingungen über einen generellen Haftungsausschluss sind unzulässig.

(13) Honorare für Abschlussprüfungen und die Prüfungsverträge dürfen nicht von der Erbringung zusätzlicher Leistungen für das geprüfte Unternehmen beeinflusst oder bestimmt und an keinerlei Bedingungen geknüpft werden. Das Honorar hat in einem angemessenen Verhältnis zu den Aufgaben und dem voraussichtlichen Umfang der Abschlussprüfung zu stehen.

Interdisziplinäre Zusammenarbeit – Werkverträge

§ 78. (1) Berufsberechtigte sind berechtigt, Angehörige anderer selbständiger Berufe für einzelne bestimmte und übliche Aufgaben durch Werkvertrag heranzuziehen.

(2) Die Beteiligung am Unternehmen eines Berufsberechtigten in Form eines partiarischen Darlehens und einer Gesellschaft nach bürgerlichem Recht, auch als Innengesellschaft oder Unterbeteiligung, ist nicht gestattet.

Andere Tätigkeiten

§ 79. (1) Berufsberechtigte sind berechtigt, auch andere Tätigkeiten selbständig oder unselbständig auszuüben.

(2) Die Ausübung anderer selbständiger oder unselbständiger Tätigkeiten neben der Ausübung eines Wirtschaftstreuhandberufes ist unzulässig, wenn sie auf Provisionsbasis beruhen oder die Unabhängigkeit bei der Ausübung der Berufsberechtigung gefährden.

(3) Jede selbständige und unselbständige Tätigkeit ist der Kammer der Wirtschaftstreuhänder unverzüglich anzuzeigen.

(4) Die Kammer der Wirtschaftstreuhänder hat selbständige oder unselbständige Tätigkeiten mit Bescheid zu untersagen, wenn diese:

1. auf Provisionsbasis beruhen oder
2. die Unabhängigkeit des Berufsberechtigten gefährden.

Verschwiegenheitspflicht

§ 80. (1) Berufsberechtigte sind zur Verschwiegenheit über die ihnen anvertrauten Angelegenheiten verpflichtet. Für diese Verschwiegenheitspflicht ist es ohne Bedeutung, ob die Kenntnis dieser Umstände und Tatsachen auch anderen Personen zugänglich ist oder nicht.

(2) Die Verschwiegenheitspflicht der Berufsberechtigten erstreckt sich auch auf persönliche Umstände und Betriebs- oder Geschäftsgeheimnisse, die ihnen bei Durchführung erteilter Aufträge oder im Zuge eines behördlichen, nicht öffentlichen

Verfahrens in Ausübung ihres Berufes als solche bekanntgeworden sind.

(3) Inwieweit ein Berufsberechtigter in Ansehung dessen, was ihm in Ausübung seines Berufes bekanntgeworden ist, von der Verbindlichkeit zur Ablegung eines Zeugnisses, zur Einsichtgewährung in Geschäftspapiere oder zur Erteilung von Auskünften im Verwaltungs-, Abgaben-, Zivil- und Strafverfahren befreit ist, bestimmen die Verwaltungs- und Abgabenverfahrensgesetze sowie die Zivil- und Strafprozessordnung, jedoch mit der Maßgabe, dass im Abgabenverfahren vor den Finanzbehörden einem Berufsberechtigten die gleichen Rechte wie einem Rechtsanwalt zustehen.

(3a) Soweit dies das Recht des Berufsberechtigten auf Verschwiegenheit zur Sicherstellung des Schutzes des Auftraggebers oder der Rechte und Freiheiten anderer Personen oder der Durchsetzung zivilrechtlicher Ansprüche erfordert, kann sich die betroffene Person (Art. 4 Z 1 DSGVO) nicht auf die Rechte der Art. 12 bis 22 und Art. 34 der Verordnung (EU) 2016/679 zum Schutz natürlicher Personen bei der Verarbeitung personenbezogener Daten, zum freien Datenverkehr und zur Aufhebung der Richtlinie 95/46/EG (Datenschutz-Grundverordnung), ABl. Nr. L 119 vom 4.5.2016 S. 1 (im Folgenden: DSGVO), sowie des § 1 Abs. 3 DSG berufen.

(BGBl I 2020/67)

(4) Die Verschwiegenheitspflicht entfällt, wenn und insoweit

1. Melde- und Auskunftspflichten im Rahmen der Bestimmungen der Richtlinie (EU) 2015/849 zur Verhinderung der Nutzung des Finanzsystems zum Zwecke der Geldwäsche und der Terrorismusfinanzierung; zur Änderung der Verordnung (EU) Nr. 648/2012 und zur Aufhebung der Richtlinie 2005/60/EG und der Richtlinie 2006/70/EG in der Fassung der Richtlinie (EU) 2018/843 ABl. Nr. L 156 vom 19.06.2018 S. 43(im Folgenden: Geldwäsche-RL), und den damit im Zusammenhang erlassenen Umsetzungsmaßnahmen bestehen oder

   (BGBl I 2020/67)
2. der Auftraggeber den Berufsberechtigten ausdrücklich von dieser Pflicht entbunden hat oder
3. die Weitergabe und Verarbeitung von Informationen, auch in Form elektronischer Datenbanken und Informationsverbundsysteme, für die Beurteilung von Befangenheit und Ausgeschlossenheit im Netzwerk, einschließlich zu Netzwerkmitgliedern im Ausland, vor Übernahme eines Abschlussprüfermandates und während der Durchführung desselben durch Netzwerkmitglieder (§§ 270 Abs. 1a, 271 bis 271c des Unternehmensgesetzbuches, dRGBl. S 219/1897) erforderlich ist, oder
4. Informations-, Melde- und Auskunftspflichten auf Grund des Abschlussprüfer-Aufsichtsgesetzes (APAG), BGBl. I Nr. 83/2016, der Verordnung (EU) Nr. 537/2014 über spezifische Anforderungen an die Abschlussprüfung bei Unternehmen von öffentlichem Interesse, ABl. Nr. L 158 vom 27.05.2014 S. 77, oder des Unternehmensgesetzbuches, dRGBl. S 219/1897, welche im Zusammenhang mit der Umsetzung der Abschlussprüfungs-RL, stehen.

(5) Die Bestimmungen der Abs. 1 bis 4 gelten sinngemäß für die Erfüllungsgehilfen der Berufsberechtigten, Gesellschafter, Aufsichtsräte, Prokuristen und Berufsanwärter.

Stellvertretung – Bestellungsberechtigung

§ 81. (1) Berufsberechtigte natürliche Personen sind berechtigt, sich bei Verhinderung durch einen anderen Berufsberechtigten vertreten zu lassen.

(2) Der Vertretene hat der Kammer der Wirtschaftstreuhänder die Bestellung seines Vertreters unverzüglich bekanntzugeben.

(3) Eine Vertretung ist nur insoweit zulässig, als die Berufsbefugnisse des Vertreters reichen.

(4) Erfolgt die Bestellung des Stellvertreters mit Zustimmung des Auftraggebers, so haftet der Vertretene diesem nur nach Maßgabe des § 1010 ABGB zweiter Satz. Andernfalls gelten für die Haftung des Vertretenen die Grundsätze des Werkvertrages.

Stellvertretung – Bestellungsverpflichtung

§ 82. (1) Berufsberechtigte natürliche Personen sind verpflichtet, bei voraussichtlich länger dauernder Verhinderung einen Berufsberechtigten zum Stellvertreter zu bestellen.

(2) Die Bestellung ist der Kammer der Wirtschaftstreuhänder unverzüglich bekanntzugeben.

(3) Eine Vertretung ist nur insoweit zulässig, als die Berufsbefugnisse des Vertreters reichen.

(4) Überschreitet die Dauer der Vertretung ein Jahr, so hat der Vertretene bei der Kammer der Wirtschaftstreuhänder um Genehmigung anzusuchen. Eine Genehmigung ist dann zu verweigern, wenn die Verhinderung an der persönlichen Berufsausübung nicht mehr gegeben ist. Bei Unterlassung der Einholung der Genehmigung hat die Kammer der Wirtschaftstreuhänder die Berufsberechtigung des Vertretenen mit Bescheid zu widerrufen.

(5) Erfolgt die Bestellung des Stellvertreters mit Zustimmung des Auftraggebers, so haftet der Vertretene diesem nur nach Maßgabe des § 1010 ABGB zweiter Satz. Andernfalls gelten für die Haftung des Vertretenen die Grundsätze des Werkvertrages.

(6) Die Kammer der Wirtschaftstreuhänder hat bei voraussichtlich länger dauernder Verhinderung einen Kanzleikurator zu bestellen

1. auf Antrag des zu Vertretenden oder
2. von Amts wegen, wenn der Verpflichtung gemäß Abs. 1 nicht nachgekommen wird.

(7) Die Bestellung hat durch die Kammer der Wirtschaftstreuhänder mit Bescheid zu erfolgen.

(8) Der gemäß Abs. 6 bestellte Kanzleikurator hat

1. die Kanzlei des Vertretenen im vollen Umfang unter eigener Verantwortung mit dem Hinweis auf seine Funktion als Kanzleikurator und im Namen und auf Rechnung des Vertretenen zu betreuen,
2. im Fall des Abs. 6 Z 1 die Weisungen des zu vertretenden Berufsberechtigten und im Fall des Abs. 6 Z 2 die Weisungen der Kammer der Wirtschaftstreuhänder bei Ausübung seiner Funktion als Kanzleikurator einzuhalten,
3. seine eigenen beruflichen Tätigkeiten von den Tätigkeiten für die zu verwaltende Kanzlei streng zu trennen und sowohl bei Beginn als auch bei Beendigung seiner Tätigkeit eine Vermögensaufstellung zu verfassen und
4. eine Versicherung, welche die Tätigkeit der betreuten Kanzlei umfasst, nachzuweisen.

(9) Im Falle der persönlichen Wiederaufnahme der Berufstätigkeit nach mehr als sieben Jahre dauernder Verhinderung oder Abwesenheit hat die Kammer der Wirtschaftstreuhänder die weitere Ausübung der Berufstätigkeit von der neuerlichen Ablegung der mündlichen Fachprüfung abhängig zu machen, wenn der Abwesende in dieser Zeit nicht überwiegend facheinschlägig gearbeitet hat.

(10) Der gemäß Abs. 6 bestellte Kanzleikurator hat Anspruch auf Entlohnung. Die Höhe der Entlohnung richtet sich

1. nach der Vereinbarung mit dem zu vertretenden Berufsberechtigten oder
2. bei Nichtzustandekommen einer Vereinbarung nach der Festsetzung der Kammer der Wirtschaftstreuhänder nach einem 65% nicht übersteigenden Anteil an der Betriebsleistung der betreuten Kanzlei.

Erfüllungsgehilfen

§ 83. (1) Berufsberechtigte sind berechtigt, sich ihrer Angestellten im internen Kanzleibetrieb und im Außenverkehr mit Klienten und Behörden als Erfüllungsgehilfen zu bedienen.

(2) Berufsberechtigte sind verpflichtet, dafür zu sorgen, dass sich ihre Angestellten im Verkehr mit Klienten oder Behörden jederzeit durch eine schriftliche Vollmacht ausweisen können.

(3) Verbindliche Erklärungen kann außer dem Berufsberechtigten selbst nur sein Vertreter gemäß § 81 oder § 82 oder ein von ihm besonders ermächtigter Berufsberechtigter oder Berufsanwärter abgeben.

Provisionen – Provisionsvorbehalt

§ 84. Berufsberechtigten ist die Annahme oder die Gewährung von Provisionen oder die Weitergabe von Aufträgen unter Provisionsvorbehalt verboten.

Ruhen der Befugnis

§ 85. (1) Berufsberechtigte sind berechtigt, auf ihre Befugnis zur selbständigen Ausübung ihres Wirtschaftstreuhandberufes vorübergehend zu verzichten.

(2) Der Eintritt des Ruhens ist der Kammer der Wirtschaftstreuhänder unverzüglich schriftlich anzuzeigen. Die Kammer der Wirtschaftstreuhänder hat den Eintritt des Ruhens im Verzeichnis der Mitglieder gemäß § 173 erkenntlich zu machen.

(3) Berufsberechtigte sind nicht verpflichtet, während des Ruhens ihrer Berufsberechtigung die Vermögensschaden-Haftpflichtversicherung aufrecht zu halten. Im Falle des Ruhens der Berufsberechtigung während eines gesamten Kalenderjahres entfällt die Verpflichtung zur Meldung gemäß § 71 Abs. 3 letzter Satz.

(4) Die Beendigung des Ruhens ist der Kammer der Wirtschaftstreuhänder unverzüglich schriftlich anzuzeigen. Der schriftlichen Anzeige auf Beendigung des Ruhens sind die Belege zum Nachweis der Erfüllung der allgemeinen Voraussetzungen gemäß § 8 Abs. 1 und der Fortbildungsverpflichtung gemäß § 71 Abs. 3 in den beiden vorangehenden Kalenderjahren anzuschließen.

(5) Die Kammer der Wirtschaftstreuhänder hat die Wiederaufnahme der Berufstätigkeit zu untersagen, wenn

1. keine Belege gemäß Abs. 4 vorgelegt werden oder
2. die Allgemeinen Voraussetzungen gemäß § 8 Abs. 1 nicht vorliegen oder
3. die Fortbildungsverpflichtung gemäß § 71 Abs. 3 in den der Wiederaufnahme vorangehenden beiden Kalenderjahren nicht erfüllt wurde oder
4. im Falle der persönlichen Wiederaufnahme der Berufstätigkeit durch eine natürliche Person nach mehr als siebenjährigem Ruhen.

(6) Von einer Untersagung ist im Fall des Abs. 5 Z 4 abzusehen, wenn der Berufsberechtigte in dieser Zeit überwiegend facheinschlägig gearbeitet hat und die Fortbildungsverpflichtung gemäß § 71 Abs. 3 in den der Wiederaufnahme vorangegangenen beiden Kalenderjahren erfüllt wurde.

(7) Im Falle der persönlichen Wiederaufnahme der Berufstätigkeit durch eine natürliche Person nach mehr als siebenjährigem Ruhen hat die Kammer der Wirtschaftstreuhänder diese Wiederaufnahme von der Ablegung der mündlichen Fachprüfung abhängig zu machen, wenn der Berufsberechtigte in dieser Zeit nicht überwiegend facheinschlägig gearbeitet hat. Bei Ablegung der mündlichen Fachprüfung ist Abs. 5 Z 3 nicht anzuwenden.

(8) Über die Untersagung der Wiederaufnahme ist ein schriftlicher Bescheid zu erlassen. Dieser Bescheid ist dem Berufsberechtigten zu eigenen Handen zuzustellen.

(9) Die Kammer der Wirtschaftstreuhänder hat die Beendigung des Ruhens im Verzeichnis der Mitglieder gemäß § 173 erkenntlich zu machen.

Weitere Meldepflichten

§ 86. Berufsberechtigte sind verpflichtet, der Kammer der Wirtschaftstreuhänder binnen einem Monat schriftlich sämtliche Änderungen, welche die Voraussetzungen für die öffentliche Bestellung oder die Anerkennung betreffen, zu melden.

2. Abschnitt
Maßnahmen zur Verhinderung der Geldwäsche und der Terrorismusfinanzierung

Allgemeines – Begriffsbestimmungen

§ 87. (1) Die Bestimmungen dieses Abschnittes setzen für den Bereich der Wirtschaftstreuhandberufe die Geldwäsche-RL um.

(BGBl I 2020/67)

(2) Im Sinne dieses Abschnittes bedeutet

1. „Geldwäsche" die folgenden Handlungen, wenn sie vorsätzlich begangen werden:
   a) der Umtausch oder Transfer von Vermögensgegenständen in Kenntnis der Tatsache, dass diese Vermögensgegenstände aus einer kriminellen Tätigkeit stammen, zum Zwecke der Verheimlichung oder Verschleierung des illegalen Ursprungs der Vermögensgegenstände oder der Unterstützung von Personen, die an einer solchen Tätigkeit beteiligt sind, damit diese den Rechtsfolgen ihrer Tat entgehen oder
   b) die Verheimlichung oder Verschleierung der wahren Natur, Herkunft, Lage, Verfügung oder Bewegung von Vermögensgegenständen oder von Rechten oder Eigentum an Vermögensgegenständen in Kenntnis der Tatsache, dass diese Vermögensgegenstände aus einer kriminellen Tätigkeit oder aus der Teilnahme an einer solchen Tätigkeit stammen oder
   c) der Erwerb, der Besitz oder die Verwendung von Vermögensgegenständen, wenn dem Betreffenden bei der Übernahme dieser Vermögensgegenstände bekannt war, dass sie aus einer kriminellen Tätigkeit oder aus der Teilnahme an einer solchen Tätigkeit stammen oder
   d) die Beteiligung an einer der unter den Buchstaben a, b und c aufgeführten Handlungen, Zusammenschlüsse zur Ausführung einer solchen Handlung, Versuche einer solchen Handlung, Beihilfe, Anstiftung oder Beratung zur Ausführung einer solchen Handlung oder Erleichterung ihrer Ausführung,
2. „Kriminelle Tätigkeit" jede Form der strafbaren Beteiligung an der Begehung der folgenden Straftaten, unabhängig davon, ob ihr Tatort gemäß § 67 Abs. 2 des Strafgesetzbuches (StGB), BGBl. Nr. 60/1974, innerhalb oder außerhalb Österreichs liegt:
   a) Urkundenfälschung gemäß § 223 StGB mit dem Ziel, eine terroristische Straftat gemäß § 278c StGB zu begehen oder sich an einer terroristischen Vereinigung gemäß § 278b Abs. 2 StGB zu beteiligen,
   b) gerichtlich strafbare Handlungen nach den §§ 27 oder 30 des Suchtmittelgesetzes (SMG), BGBl I Nr. 112/1997 und
   c) alle Straftaten, die mit Freiheitsstrafe von mehr als einem Jahr belegt werden können, jedoch in die Zuständigkeit der Gerichte fallende Finanzvergehen im Zusammenhang mit direkten und indirekten Steuern nach österreichischem Recht nur nach der Maßgabe, dass eine solche Freiheitsstrafe nach den §§ 33, 35 und 37 FinStrG bei Begehung als Mitglied einer Bande oder unter Gewaltanwendung (§38a FinStrG) verhängt werden kann, sowie Finanzvergehen nach §§ 39 und 40 FinStrG.

   (BGBl I 2020/67)
3. „Vermögensgegenstand" Vermögenswerte aller Art, ob körperlich oder nichtkörperlich, beweglich oder unbeweglich, materiell oder immateriell, und Rechtstitel oder Urkunden in jeder – einschließlich elektronischer oder digitaler – Form, die das Eigentumsrecht oder Rechte an solchen Vermögenswerten belegen; dazu zählen auch unkörperliche Spekulationsobjekte wie Einheiten virtueller Währungen und die auf diese entfallenden Wertzuwächse, nicht aber bloße Ersparnisse wie etwa nicht eingetretene Wertverluste, Forderungsverzichte oder ersparte Aus- oder Abgaben,
4. „Stammen", dass der Täter der strafbaren Handlung den Vermögensgegenstand durch die Tat erlangt oder für ihre Begehung empfangen hat oder wenn sich in ihm der Wert des ursprünglich erlangten oder empfangenen Vermögensgegenstandes verkörpert,
5. „Terrorismusfinanzierung" die Bereitstellung oder Sammlung finanzieller Mittel, gleichviel auf welche Weise, unmittelbar oder mittelbar, mit dem Vorsatz, dass sie ganz oder teilweise dazu verwendet werden, eine der folgenden Straftaten zu begehen:
   a) Terroristische Vereinigung gemäß § 278b StGB,
   b) Terroristische Straftaten gemäß § 278c StGB,
   c) Terrorismusfinanzierung gemäß § 278d StGB,
   d) Ausbildung für terroristische Zwecke gemäß § 278e StGB,
   e) Anleitung zur Begehung einer terroristischen Straftat gemäß § 278f StGB,
   f) Schwerer Diebstahl gemäß § 128 StGB mit dem Ziel, eine terroristische Straftat gemäß § 278c StGB zu begehen,
   g) Erpressung gemäß § 144 StGB oder schwere Erpressung gemäß § 145 StGB mit dem Ziel, eine terroristische Straftat gemäß § 278c StGB zu begehen,
   h) Urkundenfälschung gemäß § 223 StGB oder Fälschung besonders geschützter Urkunden gemäß § 224 StGB mit dem

Ziel, eine terroristische Straftat gemäß § 278c StGB zu begehen oder sich an einer terroristischen Vereinigung zu beteiligen gemäß § 278b Abs. 2 StGB,

6. „Finanzielle Mittel" Bar- und Buchgeld sowie Einheiten virtueller Währungen, ungeachtet der Herkunft aus legalen oder illegalen Quellen,
7. „Verdacht" einen begründeten Verdacht, die Annahme der Wahrscheinlichkeit des Vorliegens eines bestimmten Sachverhalts, die sich aufgrund der Kenntnis darauf hinweisender Tatsachen ergibt. Diese Annahme hat über eine bloße Vermutung hinauszugehen,
8. „Geschäftsbeziehung" jedes Handeln eines Berufsberechtigten in Ausübung seines Berufes für Dritte, wenn über eine kostenlose Erstberatung hinaus weitere Dienste oder Aufträge erfolgen und bei deren Zustandekommen des Kontakts davon ausgegangen wird, dass sie von einer gewissen Dauer sein soll,
9. „Transaktion" einen Vorgang, der auf den Übergang von Werten von der Einflusssphäre des Auftraggebers in jene einer anderen Person abzielt,
10. „gelegentliche Transaktion" Transaktion außerhalb einer Geschäftsbeziehung, die sich auf 15 000 EUR oder mehr beläuft, und zwar unabhängig davon, ob diese Transaktion in einem einzigen Vorgang oder in mehreren Vorgängen, zwischen denen eine Verbindung zu bestehen scheint, ausgeführt wird,
11. „Geldwäschemeldestelle" die Meldestelle für die Abgabe einer Geldwäscheverdachtsmeldung gemäß § 4 Abs. 2 Z 1 und 2 des Bundeskriminalamt-Gesetzes (BKA-G), BGBl. I Nr. 22/2002,
12. „Auftraggeber" eine Person, die einen Berufsberechtigten rechtswirksam einen Auftrag erteilt hat und dieser Auftrag vom Berufsberechtigten verbindlich angenommen wurde,
13. "Führungsebene" Führungskräfte oder Mitarbeiter mit ausreichendem Wissen über die Risiken, die für den Berufsberechtigten in Bezug auf Geldwäsche oder Terrorismusfinanzierung bestehen, und ausreichendem Dienstalter, um Entscheidungen mit Auswirkungen auf die Risikolage treffen zu können, wobei es sich nicht in jedem Fall um ein Mitglied der gesetzlichen Vertretung des Berufsberechtigten handeln muss,
14. „Politisch exponierte Person" eine natürliche Person, die wichtige öffentliche Ämter ausübt oder ausgeübt hat; hierzu zählen insbesondere
    a) Staatschefs, Regierungschefs, Minister, stellvertretende Minister und Staatssekretäre,
    b) Parlamentsabgeordnete oder Mitglieder vergleichbarer Gesetzgebungsorgane,
    c) Mitglieder der Führungsgremien politischer Parteien,
    d) Mitglieder von obersten Gerichtshöfen, Verfassungsgerichtshöfen oder sonstigen hohen Gerichten, gegen deren Entscheidungen, von außergewöhnlichen Umständen abgesehen, kein Rechtsmittel mehr eingelegt werden kann,
    e) Mitglieder von Rechnungshöfen oder der Leitungsorgane von Zentralbanken,
    f) Botschafter, Geschäftsträger und hochrangige Offiziere der Streitkräfte,
    g) Mitglieder der Verwaltungs-, Leitungs- oder Aufsichtsorgane staatseigener Unternehmen und
    h) Direktoren, stellvertretende Direktoren und Mitglieder des Leitungsorgans oder eine vergleichbare Funktion bei internationalen Organisationen,

    Keine der unter a bis h genannten öffentlichen Funktionen umfasst Funktionsträger mittleren oder niedrigeren Ranges,
15. „Familienmitglieder" insbesondere:
    a) den Ehepartner einer politisch exponierten Person oder eine dem Ehepartner einer politisch exponierten Person gleichgestellte Person,
    b) die Kinder einer politisch exponierten Person und deren Ehepartner oder dem Ehepartner gleichgestellte Personen und
    c) die Eltern einer politisch exponierten Person,
16. „bekanntermaßen nahestehende Personen"
    a) natürliche Personen, die bekanntermaßen gemeinsam mit einer politisch exponierten Person wirtschaftliche Eigentümer von juristischen Personen oder Rechtsvereinbarungen sind oder sonstige enge Geschäftsbeziehungen zu einer solchen politisch exponierten Person unterhalten und
    b) natürliche Personen, die alleinige wirtschaftliche Eigentümer einer juristischen Person oder einer Rechtsvereinbarung sind, welche bekanntermaßen de facto zu Gunsten einer politisch exponierten Person errichtet wurde,
17. „Gruppe" eine Gruppe von Unternehmen, die aus einem Mutterunternehmen, seinen Tochterunternehmen und den Unternehmen, an denen das Mutterunternehmen oder seine Tochterunternehmen eine Beteiligung halten, besteht, sowie Unternehmen, die untereinander durch eine Beziehung im Sinne von Art. 22 der Richtlinie 2013/34/EU über den Jahresabschluss, den konsolidierten Abschluss und damit verbundene Berichte von Unternehmen bestimmter Rechtsformen und zur Änderung der Richtlinie 2006/43/EG des Europäischen Parlaments und des Rates und zur Aufhebung der Richtlinien 78/660/EWG und 83/349/EWG des Rates, ABl. Nr. L 182 vom 29.06.2013 S. 19, zuletzt geändert durch die Richtlinie 2013/102/EU, ABl. Nr. L 334 vom 21.11.2014

S. 86, („Konzernaufstellungspflicht“) verbunden sind,

(BGBl I 2020/67)

18. „wirtschaftlicher Eigentümer“
    a) einen wirtschaftlichen Eigentümer in sinngemäßer Anwendung des § 2 des Wirtschaftliche Eigentümer Registergesetzes (WiEReG), BGBl. I Nr. 136/2017, mit der Maßgabe, dass unter Rechtsträgern auch ausländische Gesellschaften, sonstige juristische Personen sowie Trusts und trustähnliche Vereinbarungen, die den in § 1 Abs. 2 WiEReG genannten vergleichbar sind und dass § 2 Z 1 WiEReG
        aa) auf börsennotierte Gesellschaften, deren Wertpapiere zum Handel auf einem geregelten Markt in einem oder mehreren Mitgliedstaaten zugelassen sind, sowie
        bb) auf börsennotierte Gesellschaften aus Drittländern, die Offenlegungsanforderungen unterliegen, die dem Unionsrecht entsprechen oder mit diesem vergleichbar sind,

        nicht anzuwenden ist, und
    b) eine natürliche Person, in deren Auftrag eine Transaktion oder Tätigkeit ausgeführt wird, und

    (BGBl I 2019/46, BGBl I 2020/67)
19. „virtuelle Währungen“ eine digitale Darstellung eines Werts, die von keiner Zentralbank oder öffentlichen Stelle emittiert wurde oder garantiert wird und nicht zwangsläufig an eine gesetzlich festgelegte Währung angebunden ist und die nicht den gesetzlichen Status einer Währung oder von Geld besitzt, aber von natürlichen oder juristischen Personen als Tauschmittel akzeptiert wird und die auf elektronischem Wege übertragen, gespeichert und gehandelt werden kann.

    (BGBl I 2020/67)

Risikobasierter Ansatz

§ 88. (1) Berufsberechtigte sind bei Ausübung ihrer beruflichen Tätigkeit verpflichtet, die in diesem Abschnitt festgelegten Pflichten risikobasiert zu erfüllen. Risiko bedeutet in diesem Abschnitt dabei die Gefahr, dass Dienste eines Berufsberechtigten für Geldwäsche oder für Zwecke der Terrorismusfinanzierung missbraucht werden. Durch eine risikobasierte Ausgestaltung der innerorganisatorischen Maßnahmen, der Sorgfaltspflichten gegenüber Auftraggebern sowie der Meldepflichten ist diese missbräuchliche Inanspruchnahme von Diensten des Berufsberechtigten zu verhindern.

(2) Die risikobasierte Erfüllung verlangt eine qualitative Risikobeurteilung des Berufsberechtigten. Dieser hat dabei vorliegende, für den Wirkungsbereich des Berufsberechtigten einschlägige Risikoanalysen der EU und der Republik Österreich ebenso einzubeziehen wie die in den Anhängen 1 bis 3 der Geldwäsche-RL genannten Risikofaktoren, soweit sie für seine konkrete Tätigkeit einschlägig sind.

(BGBl I 2020/67)

(3) Die Dokumentation der im Rahmen der Risikobeurteilung gemäß Abs. 2 verwendeten Strategien, Kontrollen und Verfahren hat dabei Größe und Komplexität der Kanzlei, Dauer und Art der erbrachten Dienstleistung, Person eines Auftraggebers oder wirtschaftlichen Eigentümers, Auftraggeberstruktur und Regionen, in denen der Berufsberechtigte seine Dienstleistungen erbringt, zu berücksichtigen.

Sorgfaltspflichten gegenüber Auftraggebern auslösende Umstände

§ 89. Auftraggeberbezogene Sorgfaltspflichten sind auf risikobasierter Grundlage einzuhalten bei

1. Begründung einer Geschäftsbeziehung oder
2. Ausführung gelegentlicher Transaktionen oder
3. Verdacht auf Geldwäsche oder Terrorismusfinanzierung, ungeachtet etwaiger Ausnahmeregelungen, Befreiungen oder Schwellenwerte oder
4. Zweifel an der Richtigkeit oder Eignung erhaltener Auftraggeberidentifikationsdaten.

Umfang der Sorgfaltspflichten gegenüber Auftraggebern

§ 90. Unter Berücksichtigung des risikobasierten Ansatzes umfassen die Sorgfaltspflichten des Berufsberechtigten gegenüber Auftraggebern:

1. die Feststellung und Überprüfung der Identität des Auftraggebers auf der Grundlage von Dokumenten, Daten oder Informationen, die von einer glaubwürdigen und unabhängigen Quelle stammen, einschließlich elektronischer Mittel für die Identitätsfeststellung. Die Kammer der Wirtschaftstreuhänder hat durch Verordnung festlegen, unter welchen Voraussetzungen die elektronische Identitätsfeststellung (Online-Identifikation) möglich ist. In dieser Verordnung sind insbesondere Anforderungen an die Datensicherheit, Fälschungssicherheit und an jene Personen, die die Online-Identifikation durchführen sowie Sicherungsmaßnahmen zur Vorbeugung von Missbrauch, festzulegen,

   (BGBl I 2020/67)
2. die Feststellung der Identität des wirtschaftlichen Eigentümers und die Ergreifung angemessener Maßnahmen zur Überprüfung seiner Identität. Im Falle von juristischen Personen, Trusts, Gesellschaften, Stiftungen und ähnlichen Rechtsvereinbarungen schließt dies angemessene Maßnahmen ein, um die Eigentums- und Kontrollstruktur des Auftraggebers zu verstehen. Ist der ermittelte wirtschaftliche Eigentümer ein Angehöriger der Führungsebene im Sinne des § 2 Abs. 1 lit. b WiEReG, sind zudem Aufzeichnungen

über die ergriffenen Maßnahmen und über etwaige während des Überprüfungsvorgangs aufgetretene Schwierigkeiten zu führen. Eine angemessene Maßnahme ist die Einsicht in das Register der wirtschaftlichen Eigentümer nach Maßgabe des § 11 WiEReG,

(BGBl I 2020/67)

3. die Feststellung und die Überprüfung der Identität des Vertreters eines Auftraggebers sowie die Vergewisserung über das Vorliegen einer aufrechten Vertretungsbefugnis,
4. die Bewertung – und gegebenenfalls Einholung – von Informationen über den Zweck und die angestrebte Art der Geschäftsbeziehung,
5. die kontinuierliche Überwachung der Geschäftsbeziehung, einschließlich einer Überprüfung der im Verlauf der Geschäftsbeziehung ausgeführten Transaktionen, um sicherzustellen, dass diese mit den Kenntnissen über den Auftraggeber, seine Geschäftstätigkeit und sein Risikoprofil, einschließlich erforderlichenfalls der Herkunft der Mittel, übereinstimmen, und die Gewährleistung, dass die betreffenden Dokumente, Daten oder Informationen auf aktuellem Stand gehalten werden und
6. die Einrichtung und Anwendung angemessener Risikomanagementsysteme einschließlich risikobasierter Verfahren, um feststellen zu können, ob es sich bei einem Auftraggeber oder einem wirtschaftlichen Eigentümer eines Auftraggebers um eine politisch exponierte Person handelt. Im Falle von Geschäftsbeziehungen zu politisch exponierten Personen ist die Zustimmung der Führungsebene einzuholen, bevor Geschäftsbeziehungen zu diesen Personen aufgenommen oder fortgeführt werden.

(BGBl I 2020/67)

Zeitliche Maßgaben für Sorgfaltspflichten gegenüber Auftraggebern

§ 91. (1) Die Überprüfung der Identität des Auftraggebers und das Ergreifen angemessener Maßnahmen zur Feststellung der Identität des wirtschaftlichen Eigentümers gemäß § 90 Z 1 und Z 2 hat vor Begründung einer Geschäftsbeziehung oder Ausführung einer Transaktion zu erfolgen.

(2) Sofern ein geringes Risiko der Geldwäsche oder Terrorismusfinanzierung besteht, kann abweichend von Abs. 1 die Überprüfung der Identität des Auftraggebers und des wirtschaftlichen Eigentümers gemäß § 90 Z 1 und Z 2 erst während der Begründung einer Geschäftsbeziehung abgeschlossen werden, wenn dies notwendig ist, um den normalen Geschäftsablauf nicht zu unterbrechen. In diesem Fall sind die betreffenden Verfahren so bald wie möglich nach dem ersten Kontakt abzuschließen.

(3) Die Sorgfaltspflichten gegenüber Auftraggebern sind nicht nur auf alle neuen Auftraggeber, sondern zu geeigneter Zeit, auch auf die bestehenden Auftraggeber auf risikobasierter Grundlage anzuwenden. Die Sorgfaltspflichten sind umgehend zu erfüllen, wenn sich bei einem Auftraggeber maßgebliche Umstände ändern oder wenn der Berufsberechtigte rechtlich verpflichtet ist, den Auftraggeber im Laufe des betreffenden Kalenderjahres zu kontaktieren, um etwaige einschlägige Informationen über den oder die wirtschaftlichen Eigentümer zu überprüfen.

(BGBl I 2020/67)

(4) Zu Beginn einer neuen Geschäftsbeziehung mit einem Rechtsträger gemäß § 1WiEReG haben die Berufsberechtigten einen Auszug aus dem Register der wirtschaftlichen Eigentümer gemäß § 9 oder § 10 WiEReG als Nachweis der Registrierung der wirtschaftlichen Eigentümer einzuholen. Zu Beginn einer neuen Geschäftsbeziehung mit einer Gesellschaft, einem Trust, einer Stiftung, einer mit einer Stiftung vergleichbaren juristischen Person oder mit einer trustähnlichen Rechtsvereinbarung mit Sitz in einem anderen Mitgliedstaat oder in einem Drittland, die mit einem Rechtsträger im Sinne des § 1 WiEReG vergleichbar sind, haben die Berufsberechtigten einen Nachweis der Registrierung oder einen Auszug einzuholen, sofern dessen wirtschaftliche Eigentümer in einem den Anforderungen der Art. 30 oder 31 der Geldwäsche-RL entsprechendem Register registriert werden müssen und es den Berufsberechtigten nach dem Recht des betreffenden anderen Mitgliedstaats oder des Drittlandes möglich ist, einen solchen Nachweis zu erhalten.

(BGBl I 2020/67)

Nichterfüllbarkeit von Sorgfaltspflichten gegenüber Auftraggebern

§ 92. (1) Kann den Sorgfaltspflichten gegenüber Auftraggebern gemäß § 90 Z 1, Z 2 und Z 4 nicht nachgekommen werden, darf eine Geschäftsbeziehung nicht begründet oder eine Transaktion nicht ausgeführt werden. Bestehende Geschäftsbeziehungen sind in diesem Fall zu beenden. Der Berufsberechtigte hat zudem eine Verdachtsmeldung gemäß § 96 Abs. 3 an die Geldwäschemeldestelle unter Beachtung der Voraussetzungen der Meldeverpflichtungen in Erwägung zu ziehen.

(2) Abs. 1 gilt nicht, wenn die Voraussetzungen des § 96 Abs. 9 vorliegen.

Vereinfachte Sorgfaltspflichten gegenüber Auftraggebern

§ 93. (1) Stellt ein Berufsberechtigter im Rahmen seiner generellen Risikoüberprüfung fest, dass in bestimmten Bereichen nur ein geringeres Risiko besteht, so können für Geschäftsbeziehungen in diesen Bereichen prinzipiell vereinfachte Sorgfaltspflichten gegenüber Auftraggebern angewendet werden. Bevor die Berufsberechtigten vereinfachte Sorgfaltspflichten gegenüber Auftraggebern anwenden, vergewissern sie sich, dass die Geschäftsbeziehung oder die Transaktion tatsächlich mit einem geringeren Risiko verbunden ist.

(2) Die Kammer der Wirtschaftstreuhänder hat im Rahmen einer Ausübungsrichtlinie gemäß § 72 auf Grundlage folgender Risikoarten mögli-

che Faktoren für ein potenziell geringeres Risiko festzulegen:

1. Faktoren bezüglich des Auftraggeberrisikos,
2. Faktoren bezüglich des Produkt-, Dienstleistungs-, Transaktions- oder Vertriebskanalrisikos und
3. Faktoren bezüglich des geografischen Risikos.

(3) Die Kammer der Wirtschaftstreuhänder kann in ihrer Funktion als Aufsichtsbehörde darüber hinaus Arten von Geschäftsbeziehungen festlegen, die aufgrund des eingeschränkten Tätigkeitsumfangs und des damit verbundenen Risikos ebenfalls als Tätigkeiten mit einem geringen Geldwäscherisiko anzusehen sind.

Verstärkte Sorgfaltspflichten gegenüber Auftraggebern

§ 94. (1) In folgenden Fällen müssen die Berufsberechtigten verstärkte Sorgfaltspflichten zur angemessenen Steuerung und Minderung der Risiken anwenden:

1. Bei allen komplexen oder ungewöhnlich großen Transaktionen oder ungewöhnlichen Transaktionsmustern oder Transaktionen ohne offensichtlichen wirtschaftlichen oder rechtmäßigen Zweck,
2. bei Geschäftsbeziehungen oder Transaktionen, an denen Drittländer mit hohem Risiko gemäß der Delegierte Verordnung (EU) 2016/1675, ABl. Nr. L 254 vom 20.9.2016 S. 1, beteiligt sind,
3. in allen von der Kammer der Wirtschaftstreuhänder gemäß Abs. 4 festgelegten Fällen,
4. bei Transaktionen mit oder Geschäftsbeziehungen zu politisch exponierten Personen, ihren Familienangehörigen und politisch exponierten Personen bekanntermaßen nahestehenden Personen, und
5. in anderen Fällen mit höheren Risiken, die der Berufsberechtigte ermittelt hat.

(2) Die in Abs. 1 genannten Fälle sind jedenfalls einer verstärkten Überprüfung zu unterziehen. Bei komplexen oder ungewöhnlich großen Transaktionen sind insbesondere Hintergrund und Zweck mit angemessenen Mitteln zu erforschen.

(3) Bei Transaktionen oder Geschäftsbeziehungen gemäß Abs. 1 Z 4 sind angemessene Maßnahmen zu ergreifen, um die Herkunft des Vermögens oder der im Rahmen der Transaktion verwendeten finanziellen Mittel zu bestimmen und die Geschäftsbeziehung einer verstärkten fortlaufenden Überwachung zu unterziehen. Ist eine politisch exponierte Person nicht mehr mit einem öffentlichen Amt in einem Mitgliedstaat oder Drittland oder mit einem wichtigen öffentlichen Amt bei einer internationalen Organisation betraut, so haben die Berufsberechtigten für mindestens zwölf Monate das von dieser Person weiterhin ausgehende Risiko zu berücksichtigen und so lange angemessene und risikobasierte Maßnahmen zu treffen, bis davon auszugehen ist, dass von dieser Person kein Risiko mehr ausgeht, das spezifisch für politisch exponierte Personen ist.

(4) Die Kammer der Wirtschaftstreuhänder kann in ihrer Funktion als Aufsichtsbehörde Bereiche festlegen, die aufgrund des eingeschränkten Tätigkeitsumfangs und des damit verbundenen Risikos ebenfalls als Tätigkeiten mit einem höheren Risiko der Geldwäsche oder Terrorismusfinanzierung anzusehen sind. Dabei sind Leitlinien gemäß Art. 18 Abs. 4 der Geldwäsche-RL zu beachten. Die Kammer der Wirtschaftstreuhänder hat im Rahmen der Ausübungsrichtlinie gemäß § 72 auf Grundlage folgender Risikoarten mögliche Faktoren für ein potenziell höheres Risiko festzulegen:

1. Faktoren bezüglich des Auftraggeberrisikos,
2. Faktoren bezüglich des Produkt-, Dienstleistungs-, Transaktions- oder Vertriebskanalrisikos und
3. Faktoren bezüglich des geografischen Risikos.

(5) Auf Geschäftsbeziehungen oder Transaktionen gemäß Abs. 1 Z 2 sind folgende verstärkte Sorgfaltsmaßnahmen gegenüber dem Auftraggeber anzuwenden:

1. Einholung zusätzlicher Informationen über den Auftraggeber und die wirtschaftlichen Eigentümer,
2. Einholung zusätzlicher Informationen über die angestrebte Art der Geschäftsbeziehung,
3. Einholung von Informationen über die Herkunft der Gelder und die Herkunft des Vermögens des Auftraggebers und der wirtschaftlichen Eigentümer,
4. Einholung von Informationen über die Gründe für die geplanten oder durchgeführten Transaktionen,
5. Einholung der Zustimmung ihrer Führungsebene zur Schaffung oder Weiterführung der Geschäftsbeziehung und
6. verstärkte kontinuierliche Überwachung der Geschäftsbeziehung durch eine weitere Erhöhung der Häufigkeit und der Intervalle der Kontrollen und durch die zusätzliche Auswahl von Transaktionsmustern, die einer weiteren Prüfung bedürfen.

(6) Die Kammer der Wirtschaftstreuhänder hat in Bezug auf Geschäftsbeziehungen und Transaktionen gemäß Abs. 1 Z 2 in ihrer Funktion als Aufsichtsbehörde zusätzliche Maßnahmen im Sinne des Art. 18a Abs. 2 der Geldwäsche-RL durch Verordnung festzulegen. Sie hat dabei einschlägige Evaluierungen, Bewertungen oder Berichte internationaler Organisationen oder von Einrichtungen für die Festlegung von Standards mit Kompetenzen im Bereich der Verhinderung von Geldwäsche und der Bekämpfung der Terrorismusfinanzierung hinsichtlich der von einzelnen Drittländern ausgehenden Risiken zu berücksichtigen und die Europäische Kommission vor dem Erlass oder der Anwendung zu unterrichten.

(7) Bei Zweigstellen und bei mehrheitlich im Besitz des Berufsberechtigten befindlichen Tochterunternehmen, die ihren Standort in Drittländern

mit hohem Risiko haben, müssen bei Geschäftsbeziehungen und Transaktionen gemäß Abs. 1 Z 2 nicht automatisch verstärkte Sorgfaltspflichten gegenüber Auftraggebern angewandt werden, wenn sich diese Zweigstellen oder Tochterunternehmen uneingeschränkt an die gruppenweit anzuwendenden Strategien und Verfahren gemäß § 99 halten und diese Fälle nach einem risikobasierten Ansatz gehandhabt werden.

(BGBl I 2020/67)

Ausführung durch Dritte

§ 95. (1) Hinsichtlich der in § 90 Z 1 bis 3 aufgezählten Sorgfaltspflichten kann für die Erfüllung dieser Pflichten auf Dritte zurückgegriffen werden. Die endgültige Verantwortung für die Erfüllung dieser Pflichten verbleibt jedoch bei jenem Berufsberechtigten, der auf einen oder mehrere Dritte zurückgreift. Der Berufsberechtigte hat die erforderlichen Informationen zur Erfüllung der nach § 90 Z 1 bis 3 normierten Sorgfaltspflichten einzuholen und unter Anwendung angemessener Schritte dafür zu sorgen, dass der Dritte auf Ersuchen umgehend Kopien der maßgeblichen Daten hinsichtlich der Feststellung und Überprüfung der Identität des Auftraggebers oder des wirtschaftlichen Eigentümers einschließlich Informationen, soweit verfügbar, die mittels elektronischer Mittel für die Identitätsfeststellung, einschlägiger Vertrauensdienste gemäß der Verordnung (EU) Nr. 910/2014 über elektronische Identifizierung und Vertrauensdienste für elektronische Transaktionen im Binnenmarkt und zur Aufhebung der Richtlinie 1999/93/EG, ABl. L 257 vom 28.08.2014, S. 73, oder mittels anderer regulierter, anerkannter, gebilligter oder akzeptierter sicherer Verfahren zur Identifizierung aus der Ferne oder auf elektronischem Weg eingeholt wurden, vorlegt.

(2) Um auf eine Erfüllung der Sorgfaltspflichten durch Dritte zurückgreifen zu können, haben diese folgende Voraussetzungen zu erfüllen:

1. Sie sind Verpflichtete im Sinne des Art. 2 der Geldwäsche-RL und
2. sie unterliegen Sorgfalts- und Aufbewahrungspflichten sowie einer Aufsicht, die der Geldwäsche-RL entsprechen.

(3) Bei Dritten, die ihren Sitz in einem Mitgliedstaat der EU haben, gelten die Voraussetzungen des Abs. 2 Z 2 als erfüllt. Dritte mit Sitz in Ländern mit hohem Risiko erfüllen die Voraussetzungen nicht, es sei denn, es handelt sich dabei um Zweigstellen oder mehrheitlich im Besitz der Berufsberechtigten befindliche Tochterunternehmen, wenn sich diese uneingeschränkt an die gruppenweit anzuwendenden Strategien und Verfahren gemäß § 99 halten.

(4) Den Anforderungen gemäß Abs. 1 und 2 ist bei Anwendung von gruppenweit anzuwendenden Strategien und Verfahren gemäß § 99 entsprochen, wenn

1. der Berufsberechtigte Informationen eines Dritten heranzieht, der derselben Gruppe angehört,
2. die in dieser Gruppe angewandten Sorgfaltspflichten, Aufbewahrungsvorschriften und Programme zur Bekämpfung von Geldwäsche und Terrorismusfinanzierung mit der Geldwäsche-RL oder gleichwertigen Vorschriften in Einklang stehen und
3. die effektive Umsetzung der unter Z 2 genannten Anforderungen auf Gruppenebene von der Kammer der Wirtschaftstreuhänder oder einer zuständigen Behörde des Drittlandes beaufsichtigt wird.

(BGBl I 2020/67)

Meldepflichten

§ 96. (1) Der Berufsberechtigte hat die Geldwäschemeldestelle von sich aus mittels einer Meldung umgehend zu informieren, wenn er bei Ausübung seiner beruflichen Tätigkeit Kenntnis davon erhält oder den Verdacht hat, dass finanzielle Mittel unabhängig vom betreffenden Betrag aus kriminellen Tätigkeiten stammen oder mit Terrorismusfinanzierung in Verbindung stehen. Der Berufsberechtigte hat etwaigen Aufforderungen der Geldwäschemeldestelle zur Übermittlung zusätzlicher Auskünfte betreffend die Verhinderung, Aufdeckung und wirksamen Bekämpfung der Geldwäsche und der Terrorismusfinanzierung umgehend Folge zu leisten. Die Verdachtsmeldung und alle zu leistenden Auskünfte sind in einem geläufigen elektronischen Format unter Verwendung der durch die Geldwäschemeldestelle festgelegten, sicheren Kommunikationskanäle zu übermitteln.

(BGBl I 2020/67)

(2) Die Geldwäschemeldestelle kann im Rahmen ihrer Aufgaben vom Berufsberechtigten Informationen zur Verhinderung, Aufdeckung und wirksamen Bekämpfung der Geldwäsche und der Terrorismusfinanzierung anfordern, einholen und nutzen, selbst wenn keine vorherige Meldung gemäß Abs. 1 erstattet wurde. Der Berufsberechtigte hat der Geldwäschemeldestelle auf schriftliches Verlangen unmittelbar über die durch die Geldwäschemeldestelle festgelegten, sicheren Kommunikationskanäle alle erforderlichen Auskünfte zur Verfügung zu stellen.

(BGBl I 2020/67)

(3) Der Berufsberechtigte muss in Erwägung ziehen, eine Verdachtsmeldung gemäß Abs. 1 an die Geldwäschemeldestelle zu erstatten, wenn er bei einem Auftraggeber seinen Sorgfaltspflichten in Bezug auf die Feststellung und Überprüfung der Identität des Auftraggebers, des wirtschaftlichen Eigentümers oder der Bewertung und angemessenen Informationseinholung über Zweck und angestrebte Art der Geschäftsbeziehung nicht nachkommen kann.

(4) Berufsberechtigte dürfen Transaktionen, von denen sie wissen oder vermuten, dass sie mit finanziellen Mitteln aus kriminellen Tätigkeiten oder Terrorismusfinanzierung in Verbindung stehen, erst dann durchführen, wenn die in Abs. 1 vorgesehenen Maßnahmen abgeschlossen sind. Darüber sind in geeigneter Weise Aufzeichnungen

zu erstellen und für die Dauer von fünf Jahren nach Beendigung der Geschäftsbeziehung mit den Auftraggebern oder nach dem Zeitpunkt einer gelegentlichen Transaktion aufzubewahren und vorbehaltlich anderer gesetzlicher Vorschriften dann zu löschen.

(5) Die Abwicklung einer unter Abs. 4 fallende Transaktion darf unter Beachtung anderer, insbesondere strafrechtlicher Rechtsvorschriften fortgeführt werden, wenn die Geldwäschemeldestelle dies ohne weitere Auflage gestattet oder die Berufsberechtigten alle besonderen Anweisungen der Geldwäschemeldestelle im Einklang mit dem österreichischen Recht befolgt haben. Die Geldwäschemeldestelle ist nicht berechtigt, Berufsberechtigten Anweisungen zu einem Verhalten zu geben, das einem strafrechtlichen Tatbestand entspricht.

(6) Die Berufsberechtigten sind berechtigt, von der Geldwäschemeldestelle zu verlangen, dass diese entscheidet, ob gegen die unverzügliche Durchführung von Aufträgen oder Transaktionen Bedenken bestehen. Äußert sich die Geldwäschemeldestelle bis zum Ende des folgenden Werktages nicht, so darf der Auftrag unverzüglich durchgeführt werden.

(7) Falls die Unterlassung der Abwicklung des Auftrages oder der Transaktion aber nicht möglich ist oder durch eine solche Unterlassung die Ermittlung des Sachverhalts erschwert oder verhindert würde, so hat der Berufsberechtigte der Geldwäschemeldestelle unmittelbar nach der Abwicklung die nötige Information zu erteilen.

(8) Die Übermittlung aller Informationen nach Abs. 1, 2, 4 und 7 kann durch speziell vom Berufsberechtigten beauftragte Personen erfolgen.

(9) Die Pflichten nach Abs. 1 bis 7 sind für Berufsberechtigte nicht anzuwenden, wenn es sich um Informationen handelt, die

1. diese von einem oder über einen ihrer Auftraggeber im Rahmen der Beurteilung der Rechtslage für diesen erhalten oder erlangen oder
2. diese im Rahmen ihrer Tätigkeit als Verteidiger oder Vertreter dieses Auftraggebers in einem Gerichts- oder sonstigem behördlichen Verfahren erhalten oder erlangen oder
3. diese betreffend ein solches Verfahren, einschließlich einer Beratung über das Betreiben oder Vermeiden eines derartigen Verfahrens, erhalten oder erlangen,

und die sie vor oder nach einem derartigen Verfahren bzw. während eines derartigen Verfahrens erhalten oder erlangen.

(10) Die Pflichten nach Abs. 1 bis 7 bleiben allerdings bestehen, wenn die Berufsberechtigten wissen, dass der Auftraggeber ihre Rechtsberatung bewusst für den Zweck der Geldwäsche oder Terrorismusfinanzierung in Anspruch nimmt.

(11) Geben Berufsberechtigte, deren Angestellte oder leitendes Personal im guten Glauben Informationen gemäß den Abs. 1, 2, 4 oder 7 weiter oder wird in diesem Zusammenhang ein Auftrag nicht durchgeführt, so gilt dies nicht als Verletzung einer vertraglich oder durch Rechts- oder Verwaltungsvorschriften geregelten Beschränkung der Informationsweitergabe und zieht für den Berufsberechtigten oder sein leitendes Personal oder seine Angestellten keinerlei Haftung nach sich, und zwar auch nicht in Fällen, in denen ihnen die zugrunde liegende kriminelle Tätigkeit oder die in Verbindung stehende Terrorismusfinanzierung nicht genau bekannt war, und unabhängig davon, ob tatsächlich eine rechtswidrige Handlung begangen wurde.

(12) Berufsberechtigte, ihr leitendes Personal, ihre Angestellten oder ihre Vertreter, die innerhalb des Unternehmens des Berufsberechtigten, innerhalb der Gruppe oder gegenüber der Geldwäschemeldestelle eine Meldung nach Abs. 1, 2, 4 oder 7 erstatten oder einen Verdacht auf Geldwäsche oder Terrorismusfinanzierung melden, dürfen deswegen weder

1. benachteiligt, insbesondere nicht beim Entgelt, beim beruflichen Aufstieg, bei Maßnahmen der Aus- und Weiterbildung, bei der Versetzung oder bei der Beendigung des Arbeitsverhältnisses, oder
2. nach strafrechtlichen Vorschriften verantwortlich gemacht werden,

es sei denn, die Meldung ist vorsätzlich unwahr abgegeben worden. Dem Arbeitgeber oder einem Dritten steht ein Schadenersatzanspruch nur bei einer offenbar unrichtigen Meldung, die der Arbeitnehmer mit Schädigungsvorsatz erstattet hat, zu. Die Berechtigung zur Abgabe von Meldungen darf vertraglich nicht eingeschränkt werden. Entgegenstehende Vereinbarungen sind unwirksam.

(BGBl I 2020/67)

(13) Die Geldwäschemeldestelle ist ermächtigt anzuordnen, dass eine laufende oder bevorstehende Transaktion, die der Meldepflicht gemäß § 96 unterliegt, unterbleibt oder vorläufig aufgeschoben wird und dass Aufträge des Auftraggebers über Geldausgänge nur mit Zustimmung der Geldwäschemeldestelle durchgeführt werden dürfen. Die Geldwäschemeldestelle hat die Staatsanwaltschaft ohne unnötigen Aufschub von der Anordnung zu verständigen. Der Auftraggeber ist ebenfalls zu verständigen, wobei die Verständigung des Auftraggebers längstens für fünf Werktage aufgeschoben werden kann, wenn diese ansonsten die Verfolgung der Begünstigten einer verdächtigen Transaktion behindern könnte. Der Berufsberechtigte ist über den Aufschub der Verständigung des Auftraggebers zu informieren. Die Verständigung des Auftraggebers hat den Hinweis zu enthalten, dass er oder ein sonst Betroffener berechtigt sei, Beschwerde wegen Verletzung seiner Rechte an das zuständige Verwaltungsgericht zu erheben.

(14) Die Geldwäschemeldestelle hat die Anordnung nach Abs. 13 aufzuheben, sobald die Voraussetzungen für die Erlassung weggefallen sind oder die Staatsanwaltschaft erklärt, dass die Voraussetzungen für eine Beschlagnahme gemäß

§ 109 Z 2 und § 115 Abs. 1 Z 3 StPO nicht bestehen. Die Anordnung tritt im Übrigen außer Kraft,

1. wenn seit ihrer Erlassung sechs Monate vergangen sind oder
2. sobald das Gericht über einen Antrag auf Beschlagnahme gemäß § 109 Z 2 und § 115 Abs. 1 Z 3 StPO rechtskräftig entschieden hat.

(15) Die Geldwäschemeldestelle hat den Berufsberechtigten Zugang zu aktuellen Informationen über Methoden der Geldwäsche und der Terrorismusfinanzierung und über Anhaltspunkte zu verschaffen, an denen sich verdächtige Transaktionen erkennen lassen. Soweit dies praktikabel ist, hat sie ebenso dafür zu sorgen, dass eine zeitgerechte Rückmeldung an den Berufsberechtigten in Bezug auf die Wirksamkeit von Verdachtsmeldungen und die daraufhin getroffenen Maßnahmen erfolgt.

(BGBl I 2018/32, BGBl I 2020/67)

Verbot der Informationsweitergabe

§ 97. (1) Berufsberechtigte sowie deren leitendes Personal und deren Angestellte dürfen weder den betroffenen Auftraggeber noch Dritte davon in Kenntnis setzen, dass eine Übermittlung von Informationen an die Geldwäschemeldestelle gerade erfolgt, erfolgen wird oder erfolgt ist oder dass eine Analyse wegen Geldwäsche oder Terrorismusfinanzierung gerade stattfindet oder stattfinden könnte. In Anwendung des Verbots der Informationsweitergabe besteht für personenbezogene Daten kein Zugangsrecht für betroffene Personen.

(BGBl I 2020/67)

(2) Das Verbot nach Abs. 1 bezieht sich nicht auf die Weitergabe von Informationen an die Geldwäschemeldestelle und die Aufsichtsbehörde gemäß § 101 Abs. 1 oder auf die Weitergabe von Informationen zu Strafverfolgungszwecken.

(3) Das Verbot nach Abs. 1 steht einer Informationsweitergabe zwischen den Berufsberechtigten oder Einrichtungen aus Drittländern, in denen der Geldwäsche-RL gleichwertige Anforderungen gelten, nicht entgegen, sofern sie ihre berufliche Tätigkeit, ob als Angestellte oder nicht, in derselben juristischen Person oder in einer umfassenderen Struktur ausüben, der die Person angehört und die gemeinsame Eigentümer oder eine gemeinsame Leitung hat oder über eine gemeinsame Kontrolle in Bezug auf die Einhaltung der einschlägigen Vorschriften verfügt.

(BGBl I 2020/67)

(4) Bei den Berufsberechtigten steht das Verbot nach Abs. 1 in Fällen, die sich auf denselben Auftraggeber oder dieselbe Transaktion beziehen und an denen zwei oder mehr Verpflichtete im Sinne der Geldwäsche-RL beteiligt sind, einer Informationsweitergabe zwischen den betreffenden Verpflichteten nicht entgegen, sofern es sich bei diesen um Verpflichtete aus einem Mitgliedstaat oder um Einrichtungen in einem Drittland, in dem der Geldwäsche-RL gleichwertige Anforderungen gelten, handelt und sofern sie derselben Berufskategorie im Sinne des Art. 2 Abs. 1 Z 3 der Geldwäsche-RL angehören und Verpflichtungen in Bezug auf das Berufsgeheimnis und den Schutz personenbezogener Daten unterliegen.

(BGBl I 2020/67)

(5) Bemühen sich ein Berufsberechtigter, dessen leitendes Personal oder dessen Angestellte, einen Auftraggeber davon abzuhalten, eine rechtswidrige Handlung zu begehen, gilt dies nicht als Informationsweitergabe im Sinne des Abs. 1.

(6) Berufsberechtigte haben, wenn sie Kenntnis davon erhalten, den Verdacht oder berechtigten Grund zu der Annahme haben, dass ein meldepflichtiger Sachverhalt gemäß § 96 vorliegt und sie vernünftigerweise davon ausgehen können, dass die Anwendung der Sorgfaltspflichten gegenüber Kunden die Verfolgung der Begünstigten einer verdächtigen Transaktion behindern könnte, die Anwendung der Sorgfaltspflichten gegenüber Kunden auszusetzen und haben stattdessen die Geldwäschemeldestelle umgehend mittels Verdachtsmeldung zu informieren.

Dokumentations- und Aufbewahrungspflichten

§ 98. (1) Berufsberechtigte haben zumindest fünf Jahre nach dem letzten Geschäftsfall bzw. nach der Durchführung einer Transaktion aufzubewahren:

1. Unterlagen, die der Erfüllung von Sorgfaltspflichten gegenüber Auftraggebern dienen,
2. Belege und Aufzeichnungen von Transaktionen,
3. Unterlagen, die im Zusammenhang mit abgegebenen Verdachtsmeldungen erstellt wurden und
4. Unterlagen im Zusammenhang mit der Risikoeinstufung des Auftraggebers.

(2) Die Berufsberechtigten haben alle personenbezogenen Daten, die sie ausschließlich für die Zwecke dieses Bundesgesetzes verarbeitet haben, nach Ablauf der Aufbewahrungsfristen nach Abs. 1 zu löschen, es sei denn, Vorschriften anderer Bundesgesetze erfordern oder berechtigen zu einer längeren Aufbewahrungsfrist. Keine Löschung der Daten darf bis zur rechtskräftigen Beendigung eines anhängigen Ermittlungs-, Haupt- oder Rechtsmittelverfahrens wegen § 165, § 278a, § 278b, § 278c, § 278d oder § 278e StGB erfolgen, wenn der Berufsberechtigte davon nachweislich Kenntnis erlangt hat.

Innerorganisatorische Maßnahmen

§ 99. (1) Berufsberechtigte müssen zur Verhinderung von Geldwäsche und Terrorismusfinanzierung geeignete Maßnahmen treffen, die in einem angemessenen Verhältnis zu Art und Umfang ihrer Geschäftstätigkeit stehen. Sie haben auf risikobasierter Basis insbesondere

1. angemessene und geeignete Strategien und Verfahren einzuführen für:
   a) Die Einhaltung der Sorgfaltspflichten gegenüber Auftraggebern, wobei auch dies Maßnahmen beinhaltet, in Bezug

auf neue Produkte, Praktiken und Technologien, zum Ausgleich der damit im Zusammenhang stehenden Risiken,

b) Verdachtsmeldungen,

c) die Aufbewahrung von Aufzeichnungen,

d) die Risikobewertung und das Risikomanagement in Bezug auf Geschäftsbeziehungen und Transaktionen und

e) geeignete Kontroll- und Informationssysteme in ihren Kanzleien sowie

2. das in ihrer Kanzlei befasste Personal

a) bereits bei Einstellung einer Überprüfung im Hinblick auf Geldwäsche und Terrorismusfinanzierung zu unterziehen,

b) mit den Bestimmungen, die der Verhinderung und der Bekämpfung der Geldwäsche und der Terrorismusfinanzierung dienen, nachweislich vertraut zu machen und

c) in besonderen Fortbildungsprogrammen zu schulen.

(2) Berufsberechtigte haben einen besonderen Beauftragten zur Sicherstellung der Einhaltung der Bestimmungen dieses Bundesgesetzes zu bestellen, wenn dies nach Art und Umfang der Geschäftstätigkeit erforderlich ist. Die Position des besonderen Beauftragten ist so einzurichten, dass dieser lediglich dem Leitungsorgan gegenüber verantwortlich ist und dem Leitungsorgan direkt – ohne Zwischenebenen – zu berichten hat. Weiters ist ihm freier Zugang zu sämtlichen Informationen, Daten, Aufzeichnungen und Systemen, die in irgendeinem möglichen Zusammenhang mit Geldwäsche und Terrorismusfinanzierung stehen könnten, sowie ausreichende Befugnisse zur Durchsetzung der Einhaltung der Bestimmungen dieses Bundesgesetzes einzuräumen. Berufsberechtigte haben durch entsprechende organisatorische Vorkehrungen sicherzustellen, dass die Aufgaben des besonderen Beauftragten jederzeit vor Ort erfüllt werden können. Berufsberechtigte haben sicherzustellen, dass der besondere Beauftragte jederzeit über ausreichende Berufsqualifikationen, Kenntnisse und Erfahrungen verfügt (fachliche Qualifikation) und zuverlässig und integer ist (persönliche Zuverlässigkeit).

(3) Berufsberechtigte haben, soweit angebracht, ein Mitglied des Leitungsorgans zu bestimmen, das für die Einhaltung der Bestimmungen, die der Verhinderung oder der Bekämpfung der Geldwäsche oder der Terrorismusfinanzierung dienen, zuständig ist.

(4) Nähere Details zu den oben angeführten Pflichten hat die Kammer der Wirtschaftstreuhänder durch Verordnung festlegen.

(5) Berufsberechtigte, die Teil einer Gruppe sind, haben gruppenweit anzuwendende Strategien und Verfahren einzurichten, darunter Datenschutzstrategien sowie Strategien und Verfahren für den Informationsaustausch innerhalb der Gruppe für die Zwecke der Bekämpfung von Geldwäsche und Terrorismusfinanzierung. Diese Strategien und Verfahren müssen auf Ebene der Zweigstellen und der mehrheitlich im Besitz des oder der Berufsberechtigten befindlichen Tochterunternehmen in Mitgliedstaaten und Drittländern wirksam umgesetzt werden.

(BGBl I 2020/67)

(6) Berufsberechtigte mit Niederlassungen in einem anderen EU-Mitgliedstaat haben sicherzustellen, dass diese Niederlassungen den zur Umsetzung der Geldwäsche-RL verabschiedeten nationalen Rechtsvorschriften des anderen EU-Mitgliedstaats Folge leisten.

(BGBl I 2020/67)

(7) Berufsberechtigte haben sicherzustellen, dass ihre Zweigstellen oder mehrheitlich in ihrem Besitz befindliche Tochterunternehmen in Drittländern, in denen die Mindestanforderungen an die Bekämpfung von Geldwäsche und Terrorismusfinanzierung weniger streng sind als die Anforderungen nach dem österreichischen Recht, die Anforderungen des österreichischen Rechts, einschließlich in Bezug auf den Datenschutz, anwenden, soweit das Recht des Drittlandes dies zulässt. Zudem haben sie sicherzustellen, dass von Zweigstellen oder mehrheitlich in ihrem Besitz befindlichen Tochterunternehmen in diesem Drittland zusätzliche Maßnahmen angewendet werden, um dem Risiko der Geldwäsche oder Terrorismusfinanzierung wirksam zu begegnen und die Kammer der Wirtschaftstreuhänder darüber zu unterrichten. Reichen die zusätzlichen Maßnahmen nicht aus, hat die Kammer der Wirtschaftstreuhänder zusätzliche Aufsichtsmaßnahmen zu treffen. Diese Aufsichtsmaßnahmen sind, dass die Gruppe in dem Drittland keine Geschäftsbeziehungen eingeht oder diese beendet und keine Transaktionen in dem Drittland vornimmt, und nötigenfalls, dass die Gruppe ihre Geschäfte dort einstellt.

(BGBl I 2020/67)

(8) Die Weitergabe von Informationen innerhalb einer Gruppe ist zulässig.

(BGBl I 2020/67)

Hinweisgebersystem

§ 100. (1) Bei der Kammer der Wirtschaftstreuhänder hat ein internetbasiertes Hinweisgebersystem zu bestehen, über welches Hinweise auf Verstöße gegen die in §§ 88 bis 99 genannten Pflichten auch anonym gemeldet werden können.

(2) Die Kammer der Wirtschaftstreuhänder hat durch Verordnung festzulegen,

1. wie Hinweise über das Hinweisgebersystem abgegeben werden können,
2. welches Verfahren an die Abgabe eines solchen Hinweises anschließt,
3. welcher Schutz vor rechtlichen und faktischen Sanktionierungen, Benachteiligungen und Diskriminierungen Hinweisgebern zukommt,
4. welche Rechte dem durch einen Hinweis Beschuldigten zukommen,

5. wie den notwendigen Erfordernissen des Datenschutzes in Bezug auf Hinweisgeber und Beschuldigte Rechnung zu tragen ist und
6. in welchem Ausmaß aus verfahrensrechtlichen Gründen Ausnahmen von der Hinweisgebern ansonsten soweit wie möglich zu gewährenden Vertraulichkeit gegenüber ihren Arbeitgebern bestehen.

(3) Die Kammer der Wirtschaftstreuhänder hat durch Verordnung festzulegen, in welchem Ausmaß Berufsberechtigte unternehmensinterne Hinweisgebersysteme einzurichten haben, über die ihre Angestellten oder Personen in einer vergleichbaren Position Verstöße gegen die in §§ 88 bis 99 genannten Pflichten anonym melden können.

(4) Die Abgabe von Hinweisen über ein Hinweisgebersystem nach Abs. 1 oder 3 gilt nicht als Verletzung einer vertraglich oder durch Rechts- oder Verwaltungsvorschriften geregelten Beschränkung der Informationsweitergabe und zieht für den Hinweisgeber keinerlei Haftung nach sich, und zwar auch nicht in Fällen, in denen ihm der zugrunde liegende Verstoß gegen die in den §§ 88 bis 99 genannten Pflichten nicht genau bekannt war, und unabhängig davon, ob tatsächlich eine rechtswidrige Handlung begangen wurde.

(BGBl I 2018/32, BGBl I 2020/67)

Aufsicht

§ 101. (1) Die Aufsicht über die Einhaltung der Bestimmungen dieses Abschnittes obliegt der Kammer der Wirtschaftstreuhänder im Rahmen ihrer Aufgaben gemäß § 152 Abs. 2 Z 4. Die Kammer der Wirtschaftstreuhänder ist zuständige Behörde im Sinne des Art. 48 der Geldwäsche-RL. Die Aufsicht umfasst die risikobasierte Prüfung der Vorkehrungen, die ein Berufsberechtigter zur Einhaltung der Bestimmungen dieses Abschnittes in seinem Betrieb getroffen hat, einschließlich einer Nachschau beim Berufsberechtigten.

(BGBl I 2020/67)

(2) Der Aufsicht nach den Bestimmungen dieses Abschnittes unterliegen alle Berufsberechtigten, die ihren Beruf selbständig im eigenen Namen und auf eigene Rechnung ausüben. Berufsberechtigte, deren Befugnis gemäß § 85 ruht, unterliegen nicht der Aufsicht.

(3) Die der Aufsicht unterliegenden Berufsberechtigten haben der Kammer der Wirtschaftstreuhänder auf Verlangen alle Auskünfte zu erteilen und Unterlagen vorzulegen, die in Hinblick auf die Vorkehrungen zur Erfüllung der Sorgfaltspflichten von Bedeutung sind. Die Kammer der Wirtschaftstreuhänder kann, auch anlassunabhängig, prüfen, ob entsprechende Vorkehrungen zur Einhaltung der Sorgfaltspflichten nach den Bestimmungen dieses Abschnittes vorgesehen sind und eingehalten werden. Die mit der Prüfung befassten Personen sind berechtigt, die Geschäftsräume der Berufsberechtigten zu betreten. Innerhalb der üblichen Geschäftszeiten ist diesen für Zwecke einer Nachschau Zutritt zu gewähren.

(4) Alle im Rahmen der Aufsicht erforderlichen Entscheidungen sind vom Ausschuss für die Aufsicht gemäß § 159 Abs. 4 zu treffen.

(5) Die Kammer der Wirtschaftstreuhänder hat die Geldwäschemeldestelle umgehend zu unterrichten, wenn sie im Rahmen von Prüfungen von Berufsberechtigten gemäß § 102 oder bei anderen Gelegenheiten Tatsachen aufdecken, die mit Geldwäsche oder Terrorismusfinanzierung zusammenhängen könnten.

(6) Die Kammer der Wirtschaftstreuhänder hat jährlich einen Bericht mit Informationen über Maßnahmen zur Überprüfung der Einhaltung der Sorgfaltspflichten gegenüber Auftraggebern, Verdachtsmeldungen, Aufbewahrungs- und Aufzeichnungsverpflichtungen und interne Kontrollen bei den Berufsberechtigten, verhängte Maßnahmen-Sanktionen gemäß § 105, die Anzahl der erhaltenen Berichte über Verstöße im Wege des Hinweisgebersystems gemäß § 100 Abs. 1 sowie die Anzahl und Beschreibung der Maßnahmen gemäß § 102 zu veröffentlichen. Für Zwecke der Erstellung dieses Berichts hat die Abschlussprüferaufsichtsbehörde der Kammer der Wirtschaftstreuhänder die erforderlichen Informationen über die gemäß § 102 Abs. 4 von Prüfungen gemäß § 102 Abs. 1 Z 1 ausgenommenen Berufsberechtigten zu übermitteln.

(BGBl I 2020/67)

Prüfungen

§ 102. (1) Die Kammer der Wirtschaftstreuhänder kann Prüfungen der Vorkehrungen zur Einhaltung der Bestimmungen dieses Abschnittes bei Berufsberechtigten vornehmen:

1. anlassunabhängig nach einem risikobasierten Ansatz oder
2. anlassbezogen, insbesondere bei Eintritt wichtiger Ereignisse oder Entwicklungen in der Geschäftsleitung und Geschäftstätigkeit der Berufsberechtigten.

(2) Eine Prüfung der Vorkehrungen kann erfolgen durch:

1. eine Bewertung anhand von durch den Betrieb des Berufsberechtigten zur Verfügung gestellten Unterlagen und
2. eine Nachschau im Betrieb des Berufsberechtigten einschließlich einer stichprobenmäßigen Nachschau in Auftragsunterlagen.

(3) Eine Nachschau im Betrieb eines Berufsberechtigten hat durch Experten gemäß § 103 zu erfolgen. Bei der Auswahl des für eine Nachschau zuständigen Experten sind die beruflichen Befangenheitsbestimmungen zu beachten. Wechselseitige Nachschauen sind unzulässig. Eine Nachschau ist dem Berufsberechtigten zumindest eine Woche im Vorhinein schriftlich anzukündigen. Nach erfolgter Nachschau hat der Experte einen Bericht zu erstellen und diesen mit einer abschließenden Beurteilung zu versehen. Der Bericht ist der Kammer der Wirtschaftstreuhänder zu übermitteln.

(4) Berufsberechtigte, die im öffentlichen Register gemäß § 52 APAG eingetragen sind, sind von Prüfungen gemäß Abs. 1 Z 1 ausgenommen. Die Abschlussprüferaufsichtsbehörde hat Verstöße von Berufsberechtigten gegen Bestimmungen dieses Abschnittes, die bei der Durchführung von Qualitätssicherungsprüfungen gemäß § 24 APAG, Sonderprüfungen gemäß § 38 Abs. 2 Z 2 APAG, Inspektionen gemäß § 43 APAG oder Untersuchungen gemäß § 61 APAG festgestellt werden, der Kammer der Wirtschaftstreuhänder unter Beischluss des bezughabenden Auszugs des jeweiligen Berichts schriftlich mitzuteilen.

(BGBl I 2020/67)

(5) Die Kosten einer Prüfung gemäß Abs. 1 Z 2, insbesondere die Entlohnung des Experten gemäß § 103 Abs. 4, sind vom geprüften Berufsberechtigten zu tragen. Die Kosten einer Prüfung gemäß Abs. 1 Z 1 können dem geprüften Berufsberechtigten ganz oder teilweise übertragen werden. Nähere Bestimmungen dazu hat die Geschäftsordnung zu treffen.

(6) Unterliegt ein gemäß § 101 Abs. 2 der Aufsicht unterliegender Berufsangehöriger aufgrund anderer Berufsberechtigungen Präventionspflichten zur Verhinderung der Geldwäsche und der Terrorismusfinanzierung, die den Anforderungen der Geldwäsche-RL entsprechen und deren Einhaltung einer dieser Richtlinie entsprechenden Aufsicht einer anderen Behörde unterliegt, sind Ergebnisse von aufsichtsrechtlichen Prüfungen dieser Behörden bei der Durchführung von Prüfungen gemäß Abs. 1 Z 1 zu berücksichtigen. Unter Berücksichtigung von § 104 Abs. 1 kann von der Fortsetzung einer Prüfung nach Abs. 1 Z 1 abgesehen werden, sofern diese unter Zugrundelegung des jeweiligen Risikos nicht erforderlich ist.

(BGBl I 2020/67)

Experten

§ 103. (1) Der Vorstand hat eine Liste von Experten zu erstellen. Die Liste hat eine ausreichende Zahl an Experten zu enthalten, um die für die Aufsicht erforderlichen Nachschauen angemessen durchführen zu können. Die Experten sind zu entnehmen aus:

1. der Liste der Untersuchungskommissäre gemäß § 140 und
2. der Liste der Qualitätsprüfer gemäß § 26 Abs. 5 APAG

(2) Weitere Voraussetzung für die Bestellung als Experte ist der Nachweis einer einschlägigen Schulung in angemessenem Umfang auf dem Gebiet der Verhinderung der Geldwäsche und der Terrorismusfinanzierung längstens ein Jahr vor der erfolgten Bestellung.

(3) Voraussetzung für die Bestellung einer Gesellschaft zum Experten ist die aufrechte Bestellung zumindest eines Vorstandsmitgliedes oder eines Geschäftsführers oder eines persönlich haftenden Gesellschafters als Experte.

(4) Experten haben einen Anspruch auf Entlohnung. Diese hat sich insbesondere an den berufsüblichen Grundsätzen, der Größe des zu überprüfenden Betriebes und der dafür aufzuwendenden Zeit zu orientieren. Nähere Bestimmungen dazu hat die Geschäftsordnung zu treffen. Für Experten gilt § 140 Abs. 3 gleichermaßen.

Risikobasierter Ansatz der Aufsicht

§ 104. (1) Prüfungen gemäß § 102 haben nach einem risikobasierten Ansatz zu erfolgen. Die Häufigkeit und Intensität der Prüfungen hat sich am jeweiligen Risikoprofil der Berufsberechtigten sowie an bestehenden Risiken von Geldwäsche und Terrorismusfinanzierung in Österreich zu orientieren. Dabei sind den Berufsberechtigten zustehende Ermessensspielräume und die auf diesen basierenden Risikobewertungen zu berücksichtigen.

(2) Der Bundesminister für Wissenschaft, Forschung und Wirtschaft sowie die Geldwäschemeldestelle sind verpflichtet, der Kammer der Wirtschaftstreuhänder die erforderlichen Informationen zu bestehenden Risiken von Geldwäsche und Terrorismusfinanzierung in Österreich zur Verfügung zu stellen und ein klares Verständnis über die vorhandenen Risiken zu vermitteln. Die Kammer der Wirtschaftstreuhänder hat, wenn sie Informationen von der Geldwäschemeldestelle im Wege der Amtshilfe oder des Informationsaustausches erhält, der Geldwäschemeldestelle eine Rückmeldung über die Verwendung dieser Informationen und die Ergebnisse der auf Grundlage der bereitgestellten Informationen durchgeführten Ermittlungen oder Prüfungen zu geben.

(BGBl I 2020/67)

(3) Die der Aufsicht nach diesem Abschnitt unterliegenden Berufsberechtigten sind verpflichtet, der Kammer der Wirtschaftstreuhänder auf Aufforderung die Bewertung ihres Risikos im Zusammenhang mit Geldwäsche und Terrorismusfinanzierung gemäß § 88 zu übermitteln. Eine neuerliche Bewertung hat in regelmäßigen Abständen und bei Eintritt wichtiger Ereignisse zu erfolgen. Als wichtige Ereignisse gelten insbesondere Änderungen in der Zusammensetzung der Geschäftsführung und Vertretung nach außen von Gesellschaften oder in der Geschäftstätigkeit des Berufsberechtigten.

(4) Zur Durchführung der risikobasierten Aufsicht hat die Kammer der Wirtschaftstreuhänder durch Verordnung Parameter festzulegen. Die der Aufsicht unterliegenden Berufsberechtigten sind verpflichtet, der Kammer der Wirtschaftstreuhänder die in diesem Zusammenhang erforderlichen Informationen zur Verfügung zu stellen. Bei der Durchführung der Aufsicht auf Basis des risikobasierten Ansatzes sind von Europäischen Aufsichtsbehörden gemäß Art. 48 Abs. 10 der Geldwäsche-RL veröffentlichten Leitlinien zur risikobasierten Aufsicht zu beachten.

(BGBl I 2020/67)

Maßnahmen-Sanktionen

§ 105. (1) **(Verfassungsbestimmung)** Ein Berufsberechtigter, der vorsätzlich gegen die in diesem Abschnitt festgelegten Pflichten verstößt, begeht eine Verwaltungsübertretung und ist von der Kammer der Wirtschaftstreuhänder mit einer Geldstrafe von 400 Euro bis zu 20 000 Euro zu bestrafen.

(2) **(Verfassungsbestimmung)** Ein Berufsberechtigter, der schwerwiegend, wiederholt oder systematisch gegen die in §§ 89 bis 96 sowie §§ 98 und 99 festgelegten Pflichten vorsätzlich verstößt, kann von der Kammer der Wirtschaftstreuhänder mit den folgenden Maßnahmen belegt werden:

1. eine Aufforderung an den Berufsberechtigten, die als pflichtwidrig festgestellte Verhaltensweise einzustellen und von einer Wiederholung abzusehen,
2. eine öffentliche Bekanntgabe des Berufsberechtigten und der Art des Verstoßes auf der Website der Kammer der Wirtschaftstreuhänder,
3. eine Geldstrafe in zweifacher Höhe des infolge des Verstoßes erzielten Gewinnes, sofern sich dieser beziffern lässt, andernfalls in Höhe von zumindest 400 Euro und bis zu 1 000 000 Euro,
4. ein vorübergehendes Verbot, die Geschäftsführung und Vertretung nach außen, einschließlich die Prokura einer Wirtschaftstreuhandgesellschaft auszuüben, oder
5. die Suspendierung der Berufsberechtigung gemäß § 106 Abs. 1 Z 7.

(3) Grundlage für die Bemessung der Verwaltungsstrafe nach Abs. 1 und der Maßnahme nach Abs. 2 ist die Schuld des Berufsberechtigten. Bei der Bemessung hat die Kammer der Wirtschaftstreuhänder auch auf die Auswirkungen der Verwaltungsstrafe oder Maßnahme und anderer zu erwartender Folgen der Tat auf das künftige Leben des Berufsberechtigten Bedacht zu nehmen. Ebenso ist darauf Bedacht zu nehmen, welchen Strafmaßes es bedarf, um derartigen Verstößen durch andere Berufsberechtigte entgegenzuwirken. Die Kammer der Wirtschaftstreuhänder hat bei der Festsetzung von Art und Höhe der Verwaltungsstrafen oder Maßnahmen alle maßgeblichen Umstände zu berücksichtigen, insbesondere:

1. die Schwere und die Dauer des Verstoßes,
2. den Verschuldensgrad der verantwortlich gemachten Person,
3. die Finanzkraft der verantwortlich gemachten Person, wie sie sich beispielsweise aus deren Gesamtumsatz oder Jahreseinkünften ableiten lässt,
4. die von der verantwortlichen Person durch den Verstoß erzielten Gewinne, sofern sie sich beziffern lassen,
5. die Verluste, die Dritten durch den Verstoß entstanden sind, sofern sie sich beziffern lassen,
6. die Bereitwilligkeit der verantwortlichen Person, mit der Kammer der Wirtschaftstreuhänder zusammenzuarbeiten und
7. frühere Verstöße der verantwortlichen Person.

(4) In dem in Abs. 2 genannten Fall können nach Maßgabe der Bemessung im Sinne des Abs. 3 die Maßnahmen nach Abs. 2 Z 1, 2 und 3 auch kombiniert werden. Die Maßnahmen nach Abs. 2 Z 4 oder 5 dürfen nur verhängt werden, wenn eine Maßnahme nach Abs. 2 Z 1, 2 und 3 oder eine Kombination aus den Maßnahmen nach Abs. 2 Z 1, 2 und 3 nicht ausreicht, um den Berufsberechtigten von einem weiteren Verstoß gegen die in diesem Abschnitt festgelegten Pflichten abzuhalten.

(5) **(Verfassungsbestimmung)** Die Kammer der Wirtschaftstreuhänder hat Geldstrafen gegen juristische Personen zu verhängen, wenn ein Verstoß gemäß Abs. 1 oder 2 zu ihren Gunsten von einer Person begangen wurde, die allein oder als Teil eines Organs der juristischen Person gehandelt hat und die aufgrund einer der folgenden Befugnisse eine Führungsposition innerhalb der juristischen Person innehat:

1. Befugnis zur Vertretung der juristischen Person oder
2. Befugnis, Entscheidungen im Namen der juristischen Person zu treffen oder
3. Kontrollbefugnis innerhalb der juristischen Person.

(6) Juristische Personen sind wegen Pflichtverletzungen gemäß Abs. 1 oder 2 auch dann verantwortlich zu machen, wenn mangelnde Überwachung oder Kontrolle durch eine in Abs. 5 genannte Person die Begehung einer in Abs. 1 oder 2 genannten Pflichtverletzungen zugunsten der juristischen Person durch eine für sie tätige Person ermöglicht hat.

(7) **(Verfassungsbestimmung)** Bei einem Verstoß der in Abs. 5 genannten Person gegen Abs. 1 ist gegen die juristische Person eine Geldstrafe von 400 Euro bis zu 20 000 Euro zu verhängen. Bei einem Verstoß der in Abs. 5 genannten Person gegen Abs. 2 ist eine Geldstrafe bis zur zweifachen Höhe des infolge des Verstoßes erzielten Gewinnes, sofern sich dieser beziffern lässt, andernfalls in Höhe von zumindest 400 Euro und höchstens bis zu 1 000 000 Euro festgesetzt werden. Für die Bemessung der Geldstrafe gilt Abs. 3.

(8) Die Kammer der Wirtschaftstreuhänder hat von der Verhängung einer Geldstrafe gegen eine juristische Person abzusehen, wenn es sich um keinen schwerwiegenden, wiederholten oder systematischen Verstoß handelt und keine besonderen Umstände vorliegen, die einem Absehen von der Bestrafung entgegenstehen.

(9) Über die nach dieser Bestimmung verhängten Verwaltungsstrafen oder Maßnahmen hat die Kammer der Wirtschaftstreuhänder einen Bescheid zu erlassen. Die für die Verhängung von Disziplinar- und Verwaltungsstrafen anzuwendenden Verfahrensbestimmungen bleiben unberührt.

(10) Die Kammer der Wirtschaftstreuhänder hat alle nach dieser Bestimmung rechtskräftig verhängten Maßnahmen auf ihrer Website zu veröffentlichen. Die betroffene Person ist darüber vorab zu informieren. Eine Veröffentlichung der Identität oder personenbezogener Daten darf nicht unverhältnismäßig sein. Insbesondere bei Maßnahmen, die als geringfügig angesehen werden, ist bei der Bekanntmachung der Entscheidungen die Verhältnismäßigkeit zu wahren. Im Zweifel hat eine Veröffentlichung von Maßnahmen in anonymisierter Form zu erfolgen. Veröffentlichungen sind auf der Website der Kammer der Wirtschaftstreuhänder zumindest fünf Jahre öffentlich zugänglich zu halten.

(11) Das Verwaltungsstrafgesetz 1991 (VStG), BGBl. Nr. 52, ist anzuwenden.

(12) Die Kammer der Wirtschaftstreuhänder darf ausländischen Ersuchen um Amts- oder Rechtshilfe in Zusammenhang mit der Wahrnehmung von Sanktionen oder Maßnahmen entsprechen, wenn gewährleistet ist, dass auch der ersuchende Staat einem gleichartigen österreichischen Ersuchen entsprechen würde. Sie darf ausländische Behörden um Amts- und Rechtshilfe ersuchen, soweit einem gleichartigen Ersuchen eines anderen Staates ebenfalls entsprochen werden könnte.

(BGBl I 2020/67)

(13) Hat der Berufsberechtigte für den Verstoß, für den er im Inland bestraft wird, schon im Ausland eine Strafe verbüßt, so ist sie auf die im Inland verhängte Strafe anzurechnen.

(BGBl I 2020/67)

5. Hauptstück
Suspendierung – Endigung – Verwertung

1. Abschnitt
Suspendierung

Voraussetzungen

§ 106. (1) Die Kammer der Wirtschaftstreuhänder hat die Ausübung eines Wirtschaftstreuhandberufes vorläufig zu untersagen bei

1. Verlust der vollen Handlungsfähigkeit oder
2. Vorliegen einer rechtswirksamen Anklageschrift gemäß §§ 210 bis 215 StPO, wegen des Verdachtes
   a) einer mit Vorsatz begangenen strafbaren Handlung, die mit mehr als dreimonatiger Freiheitsstrafe bedroht ist, oder
   b) einer mit Bereicherungsvorsatz begangenen gerichtlich strafbaren Handlung oder
   c) eines gerichtlich strafbaren Finanzvergehens oder
3. Verhängung der Untersuchungshaft wegen des Verdachtes einer der in Z 2 lit. a bis c aufgezählten Handlungen oder
4. rechtskräftiger Eröffnung eines Insolvenzverfahrens oder
5. bei Nichteröffnung oder Aufhebung eines Insolvenzverfahrens mangels kostendeckenden Vermögens oder
6. fehlender Vermögensschaden-Haftpflichtversicherung oder
7. wiederholten schwerwiegenden Verstößen gegen die Bestimmungen zur Verhinderung der Geldwäsche und der Terrorismusfinanzierung.

(2) Von einer Suspendierung ist in den Fällen des Abs. 1 Z 2 abzusehen, wenn die ordnungsgemäße Berufsausübung nicht gefährdet ist. Wird von einer Suspendierung abgesehen, ist die Kammer der Wirtschaftstreuhänder bis zur rechtskräftigen Beendigung des zugrundeliegenden Strafverfahrens berechtigt, vom Berufsberechtigten Auskünfte zu verlangen und Einschauen in der Kanzlei des Berufsberechtigten durchzuführen. Ergibt sich nachträglich eine Gefährdung der ordnungsgemäßen Berufsausübung, hat die Kammer der Wirtschaftstreuhänder die Suspendierung auszusprechen.

(3) Über die Suspendierung ist ein schriftlicher Bescheid zu erlassen. Der Bescheid über die Suspendierung ist dem Berufsberechtigten zu eigenen Handen zuzustellen. Im Fall des Abs. 1 Z 1 und bei Gesellschaften ist der Bescheid dem gesetzlichen Vertreter zuzustellen. Abweichend von § 13 Abs. 1 des Verwaltungsgerichtsverfahrensgesetz (VwGVG), BGBl. I Nr. 33/2013, kommt einer Beschwerde gegen einen Bescheid, mit dem Ausübung eines Wirtschaftstreuhandberufes vorläufig untersagt wird, keine aufschiebende Wirkung zu.

(4) Im Falle der vorläufigen Untersagung der Ausübung eines Wirtschaftstreuhandberufs von einer natürlichen Person oder Gesellschaft hat die Kammer der Wirtschaftstreuhänder umgehend einen Kanzleikurator zu bestellen. Es gelten die Bestimmungen des § 82 Abs. 3, Abs. 5, Abs. 8 und Abs. 10.

(BGBl I 2020/67)

Aufhebung der Suspendierung

§ 107. Die Kammer der Wirtschaftstreuhänder hat die Suspendierung auf Antrag aufzuheben, wenn der Grund für eine Untersagung nicht mehr gegeben ist.

Veröffentlichung

§ 108. Die Kammer der Wirtschaftstreuhänder hat jede Suspendierung oder deren Aufhebung von Amts wegen im Mitgliederverzeichnis gemäß § 173 ersichtlich zu machen und gemäß § 106 Abs. 4 bestellte Kanzleikuratoren anzuführen.

(BGBl I 2020/67)

2. Abschnitt
Erlöschen der Berechtigung

Allgemeines

§ 109. Die Berechtigung zur selbständigen Ausübung eines Wirtschaftstreuhandberufes erlischt durch

1. Verzicht gemäß § 110 oder

2. Widerruf der öffentlichen Bestellung gemäß § 111 oder
3. Widerruf der Anerkennung gemäß § 112 oder
4. Tod oder
5. Auflösung der Gesellschaft.

Verzicht

§ 110. (1) Berufsberechtigte sind berechtigt, auf ihre Berechtigung zur selbstständigen Ausübung ihres Wirtschaftstreuhandberufes zu verzichten.

(2) Der Verzicht auf die Berechtigung zur selbständigen Ausübung eines Wirtschaftstreuhandberufes ist der Kammer der Wirtschaftstreuhänder schriftlich zu erklären.

(3) Der Verzicht wird mit dem Datum wirksam, welches der Berufsberechtigte bestimmt hat, frühestens jedoch mit jenem Tag, an dem die Verzichtserklärung der Kammer der Wirtschaftstreuhänder zugekommen ist.

Widerruf der öffentlichen Bestellung

§ 111. (1) Die Kammer der Wirtschaftstreuhänder hat eine durch öffentliche Bestellung erteilte Berechtigung zur selbständigen Ausübung eines Wirtschaftstreuhandberufes zu widerrufen, wenn

1. eine der allgemeinen Voraussetzungen für die öffentliche Bestellung nicht mehr gegeben ist oder
2. die Einholung der Genehmigung gemäß § 82 Abs. 4 unterlassen wurde.

(2) Über den Widerruf der Bestellung ist ein schriftlicher Bescheid zu erlassen. In dem Bescheid, mit dem die öffentliche Bestellung widerrufen wird, ist gleichzeitig die Ausübung der Berufsbefugnis vorläufig gemäß § 106 zu untersagen. Einer Beschwerde gegen die vorläufige Untersagung der Ausübung der Berufsbefugnis kommt abweichend von § 13 Abs. 1 VwGVG keine aufschiebende Wirkung zu.

(3) Vom Widerruf der öffentlichen Bestellung ist in den Fällen des § 9 Z 1 lit. d abzusehen, wenn eine ordnungsgemäße Berufsausübung nicht gefährdet ist und die Folgen des Vergehens unbedeutend sind.

Widerruf der Anerkennung

§ 112. (1) Die Kammer der Wirtschaftstreuhänder hat eine durch Anerkennung erteilte Berechtigung zur Ausübung eines Wirtschaftstreuhandberufes zu widerrufen, wenn eine der Anerkennungsvoraussetzungen nicht mehr gegeben ist.

(2) Vor Widerruf einer Anerkennung hat die Kammer der Wirtschaftstreuhänder die Gesellschaft aufzufordern, einen den Widerruf begründenden Umstand innerhalb folgender Fristen zu beseitigen:

1. in den Fällen des § 51 Abs. 1 Z 6 und des § 59 Abs. 1 Z 6 unverzüglich,
2. in den Fällen des § 51 Z 3 und Z 8 und des § 59 Abs. 1 Z 4 und Abs. 2 Z 1 lit. b, Z 2 lit. b und Z 3 lit. b innerhalb einer Frist von einem Monat und
3. in allen anderen Fällen innerhalb einer Frist von 6 Monaten.

(3) Über den Widerruf ist ein schriftlicher Bescheid zu erlassen. In dem Bescheid, mit dem die Anerkennung widerrufen wird, ist gleichzeitig die Ausübung der Berufsbefugnis vorläufig zu untersagen. Einer Beschwerde gegen die vorläufige Untersagung der Ausübung der Berufsbefugnis kommt abweichend von § 13 Abs. 1 VwGVG keine aufschiebende Wirkung zu.

Streichung – Veröffentlichung

§ 113. Auf Grund des Erlöschens der Berechtigung hat die Streichung aus dem Verzeichnis gemäß § 173 zu erfolgen.

3. Abschnitt
Verwertung

Fortführungsrecht

§ 114. Zur Fortführung der Kanzlei eines verstorbenen Berufsberechtigten sind berechtigt:

1. der überlebende Ehegatte gemäß § 115 oder der überlebende eingetragene Partner gemäß § 116 oder
2. die Kinder des verstorbenen Berufsberechtigten gemäß § 117 oder
3. der überlebende Ehegatte oder der überlebende eingetragene Partner gemeinsam mit den Kindern des verstorbenen Berufsberechtigten gemäß § 118

Ehegatten

§ 115. (1) Voraussetzungen für das Fortführungsrecht des überlebenden Ehegatten sind:

1. der Übergang der Kanzlei in das ausschließliche Eigentum des überlebenden Ehegatten auf Grund einer Rechtsnachfolge von Todes wegen oder einer Schenkung auf den Todesfall und
2. die Nominierung eines Kanzleikurators durch den überlebenden Ehegatten oder die Bestellung eines Kanzleikurators durch die Kammer der Wirtschaftstreuhänder.

(2) Der Kanzleikurator muss zur selbständigen Ausübung des betreffenden Wirtschaftstreuhandberufes berechtigt sein.

(3) Eine Kanzlei darf nur im Namen und auf Rechnung des überlebenden Ehegatten weitergeführt werden.

(4) Das Fortführungsrecht des überlebenden Ehegatten endet

1. mit dem Ablauf von fünf Jahren ab Einantwortung oder
2. mit der Verwertung der Wirtschaftstreuhandkanzlei.

Eingetragene Partner

§ 116. Der überlebende eingetragene Partner ist unter sinngemäßer Anwendung der in § 115 normierten Voraussetzungen und Bedingungen zur Fortführung der Kanzlei des verstorbenen eingetragenen Partners berechtigt.

Kinder

§ 117. (1) Voraussetzungen für das Fortführungsrecht der Kinder sind:

1. der Übergang der Kanzlei in das ausschließliche Eigentum von Kindern im Sinne des § 56 Abs. 2 des verstorbenen Berufsberechtigten auf Grund einer Rechtsnachfolge von Todes wegen oder einer Schenkung auf den Todesfall und
2. die Nominierung eines Kanzleikurators durch die Kinder oder deren gesetzliche Vertreter gemeinsam oder die Bestellung eines Kanzleikurators durch die Kammer der Wirtschaftstreuhänder.

(2) Der Kanzleikurator muss zur selbständigen Ausübung des betreffenden Wirtschaftstreuhandberufes berechtigt sein.

(3) Eine Kanzlei darf nur weitergeführt werden im Namen und auf Rechnung der Kinder oder deren gesetzlicher Vertreter.

(4) Das Fortführungsrecht der Kinder endet

1. mit dem Ablauf von fünf Jahren ab Einantwortung, nicht jedoch vor Vollendung des 30. Lebensjahres oder
2. mit dem Zeitpunkt, zu dem das jüngste Kind das 30. Lebensjahr vollendet hat, oder
3. bei Kindern, die ab ihrem 30. Lebensjahr ununterbrochen als Berufsanwärter oder als Berufsberechtigte tätig waren, mit Beendigung dieser Tätigkeiten, jedenfalls aber mit Vollendung des 35. Lebensjahres, oder
4. mit der Verwertung der Wirtschaftstreuhandkanzlei.

Gemeinsames Fortführungsrecht

§ 118. (1) Voraussetzung für das Fortführungsrecht des Ehegatten oder des eingetragenen Partners gemeinsam mit den Kindern sind:

1. der Übergang der Kanzlei in das ausschließliche Eigentum des überlebenden Ehegatten oder des überlebenden eingetragenen Partners und der Kinder im Sinne des § 56 Abs. 2 des verstorbenen Wirtschaftstreuhänders auf Grund einer Rechtsnachfolge von Todes wegen oder einer Schenkung auf den Todesfall und
2. die Nominierung eines Kanzleikurators durch den überlebenden Ehegatten oder den überlebenden eingetragenen Partner gemeinsam mit den Kindern des verstorbenen Berufsberechtigten oder deren gesetzlichen Vertreter oder die Bestellung eines Kanzleikurators durch die Kammer der Wirtschaftstreuhänder.

(2) Der Kanzleikurator muss zur selbständigen Ausübung des betreffenden Wirtschaftstreuhandberufes berechtigt sein.

(3) Eine Kanzlei darf nur weitergeführt werden im Namen und auf Rechnung der Fortführungsberechtigten.

(4) Das Fortführungsrecht des überlebenden Ehegatten, des überlebenden eingetragenen Partners und der Kinder des verstorbenen Ehegatten endet entsprechend § 117 Abs. 4.

Antrag auf Genehmigung

§ 119. (1) Fortführungsberechtigte, welche die Fortführung der Kanzlei eines verstorbenen Berufsberechtigten beabsichtigen, haben einen diesbezüglichen Antrag zu stellen. Der Antrag auf Fortführung der Kanzlei ist spätestens vier Wochen nach Einantwortung schriftlich bei der Kammer der Wirtschaftstreuhänder zu stellen.

(2) Dem Antrag auf Fortführung sind anzuschließen:

1. Urkunden über den Vor- und Familiennamen der Fortführungsberechtigten,
2. sämtliche die Fortführungsrechte begründenden Urkunden,
3. sämtliche den nominierten Kanzleikurator betreffenden Urkunden,
4. die mit dem nominierten Kanzleikurator schriftlich getroffenen Vereinbarungen über die Fortführung der Kanzlei und
5. der Nachweis der Vermögensschaden-Haftpflichtversicherung.

(3) Voraussichtlich Fortführungsberechtigte, welche die Fortführung der Kanzlei beabsichtigen, haben unverzüglich, längstens binnen vier Wochen ab Todestag des verstorbenen Berufsberechtigten, gegenüber der Kammer der Wirtschaftstreuhänder einen Kanzleikurator zu nominieren oder die Bestellung durch die Kammer der Wirtschaftstreuhänder zu beantragen.

(4) Die Kammer der Wirtschaftstreuhänder hat nach Maßgabe des Abs. 3 und der §§ 115, 116, 117 oder 118 einen Kanzleikurator zu bestellen.

(5) Der gemäß Abs. 4 bestellte Kanzleikurator hat

1. die Kanzlei des Vertretenen im größtmöglichen Umfang unter eigener Verantwortung mit dem Hinweis auf seine Funktion als Kanzleikurator und im Namen und auf Rechnung des Nachlasses bzw. der Fortführungsberechtigten zu betreuen,
2. die Weisungen der Kammer der Wirtschaftstreuhänder bei Ausübung seiner Funktion als Kanzleikurator einzuhalten und
3. seine eigenen beruflichen Tätigkeiten von den Tätigkeiten für die verwaltete Kanzlei streng zu trennen und bei Beginn und Beendigung seiner Tätigkeit als Kanzleikurator eine Vermögensaufstellung zu verfassen.

(6) Der gemäß Abs. 4 bestellte Kanzleikurator hat Anspruch auf Entlohnung. Die Höhe der Entlohnung richtet sich

1. nach der Vereinbarung mit dem Nachlassverwalter bzw. den Fortführungsberechtigten oder
2. bei Nichtzustandekommen einer Vereinbarung nach der Festsetzung der Kammer der Wirtschaftstreuhänder nach einem 65% nicht übersteigenden Anteil an der Betriebsleistung der betreuten Kanzlei.

Genehmigung

§ 120. (1) Die Kammer der Wirtschaftstreuhänder hat die Genehmigung zur Fortführung einer Kanzlei zu erteilen, wenn die Voraussetzungen dafür erfüllt sind.

(2) Falls eine Nominierung durch die hierzu Berechtigten nicht erfolgt oder die entsprechenden Urkunden nicht vorgelegt werden, hat die Kammer der Wirtschaftstreuhänder einen Kanzleikurator von Amts wegen zu bestellen.

(3) Bis zur rechtskräftigen Einantwortung wird die Kanzlei vorläufig auf Rechnung der Verlassenschaft geführt und gilt die Genehmigung zur Fortführung vorläufig. Der Eintritt der Wirksamkeit einer Schenkung auf den Todesfall ist der Einantwortung gleichzuhalten.

(4) Die Fortführung einer Kanzlei ist zu untersagen, wenn die Voraussetzungen dafür nicht oder nicht mehr erfüllt sind.

(5) Über die Genehmigung oder Untersagung der Fortführung einer Kanzlei hat die Kammer der Wirtschaftstreuhänder einen Bescheid zu erlassen.

Endigung des Fortführungsrechts – Kanzleiübernahme

§ 121. (1) Fortführungsberechtigte sind jederzeit berechtigt, von ihrem Verwertungsrecht gemäß § 122 Gebrauch zu machen.

(2) Nach Endigung des Fortführungsrechts ist der zuletzt bestellte Kanzleikurator berechtigt, den vorhandenen Klientenstock entgeltlich zu übernehmen.

(3) Die Höhe des für die Übernahme des Klientenstockes gemäß Abs. 2 zu leistenden Entgelts richtet sich

1. nach den zwischen den Parteien geschlossenen Vereinbarungen oder
2. nach dem von der Kammer der Wirtschaftstreuhänder festzusetzenden Betrag, wenn eine gütliche Einigung zwischen den Parteien nicht zustande kommt.

(4) Bei der Festsetzung des Betrages gemäß Abs. 3 Z 2 sind die wirtschaftliche Leistungsfähigkeit der Kanzlei und die Marktverhältnisse zu berücksichtigen. Der Betrag darf den aus den Umlagenerklärungen ermittelten Durchschnitt der Umsätze der letzten drei Jahre nicht überschreiten.

Verwertung des Klientenstockes

§ 122. Berufsberechtigte und deren Rechtsnachfolger sind berechtigt, den vorhandenen Klientenstock entgeltlich an einen anderen Berufsberechtigten zu übertragen.

Liquidator

§ 123. (1) Die Kammer der Wirtschaftstreuhänder hat im dringenden Bedarfsfall bei Erlöschen einer Berufsberechtigung einen Liquidator zu bestellen und diesem Weisungen für seine Tätigkeit zu erteilen. Hierbei ist auf die möglichste Schonung der Rechte des Berufsberechtigten oder seiner Rechtsnachfolger Bedacht zu nehmen. Der Liquidator hat seine eigene berufliche Tätigkeit von der Tätigkeit für die verwaltete Kanzlei streng zu trennen und sowohl bei Beginn als auch bei Beendigung seiner Tätigkeit eine Vermögensaufstellung zu verfassen.

(2) Der Liquidator hat die laufenden Geschäfte der Kanzlei des Berufsberechtigten, dessen Befugnis erloschen ist, unter eigener Verantwortung und im eigenen Namen, jedoch mit einem auf seine Tätigkeit als Liquidator hinweisenden Beisatz und auf Rechnung des Berufsberechtigten, dessen Befugnis erloschen ist, oder auf Rechnung der Rechtsnachfolger abzuwickeln. Neue Aufträge darf er nicht entgegennehmen. Aufträge, die im Falle der Unterlassung einer Kündigung stillschweigend als fortgesetzt gelten, sind zum nächstmöglichen Termin zu kündigen.

(3) § 82 Abs. 10 gilt sinngemäß.

(4) Bei Wegfall der Voraussetzungen ist der Liquidator unverzüglich abzuberufen.

6. Hauptstück
Verwaltungsübertretungen

Strafbestimmungen

§ 124. (1) Eine mit einer Geldstrafe bis zu 20 000 Euro zu bestrafende Verwaltungsübertretung begeht, wer

1. ohne Berufsberechtigter oder berechtigter Dienstleister gemäß § 6 Abs. 1 und 2 zu sein, einen Wirtschaftstreuhandberuf selbständig ausübt oder eine der in §§ 2 und 3 angeführten Tätigkeiten anbietet, ohne die erforderliche Berechtigung zu besitzen, oder
2. eine Berufsbezeichnung gemäß den § 73 Abs. 1 oder die Bezeichnung gemäß § 73 Abs. 2 unberechtigt verwendet oder
3. die Verpflichtung zur Verschwiegenheit gemäß § 80 Abs. 1 oder Abs. 5, ohne Vorliegen von Gründen gemäß § 80 Abs. 4, verletzt oder
4. der Verpflichtung zur Führung der Berufsbezeichnung gemäß § 6 Abs. 3 zuwiderhandelt oder
5. den Informationspflichten gemäß § 6 Abs. 4 nicht oder nicht vollständig nachkommt.

(2) In Angelegenheiten des Abs. 1 sind die Bezirksverwaltungsbehörden Strafbehörden.

Informationspflichten

§ 125. Der Kammer der Wirtschaftstreuhänder ist von den Bezirksverwaltungsbehörden die Anhängigkeit von Verwaltungsstrafverfahren gemäß § 124 gegen Berufsberechtigte und Berufsanwärter zur Kenntnis zu bringen, in allen anderen Fällen in

WTBG

nicht personenbezogener Form über die Höhe der verhängten Strafen Mitteilung zu machen.

2. Teil
Disziplinarrecht

1. Hauptstück
Allgemeine Bestimmungen – Berufsvergehen

Verantwortlichkeit – Gesellschaften

§ 126. (1) Dem Disziplinarrecht unterliegen die ordentlichen Mitglieder gemäß § 170 Abs. 2 und die außerordentlichen Mitglieder gemäß § 170 Abs. 3.

(2) Für Berufsvergehen von Gesellschaften sind im Disziplinarverfahren deren gesetzliche Vertreter oder geschäftsführende Gesellschafter verantwortlich.

Strafarten

§ 127. (1) Im Disziplinarverfahren sind als Strafen zu verhängen:

1. die Verwarnung oder
2. die Geldbuße oder
3. die vorübergehende Untersagung der selbständigen Berufsausübung.

(2) Berufsvergehen sind, wenn nicht mit einer Verwarnung das Auslangen gefunden wird, mit Geldbußen von 500 Euro bis zu 15 000 Euro zu bestrafen. Hat der Täter einen schweren Schaden verursacht, so ist eine Geldbuße von 2 000 Euro bis zu 30 000 Euro zu verhängen.

(3) Die Verhängung der vorübergehenden Untersagung der unselbständigen Berufsausübung ist nur zulässig, wenn ein Berufsvergehen gemäß § 128 begangen wurde und der Täter einen schweren Schaden verursacht hat. Die vorübergehende Untersagung kann ausschließlich für den Fall der Uneinbringlichkeit einer verhängten Geldbuße ersatzweise festgesetzt werden. Die Festsetzung hat zugleich mit der Verhängung der Geldbuße zu erfolgen. Bei Geldbußen unter 20 000 Euro ist die vorübergehende Untersagung mit einem Monat festzusetzen, bei Geldbußen ab 20 000 Euro jedoch unter 25 000 Euro mit zwei Monaten sowie bei Geldbußen von über 25 000 Euro mit drei Monaten.

(4) Die als Geldbußen vereinnahmten Beträge sind Wohlfahrtseinrichtungen für bedürftige Kammermitglieder oder bedürftige Hinterbliebene von Kammermitgliedern oder Zwecken der beruflichen Weiterbildung von Berufsberechtigten und der Heranbildung des beruflichen Nachwuchses zuzuführen.

Berufsvergehen

§ 128. Ein Berufsvergehen begeht, wer

1. eine in den Ausübungsrichtlinien gemäß § 72 normierte Pflicht verletzt oder
2. seiner Verpflichtung zur Verschwiegenheit gemäß § 80, ohne davon entbunden zu sein, zuwiderhandelt oder
3. seiner Verpflichtung gemäß § 76 Abs. 1 nicht nachkommt oder
4. seinen Verpflichtungen gemäß § 77 Abs. 1 oder Abs. 2 oder Abs. 3 oder Abs. 4 oder Abs. 6 oder Abs. 7 oder Abs. 8 oder Abs. 9 oder Abs. 10 oder Abs. 12 oder Abs. 13 nicht nachkommt oder
(BGBl I 2020/67)
5. sich im beruflichen Verkehr fälschlich auf eine ihm erteilte Bevollmächtigung oder auf einen ihm erteilten Auftrag beruft oder
6. einen Werkvertrag abschließt, der eine berufliche Zusammenarbeit mit einem Nichtberufsberechtigten vorsieht, um die Bestimmungen des 1. Teiles, 3. Hauptstück, 2. Abschnitt, und der für Gesellschaften normierten besonderen Verpflichtungen zu missachten, oder
7. eine andere selbständige oder unselbständige Tätigkeit ausübt, die auf Provisionsbasis beruht oder seine Unabhängigkeit gefährdet, oder
8. als ein dem Qualitätskontrollsystem unterliegender Berufsberechtigter angeordnete Maßnahmen gemäß § 38 APAG nicht befolgt oder die erteilte Bescheinigung im Falle des Widerrufs gemäß § 40 APAG nicht zurückstellt oder Pflichtprüfungen ohne aufrechter Bescheinigung durchführt oder
9. eine der in den §§ 2 und 3 angeführten Tätigkeiten anbietet oder ausübt, ohne die erforderliche Berufsberechtigung zu besitzen oder
10. nicht über die gesamte Dauer des Bestehens einer Berufsberechtigung über eine aufrechte Vermögensschaden-Haftpflichtversicherung gemäß § 11 verfügt
11. die Verpflichtung zur beruflichen Fortbildung gemäß § 71 Abs. 3 beharrlich verletzt oder
12. eine Zweigstelle errichtet, ohne dass die Voraussetzung des § 74 Abs. 2 erfüllt ist, oder
13. eine Zweigstelle errichtet, ohne dies der Kammer der Wirtschaftstreuhänder unverzüglich zu melden, oder
14. eine Zweigstelle trotz rechtskräftiger Untersagung errichtet oder
15. wirtschaftstreuhänderische Tätigkeiten in einer Zweigstelle trotz rechtskräftiger Untersagung ausübt oder
16. eine andere selbständige oder unselbständige Tätigkeit ausübt, ohne dies der Kammer der Wirtschaftstreuhänder unverzüglich anzuzeigen, oder
17. eine andere selbständige oder unselbständige Tätigkeit trotz rechtskräftiger Untersagung ausübt oder
18. die Bestellung eines Stellvertreters gemäß § 81 Abs. 2 oder § 82 Abs. 2 der Kammer der Wirtschaftstreuhänder nicht oder nicht unverzüglich bekanntgibt oder
19. bei voraussichtlich länger dauernder Verhinderung keinen Stellvertreter bestellt oder
20. seine Pflichten als Kanzleikurator verletzt oder

21. entgegen der Bestimmung des § 82 Abs. 9 einen Wirtschaftstreuhandberuf ausübt oder
22. die Verpflichtung gemäß § 83 Abs. 2 verletzt oder
23. Aufträge unter Provisionsvorbehalt annimmt oder unter Provisionsvorbehalt weitergibt oder Provisionen gewährt oder
24. den Eintritt oder die Beendigung des Ruhens seiner Berufsberechtigung der Kammer der Wirtschaftstreuhänder nicht oder nicht unverzüglich anzeigt oder
25. trotz Anzeige des Ruhens seiner Berufsberechtigung seinen Wirtschaftstreuhandberuf selbständig ausübt oder
26. einen Wirtschaftstreuhandberuf entgegen der Bestimmung des § 85 Abs. 4 ausübt oder
27. eine im 1. Teil, 4. Hauptstück, 2. Abschnitt normierte Pflicht betreffend Maßnahmen zur Verhinderung von Geldwäsche und Terrorismusbekämpfung verletzt oder
28. bei Suspendierung gemäß § 106 seiner Pflicht, einen Stellvertreter zu bestellen, nicht nachkommt oder
29. seine Pflichten als Liquidator verletzt.

2. Hauptstück
Disziplinarverfahren

Disziplinarrat-Senat

§ 129. Die Bestrafung der in § 128 aufgezählten Berufsvergehen hat durch einen Senat des Disziplinarrates der Kammer der Wirtschaftstreuhänder zu erfolgen.

Disziplinarrat

§ 130. (1) Der Disziplinarrat hat aus einem Vorsitzenden und seinem Stellvertreter mit Sitz bei der Kammer der Wirtschaftstreuhänder, den Senatsvorsitzenden und ihren Stellvertretern, den Beiräten und der erforderlichen Zahl von Ersatzbeiräten zu bestellen. Der Disziplinarrat hat in Senaten, die aus vier Mitgliedern zusammengesetzt sind, zu verhandeln und zu entscheiden. Bei folgenden Landesstellen ist zumindest ein Senat einzurichten:

1. der Landesstelle Wien, zuständig für das Gebiet der Bundesländer Wien, Niederösterreich und Burgenland,
2. der Landesstelle Oberösterreich, zuständig für das Gebiet der Bundesländer Oberösterreich und Salzburg
3. der Landesstelle Steiermark, zuständig für das Gebiet der Bundesländer Steiermark und Kärnten,
4. der Landesstelle Tirol, zuständig für das Gebiet des Bundeslandes Tirol und
5. der Landesstelle Vorarlberg, zuständig für das Gebiet des Bundeslandes Vorarlberg.

(2) Die örtliche Zuständigkeit der Senate richtet sich nach dem Berufssitz, besteht ein solcher im Bundesgebiet nicht, nach dem Hauptwohnsitz des Angezeigten. Besteht weder ein Berufssitz noch ein Hauptwohnsitz in Österreich, so ist der bei der Landesstelle Wien eingerichtete Senat örtlich zuständig.

(3) Sind am Sitz einer Landesstelle mehrere Senate eingerichtet und wäre einer von ihnen für die Durchführung eines Disziplinarverfahrens gemäß Abs. 2 zuständig, dann bestimmt der Zeitpunkt deren Einlangens in abwechselnder Reihenfolge die Zuständigkeit eines dieser Senate zur Behandlung der Angelegenheit.

Bestellung der Mitglieder

§ 131. (1) Die Mitglieder des Disziplinarrates sind vom Vorstand der Kammer der Wirtschaftstreuhänder spätestens drei Monate nach dessen Wahl aus dem Kreis der aktiv wahlberechtigten Kammermitglieder zu bestellen. Mit der Bestellung endet die Funktion der bisherigen Mitglieder.

(2) Jedes Kammermitglied ist verpflichtet, seine Bestellung zum Mitglied des Disziplinarrates anzunehmen. Nach Ablauf einer Funktionsperiode kann eine neuerliche Bestellung abgelehnt werden.

(3) Die Mitglieder des Disziplinarrates sind vom Präsidenten der Kammer der Wirtschaftstreuhänder anzugeloben. Sie haben ihr Amt unabhängig, frei von jeglichem Auftrag, gewissenhaft und unparteiisch auszuüben und Verschwiegenheit über die ihnen im Disziplinarverfahren bekanntgewordenen Umstände zu wahren.

Bestellungs- und Ausübungshindernisse – Ausschließung – Befangenheit – Widerruf der Bestellung

§ 132. (1) Eine Bestellung von Kammerfunktionären zu Mitgliedern des Disziplinarrates ist unzulässig.

(2) Die Mitgliedschaft ist nur zu einem Senat des Disziplinarrates zulässig.

(3) Mitglieder des Disziplinarrates, gegen die ein Disziplinarverfahren, ein Verfahren zum Widerruf der Bestellung, ein strafrechtliches Verfahren wegen einer der im § 9 angeführten strafbaren Handlungen oder ein Suspendierungsverfahren eingeleitet wurde, dürfen bis zu dessen rechtskräftigem Abschluss ihre Funktion nicht ausüben.

(4) Ist das Disziplinarverfahren mit einem verurteilenden Erkenntnis oder das strafgerichtliche Verfahren mit einer Verurteilung rechtskräftig abgeschlossen oder die Suspendierung rechtskräftig verfügt worden oder ist die Berechtigung zur selbständigen Ausübung eines Wirtschaftstreuhandberufes erloschen, so erlischt mit diesem Zeitpunkt die Zugehörigkeit zum Disziplinarrat. Dies gilt auch für den Fall des Ruhens der Berufsbefugnis.

(5) Für die Ausschließung und Ablehnung von Mitgliedern des Disziplinarrates sind darüber hinaus die Vorschriften des 2. Hauptstückes, 4. Abschnitt der Strafprozessordnung 1975, BGBl. Nr. 631, sinngemäß anzuwenden.

Zurücklegung der Funktion

§ 133. Die Funktion als Mitglied des Disziplinarrates kann nur aus wichtigen Gründen zurückgelegt werden. Über die Zulässigkeit der Zurücklegung entscheidet der Vorstand der Kammer der Wirtschaftstreuhänder mit Beschluss. Gegen diesen Beschluss ist ein Rechtsmittel nicht zulässig.

Nachbestellung von Mitgliedern

§ 134. Bei Ausscheiden eines Mitgliedes des Disziplinarrates im Laufe der Funktionsperiode hat der Vorstand der Kammer der Wirtschaftstreuhänder umgehend eine Nachbesetzung der betreffenden Funktion vorzunehmen.

Ersatz der Barauslagen

§ 135. Die Mitglieder der Kammer der Wirtschaftstreuhänder, welche im Disziplinarverfahren Funktionen oder Ämter ausüben oder dem Untersuchungskommissär zur Unterstützung beigegeben sind, haben Anspruch auf Ersatz der ihnen dabei entstandenen notwendigen Barauslagen.

Geschäftsführung – Aufsicht

§ 136. (1) Die Vorsitzenden des Disziplinarrates haben die zur ordnungsgemäßen Geschäftsführung erforderlichen Verfügungen zu treffen und den Disziplinarrat nach außen zu vertreten. Sie sind dem Vorstand der Kammer der Wirtschaftstreuhänder für die Geschäftsführung verantwortlich.

(2) Das Kammeramt hat die Kanzleigeschäfte des Disziplinarrates zu führen.

Kammeranwalt – Aufgaben

§ 137. (1) Der Vorstand der Kammer der Wirtschaftstreuhänder hat spätestens drei Monate nach seiner Wahl einen rechtskundigen Kammeranwalt und einen Stellvertreter zu bestellen. Mit der Bestellung endet das Amt des bisherigen Kammeranwalts und seines Stellvertreters.

(2) Gehört der Kammeranwalt oder sein Stellvertreter dem Kreis der Kammermitglieder an, dann gelten für sie die Bestimmungen der §§ 131 Abs. 2, 132 Abs. 3, 4 und 5 und 133.

(3) Bei Ausscheiden des Kammeranwalts oder seines Vertreters im Laufe der Amtsperiode hat der Vorstand der Kammer der Wirtschaftstreuhänder umgehend eine Nachbesetzung des betreffenden Amtes vorzunehmen.

(4) Dem Kammeranwalt und seinem Stellvertreter ist, wenn sie nicht Mitglieder oder Angestellte der Kammer der Wirtschaftstreuhänder sind, eine im Einzelfall vom Vorstand zu bestimmende angemessene Abgeltung zuzuerkennen.

(5) Der Kammeranwalt hat die Anzeigen über Berufsvergehen, wenn keine Zurücklegung gemäß § 138 Abs. 1 erfolgt, an den zuständigen Senat zu erstatten oder weiterzuleiten und sie im Disziplinarverfahren als Partei zu vertreten.

(6) Der Kammeranwalt ist berechtigt, gegen Erkenntnisse des Senats des Disziplinarrates das Rechtsmittel der Beschwerde zu erheben.

Anzeige und Verteidigung

§ 138. (1) Findet der Kammeranwalt nach Prüfung einer Anzeige über Berufsvergehen keine Gründe für die Weiterverfolgung, ist er, unbeschadet der Möglichkeit der vorherigen Sachverhaltserhebung gemäß Abs. 2, berechtigt, die Anzeige ohne weiteres Verfahren mit kurzer Aufzeichnung der ihn dazu bestimmenden Erwägungen zurückzulegen. Legt der Kammeranwalt eine Anzeige zurück, so hat er die des Berufsvergehens angezeigten Berufsberechtigten, die bereits vernommen worden sind, und den Anzeiger hiervon zu verständigen.

(2) Legt der Kammeranwalt eine Anzeige über Berufsvergehen nicht sofort ohne weiteres Verfahren zurück, hat er dem Angezeigten die Anzeige unverzüglich zur Kenntnis zu bringen und ihm Gelegenheit zu geben, dazu binnen zwei Wochen Stellung zu nehmen. Der Kammeranwalt ist berechtigt, unterdessen Vorerhebungen zur Klärung des Sachverhaltes selbst durchzuführen oder durch das Kammeramt durchführen zu lassen.

(3) Der Angezeigte ist berechtigt, sich eines Verteidigers zu bedienen. Als Verteidiger sind ordentliche Kammermitglieder und Verteidiger gemäß § 48 Abs. 1 Z 5 StPO zugelassen.

(4) Dem Vorsitzenden des Disziplinarrates steht das Recht zu, bei Geringfügigkeit des Berufsvergehens Ordnungsstrafen bis zum Betrag von 1 500 Euro zu verhängen. Gegen Ordnungsstrafen steht der binnen zwei Wochen nach Zustellung des Bescheides beim Disziplinarrat einzubringende Einspruch offen. Dieser hat die Wirkung, dass die erlassene Strafverfügung außer Kraft gesetzt und das ordentliche Verfahren eingeleitet wird.

Einleitung des Disziplinarverfahrens

§ 139. (1) Der Kammeranwalt hat, wenn keine Zurücklegung gemäß § 138 Abs. 1 erfolgt, die Anzeige, verbunden mit einem Antrag auf Einleitung des Disziplinarverfahrens, an den zuständigen Senat zu erstatten oder weiterzuleiten, wenn die Anzeige in Ansehung der Stellungnahme des Angezeigten und des Ergebnisses von Vorerhebungen nicht zurückzulegen ist. Die Befassung des Disziplinarrates hat der Kammeranwalt dem Angezeigten ehestens zur Kenntnis zu bringen und ihm unter Angabe der Mitglieder des zuständigen Senates Gelegenheit zu geben, binnen zwei Wochen eine Gegenäußerung abzugeben und einen Gegenantrag zu stellen. Von der Zurücklegung der Anzeige hat der Kammeranwalt den Angezeigten umgehend zu verständigen.

(2) Der zuständige Senat hat nach Ablauf der dem Angezeigten eingeräumten Frist unverzüglich ohne mündliche Verhandlung darüber zu beschließen, ob ein Disziplinarverfahren einzuleiten ist. Der Einleitungsbeschluss hat erforderlichenfalls die Bestellung eines Untersuchungskommissärs zu enthalten.

(3) Der Einleitungsbeschluss ist dem Angezeigten unverzüglich zur Kenntnis zu bringen. Dem Angezeigten steht das Recht zu, den bestellten

Untersuchungskommissär wegen Befangenheit im Sinne des § 132 Abs. 5 abzulehnen.

(4) Der Beschluss des zuständigen Senates, ein Disziplinarverfahren nicht einzuleiten, ist dem Angezeigten ehestens mitzuteilen.

Untersuchungskommissär – Aufgaben

§ 140. (1) Der Untersuchungskommissär ist einer Liste von ordentlichen Kammermitgliedern zu entnehmen, die vom Vorstand der Kammer der Wirtschaftstreuhänder spätestens drei Monate nach dessen Wahl zu erstellen ist. Mit der Erstellung der Liste sind die bisher als Untersuchungskommissäre vorgesehenen Personen ihrer Verpflichtung zur Annahme dieses Amtes entbunden.

(2) Für die als Untersuchungskommissäre vorgesehenen Personen gilt die Bestimmung des § 131 Abs. 3. Zum Untersuchungskommissär dürfen vom Senat nur Personen bestellt werden, gegen die keine Ausübungshindernisse oder Ausschließungs- oder Befangenheitsgründe gemäß § 132 Abs. 3 bis 5 vorliegen.

(3) Zur Entlastung eines Untersuchungskommissärs hat der Vorstand diesem auf dessen Antrag für die Durchführung seiner Aufgaben eine rechtskundige Person beizugeben. Für diese Unterstützung ist diesen Personen, wenn sie nicht Mitglieder oder Angestellte der Kammer der Wirtschaftstreuhänder sind, eine im Einzelfall vom Vorstand zu bestimmende angemessene Abgeltung zuzuerkennen.

(4) Der Untersuchungskommissär hat alle zur Feststellung des maßgeblichen Sachverhalts erforderlichen Ermittlungen durchzuführen.

Untersuchung

§ 141. (1) Ist nach Einleitung des Verfahrens die Durchführung von Erhebungen erforderlich, so hat der Untersuchungskommissär Zeugen und Sachverständige zu vernehmen, alle der Aufklärung der Angelegenheit dienlichen Umstände zu erforschen und Beweismittel heranzuziehen. Er hat dem Angezeigten Gelegenheit zu geben, sich zu allen Anschuldigungspunkten zu äußern. Der Angezeigte ist berechtigt, Anträge auf ergänzende Ermittlung des Sachverhalts zu stellen. Die Erhebungen sind auch dann durchzuführen, wenn der Angezeigte seine Mitwirkung verweigert.

(2) Der Kammeranwalt ist berechtigt, eine Ergänzung der Untersuchung, insbesondere auch unter Einbeziehung neuer Anschuldigungspunkte, zu beantragen.

(3) Hat der Untersuchungskommissär Bedenken, einem Ergänzungsantrag des Angezeigten oder des Kammeranwalts stattzugeben, so hat er dazu einen Beschluss des zuständigen Senates einzuholen. Dieser Beschluss ist ohne mündliche Verhandlung zu fassen.

(4) Während der Dauer der Untersuchung hat der Untersuchungskommissär dem Angezeigten und seinem Verteidiger Einsicht in die Akten zu gewähren. Er hat Aktenstücke auszunehmen, deren Mitteilung mit dem Zweck des Verfahrens unvereinbar wäre. Der Kammeranwalt ist jederzeit befugt, vom Stand der anhängigen Untersuchung durch Akteneinsicht Kenntnis zu nehmen.

(5) Dauert eine Untersuchung bereits zumindest 6 Monate an, kann der Angezeigte beantragen, dass die Untersuchung innerhalb einer drei Monate nicht übersteigenden Frist zu beenden ist. Der Senat hat nach Anhörung des Kammeranwalts und des Untersuchungskommissärs ohne mündliche Verhandlung zu beschließen, ob dem Antrag stattgegeben wird. Der Beschluss hat im Falle der Stattgebung den Ausspruch zu enthalten, binnen welcher Frist die Untersuchung abzuschließen ist.

Abschluss der Untersuchung

§ 142. (1) Die Akten über die abgeschlossene Untersuchung sind dem Kammeranwalt zu übermitteln und von ihm mit dem Antrag auf Verweisung zur mündlichen Verhandlung oder mit dem Antrag auf Einstellung des Verfahrens dem zuständigen Senat vorzulegen.

(2) Der Senat hat ohne mündliche Verhandlung zu beschließen, ob die Sache zur mündlichen Verhandlung zu verweisen oder ob das Verfahren einzustellen ist. Der Einstellungsbeschluss ist dem Kammeranwalt und dem Angezeigten ehestens zuzustellen.

(3) Im Verweisungsbeschluss müssen die Anschuldigungspunkte bestimmt angeführt sein und die Verfügungen bezeichnet werden, die zur Vorbereitung der mündlichen Verhandlung zu treffen sind.

(4) Nach Zustellung des Verweisungsbeschlusses ist dem Angezeigten und seinem Verteidiger Einsicht in die Akten zu gewähren. Die genannten Personen sind berechtigt, Abschriften auf eigene Kosten herzustellen. Von der Akteneinsicht ausgenommen sind Beratungs- und Abstimmungsprotokolle, Erledigungsentwürfe und sonstige Schriftstücke, bei denen eine Einsichtnahme eine Schädigung berechtigter Interessen dritter Personen herbeiführen könnte.

Mündliche Verhandlung

§ 143. (1) Ort und Zeitpunkt der mündlichen Verhandlung sind vom Vorsitzenden des zuständigen Senates zu bestimmen. Zur mündlichen Verhandlung sind der Angezeigte und sein Verteidiger unter Hinweis auf den Verweisungsbeschluss und Bekanntgabe der Mitglieder des Senates mindestens zwei Wochen vorher zu laden.

(2) Die Verhandlung ist öffentlich.

(3) Beratungen und Abstimmungen während und am Schluss der Verhandlung sind geheim.

(4) Die Verhandlung beginnt mit der Verlesung des Verweisungsbeschlusses. Hierauf hat die Vernehmung des Angezeigten und der vorgeladenen Zeugen und Sachverständigen und, soweit dem Verfahren dienlich, die Verlesung der während der Untersuchung aufgenommenen Protokolle und sonstiger Urkunden zu erfolgen.

(5) Der Angezeigte, dessen Verteidiger und der Kammeranwalt haben das Recht, sich zu den

einzelnen vorgebrachten Beweismitteln zu äußern und Fragen an die Zeugen und Sachverständigen zu stellen. Der Angezeigte hat unbeschadet des Ablehnungsrechts wegen Befangenheit gemäß § 132 Abs. 5 das Recht, innerhalb einer Woche nach Zustellung der Ladung ohne Angabe von Gründen zwei Mitglieder des Senats durch Ablehnung von der Teilnahme an der Verhandlung auszuschließen. Dieses Recht kann nur anlässlich der ersten Ladung sowie bei geänderter Senatszusammensetzung hinsichtlich neuer Senatsmitglieder geltend gemacht werden.

(6) Nach Schluss des Beweisverfahrens sind der Kammeranwalt, der Angezeigte und dessen Verteidiger zu hören. Dem Angezeigten steht das letzte Wort zu.

Beschlussfassung – Erkenntnis

§ 144. (1) Der Senat des Disziplinarrates hat mit Stimmenmehrheit sein Erkenntnis zu fällen und seine sonstigen Beschlüsse zu fassen. Der Vorsitzende des Senates gibt seine Stimme zuletzt ab. Stimmenthaltungen sind unzulässig. Im Falle der Stimmengleichheit entscheidet die Stimme des Vorsitzenden.

(2) Der Senat hat seine Entscheidung ausschließlich auf der Grundlage des Vorbringens in der mündlichen Verhandlung zu treffen. Die Entscheidung hat sich auf die freie, aus der gewissenhaften Prüfung aller vorgebrachten Beweise gewonnene Überzeugung der Senatsmitglieder zu gründen.

(3) Mit dem Erkenntnis ist der Angezeigte entweder freizusprechen oder des ihm zur Last gelegten Berufsvergehens schuldig zu erkennen.

Protokoll

§ 145. (1) Über die mündliche Verhandlung ist ein Protokoll zu führen, welches die Namen der Mitglieder des erkennenden Senates, des Schriftführers, des Kammeranwalts, des Beschuldigten, seines Verteidigers und der Kammermitglieder seines Vertrauens sowie den wesentlichen Verlauf der Verhandlung zu enthalten hat.

(2) Über die Beratung und Abstimmung ist ein gesondertes Protokoll zu führen.

(3) Die Protokolle sind vom Senatsvorsitzenden und vom Protokollführer zu unterzeichnen.

Verkündung und Zustellung des Erkenntnisses

§ 146. (1) Das Erkenntnis ist samt seinen wesentlichen Gründen vom Senatsvorsitzenden sogleich zu verkünden.

(2) Je eine Ausfertigung des Erkenntnisses samt allen Entscheidungsgründen ist dem Angezeigten und dem Kammeranwalt ehestens zuzustellen.

Zustellung

§ 147. (1) Für die Zustellung von Schriftstücken im Disziplinarverfahren gelten die Bestimmungen des Zustellgesetzes, BGBl. Nr. 200/1982.

(2) Zustellungen an den Angezeigten haben zu dessen eigenen Handen zu erfolgen. Bedient sich der Angezeigte eines Verteidigers, so ist diesem zu eigenen Handen zuzustellen.

Verfahrenskosten

§ 148. Die Kosten des Verfahrens sind im Falle eines Schuldspruches vom Angezeigten, in allen anderen Fällen von der Kammer zu tragen. Sie sind in sinngemäßer Anwendung des XXII. Hauptstückes der Strafprozessordnung 1975, BGBl. Nr. 631, zu bemessen.

Vollstreckung der Erkenntnisse

§ 149. Für die Vollstreckung der Erkenntnisse hat der Vorstand der Kammer der Wirtschaftstreuhänder gemäß den Bestimmungen des ersten und dritten Teiles dieses Gesetzes zu sorgen.

Anwendung anderer Vorschriften

§ 150. Im Disziplinarverfahren sind auf die nach den Vorschriften dieses Teiles zu ahndenden Berufsvergehen, soweit im 2. Hauptstück nicht anderes bestimmt ist, anzuwenden:

1. der II. Teil, 2. Abschnitt, und die §§ 19, 32, 33, 38 und 69 bis 72 AVG und
2. die §§ 1 bis 8, 14, 19, 22, 31, 34, 38, 45, 52, 55 und 66 Abs. 1 des Verwaltungsstrafgesetzes 1991 (VStG), BGBl. Nr. 52, und
3. sinngemäß § 44a VStG in Verbindung mit den §§ 60 und 61 AVG.

3. Teil
Berufliche Vertretung – Kammer der Wirtschaftstreuhänder

1. Hauptstück
Allgemeines

1. Abschnitt
Einrichtung – Aufgaben – Organe

Zweck

§ 151. (1) Zur Vertretung der gemeinsamen Interessen ihrer Mitglieder ist die Kammer der Wirtschaftstreuhänder errichtet.

(2) Die Kammer der Wirtschaftstreuhänder ist eine Körperschaft des öffentlichen Rechts und hat ihren Sitz in Wien.

(3) Die Kammer der Wirtschaftstreuhänder ist berechtigt, das Bundeswappen zu führen.

(4) Die Kammer der Wirtschaftstreuhänder ist berechtigt, die Bezeichnung „Kammer der Steuerberater und Wirtschaftsprüfer (KSW)“ zu führen.

Aufgaben

§ 152. (1) Die Kammer der Wirtschaftstreuhänder hat ihre Aufgaben entweder im eigenen oder im übertragenen Wirkungsbereich zu besorgen.

(2) In den eigenen Wirkungsbereich der Kammer der Wirtschaftstreuhänder fallen insbesondere folgende Aufgaben:

1. die Vertretung und Förderung von Interessen, Rechten und Angelegenheiten der Gesamtheit ihrer Mitglieder, dazu zählen auch die Vertretung im Rahmen von Verhandlungen von Kollektivverträgen und deren Abschluss auf Arbeitgeberseite,
2. die Förderung der beruflichen Weiterbildung ihrer Mitglieder und der entsprechenden Heranbildung des beruflichen Nachwuchses, wobei die Kammer der Wirtschaftstreuhänder zur Gründung und zum Betrieb von diesem Zweck gewidmeten Einrichtungen und Unternehmungen berechtigt ist,
3. die Führung der Listen ihrer Mitglieder,
4. die Aufsicht über ihre Mitglieder betreffend die Einhaltung berufsrechtlicher Vorschriften,
5. die Errichtung, der Betrieb und die Förderung gemeinsamer wirtschaftlicher Einrichtungen, die der Wohlfahrt, der Unterstützung und der Altersvorsorge der Mitglieder und deren Hinterbliebenen dienen,
6. die Anregung rechtlicher Maßnahmen und die Erstattung von Gutachten zu Gesetzes- und Verordnungsentwürfen, sofern Interessen berührt werden, deren Vertretung der Kammer der Wirtschaftstreuhänder zukommt,
7. die Einbringung von Verbesserungsvorschlägen betreffend jene Bereiche der Vollziehung, mit denen ihre Mitglieder verkehren, sofern Interessen berührt werden, deren Vertretung der Kammer der Wirtschaftstreuhänder zukommt,
8. die Erstattung von Berichten, Gutachten und Anträgen, die Erteilung von Auskünften und die Ausstellung von Bescheinigungen, sofern Interessen berührt werden, deren Vertretung der Kammer der Wirtschaftstreuhänder zukommt,
9. die Entsendung von Vertretern in andere Körperschaften und Einrichtungen und die Erstattung von Besetzungsvorschlägen, sofern dies besondere Gesetze oder Vorschriften vorsehen,
10. die Bestellung von Wirtschaftstreuhändern als Verfahrenshelfer in gerichtlichen Abgabenverfahren vor den Verwaltungsgerichten sowie die Bestellung von Wirtschaftstreuhändern als Verteidiger vor der Finanzstrafbehörde und
11. der Abschluss und die Aufrechterhaltung einer Vermögensschaden-Haftpflichtversicherung zugunsten der Mitglieder für Schäden, deren Höhe die Vermögensschaden-Haftpflichtversicherung gemäß § 11 Abs. 3 übersteigt (Excedentenversicherung), sofern dies im Interesse der Gesamtheit ihrer Mitglieder sinnvoll erscheint.

(3) In den übertragenen Wirkungsbereich der Kammer der Wirtschaftstreuhänder fallen insbesondere folgende Aufgaben:

1. die öffentliche Bestellung und Anerkennung,
2. die Durchführung von Zulassungsverfahren zu Fachprüfungen,
3. die Durchführung von Fachprüfungen und Eignungstests,
4. die Durchführung von Verfahren zur Feststellung der Eigenschaft als Berufsanwärter,
5. die Durchführung von Verfahren, mit denen die Ausübung anderer selbständiger oder unselbständiger Tätigkeiten untersagt wird,
6. die Durchführung von Suspendierungsverfahren,
7. die Durchführung von Widerrufs- und Entziehungsverfahren und
8. die Durchführung von Verfahren zur Genehmigung der Fortführung einer Kanzlei.

(4) Der Präsident der Kammer der Wirtschaftstreuhänder ist bei der Besorgung von Aufgaben, die in den übertragenen Wirkungsbereich der Kammer der Wirtschaftstreuhänder gemäß Abs. 3 fallen, an die Weisungen des Bundesministers für Wissenschaft, Forschung und Wirtschaft gebunden.

Organe

§ 153. (1) Organe der Kammer der Wirtschaftstreuhänder sind:

1. der Präsident,
2. die Vizepräsidenten,
3. das Präsidium,
4. der Vorstand und
5. der Kammertag.

(2) Weibliche Kammerfunktionäre oder Angestellte der Kammer der Wirtschaftstreuhänder sind berechtigt, Funktionsbezeichnungen in weiblicher Form zu führen.

Präsident

§ 154. (1) Der Präsident ist der gesetzliche Vertreter der Kammer der Wirtschaftstreuhänder.

(2) Der Präsident hat insbesondere folgende Aufgaben wahrzunehmen:

1. die Besorgung der laufenden Geschäfte, insbesondere jene Aufgaben, die in den übertragenen Wirkungsbereich der Kammer der Wirtschaftstreuhänder gemäß § 152 Abs. 3 fallen,
2. die Leitung und Überwachung der gesamten Geschäftsführung der Kammer der Wirtschaftstreuhänder,
3. die Einberufung zu den Sitzungen der Kammerorgane und deren Vorsitzführung und
4. die Entscheidung in besonders dringlichen Fällen, in denen das Präsidium keinen Beschluss fassen kann.

(3) Entscheidungen gemäß Abs. 2 Z 4 sind dem Präsidium nachträglich zur Kenntnis zu bringen.

(4) Der Präsident hat bei Amtsantritt im Vorhinein festzulegen, in welcher Reihenfolge ihn die einzelnen Vizepräsidenten für den Fall seiner Verhinderung zu vertreten haben.

Vizepräsidenten

§ 155. (1) Die Vizepräsidenten haben den Präsidenten bei der Wahrnehmung seiner Aufgaben zu unterstützen.

(2) Den einzelnen Vizepräsidenten können bestimmte Aufgabengebiete zur ständigen Wahrnehmung mit der Wirkung übertragen werden, dass sie diesbezüglich denselben Vorschriften wie der Präsident unterliegen.

(3) Eine Übertragung bestimmter Aufgabengebiete zur ständigen Wahrnehmung an die einzelnen Vizepräsidenten hat durch Beschluss des Vorstandes zu erfolgen. Dieser Beschluss ist dem Bundesminister für Wissenschaft, Forschung und Wirtschaft zur Kenntnis zu bringen.

Präsidium

§ 156. (1) Das Präsidium besteht aus:

1. dem Präsidenten und
2. den Vizepräsidenten.

(2) Das Präsidium hat insbesondere folgende Aufgaben wahrzunehmen:

1. die Vollziehung der Beschlüsse der Kammerorgane,
2. Sorge dafür zu tragen, dass die Geschäftsordnung eingehalten wird,
3. Sorge dafür zu tragen, dass die Kammerorgane die gesetzlichen Vorschriften, insbesondere jene, die den Wirkungskreis der Kammer der Wirtschaftstreuhänder betreffen, einhalten und
4. die Entscheidung in besonders dringlichen Fällen, in denen der Vorstand keinen Beschluss fassen kann.

(3) Entscheidungen gemäß Abs. 2 Z 4 sind dem Vorstand nachträglich zur Kenntnis zu bringen.

Vorstand

§ 157. (1) Der Vorstand besteht aus elf durch den Kammertag zu wählenden Mitgliedern.

(2) Dem Vorstand müssen mindestens je vier Vertreter eines jeden Wirtschaftstreuhandberufes sowie mindestens drei in einem anderen Wahlkreis als dem Wahlkreis Wien aktiv wahlberechtigte Vertreter angehören.

(3) Der Vorstand hat insbesondere folgende Aufgaben wahrzunehmen:

1. alle Aufgaben, die weder dem Präsidenten, dem Präsidium, den Rechnungsprüfern noch dem Kammertag oder einem besonderen Ausschuss nach den Bestimmungen dieses Gesetzes oder der Geschäftsordnung vorbehalten sind,
2. die Bewilligung des Abschlusses von Kollektivverträgen für Arbeits- und Lohnverhältnisse der in Wirtschaftstreuhandkanzleien Beschäftigten,
3. die Bestellung der Mitglieder des Disziplinarrates,
4. die Wahl der Mitglieder des Präsidiums,
5. die Bestellung des Kammeranwalts,
6. die Erstellung der Liste der Untersuchungskommissäre und
7. die Entscheidung in besonders dringlichen Fällen, in denen der Kammertag keinen Beschluss fassen kann.

(4) Entscheidungen gemäß Abs. 3 Z 7 sind dem Kammertag nachträglich zur Kenntnis zu bringen.

(5) Der Vorstand ist vom Präsidenten einzuberufen. Der Präsident ist jedenfalls verpflichtet, den Vorstand einzuberufen, wenn dies wenigstens von vier seiner Mitglieder unter Angabe des Beratungsgegenstandes verlangt wird.

(6) Der Vorstand ist beschlussfähig, wenn wenigstens sechs Mitglieder des Vorstandes anwesend sind. Der Vorstand hat seine Beschlüsse mit einfacher Stimmenmehrheit zu fassen. Im Falle der Stimmengleichheit entscheidet die Stimme des Vorsitzenden.

Berufsgruppenobmänner

§ 158. (1) Der Vorstand hat für jede Berufsgruppe einen Obmann und Stellvertreter zu bestellen. Die Berufsgruppenobmänner und ihre Stellvertreter müssen über das passive Wahlrecht gemäß § 219 Abs. 2 verfügen. Die jeweiligen Berufsgruppenobmänner und ihre Stellvertreter müssen der Berufsgruppe angehören, die sie zu vertreten haben.

(2) Die Berufsgruppenobmänner haben insbesondere folgende Aufgaben wahrzunehmen:

1. die Mitwirkung an der Durchführung der Kammerbeschlüsse, welche die Interessen der von ihnen zu vertretenden Berufsgruppe betreffen,
2. die Betreuung der Angehörigen der von ihnen zu vertretenden Berufsgruppe in Berufsangelegenheiten und die Erteilung von Auskünften an sie und
3. die Besorgung von Aufgaben, die ihnen die Geschäftsordnung zuweist.

(3) Die Berufsgruppenobmänner haben ihre Aufgaben nach Möglichkeit im Einvernehmen mit ihren jeweiligen Stellvertretern wahrzunehmen.

(4) Die Berufsgruppenobmänner und ihre Stellvertreter sind hinsichtlich ihrer Tätigkeiten dem Vorstand verantwortlich. Sie sind berechtigt, an den Sitzungen des Vorstandes teilzunehmen und in Angelegenheiten ihrer Berufsgruppe, ausgenommen Angelegenheiten der §§ 175 und 176, vom Präsidium angehört zu werden.

Ausschüsse

§ 159. (1) Der Vorstand ist berechtigt, für die Wahrnehmung einzelner Aufgaben Ausschüsse einzurichten. Diesen Ausschüssen dürfen nur ordentliche Mitglieder der Kammer der Wirtschaftstreuhänder angehören.

(2) Der Vorstand hat zur Vertretung der spezifischen Interessen der Berufsgruppen Berufsgruppenausschüsse einzurichten. Vorsitzende

der Berufsgruppenausschüsse sind die jeweiligen Berufsgruppenobmänner.

(3) Der Vorstand hat zur Vertretung der Interessen der Berufsanwärter einen Ausschuss einzurichten. Diesem Ausschuss haben Berufsanwärter anzugehören.

(3a) Der Vorstand hat für die Vorsorgeeinrichtungen gemäß § 180 Abs. 1 und Abs. 2 je einen Ausschuss einzurichten. Die Ausschüsse haben aus vier Mitgliedern zu bestehen. Die Ausschüsse sind beschlussfähig, wenn mindestens drei Mitglieder anwesend sind.

(BGBl I 2020/67)

(4) Der Vorstand hat zur Durchführung der Aufsicht gemäß § 101 einen Ausschuss einzurichten. Der Ausschuss hat aus einem Vorsitzenden, einem Stellvertreter sowie drei Mitgliedern und Ersatzmitgliedern zu bestehen. Der Ausschuss ist beschlussfähig, wenn der Vorsitzende oder sein Stellvertreter und mindestens zwei Mitglieder anwesend sind. Voraussetzungen für die Bestellung der Mitglieder dieses Ausschusses sind eine zumindest fünfjährige Tätigkeit als Wirtschaftstreuhänder und der Nachweis einer einschlägigen Schulung in angemessenem Umfang auf dem Gebiet der Verhinderung der Geldwäsche und der Terrorismusfinanzierung.

(5) Nähere Bestimmungen über die Ausschüsse hat die Geschäftsordnung zu treffen.

Landesstellen

§ 160. (1) Der Vorstand hat für die einzelnen Bundesländer Landesstellen zu errichten.

(2) Die Landesstellen haben insbesondere folgende Aufgaben wahrzunehmen:

1. die Mitwirkung an der Durchführung der Kammerbeschlüsse in dem betreffenden Bundesland,
2. die Erteilung von Auskünften an die Berufsangehörigen in Berufsangelegenheiten,
3. die Bekanntmachung der von den Kammerorganen getroffenen Entscheidungen und Beschlüsse und die Weitergabe von Weisungen und Nachrichten und
4. die Besorgung jener Aufgaben, die ihnen durch die Geschäftsordnung übertragen sind.

(3) Der Vorstand hat für jede Landesstelle einen Landespräsidenten und einen Stellvertreter zu bestellen. Die Bestellung hat unter Rücksichtnahme auf die Ergebnisse der letzten Kammerwahlen nach den Grundsätzen des Verhältniswahlrechts zu erfolgen.

(4) Der Landespräsident einer Landesstelle hat die laufenden Geschäfte der Landesstelle zu besorgen. Der Landespräsident ist dem Vorstand für die ordnungsgemäße Geschäftsführung der Landesstelle verantwortlich.

Kammertag

§ 161. (1) Der Kammertag hat aus 66 Mitgliedern zu bestehen.

(2) Der Kammertag hat insbesondere folgende Aufgaben wahrzunehmen:

1. die Wahl der Vorstandsmitglieder, ihrer Ersatzmitglieder, der Rechnungsprüfer und ihrer Stellvertreter,
2. die Beschlussfassung über den vom Vorstand vorzulegenden Jahresvoranschlag,
3. die Festlegung der Höhe der von den Mitgliedern zu entrichtenden Umlagen und Gebühren für Sonderleistungen,
4. die Entgegennahme des Berichtes der Rechnungsprüfer, die Beschlussfassung über den Jahresabschluss und die Entlastung des Vorstandes oder einzelner Kammerorgane,
5. die Beschlussfassung über Verfügungen, die das Kammervermögen betreffen, soweit sie nicht bereits im genehmigten Jahresvoranschlag vorgesehen sind,
6. die Festsetzung, die Erlassung und die Änderung der Haushaltsordnung, der Umlagenordnung, der Geschäftsordnung, der Ausübungsrichtlinien und der Dienstordnung,
7. die Beschlussfassung über die Satzungen der Vorsorgeeinrichtungen und der Leistungs- und Beitragsordnung und
8. die Festsetzung, die Erlassung und die Änderung der Verordnungen gemäß § 39 und § 187.

(3) Der Kammertag ist vom Präsidenten einzuberufen. Der Präsident ist verpflichtet, den Kammertag mindestens einmal in jedem Geschäftsjahr und überdies, wenn mindestens ein Fünftel der ordentlichen Mitglieder unter Angabe des Beratungsgegenstandes es schriftlich verlangen, einzuberufen. Der Präsident ist berechtigt, den Kammertag auch einzuberufen, wenn er selbst oder der Vorstand es für notwendig erachtet.

(4) Der Kammertag ist mindestens zwei Wochen vor dem festgesetzten Termin unter Bekanntgabe des Ortes, der Zeit und der Beratungsgegenstände der Sitzung schriftlich einzuberufen.

(5) Der Kammertag ist beschlussfähig, wenn mindestens die Hälfte der Mitglieder anwesend ist. Wird diese Anzahl zur festgesetzten Stunde nicht erreicht, so hat eine halbe Stunde später am selben Ort eine Ersatzsitzung stattzufinden, die ohne Rücksicht auf die Zahl der erschienenen Mitglieder beschlussfähig ist, sofern in der Einladung ausdrücklich auf diese Bestimmung hingewiesen wurde.

(6) Der Kammertag hat seine Beschlüsse mit einfacher Mehrheit der abgegebenen gültigen Stimmen zu fassen. Im Fall der Stimmengleichheit entscheidet die Stimme des Vorsitzenden.

(7) Die Sitzungen des Kammertages sind öffentlich. Die Öffentlichkeit kann ausgeschlossen werden, wenn es vom Vorsitzenden oder von der in der Geschäftsordnung festzusetzenden Anzahl der Mitglieder verlangt und vom Kammertag beschlossen wird.

Rechnungsprüfer

§ 162. (1) Der Kammertag hat für jedes Geschäftsjahr, spätestens mit der Beschlussfassung über den Jahresvoranschlag, zwei Rechnungsprüfer und je einen Stellvertreter zu bestellen. Die Rechnungsprüfer und deren Stellvertreter sind aus dem Kreis der ordentlichen Mitglieder zu bestellen. Eine Bestellung von Vorstandsmitgliedern und deren Ersatzmitgliedern ist nicht zulässig.

(2) Die Rechnungsprüfer haben folgende Aufgaben wahrzunehmen:

1. die Prüfung des Jahresabschlusses der Kammer der Wirtschaftstreuhänder und
2. die Berichterstattung über das Ergebnis ihrer Prüfung an den Kammertag.

(3) Die Prüfung des Jahresabschlusses der Kammer der Wirtschaftstreuhänder hat nach den für die Pflichtprüfung von Aktiengesellschaften geltenden Vorschriften zu erfolgen.

Ausübung der Funktion

§ 163. (1) Kammerfunktionäre und Ausschussmitglieder haben ihre Tätigkeiten ohne Bindung an einen Auftrag auszuüben.

(2) Kammerfunktionäre und Ausschussmitglieder sind verpflichtet, an den Sitzungen der jeweiligen Ausschüsse und Organe teilzunehmen und die ihnen zugewiesenen Berichte auszuarbeiten.

(3) Jedes ordentliche Mitglied ist verpflichtet, seine Wahl in eine Funktion oder die Bestellung in einen Ausschuss anzunehmen.

(4) Kammerfunktionäre und Ausschussmitglieder haben Anspruch auf Ersatz der ihnen in Ausübung ihrer Funktion entstandenen Barauslagen.

(5) Kammerfunktionären und Ausschussmitgliedern mit größerer Inanspruchnahme durch ihre Funktion sind Funktionsentschädigungen zu gewähren, wenn die Geschäftsordnung dies vorsieht. Bei Festsetzung der Funktionsentschädigungen in der Geschäftsordnung ist insbesondere auf das Ausmaß der zur Ausübung der jeweiligen Funktion erforderlichen zeitlichen Inanspruchnahme Bedacht zu nehmen.

Verlust der Funktion

§ 164. (1) Der Bundesminister für Wissenschaft, Forschung und Wirtschaft hat Einzelorgane und Mitglieder von Kollektivorganen und Ausschüssen zu suspendieren, wenn

1. gegen sie wegen einer die Ausschließung von der Wählbarkeit begründenden strafbaren Handlung ein Strafverfahren eingeleitet wurde oder
2. über ihr Vermögen ein Insolvenzverfahren eröffnet wurde.

(2) Die Suspendierung ist nach rechtskräftigem Abschluss des Straf- oder Insolvenzverfahrens aufzuheben.

(3) Der Vorstand der Kammer der Wirtschaftstreuhänder kann Mitglieder von Ausschüssen, die ihren Verpflichtungen gemäß § 163 Abs. 2 nicht nachkommen, abberufen.

(4) Der Bundesminister für Wissenschaft, Forschung und Wirtschaft hat Einzelorgane und Mitglieder von Kollektivorganen und Ausschüssen abzuberufen, wenn

1. bei ihnen nachträglich Umstände eintreten oder bekannt werden, die ihre Wählbarkeit ausschließen, oder
2. sie sich einer groben Verletzung oder Vernachlässigung ihrer Pflichten schuldig gemacht haben oder
3. andere schwerwiegende Gründe vorliegen und dies der Kammertag verlangt.

(5) Beschlüsse des Vorstandes gemäß Abs. 3 sowie des Kammertages gemäß Abs. 4 Z 3 sind mit einer Mehrheit von zwei Dritteln der Anwesenden zu fassen.

(6) Der Verlust der ordentlichen Mitgliedschaft zur Kammer der Wirtschaftstreuhänder hat gleichzeitig den Verlust aller Funktionen und Mitgliedschaften zu Ausschüssen zur Folge.

Bestellung von Wirtschaftstreuhändern als Verfahrenshelfer

§ 165. (1) Hat ein Verwaltungsgericht die Beigebung eines Wirtschaftstreuhänders zum Verfahrenshelfer in einem gerichtlichen Abgabeverfahren beschlossen oder schließt die Bewilligung der Verfahrenshilfe eine solche Beigebung ein, so hat die Partei Anspruch auf die Bestellung eines Wirtschaftstreuhänders durch die Kammer der Wirtschaftstreuhänder.

(2) Die Bestellung eines Wirtschaftstreuhänders zum Verfahrenshelfer für ein gerichtliches Abgabeverfahren obliegt der Kammer der Wirtschaftstreuhänder. Nähere Bestimmungen dazu hat die Geschäftsordnung zu treffen.

2. Abschnitt
Kammeramt

Einrichtung – Aufgaben

§ 166. (1) Zur Besorgung der Kammergeschäfte und zur Mitwirkung an den der Kammer der Wirtschaftstreuhänder durch besondere Gesetze oder sonstige Vorschriften übertragenen Aufgaben ist ein Kammeramt eingerichtet.

(2) Die Kosten des Kammeramtes sind von der Kammer der Wirtschaftstreuhänder zu tragen.

(3) Das Kammeramt untersteht dem Präsidenten.

Kammeramt – Personal

§ 167. (1) Das Kammeramt ist durch einen Kammerdirektor zu leiten.

(2) Die Auswahl des Kammerdirektors und seines Stellvertreters sowie der Abschluss und die Auflösung ihres Dienstvertrages obliegen dem Vorstand. Der Kammerdirektor, sein Stellvertreter und das für die Besorgung der Kammergeschäfte erforderliche Personal haben die Gewähr dafür zu bieten, dass sie jederzeit rückhaltlos für die

unabhängige demokratische Republik Österreich eintreten werden.

Dienstordnung

§ 168. (1) Die Rechte und Pflichten des in der Kammer der Wirtschaftstreuhänder beschäftigten Personals sind in einer Dienstordnung festzusetzen.

(2) In der Dienstordnung sind insbesondere die Ansprüche des in der Kammer der Wirtschaftstreuhänder beschäftigten Personals auf Entgelt und Ruhe- und Versorgungsbezüge zu regeln.

(3) Bezugsberechtigte von Ruhe- und Versorgungsbezügen aus direkten Leistungszusagen haben, soweit ihre Ruhe- und Versorgungsbezüge die Höhe der monatlichen Höchstbeitragsgrundlage gemäß § 108 Abs. 1 und 3 des Allgemeinen Sozialversicherungsgesetzes (ASVG), BGBl. Nr. 189/1955, überschreitet, für jene Anteile, welche den aus dem ASVG stammenden Teil übersteigen, einen Pensionssicherungsbeitrag an die Kammer der Wirtschaftstreuhänder zu leisten, der von der auszahlenden Stelle einzubehalten ist. Dies gilt auch für Sonderzahlungen. Der Pensionssicherungsbeitrag beträgt

1. 5% für jenen Teil des Ruhe- und Versorgungsgenusses, der über 100% der monatlichen Höchstbeitragsgrundlage liegt, aber nicht mehr als 150% der monatlichen Höchstbeitragsgrundlage beträgt,
2. 10% für jenen Teil des Ruhe- und Versorgungsgenusses, der über 150% der monatlichen Höchstbeitragsgrundlage liegt, aber nicht mehr als 200% der monatlichen Höchstbeitragsgrundlage beträgt,
3. 20% für jenen Teil des Ruhe- und Versorgungsgenusses, der über 200% der monatlichen Höchstbeitragsgrundlage liegt, aber nicht mehr als 300% der monatlichen Höchstbeitragsgrundlage beträgt und
4. 25% für jenen Teil des Ruhe- und Versorgungsgenusses, der über 300% der monatlichen Höchstbeitragsgrundlage liegt.

Geschäftsordnung

§ 169. (1) Die Kammer der Wirtschaftstreuhänder hat eine Geschäftsordnung zu erlassen.

(2) Die Geschäftsordnung hat insbesondere zu regeln:

1. die innere Geschäftsführung und den Verkehr mit Personen und Stellen außerhalb der Kammer der Wirtschaftstreuhänder,
2. die Art und Form von Beurkundungen der Kammerbeschlüsse und die Fertigung der Mitteilungen, Eingaben und sonstiger Schriftstücke der Kammer der Wirtschaftstreuhänder und
3. den Ersatz von Barauslagen und die Gewährung und die Höhe von Funktionsentschädigungen der Kammerfunktionäre und der Ausschussmitglieder.

3. Abschnitt
Mitgliedschaft

Ordentliche und außerordentliche Mitglieder

§ 170. (1) Der Kammer der Wirtschaftstreuhänder gehören die ordentlichen und außerordentlichen Mitglieder an.

(2) Ordentliche Mitglieder der Kammer der Wirtschaftstreuhänder sind alle jene, die durch Bestellung oder Anerkennung zur selbständigen Ausübung eines Wirtschaftstreuhandberufes berechtigt sind.

(3) Außerordentliche Mitglieder der Kammer der Wirtschaftstreuhänder sind alle Berufsanwärter.

Beginn und Endigung der Mitgliedschaft

§ 171. (1) Die ordentliche Mitgliedschaft beginnt mit dem Tag der Bestellung oder Anerkennung und endet mit dem Tag des Erlöschens der Berechtigung zur selbständigen Ausübung eines Wirtschaftstreuhandberufes.

(2) Die außerordentliche Mitgliedschaft beginnt mit dem Tag der Eintragung in das Verzeichnis der Berufsanwärter. Sie endet mit dem Tag des Erwerbs der ordentlichen Mitgliedschaft.

Pflichten der Mitglieder

§ 172. Die Mitglieder sind verpflichtet, die kammerrechtlichen Vorschriften einzuhalten und die Beschlüsse der Kammerorgane zu beachten.

Verzeichnis der Mitglieder

§ 173. (1) Die Kammer der Wirtschaftstreuhänder hat zu führen:

1. eine Liste ihrer ordentlichen Mitglieder, geordnet nach Berufsgruppen, und
2. eine Liste ihrer außerordentlichen Mitglieder.

(2) Die Listen gemäß Abs. 1 sind bei der Kammer der Wirtschaftstreuhänder für jedermann zugänglich zur öffentlichen Einsicht aufzulegen und haben zu enthalten:

1. den Namen oder die Firma,
2. den Berufssitz oder den Hauptwohnsitz und
3. die Art der Berufsberechtigung einschließlich eines Hinweises, ob eine Berechtigung zur selbständigen Ausübung besteht.

(3) Alle Mitglieder der Kammer der Wirtschaftstreuhänder sind verpflichtet, die zur Anlage und Führung der Listen gemäß Abs. 1 erforderlichen Unterlagen beizubringen.

Zurückstellung von Urkunden

§ 174. Bestellungsurkunden, Anerkennungsurkunden und sonstige Ausweise, die von der Kammer der Wirtschaftstreuhänder ausgestellt wurden und nicht mehr den Tatsachen entsprechen, sind der Kammer der Wirtschaftstreuhänder unverzüglich zurückzustellen. Auf Verlangen hat die Kammer der Wirtschaftstreuhänder diese Urkunden, versehen mit einem deutlich sichtbaren Ungültigkeitsvermerk, ihrem bisherigen Inhaber wieder auszuhändigen.

4. Abschnitt
Gebarung – Haushalt – Umlagen

Gebarung

§ 175. (1) Die Gebarung der Kammer der Wirtschaftstreuhänder hat nach den Grundsätzen der Zweckmäßigkeit, Wirtschaftlichkeit und Sparsamkeit zu erfolgen.

(2) Umlagen und Gebühren für Sonderleistungen dürfen nur in einer solchen Höhe festgesetzt werden, dass ihr Aufkommen zusammen mit allfälligen sonstigen Einnahmen den in dem genehmigten Jahresvoranschlag festgelegten Aufwand einschließlich der Versicherung gemäß § 152 Abs. 2 Z 11 zuzüglich angemessener Rücklagen deckt. Sie sind unter Bedachtnahme auf die unterschiedliche Leistungsfähigkeit der Mitglieder und unter Wahrung des Grundsatzes der Verhältnismäßigkeit festzusetzen.

(3) Unter angemessenen Rücklagen sind jene Rücklagen zu verstehen, die zum Ausgleich unvorhersehbarer Entwicklungen bei den Einnahmen und Ausgaben und zur Bedeckung bestimmter Vorhaben erforderlich sind.

(4) Als Umlagen können erhoben werden:

1. als einmalige Gebühren Beitrittsgebühren, Zweigstellengebühren und Änderungsgebühren und
2. als jährliche Gebühren Grundgebühren und Umsatzgebühren.

(5) Das Recht, eine fällige Umlage oder Gebühr für eine Sonderleistung einzuheben und zwangsweise einzutreiben, verjährt binnen fünf Jahren nach Ablauf des Kalenderjahres, in dem die Umlage oder die Gebühr für die Sonderleistung fällig geworden ist.

(6) Im Einzelfall kann

1. die Bezahlung der Umlagen gemäß Abs. 4 ganz oder teilweise nachgesehen werden, wenn die Bezahlung nach Lage des Falles unbillig wäre, und
2. die Teilzahlung oder Stundung bewilligt werden, wenn die Bezahlung des Gesamtbetrages oder dessen sofortige Bezahlung nach Lage des Falles unbillig wäre.

(7) Die Mitglieder sind hinsichtlich der Umsatzgebühren verpflichtet, jährlich eine Umlagenerklärung an die Kammer der Wirtschaftstreuhänder zu übermitteln. Die Umlagenerklärung ist der Kammer der Wirtschaftstreuhänder innerhalb eines Monats nach Aufforderung zu übermitteln.

(8) Die Kammer der Wirtschaftstreuhänder ist zur Überprüfung der übermittelten Umlagenerklärungen berechtigt. In diesem Zusammenhang sind die Mitglieder verpflichtet, die für die Überprüfung der Umlagenerklärungen erforderlichen Auskünfte zu erteilen und die erforderlichen Belege vorzulegen. Die Kammer der Wirtschaftstreuhänder ist berechtigt, auf der Grundlage der erteilten Auskünfte und vorgelegten Belege die Umsatzgebühren mit Bescheid festzusetzen.

(9) Kommt ein Mitglied seinen Pflichten gemäß Abs. 8 nicht nach, hat die Kammer der Wirtschaftstreuhänder die Umsatzgebühr des betreffenden Mitgliedes zu schätzen und mit Bescheid vorzuschreiben.

Jahresvoranschlag

§ 176. (1) Die Kammer der Wirtschaftstreuhänder hat für jedes Kalenderjahr einen Jahresvoranschlag über ihre finanziellen Erfordernisse und deren Bedeckung aufzustellen.

(2) Der Jahresvoranschlag ist längstens am 15. November des vorangehenden Jahres dem Bundesminister für Wissenschaft, Forschung und Wirtschaft zur Kenntnis zu bringen.

Jahresabschluss

§ 177. (1) Die Kammer der Wirtschaftstreuhänder hat für jedes abgelaufene Kalenderjahr einen Jahresabschluss aufzustellen.

(2) Der Jahresabschluss ist nach Genehmigung durch den Kammertag bis längstens Ende September des folgenden Jahres dem Bundesminister für Wissenschaft, Forschung und Wirtschaft zur Kenntnis zu bringen.

Haushaltsordnung – Umlagenordnung

§ 178. (1) Die Kammer der Wirtschaftstreuhänder hat eine Haushaltsordnung und eine Umlagenordnung zu erlassen.

(2) Die Haushaltsordnung hat insbesondere zu regeln:

1. die allgemeinen Grundsätze, das Zustandekommen und die Gliederung des Jahresvoranschlages,
2. die interne Kontrolle,
3. die Verwaltung und Anlage des Vermögens,
4. die Anweisungsbefugnis bei Zahlungen,
5. die Kassen- und Buchführung und die Behandlung der Rechnungsbelege und
6. die öffentliche Einsichtnahme in den Jahresabschluss.

(3) Die Umlagenordnung hat insbesondere die Fälligkeitstermine der Umlagen und der Gebühren für Sonderleistungen zu regeln. Dabei ist Bedacht zu nehmen auf

1. die Eigenart der Umlagen und der Gebühren für Sonderleistungen,
2. den Grundsatz der Selbstbemessung durch die Zahlungspflichtigen,
3. die Zweckmäßigkeit und
4. einen gleichmäßigen Mittelzufluss.

Eintreibung von Forderungen

§ 179. (1) Rückständige Umlagen, Gebühren für Sonderleistungen, sonstige Pflichtbeiträge, Ordnungsstrafen, im Disziplinarverfahren verhängte Geldbußen und auferlegte Verfahrenskosten sind im Verwaltungsweg oder auf gerichtlichem Weg einzutreiben.

(2) Zur Eintreibung ist ein Rückstandsausweis auszufertigen. Der Rückstandsausweis hat zu enthalten:

1. den Namen und die Anschrift des Schuldners,
2. den rückständigen Betrag,
3. die Art des Rückstandes und
4. den Vermerk, dass der Rückstandsausweis einem die Vollstreckbarkeit hemmenden Rechtszug nicht unterliegt.

(3) Der Rückstandsausweis ist ein Exekutionstitel im Sinne des § 1 der Exekutionsordnung, RGBl. Nr. 79/1896.

Vorsorgeeinrichtungen

§ 180. (1) Die Kammer der Wirtschaftstreuhänder kann zur Vorsorge für den Fall der Krankheit ihrer ordentlichen Mitglieder, deren Angehörigen und deren eingetragenen Partnern sowie sonstiger Personen auch Einrichtungen schaffen, welche die Voraussetzungen des § 5 des Gewerblichen Sozialversicherungsgesetzes (GSVG), BGBl. Nr. 560/1978, erfüllen. Diese Einrichtungen können auch in Form einer von der Kammer der Wirtschaftstreuhänder abgeschlossenen vertraglichen Gruppenversicherung bestehen. Die Kammer der Wirtschaftstreuhänder ist berechtigt, derartige Einrichtungen auch für außerordentliche Mitglieder zu schaffen und aufrechtzuerhalten.

(2) Die Kammer der Wirtschaftstreuhänder hat für ihre ordentlichen Mitglieder ergänzend zur gesetzlichen Altersvorsorge Einrichtungen zur Vorsorge für den Fall des Alters und der Berufsunfähigkeit sowie zur Versorgung der Hinterbliebenen zu schaffen und aufrechtzuerhalten. Alle natürlichen Personen, die ordentliche Mitglieder der Kammer der Wirtschaftstreuhänder sind, unterliegen verpflichtend solchen Vorsorgeeinrichtungen der Kammer der Wirtschaftstreuhänder. Kammermitglieder, deren Berufsbefugnis ruht, können sich auf Antrag von dieser Verpflichtung befreien lassen. Die Kammer der Wirtschaftstreuhänder ist berechtigt, derartige Einrichtungen auch für außerordentliche Mitglieder zu schaffen und aufrechtzuerhalten.

(3) Die Einrichtungen zur Vorsorge für den Fall des Alters und der Berufsunfähigkeit sowie zur Versorgung der Hinterbliebenen sind nach den Grundsätzen des Kapitaldeckungsverfahrens zu gestalten. Aus den Mitteln der Vorsorgeeinrichtung sind folgende Vorsorgeleistungen zu gewähren:

1. Alterspensionen,
2. Berufsunfähigkeitspensionen,
3. Witwen- und Witwerpensionen und Pensionen für hinterbliebene eingetragene Partner und
4. Waisenpension.

(4) Die Voraussetzungen für den Anspruch auf Alters-, Berufsunfähigkeits- und Hinterbliebenenvorsorge sind in der vom Kammertag zu beschließenden Satzung festzusetzen. Hierbei sind folgende Grundsätze zu beachten:

1. Voraussetzung für den Anspruch auf Alterspension ist die Vollendung des 65. Lebensjahres. Der Verzicht auf die Berufsausübung ist nicht erforderlich. In der Satzung der Vorsorgeeinrichtung kann den Kammermitgliedern die Möglichkeit eingeräumt werden, durch Antrag ein früheres oder späteres Anfallsalter zu wählen. Die Satzung kann bei Antritt der Alterspension eine Teilabfindung der Pensionsansprüche auf Antrag vorsehen.
2. Die Berufsunfähigkeitspension ist an Kammermitglieder zu gewähren, welche infolge körperlicher oder geistiger Gebrechen zur Ausübung eines Wirtschaftstreuhandberufes dauernd oder vorübergehend unfähig sind, sofern und solange sie auf die Ausübung eines Wirtschaftstreuhandberufes verzichten. Die Satzung der Vorsorgeeinrichtung kann zur Überprüfung der Anspruchsvoraussetzungen die Durchführung von vertrauensärztlichen Untersuchungen verlangen.
3. Nach dem Tod eines Anwartschaftsberechtigten einer Alters- oder Berufsunfähigkeitspension hat die Witwe (der Witwer), die (der) mit ihm (ihr) im Zeitpunkt des Todes in aufrechter Ehe gelebt hat, Anspruch auf Witwen-(Witwer-)Pension. Ebenso hat die Witwe (der Witwer), die ein Leistungsberechtigter einer Alters- oder Berufsunfähigkeitspension hinterlässt, Anspruch auf Witwen-(Witwer-) Pension, sofern die Ehe bereits vor dem Anfall der Vorsorgeleistung geschlossen wurde. Im Fall der Wiederverehelichung oder der Begründung einer eingetragenen Partnerschaft erlischt der Anspruch auf Witwen-(Witwer-) Pension. Die Witwen-(Witwer-) Pension beträgt 60% der Alters- oder Berufsunfähigkeitspension, die dem Verstorbenen im Zeitpunkt seines Ablebens gebührt hat oder gebührt hätte. Für den Fall, dass die Witwe (der Witwer) mehr als sieben Jahre jünger ist als der (die) Verstorbene, hat der Kammertag in der zu beschließenden Satzung Leistungsabschläge nach versicherungsmathematischen Grundsätzen vorzusehen.

3a. Nach dem Tod eines Anwartschaftsberechtigten einer Alters- oder Berufsunfähigkeitspension hat der hinterbliebene eingetragene Partner, der mit ihm (ihr) im Zeitpunkt des Todes in aufrechter eingetragenen Partnerschaft gelebt, Anspruch auf eine Pension für hinterbliebene eingetragene Partner. Ebenso hat der eingetragene Partner, den ein Leistungsberechtigter einer Alters- oder Berufsunfähigkeitspension hinterlässt, Anspruch auf eine Pension für hinterbliebene eingetragene Partner, sofern die eingetragene Partnerschaft bereits vor dem Anfall der Vorsorgeleistung geschlossen wurde. Im Fall der Begründung einer neuerlichen eingetragenen Partnerschaft oder einer Verehelichung erlischt der Anspruch auf Pension. Die Pension für hinterbliebene eingetragene Partner beträgt 60% der Alters- oder Berufsunfähigkeitspension, die dem Verstorbenen im Zeitpunkt seines Ablebens gebührt hat oder gebührt hätte. Für den Fall, dass das der hinterbliebene eingetragene Partner mehr als sieben Jahre jünger ist als der (die) Verstorbene, hat der Kammertag in der zu beschließenden Satzung Leistungsabschläge nach versicherungsmathematischen Grundsätzen vorzusehen.

4. Kinder, welche ein Anwartschaftsberechtigter oder Leistungsberechtigter einer Alters- oder Berufsunfähigkeitspension hinterlässt, haben Anspruch auf Waisenpension. Der Versorgungsanspruch der Kinder endet mit Vollendung des 18. Lebensjahres; bei Fortsetzung der wissenschaftlichen oder fachlichen Ausbildung und Nachweis eines befriedigenden Studienfortganges, mit Abschluss der Studien, spätestens jedoch mit Vollendung des 27. Lebensjahres. Die Waisenpension beträgt für Halbwaisen mindestens 10% und für Vollwaisen mindestens 20% der Alters- oder Berufsunfähigkeitspension, die dem Verstorbenen im Zeitpunkt seines Ablebens gebührt hat oder gebührt hätte.

5. Für den Fall, dass ein Kammermitglied vor Inanspruchnahme einer Leistung der Vorsorgeeinrichtung und ohne Hinterlassen von anspruchsberechtigten Hinterbliebenen stirbt, kann die Satzung die Auszahlung einer einmaligen Abfindung vorsehen. Das Kammermitglied kann eine oder mehrere Personen bestimmen, an welche die Abfindung auszuzahlen ist. Die Abfindung beträgt höchstens 40% der auf dem Konto des Anwartschaftsberechtigten verbuchten Beiträge und Veranlagungsüberschüsse.

6. Die Vorsorgeansprüche entstehen mit dem auf die Erfüllung der Anspruchsvoraussetzungen folgenden Monatsersten.

(5) Der Kammertag hat für die Vorsorgeeinrichtung gemäß § 180 Abs. 2 eine Leistungs- und Beitragsordnung zu beschließen.

(5a) Für den Fall der Beendigung der ordentlichen Mitgliedschaft zur Kammer der Wirtschaftstreuhänder kann das ehemalige Mitglied die Übertragung des auf dem Pensionskonto nach Abs. 6 angesammelten Guthabens in eine Pensionskasse oder eine Einrichtung im Sinne des § 5 Z 4 Pensionskassengesetz (PKG), BGBl. Nr. 281/1990, in eine betriebliche Kollektivversicherung oder Gruppenrentenversicherung eines neuen Arbeitgebers, in eine Einrichtung der zusätzlichen Pensionsversicherung nach § 479 ASVG oder in eine nach dem Kapitaldeckungsverfahren gestaltete Versorgungseinrichtung nach § 50 Abs. 3 der Rechtsanwaltsordnung (RAO), RGBl. Nr. 96/1868, verlangen. Im Fall des Beginns der ordentlichen Mitgliedschaft zur Kammer der Wirtschaftstreuhänder kann das ordentliche Mitglied die Überweisung von Unverfallbarkeitsbeträgen nach den §§ 5 oder 6c des Betriebspensionsgesetzes (BPG), BGBl. Nr. 282/1990, oder eines Betrages aus einer Einrichtung der zusätzlichen Pensionsversicherung nach § 479 ASVG oder einer Versorgungseinrichtung nach § 50 Abs. 3 RAO in die Vorsorgeeinrichtung nach Abs. 2 verlangen. Die näheren Bestimmungen für die Übertragung oder Überweisung sind in der Satzung festzulegen.

(6) Die Höhe der Vorsorgeansprüche ist auf Grund der eingezahlten Beiträge und erzielten Veranlagungsüberschüsse nach versicherungsmathematischen Grundsätzen zu errechnen. Für jeden Anwartschafts- und Leistungsberechtigten ist ein Pensionskonto gemäß § 18 PKG zu führen. Die mit der Verwaltung der Vorsorgeeinrichtung entstehenden Kosten sind von den Anwartschaftsberechtigten und Leistungsberechtigten zu tragen. Für die Berufsunfähigkeitspension und die Hinterbliebenenpension sind vom Eintrittsalter abhängige Mindestleistungen vorzusehen. Die Höhe der Mindestleistungen ist in der Leistungsordnung festzusetzen. Im Falle von Beitragsbefreiungen und Beitragsermäßigungen hat die Satzung die Gewährung der Mindestleistungen entsprechend dem Ausmaß der Befreiung oder Ermäßigung ganz oder teilweise auszuschließen. Die Satzung kann die Gewährung der Mindestleistungen auch abhängig vom Zeitpunkt des Leistungsfalls ganz oder teilweise ausschließen. Die Witwen-(Witwer-) und Waisenpensionen dürfen zusammen jenen Betrag nicht übersteigen, auf den der Verstorbene selbst Anspruch gehabt hat oder gehabt hätte. Innerhalb dieses Höchstausmaßes sind die Leistungen an die einzelnen Waisen verhältnismäßig zu kürzen.

(7) In der Beitragsordnung ist die Höhe der jährlichen Beiträge festzusetzen. Dabei ist auf die wirtschaftliche Leistungsfähigkeit der Kammermitglieder Bedacht zu nehmen. Die Beiträge können auch angemessene, nach versicherungsmathematischen Grundsätzen zu ermittelnde Risikobeiträge zur Finanzierung der Berufsunfähigkeits- und Hinterbliebenenvorsorge enthalten. In der Beitragsordnung können Höchst- und Mindestbeiträge festgelegt werden. Die Beiträge können sowohl als Fixbeiträge als auch in Relation zu einer in der Satzung festzulegenden Bemessungsbasis geregelt werden. Die Höhe der Beiträge darf 10% der jährlichen Einkünfte aus selbständiger und unselbständiger Tätigkeit in einem Wirtschaftstreuhandberuf nicht übersteigen. Wenn der Beitrag als Fixbetrag festgelegt wird, hat die Satzung – unbeschadet eines allfälligen Mindestbeitrags – Ermäßigungs- oder Befreiungsmöglichkeiten für jene Kammermitglieder vorzusehen, deren Bemessungsgrundlage geringer ist als die Bemessungsgrundlage, die sich aus dem Höchstbeitrag ergibt. Eine derartige Beitragsermäßigung kann von Kammermitgliedern, deren Berufsbefugnis ruht, nicht beansprucht werden. Weiters kann die Satzung sowohl eine Beitragsermäßigung als auch eine Beitragsbefreiung für Berufsanfänger vorsehen, und zwar für das Jahr der Ersteintragung und für weitere vier Kalenderjahre.

(8) Alle für die Vorsorgeeinrichtungen gemäß § 180 Abs. 1 und 2 erforderlichen Entscheidungen, insbesondere über die Feststellung der verpflichtenden Teilnahme an einer Vorsorgeeinrichtung, über die Vorschreibung von Beiträgen, über An-

träge auf Befreiungen, Beitragsermäßigungen und die Zuerkennung von Leistungen, haben die gemäß § 159 Abs. 3a zu bestellenden Ausschüsse zu treffen. Über einen Anspruch auf Leistungen aus der Vorsorgeeinrichtung gemäß § 180 Abs. 2 ist längstens innerhalb von drei Monaten zu entscheiden. Für die administrative Vorbereitung und Durchführung der die Vorsorgeeinrichtung gemäß § 180 Abs. 2 betreffenden Angelegenheiten kann sich die Kammer der Wirtschaftstreuhänder Dritter bedienen. Die Betrauung Dritter ist in der Satzung der Vorsorgeeinrichtung zu regeln.

(BGBl I 2020/67)

(9) Die Verwaltung des Vermögens der Vorsorgeeinrichtung gemäß § 180 Abs. 2 ist von der Verwaltung des übrigen Kammervermögens getrennt zu führen und obliegt dem für diese Vorsorgeeinrichtung zu bestellenden Ausschuss. Dieser hat jährlich einen Rechenschaftsbericht zu erstatten. Das Vermögen der Vorsorgeeinrichtung ist nach den Grundsätzen des § 25 PKG zu veranlagen. Hierbei kann der Ausschuss Dritte zur Unterstützung heranziehen. Es ist ein Geschäftsplan gemäß § 20 PKG zu erstellen. Die Geschäftsführung der Vorsorgeeinrichtung ist von einem Prüfaktuar mindestens einmal jährlich zu überprüfen. Der Prüfaktuar wird vom Vorstand jeweils für die Dauer von drei Jahren bestellt.

(10) In den Satzungen der Vorsorgeeinrichtungen sind auf Grund der §§ 159 und 180 nähere Bestimmungen über die Zusammensetzung der Ausschüsse, die Aufbringung der Beiträge zu den Vorsorgeeinrichtungen, die Verwaltung und Veranlagung der Beiträge, die Tätigkeit des Prüfaktuars und über die Höhe, die Festlegung der Voraussetzungen und das Verfahren für die Gewährung der vorgesehenen Vorsorgeleistungen zu treffen.

In den Satzungen der Vorsorgeeinrichtungen kann festgelegt werden, dass Eingaben der Mitglieder ausschließlich in elektronischer Form über ein Internetportal der jeweiligen Vorsorgeeinrichtung einzubringen sind sowie bestimmten Gliederungen, technischen Mindestanforderungen und Übermittlungsmodalitäten zu entsprechen haben. In den Satzungen der Vorsorgeeinrichtungen kann festgelegt werden, dass Entscheidungen oder sonstige Erledigungen der gemäß § 180 Abs. 8 zuständigen Ausschüsse oder betrauten Dritten an die Mitglieder ausschließlich in elektronischer Form über ein Internetportal der jeweiligen Vorsorgeeinrichtung zuzustellen sind. Die weiteren Nutzungsbedingungen für das Internetportal der jeweiligen Vorsorgeeinrichtung sind ebenfalls in den Satzungen der Vorsorgeeinrichtungen festzulegen.

(BGBl I 2020/67)

(11) Die Kammer der Wirtschaftstreuhänder hat für die Deckung von Ruhe- und Versorgungsansprüchen des Personals der Kammer der Wirtschaftstreuhänder einen Pensionsfonds zu bilden. Die Höhe des Pensionsfonds hat versicherungsmathematischen Grundsätzen zu entsprechen. Die entsprechenden Beträge sind in den jährlichen Voranschlägen der Kammer der Wirtschaftstreuhänder anzusetzen. Soweit die Ruhe- und Versorgungsansprüche durch den Pensionsfonds nicht gedeckt sind, sind die zur Ergänzung notwendigen Beträge in den Voranschlägen anzusetzen.

5. Abschnitt
Sonstige Bestimmungen

Aufsicht

§ 181. (1) Die Kammer der Wirtschaftstreuhänder und alle ihre Einrichtungen und Unternehmungen unterstehen der Aufsicht des Bundesministers für Wissenschaft, Forschung und Wirtschaft.

(2) Die Aufsicht umfasst die Sorge für die gesetzmäßige Führung der Geschäfte und für die Aufrechterhaltung des ordnungsmäßigen Ganges der Verwaltung.

(3) Der Bundesminister für Wissenschaft, Forschung und Wirtschaft ist in Handhabung seines Aufsichtsrechts insbesondere berechtigt, Beschlüsse und Bescheide aufzuheben.

(4) Die Kammer der Wirtschaftstreuhänder ist verpflichtet, dem Bundesminister für Wissenschaft, Forschung und Wirtschaft auf Verlangen Auskünfte zu erteilen, Akteneinsicht zu gewähren und Prüfungen an Ort und Stelle vornehmen zu lassen. Gegenüber dem Bundesminister für Wissenschaft, Forschung und Wirtschaft besteht keine Amtsverschwiegenheit.

(5) Die von der Kammer der Wirtschaftstreuhänder beschlossenen Richtlinien und Empfehlungen sind dem Bundesminister für Wissenschaft, Forschung und Wirtschaft unverzüglich zur Kenntnis zu bringen.

(6) Die Kundmachung einer von der Kammer der Wirtschaftstreuhänder beschlossenen Verordnung ist nur mit Zustimmung des Bundesministers für Wissenschaft, Forschung und Wirtschaft zulässig. Verordnungen der Kammer der Wirtschaftstreuhänder sind im Amtsblatt der Kammer der Wirtschaftstreuhänder und im Internet auf der Website der Kammer der Wirtschaftstreuhänder kundzumachen. Die im Internet kundgemachten Inhalte müssen jederzeit ohne Identitätsnachweis und gebührenfrei zugänglich sein und in ihrer kundgemachten Form vollständig und auf Dauer ermittelt werden können. Die jeweiligen Änderungen sind im Internet auf der Website der Kammer der Wirtschaftstreuhänder mit dem jeweiligen Kundmachungsdatum ersichtlich zu machen.

Wechselseitige Hilfeleistungspflichten

§ 182. (1) Alle staatlichen und autonomen Behörden und alle auf Grund gesetzlicher Bestimmungen zur Vertretung wirtschaftlicher Interessen berufenen oder auf Grund freier Vereinbarung hierzu errichteten Körperschaften sind verpflichtet, der Kammer der Wirtschaftstreuhänder auf Verlangen die zur Erfüllung ihrer Aufgaben erforderlichen Auskünfte unbeschadet der Bestimmungen des Datenschutzgesetzes 2000, BGBl. I Nr. 165/1999, zu erteilen.

(2) Die Kammer der Wirtschaftstreuhänder ist zu einem gleichen Verhalten gegenüber den vorgenannten Behörden und Körperschaften verpflichtet.

(3) Im Fall von Strafverfahren wegen des Verdachts einer vorsätzlich begangenen strafbaren Handlung, die mit mehr als einjähriger Freiheitsstrafe bedroht ist, einer mit Bereicherungsvorsatz begangenen sonstigen gerichtlich strafbaren Handlungen und eines gerichtlich strafbaren Finanzvergehens haben die Kammer der Wirtschaftstreuhänder zu verständigen:

1. die Staatsanwaltschaften von der Einleitung eines Ermittlungsverfahrens nach der StPO als Beschuldigte (§ 48 Abs. 1 Z 2 StPO) sowie über die Einbringung der Anklage, den Rücktritt von der Verfolgung und die Einstellung des Ermittlungsverfahrens und
2. das Strafgericht über die Verhängung der Untersuchungshaft sowie über die rechtskräftige Entscheidung im Strafverfahren unter Anschluss der das Verfahren abschließenden Entscheidung.

(4) Die Finanzstrafbehörden sind verpflichtet, die Kammer der Wirtschaftstreuhänder von der Einleitung eines verwaltungsbehördlichen Finanzstrafverfahrens wegen eines sonstigen vorsätzlichen Finanzvergehens mit Ausnahme einer Finanzordnungswidrigkeit gegen einen Berufsberechtigten ohne Verzug zu verständigen und das Ergebnis des durchgeführten Strafverfahrens der Kammer unter Anschluss einer Ausfertigung der Strafentscheidung mitzuteilen.

(5) Der Kammer der Wirtschaftstreuhänder ist auf Verlangen Akteneinsicht zu gewähren. Bis zur Beendigung des Ermittlungsverfahrens können jedoch die Staatsanwaltschaften und Gerichte einzelne Aktenstücke von der Einsichtnahme ausnehmen, wenn besondere Umstände die Befürchtung rechtfertigen, dass durch eine sofortige Kenntnisnahme von diesen Aktenstücken der Zweck der Ermittlungen gefährdet wäre.

(6) Der Vorsitzenden des Disziplinarrates hat den Gerichten und Staatsanwaltschaften auf Verlangen jederzeit Auskunft über den Stand eines Disziplinarverfahrens oder dessen Ausgang zu erteilen.

Datenschutz

§ 183. Die Kammer der Wirtschaftstreuhänder ist insoweit ermächtigt, personenbezogene Daten im Sinne der Verordnung (EU) 2016/679 zum Schutz natürlicher Personen bei der Verarbeitung personenbezogener Daten, zum freien Datenverkehr und zur Aufhebung der Richtlinie 95/46/EG (Datenschutz-Grundverordnung), ABl. Nr. L 119 vom 04.05.2016 S. 1, und des Datenschutzgesetzes (DSG), BGBl. I Nr. 165/1999, zu verarbeiten, als dies der Erfüllung der ihnen gesetzlich übertragenen Aufgaben dient. Dies gilt auch für die Verarbeitung von personenbezogenen Daten durch sonstige Rechtsträger, die zur Erfüllung dieser Aufgaben herangezogen werden.

(BGBl I 2018/32)

Verschwiegenheitspflicht

§ 184. (1) Alle Funktionäre, Ausschussmitglieder und das gesamte Personal der Kammer der Wirtschaftstreuhänder sind verpflichtet, über persönliche Verhältnisse, Einrichtungen und Geschäfts- und Betriebsverhältnisse, die ihnen in Wahrnehmung ihrer Aufgaben in der Kammer der Wirtschaftstreuhänder zur Kenntnis gelangen, Verschwiegenheit zu bewahren. Jede Verwertung von Geschäfts- und Betriebsgeheimnissen ist ihnen untersagt.

(2) Von der Verschwiegenheitspflicht kann auf Verlangen eines Gerichtes oder einer Behörde das Präsidium oder, soweit sie dieses betrifft, der Bundesminister für Wissenschaft, Forschung und Wirtschaft entbinden.

Europäische Verwaltungszusammenarbeit

§ 185. (1) Die Kammer der Wirtschaftstreuhänder hat mit den zuständigen Behörden der anderen Mitgliedstaaten der EU oder eines Vertragsstaates des EWR oder der Schweizerischen Eidgenossenschaft zur Anwendung folgender Richtlinien eng zusammenzuarbeiten und diesen Behörden Amtshilfe zu leisten:

1. der Berufsqualifikationsanerkennungs-RL und
2. der Abschlussprüfungs-RL.

(2) Die Verpflichtungen nach Abs. 1 umfassen insbesondere den Austausch folgender Informationen betreffend diesem Gesetz unterliegende Personen:

1. Informationen über disziplinarische oder strafrechtliche Sanktionen oder sonstige schwerwiegende genau bestimmte Sachverhalte, die sich auf die ausgeübten Tätigkeiten auswirken könnten, vorliegen sowie
2. betreffend die Erbringung einer Dienstleistung
   a) alle Informationen über die Rechtmäßigkeit der Niederlassung und die gute Führung des Dienstleisters,
   b) alle Informationen, die im Falle von Beschwerden eines Dienstleistungsempfängers gegen einen Dienstleister für ein ordnungsgemäßes Beschwerdeverfahren erforderlich sind, wobei der Dienstleistungsempfänger über das Beschwerdeergebnis zu unterrichten ist und
   c) Informationen darüber, dass keine berufsbezogenen disziplinarischen oder strafrechtlichen Sanktionen vorliegen.

(3) Die Kammer der Wirtschaftstreuhänder hat im Rahmen der Europäischen Verwaltungszusammenarbeit das Internal Market Information System (IMI) entsprechend der Verordnung (EU) Nr. 1024/2012 über die Verwaltungszusammenarbeit mit Hilfe des Binnenmarkt-Informationssystems und zur Aufhebung der Entscheidung 2008/49/EG der Kommission („IMI-Verordnung"), ABl. Nr. L 316 vom 14.11.2012 S. 1, zuletzt geändert durch

die Verordnung (EU) Nr. 1628/2016, ABl. Nr. L 252 vom 16.09.2016 S. 53, zu verwenden.

(4) Sofern der Niederlassungswerber im Rahmen eines Verfahrens gemäß § 7 gefälschte Berufsqualifikationsnachweise angeschlossen hat, hat die Kammer der Wirtschaftstreuhänder die zuständigen Behörden der anderen Mitgliedstaaten der EU und Vertragsstaaten des EWR nach den Bestimmungen des Art. 56a der Berufsqualifikationsanerkennungs-RL im Wege des IMI binnen drei Tagen nach Rechtskraft einer entsprechenden gerichtlichen Feststellung über die Identität des Niederlassungswerbers zu informieren. Die Kammer der Wirtschaftstreuhänder hat den Niederlassungswerber zeitgleich mit der Vorwarnung schriftlich über die Vorwarnung zu informieren. Der Niederlassungswerber kann eine Überprüfung der Rechtmäßigkeit der Vorwarnung in einem bescheidmäßig zu erledigenden Verfahren bei der Kammer der Wirtschaftstreuhänder beantragen. Die Kammer der Wirtschaftstreuhänder hat die Vorwarnung im Wege des IMI unverzüglich richtig zu stellen oder zurückzuziehen, wenn im Rahmen der Überprüfung die Rechtswidrigkeit der Vorwarnung festgestellt wird.

2. Hauptstück
Wahlen

1. Abschnitt
Kosten – Wahlordnung

Kosten

§ 186. Die Kosten, die sich aus der Durchführung der Wahlen der Kammerorgane ergeben, sind von der Kammer der Wirtschaftstreuhänder zu tragen.

Wahlordnung

§ 187. (1) Die Kammer der Wirtschaftstreuhänder hat durch Verordnung die näheren Durchführungsvorschriften für die Wahlen der Kammerorgane zu erlassen.

(2) Im Falle der Durchführung der Wahl auf elektronischem Weg hat die Wahlordnung die näheren Bestimmungen festzulegen. Dabei ist sicherzustellen, dass die Einhaltung der Bestimmungen des § 188 sowie der Datenschutz-Grundverordnung und des Datenschutzgesetzes gewährleistet ist. Das zum Einsatz kommende System muss den Sicherheitsanforderungen qualifizierter elektronischer Signaturen gemäß der Verordnung (EU) Nr. 910/2014 entsprechen und gewährleisten, dass die Aufgaben der Hauptwahlkommission und der Wahlkommissionen auch bei der elektronischen Wahl erfüllt werden können.

(3) Durch das bei einer elektronischen Wahl eingesetzte System ist insbesondere Folgendes sicherzustellen:

1. Die Wahrung des Wahlgeheimnisses durch Methoden, die gewährleisten, dass die ausgefüllten Stimmzettel anonymisiert und nicht rückverfolgbar bei den Wahlkommissionen zur Auszählung gelangen. Es darf zu keinem Zeitpunkt durch die Wahlkommission oder durch Dritte eine Zusammenführung der Identität des Wählers mit seinem Wahlverhalten möglich sein;
2. die Verifikation der Identität des Stimmberechtigten im Rahmen des Wahlvorganges vor der Übermittlung des Stimmzettels, damit die Stimmabgabe durch Nichtberechtigte und die Abgabe mehrerer Stimmen durch eine Person ausgeschlossen ist. Es dürfen nur jene personenbezogenen Daten verwendet werden, die zur Durchführung der Wahl notwendig sind;
3. die Unverfälschtheit des ausgefüllten Stimmzettels durch den Einsatz sicherer elektronischer Signaturen und die Geheimhaltung der Wahldaten während der Übertragung zur Wahlkommission durch Verschlüsselung dieser Daten zur Sicherstellung des Wahlgeheimnisses;
4. die Berücksichtigung des Übereilungsschutzes für den Wähler wie bei der herkömmlichen Stimmabgabe und
5. die sinngemäße Erfüllung der gemäß § 221 Abs. 2 an Wahlzellen gestellten Anforderungen durch die aufgestellten technischen Komponenten zur Abgabe der Stimme und die Verpflichtung der Wahlberechtigten durch die Wahlordnung zum unbeobachteten und unbeeinflussten Ausfüllen der Wahlformulare.

(4) Die Erfüllung der Sicherheitsanforderungen gemäß Abs. 2 und 3 muss von einer Bestätigungsstelle gemäß § 7 des Signatur- und Vertrauensdienstegesetzes (SVG), BGBl. I Nr. 50/2016, bescheinigt sein.

(BGBl I 2020/67)

WTBG

2. Abschnitt
Wahl in den Kammertag

Allgemeine Grundsätze

§ 188. Die Mitglieder des Kammertages sind auf Grund des allgemeinen, gleichen und geheimen Wahlrechts nach den Grundsätzen des Verhältniswahlrechts zu wählen. Die Wahl in den Kammertag kann auch auf elektronischem Wege (e-voting) erfolgen.

(BGBl I 2020/67)

Funktionsperiode des Kammertages

§ 189. (1) Der Kammertag hat eine fünfjährige Funktionsperiode.

(2) Die Funktionsperiode des Kammertages beginnt mit dem Tag seiner konstituierenden Sitzung. Die Funktionsperiode endet mit dem Zusammentritt des neu gewählten Kammertages zu seiner konstituierenden Sitzung.

Anordnung der Wahl

§ 190. (1) Die Wahl in den Kammertag hat innerhalb der letzten sechs Monate vor Ablauf der fünfjährigen Funktionsperiode des Kammertages stattzufinden.

(2) Die Wahl in den Kammertag ist vom Vorstand anzuordnen. Der Vorstand hat dabei auch zu beschließen, ob die Wahl auf elektronischen Weg durchgeführt wird.

(BGBl I 2020/67)

(3) Die Anordnung der Wahl ist in geeigneter Weise kundzumachen.

Wahlkreise

§ 191. Das Bundesgebiet ist in neun Wahlkreise zu teilen. Jedes Bundesland bildet einen Wahlkreis. Die neun Wahlkreise bilden den Wahlkreisverband.

Aufteilung der Mandate auf die Wahlkreise

§ 192. (1) Die Zahl der auf die einzelnen Wahlkreise entfallenden Mandate ist auf Grund der Zahl der aktiv wahlberechtigten Mitglieder eines Wahlkreises zu ermitteln.

(2) Für die Zugehörigkeit eines aktiv wahlberechtigten Mitgliedes der Kammer der Wirtschaftstreuhänder zu einem Wahlkreis ist sein Berufssitz maßgebend. Besteht ein Berufssitz im Bundesgebiet nicht, so ist der Hauptwohnsitz am Tage der Wahlanordnung maßgebend.

(3) Für jeden Wahlkreis ist eine Liste der den einzelnen Wahlkreisen angehörenden aktiv wahlberechtigten Mitglieder der Kammer der Wirtschaftstreuhänder zu erstellen. Die Zahlen der den einzelnen Wahlkreisen zugehörenden aktiv wahlberechtigten Mitglieder der Kammer der Wirtschaftstreuhänder sind nach ihrer Größe geordnet nebeneinander zu schreiben. Unter jede dieser Zahlen ist ihre Hälfte, unter diese ihr Drittel, Viertel, Fünftel usw. zu schreiben, bis die 66 größte Zahl ermittelt ist. Jeder Wahlkreis hat so viele Mitglieder in den Kammertag zu wählen, als die zuvor ermittelte Zahl in der Zahl der dem jeweiligen Wahlkreis zugehörenden aktiv wahlberechtigten Mitgliedern der Kammer der Wirtschaftstreuhänder enthalten ist.

(4) Haben nach der Berechnung gemäß Abs. 3 mehrere Wahlkreise den gleichen Anspruch auf ein Mandat, so hat das Los zu entscheiden.

Aktives Wahlrecht

§ 193. (1) Aktiv wahlberechtigt sind alle natürlichen ordentlichen Mitglieder der Kammer der Wirtschaftstreuhänder, deren Mitgliedschaft am Tag der Wahlausschreibung bestanden hat.

(2) Aktiv Wahlberechtigte dürfen nur an ihrem Berufssitz in der Wählerliste eingetragen sein. Besteht ein Berufssitz im Bundesgebiet nicht, so ist der Hauptwohnsitz am Tag der Wahlausschreibung für die Eintragung in die Wählerliste maßgebend. Besteht weder ein Berufssitz noch ein Hauptwohnsitz in Österreich, so ist der Wahlberechtigte in die Wählerliste des nach dem Sitz der Wahlkreiskommissionen seinem Berufssitz nächstgelegenen Wahlkreises einzutragen.

(3) Aktiv Wahlberechtigte dürfen ihr Wahlrecht nur einmal ausüben.

Passives Wahlrecht

§ 194. Wählbar sind alle natürlichen ordentlichen Mitglieder der Kammer der Wirtschaftstreuhänder, die

1. am Tag der Wahlausschreibung bereits mindestens ein Jahr der Kammer der Wirtschaftstreuhänder als ordentliches Mitglied angehört haben und
2. die österreichische Staatsbürgerschaft besitzen.

Hauptwahlkommission – Bestellung

§ 195. (1) Zur Durchführung und Leitung der Wahl ist eine Hauptwahlkommission zu bestellen. Die Hauptwahlkommission hat ihren Sitz bei der Kammer der Wirtschaftstreuhänder. Sie ist für das ganze Bundesgebiet zuständig.

(2) Die Hauptwahlkommission hat zu bestehen aus:

1. dem Vorsitzenden und
2. sechs weiteren Mitgliedern.

(3) Der Vorsitzende der Hauptwahlkommission und für den Fall seiner Verhinderung ein Stellvertreter sind vom Vorstand der Kammer der Wirtschaftstreuhänder zu bestellen. Der Vorsitzende der Hauptwahlkommission und sein Stellvertreter haben vor Antritt ihrer Funktion in die Hand des Präsidenten der Kammer der Wirtschaftstreuhänder das Gelöbnis strenger Unparteilichkeit und gewissenhafter Erfüllung der mit ihrer Funktion verbundenen Pflichten abzulegen.

(4) Die sechs weiteren Mitglieder der Hauptwahlkommission sind vom Vorstand der Kammer der Wirtschaftstreuhänder aufgrund eines Vorschlages des Präsidiums der Kammer der Wirtschaftstreuhänder zu bestellen. Für den Fall der Verhinderung dieser Mitglieder hat der Vorstand der Kammer der Wirtschaftstreuhänder jeweils ein Ersatzmitglied aufgrund eines Vorschlages des Präsidiums zu bestellen.

(5) Das Präsidium hat seinen Vorschlag auf Bestellung der Mitglieder und Ersatzmitglieder der Wahlkommission gleichzeitig mit der Anordnung der Wahlen zu erstatten. Im Vorschlag des Präsidiums muss jede Berufsgruppe zumindest durch ein Mitglied und Ersatzmitglied vertreten sein. Mindestens zwei Mitglieder und zwei Ersatzmitglieder müssen anderen Wahlkreisen als dem Wahlkreis Wien zugehören. Mitglieder gemäß Abs. 2 Z 2 und ihre Ersatzmitglieder müssen das passive Wahlrecht besitzen.

(BGBl I 2020/67)

(6) Mitglieder gemäß Abs. 2 Z 2 und ihre Ersatzmitglieder haben vor Antritt ihrer Funktion in die Hand des Vorsitzenden der Hauptwahlkommission das Gelöbnis strenger Unparteilichkeit und gewissenhafter Erfüllung der mit ihrer Funktion verbundenen Pflichten abzulegen.

Hauptwahlkommission – Aufgaben

§ 196. (1) Der Vorsitzende der Hauptwahlkommission hat deren Sitzungen zu leiten und die

Geschäfte der Hauptwahlkommission zu führen, soweit diese nicht von der Hauptwahlkommission selbst wahrzunehmen sind.

(2) Die Hauptwahlkommission hat insbesondere folgende Aufgaben wahrzunehmen:

1. die Aufteilung der auf die einzelnen Wahlkreise entfallenden Mandate des Kammertages,
2. die Ausschreibung der Wahl, die Festsetzung des Zeitpunktes, bis zu welchem sich die Wahlberechtigten im Besitz des Wahlkuverts befinden müssen, und die Festsetzung des Zeitraumes, innerhalb dessen die Wahlkuverts bei der Kreiswahlkommission einlangen oder abgegeben werden müssen,
3. die Bestellung der Mitglieder der Kreiswahlkommissionen,
4. die Angabe, an welcher Stelle und innerhalb welcher Zeit die Wählerlisten zur Einsichtnahme aufliegen müssen,
5. die Entscheidung über Einsprüche gegen die Wählerlisten,
6. die Entscheidung über die Wählbarkeit der Wahlwerber und über die Gültigkeit der Wahlvorschläge und die Verlautbarung der Wahlvorschläge,
7. die Überprüfung der Wahlergebnisse in den Wahlkreisen und die Ermittlung des endgültigen Abstimmungsergebnisses und
8. die Zuweisung der Mandate an die wahlwerbenden Gruppen und die Verlautbarung des Wahlergebnisses.

(3) Die Hauptwahlkommission hat eine elektronisch geführte Wahl unter Beiziehung einer Bestätigungsstelle gemäß § 7 SVG abzubrechen, wenn die Funktionsfähigkeit des verwendeten Systems nicht mehr gegeben ist.

(BGBl I 2020/67)

(4) Nach einem Abbruch der Wahl gemäß Abs. 3 ist diese innerhalb von 60 Tagen zu wiederholen. Die Hauptwahlkommission hat die entsprechende Kundmachung zu erlassen. Diese Kundmachung ist unverzüglich im Amtsblatt der Kammer der Wirtschaftstreuhänder zu veröffentlichen. Die näheren Bestimmungen hat die Wahlordnung zu treffen.

(BGBl I 2020/67)

Kreiswahlkommissionen – Bestellung

§ 197. (1) Für jeden Wahlkreis ist am Sitz der jeweiligen Landesstelle eine Kreiswahlkommission zu bestellen.

(2) Die Kreiswahlkommission hat zu bestehen aus:

1. dem Vorsitzenden und
2. vier weiteren Mitgliedern.

(3) Die Vorsitzenden der Kreiswahlkommissionen und für den Fall ihrer Verhinderung jeweils ein Stellvertreter sind vom Vorsitzenden der Hauptwahlkommission zu bestellen. Die Vorsitzenden der Kreiswahlkommissionen und ihre Stellvertreter haben vor Antritt ihrer Funktion in die Hand des Vorsitzenden der Hauptwahlkommission das Gelöbnis strenger Unparteilichkeit und gewissenhafter Erfüllung der mit ihren Funktionen verbundenen Pflichten abzulegen.

(4) Die vier weiteren Mitglieder der jeweiligen Kreiswahlkommissionen sind von der Hauptwahlkommission auf Grund eines Vorschlages des Vorstandes der Kammer der Wirtschaftstreuhänder zu bestellen. Für den Fall der Verhinderung dieser Mitglieder hat die Hauptwahlkommission jeweils ein Ersatzmitglied auf Grund eines Vorschlages des Vorstandes zu bestellen.

(5) Im Vorschlag des Vorstandes muss jede Berufsgruppe zumindest durch ein Mitglied und ein Ersatzmitglied vertreten sein. Mitglieder gemäß Abs. 2 Z 2 und ihre Ersatzmitglieder müssen ihren Berufssitz oder Hauptwohnsitz im betreffenden Wahlkreis haben und das passive Wahlrecht besitzen.

(6) Mitglieder gemäß Abs. 2 Z 2 und ihre Ersatzmitglieder haben vor Antritt ihrer Funktion in die Hand des Vorsitzenden der Kreiswahlkommission das Gelöbnis strenger Unparteilichkeit und gewissenhafter Erfüllung der mit ihren Funktionen verbundenen Pflichten abzulegen.

Kreiswahlkommissionen – Aufgaben

§ 198. (1) Die Vorsitzenden der Kreiswahlkommissionen haben deren Sitzungen zu leiten und die Geschäfte der Kreiswahlkommissionen zu führen, soweit diese nicht von den Kreiswahlkommissionen selbst wahrzunehmen sind.

WTBG

(2) Die Kreiswahlkommissionen haben insbesondere folgende Aufgaben wahrzunehmen:

1. die Auflegung der Wählerlisten,
2. die Entgegennahme der Wahlkuverts und
3. die Ermittlung des Abstimmungsergebnisses.

Wahlkommissionen – Bestellung

§ 199. (1) Der Vorsitzende, sein Stellvertreter, die Mitglieder und die Ersatzmitglieder der Hauptwahlkommission sind spätestens zwei Wochen nach der Anordnung der Wahl zu bestellen.

(2) Die Vorsitzenden, ihre Stellvertreter, die Mitglieder und die Ersatzmitglieder der Kreiswahlkommissionen sind spätestens vier Wochen nach der Anordnung der Wahl zu bestellen.

Wahlkommissionen – Ausübung der Funktion

§ 200. (1) Die Mitglieder der Wahlkommissionen haben ihre Tätigkeiten ehrenamtlich und ohne Bindung an einen Auftrag auszuüben.

(2) Die Mitglieder der Wahlkommissionen sind verpflichtet, an den Sitzungen teilzunehmen und ihre Funktion streng unparteiisch und gewissenhaft zu erfüllen.

(3) Jedes passiv wahlberechtigte Mitglied ist verpflichtet, seine Bestellung zum Mitglied einer Wahlkommission anzunehmen.

(4) Die Mitglieder der Wahlkommissionen haben Anspruch auf Ersatz der ihnen in Ausübung ihrer Funktion entstandenen Barauslagen.

Sitzungen der Wahlkommissionen

§ 201. (1) Die Vorsitzenden haben die jeweiligen Wahlkommissionen innerhalb einer Woche nach ihrer Bestellung zur ersten Sitzung einzuladen. Die erste Sitzung der jeweiligen Wahlkommission hat binnen vier Wochen nach der Bestellung ihres Vorsitzenden stattzufinden.

(2) Die folgenden Sitzungen haben nach Bedarf oder auf Beschluss der Wahlkommission stattzufinden.

(3) Zu den folgenden Sitzungen haben ihre Vorsitzenden einzuberufen.

(4) Die Wahlkommissionen sind beschlussfähig, wenn der Vorsitzende, im Fall seiner Verhinderung sein Stellvertreter, und mindestens drei Viertel ihrer Mitglieder, im Falle ihrer Verhinderung deren Ersatzmitglieder, anwesend sind.

(5) Die Wahlkommissionen haben ihre Beschlüsse mit einfacher Stimmenmehrheit zu fassen. Der Vorsitzende stimmt nicht mit. Nur bei Stimmengleichheit hat der Vorsitzende seine Stimme abzugeben.

(6) Den Sitzungen der Hauptwahlkommission ist der Kammerdirektor oder sein Stellvertreter oder ein rechtskundiger Bediensteter der Kammer der Wirtschaftstreuhänder zur Beratung beizuziehen.

(7) Den Sitzungen der Kreiswahlkommissonen ist jeweils ein vom Kammerdirektor zu bestimmender Bediensteter der Kammer der Wirtschaftstreuhänder zur Beratung beizuziehen.

(8) In Angelegenheiten der Wahl sind die in Abs. 6 und 7 genannten Bediensteten an die Weisungen des jeweiligen Vorsitzenden der Wahlkommission gebunden.

Geschäftsstellen der Wahlkommissionen

§ 202. (1) Geschäftsstelle der Hauptwahlkommission ist das Kammeramt.

(2) Geschäftsstellen der Kreiswahlkommissionen sind die Kanzleien der jeweiligen Landesstellen.

Vertrauenspersonen

§ 203. (1) Jede Wählergruppe ist berechtigt, jeweils eine Vertrauensperson, im Verhinderungsfall deren Stellvertreter, in die Hauptwahlkommission und die Kreiswahlkommissionen zu entsenden.

(2) Voraussetzung für die Entsendung einer Vertrauensperson ist:

1. die Zulassung des Wahlvorschlages und
2. die Wahlbeteiligung in dem betreffenden Wahlkreis.

(3) Vertrauenspersonen und deren Stellvertreter sind den jeweiligen Wahlkommissionen frühestens mit der Einbringung des Wahlvorschlages und spätestens eine Woche vor der Wahl namhaft zu machen. Die Namhaftmachung hat durch den Zustellungsbevollmächtigten der Wählergruppe schriftlich zu erfolgen.

(4) Fristgerecht namhaft gemachte Vertrauenspersonen, im Verhinderungsfall ihre Stellvertreter, sind berechtigt, an den Sitzungen der jeweiligen Wahlkommissionen ohne Stimmrecht teilzunehmen.

Ausschreibung der Wahl – Wahlkundmachung

§ 204. (1) Die Hauptwahlkommission hat den Zeitpunkt der Wahl so zu bestimmen, dass zwischen dem Tag der Veröffentlichung der Wahlkundmachung und dem Wahltag ein Zeitraum von 14 Wochen liegt.

(2) Die Wahlkundmachung hat zu enthalten:

1. den Wahltag,
2. die Angabe, wo und bis wann die Wahlkuverts abgegeben werden oder bei Übersendung einlangen müssen,
3. die Anzahl der in den einzelnen Wahlkreisen zu wählenden Mitglieder des Kammertages,
4. die Angabe, wo und wann die Wählerlisten und ein Abdruck dieses Bundesgesetzes und der Wahlordnung eingesehen werden können,
5. die Bestimmung, dass Einwendungen gegen die Wählerlisten binnen zwei Wochen nach deren Auflegung bei der Kreiswahlkommission einzubringen sind,
6. die Aufforderung, dass Wahlvorschläge schriftlich bei der Hauptwahlkommission spätestens bis 16 Uhr des Tages, welcher fünf Wochen vor dem Wahltag liegt, einzubringen sind,
7. die Bestimmungen über die Zahl der Wahlwerber, die Unterzeichnung des Wahlvorschlages, die Nennung eines Zustellungsbevollmächtigten und die Voraussetzungen für den Anspruch auf Zuweisung von Restmandaten im zweiten Ermittlungsverfahren,
8. die Angabe, wo und wann die zur Wahlhandlung zugelassenen Wahlvorschläge zur Einsicht aufliegen werden,
9. die Bestimmung, dass Stimmen gültig nur für zugelassene Wahlvorschläge abgegeben werden können, und
10. die Angabe, wie die Stimmabgabe zu erfolgen hat.

(3) Die Wahlkundmachung ist in geeigneter Weise zu veröffentlichen.

Wählerlisten

§ 205. (1) Das Kammeramt hat für jeden Wahlkreis eine Wählerliste anzulegen.

(2) Die Wählerlisten sind spätestens vier Wochen nach der Wahlausschreibung von jeder Kreiswahlkommission an ihrem Sitz zur öffentlichen Einsicht aufzulegen. Aktiv Wahlberechtigten sind auf Verlangen vom Kammeramt Ausfertigungen der Wählerlisten auszufolgen. Die Ausfolgung einer Ausfertigung einer Wählerliste kann frühestens

drei Wochen nach der Wahlausschreibung verlangt werden. Einem diesbezüglichen Verlangen ist binnen einer Woche zu entsprechen.

(3) Die Auflegung der Wählerlisten ist durch die zuständige Wahlkommission in geeigneter Weise kundzumachen. Gleichzeitig mit dieser Kundmachung ist auf die Möglichkeit eines Einspruches gegen die Wählerlisten gemäß Abs. 5 hinzuweisen.

(4) Vom ersten Tag der Auflegung der Wählerlisten an ist eine Änderung dieser nur mehr im Wege eines Einspruchsverfahrens zulässig. Ausgenommen hiervon sind Formgebrechen, insbesondere die Berichtigung von Schreibfehlern.

(5) Jeder aktiv Wahlberechtigte hat das Recht, innerhalb von zwei Wochen nach Auflegung der Wählerlisten Einspruch gegen die Wählerlisten bei der zuständigen Kreiswahlkommission zu erheben. Einsprüche sind nur gegen die Aufnahme vermeintlich Nichtwahlberechtigter oder gegen die Nichtaufnahme vermeintlich Wahlberechtigter, die namentlich zu bezeichnen sind, zulässig. Sie sind schriftlich einzubringen und haben einen begründeten Antrag zu enthalten. Einsprüche, die diesen Erfordernissen nicht entsprechen, sind ohne weiteres Verfahren zurückzuweisen.

(6) Die Kreiswahlkommission hat, sofern der Einspruch nicht zurückzuweisen ist, die von einem Einspruch betroffenen Personen binnen zwei Tagen nach Einlangen des Einspruchs hiervon durch einen eingeschriebenen Brief zu verständigen und zur Abgabe einer Stellungnahme aufzufordern. Stellungnahmen sind von der Kreiswahlkommission bei ihrer Entscheidung nur dann zu berücksichtigen, wenn diese innerhalb weiterer fünf Tage bei der Kreiswahlkommission schriftlich einlangen. Die Kreiswahlkommission hat spätestens eine Woche nach Ablauf der Einspruchsfrist über Einsprüche zu entscheiden. Die Entscheidung der Kreiswahlkommission ist dem Einspruchswerber und der vom Einspruch betroffenen Person zuzustellen.

(7) Gegen die Entscheidung der Kreiswahlkommission steht dem Einspruchswerber und der vom Einspruch betroffenen Person das Recht der Berufung an die Hauptwahlkommission zu. Berufungen gegen Entscheidungen der Kreiswahlkommission sind innerhalb einer Woche nach Zustellung bei der Hauptwahlkommission einzubringen. Die Hauptwahlkommission hat innerhalb einer Woche über die Berufung zu entscheiden. Die Hauptwahlkommission hat ihre Entscheidung der Kreiswahlkommission, dem Einspruchswerber und der vom Einspruch betroffenen Person zuzustellen.

(8) Die Kreiswahlkommissionen haben erforderliche Richtigstellungen und Ergänzungen der Wählerlisten auf Grund von rechtskräftigen Entscheidungen im Einspruchsverfahren unverzüglich vorzunehmen. Bei jeder Richtigstellung oder Ergänzung der Wählerlisten ist ein Hinweis auf die diesbezügliche Entscheidung anzubringen.

(9) Nach Abschluss der Einspruchsverfahren haben die Kreiswahlkommissionen die Wählerlisten abzuschließen und jenen aktiv Wahlberechtigten, denen Ausfertigungen der Wählerlisten gemäß Abs. 2 ausgefolgt wurden, die vorgenommenen Richtigstellungen und Ergänzungen der Wählerlisten bekanntzugeben. Die abgeschlossenen Wählerlisten sind der Wahl zugrunde zu legen.

Wahlvorschläge

§ 206. (1) Die Wählergruppen haben ihre Wahlvorschläge spätestens bis 16 Uhr des Tages, welcher fünf Wochen vor dem Wahltag liegt, schriftlich bei der Hauptwahlkommission einzubringen. Der Empfang des Wahlvorschlages ist unter Angabe der Zeit der Empfangnahme zu bestätigen.

(2) Die Wahlvorschläge müssen von mindestens fünf aktiv Wahlberechtigten, jedenfalls aber von einem Prozent der aktiv Wahlberechtigten, abgerundet auf eine volle Zahl, des betreffenden Wahlkreises durch deren Unterschrift unterstützt werden. Hat eine Wählergruppe in vier Wahlkreisen die erforderliche Zahl von Unterstützungsunterschriften nachgewiesen, so ist sie berechtigt, für die übrigen Wahlkreise Wahlvorschläge ohne Unterstützungsunterschriften einzubringen. Wird ein Wahlvorschlag von mindestens drei Mitgliedern des Kammertages durch deren Unterschrift unterstützt, ersetzt dies die erforderlichen Unterstützungserklärungen durch die Wahlberechtigten. Eine Wählergruppe, deren Wahlvorschlag für einen Wahlkreis von zumindest drei Mitgliedern des Kammertages unterstützt wird, ist berechtigt, für die übrigen Wahlkreise Wahlvorschläge ohne Unterstützungserklärungen einzubringen. Mitglieder des Kammertages sind zur Unterstützung nur eines Wahlvorschlages berechtigt.

(3) Die Wahlvorschläge haben nicht weniger Wahlwerber als ein Drittel, aufgerundet auf die nächsthöhere ganze Zahl, und nicht mehr Wahlwerber als das Doppelte der Zahl der im betreffenden Wahlkreis zu wählenden Mitglieder des Kammertages zu enthalten. Die Zustimmung jedes Wahlwerbers zu seiner Aufnahme in den Wahlvorschlag muss durch seine Unterschrift nachgewiesen werden.

(4) Jeder Wahlvorschlag hat die Bezeichnung der Wählergruppe zu enthalten. Fehlt eine solche Bezeichnung, so ist der Wahlvorschlag nach dem Listenführer, das ist der an erster Stelle vorgeschlagene Wahlwerber, zu benennen. Der Listenführer gilt dann als Zustellungsbevollmächtigter der Wählergruppe, die den Wahlvorschlag eingebracht hat, wenn nicht ein anderer Zustellungsbevollmächtigter im Wahlvorschlag genannt wird. Zustellungsbevollmächtigte müssen aktiv wahlberechtigt sein.

(5) In einem Wahlkreis ist die Aufnahme eines Wahlwerbers nur im Wahlvorschlag einer Wählergruppe zulässig. Ist ein Wahlwerber in einem Wahlkreis in mehreren Wahlvorschlägen verschiedener Wählergruppen enthalten, so ist er von der Hauptwahlkommission aufzufordern, binnen drei Tagen nach Zustellung der Aufforderung eine Erklärung abzugeben, für welche Wählergruppe er kandidiert. Entsprechend seiner fristgerecht abgegebenen Erklärung ist er von den anderen Wahlvorschlägen zu streichen. Wenn er innerhalb der gesetzten Frist

keine Erklärung abgibt, ist er von allen Wahlvorschlägen zu streichen.

(6) Die Verbindung von zwei oder mehreren eingebrachten Wahlvorschlägen ist zulässig. Diesbezügliche Erklärungen sind durch die Zustellungsbevollmächtigten der Wählergruppen spätestens bis 16 Uhr des Tages, der vier Wochen vor dem Wahltag liegt, bei der Hauptwahlkommission einzubringen. Verbindungserklärungen haben die Reihenfolge der Wahlwerber zu enthalten.

(7) Wenn eine Wählergruppe keinen Anspruch auf Zuweisung von Restmandaten im zweiten Ermittlungsverfahren zu erheben beabsichtigt, muss dies der Zustellungsbevollmächtigte im Wahlvorschlag erklären. Andernfalls gelten alle im ersten Ermittlungsverfahren nicht berufenen Kandidaten des Wahlvorschlages als Wahlwerber für das zweite Ermittlungsverfahren.

(8) Die Verbindung von zwei oder mehreren eingebrachten Wahlvorschlägen ist auch für das zweite Ermittlungsverfahren zulässig. Diesbezügliche Erklärungen sind durch die Zustellungsbevollmächtigten der Wählergruppen spätestens bis 16 Uhr des Tages, der vier Wochen vor dem Wahltag liegt, bei der Hauptwahlkommission einzubringen. Eine Reihung der Wahlwerber ist in diesem Fall nicht erforderlich. Es ist jedoch ein gemeinsamer Zustellungsbevollmächtigter namhaft zu machen.

(9) Wird in einem Wahlkreis kein gültiger Wahlvorschlag eingebracht, so sind die in diesem Wahlkreis zu vergebenden Mandate im zweiten Ermittlungsverfahren als Restmandate zuzuteilen.

Prüfung der Wahlvorschläge

§ 207. (1) Die Hauptwahlkommission hat nach Ablauf der Einbringungsfrist die Wahlvorschläge zu prüfen.

(2) Wahlwerber, die nicht die Wählbarkeit besitzen, sind durch die Hauptwahlkommission aus dem Wahlvorschlag zu streichen. Wahlvorschläge, die durch Gleichheit oder Ähnlichkeit der Bezeichnungen zu Verwechslungen führen könnten, sind durch entsprechende Unterscheidungsmerkmale von der Hauptwahlkommission zu ergänzen.

(3) Stellt die Hauptwahlkommission Mängel in einem Wahlvorschlag fest, so sind diese dem jeweiligen Zustellungsbevollmächtigten innerhalb von drei Tagen bekanntzugeben. Gleichzeitig ist der Zustellungsbevollmächtigte aufzufordern, die festgestellten Mängel innerhalb einer von mindestens fünf Tagen zu setzenden Frist zu beheben.

(4) Wahlvorschläge sind nicht zuzulassen, wenn sie

1. verspätet eingebracht wurden oder
2. auch nach Ablauf der Frist zur Mängelbehebung nicht die erforderliche Anzahl an Unterstützungsunterschriften aufweisen oder nicht die erforderliche Anzahl von wählbaren Wahlwerbern enthalten.

(5) Änderungen im Wahlvorschlag oder dessen Zurückziehung sind vom Zustellungsbevollmächtigten der Wählergruppe spätestens bis 16 Uhr des Tages, der vier Wochen vor dem Wahltag liegt, der Hauptwahlkommission schriftlich mitzuteilen. Änderungen im Wahlvorschlag durch Neuaufnahme von Wahlwerbern und die Zurückziehung des Wahlvorschlages müssen vom Zustellungsbevollmächtigten und von mindestens der Hälfte jener Wahlberechtigten, die den Wahlvorschlag durch ihre Unterschrift unterstützt haben, unterschrieben sein.

(6) Wird nur ein gültiger Wahlvorschlag eingebracht oder wird auf Grund eines Übereinkommens aller Wählergruppen eines Wahlkreises ein gemeinsam erstellter gültiger Wahlvorschlag rechtzeitig eingebracht, so hat die Hauptwahlkommission von der Fortsetzung des Wahlverfahrens für diesen Wahlkreis abzusehen und die Wahlwerber dieses Wahlvorschlages durch Verlautbarung für gewählt zu erklären.

Kundmachung der Wahlvorschläge

§ 208. (1) Die Hauptwahlkommission hat die von ihr zugelassenen Wahlvorschläge unverzüglich, spätestens jedoch 15 Tage vor dem Wahltag, kundzumachen. Die Kundmachung hat im Amtsblatt der Kammer der Wirtschaftstreuhänder zu erfolgen.

(2) In der Kundmachung der Wahlvorschläge hat sich die Reihenfolge der Wählergruppe, die im zuletzt gewählten Kammertag, wenn auch im Rahmen einer Verbindung mit anderen Wählergruppen oder unter einer anderen Bezeichnung, vertreten sind, nach der Zahl der bei der letzten Wahl ermittelten Stimmen zu richten. Ist diese Zahl gleich, so hat die Hauptwahlkommission die Reihenfolge durch Los zu ermitteln. Die übrigen Wählergruppen sind in der Reihenfolge der Zeitpunkte der Einbringung ihrer Wahlvorschläge zu reihen.

Wahlkuvert – Stimmzettel – Stimmabgabe

§ 209. (1) Die amtlichen Wahlkuverts und die amtlichen Stimmzettel sind auf Anordnung der Hauptwahlkommission oder der Kreiswahlkommissionen entsprechend der Zahl der Wahlberechtigten zusätzlich einer Reserve von 20 Prozent herzustellen.

(2) Der amtliche Stimmzettel hat für jede Wählergruppe, deren Wahlvorschlag für den betreffenden Wahlkreis zugelassen worden ist, eine gleich große Zeile vorzusehen. Diese Zeile hat die Listennummer, einen Kreis und die Bezeichnung der Wählergruppe einschließlich einer allfälligen Kurzbezeichnung zu enthalten. Die Reihenfolge der Wählergruppen auf dem amtlichen Stimmzettel hat der Reihenfolge in der Kundmachung der Wahlvorschläge zu entsprechen.

(3) Die Kreiswahlkommissionen haben allen laut abgeschlossener Wählerliste ihres Wahlkreises aktiv Wahlberechtigten fünfzehn Tage vor dem Wahltag ein amtliches Kuvert und einen amtlichen Stimmzettel mit eingeschriebenem Brief zuzusenden.

(4) Jeder Wahlberechtigte hat durch Übermittlung des geschlossenen, den amtlichen Stimmzettel enthaltenden amtlichen Wahlkuverts an

die Kreiswahlkommission, in deren Wählerliste er eingetragen ist, sein Wahlrecht auszuüben. Bei Verwendung eines anderen als des amtlichen Wahlkuverts ist die abgegebene Stimme ungültig.

(5) Das amtliche Wahlkuvert ist der zuständigen Kreiswahlkommission vom Wahlberechtigten entweder durch die Post, persönlich oder durch einen Boten zu übermitteln. Bei der Übermittlung durch die Post hat der Wahlberechtigte dafür Sorge zu tragen, dass jegliche Postvermerke und sonstige handschriftliche Aufzeichnungen auf dem Wahlkuvert durch eine entsprechende Umhüllung vermieden werden. Die Übersendung durch die Post erfolgt auf Kosten und Gefahr des Wahlberechtigten. Das amtliche Wahlkuvert muss bis zum Wahlschluss bei der zuständigen Kreiswahlkommission eingelangt sein. Die Kreiswahlkommissionen sind verpflichtet, dem Wähler oder dessen Boten auf Verlangen die Übernahme des Wahlkuverts zu bestätigen.

(6) Die Kreiswahlkommission hat die bei ihr eingelangten Wahlkuverts zu sammeln und für deren sichere und geordnete Verwahrung bis zum Wahltag zu sorgen. Auskünfte über bereits eingelangte Wahlkuverts oder Aufforderungen zur Stimmabgabe auf Grund der Kenntnis bereits eingelangter Wahlkuverts sind untersagt.

(7) Die Stimmabgabe ist nur mit dem amtlichen Stimmzettel zulässig. Enthält ein Wahlkuvert mehrere gültig ausgefüllte Stimmzettel, so sind alle abgegebenen Stimmen ungültig, wenn für verschiedene Wählergruppen gestimmt worden ist. Enthält ein Wahlkuvert mehrere gültig ausgefüllte Stimmzettel, so sind alle Stimmen als eine Stimme zu zählen, wenn alle abgegebenen gültigen Stimmen der gleichen Wählergruppe zuzuzählen wären.

(8) Der amtliche Stimmzettel ist nur dann gültig, wenn eindeutig zu erkennen ist, welche Wählergruppe der Wähler wählen wollte. Leere Wahlkuverts sind als ungültige Stimmen zu zählen.

(9) Im Falle der Durchführung der Wahl auf elektronischem Weg hat der elektronische Stimmzettel den Anforderungen des Abs. 2 zu entsprechen.

(BGBl I 2020/67)

Abstimmungsverfahren

§ 210. (1) Die Kreiswahlkommission hat am Wahltag zur Entgegennahme von Wahlkuverts, sofern die Wahl nicht auf elektronischem Weg durchgeführt wird, und zur Feststellung des Abstimmungsergebnisses im Wahlkreis in dem in der Wahlkundmachung festgesetzten Zeitraum zusammenzutreten.

(BGBl I 2020/67)

(2) Im Amtsraum der Kreiswahlkommission müssen sich befinden:

1. die Wählerliste des Wahlkreises,
2. ein Abstimmungsverzeichnis,
3. eine Wahlzelle und
4. eine Wahlurne.

(3) Bei jedem am Wahltag persönlich überbrachten Wahlkuvert ist zu überprüfen, ob der aus dem Anhängeabschnitt des Wahlkuverts ersichtliche Wähler in der Wählerliste des Wahlkreises eingetragen ist. Ist der Wähler in die Wählerliste des Wahlkreises eingetragen, so ist er dort zu streichen und in das Abstimmungsverzeichnis einzutragen. Im Anschluss daran hat der Vorsitzende der Kreiswahlkommission das Anhängeblatt vom Wahlkuvert abzutrennen und zum Wahlakt zu nehmen. Das Wahlkuvert ist in geschlossenem Zustand in die Wahlurne zu legen.

(4) Ist der Wähler nicht im Besitz des amtlichen Wahlkuverts oder des amtlichen Stimmzettels, so hat er der Kreiswahlkommission seine Identität nachzuweisen. Ist der Wähler in die Wählerliste des Wahlkreises eingetragen, so ist er dort zu streichen und in das Abstimmungsverzeichnis einzutragen. Im Anschluss daran hat ihm der Vorsitzende der Kreiswahlkommission ein leeres amtliches Wahlkuvert und einen amtlichen Stimmzettel zu übergeben. Der Wähler hat dann in der Wahlzelle den amtlichen Stimmzettel auszufüllen, in das amtliche Wahlkuvert zu legen und dieses zu verschließen. Das amtliche Wahlkuvert ist sodann dem Vorsitzenden der Kreiswahlkommission zu übergeben. Im Anschluss daran hat der Vorsitzende der Kreiswahlkommission das Anhängeblatt vom Wahlkuvert abzutrennen und zum Wahlakt zu nehmen. Das Wahlkuvert ist in geschlossenem Zustand in die Wahlurne zu legen. Ist dem Wähler bei der Ausfüllung des amtlichen Stimmzettels ein Irrtum unterlaufen und begehrt er die Aushändigung eines weiteren amtlichen Stimmzettels, so hat der Vorsitzende der Kreiswahlkommission ihm einen weiteren amtlichen Stimmzettel auszuhändigen. Der dem Wähler zuerst ausgehändigte Stimmzettel ist vor der Kreiswahlkommission durch Zerreißen unbrauchbar zu machen.

(5) Bei allen anderen durch die Post oder durch Boten übermittelten Wahlkuverts ist nach Abschluss der Stimmabgaben gemäß Abs. 3 und 4 zu überprüfen, ob der aus dem Anhängeabschnitt des Wahlkuverts ersichtliche Wähler in der Wählerliste des Wahlkreises eingetragen ist. Ist der Wähler in die Wählerliste des Wahlkreises eingetragen, so ist er dort zu streichen und in das Abstimmungsverzeichnis einzutragen. Im Anschluss daran hat der Vorsitzende der Kreiswahlkommission das Anhängeblatt vom Wahlkuvert abzutrennen und zum Wahlakt zu nehmen. Das Wahlkuvert ist in geschlossenem Zustand in die Wahlurne zu legen.

(6) Haben Wahlberechtigte ihr Wahlrecht gemäß Abs. 4 ausgeübt und zusätzlich auch ein Wahlkuvert durch die Post oder durch einen Boten übermittelt, so ist das durch die Post oder durch einen Boten übermittelte Wahlkuvert ungeöffnet mit dem Vermerk „Wahlrecht persönlich ausgeübt" zu den Wahlakten zu legen.

(7) Im Falle der Durchführung der Wahl auf elektronischem Weg sind die Abs. 3 bis 6 mit der Maßgabe anzuwenden, dass an die Stelle der Stimmabgabe mittels amtlichen Wahlkuverts die Stimmabgabe auf elektronischem Weg tritt. Die

näheren Bestimmungen hat die Wahlordnung zu treffen.

(BGBl I 2020/67)

Stimmenzählung

§ 211. (1) Nach Abschluss des Abstimmungsverfahrens hat die Kreiswahlkommission die in der Wahlurne befindlichen Wahlkuverts zu mischen. Im Anschluss daran ist die Wahlurne zu entleeren und die Anzahl der vorhandenen Wahlkuverts festzustellen. Sodann sind diese zu öffnen und es ist festzustellen, in wie vielen Wahlkuverts kein Stimmzettel enthalten ist. In der Folge sind zunächst die gültigen und ungültigen Stimmen zu ermitteln, und sodann ist zu ermitteln, auf welche einzelnen Wahlvorschläge die gültigen Stimmen entfallen.

(2) Die Kreiswahlkommissionen haben über das Abstimmungsverfahren und die Stimmenzählung Protokoll zu führen und das Abstimmungsergebnis zu beurkunden.

(3) Die Wahlakten der Kreiswahlkommissionen sind unverzüglich an die Hauptwahlkommission zu übermitteln. Noch vor Übermittlung der Wahlakte ist der Hauptwahlkommission das Abstimmungsergebnis vorläufig bekanntzugeben.

(4) Im Falle der Durchführung der Wahl auf elektronischem Weg ist Abs. 1 mit der Maßgabe anzuwenden, dass an die Stelle der Stimmabgabe mittels amtlichen Wahlkuverts die Stimmabgabe auf elektronischem Weg tritt. Die näheren Bestimmungen hat die Wahlordnung zu treffen.

(BGBl I 2020/67)

Ermittlungsverfahren

§ 212. (1) Die Hauptwahlkommission hat auf Grund der Wahlergebnisse für jeden Wahlkreis die auf die einzelnen Wahlvorschläge entfallenden Mandate zu ermitteln.

(2) Die Wahlzahl für das erste Ermittlungsverfahren ist der Quotient aus der Gesamtsumme der im Wahlkreis für die einzelnen Wahlvorschläge abgegebenen gültigen Stimmen und der Zahl der im Wahlkreis zu vergebenden Mandate. Die Wahlzahl ist auf die nächsthöhere ganze Zahl aufzurunden.

(3) Im ersten Ermittlungsverfahren erhält jede Wählergruppe so viele Mandate, als die Wahlzahl gemäß Abs. 2 in den für sie abgegebenen Stimmen enthalten ist.

(4) Mandate, die bei der Verteilung im ersten Ermittlungsverfahren innerhalb des Wahlkreises nicht vergeben werden konnten, und abgegebene gültige Stimmen, die für die Zuteilung eines oder eines weiteren Mandates an eine Wählergruppe nicht ausreichten, sind im zweiten Ermittlungsverfahren für den Wahlkreisverband bei jenen Wählergruppen zu berücksichtigen, die Anspruch auf Zuteilung von Restmandaten im zweiten Ermittlungsverfahren haben. Anspruch auf die Zuweisung von Restmandaten haben nur jene Wählergruppen, die im ersten Ermittlungsverfahren zumindest in einem Wahlkreis ein Mandat erreicht haben.

(5) Die Wahlzahl für das zweite Ermittlungsverfahren wird ermittelt, indem die Summe der auf jene Wählergruppen, die im zweiten Ermittlungsverfahren Anspruch auf die Zuteilung von Restmandaten haben, entfallenden Reststimmen nach ihrer Größe geordnet nebeneinander geschrieben werden. Unter diese Summen ist jeweils ihre Hälfte, unter diese jeweils ihr Drittel, ihr Viertel usw. zu schreiben. Als Wahlzahl gilt bei einem zu vergebenden Restmandat die größte, bei zwei Restmandaten die zweitgrößte, bei drei Restmandaten die drittgrößte usw. Zahl der angeschriebenen Zahlen.

(6) Im zweiten Ermittlungsverfahren erhält jede Wählergruppe so viele Restmandate, als die Wahlzahl gemäß Abs. 5 in ihrer Reststimmensumme enthalten ist. Haben zwei Wählergruppen auf ein Restmandat den gleichen Anspruch, so hat das Los zu entscheiden.

(7) Die Hauptwahlkommission hat so viele Wahlwerber, als der entsprechenden Wählergruppe im ersten Ermittlungsverfahren Mandate zukommen, entsprechend ihrer Reihung im Wahlvorschlag als gewählt zu erklären. Ist ein Wahlwerber in mehreren Wahlkreisen gewählt, so hat er binnen einer Woche nach Verständigung der Hauptwahlkommission zu erklären, für welchen Wahlkreis er sich entscheidet. Gibt er innerhalb dieser Frist keine Erklärung ab, so hat die Hauptwahlkommission darüber zu entscheiden.

(8) Erhalten Wählergruppen auf Grund des zweiten Ermittlungsverfahrens Restmandate, so sind die Zustellungsbevollmächtigten der betreffenden Wählergruppen aufzufordern, der Hauptwahlkommission binnen einer Woche mitzuteilen, welchen Wahlwerbern die Restmandate zukommen. Diese sind von der Hauptwahlkommission als gewählt zu erklären.

(9) Wurde im ersten Ermittlungsverfahren in einem Wahlkreis kein Mandat vergeben, so hat der Zustellungsbevollmächtigte jener Wählergruppe, die in diesem Wahlkreis die meisten Stimmen auf sich vereinigt hat, einen Wahlwerber des betreffenden Wahlkreises für ein Restmandat gemäß Abs. 8 namhaft zu machen.

Einspruchsverfahren

§ 213. (1) Die Zustellungsbevollmächtigten haben das Recht, gegen das Ergebnis des Ermittlungsverfahrens Einspruch zu erheben. Der Einspruch ist binnen einer Woche nach Zustellung der Verständigung über das Ergebnis des Ermittlungsverfahrens bei der Hauptwahlkommission schriftlich einzubringen. Der Einspruch hat eine Begründung zu enthalten.

(2) Die Hauptwahlkommission hat auf Grund der Wahlakte das Ergebnis der Wahlen zu überprüfen. Allfällige Unrichtigkeiten sind unverzüglich zu beseitigen.

(3) Die Hauptwahlkommission hat die Wahl für ungültig zu erklären, wenn wesentliche Bestimmungen des Wahlverfahrens verletzt wurden, bei deren Einhaltung das Wahlergebnis voraussichtlich ein anderes gewesen wäre. Gleichzeitig mit einer

Ungültigerklärung hat die Hauptwahlkommission zu bestimmen, welche Teile der Wahl zu wiederholen sind.

(4) Ein Einspruch ist abzuweisen, wenn weder Gründe für eine Richtigstellung noch für eine Ungültigerklärung vorliegen.

Verständigung

§ 214. (1) Die Hauptwahlkommission hat jeden zum Kammertag gewählten Wahlwerber über die erfolgte Wahl zu verständigen.

(2) Die Hauptwahlkommission hat nach erfolgter Wahl das Ergebnis der Wahlen in den Kammertag und die Namen der neu gewählten Mitglieder des Kammertages im Amtsblatt der Kammer der Wirtschaftstreuhänder zu verlautbaren.

Nachbesetzung

§ 215. (1) Scheidet während der Funktionsperiode des Kammertages ein Mitglied aus, so ist der in der Reihenfolge nach nächste, nicht berufene Wahlwerber des Wahlvorschlages, dem das ausgeschiedene Mitglied angehört hat, einzuberufen.

(2) Wenn ein Wahlvorschlag keine weiteren Wahlwerber enthält, so ist der Zustellungsbevollmächtigte des betreffenden Wahlvorschlages schriftlich aufzufordern, binnen zwei Wochen einen Kandidaten zu nominieren. Die Hauptwahlkommission hat den nominierten Kandidaten einzuberufen, wenn dieser am Tag der schriftlichen Aufforderung die Wählbarkeit besessen hat.

(3) Scheidet während der Funktionsperiode des Kammertages ein Mitglied aus und handelt es sich hierbei um ein Mitglied, das auf Grund eines Restmandates gewählt wurde, so ist der Zustellungsbevollmächtigte der betreffenden Wählergruppe aufzufordern, der Hauptwahlkommission binnen zwei Wochen einen Kandidaten zu nominieren. Die Hauptwahlkommission hat den nominierten Kandidaten einzuberufen, wenn dieser am Tag der schriftlichen Aufforderung die Wählbarkeit besessen hat.

(4) Die Hauptwahlkommission hat nach erfolgter Nachbesetzung den Namen des neuen Mitgliedes des Kammertages im Amtsblatt der Kammer der Wirtschaftstreuhänder zu verlautbaren.

Konstituierung des Kammertages

§ 216. (1) Der Präsident der Kammer der Wirtschaftstreuhänder hat die neu gewählten Mitglieder des Kammertages unter Bekanntgabe des Ortes und der Zeit schriftlich zur konstituierenden Sitzung des Kammertages einzuberufen.

(2) Die konstituierende Sitzung des Kammertages ist binnen zwei Wochen nach Verlautbarung des Wahlergebnisses im Amtsblatt der Kammer der Wirtschaftstreuhänder einzuberufen. Hat jedoch ein Einspruchsverfahren stattgefunden, so ist die konstituierende Sitzung binnen zwei Wochen nach dessen Beendigung einzuberufen.

(3) Der Kammertag ist bei seiner konstituierenden Sitzung beschlussfähig, wenn mindestens zwei Drittel der Mitglieder anwesend sind. Wird diese Anzahl zur festgesetzten Stunde nicht erreicht, so hat zwei Stunden später am selben Ort eine Ersatzsitzung stattzufinden, die ohne Rücksicht auf die Zahl der erschienenen Mitglieder beschlussfähig ist, sofern in der Einladung ausdrücklich auf diese Bestimmung hingewiesen wurde.

(4) Die konstituierende Sitzung ist von dem an Jahren ältesten Mitglied des Kammertages zu leiten.

(5) Der Kammertag hat in seiner konstituierenden Sitzung die Mitglieder und die Ersatzmitglieder des Vorstandes zu wählen.

3. Abschnitt
Wahl des Vorstandes

Funktionsperiode des Vorstandes

§ 217. (1) Der Vorstand hat eine fünfjährige Funktionsperiode.

(2) Die Funktionsperiode des Vorstandes beginnt mit dem Tag seiner konstituierenden Sitzung. Die Funktionsperiode endet mit dem Zusammentritt des neu gewählten Vorstandes zu seiner konstituierenden Sitzung.

Leitung

§ 218. Die Wahl des Vorstandes ist vom Vorsitzenden der Hauptwahlkommission zu leiten.

Wahlrecht

§ 219. (1) Aktiv wahlberechtigt sind alle bei der konstituierenden Sitzung anwesenden Mitglieder des Kammertages.

(2) Wählbar sind alle natürlichen ordentlichen Mitglieder der Kammer der Wirtschaftstreuhänder, die

1. am Tag der Wahlausschreibung bereits mindestens ein Jahr der Kammer der Wirtschaftstreuhänder als ordentliche Mitglieder angehört haben und
2. die österreichische Staatsbürgerschaft besitzen.

(3) Die Mitglieder des Vorstandes müssen nicht Mitglieder des Kammertages sein.

Wahlvorschläge

§ 220. (1) Der Vorsitzende der Hauptwahlkommission hat zu Beginn der konstituierenden Sitzung des Kammertages die im Kammertag vertretenen Wählergruppen aufzufordern, einen bevollmächtigten Vertreter zu nominieren.

(2) Die bevollmächtigten Vertreter der Wählergruppen haben in der Reihenfolge ihrer bei den Wahlen erreichten Stärke ihre Kandidaten für den Vorstand zu nennen und einen schriftlichen Wahlvorschlag zu erstatten.

(3) Die Wahlvorschläge müssen so viele Kandidaten und Ersatzkandidaten enthalten, als dem auf eine volle Zahl aufgerundeten Fünftel der Mitglieder der Wählergruppe im Kammertag entsprechen. Gleichzeitig mit der Erstattung der Wahlvorschläge

ist die schriftliche Zustimmungserklärung der Kandidaten vorzulegen.

(4) Für jedes Mitglied des Vorstandes ist ein Ersatzmitglied der gleichen Berufsgruppe zu wählen. Doppelkandidaturen innerhalb eines Wahlvorschlages sind unzulässig. Die Ersatzmitglieder der nicht dem Wahlkreis Wien angehörenden Vertreter dürfen gleichfalls nicht dem Wahlkreis Wien angehören.

(5) Wählergruppen sind berechtigt, sich zur Erstattung eines Wahlvorschlages für die Wahl des Vorstandes zusammenzuschließen. Die Stärke des Zusammenschlusses bestimmt sich in diesem Fall aus der Summe der auf seine Wählergruppen entfallenden Mandate im Kammertag.

Wahlverfahren

§ 221. (1) Der Vorsitzende der Hauptwahlkommission hat leere Stimmzettel und leere Wahlkuverts zu verteilen. Hierauf hat er die Kammertagsmitglieder zur Abgabe ihrer Stimme aufzurufen.

(2) Die Mitglieder des Kammertages haben in einer Wahlzelle auf dem Stimmzettel den Wahlvorschlag zu bezeichnen, den Stimmzettel in das leere Wahlkuvert zu legen und das Wahlkuvert dem Vorsitzenden der Hauptwahlkommission zu übergeben.

(3) Der Vorsitzende der Hauptwahlkommission hat nach Beendigung des Abstimmungsverfahrens das Abstimmungsergebnis, die Wahlzahl und die auf die Wählergruppen entfallenden Mandate zu ermitteln und bekanntzugeben.

(4) Die Wahlzahl wird ermittelt, indem die Summe der auf die Wählergruppen entfallenen Stimmen nach ihrer Größe geordnet nebeneinander geschrieben werden. Unter diese Summen ist jeweils ihre Hälfte, unter diese jeweils ihr Drittel, ihr Viertel usw. zu schreiben. Als Wahlzahl gilt die elftgrößte Zahl der angeschriebenen Zahlen. Jede Wählergruppe erhält so viele Mandate, als die Wahlzahl in ihrer Stimmensumme enthalten ist. Haben zwei Wählergruppen auf ein Mandat den gleichen Anspruch, so hat das Los zu entscheiden.

(5) Der Vorsitzende der Hauptwahlkommission hat so viele Kandidaten, wie der entsprechenden Wählergruppe im Ermittlungsverfahren Mandate zukommen, entsprechend ihrer Reihung im Wahlvorschlag als gewählt zu erklären.

(6) Ergibt die durchgeführte Wahl eine Zusammensetzung des Vorstandes, die nicht dem § 157 Abs. 2 entspricht, so ist die Wahl ungültig und so oft zu wiederholen, bis die Zusammensetzung des Vorstandes dieser Bestimmung entspricht.

(7) Die gewählten Mitglieder des Vorstandes haben, wenn sie anwesend sind, dem Vorsitzenden der Hauptwahlkommission sofort zu erklären, ob sie die Wahl annehmen. Im Fall ihrer Abwesenheit haben sie diese Erklärung binnen drei Tagen nach schriftlicher Aufforderung des Vorsitzenden der Hauptwahlkommission abzugeben. Im Fall der Ablehnung ist die Wahlhandlung ohne Verzug fortzusetzen.

(8) Das Ergebnis der Wahl der Mitglieder des Vorstandes ist im Amtsblatt der Kammer der Wirtschaftstreuhänder zu verlautbaren.

Einspruchsverfahren

§ 222. (1) Die bevollmächtigten Vertreter der Wählergruppen haben das Recht, gegen das Ergebnis des Ermittlungsverfahrens Einspruch zu erheben. Der Einspruch ist binnen einer Woche nach Zustellung der Verständigung über das Ergebnis des Ermittlungsverfahrens bei der Hauptwahlkommission schriftlich einzubringen. Der Einspruch hat eine Begründung zu enthalten.

(2) Die Hauptwahlkommission hat auf Grund der Wahlakte das Ergebnis der Wahlen zu überprüfen. Allfällige Unrichtigkeiten sind unverzüglich zu beseitigen.

(3) Die Hauptwahlkommission hat die Wahl für ungültig zu erklären, wenn wesentliche Bestimmungen des Wahlverfahrens verletzt wurden, bei deren Einhaltung das Wahlergebnis voraussichtlich ein anderes gewesen wäre. Gleichzeitig mit einer Ungültigerklärung hat die Hauptwahlkommission zu bestimmen, welche Teile der Wahl zu wiederholen sind.

(4) Ein Einspruch ist abzuweisen, wenn weder Gründe für eine Richtigstellung noch für eine Ungültigerklärung vorliegen.

Nachbesetzung

§ 223. (1) Scheidet während der Funktionsperiode des Vorstandes ein Mitglied aus, so hat an seine Stelle das für ihn gewählte Ersatzmitglied zu treten.

(2) Ist ein gewähltes Ersatzmitglied nicht mehr vorhanden, so hat der Vorsitzende der Hauptwahlkommission den bevollmächtigten Vertreter der Wählergruppe, welcher der Ausgeschiedene angehört hat, schriftlich aufzufordern, binnen zwei Wochen einen Kandidaten zu nominieren. Der Vorsitzende der Hauptwahlkommission hat den nominierten Kandidaten einzuberufen, wenn dieser am Tag der schriftlichen Aufforderung die Wählbarkeit besessen hat.

(3) Das gewählte Ersatzmitglied oder die gemäß Abs. 2 bestellten Kandidaten haben auch dann an die Stelle des gewählten Vorstandsmitgliedes zu treten, wenn dieses verhindert ist, seine Funktion als Vorstandsmitglied auszuüben. Die rechtzeitige Verständigung des Ersatzmitgliedes obliegt dem verhinderten Vorstandsmitglied.

(4) Der Vorsitzende der Hauptwahlkommission hat nach erfolgter Nachbesetzung den Namen des neuen Mitgliedes des Vorstandes im Amtsblatt der Kammer der Wirtschaftstreuhänder zu verlautbaren.

Konstituierung des Vorstandes

§ 224. (1) Der Präsident der Kammer der Wirtschaftstreuhänder hat die neu gewählten Mitglieder des Vorstandes unter Bekanntgabe des Ortes und der Zeit schriftlich zur konstituierenden Sitzung einzuberufen.

(2) Die konstituierende Sitzung des Vorstandes ist binnen zwei Wochen nach Verlautbarung des Wahlergebnisses im Amtsblatt der Kammer der Wirtschaftstreuhänder einzuberufen. Hat jedoch ein Einspruchsverfahren stattgefunden, so ist die konstituierende Sitzung binnen zwei Wochen nach dessen Beendigung einzuberufen.

(3) Der Vorstand ist bei seiner konstituierenden Sitzung beschlussfähig, wenn mindestens acht Mitglieder anwesend sind. Wird diese Anzahl zur festgesetzten Stunde nicht erreicht, so hat zwei Stunden später am selben Ort eine Ersatzsitzung stattzufinden, die ohne Rücksicht auf die Zahl der erschienenen Mitglieder beschlussfähig ist, sofern in der Einladung ausdrücklich auf diese Bestimmung hingewiesen wurde.

(4) Die konstituierende Sitzung ist von dem an Jahren ältesten Mitglied des Vorstandes zu leiten.

(5) Der Vorstand hat in der konstituierenden Sitzung die Mitglieder des Präsidiums zu wählen.

4. Abschnitt
Wahl des Präsidiums

Funktionsperiode des Präsidiums

§ 225. (1) Das Präsidium und seine Mitglieder haben eine fünfjährige Funktionsperiode.

(2) Die Funktionsperiode beginnt mit dem Tag der Wahl des Präsidiums. Die Funktionsperiode endet mit dem Tag der Neuwahl des Präsidiums.

Leitung

§ 226. Die Wahl der Mitglieder des Präsidiums ist vom Vorsitzenden der Hauptwahlkommission zu leiten.

Wahlrecht

§ 227. (1) Aktiv wahlberechtigt sind alle bei der konstituierenden Sitzung anwesenden Mitglieder des Vorstandes.

(2) Wählbar sind ausschließlich gewählte Mitglieder des Vorstandes.

(3) Zum Präsidenten ist nicht mehr wählbar, wer unmittelbar vorher zwei volle Amtsperioden bereits Präsident der Kammer der Wirtschaftstreuhänder war.

Wahlvorschläge

§ 228. (1) Der Wahlleiter hat zu Beginn der konstituierenden Sitzung des Vorstandes die im Vorstand vertretenen Wählergruppen aufzufordern, einen bevollmächtigten Vertreter zu nominieren.

(2) Die bevollmächtigten Vertreter der Wählergruppen haben in der Reihenfolge ihrer bei den Wahlen erreichten Stärke ihre Kandidaten für das Präsidium zu nennen und einen schriftlichen Wahlvorschlag zu erstatten.

(3) Die Wahlvorschläge müssen so viele Kandidaten und Ersatzkandidaten enthalten, als der auf eine volle Zahl aufgerundeten Hälfte der Mitglieder der Wählergruppe im Vorstand entspricht. Gleichzeitig mit der Erstattung der Wahlvorschläge ist die schriftliche Zustimmungserklärung der Kandidaten vorzulegen.

(4) Wählergruppen sind berechtigt, sich zur Erstattung eines Wahlvorschlages für die Wahl der Mitglieder des Präsidiums zusammenzuschließen. Die Stärke des Zusammenschlusses ergibt sich in diesem Fall aus der Summe der auf seine Wählergruppen entfallenden Mandate im Vorstand.

Wahlverfahren

§ 229. (1) Der Wahlleiter hat leere Stimmzettel und leere Wahlkuverts zu verteilen. Hierauf hat er die Vorstandsmitglieder zur Abgabe ihrer Stimme aufzurufen.

(2) Die Mitglieder des Vorstandes haben in einer Wahlzelle auf dem Stimmzettel den Wahlvorschlag zu bezeichnen, den Stimmzettel in das leere Wahlkuvert zu legen und das Wahlkuvert dem Wahlleiter zu übergeben.

(3) Der Vorsitzende der Hauptwahlkommission hat nach Beendigung des Abstimmungsverfahrens das Abstimmungsergebnis, die Wahlzahl und die auf die Wählergruppen entfallenden Mandate zu ermitteln und bekanntzugeben.

(4) Die Wahlzahl wird ermittelt, indem die Summe der auf die Wählergruppen entfallenen Stimmen nach ihrer Größe geordnet nebeneinander geschrieben werden. Unter diese Summen ist jeweils ihre Hälfte, unter diese jeweils ihr Drittel, ihr Viertel usw. zu schreiben. Als Wahlzahl gilt die der Anzahl der Mitglieder des Präsidiums entsprechend größte Zahl der angeschriebenen Zahlen. Jede Wählergruppe erhält so viele Mandate, als die Wahlzahl in ihrer Stimmensumme enthalten ist. Haben zwei Wählergruppen auf ein Mandat den gleichen Anspruch, so hat das Los zu entscheiden.

(5) Der Vorsitzende der Hauptwahlkommission hat so viele Kandidaten, als der betreffenden Wählergruppe im Ermittlungsverfahren Mandate zukommen, entsprechend ihrer Reihung im Wahlvorschlag als gewählt zu erklären. Zum Präsidenten ist jenes Vorstandsmitglied gewählt, das an erster Stelle jenes Wahlvorschlages steht, der die meisten Stimmen auf sich vereinigt.

(6) Die gewählten Mitglieder des Vorstandes haben die Annahme ihrer Wahl bei ihrer Anwesenheit dem Wahlleiter sofort zu erklären. Im Fall ihrer Abwesenheit haben sie die Annahme ihrer Wahl binnen drei Tagen nach schriftlicher Aufforderung des Wahlleiters zu erklären. Im Fall der Ablehnung ist die Wahlhandlung ohne Verzug fortzusetzen.

(7) Das Ergebnis der Wahl der Mitglieder des Präsidiums ist im Amtsblatt der Kammer der Wirtschaftstreuhänder zu verlautbaren.

Einspruchsverfahren

§ 230. (1) Die bevollmächtigten Vertreter der Wählergruppen haben das Recht, gegen das Ergebnis des Ermittlungsverfahrens Einspruch zu erheben. Der Einspruch ist binnen einer Woche nach Zustellung der Verständigung über das Ergebnis des Ermittlungsverfahrens bei der Hauptwahlkommission schriftlich einzubringen. Der Einspruch hat eine Begründung zu enthalten.

(2) Die Hauptwahlkommission hat auf Grund der Wahlakte das Ergebnis der Wahlen zu überprüfen. Allfällige Unrichtigkeiten sind unverzüglich zu beseitigen.

(3) Die Hauptwahlkommission hat die Wahl für ungültig zu erklären, wenn wesentliche Bestimmungen des Wahlverfahrens verletzt wurden, bei deren Einhaltung das Wahlergebnis voraussichtlich ein anderes gewesen wäre. Gleichzeitig mit einer Ungültigerklärung hat die Hauptwahlkommission zu bestimmen, welche Teile der Neuwahl zu wiederholen sind.

(4) Ein Einspruch ist abzuweisen, wenn weder Gründe für eine Richtigstellung noch für eine Ungültigerklärung vorliegen.

Übernahme der Amtsgeschäfte

§ 231. Unmittelbar nach durchgeführter Wahl der Mitglieder des Präsidiums hat die Übergabe der Amtsgeschäfte an den neu gewählten Präsidenten zu erfolgen.

Nachbesetzung

§ 232. (1) Scheidet der Präsident oder ein Vizepräsident während der Funktionsperiode aus, so hat der Vorstand innerhalb von drei Monaten für die Funktion des Ausgeschiedenen eine Neuwahl entsprechend den Bestimmungen dieses Abschnitts vorzunehmen. Die Erstattung eines Wahlvorschlages ist in diesem Fall nur seitens jener Wählergruppe zulässig, welcher der Ausgeschiedene angehört hat.

(2) Scheiden der Präsident und alle Vizepräsidenten aus, so hat das an Jahren älteste nicht verhinderte Mitglied des Vorstandes die Aufgaben des Präsidiums und seiner Mitglieder wahrzunehmen.

5. Abschnitt
Sonstige Wahlbestimmungen

Fristenlauf

§ 233. Für die Berechnung und den Lauf der im zweiten Hauptstück vorgesehenen Fristen gelten die §§ 32 und 33 AVG.

Zustellungen

§ 234. Auf die Zustellung von Schriftstücken an die bevollmächtigten Vertreter von Wählergruppen und von verbundenen Wahlvorschlägen ist § 16 Abs. 5 ZustG nicht anzuwenden.

4. Teil
Übergangs- Schlussbestimmungen

Sprachliche Gleichbehandlung

§ 235. Soweit in diesem Bundesgesetz auf natürliche Personen bezogene Bezeichnungen nur in männlicher Form angeführt sind, beziehen sie sich auf Frauen und Männer in gleicher Weise. Bei der Anwendung der Bezeichnung auf bestimmte natürliche Personen ist die jeweils geschlechtsspezifische Form zu verwenden.

Verweisungen

§ 236. (1) Soweit in diesem Bundesgesetz auf Bestimmungen anderer Bundesgesetze verwiesen wird, sind diese in ihrer jeweils geltenden Fassung anzuwenden.

(2) Soweit in anderen Rechtsvorschriften des Bundes auf Bestimmungen verwiesen ist, die mit dem Inkrafttreten dieses Bundesgesetzes aufgehoben oder abgeändert werden, erhält die Verweisung ihren Inhalt aus den entsprechenden Bestimmungen dieses Bundesgesetzes.

Erlassen von Verordnungen

§ 237. Verordnungen auf Grund dieses Bundesgesetzes und auf Grund von Änderungen dieses Bundesgesetzes können bereits vom Tag der Kundmachung des jeweiligen Bundesgesetzes an erlassen, jedoch nicht vor diesem in Kraft gesetzt werden.

Inkrafttreten; Außerkrafttreten

(BGBl I 2018/32)

§ 238. (1) Mit Inkrafttreten dieses Bundesgesetzes tritt das Wirtschaftstreuhandberufsgesetz, BGBl. I Nr. 58/1999, zuletzt geändert durch das Bundesgesetz BGBl. I Nr. 50/2016, außer Kraft.

(BGBl I 2018/32)

(2) Das Inhaltsverzeichnis und § 183 in der Fassung des Materien-Datenschutz-Anpassungsgesetzes 2018, BGBl. I Nr. 32/2018, treten mit 25. Mai 2018 in Kraft. Die Überschrift zu § 238 und § 238 Abs. 1 in der Fassung des genannten Bundesgesetzes treten mit dem auf die Kundmachung folgenden Tag in Kraft. § 96 Abs. 15 und § 100 Abs. 4 treten mit Ablauf des 24. Mai 2018 außer Kraft.

(BGBl I 2018/32)

(3) § 87 Abs. 2 Z 18 in der Fassung des Bundesgesetzes BGBl. I Nr. 46/2019 tritt mit 1. Juli 2019 in Kraft.

(BGBl I 2019/46)

(4) § 2 Abs. 1 Z 4 in der Fassung des Bundesgesetzes BGBl. I Nr. 104/2019 tritt mit 1. Juli 2020 in Kraft.

(BGBl I 2019/104)

(5) § 239a in der Fassung des Bundesgesetzes BGBl. I Nr. 32/2020 tritt mit 31. Dezember 2020 außer Kraft.

(BGBl I 2020/32)

„(6) § 239a in der Fassung des Bundesgesetzes BGBl. I Nr. 141/2020 tritt mit 1. Jänner 2021 in Kraft und mit 31. Dezember 2021 außer Kraft."

(BGBl I 2020/141)

Übergangsbestimmungen-Wirtschaftstreuhandberufsgesetz

§ 239. (1) Steuerberater und Steuerberatungsgesellschaften, die im Zeitpunkt des Inkrafttretens dieses Bundesgesetzes öffentlich bestellt oder anerkannt sind, gelten als Steuerberater oder Steuerberatungsgesellschaften im Sinne dieses Bundesgesetzes.

(2) Wirtschaftsprüfer und Wirtschaftsprüfungsgesellschaften, die im Zeitpunkt des Inkrafttretens dieses Bundesgesetzes öffentlich bestellt oder anerkannt sind, gelten als Wirtschaftsprüfer und als Steuerberater oder als Wirtschaftsprüfungsgesellschaften und als Steuerberatungsgesellschaften im Sinne dieses Bundesgesetzes.

(3) Im Zeitpunkt des Inkrafttretens dieses Bundesgesetzes bereits anhängige Anträge auf Zulassung zur Fachprüfung für Steuerberater und Wirtschaftsprüfer, über die noch nicht rechtskräftig entschieden worden ist, sind nach den Bestimmungen des Wirtschaftstreuhandberufsgesetzes, BGBl. I Nr. 58/1999, zuletzt geändert durch das Bundesgesetz BGBl. I Nr. 50/2016, zu beurteilen, es sei denn, dass der Prüfungskandidat erklärt, den Antrag auf Zulassung entsprechend den Bestimmungen dieses Bundesgesetzes zu stellen. Im Fall der Zulassung nach den Bestimmungen des Wirtschaftstreuhandberufsgesetzes gelten für das Prüfungsverfahren ebenfalls diese Vorschriften, es sei denn, dass der Kandidat innerhalb von sechs Monaten erklärt, seine Prüfungen entsprechend diesem Bundesgesetz abzulegen.

(4) Bereits erteilte Zulassungen zu einer Fachprüfung bleiben in Kraft.

(5) Im Zeitpunkt des Inkrafttretens dieses Bundesgesetzes bereits begonnene Prüfungsverfahren sind nach den Vorschriften des Wirtschaftstreuhandberufsgesetzes zu Ende zu führen, es sei denn, dass der Prüfungskandidat schriftlich binnen sechs Monaten nach Inkrafttreten dieses Bundesgesetzes erklärt, seine Prüfungen entsprechend den Bestimmungen dieses Bundesgesetzes abzulegen.

(6) Prüfungskandidaten, die nach den Bestimmungen des Wirtschaftstreuhandberufsgesetzes Prüfungsteile einer Fachprüfung bereits erfolgreich abgelegt haben, sind bei einem Wechsel in das Prüfungsverfahren nach diesem Bundesgesetz von der Ablegung der entsprechenden Teile der Fachprüfung nach diesem Bundesgesetz befreit. Nähere Bestimmungen hat die Kammer der Wirtschaftstreuhänder durch Verordnung zu regeln. Über die Befreiungen hat die Kammer mit Bescheid zu entscheiden.

(7) Die bei Inkrafttreten dieses Bundesgesetzes bestellten Prüfungsausschüsse Steuerberater und Wirtschaftsprüfer gelten auch als Prüfungsausschuss im Sinne dieses Bundesgesetzes. Die Vorsitzenden des Prüfungsausschusses Steuerberater und des Prüfungsausschusses Wirtschaftsprüfer gelten als Vorsitzende und deren Stellvertreter als jeweilige Stellvertreter im Sinne dieses Bundesgesetzes. Die bestellten Prüfungskommissäre gelten als jeweils jener Fachprüfung zugeordnet, deren Prüfungsausschuss sie bei Inkrafttreten dieses Bundesgesetzes angehört haben. Die Funktionsdauer bleibt unberührt. Gleiches gilt für die bei Inkrafttreten dieses Bundesgesetzes bestellten Landesprüfungsausschüsse.

(8) Zum Zeitpunkt des Inkrafttretens dieses Bundesgesetzes bereits anhängige Anträge auf öffentliche Bestellung als Steuerberater oder Wirtschaftsprüfer, über die noch nicht rechtskräftig entschieden worden ist, sind nach den Bestimmungen des Wirtschaftstreuhandberufsgesetzes zu beurteilen.

(9) Eine nach den Bestimmungen des Wirtschaftstreuhandberufsgesetzes erfolgreich abgelegte Fachprüfung gilt als Fachprüfung gemäß § 8 Abs. 2.

(10) Berufsanwärter, denen bei Inkrafttreten dieses Bundesgesetzes bereits mit Bescheid die Anmeldebestätigung erteilt wurde, gelten als Berufsanwärter im Sinne dieses Bundesgesetzes.

(11) Die Anerkennungen von Wirtschaftstreuhandgesellschaften, die zum Zeitpunkt des Inkrafttretens dieses Bundesgesetzes anerkannt waren, bleiben nach den Bestimmungen des Wirtschaftstreuhandberufsgesetzes bestehen. Zum Zeitpunkt des Inkrafttretens dieses Bundesgesetzes bereits anhängige Anträge auf Anerkennung als Steuerberatungsgesellschaft oder als Wirtschaftsprüfungsgesellschaft, über die noch nicht rechtskräftig entschieden worden ist, sind nach den Bestimmungen des Wirtschaftstreuhandberufsgesetzes zu beurteilen. Nachfolgende Änderungen in der Geschäftsführung und der Vertretung nach außen haben den Bestimmungen dieses Bundesgesetzes zu entsprechen.

(12) Die Anerkennungen interdisziplinärer Wirtschaftstreuhandgesellschaften, die zum Zeitpunkt des Inkrafttretens dieses Bundesgesetzes anerkannt waren, bleiben bestehen. Bereits anerkannte Gesellschaften haben die Voraussetzung des § 59 Abs. 1 Z 1 bis längstens ein Jahr und die Voraussetzungen gemäß § 59 Abs. 2 bis längstens ein halbes Jahr nach dem Inkrafttreten dieses Bundesgesetzes zu erfüllen und der Kammer der Wirtschaftstreuhänder nachzuweisen.

(13) Bestehende Geschäftsbeziehungen sind auf risikobasierter Grundlage innerhalb eines Jahres ab Inkrafttreten dieses Bundesgesetzes zu überprüfen.

(14) Im Zeitpunkt des Inkrafttretens dieses Bundesgesetzes bereits anhängige Schlichtungsverfahren sind nach den Vorschriften des Wirtschaftstreuhandberufsgesetzes durchzuführen.

(15) Die Bestimmungen dieses Bundesgesetzes sind auch auf strafbare Handlungen oder Unterlassungen und disziplinär zu verfolgende Handlungen und Unterlassungen anzuwenden, die vor seinem Inkrafttreten begangen worden sind, sofern diese bereits vor Inkrafttreten strafbar waren und dadurch nicht einer strengeren Behandlung unterliegen als nach den bisher geltenden Vorschriften.

(16) Die zum Zeitpunkt des Inkrafttretens dieses Bundesgesetzes bereits anhängigen Disziplinarverfahren sind nach den Bestimmungen des Wirtschaftstreuhandberufsgesetzes zu Ende zu führen. § 130 ist erstmals auf die dem Inkrafttreten nachfolgende Bestellung des Disziplinarrates anzuwenden.

(17) Die §§ 158 Abs. 1 und 4 und 159 Abs. 2 sind ab der dem Inkrafttreten dieses Bundesgesetzes folgenden Funktionsperiode anzuwenden.

(18) Die im Zeitpunkt des Inkrafttretens dieses Bundesgesetzes in Geltung stehende Ausübungsrichtlinie, Fachprüfungs-Zulassungsverordnung, Dienstordnung, Geschäftsordnung, Haushaltsordnung, Umlagenordnung, Prüfungsordnung, Schlichtungsordnung, Satzungen der Vorsorgeeinrichtungen, die Beitrags- und Leistungsordnung und Wahlordnung gelten nach dem Inkrafttreten dieses Bundesgesetzes als bundesgesetzliche Regelungen. Diese Verordnungen treten mit der Neuerlassung der Ausübungsrichtlinie gemäß § 72, der Fachprüfungs-Zulassungsverordnung gemäß § 13 Abs. 4, der Dienstordnung gemäß § 168, der Geschäftsordnung gemäß § 169, der Haushaltsordnung gemäß § 178 Abs. 1, der Umlagenordnung gemäß § 178 Abs. 1, der Prüfungsordnung gemäß § 39, der Schlichtungsordnung gemäß § 76 Abs. 6, der Satzungen der Vorsorgeeinrichtungen gemäß § 180, der Beitrags- und Leistungsordnung gemäß § 180 und der Wahlordnung gemäß § 187, spätestens jedoch mit Ablauf des 31. Dezember 2017, außer Kraft. Die zum Zeitpunkt des Inkrafttretens dieses Bundesgesetzes in Geltung stehende Dienstordnung ist auf bereits bestehende Dienstverträge weiterhin anzuwenden.

(19) Die Kammer der Wirtschaftstreuhänder gemäß § 151 ist Gesamtrechtsnachfolgerin der gemäß § 145 des Wirtschaftstreuhandberufsgesetzes errichteten Kammer der Wirtschaftstreuhänder.

(20) Anträge auf öffentliche Bestellung als Steuerberater oder Wirtschaftsprüfer von Prüfungskandidaten, die nach den Bestimmungen des Wirtschaftstreuhandberufsgesetzes die Fachprüfung erfolgreich abgelegt haben, sind nach den Bestimmungen dieses Gesetzes zu beurteilen.

(BGBl I 2020/67)

Sonderregelungen – COVID-19

§ 239a.[a)] „(1) Der Bundesminister für Digitalisierung und Wirtschaftsstandort wird ermächtigt, durch Verordnung eine Hemmung der nachfolgenden Fristen vorzusehen, soweit dies erforderlich ist, Nachteilen aufgrund der COVID-19-Pandemie entgegenzuwirken:

1. die Frist zum Verfall von Teilprüfungen gemäß § 20 Abs. 1,
2. die Frist betreffend die Abhängigkeit der Bestellung von der neuerlichen Ablegung der mündlichen Fachprüfung gemäß § 46 Abs. 3,
3. die Frist betreffend die Abhängigkeit der neuerlichen Bestellung von der neuerlichen Ablegung der mündlichen Fachprüfung gemäß § 46 Abs. 4,
4. die Frist betreffend das Ausscheiden aus einer Gesellschaft gemäß § 56 Abs. 7,
5. die Frist zur Beendigung eines Schlichtungsverfahrens gemäß § 76 Abs. 4,
6. die Frist für die Dauer einer Vertretung gemäß § 82 Abs. 4,
7. die Frist für die persönliche Wiederaufnahme der Berufstätigkeit gemäß § 82 Abs. 9,
8. die Frist für die persönliche Wiederaufnahme einer Berufstätigkeit gemäß § 85 Abs. 5 Z 4 und § 85 Abs. 7,
9. die Frist zur Beseitigung eines den Widerruf begründenden Umstandes gemäß § 112 Abs. 2 Z 2 und Z 3,
10. die Frist betreffend die Endigung des Fortführungsrechts gemäß den §§ 115 Abs. 4 Z 1 und 117 Abs. 4 Z 1 und
11. die Frist zur Nominierung eines Kanzleikurators oder der Beantragung einer Bestellung durch die Kammer der Wirtschaftstreuhänder gemäß § 119 Abs. 3.

(2) Abs. 1 Z 1 und 2 sind auch auf noch anhängige Prüfungsverfahren nach dem Wirtschaftstreuhandberufsgesetz, BGBl. I Nr. 58/1999, anzuwenden.

(3) Die Eides- und Gelöbnisabnahme gemäß § 48 Abs. 1 mittels Videokonferenz oder schriftlicher Erklärung ist zulässig.

(4) Berufsanwärter, deren Eigenschaft zum Zeitpunkt des Inkrafttretens dieses Bundesgesetzes gemäß § 42 festgestellt war, behalten diese Eigenschaft auch dann, wenn der sie beschäftigende Wirtschaftstreuhänder nach dem 16. März 2020 Kurzarbeit gemäß § 37b des Arbeitsmarktservicegesetzes, BGBl. Nr. 313/1994, angemeldet hat und das Ausmaß der Beschäftigung des Berufsanwärters dadurch vorübergehend weniger als das gemäß § 40 Abs. 1 Z 2 erforderliche Ausmaß beträgt. § 13 Abs. 3 ist auf diese Zeiten gleichermaßen anzuwenden.

(5) Die Durchführung des mündlichen Prüfungsteils in Form einer Videokonferenz ist zulässig. Über die Durchführung als Videokonferenz entscheidet der Vorsitzende der jeweiligen Fachprüfung."

„(6) Die zur selbständigen Ausübung des Wirtschaftstreuhandberufes Steuerberater oder des Wirtschaftstreuhandberufes Wirtschaftsprüfer Berechtigten sind zur Beratung, Vertretung und zur Ausstellung von Bestätigungen betreffend Maßnahmen im Zusammenhang mit der Bewältigung der Covid-19-Krisensituation berechtigt.

(BGBl I 2021/139)

(7) Im Rahmen der Tätigkeiten gemäß Abs. 6 ist die Haftung des Berufsberechtigten auf Fälle von Vorsatz und grober Fahrlässigkeit, im Falle grober Fahrlässigkeit mit der zehnfachen Mindestversicherungssumme gemäß § 11, höchstens jedoch mit der Höhe des erlangten oder erhaltenen Vorteils oder abgewehrten Nachteils begrenzt, soweit nicht aufgrund ausdrücklicher gesetzlich zwingender Bestimmungen andere Haftungsbeschränkungen anzuwenden sind oder eine Haftungsbegrenzung ausdrücklich ausgeschlossen ist."

(BGBl I 2021/139)

(BGBl I 2020/32, BGBl I 2020/141)

[a)] Tritt mit 31. Dezember 2021 außer Kraft.

Vollziehung

§ 240. (1) Mit der Vollziehung dieses Bundesgesetzes ist, sofern Abs. 2 und 3 nicht anderes bestimmt, der Bundesminister für Wissenschaft, Forschung und Wirtschaft betraut.

(2) Mit der Vollziehung der §§ 25 Abs. 4 ist der Bundesminister für Finanzen betraut.

(3) **(Verfassungsbestimmung)** Mit der Vollziehung des § 105 Abs. 1, 2, 5 und 7 ist die Bundesregierung betraut.

4/1a. Allgemeine Richtlinie über die Ausübung der Wirtschaftstreuhandberufe

Verordnung der Kammer der Steuerberater und Wirtschaftsprüfer über die Allgemeine Richtlinie über die Ausübung der Wirtschaftstreuhandberufe der Kammer der Steuerberater und Wirtschaftsprüfer (WT-AARL 2017-KSW)

Auf Grund des § 72 Abs. 1 und 2 Z 1, 2, 5, 6 und 10 des Wirtschaftstreuhandberufsgesetzes 2017, BGBl. I Nr. 137/2017, wird verordnet:

Inhaltsverzeichnis

1. Abschnitt
Standesgemäßes Verhalten

Allgemeines

§ 1. (1) Berufsberechtigte sind verpflichtet, ihren Beruf gewissenhaft, sorgfältig, eigenverantwortlich, unabhängig und verschwiegen auszuüben.

(2) Berufsberechtigte sind verpflichtet, den mit der Mitgliedschaft zur Kammer der Wirtschaftstreuhänder verbundenen Verpflichtungen nachzukommen und dabei insbesondere die kammerrechtlichen Bestimmungen einzuhalten und die Beschlüsse der Kammerorgane zu beachten.

Aufträge

§ 2. (1) Berufsberechtigte sind verpflichtet, die übernommenen Angelegenheiten, Aufgaben, Vertretungen und Verteidigungen gesetzmäßig auszuführen. Dabei sind sie verpflichtet, die anerkannten fachlichen Regeln, insbesondere die Fachgutachten der Kammer der Wirtschaftstreuhänder, zu beachten.

(2) Sie haben die Rechte ihrer Auftraggeber gegen jedermann mit Treue und Nachdruck zu verfolgen.

Fortbildungsverpflichtung

§ 3. (1) Berufsberechtigte natürliche Personen sind verpflichtet, ihre beruflichen Kenntnisse stets auf dem Laufenden zu halten. Die Fortbildungsverpflichtung gemäß § 71 Abs. 3 WTBG 2017 gilt für Berufsberechtigte, die das Ruhen ihrer Befugnis gemäß § 85 WTBG 2017 erklärt haben, gleichermaßen.

(2) Die Fortbildungsverpflichtung hat zumindest durch die Teilnahme facheinschlägigen Fortbildungsveranstaltungen oder durch Selbststudium zu erfolgen. Zur Erfüllung des vorgeschriebenen Umfanges der Fortbildung kann das Selbststudium im Ausmaß von höchstens 10 Stunden pro Kalenderjahr herangezogen werden. In dem Kalenderjahr, in welchem eine Fachprüfung nach dem WTBG erfolgreich abgelegt wird, gilt die Fortbildungsverpflichtung durch die Absolvierung der Fachprüfung als erfüllt.

(3) Auf den Umfang der Fortbildungsverpflichtung können folgende Fortbildungsmaßnahmen insgesamt nur bis zu einem Höchstmaß von 20 Stunden pro Kalenderjahr angerechnet werden:

1. Facheinschlägige Tätigkeiten als Schriftsteller, Lektor, Vortragender, Prüfungskommissär

und als Mitglied in Fachgremien der Kammer der Wirtschaftstreuhänder, des Instituts Österreichischer Wirtschaftsprüfer, des Instituts Österreichischer Steuerberater, des Österreichischen Rechnungslegungskomitees und vergleichbarer Organisationen im Ausmaß von höchstens 20 Stunden pro Kalenderjahr und

2. Fortbildungsveranstaltungen im Sinne des Abs. 2, die andere als facheinschlägige, aber in unmittelbarem Zusammenhang mit der Berufsausübung stehende Themen zum Inhalt haben im Ausmaß von höchstens 10 Stunden pro Kalenderjahr.

(4) Zu Vortragstätigkeiten im Sinne des Abs. 3 sind auch Vorbereitungszeiten zu zählen. Diese sind pauschal mit dem Zweifachen der Vortragszeit dieser hinzuzurechnen.

(5) Wirtschaftsprüfer, die Abschlussprüfungen, prüferische Durchsichten und sonstige Prüfungen im Sinne des 1. Abschnitts der KSW-PRL 2017, ABl-KWT Sondernummer II/2017, durchführen, sind verpflichtet, sich im Rahmen der Fortbildung gemäß Abs. 1 in den Fachgebieten gemäß § 22 Abs. 3, Abs. 4 und Abs. 6 WTBG 2017 und gemäß § 23 Abs. 3 Z 2, Z 3 und Z 9 WTBG 2017 fortzubilden. Von den gemäß Abs. 2 innerhalb von drei Jahren zu absolvierenden 120 Stunden sind zumindest 60 Stunden in den Fachgebieten gemäß § 22 Abs. 3 und Abs. 6 WTBG 2017 zu absolvieren. Bei der Erfüllung der in diesem Absatz geregelten Fortbildungsverpflichtung sind die Regelungen der von der Abschlussprüfer-Aufsichtsbehörde gemäß § 56 Abs. 6 Abschlussprüfer-Aufsichtsgesetz, BGBl I Nr. 83/2016, erlassenen Richtlinie sinngemäß zu beachten.

(6) Lehreinheiten von zumindest 45 Minuten gelten als eine Stunde im Sinne der Abs. 2, 3 und 5.

(7) Die in einem Kalenderjahr absolvierten Fortbildungsmaßnahmen sind der Kammer der Wirtschaftstreuhänder bis spätestens 31. März des Folgejahres unter Verwendung eines von der Kammer der Wirtschaftstreuhänder zu diesem Zweck bereitzustellendes Formular auf elektronischem Wege bekannt zu geben. Im Falle des Ruhens der Berufsberechtigung gemäß § 85 während eines gesamten Kalenderjahres entfällt die Verpflichtung zur Bekanntgabe der in diesem Jahr absolvierten Fortbildungsmaßnahmen.

(8) Die Kammer der Wirtschaftstreuhänder ist zur Überprüfung der übermittelten Meldungen über die absolvierten Fortbildungsmaßnahmen berechtigt. In diesem Zusammenhang sind die Berufsberechtigten verpflichtet, die für die Überprüfung der Meldungen erforderlichen Auskünfte zu erteilen und die erforderlichen Unterlagen vorzulegen.

Treuhandschaften

§ 4. (1) Berufsberechtigte haben anvertraute fremde Vermögenswerte gewissenhaft zu verwalten.

(2) Berufsberechtigte sind insbesondere verpflichtet,

1. anvertraute fremde Vermögenswerte von den eigenen und anderen Vermögenswerten getrennt zu halten,
2. über fremde Vermögenswerte gesonderte Rechnungsunterlagen zu führen,
3. Geld und Wertpapiere bei Verwaltung entweder auf den Namen des Treugebers oder auf Anderkonten anzulegen und
4. durchlaufende fremde Gelder unverzüglich an den Empfangsberechtigten weiterzuleiten.

(3) Berufsberechtigte sind nur dann berechtigt, fremde Vermögenswerte, die ihnen zweckgebunden anvertraut worden sind, zur Deckung eigener Kostenforderungen zu verwenden, wenn sie hiezu ausdrücklich ermächtigt worden sind.

Eigenverantwortung

§ 5. (1) Berufsberechtigte haben

1. ihr Handeln in eigener Verantwortung zu bestimmen,
2. ihr Urteil selbst zu bilden und
3. ihre Entscheidung selbst zu treffen.

(2) Berufsberechtigten ist es untersagt, berufliche Aufträge zu übernehmen, wenn die geforderte Eigenverantwortung nicht getragen wird oder nicht getragen werden kann.

(3) Unter die §§ 59ff WTBG fallende Berufsberechtigte haben Maßnahmen zu treffen, die die Einhaltung des § 59 Abs. 3 WTBG gewährleisten.

Krankenversicherungspflicht

§ 6. (1) Berufsberechtigte, die ihren Beruf selbständig ausüben, sind verpflichtet, während der Dauer ihrer selbständigen Tätigkeit eine Krankenversicherung für diese Tätigkeit aufrecht zu erhalten.

(2) Diese Krankenversicherung hat zu bestehen:

1. Im Rahmen des Gruppenkrankenversicherungsvertrages der Kammer der Wirtschaftstreuhänder oder
2. im Rahmen des Gewerblichen Sozialversicherungsgesetzes, BGBl. I Nr. 560/1978, in der Fassung des Bundesgesetzes BGBl. I Nr. 35/2001, oder
3. im Rahmen des Allgemeinen Sozialversicherungsgesetzes, BGBl. I 189/1955, in der Fassung des Bundesgesetzes BGBl. I Nr. 35/2001 und den Kundmachungen BGBl. I Nr. 36/2001 und BGBl. I Nr. 37/2001.

Auftragsübernahme

§ 7. (1) Berufsberechtigte sind nur dann berechtigt, einen Auftrag anzunehmen und auszuführen, wenn sie über die dafür erforderliche Sachkunde und die zur Bearbeitung erforderliche Zeit verfügen.

(2) Berufsberechtigte haben die für eine gewissenhafte Berufsausübung erforderlichen sachlichen, personellen und sonstigen organisatorischen Voraussetzungen zu gewährleisten.

(3) Ergibt sich nachträglich die Unerfüllbarkeit eines Auftrages, ist dieser zurückzulegen.

Erfolgshonorare

§ 8. Berufsberechtigten ist die Vereinbarung ausschließlicher Erfolgshonorare verboten.

Unterlagen

§ 9. (1) Berufsberechtigte sind verpflichtet die von ihnen selbst angefertigten Unterlagen und den über den Auftrag geführten Schriftwechsel 7 Jahre aufzubewahren, soweit der Auftraggeber diese nicht bereits erhalten hat. Eine Pflicht zur Vernichtung von Unterlagen ergibt sich daraus nicht. Die Frist läuft vom Schluss des Kalenderjahres, auf das sich die Unterlagen und der Schriftwechsel beziehen. Allfällige Aufbewahrungspflichten aufgrund anderer Rechtsvorschriften bleiben dadurch unberührt.

(2) Berufsberechtigte sind verpflichtet, auf Verlangen des Auftraggebers diesem während der Aufbewahrungsfrist des Abs. 1 Abschriften des im Rahmen des Auftrages geführten Schriftwechsels zu übergeben, soweit der Auftraggeber diese nicht bereits erhalten hat. Die Kosten hierfür hat der Auftraggeber zu tragen.

(3) Berufsberechtigte haben auf Verlangen des Auftraggebers bei Beendigung des Auftragsverhältnisses die Ihnen im Zusammenhang mit einem Auftrag übergebenen Unterlagen herauszugeben.

(4) Das Recht der Berufsberechtigten bei Nichtbezahlung von fälligen Honorarforderungen ein Zurückbehaltungsrecht geltend zu machen, bleibt unberührt.

Sachlich korrektes Verhalten gegenüber Behörden

§ 10. Berufsberechtigte sind verpflichtet, sich in Ausübung der ihnen übertragenen Angelegenheiten gegenüber Behörden und deren Organen sachlich und korrekt zu verhalten. Insbesondere haben sie es zu unterlassen:

1. Amtshandlungen zu stören oder
2. durch ungeziemendes Benehmen den Anstand zu verletzen oder
3. sich in schriftlichen Eingaben einer beleidigenden Schreibweise zu bedienen.

FinanzOnline

§ 11. (1) Berufsberechtigten ist es untersagt, als Teilnehmer von FinanzOnline zu Unrecht – insbesondere ohne hiezu bevollmächtigt zu sein – von der Möglichkeit der elektronischen Akteneinsicht nach § 90a der Bundesabgabenordnung, BGBl. I Nr. 194/1961, in der Fassung des Bundesgesetzes BGBl. I Nr. 71/2003, Gebrauch zu machen.

(2) Berufsberechtigte haben diese Verpflichtung an ihre Mitarbeiter zu überbinden und in Missbrauchsfällen in geeigneter Weise vorzugehen.

Hausdurchsuchung

§ 12. (1) Berufsberechtigte haben im Falle einer Hausdurchsuchung in ihrer Kanzlei oder ihrer Wohnung darauf zu bestehen, dass zur Wahrung ihrer Verschwiegenheitspflicht, der Rechtmäßigkeit des Durchsuchungsvorganges und zum Schutz der nicht betroffenen Klientenakten ein Vertreter der Kammer der Wirtschaftstreuhänder ab Beginn der Amtshandlung beigezogen wird.

(2) Der beizuziehende Vertreter der Kammer der Wirtschaftstreuhänder hat hinsichtlich sämtlicher Umstände, die ihm in Zusammenhang mit der Hausdurchsuchung zur Kenntnis gelangen, Verschwiegenheit im Sinne des § 184 WTBG 2017 zu bewahren.

Mitarbeiter - Zusammenarbeit

§ 13. (1) Berufsberechtigte haben bei Einstellung von Mitarbeitern die fachliche und persönliche Eignung der Bewerber zu prüfen. Mitarbeiter sind nach Maßgabe ihrer Verantwortung über ihre Berufspflichten, insbesondere über die Verpflichtung zur Verschwiegenheit, nachweislich zu belehren und in ihrer Tätigkeit gewissenhaft zu beaufsichtigen.

(2) Berufsberechtigte haben für eine praktische und theoretische Ausbildung der Berufsanwärter und für eine fachliche Weiterbildung der Mitarbeiter zu sorgen.

(3) Berufsberechtigte sind verpflichtet, sich im beruflichen Verkehr mit anderen Berufsberechtigten, Mitarbeitern und Personen anderer Berufe, die durch die Ausübung des Wirtschaftstreuhandberufes berührt werden, in schriftlichen und mündlichen Äußerungen und in ihrem Verhalten sachlich und korrekt zu verhalten.

2. Abschnitt
Befangenheit – Interessenkollision

Befangenheit

§ 14. (1) Berufsberechtigte haben bei Ausübung ihrer Tätigkeit jede Bindung oder Handlung zu vermeiden, die ihre berufliche Entscheidungsfreiheit und Unbefangenheit gefährdet oder gefährden könnte.

(2) Berufsberechtigte sind befangen, wenn Umstände vorliegen, die es nach objektiver Prüfung und Beurteilung rechtfertigen, die Unbefangenheit in Zweifel zu ziehen. Dabei genügt der Anschein der Voreingenommenheit oder die Besorgnis, dass bei Ausübung der Tätigkeit andere als rein sachliche Überlegungen eine Rolle spielen könnten.

Interessenkollision

§ 15. (1) Berufsberechtigte dürfen nicht tätig werden, wenn eine Interessenkollision gegeben ist.

(2) Mehrere Auftraggeber dürfen in derselben Sache beraten oder vertreten werden, wenn dem Berufsberechtigten ein gemeinsamer Auftrag erteilt ist oder alle Auftraggeber einverstanden sind. Bei widerstreitenden Interessen ist nur eine vermittelnde Tätigkeit zulässig.

Umgehung

§ 16. Die Bestimmungen der §§ 14 und 15 dürfen durch Wirtschaftstreuhandgesellschaften, Werkvertragsregelungen und andere Formen der Zusammenarbeit nicht umgangen werden.

3. Abschnitt
Mediation

Allgemeines

§ 17. (1). Der Berechtigungsumfang von Wirtschaftstreuhändern umfasst auch Mediation. Wird der Wirtschaftstreuhänder bei unterschiedlichen Interessenslagen für die Parteien gemeinsam und gegen keine der Parteien tätig, kann er einen solchen Auftrag mit Einverständnis der Parteien und nach sachbezogener Aufklärung unbeschadet aller anderer Befugnisse auch als Mediator durchführen.

(2) Der Mediator ist nicht entscheidungsbefugt und setzt sich dafür ein, dass von den Parteien eine Konfliktregelung erarbeitet wird.

Unabhängigkeit – Allparteilichkeit – Neutralität

§ 18. Die Funktion als Mediator setzt Unabhängigkeit, Allparteilichkeit und Neutralität des Wirtschaftstreuhänders voraus. Ein Wirtschaftstreuhänder als Mediator ist verpflichtet, von sich aus die Parteien sofort über Umstände zu informieren, die seine Unabhängigkeit, Allparteilichkeit und Neutralität beeinflussen können. Kann die Unabhängigkeit, Allparteilichkeit und Neutralität aus der Sicht des Mediators nicht gewährleistet werden, so ist ein Mediationsmandat abzulehnen oder zu beenden.

Verschwiegenheit

§ 19. (1) Der Wirtschaftstreuhänder als Mediator ist zur umfassenden Verschwiegenheit berechtigt und verpflichtet.

(2) Die Verschwiegenheitspflicht des Mediators beinhaltet auch, dass er eigene Aufzeichnungen nicht herausgeben darf. Sonst erhaltene Unterlagen darf er an die Parteien oder deren Vertreter zurückstellen, aber nicht an Dritte oder Gerichte (Behörden) herausgeben.

(3) Die Verschwiegenheitspflicht gilt nicht für die Mitteilung an die Gerichte (Behörden), dass eine Mediation zwischen bestimmten Parteien stattgefunden hat, wann diese begonnen und geendet hat.

Übernahme des Mediationsmandates

§ 20. Die Übernahme des Mediationsmandates, die wesentlichen Grundregeln der Mediation und deren Ziele sind schriftlich zu vereinbaren. Ein Ergebnis der Mediation sollte schriftlich festgelegt werden.

Erarbeitete Vereinbarungen

§ 21. Mit Einverständnis der Mediationsparteien oder mit ausdrücklicher Zustimmung deren Parteienvertreter darf der als Mediator tätig gewordene Wirtschaftstreuhänder die im Mediationsverfahren erarbeitete Vereinbarung mit dem gemäß Parteienwillen gebotenen Inhalt verfassen, wobei er den Parteien jeweils zu empfehlen hat, dieses Schriftstück durch deren sachkundige Rechtsberater überprüfen zu lassen.

Einseitige Beratung – Vertretung

§ 22. (1) Eine einseitige Beratung oder Vertretung durch den Mediator ist nicht gestattet.

(2) Die Übernahme eines Mediationsauftrages durch einen Wirtschaftstreuhänder darf bestehende Auftragsverhältnisse mit anderen Wirtschaftstreuhändern nicht verletzen. Individuelle Auftragsschutzvereinbarungen sind möglich.

(3) Die Bestimmungen der Absätze 1 und 2 dürfen durch Wirtschaftstreuhandgesellschaften, Werkvertragsregelungen und andere Formen der Zusammenarbeit nicht umgangen werden.

Anerkannte Techniken und Regeln

§ 23. Die Tätigkeit des Wirtschaftstreuhänders als Mediator ist eine höchstpersönliche. Der Wirtschaftstreuhänder als Mediator hat die anerkannten Techniken und Regeln zu beachten und anzuwenden.

4. Abschnitt
Schutz vor der Ausnützung durch die organisierte Kriminalität

Gebote

§ 24. (1) Berufsberechtigte dürfen sich nicht an Betrug, Korruption oder Geldwäsche beteiligen.

(2) Berufsberechtigte dürfen ihren Klienten keinen Rat erteilen, wodurch eine vergangene, gegenwärtige oder zukünftige kriminelle Tätigkeit verschleiert oder verborgen wird.

(3) Berufsberechtigte dürfen sich im Rahmen ihres beruflichen Tätigkeitsfeldes nicht zu Handlungen verpflichten, die ihre berufliche Integrität beeinträchtigen.

(4) Berufsberechtigte dürfen keine Bestechungsgelder oder andere illegale Vorteile für sich oder ihre Klienten annehmen.

(5) Die Verwertung von vertraulicher beruflicher Information zum persönlichen Gewinn oder zu sonstigen widerrechtlichen Zwecken ist verboten.

(6) Berufsberechtigte haben die Identität des Klienten zu prüfen und diesbezügliche Informationen zur Klärung einzuholen, wenn Transaktionen mit Klientengeldern durchgeführt werden.

(7) Gelangt ein Berufsberechtigter zu der Auffassung, dass die Erfüllung einer Anweisung eines Klienten das Risiko einer Beteiligung an einer in Abs. 1 erwähnten kriminellen Tätigkeit mit sich bringt, so hat er den Auftrag zurückzulegen.

5. Abschnitt
Schlussbestimmungen

Inkrafttreten

§ 25. (1) Diese Verordnung tritt mit 1.1.2018 in Kraft.

(2) § 1 in der Fassung ABl-KWT 2/2018 tritt mit dem auf den Tag der Veröffentlichung folgenden Tag in Kraft.

Beschlussfassung – Kundmachung

§ 26. (1) Diese Verordnung wurde vom Kammertag der Kammer der Wirtschaftstreuhänder in seiner Sitzung am 6.11.2017 gemäß § 161 Abs. 2 Z 6 Wirtschaftstreuhandberufsgesetz BGBl I Nr. 137/2017 beschlossen und mit Zustimmung des Bundesministers für Wissenschaft, Forschung und Wirtschaft, Erlass Zl. BMWFW-38.600/0029-I/3/17 vom 14.12.2017, im Amtsblatt der Kammer der Wirtschaftstreuhänder Sondernummer II/2017 sowie auf der Website der Kammer der Wirtschaftstreuhänder veröffentlicht.

(2) § 1 in der Fassung ABl-KWT Nummer 2/2018 wurde vom Kammertag der Kammer der Wirtschaftstreuhänder in seiner Sitzung am 8.6 2018 gemäß § 161 Abs 2 Z 6 des Wirtschaftstreuhandberufsgesetzes, BGBl I Nr. 137/2017 beschlossen und mit Zustimmung des Bundesministers für Digitalisierung und Wirtschaftsstandort gemäß § 180 Abs. 6 des Wirtschaftstreuhandberufsgesetzes, BGBl I Nr. 137/2017 Erlass, Zl. BMDW-38.600/0011-I/3/2018, vom 3.7.2018 im Amtsblatt der Kammer der Wirtschaftstreuhänder, Nr. 2/2018, sowie im Internet auf der Website der Kammer der Wirtschaftstreuhänder kundgemacht.

4/1b. Verordnung zur Durchführung prüfender Tätigkeiten

Verordnung der Kammer der Steuerberater und Wirtschaftsprüfer zur Durchführung prüfender Tätigkeiten (KSW-PRL 2017)

Auf Grund des § 72 Abs. 1 und 2 Z 3, 4 und 11 des Wirtschaftstreuhandberufsgesetzes 2017, BGBl. I Nr. 137/2017 wird verordnet:

Inhaltsverzeichnis

1. Abschnitt
Sicherung der Qualität von Prüfungsbetrieben

Geltungsbereich

§ 1. Dieser Abschnitt gilt für alle Wirtschaftsprüfer und Wirtschaftsprüfungsgesellschaften, die Abschlussprüfungen, prüferische Durchsichten und sonstige Prüfungen im Sinne dieses Abschnitts durchführen.

Begriffsdefinitionen

§ 2. Im Sinne dieses Abschnitts ist bzw. sind:

1. „Abschluss“ eine strukturierte Darstellung vergangenheitsorientierter Finanzinformationen unter Einschluss der damit zusammenhängenden Angaben, mit der beabsichtigt wird, in Übereinstimmung mit einem Regelwerk der Rechnungslegung über die wirtschaftlichen Ressourcen oder Verpflichtungen einer Einheit zu einem bestimmten Zeitpunkt oder deren Veränderungen für einen bestimmten Zeitraum zu kommunizieren. Die damit zusammenhängenden Angaben enthalten in der Regel eine Zusammenfassung bedeutsamer Rechnungslegungsmethoden und andere erläuternde Informationen. Der Begriff „Abschluss“ bezieht sich normalerweise auf einen vollständigen Abschluss, so wie durch die Anforderungen des maßgebenden Regelwerks der Rechnungslegung festgelegt, kann jedoch auch eine einzelne Finanzaufstellung betreffen.
2. „Abschlussprüfung“ die Prüfung eines Abschlusses oder Berichtspaketes nach nationalen oder anderen Standards.
3. „Auftrag“ ein Auftrag zur Durchführung einer Abschlussprüfung, einer prüferischen Durchsicht oder einer sonstigen Prüfung.
4. „Auftragsbegleitende Qualitätssicherung“ ein Prozess, der eine objektive Einschätzung der bedeutsamen Beurteilungen und gezogenen Schlussfolgerungen durch eine qualifizierte, nicht zum Auftragsteam gehörende Person gewährleisten soll.

5. „Auftragsteam“ alle fachlichen Mitarbeiter, die an der Abwicklung eines Auftrags mitwirken.
6. „Berichtspaket“ („Reporting Package“) eine Zusammenstellung von Finanzinformationen, die für Zwecke der Erstellung eines Konzernabschlusses von einer einbezogenen Einheit erstellt und an das Mutterunternehmen berichtet wird.
7. „Fachliche Mitarbeiter“ alle Mitarbeiter eines Prüfungsbetriebs, unabhängig von der Art ihres Vertragsverhältnisses mit dem Prüfungsbetrieb, die an der Durchführung von Aufträgen mitwirken, einschließlich der verantwortlichen Prüfer und der Leitung des Prüfungsbetriebs.
8. „Kapitalmarktnotiertes Unternehmen“ eine Gesellschaft, deren Aktien oder andere von ihr ausgegebene Wertpapiere an einem geregelten Markt zum Handel zugelassen sind.
9. „Leitung des Prüfungsbetriebs“ die Eigentümer von Einzelunternehmen oder Personengesellschaften oder die gesetzlichen Vertreter von Gesellschaften, die nach den Regelungen des Prüfungsbetriebs mit dessen Leitung betraut sind.
10. „Prüfer“ („Auftragnehmer“) eine natürliche oder juristische Person, die Aufträge im Sinne des Anwendungsbereichs dieses Abschnitts durchführt.
11. „Prüferische Durchsicht“ die Durchsicht eines Abschlusses durch Befragungen und analytische Maßnahmen nach nationalen oder internationalen Vorschriften.
12. „Prüfungsbetrieb“ eine organisatorische Einheit, die zur Durchführung von Aufträgen ein einheitliches internes Qualitätssicherungssystem verwendet, wobei sich diese organisatorische Einheit auf den gesamten oder einen Teil des Betriebes eines Prüfers, einen Zusammenschluss von Prüfern oder auf die Betriebe mehrerer Prüfer erstrecken kann.
13. „Sonstige Prüfung“ eine Prüfung zur Abgabe eines Urteils mit begrenzter oder hinreichender Sicherheit, ob ein Ist-Objekt mit einem Soll-Objekt („Referenzmodell“) übereinstimmt, die keine Abschlussprüfung oder prüferische Durchsicht darstellt, nach nationalen oder internationalen Vorschriften.
14. „Unternehmen von öffentlichen Interesse“ Unternehmen gemäß § 189a Z 1 des Bundesgesetzes über besondere zivilrechtliche Vorschriften für Unternehmen – UGB, dRGBl S 219/1897, in der Fassung BGBl I Nr. 22/2015.
15. „Verantwortlicher Prüfer“ die für die Durchführung eines Auftrages im Sinne dieser Verordnung verantwortliche Person. Bei Gesellschaften handelt es sich hierbei um die gemäß § 77 Abs. 9 WTBG 2017, dem Auftraggeber bekannt zu gebende Person.

Allgemeine Grundsätze zum Qualitätssicherungssystem

§ 3. (1) Das Qualitätssicherungssystem hat alle Regelungen und Maßnahmen zu umfassen, die nach den Verhältnissen des Prüfungsbetriebs erforderlich sind, um eine hohe Qualität der Berufsausübung zu gewährleisten. Der Prüfungsbetrieb ist verpflichtet, die Verantwortlichkeit für die Qualitätssicherung festzulegen und zu dokumentieren. Verantwortlich für die Einrichtung, Durchsetzung und Überwachung eines angemessenen und wirksamen Qualitätssicherungssystems ist die Leitung des Prüfungsbetriebs.

(2) Die Leitung des Prüfungsbetriebs kann Aufgaben der Qualitätssicherung an fachliche Mitarbeiter, die über ausreichende Kompetenzen, Befugnisse und Autorität verfügen, delegieren. Die Verantwortung für das interne Qualitätssicherungssystem muss aber jedenfalls bei einer als Wirtschaftsprüfer qualifizierten Person liegen.

Bestandteile eines Qualitätssicherungssystems

§ 4. Bei der Einrichtung, Durchsetzung und Überwachung eines Qualitätssicherungssystems sind die folgenden Bestandteile eines Qualitätssicherungssystems zu berücksichtigen:

1. das Qualitätsumfeld gemäß § 5,
2. die Feststellung und Beurteilung qualitätsgefährdender Risiken gemäß § 6,
3. Regelungen zur Qualitätssicherung gemäß § 7,
4. die Dokumentation der Regelungen zur Qualitätssicherung gemäß § 8 sowie
5. die Überwachung der Angemessenheit und der Wirksamkeit der Regelungen zur Qualitätssicherung gemäß § 9.

Qualitätsumfeld

§ 5. (1) Im Prüfungsbetrieb muss ein Qualitätsumfeld unterhalten werden, welches einer hohen Qualität der Berufsausübung und der Beachtung der gesetzlichen Vorschriften und fachlichen Regelungen entscheidende Bedeutung beimisst.

(2) Prüfungsbetriebe setzen angemessene Systeme, Ressourcen und Verfahren ein, um bei der Ausübung ihrer Prüfungstätigkeiten Kontinuität und Regelmäßigkeit zu gewährleisten. Zudem müssen Prüfungsbetriebe auch für die Einrichtung angemessener Verwaltungs- und Rechnungslegungsverfahren, Verfahren zur Risikobewertung sowie Kontroll- und Sicherheitsvorkehrungen für Datenverarbeitungssysteme Sorge tragen.

(3) Der Beachtung der Qualitätsanforderungen ist im möglichen Konfliktfall Vorrang vor der Erreichung wirtschaftlicher Zielsetzungen einzuräumen.

(4) Die getroffenen Regelungen sind in die Aus- und Fortbildungsprogramme sowie das Mitarbeiterbeurteilungssystem zu integrieren. Dabei sind die Bedeutung der Qualität der Berufsausübung und die Art und Weise, wie die Qualitätsanforderungen im Prüfungsbetrieb erfüllt werden sollen, in einem

hohen Ausmaß zu berücksichtigen. Darüber hinaus sind die persönliche Verantwortlichkeit der fachlichen Mitarbeiter für die Gewährleistung einer hohen Qualität der Auftragsdurchführung und für die Beachtung der Regelungen zur Qualitätssicherung zu betonen.

(5) Im Prüfungsbetrieb sind Verfahren einzurichten, die

1. eine Untersuchung möglicher Verstöße gegen Berufspflichten bzw. gegen Regelungen des Qualitätssicherungssystems und
2. das Abstellen von Missständen und die Verhängung von Sanktionen enthalten.

Feststellung und Beurteilung qualitätsgefährdender Risiken

§ 6. Zur Einrichtung, Durchsetzung und Überwachung angemessener und wirksamer Regelungen zur Qualitätssicherung sind im Prüfungsbetrieb Verfahren zur regelmäßigen Feststellung und Beurteilung qualitätsgefährdender Risiken im Prüfungsbetrieb einzurichten.

Regelungen zur Qualitätssicherung

§ 7. (1) Die Regelungen zur Qualitätssicherung müssen eine hohe Qualität der Auftragsdurchführung gewährleisten. Die ist dann der Fall, wenn Mängel aufgrund von qualitätsgefährdenden Risiken durch diese Regelungen mit hinreichender Sicherheit verhindert oder aufgedeckt und behoben werden.

(2) Die Regelungen zur Qualitätssicherung haben jedenfalls zu umfassen:

1. Regelungen zur allgemeinen Organisation des Prüfungsbetriebs gemäß den §§ 10 bis 16,
2. Regelungen zur Auftragsabwicklung gemäß den §§ 17 bis 22 und
3. Regelungen zur Überwachung der Angemessenheit und Wirksamkeit des Qualitätssicherungssystems gemäß § 23.

Dokumentation der Regelungen zur Qualitätssicherung

§ 8. (1) Die Regelungen zur Qualitätssicherung sind in schriftlicher Form zu dokumentieren. Dies hat durch Organisations- bzw. Qualitätssicherungsrichtlinien zu erfolgen, die es einem fachkundigen Dritten ermöglichen, sich in angemessener Zeit ein Bild über das Qualitätssicherungssystem zu verschaffen. Die Organisations- bzw. Qualitätssicherungsrichtlinien können in einem Organisations- bzw. Qualitätssicherungshandbuch zusammengefasst werden oder in anderer Art und Weise strukturiert vorliegen.

(2) Die Dokumentation ist mindestens so lange aufzubewahren, wie sie für die interne Überwachung und einen externen Nachweis erforderlich ist.

Überwachung der Angemessenheit und der Wirksamkeit der Regelungen zur Qualitätssicherung

§ 9. Die Überwachung der Angemessenheit und der Wirksamkeit der Regelungen zur Qualitätssicherung hat nach den in § 23 festgelegten Vorschriften zu erfolgen.

Einhaltung der allgemeinen Berufsgrundsätze

§ 10. (1) Der Prüfungsbetrieb hat Regelungen einzuführen, mit denen die Einhaltung der allgemeinen Berufsgrundsätze und -vorschriften hinreichend sichergestellt wird.

(2) Der Prüfungsbetrieb hat Regelungen einzuführen und Maßnahmen zu setzen, mit denen die Einhaltung der Bestimmungen zur Unabhängigkeit, Unparteilichkeit und Vermeidung der Besorgnis der Befangenheit hinreichend sichergestellt wird. Diese Regelungen und Maßnahmen müssen die folgenden Anforderungen beinhalten:

1. Die verantwortlichen Prüfer müssen dem Prüfungsbetrieb alle für Fragen der Unabhängigkeit relevanten Informationen zu Aufträgen mit Auswirkungen auf die Unabhängigkeit des Prüfungsbetriebs liefern,
2. die fachlichen Mitarbeiter müssen den Prüfungsbetrieb über Gefährdungen der Unabhängigkeit informieren, und
3. für die Gewährleistung der Unabhängigkeit relevante Informationen müssen den betreffenden fachlichen Mitarbeitern mitgeteilt werden.

(3) Der Prüfungsbetrieb legt angemessene Grundsätze und Verfahren fest, um zu gewährleisten, dass weder die Eigentümer oder Anteilseigner noch die Mitglieder der Verwaltungs-, Leitungs- und Aufsichtsorgane der Gesellschaft oder einer verbundenen Gesellschaft in einer Weise in eine Abschlussprüfung eingreifen, die die Unabhängigkeit und Unparteilichkeit des Abschlussprüfers, der die Abschlussprüfung im Auftrag der Prüfungsgesellschaft durchführt, gefährdet.

(4) Der Prüfungsbetrieb muss Regelungen und Maßnahmen festlegen, die darauf ausgerichtet sind, dem Prüfungsbetrieb hinreichende Sicherheit darüber zu verschaffen, dass er über Verstöße gegen Unabhängigkeitsanforderungen unterrichtet wird, und ihn in die Lage versetzen, geeignete Maßnahmen zur Klärung solcher Situationen zu ergreifen.

(5) Mindestens jährlich hat der Prüfungsbetrieb von den fachlichen Mitarbeitern, die den Unabhängigkeitsvorschriften unterliegen, eine schriftliche Bestätigung darüber einzuholen, dass die Regelungen und Maßnahmen des Prüfungsbetriebs zur Unabhängigkeit eingehalten werden.

(6) Im Prüfungsbetrieb sind Regelungen und Maßnahmen einzuführen, die eine gewissenhafte Abwicklung der Aufträge gewährleisten und die Einhaltung der Grundsätze der Verschwiegenheit, der Eigenverantwortlichkeit und des standesgemäßen Verhaltens sicherstellen.

(7) Der Prüfungsbetrieb hat Regelungen einzuführen, mit denen die Einhaltung der Vorschriften zur Verhinderung von Geldwäsche und Terrorismusfinanzierung hinreichend sichergestellt wird.

Annahme, Fortführung und vorzeitige Beendigung von Aufträgen

§ 11. (1) Der Prüfungsbetrieb muss sicherstellen, dass Beziehungen zum Auftraggeber bzw. Auftragsverhältnisse nur begründet bzw. fortgeführt werden, wenn

1. die Integrität des Mandanten sowie der Mitglieder des Aufsichts- und Unternehmensleitungsorgans beurteilt und dokumentiert wurde,
2. keine Gefährdung der Unabhängigkeit durch Befangenheit oder Ausschlussgründe besteht,
3. kein Interessenskonflikt mit bestehenden Mandanten droht,
4. ausreichende zeitliche, sachliche und personelle Ressourcen zur Durchführung des Prüfungsauftrags zur Verfügung stehen,
5. die rechtlichen und ergänzenden internen Bestimmungen zu Honoraren eingehalten werden und
6. die Regelungen hinsichtlich der internen und externen Rotation eingehalten werden.

(2) Die Zuständigkeit für die Annahme, Fortführung und Beendigung von Aufträgen im Prüfungsbetrieb ist festzulegen.

(3) Wird ein Auftrag angenommen, bei dem Zweifel am Vorliegen der Voraussetzungen für die Begründung bzw. Fortführung der Mandanten- bzw. Auftragsbeziehung bestanden, ist zu dokumentieren, wie diese Zweifel ausgeräumt wurden.

(4) Auch nach Annahme eines Auftrags ist auf Hinweise zu achten, die Zweifel an der Integrität des Auftraggebers wecken können.

(5) Der Prüfungsbetrieb muss sicherstellen, dass die Leitung des Prüfungsbetriebs über alle Umstände informiert wird, die darauf hindeuten, dass ein Auftrag nicht hätte angenommen werden dürfen bzw. nicht fortgeführt werden kann. Die Leitung des Prüfungsbetriebs hat gemeinsam mit dem verantwortlichen Prüfer zu entscheiden, ob diese Umstände durch geeignete Maßnahmen beseitigt werden können oder der Auftrag vorzeitig zu beenden ist. Der Prüfungsbetrieb hat sicherzustellen, dass bei Kündigung des Prüfungsauftrags die Formvorschriften, Berichterstattungspflichten und Meldepflichten gemäß § 270 Abs. 6 UGB, dRGBl S 219/1897, in der Fassung BGBl. I 2008/70, und § 58 APAG, in der Fassung BGBl. I Nr. 83/2016, eingehalten werden, insbesondere ist dabei die Schriftform zu beachten und die Kündigung zu begründen.

(6) Der Prüfungsbetrieb hat Verfahren einzurichten, die gewährleisten, dass beim Wechsel eines Mandates der Informationsaustausch zwischen dem Prüfungsbetrieb und dem neu bestellten Prüfer ermöglicht wird.

Mitarbeiterentwicklung

§ 12. (1) Der Prüfungsbetrieb hat Regelungen und Maßnahmen festzulegen, die gewährleisten, dass fachliche Mitarbeiter mit der Kompetenz, den Fähigkeiten und der Bindung an die Berufsgrundsätze ausreichend verfügbar sind, die notwendig sind, um die hohe Qualität der von ihnen durchzuführenden Aufträge zu gewährleisten. Solche Regelungen und Maßnahmen haben mindestens folgende Bereiche zu umfassen:

1. Einstellung,
2. Leistungsbeurteilung,
3. fachliche Kompetenz,
4. Karriereentwicklung und Beförderung,
5. Vergütung und
6. Personalbedarfsplanung.

(2) Die fachlichen Mitarbeiter sind vor Dienstantritt zur Einhaltung der Vorschriften zur Verschwiegenheit und zum Datenschutz, der Insiderregeln und der Regelungen des Qualitätssicherungssystems schriftlich zu verpflichten.

(3) Im Prüfungsbetrieb muss eine angemessene praktische und theoretische Aus- und Fortbildung der fachlichen Mitarbeiter organisiert werden, damit diese jene Fähigkeiten und Kompetenzen aufweisen, die den spezifischen Anforderungen des Prüfungsbetriebs entsprechen. Dabei ist auch auf die Einhaltung der relevanten gesetzlichen Vorschriften zur kontinuierlichen Fortbildung (§ 3 WT-AARL und § 56 APAG, in der Fassung BGBl. I Nr. 83/2016) zu achten.

(4) Der Prüfungsbetrieb muss über angemessene Vergütungsgrundsätze verfügen, einschließlich – sofern im Prüfungsbetrieb vorhanden – solcher zur Gewinnbeteiligung, die ausreichende Leistungsanreize bieten, um die Qualität der durchzuführenden Aufträge sicherzustellen. Insbesondere dürfen die Einnahmen, die der Prüfungsbetrieb aus der Erbringung von Nichtprüfungsleistungen an das geprüfte Unternehmen erzielt, kein Teil der Leistungsbeurteilung und der Vergütung von Personen sein, die an der Abschlussprüfung beteiligt oder in der Lage sind, das Ergebnis der Abschlussprüfung zu beeinflussen.

Gesamtplanung aller Aufträge

§ 13. Der Prüfungsbetrieb muss durch eine sachgerechte Gesamtplanung aller Aufträge die Voraussetzungen dafür sorgen, dass die übernommenen und erwarteten Aufträge insgesamt ordnungsgemäß und zeitgerecht abgewickelt werden können. Der Prüfungsbetrieb hat hierzu entsprechende Regelungen zu treffen und Maßnahmen festzulegen.

Ausreichender Versicherungsschutz

§ 14. Der Prüfungsbetrieb muss Regelungen und Maßnahmen festlegen, die darauf ausgerichtet sind, dass der Prüfungsbetrieb die gesetzlichen Vorschriften zum verpflichtenden Versicherungsschutz (§§ 11 und 77 Abs. 1 WTBG 2017) beachtet.

Umgang mit Beschwerden und Vorwürfen und anderen Vorfällen

§ 15. (1) Unbeschadet des § 66 Abs. 3 APAG, in der Fassung BGBl. I Nr. 83/2016 muss der Prüfungsbetrieb Regelungen und Maßnahmen zum angemessenen Umgang mit und zur Aufzeichnung von Beschwerden oder Vorwürfen von fachlichen Mitarbeitern, Mandanten oder Dritten schaffen, wenn sich daraus Anhaltspunkte für

1. Verstöße gegen gesetzliche Vorschriften oder fachliche Regelungen bei der Auftragsdurchführung,
2. Verstöße gegen das Qualitätssicherungssystem des Prüfungsbetriebs oder
3. eine mögliche oder tatsächliche schwere Beeinträchtigung der Integrität ihrer Prüfungstätigkeiten ergeben.

(2) Die Leitung des Prüfungsbetriebs oder eine von dieser bestimmte qualifizierte Person, die nicht mit dem Sachverhalt befasst war, muss untersuchen, ob die Beschwerden oder Vorwürfe berechtigt sind. Werden die Beschwerden bzw. Vorwürfe durch die vorgenommenen Untersuchungen erhärtet, sind erforderliche Maßnahmen einzuleiten.

(3) In Fällen, in denen alle Personen der Leitung des Prüfungsbetriebs mit dem Sachverhalt befasst waren und somit für eine Untersuchung der Beschwerden und Vorwürfe ausscheiden, sind externe Personen für die Untersuchung heranzuziehen.

(4) Über Verstöße gegen die rechtlichen Bestimmungen zur Durchführung von Abschlussprüfungen sind Aufzeichnungen zu führen, die auch die aus den Verstößen erwachsenden Konsequenzen sowie die zur Behebung dieser Verstöße und zur Änderung seines bzw. ihres internen Qualitätssicherungssystems getroffenen Maßnahmen umfassen. Geringfügige Verstöße sind von dieser Aufzeichnungspflicht ausgenommen. Die Leitung des Prüfungsbetriebes hat jährlich an die verantwortlichen Prüfer und fachlichen Mitarbeiter über alle getroffenen Maßnahmen zu berichten.

(5) Über vorgebrachte Beschwerden und Vorwürfe sowie über die hierzu getroffene Maßnahmen sind Aufzeichnungen zu führen.

Einhaltung der kontinuierlichen Fortbildungsverpflichtung

§ 16. Der Prüfungsbetrieb hat Regelungen einzuführen, mit denen die Einhaltung der Fortbildungsverpflichtung gemäß § 3 Abs. 4a und § 56 APAG, in der Fassung BGBl. I Nr. 83/2016, hinreichend sichergestellt ist.

Organisation der Auftragsabwicklung

§ 17. (1) Der Prüfungsbetrieb hat die Verantwortung für die Durchführung des Prüfungsauftrags einschließlich der Anleitung und der Überwachung des Auftragsteams einem verantwortlichen Prüfer zu übertragen und dies zu dokumentieren. Dem geprüften Unternehmen sind der verantwortliche Prüfer und dessen Funktion bei Abschluss des Vertragsverhältnisses mitzuteilen.

(2) Der verantwortliche Prüfer ist vom Prüfungsbetrieb insbesondere nach den Kriterien Sicherstellung der Prüfungsqualität, Unabhängigkeit und Kompetenz zu bestimmen.

(3) Der Prüfungsbetrieb hat dem verantwortlichen Prüfer die zur angemessenen Wahrnehmung seiner Aufgaben notwendigen Mittel und Personal mit der notwendigen Kompetenz und den notwendigen Fähigkeiten zur Verfügung zu stellen.

(4) Der verantwortliche Prüfer hat aktiv an der Durchführung der Abschlussprüfung beteiligt zu sein.

(5) Der Prüfungsbetrieb hat eine Auftraggeberdatei zu führen. Diese Datei hat für jeden Auftraggeber die folgenden Angaben zu enthalten:

1. Name, Anschrift und Ort der Niederlassung,
2. bei einer Prüfungsgesellschaft den Namen des verantwortlichen Prüfers und
3. für jedes Geschäftsjahr die für die Abschlussprüfung und für andere Leistungen in Rechnung gestellten Honorare.

(6) Der Prüfungsbetrieb muss Regelungen einführen, die mit hinreichender Sicherheit gewährleisten, dass bei der Auftragsabwicklung einschließlich der Berichterstattung die gesetzlichen Vorschriften und fachlichen Regelungen beachtet werden.

(7) Der verantwortliche Prüfer hat das Auftragsteam während der Durchführung des Prüfungsauftrags anzuleiten.

Einholung von fachlichem Rat (Konsultation) und Auslagerung von Prüfungstätigkeiten

§ 18. (1) Der Prüfungsbetrieb hat Regelungen und Maßnahmen festzulegen, die darauf gerichtet sind, dem Prüfungsbetrieb hinreichende Sicherheit darüber zu verschaffen, dass

1. bei schwierigen oder umstrittenen Sachverhalten, die für das Auftragsergebnis bedeutsam sind, eine angemessene Konsultation durchgeführt wird,
2. ausreichende Ressourcen verfügbar sind, damit eine angemessene Konsultation durchgeführt werden kann,
3. Einvernehmen zwischen dem Konsultierenden und dem Konsultierten über Art und Umfang der Konsultation sowie über die daraus resultierenden Schlussfolgerungen erzielt wird,
4. Art und Umfang der Konsultation sowie die daraus resultierenden Schlussfolgerungen dokumentiert werden, sowie
5. die aus der Konsultation resultierenden Schlussfolgerungen umgesetzt werden.

(2) Der Prüfungsbetrieb hat angemessene Grundsätze und Verfahren festzulegen, um zu gewährleisten, dass bei einer Auslagerung wichtiger Prüfungstätigkeiten weder die Qualität der internen Qualitätssicherung noch die Fähigkeit der Abschlussprüfer-Aufsichtsbehörde, die Aufsicht über die Einhaltung der im APAG sowie in anderen gesetzlichen Bestimmungen festgelegten Pflichten durch den Prüfer zu führen, beeinträchtigt wird.

Laufende Überwachung der Auftragsabwicklung

§ 19. (1) Die vom Prüfungsbetrieb für die Überwachung der Auftragsabwicklung festgelegten

Regelungen müssen darauf gerichtet sein, dass der verantwortliche Prüfer

1. bei der Durchführung der Prüfung ausreichend Zeit für das Prüfungsmandat aufwendet und die zur angemessenen Wahrnehmung seiner Aufgaben erforderlichen Ressourcen vorsieht sowie
2. in angemessener Weise laufend überwacht, ob die Mitglieder des Auftragsteams die ihnen übertragenen Aufgaben verstehen und in sachgerechter Weise erfüllen, und ob hierfür genügend Zeit zur Verfügung steht.

(2) Die vom Prüfungsbetrieb für die Überwachung der Auftragsabwicklung festgelegten Regelungen müssen außerdem darauf gerichtet sein, dass der verantwortliche Prüfer eine Durchsicht der Prüfungsdokumentation und eine Besprechung im Prüfungsteam vornimmt, um sich davon zu überzeugen, dass ausreichende geeignete Prüfungsnachweise zur Entscheidung über das Prüfungsurteil vorliegen.

Auftragsbegleitende Qualitätssicherung

§ 20. (1) Gegenstand der auftragsbegleitenden Qualitätssicherung ist die Beurteilung, ob Anhaltspunkte vorliegen, die darauf hindeuten, dass Aufträge nicht unter Beachtung der gesetzlichen Vorschriften und fachlichen Regeln durchgeführt werden und ob die Behandlung wesentlicher Sachverhalte angemessen ist. Sie umfasst alle Phasen der Auftragsdurchführung.

(2) Der Prüfungsbetrieb muss Regelungen und Maßnahmen festlegen, die sich mit der Bestimmung des auftragsbegleitenden Qualitätssicherer befassen und die folgenden Auswahlkriterien enthalten:

1. die für diese Funktion erforderlichen fachlichen Qualifikationen und Erfahrungen; und
2. das Ausmaß, in dem ein auftragsbegleitender Qualitätssicherer zu dem Auftrag konsultiert werden kann, ohne dass dessen Objektivität gefährdet wird.

(3) Der Prüfungsbetrieb muss Regelungen und Maßnahmen festlegen, die bei Aufträgen, bei denen es sachgerecht ist, eine auftragsbegleitende Qualitätssicherung verlangen. Diese Regelungen und Maßnahmen müssen

1. für Abschlussprüfungen von Unternehmen von öffentlichem Interesse und Abschlussprüfungen von kapitalmarktnotierten Unternehmen verpflichtend eine auftragsbegleitende Qualitätssicherung verlangen,
2. Kriterien festlegen, anhand derer alle sonstigen Prüfungen zu beurteilen sind, um festzulegen, ob eine auftragsbegleitende Qualitätssicherung durchzuführen ist, und für alle Aufträge, die den festgelegten Kriterien entsprechen, eine auftragsbegleitende Qualitätssicherung verlangen und
3. Art, zeitliche Einteilung und Umfang einer auftragsbegleitenden Qualitätssicherung regeln.

(4) Die Berichterstattung zum Auftrag darf nicht vor dem Abschluss der auftragsbegleitenden Qualitätssicherung datiert sein.

Lösung von Meinungsverschiedenheiten

§ 21. Im Prüfungsbetrieb sind Regelungen und Maßnahmen festzulegen, nach denen Meinungsverschiedenheiten innerhalb des Teams, mit dem Konsultierten oder – sofern anwendbar – zwischen dem verantwortlichen Prüfer und dem auftragsbegleitenden Qualitätssicherer behandelt und geklärt werden.

Ausgestaltung, Abschluss und Archivierung der Auftragsdokumentation

§ 22. (1) Für jeden Auftrag ist eine Auftragsdokumentation anzulegen.

(2) Der Prüfungsbetrieb hat Regelungen zur Ausgestaltung, dem Abschluss und der Archivierung der Auftragsdokumentation festzulegen, die gewährleisten, dass die Dokumentation der Prüfung entsprechend den gesetzlichen Vorschriften, den fachlichen Regelungen und den internen Regelungen des Prüfungsbetriebs erfolgt.

(3) In die Auftragsdokumentation sind auch aufzunehmen:

1. alle Aspekte der Prüfung der Unabhängigkeit, sowohl die Prüfung vor Auftragsannahme als auch allfällige im Laufe der Auftragsabwicklung zutage tretende Unabhängigkeitsthemen sowie Schutzmaßnahmen, die ergriffen wurden,
2. ob der verantwortliche Prüfer über die kompetenten fachlichen Mitarbeiter, die Zeit und die Ressourcen verfügt, die zur angemessenen Durchführung der Abschlussprüfung erforderlich sind,
3. ob im Falle einer Prüfungsgesellschaft der verantwortliche Prüfer zur Durchführung des Auftrages als Wirtschaftsprüfer in Österreich zugelassen ist.

(4) Ein Prüfer von Unternehmen von öffentlichem Interesse muss zusätzlich die gemäß den Artikeln 6 bis 8 der Verordnung (EU) Nr. 537/201, ABl. Nr. L 158 vom 27.5.2014, S. 77, aufgezeichneten Daten dokumentieren.

(5) Die Auftragsdokumentation von Abschlussprüfungen ist spätestens 60 Tage nach Unterzeichnung des Bestätigungsvermerks zu schließen.

(6) Der Prüfer hat alle Daten und Unterlagen aufzubewahren, die

1. zur Begründung der Auftragsergebnisse und
2. zur Beobachtung der Einhaltung dieser Verordnung und anderer geltender rechtlicher Anforderungen von Bedeutung sind.

(7) Der Prüfer hat alle etwaigen schriftlichen Beschwerden über die Durchführung der Abschlussprüfung aufzubewahren.

(8) Die Auftragsdokumentation steht im Eigentum des Wirtschaftsprüfers oder der Wirtschaftsprüfungsgesellschaft.

Regelungen zur Überwachung der Angemessenheit und der Wirksamkeit des Qualitätssicherungssystems (Interne Nachschau)

§ 23. (1) Der Prüfungsbetrieb muss einen Prozess zur internen Nachschau einrichten, der darauf ausgerichtet ist, dem Prüfungsbetrieb hinreichende Sicherheit darüber zu verschaffen, dass die Regelungen und Maßnahmen zum Qualitätssicherungssystem angemessen sind und wirksam funktionieren.

(2) Die interne Nachschau umfasst die kontinuierliche Beurteilung der Angemessenheit und der Wirksamkeit des Qualitätssicherungssystems einschließlich der Einhaltung der Regelungen des Prüfungsbetriebs für die Auftragsdurchführung. Hierzu sind auch bereits abgeschlossene Aufträge in einem angemessenen Umfang in Stichproben nachzuprüfen (Auftragsprüfung).

(3) Die Verantwortung für die interne Nachschau muss festgelegt sein. Die Organisation und Durchführung der internen Nachschau kann einer Person oder mehreren Personen übertragen werden, die über die erforderliche Erfahrung, Kompetenz und Autorität verfügen. Die mit der Durchführung der Auftragsprüfung betrauten fachlichen Mitarbeiter dürfen weder an der Auftragsabwicklung noch an der auftragsbegleitenden Qualitätssicherung beteiligt gewesen sein.

(4) Innerhalb von drei Jahren müssen alle verantwortlichen Prüfer eines Prüfbetriebes mit mindestens einem Auftrag in die Nachschau einbezogen werden. Dies ist bei der Festlegung der Angemessenheit des Stichprobenumfanges zu berücksichtigen.

(5) Ist ein Prüfungsbetrieb Teil eines Netzwerks, innerhalb dessen Nachschauverfahren eingerichtet sind, und möchte sich dieser auf diese Verfahren verlassen, müssen die Regelungen und Maßnahmen des Prüfungsbetriebs verlangen, dass

1. das Netzwerk zumindest jährlich den entsprechenden Personen seiner Mitglieder Art, Umfang und Ergebnisse des Nachschauprozesses insgesamt mitteilt und
2. durch das Netzwerk festgestellte Mängel im Qualitätssicherungssystem umgehend den entsprechenden Personen des betreffenden Mitglieds mitteilt, damit die notwendigen Maßnahmen ergriffen werden können,

damit die verantwortlichen Prüfer der Prüfungsgesellschaften des Netzwerks sich auf die Ergebnisse des im Netzwerk implementierten Nachschauprozesses stützen können.

(6) Die bei der internen Nachschau getroffenen Feststellungen sind Grundlage für die Fortentwicklung des Qualitätssicherungssystems. Die im Rahmen der internen Nachschau aufgedeckten Verstöße sind daraufhin zu untersuchen, ob sie auf Schwächen im Qualitätssicherungssystem zurückzuführen sind oder ob es sich um Einzelfehler handelt.

(7) Bei Schwächen im Qualitätssicherungssystem, welche die Angemessenheit oder die Einhaltung der Regelungen zur Organisation des Prüfungsbetriebs betreffen, sind Verbesserungsvorschläge zu entwickeln. Die Leitung des Prüfungsbetriebs hat Maßnahmen zur Beseitigung der Schwächen und zur Umsetzung der Verbesserungsvorschläge zu ergreifen.

(8) Die Ergebnisse der internen Nachschau sind regelmäßig, wenigstens einmal jährlich, an die Leitung des Prüfungsbetriebs zu berichten. Die verantwortlichen Prüfer und fachlichen Mitarbeiter sind regelmäßig, wenigstens einmal jährlich, über die ihren Arbeitsbereich betreffenden Feststellungen zu informieren.

(9) Der Prüfungsbetrieb muss Regelungen und Maßnahmen festlegen, die eine angemessene Dokumentation der internen Nachschau verlangen.

2. Abschnitt
Sonstige Bestimmungen

Verpflichtung zur kritischen Grundhaltung

§ 24. Wirtschaftsprüfer und Wirtschaftsprüfungsgesellschaften, die Abschlussprüfungen durchführen, haben bei der Durchführung dieser Aufträge eine kritische Grundhaltung einzunehmen und diese dabei durchgehend beizubehalten. Dabei sind sie verpflichtet, die allgemein anerkannten nationalen und internationalen Prüfungsstandards und die österreichischen Berufsgrundsätze zu beachten.

Gewährleistung der Unabhängigkeit

§ 25. Wirtschaftsprüfer und Wirtschaftsprüfungsgesellschaften, die Abschlussprüfungen durchführen, haben bei der Durchführung dieser Aufträge Maßnahmen zu ergreifen, um ihre Unabhängigkeit zu gewährleisten. Dabei sind sie verpflichtet, neben den gesetzlichen Bestimmungen die allgemein anerkannten nationalen und internationalen Prüfungsstandards und die österreichischen Berufsgrundsätze zu beachten.

2. Abschnitt
Schlussbestimmungen

Inkrafttreten

§ 26. Diese Verordnung tritt mit 1.1.2018 in Kraft.

Beschlussfassung – Kundmachung

§ 27. Diese Verordnung wurde vom Kammertag der Kammer der Wirtschaftstreuhänder in seiner Sitzung am 6.11.2017 gemäß § 161 Abs. 2 Z 6 Wirtschaftstreuhandberufsgesetz BGBl I Nr. 137/2017 beschlossen und mit Zustimmung des Bundesministers für Wissenschaft, Forschung und Wirtschaft, Erlass Zl. BMWFW-38.600/0029-I/3/17 vom 14.12.2017, im Amtsblatt der Kammer der Wirtschaftstreuhänder Sondernummer II/2017 sowie auf der Website der Kammer der Wirtschaftstreuhänder veröffentlicht.

4/1c. Richtlinie über die Geldwäscheprävention bei Ausübung von WT-Berufen

Verordnung der Kammer der Steuerberater und Wirtschaftsprüfer über die Richtlinie über die Geldwäscheprävention bei Ausübung von WT-Berufen (KSW-GWPRL 2017)

Inhaltsverzeichnis

IdF ABl-KWT 3/2020

1.Abschnitt
Maßnahmen zur Verhinderung der Geldwäsche und der Terrorismusfinanzierung

Ausgestaltung von Sorgfaltspflichten

§ 1. (1) Steht für die Feststellung und Überprüfung der Identität einer natürlichen Person ein aktuelleramtlicher Lichtbildausweis zur Verfügung, ist die Einholung von weiteren Dokumenten, Daten und Informationen nicht erforderlich, sofern der Berufsberechtigte alleine daraus die Identität des Auftraggebers feststellen und überprüfen kann. Ansonsten haben die Feststellung und Überprüfungen der Identität risikobasiert aufgrund des gemäß § 89 WTBG 2017 erstellten Risikoprofils zu erfolgen. Auskünfte und Informationen von verlässlichen Gewährspersonen sind als glaubwürdig anzusehen. Verlässliche Gewährspersonen in diesem Sinn sind Gerichte und sonstige staatliche Behörden, Steuerberater, Wirtschafts- oder Buchprüfer, Notare, Rechtsanwälte und Kreditinstitute, sofern sie nicht ihren amtlichen Wirkungsbereich, Sitz oder Wohnsitz in einem Nicht-Kooperationsstaat haben.

(2) Wird die Überprüfung der Identität einer natürlichen Person in Anwendung der Bestimmung des § 91Abs. 2 WTBG 2017 erst während der Begründung der Geschäftsbeziehung abgeschlossen, ist zu beachten:

1. in die Überprüfung der Identität des Auftraggebers und des wirtschaftlichen Eigentümers erst währenddder Begründung der Geschäftsbeziehung rechtfertigendes geringes Risiko der Geldwäsche und der Terrorismusfinanzierung kann zum Beispiel dann angenommen werden, wenn der Auftraggeber und bei juristischen Personen oder Personengesellschaften die vertretungsbefugten Personen dem Berufsberechtigten seit längerer Zeit persönlich bekannt ist.
2. Das Verfahren gemäß § 91 Abs. 2 WTBG 2017 zur Überprüfung der Identität des Auftraggebers unddes wirtschaftlichen Eigentümers ist möglichst bald nach dem ersten Kontakt mit dem Auftraggeberohne schuldhaftes Zögern abzuschließen.

(3) Zur Überprüfung der Vertretungsbefugnis eines Bevollmächtigten des Auftraggebers ist die erteilteschriftliche Vollmacht einzuholen. Bei berufsmäßigen Parteienvertretern genügt Berufung auf erteilte Vollmacht und Nachweis der Berufsberechtigung.

(4) Die zum Verständnis der Eigentums- und Kontrollstruktur des Auftraggebers zu setzenden Maßnahmensind entsprechend dem individuellen Risikoprofil zu wählen. Dabei ist insbesondere die Risikogeneigtheit der für den Auftraggeber

zu erbringenden Tätigkeiten zu beachten. Soweit der Auftrag die Erfüllung gesetzlicher Pflichten für den Auftraggeber umfasst, besteht in der Regel ein geringes Risiko einer Ausnutzung der Geschäftsbeziehung für Zwecke der Geldwäsche oder der Terrorismusfinanzierung. Bei Annahme von Aufträgen zur Durchführung von Tätigkeiten mit geringem Risiko ist es ausreichend, mit angemessenen Mitteln ein allgemeines Verständnis der Eigentums- und Kontrollstruktur des Auftraggebers zu erlangen.

(5) Zur kontinuierlichen Überwachung aufrechter Geschäftsbeziehungen ist im Sinne des § 90 Z. 5 WTBG2017 in regelmäßigen Intervallen eine Überprüfung dahingehend durchzuführen ob die Kenntnisse über den Auftraggeber und seine Geschäftstätigkeit aktuell sind. Das Intervall der Überprüfungen ist entsprechend einer Risikoeinstufung des Auftraggebers vorzunehmen. Unabhängig von den regelmäßig vorzunehmenden Überprüfungen ist eine Überprüfung anlaßbezogen durchzuführen, wenn dies aufgrund von dem Berufsberechtigten bekannt gewordener Tatsachen erforderlich scheint. Eine gesonderte Verpflichtung des Berufsberechtigten zur Einholung von Informationen wird dadurch nicht begründet.

(6) Bei der Überprüfung nach § 90 Z. 6 WTBG 2017, ob es sich beim Auftraggeber oder einemwirtschaftlichen Eigentümer des Auftraggebers um eine politisch exponierte Person handelt, ist auf verlässliche Informationsquellen zurückzugreifen und das Ergebnis der Überprüfung zu dokumentieren. Von gesetzlichen Berufsorganisationen angebotene oder empfohlene Informationsquellen gelten jedenfalls als verlässlich.

(7) Die Meldepflicht ist gemäß § 96 Abs. 9 WTBG 2017 nicht anzuwenden, wenn es sich um eine Tätigkeitals Berater, Vertreter oder Verteidiger des Auftraggebers im Rahmen des Berechtigungsumfanges der Wirtschaftstreuhänder insbesondere vor folgenden Behörden und Gerichten handelt:

1 Finanz- und Finanzstrafbehörden
2 Gebietskörperschaften
3 Verwaltungsgerichten
4 Sozialversicherungsträger
5 Einrichtungen des Arbeitsmarktservice, der Berufsorganisationen, der Landesfremdenverkehrsverbändeund andere in wirtschaftlichen Angelegenheiten zuständigen Behörden und Ämter
6 Verwaltungsgerichtshof

Vereinfachte Sorgfaltspflichten

§ 2. (1) Mögliche Faktoren für ein potenziell geringeres Risiko sind beispielsweise:

1. Hinsichtlich des Auftraggeberrisikos
   a) öffentliche, an einer Börse notierte Unternehmen, die (aufgrund von Börsenordnungen oder vonGesetzes wegen oder aufgrund durchsetzbarer Instrumente) Offenlegungspflichten unterliegen, die Anforderungen an die Gewährleistung einer angemessenen Transparenz hinsichtlich deswirtschaftlichen Eigentümers auferlegen,
   b) öffentliche Verwaltungen oder Unternehmen oder
   c) Auftraggeber mit Wohnsitz in geografischen Gebieten mit geringerem Risiko (Z. 3);
2. hinsichtlich des Produkt-, Dienstleistungs-, Transaktions- oder Vertriebskanalrisikos Produkte, beidenen die Risiken der Geldwäsche und Terrorismusfinanzierung durch andere Faktoren wie etwaBeschränkungen der elektronischen Geldbörse oder die Transparenz der Eigentumsverhältnissegesteuert werden;
3. hinsichtlich des geografischen Risikos – Registrierung, Niederlassung, Wohnsitz in:
   a) Mitgliedstaaten der Europäischen Union,
   b) Drittländer mit gut funktionierenden Systemen zur Bekämpfung von Geldwäsche undTerrorismusfinanzierung,
   c) Drittländer, in denen Korruption und andere kriminelle Tätigkeiten laut glaubwürdigen Quellenschwach ausgeprägt sind,
   d) Drittländer, deren Anforderungen an die Bekämpfung von Geldwäsche und Terrorismusfinanzierunglaut glaubwürdigen Quellen (z. B. gegenseitige Evaluierungen, detaillierte Bewertungsberichte oder

veröffentlichte Follow-up-Berichte) den überarbeiteten FATF-Empfehlungen entsprechen und die diese Anforderungen wirksam umsetzen.

Abs. 1 Z 3 idF ABl-KSW 3/2020

KSW-GWPRL

(2) Die Einholung von Informationen aus einer einzigen verlässlichen, glaubwürdigen und unabhängigenQuelle kann in Fällen mit geringem Risiko zur Erfüllung der Identifikationspflichten für die vertretungsbefugten Personen und des wirtschaftlichen Eigentümers ausreichen.

(3) Hinsichtlich des Zweckes und der Art der Geschäftsbeziehung kann es in Fällen mit geringem Risikogegebenenfalls auch ausreichen, Annahmen zu treffen, wenn sich das betreffende Produkt oder die betreffende Dienstleistung auf berufstypische Tätigkeiten beschränkt.

(4) Das Vorliegen der in § 93 WTBG 2017 angeführten Voraussetzungen berechtigt nicht, auf sämtlicheSorgfaltspflichten zu verzichten.

Verstärkte Sorgfaltspflichten

§ 3. (1) Abgesehen von den in § 94 Abs. 1 WTBG 2017 genannten Fällen sind mögliche Faktoren für einpotenziell höheres Risiko beispielsweise:

1. Hinsichtlich des Auftraggeberrisikos
   a) außergewöhnliche Umstände der Geschäftsbeziehung,

b) Auftraggeber, die in geografischen Gebieten mit hohem Risiko (Z. 3) ansässig sind,
c) juristische Personen oder Rechtsvereinbarungen, die als Instrumente für die privateVermögensverwaltung dienen,
d) Unternehmen mit nominellen Anteilseignern oder als Inhaberpapieren emittierten Aktien,
e) bargeldintensive Unternehmen,
f) angesichts der Art der Geschäftstätigkeit als ungewöhnlich oder übermäßig kompliziert erscheinendeEigentumsstruktur des Unternehmens,
g) der Auftraggeber ist ein Drittstaatsangehöriger, der Aufenthaltsrechte oder die Staatsbürgerschafteines Mitgliedstaats im Austausch gegen die Übertragung von Kapital, den Kauf von Immobilienoder Staatsanleihen oder Investitionen in Gesellschaften in diesem Mitgliedstaat beantragt;

Z 1 lit. g eingefügt durch ABl-KWT 3/2020

2. hinsichtlich des Produkt-, Dienstleistungs-, Transaktions- oder Vertriebskanalrisikos
a) Banken mit Privatkundengeschäft,
b Produkte oder Transaktionen, die Anonymität begünstigen könnten,
c Geschäftsbeziehungen oder Transaktionen ohne persönliche Kontakte und ohne bestimmteSicherungsmaßnahmen wie elektronische Mittel für die Identitätsfeststellung, einschlägigeVertrauensdienste gemäß der Definition in der Verordnung (EU) Nr. 910/2014 oder andere von deneinschlägigen nationalen Behörden regulierte, anerkannte, gebilligte oder akzeptierte sichereVerfahren zur Identifizierung aus der Ferne oder auf elektronischem Weg,
d) Eingang von Zahlungen unbekannter oder nicht verbundener Dritter,
e) neue Produkte und neue Geschäftsmodelle einschließlich neuer Vertriebsmechanismen sowieNutzung neuer oder in der Entwicklung begriffener Technologien für neue oder bereits bestehende-Produkte,
f Transaktionen in Bezug auf Öl, Waffen, Edelmetalle, Tabakerzeugnisse, Kulturgüter und andereArtikel von archäologischer, historischer, kultureller oder religiöser Bedeutung oder vonaußergewöhnlichem wissenschaftlichen Wert sowie Elfenbein und geschützte Arten;

Z 2 idF ABl-KWT 3/2020

3. hinsichtlich des geografischen Risikos
a) Länder, deren Finanzsysteme laut glaubwürdigen Quellen (z. B. gegenseitige Evaluierungen,detaillierte Bewertungsberichte oder veröffentlichte Follow-up-Berichte) nicht über hinreichendeSysteme zur Bekämpfung von Geldwäsche und Terrorismusfinanzierung verfügen,
b) Drittländer, in denen Korruption oder andere kriminelle Tätigkeiten laut glaubwürdigen Quellensignifikant stark ausgeprägt sind,
c) Länder, gegen die beispielsweise die Union oder die Vereinten Nationen Sanktionen, Embargos oderähnliche Maßnahmen verhängt hat/haben,
d) Länder, die terroristische Aktivitäten finanziell oder anderweitig unterstützen oder in denen bekannteterroristische Organisationen aktiv sind.

(2) Die Nutzung einer Datenbank, die auf die internationale Erkennung politisch exponierter Personenspezialisiert ist, stellt ein angemessenes Verfahren zur Feststellung dar, ob der Auftraggeber eine politisch exponierte Person ist. Nach Begründung einer Geschäftsbeziehung ist auf risikobasierter Basis regelmäßig zu überprüfen, ob ein Auftraggeber als politisch exponierte Person gilt.

(3) Als ungewöhnlich im Sinne des § 94 Abs. 1 Z 1 WTBG 2017 gilt eine Transaktion, wenn diese inBezug auf die bisher vom Auftraggeber ausgeübte Geschäftstätigkeit unüblich ist, ohne erkennbaren wirtschaftlichen oder erkennbaren rechtmäßigen Zweck erfolgt und damit für die Transaktion keine normale, legale, harmlose Erklärung in Betracht kommt.

Ausführung durch Dritte

§ 4. Das Vorliegen der Voraussetzungen gemäß § 95 Abs 2 WTBG 2017 ist risikobasiert unter Anwendungangemessener Maßnahmen zu prüfen.

Verbot der Informationsweitergabe

§ 5. In Bezug auf Informationsweitergaben außerhalb einer Gruppe (vgl. § 87 Abs. 2 Z 17 WTBG sowie§ 97 Abs. 3 WTBG und § 99 Abs. 9 WTBG) hat im Falle der Informationsweitergabe an ausländischeBerufsberechtigte die Prüfung der Gleichwertigkeit der Anforderungen von Bestimmungen zur Verhinderung derGeldwäsche und der Terrorismusfinanzierung in Drittländern sowie der beruflichen Verschwiegenheitspflichtund des Schutzes personenbezogener Daten anhand von durch öffentliche Stellen veröffentlichten Listen zuerfolgen. Liegen derartige Listen nicht vor, kann der Berufsberechtigte selbst die Gleichwertigkeit beurteilen. ImZweifel ist von dem im Drittland ansässigen Berufsberechtigten die Gleichwertigkeit der Anforderung glaubhaftzu machen.

§ 5 1. Satz idF ABl-KWT 3/2020

Risikoprofil

§ 6. (1) Zur Beurteilung des Risikos der Geldwäsche oder der Terrorismusfinanzierung einer-Geschäftsbeziehung oder einer gelegentlichen Transaktion ist auf Grundlage aller über Auftraggeber und Auftrag erhaltenen Informationen bei Begründung der Geschäftsbeziehung oder anlässlich der Durchführung einer gelegentlichen Transaktion ein Risikoprofil zu erstellen. Maßnahmen, die risikobasiert zu treffen sind, sind auf Grundlage dieses Risikoprofils festzulegen. Das Risikoprofil ist während der Dauer der Geschäftsbeziehung entsprechend den Vorschriften zur laufenden Überwachung einer Geschäftsbeziehung aktuell zu halten.

(2) Bei der Erstellung eines Risikoprofils können beispielsweise einfließen:

1. Auftraggeberbezogene Faktoren wie beispielsweise
   a) Herkunft oder Sitzstaat des Auftraggebers,
   b bei ausländischen Auftraggebern die Vergleichbarkeit von Regelungen des Herkunftsstaates zurVerhinderung der Geldwäsche und der Terrorismusfinanzierung mit inländischen Regelungen,
   c die Rechtsform des Auftraggebers,
   d Geschäftstätigkeit und Branche des Auftraggebers,
   e Feststellung, ob es sich bei dem Auftraggeber um eine politisch exponierte Person von anderenMitgliedstaaten oder von Drittländern im Sinne des § 94 Abs. 1 Z 4 WTBG 2017 handelt,
   f) Handeln des Auftraggebers im eigenen Namen oder in Vertretung
2. Auftragsbezogene Faktoren wie beispielsweise
   a) Inhalt, Art und Dringlichkeit der beauftragten Leistungen,
   b beabsichtigte Dauer der Geschäftsbeziehung
   c Marktüblichkeit des Preis- Leistungsverhältnisses
   d unbare oder bare Leistungsvergütung
3. Faktoren in der Sphäre des Berufsberechtigten wie beispielsweise
   a auftragsspezifische Kenntnisse des Berufsberechtigten
   b Sprachkenntnisse
   c organisatorische Voraussetzungen

(3) Die Risikoeinstufung einer Geschäftsbeziehung hat in einer Gesamtbetrachtung aller im Einzelfallallenfalls gewichtet zu berücksichtigenden Faktoren zu erfolgen. Die Risikoeinstufung ist anlässlich jeder Aktualisierung des Risikoprofils neuerlich zu beurteilen.

2.Abschnitt
Hinweisgebersysteme

Begriffsbestimmungen

§ 7. Im Sinne dieser Verordnung bedeutet

1. „Hinweisgeber" ist jede natürliche Person, die im guten Glauben und bei begründetem Verdacht imSinne des § 87 Abs. 2 Z 7 WTBG 2017, dass ein Verstoß gegen berufsrechtliche Pflichten nach § § 87bis 100 WTBG 2017 begangen wurde oder wird, diese Information über das Hinweisgebersystem derKammer der Wirtschaftstreuhänder oder über das unternehmensinterne Hinweisgebersystem weitergibt,
2. „Beschuldigter" eine natürliche oder juristische Person, die vom Hinweisgeber beschuldigt wird, einenVerstoß gegen berufsrechtliche Pflichten nach § § 87 bis 100 WTBG 2017 begangen zu haben oder zubegehen.

Internetbasiertes Hinweisgebersystem bei der Kammer der Wirtschaftstreuhänder

§ 8. (1) Die Kammer der Wirtschaftstreuhänder hat auf einer gesonderten, leicht erkennbaren undzugänglichen Rubrik ihrer Website mindestens folgende Informationen zur Entgegennahme einer Verstoßmeldung zu veröffentlichen:

1. den Kommunikationskanal zur Abgabe und Nachverfolgung einer Meldung eines Verstoßes gegenberufsrechtliche Pflichten nach den § § 87 bis 100 WTBG 2017;
2. das anwendbare Verfahren bei Verstoßmeldungen;
3. die für Verstoßmeldungen geltenden Vertraulichkeitsbestimmungen und die Reichweite der denHinweisgebern zukommenden Anonymität im Hinblick auf Abs. 2 und 5;
4. die Verfahren zum Schutz von Personen, die als Hinweisgeber auftreten;
5. eine Erklärung, aus der eindeutig hervorgeht, dass eine Meldung einer Information als Hinweisgeber imSinne des § 7 Z 1 nicht als Verletzung einer vertraglichen oder durch Rechts- oderVerwaltungsvorschriften geregelten Bekanntmachungsbeschränkung gilt und keine rechtlich nachteiligeFolgen nach sich zieht.

(2) Das nach § 100 Abs. 1 WTBG 2017 bei der Kammer der Wirtschaftstreuhänder bestehendeinternetbasierte Hinweisgebersystem ist über die Website der Kammer der Wirtschaftstreuhänder aufrufbar. Es ermöglicht das anonyme Erstellen eines Postfaches, über welches der Hinweisgeber mit der Kammer der Wirtschaftstreuhänder kommunizieren und dieser Dateien übermitteln kann, ohne seine Identität notwendigerweise preiszugeben. Gibt der Hinweisgeber seine Anonymität nicht durch die Ausgestaltung seiner Nachrichten oder der übermittelten Dateien einschließlich der mitgesendeten Metadaten selbst preis, darf das internetbasierte Hinweisgebersystem technisch nicht dazu benützt werden, die Anonymität des Hinweisgebers zu lüften.

(3) Das internetbasierte Hinweisgebersystem verläuft getrennt von den allgemeinenKommunikationskanälen der Kammer der Wirtschaftstreuhänder, einschließlich der Kommunikationskanäle, über die die Kammer der Wirtschaftstreuhänder in ihren allgemeinen Arbeitsabläufen intern und mit Dritten kommuniziert. Es wird so gestaltet, eingerichtet und betrieben, dass die Vollständigkeit, Integrität und Vertraulichkeit der Informationen

gewährleistet ist und der Zugang durch nicht berechtigte Mitarbeiter der Kammer der Wirtschaftstreuhänder verhindert wird. Das internetbasierte Hinweisgebersystem ermöglicht die Speicherung von Informationen, um weitere Untersuchungen zu ermöglichen.

(4) Erbittet der Hinweisgeber ein persönliches Treffen mit Mitarbeitern der Kammer derWirtschaftstreuhänder, kann dem stattgegeben werden. In diesem Fall hat die Kammer der Wirtschaftstreuhänder dafür zu sorgen, dass vollständige und genaue Aufzeichnungen des Treffens aufbewahrt werden. Die Kammer der Wirtschaftstreuhänder hat die Aufzeichnungen eines persönlichen Treffens auf folgende Weise zu dokumentieren:

1. Tonaufzeichnung des Gesprächs oder
2. detailliertes Protokoll des Treffens, das von den Mitarbeitern der Kammer der Wirtschaftstreuhänderangefertigt wird; hat der Hinweisgeber seine Identität offengelegt, so wird ihm von der Kammer derWirtschaftstreuhänder die Möglichkeit eingeräumt, das Protokoll des Treffens zu prüfen, zu berichtigenund per Unterschrift zu bestätigen.

(5) Die Kammer der Wirtschaftstreuhänder hat allen über das internetbasierte Hinweisgebersystem erhaltenen Informationen, die nicht offenkundig substratlos sind, nachzugehen und gegebenenfalls ein Disziplinar- oder Verwaltungsstrafverfahren einzuleiten. (6) Die Kammer der Wirtschaftstreuhänder informiert den Beschuldigten über die ihn betreffenden Vorwürfe, die den über das internetbasierte Hinweisgebersystem mitgeteilten Informationen zu entnehmen sind, sobald dies möglich ist, ohne die Ermittlung der vorgeworfenen Verstöße zu gefährden. Der Beschuldigte ist jedenfalls dann und darüber zu informieren, wenn bzw. dass ein Disziplinar- oder Verwaltungsstrafverfahren eingeleitet oder eingestellt wird. Dabei ist die Anonymität des Hinweisgebers in jedem Fall zu wahren. (7) Bei Prüfungen nach § 102 WTBG 2017, Verwaltungsstrafverfahren wegen § 105 WTBG 2017 sowie Disziplinarverfahren ist die Kammer der Wirtschaftstreuhänder verpflichtet, die Anonymität des Hinweisgebers zu wahren und auf seine Verwendung als Zeuge zu verzichten. Wäre eine Fortführung des Verfahrens oder Bestrafung ohne Aufdeckung der Identität des Hinweisgebers oder seine Verwendung als Zeuge nicht möglich, so ist das Verfahren in der jeweils angemessenen Weise einzustellen, außer der Hinweisgeber erklärt freiwillig, dass er auf die Wahrung seiner Anonymität verzichtet und bzw. oder zur Verwendung als Zeuge bereit ist.

Unternehmensinterne Hinweisgebersysteme

§ 9. (1) Berufsberechtigte sind verpflichtet, ein unternehmensinternes Hinweisgebersystem einzurichten, welches auch gemeinsam mit anderen Berufsberechtigten betrieben werden kann.

(2) Ausgenommen von der Pflicht nach Abs. 1 sind Berufsberechtigte, die keine oder weniger als zehnAngestellte haben.

(3) Zum Zwecke des unternehmensinternen Hinweisgebersystems ist zumindest eine Vertrauensperson alsAnsprechpartner für Hinweisgeber zu ernennen. Als solche kann jeder Mitarbeiter des Berufsberechtigten sowie unternehmensexterne Personen bestimmt werden, nicht aber Berufsberechtigte selbst sowie der Verantwortliche für die Einhaltung der Bestimmungen zur Verhinderung der Geldwäsche und Terrorismusfinanzierung nach § 99 Abs. 3 WTBG 2017.

(4) Auf die Vertrauensperson und ihre Funktion als Ansprechpartner für Hinweisgeber istunternehmensintern angemessen hinzuweisen.

(5) Die Berufsberechtigten haben Voraussetzungen zu schaffen, unter denen Hinweisgeber mit derVertrauensperson in einer Weise kommunizieren können, die ihre Anonymität wahrt, und zwar sowohl gegenüber der Vertrauensperson als auch gegenüber dem Berufsberechtigten, anderen Mitarbeitern als auch externen Personen. Gibt der Hinweisgeber gegenüber der Vertrauensperson seine Anonymität preis, muss diese sie ihrerseits dennoch wahren, es sei denn, der Hinweisgeber stimmt der weiteren Preisgabe seiner Anonymität zu.

(6) Erbittet der Hinweisgeber ein persönliches Treffen mit der Vertrauensperson, kann dem stattgegebenwerden. In diesem Fall hat die Vertrauensperson dafür zu sorgen, dass vollständige und genaue Aufzeichnungen des Treffens aufbewahrt werden. Die Vertrauensperson hat die Aufzeichnungen eines persönlichen Treffens auf folgende Weise zu dokumentieren:

1. Tonaufzeichnung des Gesprächs oder
2. detailliertes Protokoll des Treffens, das von der Vertrauensperson angefertigt wird; hat derHinweisgeber seine Identität offengelegt, so wird ihm von der Vertrauensperson die Möglichkeiteingeräumt, das Protokoll des Treffens zu prüfen, zu berichtigen und per Unterschrift zu bestätigen.

(7) Die Vertrauensperson berichtet in regelmäßigen Abständen sowie bei Bedarf anlassbezogen an den Berufsberechtigten bzw. den Verantwortlichen für die Einhaltung der Bestimmungen zur Verhinderung der Geldwäsche und Terrorismusfinanzierung nach § 99 Abs. 3 WTBG 2017. Dabei trägt die Vertrauensperson Sorge dafür, die Anonymität der Hinweisgeber zu wahren. Der Berufsberechtigte bzw. der Verantwortlichen für die Einhaltung der Bestimmungen zur Verhinderung der Geldwäsche und Terrorismusfinanzierung nach § 99 Abs. 3 WTBG 2017 versuchen nicht, die Anonymität eines Hinweisgebers gegen dessen Willen oder den Willen der Vertrauensperson zu lüften. (8) Die Vertrauensperson kann die ihr mitgeteilten Informationen auch über das internetbasierte Hinweisgebersystem der Kammer der Wirtschaftstreuhänder weiterleiten. In diesem Fall gelten sowohl der ursprüngliche Hinweisgeber als auch die Vertrauensperson als Hinweisgeber. (9) Eine Vertrauensperson darf durch den Berufsberechtigten, dessen Vertreter oder ihre Vorgesetzten als Reaktion auf ihre Funktion oder die Wahrneh-

mung derselben oder im Zusammenhang mit dieser nicht entlassen, gekündigt oder auf andere Weise benachteiligt werden. (10) Die Berufsberechtigten können weitergehende Vorkehrungen für ihr unternehmensinternes Hinweisgebersystem vorsehen.

Hinweisgeberschutz

§ 10. (1) Ein Hinweisgeber darf durch den Berufsberechtigten, dessen Vertreter, oder seine Vorgesetzten als Reaktion auf seine Informationsweitergabe im Sinne des § 7 Z 1 oder im Zusammenhang mit dieser nicht entlassen, gekündigt oder auf andere Weise benachteiligt werden. Der Berufsberechtigte und die Vorgesetzten des Hinweisgebers, sind verpflichtet, jede von Vorgesetzten oder Mitarbeitern ausgehende Benachteiligung eines Hinweisgebers als Reaktion auf seine Informationsweitergabe im Sinne des § 1 Abs. 1 oder im Zusammenhang mit dieser zu verbieten und zu ahnden. (2) Der Kammer der Wirtschaftstreuhänder ist es verboten, Hinweisgeber im Sinne des § 1 Z 1 wegen ihrer Weitergabe von Informationen zu bestrafen, zu verfolgen oder zu belästigen. Dies schließt eine Befragung des Hinweisgebers als Zeuge in einem Verfahren nicht aus. (3) Die Weitergabe von Informationen als Hinweisgeber im Sinne des § 7 Z 1 gilt nicht als Verletzung einer Verschwiegenheitspflicht sowie anderer vertraglicher oder durch Rechts- und Verwaltungsvorschriften geregelter Bekanntmachungsbeschränkungen (Geheimhaltungspflichten) und zieht für den Hinweisgeber keinerlei Haftung oder andere nachteilige Rechtsfolgen, insbesondere auch nach berufsrechtlichen Vorschriften, nach sich. (4) Einzelpersonen, die Bedrohungen, Anfeindungen oder nachteiligen oder diskriminierenden Maßnahmen im Beschäftigungsverhältnis ausgesetzt sind, weil sie intern oder der zentralen Meldestelle einen Verdacht auf Geldwäsche oder Terrorismusfinanzierung gemeldet haben, unterliegen insoweit nicht dem Verbot der Informationsweitergabe (§ 97 WTBG), als diese ihre diesbezüglichen Rechte durch rechtliche Geltendmachung schützen.

Abs. 4 eingefügt durch ABl-KWT 3/2020 6

Rechte des Beschuldigten

§ 11. (1) Ein Beschuldigter darf nicht alleine aufgrund einer Information entlassen, gekündigt oder aufandere Weise benachteiligt werden, die von einem Hinweisgeber über das internetbasierte Hinweisgebersystem bei der Kammer der Wirtschaftstreuhänder oder ein unternehmensinternes Hinweisgebersystem mitgeteilt wurde. Die Möglichkeit, den Beschuldigten aufgrund derartiger Vorwürfe vorübergehend dienstfrei zu stellen, bleibt davon unberührt.

(2) Der Beschuldigte hat das Recht, unternehmensintern zu den ihn betreffenden Vorwürfen gehört zuwerden. Bei dieser Anhörung sind belastende und entlastende Umstände gleichermaßen zu berücksichtigen. In Unternehmen, bei denen ein Betriebsrat besteht, kann der Beschuldigte die Anwesenheit eines Betriebsratsmitglieds bei dieser Anhörung zu verlangen.

(3) Der Beschuldigte hat das Recht, sich auch in einer unternehmensinternen Ermittlung nicht selbstbelasten zu müssen. Er darf nicht unter Androhung einer Entlassung oder Kündigung zu einer Aussage gezwungen werden, die ihn selbst belasten könnte.

(4) Ergibt sich, dass die gegen den Beschuldigten erhobenen Vorwürfe unberechtigt sind, sind derBerufsberechtigte und die Vorgesetzten des Beschuldigten verpflichtet, jede von Vorgesetzten oder Mitarbeitern ausgehende Benachteiligung des Beschuldigten als Reaktion auf die gegen ihn erhobenen Vorwürfe oder im Zusammenhang mit diesen zu verbieten und zu ahnden.

Verstoß gegen die vorliegende Verordnung

§ 12. Ein Verstoß eines Berufsberechtigten gegen Bestimmungen dieses Abschnitts, die ihn berufsrechtlichverpflichten, ist ein Verstoß gegen § 100 WTBG 2017.

3. Abschnitt
Online-Identifikation

Anwendungsbereich

§ 13. (1) Die Feststellung und Überprüfung der Identität (§ 90 WTBG) kann unter den in dieser Verordnungfestgelegten Voraussetzungen im Wege elektronischer Identitätsfeststellung (Online-Identifikation) erfolgen.

(2) Die gemäß dieser Verordnung zu setzenden erforderlichen Sicherungsmaßnahmen gelten unbeschadetder weiteren Sorgfaltspflichten zur Prävention von Geldwäsche oder Terrorismusfinanzierung gemäß der § § 88 - 100 WTBG.

(3) Die Berufsberechtigten können unbeschadet der nach dieser Verordnung zu setzenden erforderlichenSicherungsmaßnahmen weitere Sicherungsmaßnahmen zur Anhebung des Sicherheitsniveaus setzen.

(4) Die Bestimmungen dieser Verordnung gelten unbeschadet der auf die Online-Identifikationanzuwendenden datenschutzrechtlichen Anforderungen.

Eingefügt durch ABl-KWT 3/2020

Begriffsbestimmungen

§ 14. Im Sinne dieser Verordnung bedeutet der Ausdruck

1. Bildschirmkopie: eine mittels elektronischer Datenverarbeitung gefertigte und gespeicherte Graphik, dieden Bildschirminhalt als visuelle Komponente der Online-Identifikation bezogen auf den Zeitpunkt ihrerErstellung in einer Qualität wiedergibt, die den jeweiligen Überprüfungs- und Dokumentationszweckenentspricht,
2. Auftragsverarbeiter: ein Auftragsverarbeiter gemäß Art. 4 Nr. 8 der Verordnung (EU) 2016/679 zumSchutz natürlicher Personen bei der Verarbeitung personenbezogener Daten, zum freien Datenverkehrund zur Aufhebung der Richtlinie 95/46/EG (Datenschutz-Grundverordnung), ABl. Nr. L 119 vom04.05.2016 S.

1, in der Fassung der Berichtigung ABl. Nr. L 127 vom 23.05.2018 S. 2, auf den dieBestimmungen bezüglich Dritte gemäß § 95 WTBG anwendbar sind.

Eingefügt durch ABl-KWT 3/2020

Organisatorische Sicherungsmaßnahmen

§ 15. (1) Der Berufsberechtigte darf für die Online-Identifikation nur Mitarbeiter einsetzen, die für die

Durchführung der Online-Identifikation hinreichend geschult und zuverlässig sind. Diese Schulung hat zumindest den rechtlichen Rahmen, die technischen Voraussetzungen sowie die praktische Sicherstellung der Überprüfung zu umfassen.

(2) Der Berufsberechtigte hat sicherzustellen, dass die im Rahmen der Online-Identifikation herangezogenen Anwendungen sowie die übertragenen Daten zu keinem Konflikt mit anderen Prozessen des Berufsberechtigten führen, eine Beeinflussung ausgeschlossen ist und die Anwendungen sowie die Daten vor einem unbefugten Zugriff geschützt sind.

(3) Mitarbeiter des Berufsberechtigten dürfen die Online-Identifikation nur in einem abgetrennten, mit einerZugangskontrolle ausgestatteten Raum durchführen.

Eingefügt durch ABl-KWT 3/2020

Verfahrensbezogene Sicherungsmaßnahmen

§ 16. (1) Soweit personenbezogene Daten nach den Bestimmungen dieser Verordnung verarbeitet werden,geschieht dies aufgrund von § § 87 – 100 WTBG für die Zwecke der Verhinderung von Geldwäsche und Terrorismusfinanzierung.

(2) Das Gespräch oder der Gesprächsteil, das oder der dem Zwecke der Online-Identifikation dient, istjedenfalls akustisch in seiner Gesamtheit aufzuzeichnen; § 12 Abs. 4 Z 2 DSG ist anzuwenden. Darüber hinaus sind Bildschirmkopien anzufertigen, die bei geeigneten Belichtungsverhältnissen Folgendes aus der Online-Identifikation graphisch abbilden:

1. Jedenfalls das Gesicht des potentiellen Auftraggebers oder der vertretungsbefugten natürlichen Personsdes potentiellen Auftraggebers,
2. die Präsentation der Vorderseite des amtlichen Lichtbildausweises oder von dessen Datenseite und
3. die Präsentation der Rückseite des amtlichen Lichtbildausweises oder von dessen Datenseite.

Die Bildschirmkopien haben dabei jedenfalls von einer solchen Qualität zu sein, dass der potentielleAuftraggeber oder die vertretungsbefugte natürliche Person des potentiellen Auftraggebers und die auf dem amtlichen Lichtbildausweis enthaltenen Daten vollständig und zweifelsfrei erkennbar sind.

(3) Der potentielle Auftraggeber oder dessen vertretungsbefugte natürliche Person hat während der Online-Identifikation nach Aufforderung

1. seinen Kopf unter Präsentation des Gesichts zu bewegen und getrennt davon
2. die Seriennummer seines amtlichen Lichtbildausweises mitzuteilen.

(4) Der Mitarbeiter, der die Online-Identifikation durchführt, hat sich von der Authentizität des amtlichenLichtbildausweises wie folgt zu vergewissern:

1. Visuelle Überprüfung des Vorhandenseins der optischen Sicherheitsmerkmale einschließlichbewegungsoptischer (holographischer) oder gleichwertiger Sicherheitsmerkmale, die nach Aufforderungzum horizontalen und vertikalen Kippen des amtlichen Lichtbildausweises deutlich erkennbar seinmüssen,
2. Überprüfung der korrekten alphanumerischen Ziffernorthographie der Seriennummer,
3. Überprüfung der Unversehrtheit der Laminierung, die den amtlichen Lichtbildausweis umschließt, odervergleichbarer Merkmale, die für die Unversehrtheit des Dokumentes sprechen,
4. Überprüfung zum Zwecke des Ausschlusses, dass es sich nur um ein nachträglich mit dem amtlichenLichtbildausweis verbundenes Lichtbild handelt,
5. Überprüfung der logischen Konsistenz
    a) der Merkmale des potentiellen Auftraggebers oder der vertretungsbefugten natürlichen Person despotentiellen Auftraggebers einerseits und der Personenbeschreibung sowie des Lichtbildes imamtlichen Lichtbildausweis andererseits, außerdem
    b des Lichtbildes, des Ausstellungsdatums und des Geburtsdatums im amtlichen Lichtbildausweiszueinander, außerdem
    c aller weiterer unter Umständen bereits vorhandener Auftraggeberdaten einerseits und derentsprechenden weiteren Angaben auf dem amtlichen Lichtbildausweis andererseits.

(5) Der potentielle Auftraggeber oder dessen vertretungsbefugte natürliche Person hat während derlaufenden Videoübertragung eine eigens für den Zweck der Online-Identifikation gültige, zentral generierte und an ihn per E-Mail oder SMS übermittelte Ziffernfolge unmittelbar einzugeben und an den Mitarbeiter elektronisch zurückzusenden.

Eingefügt durch ABl-KWT 3/2020

Zwingender Abbruch der Online-Identifikation

§ 17. Der Vorgang der Online-Identifikation ist abzubrechen, wenn

1. eine für die Anfertigung einer Bildschirmkopie geeignete visuelle Überprüfung des potentiellenAuftraggebers oder des amtlichen Lichtbildausweises oder von beiden nicht möglich ist,

2. bei Vorliegen sonstiger Unstimmigkeiten,
3. bei Vorliegen sonstiger Unsicherheiten.

Eingefügt durch ABl-KWT 3/2020

Ausführung der Online-Identifikation durch Auftragsverarbeiter

§ 18. (1) Bedient sich ein Berufsberechtigter für die Ausführung der Online-Identifikation gemäß dieserVerordnung eines Auftragsverarbeiters, hat er dafür Sorge zu tragen, dass der Auftragsverarbeiter Sicherungsmaßnahmen ergreift, die sowohl hinsichtlich des Umfanges als auch der Qualität, den Anforderungen in dieser Verordnung entsprechen. Die endgültige Verantwortung für die Erfüllung dieser Anforderungen verbleibt jedoch beim Berufsberechtigten, der auf den Auftragsverarbeiter zurückgreift. Bei Abschluss, Durchführung und Kündigung der Vereinbarung mit einem Auftragsverarbeiter ist mit der gebotenen Professionalität und Sorgfalt zu verfahren und namentlich eine klare Aufteilung der Rechte und Pflichten schriftlich zu vereinbaren.

(2) Auslagerungs- und Vertretungsverhältnisse, bei denen aufgrund eines Vertrages derAuslagerungsdienstleister oder Vertreter als Teil des Berufsberechtigten anzusehen ist, dürfen weder die Qualität der internen Kontrolle noch die Möglichkeit der KSW zur Prüfung der Einhaltung aller Anforderungen an die Online-Identifikation wesentlich beeinträchtigen.

Eingefügt durch ABl-KWT 3/2020

4. Abschnitt
Durchführung der risikobasierten Aufsicht

Methodik

§ 19. (1) Die Durchführung der risikobasierten Aufsicht beinhaltet folgende Schritte:

1. Ermittlung von Geldwäsche- und Terrorismusfinanzierungs-Risikofaktoren,
2 Risikobewertung,
3 Aufsicht und
4 Überprüfung und Folgemaßnahmen.

(2) Dabei ist zu beachten, dass die risikobasierte Aufsicht kein einmaliger Vorgang, sondern einfortlaufender und zyklischer Prozess ist.

Eingefügt durch ABl-KWT 3/2020

Ermittlung von Geldwäsche und Terrorismusfinanzeirungs-Risikofaktoren

§ 20. (1) Risikofaktoren sind auf Grundlage von Informationen aus einer Vielzahl von Quellen zu ermitteln.Dabei sollten insbesondere folgende Quellen berücksichtigt werden:

1. die supranationale Risikoanalyse der Europäischen Kommission,
2 Informationen der nationalen Regierung und ausländischer Regierungen, soweit zutreffend, wie dienationale Risikoanalyse (NRA),
3 Informationen von Aufsichtsbehörden, wie Leitlinien und relevante Erkenntnisse, die durchAufsichtsmaßnahmen gewonnen werden, wie z.B. Vor-Ort-Maßnahmen, Offsite-Kontrollen undDurchsetzungsmaßnahmen und
4 Informationen von Geldwäschemeldestellen (Financial Intelligence Units, FIU) undStrafverfolgungsbehörden, wie Gefahrenberichte, Warnungen und Typologien.

(2) Folgende Risikofaktoren können beispielsweise von Relevanz sein:

1. Auftraggeberrisiko (Beurteilung der Wahrscheinlichkeit, dass die Auftraggeber über inkriminiertesVermögen verfügen),
2. Produkt-, Dienstleistungs-, Transaktions- oder Vertriebskanalrisiko (Beurteilung derWahrscheinlichkeit, dass der Berufsberechtigte mit diesen Leistungen für Zwecke der Geldwäsche oderder Terrorismusfinanzierung missbraucht wird),
3. Geografisches Risiko und
4. weitere Informationen über den Berufsberechtigten (z.B. Kanzleirisikoanalyse, Hinweise überHinweisgebersystem, Erfahrungen aus vergangenen Prüfungen, Berichte vonStrafverfolgungsbehörden).

Es ist vor allem zu berücksichtigen, welcher mögliche Schaden von einem Berufsberechtigten ausgehen kann, wenn dieser für Zwecke der Geldwäsche oder der Terrorismusfinanzierung missbraucht wird. (3) Bei Ermittlung der Risikofaktoren können Berufsberechtigte mit ähnlichen Eigenschaften (z.B. Größe des Unternehmens, Auftraggeberstruktur, Ort des Tätigwerdens) zueinander in Vergleich gesetzt werden.

Eingefügt durch ABl-KWT 3/2020

Risikobewertung

§ 21. (1) Die Risikobewertung hat ganzheitlich zu erfolgen. Dabei sollte geprüft werden, inwieweit die ermittelten Risikofaktoren sich auf den Betrieb des Berufsberechtigten auswirken, und inwieweit die von ihm gesetzten Maßnahmen geeignet sind, Geldwäsche- und Terrorismusfinanzierungs-Risiken, denen sie ausgesetzt sind, wirksam zu mindern. (2) Risikofaktoren und Minderungsfaktoren können je nach ihrer jeweiligen Bedeutung unterschiedlich gewichtet werden.

Eingefügt durch ABl-KWT 3/2020

Aufsicht, Überprüfung und Folgemaßnahmen

§ 22. Aufsicht, Überprüfung und Folgemaßnahmen basieren auf den Ergebnissen der Risikobewertung.

Eingefügt durch ABl-KWT 3/2020

5. Abschnitt
Schlussbestimmungen

Inkrafttreten

§ 23. (1) Diese Verordnung tritt mit 1.1.2018 in Kraft.

(2) Die § § 2 Abs. 1 Z 3, 3 Abs. 1 Z 1 lit. f) und g) und Z. 2, 5, 10 Abs. 4 sowie der 3. und 4. Abschnitt inder Fassung ABl-KWT 3/2020 treten mit dem der Veröffentlichung im Amtsblatt der Kammer der Wirtschaftstreuhänder folgenden Tag in Kraft.

Abs. 2 eingefügt durch ABl-KWT 3/2020

Beschlussfassung – Kundmachung

§ 24. (1) Diese Verordnung wurde beschlossen

1. gemäß § 161 Abs. 2 Z 6 Wirtschaftstreuhandberufsgesetz BGBl I Nr. 137/2017 die § § 1 bis 6 sowie die§ § 13 und 14 vom Kammertag der Kammer der Wirtschaftstreuhänder in seiner Sitzung am 6.11.2017 und
2 gemäß § 157 Abs. 3 Z. 1. Wirtschaftstreuhandberufsgesetz BGBl I Nr. 137/2017 die § § 7 bis 12 vomVorstand der Kammer der Wirtschaftstreuhänder in seiner Sitzung am 16.10.2017

und wurde mit Zustimmung des Bundesministers für Wissenschaft, Forschung und Wirtschaft, Erlass Zl. BMWFW-38.600/0029-I/3/17 vom 14.12.2017, im Amtsblatt der Kammer der Wirtschaftstreuhänder Sondernummer II/2017 sowie auf der Website der Kammer der Wirtschaftstreuhänder veröffentlicht.

(2) Die § § 2 Abs. 1 Z 3, 3 Abs. 1 Z 1 lit. f) und g) und Z. 2, 5, 10 Abs. 4 sowie der 3. und 4. Abschnitt inder Fassung ABl-KWT 3/2020 wurden vom Kammertag der Kammer der Wirtschaftstreuhänder in seiner Sitzung am 4.11.2019 gemäß § 161 Abs. 2 Z 6 des Wirtschaftstreuhandberufsgesetzes 2017 beschlossen und mit Zustimmung des Bundesministers für Digitalisierung und Wirtschaftsstandort gemäß § 180 Abs. 6 des Wirtschaftstreuhandberufsgesetzes 2017 Erlaß, Zl. 2020-0.496.048, vom 11.8.2020 im Amtsblatt der Kammer der Wirtschaftstreuhänder, Nr. 3/2020, sowie im Internet auf der Website der Kammer der Wirtschaftstreuhänder kundgemacht.

Abs. 2 eingefügt durch ABl-KWT 3/2020

Sprachliche Gleichbehandlung

§ 25. Soweit in dieser Verordnung auf natürliche Personen bezogene Bezeichnungen nur in männlicherForm angeführt sind, beziehen sie sich auf Frauen und Männer in gleicher Weise. Bei der Anwendung der Bezeichnung auf bestimmte natürliche Personen ist die jeweils geschlechtsspezifische Form zu verwenden.

Eingefügt durch ABl-KWT 3/2020

4/2. Bundesgesetz über die Aufsicht über Abschlussprüfer und Prüfungsgesellschaften (Abschlussprüfer-Aufsichtsgesetz – APAG)

BGBl I 2016/83 idF

1 BGBl I 2017/107 2 BGBl I 2018/30

Bundesgesetz über die Aufsicht über Abschlussprüfer und Prüfungsgesellschaften (Abschlussprüfer-Aufsichtsgesetz – APAG)

1. Teil

Allgemeines

Gegenstand und Zweck

§ 1. (1) Dieses Bundesgesetz regelt die Aufsicht über Abschlussprüfer und Prüfungsgesellschaften und legt fest, unter welchen Voraussetzungen Abschlussprüfer und Prüfungsgesellschaften zur Durchführung von Abschlussprüfungen berechtigt sind.

(2) Dieses Bundesgesetz enthält:

1. Bestimmungen zur Umsetzung der Richtlinie 2006/43/EG über Abschlussprüfungen von Jahresabschlüssen und konsolidierten Abschlüssen, zur Änderung der Richtlinien 78/660/EWG und 83/349/EWG des Rates und zur Aufhebung der Richtlinie 84/253/EWG des Rates, ABl. Nr. L 157 vom 09.06.2006 S. 87, in der Fassung der Richtlinie 2014/56/EU, ABl. Nr. L 158 vom 27.05.2014, S. 196 in österreichisches Recht und

2. Bestimmungen zur Durchführung der Verordnung (EU) Nr. 537/2014 über spezifische Anforderungen an die Abschlussprüfung bei Unternehmen von öffentlichem Interesse und zur Aufhebung des Beschlusses 2005/909/EG der Kommission, ABl. Nr. L 158 vom 27.05.2014 S. 77, in der Fassung der Berichtigung ABl. Nr. L 170 vom 11.06.2014 S. 66.

(3) Die Bestimmungen der §§ 61 bis 67 sind sinngemäß auch auf natürliche und juristische Personen anzuwenden, die Abschlussprüfungen ohne aufrechte Bescheinigung durchführen.

(4) Soweit nicht in einem anderen Bundesgesetz anderes bestimmt ist, regelt dieses Bundesgesetz auch die Aufsicht über Unternehmen von öffentlichem Interesse gemäß § 189a Z 1 lit. a und d des Unternehmensgesetzbuches, dRGBl. S. 219/1897, betreffend die Einhaltung abschlussprüfungsrelevanter Verpflichtungen, insbesondere der Verpflichtungen gemäß § 92 Abs. 4a des Aktiengesetzes, BGBl. Nr. 98/1965, § 30g Abs. 4a des Gesetzes über Gesellschaften mit beschränkter Haftung, RGBl. Nr. 58/1906, § 51 Abs. 3a des SE-Gesetzes, BGBl. I Nr. 67/2004, § 24c Abs. 6 des Gesetzes vom 9. April 1873 über Erwerbs- und Wirtschaftsgenossenschaften, RGBl. Nr. 70/1873, sowie Art. 16 und 17 der Verordnung (EU) Nr. 537/2014.

Begriffsbestimmungen

§ 2. Im Sinne dieses Bundesgesetzes sind bzw. ist

1. „Abschlussprüfungen" bundesgesetzlich vorgeschriebene Prüfungen des Jahresabschlusses oder des konsolidierten Abschlusses, ausgenommen Prüfungen des Jahresabschlusses oder des konsolidierten Abschlusses von Vereinen gemäß Vereinsgesetz 2002 – VerG, BGBl. I Nr. 66/2002, und Stiftungen gemäß Privatstiftungsgesetz – PSG, BGBl. Nr. 694/1993 oder gemäß Bundes-Stiftungs- und Fondsgesetz 2015 – BStFG 2015, BGBl. I Nr. 160/2015, sofern sie nicht dem Versicherungsaufsichtsgesetz 2016 – VAG 2016, BGBl. I Nr. 34/2015, unterliegen, sowie von nicht abschlussprüfungspflichtigen Genossenschaften gemäß Gesetz vom 9. April 1873 über Erwerbs- und Wirtschaftsgenossenschaften,

2. „Abschlussprüfer" alle berufsberechtigten Wirtschaftsprüfer und eingetragenen Revisoren, die über eine aufrechte Bescheinigung gemäß § 35 oder § 36 verfügen,

3. „Prüfungsgesellschaften" alle Unternehmen einschließlich des Sparkassen-Prüfungsverbandes sowie der Revisionsverbände, die über eine aufrechte Bescheinigung gemäß § 35 oder § 36 verfügen,

4. „Revisionsverbände" alle jene Vereine und Genossenschaften, die gemäß § 19 des Genossenschaftsrevisionsgesetzes 1997 (GenRevG 1997), BGBl. I Nr. 127/1997, als Revisionsverbände anerkannt wurden,

5. der „Sparkassen-Prüfungsverband" die Körperschaft gemäß § 24 des Sparkassengesetzes (SpG), BGBl. Nr. 64/1979,

6. „Inspektor" ein Prüfer gemäß Art. 26 Abs. 1 lit. b der Verordnung (EU) Nr. 537/2014,

7. „Inspektionen" Qualitätssicherungsprüfungen gemäß Art. 26 Abs. 1 lit. a der Verordnung (EU) Nr. 537/2014,

8. „Sachverständiger" eine natürliche Person gemäß Art. 26 Abs. 1 lit. c der Verordnung (EU) Nr. 537/2014, die nicht in Entscheidungsprozesse

der Abschlussprüferaufsichtsbehörde (APAB) eingebunden ist,

9. „Unternehmen von öffentlichem Interesse“ Unternehmen gemäß § 189a Z 1 Unternehmensgesetzbuch (UGB), dRGBl. S 219/1897, wobei die in Art. 2 Abs. 3 der Verordnung (EU) Nr. 537/2014 genannten Unternehmen im Rahmen dieses Gesetzes nur dann als Unternehmen von öffentlichem Interesse gelten, wenn sie Wertpapiere begeben haben, welche an einem geregelten Markt eines Mitgliedstaats der Europäischen Union oder eines anderen EWR- Vertragsstaats im Sinn des Art. 4 Abs. 1 Nr. 21 der Richtlinie 2014/65/EU über Märkte für Finanzinstrumente sowie zur Änderung der Richtlinien 2002/92/EG und 2011/61/EU, ABl. Nr. L 173 vom 12.06.2014 S. 349, geändert durch Verordnung (EU) Nr. 909/2014, ABl. Nr. L 257 vom 28.08.2014 S. 1, in der Fassung der Berichtigung ABl. Nr. L 74 vom 18.03.2015 S. 38 zugelassen sind,

10. „Sparkassen“ Sparkassen gemäß § 1 SpG,

11. „Prüfungsbetrieb“ eine organisatorische Einheit, die zur Durchführung von Abschlussprüfungen ein einheitliches internes Qualitätssicherungssystem verwendet, wobei sich diese organisatorische Einheit auf den gesamten oder einen Teil des Betriebes eines Abschlussprüfers oder einer Prüfungsgesellschaft, einen Zusammenschluss von Abschlussprüfern oder Prüfungsgesellschaften oder auf die Betriebe mehrerer Abschlussprüfer oder Prüfungsgesellschaften erstrecken kann,

12. „Qualitätssicherungsprüfungen“ Überprüfungen der Gestaltung und Einhaltung von Qualitätssicherungsmaßnahmen und der Einhaltung der Qualitätssicherungsmaßnahmen bei Abschlussprüfern und Prüfungsgesellschaften, die keine Unternehmen von öffentlichem Interesse prüfen. Bei Abschlussprüfern und Prüfungsgesellschaften, die Unternehmen von öffentlichem Interesse prüfen, wird in Qualitätssicherungsprüfungen nur die Einhaltung der Qualitätssicherungsmaßnahmen bei der Durchführung von Abschlussprüfungen bei Unternehmen, die nicht von öffentlichem Interesse sind, überprüft,

13. „Qualitätssicherungsprüfer“ eine natürliche oder juristische Person, die zur Durchführung von Qualitätssicherungsprüfungen befugt ist,

14. „Prüfungsgesellschaft aus einem Drittstaat“ ein Unternehmen gleich welcher Rechtsform, das Prüfungen des Jahresabschlusses oder des konsolidierten Abschlusses von in einem Drittstaat eingetragenen Gesellschaften durchführt, und das nicht in einem Mitgliedstaat der Europäischen Union oder einem anderen EWR-Vertragsstaat als Prüfungsgesellschaft infolge einer Zulassung registriert ist,

15. „Abschlussprüfer aus einem Drittstaat“ eine natürliche Person, die Prüfungen des Jahresabschlusses oder des konsolidierten Abschlusses von in einem Drittland eingetragenen Gesellschaften durchführt, und die nicht in einem Mitgliedstaat der Europäischen Union oder einem anderen EWR-Vertragsstaat als Abschlussprüfer infolge einer Zulassung registriert ist,

16. „Nichtberufsausübender“ eine natürliche Person, die während ihrer Beauftragung mit der öffentlichen Aufsicht und während der drei Jahre unmittelbar vor dieser Beauftragung keine Abschlussprüfungen durchgeführt hat, keine Stimmrechte in einer Prüfungsgesellschaft gehalten hat, weder Mitglied eines Verwaltungs-, Leitungs- oder Aufsichtsorgans einer Prüfungsgesellschaft noch bei einer Prüfungsgesellschaft angestellt war noch in sonst vergleichbarer Weise mit einer Prüfungsgesellschaft verbunden war,

17. „Mittelgroße Unternehmen“ Unternehmen gemäß § 221 Abs. 2 UGB,

18. „Kleine Unternehmen“ Unternehmen gemäß § 221 Abs. 1 UGB,

19. „Herkunftsmitgliedstaat“ ein EU-Mitgliedstaat, in dem ein Abschlussprüfer oder eine Prüfungsgesellschaft zugelassen wurde,

20. „Herkunftsstaat“ ein Herkunftsmitgliedstaat oder ein anderer EWR-Vertragsstaat, in dem ein Abschlussprüfer oder eine Prüfungsgesellschaft zugelassen wurde,

21. „Aufnahmemitgliedstaat“ ein EU-Mitgliedstaat, in dem ein Abschlussprüfer mit Zulassung im Herkunftsmitgliedstaat ebenfalls eine Zulassung gemäß Art. 14 der Richtlinie 2006/43/EG beantragt, oder ein EU-Mitgliedstaat, in dem eine Prüfungsgesellschaft mit Zulassung im Herkunftsmitgliedstaat gemäß Art. 3a der Richtlinie 2006/43/EG die Registrierung beantragt hat oder registriert ist,

22. „Ausschuss der Aufsichtsstellen“ der Ausschuss der Europäischen Aufsichtsstellen für Abschlussprüfer gemäß Art. 30 der Verordnung (EU) Nr. 537/2014,

23. „Verantwortlicher Prüfer“ eine natürliche Person, die für die Durchführung der Abschlussprüfung sowie den erteilten Bestätigungsvermerk verantwortlich ist,

24. „Qualifizierter Assistent“ ein im Rahmen einer Qualitätssicherungsprüfung mitwirkender Wirtschaftsprüfer, Steuerberater oder Berufsanwärter, der mindestens drei Jahre Berufserfahrung hat und davon mindestens 50 vH in der Abschlussprüfung tätig war.

2. Teil
Organisation

Errichtung der Abschlussprüferaufsichtsbehörde

§ 3. (1) **(Verfassungsbestimmung)** Zur Durchführung der Aufsicht über Abschlussprüfer und Prüfungsgesellschaften wird unter der Bezeichnung „Abschlussprüferaufsichtsbehörde" (APAB) eine Anstalt öffentlichen Rechts mit eigener Rechtspersönlichkeit eingerichtet. Diese ist in Ausübung ihres Amtes an keine Weisungen gebunden.

(2) Der Sitz der APAB ist Wien. Ihr Wirkungsbereich erstreckt sich auf das gesamte Bundesgebiet. Sie ist berechtigt, das Bundeswappen zu führen.

(3) Die Gewerbeordnung 1994 (GewO 1994), BGBl. Nr. 194/1994, ist auf die APAB nicht anzuwenden.

(4) Das Bundesverwaltungsgericht erkennt über Beschwerden gegen Bescheide der APAB durch Senat, ausgenommen in Verwaltungsstrafsachen gemäß § 65 Abs. 1 und in Fällen des § 26 Abs. 4 und 6.

(5) Die Kosten für den laufenden Betrieb der APAB sind durch kostendeckende Beiträge gemäß § 21 zu decken.

(6) Die APAB ist Verwaltungsstrafbehörde.

Aufgaben und Befugnisse der Abschlussprüferaufsichtsbehörde (APAB)

§ 4. (1) Die APAB ist die zuständige Behörde im Sinne des Art. 2 Z 10 der Richtlinie 2006/43/EG und des Art. 3 der Verordnung (EU) Nr. 537/2014. Die APAB hat alle in diesem Bundesgesetz und in der Verordnung (EU) Nr. 537/2014 festgelegten behördlichen Aufgaben wahrzunehmen und Befugnisse auszuüben.

(2) Zu den Aufgaben der APAB zählen:

1. die Durchführung von Qualitätssicherungsprüfungen gemäß den §§ 24 bis 42,

2. die Durchführung von Inspektionen gemäß Art. 26 der Verordnung (EU) Nr. 537/2014,

3. die Durchführung von Untersuchungen gemäß § 61,

4. die Verhängung von Sanktionen gemäß den §§ 62 bis 65,

5. die Zustimmung zu Berufsgrundsätzen für Abschlussprüfer, zu Standards für die interne Qualitätssicherung von Prüfungsgesellschaften sowie zu Prüfungsstandards gemäß § 57,

6. die Beaufsichtigung der Einhaltung der Fortbildungsverpflichtung gemäß § 56,

7. die Registrierung von Abschlussprüfern und Prüfungsgesellschaften gemäß den §§ 52 bis 54,

8. die Überwachung der Qualität und des Wettbewerbs auf dem inländischen Markt für Abschlussprüfungsleistungen für Unternehmen von öffentlichem Interesse gemäß Art. 27 der Verordnung (EU) Nr. 537/2014,

9. die Zusammenarbeit mit anderen zuständigen österreichischen Behörden gemäß Art. 25 Verordnung (EU) Nr. 537/2014,

10. die Wahrnehmung der Aufgaben der europäischen und internationalen Zusammenarbeit gemäß den §§ 69 ff,

11. die Vertretung Österreichs im Ausschuss der Aufsichtsstellen gemäß Art. 30 der Verordnung (EU) Nr. 537/2014 und

12. die Veröffentlichung von Jahresberichten und jährlichen Arbeitsprogrammen sowie der Berichte gemäß Art. 28 der Verordnung (EU) Nr. 537/2014.

(3) Zur Erfüllung ihrer Aufgaben gemäß Abs. 2 ist die APAB insbesondere berechtigt:

1. von Abschlussprüfern und Prüfungsgesellschaften alle Informationen zu verlangen, die für Angelegenheiten der Aufsicht erforderlich sind,

2. bei Abschlussprüfern und Prüfungsgesellschaften, die Unternehmen von öffentlichem Interesse prüfen, die Befugnisse gemäß Art. 23 der Verordnung (EU) Nr. 537/2014 wahrzunehmen,

3. Hilfeleistungen gemäß § 80 in Anspruch zu nehmen und

4. Kollegien mit den zuständigen Stellen anderer Mitgliedstaaten der Europäischen Union oder anderen EWR-Vertragsstaaten gemäß Art. 32 der Verordnung (EU) Nr. 537/2014 zu bilden oder darin mitzuarbeiten.

Organe

§ 5. Organe der APAB sind:

1. der Vorstand und

2. der Aufsichtsrat.

Vorstand

§ 6. (1) Der Vorstand der APAB besteht aus zwei Mitgliedern.

(2) Die Mitglieder des Vorstandes werden auf Grund eines Vorschlags des Aufsichtsrats von der Bundesregierung bestellt; die Wiederbestellung ist zulässig. Die Funktionsperiode beträgt fünf Jahre.

(3) Zu Mitgliedern des Vorstandes dürfen nur Personen bestellt werden, die nichtberufsausübend gemäß § 2 Z 16, aber zumindest in einem der für die Aufsicht relevanten Bereiche (Wirtschaftsprüfung, Rechnungslegung, Rechtswissenschaften) fachkundig sind. Ein Mitglied des Vorstandes muss dabei die Qualifikation eines Wirtschaftsprüfers haben. Die Mitglieder des Vorstands ha-

ben die Anforderungen des Art. 21 der Verordnung (EU) Nr. 537/2014 zu erfüllen.

(4) Vor der Bestellung von Mitgliedern des Vorstandes hat der Bundesminister für Finanzen eine Ausschreibung zu veranlassen. Das Stellenbesetzungsgesetz, BGBl. I Nr. 26/1998, ist anzuwenden.

(5) Mitglieder des Vorstandes dürfen nicht vom Wahlrecht in den Nationalrat ausgeschlossen sein und müssen ihre Funktion hauptberuflich ausüben.

Aufgaben des Vorstandes

§ 7. (1) Der Vorstand hat den gesamten Dienstbetrieb zu leiten und die Geschäfte der APAB zu führen. Der Vorstand vertritt die APAB gerichtlich und außergerichtlich.

(2) Der Vorstand hat eine Geschäftsordnung zu erlassen, die der Genehmigung des Aufsichtsrates bedarf. In der Geschäftsordnung ist dafür Vorsorge zu treffen, dass die APAB ihre Aufgaben in gesetzmäßiger, zweckmäßiger, wirtschaftlicher und sparsamer Weise besorgt und die bei der APAB beschäftigten Bediensteten sachgerecht verwendet werden. In der Geschäftsordnung ist insbesondere auch zu regeln, inwieweit der Vorstand unbeschadet seiner Verantwortlichkeit für die Tätigkeit der APAB sich bei den zu treffenden Entscheidungen oder Verfügungen oder sonstigen Amtshandlungen durch Bedienstete der APAB vertreten lassen kann. Im organisatorischen Aufbau und in der Geschäftsordnung sind die fachlichen Besonderheiten und unterschiedlichen Zielsetzungen verschiedener Aufsichtsbereiche angemessen zu berücksichtigen.

(3) Die Geschäftsordnung gemäß Abs. 2 ist in der jeweils geltenden Fassung gemeinsam mit einem Unterschriftenverzeichnis der auf Grund der Geschäftsordnung ermächtigten Bediensteten in den Räumlichkeiten der APAB zur öffentlichen Einsicht aufzulegen. Die Geschäftsordnung ist auch auf der Website der APAB zu veröffentlichen.

(4) Der Vorstand hat eine Compliance-Ordnung zu erstellen, die der Genehmigung des Aufsichtsrates bedarf. In der Compliance-Ordnung sind Richtlinien für die Vorgangsweise beim Abschluss von privaten Rechtsgeschäften zwischen den Mitgliedern des Vorstandes und des Aufsichtsrates sowie APAB-Bediensteten einerseits mit den beaufsichtigten Abschlussprüfern und Prüfungsgesellschaften andererseits zu erstellen.

(5) Der Vorstand hat dem Aufsichtsrat vierteljährlich einen Bericht über die Aufsichtsführung im Berichtszeitraum zu geben. Weiters ist dem Aufsichtsrat über die geplante Aufsichtspolitik und die für die folgende Berichtsperiode zu setzenden Tätigkeitsschwerpunkte zu berichten.

Ende der Funktion als Vorstand

§ 8. (1) Die Funktion eines Mitgliedes des Vorstandes der APAB endet

1. mit Ablauf der Funktionsperiode,

2. mit der Zustimmung des Aufsichtsrates zur Zurücklegung der Funktion aus wichtigen Gründen,

3. mit der Abberufung gemäß Abs. 3 oder

4. mit dem Tod.

(2) Die beabsichtigte Zurücklegung der Funktion ist vom betreffenden Mitglied des Vorstandes dem Aufsichtsrat sowie dem Bundesminister für Finanzen frühestmöglich unter Nennung der Gründe schriftlich bekannt zu geben. Erteilt der Aufsichtsrat seine Zustimmung, so hat er diese unverzüglich unter Angabe des Zeitpunkts der Wirksamkeit der Zurücklegung der Funktion des betreffenden Vorstandsmitgliedes dem Bundesminister für Finanzen schriftlich mitzuteilen. Der Bundesminister für Finanzen hat die Bundesregierung von der Zurücklegung der Funktion zu informieren und die Bestellung eines neuen Mitgliedes des Vorstandes gemäß § 6 Abs. 2 iVm § 6 Abs. 4 zu veranlassen. Für den Fall, dass der Funktionsantritt des neu bestellten Mitgliedes des Vorstandes nach dem Zeitpunkt des Ausscheidens des ehemaligen Mitgliedes erfolgt, ist für die Dauer der Vakanz ein geeignetes Ersatzmitglied vom Bundesminister für Finanzen auf Vorschlag des Aufsichtsrates unverzüglich zu bestellen; § 6 findet hierbei keine Anwendung. Die vorstehenden Bestimmungen über die Bestellung eines neuen Mitgliedes des Vorstandes sowie für die Bestellung eines Ersatzmitgliedes gelten in gleicher Weise für den Fall der Abberufung gemäß Abs. 3.

(3) Der Bundesminister für Finanzen hat ein Mitglied des Vorstandes abzuberufen, wenn ein wichtiger Grund vorliegt, wie insbesondere

1. Wegfall einer Bestellungsvoraussetzung oder

2. nachträgliches Hervorkommen, dass eine Bestellungsvoraussetzung nicht gegeben war, oder

3. grobe Pflichtverletzung oder

4. dauernde Dienstunfähigkeit oder wenn das betreffende Mitglied infolge Krankheit, Unfall oder eines Gebrechens länger als ein halbes Jahr vom Dienst abwesend ist oder

5. wenn trotz gemäß § 11 durchgeführter Aufsichtsmaßnahmen Pflichtverletzungen nicht oder nicht nachhaltig beseitigt wurden.

(4) Der Bundesminister für Finanzen hat bei Gefahr in Verzug das betreffende Mitglied des Vorstandes sofort abzuberufen.

Aufsichtsrat

§ 9. (1) Der Aufsichtsrat der APAB besteht aus dem Vorsitzenden, dem Stellvertreter des Vorsitzenden und „zwei" weiteren Mitgliedern. *(BGBl I 2018/30)*

(2) Die Mitglieder des Aufsichtsrates dürfen während ihrer Funktionsperiode sowie innerhalb der ihrer Bestellung vorangegangenen drei Jahre keine Abschlussprüfungen bei Unternehmen von öffentlichem Interesse durchführen oder durchgeführt haben. Die Mitglieder des Aufsichtsrates müssen insbesondere in den Bereichen Rechnungslegung, Finanzwesen, Wissenschaft oder Rechtsprechung tätig sein oder tätig gewesen sein und müssen über entsprechende Kenntnisse in den für die Ausübung der Tätigkeit der Abschlussprüfung relevanten Bereichen verfügen. Zu Mitgliedern des Aufsichtsrates dürfen nur geeignete und zuverlässige Personen bestellt werden, die nicht vom Wahlrecht in den Nationalrat ausgeschlossen sind.

(3) Der Vorsitzende und zwei weitere Mitglieder des Aufsichtsrates werden vom Bundesminister für Finanzen „ " und ein Mitglied des Aufsichtsrates vom Bundesminister für Wissenschaft, Forschung und Wirtschaft jeweils nach Anhörung der Sozialpartner für die Dauer von fünf Jahren bestellt. Die Wiederbestellung nach Ablauf der Funktionsdauer ist zulässig. *(BGBl I 2018/30)*

(4) Die Funktion eines Mitgliedes des Aufsichtsrates endet:

1. mit Ablauf der Funktionsperiode,

2. durch Zurücklegung der Funktion,

3. durch Abberufung gemäß Abs. 5 oder

4. mit dem Tod.

Im Fall der Z 2 und 3 ist unverzüglich ein neues Mitglied für die Dauer der restlichen Funktionsperiode des ausgeschiedenen Mitgliedes zu bestellen.

(5) Der Bundesminister für Finanzen „ " und der Bundesminister für Wissenschaft, Forschung und Wirtschaft haben die von ihnen bestellten Mitglieder des Aufsichtsrates abzuberufen, wenn *(BGBl I 2018/30)*

1. eine Voraussetzung für die Bestellung wegfällt,

2. nachträglich hervorkommt, dass eine Bestellungsvoraussetzung nicht gegeben war,

3. dauernde Unfähigkeit zur Ausübung der Funktion eintritt oder

4. grobe Pflichtverletzung vorliegt.

Der Bundesminister für Finanzen „ " und der Bundesminister für Wissenschaft, Forschung und Wirtschaft haben bei Gefahr in Verzug das betreffende Mitglied des Aufsichtsrates sofort abzuberufen. *(BGBl I 2018/30)*

Sitzungen und Beschlussfähigkeit des Aufsichtsrates

§ 10. (1) Der Vorsitzende des Aufsichtsrates hat unter Angabe der Tagesordnung mindestens einmal in jedem Kalendervierteljahr sowie bei wichtigem Anlass unverzüglich eine Sitzung des Aufsichtsrates einzuberufen. Die Sitzung muss binnen zwei Wochen nach der Einberufung stattfinden.

(2) Jedes Mitglied des Aufsichtsrates, der Vorstand sowie der Bundesminister für Finanzen können aus wichtigem Anlass die unverzügliche Einberufung des Aufsichtsrates verlangen.

(3) Der Aufsichtsrat ist beschlussfähig, wenn mindestens drei Mitglieder, darunter der Vorsitzende oder dessen Stellvertreter, anwesend sind. Der Aufsichtsrat fasst seine Beschlüsse mit einfacher Stimmenmehrheit. Bei Gleichheit der abgegebenen Stimmen entscheidet die Stimme des Vorsitzführenden. Eine Stimmenthaltung ist nicht zulässig.

(4) Über die Sitzungen des Aufsichtsrates ist ein Protokoll zu führen. Dieses ist vom Vorsitzführenden zu unterzeichnen; nähere Anordnungen sind in der Geschäftsordnung des Aufsichtsrates zu treffen.

(5) Umlaufbeschlüsse sind nur in begründeten Ausnahmefällen, und wenn kein Mitglied des Aufsichtsrates widerspricht, zulässig. Umlaufbeschlüsse können nur mit der Stimmenmehrheit aller Mitglieder des Aufsichtsrates gefasst werden. Eine Stimmenthaltung ist nicht zulässig. Umlaufbeschlüsse sind vom Vorsitzenden (Stellvertreter) schriftlich festzuhalten, über das Ergebnis der Beschlussfassung ist in der nächstfolgenden Sitzung des Aufsichtsrates Bericht zu erstatten.

Aufgaben des Aufsichtsrates

§ 11. (1) Der Aufsichtsrat hat die Geschäftsführung der APAB zu überwachen. § 95 Abs. 2 und 3 des Aktiengesetzes (AktG), BGBl. Nr. 98/1965, ist anzuwenden.

(2) Maßnahmen der Geschäftsführung der APAB dürfen dem Aufsichtsrat nicht übertragen werden. Der Genehmigung des Aufsichtsrates bedürfen jedoch:

1. das vom Vorstand zu erstellende Budget einschließlich des Investitions- und Stellenplans;

2. Investitionen, soweit sie nicht durch den Investitionsplan genehmigt sind, und Kreditaufnahmen, die jeweils in Summe 75 000 Euro pro Geschäftsjahr überschreiten;

3. der Erwerb, die Veräußerung und die Belastung von Liegenschaften;

4. der vom Vorstand zu erstellende Jahresabschluss;

5. die Geschäftsordnung gemäß § 7 Abs. 2 sowie deren Änderung;

6. die Compliance-Ordnung gemäß § 7 Abs. 4 sowie deren Änderung;

7. der gemäß § 4 Abs. 2 Z 12 zu erstellende Jahresbericht.

(3) Der Aufsichtsrat hat sich eine Geschäftsordnung zu geben, die der Genehmigung des Bundesministers für Finanzen bedarf.

(4) Der Aufsichtsrat hat die Dienstverträge mit den Vorstandsmitgliedern abzuschließen und den Abschlussprüfer zu bestellen. Der Dienstvertrag, der mit den Vorstandsmitgliedern abgeschlossen wird, hat die Bestimmung zu enthalten, dass eine Abberufung gemäß § 8 Abs. 3 auch eine Kündigung des Dienstvertrages zur Folge hat.

(5) Der Aufsichtsrat ist weiters für die Entlastung der Mitglieder des Vorstandes im Zusammenhang mit der Genehmigung des Jahresabschlusses gemäß Abs. 2 Z 4 zuständig.

(6) Den Mitgliedern des Aufsichtsrates gebührt eine angemessene Vergütung, die aus den Mitteln der APAB zu erstatten ist. Die Höhe der Vergütung wird vom Bundesminister für Finanzen festgesetzt.

(7) Der Aufsichtsrat hat, wenn er Kenntnis vom Eintritt eines Abberufungsgrundes bei einem Mitglied des Vorstandes gemäß § 8 Abs. 3 erlangt, dies dem Bundesminister für Finanzen unverzüglich mitzuteilen, sofern nicht nach Abs. 8 vorzugehen ist.

(8) Verletzt ein Mitglied des Vorstandes Bestimmungen dieses Bundesgesetzes, oder der Geschäftsordnung, ohne dass bereits eine grobe Pflichtverletzung gemäß § 8 Abs. 3 Z 3 vorliegt, so hat der Aufsichtsrat das betreffende Mitglied schriftlich aufzufordern, unverzüglich den rechtmäßigen Zustand wieder herzustellen und künftig Pflichtverletzungen zu unterlassen. Im Wiederholungs- oder Fortsetzungsfall hat der Aufsichtsrat den Bundesminister für Finanzen im Hinblick auf § 8 Abs. 3 zu verständigen, es sei denn, dass dies nach Art und Schwere des Vergehens unangemessen wäre.

Qualitätsprüfungskommission

§ 12. (1) Zur Durchführung der Qualitätssicherungsprüfungen ist in der APAB als Beirat eine Qualitätsprüfungskommission einzurichten.

(2) Die Qualitätsprüfungskommission besteht aus sieben Mitgliedern.

(3) Die Mitglieder der Qualitätsprüfungskommission werden auf Vorschlag der Kammer der Wirtschaftstreuhänder, der Vereinigung Österreichischer Revisionsverbände und des Sparkassen-Prüfungsverbandes gemäß Abs. 4 vom Aufsichtsrat bestellt. Für jedes Mitglied ist in gleicher Weise ein Ersatzmitglied ausschließlich für den Fall der Verhinderung zu bestellen. Die Wiederbestellung ist zulässig. Die Funktionsperiode beträgt vier Jahre. Voraussetzung für die Bestellung der Mitglieder und Ersatzmitglieder ist deren Nachweis über spezielle Schulungen oder einschlägige Erfahrungen auf dem Gebiet der Qualitätssicherung. Eine Bestellung von Vorstandsmitgliedern der Kammer der Wirtschaftstreuhänder und deren Ersatzmitgliedern ist nicht zulässig.

(4) Die Kammer der Wirtschaftstreuhänder hat vier Mitglieder, von denen zumindest drei Mitglieder öffentlich bestellte Wirtschaftsprüfer sein müssen, die Vereinigung Österreichischer Revisionsverbände hat gemeinsam mit dem Sparkassen-Prüfungsverband insgesamt drei Mitglieder, von denen zumindest zwei Mitglieder öffentlich bestellte Wirtschaftsprüfer sein müssen, vorzuschlagen. Für jedes Mitglied ist in gleicher Weise ein Ersatzmitglied ausschließlich für den Fall der Verhinderung vorzuschlagen.

(5) Die Qualitätsprüfungskommission ist beschlussfähig, wenn wenigstens fünf Mitglieder oder an deren Stelle Ersatzmitglieder anwesend sind, wobei die Anzahl der Ersatzmitglieder die Anzahl der Mitglieder nicht überschreiten darf. Die Qualitätsprüfungskommission hat ihre Beschlüsse mit einfacher Stimmenmehrheit zu fassen. Im Falle der Stimmengleichheit entscheidet die Stimme des Vorsitzenden. Die Qualitätsprüfungskommission hat sich eine Geschäftsordnung zu geben. Diese bedarf der Genehmigung durch den Vorstand der APAB.

(6) Die Mitglieder und Ersatzmitglieder der Qualitätsprüfungskommission sind ehrenamtlich tätig.

Aufgaben der Qualitätsprüfungskommission

§ 13. (1) Die APAB hat die Qualitätsprüfungskommission anzuhören vor:

1. der Bestellung des Qualitätssicherungsprüfers für Qualitätssicherungsprüfungen,

2. der Erteilung oder Versagung der Bescheinigung aufgrund des Prüfberichts zur Qualitätssicherungsprüfung,

3. der Maßnahmen gemäß § 38 Abs. 2,

4. der Annahme der gemäß § 38 Abs. 3 übermittelten Darstellung und

5. der Bestellung des Sonderprüfers einschließlich des Honorars gemäß § 38 Abs. 4.

(2) Die APAB hat Stellungnahmen der Qualitätsprüfungskommission einzuholen:

1. zum Widerruf einer Bescheinigung gemäß § 40,

2. zum Entzug einer Bescheinigung gemäß § 41 und

3. im Rahmen von Verwaltungsverfahren der APAB.

Aufsicht über die APAB

§ 14. (1) Der Bundesminister für Finanzen hat die Aufsicht über die APAB dahin auszuüben, dass die APAB die ihr gesetzlich obliegenden Aufgaben erfüllt, bei Besorgung ihrer Aufgaben die Gesetze und Verordnungen nicht verletzt und ihren Aufgabenbereich nicht überschreitet.

(2) Der Bundesminister für Finanzen ist berechtigt, zu dem in Abs. 1 genannten Zweck Auskünfte der APAB über alle Angelegenheiten der Aufsicht über Abschlussprüfer und Prüfungsgesellschaften einzuholen. Die APAB hat dem Bundesminister für Finanzen die geforderten Auskünfte ohne unnötigen Verzug, längstens aber binnen zwei Wochen zu erteilen. Im Fall der Erlassung von Verordnungen der APAB hat sie das Vorhaben dem Bundesminister für Finanzen zur Kenntnis zu bringen und beschlussreife Entwürfe vor der Erlassung der Verordnung dem Bundesminister für Finanzen zu übermitteln. Verordnungen der APAB sind im Bundesgesetzblatt kundzumachen.

(3) Die APAB hat dem Bundesminister für Finanzen auf Anfrage unverzüglich diejenigen Daten und Informationen zu übermitteln, die für die Erstellung von Regelungsvorhaben und für die Erfüllung der §§ 17 und 18 des Bundeshaushaltsgesetzes 2013 (BHG 2013), BGBl. I Nr. 139/2009, erforderlich sind.

(4) Die APAB hat dem Finanzausschuss des Nationalrates und dem Bundesminister für Finanzen binnen sechs Monaten nach Ende jedes Kalenderjahres einen Bericht über das abgelaufene Kalenderjahr zu erstatten. In diesen Bericht sind insbesondere ein Überblick über die Aufsichtstätigkeit und über Entwicklungen des Abschlussprüfungsmarktes aufzunehmen.

Personal

§ 15. (1) Der Vorstand der APAB ist berechtigt, Arbeitnehmer in der erforderlichen Anzahl durch Dienstvertrag einzustellen. Dabei ist insbesondere eine ausreichende Zahl an Inspektoren vorzusehen. Auf das Dienstverhältnis der Arbeitnehmer zur APAB ist das Angestelltengesetz, BGBl. Nr. 292/1921, und die für Arbeitnehmer in der privaten Wirtschaft geltenden sonstigen Rechtsvorschriften anzuwenden. Der Vorstand ist weiters berechtigt, Dienstverhältnisse nach den arbeitsrechtlichen Bestimmungen, insbesondere durch Kündigung, zu beenden.

(2) Die APAB hat für einen angemessenen Rechtsschutz für ihre mit Aufsichtstätigkeiten betrauten Arbeitnehmer für den Fall von deren schadenersatzrechtlicher Inanspruchnahme aus der Aufsichtstätigkeit vorzusorgen.

(3) Für die Arbeitnehmer der APAB ist das Bundes-Gleichbehandlungsgesetz (B-GlBG), BGBl. Nr. 100/1993, anzuwenden.

Haftung für die Tätigkeit der APAB

§ 16. (1) Für die von Organen und Bediensteten der APAB sowie von Mitgliedern der Qualitätsprüfungskommission in Erfüllung der in § 4 genannten Aufgaben zugefügten Schäden haftet der Bund nach den Bestimmungen des Amtshaftungsgesetzes (AHG), BGBl. Nr. 20/1949. Schäden im Sinne dieser Bestimmung sind solche, die Rechtsträgern unmittelbar zugefügt wurden, die der Aufsicht nach diesem Bundesgesetz unterliegen. Die APAB sowie deren Bedienstete und Organe haften dem Geschädigten nicht.

(2) Die APAB hat bei ihrer Tätigkeit nach pflichtgemäßem Ermessen alle nach den Umständen des Einzelfalls erforderlichen, zweckmäßigen und angemessenen Aufsichtsmaßnahmen zu ergreifen.

(3) Hat der Bund einem Geschädigten den Schaden gemäß Abs. 1 ersetzt, so kann er von den Organen oder Bediensteten der APAB sowie von Mitgliedern der Qualitätsprüfungskommission Rückersatz nach den Bestimmungen des AHG begehren.

(4) Die APAB und die Qualitätsprüfungskommission haben den Bund in Amtshaftungs- und Rückersatzverfahren nach Abs. 1 und 2 zu unterstützen, soweit dies für die Durchführung dieser Verfahren erforderlich ist. Dabei darf der Eingriff in das Grundrecht auf Datenschutz der jeweiligen betroffenen natürlichen oder juristischen Person nur in der gelindesten zum Ziel führenden Art vorgenommen werden. Sie hat insbesondere alle Informationen und Unterlagen, die das Amtshaftungs- oder Rückersatzverfahren betreffen, zur Verfügung zu stellen sowie dafür zu sorgen, dass der Bund das Wissen und die Kenntnisse der Organe und Bediensteten der APAB über die verfahrensgegenständlichen Aufsichtsmaßnahmen in Anspruch nehmen kann.

Verschwiegenheitspflicht und Schutz personenbezogener Daten

§ 17. (1) Die Vorschriften über die Verschwiegenheitspflicht gemäß § 46 Abs. 1 bis 4 des Beamten-Dienstrechtsgesetzes 1979 (BDG 1979), BGBl. Nr. 333/1979, gelten für

1. die Organe der APAB,

2. die Mitarbeiter der APAB,

3. die Mitglieder und Ersatzmitglieder der Qualitätsprüfungskommission,

4. die Qualitätssicherungsprüfer und ihre qualifizierten Assistenten und

5. die beigezogenen Sachverständigen.

(2) Die Verschwiegenheitspflicht gemäß Abs. 1 besteht nicht gegenüber anderen Personen, die im Rahmen derselben Qualitätssicherungsprüfung tätig werden.

(3) Die Organe und Mitarbeiter der APAB sind verpflichtet, über persönliche Verhältnisse, Einrichtungen und Geschäfts- und Betriebsverhältnisse, die ihnen in Wahrnehmung ihrer Aufgaben zur Kenntnis gelangen, Verschwiegenheit zu bewahren. Jede Verwertung von Geschäfts- und Betriebsgeheimnissen ist ihnen untersagt.

(4) Die Entbindung von der Verschwiegenheitspflicht gemäß Abs. 1 obliegt dem Vorstand der APAB.

(5) Die APAB hat Unterlagen und Aufzeichnungen, insbesondere die von ihr erlassene Bescheide, so lange aufzubewahren, als dies für die Erfüllung ihrer Aufgaben erforderlich ist.

(6) Die APAB hat gemäß § 14 Datenschutzgesetz 2000 – DSG 2000, BGBl I. Nr. 165/1999, Datensicherheitsmaßnahmen, insbesondere hinsichtlich der Zutritts- und Zugriffsberechtigungen, der Protokollierung sowie der Dokumentation der getroffenen Maßnahmen, zu ergreifen.

Budget

§ 18. (1) Die gesamte Gebarung der APAB und alle Ausgaben haben nach den Grundsätzen der Zweckmäßigkeit, Wirtschaftlichkeit und Sparsamkeit zu erfolgen.

(2) Der Vorstand der APAB hat jährlich ein Budget zu erstellen. Das Budget hat eine für die Wahrnehmung der Aufgaben der APAB angemessene personelle und finanzielle Ressourcenausstattung sicherzustellen. Das Budget umfasst eine Plan-Gewinn-/Verlustrechnung, eine Planbilanz, eine Planfinanzrechnung sowie Investitionsplanungen und Personalplanungen für das Geschäftsjahr. Das Budget für das nächste Geschäftsfahr ist dem Aufsichtsrat bis zum 31. August des laufenden Geschäftsjahres zur Genehmigung vorzulegen. Der Aufsichtsrat hat über das Budget bis zum 31. Oktober dieses Geschäftsjahres zu befinden.

(3) Im Planbudget sind sämtliche im folgenden Geschäftsjahr zu erwartenden Erträge und Aufwendungen der APAB unsaldiert aufzunehmen. Die Budgetbeträge sind zu errechnen, wenn dies nicht möglich ist, zu schätzen.

(4) Durch den Stellenplan des jährlichen Planbudgets ist die Anzahl der Bediensteten der APAB festzulegen. Hierbei dürfen Planstellen nur in der Art und Anzahl vorgesehen werden, die zur Bewältigung der Aufgaben der APAB erforderlich sind. Die erforderliche Anzahl an Inspektoren ist anhand der Anzahl der Unternehmen von öffentlichem Interesse, der Anzahl der einer Inspektion gemäß § 43 unterliegenden Abschlussprüfer und Prüfungsgesellschaften und der darauf basierend geschätzten Anzahl der erforderlichen Leistungsstunden für Inspektionen festzulegen. Die Anzahl der Inspektoren hat in einem angemessenen Verhältnis zu dem für die Durchführung der Inspektionen erforderlichen Zeitaufwand zu stehen.

(5) Der Vorstand hat dem Aufsichtsrat zumindest halbjährlich über die Einhaltung des Planbudgets einschließlich des Investitions- und Stellenplanes zu berichten. Ergeben sich voraussichtlich Überschreitungen der Planwerte im Ausmaß von mehr als 5 vH, so dürfen die entsprechenden Maßnahmen nur nach Genehmigung des Aufsichtsrates getroffen werden.

(6) Durch eine im Planbudget, Investitions- oder Stellenplan angeführte bindende Grundlage werden Ansprüche oder Verbindlichkeiten weder begründet noch aufgehoben.

(7) Der Vorstand hat den Mitgliedern des Aufsichtsrates aussagekräftige Informationen über die wesentlichen Positionen des Planbudgets und des Investitions- und Stellenplans ehestmöglich, in der Regel zwei Wochen vor der betreffenden Sitzung des Aufsichtsrates, zu übermitteln. Der Vorstand hat hierbei erforderlichenfalls jene Informationen zu bezeichnen, über die die Amtsverschwiegenheit zu wahren ist.

Jahresabschluss

§ 19. (1) Das Geschäftsjahr der APAB ist das Kalenderjahr. Die APAB hat für das vergangene Geschäftsjahr den Jahresabschluss in Form der Bilanz und der Gewinn- und Verlustrechnung aufzustellen. Im Übrigen sind die Bestimmungen des dritten Buches des UGB auf den Jahresabschluss anzuwenden, sofern in diesem Bundesgesetz nichts anderes bestimmt ist.

(2) Der Jahresabschluss ist von einem Abschlussprüfer oder einer Prüfungsgesellschaft zu prüfen.

(3) Der geprüfte Jahresabschluss ist vom Vorstand dem Aufsichtsrat innerhalb von fünf Monaten nach Ablauf des vorangegangenen Geschäftsjahres zur Genehmigung vorzulegen. Die Beschlussfassung des Aufsichtsrates über die Genehmigung des Jahresabschlusses hat so rechtzeitig zu erfolgen, dass der Vorstand den Jahresabschluss dem Bundesminister für Finanzen innerhalb von sechs Monaten nach Ablauf des vorangegangenen Geschäftsjahres übermitteln kann.

(4) Der Aufsichtsrat hat nach Ablauf jedes Geschäftsjahrs über die Entlastung des Vorstandes zu befinden.

(5) Der Vorstand hat den geprüften und vom Aufsichtsrat genehmigten Jahresabschluss auf der Website der APAB zu veröffentlichen und in den Jahresbericht der APAB aufzunehmen. Der Jahresabschluss ist jeweils bis zur Veröffentlichung

des nächstfolgenden Jahresabschlusses zur Einsicht im Internet bereit zu halten.

Kosten der Aufsicht

§ 20. (1) Die APAB hat für jeden der folgenden Aufsichtsbereiche eine eigene Kostenstelle zu bilden. Sie hat bei der internen Organisation für die weitest mögliche direkte Zuordnung der Aufsichtskosten (Personal- und Sachaufwand, Abschreibungen und sonstige Aufwendungen) zu diesen Kostenstellen Vorsorge zu treffen. Jene Kosten, die einer bestimmten Kostenstelle nicht direkt zugeordnet werden können, sind der Kostenstelle „Sonstige Kosten der Aufsicht" zuzuordnen. Diese Kostenstellen sind:

1. Kostenstelle: Kosten für Inspektionen;

2. Kostenstelle: Kosten für Qualitätssicherungsprüfungen;

3. Kostenstelle: Kosten der Aufsicht gemäß § 1 Abs. 4;

4. Kostenstelle: Kosten für Untersuchungen und Sanktionen/Maßnahmen;

5. Kostenstelle: Kosten für europäische und internationale Zusammenarbeit;

6. Kostenstelle: Sonstige Kosten der Aufsicht.

(2) Mit dem Jahresabschluss ist auch eine kostenstellenbezogene Aufstellung zu erstellen und dem Aufsichtsrat vorzulegen.

(3) Für das Planbudget ist eine kostenstellenbezogene Kostenschätzung zu erstellen.

Finanzierung und Verwaltungsbeiträge

§ 21. (1) Die Finanzierung der APAB setzt sich aus folgenden Beiträgen zusammen:

1. einem Finanzierungsbeitrag für Inspektionen,

2. einem Finanzierungsbeitrag für Qualitätssicherungsprüfungen,

3. einem Finanzierungsbeitrag für Aufgaben im allgemeinen öffentlichen Interesse und

4. einem Umlagefinanzierungsbeitrag für allfällige weitere Kosten der APAB.

(2) Für die Finanzierung der Kosten im Zusammenhang mit Inspektionen ist von der APAB ein Finanzierungsbeitrag von Abschlussprüfern und Prüfungsgesellschaften einzuheben, der sich bemisst nach:

1. der Anzahl der im vorangegangenen Kalenderjahr übernommenen Einzel- und Konzernabschlussprüfungsaufträge bei Unternehmen von öffentlichem Interesse und

2. der Honorarsumme, die im vorangegangenen Kalenderjahr für Einzel- und Konzernabschlussprüfungsaufträge bei Unternehmen von öffentlichem Interesse in Rechnung gestellt wurde.

(3) Für die Finanzierung der administrativen Kosten im Zusammenhang mit Qualitätssicherungsprüfungen gemäß Abs. 1 Z 2 leisten die Kammer der Wirtschaftstreuhänder, die Vereinigung Österreichischer Revisionsverbände und der Sparkassen-Prüfungsverband einen Beitrag von mindestens 500 000 Euro. Dieser Beitrag ist in zwei gleichen Teilbeträgen jeweils zum ersten Werktag im Jänner und Juli jedes Kalenderjahres an die APAB zu überweisen. Erhöhungen dieses Beitrags können vom Bundesminister für Finanzen nach Anhörung der genannten Institutionen durch Verordnung festgelegt werden. Jedenfalls ist der Beitrag entsprechend der Erhöhung des verlautbarten Verbraucherpreisindex 2010 der Bundesanstalt „Statistik Österreich" jährlich anzupassen. Die Aufteilung des Finanzierungsbeitrags der Kammer der Wirtschaftstreuhänder, der Vereinigung Österreichischer Revisionsverbände und des Sparkassen-Prüfungsverbands ist von diesen selbst festzulegen.

(4) Der Bund leistet der APAB für die von ihr im allgemeinen öffentlichen Interesse zu erfüllenden Aufgaben pro Geschäftsjahr einen Beitrag von 500 000 Euro. Der Beitrag ist in gleich hohen Teilbeträgen jeweils bis zum 15. des ersten Monats des jeweiligen Kalenderquartals an die APAB zu überweisen.

(5) Zur Finanzierung weiterer Kosten hat die APAB, im Wege einer Umlage von den ihrer Aufsicht unterworfenen Abschlussprüfern und Prüfungsgesellschaften einen Finanzierungsbeitrag einzuheben. Der Beitrag ist in zwei gleichen Teilbeträgen jeweils zum 1. Jänner und 1. Juli jedes Kalenderjahres mit Bescheid vorzuschreiben. Die Gesamthöhe dieses Finanzierungsbeitrages bemisst sich nach dem vom Aufsichtsrat genehmigten Budget abzüglich der Finanzierungsbeiträge gemäß Abs. 1 Z 1 bis 3. Überschüsse oder Fehlbeträge gemäß Abs. 1 Z 1 bis 3 aus Vorjahren sind im Budget zu berücksichtigen.

(6) Der Anteil eines Abschlussprüfers oder einer Prüfungsgesellschaft an der Gesamthöhe des Finanzierungsbeitrags gemäß Abs. 5 bemisst sich nach dem Verhältnis zwischen dem Gesamthonorar für alle Abschlussprüfungen die im vorangegangenen Kalenderjahr in Rechnung gestellt wurden, und dem Gesamthonorar, das vom jeweiligen Abschlussprüfer oder der jeweiligen Prüfungsgesellschaft im vorangegangenen Kalenderjahr in Rechnung gestellt wurden. Der Finanzierungsbeitrag ist von der APAB mit Bescheid vorzuschreiben.

(7) Eine Verringerung der Teilbeträge gemäß Abs. 6 kann vorgenommen werden, wenn geringere Aufwendungen als im Budget zu erwarten sind. Eine Erhöhung der Teilbeträge kann nur nach Genehmigung eines neuen Budgets durch den Aufsichtsrat erfolgen.

(8) Die APAB hat durch Verordnung mit Zustimmung des Bundesministers für Finanzen nähere Vorgaben für die Berechnung der Beiträge gemäß Abs. 2 festzulegen. Die Beiträge sind den Abschlussprüfern und Prüfungsgesellschaften mit Bescheid von der APAB vorzuschreiben. Einem dagegen eingebrachten Rechtsmittel kommt keine aufschiebende Wirkung zu.

(9) Zusätzlich zu dem Beitrag, den der Bund gemäß Abs. 4 für die APAB leistet, kann der Bund nach Maßgabe der im jährlichen Bundesfinanzgesetz für diesen Zweck vorgesehenen Mittel einen weiteren Kostenbeitrag leisten, wenn dies trotz wirtschaftlicher, sparsamer und zweckmäßiger Gebarung der APAB zur Abdeckung notwendiger Aufsichtskosten erforderlich ist.

(10) Die Kosten einer Untersuchung gemäß § 61 sind von dem der Untersuchung unterzogenen Abschlussprüfer oder der der Untersuchung unterzogenen Prüfungsgesellschaft auf der Basis von Stundensätzen zu tragen. Die APAB hat durch Verordnung mit Zustimmung des Bundesministers für Finanzen den Kostenersatz festzulegen. Diese hat insbesondere zu regeln:

1. die Höhe der Stundensätze für Mitarbeiter der APAB und für Sachverständige,

2. die Nebenkosten und

3. die Zahlungsmodalitäten.

(11) Für Zwecke der Abs. 2 und 5 haben die Abschlussprüfer und Prüfungsgesellschaften bis zum 31. Jänner jeden Kalenderjahres die Anzahl der übernommenen Abschlussprüfungsaufträge bei Unternehmen von öffentlichem Interesse im vorangegangen Kalenderjahr und die Honorarsumme für die abgerechneten Abschlussprüfungsaufträge im vorangegangen Kalenderjahr aufgegliedert nach der Honorarsumme für Abschlussprüfungen bei Unternehmen von öffentlichem Interesse und Abschlussprüfungen für andere Abschlussprüfungsaufträge zu melden.

(12) Die APAB hat mit Zustimmung des Bundesministers für Finanzen durch Verordnung Verwaltungskostenbeiträge festzulegen für:

1. die Anerkennung als Qualitätssicherungsprüfer gemäß § 26,

2. die Versagung der Anerkennung als Qualitätssicherungsprüfer gemäß § 26 Abs. 6,

3. das Erteilen einer Bescheinigung gemäß den §§ 35 bis 37,

4. das Versagen einer Bescheinigung gemäß § 39,

5. den Widerruf einer Bescheinigung gemäß § 40,

6. den Entzug einer Bescheinigung,

7. Eintragungen und Änderungen im öffentlichen Register gemäß den §§ 52 bis 54 für inländische Abschlussprüfer und Prüfungsgesellschaften,

8. Eintragungen und Änderungen im öffentlichen Register gemäß den §§ 52 bis 54 für Abschlussprüfer und Prüfungsgesellschaften aus anderen Mitgliedstaaten der EU oder anderen EWR-Vertragsstaaten,

9. Eintragungen und Änderungen im öffentlichen Register gemäß den §§ 52 bis 54 für Abschlussprüfer und Prüfungsgesellschaften aus Drittstaaten,

10. die Beantragung auf Zulassung als Abschlussprüfer für Abschlussprüfer aus anderen Mitgliedstaaten der EU oder anderen EWR-Vertragsstaaten,

11. die Beantragung auf Anerkennung als Prüfungsgesellschaft für Prüfungsgesellschaften aus anderen Mitgliedstaaten der EU oder anderen EWR-Vertragsstaaten,

12. die Beantragung auf Zulassung als Abschlussprüfer für Abschlussprüfer aus Drittstaaten und

13. die Beantragung auf Registrierung als Prüfungsgesellschaft von Prüfungsgesellschaften aus Drittstaaten.

(13) Die aufgrund von Abs. 12 zu entrichtenden Verwaltungskostenbeiträge fließen der APAB zu.

Rücklage für unvorhergesehene Belastungen

§ 22. (1) Die APAB hat im Budget für die Bedeckung unvorhergesehener Belastungen eine Rücklage zu bilden, die nur für unvorhergesehene Belastungen verwendet werden darf.

(2) Die Dotierung der Rücklage darf je Geschäftsjahr im Ausmaß von höchstens 1 vH der Gesamtkosten der APAB auf Basis des zuletzt festgestellten Jahresabschlusses so lange und insoweit erfolgen, als die Rücklage insgesamt ein Ausmaß von 5 vH der jeweils im letzten Jahresabschluss festgestellten Gesamtkosten nicht erreicht hat.

(3) Die Rücklage ist im Jahresabschluss auszuweisen.

3. Teil

Aufgaben und Befugnisse

1. Hauptstück

Öffentliche Aufsicht

1. Abschnitt

Regelungen zur Qualitätssicherung

§ 23. (1) Abschlussprüfer und Prüfungsgesellschaften sind verpflichtet, Regelungen festzulegen, die eine hohe Qualität der von ihnen durchzuführenden Prüfungen gewährleisten.

(2) Die Regelungen haben auf der Grundlage allgemein anerkannter nationaler und internationaler Prüfungsstandards und Berufsgrundsätze jedenfalls zu umfassen:

1. Regelungen zur allgemeinen Organisation des Prüfungsbetriebs (internes Qualitätssicherungssystem):

a) Einhaltung der allgemeinen Berufsgrundsätze,

b) Annahme, Fortführung und vorzeitige Beendigung von Aufträgen,

c) Mitarbeiterentwicklung,

d) Gesamtplanung aller Aufträge,

e) ausreichender Versicherungsschutz,

f) Umgang mit Beschwerden und Vorwürfen und

g) Einhaltung der kontinuierlichen Fortbildungsverpflichtung.

2. Regelungen zur Auftragsabwicklung:

a) Organisation der Auftragsabwicklung,

b) Einhaltung der gesetzlichen Vorschriften und der fachlichen Regelungen für die Auftragsabwicklung,

c) Anleitung des Auftragsteams,

d) Einholung von fachlichem Rat (Konsultation),

e) laufende Überwachung der Auftragsabwicklung,

f) abschließende Durchsicht der Auftragsergebnisse,

g) auftragsbegleitende Qualitätssicherung,

h) Lösung von Meinungsverschiedenheiten und

i) Ausgestaltung, Abschluss und Archivierung der Arbeitspapiere.

3. Regelungen zur Überwachung der Angemessenheit und Wirksamkeit des Qualitätssicherungssystems.

(3) Abschlussprüfer und Prüfungsgesellschaften unterliegen hinsichtlich ihrer Regelungen zur Qualitätssicherung Qualitätssicherungsprüfungen gemäß den §§ 24 bis 41 und, wenn sie Unternehmen von öffentlichem Interesse prüfen, zusätzlich Inspektionen gemäß den §§ 43 bis 50.

(4) Anstelle des Abschlussprüfers unterliegt der Prüfungsbetrieb des Revisionsverbandes Qualitätssicherungsprüfungen und, wenn dieser Unternehmen von öffentlichem Interesse prüft, zusätzlich Inspektionen gemäß den §§ 43 bis 50, wenn der Abschlussprüfer für den Revisionsverband tätig wird und ihm der Revisionsverband die Methode der Qualitätssicherung vorgibt.

(5) Die Vorschriften dieses Bundesgesetzes gelten auch für freiwillige Qualitätssicherungsprüfungen.

2. Abschnitt

Qualitätssicherungsprüfungen

Gegenstand von Qualitätssicherungsprüfungen

§ 24. (1) Im Rahmen der Qualitätssicherungsprüfung sind alle gesetzten Regelungen zur Qualitätssicherung eines Abschlussprüfers oder einer Prüfungsgesellschaft, welche im Zusammenhang mit Abschlussprüfungen stehen, zu prüfen.

(2) Die Prüfung der Qualitätssicherung des Prüfungsbetriebes hat insbesondere die in § 23 Abs. 2 aufgezählten Regelungen zu umfassen, soweit diese für die Tätigkeit des Abschlussprüfers oder der Prüfungsgesellschaft relevant sind.

(3) Die Qualitätssicherungsprüfungen haben auf der Grundlage einer Risikoanalyse durch Einschau durch Qualitätssicherungsprüfer zu erfolgen. Als Risikoindikator gilt insbesondere die Zahl der festgestellten Mängel in der letzten Qualitätssicherungsprüfung. Die Entscheidung über eine Änderung des Zeitpunkts der nächsten Qualitätssicherungsprüfung und deren Anordnung gegenüber den zu Prüfenden trifft die APAB.

(4) Die Qualitätssicherungsprüfungen müssen im Hinblick auf den Umfang und die Komplexität der Tätigkeit des überprüften Abschlussprüfers bzw. der überprüften Prüfungsgesellschaft geeignet und angemessen sein.

(5) Für die Zwecke des Abs. 4 ist bei der Durchführung von Qualitätssicherungsprüfungen der Abschlussprüfung von Jahres- oder konsolidierten Abschlüssen von mittelgroßen und kleinen Unternehmen die Tatsache zu berücksichtigen, dass die internationalen Prüfungsstandards gemäß § 269a UGB in einer Weise angewandt werden sollen, die dem Umfang und der Komplexität der Geschäftstätigkeit des geprüften Unternehmens angemessen ist.

(6) Unterliegt ein Abschlussprüfer oder eine Prüfungsgesellschaft Inspektionen, ist im Rahmen von Qualitätssicherungsprüfungen nur die Durchführung von Abschlussprüfungen bei Unternehmen, die nicht von öffentlichem Interesse sind, zu prüfen. Informationen zum internen Qualitätssicherungssystem werden diesfalls aus den Inspektionen zur Verfügung gestellt.

Intervalle der Qualitätssicherungsprüfungen

§ 25. Prüfungsbetriebe von Abschlussprüfern und Prüfungsgesellschaften sind mindestens alle sechs Jahre einer Qualitätssicherungsprüfung zu unterziehen.

Qualitätssicherungsprüfer

§ 26. (1) Qualitätssicherungsprüfungen dürfen nur von anerkannten Qualitätssicherungsprüfern durchgeführt werden.

(2) Voraussetzungen für die Anerkennung einer natürlichen Person als Qualitätssicherungsprüfer sind:

1. eine mindestens fünfjährige, mindestens fünf Abschlussprüfungen pro Jahr umfassende Praxis als Wirtschaftsprüfer, eingetragener Revisor oder Prüfer des Sparkassen-Prüfungsverbandes,

2. spezielle Schulungen oder einschlägige Erfahrungen auf dem Gebiet der Qualitätssicherung,

3. das Nichtvorliegen von rechtskräftig verhängten Disziplinarstrafen, deren zugrunde liegendes Berufsvergehen gemäß § 120 Wirtschaftstreuhandberufsgesetz (WTBG), BGBl Nr. 58/1999, die Eignung als Qualitätssicherungsprüfer ausschließt,

4. kein Widerruf als Qualitätssicherungsprüfer gemäß Abs. 8 in den letzten fünf Jahren und

5. die Entrichtung eines Verwaltungskostenbeitrags für die Anerkennung.

(3) Voraussetzungen für die Anerkennung von Prüfungsgesellschaften als Qualitätssicherungsprüfer sind:

1. die Anerkennung mindestens eines Vorstandsmitgliedes oder eines Geschäftsführers oder eines Personengesellschafters oder eines angestellten Revisors als Qualitätssicherungsprüfer und

2. das Vorliegen der Bescheinigung für diese Prüfungsgesellschaft.

(4) Die APAB hat eine natürliche Person oder eine Prüfungsgesellschaft als Qualitätssicherungsprüfer mit Bescheid anzuerkennen, wenn die Voraussetzungen gemäß Abs. 2 oder Abs. 3 vorliegen. Die APAB hat über die Anerkennung eine Urkunde auszustellen.

(5) Die APAB hat eine Liste der Qualitätssicherungsprüfer zu führen. Anerkannte Qualitätssicherungsprüfer sind von Amts wegen in diese Liste einzutragen.

(6) Über die Versagung der Anerkennung hat die APAB einen Bescheid zu erlassen.

(7) Qualitätssicherungsprüfer sind verpflichtet, der APAB alle drei Jahre nach ihrer Anerkennung Nachweise über ihre praktische Tätigkeit als Abschlussprüfer im Ausmaß von mindestens fünf Abschlussprüfungen pro Jahr und über ihre laufende Fortbildung auf dem Gebiet der Qualitätssicherung zu übermitteln.

(8) Die APAB hat die Anerkennung eines Qualitätssicherungsprüfers mit Bescheid zu widerrufen, wenn

1. über einen Qualitätssicherungsprüfer eine Disziplinarstrafe rechtskräftig verhängt wurde, deren zugrunde liegendes Berufsvergehen die Eignung als Qualitätssicherungsprüfer ausschließt oder

2. ein Qualitätssicherungsprüfer länger als drei Jahre keine die Durchführung von Abschlussprüfungen umfassende Tätigkeiten ausgeübt hat oder

3. ein Qualitätssicherungsprüfer einer Verpflichtung gemäß Abs. 7 nicht nachkommt oder

4. ein Qualitätssicherungsprüfer in einer Qualitätssicherungsprüfung schwerwiegend gegen die Bestimmungen dieses Bundesgesetzes verstoßen hat oder

5. eine der Anerkennungsvoraussetzungen nicht vorlag oder

6. eine der Anerkennungsvoraussetzungen nicht mehr vorliegt oder

7. die Tätigkeit des Qualitätssicherungsprüfers wiederholt negativ evaluiert wurde.

(9) Aufgrund des rechtskräftigen Widerrufs der Anerkennung als Qualitätssicherungsprüfer hat die Streichung aus der Liste der Qualitätssicherungsprüfer zu erfolgen. Die Gültigkeit der vor dem Widerruf durchgeführten Qualitätssicherungsprüfungen bleibt unberührt.

Qualitätssicherungsprüfungen durch Prüfungsgesellschaften

§ 27. (1) Wird eine Prüfungsgesellschaft mit der Durchführung einer Qualitätssicherungsprüfung beauftragt, so muss der für die Qualitätssicherungsprüfung Verantwortliche als Qualitätssicherungsprüfer eingetragen und Vorstandsmitglied oder Geschäftsführer oder vertretungsbefugter Personengesellschafter oder angestellter Revisor der Prüfungsgesellschaft sein.

(2) Der für die Qualitätssicherungsprüfung Verantwortliche ist im Auftrag zur Durchführung der Qualitätssicherungsprüfung zu benennen.

Qualifizierte Assistenten

§ 28. Qualitätssicherungsprüfer sind berechtigt, unter ihrer Verantwortung entsprechend qualifizierte Assistenten zur Durchführung der Qualitätssicherungsprüfung heranzuziehen.

Bestellung des Qualitätssicherungsprüfers

§ 29. (1) Der zu überprüfende Abschlussprüfer oder die zu überprüfende Prüfungsgesellschaft hat bei der APAB die Durchführung einer Qualitätssicherungsprüfung zu beantragen. Hierzu sind unter Einhaltung der für die Berufsausübung geltenden Unvereinbarkeitsregeln drei Qualitätssicherungsprüfer für die Durchführung einer Qualitätssicherungsprüfung vorzuschlagen. Erstreckt sich ein Prüfungsbetrieb auf mehrere Abschlussprüfer oder Prüfungsgesellschaften, können diese gemeinsam einen solchen Vorschlag einbringen.

(2) Die APAB hat den Vorschlag dahin zu prüfen, ob alle vorgeschlagenen Qualitätssicherungsprüfer eine ordnungsgemäße Qualitätssicherungsprüfung unter Berücksichtigung der Angemessenheit des Honorars gemäß § 31 Abs. 3 gewährleisten. Andernfalls hat die APAB aus der Liste der Qualitätssicherungsprüfer einen geeigneten Qualitätssicherungsprüfer zu bestellen und dessen Honorar nach Maßgabe des § 31 Abs. 3 festzulegen. Gegen diese Verfahrensanordnung ist ein abgesondertes Rechtsmittel nicht zulässig.

(3) Die APAB hat unverzüglich einen der vorgeschlagenen Qualitätssicherungsprüfer zu bestellen, wenn die Bestellungsvoraussetzungen erfüllt sind. Fällt eine Bestellungsvoraussetzung später weg, so hat die APAB die Bestellung binnen zwei Wochen ab Kenntnis widerrufen, wenn dies zur Gewährleistung einer ordnungsgemäßen Qualitätssicherungsprüfung unumgänglich ist. In diesem Fall gilt § 32 Abs. 3 sinngemäß.

(4) Die APAB hat mit Zustimmung des Bundesministers für Finanzen eine Verordnung hinsichtlich der von dem zu überprüfenden Abschlussprüfer oder der zu überprüfenden Prüfungsgesellschaft bereitzustellenden Informationen für die Angebotserstellung durch die potentiellen Qualitätssicherungsprüfer zu erlassen. Diese Verordnung hat insbesondere die bereitzustellenden Informationen zu regeln hinsichtlich:

1. Angaben zur Mandantenstruktur,

2. Angaben zu den durchgeführten Abschlussprüfungen,

3. Anzahl der Leistungsstunden für Abschlussprüfungen getrennt nach Stunden für Abschlussprüfungen bei Unternehmen von öffentlichem Interesse und anderen Abschlussprüfungen,

4. Mitarbeiterstruktur im Prüfungsbetrieb und

5. Anzahl der im Prüfungsbetrieb tätigen Wirtschaftsprüfer und Revisoren mit Auftragsverantwortung.

(5) Die APAB hat mit Zustimmung des Bundesministers für Finanzen eine Verordnung zu den von dem zu überprüfenden Abschlussprüfer oder der zu überprüfenden Prüfungsgesellschaft bereitzustellenden Informationen zur Beurteilung des gemäß Abs. 1 eingebrachten Vorschlages zu erlassen. Diese Verordnung hat insbesondere die bereitzustellenden Informationen zu regeln hinsichtlich:

1. Informationen gemäß Abs. 5,

2. Namen und Anschrift des verantwortlichen Qualitätssicherungsprüfers,

3. Honorar für die Qualitätssicherungsprüfung,

4. Stundensätze für den Qualitätssicherungsprüfer und die qualifizierten Assistenten und

5. Regelungen zu Werkverträgen.

Unabhängigkeit des Qualitätssicherungsprüfers

§ 30. (1) Ein Qualitätssicherungsprüfer darf eine Qualitätssicherungsprüfung nicht durchführen, wenn dies den für die berufliche Ausübung geltenden Unvereinbarkeitsregeln zuwiderläuft. Wechselseitige Qualitätssicherungsprüfungen sind unzulässig.

(2) Personen, die Gesellschafter oder Mitarbeiter eines Abschlussprüfers oder einer Prüfungsgesellschaft oder in sonstig vergleichbarer Weise mit diesem Abschlussprüfer bzw. dieser Prüfungsgesellschaft verbunden waren, dürfen frühestens drei Jahre nach Beendigung dieser Tätigkeit oder Verbindung als Qualitätssicherungsprüfer eine Qualitätssicherungsprüfung dieses Abschlussprüfers bzw. dieser Prüfungsgesellschaft vornehmen.

(3) Die Qualitätssicherungsprüfer haben gegenüber der APAB zu erklären, dass zwischen ihnen und dem zu überprüfenden Abschlussprüfer bzw. der zu überprüfenden Prüfungsgesellschaft keine Interessenkonflikte bestehen.

Honorierung der Qualitätssicherungsprüfung

§ 31. (1) Die Kosten der Qualitätssicherungsprüfung hat der zu überprüfende Abschlussprüfer oder die zu überprüfende Prüfungsgesellschaft zu tragen.

(2) Der Prüfungsauftrag und die Honorarberechnung sind vor Erstellung des Vorschlages gemäß § 29 Abs. 1 zwischen den jeweiligen vorgeschlagenen Qualitätssicherungsprüfern und dem zu überprüfenden Abschlussprüfer oder der zu überprüfenden Prüfungsgesellschaft unter der aufschiebenden Bedingung der Bestellung schriftlich in Form eines Fixhonorars zu vereinbaren und der APAB im Rahmen des Vorschlages gemäß § 29 Abs. 1 zu übermitteln.

(3) Die Honorierung des Qualitätssicherungsprüfers hat sich insbesondere zu orientieren an

1. den berufsüblichen Grundsätzen,

2. der Größe des zu überprüfenden Prüfungsbetriebes und

3. der dafür aufzuwendenden Zeit.

(4) Die Ausbezahlung des Honorars des Qualitätssicherungsprüfers hat über die APAB zu erfolgen. Hierzu ist bei der APAB ein eigenes Verrechnungskonto zu führen.

(5) Abschlussprüfer und Prüfungsgesellschaften haben für den bestellten Qualitätssicherungsprüfer einen Kostenvorschuss in Höhe des berechneten Honorars gemäß Abs. 3 innerhalb einer Frist von längstens zwei Wochen nach erfolgter Bestellung auf das Verrechnungskonto der Zahlstelle zu überweisen. Von der erfolgten Überweisung ist der bestellte Qualitätssicherungsprüfer unverzüglich und nachweislich durch die APAB

zu informieren. Der bestellte Qualitätssicherungsprüfer ist erst nach Überweisung seines Honorars auf das Verrechnungskonto verpflichtet, die Qualitätssicherungsprüfung durchzuführen.

(6) Die APAB hat innerhalb einer Frist von längstens zwei Wochen nach Auswertung des schriftlichen Prüfberichtes das Honorar an den Qualitätsprüfer zu überweisen.

Vorzeitige Beendigung der Qualitätssicherungsprüfung

§ 32. (1) Die Durchführung der Qualitätssicherungsprüfung kann vom Qualitätssicherungsprüfer oder von dem zu überprüfenden Abschlussprüfer oder von der zu überprüfenden Prüfungsgesellschaft nur aus wichtigem Grund vorzeitig beendet werden. Wichtige Gründe sind insbesondere

1. die sich nachträglich ergebende Unerfüllbarkeit der Qualitätssicherungsprüfung oder

2. die Verhinderung durch eine Krankheit oder

3. das nachträgliche Hervorkommen des Umstandes, dass der zu überprüfende Abschlussprüfer oder die zu überprüfende Prüfungsgesellschaft bewusst unrichtige oder unvollständige Unterlagen zur Verfügung gestellt hat.

(2) Meinungsverschiedenheiten über den Inhalt des schriftlichen Prüfberichtes berechtigen nicht zur vorzeitigen Beendigung der Qualitätssicherungsprüfung.

(3) Wurde die Qualitätssicherungsprüfung vorzeitig beendet, so hat der Qualitätssicherungsprüfer einen Bericht über das Ergebnis seiner bisherigen Prüfung zu verfassen und den Grund für die vorzeitige Beendigung bekannt zu geben. Der Bericht ist vom Qualitätssicherungsprüfer dem zu überprüfenden Abschlussprüfer oder der zu überprüfenden Prüfungsgesellschaft und der APAB vorzulegen und von dieser dem nachfolgend bestellten Qualitätssicherungsprüfer zur Verfügung zu stellen.

Mitwirkungspflichten

§ 33. (1) Der zu überprüfende Abschlussprüfer oder die zu überprüfende Prüfungsgesellschaft und jene Personen, die den Beruf gemeinsam mit diesen ausüben, sind verpflichtet,

1. dem Qualitätssicherungsprüfer und seinen Assistenten gemäß § 28 Zutritt zu den Betriebsräumlichkeiten zu gewähren,

2. eine vollständige Liste der verantwortlich übernommenen Prüfungsmandate vorzulegen und

3. alle Aufklärungen zu geben und die verlangten Unterlagen vorzulegen, soweit diese für eine sorgfältige Qualitätssicherungsprüfung erforderlich sind.

(2) Der zu überprüfende Abschlussprüfer oder die zu überprüfende Prüfungsgesellschaft und jene Personen, die den Beruf gemeinsam mit diesen ausüben, unterliegen im Verhältnis zum Qualitätssicherungsprüfer und seinen Assistenten gemäß § 28 nicht der berufsmäßigen Verschwiegenheitspflicht.

Prüfbericht

§ 34. (1) Der Qualitätssicherungsprüfer hat über die erfolgte Qualitätssicherungsprüfung einen schriftlichen Prüfbericht zu verfassen. Die APAB hat durch Verordnung den Aufbau und die inhaltliche Gestaltung des schriftlichen Prüfberichts des Qualitätssicherungsprüfers zu regeln. Diese Verordnung hat insbesondere die Angaben im Prüfbericht zu regeln hinsichtlich:

1. Gegenstand, Art und Umfang der Prüfung,

2. Feststellungen betreffend die Qualitätssicherungsprüfung und

3. einer gesonderten Anmerkung für den Fall, dass der Qualitätssicherungsprüfer bei der Durchführung der Qualitätssicherungsprüfung Kenntnis über die mögliche Verwirklichung eines Tatbestandes gemäß § 41 Abs. 1 durch einen Wirtschaftsprüfer oder eingetragenen Revisor erlangt hat.

(2) Prüfhemmnisse, die während einer Qualitätssicherungsprüfung aufgetreten sind, sind im schriftlichen Prüfbericht zu nennen und hinsichtlich ihrer Auswirkungen auf die Qualitätssicherungsprüfung zu erläutern.

(3) Der schriftliche Prüfbericht ist unter Angabe von Ort und Tag vom verantwortlichen Qualitätssicherungsprüfer zu unterzeichnen. Der schriftliche Prüfbericht ist vom Qualitätssicherungsprüfer an die APAB und an den der Qualitätssicherungsprüfung unterzogenen Abschlussprüfer oder an die der Qualitätssicherungsprüfung unterzogene Prüfungsgesellschaft zu übermitteln.

(4) Die APAB ist berechtigt, dem Qualitätssicherungsprüfer Ergänzungen des schriftlichen Prüfberichts aufzutragen.

Bescheinigung

§ 35. (1) Die APAB hat die bei ihr eingelangten schriftlichen Prüfberichte innerhalb einer Frist von acht Wochen nach Einlangen auszuwerten und unter Berücksichtigung des Vorschlags der Qualitätsprüfungskommission gemäß § 13 mit Bescheid über die Erteilung oder Versagung einer Bescheinigung zu entscheiden. Bezieht sich ein Prüfbericht auf mehrere Antragsteller, ist über die Erteilung oder Versagung einer Bescheinigung für jeden Antragsteller gesondert zu entscheiden. Die APAB hat die erfolgreiche Teilnahme an der Qualitätssicherungsprüfung zu bescheinigen, wenn

1. keine wesentlichen Prüfungshemmnisse vorgelegen sind,

2. keine wesentlichen Mängel in der Qualitätssicherung des Abschlussprüfers oder der Prüfungsgesellschaft festgestellt worden sind, die die Qualitätssicherung als unangemessen oder unwirksam erscheinen lassen und

3. bei der Durchführung der Qualitätssicherungsprüfung nicht schwerwiegend gegen Bestimmungen dieses Bundesgesetzes verstoßen wurde.

(2) Wird ein Tatbestand gemäß § 41 Abs. 1 durch einen Wirtschaftsprüfer oder einen eingetragenen Revisor oder einen Sparkassenprüfer, der bei der Prüfungsgesellschaft entweder angestellt ist oder mit dieser in ähnlicher Form verbunden ist, verwirklicht, so ist eine Bescheinigung für die Prüfungsgesellschaft auszustellen, aus der hervorgeht, dass der Wirtschaftsprüfer oder der eingetragene Revisor oder der Sparkassenprüfer, der diesen Tatbestand verwirklicht hat, nicht von dieser Bescheinigung erfasst ist.

(3) Die Bescheinigung ist bis zu dem Zeitpunkt, zu dem die nächste Qualitätssicherungsprüfung durchzuführen ist, zu befristen. Werden in der Qualitätssicherungsprüfung Mängel festgestellt, kann die APAB eine Verkürzung der Frist für die nächste Qualitätssicherungsprüfung anordnen. Die Frist muss mindestens 18 Monate betragen. Wurde die Qualitätssicherungsprüfung nicht früher als drei Monate vor Fristablauf der letzten Bescheinigung abgeschlossen, ist als neuer Fristbeginn der Tag nach dem Fristablauf der letzten Bescheinigung anzusetzen. In der Bescheinigung ist auch der Zeitpunkt, bis zu dem die nächste Qualitätssicherungsprüfung abgeschlossen sein muss, anzugeben. Die Bescheinigung ist unverzüglich dem überprüften Abschlussprüfer oder der überprüften Prüfungsgesellschaft zu übermitteln und unbeschadet der Verantwortlichkeit gemäß § 52 Abs. 6 von Amts wegen in das öffentliche Register einzutragen. Wurde nach Fristablauf einer Bescheinigung keine neue Bescheinigung erlangt, dürfen bei noch nicht abgeschlossenen Abschlussprüfungsaufträgen ab dem Erlöschen der Bescheinigung keine weiteren Abschlussprüfungshandlungen gesetzt werden.

(4) Abschlussprüfer und Prüfungsgesellschaften sind berechtigt, auf eine gemäß Abs. 1 erteilte Bescheinigung jederzeit durch schriftliche Meldung an die APAB zu verzichten. Ein solcher Verzicht ist unwiderruflich. Die Bescheinigung ist unverzüglich zurückzustellen und die Eintragung im öffentlichen Register von Amts wegen zu löschen.

(5) Eine Bescheinigung kann nicht übertragen werden oder übergehen. Im Falle einer Änderung der Firma gemäß den §§ 17 bis 37 UGB ist auf Antrag unter Vorlage eines aktuellen Firmenbuchauszuges eine neue Bescheinigung auszustellen.

Vorläufige Bescheinigung bei Neuaufnahme eines Prüfungsbetriebes

§ 36. (1) Wer erstmalig beabsichtigt, einen Auftrag zur Durchführung einer Abschlussprüfung anzunehmen, hat dies der APAB unverzüglich anzuzeigen und die Erteilung einer vorläufigen Bescheinigung zu beantragen. Dieser Anzeige sind der Nachweis über eine aufrechte Berufsbefugnis als Wirtschaftsprüfer oder die Anerkennung als Wirtschaftsprüfungsgesellschaft oder die Eintragung als Revisor oder die Anerkennung als Revisionsverband sowie ein Nachweis der getroffenen Qualitätssicherungsmaßnahmen gemäß § 23 Abs. 2 Z 1 anzuschließen.

(2) Bei Vorliegen der Voraussetzungen gemäß Abs. 1 und nach Vorliegen aller erforderlichen Unterlagen gemäß den §§ 52 bis 54 hat die APAB dem Antragsteller eine vorläufige Bescheinigung zu erteilen und den Abschlussprüfer oder die Prüfungsgesellschaft in das öffentliche Register einzutragen. Diese vorläufige Bescheinigung ist auf 18 Monate befristet.

(3) Abschlussprüfer oder Prüfungsgesellschaften, denen eine Bescheinigung gemäß Abs. 2 erteilt worden ist, müssen sich bis spätestens zum Ablauf der Befristung der Bescheinigung gemäß Abs. 2 einer Qualitätssicherungsprüfung unterzogen haben, andernfalls ist die Eintragung im öffentlichen Register von Amts wegen zu löschen.

Erteilung einer Bescheinigung bei Wiederaufnahme eines Prüfungsbetriebes

§ 37. Wird nach Ablauf von zwölf Monaten nach

1. Erlöschen der Gültigkeit der Bescheinigung gemäß § 35 Abs. 3 oder

2. Erlöschen der Bescheinigung gemäß § 42 oder

3. Widerruf der Bescheinigung gemäß § 40 oder

4. Entzug der Bescheinigung gemäß § 41 oder

5. amtswegiger Löschung einer Eintragung eines Abschlussprüfers oder einer Prüfungsgesellschaft aus dem öffentlichen Teil des öffentlichen Registers, weil die Rechte aus einer gemäß § 35 erteilten Bescheinigung vom Abschlussprüfer oder von der Prüfungsgesellschaft nicht mehr ausgeübt wurden oder nicht mehr ausgeübt werden konnten oder

6. Verzicht auf eine gemäß § 35 erteilte Bescheinigung,

neuerlich eine Bescheinigung erteilt, ist diese auf einen Zeitraum von höchstens 18 Monaten zu befristen.

Anordnung von Maßnahmen

§ 38. (1) Die APAB kann aufgrund der Erkenntnisse aus der Qualitätssicherungsprüfung mit Bescheid Maßnahmen anordnen, wenn

1. Mängel bei dem überprüften Prüfungsbetrieb vorliegen oder

2. bei der Durchführung der Qualitätssicherungsprüfung gegen die Bestimmungen dieses Bundesgesetzes verstoßen wurde.

(2) Die APAB kann folgende Maßnahmen anordnen:

1. die nachweisliche Beseitigung der Mängel und

2. eine Sonderprüfung.

(3) Der betroffene Abschlussprüfer bzw. die betroffene Prüfungsgesellschaft hat die getroffenen Maßnahmen gemäß Abs. 2 Z 1 innerhalb einer von der APAB festzusetzenden angemessenen Frist, längstens jedoch binnen neun Monaten, umzusetzen. Der APAB ist eine Darstellung der getroffenen Maßnahmen schriftlich zu übermitteln.

(4) Wird eine Sonderprüfung angeordnet, so hat die APAB hiefür einen Qualitätssicherungsprüfer zu bestellen und für diesen ein angemessenes von dem zu prüfenden Abschlussprüfer oder der zu prüfenden Prüfungsgesellschaft zu bezahlendes Honorar festzusetzen.

(5) Alle Maßnahmen gemäß Abs. 2 sind an den überprüften Abschlussprüfer oder an die überprüfte Prüfungsgesellschaft gerichtet. Dies gilt auch dann, wenn der Qualitätssicherungsprüfer gegen die Vorschriften dieses Bundesgesetzes verstoßen hat. Es obliegt dem zu überprüfenden Abschlussprüfer oder der zu überprüfenden Prüfungsgesellschaft, für eine ordnungsgemäße Qualitätssicherungsprüfung Sorge zu tragen, erforderlichenfalls durch einen Antrag auf Bestellung eines weiteren Qualitätssicherungsprüfers.

(6) Der überprüfte Abschlussprüfer oder die überprüfte Prüfungsgesellschaft ist vor der Anordnung einer Maßnahme gemäß Abs. 2 anzuhören.

(7) Die Anordnung von Maßnahmen hat zu unterbleiben, wenn der überprüfte Abschlussprüfer oder die überprüfte Prüfungsgesellschaft auf die Erteilung einer Bescheinigung verzichtet.

Versagung der Bescheinigung

§ 39. Die Bescheinigung ist mit Bescheid zu versagen, wenn

1. wesentliche Prüfungshemmnisse vorgelegen sind oder

2. wesentliche Mängel in der Qualitätssicherung des Abschlussprüfers oder der Prüfungsgesellschaft festgestellt worden sind, die die Qualitätssicherung als unangemessen oder unwirksam erscheinen lassen oder

3. bei der Durchführung der Qualitätssicherungsprüfung schwerwiegend gegen Bestimmungen dieses Bundesgesetzes verstoßen wurde.

Widerruf der Bescheinigung

§ 40. (1) Die APAB hat eine erteilte Bescheinigung mit Bescheid zu widerrufen, wenn sich nachträglich herausstellt, dass eine Bescheinigung nicht zu erteilen war.

(2) Die Bescheinigung ist unverzüglich zurückzustellen und die Eintragung im öffentlichen Register von Amts wegen zu löschen.

(3) Ab Widerruf der Bescheinigung sind weitere Abschlussprüfungshandlungen zu unterlassen. Die Gültigkeit von Abschlüssen aufgrund davor bereits abgeschlossener Prüfungen bleibt unberührt.

Entzug der Bescheinigung

§ 41. (1) Die APAB hat einem Abschlussprüfer oder einer Prüfungsgesellschaft die Bescheinigung über die erfolgreiche Teilnahme an der Qualitätssicherungsprüfung mit Bescheid zu entziehen, wenn

1. der Abschlussprüfer bzw. die Prüfungsgesellschaft fahrlässig oder vorsätzlich § 271 Abs. 2 Z 1, 2, 4, 5, 6 oder 7, Abs. 3 oder Abs. 4 erster oder zweiter Satz, Abs. 5, § 271a, § 271b oder § 275 Abs. 1 des UGB verletzt hat und dies zu einer schwerwiegenden Beeinträchtigung der ordnungsgemäßen Berufsausübung geführt hat oder

2. ein der Qualitätssicherungsprüfung unterliegender Abschlussprüfer oder eine der Qualitätssicherungsprüfung unterliegende Prüfungsgesellschaft einer Anordnung gemäß § 38 Abs. 2 oder Empfehlungen gemäß § 49 beharrlich nicht nachkommt oder

3. sich nachträglich herausstellt, dass ein schwerwiegender Verstoß gegen die Bestimmungen dieses Bundesgesetzes gegeben war.

(2) Die Bescheinigung ist unverzüglich zurückzustellen und die Eintragung im öffentlichen Register von Amts wegen zu löschen. Ab Entzug der Bescheinigung sind weitere Abschlussprüfungshandlungen zu unterlassen.

(3) Bei Verwirklichung eines Tatbestandes gemäß Abs. 1 durch einen Wirtschaftsprüfer, einen eingetragenen Revisor oder einen Sparkassenprüfer einer Prüfungsgesellschaft hat die APAB mit Bescheid festzustellen, dass der Abschlussprüfer, der einen Tatbestand gemäß Abs. 1 verwirklicht hat, für einen Zeitraum von längstens drei Jahren nicht mehr von der Bescheinigung der Prüfungsgesellschaft gemäß § 35 erfasst ist. Mit der Rechtskraft dieses Bescheides ist von der APAB eine neue Bescheinigung gemäß § 35 für die Prüfungsgesellschaft auszustellen. Die ur-

sprüngliche Bescheinigung ist diesfalls von der Prüfungsgesellschaft unverzüglich an die APAB zurückzustellen.

(4) Der Entzug der Bescheinigung gilt bis zur nächsten Qualitätssicherungsprüfung. Diese kann frühestens sechs Monate nach Entzug der Bescheinigung beantragt werden.

(5) Der Entzug der Bescheinigung ist im jährlichen öffentlichen Bericht der APAB gemäß § 4 Abs. 2 Z 12 zu veröffentlichen. Der Entzug der Bescheinigung ist im öffentlichen Register gemäß den §§ 52 bis 54 ersichtlich zu machen.

Erlöschen der Bescheinigung

§ 42. Die Bescheinigung gemäß den §§ 35 und 36 erlischt gleichzeitig mit dem Erlöschen der Berufsberechtigung Wirtschaftsprüfer, spätestens jedoch mit dem Zeitpunkt der Endigung eines Fortführungsrechts gemäß den §§ 107 bis 113 WTBG. Die Kammer der Wirtschaftstreuhänder hat das Erlöschen der Berufsberechtigung Wirtschaftsprüfer der APAB elektronisch oder in Papierform unter Anschluss der entsprechenden Nachweise zu melden. Die APAB hat die Löschung des jeweiligen Abschlussprüfers oder der jeweiligen Prüfungsgesellschaft im öffentlichen Register gemäß den §§ 52 bis 54 unverzüglich vorzunehmen.

3. Abschnitt

Inspektionen

Gegenstand von Inspektionen

§ 43. (1) Abschlussprüfer und Prüfungsgesellschaften sind verpflichtet, sich einer Inspektion durch die APAB nach Art. 26 der Verordnung (EU) Nr. 537/2014 zu unterziehen, wenn sie Abschlussprüfungen bei Unternehmen von öffentlichem Interesse nach § 2 Z 9 oder Abschlussprüfungen aufgrund einer Registrierung gemäß den §§ 75 oder 76 durchführen. Bei diesen Inspektionen trägt die APAB die Verantwortung gemäß Art. 26 Abs. 3 und 4 der Verordnung (EU) Nr. 537/2014. Die APAB beauftragt einen Inspektor zur Durchführung einer Inspektion und hat die geplante Inspektion dem Abschlussprüfer oder der Prüfungsgesellschaft tunlichst eine Woche vorher anzukündigen. Gegen den Inspektionsauftrag ist ein abgesondertes Rechtsmittel nicht zulässig.

(2) Im Fall von festgestellten Mängeln können in die Inspektionen andere Abschlussprüfungen einbezogen werden. Wird im Zusammenhang mit einer Anfrage zur internationalen Zusammenarbeit gemäß § 78 eine Inspektion durchgeführt, können andere Prüfungen in die Inspektion einbezogen werden.

(3) Bei Inspektionen festgestellte Mängel im Qualitätssicherungssystem eines zu überprüfenden Abschlussprüfers oder einer zu überprüfenden Prüfungsgesellschaft werden dem Qualitätssicherungsprüfer zur Verfügung gestellt.

Intervalle von Inspektionen

§ 44. Inspektionen sind gemäß Art. 26 Abs. 2 der Verordnung (EU) Nr. 537/2014 bei Abschlussprüfern und Prüfungsgesellschaften, die Unternehmen von öffentlichem Interesse, die unter § 221 Abs. 3 erster Satz UGB fallen, mindestens alle drei Jahre und bei Unternehmen von öffentlichem Interesse, die unter § 221 Abs. 1 und 2 UGB fallen, mindestens alle sechs Jahre durchzuführen.

Anzeige- und Informationspflichten

§ 45. (1) Abschlussprüfer und Prüfungsgesellschaften, die Unternehmen von öffentlichem Interesse prüfen, dürfen einen Auftrag zur Abschlussprüfung nur bei Vorliegen einer aufrechten Bescheinigung gemäß § 35 annehmen. Die erstmalige Annahme eines Auftrages zur Durchführung einer Abschlussprüfung eines Unternehmens von öffentlichem Interesse ist vom Abschlussprüfer oder der Prüfungsgesellschaft unverzüglich der APAB anzuzeigen.

(2) Die Einstellung eines Prüfungsbetriebes oder die Beendigung sämtlicher Aufträge zur Durchführung einer Abschlussprüfung eines Unternehmens von öffentlichem Interesse ist der APAB unverzüglich anzuzeigen. Für die neuerliche Annahme eines Auftrages zur Durchführung einer Abschlussprüfung eines Unternehmens von öffentlichem Interesse gilt Abs. 1 entsprechend.

(3) Abschlussprüfer und Prüfungsgesellschaften haben der APAB jährlich eine Liste gemäß Art. 14 der Verordnung (EU) Nr. 537/2014 gleichzeitig mit dem Transparenzbericht vorzulegen.

Bestellung von Inspektoren

§ 46. Bei der Bestellung von Inspektoren ist Art. 26 Abs. 5 der Verordnung (EU) Nr. 537/2014 anzuwenden. Werden Sachverständige zur Erfüllung spezifischer Aufgaben beigezogen, sind Art. 26 Abs. 1 lit. c und Art. 26 Abs. 5 letzter Unterabsatz der Verordnung (EU) Nr. 537/2014 anzuwenden.

Umfang der Inspektion

§ 47. Die Inspektionen erstrecken sich auf die in Art. 26 Abs. 6 der Verordnung (EU) Nr. 537/2014 genannten Bereiche sowie die in Art. 26 Abs. 7 der Verordnung (EU) Nr. 537/2014 genannten Grundsätze und Verfahren für die interne Qualitätssicherung.

Informationsrecht

§ 48. Inspektoren sind berechtigt, alle Auskünfte zu verlangen und in alle Unterlagen Einsicht zu nehmen, die zur Durchführung der Inspektion erforderlich sind. Der zu prüfende Abschlussprüfer oder die Prüfungsgesellschaft sind zur Mitwirkung gemäß § 33 verpflichtet.

Maßnahmen

§ 49. Bei Erkenntnissen und Schlussfolgerungen aus Inspektionen ist Art. 26 Abs. 8 Verordnung (EU) Nr. 537/2014 anzuwenden. Empfehlungen sind mit Bescheid festzulegen, in welchem auch die Frist für die nachweisliche Umsetzung dieser Empfehlungen festzusetzen ist. Diese Frist längstens neun Monate betragen.

Inspektionsbericht

§ 50. (1) Nach Abschluss der Inspektion ist ein Bericht gemäß Art. 26 Abs. 9 der Verordnung (EU) Nr. 537/2014 zu erstellen.

(2) Einem Abschlussprüfer oder einer Prüfungsgesellschaft, die ausschließlich Unternehmen von öffentlichem Interesse gemäß § 2 Z 9 prüft, hat die APAB auf Antrag sowie unter den Voraussetzungen und nach Maßgabe des § 35 Abs. 1 eine Bescheinigung gemäß § 35 Abs. 1 zu erteilen.

4. Abschnitt

Informationspflichten bei Konzernabschlussprüfungen

§ 51. (1) Wird ein Konzernabschlussprüfer in Bezug auf die Prüfung des konsolidierten Abschlusses eines Konzerns einer Qualitätssicherungsprüfung, einer Inspektion oder einer Untersuchung unterzogen, stellt er der APAB auf Verlangen die relevanten ihm vorliegenden Unterlagen zur Verfügung, die die von den betreffenden Abschlussprüfern oder Prüfungsgesellschaften aus einem Mitgliedstaat der Europäischen Union, einem anderen EWR-Vertragsstaat oder einem Drittstaat für die Zwecke der Konzernabschlussprüfung durchgeführten Prüfungstätigkeiten betreffen. Dazu zählen auch sämtliche für die Konzernabschlussprüfung relevanten Arbeitspapiere.

(2) Die APAB kann zuständige Behörden gemäß § 72 ersuchen, zusätzliche Unterlagen zu den von Abschlussprüfern oder Prüfungsgesellschaften für die Zwecke der Konzernabschlussprüfung durchgeführten Prüfungsarbeiten zur Verfügung zu stellen.

(3) Wird ein Mutter- oder Tochterunternehmen eines Konzerns von einem oder mehreren Abschlussprüfern oder Prüfungsgesellschaften aus einem Drittstaat geprüft, so kann die zuständige Behörde verlangen, dass die jeweils zuständigen Drittstaatenbehörden im Rahmen der in § 78 genannten Vereinbarungen zur Zusammenarbeit zusätzliche Unterlagen zu den von Abschlussprüfern oder Prüfungsgesellschaften aus einem Drittstaat durchgeführten Prüfungsarbeiten zur Verfügung stellen.

(4) Abweichend von Abs. 3 trägt der Konzernabschlussprüfer für den Fall, dass ein Mutter- oder Tochterunternehmen eines Konzerns von einem oder mehreren Abschlussprüfern oder Prüfungsgesellschaften aus einem Drittstaat geprüft wird, das nicht über eine Vereinbarung zur Zusammenarbeit gemäß § 78 verfügt, zudem dafür Sorge, dass, sollte dies verlangt werden, die zusätzlichen Unterlagen zu den von diesem Abschlussprüfer oder Prüfungsgesellschaften bzw. von diesen Abschlussprüfern oder Prüfungsgesellschaften aus einem Drittstaat durchgeführten Prüfungsarbeiten samt der für die Konzernabschlussprüfung relevanten Arbeitspapiere ordnungsgemäß ausgehändigt werden. Zur Sicherstellung dieser Aushändigung bewahrt der Konzernabschlussprüfer eine Kopie dieser Unterlagen auf oder vereinbart andernfalls mit dem Abschlussprüfer oder Prüfungsgesellschaften bzw. den Abschlussprüfern oder Prüfungsgesellschaften aus einem Drittstaat, dass auf Antrag unbeschränkter Zugang gestattet wird, oder er trifft sonstige geeignete Maßnahmen. Verhindern rechtliche oder andere Hindernisse, dass die die Prüfung betreffenden Arbeitspapiere aus einem Drittstaat an den Konzernabschlussprüfer weitergegeben werden können, müssen die vom Konzernabschlussprüfer aufbewahrten Unterlagen Nachweise dafür enthalten, dass er die geeigneten Verfahren durchgeführt hat, um Zugang zu den Prüfungsunterlagen zu erhalten, und, im Fall anderer als durch die Rechtsvorschriften des betroffenen Drittstaates entstandener rechtlicher Hindernisse, Nachweise für das Vorhandensein eines solchen Hindernisses.

5. Abschnitt

Registrierung

Öffentliches Register

§ 52. (1) Die APAB hat ein öffentliches Register aller Abschlussprüfer und Prüfungsgesellschaften, die über eine aufrechte Bescheinigung gemäß § 35 oder § 36 verfügen, zu führen. Unter besonderen Umständen kann die APAB von den Anforderungen der §§ 53 und 54 hinsichtlich der Offenlegung abweichen. Dies ist nur insofern zulässig, um eine absehbare und ernst zu nehmende Gefahr für die persönliche Sicherheit einer Person zu verringern.

(2) Die Führung des öffentlichen Registers hat elektronisch zu erfolgen. Das öffentliche Register muss für jedermann unentgeltlich zugänglich sein.

(3) Im öffentlichen Register ist die APAB als zuständige Stelle für die Zulassung als Abschlussprüfer oder Prüfungsgesellschaft, die Qualitätssicherungsprüfungen, die Inspektionen, die Untersuchungen, die Sanktionen und die öffentliche Aufsicht zu nennen.

(4) Die im öffentlichen Register geführten Abschlussprüfer und Prüfungsgesellschaften sind verpflichtet, die zur Anlage und Führung des öffentlichen Registers erforderlichen Unterlagen gemäß § 53 Abs. 1 und § 54 Abs. 1 unverzüglich beizubringen und jede Änderung der im öffentlichen Register enthaltenen Informationen der APAB unverzüglich zu melden. Die APAB hat Aktualisierungen unverzüglich durchzuführen.

(5) Jedermann ist nach Maßgabe der technischen und personellen Möglichkeiten dazu befugt, das öffentliche Register mittels automationsunterstützter Datenübermittlung unentgeltlich einzusehen und Abschriften oder Auszüge daraus zu erstellen.

(6) Für die Richtigkeit und Vollständigkeit der im öffentlichen Register erfolgten Eintragung und für die Änderung von Informationen sind der jeweilige Abschlussprüfer bzw. die jeweilige Prüfungsgesellschaft verantwortlich. Erfolgt die Datenübermittlung auf elektronischem Weg, bestätigen der jeweilige Abschlussprüfer und die jeweilige Prüfungsgesellschaft die Richtigkeit und Vollständigkeit durch eine fortgeschrittene elektronische Signatur gemäß § 2 Z 3 Signaturgesetz (SigG), BGBl, Nr. 190/1999.

(7) Das öffentliche Register ist grundsätzlich in deutscher Sprache zu führen. Die APAB kann jedoch mehrere Amtssprachen der Europäischen Union für die Eintragung von Informationen zuzulassen. Übersetzungen sind beglaubigt vorzulegen.

Registrierung von Abschlussprüfern

§ 53. (1) Für Abschlussprüfer hat das öffentliche Register folgende Angaben zu enthalten:

1. den Namen oder die Firma,

2. den Berufssitz oder den Hauptwohnsitz,

3. die Art der Berufsberechtigung,

4. die Registernummer,

5. gegebenenfalls die Namen, die Anschriften und die Registernummern der Prüfungsgesellschaften, bei der der Abschlussprüfer angestellt ist oder in ähnlicher Form tätig ist sowie gegebenenfalls die Namen und die Anschriften aller anderen Wirtschaftsprüfer, die im Prüfungsbetrieb des Abschlussprüfers angestellt oder in ähnlicher Form tätig sind,

6. einen Ansprechpartner und gegebenenfalls die Internetadresse des Abschlussprüfers,

7. Registrierungen als Abschlussprüfer bei den zuständigen Stellen anderer Mitgliedstaaten der EU, anderer EWR-Vertragsstaaten oder von Drittstaaten, einschließlich der Bezeichnung der Zulassungsbehörden und gegebenenfalls der Registernummern und

8. die Befristung der von der APAB ausgestellten Bescheinigung.

(2) Abschlussprüfer, die in einem anderen Mitgliedstaat der Europäischen Union oder einem anderen EWR-Vertragsstaat zugelassen sind, sind im öffentlichen Register eindeutig kenntlich zu machen. Abs. 1 ist entsprechend anzuwenden.

(3) Abschlussprüfer, die in einem Drittstaat zugelassen sind, sind im öffentlichen Register eindeutig kenntlich zu machen. Abs. 1 ist entsprechend anzuwenden.

Registrierung von Prüfungsgesellschaften

§ 54. (1) Für Prüfungsgesellschaften hat das öffentliche Register folgende Angaben zu enthalten:

1. den Namen oder die Firma und die Registernummer,

2. die Rechtsform,

3. die Anschrift der Gesellschaft und von Zweigstellen,

4. den Namen und die Anschrift aller Wirtschaftsprüfer und eingetragenen Revisoren, die im Prüfungsbetrieb bei der Prüfungsgesellschaft angestellt oder in ähnlicher Form tätig sind,

5. einen Hinweis auf eine Mitgliedschaft in einem Netzwerk gemäß § 271b Abs. 1 UGB und eine Liste mit Namen und Anschriften der Mitgliedsgesellschaften und ihrer verbundenen Unternehmen oder einen Hinweis darauf, wo diese Informationen öffentlich zugänglich sind,

6. andere Registrierungen als Prüfungsgesellschaft bei den zuständigen Stellen anderer Mitgliedstaaten der EU, anderer EWR-Vertragsstaaten oder in Drittstaaten, einschließlich der Namen der Zulassungsbehörden und gegebenenfalls der Registernummern,

7. gegebenenfalls eine Registrierung gemäß § 70 Abs. 2,

8. einen Ansprechpartner und gegebenenfalls die Internetadresse der Prüfungsgesellschaft,

9. Namen und Anschriften der Gesellschafter und der Mitglieder des zur gesetzlichen Vertretung berufenen Organs einer juristischen Person sowie Namen und Anschriften der Vertretungsberechtigten und der übrigen Gesellschafter einer Personengesellschaft und

10. die Befristung der von der APAB ausgestellten Bescheinigung.

(2) Prüfungsgesellschaften, die in einem anderen Mitgliedstaat der Europäischen Union oder einem anderen EWR-Vertragsstaat zugelassen sind und in Österreich anerkannt wurden, sind im öffentlichen Register eindeutig kenntlich zu machen. Abs. 1 ist entsprechend anzuwenden. Die APAB registriert die Prüfungsgesellschaft, wenn sie sich vergewissert hat, dass die Prüfungsgesellschaft bei der zuständigen Behörde des Herkunftsstaats registriert ist. Die APAB informiert die zuständige Behörde des Herkunftsstaats über die Registrierung der Prüfungsgesellschaft.

(3) Prüfungsgesellschaften, die in einem Drittstaat zugelassen sind, sind im öffentlichen Register eindeutig kenntlich zu machen. Abs. 1 ist entsprechend anzuwenden. Bei der Eintragung in das öffentliche Register sind eine öffentlich beglaubigte Abschrift des Gesellschaftsvertrages bzw. der Satzung beizufügen.

6. Abschnitt

Transparenzbericht

Transparenzbericht

§ 55. Abschlussprüfer und Prüfungsgesellschaften, die Unternehmen von öffentlichem Interesse prüfen, haben alljährlich einen Transparenzbericht gemäß Art. 13 der Verordnung (EU) Nr. 537/2014 zu erstellen, zu veröffentlichen und der APAB anzuzeigen.

7. Abschnitt

Fortbildung

Kontinuierliche Fortbildung

§ 56. (1) Abschlussprüfer und jene Mitarbeiter eines Abschlussprüfers oder einer Prüfungsgesellschaft, die an der Durchführung von Abschlussprüfungen maßgeblich in leitender Funktion mitwirken, sind verpflichtet, sich kontinuierlich fortzubilden.

(2) Die kontinuierliche Fortbildung hat die Fachgebiete im Sinne des § 35 Z 1, 2, 3, 5, 6 und 8 des WTBG zu umfassen. Das zeitliche Ausmaß der kontinuierlichen Fortbildung hat mindestens 120 Stunden innerhalb eines Durchrechnungszeitraumes von drei Jahren, jedoch zumindest 30 Stunden pro Kalenderjahr, zu betragen. Von den 120 Stunden sind mindestens 60 Stunden in den Fachgebieten im Sinne des § 35 Z 3 und Z 6 WTBG nachzuweisen.

(3) Von der Verpflichtung zur kontinuierlichen Fortbildung gemäß Abs. 1 sind auch die Prüfer der Revisionsverbände, für die § 16 Abs. 2 des GenRevG 1997 anzuwenden ist, und die Prüfer des Sparkassen-Prüfungsverbandes erfasst.

(4) Abschlussprüfer und jene Mitarbeiter eines Abschlussprüfers oder einer Prüfungsgesellschaft, die an der Durchführung von Abschlussprüfungen maßgeblich in leitender Funktion mitwirken, haben bis zum 31. März des Folgejahres einen schriftlichen Nachweis über die absolvierte Fortbildung an die APAB zu übermitteln. Der Nachweis hat eine Aufgliederung der Fachgebiete im Sinne des Abs. 2 zu enthalten. Für Prüfungsgesellschaften kann dieser Meldepflicht entsprochen werden, indem die Prüfungsgesellschaft diese Nachweise für ihre jeweiligen Abschlussprüfer und jene Mitarbeiter, die an der Durchführung von Abschlussprüfungen maßgeblich in leitender Funktion mitwirken, gesammelt der APAB übermittelt.

(5) Prüfungsgesellschaften haben der APAB bis zum 31. März des Folgejahres eine Liste der im vorherigen Kalenderjahr angestellten Wirtschaftsprüfer, die in Abschlussprüfungen tätig waren, zu übermitteln.

(6) Die APAB hat eine Richtlinie zur kontinuierlichen Fortbildung herauszugeben. Die APAB hat vor deren Erlassung die Kammer der Wirtschaftstreuhänder, den Sparkassen-Prüfungsverband und die Vereinigung Österreichischer Revisionsverbände anzuhören. Die Richtlinie hat insbesondere zu regeln:

1. Aktivitäten, die als kontinuierliche Fortbildung anrechenbar sind,
2. betroffener Personenkreis,
3. zeitlicher und sachlicher Umfang der kontinuierlichen Fortbildung.

8. Abschnitt

Standardsetzung

Standardsetzung

§ 57. Von der Kammer der Wirtschaftstreuhänder, dem Institut österreichischer Wirtschaftsprüfer oder der Vereinigung Österreichischer Revisionsverbände entwickelte Berufsgrundsätze und Standards für die interne Qualitätssicherung von Prüfungsgesellschaften sowie von Prüfungsstandards bedürfen der Zustimmung der APAB.

9. Abschnitt

Meldepflichten

Meldepflicht bei Abberufung und Rücktritt

§ 58. (1) Abschlussprüfer und Prüfungsgesellschaften bzw. das geprüfte Unternehmen haben der APAB unverzüglich zu melden, wenn sie von einer Abschlussprüfung zurücktreten bzw. einen Abschlussprüfer oder eine Prüfungsgesellschaft abberufen.

(2) Meldungen gemäß Abs. 1 müssen schriftlich und unter Angabe von Gründen für den Rücktritt bzw. die Abberufung erfolgen.

(3) Die gerichtliche Enthebung als bestellter Revisor ist der APAB vom Revisionsverband unverzüglich zu melden. Die Meldung hat schriftlich unter Anschluss des Nachweises der gerichtlichen Enthebung zu erfolgen.

Weitere Meldepflichten für Abschlussprüfer und Prüfungsgesellschaften

§ 59. (1) Meldungen gemäß § 53 Abs. 1 Z 5 und § 54 Abs. 1 Z 4 sind von Abschlussprüfern und Prüfungsgesellschaften gemeinsam unterfertigt bei der APAB einzubringen.

(2) Abschlussprüfer und Prüfungsgesellschaften haben Meldungen gemäß den §§ 52 bis 54 an die APAB elektronisch oder in Papierform unter Anschluss der entsprechenden Nachweise vorzunehmen.

Meldepflichten von Interessenvertretungen

§ 60. Die Kammer der Wirtschaftstreuhänder für Wirtschaftsprüfer und die Vereinigung der Österreichischen Revisionsverbände für eingetragene Revisoren haben der APAB folgende Änderungen bezüglich des Erlöschens einer Berufsberechtigung und des Widerrufs einer Zulassung als Revisor unverzüglich zu melden:

1. Ruhen der Berufsberechtigung,
2. Suspendierung der Berufsberechtigung,
3. Verzicht auf die Berufsberechtigung,
4. Widerruf der öffentlichen Bestellung als Berufsberechtigter,
5. Widerruf der Zulassung als Revisor,
6. Widerruf einer durch Anerkennung erteilten Berufsberechtigung,
7. Tod eines Berufsberechtigten,
8. Auflösung einer Gesellschaft oder Entzug der Anerkennung als Revisionsverband oder
9. Fortführung der Tätigkeit aus der Berufsberechtigung durch einen Kurator oder Liquidator, ausgenommen der Kurator oder Liquidator verfügt über eine Bescheinigung gemäß § 35 oder § 36.

10. Abschnitt
Untersuchungen und Sanktionen

Untersuchungen

§ 61. (1) Die APAB ist befugt, zur Feststellung, ob Verstöße gegen Bestimmungen dieses Bundesgesetzes, der Verordnung (EU) Nr. 537/2014 oder anderer abschlussprüfungsrelevanter Bestimmungen vorliegen, bei Bedarf Untersuchungen bei Abschlussprüfern und Prüfungsgesellschaften durchzuführen, um eine unzureichende Durchführung von Abschlussprüfungen aufzudecken oder zu verhindern. Die APAB ist dabei berechtigt von natürlichen und juristischen Personen sowie von sonstigen Einrichtungen mit Rechtspersönlichkeit die erforderlichen Auskünfte einzuholen und die erforderlichen Daten zu verarbeiten; dieses Recht umfasst auch die Befugnis, in Bücher, Schriftstücke und EDV-Datenträger vor Ort Einsicht zu nehmen und sich Auszüge davon herstellen zu lassen. Die APAB ist ebenfalls berechtigt, Untersuchungen bei Unternehmen von öffentlichem Interesse, die der Aufsicht gemäß § 1 Abs. 4 unterliegen, durchzuführen, um Verstöße gegen Bestimmungen dieses Bundesgesetzes, der Verordnung (EU) Nr. 537/2014 oder anderer abschlussprüfungsrelevanter Bestimmungen aufzudecken oder zu verhindern.

(2) Zieht die APAB für Untersuchungen Sachverständige bei, so stellt sie sicher, dass zwischen diesen Sachverständigen und dem betreffenden Abschlussprüfer oder der betreffenden Prüfungsgesellschaft keine Interessenkonflikte bestehen. Diese Sachverständigen müssen die Anforderungen im Sinne des § 26 Abs. 2 und des § 30 erfüllen.

(3) Die APAB ist berechtigt, von Abschlussprüfern und Prüfungsgesellschaften die erforderlichen Auskünfte einzuholen und die erforderlichen Daten zu verarbeiten; dieses Recht umfasst auch die Befugnis, vor Ort in alle Unterlagen, die für die Untersuchung relevant sind, Einsicht zu nehmen und sich Auszüge davon herstellen zu lassen.

Sanktionen

§ 62. (1) Die APAB ist befugt, bei Verstößen gegen Bestimmungen dieses Bundesgesetzes und der Verordnung (EU) Nr. 537/2014, folgende Sanktionen zu verhängen:

1. eine Mitteilung an den Abschlussprüfer oder die Prüfungsgesellschaft oder Unternehmen von öffentlichem Interesse, die der Aufsicht gemäß § 1 Abs. 4 unterliegen, wonach die für den Verstoß verantwortliche natürliche oder juristische Person die Verhaltensweise einzustellen und von einer Wiederholung abzusehen hat;
2. eine öffentliche Erklärung, in der die Art des Verstoßes genannt werden und die auf der Website der APAB veröffentlicht wird;
3. ein dem Abschlussprüfer, der Prüfungsgesellschaft oder dem verantwortlichen Prüfer auferlegtes vorübergehendes Verbot der Durchführung von Abschlussprüfungen von bis zu drei Jahren;
4. ein dem Abschlussprüfer, der Prüfungsgesellschaft oder dem verantwortlichen Prüfer auferlegtes vorübergehendes Verbot der Unterzeichnung von Bestätigungsvermerken von bis zu drei Jahren;

5. eine Erklärung, dass der Bestätigungsvermerk nicht den gesetzlichen Anforderungen entspricht;

6. ein vorübergehendes Verbot der Wahrnehmung von Aufgaben bei Prüfungsgesellschaften oder Unternehmen von öffentlichem Interesse, die der Aufsicht gemäß § 1 Abs. 4 unterliegen, für die Dauer von bis zu drei Jahren, das gegen Mitglieder einer Prüfungsgesellschaft oder eines Verwaltungs- oder Leitungsorgans eines Unternehmens von öffentlichem Interesse ausgesprochen wird und

7. die Verhängung von Geldstrafen gemäß § 65.

(2) In den Fällen des Abs. 1 Z 1 und Z 3 bis 7 ist von der APAB ein schriftlicher Bescheid zu erlassen. Im Fall des Abs. 1 Z 2 kann der von der Veröffentlichung Betroffene eine Überprüfung der Rechtmäßigkeit der Veröffentlichung in einem bescheidmäßig zu erledigenden Verfahren bei der APAB beantragen. Die APAB hat in diesem Falle die Einleitung eines solchen Verfahrens in gleicher Weise bekannt zu machen. Wird im Rahmen einer Überprüfung die Rechtswidrigkeit der Veröffentlichung festgestellt, so hat die APAB die Veröffentlichung richtig zu stellen oder auf Antrag des Betroffenen entweder zu widerrufen oder von der Website zu entfernen.

Bemessung von Sanktionen

§ 63. Bei der Festsetzung von Art und Höhe von Sanktionen hat die APAB allen relevanten Umständen Rechnung zu tragen. Dabei ist insbesondere zu berücksichtigen:

1. die Schwere und die Dauer des Verstoßes;

2. der Grad an Verantwortung der verantwortlichen Person;

3. die Finanzkraft der verantwortlichen Person, die sich beispielsweise aus dem Gesamtumsatz des verantwortlichen Unternehmens oder den Jahreseinkommen der verantwortlichen natürlichen Person ablesen lässt;

4. die Höhe der von der verantwortlichen Person erzielten Mehrerlöse oder verhinderten Verluste, sofern diese sich beziffern lassen;

5. der Grad der Bereitwilligkeit der verantwortlichen Person, mit der APAB zusammenzuarbeiten;

6. früherer Verstöße der verantwortlichen Person.

Bekanntmachung von Sanktionen

§ 64. (1) Die APAB hat auf ihrer Website alle Sanktionen zu veröffentlichen, die wegen Verstößen gegen die Bestimmungen dieses Bundesgesetzes oder der Verordnung (EU) Nr. 537/2014 verhängt wurden, bei denen alle Rechtsmittel ausgeschöpft oder die entsprechenden Rechtsmittelfristen abgelaufen sind, unverzüglich nachdem die belangte natürliche oder juristische Person über diese Entscheidung informiert wurde. Dabei sind die Art des Verstoßes zu nennen. Die Veröffentlichung darf keine personenbezogenen Daten enthalten.

(2) Die APAB hat Sanktionen in anonymisierter Form zu veröffentlichen, wenn die öffentliche Bekanntmachung der personenbezogenen Daten

1. nach Bewertung durch die APAB unverhältnismäßig wäre oder

2. die Stabilität der Finanzmärkte oder laufende strafrechtliche Ermittlungen gefährden würde oder

3. den natürlichen oder juristischen Personen einen unverhältnismäßigen Schaden zufügen würde.

(3) Die APAB sorgt dafür, dass jede öffentliche Bekanntmachung gemäß Abs. 1 von verhältnismäßiger Dauer ist und mindestens fünf Jahre auf ihrer Website zugänglich bleibt. Längstens nach zehn Jahren ist eine Bekanntmachung zu löschen.

Strafbestimmungen

§ 65. (1) Eine mit einer Geldstrafe in Höhe von 400 bis 5 000 Euro zu bestrafende Verwaltungsübertretung begeht, wer

1. einen Auftrag zur Abschlussprüfung bei Unternehmen, die nicht von öffentlichem Interesse sind, ohne Vorliegen einer Bescheinigung gemäß den §§ 35 oder 36 annimmt oder

2. der APAB die Darstellung der getroffenen Maßnahmen gemäß § 38 Abs. 3 nicht fristgerecht schriftlich anzeigt oder

3. gegen die Verpflichtung gemäß § 52 Abs. 4 verstößt oder

4. gegen die Verpflichtung gemäß § 52 Abs. 6 verstößt oder

5. gegen die Verpflichtungen gemäß § 55 verstößt oder

6. gegen die Meldepflichten gemäß § 21 Abs. 11 verstößt und keine Abschlussprüfungen bei Unternehmen von öffentlichem Interesse durchführt oder

7. gegen eine Meldepflicht gemäß § 60 verstößt oder

8. gegen die Meldepflichten gemäß § 56 Abs. 4 oder 5 verstößt oder

9. gegen die Meldepflicht gemäß § 58 verstößt oder

10. gegen die Meldepflicht gemäß § 45 Abs. 2 verstößt oder

11. gegen die Meldepflicht gemäß § 45 Abs. 3 verstößt oder

12. gegen Verpflichtungen gemäß § 92 Abs. 4a AktG, § 30g Abs. 4a GmbHG, § 51 Abs. 3a SE-Gesetz, § 24c Abs. 6 Genossenschaftsgesetz oder Art. 16 oder 17 der Verordnung (EU) Nr. 537/2014 verstößt.

(2) Eine mit einer Geldstrafe in Höhe von 5 000 bis 50 000 Euro zu bestrafende Verwaltungsübertretung begeht, wer

1. ohne aufrechte Bescheinigung gemäß den §§ 35 oder 36 Abschlussprüfungen bei Unternehmen, die nicht von öffentlichem Interesse sind, durchführt oder

2. erstmalig einen Auftrag zur Abschlussprüfung gemäß § 45 Abs. 1 ohne Meldung an die APAB annimmt oder

3. nach Widerruf der Bescheinigung gemäß § 40 weitere Abschlussprüfungshandlungen setzt oder

4. nach Entzug der Bescheinigung gemäß § 41 weitere Abschlussprüfungshandlungen setzt oder

5. nach Erlöschen der Bescheinigung gemäß § 35 Abs. 3 weitere Abschlussprüfungshandlungen setzt oder

6. der APAB die verlangten Auskünfte nicht erteilt oder die verlangten Unterlagen nicht übermittelt oder

7. der APAB gegenüber falsche oder unvollständige Angaben macht oder

8. der APAB, dem Inspektor, dem Qualitätssicherungsprüfer oder den Sachverständigen keinen Zutritt zu seinen Geschäftsräumlichkeiten gewährt oder

9. als Qualitätssicherungsprüfer gegen die Unabhängigkeitsbestimmungen des § 30 verstößt oder

10. gegen die Meldepflichten gemäß § 21 Abs. 11 verstößt und Abschlussprüfungen bei Unternehmen von öffentlichem Interesse durchführt oder

11. gegen die Anforderungen gemäß § 56 Abs. 1 bis 3 verstößt.

(3) Eine mit einer Geldstrafe in Höhe von 50 000 bis 350 000 Euro zu bestrafende Verwaltungsübertretung begeht, wer

1. ohne aufrechte Bescheinigung gemäß § 35 Abschlussprüfungen bei Unternehmen von öffentlichem Interesse durchführt oder

2. einem Inspektor gegenüber im Rahmen einer Inspektion oder einer Untersuchung wissentlich unvollständige oder falsche Angaben macht.

(4) Die nach den Vorschriften dieses Bundesgesetzes verhängten Geldstrafen fließen dem Bund zu.

Meldung von Verstößen

§ 66. (1) Die APAB hat über wirksame Mechanismen zu verfügen, die dazu ermutigen, Verstöße oder den Verdacht eines Verstoßes gegen die Bestimmungen dieses Bundesgesetze, gegen auf Grund dieses Bundesgesetzes erlassene Verordnungen oder Bescheide, gegen die Bestimmungen der Verordnung (EU) Nr. 537/2014 oder anderer abschlussprüfungsrelevanter Bestimmungen anzuzeigen.

(2) Die in Abs. 1 angeführten Mechanismen umfassen zumindest

1. spezielle Verfahren für den Empfang der Meldungen über Verstöße und deren Weiterverfolgung;

2. einen angemessenen Schutz für die Mitarbeiter von Abschlussprüfern und Prüfungsgesellschaften, die Verstöße innerhalb ihres Unternehmens melden, zumindest vor Vergeltungsmaßnahmen, Diskriminierung oder anderen Arten von Mobbing;

3. den Schutz personenbezogener Daten gemäß den Grundsätzen des Datenschutzgesetzes 2000 (DSG 2000), BGBl I. Nr. 165/1999, und zum freien Datenverkehr sowohl für die Person, die die Verstöße anzeigt, als auch für die Person, die mutmaßlich für einen Verstoß verantwortlich ist;

4. klare Regeln, welche die Geheimhaltung der Identität der Person, die die Verstöße anzeigt, gewährleisten, soweit nicht die Offenlegung der Identität im Rahmen eines staatsanwaltschaftlichen, gerichtlichen oder verwaltungsrechtlichen Verfahrens zwingend zu erfolgen hat.

(3) Abschlussprüfer und Prüfungsgesellschaften haben über angemessene Verfahren zu verfügen, die es ihren Mitarbeitern unter Wahrung der Vertraulichkeit ihrer Identität ermöglichen, betriebsinterne Verstöße gegen die Bestimmungen dieses Bundesgesetze, gegen auf Grund dieses Bundesgesetzes erlassene Verordnungen oder Bescheide, gegen die Bestimmungen der Verordnung (EU) Nr. 537/2014 oder anderer abschlussprüfungsrelevanter Bestimmungen an eine geeignete Stelle zu melden. Die Verfahren nach diesem Absatz müssen den Anforderungen des Abs. 2 Z 2 bis 4 entsprechen.

Informationsaustausch

§ 67. (1) Die APAB übermittelt dem Ausschuss der Aufsichtsstellen jährlich aggregierte Informationen über alle gemäß diesem Bundesgesetz verhängten Sanktionen.

(2) Die APAB unterrichtet den Ausschuss der Aufsichtsstellen unverzüglich über alle vorübergehenden Verbote gemäß § 62 Abs. 1 Z 3, 4 und 6.

11. Abschnitt

Marktüberwachung

§ 68. Die APAB hat die Überwachung des inländischen Marktes gemäß Art. 27 Abs. 1 der Verordnung (EU) Nr. 537/2014 durchzuführen und die Berichterstattung gemäß Art. 27 Abs. 2 der Verordnung (EU) Nr. 537/2014 vorzunehmen.

2. Hauptstück

Europäische und internationale Zusammenarbeit

1. Abschnitt

Abschlussprüfer und Prüfungsgesellschaften aus Mitgliedstaaten der Europäischen Union oder anderen Vertragsstaaten des Europäischen Wirtschaftsraumes

Zulassung von Abschlussprüfern

§ 69. (1) Abschlussprüfer, die in einem anderen Mitgliedstaat der Europäischen Union oder anderen EWR-Vertragsstaat als Abschlussprüfer zugelassen sind, haben über einen Nachweis der beruflichen Voraussetzungen, die für die Ausübung der Tätigkeit einer Abschlussprüfung gemäß § 2 Z 1 erforderlich sind, zu verfügen.

(2) Voraussetzungen für die Zulassung von Abschlussprüfern aus einem anderen Mitgliedstaat der Europäischen Union oder einem anderen EWR-Vertragsstaat sind:

1. die aufrechte Zulassung im Herkunftsstaat zur Ausübung der Tätigkeit des Abschlussprüfers,

2. die positive Absolvierung eines Eignungstests im Sinne des Art. 3 Abs. 1 lit. h der Richtlinie 2005/36/EG über die Anerkennung von Berufsqualifikationen, ABl. Nr. L 255 vom 30.09.2005 S. 22, zuletzt geändert durch Richtlinie 2013/55/EU, ABl. Nr. L 354 vom 28.12.2013 S. 132, in der Fassung der Berichtigung ABl. Nr. L 268 vom 15.10.2015 S. 35 und

3. eine aufrechte Vermögensschaden-Haftpflichtversicherung im Sinne der §§ 11 und 88 Abs. 1 WTBG.

(3) Der Antrag auf Zulassung ist an die APAB zu richten. Dem Antrag sind anzuschließen:

1. ein Identitätsnachweis,

2. der Nachweis über die aufrechte Zulassung zur Ausübung der Tätigkeit des Abschlussprüfers im Herkunftsstaat,

3. der Nachweis über die positive Absolvierung des Eignungstests gemäß Abs. 2 Z 2 und

4. die Bestätigung über eine aufrechte Vermögensschaden-Haftpflichtversicherung gemäß Abs. 2 Z 3.

(4) Die APAB hat die Nachweise auf ihre Vollständigkeit hin zu überprüfen. Sind die Nachweise nicht vollständig erbracht worden, hat die APAB die fehlenden Nachweise unter Setzung einer angemessenen Frist nachzufordern. Bei Nichterbringung der Nachweise innerhalb der angemessenen Frist ist der Antrag auf Zulassung von der APAB mit Bescheid zurückzuweisen.

(5) Die Zulassung zur Ausübung der Tätigkeit des Abschlussprüfers hat zu erfolgen, wenn die Voraussetzungen gemäß Abs. 2 und 3 vorliegen.

(6) Die Voraussetzungen für die Zulassung zum Eignungstest von Abschlussprüfern aus einem anderen Mitgliedstaat der Europäischen Union oder einem anderem EWR-Vertragsstaat in Österreich ist die aufrechte Zulassung im Herkunftsstaat Abschlussprüfungen durchzuführen.

(7) Der Eignungstest gemäß Abs. 3 Z 5 ist von der Kammer der Wirtschaftstreuhänder am Sitz der Kammer der Wirtschaftstreuhänder durchzuführen.

(8) Der Eignungstest ist in deutscher Sprache abzulegen und umfasst ausschließlich angemessene Kenntnisse der österreichischen Rechtsvorschriften folgender Sachgebiete im Sinne des Art. 3 Abs. 1 lit. h der Richtlinie 2005/36/EG:

1. die schriftliche Ausarbeitung von zwei Klausurarbeiten gemäß den §§ 34 Abs. 4, 6, 7 und 29 Abs. 2 und 4 WTBG und

2. die mündliche Beantwortung von Prüfungsfragen aus den Fachgebieten gemäß § 35 Z 1, 2, 5 und 8 WTBG.

(9) Für das Prüfungsverfahren betreffend die Ablegung des Eignungstests gelten die §§ 17 bis 23 und die §§ 36 bis 54 WTBG.

(10) Die APAB arbeitet im Rahmen des Ausschusses der Aufsichtsstellen im Hinblick auf eine Angleichung der Anforderungen in Bezug auf die Eignungsprüfung mit den anderen Aufsichtsstellen der Mitgliedstaaten der Europäischen Union zusammen. Die Anforderungen für den Eignungstest sind transparent und vorhersehbar zu definieren.

(11) Auf der Grundlage der erbrachten Nachweise gemäß Abs. 3 hat die APAB die Eintragung in das öffentliche Register gemäß § 53 Abs. 1 und 2 unverzüglich durchzuführen.

(12) Über die Zulassung von Abschlussprüfern, die in einem anderen Mitgliedstaat der Europäischen Union oder einem anderen EWR-Vertragsstaat zugelassen sind, entscheidet die APAB mit Bescheid.

(13) Mit dem Erlöschen der Zulassung zur Ausübung der Tätigkeit des Abschlussprüfers im Herkunftsstaat erlischt die Zulassung in Österreich. Erhält die APAB von der zuständigen Behörde des Herkunftsstaates die Information über das Erlöschen der Zulassung, hat sie die Eintra-

gung im öffentlichen Register von Amts wegen zu löschen.

Anerkennung von Prüfungsgesellschaften

§ 70. (1) Eine Prüfungsgesellschaft mit Zulassung in einem anderen Mitgliedstaat der Europäischen Union oder einem anderen EWR-Vertragsstaat ist berechtigt, Abschlussprüfungen durchzuführen, wenn der verantwortliche Prüfer, der die Abschlussprüfung im Namen der Prüfungsgesellschaft durchführt, Wirtschaftsprüfer oder ein gemäß § 69 zugelassener Abschlussprüfer ist.

(2) Über die Anerkennung von Prüfungsgesellschaften entscheidet die APAB mit Bescheid. Die Berechtigung gemäß Abs. 1 tritt erst mit der bescheidmäßigen Anerkennung ein.

(3) Eine Prüfungsgesellschaft im Sinne des Abs. 1, die Abschlussprüfungen durchführen möchte, muss sich gemäß § 52 und § 54 bei der APAB registrieren lassen. Dem Antrag auf Registrierung ist eine öffentlich beglaubigte Abschrift des Gesellschaftsvertrages oder der Satzung beizufügen.

(4) Mit dem Erlöschen oder dem Wegfall der Zulassung im Herkunftsstaat erlischt die Anerkennung in Österreich.

2. Abschnitt

Europäische Kooperation

Meldung an zuständige Stellen auf Unionsebene und den anderen Vertragsstaaten des Europäischen Wirtschaftsraumes über Wegfall der Zulassung

§ 71. Die APAB hat den zuständigen Behörden der Aufnahmemitgliedstaaten der Europäischen Union und der anderen EWR-Vertragsstaaten, in denen der Abschlussprüfer oder die Prüfungsgesellschaft gemäß § 70, § 53 Abs. 1 Z 7 und § 54 Abs. 1 Z 6 auch registriert ist, unter Angabe der Gründe mitzuteilen, wenn

1. einem Abschlussprüfer oder einer Prüfungsgesellschaft die Bescheinigung von der APAB gemäß § 40 widerrufen wurde,

2. einem Abschlussprüfer oder einer Prüfungsgesellschaft die Bescheinigung von der APAB gemäß § 41 entzogen wurde,

3. die Bescheinigung gemäß § 42 erloschen ist oder

4. eine Abschlussprüfer oder eine Prüfungsgesellschaft aus anderen Gründen nicht mehr registriert ist.

Zusammenarbeit mit den zuständigen Stellen auf Unionsebene und den anderen Vertragsstaaten des Europäischen Wirtschaftsraumes

§ 72. (1) Die APAB ist die zuständige Stelle für die Zusammenarbeit mit den zuständigen Behörden anderer Mitgliedstaaten der Europäischen Union, mit anderen EWR-Vertragsstaaten und den einschlägigen Europäischen Aufsichtsbehörden. Die APAB hat diesen zuständigen Stellen auf deren Ersuchen in Bezug auf die Zulassung, das öffentliche Register, die externe Qualitätssicherungsprüfung, die öffentliche Aufsicht, die Inspektionen, die Untersuchungen und Sanktionen Amtshilfe zu leisten. Insbesondere erfolgt ein Informationsaustausch mit den zuständigen Behörden und eine Zusammenarbeit bei Untersuchungen im Zusammenhang mit der Durchführung von Abschlussprüfungen. Betrifft die Zusammenarbeit Abschlussprüfer oder Prüfungsgesellschaften, die Unternehmen von öffentlichem Interesse prüfen, sind die Anforderungen des Art. 31 der Verordnung (EU) Nr. 537/2014 zu berücksichtigen.

(2) Die APAB darf dem Ersuchen gemäß Abs. 1 nicht entsprechen, wenn

1. wegen derselben Handlung gegen denselben Abschlussprüfer oder dieselbe Prüfungsgesellschaft in Österreich bereits ein berufsrechtliches, gerichtliches oder verwaltungsbehördliches Verfahren eingeleitet worden ist oder

2. gegen denselben Abschlussprüfer bzw. dieselbe Prüfungsgesellschaft aufgrund derselben Handlung in Österreich bereits eine rechtskräftige Entscheidung ergangen ist oder

3. die Erledigung des Ersuchens geeignet wäre, die Souveränität, die Sicherheit, die öffentliche Ordnung oder andere wesentliche Interessen der Republik Österreich zu beeinträchtigen.

(3) Die von der zuständigen Stelle eines anderen Mitgliedstaats der Europäischen Union oder einem anderen EWR-Vertragsstaat übermittelten Informationen dürfen nur für Angelegenheiten verwendet werden, für die sie angefordert oder übermittelt wurden. Bei der Übermittlung an die zuständigen Stellen eines anderen Mitgliedstaats der Europäischen Union oder einem anderen EWR-Vertragsstaat ist ausdrücklich auf den jeweiligen Übermittlungszweck Bezug zu nehmen.

(4) Ersuchen sowie die Beantwortung von Ersuchen einer zuständigen Stelle eines anderen Mitgliedstaats der Europäischen Union oder eines anderen EWR-Vertragsstaates sind in einer Form zu übermitteln, die gewährleistet, dass personenbezogene Daten vor zufälliger oder unbefugter Zerstörung, zufälligem Verlust, zufälliger oder unbefugter Änderung, zufälliger oder unbefugter Weitergabe, zufälligem oder unbefugten Zugang oder zufälliger oder unbefugter Veröffentlichung

geschützt werden. Es ist sicherzustellen, dass zur jeweils verwendeten Kommunikationseinrichtung nur befugte Personen Zugang haben. In dringenden Fällen können solche Ersuchen auch mündlich gestellt oder entgegengenommen werden. Diesfalls ist unverzüglich eine schriftliche Bestätigung nachzureichen bzw. einzufordern.

(5) Bei der Verwaltungszusammenarbeit zwischen den zuständigen Stellen eines anderen Mitgliedstaats der Europäischen Union oder eines anderen EWR-Vertragsstaates ist zu gewährleisten, dass jede Übermittlung und jeder Empfang von personenbezogenen Daten dokumentiert wird. Diese Dokumentation hat den Anlass der Übermittlung, die übermittelten oder empfangenen Daten, das Datum und den genauen Zeitpunkt der Übermittlung oder des Empfangs und die Bezeichnung der anfragenden oder angefragten zuständigen Stelle zu umfassen. Die anfragende oder angefragte Stelle dokumentiert darüber hinaus die Kennung der Person, die eine Anfrage durchgeführt hat.

(6) Erlangt die APAB Kenntnis darüber, dass ein Abschlussprüfer oder eine Prüfungsgesellschaft aus einem anderen Mitgliedstaat der Europäischen Union oder einem anderen EWR-Vertragsstaat gegen Bestimmungen der Richtlinie 2006/43/EG verstößt, so hat sie dies der zuständigen Stelle des anderen Mitgliedstaats der Europäischen Union oder des anderen EWR-Vertragsstaates mitzuteilen.

(7) Die APAB kann die zuständige Stelle eines anderen Mitgliedstaats der Europäischen Union oder eines anderen EWR-Vertragsstaates ersuchen, auf dessen Hoheitsgebiet eine Untersuchung durchführen zu lassen. In diesem Fall ist die APAB berechtigt, die betreffende zuständige Stelle bei der Durchführung der Untersuchung zu begleiten. Die APAB kann zuständige Stellen anderer Mitgliedstaaten der Europäischen Union oder anderer EWR-Vertragsstaaten bei Untersuchungen im Sinne des § 61 in Österreich unter der Voraussetzung mitwirken lassen, dass diese der Verschwiegenheitspflicht unterliegen.

(8) Die APAB darf dem Ersuchen gemäß Abs. 7 nicht entsprechen, wenn

1. wegen derselben Handlung gegen denselben Abschlussprüfer oder dieselbe Prüfungsgesellschaft in Österreich bereits ein berufsrechtliches, gerichtliches oder verwaltungsbehördliches Verfahren anhängig ist oder

2. gegen denselben Abschlussprüfer bzw. dieselbe Prüfungsgesellschaft aufgrund derselben Handlung in Österreich bereits eine rechtskräftige Entscheidung ergangen ist oder

3. die Erledigung des Ersuchens geeignet wäre, die Souveränität, die Sicherheit, die öffentliche Ordnung oder andere wesentliche Interessen der Republik Österreich zu beeinträchtigen.

(9) Übermittelte personenbezogene Daten sind zu löschen, wenn sich deren Unrichtigkeit ergibt, deren Beschaffung oder Übermittlung nicht rechtmäßig erfolgte, rechtmäßig übermittelte Daten gemäß dem Recht des übermittelnden Staates zu einem späteren Zeitpunkt zu löschen sind oder sie zu dem Zweck, zu dem sie übermittelt worden sind, nicht mehr erforderlich sind und kein Grund zu der Annahme besteht, dass durch die Löschung schutzwürdige Interessen des Betroffenen beeinträchtigt werden.

(10) Bei der Zusammenarbeit mit den zuständigen Stellen anderer Mitgliedstaaten der Europäischen Union oder anderen EWR-Vertragsstaaten sind die Verschwiegenheitsbestimmungen des Art. 34 der Verordnung (EU) Nr. 537/2014 einzuhalten.

Gegenseitige Anerkennung der mitgliedstaatlichen oder EWR-vertragsstaatlichen Regelungen

§ 73. (1) Bei der Anwendung der Rechtsvorschriften und Aufsichtsregeln ist das Herkunftslandprinzip anzuwenden. Es gelten die Rechtsvorschriften und Aufsichtsregeln des Herkunftsstaats.

(2) Unbeschadet Abs. 1 unterliegen gemäß § 70 anerkannte Prüfungsgesellschaften in Bezug auf in Österreich durchgeführte Abschlussprüfungen der Qualitätssicherungsprüfung im Herkunftsstaat und der Aufsicht der APAB.

(3) Bei der Prüfung konsolidierter Abschlüsse dürfen dem Abschlussprüfer oder der Prüfungsgesellschaft, der bzw. die die Abschlussprüfung einer in einem anderen Mitgliedstaat der Europäischen Union oder einem anderen EWR-Vertragsstaat niedergelassenen Tochtergesellschaft durchführt, für diese Abschlussprüfung in Bezug auf Registrierung, Qualitätssicherungsprüfung, Prüfungsstandards, Berufsgrundsätze und Unabhängigkeit keine zusätzlichen Anforderungen auferlegt werden.

(4) Werden die Wertpapiere eines Unternehmens, das seinen eingetragenen Sitz in einem anderen Mitgliedstaat der Europäischen Union oder einem anderen EWR-Vertragsstaat hat, auf einem geregelten Markt gemäß „§ 1 Z 2 Börsegesetz 2018 (BörseG 2018), BGBl Nr. 107/2017“, in Österreich gehandelt, dürfen dem Abschlussprüfer oder der Prüfungsgesellschaft, der oder die die Prüfung des Jahresabschlusses oder des konsolidierten Abschlusses dieses Unternehmens durchführt, in Bezug auf Registrierung, Qualitätssicherung, Prüfungsstandards, Berufsgrundsätze und Unabhängigkeit keine zusätzlichen Anforderungen auferlegt werden. *(BGBl I 2017/107)*

(5) Ist ein Abschlussprüfer oder eine Prüfungsgesellschaft infolge einer Zulassung gemäß § 2 Z 2 oder 3 oder § 74 registriert und erteilt dieser Abschlussprüfer oder diese Prüfungsgesellschaft

Bestätigungsvermerke in Bezug auf Jahresabschlüsse oder konsolidierte Abschlüsse gemäß § 75 Abs. 1, unterliegt der Abschlussprüfer oder die Prüfungsgesellschaft hinsichtlich der Aufsicht, der Qualitätssicherungsprüfungen, Inspektionen, Untersuchungen und Sanktionen der APAB.

3. Abschnitt
Abschlussprüfer und Prüfungsgesellschaften aus Drittstaaten

Zulassung von Abschlussprüfern

§ 74. (1) Auf Grundlage der Gegenseitigkeit kann die APAB Prüfer aus Drittstaaten als Abschlussprüfer zulassen, sofern sie nachweisen können, dass sie die Voraussetzungen erfüllen, die denjenigen des § 2 Z 2 gleichwertig sind.

(2) Sind die Anforderungen des Abs. 1 erfüllt, hat die APAB vor Gewährung der Zulassung die Anforderungen gemäß § 69 anzuwenden.

(3) Über die Zulassung von Abschlussprüfern, die in einem Drittstaat zugelassen sind, entscheidet die APAB mit Bescheid.

Registrierung von Abschlussprüfern

§ 75. (1) Abschlussprüfer aus Drittstaaten sind verpflichtet, sich nach den Bestimmungen des § 52 und § 53 registrieren zu lassen, wenn sie beabsichtigen, den Bestätigungsvermerk für einen gesetzlich vorgeschriebenen Jahresabschluss oder konsolidierten Abschluss eines Unternehmens mit Sitz außerhalb der Europäischen Union oder dem EWR, dessen übertragbare Wertpapiere oder andere von ihm ausgegebene Wertpapiere auf einem geregelten Markt im Sinne des „§ 1 Z 2 BörseG 2018“, in Österreich zum Handel zugelassen sind, zu erteilen, es sei denn, das Unternehmen gibt ausschließlich Schuldtitel aus, die eines der folgenden Merkmale aufweisen:

1. sie wurden vor dem 31. Dezember 2010 zum Handel an einem geregelten Markt im Sinne des § 1 Abs. 2 BörseG in einem Mitgliedstaat der Europäischen Union oder einem anderen EWR-Vertragsstaat mit einer Mindeststückelung von 50 000 Euro oder, wenn es sich um Schuldtitel handelt, die auf eine andere Währung als Euro lauten, mit einer Mindeststückelung, deren Wert am Ausgabetag mindestens 50 000 Euro entspricht, zugelassen oder

2. sie wurden ab dem 31. Dezember 2010 zum Handel an einem geregelten Markt im Sinne des § 1 Abs. 2 BörseG in einem Mitgliedstaat der Europäischen Union oder einem anderen EWR-Vertragsstaat mit einer Mindeststückelung von 100 000 Euro am Ausgabetag oder, wenn es sich um Schuldtitel handelt, die auf eine andere Währung als Euro lauten, mit einer Mindeststückelung, deren Wert am Ausgabetag mindestens 100 000 Euro entspricht, zugelassen.
(BGBl I 2017/107)

(2) Kein Erfordernis der Registrierung im öffentlichen Register gemäß § 52 und § 53 besteht für Abschlussprüfer, die Bestätigungsvermerke für Jahresabschlüsse oder Konzernabschlüsse von Emittenten gemäß „§ 129 Abs. 1 Z 2 BörseG 2018“ erteilen. *(BGBl I 2017/107)*

(3) Bestätigungsvermerke gemäß Abs. 1 und 2 für Jahresabschlüsse oder Konzernabschlüsse, die von Abschlussprüfern aus Drittstaaten erteilt worden sind, die nicht im öffentlichen Register gemäß § 52 und § 53 eingetragen sind, haben in Österreich keine Rechtswirkung.

(4) Der Abschlussprüfer hat die Prüfungen des Jahres- und Konzernabschlusses in Übereinstimmung mit

1. den internationalen Prüfungsstandards gemäß § 269a UGB,

2. den für den österreichischen Abschlussprüfer festgelegten Anforderungen an die Unabhängigkeit und Unparteilichkeit gemäß den §§ 271, 271a und 271b UGB und

3. den Bestimmungen betreffend das vereinbarte Entgelt des Abschlussprüfers gemäß § 270 UGB

durchzuführen.

(5) Die Gleichwertigkeit im Sinne des Abs. 4 Z 1 entscheidet die Europäische Kommission im Wege von Durchführungsrechtsakten. Bis zur Erlassung einer Entscheidung durch die Europäischen Kommission über die Gleichwertigkeit im Sinne des Abs. 4 Z 1 entscheidet die APAB über die Gleichwertigkeit. Bei dieser Entscheidung sind die von der Europäischen Kommission in delegierten Rechtsakten gemäß Art. 45 Abs. 6 Unterabsatz 2 der Richtlinie 2006/43/EG festgelegten Kriterien heranzuziehen.

(6) Der Antrag auf Registrierung ist an die APAB zu richten. Dem Antrag sind anzuschließen:

1. ein Identitätsnachweis,

2. der Nachweis der Staatsangehörigkeit,

3. der Nachweis über die aufrechte Berechtigung zur Ausübung der Tätigkeit des Abschlussprüfers im Drittstaat,

4. der Nachweis über das Vorliegen einer gleichwertigen Qualifikation zur Ausübung der Tätigkeit des Abschlussprüfers in Österreich,

5. der Nachweis über eine aufrechte vergleichbare Vermögensschaden-Haftpflichtversicherung gemäß den §§ 11 und 88 Abs. 1 WTBG,

6. der Nachweis, dass auf der Website des Abschlussprüfers ein jährlicher Transparenzbericht veröffentlicht wird, der die in § 55 genannten Anforderungen oder gleichwertige Anforderungen an die Offenlegung erfüllt.

(7) Die APAB hat nach Vorliegen der vollständigen Nachweise die Eintragung in das öffentliche Register gemäß § 52 und § 53 vorzunehmen. Sind die Nachweise nicht vollständig erbracht worden, hat die APAB die fehlenden Nachweise unter Setzung einer angemessenen Frist nachzufordern. Bei Nichterbringung der Nachweise innerhalb der angemessenen Frist ist der Antrag auf Zulassung mit Bescheid zurückzuweisen.

(8) Abschlussprüfer aus Drittstaaten unterliegen bezüglich der Aufsicht, der Qualitätssicherungsprüfungen, der Inspektionen, der Untersuchungen und Sanktionen der APAB.

(9) Die APAB kann einen registrierten Abschlussprüfer aus einem Drittstaat von der Unterwerfung unter ihr Qualitätssicherungssystem ausnehmen, wenn das Qualitätssicherungssystem des Drittstaats, das als gleichwertig nach § 77 bewertet wurde, bereits während der vorausgegangenen drei Jahre eine Qualitätsprüfung des betreffenden Abschlussprüfers des Drittstaats durchgeführt hat.

(10) Mit dem Erlöschen oder dem Wegfall der Zulassung im Drittstaat ist die Eintragung im öffentlichen Register in Österreich zu löschen.

Registrierung von Prüfungsgesellschaften

§ 76. (1) Prüfungsgesellschaften aus Drittstaaten sind verpflichtet, sich nach den Bestimmungen des § 52 und § 54 registrieren zu lassen, wenn sie beabsichtigen, den Bestätigungsvermerk für einen gesetzlich vorgeschriebenen Jahresabschluss oder konsolidierten Abschluss einer Gesellschaft mit Sitz außerhalb der Europäischen Union oder dem EWR, deren übertragbare Wertpapiere oder andere von ihr ausgegebene Wertpapiere auf einem geregelten Markt im Sinne des „§ 1 Z 2 BörseG 2018“ in Österreich zum Handel zugelassen sind, zu erteilen, es sei denn, das Unternehmen gibt ausschließlich Schuldtitel aus, die eines der folgenden Merkmale aufweisen:

1. sie wurden vor dem 31. Dezember 2010 zum Handel an einem geregelten Markt im Sinne des § 1 Abs. 2 BörseG in einem Mitgliedstaat der Europäischen Union oder einem anderen EWR-Vertragsstaat mit einer Mindeststückelung von 50 000 Euro oder, wenn es sich um Schuldtitel handelt, die auf eine andere Währung als Euro lauten, mit einer Mindeststückelung, deren Wert am Ausgabetag mindestens 50 000 Euro entspricht, zugelassen oder

2. sie wurden ab dem 31. Dezember 2010 zum Handel an einem geregelten Markt im Sinne des § 1 Abs. 2 BörseG in einem Mitgliedstaat der Europäischen Union oder einem anderen EWR-Vertragsstaat mit einer Mindeststückelung von 100 000 Euro am Ausgabetag oder, wenn es sich um Schuldtitel handelt, die auf eine andere Währung als Euro lauten, mit einer Mindeststückelung, deren Wert am Ausgabetag mindestens 100 000 Euro entspricht, zugelassen.
(BGBl I 2017/107)

(2) Kein Erfordernis der Registrierung im öffentlichen Register gemäß § 52 und § 54 besteht für Prüfungsgesellschaften, die Bestätigungsvermerke für Jahresabschlüsse oder Konzernabschlüsse von Emittenten gemäß „§ 129 Abs. 1 Z 2 BörseG 2018“ erteilen. *(BGBl I 2017/107)*

(3) Bestätigungsvermerke gemäß Abs. 1 und 2 für Jahresabschlüsse oder Konzernabschlüsse, die von Prüfungsgesellschaften aus Drittstaaten erteilt worden sind, die zu diesem Zeitpunkt nicht im öffentlichen Register gemäß § 52 und § 54 eingetragen sind, haben in Österreich keine Rechtswirkung.

(4) Die Prüfungsgesellschaft hat die Prüfungen des Jahres- und Konzernabschlusses in Übereinstimmung mit

1. den internationalen Prüfungsstandards gemäß § 269a UGB,

2. den für den österreichischen Abschlussprüfer festgelegten Anforderungen an die Unabhängigkeit und Unparteilichkeit gemäß den §§ 271, 271a und 271b UGB und

3. den Bestimmungen betreffend das vereinbarte Entgelt des Abschlussprüfers gemäß § 270 UGB

durchzuführen.

(5) Die Gleichwertigkeit im Sinne des Abs. 4 Z 1 entscheidet die Europäische Kommission im Wege von Durchführungsrechtsakten. Bis zu einer solchen Entscheidung der Europäischen Kommission entscheidet die APAB über die Gleichwertigkeit. Bei dieser Entscheidung sind die von der Europäischen Kommission in delegierten Rechtsakten gemäß Art. 45 Abs. 6 Unterabsatz 2 der Richtlinie 2006/43/EG festgelegten Kriterien heranzuziehen.

(6) Der Antrag auf Registrierung ist an die APAB zu richten. Dem Antrag sind anzuschließen:

1. der Nachweis über die Zulassung der Prüfungsgesellschaft im Drittstaat,

2. der Nachweis über das Vorliegen einer einem österreichischen Abschlussprüfer gleichwertigen Qualifikation des die Abschlussprüfung durchführenden verantwortlichen Prüfers,

3. der Nachweis über das Vorliegen einer gleichwertigen Qualifikation zur Ausübung der Tätigkeit des Abschlussprüfers in Österreich durch die Mehrheit der der Geschäftsführung und der Vertretung nach außen angehörenden natürlichen Personen, die im Drittstaat zur Ausübung der Tätigkeit einer Abschlussprüfung zugelassen sind,

4. eine öffentlich beglaubigte Abschrift des Gesellschaftsvertrages bzw. der Satzung,

5. die jährliche Veröffentlichung des Transparenzberichts gemäß § 55 oder einer gleichwertigen Information auf der Website der Prüfungsgesellschaft spätestens drei Monate nach Ende des Geschäftsjahres und

6. der Nachweis über eine aufrechte Vermögensschaden-Haftpflichtversicherung gemäß den §§ 11 und 88 Abs. 1 WTBG.

(7) Die APAB hat nach Vorliegen der vollständigen Nachweise die Eintragung in das öffentliche Register gemäß § 52 und § 54 vorzunehmen. Sind die Nachweise nicht vollständig erbracht worden, hat die APAB die fehlenden Nachweise unter Setzung einer angemessenen Frist nachzufordern. Bei Nichterbringung der Nachweise innerhalb der angemessenen Frist ist der Antrag auf Zulassung mit Bescheid zurückzuweisen.

(8) Prüfungsgesellschaften aus Drittstaaten unterliegen bezüglich der Aufsicht, der Qualitätssicherungsprüfungen, der Inspektionen, der Untersuchungen und Sanktionen der APAB.

(9) Die APAB kann eine registrierte Prüfungsgesellschaft aus einem Drittstaat von der Unterwerfung unter ihr Qualitätssicherungssystem ausnehmen, wenn das Qualitätssicherungssystem des Drittstaats, das als gleichwertig nach § 77 bewertet wurde, bereits während der vorausgegangenen drei Jahre eine Qualitätsprüfung der betreffenden Prüfungsgesellschaft des Drittstaats durchgefuhrt hat.

(10) Mit dem Erlöschen oder dem Wegfall der Zulassung im Drittstaat ist die Eintragung im öffentlichen Register in Österreich zu löschen.

Ausnahmen bei Gleichwertigkeit

§ 77. (1) Die APAB kann auf der Grundlage der Gegenseitigkeit einen Abschlussprüfer oder eine Prüfungsgesellschaft aus einem Drittstaat von

1. der Registrierung gemäß § 75 Abs. 1 oder § 76 Abs. 1,

2. der Aufsicht durch die APAB gemäß § 4,

3. der Durchführung von Inspektionen gemäß den §§ 43 bis 50,

4. der Durchführung der Qualitätssicherungsprüfung gemäß den §§ 24 bis 42,

5. den Untersuchungen gemäß § 61 und

6. den Sanktionen gemäß den §§ 62 bis 65.

ausnehmen.

(2) Die Ausnahme gemäß Abs. 1 ist dann zu gewähren, wenn in dem Drittstaat in den Bereichen des Abs. 1 Z 2 bis 6 Gleichwertigkeit gegeben ist.

(3) Hat die Europäische Kommission im Wege von Durchführungsrechtsakten gemäß Art. 48 Abs. 2 der Richtlinie 2006/43/EG die Gleichwertigkeit festgestellt, kann die APAB von den Anforderungen gemäß § 70 Abs. 1 und 7 und § 71 Abs. 1 und 7 ganz oder teilweise absehen. Liegt keine Entscheidung der Europäischen Kommission vor, so kann die APAB die Gleichwertigkeit selbst beurteilen oder sich die durch einen anderen Mitgliedstaat der Europäischen Union oder einen anderen EWR-Vertragsstaat durchgeführte Beurteilung zu eigen machen, bis die Europäische Kommission eine Entscheidung trifft. Diesfalls hat die APAB über die Gleichwertigkeit mit Bescheid zu entscheiden. Bei dieser Entscheidung sind die von der Europäischen Kommission in delegierten Rechtsakten gemäß Art. 46 Abs. 2 Unterabsatz 2 der Richtlinie 2006/43/EG festgelegten Kriterien heranzuziehen. Entscheidet die Europäische Kommission, dass die Anforderung der Gleichwertigkeit bei einem Drittstaat nicht erfüllt ist, kann ein betroffener Abschlussprüfer oder eine Prüfungsgesellschaft aus diesem Drittstaat die Prüfungstätigkeit in Einklang mit den österreichischen gesetzlichen Bestimmungen weiterführen, wenn eine Übergangsentscheidung der Europäischen Kommission nach Art. 46 Abs. 2 der Richtlinie 2006/43/EG vorliegt.

(4) Die APAB hat der Europäischen Kommission mitzuteilen:

1. die Beurteilung der Gleichwertigkeit im Sinne des Abs. 3 und

2. die Hauptpunkte ihrer Kooperationsvereinbarungen mit zuständigen Stellen in Drittstaaten hinsichtlich der öffentlichen Aufsicht, der Qualitätssicherung, der Inspektionen sowie der Untersuchungen und Sanktionen auf der Grundlage von Abs. 1 und 2.

4. Abschnitt

Zusammenarbeit mit den zuständigen Stellen der Drittstaaten

§ 78. (1) Die APAB ist die zuständige Stelle für die Zusammenarbeit mit den zuständigen Stellen und Behörden von Drittstaaten.

(2) Die APAB kann die Weitergabe von Arbeitspapieren und anderen Dokumenten, die sich im Besitz von von ihr zugelassenen Abschlussprüfern oder Prüfungsgesellschaften befinden, erlauben und Untersuchungs- oder Inspektionsberichte im Zusammenhang mit den jeweiligen Prüfungen an die zuständigen Behörden von Drittstaaten weitergeben, sofern

1. diese Arbeitspapiere oder anderen Dokumente sich auf Prüfungen von Unternehmen beziehen, die Wertpapiere in diesem Drittland ausgegeben haben oder die Teile eines Konzerns sind, der in diesem Drittstaat einen gesetzlich vorgeschriebenen konsolidierten Abschluss vorlegt;

2. die Weitergabe über die APAB an die zuständige Stelle dieses Drittstaats auf deren Anforderung erfolgt;

3. die zuständige Stelle des betroffenen Drittstaats die Anforderungen erfüllt, die nach Abs. 4 als angemessen erklärt wurden;

4. auf Grundlage der Gegenseitigkeit Vereinbarungen zur Zusammenarbeit gemäß Abs. 6 getroffen wurden;

5. im innerstaatlichen Recht des betreffenden Drittstaates zumindest in Bezug auf die Verarbeitung personenbezogener Daten, die übermittelt werden oder worden sind, ein angemessenes Datenschutzniveau im Sinne von § 12 Abs. 2 DSG 2000 besteht oder die Übermittlung durch die Datenschutzbehörde im Einzelfall im Verfahren nach § 13 DSG 2000 bewilligt wurde. Informationen, die einer spezifischen Geheimhaltungspflicht unterliegen, dürfen nur übermittelt werden, wenn zusätzlich sichergestellt ist, dass sie bei diesen Stellen in gleicher Weise geheim gehalten werden.

(3) Die in Abs. 2 Z 4 genannten Vereinbarungen zur Zusammenarbeit stellen sicher, dass

1. eine Glaubhaftmachung des Zweckes der Anfrage für Arbeitspapiere und sonstige Dokumente durch die zuständigen Stellen erfolgt;

2. Personen, die durch die zuständigen Stellen des Drittstaats beschäftigt werden oder wurden, zur Wahrung des Berufsgeheimnisses verpflichtet sind;

3. der Schutz der wirtschaftlichen Interessen des geprüften Unternehmens, einschließlich seiner Rechte an gewerblichem und geistigem Eigentum, nicht beeinträchtigt wird;

4. die zuständigen Stellen des Drittstaats die Arbeitspapiere oder sonstigen Dokumente nur für Zwecke der Ausübung ihrer Aufsichtstätigkeit, Qualitätssicherung und Untersuchungen nutzen, die Anforderungen genügen, die denen der §§ 3 bis 17, §§ 24 bis 50 und §§ 62 bis 65 gleichwertig sind;

5. die angefragte Weitergabe von Arbeitspapieren oder sonstigen Dokumenten verweigert werden kann, falls

a) die Bereitstellung dieser Arbeitspapiere oder Dokumente die Souveränität, die Sicherheit oder die öffentliche Ordnung der Europäischen Union oder Österreichs beeinträchtigen würde oder,

b) wegen derselben Handlung gegen denselben Abschlussprüfer oder dieselbe Prüfungsgesellschaft in Österreich bereits ein berufsrechtliches, gerichtliches oder verwaltungsbehördliches Verfahren anhängig ist oder

c) gegen dieselben Abschlussprüfer oder Prüfungsgesellschaften aufgrund derselben Handlungen in Österreich bereits eine rechtskräftige Entscheidung ergangen ist,

6. falls Abschlussprüfer oder Prüfungsgesellschaften, die Unternehmen von öffentlichem Interesse prüfen, betroffen sind, die Bestimmungen des Art. 36 der Verordnung (EU) Nr. 537/2014 eingehalten werden.

(4) Hat die Europäische Kommission über die Angemessenheit der zuständigen Stellen in Drittstaaten im Wege von Durchführungsrechtsakten entschieden, hat die APAB die zur Einhaltung der Entscheidung der Europäischen Kommission gebotenen Maßnahmen zu ergreifen. Die in delegierten Rechtsakten der Europäische Kommission gemäß Artikel 48a der Richtlinie 2006/43/EG enthaltenen allgemeinen Kriterien für die Beurteilung der Angemessenheit der zuständigen Stellen in Drittstaaten hinsichtlich des Austausches von Arbeitspapieren oder anderen Dokumenten, die sich im Besitz der Abschlussprüfer und Prüfungsgesellschaften befinden, sind von der APAB zu berücksichtigen.

(5) Die APAB kann auf Antrag in Ausnahmefällen erlauben, dass Abschlussprüfer und Prüfungsgesellschaften direkt Arbeitspapiere und sonstige Dokumente an die zuständigen Stellen eines Drittstaats weitergeben, wenn

1. Untersuchungen von den zuständigen Stellen in diesem Drittstaat eingeleitet wurden;

2. die Weitergabe nicht in Widerspruch zu gesetzlichen Verpflichtungen steht, die Abschlussprüfer oder Prüfungsgesellschaften im Hinblick auf die Weitergabe von Arbeitspapieren und sonstigen Dokumenten an die APAB zu beachten haben;

3. Vereinbarungen zur Zusammenarbeit mit den zuständigen Stellen dieses Drittstaats bestehen, die der APAB gegenseitigen direkten Zugang zu Arbeitspapieren und sonstigen Dokumenten von Prüfungsgesellschaften dieses Drittstaats erlauben;

4. die anfragende zuständige Stelle des Drittstaats vorab die APAB von jeder direkten Anfrage von Informationen unter Angabe von Gründen in Kenntnis setzt und

5. die in Abs. 3 genannten Bedingungen eingehalten werden.

(6) Der Bundesminister für Finanzen kann auf Vorschlag der APAB mit den zuständigen Behörden von Drittstaaten Vereinbarungen zur Regelung der näheren Zusammenarbeit schließen, wenn die Voraussetzungen gemäß Art. 36 der Verordnung (EU) Nr. 537/2014 und Art. 47 der Richtlinie 2006/43/EG in der Fassung der Richtlinie 2014/56/EU erfüllt sind und die zu übermittelnden Informationen zur Wahrnehmung der Aufgaben gemäß den genannten Vorschriften notwendig sind. Informationen aus einem anderen Mitgliedstaat der Europäischen Union oder einem EWR-Vertragsstaat dürfen nur mit ausdrücklicher Zustimmung der zuständigen Behörden, die diese Information mitgeteilt haben und nur für die

Zwecke weitergegeben werden, denen diese Behörden zugestimmt haben. Die APAB teilt der Europäischen Kommission die in den Abs. 2 und 5 genannten Vereinbarungen zur Zusammenarbeit mit.

(7) Bei der Offenlegung von Informationen aus Drittstaaten oder gegenüber Drittstaaten sind Art. 37 und Art. 38 der Verordnung (EU) Nr. 537/2014 anzuwenden.

4. Teil
Schluss- und Übergangsbestimmungen

Mitteilungen an die Europäische Kommission

§ 79. (1) Die APAB hat folgende Mitteilungen an die Europäische Kommission zu übermitteln:

1. unverzüglich die in den §§ 62 bis 65 genannten Vorschriften,

2. jede nachfolgende Änderung der in Z 1 genannten Vorschriften,

3. den ersten Marktüberwachungsbericht gemäß Art. 27 Abs. 2 der Verordnung (EU) Nr. 537/2014,

4. die in § 78 Abs. 2 und 5 genannten Vereinbarungen zur Zusammenarbeit,

5. die Nichtanwendung der Bestimmungen der Verordnung (EU) Nr. 537/2014 betreffend die Aufsicht und Qualitätssicherung, soweit Unternehmen im Sinne des Art. 2 Abs. 3 der Verordnung (EU) Nr. 537/2014 nicht an einem geregelten Markt im Sinne des „1 Z 2 BörseG 2018" zugelassen sind. *(BGBl I 2017/107)*

(2) Der Bundesminister für Finanzen hat folgende Mitteilungen an die Europäische Kommission zu übermitteln:

1. die Benennung der APAB als zuständige Behörde im Sinne des Art. 32 Abs. 4a der Richtlinie 2006/43/EG und des Art. 20 Abs. 1 lit. c der Verordnung (EU) Nr. 537/2014,

2. die Nichtanwendung der Bestimmungen der Verordnung (EU) Nr. 537/2014 auf Unternehmen im Sinne des Art. 2 Abs. 3 der Verordnung (EU) Nr. 537/2014, außer diese Unternehmen haben Wertpapiere begeben, welche an einem geregelten Markt eines Mitgliedstaats der Europäischen Union oder eines anderen EWR- Vertragsstaats im Sinn des Art. 4 Abs. 1 Nr. 21 der Richtlinie 2014/65/EU gehandelt werden.

(3) Die Mitteilung gemäß Abs. 2 Z 2 ist vom Bundesminister für Finanzen auch an den Ausschuss der Aufsichtsstellen zu übermitteln.

Wechselseitige Hilfeleistungspflichten

§ 80. (1) Alle Behörden und alle auf Grund gesetzlicher Bestimmungen zur Vertretung wirtschaftlicher Interessen berufenen oder auf Grund freier Vereinbarung hierzu errichteten Körperschaften sind verpflichtet, der APAB auf Verlangen die zur Erfüllung ihrer Aufgaben erforderlichen Auskünfte zu erteilen, insoweit dies gemäß den Bestimmungen des DSG 2000 zulässig ist.

(2) Die Gerichte, die Staatsanwaltschaften und die Finanzstrafbehörden sind verpflichtet, die APAB von der Einleitung einer Untersuchung wegen des Verdachtes einer mit Vorsatz begangenen strafbaren Handlung, die mit mehr als einjähriger Freiheitsstrafe bedroht ist, einer mit Bereicherungsvorsatz begangenen sonstigen gerichtlich strafbaren Handlung, eines gerichtlich strafbaren Finanzvergehens, eines sonstigen vorsätzlichen Finanzvergehens mit Ausnahme einer Finanzordnungswidrigkeit sowie von der Verhängung der Untersuchungshaft oder der vorläufigen Verwahrung gegen einen Berufsberechtigten ohne Verzug zu verständigen und ihnen das Ergebnis des durchgeführten Strafverfahrens unter Anschluss einer Ausfertigung der Strafentscheidung oder der Untersuchung mitzuteilen und der APAB auf Verlangen Akteneinsicht zu gewähren. Bis zur Mitteilung der Anklageschrift können jedoch die Gerichte, die Staatsanwaltschaften und die Finanzstrafbehörden sowie bis zum Abschluss des Untersuchungsverfahrens die Finanzstrafbehörden einzelne Aktenstücke von der Einsichtnahme ausnehmen, wenn besondere Umstände die Befürchtung rechtfertigen, dass durch eine sofortige Kenntnisnahme von diesen Aktenstücken der Zweck der Untersuchung gefährdet wäre.

(3) Der Vorsitzende des Disziplinarrates der Kammer der Wirtschaftstreuhänder und das Bundesverwaltungsgericht haben der APAB auf Verlangen jederzeit Auskunft über den Stand eines Disziplinarverfahrens oder dessen Ausgang zu erteilen.

(4) Die APAB arbeitet mit der Kammer der Wirtschaftstreuhänder und der Vereinigung Österreichischer Revisionsverbände im Hinblick auf eine Angleichung der Anforderungen der Ausbildung zum Wirtschaftsprüfer oder zum Genossenschaftsrevisor zusammen. Bei der Aufnahme dieser Zusammenarbeit ist den Entwicklungen im Prüfungswesen und im Berufsstand der Prüfer und insbesondere der Angleichung Rechnung zu tragen, die bereits in dem Berufsstand erreicht wurde. Die APAB arbeitet diesbezüglich mit dem Ausschuss der Aufsichtsstellen zusammen.

(5) Die Finanzmarktaufsicht und die Prüfstelle für Rechnungslegung haben bei begründetem Verdacht des Vorliegens von wesentlichen Mängeln bei den Qualitätssicherungsmaßnahmen eines Abschlussprüfers oder einer Prüfungsgesellschaft dies der APAB mitzuteilen. Diese hat der Finanzmarktaufsicht und der Prüfstelle für Rechnungslegung binnen vier Wochen mitzuteilen, ob und

wann eine Untersuchung nach § 61 durchgeführt wird.

(6) Die Finanzprokuratur kann die APAB auf deren Ersuchen entgeltlich vertreten.

Sprachliche Gleichbehandlung

§ 81. Soweit in diesem Bundesgesetz personenbezogene Bezeichnungen nur in männlicher Form angeführt sind, beziehen sie sich auf Frauen und Männer in gleicher Weise. Bei der Anwendung auf bestimmte Personen ist die jeweils geschlechtsspezifische Form zu verwenden.

Verhältnis zu anderen Bundesgesetzen

§ 82. Soweit in diesem Bundesgesetz auf Bestimmungen in anderen Bundesgesetzen verwiesen wird, sind diese in ihrer jeweils geltenden Fassung anzuwenden.

Gebühren- und Abgabenbefreiung

§ 83. Die APAB ist von sämtlichen Steuern (mit Ausnahme der Umsatzsteuer), Gebühren und sonstigen Abgaben befreit.

Übergangsbestimmungen

§ 84. (1) Die APAB gilt mit der Wirksamkeit der Bestellung des ersten Vorstandes und Aufsichtsrates als errichtet. Die behördliche Zuständigkeit der APAB beginnt mit 1. Oktober 2016. Die Qualitätskontrollbehörde und der Arbeitsausschuss für externe Qualitätsprüfungen haben der APAB spätestens zu diesem Zeitpunkt alle Akten und Datenbestände zu übergeben. Das gesamte Vermögen des Arbeitsausschusses für externe Qualitätsprüfungen geht mit Beginn der behördlichen Zuständigkeit der APAB auf die APAB über.

(2) Der Bundesminister für Finanzen hat ehestmöglich nach der Kundmachung dieses Bundesgesetzes die für die Bestellung des ersten Vorstandes der APAB erforderlichen Veranlassungen zu treffen.

(3) Der erste Vorstand hat innerhalb des ersten Geschäftsjahres eine Geschäftsordnung zu erlassen und dem Aufsichtsrat zur Genehmigung vorzulegen. Bei Säumigkeit des Vorstandes hat der Aufsichtsrat ehestmöglich die Geschäftsordnung zu erlassen.

(4) Der Bundesminister für Finanzen, der Bundeskanzler und der Bundesminister für Wissenschaft, Forschung und Wirtschaft haben bis spätestens vier Wochen nach der Kundmachung dieses Bundesgesetzes die Mitglieder des ersten Aufsichtsrates zu bestellen.

(5) Der erste Aufsichtsrat hat sich unverzüglich eine Geschäftsordnung zu geben, für den Abschluss der Dienstverträge mit den ersten Vorstandsmitgliedern zu sorgen und die Mitglieder der Qualitätsprüfungskommission gemäß § 12 Abs. 3 zu bestellen.

(6) Das Budget gemäß § 18 für das Geschäftsjahr 2017 ist vom Vorstand unverzüglich, spätestens jedoch bis zum 30. November 2016, zu erstellen und dem Aufsichtsrat zur Genehmigung vorzulegen. Der Aufsichtsrat hat das Budget möglichst bis zum 15. Dezember 2016 zu beschließen.

(7) Die Kammer der Wirtschaftstreuhänder, die Vereinigung Österreichischer Revisionsverbände und der Sparkassen-Prüfungsverband haben für 2016 einen Beitrag von 250 000 Euro binnen vierzehn Tagen nach Aufforderung durch den Vorstand der APAB auf das vom Vorstand der APAB zu nennende Bankkonto der APAB zu leisten.

(8) Die Vorauszahlungen für Inspektionen sind von Abschlussprüfern und Prüfungsgesellschaften zu leisten, die im Kalenderjahr 2015 Abschlussprüfungen bei Unternehmen von öffentlichem Interesse durchgeführt haben. Für Zwecke der Ermittlung des Vorauszahlungsbetrages haben die Abschlussprüfer und Prüfungsgesellschaften bis zum 15. Oktober 2016 die Anzahl ihrer Abschlussprüfungsaufträge bei Unternehmen von öffentlichem Interesse im Kalenderjahr 2015 und die Honorarsumme für abgerechnete Abschlussprüfungsaufträge im Kalenderjahr 2015 für Abschlussprüfungen bei Unternehmen von öffentlichem Interesse an die APAB zu melden. Der Vorauszahlungsbetrag ist unter Zugrundelegung der Berechnung gemäß § 21 Abs. 2 und Abs. 4 zu ermitteln. Die ermittelten Einzelbeträge sind um 50 vH zu kürzen und den Abschlussprüfern und Prüfungsgesellschaften mit Bescheid zur Zahlung vorzuschreiben. Einem dagegen eingebrachten Rechtsmittel kommt keine aufschiebende Wirkung zu.

(9) Das Bundesministerium für Wissenschaft, Forschung und Wirtschaft hat für das Geschäftsjahr 2016 eine Zahlung gemäß § 21 Abs. 4 von 300 000 Euro binnen vierzehn Tagen nach Aufforderung durch den Vorstand der APAB auf das vom Vorstand der APAB zu nennende Bankkonto der APAB zu leisten.

(10) Der Bundesminister für Wissenschaft, Forschung und Wirtschaft und der Bundesminister für Finanzen sind berechtigt, der APAB bewegliches und unbewegliches Vermögen des Bundes als Sachausstattung der Aufsicht zur Verfügung zu stellen.

(11) Die nach den Bestimmungen des Abschlussprüfungs-Qualitätssicherungsgesetzes (A-QSG), BGBl. Nr. 84/2005 anerkannten Qualitätsprüfer gelten mit dem Beginn der behördlichen Zuständigkeit der APAB als Qualitätssicherungsprüfer im Sinne dieses Bundesgesetzes. Diese haben, wenn sie nach Beginn der behördlichen Zuständigkeit der APAB Qualitätssicherungsprü-

fungsaufträge annehmen wollen, den Verwaltungskostenbeitrag gemäß § 26 Abs. 2 Z 5 zu entrichten.

(12) Bis zum 30. September 2016 nach den Bestimmungen des A-QSG erteilte Bescheinigungen behalten jedenfalls ihre Gültigkeit bis zum Ablauf der in der Bescheinigung festgelegten Frist von sechs Jahren. Eine allfällige Fristverkürzung gemäß § 16 Abs. 2 Z 2 A-QSG ist zu berücksichtigen. Die in den bescheidmäßig ausgestellten Bescheinigungen enthaltene Befristung gemäß § 4 Abs. 1 A-QSG auf drei Jahre verliert ihre Wirkung. Für im Zeitpunkt der Verlautbarung dieses Bundesgesetzes im Bundesgesetzblatt aufrechte Bescheinigungen, deren Befristung auf sechs Jahre bis spätestens zum 31. März 2017 abläuft, wird die Ablauffrist für höchstens neun Monate verlängert, sofern der Antrag auf Ausstellung einer neuen Bescheinigung bis zum Datum der ursprünglich vorgesehenen Ablauffrist gestellt wird und vorher keine neue Bescheinigung durch die zuständige Behörde ausgestellt wird.

(13) Die mit Beginn der behördlichen Zuständigkeit der APAB noch nicht abgeschlossenen Verfahren nach dem A-QSG sind von der APAB weiterzuführen. Die Strafbarkeit von Verletzungen der Vorschriften des A-QSG, die vor dem 1. Oktober 2016 begangen wurden, ist nach dem zur Zeit der Tat geltenden Recht zu beurteilen.

(14) Für die mit Beginn der behördlichen Zuständigkeit der APAB noch nicht abgeschlossenen Rechtsmittelverfahren vor dem Bundesverwaltungsgericht, in denen die Qualitätskontrollbehörde gemäß § 18c Abs. 2 A-QSG Amtsparteistellung innehatte, kommt der APAB diese Amtsparteistellung zu.

(15) Die Qualitätskontrollbehörde ist mit Ablauf des 30. September 2016 aufgelöst.

(16) Der Arbeitsausschuss für externe Qualitätsprüfungen ist mit Ablauf des 30. September 2016 aufgelöst.

(17) Die Funktionsperiode der vom Bundeskanzler gemäß § 9 Abs. 3 in der Fassung des Bundesgesetzes BGBl. I Nr. 83/2016 bestellten Mitglieder des Aufsichtsrates endet mit Ablauf von zwei Monaten nach Inkrafttreten des § 9 Abs. 3 in der Fassung des Bundesgesetzes BGBl. I Nr. 30/2018. *(BGBl I 2018/30)*

Inkrafttreten

§ 85. „(1)" § 23 bis § 78 treten mit 1. Oktober 2016 in Kraft. *(BGBl I 2017/107)*

(2) § 73 Abs. 4, § 75 Abs. 1 und 2, § 76 Abs. 1 und 2 und § 79 Abs. 1 Z 5 in der Fassung des Bundesgesetzes BGBl. I Nr. 107/2017 treten mit 3. Jänner 2018 in Kraft. *(BGBl I 2017/107)*

Außerkrafttreten

§ 86. Das A-QSG und die Abschlussprüfungs-Qualitätssicherungsrichtlinie (A-QSRL), BGBl. II Nr. 251/2006, treten mit Ablauf des 30. September 2016 außer Kraft.

Vollziehung

§ 87. Mit der Vollziehung des § 6 Abs. 2 ist die Bundesregierung betraut. Mit der Vollziehung des § 9 Abs. 3 und 5 „sind" der Bundesminister für Finanzen und der Bundesminister für Wissenschaft, Forschung und Wirtschaft betraut. Mit der Vollziehung der übrigen Bestimmungen dieses Bundesgesetzes ist der Bundesminister für Finanzen betraut. *(BGBl I 2018/30)*

4/2a. APAB-Verwaltungskostenbeitragsverordnung

Verordnung der Abschlussprüferaufsichtsbehörde über die Verwaltungskostenbeiträge der Abschlussprüferaufsichtsbehörde (APAB-Verwaltungskostenbeitragsverordnung – APAB-VKBV), BGBl II 2017/78

Aufgrund des § 21 Abs. 12 des Abschlussprüfer-Aufsichtsgesetzes – APAG, BGBl. I Nr. 83/2016, wird mit Zustimmung des Bundesministers für Finanzen verordnet:

§ 1. Der Verwaltungskostenbeitrag gemäß § 21 Abs. 12 APAG beträgt:

		Euro
1.	für die Anerkennung als Qualitätssicherungsprüfer gemäß § 26 Abs. 4 APAG	300,--
2.	für die Versagung der Anerkennung als Qualitätssicherungsprüfer gemäß § 26 Abs. 6 APAG	30,--
3.	für das Erteilen einer Bescheinigung gemäß den §§ 35 bis 37 APAG	300,--
4.	für das Versagen einer Bescheinigung gemäß § 39 APAG	30,--
5.	für den Widerruf einer Bescheinigung gemäß § 40 APAG	30,--
6.	für den Entzug einer Bescheinigung gemäß § 41 APAG	300,--
7.	für Eintragungen und Änderungen im öffentlichen Register gemäß den §§ 52 bis 54 APAG für inländische Abschlussprüfer und Prüfungsgesellschaften	30,--
8.	für Eintragungen und Änderungen im öffentlichen Register gemäß den §§ 52 bis 54 APAG für Abschlussprüfer und Prüfungsgesellschaften aus anderen Mitgliedstaaten der EU oder anderen EWR-Vertragsstaaten	30,--
9.	für Eintragungen und Änderungen im öffentlichen Register gemäß den §§ 52 bis 54 APAG für Abschlussprüfer und Prüfungsgesellschaften aus Drittstaaten	30,--
10.	für die Beantragung auf Zulassung als Abschlussprüfer gemäß § 69 APAG für Abschlussprüfer aus anderen Mitgliedstaaten der EU oder anderen EWR-Vertragsstaaten	300,--
11.	für die Beantragung auf Anerkennung als Prüfungsgesellschaft gemäß § 70 APAG für Prüfungsgesellschaften aus anderen Mitgliedstaaten der EU oder anderen EWR-Vertragsstaaten	300,--
12.	für die Beantragung auf Zulassung als Abschlussprüfer gemäß § 74 APAG für Abschlussprüfer aus Drittstaaten	600,--
13.	für die Beantragung auf Registrierung als Prüfungsgesellschaft gemäß § 76 APAG von Prüfungsgesellschaften aus Drittstaaten	600,--

§ 2. Die Verordnung tritt mit dem der Veröffentlichung im Bundesgesetzblatt folgenden Tag in Kraft.

4/2b. Verordnung der Abschlussprüferaufsichtsbehörde über die Finanzierung der Kosten im Zusammenhang mit Inspektionen der Abschlussprüferaufsichtsbehörde (APAB-Inspektionsfinanzierungsverordnung – APAB-IFV)

Verordnung der Abschlussprüferaufsichtsbehörde über die Finanzierung der Kosten im Zusammenhang mit Inspektionen der Abschlussprüferaufsichtsbehörde (APAB-Inspektionsfinanzierungsverordnung – APAB-IFV)

Aufgrund des § 21 Abs. 8 des Abschlussprüfer-Aufsichtsgesetzes – APAG, BGBl. I Nr. 83/2016, wird mit Zustimmung des Bundesministers für Finanzen verordnet:

§ 1. Der jährliche Beitrag für die Finanzierung der Kosten im Zusammenhang mit Inspektionen (Inspektionsfinanzierungsbeitrag) gemäß § 21 Abs. 2 APAG setzt sich zusammen aus

1. einem Beitrag für jeden im vorangegangenen Kalenderjahr von Abschlussprüfern und Prüfungsgesellschaften übernommenen Einzel- und Konzernabschlussprüfungsauftrag bei Unternehmen von öffentlichem Interesse und

2. einem Beitrag für die im vorangegangenen Kalenderjahr für Einzel- und Konzernabschlussprüfungsaufträge bei Unternehmen von öffentlichem Interesse in Rechnung gestellte Honorarsumme in Höhe der Differenz zwischen dem vom Aufsichtsrat für das laufende Kalenderjahr genehmigten Budget, höchstens jedoch einem genehmigten Budget von 600 000 Euro, für den Rechnungskreis Inspektionen der Behörde gemäß § 20 Abs. 1 Z 1 APAG und der Gesamtsumme der Beiträge gemäß Z 1.

§ 2. Als Beitrag gemäß § 1 Z 1 ist den Abschlussprüfern und Prüfungsgesellschaften von der Abschlussprüferaufsichtsbehörde (APAB) für die ersten fünf Prüfungsaufträge ein Betrag in Höhe von 300 Euro je Prüfungsauftrag sowie ein Betrag in Höhe von 1 500 Euro für jeden weiteren Prüfungsauftrag mit Bescheid vorzuschreiben.

§ 3. Als Beitrag gemäß § 1 Z 2 ist den Abschlussprüfern und Prüfungsgesellschaften von der APAB mit Bescheid ein Betrag vorzuschreiben, der sich errechnet aus dem prozentuellen Anteil der von dem jeweiligen Abschlussprüfer oder der jeweiligen Prüfungsgesellschaft im vorangegangenen Kalenderjahr für Einzel- und Konzernabschlussprüfungsaufträge bei Unternehmen von öffentlichem Interesse in Rechnung gestellten Honorarsumme an dem gemäß § 1 Z 2 errechneten Gesamtbetrag.

§ 4. Für den Inspektionsfinanzierungsbeitrag für das Kalenderjahr 2016 sind die aufgrund der für das Kalenderjahr 2015 abgegebenen Meldungen und des vom Aufsichtsrat für das Kalenderjahr 2017 genehmigten Budgets gemäß den §§ 1 bis 3 errechneten Einzelbeiträge gemäß § 84 Abs. 8 APAG um 50 vH zu kürzen.

§ 5. Diese Verordnung tritt mit dem der Veröffentlichung im Bundesgesetzblatt folgenden Tag in Kraft.

4/2c. Verordnung der Abschlussprüferaufsichtsbehörde über die Kosten von Untersuchungen gemäß § 61 APAG (APAB-Untersuchungskostenverordnung – APAB-UKV)

BGBl II 2017/216

Verordnung der Abschlussprüferaufsichtsbehörde über die Kosten von Untersuchungen gemäß § 61 APAG (APAB-Untersuchungskostenverordnung – APAB-UKV)

Aufgrund des § 21 Abs. 10 des Abschlussprüfer-Aufsichtsgesetzes – APAG, BGBl. I Nr. 83/2016, wird mit Zustimmung des Bundesministers für Finanzen verordnet:

§ 1. Die Kosten einer Untersuchung gemäß § 61 APAG sind von dem der Untersuchung unterzogenen Abschlussprüfer oder der der Untersuchung unterzogenen Prüfungsgesellschaft auf Basis von Stundensätzen zu tragen. Die Pflicht zum Kostenersatz für Untersuchungshandlungen der Abschlussprüferaufsichtsbehörde (APAB) entsteht mit der Mitteilung der APAB, dass der Bedarf einer Untersuchung durch die APAB festgestellt wurde, und endet mit der Mitteilung der Einstellung der Untersuchung, dem Widerruf der Anerkennung als Qualitätssicherungsprüfer gemäß § 26 Abs. 8 APAG, dem Widerruf der Bescheinigung gemäß § 40 APAG, dem Entzug der Bescheinigung gemäß § 41 APAG oder der Verhängung einer Sanktion gemäß § 62 APAG.

§ 2. Der Stundensatz beträgt

1. für mit der Funktion „Gruppenverantwortlicher" betraute Mitarbeiter der APAB 200 Euro,

2. für mit der Funktion „Referent" betraute Mitarbeiter der APAB 150 Euro,

3. für von der APAB beigezogene Sachverständige 200 Euro.

§ 3. Die Höhe des Kostenersatzes für Reisetätigkeiten für Mitarbeiter der APAB und für Sachverständige ist unter Anwendung der § 1 Abs. 1 lit. a und b, Abs. 2 lit. a, Abs. 3 und Abs. 5, § 2 Abs. 1 lit. b, § 2 Abs. 2 und Abs. 5 erster Satz, § 4 Z 1 und Z 2, §§ 5 bis 9, § 10 Abs. 1 bis 6, § 11 Abs. 1 und 2, §§ 12 bis 19 und § 20 Abs. 1 und 2 der Reisegebührenvorschrift 1955, BGBl. Nr. 133/1955 in der Fassung BGBl. I Nr. 64/2016, (Reisegebührenvorschrift 1955) festzulegen. Dabei sind § 5 Abs. 1 und § 16 Abs. 6, § 7 Abs. 2 und § 10 Abs. 2 sowie § 6 Abs. 1 der Reisegebührenvorschrift 1955 mit der Maßgabe anzuwenden, dass anstelle des Dienstauftrags, der Bestätigung der vorgesetzten Dienststelle oder der Bewilligung des Bundesministers die Bewilligung durch den Vorstand der APAB tritt, welche unter Einhaltung der Grundsätze der Zweckmäßigkeit und Sparsamkeit zu erfolgen hat. § 17 Abs. 3 Z 1 bis 3 sowie § 18 Abs. 3 Z 3 der Reisegebührenvorschrift 1955 ist anzuwenden, wenn die Verpflegung oder Unterkunft von einer anderen Stelle als der APAB unentgeltlich beigestellt wird.

§ 4. Dienstreisen in das Ausland dürfen nur in dem Umfang durchgeführt werden, in dem sie unter Bedachtnahme auf Zweckmäßigkeit und Sparsamkeit erforderlich sind. Neben den in § 3 aufgezählten Bestimmungen sind dabei auch die § 25a Abs. 1 lit. b, § 25b Abs. 2 und 3 sowie § 25d der Reisegebührenvorschrift 1955 anzuwenden. § 25c Abs. 1 der Reisegebührenvorschrift 1955 ist mit der Maßgabe anzuwenden, dass zur Berechnung der Reisezulage die Gebührenstufe 3 in Verbindung mit § 13 Abs. 1 der Reisegebührenvorschrift 1955 in der Fassung BGBl. I Nr. 153/2009 heranzuziehen ist. Sollte mit Rücksicht auf die Verhältnisse des Landes, in das die Dienstreise führt oder das bei der Dienstreise durchfahren wird, mit der Nächtigungsgebühr gemäß § 13 Abs. 1 der Reisegebührenvorschrift 1955 in der Fassung BGBl. I Nr. 153/2009 nicht das Auslangen gefunden werden, sind die tatsächlichen unter Bedachtnahme auf Zweckmäßigkeit und Sparsamkeit angefallenen Kosten für die Unterkunft heranzuziehen.

§ 5. Die APAB hat dem der Untersuchung unterzogenen Abschlussprüfer oder der der Untersuchung unterzogenen Prüfungsgesellschaft die Kosten nach Abschluss der Untersuchung mit Rechnung vorzuschreiben. Die Forderung der APAB wird zwei Wochen nach Zustellung der Rechnung fällig. Sofern eine Untersuchung länger als drei Monate dauert, hat durch die APAB jedenfalls eine Vorschreibung der Kosten am Ende jeden Kalenderquartals für die jeweils vorangegangenen drei Monate zu erfolgen.

§ 6. Diese Verordnung tritt mit dem der Veröffentlichung im Bundesgesetzblatt folgenden Tag in Kraft.

4/2d. Verordnung der Abschlussprüferaufsichtsbehörde über die von zu überprüfenden Abschlussprüfern oder Prüfungsgesellschaften bereitzustellenden Informationen für die Angebotserstellung durch potentielle Qualitätssicherungsprüfer (APAB-Angebotsinformationsverordnung – APAB-AIV)

BGBl II 2017/396

Verordnung der Abschlussprüferaufsichtsbehörde über die von zu überprüfenden Abschlussprüfern oder Prüfungsgesellschaften bereitzustellenden Informationen für die Angebotserstellung durch potentielle Qualitätssicherungsprüfer (APAB-Angebotsinformationsverordnung – APAB-AIV)

Aufgrund des § 29 Abs. 4 des Abschlussprüfer-Aufsichtsgesetzes – APAG, BGBl. I Nr. 83/2016, zuletzt geändert durch das Bundesgesetz BGBl. I Nr. 107/2017, wird mit Zustimmung des Bundesministers für Finanzen verordnet:

§ 1. (1) Der zu überprüfende Abschlussprüfer oder die zu überprüfende Prüfungsgesellschaft hat den potentiellen Qualitätssicherungsprüfern für die Angebotserstellung jedenfalls folgende Informationen bereitzustellen:

1. Angaben zur Mandantenstruktur der durchgeführten Abschlussprüfungen gemäß § 2 Z 1 APAG, insbesondere hinsichtlich Rechtsform, Größenklasse gemäß § 221 Abs. 1 bis 6 iVm § 271a Abs. 1 des Unternehmensgesetzbuches (UGB), dRGBl. S 219/1897 in der Fassung des Bundesgesetzes BGBl. I Nr. 107/2017, und Branche,

2. Anzahl der im vorangegangenen Geschäftsjahr erbrachten Leistungsstunden für durchgeführte Abschlussprüfungen gemäß § 2 Z 1 APAG getrennt nach Stunden für Abschlussprüfungen bei Unternehmen von öffentlichem Interesse und anderen Abschlussprüfungen,

3. Angaben zu den durchgeführten Abschlussprüfungen gemäß § 2 Z 1 APAG durch Aufgliederung der im vorangegangenen Geschäftsjahr erbrachten Leistungsstunden,

4. Anzahl der im vorangegangenen Geschäftsjahr von mehr als einem Abschlussprüfer oder mehr als einer Prüfungsgesellschaft gemeinsam durchgeführten Abschlussprüfungen gemäß § 2 Z 1 APAG,

5. Anzahl der im vorangegangenen Geschäftsjahr durchgeführten Abschlussprüfungen von Konzernen gemäß § 2 Z 1 APAG aufgeschlüsselt nach nationalen und internationalen Rechnungslegungsstandards,

6. Anzahl der Standorte (Berufssitz, Zweigstellen oder ausgelagerte Abteilungen) des Prüfungsbetriebes gemäß § 2 Z 11 APAG,

7. Mitarbeiterstruktur im Prüfungsbetrieb, insbesondere die Anzahl der im Prüfungsbetrieb tätigen Wirtschaftsprüfer, eingetragenen Revisoren und Prüfer des Sparkassen-Prüfungsverbandes mit Auftragsverantwortung, aufgegliedert nach Standorten,

8. Angaben zu einem allfällig vorhandenen Netzwerk oder einem sonstigen beruflichen Zusammenwirken.

(2) Bei einer freiwilligen Qualitätssicherungsprüfung gemäß § 23 Abs. 5 APAG sind die Informationen des Abs. 1 Z 1 bis 8 bereitzustellen, wobei an die Stelle der Abschlussprüfungen gemäß § 2 Z 1 APAG Angaben zu den nicht dem APAG unterliegenden Jahresabschluss- und Konzernabschlussprüfungen treten.

(3) Die Informationen gemäß § 1 Abs. 1 Z 1 bis 8 sind den potentiellen Qualitätssicherungsprüfern ausschließlich anhand des von der Abschlussprüferaufsichtsbehörde (APAB) auch über deren Internetseite zur Verfügung gestellten Formulars bereitzustellen.

§ 2. Diese Verordnung tritt mit 1. Jänner 2018 in Kraft. Die Verordnung gilt für nach dem Inkrafttreten neu erstellte Angebote.

Anlage zu § 1 Abs. 3

APAB
Abschlussprüferaufsichtsbehörde

Angaben gemäß APAB-Angebotsinformationsverordnung (APAB-AIV)

Hinweis: Alle Angaben sind Pflichtangaben, soweit nicht ausdrücklich anders angegeben.

Name/Firma und Anschrift des/der zu überprüfenden Abschlussprüfer(s) oder Prüfungsgesellschaft(en):

1. Angaben zur Mandantenstruktur

a) Rechtsform und Größenklasse

		davon*			
	Anzahl	5fach groß	groß	mittel	klein
Aktiengesellschaften					
Gesellschaften mit beschränkter Haftung					
kapitalistische Personengesellschaften (§ 189 Abs. 1 Z 2 UGB)					
Genossenschaften					
Vereine gemäß VAG 2016					
Sonstige Vereine**					
Stiftungen**					
Sonstige** (z.B. freiwillige Jahresabschlussprüfungen)					
Summe					

*Die Definition der Größenklassen ergibt sich aus § 221 Abs. 1 bis 3 UGB. „5fach-groß" ist keine Größenklasse im Sinne des § 221 UGB, sondern ein Merkmal mit erhöhten Unabhängigkeitsanforderungen (§ 271a UGB). Die Anzahl solcher Mandate ist jedoch ein Hinweis auf die Größe und Komplexität des Prüfungsbetriebes, weshalb solche Mandate gesondert anzugeben und nicht in die Anzahl der Mandate mit der Größenklasse „groß" einzurechnen sind.

**Nur anzugeben bei Beantragung einer freiwilligen Qualitätssicherungsprüfung gemäß § 23 Abs. 5 APAG. Bitte beachten Sie die Definition von „Abschlussprüfungen" gemäß § 2 Z 1 APAG.

b) Branche

	Anzahl
Banken	
Versicherungen	
Industrie	
Handel	

Gewerbe und Handwerk	
Transport und Verkehr	
Tourismus und Freizeitwirtschaft	
Information und Consulting	

2. Anzahl der im vorangegangenen Geschäftsjahr erbrachten Leistungsstunden für Abschlussprüfungen

	Anzahl der Mandate	Leistungsstunden
bei Unternehmen von öffentlichem Interesse		
bei anderen Unternehmen		
Summe		

3. Aufgliederung der im vorangegangenen Geschäftsjahr erbrachten Leistungsstunden pro Jahresabschlussprüfung und Konzernabschlussprüfung

	Anzahl
weniger als 200 Stunden	
201 - 500 Stunden	
501 - 1.000 Stunden	
mehr als 1.000 Stunden	
Summe	

4. Anzahl der im vorangegangenen Geschäftsjahr von mehr als einem Abschlussprüfer durchgeführten Abschlussprüfungen

	Anzahl
Gemeinschaftsprüfungen („Joint Audit")	

5. Anzahl der im vorangegangenen Geschäftsjahr durchgeführten Abschlussprüfungen von Konzernen

	Anzahl
nationale Rechnungslegungsstandards	
internationale Rechnungslegungsstandards	
Summe	

6. Anzahl der Standorte (Berufssitz, Zweigstellen oder ausgelagerte Abteilungen) des Prüfungsbetriebs

	Anzahl
Standorte	

7. Mitarbeiterstruktur des Prüfungsbetriebs pro Standort

Standort	1	2	3	4	5	6
	Anzahl	Anzahl	Anzahl	Anzahl	Anzahl	Anzahl
Gesamtzahl der im Prüfungsbetrieb tätigen Mitarbeiter (fachliche und nichtfachliche Mitarbeiter), davon						
Wirtschaftsprüfer, Revisoren und Prüfer des Sparkassen-Prüfungsverbandes mit Auftragsverantwortung						
fachliche Mitarbeiter, die maßgeblich in leitender Funktion an der Durchführung von Abschlussprüfungen mitwirken						
fachliche Mitarbeiter, die nicht maßgeblich in leitender Funktion an der Durchführung von Abschlussprüfungen mitwirken						
nichtfachliche Mitarbeiter						

8. Angaben zu einem allfällig vorhandenen Netzwerk oder einem sonstigen beruflichen Zusammenwirken

Hiermit wird die Vollständigkeit und Richtigkeit der gemachten Angaben bestätigt.

Datum:_______________ Firmenmäßige Fertigung/Unterschrift:______________________________

Seite 3 von 3

4/2e. Verordnung der Abschlussprüferaufsichtsbehörde zu den von zu überprüfenden Abschlussprüfern oder Prüfungsgesellschaften bereitzustellenden Informationen zur Beurteilung des Antrages auf Bestellung eines Qualitätssicherungsprüfers (APAB-Dreiervorschlagsverordnung – APAB-DVV)

BGBl II 2017/395

Verordnung der Abschlussprüferaufsichtsbehörde zu den von zu überprüfenden Abschlussprüfern oder Prüfungsgesellschaften bereitzustellenden Informationen zur Beurteilung des Antrages auf Bestellung eines Qualitätssicherungsprüfers (APAB-Dreiervorschlagsverordnung – APAB-DVV)

Aufgrund des § 29 Abs. 5 des Abschlussprüfer-Aufsichtsgesetzes – APAG, BGBl. I Nr. 83/2016, zuletzt geändert durch das Bundesgesetz BGBl. I Nr. 107/2017, wird mit Zustimmung des Bundesministers für Finanzen verordnet:

§ 1. (1) Der Abschlussprüferaufsichtsbehörde (APAB) sind von dem zu überprüfenden Abschlussprüfer oder der zu überprüfenden Prüfungsgesellschaft zur Prüfung des Antrags gemäß § 29 Abs. 1 APAG (Dreiervorschlag) für jeden der vorgeschlagenen Qualitätssicherungsprüfer folgende Informationen zu übermitteln:

1. Informationen gemäß § 1 Abs. 1 oder Abs. 2 der APAB-Angebotsinformationsverordnung, BGBl. II Nr. 396/2017, in der jeweils geltenden Fassung,

2. Name und Anschrift des verantwortlichen Qualitätssicherungsprüfers sowie Namen der qualifizierten Assistenten,

3. die jeweiligen Stundensätze und die veranschlagten Stunden für den Qualitätssicherungsprüfer und die qualifizierten Assistenten,

4. Honorar für die Qualitätssicherungsprüfung,

5. Regelungen zu allfälligen Werkverträgen und

6. das Angebot des vorgeschlagenen Qualitätssicherungsprüfers.

(2) Der Antrag auf Bestellung eines Qualitätssicherungsprüfers ist unter ausschließlicher Verwendung des von der APAB auch über deren Internetseite zur Verfügung gestellten Formulars zu übermitteln.

§ 2. Diese Verordnung tritt mit 1. Jänner 2018 in Kraft. Die Verordnung gilt für nach dem Inkrafttreten neu eingebrachte Anträge auf Bestellung eines Qualitätssicherungsprüfers.

Anlage zu § 1 Abs. 2

APAB Abschlussprüferaufsichtsbehörde

Angaben gemäß APAB-Dreiervorschlagsverordnung (APAB-DVV)

Hinweis: Alle Angaben sind Pflichtangaben, soweit nicht ausdrücklich anders angegeben.

Name/Firma des vorgeschlagenen Qualitätssicherungsprüfers:

1. Name und Anschrift des verantwortlichen Qualitätssicherungsprüfers sowie Namen der qualifizierten Assistenten

	Name	Anschrift
Verantwortlicher Qualitätssicherungsprüfer:		

	Name	Berufsbefugnis*
Qualifizierter Assistent 1:		
Qualifizierter Assistent 2:		
Qualifizierter Assistent 3:		
Qualifizierter Assistent 4:		
Qualifizierter Assistent 5:		

*Qualifizierter Assistent ist gemäß § 2 Z 24 APAG ein im Rahmen einer Qualitätssicherungsprüfung mitwirkender Wirtschaftsprüfer, Steuerberater oder Berufsanwärter, der mindestens drei Jahren Berufserfahrung hat und davon mindestens 50 % in der Abschlussprüfung tätig war.

2. Honorar und Stundensätze

	Stunden	Stundensatz	Honorar	im Werkvertrag tätig
Verantwortlicher Qualitätssicherungsprüfer:				
Qualifizierter Assistent 1:				
Qualifizierter Assistent 2:				
Qualifizierter Assistent 3:				
Qualifizierter Assistent 4:				
Qualifizierter Assistent 5:				
Summe:				

Gesamthonorar:*	

*Gesamthonorar inklusive einkalkulierter Reisezeiten, Assistenztätigkeiten u.a.

3. Regelungen zu allfälligen Werkverträgen*

*Angabe der speziellen Auftragsteile, welche im Werkvertrag vergeben werden.

4. Angebot des jeweils vorgeschlagenen Qualitätssicherungsprüfers

(Bitte als Anlage anschließen!)

4/2f. APAB-Qualitätssicherungsprüfberichtsverordnung – APAB-QPBV

BGBl II 2017/371 idF

1 BGBl II 2021/262

Verordnung der Abschlussprüferaufsichtsbehörde über den Aufbau und die inhaltliche Gestaltung des schriftlichen Prüfberichts des Qualitätssicherungsprüfers (APAB-Qualitätssicherungsprüfberichtsverordnung – APAB-QPBV)

Aufgrund des § 34 des Abschlussprüfer-Aufsichtsgesetzes – APAG, BGBl. I Nr. 83/2016, zuletzt geändert durch das Bundesgesetz BGBl. I Nr. 107/2017, wird verordnet:

§ 1. Der schriftliche Prüfbericht hat sich am folgenden Aufbau zu orientieren und jedenfalls folgende Angaben zu enthalten:

1. Auftrag und Auftragsgegenstand

1.1. Auftragserteilung und –durchführung

1.2. Prüfungszeitraum

1.3. Angaben zum Qualitätssicherungsprüfer

1.4. Bestätigung der Unabhängigkeit gemäß § 30 APAG

2. Angaben zu dem/den Antragsteller(n) (Abschlussprüfer oder Prüfungsgesellschaft(en) bzw. gemeinsamer Prüfungsbetrieb)

3. Planung der Qualitätssicherungsprüfung

3.1. Qualitätsumfeld sowie Feststellung und Beurteilung qualitätsgefährdender Risiken

3.2. Risikobeurteilung und Planung der Qualitätssicherungsprüfung

4. Prüfung der Regelungen zur allgemeinen Organisation des Prüfungsbetriebes (internes Qualitätssicherungssystem)

4.1. Überblick über die Regelungen zur allgemeinen Organisation des Prüfungsbetriebes

4.2. Einhaltung der allgemeinen Berufsgrundsätze gemäß § 23 Abs. 2 Z 1 lit a APAG

4.2.1. Feststellungen

4.2.2. Maßnahmenempfehlungen

4.3. Grundsätze der Honorarkalkulation

4.4. Annahme, Fortführung und vorzeitige Beendigung von Aufträgen gemäß § 23 Abs. 2 Z 1 lit. b APAG

4.4.1. Feststellungen

4.4.2. Maßnahmenempfehlungen

4.5. Mitarbeiterentwicklung gemäß § 23 Abs. 2 Z 1 lit. c APAG

4.5.1. Feststellungen

4.5.2. Maßnahmenempfehlungen

4.6. Gesamtplanung aller Aufträge gemäß § 23 Abs. 2 Z 1 lit. d APAG

4.6.1. Feststellungen

4.6.2. Maßnahmenempfehlungen

4.7. Ausreichender Versicherungsschutz gemäß § 23 Abs. 2 Z 1 lit. e APAG

4.7.1. Feststellungen

4.7.2. Maßnahmenempfehlungen

4.8. Umgang mit Beschwerden und Vorwürfen gemäß § 23 Abs. 2 Z 1 lit. f APAG

4.8.1. Feststellungen

4.8.2. Maßnahmenempfehlungen

4.9. Einhaltung der kontinuierlichen Fortbildungsverpflichtung gemäß § 23 Abs. 2 Z 1 lit. g APAG in Verbindung mit § 56 APAG

4.9.1. Feststellungen

4.9.2. Maßnahmenempfehlungen

5. Prüfung der Regelungen zur Auftragsabwicklung

5.1. Überblick über die Regelungen zur Auftragsabwicklung

5.2. Beurteilung der Angemessenheit

5.2.1. Organisation der Auftragsabwicklung und Anleitung des Auftragsteams sowie Einhaltung der gesetzlichen Vorschriften und der fachlichen Regelungen für die Auftragsabwicklung gemäß § 23 Abs. 2 Z 2 lit. a bis c APAG

5.2.1.1. Feststellungen

5.2.1.2. Maßnahmenempfehlungen

5.2.2. Einholung von fachlichem Rat (Konsultation) und Auslagerung von Prüfungstätigkeiten gemäß § 23 Abs. 2 Z 2 lit. d APAG

5.2.2.1. Feststellungen

5.2.2.2. Maßnahmenempfehlungen

5.2.3. Laufende Überwachung der Auftragsabwicklung gemäß § 23 Abs. 2 Z 2 lit. e APAG

5.2.3.1. Feststellungen

5.2.3.2. Maßnahmenempfehlungen

5.2.4. Abschließende Durchsicht der Arbeitsergebnisse gemäß § 23 Abs. 2 Z 2 lit. f APAG

5.2.4.1. Feststellungen

5.2.4.2. Maßnahmenempfehlungen

5.2.5. Auftragsbegleitende Qualitätssicherung gemäß § 23 Abs. 2 Z 2 lit. g APAG

5.2.5.1. Feststellungen

5.2.5.2. Maßnahmenempfehlungen

5.2.6. Lösung von Meinungsverschiedenheiten gemäß § 23 Abs. 2 Z 2 lit. h APAG

5.2.6.1. Feststellungen

5.2.6.2. Maßnahmenempfehlungen

5.2.7. Ausgestaltung, Abschluss und Archivierung der Arbeitspapiere gemäß § 23 Abs. 2 Z 2 lit. i APAG

5.2.7.1. Feststellungen

5.2.7.2. Maßnahmenempfehlungen

5.3. Beurteilung der Wirksamkeit

5.3.1. Feststellungen im Zusammenhang mit der Planung und Risikoeinschätzung

5.3.2. Feststellungen im Zusammenhang mit der Erlangung von Prüfungsnachweisen

5.3.3. Feststellungen im Zusammenhang mit sonstigen verpflichtenden Prüfungshandlungen

5.3.4. Feststellungen im Zusammenhang mit der Darstellung des Abschlusses

5.3.5. Feststellungen im Zusammenhang mit der abschließenden Durchsicht der Auftragsergebnisse und dem Abschluss der Arbeitspapiere

6. Prüfung der Regelungen zur Überwachung der Angemessenheit und Wirksamkeit des Qualitätssicherungssystems (Interne Nachschau) gemäß § 23 Abs. 2 Z 3 APAG

6.1. Überblick über die Regelungen zur Überwachung der Angemessenheit und Wirksamkeit des Qualitätssicherungssystems

6.2. Feststellungen

6.3. Maßnahmenempfehlungen

7. Sonstige Angaben

7.1. Einhaltung der Meldepflichten gemäß APAG

7.2. Hinweise auf möglicherweise verwirklichte Tatbestände gemäß § 41 Abs. 1 APAG

7.3. Prüfhemmnisse und deren Auswirkungen

7.4. Sonstige Anmerkungen und Hinweise des Qualitätssicherungsprüfers

8. *(aufgehoben, BGBl II 2021/262)*

§ 2. (1) Der schriftliche Prüfbericht hat sich zweckmäßigerweise an dem auf der Internetseite der APAB veröffentlichten Musterprüfbericht zu orientieren.

(2) Feststellungen gemäß § 1 haben neben der Beschreibung des festgestellten Mangels jedenfalls die Angabe der übertretenen Norm (Gesetz oder berufsständische Regelungen), die Einstufung der Schwere des festgestellten Mangels und die Angabe der Ursachen zu enthalten. Bei den Kapiteln 4.2 bis 4.9, 5.2.1. bis 5.2.7. und 6. ist nach den Feststellungen eine Gesamteinstufung des jeweiligen funktionellen Bereiches vorzunehmen.

(3) Unter dem Punkt Maßnahmenempfehlungen können, sofern erforderlich, Empfehlungen zur Beseitigung der festgestellten Mängel angegeben werden.

§ 3. „(1)“ Diese Verordnung tritt mit 1. Jänner 2018 in Kraft. Die Verordnung gilt für Qualitätssicherungsprüfberichte für nach dem Inkrafttreten neu eingebrachte Anträge auf Bestellung eines Qualitätssicherungsprüfers. *(BGBl II 2021/262)*

(2) § 1 Z 8 tritt mit Ablauf des Tages der Kundmachung der Verordnung BGBl. II Nr. 262/2021 außer Kraft. *(BGBl II 2021/262)*

4/2g. APAB-Fortbildungsrichtlinie

Richtlinie der Abschlussprüferaufsichtsbehörde über die kontinuierliche Fortbildung (APAB-Fortbildungsrichtlinie – APAB-FRL)

Aufgrund des § 56 Abs. 6 des Abschlussprüfer-Aufsichtsgesetzes – APAG, BGBl. I Nr. 83/2016 in der Fassung BGBl. I Nr. 107/2017, wird folgende Richtlinie erlassen:

§ 1. Zu den Maßnahmen, die als kontinuierliche Fortbildung anrechenbar sind, gehören insbesondere

1. die Teilnahme an facheinschlägigen Fortbildungsveranstaltungen,
2. facheinschlägiges Selbststudium,
3. facheinschlägige Tätigkeiten als Schriftsteller, Lektor, Vortragender, Prüfungskommissär oder als Mitglied in Fachgremien der Kammer der Wirtschaftstreuhänder, des Instituts Österreichischer Wirtschaftsprüfer, des Instituts Österreichischer Steuerberater, des Österreichischen Rechnungslegungskomitees oder vergleichbarer Organisationen.

§ 2. Von der Fortbildungsverpflichtung betroffen sind gemäß §§ 35 und 36 APAG bescheinigte Abschlussprüfer und jene Mitarbeiter eines bescheinigten Abschlussprüfers oder einer bescheinigten Prüfungsgesellschaft, die an der Durchführung von Abschlussprüfungen maßgeblich in leitender Funktion mitwirken, sowie Prüfer der Revisionsverbände, für die § 16 Abs. 2 des GenRevG 1997 anzuwenden ist, und Prüfer des Sparkassen-Prüfungsverbandes.

§ 3. Die kontinuierliche Fortbildung hat folgende Fachgebiete zu umfassen:

1. Rechnungslegung und externe Finanzberichterstattung, insbesondere
   a) Erstellung von Jahresabschlüssen, Sonderfragen des Jahresabschlusses und der Zwischenabschlüsse und der Inhalt des Lageberichtes,
   b) Jahresabschlussanalyse, Kennzahlen und Kennzahlensysteme,
   c) Planungsrechnung inklusive Fortbestehensprognose,
   d) Konzernrechnungslegung,
   e) Sonderbilanzen unter Berücksichtigung unternehmensrechtlicher und abgabenrechtlicher Vorschriften,
   f) Sonderrechnungslegungsvorschriften,
   g) internationale Rechnungslegungsstandards,
2. Abschlussprüfung, insbesondere
   a) Abschluss- und Sonderprüfungen unter Berücksichtigung der unter Z 1 aufgezählten Bereiche, einschließlich der Berichterstattung im Rahmen der Abschlussprüfung,
   b) Nationale und internationale Prüfungsstandards,
   c) Besonderheiten bei der Prüfung von Unternehmen von öffentlichem Interesse unter Anwendung der Verordnung (EU) Nr. 537/2014 über spezifische Anforderungen an die Abschlussprüfung bei Unternehmen von öffentlichem Interesse,
   d) Abschlussprüfung und Berichterstattung im Finanzdienstleistungsbereich,
   e) Abgabenrecht, soweit für die Abschlussprüfung relevant,
   f) Personalverrechnung, soweit für die Abschlussprüfung relevant,
   g) Prüfung von internen Kontrollsystemen,
   h) Prüfung der IT-Anwendung in der Rechnungslegung,
   i) Prüfung mit technischen Hilfsmitteln und Anwendung von Prüfungssoftware,
   j) Mathematik und Statistik, soweit sie für die Abschlussprüfung relevant sind,
3. materielles Abgabenrecht und Finanzstrafrecht einschließlich der zugehörigen Verfahrensrechte, insbesondere
   a) Betriebswirtschaftliche Steuerlehre, Umgründungssteuerrecht, Rechtsformgestaltung,
   b) Ertragssteuern und Verfassung von Abgabenerklärungen,
   c) Umsatzsteuer und Verfassung von Abgabenerklärungen,
   d) Internationales Steuerrecht,
   e) Verkehrssteuern,
   f) Verbrauchsteuern,
   g) Abgabenverfahren,
   h) Finanzstrafrecht,
4. Bank-, Versicherungs-, Wertpapier-, Börse- und Devisenrecht sowie Rechtsvorschriften zur Bekämpfung der Geldwäsche- und Terrorismusfinanzierung,
5. Rechtslehre, insbesondere
   a) Bürgerliches Recht, insbesondere Schuld-, Sachen- und Erbrecht sowie vertragliche Schuldverhältnisse,
   b) Unternehmensrecht, Gesellschaftsrecht, Genossenschaftsrecht, Stiftungsrecht und Vereinsrecht,
   c) Insolvenzrecht,
   d) Sozialversicherungs- und Arbeitsrecht,
   e) Firmenbuchrecht,
   f) Europarecht auf den Gebieten der Rechnungslegung, der Abschlussprüfung und des Abgabenrechts,

g) Verfassungs- und Verwaltungsrecht, insbesondere Verfahren vor den Verwaltungsgerichten und dem Verwaltungsgerichtshof sowie Verwaltungsstrafrecht, sowie

6. Qualitätssicherung, Risikomanagement und Berufsrecht der Wirtschaftstreuhänder.

§ 4. (1) Das zeitliche Ausmaß der kontinuierlichen Fortbildung hat mindestens 120 Stunden innerhalb eines Durchrechnungszeitraumes von drei Jahren zu betragen, jedoch mindestens 30 Stunden pro Kalenderjahr. Von den 120 Stunden sind mindestens 60 Stunden in folgenden Fachgebieten nachzuweisen:

1. Rechnungslegung und externe Finanzberichterstattung gemäß § 3 Z 1 und
2. Abschlussprüfung gemäß § 3 Z 2,

(2) Fortbildungsmaßnahmen sind in folgendem Ausmaß anrechenbar:

1. facheinschlägigen Fortbildungsveranstaltungen gemäß § 1 Z 1 unbegrenzt,
2. facheinschlägiges Selbststudium im Ausmaß von höchstens 10 Stunden pro Kalenderjahr,
3. facheinschlägige Tätigkeiten gemäß § 1 Z 3 im Ausmaß von höchstens 20 Stunden pro Kalenderjahr.

(3) Lehreinheiten von zumindest 45 Minuten gelten als eine Stunde im Sinne dieser Richtlinie.

§ 5. Die Meldung gemäß § 56 Abs. 4 APAG kann auch mittels Abgabe einer Erlaubniserteilung zur Weiterleitung der Fortbildungsmeldung an die APAB im Online-Meldesystem im Mitgliederportal der Kammer der Wirtschaftstreuhänder, oder mittels des über die Internetseite der APAB zur Verfügung gestellten Formulars, erfolgen.

§ 6. Diese Richtlinie gilt ab 1. Jänner 2018. Über die gesetzlichen Bestimmungen hinausgehende Rechte und Pflichten können aus dieser Richtlinie nicht abgeleitet werden. Die Richtlinie wird auf der Internetseite der APAB veröffentlicht.

4/3. Wirtschaftstreuhandberufs-Prüfungsordnung 2018

Verordnung der Kammer der Steuerberater und Wirtschaftsprüfer über die nähere Ausgestaltung des Prüfungsverfahrens der Fachprüfungen für die Wirtschaftstreuhandberufe (Wirtschaftstreuhandberufs-Prüfungsordnung 2018), in der Fassung ABl-KSW 01/2020

Auf Grund der §§ 19 Abs. 2 und 39 des Wirtschaftstreuhandberufsgesetzes 2017 (WTBG 2017), BGBl. I. Nr. 137/2017, wird durch die Kammer der Steuerberater und Wirtschaftsprüfer verordnet:

Bestellung der Mitglieder des Prüfungsausschusses

§ 1. Die Mitglieder des Prüfungsausschusses haben zum Zeitpunkt ihrer Nominierung durch die Kammer der Steuerberater und Wirtschaftsprüfer oder des Bundesministeriums für Finanzen für die Bestellung als Prüfungskommissär grundsätzlich aufzuweisen:

1. eine mindestens dreijährige qualifizierte Berufspraxis im Bereich der jeweiligen Prüfungsfächer, wobei Wirtschaftstreuhänder zumindest drei Jahre lang wirtschaftstreuhänderische Praxis mit aufrechter Berufsbefugnis, die der jeweiligen Fachprüfung entspricht, nachzuweisen haben. Bei den Prüfungsfächern Qualitätssicherung, Risikomanagement und Berufsrecht der Wirtschaftsprüfer sowie Abschlussprüfung ist bei Wirtschaftsprüfern tunlichst der Nachweis einer aufrechten Registrierung gemäß § 52 APAG bzw. der Nachweis über eine Tätigkeit als auftragsverantwortlicher Prüfer in einem Prüfungsbetrieb, der über eine Registrierung gemäß § 52 APAG verfügt, zu erbringen. Weiters ist tunlichst der Nachweis über eine regelmäßige aktive Prüfungstätigkeit als auftragsverantwortlicher Prüfer zu erbringen.
2. die Sicherung des entsprechenden theoretischen Wissens durch entsprechende Fortbildungsmaßnahmen.

Verpflichtungen der Mitglieder des Prüfungsausschusses

§ 2. Die Mitglieder des Prüfungsausschusses sind verpflichtet, die sich einer Fachprüfung unterziehenden Prüfungskandidaten gewissenhaft, sachgerecht und unparteiisch zu prüfen und die Prüfungsergebnisse der Klausurarbeiten und der mündlichen Prüfung sorgfältig und gerecht zu beurteilen und strengstes Stillschweigen gegenüber jedermann über die Themen der Klausurarbeiten, der mündlichen Prüfung und über die Beratungen und Abstimmungen des Prüfungsausschusses zu wahren.

Erstellung der Klausurarbeiten und Musterlösung

§ 3. (1) Der Vorsitzende für die Fachprüfung Steuerberater und der Vorsitzende für die Fachprüfung Wirtschaftsprüfer sind gemeinsam für den schriftlichen Prüfungsteil aus Betriebswirtschaftslehre, Rechnungslegung und externe Finanzberichterstattung und Rechtslehre zuständig.

(2) Der Vorsitzende für die Fachprüfung Steuerberater ist für den schriftlichen Prüfungsteil aus Abgabenrecht und Finanzstrafrecht einschließlich der zugehörigen Verfahrensrechte zuständig.

(3) Der Vorsitzende für die Fachprüfung Wirtschaftsprüfer ist für den schriftlichen Prüfungsteil aus Abschlussprüfung zuständig.

(4) Der zuständige Vorsitzende für die Fachprüfung teilt oder die Vorsitzenden für die Fachprüfung gemeinsam teilen die Ausarbeitung eines Klausurarbeitsthemas mit einer Musterlösung für die Klausurarbeiten einem Prüfungskommissär zu. Der zuständige Vorsitzende für die Fachprüfung teilt oder die Vorsitzenden für die Fachprüfung gemeinsam teilen in der Folge die Durchsicht des ausgearbeiteten Klausurarbeitsthemas und der Musterlösung bis zu drei weiteren Prüfungskommissären zu. Danach sind das Klausurarbeitsthema und die Musterlösung von dem zuständigen Vorsitzenden für die Fachprüfung oder den Vorsitzenden für die Fachprüfung gemeinsam oder einem von diesem oder von diesen benannten Prüfungskommissär freizugeben. Die Musterlösung dient insbesondere als Hilfestellung für die Begutachtung durch die Prüfungskommissäre.

(5) Die Ausarbeitung von Klausurarbeitsbeispielen mit Musterlösungen im Rahmen der einzelnen Fachgebiete eines Klausurarbeitsthemas kann auch von verschiedenen Erstellern erfolgen. Eine Aufnahme dieser Beispiele in eine Klausurangabe ist erst nach der Freigabe von zumindest zwei Prüfungskommissären, die vom zuständigen Vorsitzenden für die Fachprüfung oder den Vorsitzenden für die Fachprüfungen gemeinsam zu bestimmen sind, zulässig. Die Zusammenstellung der Klausurarbeit sowie der Musterlösung aus den freigegebenen Beispielen und Lösungsteilen ist in diesem Fall Prüfungskommissären zuzuteilen, die nach ihrer Ausbildung und ihrer beruflichen Praxis für das betreffende Fachgebiet in Betracht kommen.

(6) Die Ausarbeitung sowie Zusammenstellung und Durchsicht einer Klausurarbeit mit Musterlösung ist Prüfungskommissären zuzuteilen, die nach ihrer Ausbildung und ihrer beruflichen Praxis für das betreffende Fachgebiet in Betracht kommen.

Durchführung der Klausurarbeiten

§ 4. (1) Die Vorsitzenden für die Fachprüfungen haben für die Ablegung der Klausurarbeiten mindestens zwei Termine jährlich festzulegen.

(2) Die Aufsicht bei den Klausurarbeiten hat ein Prüfungskommissär oder ein entsprechend qualifizierter Mitarbeiter der Kammer der Steuerberater und Wirtschaftsprüfer zu führen. Ein entsprechend fachkundiger Prüfungskommissär hat den Kandidaten für Auskünfte zur Verfügung zu stehen.

(3) Die Unterbrechung einer Klausurarbeit ist nicht gestattet. Die Verwendung von Behelfen ist insoweit zulässig, als der das Klausurthema erstellende Prüfungskommissär sie ausdrücklich zulässt, worauf in der Einladung hinzuweisen ist. Der fachkundige Prüfungskommissär hat, wenn bei der Ablegung der Klausurarbeit unerlaubte Hilfsmittel vom Kandidaten verwendet werden oder eine gegenseitige Hilfeleistung der Prüfungskandidaten untereinander erfolgt, dem betreffenden Kandidaten die Klausurarbeit abzunehmen. Die Klausurarbeit wird in der Folge nicht beurteilt. Wird zu einem späteren Zeitpunkt festgestellt, dass die Klausurarbeit unter der Verwendung von unerlaubten Hilfsmitteln oder durch gegenseitige Hilfeleistung der Prüfungskandidaten erstellt wurde, führt dies zu einer Nichtbeurteilung der betreffenden Arbeit.

Begutachtung der Klausurarbeiten

§ 5. (1) Die Mitglieder des Prüfungsausschusses haben die Klausurarbeiten jeweils innerhalb einer Frist von vier Wochen ab Übernahme zur Beurteilung zu begutachten. Jede Teilklausur einer Klausurarbeit aus dem Fachgebiet materielles Abgabenrecht und Finanzstrafrecht einschließlich der zugehörigen Verfahrensrechte bzw. aus dem Fachgebiet Abschlussprüfung gilt in Bezug auf die Beurteilung als eigenständige Klausurarbeit. Der zuständige Vorsitzende für die Fachprüfung hat oder die Vorsitzenden für die Fachprüfungen gemeinsam haben zur Beurteilung einer Klausurarbeit jeweils zwei Mitglieder des Prüfungsausschusses zu bestimmen. Diese beiden Mitglieder haben jeweils unabhängig voneinander die Arbeit entweder mit „bestanden" oder „nicht bestanden" zu beurteilen. Jede Beurteilung einer Klausurarbeit ist zu begründen. Sofern die Begutachtungsergebnisse einer Klausurarbeit stark voneinander abweichen, können die begutachtenden Mitglieder des Prüfungsausschusses vom zuständigen Vorsitzenden für die Fachprüfung oder von den Vorsitzenden für die Fachprüfungen gemeinsam zur nochmaligen Durchsicht der Klausurarbeit aufgefordert werden.

(2) Beurteilt ein Mitglied des Prüfungsausschusses die Arbeit mit „bestanden" und das andere Mitglied mit „nicht bestanden", so hat der zuständige Vorsitzende für die Fachprüfung oder haben die Vorsitzenden für die Fachprüfung gemeinsam zur Beurteilung der Arbeit ein weiteres Mitglied des Prüfungsausschusses zu bestimmen. Dieses Mitglied hat unabhängig von den beiden ersten Mitgliedern die Arbeit mit „bestanden" oder „nicht bestanden" zu beurteilen. Beurteilt dieses Mitglied die Arbeit mit „nicht bestanden", so gilt sie insgesamt als nicht bestanden. Beurteilt dieses Mitglied die Arbeit mit „bestanden", so gilt sie insgesamt als bestanden. Der zuständige Vorsitzende für die Fachprüfung hat oder die Vorsitzenden für die Fachprüfung gemeinsam haben den Prüfungskandidaten tunlichst innerhalb einer Woche nach Vorliegen der Beurteilung über diese zu informieren.

(3) Jede insgesamt mit „nicht bestanden" beurteilte Klausurarbeit ist dem zuständigen Vorsitzenden für die Fachprüfung oder den Vorsitzenden für die Fachprüfung gemeinsam zur Festlegung einer Frist, nach deren Ablauf die nicht bestandene Klausurarbeit wiederholt werden darf, vorzulegen. Bei der Festsetzung dieser Frist hat der zuständige Vorsitzende für die Fachprüfung oder haben die Vorsitzenden für die Fachprüfung gemeinsam auf das Klausurarbeitsergebnis und den nächstgelegenen Prüfungstermin Rücksicht zu nehmen. Die Mitglieder des Prüfungsausschusses, die eine insgesamt mit „nicht bestanden" beurteilte Klausurarbeit begutachtet haben, haben dem zuständigen Vorsitzenden für die Fachprüfung oder den Vorsitzenden für die Fachprüfung gemeinsam einen Vorschlag über die Länge der zu setzenden Frist zu erstatten.

(4) Nach Abschluss aller Klausurarbeitsbegutachtungen ist die Klausurarbeit mit ausgearbeiteter Musterlösung im Internet auf der Homepage der Kammer der Steuerberater und Wirtschaftsprüfer zu veröffentlichen.

(5) Die Klausurarbeit ist dem Kammeramt der Kammer der Steuerberater und Wirtschaftsprüfer zu übergeben und von diesem mindestens zehn Jahre aufzubewahren.

Inhalte der Klausurarbeiten

§ 6. (1) Die Klausurarbeit aus dem Fachgebiet Betriebswirtschaftslehre hat die Ausarbeitung von Prüfungsfragen aus folgenden Fachgebieten zu umfassen:

1. Kosten- und Leistungsrechnung einschließlich kurzfristige Erfolgsrechnung,
2. Planungsrechnung inklusive Fortbestehensprognose,
3. Investition und Finanzierung einschließlich Unternehmensbewertung,
4. Jahresabschlussanalyse, Kennzahlen und Kennzahlensysteme.

(2) Die Klausurarbeit aus dem Fachgebiet Rechnungslegung und externe Finanzberichterstattung hat die Ausarbeitung von Prüfungsfragen aus folgenden Fachgebieten zu umfassen:

1. Erstellung von Jahresabschlüssen, Sonderfragen des Jahresabschlusses und Inhalt des Lageberichtes,
2. Grundzüge der Konzernrechnungslegung,
3. Grundzüge der internationalen Rechnungslegung,
4. Grundzüge der Personalverrechnung.

(3) Die Klausurarbeit aus dem Fachgebiet Rechtslehre hat die Ausarbeitung von Prüfungsfragen aus folgenden Fachgebieten zu umfassen:

1. Insolvenzrecht,
2. Unternehmensrecht, Gesellschaftsrecht inklusive Genossenschaftsrecht und Stiftungsrecht, Vereinsrecht,
3. Bürgerliches Recht unter besonderer Berücksichtigung des Schuld-, Sachen- und Erbrechts sowie der vertraglichen Schuldverhältnisse.

(4) Die Klausurarbeit aus dem Fachgebiet materielles Abgabenrecht und Finanzstrafrecht einschließlich der zugehörigen Verfahrensrechte ist auf zwei Teile aufzuteilen, die separat absolviert und beurteilt werden. Diese Klausur hat die Ausarbeitung von Prüfungsfragen aus folgenden Fachgebieten zu umfassen:

I. Teil:
1. Ertragsteuern und Verfassung von Abgabenerklärungen,
2. Umgründungssteuergesetz, Rechtsformgestaltung und betriebswirtschaftliche Steuerlehre.

II. Teil:
1. Umsatzsteuer und Verbrauchsteuern und Verfassung von Abgabenerklärungen,
2. Abgabenverfahren,
3. Finanzstrafrecht.

(5) Die Klausurarbeit aus dem Fachgebiet Abschlussprüfung ist auf zwei Teile aufzuteilen, die separat absolviert und beurteilt werden. Diese Klausur hat die Ausarbeitung von Prüfungsfragen aus folgenden Fachgebieten zu umfassen:

I. Teil:
1. Gesetzliche Vorschriften und berufliche Standards für die Durchführung von Abschlussprüfungen (auf Basis der auch in Österreich verpflichtend anzuwendenden Internationalen Prüfungsstandards (International Standards on Auditing),
2. Prüfungswesen und berufsspezifische Fertigkeiten (einschließlich Prüfung mit technischen Hilfsmitteln und Anwendung von Prüfungssoftware) unter besonderer Berücksichtigung der Prüfung des internen Kontrollsystems,
3. Berichterstattung im Rahmen der Abschlussprüfung.

II. Teil:
1. Prüfungen von Konzernabschlüssen und Abschlüssen nach internationalen Rechnungslegungsgrundsätzen und nach sondergesetzlichen und gesellschaftsrechtlichen Vorschriften sowie andere sonstige Prüfungen und Berichterstattung darüber,
2. Besonderheiten bei der Prüfung von Unternehmen von öffentlichem Interesse unter Anwendung der Verordnung (EU) Nr. 537/2014,
3. Abgabenrecht, soweit für die Abschlussprüfung relevant.

Dauer der Klausurarbeiten

§ 7. (1) Die Prüfungsfragen der Klausurarbeiten gemäß § 6 Abs. 1 bis 3 sind so zu stellen, dass diese vom Bewerber in jeweils 3 Stunden ausgearbeitet werden können. Die Klausurarbeit ist nach dreieinhalb Stunden zu beenden.

(2) Die Prüfungsfragen der Klausurarbeiten gemäß § 6 Abs. 4 und 5 sind so zu stellen, dass diese vom Bewerber in jeweils sechs Stunden ausgearbeitet werden können. Die Klausurarbeit aus dem Fachgebiet materielles Abgabenrecht und Finanzstrafrecht einschließlich der zugehörigen Verfahrensrechte ist in zwei Teilen abzuhalten, wobei die erste Teilklausur 210 Minuten Ausarbeitungszeit und die zweite Teilklausur 150 Minuten Ausarbeitungszeit umfassen. Die erste Teilklausur ist nach 250 Minuten und die zweite Teilklausur nach 170 Minuten zu beenden, zwischen den beiden Teilklausuren liegt eine Pause von max. 60 Minuten. Die Klausurarbeit aus dem Fachgebiet Abschlussprüfung ist in zwei Teilen abzuhalten, wobei beide Teilklausuren jeweils 180 Minuten umfassen. Beide Teilklausuren sind jeweils nach 210 Minuten zu beenden, zwischen den beiden Teilklausuren liegt eine Pause von max. 60 Minuten.

Mündliche Prüfung

§ 8. (1) Der Vorsitzende für die Fachprüfung Steuerberater ist für den mündlichen Prüfungsteil der Fachprüfung Steuerberater zuständig. Der Vorsitzende für die Fachprüfung Wirtschaftsprüfer ist für den mündlichen Prüfungsteil der Fachprüfung Wirtschaftsprüfer zuständig.

(2) Der zuständige Vorsitzende für die Fachprüfung hat die Termine für die Ablegung der mündlichen Prüfungen festzusetzen. Diese Termine sind im Internet auf der Homepage der Kammer der Steuerberater und Wirtschaftsprüfer kundzumachen.

(3) Der zuständige Vorsitzende für die Fachprüfung hat den Prüfungskommissären unter Berücksichtigung ihrer Ausbildung und beruflichen Praxis die Fachgebiete zu den jeweiligen Prüfungsterminen anhand der Zuteilung gemäß § 25 Abs. 4 WTBG 2017 zuzuteilen, wobei er selbst ein Fachgebiet übernehmen kann. Dabei können einem Prüfungskommissär auch mehrere Fachgebiete zugeteilt werden und auch mehrere Prüfungskommissäre können für ein Fachgebiet zugeteilt werden, wenn das erforderlich oder zweckmäßig ist.

(4) Das Kammeramt der Kammer der Steuerberater und Wirtschaftsprüfer hat die Prüfungskommissäre, welche die Prüfungen abzuhalten haben, unter Bekanntgabe des Ortes und der Zeit und der Teilnehmer der Sitzung, der Tagesordnung und der Namen der Prüfungskandidaten zwei Wochen vor dem Prüfungstermin schriftlich einzuladen. Ist ein Mitglied verhindert, so hat es das Kammeramt so rechtzeitig zu verständigen, dass sein Stellvertreter noch eingeladen werden kann.

(5) Die Zusammensetzung der Prüfungskommissionen ist den Kandidaten vor der Prüfung nicht bekannt zu geben. Zu Beginn der Prüfung hat der Vorsitzende der Prüfungskommission den Prüfungskandidaten die einzelnen Prüfungskommissäre vorzustellen.

(6) Die mündliche Prüfung hat mindestens eine und höchstens zwei Stunden je Prüfungskandidat zu dauern und ist mit höchstens drei Prüfungskandidaten gleichzeitig abzuhalten. Sie ist innerhalb eines Tages durchzuführen.

(7) Der zuständige Vorsitzende für die Fachprüfung hat für die Abhaltung des mündlichen Prüfungsteiles für die einzelnen Prüfungsfächer entsprechende Zeitvorgaben zu erteilen.

(8) Beurteilt die Prüfungskommission den Erfolg der mündlichen Prüfung in einzelnen Prüfungsfächern mit „nicht bestanden", so ist der Prüfungskandidat berechtigt, den mündlichen Prüfungsteil zu wiederholen. Die Wiederholung des mündlichen Prüfungsteiles hat nur die nicht bestandenen Prüfungsfächer zu umfassen. Die Dauer einer mündlichen Teilprüfung hat sich entsprechend dem Umfang der Teilprüfung im Verhältnis zum Umfang der gesamten mündlichen Prüfung zu verringern.

(9) Bei Festlegung der Frist, nach deren Ablauf die nicht bestandenen mündlichen Prüfungsfächer wiederholt werden dürfen, hat die Prüfungskommission auf das Prüfungsergebnis Rücksicht zu nehmen.

(10) Vom Vorsitzenden der Prüfungskommission sind nur so viele Zuhörer zuzulassen, als in Ansehung der räumlichen Verhältnisse dadurch eine Beeinträchtigung des Prüfungsablaufes nicht zu erwarten ist.

(11) Während der Prüfung sind keine Zuhörer in den Prüfungsraum einzulassen.

(12) Die Beratung und Abstimmung der Prüfungskommission über die Beurteilung der mündlichen Prüfung sind geheim.

(13) Die Aufsichtsbehörde ist berechtigt, zur Überwachung des Prüfungsvorganges Vertreter zur Prüfung zu entsenden und in die Prüfungsakten Einsicht zu nehmen.

Inhalte des mündlichen Prüfungsteils

§ 9. (1) Qualitätssicherung, Risikomanagement und Berufsrecht der Wirtschaftstreuhänder, insbesondere im Hinblick auf die Tätigkeit als Steuerberater oder Wirtschaftsprüfer

(2) Der mündliche Prüfungsteil aus dem Fachgebiet Betriebswirtschaftslehre hat insbesondere die Beantwortung der Prüfungsfragen aus folgenden Fachgebieten zu umfassen:

1. Kosten- und Leistungsrechnung einschließlich kurzfristige Erfolgsrechnung,
2. Planungsrechnungen inkl. Fortbestehensprognose,
3. Investition und Finanzierung einschließlich Unternehmensbewertung,
4. Jahresabschlussanalyse, Kennzahlen und Kennzahlensysteme

(3) Der mündliche Prüfungsteil aus dem Fachgebiet Rechnungslegung und externe Finanzberichterstattung hat insbesondere die Beantwortung der Prüfungsfragen aus folgenden Fachgebieten zu umfassen:

1. Erstellung von Jahresabschlüssen, Sonderfragen des Jahresabschlusses und Inhalt des Lageberichtes,
2. Sonderbilanzen unter Berücksichtigung unternehmensrechtlicher und steuerrechtlicher Vorschriften,
3. Grundzüge der Konzernrechnungslegung,
4. Grundzüge der Personalverrechnung,
5. Grundzüge der internationalen Rechnungslegungsstandards.

(4) Der mündliche Prüfungsteil aus dem Fachgebiet Rechtslehre hat insbesondere die Beantwortung der Prüfungsfragen aus folgenden Fachgebieten zu umfassen:

1. Bürgerliches Recht unter besonderer Berücksichtigung des Schuld-, Sachen- und Erbrechts sowie der vertraglichen Schuldverhältnisse,
2. Unternehmensrecht, Gesellschaftsrecht inklusive Genossenschaftsrecht und Stiftungsrecht, Vereinsrecht,
3. Insolvenzrecht,
4. Sozialversicherungs- und Arbeitsrecht,
5. Grundzüge des Europarechts,
6. Grundzüge des Wertpapierrechts,
7. Firmenbuchrecht.

(5) Der mündliche Prüfungsteil aus dem Fachgebiet materielles Abgabenrecht und Finanzstrafrecht einschließlich der zugehörigen Verfahrensrechte hat insbesondere die Beantwortung der Prüfungsfragen aus folgenden Fachgebieten zu umfassen:

1. Betriebswirtschaftliche Steuerlehre, Umgründungssteuerrecht, Rechtsformgestaltung,
2. Ertragsteuern und Verfassung von Abgabenerklärungen,
3. Umsatzsteuer und Verfassung von Abgabenerklärungen,
4. Internationales Steuerrecht,
5. Verkehrssteuern,
6. Verbrauchsteuern,
7. Abgabenverfahren,
8. Finanzstrafrecht,
9. Grundzüge des Verfassungs- und Verwaltungsrechts mit den Schwerpunkten Verfahren vor den Verwaltungsgerichten und dem Verwaltungsgerichtshof,
10. Grundzüge des Verwaltungsstrafrechts.

(6) Der mündliche Prüfungsteil aus dem Fachgebiet Abschlussprüfung hat insbesondere die Beantwortung der Prüfungsfragen aus folgenden Fachgebieten zu umfassen:

1. Gesetzliche Vorschriften und berufliche Standards für die Durchführung von Abschlussprüfungen (auf Basis der auch in Österreich verpflichtend anzuwendenden Internationalen Prüfungsstandards (International Standards on Auditing)
2. Prüfungswesen und berufsspezifische Fertigkeiten (einschließlich Prüfung mit tech-

nischen Hilfsmitteln und Anwendung von Prüfungssoftware) unter besonderer Berücksichtigung der Prüfung des internen Kontrollsystems,

3. Berichterstattung im Rahmen der Abschlussprüfung,
4. Prüfungen von Konzernabschlüssen und Abschlüssen nach internationalen Rechnungslegungsgrundsätzen und nach sondergesetzlichen und gesellschaftsrechtlichen Vorschriften sowie andere sonstige Prüfungen und Berichterstattung darüber,
5. Besonderheiten bei der Prüfung von Unternehmen von öffentlichem Interesse unter Anwendung der Verordnung (EU) Nr. 537/2014,
6. Prüfung der IT-Anwendung in der Rechnungslegung,
7. Besondere Kenntnisse der Kapitalgesellschaften, der Genossenschaften und der Stiftungen und Corporate Governance,
8. Und die folgende Fachgebiete, soweit für die Abschlussprüfung relevant:
   – Abgabenrecht,
   – Grundzüge der Volkswirtschaftslehre, Finanzwissenschaft, Mathematik, Statistik, des Bank-, Versicherungs-, Börse- und Devisenrechts und der Sonderrechnungslegungsvorschriften.

Sitzungsleitung

§ 10. (1) Der Vorsitzende der Prüfungskommission hat die mündliche Prüfung zu eröffnen, zu leiten und zu schließen sowie für einen geordneten Prüfungsablauf Sorge zu tragen. Er ist auch berechtigt, Zuhörer des Prüfungsraumes zu verweisen.

(2) Der Vorsitzende der Prüfungskommission hat bei Abstimmungen festzustellen, ob für einen Beschluss die erforderliche Stimmenmehrheit erzielt worden ist.

Niederschrift

§ 11. (1) Die Niederschrift hat die Namen der anwesenden Mitglieder der Prüfungskommission, den Hergang der Prüfung in den wesentlichen Zügen, die Prüfungsergebnisse und die gefassten Beschlüsse wiederzugeben. Zusätzlich können die mündlichen Prüfungen per Video- bzw Tonmitschnitt vom Kammeramt aufgenommen werden.

(2) Die Niederschrift ist unmittelbar nach der Prüfung dem Kammeramt der Kammer der Steuerberater und Wirtschaftsprüfer zu übergeben. Die Niederschrift und der Video- bzw Tonmitschnitt sind vom Kammeramt zehn Jahre aufzubewahren.

Prüfungszeugnisse und -bestätigungen

§ 12. (1) Das Prüfungszeugnis hat jedenfalls folgende Angaben zu enthalten:

1. Mitglieder der Prüfungskommission,
2. Vor- und Zunamen des Prüfungskandidaten,
3. Geburtsdatum und -ort des Prüfungskandidaten,
4. Datum der Prüfung und
5. Bezeichnung der bestandenen Fachprüfung.

(2) Die Bestimmungen des Abs. 1 gelten auch für die Bestätigung über die positive Ablegung einzelner Prüfungsfächer mit der Maßgabe, dass diese zusätzlich anzuführen sind.

Höhe der Prüfungsgebühren

§ 13. (1) Die vom Prüfungswerber zu entrichtende Prüfungsgebühr beträgt

1. für die Fachprüfung 850 €,
2. bei bereits erfolgreich bestandener Fachprüfung nach dem WTBG 2017 550 € und
3. bei bereits erfolgreich bestandener Fachprüfung nach dem WTBG 1999 650 €,
4. für die Eignungsprüfung gemäß § 7 Abs 7 und 8 WTBG 2017 650 €.

(2) Wird ein Prüfungswerber nicht zur Ablegung der von ihm angestrebten Fachprüfung zugelassen, dann ist die Prüfungsgebühr möglichst gleichzeitig mit der Zustellung des Bescheides zu refundieren.

(3) Die vom Prüfungskandidaten zu entrichtende Prüfungsgebühr im Falle der Wiederholung einer Klausurarbeit beträgt für die Fachprüfung 200 €.

(4) Für die Wiederholung der mündlichen Prüfung beträgt die Prüfungsgebühr pro Prüfungsfach bei der Fachprüfung 130 €.

(5) Die Prüfungsgebühr für die Wiederholung eines Prüfungsteiles ist vom Prüfungskandidaten vor der Einladung zur Wiederholung des jeweiligen Prüfungsteiles zu entrichten.

(6) Wenn der Prüfungswerber nachweist, dass die Entrichtung der Prüfungsgebühr in der sich aus den Abs. 1, 3 und 4 ergebenden Höhe für ihn wegen seiner Einkommensverhältnisse, insbesondere unter Berücksichtigung allfälliger Sorgepflichten, eine erhebliche wirtschaftliche Härte darstellt, dann ist über seinen Antrag die Prüfungsgebühr vom Kammeramt der Kammer der Steuerberater und Wirtschaftsprüfer entsprechend den Einkommensverhältnissen und Sorgepflichten des Prüfungswerbers zu ermäßigen. Die Prüfungsgebühr ist mit mindestens zwei Fünftel des sich aus den Abs. 1, 3 und 4 ergebenden Betrages festzusetzen.

Verschwiegenheitspflicht der Kammermitarbeiter

§ 14. Die mit dem Prüfungsverfahren befassten Mitarbeiter der Kammer der Steuerberater und Wirtschaftsprüfer sind vom Kammeramt der Kammer der Steuerberater und Wirtschaftsprüfer nachweislich gegenüber jedermann zu strengstem Stillschweigen über die Beratungen und Abstimmungen der Prüfungsausschüsse sowie alle im Zusammenhang mit dem Prüfungsverfahren bekannt werdenden Tatsachen zu verpflichten.

Inkrafttreten

§ 15. Diese Verordnung tritt mit Ablauf des Tages ihrer Kundmachung im Amtsblatt der Kammer der Steuerberater und Wirtschaftsprüfer in Kraft.

Beschlussfassung – Kundmachung

§ 16. Diese Verordnung wurde vom Kammertag der Kammer der Steuerberater und Wirtschaftsprüfer in seiner Sitzung am 11.6.2018 gemäß § 161 Abs. 2 Z 6 Wirtschaftstreuhandberufsgesetz BGBl I Nr. 137/2017 beschlossen und mit Zustimmung des Bundesministers für Wissenschaft, Forschung und Wirtschaft, Erlass Zl. BMDW-38.600/0010-I/3/2018 vom 28.6.20118, im Amtsblatt der Kammer der Steuerberater und Wirtschaftsprüfer Nr. 2/2018 sowie auf der Website der Kammer der Steuerberater und Wirtschaftsprüfer veröffentlicht.

Schlussbestimmungen

§ 17. Soweit in dieser Verordnung personenbezogene Bezeichnungen nur in männlicher Form angeführt sind, beziehen sie sich auf Frauen und Männer in gleicher Weise. Bei der Anwendung auf bestimmte Personen ist jeweils die geschlechtsspezifische Form zu verwenden.

4/4. Wirtschaftstreuhandberufs-Anrechnungsverordnung 2018

Verordnung der Kammer der Steuerberater und Wirtschaftsprüfer über die Anrechnung von Prüfungsteilen gemäß § 239 Abs. 6 Wirtschaftstreuhandberufsgesetz 2018 (Wirtschaftstreuhandberufs-Anrechnungsverordnung 2018), in der Fassung ABl-KSW 02/2018

Auf Grund § 239 Abs. 6 Wirtschaftstreuhandberufsgesetz 2017 wird durch die Kammer der Steuerberater und Wirtschaftsprüfer verordnet:

§ 1. (1) Prüfungskandidaten, die nach den Bestimmungen des Wirtschaftstreuhandberufsgesetzes, BGBl I Nr. 58/1999, in der Fassung des Bundesgesetzes BGBl I Nr. 50/2016, Prüfungsteile einer Fachprüfung bereits erfolgreich abgelegt haben, sind von der Ablegung der Fachprüfung gemäß § 22 Wirtschaftstreuhandberufsgesetz 2017 (WTBG 2017,BGBl. I. Nr. 137/2017) wie folgt befreit:

1. Prüfungskandidaten, die die Klausur gemäß § 29 Abs. 2 Wirtschaftstreuhandberufsgesetz, BGBl I Nr. 58/1999, in der Fassung des Bundesgesetzes BGBl I Nr. 50/2016 erfolgreich abgelegt haben, sind befreit von der Ablegung der Klausur gemäß § 22 Abs. 5 WTBG 2017; in diesem Fall ist im mündlichen Prüfungsteil der Fachprüfung für Steuerberater zusätzlich ein besonderer Schwerpunkt auf die Fachgebiete Abgabenverfahren und Finanzstrafrecht zu legen.
2. Prüfungskandidaten, die die Klausur gemäß § 29 Abs. 3 Wirtschaftstreuhandberufsgesetz, BGBl I Nr. 58/1999, in der Fassung des Bundesgesetzes BGBl I Nr. 50/2016 erfolgreich abgelegt haben, sind von der Ablegung der Klausuren gemäß § 22 Abs. 2 und Abs. 3 WTBG 2017 befreit. In diesem Fall ist im mündlichen Prüfungsteil der Fachprüfung für Steuerberater und der Fachprüfung für Wirtschaftsprüfer zusätzlich ein besonderer Schwerpunkt auf die Fachgebiete Grundzüge der Konzernrechnungslegung, Grundzüge der internationalen Rechnungslegung und Grundzüge der Personalverrechnung zu legen.
3. Prüfungskandidaten, die die Klausur gemäß § 34 Abs. 2 Wirtschaftstreuhandberufsgesetz, BGBl I Nr. 58/1999, in der Fassung des Bundesgesetzes BGBl I Nr. 50/2016 erfolgreich abgelegt haben, sind von der Ablegung der Klausuren gemäß § 22 Abs. 3 WTBG 2017 befreit. In diesem Fall ist im mündlichen Teil der Fachprüfung für Steuerberater und der Fachprüfung für Wirtschaftsprüfer zusätzlich ein besonderer Schwerpunkt auf das Fachgebiet Grundzüge der Personalverrechnung zu legen.
4. Prüfungskandidaten, die die Klausur gemäß § 34 Abs. 3 Wirtschaftstreuhandberufsgesetz, BGBl I Nr. 58/1999, in der Fassung des Bundesgesetzes BGBl I Nr. 50/2016 erfolgreich abgelegt haben, sind von der Ablegung der Klausur gemäß § 22 Abs. 6 WTBG 2017 befreit. In diesem Fall ist im mündlichen Teil der Fachprüfung für Wirtschaftsprüfer zusätzlich ein besonderer Schwerpunkt auf das Fachgebiet Steuerrecht, insoweit für die Abschlussprüfung relevant zu legen. Der besondere Schwerpunkt entfällt insoweit die Klausur gemäß § 29 Abs 2 Wirtschaftstreuhandberufsgesetz, BGBl I Nr. 58/1999, in der Fassung des Bundesgesetzes BGBl I Nr. 50/2016 erfolgreich abgelegt wurde.
5. Prüfungskandidaten, die die Klausur gemäß § 34 Abs. 4 Wirtschaftstreuhandberufsgesetz, BGBl I Nr. 58/1999, in der Fassung des Bundesgesetzes BGBl I Nr. 50/2016 erfolgreich abgelegt haben, sind von der Ablegung der Klausur gemäß § 22 Abs. 4 WTBG 2017 befreit. In diesem Fall ist im mündlichen Teil der Fachprüfung für Steuerberater und der Fachprüfung für Wirtschaftsprüfer zusätzlich ein besonderer Schwerpunkt auf das Fachgebiet Bürgerliches Recht zu legen.

(2) Prüfungskandidaten, die nach den Bestimmungen des Wirtschaftstreuhandberufsgesetzes, BGBl I Nr. 58/1999, in der Fassung des Bundesgesetzes BGBl I Nr. 50/2016, die Fachprüfung für Steuerberater gemäß § 28 erfolgreich abgelegt haben, sind von der Ablegung der mündlichen Prüfungsteile gemäß § 23 Abs. 1 in Verbindung mit § 22 Abs. 2 und 3 Wirtschaftstreuhandberufsgesetz 2017 insoweit befreit, als nur mehr der mündliche zusätzliche Schwerpunkt gemäß § 1 Abs. 1 Z 2 abgelegt werden muss.

Inkrafttreten

§ 2. Diese Verordnung tritt mit Ablauf des Tages ihrer Kundmachung im Amtsblatt der Kammer der Steuerberater und Wirtschaftsprüfer in Kraft.

Beschlussfassung – Kundmachung

§ 3. Diese Verordnung wurde vom Kammertag der Kammer der Steuerberater und Wirtschaftsprüfer in seiner Sitzung am 11.6.2018 gemäß § 161 Abs. 2 Z 6 Wirtschaftstreuhandberufsgesetz BGBl I Nr. 137/2017 beschlossen und mit Zustimmung des Bundesministers für Wissenschaft, Forschung und Wirtschaft, Erlass Zl. BMDW-38.600/0010-I/3/2018 vom 28.6.2018, im Amtsblatt der Kammer der Steuerberater und Wirtschaftsprüfer Nr. 2/2018 sowie auf der Website der Kammer der Steuerberater und Wirtschaftsprüfer veröffentlicht.

Schlussbestimmungen

§ 4. Soweit in dieser Verordnung personenbezogene Bezeichnungen nur in männlicher Form angeführt sind, beziehen sie sich auf Frauen und Männer in gleicher Weise. Bei der Anwendung auf bestimmte Personen ist jeweils die geschlechtsspezifische Form zu verwenden.

4/5. Fachprüfungszulassungsverordnung 2017[1]

Verordnung der Kammer der Wirtschaftstreuhänder über die Zulassung zur Fachprüfung 2017 (Fachprüfungszulassungsverordnung 2017), ABl-KWT Sondernummer II/2017 idF ABl-KSW 02/2021

Auf Grund des § 13 Abs. 4 des Wirtschaftstreuhandberufsgesetzes 2017 (WTBG 2017), BGBl. I. Nr. 137/2017, wird durch die Kammer der Wirtschaftstreuhänder verordnet:

Facheinschlägige Ausbildungen

§ 1. (1) Erfolgreich absolvierte Hochschulstudien oder Fachhochschulstudien der Studienrichtungen der Rechtswissenschaften sowie der Sozial- und Wirtschaftswissenschaften sind gemäß § 13 Abs. 1 Wirtschaftstreuhandberufsgesetz 2017 facheinschlägig.

(2) Erfolgreich absolvierte Hochschulstudien oder Fachhochschulstudien, die gemäß Abs. 1 nicht erfasst sind, sind gemäß § 13 Abs. 1 Wirtschaftstreuhandberufsgesetz 2017 facheinschlägig, wenn sie in den Fachgebieten der Rechtswissenschaften sowie der Sozial- und Wirtschaftswissenschaften in Summe einen Arbeitsaufwand von zumindest 90 ECTS-Anrechnungspunkten aufweisen.

(3) Weist ein Studium gemäß Abs. 2 in den angeführten Fachgebieten in Summe einen Arbeitsaufwand von weniger als 90 ECTS-Anrechnungspunkten auf, so können bis zu 30 ECTS-Anrechnungspunkte im Rahmen einer weiteren universitären oder Fachhochschul-Ausbildung nachgewiesen werden.

Inkrafttreten

§ 2. (1) Diese Verordnung tritt mit Ablauf des Tages ihrer Kundmachung im Amtsblatt der Kammer der Wirtschaftstreuhänder in Kraft.

(2) § 1 Abs. 2 in der Fassung der Verordnung der Kammer der Steuerberater und Wirtschaftsprüfer vom 12.5.2021, mit der die Fachprüfungszulassungsverordnung 2017 geändert wird, tritt mit Ablauf des Tages der Kundmachung im Amtsblatt der Kammer der Steuerberater und Wirtschaftsprüfer in Kraft.

Beschlussfassung – Kundmachung

§ 3. (1) Diese Verordnung wurde vom Vorstand der Kammer der Wirtschaftstreuhänder per Umlaufbeschluss gemäß § 157 Abs. 3 Z. 1 Wirtschaftstreuhandberufsgesetz BGBl I Nr. 137/2017 beschlossen und mit Zustimmung des Bundesministers für Wissenschaft, Forschung und Wirtschaft, Erlass Zl. 38.600/0033-I/3/17 vom 13.12.2017, im Amtsblatt der Kammer der Wirtschaftstreuhänder Sondernummer II/2017 sowie auf der Website der Kammer der Wirtschaftstreuhänder veröffentlicht.

(2) Die Fachprüfungszulassungsverordnung der Kammer der Steuerberater und Wirtschaftsprüfer vom 12.5.2021, mit der die Fachprüfungszulassungsverordnung 2017 geändert wird, wurde vom Vorstand der Kammer der Steuerberater und Wirtschaftsprüfer in seiner Sitzung am 12. Mai 2021 gemäß § 157 Abs. 3 Z 1 Wirtschaftstreuhandberufsgesetz 2017 beschlossen und wurde mit Zustimmung der Bundesministerin für Digitalisierung und Wirtschaftsstandort, Erlass Zl . BMDW 2021-0.484.502 vom 12.07.2021, im Amtsblatt der Kammer der Steuerberater und Wirtschaftsprüfer Nummer 02/2021 kundgemacht sowie auf der Website der Kammer der Steuerberater und Wirtschaftsprüfer veröffentlicht.

[1] Die Verordnung der Kammer der Steuerberater und Wirtschaftsprüfer über die Zulassung zur Fachprüfung 2017 (Fachprüfungszulassungsverordnung 2017) wurde vom Vorstand der Kammer der Wirtschaftstreuhänder per Umlaufbeschluss gemäß § 157 Abs. 3 Z 1 Wirtschaftstreuhandberufsgesetz BGBl I Nr. 137/2017 beschlossen und im ABl-KWT Sondernummer II/2017 veröffentlicht. Die Änderungen der § 1 Abs. 2 und §§ 2 und 3 wurden am 12.5.2021 vom Vorstand der KSW beschlossen und im ABl-KSW 02/2021 veröffentlicht.

4/6a. Schlichtungsordnung-KSW 2017

Verordnung der Kammer der Steuerberater und Wirtschaftsprüfer, mit der die Schlichtungsordnung der Kammer der Steuerberater und Wirtschaftsprüfer (Schlichtungsordnung-KSW 2017) erlassen wird.

Auf Grund des § 76 Abs 7 des Wirtschaftstreuhandberufsgesetzes 2017, BGBl I Nr. 137/2017 wird verordnet:

Schlichtungsordnung

§ 1. (1) Gemäß § 76 Abs. 1WTBG 2017 sind Streitigkeiten zwischen Berufsberechtigten untereinander oder mit Berufsanwärtern hinsichtlich Berufsausübung oder Tätigkeit in der Standesvertretung der Kammer vor Beschreiten des Rechtsweges zur Schlichtung vorzulegen.

(2) Zur Schlichtung der Streitfälle ist gemäß § 76 Abs. 3 WTBG 2017 der am Sitz jeder Landesstelle eingerichtete Schlichtungsausschuss mit örtlicher Zuständigkeit für das betreffende Bundesland berufen.

(3) Die örtliche Zuständigkeit richtet sich nach dem Berufssitz, in Ermangelung eines solchen nach dem Hauptwohnsitz der beteiligten Berufsberechtigten. Haben die Streitteile ihren Berufssitz (in Ermangelung eines solchen ihren Hauptwohnsitz) in verschiedenen Bundesländern, so ist der zuerst angerufene Schlichtungsausschuss zuständig. Haben beide Streitteile ihren Berufssitz (in Ermangelung eines solchen ihren Hauptwohnsitz) nicht in Österreich, so ist der Schlichtungsausschuss in Wien zuständig.

(4) Die Kammer gilt als befasst gemäß § 76 Abs. 6 WTBG 2017, wenn die Eingabe beim zuständigen Schlichtungsausschuss einlangt.

(5) Wird ein unzuständiges Organ innerhalb der Kammer der Wirtschaftstreuhänder vom Einschreiter angerufen, so ist die Eingabe an den für den Einschreiter zuständigen Schlichtungsausschuss unverzüglich weiterzuleiten. Die Streitteile können aus wichtigen Gründen die Zuständigkeit eines Schlichtungsausschusses eines anderen Bundeslandes vereinbaren.

(6) Als Disziplinaranzeigen bezeichnete, aber als Schlichtungsbegehren zu qualifizierende Anbringen, die die Schädigung persönlicher Interessen des Einschreiters zum Inhalt haben, sind vom Kammeramt bzw. vom Vorsitzenden des Disziplinarrates von Amts wegen zum Zwecke einer vorgängigen Schlichtung an den örtlich nach dem Berufssitz (Hauptwohnsitz) des Angezeigten zuständigen Schlichtungsausschuss zu übermitteln.

(7) Die Sitzungen des Senates des Schlichtungsausschusses sind nicht öffentlich.

§ 2. Die Schlichtung ist auf Grundlage kollegialer Achtung, rasch, in unbürokratischer Weise, mit dem Ziel der Förderung bzw. Herstellung persönlichen Einvernehmens durchzuführen.

§ 3. Streitigkeiten in Disziplinarangelegenheiten gemäß § 128 WTBG 2017 sind der Kammer der Wirtschaftstreuhänder als berufsspezifische Angelegenheit zur Schlichtung vorzulegen, wenn der Einschreiter eine Verletzung persönlicher Interessen durch einen anderen Berufsberechtigten (Berufsanwärter) behauptet.

§ 4. Der Senatsvorsitzende (und sein Stellvertreter) sowie die Senatsmitglieder (und ihre Ersatzmitglieder) sind vom Kammervorstand über Vorschlag des zuständigen Landesleiters zu bestellen. Die Bestellung hat jeweils spätestens in der der konstituierenden Sitzung des Vorstandes zweitfolgenden Sitzung zu erfolgen. Mit der Bestellung endet die Funktionsdauer der bisherigen Ausschussmitglieder.

§ 5. (1) Der Vorsitzende des Senates setzt zur Schlichtung des Streitfalles eine mündliche Verhandlung an.

(2) Die Streitteile sind mittels bescheinigter Postsendung oder fernmündlich spätestens acht Tage vorher unter Angabe von Zeit, Ort und Gegenstand der Verhandlung zu laden.

(3) Die Verhandlung kann auf Antrag oder von Amts wegen aus besonders berücksichtigungswürdigen Gründen durch den Vorsitzenden vertagt werden. Der Antragsteller hat den Vertagungsgrund glaubhaft zu machen. Mangels hinreichender Begründung ist der Antrag zu verwerfen.

(4) Den Streitteilen ist auf Verlangen auch schon vor der Verhandlung Akteneinsicht zu gewähren.

(5) Der Vorsitzende des Senates kann im Interesse der Beschleunigung des Verfahrens anordnen, dass von schriftlichen Anbringen eines Streitteiles dem anderen Streitteil eine Kopie zu übermitteln ist.

§ 6. Der Vorsitzende des Senates leitet die Verhandlung, er lässt erforderlichenfalls Auskunftspersonen und Beweismittel zu.

(2) Die Parteien können zur Verhandlung einen Rechtsvertreter beiziehen. Dies muss der Kammer der Wirtschaftstreuhänder jedoch rechtzeitig bekannt gegeben werden, damit die andere Partei noch vor Verhandlung davon in Kenntnis gesetzt werden kann. Erscheint eine Partei zur Verhandlung mit einem Rechtsvertreter, ohne dies vorher bekannt zu geben, so besitzt die andere Partei ein Vertagungsrecht. In diesem Fall wird ein neuer Verhandlungstermin vereinbart.

(3) Bei ausreichender Klärung des Sachverhaltes schließt der Vorsitzende die Verhandlung. Nach geheimer Beratung des Senates verkündet er den Schlichtungsvorschlag.

(4) Bei nicht ausreichender Klärung des Sachverhaltes oder aus anderen wichtigen Gründen ist die Verhandlung zu vertagen und den Streitteilen

gegebenenfalls die Erbringung weiterer Beweismittel aufzutragen.

§ 7. (1) Nach Verkündigung des Schlichtungsvorschlages hat der Vorsitzende die Streitteile zu befragen, ob sie den Schlichtungsvorschlag annehmen. Angenommene Schlichtungsvorschläge gelten als Vereinbarung. Mit einer solchen Vereinbarung ist das Schlichtungsverfahren beendet. Ebenso gilt das Schlichtungsverfahren als beendet, wenn der Schlichtungsausschuss nach geheimer Beratung zu keinem Schlichtungsvorschlag gelangt und dies den Streitteilen durch den Vorsitzenden verkündet wird.

(2) Jener Streitteil, der den Schlichtungsvorschlag nicht anzunehmen bereit ist, muss dies spätestens vor Beschreiten des Rechtsweges dem Schlichtungsausschuss mitteilen. Sodann steht der Rechtsweg wegen Misslingens des Schlichtungsvorschlages offen.

§ 8. (1) Über den Schlichtungsvorschlag und die getroffenen Vereinbarungen ist ein Protokoll zu führen.

(2) Jedem Streitteil ist eine Abschrift des Protokolls durch die Kammer zuzustellen.

§ 9. (1) Auskunftspersonen sind auf Veranlassung des Vorsitzenden eines Senates durch die Landesstelle unter Angabe des Ortes, der Zeit und des Verhandlungsgegenstandes spätestens acht Tage vor der Sitzung zugleich mit der Vorladung der Streitteile zu laden.

(2) Die Streitteile können Auskunftspersonen ohne Ladung zur Verhandlung mitbringen. Über deren Einvernahme entscheidet der Vorsitzende.

§ 10. Erscheint ein Streitteil oder erscheinen beide Streitteile trotz persönlicher Vorladung nicht zur Schlichtungsverhandlung, so gilt der Schlichtungsversuch als nicht erfolgt. Wenn ein Berufsangehöriger (Berufsanwärter) den Rechtsweg beschreitet, ohne sich dem Schlichtungsverfahren gemäß § 76 WTBG 2017 unterzogen zu haben, so handelt es sich um ein Berufsvergehen gemäß § 128 Z 3 WTBG 2017.

§ 11. (1) Die allgemeinen Bestimmungen der Geschäftsordnung der Kammer der Wirtschaftstreuhänder sind auf das Verfahren vor den Schlichtungsausschüssen sinngemäß anzuwenden.

(2) Das Schlichtungsverfahren ist kostenlos, Kostenersatz wird nicht geleistet.

(3) Für die Berechnung und den Lauf der in dieser Schlichtungsordnung vorgesehenen Fristen gelten die Bestimmungen des § 108 der Bundesabgabenordnung, BGBl. Nr. 194/1961, in der Fassung des Bundesgesetzes BGBl Nr. 151/1980.

§ 12. Diese Verordnung tritt mit 1.1.2018 in Kraft.

§ 13. Diese Verordnung wurde vom Vorstand der Kammer der Wirtschaftstreuhänder in seiner Sitzung am 6.11.2017 gemäß § 157 Abs. 3 Z 1 Wirtschaftstreuhandberufsgesetz BGBl I Nr. 137/2017 beschlossen und wurde mit Zustimmung des Bundesministers für Wissenschaft, Forschung und Wirtschaft, Erlass Zl. BMWFW-38.600/0029-I/3/17 vom 14.12.2017, im Amtsblatt der Kammer der Wirtschaftstreuhänder Sondernummer II/2017 sowie auf der Website der Kammer der Wirtschaftstreuhänder veröffentlicht.

4/6b. Geschäftsordnung-KSW 2017

Verordnung der Kammer der Steuerberater und Wirtschaftsprüfer über die Geschäftsführung der Kammer der Steuerberater und Wirtschaftsprüfer (Geschäftsordnung-KSW 2017, GO-KSW 2017)

Auf Grund der §§ 161 Abs. 6, 102 Abs. 5, 103 Abs. 4, 158 Abs. 2 Z.3, 159 Abs. 5, 160 Abs. 2 Z.3, 161 Abs. 7, 163 Abs. 5, 165 Abs. 2 und 169 des Wirtschaftstreuhandberufsgesetzes 2017, BGBl. I Nr. 137/2017, wird verordnet:

Inhaltsverzeichnis

1. Teil
Allgemeine Bestimmungen

Funktionäre

§ 1. Funktionäre der Kammer im Sinne dieser Geschäftordnung sind:

1. Die Mitglieder des Präsidiums,
2. die Mitglieder und Ersatzmitglieder des Vorstandes,
3. die Mitglieder des Kammertages,
4. die Berufsgruppenobmänner und deren Stellvertreter,
5. die Landespräsidenten und deren Stellvertreter,
6. die Mitglieder der vom Vorstand eingesetzten Ausschüsse und
7. die Rechnungsprüfer.

Sprache

§ 2. Verhandlungssprache ist die deutsche Sprache.

Sprachliche Gleichbehandlung

§ 3. Soweit im Folgenden personenbezogene Bezeichnungen in männlicher Form angeführt sind, beziehen sie sich auf Frauen und Männer in gleicher Weise. Bei Anwendung auf bestimmte Personen ist die jeweils geschlechtsspezifische Form zu verwenden.

2. Teil
Organe

1. Hauptstück
Vertretung der Kammer

§ 4. (1) Der Präsident ist der gesetzliche Vertreter der Kammer der Wirtschaftstreuhänder.

(2) Der Präsident hat bei Amtsantritt im Vorhinein festzulegen, in welcher Reihenfolge ihn die einzelnen Vizepräsidenten für den Fall seiner Verhinderung zu vertreten haben. Eine Verhinderung des Präsidenten ist gegeben, wenn dieser innerhalb von 24 Stunden nicht erreichbar ist bzw. bei Gefahr in Verzug innerhalb von 6 Stunden.

(3) Kammerbeschlüsse und die von der Kammer ausgehenden Schriftstücke sind vom Präsidenten zu unterfertigen.

(4) Der Präsident beziehungsweise der gemäß § 155 Abs. 2 und 3 WTBG 2017 zuständige Vizepräsident kann die Unterfertigung von Schriftstücken an den Kammerdirektor oder an qualifizierte Mitarbeiter der Kammer übertragen, wobei diese unter Beifügung der Fertigungsklausel „für den Präsidenten der Kammer der Wirtschaftstreuhänder" zu unterfertigen haben.

(5) Die jeweils gültigen Zeichnungsberechtigungen sind dem Vorstand der Kammer der Wirtschaftstreuhänder zur Kenntnis zu bringen.

(6) Der Präsident hat die einlangenden Schriftstücke dem Kammeramt bzw. den Organen, Funktionären der Kammer und Ausschüssen zur Entscheidung bzw. Bearbeitung zuzuteilen. Er kann diese Aufgabe dem Kammerdirektor oder dessen Stellvertreter oder einem qualifizierten Mitarbeiter der Kammer übertragen.

2. Hauptstück
Regelungen für Kollegialorgane

1. Abschnitt
Allgemeine Bestimmungen

Gegenstände der Verhandlungen in den Sitzungen

§ 5. Gegenstände der Verhandlungen in den Sitzungen sind:

1. Anträge,
2. Anregungen,
3. Vorlagen und Berichte und
4. Anfragen

Arten der Anträge

§ 6. Die Mitglieder des jeweiligen Organs können folgende Anträge stellen:

1. selbständige, nicht mit der Tagesordnung zusammenhängende, Anträge,
2. Anträge zur Tagesordnung, das sind Anträge zu einem bestimmten Tagesordnungspunkt sowie Anträge auf Ergänzung, Umstellung oder Einschränkung der Tagesordnung,
3. Anträge zur Geschäftsordnung und
4. Abänderungs- oder Gegenanträge betreffend Anträge nach Z.1 bis 3.

Anträge zur Geschäftsordnung

§ 7. Anträge zur Geschäftsordnung, wie Antrag auf Schluss der Debatte, auf Verkürzung der Redezeit und auf Vertagung, sind innerhalb einer Sitzung zu stellen und sind sofort ohne Debatte abzustimmen.

Bevorzugte Anträge

§ 8. (1) Anträge des Präsidiums an den Vorstand und Anträge des Vorstandes an den Kammertag sind vor allen anderen Anträgen zu behandeln.

(2) Bei Anträgen des Präsidiums ist § 9 nicht anzuwenden.

Antragsfristen

§ 9. (1) Anträge gemäß § 6 Z. 1, die mindestens 3 Tage vor einer Sitzung eingelangt sind, sind in dieser Sitzung zu behandeln, sofern in den Abschnitten 2, 3 oder 4 keine besonderen Bestimmungen normiert sind.

(2) Verspätet eingebrachte Anträge sind zu behandeln, wenn dies mindestens die Hälfte der anwesenden stimmberechtigten Mitglieder des Organs befürwortet.

Ausfolgung von Anträgen

§ 10. Soweit die Abschnitte 2, 3 und 4 nichts anderes bestimmen, können Anträge vom Vorsitzenden des Organs in der Sitzung, in der die Anträge beraten oder beschlossen werden sollen, mündlich den Mitgliedern zur Kenntnis gebracht werden.

Berichte

§ 11. Berichte des Präsidiums an den Vorstand und des Vorstandes an den Kammertag haben den Vorzug vor allen anderen Verhandlungsgegenständen.

Öffentlichkeit

§ 12. Sofern gesetzlich nicht anders bestimmt, sind Sitzungen nicht öffentlich. In Einzelfällen können durch Mehrheitsbeschluss Sitzungen für öffentlich erklärt werden.

Leitung der Sitzung

§ 13. (1) Der Vorsitzende hat

1. die Sitzung zu eröffnen und zu schließen,
2. die Beschlussfähigkeit festzustellen,
3. die Tagesordnung zur Kenntnis zu bringen und genehmigen zu lassen,
4. die Sitzung zu leiten,
5. das Wort in der Reihenfolge des Einlangens der Wortmeldungen zu erteilen und
6. die einzelnen Anträge sowie Anregungen zur Kenntnis zu bringen bzw. über sie abstimmen zu lassen.

(2) Der Vorsitzende kann auch eine Umstellung einzelner Punkte der Tagesordnung selbst oder auf Antrag, über welchen ohne Debatte abzustimmen ist, vornehmen.

Beschlussfähigkeit

§ 14. Die Beschlussfähigkeit ist auch dann gegeben, wenn die Teilnahme am Verlauf einer Sitzung durch angewendete technische Methoden ermöglicht ist. Der Vorsitzende hat über die Zulässigkeit einer derartigen Teilnahme zu entscheiden. Es besteht kein Recht auf eine derartige Teilnahme. Technische Gebrechen gehen zu Lasten des nicht persönlich Anwesenden.

Redezeit

§ 15. (1) Die Redezeit eines jeden Redners hat zwanzig Minuten nicht zu überschreiten. Dem Berichterstatter stehen dreißig Minuten Redezeit zu.

(2) Auf Antrag kann die Redezeit bis auf fünf Minuten verkürzt werden. Der Beschluss hierüber wird ohne Debatte gefasst und tritt sofort in Kraft.

Wortmeldungen

§ 16. Wortmeldungen haben beim Vorsitzenden während der Behandlung des jeweiligen Tagesordnungspunktes mündlich oder schriftlich zu erfolgen. Der Vorsitzende erteilt das Wort in der Reihenfolge der einlangenden Wortmeldungen. Wer zur Rede aufgefordert wird und nicht anwesend ist, verliert das Wort.

Stellungnahmen von Fachausschüssen

§ 17. Allfällige Stellungnahmen von Fachausschüssen zu Tagesordnungspunkten des Kollegialorgans sind vor der Beschlussfassung zu diskutieren.

Sitzungsteilnehmer ohne Antrags- und Stimmrecht

§ 18. (1) Die Organe können beschließen, dass zu Sitzungen oder zu einzelnen Punkten der Tagesordnung Personen, die dem Organ nicht angehören, ohne Antrags- und Stimmrecht beigezogen werden.

(2) Den Präsidialsitzungen, den Vorstandssitzungen sowie den Sitzungen des Kammertages ist der Kammerdirektor oder sein Stellvertreter mit beratender Stimme beizuziehen. Neben diesen können auch qualifizierte Mitarbeiter der Kammer beigezogen werden.

Unterbrechung von Ausführungen durch den Vorsitzenden

§ 19. Wenn der Vorsitzende jemanden, der zur Teilnahme an den Verhandlungen des Organs berechtigt ist, in seinen Ausführungen unterbricht, hat dieser sofort innezuhalten, widrigenfalls ihm das Wort entzogen werden kann.

Ruf „zur Sache"

§ 20. (1) Abschweifungen eines zur Teilnahme an den Verhandlungen Berechtigten ziehen den Ruf des Vorsitzenden „zur Sache" nach sich.

(2) Nach dem dritten Ruf „zur Sache" kann der Vorsitzende das Wort entziehen.

Ruf „zur Ordnung"

§ 21. (1) Wenn jemand, der zur Teilnahme an den Verhandlungen des Organs berechtigt ist, den Anstand oder die Würde des Organs verletzt, beleidigende Äußerungen gebraucht oder Anordnungen des Vorsitzenden nicht Folge leistet, spricht der Vorsitzende die Missbilligung darüber durch den Ruf zur Ordnung aus.

(2) In schwerwiegenden Fällen kann der Vorsitzende auch das Wort entziehen. In diesem Falle sind weitere Wortmeldungen des Betreffenden zu dem in Verhandlung stehenden Gegenstand unzulässig.

(3) Der Ruf „zur Ordnung" kann vom Vorsitzenden auch am Schluss der Sitzung, in der der Anlass gegeben wurde, oder am Beginn der nächsten Sitzung nachträglich ausgesprochen werden.

Ersuchen nach dem Ruf „zur Sache" oder „zur Ordnung"

§ 22. Wer zur Teilnahme an den Verhandlungen berechtigt ist, kann den Vorsitzenden ersuchen, den Ruf „zur Sache" oder „zur Ordnung" zu erteilen. Dies gilt auch für einen nachträglichen Ordnungsruf gemäß § 21 Abs. 3.

Schluss der Debatte

§ 23. (1) Der Antrag „Schluss der Debatte" kann, wenn mindestens vier Redner zum gleichen Punkt oder Antrag gesprochen haben, jederzeit, jedoch ohne Unterbrechung des jeweiligen Redners, gestellt werden.

(2) Diesen Antrag hat der Vorsitzende sofort ohne Zulassung einer Debatte zur Abstimmung zu bringen.

(3) Nach Annahme eines solchen Antrages kann jede im Organ vertretene Wählergruppe noch einen Redner aus ihrer Mitte bestimmen. Die Redezeit jedes dieser Redner hat fünf Minuten nicht zu überschreiten.

(4) Das Schlusswort hat auch nach Schluss der Debatte der Berichterstatter, bei Anträgen gemäß § 6 Z. 1 u. 2 (einer) der Antragsteller. Nach diesen darf nur mehr der Vorsitzende zur Sache sprechen. Die Redezeit der Vorgenannten ist auf je zehn Minuten beschränkt.

Reihung der Abstimmung

§ 24. (1) Nach Schluss der Debatte hat der Vorsitzende zu verkünden, in welcher Reihenfolge die Fragen zur Abstimmung gelangen.

(2) Es werden in der Regel die abändernden Anträge vor dem Hauptantrag, und zwar die weitergehenden vor den übrigen, zur Abstimmung gebracht. Der Vorsitzende kann auch vorerst eine grundsätzliche Frage zur Abstimmung bringen.

(3) Jedes Sitzungsmitglied kann einen Antrag auf Berichtigung der vom Vorsitzenden ausgesprochenen Fassung und Reihenfolge der Abstimmung der Anträge stellen. Tritt der Vorsitzende dem Antrag nicht bei, ist hierüber abzustimmen.

(4) Jedes Sitzungsmitglied kann beantragen, dass über bestimmte Teile einer Frage oder eines Antrages getrennt abgestimmt werde. Über diesen Antrag ist ohne Debatte abzustimmen.

Abstimmung

§ 25. (1) Mit Ausnahme der §§ 36, 46 und 47 und der §§ 221 und 229 WTBG 2017 hat die Abstimmung durch Erheben einer Hand mit darauffolgender Gegenprobe zu erfolgen.

(2) Beschlüsse sind mit einfacher Mehrheit zu fassen. Diese Regelung gilt nicht für Beschlüsse

nach § 26 dieser Verordnung und § 164 Abs. 5 WTBG 2017. Der Vorsitzende hat seine Stimme zuletzt abzugeben, bei Stimmengleichheit ist die Stimme des Vorsitzenden entscheidend.

(3) Haben sich stimmberechtigte Mitglieder der Stimme enthalten, so scheiden sie zur Ermittlung der für die Annahme des Antrages erforderlichen Mehrheit aus. Die Beschlussfähigkeit der Sitzung wird dadurch nicht beeinträchtigt. Wenn sich die Mehrheit der anwesenden stimmberechtigten Mitglieder der Stimme enthalten haben, gilt der Antrag als zurückgezogen.

(4) Eine Stimmabgabe nach der Abstimmung ist unzulässig.

(5) Wenn die Mitglieder mehrheitlich der Abstimmung im schriftlichen Wege zustimmen, können Beschlüsse auch außerhalb von Sitzungen im Umlaufwege schriftlich erfolgen. Bei der Abstimmung im schriftlichen Wege ist die zu einer Beschlussfassung erforderliche Mehrheit nicht nach der Zahl der abgegebenen, sondern nach der Gesamtzahl der Mitglieder im Gremium zu berechnen. Der Umlaufbeschluss ist im nächstfolgenden Protokoll über die Sitzung des Gremiums zu protokollieren.

Verschwiegenheit

§ 26. Die Organe mit Ausnahme des Kammertages können beschließen, dass und inwieweit ihre Verhandlungen sowie die von ihnen gefassten Beschlüsse vertraulich sind. Von vertraulich geführten Verhandlungen können Sitzungsteilnehmer, die in der betreffenden Sitzung nicht stimmberechtigt sind, ausgeschlossen werden. Diese Beschlüsse sind mit einer Mehrheit von zwei Dritteln zu fassen.

Protokoll

§ 27. (1) Über jede Sitzung ist ein Beschluss- oder Resümeeprotokoll aufzunehmen. Das Protokoll ist von einem Mitarbeiter der Kammer zu führen, es sei denn, der Vorsitzende verfügt etwas anderes.

(2) Jedes Protokoll hat zu enthalten:

1. Bezeichnung der Sitzung,
2. Ort und Zeit der Sitzung;
3. anwesende, entschuldigte bzw. unentschuldigt ferngebliebene Mitglieder,
4. Name des Vorsitzenden, des Protokollführers,
5. die Tagesordnung,
6. den Gang der Verhandlung,
7. die in Verhandlung genommenen Gegenstände,
8. die wörtliche Fassung der zur Abstimmung gebrachten Fragen und Anträge sowie Anregungen, das ziffernmäßige Ergebnis der Abstimmung und
9. die gefassten Beschlüsse.

(3) Über Verlangen auch nur eines Mitgliedes müssen Erklärungen wörtlich protokolliert und Abstimmungsergebnisse namentlich angeführt werden.

(4) Protokolle sind den Teilnehmern ehest möglich zur Kenntnis zu bringen. Darüber hinaus kann eine Ausfertigung des Protokolls der Sitzungen des Vorstandes und des Präsidiums auch jenen Kammertagsmitgliedern zugestellt werden, die nicht Vorstands- oder Präsidiumsmitglieder sind. Das Protokoll gilt als genehmigt, wenn keines der stimmberechtigten Mitglieder in der der Versendung des Protokolls nächstfolgenden Sitzung des betreffenden Organs eine Änderung verlangt.

(5) Jedes Protokoll muss im Kammeramt aufgelegt werden. Dies hat spätestens vor Beginn der nächsten Sitzung zu geschehen. Einblick in das Protokoll ist im Allgemeinen den Sitzungsmitgliedern, dem Präsidenten, den Vizepräsidenten und Vorstandsmitgliedern sowie dem Kammerdirektor, seinem Stellvertreter und den Mitarbeitern der Kammer zu gewähren.

(6) Bei nicht öffentlichen Sitzungen bestimmt der Vorsitzende, wem außer den Sitzungsmitgliedern Einsicht zu gewähren ist.

(7) Der Vorsitzende kann bis zur Genehmigung durch die stimmberechtigten Mitglieder Änderungen des Sitzungsprotokolls vornehmen. Ebenso kann jedes stimmberechtigte Mitglied bis zur Genehmigung eine Änderung des Protokolls beantragen.

2. Abschnitt
Präsidium

Aufgaben

§ 28. (1) Die Aufgaben des Präsidiums sind insbesondere:

1. die Festsetzung der Tagesordnungen der Vorstands- und Kammertagssitzungen,
2. die Vorbereitung der Vorstandssitzungen,
3. die Beschlussfassung über die laufenden Ausgaben der Kammer,
4. die Formulierung allfälliger Anträge an den Vorstand bzw. an den Kammertag,
5. die Erstattung von Vorschlägen für die Bestellung von Mitgliedern der Ausschüsse und sonstige Nominierungen an den Vorstand,
6. die Vorarbeiten für die Aufstellung des Voranschlages, des Geschäftsberichts und des Rechnungsabschlusses,
7. die Ernennung des Kammerdirektors und seines Stellvertreters zu beantragen,
8. die Behandlung aller Angelegenheiten, mit denen es vom Vorstand allgemein oder im Einzelfalle betraut wird.

(2) Bei besonderer Dringlichkeit kann das Präsidium über Ausgaben der Kammer im Rahmen des Voranschlages gegen nachträgliche Genehmigung durch den Vorstand Beschlüsse fassen.

Sitzungen

§ 29. (1) Die Sitzungen des Präsidiums finden nach Bedarf oder auf Antrag eines Präsidiumsmitgliedes statt und werden schriftlich oder telefonisch einberufen.

(2) Der Präsident hat die Sitzung des Präsidiums einzuberufen.

Beschlussfähigkeit

§ 30. Das Präsidium ist nur bei Anwesenheit des Präsidenten und mindestens eines Vizepräsidenten oder bei Anwesenheit aller Vizepräsidenten beschlussfähig.

Abstimmung

§ 31. Die Beschlüsse des Präsidiums können nur einstimmig gefasst werden. Herrscht keine Stimmeneinhelligkeit, so ist der Verhandlungsgegenstand der Entscheidung des Vorstandes zu überlassen.

Protokoll

§ 32. Sämtliche Beschlüsse des Präsidiums sind in Form eines Beschlussprotokolls den Mitgliedern des Vorstandes ehest möglich zuzustellen.

3. Abschnitt Vorstand

Aufgaben

§ 33. Die Aufgaben des Vorstandes sind insbesondere:

1. die Einsetzung von Ausschüssen zur Behandlung besonderer Angelegenheiten, die Bestellung von Ausschussmitgliedern und deren Abberufung,
2. die Bestellung der Berufsgruppenobmänner, ihrer Stellvertreter und deren Abberufung,
3. die Aufstellung und Vorlage des Geschäftsberichtes, des Jahresabschlusses und des Voranschlages an den Kammertag, die Zuweisung des Jahresabschlusses an die gewählten Rechnungsprüfer zur Überprüfung,
4. die Veröffentlichung der Beschlüsse des Kammertages und Vollziehung derselben,
5. die Kenntnisnahme der Beschlüsse des Präsidiums,
6. die Abtretung von Geschäftsstücken, Erteilung von Aufträgen an besondere Ausschüsse bzw. Funktionäre zur Behandlung bzw. Bearbeitung oder Durchführung,
7. die Vorbereitung der Anträge an den Kammertag,
8. die Ausarbeitung der Anträge an den Kammertag für die Festsetzung der Umlagen,
9. die Erstattung von Vorschlägen an den Kammertag über Verfügungen, die das Kammervermögen betreffen,
10. die Ausarbeitung und Abänderungen der Geschäftsordnung gemäß § 169 WTBG 2017, der Haushaltsordnung und Umlagenordnung gemäß § 178 WTBG 2017 sowie der Dienstordnung gemäß § 168 WTBG 2017,
11. die Bewilligung von generellen Regelungen betreffend Dienstverhältnisse der Mitarbeiter der Kammer der Wirtschaftstreuhänder,
12. die Errichtung von Landesstellen, Bestellung der Landespräsidenten und deren Stellvertreter sowie deren Abberufung,
13. die auf Grund der einzelnen Geschäfts- und Verfahrensordnungen dem Vorstand zustehenden Aufgaben.

Sitzungen

§ 34. (1) Die Einberufung der Vorstandsmitglieder hat mindestens acht Tage vor der Sitzung unter Angabe der Tagesordnung zu erfolgen. In dringenden Fällen und bei Einverständnis von mehr als der Hälfte der Vorstandsmitglieder kann die Frist von acht Tagen unterschritten werden.

(2) Eine dauernde oder zeitweilige Verhinderung haben die Vorstandsmitglieder dem Kammeramt rechtzeitig anzuzeigen.

(3) Die unentschuldigte Abwesenheit eines Vorstandsmitgliedes (Ersatzmitgliedes) von mehr als zwei Sitzungen stellt eine gröbliche Pflichtverletzung gemäß § 164 Abs. 4 Z. 2 WTBG 2017 dar.

Beschlussfähigkeit

§ 35. Der Vorstand ist beschlussfähig, wenn wenigstens ein Mitglied des Präsidiums und 5 weitere Vorstandsmitglieder (Ersatzmitglieder) anwesend sind.

Abstimmung

§ 36. Auf Anordnung des Vorsitzenden oder auf Antrag von mindestens drei Vorstandsmitgliedern ist namentlich oder geheim abzustimmen.

Protokoll

§ 37. Über Sitzungen des Vorstandes ist ein kurzgefasster Bericht im Amtsblatt der Kammer der Wirtschaftstreuhänder ehest möglich zu veröffentlichen.

4. Abschnitt Kammertag

Einberufung

§ 38. Der Kammertag ist durch den Präsidenten einzuberufen. Die Einladung hat die Tagesordnung sowie Ort und Zeit der Sitzung zu enthalten und spätestens vierzehn Tage vor dem Termin der Sitzung versendet zu werden.

Sitzungsteilnehmer ohne Antrags- und Stimmrecht

§ 39. Vorstandsmitglieder, Landespräsidenten sowie den Sitzungen des Vorstandes oder des Präsidiums ohne Stimmrecht dauernd beigezogene Personen, die nicht zugleich Mitglieder des Kammertages sind, sind den Sitzungen des Kammertages mit beratender Stimme zuzuziehen.

Antragsfristen

§ 40. (1) Anträge an den Kammertag mit Ausnahme von Abänderungs- und Gegenanträgen sowie Anträgen zur Geschäftsordnung müssen acht Tage vor Abhaltung des Kammertages bei der Kammer eingelangt sein.

(2) Anträge an den Kammertag gemäß § 6 Z. 2 im Falle eines ergänzten Tagesordnungspunktes sowie gemäß § 6 Z. 3 können von jedem Kammertagsmitglied noch während der Sitzung des Kammertages mündlich eingebracht werden.

Form der Anträge

§ 41. (1) Anträge gemäß § 6 Z. 1 und 2, die an den Kammertag gerichtet sind, müssen mit der Formel versehen sein: „Der Kammertag wolle beschließen …", und haben den Wortlaut des nach dem Antrag zu fassenden Beschlusses zu enthalten.

(2) Diese Anträge sind schriftlich, mit der eigenhändigen Unterschrift des Antragstellers (der Antragsteller) versehen, dem Vorsitzenden durch das Kammeramt zuzumitteln.

(3) Fristgebundene Anträge an den Kammertag gemäß § 39 Abs. 1 müssen von mindestens vier Mitgliedern des Kammertages eigenhändig unterfertigt sein.

(4) Als schriftlich gelten auch mittels Fax, e-mail oder telegrafisch eingebrachte Anträge.

Ausfolgung von Anträgen

§ 42. Die Anträge an den Kammertag gemäß § 6 Z.1 sind den Mitgliedern des Kammertages spätestens vier Tage vor dem Tag der Sitzung des Kammertages zur Kenntnis zu bringen.

Beschlussfähigkeit

§ 43. Der Kammertag ist beschlussfähig, wenn mindestens die Hälfte der Mitglieder anwesend ist. Wird diese Anzahl zur festgesetzten Stunde nicht erreicht, so hat eine halbe Stunde später am selben Ort eine Ersatzsitzung stattzufinden, die ohne Rücksicht auf die Zahl der erschienenen Mitglieder beschlussfähig ist, sofern in der Einladung ausdrücklich auf diese Bestimmung hingewiesen wurde.

Wortmeldungen

§ 44. (1) Jedes Mitglied des Kammertages hat das Recht, Anfragen und Anträge zu einem bestimmten Tagesordnungspunkt zu stellen.

(2) Das Wort hat bei jedem Gegenstand der Tagesordnung zunächst der Berichterstatter, den der Vorstand bestellt hat, bzw. der Antragsteller.

(3) Stellt der Vorsitzende selbst einen Antrag oder beteiligt er sich an der Debatte, so hat er den Vorsitz zur Leitung und Abstimmung einem Stellvertreter zu übergeben.

(4) Der Vorsitzende bringt die Anträge sowie Anregungen zur Abstimmung und kann Anfragen durch Funktionäre der Kammer beantworten lassen.

Geschäftsbericht

§ 45. (1) Den Geschäftsbericht über alle seit dem letzten Kammertag in den Vorstandssitzungen erledigten Geschäfte hat der Präsident der Kammer zu erstatten.

(2) Anfragen können erst nach Verlesung des Geschäftsberichtes erfolgen.

Umlaufbeschlüsse

§ 46. Beschlüsse des Kammertages im Umlaufweg sind nur zulässig, wenn zwei Drittel des Kammertages zustimmen.

Namentliche Abstimmung

§ 47. (1) Auf Anordnung des Vorsitzenden kann namentlich abgestimmt werden. Der Vorsitzende muss die namentliche Abstimmung anordnen, wenn es mindestens acht Mitglieder des Kammertages verlangen.

(2) Die Mitglieder des Kammertages haben die Plätze einzunehmen. Die hiezu bestimmten Angestellten der Kammer haben die Stimmzettel der Mitglieder des Kammertages einzeln in Empfang zu nehmen. Die Stimmzettel haben den Namen des Abstimmenden und die Bezeichnung „ja" oder „nein" zu enthalten.

(3) Bei Stimmenthaltung haben die Mitglieder einen nur mit ihrem Namen bezeichneten leeren Stimmzettel abzugeben. Jeder andere Zusatz macht den Stimmzettel ungültig.

(4) Zum Zwecke der namentlichen Abstimmung ist den Kammertagsmitgliedern eine genügende Anzahl von mit ihrem Namen versehenen Stimmzetteln vor Beginn der Abstimmung zur Verfügung zu stellen.

(5) Die hiezu bestimmten Angestellten der Kammer haben unter Kontrolle zweier mit einfacher Stimmenmehrheit zu wählender Kammertagsmitglieder, nachdem der Vorsitzende die Abstimmung für beendet erklärt hat, die Stimmen zu zählen und das Ergebnis dem Vorsitzenden mitzuteilen. Der Vorsitzende hat das Gesamtergebnis unverzüglich zu verlautbaren.

(6) Die Namen der Mitglieder sind nach ihrer Stimme, ob „ja" oder „nein", im Protokoll festzuhalten.

Geheime Abstimmung

§ 48. (1) Eine geheime Abstimmung hat stattzufinden, falls der Vorsitzende es anordnet, falls es durch Gesetz angeordnet wird oder falls dies bis unmittelbar vor der Abstimmung von mindestens 17 Kammertagsmitgliedern beantragt wird.

(2) Die Mitglieder des Kammertages sind namentlich aufzurufen und haben ihren mit „ja" oder „nein" bedruckten Zettel, der sich in einem Briefumschlag befinden muss, in die Wahlurne zu legen. Eine Wahlzelle ist vorzusehen.

(3) Hinsichtlich der Stimmenzählung gelten die Bestimmungen des § 46 Abs. 5.

(4) Im Protokoll ist festzuhalten, wer seine Stimme abgegeben hat. Die Zahl der im Protokoll festgehaltenen Stimmabgaben muss mit der Zahl der abgegebenen Umschläge übereinstimmen. Bei Divergenz ist die Wahl zu wiederholen.

(5) Enthält ein Wahlkuvert mehrere gültig ausgefüllte Stimmzettel, so sind alle abgegebenen Stimmen ungültig.

3. Teil
Landesstellen, Berufsgruppenobmänner, Rechnungsprüfer und Ausschüsse

1. Hauptstück
Landesstellen

Landespräsidenten

§ 49. (1) Der durch den Vorstand bestellte Landespräsident hat die Geschäfte der Landesstelle zu führen. Der Landespräsident ist berechtigt, den Titel Präsident, der Landespräsidenten-Stellvertreter den Titel Vizepräsident unter Beifügung der jeweiligen Landesstelle der Kammer der Wirtschaftstreuhänder zu führen.

(2) Der Landespräsident-Stellvertreter hat den Landespräsidenten bei Verhinderung zu vertreten und im Übrigen diesen bei Erfüllung seiner Aufgaben zu unterstützen.

(3) Der Landespräsident hingegen hat seinen Stellvertreter zur Mitarbeit heranzuziehen und ihm jederzeit in die Geschäftsstücke der Landesstelle Einsicht zu gewähren.

Funktionsdauer

§ 50. Die Landespräsidenten und ihre Stellvertreter sind spätestens in der der konstituierenden Sitzung des Vorstandes folgenden Sitzung zu bestellen. Mit der Bestellung endet die Funktionsdauer der bisherigen Landespräsidenten und deren Stellvertreter.

Kanzlei der Landesstellen

§ 51. (1) Zur Besorgung der Geschäfte der Landesstellen kann am Sitz jeder Landesstelle mit Ausnahme von Wien, Niederösterreich und Burgenland, eine Kanzlei eingerichtet werden. Die Kosten der Kanzlei hat die Kammer zu tragen.

(2) Die Landesstellen Wien, Niederösterreich und Burgenland sind bei der Kammer in Wien einzurichten. Der Präsident teilt die bei der Kammer aus den Landesstellenbereichen Wien, Niederösterreich und Burgenland einlangenden Geschäftsstücke zur Bearbeitung dem zuständigen Landespräsidenten (Stellvertreter) zu. Er kann diese Aufgabe dem Kammerdirektor übertragen.

(3) Die Bestellung der dauernd Angestellten der Landesstellen erfolgt über Vorschlag der Landespräsidenten (Stellvertreter) durch den Präsidenten. Diese sind Angestellte der Kammer. Näheres zur Dienstaufsicht und der disziplinären Unterstellung hat die Dienstordnung zu regeln.

Aufgaben der Landesstellen

§ 52. Die Aufgaben der Landesstelle sind:

1. die Information der Berufsangehörigen ihres Bundeslandes über die von den zuständigen Organen der Kammer ausgegebenen Weisungen und Nachrichten,
2. die Weiterleitung schriftlich abgefasster Wünsche und Anregungen aus dem Kreise der Kammermitglieder bzw. Berufsanwärter ihres Bundeslandes mit ihrer Stellungnahme an die Kammer,
3. die Entgegennahme und Weiterleitung an das Kammeramt in Wien
   a) von Anträgen auf Zulassung zu einer Fachprüfung (§ 14 WTBG 2017),
   b) von Anmeldungen gemäß § 41 WTBG 2017,
   c) von Anerkennungsanträgen juristischer Personen und Personengemeinschaften (§ 65 WTBG) 2017,
   d) von Meldungen über die Errichtung von Zweigstellen gemäß § 74 Abs. 3 WTBG 2017,
   e) von Meldungen eines Stellvertreters (§ 82 WTBG 2017) und
   f) von Anzeigen gemäß § 86 WTBG 2017.

Zeichnungsberechtigung

§ 53. (1) Die Landesstellen sind befugt, ein Dienstsiegel mit dem Bundeswappen und der Bezeichnung „Kammer der Wirtschaftstreuhänder, Landesstelle …“ zu führen.

(2) Der Landespräsident (sein Stellvertreter) zeichnet für die Landesstelle unter Beisetzung des Dienstsiegels.

Berichtspflicht

§ 54. Die Landespräsident (Stellvertreter) haben an die Kammer in Wien über alle wichtigen Vorkommnisse innerhalb des Bereiches ihrer Landesstelle und über die Erledigung der ihnen besonders übertragenen Aufgaben schriftlich Bericht zu erstatten.

2. Hauptstück
Berufsgruppenobmänner

Allgemeines

§ 55. (1) Der Vorstand hat für jede Berufsgruppe einen Obmann und einen Stellvertreter zu bestellen. Die Berufsgruppenobmänner und ihre Stellvertreter sind aus dem Kreis der Mitglieder und Ersatzmitglieder des Vorstandes zu bestellen. Die jeweiligen Berufsgruppenobmänner und ihre Stellvertreter müssen der Berufsgruppe angehören, die sie zu vertreten haben und sollen nach Möglichkeit keine umfassendere Berufsbefugnis besitzen.

(2) Ist ein Berufsgruppenobmann (Stellvertreter) dauernd verhindert oder legt er sein Amt nieder, so hat der Vorstand unverzüglich in seiner nächsten Sitzung einen neuen Berufsgruppenobmann (Stellvertreter) zu bestellen.

(3) Die Berufsgruppenobmänner unterliegen den Weisungen des Vorstandes.

(4) Der Präsident darf nicht zugleich Berufsgruppenobmann sein.

Aufgaben

§ 56. (1) Die Aufgaben der Berufsgruppenobmänner sind:

1. die selbstständige Bearbeitung aller Geschäftsstücke, welche allgemeine Interessen der Mitglieder ihrer Berufsgruppe betreffen, wobei die Zuteilung der Geschäftsstücke dem Präsidenten obliegt,
2. die Beratung der Berufsgruppenangehörigen in Berufsangelegenheiten,
3. die Antragstellung an den Vorstand hinsichtlich der Fragen ihrer Berufsgruppe,
4. das Treffen aller Maßnahmen zur Durchführung der Kammerbeschlüsse im Rahmen ihrer Berufsgruppe und die Vorschläge für die Bestellung von Mitgliedern solcher Ausschüsse, die Fragen ihrer Berufsgruppe behandeln, zu erstatten.

(2) Die Berufsgruppenobmänner haben mit den Landespräsidenten in Fragen ihrer Berufsgruppe ständig in Kontakt zu bleiben.

(3) Die Berufsgruppenobmänner haben zur Abstellung erkannter Missstände und Schwierigkeiten innerhalb ihrer Berufsgruppe unverzüglich Anträge an den Vorstand zu stellen.

(4) Bei Gefahr im Verzug haben sie sofort dem Präsidenten zu berichten, der einen Beschluss des Präsidiums herbeizuführen hat.

(5) Die Arbeitsteilung bleibt dem Berufsgruppenobmann und seinem Stellvertreter überlassen.

Berufsgruppenversammlung

§ 57. (1) Der Berufsgruppenobmann kann eine Versammlung der Berufsgruppe einberufen.

(2) In diesen Versammlungen führt der Berufsgruppenobmann (sein Stellvertreter) den Vorsitz. Wünsche und Anregungen der Berufsgruppenversammlung sind an den Vorstand weiterzuleiten.

(3) Die Einberufung einer Berufsgruppenversammlung ist rechtzeitig im Amtsblatt bzw. in einem allgemeinen Rundschreiben zu verlautbaren. Die Teilnahme an dieser Berufsgruppenversammlung steht allen Berufsangehörigen frei, die auf Grund einer Berufsbefugnis der betreffenden Berufsgruppe im Sinne der Bestimmungen des WTBG 2017 angehören.

3. Hauptstück
Rechnungsprüfer

Bestellung

§ 58. (1) Der Kammertag hat in jedem Geschäftsjahr, spätestens mit der Beschlussfassung über den Haushaltsplan, zwei Rechnungsprüfer und je einen Stellvertreter zu bestellen. Die Rechnungsprüfer und deren Stellvertreter sind aus dem Kreis der ordentlichen Mitglieder zu bestellen. Eine Bestellung von Vorstandsmitgliedern und deren Ersatzmitgliedern ist nicht zulässig.

(2) Eine Wiederwahl für die unmittelbar folgende Funktionsperiode kann einmal erfolgen. Dies gilt für Stellvertreter nur dann, wenn sie in der Funktion tätig geworden sind.

Aufgaben

§ 59. (1) Der Vorstand ist verpflichtet, unmittelbar nach Beschlussfassung des Rechnungsabschlusses über das abgelaufene Jahr, diesen den Rechnungsprüfern zu übermitteln.

(2) Die Rechnungsprüfer haben die nach den für die Pflichtprüfung von Aktiengesellschaften geltenden Vorschriften durchzuführende Prüfung des Rechnungsabschlusses bis längstens drei Wochen vor der Sitzung des Kammertages, in der über den Rechnungsabschluss Beschluss zu fassen ist, abzuschließen.

Bericht

§ 60. (1) Die Rechnungsprüfer haben ihre Arbeiten im gegenseitigen Einvernehmen durchzuführen und einen gemeinsamen Bericht zu erstatten.

(2) Werden sich die Rechnungsprüfer über einen gemeinsamen Bericht nicht einig, so haben sie über die Punkte, hinsichtlich welcher zwischen ihnen Meinungsverschiedenheiten bestehen, gesonderte Berichte zu erstatten.

(3) Die Berichterstattung über das Ergebnis der Prüfung hat schriftlich zu erfolgen. Die Berichte sind spätestens drei Wochen vor der abzuhaltenden Kammertagssitzung den Mitgliedern des Kammertages zuzusenden.

(4) Die Rechnungsprüfer sind verpflichtet, an der Sitzung des Kammertages teilzunehmen, und haben in dieser Sitzung ihren Bericht zu erstatten.

4. Hauptstück
Ausschüsse

Mitglieder Vorsitz

§ 61. (1) Der Vorstand hat die Mitglieder der Ausschüsse zu bestellen sowie die Vorsitzenden der Ausschüsse und deren Stellvertreter zu bestimmen.

(2) Der Vorstand kann die von ihm bestellten Mitglieder der Ausschüsse ohne Angabe von Gründen abberufen.

(3) Beschlüsse des Vorstandes gemäß Abs. 2 sind mit einer Mehrheit von zwei Dritteln der Anwesenden zu fassen.

Gegenstände der Verhandlungen in den Sitzungen

§ 62. Gegenstände der Verhandlungen in den Sitzungen sind:

1. Anträge,
2. Anregungen,
3. Vorlagen und Berichte und
4. Anfragen

Teilnahme

§ 63. (1) Teilnahmeberechtigt sind die vom Vorstand bestellten Mitglieder des Ausschusses.

(2) Die Mitglieder des Präsidiums sind zu allen Sitzungen der Ausschüsse einzuladen und können an diesen teilnehmen; sie haben beratende Stimme.

(3) Die Ausschüsse können beschließen, dass zu Sitzungen oder zu einzelnen Punkten der Tagesordnung Personen, die dem Ausschuss nicht angehören, ohne Antrags- und Stimmrecht beigezogen werden.

(4) Den Sitzungen ist der Kammerdirektor oder sein Stellvertreter oder ein qualifizierter Mitarbeiter der Kammer mit beratender Stimme beizuziehen.

Einladung

§ 64. Der Vorsitzende hat den Termin der Sitzung festzulegen und die Sitzung einzuberufen.

Öffentlichkeit

§ 65. Sofern gesetzlich nicht anders bestimmt, sind Sitzungen nicht öffentlich. In Einzelfällen können durch Mehrheitsbeschluss Sitzungen für öffentlich erklärt werden.

Leitung der Sitzung

§ 66. (1) Der Vorsitzende hat

1. die Sitzung zu eröffnen und zu schließen,
2. die Beschlussfähigkeit festzustellen,
3. die Tagesordnung zur Kenntnis zu bringen und genehmigen zu lassen,
4. die Sitzung zu leiten,
5. das Wort in der Reihenfolge des Einlangens der Wortmeldungen zu erteilen und
6. die einzelnen Anträge sowie Anregungen zur Kenntnis zu bringen bzw. über sie abstimmen zu lassen.

(2) Der Vorsitzende kann auch eine Umstellung einzelner Punkte der Tagesordnung selbst oder auf Antrag, über welchen ohne Debatte abzustimmen ist, vornehmen

Beschlussfähigkeit

§ 67. (1) Die Beschlussfähigkeit ist gegeben, wenn der Vorsitzende oder sein Stellvertreter und zwei weitere Mitglieder des Ausschusses an der Sitzung teilnehmen.

(2) Die Beschlussfähigkeit ist auch dann gegeben, wenn die Teilnahme am Verlauf einer Sitzung durch angewendete technische Methoden ermöglich ist. Der Vorsitzende hat über die Zulässigkeit einer derartigen Teilnahme zu entscheiden. Es besteht kein Recht auf eine derartige Teilnahme. Technische Gebrechen gehen zu Lasten des nicht persönlich Anwesenden.

Wortmeldungen

§ 68. Wortmeldungen haben beim Vorsitzenden während der Behandlung des jeweiligen Tagesordnungspunktes mündlich oder schriftlich zu erfolgen. Der Vorsitzende erteilt das Wort in der Reihenfolge der einlangenden Wortmeldungen. Wer zur Rede aufgefordert wird und nicht anwesend ist, verliert das Wort.

Unterbrechung von Ausführungen durch den Vorsitzenden

§ 69. Wenn der Vorsitzender jemanden, der zur Teilnahme an den Verhandlungen des Ausschusses berechtigt ist, in seinen Ausführungen unterbricht, hat dieser sofort innezuhalten, widrigenfalls ihm das Wort entzogen werden kann.

Ruf „zur Sache“

§ 70. (1) Abschweifungen eines zur Teilnahme an den Verhandlungen Berechtigten ziehen den Ruf des Vorsitzenden „zur Sache“ nach sich.

(2) Nach dem dritten Ruf „zur Sache“ kann der Vorsitzende das Wort entziehen.

Ruf „zur Ordnung“

§ 71. (1) Wenn jemand, der zur Teilnahme an den Verhandlungen des Ausschusses berechtigt ist, den Anstand oder die Würde des Ausschusses verletzt, beleidigende Äußerungen gebraucht oder Anordnungen des Vorsitzenden nicht Folge leistet, spricht der Vorsitzende die Missbilligung darüber durch den Ruf zur Ordnung aus.

(2) In schwerwiegenden Fällen kann der Vorsitzende auch das Wort entziehen. In diesem Falle sind weitere Wortmeldungen des Betreffenden zu dem in Verhandlung stehenden Gegenstand unzulässig.

(3) Der Ruf „zur Ordnung“ kann vom Vorsitzenden auch am Schluss der Sitzung, in der der Anlass gegeben wurde, oder am Beginn der nächsten Sitzung nachträglich ausgesprochen werden.

Ersuchen nach dem Ruf „zur Sache“ oder „zur Ordnung“

§ 72. Wer zur Teilnahme an den Verhandlungen berechtigt ist, kann den Vorsitzenden ersuchen, den Ruf „zur Sache“ oder „zur Ordnung“ zu erteilen. Dies gilt auch für einen nachträglichen Ordnungsruf gemäß § 70 Abs. 3.

Schluss der Debatte

§ 73. (1) Der Antrag „Schluss der Debatte“ kann, wenn mindestens vier Redner zum gleichen Punkt oder Antrag gesprochen haben, jederzeit, jedoch ohne Unterbrechung des jeweiligen Redners, gestellt werden.

(2) Diesen Antrag hat der Vorsitzende sofort ohne Zulassung einer Debatte zur Abstimmung zu bringen.

(3) Nach Annahme eines solchen Antrages kann jede im Kammertag vertretene Wählergruppe noch einen Redner aus ihrer Mitte bestimmen. Die Redezeit jedes dieser Redner hat fünf Minuten nicht zu überschreiten.

(4) Das Schlusswort hat auch nach Schluss der Debatte der Berichterstatter, bei Anträgen der Antragsteller. Nach diesen darf nur mehr der Vorsitzende zur Sache sprechen. Die Redezeit der Vorgenannten ist auf je zehn Minuten beschränkt.

Reihung der Abstimmung

§ 74. Nach Schluss der Debatte hat der Vorsitzende zu verkünden, in welcher Reihenfolge die Fragen zur Abstimmung gelangen.

Abstimmung

§ 75. (1) Die Abstimmung hat durch Erheben einer Hand mit darauffolgender Gegenprobe zu erfolgen.

(2) Beschlüsse sind mit einfacher Mehrheit zu fassen. Der Vorsitzende hat seine Stimme zuletzt abzugeben, bei Stimmengleichheit ist die Stimme des Vorsitzenden entscheidend.

(3) Haben sich stimmberechtigte Mitglieder der Stimme enthalten, so scheiden sie zur Ermittlung der für die Annahme des Antrages erforderlichen Mehrheit aus. Die Beschlussfähigkeit der Sitzung wird dadurch nicht beeinträchtigt. Wenn sich die Mehrheit der anwesenden stimmberechtigten Mitglieder der Stimme enthalten haben, gilt der Antrag als zurückgezogen.

(4) Eine Stimmabgabe nach der Abstimmung ist unzulässig.

(5) Wenn die Mitglieder mehrheitlich der Abstimmung im schriftlichen Wege zustimmen, können Beschlüsse auch außerhalb von Sitzungen im Umlaufwege schriftlich erfolgen. Bei der Abstimmung im schriftlichen Wege ist die zu einer Beschlussfassung erforderliche Mehrheit nicht nach der Zahl der abgegebenen, sondern nach der Gesamtzahl der Mitglieder im Gremium zu berechnen.

Verschwiegenheit

§ 76. Die Ausschüsse können beschließen, dass und inwieweit ihre Verhandlungen sowie die von ihnen gefassten Beschlüsse vertraulich sind. Von vertraulich geführten Verhandlungen können Sitzungsteilnehmer, die in der betreffenden Sitzung nicht stimmberechtigt sind, ausgeschlossen werden. Diese Beschlüsse sind mit einer Mehrheit von zwei Dritteln zu fassen.

Protokoll

§ 77. (1) Über jede Sitzung ist ein Beschluss- oder Resümeeprotokoll aufzunehmen. Das Protokoll ist von einem Mitarbeiter der Kammer zu führen, es sei denn, der Vorsitzende verfügt etwas anderes.

(2) Jedes Protokoll hat zu enthalten:

1. Bezeichnung der Sitzung,
2. Ort und Zeit der Sitzung;
3. anwesende, entschuldigte bzw. unentschuldigt ferngebliebene Mitglieder,
4. Name des Vorsitzenden, des Protokollführers,
5. die Tagesordnung,
6. den Gang der Verhandlung,
7. die in Verhandlung genommenen Gegenstände,
8. die wörtliche Fassung der zur Abstimmung gebrachten Fragen und Anträge sowie Anregungen, das ziffernmäßige Ergebnis der Abstimmung und
9. die gefassten Beschlüsse.

(3) Über Verlangen auch nur eines Mitgliedes müssen Erklärungen wörtlich protokolliert und Abstimmungsergebnisse namentlich angeführt werden.

(4) Protokolle sind den Teilnehmern ehest möglich zur Kenntnis zu bringen. Das Protokoll gilt als genehmigt, wenn keines der stimmberechtigten Mitglieder, in der der Versendung des Protokolls nächstfolgenden Sitzung des betreffenden Organs, eine Änderung verlangt.

(5) Jedes Protokoll muss im Kammeramt aufgelegt werden. Dies hat spätestens vor Beginn der nächsten Sitzung zu geschehen. Einblick in das Protokoll ist im Allgemeinen den Sitzungsmitgliedern, dem Präsidenten, den Vizepräsidenten und Vorstandsmitgliedern sowie dem Kammerdirektor, seinem Stellvertreter und den Mitarbeitern der Kammer zu gewähren.

(6) Bei nicht öffentlichen Sitzungen bestimmt der Vorsitzende, wem außer den Sitzungsmitgliedern Einsicht zu gewähren ist.

(7) Der Vorsitzende kann bis zur Genehmigung durch die stimmberechtigten Mitglieder Änderungen des Sitzungsprotokolls vornehmen. Ebenso kann jedes stimmberechtigte Mitglied bis zur Genehmigung eine Änderung des Protokolls beantragen.

4. Teil
Barauslagen

Allgemeines

§ 78. (1) Barauslagen, die im Interesse der Kammer notwendig waren, sind den Funktionären zu ersetzen. Als Funktionäre im Sinne der Bestimmungen des 4. Teiles gelten auch Personen, die gemäß § 18 Abs. 1 oder § 63 Abs. 3 zu Sitzungen hinzugezogen werden, sofern deren Sitzungsteilnahme entsprechend § 89 ebenfalls ehrenamtlich erfolgt.

(2) Kein Anspruch auf Ersatz des Mehraufwandes besteht, insoweit der Funktionär durch Nichtbenützung des zweckmäßigsten Beförderungsmittels, durch eine unbegründete Verlängerung der Dauer der Dienstreise, durch Unterlassung der zweckmäßigen Verbindung mehrerer Dienstverrichtungen oder auf eine sonstige Weise der Kammer einen ungerechtfertigten Aufwand verursacht hat.

(3) Werden die Barauslagen nach anderen Vorschriften abgegolten, entfällt der Anspruch auf Ersatz der Barauslagen.

(4) Im Zweifelsfall hat der Präsident über Ansprüche auf Ersatz von Barauslagen zu entscheiden.

Dienstreise

§ 79. (1) Eine Dienstreise liegt vor, wenn sich der Funktionär aufgrund seiner Funktion im Interesse der Kammer von seinem Berufssitz, in Ermangelung eines solchen von seinem Wohnsitz, mehr als zwei Kilometer Luftlinie entfernt.

(2) Bei Dienstreisen gebührt dem Funktionär
1. eine Reisekostenvergütung,
2. ein Taggeld,
3. ein Nächtigungsgeld und
4. Nebenkostenvergütung für die nachgewiesenen Kosten der Durchführung dienstlich notwendiger Tätigkeiten.

Sitzungen der Fachsenate

§ 80. Für die Teilnahme an Sitzungen der Fachsenate gebührt ausschließlich Reisekostenvergütung für Sitzungen die nicht am Ort des Berufssitzes bzw. in Ermangelung eines solchen am Wohnsitz, stattfinden. Es gebührt kein Tag- und Nächtigungsgeld und keine Nebenkostenvergütung.

Reisekostenvergütung Inlandsreisen

§ 81. (1) Für Sitzung außerhalb des Ortes des Berufssitzes, in Ermangelung eines solchen des Wohnsitzes, gebührt dem Funktionär als Reisekostenvergütung das amtliche Kilometergeld zuzüglich 30%, aufgerundet auf EURO 0,01 für die Entfernung vom Berufssitz bzw. Wohnsitz zum Sitzungsort und retour.

(2) Für Sitzung am Ort des Berufssitzes, in Ermangelung eines solchen des Wohnsitzes, gebührt dem Funktionär als Reisekostenvergütung 50% des Taggeldes.

Reisekostenvergütung Auslandsreisen

§ 82. Bei Auslandsreisen gebührt dem Funktionär im Falle der Benützung eines privaten Kraftfahrzeuges das amtliche Kilometergeld, bei Benützung eines öffentlichen Verkehrsmittels die Vergütung der Kosten für die 1. Klasse der Eisenbahn oder des Flugtickets business class.

Taggeld

§ 83. (1) Für Inlandsreisen gebührt den Funktionären ein Taggeld in der Höhe des amtlichen Taggeldes zuzüglich 10%, aufgerundet auf EURO 1,-.

(2) Für Auslandsreisen gebührt das amtliche Taggeld für Auslandsreisen.

Nächtigungsgeld

§ 84. (1) Für Reisen im Inland gebührt dem Funktionär für Entfernungen vom Berufs- bzw. Wohnsitz zum Sitzungsort und retour
1. von 300 bis 499 Kilometer ein Nächtigungsgeld in der Höhe des 2,5-fachen des Taggeldes,
2. ab 500 Kilometer ein Nächtigungsgeld in der Höhe des 5-fachen des Taggeldes.

(2) Bei Auslandsreisen gebührt dem Funktionär der Ersatz der tatsächlich angefallenen Nächtigungskosten. Die Kosten sind mit Originalbelegen nachzuweisen.

Nebenkostenvergütung

§ 85. Bei Auslandsreisen sind Nebenspesen, wie Auslagen für Taxifahrten, Beförderung von Reisegepäck etc. im notwendigen und nachgewiesenen Ausmaß zu vergüten.

5. Teil
Kollegenbefragungen

Allgemeines

§ 86. (1) In den Angelegenheiten des eigenen Wirkungsbereiches der Kammer (§ 152 Abs. 2 WTBG 2017) kann der Vorstand zur Erforschung des Willens der Kollegenschaft über berufsständische Fragen sowie über Planungen und Projektierungen eine Kollegenbefragung durchführen.

(2) Eine Kollegenbefragung ist dann zwingend durchzuführen, wenn sie von
a) mindestens 10% der ordentlichen Kammermitglieder (unter Ausschluss der Wirtschaftstreuhandgesellschaften) oder
b) in berufsgruppenspezifischen Angelegenheiten von mindestens einem Drittel oder 200 der Angehörigen einer Berufsgruppe (unter Ausschluss der Wirtschaftstreuhandgesellschaften) verlangt wird.

(3) Eine solche Kollegenbefragung entfällt, wenn der Vorstand in einer der beiden nach Einlangen des Quorums folgenden Sitzungen dem Wunsch derer, die die Befragung initiiert haben, entsprochen wird.

Fragestellung

§ 87. (1) Die Frage, die einer Kollegenbefragung unterzogen werden soll, ist möglichst kurz, sachlich und eindeutig, ohne wertende Beifügungen und so zu stellen, dass sie entweder mit „Ja" oder „Nein" beantwortet oder, wenn über zwei oder mehrere Entscheidungsmöglichkeiten entschieden werden soll, die gewählte Entscheidungsmöglichkeit eindeutig bezeichnet werden kann.

(2) Die Formulierung der Frage ist vom Vorstand mit einfacher Stimmenmehrheit zu beschließen.

(3) Der Vorstand hat die Durchführung einer Kollegenbefragung in einer der beiden nach Einlangen eines Quorums folgenden Sitzungen abschließend zu behandeln.

Ergebnis

§ 88. (1) Das Ergebnis der Kollegenbefragung ist in der nächsten Sitzung des jeweils zuständigen Kammerorgans zu behandeln.

(2) Eine Behandlung wird entbehrlich, wenn der Beschluss des Kammerorgans, gegen den sich die Kollegenbefragung richtet, bereits reassumiert wurde oder wenn sich das Ziel einer Kollegenbefragung auf Durchführung eines bestimmten Projektes richtet, welches bereits ausgeführt wurde.

(3) Das Ergebnis der Kollegenbefragung und deren Behandlung ist im Amtsblatt der Kammer zu veröffentlichen.

6. Teil
Funktionsentschädigung

Allgemeines

§ 89. Sofern dieser Abschnitt nichts anderes bestimmt, erfolgt die Tätigkeit als Funktionär ehrenamtlich. Es gebührt daher für die zur Erfüllung der Tätigkeit aufgewendete Zeit keine Entschädigung.

Anspruchsberechtigte Personen

§ 90. Anspruch auf Entschädigung haben der Präsident und die Vizepräsidenten der Kammer der Wirtschaftstreuhänder.

Gegenstand der Entschädigung

§ 91. (1) Anspruch auf Entschädigung besteht für die zur Erfüllung sämtlicher Tätigkeiten als Funktionär aufgewendete Zeit.

(2) Zur Erfüllung der Aufgaben zählen insbesondere

1. Tätigkeiten im Rahmen des übertragenen Wirkungsbereiches,
2. Tätigkeiten im Rahmen der Führung der laufenden Geschäfte,
3. Tätigkeiten, die in dieser Geschäftsordnung vorgesehen sind,
4. Tätigkeiten in Ausübung weiterer Funktionen in der Kammer,
5. Kontakte mit Mitglieder oder anderen Personen, die der Vertretung der Interessen der Kammer dienen und
6. Tätigkeiten des Präsidenten als Präsident des Vereins „Die Freien Berufe Österreichs".

(3) Zur Erfüllung der Aufgaben zählen jedenfalls nicht die Teilnahme an Veranstaltungen, die nicht primär der Vertretung der Interessen der Kammer dienen, z.B.

1. die Teilnahme an Fortbildungsveranstaltungen,
2. Tätigkeiten im Rahmen von berufspolitischen Fraktionen,
3. Freizeit im Zusammenhang mit Reisen und
4. gesellschaftliche Ereignisse.

Nachweis des Zeitaufwandes

§ 92. Die Anspruchsberechtigten haben eine Zeitaufzeichnung zu führen, die zumindest folgende Angaben enthalten muss:

1. Datum,
2. Dauer,
3. Art der Tätigkeit, gegebenenfalls Angabe des Gesprächspartners.

Umfang der Entschädigung

§ 93. (1) Für einen Zeitaufwand bis 100 Stunden jährlich besteht kein Anspruch auf Entschädigung. Darüber hinausgehender Zeitaufwand wird mit EUR 130,- entschädigt. Der Präsident erhält eine Entschädigung für höchstens 800 Stunden, Vizepräsidenten für höchstens 700 Stunden. Tätigkeiten gemäß § 91 Abs. 1 Z 6 sind im Ausmaß von weiteren höchstens 100 Stunden zu berücksichtigen, sofern das Höchstausmaß des zu entschädigenden Zeitaufwandes bereits erschöpft ist.

(2) Dauert die Funktionsperiode eines gemäß § 90 GO anspruchsberechtigten Funktionärs in einem Jahr kürzer als zwölf Monate, reduziert sich die jeweilige Anzahl der Stunden gemäß Abs. 1 entsprechend zeitanteilig. Dies gilt auch im Falle einer krankheitsbedingten Verhinderung mit einer durchgehenden Dauer von acht Wochen.

(3) Der Vergütungssatz gemäß Abs. 1 erhöht oder vermindert sich in dem Maß, das sich aus der Veränderung des von der Bundesanstalt Statistik Österreich verlautbarten Erzeugerpreisindex für unternehmensnahe Dienstleistungen, Branchenindex 69.2., oder eines an seine Stelle tretenden Index gegenüber der für 2006 verlautbarten Indexzahl ergibt. Für die Berechnung des für ein Jahr geltenden Vergütungssatzes ist der für das jeweils vorangegangene Jahr verlautbarte Index heranzuziehen. Bei der Berechnung der neuen Beträge sind Beträge, die einen halben Euro nicht übersteigen, auf den nächstniedrigen Euro abzurunden, andernfalls auf den nächsthöheren ganzen Euro aufzurunden. Die neuen Beträge gelten jeweils ab dem 1.1. eines Jahres und sind dem Vorstand der Kammer der Wirtschaftstreuhänder bekannt zu machen.

Geltendmachung des Anspruches

§ 94. (1) Der Anspruch auf Entschädigung ist jährlich geltend zu machen. Monatliche, quartalsmäßige oder halbjährliche Zwischenabrechnungen sind möglich

(2) Zur Geltendmachung des Anspruches hat der Anspruchsberechtigte die Zeitaufzeichnung der Kammer der Wirtschaftstreuhänder zu übermitteln.

(3) Ansprüche, die innerhalb von 12 Monaten nach Beendigung des Tätigkeitsjahres nicht geltend gemacht werden, gelten als verfallen.

Funktionsentschädigungsausschuss

§ 95. (1) Der Vorstand hat zur Überprüfung der übermittelten Zeitaufzeichnung einen Ausschuss einzurichten.

(2) Der Ausschuss hat aus einem Vorsitzenden und drei Mitgliedern zu bestehen. Eine Bestellung von Mitgliedern oder Ersatzmitgliedern des Vorstandes sowie von Landespräsidenten oder deren Stellvertretern zum Vorsitzenden oder als Mitglied des Ausschusses ist nicht zulässig.

(3) Der Vorsitzende und die Mitglieder des Ausschusses haben das Recht, die bei der Kammer aufliegenden Zeitaufzeichnungen einzusehen.

Überprüfung des Anspruches und Anweisung der Entschädigung

§ 96. (1) Die Zeitaufzeichnungen eines Kalenderjahres sind vom Funktionsentschädigungsausschuss zu überprüfen.Zu überprüfen ist insbesondere,

1. ob es sich um Zeitaufwand im Rahmen der Erfüllung der Funktion handelt und
2. ob Anspruch gemäß § 93 Abs. 1 besteht.

(3) Werden nicht alle geltend gemachten Ansprüche anerkannt, ist der Betroffene zu verständigen.

Sollte die Streichung vom Vorsitzenden alleine entschieden worden sein, kann der Anspruchsberechtigte eine Entscheidung des Ausschusses verlangen. Sollte die Streichung vom Ausschuss entschieden worden sein, kann der Anspruchsberechtigte eine Entscheidung des Vorstandes verlangen.

(4) Die vom Ausschuss überprüfte Zeitaufzeichnung ist vom Vorsitzenden zu unterfertigen und dem Kammeramt vorzulegen. Die Kammer hat auf Basis der unterfertigten Zeitaufzeichnung die Überweisung zu veranlassen.

(5) Die Auszahlungen haben auf Basis der übermittelten Zeitaufzeichnungen zu erfolgen. Auszahlungen können quartalsweise, halbjährlich oder jährlich erfolgen. Quartals- oder Halbjahresauszahlungen sind als Akontierung ohne Durchführung einer vorangehenden Prüfung der übermittelten Zeitaufzeichnungen gemäß den Absätzen 1 bis 3 durchzuführen. Diese hat vor Auszahlung des Jahresbetrages, des zweiten Halbjahresbetrages oder des vierten Quartalsbetrages zu erfolgen. Von dem sich nach Prüfung der Zeitaufzeichnungen für ein Kalenderjahr ergebenden Gesamtauszahlungsbetrag sind die in diesem Jahr zuvor geleisteten Akontierungen in Abzug zu bringen. Der sich daraus ergebende Restbetrag ist auf Basis der gemäß Abs. 4 unterfertigten Zeitaufzeichnung auszuzahlen. Allenfalls zuviel geleistete Zahlungen sind rückzuerstatten.

7. Teil
Aufsicht über die Einhaltung der Vorschriften zur Verhinderung der Geldwäsche und der Terrorismusfinanzierung

Entlohnung der Experten

§ 97. Experten gebührt als Entlohnung der gemäß § 93 Abs. 1 und Abs. 3 festgesetzte Stundensatz. Hinsichtlich der Verrechnung von Reisekosten und Barauslagen gelten die Bestimmungen des 4. Teiles dieser Verordnung.

8. Teil
Bestellung von Wirtschaftstreuhändern zur Verfahrenshilfe

Allgemeines

§ 98. (1) Die Kammer der Wirtschaftstreuhänder hat im Falle der Bewilligung der Verfahrenshilfe in den gesetzlich vorgesehenen Fällen gemäß § 165 WTBG 2017 einen Wirtschaftstreuhänder zum Verfahrenshelfer nach Maßgabe der nachstehenden Bestimmungen zu bestellen.

(2) Von jeder Bestellung ist das bewilligende Gericht oder die bewilligende Behörde, der bestellte Wirtschaftstreuhänder, der Antragsteller sowie die Landesstelle jenes Bundeslandes, in der der bestellte Wirtschaftstreuhänder seinen Berufssitz hat, durch das Kammeramt zu verständigen.

(3) Zum Verfahrenshelfer können ausschließlich Wirtschaftstreuhandgesellschaften oder selbständig tätige Wirtschaftstreuhänder mit der aufrechten Berufsbefugnis Steuerberater bestellt werden.

Liste der freiwilligen Verfahrenshelfer

§ 99. (1) Das Kammeramt hat zwei getrennte Listen von freiwilligen Verfahrenshelfern für finanzstrafrechtliche Verfahren und für abgabengerichtliche Verfahren zu führen. Wirtschaftstreuhänder, die gemäß § 98 zu Verfahrenshelfern bestellt werden können, können sich durch Meldung bei der zuständigen Landesstelle in diese freiwillig eintragen lassen. Wird einem Wirtschaftstreuhänder die Bestellung zum Verfahrenshelfer angeboten, ist er berechtigt, diese ohne Nennung von Gründen abzulehnen. Eine Streichung aus der Liste der freiwilligen Verfahrenshelfer ist jederzeit möglich.

(2) Nach Möglichkeit ist der zu bestellende Wirtschaftstreuhänder der Liste der freiwilligen Verfahrenshelfer gemäß Abs. 1 zu entnehmen.

Auswahl des Verfahrenshelfers

§ 100. (1) Die Bestellung hat in sämtlichen Fällen nach dem Zufallsprinzip, allerdings unter Berücksichtigung der räumlichen Nähe des Berufssitzes zum Gericht bzw. zur Behörde, bei dem bzw. der das Verfahren, für welches die Verfahrenshilfe bewilligt wurde, anhängig ist, folgender Kriterien zu erfolgen: Wirtschaftstreuhänder, die im laufenden Kalenderjahr bereits als Verfahrenshelfer bestellt wurden, sind nur dann zu berücksichtigen, wenn kein anderer Wirtschaftstreuhänder bestellt werden kann oder besondere Gründe für eine neuerliche Bestellung vorliegen. Wünschen des Antragstellers über die Auswahl des Wirtschaftstreuhänders ist im Einvernehmen mit dem namhaft gemachten Wirtschaftstreuhänder nach Maßgabe dieser Bestimmung zu entsprechen.

(2) Im Falle der Verfahrenshilfe gemäß § 77 Abs 4 FinStrG, BGBl Nr. 129/1958, sind vorzugsweise Wirtschaftstreuhänder, die den Lehrgang „Finanzstrafrecht“ der Akademie der Wirtschaftstreuhänder erfolgreich absolviert haben oder in Ermangelung dessen jene, die über entsprechende fachliche Qualifikationen, insbesondere aufgrund langjähriger praktischer Erfahrung auf dem Rechtsgebiet des Finanzstrafrechts verfügen, zu bestellen.

(3) Ist eine Bestellung gemäß § 99 Abs. 2 nicht möglich oder untunlich, so ist der zu bestellende Wirtschaftstreuhänder dem Mitgliederverzeichnis zu entnehmen. In diesem Fall trifft den bestellten Wirtschaftstreuhänder eine Pflicht zum Tätigwerden.

(4) In berücksichtigungswürdigen Einzelfällen können Wirtschaftstreuhänder von der Bestellung in Verfahrenshilfesachen befreit werden.

Umfang der Bestellung

§ 101. Der Umfang der Bestellung richtet sich nach der Bewilligung der Verfahrenshilfe durch das Gericht bzw. die Behörde.

Vertretung

§ 102. (1) Der bestellte Wirtschaftstreuhänder kann die Durchführung der Verfahrenshilfe unter eigener Verantwortung einem in die Liste gemäß

§ 99 Abs. 1 eingetragenen Wirtschaftstreuhänder übertragen.

(2) Im Falle der Verhinderung hat der bestellte Wirtschaftstreuhänder für seine Stellvertretung nach Maßgabe des § 83 WTBG 2017 rechtzeitig Vorsorge zu treffen.

Aufwandersatz

§ 103. (1) Der gemäß § 97 bestellte Wirtschaftstreuhänder hat Anspruch auf Aufwandersatz.

(2) Anspruch auf Aufwandersatz besteht für die zur Erfüllung notwendiger und zweckmäßiger Tätigkeiten als Verfahrenshelfer tatsächlich aufgewendete Zeit zuzüglich Barauslagen. Die Kommunikation mit der Kammer der Wirtschaftstreuhänder zählt nicht dazu.

(3) Die Anspruchsberechtigten haben eine Zeitaufzeichnung zu führen, die zumindest folgende Angaben enthalten muss:

1. Datum,
2. Dauer und
3. Art der Tätigkeit.

(4) Die Höhe der Zeitgebühr beträgt EUR 138,- zuzüglich Umsatzsteuer in der gesetzlichen Höhe für jede geleistete Stunde.

(5) Der Vergütungssatz gemäß Abs 1 erhöht oder vermindert sich in dem Maß, das sich aus der Veränderung des von der Bundesanstalt Statistik Österreich verlautbarten Erzeugerpreisindex für unternehmensnahe Dienstleistungen Branchenindex 69.2., oder eines an seine Stelle tretenden Index gegenüber der für 2017 verlautbarten Indexzahl ergibt. Für die Berechnung der neuen Beträge sind Beträge, die einen halben Euro nicht übersteigen, auf den nächstniedrigeren Euro abzurunden, andernfalls auf den nächsthöheren ganzen Euro aufzurunden. Die neuen Beträge gelten jeweils ab dem 1.1. eines Jahres.

Geltendmachung des Anspruchs

§ 104. (1) Der Anspruch auf Aufwandersatz ist nach Beendigung der Tätigkeit als Verfahrenshelfer geltend zu machen.

(2) Zur Geltendmachung des Anspruches hat der Anspruchsberechtigte die Honorarnote samt Zeitaufzeichnungen der Kammer der Wirtschaftstreuhänder zu übermitteln.

(3) Sofern der Anspruch des Berechtigten den Betrag von € 2.500,- zuzüglich Umsatzsteuer in der gesetzlichen Höhe zu überschreiten droht, hat der Anspruchsberechtigte vorab eine Genehmigung der Kammer der Wirtschaftstreuhänder einzuholen. Dem Antrag auf Genehmigung ist eine Zeitaufzeichnung beizulegen, der die bisherigen Leistungen, der Umfang der noch zu erwartenden Leistungen sowie die Notwendigkeit und Zweckmäßigkeit aller Schritte zu entnehmen sind.

Übermittlung der Zeitaufzeichnungen

§ 105. Die gemäß § 99 zur Verfahrenshilfe bestellten Wirtschaftstreuhänder sind verpflichtet, unverzüglich nach Beendigung der Tätigkeit als Verfahrenshelfer, jedenfalls aber bis zum 31. Jänner eines jeden Jahres für die Zeit des vorangegangenen Kalenderjahres Zeitaufzeichnungen an die Kammer der Wirtschaftstreuhänder zu übermitteln.

9. Teil
Sonstige Bestimmungen

Aufbewahrung von Geschäftsstücke und Akten

§ 106. (1) Geschäftsstücke und Akten betreffend die Erfüllung von Aufgaben gemäß § 152 Abs. 3 WTBG 2017 sind nach Erledigung, oder wenn diese keiner weiteren Bearbeitung bedürfen, aufzubewahren. Geschäftsstücke und Akten betreffend außerordentliche und ordentliche Mitglieder der Kammer der Wirtschaftstreuhänder sind jedenfalls für die Dauer der Mitgliedschaft aufzubewahren. Dies umfaßt physische und elektronische Unterlagen gleichermaßen.

(2) Die Aufbewahrung von Unterlagen gemäß Abs. 1 kann ausschließlich in elektronischer Form erfolgen. In diesem Fall sind physische Schriftstücke durch lesbares elektronisches Abbilden (Scannen) zu erfassen. Die so erfaßten Schriftstücke können sofort vernichtet werden.

Vernichtung von Geschäftsstücken und Akten

§ 107. Sofern nicht der besondere Inhalt des Aktes oder gesetzliche Bestimmungen eine längere Aufbewahrung angebracht erscheinen lassen, können Akten nach Ablauf des zehnten Jahres nach Ende der Mitgliedschaft zur Kammer der Wirtschaftstreuhänder vernichtet (gelöscht) werden.

10. Teil
Schlussbestimmungen

Inkrafttreten

§ 108. Diese Verordnung tritt mit 1.1.2018 in Kraft.

Beschlußfassung – Kundmachung

§ 109. Diese Verordnung wurde vom Kammertag der Kammer der Wirtschaftstreuhänder in seiner Sitzung am 6.11.2017 gemäß § 161 Abs. 2 Z XY Wirtschaftstreuhandberufsgesetz BGBl I Nr. 137/2017 beschlossen und wurde mit Zustimmung des Bundesministers für Wissenschaft, Forschung und Wirtschaft, Erlaß Zl. BMWFW-38.600/0029-I/3/17 vom 14.12.2017, im Amtsblatt der Kammer der Wirtschaftstreuhänder Sondernummer II/2017 sowie auf der Website der Kammer der Wirtschaftstreuhänder veröffentlicht.

5. Richtlinien der Europäischen Union zur Rechnungslegung und Prüfung

5/1.

→ B RICHTLINIE 2013/34/EU DES EUROPÄISCHEN PARLAMENTS UND DES RATES vom 26. Juni 2013 über den Jahresabschluss, den konsolidierten Abschluss und damit verbundene Berichte von Unternehmen bestimmter Rechtsformen und zur Änderung der Richtlinie 2006/43/EG des Europäischen Parlaments und des Rates und zur Aufhebung der Richtlinien 78/660/EWG und 83/349/EWG des Rates

(ABl. L 182 vom 29.6.2013, S. 19)

Geändert durch:

		Amtsblatt		
		No	page	date
→ M1	RICHTLINIE 2014/95/EU DES EUROPÄISCHEN PARLAMENTS UND DES RATES Text von Bedeutung für den EWR vom 22. Oktober 2014	L 330	1	15.11.2014
→ M2	RICHTLINIE 2014/102/EU DES RATES Text von Bedeutung für den EWR vom 7. November 2014	L 334	86	21.11.2014

Berichtigt durch:

→ C1 Berichtigung, ABl. L 369 vom 24.12.2014, S. 79 (2014/95/EU)

↓B

DAS EUROPÄISCHE PARLAMENT UND DER RAT DER EUROPÄISCHEN UNION –

gestützt auf den Vertrag über die Arbeitsweise der Europäischen Union, insbesondere auf Artikel 50 Absatz 1,

auf Vorschlag der Europäischen Kommission,

nach Zuleitung des Entwurfs des Gesetzgebungsakts an die nationalen Parlamente,

nach Stellungnahme des Europäischen Wirtschafts- und Sozialausschusses (1),

gemäß dem ordentlichen Gesetzgebungsverfahren (2),

(1) ABl. C 181 vom 21.6.2012, S. 84.
(2) Standpunkt des Europäischen Parlaments vom 12. Juni 2013 (noch nicht im Amtsblatt veröffentlicht) und Beschluss des Rates vom 20. Juni 2013.

in Erwägung nachstehender Gründe:

(1) Diese Richtlinie trägt dem Programm der Kommission für eine bessere Rechtsetzung und insbesondere der Mitteilung „Intelligente Regulierung in der Europäischen Union" vom Oktober 2010 Rechnung, die das Ziel formuliert, Vorschriften zu konzipieren und zu erarbeiten, die den Grundsätzen der Subsidiarität und Verhältnismäßigkeit entsprechen und die höchstmögliche Qualität aufweisen, und gleichzeitig sicherzustellen, dass die Verwaltungslasten in angemessenem Verhältnis zum erzielten Nutzen stehen. In der Mitteilung der Kommission „Vorfahrt für KMU in Europa – Der ‚Small Business Act' für Europa", die im Juni 2008 angenommen und im Februar 2011 überarbeitet wurde, wird die zentrale Rolle der kleinen und mittleren Unternehmen (KMU) für die Wirtschaft der Union anerkannt und das Ziel festgelegt, das Gesamtkonzept für das Unternehmertum zu verbessern und das Prinzip „Vorfahrt für KMU" („think small first") von der Rechtsetzung bis hin zu den öffentlichen Diensten fest in der Politik zu verankern. Der Europäische Rat begrüßte auf seiner Tagung am 24./25. März 2011 die Absicht der Kommission, die Binnenmarktakte vorzustellen, deren Maßnahmen Wachstum und Arbeitsplätze schaffen und den Bürgern und Unternehmen greifbare Ergebnisse bringen sollen.

In der von der Kommission im April 2011 angenommenen Mitteilung „Binnenmarktakte" werden eine Vereinfachung der Vierten Richtlinie 78/660/EWG des Rates vom 25. Juli 1978 aufgrund von Artikel 54 Absatz 3 Buchstabe g des Vertrages über den Jahresabschluss von Gesellschaften bestimmter Rechtsformen (1) und der Siebten Richtlinie 83/349/EWG des Rates vom 13. Juni 1983 aufgrund von Artikel 54 Absatz 3 Buchstabe g des Vertrages über den konsolidierten Abschluss (2) (die Rechnungslegungsrichtlinien) in Bezug auf die Finanzberichterstattungspflichten und eine Verringerung des Verwaltungsaufwands, insbesondere für KMU, vorgeschlagen. Die Strategie Europa 2020 für intelligentes, nachhaltiges und integratives Wachstum zielt darauf ab, die Verwaltungslasten zu verringern, das Umfeld für Unternehmen und insbesondere KMU zu verbessern und die Internationalisierung von KMU zu fördern. Der Europäische Rat forderte auf seiner Tagung vom 24. und 25. März 2011 zudem, den Regelungsaufwand insgesamt – insbesondere für KMU – auf Unionsebene und auf einzelstaatlicher Ebene zu verringern, und regte Maßnahmen zur Steigerung der Produktivität an, wie etwa den Abbau übertriebener Bürokratie und die Verbesserung des Regelungsrahmens für KMU.

(1) ABl. L 222 vom 14.8.1978, S. 11.
(2) ABl. L 193 vom 18.7.1983, S. 1.

(2) Das Europäische Parlament hat am 18. Dezember 2008 eine nichtlegislative Entschließung zu den Rechnungslegungsvorschriften für kleine und mittlere Unternehmen und insbesondere Kleinstbetriebe (1) angenommen und dabei festgestellt, dass die Anforderungen der Rechnungslegungsrichtlinien kleine und mittlere Unternehmen und insbesondere Kleinstbetriebe oft stark belasten, und die Kommission aufgefordert, mit der Überprüfung der beiden Richtlinien fortzufahren.

(1) ABl. C 45 E vom 23.2.2010, S. 58.

(3) Der Koordinierung der einzelstaatlichen Vorschriften über die Gliederung und den Inhalt des Abschlusses und des Lageberichts, die heranzuziehenden Bewertungsgrundlagen und die Offenlegung dieser Informationen, insbesondere für bestimmte Rechtsformen von Unternehmen mit beschränkter Haftung, kommt im Hinblick auf den Schutz von Aktionären, Gesellschaftern und Dritten besondere Bedeutung zu. In den genannten Bereichen ist für die entsprechenden Rechtsformen von Unternehmen eine zeitgleiche Koordinierung erforderlich, da zum einen bestimmte Unternehmen in mehr als einem Mitgliedstaat tätig sind und da sie zum anderen über ihr Nettovermögen hinaus Dritten keinerlei Sicherheiten bieten.

(4) Mit Jahresabschlüssen werden verschiedene Ziele verfolgt, und sie bieten nicht lediglich Informationen für Anleger in Kapitalmärkten, sondern enthalten auch Angaben über frühere Geschäfte und unterstützen die gute Unternehmensführung. Bei den Rechnungslegungsvorschriften der Union ist ein angemessenes Gleichgewicht zwischen den Interessen der Adressaten von Abschlüssen und dem Interesse von Unternehmen daran, nicht über Gebühr mit Berichtspflichten belastet zu werden, zu finden.

(5) Der Anwendungsbereich dieser Richtlinie sollte bestimmte Unternehmen mit beschränkter Haftung einschließen, wie etwa Aktiengesellschaften oder Gesellschaften mit beschränkter Haftung. Darüber hinaus gibt es eine beträchtliche Anzahl von offenen Handelsgesellschaften oder Kommanditgesellschaften, bei denen jeweils sämtliche voll haftenden Gesellschafter Aktiengesellschaften oder Gesellschaften mit beschränkter Haftung sind, und die daher den in dieser Richtlinie vorgesehenen Koordinierungsmaßnahmen unterliegen sollten. Mit dieser Richtlinie sollte außerdem sichergestellt werden, dass Personengesellschaften in ihren Anwendungsbereich fallen, wenn ihre Gesellschafter

keine Aktiengesellschaften oder Gesellschaften mit beschränkter Haftung sind, aber dennoch beschränkt für die Verpflichtungen dieser Personengesellschaft haften, da ihre Haftung durch andere von dieser Richtlinie erfasste Unternehmen beschränkt wird. Die Ausnahme von Einrichtungen ohne Erwerbszweck vom Anwendungsbereich dieser Richtlinie steht im Einklang mit Artikel 50 Absatz 2 Buchstabe g des Vertrags über die Arbeitsweise der Europäischen Union (AEUV).

(6) Der Anwendungsbereich dieser Richtlinie sollte auf bestimmten Grundsätzen beruhen und gewährleisten, dass sich ein Unternehmen nicht selbst aus diesem Anwendungsbereich ausnehmen kann, indem es eine vielschichtige Gruppenstruktur schafft, die innerhalb und außerhalb der Union ansässige Unternehmen auf verschiedenen Ebenen umfasst.

(7) Die Bestimmungen dieser Richtlinie sollten nur insofern gelten, als sie im Einklang mit oder nicht im Widerspruch zu den Rechnungslegungsvorschriften für Unternehmen bestimmter Rechtsformen oder mit den Bestimmungen über die Verteilung des Gesellschaftsvermögens eines Unternehmens gemäß den geltenden, von einem oder mehreren Organen der Union erlassenen Gesetzgebungsakten stehen.

(8) Außerdem ist es erforderlich, in Bezug auf den Umfang der Finanzinformationen, die von miteinander im Wettbewerb stehenden Unternehmen zu veröffentlichen sind, auf Unionsebene gleichwertige rechtliche Mindestanforderungen festzulegen.

(9) Der Jahresabschluss sollte unter Beachtung des Vorsichtsprinzips erstellt werden und ein den tatsächlichen Verhältnissen entsprechendes Bild der Vermögens-, Finanz- und Ertragslage eines Unternehmens vermitteln. Es ist in Ausnahmefällen möglich, dass ein Jahresabschluss kein solches, den tatsächlichen Verhältnissen entsprechendes Bild vermittelt, wenn Bestimmungen dieser Richtlinie zur Anwendung kommen. In diesen Fällen sollte das Unternehmen von diesen Bestimmungen abweichen, um ein den tatsächlichen Verhältnissen entsprechendes Bild zu vermitteln. Es sollte den Mitgliedstaaten gestattet sein, solche Ausnahmefälle zu definieren und die einschlägigen Ausnahmeregelungen für derartige Fälle festzulegen. Diese Ausnahmen sollten nur für äußerst ungewöhnliche Geschäfte und ungewöhnliche Umstände gelten und sollten beispielsweise nicht bestimmte Wirtschaftszweige insgesamt betreffen.

(10) Mit dieser Richtlinie sollte dafür gesorgt werden, dass die Anforderungen für kleine Unternehmen innerhalb der Union weitgehend harmonisiert werden. Diese Richtlinie basiert auf dem Prinzip „Vorfahrt für KMU“. Um einen unverhältnismäßigen Verwaltungsaufwand für diese Unternehmen zu vermeiden, sollte es den Mitgliedstaten lediglich gestattet sein, im Wege von Anhangangaben ergänzend zu den in den Anhängen zu den Abschlüssen zwingend vorgeschriebenen Angaben einige wenige Informationen zu verlangen. Im Falle eines einheitlichen Einreichungssystems können die Mitgliedstaaten jedoch in bestimmten Fällen in beschränktem Umfang zusätzliche Angaben verlangen, sofern diese nach dem jeweiligen einzelstaatlichen Steuerrecht ausdrücklich vorgeschrieben und für die Zwecke der Steuererhebung unbedingt erforderlich sind. Es sollte den Mitgliedstaaten möglich sein, über die in dieser Richtlinie vorgesehenen Mindestanforderungen hinausgehende Anforderungen für mittlere und große Unternehmen vorzuschreiben.

(11) Ist es den Mitgliedstaaten nach dieser Richtlinie beispielsweise gestattet, für kleine Unternehmen zusätzliche Anforderungen vorzuschreiben, so bedeutet dies, dass ein Mitgliedstaat von dieser Möglichkeit vollständig oder teilweise Gebrauch machen kann, indem er geringere Anforderungen stellt, als nach dieser Möglichkeit gestattet wäre. Ist es den Mitgliedstaaten nach dieser Richtlinie beispielsweise gestattet, in Bezug auf kleine Unternehmen eine Ausnahmeregelung anzuwenden, so gilt entsprechend, dass der jeweilige Mitgliedstaat diese Unternehmen vollständig oder teilweise ausnehmen kann.

(12) Kleine, mittlere und große Unternehmen sollten unter Bezugnahme auf Bilanzsumme, Nettoumsatzerlöse und durchschnittliche Zahl der während des Geschäftsjahres Beschäftigten definiert und voneinander unterschieden werden, da diese Kriterien in der Regel objektiven Aufschluss über die Größe eines Unternehmens geben. Legt jedoch das Mutterunternehmen keinen konsolidierten Abschluss für die Gruppe vor, so sollten die Mitgliedstaaten die von ihnen als erforderlich erachteten Maßnahmen ergreifen dürfen, um vorzuschreiben, dass ein solches Unternehmen als ein größeres Unternehmen eingestuft wird, indem seine Größe und daraus resultierende Kategorie auf konsolidierter oder aggregierter Grundlage bestimmt werden. Wendet ein Mitgliedstaat eine oder mehrere der fakultativen Ausnahmeregelungen für Kleinstunternehmen an, so sollten Kleinstunternehmen auch unter Bezugnahme auf Bilanzsumme, Nettoumsatzerlöse und durchschnittliche Zahl der während des Geschäftsjahres Beschäftigten definiert werden. Die Mitgliedstaaten sollten nicht verpflichtet sein, in ihren einzelstaatlichen Rechtsvorschriften gesonderte Kategorien für mittlere und große Unternehmen vorzusehen, wenn für mittlere Unternehmen dieselben Anforderungen wie für große Unternehmen gelten.

(13) Kleinstunternehmen verfügen nur über begrenzte Mittel, um anspruchsvollen gesetzlichen Anforderungen nachzukommen. Gibt es keine speziellen Vorschriften für Kleinstunternehmen, so finden die für kleine Unternehmen geltenden Vorschriften auch auf Kleinstunternehmen Anwendung. Dadurch sehen sie sich mit einem in Bezug auf ihre Größe unverhältnismäßigen Verwaltungsaufwand konfrontiert, der für die kleinsten Unternehmen im Vergleich zu anderen kleinen Unternehmen belastender ist. Deshalb sollte es den Mitgliedstaaten möglich sein, Kleinstunternehmen von bestimmten für kleine Unternehmen geltenden Pflichten, die ihnen einen übermäßigen

Verwaltungsaufwand auferlegen würden, auszunehmen. Allerdings sollten Kleinstunternehmen weiterhin etwaigen einzelstaatlichen Pflichten zur Führung von Aufzeichnungen unterliegen, aus denen ihre Geschäftstätigkeit und ihre finanzielle Lage hervorgehen, unterliegen. Darüber hinaus sollten Investmentunternehmen und Beteiligungsgesellschaften von den Vorteilen der für Kleinstunternehmen geltenden Vereinfachungen ausgenommen werden.

(14) Die Mitgliedstaaten sollten die besonderen Gegebenheiten und Bedürfnisse ihres eigenen Marktes berücksichtigen, wenn sie beschließen, ob oder wie eine spezifische Regelung für Kleinstunternehmen im Rahmen dieser Richtlinie angewandt werden soll.

(15) Die Offenlegung von Abschlüssen kann für Kleinstunternehmen aufwendig sein. Gleichzeitig müssen die Mitgliedstaaten die Einhaltung dieser Richtlinie sicherstellen. Dementsprechend sollte es Mitgliedstaaten, die von den in dieser Richtlinie enthaltenen Ausnahmeregelungen für Kleinstunternehmen Gebrauch machen, gestattet sein, Kleinstunternehmen von einer allgemeinen Offenlegungspflicht zu befreien, sofern die Informationen aus der Bilanz im Einklang mit den einzelstaatlichen Rechtsvorschriften bei mindestens einer benannten zuständigen Behörde ordnungsgemäß hinterlegt und an das Unternehmensregister übermittelt werden, so dass auf Antrag eine Abschrift erhältlich ist. In solchen Fällen findet die in dieser Richtlinie festgelegte Pflicht zur Offenlegung von Rechnungslegungsunterlagen gemäß Artikel 3 Absatz 5 der Richtlinie 2009/101/EG des Europäischen Parlaments und des Rates vom 16. September 2009 zur Koordinierung der Schutzbestimmungen, die in den Mitgliedstaaten den Gesellschaften im Sinne des Artikels 48 Absatz 2 des Vertrags im Interesse der Gesellschafter sowie Dritter vorgeschrieben sind, um diese Bestimmungen gleichwertig zu gestalten (1), keine Anwendung.

(1) ABl. L 258 vom 1.10.2009, S. 11.

(16) Um zu gewährleisten, dass vergleichbare und gleichwertige Informationen angegeben werden, sollten die bei Ansatz und Bewertung zugrunde gelegten Grundsätze den Aspekt der Unternehmensfortführung, das Vorsichtsprinzip und das Konzept der Periodenabgrenzung einschließen. Eine Verrechnung zwischen Aktiv- und Passivposten sowie zwischen Aufwands- und Ertragsposten sollte nicht zulässig sein, und die Aktiv- und Passivposten sollten einzeln bewertet werden. In besonderen Fällen sollte es den Mitgliedstaaten allerdings gestattet sein, den Unternehmen die Verrechnung zwischen Aktiv- und Passivposten sowie zwischen Aufwands- und Ertragsposten zu erlauben oder vorzuschreiben. Bei der Darstellung der einzelnen Posten im Abschluss sollte der wirtschaftlichen Realität bzw. dem wirtschaftlichen Gehalt des zugrunde liegenden Geschäftsvorfalls oder der zugrunde liegenden Vereinbarung Rechnung getragen werden. Es sollte den Mitgliedstaaten allerdings gestattet sein, Unternehmen von der Anwendung dieses Grundsatzes zu befreien.

(17) Für Ansatz, Bewertung, Darstellung, Offenlegung und Konsolidierung im Abschluss sollte der Grundsatz der Wesentlichkeit gelten. Nach dem Grundsatz der Wesentlichkeit können Angaben, die als unwesentlich betrachtet werden, im Abschluss beispielsweise aggregiert werden. Während ein einzelner Posten möglicherweise als unwesentlich angesehen werden kann, können mehrere unwesentliche gleichartige Posten zusammen jedoch durchaus als wesentlich gelten. Es sollte den Mitgliedstaaten gestattet sein, die verbindliche Anwendung des Grundsatzes der Wesentlichkeit auf Darstellung und Offenlegung zu beschränken. Der Grundsatz der Wesentlichkeit sollte eine etwaige Pflicht nach einzelstaatlichen Rechtsvorschriften zur Führung vollständiger Aufzeichnungen, aus denen ihre Geschäftstätigkeit und die finanzielle Lage hervorgehen, nicht berühren.

(18) Zur Gewährleistung der Zuverlässigkeit der im Abschluss enthaltenen Informationen sollten die im Abschluss angesetzten Posten auf der Basis des Anschaffungs- oder des Herstellungskostenprinzips bewertet werden. Die Mitgliedstaaten sollten jedoch befugt sein, den Unternehmen eine Neubewertung des Anlagevermögens zu erlauben oder vorzuschreiben, damit den Abschlussnutzern aussagekräftigere Informationen zur Verfügung gestellt werden können.

(19) Der Bedarf nach einer unionsweiten Vergleichbarkeit der Finanzinformationen macht es erforderlich, die Mitgliedstaaten zu verpflichten, für bestimmte Finanzinstrumente eine Rechnungslegung zum beizulegenden Zeitwert zuzulassen. Im Übrigen stellen Systeme einer Rechnungslegung zum beizulegenden Zeitwert Informationen bereit, die für die Nutzer von Abschlüssen von größerer Relevanz sein können als Informationen, die auf den Anschaffungs- oder den Herstellungskosten basieren. Entsprechend sollten die Mitgliedstaaten die Einführung einer Rechnungslegung zum beizulegenden Zeitwert durch alle Unternehmen bzw. Kategorien von Unternehmen – mit Ausnahme der Kleinstunternehmen, die von der in dieser Richtlinie enthaltenen Ausnahmeregelung Gebrauch machen – gestatten, und zwar sowohl in Bezug auf Jahresabschlüsse und konsolidierte Abschlüsse. als auch – je nach Wahl des Mitgliedstaats – nur in Bezug auf konsolidierte Abschlüsse. Darüber hinaus sollte es den Mitgliedstaaten gestattet sein, eine Rechnungslegung zum beizulegenden Zeitwert für Vermögensgegenstände, die keine Finanzinstrumente sind, zuzulassen oder zu verlangen.

(20) Es ist erforderlich, die Anzahl der Gliederungsformen für Bilanzen zu beschränken, um es den Nutzern von Abschlüssen zu ermöglichen, die finanzielle Lage von Unternehmen innerhalb der Union besser zu vergleichen. Die Mitgliedstaaten sollten die Anwendung einer Gliederungsform für die Bilanz vorschreiben, und es sollte ihnen gestattet sein, eine Auswahl von erlaubten Gliederungen anzubieten. Es sollte den Mitgliedstaaten jedoch möglich sein, den Unternehmen zu erlauben oder vorzuschreiben, die Gliederung zu ändern und eine Bilanz vorzulegen, die zwischen kurz- und

langfristigen Posten unterscheidet. Es sollte sowohl eine Gliederung der Gewinn- und Verlustrechnung nach Eigenart der Aufwendungen als auch eine Gewinn- und Verlustrechnung nach Funktion der Aufwendungen zulässig sein. Die Mitgliedstaaten sollten die Anwendung einer Gliederungsform für die Gewinn- und Verlustrechnung vorschreiben, und es sollte ihnen gestattet sein, die Auswahl von mehreren erlaubten Gliederungen anzubieten. Die Mitgliedstaaten sollten es Unternehmen ferner gestatten können, anstelle einer Gewinn- und Verlustrechnung, die entsprechend einer der zulässigen Gliederungen erstellt wird, eine Ergebnisrechnung („statement of performance") vorzulegen. Für kleine und mittlere Unternehmen kann eine vereinfachte Fassung der vorgeschriebenen Gliederungsschemata zur Verfügung gestellt werden. Es sollte den Mitgliedstaaten allerdings gestattet sein, die Gliederungsformen der Bilanz und der Gewinn- und Verlustrechung zu beschränken, sofern dies für die elektronische Einreichung von Abschlüssen erforderlich ist.

(21) Im Interesse der Vergleichbarkeit sollte ein gemeinsamer Rahmen für Ansatz, Bewertung und Darstellung unter anderem von Wertberichtigungen, Geschäfts- oder Firmenwert, Rückstellungen, Vorratsvermögen und beweglichen Vermögensgegenständen sowie Ertrags- oder Aufwandsposten in außerordentlicher Größenordnung oder mit außerordentlichem Stellenwert vorgegeben werden.

(22) Ansatz und Bewertung einiger Posten des Abschlusses beruhen nicht auf präzisen Darstellungen sondern vielmehr auf Schätzungen, Bewertungen und Modellen. Als Ergebnis der mit Geschäftstätigkeiten verbundenen Ungewissheiten können bestimmte Posten in den Abschlüssen nicht präzise bewertet, sondern nur geschätzt werden. Schätzungen umfassen Bewertungen anhand der jüngsten verfügbaren zuverlässigen Angaben. Schätzungen sind ein wesentlicher Bestandteil der Aufstellung von Abschlüssen. Dies gilt insbesondere im Falle von Rückstellungen, die naturgemäß unsicherer sind, als die meisten anderen Bilanzposten. Die Schätzungen sollten auf einer vorsichtigen Bewertung der Unternehmensleitung beruhen sowie auf einer objektiven Grundlage berechnet werden, ergänzt um Erfahrungen aus ähnlichen Geschäftsvorfällen sowie in einigen Fällen sogar um Berichte von unabhängigen Experten. Die berücksichtigten Nachweise sollten alle zusätzlichen Hinweise umfassen, die sich aufgrund von Ereignissen nach dem Bilanzstichtag ergeben.

(23) Die in der Bilanz und in der Gewinn- und Verlustrechnung dargestellten Informationen sollten durch Angaben im Anhang zum Abschluss ergänzt werden. Die Nutzer von Abschlüssen haben üblicherweise lediglich begrenzten Bedarf an zusätzlichen Informationen kleiner Unternehmen, und für kleine Unternehmen kann es kostspielig sein, diese zusätzlichen Informationen zusammenzustellen. Eine spezielle Regelung für kleine Unternehmen, die lediglich eine begrenzte Offenlegungspflicht vorsieht, ist somit gerechtfertigt. Ist ein Kleinstunternehmen oder ein kleines Unternehmen allerdings der Auffassung, dass die Bereitstellung zusätzlicher Informationen der Art, wie sie von mittleren und großen Unternehmen verlangt wird, oder anderer in dieser Richtlinie nicht vorgesehener Informationen nützlich wäre, so sollte es nicht daran gehindert werden.

(24) Die Angabe zu den Rechnungslegungsmethoden ist eines der Schlüsselelemente des Anhangs zum Abschluss. Diese Angaben sollten insbesondere die Bewertungsgrundlage für die verschiedenen Posten, eine Angabe zur Übereinstimmung dieser Rechnungslegungsmethoden mit dem Konzept der Unternehmensfortführung und wesentliche Änderungen der Rechnungslegungsmethoden umfassen.

(25) Nutzer der von mittleren und großen Unternehmen erstellten Abschlüsse haben in der Regel anspruchsvollere Bedürfnisse. Daher sollte in bestimmten Bereichen die Angabe weiterer Informationen vorgesehen werden. Ausnahmen von bestimmten Berichtspflichten sind gerechtfertigt, wenn bestimmten Personen oder dem Unternehmen aus dieser Angabe ein Nachteil erwachsen würde.

(26) Der Lagebericht und der konsolidierte Lagebericht sind wichtige Elemente der Finanzberichterstattung. Es sollte ein den tatsächlichen Verhältnissen entsprechendes Bild des Geschäftsverlaufs und des Geschäftsergebnisses vermittelt werden, und zwar in einer Weise, die Umfang und Komplexität der Geschäfte entspricht. Die Informationen sollten sich nicht auf die finanziellen Aspekte der Geschäfte des Unternehmens beschränken, sondern auch die ökologischen und sozialen Aspekte seiner Geschäftstätigkeit, die für das Verständnis des Geschäftsverlaufs, des Geschäftsergebnisses oder der Lage des Unternehmens erforderlich ist, sollten analysiert werden. In den Fällen, in denen der konsolidierte Lagebericht und der Lagebericht des Mutterunternehmens als ein einziger Bericht vorgelegt werden, kann es angemessen sein, in besonderer Weise auf die Umstände einzugehen, die für die Gesamtheit der in die Konsolidierung einbezogenen Unternehmen von Bedeutung sind. Mit Blick auf die potenzielle Belastung für kleine und mittlere Unternehmen ist es jedoch angezeigt, die Möglichkeit für die Mitgliedstaaten vorzusehen, eine Ausnahme von der Verpflichtung zur Bereitstellung von Nichtfinanzinformationen im Lagebericht solcher Unternehmen zu gewähren.

(27) Die Mitgliedstaaten sollten über die Möglichkeit verfügen, kleine Unternehmen von der Pflicht zur Erstellung eines Lageberichts zu befreien, sofern diese Unternehmen im Anhang zu ihrem Abschluss im Einklang mit Artikel 24 Absatz 2 der Richtlinie 2012/30/EU des Europäischen Parlaments und des Rates vom 25. Oktober 2012 zur Koordinierung der Schutzbestimmungen, die in den Mitgliedstaaten den Gesellschaften im Sinne des Artikels 54 Absatz 2 des Vertrages über die Arbeitsweise der Europäischen Union im Interesse der Gesellschafter sowie Dritter für die Gründung der Aktiengesellschaft sowie für die Erhaltung und Änderung ihres Kapitals vorgeschrieben sind, um

diese Bestimmungen gleichwertig zu gestalten [1], die Daten zum Erwerb eigener Aktien angeben.

[1] ABl. L 315 vom 14.11.2012, S. 74.

(28) Da börsennotierte Unternehmen in den Volkswirtschaften, in denen sie operieren, eine herausragende Rolle spielen können, sollten die Bestimmungen dieser Richtlinie, die die Erklärung zur Unternehmensführung betreffen, für Unternehmen gelten, deren übertragbare Wertpapiere zum Handel auf einem geregelten Markt zugelassen sind.

(29) Zahlreichen Unternehmen gehören andere Unternehmen; durch die Koordinierung der Rechtsvorschriften über konsolidierte Abschlüsse sollen die Interessen geschützt werden, die gegenüber Kapitalgesellschaften bestehen. Damit Finanzinformationen über derartige Unternehmen zur Kenntnis der Gesellschafter und Dritter gebracht werden können, sollte ein konsolidierter Abschluss erstellt werden. Daher wäre eine Koordinierung der einzelstaatlichen Rechtsvorschriften über den konsolidierten Abschluss angebracht, damit Vergleichbarkeit und Gleichwertigkeit der von Unternehmen in der Union zu veröffentlichenden Informationen gewährleistet werden. Aufgrund des Fehlens eines Transaktionspreises zu Marktbedingungen sollte es den Mitgliedstaaten gestattet sein, die Bilanzierung von gruppeninternen Beteiligungsübertragungen – sogenannte Geschäftsvorfälle zwischen Unternehmen unter einheitlicher Leitung – unter Anwendung der Interessenzusammenführungsmethode zuzulassen, bei der der Buchwert von Anteilen an einem in die Konsolidierung einbezogenen Unternehmen lediglich mit dem entsprechenden Anteil am Gesellschaftskapital verrechnet wird.

(30) Die Richtlinie 83/349/EWG enthielt eine Vorschrift, wonach ein konsolidierter Abschluss für Gruppen zu erstellen ist, wenn entweder das Mutterunternehmen oder ein oder mehrere Tochterunternehmen eine der in den Anhängen I oder II dieser Richtlinie genannten Rechtsformen hat. Die Mitgliedstaaten hatten die Möglichkeit, Mutterunternehmen von der Anforderung, einen konsolidierten Abschluss zu erstellen, zu befreien, sofern das Mutternunternehmen nicht eine der in den Anhängen I oder II genannten Rechtsformen hatte. Gemäß der vorliegenden Richtlinie sind lediglich Mutterunternehmen einer der in Anhang I oder, unter bestimmten Umständen, der in Anhang II genannten Rechtsform verpflichtet, konsolidierte Abschlüsse zu erstellen; allerdings werden die Mitgliedstaaten nicht daran gehindert, den Anwendungsbereich dieser Richtlinie auszudehnen, so dass er sich auch auf andere Situationen erstreckt. Demnach hat sich die Richtlinie inhaltlich nicht geändert, da es weiterhin den Mitgliedstaaten obliegt, zu entscheiden, ob Unternehmen, die nicht in den Anwendungsbereich dieser Richtlinie fallen, verpflichtet sind, einen konsolidierten Abschluss zu erstellen.

(31) Konsolidierte Abschlüsse sollten die Tätigkeiten eines Mutterunternehmens und seiner Tochterunternehmen als die einer einzigen wirtschaftlichen Einheit (einer Gruppe) darstellen. Vom Mutterunternehmen kontrollierte Unternehmen sollten als Tochterunternehmen betrachtet werden. Die Kontrolle sollte darin bestehen, dass eine Mehrheit der Stimmrechte gehalten wird; eine Kontrolle kann aber auch gegeben sein, wenn entsprechende Vereinbarungen mit anderen Mitaktionären oder Mitgesellschaftern geschlossen wurden. Unter bestimmten Bedingungen kann eine tatsächliche Kontrolle ausgeübt werden, auch wenn das Mutterunternehmen nur eine Minderheitsbeteiligung oder keine Beteiligung am Tochterunternehmen hält. Die Mitgliedstaaten sollten befugt sein vorzuschreiben, dass Unternehmen, die nicht der Kontrolle unterliegen, die aber unter einheitlicher Leitung stehen oder ein gemeinsames Verwaltungs-, Leitungs- oder Aufsichtsorgan haben, in den konsolidierten Abschluss einbezogen werden.

(32) Ein Tochterunternehmen, das selbst Mutterunternehmen ist, sollte einen konsolidierten Abschluss erstellen. Nichtsdestoweniger sollten die Mitgliedstaaten befugt sein, ein solches Mutterunternehmen unter bestimmten Umständen von der Pflicht zur Erstellung eines konsolidierten Abschlusses zu befreien, sofern die Gesellschafter des Unternehmens und Dritte hinreichend geschützt sind.

(33) Kleine Gruppen sollten von der Pflicht zur Erstellung eines konsolidierten Abschlusses befreit werden, da die Nutzer der Abschlüsse kleiner Unternehmen keinen spezifischen Informationsbedarf haben und es kostspielig sein kann, zusätzlich zum Jahresabschluss des Mutterunternehmens und des Tochterunternehmens noch einen konsolidierten Abschluss zu erstellen. Die Mitgliedstaaten sollten mittlere Unternehmen aus denselben Kosten-Nutzen-Erwägungen von der Pflicht zur Erstellung eines konsolidierten Abschlusses befreien können, es sei denn, bei einem verbundenen Unternehmen handelt es sich um ein Unternehmen von öffentlichem Interesse.

(34) Eine Konsolidierung erfordert die vollständige Berücksichtigung der Aktiva und Passiva sowie der Erträge und Aufwendungen der Unternehmen der Gruppe und die gesonderte Angabe der nicht beherrschenden Anteile in der konsolidierten Bilanz unter „Eigenkapital" sowie die gesonderte Angabe der nicht beherrschenden Anteile unter „Ergebnis der Gruppe" in der konsolidierten Gewinn- und Verlustrechnung. Es sollten jedoch die erforderlichen Berichtigungen vorgenommen werden, um die Auswirkungen finanzieller Beziehungen zwischen den konsolidierten Unternehmen zu beseitigen.

(35) Die für die Erstellung der Jahresabschlüsse geltenden Grundsätze in Bezug auf Ansatz und Bewertung sollten auch für die Erstellung konsolidierter Abschlüsse gelten. Es sollte den Mitgliedstaaten allerdings gestattet sein zuzulassen, dass die in dieser Richtlinie festgelegten allgemeinen Bestimmungen und Grundsätze bei Jahresabschlüssen anders angewendet werden als bei konsolidierten Abschlüssen.

(36) Assoziierte Unternehmen sollten mittels der Equity-Methode in den konsolidierten Abschluss einbezogen werden. Die Bestimmungen zur Bewertung von assoziierten Unternehmen sollten gegenüber denen der Richtlinie 83/349/EWG inhaltlich unverändert bleiben, und die nach jener Richtlinie zulässigen Verfahren können weiterhin angewendet werden. Die Mitgliedstaaten sollten zudem gestatten oder vorschreiben können, dass ein gemeinsam geführtes Unternehmen im Rahmen des konsolidierten Abschlusses anteilig konsolidiert wird.

(37) Konsolidierte Abschlüsse sollten alle Angaben zu der Gesamtheit der in die Konsolidierung einbezogenen Unternehmen in der Form von Anhangangaben zum Abschluss enthalten. Name, Sitz und Gruppenbeteiligung am Kapital der Unternehmen sollten auch in Bezug auf Tochterunternehmen, assoziierte Unternehmen, gemeinsam geführte Unternehmen und Beteiligungen angegeben werden.

(38) Die Jahresabschlüsse sämtlicher Unternehmen, auf die diese Richtlinie anwendbar ist, sollten gemäß der Richtlinie 2009/101/EG offengelegt werden. Es ist jedoch angebracht, in diesem Bereich gewisse Ausnahmeregelungen für kleine und mittlere Unternehmen vorzusehen.

(39) Die Mitgliedstaaten sind dringend aufgefordert, elektronische Systeme zur Offenlegung zu entwickeln, die es Unternehmen ermöglichen, Rechnungslegungsdaten, einschließlich verpflichtender Abschlüsse, lediglich einmal einzureichen, und zwar in einer Form, die es einer Vielzahl von Nutzern ermöglicht, ohne Probleme auf die Daten zuzugreifen und sie zu verwenden. Im Hinblick auf die Berichterstattung über Abschlüsse wird der Kommission empfohlen, die Möglichkeiten für ein harmonisiertes elektronisches Format zu erkunden. Entsprechende Systeme sollten jedoch keine Belastung für kleine und mittlere Unternehmen darstellen.

(40) Mitglieder der Verwaltungs-, Leitungs- und Aufsichtsorgane eines Unternehmens sollten der Mindestanforderung genügen, dass sie dem Unternehmen gegenüber gemeinsam für die Erstellung und Veröffentlichung von Jahresabschlüssen und Lageberichten verantwortlich sind. Der gleiche Grundsatz sollte auch für Mitglieder der Verwaltungs-, Leitungs- und Aufsichtsorgane von Unternehmen gelten, die einen konsolidierten Abschluss erstellen. Diese Organe handeln im Rahmen der ihnen durch die einzelstaatlichen Rechtsvorschriften übertragenen Zuständigkeiten. Für die Mitgliedstaaten sollte die Möglichkeit bestehen, darüber hinauszugehen und eine unmittelbare Rechenschaftspflicht gegenüber Aktionären, Gesellschaftern oder anderen Beteiligten einzuführen.

(41) Die Haftung für die Erstellung und Veröffentlichung der Jahresabschlüsse und der konsolidierten Abschlüsse sowie der Lageberichte und der konsolidierten Lageberichte unterliegt einzelstaatlichen Rechtsvorschriften. Angemessene Haftungsregelungen, wie sie von jedem Mitgliedstaat nach den jeweiligen einzelstaatlichen Rechtsvorschriften festgelegt werden, sollten für die Mitglieder der Verwaltungs-, Leitungs- und Aufsichtsorgane eines Unternehmens gelten. Den Mitgliedstaaten sollte es gestattet sein, den Haftungsumfang festzulegen.

(42) Zur Förderung glaubwürdiger Rechnungslegungsprozesse in der gesamten Union sollten die Mitglieder desjenigen Organs eines Unternehmens, das für die Ausarbeitung des Abschlusses eines Unternehmens verantwortlich ist, sicherstellen, dass die im Jahresabschluss und die im konsolidierten Abschluss einer Gruppe enthaltenen Finanzinformationen ein den tatsächlichen Verhältnissen entsprechendes Bild vermitteln.

(43) Jahresabschlüsse und konsolidierte Abschlüsse sollten einer Abschlussprüfung unterzogen werden. Die Anforderung, dass in einem Prüfungsurteil festgestellt werden sollte, ob der Jahresabschluss bzw. der konsolidierte Abschluss im Einklang mit den einschlägigen Rechnungslegungsgrundsätzen ein den tatsächlichen Verhältnissen entsprechendes Bild vermittelt, sollte nicht als Einschränkung der Geltung des Bestätigungsvermerks verstanden werden, sondern als Präzisierung zu dem Kontext, innerhalb dessen er erteilt wird. Für den Jahresabschluss kleiner Unternehmen sollte keine Prüfungspflicht bestehen, da eine solche Prüfung mit einem erheblichen Verwaltungsaufwand für diese Kategorie von Unternehmen verbunden sein kann, denn in vielen kleinen Unternehmen sind ein und dieselben Personen sowohl Anteilseigner als auch Mitglieder der Unternehmensleitung, weshalb die Notwendigkeit einer Bestätigung ihres Abschlusses durch Dritte begrenzt ist. Allerdings sollte diese Richtlinie die Mitgliedstaaten nicht daran hindern, unter Berücksichtigung der besonderen Gegebenheiten und Bedürfnisse kleiner Unternehmen sowie der Nutzer der Abschlüsse solcher Unternehmen, eine Abschlussprüfung für kleine Unternehmen vorzuschreiben. Außerdem ist es angemessener, den Inhalt des Bestätigungsvermerks in Richtlinie 2006/43/EG des Europäischen Parlaments und des Rates vom 17. May 2006 über Abschlussprüfungen von Jahresabschlüssen und konsolidierten Abschlüssen (1) festzulegen. Daher sollte jene Richtlinie entsprechend geändert werden.

(1) ABl. L 157 vom 9.6.2006, S. 87.

(44) Im Interesse einer größeren Transparenz hinsichtlich der an staatliche Stellen geleisteten Zahlungen sollten große Unternehmen und Unternehmen von öffentlichem Interesse, die in der mineralgewinnenden Industrie oder im Holzeinschlag in Primärwäldern (1) tätig sind, in einem separaten jährlichen Bericht offenlegen, welche wesentlichen Zahlungen sie an staatliche Stellen in den Ländern geleistet haben, in denen sie ihrer Tätigkeit nachgehen. Solche Unternehmen sind in Ländern tätig, die reich an natürlichen Ressourcen, insbesondere Erdöl, Erdgas und Primärwäldern, sind. In dem Bericht sollten Zahlungen aufgeführt werden, die mit denen vergleichbar sind, die von den an der Initiative für Transparenz in der Rohstoffwirtschaft (EITI) beteiligten Unternehmen offengelegt

werden. Diese Initiative ergänzt ferner den Aktionsplan „Rechtsdurchsetzung, Politikgestaltung und Handel im Forstsektor" der Europäischen Union („Forest Law Enforcement, Governance and Trade", FLEGT) und die Bestimmungen der Verordnung (EU) Nr. 995/2010 des Europäischen Parlaments und des Rates vom 20. Oktober 2010 über die Verpflichtungen von Marktteilnehmern, die Holz und Holzerzeugnisse in Verkehr bringen (2), die von Holzhändlern verlangt, alle gebotene Sorgfalt walten zu lassen, um zu verhindern, dass Holz aus illegalem Einschlag auf den Markt der Union gelangt.

(1) Definiert in Richtlinie 2009/28/EG als „natürlich regenerierte Wälder mit einheimischen Arten, in denen es keine deutlich sichtbaren Anzeichen für menschliche Eingriffe gibt und die ökologischen Prozesse nicht wesentlich gestört sind".
(2) ABl. L 295 vom 12.11.2010, S. 23.

(45) Zweck der Berichte sollte es sein, den Regierungen ressourcenreicher Länder dabei zu helfen, die EITI-Grundsätze und -Kriterien umzusetzen und ihren Bürgern Rechenschaft über die Zahlungen abzulegen, die sie von den in ihrem Hoheitsgebiet tätigen Unternehmen der mineralgewinnenden Industrie und der Industrie des Holzeinschlags in Primärwäldern erhalten. Der Bericht sollte Angaben nach Ländern und Projekten enthalten. Der Begriff „Projekt" sollte definiert werden als die operativen Tätigkeiten, die sich nach einem einzigen Vertrag, einer Lizenz, einem Mietvertrag, einer Konzession oder ähnlichen rechtlichen Vereinbarungen richten und die Grundlage für Zahlungsverpflichtungen gegenüber einer staatlichen Stelle bilden. Falls allerdings mehrere solche Vereinbarungen wesentlich miteinander verbunden sind, sollten diese als Projekte betrachtet werden. „Materiell miteinander verbundene" rechtliche Vereinbarungen sollte verstanden werden als ein Komplex von mit der staatlichen Stelle geschlossenen, operativ und geografisch verflochtenen Verträgen, Lizenzen, Mitverträgen oder Konzessionen oder damit verbundenen Vereinbarungen mit im Wesentlichen ähnlichen Bedingungen, der bestimmte Zahlungsverpflichtungen begründet. Diese Vereinbarungen können durch einen einzigen Vertrag, eine Vereinbarung über ein gemeinsames Unternehmen, eine Vereinbarung über die gemeinsame Produktion oder andere übergeordnete rechtliche Vereinbarungen geregelt sein.

(46) Zahlungen sind unabhängig davon, ob sie als Einmalzahlungen oder als eine Reihe verbundener Zahlungen geleistet werden, nicht in dem Bericht zu berücksichtigen, wenn sie im Laufe des Geschäftsjahres unter 100 000 EUR liegen. Dies bedeutet, dass das Unternehmen im Falle einer bestehenden Vereinbarung über regelmäßige Zahlungen oder Raten (z.B. Mietgebühren) den Gesamtbetrag der verbundenen regelmäßigen Zahlungen oder der Raten der verbundenen Zahlungen berücksichtigt, um festzustellen, ob die Schwelle für diese Reihe von Zahlungen erreicht ist und ob dementsprechend eine Offenlegung erforderlich ist.

(47) Unternehmen, die in der mineralgewinnenden Industrie oder auf dem Gebiet des Holzeinschlags in Primärwäldern tätig sind, sollten nicht dazu verpflichtet werden, Zahlungen, die zur Erfüllung von Verpflichtungen auf der Ebene des Unternehmens und nicht auf der Ebene einzelner Projekte vorgenommen werden, nach Projekten aufzuschlüsseln oder einzelnen Projekten zuzuweisen. Falls beispielsweise ein Unternehmen über mehr als ein Projekt in einem Aufnahmeland verfügt und die staatlichen Stellen dieses Landes bei dem Unternehmen Körperschaftsteuern in Bezug auf seine gesamten Erträge in dem Land und nicht in Bezug auf ein bestimmtes Projekt oder einen bestimmten Vorgang innerhalb des Landes erheben, wäre das Unternehmen berechtigt, die entsprechend(en) Körperschaftssteuerzahlung(en) anzugeben, ohne dabei ein mit der betreffenden Zahlung verbundenes bestimmtes Projekt anzugeben.

(48) Ein Unternehmen, das in der mineralgewinnenden Industrie oder auf dem Gebiet des Holzeinschlags in Primärwäldern tätig ist, braucht im Allgemeinen die an eine staatliche Stelle als Stammaktionär dieses Unternehmens gezahlten Dividenden nicht offenzulegen, solange die Dividenden unter denselben Bedingungen an die staatliche Stelle wie an die anderen Aktionäre gezahlt werden. Allerdings hat das Unternehmen alle anstelle von Produktionsrechten oder Nutzungsentgelten gezahlten Dividenden offenzulegen.

(49) Um einer möglichen Umgehung von Offenlegungsanforderungen entgegenzuwirken, sollte diese Richtlinie präzisieren, dass Zahlungen in Bezug auf den Inhalt der Tätigkeit oder der betreffenden Zahlung offenzulegen sind. So sollte das Unternehmen die Offenlegung beispielsweise nicht dadurch umgehen können, dass es eine Tätigkeit, die sonst durch diese Richtlinie erfasst würde, neu umschreibt. Außerdem sollten Zahlungen oder Tätigkeiten nicht künstlich mit dem Ziel aufgeteilt oder zusammengefasst werden, diese Offenlegungsanforderungen zu umgehen.

(50) Um zu bestimmen, unter welchen Umständen die Unternehmen von den Berichtspflichten nach Kapitel 10 ausgenommen werden sollten, sollte der Kommission die Befugnis übertragen werden, gemäß Artikel 290 AEUV delegierte Rechtsakte zur Festlegung der Kriterien zu erlassen, anhand deren bewertet wird, ob die Berichtspflichten von Drittländern den Anforderungen des genannten Kapitels entsprechen. Es ist von besonderer Bedeutung, dass die Kommission im Zuge ihrer Vorbereitungsarbeit angemessene Konsultationen, auch auf der Ebene von Sachverständigen, durchführt. Bei der Vorbereitung und Ausarbeitung delegierter Rechtsakte sollte die Kommission gewährleisten, dass die einschlägigen Dokumente dem Europäischen Parlament und dem Rat gleichzeitig, rechtzeitig und auf angemessene Weise übermittelt werden.

(51) Zur Gewährleistung einer einheitlichen Anwendung des Artikels 46 Absatz 1 sollten der Kommission Durchführungsbefugnisse übertragen werden. Diese Befugnisse sollten gemäß der

Verordnung (EU) Nr. 182/2011 des Europäischen Parlaments und des Rates vom 16. Februar 2011 zur Festlegung der allgemeinen Regeln und Grundsätze, nach denen die Mitgliedstaaten die Wahrnehmung der Durchführungsbefugnisse durch die Kommission kontrollieren (1), ausgeübt werden.

(1) ABl. L 55 vom 28.2.2011, S. 13.

(52) Innerhalb von drei Jahren nach Ablauf der Frist für die Umsetzung dieser Richtlinie durch die Mitgliedstaaten sollte die Kommission das Berichterstattungssystem überprüfen und einen Bericht vorlegen. Bei der Überprüfung sollte die Wirksamkeit der Regelung analysiert und internationalen Entwicklungen, einschließlich Fragen der Wettbewerbsfähigkeit und der Energieversorgungssicherheit, Rechnung getragen werden. Bei der Überprüfung sollte auch auf die Frage einer Ausdehnung der Berichtspflichten auf zusätzliche Wirtschaftszweige sowie auf die Frage eingegangen werden, ob der Bericht geprüft werden sollte. Darüber hinaus sollten bei der Überprüfung die Erfahrungen von Erstellern und Nutzern der Zahlungsinformationen berücksichtigt und Überlegungen dazu angestellt werden, ob es sinnvoll wäre, zusätzliche Zahlungsinformationen, etwa zu den effektiven Steuersätzen, und nähere Angaben zum Empfänger, etwa Angaben zu seiner Bankverbindung, mit aufzunehmen.

(53) Im Einklang mit den Schlussfolgerungen des G8-Gipfels in Deauville vom Mai 2011 sollte die Kommission mit Blick auf die Schaffung einheitlicher internationaler Wettbewerbsbedingungen weiterhin bei allen internationalen Partnern darauf hinwirken, dass sie ähnliche Anforderungen betreffend der Berichterstattung über Zahlungen an staatliche Stellen einführen. Von besonderer Bedeutung ist in diesem Zusammenhang die Fortführung der Arbeiten am entsprechenden internationalen Rechnungslegungsstandard.

(54) Damit sie künftigen Änderungen der für die verschiedene Unternehmenskategorien geltenden Rechtsvorschriften der Mitgliedstaaten und der Union Rechnung tragen kann, sollte der Kommission die Befugnis übertragen werden, gemäß Artikel 290 AEUV delegierte Rechtsakte zur Aktualisierung der Listen der Unternehmenskategorien in den Anhängen I und II zu erlassen. Der Rückgriff auf delegierte Rechtsakte ist auch erforderlich, um die Kriterien für die Bestimmung der Unternehmensgröße anzupassen, da der Realwert eines Unternehmens im Laufe der Zeit aufgrund der Inflation schrumpft. Es ist von besonderer Bedeutung, dass die Kommission im Zuge ihrer Vorbereitungsarbeit angemessene Konsultationen, auch auf der Ebene von Sachverständigen, durchführt. Bei der Vorbereitung und Ausarbeitung delegierter Rechtsakte sollte die Kommission gewährleisten, dass die einschlägigen Dokumente dem Europäischen Parlament und dem Rat gleichzeitig, rechtzeitig und auf angemessene Weise übermittelt werden.

(55) Da die Ziele dieser Richtlinie, nämlich die Erleichterung grenzüberschreitender Investitionen und die Verbesserung der unionsweiten Vergleichbarkeit und des öffentlichen Vertrauens in Abschlüsse und Berichte durch umfassendere und kohärentere spezifische Angaben auf Ebene der Mitgliedstaaten nicht ausreichend verwirklicht werden können und daher wegen des Umfangs und der Wirkungen dieser Richtlinie besser auf Unionsebene zu verwirklichen sind, kann die Union im Einklang mit dem in Artikel 5 des Vertrags über die Europäische Union niedergelegten Subsidiaritätsprinzip tätig werden. Entsprechend dem in demselben Artikel genannten Grundsatz der Verhältnismäßigkeit geht diese Richtlinie nicht über das zur Erreichung dieser Ziele erforderliche Maß hinaus.

(56) Diese Richtlinie ersetzt die Richtlinien 78/660/EWG und 83/349/EWG. Daher sollten jene Richtlinien aufgehoben werden.

(57) Diese Richtlinie steht im Einklang mit den Grundrechten und Grundsätzen, die insbesondere mit der Charta der Grundrechte der Europäischen Union anerkannt wurden.

(58) Gemäß der Gemeinsamen Politischen Erklärung der Mitgliedstaaten und der Kommission zu erläuternden Dokumenten vom 28. September 2011 haben sich die Mitgliedstaaten verpflichtet, in begründeten Fällen zusätzlich zur Mitteilung ihrer Umsetzungsmaßnahmen ein oder mehrere Dokumente zu übermitteln, in dem bzw. denen der Zusammenhang zwischen den Bestandteilen einer Richtlinie und den entsprechenden Teilen einzelstaatlicher Umsetzungsinstrumente erläutert wird. In Bezug auf diese Richtlinie hält der Gesetzgeber die Übermittlung von Entsprechungstabellen für gerechtfertigt –

HABEN FOLGENDE RICHTLINIE ERLASSEN:

KAPITEL 1
ANWENDUNGSBEREICH, BEGRIFFSBESTIMMUNGEN UND RECHTSFORMEN VON UNTERNEHMEN UND GRUPPEN

Artikel 1
Anwendungsbereich

(1) Die durch diese Richtlinie vorgeschriebenen Koordinierungsmaßnahmen gelten für die Rechts- und Verwaltungsvorschriften der Mitgliedstaaten für die Rechtsformen von Unternehmen,

a) die in Anhang I genannt sind;

b die in Anhang II genannt sind und bei denen alle unmittelbaren oder mittelbaren Gesellschafter des Unternehmens mit ansonsten unbeschränkter Haftung tatsächlich nur beschränkt haftbar sind, weil diese Gesellschafter

- i) über eine in Anhang I aufgeführte Rechtsform verfügen oder
- ii) nicht den Rechtsvorschriften eines Mitgliedstaats unterliegen, aber über eine Rechtsform verfügen, die einer in Anhang I genannten vergleichbar ist.

(2) Die Mitgliedstaaten unterrichten die Kommission innerhalb einer angemessenen Zeitspanne über Änderungen bei den Rechtsformen von

Unternehmen in ihren einzelstaatlichen Rechtsvorschriften, die die Richtigkeit des Anhangs I oder des Anhangs II beeinträchtigen könnten. In diesem Fall ist die Kommission befugt, die Verzeichnisse der Rechtsformen von Unternehmen in den Anhängen I und II mittels delegierter Rechtsakte im Einklang mit Artikel 49 anzupassen.

Artikel 2
Begriffsbestimmungen

Im Sinne dieser Richtlinie bezeichnet der Ausdruck

1. „Unternehmen von öffentlichem Interesse" Unternehmen im Anwendungsbereich des Artikels 1,
   a) die unter das Recht eines Mitgliedstaats fallen und deren übertragbare Wertpapiere zum Handel an einem geregelten Markt eines Mitgliedstaats im Sinne des Artikels 4 Absatz 1 Nummer 14 der Richtlinie 2004/39/EG des Europäischen Parlaments und des Rates vom 21. April 2004 über Märkte für Finanzinstrumente (1) zugelassen sind,

(1) ABl. L 145 vom 30.4.2004, S. 1.

   b) die Kreditinstitute im Sinne des Artikels 4 Nummer 1 der Richtlinie 2006/48/EG des Europäischen Parlaments und des Rates vom 14. Juni 2006 über die Aufnahme und Ausübung der Tätigkeit der Kreditinstitute (1) – mit Ausnahme der in Artikel 2 jener Richtlinie genannten Kreditinstitute – sind,

(1) ABl. L 177 vom 30.6.2006, S. 1.

   c) die Versicherungsunternehmen im Sinne des Artikels 2 Absatz 1 der Richtlinie 91/674/EWG des Rates vom 19. Dezember 1991 über den Jahresabschluss und den konsolidierten Abschluss von Versicherungsunternehmen (1) sind oder

(1) ABl. L 374 vom 31.12.1991, S. 7.

   d) die von den Mitgliedstaaten als Unternehmen von öffentlichem Interesse bestimmt werden, beispielsweise Unternehmen, die aufgrund der Art ihrer Tätigkeit, ihrer Größe oder der Zahl ihrer Beschäftigten von erheblicher öffentlicher Bedeutung sind.
2. „Beteiligung" Anteile an anderen Unternehmen, die dazu bestimmt sind, dem eigenen Geschäftsbetrieb durch Herstellung einer dauernden Verbindung zu jenen Unternehmen zu dienen. Dabei ist es gleichgültig, ob die Anteile in Wertpapieren verbrieft sind oder nicht. Es wird eine Beteiligung an einem anderen Unternehmen vermutet, wenn der Anteil am Gesellschaftskapital über einem prozentualen Schwellenwert liegt, der von den Mitgliedstaaten auf höchstens 20 % festgesetzt werden darf;
3. „nahestehende Unternehmen und Personen" Unternehmen und Personen im Sinne der gemäß der Verordnung (EG) Nr. 1606/2002 des Europäischen Parlaments und des Rates vom 19. Juli 2002 betreffend die Anwendung internationaler Rechnungslegungsstandards (1) übernommenen Internationalen Rechnungslegungsstandards;

(1) ABl. L 243 vom 11.9.2002, S. 1.

4. „Anlagevermögen" diejenigen Vermögensgegenstände, die dazu bestimmt sind, dauernd dem Geschäftsbetrieb zu dienen;
5. „Nettoumsatzerlöse" die Beträge, die sich aus dem Verkauf von Produkten und der Erbringung von Dienstleistungen nach Abzug von Erlösschmälerungen und der Mehrwertsteuer sowie sonstigen direkt mit dem Umsatz verbundenen Steuern ergeben;
6. „Anschaffungskosten" den Einkaufpreis samt Nebenkosten, vermindert um alle zurechenbaren Anschaffungspreisminderungen;
7. „Herstellungskosten" die Anschaffungskosten der Rohstoffe, Hilfs- und Betriebsstoffe und die sonstigen dem einzelnen Erzeugnis unmittelbar zurechenbaren Kosten. Die Mitgliedstaaten gestatten oder schreiben vor, dass angemessene Teile dem einzelnen Erzeugnis nur mittelbar zurechenbarer fixer oder variabler Gemeinkosten in dem Maße berücksichtigt werden, wie sie auf den Zeitraum der Herstellung entfallen. Vertriebskosten sind nicht zu berücksichtigen;
8. „Wertberichtigung" alle Wertanpassungen von Vermögensgegenständen, die zur Berücksichtigung am Bilanzstichtag festgestellter, endgültiger oder nicht endgültiger Wertänderungen dienen;
9. „Mutterunternehmen" ein Unternehmen, das ein oder mehrere Tochterunternehmen kontrolliert;
10. „Tochterunternehmen" ein von einem Mutterunternehmen kontrolliertes Unternehmen, einschließlich jedes mittelbar kontrollierten Tochterunternehmens eines Mutterunternehmens;
11. „Gruppe" ein Mutterunternehmen und alle Tochterunternehmen;
12. „verbundene Unternehmen" zwei oder mehrere Unternehmen innerhalb einer Gruppe;
13. „assoziiertes Unternehmen" ein Unternehmen, an dem ein anderes Unternehmen eine Beteiligung hält und dessen Geschäfts- und Finanzpolitik durch dieses andere Unternehmen maßgeblich beeinflusst wird. Es wird vermutet, dass ein Unternehmen einen maßgeblichen Einfluss auf ein anderes Unternehmen ausübt, sofern es 20 % oder mehr der Stimmrechte der Aktionäre oder Gesellschafter dieses anderen Unternehmens besitzt;
14. „Investmentunternehmen"
   a) Unternehmen, deren einziger Zweck da-

rin besteht, ihre Mittel in Wertpapieren oder Immobilien verschiedener Art oder in anderen Werten anzulegen mit dem einzigen Ziel, das Risiko der Investitionen zu verteilen und ihre Aktionäre oder Gesellschafter an dem Gewinn aus der Verwaltung ihres Vermögens zu beteiligen;

b) Unternehmen, die mit Investmentunternehmen verbunden sind, die ein festes Kapital haben, sofern der einzige Zweck dieser verbundenen Unternehmen darin besteht, voll eingezahlte Anteile, die von diesen Investmentunternehmen ausgegeben worden sind, zu erwerben, unbeschadet des Artikels 22 Absatz 1 Buchstabe h der Richtlinie 2012/30/EU;

15. „Beteiligungsgesellschaft" Unternehmen, deren einziger Zweck darin besteht, Beteiligungen an anderen Unternehmen zu erwerben sowie die Verwaltung und Verwertung dieser Beteiligungen wahrzunehmen, ohne dass sie unmittelbar oder mittelbar in die Verwaltung dieser Unternehmen eingreifen, unbeschadet der Rechte, die ihnen in ihrer Eigenschaft als Aktionäre oder Gesellschafter zustehen.

16. „wesentlich" den Status von Informationen, wenn vernünftigerweise zu erwarten ist, dass ihre Auslassung oder fehlerhafte Angabe Entscheidungen beeinflusst, die Nutzer auf der Grundlage des Abschlusses des Unternehmens treffen. Die Wesentlichkeit einzelner Posten wird im Zusammenhang mit anderen ähnlichen Posten bewertet;

Artikel 3
Kategorien von Unternehmen und Gruppen

(1) Mitgliedstaaten, die von einer oder mehreren der Möglichkeiten in Artikel 36 Gebrauch machen, definieren Kleinstunternehmen als Unternehmen, die am Bilanzstichtag die Grenzen von mindestens zwei der drei folgenden Größenmerkmale nicht überschreiten:

a) Bilanzsumme: 350 000 EUR;
b) Nettoumsatzerlöse: 700 000 EUR;
c) durchschnittliche Zahl der während des Geschäftsjahres Beschäftigten: 10.

(2) Kleine Unternehmen sind Unternehmen, die am Bilanzstichtag die Grenzen von mindestens zwei der drei folgenden Größenmerkmale nicht überschreiten:

a) Bilanzsumme: 4 000 000 EUR;
b) Nettoumsatzerlöse: 8 000 000 EUR;
c) durchschnittliche Zahl der während des Geschäftsjahres Beschäftigten: 50.

Die Mitgliedstaaten können Schwellenwerte festlegen, die über die Schwellenwerte in Unterabsatz 1 Buchstaben a und b hinausgehen. Diese Schwellenwerte dürfen jedoch 6 000 000 EUR für die Bilanzsumme und 12 000 000 EUR für die Nettoumsatzerlöse nicht überschreiten.

(3) Mittlere Unternehmen sind Unternehmen, bei denen es sich nicht um Kleinstunternehmen oder kleine Unternehmen handelt und die am Bilanzstichtag die Grenzen von mindestens zwei der drei folgenden Größenmerkmale nicht überschreiten:

a) Bilanzsumme: 20 000 000 EUR;
b) Nettoumsatzerlöse: 40 000 000 EUR;
c) durchschnittliche Zahl der während des Geschäftsjahres Beschäftigten: 250.

(4) Große Unternehmen sind Unternehmen, die am Bilanzstichtag mindestens zwei der drei folgenden Größenmerkmale überschreiten:

a) Bilanzsumme: 20 000 000 EUR;
b) Nettoumsatzerlöse: 40 000 000 EUR;
c) durchschnittliche Zahl der während des Geschäftsjahres Beschäftigten: 250.

(5) Kleine Gruppen sind Gruppen, die aus Mutter- und Tochterunternehmen bestehen, welche in eine Konsolidierung einzubeziehen sind, und die auf konsolidierter Basis am Bilanzstichtag des Mutterunternehmens die Grenzen von mindestens zwei der drei folgenden Größenmerkmale nicht überschreiten:

a) Bilanzsumme: 4 000 000 EUR;
b) Nettoumsatzerlöse: 8 000 000 EUR;
c) durchschnittliche Zahl der während des Geschäftsjahres Beschäftigten: 50.

Die Mitgliedstaaten können Schwellenwerte festlegen, die über die Schwellenwerte in Unterabsatz 1 Buchstaben a und b hinausgehen. Diese Schwellenwerte dürfen jedoch 6 000 000 EUR für die Bilanzsumme und 12 000 000 EUR für die Nettoumsatzerlöse nicht überschreiten.

(6) Mittlere Gruppen sind Gruppen, die keine kleinen Gruppen sind und die aus Mutter- und Tochterunternehmen bestehen, welche in eine Konsolidierung einzubeziehen sind, und die auf konsolidierter Basis am Bilanzstichtag des Mutterunternehmens die Grenzen von mindestens zwei der drei folgenden Größenmerkmale nicht überschreiten:

a) Bilanzsumme: 20 000 000 EUR;
b) Nettoumsatzerlöse: 40 000 000 EUR;
c) durchschnittliche Zahl der während des Geschäftsjahres Beschäftigten: 250.

(7) Große Gruppen sind Gruppen, die aus Mutter- und Tochterunternehmen bestehen, welche in eine Konsolidierung einzubeziehen sind, und die auf konsolidierter Basis am Bilanzstichtag des Mutterunternehmens die Grenzen von mindestens zwei der drei folgenden Größenmerkmale überschreiten:

a) Bilanzsumme: 20 000 000 EUR;
b) Nettoumsatzerlöse: 40 000 000 EUR;
c) durchschnittliche Zahl der während des Geschäftsjahres Beschäftigten: 250.

(8) Die Mitgliedstaaten gestatten, dass bei der Berechnung der in den Absätzen 5 bis 7 genannten Größenmerkmale weder die Verrechnung nach Artikel 24 Absatz 3 vorgenommen wird noch infolge der Anwendung des Artikels 24 Absatz 7 Posten

herausgenommen werden. In diesen Fällen werden die Größenmerkmale in Bezug auf die Bilanzsumme und die Nettoumsatzerlöse um 20 % erhöht.

(9) Für jene Mitgliedstaaten, die den Euro nicht eingeführt haben, wird der Betrag in nationaler Währung, der den in den Absätzen 1 bis 7 genannten Beträgen gleichwertig ist, durch die Anwendung des Umrechnungskurses ermittelt, der gemäß der Veröffentlichung im *Amtsblatt der Europäischen Union* am Tag des Inkrafttretens einer Richtlinie gilt, die diese Beträge festsetzt.

Bei der Umrechnung in die nationalen Währungen der Mitgliedstaaten, die den Euro nicht eingeführt haben, dürfen die in den Absätzen 1, 3,4,6 und 7 in Euro genannten Beträge um höchstens 5 % erhöht oder vermindert werden, so dass sich abgerundete Beträge in den nationalen Währungen ergeben.

(10) Überschreitet ein Unternehmen oder eine Gruppe zum Bilanzstichtag die Grenzen von zwei der drei in den Absätzen 1 bis 7 genannten Größenmerkmale oder überschreitet es diese nicht mehr, so wirken sich diese Umstände auf die Anwendung der in dieser Richtlinie vorgesehenen Ausnahmen nur dann aus, wenn sie während zwei aufeinanderfolgenden Geschäftsjahren fortbestanden haben.

(11) Die Bilanzsumme im Sinne der Absätze 1 bis 7 setzt sich bei der Gliederung in Anhang III aus dem Gesamtwert der Posten A bis E unter „Aktiva" oder bei der Gliederung in Anhang IV aus dem Gesamtwert der Posten A bis E zusammen.

(12) Bei der Berechnung der Schwellenwerte in den Absätzen 1 bis 7 können die Mitgliedstaaten für Unternehmen, für die das Konzept der „Nettoumsatzerlöse" nicht einschlägig ist, die Einbeziehung von Einkommen aus anderen Quellen vorschreiben. Die Mitgliedstaaten können Mutterunternehmen vorschreiben, ihre Schwellenwerte auf konsolidierter statt auf individueller Basis zu berechnen. Die Mitgliedstaaten können zudem verbundenen Unternehmen vorschreiben, ihre Schwellenwerte auf konsolidierter oder aggregierter Basis zu berechnen, wenn diese Unternehmen ausschließlich zur Vermeidung der Berichterstattung über bestimmte Informationen gegründet worden sind.

(13) Um eine inflationsbedingte Bereinigung vorzunehmen, überprüft die Kommission mindestens alle fünf Jahre die in den Absätzen 1 bis 7 dieses Artikels genannten Schwellenwerte unter Berücksichtigung der im *Amtsblatt der Europäischen Union* veröffentlichten Inflationsmaßnahmen und ändert sie gegebenenfalls mittels delegierter Rechtsakte im Einklang mit Artikel 49.

KAPITEL 2
ALLGEMEINE BESTIMMUNGEN UND GRUNDSÄTZE

Artikel 4
Allgemeine Bestimmungen

(1) Der Jahresabschluss ist als eine Einheit anzusehen und enthält für Unternehmen zumindest die Bilanz, die Gewinn- und Verlustrechnung und den Anhang.

Die Mitgliedstaaten können Unternehmen, bei denen es sich nicht um kleine Unternehmen handelt, vorschreiben, dass der Jahresabschluss zusätzlich zu den in Unterabsatz 1 genannten Unterlagen weitere Bestandteile umfasst.

(2) Der Jahresabschluss ist klar und übersichtlich aufzustellen; er hat dieser Richtlinie zu entsprechen.

(3) Der Jahresabschluss hat ein den tatsächlichen Verhältnissen entsprechendes Bild der Vermögens-, Finanz- und Ertragslage des Unternehmens zu vermitteln. Reicht die Anwendung dieser Richtlinie nicht aus, um ein den tatsächlichen Verhältnissen entsprechendes Bild der Vermögens-, Finanz- und Ertragslage des Unternehmens zu vermitteln, so sind im Anhang zum Abschluss alle zusätzlichen Angaben zu machen, die erforderlich sind, um dieser Anforderung nachzukommen.

(4) Ist in Ausnahmefällen die Anwendung einer Bestimmung dieser Richtlinie mit der Anforderung nach Absatz 3 unvereinbar, so wird die betreffende Bestimmung nicht angewandt, um sicherzustellen, dass ein den tatsächlichen Verhältnissen entsprechendes Bild der Vermögens-, Finanz- und Ertragslage des Unternehmens vermittelt wird. Die Nichtanwendung einer Bestimmung ist im Anhang anzugeben und zu begründen und ihr Einfluss auf die Vermögens-, Finanz- und Ertragslage des Unternehmens darzulegen.

Die Mitgliedstaaten können die Ausnahmefälle festlegen und die entsprechenden Ausnahmeregelungen vorgeben, die in diesen Fällen zur Anwendung kommen.

(5) Die Mitgliedstaaten können Unternehmen, die keine kleinen Unternehmen sind, vorschreiben, dass sie in ihrem Jahresabschluss Angaben zu machen haben, die über die gemäß dieser Richtlinie geforderten hinausgehen.

(6) Abweichend von Absatz 5 können die Mitgliedstaaten vorschreiben, dass kleine Unternehmen Informationen erstellen, im Abschluss angeben und offenlegen, die über die Anforderungen dieser Richtlinie hinausgehen, sofern diese Angaben im Rahmen eines einheitlichen Einreichungssystems erfasst werden und die Angabepflicht im nationalen Steuerrecht ausschließlich für Zwecke der Steuererhebung vorgesehen ist. Die nach diesem Absatz geforderten Angaben werden in den betreffenden Teil des Abschlusses aufgenommen.

(7) Bei der Umsetzung dieser Richtlinie und wenn neue Anforderungen im Einklang mit Absatz 6 in den einzelstaatlichen Rechtsvorschriften festgelegt werden, unterrichten die Mitgliedstaaten die Kommission über die im Einklang mit Absatz 6 geforderten zusätzlichen Angaben.

(8) Mitgliedstaaten, die für die Einreichung und Offenlegung der Jahresabschlüsse elektronische Lösungen nutzen, stellen sicher, dass kleine Unternehmen nicht verpflichtet sind, die zusätzlichen nach Absatz 6 aufgrund des nationalen Steuer-

rechts geforderten Angaben gemäß Kapitel 7 zu veröffentlichen.

Artikel 5
Allgemeine Angaben

In dem Dokument, das den Abschluss enthält, sind der Name des Unternehmens und die nach Artikel 5 Buchstaben a und b der Richtlinie 2009/101/EG vorgeschriebenen Informationen anzugeben.

Artikel 6
Allgemeine Grundsätze für die Rechnungslegung

(1) Die im Jahresabschluss und im konsolidierten Abschluss ausgewiesenen Posten werden gemäß folgenden allgemeinen Grundsätzen angesetzt und bewertet:

a) Es wird eine Fortsetzung der Unternehmenstätigkeit unterstellt.

b) Rechnungslegungsmethoden und Bewertungsgrundlagen sind von einem Geschäftsjahr zum nächsten stetig anzuwenden.

c) Bei Ansatz und Bewertung ist der Grundsatz der Vorsicht in jedem Fall zu beachten; das bedeutet insbesondere:

   i) Nur die am Bilanzstichtag realisierten Gewinne werden ausgewiesen.

   ii) Es müssen alle Risiken berücksichtigt werden, die im Laufe des betreffenden Geschäftsjahres oder eines früheren Geschäftsjahres entstanden sind, selbst wenn diese Risiken erst zwischen dem Bilanzstichtag und dem Tag der Aufstellung der Bilanz bekannt geworden sind.

   iii) Wertminderungen sind unabhängig davon zu berücksichtigen, ob das Geschäftsjahr mit einem Gewinn oder einem Verlust abschließt.

d) In der Bilanz und in der Gewinn- und Verlustrechnung angesetzte Beträge werden nach dem Prinzip der Periodenabgrenzung berechnet.

e) Die Eröffnungsbilanz eines Geschäftsjahres muss mit der Schlussbilanz des vorhergehenden Geschäftsjahres übereinstimmen.

f) Die in den Aktiv- und Passivposten enthaltenen Vermögensgegenstände und Schulden sind einzeln zu bewerten.

g) Eine Verrechnung zwischen Aktiv- und Passivposten sowie zwischen Aufwands- und Ertragsposten ist unzulässig.

h) Posten der Gewinn- und Verlustrechnung sowie der Bilanz werden unter Berücksichtigung des wirtschaftlichen Gehalts des betreffenden Geschäftsvorfalls oder der betreffenden Vereinbarung bilanziert und dargestellt.

i) Posten im Abschluss werden gemäß dem Anschaffungs- oder dem Herstellungskostenprinzip bewertet.

j) Die Anforderungen in dieser Richtlinie in Bezug auf Ansatz, Bewertung, Darstellung, Offenlegung und Konsolidierung müssen nicht erfüllt werden, wenn die Wirkung ihrer Einhaltung unwesentlich ist.

(2) Ungeachtet von Absatz 1 Buchstabe g können die Mitgliedstaaten Unternehmen in besonderen Fällen eine Verrechnung zwischen Aktiv- und Passivposten sowie zwischen Aufwands- und Ertragsposten gestatten oder vorschreiben, sofern die verrechneten Beträge im Anhang zum Abschluss als Bruttobeträge angegeben sind.

(3) Die Mitgliedstaaten können Unternehmen von den Anforderungen des Absatzes 1 Buchstabe h ausnehmen.

(4) Die Mitgliedstaaten können den Anwendungsbereich von Absatz 1 Buchstabe j auf Darstellung und Offenlegung begrenzen.

(5) Zusätzlich zu den nach Absatz 1 Buchstabe c Ziffer ii angesetzten Beträgen können die Mitgliedstaaten gestatten oder vorschreiben, dass alle voraussehbaren Verbindlichkeiten und potenziellen Verluste angesetzt werden, die im Laufe des betreffenden Geschäftsjahres oder eines früheren Geschäftsjahres entstanden sind, selbst wenn diese Verbindlichkeiten oder Verluste erst zwischen dem Bilanzstichtag und dem Tag der Aufstellung der Bilanz bekannt geworden sind.

Artikel 7
Alternative Bewertungsgrundlage für Anlagevermögen zu Neubewertungsbeträgen

(1) Abweichend von Artikel 6 Absatz 1 Buchstabe i können die Mitgliedstaaten für alle Unternehmen oder Unternehmenskategorien die Bewertung des Anlagevermögens zu Neubewertungsbeträgen gestatten oder vorschreiben. Sehen die einzelstaatlichen Rechtsvorschriften eine Bewertung auf Neubewertungsbasis vor, so sind der Inhalt, die Beschränkungen und der Anwendungsbereich festzulegen.

(2) Findet Absatz 1 Anwendung, ist der Unterschiedsbetrag zwischen der Bewertung zu den Anschaffungs- oder den Herstellungskosten und der Bewertung auf Neubewertungsbasis der Neubewertungsrücklage in der Bilanz unter „Eigenkapital" zuzuführen.

Die Neubewertungsrücklage kann jederzeit ganz oder teilweise aktiviert werden.

Die Neubewertungsrücklage ist zu verringern, soweit die auf diese Rücklage übertragenen Beträge nicht mehr für die Anwendung der Neubewertungsmethode erforderlich sind. Die Mitgliedstaaten können Vorschriften über die Verwendung der Neubewertungsrücklage vorsehen, sofern Übertragungen aus der Neubewertungsrücklage auf die Gewinn- und Verlustrechnung nur insoweit vorgenommen werden dürfen, als die übertragenen Beträge als Aufwand in der Gewinn- und Verlustrechnung verbucht worden sind oder tatsächlich realisierte Wertsteigerungen darstellen. Die Neubewertungsrücklage darf, außer wenn sie einen tatsächlich realisierten Gewinn darstellt, weder unmittelbar noch mittelbar und auch nicht zum Teil ausgeschüttet werden.

Vorbehaltlich der Unterabsätze 2 und 3 dieses Absatzes darf die Neubewertungsrücklage nicht verringert werden.

(3) Wertberichtigungen sind jedes Jahr auf der Grundlage des neu bewerteten Betrags vorzunehmen. Die Mitgliedstaaten können jedoch in Abweichung von den Artikeln 9 und 13 gestatten oder vorschreiben, dass nur der sich aus den Wertberichtigungen infolge der Bewertung zu den Anschaffungs- oder den Herstellungskosten ergebende Betrag unter den betreffenden Posten in den Gliederungen in den Anhängen V und VI ausgewiesen wird und dass die Differenz, die sich aus der nach diesem Artikel vorgenommenen Neubewertung ergibt, in den Gliederungen gesondert ausgewiesen wird.

Artikel 8
Alternative Bewertungsgrundlage des beizulegenden Zeitwerts

(1) Abweichend von Artikel 6 Absatz 1 Buchstabe i und vorbehaltlich der Bedingungen dieses Artikels

a) gestatten oder schreiben die Mitgliedstaaten für alle Unternehmen oder einzelne Unternehmenskategorien die Bewertung von Finanzinstrumenten, einschließlich derivativer Finanzinstrumente, zum beizulegenden Zeitwert vor und

b) können die Mitgliedstaaten gestatten oder vorschreiben, dass alle Unternehmen oder einzelne Unternehmenskategorien bestimmte Arten von Vermögensgegenständen, die keine Finanzinstrumenten sind, auf der Grundlage des beizulegenden Zeitwerts bewerten.

Eine solche Genehmigung oder Vorschrift kann auf konsolidierte Abschlüsse beschränkt werden.

(2) Für die Zwecke dieser Richtlinie gelten Warenkontrakte, bei denen jede der Vertragsparteien zur Abgeltung in bar oder durch ein anderes Finanzinstrument berechtigt ist, als derivative Finanzinstrumente, es sei denn, diese Kontrakte

a) wurden geschlossen, um zum Zeitpunkt ihres Abschlusses und in der Folge den für den Kauf, Verkauf oder die eigene Verwendung erwarteten Bedarf des Unternehmens abzusichern, und dienen weiterhin dazu;

b) waren von Anfang an als Warenkontrakte konzipiert und

c) gelten mit der Lieferung der Ware als abgegolten.

(3) Absatz 1 Buchstabe a gilt nur für folgende Verbindlichkeiten:

a) als Teil eines Handelsbestands gehaltene Verbindlichkeiten und

b) derivative Finanzinstrumente.

(4) Die Bewertung gemäß Absatz 1 Buchstabe a wird nicht angewandt auf:

a) bis zur Fälligkeit gehaltene nicht derivative Finanzinstrumente;

b) vom Unternehmen vergebene Darlehen und von ihm begründete Forderungen, die nicht für Handelszwecke gehalten werden, und

c) Anteile an Tochterunternehmen, assoziierten Unternehmen und Gemeinschaftsunternehmen, vom Unternehmen ausgegebene Eigenkapitalinstrumente, Verträge über eventuelle Gegenleistungen bei einem Unternehmenszusammenschluss sowie andere Finanzinstrumente, die solch spezifische Merkmale aufweisen, dass sie nach gängiger Auffassung bilanzmäßig in anderer Form als andere Finanzinstrumente erfasst werden sollten.

(5) Abweichend von Artikel 6 Absatz 1 Buchstabe i können die Mitgliedstaaten gestatten, dass Aktiv- oder Passivposten, die im Rahmen der Bilanzierung zum beizulegenden Zeitwert von Sicherungsgeschäften als gesichertes Grundgeschäft gelten, oder ein bestimmter Anteil an solchen Aktiv- oder Passivposten mit dem nach diesem System vorgeschriebenen spezifischen Wert angesetzt werden.

(6) Abweichend von den Absätzen 3 und 4 können die Mitgliedstaaten den Ansatz, die Bewertung und die Offenlegung von Finanzinstrumenten im Einklang mit den gemäß der Verordnung (EG) Nr. 1606/2002 übernommenen internationalen Rechnungslegungsstandards gestatten oder vorschreiben.

(7) Der beizulegende Zeitwert im Sinne dieses Artikels ermittelt sich unter Zugrundelegung eines der folgenden Werte:

a) Im Fall von Finanzinstrumenten, für die sich ein verlässlicher Markt ohne weiteres ermitteln lässt, entspricht er dem Marktwert. Lässt sich der Marktwert für das Finanzinstrument als Ganzes nicht ohne weiteres bestimmen, wohl aber für seine einzelnen Bestandteile oder für ein gleichartiges Finanzinstrument, so kann der Marktwert des Instruments aus den jeweiligen Marktwerten seiner Bestandteile oder dem Marktwert des gleichartigen Finanzinstruments abgeleitet werden.

b) Im Fall der Finanzinstrumente, für die sich ein verlässlicher Markt nicht ohne weiteres ermitteln lässt, wird der Wert mit Hilfe allgemein anerkannter Bewertungsmodelle und -methoden bestimmt, sofern diese Modelle und Methoden eine angemessene Annäherung an den Marktwert gewährleisten.

Finanzinstrumente, die sich nach keiner der unter Unterabsatz 1 Buchstabe a und b beschriebenen Methoden verlässlich bewerten lassen, werden zu den Anschaffungs- oder den Herstellungskosten bewertet, soweit eine Bewertung auf dieser Grundlage möglich ist.

(8) Wird ein Finanzinstrument zum beizulegenden Zeitwert bewertet, so ist ungeachtet des Artikels 6 Absatz 1 Buchstabe c eine Wertänderung in der Gewinn- und Verlustrechnung auszuweisen, ausgenommen in folgenden Fällen, in denen die

Wertänderung direkt in einer Zeitwert-Rücklage zu erfassen ist:

a) Das Finanzinstrument stellt ein Sicherungsinstrument dar und wird im Rahmen einer Bilanzierung von Sicherungsgeschäften erfasst, bei der eine Wertänderung nicht oder nur teilweise in der Gewinn- und Verlustrechnung ausgewiesen wird, oder

b) die Wertänderung ist auf eine Wechselkursdifferenz zurückzuführen, von der ein monetärer Posten betroffen ist, der Teil der Nettobeteiligung eines Unternehmens an einer wirtschaftlich selbstständigen ausländischen Teileinheit ist.

Die Mitgliedstaaten können gestatten oder vorschreiben, dass eine Wertänderung einer zur Veräußerung verfügbaren Finanzanlage, die kein derivatives Finanzinstrument ist, direkt in einer Zeitwert-Rücklage erfasst wird. Die Zeitwert-Rücklage ist anzupassen, wenn die darin ausgewiesenen Beträge nicht mehr für die Anwendung des Unterabsatzes 1 Buchstaben a und b erforderlich sind.

(9) Ungeachtet Artikel 6 Absatz 1 Buchstabe c können die Mitgliedstaaten gestatten oder vorschreiben, dass alle Unternehmen oder einzelne Unternehmenskategorien im Fall der Bewertung von Vermögensgegenständen, die keine Finanzinstrumente sind, zum beizulegenden Zeitwert eine Wertänderung in der Gewinn- und Verlustrechnung ausweisen.

KAPITEL 3
BILANZ UND GEWINN- UND VERLUSTRECHNUNG

Artikel 9
Allgemeine Vorschriften für die Bilanz und die Gewinn- und Verlustrechnung

(1) Bei der Gliederung aufeinanderfolgender Bilanzen und Gewinn- und Verlustrechnungen ist Stetigkeit zu wahren. Abweichungen von diesem Grundsatz sind jedoch in Ausnahmefällen zulässig, um sicherzustellen, dass ein den tatsächlichen Verhältnissen entsprechendes Bild der Vermögens-, Finanz- und Ertragslage des Unternehmens vermittelt wird. Diese Abweichungen und die Gründe dafür sind im Anhang anzugeben.

(2) In der Bilanz sowie in der Gewinn- und Verlustrechnung sind die in den Anhängen III bis VI genannten Posten, einzeln und in der angegebenen Reihenfolge auszuweisen. Die Mitgliedstaaten gestatten eine weitere Untergliederung dieser Posten, sofern die Gliederung der Schemata beachtet wird. Die Mitgliedstaaten gestatten das Hinzufügen neuer Zwischensummen und neuer Posten, soweit ihr Inhalt nicht von einem der in den Schemata vorgesehenen Posten abgedeckt wird. Die Mitgliedstaaten können eine solche weitere Untergliederung oder die Hinzufügung von Zwischensummen oder neuen Posten vorschreiben.

(3) Die Gliederung, Nomenklatur und Terminologie bei mit arabischen Zahlen versehenen Posten der Bilanz und der Gewinn- und Verlustrechung wird angepasst, wenn dies aufgrund der Besonderheit des Unternehmens erforderlich ist. Die Mitgliedstaaten können solche Anpassungen für Unternehmen fordern, die in einem bestimmten Wirtschaftszweig tätig sind.

Die Mitgliedstaaten können gestatten oder verlangen, dass die mit arabischen Zahlen versehenen Posten der Bilanz und der Gewinn- und Verlustrechnung zusammengefasst ausgewiesen werden, wenn sie in Bezug auf die Zielsetzung ein den tatsächlichen Verhältnissen entsprechendes Bild der Vermögens-, Finanz- und Ertragslage des Unternehmens zu vermitteln einen unwesentlichen Betrag darstellen oder wenn dadurch die Klarheit vergrößert wird; die zusammengefassten Posten müssen jedoch gesondert im Anhang ausgewiesen werden.

(4) Abweichend von Absatz 2 und 3 dieses Artikels können die Mitgliedstaaten die Möglichkeiten des Unternehmens, von den in den Anhängen III bis VI festgelegten Gliederungen abzuweichen, soweit einschränken, wie dies für eine elektronische Hinterlegung der Abschlüsse erforderlich ist.

(5) In der Bilanz sowie in der Gewinn- und Verlustrechnung wird zu jedem Posten die Zahl für das Geschäftsjahr, auf das sich die Bilanz und die Gewinn- und Verlustrechnung beziehen, und die entsprechende Zahl des vorhergehenden Geschäftsjahres angegeben. Die Mitgliedstaaten können vorschreiben, dass die Zahl des vorhergehenden Geschäftsjahres anzupassen ist, wenn diese Zahlen nicht vergleichbar sind. Besteht diese Vergleichbarkeit nicht und werden die Zahlen gegebenenfalls angepasst, so ist dies im Anhang anzugeben und zu erläutern.

(6) Die Mitgliedstaaten können gestatten oder vorschreiben, dass die Gliederung der Bilanz und der Gewinn- und Verlustrechnung für den Ausweis der Verwendung der Ergebnisse angepasst werden kann.

(7) In Bezug auf die Behandlung von Beteiligungen in Jahresabschlüssen gilt Folgendes:

a) Die Mitgliedstaaten können gestatten oder vorschreiben, dass Beteiligungen unter Zugrundelegung der Equity-Methode gemäß Artikel 27 bilanziert werden, wobei den wesentlichen Anpassungen Rechnung zu tragen ist, die sich aus den Besonderheiten des Jahresabschlusses im Vergleich zum konsolidierten Abschluss ergeben;

b) die Mitgliedstaaten können gestatten oder vorschreiben, dass der auf Beteiligungen entfallende Teil des Ergebnisses in der Gewinn- und Verlustrechnung nur ausgewiesen wird, soweit er Dividenden entspricht, die bereits eingegangen sind oder auf deren Zahlung ein Anspruch besteht; und

c) übersteigt der auf die Beteiligung entfallende Teil des Ergebnisses in der Gewinn- und Verlustrechnung die Beträge, die als Dividenden bereits eingegangen sind oder auf deren Zahlung ein Anspruch besteht, so ist der Unterschied in eine Rücklage einzustellen, die nicht an die Aktionäre ausgeschüttet werden darf.

Artikel 10
Aufstellung der Bilanz

Für die Aufstellung der Bilanz schreiben die Mitgliedstaaten eine oder beide der in den Anhängen III und IV festgelegten Gliederungen vor. Schreibt ein Mitgliedstaat beide Gliederungen vor, so gestattet er es den Unternehmen, sich für eine der beiden Gliederungen zu entscheiden.

Artikel 11
Alternative Darstellung der Bilanz

Die Mitgliedstaaten können Unternehmen oder bestimmten Unternehmenskategorien gestatten oder vorschreiben, bei der Gliederung anders als in den Anhängen III und IV festgelegt zwischen kurz- und langfristigen Posten zu unterscheiden, sofern der vermittelte Informationsgehalt dem nach den Anhängen III und IV abzubildenden mindestens gleichwertig ist.

Artikel 12
Besondere Vorschriften zu einzelnen Posten der Bilanz

(1) Fällt ein Vermögensgegenstand auf der Aktiv- oder Passivseite unter mehrere Posten des Gliederungsschemas, so ist die Mitzugehörigkeit zu den anderen Posten bei dem Posten, unter dem er ausgewiesen wird, oder im Anhang zu vermerken.

(2) Eigene Aktien und Anteile sowie Anteile an verbundenen Unternehmen werden nur unter den dafür vorgesehenen Posten ausgewiesen.

(3) Für die Zuordnung der Vermögensgegenstände zum Anlage- oder Umlaufvermögen ist ihre Zweckbestimmung maßgebend.

(4) Unter dem Posten „Grundstücke und Bauten" sind Rechte an Grundstücken sowie grundstücksgleiche Rechte auszuweisen, wie sie die einzelstaatlichen Rechtsvorschriften festlegen.

(5) Bei den Gegenständen des Anlagevermögens, deren wirtschaftliche Nutzung zeitlich begrenzt ist, werden die Anschaffungs- oder Herstellungskosten oder, sofern Artikel 7 Absatz 1 Anwendung findet, der Neubewertungsbetrag um Wertberichtigungen vermindert, die so berechnet sind, dass der Wert des Vermögensgegenstandes während dieser Nutzungszeit planmäßig zur Abschreibung gelangt.

(6) Für Wertberichtigungen bei Gegenständen des Anlagevermögens müssen folgende Voraussetzungen erfüllt sein:

a) Die Mitgliedstaaten können gestatten oder vorschreiben, dass Wertberichtigungen bei Finanzanlagen vorgenommen werden, um sie mit dem niedrigeren Wert anzusetzen, der ihnen am Bilanzstichtag beizulegen ist.

b) Bei einem Gegenstand des Anlagevermögens sind ohne Rücksicht darauf, ob seine Nutzung zeitlich begrenzt ist, Wertberichtigungen vorzunehmen, um ihn mit dem niedrigeren Wert anzusetzen, der ihm am Bilanzstichtag beizulegen ist, wenn es sich voraussichtlich um eine dauernde Wertminderung handelt.

c) Die unter den Buchstaben a und b genannten Wertberichtigungen sind in der Gewinn- und Verlustrechnung aufzuführen und gesondert im Anhang anzugeben, wenn sie nicht gesondert in der Gewinn- und Verlustrechnung ausgewiesen sind.

d) Der niedrigere Wertansatz nach den Buchstaben a und b darf nicht beibehalten werden, wenn die Gründe der Wertberichtigungen nicht mehr bestehen; diese Bestimmung gilt nicht bei Wertberichtigungen in Bezug auf den Geschäfts- oder Firmenwert.

(7) Bei Gegenständen des Umlaufvermögens sind Wertberichtigungen vorzunehmen, um diese Gegenstände mit dem niedrigeren Marktpreis oder in Sonderfällen mit einem anderen niedrigeren Wert anzusetzen, der ihnen am Bilanzstichtag beizulegen ist.

Der niedrigere Wertansatz im Sinne von Unterabsatz 1 darf nicht beibehalten werden, wenn die Gründe der Wertberichtigungen nicht mehr bestehen.

(8) Die Mitgliedstaaten können gestatten oder vorschreiben, dass Zinsen für Fremdkapital, das zur Finanzierung der Herstellung von Gegenständen des Anlage- oder des Umlaufvermögens gebraucht wird, in die Herstellungskosten einbezogen werden, sofern sie auf den Zeitraum der Herstellung entfallen. Die Anwendung dieser Bestimmung ist im Anhang zu erwähnen.

(9) Die Mitgliedstaaten können zulassen, dass die Anschaffungs- oder Herstellungskosten gleichartiger Gegenstände des Vorratsvermögens sowie alle beweglichen Vermögensgegenstände einschließlich der Wertpapiere nach den gewogenen Durchschnittswerten oder aufgrund des „First in – First out (FIFO)"- oder „Last in – First out (LIFO)"-Verfahrens oder eines Verfahrens, das allgemein anerkannten bewährten Verfahren entspricht, berechnet werden.

(10) Ist der Rückzahlungsbetrag von Verbindlichkeiten höher als der erhaltene Betrag, so können die Mitgliedstaaten gestatten oder vorschreiben, dass der Unterschiedsbetrag aktiviert wird. Er ist gesondert in der Bilanz oder im Anhang auszuweisen. Dieser Betrag ist jährlich mit einem angemessenen Betrag und spätestens bis zum Zeitpunkt der Rückzahlung der Verbindlichkeiten abzuschreiben.

(11) Immaterielle Anlagewerte werden während ihrer Nutzungsdauer des jeweiligen immateriellen Anlagewerts abgeschrieben.

In Ausnahmefällen, in denen die Nutzungsdauer des Geschäfts- oder Firmenwerts oder von Entwicklungskosten nicht verlässlich geschätzt werden kann, werden diese Werte innerhalb eines von dem Mitgliedstaat festzusetzenden höchstzulässigen Zeitraums abgeschrieben. Die Dauer dieses höchstzulässigen Zeitraums beträgt nicht weniger als fünf und nicht mehr als zehn Jahre. Im Anhang wird der Zeitraum erläutert, über den der Geschäfts- oder Firmenwert abgeschrieben wird.

Soweit die einzelstaatlichen Rechtsvorschriften eine Aktivierung der Entwicklungskosten gestatten und diese Entwicklungskosten nicht vollständig abgeschrieben sind, schreiben die Mitgliedstaaten vor, dass keine Ausschüttung von Gewinnen stattfindet, es sei denn, dass die dafür verfügbaren Rücklagen und der Gewinnvortrag mindestens so hoch wie der nicht abgeschriebene Teil dieser Aufwendungen sind.

Soweit die einzelstaatlichen Rechtsvorschriften eine Aktivierung der Aufwendungen für die Errichtung und Erweiterung des Unternehmens gestatten, müssen sie spätestens nach fünf Jahren abgeschrieben sein. In diesem Fall schreiben die Mitgliedstaaten vor, dass Unterabsatz 3 auf die Aufwendungen für die Errichtung und Erweiterung des Unternehmens entsprechend Anwendung findet.

Die Mitgliedstaaten können jedoch für Ausnahmefälle Abweichungen von den Unterabsätzen 3 und 4 gestatten. Diese Abweichungen sind im Anhang zu erwähnen und hinreichend zu begründen.

(12) Als Rückstellungen werden ihrem Wesen nach genau umschriebene Verbindlichkeiten ausgewiesen, die am Bilanzstichtag wahrscheinlich oder sicher, aber hinsichtlich ihrer Höhe oder des Zeitpunkts ihres Eintritts unbestimmt sind.

Die Mitgliedstaaten können außerdem die Bildung von Rückstellungen für ihrer Eigenart nach genau umschriebene, dem Geschäftsjahr oder einem früheren Geschäftsjahr zuzuordnende Aufwendungen zulassen, die am Bilanzstichtag als wahrscheinlich oder sicher, aber hinsichtlich ihrer Höhe oder dem Zeitpunkt ihres Eintritts unbestimmt sind.

Am Bilanzstichtag stellt eine Rückstellung den besten Schätzwert von Aufwendungen dar, die wahrscheinlich eintreten werden, bzw. im Falle einer Verbindlichkeit den Betrag, der zu ihrer Abgeltung erforderlich ist. Rückstellungen dürfen keine Wertberichtigungen zu Aktivposten darstellen.

Artikel 13
Aufstellung der Gewinn- und Verlustrechnung

(1) Für die Aufstellung der Gewinn- und Verlustrechnung schreiben die Mitgliedstaaten eine oder beide der in den Anhängen V und VI festgelegten Gliederungen vor. Schreibt ein Mitgliedstaat beide Gliederungen vor, so kann er den Unternehmen die Wahl überlassen, welche der vorgeschriebenen Gliederungen sie nutzen.

(2) Abweichend von Artikel 4 Absatz 1 können die Mitgliedstaaten allen Unternehmen oder einzelnen Unternehmenskategorien gestatten oder vorschreiben, anstelle der Gliederung der Posten der Gewinn- und Verlustrechnung nach den Anhängen V und VI eine Ergebnisrechnung („statement of performance") aufzustellen, sofern der vermittelte Informationsgehalt dem nach den Anhängen V und VI geforderten mindestens gleichwertig ist.

Artikel 14
Vereinfachungen für kleine und mittlere Unternehmen

(1) Die Mitgliedstaaten können kleinen Unternehmen gestatten, eine verkürzte Bilanz aufstellen, in die nur die in den Anhängen III und IV mit Buchstaben und römischen Zahlen versehenen Posten aufgenommen werden, wobei folgende Angaben gesondert zu machen sind:

a) die in Anhang III bei dem Posten D.II der Aktiva und dem Posten C der Passiva in Klammern verlangten Angaben, jedoch zusammengefasst für alle betreffenden Posten, oder

b) die in Anhang IV bei dem Posten D.II in Klammern verlangten Angaben.

(2) Die Mitgliedstaaten können kleinen und mittleren Unternehmen die Aufstellung einer verkürzten Gewinn- und Verlustrechnung unter Beachtung folgender Beschränkungen gestatten:

a) in Anhang V: Zusammenfassung der Posten 1 bis 5 zu einem Posten unter der Bezeichnung „Rohergebnis";

b) in Anhang VI: Zusammenfassung der Posten 1, 2, 3 und 6 zu einem Posten unter der Bezeichnung „Rohergebnis".

KAPITEL 4
ANHANG

Artikel 15
Allgemeine Bestimmungen über den Anhang

Wird der Anhang zur Bilanz und zur Gewinn- und Verlustrechnung im Sinne dieses Kapitels dargestellt, sind die Anhangangaben in der Reihenfolge der Darstellung der Posten in der Bilanz und in der Gewinn- und Verlustrechnung darzustellen.

Artikel 16
Inhalt des für alle Unternehmen geltenden Anhangs

(1) Die Unternehmen machen im Anhang zusätzlich zu den aufgrund anderer Bestimmungen dieser Richtlinie vorgeschriebenen Angaben folgende Angaben:

a) die angewandten Bewertungsmethoden;

b) bei Bewertung des Anlagevermögens zu neu bewerteten Beträgen eine Aufstellung, aus der

   i) die Bewegungen in der Neubewertungsrücklage im Geschäftsjahr hervorgehen, einschließlich einer Erläuterung der steuerlichen Behandlung der dort aufgelisteten Posten, und

   ii) der Buchwert in der Bilanz hervorgeht, ausgewiesen worden wäre, wenn das Anlagevermögen nicht neu bewertet worden wäre;

c) bei Bewertung von Finanzinstrumenten und/oder anderen Vermögenswerten, die keine Finanzinstrumente sind, zum beizulegenden Zeitwert:

i) die zentralen Annahmen, die den Bewertungsmodellen und -methoden bei einer Bestimmung des beizulegenden Zeitwerts nach Artikel 8 Absatz 7 Buchstabe b zugrunde gelegt wurden;

ii) für jede Gruppe von Finanzinstrumenten oder anderen Vermögenswerten, die keine Finanzinstrumente sind, der beizulegende Zeitwert selbst, die direkt in der Gewinn- und Verlustrechnung ausgewiesenen Wertänderungen sowie die in den Zeitwert-Rücklagen erfassten Änderungen;

iii) für jede Kategorie derivativer Finanzinstrumente Angaben zum Umfang und zur Art der Instrumente, einschließlich der wesentlichen Bedingungen, die Höhe, Zeitpunkt und Sicherheit künftiger Zahlungsströme beeinflussen können, und

iv) eine Übersicht über die Bewegungen innerhalb der Zeitwert-Rücklagen im Verlauf des Geschäftsjahres;

d) den Gesamtbetrag etwaiger finanzieller Verpflichtungen, Garantien oder Eventualverbindlichkeiten, die nicht Gegenstand der Bilanz sind, sowie Angaben zur Wesensart und Form jeder gewährten dinglichen Sicherheit; etwaige Verpflichtungen betreffend Altersversorgung und Verpflichtungen gegenüber verbundenen oder assoziierten Unternehmen sind gesondert zu vermerken;

e) die Beträge der den Mitgliedern der Verwaltungs- und Geschäftsführungs- oder Aufsichtsorgane gewährten Vorschüsse und Kredite unter Angabe der Zinsen, der wesentlichen Bedingungen und der gegebenenfalls zurückgezahlten oder erlassenen Beträge sowie die Garantieverpflichtungen zugunsten dieser Personen. Diese Angaben sind zusammengefasst für jede dieser Personengruppen zu machen;

f) den Betrag und die Wesensart der einzelnen Ertrags- oder Aufwandsposten von außerordentlicher Größenordnung oder von außerordentlicher Bedeutung;

g) die Höhe der Verbindlichkeiten des Unternehmens mit einer Restlaufzeit von mehr als fünf Jahren sowie die Höhe aller Verbindlichkeiten des Unternehmens, die dinglich gesichert sind, unter Angabe ihrer Art und Form, und

h) die durchschnittliche Zahl der während des Geschäftsjahres Beschäftigten.

(2) Die Mitgliedstaaten können im Wege der entsprechenden Anwendung verlangen, dass kleine Unternehmen die in Artikel 17 Absatz 1 Buchstaben a, m, p, q und r verlangten Angaben machen.

Bei der Anwendung von Unterabsatze 1 werden die nach Artikel 17 Absatz 1 Buchstabe p erforderlichen Angaben auf Angaben zu Art und Zweck der unter diesem Buchstaben genannten Geschäfte begrenzt.

Bei der Anwendung von Unterabsatz 1 werden die nach Artikel 17 Absatz 1 Buchstabe r erforderlichen Angaben auf Angaben zu Geschäften mit den genannten Parteien begrenzt, die in Unterabsatz 4 diese Buchstaben genannt sind.

(3) Die Mitgliedstaaten verlangen von kleinen Unternehmen keine Angaben, die über die in diesem Artikel verlangten oder gestatteten Angaben hinausgehen.

Artikel 17
Zusätzliche Angaben für mittlere und große Unternehmen und Unternehmen von öffentlichem Interesse

(1) Mittlere und große Unternehmen sowie Unternehmen von öffentlichem Interesse machen im Anhang folgende Angaben zusätzlich zu den nach Artikel 16 und aufgrund anderer Bestimmungen dieser Richtlinie vorgeschriebenen Angaben:

a) für die verschiedenen Posten des Anlagevermögens:

i) Anschaffungs- oder Herstellungskosten oder, falls eine alternative Bewertungsgrundlage gewählt wurde, den beizulegenden Zeitwert oder den Neubewertungsbetrag zu Beginn und Ende des Geschäftsjahrs;

ii) Zu- und Abgänge sowie Umbuchungen im Laufe des Geschäftsjahres;

iii) akkumulierte Wertberichtigungen zu Beginn und Ende des Geschäftsjahres;

iv) im Laufe des Geschäftsjahres berechnete Wertberichtigungen;

v) Bewegungen in den akkumulierten Wertberichtigungen im Zusammenhang mit Zu- und Abgängen sowie Umbuchungen im Laufe des Geschäftsjahres und

vi) den im Laufe des Geschäftsjahrs aktivierten Betrag, wenn Zinsen gemäß Artikel 12 Absatz 8 aktiviert werden;

b) wenn bei einem Gegenstand des Anlage- oder des Umlaufvermögens Wertberichtigungen allein für die Anwendung von Steuervorschriften vorgenommen werden, den Betrag dieser Wertberichtigungen und die Gründe dafür;

c) bei Bewertung der Finanzinstrumente zu den Anschaffungs- oder Herstellungskosten:

i) für jede Kategorie derivativer Finanzinstrumente:

– den beizulegenden Zeitwert der betreffenden Finanzinstrumente, soweit sich dieser nach einer der Methoden gemäß Artikel 8 Absatz 7 Buchstabe a ermitteln lässt, und

– Angaben über Umfang und Art der Instrumente;

ii) für Finanzanlagen, die mit einem höheren Betrag als ihrem beizulegenden Zeitwert ausgewiesen werden:

  – den Buchwert und beizulegenden Zeitwert der einzelnen Vermögensgegenstände oder angemessener Gruppierungen dieser einzelnen Vermögensgegenstände und
  – die Gründe für die Nichtherabsetzung des Buchwerts einschließlich der Natur der zugrundeliegenden Erkenntnisse, für die Annahme, dass der Buchwert wieder erreicht wird;

d) die den Mitgliedern von Verwaltungs-, Geschäftsführungs- oder Aufsichtsorganen für ihre Tätigkeit im Geschäftsjahr gewährten Bezüge sowie die gegenüber früheren Mitgliedern der genannten Organe entstandene oder eingegangenen Verpflichtungen betreffend Altersversorgung. Diese Angaben sind zusammengefasst für jede Kategorie dieser Organe zu machen.

   Die Mitgliedstaaten können zulassen, dass diese Angaben nicht gemacht werden, wenn sich anhand der Angaben der finanzielle Status eines bestimmten Mitglieds dieser Organe feststellen ließe;

e) die durchschnittliche Zahl der Beschäftigten während des Geschäftsjahres getrennt nach Gruppen, sowie, falls er nicht gesondert in der Gewinn- und Verlustrechnung erscheint, den gesamten in dem Geschäftsjahr entstandenen Personalaufwand, aufgeschlüsselt nach Löhnen und Gehältern, Kosten der sozialen Sicherheit und Kosten der Altersversorgung;

f) wenn latente Steuerschulden in der Bilanz angesetzt werden, die latenten Steuersalden am Ende des Geschäftsjahres und die in den Bilanzen im Laufe des Geschäftsjahres erfolgten Bewegungen dieser Salden;

g) Name und Sitz der Unternehmen, an denen das Unternehmen entweder selbst oder durch eine im eigenen Namen, aber für Rechnung des Unternehmens handelnde Person eine Beteiligung hält, unter Angabe des Anteils am Kapital, der Höhe des Eigenkapitals und des Ergebnisses des letzten Geschäftsjahres, für das das betreffende Unternehmen einen Abschluss festgestellt hat; die Angaben zu Eigenkapital und Ergebnis können unterbleiben, wenn das betreffende Unternehmen seine Bilanz nicht offenlegt und es nicht von dem Unternehmen kontrolliert wird.

   Die Mitgliedstaaten können gestatten, dass die Angaben gemäß Unterabsatz 1 dieses Buchstaben in einer Aufstellung gemacht werden, die gemäß Artikel 3 Absätze 1 und 3 der Richtlinie 2009/101/EG eingereicht wird; die Einreichung einer solchen Aufstellung ist im Anhang zu erwähnen. Die Mitgliedstaaten können zudem gestatten, dass auf die Angaben verzichtet werden kann, soweit sie geeignet sind, einem Unternehmen einen erheblichen Nachteil zuzufügen. Die Mitgliedstaaten können dazu die vorherige Zustimmung einer Verwaltungsbehörde oder eines Gerichts verlangen. Das Weglassen dieser Angaben wird im Anhang erwähnt;

h) Zahl und Nennbetrag oder, wenn ein Nennbetrag nicht vorhanden ist, den rechnerischen Wert der während des Geschäftsjahres im Rahmen des genehmigten Kapitals gezeichneter Aktien, unbeschadet der Bestimmungen des Artikels 2 Buchstabe e der Richtlinie 2009/101/EG und des Artikels 2 Buchstaben c und d der Richtlinie 2012/30/EU über den Betrag dieses Kapitals;

i) sofern es mehrere Gattungen von Aktien gibt, Zahl und Nennbetrag oder, falls ein Nennbetrag nicht vorhanden ist, den rechnerischen Wert für jede von ihnen;

j) Bestehen von Genussscheinen, Wandelschuldverschreibungen, Optionsscheinen, Optionen oder vergleichbaren Wertpapieren oder Rechten, unter Angabe der Zahl und der Rechte, die sie verbriefen;

k) Name, Sitz und Rechtsform der Unternehmen, deren unbeschränkt haftender Gesellschafter das Unternehmen ist;

l) Name und Sitz des Unternehmens, das den konsolidierten Abschluss für den größten Kreis von Unternehmen aufstellt, dem das Unternehmen als Tochterunternehmen angehört;

m) Name und Sitz des Unternehmens, das den konsolidierten Abschluss für den kleinsten Kreis von Unternehmen aufstellt, der auch in den unter Buchstabe l bezeichneten Kreis von Unternehmen einbezogen ist und dem das Unternehmen als Tochterunternehmen angehört;

n) den Ort, wo Kopien des unter den Buchstaben l und m genannten konsolidierten Abschlusses erhältlich sind, es sei denn, dass sie nicht zur Verfügung stehen;

o) den Vorschlag zur Verwendung des Ergebnisses oder gegebenenfalls Verwendung des Ergebnisses;

p) die Art und Zweck der Geschäfte des Unternehmens, die nicht in der Bilanz enthalten sind und ihre finanziellen Auswirkungen auf das Unternehmen, vorausgesetzt, dass die Risiken und Vorteile, die aus solchen Geschäften entstehen, wesentlich sind, und sofern die Offenlegung derartiger Risiken und Vorteile zum Zwecke der Beurteilung der finanzielle Lage des Unternehmens erforderlich ist;

q) die Art und finanzielle Auswirkung wesentlicher Ereignisse nach dem Bilanzstichtag, die weder in der Gewinn- und Verlustrechnung noch in der Bilanz berücksichtigt sind, und

r) Geschäfte des Unternehmens mit nahestehenden Unternehmen und Personen, einschließlich Angaben zu deren Wert, zur Art der Beziehung zu den nahestehenden Unternehmen und Personen sowie weitere Angaben zu den Geschäften, die für die Beurteilung der finanzielle Lage des Unternehmens erforderlich sind. Angaben zu Einzelgeschäften können nach Geschäftsarten zusammengefasst werden, sofern keine getrennten Angaben für die Beurteilung der Auswirkungen von Geschäften mit nahestehenden Unternehmen und Personen auf die finanzielle Lage des Unternehmens benötigt werden.

Die Mitgliedstaaten können gestatten oder vorschreiben, dass nur Geschäfte mit nahestehenden Unternehmen und Personen, die unter marktunüblichen Bedingungen zustande gekommen sind, angegeben werden.

Die Mitgliedstaaten können Geschäfte zwischen zwei oder mehr Mitgliedern derselben Unternehmensgruppe ausnehmen, sofern die an dem Geschäft beteiligten Tochtergesellschaften hundertprozentige Tochtergesellschaften sind.

Die Mitgliedstaaten können gestatten, dass mittlere Unternehmen die Angaben zu Geschäften mit nahestehenden Unternehmen und Personen auf Geschäfte beschränken, die getätigt wurden mit

i) Eigentümern, die eine Beteiligung an dem Unternehmen halten,

ii) Unternehmen, an denen das Unternehmen selbst eine Beteiligung hält, und

iii) Mitgliedern der Verwaltungs-, Geschäftsführungs- oder Aufsichtsorgane eines Unternehmens.

(2) Die Mitgliedstaaten sind in den folgenden Fällen nicht gehalten, Absatz 1 Buchstabe g auf ein Unternehmen anzuwenden, das ein unter ihre einzelstaatlichen Rechtsvorschriften fallendes Mutterunternehmen ist:

a) das Unternehmen, an dem das Mutterunternehmen eine Beteiligung für die Zwecke von Absatz 1 Buchstabe g hält, ist in den vom Mutterunternehmen erstellten konsolidierten Abschluss oder in den konsolidierten Abschluss eines größeren Kreises von Unternehmen nach Artikel 23 Absatz 4 einbezogen;

b) diese Beteiligung wird entweder im Jahresabschluss des Mutterunternehmens gemäß Artikel 9 Absatz 7 oder in dem konsolidierten Abschluss des Mutterunternehmens nach Artikel 27 Absätze 1 bis 8 behandelt.

Artikel 18
Zusätzliche Angaben für große Unternehmen und Unternehmen von öffentlichem Interesse

(1) Große Unternehmen sowie Unternehmen von öffentlichem Interesse machen im Anhang zusätzlich zu den nach den Artikeln 16 und 17 und den anderen Bestimmungen dieser Richtlinie vorgeschriebenen Angaben folgende Angaben:

a) die Aufgliederung der Nettoumsatzerlöse nach Tätigkeitsbereichen sowie nach geografisch bestimmten Märkten, soweit sich – unter Berücksichtigung der Organisation des Verkaufs und der Erbringung von Dienstleistungen – die Tätigkeitsbereiche und geografisch bestimmten Märkte untereinander erheblich unterscheiden, und

b) die Gesamthonorare für das Geschäftsjahr, die von jedem Abschlussprüfer oder jeder Prüfungsgesellschaft für die Prüfung des Jahresabschlusses berechnet wurden, und die von jedem Abschlussprüfer oder jeder Prüfungsgesellschaft berechneten Gesamthonorarsumme für andere Bestätigungsleistungen, die Gesamthonorarsumme für Steuerberatungsleistungen und die Gesamthonorarsumme für sonstige Leistungen.

(2) Die Mitgliedstaaten können gestatten, dass die Angaben nach Absatz 1 Buchstabe a nicht gemacht zu werden brauchen, soweit sie geeignet sind, dem Unternehmen einen erheblichen Nachteil zuzufügen. Die Mitgliedstaaten können dazu die vorherige Zustimmung einer Verwaltungsbehörde oder eines Gerichts verlangen. Das Unterlassen dieser Angaben ist im Anhang zu erwähnen.

(3) Die Mitgliedstaaten können festlegen, dass Absatz 1 Buchstabe b nicht auf den Jahresabschluss eines Unternehmens angewandt wird, wenn dieses Unternehmen in den konsolidierten Abschluss einbezogen wird, der gemäß Artikel 22 zu erstellen ist, vorausgesetzt, eine derartige Information ist im Anhang zum konsolidierten Abschluss enthalten.

KAPITEL 5
LAGEBERICHT

Artikel 19
Inhalt des Lageberichts

(1) Der Lagebericht stellt den Geschäftsverlauf, das Geschäftsergebnis und die Lage des Unternehmens so dar, dass ein den tatsächlichen Verhältnissen entsprechendes Bild entsteht, und beschreibt die wesentlichen Risiken und Ungewissheiten, denen es ausgesetzt ist.

Der Lagebericht besteht in einer ausgewogenen und umfassenden Analyse des Geschäftsverlaufs, des Geschäftsergebnisses und der Lage des Unternehmens, die dem Umfang und der Komplexität der Geschäftstätigkeit angemessen ist.

Soweit dies für das Verständnis des Geschäftsverlaufs, des Geschäftsergebnisses oder der Lage des Unternehmens erforderlich ist, umfasst die Analyse die wichtigsten finanziellen und – soweit angebracht – nichtfinanziellen Leistungsindikatoren, die für die betreffende Geschäftstätigkeit von Bedeutung sind, einschließlich Informationen in Bezug auf Umwelt- und Arbeitnehmerbelange. Im Rahmen der Analyse enthält der Lagebericht – soweit angebracht – auch Hinweise auf im Jahresabschluss ausgewiesene Beträge und zusätzliche Erläuterungen dazu.

(2) Der Lagebericht enthält außerdem Angaben zu Folgendem:

a) voraussichtliche Entwicklung des Unternehmens;

b) Tätigkeiten im Bereich Forschung und Entwicklung;
c) Informationen nach Artikel 24 Absatz 2 der Richtlinie 2012/30/EU betreffend den Erwerb eigener Aktien;
d) bestehende Zweigniederlassungen des Unternehmens und
e) in Bezug auf die Verwendung von Finanzinstrumenten durch das Unternehmen, sofern dies für die Beurteilung der Vermögens-, Finanz- und Ertragslage von Belang ist:
   i) die Risikomanagementziele und -methoden des Unternehmens, einschließlich seiner Methoden zur Absicherung aller wichtigen Arten geplanter Geschäfte, die im Rahmen der Bilanzierung von Sicherungsgeschäften verbucht werden, und
   ii) die Preisänderungs-, Ausfall-, Liquiditäts- und Cashflowrisiken, denen das Unternehmen ausgesetzt ist.

(3) Die Mitgliedstaaten können gestatten, dass die kleinen Unternehmen nicht zur Erstellung eines Lageberichts verpflichtet sind, sofern sie vorschreiben, dass die Angaben nach Artikel 24 Absatz 2 der Richtlinie 2012/30/EU betreffend den Erwerb eigener Aktien im Anhang zu machen sind.

(4) Die Mitgliedstaaten können kleine und mittlere Unternehmen von der Verpflichtung gemäß Absatz 1 Unterabsatz 3 ausnehmen, soweit sie nichtfinanzielle Informationen betrifft.

↓ M1

Artikel 19a
Nichtfinanzielle Erklärung

(1) → C1 Große Unternehmen, die Unternehmen von öffentlichem Interesse sind und an den Bilanzstichtagen das Kriterium erfüllen,← im Durchschnitt des Geschäftsjahres mehr als 500 Mitarbeiter zu beschäftigen, nehmen in den Lagebericht eine nichtfinanzielle Erklärung auf, die diejenigen Angaben enthält, die für das Verständnis des Geschäftsverlaufs, des Geschäftsergebnisses, der Lage des Unternehmens sowie der Auswirkungen seiner Tätigkeit erforderlich sind und sich mindestens auf Umwelt-, Sozial-, und Arbeitnehmerbelange, auf die Achtung der Menschenrechte und auf die Bekämpfung von Korruption und Bestechung beziehen, einschließlich

a) einer kurzen Beschreibung des Geschäftsmodells des Unternehmens;
b) einer Beschreibung der von dem Unternehmen in Bezug auf diese Belange verfolgten Konzepte, einschließlich der angewandten Due-Diligence-Prozesse;
c) der Ergebnisse dieser Konzepte;
d) der wesentlichen Risiken im Zusammenhang mit diesen Belangen, die mit der Geschäftstätigkeit des Unternehmens – einschließlich, wenn dies relevant und verhältnismäßig ist, seiner Geschäftsbeziehungen, seiner Erzeugnisse oder seiner Dienstleistungen – verknüpft sind und die wahrscheinlich negative Auswirkungen auf diese Bereiche haben werden, sowie der Handhabung dieser Risiken durch das Unternehmen;
e) der wichtigsten nichtfinanziellen Leistungsindikatoren, die für die betreffende Geschäftstätigkeit von Bedeutung sind.

Verfolgt das Unternehmen in Bezug auf einen oder mehrere dieser Belange kein Konzept, enthält die nichtfinanzielle Erklärung eine klare und begründete Erläuterung, warum dies der Fall ist.

Die in Unterabsatz 1 genannte nichtfinanzielle Erklärung enthält – wenn angebracht – auch Hinweise auf im Jahresabschluss ausgewiesene Beträge und zusätzliche Erläuterungen dazu.

Die Mitgliedstaaten können gestatten, dass Informationen über künftige Entwicklungen oder Belange, über die Verhandlungen geführt werden, in Ausnahmefällen weggelassen werden, wenn eine solche Angabe nach der ordnungsgemäß begründeten Einschätzung der Mitglieder der Verwaltungs-, Leitungs- und Aufsichtsorgane, die im Rahmen der ihnen durch einzelstaatliche Rechtsvorschriften übertragenen Zuständigkeiten handeln und gemeinsam für diese Einschätzung zuständig sind, der Geschäftslage des Unternehmens ernsthaft schaden würde, sofern eine solche Nichtaufnahme ein den tatsächlichen Verhältnissen entsprechendes und ausgewogenes Verständnis des Geschäftsverlaufs, des Geschäftsergebnisses, der Lage des Unternehmens sowie der Auswirkungen seiner Tätigkeit nicht verhindert.

Beim Erlass der Vorschriften zur Angabe der Informationen gemäß Unterabsatz 1 sehen die Mitgliedstaaten vor, dass sich die Unternehmen auf nationale, unionsbasierte oder internationale Rahmenwerke stützen können; wenn sie hiervon Gebrauch machen, haben die Unternehmen anzugeben, auf welche Rahmenwerke sie sich gestützt haben.

(2) Wenn Unternehmen die Pflicht nach Absatz 1 erfüllen, wird davon ausgegangen, dass sie die Pflicht im Zusammenhang mit der Analyse nichtfinanzieller Informationen nach Artikel 19 Absatz 1 Unterabsatz 3 erfüllt haben.

(3) Ein Unternehmen, das ein Tochterunternehmen ist, wird von der in Absatz 1 festgelegten Pflicht befreit, wenn dieses Unternehmen und seine Tochterunternehmen in den konsolidierten Lagebericht oder gesonderten Bericht eines anderen Unternehmens einbezogen werden und dieser konsolidierte Lagebericht oder gesonderte Bericht gemäß Artikel 29 und diesem Artikel erstellt wird.

(4) → C1 Erstellt ein Unternehmen für dasselbe Geschäftsjahr einen gesonderten Bericht, können die Mitgliedstaaten unabhängig davon, ob der Bericht sich auf nationale, unionsbasierte oder internationale Rahmenwerke stützt, und sofern der Bericht die in Absatz 1 vorgeschriebenen Informationen der nichtfinanziellen Erklärung umfasst,← dieses Unternehmen von der gemäß Absatz 1 festgelegten Pflicht zur Abgabe der nichtfinanziellen Erklärung befreien, sofern dieser gesonderte Bericht

a) zusammen mit dem Lagebericht gemäß Artikel 30 veröffentlicht wird oder
b) innerhalb einer angemessenen Frist, die sechs Monate nach dem Bilanzstichtag nicht überschreiten darf, auf der Website des Unternehmens öffentlich zugänglich gemacht wird und der Lagebericht darauf Bezug nimmt.

Absatz 2 ist entsprechend auf Unternehmen anzuwenden, die einen gesonderten Bericht gemäß Unterabsatz 1 dieses Absatzes vorbereiten.

(5) Die Mitgliedstaaten stellen sicher, dass der Abschlussprüfer oder die Prüfungsgesellschaft überprüft, ob die nichtfinanzielle Erklärung gemäß Absatz 1 oder der gesonderte Bericht gemäß Absatz 4 vorgelegt wurde.

(6) Die Mitgliedstaaten können vorschreiben, dass die in der nichtfinanziellen Erklärung gemäß Absatz 1 oder dem gesonderten Bericht gemäß Absatz 4 enthaltenen Informationen von einem unabhängigen Erbringer von Bestätigungsleistungen überprüft werden.

↓ B

Artikel 20
Erklärung zur Unternehmensführung

(1) Ein Unternehmen nach Artikel 2 Absatz 1 Buchstabe a nimmt eine Erklärung zur Unternehmensführung in seinen Lagebericht auf. Diese Erklärung bildet einen gesonderten Abschnitt im Lagebericht und enthält zumindest die folgenden Angaben:

a) soweit zutreffend einen Verweis auf:
   i) den Unternehmensführungskodex, dem das Unternehmen unterliegt,
   ii) den Unternehmensführungskodex, den es gegebenenfalls freiwillig anzuwenden beschlossen hat,
   iii) alle relevanten Angaben zu Unternehmensführungspraktiken, die es über die Anforderungen der einzelstaatlichen Rechtsvorschriften hinaus anwendet.

   Wird auf einen Unternehmensführungskodex nach Ziffer i oder ii Bezug genommen, gibt das Unternehmen auch an, wo die entsprechenden Dokumente öffentlich zugänglich sind. Wird auf die Angaben nach Ziffer iii Bezug genommen, macht das Unternehmen Einzelheiten seiner Unternehmensführungspraktiken öffentlich zugänglich;
b) soweit ein Unternehmen im Einklang mit den einzelstaatlichen Rechtsvorschriften von einem Unternehmensführungskodex im Sinne des Buchstabens a Ziffer i oder ii abweicht, eine Erklärung, in welchen Punkten und aus welchen Gründen es von dem Kodex abweicht; hat das Unternehmen beschlossen, nicht auf einen Unternehmensführungskodex im Sinne des Buchstabens a Ziffer i oder ii Bezug zu nehmen, so legt es die Gründe hierfür dar;
c) eine Beschreibung der wichtigsten Merkmale des internen Kontroll- und des Risikomanagementsystems des Unternehmens im Hinblick auf den Rechnungslegungsprozess;
d) die gemäß Artikel 10 Absatz 1 Buchstaben c, d, f, h und i der Richtlinie 2004/25/EG des Europäischen Parlaments und des Rates vom 21. April 2004 betreffend Übernahmeangebote ([1]) geforderten Angaben, sofern das Unternehmen unter diese Richtlinie fällt;

([1]) ABl. L 142 vom 30.04.2004, S. 12.

e) eine Beschreibung der Art und Weise der Durchführung der Hauptversammlung und deren wesentliche Befugnisse sowie eine Beschreibung der Aktionärsrechte und der Möglichkeiten ihrer Ausübung, sofern diese Angaben nicht bereits vollständig in den einzelstaatlichen Rechtsvorschriften enthalten sind, und
f) die Zusammensetzung und Arbeitsweise der Verwaltungs-, Leitungs- und Aufsichtsorgane und ihrer Ausschüsse.

↓ M1

g) → C1 eine Beschreibung des Diversitätskonzepts, das im Zusammenhang mit den Verwaltungs-, Leitungs- und Aufsichtsorganen des Unternehmens in Bezug auf Aspekte wie beispielsweise Alter, Geschlecht, oder Bildungs- und Berufshintergrund verfolgt wird,← der Ziele dieses Diversitätskonzepts sowie der Art und Weise der Umsetzung dieses Konzepts und der Ergebnisse im Berichtszeitraum. Wird ein derartiges Konzept nicht angewendet, wird in der Erklärung erläutert, warum dies der Fall ist.

↓ B

(2) Die Mitgliedstaaten können gestatten, dass die Angaben nach Absatz 1 in

a) einem gesonderten Bericht, der gemäß Artikel 30 zusammen mit dem Lagebericht offengelegt wird, oder
b) einem auf den Internetseiten des Unternehmens öffentlich zugänglichen Dokument, auf das im Lagebericht Bezug genommen wird,

enthalten sind.

In dem gesonderten Bericht nach Buchstabe a oder in dem Dokument nach Buchstabe b kann auf den Lagebericht verwiesen werden, sofern die nach Absatz 1 Buchstabe d erforderlichen Angaben in dem Lagebericht enthalten sind.

↓ M1

(3) Der Abschlussprüfer oder die Prüfungsgesellschaft gibt gemäß Artikel 34 Absatz 1 Unterabsatz 2 ein Urteil hinsichtlich der nach Absatz 1 Buchstaben c und d geforderten Angaben ab und überprüft, ob die in Absatz 1 Buchstaben a, b, e, f und g genannten Angaben gemacht wurden.

↓ M1

(4) Die Mitgliedstaaten können Unternehmen nach Absatz 1, die ausschließlich andere Wertpapiere als zum Handel an einem geregelten Markt im Sinne des Artikels 4 Absatz 1 Nummer 14 der Richtlinie 2004/39/EG zugelassene Aktien

emittiert haben, von der Anwendung des Absatzes 1 Buchstaben a, b, e, f und g dieses Artikels ausnehmen, es sei denn, dass diese Unternehmen Aktien emittiert haben, die über ein multilaterales Handelssystem im Sinne des Artikels 4 Absatz 1 Nummer 15 der Richtlinie 2004/39/EG gehandelt werden.

↓ M1

(5) Ungeachtet des Artikels 40 gilt Absatz 1 Buchstabe g nicht für kleine und mittlere Unternehmen.

↓ B

KAPITEL 6 KONSOLIDIERTE ABSCHLÜSSE UND BERICHTE

Artikel 21 Anwendungsbereich für die konsolidierten Abschlüsse und Berichte

Ein Mutterunternehmen und alle seine Tochterunternehmen sind zu konsolidierende Unternehmen im Sinne dieses Kapitels, wenn das Mutterunternehmen ein Unternehmen ist, auf das die Koordinierungsmaßnahmen dieser Richtlinie kraft Artikel 1 Absatz 1 Anwendung finden.

Artikel 22 Pflicht zur Aufstellung konsolidierter Abschlüsse

(1) Ein Mitgliedstaat schreibt einem seinem Recht unterliegenden Unternehmen vor, einen konsolidierten Abschluss und einen konsolidierten Lagebericht zu erstellen, wenn dieses Unternehmen (Mutterunternehmen):

a) die Mehrheit der Stimmrechte der Aktionäre oder Gesellschafter eines anderen Unternehmens (Tochterunternehmens) hält;

b) das Recht hat, die Mehrheit der Mitglieder des Verwaltungs-, Leitungs- oder Aufsichtsorgans eines anderen Unternehmens (Tochterunternehmens) zu bestellen oder abzuberufen und gleichzeitig Aktionär oder Gesellschafter dieses Unternehmens ist;

c) das Recht hat, auf ein Unternehmen (Tochterunternehmen), dessen Aktionär oder Gesellschafter es ist, einen beherrschenden Einfluss aufgrund eines mit diesem Unternehmen geschlossenen Vertrags oder aufgrund einer Satzungsbestimmung dieses Unternehmens auszuüben, sofern das Recht, dem dieses Tochterunternehmen unterliegt, es zulässt, dass dieses solchen Verträgen oder Satzungsbestimmungen unterworfen wird.

   Die Mitgliedstaaten brauchen nicht vorzuschreiben, dass das Mutterunternehmen Aktionär oder Gesellschafter des Tochterunternehmens sein muss. Mitgliedstaaten, deren Recht derartige Verträge oder Satzungsbestimmungen nicht vorsieht, sind nicht gehalten, diese Bestimmungen anzuwenden; oder

d) Aktionär oder Gesellschafter eines Unternehmens ist und

   i) allein durch die Ausübung seiner Stimmrechte die Mehrheit der Mitglieder des Verwaltungs-, Leitungs- oder Aufsichtsorgans dieses Unternehmens (Tochterunternehmens), die während des Geschäftsjahres sowie des vorhergehenden Geschäftsjahres bis zur Erstellung des konsolidierten Abschlusses im Amt sind, bestellt worden sind, oder

   ii) aufgrund einer Vereinbarung mit anderen Aktionären oder Gesellschaftern dieses Unternehmens (Tochterunternehmens) allein über die Mehrheit der Stimmrechte der Aktionäre oder Gesellschafter dieses Unternehmens verfügt. Die Mitgliedstaaten können nähere Bestimmungen über Form und Inhalt einer solchen Vereinbarung treffen.

Die Mitgliedstaaten schreiben mindestens die unter Ziffer ii angeführte Regelung vor. Sie können die Anwendung von Ziffer i davon abhängig machen, dass die Beteiligungen mindestens 20 % der gesamten Stimmrechte ausmachen.

Ziffer i findet jedoch keine Anwendung, wenn ein Dritter gegenüber diesem Unternehmen die Rechte im Sinne der Buchstaben a, b oder c hat.

(2) Zusätzlich zu den in Absatz 1 bezeichneten Fällen können die Mitgliedstaaten jedem ihrem Recht unterliegenden Unternehmen die Aufstellung eines konsolidierten Abschlusses und eines konsolidierten Lageberichts vorschreiben, wenn

a) dieses Unternehmen (Mutterunternehmen) einen beherrschenden Einfluss auf oder die Kontrolle über ein anderes Unternehmen (Tochterunternehmen) ausüben kann oder tatsächlich ausübt oder

b) dieses Unternehmen (Mutterunternehmen) und ein anderes Unternehmen (Tochterunternehmen) unter einheitlicher Leitung des Mutterunternehmens stehen.

(3) Bei der Anwendung von Absatz 1 Buchstaben a, b und d sind den Stimm-, Bestellungs- oder Abberufungsrechten des Mutterunternehmens die Rechte eines anderen Tochterunternehmens oder einer Person, die in eigenem Namen, aber für Rechnung des Mutterunternehmens oder eines anderen Tochterunternehmens handelt, hinzuzurechnen.

(4) Bei der Anwendung von Absatz 1 Buchstaben a, b und d sind von den in Absatz 3 bezeichneten Rechten die Rechte abzuziehen,

a) die mit Aktien oder Anteilen verbunden sind, die für Rechnung einer anderen Person als das Mutterunternehmen oder ein Tochterunternehmen dieses Mutterunternehmens gehalten werden, oder

b) die mit Aktien oder Anteilen verbunden sind,

   i) die als Sicherheit gehalten werden, sofern diese Rechte nach erhaltenen Weisungen ausgeübt werden, oder

   ii) deren Besitz für das haltende Unternehmen ein laufendes Geschäft im Zusammenhang mit der Gewährung von

Darlehen darstellt, sofern die Stimmrechte im Interesse des Sicherungsgebers ausgeübt werden.

(5) Für die Anwendung von Absatz 1 Buchstaben a und d sind von der Gesamtheit der Stimmrechte der Aktionäre oder Gesellschafter eines Tochterunternehmens die Stimmrechte abzuziehen, die mit Aktien oder Anteilen verbunden sind, die von diesem Unternehmen selbst, von einem seiner Tochterunternehmen oder von einer im eigenen Namen, aber für Rechnung dieser Unternehmen handelnden Person gehalten werden.

(6) Das Mutterunternehmen sowie alle seine Tochterunternehmen sind ohne Rücksicht auf deren Sitz zu konsolidieren; Artikel 23 Absatz 9 bleibt unberührt.

(7) Unbeschadet dieses Artikels sowie der Artikel 21 bis 23 können die Mitgliedstaaten jedem ihrem Recht unterliegenden Unternehmen vorschreiben, einen konsolidierten Abschluss und einen konsolidierten Lagebericht aufzustellen, wenn

a) dieses Unternehmen sowie ein oder mehrere andere Unternehmen, die untereinander nicht in der in Absatz 1 oder Absatz 2 bezeichneten Beziehung stehen, aufgrund
   i) eines mit diesem Unternehmen geschlossenen Vertrages oder
   ii) der Satzungsbestimmungen dieser anderen Unternehmen einer einheitlichen Leitung unterstehen oder
b) das Verwaltungs-, Leitungs- oder Aufsichtsorgan dieses Unternehmens sowie dasjenige eines oder mehrerer Unternehmen, die miteinander nicht in der in Absatz 1 oder Absatz 2 bezeichneten Beziehung stehen, sich mehrheitlich aus denselben Personen zusammensetzen, die während des Geschäftsjahres und bis zur Aufstellung des konsolidierten Abschlusses im Amt sind.

(8) Nimmt ein Mitgliedstaat die Möglichkeit nach Absatz 7 wahr, sind die in diesem Absatz beschriebenen Unternehmen sowie alle ihre Tochterunternehmen zu konsolidierende Unternehmen, sofern eines oder mehrere dieser Unternehmen eine der in Anhang I oder Anhang II genannten Rechtsformen haben.

(9) Absatz 6 des vorliegenden Artikels, Artikel 23 Absätze 1, 2, 9 und 10 sowie die Artikel 25 bis 29 finden auf den konsolidierten Abschluss und den konsolidierten Lagebericht nach Absatz 7 des vorliegenden Artikels mit folgenden Änderungen Anwendung:

a) Bezugnahmen auf Mutterunternehmen sind als Bezugnahmen auf alle in Absatz 7 des vorliegenden Artikels bezeichneten Unternehmen zu verstehen, und
b) die in den konsolidierten Abschluss einzubeziehenden Posten „Kapital", „Agio", „Neubewertungsrücklage", „Rücklagen", „Ergebnisvortrag" und „Jahresergebnis" sind unbeschadet des Artikels 24 Absatz 3 die addierten Beträge der jeweiligen Posten sämtlicher in Absatz 7 des vorliegenden Artikels bezeichneter Unternehmen.

Artikel 23
Ausnahmen von der Konsolidierung

(1) Kleine Gruppen sind von der Verpflichtung zur Erstellung eines konsolidierten Abschlusses und eines konsolidierten Lageberichts ausgenommen, es sei denn, eines der verbundenen Unternehmen ist ein Unternehmen von öffentlichem Interesse.

(2) Die Mitgliedstaaten können mittlere Gruppen von der Verpflichtung zur Erstellung eines konsolidierten Abschlusses und eines konsolidierten Lageberichts befreien, es sei denn, eines der verbundenen Unternehmen ist ein Unternehmen von öffentlichem Interesse.

(3) Ungeachtet der Absätze 1 und 2 befreien die Mitgliedstaaten in den folgenden Fällen jedes ihrem Recht unterliegende Mutterunternehmen (befreites Unternehmen), das gleichzeitig Tochterunternehmen ist, einschließlich eines Unternehmens von öffentlichem Interesse, das nicht unter Artikel 2 Absatz 1 Buchstabe a fällt, von der Verpflichtung zur Erstellung eines konsolidierten Abschlusses und eines konsolidierten Lageberichts, sofern dessen Mutterunternehmen dem Recht eines Mitgliedstaats unterliegt und

a) das Mutterunternehmen des befreiten Unternehmens sämtliche Aktien oder Anteile des befreiten Unternehmens besitzt. Die Aktien oder Anteile des befreiten Unternehmens, die aufgrund einer gesetzlichen oder satzungsmäßigen Verpflichtung von Mitgliedern des Verwaltungs-, Leitungs- oder Aufsichtsorgans gehalten werden, werden nicht berücksichtigt, oder
b) das Mutterunternehmen des befreiten Unternehmens 90 % oder mehr der Aktien oder Anteile des befreiten Unternehmens besitzt und die anderen Aktionäre oder Gesellschafter des befreiten Unternehmens der Befreiung zugestimmt haben.

(4) Die Ausnahmen nach Absatz 3 werden nur gewährt, wenn sämtliche nachfolgend genannte Bedingungen erfüllt sind:

a) Das befreite Unternehmen sowie alle seine Tochterunternehmen sind unbeschadet Absatz 9 in den konsolidierten Abschluss eines größeren Kreises von Unternehmen einbezogen, dessen Mutterunternehmen dem Recht eines Mitgliedstaats unterliegt;
b) der konsolidierte Abschluss nach Buchstabe a und der konsolidierte Lagebericht des größeren Kreises von Unternehmen sind von dem Mutterunternehmen dieses Kreises von Unternehmen nach dem Recht des Mitgliedstaats, dem das Mutterunternehmen unterliegt, im Einklang mit dieser Richtlinie oder mit gemäß der Verordnung (EG) Nr. 1606/2002 angenommenen internationalen Rechnungslegungsstandards erstellt;

c) bezüglich des befreiten Unternehmens werden folgende Unterlagen nach dem Recht des Mitgliedstaats, dem das befreite Unternehmen unterliegt, im Einklang mit Artikel 30 veröffentlicht:
   i) der konsolidierte Abschluss nach Buchstabe a und der konsolidierte Lagebericht nach Buchstabe b,
   ii) der Bestätigungsvermerk und
   iii) gegebenenfalls die in Artikel 6 bezeichneten Unterlagen.

   Der betreffende Mitgliedstaat kann vorschreiben, dass die unter den Ziffern i, ii und iii genannten Unterlagen in seiner Amtssprache offengelegt werden und die Übersetzung dieser Unterlagen beglaubigt wird;
d) im Anhang zum Jahresabschluss des befreiten Unternehmens werden folgende Angaben gemacht:
   i) Name und Sitz des Mutterunternehmens, das den konsolidierten Abschluss nach Buchstabe a aufstellt, und
   ii) Hinweis auf die Befreiung von der Verpflichtung zur Erstellung eines konsolidierten Abschlusses und eines konsolidierten Lageberichts.

(5) Die Mitgliedstaaten können in den von Absatz 3 nicht erfassten Fällen unbeschadet der Absätze 1, 2 und 3 jedes ihrem Recht unterliegende Mutterunternehmen (das befreite Unternehmen), das gleichzeitig Tochterunternehmen ist, einschließlich eines Unternehmens von öffentlichem Interesse, das nicht unter Artikel 2 Absatz 1 Buchstabe a fällt, dessen eigenes Mutterunternehmen dem Recht eines Mitgliedstaats unterliegt, von der Verpflichtung zur Erstellung eines konsolidierten Abschlusses und eines konsolidierten Lageberichts ausnehmen, wenn alle in Absatz 4 genannten Voraussetzungen erfüllt sind und wenn

a) die Aktionäre oder Gesellschafter des befreiten Unternehmens, die einen Mindestprozentsatz des gezeichneten Kapitals dieses Unternehmens besitzen, nicht spätestens sechs Monate vor dem Ablauf des Geschäftsjahres die Aufstellung eines konsolidierten Abschlusses verlangt haben;
b) der Mindestprozentsatz nach Buchstabe a folgende Grenzen nicht überschreitet:
   i) 10 % des gezeichneten Kapitals im Falle von Aktiengesellschaften und Kommanditgesellschaften auf Aktien und
   ii) 20 % des gezeichneten Kapitals im Falle von Unternehmen anderer Rechtsformen;
c) der Mitgliedstaat die Befreiung nicht davon abhängig macht, dass
   i) das Mutterunternehmen, das den konsolidierten Abschluss nach Absatz 4 Buchstabe a aufgestellt hat, dem Recht des die Befreiung gewährenden Mitgliedstaats unterliegt, oder
   ii) Bedingungen bezüglich der Aufstellung und Prüfung dieses Abschlusses erfüllt werden.

(6) Die Mitgliedstaaten können die Befreiung nach den Absätzen 3 und 5 davon abhängig machen, dass in dem konsolidierten Abschluss nach Absatz 4 Buchstabe a oder in einer als Anhang beigefügten Unterlage zusätzliche Angaben im Einklang mit dieser Richtlinie gemacht werden, sofern diese Angaben auch von den dem Recht dieses Mitgliedstaats unterliegenden Unternehmen, die zur Aufstellung eines konsolidierten Abschlusses verpflichtet sind und sich in derselben Lage befinden, verlangt werden.

(7) Die Absätze 3 bis 6 gelten unbeschadet der Rechtsvorschriften der Mitgliedstaaten über die Aufstellung eines konsolidierten Abschlusses oder eines konsolidierten Lageberichts, sofern diese Unterlagen

a) zur Unterrichtung der Arbeitnehmer oder ihrer Vertreter verlangt werden oder
b) von einer Verwaltungsbehörde oder einem Gericht für deren Zwecke angefordert werden.

(8) Unbeschadet der Absätze 1, 2, 3 und 5 kann ein Mitgliedstaat, der Befreiungen nach den Absätzen 3 und 5 gewährt, auch jedes seinem Recht unterliegende Mutterunternehmen (das befreite Unternehmen), das gleichzeitig Tochterunternehmen eines nicht dem Recht eines Mitgliedstaats unterliegenden Mutterunternehmens ist, einschließlich eines Unternehmens von öffentlichem Interesse, das nicht unter Artikel 2 Absatz 1 Buchstabe a fällt, von der Verpflichtung zur Erstellung eines konsolidierten Abschlusses und eines konsolidierten Lageberichts ausnehmen, wenn alle folgenden Voraussetzungen erfüllt sind:

a) Das befreite Unternehmen sowie alle seine Tochterunternehmen werden unbeschadet Absatz 9 in den konsolidierten Abschluss eines größeren Kreises von Unternehmen einbezogen;
b) der unter Buchstabe a bezeichnete konsolidierte Abschluss und gegebenenfalls der konsolidierte Lagebericht werden wie folgt erstellt:
   i) im Einklang mit dieser Richtlinie oder
   ii) im Einklang mit gemäß der Verordnung (EG) Nr. 1606/2002 angenommen internationalen Rechnungslegungsstandards,
   iii) derart, dass sie einem nach dieser Richtlinie erstellten konsolidierten Abschluss und konsolidierten Lagebericht gleichwertig sind,
   iv) derart, dass sie internationalen Rechnungslegungsstandards, die gemäß der Verordnung (EG) Nr. 1569/2007 der Kommission vom 21. Dezember 2007 über die Einrichtung eines Mechanismus zur Festlegung der Gleichwertigkeit der von Drittstaatemittenten angewandten Rechnungslegungsgrundsätze gemäß den Richtlinien 2003/71/EG und

2004/109/EG des Europäischen Parlaments und des Rates ([1]) festgelegt wurden, gleichwertig sind;

([1]) ABl. L 340 vom 22.12.2007, S. 66.

c) der unter Buchstabe a bezeichnete konsolidierte Abschluss ist von einem oder mehreren Abschlussprüfern oder einer oder mehreren Prüfungsgesellschaften geprüft worden, die aufgrund der einzelstaatlichen Rechtsvorschriften denen das Unternehmen unterliegt, das diesen Abschluss aufgestellt hat, zur Prüfung von Jahresabschlüssen zugelassen sind.

Absatz 4 Buchstaben c und d sowie die Absätze 5, 6 und 7 finden Anwendung.

(9) Ein Unternehmen, einschließlich eines Unternehmens von öffentlichem Interesse, braucht nicht in den konsolidierten Abschluss einbezogen werden, wenn zumindest eine der nachfolgend genannten Bedingungen erfüllt ist:

a) Es liegt der äußerst seltene Fall vor, dass die für die Aufstellung eines konsolidierten Abschlusses nach dieser Richtlinie erforderlichen Angaben nicht ohne unverhältnismäßig hohe Kosten oder ungebührliche Verzögerungen zu erhalten sind;

b) die Anteile oder Aktien dieses Unternehmens werden ausschließlich zum Zwecke ihrer Weiterveräußerung gehalten oder

c) erhebliche und andauernde Beschränkungen behindern nachhaltig

   i) die Ausübung der Rechte des Mutterunternehmens in Bezug auf Vermögen oder Geschäftsführung dieses Unternehmens oder

   ii) die Ausübung der einheitlichen Leitung dieses Unternehmens, wenn es in einer der in Artikel 22 Absatz 7 bezeichneten Beziehungen steht.

(10) Unbeschadet des Artikels 6 Absatz 1 Buchstabe b, des Artikels 21 und der Absätze 1 und 2 dieses Artikels wird jedes Mutterunternehmen, einschließlich eines Unternehmens von öffentlichem Interesse, von der Pflicht nach Artikel 22 befreit, wenn

a) alle seine Tochterunternehmen sowohl einzeln als auch insgesamt von untergeordneter Bedeutung sind oder

b) aufgrund von Absatz 9 dieses Artikels keines seiner Tochterunternehmen in den konsolidierten Abschluss einbezogen zu werden braucht.

Artikel 24
Aufstellung des konsolidierten Abschlusses

(1) Die Kapitel 2 und 3 gelten für konsolidierte Abschlüsse unter Berücksichtigung der wesentlichen Anpassungen, die sich aus den besonderen Merkmalen eines konsolidierten Abschlusses im Vergleich zum Jahresabschluss zwangsläufig ergeben.

(2) Die Gegenstände des Aktiv- und Passivvermögens der in die Konsolidierung einbezogenen Unternehmen werden vollständig in die konsolidierte Bilanz übernommen.

(3) Die Buchwerte der Anteile oder Aktien am Kapital der in die Konsolidierung einbezogenen Unternehmen werden mit dem auf sie entfallenden Teil des Eigenkapitals der in die Konsolidierung einbezogenen Unternehmen verrechnet, wobei Folgendes zu berücksichtigen ist:

a) Mit Ausnahme der Anteile oder Aktien am Kapital des Mutterunternehmens, die entweder sich im Besitz dieses Unternehmens selbst oder eines anderen in die Konsolidierung einbezogenen Unternehmens befinden und die gemäß Kapitel 3 als eigene Anteile oder Aktien betrachtet werden, erfolgt die Verrechnung auf der Grundlage der Buchwerte zu dem Zeitpunkt, zu dem diese Unternehmen erstmalig in die Konsolidierung einbezogen werden. Die sich bei der Verrechnung ergebenden Unterschiedsbeträge werden, soweit möglich, unmittelbar unter den Posten der konsolidierten Bilanz verbucht, deren Wert höher oder niedriger ist als ihr Buchwert.

b) Die Mitgliedstaaten können gestatten oder vorschreiben, dass die Verrechnung auf der Grundlage der Werte der feststellbaren Aktiva und Passiva zum Zeitpunkt des Erwerbs der Anteile oder Aktien erfolgt oder, beim Erwerb zu verschiedenen Zeitpunkten, zu dem Zeitpunkt, zu dem das Unternehmen Tochterunternehmen geworden ist.

c) Ein nach Buchstabe a verbleibender oder nach Buchstabe b entstehender Unterschiedsbetrag ist in der konsolidierten Bilanz unter dem Posten „Geschäfts- oder Firmenwert" auszuweisen.

d) Die Methoden zur Berechnung des Geschäfts- oder Firmenwerts und wesentliche Wertänderungen gegenüber dem Vorjahr sind im Anhang zu erläutern.

e) Lässt ein Mitgliedstaat eine Verrechnung von positivem mit negativem Geschäfts- oder Firmenwert zu, so hat der Anhang eine Analyse dieses Werts zu enthalten.

f) Ein negativer Geschäfts- oder Firmenwert kann auf die konsolidierte Gewinn- und Verlustrechnung übertragen werden, sofern ein solches Vorgehen den Grundsätzen des Kapitels 2 entspricht.

(4) Befinden sich Anteile oder Aktien an konsolidierten Tochterunternehmen im Besitz von anderen Personen als diesen Unternehmen, so werden die Beträge, die diesen Anteilen oder Aktien entsprechen, in der konsolidierten Bilanz gesondert als nicht beherrschende Anteile ausgewiesen.

(5) Die Erträge und Aufwendungen der in die Konsolidierung einbezogenen Unternehmen werden vollständig in die konsolidierte Gewinn- und Verlustrechnung übernommen.

(6) Die den Aktien oder Anteilen nach Absatz 4 zurechenbaren Gewinn- oder Verlustbeträge, werden in der konsolidierten Gewinn- und Verlustrechnung gesondert als nicht beherrschende Anteile ausgewiesen.

(7) Im konsolidierten Abschluss sind Vermögens-, Finanz- und Ertragslage der in die Konsolidierung einbezogenen Unternehmen so auszuweisen, als ob sie ein einziges Unternehmen wären. Insbesondere wird Folgendes im konsolidierten Abschluss weggelassen:

a) Verbindlichkeiten und Forderungen zwischen den Unternehmen;
b) Erträge und Aufwendungen aus Geschäften zwischen den Unternehmen und
c) Gewinne und Verluste aus Geschäften zwischen den Unternehmen, die in den Buchwert der Aktiva eingehen.

(8) Der konsolidierte Abschluss wird zum selben Stichtag wie der Jahresabschluss des Mutterunternehmens aufgestellt.

Jedoch können die Mitgliedstaaten mit Rücksicht auf den Bilanzstichtag der Mehrzahl oder der bedeutendsten der konsolidierten Unternehmen gestatten oder vorschreiben, dass der konsolidierte Abschluss zu einem anderen Zeitpunkt aufgestellt wird, sofern

a) dies im Anhang zum konsolidierten Abschluss angegeben und hinreichend begründet wird;
b) Vorgänge von besonderer Bedeutung für die Vermögens-, Finanz- und Ertragslage eines konsolidierten Unternehmens, die zwischen dem Bilanzstichtag dieses Unternehmens und dem Stichtag des konsolidierten Abschlusses eingetreten sind, berücksichtigt oder angegeben werden und
c) der Bilanzstichtag eines Unternehmens um mehr als drei Monate vor oder nach dem Stichtag des konsolidierten Abschlusses liegt und dieses Unternehmen aufgrund eines auf den Stichtag des konsolidierten Abschlusses aufgestellten Zwischenabschlusses konsolidiert wird.

(9) Hat sich die Zusammensetzung aller in die Konsolidierung einbezogenen Unternehmen im Laufe des Geschäftsjahres erheblich geändert, so sind in den konsolidierten Abschluss Angaben aufzunehmen, die es ermöglichen, die aufeinanderfolgenden konsolidierten Abschlüsse sinnvoll zu vergleichen. Dieser Verpflichtung kann nachgekommen werden, indem eine geänderte vergleichende Bilanz und eine geänderte vergleichende Gewinn- und Verlustrechnung aufgestellt werden.

(10) In den konsolidierten Abschluss einbezogene Aktiva und Passiva werden einheitlich im Einklang mit Kapitel 2 bewertet.

(11) Ein Unternehmen, das einen konsolidierten Abschluss erstellt, wendet die gleichen Bewertungsgrundlagen wie in seinem Jahresabschluss an. Allerdings können die Mitgliedstaaten gestatten oder vorschreiben, dass im konsolidierten Abschluss andere Bewertungsgrundlagen im Einklang mit Kapitel 2 verwendet werden. Wird von diesen Abweichungen Gebrauch gemacht, so sind sie im Anhang des konsolidierten Abschlusses anzugeben und hinreichend zu begründen.

(12) Sofern in die Konsolidierung einbezogene Gegenstände des Aktiv- und Passivvermögens von in die Konsolidierung einbezogenen Unternehmen nach Methoden bewertet worden sind, die sich von den zu Zwecken der Konsolidierung angewandten Methoden unterscheiden, sind diese Vermögensgegenstände nach den letzteren Methoden neu zu bewerten. Abweichungen von dieser Vorschrift sind in Ausnahmefällen zulässig. Sie sind im Anhang zum konsolidierten Abschluss anzugeben und hinreichend zu begründen.

(13) Latente Steuersalden werden bei der Konsolidierung ausgewiesen, soweit sich daraus wahrscheinlich für eines der konsolidierten Unternehmen in absehbarer Zukunft ein Aufwand ergibt.

(14) Sofern bei einem in die Konsolidierung einbezogenen Gegenstand des Aktivvermögens eine Wertberichtigung allein für die Anwendung steuerlicher Vorschriften vorgenommen worden ist, darf dieser Vermögensgegenstand erst nach Wegfall dieser Berichtigung in den konsolidierten Abschluss übernommen werden.

Artikel 25
Unternehmenszusammenschlüsse innerhalb einer Gruppe

(1) Die Mitgliedstaaten können gestatten oder vorschreiben, dass die Buchwerte von Aktien oder Anteilen am Kapital eines in die Konsolidierung einbezogenen Unternehmens lediglich mit dem entsprechenden Anteil am Kapital verrechnet werden, sofern die am Unternehmenszusammenschluss beteiligten Unternehmen letztlich vor und nach dem Unternehmenszusammenschluss von derselben Partei kontrolliert werden und diese Kontrolle nicht vorübergehender Natur ist.

(2) Ein nach Absatz 1 entstehender Unterschiedsbetrag wird je nach Lage des Falles den konsolidierten Rücklagen zugerechnet oder von ihnen abgezogen.

(3) Die Anwendung der Methode nach Absatz 1, die sich daraus ergebenden Veränderungen der Rücklagen sowie der Name und Sitz der betreffenden Unternehmen sind im Anhang zum konsolidierten Abschluss anzugeben.

Artikel 26
Quotenkonsolidierung

(1) Die Mitgliedstaaten können gestatten oder vorschreiben, dass, sofern ein in die Konsolidierung einbezogenes Unternehmen gemeinsam mit einem oder mehreren nicht in die Konsolidierung einbezogenen Unternehmen ein anderes Unternehmen leitet, dieses entsprechend dem Anteil der Rechte, die das in die Konsolidierung einbezogene Unternehmen an seinem Kapital hält, in den konsolidierten Abschluss einbezogen wird.

(2) Artikel 23 Absätze 9 und 10 sowie Artikel 24 finden sinngemäß auf die in Absatz 1 bezeichnete Quotenkonsolidierung Anwendung.

Artikel 27
Rechnungslegung nach der Equity-Methode für assoziierte Unternehmen

(1) Hat ein in die Konsolidierung einbezogenes Unternehmen ein assoziiertes Unternehmen, ist dieses assoziierte Unternehmen in der konsolidierten Bilanz als gesonderter Posten mit entsprechender Bezeichnung auszuweisen.

(2) Bei der erstmaligen Anwendung dieses Artikels auf ein assoziiertes Unternehmen wird das assoziierte Unternehmen in der konsolidierten Bilanz ausgewiesen

a) entweder mit dem Buchwert im Einklang mit den Bewertungsregeln nach den Kapiteln 2 und 3. Dabei wird der Unterschiedsbetrag zwischen diesem Wert und dem Betrag, der dem auf diese Beteiligung an dem assoziierten Unternehmen entfallenden Teil des Eigenkapitals entspricht, in der konsolidierten Bilanz oder im Anhang zum konsolidierten Abschluss gesondert ausgewiesen. Dieser Unterschiedsbetrag wird zu dem Zeitpunkt berechnet, zu dem die Methode erstmalig angewendet wird; oder

b) mit dem Betrag, der dem auf die Beteiligung an dem assoziierten Unternehmen entfallenden Teil des Eigenkapitals des assoziierten Unternehmens entspricht. Der Unterschiedsbetrag zwischen diesem Wert und dem nach den Bewertungsregeln der Kapitel 2 und 3 ermittelten Buchwert wird in der konsolidierten Bilanz oder im Anhang zum konsolidierten Abschluss gesondert ausgewiesen. Dieser Unterschiedsbetrag wird zu dem Zeitpunkt berechnet, zu dem die Methode erstmalig angewendet wird.

Die Mitgliedstaaten können die Anwendung nur einer der in den Buchstaben a und b enthaltenen Möglichkeiten vorschreiben. In einem derartigen Fall ist in der konsolidierten Bilanz oder im Anhang des konsolidierten Abschlusses anzugeben, von welcher der Möglichkeiten Gebrauch gemacht worden ist.

Ferner können die Mitgliedstaaten für die Anwendung der Buchstaben a und b gestatten oder vorschreiben, dass die Berechnung des Unterschiedsbetrags zum Zeitpunkt des Erwerbs der Anteile oder Aktien erfolgt oder, beim Erwerb zu verschiedenen Zeitpunkten, zu dem Zeitpunkt, zu dem das Unternehmen ein assoziiertes Unternehmen geworden ist.

(3) Sind Gegenstände des Aktiv- oder Passivvermögens des assoziierten Unternehmens nach Methoden bewertet worden, die sich von den auf die Konsolidierung nach Artikel 24 Absatz 11 angewendeten Methoden unterscheiden, so können diese Vermögenswerte für die Berechnung des Unterschiedsbetrags nach Absatz 2 Buchstabe a oder Buchstabe b nach den für die Konsolidierung angewendeten Methoden neu bewertet werden. Wurde eine solche Neubewertung nicht vorgenommen, so ist dies im Anhang zum konsolidierten Abschluss zu erwähnen. Die Mitgliedstaaten können eine solche Neubewertung vorschreiben.

(4) Der Buchwert nach Absatz 2 Buchstabe a oder der Betrag, der dem auf die Beteiligung entfallenden Teil des Eigenkapitals des assoziierten Unternehmens nach Absatz 2 Buchstabe b entspricht, wird um die während des Geschäftsjahres eingetretene Änderung des auf die Beteiligung entfallenden Teils des Eigenkapitals des assoziierten Unternehmens erhöht oder vermindert; er vermindert sich um den Betrag der auf die Beteiligung entfallenden Dividenden.

(5) Kann ein positiver Unterschiedsbetrag nach Absatz 2 Buchstabe a und b nicht einer bestimmten Kategorie von Gegenständen des Aktiv- oder Passivvermögens zugerechnet werden, wird dieser Betrag nach den Vorschriften für den Posten „Geschäfts- oder Firmenwert“ gemäß Artikel 12 Absatz 6 Buchstabe d, Artikel 12 Absatz 11 Unterabsatz 1, Artikel 24 Absatz 3 Buchstabe c und Anhang III und Anhang IV behandelt.

(6) Der auf die Beteiligungen an solchen assoziierten Unternehmen entfallende Teil des Ergebnisses der assoziierten Unternehmen wird unter einem gesonderten Posten mit entsprechender Bezeichnung in der konsolidierten Gewinn- und Verlustrechnung ausgewiesen.

(7) Die Weglassungen nach Artikel 24 Absatz 7 werden nur insoweit vorgenommen, als die Tatbestände bekannt sind oder bestätigt werden können.

(8) Stellt das assoziierte Unternehmen einen konsolidierten Abschluss auf, so werden die Absätze 1 bis 7 auf das in diesem konsolidierten Abschluss ausgewiesene Eigenkapital angewandt.

(9) Auf die Anwendung dieses Artikels kann verzichtet werden, wenn die Beteiligung am Kapital des assoziierten Unternehmens nur von untergeordneter Bedeutung sind.

Artikel 28
Anhang zum konsolidierten Abschluss

(1) Im Anhang zum konsolidierten Abschluss werden die nach den Artikeln 16, 17 und 18 geforderten Informationen dargelegt; dies erfolgt zusätzlich zu den nach anderen Bestimmungen dieser Richtlinie geforderten Informationen in einer Weise, die die Bewertung der finanzielle Lage der Gesamtheit der in die Konsolidierung einbezogenen Unternehmen erleichtert, wobei den wesentlichen Berichtigungen Rechnung zu tragen ist, die sich aus den Besonderheiten des konsolidierten Abschlusses im Vergleich zum Jahresabschluss ergeben, einschließlich dem Folgenden:

a) Bei der Angabe von Geschäften zwischen in eine Konsolidierung einbezogenen nahestehenden Unternehmen und Personen werden Geschäfte zwischen diesen, die bei der Konsolidierung weggelassen werden, nicht einbezogen,

b) bei der Angabe der durchschnittlichen Zahl der Beschäftigten während des Geschäftsjahrs wird die durchschnittliche Zahl der Beschäftigten von Unternehmen, die nach der Quotenkonsolidierung bilanziert werden, gesondert angegeben, und

c) bei der Angabe der Höhe der Vergütungen sowie der Vorschüsse und Kredite, die den Mitgliedern des Verwaltungs-, Leitungs- oder Aufsichtsorgans gewährt worden sind, ist lediglich die Höhe der Beträge anzugeben, die das Mutterunternehmen und seine Tochterunternehmen den Mitgliedern des Verwaltungs-, Leitungs- oder Aufsichtsorgans des Mutterunternehmens gewährt haben.

(2) Im Anhang zum konsolidierten Abschluss werden zusätzlich zu den nach Absatz 1 geforderten Informationen folgende Informationen veröffentlicht:

a) bezüglich der in die Konsolidierung einbezogenen Unternehmen:
   i) Name und Sitz dieser Unternehmen,
   ii) der Anteil am Kapital dieser Unternehmen – außer dem Mutterunternehmen –, den die in die Konsolidierung einbezogenen Unternehmen oder in eigenem Namen, aber für Rechnung dieser Unternehmen handelnde Personen halten, sowie
   iii) die Voraussetzungen nach Artikel 22 Absätze 1, 2 und 7 nach der Anwendung von Artikel 22 Absätze 3 bis 5, aufgrund deren die Konsolidierung erfolgt ist. Diese Angabe braucht jedoch nicht gemacht zu werden, wenn die Konsolidierung aufgrund von Artikel 22 Absatz 1 Buchstabe a erfolgt ist und außerdem Kapitalanteil und Anteil an den Stimmrechten übereinstimmen.

   Die gleichen Angaben sind für die Unternehmen zu machen, die nach Artikel 6 Absatz 1 Buchstabe j und Artikel 23 Absatz 10 wegen ihrer untergeordneten Bedeutung nicht in die Konsolidierung einbezogen worden sind; der Ausschluss der in Artikel 23 Absatz 9 bezeichneten Unternehmen ist zu begründen;

b) Name und Sitz assoziierter Unternehmen, die in die Konsolidierung gemäß Artikel 27 Absatz 1 einbezogen sind, sowie der Anteil an ihrem Kapital, den in die Konsolidierung einbezogene Unternehmen selbst oder in eigenem Namen, aber für Rechnung dieser Unternehmen handelnde Personen halten;

c) Name und Sitz der Unternehmen, die Gegenstand einer Quotenkonsolidierung nach Artikel 26 sind, die Tatbestände, aus denen sich die gemeinsame Leitung dieser Unternehmen ergibt, sowie der Anteil am Kapital dieser Unternehmen, den in die Konsolidierung einbezogene Unternehmen selbst oder in eigenem Namen aber für Rechnung dieser Unternehmen handelnde Person halten, und

d) bezüglich jedes nicht unter den Buchstaben a, b und c bezeichneten Unternehmens, an dem in die Konsolidierung einbezogene Unternehmen entweder selbst oder in eigenem Namen, aber für Rechnung dieser Unternehmen handelnde Personen eine Beteiligung halten:
   i) Name und Sitz dieser Unternehmen,
   ii) der am Kapital gehaltene Anteil,
   iii) die Höhe des Eigenkapitals und das Ergebnis des letzten Geschäftsjahres des Unternehmens, für das ein Abschluss festgestellt wurde.

Eine Angabe des Eigenkapitals und des Ergebnisses kann ebenfalls unterbleiben, wenn das betreffende Unternehmen seine Bilanz nicht offenlegt.

(3) Die Mitgliedstaaten können gestatten, dass die Angaben gemäß Absatz 2 Buchstaben a bis d in einer Aufstellung gemacht werden, die gemäß Artikel 3 Absatz 3 der Richtlinie 2009/101/EG eingereicht wird. Die Einreichung einer solchen Aufstellung wird im Anhang zum konsolidierten Abschluss angegeben. Die Mitgliedstaaten können zudem gestatten, dass auf die Angaben verzichtet werden kann, wenn ihre Angabe einem Unternehmen einen erheblichen Nachteil zufügen würde. Die Mitgliedstaaten können dazu die vorherige Zustimmung einer Verwaltungsbehörde oder eines Gerichts verlangen. Das Unterlassen dieser Angaben wird im Anhang zum konsolidierten Abschluss erwähnt.

Artikel 29
Konsolidierter Lagebericht

(1) Der konsolidierte Lagebericht enthält zusätzlich zu den nach anderen Bestimmungen dieser Richtlinie geforderten Informationen zumindest die nach den Artikeln 19 und 20 geforderten Informationen, wobei den wesentlichen Anpassungen, die sich aus den Besonderheiten des konsolidierten Lageberichts im Vergleich zu einem Lagebericht ergeben, dergestalt Rechnung zu tragen ist, dass die Bewertung der Lage der insgesamt in die Konsolidierung einbezogenen Unternehmen erleichtert wird.

(2) Es gelten folgende Berichtigungen zu den nach den Artikeln 19 und 20 geforderten Informationen:

a) Bei der Berichterstattung über erworbene eigene Anteile oder Aktien sind im Lagebericht die Zahl und der Nennbetrag oder, wenn ein Nennbetrag nicht vorhanden ist, der rechnerische Wert aller Anteile oder Aktien des Mutterunternehmens, die entweder von diesem Mutterunternehmen, von Tochterunternehmen dieses Mutterunternehmens oder in eigenem Namen, aber für Rechnung eines dieser Unternehmen handelnden Person gehalten werden, anzugeben. Die Mitgliedstaaten können gestatten oder vorschreiben, dass diese Angaben im Anhang zum konsolidierten Abschluss gemacht werden.

b) Bei der Berichterstattung über die internen Kontroll- und Risikomanagementsysteme wird in der Erklärung zur Unternehmensführung auf die wesentlichen Merkmale dieser Systeme für die in die gesamte Konsolidierung einbezogenen Unternehmen Bezug genommen.

(3) Ist zusätzlich zu einem Lagebericht ein konsolidierter Lagebericht vorgeschrieben, so können diese beiden Berichte in Form eines einheitlichen Berichts vorgelegt werden.

↓ M1

Artikel 29a
Konsolidierte nichtfinanzielle Erklärung

(1) → C1 Unternehmen von öffentlichem Interesse, die Mutterunternehmen einer großen Gruppe sind und an den Bilanzstichtagen das Kriterium erfüllen,← im Durchschnitt des Geschäftsjahres auf konsolidierter Basis mehr als 500 Mitarbeiter zu beschäftigen, nehmen in den konsolidierten Lagebericht eine konsolidierte nichtfinanzielle Erklärung auf, die diejenigen Angaben enthält, die für das Verständnis des Geschäftsverlaufs, des Geschäftsergebnisses, der Lage der Gruppe sowie der Auswirkungen ihrer Tätigkeit erforderlich sind und sich mindestens auf Umwelt-, Sozial-, und Arbeitnehmerbelange, auf die Achtung der Menschenrechte und auf die Bekämpfung von Korruption und Bestechung beziehen, einschließlich

a) einer kurzen Beschreibung des Geschäftsmodells der Gruppe;

b) einer Beschreibung der von der Gruppe in Bezug auf diese Belange verfolgten Konzepte, einschließlich der angewandten Due-Diligence-Prozesse;

c) der Ergebnisse dieser Konzepte;

d) der wesentlichen Risiken im Zusammenhang mit diesen Belangen, die mit der Geschäftstätigkeit der Gruppe – einschließlich, wenn dies relevant und verhältnismäßig ist, ihrer Geschäftsbeziehungen, ihrer Erzeugnisse oder ihrer Dienstleistungen – verknüpft sind und wahrscheinlich negative Auswirkungen auf diese Bereiche haben werden, sowie der Handhabung dieser Risiken durch die Gruppe;

e) der wichtigsten nichtfinanziellen Leistungsindikatoren, die für die betreffende Geschäftstätigkeit von Bedeutung sind.

Verfolgt die Gruppe in Bezug auf einen oder mehrere dieser Belange kein Konzept, enthält die konsolidierte nichtfinanzielle Erklärung eine klare und begründete Erläuterung, warum dies der Fall ist.

Die in Unterabsatz 1 genannte konsolidierte nichtfinanzielle Erklärung enthält – wenn angebracht – auch Hinweise auf im konsolidierten Abschluss ausgewiesene Beträge und zusätzliche Erläuterungen dazu.

Die Mitgliedstaaten können gestatten, dass Informationen über künftige Entwicklungen oder Belange, über die Verhandlungen geführt werden, in Ausnahmefällen weggelassen werden, wenn nach der ordnungsgemäß begründeten Einschätzung der Mitglieder der Verwaltungs-, Leitungs- und Aufsichtsorgane, die im Rahmen der ihnen durch einzelstaatliche Rechtsvorschriften übertragenen Zuständigkeiten handeln und die gemeinsam für diese Einschätzung zuständig sind, eine solche Angabe der Geschäftslage der Gruppe ernsthaft schaden würde, sofern eine solche Nichtaufnahme ein den tatsächlichen Verhältnissen entsprechendes und ausgewogenes Verständnis des Geschäftsverlaufs, des Geschäftsergebnisses, der Lage der Gruppe sowie der Auswirkungen ihrer Tätigkeit nicht verhindert.

Beim Erlass der Vorschriften zur Angabe der Informationen gemäß Unterabsatz 1 sehen die Mitgliedstaaten vor, dass sich das Mutterunternehmen auf nationale, unionsbasierte oder internationale Rahmenwerke stützen kann; wenn es hiervon Gebrauch macht, hat das Mutterunternehmen anzugeben, auf welche Rahmenwerke es sich gestützt hat.

(2) Wenn ein Unternehmen die Pflicht nach Absatz 1 erfüllt, wird davon ausgegangen, dass es die Pflicht im Zusammenhang mit der Analyse nichtfinanzieller Informationen nach Artikel 19 Absatz 1 Unterabsatz 3 und Artikel 29 erfüllt hat.

(3) Ein Mutterunternehmen, das auch Tochterunternehmen ist, wird von der in Absatz 1 festgelegten Pflicht befreit, wenn dieses befreite Mutterunternehmen und seine Tochterunternehmen in den konsolidierten Lagebericht oder gesonderten Bericht eines anderen Unternehmens einbezogen werden und dieser konsolidierte Lagebericht oder gesonderte Bericht gemäß Artikel 29 und diesem Artikel erstellt wird.

(4) → C1 Erstellt ein Mutterunternehmen für dasselbe Geschäftsjahr einen gesonderten Bericht, der sich auf die Gruppe in ihrer Gesamtheit bezieht, können die Mitgliedstaaten unabhängig davon, ob der Bericht sich auf nationale, unionsbasierte oder internationale Rahmenwerke stützt, und sofern der Bericht die in Absatz 1 vorgesehenen vorgeschriebenen Informationen der konsolidierten nichtfinanziellen Erklärung umfasst,← dieses Mutterunternehmen von der gemäß Absatz 1 festgelegten Pflicht zur Abgabe der konsolidierten nichtfinanziellen Erklärung befreien, sofern dieser gesonderte Bericht

a) zusammen mit dem konsolidierten Lagebericht gemäß Artikel 30 veröffentlicht wird oder

b) innerhalb einer angemessenen Frist, die sechs Monate nach dem Bilanzstichtag nicht überschreiten darf, auf der Website des Mutterunternehmens öffentlich zugänglich gemacht wird und der konsolidierte Lagebericht darauf Bezug nimmt.

Absatz 2 ist entsprechend auf Unternehmen anzuwenden, die einen gesonderten Bericht gemäß Unterabsatz 1 dieses Absatzes vorbereiten.

(5) Die Mitgliedstaaten stellen sicher, dass der Abschlussprüfer oder die Prüfungsgesellschaft überprüft, ob die konsolidierte nichtfinanzielle Erklärung gemäß Absatz 1 oder der gesonderte Bericht gemäß Absatz 4 vorgelegt wurde.

(6) Die Mitgliedstaaten können vorschreiben, dass die in der konsolidierten nichtfinanziellen Erklärung gemäß Absatz 1 oder dem gesonderten Bericht gemäß Absatz 4 enthaltenen Informationen von einem unabhängigen Erbringer von Bestätigungsleistungen überprüft werden.

↓ B

KAPITEL 7 OFFENLEGUNG

Artikel 30 Allgemeine Offenlegungspflicht

(1) Die Mitgliedstaaten sorgen dafür, dass Unternehmen innerhalb einer angemessenen Frist, die 12 Monate nach dem Bilanzstichtag nicht überschreiten darf, den ordnungsgemäß gebilligten Jahresabschluss und den Lagebericht sowie den Bericht des Abschlussprüfers oder der Prüfungsgesellschaft gemäß Artikel 34 dieser Richtlinie nach den in den Rechtsvorschriften der einzelnen Mitgliedstaaten gemäß Kapitel 2 der Richtlinie 2009/101/EG vorgesehenen Verfahren offenlegen.

Die Mitgliedstaaten können jedoch Unternehmen von der Pflicht zur Offenlegung eines Lageberichts freistellen, wenn es möglich ist, eine vollständige oder teilweise Ausfertigung dieses Berichts einfach auf Antrag zu einem Entgelt zu erhalten, das die Verwaltungskosten nicht übersteigt.

(2) Die Mitgliedstaaten können ein in An-hang II genanntes Unternehmen, auf das die durch diese Richtlinie vorgeschriebenen Koordinierungsmaßnahmen aufgrund von Artikel 1 Absatz 1 Buchstabe b Anwendung finden, von der Pflicht zur Offenlegung seines Abschlusses gemäß Artikel 3 der Richtlinie 2009/101/EG freistellen, sofern dieser Abschluss an seinem Sitz erhältlich ist und es sich um folgende Fälle handelt:

a) Alle unbeschränkt haftenden Gesellschafter des betreffenden Unternehmens sind Unternehmen nach Anhang I, die dem Recht eines anderen Mitgliedstaats als dem Mitgliedstaat des betroffenen Unternehmens unterliegen, und keines dieser Unternehmen hat den Abschluss des betreffenden Unternehmens mit seinem eigenen Abschluss veröffentlicht;

b) alle unbeschränkt haftenden Gesellschafter des betreffenden Unternehmens sind Unternehmen, welche nicht dem Recht eines Mitgliedstaats unterliegen, deren Rechtsform jedoch den Rechtsformen im Sinne der Richtlinie 2009/101/EG vergleichbar ist.

Ausfertigungen des Abschlusses müssen auf Antrag erhältlich sein. Das dafür berechnete Entgelt darf die Verwaltungskosten nicht übersteigen.

(3) Absatz 1 gilt für konsolidierte Abschlüsse und konsolidierte Lageberichte.

Sofern jedoch das Unternehmen, das den konsolidierten Abschluss aufstellt, in einer der in Anhang II genannten Rechtsformen organisiert ist und in Bezug auf die in Absatz 1 genannten Unterlagen nach dem Recht seines Mitgliedstaats nicht verpflichtet ist, diese in derselben Weise, wie in Artikel 3 der Richtlinie 2009/101/EG vorgeschrieben, offenzulegen, muss es diese Unterlagen zumindest an seinem Sitz zur Einsichtnahme für jedermann bereithalten und auf Antrag Ausfertigungen der Unterlagen bereitstellen, wobei das dafür berechnete Entgelt die Verwaltungskosten nicht übersteigen darf.

Artikel 31 Vereinfachungen für kleine und mittlere Unternehmen

(1) Die Mitgliedstaaten können kleine Unternehmen von der Pflicht zur Offenlegung ihrer Gewinn- und Verlustrechnung sowie ihrer Lageberichte ausnehmen.

(2) Die Mitgliedstaaten können gestatten, dass mittlere Unternehmen Folgendes offenlegen:

a) einer verkürzten Bilanz, welche nur die in den Anhängen III und IV vorgesehenen mit Buchstaben und römischen Zahlen bezeichneten Posten enthält, wobei entweder in der Bilanz oder im Anhang gesondert anzugeben sind:
   i) die Posten C. I. 3, C. II. 1, 2, 3 und 4, C. III. 1, 2, 3 und 4, D. II. 2, 3 und 6 und D. III. 1 und 2 unter „Aktiva" und C.1, 2, 6, 7 und 9 unter „Passiva" des Anhangs III,
   ii) die Posten C. I. 3, C.II.1, 2, 3 und 4, C. III. 1, 2, 3 und 4, D. II. 2, 3 und 6, D. III. 1 und 2, F. 1, 2, 6, 7 und 9 sowie I. 1, 2, 6, 7 und 9 des Anhangs IV,
   iii) die bei den Posten D. II unter „Aktiva" und C unter „Passiva" des Anhangs III in Klammern verlangten Angaben, jedoch zusammengefasst für alle betreffenden Posten und gesondert für die Posten D. II. 2 und 3 unter „Aktiva" sowie C. 1, 2, 6, 7 und 9 unter „Passiva",
   iv) die bei dem Posten D. II des Anhangs IV in Klammern verlangten Angaben, jedoch zusammengefasst für alle betreffenden Posten und gesondert für die Posten D. II. 2 und 3;

b) einem verkürzten Anhang zum Abschluss ohne die in Artikel 17 Absatz 1 Buchstaben f und j geforderten Angaben.

Dieser Absatz berührt nicht die Bestimmungen des Artikels 30 Absatz 1 hinsichtlich der Gewinn- und Verlustrechnung, des Lageberichts sowie des Prüfungsurteils des Abschlussprüfers oder der Prüfungsgesellschaft.

Artikel 32 Sonstige Offenlegungspflichten

(1) Jede vollständige Veröffentlichung des Jahresabschlusses und des Lageberichts wird in der Form und mit dem Wortlaut wiedergegeben, auf deren Grundlage der Abschlussprüfer oder die Prüfungsgesellschaft sein bzw. ihr Prüfungsurteil erstellt hat. Der Bestätigungsvermerk wird im vollen Wortlaut beigefügt.

(2) Bei nicht vollständiger Veröffentlichung des Jahresabschlusses wird in der verkürzten Fassung dieses Abschlusses, der kein Bestätigungsvermerk beigefügt wird,

a) darauf hingewiesen, dass die offengelegte Fassung verkürzt ist;

b) auf das Register Bezug genommen, bei dem der Abschluss nach Artikel 3 der Richtlinie 2009/101/EG hinterlegt wurde, oder falls der Abschluss noch nicht hinterlegt ist, auf diesen Umstand hingewiesen;

c) angegeben, ob der Abschlussprüfer oder die Prüfungsgesellschaft einen uneingeschränkten oder einen eingeschränkten Bestätigungsvermerk erteilt oder aber ein negatives Prüfungsurteil abgegeben hat oder ob der Abschlussprüfer oder die Prüfungsgesellschaft nicht in der Lage war, ein Prüfungsurteil abzugeben;

d) angegeben, ob der Bestätigungsvermerk auf Umstände verweist, auf die der Abschlussprüfer oder die Prüfungsgesellschaft in besonderer Weise aufmerksam gemacht hat, ohne den Bestätigungsvermerk einzuschränken.

Artikel 33
Pflicht und Haftung hinsichtlich der Aufstellung und der Offenlegung des Abschlusses und des Lageberichts

↓ M1

(1) Die Mitgliedstaaten sorgen dafür, dass die Mitglieder der Verwaltungs-, Leitungs- und Aufsichtsorgane eines Unternehmens im Rahmen der ihnen durch einzelstaatliche Rechtsvorschriften übertragenen Zuständigkeiten die gemeinsame Aufgabe haben, sicherzustellen, dass

a) der Jahresabschluss, der Lagebericht, die Erklärung zur Unternehmensführung, wenn sie gesondert abgegeben wird, und der Bericht nach Artikel 19a Absatz 4 sowie

b) der konsolidierte Abschluss, der konsolidierte Lagebericht, die konsolidierte Erklärung zur Unternehmensführung, wenn sie gesondert abgegeben wird, und der Bericht nach Artikel 29a Absatz 4

entsprechend den Anforderungen dieser Richtlinie und gegebenenfalls entsprechend den internationalen Rechnungslegungsstandards, die gemäß der Verordnung (EG) Nr. 1606/2002 angenommen wurden, erstellt und offengelegt werden.

↓ B

(2) Die Mitgliedstaaten stellen sicher, dass die Bestimmungen ihrer Rechts- und Verwaltungsvorschriften über die Haftung auf die Mitglieder der Verwaltungs-, Leitungs- und Aufsichtsorgane der Unternehmen Anwendung finden, zumindest was die Haftung gegenüber dem Unternehmen wegen Verletzung der in Absatz 1 genannten Pflichten betrifft.

KAPITEL 8
ABSCHLUSSPRÜFUNG

Artikel 34
Allgemeine Anforderungen

(1) Die Mitgliedstaaten sorgen dafür, dass die Abschlüsse von Unternehmen von öffentlichem Interesse, mittleren und großen Unternehmen von einem oder mehreren Abschlussprüfern oder einer oder mehreren Prüfungsgesellschaften geprüft werden, die von den Mitgliedstaaten zur Durchführung von Abschlussprüfungen auf der Grundlage der Richtlinie 2006/43/EG zugelassen worden sind.

Der/die Abschlussprüfer bzw. die Prüfungsgesellschaft(en) hat/ haben ferner

a) ein Urteil darüber abzugeben,
   i) ob der Lagebericht mit dem Abschluss des betreffenden Geschäftsjahres in Einklang steht und
   ii) ob der Lagebericht nach den geltenden rechtlichen Anforderungen aufgestellt wurde und

b) zu erklären, ob im Lichte der bei der Prüfung gewonnenen Erkenntnisse und des gewonnenen Verständnisses über das Unternehmen und sein Umfeld wesentliche fehlerhafte Angaben im Lagebericht festgestellt wurden, wobei auf die Art dieser fehlerhaften Angaben einzugehen ist.

(2) Absatz 1 Unterabsatz 1 findet sinngemäß auf konsolidierte Abschlüsse Anwendung. Absatz 1 Unterabsatz 2 findet sinngemäß auf konsolidierte Abschlüsse und konsolidierte Lageberichte Anwendung.

↓ M1

(3) Dieser Artikel gilt nicht für die nichtfinanzielle Erklärung gemäß Artikel 19a Absatz 1 und die konsolidierte nichtfinanzielle Erklärung gemäß Artikel 29a Absatz 1 oder die gesonderten Berichte gemäß Artikel 19a Absatz 4 und Artikel 29a Absatz 4.

↓ B

Artikel 35
Änderung der Richtlinie 2006/43/EG hinsichtlich des Bestätigungsvermerks

Artikel 28 der Richtlinie 2006/43/EG erhält folgende Fassung:

„Artikel 28
Bestätigungsvermerk

(1) Der Bestätigungsvermerk umfasst:

a) eine Einleitung, die zumindest angibt, welcher Abschluss Gegenstand der gesetzlichen Abschlussprüfung ist und nach welchen Rechnungslegungsgrundsätzen er aufgestellt wurde;

b) eine Beschreibung der Art und des Umfangs der gesetzlichen Abschlussprüfung, die zumindest Angaben über die Prüfungsgrundsätze enthält, nach denen die Prüfung durchgeführt wurde;

c) ein Prüfungsurteil, das entweder als uneingeschränkter oder als eingeschränkter Bestätigungsvermerk oder als negatives Prüfungsurteil erteilt wird und zweifelsfrei Auskunft darüber gibt, ob nach Auffassung des Abschlussprüfers
   i) der Jahresabschluss im Einklang mit den jeweils maßgebenden Rechnungslegungsgrundsätzen ein den tatsächlichen Verhältnissen entsprechendes Bild vermittelt und
   ii) gegebenenfalls, ob er den gesetzlichen Vorschriften entspricht.

   Ist der Abschlussprüfer nicht in der Lage, ein Prüfungsurteil abzugeben, wird dieses verweigert;

d) einen Hinweis auf alle Umstände, auf die der Abschlussprüfer in besonderer Weise aufmerksam macht, ohne den Bestätigungsvermerk einzuschränken;

e) das Urteil und die Erklärung nach Artikel 34 Absatz 1 Unterabsatz 2 der Richtlinie 2013/34/EU des Europäischen Parlaments und des Rates vom 26. Juni 2013 über den Jahresabschluss, den konsolidierten Abschluss und damit verbundene Berichte von Unternehmen bestimmter Rechtsformen und zur Änderung der Richtlinie 2006/43/EG des Europäischen Parlaments und des Rates und zur Aufhebung der Richtlinien 78/660/EWG und 83/349/EWG des Rates (*).

(*) ABl. L 182 vom 29.6.2013, S. 19."

(2) Der Bestätigungsvermerk ist vom Abschlussprüfer unter Angabe des Datums zu unterzeichnen. Wird eine Abschlussprüfung von einer Prüfungsgesellschaft durchgeführt, so wird der Bestätigungsvermerk zumindest von dem (den) Abschlussprüfer(n), welche(r) die Abschlussprüfung für die Prüfungsgesellschaft durchgeführt hat bzw. haben, unterzeichnet. Unter besonderen Umständen können die Mitgliedstaaten vorsehen, dass diese Unterschrift(en) nicht öffentlich bekannt gemacht zu werden braucht bzw. brauchen, weil eine solche Offenlegung zu einer absehbaren und ernst zu nehmenden Gefahr für die persönliche Sicherheit einer Person führen würde. In jedem Fall müssen die jeweiligen zuständigen Behörden die Namen der beteiligten Personen kennen.

(3) Der Bestätigungsvermerk zum konsolidierten Abschluss hat den Anforderungen der Absätze 1 und 2 zu genügen. Bei der Beurteilung des Einklangs zwischen dem Lagebericht und dem Abschluss nach Absatz 1 Buchstabe e hat der Abschlussprüfer bzw. die Prüfungsgesellschaft den konsolidierten Abschluss und den konsolidierten Lagebericht zu berücksichtigen. Wird der Jahresabschluss des Mutterunternehmens dem konsolidierten Abschluss beigefügt, so können die nach diesem Artikel erforderlichen Bestätigungsvermerke kombiniert werden."

KAPITEL 9
VORSCHRIFTEN ÜBER BEFREIUNGEN UND EINSCHRÄNKUNGEN DER BEFREIUNGEN

Artikel 36
Befreiung für Kleinstunternehmen

(1) Die Mitgliedstaaten können Kleinstunternehmen von einer oder allen der nachstehend aufgeführten Pflichten befreien:

a) Verpflichtung, die Rechnungsabgrenzungsposten auf der Aktivseite und die Rechnungsabgrenzungsposten auf der Passivseite auszuweisen. Macht ein Mitgliedstaat von dieser Möglichkeit Gebrauch, so darf er den betreffenden Unternehmen gestatten, lediglich im Hinblick auf sonstige Aufwendungen gemäß Absatz 2 Buchstabe b Ziffer vi dieses Artikels von Artikel 6 Absatz 1 Buchstabe d hinsichtlich der Berücksichtigung von Rechnungsabgrenzungsposten auf der Aktivseite und Rechnungsabgrenzungsposten auf der Passivseite abzuweichen, sofern dies im Anhang oder gemäß Buchstabe c des vorliegenden Absatzes unter der Bilanz ausgewiesen wird;

b) Verpflichtung, einen Anhang zum Abschluss gemäß Artikel 16 zu erstellen, sofern die nach Artikel 16 Absatz 1 Buchstaben d und e der vorliegenden Richtlinie und Artikel 24 Absatz 2 der Richtlinie 2012/30/EU geforderten Angaben unter der Bilanz ausgewiesen werden;

c) Verpflichtung, einen Lagebericht gemäß Kapitel 5 zu erstellen, sofern die nach Artikel 24 Absatz 2 der Richtlinie 2012/30/EU geforderten Angaben im Anhang oder gemäß Buchstabe c des vorliegenden Absatzes unter der Bilanz ausgewiesen werden;

d) Verpflichtung, Jahresabschlüsse gemäß Kapitel 7 der vorliegenden Richtlinie offenzulegen, sofern die in der Bilanz enthaltenen Informationen im Einklang mit den einzelstaatlichen Rechtsvorschriften bei mindestens einer von dem betreffenden Mitgliedstaat benannten zuständigen Behörde ordnungsgemäß hinterlegt werden. Handelt es sich bei der zuständigen Behörde nicht um das zentrale Register oder das Handels- oder Gesellschaftsregister nach Artikel 3 Absatz 1 der Richtlinie 2009/101/EG, so hat die zuständige Behörde die bei ihr hinterlegten Informationen dem Register zu übermitteln.

(2) Die Mitgliedstaaten können Kleinstunternehmen gestatten,

a) nur eine verkürzte Bilanz aufzustellen, in der zumindest die in den Anhängen III oder IV mit Buchstaben bezeichneten Posten, soweit einschlägig, gesondert ausgewiesen werden. Bei Anwendung von Absatz 1 Buchstabe a werden die Posten D der „Aktiva" und E der „Passiva" in Anhang III bzw. die Posten E und K in Anhang IV aus der Bilanz ausgeklammert;

b) nur eine verkürzte Gewinn- und Verlustrechnung zu erstellen, in der zumindest folgende Posten, soweit einschlägig, gesondert ausgewiesen werden:
   i) Nettoumsatzerlös,
   ii) sonstige Erträge,
   iii) Materialaufwand,
   iv) Personalaufwand,
   v) Wertberichtigungen,
   vi) sonstige Aufwendungen,
   vii) Steuern,
   viii) Ergebnis.

(3) Die Mitgliedstaaten dürfen die Anwendung von Artikel 8 auf Kleinstunternehmen, die Gebrauch von einer Befreiung nach den Absätzen 1 und 2 dieses Artikels machen, weder gestatten noch vorschreiben.

(4) Bei Kleinstunternehmen wird davon ausgegangen, dass der gemäß den Absätzen 1, 2 und 3 dieses Artikels erstellte Jahresabschluss ein den tatsächlichen Verhältnissen entsprechendes Bild gemäß Artikel 4 Absatz 3 vermittelt; infolgedessen findet Artikel 4 Absatz 4 auf derartige Jahresabschlüsse keine Anwendung.

(5) Findet Absatz 1 Buchstabe a dieses Artikels Anwendung, so setzt sich die in Artikel 3 Absatz 1 Buchstabe a bezeichnete Bilanzsumme aus dem Wert der Posten A bis D unter „Aktiva" in Anhang III oder der Posten A bis D in Anhang IV zusammen.

(6) Unbeschadet dieses Artikels stellen die Mitgliedstaaten sicher, dass Kleinstunternehmen im Übrigen als kleine Unternehmen angesehen werden.

(7) Die Mitgliedstaaten gewähren die in den Absätzen 1, 2 und 3 dargelegten Ausnahmen weder Investmentgesellschaften noch Beteiligungsgesellschaften.

(8) Die Mitgliedstaaten, die zum 19 Juli 2013 Rechts- und Verwaltungsvorschriften im Einklang mit der Richtlinie 2012/6/EU des Europäischen Parlaments und des Rates vom 14. März 2012 zur Änderung der Richtlinie 78/660/EWG des Rates über den Jahresabschluss von Gesellschaften bestimmter Rechtsformen hinsichtlich Kleinstbetrieben [1] in Kraft gesetzt haben, können bei der Anwendung von Artikel 53 Absatz 1 Satz 1 von den Anforderungen nach Artikel 3 Absatz 9 hinsichtlich der Umrechnung der Höchstbeträge nach Artikel 3 Absatz 1 a in die nationale Währung ausgenommen werden.

[1] ABl. L 81 vom 21.3.2012; S. 3.

(9) Die Kommission legt dem Europäischen Parlament, dem Rat und dem Europäischen Wirtschafts- und Sozialausschuss spätestens bis 20 Juli 2018 einen Bericht über die Lage der Kleinstunternehmen vor und berücksichtigt dabei vor allem die Lage auf nationaler Ebene im Hinblick auf die Anzahl der Unternehmen, die unter die Größenkriterien fallen, und die Verringerung des Verwaltungsaufwands infolge der Befreiung von der Offenlegungspflicht.

Artikel 37
Befreiung für Tochterunternehmen

Ungeachtet der Richtlinien 2009/101/EG und 2012/30/EU brauchen die Mitgliedstaaten die Bestimmungen der vorliegenden Richtlinie über den Inhalt, die Prüfung und die Offenlegung des Jahresabschlusses sowie den Lagebericht nicht auf Unternehmen anwenden, die ihrem Recht unterliegen und Tochterunternehmen sind, sofern folgende Voraussetzungen erfüllt sind:

(1) das Mutterunternehmen unterliegt dem Recht eines Mitgliedstaats;

(2) alle Aktionäre oder Gesellschafter des Tochterunternehmens haben sich in Bezug auf jedes Geschäftsjahr, in dem die Befreiung Anwendung findet, mit der bezeichneten Befreiung einverstanden erklärt;

(3) das Mutterunternehmen hat sich bereit erklärt, für die von dem Tochterunternehmen eingegangenen Verpflichtungen einzustehen;

(4) die Erklärungen nach den Nummern 2 und 3 dieses Artikels sind nach den in den Rechtsvorschriften der einzelnen Mitgliedstaaten vorgesehenen Verfahren gemäß Kapitel 2 der Richtlinie 2009/101/EWG offenzulegen;

(5) das Tochterunternehmen ist in den von dem Mutterunternehmen nach dieser Richtlinie aufgestellten konsolidierten Abschluss einbezogen;

(6) die Befreiung wird im Anhang des vom Mutterunternehmen aufgestellten konsolidierten Abschlusses angegeben, und

(7) der konsolidierte Abschluss nach Nummer 5 dieses Artikels, der konsolidierte Lagebericht sowie der Bestätigungsvermerk sind für das Tochterunternehmen nach den in den Rechtsvorschriften der einzelnen Mitgliedstaaten vorgesehenen Verfahren gemäß Kapitel 2 der Richtlinie 2009/101/EG offenzulegen.

Artikel 38
Unternehmen, die unbeschränkt haftende Gesellschafter anderer Unternehmen sind

(1) Die Mitgliedstaaten können von in Artikel 1 Absatz 1 Buchstabe a genannten Unternehmen, die unter ihr Recht fallen und unbeschränkt haftende Gesellschafter eines in Artikel 1 Absatz 1 Buchstabe b genannten Unternehmens („betreffendes Unternehmen") sind, verlangen, den Abschluss des betreffenden Unternehmens zusammen mit dem eigenen Abschluss gemäß dieser Richtlinie aufzustellen, zu prüfen und offenzulegen; in diesem Fall gelten die Anforderungen dieser Richtlinie nicht für das betreffende Unternehmen.

(2) Die Mitgliedstaaten brauchen die Bestimmungen dieser Richtlinie nicht auf das betreffende Unternehmen anzuwenden, sofern

a) der Abschluss des betreffenden Unternehmens gemäß den Bestimmungen dieser Richtlinie von einem Unternehmen aufgestellt, geprüft und offengelegt wird, das
   i) unbeschränkt haftender Gesellschafter des betreffenden Unternehmens ist und
   ii) dem Recht eines anderen Mitgliedstaats unterliegt;
b) das betreffende Unternehmen in einen konsolidierten Abschluss einbezogen ist, der im Einklang mit dieser Richtlinie aufgestellt, geprüft und offengelegt wird von
   i) einem unbeschränkt haftenden Gesellschafter oder
   ii) einem Mutterunternehmen, das dem Recht eines Mitgliedstaats unterliegt, sofern das betreffende Unternehmen in den konsolidierten Abschluss einer größeren Gesamtheit von Unternehmen einbezogen ist, der im Einklang mit dieser Richtlinie aufgestellt, geprüft und offengelegt wird. Die Befreiung wird im Anhang zum konsolidierten Abschluss angegeben.

(3) In den in Absatz 2 genannten Fällen nennt das betreffende Unternehmen auf Anfrage den Namen des den Abschluss offenlegenden Unternehmens.

Artikel 39
Befreiung von der Gewinn- und Verlustrechnung für Mutterunternehmen, die einen konsolidierten Abschluss aufstellen

Die Mitgliedstaaten brauchen die Bestimmungen dieser Richtlinie über die Prüfung und Offenlegung der Gewinn- und Verlustrechnung nicht auf Unternehmen anzuwenden, die ihrem Recht unterliegen und Mutterunternehmen sind, sofern folgende Voraussetzungen erfüllt sind:

1. Das Mutterunternehmen stellt einen konsolidierten Abschluss gemäß dieser Richtlinie auf und ist in den konsolidierten Abschluss einbezogen;
2. die Befreiung wird im Anhang des vom Mutterunternehmen aufgestellten Jahresabschlusses angegeben;
3. die Befreiung wird im Anhang des vom Mutterunternehmen aufgestellten konsolidierten Abschlusses angegeben, und
4. das gemäß dieser Richtlinie ermittelte Ergebnis des Geschäftsjahres des Mutterunternehmens wird seiner Bilanz ausgewiesen.

Artikel 40
Einschränkung der Befreiungen für Unternehmen von öffentlichem Interesse

Sofern in dieser Richtlinie nicht ausdrücklich vorgesehen, gewähren die Mitgliedstaaten Unternehmen von öffentlichem Interesse keine der Vereinfachungen und Befreiungen im Sinne dieser Richtlinie. Ein Unternehmen von öffentlichem Interesse wird unabhängig von seinen Nettoumsatzerlösen, seiner Bilanzsumme oder der durchschnittlichen Zahl der der während des Geschäftsjahrs Beschäftigten als großes Unternehmen behandelt.

KAPITEL 10
BERICHT ÜBER ZAHLUNGEN AN STAATLICHE STELLEN

Artikel 41
Begriffsbestimmungen in Bezug auf die Berichterstattung über Zahlungen an staatliche Stellen

Im Sinne dieses Kapitels bezeichnet der Ausdruck

1. „Unternehmen der mineralgewinnenden Industrie" ein Unternehmen, das auf dem Gebiet der Exploration, Prospektion, Entdeckung, Weiterentwicklung und Gewinnung von Mineralien, Erdöl-, Erdgasvorkommen oder anderen Stoffen in den Wirtschaftszweigen tätig ist, die in Abschnitt B Abteilungen 05 bis 08 von Anhang I der Verordnung (EG) Nr. 1893/2006 des Europäischen Parlaments und des Rates vom 20. Dezember 2006 zur Aufstellung der statistischen Systematik der Wirtschaftszweige NACE Revision 2 (1) aufgeführt sind;

(1) ABl. L 393 vom 30.12.2006, S. 1.

2. „Unternehmen des Holzeinschlags in Primärwäldern" ein Unternehmen, das auf den Zweigen, die in Abschnitt A Abteilung 02 Gruppe 02.2 von Anhang I der Verordnung (EG) Nr. 1893/2006 aufgeführt sind, in Primärwäldern tätig ist;
3. „staatliche Stelle" nationale, regionale oder lokale Behörden eines Mitgliedstaats oder eines Drittlands. Dazu zählen auch von dieser Behörde kontrollierte Abteilungen oder Agenturen bzw. von ihr kontrollierte Unternehmen im Sinne von Artikel 22 Absätze 1 bis 6 dieser Richtlinie;
4. „Projekt" die operativen Tätigkeiten, die sich nach einem einzigen Vertrag, einer Lizenz, einem Mietvertrag, einer Konzession oder ähnlichen rechtlichen Vereinbarungen richten und die Grundlage für Zahlungsverpflichtungen gegenüber einer staatlichen Stelle bilden. Falls allerdings mehrere solche Vereinbarungen materiell miteinander verbunden sind, werden diese als ein Projekt betrachtet.
5. „Zahlung" einen als Geld- oder Sachleistung entrichteten Betrag für folgende Arten von Tätigkeiten im Sinne der Nummern 1 und 2:
   a) Produktionszahlungsansprüche,
   b) Steuern, die auf die Erträge, die Produktion oder die Gewinne von Unternehmen erhoben werden, ausschließlich Steuern, die auf den Verbrauch erhoben werden, wie etwa Mehrwertsteuern, Einkommensteuern oder Umsatzsteuern,
   c) Nutzungsentgelte,
   d) Dividenden,

e) Unterzeichnungs-, Entdeckungs- und Produktionsboni,
f) Lizenz-, Miet- und Zugangsgebühren sowie sonstige Gegenleistungen für Lizenzen und/ oder Konzessionen und
g) Zahlungen für die Verbesserung der Infrastruktur.

Artikel 42
Unternehmen, die über Zahlungen an staatliche Stellen zu berichten haben

(1) Die Mitgliedstaaten schreiben großen Unternehmen und allen Unternehmen von öffentlichem Interesse, die in der mineralgewinnenden Industrie oder auf dem Gebiet des Holzeinschlags in Primärwäldern tätig sind, vor, jährlich einen Bericht über Zahlungen an staatliche Stellen zu erstellen und zu veröffentlichen.

(2) Diese Pflicht gilt nicht für ein unter die Rechtsvorschriften eines Mitgliedstaats fallendes Unternehmen, das ein Tochter- oder Mutterunternehmen ist, sofern beide nachfolgend genannten Bedingungen erfüllt sind:
a) Das Mutterunternehmen unterliegt dem Recht eines Mitgliedstaats, und
b) die Zahlungen des Unternehmens an staatliche Stellen sind im konsolidierten Bericht über Zahlungen an staatliche Stellen enthalten, der von dem Mutterunternehmen gemäß Artikel 44 erstellt wird.

Artikel 43
Inhalt des Berichts

(1) Zahlungen müssen unabhängig davon, ob sie als eine Einmalzahlung oder als eine Reihe verbundener Zahlungen geleistet werden, nicht in dem Bericht berücksichtigt werden, wenn sie im Geschäftsjahrs unter 100 000 EUR liegen.

(2) In dem Bericht werden im Zusammenhang mit den Tätigkeiten im Sinne des Artikels 41 Nummern 1 und 2 folgende Angaben zum betreffenden Geschäftsjahr gemacht:
a) der Gesamtbetrag der Zahlungen, die an jede staatliche Stelle geleistet wurden;
b) der Gesamtbetrag je Art der an jede staatliche Stelle geleisteten Zahlung gemäß Artikel 41 Nummer 5 Buchstaben a bis g;
c) wenn diese Zahlungen für ein bestimmtes Projekt getätigt wurden, der Gesamtbetrag je Art der Zahlung gemäß Artikel 41 Nummer 5 Buchstaben a bis g, für jedes Projekt, und der Gesamtbetrag der Zahlungen für jedes Projekt.

Zahlungen des Unternehmens zur Erfüllung von Verpflichtungen, die auf Ebene des Unternehmens auferlegt werden, können auf Ebene des Unternehmens statt auf Projektebene angegeben werden.

(3) Werden Zahlungen an eine staatliche Stelle in Sachleistungen getätigt, so werden sie ihrem Wert und gegebenenfalls ihrem Umfang nach gemeldet. Ergänzende Erläuterungen sind beizufügen, um darzulegen, wie ihr Wert festgelegt worden ist.

(4) Bei der Angabe der Zahlungen gemäß diesem Artikel wird auf den Inhalt der betreffenden Zahlung oder Tätigkeit, und nicht auf deren Form, Bezug genommen. Zahlungen und Tätigkeiten dürfen nicht künstlich mit dem Ziel aufgeteilt oder zusammengefasst werden, die Anwendung dieser Richtlinie zu umgehen.

(5) Für die Mitgliedstaaten, die den Euro nicht eingeführt haben, wird der in Absatz 1 festgelegte Euro-Höchstbetrag in die Landeswährung umgerechnet, indem
a) der Umrechnungskurs angewendet wird, der gemäß der Veröffentlichung im *Amtsblatt der Europäischen Union* am Tag des Inkrafttretens einer Richtlinie gilt, die diesen Höchstbetrag festsetzt, sowie
b) auf die nächste Hunderterstelle auf- oder abgerundet wird.

Artikel 44
Konsolidierter Bericht über Zahlungen an staatliche Stellen

(1) Die Mitgliedstaaten schreiben großen Unternehmen und Unternehmen von öffentlichem Interesse, die in der mineralgewinnenden Industrie oder auf dem Gebiet des Holzeinschlags in Primärwäldern tätig sind und unter ihre jeweiligen einzelstaatlichen Rechtsvorschriften fallen, vor, einen konsolidierten Bericht über Zahlungen an staatliche Stellen gemäß den Artikeln 42 und 43 zu erstellen, wenn das Mutterunternehmen einen konsolidierten Abschluss nach Artikel 22 Absätze 1 bis 6 zu erstellen hat.

Ein Mutterunternehmen wird als in der mineralgewinnenden Industrie oder auf dem Gebiet des Holzeinschlags in Primärwäldern tätig angesehen, wenn eines seiner Tochterunternehmen in der mineralgewinnenden Industrie oder auf dem Gebiet des Holzeinschlags in Primärwäldern tätig ist.

Der konsolidierte Bericht erstreckt sich nur auf Zahlungen, die sich aus der Geschäftstätigkeit in der mineralgewinnenden Industrie oder auf dem Gebiet des Holzeinschlags in Primärwäldern ergeben.

(2) Die Pflicht zur Erstellung eines konsolidierten Berichts gemäß Absatz 1 gilt nicht für:
a) ein Mutterunternehmen einer kleinen Gruppe im Sinne von Artikel 3 Absatz 5, es sei denn, ein verbundenes Unternehmen ist ein Unternehmen von öffentlichem Interesse;
b) ein Mutterunternehmen einer mittleren Gruppe im Sinne von Artikel 3 Absatz 6, es sei denn, ein verbundenes Unternehmen ist ein Unternehmen von öffentlichem Interesse, und
c) ein den Rechtsvorschriften eines Mitgliedstaats unterliegendes Mutterunternehmen, das zugleich ein Tochterunternehmen ist, wenn das eigene Mutterunternehmen dem Recht eines anderen Mitgliedstaats unterliegt.

(3) Ein Unternehmen, einschließlich eines Unternehmen von öffentlichem Interesse, braucht nicht in einen konsolidierten Bericht über Zahlungen

an staatliche Stellen einbezogen werden, wenn zumindest eine der nachfolgend genannten Bedingungen erfüllt ist:

a) Erhebliche und andauernde Beschränkungen behindern das Mutterunternehmen nachhaltig an der Ausübung seiner Rechte in Bezug auf Vermögen oder Geschäftsführung dieses Unternehmens;
b) es liegt der äußerst seltene Fall vor, dass die für die Aufstellung eines konsolidierten Berichts über Zahlungen an staatliche Stellen nach dieser Richtlinie erforderlichen Angaben nicht ohne unverhältnismäßig hohe Kosten oder ungebührliche Verzögerungen zu erhalten sind;
c) die Anteile oder Aktien dieses Unternehmens werden ausschließlich zum Zwecke ihrer Weiterveräußerung gehalten.

Die vorgenannten Ausnahmen gelten nur, wenn sie für die Zwecke des konsolidierten Abschlusses angewandt werden.

Artikel 45
Offenlegung

(1) Der in Artikel 42 genannte Bericht sowie der konsolidierte Bericht im Sinne von Artikel 44 über Zahlungen an staatliche Stellen werden gemäß den Rechtsvorschriften jedes Mitgliedstaats im Sinne von Kapitel 2 der Richtlinie 2009/101/EG offengelegt.

(2) Die Mitgliedstaaten sorgen dafür, dass die Mitglieder der zuständigen Organe eines Unternehmens im Rahmen der ihnen durch einzelstaatliche Rechtsvorschriften übertragenen Zuständigkeiten die Verantwortung haben, zu gewährleisten, dass der Bericht über Zahlungen an staatliche Stellen nach ihrem bestem Wissen und Vermögen entsprechend den Anforderungen dieser Richtlinie erstellt und offengelegt wird.

Artikel 46
Gleichwertigkeitsmechanismus

(1) Unternehmen nach den Artikeln 42 und 44, die einen Bericht erstellen und offenlegen, der die Berichtspflichten eines Drittlands erfüllt, die gemäß Artikel 47 als mit den Anforderungen dieses Kapitels gleichwertig bewertet wurden, sind von den Anforderungen dieses Kapitels ausgenommen; hiervon ausgenommen ist die Pflicht zur Offenlegung dieses Berichts gemäß den Rechtsvorschriften des jeweiligen Mitgliedstaats im Einklang mit Kapitel 2 der Richtlinie 2009/101/EG.

(2) Der Kommission wird die Befugnis übertragen, gemäß Artikel 49 delegierte Rechtsakte zu erlassen, um die Kriterien festzulegen, die bei der Bewertung der Gleichwertigkeit der Berichtspflichten eines Drittlands und der Anforderungen dieses Kapitels für die Zwecke des Absatzes 1 dieses Artikels anzuwenden sind.

(3) Die von der Kommission gemäß Absatz 2 festgelegten Kriterien

a) beinhalten Folgendes:
   i) zu erfassendes Unternehmen,
   ii) zu erfassende Empfänger von Zahlungen,
   iii) erfasste Zahlungen,
   iv) Bestimmung der erfassten Zahlungen,
   v) Aufschlüsselung der erfassten Zahlungen,
   vi) Auslöser für eine Berichterstattung auf konsolidierter Basis,
   vii) Medium der Berichterstattung,
   viii) Häufigkeit der Berichterstattung und
   ix) Maßnahmen zur Bekämpfung der Umgehung
b) und sind ansonsten auf Kriterien beschränkt, die einen direkten Vergleich der Berichtspflichten eines Drittlands mit den Anforderungen dieses Kapitels erleichtern.

Artikel 47
Anwendung von Gleichwertigkeitskriterien

Der Kommission wird die Befugnis übertragen, Durchführungsrechtsakte zu erlassen, um die Berichtspflichten eines Drittlands festzulegen, die sie nach Anwendung der gemäß Artikel 46 festgelegten Gleichwertigkeitskriterien als den Anforderungen dieses Kapitels gleichwertig erachtet. Diese Durchführungsrechtsakte werden nach dem Prüfverfahren gemäß Artikel 50 Absatz 2 erlassen.

Artikel 48
Überprüfung

Die Kommission überprüft die Anwendung und Wirksamkeit dieses Kapitels, insbesondere im Hinblick auf den Anwendungsbereich und die Einhaltung der jeweiligen Berichtspflichten sowie der Modalitäten des Berichtsverfahrens auf Projektbasis, und erstattet darüber Bericht.

Die Überprüfung trägt internationalen Entwicklungen Rechnung, insbesondere hinsichtlich mehr Transparenz bei Zahlungen an staatliche Stellen, beurteilt die Auswirkungen anderer internationaler Regelungen und berücksichtigt die Folgen für die Wettbewerbsfähigkeit und Sicherheit der Energieversorgung. Die Überprüfung wird spätestens zum 21 Juli 2018 abgeschlossen.

Der Bericht wird dem Europäische Parlament und dem Rat, gegebenenfalls zusammen mit einem Gesetzgebungsvorschlag, vorgelegt. Dieser Bericht geht auf die Frage einer Ausdehnung der Berichtspflichten auf zusätzliche Wirtschaftszweige ein sowie auf die Frage, ob der Bericht über Zahlungen an staatliche Stellen einer Abschlussprüfung unterzogen werden sollte. Der Bericht geht auch auf die Frage der Angabe zusätzlicher Informationen zur durchschnittlichen Zahl der Beschäftigten, zur Einschaltung von Unterauftragnehmern und auf etwaige von einem Land angeordnete Geldbußen ein.

↓ M1

In dem Bericht wird unter Berücksichtigung der Entwicklungen in der OECD und der Ergebnisse entsprechender europäischer Initiativen auch die Möglichkeit der Einführung einer Pflicht geprüft, nach der große Unternehmen jährlich einen länderspezifischen Bericht für jeden Mitgliedstaat und jeden Drittstaat, in dem sie tätig sind, mit Angaben mindestens zu den erzielten Gewinnen, den entrichteten Steuern auf die Gewinne und den erhaltenen staatlichen Beihilfen erstellen müssten.

↓B

Außerdem wird im Bericht untersucht, ob es machbar ist, eine Verpflichtung für alle Emittenten aus der Union einzuführen, wonach beim Abbau von Mineralien mit der gebotenen Sorgfalt vorzugehen ist, um sicherzustellen, dass die Lieferketten keine Verbindung zu Konfliktparteien haben und die EITI- und OECD- Empfehlungen über verantwortliches Lieferkettenmanagement einhalten.

KAPITEL 11
SCHLUSSBESTIMMUNGEN

Artikel 49
Ausübung der Befugnisübertragung

(1) Die Befugnis zum Erlass delegierter Rechtsakte wird der Kommission unter den in diesem Artikel festgelegten Bedingungen übertragen.

(2) Die Befugnis zum Erlass delegierter Rechtsakte gemäß Artikel 1 Absatz 2, Artikel 3 Absatz 13 und Artikel 46 Absatz 2 wird der Kommission auf unbestimmte Zeit ab dem in Artikel 54 genannten Zeitpunkt übertragen.

(3) Die Befugnisübertragung gemäß Artikel 1 Absatz 2, Artikel 3 Absatz 13 und Artikel 46 Absatz 2 kann vom Europäischen Parlament oder vom Rat jederzeit widerrufen werden. Der Beschluss über den Widerruf beendet die Übertragung der in diesem Beschluss angegebenen Befugnis. Er wird am Tag nach seiner Veröffentlichung im *Amtsblatt der Europäischen Union* oder zu einem im Beschluss über den Widerruf angegebenen späteren Zeitpunkt wirksam. Die Gültigkeit von delegierten Rechtsakten, die bereits in Kraft sind, wird von dem Beschluss über den Widerruf nicht berührt.

(4) Sobald die Kommission einen delegierten Rechtsakt erlässt, übermittelt sie ihn gleichzeitig dem Europäischen Parlament und dem Rat.

(5) Ein delegierter Rechtsakt, der gemäß Artikel 1 Absatz 2, Artikel 3 Absatz 13 oder Artikel 46 Absatz 2 erlassen wurde, tritt nur in Kraft, wenn weder das Europäische Parlament noch der Rat innerhalb einer Frist von zwei Monaten nach Übermittlung dieses Rechtsakts an das Europäische Parlament und den Rat Einwände erhoben haben oder wenn vor Ablauf dieser Frist das Europäische Parlament und der Rat beide der Kommission mitgeteilt haben, dass sie keine Einwände erheben werden. Auf Initiative des Europäischen Parlaments oder des Rats wird diese Frist um zwei Monate verlängert.

Artikel 50
Ausschussverfahren

(1) Die Kommission wird von einem Ausschuss unterstützt. Dieser Ausschuss ist ein Ausschuss im Sinne der Verordnung (EU) Nr. 182/2011.

(2) Wird auf diesen Absatz Bezug genommen, so gilt Artikel 5 der Verordnung (EU) Nr. 182/2011.

Artikel 51
Sanktionen

Die Mitgliedstaaten legen Sanktionen für Verstöße gegen die aufgrund dieser Richtlinie erlassenen einzelstaatlichen Vorschriften fest und treffen alle erforderlichen Maßnahmen, um sicherzustellen, dass die Sanktionen durchgesetzt werden. Die vorgesehenen Sanktionen müssen wirksam, verhältnismäßig und abschreckend sein.

Artikel 52
Aufhebung der Richtlinien 78/660/EWG und 83/349/EWG

Die Richtlinien 78/660/EWG und 83/349/EWG werden aufgehoben.

Bezugnahmen auf die aufgehobenen Richtlinien gelten als Bezugnahmen auf die vorliegende Richtlinie und sind nach Maßgabe der Entsprechungstabelle in Anhang VII zu lesen.

Artikel 53
Umsetzung

(1) Die Mitgliedstaaten setzen die Rechts- und Verwaltungsvorschriften in Kraft, die erforderlich sind, um dieser Richtlinie bis zum 20 Juli 2015 nachzukommen. Sie unterrichten die Kommission unverzüglich darüber.

Die Mitgliedstaaten können vorsehen, dass die Bestimmungen nach Unterabsatz 1 erstmals auf Abschlüsse für die Geschäftsjahre angewandt werden, die am 1. Januar 2016 oder während des Kalenderjahres 2016 beginnen.

Wenn die Mitgliedstaaten diese Vorschriften erlassen, nehmen sie in den Vorschriften selbst oder durch einen Hinweis bei der amtlichen Veröffentlichung auf diese Richtlinie Bezug. Die Mitgliedstaaten regeln die Einzelheiten der Bezugnahme.

(2) Die Mitgliedstaaten teilen der Kommission den Wortlaut der wichtigsten innerstaatlichen Rechtsvorschriften mit, die sie auf dem unter diese Richtlinie fallenden Gebiet erlassen.

Artikel 54
Inkrafttreten

Diese Richtlinie tritt am zwanzigsten Tag nach ihrer Veröffentlichung im *Amtsblatt der Europäischen Union* in Kraft.

Artikel 55
Adressaten

Diese Richtlinie ist an die Mitgliedstaaten gerichtet.

Geschehen zu Brüssel am 26. Juni 2013

Im Namen des Europäischen Parlaments
Der Präsident
M. SCHULZ
Im Namen des Rates
Der Präsident
A. SHATTER

ANHANG I
RECHTSFORMEN VON UNTERNEHMEN GEMÄSS ARTIKEL 1 ABSATZ 1 BUCHSTABE A

— Belgien:

la société anonyme/de naamloze vennootschap, la société en commandite par actions/de commanditaire vennootschap op aandelen, la société privée à responsabilité limitée/de besloten vennootschap met beperkte aansprakelijkheid, la société coopérative à responsabilité limitée/de coöperatieve vennootschap met beperkte aansprakelijkheid;

— Bulgarien:

акционерно дружество, дружество с ограничена отговорност, командитно дружество с акции;

— Tschechische Republik:

společnost s ručením omezeným, akciová společnost;

— Dänemark:

aktieselskaber, kommanditaktieselskaber, anpartsselskaber;

— Deutschland:

die Aktiengesellschaft, die Kommanditgesellschaft auf Aktien, die Gesellschaft mit beschränkter Haftung;

— Estland:

aktsiaselts, osaühing;

— Irland:

public companies limited by shares or by guarantee, private companies limited by shares or by guarantee;

— Griechenland:

η ανώνυμη εταιρία, η εταιρία περιορισμένης ευθύνης, η ετερόρρυθμη κατά μετοχές εταιρία;

— Spanien:

la sociedad anónima, la sociedad comanditaria por acciones, la sociedad de responsabilidad limitada;

— Frankreich:

la société anonyme, la société en commandite par actions, la société à responsabilité limitée, la société par actions simplifiée;

↓ M2

— in Kroatien:

dioničko društvo, društvo s ograničenom odgovornošću;

↓ B

— Italien:

la società per azioni, la società in accomandita per azioni, la società a responsabilità limitata;

— Zypern:

Δημόσιες εταιρείες περιορισμένης ευθύνης με μετοχές ή με εγγύηση, ιδιωτικές εταιρείες περιορισμένης ευθύνης με μετοχές ή με εγγύηση;

— Lettland:

akciju sabiedrība, sabiedrība ar ierobežotu atbildību;

— Litauen:

akcinės bendrovės, uždarosios akcinės bendrovės;

— Luxemburg:

la société anonyme, la société en commandite par actions, la société à responsabilité limitée;

— Ungarn:

részvénytársaság, korlátolt felelősségű társaság;

— Malta:

kumpanija pubblika —public limited liability company, kumpannija privata —private limited liability company,

soċjeta in akkomandita bil-kapital maqsum f'azzjonijiet —partnership en commandite with the capital divided into shares;

— Niederlande:

de naamloze vennootschap, de besloten vennootschap met beperkte aansprakelijkheid;

— Österreich:

die Aktiengesellschaft, die Gesellschaft mit beschränkter Haftung;

— Polen:

spółka akcyjna, spółka z ograniczoną odpowiedzialnością, spółka komandytowo-akcyjna;

— Portugal:

a sociedade anónima, de responsabilidade limitada, a sociedade em comandita por ações, a sociedade por quotas de responsabilidade limitada;

— Rumänien:

societate pe acţiuni, societate cu răspundere limitată, societate în comandită pe acţiuni.

— Slowenien:

delniška družba, družba z omejeno odgovornostjo, komanditna delniška družba;

— Slowakei:

akciová spoločnosť, spoločnosť s ručením obmedzeným;

— Finnland:

yksityinen osakeyhtiö/privat aktiebolag, julkinen osakeyhtiö/publikt aktiebolag;

— Schweden:

aktiebolag;

— Vereinigtes Königreich:
public companies limited by shares or by guarantee, private companies limited by shares or by guarantee

ANHANG II
RECHTSFORMEN VON UNTERNEHMEN GEMÄSS ARTIKEL 1 ABSATZ 1 BUCHSTABE B

— Belgien:
la société en nom collectif/de vennootschap onder firma, la société en commandite simple/de gewone commanditaire vennootschap, la société coopérative à responsabilité illimitée/de coöperatieve vennootschap met onbeperkte aansprakelijkheid;

— Bulgarien:
събирателно дружество, командитно дружество;

— Tschechische Republik:
veřejná obchodní společnost, komanditní společnost;

— Dänemark:
interessentskaber, kommanditselskaber;

— Deutschland:
die offene Handelsgesellschaft, die Kommanditgesellschaft;

— Estland:
täisühing, usaldusühing;

— Irland:
partnerships, limited partnerships, unlimited companies;

— Griechenland:
η ομόρρυθμος εταιρία, η ετερόρρυθμος εταιρία;

— Spanien:
sociedad colectiva, sociedad en comandita simple;

— Frankreich:
la société en nom collectif, la société en commandite simple;

↓ M2

— in Kroatien:
javno trgovačko društvo, komanditno društvo, gospodarsko interesno udruženje;

↓ B

— Italien:
la società in nome collettivo, la società in accomandita semplice;

— Zypern:
Ομόρρυθμες και ετερόρρυθμες εταιρείες (συνεταιρισμοί);

— Lettland:
pilnsabiedrība, komanditsabiedrība;

— Litauen:
tikrosios ūkinės bendrijos, komanditinės ūkinės bendrijos;

— Luxemburg:
la société en nom collectif, la société en commandite simple;

— Ungarn:
közkereseti társaság, betéti társaság, közös vállalat, egyesülés, egyéni cég;

— Malta:
soċjeta f'isem kollettiv jew soċjeta in akkomandita, bil-kapital li mhux maqsum f'azzjonijiet meta s-soċji kollha li għandhom responsabbilita' llimitata huma soċjetajiet in akkomandita bil-kapital maqsum f'azzjonijiet – partnership en nom collectif or partnership en commandite with capital that is not divided into shares, when all the partners with unlimited liability are partnership en commandite with the capital divided into shares;

— Niederlande:
de vennootschap onder firma, de commanditaire vennootschap;

— Österreich:
die offene Gesellschaft, die Kommanditgesellschaft;

— Polen:
spółka jawna, spółka komandytowa;

— Portugal:
sociedade em nome colectivo, sociedade em comandita simples;

— Rumänien:
societate în nume colectiv, societate în comandită simplă;

— Slowenien:
družba z neomejeno odgovornostjo, komanditna družba;

— Slowakei:
verejná obchodná spoločnosť, komanditná spoločnosť;

— Finnland:
avoin yhtiö/ öppet bolag, kommandiittiyhtiö/kommanditbolag;

— Schweden:
handelsbolag, kommanditbolag;

— Vereinigtes Königreich:
partnerships, limited partnerships, unlimited companies.

ANHANG III
HORIZONTALE GLIEDERUNG DER BILANZ NACH ARTIKEL 10

Aktiva

A. Ausstehende Einlagen auf das gezeichnete Kapital

davon eingefordert

(sofern nicht die einzelstaatlichen Rechtsvorschriften den Ausweis des eingeforderten Kapitals auf der Passivseite unter „Eigenkapital" vorsehen; in diesem Fall wird derjenige Teil des Kapitals, der eingefordert, aber noch nicht eingezahlt ist, entweder unter dem Posten A oder unter dem Posten D. II. 5 auf der Aktivseite ausgewiesen).

B. Aufwendungen für die Errichtung und Erweiterung des Unternehmens

wie in den entsprechenden einzelstaatlichen Rechtsvorschriften festgelegt und soweit diese eine Aktivierung gestatten. Die einzelstaatlichen Rechtsvorschriften können ebenfalls vorsehen, dass die Aufwendungen für die Errichtung und Erweiterung des Unternehmens als erster Posten unter „Immaterielle Anlagewerte" ausgewiesen werden.

C. Anlagevermögen

I. Immaterielle Anlagewerte

1. Entwicklungskosten, soweit die einzelstaatlichen Rechtsvorschriften eine Aktivierung gestatten.
2. Konzessionen, Patente, Lizenzen, Warenzeichen und ähnliche Rechte und Werte, soweit sie
   a) entgeltlich erworben wurden und nicht unter dem Posten C.I.3 auszuweisen sind oder
   b) von dem Unternehmen selbst geschaffen wurden, soweit die einzelstaatlichen Rechtsvorschriften eine Aktivierung gestatten.
3. Geschäfts- oder Firmenwert, sofern er entgeltlich erworben wurde.
4. Geleistete Anzahlungen.

II. Sachanlagen

1. Grundstücke und Bauten.
2. Technische Anlagen und Maschinen.
3. Andere Anlagen, Betriebs- und Geschäftsausstattung.
4. Geleistete Anzahlungen und Anlagen im Bau.

III. Finanzanlagen

1. Anteile an verbundenen Unternehmen.
2. Forderungen gegen verbundene Unternehmen.
3. Beteiligungen.
4. Forderungen gegen Unternehmen, mit denen ein Beteiligungsverhältnis besteht.
5. Wertpapiere des Anlagevermögens.
6. Sonstige Ausleihungen.

D. Umlaufvermögen

I. Vorräte

1. Roh-, Hilfs- und Betriebsstoffe.
2. Unfertige Erzeugnisse.
3. Fertige Erzeugnisse und Waren.
4. Geleistete Anzahlungen.

II. Forderungen

(Bei den folgenden Posten ist jeweils gesondert anzugeben, in welcher Höhe Forderungen mit einer Restlaufzeit von mehr als einem Jahr enthalten sind.)

1. Forderungen aus Lieferungen und Leistungen.
2. Forderungen gegen verbundene Unternehmen.
3. Forderungen gegen Unternehmen, mit denen ein Beteiligungsverhältnis besteht.
4. Sonstige Forderungen.
5. Gezeichnetes Kapital, das eingefordert, aber noch nicht eingezahlt ist (sofern nicht die einzelstaatlichen Rechtsvorschriften den Ausweis des eingeforderten Kapitals unter dem Posten A auf der Aktivseite vorsehen).
6. Rechnungsabgrenzungsposten (sofern nicht die einzelstaatlichen Rechtsvorschriften den Ausweis der Rechnungsabgrenzungsposten unter dem Posten E auf der Aktivseite vorsehen).

III. Wertpapiere

1. Anteile an verbundenen Unternehmen.
2. Eigene Aktien oder Anteile (unter Angabe ihres Nennbetrages oder, wenn ein Nennbetrag nicht vorhanden ist, ihres rechnerischen Wertes), soweit die einzelstaatlichen Rechtsvorschriften eine Bilanzierung gestatten.
3. Sonstige Wertpapiere.

IV. Guthaben bei Kreditinstituten, Postscheckguthaben, Schecks und Kassenbestand.

E. Rechnungsabgrenzungsposten

(sofern nicht die einzelstaatlichen Rechtsvorschriften den Ausweis der Rechnungsabgrenzungsposten unter den Posten D. II. 6 auf der Aktivseite vorsehen).

Passiva

A. Eigenkapital

I. Gezeichnetes Kapital

(sofern nicht einzelstaatliche Rechtsvorschriften den Ausweis des eingeforderten Kapitals unter diesem Posten vorsehen; in diesem Fall werden das gezeichnete und das eingezahlte Kapital gesondert ausgewiesen).

II. Agio

III. Neubewertungsrücklage

IV. Rücklagen

1. Gesetzliche Rücklage, soweit einzelstaatliche Rechtsvorschriften die Bildung einer derartigen Rücklage vorschreiben.
2. Rücklage für eigene Aktien oder Anteile, soweit einzelstaatliche Rechtsvorschriften die Bildung einer derartigen Rücklage vorschreiben, unbeschadet des Artikels 22 Absatz 1 Buchstabe b der Richtlinie 77/91/EWG.

3. Satzungsmäßige Rücklagen.
4. Sonstige Rücklagen, einschließlich der Zeitwert-Rücklage.

V. Ergebnisvortrag.

VI. Ergebnis des Geschäftsjahres.

B. Rückstellungen

1. Rückstellungen für Pensionen und ähnliche Verpflichtungen.
2. Steuerrückstellungen.
3. Sonstige Rückstellungen.

C. Verbindlichkeiten

(Bei den folgenden Posten wird jeweils gesondert und für diese Posten insgesamt angegeben, in welcher Höhe Verbindlichkeiten mit einer Restlaufzeit von bis zu einem Jahr und Verbindlichkeiten mit einer Restlaufzeit von mehr als einem Jahr enthalten sind.)

1. Anleihen, davon konvertibel.
2. Verbindlichkeiten gegenüber Kreditinstituten.
3. Erhaltene Anzahlungen auf Bestellungen, soweit diese nicht vom Posten „Vorräte" gesondert abgesetzt werden.
4. Verbindlichkeiten aus Lieferungen und Leistungen.
5. Verbindlichkeiten aus Wechseln.
6. Verbindlichkeiten gegenüber verbundenen Unternehmen.
7. Verbindlichkeiten gegenüber Unternehmen, mit denen ein Beteiligungsverhältnis besteht.
8. Sonstige Verbindlichkeiten, einschließlich Verbindlichkeiten gegenüber Steuerbehörden und Sozialversicherungsträgern.
9. Rechnungsabgrenzungsposten (sofern nicht die einzelstaatlichen Rechtsvorschriften den Ausweis der Rechnungsabgrenzungsposten unter dem Posten D unter „Rechnungsabgrenzungsposten" auf der Passivseite vorsehen).

D. Rechnungsabgrenzungsposten

(sofern nicht die einzelstaatlichen Rechtsvorschriften den Ausweis der Rechnungsabgrenzungsposten unter dem Posten C. 9 unter „Verbindlichkeiten" auf der Passivseite vorsehen).

ANHANG IV
VERTIKALE GLIEDERUNG DER BILANZ NACH ARTIKEL 10

A. Ausstehende Einlagen auf das gezeichnete Kapital

davon eingefordert

(sofern nicht die einzelstaatlichen Rechtsvorschriften den Ausweis des eingeforderten Kapitals unter dem Posten L vorsehen; in diesem Fall wird derjenige Teil des Kapitals, der eingefordert, aber noch nicht eingezahlt ist, entweder unter dem Posten A oder unter dem Posten D. II. 5 ausgewiesen.)

B. Aufwendungen für die Errichtung und Erweiterung des Unternehmens

wie in den entsprechenden einzelstaatlichen Rechtsvorschriften festgelegt und soweit diese eine Aktivierung gestatten. Die einzelstaatlichen Rechtsvorschriften können ebenfalls vorsehen, dass die Aufwendungen für die Errichtung und Erweiterung des Unternehmens als erster Posten unter „Immaterielle Anlagewerte" ausgewiesen werden.

C. Anlagevermögen

I. Immaterielle Anlagewerte
  1. Entwicklungskosten, soweit die einzelstaatlichen Rechtsvorschriften eine Aktivierung gestatten.
  2. Konzessionen, Patente, Lizenzen, Warenzeichen und ähnliche Rechte und Werte, soweit sie
     a) entgeltlich erworben wurden und nicht unter dem Posten C.I.3 auszuweisen sind oder
     b) von dem Unternehmen selbst geschaffen wurden, soweit die einzelstaatlichen Rechtsvorschriften eine Aktivierung gestatten.
  3. Geschäfts- oder Firmenwert, sofern er entgeltlich erworben wurde.
  4. Geleistete Anzahlungen.

II. Sachanlagen
  1. Grundstücke und Bauten.
  2. Technische Anlagen und Maschinen.
  3. Andere Anlagen, Betriebs- und Geschäftsausstattung.
  4. Geleistete Anzahlungen und Anlagen im Bau.

III. Finanzanlagen
  1. Anteile an verbundenen Unternehmen.
  2. Forderungen gegen verbundene Unternehmen.
  3. Beteiligungen.
  4. Forderungen gegen Unternehmen, mit denen ein Beteiligungsverhältnis besteht.
  5. Wertpapiere des Anlagevermögens.
  6. Sonstige Ausleihungen.

D. Umlaufvermögen

I. Vorräte
  1. Roh-, Hilfs- und Betriebsstoffe.
  2. Unfertige Erzeugnisse.
  3. Fertige Erzeugnisse und Waren.
  4. Geleistete Anzahlungen.

II. Forderungen

(Bei den folgenden Posten ist jeweils gesondert anzugeben, in welcher Höhe Forderungen mit einer Restlaufzeit von mehr als einem Jahr enthalten sind)
  1. Forderungen aus Lieferungen und Leistungen.
  2. Forderungen gegen verbundene Unternehmen.

3. Forderungen gegen Unternehmen, mit denen ein Beteiligungsverhältnis besteht.
4. Sonstige Forderungen.
5. Gezeichnetes Kapital, das eingefordert, aber noch nicht eingezahlt ist (sofern nicht die einzelstaatlichen Rechtsvorschriften den Ausweis des eingeforderten Kapitals als Aktiva unter dem Posten A vorsehen).
6. Rechnungsabgrenzungsposten (sofern nicht die einzelstaatlichen Rechtsvorschriften den Ausweis der Rechnungsabgrenzungsposten als Aktiva unter dem Posten E vorsehen).

III. Wertpapiere
1. Anteile an verbundenen Unternehmen.
2. Eigene Aktien oder Anteile (unter Angabe ihres Nennbetrages oder, wenn ein Nennbetrag nicht vorhanden ist, ihres rechnerischen Wertes), soweit die einzelstaatlichen Rechtsvorschriften eine Bilanzierung gestatten.
3. Sonstige Wertpapiere.

IV. Guthaben bei Kreditinstituten, Postscheckguthaben, Schecks und Kassenbestand.

E. Rechnungsabgrenzungsposten

(sofern nicht die einzelstaatlichen Rechtsvorschriften den Ausweis der Rechnungsabgrenzungsposten unter dem Posten D. II. 6 vorsehen.)

F. Verbindlichkeiten mit einer Restlaufzeit bis zu einem Jahr

1. Anleihen, davon konvertibel.
2. Verbindlichkeiten gegenüber Kreditinstituten.
3. Erhaltene Anzahlungen auf Bestellungen, soweit diese nicht von dem Posten „Vorräte" gesondert abgesetzt werden.
4. Verbindlichkeiten aus Lieferungen und Leistungen.
5. Verbindlichkeiten aus Wechseln.
6. Verbindlichkeiten gegenüber verbundenen Unternehmen.
7. Verbindlichkeiten gegenüber Unternehmen, mit denen ein Beteiligungsverhältnis besteht.
8. Sonstige Verbindlichkeiten, davon Verbindlichkeiten gegenüber Steuerbehörden und Sozialversicherungsträgern.
9. Rechnungsabgrenzungsposten (sofern nicht die einzelstaatlichen Rechtsvorschriften den Ausweis der Rechnungsabgrenzungsposten unter dem Posten K vorsehen).

G. Umlaufvermögen

(einschließlich der Rechnungsabgrenzungsposten, sofern unter Posten E angegeben und einschließlich der Rechnungsabgrenzungsposten, sofern unter Posten K angegeben).

H. Gesamtbetrag des Vermögens nach Abzug der Verbindlichkeiten

I. Verbindlichkeiten mit einer Restlaufzeit von mehr als einem Jahr
1. Anleihen, davon konvertibel.
2. Verbindlichkeiten gegenüber Kreditinstituten.
3. Erhaltene Anzahlungen auf Bestellungen, soweit sie nicht von den Vorräten gesondert abgezogen werden.
4. Verbindlichkeiten aus Lieferungen und Leistungen.
5. Verbindlichkeiten aus Wechseln.
6. Verbindlichkeiten gegenüber verbundenen Unternehmen.
7. Verbindlichkeiten gegenüber Unternehmen, mit denen ein Beteiligungsverhältnis besteht.
8. Sonstige Verbindlichkeiten, davon Verbindlichkeiten gegenüber Steuerbehörden und Sozialversicherungsträgern.
9. Rechnungsabgrenzungsposten (sofern nicht die einzelstaatlichen Rechtsvorschriften den Ausweis der Rechnungsabgrenzungsposten unter dem Posten K vorsehen).

J. Rückstellungen

1. Rückstellungen für Pensionen und ähnliche Verpflichtungen.
2. Steuerrückstellungen.
3. Sonstige Rückstellungen.

K. Rechnungsabgrenzungsposten

(Sofern nicht die einzelstaatlichen Rechtsvorschriften den Ausweis der Rechnungsabgrenzungsposten unter dem Posten F. 9 oder I. 9 oder beiden vorsehen.)

L. Eigenkapital

I. Gezeichnetes Kapital

(Sofern nicht einzelstaatliche Rechtsvorschriften den Ausweis des eingeforderten Kapitals unter diesem Posten vorsehen; in diesem Fall müssen das gezeichnete und das eingezahlte Kapital gesondert ausgewiesen werden.)

II. Agio

III. Neubewertungsrücklage

IV. Rücklagen
1. Gesetzliche Rücklage, soweit einzelstaatliche Rechtsvorschriften die Bildung einer derartigen Rücklage vorschreiben.
2. Rücklage für eigene Aktien oder Anteile, soweit einzelstaatliche Rechtsvorschriften die Bildung einer derartigen Rücklage vorschreiben, unbeschadet des Artikels 24 Absatz 1 Buchstabe b der Richtlinie 2012/30/EU.
3. Satzungsmäßige Rücklagen.
4. Sonstige Rücklagen, einschließlich der Zeitwert-Rücklage.

V. Ergebnisvortrag

VI. Ergebnis des Geschäftsjahres

ANHANG V
GLIEDERUNG DER GEWINN- UND VERLUSTRECHNUNG – NACH EIGENART DER AUFWENDUNG, NACH ARTIKEL 13

1. Nettoumsatzerlöse.
2. Veränderung des Bestandes an fertigen und unfertigen Erzeugnissen.
3. Andere aktivierte Eigenleistungen.
4. Sonstige betriebliche Erträge.
5. a) Roh-, Hilfs- und Betriebsstoffe.
   b) Sonstige externe Aufwendungen.
6. Personalaufwand:
   a) Löhne und Gehälter.
   b) Soziale Aufwendungen, davon für Altersversorgung.
7. a) Wertberichtigungen zu Aufwendungen für die Errichtung und Erweiterung des Unternehmens und zu Sachanlagen und immateriellen Anlagewerten.
   b) Wertberichtigungen von Gegenständen des Umlaufvermögens, soweit diese die in den Unternehmen üblichen Wertberichtigungen überschreiten.
8. Sonstige betriebliche Aufwendungen.
9. Erträge aus Beteiligungen, davon aus verbundenen Unternehmen.
10. Erträge aus sonstigen Wertpapieren und Forderungen des Anlagevermögens, davon aus verbundenen Unternehmen.
11. Sonstige Zinsen und ähnliche Erträge, davon aus verbundenen Unternehmen.
12. Wertberichtigungen zu Finanzanlagen und zu Wertpapieren des Umlaufvermögens.
13. Zinsen und ähnliche Aufwendungen, davon an verbundene Unternehmen.
14. Steuern auf das Ergebnis.
15. Ergebnis nach Steuern.
16. Sonstige Steuern, soweit nicht unter den Posten 1–15 enthalten.
17. Ergebnis des Geschäftsjahres.

ANHANG VI
GLIEDERUNG DER GEWINN- UND VERLUSTRECHNUNG – NACH FUNKTION DER AUFWENDUNG, NACH ARTIKEL 13

1. Nettoumsatzerlöse.
2. Herstellungskosten der zur Erzielung der Umsatzerlöse erbrachten Leistungen (einschließlich der Wertberichtigungen).
3. Bruttoergebnis vom Umsatz.
4. Vertriebskosten (einschließlich der Wertberichtigungen).
5. Allgemeine Verwaltungskosten (einschließlich der Wertberichtigungen).
6. Sonstige betriebliche Erträge.
7. Erträge aus Beteiligungen, davon aus verbundenen Unternehmen.
8. Erträge aus sonstigen Wertpapieren und Forderungen des Anlagevermögens, davon aus verbundenen Unternehmen.
9. Sonstige Zinsen und ähnliche Erträge, davon aus verbundenen Unternehmen.
10. Wertberichtigungen von Finanzanlagen und Wertpapieren des Umlaufvermögens.
11. Zinsen und ähnliche Aufwendungen, davon an verbundene Unternehmen.
12. Steuern auf das Ergebnis.
13. Ergebnis nach Steuern.
14. Sonstige Steuern, soweit nicht unter den Posten 1–13 enthalten.
15. Ergebnis des Geschäftsjahres.

ANHANG VII
Entsprechungstabelle

Richtlinie 78/660/EWG	Richtlinie 83/349/EWG	Vorliegende Richtlinie
Artikel 1 Absatz 1 Unterabsatz 1 einleitende Worte	—	Artikel 1 Absatz 1Buchstabe a
Artikel 1 Absatz 1 Unterabsatz 1 erster bis siebenundzwanzigster Gedankenstrich	—	Anhang I
Artikel 1 Absatz 1 Unterabsatz 2	—	Artikel 1 Absatz 1Buchstabe b
Artikel 1 Absatz 1 Unterabsatz 2 Buchstaben a bis aa	—	Anhang II
Artikel 1 Absatz 1 Unterabsatz 3	—	—
Artikel 1 Absatz 2	—	—
Artikel 2 Absatz 1	—	Artikel 4 Absatz 1
Artikel 2 Absatz 2	—	Artikel 4 Absatz 2
Artikel 2 Absatz 3	—	Artikel 4 Absatz 3
Artikel 2 Absatz 4	—	Artikel 4 Absatz 3
Artikel 2 Absatz 5	—	Artikel 4 Absatz 4
Artikel 2 Absatz 6	—	Artikel 4 Absatz 5
Artikel 3	—	Artikel 9 Absatz 1
Artikel 4 Absatz 1	—	Artikel 9 Absatz 2
Artikel 4 Absatz 2	—	Artikel 9 Absatz 3
Artikel 4 Absatz 3	—	Artikel 9 Absatz 3-
Artikel 4 Absatz 4	—	Artikel 9 Absatz 5
Artikel 4 Absatz 5	—	—
Artikel 4 Absatz 6	—	Artikel 6 Absatz 1 Buchstabe h und Artikel 6 Absatz 3
Artikel 5 Absatz 1	—	—
Artikel 5 Absatz 2	—	Artikel 2 Nummer 14
Artikel 5 Absatz 3		Artikel 2 Nummer 15
Artikel 6		Artikel 9 Absatz 6
Artikel 7	—	Artikel 6 Absatz 1 Buchstabe g
Artikel 8	—	Artikel 10-
Artikel 9 Buchstabe A	—	Anhang III Posten A
Artikel 9 Buchstabe B	—	Anhang III Posten B-
Artikel 9 Buchstabe C	—	Anhang III Posten C
Artikel 9 Buchstabe D	—	Anhang III Posten D
Artikel 9 Buchstabe E	—	Anhang III Posten E
Artikel 9 Buchstabe F	—	—
Passiva Artikel 9 Buchstabe A	—	Passiva Anhang III Posten A
Artikel 9 Buchstabe B	—	Anhang III Posten B
Artikel 9 Buchstabe C	—	Anhang III Posten C
Artikel 9 Buchstabe D	—	Anhang III Posten D
Artikel 9 Buchstabe E	—	—
Artikel 10	—	Anhang IV
Artikel 10a	—	Artikel 11
Artikel 11 Unterabsatz 1	—	Artikel 3 Absatz 2 und Artikel 14 Absatz 1
Artikel 11 Unterabsatz 2	—	—
Artikel 11 Unterabsatz 3	—	Artikel 3 Absatz 9 Unterabsatz 1

Artikel 12 Absatz 1	—	Artikel 3 Absatz 10
Artikel 12 Absatz 2	—	Artikel 3 Absatz 9 Unterabsatz 2
Artikel 12 Absatz 3	—	Artikel 3 Absatz 11
Artikel 13 Absatz 1	—	Artikel 12 Absatz 1
Artikel 13 Absatz 2	—	Artikel 12 Absatz 2
Artikel 14	—	Artikel 16 Absatz 1 Buchstabe d
Artikel 15 Absatz 1	—	Artikel 12 Absatz 3
Artikel 15 Absatz 2	—	Artikel 2 Nummer 4
Artikel 15 Absatz 3 Buchstabe a	—	Artikel 17 Absatz 1 Buchstabe a
Artikel 15 Absatz 3 Buchstabe b	—	—
Artikel 15 Absatz 3 Buchstabe c	—	Artikel 17 Absatz 1 Buchstabe a Ziffer i
Artikel 15 Absatz 4	—	—
Artikel 16	—	Artikel 12 Absatz 4
Artikel 17	—	Artikel 2 Absatz 2
Artikel 18	—	—
Artikel 19		Artikel 2 Absatz 8
Artikel 20 Absatz 1 —	Artikel 12 Absatz 12 Unterabsatz 1	
Artikel 20 Absatz 2	—	Artikel 12 Absatz 12 Unterabsatz 2
Artikel 20 Absatz 3	—	Artikel 12 Absatz 12 Unterabsatz 3
Artikel 21	—	—
Artikel 22 Unterabsatz 1	—	Artikel 13 Absatz 1
Artikel 22 Unterabsatz 2	—	Artikel 13 Absatz 2
Artikel 23 Ziffern 1 bis 15	—	Anhang V Ziffern 1 bis 15
Artikel 23 Ziffern 16 bis 19	—	—
Artikel 23 Ziffern 20 und 21	—	Anhang V Ziffern 16 und 17
Artikel 24	—	—
Artikel 25 Ziffern 1 bis 13	—	Anhang VI Ziffern 1 bis 13
Artikel 25 Ziffern 14 bis 17	—	—
Artikel 25 Ziffern 18 und 19	—	Anhang VI Ziffern 14 und 15
Artikel 26	—	—
Artikel 27 Unterabsatz 1 einleitende Worte	—	Artikel 3 Absatz 3
Artikel 27 Unterabsatz 1 Buchstaben a und c	—	Artikel 14 Absatz 2 Buchstaben a und b
Artikel 27 Unterabsatz 1 Buchstaben b und d	—	—
Artikel 27 Unterabsatz 2	—	Artikel 3 Absatz 9 Unterabsatz 1
Artikel 28	—	Artikel 2 Nummer 5
Artikel 29	—	—
Artikel 30	—	—
Artikel 31 Absatz 1	—	Artikel 6 Absatz 1 einleitende Worte und Buchstaben a bis f
Artikel 31 Absatz 1a	—	Artikel 6 Absatz 5
Artikel 31 Absatz 2	—	Artikel 4 Absatz 4
Artikel 32	—	Artikel 6 Absatz 1 Buchstabe i
Artikel 33 Absatz 1 einleitende Worte	—	Artikel 7 Absatz 1

Artikel 33 Absatz 1 Buchstaben a und b und zweiter und dritter Unterabsatz	—		—
Artikel 33 Absatz 1 Buchstabe c	—		Artikel 7 Absatz 1
Artikel 33 Absatz 2 Buchstabe a Unterabsatz 1 und Artikel 33 Absatz 2 Buchstaben b, c und d	—		Artikel 7 Absatz 2
Artikel 33 Absatz 2 Buchstabe a Unterabsatz 2	—		Artikel 16 Absatz 1 Buchstabe b
Artikel 33 Absatz 3	—		Artikel 7 Absatz 3
Artikel 33 Absatz 4	—		Artikel 16 Absatz 1 Buchstabe b Ziffer ii
Artikel 33 Absatz 5	—		—
Artikel 34	—		Artikel 12 Absatz 11 Unterabsatz 4
Artikel 35 Absatz 1 Buchstabe a	—		Artikel 6 Absatz 1 Buchstabe i
Artikel 35 Absatz 1 Buchstaben b	—		Artikel 12 Absatz 5
Artikel 35 Absatz 1 Buchstabe c			Artikel 12 Absatz 6
Artikel 35 Absatz 1 Buchstabe d			Artikel 17 Absatz 1 Buchstabe b
Artikel 35 Absatz 2	—		Artikel 2 Nummer 6
Artikel 35 Absatz 3	—		Artikel 2 Nummer 7
Artikel 35 Absatz 4	—		Artikel 12 Absatz 8 und Artikel 17 Absatz 1 Buchstabe a Ziffer vi
Artikel 36	—		—
Artikel 37 Absatz 1	—		Artikel 12 Absatz 11 Unterabsätze 1, 3 und 5
Artikel 37 Absatz 2	—		Artikel 12 Absatz 11 Unterabsätze 1 und 2
Artikel 38	—		—
Artikel 39 Absatz 1 Buchstabe a	—		Artikel 6 Absatz 1 Buchstabe i
Artikel 39 Absatz 1 Buchstabe b	—		Artikel 2 Absatz 7 Unterabsatz 1
Artikel 39 Absatz 1 Buchstabe c	—		—
Artikel 39 Absatz 1 Buchstabe d	—		Artikel 12 Absatz 7 Unterabsatz 2
Artikel 39 Absatz 1 Buchstabe e	—		Artikel 17 Absatz 1 Buchstabe b
Artikel 39 Absatz 2	—		Artikel 2 Nummer 6
Artikel 40 Absatz 1	—		Artikel 12 Absatz 9
Artikel 40 Absatz 2	—		—
Artikel 41	—		Artikel 12 Absatz 10
Artikel 42 Absatz 1	—		Artikel 12 Absatz 12 Unterabsatz 3
Artikel 42 Absatz 2	—		—
Artikel 42a Absatz 1	—		Artikel 8 Absatz 1 Buchstabe a
Artikel 42a Absatz 2	—		Artikel 8 Absatz 2
Artikel 42a Absatz 3	—		Artikel 8 Absatz 3
Artikel 42a Absatz 4	—		Artikel 8 Absatz 4
Artikel 42a Absatz 5	—		Artikel 8 Absatz 5
Artikel 42a Absatz 5a	—		Artikel 8 Absatz 6
Artikel 42b	—		Artikel 8 Absatz 7
Artikel 42c	—		Artikel 8 Absatz 8

Artikel 42d	—	Artikel 16 Absatz 1 Buchstabe c
Artikel 42e	—	Artikel 8 Absatz 1 Buchstabe b
Artikel 42f	—	Artikel 8 Absatz 9
Artikel 43 Absatz 1 einleitende Worte	—	Artikel 16 Absatz 1 einleitende Worte
Artikel 43 Absatz 1 Nummer 1	—	Artikel 16 Absatz 1 Buchstabe a
Artikel 43 Absatz 1 Nummer 2 Unterabsatz 1	—	Artikel 17 Buchstabe g Unterabsatz 1
Artikel 43 Absatz 1 Nummer 2 Unterabsatz 2	—	Artikel 17 Absatz 1 Buchstabe k
Artikel 43 Absatz 1 Nummer 3	—	Artikel 17 Absatz 1 Buchstabe h
Artikel 43 Absatz 1 Nummer 4	—	Artikel 17 Absatz 1 Buchstabe i
Artikel 43 Absatz 1 Nummer 5	—	Artikel 17 Absatz 1 Buchstabe j
Artikel 43 Absatz 1 Nummer 6	—	Artikel 16 Absatz 1 Buchstabe g
Artikel 43 Absatz 1 Nummer 7	—	Artikel 16 Absatz 1 Buchstabe d
Artikel 43 Absatz 1 Nummer 7a	—	Artikel 17 Absatz 1 Buchstabe p
Artikel 43 Absatz 1 Nummer 7b	—	Artikel 2 Absatz 3 und Artikel 17 Absatz 1 Buchstabe r
Artikel 43 Absatz 1 Nummer 8	—	Artikel 18 Absatz 1 Buchstabe a
Artikel 43 Absatz 1 Nummer 9	—	Artikel 17 Absatz 1 Buchstabe f
Artikel 43 Absatz 1 Nummer 10	—	—
Artikel 43 Absatz 1 Nummer 11	—	Artikel 17 Absatz 1 Buchstabe f
Artikel 43 Absatz 1 Nummer 12	—	Artikel 17 Absatz 1 Buchstabe d Unterabsatz 1
Artikel 43 Absatz 1 Nummer 13	—	Artikel 16 Absatz 1 Buchstabe e
Artikel 43 Absatz 1 Nummer 14 Buchstabe a	—	Artikel 17 Absatz 1 Buchstabe c Ziffer i
Artikel 43 Absatz 1 Nummer 14 Buchstabe b	—	Artikel 17 Absatz 1 Buchstabe c Ziffer ii
Artikel 43 Absatz 1 Nummer 15	—	Artikel 18 Absatz 1 Buchstabe b und Artikel 18 Absatz 3
Artikel 43 Absatz 2	—	—
Artikel 43 Absatz 3	—	Artikel 17 Absatz 1 Buchstabe d Unterabsatz 2
Artikel 44	—	—
Artikel 45 Absatz 1	—	Artikel 17 Absatz 1 Buchstabe g Unterabsatz 2 Artikel 28 Absatz 3
Artikel 45 Absatz 2	—	Artikel 18 Absatz 2
Artikel 46	—	Artikel 19
Artikel 46a	—	Artikel 20
Artikel 47 Absätze 1 und 1a	—	Artikel 30(1) und (2)
Artikel 47 Absatz 2	—	Artikel 31 Absatz 1
Artikel 47 Absatz 3	—	Artikel 31 Absatz 2
Artikel 48	—	Artikel 32 Absatz 1
Artikel 49	—	Artikel 32 Absatz 2
Artikel 50	—	Artikel 17 Absatz 1 Buchstabe o
Artikel 50a	—	—
Artikel 50b	—	Artikel 33 Absatz 1 Buchstabe a
Artikel 50c	—	Artikel 33 Absatz 2
Artikel 51 Absatz 1	—	Artikel 34 Absatz 1

Artikel 51 Absatz 2	—	—
Artikel 51 Absatz 3	—	—
Artikel 51a	—	Artikel 35
Artikel 52	—	—
Artikel 53 Absatz 2	—	Artikel 3 Absatz 13
Artikel 53a	—	Artikel 40
Artikel 55	—	—
Artikel 56 Absatz 1	—	—
Artikel 56 Absatz 2	—	Artikel 17 Absatz 1 Buchstaben l, m und n
Artikel 57	—	Artikel 37
Artikel 57a	—	Artikel 38
Artikel 58	—	Artikel 39
Artikel 59 Absatz 1	—	Artikel 9 Absatz 7 Buchstabe a
Artikel 59 Absätze 2 bis 6 Buchstabe a	—	Artikel 9 Absatz 7 Buchstabe a und Artikel 27
Artikel 59 Absatz 6 Buchstaben b und c	—	Artikel 9 Absatz 7 Buchstaben b und c
Artikel 59(7) und (8)	—	Artikel 9 Absatz 7 Buchstabe a und Artikel 27
Artikel 59 Absatz 9	—	—
Artikel 60	—	—
Artikel 60a	—	Artikel 51
Artikel 61	—	Artikel 17 Absatz 2
Artikel 61a	—	—
Artikel 62	—	Artikel 55
—	Artikel 1 Absatz 1	Artikel 22 Absatz 1
—	Artikel 1 Absatz 2	Artikel 23 Absatz 1 Buchstabe f
—	Artikel 1 Absatz 2	Artikel 22 Absatz 2
—	Artikel 2 Absätze 1, 2 und 3	Artikel 23 Absätze 3, 4 und 5
—	Artikel 3 Absatz 1	Artikel 22 Absatz 6
—	Artikel 3 Absatz 2	Artikel 2 Nummer 10
—	Artikel 4 Absatz 1	Artikel 21
—	Artikel 4 Absatz 2	—
—	Artikel 5	—
—	Artikel 6 Absatz 1	Artikel 23 Absatz 2
—	Artikel 6 Absatz 2	Artikel 3 Absatz 8
—	Artikel 6(3)	Artikel 3 Absatz 9 Unterabsatz 2, Artikel 3 Absätze 10 und 11
—	Artikel 6 Absatz 4	Artikel 23 Absatz 2
—	Artikel 7 Absatz 1	Artikel 23 Absatz 3
—	Artikel 7 Absatz 2	Artikel 23 Absatz 4
Artikel 7 Absatz 3	Artikel 23 Absatz 3 einleitende Worte	
—	Artikel 8	Artikel 23 Absatz 5
—	Artikel 9 Absatz 1	Artikel 23 Absatz 6
—	Artikel 9 Absatz 2	—
—	Artikel 10	Artikel 23 Absatz 7
—	Artikel 11	Artikel 23 Absatz 8
—	Artikel 12 Absatz 1	Artikel 22 Absatz 7

—	Artikel 12 Absatz 2	Artikel 22 Absatz 8
	Artikel 12 Absatz 3	Artikel 22 Absatz 9
	Artikel 13 Absätze 1 und 2	Artikel 2, Nummer 16 und Artikel 6 Absatz 1 Buchstabe j
	Artikel 13 Buchstabe 2a	Artikel 23 Absatz 10
—	Artikel 13 Absatz 3	Artikel 23 Absatz 9
—	Artikel 15	—
—	Artikel 16	Artikel 4
—	Artikel 17 Absatz 1	Artikel 24 Absatz 1
—	Artikel 17 Absatz 2	—
—	Artikel 18	Artikel 24 Absatz 2
—	Artikel 19	Artikel 24 Absatz 3 Buchstaben a bis e
—	Artikel 20	—
—	Artikel 21	Artikel 24 Absatz 4
—	Artikel 22	Artikel 24 Absatz 5
—	Artikel 23	Artikel 24 Absatz 6
—	Artikel 24	—
—	Artikel 25 Absatz 1	Artikel 6 Absatz 1 Buchstabe b
—	Artikel 25 Absatz 2	Artikel 4 Absatz 4
—	Artikel 26 Absatz 1	Artikel 24 Absatz 7
—	Artikel 26 Absatz 1	—
—	Artikel 26 Absatz 2	—
	Artikel 26 Absatz 3	Artikel 6 Absatz Buchstabe j
—	Artikel 27	Artikel 24 Absatz 8
—	Artikel 28	Artikel 24 Absatz 9
—	Artikel 29 Absatz 1	Artikel 24 Absatz 10
—	Artikel 29 Absatz 2	Artikel 24 Absatz 11
—	Artikel 29 Absatz 3	Artikel 24 Absatz 12
—	Artikel 29 Absatz 4	Artikel 24 Absatz 13
—	Artikel 29 Absatz 5	Artikel 24 Absatz 14
—	Artikel 30 Absatz 1	Artikel 24 Absatz 3 Buchstabe c
	Artikel 30 Absatz 2	
—	Artikel 31	Artikel 24 Absatz 3 Buchstabe f
—	Artikel 32Absätze 1 und 2	Artikel 26
	Artikel 32 Absatz 3	—
—	Artikel 33	Artikel 27
—	Artikel 34 einleitende Worte und Artikel 34 Absatz 1 einleitender Satz	Artikel 16 Absatz 1 Buchstabe a und Artikel 28 Absatz 1
—	Artikel 34 Absatz 1 Satz 2	—
—	Artikel 34 Absatz 2	Artikel 28 Absatz 2 Buchstabe a
—	Artikel 34 Absatz 3 Buchstabe a	Artikel 28 Absatz 2 Buchstabe b
—	Artikel 34 Absatz 3 Buchstabe b	—
—	Artikel 34 Absatz 4	Artikel 28 Absatz 2 Buchstabe c
—	Artikel 34 Absatz 5	Artikel 28 Absatz 2 Buchstabe d
—	Artikel 34 Absatz 6	Artikel 16 Absatz 1 Buchstabe g und Artikel 28 Absatz 1
—	Artikel 34 Absatz 7	Artikel 16 Absatz 1 Buchstabe d und Artikel 28 Absatz 1

—	Artikel 34 Absatz 7a	Artikel 17 Absatz 1 Buchstabe p
—	Artikel 34 Absatz 7b	Artikel 17 Absatz 1 Buchstabe r
—	Artikel 34 Absatz 8	Artikel 18 Absatz 1 Buchstabe a
—	Artikel 34 Absatz 9 Buchstabe a	Artikel 17 Absatz 1 Buchstabe e
—	Artikel 34 Absatz 9 Buchstabe b	Artikel 28 Absatz 1 Buchstabe b
—	Artikel 34Absatz 10	—
—	Artikel 34Absatz 11	Artikel 17 Absatz 1 Buchstabe f und Artikel 28 Absatz 1
	Artikel 24 Absätze 12 und 13	Artikel Buchstabe c
—	Artikel 34 Absatz 14	Artikel 16 Absatz 1 Buchstabe c und Artikel 28 Absatz 1
—	Artikel 17 Absatz 1 Buchstabe c	Artikel 17 Absatz 1 Buchstabe c und Artikel 28 Absatz 1
—	Artikel 34 Absatz 16	Artikel 18 Absatz 1 Buchstabe b und Artikel 28 Absatz 1
—	Artikel 35 Absatz 1	Artikel 28 Absatz 3
—	Artikel 35 Absatz 2	—
—	Artikel 36 Absatz 1	Artikel 19 Absatz 1 und Artikel 29 Absatz 1
—	Artikel 36 Absatz 2 Buchstabe a	
	Artikel 36 Absatz 2 Buchstaben b und c	Artikel 19 Absatz 2 Buchstaben b und c
—	Artikel 36 Absatz 2 Buchstabe d	Artikel 29 Absatz 2 Buchstabe a
—	Artikel 36 Absatz 2 Buchstabe e	Artikel 19 Absatz 2 Buchstabe e und Artikel 29 Absatz 1
—	Artikel 36 Absatz 2 Buchstabe f	Artikel 29 Absatz 2 Buchstabe b
—	Artikel 36 Absatz 3	Artikel 29 Absatz 3
—	Artikel 36a	Artikel 33 Absatz 1 Buchstabe b
—	Artikel 36b	Artikel 33 Absatz 2
—	Artikel 37 Absatz 1	Artikel 34 Absätze 1 und 2
—	Artikel 37 Absatz 2	Artikel 35
—	Artikel 37 Absatz 4	Artikel 35
—	Artikel 38 Absatz 1	Artikel 30 Absatz 1 Unterabsatz 1 und Artikel 30 Absatz 3 Unterabsatz 1
—	Artikel 38 Absatz 2	Artikel 30 Absatz 1 Unterabsatz 2
—	Artikel 38 Absatz 3	—
—	Artikel 38 Absatz 4	Artikel 30 Absatz 3 Unterabsatz 2
—	Artikel 38 Absätze 5 und 6	—
	Artikel 38 Absatz 7	Artikel 40
—	Artikel 38a	—
—	Artikel 39	—
—	Artikel 40	—
—	Artikel 41 Absatz 1	Artikel 2 Nummer 12
—	Artikel 41 Absatz 1a	Artikel 2 Nummer 3
—	Artikel 41 Absätze 2 bis 5	—
—	Artikel 42	—
—	Artikel 43	—
—	Artikel 44	—

—	Artikel 45	—
—	Artikel 46	—
—	Artikel 47	—
—	Artikel 48	Artikel 51
—	Artikel 49	—
—	Artikel 50	—
—	Artikel 50a	—
—	Artikel 51	Artikel 55

5/2.

→ B RICHTLINIE 2006/43/EG DES EUROPÄISCHEN PARLAMENTS UND DES RATES vom 17. Mai 2006 über Abschlussprüfungen von Jahresabschlüssen und konsolidierten Abschlüssen, zur Änderung der Richtlinien 78/660/EWG und 83/349/EWG des Rates und zur Aufhebung der Richtlinie 84/253/EWG des Rates

(ABl. L 157 vom 9.6.2006, S. 87)

Geändert durch:

		Amtsblatt		
		Nr.	Seite	Datum
→ M1	Richtlinie 2008/30/EG des Europäischen Parlaments und des Rates vom 11. März 2008	L 81	53	20.3.2008
→ M2	Richtlinie 2013/34/EU des Europäischen Parlaments und des Rates vom 26. Juni 2013	L 182	19	29.6.2013
→ M3	Richtlinie 2014/56/EU des Europäischen Parlaments und des Rates vom 16. April 2014	L 158	196	27.5.2014

↓ B

DAS EUROPÄISCHE PARLAMENT UND DER RAT DER EUROPÄISCHEN UNION –

gestützt auf den Vertrag zur Gründung der Europäischen Gemeinschaft, insbesondere auf Artikel 44 Absatz 2 Buchstabe g,

auf Vorschlag der Kommission,

nach Stellungnahme des Europäischen Wirtschafts- und Sozialausschusses, [1]

nach dem Verfahren des Artikels 251 des Vertrags, [2]

(1) ABl. C 157 vom 28.6.2005, S. 115.
(2) Stellungnahme des Europäischen Parlaments vom 28. September 2005 (noch nicht im Amtsblatt veröffentlicht) und Beschluss des Rates vom 25. April 2006.

in Erwägung nachstehender Gründe:

(1) Nach der Vierten Richtlinie 78/660/EWG des Rates vom 25. Juli 1978 über den Jahresabschluss von Gesellschaften bestimmter Rechtsformen [1], der Siebenten Richtlinie 83/349/EWG des Rates vom 13. Juni 1983 über den konsolidierten Abschluss [2], der Richtlinie 86/635/EWG des Rates vom 8. Dezember 1986 über den Jahresabschluss und den konsolidierten Abschluss von Banken und anderen Finanzinstituten [3] und der Richtlinie 91/674/EWG des Rates vom 19. Dezember 1991 über den Jahresabschluss und den konsolidierten Abschluss von Versicherungsunternehmen [4] müssen der Jahresabschluss und der konsolidierte Abschluss von Personen geprüft werden, die zur Durchführung derartiger Prüfungen berechtigt sind.

(1) ABl. L 222 vom 14.8.1978, S. 11. Zuletzt geändert durch die Richtlinie 2003/51/EG des Europäischen Parlaments und des Rates (ABl. L 178 vom 17.7.2003, S. 16).
(2) ABl. L 193 vom 18.7.1983, S. 1. Zuletzt geändert durch die Richtlinie 2003/51/EG.
(3) ABl. L 372 vom 31.12.1986, S. 1. Zuletzt geändert durch die Richtlinie 2003/51/EG.
(4) ABl. L 374 vom 31.12.1991, S. 7. Geändert durch die Richtlinie 2003/51/EG.

(2) In der Achten Richtlinie 84/253/EWG des Rates vom 10. April 1984 über die Zulassung der mit der Pflichtprüfung der Rechnungslegungsunterlagen beauftragten Personen [1] wurden die Bedingungen für die Zulassung dieser Personen festgelegt.

(1) ABl. L 126 vom 12.5.1984, S. 20.

(3) Die fehlende Harmonisierung im Bereich der Abschlussprüfung war der Grund dafür, dass die Kommission 1998 in ihrer Mitteilung „Abschlussprüfung in der Europäischen Union: künftiges Vorgehen" [1] die Einsetzung eines Ausschusses für Fragen der Abschlussprüfung vorschlug, der durch enge Zusammenarbeit mit dem Berufsstand der Abschlussprüfer und den Mitgliedstaaten weitere Maßnahmen ausarbeiten sollte.

(1) ABl. C 143 vom 8.5.1998, S. 12.

(4) Auf der Grundlage der Arbeiten jenes Ausschusses veröffentlichte die Kommission am 15. November 2000 die Empfehlung „Mindestanforderungen an Qualitätssicherungssysteme für die Abschlussprüfung in der EU" [1] und am 16. Mai 2002 die Empfehlung „Unabhängigkeit des Abschlussprüfers in der EU: Grundprinzipien" [2].

(1) ABl. L 91 vom 31.3.2001, S. 91.
(2) ABl. L 191 vom 19.7.2002, S. 22.

(5) Zweck der vorliegenden Richtlinie ist eine Harmonisierung der Anforderungen an die Abschlussprüfung auf hohem Niveau, wenn auch eine vollständige Harmonisierung nicht angestrebt wird. Der Mitgliedstaat, der eine Abschlussprüfung vorschreibt, kann strengere Anforderungen aufstellen, sofern in dieser Richtlinie nichts anderes vorgesehen ist.

(6) Alle Befähigungsnachweise, die auf der Grundlage dieser Richtlinie von Abschlussprüfern erworben werden und zur Durchführung von Abschlussprüfungen berechtigen, sollten als gleichwertig betrachtet werden. Die Mitgliedstaaten sollten folglich nicht länger verlangen können, dass die Mehrheit der Stimmrechte an einer Prüfungsgesellschaft von Abschlussprüfern mit Zulassung in diesem Mitgliedstaat gehalten werden oder die Mehrheit der Mitglieder des Verwaltungs- oder Leitungsorgans einer Prüfungsgesellschaft in diesem Mitgliedstaat zugelassen sein muss.

(7) Die Abschlussprüfung erfordert angemessene Kenntnisse in Bereichen wie dem Gesellschaftsrecht, dem Steuerrecht und dem Sozialrecht. Diese Kenntnisse sollten vor Zulassung eines Abschlussprüfers aus einem anderen Mitgliedstaat geprüft werden.

(8) Alle zugelassenen Abschlussprüfer und Prüfungsgesellschaften sollten zum Schutz Dritter in ein Register eingetragen werden, das öffentlich zugänglich ist und grundlegende Informationen über Abschlussprüfer und Prüfungsgesellschaften enthält.

(9) Abschlussprüfer sollten höchsten ethischen Normen verpflichtet sein. Aus diesem Grund sollten sie Berufsgrundsätzen unterliegen, die sich zumindest auf die Funktion der Abschlussprüfer für das öffentliche Interesse, ihre Integrität und Unparteilichkeit sowie ihre fachliche Eignung und die gebotene Sorgfalt beziehen sollten. Die Funktion eines Abschlussprüfers für das öffentliche Interesse erwächst aus der Tatsache, dass ein breiter Kreis von Personen und Einrichtungen sich auf die Qualität seiner Arbeit verlässt. Eine gute Prüfungsqualität trägt zum ordnungsgemäßen Funktionieren der Märkte bei, indem die Integrität und Effizienz der Abschlüsse erhöht wird. Die Kommission kann Durchführungsmaßnahmen zu Berufsgrundsätzen als Mindeststandard beschließen. Dabei könnten die Grundsätze des Ethik-Kodexes der International Federation of Accountants (IFAC) berücksichtigt werden.

(10) Abschlussprüfer und Prüfungsgesellschaften müssen über die Angelegenheiten ihrer Mandanten Stillschweigen bewahren. Sie sollten deshalb an strenge Regeln über die Verschwiegenheit und das Berufsgeheimnis gebunden sein, ohne dass dies der ordnungsgemäßen Durchsetzung dieser Richtlinie im Wege steht. Diese Regeln

über die Verschwiegenheit gelten auch für Abschlussprüfer oder Prüfungsgesellschaften, die an einem bestimmten Prüfungsauftrag nicht mehr beteiligt sind.

(11) Abschlussprüfer und Prüfungsgesellschaften sollten bei der Durchführung von Abschlussprüfungen unabhängig sein. Sie können das geprüfte Unternehmen über bei der Abschlussprüfung gewonnene Erkenntnisse informieren, sollten jedoch an den internen Entscheidungsprozessen des geprüften Unternehmens nicht mitwirken. Sollten sie in eine Situation kommen, in der die Gefahr für ihre Unabhängigkeit trotz der Schutzmaßnahmen, die zur Eindämmung dieser Gefahr ergriffen wurden, zu groß ist, sollten sie zurücktreten oder das Mandat ablehnen. Die Beurteilung, ob eine Beziehung besteht, die die Unabhängigkeit des Prüfers in Frage stellt, kann anders ausfallen für die Beziehung zwischen dem Prüfer und dem geprüften Unternehmen als für diejenige hinsichtlich dem Netzwerk und dem geprüften Unternehmen. Wenn eine Genossenschaft gemäß Artikel 2 Nummer 14 oder eine ähnliche Einrichtung im Sinne von Artikel 45 der Richtlinie 86/635/EWG nach nationalen Regelungen ein Mitglied einer Prüfungsorganisation ohne Gewinnerzielungsabsicht sein muss oder kann, kann ein objektiver, sachverständiger und informierter Dritter nicht zu dem Schluss gelangen, dass die Unabhängigkeit des Abschlussprüfers oder der Prüfungsgesellschaft durch die Mitgliedschaft bei der Durchführung einer Abschlussprüfung bei einem der Mitglieder gefährdet sein kann, vorausgesetzt, dass die Grundsätze der Unabhängigkeit auf die Abschlussprüfer, die die Abschlussprüfung durchführen, sowie auf die Personen, die gegebenenfalls in der Lage sind, Einfluss auf die Abschlussprüfung zu nehmen, angewandt werden. Beispiele für die Gefahr für die Unabhängigkeit eines Abschlussprüfers oder einer Prüfungsgesellschaft sind eine mittelbare oder unmittelbare finanzielle Beteiligung an dem geprüften Unternehmen und die Erbringung von zusätzlichen prüfungsfremden Leistungen. Ferner kann auch die Höhe des von einem geprüften Unternehmen gezahlten Prüfungshonorars und/oder die Zusammensetzung der Honorare die Unabhängigkeit eines Abschlussprüfers oder einer Prüfungsgesellschaft gefährden. Schutzmaßnahmen zur Eindämmung oder Beseitigung derartiger Risiken umfassen Verbote, Einschränkungen, sonstige Maßnahmen und Verfahren sowie Offenlegungspflichten. Abschlussprüfer und Prüfungsgesellschaften sollten die Erbringung zusätzlicher prüfungsfremder Leistungen, die ihre Unabhängigkeit in Frage stellen, ablehnen. Die Kommission kann als Mindeststandard Durchführungsmaßnahmen zur Unabhängigkeit beschließen. Hierbei könnte die Kommission die Grundsätze berücksichtigen, die sich in der genannten Empfehlung vom 16. Mai 2002 finden. Um die Unabhängigkeit von Abschlussprüfern zu bestimmen, muss der Begriff „Netzwerk", innerhalb dessen die Abschlussprüfer tätig sind, klargestellt werden. Hierbei sind verschiedene Umstände in Betracht zu ziehen; beispielsweise kann eine Struktur als Netzwerk bezeichnet werden, wenn sie auf Gewinn- oder Kostenteilung ausgerichtet ist. Die Kriterien, die belegen, dass es sich um ein Netzwerk handelt, beispielsweise ob es gewöhnlich gemeinsame Prüfungsmandanten gibt, sollten auf der Grundlage aller zur Verfügung stehenden tatsächlichen Umstände beurteilt und bewertet werden.

(12) In Fällen der Selbstprüfung oder des Eigeninteresses sollte die Entscheidung, ob ein Abschlussprüfer oder eine Prüfungsgesellschaft zurücktreten oder einen Prüfungsauftrag in Bezug auf ihre bzw. seine Prüfungsmandanten ablehnen sollte, wenn dies zum Schutz der Unabhängigkeit des Abschlussprüfers oder der Prüfungsgesellschaft zweckmäßig ist, von dem Mitgliedstaat, und nicht von dem Abschlussprüfer oder der Prüfungsgesellschaft, getroffen werden. Allerdings sollte dies nicht zu der Situation führen, dass die Mitgliedstaaten eine allgemeine Pflicht trifft, Abschlussprüfer oder Prüfungsgesellschaften daran zu hindern, für ihre Mandanten prüfungsfremde Leistungen zu erbringen. Für die Entscheidung, ob es in Fällen von Eigeninteresse oder der Selbstprüfung zweckmäßig ist, dass ein Abschlussprüfer oder eine Prüfungsgesellschaft keine Abschlussprüfungen durchführen sollte, um die Unabhängigkeit des Abschlussprüfers oder der Prüfungsgesellschaft zu schützen, sollte die Frage mitberücksichtigt werden, ob das geprüfte Unternehmen von öffentlichem Interesse Wertpapiere ausgegeben hat, die zum Handel auf einem geregelten Markt im Sinne von Artikel 4 Absatz 1 Nummer 14 der Richtlinie 2004/39/EG des Europäischen Parlaments und des Rates vom 21. April 2004 über Märkte für Finanzinstrumente ([1]) zugelassen sind.

([1]) ABl. L 145 vom 30.4.2004, S. 1.

(13) Für alle nach Gemeinschaftsrecht vorgeschriebenen Abschlussprüfungen sollte eine gleich bleibend hohe Qualität gewährleistet werden. Alle Abschlussprüfungen sollten deshalb nach internationalen Prüfungsstandards durchgeführt werden. Die Maßnahmen zur Umsetzung dieser Grundsätze in der Gemeinschaft sollten gemäß dem Beschluss 1999/468/EG des Rates vom 28. Juni 1999 zur Festlegung der Modalitäten für die Ausübung der der Kommission übertragenen Durchführungsbefugnisse ([1]) erlassen werden. Ein Fachausschuss oder eine technische Fachgruppe für Abschlussprüfungen sollte die Kommission bei der Bewertung der fachlichen Fundierung aller internationalen Prüfungsstandards unterstützen, wobei auch das System öffentlicher Aufsichtsgremien der Mitgliedstaaten eingebunden werden sollte. Um ein Höchstmaß an Harmonisierung zu verwirklichen, sollten die Mitgliedstaaten zusätzliche nationale Prüfverfahren vorschreiben oder Anforderungen nur aufstellen dürfen, wenn diese sich aus speziellen, durch den Umfang der Abschlussprüfung von Jahresabschlüssen oder konsolidierten Abschlüssen bedingten nationalen rechtlichen Anforderungen ergeben, d. h., wenn diese Anforderungen durch die bisher angenommenen internationalen Prüfungsstandards nicht abgedeckt werden. Die

Mitgliedstaaten sollten diese zusätzlichen Prüfverfahren beibehalten können, bis die Prüfverfahren oder Anforderungen durch nachfolgend angenommene internationale Prüfungsstandards erfasst werden. Schließen die angenommenen internationalen Prüfungsstandards jedoch Prüfverfahren ein, deren Ausführung mit dem nationalen Recht auf Grund spezieller, durch den Umfang der Abschlussprüfung bedingter nationaler Anforderungen in Widerspruch stehen würde, so brauchen die Mitgliedstaaten den in Widerspruch stehenden Teil des internationalen Prüfungsstandards nicht anzuwenden, solange diese Widersprüche bestehen, vorausgesetzt die in Artikel 26 Absatz 3 genannten Maßnahmen werden angewandt. Jeder Zusatz oder jede Nichtanwendung durch einen Mitgliedstaat sollte einen Beitrag zu einem hohen Niveau der Glaubwürdigkeit der Jahresabschlüsse von Unternehmen leisten und dem Gemeinwohl dienen. Dies bedeutet, dass die Mitgliedstaaten beispielsweise einen zusätzlichen Prüfbericht für den Aufsichtsrat oder andere Berichts- und Prüfungsanforderungen vorschreiben können, die auf nationalen Regeln für die Unternehmensleitung beruhen.

(1) ABl. L 184 vom 17.7.1999, S. 23.

(14) Die Einführung eines internationalen Prüfungsstandards in der Gemeinschaft durch die Kommission setzt voraus, dass er international allgemein anerkannt ist und unter vollständiger Einbeziehung aller interessierten Kreise in einem offenen und transparenten Verfahren erstellt wurde, dass er die Glaubwürdigkeit des Jahresabschlusses und des konsolidierten Abschlusses erhöht und dass er dem europäischen Gemeinwohl dient. Die Notwendigkeit der Annahme einer Stellungnahme (International Auditing Practice Statement) als Teil eines Standards sollte von Fall zu Fall gemäß dem Beschluss 1999/468/EG geprüft werden. Die Kommission sollte sicherstellen, dass vor Beginn des Verfahrens zur Annahme eine Prüfung durchgeführt wird, um festzustellen, ob diesen Anforderungen genügt wurde, und erstattet den Mitgliedern des mit dieser Richtlinie eingesetzten Ausschusses über das Ergebnis dieser Prüfung Bericht.

(15) Bei einem konsolidierten Abschluss ist es wichtig, die Verantwortlichkeiten der Abschlussprüfer der einzelnen Konzernteile klar voneinander abzugrenzen. Dazu sollte der Konzernabschlussprüfer die volle Verantwortung für den Bestätigungsvermerk tragen.

(16) Um die Vergleichbarkeit von Unternehmen, die die gleichen Rechnungslegungsstandards anwenden, zu erhöhen und das Vertrauen der Öffentlichkeit in die Abschlussprüfung zu stärken, kann die Kommission für die Prüfung eines nach angenommenen internationalen Rechnungslegungsstandards erstellten Jahresabschlusses oder konsolidierten Abschlusses einen einheitlichen Bestätigungsvermerk festlegen, außer wenn ein angemessener Standard für einen solchen Vermerk auf Gemeinschaftsebene festgelegt wurde.

(17) Ein gutes Mittel zur Erreichung einer gleich bleibend hohen Prüfungsqualität sind regelmäßige Kontrollen. Abschlussprüfer und Prüfungsgesellschaften sollten deshalb einem von den überprüften Abschlussprüfern und Prüfungsgesellschaften unabhängigen Qualitätssicherungssystem unterliegen. Für die Anwendung des Artikels 29 über die Qualitätssicherungssysteme können die Mitgliedstaaten fordern, dass lediglich die Anforderungen an Prüfungsgesellschaften berücksichtigt werden müssen, wenn einzelne Prüfer eine gemeinsame Qualitätssicherungsmethode verfolgen. Die Mitgliedstaaten können das Qualitätssicherungssystem dergestalt organisieren, dass jeder einzelne Prüfer alle sechs Jahre einer Qualitätssicherungskontrolle unterzogen wird. In dieser Hinsicht sollte die Finanzierung des Qualitätssicherungssystems frei von ungebührlicher Einflussnahme sein. Die Kommission sollte ermächtigt werden, in Fällen, in denen das Vertrauen der Öffentlichkeit in das Qualitätssicherungssystem schwer erschüttert ist, Durchführungsmaßnahmen in Bereichen, die für die Organisation von Qualitätssicherungssystemen und hinsichtlich ihrer Finanzierung bedeutsam sind, zu erlassen. Die öffentlichen Aufsichtssysteme der Mitgliedstaaten sollten ermutigt werden, einen koordinierten Ansatz für die Überprüfung von Qualitätssicherungssystemen zu finden, um den beteiligten Parteien unnötige Belastungen zu ersparen.

(18) Untersuchungen und angemessene Sanktionen tragen dazu bei, die unzulängliche Durchführung einer Abschlussprüfung zu verhindern und zu berichtigen.

(19) Abschlussprüfer und Prüfungsgesellschaften sind dafür verantwortlich, dass sie ihre Arbeit mit Sorgfalt durchführen, und sollten daher für die finanziellen Schäden, die darauf zurückzuführen sind, dass sie nicht die erforderliche Sorgfalt aufgewendet haben, zur Verantwortung gezogen werden. Die Fähigkeit der Abschlussprüfer und der Prüfungsgesellschaften, eine Berufshaftpflichtversicherung zu erwerben, kann davon abhängig sein, ob sie einer unbeschränkten finanziellen Haftung unterliegen. Diese Fragen beabsichtigt die Kommission unter Berücksichtigung der Tatsache, dass sich die Haftungssysteme der Mitgliedstaaten erheblich unterscheiden können, zu prüfen.

(20) Die Mitgliedstaaten sollten ein wirksames öffentliches Aufsichtssystem für Abschlussprüfer und Prüfungsgesellschaften schaffen, bei dem die Aufsicht dem Herkunftsmitgliedstaat übertragen wird. Die Regelungen für öffentliche Aufsichtssysteme sollten eine wirksame Zusammenarbeit hinsichtlich der Aufsichtstätigkeiten der Mitgliedstaaten auf Gemeinschaftsebene ermöglichen. Das öffentliche Aufsichtssystem sollte in der Hand Nichtberufsausübender liegen, die in den für Pflichtprüfungen relevanten Bereichen über entsprechende Kenntnisse verfügen. Bei den Nichtberufsausübenden kann es sich um Experten von außerhalb der Wirtschaftsprüferbranche oder um ehemalige Wirtschaftsprüfer handeln, die ihren Beruf nicht mehr ausüben. Die Mitgliedstaaten können jedoch gestatten, dass eine Minderheit praktizierender Abschlussprüfer füh-

rende Positionen im öffentlichen Aufsichtssystem bekleidet. Die zuständigen Aufsichtsstellen sollten zusammenarbeiten, wann immer ihre Aufsichtspflichten gegenüber den von ihnen zugelassenen Abschlussprüfern oder Prüfungsgesellschaften dies erfordern. Eine solche Zusammenarbeit kann wesentlich dazu beitragen, eine gleich bleibend hohe Qualität der Abschlussprüfung in der Gemeinschaft zu gewährleisten. Da es notwendig ist, auf europäischer Ebene eine wirksame Zusammenarbeit und Koordinierung der von den Mitgliedstaaten benannten zuständigen Behörden sicherzustellen, sollte die Benennung einer für die Durchführung der Zusammenarbeit verantwortlichen Stelle einer unmittelbaren Zusammenarbeit jeder einzelnen Behörde mit anderen zuständigen Behörden der Mitgliedstaaten nicht entgegenstehen.

(21) Um zu gewährleisten, dass Artikel 32 Absatz 3 über Grundsätze der öffentlichen Aufsicht beachtet wird, wird bei einem Nichtberufsausübenden davon ausgegangen, dass er in den für die Abschlussprüfung relevanten Bereichen über entsprechende Kenntnisse verfügt, entweder weil er in der Vergangenheit entsprechende fachliche Qualifikationen erworben hat, oder weil er in mindestens einem der in Artikel 8 aufgeführten Bereiche Kenntnisse besitzt.

(22) Der Abschlussprüfer bzw. die Prüfungsgesellschaft sollte von der Gesellschafter- oder Mitgliederversammlung des geprüften Unternehmens bestellt werden. Um die Unabhängigkeit des Prüfers zu schützen, darf eine Abberufung nur möglich sein, wenn triftige Gründe vorliegen und diese der oder den für die öffentliche Aufsicht zuständigen Stelle(n) mitgeteilt werden.

(23) Da Unternehmen von öffentlichem Interesse stärker im Blickpunkt der Öffentlichkeit stehen und wirtschaftlich von großer Bedeutung sind, sollten für die Abschlussprüfung ihres Jahresabschlusses oder konsolidierten Abschlusses strengere Anforderungen gelten.

(24) Prüfungsausschüsse und ein wirksames internes Kontrollsystem tragen dazu bei, finanzielle und betriebliche Risiken sowie das Risiko von Vorschriftenverstößen auf ein Mindestmaß zu begrenzen und die Qualität der Rechnungslegung zu verbessern. Die Mitgliedstaten können sich auf die Empfehlung der Kommission vom 15. Februar 2005 zu den Aufgaben von nicht geschäftsführenden Direktoren oder Aufsichtsratsmitgliedern börsennotierter Gesellschaften sowie zu den Ausschüssen des Verwaltungs- oder Aufsichtsrats (1) berufen, die regelt, wie Prüfungsausschüsse gebildet werden und arbeiten sollten. Die Mitgliedstaaten können festlegen, dass die dem Prüfungsausschuss zugewiesenen Funktionen durch den Verwaltungs- oder Aufsichtsrat als Ganzes ausgeübt werden können. Bezüglich der Pflichten des Prüfungsausschusses nach Artikel 41 sollten der Abschlussprüfer oder die Prüfungsgesellschaften in keiner Weise dem Ausschuss untergeordnet sein.

(1) ABl. L 52 vom 25.2.2005, S. 51.

(25) Die Mitgliedstaaten können ferner beschließen, auch Unternehmen von öffentlichem Interesse, die Organismen für gemeinsame Anlagen sind, deren Wertpapiere zum Handel auf einem geregelten Markt zugelassen sind, von der Anforderung eines Prüfungsausschusses zu befreien. Diese Möglichkeit berücksichtigt, dass in den Fällen, in denen die Funktionen von Organismen für gemeinsame Anlagen ausschließlich darin bestehen, die Vermögenswerte zusammenzulegen, die Einsetzung eines Prüfungsausschusses nicht immer angebracht ist. Die Abschlüsse und verbundenen Risiken sind nicht mit denen anderer Unternehmen von öffentlichem Interesse vergleichbar. Organismen für gemeinsame Anlagen in Wertpapieren (OGAW) und ihre Verwaltungsunternehmen operieren außerdem in einem fest definierten Regulierungsumfeld und unterliegen besonderen Führungsmechanismen, wie den durch ihre Verwahrstelle durchgeführten Kontrollen. Für die Organismen für gemeinsame Anlagen, die nicht gemäß der Richtlinie 85/611/EWG (1) harmonisiert sind, jedoch entsprechenden Schutzmaßnahmen gemäß jener Richtlinie unterliegen, sollte es den Mitgliedstaaten in diesem besonderen Fall gestattet sein, diese gleich zu behandeln wie gemeinschaftsweit harmonisierte Organismen für gemeinsame Anlagen.

(1) Richtlinie 85/611/EWG des Rates vom 20. Dezember 1985 zur Koordinierung der Rechts- und Verwaltungsvorschriften betreffend bestimmte Organismen für gemeinsame Anlagen in Wertpapieren (OGAW) (ABl. L 375 vom 31.12.1985, S. 3). Zuletzt geändert durch die Richtlinie 2005/1/EG des Europäischen Parlaments und des Rates (ABl. L 79 vom 24.3.2005, S. 9).

(26) Zur Stärkung der Unabhängigkeit von Prüfern von Unternehmen von öffentlichem Interesse sollten der oder die für die Prüfung dieser Unternehmen verantwortlichen Prüfungspartner rotieren. Um eine solche Rotation zu organisieren, sollten die Mitgliedstaaten einen Wechsel des oder der für das geprüfte Unternehmen verantwortlichen Prüfungspartner verlangen, während es der Prüfungsgesellschaft, der der oder die verantwortlichen Prüfungspartner angehören, weiterhin gestattet wird, als Abschlussprüfer eines solchen Unternehmens tätig zu sein. Falls es aus Sicht eines Mitgliedstaates zur Erreichung der festgelegten Ziele angebracht ist, kann dieser Mitgliedstaat alternativ unabhängig von Artikel 42 Absatz 2 einen Wechsel der Prüfungsgesellschaft fordern.

(27) Aufgrund der Verflechtung der Kapitalmärkte muss auch bei Prüfern aus Drittländern, wenn deren Arbeit den Kapitalmarkt der Gemeinschaft betrifft, eine hohe Qualität sichergestellt werden. Die betroffenen Prüfer sollten registriert sein, damit sie Qualitätssicherungsprüfungen unterliegen und die vorgesehenen Untersuchungen und Sanktionen auf sie angewendet werden können. Bei gegenseitiger Anerkennung sollte es möglich sein, von dieser Auflage abzusehen, wenn die Kommission in Zusammenarbeit mit den Mitgliedstaaten die Gleichwertigkeit der betreffenden Regelungen prüft. In jedem Fall sollte ein Unternehmen, das übertragbare Wertpapiere ausgegeben hat, die

zum Handel auf einem geregelten Markt im Sinne von Artikel 4 Absatz 1 Nummer 14 der Richtlinie 2004/39/EG zugelassen sind, immer von einem Abschlussprüfer geprüft werden, der entweder in einem Mitgliedstaat registriert ist oder der Aufsicht der zuständigen Stellen des Drittlandes, aus dem er stammt, unterliegt, sofern diesem Drittland von der Kommission oder einem Mitgliedstaat beschieden worden ist, dass es bezüglich der Grundsätze der öffentlichen Aufsicht, der Qualitätssicherungssysteme sowie der Untersuchungssysteme und Sanktionen Anforderungen erfüllt, die denen der Gemeinschaft gleichwertig sind, und sofern diese Vereinbarung auf Gegenseitigkeit beruht. Auch wenn ein Mitgliedstaat das Qualitätssicherungssystem eines Drittlandes als gleichwertig ansehen kann, sollten andere Mitgliedstaaten diese nationale Beurteilung nicht anerkennen müssen, und der Feststellung durch die Kommission sollte dadurch nicht vorgegriffen werden.

(28) Die Komplexität von Prüfungen internationaler Konzerne erfordert eine gute Zusammenarbeit zwischen den zuständigen Stellen der Mitgliedstaaten und der betroffenen Drittländer. Die Mitgliedstaaten sollten deshalb sicherstellen, dass die zuständigen nationalen Stellen den zuständigen Stellen von Drittländern den Zugang zu Arbeitspapieren und anderen Unterlagen ermöglichen. Um die Rechte der beteiligten Parteien zu schützen und gleichzeitig den Zugang zu diesen Unterlagen und Papieren zu erleichtern, sollten die Mitgliedstaaten den zuständigen Stellen von Drittländern direkten Zugang gewähren dürfen, wenn die zuständige nationale Stelle dagegen keine Einwände erhebt. Eines der einschlägigen Kriterien für die Gewährung des Zugangs ist, ob die zuständigen Behörden in Drittländern Kriterien erfüllen, die von der Kommission als angemessen betrachtet werden. Bis zu einer solchen Entscheidung durch die Kommission können die Mitgliedstaaten, unbeschadet dieser Entscheidung, bewerten, ob diese Kriterien angemessen sind.

(29) Die in den Artikeln 36 und 47 erwähnte Weitergabe von Informationen sollte den Regeln für die Übermittlung personenbezogener Daten in Drittländer gemäß der Richtlinie 95/46/EG des Europäischen Parlaments und des Rates vom 24. Oktober 1995 zum Schutz natürlicher Personen bei der Verarbeitung personenbezogener Daten und zum freien Datenverkehr (1) entsprechen.

(1) ABl. L 281 vom 23.11.1995, S. 31. Geändert durch die Verordnung (EG) Nr. 1882/2003 (ABl. L 284 vom 31.10.2003, S. 1).

(30) Die zur Umsetzung dieser Richtlinie notwendigen Maßnahmen sollten gemäß dem Beschluss 1999/468/EG und unter angemessener Berücksichtigung der Erklärung, die die Kommission am 5. Februar 2002 vor dem Europäischen Parlament zur Umsetzung der Rechtsvorschriften im Bereich der Finanzdienstleistungen abgegeben hat, erlassen werden.

(31) Dem Europäischen Parlament sollte ein Zeitraum von drei Monaten nach der ersten Übermittlung eines Entwurfs von Änderungen und Umsetzungsmaßnahmen eingeräumt werden, um ihm die Prüfung und Abgabe einer Stellungnahme zu ermöglichen. In dringenden oder ausreichend begründeten Fällen sollte es möglich sein, diesen Zeitraum zu verkürzen. Wenn innerhalb dieses Zeitraums vom Europäischen Parlament eine Entschließung verabschiedet wird, sollte die Kommission den Entwurf der Änderungen oder Maßnahmen erneut prüfen.

(32) Da die Ziele dieser Richtlinie, nämlich die verbindliche Vorgabe eines Satzes internationaler Prüfungsstandards, die Aktualisierung der Ausbildungsvoraussetzungen, die Festlegung von Berufsgrundsätzen und die Gestaltung der Zusammenarbeit zwischen den zuständigen Behörden der Mitgliedstaaten und zwischen diesen und den zuständigen Behörden von Drittländern für die Verbesserung und Harmonisierung der Qualität der Abschlussprüfung in der Gemeinschaft und der Verbesserung der Zusammenarbeit zwischen den Mitgliedstaaten sowie zwischen den Mitgliedstaaten und Drittländern und der Stärkung des Vertrauens in die Abschlussprüfung, auf Ebene der Mitgliedstaaten nicht ausreichend verwirklicht werden können und daher wegen des Umfangs und der Wirkungen dieser Richtlinie besser auf Gemeinschaftsebene zu erreichen sind, kann die Gemeinschaft im Einklang mit dem in Artikel 5 des Vertrags niedergelegten Subsidiaritätsprinzip tätig werden. Entsprechend dem in demselben Artikel genannten Verhältnismäßigkeitsgrundsatz geht diese Richtlinie nicht über das zur Erreichung dieser Ziele erforderliche Maß hinaus.

(33) Um das Verhältnis zwischen Abschlussprüfer bzw. Prüfungsgesellschaft und geprüftem Unternehmen transparenter zu gestalten, sollten die Richtlinien 78/660/EWG und 83/349/EWG so geändert werden, dass das Prüfungshonorar sowie die Honorare für Nichtprüfungsleistungen künftig im Anhang zum Jahresabschluss und konsolidierten Abschluss offen gelegt werden müssen.

(34) Die Richtlinie 84/253/EWG sollte aufgehoben werden, da sie kein ausreichendes Mittel zur Gewährleistung einer angemessenen Prüfungsinfrastruktur – bestehend aus öffentlicher Aufsicht, Disziplinarregelungen und Qualitätssicherungssystemen – liefert und keine speziellen Bestimmungen zur Zusammenarbeit zwischen den zuständigen Stellen von Mitgliedstaaten und Drittländern enthält. Um Rechtssicherheit zu gewährleisten, besteht ein klares Bedürfnis danach, Abschlussprüfer und Prüfungsgesellschaften, die nach der Richtlinie 84/253/EWG zugelassen wurden, auch im Rahmen dieser Richtlinie als zugelassen anzusehen –

HABEN FOLGENDE RICHTLINIE ERLASSEN:

KAPITEL I
GEGENSTAND UND BEGRIFFSBESTIMMUNGEN

Artikel 1
Gegenstand

Diese Richtlinie regelt die Abschlussprüfung

des Jahresabschlusses und des konsolidierten Abschlusses.

↓ M3

Artikel 29 dieser Richtlinie findet auf Abschlussprüfungen von Jahresabschlüssen und konsolidierten Abschlüssen von Unternehmen von öffentlichem Interesse keine Anwendung, sofern in der Verordnung (EU) Nr. 537/2014 des Europäischen Parlaments und des Rates ([1]) nichts anderes festgelegt ist.

([1]) Verordnung (EU) Nr. 537/2014 des Europäischen Parlaments und des Rates vom 16. April 2014 über spezifische Anforderungen an die Abschlussprüfung bei Unternehmen von öffentlichem Interesse (ABl. L 158 vom 27.5.2014, S. 77).

↓ B

Artikel 2
Begriffsbestimmungen

Für die Zwecke dieser Richtlinie gelten folgende Begriffsbestimmungen:

↓ M3

1. „Abschlussprüfung" ist eine Prüfung des Jahresabschlusses oder des konsolidierten Abschlusses, die
   a) nach Unionsrecht vorgeschrieben ist;
   b) nach nationalen Rechtsvorschriften in Bezug auf kleine Unternehmen vorgeschrieben ist;
   c) auf freiwilliger Basis von kleinen Unternehmen durchgeführt wird und nationale rechtliche Anforderungen erfüllt, die den für eine Prüfung gemäß Buchstabe b geltenden Anforderungen gleichwertig sind, wenn diese Prüfungen in den nationalen Rechtsvorschriften als gesetzliche Abschlussprüfungen definiert sind.

↓ B

2. „Abschlussprüfer" ist eine natürliche Person, die von den zuständigen Stellen eines Mitgliedstaates nach dieser Richtlinie für die Durchführung von Abschlussprüfungen zugelassen wurde.
3. „Prüfungsgesellschaft" ist eine juristische Person oder eine sonstige Einrichtung gleich welcher Rechtsform, die von den zuständigen Stellen eines Mitgliedstaats nach dieser Richtlinie für die Durchführung von Abschlussprüfungen zugelassen wurde.

↓ M3

4. „Prüfungsunternehmen aus einem Drittland" ist ein Unternehmen gleich welcher Rechtsform, das Prüfungen des Jahresabschlusses oder des konsolidierten Abschlusses von in einem Drittland eingetragenen Gesellschaften durchführt, und das nicht in einem Mitgliedstaat als Prüfungsgesellschaft infolge einer Zulassung gemäß Artikel 3 registriert ist.
5. „Prüfer aus einem Drittland" ist eine natürliche Person, die Prüfungen des Jahresabschlusses oder des konsolidierten Abschlusses von in einem Drittland eingetragenen Gesellschaften durchführt, und die nicht in einem Mitgliedstaat als Abschlussprüfer infolge einer Zulassung gemäß den Artikeln 3 und 44 registriert ist.

↓ B

6. „Konzernabschlussprüfer" ist/sind der/die Abschlussprüfer oder die Prüfungsgesellschaft(en), der bzw. die die Abschlussprüfung konsolidierter Abschlüsse durchführt/ durchführen.
7. „Netzwerk" ist die breitere Struktur,
   – die auf Kooperation ausgerichtet ist und der ein Abschlussprüfer oder eine Prüfungsgesellschaft angehört und
   – die eindeutig auf Gewinn- oder Kostenteilung abzielt oder durch gemeinsames Eigentum, gemeinsame Kontrolle oder gemeinsame Geschäftsführung, gemeinsame Qualitätssicherungsmaßnahmen und -verfahren, eine gemeinsame Geschäftsstrategie, die Verwendung einer gemeinsamen Marke oder durch einen wesentlichen Teil gemeinsamer fachlicher Ressourcen miteinander verbunden ist.
8. „Verbundenes Unternehmen einer Prüfungsgesellschaft" ist ein Unternehmen gleich welcher Rechtsform, das mit einer Prüfungsgesellschaft durch gemeinsames Eigentum, gemeinsame Kontrolle oder gemeinsame Geschäftsführung verbunden ist.
9. „Bestätigungsvermerk" ist der in Artikel 51a der Richtlinie 78/660/EWG und Artikel 37 der Richtlinie 83/349/EWG genannte Vermerk des Abschlussprüfers oder der Prüfungsgesellschaft.

↓ M3

10. „Zuständige Behörde" ist eine durch Gesetz bestimmte Behörde, die für die Regulierung und/oder Aufsicht von Abschlussprüfern und Prüfungsgesellschaften oder spezifischen Aspekten davon verantwortlich ist. Wird in einem Artikel auf die „zuständige Behörde" Bezug genommen, gilt dies als Bezugnahme auf die Behörde, die für die in dem betreffenden Artikel erwähnten Aufgaben zuständig ist.

↓ B

12. „Internationale Rechnungslegungsstandards" sind die International Accounting Standards (IAS), die International Financial Reporting Standards (IFRS) und die dazugehörigen Interpretationen (SIC/IFRIC), die nachfolgenden Änderungen dieser Standards und der dazugehörigen Interpretationen sowie die vom International Accounting Standards Board (IASB) in Zukunft veröffentlichten oder verabschiedeten Standards und dazugehörigen Interpretationen.

↓ M3

13. „Unternehmen von öffentlichem Interesse" sind
    a) Unternehmen, die unter das Recht eines Mitgliedstaats fallen und deren übertragbare Wertpapiere zum Handel auf einem geregelten Markt eines Mitgliedstaats im Sinne von Artikel 4 Absatz 1 Nummer 14 der Richtlinie 2004/39/EG zugelassen sind;
    b) Kreditinstitute im Sinne des Artikels 3 Absatz 1 Nummer 1 der Richtlinie 2013/36/EU des Europäischen Parlaments und des Rates (1) — mit Ausnahme der in Artikel 2 jener Richtlinie genannten Kreditinstitute;

(1) Richtlinie 2013/36/EU des Europäischen Parlaments und des Rates vom 26. Juni 2013 über den Zugang zur Tätigkeit von Kreditinstituten und die Beaufsichtigung von Kreditinstituten und Wertpapierfirmen, zur Änderung der Richtlinie 2002/87/EG und zur Aufhebung der Richtlinien 2006/48/EG und 2006/49/EG (ABl. L 176 vom 27.6.2013, S. 338).

    c) Versicherungsunternehmen im Sinne des Artikels 2 Absatz 1 der Richtlinie 91/674/EWG oder
    d) Unternehmen, die von den Mitgliedstaaten als Unternehmen von öffentlichem Interesse bestimmt werden, beispielsweise Unternehmen, die aufgrund der Art ihrer Tätigkeit, ihrer Größe oder der Zahl ihrer Mitarbeiter von erheblicher öffentlicher Bedeutung sind.

↓ B

14. „Genossenschaft" ist die Europäische Genossenschaft im Sinne von Artikel 1 der Verordnung (EG) Nr. 1435/2003 des Rates vom 22. Juli 2003 über das Statut der Europäischen Genossenschaft (SCE) (1) oder jede andere Genossenschaft, für die nach Gemeinschaftsrecht eine Abschlussprüfung vorgeschrieben ist, wie etwa Kreditinstitute im Sinne von Artikel 1 Nummer 1 der Richtlinie 2000/12/EG sowie Versicherungsunternehmen im Sinne von Artikel 2 Absatz 1 der Richtlinie 91/674/EWG.

(1) ABl. L 207 vom 18.8.2003, S. 1.

↓ M3

15. „Nichtberufsausübender" ist eine natürliche Person, die während ihrer Beauftragung mit der öffentlichen Aufsicht und während der drei Jahre unmittelbar vor dieser Beauftragung keine Abschlussprüfungen durchgeführt hat, keine Stimmrechte in einer Prüfungsgesellschaft gehalten hat, weder Mitglied eines Verwaltungs-, Leitungs- oder Aufsichtsorgans einer Prüfungsgesellschaft noch bei einer Prüfungsgesellschaft angestellt war noch in sonstiger Weise mit einer Prüfungsgesellschaft verbunden war.

↓ B

16. „Verantwortlicher Prüfungspartner" ist/sind
    a) der/die Abschlussprüfer, der/die von einer Prüfungsgesellschaft für ein bestimmtes Prüfungsmandat als für die Durchführung der Abschlussprüfung im Auftrag der Prüfungsgesellschaft vorrangig verantwortlich bestimmt ist/sind; oder
    b) im Fall einer Konzernabschlussprüfung mindestens der/die Abschlussprüfer, der/die von einer Prüfungsgesellschaft als für die Durchführung der Abschlussprüfung auf Konzernebene vorrangig verantwortlich bestimmt ist/sind, und der/die Abschlussprüfer, der/die als auf der Ebene bedeutender Tochtergesellschaften vorrangig verantwortlich bestimmt ist/sind, oder
    c) der/die Abschlussprüfer, der/die den Bestätigungsvermerk unterzeichnet/unterzeichnen.

↓ M3

17. „Mittlere Unternehmen" sind Unternehmen gemäß Artikel 1 Absatz 1 und Artikel 3 Absatz 3 der Richtlinie 2013/34/EU des Europäischen Parlaments und des Rates (1).

(1) Richtlinie 2013/34/EU des Europäischen Parlaments und des Rates vom 26. Juni 2013 über den Jahresabschluss, den konsolidierten Abschluss und damit verbundene Berichte von Unternehmen bestimmter Rechtsformen und zur Änderung der Richtlinie 2006/43/EG des Europäischen Parlaments und des Rates und zur Aufhebung der Richtlinien 78/660/EWG und 83/349/EWG des Rates (ABl. L 182 vom 29.6.2013, S. 19).

18. „Kleine Unternehmen" sind Unternehmen gemäß Artikel 1 Absatz 1 und Artikel 3 Absatz 2 der Richtlinie 2013/34/EU.
19. „Herkunftsmitgliedstaat" ist ein Mitgliedstaat, in dem ein Abschlussprüfer oder eine Prüfungsgesellschaft gemäß Artikel 3 Absatz 1 zugelassen ist.
20. „Aufnahmemitgliedstaat" ist ein Mitgliedstaat, in dem ein Abschlussprüfer mit Zulassung im Herkunftsmitgliedstaat ebenfalls eine Zulassung gemäß Artikel 14 beantragt, oder ein Mitgliedstaat, in dem eine Prüfungsgesellschaft mit Zulassung im Herkunftsmitgliedstaat gemäß Artikel 3a die Registrierung beantragt hat oder registriert ist.

↓ B

KAPITEL II
ZULASSUNG, KONTINUIERLICHE FORTBILDUNG UND GEGENSEITIGE ANERKENNUNG

Artikel 3
Zulassung von Abschlussprüfern und Prüfungsgesellschaften

(1) Eine Abschlussprüfung wird ausschließlich von Abschlussprüfern oder Prüfungsgesellschaften durchgeführt, die von dem Mitgliedstaat, der die Abschlussprüfung vorschreibt, zugelassen wurden.

(2) → M3 Jeder Mitgliedstaat benennt die zuständige Behörde als für die Zulassung von Abschlussprüfern und Prüfungsgesellschaften verantwortliche Behörde. ←

↓ M3

↓ B

(3) Unbeschadet des Artikels 11 lassen die zuständigen Stellen der Mitgliedstaaten nur natürliche Personen zu, die mindestens die in den Artikeln 4 und 6 bis 10 genannten Voraussetzungen erfüllen.

(4) Die zuständigen Stellen der Mitgliedstaaten lassen als Prüfungsgesellschaften nur Einrichtungen zu, die die folgenden Voraussetzungen erfüllen:

a) Die natürlichen Personen, die für eine Prüfungsgesellschaft Abschlussprüfungen durchführen, müssen zumindest die Voraussetzungen der Artikel 4 und 6 bis 12 erfüllen und in dem betroffenen Mitgliedstaat als Abschlussprüfer zugelassen sein.

↓ M3

b) Eine Mehrheit der Stimmrechte in einer Einrichtung muss von Prüfungsgesellschaften, die in einem Mitgliedstaat zugelassen sind, oder von natürlichen Personen, die zumindest die Voraussetzungen der Artikel 4 und 6 bis 12 erfüllen, gehalten werden. Die Mitgliedstaaten können bestimmen, dass solche natürliche Personen auch in einem anderen Mitgliedstaat zugelassen sein müssen. Für die Zwecke der Abschlussprüfung von Genossenschaften, Sparkassen und ähnlichen Einrichtungen gemäß Artikel 45 der Richtlinie 86/635/EWG oder von Tochterunternehmen oder Rechtsnachfolgern einer Genossenschaft, einer Sparkasse oder einer ähnlichen Einrichtung gemäß Artikel 45 der Richtlinie 86/635/EWG können die Mitgliedstaaten andere spezifische Bestimmungen im Zusammenhang mit Stimmrechten erlassen.

↓ B

c) Das Verwaltungs- oder Leitungsorgan der Einrichtung muss sich mit einer Mehrheit von bis zu 75 % aus Prüfungsgesellschaften mit Zulassung in einem Mitgliedstaat oder natürlichen Personen zusammensetzen, die zumindest die Voraussetzungen der Artikel 4 und 6 bis 12 erfüllen. Die Mitgliedstaaten können bestimmen, dass solche natürlichen Personen auch in einem anderen Mitgliedstaat zugelassen sein müssen. Zählt ein solches Organ nur zwei Mitglieder, so muss eines von ihnen zumindest die Voraussetzungen dieses Buchstabens erfüllen.

d) Die Gesellschaft erfüllt die Voraussetzungen des Artikels 4.

Die Mitgliedstaaten dürfen nur im Zusammenhang mit Buchstabe c zusätzliche Bedingungen aufstellen. Diese Bedingungen müssen zu den verfolgten Zielen verhältnismäßig sein und dürfen nicht über das hinausgehen, was unbedingt erforderlich ist.

↓ M3

Artikel 3a
Anerkennung von Prüfungsgesellschaften

(1) Abweichend von Artikel 3 Absatz 1 ist eine Prüfungsgesellschaft mit Zulassung in einem Mitgliedstaat berechtigt, Abschlussprüfungen in einem anderen Mitgliedstaat durchzuführen, wenn der verantwortliche Prüfungspartner, der die Abschlussprüfung im Namen der Prüfungsgesellschaft durchführt, die Voraussetzungen des Artikels 3 Absatz 4 Buchstabe a im Aufnahmemitgliedstaat erfüllt.

(2) Eine Prüfungsgesellschaft, die Abschlussprüfungen in einem anderen als ihrem Herkunftsmitgliedstaat durchführen möchte, muss sich gemäß den Artikeln 15 und 17 bei der zuständigen Behörde des Aufnahmemitgliedstaats registrieren lassen.

(3) Die zuständige Behörde des Aufnahmemitgliedstaats registriert die Prüfungsgesellschaft, wenn sie sich vergewissert hat, dass die Prüfungsgesellschaft bei der zuständigen Behörde des Herkunftsmitgliedstaats registriert ist. Beabsichtigt der Aufnahmemitgliedstaat, sich auf eine Bescheinigung über die Registrierung der Prüfungsgesellschaft im Herkunftsmitgliedstaat zu verlassen, kann die zuständige Behörde des Aufnahmemitgliedstaats verlangen, dass die von der zuständigen Behörde des Herkunftsmitgliedstaats ausgestellte Bescheinigung nicht älter als drei Monate ist. Die zuständige Behörde des Aufnahmemitgliedstaats informiert die zuständige Behörde des Herkunftsmitgliedstaats über die Registrierung der Prüfungsgesellschaft.

↓ B

Artikel 4
Guter Leumund

Die zuständigen Stellen eines Mitgliedstaats dürfen die Zulassung nur natürlichen oder juristischen Personen mit gutem Leumund erteilen.

Artikel 5
Entzug der Zulassung

(1) Die Zulassung wird entzogen, wenn der Ruf eines Abschlussprüfers oder einer Prüfungsgesellschaft ernsthaft beschädigt ist. Allerdings können die Mitgliedstaaten einen angemessenen Zeitraum einräumen, innerhalb dessen die Gesellschaft die Anforderungen an einen guten Leumund erfüllen kann.

(2) Einer Prüfungsgesellschaft wird die Zulassung entzogen, sobald eine der in Artikel 3 Absatz 4 Buchstaben b und c genannten Anforderungen nicht mehr erfüllt ist. Allerdings können die Mitgliedstaaten einen angemessenen Zeitraum einräumen, innerhalb dessen die Gesellschaft diese Anforderungen erfüllen kann.

↓ M3

(3) Wird einem Abschlussprüfer oder einer Prüfungsgesellschaft aus irgendeinem Grund die Zulassung entzogen, teilt die zuständige Behörde des Herkunftsmitgliedstaats, in dem die Zulassung

entzogen wird, diesen Umstand und die Gründe für den Entzug den entsprechenden zuständigen Behörden der Aufnahmemitgliedstaaten mit, in denen der Abschlussprüfer oder die Prüfungsgesellschaft gemäß Artikel 3a, Artikel 16 Absatz 1 Buchstabe c und Artikel 17 Absatz 1 Buchstabe i auch registriert ist.

↓ B

Artikel 6
Ausbildung

Unbeschadet des Artikels 11 kann eine natürliche Person nur zur Durchführung von Abschlussprüfungen zugelassen werden, wenn sie nach Erlangung der Hochschulreife oder einer entsprechenden Ausbildungsstufe eine theoretische und eine praktische Ausbildung absolviert und sich mit Erfolg einer staatlichen oder staatlich anerkannten beruflichen Eignungsprüfung auf dem Niveau eines Hochschulabschlusses oder eines entsprechenden Niveaus in dem betreffenden Mitgliedstaat unterzogen hat.

↓ M3

Die in Artikel 32 genannten zuständigen Behörden arbeiten im Hinblick auf eine Angleichung der in diesem Artikel genannten Anforderungen zusammen. Bei der Aufnahme dieser Zusammenarbeit tragen diese zuständigen Behörden den Entwicklungen im Prüfungswesen und im Berufsstand der Prüfer und insbesondere der Angleichung Rechnung, die bereits in dem Berufsstand erreicht wurde. Sie arbeiten mit dem Ausschuss der Europäischen Aufsichtsstellen für Abschlussprüfer (im Folgenden „Ausschuss der Aufsichtsstellen“) und den in Artikel 20 der Verordnung (EU) Nr. 537/2014 genannten zuständigen Behörden zusammen, sofern es bei dieser Angleichung um die Abschlussprüfung von Unternehmen von öffentlichem Interesse geht.

↓ B

Artikel 7
Prüfung der beruflichen Eignung

Die in Artikel 6 genannte Eignungsprüfung garantiert die erforderlichen theoretischen Kenntnisse auf den für die Abschlussprüfung maßgebenden Sachgebieten sowie die Fähigkeit, diese Kenntnisse praktisch anzuwenden. Diese Prüfung muss zumindest teilweise schriftlich erfolgen.

Artikel 8
Theoretische Prüfung

(1) Die im Rahmen der Eignungsprüfung durchgeführte theoretische Prüfung umfasst insbesondere die folgenden Sachgebiete:

a) Theorie und Grundsätze des allgemeinen Rechnungswesens,
b) gesetzliche Vorschriften und Grundsätze für die Aufstellung des Jahresabschlusses und des konsolidierten Abschlusses,
c) internationale Rechnungslegungsstandards,
d) Finanzanalyse,
e) Kostenrechnung und betriebliches Rechnungswesen,
f) Risikomanagement und interne Kontrolle,
g) Prüfungswesen und berufsspezifische Fertigkeiten,
h) gesetzliche und standesrechtliche Vorschriften für Abschlussprüfung und Abschlussprüfer,

↓ M3

i) internationale Prüfungsstandards gemäß Artikel 26,

↓ B

j) Berufsgrundsätze und Unabhängigkeit.

(2) Diese Prüfung umfasst zumindest auch die folgenden Sachgebiete, soweit sie für die Abschlussprüfung relevant sind:

a) Gesellschaftsrecht und Corporate Governance,
b) Rechtsvorschriften über Insolvenz und ähnliche Verfahren,
c) Steuerrecht,
d) bürgerliches Recht und Handelsrecht,
e) Sozialversicherungs- und Arbeitsrecht,
f) IT- und Computersysteme,
g) Betriebswirtschaft, Volkswirtschaft und Finanzwissenschaft,
h) Mathematik und Statistik,
i) Grundzüge des betrieblichen Finanzwesens.

↓ M3

↓ B

Artikel 9
Ausnahmen

(1) Abweichend von den Artikeln 7 und 8 können die Mitgliedstaaten vorsehen, dass Personen, die auf einem oder mehreren der in Artikel 8 genannten Sachgebiete eine Hochschul- oder gleichwertige Prüfung bestanden oder einen Hochschul- oder gleichwertigen Abschluss erworben haben, von der theoretischen Prüfung in diesen Sachgebieten befreit werden.

(2) Abweichend von Artikel 7 können die Mitgliedstaaten vorsehen, dass Personen, die auf einem oder mehreren der in Artikel 8 genannten Sachgebiete einen Hochschul- oder gleichwertigen Abschluss besitzen, von der Prüfung ihrer Fähigkeit, die theoretischen Kenntnisse auf diesen Sachgebieten praktisch anzuwenden, befreit werden, wenn sie auf den betreffenden Gebieten eine praktische Ausbildung absolviert haben, die mit einer staatlich anerkannten Prüfung oder einem staatlich anerkannten Zeugnis abgeschlossen wurde.

Artikel 10
Praktische Ausbildung

↓ M3

(1) Um die Fähigkeit zur praktischen Anwendung der in der Eignungsprüfung getesteten theoretischen Kenntnisse zu gewährleisten, wird eine

mindestens dreijährige praktische Ausbildung durchgeführt, die unter anderem die Prüfung von Jahresabschlüssen, konsolidierten Abschlüssen oder ähnlichen Abschlüssen zum Gegenstand hat. Diese praktische Ausbildung wird zu mindestens zwei Dritteln bei einem in einem Mitgliedstaat zugelassenen Abschlussprüfer oder einer in einem Mitgliedstaat zugelassenen Prüfungsgesellschaft absolviert.

↓ B

(2) Die Mitgliedstaaten stellen sicher, dass die gesamte praktische Ausbildung bei Personen stattfindet, die ausreichende Garantien für ihre Fähigkeit, eine praktische Ausbildung zu gewähren, bieten.

Artikel 11
Zulassung aufgrund langjähriger praktischer Erfahrung

Ein Mitgliedstaat kann Personen, die die in Artikel 6 festgelegten Voraussetzungen nicht erfüllen, als Abschlussprüfer zulassen, wenn diese nachweisen können, dass sie

a) entweder 15 Jahre lang einer beruflichen Tätigkeit nachgegangen sind, die es ihnen ermöglicht hat, auf den Gebieten des Finanzwesens, des Rechts und der Rechnungslegung ausreichende Erfahrungen zu sammeln, und die in Artikel 7 genannte berufliche Eignungsprüfung bestanden haben,

b) oder sieben Jahre lang einer beruflichen Tätigkeit auf den genannten Gebieten nachgegangen sind sowie die in Artikel 10 genannte praktische Ausbildung absolviert und die in Artikel 7 genannte berufliche Eignungsprüfung bestanden haben.

Artikel 12
Kombination von praktischer und theoretischer Ausbildung

(1) Die Mitgliedstaaten können vorsehen, dass Zeiten, in denen eine theoretische Ausbildung auf den in Artikel 8 genannten Sachgebieten absolviert wurde, auf die in Artikel 11 genannten Berufsjahre angerechnet werden, wenn diese Ausbildung mit einer staatlich anerkannten Prüfung abgeschlossen wurde. Diese Ausbildung muss mindestens ein Jahr dauern und darf höchstens mit vier Jahren auf die berufliche Tätigkeit angerechnet werden.

(2) Berufstätigkeit und praktische Ausbildung dürfen nicht kürzer sein als die theoretische Ausbildung zusammen mit der in Artikel 10 vorgeschriebenen praktischen Ausbildung.

↓ M3

Artikel 13
Kontinuierliche Fortbildung

Die Mitgliedstaaten stellen sicher, dass Abschlussprüfer sich im Rahmen angemessener Programme kontinuierlich fortbilden müssen, um ihre theoretischen Kenntnisse und ihr berufliches Können und ihre beruflichen Wertmaßstäbe auf einem ausreichend hohen Stand zu halten, und dass ein Missachten dieser Anforderung angemessene Sanktionen gemäß Artikel 30 nach sich zieht.

Artikel 14
Zulassung von Abschlussprüfern aus anderen Mitgliedstaaten

(1) Die zuständigen Behörden legen Verfahren für die Zulassung von Abschlussprüfern, die in anderen Mitgliedstaaten zugelassen sind, fest. Im Rahmen dieser Verfahren darf dem Abschlussprüfer höchstens ein Anpassungslehrgang im Sinne von Artikel 3 Absatz 1 Buchstabe g der Richtlinie 2005/36/EG des Europäischen Parlaments und des Rates [1] oder eine Eignungsprüfung im Sinne von Buchstabe h der genannten Bestimmung auferlegt werden.

[1] Richtlinie 2005/36/EG des Europäischen Parlaments und des Rates vom 7. September 2005 über die Anerkennung von Berufsqualifikationen (ABl. L 255 vom 30.9.2005, S. 22).

(2) Der Aufnahmemitgliedstaat beschließt, ob dem Antragsteller für die Zulassung ein Anpassungslehrgang gemäß Artikel 3 Absatz 1 Buchstabe g der Richtlinie 2005/36/EG oder eine Eignungsprüfung gemäß Buchstabe h der genannten Bestimmung auferlegt wird.

Der Anpassungslehrgang darf nicht länger als drei Jahre dauern und der Antragsteller wird einer Bewertung unterworfen.

Die Eignungsprüfung erfolgt in einer nach der in dem betreffenden Aufnahmemitgliedstaat geltenden Sprachenregelung zugelassenen Sprache. Sie erstreckt sich ausschließlich darauf, ob der Abschlussprüfer über angemessene Kenntnisse der Rechtsvorschriften des betreffenden Aufnahmemitgliedstaats verfügt, soweit diese Kenntnisse für Abschlussprüfungen relevant sind.

(3) Die zuständigen Behörden arbeiten im Rahmen des Ausschusses der Aufsichtsstellen im Hinblick auf eine Angleichung der Anforderungen in Bezug auf den Anpassungslehrgang und die Eignungsprüfung zusammen. Sie sorgen für transparentere und vorhersehbarere Anforderungen. Sie arbeiten mit dem Ausschuss der Aufsichtsstellen und den in Artikel 20 der Verordnung (EU) Nr. 537/2014 genannten zuständigen Behörden zusammen, sofern diese Angleichung Abschlussprüfungen von Unternehmen von öffentlichem Interesse betrifft.

↓ B

KAPITEL III
REGISTRIERUNG

Artikel 15
Öffentliches Register

↓ M3

(1) Jeder Mitgliedstaat stellt sicher, dass Abschlussprüfer und Prüfungsgesellschaften gemäß den Artikeln 16 und 17 in ein öffentliches Register eingetragen sind. Unter besonderen Umständen können die Mitgliedstaaten von den Anforderungen dieses Artikels und des Artikels 16 hinsichtlich

der Offenlegung abweichen; dies ist aber nur in dem Ausmaß möglich, das notwendig ist, um eine absehbare und ernst zu nehmende Gefahr für die persönliche Sicherheit einer Person zu verringern.

↓ B

(2) Die Mitgliedstaaten stellen sicher, dass alle Abschlussprüfer und Prüfungsgesellschaften in diesem öffentlichen Register unter einer individuellen Nummer geführt werden. Datenspeicherungen des Registers erfolgen elektronisch; die Öffentlichkeit kann auf elektronischem Wege auf das Register zugreifen.

(3) Das öffentliche Register enthält ferner Namen und Anschrift der Stellen, die für die Zulassung nach Artikel 3, die Qualitätssicherung nach Artikel 29, die Untersuchungen und Sanktionen gegen Abschlussprüfer und Prüfungsgesellschaften nach Artikel 30 und die öffentliche Aufsicht nach Artikel 32 verantwortlich sind.

(4) Die Mitgliedstaaten stellen sicher, dass das öffentliche Register spätestens am 29. Juni 2009 in vollem Umfang einsatzfähig ist.

Artikel 16
Registrierung von Abschlussprüfern

(1) Für Abschlussprüfer werden im öffentlichen Register zumindest die folgenden Angaben geführt:

a) Name, Anschrift und Registrierungsnummer;

b) gegebenenfalls Name, Anschrift, Internet-Adresse und Registrierungsnummer der Prüfungsgesellschaft(en), bei der/denen der Abschlussprüfer angestellt ist oder der/denen er als Partner angehört oder in ähnlicher Form verbunden ist;

c) andere Registrierung(en) als Abschlussprüfer bei den zuständigen Stellen anderer Mitgliedstaaten und als Prüfer in Drittländern, einschließlich des/der Namen(s) der Zulassungsbehörde(n) und gegebenenfalls der Registrierungsnummer(n).

(2) Prüfer aus Drittländern, die gemäß Artikel 45 registriert sind, werden im Register eindeutig als solche, und nicht als Abschlussprüfer, geführt.

Artikel 17
Registrierung von Prüfungsgesellschaften

(1) Für Prüfungsgesellschaften werden im öffentlichen Register zumindest die folgenden Angaben geführt:

a) Name, Anschrift und Registrierungsnummer;

b) Rechtsform;

c) Kontaktmöglichkeiten, Hauptansprechpartner und gegebenenfalls Internetadresse;

d) Anschrift jedes Büros in dem Mitgliedstaat;

e) Name und Registrierungsnummer aller Abschlussprüfer, die bei der Prüfungsgesellschaft angestellt sind oder als Partner angehören oder in ähnlicher Form mit ihr verbunden sind;

f) Namen und Geschäftsadressen aller Eigentümer und Anteilseigner;

g) Namen und Geschäftsadressen aller Mitglieder des Verwaltungs- oder Leitungsorgans;

h) gegebenenfalls ein Hinweis auf Mitgliedschaft in einem Netzwerk sowie eine Liste mit Namen und Anschriften der Mitgliedsgesellschaften und ihrer verbundenen Unternehmen oder ein Hinweis darauf, wo diese Informationen öffentlich zugänglich sind;

i) andere Registrierung(en) als Prüfungsgesellschaft bei den zuständigen Behörden anderer Mitgliedstaaten und als Prüfungsunternehmen in Drittländern, einschließlich des/der Namen(s) der Zulassungsbehörde(n) und gegebenenfalls der Registrierungsnummer(n).

↓ M3

j) gegebenenfalls, ob die Prüfungsgesellschaft gemäß Artikel 3a Absatz 3 registriert ist.

↓ B

(2) Prüfungsunternehmen aus Drittländern, die gemäß Artikel 45 registriert sind, werden im Register eindeutig als solche, und nicht als Prüfungsgesellschaften, geführt.

Artikel 18
Aktualisierung des Registers

Die Mitgliedstaaten stellen sicher, dass Abschlussprüfer und Prüfungsgesellschaften den für das öffentliche Register zuständigen Stellen jede Änderung der darin geführten Informationen unverzüglich mitteilen. Das Register wird nach einer solchen Mitteilung unverzüglich aktualisiert.

Artikel 19
Verantwortlichkeit für die Registrierungsangaben

Die nach den Artikeln 16, 17 und 18 den entsprechenden zuständigen Stellen gelieferten Informationen werden vom Abschlussprüfer oder der Prüfungsgesellschaft unterzeichnet. Dies kann, wenn die zuständige Stelle die Übermittlung der Informationen auf elektronischem Weg zulässt, beispielsweise durch eine elektronische Signatur im Sinne von Artikel 2 Nummer 1 der Richtlinie 1999/93/EG des Europäischen Parlaments und des Rates vom 13. Dezember 1999 über gemeinschaftliche Rahmenbedingungen für elektronische Signaturen (1) geschehen.

(1) ABl. L 13 vom 19.1.2000, S. 12.

Artikel 20
Sprache

(1) Die Informationen werden in einer nach der in dem betreffenden Mitgliedstaat geltenden Sprachenregelung zugelassenen Sprache in das öffentliche Register eingegeben.

(2) Die Mitgliedstaaten können gestatten, dass die Informationen zusätzlich dazu in einer oder mehreren anderen Amtssprachen der Gemeinschaft in das öffentliche Register eingegeben werden. Die Mitgliedstaaten können zu diesem Zweck eine beglaubigte Übersetzung vorschreiben.

Die betroffenen Mitgliedstaaten stellen in allen Fällen sicher, dass aus dem Register hervorgeht, ob es sich um eine beglaubigte Übersetzung handelt oder nicht.

KAPITEL IV BERUFSGRUNDSÄTZE, UNABHÄNGIGKEIT, UNPARTEILICHKEIT, VERSCHWIEGENHEIT UND BERUFSGEHEIMNIS

Artikel 21

↓ M3

Berufsgrundsätze und kritische Grundhaltung

↓ B

(1) Die Mitgliedstaaten stellen sicher, dass alle Abschlussprüfer und Prüfungsgesellschaften an Berufsgrundsätze gebunden sind. Diese Berufsgrundsätze haben zumindest ihre Funktion für das öffentliche Interesse, ihre Integrität und Unparteilichkeit sowie ihre Fachkompetenz und Sorgfalt zum Gegenstand.

↓ M3

(2) Die Mitgliedstaaten sorgen dafür, dass Abschlussprüfer und Prüfungsgesellschaften bei der Durchführung einer Abschlussprüfung während der gesamten Prüfung ihre kritische Grundhaltung beibehalten und ungeachtet ihrer bisherigen Erfahrungen mit der Aufrichtigkeit und Integrität des Managements des geprüften Unternehmens und der mit der Unternehmensführung betrauten Personen die Möglichkeit in Betracht ziehen, dass es aufgrund von Sachverhalten oder Verhaltensweisen, die auf Unregelmäßigkeiten wie Betrug oder Irrtümer hindeuten, zu einer wesentlichen falschen Darstellung gekommen sein könnte.

Ihre kritische Grundhaltung behalten die Abschlussprüfer und Prüfungsgesellschaften insbesondere bei der prüferischen Beurteilung der Schätzungen des Managements in Bezug auf Zeitwertangaben, die Wertminderung von Vermögenswerten, Rückstellungen und künftige Cashflows, die für die Beurteilung der Fähigkeit des Unternehmens zur Fortführung der Unternehmenstätigkeit von Bedeutung sind, bei.

Für die Zwecke dieses Artikels bedeutet „kritische Grundhaltung" die grundsätzliche Einstellung, Dinge kritisch zu hinterfragen, auf Gegebenheiten zu achten, die auf eine mögliche, durch Betrug oder Irrtümer bedingte wesentliche falsche Darstellung hindeuten können, und die Prüfungsnachweise kritisch zu beurteilen.

↓ B

Artikel 22
Unabhängigkeit und Unparteilichkeit

↓ M3

(1) Die Mitgliedstaaten stellen sicher, dass ein Abschlussprüfer oder eine Prüfungsgesellschaft sowie jede natürliche Person, die in der Lage ist, das Ergebnis der Abschlussprüfung direkt oder indirekt zu beeinflussen, bei der Durchführung einer Abschlussprüfung von dem geprüften Unternehmen unabhängig und nicht in dessen Entscheidungsprozesse eingebunden ist.

Diese Unabhängigkeit ist zumindest sowohl für den Zeitraum erforderlich, auf den sich die zu prüfenden Abschlüsse beziehen, als auch für die Dauer der Abschlussprüfung.

Die Mitgliedstaaten sorgen dafür, dass ein Abschlussprüfer oder eine Prüfungsgesellschaft alle angemessenen Maßnahmen ergreift, um zu gewährleisten, dass seine bzw. ihre Unabhängigkeit bei der Durchführung einer Abschlussprüfung nicht durch tatsächliche oder potenzielle Interessenkonflikte oder Geschäfts- oder sonstige direkte oder indirekte Beziehungen des Abschlussprüfers oder der Prüfungsgesellschaft, der bzw. die die Abschlussprüfung durchführt, sowie gegebenenfalls seines bzw. ihres Netzwerks, der Geschäftsleitung, der Prüfer, der Mitarbeiter, beliebiger anderer natürlicher Personen, deren Leistungen der Abschlussprüfer oder die Prüfungsgesellschaft in Anspruch nehmen oder die er bzw. sie kontrollieren kann, oder jeder anderen Person, die über ein Kontrollverhältnis direkt oder indirekt mit dem Abschlussprüfer bzw. der Prüfungsgesellschaft verbunden ist, beeinträchtigt wird.

Der Abschlussprüfer oder die Prüfungsgesellschaft darf die Abschlussprüfung nicht ausführen, wenn eine Gefahr der Selbstüberprüfung, des Eigeninteresses, der Interessenvertretung, der Vertrautheit oder der Einschüchterung aufgrund einer Beziehung finanzieller, persönlicher oder geschäftlicher Art, eines Beschäftigungsverhältnisses oder anderer Beziehungen zwischen

— dem Abschlussprüfer, der Prüfungsgesellschaft, deren Netzwerk sowie jeder natürlichen Person, die in der Lage ist, das Ergebnis der Abschlussprüfung zu beeinflussen, und
— dem geprüften Unternehmen

besteht, wodurch eine unabhängige, vernünftige und sachkundige dritte Partei unter Beachtung der angewandten Schutzmaßnahmen zu dem Schluss käme, dass die Unabhängigkeit des Abschlussprüfers oder der Prüfungsgesellschaft gefährdet ist.

(2) Die Mitgliedstaaten sorgen dafür, dass Abschlussprüfer, Prüfungsgesellschaften, ihre verantwortlichen Prüfungspartner und Mitarbeiter sowie alle anderen natürlichen Personen, deren Leistungen der Abschlussprüfer bzw. die Prüfungsgesellschaft in Anspruch nehmen oder kontrollieren kann, und die unmittelbar an den Prüfungsarbeiten beteiligt sind, sowie Personen, die im Sinne von Artikel 1 Absatz 2 der Richtlinie 2004/72/EG der Kommission ([1]) in enger Beziehung zu ihnen stehen, kein wesentliches und direktes wirtschaftliches Eigentum an Finanzinstrumenten halten oder haben oder von der Beteiligung an Geschäften mit Finanzinstrumenten absehen, die von einem geprüften Unternehmen, das in den Kreis ihrer Prüfungstätigkeiten fällt, ausgegeben, garantiert oder in anderer Weise abgesichert werden, es sei denn, es handelt sich um in indirektem Eigentum

befindliche Beteiligungen durch diversifizierte Organismen für gemeinsame Anlagen, einschließlich gemanagter Fonds, wie Pensionsfonds und Lebensversicherungen.

(1) Richtlinie 2004/72/EG der Kommission vom 29. April 2004 zur Durchführung der Richtlinie 2003/6/EG des Europäischen Parlaments und des Rates — Zulässige Marktpraktiken, Definition von Insider-Informationen in Bezug auf Warenderivate, Erstellung von Insider-Verzeichnissen, Meldung von Eigengeschäften und Meldung verdächtiger Transaktionen (ABl. L 162 vom 30.4.2004, S. 70).

↓ B

(3) Die Mitgliedstaaten stellen sicher, dass Abschlussprüfer oder Prüfungsgesellschaften in ihren Arbeitspapieren alle bedeutsamen Risiken für ihre Unabhängigkeit und die Schutzmaßnahmen, die zur Minderung dieser Risiken ergriffen wurden, dokumentieren.

↓ M3

(4) Die Mitgliedstaaten sorgen dafür, dass die in Absatz 2 genannten Personen oder Gesellschaften nicht an der Prüfung eines bestimmten Unternehmens teilnehmen bzw. das Ergebnis einer Abschlussprüfung nicht in anderer Weise beeinflussen, wenn sie

a) Finanzinstrumente des geprüften Unternehmens besitzen, bei denen es sich nicht um indirekt gehaltene Beteiligungen durch diversifizierte Organismen für gemeinsame Anlagen handelt,
b) Finanzinstrumente eines mit dem geprüften Unternehmen verbundenen Unternehmens besitzen, bei denen es sich nicht um indirekt gehaltene Beteiligungen durch diversifizierte Organismen für gemeinsame Anlagen handelt, und der Besitz dieser Instrumente einen Interessenkonflikt verursachen kann oder nach allgemeiner Auffassung einen solchen verursacht,
c) während des in Absatz 1 genannten Zeitraums eine Beschäftigungs-, Geschäfts- oder sonstige Beziehung zu diesem geprüften Unternehmen unterhalten haben, das einen Interessenkonflikt verursachen kann oder nach allgemeiner Auffassung einen solchen verursacht.

↓ M3

(5) Die in Absatz 2 genannten Personen oder Gesellschaften nehmen von dem geprüften Unternehmen oder von einem mit dem geprüften Unternehmen verbundenen Unternehmen keine Geld- oder Sachgeschenke oder Gefälligkeiten an und bemühen sich nicht um solche, es sein denn, ein objektiver, verständiger und informierter Dritter würde deren Wert als geringfügig oder unbedeutend betrachten.

(6) Wenn ein geprüftes Unternehmen während des durch die Abschlüsse abgedeckten Zeitraums von einem anderen Unternehmen erworben wird, sich mit diesem zusammenschließt oder ein solches Unternehmen erwirbt, ermittelt und beurteilt der Abschlussprüfer bzw. die Prüfungsgesellschaft alle gegenwärtigen oder kürzlich erfolgten Beteiligungen oder Beziehungen zu diesem Unternehmen, einschließlich aller diesem Unternehmen erbrachten Nichtprüfungsleistungen, die unter Berücksichtigung verfügbarer Schutzmaßnahmen die Unabhängigkeit und die Fähigkeit des Prüfers, die Abschlussprüfung nach dem Datum des Wirksamwerdens der Fusion oder Übernahme fortzusetzen, in Frage stellen könnten.

So schnell wie möglich, in jedem Fall aber innerhalb von drei Monaten, leitet der Abschlussprüfer oder die Prüfungsgesellschaft alle Schritte ein, die sich als notwendig erweisen könnten, um gegenwärtige Beteiligungen oder Beziehungen, die seine bzw. ihre Unabhängigkeit in Frage stellen würden, zu beenden, und ergreift wenn möglich Schutzmaßnahmen, um jede Gefahr für seine bzw. ihre Unabhängigkeit, die sich aus früheren und gegenwärtigen Beteiligungen und Beziehungen ergeben, zu minimieren.

Artikel 22a
Einstellung von früheren Abschlussprüfern oder Mitarbeitern von Abschlussprüfern oder Prüfungsgesellschaften bei geprüften Unternehmen

(1) Die Mitgliedstaaten sorgen dafür, dass ein Abschlussprüfer oder ein verantwortlicher Prüfungspartner, der eine Abschlussprüfung im Auftrag einer Prüfungsgesellschaft durchführt, vor Ablauf von mindestens einem Jahr bzw. bei Abschlussprüfungen von Unternehmen von öffentlichem Interesse vor Ablauf von mindestens zwei Jahren, nachdem er die Tätigkeit als Abschlussprüfer oder verantwortlicher Prüfungspartner im Zusammenhang mit dem Prüfungsauftrag eingestellt hat,

a) keine zentrale Führungsposition in dem geprüften Unternehmen übernimmt,
b) gegebenenfalls bei dem geprüften Unternehmen nicht Mitglied des Prüfungsausschusses wird bzw. — sollte es keinen solchen Ausschuss geben — nicht Mitglied des Gremiums wird, das die Funktionen des Prüfungsausschusses ausübt,
c) nicht geschäftsführendes Mitglied des Verwaltungsorgans oder Mitglied des Aufsichtsorgans des geprüften Unternehmens wird.

(2) Die Mitgliedstaaten stellen sicher, dass die Mitarbeiter und Partner — mit Ausnahme der verantwortlichen Prüfungspartner — eines Abschlussprüfers oder einer Prüfungsgesellschaft, der bzw. die eine Abschlussprüfung durchführt, sowie alle anderen natürlichen Personen, deren Leistungen dieser Abschlussprüfer bzw. diese Prüfungsgesellschaft in Anspruch nehmen oder kontrollieren kann, für den Fall, dass sie selbst zugelassene Abschlussprüfer sind, mindestens ein Jahr nach ihrer unmittelbaren Beteiligung an dem Prüfungsauftrag keine der in Absatz 1 Buchstaben a, b und c genannten Aufgaben übernehmen.

Artikel 22b
Vorbereitung auf die Abschlussprüfung und Beurteilung der Gefährdungen für die Unabhängigkeit

Die Mitgliedstaaten sorgen dafür, dass ein Abschlussprüfer bzw. eine Prüfungsgesellschaft, bevor er bzw. sie einen Auftrag für eine Abschlussprüfung annimmt oder fortsetzt, Folgendes beurteilt und dokumentiert:

— ob er bzw. sie die Anforderungen des Artikels 22 dieser Richtlinie erfüllt;
— ob seine bzw. ihre Unabhängigkeit gefährdet ist, sowie die Schutzmaßnahmen, die zur Verminderung dieser Gefahren ergriffen wurden;
— ob er bzw. sie über die kompetenten Mitarbeiter, die Zeit und die Ressourcen verfügt, die zur angemessenen Durchführung der Abschlussprüfung erforderlich sind;
— ob — im Falle einer Prüfungsgesellschaft — der verantwortliche Prüfungspartner in dem Mitgliedstaat, der die Abschlussprüfung vorschreibt, als Abschlussprüfer zugelassen ist.

Die Mitgliedstaaten können vereinfachte Anforderungen für die Prüfungen gemäß Artikel 2 Absatz 1 Buchstaben b und c vorsehen.

↓ B

Artikel 23
Verschwiegenheitspflicht und Berufsgeheimnis

(1) Die Mitgliedstaaten stellen sicher, dass Abschlussprüfer und Prüfungsgesellschaften in Bezug auf alle Informationen und Unterlagen, zu denen sie bei der Durchführung einer Abschlussprüfung Zugang erhalten, entsprechenden Vorschriften zur Verschwiegenheitspflicht und zum Berufsgeheimnis unterliegen.

↓ M3

(2) Die Vorschriften zur Verschwiegenheitspflicht und zum Berufsgeheimnis von Abschlussprüfern und Prüfungsgesellschaften dürfen die Durchsetzung der Bestimmungen dieser Richtlinie oder der Verordnung (EU) Nr. 537/2014 nicht erschweren.

(3) Wird ein Abschlussprüfer oder eine Prüfungsgesellschaft durch einen anderen Abschlussprüfer oder eine andere Prüfungsgesellschaft ersetzt, gewährt der frühere Abschlussprüfer bzw. die frühere Prüfungsgesellschaft dem neuen Abschlussprüfer bzw. der neuen Prüfungsgesellschaft Zugang zu allen relevanten Informationen über das geprüfte Unternehmen und über die zuletzt durchgeführte Abschlussprüfung dieses Unternehmens.

↓ B

(4) Abschlussprüfer oder Prüfungsgesellschaften, die in einem bestimmten Prüfungsmandat nicht mehr tätig sind, und Abschlussprüfer oder Prüfungsgesellschaften eines früheren Abschlusses unterliegen hinsichtlich dieses Prüfungsmandats weiterhin den Bestimmungen der Absätze 1 und 2.

↓ M3

(5) Wenn ein Abschlussprüfer oder eine Prüfungsgesellschaft bei einem Unternehmen, das zu einem Konzern gehört, dessen Muttergesellschaft ihren Sitz in einem Drittland hat, die Abschlussprüfung durchführt, hindern die in Absatz 1 festgelegten Bestimmungen zur Verschwiegenheitspflicht und zum Berufsgeheimnis den Abschlussprüfer bzw. die Prüfungsgesellschaft nicht daran, relevante Prüfungsunterlagen an den Konzernabschlussprüfer in einem Drittland weiterzugeben, wenn diese für die Durchführung der Prüfung des konsolidierten Abschlusses der Muttergesellschaft benötigt werden.

Wenn ein Abschlussprüfer oder eine Prüfungsgesellschaft bei einem Unternehmen, das in einem Drittland Wertpapiere ausgegeben hat oder zu einem Konzern gehört, der den gesetzlich vorgeschriebenen konsolidierten Abschluss in einem Drittland vorlegt, die Abschlussprüfung durchführt, kann er bzw. sie die in seinem bzw. ihrem Besitz befindlichen Arbeitspapiere oder anderen Unterlagen, die die Abschlussprüfung bei diesem Unternehmen betreffen, nur unter den in Artikel 47 festgelegten Bedingungen an die zuständigen Drittlandsbehörden weiterleiten.

Die Weitergabe von Informationen an den Konzernabschlussprüfer mit Sitz in einem Drittland muss mit Kapitel IV der Richtlinie 95/46/EG sowie den geltenden nationalen Vorschriften zum Schutz personenbezogener Daten in Einklang stehen.

↓ B

Artikel 24
Unabhängigkeit und Unparteilichkeit von Abschlussprüfern, die für eine Prüfungsgesellschaft eine Abschlussprüfung durchführen

Die Mitgliedstaaten stellen sicher, dass weder die Eigentümer noch die Anteilseigner einer Prüfungsgesellschaft noch die Mitglieder der Verwaltungs-, Leitungs- und Aufsichtsorgane dieser oder einer verbundenen Gesellschaft in einer Weise in eine Abschlussprüfung eingreifen, die die Unabhängigkeit und Unparteilichkeit des Abschlussprüfers, der die Abschlussprüfung für die Prüfungsgesellschaft durchführt, gefährdet.

↓ M3

Artikel 24a
Interne Organisation von Abschlussprüfern und Prüfungsgesellschaften

(1) Die Mitgliedstaaten sorgen dafür, dass Abschlussprüfer und Prüfungsgesellschaften die folgenden organisatorischen Anforderungen erfüllen:

a) Prüfungsgesellschaften legen angemessene Grundsätze und Verfahren fest, um zu gewährleisten, dass weder die Eigentümer oder Anteilseigner noch die Mitglieder der Verwaltungs-, Leitungs- und Aufsichtsorgane der Gesellschaft oder einer verbundenen Gesellschaft in einer Weise in eine Abschlussprüfung eingreifen, die die Unabhängigkeit und Unparteilichkeit des Abschlussprüfers, der die Abschlussprüfung im Auftrag der Prüfungsgesellschaft durchführt, gefährdet.

b) Abschlussprüfer und Prüfungsgesellschaften verfügen über solide Verwaltungs- und Rechnungslegungsverfahren, interne Qualitätssicherungsmechanismen, wirksame Verfahren zur Risikobewertung sowie wirksame Kontroll- und Sicherheitsvorkehrungen für Datenverarbeitungssysteme.

Diese internen Qualitätssicherungsmechanismen sind darauf ausgelegt, die Einhaltung von Entscheidungen und Verfahren auf allen Ebenen einer Prüfungsgesellschaft oder der Arbeitsorganisation eines Abschlussprüfers sicherzustellen.

c) Abschlussprüfer und Prüfungsgesellschaften legen angemessene Grundsätze und Verfahren fest, um zu gewährleisten, dass ihre Mitarbeiter sowie jede andere natürliche Person, deren Leistungen sie in Anspruch nehmen oder die sie kontrollieren können und die unmittelbar an den Prüfungstätigkeiten beteiligt ist, über angemessene Kenntnisse und Erfahrungen für die ihnen zugewiesenen Aufgaben verfügen.

d) Abschlussprüfer und Prüfungsgesellschaften legen angemessene Grundsätze und Verfahren fest, um zu gewährleisten, dass bei einer Auslagerung wichtiger Prüfungstätigkeiten weder die Qualität der internen Qualitätssicherung des Abschlussprüfers bzw. der Prüfungsgesellschaft noch die Fähigkeit der zuständigen Behörden, die Aufsicht über die Einhaltung der in dieser Richtlinie und gegebenenfalls in der Verordnung (EU) Nr. 537/2014 festgelegten Pflichten durch den Abschlussprüfer bzw. die Prüfungsgesellschaft zu führen, beeinträchtigt wird.

e) Abschlussprüfer und Prüfungsgesellschaften treffen angemessene und wirksame organisatorische und administrative Vorkehrungen, um allen in den Artikeln 22, 22a und 22b genannten Gefahren für ihre Unabhängigkeit vorzubeugen, solche Gefahren zu ermitteln, zu beseitigen oder ihnen zu begegnen und sie offenzulegen.

f) Abschlussprüfer und Prüfungsgesellschaften legen angemessene Grundsätze und Verfahren für die Abschlussprüfung, für Mitarbeiter-Coaching und die Beaufsichtigung und Prüfung der Tätigkeiten von Mitarbeitern sowie für die Strukturierung der in Artikel 24b Absatz 5 genannten Prüfungsakte fest.

g) Abschlussprüfer und Prüfungsgesellschaften richten ein internes Qualitätssicherungssystem ein, um die Qualität der Abschlussprüfung sicherzustellen.

Das Qualitätssicherungssystem erfasst zumindest die unter Buchstabe f beschriebenen Grundsätze und Verfahren. Bei Prüfungsgesellschaften liegt die Verantwortung für das interne Qualitätssicherungssystem bei einer als Abschlussprüfer qualifizierten Person.

h) Abschlussprüfer und Prüfungsgesellschaften setzen angemessene Systeme, Ressourcen und Verfahren ein, um bei der Ausübung ihrer Prüfungstätigkeiten Kontinuität und Regelmäßigkeit zu gewährleisten.

i) Darüber hinaus treffen Abschlussprüfer und Prüfungsgesellschaften angemessene und wirksame organisatorische und administrative Vorkehrungen für den Umgang mit und die Aufzeichnung von Vorfällen, die die Integrität ihrer Prüfungstätigkeiten schwer beeinträchtigen oder beeinträchtigen können.

j) Abschlussprüfer und Prüfungsgesellschaften verfügen über angemessene Vergütungsgrundsätze, einschließlich Maßnahmen der Gewinnbeteiligung, die ausreichende Leistungsanreize bieten, um die Qualität der Abschlussprüfung sicherzustellen. Insbesondere dürfen die Einnahmen, die der Abschlussprüfer bzw. die Prüfungsgesellschaft aus der Erbringung von Nichtprüfungsleistungen an das geprüfte Unternehmen erzielt, kein Teil der Leistungsbewertung und der Vergütung von Personen sein, die an der Abschlussprüfung beteiligt oder in der Lage sind, das Ergebnis der Abschlussprüfung zu beeinflussen.

k) Abschlussprüfer und Prüfungsgesellschaften beobachten und bewerten die Angemessenheit und Wirksamkeit ihrer gemäß dieser Richtlinie und gegebenenfalls der Verordnung (EU) Nr. 537/2014 geschaffenen Systeme, internen Qualitätssicherungsmechanismen und -vorkehrungen und ergreifen die zur Behebung etwaiger Mängel erforderlichen Maßnahmen. Insbesondere das unter Buchstabe g genannte interne Qualitätssicherungssystem unterziehen die Abschlussprüfer und Prüfungsgesellschaften einmal jährlich einer Bewertung. Die Ergebnisse dieser Bewertung samt aller zur Änderung des internen Qualitätssicherungssystems vorgeschlagenen Änderungen werden von den Abschlussprüfern bzw. Prüfungsgesellschaften aufgezeichnet.

Die in Unterabsatz 1 genannten Grundsätze und Verfahren werden dokumentiert und den Mitarbeitern des Abschlussprüfers bzw. der Prüfungsgesellschaft zur Kenntnis gebracht.

Die Mitgliedstaaten können vereinfachte Anforderungen für die Prüfungen gemäß Artikel 2 Absatz 1 Buchstaben b und c vorsehen.

Die Verantwortung des Abschlussprüfers bzw. der Prüfungsgesellschaft gegenüber dem geprüften Unternehmen bleibt von einer Auslagerung von Prüfungstätigkeiten gemäß Buchstabe d dieses Absatzes unberührt.

(2) Abschlussprüfer und Prüfungsgesellschaften tragen bei der Einhaltung dieser Anforderungen gemäß Absatz 1 dem Umfang und der Komplexität ihrer Tätigkeiten Rechnung.

Abschlussprüfer und Prüfungsgesellschaften müssen der zuständigen Behörde gegenüber darlegen können, dass die Grundsätze und Verfahren angesichts des Umfangs und der Komplexität ihrer

Tätigkeiten angemessen sind, um die Anforderungen zu erfüllen.

Artikel 24b
Arbeitsorganisation

(1) Die Mitgliedstaaten sorgen dafür, dass eine Prüfungsgesellschaft, die die Abschlussprüfung durchführt, zumindest einen verantwortlichen Prüfungspartner benennt. Die Prüfungsgesellschaft stellt dem verantwortlichen Prüfungspartner oder den verantwortlichen Prüfungspartnern die zur angemessenen Wahrnehmung seiner bzw. ihrer Aufgaben notwendigen Mittel und Personal mit der notwendigen Kompetenz und den notwendigen Fähigkeiten zur Verfügung.

Die Hauptkriterien, nach denen die Prüfungsgesellschaft den oder die zu benennenden verantwortlichen Prüfungspartner bestimmt, sind Sicherstellung der Prüfungsqualität, Unabhängigkeit und Kompetenz.

Der verantwortliche oder die verantwortlichen Prüfungspartner ist bzw. sind aktiv an der Durchführung der Abschlussprüfung beteiligt.

(2) Der Abschlussprüfer wendet bei der Durchführung der Abschlussprüfung ausreichend Zeit für das Prüfungsmandat auf und sieht die zur angemessenen Wahrnehmung seiner Aufgaben erforderlichen Ressourcen vor.

(3) Die Mitgliedstaaten sorgen dafür, dass der Abschlussprüfer oder die Prüfungsgesellschaft Aufzeichnungen über alle Verstöße gegen die Bestimmungen dieser Richtlinie und gegebenenfalls der Verordnung (EU) Nr. 537/2014 führt. Die Mitgliedstaaten können Abschlussprüfer und Prüfungsgesellschaften bezüglich geringfügiger Verstöße von dieser Verpflichtung befreien. Der Abschlussprüfer bzw. die Prüfungsgesellschaft zeichnet ebenfalls alle aus Verstößen erwachsenden Konsequenzen auf, einschließlich der zur Behebung dieser Verstöße und zur Änderung seines bzw. ihres internen Qualitätssicherungssystems getroffenen Maßnahmen. Der Abschlussprüfer bzw. die Prüfungsgesellschaft erstellt jährlich einen Bericht über alle getroffenen Maßnahmen und leitet diesen intern weiter.

Holt der Abschlussprüfer oder die Prüfungsgesellschaft den Rat externer Sachverständiger ein, dokumentiert er bzw. sie sowohl die Anfrage als auch die erhaltene Antwort.

(4) Abschlussprüfer und Prüfungsgesellschaften führen eine Mandantendatei. Diese Datei enthält für jeden Mandanten die folgenden Angaben:

a) Name, Anschrift und Ort der Niederlassung,
b) bei einer Prüfungsgesellschaft den/die Namen des verantwortlichen Prüfungspartners bzw. der verantwortlichen Prüfungspartner,
c) für jedes Geschäftsjahr die für die Abschlussprüfung und für andere Leistungen in Rechnung gestellten Honorare.

(5) Abschlussprüfer und Prüfungsgesellschaften legen für jede Abschlussprüfung eine Prüfungsakte an.

Der Abschlussprüfer oder die Prüfungsgesellschaft dokumentiert zumindest die gemäß Artikel 22b Absatz 1 dieser Richtlinie und gegebenenfalls gemäß den Artikeln 6 bis 8 der Verordnung (EU) Nr. 537/2014 aufgezeichneten Daten.

Der Abschlussprüfer oder die Prüfungsgesellschaft bewahrt alle anderen Daten und Unterlagen, die zur Begründung des in Artikel 28 dieser Richtlinie und gegebenenfalls in den Artikeln 10 und 11 der Verordnung (EU) Nr. 537/2014 genannten Vermerks bzw. Berichts und zur Beobachtung der Einhaltung dieser Richtlinie und anderer geltender rechtlicher Anforderungen von Bedeutung sind, auf.

Die Prüfungsakte wird spätestens 60 Tage nach Unterzeichnung des in Artikel 28 dieser Richtlinie und gegebenenfalls in Artikel 10 der Verordnung (EU) Nr. 537/2014 genannten Bestätigungsvermerks geschlossen.

(6) Der Abschlussprüfer oder die Prüfungsgesellschaft bewahrt alle etwaigen schriftlichen Beschwerden über die Durchführung der Abschlussprüfungen auf.

(7) Die Mitgliedstaaten können vereinfachte Anforderungen hinsichtlich der Absätze 3 und 6 für die Prüfungen gemäß Artikel 2 Absatz 1 Buchstaben b und c vorsehen.

↓ B

Artikel 25
Prüfungshonorare

Die Mitgliedstaaten sorgen für eine angemessene Regelung, die gewährleistet, dass die Honorare für Abschlussprüfungen

a) nicht von der Erbringung zusätzlicher Leistungen für das geprüfte Unternehmen beeinflusst oder bestimmt werden;
b) an keinerlei Bedingungen geknüpft werden dürfen.

↓ M3

Artikel 25a
Umfang der Abschlussprüfung

Unbeschadet der in Artikel 28 dieser Richtlinie und gegebenenfalls in den Artikeln 10 und 11 der Verordnung (EU) Nr. 537/2014 genannten Berichtspflichten umfasst eine Abschlussprüfung keine Zusicherung über den künftigen Fortbestand des geprüften Unternehmens oder die Effizienz oder Wirksamkeit, mit der das Leitungs- oder Verwaltungsorgan des Unternehmens dessen Geschäfte bisher geführt hat oder zukünftig führen wird.

↓ B

KAPITEL V
PRÜFUNGSSTANDARDS UND BESTÄTIGUNGSVERMERK

↓ M3

Artikel 26
Prüfungsstandards

(1) Die Mitgliedstaaten verpflichten die Ab-

schlussprüfer und Prüfungsgesellschaften, Abschlussprüfungen unter Beachtung der von der Kommission nach Absatz 3 angenommenen internationalen Prüfungsstandards durchzuführen.

Die Mitgliedstaaten können nationale Prüfungsstandards, Prüfverfahren oder Prüfungsanforderungen so lange anwenden, wie die Kommission keine internationalen Prüfungsstandards, die für denselben Bereich gelten, angenommen hat.

(2) Für die Zwecke von Absatz 1 bezeichnet der Ausdruck „internationale Prüfungsstandards" die International Standards on Auditing (ISA), den International Standard on Quality Control 1 und andere damit zusammenhängende Standards, die vom Internationalen Wirtschaftsprüferverband (IFAC) über das International Auditing and Assurance Standards Board (IAASB) herausgegeben wurden, soweit sie für die Abschlussprüfung relevant sind.

(3) Der Kommission wird die Befugnis übertragen, im Wege delegierter Rechtsakte gemäß Artikel 48a die in Absatz 1 genannten internationalen Prüfungsstandards in den Bereichen Prüfungsverfahren, Unabhängigkeit und interne Qualitätssicherung von Abschlussprüfern und Prüfungsgesellschaften zum Zwecke der Anwendung jener Standards innerhalb der Union anzunehmen.

Die Kommission darf die internationalen Prüfungsstandards nur annehmen, wenn sie

a) in einem einwandfreien Verfahren mit angemessener öffentlicher Aufsicht und Transparenz erstellt wurden und international allgemein anerkannt sind;
b) beim Jahresabschluss oder konsolidierten Abschluss entsprechend den in Artikel 4 Absatz 3 der Richtlinie 2013/34/EU festgelegten Grundsätzen zu einem hohen Maß an Glaubwürdigkeit und Qualität beitragen;
c) dem Gemeinwohl in der Union dienen und
d) keine Änderungen oder Ergänzungen der Anforderungen dieser Richtlinie mit Ausnahme der in Kapitel IV und in den Artikeln 27 und 28 festgelegten Anforderungen enthalten.

(4) Unbeschadet Absatz 1 Unterabsatz 2 dürfen die Mitgliedstaaten neben den von der Kommission angenommenen internationalen Prüfungsstandards zusätzliche Prüfverfahren oder Prüfungsanforderungen,

a) nur dann vorschreiben, wenn diese Prüfverfahren und Prüfungsanforderungen erforderlich sind, um den nationalen rechtlichen Anforderungen in Bezug auf den Umfang der Abschlussprüfungen Wirkung zu verleihen, oder
b) nur in dem Maße vorschreiben, wie dies erforderlich ist, um die Glaubwürdigkeit und Qualität von Abschlüssen erhöhen.

Die Mitgliedstaaten teilen der Kommission die Prüfverfahren oder Prüfungsanforderungen spätestens drei Monate vor deren Inkrafttreten oder — im Falle von Anforderungen, die zum Zeitpunkt der Annahme internationaler Prüfungsstandards bereits bestehen — spätestens binnen drei Monaten nach Annahme der einschlägigen internationalen Prüfungsstandards mit.

(5) Verlangt ein Mitgliedstaat die Abschlussprüfung kleiner Unternehmen, so kann er vorsehen, dass die Anwendung der in Absatz 1 genannten Prüfungsstandards dem Umfang und der Komplexität der Tätigkeiten dieser Unternehmen angemessen sein muss. Die Mitgliedstaaten können Maßnahmen ergreifen, um die verhältnismäßige Anwendung der Prüfungsstandards auf Abschlussprüfungen von kleinen Unternehmen sicherzustellen.

Artikel 27
Abschlussprüfungen von konsolidierten Abschlüssen

(1) Die Mitgliedstaaten stellen sicher, dass bei der Abschlussprüfung der konsolidierten Abschlüsse eines Konzerns

a) der Konzernabschlussprüfer in Bezug auf die konsolidierten Abschlüsse die volle Verantwortung für den Bestätigungsvermerk gemäß Artikel 28 dieser Richtlinie und gegebenenfalls Artikel 10 der Verordnung (EU) Nr. 537/2014 sowie gegebenenfalls für den zusätzlichen Bericht an den Prüfungsausschuss gemäß Artikel 11 jener Verordnung trägt;
b) der Konzernabschlussprüfer die von Prüfern aus einem Drittland oder Abschlussprüfern und Prüfungsunternehmen aus einem Drittland oder Prüfungsgesellschaften für die Zwecke der Konzernabschlussprüfung ausgeführten Prüfungsarbeiten bewertet und die Natur, den Zeitplan und das Ausmaß der von diesen Prüfern durchgeführten Arbeit dokumentiert, wozu gegebenenfalls auch die Durchsicht von relevanten Teilen der Prüfungsunterlagen dieser Prüfer durch den Konzernabschlussprüfer zählt;
c) der Konzernabschlussprüfer die von Prüfern aus einem Drittland oder Abschlussprüfern und Prüfungsunternehmen aus einem Drittland oder Prüfungsgesellschaften für die Zwecke der Konzernabschlussprüfung durchgeführten Prüfungstätigkeiten überprüft und dokumentiert.

Die von dem Konzernabschlussprüfer aufbewahrten Unterlagen müssen so beschaffen sein, dass die entsprechende zuständige Behörde die Arbeit des Konzernabschlussprüfers überprüfen kann.

Für die Zwecke von Unterabsatz 1 Buchstabe c dieses Absatzes verlangt der Konzernabschlussprüfer als Voraussetzung dafür, dass er sich auf die Arbeit von Prüfern aus einem Drittland, Abschlussprüfern, Prüfungsunternehmen aus einem Drittland oder Prüfungsgesellschaften stützen kann, dass die betreffenden Prüfer aus einem Drittland, Abschlussprüfer, Prüfungsunternehmen aus einem Drittland oder Prüfungsgesellschaften in die Weitergabe relevanter Unterlagen während der Prüfung des konsolidierten Abschlusses einwilligen.

(2) Ist es dem Konzernabschlussprüfer nicht möglich, die Bestimmungen in Absatz 1 Unterabsatz 1 Buchstabe c zu erfüllen, ergreift er ge-

eignete Maßnahmen und unterrichtet die jeweils zuständige Behörde entsprechend.

Solche Maßnahmen umfassen gegebenenfalls zusätzliche Prüfungstätigkeiten bei der betreffenden Tochtergesellschaft, die entweder direkt oder im Wege einer Auslagerung durchgeführt werden.

(3) Wird der Konzernabschlussprüfer in Bezug auf die Prüfung des konsolidierten Abschlusses eines Konzerns einer Qualitätssicherungsprüfung oder Untersuchung unterzogen, so stellt er der zuständigen Behörde auf Verlangen die relevanten ihm vorliegenden Unterlagen zur Verfügung, die die von den betreffenden Prüfern aus einem Drittland, Abschlussprüfern, Prüfungsunternehmen aus einem Drittland oder Prüfungsgesellschaft für die Zwecke der Konzernabschlussprüfung durchgeführten Prüfungstätigkeiten betreffen, wozu auch sämtliche für die Konzernabschlussprüfung relevanten Arbeitspapiere zählen.

Die zuständige Behörde kann verlangen, dass die jeweils zuständigen Behörden gemäß Artikel 36 zusätzliche Unterlagen zu den von Abschlussprüfern oder Prüfungsgesellschaften für die Zwecke der Konzernabschlussprüfung durchgeführten Prüfungsarbeiten zur Verfügung stellen.

Wird ein Mutter- oder Tochterunternehmen eines Konzerns von einem oder mehreren Prüfern oder Prüfungsunternehmen aus einem Drittland geprüft, so kann die zuständige Behörde verlangen, dass die jeweils zuständigen Drittlandsbehörden im Rahmen der in Artikel 47 genannten Vereinbarungen zur Zusammenarbeit zusätzliche Unterlagen zu den von Prüfern oder Prüfungsunternehmen aus einem Drittland durchgeführten Prüfungsarbeiten zur Verfügung stellen.

Abweichend von Unterabsatz 3 trägt der Konzernabschlussprüfer für den Fall, dass ein Mutter- oder Tochterunternehmen eines Konzerns von einem oder mehreren Prüfern oder Prüfungsunternehmen aus einem Drittland geprüft wird, das nicht über eine Vereinbarung zur Zusammenarbeit gemäß Artikel 47 verfügt, zudem dafür Sorge, dass — sollte dies verlangt werden — die zusätzlichen Unterlagen zu den von diesem Prüfer oder Prüfungsunternehmen bzw. von diesen Prüfern oder Prüfungsunternehmen aus einem Drittland durchgeführten Prüfungsarbeiten samt der für die Konzernabschlussprüfung relevanten Arbeitspapiere ordnungsgemäß ausgehändigt werden. Zur Sicherstellung dieser Aushändigung bewahrt der Konzernabschlussprüfer eine Kopie dieser Unterlagen auf oder vereinbart andernfalls mit dem Prüfer oder Prüfungsunternehmen bzw. den Prüfern oder Prüfungsunternehmen aus einem Drittland, dass auf Antrag unbeschränkter Zugang gestattet wird, oder er trifft sonstige geeignete Maßnahmen. Verhindern rechtliche oder andere Hindernisse, dass die die Prüfung betreffenden Arbeitspapiere aus einem Drittland an den Konzernabschlussprüfer weitergegeben werden können, müssen die vom Konzernabschlussprüfer aufbewahrten Unterlagen Nachweise dafür enthalten, dass er die geeigneten Verfahren durchgeführt hat, um Zugang zu den Prüfungsunterlagen zu erhalten, und, im Fall anderer als durch die Rechtsvorschriften des betroffenen Drittlandes entstandener rechtlicher Hindernisse, Nachweise für das Vorhandensein eines solchen Hindernisses.

Artikel 28
Bestätigungsvermerk

(1) Der oder die Abschlussprüfer bzw. die Prüfungsgesellschaft oder -gesellschaften legt bzw. legen die Ergebnisse der Abschlussprüfung in einem Bestätigungsvermerk dar. Der Bestätigungsvermerk wird entsprechend den Anforderungen der von der Union oder dem betroffenen Mitgliedstaat gemäß Artikel 26 angenommenen Prüfungsstandards erstellt.

(2) Der Bestätigungsvermerk wird in schriftlicher Form verfasst und

a) nennt das Unternehmen, dessen Jahres- oder konsolidierter Abschluss Gegenstand der Abschlussprüfung sind; gibt an, ob es sich um einen Jahres- oder einen konsolidierten Abschluss handelt, und nennt Abschlussstichtag und Abschlusszeitraum; und gibt die Rechnungslegungsgrundsätze an, nach denen der Abschluss aufgestellt wurde;

b) enthält eine Beschreibung des Umfangs der Abschlussprüfung, die zumindest Angaben über die Prüfungsgrundsätze enthält, nach denen die Abschlussprüfung durchgeführt wurde;

c) umfasst ein Prüfungsurteil, das als entweder uneingeschränkt, eingeschränkt oder negativ erteilt wird und zweifelsfrei Auskunft darüber gibt, ob nach Auffassung des Abschlussprüfers oder der Abschlussprüfer bzw. der Prüfungsgesellschaft oder -gesellschaften

    i) der Jahresabschluss im Einklang mit den jeweils maßgebenden Rechnungslegungsgrundsätzen ein den tatsächlichen Verhältnissen entsprechendes Bild vermittelt und

    ii) soweit einschlägig — der Jahresabschluss den gesetzlichen Vorschriften entspricht.

   Ist der bzw. sind die Abschlussprüfer oder die Prüfungsgesellschaft oder -gesellschaften nicht in der Lage, ein Prüfungsurteil abzugeben, so wird dies im Vermerk angegeben;

d) verweist auf alle anderen Umstände, auf die der bzw. die Abschlussprüfer oder die Prüfungsgesellschaft bzw. die Prüfungsgesellschaften in besonderer Weise aufmerksam gemacht haben, ohne das Prüfungsurteil einzuschränken;

e) enthält ein Prüfungsurteil und eine Erklärung, die jeweils auf den gemäß Artikel 34 Absatz 1 Unterabsatz 2 der Richtlinie 2013/34/EU im Laufe der Prüfung durchgeführten Arbeiten basieren;

f) enthält eine Erklärung zu etwaigen wesentlichen Unsicherheiten in Verbindung mit Ereignissen oder Gegebenheiten, die erhebliche

zur Fortführung der Unternehmenstätigkeit aufwerfen können;

g) gibt den Ort der Niederlassung des Abschlussprüfers bzw. der Abschlussprüfer oder der Prüfungsgesellschaft bzw. -gesellschaften an.

Die Mitgliedstaaten können zusätzliche Anforderungen hinsichtlich des Inhalts des Bestätigungsvermerks festlegen.

(3) Wurde die Abschlussprüfung von mehr als einem Abschlussprüfer oder einer Prüfungsgesellschaft durchgeführt, so einigen sich diese auf die Ergebnisse der Abschlussprüfung und erteilen sie einen gemeinsamen Vermerk und ein gemeinsames Urteil. Bei Uneinigkeit gibt jeder Abschlussprüfer bzw. jede Prüfungsgesellschaft ein eigenes Urteil das in einem gesonderten Absatz des Bestätigungsvermerks ab und legt die Gründe für die Uneinigkeit dar.

(4) Der Bestätigungsvermerk ist vom Abschlussprüfer unter Angabe des Datums zu unterzeichnen. Wird eine Abschlussprüfung von einer Prüfungsgesellschaft durchgeführt, so wird der Bestätigungsvermerk zumindest von dem Abschlussprüfer oder den Abschlussprüfern, der bzw. die die Abschlussprüfung für die Prüfungsgesellschaft durchgeführt hat bzw. haben, unterzeichnet. Sind mehr als ein Abschlussprüfer oder eine Prüfungsgesellschaft gleichzeitig beauftragt worden, so wird der Bestätigungsvermerk von allen Abschlussprüfern oder zumindest von den Abschlussprüfern unterzeichnet, welche die Abschlussprüfung für jede Prüfungsgesellschaft durchgeführt haben. Unter besonderen Umständen können die Mitgliedstaaten vorsehen, dass diese Unterschrift bzw. Unterschriften nicht öffentlich bekannt gemacht zu werden braucht bzw. brauchen, weil eine solche Offenlegung zu einer absehbaren und ernst zu nehmenden Gefahr für die persönliche Sicherheit einer Person führen würde.

In jedem Fall müssen die jeweils zuständigen Behörden die Namen der beteiligten Personen kennen.

(5) Der Bestätigungsvermerk des Abschlussprüfers oder der Prüfungsgesellschaft zum konsolidierten Abschluss hat den Anforderungen nach den Absätzen 1 bis 4 zu genügen. Bei der Beurteilung des Einklangs zwischen dem Lagebericht und dem Abschluss nach Absatz 2 Buchstabe e hat der Abschlussprüfer bzw. die Prüfungsgesellschaft den konsolidierten Abschluss und den konsolidierten Lagebericht zu berücksichtigen. Wird der Jahresabschluss des Mutterunternehmens dem konsolidierten Abschluss beigefügt, so können die nach diesem Artikel erforderlichen Bestätigungsvermerke der Abschlussprüfer oder Prüfungsgesellschaften kombiniert werden.

↓ B

KAPITEL VI
QUALITÄTSSICHERUNG

Artikel 29
Qualitätssicherungssysteme

(1) Jeder Mitgliedstaat stellt sicher, dass alle Abschlussprüfer und Prüfungsgesellschaften einem Qualitätssicherungssystem unterliegen, das mindestens die folgenden Kriterien erfüllt:

↓ M3

a) das Qualitätssicherungssystem muss so organisiert sein, dass es von den überprüften Abschlussprüfern und Prüfungsgesellschaften unabhängig ist und der öffentlichen Aufsicht unterliegt;

↓ B

b) die Finanzierung des Qualitätssicherungssystems muss gesichert sein und darf Abschlussprüfern oder Prüfungsgesellschaften keine Möglichkeit zur ungebührlichen Einflussnahme geben;

c) das Qualitätssicherungssystem muss über angemessene Ressourcen verfügen;

d) die Personen, die die Qualitätssicherungsprüfungen durchführen, müssen über eine angemessene fachliche Ausbildung und einschlägige Erfahrungen auf den Gebieten der Abschlussprüfung und Rechnungslegung verfügen und darüber hinaus eine spezielle Ausbildung für Qualitätssicherungsprüfungen absolviert haben;

e) die Personen, die mit Qualitätssicherungsprüfungen betraut werden, sind nach einem objektiven Verfahren auszuwählen, das darauf ausgelegt ist, Interessenkonflikte zwischen den Qualitätssicherungsprüfern und dem überprüften Abschlussprüfer oder der überprüften Prüfungsgesellschaft auszuschließen;

f) die Qualitätssicherungsprüfung muss auf der Grundlage angemessener Überprüfungen von ausgewählten Prüfungsunterlagen eine Beurteilung der Einhaltung einschlägiger Prüfungsstandards und Unabhängigkeitsanforderungen, der Quantität und der Qualität von eingesetzten Ressourcen sowie der berechneten Prüfungshonorare und des internen Qualitätssicherungssystems der Prüfungsgesellschaft umfassen;

g) über die Qualitätssicherungsprüfung ist ein Bericht zu erstellen, der die wichtigsten Schlussfolgerungen dieser Prüfung wiedergibt;

↓ M3

h) Qualitätssicherungsprüfungen müssen auf der Grundlage einer Risikoanalyse und im Fall von Abschlussprüfern und Prüfungsgesellschaften, die Abschlussprüfungen im Sinne des Artikels 2 Absatz 1 Buchstabe a durchführen, mindestens alle sechs Jahre stattfinden;

↓ B

i) die Gesamtergebnisse des Qualitätssicherungssystems sind jährlich zu veröffentlichen;

j) die im Rahmen von Qualitätsprüfungen ausgesprochenen Empfehlungen müssen von dem Abschlussprüfer oder der Prüfungsgesellschaft innerhalb einer angemessenen Frist umgesetzt werden.

↓ M3

k) die Qualitätssicherungsprüfungen müssen im Hinblick auf den Umfang und die Komplexität der Tätigkeit des überprüften Abschlussprüfers bzw. der überprüften Prüfungsgesellschaft geeignet und angemessen sein.

↓ B

Wenn die unter Buchstabe j genannten Empfehlungen nicht umgesetzt werden, so werden gegebenenfalls gegen den Abschlussprüfer oder die Prüfungsgesellschaft die in Artikel 30 genannten Disziplinarmaßnahmen oder Sanktionen verhängt.

↓ M3

(2) Für die Zwecke des Absatzes 1 Buchstabe e gelten mindestens die folgenden Kriterien für die Auswahl der Qualitätssicherungsprüfer:

a) Die Qualitätssicherungsprüfer verfügen über eine angemessene fachliche Ausbildung und einschlägige Erfahrungen auf den Gebieten der Abschlussprüfung und Rechnungslegung und haben eine spezielle Ausbildung in Qualitätssicherungsprüfungen absolviert.

b) Personen, die Teilhaber oder Mitarbeiter eines Abschlussprüfers oder einer Prüfungsgesellschaft oder in sonstiger Weise mit diesem Abschlussprüfer bzw. dieser Prüfungsgesellschaft verbunden waren, dürfen frühestens drei Jahre nach Beendigung dieser Tätigkeit oder Verbindung als Qualitätssicherungsprüfer eine Qualitätssicherungsprüfung dieses Abschlussprüfers bzw. dieser Prüfungsgesellschaft vornehmen.

c) Die Qualitätssicherungsprüfer erklären, dass zwischen ihnen und dem zu überprüfenden Abschlussprüfer bzw. der zu überprüfenden Prüfungsgesellschaft keine Interessenkonflikte bestehen.

↓ M3

(3) Für die Zwecke des Absatzes 1 Buchstabe k verlangen die Mitgliedstaaten von den zuständigen Behörden, dass sie bei der Durchführung von Qualitätssicherungsprüfungen der Abschlussprüfung von Jahres- oder konsolidierten Abschlüssen von mittleren und kleinen Unternehmen die Tatsache berücksichtigen, dass die gemäß Artikel 26 anzunehmenden Prüfungsstandards in einer Weise angewandt werden sollen, die dem Umfang und der Komplexität der Geschäftstätigkeit des geprüften Unternehmens angemessen ist.

↓ M3

KAPITEL VII
UNTERSUCHUNGEN UND SANKTIONEN

Artikel 30
Untersuchungen und Sanktionen

(1) Die Mitgliedstaaten sorgen für wirksame Untersuchungen und Sanktionen, um eine unzureichende Durchführung von Abschlussprüfungen aufzudecken, zu berichtigen und zu verhindern.

(2) Unbeschadet der zivilrechtlichen Haftungsvorschriften der Mitgliedstaaten sehen die Mitgliedstaaten wirksame, verhältnismäßige und abschreckende Sanktionen für Abschlussprüfer und Prüfungsgesellschaften vor, die sich bei der Durchführung von Abschlussprüfungen nicht an die Vorschriften halten, die zur Umsetzung dieser Richtlinie und gegebenenfalls der Verordnung (EU) Nr. 537/2014 angenommen wurden.

Die Mitgliedstaaten können beschließen, für Verstöße, die bereits dem einzelstaatlichen Strafrecht unterliegen, keine Vorschriften für verwaltungsrechtliche Sanktionen festzulegen. In diesem Fall teilen sie der Kommission die einschlägigen strafrechtlichen Vorschriften mit.

(3) Die Mitgliedstaaten sehen vor, dass Maßnahmen und Sanktionen gegen Abschlussprüfer oder Prüfungsgesellschaften in angemessener Weise öffentlich bekanntgemacht werden. Zu den Sanktionen sollte auch die Möglichkeit des Entzugs der Zulassung zählen. Die Mitgliedstaaten können bestimmen, dass diese Bekanntmachungen keine personenbezogenen Daten im Sinne des Artikels 2 Buchstabe a der Richtlinie 95/46/EG beinhalten.

(4) Die Mitgliedstaaten teilen der Kommission die in Absatz 2 genannten Vorschriften bis zum 17. Juni 2016 mit. Sie melden der Kommission unverzüglich jede nachfolgende Änderung dieser Vorschriften.

Artikel 30a
Sanktionsbefugnisse

(1) Die Mitgliedstaaten sehen vor, dass die zuständigen Behörden befugt sind, bei Verstößen gegen die Bestimmungen dieser Richtlinie und gegebenenfalls der Verordnung (EU) Nr. 537/2014 zumindest folgende verwaltungsrechtlichen Sanktionen und Maßnahmen zu ergreifen und/oder zu verhängen:

a) eine Mitteilung, wonach die für den Verstoß verantwortliche natürliche oder juristische Person die Verhaltensweise einzustellen und von einer Wiederholung abzusehen hat;

b) eine öffentliche Erklärung, in der die verantwortliche Person und die Art des Verstoßes genannt werden und die auf der Website der zuständigen Behörden veröffentlicht wird;

c) ein dem Abschlussprüfer, der Prüfungsgesellschaft oder dem verantwortlichen Prüfungspartner auferlegtes vorübergehendes Verbot der Durchführung von Abschlussprüfungen und/oder der Unterzeichnung von Bestätigungsvermerken von bis zu drei Jahren;

d) eine Erklärung, dass der Bestätigungsvermerk nicht die Anforderungen des Artikels 28 der Richtlinie oder gegebenenfalls des Artikels 10 der Verordnung (EU) Nr. 537/2014 erfüllt;

e) ein vorübergehendes Verbot der Wahrnehmung von Aufgaben bei Prüfungsgesellschaften oder Unternehmen von öffentlichem Interesse für die Dauer von bis zu drei Jahren, das gegen Mitglieder einer Prüfungsgesellschaft oder eines Verwaltungs- oder Leitungsorgans eines Unternehmens von öffentlichem Interesse ausgesprochen wird;

f) Verhängung von verwaltungsrechtlichen finanziellen Sanktionen gegen natürliche oder juristische Personen.

(2) Die Mitgliedstaaten stellen sicher, dass die zuständigen Behörden ihre Sanktionsbefugnisse im Einklang mit dieser Richtlinie und den nationalen Rechtsvorschriften sowie auf einem der folgenden Wege ausüben:

a) unmittelbar;

b) in Zusammenarbeit mit anderen Behörden;

c) durch Antrag bei den zuständigen Justizbehörden.

(3) Die Mitgliedstaaten können den zuständigen Behörden zusätzlich zu den in Absatz 1 genannten Befugnissen weitere Sanktionsbefugnisse übertragen.

(4) Abweichend von Absatz 1 können die Mitgliedstaaten den Behörden, die über Unternehmen von öffentlichem Interesse die Aufsicht führen — wenn sie nicht als zuständige Behörde gemäß Artikel 20 Absatz 2 der Verordnung (EU) Nr. 537/2014 benannt sind —, die Befugnis übertragen, Sanktionen bei Verstößen gegen die in jener Verordnung vorgesehenen Berichtspflichten zu verhängen.

Artikel 30b
Wirksame Anwendung von Sanktionen

Bei der Festsetzung von Vorschriften nach Artikel 30 verlangen die Mitgliedstaaten, dass die zuständigen Behörden bei der Festlegung der Art und der Höhe der verwaltungsrechtlichen Sanktionen und Maßnahmen allen relevanten Umständen Rechnung tragen, einschließlich gegebenenfalls

a) der Schwere und der Dauer des Verstoßes;

b) des Grads an Verantwortung der verantwortlichen Person;

c) der Finanzkraft der verantwortlichen Person, wie sie sich beispielsweise aus dem Gesamtumsatz des verantwortlichen Unternehmens oder den Jahreseinkünften der verantwortlichen natürlichen Person ablesen lässt;

d) der Höhe der von der verantwortlichen Person erzielten Mehrerlöse oder verhinderten Verluste, sofern diese sich beziffern lassen;

e) der Grad der Bereitwilligkeit der verantwortlichen Person, mit der zuständigen Behörde zusammenzuarbeiten;

f) früherer Verstöße der verantwortlichen natürlichen oder juristischen Person.

Die zuständigen Behörden können ergänzende Faktoren berücksichtigen, wenn solche Faktoren im nationalen Recht vorgesehen sind.

Artikel 30c
Bekanntmachung von Sanktionen und Maßnahmen

(1) Die zuständigen Behörden veröffentlichen auf ihrer offiziellen Website mindestens alle verwaltungsrechtlichen Sanktionen, die wegen Verstößen gegen die Bestimmungen dieser Richtlinie oder der Verordnung (EU) Nr. 537/2014 verhängt wurden, bei denen alle Rechtsmittel ausgeschöpft oder die entsprechenden Rechtsmittelfristen abgelaufen sind, so bald wie praktisch möglich unmittelbar nachdem die belangte Person über diese Entscheidung informiert wurde, einschließlich von Angaben zur Art des Verstoßes und zur Identität der natürlichen oder juristischen Person, gegen die die Sanktion verhängt wurde.

Wenn ein Mitgliedstaat die öffentliche Bekanntmachung anfechtbarer Sanktionen zulässt, veröffentlichen die zuständigen Behörden auf ihrer offiziellen Website auch so bald wie praktisch möglich Informationen über den Stand der jeweiligen Rechtsmittel und deren Ergebnisse.

(2) Die zuständigen Behörden machen die Sanktionen in anonymisierter Form in einer Weise bekannt, die ihrem nationalen Recht entspricht, wenn einer der folgenden Umstände vorliegt:

a) bei Verhängung der Sanktion gegen eine natürliche Person ergibt eine vorgeschriebene vorherige Bewertung der Verhältnismäßigkeit der öffentlichen Bekanntmachung, dass die öffentliche Bekanntmachung der personenbezogenen Daten unverhältnismäßig wäre;

b) die öffentliche Bekanntmachung würde die Stabilität der Finanzmärkte oder laufende strafrechtliche Ermittlungen gefährden;

c) die öffentliche Bekanntmachung würde den beteiligten Institutionen oder Personen einen unverhältnismäßigen Schaden zufügen.

(3) Die zuständigen Behörden sorgen dafür, dass jede öffentliche Bekanntmachung gemäß Absatz 1 von verhältnismäßiger Dauer ist und mindestens fünf Jahre, nachdem alle Rechtsmittel erschöpft oder abgelaufen sind, auf ihrer offiziellen Website zugänglich bleibt.

Bei der Bekanntgabe der Sanktionen und Maßnahmen sowie bei allen öffentlichen Erklärungen ist den in der Charta der Grundrechte der Europäischen Union festgelegten Grundrechten Rechnung zu tragen, insbesondere dem Recht auf Achtung des Privat- und Familienlebens und dem Recht auf den Schutz personenbezogener Daten. Die Mitgliedstaaten können bestimmen, dass diese Bekanntmachungen oder öffentlichen Erklärungen keine personenbezogenen Daten im Sinne des Artikels 2 Buchstabe a der Richtlinie 95/46/EG beinhalten.

Artikel 30d
Rechtsmittel

Die Mitgliedstaaten stellen sicher, dass gegen die von den zuständigen Behörden gemäß dieser Richtlinie und der Verordnung (EU) Nr. 537/2014 getroffenen Entscheidungen Rechtsmittel eingelegt werden können.

Artikel 30e
Meldung von Verstößen

(1) Die Mitgliedstaaten sorgen dafür, dass wirksame Mechanismen geschaffen werden, um die

Meldung von Verstößen gegen diese Richtlinie oder die Verordnung (EU) Nr. 537/2014 an die zuständigen Behörden zu fördern.

(2) Die in Absatz 1 genannten Mechanismen umfassen zumindest Folgendes:

a) spezielle Verfahren für die Entgegennahme der Meldung von Verstößen und entsprechende Folgemaßnahmen;

b) Schutz personenbezogener Daten sowohl der Person, die vermutete oder tatsächliche Verstöße meldet, als auch der Person, die verdächtigt wird, einen Verstoß zu begehen, oder die mutmaßlich einen Verstoß begangen hat, gemäß den in der Richtlinie 95/46/EG niedergelegten Grundsätzen;

c) geeignete Verfahren zur Gewährleistung des Rechts der beschuldigten Person auf Verteidigung und Anhörung vor einer sie betreffenden Entscheidung und des Rechts, gegen eine sie betreffende Entscheidung bei einem Gericht einen wirksamen Rechtsbehelf einzulegen.

(3) Die Mitgliedstaaten sorgen dafür, dass Prüfungsgesellschaften geeignete Verfahren schaffen, damit ihre Mitarbeiter potenzielle oder tatsächliche Verstöße gegen diese Richtlinie oder die Verordnung (EU) Nr. 537/2014 intern über eigens dafür geschaffene Informationswege melden können.

Artikel 30f
Informationsaustausch

(1) Die zuständigen Behörden übermitteln dem Ausschuss der Aufsichtsstellen jährlich aggregierte Informationen über alle gemäß diesem Kapitel verhängten verwaltungsrechtlichen Maßnahmen und Sanktionen. Der Ausschuss der Aufsichtsstellen veröffentlicht diese Informationen in einem Jahresbericht.

(2) Die zuständigen Behörden unterrichten den Ausschuss der Aufsichtsstellen unverzüglich über alle vorübergehenden Verbote gemäß Artikel 30a Absatz 1 Buchstaben c und e.

↓ B

KAPITEL VIII
ÖFFENTLICHE AUFSICHT UND GEGENSEITIGE ANERKENNUNG DER MITGLIEDSTAATLICHEN REGELUNGEN

Artikel 32
Grundsätze der öffentlichen Aufsicht

↓ M3

(1) Die Mitgliedstaaten organisieren nach den in den Absätzen 2 bis 7 festgelegten Grundsätzen eine wirksame öffentliche Aufsicht für Abschlussprüfer und Prüfungsgesellschaften und benennen eine zuständige Behörde, die für diese Aufsicht verantwortlich ist.

↓ B

(2) Alle Abschlussprüfer und Prüfungsgesellschaften müssen der öffentlichen Aufsicht unterliegen.

↓ M3

(3) Die zuständige Behörde wird von Nichtberufsausübenden geleitet, die in den für Abschlussprüfungen relevanten Bereichen über entsprechende Kenntnisse verfügen. Diese Personen werden in einem unabhängigen und transparenten Verfahren ausgewählt.

Die zuständige Behörde kann als Abschlussprüfer tätige Personen beauftragen, spezielle Aufgaben zu übernehmen, und kann sich von Sachverständigen unterstützen lassen, wenn dies für die ordnungsgemäße Durchführung ihrer Aufsichtsaufgaben notwendig ist. In diesen Fällen werden jedoch weder als Abschlussprüfer tätige Personen noch Sachverständige in die Beschlussfassungsprozesse der zuständigen Behörde eingebunden.

(4) Die zuständige Behörde muss die Letztverantwortung dafür haben,

a) die Zulassung und Registrierung von Abschlussprüfern und Prüfungsgesellschaften zu beaufsichtigen;

b) die Annahme von Berufsgrundsätzen, von Standards für die interne Qualitätssicherung von Prüfungsgesellschaften sowie von Prüfungsstandards zu beaufsichtigen, es sei denn, diese Standards werden von anderen mitgliedstaatlichen Behörden angenommen oder genehmigt;

c) die kontinuierliche Fortbildung zu beaufsichtigen;

d) Qualitätssicherungssysteme zu beaufsichtigen;

e) Untersuchungs- und Verwaltungs-Disziplinarsysteme zu beaufsichtigen.

↓ M3

(4a) Die Mitgliedstaaten benennen eine oder mehrere für die in dieser Richtlinie vorgesehenen Aufgaben verantwortliche zuständige Behörden. Die Mitgliedstaaten benennen lediglich eine zuständige Behörde, bei der die Letztverantwortung für die in diesem Artikel genannten Aufgaben liegt, außer für die Zwecke der Abschlussprüfung von Genossenschaften, Sparkassen und ähnlichen Einrichtungen gemäß Artikel 45 der Richtlinie 86/635/EWG oder von Tochterunternehmen oder Rechtsnachfolgern einer Genossenschaft, einer Sparkasse oder einer ähnlichen Einrichtung gemäß Artikel 45 der Richtlinie 86/635/EWG.

Die Mitgliedstaaten unterrichten die Kommission von dieser Benennung.

Die zuständigen Behörden müssen so organisiert sein, dass Interessenkonflikte vermieden werden.

(4b) Die Mitgliedstaaten können jede der Aufgaben der zuständigen Behörde auf andere Behörden oder Stellen übertragen, die zur Wahrnehmung dieser Aufgaben benannt oder anderweitig gesetzlich hierzu ermächtigt sind, oder die zuständige Behörde ermächtigen, jede ihrer Aufgaben auf solche Behörden oder Stellen zu übertragen.

Bei der Aufgabenübertragung sind die übertragenen Aufgaben und die Bedingungen für ihre

Ausführung anzugeben. Die Behörden oder Stellen müssen so organisiert sein, dass Interessenkonflikte vermieden werden.

Überträgt die zuständige Behörde Aufgaben auf andere Behörden oder Stellen, so kann sie diese übertragenen Befugnisse im Einzelfall wieder an sich ziehen.

↓ M3

(5) Die zuständige Behörde muss das Recht haben, bei Bedarf Untersuchungen zu Abschlussprüfern und Prüfungsgesellschaften zu veranlassen und geeignete Maßnahmen einzuleiten.

Lässt eine zuständige Behörde Aufträge von Sachverständigen ausführen, so stellt sie sicher, dass zwischen diesen Sachverständigen und dem betreffenden Abschlussprüfer/der betreffenden Prüfungsgesellschaft keine Interessenkonflikte bestehen. Diese Sachverständigen müssen denselben Anforderungen wie in Artikel 29 Absatz 2 Buchstabe a niedergelegt genügen.

Die zuständigen Behörden werden mit den Befugnissen ausgestattet, die zur Wahrnehmung ihrer Aufgaben und Zuständigkeiten gemäß dieser Richtlinie notwendig sind.

(6) Die zuständige Behörde muss transparent sein. Dazu zählt auch die Veröffentlichung jährlicher Arbeitsprogramme und Tätigkeitsberichte.

(7) Das öffentliche Aufsichtssystem verfügt über angemessene finanzielle Mittel und Ressourcen, um die in Absatz 5 genannten Untersuchungen einzuleiten und durchzuführen. Die Finanzierung des Systems muss gesichert und frei von ungebührlicher Einflussnahme durch Abschlussprüfer oder Prüfungsgesellschaften sein.

↓ B

Artikel 33
Zusammenarbeit zwischen den für die öffentliche Aufsicht zuständigen Stellen auf Gemeinschaftsebene

Die Mitgliedstaaten stellen sicher, dass die Regelungen für öffentliche Aufsichtssysteme auf Gemeinschaftsebene eine wirksame Zusammenarbeit bei den Aufsichtstätigkeiten der Mitgliedstaaten ermöglichen. Zu diesem Zweck überträgt jeder Mitgliedstaat einer Einrichtung speziell die Verantwortung für diese Zusammenarbeit.

Artikel 34
Gegenseitige Anerkennung der mitgliedstaatlichen Regelungen

↓ M3

(1) Die Regelungen der Mitgliedstaaten folgen dem Herkunftslandprinzip, das heißt, es gelten die Rechtsvorschriften und Aufsichtsregeln des Mitgliedstaats, in dem der Abschlussprüfer oder die Prüfungsgesellschaft zugelassen ist und das geprüfte Unternehmen seinen eingetragenen Sitz hat.

Unbeschadet Unterabsatz 1 unterliegen Prüfungsgesellschaften mit Zulassung in einem Mitgliedstaat, die gemäß Artikel 3a Prüfungsleistungen in einem anderen Mitgliedstaat erbringen, der Qualitätssicherungsprüfung im Herkunftsmitgliedstaat und der Aufsicht im Aufnahmemitgliedstaat in Bezug auf sämtliche dortigen Prüfungen.

↓ M3

(2) Bei der Prüfung konsolidierter Abschlüsse darf der Mitgliedstaat, der diese Abschlussprüfung vorschreibt, dem Abschlussprüfer oder der Prüfungsgesellschaft, der bzw. die die Abschlussprüfung einer in einem anderen Mitgliedstaat niedergelassenen Tochtergesellschaft durchführt, für diese Abschlussprüfung in Bezug auf Registrierung, Qualitätssicherungsprüfung, Prüfungsstandards, Berufsgrundsätze und Unabhängigkeit keine zusätzlichen Anforderungen auferlegen.

(3) Werden die Wertpapiere eines Unternehmens auf einem geregelten Markt eines anderen Mitgliedstaats als dem seines eingetragenen Sitzes gehandelt, so darf der Mitgliedstaat, in dem die Wertpapiere gehandelt werden, dem Abschlussprüfer oder der Prüfungsgesellschaft, der/die die Prüfung des Jahresabschlusses oder des konsolidierten Abschlusses jenes Unternehmens durchführt, in Bezug auf Registrierung, Qualitätssicherungsprüfung, Prüfungsstandards, Berufsgrundsätze und Unabhängigkeit keine zusätzlichen Anforderungen auferlegen.

□↓ M3

(4) Ist ein Abschlussprüfer oder eine Prüfungsgesellschaft infolge einer Zulassung gemäß den Artikeln 3 oder 44 in einem Mitgliedstaat registriert und erteilt dieser Abschlussprüfer oder diese Prüfungsgesellschaft Bestätigungsvermerke in Bezug auf Jahresabschlüsse oder konsolidierte Abschlüsse gemäß Artikel 45 Absatz 1, so unterstellt der Mitgliedstaat, in dem der Abschlussprüfer oder die Prüfungsgesellschaft registriert ist, diesen Abschlussprüfer oder diese Prüfungsgesellschaft seiner Aufsicht und seinen Systemen für Qualitätssicherung sowie für Untersuchungen und Sanktionen.

↓ M3

↓ B

Artikel 36
Berufsgeheimnisse und Zusammenarbeit zwischen den zuständigen Regelungsorganen der Mitgliedstaaten

↓ M3

(1) Die für die Zulassung, Registrierung, Qualitätssicherung, Inspektionen und Berufsaufsicht verantwortlichen zuständigen Behörden der Mitgliedstaaten, die nach Artikel 20 der Verordnung (EU) Nr. 537/2014 benannten zuständigen Behörden und die einschlägigen Europäischen Aufsichtsbehörden arbeiten zusammen, wann immer dies für die Wahrnehmung ihrer jeweiligen Zuständigkeiten und Aufgaben nach dieser Richtlinie und der Verordnung (EU) Nr. 537/2014 erforderlich ist. Die zuständigen Behörden eines Mitgliedstaats leisten den zuständigen Behörden anderer Mitgliedstaaten und den einschlägigen Europäischen Aufsichts-

behörden Amtshilfe. Insbesondere tauschen die zuständigen Behörden Informationen aus und arbeiten bei Untersuchungen im Zusammenhang mit der Durchführung von Abschlussprüfungen zusammen.

↓ B

(2) Die Pflicht zur Wahrung des Berufsgeheimnisses gilt für alle Personen, die von zuständigen Stellen beschäftigt werden oder wurden. Informationen, die unter das Berufsgeheimnis fallen, dürfen keiner anderen Person oder Stelle offenbart werden, es sei denn, dies ist durch Gesetze, Verordnungen oder Verwaltungsverfahren eines Mitgliedstaates geregelt.

↓ M3

(3) Absatz 2 steht dem Austausch von vertraulichen Informationen zwischen den zuständigen Behörden nicht entgegen. So ausgetauschte Informationen unterliegen der Pflicht zur Wahrung des Berufsgeheimnisses, der Personen unterliegen, die von zuständigen Behörden beschäftigt sind oder waren. Der Pflicht zur Wahrung des Berufsgeheimnisses unterliegt auch jegliche Person, der die zuständigen Behörden Aufgaben in Zusammenhang mit den in dieser Richtlinie niedergelegten Zwecken übertragen haben.

↓ B

(4) Die zuständigen Stellen liefern auf Anfrage unverzüglich alle Informationen, die für die in Absatz 1 genannten Zwecke erforderlich sind. Falls notwendig, leiten die zuständigen Stellen, die eine solche Anfrage erhalten, unverzüglich die zur Sammlung der gewünschten Informationen notwendigen Maßnahmen ein. Die auf diesem Wege gelieferten Informationen fallen unter das Berufsgeheimnis, dem die bei der Empfängerstelle zu diesem oder einem früheren Zeitpunkt angestellten Personen unterliegen.

Kann die zuständige Stelle die gewünschten Informationen nicht unverzüglich liefern, teilt sie dies der anderen zuständigen Stelle unter Angabe von Gründen mit.

Die zuständigen Stellen können sich weigern, einem solchen Auskunftsverlangen zu entsprechen, wenn

a) eine Weitergabe der Information die Souveränität, die Sicherheit oder die öffentliche Ordnung des ersuchten Mitgliedstaates beeinträchtigen oder nationale Sicherheitsregeln verletzen könnte,

↓ M3

b) gegen dieselben Personen aufgrund derselben Handlungen bereits ein Gerichtsverfahren vor den Behörden des ersuchten Mitgliedstaats eingeleitet worden ist oder;

c) gegen dieselben Personen aufgrund derselben Handlungen bereits ein endgültiges Urteil der zuständigen Behörden des ersuchten Mitgliedstaats ergangen ist.

Unbeschadet ihrer Pflichten in Gerichtsverfahren dürfen die zuständige Behörden oder die Europäischen Aufsichtsbehörden, die nach Absatz 1 Informationen erhalten, diese nur zur Wahrnehmung ihrer in dieser Richtlinie oder in der Verordnung (EU) Nr. 537/2014 festgelegten Aufgaben sowie bei Verwaltungs- oder Gerichtsverfahren, die speziell die Wahrnehmung dieser Aufgaben betreffen, verwenden.

↓ M3

(4a) Die Mitgliedstaaten können den zuständigen Behörden gestatten, den für die Beaufsichtigung von Unternehmen von öffentlichem Interesse zuständigen Behörden, den Zentralbanken, dem Europäischen System der Zentralbanken und der Europäischen Zentralbank in ihrer Eigenschaft als Währungsbehörden sowie dem Europäischen Ausschuss für Systemrisiken zur Erfüllung ihrer Aufgaben vertrauliche Informationen übermitteln. Diese Behörden oder Stellen dürfen den zuständigen Behörden die Informationen übermitteln, die die zuständigen Behörden zur Erfüllung ihrer Aufgaben gemäß der Verordnung (EU) Nr. 537/2014 benötigen.

↓ B

(5) Kommt eine zuständige Stelle zu der Überzeugung, dass im Gebiet eines anderen Mitgliedstaats gegen die Bestimmungen dieser Richtlinie verstoßen wird oder wurde, so teilt sie dies der zuständigen Stelle des anderen Mitgliedstaats so genau wie möglich mit. Die zuständige Stelle des anderen Mitgliedstaats trifft geeignete Maßnahmen. Sie informiert erstere über das Endergebnis und so weit wie möglich über wesentliche Zwischenergebnisse.

(6) Die zuständige Stelle eines Mitgliedstaats kann ebenfalls verlangen, dass die zuständige Stelle eines anderen Mitgliedstaats auf dessen Gebiet eine Untersuchung durchführt.

Sie kann darüber hinaus verlangen, dass einige ihrer Mitarbeiter die Erlaubnis erhalten, die Mitarbeiter der zuständigen Stelle des anderen Mitgliedstaates im Laufe der Untersuchung zu begleiten.

Die Untersuchung unterliegt durchgehend der umfassenden Aufsicht des Mitgliedstaats, in dessen Gebiet sie stattfindet.

Die zuständigen Stellen können sich weigern, einer nach Unterabsatz 1 ergangenen Aufforderung zur Durchführung einer Untersuchung oder einer nach Unterabsatz 2 ergangenen Aufforderung, die eigenen Mitarbeiter von Mitarbeitern der zuständigen Stelle eines anderen Mitgliedstaates begleiten zu lassen, nachzukommen, wenn

↓ M3

a) eine solche Untersuchung die Souveränität, die Sicherheit oder die öffentliche Ordnung des ersuchten Mitgliedstaats beeinträchtigen oder nationale Sicherheitsregeln verletzen könnte oder,

↓ B

b) aufgrund derselben Handlungen und gegen dieselben Personen bereits ein Gerichtsverfahren vor den Stellen des ersuchten Mitgliedstaats anhängig ist oder

c) gegen die betreffenden Personen aufgrund derselben Handlungen bereits ein rechtskräftiges Urteil der zuständigen Stellen des ersuchten Mitgliedstaats ergangen ist.

↓ M3

↓ B

KAPITEL IX
BESTELLUNG UND ABBERUFUNG

Artikel 37
Bestellung von Abschlussprüfern oder Prüfungsgesellschaften

(1) Der Abschlussprüfer oder die Prüfungsgesellschaft wird von der Mitglieder- oder Gesellschafterversammlung des geprüften Unternehmens bestellt.

(2) Die Mitgliedstaaten können alternative Systeme oder Modalitäten für die Bestellung des Abschlussprüfers oder der Prüfungsgesellschaft unter der Voraussetzung zulassen, dass diese Systeme oder Modalitäten darauf ausgerichtet sind, die Unabhängigkeit des Abschlussprüfers oder der Prüfungsgesellschaft von den an der Geschäftsführung beteiligten Mitgliedern des Verwaltungsorgans oder vom Leitungsorgan des geprüften Unternehmens zu gewährleisten.

↓ M3

(3) Jegliche Vertragsklausel, die die Auswahlmöglichkeiten der Gesellschafterversammlung oder der Aktionärshauptversammlung des geprüften Unternehmens gemäß Absatz 1 in Bezug auf Ernennung eines Abschlussprüfers oder einer Prüfungsgesellschaft zur Durchführung der Abschlussprüfung bei diesem Unternehmen auf bestimmte Kategorien oder Listen von Abschlussprüfern oder Prüfungsgesellschaften beschränkt, ist untersagt. Jede bestehende Klausel dieser Art ist nichtig.

↓ B

Artikel 38
Abberufung und Rücktritt von Abschlussprüfern oder Prüfungsgesellschaften

(1) Die Mitgliedstaaten stellen sicher, dass Abschlussprüfer oder Prüfungsgesellschaften nur bei Vorliegen triftiger Gründe abberufen werden können. Meinungsverschiedenheiten über Bilanzierungsmethoden oder Prüfverfahren sind kein triftiger Grund für eine Abberufung.

(2) Die Mitgliedstaaten stellen sicher, dass das geprüfte Unternehmen und der Abschlussprüfer bzw. die Prüfungsgesellschaft die für die öffentliche Aufsicht zuständige oder zuständigen Stellen über die Abberufung oder den Rücktritt des Abschlussprüfers bzw. der Prüfungsgesellschaft während der Laufzeit des Auftrags in Kenntnis setzen und eine ausreichende Begründung liefern.

↓ M3

(3) Im Fall der Abschlussprüfung eines Unternehmens von öffentlichem Interesse stellen die Mitgliedstaat sicher, dass

a) Anteilseigner, die mindestens 5 % der Stimmrechte oder des Grundkapitals halten,

b) andere Stellen des geprüften Unternehmens — sofern durch nationale Rechtsvorschriften festgelegt,

c) die in Artikel 32 dieser Richtlinie genannten bzw. nach Artikel 20 Absatz 1 der Verordnung (EU) Nr. 537/2014 benannten zuständigen Behörden oder — sofern nach nationalem Recht vorgesehen — die zuständigen Behörden nach Artikel 20 Absatz 2 der genannten Verordnung

vor einem nationalen Gericht die Abberufung des Abschlussprüfers bzw. der Abschlussprüfer oder der Prüfungsgesellschaft bzw. -gesellschaften beantragen können, sofern triftige Gründe vorliegen.

KAPITEL X
PRÜFUNGSAUSSCHUSS

Artikel 39
Prüfungsausschuss

(1) Die Mitgliedstaaten stellen sicher, dass jedes Unternehmen von öffentlichem Interesse einen Prüfungsausschuss hat. Der Prüfungsausschuss ist entweder ein eigenständiger Ausschuss oder ein Ausschuss des Verwaltungsorgans oder des Aufsichtsorgans des geprüften Unternehmens. Der Prüfungsausschuss setzt sich aus nicht an der Geschäftsführung beteiligten Mitgliedern des Verwaltungsorgans und/oder Mitgliedern des Aufsichtsorgans des geprüften Unternehmens und/oder Mitgliedern, die von der Gesellschafterversammlung oder Aktionärshauptversammlung des geprüften Unternehmens bzw. bei Unternehmen ohne Gesellschafter oder Aktionäre von einem gleichwertigen Organ bestellt werden, zusammen.

Mindestens ein Mitglied des Prüfungsausschusses muss über Sachverstand im Bereich Rechnungslegung und/oder Abschlussprüfung verfügen.

Die Ausschussmitglieder zusammen müssen mit dem Sektor, in dem das geprüfte Unternehmen tätig ist, vertraut sein.

Die Mehrheit der Mitglieder des Prüfungsausschusses ist von dem geprüften Unternehmen unabhängig. Der Vorsitzende des Prüfungsausschusses wird von den Ausschussmitgliedern oder dem Aufsichtsorgan des geprüften Unternehmens benannt und ist von dem geprüften Unternehmen unabhängig. Die Mitgliedstaaten können verlangen, dass der Vorsitzende des Prüfungsausschusses alljährlich von der Gesellschaftsversammlung oder Aktionärshauptversammlung des geprüften Unternehmens gewählt wird.

(2) Abweichend von Absatz 1 können die Mitgliedstaaten beschließen, dass im Falle von Unternehmen von öffentlichem Interesse, die die Kriterien von Artikel 2 Absatz 1 Buchstaben f und t der Richtlinie 2003/71/EG des Europäischen Parlaments und des Rates ([1]) erfüllen, die dem

Prüfungsausschuss übertragenen Aufgaben vom Verwaltungs- oder Aufsichtsorgan als Ganzem wahrgenommen werden, wobei der Vorsitzende eines solchen Gremiums, sofern er ein geschäftsführendes Mitglied ist, nicht als Vorsitzender handelt, solange dieses Gremium die Aufgaben des Prüfungsausschusses wahrnimmt.

(¹) Richtlinie 2003/71/EG des Europäischen Parlaments und des Rates vom 4. November 2003 betreffend den Prospekt, der beim öffentlichen Angebot von Wertpapieren oder bei deren Zulassung zum Handel zu veröffentlichen ist, und zur Änderung der Richtlinie 2001/34/EG (ABl. L 345 vom 31.12.2003, S. 64).

Ist der Prüfungsausschuss im Einklang mit Absatz 1 Teil des Verwaltungsorgans oder des Aufsichtsorgans des geprüften Unternehmens, so können die Mitgliedstaaten zulassen oder verlangen, dass das Verwaltungsorgan bzw. das Aufsichtsorgan für die Zwecke der Verpflichtungen gemäß dieser Richtlinie und der Verordnung (EU) Nr. 537/2014 die Aufgaben des Prüfungsausschusses wahrnimmt.

(3) Abweichend von Absatz 1 können die Mitgliedstaaten bestimmen, dass die folgenden Unternehmen von öffentlichem Interesse nicht verpflichtet sind, einen Prüfungsausschuss einzusetzen:

a) Unternehmen von öffentlichem Interesse, die Tochterunternehmen im Sinne von Artikel 2 Nummer 10 der Richtlinie 2013/34/EU sind und die Anforderungen der Absätze 1, 2 und 5 des vorliegenden Artikels, des Artikels 11 Absätze 1 und 2 und des Artikels 16 Absatz 5 der Verordnung (EU) Nr. 537/2014 auf Konzernebene erfüllen;

b) Unternehmen von öffentlichem Interesse, die Organismen für gemeinsame Anlagen in Wertpapieren im Sinne von Artikel 1 Absatz 2 der Richtlinie 2009/65/EG des Europäischen Parlaments und des Rates [1] oder alternative Investmentfonds (AIF) im Sinne von Artikel 4 Absatz 1 Buchstabe a der Richtlinie 2011/61/EU des Europäischen Parlaments und des Rates [2] sind;

(¹) Richtlinie 2009/65/EG des Europäischen Parlaments und des Rates vom 13. Juli 2009 zur Koordinierung der Rechts- und Verwaltungsvorschriften betreffend bestimmte Organismen für gemeinsame Anlagen in Wertpapieren (OGAW) (ABl. L 302 vom 17.11.2009, S. 32).

(²) Richtlinie 2011/61/EU des Europäischen Parlaments und des Rates vom 8. Juni 2011 über die Verwalter alternativer Investmentfonds und zur Änderung der Richtlinien 2003/41/EG und 2009/65/EG und der Verordnungen (EG) Nr. 1060/2009 und (EU) Nr. 1095/2010 (ABl. L 174 vom 1.7.2011, S. 1).

c) Unternehmen von öffentlichem Interesse, deren Tätigkeit ausschließlich darin besteht, als Emittent von durch Forderungen unterlegte Wertpapiere im Sinne von Artikel 2 Nummer 5 der Verordnung (EG) Nr. 809/2004 der Kommission [1] aufzutreten;

(¹) Verordnung (EG) Nr. 809/2004 der Kommission vom 29. April 2004 zur Umsetzung der Richtlinie 2003/71/EG des Europäischen Parlaments und des Rates betreffend die in Prospekten enthaltenen Angaben sowie die Aufmachung, die Aufnahme von Angaben in Form eines Verweises und die Veröffentlichung solcher Prospekte sowie die Verbreitung von Werbung (ABl. L 149 vom 30.4.2004, S. 1).

d) Kreditinstitute im Sinne von Artikel 3 Absatz 1 Nummer 1 der Richtlinie 2013/36/EU, deren Anteile in keinem Mitgliedstaat zum Handel an einem geregelten Markt im Sinne von Artikel 4 Absatz 1 Nummer 14 der Richtlinie 2004/39/EG zugelassen sind und die dauernd oder wiederholt ausschließlich Schuldtitel ausgegeben haben, die zum Handel auf einem geregelten Markt zugelassen sind, vorausgesetzt der Gesamtnominalwert aller derartigen Schuldtitel liegt unter 100 000 000 EUR und sie haben keinen Prospekt gemäß der Richtlinie 2003/71/EG veröffentlicht.

Die Unternehmen von öffentlichem Interesse nach Buchstabe c legen öffentlich die Gründe dar, weshalb sie es nicht für angebracht halten, einen Prüfungsausschuss einzurichten oder ihr Verwaltungs- oder Aufsichtsorgan mit den Aufgaben eines Prüfungsausschusses zu betrauen.

(4) Abweichend von Absatz 1 können die Mitgliedstaaten verlangen oder zulassen, dass ein Unternehmen von öffentlichem Interesse keinen Prüfungsausschuss einsetzt, sofern es über ein oder mehrere Gremien verfügt, die einem Prüfungsausschuss obliegende Aufgaben wahrnehmen, und die im Einklang mit den nationalen Rechtsvorschriften des Mitgliedstaats, in dem das zu prüfende Unternehmen eingetragen ist, gebildet wurden und tätig sind. In einem solchen Fall gibt das Unternehmen an, welches Gremium diese Aufgaben wahrnimmt und wie es zusammengesetzt ist.

(5) Sind alle Mitglieder des Prüfungsausschusses Mitglieder des Verwaltungs- oder Aufsichtsorgans des geprüften Unternehmens, so kann der Mitgliedstaat vorsehen, dass der Prüfungsausschuss von den Unabhängigkeitsanforderungen nach Absatz 1 Unterabsatz 4 befreit wird.

(6) Unbeschadet der Verantwortung der Mitglieder des Verwaltungs-, Leitungs- oder Aufsichtsorgans oder anderer Mitglieder, die von der Gesellschafterversammlung oder Aktionärshauptversammlung des geprüften Unternehmens bestellt werden, besteht die Aufgabe des Prüfungsausschusses unter anderem darin,

a) das Verwaltungs- oder Aufsichtsorgan des geprüften Unternehmens über das Ergebnis der Abschlussprüfung zu unterrichten und darzulegen, wie die Abschlussprüfung zur Integrität der Rechnungslegung beigetragen hat, und welche Rolle er in diesem Prozess gespielt hat;

b) den Rechnungslegungsprozess zu beobachten und Empfehlungen oder Vorschläge zur Gewährleistung von dessen Integrität zu unterbreiten;

c) die Wirksamkeit des internen Kontrollsystems und des Risikomanagementsystems sowie gegebenenfalls der internen Revision des Unternehmens, die die Rechnungslegung des geprüften Unternehmens berühren, zu beobachten, ohne dass seine Unabhängigkeit verletzt wird;

d) die Abschlussprüfung des Jahresabschlusses und des konsolidierten Abschlusses zu beobachten, insbesondere deren Leistung unter Berücksichtigung der Erkenntnisse und Schlussfolgerungen der zuständigen Behörde nach Artikel 26 Absatz 6 der Verordnung (EU) Nr. 537/2014;

e) die Unabhängigkeit der Abschlussprüfer oder Prüfungsgesellschaften gemäß den Artikeln 22, 22a, 22b, 24a und 24b dieser Richtlinie sowie Artikel 6 der Verordnung (EU) Nr. 537/2014 und insbesondere die Angemessenheit der für das geprüfte Unternehmen erbrachten Nichtprüfungsleistungen gemäß Artikel 5 jener Verordnung zu überprüfen und zu beobachten;

f) das Verfahren für die Auswahl des (der) Abschlussprüfer(s) oder der Prüfungsgesellschaft(en) durchzuführen und zu empfehlen, dass (der) die Abschlussprüfer oder die Prüfungsgesellschaft(en) gemäß Artikel 16 der Verordnung (EU) Nr. 537/2014 bestellt werden, es sei denn, Artikel 16 Absatz 8 der Verordnung (EU) Nr. 537/2014 findet Anwendung.

↓B

KAPITEL XI
INTERNATIONALE ASPEKTE

Artikel 44
Zulassung von Prüfern aus Drittländern

(1) Auf der Grundlage der Gegenseitigkeit können die zuständigen Stellen eines Mitgliedstaates Prüfer aus Drittländern als Abschlussprüfer zulassen, sofern sie nachweisen können, dass sie Voraussetzungen erfüllen, die denjenigen der Artikel 4 und 6 bis 13 gleichwertig sind.

(2) Die zuständige Stelle eines Mitgliedstaats wendet die Anforderungen nach Artikel 14 an, bevor sie Prüfern aus einem Drittland, die die Voraussetzungen von Absatz 1 erfüllen, die Zulassung gewährt.

Artikel 45
Registrierung und Aufsicht von Prüfern und Prüfungsunternehmen aus Drittländern

↓M3

(1) Die zuständigen Behörden eines Mitgliedstaats registrieren gemäß den Artikeln 15, 16 und 17 alle Prüfer und Prüfungsunternehmen aus Drittländern, wenn diese Prüfer oder Prüfungsunternehmen aus Drittländern einen Bestätigungsvermerk zu dem Jahresabschluss oder konsolidierten Abschluss eines Unternehmens mit Sitz außerhalb der Union erteilen, dessen übertragbare Wertpapiere zum Handel an einem geregelten Markt dieses Mitgliedstaats im Sinne von Artikel 4 Absatz 1 Nummer 14 der Richtlinie 2004/39/EG zugelassen sind, es sei denn, das Unternehmen gibt ausschließlich Schuldtitel aus, die eines der folgenden Merkmale aufweisen:

a) Sie wurden vor dem 31. Dezember 2010 zum Handel an einem geregelten Markt in einem Mitgliedstaat im Sinne von Artikel 2 Absatz 1 Buchstabe c der Richtlinie 2004/109/EG des Europäischen Parlaments und des Rates [1] mit einer Mindeststückelung von 50 000 EUR oder, wenn es sich um Schuldtitel handelt, die auf eine andere Währung als Euro lauten, mit einer Mindeststückelung, deren Wert am Ausgabetag mindestens 50 000 EUR entspricht, zugelassen.

(1) Richtlinie 2004/109/EG des Europäischen Parlaments und des Rates vom 15. Dezember 2004 zur Harmonisierung der Transparenzanforderungen in Bezug auf Informationen über Emittenten, deren Wertpapiere zum Handel auf einem geregelten Markt zugelassen sind, und zur Änderung der Richtlinie 2001/34/EG (ABl. L 390 vom 31.12.2004, S. 38).

b) Sie wurden ab dem 31. Dezember 2010 zum Handel an einem geregelten Markt in einem Mitgliedstaat im Sinne von Artikel 2 Absatz 1 Buchstabe c der Richtlinie 2004/109/EG des Europäischen Parlaments und des Rates mit einer Mindeststückelung von 100 000 EUR am Ausgabetag oder, wenn es sich um Schuldtitel handelt, die auf eine andere Währung als Euro lauten, mit einer Mindeststückelung, deren Wert am Ausgabetag mindestens 100 000 EUR entspricht, zugelassen.

↓B

(2) Artikel 18 und 19 finden Anwendung.

(3) Die Mitgliedstaaten unterwerfen die registrierten Prüfer und Prüfungsunternehmen aus Drittländern ihrem Aufsichtssystem, ihrem Qualitätssicherungssystem sowie ihren Untersuchungen und Sanktionen. Ein Mitgliedstaat kann einen registrierten Prüfer oder ein registriertes Prüfungsunternehmen aus Drittländern von der Unterwerfung unter sein Qualitätssicherungssystem ausnehmen, wenn das Qualitätssicherungssystem eines anderen Mitgliedstaats oder eines Drittlands, das als gleichwertig nach Artikel 46 bewertet wurde, bereits während der vorausgegangenen drei Jahre eine Qualitätsprüfung des betreffenden Prüfers bzw. des betreffenden Prüfungsunternehmens des Drittlands durchgeführt hat.

(4) Unbeschadet des Artikels 46 haben die in Absatz 1 des vorliegenden Artikels genannten Bestätigungsvermerke zum Jahresabschluss bzw. konsolidierten Abschluss, die von in dem Mitgliedstaat nicht registrierten Prüfern oder Prüfungsunternehmen aus Drittländern erteilt werden, in diesem Mitgliedstaat keinerlei Rechtswirkung.

(5) Ein Mitgliedstaat kann ein Prüfungsunternehmen aus einem Drittland nur registrieren, wenn

↓M3

↓B

b) die Mehrheit der Mitglieder des Verwaltungs- bzw. Leitungsorgans des Prüfungsunternehmens aus einem Drittland Voraussetzungen erfüllt, die den Vorgaben der Artikel 4 bis 10 gleichwertig sind;

c) der Prüfer aus einem Drittland, der die Prüfung im Auftrag des Prüfungsunternehmens aus einem Drittland durchführt, Voraussetzungen erfüllt, die den Vorgaben der Artikel 4 bis 10 gleichwertig sind;

↓ M3

d) die Prüfungen des Jahresabschlusses bzw. konsolidierten Abschlusses nach Absatz 1 in Übereinstimmung mit den internationalen Prüfungsstandards gemäß Artikel 26 und den in den Artikeln 22, 22b und 25 niedergelegten Anforderungen oder gleichwertigen Standards und Anforderungen durchgeführt werden;

e) es auf seiner Website einen jährlichen Transparenzbericht veröffentlicht, der die in Artikel 13 der Verordnung (EU) Nr. 537/2014 genannten Informationen enthält, oder gleichwertige Anforderungen an die Offenlegung erfüllt.

↓ M3

(5a) Ein Mitgliedstaat darf einen Prüfer aus einem Drittland nur registrieren, wenn er die Anforderungen nach Absatz 5 Buchstaben c, d und e erfüllt.

↓ M3

(6) Zur Gewährleistung einer einheitlichen Anwendung von Absatz 5 Buchstabe d wird die Kommission ermächtigt, über die darin erwähnte Gleichwertigkeit im Wege von Durchführungsrechtsakten zu entscheiden. Diese Durchführungsrechtsakte werden nach dem in Artikel 48 Absatz 2 genannten Prüfungsverfahren erlassen. Bis zu einer solchen Entscheidung der Kommission können die Mitgliedstaaten die Gleichwertigkeit im Sinne des Absatzes 5 Buchstabe d selbst beurteilen.

Die Kommission wird zum Erlass delegierter Rechtsakte gemäß Artikel 48a ermächtigt, um allgemeine Kriterien für die Beurteilung der Gleichwertigkeit festzulegen, die bei der Beurteilung der Frage heranzuziehen sind, ob die in Absatz 1 genannten Abschlussprüfungen in Einklang mit den in Artikel 26 genannten internationalen Rechnungslegungsstandards und den in den Artikeln 22, 24 und 25 niedergelegten Anforderungen durchgeführt wurden. Die Mitgliedstaaten ziehen bei der Beurteilung der Gleichwertigkeit auf nationaler Ebene diese für alle Drittländer geltenden Kriterien heran.

↓ B

Artikel 46
Ausnahmen bei Gleichwertigkeit

(1) Die Mitgliedstaaten können auf der Grundlage der Gegenseitigkeit von den Anforderungen des Artikels 45 Absätze 1 und 3 nur dann absehen oder abweichen, wenn diese Prüfer bzw. Prüfungsunternehmen aus einem Drittland in dem Drittland einer öffentlichen Aufsicht, einem Qualitätssicherungssystem sowie Untersuchungen und Sanktionen unterliegen, die Anforderungen genügen, die denen der Artikel 29, 30 und 32 gleichwertig sind.

↓ M3

(2) Zur Gewährleistung einer einheitlichen Anwendung von Absatz 1 wird die Kommission ermächtigt, über die darin erwähnte Gleichwertigkeit im Wege von Durchführungsrechtsakten zu entscheiden. Diese Durchführungsrechtsakte werden nach dem in Artikel 48 Absatz 2 genannten Prüfungsverfahren erlassen. Sobald die Kommission die in Absatz 1 erwähnte Gleichwertigkeit festgestellt hat, können sich die Mitgliedstaaten entscheiden, sich ganz oder teilweise auf diese Gleichwertigkeit zu verlassen und dementsprechend von den Anforderungen gemäß Artikel 45 Absätze 1 und 3 ganz oder teilweise abzusehen oder abzuweichen. Die Mitgliedstaaten können die in Absatz 1 erwähnte Gleichwertigkeit selbst beurteilen oder sich die durch einen anderen Mitgliedstaat durchgeführte Beurteilung zu eigen machen, bis die Kommission eine Entscheidung trifft. Entscheidet die Kommission, dass die Anforderung der Gleichwertigkeit im Sinne von Absatz 1 nicht erfüllt ist, so kann sie zulassen, dass die betroffenen Prüfer und Prüfungsunternehmen aus einem Drittland ihre Prüfungstätigkeit in Einklang mit den Anforderungen des betreffenden Mitgliedstaats während einer angemessenen Übergangsfrist weiterführen.

Die Kommission wird zum Erlass delegierter Rechtsakte gemäß Artikel 48a ermächtigt, um für die Beurteilung der Gleichwertigkeit allgemeine Kriterien auf der Grundlage der in den Artikeln 29, 30 und 32 niedergelegten Anforderungen zu erlassen, die bei der Beurteilung der Frage heranzuziehen sind, ob öffentliche Aufsicht, Qualitätssicherung sowie Untersuchungen und Sanktionen eines Drittlands den einschlägigen Systemen der Union gleichwertig sind. Hat die Kommission in Bezug auf das betreffende Drittland keine Entscheidung getroffen, so ziehen die Mitgliedstaaten bei der Beurteilung der Gleichwertigkeit auf nationaler Ebene diese für alle Drittländer geltenden Kriterien heran.

↓ B

(3) Die Mitgliedstaaten teilen der Kommission Folgendes mit:

a) ihre Beurteilung der Gleichwertigkeit im Sinne von Absatz 2 und

b) die Hauptpunkte ihrer Kooperationsvereinbarungen mit öffentlichen Aufsichtssystemen, Qualitätssicherungssystemen sowie Untersuchungen und Sanktionen in Drittländern auf der Grundlage von Absatz 1.

Artikel 47
Zusammenarbeit mit zuständigen Stellen in Drittländern

↓ M3

(1) Die Mitgliedstaaten können die Weitergabe von Arbeitspapieren und anderen Dokumenten, die sich im Besitz von von ihnen zugelassenen Abschlussprüfern oder Prüfungsgesellschaften befinden, und von Untersuchungs- oder Inspek-

tionsberichten im Zusammenhang mit den jeweiligen Prüfungen an die zuständigen Behörden von Drittländern erlauben, sofern

a) diese Arbeitspapiere oder anderen Dokumente sich auf Prüfungen von Unternehmen beziehen, die Wertpapiere in diesem Drittland ausgegeben haben oder die Teile eines Konzerns sind, der in diesem Drittland einen gesetzlich vorgeschriebenen konsolidierten Abschluss vorlegt;

↓ B

b) die Weitergabe über die zuständige Stelle des Mitgliedstaats an die zuständige Stelle dieses Drittlands auf deren Anforderung erfolgt;

c) die zuständige Stelle des betroffenen Drittlands die Anforderungen erfüllt, die nach Absatz 3 als angemessen erklärt wurden;

d) auf Grundlage der Gegenseitigkeit Vereinbarungen zur Zusammenarbeit zwischen den betroffenen zuständigen Stellen getroffen wurden;

e) die Übermittlung von personenbezogenen Daten in Drittländer in Übereinstimmung mit Kapitel IV der Richtlinie 95/46/EG steht.

(2) Die in Absatz 1 Buchstabe d genannten Vereinbarungen zur Zusammenarbeit stellen sicher, dass

a) eine Glaubhaftmachung des Zweckes der Anfrage für Arbeitspapiere und sonstige Dokumente durch die zuständigen Stellen erfolgt;

b) Personen, die durch die zuständigen Stellen des Drittlands beschäftigt werden oder wurden, zur Wahrung des Berufsgeheimnisses verpflichtet sind;

↓ M3

ba) der Schutz der wirtschaftlichen Interessen des geprüften Unternehmens, einschließlich seiner Rechte an gewerblichem und geistigem Eigentum, nicht beeinträchtigt wird;

↓ B

c) die zuständigen Stellen des Drittlands die Arbeitspapiere oder sonstigen Dokumente nur für Zwecke der Ausübung ihrer Aufsichtstätigkeit, Qualitätssicherung und Untersuchungen nutzen, die Anforderungen genügen, die denen der Artikel 29, 30 und 32 gleichwertig sind;

d) die Anfrage von zuständigen Stelle für Arbeitspapiere oder sonstige Dokumente verweigert werden kann, falls

— die Bereitstellung dieser Arbeitspapiere oder Dokumente die Souveränität, die Sicherheit oder die öffentliche Ordnung der Gemeinschaft oder des ersuchten Mitgliedstaates beeinträchtigen würde oder

↓ M3

— gegen dieselben Personen aufgrund derselben Handlungen bereits ein Gerichtsverfahren vor den Behörden des ersuchten Mitgliedstaats anhängig ist; oder

— gegen dieselben Abschlussprüfer oder Prüfungsgesellschaften aufgrund derselben Handlungen bereits ein endgültiges Urteil der zuständigen Behörden des ersuchten Mitgliedstaats ergangen ist.

(3) Zur Erleichterung der Zusammenarbeit wird die Kommission ermächtigt, im Wege von Durchführungsrechtsakten über die in Absatz 1 Buchstabe c genannte Angemessenheit zu entscheiden. Diese Durchführungsrechtsakte werden nach dem in Artikel 48 Absatz 2 genannten Prüfungsverfahren erlassen. Die Mitgliedstaaten ergreifen die zur Einhaltung der Entscheidung der Kommission gebotenen Maßnahmen.

Die Kommission wird zum Erlass delegierter Rechtsakte gemäß Artikel 48a ermächtigt, um allgemeine Kriterien für die Beurteilung der Angemessenheit festzulegen, anhand derer die Kommission beurteilt, ob die zuständigen Behörden von Drittländern für die Zwecke der Zusammenarbeit mit den zuständigen Behörden der Mitgliedstaaten beim Austausch von Arbeitspapieren oder anderen Dokumenten, die sich im Besitz der Abschlussprüfer und Prüfungsgesellschaften befinden, als angemessen angesehen werden können. Die allgemeinen Kriterien für die Beurteilung der Angemessenheit beruhen auf den Anforderungen von Artikel 36 oder im Wesentlichen gleichwertigen funktionalen Ergebnissen für einen direkten Austausch von Arbeitspapieren und anderen Dokumenten im Besitz der Abschlussprüfer oder Prüfungsgesellschaften.

↓ B

(4) In außergewöhnlichen Fällen können Mitgliedstaaten in Abweichung von Absatz 1 erlauben, dass von ihnen zugelassene Abschlussprüfer und Prüfungsgesellschaften direkt Arbeitspapiere und sonstige Dokumente an die zuständigen Stellen eines Drittlandes weitergeben, vorausgesetzt, dass

a) Untersuchungen von den zuständigen Stellen in diesem Drittland eingeleitet wurden;

b) die Weitergabe nicht in Widerspruch zu den Verpflichtungen steht, die Abschlussprüfer oder Prüfungsgesellschaften im Hinblick auf die Weitergabe von Arbeitspapieren und sonstigen Dokumenten an die zuständige Stelle des Mitgliedstaates zu beachten haben;

c) Vereinbarungen zur Zusammenarbeit mit den zuständigen Stellen dieses Drittlands bestehen, die den zuständigen Stellen der Mitgliedstaaten gegenseitigen direkten Zugang zu Arbeitspapieren und sonstigen Dokumenten von Prüfungsgesellschaften dieses Drittlands erlauben;

d) die anfragende zuständige Stelle des Drittlands vorab die zuständige Stelle des Mitgliedstaats von jeder direkten Anfrage von Informationen unter Angabe von Gründen in Kenntnis setzt;

e) die in Absatz 2 genannten Bedingungen eingehalten werden.

↓ M3

↓ B

(6) Die Mitgliedstaaten teilen der Kommission die in den Absätzen 1 und 4 genannten Vereinbarungen zur Zusammenarbeit mit.

KAPITEL XII ÜBERGANGS- UND SCHLUSS-BESTIMMUNGEN

Artikel 48 Ausschussverfahren

↓ M3

(1) Die Kommission wird von einem Ausschuss (nachstehend „Ausschuss") unterstützt. Dabei handelt es sich um einen Ausschuss im Sinne der Verordnung (EU) Nr. 182/2011 des Europäischen Parlaments und des Rates (1).

(1) Verordnung (EU) Nr. 182/2011 des Europäischen Parlaments und des Rates vom 16. Februar 2011 zur Festlegung der allgemeinen Regeln und Grundsätze, nach denen die Mitgliedstaaten die Wahrnehmung der Durchführungsbefugnisse durch die Kommission kontrollieren (ABl. L 55 vom 28.2.2011, S. 13).

(2) Wird auf diesen Absatz Bezug genommen, so gilt Artikel 5 der Verordnung (EU) Nr. 182/2011.

↓ M1

(2a) Wird auf diesen Absatz Bezug genommen, so gelten Artikel 5a Absätze 1 bis 4 und Artikel 7 des Beschlusses 1999/468/EG unter Beachtung von dessen Artikel 8.

↓ M1

(3) Bis 31. Dezember 2010 und danach mindestens alle drei Jahre überprüft die Kommission die Vorschriften für ihre Durchführungsbefugnisse und legt dem Europäischen Parlament und dem Rat einen Bericht über das Funktionieren dieser Befugnisse vor. In dem Bericht wird insbesondere geprüft, ob die Kommission Änderungen zu dieser Richtlinie vorschlagen muss, um den angemessenen Umfang der ihr übertragenen Durchführungsbefugnisse zu gewährleisten. Die Schlussfolgerung, ob eine Änderung erforderlich ist oder nicht, muss eine detaillierte Begründung enthalten. Erforderlichenfalls wird dem Bericht ein Legislativvorschlag zur Änderung der Vorschriften für die Übertragung der Durchführungsbefugnisse an die Kommission beigefügt.

↓ M3

Artikel 48a Ausübung der Befugnisübertragung

(1) Die Befugnis zum Erlass delegierter Rechtsakte wird der Kommission unter den in diesem Artikel festgelegten Bedingungen übertragen.

(2) Die Befugnis zum Erlass delegierter Rechtsakte gemäß Artikel 26 Absatz 3, Artikel 45 Absatz 6, Artikel 46 Absatz 2 und Artikel 47 Absatz 3 wird der Kommission für einen Zeitraum von fünf Jahren ab dem 16. Juni 2014 übertragen. Die Kommission erstellt spätestens neun Monate vor Ablauf des Zeitraums von fünf Jahren einen Bericht über die Befugnisübertragung. Die Befugnisübertragung verlängert sich stillschweigend um Zeiträume gleicher Länge, es sei denn, das Europäische Parlament oder der Rat widersprechen einer solchen Verlängerung spätestens drei Monate vor Ablauf des jeweiligen Zeitraums.

(3) Die Befugnisübertragung gemäß Artikel 26 Absatz 3, Artikel 45 Absatz 6, Artikel 46 Absatz 2 und Artikel 47 Absatz 3 kann vom Europäischen Parlament oder vom Rat jederzeit widerrufen werden. Ein Beschluss über den Widerruf beendet die Übertragung der darin genannten Befugnis. Er wird am Tag nach seiner Veröffentlichung im *Amtsblatt der Europäischen Union* oder zu einem in dem Beschluss angegebenen späteren Zeitpunkt wirksam. Die Gültigkeit von delegierten Rechtsakten, die bereits in Kraft sind, wird davon nicht berührt.

(4) Sobald die Kommission einen delegierten Rechtsakt erlässt, übermittelt sie ihn gleichzeitig dem Europäischen Parlament und dem Rat.

(5) Ein delegierter Rechtsakt, der gemäß Artikel 26 Absatz 3, Artikel 45 Absatz 6, Artikel 46 Absatz 2 und Artikel 47 Absatz 3 erlassen wurde, tritt nur in Kraft, wenn weder das Europäische Parlament noch der Rat innerhalb einer Frist von vier Monaten nach Übermittlung dieses Rechtsakts an das Europäische Parlament und den Rat Einwände erhoben haben oder wenn vor Ablauf dieser Frist das Europäische Parlament und der Rat beide der Kommission mitgeteilt haben, dass sie keine Einwände erheben werden. Diese Frist wird auf Initiative des Europäischen Parlaments oder des Rates um zwei Monate verlängert.

↓ M3

↓ B

Artikel 50 Aufhebung der Richtlinie 84/253/EWG

Die Richtlinie 84/253/EWG wird mit Wirkung vom 29. Juni 2006 aufgehoben. Bezugnahmen auf die aufgehobene Richtlinie gelten als Bezugnahmen auf diese Richtlinie.

Artikel 51 Übergangsbestimmung

Abschlussprüfer oder Prüfungsgesellschaften, denen die zuständigen Stellen der Mitgliedstaaten gemäß der Richtlinie 84/253/EWG vor Inkrafttreten der in Artikel 53 Absatz 1 genannten Bestimmungen die Zulassung erteilt haben, gelten als gemäß dieser Richtlinie zugelassen.

Artikel 52 Mindestharmonisierung

Die Mitgliedstaaten, die eine Abschlussprüfung vorschreiben, können, wenn in dieser Richtlinie nicht anders vorgeschrieben, strengere Anforderungen aufstellen.

Artikel 53
Umsetzung

(1) Die Mitgliedstaaten erlassen und veröffentlichen bis zum 29. Juni 2008 die Rechtsvorschriften, die erforderlich sind, um dieser Richtlinie nachzukommen. Sie setzen die Kommission unverzüglich davon in Kenntnis.

(2) Bei Erlass dieser Vorschriften nehmen die Mitgliedstaaten in den Vorschriften selbst oder durch einen Hinweis bei der amtlichen Veröffentlichung auf diese Richtlinie Bezug. Die Mitgliedstaaten regeln die Einzelheiten dieser Bezugnahme.

(3) Die Mitgliedstaaten teilen der Kommission den Wortlaut der wichtigsten innerstaatlichen Rechtsvorschriften mit, die sie auf dem unter diese Richtlinie fallenden Gebiet erlassen.

Artikel 54
Inkrafttreten

Diese Richtlinie tritt am zwanzigsten Tag nach ihrer Veröffentlichung im *Amtsblatt der Europäischen Union* in Kraft.

Artikel 55
Adressaten

Diese Richtlinie ist an die Mitgliedstaaten gerichtet.

5/3.

→ B VERORDNUNG (EU) Nr. 537/2014 DES EUROPÄISCHEN PARLAMENTS UND DES RATES vom 16. April 2014 über spezifische Anforderungen an die Abschlussprüfung bei Unternehmen von öffentlichem Interesse und zur Aufhebung des Beschlusses 2005/909/EG der Kommission

(ABl. L 158 vom 27.5.2014, S. 77)

Berichtigt durch:

→ C1 Berichtigung, ABl. L 170 vom 11.6.2014, S. 66 (537/2014)

↓ B

DAS EUROPÄISACHE PARLAMENT UND DER RAT DER EUROPÄISCHEN UNION —

gestützt auf den Vertrag über die Arbeitsweise der Europäischen Union, insbesondere auf Artikel 114,

auf Vorschlag der Europäischen Kommission,

nach Zuleitung des Entwurfs des Gesetzgebungsakts an die nationalen Parlamente,

nach Stellungnahme des Europäischen Wirtschafts- und Sozialausschusses (1),

gemäß dem ordentlichen Gesetzgebungsverfahren (2),

(1) ABl. C 191 vom 29.6.2012, S. 61.

(2) Standpunkt des Europäischen Parlaments vom 3. April 2014 (noch nicht im Amtsblatt veröffentlicht) und Beschluss des Rates vom 14. April 2014.

in Erwägung nachstehender Gründe:

(1) Abschlussprüfer und Prüfungsgesellschaften sind gesetzlich mit der Durchführung der Abschlussprüfung bei Unternehmen von öffentlichem Interesse betraut, um das Vertrauen der Öffentlichkeit in die Jahresabschlüsse und konsolidierten Abschlüsse dieser Unternehmen zu stärken. Die Funktion der Abschlussprüfung für das öffentliche Interesse erwächst aus der Tatsache, dass sich ein breiter Kreis von Personen und Einrichtungen auf die Qualität der Arbeit des Abschlussprüfers oder der Prüfungsgesellschaft verlässt. Eine gute Prüfungsqualität trägt zum ordnungsgemäßen Funktionieren der Märkte bei, indem die Integrität und Wirksamkeit der Abschlüsse erhöht wird. Abschlussprüfer erfüllen damit eine besonders wichtige gesellschaftliche Funktion.

(2) Nach Unionsrecht, nämlich Artikel 1 Absatz 1 der Richtlinie 86/635/EWG des Rates (1), Artikel 1 Absatz 1 der Richtlinie 91/674/EWG des Rates (2), Artikel 4 Absatz 4 der Richtlinie 2004/109/EG des Europäischen Parlaments und des Rates (3), Artikel 15 Absatz 2 der Richtlinie 2007/64/EG des Europäischen Parlaments und des Rates (4), Artikel 73 der Richtlinie 2009/65/EG des Europäischen Parlaments und des Rates (5), Artikel 3 Absatz 1 der Richtlinie 2009/110/EG des Europäischen Parlaments und des Rates (6) und Artikel 22 Absatz 3 der Richtlinie 2011/61/EU des Europäischen Parlaments und des Rates (7) müssen die Abschlüsse, d. h. Jahresabschlüsse und konsolidierte Abschlüsse, von Kreditinstituten, Versicherungsgesellschaften, Emittenten von Wertpapieren, die zum Handel an einem geregelten Markt zugelassen sind, Zahlungsinstituten, Organismen für gemeinsame Anlagen in Wertpapieren (OGAW), E-Geld-Instituten, alternativen Investmentfonds von einer oder mehrerer nach Unionsrecht zur Durchführung solcher Prüfungen berechtigten Personen geprüft werden. Darüber hinaus verlangt Artikel 4 Absatz 1 Nummer l der Richtlinie 2004/39/EG des Europäischen Parlaments und des Rates (8) eine Prüfung der Jahresabschlüsse von Wertpapierfirmen für den Fall, dass die Richtlinie 2013/34/EU des Europäischen Parlaments und des Rates (9) nicht anwendbar ist.

(1) Richtlinie 86/635/EWG des Rates vom 8. Dezember 1986 über den Jahresabschluss und den konsolidierten Abschluss von Banken und anderen Finanzinstituten (ABl. L 372 vom 31.12.1986, S. 1).

(2) Richtlinie 91/674/EWG des Rates vom 19. Dezember 1991 über den Jahresabschluss und den konsolidierten Abschluss von Versicherungsunternehmen (ABl. L 374 vom 31.12.1991, S. 7).

(3) Richtlinie 2004/109/EG des Europäischen Parlaments und des Rates vom 15. Dezember 2004 zur Harmonisierung der Transparenzanforderungen in Bezug auf Informationen über Emittenten, deren Wertpapiere zum Handel auf einem geregelten Markt zugelassen sind, und zur Änderung der Richtlinie 2001/34/EG (ABl. L 390 vom 31.12.2004, S. 38).

(4) Richtlinie 2007/64/EG des Europäischen Parlaments und des Rates vom 13. November 2007 über Zahlungsdienste im Binnenmarkt, zur Änderung der Richtlinien 97/7/EG, 2002/65/EG, 2005/60/EG und 2006/48/EG sowie zur Aufhebung der Richtlinie 97/5/EG (ABl. L 319 vom 5.12.2007, S. 1).

(5) Richtlinie 2009/65/EG des Europäischen Parlaments und des Rates vom 13. Juli 2009 zur Koordinierung der Rechts- und Verwaltungsvorschriften betreffend bestimmte Organismen für gemeinsame Anlagen in Wertpapieren (OGAW) (ABl. L 302 vom 17.11.2009, S. 32).

(6) Richtlinie 2009/110/EG des Europäischen Parlaments und des Rates vom 16. September 2009 über die Aufnahme, Ausübung und Beaufsichtigung der Tätigkeit von E-Geld-Instituten, zur Änderung der Richtlinien 2005/60/EG und 2006/48/EG sowie zur Aufhebung der Richtlinie 2000/46/EG (ABl. L 267 vom 10.10.2009, S. 7).

(7) Richtlinie 2011/61/EU des Europäischen Parlaments und des Rates vom 8. Juni 2011 über die Verwalter alternativer Investmentfonds und zur Änderung der Richtlinien 2003/41/EG und 2009/65/EG und der Verordnungen (EG) Nr. 1060/2009 und (EU) Nr. 1095/2010 (ABl. L 174 vom 1.7.2011, S. 1).

(8) Richtlinie 2004/39/EG des Europäischen Parlaments und des Rates vom 21. April 2004 über Märkte für Finanzinstrumente, zur Änderung der Richtlinien 85/611/EWG und 93/6/EWG des Rates und der Richtlinie 2000/12/EG des Europäischen Parlaments und des Rates und zur Aufhebung der Richtlinie 93/22/EWG des Rates (ABl. L 145 vom 30.4.2004, S. 1).

(9) Richtlinie 2013/34/EU des Europäischen Parlaments und des Rates vom 26. Juni 2013 über den Jahresabschluss, den konsolidierten Abschluss und damit verbundene Berichte von Unternehmen bestimmter Rechtsformen und zur Änderung der Richtlinie 2006/43/EG des Europäischen Parlaments und des Rates und zur Aufhebung der Richtlinien 78/660/EWG und 83/349/EWG des Rates (ABl. L 182 vom 29.6.2013, S. 19).

(3) Die Voraussetzungen für die Zulassung der für die Abschlussprüfung zuständigen Personen sowie die Mindestanforderungen an die Durchführung dieser Prüfungen sind in der Richtlinie 2006/43/EG des Europäischen Parlaments und des Rates (1) festgelegt.

(1) Richtlinie 2006/43/EG des Europäischen Parlaments und des Rates vom 17. Mai 2006 über Abschlussprüfungen von Jahresabschlüssen und konsolidierten Abschlüssen, zur Änderung der Richtlinien 78/660/EWG und 83/349/EWG des Rates und zur Aufhebung der Richtlinie 84/253/EWG des Rates (ABl. L 157 vom 9.6.2006, S. 87).

(4) Am 13. Oktober 2010 legte die Kommission das Grünbuch „Weiteres Vorgehen im Bereich der Abschlussprüfung: Lehren aus der Krise“ vor,

mit dem im allgemeinen Zusammenhang mit der Finanzmarktregulierungsreform eine breite öffentliche Konsultation eingeleitet wurde, bei der es um Funktion und Umfang der Abschlussprüfung sowie um die Frage ging, wie Abschlussprüfungen gestärkt werden können, um zu erhöhter Finanzstabilität beitragen zu können. Diese Konsultation ergab, dass die Bestimmungen der Richtlinie 2006/43/EG zur gesetzlichen Prüfung der Jahresabschlüsse und konsolidierten Abschlüsse von Unternehmen von öffentlichem Interesse verbessert werden könnten. Das Europäische Parlament hat am 13. September 2011 einen Initiativbericht zu dem Grünbuch vorgelegt. Auch der Europäische Wirtschafts- und Sozialausschuss nahm am 16. Juni 2011 einen Bericht zu diesem Grünbuch an.

(5) Es ist wichtig, detaillierte Vorschriften festzulegen, um zu gewährleisten, dass Abschlussprüfungen bei Unternehmen von öffentlichem Interesse die erforderliche Qualität aufweisen und die mit diesen Prüfungen betrauten Abschlussprüfer und Prüfungsgesellschaften strengen Anforderungen unterliegen. Ein gemeinsamer rechtlicher Ansatz dürfte die Integrität, Unabhängigkeit, Unparteilichkeit, Verantwortung, Transparenz und Verlässlichkeit von Abschlussprüfern und Prüfungsgesellschaften, die Unternehmen von öffentlichem Interesse prüfen, stärken und so zur Qualität der Abschlussprüfung in der Europäischen Union und damit auch zu einem reibungslos funktionierenden Binnenmarkt im Sinne eines hohen Maßes an Verbraucher- und Anlegerschutz beitragen. Die Erarbeitung eines gesonderten Rechtsakts für Unternehmen von öffentlichem Interesse sollte darüber hinaus eine einheitliche Harmonisierung und einheitliche Anwendung der Vorschriften gewährleisten und damit die Funktionsweise des Binnenmarkts verbessern helfen. Diese strengen Anforderungen sollten nur insofern auf Abschlussprüfer und Prüfungsgesellschaften anwendbar sein, als sie Abschlussprüfungen bei Unternehmen von öffentlichem Interesse durchführen.

(6) Die Abschlussprüfung bei Genossenschaften und Sparkassen ist in manchen Mitgliedstaaten durch ein System gekennzeichnet, wonach diese ihren Abschlussprüfer oder ihre Prüfungsgesellschaft nicht frei wählen dürfen. Der Prüfungsverband, dem die Genossenschaft oder Sparkasse als Mitglied angehört, ist gesetzlich zur Durchführung der Abschlussprüfung verpflichtet. Diese Prüfungsverbände sind ohne Gewinnerzielungsabsicht tätig und verfolgen keine wirtschaftlichen Interessen, was sich aus ihrer Rechtsnatur ergibt. Außerdem verfolgen die Organisationseinheiten dieser Verbände kein gemeinsames wirtschaftliches Interesse in der Weise, dass ihre Unabhängigkeit beeinträchtigt sein könnte. Deshalb sollten die Mitgliedstaaten die Möglichkeit haben, Genossenschaften im Sinne des Artikels 2 Nummer 14 der Richtlinie 2006/43/EG, Sparkassen oder ähnliche Unternehmen nach Artikel 45 der Richtlinie 86/635/EWG oder ihre Tochterunternehmen oder Rechtsnachfolger aus dem Geltungsbereich dieser Verordnung auszunehmen, sofern die Grundsätze der Unabhängigkeit gemäß der Richtlinie 2006/43/EG eingehalten werden.

(7) Die Höhe der von einem geprüften Unternehmen gezahlten Prüfungshonorare und deren Zusammensetzung kann die Unabhängigkeit eines Abschlussprüfers oder einer Prüfungsgesellschaft gefährden. Aus diesem Grund ist es wichtig sicherzustellen, dass Prüfungshonorare in keiner Weise ergebnisabhängig sind und dass für den Fall, dass die von einem Mandanten einschließlich seiner Tochterunternehmen gezahlten Prüfungshonorare sehr hoch sind, ein spezielles Verfahren zur Gewährleistung der Prüfungsqualität eingerichtet wird, an dem der Prüfungsausschuss beteiligt wird. Wird ein Abschlussprüfer oder eine Prüfungsgesellschaft übermäßig abhängig von einem Mandanten, so sollte der Prüfungsausschuss anhand triftiger Gründe entscheiden, ob der Abschlussprüfer oder die Prüfungsgesellschaft die Abschlussprüfung weiterhin durchführen kann. Bei dieser Entscheidung sollte der Prüfungsausschuss unter anderem die Gefährdung der Unabhängigkeit und die Folgen seiner Entscheidung berücksichtigen.

(8) Wenn Abschlussprüfer, Prüfungsgesellschaften oder Mitglieder ihrer Netzwerke für geprüfte Unternehmen bestimmte andere Leistungen als Prüfungsleistungen (Nichtprüfungsleistungen) erbringen, kann dies ihre Unabhängigkeit beeinträchtigen. Deshalb ist es angemessen, die Erbringung bestimmter Nichtprüfungsleistungen wie etwa spezielle Steuerberatungs- und Beratungsdienstleistungen für das geprüfte Unternehmen, dessen Muttergesellschaft und die von ihm beherrschten Unternehmen innerhalb der Union zu verbieten. Zu den Leistungen, mit denen eine Beteiligung an der Führung oder an Entscheidungen des geprüften Unternehmens verbunden ist, könnten die Verwaltung des Umlaufvermögens (Working Capital Management), die Bereitstellung von Finanzinformationen, die Optimierung von Geschäftsabläufen, die Finanzmittelverwaltung (Cash Management), die Verrechnungspreisgestaltung, die Herbeiführung von Effizienzgewinnen bei Lieferketten und Ähnliches gehören. Leistungen im Zusammenhang mit der Finanzierung, der Kapitalstruktur und -allokation sowie der Anlagestrategie des geprüften Unternehmens sollten verboten sein, mit Ausnahme der Erbringung von Leistungen wie Sorgfaltsprüfungen (Due-Diligence-Prüfungen), Erstellung von Prüfbescheinigungen (Comfort Letters) im Zusammenhang mit vom geprüften Unternehmen herausgegebenen Prospekten und sonstigen Bestätigungsleistungen.

(9) Den Mitgliedstaaten sollte es möglich sein zu beschließen, dass die Abschlussprüfer und Prüfungsgesellschaften bestimmte Steuerberatungs- und Bewertungsleistungen erbringen dürfen, wenn diese unwesentlich sind oder sie allein oder kumuliert keine direkten Auswirkungen auf die geprüften Abschlüsse haben. Wenn diese Leistungen aggressive Steuerplanung beinhalten, sollten sie nicht als unwesentlich angesehen werden. Daher sollte ein Abschlussprüfer oder eine Prüfungsgesellschaft dem geprüften Unternehmen keine

derartigen Leistungen erbringen. Ein Abschlussprüfer oder eine Prüfungsgesellschaft sollte Nichtprüfungsleistungen, die nicht nach der vorliegenden Verordnung unzulässig sind, erbringen können, wenn der Prüfungsausschuss die Erbringung derartiger Leistungen zuvor genehmigt hat und der Abschlussprüfer oder die Prüfungsgesellschaft sich vergewissert hat, dass seine bzw. ihre Unabhängigkeit infolge der Erbringung derartiger Leistungen keiner Gefahr ausgesetzt wird, die sich nicht durch die Anwendung von Schutzmaßnahmen auf ein annehmbares Niveau senken ließe.

(10) Zur Vermeidung von Interessenkonflikten ist es wichtig, dass Abschlussprüfer und Prüfungsgesellschaften vor Annahme oder Fortsetzung eines Prüfungsmandats bei einem Unternehmen von öffentlichem Interesse beurteilen, ob die Anforderungen an ihre Unabhängigkeit erfüllt sind, und insbesondere überprüfen, ob sich aus der Beziehung zu diesem Unternehmen Gefahren für ihre Unabhängigkeit ergeben. Abschlussprüfer und Prüfungsgesellschaften sollten gegenüber dem Prüfungsausschuss des geprüften Unternehmens jährlich ihre Unabhängigkeit bestätigen und jede Gefährdung ihrer Unabhängigkeit wie auch die zur Verminderung dieser Gefährdung eingeleiteten Maßnahmen mit dem Prüfungsausschuss erörtern.

(11) Die Verarbeitung personenbezogener Daten, die in den Mitgliedstaaten im Zusammenhang mit dieser Verordnung erfolgt, sollte der Richtlinie 95/46/EG des Europäischen Parlaments und des Rates (1) und der Aufsicht der zuständigen Behörden der Mitgliedstaaten, insbesondere der von den Mitgliedstaaten benannten unabhängigen öffentlichen Stellen, unterliegen. Jeder Austausch und jede Weiterleitung von Informationen durch die zuständigen Behörden sollte den Bestimmungen der Richtlinie 95/46/EG zur Übermittlung personenbezogener Daten entsprechen.

(1) Richtlinie 95/46/EG des Europäischen Parlaments und des Rates vom 24. Oktober 1995 zum Schutz natürlicher Personen bei der Verarbeitung personenbezogener Daten und zum freien Datenverkehr (ABl. L 281 vom 23.11.1995, S. 31).

(12) Eine solide auftragsbegleitende Qualitätssicherungsprüfung der im Rahmen der einzelnen Prüfungsmandate ausgeführten Arbeiten dürfte zu einer hohen Prüfungsqualität beitragen. Aus diesem Grund sollte der Abschlussprüfer oder die Prüfungsgesellschaft den Bestätigungsvermerk nicht vor Abschluss dieser auftragsbegleitenden Qualitätssicherungsprüfung erteilen.

(13) Die Ergebnisse der Abschlussprüfung bei einem Unternehmen von öffentlichem Interesse sollten den Abschlussadressaten im Bestätigungsvermerk dargelegt werden. Um deren Vertrauen in die Abschlüsse des geprüften Unternehmens zu erhöhen, ist es besonders wichtig, dass der Bestätigungsvermerk fundiert und stichhaltig begründet ist. Zusätzlich zu den nach Artikel 28 der Richtlinie 2006/43/EG erforderlichen Angaben sollte der Bestätigungsvermerk insbesondere ausreichende Informationen über die Unabhängigkeit des Abschlussprüfers oder der Prüfungsgesellschaft sowie darüber enthalten, ob die Abschlussprüfung geeignet war, Unregelmäßigkeiten einschließlich Betrug aufzudecken.

(14) Für das geprüfte Unternehmen würde die Abschlussprüfung erheblich an Wert gewinnen, wenn die Kommunikation zwischen dem Abschlussprüfer oder der Prüfungsgesellschaft auf der einen und dem Prüfungsausschuss auf der anderen Seite verstärkt würde. Neben dem regelmäßigen Dialog bei der Durchführung der Abschlussprüfung ist es wichtig, dass der Abschlussprüfer oder die Prüfungsgesellschaft dem Prüfungsausschuss einen zusätzlichen detaillierteren Bericht über die Ergebnisse der Abschlussprüfung vorlegt. Dieser zusätzliche Bericht sollte dem Prüfungsausschuss nicht später als der Bestätigungsvermerk vorgelegt werden. Der Abschlussprüfer oder die Prüfungsgesellschaft sollte auf Verlangen zentrale Fragen, die in dem zusätzlichen Bericht genannt sind, mit dem Prüfungsausschuss erörtern. Darüber hinaus sollte es möglich sein, dass dieser zusätzliche detaillierte Bericht auf Anfrage den für Abschlussprüfer und Prüfungsgesellschaften zuständigen Aufsichtsbehörden sowie Dritten — falls dies im einzelstaatlichen Recht vorgesehen ist — zur Verfügung gestellt wird.

(15) Abschlussprüfer oder Prüfungsgesellschaften liefern den für Unternehmen von öffentlichem Interesse zuständigen Aufsichtsbehörden schon heute Informationen über Sachverhalte oder Entscheidungen, die einen Verstoß gegen die für das geprüfte Unternehmen geltenden Vorschriften darstellen oder die Fortführung der Unternehmenstätigkeit beeinträchtigen könnten. Es würde jedoch die Aufsichtsaufgaben erleichtern, wenn die Aufsichtsbehörden von Kreditinstituten und Versicherungsunternehmen und ihre Abschlussprüfer und Prüfungsgesellschaften zu einem wirksamen Dialog untereinander verpflichtet wären.

(16) Mit der Verordnung (EU) Nr. 1092/2010 des Europäischen Parlaments und des Rates (1) wurde der Europäische Ausschuss für Systemrisiken (ESRB) errichtet. Die Rolle des ESRB ist es, die Entstehung von Systemrisiken in der Union zu beobachten. Da die Abschlussprüfer und Prüfungsgesellschaften von systemrelevanten Finanzinstituten Zugang zu einschlägigen Informationen haben, könnte ihre Erfahrung die Arbeit des ESRB unterstützen. Daher sollte ein jährliches Forum für den Dialog zwischen Abschlussprüfern und Prüfungsgesellschaften einerseits und dem ESRB andererseits auf sektorbezogener, anonymisierter Basis durch diese Verordnung erleichtert werden.

(1) Verordnung (EU) Nr. 1092/2010 des Europäischen Parlaments und des Rates vom 24. November 2010 über die Finanzaufsicht der Europäischen Union auf Makroebene und zur Errichtung eines Europäischen Ausschusses für Systemrisiken (ABl. L 331 vom 15.12.2010, S. 1).

(17) Um das Vertrauen in Abschlussprüfer und Prüfungsgesellschaften, die Unternehmen von öffentlichem Interesse prüfen, zu erhöhen und deren Haftung zu verstärken, sollte die Transparenzberichterstattung von Abschlussprüfern und Prüfungsgesellschaften verstärkt werden. Abschluss-

prüfer und Prüfungsgesellschaften sollten deshalb dazu verpflichtet werden, Finanzinformationen, insbesondere ihren Gesamtumsatz offenzulegen, aufgeschlüsselt nach Prüfungshonoraren, die von Unternehmen von öffentlichem Interesse gezahlt wurden, Prüfungshonoraren, die sie von anderen Unternehmen erhalten haben, und Honoraren für andere Dienstleistungen. Auch für das Netzwerk, dem sie angehören, sollten sie Finanzinformationen offenlegen. Zusätzlich dazu sollten Abschlussprüfer und Prüfungsgesellschaften den zuständigen Behörden ergänzende Informationen zu den Prüfungshonoraren zur Verfügung stellen, um ihnen die Aufsichtstätigkeit zu erleichtern.

(18) Es ist wichtig, die Rolle des Prüfungsausschusses bei der Auswahl eines neuen Abschlussprüfers oder einer neuen Prüfungsgesellschaft zu stärken, damit die Aktionärshauptversammlung oder Gesellschafterversammlung des geprüften Unternehmens eine fundiertere Entscheidung treffen kann. Deshalb sollte das Verwaltungs- oder Aufsichtsorgan, wenn es der Versammlung einen Vorschlag unterbreitet, mitteilen, ob es damit der Präferenz des Prüfungsausschusses folgt, und wenn nicht, die Gründe für die Abweichung darlegen. Damit eine echte Wahlmöglichkeit besteht, sollte die Empfehlung des Prüfungsausschusses mindestens zwei Möglichkeiten für die Erteilung des Prüfungsmandats sowie eine gebührend begründete Präferenz für eine der Möglichkeiten enthalten. Für eine faire und angemessene Begründung seiner Empfehlung sollte der Prüfungsausschuss sich auf die Ergebnisse eines unter seiner Verantwortung durchgeführten und durch das geprüfte Unternehmen organisierten verpflichtenden Auswahlverfahrens stützen. Bei einem solchen Auswahlverfahren sollte das geprüfte Unternehmen Abschlussprüfer oder Prüfungsgesellschaften mit geringem Marktanteil nicht an der Abgabe von Angeboten hindern. Die Ausschreibungsunterlagen sollten transparente, diskriminierungsfreie Auswahlkriterien enthalten, die für die Bewertung der Bewerbungen heranzuziehen sind. Da ein solches Auswahlverfahren für Unternehmen mit geringer Marktkapitalisierung oder kleinere und mittlere Unternehmen von öffentlichem Interesse gemessen an ihrer Größe unverhältnismäßig hohe Kosten verursachen könnte, sollten diese Unternehmen von der Pflicht befreit werden, ein Verfahren für die Auswahl eines neuen Abschlussprüfers oder einer neuen Prüfungsgesellschaft durchzuführen.

(19) Das Recht der Aktionärshauptversammlung bzw. der Gesellschafterversammlung des geprüften Unternehmens auf Wahl des Abschlussprüfers oder der Prüfungsgesellschaft wäre wertlos, wenn das geprüfte Unternehmen mit einem Dritten einen Vertrag schlösse, der diese Auswahl einschränken würde. Aus diesem Grund sollte jede mit einem Dritten vereinbarte vertragliche Klausel nichtig sein, die das geprüfte Unternehmen im Hinblick auf die Wahl eines bestimmten Abschlussprüfers oder einer bestimmten Prüfungsgesellschaft oder die Auswahlentscheidung auf bestimmte Abschlussprüfer oder Prüfungsgesellschaften beschränkt.

(20) Würden Unternehmen von öffentlichem Interesse mehr als einen Abschlussprüfer oder mehr als eine Prüfungsgesellschaft bestellen, so würde dies die kritische Grundhaltung verstärken und zu einer Erhöhung der Prüfungsqualität beitragen. Eine solche Maßnahme kombiniert mit der Präsenz kleinerer Prüfungsgesellschaften auf dem Prüfungsmarkt würde diesen den Kapazitätsaufbau erleichtern und so dazu beitragen, dass für Unternehmen von öffentlichem Interesse eine größere Auswahl von Abschlussprüfern zur Verfügung steht. Letztere sollten deshalb durch Anreize dazu ermutigt werden, für die Durchführung der Abschlussprüfung mehr als einen Abschlussprüfer oder mehr als eine Prüfungsgesellschaft zu bestellen.

(21) Um der Gefahr der zu großen Vertrautheit des Prüfers mit dem Unternehmen entgegen zu wirken und so die Unabhängigkeit von Abschlussprüfern und Prüfungsgesellschaften zu stärken, sollte das Prüfungsmandat eines Abschlussprüfers oder einer Prüfungsgesellschaft bei einem bestimmten Unternehmen nicht über eine bestimmte Dauer hinausgehen dürfen. Außerdem sieht diese Verordnung zur Stärkung der Unabhängigkeit des Abschlussprüfers oder der Prüfungsgesellschaft, zur Verstärkung der kritischen Grundhaltung und zur Verbesserung der Prüfungsqualität folgende Alternativen für die Verlängerung der Höchstlaufzeit vor: regelmäßige und offene obligatorische Neuausschreibung der Abschlussprüfung oder die Bestellung von mehr als einem Abschlussprüfer oder mehr als einer Prüfungsgesellschaft durch Unternehmen von öffentlichem Interesse. Ferner würde die Beteiligung kleinerer Prüfungsgesellschaften daran diesen den Kapazitätsaufbau erleichtern und so dazu beitragen, dass für Unternehmen von öffentlichem Interesse eine größere Auswahl von Abschlussprüfern zur Verfügung steht. Ferner sollte für die verantwortlichen Prüfungspartner, die im Auftrag der Prüfungsgesellschaft die Abschlussprüfung durchführen, ein angemessenes graduelles Rotationssystem eingeführt werden. Auch sollte ein angemessener Zeitraum festgelegt werden, während dessen dieser Abschlussprüfer bzw. diese Prüfungsgesellschaft bei demselben Unternehmen keine Abschlussprüfung mehr durchführen darf. Zur Gewährleistung eines reibungslosen Übergangs sollte der frühere Abschlussprüfer dem neuen Abschlussprüfer eine Übergabeakte zur Verfügung stellen.

(22) Um durch Vermeidung von Interessenkonflikten ein hohes Maß an Anleger- und Verbrauchervertrauen im Binnenmarkt zu gewährleisten, sollten Abschlussprüfer und Prüfungsgesellschaften einer angemessenen behördlichen Aufsicht unterliegen, wobei die zuständigen Behörden vom Berufsstand der Prüfer unabhängig sein und über angemessene Kapazitäten, Fachkenntnisse und Ressourcen verfügen müssen. Den Mitgliedstaaten sollte es möglich sein, jede Aufgabe der zuständigen Behörden außer den Aufgaben, die im Zusammenhang mit dem Qualitätssicherungs-, dem Untersuchungs- und dem Disziplinarsystem stehen,

an andere Behörden oder Stellen zu delegieren oder die zuständigen Behörden zu ermächtigen, sie zu delegieren. Die Mitgliedstaaten sollten jedoch beschließen können, Aufgaben, die im Zusammenhang mit dem Disziplinarsystem stehen, an andere Behörden und Stellen zu delegieren, sofern die Mehrheit der Personen, die an der Leitung der betreffenden Behörde oder Stelle beteiligt sind, vom Berufsstand der Prüfer unabhängig sind. Die zuständigen nationalen Behörden sollten über die zur Wahrnehmung ihrer Aufsichtsaufgaben notwendigen Befugnisse verfügen und in diesem Zusammenhang u. a. auf Daten zugreifen, Auskünfte erlangen und Inspektionen durchführen können. Sie sollten sich auf die Finanzmarktaufsicht, die Erfüllung von Finanzberichterstattungspflichten oder die Beaufsichtigung der Abschlussprüfung spezialisieren. Ob Unternehmen im öffentlichen Interesse die für sie geltenden Pflichten erfüllen, sollte jedoch auch von den für die Beaufsichtigung dieser Unternehmen zuständigen Behörden überwacht werden können. Die Finanzierung der zuständigen Behörden sollte frei von ungebührlicher Einflussnahme durch Abschlussprüfer oder Prüfungsgesellschaften sein.

(23) Bei einer wirksamen Zusammenarbeit der auf nationaler Ebene für die verschiedenen Aufgaben zuständigen Behörden sollte sich die Qualität der Aufsicht verbessern. Aus diesem Grund sollten die zuständigen Behörden, die überwachen, ob bei der Prüfung von Unternehmen von öffentlichem Interesse alle geltenden Pflichten eingehalten werden, mit den für die Aufgaben gemäß der Richtlinie 2006/43/EG zuständigen Behörden, mit den für die Beaufsichtigung von Unternehmen von öffentlichem Interesse und mit den in der Richtlinie 2005/60/EG des Europäischen Parlaments und des Rates ([1]) genannten zentralen Meldestellen zusammenarbeiten.

([1]) Richtlinie 2005/60/EG des Europäischen Parlaments und des Rates vom 26. Oktober 2005 zur Verhinderung der Nutzung des Finanzsystems zum Zwecke der Geldwäsche und der Terrorismusfinanzierung (ABl. L 309 vom 25.11.2005, S. 15).

(24) Eine externe Qualitätssicherung bei der Abschlussprüfung ist für eine hohe Prüfungsqualität von elementarer Bedeutung. Durch sie wird die Glaubwürdigkeit veröffentlichter Finanzinformationen erhöht und der Schutz von Anteilseignern, Anlegern, Gläubigern und anderen interessierten Parteien erhöht. Abschlussprüfer und Prüfungsgesellschaften sollten deshalb unter der Verantwortung der zuständigen Behörden einem Qualitätssicherungssystem unterliegen, das Objektivität und Unabhängigkeit vom Berufsstand der Prüfer gewährleistet. Qualitätssicherungsprüfungen sollten so organisiert sein, dass alle Abschlussprüfer und Prüfungsgesellschaften, die Unternehmen von öffentlichem Interesse prüfen, einer auf eine Risikoanalyse gestützten Qualitätssicherungsprüfung unterzogen werden. Falls sie Abschlussprüfungen bei anderen Unternehmen von öffentlichem Interesse als den Unternehmen im Sinne des Artikels 2 Nummern 17 und 18 der Richtlinie 2006/43/EG durchführen, sollte eine solche Qualitätssicherungsprüfung mindestens alle drei Jahre vorgenommen werden, und in anderen Fällen mindestens alle sechs Jahre. Wie diese Prüfungen durchgeführt werden sollten, ist in der Empfehlung der Kommission vom 6. Mai 2008 zur externen Qualitätssicherung bei Abschlussprüfern und Prüfungsgesellschaften, die Unternehmen von öffentlichem Interesse prüfen ([1]), dargelegt. Qualitätssicherungsprüfungen sollten im Hinblick auf den Umfang und die Komplexität der Geschäftstätigkeit des überprüften Abschlussprüfers oder der überprüften Prüfungsgesellschaft geeignet und angemessen sein.

([1]) ABl. L 120 vom 7.5.2008, S. 20.

(25) Der Markt für Prüfungsdienstleistungen für Unternehmen von öffentlichem Interesse entwickelt sich weiter. Die zuständigen Behörden müssen deshalb die Marktentwicklungen — insbesondere in Bezug auf die aus einer hohen Marktkonzentration resultierenden Risiken, unter anderem in spezifischen Sektoren — sowie die Tätigkeitsergebnisse der Prüfungsausschüsse verfolgen.

(26) Wenn die zuständigen Behörden ihre Arbeiten transparent gestalten, dürfte dies dazu beitragen, das Vertrauen von Anlegern und Verbrauchern in den Binnenmarkt zu stärken. Aus diesem Grund sollten die zuständigen Behörden dazu verpflichtet werden, regelmäßig über ihre Tätigkeiten Bericht zu erstatten und Informationen über die Erkenntnisse und Schlussfolgerungen aus den Inspektionen zu veröffentlichen, und zwar in aggregierter Form oder — falls dies in den Mitgliedstaaten vorgesehen ist — in individueller Form.

(27) Zusammenarbeit zwischen den zuständigen Behörden der Mitgliedstaaten kann erheblich dazu beitragen, in der Europäischen Union eine anhaltend hohe Qualität der Abschlussprüfung zu gewährleisten. Aus diesem Grund sollten die zuständigen Behörden der Mitgliedstaaten zusammenarbeiten, wenn sich dies für die Wahrnehmung ihrer Aufsichtspflichten bei Abschlussprüfungen als notwendig erweist. Sie sollten dem Herkunftslandprinzip folgen, d. h. es gelten die Rechtsvorschriften und Aufsichtsregeln des Mitgliedstaats, in dem der Abschlussprüfer oder die Prüfungsgesellschaft zugelassen ist und das geprüfte Unternehmen seinen eingetragenen Sitz hat. Die Zusammenarbeit zwischen den zuständigen Behörden sollte im Rahmen eines Ausschusses der Europäischen Aufsichtsstellen für Abschlussprüfer (im Folgenden „Ausschuss der Aufsichtsstellen“) organisiert werden, der sich aus hochrangigen Vertretern der zuständigen Behörden zusammensetzen sollte. Zur Förderung einer einheitlichen Anwendung dieser Verordnung kann der Ausschuss der Aufsichtsstellen unverbindliche Leitlinien oder Stellungnahmen annehmen. Außerdem sollte er den Informationsaustausch erleichtern, die Kommission beraten und Beiträge zu fachlichen Bewertungen und Prüfungen leisten. Für die Durchführung der fachlichen Bewertung der öffentlichen Aufsichtssysteme von Drittländern und der internationalen Zusammenarbeit zwischen

Mitgliedstaaten und Drittländern in diesem Bereich sollte der Ausschuss der Aufsichtsstellen eine Untergruppe unter dem Vorsitz des von der Europäischen Wertpapier- und Marktaufsichtsbehörde (ESMA) ([1]) benannten Mitglieds einsetzen und die ESMA, die Europäische Bankenaufsichtsbehörde (EBA) ([2]) oder die Europäische Aufsichtsbehörde für das Versicherungswesen und die betriebliche Altersversorgung („EIOPA" für „European Insurance and Occupational Pensions Authority") ([3]) um Unterstützung ersuchen, insoweit dieses Ersuchen mit der internationalen Zusammenarbeit zwischen Mitgliedstaaten und Drittländern im Bereich der Abschlussprüfung von Unternehmen von öffentlichem Interesse, über die diese Europäischen Aufsichtsbehörden die Aufsicht führen, im Zusammenhang steht. Die Sekretariatsgeschäfte des Ausschusses der Aufsichtsstellen sollten von der Kommission wahrgenommen werden, und die Kommission sollte damit verbundene Ausgaben auf der Grundlage des vom Ausschuss der Aufsichtsstellen vereinbarten Arbeitsprogramms in ihre Voranschläge für das kommende Jahr einbeziehen.

([1]) Durch die Verordnung (EU) Nr. 1095/2010 des Europäischen Parlaments und des Rates vom 24. November 2010 zur Errichtung einer Europäischen Aufsichtsbehörde (Europäische Wertpapier- und Marktaufsichtsbehörde), zur Änderung des Beschlusses Nr. 716/2009/EG und zur Aufhebung des Beschlusses 2009/77/EG der Kommission (ABl. L 331 vom 15.12.2010, S. 84) errichtete Europäische Aufsichtsbehörde.

([2]) Durch die Verordnung (EU) Nr. 1093/2010 des Europäischen Parlaments und des Rates vom 24. November 2010 zur Errichtung einer Europäischen Aufsichtsbehörde (Europäische Bankenaufsichtsbehörde), zur Änderung des Beschlusses Nr. 716/2009/EG und zur Aufhebung des Beschlusses 2009/78/EG der Kommission (ABl. L 331 vom 15.12.2010, S. 12) errichtete Europäische Aufsichtsbehörde.

([3]) Durch die Verordnung (EU) Nr. 1094/2010 des Europäischen Parlaments und des Rates vom 24. November 2010 zur Errichtung einer Europäischen Aufsichtsbehörde (Europäische Aufsichtsbehörde für das Versicherungswesen und die betriebliche Altersversorgung), zur Änderung des Beschlusses Nr. 716/2009/EG und zur Aufhebung des Beschlusses 2009/79/EG der Kommission (ABl. L 331 vom 15.12.2010, S. 48) errichtete Europäische Aufsichtsbehörde.

(28) Umfassen sollte die Zusammenarbeit zwischen den zuständigen Behörden der Mitgliedstaaten die Zusammenarbeit bei Qualitätssicherungsprüfungen und die Unterstützung bei Untersuchungen über die Abschlussprüfung bei Unternehmen von öffentlichem Interesse — auch in Fällen, in denen die untersuchte Verhaltensweise keinen Verstoß gegen eine in dem betreffenden Mitgliedstaat geltende Rechtsvorschrift darstellt. Im Rahmen ihrer Zusammenarbeit können die zuständigen Behörden der Mitgliedstaaten Kollegien einrichten und einander Aufgaben übertragen. Bei dieser Zusammenarbeit sollte das Konzept eines Netzwerks, in dem Abschlussprüfer und Prüfungsgesellschaften tätig sind, berücksichtigt werden. Die zuständigen Behörden sollten angemessene Regeln über die Verschwiegenheit und das Berufsgeheimnis einhalten.

(29) Angesichts der Verflechtung der Kapitalmärkte ist es erforderlich, die zuständigen Behörden zu ermächtigen, bei Informationsaustausch oder Qualitätssicherungsprüfungen mit Aufsichtsbehörden und -stellen aus Drittländern zusammenzuarbeiten. Betrifft die Zusammenarbeit mit Drittlandsbehörden allerdings Arbeitspapiere oder andere im Besitz von Abschlussprüfern oder Prüfungsgesellschaften befindliche Unterlagen, so sollten die Verfahren der Richtlinie 2006/43/EG gelten.

(30) Zur Gewährleistung reibungslos funktionierender Kapitalmärkte bedarf es nachhaltiger Prüfungskapazitäten und eines wettbewerbsfähigen Markts für Abschlussprüfungsleistungen mit einer ausreichenden Anzahl an Abschlussprüfern und Prüfungsgesellschaften, die zur Durchführung der Abschlussprüfung bei Unternehmen von öffentlichem Interesse in der Lage sind. Über die strukturellen Veränderungen, die diese Verordnung auf dem Prüfungsmarkt mit sich bringen wird, sollten die zuständigen Behörden und das Europäische Wettbewerbsnetz („ECN" für „European Competition Network") Bericht erstatten.

(31) Die Anpassung der Verfahren zum Erlass von delegierten Rechtsakten durch die Kommission an den Vertrag über die Arbeitsweise der Europäischen Union, insbesondere an die Artikel 290 und 291, sollte auf Einzelfallbasis erfolgen. Der Kommission sollte die Befugnis zum Erlass von Rechtsakten gemäß Artikel 290 des Vertrags über die Arbeitsweise der Europäischen Union übertragen werden, um den Entwicklungen im Prüfungswesen und im Berufsstand der Prüfer Rechnung zu tragen. Insbesondere müssen delegierte Rechtsakte für die Annahme der internationalen Prüfungsstandards in den Bereichen Durchführung von Prüfungen, Unabhängigkeit und interne Qualitätssicherungssysteme von Abschlussprüfern und Prüfungsgesellschaften erlassen werden. Die angenommenen internationalen Prüfungsstandards sollten die Anforderungen dieser Verordnung nicht ändern oder irgendeine dieser Anforderungen ergänzen, es sei denn, dies ist ausdrücklich festgelegt. Es ist von besonderer Bedeutung, dass die Kommission im Zuge ihrer Vorbereitungsarbeiten angemessene Konsultationen, auch auf der Ebene von Sachverständigen, durchführt.

Bei der Vorbereitung und Ausarbeitung delegierter Rechtsakte sollte die Kommission gewährleisten, dass die einschlägigen Dokumente dem Europäischen Parlament und dem Rat gleichzeitig, rechtzeitig und auf angemessene Weise übermittelt werden.

(32) Um Rechtssicherheit und die reibungslose Umstellung auf die durch diese Verordnung geschaffene Regelung zu gewährleisten, sollte im Hinblick auf das Inkrafttreten der Pflicht zur Rotation des Abschlussprüfers oder der Prüfungsgesellschaft und der Pflicht zur Durchführung eines Verfahrens zur Auswahl eines Abschlussprüfers oder einer Prüfungsgesellschaft ein Übergangszeitraum gelten.

(33) Bezugnahmen auf Bestimmungen der Richtlinie 2006/43/EG sollten als Bezugnahmen auf die nationalen Vorschriften zur Umsetzung dieser Bestimmungen der Richtlinie 2006/43/EG gelten. Der in dieser Verordnung und der Richtlinie 2014/56/EU des Europäischen Parlaments und des Rates ([1]) festgelegte neue europäische Prüfungsregelungsrahmen tritt an die Stelle der vorhandenen in der Richtlinie 2006/43/EG festgelegten Anforderungen und sollte ohne Bezugnahme auf vorangegangene Instrumente wie etwa im früheren Rahmen angenommene Empfehlungen der Kommission ausgelegt werden.

([1]) Richtlinie 2014/56/EU des Europäischen Parlaments und des Rates vom 16. April 2014 zur Änderung der Richtlinie 2006/43/EG über Abschlussprüfungen von Jahresabschlüssen und konsolidierten Abschlüssen (siehe Seite 196 dieses Amtsblatts).

(34) Da die Ziele dieser Verordnung, nämlich die Funktion der Abschlussprüfung bei Unternehmen von öffentlichem Interesse klarzustellen und genauer zu definieren, die Informationen, die der Abschlussprüfer oder die Prüfungsgesellschaft dem geprüften Unternehmen, den Anlegern und anderen Interessengruppen zur Verfügung stellt, zu verbessern, die Kommunikationskanäle zwischen den Prüfern von Unternehmen von öffentlichem Interesse und den für diese zuständigen Aufsichtsbehörden zu verbessern, die aus Nichtprüfungsleistungen bei Unternehmen von öffentlichem Interesse erwachsenden Interessenkonflikte zu vermeiden, das Risiko potenzieller Interessenkonflikte, die aus dem derzeitigen System, bei dem das geprüfte Unternehmen den Abschlussprüfer auswählt und bezahlt, oder aus der Vertrautheit des Prüfers mit dem Unternehmen erwachsen, zu vermindern, Unternehmen von öffentlichem Interesse die Auswahl und den Wechsel des Abschlussprüfers oder der Prüfungsgesellschaft zu erleichtern, die Auswahl der für Unternehmen von öffentlichem Interesse zur Verfügung stehenden Abschlussprüfer zu erweitern und die Wirksamkeit, Unabhängigkeit und Konsistenz der Regulierung und Beaufsichtigung von Abschlussprüfern und Prüfungsgesellschaften, die bei Unternehmen von öffentlichem Interesse die Abschlussprüfung durchführen, auch im Hinblick auf die Zusammenarbeit auf EU-Ebene zu verbessern, auf Ebene der Mitgliedstaaten nicht ausreichend verwirklicht werden können und daher wegen ihres Umfangs besser auf Unionsebene zu verwirklichen sind, kann die Union im Einklang mit dem in Artikel 5 des Vertrags über die Europäische Union niedergelegten Subsidiaritätsprinzip tätig werden. Entsprechend dem in demselben Artikel genannten Verhältnismäßigkeitsprinzip geht diese Verordnung nicht über das für die Erreichung dieser Ziele erforderliche Maß hinaus.

(35) Diese Verordnung steht im Einklang mit den Grundrechten und beachtet die Grundsätze, die insbesondere mit der Charta der Grundrechte der Europäischen Union anerkannt wurden, namentlich dem Recht auf Achtung des Privat- und Familienlebens, dem Recht auf den Schutz personenbezogener Daten und der unternehmerischen Freiheit, und ist unter Wahrung dieser Rechte und Grundsätze anzuwenden.

(36) Der Europäische Datenschutzbeauftragte wurde gemäß Artikel 28 Absatz 2 der Verordnung (EG) Nr. 45/2001 des Europäischen Parlaments und des Rates ([1]) angehört und hat am 23. April 2012 eine Stellungnahme abgegeben ([2]).

([1]) Verordnung (EG) Nr. 45/2001 des Europäischen Parlaments und des Rates vom 18. Dezember 2000 zum Schutz natürlicher Personen bei der Verarbeitung personenbezogener Daten durch die Organe und Einrichtungen der Gemeinschaft und zum freien Datenverkehr (ABl. L 8 vom 12.1.2001, S. 1).

([2]) ABl. C 336 vom 6.11.2012, S. 4.

(37) Ein neuer rechtlicher Rahmen für Abschlussprüfungen und Jahres- und konsolidierte Abschlüsse sollte durch die vorliegende Verordnung und die Richtlinie 2014/56/EU geschaffen und der Beschluss 2005/909/EG der Kommission ([1]) daher aufgehoben werden —

([1]) Beschluss 2005/909/EG der Kommission vom 14. Dezember 2005 zur Einsetzung einer Expertengruppe, die die Kommission beraten und die Zusammenarbeit zwischen den öffentlichen Aufsichtssystemen für Abschlussprüfer und Prüfungsgesellschaften erleichtern soll (ABl. L 329 vom 16.12.2005, S. 38).

HABEN FOLGENDE VERORDNUNG ERLASSEN:

TITEL I
GEGENSTAND, ANWENDUNGSBEREICH UND BEGRIFFSBESTIMMUNGEN

Artikel 1
Gegenstand

Diese Verordnung enthält Anforderungen an die Prüfung von Jahresabschlüssen und konsolidierten Abschlüssen bei Unternehmen von öffentlichem Interesse, Vorschriften für die Organisation von Abschlussprüfern und Prüfungsgesellschaften und für deren Auswahl durch Unternehmen von öffentlichem Interesse mit dem Ziel, deren Unabhängigkeit und die Vermeidung von Interessenkonflikten zu fördern, sowie Vorschriften für die Überwachung der Einhaltung dieser Anforderungen durch Abschlussprüfer und Prüfungsgesellschaften.

Artikel 2
Anwendungsbereich

(1) Diese Verordnung gilt für

a) Abschlussprüfer und Prüfungsgesellschaften, die bei Unternehmen von öffentlichem Interesse die Abschlussprüfung durchführen;

b) Unternehmen von öffentlichem Interesse.

(2) Die Richtlinie 2006/43/EG bleibt von dieser Verordnung unberührt.

(3) Wenn eine Genossenschaft im Sinne des Artikels 2 Nummer 14 der Richtlinie 2006/43/EG, eine Sparkasse oder ein ähnliches Unternehmen im Sinne von Artikel 45 der Richtlinie 86/635/EWG oder ein Tochterunternehmen oder ein Rechtsnachfolger einer Genossenschaft, einer Sparkasse oder eines ähnlichen Unternehmens im

Sinne von Artikel 45 der Richtlinie 86/635/EWG nach einzelstaatlichen Regelungen Mitglied einer Prüfungsorganisation ohne Gewinnerzielungsabsicht sein muss oder sein kann, kann der Mitgliedstaat beschließen, dass die Abschlussprüfung bei solchen Unternehmen vom Geltungsbereich dieser Verordnung oder bestimmter Bestimmungen dieser Verordnung ausgenommen ist, sofern der Abschlussprüfer, der die Abschlussprüfung bei einem ihrer Mitglieder durchführt, und Personen, die möglicherweise in der Lage sind, Einfluss auf die Abschlussprüfung zu nehmen, die in der Richtlinie 2006/43/EG niedergelegten Grundsätze der Unabhängigkeit einhalten.

(4) Wenn eine Genossenschaft im Sinne des Artikels 2 Nummer 14 der Richtlinie 2006/43/EG, eine Sparkasse oder ein ähnliches Unternehmen im Sinne von Artikel 45 der Richtlinie 86/635/EWG oder ein Tochterunternehmen oder ein Rechtsnachfolger einer Genossenschaft, einer Sparkasse oder eines ähnlichen Unternehmens im Sinne von Artikel 45 der Richtlinie 86/635/EWG nach einzelstaatlichen Regelungen Mitglied einer Prüfungsorganisation ohne Gewinnerzielungsabsicht sein muss oder kann, kann ein objektiver, sachverständiger und informierter Dritter nicht zu dem Schluss gelangen, dass die Beziehung, die aufgrund der Mitgliedschaft besteht, die Unabhängigkeit des Abschlussprüfers beeinträchtigen könnte, sofern ein solches Prüfungsunternehmen bei der Durchführung der Abschlussprüfung bei einem ihrer Mitglieder die Grundsätze der Unabhängigkeit auf die Abschlussprüfer, die die Abschlussprüfung durchführen, sowie auf die Personen, die gegebenenfalls in der Lage sind, Einfluss auf die Abschlussprüfung zu nehmen, anwendet.

(5) Der Mitgliedstaat setzt die Kommission und den in Artikel 30 genannten Ausschuss der Europäischen Aufsichtsstellen für Abschlussprüfer (im Folgenden „Ausschuss der Aufsichtsstellen") über außergewöhnliche Fälle der Nichtanwendung dieser Verordnung oder bestimmter ihrer Bestimmungen in Kenntnis. Er übermittelt der Kommission und dem Ausschuss der Aufsichtsstellen eine Aufstellung der Bestimmungen dieser Verordnung, die bei der Abschlussprüfung bei den in Absatz 3 des vorliegenden Artikels genannten Unternehmen nicht angewendet werden, und legt die Gründe für die Nichtanwendung dar.

Artikel 3
Begriffsbestimmungen

Für die Zwecke dieser Verordnung gelten mit Ausnahme der Begriffsbestimmung für „zuständige Stelle" gemäß Artikel 20 der vorliegenden Verordnung die Begriffsbestimmungen in Artikel 2 der Richtlinie 2006/43/EG.

TITEL II
BEDINGUNGEN FÜR DIE DURCHFÜHRUNG VON ABSCHLUSSPRÜFUNGEN BEI UNTERNEHMEN VON ÖFFENTLICHEM INTERESSE

Artikel 4
Prüfungshonorare

(1) Honorare für die Durchführung von Abschlussprüfungen bei Unternehmen von öffentlichem Interesse dürfen nicht ergebnisabhängig sein.

Unbeschadet des Artikels 25 der Richtlinie 2006/43/EG ist für die Zwecke des Unterabsatzes 1 ein Honorar für ein Prüfungsmandat ergebnisabhängig, wenn es im Hinblick auf den Ausgang oder das Ergebnis einer Transaktion oder das Ergebnis der ausgeführten Arbeiten auf einer vorab festgelegten Basis berechnet wird. Honorare, die von einem Gericht oder einer zuständigen Behörde festgesetzt werden, sind nicht als ergebnisabhängig zu betrachten.

(2) Wenn ein Abschlussprüfer oder eine Prüfungsgesellschaft für einen Zeitraum von drei oder mehr aufeinanderfolgenden Geschäftsjahren für ein geprüftes Unternehmen, dessen Muttergesellschaft oder die von diesem beherrschten Unternehmen andere als die in Artikel 5 Absatz 1 dieser Verordnung genannten Nichtprüfungsleistungen erbringt, werden die Gesamthonorare für diese Leistungen auf maximal 70 % des Durchschnitts der in den letzten drei aufeinanderfolgenden Geschäftsjahren für die Abschlussprüfung(en) des geprüften Unternehmens und gegebenenfalls seines Mutterunternehmens, der von ihm beherrschten Unternehmen und der konsolidierten Abschlüsse der betreffenden Unternehmensgruppe durchschnittlich gezahlten Honorare begrenzt.

Für die Zwecke der in Unterabsatz 1 genannten Beschränkungen werden andere als die in Artikel 5 Absatz 1 genannten Nichtprüfungsleistungen, die nach Unionsrecht oder nationalem Recht erforderlich sind, ausgenommen.

Die Mitgliedstaaten können vorsehen, dass eine zuständige Behörde auf Ersuchen des Abschlussprüfers oder der Prüfungsgesellschaft ausnahmsweise gestatten darf, dass der Abschlussprüfer oder die Prüfungsgesellschaft in Bezug auf ein geprüftes Unternehmen für einen Zeitraum von höchstens zwei Geschäftsjahren von den Anforderungen nach Unterabsatz 1 ausgenommen wird.

(3) Wenn die von einem Unternehmen von öffentlichem Interesse insgesamt gezahlten Honorare in jedem der letzten drei aufeinanderfolgenden Geschäftsjahre über 15 % der von dem Abschlussprüfer oder der Prüfungsgesellschaft oder gegebenenfalls dem Konzernabschlussprüfer, der bzw. die die Abschlussprüfung in jedem dieser Geschäftsjahre durchgeführt hat, insgesamt vereinnahmten Honorare hinausgehen, setzt der betreffende Abschlussprüfer bzw. die betreffende Prüfungsgesellschaft bzw. gegebenenfalls der Konzernabschlussprüfer den Prüfungsausschuss darüber in Kenntnis und berät mit ihm über die Gefahren für seine bzw. ihre Unabhängigkeit wie auch über die zur Verminderung dieser Gefahren eingeleiteten Schutzmaßnahmen. Der Prüfungsausschuss erwägt, ob das Prüfungsmandat vor Erteilung des Bestätigungsvermerks einer auftragsbegleitenden Qualitätssicherungsprüfung durch einen anderen

Abschlussprüfer oder eine andere Prüfungsgesellschaft unterzogen werden sollte.

Wenn die von einem solchen Unternehmen von öffentlichem Interesse gezahlten Honorare weiterhin über 15 % der insgesamt von dem Abschlussprüfer oder der Prüfungsgesellschaft oder gegebenenfalls dem Konzernabschlussprüfer vereinnahmten Honorare hinausgehen, entscheidet der Prüfungsausschuss anhand objektiver Gründe darüber, ob der der Abschlussprüfer, die Prüfungsgesellschaft oder der Konzernabschlussprüfer bei diesem Unternehmen oder dieser Unternehmensgruppe die Abschlussprüfung für einen weiteren Zeitraum, der in jedem Fall zwei Jahre nicht überschreiten darf, durchführen darf.

(4) Die Mitgliedstaaten können strengere Anforderungen als die in diesem Artikel vorgesehenen anwenden.

Artikel 5
Verbot der Erbringung von Nichtprüfungsleistungen

(1) Der Abschlussprüfer oder die Prüfungsgesellschaft eines Unternehmens von öffentlichem Interesse und jedes Mitglied eines Netzwerks, dem der Abschlussprüfer bzw. die Prüfungsgesellschaft angehört, darf weder direkt noch indirekt für das geprüfte Unternehmen, dessen Mutterunternehmen oder die von ihm beherrschten Unternehmen in der Union verbotene Nichtprüfungsleistungen innerhalb folgender Zeiträume erbringen:

a) innerhalb des Zeitraums zwischen dem Beginn des Prüfungszeitraums und der Abgabe des Bestätigungsvermerks und

↓ C1

b) innerhalb des Geschäftsjahrs, das dem in Buchstabe a genannten Zeitraum unmittelbar vorausgeht, in Bezug auf die in Unterabsatz 2 Buchstabe e genannten Leistungen.

↓ B

Für die Zwecke dieses Artikels bezeichnet der Ausdruck „verbotene Nichtprüfungsleistungen“:

a) die Erbringung von Steuerberatungsleistungen im Zusammenhang mit Folgendem:
  i) Erstellung von Steuererklärungen;
  ii) Lohnsteuer;
  iii) Zöllen;
  iv) Ermittlung von staatlichen Beihilfen und steuerlichen Anreizen, es sei denn, die Unterstützung durch den Abschlussprüfer oder die Prüfungsgesellschaft bei solchen Leistungen ist gesetzlich vorgeschrieben;
  v) Unterstützung hinsichtlich Steuerprüfungen durch die Steuerbehörden, es sei denn, die Unterstützung durch den Abschlussprüfer oder die Prüfungsgesellschaft bei diesen Prüfungen ist gesetzlich vorgeschrieben;
  vi) Berechnung der direkten und indirekten Steuern sowie latenter Steuern;
  vii) Erbringung von Steuerberatungsleistungen;

b) Leistungen, mit denen eine Teilnahme an der Führung oder an Entscheidungen des geprüften Unternehmens verbunden ist;

c) Buchhaltung und Erstellung von Unterlagen der Rechnungslegung und von Abschlüssen;

d) Lohn und Gehaltsabrechnung;

e) Gestaltung und Umsetzung interner Kontroll- oder Risikomanagementverfahren, die bei der Erstellung und/oder Kontrolle von Finanzinformationen oder Finanzinformationstechnologiesystemen zum Einsatz kommen;

f) Bewertungsleistungen, einschließlich Bewertungsleistungen in Zusammenhang mit Leistungen im Bereich der Versicherungsmathematik und der Unterstützung bei Rechtsstreitigkeiten;

g) juristische Leistungen im Zusammenhang mit
  i) allgemeiner Beratung,
  ii) Verhandlungen im Namen des geprüften Unternehmens und
  iii) Vermittlungstätigkeiten in Bezug auf die Beilegung von Rechtsstreitigkeiten;

h) Leistungen im Zusammenhang mit der internen Revision des geprüften Unternehmens;

i) Leistungen im Zusammenhang mit der Finanzierung, der Kapitalstruktur und -ausstattung sowie der Anlagestrategie des geprüften Unternehmens, ausgenommen die Erbringung von Bestätigungsleistungen im Zusammenhang mit Abschlüssen, einschließlich der Ausstellung von Prüfbescheinigungen (Comfort Letters) im Zusammenhang mit vom geprüften Unternehmen herausgegebenen Prospekten;

j) Werbung für, Handel mit oder Zeichnung von Aktien des geprüften Unternehmens;

k) Personaldienstleistungen in Bezug auf
  i) Mitglieder der Unternehmensleitung, die in der Position sind, erheblichen Einfluss auf die Vorbereitung der Rechnungslegungsunterlagen oder der Abschlüsse, die Gegenstand der Abschlussprüfung sind, auszuüben, wenn zu diesen Dienstleistungen Folgendes gehört:
    — Suche nach oder Auswahl von Kandidaten für solche Positionen oder
    — Überprüfung der Referenzen von Kandidaten für diese Positionen;
  ii) Aufbau der Organisationsstruktur und
  iii) Kostenkontrolle.

(2) Die Mitgliedstaaten können andere als die in Absatz 1 aufgeführten Leistungen verbieten, wenn diese ihrer Ansicht nach eine Gefährdung der Unabhängigkeit darstellen könnten. Die Mitgliedstaaten teilen der Kommission alle Ergänzungen der Liste nach Absatz 1 mit.

(3) Abweichend von Absatz 1 Unterabsatz 2 können die Mitgliedstaaten die Erbringung der

unter Buchstabe a Ziffern i und iv bis vii und Buchstabe f genannten Leistungen zulassen, sofern die folgenden Anforderungen erfüllt werden:

a) die Leistungen haben allein oder kumuliert keine direkten oder haben nur unwesentliche Auswirkungen auf die geprüften Abschlüsse;
b) die Einschätzung der Auswirkung auf die geprüften Abschlüsse ist in dem zusätzlichen Bericht an den Prüfungsausschuss gemäß Artikel 11 umfassend dokumentiert und erläutert; und
c) der Abschlussprüfer oder die Prüfungsgesellschaft erfüllt die Grundsätze der Unabhängigkeit gemäß der Richtlinie 2006/43/EG.

(4) Ein Abschlussprüfer oder eine Prüfungsgesellschaft, der bzw. die eine Abschlussprüfung bei einem Unternehmen von öffentlichem Interesse durchführt, und — sofern der Abschlussprüfer bzw. die Prüfungsgesellschaft einem Netzwerk angehört — jedes Mitglied dieses Netzwerks darf für das geprüfte Unternehmen, dessen Muttergesellschaft oder die von diesem beherrschten Unternehmen andere als die verbotenen Nichtprüfungsleistungen nach den Absätzen 1 und 2 erbringen, wenn der Prüfungsausschuss dies nach gebührender Beurteilung der Gefährdung der Unabhängigkeit und der angewendeten Schutzmaßnahmen gemäß Artikel 22b der Richtlinie 2006/43/EG billigt. Der Prüfungsausschuss erstellt gegebenenfalls Leitlinien in Bezug auf die in Absatz 3 genannten Leistungen.

Die Mitgliedstaaten können strengere Vorschriften für die Voraussetzungen festlegen, unter denen ein Abschlussprüfer, eine Prüfungsgesellschaft oder ein Mitglied eines Netzwerks, dem der Abschlussprüfer oder die Prüfungsgesellschaft angehört, für das geprüfte Unternehmen, dessen Muttergesellschaft oder die von diesem beherrschten Unternehmen andere als die verbotenen prüfungsfremden Leistungen nach Absatz 1 erbringen darf.

(5) Wenn ein Mitglied des Netzwerks, dem der Abschlussprüfer bzw. die Prüfungsgesellschaft, der bzw. die die Abschlussprüfung bei einem Unternehmen von öffentlichem Interesse durchführt, angehört, für ein Unternehmen mit Sitz in einem Drittland, das von dem geprüften Unternehmen von öffentlichem Interesse beherrscht wird, Nichtprüfungsleistungen nach den Absätzen 1 und 2 erbringt, beurteilt der Abschlussprüfer bzw. die Prüfungsgesellschaft, ob dies seine bzw. ihre Unabhängigkeit beeinträchtigt.

Wird seine bzw. ihre Unabhängigkeit beeinträchtigt, so wendet der Abschlussprüfer bzw. die Prüfungsgesellschaft gegebenenfalls Schutzmaßnahmen zur Verminderung der durch diese Leistungserbringung in einem Drittland hervorgerufenen Gefahren an. Der Abschlussprüfer bzw. die Prüfungsgesellschaft darf die Abschlussprüfung bei dem Unternehmen von öffentlichem Interesse nur dann fortsetzen, wenn er/sie gemäß Artikel 6 der vorliegenden Verordnung und Artikel 22b der Richtlinie 2006/43/EG begründen kann, dass die Erbringung dieser Leistungen weder seine/ihre fachliche Einschätzung noch den Bestätigungsvermerk beeinträchtigt.

Für die Zwecke dieses Absatzes wird

a) eine Teilnahme an den Entscheidungsprozessen des geprüften Unternehmens und die Erbringung der in Absatz 1 Unterabsatz 2 Buchstaben b, c und e genannten Leistungen auf jeden Fall als Gefährdung der Unabhängigkeit angesehen und die nicht durch Schutzmaßnahmen vermindert werden kann,
b) bei Erbringung der in Absatz 1 Unterabsatz 2 unter den anderen Buchstaben als den Buchstaben b, c und e genannten Leistungen eine Gefährdung der Unabhängigkeit und deshalb die Notwendigkeit von Schutzmaßnahmen zur Verminderung der dadurch hervorgerufenen Gefahren angenommen.

Artikel 6
Vorbereitung auf die Abschlussprüfung und Beurteilung der Gefährdungen für die Unabhängigkeit

(1) Bevor ein Abschlussprüfer oder eine Prüfungsgesellschaft ein Mandat zur Prüfung des Abschlusses eines Unternehmens von öffentlichem Interesse annimmt oder fortsetzt, beurteilt und dokumentiert er bzw. sie zusätzlich zu den Bestimmungen des Artikels 22b der Richtlinie 2006/43/EG Folgendes:

a) ob er bzw. sie die Anforderungen der Artikel 4 und 5 dieser Verordnung erfüllt;
b) ob die in Artikel 17 der vorliegenden Verordnung festgelegten Bedingungen erfüllt sind;
c) unbeschadet der Richtlinie 2005/60/EG die Integrität der Mitglieder der Aufsichts-, Verwaltungs- und Unternehmensleitungsorgane des Unternehmens von öffentlichem Interesse.

(2) Ein Abschlussprüfer oder eine Prüfungsgesellschaft

a) erklärt gegenüber dem Prüfungsausschuss jährlich schriftlich, dass der Abschlussprüfer bzw. die Prüfungsgesellschaft, Prüfungspartner und Mitglieder der höheren Führungsebene und das Leitungspersonal, die die Abschlussprüfung durchführen, unabhängig vom geprüften Unternehmen sind,
b) erörtert mit dem Prüfungsausschuss die Gefahren für seine bzw. ihre Unabhängigkeit sowie die von ihm bzw. ihr gemäß Absatz 1 dokumentierten zur Verminderung dieser Gefahren angewendeten Schutzmaßnahmen.

Artikel 7
Unregelmäßigkeiten

Hat ein Abschlussprüfer oder eine Prüfungsgesellschaft, der bzw. die bei einem Unternehmen von öffentlichem Interesse die Abschlussprüfung durchführt, die Vermutung oder einen berechtigten Grund zu der Vermutung, dass Unregelmäßigkeiten, wie Betrug im Zusammenhang mit dem Abschluss des geprüften Unternehmens, möglicherweise eintreten oder eingetreten sind, so teilt er bzw. sie dies unbeschadet des Artikels 12 der vorliegenden Verordnung und unbeschadet der Richtlinie 2005/60/EG dem geprüften Unternehmen mit und fordert dieses auf, die Angelegenheit zu untersuchen sowie angemessene Maßnahmen zu treffen, um derartige Unregelmäßigkeiten aufzugreifen und einer Wiederholung dieser Unregelmäßigkeiten in der Zukunft vorzubeugen.

Untersucht das geprüfte Unternehmen die Angelegenheit nicht, so informiert der Abschlussprüfer oder die Prüfungsgesellschaft die von den Mitgliedstaaten benannten Behörden, die für die Untersuchung solcher Unregelmäßigkeiten verantwortlich sind.

Macht ein Abschlussprüfer oder eine Prüfungsgesellschaft diesen Behörden in gutem Glauben Mitteilung über eine Unregelmäßigkeit im Sinne des Unterabsatzes 1, so gilt dies nicht als Verletzung einer vertraglichen oder gesetzlichen Offenlegungsbeschränkung.

Artikel 8
Auftragsbegleitende Qualitätssicherungsprüfung

(1) Vor der Vorlage des in den Artikeln 10 und 11 genannten Vermerks bzw. Berichts findet eine auftragsbegleitende Qualitätssicherungsprüfung statt, anhand deren beurteilt werden soll, ob der Abschlussprüfer oder der verantwortliche Prüfungspartner nach vernünftigem Ermessen zu dem in dem Entwurf dieses Vermerks bzw. Berichts enthaltenen Prüfungsurteil und den darin enthaltenen Schlussfolgerungen gelangen konnte.

(2) Die auftragsbegleitende Qualitätssicherungsprüfung wird von einem Qualitätssicherungsprüfer vorgenommen. Dabei handelt es sich um einen Abschlussprüfer, der nicht an der Durchführung der Abschlussprüfung, auf die sich die auftragsbegleitende Qualitätssicherungsprüfung bezieht, beteiligt ist.

(3) Wird die Abschlussprüfung durch eine Prüfungsgesellschaft vorgenommen, bei der alle ihr angehörenden Abschlussprüfer an der Durchführung dieser Abschlussprüfung beteiligt waren, oder wird die Abschlussprüfung durch einen Abschlussprüfer vorgenommen, der nicht Partner oder Beschäftigter einer Prüfungsgesellschaft ist, so sorgt sie bzw. er abweichend von Absatz 2 dafür, dass ein anderer Abschlussprüfer die auftragsbegleitende Qualitätssicherungsprüfung vornimmt. Die Offenlegung von Unterlagen oder Informationen gegenüber dem unabhängigen Qualitätssicherungsprüfer für die Zwecke dieses Artikels gilt nicht als Verletzung des Berufsgeheimnisses. Die gegenüber dem betreffenden Qualitätssicherungsprüfer für die Zwecke dieses Artikels offengelegten Unterlagen oder Informationen unterliegen dem Berufsgeheimnis.

(4) Bei der Durchführung der auftragsbegleitenden Qualitätssicherungsprüfung hält der Qualitätssicherungsprüfer zumindest Folgendes fest:

a) die mündlichen und schriftlichen Informationen, die er auf sein Verlangen oder unaufgefordert vom Abschlussprüfer oder verantwortlichen Prüfungspartner zur Untermauerung der wesentlichen Beurteilungen und der wichtigsten Feststellungen der durchgeführten Prüfungshandlungen und der aus diesen Feststellungen gezogenen Schlüsse erhalten hat,
b) das Urteil des Abschlussprüfers oder verantwortlichen Prüfungspartners, wie es aus dem Entwurf der in den Artikeln 10 und 11 genannten Berichte hervorgeht.

(5) Bei der auftragsbegleitenden Qualitätssicherungsprüfung wird zumindest Folgendes beurteilt:

a) die Unabhängigkeit des Abschlussprüfers bzw. der Prüfungsgesellschaft von dem geprüften Unternehmen;
b) die bedeutsamen Risiken, die für die Abschlussprüfung relevant sind und die der Abschlussprüfer oder verantwortliche Prüfungspartner bei Durchführung der Abschlussprüfung festgestellt hat, und die Maßnahmen, die er zur angemessenen Steuerung dieser Risiken getroffen hat;
c) die Argumentation des Abschlussprüfers oder verantwortlichen Prüfungspartners, insbesondere im Hinblick auf den Grad der Wesentlichkeit und die unter Buchstabe b genannten bedeutsamen Risiken;
d) jedes Ersuchen um Beratung gegenüber externen Sachverständigen und die Nutzung dieser Beratung;
e) Art und Umfang der korrigierten und nicht korrigierten falschen Darstellungen im Abschluss, die bei Durchführung der Prüfung festgestellt wurden;
f) die mit dem Prüfungsausschuss und der Unternehmensleitung und/oder dem Aufsichtsorgan des geprüften Unternehmens erörterten Themen;
g) die mit den zuständigen Behörden und gegebenenfalls mit anderen Dritten erörterten Themen;
h) ob die vom betreffenden Qualitätssicherungsprüfer aus der Akte ausgewählten Unterlagen und Informationen das vom Abschlussprüfer oder verantwortlichen Prüfungspartner im Entwurf des in den Artikeln 10 und 11 genannten Vermerks bzw. Berichts abgegebene Urteil untermauern.

(6) Der betreffende Qualitätssicherungsprüfer erörtert die Ergebnisse der auftragsbegleitenden Qualitätssicherungsprüfung mit dem Abschlussprüfer oder dem verantwortlichen Prüfungspartner. Die Prüfungsgesellschaft legt Verfahren über die Modalitäten für die Beilegung von Unstimmigkeiten zwischen dem verantwortlichen Prüfungspartner und dem betreffenden Qualitätssicherungsprüfer fest.

(7) Der Abschlussprüfer oder die Prüfungsgesellschaft und der betreffende Qualitätssicherungsprüfer bewahren die Ergebnisse der auftragsbegleitenden Qualitätssicherungsprüfung sowie die diesen Ergebnissen zugrunde liegenden Erwägungen auf.

Artikel 9
Internationale Prüfungsstandards

Der Kommission wird die Befugnis übertragen, im Wege delegierter Rechtsakte gemäß Artikel 39 die in Artikel 26 der Richtlinie 2006/43/EG genannten internationalen Prüfungsstandards in den Bereichen Prüfungsverfahren, Unabhängigkeit und interne Qualitätssicherungssysteme von Abschlussprüfern und Prüfungsgesellschaften zum Zwecke ihrer Anwendung innerhalb der Union anzunehmen, sofern die Standards die Anforderungen von Artikel 26 Absatz 3 Buchstaben a, b und c der Richtlinie 2006/43/EG erfüllen und keine Anforderungen dieser Verordnung ändern und keine Anforderungen dieser Verordnung mit Ausnahme der in den Artikeln 7, 8 und 18 dieser Verordnung angeführten ergänzen.

Artikel 10
Bestätigungsvermerk

(1) Der oder die Abschlussprüfer bzw. die Prüfungsgesellschaft(en) legen die Ergebnisse der Abschlussprüfung des Unternehmens von öffentlichem Interesse in einem Bestätigungsvermerk dar.

(2) Der Bestätigungsvermerk wird gemäß Artikel 28 der Richtlinie 2006/43/EG erstellt und enthält darüber hinaus zumindest Folgendes:

a) die Angabe, von wem oder von welchem Organ der oder die Abschlussprüfer bzw. die Prüfungsgesellschaft(en) bestellt wurden;

b) die Angabe des Datums der Bestellung der Abschlussprüfer bzw. der Prüfungsgesellschaften und der gesamten ununterbrochenen Mandatsdauer, einschließlich bereits erfolgter Verlängerungen und erneuter Bestellungen;

c) eine Darlegung des Folgenden zur Untermauerung des Prüfungsurteils:

   i) eine Beschreibung der bedeutsamsten beurteilten Risiken wesentlicher falscher Darstellungen, einschließlich der beurteilten Risiken wesentlicher falscher Darstellungen aufgrund von Betrug,

   ii) eine Zusammenfassung der Reaktion des Prüfers auf diese Risiken und

   iii) gegebenenfalls wichtige Feststellungen, die sich in Bezug auf diese Risiken ergeben.

   Wenn es für die oben genannte im Bestätigungsvermerk enthaltene Information zu den einzelnen bedeutsamen beurteilten Risiken wesentlicher falscher Darstellungen relevant ist, ist in dem Bestätigungsvermerk deutlich auf die entsprechenden Angaben in den Abschlüssen hinzuweisen;

d) eine Darlegung darüber, in welchem Maße die Abschlussprüfung als dazu geeignet angesehen wurde, Unregelmäßigkeiten, einschließlich Betrug, aufzudecken;

e) die Bestätigung, dass das Prüfungsurteil mit dem in Artikel 11 genannten zusätzlichen Bericht an den Prüfungsausschuss im Einklang steht;

f) die Erklärung, dass keine verbotenen Nichtprüfungsleistungen nach Artikel 5 Absatz 1 erbracht wurden und der oder die Abschlussprüfer bzw. die Prüfungsgesellschaft(en) bei der Durchführung der Abschlussprüfung ihre Unabhängigkeit von dem geprüften Unternehmen gewahrt haben;

g) die Angabe der Leistungen, die vom Abschlussprüfer oder der Prüfungsgesellschaft oder für das geprüfte Unternehmen oder das bzw. die von diesem beherrschte(n) Unternehmen zusätzlich zur Abschlussprüfung erbracht wurden und die im Lagebericht oder in den Abschlüssen nicht angegeben wurden.

Die Mitgliedstaaten können zusätzliche Anforderungen hinsichtlich des Inhalts des Bestätigungsvermerks festlegen.

(3) Der Bestätigungsvermerk enthält außer dem in Absatz 2 Buchstabe e vorgeschriebenen Verweis keinerlei Querverweise auf den in Artikel 11 genannten zusätzlichen Bericht an den Prüfungsausschuss. Der Bestätigungsvermerk ist in einer klaren und eindeutigen Sprache verfasst.

(4) Der Abschlussprüfer oder die Prüfungsgesellschaft verwendet den Namen einer zuständigen Behörde nicht in einer Weise, die darauf hindeuten oder nahelegen würde, dass diese Behörde den Bestätigungsvermerk übernimmt oder billigt.

Artikel 11
Zusätzlicher Bericht an den Prüfungsausschuss

(1) Abschlussprüfer oder Prüfungsgesellschaften, die bei Unternehmen von öffentlichem Interesse eine Abschlussprüfung durchführen, legen dem Prüfungsausschuss des geprüften Unternehmens einen zusätzlichen Bericht nicht später als den in Artikel 10 genannten Bestätigungsvermerk vor. Die Mitgliedstaaten können darüber hinaus verlangen, dass dieser zusätzliche Bericht dem Verwaltungs- oder Aufsichtsorgan des geprüften Unternehmens vorgelegt wird.

Verfügt das geprüfte Unternehmen nicht über einen Prüfungsausschuss, wird der zusätzliche Bericht dem Gremium vorgelegt, das bei dem geprüften Unternehmen vergleichbare Funktionen hat. Die Mitgliedstaaten können gestatten, dass der Prüfungsausschuss diesen Bericht gemäß ihrem nationalem Recht bestimmten Dritten gegenüber offenlegt.

(2) Der zusätzliche Bericht an den Prüfungsausschuss wird in schriftlicher Form verfasst. Er enthält eine Erläuterung der Ergebnisse der durchgeführten Abschlussprüfung und ferner zumindest Folgendes:

a) die Erklärung über die Unabhängigkeit nach Artikel 6 Absatz 2 Buchstabe a;

b) die Angabe jedes an der Prüfung beteiligten verantwortlichen Prüfungspartners, falls die Abschlussprüfung von einer Prüfungsgesellschaft durchgeführt wurde;

c) gegebenenfalls der Hinweis darauf, dass der Abschlussprüfer oder die Prüfungsgesellschaft Vorkehrungen getroffen hat, dass bestimmte seiner bzw. ihrer Tätigkeiten von einem anderen Abschlussprüfer bzw. einer anderen Prüfungsgesellschaft, der bzw. die nicht demselben Netzwerk angehört, durchgeführt werden, oder dass auf die Arbeit externer Sachverständiger zurückgegriffen wird, sowie die Bestätigung, dass der Abschlussprüfer bzw. die Prüfungsgesellschaft seitens des anderen Abschlussprüfers oder der anderen Prüfungsgesellschaft und/oder des externen Sachverständigen eine Bestätigung hinsichtlich ihrer Unabhängigkeit erhalten hat;

d) eine Beschreibung der Art, der Häufigkeit und des Umfangs der Kommunikation mit dem Prüfungsausschuss oder dem Gremium, das bei dem geprüften Unternehmen vergleichbare Funktionen hat, dem Unternehmensleitungsorgan und dem Verwaltungs- oder Aufsichtsorgan des geprüften Unternehmens, einschließlich der Zeitpunkte der Zusammenkünfte mit diesen Organen;

e) eine Beschreibung des Umfangs und des Zeitplans der Prüfung;

f) die Beschreibung der Aufgabenverteilung zwischen den Abschlussprüfern und/oder den Prüfungsgesellschaften, sofern zwei oder mehr Prüfer oder Prüfungsgesellschaften bestellt wurden;

g) eine Beschreibung der verwendeten Methode, u. a. dahingehend, welche Kategorien der Bilanz direkt überprüft wurden und welche Kategorien dabei System- und Zuverlässigkeitsprüfungen unterzogen wurden, einschließlich einer Erläuterung wesentlicher Veränderungen bei der Gewichtung von System- und Zuverlässigkeitsprüfungen gegenüber dem Vorjahr, selbst wenn die Abschlussprüfung im Vorjahr von anderen Abschlussprüfern oder anderen Prüfungsgesellschaften durchgeführt wurde;

h) die Darlegung der quantitativen Wesentlichkeitsgrenze, die bei der Durchführung der Abschlussprüfung für den Abschluss als Ganzes zugrunde gelegt wurde, und gegebenenfalls der Wesentlichkeitsgrenzen für bestimmte Arten von Geschäftsvorfällen, Kontensalden oder Darlegungen zugrunde gelegt wurde, sowie Darlegung der qualitativen Faktoren, die bei der Festlegung der Wesentlichkeitsgrenze berücksichtigt wurden;

i) die Angabe und Erläuterung von Einschätzungen zu bestimmten im Laufe der Prüfung festgestellten Ereignissen oder Gegebenheiten, die erhebliche Zweifel an der Fähigkeit des Unternehmens zur Fortführung der Unternehmenstätigkeit aufwerfen können, sowie die Angabe und Erläuterung von Einschätzungen dazu, ob diese Ereignisse oder Gegebenheiten eine wesentliche Unsicherheit darstellen; ferner eine Zusammenfassung aller Garantien, Prüfbescheinigungen (Comfort Letters), Hilfszusagen der öffentlichen Hand und anderer unterstützender Maßnahmen, die bei der Beurteilung der Fähigkeit des Unternehmens zur Fortführung seiner Tätigkeit berücksichtigt wurden;

j) die Angabe bedeutsamer Mängel im internen Finanzkontrollsystem des geprüften Unternehmens oder — im Falle konsolidierter Abschlüsse — der Muttergesellschaft oder im Rechnungslegungssystem. Im zusätzlichen Bericht wird hinsichtlich jeder dieser bedeutsamen Mängel festgestellt, ob sie vom Management beseitigt wurde oder nicht;

k) die Angabe von im Laufe der Prüfung festgestellten bedeutsamen Sachverhalten im Zusammenhang mit der tatsächlichen oder vermuteten Nichteinhaltung von Rechtsvorschriften oder des Gesellschaftsvertrags bzw. der Satzung der Gesellschaft, soweit sie für die Fähigkeit des Prüfungsausschusses, seine Aufgaben wahrzunehmen, als relevant betrachtet werden;

l) die Angabe und Beurteilung der bei den verschiedenen Posten des Jahres- oder konsolidierten Abschlusses angewandten Bewertungsmethoden einschließlich etwaiger Auswirkungen von Änderungen an diesen Methoden;

m) im Fall der Prüfung eines konsolidierten Abschlusses die Erläuterung des Umfangs der Konsolidierung und der vom geprüften Unternehmen auf etwaige nicht konsolidierte Unternehmen angewandten Ausschlusskriterien sowie die Angabe, ob die angewandten Kriterien im Einklang mit den Rechnungslegungsregelungen stehen;

n) gegebenenfalls die Angabe, welche Prüfungsarbeiten von Prüfern aus einem Drittland, von Abschlussprüfern, von Prüfungsunternehmen aus einem Drittland oder von Prüfungsgesellschaft(en), bei denen es sich nicht um Mitglieder desselben Netzwerks wie das des Prüfers des konsolidierten Abschlusses handelt, im Zusammenhang mit der Abschlussprüfung eines konsolidierten Abschlusses ausgeführt wurden;

o) die Angabe, ob das geprüfte Unternehmen alle verlangten Erläuterungen und Unterlagen geliefert hat;

p) Angaben über:

   i) etwaige bedeutsame Schwierigkeiten, die während der Abschlussprüfung aufgetreten sind,

   ii) etwaige sich aus der Abschlussprüfung ergebende bedeutsame Sachverhalte, die besprochen wurden oder Gegenstand des Schriftverkehrs mit dem Management waren, und

   iii) etwaige sonstige sich aus der Abschlussprüfung ergebende Sachverhalte, die nach dem fachkundigen Urteil des Prüfers für die Aufsicht über den Rechnungslegungsprozess bedeutsam sind.

Die Mitgliedstaaten können zusätzliche Anforderungen hinsichtlich des Inhalts des zusätzlichen Berichts an den Prüfungsausschuss festlegen.

Auf Verlangen eines Abschlussprüfers, einer Prüfungsgesellschaft oder des Prüfungsausschusses beraten der oder die Abschlussprüfer bzw. die Prüfungsgesellschaft(en) mit dem Prüfungsausschuss, dem Verwaltungsorgan oder gegebenenfalls dem Aufsichtsorgan des geprüften Unternehmens über die im zusätzlichen Bericht an den Prüfungsausschuss — insbesondere unter Unterabsatz 1 Buchstabe j — genannten wichtigsten sich aus der Abschlussprüfung ergebenden Sachverhalte.

(3) Sind mehr als ein Abschlussprüfer bzw. eine Prüfungsgesellschaft gleichzeitig beauftragt worden und herrscht zwischen ihnen Uneinigkeit über Prüfungshandlungen, Rechnungslegungsvorschriften oder andere die Durchführung der Abschlussprüfung betreffende Themen, so werden im zusätzlichen Bericht an den Prüfungsausschuss die Gründe für diese Uneinigkeit dargelegt.

(4) Der zusätzliche Bericht an den Prüfungsausschuss wird unterschrieben und datiert. Wird die Abschlussprüfung von einer Prüfungsgesellschaft durchgeführt, so wird der zusätzliche Bericht an den Prüfungsausschuss von den Abschlussprüfern, die die Abschlussprüfung im Auftrag der Prüfungsgesellschaft durchgeführt haben, unterzeichnet.

(5) Die Abschlussprüfer oder die Prüfungsgesellschaften stellen den zuständigen Behörden im Sinne des Artikels 20 Absatz 1 den zusätzlichen Bericht auf Verlangen und im Einklang mit dem nationalen Recht zur Verfügung.

Artikel 12
Bericht an die für die Beaufsichtigung von Unternehmen von öffentlichem Interesse zuständigen Behörden

(1) Unbeschadet des Artikels 55 der Richtlinie 2004/39/EG, des Artikels 63 der Richtlinie 2013/36/EU des Europäischen Parlaments und des Rates ([1]), des Artikels 15 Absatz 4 der Richtlinie 2007/64/EG, des Artikels 106 der Richtlinie 2009/65/EG, des Artikels 3 Absatz 1 der Richtlinie 2009/110/EG und des Artikels 72 der Richtlinie 2009/138/EG des Europäischen Parlaments und des Rates ([2]) sind Abschlussprüfer und Prüfungsgesellschaften, die bei einem Unternehmen von öffentlichem Interesse die Abschlussprüfung durchführen, dazu verpflichtet, die für die Beaufsichtigung des Unternehmens von öffentlichem Interesse zuständigen Behörden oder — soweit dies von dem betreffenden Mitgliedstaat vorgesehen ist — die für die Beaufsichtigung des Abschlussprüfers bzw. der Prüfungsgesellschaft zuständige Behörde umgehend über jede Information zu unterrichten, von der sie bei Durchführung der Abschlussprüfung Kenntnis erhalten und die eine der folgenden Konsequenzen haben kann:

([1]) Richtlinie 2013/36/EU des Europäischen Parlaments und des Rates vom 26. Juni 2013 über den Zugang zur Tätigkeit von Kreditinstituten und die Beaufsichtigung von Kreditinstituten und Wertpapierfirmen, zur Änderung der Richtlinie 2002/87/EG und zur Aufhebung der Richtlinien 2006/48/EG und 2006/49/EG (ABl. L 176 vom 27.6.2013, S. 338).

([2]) Richtlinie 2009/138/EG des Europäischen Parlaments und des Rates vom 25. November 2009 betreffend die Aufnahme und Ausübung der Versicherungs- und der Rückversicherungstätigkeit (Solvabilität II) (ABl. L 335 vom 17.12.2009, S. 1).

a) einen wesentlichen Verstoß gegen die Rechts- oder Verwaltungsvorschriften, die — sofern relevant — die Zulassungsvoraussetzungen enthalten oder speziell die Ausübung der Tätigkeiten solcher Unternehmen von öffentlichem Interesse regeln,

b) eine wesentliche Gefährdung oder wesentliche Bedenken hinsichtlich der Fortführung der Tätigkeit des Unternehmens von öffentlichem Interesse,

c) eine Verweigerung der Abgabe eines Prüfungsurteils über die Abschlüsse oder die Abgabe eines versagenden oder eingeschränkten Prüfungsurteils.

Die Abschlussprüfer oder die Prüfungsgesellschaften sind ferner zur Meldung der in Unterabsatz 1 Buchstaben a, b oder c genannten Informationen verpflichtet, wenn sie von diesen bei Durchführung einer Abschlussprüfung bei Unternehmen Kenntnis erhalten, die zu dem Unternehmen von öffentlichem Interesse, bei dem sie ebenfalls die Abschlussprüfung durchführen, eine enge Verbindung haben. Für die Zwecke dieses Artikels ist der Begriff „enge Verbindung" im Sinne von Artikels 4 Absatz 1 Nummer 38 der Verordnung (EU) Nr. 575/2013 der Europäischen Parlaments und des Rates ([1]) zu verstehen.

([1]) Verordnung (EU) Nr. 575/2013 des Europäischen Parlaments und des Rates vom 26. Juni 2013 über Aufsichtsanforderungen an Kreditinstitute und Wertpapierfirmen und zur Änderung der Verordnung (EU) Nr. 648/2012 (ABl. L 176 vom 27.6.2013, S. 1).

Die Mitgliedstaaten können vom Abschlussprüfer oder von der Prüfungsgesellschaft zusätzliche Informationen verlangen, sofern dies für eine wirksame Finanzmarktaufsicht gemäß den einzelstaatlichen Rechtsvorschriften erforderlich ist.

(2) Zwischen den für die Beaufsichtigung von Kreditinstituten und Versicherungsunternehmen zuständigen Behörden einerseits und dem bzw. den Abschlussprüfer(n) und der bzw. den Prüfungsgesellschaft(en), der bzw. die bei diesen Instituten und Unternehmen die Abschlussprüfung durchführt bzw. durchführen, andererseits wird ein wirksamer Dialog eingerichtet. Die Verantwortung für die Einhaltung dieser Anforderung tragen beide Parteien des Dialogs.

Mindestens einmal jährlich organisieren der Europäische Ausschuss für Systemrisiken („ESRB" für „European Systemic Risk Board") und der Ausschuss der Aufsichtsstellen ein Treffen unter Beteiligung der Abschlussprüfer und der Prüfungsgesellschaften oder Netzwerke, die Abschlussprüfungen aller in der Union zugelassener Institute durchführen, die international als global systemrelevante Finanzinstitute anerkannt sind, um den ESRB über branchenspezifische oder bedeutsame Entwicklungen in diesen systemrelevanten Finanzinstituten zu informieren.

Um die Wahrnehmung der in Unterabsatz 1 genannten Aufgaben zu erleichtern, geben die Europäische Aufsichtsbehörde (Europäische Bankenaufsichtsbehörde — EBA) und die Europäische Aufsichtsbehörde (Europäische Aufsichtsbehörde für das Versicherungswesen und die betriebliche Altersversorgung — EIOPA) gemäß Artikel 16 der Verordnung (EU) Nr. 1093/2010 bzw. Artikel 16 der Verordnung (EU) Nr. 1094/2010 unter Berücksichtigung derzeitiger Aufsichtspraktiken Leitlinien an die für die Beaufsichtigung von Kreditinstituten und Versicherungsunternehmen zuständigen Behörden heraus.

(3) Teilen Abschlussprüfer oder Prüfungsgesellschaften oder gegebenenfalls Netzwerke den zuständigen Behörden oder dem ESRB und dem Ausschuss der Aufsichtsstellen in gutem Glauben Informationen im Sinne des Absatzes 1 oder sich im Zuge des Dialogs nach Absatz 2 ergebende Informationen mit, so stellt dies keinen Verstoß gegen eine etwaige vertragliche oder rechtliche Beschränkung der Informationsweitergabe dar.

Artikel 13
Transparenzbericht

(1) Ein Abschlussprüfer oder eine Prüfungsgesellschaft, der bzw. die bei Unternehmen von öffentlichem Interesse Abschlussprüfungen durchführt, veröffentlicht alljährlich spätestens vier Monate nach Abschluss jedes Geschäftsjahres einen Transparenzbericht. Dieser Transparenzbericht wird auf der Website des Abschlussprüfers bzw. der Prüfungsgesellschaft veröffentlicht und bleibt dort ab dem Tag der Veröffentlichung auf der Website mindestens fünf Jahre lang verfügbar. Ist der Abschlussprüfer bei einer Prüfungsgesellschaft beschäftigt, so obliegen dieser Prüfungsgesellschaft die in diesem Artikel vorgesehenen Pflichten.

Abschlussprüfer oder Prüfungsgesellschaften dürfen einen bereits veröffentlichten jährlichen Transparenzbericht aktualisieren. In einem solchen Fall weist der Abschlussprüfer bzw. die Prüfungsgesellschaft darauf hin, dass es sich um eine aktualisierte Fassung des Berichts handelt, wobei auch die ursprüngliche Fassung weiterhin auf der Website verfügbar bleibt.

Abschlussprüfer und Prüfungsgesellschaften teilen den zuständigen Behörden mit, dass der Transparenzbericht auf der Website des Abschlussprüfers/der Prüfungsgesellschaft veröffentlicht wurde oder — gegebenenfalls — dass er aktualisiert wurde.

(2) Der jährliche Transparenzbericht umfasst zumindest Folgendes:

a) eine Beschreibung der Rechts- und Eigentümerstruktur der Prüfungsgesellschaft;

b) für den Fall, dass der Abschlussprüfer oder die Prüfungsgesellschaft Mitglied eines Netzwerks ist,
   i) eine Beschreibung dieses Netzwerks sowie seiner rechtlichen und organisatorischen Struktur;
   ii) den Namen jedes Abschlussprüfers, der als Prüfer in Einzelpraxis tätig ist, oder jeder Prüfungsgesellschaft, die Mitglied des Netzwerks ist;
   iii) das Land oder die Länder, in denen jeder Abschlussprüfer, der als Prüfer in Einzelpraxis tätig ist, oder jede Prüfungsgesellschaft, die Mitglied des Netzwerks ist, die Tätigkeit als Abschlussprüfer ausüben darf oder seinen bzw. ihren eingetragenen Sitz, seine bzw. ihre Hauptverwaltung oder seine bzw. ihre Hauptniederlassung hat;
   iv) den Gesamtumsatz, den die Abschlussprüfer, die als Prüfer in Einzelpraxis tätig sind, und die Prüfungsgesellschaften, die Mitglieder des Netzwerks sind, mit der Prüfung von Jahres- und konsolidierten Abschlüssen erzielt haben;

c) eine Beschreibung der Leitungsstruktur der Prüfungsgesellschaft;

d) eine Beschreibung des internen Qualitätssicherungssystems des Abschlussprüfers bzw. der Prüfungsgesellschaft und eine Erklärung des Verwaltungs- oder Leitungsorgans zu dessen Wirksamkeit;

e) das Datum der letzten Qualitätssicherungsprüfung gemäß Artikel 26;

f) eine Liste der Unternehmen von öffentlichem Interesse, bei denen der Abschlussprüfer bzw. die Prüfungsgesellschaft im vorangegangenen Geschäftsjahr Abschlussprüfungen durchgeführt hat;

g) eine Erklärung darüber, mit welchen Maßnahmen der Abschlussprüfer bzw. die Prüfungsgesellschaft seine bzw. ihre Unabhängigkeit zu wahren sucht, in der auch bestätigt wird, dass eine interne Überprüfung der Einhaltung von Unabhängigkeitsanforderungen stattgefunden hat;

h) eine Erklärung dazu, wie der Abschlussprüfer bzw. die Prüfungsgesellschaft in Bezug auf die in Artikel 13 der Richtlinie 2006/43/EG genannte kontinuierliche Fortbildung von Abschlussprüfern verfährt;

i) Angaben darüber, wonach sich bei Prüfungsgesellschaften die Vergütung der Partner bemisst;

j) eine Beschreibung der vom Abschlussprüfer bzw. von der Prüfungsgesellschaft verfolgten Grundsätze, nach denen bei der Rotation der verantwortlichen Prüfungspartner und Mitarbeiter gemäß Artikel 17 Absatz 7 verfahren wird;

k) sofern sich diese Angaben nicht in seinen bzw. ihren Abschlüssen nach Artikel 4 Absatz 2 der Richtlinie 2013/34/EU finden, Angaben zum Gesamtumsatz des Abschlussprüfers oder der Prüfungsgesellschaft, und zwar aufgeschlüsselt in

i) Einnahmen aus der Abschlussprüfung des Jahresabschlusses und konsolidierten Abschlusses von Unternehmen von öffentlichem Interesse und von Unternehmen einer Unternehmensgruppe, deren Muttergesellschaft ein Unternehmen von öffentlichem Interesse ist;
ii) Einnahmen aus der Abschlussprüfung des Jahresabschlusses und konsolidierten Abschlusses anderer Unternehmen;
iii) Einnahmen aus zulässigen Nichtprüfungsleistungen für Unternehmen, die vom Abschlussprüfer oder von der Prüfungsgesellschaft geprüft werden;
iv) Einnahmen aus Nichtprüfungsleistungen für andere Unternehmen.

Der Abschlussprüfer oder die Prüfungsgesellschaft kann unter außergewöhnlichen Umständen beschließen, von den in Unterabsatz 1 Buchstabe f verlangten Angaben abzusehen, soweit dies zur Verringerung einer unmittelbaren und erheblichen Gefährdung der persönlichen Sicherheit einer Person erforderlich ist. Der Abschlussprüfer bzw. die Prüfungsgesellschaft muss in der Lage sein, der zuständigen Behörde gegenüber darzulegen, dass eine solche Gefährdung tatsächlich besteht.

(3) Der Transparenzbericht wird von dem Abschlussprüfer oder der Prüfungsgesellschaft unterzeichnet.

Artikel 14
Informationspflicht gegenüber den zuständigen Behörden

Abschlussprüfer und Prüfungsgesellschaften legen der für sie zuständigen Behörde jährlich eine Liste der geprüften Unternehmen von öffentlichem Interesse vor, die nach den von diesen Unternehmen bezogenen Einnahmen aufgeschlüsselt ist, die in Folgendes unterteilt ist:

a) Einnahmen aus der Abschlussprüfung;
b) Einnahmen aus anderen Nichtprüfungsleistungen als solchen nach Artikel 5 Absatz 1, die aufgrund von Unionsrecht oder nationalem Recht erforderlich sind;
c) Einnahmen aus anderen Nichtprüfungsleistungen als solchen nach Artikel 5 Absatz 1, die nicht aufgrund von Unionsrecht oder nationalem Recht erforderlich sind.

Artikel 15
Aufbewahrungspflichten

Abschlussprüfer und Prüfungsgesellschaften bewahren die in Artikel 4 Absatz 3, Artikel 6, Artikel 7, Artikel 8 Absätze 4 bis 7, Artikel 10 und 11, Artikel 12 Absätze 1 und 2, Artikel 14, Artikel 16 Absätze 2, 3 und 5 dieser Verordnung sowie die in den Artikeln 22b, 24a, 24b, 27 und 28 der Richtlinie 2006/43/EG genannten Unterlagen und Informationen nach deren Erstellung mindestens fünf Jahre lang auf.

Die Mitgliedstaaten können Abschlussprüfer und Prüfungsgesellschaften nach Maßgabe ihrer Datenschutzvorschriften und Verwaltungs- und Gerichtsverfahrensregelungen dazu verpflichten, die in Unterabsatz 1 genannten Unterlagen und Informationen für einen längeren Zeitraum aufzubewahren.

TITEL III
BESTELLUNG VON ABSCHLUSSPRÜFERN ODER PRÜFUNGSGESELLSCHAFTEN DURCH UNTERNEHMEN VON ÖFFENTLICHEM INTERESSE

Artikel 16
Bestellung von Abschlussprüfern oder Prüfungsgesellschaften

(1) Für die Zwecke der Anwendung von Artikel 37 Absatz 1 der Richtlinie 2006/43/EG gelten für die Bestellung von Abschlussprüfern oder Prüfungsgesellschaften durch Unternehmen von öffentlichem Interesse die in den Absätzen 2 bis 5 beschriebenen Bedingungen, gegebenenfalls unter Anwendung von Absatz 7.

Gilt Artikel 37 Absatz 2 der Richtlinie 2006/43/EG, so unterrichtet das Unternehmen von öffentlichem Interesse die zuständige Behörde über die Verwendung der dort genannten alternativen Systeme oder Modalitäten. In diesem Fall finden die Absätze 2 bis 5 des vorliegenden Artikels keine Anwendung.

(2) Der Prüfungsausschuss legt dem Verwaltungs- oder Aufsichtsorgan des geprüften Unternehmens eine Empfehlung für die Bestellung von Abschlussprüfern oder Prüfungsgesellschaften vor.

Abgesehen vom Fall der Erneuerung eines Prüfungsmandats gemäß Artikel 17 Absätze 1 und 2 muss die Empfehlung begründet werden und mindestens zwei Vorschläge für das Prüfungsmandat enthalten, und der Prüfungsausschuss teilt unter Angabe der Gründe seine Präferenz für einen der beiden Vorschläge mit.

Der Prüfungsausschuss erklärt in seiner Empfehlung, dass diese frei von ungebührlicher Einflussnahme durch Dritte ist und ihm keine Klausel der in Absatz 6 genannten Art auferlegt wurde.

(3) Außer im Fall der Erneuerung eines Prüfungsmandats gemäß Artikel 17 Absätze 1 und 2 wird die in Absatz 2 des vorliegenden Artikels genannte Empfehlung des Prüfungsausschusses im Anschluss an ein Auswahlverfahren erstellt, das das geprüfte Unternehmen unter Berücksichtigung folgender Kriterien durchführt:

a) Dem geprüften Unternehmen steht es frei, beliebige Abschlussprüfer oder Prüfungsgesellschaften zur Unterbreitung von Vorschlägen für die Erbringung von Abschlussprüfungsleistungen aufzufordern, sofern die Bedingungen des Artikels 17 Absatz 3 erfüllt sind und die Teilnahme von Unternehmen, die im vorausgegangenen Kalenderjahr in dem betreffenden Mitgliedstaat weniger als 15 % der von Unternehmen von öffentlichem Interesse gezahlten Gesamthonorare erhalten haben, an dem Ausschreibungsverfahren in keiner Weise ausgeschlossen wird.

b) Das geprüfte Unternehmen erstellt für den aufgeforderten Abschlussprüfer bzw. die Prüfungsgesellschaften Ausschreibungsunterlagen. Diese Ausschreibungsunterlagen müssen es ermöglichen, die Geschäftstätigkeit des geprüften Unternehmens und die Art der durchzuführenden Abschlussprüfung zu erfassen. Die Ausschreibungsunterlagen enthalten transparente, diskriminierungsfreie Auswahlkriterien für die Bewertung der Vorschläge der Abschlussprüfer oder Prüfungsgesellschaften durch das geprüfte Unternehmen.

c) Das geprüfte Unternehmen kann das Auswahlverfahren frei gestalten und im Laufe des Verfahrens direkte Verhandlungen mit interessierten Bietern führen.

d) Falls die in Artikel 20 genannten zuständigen Behörden im Einklang mit Unionsrecht oder nationalem Recht von den Abschlussprüfern und Prüfungsgesellschaften die Erfüllung bestimmter Qualitätsstandards verlangen, so sind diese Standards in die Ausschreibungsunterlagen aufzunehmen.

e) Das geprüfte Unternehmen beurteilt die Vorschläge der Abschlussprüfer oder Prüfungsgesellschaften anhand der in den Ausschreibungsunterlagen festgelegten Auswahlkriterien. Das geprüfte Unternehmen erstellt einen Bericht über die im Auswahlverfahren gezogenen Schlussfolgerungen, der vom Prüfungsausschuss validiert wird. Das geprüfte Unternehmen und der Prüfungsausschuss berücksichtigen alle Erkenntnisse oder Schlussfolgerungen der in Artikel 26 Absatz 8 genannten und von der zuständigen Behörde gemäß Artikel 28 Buchstabe d veröffentlichten Kontrollberichte über bietende Abschlussprüfer oder Prüfungsgesellschaften.

f) Das geprüfte Unternehmen muss auf Verlangen in der Lage sein, gegenüber der in Artikel 20 genannten zuständigen Behörde darzulegen, dass das Auswahlverfahren auf faire Weise durchgeführt wurde.

Für das in Unterabsatz 1 genannte Auswahlverfahren ist der Prüfungsausschuss zuständig.

Die in Artikel 20 Absatz 1 genannte zuständige Behörde veröffentlicht für die Zwecke von Unterabsatz 1 Buchstabe a eine jährlich zu aktualisierende Liste der betreffenden Abschlussprüfer und Prüfungsgesellschaften. Die zuständige Behörde nutzt bei den einschlägigen Berechnungen die gemäß Artikel 14 gemachten Angaben der Abschlussprüfer und Prüfungsgesellschaften.

(4) Unternehmen von öffentlichem Interesse, die die Kriterien nach Artikel 2 Absatz 1 Buchstaben f und t der Richtlinie 2003/71/EG ([1]) erfüllen, sind nicht zur Durchführung des in Absatz 3 genannten Auswahlverfahrens verpflichtet.

([1]) Richtlinie 2003/71/EG des Europäischen Parlaments und des Rates vom 4. November 2003 betreffend den Prospekt, der beim öffentlichen Angebot von Wertpapieren oder bei deren Zulassung zum Handel zu veröffentlichen ist, und zur Änderung der Richtlinie 2001/34/EG (ABl. L 345 vom 31.12.2003, S. 64).

(5) Der an die Gesellschafterversammlung oder Aktionärshauptversammlung des geprüften Unternehmens gerichtete Vorschlag für die Bestellung von Abschlussprüfern oder Prüfungsgesellschaften enthält die Empfehlung und Präferenz gemäß Absatz 2, die der Prüfungsausschuss oder das Gremium mit vergleichbarer Funktion ausgesprochen bzw. angegeben hat.

Falls der Vorschlag von der Präferenz des Prüfungsausschusses abweicht, sind im Vorschlag die Gründe zu nennen, weshalb der Empfehlung nicht gefolgt wird. Der oder die vom Verwaltungs- oder Aufsichtsorgan empfohlenen Prüfer oder Prüfungsgesellschaften müssen jedoch an dem in Absatz 3 beschriebenen Auswahlverfahren teilgenommen haben. Dieser Unterabsatz findet keine Anwendung, wenn das Verwaltungs- oder Aufsichtsorgan die Funktionen des Prüfungsausschusses wahrnimmt.

(6) Jede Klausel in einem zwischen einem Unternehmen von öffentlichem Interesse und Dritten geschlossenen Vertrag, die die Auswahlmöglichkeiten der Gesellschafterversammlung oder Aktionärshauptversammlung des betreffenden Unternehmens gemäß Artikel 37 der Richtlinie 2006/43/EG im Hinblick auf die Auswahl eines bestimmten Abschlussprüfers oder einer bestimmten Prüfungsgesellschaft für die Durchführung der Abschlussprüfung bei diesem Unternehmen auf bestimmte Kategorien oder Listen von Abschlussprüfern oder Prüfungsgesellschaften beschränkt, ist nichtig.

Das Unternehmen von öffentlichem Interesse unterrichtet die in Artikel 20 genannten zuständigen Behörden unmittelbar und unverzüglich über jeden Versuch von Dritten, eine solche Vertragsklausel durchzusetzen oder die Entscheidung der Gesellschafterversammlung oder Aktionärshauptversammlung über die Bestellung eines Abschlussprüfers oder einer Prüfungsgesellschaft anderweitig ungebührlich zu beeinflussen.

(7) Die Mitgliedstaaten können beschließen, dass Unternehmen von öffentlichem Interesse unter bestimmten Umständen eine bestimmte Mindestanzahl von Abschlussprüfern oder Prüfungsgesellschaften bestellen, und die Modalitäten für die Beziehungen zwischen den bestellten Abschlussprüfern und Prüfungsgesellschaften festlegen.

Wenn ein Mitgliedstaat eine solche Verpflichtung festlegt, teilt er dies der Kommission und der einschlägigen Europäischen Aufsichtsbehörde mit.

(8) Hat das geprüfte Unternehmen einen Nominierungsausschuss, in dem die Gesellschafter oder Aktionäre über erheblichen Einfluss verfügen und dessen Aufgabe es ist, Empfehlungen für die Auswahl von Prüfern abzugeben, so kann ein Mitglied-

staat gestatten, dass der Nominierungsausschuss die in diesem Artikel festgelegten Funktionen des Prüfungsausschusses wahrnimmt, und ihn verpflichten, der Gesellschafterversammlung oder der Aktionärshauptversammlung die in Absatz 2 genannte Empfehlung zu unterbreiten.

Artikel 17
Laufzeit des Prüfungsmandats

(1) Unternehmen von öffentlichem Interesse bestellen einen Abschlussprüfer oder eine Prüfungsgesellschaft für ein erstes Mandat, dessen Laufzeit mindestens ein Jahr beträgt. Das Mandat kann verlängert werden.

Weder das erste Mandat eines bestimmten Abschlussprüfers oder einer bestimmten Prüfungsgesellschaft noch dieses Mandat in Kombination mit erneuerten Mandaten darf die Höchstlaufzeit von zehn Jahren überschreiten.

(2) Abweichend von Absatz 1 können die Mitgliedstaaten

a) verlangen, dass das in Absatz 1 genannte erste Mandat eine Laufzeit von mehr als einem Jahr hat,

b) eine Höchstlaufzeit von weniger als zehn Jahren für die Mandate gemäß Absatz 1 Unterabsatz 2 vorsehen.

(3) Weder der Abschlussprüfer oder die Prüfungsgesellschaft noch gegebenenfalls Mitglieder seiner bzw. ihrer Netzwerke innerhalb der Union führen nach Ablauf der Höchstlaufzeiten der Mandate gemäß Absatz 1 Unterabsatz 2 oder Absatz 2 Buchstabe b oder nach Ablauf der Höchstlaufzeiten der gemäß Absatz 4 oder Absatz 6 verlängerten Mandate innerhalb des folgenden Vierjahreszeitraums die Abschlussprüfung bei demselben Unternehmen von öffentlichem Interesse durch.

(4) Abweichend von Absatz 1 und Absatz 2 Buchstabe b können die Mitgliedstaaten vorsehen, dass die in Absatz 1 Unterabsatz 2 und in Absatz 2 Buchstabe b genannten Höchstlaufzeiten auf die folgenden Höchstlaufzeiten verlängert werden können:

a) auf 20 Jahre, wenn ein öffentliches Ausschreibungsverfahren für die Abschlussprüfung im Einklang mit Artikel 16 Absätze 2 bis 5 durchgeführt wird und nach Ablauf der in Absatz 1 Unterabsatz 2 und in Absatz 2 Buchstabe b genannten Höchstlaufzeiten wirksam wird, oder

b) auf 24 Jahre, wenn nach Ablauf der in Absatz 1 Unterabsatz 2 und in Absatz 2 Buchstabe b genannten Höchstlaufzeiten, bei dem die einschlägige Höchstlaufzeit erreicht worden ist, mehr als ein Abschlussprüfer oder eine Prüfungsgesellschaft gleichzeitig beauftragt wurden, sofern die Abschlussprüfung zur Vorlage des gemeinsamen Bestätigungsvermerks gemäß Artikel 28 der Richtlinie 2006/43/EG führt.

(5) Die jeweilige Höchstlaufzeit gemäß Absatz 1 Unterabsatz 2 und gemäß Absatz 2 Buchstabe b wird nur verlängert, wenn das Verwaltungs- oder das Aufsichtsorgan auf Empfehlung des Prüfungsausschusses der Gesellschafterversammlung oder Aktionärshauptversammlung im Einklang mit dem nationalen Recht vorschlägt, das Mandat zu verlängern, und wenn dieser Vorschlag angenommen wird.

(6) Nach Ablauf der Höchstlaufzeit gemäß Absatz 1 Unterabsatz 2 bzw. Absatz 2 Buchstabe b oder Absatz 4 kann das Unternehmen von öffentlichem Interesse in Ausnahmefällen beantragen, dass die in Artikel 20 Absatz 1 genannte zuständige Behörde eine Verlängerung dahingehend gewährt, dass der Abschlussprüfer bzw. die Prüfungsgesellschaft für ein weiteres Mandat bestellt wird, sofern die Voraussetzungen in Absatz 4 Buchstabe a oder b erfüllt sind. Die Dauer dieses zusätzlichen Mandats darf zwei Jahre nicht überschreiten.

(7) Die für die Durchführung einer Abschlussprüfung verantwortlichen Prüfungspartner beenden ihre Teilnahme an der Abschlussprüfung des geprüften Unternehmens spätestens sieben Jahre nach dem Datum ihrer Bestellung. Sie können frühestens drei Jahre nach dieser Beendigung ihrer Teilnahme wieder an der Abschlussprüfung des geprüften Unternehmens mitwirken.

Abweichend davon können die Mitgliedstaaten vorschreiben, dass die für die Durchführung einer Abschlussprüfung verantwortlichen Prüfungspartner ihre Teilnahme an der Abschlussprüfung des geprüften Unternehmens früher als sieben Jahre nach dem Datum ihrer Bestellung beenden.

Der Abschlussprüfer oder die Prüfungsgesellschaft führt ein angemessenes graduelles Rotationssystem für das an der Abschlussprüfung beteiligte Führungspersonal ein, das zumindest die als Abschlussprüfer geführten Personen erfasst. Diese graduelle Rotation erfolgt gestaffelt und betrifft einzelne Personen und nicht das gesamte Prüfungsteam. Sie steht in einem angemessenen Verhältnis zu Umfang und Komplexität der Tätigkeiten des Abschlussprüfers bzw. der Prüfungsgesellschaft.

Der Abschlussprüfer bzw. die Prüfungsgesellschaft muss in der Lage sein, der zuständigen Behörde gegenüber darzulegen, dass dieses System wirksam angewandt wird und dem Umfang und der Komplexität seiner bzw. ihrer Tätigkeiten angemessen ist.

(8) Für die Zwecke dieses Artikels wird die Dauer des Prüfungsmandats vom ersten Geschäftsjahr an berechnet, das in dem Auftragsschreiben erfasst ist, in dem der Abschlussprüfer oder die Prüfungsgesellschaft erstmals für die Durchführung von aufeinanderfolgenden Abschlussprüfungen bei demselben Unternehmen von öffentlichem Interesse bestellt wurde.

Für die Zwecke dieses Artikels umfasst die Prüfungsgesellschaft andere Gesellschaften, die von ihr erworben wurden oder sich mit ihr zusammengeschlossen haben.

Wenn hinsichtlich des Zeitpunkts, von dem an der Abschlussprüfer oder die Prüfungsgesellschaft mit der Durchführung von aufeinanderfolgenden

Abschlussprüfungen bei dem Unternehmen von öffentlichem Interesse begonnen hat, Ungewissheiten beispielsweise aufgrund des Zusammenschlusses oder des Erwerbs von Gesellschaften oder von Änderungen in der Eigentümerstruktur bestehen, meldet der Abschlussprüfer bzw. die Prüfungsgesellschaft diese Ungewissheiten sofort an die zuständige Behörde, die letztlich den relevanten Zeitpunkt für die Zwecke von Unterabsatz 1 bestimmen wird.

Artikel 18
Übergabeakte

Wird ein Abschlussprüfer oder eine Prüfungsgesellschaft durch einen anderen Abschlussprüfer oder eine andere Prüfungsgesellschaft ersetzt, so muss dieser Abschlussprüfer bzw. diese Prüfungsgesellschaft die Anforderungen gemäß Artikel 23 Absatz 3 der Richtlinie 2006/43/EG erfüllen.

Vorbehaltlich des Artikels 15 gewährt der frühere Abschlussprüfer oder die frühere Prüfungsgesellschaft dem neuen Abschlussprüfer oder der neuen Prüfungsgesellschaft ferner Zugang zu den in Artikel 11 genannten zusätzlichen Berichten hinsichtlich früherer Jahre sowie zu jeglichen Informationen, die den zuständigen Behörden gemäß den Artikeln 12 und 13 übermittelt werden.

Der Abschlussprüfer oder die Prüfungsgesellschaft des früheren Abschlusses muss in der Lage sein, der zuständigen Behörde gegenüber darzulegen, dass diese Informationen dem neuen Abschlussprüfer bzw. der neuen Prüfungsgesellschaft zur Verfügung gestellt wurden.

Artikel 19
Abberufung und Rücktritt von Abschlussprüfern oder Prüfungsgesellschaften

Unbeschadet des Artikels 38 Absatz 1 der Richtlinie 2006/43/EG leiten von einem Mitgliedstaat gemäß Artikel 20 Absatz 2 der vorliegenden Verordnung benannte zuständige Behörden die Informationen über die Abberufung oder den Rücktritt des Abschlussprüfers oder der Prüfungsgesellschaft während der Laufzeit des Mandats sowie eine angemessene Begründung hierfür an die in Artikel 20 Absatz 1 genannte zuständige Behörde weiter.

TITEL IV
BEAUFSICHTIGUNG DER TÄTIGKEIT VON ABSCHLUSSPRÜFERN UND PRÜFUNGSGESELLSCHAFTEN BEI DER DURCHFÜHRUNG EINER ABSCHLUSSPRÜFUNG BEI UNTERNEHMEN VON ÖFFENTLICHEM INTERESSE

KAPITEL I
Zuständige Behörden

Artikel 20
Benennung der zuständigen Behörden

(1) Als zuständige Behörden, die mit der Wahrnehmung der in dieser Verordnung beschriebenen Aufgaben betraut sind und die Anwendung der Bestimmungen dieser Verordnung gewährleisten, können die folgenden Behörden benannt werden:

a) die in Artikel 24 Absatz 1 der Richtlinie 2004/109/EG genannte zuständige Behörde,
b) die in Artikel 24 Absatz 4 Buchstabe h der Richtlinie 2004/109/EG genannte zuständige Behörde,
c) die in Artikel 32 der Richtlinie 2006/43/EG genannte zuständige Stelle.

(2) Abweichend von Absatz 1 können Mitgliedstaaten beschließen, dass die Verantwortung für die Sicherstellung der Anwendung der Gesamtheit oder eines Teils der Bestimmungen von Titel III dieser Verordnung soweit sachdienlich den an folgenden Stellen genannten zuständigen Behörden übertragen wird:

a) Artikel 48 der Richtlinie 2004/39/EG;
b) Artikel 24 Absatz 1 der Richtlinie 2004/109/EG;
c) Artikel 24 Absatz 4 Buchstabe h der Richtlinie 2004/109/EG;
d) Artikel 20 der Richtlinie 2007/64/EG;
e) Artikel 30 der Richtlinie 2009/138/EG;
f) Artikel 4 Absatz 1 der Richtlinie 2013/36/EU;

oder anderen nach dem nationalen Recht benannten Behörden.

(3) Wurde gemäß den Absätzen 1 und 2 mehr als eine zuständige Behörde benannt, so werden diese Behörden so organisiert, dass eine eindeutige Zuweisung ihrer Aufgaben gegeben ist.

(4) Die Absätze 1, 2 und 3 berühren nicht das Recht eines Mitgliedstaats, für überseeische europäische Gebiete, die mit ihm besondere Beziehungen unterhalten, gesonderte Rechts- und Verwaltungsvorschriften zu erlassen.

(5) Die Mitgliedstaaten unterrichten die Kommission über die Benennung zuständiger Behörden für die Zwecke dieser Verordnung.

Die Kommission konsolidiert und veröffentlicht diese Informationen.

Artikel 21
Unabhängigkeitsanforderungen

Die zuständigen Behörden müssen von Abschlussprüfern und Prüfungsgesellschaften unabhängig sein.

Die zuständigen Behörden können Sachverständige im Sinne des Artikels 26 Absatz 1 Buchstabe c für die Zwecke der Ausführung bestimmter Aufgaben konsultieren und sich von Sachverständigen unterstützen lassen, wenn dies für die ordnungsgemäße Ausübung ihrer Aufgaben wesentlich ist. In diesen Fällen werden Sachverständige nicht in die Entscheidungsprozesse eingebunden.

Mitglied des Leitungsorgans oder verantwortlich für die Entscheidungsfindung dieser Behörden darf keine Person sein, die während ihrer Beteiligung oder im Laufe der drei vorausgegangenen Jahre

a) Abschlussprüfungen durchgeführt hat,

b) Stimmrechte an einer Prüfungsgesellschaft gehalten hat,
c) Mitglied des Verwaltungs-, Leitungs- oder Aufsichtsorgans einer Prüfungsgesellschaft war,
d) ein Partner oder Angestellter einer Prüfungsgesellschaft oder anderweitig von ihr beauftragt war.

Die Finanzierung dieser Behörden muss gesichert und frei von ungebührlicher Einflussnahme durch Abschlussprüfer oder Prüfungsgesellschaften sein.

Artikel 22
Wahrung des Berufsgeheimnisses in Bezug auf die zuständigen Behörden

Alle Personen, die bei zuständigen Behörden oder sonstigen Behörden oder Stellen, denen gemäß Artikel 24 dieser Verordnung Aufgaben übertragen wurden, angestellt sind oder waren oder von diesen unabhängig beauftragt oder an deren Leitung beteiligt sind oder waren, sind zur Wahrung des Berufsgeheimnisses verpflichtet. Informationen, die unter das Berufsgeheimnis fallen, dürfen keiner anderen Person oder Behörde offenbart werden, es sei denn, dies ist durch Verpflichtungen aufgrund dieser Verordnung oder durch Gesetze, Vorschriften oder Verwaltungsverfahren eines Mitgliedstaats geregelt.

Artikel 23
Befugnisse der zuständigen Behörden

(1) Unbeschadet des Artikels 26 nehmen weder die zuständigen Behörden noch andere Behörden eines Mitgliedstaats bei der Wahrnehmung ihrer Aufgaben gemäß dieser Verordnung Einfluss auf den Inhalt von Bestätigungsvermerken.

(2) Die Mitgliedstaaten stellen sicher, dass die zuständigen Behörden mit allen Aufsichts- und Ermittlungsbefugnissen ausgestattet sind, die sie zur Wahrnehmung ihrer Aufgaben gemäß dieser Verordnung im Einklang mit Kapitel VII der Richtlinie 2006/43/EG benötigen.

(3) Zu den in Absatz 2 genannten Befugnissen müssen mindestens die Befugnisse gehören,
a) auf Daten im Zusammenhang mit der Abschlussprüfung zuzugreifen oder andere im Besitz von Abschlussprüfern oder Prüfungsgesellschaften befindliche Unterlagen aller Art einzusehen, die für die Wahrnehmung ihrer Aufgaben relevant sind, und von diesen Kopien zu erhalten oder zu machen;
b) von jeder Person Informationen mit Bezug zu der Abschlussprüfung zu erhalten;
c) Inspektionen vor Ort bei Abschlussprüfern oder Prüfungsgesellschaften durchzuführen;
d) Angelegenheiten zur Strafverfolgung zu übermitteln;
e) Überprüfungen oder Untersuchungen durch Sachverständige vornehmen zu lassen;
f) die in Artikel 30a der Richtlinie 2006/43/EG genannten Verwaltungsmaßnahmen zu ergreifen und die dort genannten Sanktionen zu verhängen.

Die zuständigen Behörden dürfen die in Unterabsatz 1 genannten Befugnisse nur ausüben gegenüber
a) Abschlussprüfern und Prüfungsgesellschaften, die Abschlussprüfungen bei Unternehmen von öffentlichem Interesse durchführen;
b) Personen, die an der Tätigkeit von Abschlussprüfern und Prüfungsgesellschaften, die Abschlussprüfungen bei Unternehmen von öffentlichem Interesse durchführen, beteiligt sind;
c) geprüften Unternehmen von öffentlichem Interesse, ihren Tochtergesellschaften und verbundenen Dritten;
d) Dritten, an die Abschlussprüfer und Prüfungsgesellschaften, die Abschlussprüfungen bei Unternehmen von öffentlichem Interesse durchführen, bestimmte Aufgaben oder Tätigkeiten ausgelagert haben, und
e) Personen, die anderweitig in einer Beziehung oder Verbindung zu Abschlussprüfern und Prüfungsgesellschaften, die Abschlussprüfungen bei Unternehmen von öffentlichem Interesse durchführen, stehen.

(4) Die Mitgliedstaaten stellen sicher, dass die zuständigen Behörden ihre Aufsichts- und Ermittlungsbefugnisse auf einem der folgenden Wege ausüben können:
a) unmittelbar;
b) in Zusammenarbeit mit anderen Behörden;
c) durch Antrag bei den zuständigen Justizbehörden.

(5) Die Aufsichts- und Ermittlungsbefugnisse der zuständigen Behörden werden in vollständiger Übereinstimmung mit den nationalen Rechtsvorschriften, insbesondere den Grundsätzen der Achtung des Rechts auf Privatleben und der Verteidigungsrechte, ausgeübt.

(6) Bei der Verarbeitung personenbezogener Daten im Zuge der in diesem Artikel gewährten Aufsichts- und Ermittlungsbefugnisse hat in Übereinstimmung mit der Richtlinie 95/46/EG zu erfolgen.

Artikel 24
Übertragung von Aufgaben

(1) Die Mitgliedstaaten können jede der nach dieser Verordnung wahrzunehmenden Aufgaben auf andere Behörden oder Stellen, die zur Wahrnehmung dieser Aufgaben benannt oder anderweitig gesetzlich hierzu ermächtigt sind, übertragen oder die zuständigen Behörden nach Artikel 20 Absatz 1 ermächtigen, solche Aufgaben auf solche andere Behörden oder Stellen zu übertragen, jedoch mit Ausnahme der Aufgaben in Bezug auf
a) das Qualitätssicherungssystem nach Artikel 26;
b) Untersuchungen nach Artikel 23 dieser Verordnung und Artikel 32 der Richtlinie

2006/43/EG, die sich aus dem Qualitätssicherungssystem oder aus einer Verweisung durch eine andere Behörde ergeben, und

c) Sanktionen und Maßnahmen, nach Kapitel VII der Richtlinie 2006/43/EG im Zusammenhang mit Qualitätssicherungsprüfungen oder Untersuchungen von Abschlussprüfungen bei Unternehmen von öffentlichem Interesse.

(2) Jegliche Ausführung von Aufgaben durch andere Behörden oder Stellen bedarf einer ausdrücklichen Übertragung dieser Aufgaben durch die zuständige Behörde. Bei der Übertragung sind die übertragenen Aufgaben und die Bedingungen, unter denen sie auszuführen sind, anzugeben.

Überträgt die zuständige Behörde Aufgaben auf andere Behörden oder Stellen, so kann sie diese Befugnisse im Einzelfall wieder an sich ziehen.

(3) Die Behörden oder Stellen müssen so organisiert sein, dass keine Interessenkonflikte entstehen. Die Letztverantwortung für die Überwachung der Einhaltung dieser Verordnung und der aufgrund der Verordnung erlassenen Durchführungsmaßnahmen liegt bei der übertragenden zuständigen Behörde.

Die zuständige Behörde unterrichtet die Kommission und die zuständigen Behörden der Mitgliedstaaten über etwaige Vorkehrungen, die sie im Hinblick auf die Übertragung von Aufgaben getroffen hat, einschließlich der genauen Bedingungen für die Festlegung dieser Aufgabenübertragung.

(4) Abweichend von Absatz 1 können die Mitgliedstaaten beschließen, die in Absatz 1 Buchstabe c genannten Aufgaben auf andere Behörden oder Stellen, die zur Wahrnehmung dieser Aufgaben benannt oder anderweitig gesetzlich hierzu ermächtigt sind, zu übertragen, wenn die Mehrheit der an der Leitung der betreffenden Behörde oder Stelle beteiligten Personen vom Berufsstand der Prüfer unabhängig ist.

Artikel 25
Zusammenarbeit mit anderen zuständigen Behörden auf nationaler Ebene

Die gemäß Artikel 20 Absatz 1 benannte zuständige Behörde und gegebenenfalls andere Behörden, an die diese zuständige Behörde Aufgaben übertragen hat, arbeiten auf nationaler Ebene zusammen mit

a) den in Artikel 32 Absatz 4 der Richtlinie 2006/43/EG genannten zuständigen Behörden,

b) den in Artikel 20 Absatz 2 genannten Behörden, und zwar unabhängig davon, ob diese für die Zwecke dieser Verordnung als zuständige Behörden benannt wurden oder nicht,

c) den in den Artikeln 21 und 37 der Richtlinie 2005/60/EG genannten zentralen Meldestellen und zuständigen Behörden.

Für die Zwecke dieser Zusammenarbeit gelten die Verpflichtungen des Berufsgeheimnisses nach Artikel 22 dieser Verordnung.

KAPITEL II
Qualitätssicherung, Marktüberwachung und Transparenz der zuständigen Behörden

Artikel 26
Qualitätssicherung

(1) Für die Zwecke dieses Artikels bezeichnet der Ausdruck

a) „Inspektionen" Qualitätssicherungsprüfungen bei Abschlussprüfern und Prüfungsgesellschaften, die von einem Inspektor geleitet werden und keine Untersuchung im Sinne des Artikels 32 Absatz 5 der Richtlinie 2006/43/EG darstellen,

b) „Inspektor" einen Prüfer, der die Voraussetzungen von Absatz 5 Unterabsatz 1 Buchstabe a erfüllt und bei einer zuständigen Behörde angestellt oder anderweitig von ihr beauftragt ist,

c) „Sachverständiger" eine natürliche Person, die besondere Fachkenntnisse auf den Gebieten Finanzmärkte, Rechnungslegung und Abschlussprüfung oder auf anderen für Inspektionen relevanten Gebieten besitzt, einschließlich als Abschlussprüfer tätiger Personen.

(2) Die nach Artikel 20 Absatz 1 benannten zuständigen Behörden schaffen ein wirksames Qualitätssicherungssystem für Abschlussprüfungen.

Sie unterwerfen Abschlussprüfer und Prüfungsgesellschaften, die Abschlussprüfungen bei Unternehmen von öffentlichem Interesse durchführen, Qualitätssicherungsprüfungen auf der Grundlage einer Risikoanalyse und

a) im Fall von Abschlussprüfern und Prüfungsgesellschaften, die Abschlussprüfungen bei solchen anderen Unternehmen von öffentlichem Interesse, die nicht unter Artikel 2 Nummern 17 und 18 der Richtlinie 2006/43/EG fallen, durchführen, mindestens alle drei Jahre und

b) in anderen als den unter Buchstabe a genannten Fällen mindestens alle sechs Jahre.

(3) Die zuständige Behörde trägt die Verantwortung für folgende Tätigkeiten:

a) Genehmigung und Änderung der Inspektionsmethodik, einschließlich Handbüchern für Inspektionen und Folgemaßnahmen, Berichtsverfahren und Programmen für regelmäßige Inspektionen;

b) Genehmigung und Änderung von Inspektionsberichten und Berichten über Folgemaßnahmen;

c) Genehmigung und Bestimmung der Inspektoren für jede Inspektion.

Die zuständige Behörde stellt ausreichende Ressourcen für das Qualitätssicherungssystem zur Verfügung.

(4) Die zuständige Behörde organisiert das Qualitätssicherungssystem unabhängig von den geprüften Abschlussprüfern und Prüfungsgesellschaften.

Die zuständige Behörde stellt sicher, dass in Bezug auf die Unabhängigkeit und Objektivität des Personals, einschließlich der Inspektoren, sowie die Verwaltung des Qualitätssicherungssystems angemessene Grundsätze und Verfahren geschaffen werden.

(5) Die zuständige Behörde bestellt Inspektoren gemäß folgenden Kriterien:

a) Die Inspektoren verfügen über eine angemessene fachliche Ausbildung und einschlägige Erfahrungen auf den Gebieten der Abschlussprüfung und Rechnungslegung und haben eine spezielle Ausbildung zu Qualitätssicherungsprüfungen absolviert.
b) Personen, die den Beruf des Abschlussprüfers ausüben oder bei einem Abschlussprüfer oder einer Prüfungsgesellschaft angestellt sind oder anderweitige Verbindungen mit ihnen haben, dürfen nicht als Inspektoren tätig sein.
c) Personen, die Teilhaber oder Angestellte eines Abschlussprüfers oder einer Prüfungsgesellschaft oder anderweitig mit einem Abschlussprüfer oder einer Prüfungsgesellschaft verbunden waren, dürfen frühestens drei Jahre nach Beendigung dieser Tätigkeit oder Verbindung als Inspektoren eine Inspektion dieses Abschlussprüfers bzw. dieser Prüfungsgesellschaft vornehmen.
d) Die Inspektoren erklären, dass zwischen ihnen und dem zu inspizierenden Abschlussprüfer bzw. der zu inspizierenden Prüfungsgesellschaft keine Interessenkonflikte bestehen.

Abweichend von Absatz 1 Buchstabe b kann die zuständige Behörde Sachverständige mit der Durchführung spezifischer Inspektionen beauftragen, wenn die Anzahl der Inspektoren in der Behörde nicht ausreichend ist. Die zuständige Behörde kann sich auch von Sachverständigen unterstützen lassen, wenn dies für eine ordnungsgemäße Durchführung der Inspektion erforderlich ist. In solchen Fällen halten die zuständigen Behörden und die Sachverständigen die Anforderungen dieses Absatzes ein. Die Sachverständigen dürfen nicht an der Leitung von Berufsverbänden und -einrichtungen beteiligt, bei ihnen angestellt oder anderweitig von diesen beauftragt sein, aber sie dürfen Mitglieder dieser Verbände oder Einrichtungen sein.

(6) Die Inspektionen erstrecken sich mindestens auf

a) eine Bewertung des Aufbaus des internen Qualitätssicherungssystems des Abschlussprüfers oder der Prüfungsgesellschaft,
b) eine angemessene Prüfung der Einhaltung der Qualitätssicherungsmaßnahmen in den Verfahren und eine Überprüfung der Prüfungsunterlagen von Unternehmen von öffentlichem Interesse zur Ermittlung der Wirksamkeit des internen Qualitätssicherungssystems,
c) eine unter Berücksichtigung der Ergebnisse der Inspektion gemäß den Buchstaben a und b dieses Absatzes vorgenommene Bewertung des Inhalts des aktuellsten von einem Abschlussprüfer oder einer Prüfungsgesellschaft gemäß Artikel 13 veröffentlichten jährlichen Transparenzberichts.

(7) Überprüft werden mindestens die folgenden Grundsätze und Verfahren des Abschlussprüfers/der Prüfungsgesellschaft für die interne Qualitätssicherung:

a) Einhaltung der geltenden Prüfungs- und Qualitätssicherungsstandards sowie der Berufsgrundsätze und Unabhängigkeitsanforderungen (einschließlich der in Kapitel IV der Richtlinie 2006/43/EG und den Artikeln 4 und 5 dieser Verordnung genannten Anforderungen) und der einschlägigen Rechts- und Verwaltungsvorschriften des betreffenden Mitgliedstaats durch den Abschlussprüfer oder die Prüfungsgesellschaft;
b) Quantität und Qualität der eingesetzten Ressourcen, einschließlich der Einhaltung der Anforderungen bezüglich der kontinuierlichen Fortbildung gemäß Artikel 13 der Richtlinie 2006/43/EG;
c) Einhaltung der Anforderungen gemäß Artikel 4 dieser Verordnung hinsichtlich der in Rechnung gestellten Prüfungshonorare.

Für die Zwecke der Überprüfung der Einhaltung von Anforderungen und Standards werden die Prüfungsakten anhand einer Analyse des Risikos einer unzureichenden Durchführung der Abschlussprüfung ausgewählt.

Die zuständigen Behörden überprüfen ferner regelmäßig die von den Abschlussprüfern und Prüfungsgesellschaften angewandte Methodik für die Durchführung der Abschlussprüfung.

Zusätzlich zu der Inspektion gemäß Unterabsatz 1 sind die zuständigen Behörden zur Durchführung weiterer Inspektionen befugt.

(8) Erkenntnisse und Schlussfolgerungen aus Inspektionen, auf deren Grundlage Empfehlungen ausgesprochen werden, einschließlich Erkenntnissen und Schlussfolgerungen aus Transparenzberichten, werden dem inspizierten Abschlussprüfer oder der inspizierten Prüfungsgesellschaft vor Fertigstellung des Inspektionsberichts mitgeteilt und mit diesen erörtert.

Die im Rahmen von Inspektionen ausgesprochenen Empfehlungen werden von dem inspizierten Abschlussprüfer bzw. der inspizierten Prüfungsgesellschaft innerhalb einer von der zuständigen Behörde festgelegten angemessenen Frist umgesetzt. Bei Empfehlungen zum internen Qualitätssicherungssystem des Abschlussprüfers bzw. der Prüfungsgesellschaft beträgt die Dauer dieser Frist höchstens 12 Monate.

(9) Die Inspektion ist Gegenstand eines Berichts, der die wichtigsten Schlussfolgerungen und Empfehlungen der Qualitätssicherungsprüfung enthält.

Artikel 27
Überwachung der Qualität und des Wettbewerbs auf dem Markt

(1) Die gemäß Artikel 20 Absatz 1 benannten zuständigen Behörden und gegebenenfalls das

Europäische Wettbewerbsnetz (ECN) überwachen regelmäßig die Entwicklungen auf dem Markt für die Bereitstellung von Abschlussprüfungsleistungen für Unternehmen von öffentlichem Interesse und bewerten dabei insbesondere

a) die Risiken, dass es aufgrund des häufigen Auftretens von Qualitätsmängeln bei einem Abschlussprüfer oder einer Prüfungsgesellschaft — einschließlich systemischer Mängel im Rahmen eines Netzwerks von Prüfungsgesellschaften — zum Wegfall von Prüfungsgesellschaften, zu Störungen bei der Bereitstellung von Abschlussprüfungsleistungen in einem spezifischen Sektor oder sektorenübergreifend und zu einem weiteren Anwachsen der Risiken von Prüfungsmängeln und der Auswirkungen auf die Gesamtstabilität des Finanzsektors kommen kann;
b) den Grad der Marktkonzentration, auch in bestimmten Sektoren;
c) die Tätigkeitsergebnisse der Prüfungsausschüsse;
d) die Notwendigkeit von Maßnahmen zur Verminderung der in Buchstabe a genannten Risiken.

(2) Jede zuständige Behörde und das ECN erstellen bis zum 17. Juni 2016 und danach mindestens alle drei Jahre einen Bericht über Entwicklungen auf dem Markt der Abschlussprüfungsleistungen für Unternehmen von öffentlichem Interesse und unterbreiten diesen dem Ausschuss der Aufsichtsstellen, der ESMA, der EBA, der EIOPA und der Kommission.

Die Kommission erstellt nach Anhörung des Ausschusses der Aufsichtsstellen, der ESMA, der EBA und der EIOPA auf der Grundlage dieser Berichte einen gemeinsamen Bericht über diese Entwicklungen auf Unionsebene. Dieser gemeinsame Bericht wird dem Rat, der Europäischen Zentralbank und dem Europäischen Ausschuss für Systemrisiken sowie gegebenenfalls dem Europäischen Parlament vorgelegt.

Artikel 28
Transparenz der zuständigen Behörden

Die zuständigen Behörden sind transparent und veröffentlichen zumindest Folgendes:

a) jährliche Tätigkeitsberichte über ihre Aufgaben gemäß dieser Verordnung;
b) jährliche Arbeitsprogramme über ihre Aufgaben gemäß dieser Verordnung;
c) jährliche Berichte über die Gesamtergebnisse des Qualitätssicherungssystems. Diese Berichte enthalten Angaben zu erteilten Empfehlungen, zu Folgemaßnahmen aufgrund der Empfehlungen, zu ergriffenen Aufsichtsmaßnahmen und zu verhängten Sanktionen. Sie enthalten ferner quantitative Angaben und Angaben zu anderen zentralen Leistungsindikatoren zu Finanzressourcen und Personalausstattung sowie zu Effizienz und Effektivität des Qualitätssicherungssystems;
d) aggregierte Informationen über die in Artikel 26 Absatz 8 Unterabsatz 1 genannten Erkenntnisse und Schlussfolgerungen aus Inspektionen. Die Mitgliedstaaten können verlangen, dass diese Erkenntnisse und Schlussfolgerungen in Bezug auf Einzelinspektionen veröffentlicht werden.

KAPITEL III
Zusammenarbeit zwischen zuständigen Behörden und Beziehungen zu den Europäischen Aufsichtsbehörden

Artikel 29
Pflicht zur Zusammenarbeit

Die zuständigen Behörden der Mitgliedstaaten arbeiten zusammen, wenn dies für die Zwecke dieser Verordnung erforderlich ist; dies gilt auch für Fälle, in denen das untersuchte Verhalten keinen Verstoß gegen geltende Rechtsvorschriften des betreffenden Mitgliedstaats darstellt.

Artikel 30
Einsetzung des Ausschusses der Aufsichtsstellen

(1) Unbeschadet der Gestaltung der nationalen Aufsicht über die Abschlussprüfung wird die Zusammenarbeit zwischen den zuständigen Behörden im Rahmen eines Ausschusses der Europäischen Aufsichtsstellen für Abschlussprüfer (Ausschuss der Aufsichtsstellen) organisiert.

(2) Der Ausschuss der Aufsichtsstellen setzt sich aus einem Mitglied je Mitgliedstaat, bei dem es sich um einen hochrangigen Vertreter der zuständigen Behörden gemäß Artikel 32 Absatz 1 der Richtlinie 2006/43/EG handelt, und aus einem von der ESMA benannten Mitglied (im Folgenden „Mitglieder") zusammen.

(3) Die EBA und die EIOPA werden zu den Sitzungen des Ausschusses der Aufsichtsstellen als Beobachter eingeladen.

(4) Der Ausschuss der Aufsichtsstellen tritt in regelmäßigen Abständen zusammen sowie erforderlichenfalls auf Ersuchen der Kommission oder eines Mitgliedstaats.

(5) Jedes Mitglied des Ausschusses der Aufsichtsstellen hat eine Stimme, mit Ausnahme des von der ESMA benannten Mitglieds, das kein Stimmrecht erhält. Sofern nichts anderes bestimmt ist, trifft der Ausschuss der Aufsichtsstellen seine Entscheidungen mit der einfachen Mehrheit seiner Mitglieder.

(6) Der Vorsitz des Ausschusses der Aufsichtsstellen wird aus einer Liste von Bewerbern, die die zuständigen Behörden gemäß Artikel 32 Absatz 1 der Richtlinie 2006/43/EG vertreten, mit Zweidrittelmehrheit seiner Mitglieder gewählt bzw. abberufen. Der Vorsitz wird für eine Amtszeit von vier Jahren gewählt. Der Vorsitz darf in dieser Position nicht länger als eine Amtszeit tätig sein, kann aber nach einer Auszeit von vier Jahren erneut gewählt werden.

Der stellvertretende Vorsitz wird von der Kommission ernannt bzw. abberufen.

Der Vorsitz und der stellvertretende Vorsitz erhalten kein Stimmrecht.

In dem Fall, dass der Vorsitz vor dem Ende seiner Amtszeit ausscheidet oder abberufen wird, nimmt der stellvertretende Vorsitz die Amtsgeschäfte des Vorsitzes bis zur nächsten Sitzung des Ausschusses der Aufsichtsstellen wahr, der einen Vorsitz für die noch verbleibende Amtszeit wählt.

(7) Dem Ausschuss der Aufsichtsstellen obliegt Folgendes:

a) Er erleichtert den Austausch von Informationen, Fachwissen und bewährten Verfahren im Hinblick auf die Umsetzung dieser Verordnung und der Richtlinie 2006/43/EG.

b) Er erteilt der Kommission sowie den zuständigen Behörden auf deren Verlangen fachkundige Beratung zu Fragen im Zusammenhang mit der Umsetzung dieser Verordnung und der Richtlinie 2006/43/EG.

c) Er trägt zur fachlichen Beurteilung der öffentlichen Aufsichtssysteme von Drittländern sowie zur internationalen Zusammenarbeit zwischen Mitgliedstaaten und Drittländern in diesem Bereich gemäß Artikel 46 Absatz 2 und Artikel 47 Absatz 3 der Richtlinie 2006/43/EG bei.

d) Er trägt zur fachlichen Prüfung der internationalen Prüfungsstandards, einschließlich der Verfahren zu ihrer Erstellung, im Hinblick auf ihre Annahme auf Unionsebene bei.

e) Er trägt zur Verbesserung der Mechanismen der Zusammenarbeit hinsichtlich der Aufsicht über Abschlussprüfer und Prüfungsgesellschaften, die Abschlussprüfungen bei Unternehmen von öffentlichem Interesse durchführen, oder der Netzwerke, denen sie angehören, bei.

f) Er nimmt Koordinierungsaufgaben in den in dieser Verordnung oder der Richtlinie 2006/43/EG vorgesehenen Fällen wahr.

(8) Zur Wahrnehmung seiner Aufgaben nach Absatz 7 Buchstabe c ersucht der Ausschuss der Aufsichtsstellen die ESMA, die EBA oder die EIOPA um Unterstützung, insoweit sein Ersuchen mit der internationalen Zusammenarbeit zwischen Mitgliedstaaten und Drittländern im Bereich der Abschlussprüfung von Unternehmen von öffentlichem Interesse, über die diese Europäischen Aufsichtsbehörden die Aufsicht führen, im Zusammenhang steht. Wird um diese Unterstützung nachgesucht, so leisten die ESMA, die EBA oder die EIOPA dem Ausschuss der Aufsichtsstellen Unterstützung bei der betreffenden Aufgabe.

(9) Zur Wahrnehmung seiner Aufgaben kann der Ausschuss der Aufsichtsstellen unverbindliche Leitlinien oder Stellungnahmen verabschieden.

Die Kommission veröffentlicht die vom Ausschuss der Aufsichtsstellen verabschiedeten Leitlinien und Stellungnahmen.

(10) Der Ausschuss der Aufsichtsstellen nimmt, soweit relevant, alle bestehenden und laufenden Aufgaben der mit dem Beschluss 2005/909/EG der Kommission gegründeten Europäischen Gruppe aus Vertretern der Aufsichtsgremien für Abschlussprüfer („EGAOB" für „European Group of Audit Oversight Bodies") wahr.

(11) Der Ausschuss der Aufsichtsstellen kann Untergruppen auf ständiger oder Ad-hoc-Basis zur Prüfung bestimmter Fragen auf der Grundlage eines von ihm festgelegten Auftrags einsetzen. Die Teilnahme an den Beratungen der Untergruppen kann auf zuständige Behörden aus den Ländern des Europäischen Wirtschaftsraums (EWR) im Bereich der Aufsicht über die Abschlussprüfung oder im Einzelfall nach Einladung auf zuständige Behörden aus Nicht-EU/EWR-Ländern vorbehaltlich der Zustimmung der Mitglieder des Ausschusses der Aufsichtsstellen ausgedehnt werden. Die Teilnahme von zuständigen Behörden aus Nicht-EU/EWR-Ländern kann zeitlich begrenzt werden.

(12) Der Ausschuss der Aufsichtsstellen setzt eine Untergruppe zur Wahrnehmung der in Absatz 7 Buchstabe c genannten Aufgaben ein. In dieser Untergruppe führt das von der ESMA gemäß Absatz 2 benannte Mitglied den Vorsitz.

(13) Soweit dies als zweckmäßig und/oder notwendig erachtet wird, kann der Vorsitz des Ausschusses der Aufsichtsstellen auf Verlangen von mindestens drei Mitgliedern oder von sich aus Sachverstandige, einschließlich von als Abschlussprüfer tätigen Personen, mit besonderer Fachkompetenz in einem Themenbereich der Tagesordnung dazu einladen, als Beobachter an den Beratungen des Ausschusses der Aufsichtsstellen oder seiner Untergruppen teilzunehmen. Der Ausschuss der Aufsichtsstellen kann Vertreter zuständiger Behörden aus Drittländern, die im Bereich der Aufsicht über Abschlussprüfungen zuständig sind, dazu einladen, als Beobachter an den Beratungen des Ausschusses der Aufsichtsstellen oder seiner Untergruppen teilzunehmen.

(14) Die Sekretariatsgeschäfte des Ausschusses der Aufsichtsstellen werden von der Kommission wahrgenommen. Die Ausgaben des Ausschusses der Aufsichtsstellen werden in die Voranschläge der Kommission einbezogen.

(15) Der Vorsitz stellt die vorläufige Tagesordnung für jede Sitzung des Ausschusses der Aufsichtsstellen auf, wobei er schriftliche Beiträge der Mitglieder gebührend berücksichtigt.

(16) Der Vorsitz oder — in seiner Abwesenheit — der stellvertretende Vorsitz teilen die Ansichten oder Standpunkte des Ausschusses der Aufsichtsstellen nur nach Zustimmung der Mitglieder mit.

(17) Die Beratungen des Ausschusses der Aufsichtsstellen sind nicht öffentlich.

(18) Der Ausschuss der Aufsichtsstellen gibt sich eine Geschäftsordnung.

Artikel 31
Zusammenarbeit bei Qualitätssicherungsprüfungen, Untersuchungen und Inspektionen vor Ort

(1) Die zuständigen Behörden sorgen bei Qualitätssicherungsprüfungen für eine wirksame Zusammenarbeit auf Unionsebene.

(2) Die zuständige Behörde eines Mitgliedstaats kann die Amtshilfe der zuständigen Behörde eines anderen Mitgliedstaats beantragen, wenn sie Qualitätssicherungsprüfungen bei Abschlussprüfern oder Prüfungsgesellschaften vornimmt, die einem Netzwerk angehören, das in dem ersuchten Mitgliedstaat wesentliche Tätigkeiten ausübt.

(3) Geht bei einer zuständigen Behörde ein Antrag einer zuständigen Behörde aus einem anderen Mitgliedstaat auf Mitwirkung bei der Qualitätssicherungsprüfung bei einem Abschlussprüfer oder einer Prüfungsgesellschaft ein, der bzw. die einem Netzwerk angehört, das in dem betreffenden Mitgliedstaat wesentliche Tätigkeiten ausübt, so erlaubt sie der beantragenden zuständigen Behörde die Mitwirkung bei der Qualitätssicherungsprüfung.

Die beantragende zuständige Behörde hat nicht das Recht auf Zugang zu Informationen, wenn dies nationale Sicherheitsregeln verletzen oder die Souveränität, die Sicherheit oder die öffentliche Ordnung des ersuchten Mitgliedstaats beeinträchtigen könnte.

(4) Gelangt eine zuständige Behörde zu der Überzeugung, dass im Hoheitsgebiet eines anderen Mitgliedstaats gegen die Bestimmungen dieser Verordnung verstoßen wird oder verstoßen wurde, so teilt sie dies der zuständigen Behörde des anderen Mitgliedstaats so genau wie möglich mit. Die zuständige Behörde des anderen Mitgliedstaats ergreift geeignete Maßnahmen. Sie informiert die mitteilende zuständige Behörde über das Endergebnis und soweit möglich über wesentliche Zwischenergebnisse.

(5) Die zuständige Behörde eines Mitgliedstaats kann die zuständige Behörde eines anderen Mitgliedstaats ersuchen, in dessen Hoheitsgebiet eine Untersuchung durchzuführen.

Sie kann darüber hinaus darum ersuchen, dass einige ihrer Mitarbeiter die Erlaubnis erhalten, die Mitarbeiter der zuständigen Behörde des anderen Mitgliedstaats im Laufe der Untersuchung, einschließlich bei Inspektionen vor Ort, zu begleiten.

Die Untersuchung oder Inspektion unterliegt durchgehend der Gesamtaufsicht des Mitgliedstaats, in dessen Hoheitsgebiet sie durchgeführt wird.

(6) Die ersuchte zuständige Behörde kann sich weigern, einem nach Absatz 5 Unterabsatz 1 ergangenen Ersuchen um Durchführung einer Untersuchung oder einem nach Absatz 5 Unterabsatz 2 ergangenen Ersuchen, die eigenen Mitarbeiter von Mitarbeitern der zuständigen Behörde eines anderen Mitgliedstaats begleiten zu lassen, nachzukommen, wenn

a) eine solche Untersuchung oder Inspektion vor Ort nationale Sicherheitsregeln verletzen oder die Souveränität, die Sicherheit oder die öffentliche Ordnung des ersuchten Mitgliedstaats beeinträchtigen könnte;
b) gegen dieselben Personen aufgrund derselben Handlungen in dem ersuchten Mitgliedstaat bereits ein Justizverfahren anhängig ist;
c) gegen dieselben Personen aufgrund derselben Handlungen in dem ersuchten Mitgliedstaat bereits ein endgültiges Urteil der Behörden des ersuchten Mitgliedstaats ergangen ist.

(7) Bei einer Qualitätssicherungsprüfung oder einer Untersuchung mit grenzüberschreitender Wirkung können die zuständigen Behörden der betreffenden Mitgliedstaaten an den Ausschuss der Aufsichtsstellen ein gemeinsames Ersuchen um Koordinierung der jeweiligen Prüfung oder Untersuchung richten.

Artikel 32
Kollegien zuständiger Behörden

(1) Um die Wahrnehmung der in Artikel 26 und Artikel 31 Absätze 4 bis 6 dieser Verordnung und Artikel 30 der Richtlinie 2006/43/EG genannten Aufgaben im Hinblick auf einzelne Abschlussprüfer, Prüfungsgesellschaften oder ihre Netzwerke zu vereinfachen, können mit Beteiligung der zuständigen Behörde des Herkunftsmitgliedstaats und jeder anderen zuständigen Behörde Kollegien geschaffen werden, sofern

a) der Abschlussprüfer oder die Prüfungsgesellschaft für Unternehmen von öffentlichem Interesse im Hoheitsgebiet der betreffenden Mitgliedstaaten Dienstleistungen für Abschlussprüfungen erbringt oder
b) eine Zweigniederlassung, die Teil der Prüfungsgesellschaft ist, im Hoheitsgebiet der betreffenden Mitgliedstaaten niedergelassen ist.

(2) Im Fall einzelner Abschlussprüfer oder Prüfungsgesellschaften fungiert die zuständige Behörde des Herkunftsmitgliedstaats als Moderator.

(3) Im Hinblick auf einzelne Netzwerke können zuständige Behörden der Mitgliedstaaten, in denen das Netzwerk im großen Umfang tätig ist, den Ausschuss der Aufsichtsstellen um Einsetzung eines Kollegiums mit Beteiligung der ersuchenden zuständigen Behörden ersuchen.

(4) Die Mitglieder des Kollegiums zuständiger Behörden für einzelne Netzwerke wählen innerhalb von 15 Arbeitstagen nach Einsetzung des Kollegiums einen Moderator. Wird keine Einigung erzielt, so ernennt der Ausschuss der Aufsichtsstellen aus dem Kreis der Mitglieder des Kollegiums einen Moderator.

Die Mitglieder des Kollegiums überprüfen die Auswahl des Moderators mindestens alle fünf Jahre, um sicherzustellen, dass der ausgewählte Moderator weiterhin die am besten geeignete Person für diese Aufgabe ist.

(5) Der Moderator führt den Vorsitz in den Sitzungen des Kollegiums, koordiniert dessen Arbeiten und gewährleistet einen effizienten Informationsaustausch zwischen den Mitgliedern des Kollegiums.

(6) Der Moderator erstellt innerhalb von zehn Arbeitstagen nach seiner Wahl schriftliche Koordinierungsvereinbarungen für das Kollegium im Hinblick auf folgende Angelegenheiten:

a) Informationen, die zwischen den zuständigen Behörden ausgetauscht werden können;
b) Fälle, in denen sich die zuständigen Behörden zu konsultieren haben;
c) Fälle, in denen die zuständigen Behörden Aufsichtsaufgaben gemäß Artikel 33 delegieren können.

(7) Bei Uneinigkeit über die schriftlichen Koordinierungsvereinbarungen nach Absatz 6 kann jedes Mitglied des Kollegiums den Ausschuss der Aufsichtsstellen mit der Angelegenheit befassen. Der Moderator berücksichtigt vor Festlegung des endgültigen Wortlauts der schriftlichen Koordinierungsvereinbarungen in gebührendem Maße einschlägige Empfehlungen des Ausschusses der Aufsichtsstellen. Die schriftlichen Koordinierungsvereinbarungen sind in einem Dokument zusammengefasst, das eine umfassende Begründung aller wesentlichen Abweichungen von der Empfehlung des Ausschusses der Aufsichtsstellen enthält. Der Moderator leitet die schriftlichen Koordinierungsvereinbarungen an die Mitglieder des Kollegiums und den Ausschuss der Aufsichtsstellen weiter.

Artikel 33
Übertragung von Aufgaben

Die zuständige Behörde des Herkunftsmitgliedstaats kann der zuständigen Behörde eines anderen Mitgliedstaats jede ihrer Aufgaben übertragen, sofern diese Behörde damit einverstanden ist. Die Übertragung von Aufgaben berührt nicht die Verantwortlichkeit der zuständigen Behörde, die die Aufgaben überträgt.

Artikel 34
Vertraulichkeit und Berufsgeheimnis in Bezug auf die Zusammenarbeit zwischen zuständigen Behörden

(1) Alle Personen, die bei Stellen tätig sind oder tätig waren, die in den in Artikel 30 genannten Rahmen der Zusammenarbeit zwischen zuständigen Behörden eingebunden sind, sind zur Wahrung des Berufsgeheimnisses verpflichtet. Die unter das Berufsgeheimnis fallenden Informationen werden keiner anderen Person oder Behörde bekanntgegeben, es sei denn, die Offenlegung ist für gerichtliche Ermittlungen erforderlich oder nach Unionsrecht oder nationalem Recht vorgeschrieben.

(2) Artikel 22 steht dem Austausch vertraulicher Informationen zwischen den Stellen, die in den in Artikel 30 genannten Rahmen der Zusammenarbeit zwischen zuständigen Behörden eingebunden sind, und den zuständigen Behörden nicht entgegen. So ausgetauschte Informationen werden von der Pflicht zur Wahrung des Berufsgeheimnisses erfasst, der Personen unterliegen, die von zuständigen Behörden beschäftigt sind oder waren.

(3) Alle zwischen den Stellen, die in den in Artikel 30 genannten Rahmen der Zusammenarbeit zwischen zuständigen Behörden eingebunden sind, und den zuständigen Behörden oder anderen Behörden oder Stellen ausgetauschten Informationen werden als vertraulich behandelt, außer wenn ihre Offenlegung nach Unionsrecht oder nationalem Recht vorgeschrieben ist.

Artikel 35
Schutz personenbezogener Daten

(1) Die Mitgliedstaaten wenden bei der Verarbeitung personenbezogener Daten gemäß dieser Verordnung in den Mitgliedstaaten die Bestimmungen der Richtlinie 95/46/EG an.

(2) Die Verordnung (EG) Nr. 45/2001 gilt für die Verarbeitung personenbezogener Daten im Rahmen dieser Verordnung und der Richtlinie 2006/43/EG durch den Ausschuss der Aufsichtsstellen, die ESMA, die EBA und die EIOPA.

KAPITEL IV
Zusammenarbeit mit Behörden aus Drittländern und mit internationalen Organisationen und Stellen

Artikel 36
Vereinbarung über Informationsaustausch

(1) Die zuständigen Behörden können mit den zuständigen Behörden von Drittländern Kooperationsvereinbarungen, die den Austausch von Informationen vorsehen, nur insoweit treffen, als der Schutz des Berufsgeheimnisses hinsichtlich der mitgeteilten Informationen in den betreffenden Drittländern mindestens ebenso gut gewährleistet ist wie nach den Artikeln 22 und 34 gefordert. Die zuständigen Behörden unterrichten den Ausschuss der Aufsichtsstellen und die Kommission unverzüglich über diese Vereinbarungen.

Ein Informationsaustausch im Rahmen dieses Artikels findet nur statt, wenn er für die Wahrnehmung der Aufgaben der zuständigen Behörden im Rahmen dieser Verordnung erforderlich ist.

Umfasst ein solcher Informationsaustausch die Übermittlung personenbezogener Daten in ein Drittland, so wenden die Mitgliedstaaten die Richtlinie 95/46/EG und der Ausschuss der Aufsichtsstellen die Verordnung (EG) Nr. 45/2001 an.

(2) Die zuständigen Behörden arbeiten bei Qualitätssicherungsprüfungen und Untersuchungen von Abschlussprüfern und Prüfungsgesellschaften mit den zuständigen Behörden oder anderen relevanten Stellen von Drittländern zusammen. Auf Verlangen einer zuständigen Behörde trägt der Ausschuss der Aufsichtsstellen zu dieser Zusammenarbeit und zur Konvergenz der Aufsichtspraktiken mit Drittländern bei.

(3) Betreffen die Zusammenarbeit oder der Informationsaustausch Prüfungsarbeitspapiere oder andere im Besitz von Abschlussprüfern oder Prü-

fungsgesellschaften befindliche Unterlagen, so gilt Artikel 47 der Richtlinie 2006/43/EG.

(4) Der Ausschuss der Aufsichtsstellen erstellt Leitlinien über den Inhalt der Kooperationsvereinbarungen und des Informationsaustauschs gemäß dem vorliegenden Artikel.

Artikel 37
Offenlegung von Informationen aus Drittländern

Die zuständige Behörde eines Mitgliedstaats darf die von der zuständigen Behörde eines Drittlandes erhaltenen vertraulichen Informationen, soweit dies in einer Kooperationsvereinbarung vorgesehen ist, nur mit ausdrücklicher Zustimmung der zuständigen Behörde, die die Informationen übermittelt hat, und gegebenenfalls nur für die Zwecke, für die diese zuständige Behörde ihre Zustimmung erteilt hat, oder dann bekanntgeben, wenn die Bekanntgabe nach Unionsrecht oder nationalem Recht vorgeschrieben ist.

Artikel 38
Offenlegung von Informationen gegenüber Drittländern

Die zuständige Behörde eines Mitgliedstaats verlangt, dass vertrauliche Informationen, die sie einer zuständigen Behörde eines Drittlands übermittelt hat, von dieser zuständigen Behörde nur mit ausdrücklicher vorheriger Zustimmung der zuständigen Behörde, die die Informationen übermittelt hat, im Einklang mit dem geltenden nationalen Recht und nur für die Zwecke, für die die zuständige Behörde des Mitgliedstaats ihre Zustimmung erteilt hat, oder dann bekanntgegeben werden dürfen, wenn die Bekanntgabe nach Unionsrecht oder nationalem Recht vorgeschrieben ist oder für ein gerichtliches Verfahren in dem betreffenden Drittland erforderlich ist.

Artikel 39
Ausübung der Befugnisübertragung

(1) Die Befugnis zum Erlass delegierter Rechtsakte wird der Kommission unter den in diesem Artikel festgelegten Bedingungen übertragen.

(2) Die Befugnis zum Erlass delegierter Rechtsakte gemäß Artikel 9 wird der Kommission für einen Zeitraum von fünf Jahren ab dem 16. Juni 2014 übertragen. Die Kommission erstellt spätestens neun Monate vor Ablauf des Zeitraums von fünf Jahren einen Bericht über die Befugnisübertragung. Die Befugnisübertragung verlängert sich stillschweigend um Zeiträume gleicher Länge, es sei denn, das Europäische Parlament oder der Rat widersprechen einer solchen Verlängerung spätestens drei Monate vor Ablauf des jeweiligen Zeitraums.

(3) Die Befugnisübertragung gemäß Artikel 9 kann vom Europäischen Parlament oder vom Rat jederzeit widerrufen werden. Der Beschluss über den Widerruf beendet die Übertragung der in diesem Beschluss angegebenen Befugnis. Er wird am Tag nach seiner Veröffentlichung im *Amtsblatt der Europäischen Union* oder zu einem im Beschluss über den Widerruf angegebenen späteren Zeitpunkt wirksam. Die Gültigkeit von delegierten Rechtsakten, die bereits in Kraft sind, wird von dem Beschluss über den Widerruf nicht berührt.

(4) Sobald die Kommission einen delegierten Rechtsakt erlässt, übermittelt sie ihn gleichzeitig dem Europäischen Parlament und dem Rat.

(5) Ein delegierter Rechtsakt, der gemäß Artikel 9 erlassen wurde, tritt nur in Kraft, wenn weder das Europäische Parlament noch der Rat innerhalb einer Frist von zwei Monaten nach Übermittlung dieses Rechtsakts an das Europäische Parlament und den Rat Einwände erhoben haben oder wenn vor Ablauf dieser Frist das Europäische Parlament und der Rat beide der Kommission mitgeteilt haben, dass sie keine Einwände erheben werden. Auf Initiative des Europäischen Parlaments oder des Rates wird diese Frist um zwei Monate verlängert.

Artikel 40
Überprüfung und Berichterstattung

(1) Die Kommission überprüft die Tätigkeit und die Wirksamkeit des Systems der Zusammenarbeit zwischen zuständigen Behörden im Rahmen des Ausschusses der Aufsichtsstellen gemäß Artikel 30, insbesondere im Hinblick auf die Wahrnehmung der Aufgaben des Ausschusses der Aufsichtsstellen gemäß Artikel 30 Absatz 7, und erstattet Bericht darüber.

(2) Bei der Überprüfung werden internationale Entwicklungen berücksichtigt, wobei insbesondere die Verstärkung der Zusammenarbeit mit den zuständigen Behörden von Drittländern und der Beitrag zur Verbesserung der Mechanismen der Zusammenarbeit hinsichtlich der Aufsicht über Abschlussprüfer und Prüfungsgesellschaften von Unternehmen von öffentlichem Interesse, die zu internationalen Prüfungsnetzwerken gehören, gebührend zu berücksichtigen sind. Die Kommission schließt ihre Überprüfung bis zum 17. Juni 2019 ab.

(3) Der Bericht wird dem Europäischen Parlament und dem Rat gegebenenfalls zusammen mit einem Gesetzgebungsvorschlag unterbreitet. Dieser Bericht beleuchtet die Fortschritte im Bereich der Zusammenarbeit zwischen zuständigen Behörden im Rahmen des Ausschusses der Aufsichtsstellen ab dem Beginn der Anwendung dieses Rahmens und schlägt weitere Maßnahmen zur Förderung der Wirksamkeit der Zusammenarbeit zwischen den zuständigen Behörden der Mitgliedstaaten vor.

(4) Die Kommission legt dem Europäischen Parlament und dem Rat bis zum 17. Juni 2028 einen Bericht über die Anwendung dieser Verordnung vor.

Artikel 41
Übergangsbestimmungen

(1) Ab dem 17. Juni 2020 erteilt oder erneuert ein Unternehmen von öffentlichem Interesse kein Prüfungsmandat mit einem bestimmten Abschlussprüfer oder einer bestimmten Prüfungsgesellschaft, wenn dieser Abschlussprüfer oder diese Prüfungs-

gesellschaft diesem Unternehmen von öffentlichem Interesse zum Zeitpunkt des Inkrafttretens dieser Verordnung während 20 und mehr aufeinanderfolgenden Jahren Prüfungsleistungen erbracht hat.

(2) Ab dem 17. Juni 2023 erteilt oder erneuert ein Unternehmen von öffentlichem Interesse kein Prüfungsmandat mit einem bestimmten Abschlussprüfer oder einer bestimmten Prüfungsgesellschaft, wenn dieser Abschlussprüfer oder diese Prüfungsgesellschaft diesem Unternehmen von öffentlichem Interesse zum Zeitpunkt des Inkrafttretens dieser Verordnung während elf und mehr, aber weniger als 20 aufeinanderfolgenden Jahren Prüfungsleistungen erbracht hat.

(3) Unbeschadet der Absätze 1 und 2 können die Prüfungsmandate, die vor dem 16. Juni 2014 erteilt wurden und die zum 17. Juni 2016 noch bestehen, bis zum Ablauf der in Artikel 17 Absatz 1 Unterabsatz 2 oder in Artikel 17 Absatz 2 Buchstabe b genannten Höchstlaufzeit wahrgenommen werden. Artikel 17 Absatz 4 findet Anwendung.

(4) Artikel 16 Absatz 3 gilt für Prüfungsmandate nur nach Ablauf des Zeitraums gemäß Artikel 17 Absatz 1 Unterabsatz 2.

Artikel 42
Einzelstaatliche Vorkehrungen

Die Mitgliedstaaten treffen alle geeigneten Vorkehrungen, um die wirksame Anwendung dieser Verordnung zu gewährleisten.

Artikel 43
Aufhebung des Beschlusses 2005/909/EG

Der Beschluss 2005/909EG wird aufgehoben.

Artikel 44
Inkrafttreten

Diese Verordnung tritt am zwanzigsten Tag nach ihrer Veröffentlichung im *Amtsblatt der Europäischen Union* in Kraft.

Sie gilt ab dem 17. Juni 2016.

Artikel 16 Absatz 6 gilt jedoch ab dem 17. Juni 2017.

5/4.

Vorschlag für eine RICHTLINIE DES EUROPÄISCHEN PARLAMENTS UND DES RATES zur Änderung der Richtlinien 2013/34/EU, 2004/109/EG und 2006/43/EG und der Verordnung (EU) Nr. 537/2014 hinsichtlich der Nachhaltigkeitsberichterstattung von Unternehmen

{SEC(2021) 164 final} - {SWD(2021) 150 final} - {SWD(2021) 151 final}

BEGRÜNDUNG

1. KONTEXT DES VORSCHLAGS

- **Gründe und Ziele des Vorschlags**

Die Richtlinie über die Angabe nichtfinanzieller Informationen (Richtlinie 2014/95/EU), mit der die Rechnungslegungsrichtlinie geändert wurde, wurde 2014 verabschiedet.[1] Im Jahr 2018 mussten Unternehmen, die in den Anwendungsbereich der Richtlinie über die Angabe nichtfinanzieller Informationen fallen, erstmals (für das Geschäftsjahr 2017) gemäß den Bestimmungen dieser Richtlinie Bericht erstatten.

[1] Richtlinie 2014/95/EU des Europäischen Parlaments und des Rates vom 22. Oktober 2014 zur Änderung der Richtlinie 2013/34/EU im Hinblick auf die Angabe nichtfinanzieller und die Diversität betreffender Informationen durch bestimmte große Unternehmen und Gruppen.

Die Richtlinie gilt für große Unternehmen von öffentlichem Interesse mit einer durchschnittlichen Beschäftigtenzahl von mehr als 500 sowie für Unternehmen von öffentlichem Interesse, die Mutterunternehmen einer großen Gruppe sind und im Durchschnitt auf konsolidierter Basis mehr als 500 Mitarbeiter beschäftigen.[2] Von den Berichtspflichten der Richtlinie ausgenommen sind Tochterunternehmen, deren Mutterunternehmen die Berichterstattung für die ganze Gruppe, einschließlich der Tochterunternehmen, übernimmt. Den Berichtspflichten der Richtlinie unterliegen rund 11 700 Unternehmen.[3]

[2] Laut Definition der Rechnungslegungsrichtlinie handelt es sich bei Unternehmen von öffentlichem Interesse um Unternehmen mit Wertpapieren, die an geregelten Märkten in der EU notiert sind, (notierte sowie nicht notierte) Banken, (notierte sowie nicht notierte) Versicherungsunternehmen und alle anderen von den Mitgliedstaaten bestimmten Unternehmen.

[3] Bei dieser Zahl wurde berücksichtigt, wie die Mitgliedstaaten die Richtlinie umgesetzt haben. Ohne Berücksichtigung der Umsetzungen auf nationaler Ebene fallen rund 2000 Unternehmen in den Anwendungsbereich der Richtlinie.

Nach der Richtlinie über die Angabe nichtfinanzieller Informationen sind Unternehmen nunmehr verpflichtet, sowohl darüber zu berichten, wie sich Nachhaltigkeitsaspekte auf ihr Geschäftsergebnis, ihre Lage und ihren Geschäftsverlauf auswirken („Outside-in-Perspektive"), als auch darüber, welche Auswirkungen diese Aspekte auf Mensch und Umwelt haben („Inside-out-Perspektive"). Dieses Prinzip wird häufig auch als Grundsatz der „doppelten Wesentlichkeit" bezeichnet.

Im Einklang mit der Richtlinie über die Angabe nichtfinanzieller Informationen veröffentlichte die Kommission im Jahr 2017 unverbindliche Leitlinien zur Berichterstattung für Unternehmen.[4] Im Jahr 2019 veröffentlichte sie weitere Leitlinien zur klimabezogenen Berichterstattung.[5] Die Qualität der Informationen, die Unternehmen gemäß der Richtlinie offenlegen, hat sich jedoch durch diese Leitlinien nicht im ausreichenden Maß verbessert.

[4] Mitteilung der Kommission C(2017) 4234 final.

[5] Mitteilung der Kommission C(2019) 4490 final.

Im Rahmen des europäischen Grünen Deals und ihres Arbeitsprogramms 2020 sagte die Kommission zu, eine Überarbeitung der Richtlinie über die Angabe nichtfinanzieller Informationen vorzuschlagen.[6] Das Ziel des europäischen Grünen Deals besteht darin, die EU bis 2050 zu einer modernen, ressourceneffizienten und wettbewerbsfähigen Wirtschaft umzugestalten, in der keine Netto-Treibhausgasemissionen mehr freigesetzt werden.[7] Das Wirtschaftswachstum soll von der Ressourcennutzung abgekoppelt werden, und alle Regionen sowie alle Bürgerinnen und Bürger der EU sollen an einem sozial gerechten Übergang zu einem nachhaltigen Wirtschaftssystem teilhaben. Außerdem sollen das Naturkapital der EU geschützt, bewahrt und verbessert und die Gesundheit und das Wohlergehen der Menschen vor umweltbedingten Risiken und Auswirkungen geschützt werden. Durch die Überarbeitung der Richtlinie über die Angabe nichtfinanzieller Informationen wird dazu beigetragen, eine Wirtschaft im Dienste der Menschen zu schaffen. Die soziale Marktwirtschaft der EU wird gestärkt, indem ein System geschaffen wird, das zukunftsfähig ist und für Stabilität, Arbeitsplätze, Wachstum sowie Investitionen sorgt. In Anbetracht der negativen sozioökonomischen Folgen der COVID-19-Pandemie sowie der Notwendigkeit eines nachhaltigen, inklusiven und gerechten Wiederaufbaus sind diese Ziele von besonderer Bedeutung.

[6] Mitteilung der Kommission „Der europäische Grüne Deal", COM(2019) 640 final. Angepasstes Arbeitsprogramm 2020 der Kommission, COM(2020) 440 final.

[7] Am 4. März 2020 verabschiedete die Kommission den Vorschlag für eine Verordnung des Europäischen Parlaments und des Rates zur Schaffung des Rahmens für die Verwirklichung der Klimaneutralität und zur Änderung der Verordnung (EU) 2018/1999 (Europäisches Klimagesetz) (2020/0036(COD)); darin wird vorgeschlagen, das Ziel der Klimaneutralität bis 2050 für die EU rechtsverbindlich zu machen.

Im Einklang mit dem Aktionsplan der Kommission für nachhaltige Finanzierungen hat die EU eine Reihe von Maßnahmen ergriffen, mit denen sichergestellt werden soll, dass der Finanzsektor eine bedeutende Rolle bei der Verwirklichung der Ziele des europäischen Grünen Deals spielt.[8] Für die erfolgreiche Umsetzung des europäischen Grünen Deals und des Aktionsplans für nachhaltige Finanzierungen ist es unerlässlich, dass Unternehmen bessere Daten über die Nachhaltigkeitsrisiken, denen sie ausgesetzt sind, sowie über ihre eigenen Auswirkungen auf Mensch und Umwelt bereitstellen. Indem die Rechenschaftspflicht und Transparenz von Unternehmen im Hinblick auf ihre Auswirkungen auf Mensch und Umwelt verbessert werden, kann dieser Vorschlag auch zur Stärkung der Beziehungen zwischen Wirtschaft und Gesellschaft beitragen. Darüber hinaus werden durch digitale Technologien Möglichkeiten für Unternehmen, Anleger, die Zivilgesellschaft und andere Interessenträger geschaffen, die Art und Weise der Bereitstellung und Nutzung von Nachhaltigkeitsinformationen grundlegend zu verbessern. Im Dezember 2019 betonte der Rat in seinen Schlussfolgerungen zur Kapitalmarktunion, wie wichtig zuverlässige, vergleichbare und relevante Informationen zu Risiken, Chancen und Auswirkungen von Nachhaltigkeit sind, und forderte die Kommission auf, die Entwicklung eines europäischen Standards für die nichtfinanzielle Berichterstattung in Erwägung zu ziehen.[9]

[8] Mitteilung der Kommission „Aktionsplan: Finanzierung nachhaltigen Wachstums", COM(2018) 097 final.
[9] Schlussfolgerungen des Rates zur Vertiefung der Kapitalmarktunion (5. Dezember 2019).

Das Europäische Parlament forderte in seiner Entschließung zu einem nachhaltigen Finanzwesen vom Mai 2018 die Weiterentwicklung der Berichtspflichten im Rahmen der Richtlinie über die Angabe nichtfinanzieller Informationen.[10] In seiner Entschließung zu der nachhaltigen Unternehmensführung vom Dezember 2020 begrüßte das Parlament die Zusage der Kommission zur Überarbeitung der Richtlinie über die Angabe nichtfinanzieller Informationen, forderte jedoch eine Ausdehnung des Anwendungsbereichs der Richtlinie auf weitere Kategorien von Unternehmen und begrüßte die Verpflichtung der Kommission zur Entwicklung von EU-weiten Standards für die Berichterstattung über nichtfinanzielle Informationen.[11] Des Weiteren vertrat das Europäische Parlament die Ansicht, dass nichtfinanzielle Erklärungen, die Unternehmen gemäß der Richtlinie über die Angabe nichtfinanzieller Informationen veröffentlichen, einer verpflichtenden Überprüfung unterliegen sollten.

[10] Entschließung des Europäischen Parlaments vom 29. Mai 2018 zu einem nachhaltigen Finanzwesen (2018/2007(INI)).
[11] Entschließung des Europäischen Parlaments vom 17. Dezember 2020 zu der nachhaltigen Unternehmensführung (2020/2137(INI).

Die Hauptnutzer von in den Lageberichten von Unternehmen veröffentlichten Nachhaltigkeitsinformationen sind Anleger und Nichtregierungsorganisationen, Sozialpartner sowie andere Interessenträger. Anleger, darunter auch Vermögensverwalter, wollen ein besseres Verständnis dafür entwickeln, welche Risiken und Chancen Nachhaltigkeitsaspekte für ihre Investitionen bergen und welche Auswirkungen ihre Investitionen auf Mensch und Umwelt haben. Nichtregierungsorganisationen, Sozialpartner und andere Interessenträger wollen Unternehmen stärker für die Auswirkungen ihrer Aktivitäten auf Mensch und Umwelt zur Verantwortung ziehen.

Der derzeitige Rechtsrahmen ist nicht ausreichend, um dem Informationsbedarf dieser Nutzer gerecht zu werden. Dies ist darauf zurückzuführen, dass einige Unternehmen, von denen die Nutzer Nachhaltigkeitsinformationen wünschen, diese nicht bereitstellen, zahlreiche andere Unternehmen wiederum, die Nachhaltigkeitsinformationen bereitstellen, nicht alle Informationen übermitteln, die für die Nutzer relevant sind. Wenn Informationen bereitgestellt werden, sind diese häufig nicht hinreichend zuverlässig und reichen auch nicht aus, um Unternehmen miteinander zu vergleichen. Die Informationen sind für Nutzer oftmals schwer aufzufinden und liegen selten in einem maschinenlesbaren digitalen Format vor. Informationen zu immateriellen Anlagewerten, einschließlich selbst geschaffener immaterieller Anlagewerte, werden nicht in ausreichendem Umfang zur Verfügung gestellt, obwohl in fortgeschrittenen Volkswirtschaften der Großteil der Investitionen des privaten Sektors in solche immateriellen Anlagewerte (z. B. Humankapital, Marken und geistiges Eigentum sowie immaterielle Anlagewerte im Zusammenhang mit Forschung und Entwicklung) fließt.

Der Informationsbedarf der Nutzer ist in den letzten Jahren deutlich gestiegen und wird sich mit ziemlicher Sicherheit weiter erhöhen. Dies hat mehrere Gründe. Zum einen sind sich Anleger zunehmend darüber bewusst, dass Nachhaltigkeitsaspekte mit Risiken für die Finanz- und Ertragslage von Unternehmen verbunden sein können. Zum anderen wächst der Markt für Anlageprodukte, bei denen ausdrücklich die Einhaltung bestimmter Nachhaltigkeitsstandards oder die Verwirklichung bestimmter Nachhaltigkeitsziele angestrebt wird. Ein weiterer Grund liegt im Bereich der Regulierung, unter anderem im Rahmen der Verordnung über nachhaltigkeitsbezogene Offenlegungspflichten im Finanzdienstleistungssektor und der Taxonomie-Verordnung. Aufgrund dieser beiden Verordnungen benötigen Vermögensverwalter und Finanzberater umfangreichere Nachhaltigkeitsinformationen von den Unternehmen, in die investiert wird.[12] Und schließlich dürfte die COVID-19-Pandemie dazu führen, dass der Bedarf an Nachhaltigkeitsinformationen von Unternehmen weiter steigt, etwa in Bezug auf die Gefährdung von Arbeitnehmern und die Widerstandsfähigkeit von Lieferketten.

[12] Verordnung (EU) 2019/2088 (Verordnung über nachhaltigkeitsbezogene Offenlegungspflichten im Finanzdienstleistungssektor) und Verordnung (EU) 2020/852 (Taxonomie-Verordnung).

Es klafft also eine immer größere Lücke zwischen den von Unternehmen bereitgestellten Nachhaltigkeitsinformationen und dem Bedarf der vorgesehenen Nutzer dieser Informationen. Einerseits bedeutet dies, dass Anleger nachhaltigkeitsbezogene Risiken nicht ausreichend in ihren Anlageentscheidungen berücksichtigen können. Dadurch wiederum könnten systemische Risiken entstehen, die eine Gefahr für die Finanzstabilität darstellen. Andererseits führt diese Informationslücke dazu, dass Anleger nicht gezielt in Unternehmen mit nachhaltigen Geschäftsmodellen und Aktivitäten investieren können. Dadurch wiederum wird das Erreichen der Ziele des europäischen Grünen Deals gefährdet. Auch sind Interessenträger dadurch weniger in der Lage, Unternehmen für ihre Auswirkungen auf Mensch und Umwelt zur Rechenschaft zu ziehen. Die Folge ist ein Mangel an Rechenschaftspflicht, der das effiziente Funktionieren der sozialen Marktwirtschaft beeinträchtigen kann.

Die aktuelle Situation ist auch für die berichtspflichtigen Unternehmen problematisch. Aufgrund der Ungenauigkeit der derzeitigen Anforderungen und der großen Anzahl an privatwirtschaftlichen Standards und Rahmenvorgaben ist es für Unternehmen schwierig, genau zu wissen, welche Informationen sie bereitstellen sollen. Die Unternehmen haben oftmals Schwierigkeiten, die Informationen, die sie selbst benötigen, von Lieferanten, Kunden und Unternehmen, in die investiert wird, zu erhalten. Zahlreiche Unternehmen erhalten von Interessenträgern Anfragen, zusätzlich zu den zur Erfüllung der geltenden gesetzlichen Anforderungen bereitgestellten Informationen weitere Nachhaltigkeitsinformationen vorzulegen. All dies verursacht unnötige Kosten für die Unternehmen.

Das Ziel dieses Vorschlags besteht daher darin, die Nachhaltigkeitsberichterstattung zu den geringstmöglichen Kosten zu verbessern, um das Potenzial des europäischen Binnenmarkts besser zu nutzen und somit zum Übergang zu einem vollständig nachhaltigen und inklusiven Wirtschafts- und Finanzsystem im Einklang mit dem europäischen Grünen Deal und den Zielen der Vereinten Nationen für nachhaltige Entwicklung beizutragen.

Durch den Vorschlag soll sichergestellt werden, dass angemessene, öffentlich zugängliche Informationen über die Risiken für Unternehmen im Zusammenhang mit Nachhaltigkeitsaspekten und über die Auswirkungen der Unternehmen selbst auf Mensch und Umwelt zur Verfügung stehen. Das bedeutet, dass Unternehmen, von denen Nutzer Nachhaltigkeitsinformationen benötigen, diese Informationen bereitstellen sollten und dass Unternehmen alle Informationen übermitteln sollten, die die Nutzer für relevant erachten. Die bereitgestellten Informationen sollten vergleichbar, zuverlässig und für die Nutzer mittels digitaler Technologien leicht auffindbar und nutzbar sein. Hierfür gilt es, den Status von Nachhaltigkeitsinformationen dahin gehend zu ändern, dass sie besser mit finanziellen Informationen vergleichbar sind.

Der Vorschlag wird dazu beitragen, systemische Risiken für die Wirtschaft zu verringern. Zudem wird er die Zuweisung von Finanzkapital an Unternehmen und Aktivitäten zur Lösung sozialer, gesundheitlicher und ökologischer Probleme erleichtern. Schließlich werden Unternehmen für ihre Auswirkungen auf Mensch und Umwelt stärker zur Verantwortung gezogen, wodurch Vertrauen zwischen ihnen und der Gesellschaft aufgebaut wird.

Ziel des Vorschlags ist es, unnötige Kosten der Unternehmen für Nachhaltigkeitsberichterstattung zu reduzieren und die Unternehmen in die Lage zu versetzen, dem wachsenden Bedarf an Nachhaltigkeitsinformationen auf effiziente Weise gerecht zu werden. Der Vorschlag wird Klarheit und Sicherheit darüber bieten, welche Nachhaltigkeitsinformationen bereitzustellen sind; überdies wird es für Ersteller einfacher, die für die Berichterstattung benötigten Informationen von ihren eigenen Geschäftspartnern (Lieferanten, Kunden und Unternehmen, in die investiert wird) zu erhalten. Darüber hinaus sollten Unternehmen weniger Anfragen erhalten, zusätzlich zu den in ihren Lageberichten veröffentlichten Informationen weitere Nachhaltigkeitsinformationen bereitzustellen.

Es gibt bereits eine Reihe wichtiger internationaler Initiativen. Sie sollen zu weltweiter Konvergenz und Harmonisierung der Standards für die Nachhaltigkeitsberichterstattung beitragen. Dieses Ziel wird von der EU uneingeschränkt unterstützt. Unternehmen und Anleger aus der EU, die weltweit tätig sind, werden von dieser Konvergenz und Harmonisierung profitieren. Die Kommission unterstützt die Initiativen der G20, der G7, des Rates für Finanzstabilität (FSB) und anderer Seiten, eine Verpflichtung zur Entwicklung globaler Grundstandards für die Nachhaltigkeitsberichterstattung zu erwirken, die auf der Arbeit der Taskforce „Klimabezogene Finanzinformationen" aufbauen. Die Vorschläge der International Financial Reporting Standards Foundation (IFRS), einen neuen Ausschuss für Nachhaltigkeitsstandards (Sustainability Standards Board) einzusetzen, sind in diesem Zusammenhang ebenso von besonderer Bedeutung wie die bisherige Arbeit etablierter Initiativen wie der Global Reporting Initiative (GRI), des Sustainability Accounting Standards Board (SASB), des International Integrated Reporting Council (IIRC), des Climate Disclosure Standards Board (CDSB) und des CDP (ehemals das Carbon Disclosure Project). Dieser Vorschlag soll auf internationalen Initiativen zur Nachhaltigkeitsberichterstattung aufbauen und einen Beitrag zu deren Verwirklichung leisten. EU-weite Standards für die Nachhaltigkeitsberichterstattung sollten in konstruktiver und wechselseitiger Zusammenarbeit mit führenden internationalen Initiativen entwickelt werden; sie sollten sich so weit wie möglich an diesen Initiativen orientieren und dabei europäischen Besonderheiten Rechnung tragen.

Dieser Vorschlag besteht aus einer Richtlinie, durch die vier bestehende Rechtsvorschriften geändert würden. Zunächst würde die Rechnungslegungsrichtlinie dahin gehend geändert, dass bestehende Vorschriften überarbeitet und bestimmte neue Vorschriften zur Nachhaltigkeitsberichterstattung hinzugefügt werden. Darüber hinaus würden die Abschlussprüfungsrichtlinie und die Abschlussprüfungsverordnung geändert, um die Prüfung von Nachhaltigkeitsinformationen in deren Anwendungsbereich aufzunehmen. Schließlich würde die Transparenzrichtlinie geändert, um den Anwendungsbereich der Nachhaltigkeitsberichterstattungspflichten auf Unternehmen mit an geregelten Märkten notierten Wertpapieren auszuweiten und die Aufsichtsregelung für die Nachhaltigkeitsberichterstattung dieser Unternehmen zu präzisieren.

- **Kohärenz mit den bestehenden Vorschriften in diesem Bereich**

Die Richtlinie über die Angabe nichtfinanzieller Informationen bildet zusammen mit der Verordnung über nachhaltigkeitsbezogene Offenlegungspflichten im Finanzdienstleistungssektor und der Taxonomie-Verordnung die zentrale Komponente der Berichtspflichten im Bereich der Nachhaltigkeit, welche die EU-Strategie für ein nachhaltiges Finanzwesen untermauern. Der Zweck dieses rechtlichen Rahmens besteht darin, für den Bereich der Nachhaltigkeit einen konsistenten und kohärenten Informationsfluss entlang der finanziellen Wertschöpfungskette zu schaffen.

Mit diesem Vorschlag werden die in der Richtlinie über die Angabe nichtfinanzieller Informationen festgelegten Berichtspflichten im Bereich der Nachhaltigkeit aufgegriffen und überarbeitet, um sie besser mit dem übergeordneten Rechtsrahmen für ein nachhaltiges Finanzwesen (einschließlich der Verordnung über nachhaltigkeitsbezogene Offenlegungspflichten im Finanzdienstleistungssektor und der Taxonomie-Verordnung) abzustimmen und an den Zielen des europäischen Grünen Deals auszurichten. In der Verordnung über nachhaltigkeitsbezogene Offenlegungspflichten im Finanzdienstleistungssektor ist geregelt, wie Finanzmarktteilnehmer (einschließlich Vermögensverwalter und Finanzberater) Nachhaltigkeitsinformationen gegenüber Endanlegern und Eigentümern von Vermögenswerten offenlegen sollten. Um die Anforderungen dieser Verordnung – und damit letztlich auch die Bedürfnisse der Endanleger einschließlich Privatpersonen und Haushalte – erfüllen zu können, benötigen Finanzmarktteilnehmer angemessene Informationen von den Unternehmen, in die investiert wird. Deshalb soll mit diesem Vorschlag sichergestellt werden, dass Unternehmen, in die investiert wird, diejenigen Informationen bereitstellen, die die Finanzmarktteilnehmer benötigen, um ihren eigenen Berichtspflichten gemäß der Verordnung über nachhaltigkeitsbezogene Offenlegungspflichten im Finanzdienstleistungssektor nachzukommen.

Durch die Taxonomie-Verordnung wurde ein Klassifizierungssystem für ökologisch nachhaltige Wirtschaftstätigkeiten eingeführt, um nachhaltige Investitionen zu fördern und die Grünfärberei (Greenwashing) mit Blick auf angeblich nachhaltige Finanzprodukte zu bekämpfen. Gemäß dieser Verordnung müssen Unternehmen, die in den Anwendungsbereich der Richtlinie über die Angabe nichtfinanzieller Informationen fallen, bestimmte Indikatoren darüber offenlegen, inwieweit ihre Tätigkeiten gemäß der Taxonomie ökologisch nachhaltig sind. Diese Offenlegungspflichten sollen in einem gesonderten delegierten Rechtsakt der Kommission spezifiziert werden. Diese Indikatoren werden ergänzend zu den Informationen bereitgestellt, die Unternehmen nach der Richtlinie über die Angabe nichtfinanzieller Informationen offenlegen müssen. Und die Unternehmen müssen diese Indikatoren neben anderen gemäß dieser Richtlinie vorgeschriebenen Nachhaltigkeitsinformationen melden.

Durch den vorliegenden Vorschlag soll sichergestellt werden, dass die Berichtspflichten für Unternehmen mit der Taxonomie übereinstimmen. Dies soll vor allem durch die vorgeschlagenen Standards für die Nachhaltigkeitsberichterstattung erreicht werden. Bei diesen Standards werden die Indikatoren berücksichtigt, die Unternehmen darüber offenlegen müssen, inwieweit ihre Tätigkeiten gemäß der Taxonomie ökologisch nachhaltig sind; ferner werden die in der Taxonomie enthaltenen Bewertungskriterien und Schwellenwerte zur Vermeidung erheblicher Beeinträchtigungen berücksichtigt.

Im Vergleich zu den in der Richtlinie über die Angabe nichtfinanzieller Informationen enthaltenen Berichtspflichten im Bereich der Nachhaltigkeit umfasst dieser Vorschlag einige Neuerungen, insbesondere folgende:

- die Ausweitung des Anwendungsbereichs der Berichtspflichten auf weitere Unternehmen, einschließlich aller großen Unternehmen und börsennotierten Unternehmen (mit Ausnahme von börsennotierten Kleinstunternehmen)
- das Erfordernis der Prüfung von Nachhaltigkeitsinformationen
- detailliertere Angaben zu den von den Unternehmen bereitzustellenden Informationen und das Erfordernis der Berichterstattung im Einklang mit den verbindlich vorgeschriebenen EU-weiten Standards für die Nachhaltigkeitsberichterstattung
- die Sicherstellung, dass alle Informationen im Rahmen der Lageberichte der Unternehmen und in einem digitalen, maschinenlesbaren Format veröffentlicht werden

- **Kohärenz mit der Politik der Union in anderen Bereichen**

Dieser Vorschlag trägt zur Vollendung der Kapitalmarktunion bei, indem er Anlegern und anderen Interessenträgern den Zugang zu vergleichbaren Nachhaltigkeitsinformationen von in der EU ansässigen Unternehmen ermöglicht, in die investiert wird. Im Rahmen des Aktionsplans zur Kapitalmarktunion (COM(2020) 590 final) wird die Kommission einen Legislativvorschlag zur Einrichtung einer EU-weiten digitalen Zugangsplattform zu öffentlichen Finanz- und Nachhaltigkeitsinformationen von Unternehmen (Einheitlicher Europäischer Zugangspunkt – European Single Access Point, kurz: ESAP) vorlegen.

Der vorliegende Vorschlag stellt eine Ergänzung zu dieser Initiative dar, indem er dazu beiträgt, die Ziele der Strategie für ein digitales Finanzwesen in der EU (COM(2020) 591 final) zu erreichen, und zwar durch das Erfordernis, dass die bereitgestellten Nachhaltigkeitsinformationen digital markiert werden müssen.

Der Vorschlag berücksichtigt das Arbeitsprogramm der Kommission für 2021, insbesondere die bevorstehende Initiative zur nachhaltigen Unternehmensführung, sowie die im Rahmen des europäischen Grünen Deals eingegangene Verpflichtung der Kommission, verstärkt gegen unzutreffende umweltbezogene Angaben vorzugehen und Unternehmen und andere Interessenträger bei der Entwicklung standardisierter Verfahren für die Naturkapitalbilanzierung in der EU und auf internationaler Ebene zu unterstützen.

Der Vorschlag steht im Einklang mit dem Vorschlag der Kommission zur Stärkung der Anwendung des Grundsatzes des gleichen Entgelts für Männer und Frauen bei gleicher oder gleichwertiger Arbeit durch Lohntransparenz und Durchsetzungsmechanismen.13 Ferner steht er im Einklang mit dem Vorschlag für eine Richtlinie zur Gewährleistung einer ausgewogeneren Vertretung von Frauen und Männern unter den nicht geschäftsführenden Direktoren/Aufsichtsratsmitgliedern börsennotierter Gesellschaften14 in der EU, da auch Informationen über die Diversitätskonzepte von Unternehmen ausgetauscht werden sollen.

2. RECHTSGRUNDLAGE, SUBSIDIARITÄT UND VERHÄLTNISMÄSSIGKEIT

- **Rechtsgrundlage**

Rechtsgrundlage des Vorschlags sind die Artikel 50 und 114 des Vertrags über die Arbeitsweise der Europäischen Union (AEUV). Artikel 50 AEUV bildet die Rechtsgrundlage für den Erlass von Maßnahmen der EU zur Verwirklichung der Niederlassungsfreiheit im Binnenmarkt im Gesellschaftsrecht. Ferner ist er die Rechtsgrundlage für die Richtlinien 2013/34/EU, 2006/43/EG, 91/674/EWG sowie 86/635/EWG und Teil der Rechtsgrundlage für die Richtlinie 2004/109/EG. Gemäß Artikel 50 AEUV müssen das Europäische Parlament und der Rat Richtlinien erlassen. Bei Artikel 114 AEUV handelt es sich um einen allgemeinen Rechtsakt, dessen Ziel darin besteht, den Binnenmarkt zu verwirklichen beziehungsweise dessen Funktionieren – in diesem Fall den freien Kapitalverkehr – zu gewährleisten. Artikel 114 AEUV wird ebenfalls als Rechtsgrundlage für diese Richtlinie zur Änderung der Richtlinie 2004/109/EG herangezogen.

- **Subsidiarität (bei nicht ausschließlicher Zuständigkeit)**

Die Offenlegung von Nachhaltigkeitsinformationen in der EU ist bereits in der durch die Richtlinie über die Angabe nichtfinanzieller Informationen geänderten Rechnungslegungslinie geregelt. Transparenzvorschriften sind notwendig, um den Anlegerschutz und die finanzielle Stabilität in der gesamten EU zu gewährleisten. Durch gemeinsame Vorschriften für die Nachhaltigkeitsberichterstattung und deren Prüfung wird für gleiche Wettbewerbsbedingungen für in verschiedenen Mitgliedstaaten ansässige Unternehmen gesorgt. Gibt es erhebliche Unterschiede zwischen den Anforderungen an die Nachhaltigkeitsberichterstattung und deren Prüfung zwischen den Mitgliedstaaten, entstehen zusätzliche Kosten und Komplexität für grenzüberschreitend tätige Unternehmen. Dies hat nachteilige Auswirkungen auf den Binnenmarkt. Die Mitgliedstaaten sind allein nicht in der Lage, für EU-weite Kohärenz und Vergleichbarkeit der Nachhaltigkeitsberichterstattungspflichten zu sorgen.

Darüber hinaus kann nur durch ein Tätigwerden der EU sichergestellt werden, dass die Vorschriften zur Nachhaltigkeitsberichterstattung mit anderen EU-Rechtsvorschriften, einschließlich der Verordnung über nachhaltigkeitsbezogene Offenlegungspflichten im Finanzdienstleistungssektor und der Taxonomie-Verordnung, sowie mit delegierten Rechtsakten und Durchführungsrechtsakten, die aufgrund dieser Verordnungen erlassen wurden, in Einklang stehen.

In verschiedenen Rechtsräumen weltweit stößt der Bereich der Nachhaltigkeitsberichterstattung auf zunehmendes Interesse und ist Gegenstand ordnungspolitischer Maßnahmen. Daher muss die EU einen kohärenten und umfassenden Ansatz für die Nachhaltigkeitsberichterstattung entwickeln, um konstruktiv mit ihren internationalen Partnern zusammenarbeiten zu können. Im Vergleich zu individuellen Maßnahmen der Mitgliedstaaten kann durch ein Tätigwerden der EU ein bedeutender europäischer Beitrag zu globalen politischen Entwicklungen geleistet werden, um die Interessen europäischer Unternehmen und anderer Interessenträger besser zu verteidigen.

- **Verhältnismäßigkeit**

Ein zentrales Element dieses Vorschlags besteht darin, bestimmte Kategorien von Unternehmen zu verpflichten, Informationen nach verbindlichen Standards für die Nachhaltigkeitsberichterstattung bereitzustellen. Wie im Bereich der Finanzberichterstattung bedarf es gemeinsamer Standards, um sicherzustellen, dass die bereitgestellten Informationen vergleichbar und relevant sind. Darüber hinaus werden gemeinsame Standards für die Berichterstattung die Digitalisierung, Prüfung und Durchsetzung der Nachhaltigkeitsberichterstattung erheblich erleichtern.

Durch diesen Vorschlag soll eine Anforderung eingeführt werden, wonach bereitgestellte Nachhaltigkeitsinformationen geprüft werden müssen, um ihre Zuverlässigkeit zu gewährleisten. Zudem sollen Unternehmen verpflichtet werden, bereitgestellte Nachhaltigkeitsinformationen digital zu markieren. Digitale Markierung ist von entscheidender Bedeutung, um die Möglichkeiten digitaler Technologien zur grundlegenden Verbesserung der Nutzung von Nachhaltigkeitsinformationen auszuschöpfen. Die EU hat bereits eine Anforderung für die digitale Markierung von Finanzinformationen eingeführt.[15]

[15] Das Einheitliche Europäische Elektronische Format (ESEF), das durch die Delegierte Verordnung (EU) 2018/815 eingerichtet wurde.

In diesem Vorschlag wird nach dem Grundsatz der Verhältnismäßigkeit vorgegangen, um zu bestimmen, welche Unternehmen den verbindlichen Berichtspflichten unterliegen sollen. Es werden keine neuen Anforderungen an kleine und mittlere Unternehmen (KMU) gestellt, mit Ausnahme von KMU, die an geregelten Märkten in der EU notiert sind. Auch börsennotierte Kleinstunternehmen sind von den verbindlichen Berichtspflichten ausgenommen.[16]

[16] In Artikel 3 der Rechnungslegungsrichtlinie (2013/34/EU) werden Kategorien von Unternehmen nach ihrer Größe definiert: Absatz 1: (…) definieren Kleinstunternehmen als Unternehmen, die am Bilanzstichtag die Grenzen von mindestens zwei der drei folgenden Größenmerkmale nicht überschreiten: a) Bilanzsumme: 350 000 EUR; b) Nettoumsatzerlöse: 700 000 EUR; c) durchschnittliche Zahl der während des Geschäftsjahres Beschäftigten: 10. Absatz 2: Kleine Unternehmen sind Unternehmen, die am Bilanzstichtag die Grenzen von mindestens zwei der drei folgenden Größenmerkmale nicht überschreiten: a) Bilanzsumme: 4 000 000 EUR; b) Nettoumsatzerlöse: 8 000 000 EUR; c) durchschnittliche Zahl der während des Geschäftsjahres Beschäftigten: 50. (…) Absatz 3: Mittlere Unternehmen sind Unternehmen, bei denen es sich nicht um Kleinstunternehmen oder kleine Unternehmen handelt und die am Bilanzstichtag die Grenzen von mindestens zwei der drei folgenden Größenmerkmale nicht überschreiten: a) Bilanzsumme: 20 000 000 EUR, b) Netto umsatzerlöse: 40 000 000 EUR; c) durchschnittliche Zahl der während des Geschäftsjahres Beschäftigten: 250. (…).

Die Kommission wird Standards für große Unternehmen und gesonderte, verhältnismäßige Standards für KMU verabschieden. Die Standards für KMU werden auf die Kapazitäten und Ressourcen solcher Unternehmen zugeschnitten sein. Während KMU, die an geregelten Märkten notiert sind, verpflichtet wären, diese verhältnismäßigen Standards anzuwenden, können nicht börsennotierte KMU – und das ist die große Mehrheit der KMU – sich dafür entscheiden, die Standards auf freiwilliger Basis anzuwenden.

- **Wahl des Instruments**

Dieser Vorschlag umfasst eine Richtlinie, mit der Bestimmungen der Rechnungslegungsrichtlinie, der Transparenzrichtlinie, der Abschlussprüfungsrichtlinie und der Abschlussprüfungsverordnung geändert werden, wodurch die Kohärenz zwischen den jeweiligen Bestimmungen dieser vier Rechtsakte gewährleistet wird.

3. ERGEBNISSE DER EX-POST-BEWERTUNG, DER KONSULTATION DER INTERESSENTRÄGER UND DER FOLGENABSCHÄTZUNG

- **Ex-post-Bewertung/Eignungsprüfungen bestehender Rechtsvorschriften**

Im April 2021 veröffentlichte die Kommission eine Eignungsprüfung des EU-Vorschriftenrahmens im Bereich der finanziellen und nichtfinanziellen Unternehmensberichterstattung sowie eine obligatorische Überprüfung bestimmter Aspekte der Richtlinie über die Angabe nichtfinanzieller Informationen.17 Die wichtigste Schlussfolgerung der Eignungsprüfung und der Überprüfung lautete, dass die Nachhaltigkeitsinformationen, die Unternehmen derzeit bereitstellen, nicht dem Bedarf der vorgesehenen Nutzer dieser Informationen gerecht werden und dass die Kommission daher eine Überarbeitung der Richtlinie über die Angabe nichtfinanzieller Informationen vorschlagen sollte. Dies steht im Einklang mit den Ergebnissen der diesem Vorschlag beigefügten Folgenabschätzung (siehe unten).

[17] [Amt für Veröffentlichungen: Bitte Verweis auf den Bericht der Kommission an das Europäische Parlament, den Rat und den Europäischen Wirtschafts- und Sozialausschuss über die Überprüfungsklauseln in den Richtlinien 2013/34/EU, 2014/95/EU und 2013/50/EU sowie auf die dazugehörige Arbeitsunterlage der Kommissionsdienststellen (Eignungsprüfung) einfügen].

- **Konsultation der Interessenträger**

Die Ergebnisse der folgenden Konsultationen sind in die inhaltliche Gestaltung dieses Vorschlags eingeflossen.

– Öffentliche Online-Konsultation von März bis Juli 2018 zur Vorbereitung der Eignungsprüfung des EU-Vorschriftenrahmens im Bereich der Unternehmensberichterstattung
– Gezielte Online-Konsultation von Februar bis März 2019 zur Unterstützung der Entwicklung von Leitlinien zur klimabezogenen Berichterstattung
– Gezielte Online-Konsultation von Unternehmen, die im Anwendungsbereich der Richtlinie über die Angabe nichtfinanzieller Informationen liegen – durchgeführt im Auftrag der Kommission von externen Beratern (CEPS) von Dezember 2019 bis März 2020
– Online-Feedback zur Folgenabschätzung der Kommission in der Anfangsphase für die Überarbeitung der Richtlinie über die Angabe nichtfinanzieller Informationen von Januar bis Februar 2020
– Öffentliche Online-Konsultation zur Überarbeitung der Richtlinie über die Angabe nichtfinanzieller Informationen von Februar bis Juni 2020
– Gezielte Online-Umfrage unter KMU (KMU-Panel) zur Nachhaltigkeitsberichterstattung von März bis Mai 2020

Darüber hinaus hat die Kommission Workshops mit verschiedenen Interessenträgern zum Wesentlichkeitskonzept (November 2019) und zur Prüfung von Nachhaltigkeitsinformationen (Dezember 2020) sowie gesonderte Konsultationstreffen mit unterschiedlichen Interessengruppen (Unternehmen, Organisationen der Zivilgesellschaft und Gewerkschaften) (Mai 2020) abgehalten.

Die Konsultationen ließen auf eine Reihe von Unterschieden zwischen den Nutzern und den Erstellern von Nachhaltigkeitsinformationen schließen. Die Nutzer bevorzugen eher detaillierte und umfassende Berichtspflichten. Die Ersteller äußerten sich besorgt über die Kosten in Verbindung mit derartigen Pflichten und gaben häufig an, dass sie sich weiterhin einen großen Ermessensspielraum über den Gegenstand und die Art der Berichterstattung wünschten.

Die öffentliche Konsultation zur Überarbeitung der Richtlinie über die Angabe nichtfinanzieller Informationen deutete jedoch auf eine sehr starke Unterstützung für verbindliche Standards für die Nachhaltigkeitsberichterstattung hin (und zwar von über 80 % aller Befragten, darunter 81 % der befragten Unternehmen bzw. Vertreter von Unternehmen, die Nachhaltigkeitsberichte erstellen). Zahlreiche Interessenträger betonten, dass, wenn die EU Standards für die Nachhaltigkeitsberichterstattung entwickelt, diese auf internationalen Standardsetzungsinitiativen aufbauen und mit diesen vereinbar sein sollten. Die Interessenträger hoben zudem hervor, dass die Verpflichtung zur Berichterstattung nach der Perspektive der doppelten Wesentlichkeit präzisiert werden müsse.

Gemäß den Ergebnissen der Konsultationen gibt es ferner eine starke Unterstützung für Maßnahmen zur Angleichung der in der Richtlinie über die Angabe nichtfinanzieller Informationen enthaltenen Berichtspflichten im Bereich der Nachhaltigkeit an die einschlägigen EU-Rechtsvorschriften, insbesondere an die Verordnung über nachhaltigkeitsbezogene Offenlegungspflichten im Finanzdienstleistungssektor und die Taxonomie-Verordnung.

Die Ansichten der Interessenträger darüber, welche Kategorien von Unternehmen den verbindlichen Berichtspflichten unterliegen sollten, gehen weit auseinander. Die meisten Organisationen der Zivilgesellschaft und Gewerkschaften befürworten eine Ausweitung des Anwendungsbereichs der Richtlinie über die Angabe nichtfinanzieller Informationen auf ein breites Spektrum von Unternehmen, unter anderem auf große nicht börsennotierte Unternehmen und KMU. Zahlreiche Finanzinstitute und Vermögensverwalter sind für die Einführung von verhältnismäßigen Berichtspflichten für KMU, insbesondere für börsennotierte KMU. Die wichtigsten Wirtschaftsverbände sprachen sich größtenteils gegen eine Ausweitung des Anwendungsbereichs der Berichtspflichten aus. Organisationen, die KMU vertreten, und auch ein Großteil der KMU selbst lehnen die Einführung von verbindlichen Pflichten für KMU ab, sind jedoch weiterhin offen für die Idee von verhältnismäßigen, freiwilligen Standards für KMU. Verschiedene Interessengruppen schlugen vor, dass die Berichtspflichten auch für Unternehmen aus Drittstaaten gelten sollten.

- **Einholung und Nutzung von Expertenwissen**

Bei der Ausarbeitung dieses Vorschlags berücksichtigte die Kommission die Empfehlungen der von der Europäischen Beratergruppe für Rechnungslegung (European Financial Reporting Advisory Group – im Folgenden „EFRAG") eingerichteten Taskforce, die die mögliche Entwicklung europäischer Standards für die Nachhaltigkeitsberichterstattung prüfen sollte.[18] Darüber hinaus berücksichtigte sie die Empfehlungen des Präsidenten der EFRAG zu möglichen Änderungen der Verwaltungsstruktur der EFRAG, falls diese mit der Entwicklung solcher Standards beauftragt würde.[19] Die Verwaltungsstruktur der EFRAG würde entsprechend geändert, bevor die Gruppe der Kommission Entwürfe für derartige Standards vorlegen würde. So sollte insbesondere eine neue Säule zur Nachhaltigkeitsberichterstattung neben der bestehenden Säule zur Finanzberichterstattung eingerichtet werden. Die neue Säule sollte eine solide Verwaltungsstruktur aufweisen und ein ordnungsgemäßes Verfahren umfassen, das ihrer Rolle bei der Entwicklung von Standards entspricht. Im Rahmen dieser Säule sollte ein breiteres Spektrum an Interessenträgern als die traditionellen Akteure im Bereich der Finanzberichterstattung einbezogen werden; dabei sollte auf eine ausgewogene Vertretung von Experten aus nationalen Behörden, der Zivilgesellschaft und dem Privatsektor geachtet werden.

[18] https://www.efrag.org/Lab2

[19] https://www.efrag.org/Assets/Download?assetUrl=%2fsites%2fwebpublishing%2fSiteAssets%2fJean-Paul%2520Gauz%c3%a8s%2520-%2520Ad%2520Personam%2520Mandate%2520-%2520Final%2520Report%2520-%252005-03-2021.pdf

Die Kommission beauftragte Berater, im Rahmen einer Umfrage unter Unternehmen, die im Anwendungsbereich der Richtlinie über die Angabe nichtfinanzieller Informationen liegen, Daten zur Nachhaltigkeitsberichterstattung, unter anderem zu deren Kosten, zu sammeln.[20] Außerdem beauftragte sie Berater mit der Analyse des Marktes und der aktuellen Verfahren für die Bereitstellung von Nachhaltigkeitsdaten, -ratings und -analysen für den Finanzsektor.[21]

[20] Studie zur Richtlinie über die Angabe nichtfinanzieller Informationen https://data.europa.eu/doi/10.2874/229601.

[21] Studie über Nachhaltigkeitsratings, -daten und -analysen: https://op.europa.eu/en/publication-detail/-/publication/d7d85036-509c-11eb-b59f-01aa75ed71a1/language-en/format-PDF/source-183474104

- **Folgenabschätzung**

Die Dienststellen der Kommission haben eine Folgenabschätzung für diesen Vorschlag ausgearbeitet.[22] Der Ausschuss für Regulierungskontrolle hat eine mit Vorbehalten versehene positive Stellungnahme zu dem Entwurf der Folgenabschätzung abgegeben.[23]

[22] Amt für Veröffentlichungen: Bitte Link zu Folgenabschätzung SWD(2021) 150 einfügen.

[23] Amt für Veröffentlichungen: Bitte Link zur Stellungnahme des Ausschusses für Regulierungskontrolle zur Folgenabschätzung SWD(2021) 150 einfügen.

In der Folgenabschätzung wurden schwerpunktmäßig politische Fragestellungen in drei Bereichen behandelt: 1) Standardisierung – sollen EU-weite Standards für Nachhaltigkeitsberichterstattung entwickelt und Unternehmen zu deren Anwendung verpflichtet werden? 2) Prüfung („assurance") – sollen bereitgestellte Nachhaltigkeitsinformationen geprüft werden und, wenn ja, in welchem Maße?

3) Anwendungsbereich – welche Kategorien von Unternehmen sollen den Berichtspflichten unterliegen?

Die in der Folgenabschätzung ermittelte bevorzugte Option sähe jeweils Folgendes vor:

1) Alle Unternehmen, die in den Anwendungsbereich fallen, sollten bei der Berichterstattung EU-weiten Standards unterliegen.
2) Alle Unternehmen, die in den Anwendungsbereich fallen, sollten dazu verpflichtet werden, begrenzte Prüfungssicherheit für die bereitgestellten Nachhaltigkeitsinformationen einzuholen; ferner bestünde die Option der Einführung eines Erfordernisses zur Erlangung hinreichender Prüfungssicherheit zu einem späteren Zeitpunkt.
3) Der Anwendungsbereich sollte auf alle großen Unternehmen sowie alle an geregelten Märkten der EU notierten Unternehmen mit Ausnahme von börsennotierten Kleinstunternehmen ausgeweitet werden. In den Anwendungsbereich würden auch Unternehmen fallen, die nicht in der EU ansässig sind, aber an geregelten Märkten der EU notiert sind, sowie EU-Tochterunternehmen von Unternehmen aus Drittstaaten.

Die bevorzugte Option ist der beste Kompromiss zwischen zwei möglichen Konzepten. Zum einen detaillierte und verbindliche Berichtspflichten, eine strenge Prüfungspflicht und ein breiter Anwendungsbereich – dieses Konzept würde dem Bedarf der Nutzer äußerst wirksam gerecht, wäre jedoch mit höheren Kosten für die Ersteller verbunden. Zum anderen weniger detaillierte Berichtspflichten, eine weniger strenge Prüfungspflicht und ein engerer Anwendungsbereich – dieses Konzept würde dem Bedarf der Nutzer in geringerem Maße gerecht, wäre jedoch – zumindest auf kurze Sicht – mit geringeren Kosten für die Ersteller verbunden. Ziel ist es, das bestmögliche Ergebnis im Hinblick auf die Ziele und die damit verbundenen Kosten zu erreichen.

Im Rahmen der bevorzugten Option hätten die Mitgliedstaaten zudem die Möglichkeit, auch andere unabhängige Erbringer von Bestätigungsleistungen, bei denen es sich nicht um Abschlussprüfer oder Prüfungsgesellschaften handelt, für die Prüfung der Nachhaltigkeitsberichterstattung zuzulassen. Dadurch sollen Unternehmen mehr Möglichkeiten bei der Wahl der Erbringer von Bestätigungsleistungen für die Prüfung der Nachhaltigkeitsberichterstattung erhalten.

Die Nutzer werden davon profitieren, dass sie besseren Zugang zu vergleichbaren, relevanten und zuverlässigen Nachhaltigkeitsinformationen von mehr Unternehmen erhalten. Dadurch wiederum werden Investitionen in das Finanzsystem mit geringeren Risiken verbunden sein, es werden mehr Finanzmittel in Unternehmen mit positiven Auswirkungen auf Mensch und Umwelt fließen, und die Unternehmen werden einer strengeren Rechenschaftspflicht unterliegen. Sparer und Anleger, die nachhaltig investieren wollen, werden die Möglichkeit dazu erhalten. Durch die vorgeschlagene Option würde sichergestellt, dass rund 49 000 Unternehmen (auf die 75 % des Umsatzes aller Gesellschaften mit beschränkter Haftung entfallen) Nachhaltigkeitsinformationen bereitstellen müssten, während dieser Pflicht aktuell nur 11 600 Unternehmen im Anwendungsbereich der Richtlinie über die Angabe nichtfinanzieller Informationen (auf die 47 % des Umsatzes aller Gesellschaften mit beschränkter Haftung entfallen) unterliegen. Alle großen Unternehmen und alle Unternehmen, die an regulierten Märkten der EU notiert sind (mit Ausnahme von börsennotierten Kleinstunternehmen), wären verpflichtet, EU-weite Standards für die Nachhaltigkeitsberichterstattung anzuwenden und eine Prüfung für die bereitgestellten Informationen durchführen zu lassen. Zum Vergleich: Derzeit wenden nur schätzungsweise 20 % der großen Unternehmen vollumfänglich Standards für die Nachhaltigkeitsberichterstattung an, und lediglich 30 % lassen eine Prüfung in irgendeiner Form durchführen. Die vorgeschlagene Option wird sich indirekt vorteilhaft auf die Achtung der Grundrechte sowie auf Mensch und Umwelt auswirken, da strengere Berichtspflichten das Verhalten von Unternehmen positiv beeinflussen können.

Die mit der bevorzugten Option einhergehenden Kosten für Ersteller belaufen sich insgesamt schätzungsweise auf 1200 Mio. EUR an einmaligen Kosten und 3600 Mio. EUR an jährlich wiederkehrenden Kosten. Darüber hinaus werden den Erstellern aufgrund der Meldepflichten gemäß Artikel 8 der Taxonomie-Verordnung Kosten entstehen.[24] Auch ohne ein Tätigwerden der EU dürften die Kosten für die Ersteller erheblich steigen, was darauf zurückzuführen ist, dass Nutzer zunehmend unkoordiniert Information anfordern, dass kein Konsens darüber besteht, welche Informationen Unternehmen melden sollten, um dem Bedarf der Nutzer zu entsprechen, und dass es Erstellern nach wie vor Schwierigkeiten bereitet, die für Berichterstattungszwecke benötigten Nachhaltigkeitsinformationen von Lieferanten, Kunden und Unternehmen, in die investiert wird, einzuholen. In Ermangelung hinreichend detaillierter Daten ist es nicht möglich, die Kosten zu berechnen, die Erstellern ohne neue Vorschriften entstehen würden. Es wird jedoch davon ausgegangen, dass jedes Unternehmen durch die Anwendung von Standards jährlich einen Betrag von 24 200 bis 41 700 EUR einsparen könnte (was beim aktuellen Anwendungsbereich der Richtlinie über die Angabe nichtfinanzieller Informationen jährlichen Einsparungen von insgesamt etwa 280 bis 490 Mio. EUR und bei Umsetzung der bevorzugten Option Einsparungen von insgesamt etwa 1200 bis 2000 Mio. EUR entspräche), sofern mit diesen Standards die Notwendigkeit, zusätzliche Informationen von den Erstellern anzufordern, vollständig entfallen würde.[25]

[24] Die Größenordnung dieser Kosten wird in der Folgenabschätzung zum delegierten Rechtsakt über eine Taxonomie für den Klimaschutz und die Anpassung an den Klimawandel ((C(2021) 2800; Folgenabschätzung SWD(2021) 152) auf 1200 bis 3700 Mio. EUR an einmaligen Kosten

und 600 bis 1500 Mio. EUR an jährlich wiederkehrenden Kosten geschätzt.

[25] Diese Berechnungen basieren auf den Antworten der Umfrage, die das Sustainability Institute (ERM) im Rahmen seiner Studie zu Nachhaltigkeitsratings und -analysen durchgeführt hat (https://op.europa.eu/en/publication-detail/-/publication/d7d85036-509c-11eb-b59f-01aa75ed71a1/language-en/format-PDF/source-183474104).

EU-Unternehmen laufen Gefahr, höhere Berichterstattungskosten tragen zu müssen als Unternehmen aus Drittstaaten, wenn in anderen Rechtsräumen nicht ein ähnlicher Ansatz wie der in diesem Vorschlag skizzierte Ansatz verfolgt wird. Dies könnte zu einer Ungleichbehandlung von EU-Unternehmen und Unternehmen aus Drittstaaten führen und damit dem Wettbewerb im EU-Binnenmarkt abträglich sein. Um dieses Risiko zu mindern, unterliegen EU-Tochterunternehmen von Unternehmen aus Drittstaaten sowie alle Unternehmen aus Drittstaaten mit übertragbaren Wertpapieren, die an einem geregelten Markt der EU notiert sind, den in diesem Vorschlag vorgesehenen Berichtspflichten.

- **Effizienz der Rechtsetzung und Vereinfachung**

Um Anleger besser zu schützen, sollten alle an geregelten Märkten notierten Unternehmen grundsätzlich denselben Offenlegungsvorschriften unterliegen. KMU, die an geregelten Märkten der EU notiert sind, müssten daher die vorgeschlagenen neuen Nachhaltigkeitsberichterstattungspflichten erfüllen.[26] Allerdings würden die Pflichten für KMU, die an geregelten Märkten der EU notiert sind, erst drei Jahre später als für andere Unternehmen gelten, um den wirtschaftlichen Schwierigkeiten Rechnung zu tragen, mit denen kleinere Unternehmen infolge der COVID-19-Pandemie konfrontiert sind. Mit dieser Einführungsphase könnten börsennotierte KMU die neuen Pflichten zudem erst dann anwenden, wenn die Berichterstattungs- und Prüfungsverfahren für Nachhaltigkeitsinformationen einen höheren Reifegrad erlangt haben. Die in diesem Vorschlag vorgesehenen Offenlegungspflichten würden nicht für KMU mit übertragbaren Wertpapieren gelten, die an KMU-Wachstumsmärkten oder an einem multilateralen Handelssystem (MTF) notiert sind. Darüber hinaus würden die Pflichten aus Gründen der Verhältnismäßigkeit nicht für Kleinstunternehmen gelten, die an geregelten Märkten der EU notiert sind.

[26] Mit Ausnahme von börsennotierten Kleinstunternehmen.

Andere KMU sind nach diesem Vorschlag nicht verpflichtet, Nachhaltigkeitsinformationen bereitzustellen. Nicht börsennotierte KMU können jedoch beschließen, auf freiwilliger Basis die Standards für die Nachhaltigkeitsberichterstattung anzuwenden, welche die Kommission in Form von delegierten Rechtsakten für die Berichterstattung von börsennotierten KMU erlassen wird. Durch diese Standards soll jedes KMU in der Lage sein, Informationen kosteneffizient bereitzustellen, um auf die zahlreichen Informationsanfragen anderer Unternehmen, mit denen sie Geschäfte machen – wie z. B. Banken, Versicherungsunternehmen und große Geschäftskunden – zu reagieren; ferner sollen die Standards dazu beitragen, die Grenzen für die Informationen festzulegen, deren Bereitstellung Unternehmen von KMU in ihrer Wertschöpfungskette vernünftigerweise erwarten können. Des Weiteren sollten diese Standards Unternehmen helfen, zusätzliche Investitionen und finanzielle Mittel anzuziehen und in vollem Umfang an dem im europäischen Grünen Deal vorgesehenen Übergang zu einer nachhaltigen Wirtschaft teilzunehmen und dazu beizutragen. Die KMU-Standards werden für Unternehmen, die in den Anwendungsbereich der Richtlinie über die Nachhaltigkeitsberichterstattung von Unternehmen fallen, eine Referenz dahin gehend schaffen, in welchem Umfang sie vernünftigerweise Nachhaltigkeitsinformationen von kleinen und mittleren Lieferanten und Kunden in ihrer Wertschöpfungskette verlangen können.

Dieser Vorschlag entspricht den Erfordernissen der Digitalisierung, da er von den Unternehmen verlangt, die bereitgestellten Nachhaltigkeitsinformationen gemäß einer digitalen Taxonomie digital zu markieren.

- **Grundrechte**

Dieser Vorschlag steht im Einklang mit den Grundrechten und Grundsätzen, die in der Charta der Grundrechte der Europäischen Union niedergelegt sind. Er wird sich indirekt vorteilhaft auf die Grundrechte auswirken, da strengere Berichtspflichten das Verhalten von Unternehmen positiv beeinflussen können. Er sollte dazu dienen, Unternehmen für Grundrechte zu sensibilisieren und dahin gehend positiv zu beeinflussen, wie sie tatsächliche und potenzielle negative Auswirkungen auf die Grundrechte erkennen und bewältigen. Zudem sollte vermehrt Kapital an diejenigen Unternehmen fließen, die die Grundrechte achten. Generell sollten Unternehmen für ihre Auswirkungen auf Mensch und Umwelt stärker zur Verantwortung gezogen werden.

4. AUSWIRKUNGEN AUF DEN HAUSHALT

Der Vorschlag hat keine Auswirkungen auf den Haushalt. Die Ausgaben zur Finanzierung der Entwicklung EU-weiter Standards für die Nachhaltigkeitsberichterstattung werden aus bestehenden Haushaltsmitteln gedeckt.

5. WEITERE ANGABEN

- **Durchführungspläne sowie Monitoring-, Bewertungs- und Berichterstattungsmodalitäten**

Um die Fortschritte bei der Verwirklichung der spezifischen Ziele des Vorschlags zu überwachen, wird die Kommission prüfen, ob es möglich ist, je nach Verfügbarkeit finanzieller Mittel regelmäßige Umfragen bei Nutzern und Erstellern durchzuführen.

Gemäß dem Vorschlag muss die Kommission dem Europäischen Parlament und dem Rat spätestens drei Jahre nach Inkrafttreten dieser Richtlinie Bericht über die Umsetzung der Anforderungen an die Prüfung vorlegen. Diesem Bericht werden gegebenenfalls Legislativvorschläge für strengere Anforderungen an die Prüfung („hinreichende Prüfungssicherheit") beigefügt.

Dieser Vorschlag erfordert keinen Umsetzungsplan.

- **Erläuternde Dokumente (bei Richtlinien)**

Erläuternde Dokumente werden nicht als notwendig erachtet.

- **Ausführliche Erläuterung einzelner Bestimmungen des Vorschlags**

Durch Artikel 1 wird die Richtlinie 2013/34/EU (Rechnungslegungsrichtlinie) geändert.

Durch Artikel 1 Absatz 1 wird der Anwendungsbereich der in der Rechnungslegungsrichtlinie enthaltenen Artikel über die Berichtspflichten im Bereich der Nachhaltigkeit auf Kreditinstitute und Versicherungsunternehmen ausgeweitet, die gemäß der Rechnungslegungsrichtlinie keine Gesellschaften mit beschränkter Haftung sind oder als solche gelten; hierzu zählen auch Genossenschaftsbanken und Versicherungsunternehmen auf Gegenseitigkeit sowie genossenschaftlich organisierte Versicherungsunternehmen, sofern sie die entsprechenden Größenkriterien erfüllen.

In Artikel 1 Absatz 2 werden bestimmte Begriffe definiert, die für den Vorschlag erforderlich sind. Es werden die Begriffe „Nachhaltigkeitsaspekte" und „Nachhaltigkeitsberichterstattung" eingeführt und definiert, während sich die geltenden Bestimmungen der Rechnungslegungsrichtlinie auf „nichtfinanzielle Informationen" beziehen. Ferner werden die Begriffe „unabhängiger Erbringer von Bestätigungsleistungen" und „immaterielle Anlagewerte" definiert.

Artikel 1 Absatz 3 ersetzt Artikel 19a der Rechnungslegungsrichtlinie, in dem die Berichtspflichten im Bereich der Nachhaltigkeit für bestimmte Unternehmen festgelegt sind. Durch den Vorschlag wird Artikel 19a wie folgt geändert:

- Der persönliche Anwendungsbereich der Berichtspflichten wird insofern geändert, als diese nunmehr auf alle großen Unternehmen und alle Unternehmen mit Wertpapieren, die an geregelten Märkten in der EU notiert sind, mit Ausnahme von Kleinstunternehmen, Anwendung finden. Um den Aufwand im Zusammenhang mit den Berichtspflichten für börsennotierte KMU zu verringern, müssen diese erst drei Jahre nach Inkrafttreten der Richtlinie mit der Berichterstattung gemäß dieser Richtlinie beginnen.
- Der Grundsatz der doppelten Wesentlichkeit wird präzisiert; dadurch soll jegliche Unklarheit darüber ausgeräumt werden, welche Art von Informationen Unternehmen bereitstellen sollten, nämlich Informationen, die notwendig sind, um zu verstehen, wie sich Nachhaltigkeitsaspekte auf sie auswirken, und Informationen, die notwendig sind, um zu verstehen, welche Auswirkungen sie auf Mensch und Umwelt haben.
- Der Vorschlag enthält ausführlichere Angaben dazu, welche Art von Informationen Unternehmen offenlegen sollten. Im Vergleich zu den geltenden Bestimmungen sind Unternehmen nunmehr verpflichtet, Informationen über ihre Strategie, ihre Ziele, die Rolle des Vorstands und der Geschäftsführung, die wesentlichen negativen Auswirkungen im Zusammenhang mit dem Unternehmen und seiner Wertschöpfungskette, immaterielle Anlagewerte sowie darüber offenzulegen, wie sie die bereitzustellenden Informationen ermittelt haben.
- Gemäß dem Vorschlag sollten Unternehmen qualitative und quantitative Informationen, Informationen über Zukünftiges und Vergangenes sowie gegebenenfalls Informationen, die sich auf kurz-, mittel- und langfristige Zeiträume beziehen, bereitstellen.
- Alle Unternehmen, die in den Anwendungsbereich des Vorschlags fallen, müssen nach europäischen Standards für die Nachhaltigkeitsberichterstattung berichten; börsennotierte KMU, die in den Anwendungsbereich des Vorschlags fallen, dürfen nach den für KMU spezifischen Standards für die Nachhaltigkeitsberichterstattung berichten.
- Die Mitgliedstaaten werden nicht mehr die Möglichkeit haben, Unternehmen zu gestatten, die erforderlichen Informationen in einem gesonderten Bericht zu veröffentlichen, der nicht Teil des Lageberichts ist.
- Von den Anforderungen befreite Tochterunternehmen werden verpflichtet, den konsolidierten Lagebericht des auf Konzernebene berichtenden Mutterunternehmens zu veröffentlichen und in ihren (individuellen) Lagebericht, den sie als juristische Personen veröffentlichen, darauf hinzuweisen, dass das betreffende Unternehmen von den Anforderungen der Richtlinie befreit ist.

Durch Artikel 1 Absatz 4 erhält die Rechnungslegungsrichtlinie drei neue Bestimmungen – die Artikel 19b, 19c und 19d, die sich auf Standards für die Nachhaltigkeitsberichterstattung beziehen. Durch Artikel 19b wird der Kommission die Befugnis übertragen, mittels delegierter Rechtsakte EU-weite Standards für die Nachhaltigkeitsberichterstattung zu verabschieden; zudem werden die Anforderungen für deren Annahme festgelegt. Erstens werden Mindestqualitätskriterien genannt, die die nach den Standards bereitgestellten Informationen erfüllen müssten. Zweitens wird festgelegt, auf welche Themen sich die Standards beziehen sollten. Drittens werden bestimmte Instrumente und Initiativen genannt, die die Kommission bei der Entscheidung über den Inhalt der delegierten Rechtsakte besonders berücksichtigen sollte, darunter bestimmte EU-Rechtsvorschriften und die Arbeit globaler Standardsetzungsinitiativen im Bereich der Nachhaltigkeitsberichterstattung. Außerdem wird die Kommission aufgefordert, bis zum 31. Oktober 2022 erste Standards zu verabschieden. Mit diesen ersten Standards sollte präzisiert werden, welche Informationen Unternehmen über alle in Artikel 19a Absatz 2 aufgeführten Nachhaltigkeitsaspekte und Berichterstattungsbereiche bereitstellen sollten. In diesen delegierten Rechtsakten sollte zumindest festgelegt werden, welche Informationen Unternehmen bereitstellen sollten, um dem Bedarf der Finanzmarktteilnehmer gerecht zu werden, die den Offenlegungspflichten der Verordnung (EU) 2019/2088 unterliegen. Eine zweite Gruppe von Standards sollte spätestens bis zum 31. Oktober 2023 verabschiedet werden. Mit diesen Standards sollte festgelegt werden, welche ergänzenden Informationen Unternehmen über die in Artikel 19a Absatz 2 aufgeführten Nachhaltigkeitsaspekte und Berichtsbereiche bereitstellen sollten, sofern dies erforderlich ist, und welche Informationen für den Sektor, in dem das Unternehmen tätig ist, spezifisch sind. Nach Artikel 19b ist die Kommission schließlich verpflichtet, die Standards mindestens alle drei Jahre zu überprüfen, um relevanten Entwicklungen, einschließlich Entwicklungen im Bereich internationaler Standards, Rechnung zu tragen. Gemäß Artikel 19c muss die Kommission bis zum 31. Oktober 2023 Standards für die Nachhaltigkeitsberichterstattung von kleinen und mittleren Unternehmen verabschieden. Nach Artikel 19d müssen Unternehmen ihren Jahresabschluss und Lagebericht in einem einheitlichen elektronischen Berichtsformat gemäß Artikel 3 der Delegierten Verordnung (EU) 2019/815 der Kommission erstellen und die Nachhaltigkeitsinformationen entsprechend den Vorgaben dieser Verordnung auszeichnen.[27]

[27] Eine Auszeichnungssprache ist eine Computersprache, die eine bestimmte Kodierungstechnik („Tags“) verwendet, um Elemente innerhalb eines Dokuments zu definieren, wodurch Informationen in einer sowohl für Maschinen als auch für Menschen lesbaren Weise dargestellt werden können.

Durch Artikel 1 Absatz 5 wird Artikel 20 dahin gehend geändert, dass börsennotierte Unternehmen, die dieser Vorschrift unterliegen, verpflichtet werden, in die Beschreibung des Diversitätskonzepts, das im Zusammenhang mit den Verwaltungs-, Leitungs- und Aufsichtsorganen des Unternehmens verfolgt wird, einen Hinweis auf das Geschlecht aufzunehmen. Darüber hinaus wird Artikel 20 dahin gehend geändert, dass börsennotierte Unternehmen, die Artikel 20 unterliegen, die in den Buchstaben c, f und g dieses Artikels genannten Anforderungen erfüllen können, indem sie die erforderlichen Informationen in ihre Nachhaltigkeitsberichterstattung aufnehmen.[28]

[28] Buchstabe c bezieht sich auf interne Kontroll- und Risikomanagementsysteme im Hinblick auf den Rechnungslegungsprozess. Buchstabe f betrifft die Zusammensetzung und Arbeitsweise der Verwaltungs-, Leitungs- und Aufsichtsorgane. Buchstabe g erstreckt sich auf das Diversitätskonzept, das im Zusammenhang mit den Verwaltungs-, Leitungs- und Aufsichtsorganen des Unternehmens verfolgt wird.

Durch Artikel 1 Absatz 6 wird Artikel 23 der Rechnungslegungsrichtlinie dahin gehend geändert, dass klargestellt wird, dass die Befreiungsregelung für konsolidierte Abschlüsse und konsolidierte Lageberichte unabhängig von der Befreiungsregelung für die konsolidierte Nachhaltigkeitsberichterstattung gilt. Das bedeutet, dass ein Unternehmen von den Anforderungen der konsolidierten Finanzberichterstattung befreit werden kann, nicht aber von den Anforderungen der konsolidierten Nachhaltigkeitsberichterstattung. Dies ist der Fall, wenn das oberste Mutterunternehmen des Unternehmens konsolidierte Abschlüsse und konsolidierte Lageberichte gemäß EU-Recht oder, wenn es sich um einen Drittstaat handelt, gemäß gleichwertigen Anforderungen erstellt, es aber keine konsolidierten Nachhaltigkeitsberichte gemäß EU-Recht oder, wenn es sich um einen Drittstaat handelt, gemäß gleichwertigen Anforderungen erstellt.

Artikel 1 Absatz 7 ersetzt Artikel 29a der Rechnungslegungsrichtlinie, sodass alle in Artikel 19a festgelegten Nachhaltigkeitsberichterstattungspflichten entsprechend für Mutterunternehmen gelten, die auf konsolidierter Basis für die gesamte Gruppe Bericht erstatten.

Durch Artikel 1 Absatz 8 wird Artikel 30 der Rechnungslegungsrichtlinie geändert, um ihn an die neuen Nachhaltigkeitsberichterstattungspflichten anzupassen. Erstens wird der Artikel dahin gehend geändert, dass die Mitgliedstaaten sicherstellen müssen, dass die Unternehmen innerhalb von zwölf Monaten nach dem Bilanzstichtag ihren ordnungsgemäß gebilligten Jahresabschluss und Lagebericht in dem im neuen Artikel 19d vorgeschriebenen elektronischen Format veröffentlichen. Zweitens wird er dahin gehend geändert, dass ein Urteil zur Nachhaltigkeitsberichterstattung, das von einem anderen unabhängigen Erbringer von Bestätigungsleistungen als dem Abschlussprüfer abgegeben wird, zusammen mit dem Jahresabschluss und dem Lagebericht veröffentlicht werden muss. Schließlich wird er dahin gehend geändert, dass die Mitgliedstaaten sicherstellen müssen, dass Lageberichte, die die Nachhaltigkeitsberichterstattung enthalten, unverzüglich nach ihrer Veröffentlichung dem jeweiligen amtlich bestellten System im Sinne der Richtlinie 2004/109/EG des Europäischen Parlaments und des Rates (Transparenzrichtlinie) zur Verfügung gestellt werden. Zudem gilt: Wenn Unternehmen, die eine Nachhaltigkeitsberichterstattung erstellen, nicht an geregelten Märkten in der EU notiert sind, sollte das jeweilige amtlich bestellte System eines der amtlich bestellten Systeme des Mitgliedstaats sein, in dem das betreffende Unternehmen seinen Sitz hat. Dies ist erforderlich, um die von Unternehmen offengelegten Nachhaltigkeitsinformationen in den Einheitlichen Europäischen Zugangspunkt aufzunehmen, der, wie in Aktion 1 des Aktionsplans zur Kapitalmarktunion angekündigt, noch eingerichtet wird.

Durch Artikel 1 Absatz 9 wird Artikel 33 der Rechnungslegungsrichtlinie insofern geändert, als die kollektive Verantwortung der Mitglieder der Verwaltungs-, Leitungs- und Aufsichtsorgane eines Unternehmens an die überarbeiteten Berichtspflichten im Bereich der Nachhaltigkeit angeglichen wird. Demnach müssen Verwaltungs-, Leitungs- und Aufsichtsorgane insbesondere sicherstellen, dass das betreffende Unternehmen gemäß den EU-weiten Standards für die Nachhaltigkeitsberichterstattung und in dem erforderlichen digitalen Format Bericht erstattet hat, und der Verweis auf den derzeit zulässigen gesonderten Bericht zur Nachhaltigkeitsberichterstattung wird gestrichen.

Durch Artikel 1 Absatz 10 wird Artikel 34 der Rechnungslegungsrichtlinie im Hinblick auf die Prüfung der Nachhaltigkeitsberichterstattung geändert. Insbesondere wird der Abschlussprüfer verpflichtet, einen Auftrag zur Erlangung begrenzter Prüfungssicherheit hinsichtlich der Nachhaltigkeitsberichterstattung eines Unternehmens durchzuführen, unter anderem im Hinblick auf die Übereinstimmung der Nachhaltigkeitsberichterstattung mit den Berichtsstandards, auf das vom Unternehmen durchgeführte Verfahren zur Ermittlung der gemäß den Standards bereitzustellenden Informationen, auf die Auszeichnung der Nachhaltigkeitsberichterstattung und auf die nach Artikel 8 der Taxonomie-Verordnung gemeldeten Indikatoren. Darüber hinaus wird den Mitgliedstaaten gestattet, jedem unabhängigen, gemäß der Verordnung (EG) Nr. 765/2008 des Europäischen Parlaments und des Rates akkreditierten Erbringer von Bestätigungsleistungen zu erlauben, auf der Grundlage eines Auftrags zur Erlangung begrenzter Prüfungssicherheit ein Urteil zur Nachhaltigkeitsberichterstattung abzugeben. Darüber hinaus müssen die Mitgliedstaaten sicherstellen, dass für alle Personen und Unternehmen, einschließlich Abschlussprüfer und Prüfungsgesellschaften, die ein Urteil zur Prüfung der Nachhaltigkeitsberichterstattung abgeben dürfen, einheitliche Anforderungen festgelegt werden.

Durch Artikel 1 Absatz 11 wird Artikel 49 der Rechnungslegungsrichtlinie dahin gehend geändert, dass die Bedingungen für die Ermächtigung der Kommission zum Erlass delegierter Rechtsakte zu den im neuen Artikel 19b genannten Standards für die Nachhaltigkeitsberichterstattung festgelegt werden. Demnach muss die Kommission bei der Ausarbeitung dieser Rechtsakte den fachlichen Rat der Europäischen Beratergruppe für Rechnungslegung (EFRAG) berücksichtigen, vorausgesetzt, entsprechende Ratschläge werden in einem einwandfreien Verfahren mit angemessener öffentlicher Aufsicht und Transparenz sowie unter Berücksichtigung des Sachverstands der einschlägigen Interessenträger erarbeitet und umfassen eine Kosten-Nutzen-Analyse, wodurch die Annahme der Standards durch die Kommission erleichtert wird. Zudem muss die Europäische Wertpapier- und Marktaufsichtsbehörde (ESMA) gemäß diesem Absatz eine Stellungnahme zum fachlichen Rat der EFRAG abgeben, bevor Standards angenommen werden. Diese Stellungnahme ist innerhalb von zwei Monaten nach Eingang des Ersuchens der Kommission abzugeben. Dies ist ein angemessener Zeitraum, da die ESMA in die Arbeit der EFRAG eingebunden wird und daher mit dem Inhalt der fachlichen Ratschläge der EFRAG vertraut gemacht wird, bevor diese der Kommission vorgelegt werden. Des Weiteren muss die Kommission vor der Annahme der Standards folgende Akteure konsultieren: die Sachverständigengruppe der Mitgliedstaaten für nachhaltiges Finanzwesen, die Europäische Bankenaufsichtsbehörde (EBA), die Europäische Aufsichtsbehörde für das Versicherungswesen und die betriebliche Altersversorgung (EIOPA), die Europäische Umweltagentur (EUA), die Agentur der Europäischen Union für Grundrechte (FRA), die Europäische Zentralbank, den Ausschuss der Europäischen Aufsichtsstellen für Abschlussprüfer und die Plattform für ein nachhaltiges Finanzwesen. Beschließt eine dieser Stellen, eine Stellungnahme abzugeben, so muss sie dies innerhalb von zwei Monaten nach der Konsultation durch die Kommission tun.

Durch Artikel 1 Absatz 12 wird Artikel 51 der Rechnungslegungsrichtlinie geändert und festgelegt, welche Arten von Sanktionen und Verwaltungsmaßnahmen die Mitgliedstaaten bei Verstößen gegen die nationalen Vorschriften zur Umsetzung der in der Rechnungslegungsrichtlinie enthaltenen Berichtspflichten im Bereich der Nachhaltigkeit mindestens vorsehen sollten.

Durch Artikel 2 wird die Richtlinie 2004/109/EG (Transparenzrichtlinie) geändert.

In Artikel 2 Absatz 1 wird der für den Vorschlag erforderliche Begriff „Nachhaltigkeitsberichterstattung" eingeführt und definiert.

Durch Artikel 2 Absatz 2 wird Artikel 4 der Transparenzrichtlinie geändert, um den die Nachhaltigkeitsberichterstattung betreffenden Teil der vorgeschriebenen Informationen zu berücksichtigen, die gemäß den Bestimmungen der Richtlinie zusammenzustellen und zu veröffentlichen sind. Erstens wird der Artikel dahin gehend geändert, dass der Jahresfinanzbericht Erklärungen enthalten muss, in denen die beim Emittenten für die Finanzberichterstattung verantwortlichen Personen versichern, dass der Lagebericht ihres Wissens gegebenenfalls in Übereinstimmung mit den in der Richtlinie 2013/34/EU geforderten Standards für die Nachhaltigkeitsberichterstattung erstellt wurde. Die Anforderung, wonach der Lagebericht eine Nachhaltigkeitsberichterstattung umfassen muss, ergibt sich aus den mit dieser Richtlinie eingeführten Änderungen und macht eine Änderung des Artikels 4 Absatz 2 Buchstabe b der Richtlinie 2004/109/EG überflüssig. Zweitens werden die Verweise auf Bestimmungen der Rechnungslegungsrichtlinie und der Richtlinie 2006/43/EG (Abschlussprüfungsrichtlinie) aktualisiert: zum einen in Bezug auf die Anforderung, wonach der Abschluss gemäß Artikel 34 Absatz 1 der Rechnungslegungsrichtlinie geprüft werden muss und anzugeben ist, ob der Abschlussprüfer oder die Prüfungsgesellschaft wesentliche fehlerhafte Angaben im Lagebericht festgestellt hat, zum anderen in Bezug auf die Anforderung, den Bestätigungsvermerk, einschließlich des Urteils zur Prüfung der Nachhaltigkeitsberichterstattung, zu veröffentlichen. Schließlich werden die Verweise auf Bestimmungen der Rechnungslegungsrichtlinie hinsichtlich der Erstellung des Lageberichts aktualisiert und geändert, um das Erfordernis der Nachhaltigkeitsberichterstattung aufzunehmen. Diese Änderungen ermöglichen die Ausweitung der Nachhaltigkeitsberichterstattungspflichten auf Unternehmen, die an geregelten Märkten der EU notiert sind, mit Ausnahme von Kleinstunternehmen, einschließlich Emittenten aus Drittstaaten. Zudem dienen sie der Klärung des rechtlichen Mandats der nationalen zuständigen Behörden zur Überwachung der Nachhaltigkeitsberichterstattung.

Durch Artikel 2 Absatz 3 wird Artikel 23 Absatz 4 der Transparenzrichtlinie dahin gehend geändert, dass der Kommission die Befugnis übertragen wird, Maßnahmen zu erlassen, um ein Verfahren zur Feststellung der Gleichwertigkeit der von Drittstaaten verwendeten Standards für die Nachhaltigkeitsberichterstattung festzulegen und die erforderlichen Beschlüsse zu dieser Gleichwertigkeit zu treffen. Alle Beschlüsse zur Gleichwertigkeit der von Emittenten aus Drittstaaten verwendeten Standards für die Nachhaltigkeitsberichterstattung werden unabhängig von den Beschlüssen zur Gleichwertigkeit der Standards für die Finanzberichterstattung getroffen.

Durch Artikel 2 Absatz 4 wird Artikel 28d in die Transparenzrichtlinie aufgenommen, nach dem die Europäische Wertpapier- und Marktaufsichtsbehörde (ESMA) verpflichtet wird, Leitlinien für die zuständigen nationalen Behörden herauszugeben, um die aufsichtliche Konvergenz im Bereich der Nachhaltigkeitsberichterstattung zu fördern. In der ESMA-Verordnung (Verordnung (EU) Nr. 1095/2010) wird die Transparenzrichtlinie als einer der Rechtsakte der Union genannt, durch die der Tätigkeitsbereich der ESMA festgelegt wird.

Durch Artikel 3 wird die Richtlinie 2006/43/EG (Abschlussprüfungsrichtlinie) geändert.

Durch Artikel 3 Absatz 1 wird der Gegenstand des Artikels 1 der Abschlussprüfungsrichtlinie dahin gehend geändert, dass die Prüfung der jährlichen und konsolidierten Nachhaltigkeitsberichterstattung mit aufgenommen wird, sofern diese von dem Abschlussprüfer oder der Prüfungsgesellschaft durchgeführt wird, die die Abschlussprüfung des Abschlusses vornimmt.

Durch Artikel 3 Absatz 2 werden bestimmte, für den Vorschlag erforderliche Begriffsbestimmungen in Artikel 2 der Abschlussprüfungsrichtlinie geändert bzw. hinzugefügt. Die Definitionen der Begriffe „Abschlussprüfer" und „Prüfungsgesellschaft" werden geändert, um gegebenenfalls deren Arbeit bei der Prüfung der Nachhaltigkeitsberichterstattung Rechnung zu tragen. Darüber hinaus werden die Begriffe „Prüfung der Nachhaltigkeitsberichterstattung" und „Nachhaltigkeitsberichterstattung" eingeführt und definiert.

Durch Artikel 3 Absätze 3 bis 7 werden die Artikel 6 bis 11 der Abschlussprüfungsrichtlinie geändert, die die Vorschriften über die Zulassung, die kontinuierliche fachliche Fortbildung und die gegenseitige Anerkennung von Abschlussprüfern und Prüfungsgesellschaften enthalten; durch diese Änderung soll sichergestellt werden, dass Abschlussprüfer über die erforderlichen theoretischen Kenntnisse auf den für die Prüfung der Nachhaltigkeitsberichterstattung maßgebenden Sachgebieten sowie über die Fähigkeit, diese Kenntnisse praktisch anzuwenden, verfügen.

Durch Artikel 3 Absatz 7 wird Artikel 14 geändert, in dem die Verfahren geregelt sind, die die zuständigen Behörden für die Zulassung von Abschlussprüfern aus einem anderen Mitgliedstaat festlegen sollten. Durch diese Änderung soll sichergestellt werden, dass in Fällen, in denen der Mitgliedstaat beschließt, dass der Bewerber um eine Zulassung einem Eignungstest unterzogen werden soll, bei diesem Test auch überprüft wird, ob der Abschlussprüfer über eine ausreichende Kenntnis der für die Prüfung der Nachhaltigkeitsberichterstattung relevanten Rechts- und Verwaltungsvorschriften des Aufnahmemitgliedstaats verfügt.

Durch Artikel 3 Absatz 8 wird Artikel 14a eingeführt, der eine Besitzstandsklausel enthält, nach der zugelassene Abschlussprüfer, nachdem die geänderten gesetzlichen Anforderungen in Kraft getreten sind, auch weiterhin Abschlussprüfungen durchführen und Prüfungen der Nachhaltigkeitsberichterstattung vornehmen können. Die Mitgliedstaaten sollten sicherstellen, dass bereits zugelassene Abschlussprüfer im Rahmen der Pflicht zur kontinuierlichen Weiterbildung gemäß Artikel 13 der Abschlussprüfungsrichtlinie die erforderlichen Kenntnisse im Bereich der Nachhaltigkeitsberichterstattung und der Prüfung der Nachhaltigkeitsberichterstattung erlangen.

Durch Artikel 3 Absatz 9 wird Artikel 24b dahin gehend geändert, dass die Vorschriften zur Organisation der Arbeit von Abschlussprüfern angepasst und um Verweise auf ihre Arbeit zur Prüfung der Nachhaltigkeitsberichterstattung erweitert werden. Durch diese Änderung soll insbesondere sichergestellt werden, dass der verantwortliche oder die verantwortlichen Prüfungspartner aktiv in die Prüfung der Nachhaltigkeitsberichterstattung eingebunden wird bzw. werden, dass der Abschlussprüfer bei der Prüfung der Nachhaltigkeitsberichterstattung ausreichend Zeit für dieses Mandat aufwendet und die zur angemessenen Wahrnehmung seiner Aufgaben erforderlichen Ressourcen vorsieht, dass das Honorar für die Prüfung der Nachhaltigkeitsberichterstattung in der Mandantendatei angegeben wird und dass die Prüfungsakte Informationen über die Prüfung der Nachhaltigkeitsberichterstattung enthält, sofern diese durch den Abschlussprüfer durchgeführt wurde.

Durch Artikel 3 Absatz 10 wird Artikel 25 dahin gehend geändert, dass die Mitgliedstaaten angemessene Regelungen treffen müssen, um zu verhindern, dass die Honorare für die Prüfung der Nachhaltigkeitsberichterstattung von der Erbringung zusätzlicher Leistungen für das geprüfte Unternehmen beeinflusst oder bestimmt werden oder an irgendwelche Bedingungen geknüpft werden.

Durch Artikel 3 Absatz 11 wird Artikel 25b eingefügt, um die für die Prüfer von Abschlüssen geltenden Vorschriften der Abschlussprüfungsrichtlinie über Berufsgrundsätze, Unabhängigkeit, Unparteilichkeit, Verschwiegenheit und Berufsgeheimnis auf ihre Arbeit zur Prüfung der Nachhaltigkeitsberichterstattung auszuweiten.

Durch Artikel 3 Absatz 12 wird Artikel 26a eingefügt, gemäß dem die Mitgliedstaaten die Abschlussprüfer verpflichten müssen, Prüfungen der Nachhaltigkeitsberichterstattung in Übereinstimmung mit den von der Kommission angenommenen Standards für die Prüfung durchzuführen und nationale Standards, Verfahren und Anforderungen für die Prüfung anzuwenden, sofern die Kommission keinen Standard für die Prüfung, der für denselben Bereich gilt, angenommen hat. Der Kommission wird die Befugnis übertragen, im Wege delegierter Rechtsakte Standards für die Prüfung anzunehmen, um die Verfahren festzulegen, die der Prüfer durchzuführen hat, um seine Schlussfolgerungen zur Prüfung der Nachhaltigkeitsberichterstattung zu ziehen; hierzu zählen Standards zur Auftragsplanung, Risikoabwägung und Reaktion auf Risiken sowie dazu, welche Art von Schlussfolgerungen in den Prüfungsbericht aufzunehmen ist. Darüber hinaus werden die Prüfer verpflichtet, ihr Urteil zur Nachhaltigkeitsberichterstattung auf der Grundlage eines Auftrags zur Erlangung hinreichender Prüfungssicherheit abzugeben, falls die Kommission von der Möglichkeit Gebrauch macht, Standards für die Erlangung hinreichender Prüfungssicherheit zu erlassen.

Durch Artikel 3 Absatz 13 wird Artikel 27a eingefügt, um die Vorschriften über die Abschlussprüfung eines Konzerns auf die Prüfung der konsolidierten Nachhaltigkeitsberichterstattung auszuweiten, sofern diese durch den Abschlussprüfer durchgeführt wird.

Durch Artikel 3 Absatz 14 wird Artikel 28 dahin gehend geändert, dass Abschlussprüfer oder Prüfungsgesellschaften, die die Prüfung der Nachhaltigkeitsberichterstattung durchführen, verpflichtet werden, ihre Ergebnisse im Bestätigungsvermerk darzustellen und diesen Bestätigungsvermerk in Übereinstimmung mit den von der EU oder dem betreffenden Mitgliedstaat angenommenen Anforderungen bezüglich der Standards für die Prüfung zu erstellen. Insbesondere sollten im Bestätigungsvermerk die jährliche oder konsolidierte Nachhaltigkeitsberichterstattung sowie das Datum und der Zeitraum, auf die sie sich bezieht, angegeben werden. Zudem sollte der für die Erstellung der Nachhaltigkeitsberichterstattung zugrunde gelegte Rahmen dargestellt werden. Des Weiteren sollten der Umfang der Prüfung der Nachhaltigkeitsberichterstattung beschrieben und die Standards benannt werden, nach denen die Prüfung der Nachhaltigkeitsberichterstattung vorgenommen wurde. Schließlich sollte der Bestätigungsvermerk das Urteil des Abschlussprüfers zur Nachhaltigkeitsberichterstattung enthalten.

Durch Artikel 3 Absatz 15 wird Artikel 29 der Abschlussprüfungsrichtlinie geändert, der das System zur Qualitätssicherungsprüfung von Abschlussprüfern und Prüfungsgesellschaften betrifft; durch diese Änderung soll sichergestellt werden, dass Qualitätssicherungsprüfungen der Nachhaltigkeitsberichterstattung einer Qualitätssicherungsprüfung unterzogen werden und dass die Personen, die Qualitätssicherungsprüfungen durchführen, über eine angemessene fachliche Ausbildung und einschlägige Erfahrung in Bezug auf die Prüfung der Nachhaltigkeitsberichterstattung verfügen.

Durch Artikel 3 Absatz 16 wird Artikel 30g eingefügt, um klarzustellen, dass die für Abschlussprüfer und Prüfungsgesellschaften, die Abschlussprüfungen durchführen, geltenden Regelungen zu Untersuchungen und Sanktionen auch für Prüfungen der Nachhaltigkeitsberichterstattung gelten.

Durch Artikel 3 Absatz 17 wird Artikel 36a eingefügt, um klarzustellen, dass die Vorschriften über öffentliche Aufsicht und gegenseitige Anerkennung der mitgliedstaatlichen Regelungen in Bezug auf Abschlussprüfungen auch für die Prüfung der Nachhaltigkeitsberichterstattung gelten.

Durch Artikel 3 Absatz 18 wird Artikel 38a eingefügt, um klarzustellen, dass die Vorschriften über die Bestellung und Abberufung von Abschlussprüfern und Prüfungsgesellschaften in Bezug auf Abschlussprüfungen auch für die Prüfung der Nachhaltigkeitsberichterstattung gelten.

Durch Artikel 3 Absatz 19 wird Artikel 39 dahin gehend geändert, dass die Aufgaben des Prüfungsausschusses für die Prüfung der Nachhaltigkeitsberichterstattung konkretisiert werden. Insbesondere sollte der Prüfungsausschuss das Verwaltungs- oder Aufsichtsorgan des geprüften Unternehmens über das Ergebnis der Prüfung der Nachhaltigkeitsberichterstattung informieren und erläutern, wie er zur Integrität der Nachhaltigkeitsberichterstattung beigetragen und welche Rolle er in diesem Verfahren gespielt hat. Der Prüfungsausschuss sollte den Prozess der Nachhaltigkeitsberichterstattung, einschließlich der digitalen Berichterstattung, und das vom Unternehmen durchgeführte Verfahren zur Ermittlung der gemäß den einschlägigen Standards für die Nachhaltigkeitsberichterstattung bereitzustellenden Informationen überwachen und Empfehlungen oder Vorschläge zur Sicherstellung der Integrität dieser Verfahren unterbreiten. Er sollte die Wirksamkeit der internen Qualitätssicherungs- und Risikomanagementsysteme und gegebenenfalls des internen Revisionssystems des Unternehmens, die die Nachhaltigkeitsberichterstattung des geprüften Unternehmens berühren, überwachen, ohne dabei die Unabhängigkeit des Unternehmens zu verletzen; diese Überwachung sollte auch die digitale Berichterstattung umfassen, wie sie nach der geänderten Rechnungslegungsrichtlinie erforderlich sein wird. Schließlich sollte der Prüfungsausschuss die Prüfung der jährlichen und konsolidierten Nachhaltigkeitsberichterstattung überwachen und die Unabhängigkeit der Abschlussprüfer bzw. der Prüfungsgesellschaften überprüfen und überwachen.

Durch Artikel 3 Absatz 20 wird Artikel 45 dahin gehend geändert, dass die Anforderungen für die Registrierung und Aufsicht von Prüfern und Prüfungsunternehmen aus Drittländern an den neuen Anwendungsbereich der Richtlinie, der die Prüfung der Nachhaltigkeitsberichterstattung umfasst, angepasst werden.

Durch Artikel 3 Absatz 21 wird Artikel 48a geändert, um die Bedingungen für die Ausübung der Befugnisübertragung an die Kommission zur Annahme von Standards für die Prüfung der Nachhaltigkeitsberichterstattung gemäß Artikel 26a Absatz 2 festzulegen.

Durch Artikel 4 wird die Verordnung (EU) Nr. 537/2014 (Abschlussprüfungsverordnung) geändert.

Durch Artikel 4 Absatz 1 wird Artikel 5 der Abschlussprüfungsverordnung dahin gehend geändert, dass die Erbringung von Beratungsleistungen für die Erstellung der Nachhaltigkeitsberichterstattung in den in Artikel 5 der Abschlussprüfungsverordnung genannten Zeiträumen verboten wird, wenn Abschlussprüfer oder Prüfungsgesellschaften, die die Abschlussprüfung durchführen, auch die Prüfung der Nachhaltigkeitsberichterstattung vornehmen.

Durch Artikel 4 Absatz 2 wird Artikel 14 dahin gehend geändert, dass Abschlussprüfer und Prüfungsgesellschaften der jeweils zuständigen Behörde jährlich mitteilen müssen, welche Einnahmen aus Nichtprüfungsleistungen durch die Prüfung der Nachhaltigkeitsberichterstattung erzielt wurden.

Nach Artikel 5 sind die Mitgliedstaaten verpflichtet, die Artikel 1 bis 3 der Richtlinie bis zum 1. Dezember 2022 umzusetzen und sicherzustellen, dass die in ihr enthaltenen Vorschriften für das am 1. Januar 2023 beginnende Geschäftsjahr oder während des Kalenderjahres 2023 für Unternehmen gelten.

In Artikel 6 wird das Datum für das Inkrafttreten der geänderten Vorschriften der Verordnung (EU) Nr. 537/2014 (Abschlussprüfungsverordnung) auf den 1. Januar 2023 festgelegt.

2021/0104 (COD)

Vorschlag für eine
RICHTLINIE DES EUROPÄISCHEN PARLAMENTS UND DES RATES
zur Änderung der Richtlinien 2013/34/EU, 2004/109/EG und 2006/43/EG und der Verordnung (EU) Nr. 537/2014 hinsichtlich der Nachhaltigkeitsberichterstattung von Unternehmen

DAS EUROPÄISCHE PARLAMENT UND DER RAT DER EUROPÄISCHEN UNION –

gestützt auf den Vertrag über die Arbeitsweise der Europäischen Union, insbesondere auf die Artikel 50 und 114,

auf Vorschlag der Europäischen Kommission,

nach Zuleitung des Entwurfs des Gesetzgebungsakts an die nationalen Parlamente,

nach Stellungnahme der Europäischen Zentralbank,

nach Stellungnahme des Europäischen Wirtschafts- und Sozialausschusses[29],

[29] ABl. C […] vom […], S. […].

gemäß dem ordentlichen Gesetzgebungsverfahren,

in Erwägung nachstehender Gründe:

(1) In ihrer am 11. Dezember 2019 angenommenen Mitteilung über den europäischen Grünen Deal[30] verpflichtete sich die Europäische Kommission, die die nichtfinanzielle Berichterstattung betreffenden Bestimmungen der Richtlinie 2013/34/EU des Europäischen Parlaments und des Rates[31] zu überprüfen. Der europäische Grüne Deal ist die neue Wachstumsstrategie der Europäischen Union und soll die Union bis 2050 zu einer modernen, ressourcenschonenden und wettbewerbsfähigen Wirtschaft ohne Netto-Treibhausgasemissionen zu machen. Außerdem soll er das Naturkapital der Union schützen, bewahren und verbessern und die Gesundheit und das Wohlergehen der Menschen vor umweltbedingten Risiken und Auswirkungen schützen. Der europäische Grüne Deal ist ferner darauf ausgerichtet, das Wirtschaftswachstum von der Ressourcennutzung zu entkoppeln und sicherzustellen, dass alle Regionen und Bürgerinnen und Bürger der Union an einem sozial gerechten Übergang zu einem nachhaltigen Wirtschaftssystem teilhaben. Er wird zu den Zielen beitragen, eine Wirtschaft im Dienste der Menschen aufzubauen, die soziale Marktwirtschaft der EU zu stärken und sicherzustellen, dass diese zukunftsfähig ist und Stabilität, Arbeitsplätze, Wachstum und Investitionen schafft. Diese Ziele sind insbesondere angesichts der durch die COVID-19-Pandemie entstandenen sozioökonomischen Schäden und der Notwendigkeit einer nachhaltigen, inklusiven und fairen Erholung von besonderer Bedeutung. In ihrem Vorschlag für ein europäisches Klimagesetz vom 4. März 2020 schlug die Europäische

Kommission vor, das Ziel der Klimaneutralität bis 2050 in der Union verbindlich zu machen.[32]

[30] COM(2019) 640 final.

[31] Richtlinie 2013/34/EU des Europäischen Parlaments und des Rates vom 26. Juni 2013 über den Jahresabschluss, den konsolidierten Abschluss und damit verbundene Berichte von Unternehmen bestimmter Rechtsformen und zur Änderung der Richtlinie 2006/43/EG des Europäischen Parlaments und des Rates und zur Aufhebung der Richtlinien 78/660/EWG und 83/349/EWG des Rates (ABl. L 182 vom 29.6.2013, S. 19).

[32] Vorschlag für eine Verordnung des Europäischen Parlaments und des Rates zur Schaffung des Rahmens für die Verwirklichung der Klimaneutralität und zur Änderung der Verordnung (EU) 2018/1999 (Europäisches Klimagesetz), [2020/0036 (COD)].

(2) In ihrem *Aktionsplan: Finanzierung nachhaltigen Wachstums* legte die Kommission Maßnahmen dar, mit denen folgende Ziele erreicht werden sollen: Umlenkung der Kapitalflüsse auf nachhaltige Investitionen, um ein nachhaltiges und inklusives Wachstum zu erreichen, Bewältigung finanzieller Risiken, die sich aus dem Klimawandel, der Ressourcenknappheit, der Umweltzerstörung und sozialen Problemen ergeben, und Förderung von Transparenz und Langfristigkeit in der Finanz- und Wirtschaftstätigkeit.[33] Eine Grundvoraussetzung für die Erreichung dieser Ziele ist, dass Unternehmen relevante, vergleichbare und zuverlässige Nachhaltigkeitsinformationen offenlegen. Im Zuge der Umsetzung des Aktionsplans zur Finanzierung nachhaltigen Wachstums haben das Europäische Parlament und der Rat eine Reihe von Rechtsakten angenommen. So regelt die Verordnung (EU) 2019/2088 des Europäischen Parlaments und des Rates[34], wie Finanzmarktteilnehmer und Finanzberater Nachhaltigkeitsinformationen gegenüber Endanlegern und Eigentümern von Vermögenswerten offenzulegen haben. Mit der Verordnung (EU) 2020/852 des Europäischen Parlaments und des Rates[35] wird ein Klassifikationssystem für ökologisch nachhaltige Wirtschaftstätigkeiten geschaffen, um nachhaltige Investitionen zu fördern und gegen das „Greenwashing" von zu Unrecht als nachhaltig dargestellten Finanzprodukten vorzugehen. Mit der Verordnung (EU) 2019/2089 des Europäischen Parlaments und des Rates[36], ergänzt durch die Delegierten Verordnungen (EU) 2020/1816[37], (EU) 2020/1817[38] und (EU) 2020/1818[39] der Kommission, werden Offenlegungsanforderungen für Referenzwert-Administratoren im Hinblick auf Umwelt-, Sozial- und Governance-Faktoren (ESG) sowie Mindeststandards für EU-Referenzwerte für den klimabedingten Wandel und für Paris-abgestimmte EU-Referenzwerte eingeführt. Nach der Verordnung (EU) Nr. 575/2013 des Europäischen Parlaments und des Rates[40] müssen große Institute, die zum Handel an einem geregelten Markt zugelassene Wertpapiere emittiert haben, ab dem 28. Juni 2022 Informationen zu ESG-Risiken offenlegen. Der mit der Verordnung (EU) 2019/2033 des Europäischen Parlaments und des Rates[41] und der Richtlinie (EU) 2019/2034 des Europäischen Parlaments und des Rates[42] geschaffene neue Aufsichtsrahmen für Wertpapierfirmen enthält Bestimmungen zur Einbeziehung von ESG-Risiken in den Prozess der aufsichtlichen Überprüfung und Bewertung (SREP) durch die zuständigen Behörden sowie Anforderungen bezüglich der Offenlegung von ESG-Risiken durch Wertpapierfirmen, die ab dem 26. Dezember 2022 gelten. Darüber hinaus hat die Kommission in ihrem Arbeitsprogramm für 2021 einen Vorschlag für einen EU-Standard für grüne Anleihen angekündigt, womit dem Aktionsplan zur Finanzierung nachhaltigen Wachstums Folge geleistet werden soll.

[33] COM(2018) 97 final.

[34] Verordnung (EU) 2019/2088 des Europäischen Parlaments und des Rates vom 27. November 2019 über nachhaltigkeitsbezogene Offenlegungspflichten im Finanzdienstleistungssektor (ABl. L 317 vom 9.12.2019, S. 1).

[35] Verordnung (EU) 2020/852 des Europäischen Parlaments und des Rates vom 18. Juni 2020 über die Einrichtung eines Rahmens zur Erleichterung nachhaltiger Investitionen und zur Änderung der Verordnung (EU) 2019/2088 (ABl. L 198 vom 22.6.2020, S. 13).

[36] Verordnung (EU) 2019/2089 des Europäischen Parlaments und des Rates vom 27. November 2019 zur Änderung der Verordnung (EU) 2016/1011 hinsichtlich EU-Referenzwerten für den klimabedingten Wandel, hinsichtlich auf das Übereinkommen von Paris abgestimmter EU-Referenzwerte sowie hinsichtlich nachhaltigkeitsbezogener Offenlegungen für Referenzwerte (ABl. L 317 vom 9.12.2019, S. 17).

[37] Delegierte Verordnung (EU) 2020/1816 der Kommission vom 17. Juli 2020 zur Ergänzung der Verordnung (EU) 2016/1011 des Europäischen Parlaments und des Rates hinsichtlich der Erläuterung in der Referenzwert-Erklärung, wie Umwelt-, Sozial- und Governance-Faktoren in den einzelnen Referenzwerten, die zur Verfügung gestellt und veröffentlicht werden, berücksichtigt werden (ABl. L 406 vom 3.12.2020, S. 1).

[38] Delegierte Verordnung (EU) 2020/1817 der Kommission vom 17. Juli 2020 zur Ergänzung der Verordnung (EU) 2016/1011 des Europäischen Parlaments und des Rates hinsichtlich des Mindestinhalts der Erläuterung, wie Umwelt-, Sozial- und Governance-Faktoren in der Referenzwert-Methodik berücksichtigt werden (ABl. L 406 vom 3.12.2020, S. 12).

[39] Delegierte Verordnung (EU) 2020/1818 der Kommission vom 17. Juli 2020 zur Ergänzung der Verordnung (EU) 2016/1011 des Europäischen Parlaments und des Rates im Hinblick auf Mindeststandards für EU-Referenzwerte für den klimabedingten Wandel und für Paris-abgestimmte EU-Referenzwerte (ABl. L 406 vom 3.12.2020, S. 17).

[40] Verordnung (EU) Nr. 575/2013 des Europäischen Parlaments und des Rates vom 26. Juni 2013 über Aufsichtsanforderungen an Kreditinstitute und Wertpapierfirmen und zur Änderung der Verordnung (EU) Nr. 648/2012 (ABl. L 176 vom 27.6.2013, S. 1).

[41] Verordnung (EU) 2019/2033 des Europäischen Parlaments und des Rates vom 27. November 2019 über Aufsichtsanforderungen an Wertpapierfirmen und zur Änderung der Verordnungen (EU) Nr. 1093/2010, (EU) Nr. 575/2013, (EU) Nr. 600/2014 und (EU) Nr. 806/2014 (ABl. L 314 vom 5.12.2019, S. 1).

[42] Richtlinie (EU) 2019/2034 des Europäischen Parlaments und des Rates vom 27. November 2019 über die Beaufsichtigung von Wertpapierfirmen und zur Änderung der Richtlinien 2002/87/EG, 2009/65/EG, 2011/61/EU, 2013/36/EU, 2014/59/EU und 2014/65/EU (ABl. L 314 vom 5.12.2019, S. 64).

(3) Am 5. Dezember 2019 betonte der Rat in seinen Schlussfolgerungen zur Vertiefung der Kapitalmarktunion die Bedeutung zuverlässiger, vergleichbarer und relevanter Informationen zu Risiken, Chancen und Auswirkungen von Nach-

haltigkeit und forderte die Kommission auf, die Entwicklung eines europäischen Standards für die nichtfinanzielle Berichterstattung in Erwägung zu ziehen.

(4) In seiner Entschließung vom 29. Mai 2018 zu einem nachhaltigen Finanzwesen[43] forderte das Europäische Parlament die Weiterentwicklung der Anforderungen an die ESG-Berichterstattung im Rahmen der Richtlinie 2013/34/EU. Zudem begrüßte es in seiner Entschließung vom 17. Dezember 2020 zu der nachhaltigen Unternehmensführung[44] die Zusage der Kommission zur Überarbeitung der Richtlinie 2013/34/EU und wies darauf hin, dass ein umfassender EU-Rahmen für die Angabe nichtfinanzieller Informationen geschaffen werden müsse, der verpflichtende EU-Standards für die Berichterstattung über nichtfinanzielle Informationen enthält. Das Europäische Parlament forderte ferner eine Erweiterung des Geltungsbereichs der Berichtsanforderungen auf weitere Unternehmenskategorien sowie die Einführung einer Prüfungspflicht.

[43] 2018/2007(INI).
[44] A9-0240/2020(INI).

(5) Am 25. September 2015 verabschiedete die Generalversammlung der Vereinten Nationen einen neuen globalen Rahmen zur nachhaltigen Entwicklung: die Agenda 2030 für nachhaltige Entwicklung (im Folgenden „Agenda 2030"). Die Agenda 2030 hat als Kernstück die Ziele für nachhaltige Entwicklung und deckt die drei Dimensionen der Nachhaltigkeit ab: die wirtschaftliche, soziale und die Umweltdimension. In der Mitteilung der Kommission vom 22. November 2016 mit dem Titel „Auf dem Weg in eine nachhaltige Zukunft Europäische Nachhaltigkeitspolitik"[45] wurden diese Nachhaltigkeitsziele mit dem politischen Rahmen der Union verbunden, um sicherzustellen, dass bei allen innen- und außenpolitischen Maßnahmen und Initiativen der Union diese Ziele von Beginn an mitberücksichtigt werden. In seinen Schlussfolgerungen vom 20. Juni 2017[46] bekräftigte der Rat die Entschlossenheit der Union und ihrer Mitgliedstaaten, die Agenda 2030 vollständig, kohärent, umfassend, integrativ und wirksam sowie in enger Zusammenarbeit mit den Partnern und anderen Akteuren umzusetzen.

[45] COM(2016) 739 final.
[46] Schlussfolgerungen des Rates „Eine nachhaltige Zukunft für Europa: Reaktion der EU auf die Agenda 2030 für nachhaltige Entwicklung", 20. Juni 2017.

(6) Mit der Richtlinie 2014/95/EU des Europäischen Parlaments und des Rates[47] wurde die Richtlinie 2013/34/EU im Hinblick auf die Offenlegung nichtfinanzieller Informationen durch bestimmte große Unternehmen und Gruppen geändert. Mit der Richtlinie 2014/95/EU wurden Unternehmen verpflichtet, mindestens über Umwelt-, Sozial-, und Arbeitnehmerbelange, die Achtung der Menschenrechte und die Bekämpfung von Korruption und Bestechung Bericht zu erstatten und dabei Informationen zu folgenden Berichterstattungsbereichen offenzulegen: Geschäftsmodell, Konzepte (einschließlich der angewandten Due-Diligence-Prozesse), Ergebnisse dieser Konzepte, Risiken und deren Handhabung sowie wichtigste Leistungsindikatoren, die für die betreffende Geschäftstätigkeit von Bedeutung sind.

[47] Richtlinie 2014/95/EU des Europäischen Parlaments und des Rates vom 22. Oktober 2014 zur Änderung der Richtlinie 2013/34/EU im Hinblick auf die Angabe nichtfinanzieller und die Diversität betreffender Informationen durch bestimmte große Unternehmen und Gruppen (ABl. L 330 vom 15.11.2014, S. 1).

(7) Viele Interessenträger halten den Begriff „nichtfinanziell" für unzutreffend, insbesondere weil er impliziert, dass betreffende Informationen in finanzieller Hinsicht nicht von Relevanz sind. Allerdings haben solche Informationen zunehmend sehr wohl finanzielle Relevanz. Viele einschlägige Organisationen, Initiativen und Fachleute verwenden den Begriff „Nachhaltigkeitsinformationen", weshalb anstelle des Begriffs „nichtfinanzielle Informationen" vorzugsweise der Begriff „Nachhaltigkeitsinformationen" verwendet werden sollte. Dementsprechend sollte die Richtlinie 2013/34/EU dahin gehend geändert werden, dass sie dieser neuen Terminologie Rechnung trägt.

(8) Letztendlich kommt eine bessere Nachhaltigkeitsberichterstattung von Unternehmen Bürgern und Sparern zugute. Sparerinnen und Sparer, die nachhaltig investieren wollen, werden fortan die Möglichkeit haben, dies zu tun, während von einem stabilen, nachhaltigen und inklusiven Wirtschaftssystem alle Bürgerinnen und Bürger profitieren dürften. Damit sich diese Vorteile auch verwirklichen, müssen die in den Jahresberichten der Unternehmen offengelegten Nachhaltigkeitsinformationen zunächst zwei Hauptzielgruppen (im Folgenden „Nutzer") erreichen. Bei der ersten Gruppe von Nutzern handelt es sich um Anleger, einschließlich Vermögensverwalter, die die Risiken und Chancen von Nachhaltigkeitsfragen für ihre Investitionen sowie die Auswirkungen entsprechender Investitionen auf Mensch und Umwelt besser verstehen wollen. Bei der zweiten Gruppe hingegen handelt es sich um Organisationen, einschließlich Nichtregierungsorganisationen und Sozialpartner, die Unternehmen im Hinblick auf ihre Auswirkungen auf Mensch und Umwelt stärker in die Verantwortung nehmen wollen. Die in den Jahresberichten offengelegten Nachhaltigkeitsinformationen könnten auch von anderen Interessenträgern genutzt werden. So könnten Geschäftspartner von Unternehmen, einschließlich Kunden, sich auf solche Informationen stützen, um die Nachhaltigkeitsrisiken und -auswirkungen über die gesamte Wertschöpfungskette hinweg zu verstehen und gegebenenfalls darüber Bericht zu erstatten. Politische Entscheidungsträger und Umweltagenturen können diese Informationen – insbesondere in aggregierter Form – nutzen, um ökologische und soziale Entwicklungen zu überwachen, die umweltökonomische Gesamtrechnung zu fördern und die öffentliche Politik zu informieren. Zwar konsultieren nur wenige Einzelpersonen und Verbraucherinnen und Verbraucher die Berichte von Unternehmen direkt, doch könnten

sie die darin enthaltenen Informationen indirekt nutzen, z. B. bei der Prüfung von Empfehlungen oder Stellungnahmen von Finanzberatern oder Nichtregierungsorganisationen. Viele Anleger und Vermögensverwalter erwerben Nachhaltigkeitsinformationen von externen Datenanbietern, die diese verschiedenen Quellen, unter anderem öffentlichen Unternehmensberichten, entnehmen und sammeln.

(9) Die Nachfrage nach Nachhaltigkeitsinformationen von Unternehmen ist in den letzten Jahren sehr stark gestiegen, insbesondere seitens der Anleger. Dieser Anstieg bei der Nachfrage ergibt sich daraus, dass sich die Art der Risiken für Unternehmen im Wandel befindet und das Bewusstsein der Anleger für die finanziellen Auswirkungen dieser Risiken zunimmt. Dies gilt insbesondere für klimabezogene finanzielle Risiken. Gleichzeitig wächst auch das Bewusstsein für Risiken, die sich im Zusammenhang mit sonstigen Umweltfragen sowie sozialen Fragen, einschließlich Gesundheitsfragen, für Unternehmen und Investitionen ergeben. Der Anstieg bei der Nachfrage nach Nachhaltigkeitsinformationen wird auch durch die Zunahme von Anlageprodukten angetrieben, deren erklärtes Ziel es ist, bestimmte Nachhaltigkeitsstandards zu erfüllen oder bestimmte Nachhaltigkeitsziele zu erreichen. Zum Teil ist dieser Anstieg die logische Konsequenz zuvor erlassener Rechtsvorschriften der Union, insbesondere der Verordnung (EU) 2019/2088 und der Verordnung (EU) 2020/852. Angesichts des raschen Wandels im öffentlichen Bewusstsein, bei Verbraucherpräferenzen und Marktpraktiken wäre ein gewisser Anstieg jedoch in jedem Fall eingetreten. Die COVID-19-Pandemie wird dazu führen, dass der Informationsbedarf der Nutzer weiter zunimmt, zumal sie die Schwachstellen im Hinblick auf Erwerbstätige sowie auf Wertschöpfungsketten von Unternehmen offengelegt hat. Informationen zu Umweltauswirkungen sind auch mit Blick auf die Abmilderung künftiger Pandemien relevant, da das Auftreten und die Ausbreitung von Krankheiten zunehmend mit menschenverursachten Störungen von Ökosystemen in Verbindung stehen.

(10) Auch den Unternehmen selbst kommt eine qualitativ hochwertige Berichterstattung zu Nachhaltigkeitsaspekten zugute. Die wachsende Zahl der auf Nachhaltigkeitsziele ausgerichteten Anlageprodukte zeigt, dass Unternehmen durch eine gute Nachhaltigkeitsberichterstattung einen besseren Zugang zu Finanzkapital erlangen können. Die Nachhaltigkeitsberichterstattung kann es Unternehmen erleichtern, die eigenen Risiken und Chancen im Zusammenhang mit Nachhaltigkeitsaspekten zu ermitteln und zu steuern. Sie kann ferner als Grundlage für einen besseren Dialog und eine bessere Kommunikation zwischen Unternehmen und ihren Interessenträgern dienen und Unternehmen zu einem besseren Ruf verhelfen.

(11) Im Bericht über die Überprüfungsklausel der Richtlinie über die Angabe nichtfinanzieller Informationen (Richtlinie 2014/95/EU) und in der dazugehörigen Eignungsprüfung der Berichterstattung von Unternehmen wurden Probleme hinsichtlich der Wirksamkeit der genannten Richtlinie aufgezeigt.[48] Es gibt deutliche Hinweise darauf, dass viele Unternehmen nicht zu allen wichtigen Nachhaltigkeitsthemen wesentliche Informationen offenlegen. In dem Bericht wurden auch die begrenzte Vergleichbarkeit und Zuverlässigkeit von Nachhaltigkeitsinformationen als erhebliche Probleme ausgemacht. Darüber hinaus sind viele Unternehmen, deren Nachhaltigkeitsinformationen Nutzer benötigen würden, nicht zur Meldung solcher Informationen verpflichtet.

[48] Amt für Veröffentlichungen: Bitte Verweis auf den Bericht der Kommission an das Europäische Parlament, den Rat und den Europäischen Wirtschafts- und Sozialausschuss über die Überprüfungsklauseln in den Richtlinien 2013/34/EU, 2014/95/EU und 2013/50/EU und die dazugehörige Arbeitsunterlage der Kommissionsdienststellen – Eignungsprüfung einfügen.

(12) Ohne ein politisches Handeln dürfte die Kluft zwischen dem Informationsbedarf der Nutzer und den von den Unternehmen bereitgestellten Nachhaltigkeitsinformationen wachsen. Diese Kluft hat erhebliche negative Auswirkungen. So sind Anleger nicht in der Lage, Risiken und Chancen im Zusammenhang mit Nachhaltigkeitsfragen bei ihren Anlageentscheidungen hinreichend zu berücksichtigen. Gebündelt können Anlageentscheidungen, bei denen Nachhaltigkeitsrisiken nicht angemessen Rechnung getragen wird, potenziell zu systemischen Risiken und somit zu einer Gefährdung der Finanzstabilität führen. Die Europäische Zentralbank und internationale Organisationen wie der Rat für Finanzstabilität haben auf diese Systemrisiken hingewiesen, insbesondere in Bezug auf Klimafragen. Darüber hinaus ist es so für Anleger schwieriger, Finanzmittel in Unternehmen und Wirtschaftstätigkeiten zu investieren, die soziale und ökologische Probleme nicht verschärfen, sondern zu ihrer Lösung beitragen, wodurch die Ziele des europäischen Grünen Deals und des Aktionsplans zur Finanzierung nachhaltigen Wachstums untergraben werden. Nichtregierungsorganisationen, Sozialpartner, von den Tätigkeiten der Unternehmen betroffene Gemeinschaften und andere Interessenträger sind weniger in der Lage, Unternehmen im Hinblick auf ihre Auswirkungen auf Mensch und Umwelt in die Verantwortung zu nehmen. Dies führt zu einem Mangel an Rechenschaftspflicht und könnte dazu beitragen, dass Bürgerinnen und Bürger weniger Vertrauen in Unternehmen haben, was wiederum negative Auswirkungen auf das reibungslose Funktionieren der sozialen Marktwirtschaft haben könnte. Überdies macht es der Mangel an allgemein anerkannten Parametern und Methoden für die Messung, Bewertung und Bewältigung von Nachhaltigkeitsrisiken für Unternehmen schwieriger, ihre Geschäftsmodelle und Tätigkeiten nachhaltig zu gestalten.

(13) Im Bericht über die Überprüfungsklausel der Richtlinie 2014/95/EU und in der dazugehörigen Eignungsprüfung der Berichterstattung von Unternehmen wurde zudem eine erhebliche Zunahme der an Unternehmen gerichteten Ersuchen

um Informationen zu Nachhaltigkeitsaspekten und damit der Wunsch, die bestehende Informationslücke zu schließen, aufgezeigt. Darüber hinaus dürften die vorherrschenden Erwartungen gegenüber Unternehmen, eine Vielzahl unterschiedlicher Rahmen und Standards zu verwenden, anhalten und sich möglicherweise sogar noch verstärken, da immer mehr Wert auf Nachhaltigkeitsinformationen gelegt wird. Ohne ein politisches Handeln zur Bildung eines Konsens über die von den Unternehmen bereitzustellenden Informationen werden die Kosten und der Aufwand für Bericht erstattende Unternehmen und die Nutzer solcher Informationen erheblich steigen.

(14) Die wachsende Kluft zwischen dem Informationsbedarf der Nutzer und der derzeitigen Berichterstattungspraxis der Unternehmen erhöht die Wahrscheinlichkeit, dass einzelne Mitgliedstaaten zunehmend voneinander abweichende nationale Vorschriften oder Standards einführen werden. Unterschiedliche Berichtsanforderungen in den einzelnen Mitgliedstaaten würden zu zusätzlichen Kosten und mehr Komplexität für grenzüberschreitend tätige Unternehmen führen und somit den Binnenmarkt sowie das Niederlassungsrecht und den freien Kapitalverkehr in der gesamten Union untergraben. Die unterschiedlichen Berichtsanforderungen führen auch dazu, dass gemeldete Informationen grenzübergreifend weniger gut vergleichbar sind, was eine Beeinträchtigung der Kapitalmarktunion zur Folge hat.

(15) Die Artikel 19a und 29a der Richtlinie 2013/34/EU gelten für große Unternehmen von öffentlichem Interesse mit einer durchschnittlichen Mitarbeiterzahl von mehr als 500 bzw. für Unternehmen von öffentlichem Interesse, bei denen es sich um Mutterunternehmen einer großen Gruppe mit einer durchschnittlichen Mitarbeiterzahl von mehr als 500 auf konsolidierter Basis handelt. Angesichts des wachsenden Bedarfs der Nutzer an Nachhaltigkeitsinformationen sollten zusätzliche Kategorien von Unternehmen zur Meldung solcher Informationen verpflichtet werden. Daher sollten sämtliche großen Unternehmen sowie sämtliche an geregelten Märkten notierten Unternehmen, mit Ausnahme von Kleinstunternehmen, dazu verpflichtet werden, detaillierte Nachhaltigkeitsinformationen bereitzustellen. Darüber hinaus sollten alle Unternehmen, die Mutterunternehmen einer großen Gruppe sind, Nachhaltigkeitsberichte auf Gruppenebene erstellen.

(16) Die Anforderung, dass auch nicht börsennotierte große Unternehmen Informationen zu Nachhaltigkeitsaspekten offenlegen sollten, geht in erster Linie auf Bedenken hinsichtlich der Auswirkungen und der Rechenschaftspflicht solcher Unternehmen, auch im Hinblick auf ihre Wertschöpfungsketten, zurück. Für sämtliche großen Unternehmen sollten demnach dieselben Anforderungen zur öffentlichen Meldung von Nachhaltigkeitsinformationen gelten. Darüber hinaus benötigen auch Finanzmarktteilnehmer Informationen von solchen nicht börsennotierten großen Unternehmen.

(17) Die Anforderung, dass auch außerhalb der Union ansässige Unternehmen, deren Wertpapiere an geregelten Märkten notiert sind, Informationen zu Nachhaltigkeitsaspekten offenlegen sollten, geht darauf zurück, dass Finanzmarktteilnehmer die Informationen solcher Unternehmen benötigen, um die Risiken und Auswirkungen ihrer Anlagen zu verstehen und ihre in der Verordnung (EU) 2019/2088 festgelegten Offenlegungspflichten zu erfüllen.

(18) Angesichts der zunehmenden Bedeutung von Nachhaltigkeitsrisiken und unter Berücksichtigung der Tatsache, dass an geregelten Märkten notierte kleine und mittlere Unternehmen (KMU) einen erheblichen Anteil aller börsennotierten Unternehmen in der Union ausmachen, sollten zur Gewährleistung des Anlegerschutzes auch diese KMU verpflichtet werden, Informationen zu Nachhaltigkeitsaspekten offenzulegen. Mit der Einführung dieser Anforderung wird mit dazu beigetragen, dass Finanzmarktteilnehmer auch kleinere börsennotierte Unternehmen in ihre Anlageportfolios aufnehmen können, da diese sodann die von Finanzmarktteilnehmern benötigten Nachhaltigkeitsinformationen bereitstellen. So wird dazu beigetragen, den Zugang kleinerer börsennotierter Unternehmen zu Finanzkapital zu erhalten und zu verbessern und zu vermeiden, dass solche Unternehmen von den Finanzmarktteilnehmern vernachlässigt werden. Die Einführung dieser Anforderung ist überdies erforderlich, um sicherzustellen, dass Finanzmarktteilnehmer über die Informationen verfügen, die sie von den Unternehmen, in die investiert wird, benötigen, um ihre eigenen nachhaltigkeitsbezogenen Offenlegungspflichten gemäß der Verordnung (EU) 2019/2088 erfüllen zu können. Kleinen und mittleren Unternehmen, die an geregelten Märkten notiert sind, sollte jedoch – aufgrund ihrer geringeren Größe und ihrer begrenzten Ressourcen sowie unter Berücksichtigung der schwierigen wirtschaftlichen Umstände infolge der COVID-19-Pandemie – ausreichend Zeit eingeräumt werden, um sich auf die Anwendung der Anforderung zur Meldung von Nachhaltigkeitsinformationen vorzubereiten. Darüber hinaus sollte ihnen die Möglichkeit gegeben werden, sich bei ihrer Berichterstattung nach Standards zu richten, die in einem angemessenen Verhältnis zu den Kapazitäten und Ressourcen von KMU stehen. Nicht börsennotierte KMU können sich zudem dafür entscheiden, diese angemessenen Standards freiwillig anzuwenden. Die KMU-Standards dienen den in den Anwendungsbereich der Richtlinie fallenden Unternehmen als Referenz für den Umfang der Nachhaltigkeitsinformationen, die sie von kleinen und mittleren Zulieferern und Abnehmern entlang ihrer Wertschöpfungsketten vertretbarerweise verlangen können.

(19) Die Richtlinie 2004/109/EG des Europäischen Parlaments und des Rates[49] gilt für alle Unternehmen, deren Wertpapiere an geregelten Märkten notiert sind. Um sicherzustellen, dass alle Unternehmen, deren Wertpapiere an geregelten Märkten notiert sind, einschließlich Emittenten

aus einem Drittland, denselben Anforderungen an die Nachhaltigkeitsberichterstattung unterliegen, sollte die Richtlinie 2004/109/EG die erforderlichen Querverweise auf etwaige Anforderungen an die Nachhaltigkeitsberichterstattung im Jahresfinanzbericht enthalten.

[49] Richtlinie 2004/109/EG des Europäischen Parlaments und des Rates vom 15. Dezember 2004 zur Harmonisierung der Transparenzanforderungen in Bezug auf Informationen über Emittenten, deren Wertpapiere zum Handel auf einem geregelten Markt zugelassen sind, und zur Änderung der Richtlinie 2001/34/EG (ABl. L 390 vom 31.12.2004, S. 38).

(20) Mit Artikel 23 Absatz 4 Unterabsatz 1 Buchstabe i und Artikel 23 Absatz 4 Unterabsatz 4 der Richtlinie 2004/109/EG wird der Kommission jeweils die Befugnis übertragen, Maßnahmen zur Einführung eines Mechanismus für die Feststellung der Gleichwertigkeit von gemäß jener Richtlinie erforderlichen Informationen bzw. zur Aufstellung allgemeiner Äquivalenzkriterien für Rechnungslegungsstandards zu erlassen. Nach Artikel 23 Absatz 4 Unterabsatz 3 der Richtlinie 2004/109/EG ist die Kommission zudem befugt, die notwendigen Beschlüsse über die Gleichwertigkeit der Rechnungslegungsstandards, die von Emittenten mit Sitz in Drittländern angewandt werden, zu fassen. Damit der Erweiterung der Richtlinie 2004/109/EG um Nachhaltigkeitsanforderungen Rechnung getragen ist, sollte der Kommission die Befugnis übertragen werden, einen Mechanismus für die Feststellung der Gleichwertigkeit der von Wertpapieremittenten mit Sitz in Drittländern angewandten Standards für die Nachhaltigkeitsberichterstattung einzurichten. Aus demselben Grund sollte die Kommission zudem die Befugnis erhalten, die notwendigen Beschlüsse über die Gleichwertigkeit der Standards für die Nachhaltigkeitsberichterstattung, die von Emittenten mit Sitz in Drittländern angewandt werden, zu fassen. Durch diese Änderungen werden einheitliche Gleichwertigkeitsregelungen für Nachhaltigkeitsberichterstattungspflichten und Berichtspflichten im Zusammenhang mit dem Jahresfinanzbericht sichergestellt.

(21) Nach Artikel 19a Absatz 3 und Artikel 29a Absatz 3 der Richtlinie 2013/34/EU sind derzeit sämtliche Tochterunternehmen von der Pflicht zur Meldung nichtfinanzieller Informationen befreit, sofern diese Unternehmen und ihre Tochterunternehmen in den konsolidierten Lagebericht ihres Mutterunternehmens einbezogen werden und dieser die geforderten nichtfinanziellen Informationen enthält. Es muss jedoch sichergestellt werden, dass Nachhaltigkeitsinformationen für die Nutzer leicht zugänglich sind, und es muss für Transparenz hinsichtlich der Frage gesorgt werden, welches das auf konsolidierter Ebene Bericht erstattende Mutterunternehmen des befreiten Tochterunternehmens ist. Diese Tochterunternehmen müssen daher verpflichtet werden, den konsolidierten Lagebericht ihres Mutterunternehmens zu veröffentlichen und in ihren eigenen Lagebericht einen Hinweis darauf aufzunehmen, dass sie von der Pflicht zur Meldung von Nachhaltigkeitsinformationen befreit sind. Die Befreiung sollte auch dann gelten, wenn es sich bei dem auf konsolidierter Ebene Bericht erstattenden Mutterunternehmen um ein Unternehmen mit Sitz in einem Drittland handelt, dessen Nachhaltigkeitsberichterstattung den Anforderungen dieser Richtlinie entspricht oder den EU-Standards für die Nachhaltigkeitsberichterstattung gleichwertig ist.

(22) Nach Artikel 23 der Richtlinie 2013/34/EU sind Mutterunternehmen von der Verpflichtung zur Erstellung eines konsolidierten Abschlusses und eines konsolidierten Lageberichts ausgenommen, sofern sie Tochterunternehmen eines anderen Mutterunternehmens sind, das dieser Verpflichtung nachkommt. Es sollte jedoch präzisiert werden, dass die Ausnahmeregelung für konsolidierte Abschlüsse und konsolidierte Lageberichte unabhängig von der Ausnahmeregelung für die konsolidierte Nachhaltigkeitsberichterstattung Anwendung findet. Es ist daher möglich, dass ein Unternehmen von der Verpflichtung zur konsolidierten Finanzberichterstattung, nicht aber von der Verpflichtung zur konsolidierten Nachhaltigkeitsberichterstattung befreit ist, wenn sein oberstes Mutterunternehmen konsolidierte Abschlüsse und konsolidierte Lageberichte im Einklang mit dem Unionsrecht oder – im Fall von Unternehmen mit Sitz in einem Drittland – gemäß gleichwertigen Anforderungen erstellt, jedoch keine konsolidierte Nachhaltigkeitsberichterstattung im Einklang mit dem Unionsrecht oder – im Fall von Unternehmen mit Sitz in einem Drittland – gemäß gleichwertigen Anforderungen vornimmt.

(23) Kreditinstitute und Versicherungsunternehmen spielen beim Übergang zu einem gänzlich nachhaltigen und inklusiven Wirtschafts- und Finanzsystem im Einklang mit dem europäischen Grünen Deal eine entscheidende Rolle. Sie können durch ihre Kreditvergabe-, Anlage- und Versicherungstätigkeiten erhebliche positive und negative Auswirkungen haben. Kreditinstitute und Versicherungsunternehmen, die nicht zur Einhaltung der Richtlinie 2013/34/EU verpflichtet sind, einschließlich Genossenschaften und Gegenseitigkeitsgesellschaften, sollten daher, sofern sie bestimmte Größenkriterien erfüllen, Nachhaltigkeitsberichterstattungspflichten unterliegen. Die Nutzer solcher Informationen würden somit in die Lage versetzt, sowohl die gesellschaftlichen und ökologischen Auswirkungen dieser Unternehmen als auch die sich aus Nachhaltigkeitsaspekten ergebenden Risiken, denen diese Unternehmen ausgesetzt sein könnten, zu bewerten. Zur Gewährleistung der Kohärenz mit den Berichtsanforderungen der Richtlinie 86/635/EWG des Rates über den Jahresabschluss und den konsolidierten Abschluss von Banken und anderen Finanzinstituten[50] können die Mitgliedstaaten in diesem Zusammenhang beschließen, die Anforderungen an die Nachhaltigkeitsberichterstattung nicht auf die in Artikel 2 Absatz 5 der Richtlinie 2013/36/

EU des Europäischen Parlaments und des Rates[51] genannten Kreditinstitute anzuwenden.

[50] Richtlinie 86/635/EWG des Rates vom 8. Dezember 1986 über den Jahresabschluss und den konsolidierten Abschluss von Banken und anderen Finanzinstituten (ABl. L 372 vom 31.12.1986, S. 1).

[51] Richtlinie 2013/36/EU des Europäischen Parlaments und des Rates vom 26. Juni 2013 über den Zugang zur Tätigkeit von Kreditinstituten und die Beaufsichtigung von Kreditinstituten und Wertpapierfirmen, zur Änderung der Richtlinie 2002/87/EG und zur Aufhebung der Richtlinien 2006/48/EG und 2006/49/EG (ABl. L 176 vom 27.6.2013, S. 338).

(24) Die Liste der Nachhaltigkeitsaspekte, über die Unternehmen Bericht erstatten müssen, sollte so weit wie möglich im Einklang mit der Bestimmung des Begriffs „Nachhaltigkeitsfaktoren" im Sinne der Verordnung (EU) 2019/2088 stehen. Diese Liste sollte zudem den Bedürfnissen und Erwartungen der Nutzer sowie der Unternehmen selbst entsprechen, die zur Kategorisierung der drei wichtigsten Nachhaltigkeitsaspekte häufig die Begriffe „Umwelt", „Soziales" und „Unternehmensführung" verwenden. Der Aspekt der Unternehmensführung wird in der in der Verordnung (EU) 2019/2088 festgelegten der Liste der Nachhaltigkeitsfaktoren nicht ausdrücklich aufgeführt. Die nähere Bestimmung der Nachhaltigkeitsaspekte in der Richtlinie 2013/34/EU sollte daher auf der Bestimmung des Begriffs „Nachhaltigkeitsfaktoren" im Sinne der Verordnung (EU) 2019/2088 beruhen, wobei jedoch der Aspekt der Unternehmensführung hinzugefügt werden sollte.

(25) Nach Artikel 19a und Artikel 29a der Richtlinie 2013/34/EU muss die Berichterstattung nicht nur Angaben umfassen, „die für das Verständnis des Geschäftsverlaufs, des Geschäftsergebnisses, der Lage des Unternehmens" erforderlich sind, sondern auch Angaben, die für das Verständnis der Auswirkungen der Tätigkeiten des Unternehmens im Hinblick auf Umwelt-, Sozial-, und Arbeitnehmerbelange, die Achtung der Menschenrechte und die Bekämpfung von Korruption und Bestechung erforderlich sind. Nach diesen Artikeln sind Unternehmen daher verpflichtet, sowohl über die Auswirkungen verschiedener Nachhaltigkeitsaspekte auf das Unternehmen als auch über die Auswirkungen der Tätigkeiten des Unternehmens auf Mensch und Umwelt Bericht zu erstatten. Dies wird als Konzept der doppelten Wesentlichkeit bezeichnet, bei dem die Risiken für das Unternehmen sowie dessen Auswirkungen jeweils einen Wesentlichkeitsaspekt darstellen. Die Eignungsprüfung der Berichterstattung von Unternehmen zeigt, dass diese beiden Aspekte häufig nicht korrekt verstanden oder angewandt werden. Daher muss klargestellt werden, dass Unternehmen jeden Wesentlichkeitsaspekt eigenständig betrachten und sowohl Informationen, die nach beiden Aspekten wesentlich sind, als auch Informationen offenlegen sollten, die nur nach einem Aspekt wesentlich sind.

(26) Nach Artikel 19a Absatz 1 und Artikel 29a Absatz 1 der Richtlinie 2013/34/EU müssen Unternehmen Informationen zu fünf Berichterstattungsbereichen offenlegen: Geschäftsmodell, Konzepte (einschließlich der angewandten Due-Diligence-Prozesse), Ergebnisse dieser Konzepte, Risiken und deren Handhabung sowie wichtigste Leistungsindikatoren, die für die betreffende Geschäftstätigkeit von Bedeutung sind. Artikel 19a Absatz 1 der Richtlinie 2013/34/EU enthält keine ausdrücklichen Verweise auf andere Berichterstattungsbereiche, die Nutzer von Informationen für relevant halten und von denen einige mit Offenlegungen in internationalen Rahmenwerken, einschließlich der Empfehlungen der Taskforce „Klimabezogene Finanzinformationen", im Einklang stehen. Die Offenlegungspflichten sollten hinreichend spezifiziert werden, um sicherzustellen, dass Unternehmen Informationen über ihre Widerstandsfähigkeit gegenüber Nachhaltigkeitsrisiken melden. Zusätzlich zu den in Artikel 19a Absatz 1 und Artikel 29a Absatz 1 der Richtlinie 2013/34/EU genannten Berichterstattungsbereichen sollten Unternehmen daher zur Offenlegung von Informationen zu folgenden Bereichen und Fragen verpflichtet werden: Geschäftsstrategie und Widerstandsfähigkeit des Geschäftsmodells und der Strategie gegenüber Nachhaltigkeitsrisiken, etwaige Pläne, mit denen die Vereinbarkeit ihres Geschäftsmodells und ihrer Geschäftsstrategie mit dem Übergang zu einer nachhaltigen und klimaneutralen Wirtschaft sichergestellt werden soll; ob und wie ihr Geschäftsmodell und ihre Geschäftsstrategie den Interessen der Interessenträger Rechnung tragen; etwaige Chancen des Unternehmens im Zusammenhang mit Nachhaltigkeitsaspekten; Umsetzung jener Aspekte der Geschäftsstrategie, die Auswirkungen auf Nachhaltigkeitsaspekte haben oder von Nachhaltigkeitsaspekten betroffen sind; etwaige Nachhaltigkeitsziele des Unternehmens und diesbezüglich erzielte Fortschritte; die Rolle des Verwaltungsrats und der Geschäftsleitung im Hinblick auf Nachhaltigkeitsaspekte; die wesentlichen – tatsächlichen und potenziellen – nachteiligen Auswirkungen im Zusammenhang mit den Tätigkeiten des Unternehmens; wie das Unternehmen die Informationen, die Gegenstand der Berichterstattung sind, ermittelt. Sobald die Offenlegung von Elementen wie den Zielen und den diesbezüglich erzielten Fortschritten verpflichtend eingeführt wird, wird die gesonderte Verpflichtung zur Offenlegung der Ergebnisse von Konzepten hinfällig.

(27) Zur Gewährleistung der Kohärenz mit internationalen Instrumenten wie den Leitprinzipien der Vereinten Nationen für Wirtschaft und Menschenrechte und den OECD-Leitsätzen für die Erfüllung der Sorgfaltspflicht für verantwortungsvolles unternehmerisches Handeln sollten die Offenlegungspflichten im Hinblick auf Due-Diligence-Prozesse genauer spezifiziert werden, als dies in Artikel 19a Absatz 1 Buchstabe b und Artikel 29a Absatz 1 Buchstabe b der Richtlinie 2013/34/EU aktuell der Fall ist. Due-Diligence-Prozesse werden von Unternehmen mit dem Ziel durchgeführt, die wesentlichen – tatsächlichen und potenziellen – nachteiligen Auswirkungen im Zusammenhang mit ihren Tätigkeiten zu ermitteln, zu verhüten, zu

mildern bzw. wiedergutzumachen; dabei wird auch ermittelt, wie die Unternehmen diesen nachteiligen Auswirkungen begegnen. Die Auswirkungen im Zusammenhang mit den Tätigkeiten eines Unternehmens schließen die unmittelbar vom Unternehmen verursachten Auswirkungen, die Auswirkungen, zu denen das Unternehmen beiträgt, sowie jene Auswirkungen ein, die anderweitig mit der Wertschöpfungskette des Unternehmens zusammenhängen. Der Due-Diligence-Prozess deckt die gesamte Wertschöpfungskette des Unternehmens ab, einschließlich seiner eigenen Tätigkeiten, seiner Produkte und Dienstleistungen, seiner Geschäftsbeziehungen und seiner Lieferketten. Im Einklang mit den Leitprinzipien der Vereinten Nationen für Wirtschaft und Menschenrechte sind tatsächliche oder potenzielle nachteilige Auswirkungen als wesentlich anzusehen, wenn sie im Hinblick auf die nachstehenden Faktoren zu den größten Auswirkungen im Zusammenhang mit den Tätigkeiten des betreffenden Unternehmens zählen: Schwere der Auswirkungen auf Mensch oder Umwelt; Anzahl der Personen, die betroffen sind oder betroffen sein könnten, bzw. Ausmaß der Umweltschäden; Aufwand, der erforderlich ist, um die Schäden zu beheben und – mit Blick auf die Umwelt bzw. die betroffenen Menschen – den ursprünglichen Zustand wiederherzustellen.

(28) Nach der Richtlinie 2013/34/EU ist die Offenlegung von Informationen über immaterielle Faktoren, bei denen es sich nicht um in der Bilanz angesetzte immaterielle Anlagewerte handelt, nicht erforderlich. Es ist weithin anerkannt, dass über Informationen zu immateriellen Anlagewerten und anderen immateriellen Faktoren, einschließlich intern geschaffener immaterieller Faktoren, in zu geringem Maße Bericht erstattet wird, wodurch eine ordnungsgemäße Bewertung des Geschäftsverlaufs, des Geschäftsergebnisses und der Lage eines Unternehmens sowie die Überwachung von Anlagen erschwert wird. Um Anlegern ein besseres Verständnis der bei zahlreichen Unternehmen und in vielen Wirtschaftszweigen zunehmend beobachteten Diskrepanz zwischen Buchwert und Marktbewertung zu verschaffen, sollte eine angemessene Berichterstattung über immaterielle Faktoren verlangt werden. Daher müssen Unternehmen verpflichtet werden, Informationen über immaterielle Faktoren, bei denen es sich nicht um in der Bilanz angesetzte immaterielle Anlagewerte handelt, wie etwa über intellektuelles und Humankapital, einschließlich der Entwicklung von Kompetenzen, sowie über soziales und Beziehungskapital, einschließlich Reputationskapital, offenzulegen. Solche Informationen über immaterielle Faktoren sollten auch Informationen im Zusammenhang mit Forschung und Entwicklung umfassen.

(29) In Artikel 19a Absatz 1 und Artikel 29a Absatz 1 der Richtlinie 2013/34/EU wird nicht spezifiziert, ob die zu meldenden Informationen zukunftsbezogen sein oder frühere Entwicklungen betreffen sollen. Derzeit ist ein Mangel an zukunftsbezogenen Offenlegungen zu verzeichnen, die von Nutzern von Nachhaltigkeitsinformationen besonders geschätzt werden. In Artikel 19a und Artikel 29a der Richtlinie 2013/34/EU sollte daher spezifiziert werden, dass die bereitgestellten Nachhaltigkeitsinformationen sowohl zukunfts- als auch vergangenheitsbezogene und sowohl qualitative als auch quantitative Informationen umfassen müssen. Die bereitgestellten Nachhaltigkeitsinformationen sollten zudem kurz-, mittel- und langfristige Zeiträume abdecken und Informationen zur gesamten Wertschöpfungskette des Unternehmens, einschließlich – je nach Bedarf – seiner eigenen Tätigkeiten, seiner Produkte und Dienstleistungen, seiner Geschäftsbeziehungen und seiner Lieferketten, enthalten. Informationen zur gesamten Wertschöpfungskette des Unternehmens würden sowohl Informationen zu dessen Wertschöpfungskette in der EU als auch Informationen in Bezug auf Drittländer umfassen, sofern die Wertschöpfungskette des Unternehmens über die Grenzen der EU hinausgeht.

(30) Nach Artikel 19a Absatz 1 und Artikel 29a Absatz 1 der Richtlinie 2013/34/EU müssen Unternehmen in ihre nichtfinanzielle Berichterstattung auch Hinweise auf im Jahresabschluss ausgewiesene Beträge und zusätzliche Erläuterungen dazu aufnehmen. Nach diesen Artikeln sind Unternehmen jedoch nicht dazu verpflichtet, im Lagebericht auf andere Informationen hinzuweisen oder solche Informationen um zusätzliche Erläuterungen zu ergänzen. Folglich mangelt es derzeit an Kohärenz zwischen den gemeldeten nichtfinanziellen Informationen und den übrigen im Lagebericht offengelegten Informationen. Es ist erforderlich, diesbezüglich klare Anforderungen festzulegen.

(31) Nach Artikel 19a Absatz 1 und Artikel 29a Absatz 1 der Richtlinie 2013/34/EU müssen Unternehmen, die in Bezug auf einen oder mehrere der aufgeführten Belange kein Konzept verfolgen, eine klare und begründete Erklärung dafür vorlegen. Dass Offenlegungen zu den etwaigen bestehenden Konzepten von Unternehmen anders behandelt werden als Offenlegungen in den anderen in diesen Artikeln aufgeführten Berichterstattungsbereichen, hat bei den Bericht erstattenden Unternehmen für Verwirrung gesorgt und keineswegs zur Verbesserung der Qualität der gemeldeten Informationen beigetragen. Es ist daher nicht erforderlich, diese unterschiedliche Behandlung von Konzepten in der Richtlinie beizubehalten. In den Standards wird festgelegt, welche Informationen für jeden der in den Artikeln 19a und 29a genannten Berichterstattungsbereiche offengelegt werden müssen.

(32) Unternehmen, die in den Anwendungsbereich von Artikel 19a Absatz 1 und Artikel 29a Absatz 1 der Richtlinie 2013/34/EU fallen, können sich auf nationale, unionsbasierte oder internationale Rahmenwerke für die Berichterstattung stützen und haben, wenn sie hiervon Gebrauch machen, anzugeben, auf welche Rahmenwerke sie sich gestützt haben. Nach der Richtlinie 2013/34/EU sind Unternehmen jedoch nicht dazu verpflichtet, einen gemeinsamen Rahmen oder Standard für die Berichterstattung zu verwenden, und ist es Unternehmen nicht untersagt, überhaupt keine Rahmenwerke

oder Standards für die Berichterstattung zu verwenden. Gemäß Artikel 2 der Richtlinie 2014/95/EU veröffentlichte die Kommission im Jahr 2017 unverbindliche Leitlinien[52] für in den Anwendungsbereich jener Richtlinie fallende Unternehmen. 2019 veröffentlichte die Kommission zusätzliche Leitlinien[53], die insbesondere die klimabezogene Berichterstattung zum Gegenstand hatten. In den Leitlinien für die klimabezogene Berichterstattung fanden die Empfehlungen der Taskforce „Klimabezogene Finanzinformationen" ausdrückliche Berücksichtigung. Die verfügbaren Informationen deuten darauf hin, dass diese unverbindlichen Leitlinien keine wesentlichen Auswirkungen auf die Qualität der nichtfinanziellen Berichterstattung von in den Anwendungsbereich von Artikel 19a und Artikel 29a der Richtlinie 2013/34/EU fallenden Unternehmen hatten. Angesichts des unverbindlichen Charakters der Leitlinien steht es den Unternehmen frei, diese anzuwenden oder nicht. Die Leitlinien allein können daher weder die Vergleichbarkeit der von verschiedenen Unternehmen offengelegten Informationen noch die Offenlegung sämtlicher von den Nutzern für relevant erachteten Informationen gewährleisten. Deshalb sind verbindliche gemeinsame Standards für die Berichterstattung erforderlich, um sicherzustellen, dass die Informationen vergleichbar sind und alle relevanten Informationen offengelegt werden. Aufbauend auf dem Grundsatz der doppelten Wesentlichkeit sollten die Standards alle Informationen abdecken, die für Nutzer wesentlich sind. Gemeinsame Standards für die Berichterstattung sind überdies erforderlich, um die Prüfung und Digitalisierung der Nachhaltigkeitsberichterstattung zu ermöglichen und deren Beaufsichtigung und Durchsetzung zu erleichtern. Die Entwicklung verbindlicher gemeinsamer Standards für die Nachhaltigkeitsberichterstattung ist notwendig, um zu erreichen, dass Nachhaltigkeitsinformationen einen vergleichbaren Status haben wie Finanzinformationen.

[52] Mitteilung der Kommission – *Leitlinien für die Berichterstattung über nichtfinanzielle Informationen (Methode zur Berichterstattung über nichtfinanzielle Informationen)* (C/2017/4234).

[53] Mitteilung der Kommission – *Leitlinien für die Berichterstattung über nichtfinanzielle Informationen: Nachtrag zur klimabezogenen Berichterstattung* (C/2019/4490).

(33) Kein bestehender Standard und kein bestehendes Rahmenwerk entsprechen den Bedürfnissen der Union im Hinblick auf eine detaillierte Nachhaltigkeitsberichterstattung. Die nach der Richtlinie 2013/34/EU erforderlichen Informationen müssen Informationen, die für beide Wesentlichkeitsaspekte relevant sind, umfassen, sämtliche Nachhaltigkeitsaspekte abdecken und gegebenenfalls mit anderen nach dem Unionsrecht bestehenden Verpflichtungen zur Offenlegung von Nachhaltigkeitsinformationen, einschließlich der in den Verordnungen (EU) 2020/852 und (EU) 2019/2088 vorgesehenen Verpflichtungen, in Einklang gebracht werden. Darüber hinaus müssen solche verbindlichen Standards für die Nachhaltigkeitsberichterstattung von Unternehmen in der Union den Zielsetzungen des europäischen Grünen Deals sowie dem Ziel der Union, bis 2050 Klimaneutralität zu erreichen, gerecht werden. Der Kommission muss daher die Befugnis übertragen werden, EU-Standards für die Nachhaltigkeitsberichterstattung anzunehmen, damit diese rasch verabschiedet werden können und sichergestellt ist, dass der Inhalt dieser Standards für die Nachhaltigkeitsberichterstattung den Bedürfnissen der Union entspricht.

(34) Die Europäische Beratergruppe für Rechnungslegung (EFRAG) ist eine nach belgischem Recht gegründete Vereinigung ohne Gewinnerzielungsabsicht, die dem öffentlichen Interesse dient, indem sie die Kommission bei der Übernahme internationaler Rechnungslegungsstandards berät. Die EFRAG genießt den Ruf eines europäischen Kompetenzzentrums für Unternehmensberichterstattung und ist gut aufgestellt, um die Koordinierung zwischen europäischen Standards für die Nachhaltigkeitsberichterstattung und internationalen Initiativen zur Entwicklung weltweit einheitlicher Standards zu fördern. Im März 2021 veröffentlichte eine von der EFRAG eingesetzte Arbeitsgruppe verschiedener Interessenträger Empfehlungen für die mögliche Entwicklung von Standards für die Nachhaltigkeitsberichterstattung für die Europäische Union. Diese Empfehlungen enthalten Vorschläge zur Entwicklung kohärenter und umfassender Standards für die Berichterstattung, die gemäß dem Konzept der doppelten Wesentlichkeit sämtliche Nachhaltigkeitsaspekte abdecken. Die Empfehlungen enthalten zudem einen detaillierten Fahrplan für die Entwicklung solcher Standards sowie Vorschläge für eine auf gegenseitigen Nutzen ausgelegte Zusammenarbeit zwischen globalen Standardsetzungsinitiativen und Standardsetzungsinitiativen der EU. Im März 2021 veröffentlichte der Präsident der EFRAG für den Fall, dass die EFRAG zur Ausarbeitung technischer Empfehlungen für Standards für die Nachhaltigkeitsberichterstattung aufgefordert werden sollte, Empfehlungen für mögliche Änderungen an der Governance der EFRAG. Diese Empfehlungen betreffen unter anderem die Errichtung einer neuen Säule der Nachhaltigkeitsberichterstattung innerhalb der EFRAG, wobei an der bestehenden Säule der Rechnungslegung keine wesentlichen Änderungen vorgenommen werden sollen. Bei der Annahme von Standards für die Nachhaltigkeitsberichterstattung sollte die Kommission technische Empfehlungen berücksichtigen, die von der EFRAG ausarbeiten werden. Zur Gewährleistung hochwertiger Standards, die zum europäischen Gemeinwohl beitragen und den Bedürfnissen der Unternehmen und der Nutzer der bereitgestellten Informationen entsprechen, sollten die technischen Empfehlungen der EFRAG in einem einwandfreien Verfahren mit angemessener öffentlicher Aufsicht und Transparenz, einschließlich Kosten-Nutzen-Analysen, erarbeitet und mithilfe des Fachwissens einschlägiger Interessenträger weiterentwickelt werden. Um sicherzustellen, dass die Standards der Union für die Nachhaltigkeitsberichterstattung den Standpunkten der EU-Mitgliedstaaten Rechnung

tragen, sollte die Kommission vor der Annahme der Standards die in Artikel 24 der Verordnung (EU) 2020/852 genannte Sachverständigengruppe der Mitgliedstaaten für nachhaltiges Finanzwesen zu den technischen Empfehlungen der EFRAG konsultieren. Die Europäische Wertpapier- und Marktaufsichtsbehörde (ESMA) ist gemäß der Verordnung (EU) 2019/2088 an der Ausarbeitung technischer Regulierungsstandards beteiligt, und zwischen diesen technischen Regulierungsstandards und den Standards für die Nachhaltigkeitsberichterstattung muss Kohärenz bestehen. Gemäß der Verordnung (EU) Nr. 1095/2010 des Europäischen Parlaments und des Rates[54] trägt die ESMA auch zur Förderung der aufsichtlichen Konvergenz bei der Durchsetzung der Unternehmensberichterstattung von Emittenten bei, deren Wertpapiere nicht an geregelten Märkten in der EU notiert sind und die zur Anwendung dieser Standards für die Nachhaltigkeitsberichterstattung gehalten sein werden. Daher sollte die ESMA verpflichtet werden, eine Stellungnahme zu den technischen Empfehlungen der EFRAG abzugeben. Diese Stellungnahme sollte innerhalb von zwei Monaten nach Eingang des entsprechenden Antrags der Kommission vorgelegt werden. Darüber hinaus sollte die Kommission die Europäische Bankenaufsichtsbehörde, die Europäische Aufsichtsbehörde für das Versicherungswesen und die betriebliche Altersversorgung, die Europäische Umweltagentur, die Agentur der Europäischen Union für Grundrechte, die Europäische Zentralbank, den Ausschuss der Europäischen Aufsichtsstellen für Abschlussprüfer und die Plattform für ein nachhaltiges Finanzwesen konsultieren, um sicherzustellen, dass die Standards für die Nachhaltigkeitsberichterstattung mit den einschlägigen Strategien und Rechtsvorschriften der Union im Einklang stehen. Beschließt eine dieser Stellen, eine Stellungnahme zu übermitteln, so legt sie diese binnen zwei Monaten nach ihrer Konsultation durch die Kommission vor.

[54] Verordnung (EU) Nr. 1095/2010 des Europäischen Parlaments und des Rates vom 24. November 2010 zur Errichtung einer Europäischen Aufsichtsbehörde (Europäische Wertpapier- und Marktaufsichtsbehörde), zur Änderung des Beschlusses Nr. 716/2009/EG und zur Aufhebung des Beschlusses 2009/77/EG der Kommission (ABl. L 331 vom 15.12.2010, S. 84).

(35) Die Standards für die Nachhaltigkeitsberichterstattung sollten mit anderen Rechtsvorschriften der Union im Einklang stehen. Diese Standards sollten insbesondere an die in der Verordnung (EU) 2019/2088 festgelegten Offenlegungspflichten angepasst werden und die zugrunde liegenden Indikatoren und Methoden, die in den verschiedenen gemäß der Verordnung (EU) 2020/852 erlassenen delegierten Rechtsakten festgelegt sind, genauso berücksichtigen wie die gemäß der Verordnung (EU) 2016/1011 des Europäischen Parlaments und des Rates[55] für Referenzwert-Administratoren geltenden Offenlegungspflichten, die Mindeststandards für EU-Referenzwerte für den klimabedingten Wandel und für Paris-abgestimmte EU-Referenzwerte sowie alle Arbeiten der Europäischen Bankenaufsichtsbehörde zur Umsetzung der Säule-III-Offenlegungspflichten nach der Verordnung (EU) Nr. 575/2013. Die Standards sollten den Umweltvorschriften der Union, einschließlich der Richtlinie 2003/87/EG des Europäischen Parlaments und des Rates[56] und der Verordnung (EG) Nr. 1221/2009 des Europäischen Parlaments und des Rates[57], sowie auch der Empfehlung 2013/179/EU der Kommission[58] und deren Anhängen, einschließlich ihrer aktualisierten Fassungen, Rechnung tragen. Andere einschlägige Rechtsvorschriften der Union, einschließlich der Richtlinie 2010/75/EU des Europäischen Parlaments und des Rates[59], sowie die gemäß dem Unionsrecht für Unternehmen geltenden Anforderungen im Hinblick auf die Pflichten von Vorständen und Sorgfaltspflichten sollten ebenfalls berücksichtigt werden.

[55] Verordnung (EU) 2016/1011 des Europäischen Parlaments und des Rates vom 8. Juni 2016 über Indizes, die bei Finanzinstrumenten und Finanzkontrakten als Referenzwert oder zur Messung der Wertentwicklung eines Investmentfonds verwendet werden, und zur Änderung der Richtlinien 2008/48/EG und 2014/17/EU sowie der Verordnung (EU) Nr. 596/2014 (ABl. L 171 vom 29.6.2016, S. 1).
[56] Richtlinie 2003/87/EG des Europäischen Parlaments und des Rates vom 13. Oktober 2003 über ein System für den Handel mit Treibhausgasemissionszertifikaten in der Gemeinschaft und zur Änderung der Richtlinie 96/61/EG des Rates (ABl. L 275 vom 25.10.2003, S. 32).
[57] Verordnung (EG) Nr. 1221/2009 des Europäischen Parlaments und des Rates vom 25. November 2009 über die freiwillige Teilnahme von Organisationen an einem Gemeinschaftssystem für Umweltmanagement und Umweltbetriebsprüfung (EMAS) und zur Aufhebung der Verordnung (EG) Nr. 761/2001, sowie der Beschlüsse der Kommission 2001/681/EG und 2006/193/EG (ABl. L 342 vom 22.12.2009, S. 1).
[58] Empfehlung 2013/179/EU der Kommission vom 9. April 2013 für die Anwendung gemeinsamer Methoden zur Messung und Offenlegung der Umweltleistung von Produkten und Organisationen (ABl. L 124 vom 4.5.2013, S. 1).
[59] Richtlinie 2010/75/EU des Europäischen Parlaments und des Rates vom 24. November 2010 über Industrieemissionen (integrierte Vermeidung und Verminderung der Umweltverschmutzung) (ABl. L 334 vom 17.12.2010, S. 17).

(36) Die Standards für die Nachhaltigkeitsberichterstattung sollten den Leitlinien der Kommission für die Berichterstattung über nichtfinanzielle Informationen[60] sowie den Leitlinien der Kommission für die klimabezogenen Berichterstattung[61] Rechnung tragen. Sie sollten auch anderen in der Richtlinie 2013/34/EU vorgesehenen Berichtsanforderungen Rechnung tragen, die nicht unmittelbar Nachhaltigkeitsaspekte betreffen, damit den Nutzern der bereitgestellten Informationen – durch engere Verknüpfungen zwischen Nachhaltigkeitsinformationen und anderen gemäß der Richtlinie 2013/34/EU bereitzustellenden Informationen – ein besseres Verständnis des Geschäftsverlaufs, des Geschäftsergebnisses, der Lage des Unternehmens sowie der Auswirkungen seiner Tätigkeit vermittelt wird.

[60] 2017/C 215/01.
[61] 2019/C 209/01.

(37) Die Standards für die Nachhaltigkeitsberichterstattung sollten verhältnismäßig sein und den Unternehmen, die sie anwenden müssen, keinen unnötigen Verwaltungsaufwand auferlegen.

Damit Unternehmen, die bereits Nachhaltigkeitsinformationen bereitstellen, so geringe Störungen wie möglich entstehen, sollten die Standards für die Nachhaltigkeitsberichterstattung gegebenenfalls bereits bestehende Standards und Rahmenwerke für nachhaltigkeitsbezogene Berichterstattung und Rechnungslegung berücksichtigen. Dazu gehören die Global Reporting Initiative, das Sustainability Accounting Standards Board, der International Integrated Reporting Council, das International Accounting Standards Board, die Taskforce „Klimabezogene Finanzinformationen", das Carbon Disclosure Standards Board und CDP (früher Carbon Disclosure Project). Die Standards der Europäischen Union sollten sämtlichen Standards für die Nachhaltigkeitsberichterstattung Rechnung tragen, die unter der Schirmherrschaft der International Financial Reporting Standards Foundation entwickelt wurden. Zur Vermeidung einer unnötigen regulatorischen Fragmentierung, die negative Folgen für weltweit tätige Unternehmen haben könnte, sollten europäische Standards auf globaler Ebene zur Konvergenz der Standards für die Nachhaltigkeitsberichterstattung beitragen.

(38) Um einen angemessenen Umgang mit Umweltrisiken zu gewährleisten, für angemessene Klimaschutzmöglichkeiten zu sorgen und die damit verbundenen Transaktionskosten zu senken, verpflichtete sich die Europäische Kommission in ihrer Mitteilung über den europäischen Grünen Deal, Unternehmen und andere Interessenträger bei der Entwicklung standardisierter Verfahren für die Naturkapitalbilanzierung in der EU und auf internationaler Ebene zu unterstützen. Im Rahmen des mit Mitteln aus dem LIFE-Programm geförderten Projekts „Transparent" wird eine erste Methodik für die Naturkapitalbilanzierung entwickelt, mit der Vergleichbarkeit und Transparenz der bestehenden Methoden verbessert und Hemmnisse für die Unternehmen gegenüber einer Einführung und Nutzung von Systemen zur zukunftssicheren Gestaltung ihrer Geschäftstätigkeiten abgebaut werden sollen. Das Natural Capital Protocol ist in diesem Zusammenhang ebenfalls eine wichtige Referenz. Zwar dienen die Methoden für die Naturkapitalbilanzierung in erster Linie der Untermauerung interner strategischer Entscheidungen, doch sollten sie auch bei der Festlegung von Standards für die Nachhaltigkeitsberichterstattung gebührend berücksichtigt werden. Einige Methoden der Naturkapitalbilanzierung zielen darauf ab, die Auswirkungen von Unternehmenstätigkeiten auf die Umwelt anhand eines monetären Werts auszudrücken; dies könnte den Nutzern dabei helfen, diese Auswirkungen besser zu verstehen. Standards für die Nachhaltigkeitsberichterstattung sollten daher monetäre Indikatoren für Nachhaltigkeitsauswirkungen einschließen können, sofern dies für notwendig erachtet wird.

(39) Standards für die Nachhaltigkeitsberichterstattung sollten auch international anerkannten Grundsätzen und Rahmenbestimmungen für verantwortungsvolles unternehmerisches Handeln, soziale Verantwortung von Unternehmen und nachhaltige Entwicklung Rechnung tragen, wie etwa den Zielen der Vereinten Nationen für nachhaltige Entwicklung, den Leitprinzipien der Vereinten Nationen für Wirtschaft und Menschenrechte, den OECD-Leitsätzen für multinationale Unternehmen, den OECD-Leitsätzen zur Erfüllung der Sorgfaltspflicht zur Förderung verantwortungsvollen unternehmerischen Handelns und damit verbundenen sektoralen Leitlinien, dem Global Compact der Vereinten Nationen, der Trilateralen Grundsatzerklärung der Internationalen Arbeitsorganisation zu multinationalen Unternehmen und zur Sozialpolitik, der ISO-Norm 26000 „Leitfaden zur gesellschaftlichen Verantwortung" und den Grundsätzen der Vereinten Nationen für verantwortungsvolle Investitionen.

(40) Die von den Unternehmen gemäß den Standards für die Nachhaltigkeitsberichterstattung gemeldeten Informationen sollten den Bedürfnissen der Nutzer entsprechen. In den Standards für die Berichterstattung sollte daher festgelegt werden, welche Informationen die Unternehmen zu den wichtigen Umweltfaktoren offenlegen müssen, einschließlich Angaben zu ihren Auswirkungen auf Klima, Luft, Boden, Wasser und biologische Vielfalt und damit verbundenen Abhängigkeiten. Die Verordnung (EU) 2020/852 enthält eine Klassifizierung der Umweltziele der Union. Aus Gründen der Kohärenz empfiehlt es sich, bei der Ermittlung der Umweltfaktoren, auf die Standards für die Nachhaltigkeitsberichterstattung Bezug nehmen sollten, eine ähnliche Klassifizierung zu verwenden. In den Standards für die Berichterstattung sollten alle geografischen und sonstigen kontextbezogenen Informationen berücksichtigt und präzisiert werden, die Unternehmen offenlegen sollten, um ein besseres Verständnis der wichtigsten nachhaltigkeitsrelevanten Auswirkungen ihrer Tätigkeiten und der größten Risiken, denen sie im Zusammenhang mit Nachhaltigkeitsaspekten ausgesetzt sind, zu vermitteln.

(41) Klimabezogene Informationen sind bei den Nutzern insbesondere im Hinblick auf physische Risiken und Übergangsrisiken sowie die Widerstandsfähigkeit der Unternehmen in verschiedenen Klimaszenarien gefragt. Ferner interessieren sie sich für Angaben zu Menge und Umfang der dem Unternehmen zugeordneten Emissionen und des erreichten Abbaus von Treibhausgasen, einschließlich des Umfangs, in dem das Unternehmen Kompensationen nutzt, und der Quelle, aus der diese stammen. Um eine klimaneutrale Wirtschaft zu erreichen, müssen Standards für die Anrechnung und Kompensation von Treibhausgasemissionen aufeinander abgestimmt werden. Doppelzählungen und Überbewertungen bergen Risiken für das Erreichen klimabezogener Ziele, weshalb die Nutzer zuverlässige Informationen über Kompensationen benötigen, bei denen Bedenken hinsichtlich möglicher Doppelzählungen und Überbewertungen Rechnung getragen wird. Daher sollte in den Standards für die Berichterstattung festgelegt werden, welche Informationen die Unternehmen in Bezug auf diese Aspekte melden sollten.

(42) Die Ziele einer klimaneutralen Kreislaufwirtschaft und einer schadstofffreien Umwelt können nur erreicht werden, wenn es gelingt, sämtliche Wirtschaftszweige uneingeschränkt zu mobilisieren. Die Verringerung des Energieverbrauchs und die Steigerung der Energieeffizienz sind in diesem Zusammenhang von entscheidender Bedeutung, da Energie über Lieferketten hinweg genutzt wird. Daher sollten in den Standards für die Nachhaltigkeitsberichterstattung Energieaspekte, insbesondere im Zusammenhang mit umweltrelevanten Aspekten, gebührend berücksichtigt werden.

(43) In den Standards für die Nachhaltigkeitsberichterstattung sollte festgelegt werden, welche Informationen Unternehmen zu sozialen Faktoren, einschließlich Arbeitnehmerfaktoren und Menschenrechten, offenlegen sollten. Diese Informationen sollten die Auswirkungen der Unternehmen auf Menschen, einschließlich der Auswirkungen auf die menschliche Gesundheit, abdecken. Die Informationen, die Unternehmen über Menschenrechte offenlegen, sollten gegebenenfalls auch Angaben über Zwangsarbeit in ihren Wertschöpfungsketten umfassen. In Standards für die Berichterstattung, die sich mit sozialen Faktoren befassen, sollte präzisiert werden, welche Informationen Unternehmen im Hinblick auf für sie relevante Grundsätze der europäischen Säule sozialer Rechte offenlegen sollten, einschließlich Angaben zur Chancengleichheit für alle und zu den Arbeitsbedingungen. In dem im März 2021 angenommenen Aktionsplan zur europäischen Säule sozialer Rechte werden strengere Anforderungen bezüglich der Berichterstattung der Unternehmen über soziale Fragen gefordert. In den Standards für die Berichterstattung sollte auch festgelegt werden, welche Informationen Unternehmen in Bezug auf die Menschenrechte, Grundfreiheiten, demokratischen Grundsätze und Normen offenlegen sollten, die in der Internationalen Charta der Menschenrechte und anderen grundlegenden Menschenrechtsübereinkommen der Vereinten Nationen, der Erklärung der Internationalen Arbeitsorganisation über grundlegende Prinzipien und Rechte bei der Arbeit, den grundlegenden Übereinkommen der Internationalen Arbeitsorganisation und der Charta der Grundrechte der Europäischen Union festgelegt sind.

(44) Die Nutzer benötigen Informationen über Governance-Faktoren, einschließlich Informationen über die Rolle der Verwaltungs-, Leitungs- und Aufsichtsorgane eines Unternehmens, wobei diesbezüglich relevante Nachhaltigkeitsaspekte, die Zusammensetzung solcher Gremien und die internen Kontroll- und Risikomanagementsysteme eines Unternehmens zu berücksichtigen sind, auch in Bezug auf das Berichterstattungsverfahren. Die Nutzer benötigen ferner Informationen über Unternehmenskultur und Unternehmensethik, einschließlich der Bekämpfung von Korruption und Bestechung, sowie über das politische Engagement der Unternehmen und ihre Lobbytätigkeiten. Informationen über die Leitung des Unternehmens und die Qualität der Beziehungen zu Geschäftspartnern, einschließlich Zahlungspraktiken in Bezug auf Zahlungstermine oder Zahlungsfristen, den Zinssatz für verspätete Zahlungen oder die Entschädigung für in der Richtlinie 2011/7/EU des Europäischen Parlaments und des Rates über Zahlungsverzug im Geschäftsverkehr[62] genannte Beitreibungskosten, vermitteln den Nutzern ein besseres Verständnis der Risiken eines Unternehmens sowie der nachhaltigkeitsrelevanten Auswirkungen seiner Tätigkeiten. Jedes Jahr müssen Tausende von Unternehmen, insbesondere KMU, administrative und finanzielle Belastungen tragen, weil sie verspätet oder gar nicht bezahlt werden. Letztendlich führt Zahlungsverzug zu Insolvenz und Konkurs mit destruktiven Auswirkungen auf ganze Wertschöpfungsketten. Wenn Unternehmen mehr Informationen über Zahlungspraktiken zur Verfügung gestellt werden, dürften sie besser in der Lage sein, schnelle und zuverlässige Zahler zu ermitteln, unlautere Zahlungspraktiken aufzudecken, sich über Unternehmen, mit denen sie Handel treiben, zu informieren und fairere Zahlungsbedingungen auszuhandeln.

[62] Richtlinie 2011/7/EU des Europäischen Parlaments und des Rates vom 16. Februar 2011 zur Bekämpfung von Zahlungsverzug im Geschäftsverkehr (ABl. L 48 vom 23.2.2011, S. 1).

(45) Die Standards für die Berichterstattung sollten darauf ausgerichtet sein, einen stärker integrierten Gesamtüberblick über die Informationen, die die Unternehmen in ihrem Lagebericht veröffentlichen, zu ermöglichen und so den Nutzern dieser Informationen ein besseres Verständnis des Geschäftsverlaufs, des Geschäftsergebnisses, der Lage des Unternehmens sowie der Auswirkungen seiner Tätigkeit zu vermitteln. In diesen Standards sollte erforderlichenfalls zwischen Informationen, die Unternehmen bei der Berichterstattung auf Einzelbasis und solchen, die sie bei der Berichterstattung auf konsolidierter Ebene offenlegen sollten, unterschieden werden. Diese Standards sollten auch Leitlinien zu dem Verfahren enthalten, anhand dessen Unternehmen die in den Lagebericht aufzunehmenden Nachhaltigkeitsdaten ermitteln.

(46) Unternehmen derselben Branche sind häufig ähnlichen nachhaltigkeitsbezogenen Risiken ausgesetzt und haben häufig ähnliche Auswirkungen auf Gesellschaft und Umwelt. Vergleiche zwischen Unternehmen derselben Branche sind für Anleger und andere Nutzer von Nachhaltigkeitsinformationen besonders wertvoll. Daher sollte in den von der Kommission angenommenen Standards für die Nachhaltigkeitsberichterstattung festgelegt werden, welche Informationen die Unternehmen sämtlicher Branchen und welche Informationen je nach Tätigkeitsbereich der Unternehmen offengelegt werden sollten. In den Standards sollte auch berücksichtigt werden, dass es für Unternehmen nicht immer problemlos möglich ist, Informationen bei Akteuren entlang ihrer gesamten Wertschöpfungskette, insbesondere KMU-Lieferanten und Lieferanten aus Schwellenländern und aufstrebenden Märkten, einzuholen.

(47) Um den Informationsbedarf der Nutzer rechtzeitig zu decken und angesichts des besonderen dringlichen Informationsbedarfs von Finanzmarktteilnehmern, die den Anforderungen der gemäß Artikel 4 Absätze 6 und 7 der Verordnung (EU) 2019/2088 erlassenen delegierten Rechtsakte unterliegen, sollte die Kommission bis zum 31. Oktober 2022 erste Standards für die Berichterstattung festlegen. In diesen Standards für die Berichterstattung sollte festgelegt werden, welche Informationen Unternehmen in Bezug auf alle Berichtsbereiche und Nachhaltigkeitsaspekte offenlegen sollten; gleichzeitig sollte von den Finanzmarktteilnehmern verlangt werden, den Offenlegungspflichten der Verordnung (EU) 2019/2088 nachzukommen. Die Kommission sollte spätestens bis zum 31. Oktober 2023 ein zweites Paket von Standards für die Berichterstattung annehmen, in denen festgelegt wird, welche ergänzenden Informationen Unternehmen in Bezug auf Nachhaltigkeitsaspekte und Berichtsbereiche erforderlichenfalls offenlegen sollten und welche spezifischen Informationen sie für den Sektor, in dem sie tätig sind, offenlegen sollten. Die Kommission sollte die Standards alle drei Jahre überprüfen, um relevanten Entwicklungen, einschließlich der Entwicklung internationaler Standards, Rechnung zu tragen.

(48) Die Richtlinie 2013/34/EU schreibt nicht vor, dass der Abschluss oder der Lagebericht in digitalem Format vorgelegt werden müssen, was es schwieriger macht, die gemeldeten Informationen zu finden und zu nutzen. Die Nutzer von Nachhaltigkeitsinformationen erwarten zunehmend, dass diese Informationen in digitalem Format auffindbar und maschinenlesbar sind. Die Digitalisierung eröffnet Möglichkeiten für eine effizientere Nutzung von Informationen und birgt sowohl für Nutzer als auch für Unternehmen das Potenzial erheblicher Kosteneinsparungen. Unternehmen sollten daher dazu verpflichtet werden, Abschluss und Lagebericht im XHTML-Format gemäß Artikel 3 der Delegierten Verordnung (EU) 2019/815 der Kommission[63] zu erstellen und Nachhaltigkeitsdaten, einschließlich der nach Artikel 8 der Verordnung (EU) 2020/852 erforderlichen Angaben, im Einklang mit der genannten delegierten Verordnung auszuzeichnen. Um gemeldete Informationen gemäß den Unionsstandards für die Nachhaltigkeitsberichterstattung kennzeichnen zu können, wird eine entsprechende digitale Taxonomie benötigt. Diese Anforderungen sollten in die von der Kommission in ihrer Mitteilung *„Eine europäische Datenstrategie*[64]*"* und in der *„Strategie für ein digitales Finanzwesen in der EU"*[65] angekündigten Arbeiten zur Digitalisierung einfließen. Diese Anforderungen ergänzen zudem die Schaffung des im Aktionsplan für die Kapitalmarktunion vorgesehenen einheitlichen europäischen Zugangspunkts für öffentliche Unternehmensinformationen, bei dem der Bedarf an strukturierten Daten ebenfalls eine Rolle spielt.

[63] Delegierte Verordnung (EU) 2018/815 der Kommission vom 17. Dezember 2018 zur Ergänzung der Richtlinie 2004/109/EG des Europäischen Parlaments und des Rates im Hinblick auf technische Regulierungsstandards für die Spezifikation eines einheitlichen elektronischen Berichtsformats (ABl. L 143 vom 29.5.2019, S. 1).

[64] https://ec.europa.eu/digital-single-market/en/european-strategy-data

[65] https://ec.europa.eu/info/publications/200924-digital-finance-proposals_de

(49) Um die Einbeziehung der gemeldeten Nachhaltigkeitsinformationen in den einheitlichen europäischen Zugangspunkt zu ermöglichen, sollten die Mitgliedstaaten sicherstellen, dass die Unternehmen den ordnungsgemäß genehmigten Jahresabschluss und den Lagebericht im vorgeschriebenen elektronischen Format veröffentlichen und dass Lageberichte, die eine Nachhaltigkeitsberichterstattung enthalten, unverzüglich nach ihrer Veröffentlichung dem in Artikel 21 Absatz 2 der Richtlinie 2004/109/EG genannten amtlich bestellten System zur Verfügung gestellt werden.

(50) Gemäß Artikel 19a Absatz 4 der Richtlinie 2013/34/EU können Mitgliedstaaten Unternehmen von der gemäß Artikel 19a Absatz 1 festgelegten Pflicht zur Abgabe der nichtfinanziellen Erklärung befreien. Die Mitgliedstaaten können dies tun, wenn das betreffende Unternehmen einen gesonderten Bericht erstellt, der zusammen mit dem Lagebericht gemäß Artikel 30 der genannten Richtlinie veröffentlicht wird, oder wenn dieser Bericht innerhalb eines angemessenen Zeitraums von höchstens sechs Monaten nach dem Bilanzstichtag auf der Website des Unternehmens öffentlich zugänglich gemacht wird und im Lagebericht auf ihn Bezug genommen wird. Dieselbe Möglichkeit besteht gemäß Artikel 29a Absatz 4 Buchstabe a der Richtlinie 2013/34/EU bei der konsolidierten nichtfinanziellen Erklärung. 20 Mitgliedstaaten haben von dieser Möglichkeit Gebrauch gemacht. Die Möglichkeit, einen gesonderten Bericht zu veröffentlichen, verringert jedoch die Verfügbarkeit von Informationen, die Finanz- und Nachhaltigkeitsaspekte miteinander verbinden. Sie behindert auch die Auffindbarkeit und Zugänglichkeit von Informationen für Nutzer; dies gilt insbesondere für Anleger, die an Finanz- und Nachhaltigkeitsinformationen gleichermaßen interessiert sind. Wenn Finanz- und Nachhaltigkeitsinformationen zudem zu unterschiedlichen Zeitpunkten veröffentlicht werden können, wird dieses Problem weiter verschärft. Außerdem kann die Veröffentlichung in einem gesonderten Bericht intern und extern den Eindruck erwecken, dass Nachhaltigkeitsinformationen zu einer Kategorie von weniger relevanten Informationen gehören, was sich negativ auf die wahrgenommene Zuverlässigkeit der Informationen auswirken kann. Unternehmen sollten Nachhaltigkeitsdaten daher im Lagebericht melden, und die Mitgliedstaaten sollten Unternehmen nicht länger von der Verpflichtung ausnehmen können, im Lagebericht über Nachhaltigkeitsaspekte zu berichten. Eine solche Verpflichtung trägt auch dazu bei klarzustellen, welche Rolle den nationalen zuständigen Behörden bei der Aufsicht der Nachhaltigkeitsberichterstattung als Teil des Lageberichts gemäß der Richtlinie 2004/109/EG zukommt. Darüber hinaus sollten Unterneh-

men, die Nachhaltigkeitsdaten melden müssen, in keinem Fall von der Pflicht zur Veröffentlichung des Lageberichts befreit werden, da sichergestellt werden muss, dass Nachhaltigkeitsinformationen öffentlich zugänglich sind.

(51) Gemäß Artikel 20 der Richtlinie 2013/34/EU müssen Unternehmen, deren Wertpapiere an geregelten Märkten notiert sind, in ihren Lagebericht eine Erklärung zur Unternehmensführung aufnehmen, die unter anderem eine Beschreibung des im Zusammenhang mit den Verwaltungs-, Leitungs- und Aufsichtsorganen des Unternehmens verfolgten Diversitätskonzepts enthalten muss. Artikel 20 der Richtlinie 2013/34/EU räumt den Unternehmen die Möglichkeit ein, selbst zu entscheiden, über welche Diversitätsaspekte sie berichten. Die Unternehmen werden nicht ausdrücklich dazu verpflichtet, Informationen über bestimmte Diversitätsaspekte aufzunehmen. Um Fortschritte in Richtung einer ausgewogeneren Beteiligung von Frauen und Männern am wirtschaftlichen Entscheidungsprozess zu erzielen, muss sichergestellt werden, dass Unternehmen, deren Wertpapiere an geregelten Märkten notiert sind, stets über ihr Konzept zur Förderung der Geschlechtervielfalt und dessen Umsetzung berichten. Um jedoch unnötigen Verwaltungsaufwand zu vermeiden, sollten diese Unternehmen die Möglichkeit haben, einige der gemäß Artikel 20 der Richtlinie 2013/34/EU erforderlichen Informationen zusammen mit anderen nachhaltigkeitsbezogenen Informationen zu melden.

(52) Gemäß Artikel 33 der Richtlinie 2013/34/EU müssen die Mitgliedstaaten dafür sorgen, dass die Mitglieder der Verwaltungs-, Leitungs- und Aufsichtsorgane eines Unternehmens die gemeinsame Aufgabe haben sicherzustellen, dass der (konsolidierte) Jahresabschluss, der (konsolidierte) Lagebericht und die (konsolidierte) Erklärung zur Unternehmensführung entsprechend den Anforderungen der genannten Richtlinie erstellt und offengelegt werden. Diese gemeinsame Verantwortung sollte auf die in der Delegierten Verordnung (EU) 2019/815 festgelegten Digitalisierungsanforderungen, auf die Anforderung, die Standards der Union für die Nachhaltigkeitsberichterstattung einzuhalten, und die Anforderung, die nachhaltigkeitsbezogene Berichterstattung auszuzeichnen, ausgeweitet werden.

(53) Bei Prüfungen wird zwischen Aufträgen zur Erlangung einer begrenzten und einer hinreichenden Prüfungssicherheit unterschieden. Bei einem Auftrag zur Erlangung begrenzter Prüfungssicherheit erfolgt die Feststellung in Form einer Negativaussage, d. h. durch die Angabe, dass keine Sachverhalte bekannt geworden sind, die zu der Annahme veranlassen, dass wesentliche falsche Darstellungen enthalten sind. In diesem Fall werden weniger Prüfungen vorgenommen als im Rahmen eines Auftrags zur Erlangung hinreichender Prüfungssicherheit. Die Erlangung begrenzter Prüfungssicherheit verursacht deshalb weniger Arbeitsaufwand als die Erlangung hinreichender Sicherheit. Ein Auftrag zur Erlangung hinreichender Sicherheit erfordert umfangreiche Verfahren, einschließlich der Betrachtung der internen Kontrollen des Bericht erstattenden Unternehmens und vertiefter Prüfungen, und ist daher mit deutlich höherem Arbeitsaufwand verbunden als ein Auftrag zur Erlangung begrenzter Prüfungssicherheit. Bei dieser Art von Auftrag wird in der Regel eine positive Feststellung getroffen und ein Urteil auf der Grundlage von Messungen, die anhand im Voraus festgelegter Kriterien erfolgen, abgegeben. Gemäß Artikel 19a Absatz 5 und Artikel 29a Absatz 5 der Richtlinie 2013/34/EU müssen die Mitgliedstaaten sicherstellen, dass der Abschlussprüfer oder die Prüfungsgesellschaft prüft, ob die nichtfinanzielle Erklärung oder der gesonderte Bericht vorgelegt wurde. Die Richtlinie schreibt nicht vor, dass ein unabhängiger Erbringer von Bestätigungsleistungen die Informationen überprüft, gestattet es den Mitgliedstaaten jedoch, eine solche Überprüfung zu verlangen, wenn sie dies für sinnvoll halten. Wenn im Gegensatz zur Verpflichtung des Abschlussprüfers, bei Abschlüssen hinreichende Prüfungssicherheit zu erlangen, keine Prüfung der Nachhaltigkeitsberichterstattung verlangt wird, so würde dies der Glaubwürdigkeit der offengelegten Nachhaltigkeitsdaten schaden und würden die Bedürfnisse der Nutzer, für die diese Informationen bestimmt sind, nicht erfüllt. Bei der Finanzberichterstattung und bei der Nachhaltigkeitsberichterstattung soll letztlich ein ähnliches Maß an Prüfungssicherheit erreicht werden, doch besteht in Ermangelung eines gemeinsam vereinbarten Standards für die Prüfung der Nachhaltigkeitsberichterstattung die Gefahr einer unterschiedlichen Auslegung und unterschiedlicher Erwartungen hinsichtlich dessen, was ein Auftrag zur Erlangung hinreichender Prüfungssicherheit bei verschiedenen Kategorien von Nachhaltigkeitsinformationen, insbesondere bei zukunftsgerichteten und qualitativen Offenlegungen, beinhaltet. Daher sollte im Hinblick auf Nachhaltigkeitsinformationen ein Ansatz zur progressiven Erhöhung der verlangten Prüfungssicherheit in Betracht gezogen werden, beginnend mit der Verpflichtung des Abschlussprüfers oder der Prüfungsgesellschaft, auf der Grundlage eines Auftrags zur Erlangung begrenzter Prüfungssicherheit ein Urteil darüber abzugeben, ob die Nachhaltigkeitsberichterstattung den Anforderungen der Union entspricht. Dabei sollte nicht nur die Einhaltung der Unionsstandards für die Nachhaltigkeitsberichterstattung bewertet werden, sondern auch das vom Unternehmen genutzte Verfahren zur Ermittlung der gemäß den Standards für die Nachhaltigkeitsberichterstattung gemeldeten Informationen und die Erfüllung der Pflicht zur Auszeichnung der Nachhaltigkeitsberichterstattung. Der Prüfer sollte ferner bewerten, ob das Unternehmen in seiner Berichterstattung den Berichtspflichten gemäß Artikel 8 der Verordnung (EU) 2020/852 genügt. Falls die Kommission Standards für die Erlangung hinreichender Prüfungssicherheit bei der Nachhaltigkeitsberichterstattung annimmt, sollte zur Gewährleistung eines gemeinsamen Verständnisses und gemeinsamer Erwartungen hinsichtlich

dessen, was unter hinreichender Prüfungssicherheit zu verstehen ist, der Abschlussprüfer oder die Prüfungsgesellschaft verpflichtet sein, auf der Grundlage eines Auftrags zur Erlangung hinreichender Prüfungssicherheit ein Urteil über die Übereinstimmung der Nachhaltigkeitsberichterstattung mit den Anforderungen der Union abzugeben. Dies würde auch die Voraussetzung schaffen, dass schrittweise ein Markt für die Prüfung von Nachhaltigkeitsinformationen entsteht und die Unternehmen eine bestimmte Berichterstattungspraxis entwickeln. Dieser progressive Ansatz würde schrittweise zu einem Anstieg der Kosten für die Bericht erstattenden Unternehmen führen, da die Erlangung hinreichender Prüfungssicherheit mit höheren Kosten verbunden ist als die Erlangung begrenzter Prüfungssicherheit.

(54) Abschlussprüfer oder Prüfungsgesellschaften überprüfen bereits Jahresabschluss und Lagebericht. Die Prüfung der Nachhaltigkeitsberichterstattung durch die Abschlussprüfer oder Prüfungsgesellschaften würde dazu beitragen, die Verknüpfung zwischen Finanz- und Nachhaltigkeitsinformationen und deren Kohärenz zu gewährleisten, was für die Nutzer von Nachhaltigkeitsinformationen von besonderer Bedeutung ist. Allerdings besteht die Gefahr einer weiteren Konzentration am Markt für Abschlussprüfungen, wodurch die Unabhängigkeit der Prüfer gefährdet würde und sich die Prüfungsgebühren erhöhen könnten. Daher wäre es im Zusammenhang mit der Prüfung der Nachhaltigkeitsberichterstattung wünschenswert, dass die Unternehmen auf eine größere Auswahl an unabhängigen Erbringern von Bestätigungsleistungen zurückgreifen können. Die Mitgliedstaaten sollten daher die Möglichkeit haben, unabhängige Erbringer von Bestätigungsleistungen gemäß der Verordnung (EG) Nr. 765/2008 des Europäischen Parlaments und des Rates[66] für die Abgabe eines Urteils über die Nachhaltigkeitsberichterstattung zur Veröffentlichung mit dem Lagebericht zu akkreditieren. Die Mitgliedstaaten sollten Anforderungen festlegen, die sicherstellen, dass Erbringer von Bestätigungsleistungen bei der Prüfung der Nachhaltigkeitsberichterstattung kohärente Ergebnisse erzielen. Daher sollten alle unabhängigen Erbringer von Bestätigungsleistungen Anforderungen unterliegen, die in Bezug auf die Prüfung der Nachhaltigkeitsberichterstattung mit den in der Richtlinie 2006/43/EG festgelegten Anforderungen in Einklang stehen. Dies wird zudem gleiche Wettbewerbsbedingungen für alle Personen und Unternehmen gewährleisten, die von den Mitgliedstaaten dazu befugt werden, ein Urteil über die Prüfung der Nachhaltigkeitsberichterstattung abzugeben, einschließlich Abschlussprüfern. Beschließt ein Unternehmen, das Urteil über seine Nachhaltigkeitsberichterstattung bei einem akkreditierten unabhängigen Erbringer von Bestätigungsleistungen einzuholen, der nicht sein Abschlussprüfer ist, so sollte es nicht zusätzlich das Urteil des Abschlussprüfers einholen müssen.

[66] Verordnung (EG) Nr. 765/2008 des Europäischen Parlaments und des Rates vom 9. Juli 2008 über die Vorschriften für die Akkreditierung und Marktüberwachung im Zusammenhang mit der Vermarktung von Produkten und zur Aufhebung der Verordnung (EWG) Nr. 339/93 des Rates (ABl. L 218 vom 13.8.2008, S. 30).

(55) Die Richtlinie 2006/43/EG des Europäischen Parlaments und des Rates[67] enthält Vorschriften für die Abschlussprüfung von Jahresabschlüssen und konsolidierten Abschlüssen. Bei den Regeln für die Prüfung von Abschlüssen und die Prüfung der Nachhaltigkeitsberichterstattung durch den Abschlussprüfer muss Kohärenz gewährleistet sein. Wenn das Urteil über die Nachhaltigkeitsberichterstattung vom Abschlussprüfer oder der Prüfungsgesellschaft, der/die die Abschlussprüfung durchführt, abgegeben wird, sollte die Richtlinie 2006/43/EG gelten.

[67] Richtlinie 2006/43/EG des Europäischen Parlaments und des Rates vom 17. Mai 2006 über Abschlussprüfungen von Jahresabschlüssen und konsolidierten Abschlüssen, zur Änderung der Richtlinien 78/660/EWG und 83/349/EWG des Rates und zur Aufhebung der Richtlinie 84/253/EWG des Rates (ABl. L 157 vom 9.6.2006, S. 87).

(56) Die Vorschriften über die Zulassung und Anerkennung von Abschlussprüfern und Prüfungsgesellschaften sollten sicherstellen, dass Abschlussprüfer über die erforderlichen theoretischen Kenntnisse in Bereichen, die für die Prüfung der Nachhaltigkeitsberichterstattung relevant sind, verfügen und dass sie in der Lage sind, diese Kenntnisse in der Praxis anzuwenden. Abschlussprüfer, die bereits von einem Mitgliedstaat zugelassen oder anerkannt wurden, sollten weiterhin Abschlussprüfungen durchführen und Aufträge zur Erlangung von Prüfungssicherheit bezüglich der Nachhaltigkeitsberichterstattung annehmen dürfen. Die Mitgliedstaaten sollten jedoch sicherstellen, dass bereits zugelassene Abschlussprüfer durch kontinuierliche Weiterbildung die erforderlichen Kenntnisse im Bereich der Nachhaltigkeitsberichterstattung und deren Prüfung erwerben.

(57) Es sollte sichergestellt werden, dass für Abschlussprüfer bei ihren Arbeiten für die Abschlussprüfung und bei der Prüfung der Nachhaltigkeitsberichterstattung kohärenten Anforderungen unterliegen. Daher sollte bei der Abgabe des Urteils über die Nachhaltigkeitsberichterstattung durch den Abschlussprüfer oder die Prüfungsgesellschaft, der/die die Abschlussprüfung durchführt, verlangt werden, dass die verantwortlichen Prüfungspartner aktiv an der Prüfung der Nachhaltigkeitsberichterstattung beteiligt sind. Abschlussprüfer sollten bei der Prüfung der Nachhaltigkeitsberichterstattung verpflichtet sein, dem Auftrag ausreichend Zeit zu widmen und ausreichende Ressourcen bereitzustellen, damit sie ihre Aufgaben angemessen wahrnehmen können. Schließlich sollten in der Mandantendatei die Gebühren angegeben werden, die für die Prüfung der Nachhaltigkeitsberichterstattung in Rechnung gestellt werden, und die Prüfakte sollte Informationen über die Prüfung der Nachhaltigkeitsberichterstattung enthalten.

(58) Gemäß Artikel 25 der Richtlinie 2006/43/EG sorgen die Mitgliedstaaten für eine angemessene Regelung, die vermeidet, dass Honorare für

Abschlussprüfungen von der Erbringung zusätzlicher Leistungen für das geprüfte Unternehmen beeinflusst oder bestimmt oder an Bedingungen geknüpft werden. Gemäß den Artikeln 21 bis 24 der genannten Richtlinie sorgen die Mitgliedstaaten dafür, dass Abschlussprüfer, die Abschlussprüfungen durchführen, Anforderungen im Hinblick auf Berufsgrundsätze, Unabhängigkeit, Unparteilichkeit, Verschwiegenheit und Berufsgeheimnis erfüllen. Aus Gründen der Kohärenz sollten Abschlussprüfer diesen Vorschriften auch bei ihren Arbeiten zur Prüfung der Nachhaltigkeitsberichterstattung unterliegen.

(59) Um bei der Nachhaltigkeitsberichterstattung unionsweit einheitliche Prüfungsverfahren und eine hochwertige Qualitätssicherung zu gewährleisten, sollte der Kommission die Befugnis übertragen werden, mittels delegierter Rechtsakte Standards für die Prüfung der Nachhaltigkeitsberichterstattung anzunehmen. Die Mitgliedstaaten sollten nationale Prüfungsstandards, -verfahren oder -anforderungen anwenden können, so lange die Kommission keine Prüfungsstandards, die für denselben Bereich gelten, angenommen hat. In diesen Standards sollten die Verfahren festgelegt werden, anhand deren der Prüfer seine Schlussfolgerungen zur Prüfung der Nachhaltigkeitsberichterstattung zieht.

(60) Artikel 27 der Richtlinie 2006/43/EG enthält Vorschriften für die Abschlussprüfung von Unternehmensgruppen. Diese Vorschriften sollten auch für die Prüfung einer konsolidierten Nachhaltigkeitsberichterstattung gelten, wenn die Abschlussprüfung vom Abschlussprüfer vorgenommen wird.

(61) Gemäß Artikel 28 der Richtlinie 2006/43/EG legen der Abschlussprüfer oder die Prüfungsgesellschaften die Ergebnisse der Abschlussprüfung in einem Bestätigungsvermerk dar. Diese Anforderung sollte auch für die Prüfung der Nachhaltigkeitsberichterstattung gelten, um sicherzustellen, dass die Ergebnisse der Prüfung der Nachhaltigkeitsberichterstattung in demselben Bestätigungsvermerk dargestellt werden.

(62) Gemäß Artikel 29 der Richtlinie 2006/43/EG richten die Mitgliedstaaten ein Qualitätssicherungssystem für Abschlussprüfer und Prüfungsgesellschaften ein. Um sicherzustellen, dass auch bei der Prüfung der Nachhaltigkeitsberichterstattung eine Qualitätssicherung erfolgt und dass die Qualitätssicherungsprüfer über eine angemessene fachliche Ausbildung und einschlägige Erfahrung auf dem Gebiet der Nachhaltigkeitsberichterstattung und deren Prüfung verfügen, sollte diese Anforderung zur Einrichtung eines Systems der Qualitätssicherungsprüfung auch für die Prüfung der Nachhaltigkeitsberichterstattung gelten.

(63) Nach Kapitel VII der Richtlinie 2006/43/EG müssen die Mitgliedstaaten über ein System für Untersuchungen und Sanktionen für Abschlussprüfer und Prüfungsgesellschaften, die Abschlussprüfungen durchführen, verfügen. Gemäß Kapitel VIII der genannten Richtlinie müssen die Mitgliedstaaten ein wirksames System für die öffentliche Aufsicht einrichten und sicherstellen, dass die Regelungen für öffentliche Aufsichtssysteme auf Unionsebene eine wirksame Zusammenarbeit bei den Aufsichtstätigkeiten der Mitgliedstaaten ermöglichen. Diese Anforderungen sollten auch für Abschlussprüfer und Prüfungsgesellschaften gelten, die die Nachhaltigkeitsberichterstattung prüfen, um die Kohärenz von Untersuchungen, Sanktionen und Aufsichtsrahmen für die Arbeit des Abschlussprüfers im Bereich der Abschlussprüfung und der Prüfung der Nachhaltigkeitsberichterstattung sicherzustellen.

(64) Die Artikel 37 und 38 der Richtlinie 2006/43/EG enthalten Vorschriften über die Bestellung und Entlassung von Abschlussprüfern und Prüfungsgesellschaften, die Abschlussprüfungen durchführen. Diese Vorschriften sollten auch für die Prüfung der Nachhaltigkeitsberichterstattung gelten, um die Kohärenz der Vorschriften, denen Abschlussprüfer im Bereich der Abschlussprüfung und der Prüfung der Nachhaltigkeitsberichterstattung unterliegen, sicherzustellen.

(65) Gemäß Artikel 39 der Richtlinie 2006/43/EG stellen die Mitgliedstaaten sicher, dass jedes Unternehmen von öffentlichem Interesse einen Prüfungsausschuss hat; im gleichen Artikel sind dessen Aufgaben im Zusammenhang mit der Abschlussprüfung festgelegt. Diesem Prüfungsausschuss sollten bestimmte Aufgaben im Zusammenhang mit der Prüfung der Nachhaltigkeitsberichterstattung übertragen werden. Diese Aufgaben sollten auch die Verpflichtung umfassen, das Verwaltungs- oder Aufsichtsorgan des geprüften Unternehmens über die Ergebnisse der Prüfung der Nachhaltigkeitsberichterstattung zu unterrichten und zu erläutern, wie der Prüfungsausschuss zur Integrität der Nachhaltigkeitsberichterstattung beigetragen hat und welche Rolle der Prüfungsausschuss dabei spielte.

(66) Artikel 45 der Richtlinie 2006/43/EG enthält Anforderungen an die Registrierung und Aufsicht von Abschlussprüfern und Prüfungsgesellschaften aus Drittländern. Um einen kohärenten Rahmen für die Tätigkeiten der Abschlussprüfer bei der Abschlussprüfung und bei der Prüfung der Nachhaltigkeitsberichterstattung sicherzustellen, müssen diese Anforderungen auch für die Prüfung der Nachhaltigkeitsberichterstattung gelten.

(67) Die Verordnung (EU) Nr. 537/2014 des Europäischen Parlaments und des Rates[68] gilt für Abschlussprüfer und Prüfungsgesellschaften, die Abschlussprüfungen bei Unternehmen von öffentlichem Interesse durchführen. Um die Unabhängigkeit des Abschlussprüfers zu gewährleisten, verbietet Artikel 5 der genannten Verordnung während bestimmter Zeiträume die Erbringung bestimmter Nichtprüfungsleistungen. Diese Unabhängigkeit sollte auch bei den Tätigkeiten von Abschlussprüfern und Prüfungsgesellschaften gewährleistet sein, die bei Abschlussprüfungen bei Unternehmen von öffentlichem Interesse die Nachhaltigkeitsberichterstattung prüfen. In die Liste der untersagten Nichtprüfungsleistungen sollten daher auch Beratungsleistungen zur Vor-

bereitung der Nachhaltigkeitsberichterstattung aufgenommen werden.

[68] Verordnung (EU) Nr. 537/2014 des Europäischen Parlaments und des Rates vom 16. April 2014 über spezifische Anforderungen an die Abschlussprüfung bei Unternehmen von öffentlichem Interesse und zur Aufhebung des Beschlusses 2005/909/EG der Kommission (ABl. L 158 vom 27.5.2014, S. 77);

(68) Gemäß Artikel 14 der Verordnung (EU) Nr. 537/2014 legen Abschlussprüfer und Prüfungsgesellschaften der für sie zuständigen Behörde jährlich eine Liste der Einnahmen aus Abschlussprüfungen und Nichtprüfungsleistungen bei Unternehmen von öffentlichem Interesse vor. Abschlussprüfer und Prüfungsgesellschaften sollten verpflichtet sein anzugeben, welche Einnahmen aus Nichtprüfungsleistungen aus Tätigkeiten zur Prüfung der Nachhaltigkeitsberichterstattung stammen.

(69) Gemäß Artikel 51 der Richtlinie 2013/34/EU obliegt die Durchsetzung der Unternehmensberichterstattung durch Unternehmen, deren Wertpapiere nicht an geregelten Märkten notiert sind, den Mitgliedstaaten. Allerdings wurden dabei nicht die verschiedenen Arten von Sanktionen spezifiziert, was bedeutet, dass die Sanktionsregelungen von Mitgliedstaat zu Mitgliedstaat sehr unterschiedlich sein können, wodurch der Binnenmarkt untergraben wird. Um die Nachhaltigkeitsberichterstattung im Binnenmarkt zu verbessern und zum Übergang zu einem vollständig nachhaltigen und inklusiven Wirtschafts- und Finanzsystem beizutragen, in dem die Vorteile des Wachstums im Einklang mit dem europäischen Grünen Deal weitgehend geteilt werden, sollten die Mitgliedstaaten für Verstöße gegen die Anforderungen an die Nachhaltigkeitsberichterstattung bestimmte Sanktionen und Verwaltungsmaßnahmen vorsehen. Die Sanktionsregelung der Richtlinie 2013/34/EU sollte daher entsprechend gestärkt werden, indem die Mitgliedstaaten aufgefordert werden, angemessene Sanktionen und Verwaltungsmaßnahmen vorzusehen.

(70) In Artikel 24 der Richtlinie 2004/109/EG wird die Aufgabe zur Durchsetzung der Anforderungen an die Unternehmensberichterstattung durch Unternehmen, deren Wertpapiere an geregelten Märkten notiert sind, den nationalen Aufsichtsbehörden übertragen. Artikel 4 der genannten Richtlinie legt den Inhalt der Jahresfinanzberichte fest, enthält jedoch keinen expliziten Verweis auf die Artikel 19a und 29a der Richtlinie 2013/34/EU, in denen die Erstellung einer (konsolidierten) nichtfinanziellen Erklärung vorgeschrieben ist. Dies bedeutet, dass die zuständigen nationalen Behörden einiger Mitgliedstaaten rechtlich nicht befugt sind, diese nichtfinanziellen Erklärungen zu überwachen, insbesondere wenn diese in einem gesonderten Bericht außerhalb des Jahresabschlusses veröffentlicht werden, was die Mitgliedstaaten derzeit zulassen können. Daher ist es notwendig, in Artikel 4 Absatz 5 der Richtlinie 2004/109/EG einen Verweis auf die Nachhaltigkeitsberichterstattung aufzunehmen. Außerdem müssen die verantwortlichen Personen beim Emittenten dazu verpflichtet werden, im Jahresfinanzbericht zu bestätigen, dass der Lagebericht nach ihrem besten Wissen entsprechend den Standards für die Nachhaltigkeitsberichterstattung erstellt wird. Darüber hinaus sollte die Europäische Wertpapier- und Marktaufsichtsbehörde angesichts des neuartigen Charakters dieser Meldepflichten Leitlinien für die zuständigen nationalen Behörden herausgeben, um eine konvergierende Aufsicht der Nachhaltigkeitsberichterstattung durch Emittenten, die der Richtlinie 2004/109/EG unterliegen, zu fördern.

(71) Die Mitgliedstaaten sind aufgefordert, die Auswirkungen ihres Umsetzungsrechtsakts auf KMU zu prüfen, um – mit besonderem Augenmerk auf Kleinstunternehmen und auf dem Verwaltungsaufwand – sicherzustellen, dass KMU nicht unverhältnismäßig beeinträchtigt werden, und das Ergebnis dieser Prüfung zu veröffentlichen. Die Mitgliedstaaten sollten die Einführung von Maßnahmen zur Unterstützung von KMU bei der Anwendung der freiwilligen vereinfachten Standards für die Berichterstattung in Erwägung ziehen.

(72) Die Richtlinien 2013/34/EU, 2004/109/EG und 2006/43/EG sowie die Verordnung (EU) Nr. 537/2014 sollten dementsprechend geändert werden –

HABEN FOLGENDE RICHTLINIE ERLASSEN:

Artikel 1
Änderung der Richtlinie 2013/34/EU

Die Richtlinie 2013/34/EU wird wie folgt geändert:

1. Dem Artikel 1 wird folgender Absatz 3 angefügt:

„(3) Die in den Artikeln 19a, 19d, 29a, 30 und 33, Artikel 34 Absatz 1 Unterabsatz 2 Buchstabe aa, Artikel 34 Absätze 2 und 3 sowie Artikel 51 vorgeschriebenen Koordinierungsmaßnahmen gelten unabhängig von der jeweiligen Rechtsform auch für die Rechts- und Verwaltungsvorschriften der Mitgliedstaaten für folgende Unternehmen:

a) Versicherungsunternehmen im Sinne von Artikel 2 Absatz 1 der Richtlinie 91/674/EWG des Rates*[1];

b) Kreditinstitute im Sinne von Artikel 4 Absatz 1 Nummer 1 der Verordnung (EU) Nr. 575/2013 des Europäischen Parlaments und des Rates*[2].

Die Mitgliedstaaten können beschließen, die in Unterabsatz 1 genannten Koordinierungsmaßnahmen nicht auf die in Artikel 2 Absatz 5 Nummern 2 bis 23 der Richtlinie 2013/36/EU des Europäischen Parlaments und des Rates*[3] genannten Unternehmen anzuwenden.

*[1] Richtlinie 91/674/EWG des Rates vom 19. Dezember 1991 über den Jahresabschluss und den konsolidierten Abschluss von Versicherungsunternehmen (ABl. L 374 vom 31.12.1991, S. 7).

*[2] Verordnung (EU) Nr. 575/2013 des Europäischen Parlaments und des Rates vom 26. Juni 2013 über Aufsichtsanforderungen an Kreditinstitute und Wertpapierfirmen

und zur Änderung der Verordnung (EU) Nr. 648/2012 (ABl. L 176 vom 27.6.2013, S. 1).
*3 Richtlinie 2013/36/EU des Europäischen Parlaments und des Rates vom 26. Juni 2013 über den Zugang zur Tätigkeit von Kreditinstituten und die Beaufsichtigung von Kreditinstituten und Wertpapierfirmen, zur Änderung der Richtlinie 2002/87/EG und zur Aufhebung der Richtlinien 2006/48/EG und 2006/49/EG (ABl. L 176 vom 27.6.2013, S. 338)."

2. Dem Artikel 2 werden die folgenden Nummern 17 bis 20 angefügt:

„17. ‚Nachhaltigkeitsaspekte' Nachhaltigkeitsfaktoren im Sinne von Artikel 2 Nummer 24 der Verordnung (EU) 2019/2088 des Europäischen Parlaments und des Rates*4 sowie Governance-Faktoren;

*4 Verordnung (EU) 2019/2088 des Europäischen Parlaments und des Rates vom 27. November 2019 über nachhaltigkeitsbezogene Offenlegungspflichten im Finanzdienstleistungssektor (ABl. L 317 vom 9.12.2019, S. 1).

18. ‚Nachhaltigkeitsberichterstattung' die Meldung von Informationen über Nachhaltigkeitsaspekte gemäß den Artikeln 19a, 19d und 29a;

19. ‚immaterielle Anlagewerte' nicht physische Ressourcen, die zur Wertschöpfung des Unternehmens beitragen;

20. ‚unabhängiger Erbringer von Bestätigungsleistungen' eine Konformitätsbewertungsstelle, die gemäß der Verordnung (EG) Nr. 765/2008 des Europäischen Parlaments und des Rates*5 für die in Artikel 34 Absatz 1 Unterabsatz 2 Buchstabe aa genannte Konformitätsbewertung akkreditiert ist.

*5 Verordnung (EG) Nr. 765/2008 des Europäischen Parlaments und des Rates vom 9. Juli 2008 über die Vorschriften für die Akkreditierung und Marktüberwachung im Zusammenhang mit der Vermarktung von Produkten und zur Aufhebung der Verordnung (EWG) Nr. 339/93 des Rates (ABl. L 218 vom 13.8.2008, S. 30)."

3. Artikel 19a erhält folgende Fassung:

„Artikel 19a
Nachhaltigkeitsberichterstattung

(1) Große Unternehmen und ab dem 1. Januar 2026 kleine und mittlere Unternehmen im Sinne von Artikel 2 Nummer 1 Buchstabe a nehmen in den Lagebericht Informationen auf, die für das Verständnis der nachhaltigkeitsrelevanten Auswirkungen der Tätigkeiten des Unternehmens sowie das Verständnis der Auswirkungen von Nachhaltigkeitsaspekten auf Geschäftsverlauf, Geschäftsergebnis und Lage des Unternehmens erforderlich sind.

(2) Die in Absatz 1 genannten Informationen umfassen insbesondere Folgendes:

a) eine kurze Beschreibung von Geschäftsmodell und Strategie des Unternehmens, einschließlich Angaben
   i) zur Widerstandsfähigkeit von Geschäftsmodell und Strategie des Unternehmens im Hinblick auf Nachhaltigkeitsaspekte;
   ii) zu den Chancen des Unternehmens im Zusammenhang mit Nachhaltigkeitsaspekten;
   iii) zu der Art und Weise, wie das Unternehmen beabsichtigt sicherzustellen, dass sein Geschäftsmodell und seine Strategie mit dem Übergang zu einer nachhaltigen Wirtschaft und der Begrenzung der Erderwärmung auf 1,5 °C im Einklang mit dem Übereinkommen von Paris vereinbar sind;
   iv) zu der Art und Weise, wie das Unternehmen den Belangen seiner Interessenträger und den nachhaltigkeitsrelevanten Auswirkungen seiner Tätigkeiten in seinem Geschäftsmodell und seiner Strategie Rechnung trägt;
   v) zu der Art und Weise, wie die Strategie des Unternehmens im Hinblick auf Nachhaltigkeitsaspekte umgesetzt wird;
b) eine Beschreibung der Nachhaltigkeitsziele, die sich das Unternehmen gesetzt hat, und der Fortschritte, die es im Hinblick auf die Erreichung dieser Ziele erzielt hat;
c) eine Beschreibung der Rolle der Verwaltungs-, Leitungs- und Aufsichtsorgane im Zusammenhang mit Nachhaltigkeitsaspekten;
d) eine Beschreibung der Nachhaltigkeitspolitik des Unternehmens;
e) eine Beschreibung
   i) des mit Blick auf Nachhaltigkeitsaspekte umgesetzten Due-Diligence-Prozesses;
   ii) der wichtigsten tatsächlichen oder potenziellen negativen Auswirkungen, die mit der Wertschöpfungskette des Unternehmens, einschließlich ihrer eigenen Geschäftstätigkeiten, ihrer Produkte und Dienstleistungen, ihrer Geschäftsbeziehungen und ihrer Lieferkette, verknüpft sind;
   iii) jeglicher Maßnahmen zur Verhinderung, Minderung oder Behebung tatsächlicher oder potenzieller negativer Auswirkungen und des Erfolgs dieser Maßnahmen;
f) eine Beschreibung der wichtigsten Risiken, denen das Unternehmen im Zusammenhang mit Nachhaltigkeitsaspekten ausgesetzt ist, einschließlich der wichtigsten Abhängigkeiten in diesem Bereich, und der Art und Weise, wie es diese Risiken steuert;
g) Indikatoren, die für die unter den Buchstaben a bis f genannten Offenlegungen relevant sind.

Die Unternehmen legen ferner Informationen über immaterielle Anlagewerte offen, einschließlich Angaben zu intellektuellem Kapital, Humankapital, sozialem Kapital und Beziehungskapital.

Die Unternehmen teilen das Verfahren zur Ermittlung der gemäß Absatz 1 in den Lagebericht aufgenommenen Informationen mit und berücksichtigen im Rahmen dieses Verfahrens kurz-, mittel- und langfristige Zeithorizonte.

(3) Die in den Absätzen 1 und 2 genannten Informationen umfassen zukunftsgerichtete und retrospektive sowie qualitative und quantitative Angaben.

Soweit angemessen, umfassen die in den Absätzen 1 und 2 genannten Informationen Angaben zur Wertschöpfungskette des Unternehmens, einschließlich Angaben zu seinen eigenen Tätigkeiten, Produkten und Dienstleistungen, seinen Geschäftsbeziehungen und seiner Lieferkette.

Soweit angemessen, umfassen die in den Absätzen 1 und 2 genannten Informationen auch Verweise auf andere gemäß Artikel 19 in den Lagebericht aufgenommene Informationen und zusätzliche Erläuterungen dazu sowie die im Jahresabschluss ausgewiesenen Beträge.

Die Mitgliedstaaten können gestatten, dass Informationen über künftige Entwicklungen oder Belange, über die Verhandlungen geführt werden, in Ausnahmefällen weggelassen werden, wenn eine solche Angabe nach der ordnungsgemäß begründeten Einschätzung der Mitglieder der Verwaltungs-, Leitungs- und Aufsichtsorgane, die im Rahmen der ihnen durch einzelstaatliche Rechtsvorschriften übertragenen Zuständigkeiten handeln und gemeinsam für diese Einschätzung zuständig sind, der Geschäftslage des Unternehmens ernsthaft schaden würde, sofern eine solche Nichtaufnahme ein den tatsächlichen Verhältnissen entsprechendes und ausgewogenes Verständnis des Geschäftsverlaufs, des Geschäftsergebnisses, der Lage des Unternehmens sowie der Auswirkungen seiner Tätigkeit nicht verhindert.

(4) Die Unternehmen melden die in den Absätzen 1 bis 3 genannten Informationen gemäß den in Artikel 19b genannten Standards für die Nachhaltigkeitsberichterstattung.

(5) Abweichend von Artikel 19a Absätze 1 bis 4 können kleine und mittlere Unternehmen nach Artikel 2 Nummer 1 Buchstabe a gemäß den in Artikel 19c genannten Standards für die Nachhaltigkeitsberichterstattung durch kleine und mittlere Unternehmen Bericht erstatten.

(6) Bei Unternehmen, die die Anforderungen der Absätze 1 bis 4 erfüllen, wird davon ausgegangen, dass sie die Anforderung von Artikel 19 Absatz 1 Unterabsatz 3 erfüllen.

(7) Ein Unternehmen, das ein Tochterunternehmen ist, wird von den in den Absätzen 1 bis 4 festgelegten Pflichten befreit, wenn dieses Unternehmen und seine Tochterunternehmen in den konsolidierten Lagebericht eines Mutterunternehmens einbezogen werden und dieser konsolidierte Lagebericht gemäß Artikel 29 und Artikel 29a erstellt wird. Ein Unternehmen, das Tochterunternehmen eines in einem Drittland niedergelassenen Mutterunternehmens ist, wird ebenfalls von den in den Absätzen 1 bis 4 festgelegten Pflichten befreit, wenn dieses Unternehmen und seine Tochterunternehmen in den konsolidierten Lagebericht dieses Mutterunternehmens einbezogen werden und der konsolidierte Lagebericht in einer Weise erstellt wird, die im Einklang mit den gemäß Artikel 23 Absatz 4 Ziffer i der Richtlinie 2004/109/EG des Europäischen Parlaments und des Rates*[6] erlassenen einschlägigen Durchführungsmaßnahmen als gleichwertig mit den in Artikel 19b genannten Standards für die Nachhaltigkeitsberichterstattung betrachtet werden kann.

*[6] Richtlinie 2004/109/EG des Europäischen Parlaments und des Rates vom 15. Dezember 2004 zur Harmonisierung der Transparenzanforderungen in Bezug auf Informationen über Emittenten, deren Wertpapiere zum Handel auf einem geregelten Markt zugelassen sind, und zur Änderung der Richtlinie 2001/34/EG (ABl. L 390 vom 31.12.2004, S. 38)."

Der in Unterabsatz 1 genannte konsolidierte Lagebericht des Mutterunternehmens wird gemäß Artikel 30 so veröffentlicht, wie es im Recht des Mitgliedstaats vorgeschrieben ist, dem das Unternehmen, das von den in den Absätzen 1 bis 4 genannten Pflichten befreit ist, unterliegt.

Der Mitgliedstaat, dessen Regulierung das Unternehmen, das von den in den Absätzen 1 bis 4 festgelegten Pflichten befreit ist, unterliegt, kann verlangen, dass der in Unterabsatz 1 genannte konsolidierte Lagebericht in einer Amtssprache des Mitgliedstaats oder in einer in internationalen Finanzkreisen gebräuchlichen Sprache veröffentlicht wird und dass alle erforderlichen Übersetzungen in diese Sprachen beglaubigt sind.

Der Lagebericht eines Unternehmens, das von den in den Absätzen 1 bis 4 festgelegten Pflichten befreit ist, enthält alle folgenden Informationen:

a) Name und Sitz des Mutterunternehmens, das Informationen auf Gruppenebene gemäß den Artikeln 29 und 29a oder in einer Weise meldet, die im Einklang mit den gemäß Artikel 23 Absatz 4 Buchstabe i der Richtlinie 2004/109/EG erlassenen Durchführungsmaßnahmen als gleichwertig mit der in den in Artikel 19b genannten Standards für die Nachhaltigkeitsberichterstattung vorgeschriebenen Weise betrachtet werden kann;
b) Hinweis auf die Befreiung des Unternehmens von den in den Absätzen 1 bis 4 genannten Pflichten.

4. Die folgenden Artikel 19b, 19c und 19d werden eingefügt:

„Artikel 19b
Standards für die Nachhaltigkeitsberichterstattung

(1) Die Kommission erlässt delegierte Rechtsakte nach Artikel 49, um Standards für die Nachhaltigkeitsberichterstattung vorzusehen. In diesen Standards für die Nachhaltigkeitsberichterstattung wird festgelegt, welche Informationen Unternehmen in Einklang mit den Artikeln 19a und 29a melden müssen, und gegebenenfalls die Struktur spezifiziert, in der diese Informationen zu melden sind. Insbesondere

a) erlässt die Kommission bis zum 31. Oktober 2022 delegierte Rechtsakte, in denen festgelegt wird, welche Informationen Unternehmen im Einklang mit Artikel 19a Absätze 1 und 2 melden müssen, und in denen zumindest die Informationen spezifiziert werden, die den Bedürfnissen der Finanzmarktteilnehmer, die den Offenlegungspflichten der Verordnung (EU) 2019/2088 unterliegen, Rechnung tragen;

b) erlässt die Kommission bis zum 31. Oktober 2023 delegierte Rechtsakte, in denen Folgendes festgelegt wird:

   i) ergänzende Informationen, die Unternehmen in Bezug auf Nachhaltigkeitsaspekte und die unter Artikel 19a Absatz 2 aufgeführten Bereiche der Berichterstattung erforderlichenfalls melden;

   ii) Informationen, die von den Unternehmen spezifisch für den Sektor, in dem sie tätig sind, zu melden sind.

Die Kommission überprüft mindestens alle drei Jahre nach dem Geltungsbeginn alle gemäß diesem Artikel erlassenen delegierten Rechtsakte unter Berücksichtigung der fachlichen Stellungnahme der Europäischen Beratergruppe für Rechnungslegung (EFRAG) und ändert solche delegierten Rechtsakte, falls dies nötig ist, um relevanten Entwicklungen, einschließlich Entwicklungen im Zusammenhang mit internationalen Standards, Rechnung zu tragen.

(2) Nach den in Absatz 1 genannten Standards für die Nachhaltigkeitsberichterstattung müssen die zu meldenden Informationen verständlich, relevant, repräsentativ, überprüfbar und vergleichbar sein und in wahrheitsgetreuer Weise dargestellt werden.

In den Standards für die Nachhaltigkeitsberichterstattung werden unter Berücksichtigung des jeweiligen Gegenstands des Standards

a) die Informationen präzisiert, die Unternehmen zu Umweltfaktoren offenlegen müssen, einschließlich Informationen über

   i) Klimaschutz;

   ii) Anpassung an den Klimawandel;

   iii) Wasser- und Meeresressourcen;

   iv) Ressourcennutzung und Kreislaufwirtschaft;

   v) Verschmutzung,

   vi) Biodiversität und Ökosysteme;

b) die Informationen präzisiert, die Unternehmen zu Sozialfaktoren offenlegen müssen, einschließlich Informationen über

   i) Chancengleichheit für alle, einschließlich Geschlechtergerechtigkeit und Lohngleichheit, Ausbildung und Kompetenzentwicklung sowie Beschäftigung und Inklusion von Menschen mit Behinderungen;

   ii) Arbeitsbedingungen, einschließlich sicherer und anpassungsfähiger Beschäftigung, Löhne, sozialer Dialog, Tarifverhandlungen und Einbeziehung der Arbeitnehmer, Vereinbarkeit von Berufs- und Privatleben, sowie ein gesundes, sicheres und geeignetes Arbeitsumfeld;

   iii) die Achtung der Menschenrechte, Grundfreiheiten, demokratischen Grundsätze und Standards, die in der Internationalen Charta der Menschenrechte und anderen grundlegenden Menschenrechtsübereinkommen der Vereinten Nationen, der Erklärung der Internationalen Arbeitsorganisation über grundlegende Prinzipien und Rechte bei der Arbeit und den grundlegenden Übereinkommen der IAO und der Charta der Grundrechte der Europäischen Union festgelegt sind;

c) die Informationen präzisiert, die Unternehmen zu Governance-Faktoren offenlegen müssen, einschließlich Informationen über

   i) die Rolle der Verwaltungs-, Leitungs- und Aufsichtsorgane des Unternehmens, auch in Bezug auf Nachhaltigkeitsaspekte, und deren Zusammensetzung;

   ii) Unternehmensethik und Unternehmenskultur, einschließlich der Bekämpfung von Korruption und Bestechung;

   iii) das politische Engagement des Unternehmens, einschließlich seiner Lobbytätigkeiten;

   iv) die Verwaltung und Qualität der Beziehungen zu Geschäftspartnern, einschließlich Zahlungspraktiken;

   v) die internen Kontroll- und Risikomanagementsysteme des Unternehmens, auch im Zusammenhang mit dem Rechnungslegungsprozess des Unternehmens.

(3) Beim Erlass delegierter Rechtsakte gemäß Absatz 1 berücksichtigt die Kommission

a) die Arbeit globaler Standardsetzungsinitiativen für die Nachhaltigkeitsberichterstattung und bestehende Standards und Rahmen für die Naturkapitalbilanzierung, verantwortungsvolles unternehmerisches Handeln, soziale Verantwortung der Unternehmen und nachhaltige Entwicklung;

b) die Informationen, die Finanzmarktteilnehmer benötigen, um ihren Offenlegungspflichten gemäß der Verordnung (EU) 2019/2088 und gemäß den nach der genannten Verordnung erlassenen delegierten Rechtsakten nachzukommen;

c) die Kriterien, die in den nach der Verordnung (EU) 2020/852*[7] erlassenen delegierten Rechtsakten festgelegt sind;

*[7] Verordnung (EU) 2020/852 des Europäischen Parlaments und des Rates vom 18. Juni 2020 über die Einrichtung eines Rahmens zur Erleichterung nachhaltiger Investitionen und zur Änderung der Verordnung (EU) 2019/2088 (ABl. L 198 vom 22.6.2020, S. 13).

d) die Offenlegungspflichten für Referenzwert-Administratoren in der Referenzwert-Erklärung und in der Referenzwert-Methodik sowie die Mindestanforderungen für die Konzipierung von EU-Referenzwerten für den klimabedingten Wandel und auf das Übereinkommen von Paris abgestimmter EU-Referenzwerte gemäß den Delegierten Verordnungen (EU) 2020/1816*[8], (EU) 2020/1817*[9] und (EU) 2020/1818*[10] der Kommission;

*[8] Delegierte Verordnung (EU) 2020/1816 der Kommission vom 17. Juli 2020 zur Ergänzung der Verordnung (EU) 2016/1011 des Europäischen Parlaments und des Rates hinsichtlich der Erläuterung in der Referenzwert-Erklärung, wie Umwelt-, Sozial- und Governance-Faktoren in den einzelnen Referenzwerten, die zur Verfügung gestellt und veröffentlicht werden, berücksichtigt werden (ABl. L 406 vom 3.12.2020, S. 1).

*[9] Delegierte Verordnung (EU) 2020/1817 der Kommission vom 17. Juli 2020 zur Ergänzung der Verordnung (EU) 2016/1011 des Europäischen Parlaments und des Rates hinsichtlich des Mindestinhalts der Erläuterung, wie Umwelt-, Sozial- und Governance-Faktoren in der Referenzwert-Methodik berücksichtigt werden (ABl. L 406 vom 3.12.2020, S. 12).

*[10] Delegierte Verordnung (EU) 2020/1818 der Kommission vom 17. Juli 2020 zur Ergänzung der Verordnung (EU) 2016/1011 des Europäischen Parlaments und des Rates im Hinblick auf Mindeststandards für EU-Referenzwerte für den klimabedingten Wandel und für Paris-abgestimmte EU-Referenzwerte (ABl. L 406 vom 3.12.2020, S. 17).

e) die Offenlegungen, die in den gemäß Artikel 434a der Verordnung (EU) 575/2013*[11] erlassenen Durchführungsrechtsakten festgelegt sind;

*[11] Durchführungsverordnung der Kommission zur Festlegung technischer Durchführungsstandards für die Offenlegung der in Teil 8 Titel II und III der Verordnung (EU) Nr. 575/2013 des Europäischen Parlaments und des Rates genannten Informationen durch die Institute (C(2021) 1595).

f) die Empfehlung 2013/179/EU der Kommission*[12];

*[12] Empfehlung 2013/179/EU der Kommission vom 9. April 2013 für die Anwendung gemeinsamer Methoden zur Messung und Offenlegung der Umweltleistung von Produkten und Organisationen (ABl. L 124 vom 4.5.2013, S. 1).

g) die Richtlinie 2003/87/EG des Europäischen Parlaments und des Rates*[13];

*[13] Richtlinie 2003/87/EG des Europäischen Parlaments und des Rates vom 13. Oktober 2003 über ein System für den Handel mit Treibhausgasemissionszertifikaten in der Gemeinschaft und zur Änderung der Richtlinie 96/61/EG des Rates (ABl. L 275 vom 25.10.2003, S. 32).

h) die Verordnung (EG) Nr. 1221/2009 des Europäischen Parlaments und des Rates*[14].

*[14] Verordnung (EG) Nr. 1221/2009 des Europäischen Parlaments und des Rates vom 25. November 2009 über die freiwillige Teilnahme von Organisationen an einem Gemeinschaftssystem für Umweltmanagement und Umweltbetriebsprüfung und zur Aufhebung der Verordnung (EG) Nr. 761/2001 sowie der Beschlüsse der Kommission 2001/681/EG und 2006/193/EG (ABl. L 342 vom 22.12.2009, S. 1).

Artikel 19c
Standards für die Nachhaltigkeitsberichterstattung für KMU

Die Kommission erlässt delegierte Rechtsakte nach Artikel 49, um Standards für die Nachhaltigkeitsberichterstattung vorzusehen, die den Kapazitäten und Merkmalen kleiner und mittlerer Unternehmen angemessen sind. In diesen Standards für die Nachhaltigkeitsberichterstattung ist spezifiziert, welche Informationen nach den Artikeln 19a und 29a kleine und mittlere Unternehmen im Sinne von Artikel 2 Nummer 1 Buchstabe a melden. Den in Artikel 19b Absätze 2 und 3 festgelegten Kriterien wird dabei Rechnung getragen. Darüber hinaus wird gegebenenfalls die Struktur spezifiziert, in der diese Informationen zu melden sind.

Die Kommission nimmt diese delegierten Rechtsakte bis spätestens 31. Oktober 2023 an.

Artikel 19d
Einheitliches elektronisches Berichtsformat

(1) Unternehmen, die Artikel 19a unterliegen, erstellen ihren Abschluss und ihren Lagebericht in einem einheitlichen elektronischen Berichtsformat gemäß Artikel 3 der Delegierten Verordnung (EU) 2019/815 der Kommission*[15] und zeichnen im Einklang mit der genannten delegierten Verordnung ihre Nachhaltigkeitsberichterstattung aus, einschließlich der Offenlegungen nach Artikel 8 der Verordnung (EU) 2020/852.

*[15] Delegierte Verordnung (EU) 2019/815 der Kommission vom 17. Dezember 2018 zur Ergänzung der Richtlinie 2004/109/EG des Europäischen Parlaments und des Rates im Hinblick auf technische Regulierungsstandards für die Spezifikation eines einheitlichen elektronischen Berichtsformats (ABl. L 143 vom 29.5.2019, S. 1)."

(2) Unternehmen, die Artikel 29a unterliegen, erstellen ihren konsolidierten Abschluss und ihren konsolidierten Lagebericht in einem einheitlichen elektronischen Berichtsformat gemäß Artikel 3 der Delegierten Verordnung (EU) 2019/815 und zeichnen ihre Nachhaltigkeitsberichterstattung aus, einschließlich der Offenlegungen gemäß Artikel 8 der Verordnung (EU) 2020/852.

5. Artikel 20 Absatz 1 wird wie folgt geändert:

a) Buchstabe g erhält folgende Fassung:

„g) eine Beschreibung des Diversitätskonzepts, das im Zusammenhang mit den Verwaltungs-, Leitungs- und Aufsichtsorganen des Unternehmens in Bezug auf das Geschlecht sowie andere Aspekte wie beispielsweise Alter oder Bildungs- und Berufshintergrund verfolgt wird, der Ziele dieses Diversitätskonzepts sowie der Art und Weise der Umsetzung dieses Konzepts und der Ergebnisse im Berichtszeitraum. Wird ein derartiges Konzept nicht angewendet, wird in der Erklärung erläutert, warum dies der Fall ist.";

b) folgender Unterabsatz wird eingefügt:

„Unternehmen, die Artikel 19a unterliegen, können die Pflichten gemäß Unterabsatz 1 Buchstaben c, f und g erfüllen, indem sie die nach diesen Buchstaben erforderlichen Informationen in ihre Nachhaltigkeitsberichterstattung aufnehmen."

6. Artikel 23 wird wie folgt geändert:

a) Absatz 4 Buchstabe b erhält folgende Fassung:

„b) der konsolidierte Abschluss nach Buchstabe a und der konsolidierte Lagebericht des größeren Kreises von Unternehmen sind von dem Mutterunternehmen dieses Kreises von Unternehmen nach dem Recht des Mitgliedstaats, dem das Mutterunternehmen unterliegt, im Einklang mit dieser Richtlinie, ausgenommen der in Artikel 29a festgelegten Anforderungen, oder mit gemäß der Verordnung (EG) Nr. 1606/2002 angenommenen internationalen Rechnungslegungsstandards erstellt;“;

b) Absatz 8 Buchstabe b Ziffer i erhält folgende Fassung:

„i) im Einklang mit dieser Richtlinie, ausgenommen der Anforderungen des Artikels 29a,“;

c) Absatz 8 Buchstabe b Ziffer iii erhält folgende Fassung:

„iii) derart, dass sie einem nach dieser Richtlinie erstellten konsolidierten Abschluss und konsolidierten Lagebericht gleichwertig sind, ausgenommen der Anforderungen des Artikels 29a, oder“.

7. Artikel 29a erhält folgende Fassung:

„Artikel 29a
Konsolidierte Nachhaltigkeitsberichterstattung

(1) Mutterunternehmen einer großen Gruppe nehmen in den konsolidierten Lagebericht Informationen auf, die für das Verständnis der nachhaltigkeitsrelevanten Auswirkungen der Gruppe sowie das Verständnis der Auswirkungen von Nachhaltigkeitsaspekten auf Geschäftsverlauf, Geschäftsergebnis und Lage der Gruppe erforderlich sind.

(2) Die in Absatz 1 genannten Informationen umfassen insbesondere Folgendes:

a) eine kurze Beschreibung von Geschäftsmodell und Strategie der Gruppe, einschließlich Angaben
   i) zur Widerstandsfähigkeit von Geschäftsmodell und Strategie der Gruppe im Hinblick auf Nachhaltigkeitsaspekte;
   ii) zu den Chancen der Gruppe im Zusammenhang mit Nachhaltigkeitsaspekten;
   iii) zu der Art und Weise, wie die Gruppe beabsichtigt sicherzustellen, dass Geschäftsmodell und Strategie der Gruppe mit dem Übergang zu einer nachhaltigen Wirtschaft und der Begrenzung der globalen Erwärmung auf 1,5 °C im Einklang mit dem Übereinkommen von Paris vereinbar sind;
   iv) zu der Art und Weise, wie die Gruppe den Belangen ihrer Interessenträger und den nachhaltigkeitsrelevanten Auswirkungen ihrer Tätigkeiten Rechnung trägt;
   v) zu der Art und Weise, wie die Strategie der Gruppe mit Blick auf Nachhaltigkeitsaspekte umgesetzt wird;

b) eine Beschreibung der Nachhaltigkeitsziele, die sich die Gruppe gesetzt hat, und der Fortschritte des Unternehmens bei deren Erreichung;

c) eine Beschreibung der Rolle der Verwaltungs-, Leitungs- und Aufsichtsorgane im Zusammenhang mit Nachhaltigkeitsaspekten;

d) eine Beschreibung der Nachhaltigkeitspolitik der Gruppe;

e) eine Beschreibung
   i) des mit Blick auf Nachhaltigkeitsaspekte umgesetzten Due-Diligence-Prozesses;
   ii) der wichtigsten tatsächlichen oder potenziellen negativen Auswirkungen im Zusammenhang mit der Wertschöpfungskette der gruppe, einschließlich ihrer eigenen Geschäftstätigkeit, ihrer Produkte und Dienstleistungen, ihrer Geschäftsbeziehungen und ihrer Lieferkette;
   iii) jeglicher Maßnahmen zur Verhinderung, Minderung oder Behebung tatsächlicher oder potenzieller negativer Auswirkungen und des Erfolgs dieser Maßnahmen;

f) eine Beschreibung der wichtigsten Risiken, denen die Gruppe im Zusammenhang mit Nachhaltigkeitsaspekten ausgesetzt ist, einschließlich der wichtigsten Abhängigkeiten in diesem Bereich, und der Art und Weise, wie die Gruppe solche Risiken steuert;

g) Indikatoren, die für die unter den Buchstaben a bis f genannten Offenlegungen relevant sind.

Die Mutterunternehmen melden zudem Informationen über immaterielle Anlagewerte, einschließlich Informationen zu intellektuellem Kapital, zu Humankapital sowie zu sozialem Kapital und zu Beziehungskapital.

Die Mutterunternehmen beschreiben das Verfahren zur Ermittlung der im Einklang mit diesem Artikel in den konsolidierten Lagebericht eingeflossenen Informationen.

(3) Die Informationen, auf die in den Absätzen 1 und 2 Bezug genommen wird, umfassen zukunftsorientierte Informationen und Informationen über die bisherigen Geschäftsergebnisse sowie qualitative und quantitative Informationen. Bei diesen Informationen wird gegebenenfalls dem kurz-, mittel- und langfristigen Zeithorizont Rechnung getragen.

Die Informationen, auf die in den Absätzen 1 und 2 Bezug genommen wird, umfassen gegebenenfalls Informationen über die Wertschöpfungskette der Gruppe, einschließlich ihrer eigenen Geschäftstätigkeiten, ihrer Produkte und Dienstleistungen, ihrer Geschäftsbeziehungen und ihrer Lieferkette.

Soweit angemessen, umfassen die in den Absätzen 1 und 2 genannten Informationen auch Verweise auf andere gemäß Artikel 29 in den konsolidierten Lagebericht eingeflossenen Informationen und zusätzliche Erläuterungen dazu sowie die im konsolidierten Abschluss ausgewiesenen Beträge.

Die Mitgliedstaaten können gestatten, dass Informationen über künftige Entwicklungen oder Belange, über die Verhandlungen geführt werden, in Ausnahmefällen weggelassen werden, wenn nach der ordnungsgemäß begründeten Einschätzung der Mitglieder der Verwaltungs-, Leitungs- und Aufsichtsorgane, die im Rahmen der ihnen durch einzelstaatliche Rechtsvorschriften übertragenen Zuständigkeiten handeln und die gemeinsam für diese Einschätzung zuständig sind, eine solche Angabe der Geschäftslage der Gruppe ernsthaft schaden würde, sofern eine solche Nichtaufnahme ein den tatsächlichen Verhältnissen entsprechendes und ausgewogenes Verständnis des Geschäftsverlaufs, des Geschäftsergebnisses, der Lage der Gruppe sowie der Auswirkungen ihrer Tätigkeit nicht verhindert.

(4) Die Mutterunternehmen melden die Informationen, auf die in den Absätzen 1 bis 3 Bezug genommen wird, im Einklang mit den Standards für die Nachhaltigkeitsberichterstattung nach Artikel 19b.

(5) Abweichend von Artikel 29a Absätze 1 bis 4 dürfen Mutterunternehmen, bei denen es sich um kleine und mittlere Unternehmen im Sinne des Artikels 2 Nummer 1 Buchstabe a handelt, gemäß den in Artikel 19c genannten Standards für die Nachhaltigkeitsberichterstattung durch kleine und mittlere Unternehmen Bericht erstatten.

(6) Wenn ein Mutterunternehmen die Anforderungen nach den Absätzen 1 bis 4 erfüllt, wird davon ausgegangen, dass es die Anforderungen nach Artikel 19 Absatz 1 Unterabsatz 3, Artikel 19a und Artikel 29 erfüllt.

(7) Ein Mutterunternehmen, das auch Tochterunternehmen ist, wird von den in den Absätzen 1 bis 4 festgelegten Pflichten befreit, wenn dieses befreite Mutterunternehmen und seine Tochterunternehmen in den konsolidierten Lagebericht eines anderen Unternehmens einbezogen werden und dieser konsolidierte Lagebericht gemäß Artikel 29 und diesem Artikel erstellt wird. Ein Mutterunternehmen, das Tochterunternehmen eines in einem Drittland ansässigen Mutterunternehmens ist, wird ebenfalls von den in den Absätzen 1 bis 4 genannten Pflichten befreit, wenn das Unternehmen und seine Tochterunternehmen in den konsolidierten Lagebericht dieses Mutterunternehmens einbezogen werden und der konsolidierte Lagebericht in einer Weise erstellt wird, die im Einklang mit den einschlägigen nach Artikel 23 Absatz 4 Ziffer i der Richtlinie 2004/109/EG erlassenen Durchführungsmaßnahmen als gleichwertig mit der nach den Standards für die Nachhaltigkeitsberichterstattung nach Artikel 19b dieser Richtlinie erforderlichen Weise betrachtet werden kann.

Der in Unterabsatz 1 genannte konsolidierte Lagebericht des Mutterunternehmens wird gemäß Artikel 30 so veröffentlicht, wie es im Recht des Mitgliedstaats vorgeschrieben ist, dem das Mutterunternehmen, das von den in den Absätzen 1 bis 4 genannten Pflichten befreit ist, unterliegt.

Der Mitgliedstaat, dessen Regulierung das von den Pflichten nach den Absätzen 1 bis 4 ausgenommene Mutterunternehmen unterliegt, kann verlangen, dass der in Unterabsatz 1 genannte konsolidierte Lagebericht in seiner Amtssprache oder in einer in der internationalen Finanzwelt gebräuchlichen Sprache veröffentlicht wird und alle erforderlichen Übersetzungen in diese Sprachen beglaubigt sind.

Der konsolidierte Lagebericht eines Mutterunternehmens, das von den in den Absätzen 1 bis 4 festgelegten Pflichten befreit ist, enthält alle folgenden Informationen:

a) Name und Sitz des Mutterunternehmens, das Informationen auf Gruppenebene im Einklang mit Artikel 29 und diesem Artikel oder in einer Weise meldet, die im Einklang mit den einschlägigen nach Artikel 23 Absatz 4 Ziffer i der Richtlinie 2004/109/EG angenommenen Durchführungsmaßnahmen als gleichwertig mit der nach den Standards für die Nachhaltigkeitsberichterstattung nach Artikel 19b erforderlichen Weise betrachtet werden kann;

b) Hinweis auf die Befreiung des Unternehmens von den in den Absätzen 1 bis 4 genannten Pflichten.“

8. Artikel 30 wird wie folgt geändert:

a) Absatz 1 erhält folgende Fassung:

„(1) Die Mitgliedstaaten sorgen dafür, dass Unternehmen innerhalb einer angemessenen Frist, die 12 Monate nach dem Bilanzstichtag nicht überschreiten darf, den ordnungsgemäß gebilligten Jahresabschluss und den Lagebericht gegebenenfalls in dem in Artikel 19d dieser Richtlinie festgelegten Format zusammen mit den Urteilen und der Erklärung des Abschlussprüfers oder der Prüfungsgesellschaft gemäß Artikel 34 dieser Richtlinie nach den Rechtsvorschriften der einzelnen Mitgliedstaaten im Einklang mit Kapitel 3 der Richtlinie (EU) 2017/1132 des Europäischen Parlaments und des Rates*[16] offenlegen.

*[16] Richtlinie (EU) 2017/1132 des Europäischen Parlaments und des Rates vom 14. Juni 2017 über bestimmte Aspekte des Gesellschaftsrechts (ABl. L 169 vom 30.6.2017, S. 46).“;

Wird das Urteil im Sinne von Artikel 34 Absatz 1 Buchstabe aa von einem unabhängigen Erbringer von Bestätigungsleistungen abgegeben, ist dieses Urteil zusammen mit den in Unterabsatz 1 genannten Berichten offenzulegen.

Die Mitgliedstaaten können jedoch Unternehmen von der Pflicht zur Offenlegung eines Lageberichts freistellen, wenn es möglich ist, eine vollständige oder teilweise Ausfertigung dieses Berichts einfach auf Antrag zu einem Entgelt zu erhalten, das die Verwaltungskosten nicht übersteigt.

Die Ausnahme nach Unterabsatz 3 findet keine Anwendung auf Unternehmen, die den Artikeln 19a und 29a unterliegen.

b) folgender Absatz 1a wird eingefügt:

„(1a) Die Mitgliedstaaten sorgen dafür, dass Lageberichte, die die nach den Artikeln 19a und

29a von Unternehmen erstellte Nachhaltigkeitsberichterstattung enthalten, unverzüglich nach der Offenlegung auch dem einschlägigen amtlich bestellten System nach Artikel 21 Absatz 2 der Richtlinie 2004/109/EG zur Verfügung gestellt werden.

Unterliegt das Unternehmen, das den Lagebericht erstellt, nicht der Richtlinie 2004/109/EG, so ist das einschlägige amtlich bestellte System eines der amtlich bestellten Systeme des Mitgliedstaats, in dem das Unternehmen seinen eingetragenen Sitz hat."

9. Artikel 33 Absatz 1 erhält folgende Fassung:

„(1) Die Mitgliedstaaten sorgen dafür, dass die Mitglieder der Verwaltungs-, Leitungs- und Aufsichtsorgane eines Unternehmens im Rahmen der ihnen durch einzelstaatliche Rechtsvorschriften übertragenen Zuständigkeiten die gemeinsame Aufgabe haben, sicherzustellen, dass die folgenden Dokumente erstellt und im Einklang mit den Anforderungen dieser Richtlinie und gegebenenfalls mit den gemäß der Verordnung (EG) Nr. 1606/2002 angenommenen internationalen Rechnungslegungsstandards, mit der Delegierten Verordnung (EU) 2019/815, mit den Standards für die Nachhaltigkeitsberichterstattung nach Artikel 19b dieser Richtlinie und mit den Anforderungen des Artikels 19d dieser Richtlinie offengelegt werden:

a) der Jahresabschluss, der Lagebericht und die Erklärung zur Unternehmensführung, wenn sie gesondert abgegeben wird;

b) der konsolidierte Abschluss, der konsolidierte Lagebericht und die konsolidierte Erklärung zur Unternehmensführung, wenn sie gesondert abgegeben wird."

10. Artikel 34 wird wie folgt geändert:

a) Absatz 1 Unterabsatz 2 wird wie folgt geändert:

i) Buchstabe a Ziffer ii erhält folgende Fassung:

„ii) ob der Lagebericht nach den geltenden rechtlichen Anforderungen, ausgenommen der Anforderungen an die Nachhaltigkeitsberichterstattung nach Artikel 19a, aufgestellt wurde;";

ii) folgender Buchstabe aa wird eingefügt:

„aa) gegebenenfalls ein Urteil auf der Grundlage eines Auftrags zur Erlangung begrenzter Prüfungssicherheit darüber abzugeben, ob die Nachhaltigkeitsberichterstattung mit den Anforderungen dieser Richtlinie übereinstimmt, einschließlich der Frage, ob die Nachhaltigkeitsberichterstattung mit den nach Artikel 19b angenommenen Standards für die Berichterstattung und dem vom Unternehmen durchgeführten Verfahren zur Ermittlung der nach diesen Standards für die Berichterstattung zu meldenden Informationen übereinstimmt, ob die Anforderung zur Auszeichnung der Nachhaltigkeitsberichterstattung im Einklang mit Artikel 19d eingehalten wird und ob die Anforderungen an die Berichterstattung nach Artikel 8 der Verordnung (EU) 2020/852 eingehalten werden.";

b) Absatz 3 erhält folgende Fassung:

„(3) Die Mitgliedstaaten können einem unabhängigen Erbringer von Bestätigungsleistungen gestatten, das Urteil nach Absatz 1 Unterabsatz 2 Buchstabe aa abzugeben, sofern es Anforderungen unterliegt, die den in der Richtlinie 2006/43/EG festgelegten Anforderungen hinsichtlich der Prüfung der Nachhaltigkeitsberichterstattung im Sinne von Artikel 2 Absatz 1 Buchstabe r der vorliegenden Richtlinie entsprechen."

11. Artikel 49 wird wie folgt geändert:

a) Die Absätze 2 und 3 erhalten folgende Fassung:

„(2) Die Befugnis zum Erlass delegierter Rechtsakte gemäß Artikel 1 Absatz 2, Artikel 3 Absatz 13, Artikel 46 Absatz 2, Artikel 19b und Artikel 19c wird der Kommission auf unbestimmte Zeit übertragen.

(3) Die Befugnisübertragung gemäß Artikel 1 Absatz 2, Artikel 3 Absatz 13, Artikel 46 Absatz 2, Artikel 19b und Artikel 19c kann vom Europäischen Parlament oder vom Rat jederzeit widerrufen werden. Der Beschluss über den Widerruf beendet die Übertragung der in diesem Beschluss angegebenen Befugnis. Er wird am Tag nach seiner Veröffentlichung im *Amtsblatt der Europäischen Union* oder zu einem im Beschluss über den Widerruf angegebenen späteren Zeitpunkt wirksam. Die Gültigkeit von delegierten Rechtsakten, die bereits in Kraft sind, wird von dem Beschluss über den Widerruf nicht berührt.";

b) folgender Absatz 3a wird eingefügt:

„(3a) Beim Erlass delegierter Rechtsakte nach den Artikeln 19b und 19c berücksichtigt die Kommission die fachliche Stellungnahme der EFRAG, sofern eine solche Stellungnahme in einem einwandfreien Verfahren mit angemessener öffentlicher Aufsicht und Transparenz erstellt und dabei auf das Fachwissen einschlägiger Interessenträger zurückgegriffen wurde und ihr Kosten-Nutzen-Analysen beigefügt sind, einschließlich Analysen der Auswirkungen der fachlichen Stellungnahme auf Nachhaltigkeitsaspekte.

Die Kommission konsultiert vor Annahme der in den Artikeln 19b und 19c genannten delegierten Rechtsakte die Sachverständigengruppe der Mitgliedstaaten für nachhaltiges Finanzwesen nach Artikel 24 der Verordnung (EU) 2020/852 zu der fachlichen Stellungnahme der EFRAG.

Die Kommission holt die Stellungnahme der Europäischen Wertpapier- und Marktaufsichtsbehörde zur fachlichen Stellungnahme der EFRAG ein, insbesondere im Hinblick auf deren Kohärenz mit der Verordnung (EU) 2019/2088 und ihrer delegierten Rechtsakte. Die Europäische Wertpapier- und Marktaufsichtsbehörde übermittelt ihre Stellungnahme binnen zwei Monaten nach Eingang des Ersuchens der Kommission.

Darüber hinaus konsultiert die Kommission die Europäische Bankenaufsichtsbehörde, die Europäische Aufsichtsbehörde für das Versicherungswesen und die betriebliche Altersversorgung, die Europäische Umweltagentur, die Agentur der Europäischen Union für Grundrechte, die Europäische Zentralbank, den Ausschuss der Europäischen Aufsichtsstellen für Abschlussprüfer und die nach Artikel 20 der Verordnung (EU) 2020/852 eingerichtete Plattform für ein nachhaltiges Finanzwesen zu der von der EFRAG bereitgestellten fachlichen Stellungnahme vor Annahme der in den Artikeln 19b und 19c genannten delegierten Rechtsakte. Beschließt eine dieser Stellen, eine Stellungnahme zu übermitteln, so legt sie diese binnen zwei Monaten nach ihrer Konsultation durch die Kommission vor.";

c) Absatz 5 erhält folgende Fassung:

„(5) Ein delegierter Rechtsakt, der gemäß Artikel 1 Absatz 2, Artikel 3 Absatz 13, Artikel 46 Absatz 2, Artikel 19b und Artikel 19c erlassen wurde, tritt nur in Kraft, wenn weder das Europäische Parlament noch der Rat innerhalb einer Frist von zwei Monaten nach Übermittlung dieses Rechtsakts an das Europäische Parlament und den Rat Einwände erhoben haben oder wenn vor Ablauf dieser Frist das Europäische Parlament und der Rat beide der Kommission mitgeteilt haben, dass sie keine Einwände erheben werden. Auf Initiative des Europäischen Parlaments oder des Rates wird diese Frist um zwei Monate verlängert."

12. Artikel 51 erhält folgende Fassung:

„Artikel 51
Sanktionen

(1) Unbeschadet des Absatzes 2 legen die Mitgliedstaaten Sanktionen für Verstöße gegen die aufgrund dieser Richtlinie erlassenen einzelstaatlichen Vorschriften fest und treffen alle erforderlichen Maßnahmen, um sicherzustellen, dass die Sanktionen durchgesetzt werden. Die vorgesehenen Sanktionen müssen wirksam, verhältnismäßig und abschreckend sein.

(2) Bei einem Verstoß gegen die nationalen Vorschriften zur Umsetzung der Artikel 19a, 19d und 29a sehen die Mitgliedstaaten mindestens die folgenden verwaltungsrechtlichen Maßnahmen und Sanktionen vor:

a) öffentliche Bekanntgabe der verantwortlichen natürlichen oder juristischen Person und der Art des Verstoßes;

b) eine Anordnung, wonach die verantwortliche natürliche oder juristische Person die den Verstoß darstellende Verhaltensweise einzustellen und von einer Wiederholung abzusehen hat;

c) verwaltungsrechtliche Geldbußen.

(3) Die Mitgliedstaaten stellen sicher, dass bei der Festlegung von Art und Höhe der Sanktionen, verwaltungsrechtlichen Sanktionen oder Maßnahmen nach Absatz 2 alle relevanten Umstände berücksichtigt werden, darunter

a) die Schwere und Dauer des Verstoßes;

b) der Grad an Verantwortung der verantwortlichen natürlichen oder juristischen Person;

c) die Finanzkraft der verantwortlichen natürlichen oder juristischen Person;

d) die Höhe der von der verantwortlichen natürlichen oder juristischen Person erzielten Gewinne oder vermiedenen Verluste, sofern diese sich beziffern lassen;

e) die Verluste, die Dritten durch den Verstoß entstanden sind, sofern diese sich beziffern lassen;

f) das Maß der Bereitschaft der verantwortlichen natürlichen oder juristischen Person zur Zusammenarbeit mit der zuständigen Behörde;

g) frühere Verstöße der verantwortlichen natürlichen oder juristischen Person."

Artikel 2
Änderungen der Richtlinie 2004/109/EG

(nicht abgedruckt)

Artikel 3
Änderungen der Richtlinie 2006/43/EG

Die Richtlinie 2006/43/EG wird wie folgt geändert:

1. Artikel 1 erhält folgende Fassung:

„Artikel 1
Gegenstand

Diese Richtlinie regelt die Abschlussprüfung des Jahresabschlusses und des konsolidierten Abschlusses und die Prüfung der jährlichen und konsolidierten Nachhaltigkeitsberichterstattung, wenn diese vom Abschlussprüfer oder der Prüfungsgesellschaft, der bzw. die die Abschlussprüfung durchführt bzw. durchführen, vorgenommen wird."

2. Artikel 2 wird wie folgt geändert:

a) Die Nummern 2 und 3 erhalten folgende Fassung:

„(2) ‚Abschlussprüfer' ist eine natürliche Person, die von den zuständigen Stellen eines Mitgliedstaates nach dieser Richtlinie für die Durchführung von Abschlussprüfungen und Aufträgen zur Erlangung von Prüfungssicherheit hinsichtlich der Nachhaltigkeitsberichterstattung zugelassen wurde.

3. ‚Prüfungsgesellschaft' ist eine juristische Person oder eine sonstige Einrichtung gleich welcher Rechtsform, die von den zuständigen Stellen eines Mitgliedstaats nach dieser Richtlinie für die Durchführung von Abschlussprüfungen und Aufträgen zur Erlangung von Prüfungssicherheit hinsichtlich der Nachhaltigkeitsberichterstattung zugelassen wurde.";

b) folgende Nummern 21 und 22 werden angefügt:

„21. ‚Nachhaltigkeitsberichterstattung' ist die Nachhaltigkeitsberichterstattung gemäß Artikel 2 Nummer 18 der Richtlinie 2013/34/EU.

22. ‚Prüfung der Nachhaltigkeitsberichterstattung' ist das vom Abschlussprüfer oder der Prüfungsgesellschaft nach Artikel 34 Absatz 1 Unterabsatz 2 Buchstabe aa und Artikel 34 Absatz 2 der Richtlinie 2013/34/EU abgegebene Urteil."

3. Artikel 6 und 7 erhalten folgende Fassung:

„Artikel 6
Ausbildung

Unbeschadet des Artikels 11 kann eine natürliche Person nur zur Durchführung von Abschlussprüfungen und Aufträgen zur Erlangung von Prüfungssicherheit hinsichtlich der Nachhaltigkeitsberichterstattung zugelassen werden, wenn sie nach Erlangung der Hochschulreife oder einer entsprechenden Ausbildungsstufe eine theoretische und eine praktische Ausbildung absolviert und sich mit Erfolg einer staatlichen oder staatlich anerkannten beruflichen Eignungsprüfung auf dem Niveau eines Hochschulabschlusses oder eines entsprechenden Niveaus in dem betreffenden Mitgliedstaat unterzogen hat.

Die in Artikel 32 genannten zuständigen Behörden arbeiten im Hinblick auf eine Angleichung der in diesem Artikel genannten Anforderungen zusammen. Bei der Aufnahme dieser Zusammenarbeit tragen diese zuständigen Behörden den Entwicklungen im Prüfungswesen und im Berufsstand der Prüfer und insbesondere der Angleichung Rechnung, die bereits in dem Berufsstand erreicht wurde. Sie arbeiten mit dem Ausschuss der Europäischen Aufsichtsstellen für Abschlussprüfer (im Folgenden „Ausschuss der Aufsichtsstellen“) und den in Artikel 20 der Verordnung (EU) Nr. 537/2014 genannten zuständigen Behörden zusammen, sofern es bei dieser Angleichung um die Abschlussprüfung und die Prüfung der Nachhaltigkeitsberichterstattung von Unternehmen von öffentlichem Interesse geht.

Artikel 7
Prüfung der beruflichen Eignung

Die in Artikel 6 genannte Eignungsprüfung garantiert die erforderlichen theoretischen Kenntnisse auf den für die Abschlussprüfung und Prüfung der Nachhaltigkeitsberichterstattung maßgebenden Sachgebieten sowie die Fähigkeit, diese Kenntnisse praktisch anzuwenden. Diese Eignungsprüfung muss zumindest teilweise schriftlich erfolgen.“

4. Artikel 8 Absatz 1 wird wie folgt geändert:

a) Folgender Buchstabe bb wird eingefügt:

„bb) gesetzliche Vorschriften und Grundsätze für die Aufstellung der jährlichen und konsolidierten Nachhaltigkeitsberichterstattung,“;

b) folgender Buchstabe cc wird eingefügt:

„cc) Standards für die Nachhaltigkeitsberichterstattung,“;

c) folgender Buchstabe dd wird eingefügt:

„dd) Nachhaltigkeitsanalyse,“;

d) folgender Buchstabe ff wird eingefügt:

„ff) Due-Diligence-Prozesse mit Blick auf Nachhaltigkeitsaspekte,“;

e) folgende Ziffer ii wird eingefügt:

„ii) Standards für die Prüfung hinsichtlich der Nachhaltigkeit gemäß Artikel 26a,“;

f) Buchstabe h erhält folgende Fassung:

„h) gesetzliche und standesrechtliche Vorschriften für Abschlussprüfung und Prüfung der Nachhaltigkeitsberichterstattung und Abschlussprüfer,“.

5. Artikel 10 Absatz 1 erhält folgende Fassung:

„(1) Um die Fähigkeit zur praktischen Anwendung der in der Eignungsprüfung getesteten theoretischen Kenntnisse zu gewährleisten, wird eine mindestens dreijährige praktische Ausbildung durchgeführt, die unter anderem die Prüfung des Jahresabschlusses, des konsolidierten Abschlusses oder ähnlicher Finanzabschlüsse und die Prüfung der jährlichen und konsolidierten Nachhaltigkeitsberichterstattung zum Gegenstand hat. Diese praktische Ausbildung wird zu mindestens zwei Dritteln bei einem in einem Mitgliedstaat zugelassenen Abschlussprüfer oder einer in einem Mitgliedstaat zugelassenen Prüfungsgesellschaft absolviert.“

6. Artikel 11 Buchstabe a erhält folgende Fassung:

„a) entweder 15 Jahre lang einer beruflichen Tätigkeit nachgegangen sind, die es ihnen ermöglicht hat, auf den Gebieten des Finanzwesens, des Rechts, der Rechnungslegung und der Nachhaltigkeitsberichterstattung ausreichende Erfahrungen zu sammeln, und die in Artikel 7 genannte berufliche Eignungsprüfung bestanden haben,“.

7. Artikel 14 Absatz 2 Unterabsatz 3 erhält folgende Fassung:

„Die Eignungsprüfung erfolgt in einer nach der in dem betreffenden Aufnahmemitgliedstaat geltenden Sprachenregelung zugelassenen Sprache. Sie erstreckt sich ausschließlich darauf, ob der Abschlussprüfer über angemessene Kenntnisse der Rechtsvorschriften des betreffenden Aufnahmemitgliedstaats verfügt, soweit diese Kenntnisse für Abschlussprüfungen und Aufträge zur Erlangung von Prüfungssicherheit hinsichtlich der Nachhaltigkeitsberichterstattung relevant sind.“

8. Folgender Artikel 14a wird eingefügt:

„Artikel 14a
Vor dem 1. Januar 2023 zugelassene oder anerkannte Abschlussprüfer

Die Mitgliedstaaten stellen sicher, dass Abschlussprüfer, die vor dem 1. Januar 2023 für die Durchführung von Abschlussprüfungen zugelassen oder anerkannt wurden, nicht den Anforderungen der Artikel 6, 7, 10, 11 und 14 unterliegen.

Die Mitgliedstaaten stellen sicher, dass vor dem 1. Januar 2023 zugelassene Abschlussprüfer sich die erforderlichen Kenntnisse über Nachhaltigkeitsberichterstattung und die Prüfung der Nachhaltigkeitsberichterstattung im Wege der kontinuierlichen Fortbildung nach Artikel 13 aneignen.“

9. Artikel 24b wird wie folgt geändert:

a) Absatz 1 erhält folgende Fassung:

„(1) Die Mitgliedstaaten sorgen dafür, dass eine Prüfungsgesellschaft, die die Abschlussprüfung und die Prüfung der Nachhaltigkeitsberichterstattung durchführt, zumindest einen verantwortlichen Prüfungspartner benennt. Die Prüfungsgesellschaft stellt dem verantwortlichen Prüfungspartner oder den verantwortlichen Prüfungspartnern die zur angemessenen Wahrnehmung seiner bzw. ihrer Aufgaben notwendigen Mittel und Personal mit der notwendigen Kompetenz und den notwendigen Fähigkeiten zur Verfügung.

Die Hauptkriterien, nach denen die Prüfungsgesellschaft den oder die zu benennenden verantwortlichen Prüfungspartner bestimmt, sind die Sicherstellung der Prüfungsqualität, Unabhängigkeit und Kompetenz. Der verantwortliche oder die verantwortlichen Prüfungspartner ist bzw. sind aktiv an der Durchführung der Abschlussprüfung und der Prüfung der Nachhaltigkeitsberichterstattung beteiligt.“;

b) folgender Absatz 2a wird eingefügt:

„(2a) Der Abschlussprüfer wendet bei der Durchführung der Prüfung der Nachhaltigkeitsberichterstattung ausreichend Zeit für das Prüfungsmandat auf und sieht die zur angemessenen Wahrnehmung seiner Aufgaben erforderlichen Ressourcen vor.“;

c) Absatz 4 Buchstabe c erhält folgende Fassung:

„c) für jedes Geschäftsjahr die für die Abschlussprüfung, für die Prüfung der Nachhaltigkeitsberichterstattung und für andere Leistungen in Rechnung gestellten Honorare.“;

d) Absatz 5 erhält folgende Fassung:

„(5) Abschlussprüfer und Prüfungsgesellschaften legen für jede Abschlussprüfung eine Prüfungsakte an. Die Prüfungsakte enthält gegebenenfalls auch Informationen im Zusammenhang mit der Prüfung der Nachhaltigkeitsberichterstattung.“

10. Artikel 25 erhält folgende Fassung:

„Artikel 25
Prüfungshonorare

Die Mitgliedstaaten sorgen für eine angemessene Regelung, die gewährleistet, dass die Honorare für Abschlussprüfungen und die Prüfung der Nachhaltigkeitsberichterstattung

a) nicht von der Erbringung zusätzlicher Leistungen für das geprüfte Unternehmen beeinflusst oder bestimmt werden;

b) an keinerlei Bedingungen geknüpft werden dürfen.“

11. Folgender Artikel 25b wird eingefügt:

„Artikel 25b
Berufsgrundsätze, Unabhängigkeit, Unparteilichkeit, Verschwiegenheit und Berufsgeheimnis bei der Prüfung der Nachhaltigkeitsberichterstattung

Die Anforderungen der Artikel 21 bis 24a, die sich auf die Abschlussprüfung beziehen, sind auf die Prüfung der Nachhaltigkeitsberichterstattung anzuwenden.“

12. Folgender Artikel 26a wird eingefügt:

„Artikel 26a
Standards für die Prüfung der Nachhaltigkeitsberichterstattung

(1) Die Mitgliedstaaten verpflichten die Abschlussprüfer und Prüfungsgesellschaften, die Prüfung der Nachhaltigkeitsberichterstattung unter Beachtung der von der Kommission nach Absatz 2 angenommenen Standards für die Prüfung durchzuführen.

Die Mitgliedstaaten wenden nationale Standards, Verfahren oder Anforderungen für die Prüfung so lange an, wie die Kommission keinen Standard für die Prüfung, der für denselben Bereich gilt, angenommen hat.

Die Mitgliedstaaten teilen der Kommission die Verfahren oder Anforderungen für die Prüfung spätestens drei Monate vor deren Inkrafttreten mit.

(2) Der Kommission wird die Befugnis übertragen, im Wege delegierter Rechtsakte gemäß Artikel 48a die in Absatz 1 genannten Standards für die Prüfung anzunehmen, um die vom Abschlussprüfer für seine Schussfolgerungen über die Prüfung der Nachhaltigkeitsberichterstattung durchzuführenden Verfahren, einschließlich Auftragsplanung, Risikoerwägungen und Reaktion auf Risiken, und die Art der im Bestätigungsvermerk zu berücksichtigenden Schlussfolgerungen festzulegen.

Die Kommission darf Standards für die Prüfung nur annehmen, wenn sie

a) in einem einwandfreien Verfahren mit angemessener öffentlicher Aufsicht und Transparenz erstellt wurden;

b) bei der jährlichen oder konsolidierten Nachhaltigkeitsberichterstattung zu einem hohen Maß an Glaubwürdigkeit und Qualität beitragen;

c) dem Gemeinwohl der Union dienen.

(3) Nimmt die Kommission Standards für hinreichende Prüfungssicherheit an, stützt sich das Urteil gemäß Artikel 34 Absatz 1 Unterabsatz 2 Buchstabe aa der Richtlinie 2013/34/EU auf einen Auftrag zur Erlangung hinreichender Prüfungssicherheit.“

13. Folgender Artikel 27a wird eingefügt:

„Artikel 27a
Prüfung der konsolidierten Nachhaltigkeitsberichterstattung

Die Anforderungen nach Artikel 27, die sich auf die Prüfung konsolidierter Abschlüsse beziehen, sind entsprechend auf die Prüfung der konsolidierten Nachhaltigkeitsberichterstattung anzuwenden.“

14. Artikel 28 wird wie folgt geändert:

a) Absatz 1 erhält folgende Fassung:

„(1) Der oder die Abschlussprüfer bzw. die Prüfungsgesellschaft oder -gesellschaften legt bzw. legen die Ergebnisse der Abschlussprüfung und gegebenenfalls der Prüfung der Nachhaltigkeitsberichterstattung in einem Bestätigungsvermerk dar. Der Bestätigungsvermerk wird entsprechend den Anforderungen der von der Union oder dem betroffenen Mitgliedstaat gemäß Artikel 26 angenommenen Prüfungsstandards und den Anforderungen der von der Kommission oder dem betroffenen Mitgliedstaat gemäß Artikel 26a angenommen Standards für die Prüfung erstellt.";

b) Absatz 2 wird wie folgt geändert:

i) Folgender Buchstabe aa wird eingefügt:

„aa) gibt an, ob es sich um eine jährliche oder eine konsolidierte Nachhaltigkeitsberichterstattung handelt und nennt Abschlussstichtag und Abschlusszeitraum; und gibt den Rahmen für die Nachhaltigkeitsberichterstattung an, nach dem die Nachhaltigkeitsberichterstattung aufgestellt wurde;";

ii) folgender Buchstabe bb wird eingefügt:

„bb) enthält eine Beschreibung des Umfangs der Prüfung der Nachhaltigkeitsberichterstattung, die zumindest Angaben über die Standards für die Prüfung enthält, nach denen die Prüfung der Nachhaltigkeitsberichterstattung durchgeführt wurde;";

c) Absatz 2 Buchstabe e erhält folgende Fassung:

„e) enthält die Prüfungsurteile und eine Erklärung, die auf den gemäß Artikel 34 Absatz 1 Unterabsatz 2 der Richtlinie 2013/34/EU im Laufe der Prüfung durchgeführten Arbeiten basieren, soweit anwendbar;";

d) in Absatz 3 wird folgender Unterabsatz angefügt:

„Die Anforderungen von Unterabsatz 1, die sich auf die Abschlussprüfung beziehen, sind auf die Prüfung der Nachhaltigkeitsberichterstattung anzuwenden.";

e) Absatz 4 Unterabsatz 1 erhält folgende Fassung:

„Der Bestätigungsvermerk ist vom Abschlussprüfer unter Angabe des Datums zu unterzeichnen. Werden eine Abschlussprüfung und gegebenenfalls die Prüfung der Nachhaltigkeitsberichterstattung von einer Prüfungsgesellschaft durchgeführt, so wird der Bestätigungsvermerk zumindest von dem Abschlussprüfer oder den Abschlussprüfern, der bzw. die die Abschlussprüfung und die Prüfung für die Nachhaltigkeitsberichterstattung für die Prüfungsgesellschaft durchgeführt hat bzw. haben, unterzeichnet. Sind mehr als ein Abschlussprüfer oder eine Prüfungsgesellschaft gleichzeitig beauftragt worden, so wird der Bestätigungsvermerk von allen Abschlussprüfern oder zumindest von den Abschlussprüfern unterzeichnet, welche die Abschlussprüfung und die Prüfung der Nachhaltigkeitsberichterstattung für jede Prüfungsgesellschaft durchgeführt haben. Unter besonderen Umständen können die Mitgliedstaaten vorsehen, dass diese Unterschrift bzw. Unterschriften nicht öffentlich bekannt gemacht zu werden braucht bzw. brauchen, weil eine solche Offenlegung zu einer absehbaren und ernst zu nehmenden Gefahr für die persönliche Sicherheit einer Person führen würde.";

f) Absatz 5 erhält folgende Fassung:

„(5) Der Bestätigungsvermerk des Abschlussprüfers oder der Prüfungsgesellschaft zum konsolidierten Abschluss und gegebenenfalls zur konsolidierten Nachhaltigkeitsberichterstattung hat den Anforderungen nach den Absätzen 1 bis 4 zu genügen. Bei der Beurteilung des Einklangs zwischen dem Lagebericht und dem Abschluss nach Absatz 2 Buchstabe e hat der Abschlussprüfer bzw. die Prüfungsgesellschaft den konsolidierten Abschluss und den konsolidierten Lagebericht zu berücksichtigen. Wird der Jahresabschluss des Mutterunternehmens dem konsolidierten Abschluss beigefügt, so können die nach diesem Artikel erforderlichen Bestätigungsvermerke der Abschlussprüfer oder Prüfungsgesellschaften kombiniert werden."

15. Artikel 29 wird wie folgt geändert:

a) Absatz 1 Buchstabe d erhält folgende Fassung:

„d) die Personen, die die Qualitätssicherungsprüfungen durchführen, müssen über eine angemessene fachliche Ausbildung und einschlägige Erfahrungen auf den Gebieten der Abschlussprüfung und Rechnungslegung und Prüfung der Nachhaltigkeitsberichterstattung verfügen und darüber hinaus eine spezielle Ausbildung für Qualitätssicherungsprüfungen absolviert haben;";

b) Absatz 1 Buchstabe h erhält folgende Fassung:

„h) Qualitätssicherungsprüfungen müssen auf der Grundlage einer Risikoanalyse und im Fall von Abschlussprüfern und Prüfungsgesellschaften, die Abschlussprüfungen im Sinne des Artikels 2 Absatz 1 Buchstabe a und gegebenenfalls Aufträge zur Erlangung von Prüfungssicherheit hinsichtlich der Nachhaltigkeitsberichterstattung durchführen, mindestens alle sechs Jahre stattfinden;";

c) Absatz 2 Buchstabe a erhält folgende Fassung:

„a) Die Qualitätssicherungsprüfer verfügen über eine angemessene fachliche Ausbildung und einschlägige Erfahrungen auf den Gebieten der Abschlussprüfung und Rechnungslegung und Prüfung der Nachhaltigkeitsberichterstattung und haben eine spezielle Ausbildung in Qualitätssicherungsprüfungen absolviert."

16. Folgender Artikel 30g wird eingefügt:

„Artikel 30g
Untersuchungen und Sanktionen für die Prüfung der Nachhaltigkeitsberichterstattung

Die Anforderungen der Artikel 30 bis 30f, die sich auf die Abschlussprüfung der Abschlüsse beziehen, sind auf die Prüfung der Nachhaltigkeitsberichterstattung anzuwenden."

17. Folgender Artikel 36a wird eingefügt:

**„Artikel 36a
Öffentliche Aufsicht und gegenseitige Anerkennung der mitgliedstaatlichen Regelungen für die Prüfung der Nachhaltigkeitsberichterstattung**

Die Anforderungen der Artikel 32, 33, 34 und 36, die sich auf die Abschlussprüfung beziehen, sind entsprechend auf die Prüfung der Nachhaltigkeitsberichterstattung anzuwenden.“

18. Folgender Artikel 38a wird eingefügt:

**„Artikel 38a
Bestellung und Abberufung für die Prüfung der Nachhaltigkeitsberichterstattung**

Die Anforderungen der Artikel 37 und 38, die sich auf die Abschlussprüfung beziehen, sind auf die Prüfung der Nachhaltigkeitsberichterstattung anzuwenden.“

19. Artikel 39 Absatz 6 Buchstaben a bis e erhalten folgende Fassung:

„a) das Verwaltungs- oder Aufsichtsorgan des geprüften Unternehmens über das Ergebnis der Abschlussprüfung und das Ergebnis der Prüfung der Nachhaltigkeitsberichterstattung zu unterrichten und darzulegen, wie die Abschlussprüfung und die Prüfung der Nachhaltigkeitsberichterstattung zur Integrität der Rechnungslegung und Nachhaltigkeitsberichterstattung beigetragen haben, und welche Rolle der Prüfungsausschuss in diesem Prozess gespielt hat;

b) den Prozess der Rechnungslegung und der Nachhaltigkeitsberichterstattung, einschließlich des Prozesses der digitalen Rechnungslegung nach Artikel 19d und des vom Unternehmen durchgeführten Prozesses zur Ermittlung der gemeldeten Informationen im Einklang mit den nach Artikel 19b der Richtlinie 2013/34/EU angenommenen Standards, zu beobachten und Empfehlungen oder Vorschläge zur Gewährleistung ihrer Integrität zu unterbreiten;

c) die Wirksamkeit des internen Kontrollsystems und des Risikomanagementsystems sowie gegebenenfalls der internen Revision des Unternehmens, die die Rechnungslegung und Nachhaltigkeitsberichterstattung des geprüften Unternehmens berühren, einschließlich seiner digitalen Rechnungslegung nach Artikel 19d, zu beobachten, ohne dass seine Unabhängigkeit verletzt wird;

d) die Abschlussprüfung des Jahresabschlusses und des konsolidierten Abschlusses und die Prüfung der jährlichen und konsolidierten Nachhaltigkeitsberichterstattung zu beobachten, insbesondere deren Leistung unter Berücksichtigung der Erkenntnisse und Schlussfolgerungen der zuständigen Behörde nach Artikel 26 Absatz 6 der Verordnung (EU) Nr. 537/2014;

e) die Unabhängigkeit der Abschlussprüfer oder Prüfungsgesellschaften gemäß den Artikeln 22, 22a, 22b, 24a, 24b und 25b dieser Richtlinie sowie Artikel 6 der Verordnung (EU) Nr. 537/2014 und insbesondere die Angemessenheit der für das geprüfte Unternehmen erbrachten Nichtprüfungsleistungen gemäß Artikel 5 jener Verordnung zu überprüfen und zu beobachten;“.

20. Artikel 45 wird wie folgt geändert:

a) Absatz 1 erhält folgende Fassung:

„(1) Die zuständigen Behörden eines Mitgliedstaats registrieren gemäß den Artikeln 15, 16 und 17 alle Prüfer und Prüfungsunternehmen aus Drittländern, wenn diese Prüfer oder Prüfungsunternehmen aus Drittländern einen Bestätigungsvermerk zu dem Jahresabschluss oder konsolidierten Abschluss und gegebenenfalls zur jährlichen oder konsolidierten Nachhaltigkeitsberichterstattung eines Unternehmens mit Sitz außerhalb der Union erteilen, dessen übertragbare Wertpapiere zum Handel an einem geregelten Markt dieses Mitgliedstaats im Sinne von Artikel 4 Absatz 1 Nummer 14 der Richtlinie 2004/39/EG zugelassen sind, es sei denn, das Unternehmen gibt ausschließlich ausstehende Schuldtitel aus, die eines der folgenden Merkmale aufweisen:

a) Die Schuldtitel wurden vor dem 31. Dezember 2010 zum Handel an einem geregelten Markt in einem Mitgliedstaat im Sinne von Artikel 2 Absatz 1 Buchstabe c der Richtlinie 2004/109/EG des Europäischen Parlaments und des Rates*[19] mit einer Mindeststückelung von 50 000 EUR oder, wenn es sich um Schuldtitel handelt, die auf eine andere Währung als Euro lauten, mit einer Mindeststückelung, deren Wert am Ausgabetag mindestens 50 000 EUR entspricht, zugelassen.

*[19] Richtlinie 2004/109/EG des Europäischen Parlaments und des Rates vom 15. Dezember 2004 zur Harmonisierung der Transparenzanforderungen in Bezug auf Informationen über Emittenten, deren Wertpapiere zum Handel auf einem geregelten Markt zugelassen sind, und zur Änderung der Richtlinie 2001/34/EG (ABl. L 390 vom 31.12.2004, S. 38).“

b) Die Schuldtitel wurden ab dem 31. Dezember 2010 zum Handel an einem geregelten Markt in einem Mitgliedstaat im Sinne von Artikel 2 Absatz 1 Buchstabe c der Richtlinie 2004/109/EG mit einer Mindeststückelung von 100 000 EUR am Ausgabetag oder, wenn es sich um Schuldtitel handelt, die auf eine andere Währung als Euro lauten, mit einer Mindeststückelung, deren Wert am Ausgabetag mindestens 100 000 EUR entspricht, zugelassen.“;

b) in Absatz 5 wird folgender Buchstabe dd eingefügt:

„dd) die Prüfungen der jährlichen oder konsolidierten Nachhaltigkeitsberichterstattung nach Absatz 1 in Übereinstimmung mit den Standards für die Prüfung gemäß Artikel 26a und den in den Artikeln

22, 22b, 25 und 25b niedergelegten Anforderungen durchgeführt werden;";

c) Absatz 5a erhält folgende Fassung:

„(5a) Ein Mitgliedstaat darf einen Prüfer aus einem Drittland nur registrieren, wenn er die Anforderungen nach Absatz 5 Buchstaben c, d, dd und e erfüllt.

21. Artikel 48a wird wie folgt geändert:

a) In Absatz 2 wird folgender Unterabsatz angefügt:

„Die Befugnis zum Erlass der in Artikel 26a Absatz 2 genannten delegierten Rechtsakte wird der Kommission auf unbestimmte Zeit übertragen.";

b) Absatz 3 erhält folgende Fassung:

„(3) Die Befugnisübertragung gemäß Artikel 26 Absatz 3, Artikel 26a Absatz 2, Artikel 45 Absatz 6, Artikel 46 Absatz 2 und Artikel 47 Absatz 3 kann vom Europäischen Parlament oder vom Rat jederzeit widerrufen werden. Der Beschluss über den Widerruf beendet die Übertragung der in diesem Beschluss angegebenen Befugnis. Er wird am Tag nach seiner Veröffentlichung im Amtsblatt der Europäischen Union oder zu einem im Beschluss über den Widerruf angegebenen späteren Zeitpunkt wirksam. Die Gültigkeit von delegierten Rechtsakten, die bereits in Kraft sind, wird von dem Beschluss über den Widerruf nicht berührt.";

c) Absatz 5 erhält folgende Fassung:

„(5) Ein delegierter Rechtsakt, der gemäß Artikel 26 Absatz 3, Artikel 26a Absatz 2, Artikel 45 Absatz 6, Artikel 46 Absatz 2 und Artikel 47 Absatz 3 erlassen wurde, tritt nur in Kraft, wenn weder das Europäische Parlament noch der Rat innerhalb einer Frist von vier Monaten nach Übermittlung dieses Rechtsakts an das Europäische Parlament und den Rat Einwände erhoben haben oder wenn vor Ablauf dieser Frist das Europäische Parlament und der Rat beide der Kommission mitgeteilt haben, dass sie keine Einwände erheben werden. Diese Frist wird auf Initiative des Europäischen Parlaments oder des Rates um zwei Monate verlängert."

Artikel 4
Änderungen der Verordnung (EU) Nr. 537/2014

Die Verordnung (EU) Nr. 537/2014 wird wie folgt geändert:

22. Artikel 5 wird wie folgt geändert:

a) Absatz 1 wird wie folgt geändert:

i) Unterabsatz 1 erhält folgende Fassung:

„(1) Der Abschlussprüfer oder die Prüfungsgesellschaft, der bzw. die bei einem Unternehmen von öffentlichem Interesse die Abschlussprüfung und gegebenenfalls die Prüfung der Nachhaltigkeitsberichterstattung durchführt bzw. durchführen, und jedes Mitglied eines Netzwerks, dem der Abschlussprüfer bzw. die Prüfungsgesellschaft angehört, darf weder direkt noch indirekt für das geprüfte Unternehmen, dessen Mutterunternehmen oder die von ihm beherrschten Unternehmen in der Union verbotene Nichtprüfungsleistungen innerhalb folgender Zeiträume erbringen:

a) innerhalb des Zeitraums zwischen dem Beginn des Prüfungszeitraums und der Abgabe des Bestätigungsvermerks und
b) innerhalb des Geschäftsjahrs, das dem in Buchstabe a genannten Zeitraum unmittelbar vorausgeht, in Bezug auf die in Unterabsatz 2 Buchstabe e genannten Leistungen.";

ii) in Unterabsatz 2 wird folgender Buchstabe l angefügt:

„l) Beratungsdienstleistungen für die Erstellung der Nachhaltigkeitsberichtserstattung, wenn der Abschlussprüfer oder die Prüfungsgesellschaft die Prüfung der Nachhaltigkeitsberichterstattung durchführt.";

b) folgender Absatz 6 wird angefügt:

„(6) Die Absätze 4 und 5, die sich auf die Abschlussprüfung beziehen, sind gegebenenfalls auf die Prüfung der Nachhaltigkeitsberichterstattung anzuwenden."

23. Artikel 14 Buchstabe b erhält folgende Fassung:

„b) Einnahmen aus anderen Nichtprüfungsleistungen als solchen nach Artikel 5 Absatz 1, die aufgrund von Unionsrecht oder nationalem Recht erforderlich sind, wobei die Einnahmen aus der Prüfung der Nachhaltigkeitsberichterstattung angegeben werden und".

Artikel 5
Umsetzung

(1) Die Mitgliedstaaten setzen die erforderlichen Rechts- und Verwaltungsvorschriften in Kraft, um den Artikeln 1 bis 3 dieser Richtlinie spätestens bis zum 1. Dezember 2022 nachzukommen. Sie setzen die Kommission unverzüglich davon in Kenntnis.

Die Mitgliedstaaten sehen vor, dass die in Unterabsatz 1 genannten Bestimmungen auf am oder nach dem 1. Januar 2023 beginnende Geschäftsjahre angewandt werden.

Bei Erlass dieser Vorschriften nehmen die Mitgliedstaaten in den Vorschriften selbst oder durch einen Hinweis bei der amtlichen Veröffentlichung auf die vorliegende Richtlinie Bezug. Die Mitgliedstaaten regeln die Einzelheiten der Bezugnahme.

(2) Die Mitgliedstaaten teilen der Kommission den Wortlaut der wichtigsten nationalen Rechtsvorschriften mit, die sie auf dem unter diese Richtlinie fallenden Gebiet erlassen.

Artikel 6
Geltungsbeginn von Artikel 4

Artikel 4 dieser Richtlinie wird auf am oder nach dem 1. Januar 2023 beginnende Geschäftsjahre angewandt.

Artikel 7
Inkrafttreten

Diese Richtlinie tritt am zwanzigsten Tag nach

ihrer Veröffentlichung im *Amtsblatt der Europäischen Union* in Kraft.

Artikel 8
Adressaten

Diese Richtlinie ist an die Mitgliedstaaten gerichtet. Artikel 4 ist jedoch in allen seinen Teilen verbindlich und gilt unmittelbar in jedem Mitgliedstaat.